PONS

Kompaktwörterbuch

Russisch – Deutsch
Deutsch – Russisch

PONS GmbH
Stuttgart

Antonenco Olga

PONS Kompaktwörterbuch
Russisch

Bearbeitet von: Tatyana Aleksieva, Tatyana Balova, Nadezhda Deleva, Angelika Folk Todorov, Dr. Robert Hammel, Alek Junikow, Olga Lazova, Ana Lipovska, Elena Mesnyankina, Dr. Manfred Schruba, Nikolay Vasov, Iveta Velichkova, Nikoleta Velichkova

Auf der Basis des PONS Kompaktwörterbuchs Russisch, 2005
ISBN 3-12-517108-3

Landkarten: Klett-Perthes, Justus Perthes Verlag, Leipzig

1. Auflage 2007 (1,06 – 2012)

PONS Produktinfos und Shop: www.pons.de
PONS Sprachenportal: www.pons.eu

Projektleitung: Valentina Aleksieva, Dr. Andreas Cyffka
Sprachdatenverarbeitung: Andreas Lang, conTEXT AG für Informatik und Kommunikation, Zürich
Einbandgestaltung: Tanja Haller, Petra Schnur, Stuttgart
Logoentwurf: Erwin Poell, Heidelberg
Logoüberarbeitung: Sabine Redlin, Ludwigsburg
Satz: Polystar, Sofia
Druck: CPI – Clausen & Bosse, Leck
Printed in Germany

ISBN 978-3-12-517327-9

Inhalt

Содержание

Hinweise zur Benutzung des Wörterbuchs

1. Stichwörter

Die Stichwörter sind alphabetisch geordnet und in fetter blauer Schrift gedruckt. Sie stehen am Anfang eines „Eintrags“ oder „Artikels“. Ein Eintrag kann kleine Anwendungsbeispiele („Wendungen“) in halbfettem schwarzen Druck enthalten.

Im ganzen Wörterbuch stehen wahlweise mögliche Buchstaben in Klammern. Beim Stichwort **öd(e)** bedeutet das, dass man sowohl **öd** als auch **öde** sagen kann, ohne den Sinn zu verändern.

Drei verschiedene Schriftarten werden verwendet, um die drei verschiedenen Arten von Text im Wörterbuch zu unterscheiden. Alle **fett** und **halbfett** gedruckten Wörter gehören der „Ausgangssprache“ an. Sie haben eine Entsprechung in der anderen Sprache, der „Zielsprache“. Diese Übersetzungen in der Zielsprache sind mager gedruckt. *Kursiv* Gedrucktes gibt nähere Auskunft über das zu übersetzende Wort in Form einer Abkürzung, eines „Wegweisers“ zur richtigen Übersetzung, einer Erklärung.

1.1 Homonyme

Homonyme sind zwei verschiedene Wörter, die genau gleich geschrieben werden wie z.B. die deutschen Wörter **Bank** (die Sitzbank) und **Bank** (das Geldinstitut). Die Einträge für diese Stichwörter werden durch hochgestellte arabische Ziffern unterschieden: **Bank**^{1}, **Bank**^{2}.

Russische Wörter, die sich nicht in der Schreibung, wohl aber in der Betonung unterscheiden (so genannte Homographe), werden nicht als Homonyme behandelt, d.h. sie werden ohne hochgestellte arabische Ziffern aufgeführt, um auf den bestehenden Unterschied in der Betonung hinzuweisen.

1.2 Betonung

Wichtig für eine korrekte Aussprache des Russischen ist der Wortakzent, der im Russischen allerdings frei ist, d.h. nicht an eine bestimmte Position gebunden. Deshalb wird er bei allen Wörtern angegeben, ebenso wie der Betonungswechsel innerhalb eines Wortes. Finden sich bei

Как пользоваться словарём

1. Заглавные слова

Заглавные слова расположены в алфавитном порядке. Заглавное слово стоит в начале словарной статьи. Словарная статья может содержать обороты речи, в которых употребляется заглавное слово, а также производные слова – и те и другие выделены полужирным чёрным шрифтом.

Рядом с некоторыми немецкими заглавными словами в скобках указана буква, употребляющаяся факультативно, как например, в слове **öd(e)**. Это значит, что можно произнести, не изменяя смысла слова, как **öd**, так и **öde**.

В словаре используются три различных вида шрифта. Все слова, набранные **синим жирным** и **чёрным полужирным** шрифтом, относятся к „языку-источнику“ и имеют соответствия в „языке-цели“, которые, в свою очередь, набраны обычным шрифтом. Набранные **курсивом** слова являются или кратким описанием „непереводимого“ заглавного слова, или пояснением одного из нескольких значений заглавного слова („указателем“), или дополнительным объяснением.

1.1 Омонимы

Омонимы – это слова, имеющие одинаковое написание, но различное значение, такие как, например, немецкие слова **Bank** (скамья) и **Bank** (финансовое учреждение). Словарные статьи этих заглавных слов различаются с помощью омонимических номеров: **Bank**^{1} и **Bank**^{2}.

Русские слова, которые имеют одинаковое написание, но различаются в ударении (так называемые омографы), приводятся без омонимических номеров – на данное различие указывает знак ударения в каждом слове.

1.2 Ударение

Для правильного произношения не
мо знать ударение русских слов.
русском языке ударение являе
ным, т.е. оно не привязано к о
части слова, в словаре оно у
всех словах (кроме однос

einem Wort keinerlei Hinweise auf eine Betonungsveränderung, so bleibt die Betonung stets auf derselben Silbe. Der Betonungswechsel bei finiten Verbformen wird durch die Angabe der ersten und zweiten Person Singular wiedergegeben. Die weiteren Formen folgen der zweiten Person Singular. Substantive mit Betonungswechsel erhalten eine Angabe zum Betonungsmuster, das der Kurzgrammatik entnommen werden kann. Betonungen der Kurzform der Adjektive werden dann aufgeführt, wenn sie sich von der maskulinen Kurzform unterscheiden, die – sofern vorhanden – immer aufgeführt wird. Präpositionen erhalten, wenn nötig, im Stichworteintrag ein Betonungszeichen.

же, при подвижном ударении, во всех формах слова. Если указаний на изменение ударения нет, значит, оно всегда падает на один и тот же слог. Изменение ударения спрягаемых глаголов указано в приводимых формах первого и второго лица единственного числа. В остальных формах ударение такое же, как и во втором лице. Существительные с подвижным ударением снабжены указанием на тип ударения, о котором можно справиться в грамматическом справочнике. Ударения в кратких формах прилагательных приводятся лишь в том случае, если они отличаются от ударения в краткой мужской форме, которая, если таковая имеется, приводится всегда. Предлоги в русско-немецком словнике, когда это необходимо, тоже снабжены знаком ударения.

1.3 Beispiele und Wendungen

Im Wörterbuch werden auch idiomatische Wendungen aufgeführt. Besonderes Gewicht wurde bei der Auswahl auf verbale Wendungen gelegt wie z.B. **jdm einen Bären aufbinden** (Stichwort: **Bär**); aber unter den Wendungen finden Sie auch wichtige Kollokationen wie z.B. **ökologisches Gleichgewicht** (Stichwort: **ökologisch**). Eine große Zahl von Anwendungsbeispielen dient vor allem dazu, Konstruktionen zu verdeutlichen. Idiomatische Wendungen sind in der Regel unter den „bedeutungstragenden" Elementen aufgeführt, also nicht etwa unter einer Präposition. So findet sich z.B. die Wendung **auf etw geeicht sein** *fig* unter **eichen** und nicht etwa unter **auf**.
In Beispielsätzen und Wendungen steht die Tilde (~) für das unveränderte Stichwort.

1.3 Примеры и идиоматические выражения

В словаре приводятся также идиоматические выражения. Предпочтение при выборе таких выражений отдано глагольным оборотам, как, например, **jdm einen Bären aufbinden** (заглавное слово: **Bär**) или **einer Sache Rechnung tragen** (заглавное слово: **Rechnung**); однако среди приведённых выражений находятся и такие словосочетания как **ökologisches Gleichgewicht** (заглавное слово: **ökologisch**) или **die ärztliche Kunst** (заглавное слово: **Kunst**). Значительная часть примеров служит прежде всего тому, чтобы наглядно пояснить семантическую структуру заглавного слова. Как правило, идиоматические выражения приведены в статьях знаменательных слов, а, например, не в статьях предлогов. Так, выражение **auf etwas geeicht sein** *fig* надается в статье глагола **eichen,** а не предлога **auf**. В примерах и идиоматических выражениях тильда (~) заменяет заглавное слово, если оно выступает в примере в своей основной форме.

1.4 Abkürzungen und Eigennamen

Um das Auffinden zu erleichtern, wurden Abkürzungen, Kurzwörter und Eigennamen an der entsprechenden alphabetischen Stelle in der Wortliste aufgeführt und nicht in einer gesonderten Liste im Anhang abgehandelt. Der **TÜV** wird im Deutschen genauso als Wort gebraucht wie der **Führerschein** oder die **Zulassung**, im Russischen **ВУЗ** genauso wie **учреждение** verwendet, und daher werden diese Wörter entsprechend abgehandelt.

1.4 Сокращения и имена собственные

Для того чтобы облегчить поиск необходимого слова, сокращения, сложносокращенные слова и имена собственные как в русско-немецкой, так и в немецко-русской частях даны в корпусе словаря на своем алфавитном месте, а не как это обычно принято – отдельным списком в приложении. **LAN**, **TÜV** или **WWW** в немецком языке употребляются как самостоятельные слова, в русском языке слово **ВУЗ** употребляется так же, как и слово **учреждение**, поэтому эти и другие такие слова помещены в разряд знаменательных слов.

1.5 Zusammengesetzte Wörter

Großeltern, Liebesbrief, работоспособность, пресс-конференция, социал-демократ sind zusammengesetzte Wörter. Im Deutschen werden die meisten davon zusammengeschrieben und stellen daher bei der Suche weniger Probleme dar, da sie an der entsprechenden Stelle in der alphabetischen Reihenfolge zu finden sind.

1.5 Сложные и сложносоставные слова

Großeltern, Liebesbrief, работоспособность, пресс-конференция, социал-демократ – это сложные и сложносоставные слова. Они пишутся слитно или через дефис и поэтому их поиск не представляет трудности: их можно найти на соответствующем им месте в алфавитном порядке.

1.5.1 Zusammengesetzte Wörter im Russischen

Es gibt viele zusammengesetzte Wörter im Russischen, die aus zwei Elementen bestehen wie z. B. **железная дорога** oder **попытка сближения**. Die meisten dieser Verbindungen bestehen entweder aus zwei Substantiven oder aus einem Substantiv und einem Adjektiv. Bei Verbindungen von zwei Substantiven findet man den Eintrag unter dem erstgenannten Substantiv, bei oben genanntem Beispiel also unter **попытка**. Substantiv-Adjektiv-Verbindungen findet man in der Regel unter dem Stichworteintrag des Substantivs.

1.5.1 Устойчивые словосочетания в русском языке

В русском языке имеется много устойчивых словосочетаний, состоящих из двух элементов, как, например, **железная дорога** или **попытка сближения**. Как правило, эти словосочетания состоят или из двух существительных или из одного существительного и одного прилагательного. Словосочетания из двух существительных следует искать в словарной статье существительного, стоящего на первом месте, т.е. в вышеприведённом примере в статье слова **попытка**. Словосочетания, состоящие из существительного и прилагательного находятся чаще всего в словарной статье существительного.

1.5.2 Zusammengesetzte Wörter im Deutschen

Alle zusammengesetzten Wörter befinden sich an ihrer entsprechenden alphabetischen Stelle in der deutschen Wortliste.

1.5.2 Сложные слова в немецком языке

Все сложные немецкие слова занимают соответстующие места, следуя строго по алфавиту в немецком словнике.

1.6 Unregelmäßige Formen im Deutschen

Unregelmäßige Formen von Verben und Substantiven sind als eigene Stichwörter aufgeführt, wenn sie in der alphabetischen Reihenfolge nicht unmittelbar vor oder nach der Grundform kommen. In diesen kurzen Einträgen wird einfach auf die Grundform verwiesen. Elementare grammatische Grundkenntnisse über Verb- und Pluralformen werden allerdings vorausgesetzt.

Es wird also vorausgesetzt, dass man weiß, dass **ging** eine Form des Verbs **gehen**, **Städte** der Plural von **Stadt** ist.

Beim Partizip Perfekt kann es vorkommen, dass

1.6 Неправильные формы в немецком языке

Неправильные формы глаголов и существительных приведены в качестве заглавных слов в том случае, если они не следуют по алфавиту непосредственно до или после основной формы. Рядом с ними даётся ссылка на основную форму. Однако предполагается, что пользователь словаря обладает элементарными знаниями глагольных временных форм и форм множественного числа.

То есть предполагается, что известно, что **ging** – форма простого прошедшего времени глагола **gehen**, а **Städte** –множественное число существительного **Stadt**.

Некоторые причастия прошедшего време-

dieses auch als Adjektiv gebraucht wird, wie z.B. **ergriffen**. Diese Adjektive werden als eigenständige Stichwörter in einem vollständigen Eintrag behandelt.

ни (Partizip Perfekt) употребляются как прилагательные, как, например, **ergriffen**. Эти прилагательные рассматриваются как самостоятельные заглавные слова и снабжены словарной статьёй.

2. Aufbau der Einträge

Römische Ziffern bezeichnen die verschiedenen Wortarten, denen das Stichwort angehört. Arabische Ziffern bezeichnen dagegen Bedeutungen des Stichworts, die sich wesentlich unterscheiden, z.B. **игра́ть 1**. spielen **2.** perlen.

Die Beispielsätze zu allen Wortarten folgen im Anschluss.

2. Структура словарной статьи

Римские цифры обозначают различные грамматические категории, к которым относится одно и то же заглавное слово. Арабскими цифрами обозначены отдельные значения заглавного слова, если оно является многозначным, например: **игра́ть 1**. spielen **2.** perlen.

Примеры следуют или за каждым из приведённых значений или в конце словарной статьи.

2.1 „Wegweiser" zur richtigen Übersetzung

Wenn Sie ein russisches Wort nachschlagen und eine Reihe sehr unterschiedlicher deutscher Übersetzungen vorfinden, wird es Ihnen nicht schwerfallen, diejenige auszusuchen, die für Ihren Sinnzusammenhang die passende ist, denn Sie wissen ja, was die deutschen Wörter bedeuten, und in dem gegebenen Zusammenhang werden sich die unpassenden automatisch ausschließen. Anders jedoch, wenn Sie das passende russische Wort für z.B. **Bahn** in dem Zusammenhang „zwischen den beiden Orten verkehrt eine Bahn" suchen und einen Eintrag vorfinden, der Ihnen folgendes anbietet: **Bahn** доро́га, по́езд, трамва́й, железнодоро́жное ве́домство, кегельба́н, поло́тнище. Natürlich könnten Sie jetzt versuchen, mit Hilfe des anderen Wörterbuchteils herauszufinden, was jedes dieser russischen Wörter bedeutet. Das braucht jedoch viel Zeit und gibt nicht immer den gewünschten Aufschluss. Aus diesem Grunde finden Sie in diesem Wörterbuch „Wegweiser", die zur richtigen Übersetzung führen. Im Falle von **Bahn** finden Sie dann folgenden Eintrag. *(Weg)* доро́га; *(Zug)* по́езд; *(Straßen~)* трамва́й; *(Bundes~)* железнодоро́жное ве́домство; *(Kegel~)* кегельба́н; *(Stoff)* поло́тнище.

„Wegweiser", die auf ein bestimmtes Sachgebiet hinweisen, stehen abgekürzt und in Großbuchstaben. Sie sind zusammen mit anderen im Wörterbuch benutzten Abkürzungen in einer alphabetisch angeordneten Liste vorn im Wörterbuch erläutert. Weitere Hilfen sind die Angaben von Synonymen, Kollokatoren, Stilebenen und rhetorischem Gebrauch.

2.1 „Указатели" правильного перевода

Если Вы ищете перевод немецкого слова и находите целый ряд различных русских значений, Вам будет нетрудно определить именно то значение, которое подходит для Вашего контекста, ибо Вы знаете, что означают русские слова, – так что значения, не подходящие к данному контексту, исключаются сами собой. Дело обстоит иначе, если Вы ищете подходящий немецкий перевод, скажем, для слова **авария** в контексте „стать свидетелем тяжёлой аварии в центре города" – и находите статью, которая предлагает Вам следующее: **авария 1.** Panne, **2.** Havarie, **3.** Betriebsstörung, **4.** Störfall, **5.** Unfall. Естественно, Вы можете попытаться выяснить с помощью других словарей, что означает каждое из этих немецких слов. Но это займёт у Вас много времени и, может быть, даже не даст желаемого результата.

Поэтому наш словарь снабжён „указателями", которые должны обеспечить Вам правильный перевод. В случае слова **авария** словарная статья выглядит следующим образом: **1.** (*автомобиля*) Panne; **2.** (*судна, самолёта*) Havarie; **3.** (*на производстве*) Betriebsstörung; **4.** (*на АЭС*) Störfall; **5.** (*несчастный случай*) Unfall.

„Указатели", обозначающие сферу употребления того или иного слова, набраны капителью. Их значение, наряду со значением всех других условных сокращений, разъясняется в алфавитном списке, помещённом в начале словаря. Кроме того, в словарных статьях многозначных слов приводятся синонимы или коллокаторы (например, поясняющие дополнения), а также отмечается стилистическая окрас-

In dem von Ihnen gesuchten Zusammenhang handelt es sich um einen Zug, und daher wissen Sie, dass **пóезд** die richtige Übersetzung ist. Auch bei diesen erklärenden Zusätzen ersetzt die Tilde das Stichwort.

ка отдельных значений и переносные значения слов.
В приведённом примере речь идёт о несчастном случае на городском транспорте, и поэтому ясно, что правильным переводом будет **Unfall**. В примерах, помещённых после отдельных значении или в конце словарной статьи, заглавное слово заменено тильдой в том случае, если оно употреблено в исходной форме.

3. Wie wird die Übersetzung im Satz verwendet?

3.1 Substantiv

Alle Substantive im Russischen sind mit einer Genusangabe und Numerus versehen. Bei den deutschen Substantiven werden in spitzen Klammern die Flexionsendungen des Genitivs Singular und Nominativs Plural angegeben. Bei den russischen Substantiven wird die Endung des Genitivs Singular angegeben. Die Formen der einsilbigen Stichwörter werden ausgeschrieben. Die Flexionsendungen werden dem Stichwort oder dem mit einem senkrechten Strich | abgetrennten Wortstamm angehängt.

3. Как употребить перевод в предложении?

3.1 Имя существительное

У всех русских имён существительных указаны род и число. У немецких имен существительных в острых скобках указаны окончания родительного падежа единственного числа и именительного падежа множественного числа. У русских имен существительных за заглавным словом следует окончание родительного падежа единственного числа. Если слово односложное и, при образовании форм, становится двусложным, оно выписывается полностью и помечается ударением. Окончания добавляются к слову или основе слова, которая выделена чертой |.

3.2 Adjektiv

Nach den Adjektiven im Russischen werden die Endungen der langen Feminin- und Neutrumform aufgeführt. Dann werden die Kurzformen aller drei Genera angegeben, wenn das Adjektiv diese Formen hat. Unregelmäßige Steigerungsformen der deutschen Adjektive werden in spitzen Klammern angegeben.

3.2 Имя прилагательное

За русскими именами прилагательными следуют полные окончания женского и среднего рода, а далее – после точки с запятой – краткие окончания всех трёх родов, если прилагательное имеет краткие формы. Отсутствие указаний на краткие окончания означает, что данное прилагательное не имеет кратких форм. Неправильные формы немецких имён прилагательных даны в острых скобках.

3.3 Das Verb

Im russisch-deutschen Teil des Wörterbuchs werden nach dem Verb die Endungen der 1. und 2. Person Singular Präsens angegeben. (Diese haben bei den Verben des imperfektiven Aspekts präsentische Bedeutung, bei den Verben des perfektiven Aspekts dagegen futurische Bedeutung.)

Ausführlichere Übersetzungen und Wendungen finden sich nur bei den Stichworteinträgen der imperfektiven Verben, sodass es empfehlenswert ist, gegebenenfalls auch diese zu konsultieren.

3.3 Глагол

В русско-немецкой части словаря у глаголов указывается окончание первого и второго лица единственного числа настоящего времени (у глаголов несовершенного вида) или будущего времени (у глаголов совершенного вида).

Указания *всех* основных значений, а также примеры на употребление находятся главным образом в словарных статьях глаголов несовершенного вида, так что рекомендуется, когда это необходимо, обращаться и к ним.

Im deutsch-russischen Teil wird bei den einfachen unregelmäßigen deutschen Verben sowohl die Form des Präteritums, als auch die des Partizip Perfekts angegeben, also etwa **kommen** <kam, gekommen>. Bei zusammengesetzten unregelmäßigen Verben des Deutschen steht *irr* wie z.B. bei **ankommen** *irr vi.* Dies bedeutet, dass **ankommen** dieselben unregelmäßigen Formen aufweist wie **kommen**.

В немецко-русском словнике у простых неправильных немецких глаголов указывается как форма простого прошедшего времени (Präteritum), так и форма причастия прошедшего времени (Partizip Perfekt), ср., например, **kommen** <kam, gekommen>. После сложных неправильных глаголов немецкого языка стоит помета *irr*, как например у глагола **ankommen** *irr vi.* Это значит, что **ankommen** имеет те же самые неправильные формы, что и **kommen**.

In beiden Wörterbuchteilen wird zu jedem russischen Verb der Aspekt angegeben. Im deutsch-russischen Teil gilt: Als Grundentsprechung des deutschen Stichworts wird immer die imperfektive Form des russischen Verbs angenommen. Daher steht bei dieser Grundentsprechung nicht ausdrücklich die Abkürzung *impf.*

В немецко-русском словнике действует правило: в качестве основного соответствия немецкого глагола всегда приводится форма несовершенного вида. Поэтому у основного русского соответствия сокращение *нсв* не приводится.

Finden Sie hinter der russischen Verbform dennoch *impf*, soll dies bedeuten, dass dieses russische Verb nur in der imperfektiven Form existiert. Im russisch-deutschen Teil bedeutet die Abkürzung *impf* jedoch nur, dass das Stichwort imperfektiv ist. Der fehlende Aspektpartner wird jeweils ergänzt. Findet sich keine Angabe des Aspektpartners, so bedeutet dies, dass das Verb nur in dieser Form existiert.

Если за русской глагольной формой всё-таки вы увидите помету *нсв*, то это значит, что данный глагол имеет только форму несовершенного вида. В русско-немецком же словнике указание *impf* означает лишь то, что глагол в качестве заглавного слова употреблён именно в этой форме. Форма совершенного приводится в этом случае рядом в скобках. Если форма совершенного вида не приведена, она у этого глагола вообще отстутствует.

Wird der Aspektpartner über Präfixe, wie z. B. **на-** oder **по-** gebildet, so werden sie als **на-** oder **по-** angegeben. Wenn der Aspektpartner jedoch über ein Suffix oder gar eine andere Wortwurzel gebildet wird, so wird er vollständig aufgeführt.

Если форма совершенного вида образуется с помощью приставки, например **на-** или **по-**, то в скобках указывается только соответствующая приставка. Если же эта форма образуется с помощью суффикса или другого корня, она приводится полностью.

3.4 Umgangssprachliche Wörter

3.4 Разговорные слова

Grundsätzlich sollten Sie beim Benutzen von umgangssprachlichen russischen Wörtern vorsichtig sein. Wenn ein deutsches Wort oder ein deutscher Beispielsatz mit (*umg*), d.h. umgangssprachlich, gekennzeichnet ist, können Sie davon ausgehen, dass die russische Übersetzung ebenfalls umgangssprachlich ist und daher in manchen Situationen genauso unangebracht wäre wie das Deutsche.

При употреблении немецких разговорных слов следует всегда соблюдать осторожность. Если русское слово или выражение снабжено пометой (*разг*), т.е. *разговорное*, это означает, что и его немецкий перевод относится к разговорному стилю и поэтому в некоторых ситуациях так же неуместен, как и данное русское слово или выражение.

3.5 „Grammatische Wörter"

3.5 „Служебные слова"

Es ist äußerst schwierig, in einem so kleinen Wörterbuch Wörter wie **für, der** oder **es** bzw. **на** oder **что** etc. ausführlich genug zu behandeln.
Es wurde versucht, möglichst viele nützliche Informationen über die häufigsten Anwendungs-

В любом словаре трудно дать подробную характеристику таких слов как **für**, **der** или **es**, **на** или **что**. При подготовке этого словаря была сделана попытка дать как можно больше полезной информации о наибо-

fälle zu geben. In vielen Fällen ist es jedoch empfehlenswert, ein gutes einsprachiges Wörterbuch und eine gute deutsche Grammatik hinzuzuziehen.

лее частых случаях употребления таких служебных слов. Однако во многих случаях рекомендуется использовать толковый словарь и грамматический справочник немецкого языка.

3.6 „Ungefähre“ Übersetzungen und kulturell bedingte Unterschiede

Es ist nicht immer möglich, eine genaue Entsprechung in der anderen Sprache anzugeben, wenn z.B. ein deutsches Wort einen Gegenstand oder eine Einrichtung bezeichnet, die es in Russland in der Form nicht gibt. Hier kann nur eine ungefähre Übersetzung oder aber eine Erklärung gegeben werden. Siehe z.B. die Einträge für **ICE** oder **прихватизация**, **отказник**.

3.6 „Примерные“ переводы и объяснения

Невозможно указать точное соответствие в другом языке, если, например, немецкое слово обозначает предмет или явление, которые в России в этой форме не существуют. Здесь может быть дан лишь примерный перевод или объяснение. См., например, словарные статьи к **ICE** или **прихватизация**, **отказник**.

3.7 Mehrere Übersetzungen

Übersetzungen, die durch ein Komma getrennt nebeneinanderstehen, können im Allgemeinen austauschbar verwendet werden. Durch Strichpunkte getrennte Übersetzungen können nicht gegeneinander ausgetauscht werden, da ein Bedeutungsunterschied zwischen ihnen besteht. Sollte dieser Bedeutungsunterschied nicht hinlänglich klar sein, sollten Sie sich in einem einsprachigen Wörterbuch oder einem größeren zweisprachigen oder im anderen Teil Ihres Wörterbuchs vergewissern. In den allermeisten Fällen, in denen ein Strichpunkt steht, finden Sie allerdings auch einen „Wegweiser“, der den Bedeutungsunterschied deutlich macht.

Der Schrägstrich weist darauf hin, dass es sich um parallele, aber nicht gleichbedeutende Aussagen handelt, z. B. **быть в хорошем/плохом настроении** guter/schlechter Laune sein. Ein in Klammern stehender, mit *o* eingeleiteter Ausdruck in den Wendungen gibt eine teilweise austauschbare Alternative an, wie z.B. im Eintrag **ложиться спать**. Die beiden Übersetzungsmöglichkeiten heißen also „ins [*oder* zu] Bett gehen“.

3.7 Варианты перевода и разные значения

Переводы, которые даны через запятую, как правило взаимозаменяемы во всех контекстах. Разделённые точкой с запятой переводы не могут заменять друг друга в одном и том же контексте, так как речь здесь идёт о различных значениях. Если это различие в значениях заглавного слова вам не совсем ясно, мы рекомендуем обратиться к толковому словарю или навести справку в другой части этого словаря. Но в большинстве случаев переводы, разделённые точкой с запятой, снабжены пометой, которая поясняет различие в значениях.

Поперечная черта указывает на то, что речь идёт о параллельных, но не синонимичных переводах, например **быть в хорошем/плохом настроении** – guter/schlechter Laune sein. Стоящее в скобках слово со знаком ***или*** (в немецко-русской части словаря *o*) перед ним в выражениях означает частичный вариант перевода, как например в сочетании **ложиться спать**: в немецком языке его можно передать вариантами выражения „ins [*oder* zu] Bett gehen“.

3.8. Rechtschreibung

Im deutsch-russischen Teil des Wörterbuchs wird die Schreibung der deutschen Stichwörter gemäß der Rechtschreibreform aufgeführt. Mit ^{RR} wird die neue, mit ^{Alt} die alte Schreibweise gekennzeichnet.

3.8 Правописание

В немецко-русской части словаря, согласно новому правописанию немецких слов, помечены варианты правописания заглавных слов. Сокращение ^{RR} обозначает новый вариант правописания, ^{Alt} указывает на старый вариант правописания.

Liste der verwendeten phonetischen Zeichen
Список использованных фонетических знаков

Die deutsche Phonetik
Немецкая фонетика

[ː]	Der vorausgehende Vokal ist lang
[ˈ]	Die folgende Silbe ist betont
[ʔ]	Der sog. „Knacklaut" vor Vokal

Vokale und Diphtonge		**Konsonanten**	
[i]	b**ie**ten	[b]	**B**i**b**el
[ɪ]	b**i**tte	[p]	**P**a**pp**e, Lau**b**
[e]	b**e**ten, w**eh**ren	[d]	**d**och
[ɛ]	f**ä**llen, B**e**tt	[t]	**T**a**t**, Jag**d**
[a]	S**aa**t, w**ah**ren, ban**a**l	[g]	**g**e**g**en
[o]	**O**fen, **O**zon	[k]	**K**rie**g**, **K**ni**ck**
[ɔ]	**o**ffen	[v]	**W**ein
[ø]	**Ö**kologie, H**öh**le	[f]	**F**re**v**ler, **V**ogel
[œ]	**ö**ffnen, H**ö**lle	[z]	**S**en**s**e, Ha**s**e
[u]	P**u**te, z**u** M**u**te	[s]	Mar**s**, kü**ss**en, flie**ß**en
[ʊ]	B**u**tter		
[yː]	T**ü**te, fr**üh**, Z**y**klus	[ʒ]	**G**enie, **J**ournalist
[ʏ]	H**ü**tte, H**y**mne	[ʃ]	**sch**auen, **S**tein, **S**piel
[ə]	Katz**e**		
[ɐ]	Leb**er**	[r]	**R**oh**r**e *pl*
[ɐ̯]	Cho**r**	[l]	**l**a**ll**en
[ã]	Ch**an**son	[m]	**M**esser, ko**mm**en
[ãː]	Ch**an**ce, **En**semble	[n]	**n**e**nn**en
[ɑː]	H**ar**dware	[ŋ]	fa**ng**en, A**n**ker
[æ]	G**a**ngway	[ç]	i**ch**, Köni**g**
[ʌ]	P**u**blic Relations	[x]	Na**ch**t
[i̯]	Kollekt**i**on	[h]	**H**aus
[o̯]	P**o**inte	[dʒ]	**Dsch**ungel, **J**azz
[õ]	F**on**due	[ts̮]	**Z**oo, Lo**ts**e, Ka**tz**e, Ski**zz**e
[ɛ̃ː]	Refr**ain**, Po**in**te		
[aɪ]	H**ai**, m**ei**n, B**ay**ern	[θ]	**Th**riller
[aʊ]	M**au**s, r**au**	[w]	Gang**w**ay
[ɔɪ]	n**eu**, J**oi**nt, B**oy**kott	[j]	**j**agen, **Y**uppie

Im Text verwendete Abkürzungen
Сокращения

abk	Abkürzung	сокращение	*сокр*
adj	Adjektiv	прилагательное	*прил*
ADMIN	Verwaltung	администрация	АДМ
adv	Adverb	наречие	*нрч*
AGR	Landwirtschaft	агрономия	АГР
akk	Akkusativ		
ANAT	Anatomie	анатомия	АНАТ
⇔	Antonym	антоним	⇔
arch	archaisch	устаревшее	*устар*
ASTR	Astronomie	астрономия	АСТР
BAHN	Eisenbahn	железнодорожный	Ж-Д
BAU	Bauwesen	строительство	СТР
BERGB	Bergbau	шахтерское дело	ШАХТ
best	bestimmt		
BIO	Biologie	биология	БИОЛ
BÖRSE	Börse	торговый	ТОРГ
BOT	Botanik	ботаника	БОТ
CH	schweizerdeutsch		
CHEM	Chemie	химия	ХИМ
conj	Konjunktion	союз	*сз*
dat	Dativ	дательный	*дат*
dim	Diminutiv	уменьшительное	*уменьшительное*
DV	Datenverarbeitung	информатика	ИНФОРМ
EL	Elektrotechnik	электротехника	ЭЛ
etw	etwas	что-либо	что-л.
f	Femininum	женский род	*ж*
fig	übertragen	переносное значение	*перен*
FILM	Film	кино	КИНО
FIN	Finanzen, Banken	финансы	ФИН
FOT	Fotographie	фотография	ФОТ
fut	Futur	будущее время	*буд*
geh	gehoben	книжное	*книж*
gen	Genitiv	родительный падеж	*род*
GEOG	Geographie	география	ГЕОГ
GEOL	Geologie	геология	ГЕОЛ
HIST	Geschichte	история	ИСТОР
imp	Imperativ		
impf	imperfektiv	несовершенный вид	НСВ
indekl	indeklinabel		
inst	Instrumental		
interj	Interjektion, Ausruf	междометие	*межд*
irr	unregelmäßig		
iron	ironisch	иронично	*ирон*
jd	jemand	кто-либо	*кто-л.*
jdm	jemandem	кому-либо	*кому-л.*
jdn	jemanden	кого-либо	*кого-л.*
jds	jemandes		
JUR	Recht	юридический	ЮР
kaus	kausal		
kf	Kurzform	краткий	*кратк.*
KFZ	Kfz-Wesen	автомобиль	АВТО
komp	Komparativ	сравнительный	*сравнит.*
LING	Linguistik	лингвистика	ЛИНГВ
LIT	Literatur(wissenschaft)	литературоведение	ЛИТ
m	Maskulinum	мужской род	*м*

MAR	Schiffahrt	морское дело	МОР
MATH	Mathematik	математика	МАТ
MED	Medizin	медицина	МЕД
METEO	Meteorologie	метеорология	МЕТЕОР
mf	Maskulinum und Femininum	мужской и женский род	*м и ж*
MIL	Militär	военное	ВОЕН
mod	modal		
MUS	Musik	музыка	МУЗ
nom	Nominativ	именительный падеж	*им*
nt	Neutrum	средний род	*ср*
num	Zahlwort	числительное	*числ*
o	oder	или	*или*
ÖKOL	Ökologie	экология	ЭКОЛ
ÖKON	Wirtschaft	экономика	ЭКОН
OPT	Optik	оптика	ОПТ
österr	österreichisch		
part	Partikel	частица	*част*
part perf	Partizip Perfekt		
part präs akt	Partizip Präsens Aktiv		
part präs pass	Partizip Präsens Passiv		
part prät akt	Partizip Präteritum Aktiv		
part prät pass	Partizip Präteritum Passiv		
pej	abwertend	презрительное	*презрит*
perf	Perfekt		
pers	Person		
pf	perfektiv	совершенный вид	*св*
PHIL	Philosophie	философия	ФИЛОС
PHYS	Physik	физика	ФИЗ
pl	Plural	множественное число	*мн*
POL	Politik	политика	ПОЛ
präp	Präposition	предлог	*предл*
präpos	Präpositiv		
präs	Präsens	настоящее время	*наст*
prät	Präteritum		
PRESSE	Zeitungswesen	пресса	ПРЕС
pron	Pronomen	местоимение	*мест*
pron det	Determinativpronomen		
pron indef	Indefinitpronomen		
pron inter	Interrogativpronomen		
pron neg	verneinendes Pronomen		
pron pers	Personalpronomen		
pron poss	Possessivpronomen		
pron refl	Reflexivpronomen		
pron rel	Relativpronomen		
PSYCH	Psychologie	психология	ПСИХ
®	eingetragenes Warenzeichen	торговый знак	®
refl	reflexiv	возвратный	*возвр*
REL	Religion	религия	РЕЛИГ
RUNDF	Rundfunk	радиотехника	РАДИО
s.	siehe	смотри	*см.*
s.a.	siehe auch	смотри также	*см. т.*
scherz	scherzhaft	шутливое	*шутл*
sg	Singular	единственное число	*ед*
SOZIOL	Soziologie	социология	СОЦИОЛ
SPORT	Sport	спортивный	СПОРТ
Sprichwort	Sprichwort	пословица	*пословица*
super	Superlativ	превосходная степень	*превосх*

~	Tilde	тильда	~
TECH	Technik	техника	ТЕХ
TELKOM	Telekommunikation	телекоммуникационный	ТЕЛКОМ
temp	temporal		
THEAT	Theater	театральный	ТЕАТ
TRANSP	Verkehr und Transport	транспорт	ТРАНСП
TV	Fernsehen	телевидение	ТВ
TYP	Typographie, Druckwesen	типографское дело	ТИП
umg	umgangssprachlich	разговорное	*разг*
unbest	unbestimmt		
unflektierbar	unflektierbar	неизменяемое	*неизм*
ungebr	ungebräuchlich		
UNI	Universität	университет	УНИ
unpers	unpersönlich	безличный	*безл*
vi	intransitives Verb	непереходный глагол	*нпрх*
vr	reflexives Verb	рефлексивный глагол	*рефл*
vt	transitives Verb	переходный глагол	*прх*
vulg	vulgär	вульгарное	*вульг*
ZOOL	Zoologie	зоология	ЗООЛ
		кем-либо	кем-л.
		о ком-либо	о ком-л.
		чего-либо	чего-л.
		чему-либо	чему-л.
		чем-либо	чем-л.
		о чём-либо	о чём-л.

Аа

А, а[1] <неизм> *ср нескл* Buchstabe A

а[2] **I.** *сз* und, aber, sondern; **сего́дня не вто́рник, ~ среда́** heute ist nicht Dienstag, sondern Mittwoch; **~ и́менно** und zwar; **~** [*или* **~ не**] **то** sonst **II.** *част вводит вопроси́тельное предложе́ние, разг* wie?; **~? что ты сказа́л?** wie? was hast du gesagt?

абажу́р <-а> *м* Lampenschirm *m*

абандони́р|овать <-ую, -уешь> *нсв прх* ЮР abandonnieren

абба́т <-а> *м,* **аббати́с|а** <-ы> *ж* Abt *m,* Äbtissin *f*

абба́тств|о <-а> *ср* Abtei *f*

аббревиату́р|а <-ы> *ж* Abkürzung *f*

аберра́ци|я <-и> *ж* Aberration *f,* Abweichung *f*

абза́ц <-а> *м* Absatz *m;* **нача́ть с но́вого абзаца́** einen Absatz machen

абзе́тцер <-а> *м* ШАХТ Absetzer *m*

абисси́н|ец <-ца> *м,* **абисси́нк|а** <-и> *ж* Abessinier(in) *m(f)*

абитурие́нт <-а> *м* Abiturient *m,* Studienbewerber *m*

i Land & Leute

Die Hochschulzugangsberechtigung erhalten in Russland alle Jugendlichen im Alter von 17 oder 18 Jahren, die das Abitur bestanden haben. Nur ein geringer Teil der **Studienbewerber** kann aber mit dem gewählten Studiengang beginnen: an vielen russischen Hochschulen müssen anspruchsvolle Aufnahmeprüfungen abgelegt werden. Den sog. „Wettbewerb" bei der Zulassung zum Studium gibt es dann, wenn die Zahl der Studienbewerber größer ist als die der vorhandenen Studienplätze – in diesem Fall spielt auch der Notendurchschnitt im Schulzeugnis eine maßgebliche Rolle. Neuerdings werden die Aufnahmeprüfungen an einigen Universitäten – im Zuge eines Experiments – abgeschafft, es zählen dabei nur die Ergebnisse der Reifeprüfung.

аболициони́зм <-а> *м* ИСТОР Abolitionismus *m*

абонеме́нт <-а> *м* Abonnement *nt*

абоне́нт <-а> *м* **1.** *(подпи́счик)* Abonnent(in) *m(f)* **2.** *(чита́тель библиоте́ки)* Bibliotheksbenutzer(in) *m(f)* **3.** ТЕЛКОМ Fernsprechteilnehmer(in) *m(f)*

абоне́нтн|ый <-ая, -ое> *прил* Abonnenten-; **~ я́щик** Postfach *nt*

абоне́нтск|ий <-ая, -ое> *прил* Abonnements-; **абоне́нтская телефо́нная ли́ния** Standleitung *f*

аборда́ж <-а> *м* МОР, ИСТОР Entern *nt;* **взять на ~** entern

абориге́н <-а> *м* Ureinwohner *m*

або́рт <-а> *м* Abtreibung *f,* Schwangerschaftsabbruch *m;* **сде́лать ~** abtreiben

аборти́р|овать <-ую, -уешь> *(н)св прх* **1.** МЕД abortieren, abtreiben **2.** ИНФОРМ *(прерва́ть)* unterbrechen

абрази́в <-а> *м* Schleifmittel *nt,* Abrasivmittel *nt*

абрази́вн|ый <-ая, -ое> *прил* Schleif-, Abrasiv-; **абрази́вная па́ста** Schleifpaste *f*

абракада́бр|а <-ы> *ж* Abrakadabra *nt*

абрико́с <-а> *м* **1.** *(фрукт)* Aprikose *f* **2.** *(де́рево)* Aprikosenbaum *m*

абрико́сов|ый <-ая, -ое> *прил* **1.** *(из абрико́сов)* Aprikosen-; **абрико́совое варе́нье** Aprikosenmarmelade *f* **2.** *(цве́та абрико́са)* Aprikosen-, aprikosenfarbig; **абрико́совый сви́тер** aprikosenfarbiger Pullover *m*

абсентеи́зм <-а> *м* ПОЛ Fernbleiben *nt,* Nichtteilnahme *f* an Wahlen

абсолю́т <-а> *м филос* Absolutheit *f*

абсолютиза́ци|я <-и> *ж книжн* Verabsolutierung *f*

абсолютизи́р|овать <-ую, -уешь> *(н)св прх книжн* verabsolutisieren

абсолюти́зм <-а> *м* Absolutismus *m*

абсолюти́ст <-а> *м* Anhänger *m* des Absolutismus

абсолю́тно *нрч* absolut, ganz; **э́то ~ бессмы́сленно** das hat überhaupt keinen Sinn [*o* ist völlig sinnlos]

абсолю́тн|ый <-ая, -ое> *прил* absolut

абсорбе́нт <-а> *м* ХИМ Absorptionsmittel *nt,* Absorbens *nt*

абсо́рбер <-а> *м* ТЕХ Absorber *m,* Absorptionsapparat *m*

абсорби́р|овать <-ую, -уешь> *(н)св прх* absorbieren, aufsaugen

абсорби́р|оваться <-уюсь, -уешься> *(н)св рефл* absorbiert [*o* aufgesaugt] werden

абсорби́рующ|ий <-ая, -ое> *прил* absorbierend; **абсорби́рующее вещество́** absorbierender Stoff *m*

абсо́рбци|я <-и> *ж* **1.** ФИЗ Aufsaugung *f* **2.** ХИМ Absorption *f*

абстраги́р|овать <-ую, -уешь> *(н)св прх* abstrahieren

абстраги́р|оваться <-уюсь, -уешься>

(н)св рефл (от чего́-л.) abstrahieren von *+dat*

абстра́кт| ный <-ая, -ое; -ен, -на, -но> *прил* abstrakt; **абстра́ктные рассужде́ния** Drumherumreden *nt*

абстракциони́зм <-а> *м* abstrakte Kunst *f*

абстракциони́стск| ий <-ая, -ое> *прил* *die abstrakte Kunst betreffend;* **абстракциони́стская карти́на** abstraktes Kunstwerk *nt*

абстра́кци| я <-и> *ж* Abstraktion *f*

абсу́рд <-а> *м* Unsinn *m;* **довести́ до абсу́рда** ad absurdum führen

абсурди́зм <-а> *м* Unsinn *m*

абсурди́ст <-а> *м* Absurdist *m*

абсурди́стск| ий <-ая, -ое> *прил* absurdistisch; **абсурди́стское иску́сство** absurdistische Kunst *f*

абсу́рд| ный <-ная, ное; -ен, -на, -но> *прил* absurd

абсце́сс <-а> *м* МЕД Abszess *m*

абсци́сс| а <-ы> *ж* МАТ Abszisse *f*

абули́| я <-и> *ж* МЕД Abulie *f,* Willenlosigkeit *f*

абха́з, абха́з| ец <-ца> *м,* **абха́зк| а** <-и> *ж* Abchase *m,* Abchasier(in) *m(f)*

ава́| ль <-ля> *м* Aval *nt; (креди́т)* Avalkredit *m*

аванга́рд <-а> *м* Stoßtrupp *m,* Vorhut *f; перен (в иску́сстве)* Moderne *f,* Avantgarde *f;* **находи́ться в аванга́рде** *и перен* die Vorhut bilden

авангарди́зм <-а> *м* Avantgardismus *m*

авангарди́ст <-а> *м* Avantgardist *m,* Vorkämpfer *m*

авангарди́стск| ий <-ая, -ое> *прил* Avantgarde-, avantgardistisch; **авангарди́стское тече́ние** avantgardistische Strömung *f*

аванга́рдн| ый <-ая, -ое> *прил* avantgardistisch; **аванга́рдная роль** führende Rolle *f*

аванпо́ст <-а> *м* vorgeschobener Posten *m,* Vorposten *m*

ава́нс <-а> *м* Vorschuss *m,* Vorleistung *f,* Vorauszahlung *f;* **взять ава́нсом** im voraus [*o* als Vorschuss] nehmen; **де́нежный ~** Geldvorschuss *m;* **нало́говый ~** Lohnsteuervorauszahlung *f;* **~ в счёт за́работной пла́ты** Lohnabschlag *m*

аванси́ровани| е <-я> *ср* Vorschusszahlung *f*

аванси́р| овать <-ую, -уешь> *(н)св прх (де́ньги)* vorschießen, anzahlen, vorstrecken

ава́нсов| ый <-ая, -ое> *прил* Vorschuss-; **~ отчёт** Vorschussabrechnung *f*

авансода́те| ль <-ля> *м* Vorschusszahler *m*

ава́нсом *нрч* vorschussweise, als Vorschuss; *перен* im voraus

авансополуча́те| ль <-ля> *м* Vorschussnehmer *m*

авансце́н| а <-ы> *ж* **1.** ТЕАТР Vorbühne *f* **2.** *перен* Vordergrund *m*

авантю́р| а <-ы> *ж* **1.** *(афе́ра)* Abenteuer *nt* **2.** *(риско́ванное предприя́тие)* Wagnis *nt*

авантюри́зм <-а> *м* Abenteuerlust *f*

авантюри́ст <-а> *м,* **авантюри́стк| а** <-и> *ж* **1.** *(иска́тель приключе́ний)* Abenteurer(in) *m(f),* Draufgänger(in) *m(f)* **2.** *(афери́ст)* Hochstapler(in) *m(f)*

авантюристи́ческ| ий <-ая, -ое> *прил* abenteuerlich; *(о скло́нностях)* hochstaplerisch

авантю́рн| ый <-ая, -ое> *прил* Abenteuer-, abenteuerlich; **~ рома́н** Abenteuerroman *m*

ава́р| ец <-ца> *м,* **ава́рк| а** <-и> *ж* Aware *m,* Awarin *f*

авари́йк| а <-и> *ж разг* **1.** *(автомоби́ль)* Reparaturwagen *m (für Energie-, Wasserwerke u.a.)* **2.** *(помеще́ние)* Aufenthaltsraum *m* für ein Rettungsteam

авари́йно-спаса́тельн| ый <-ая, -ое> *прил* Bergungs- und Rettungs-; **авари́йно-спаса́тельные рабо́ты** Bergungs- und Rettungsarbeiten *pl*

авари́йнос| ть <-ти> *ж* Unfallhäufigkeit *f*

авари́йн| ый <-ая, -ое> *прил* Störungs-; **~ вы́ход** Notausgang *m;* **~ разли́в не́фти** Ölkatastrophe *f;* **~ то́рмоз** Notbremse *f*

авари́йщик <-а> *м* **1.** *разг (рабо́тник авари́йной слу́жбы)* Mitarbeiter *m* im Pannendienst **2.** *разг (плохо́й рабо́тник, допуска́ющий ава́рии)* schlampender Arbeiter, der Unfälle zulässt

ава́ри| я <-и> *ж* **1.** *(автомоби́ля, су́дна, самолёта)* Panne *f,* Havarie *f;* **потерпе́ть ава́рию** eine Panne haben; **попа́сть в ава́рию** einen Unfall haben **2.** *(на произво́дстве)* Betriebsstörung *f,* Störfall *m* **3.** *(несча́стный слу́чай)* Unfall *m,* Unglück *nt*

а́вгиев <-а, -о> *прил* **а́вгиевы коню́шни** Augiasstall *m*

а́вгуст <-а> *м* August *m*

августе́йш| ий <-ая, -ее> *прил* hochwohlgeboren; **~ мона́рх** hochwohlgeborener Monarch *m*

авеню́ <неизм> *ср разг* Avenue *f*

авиабага́ж <-а> *м* Luftgepäck *nt*

авиаба́з| а <-ы> *ж* Luftstützpunkt *m*

авиабиле́т <-а> *м* Flugticket *nt*

авиабо́мб| а <-ы> *ж* Fliegerbombe *f*

авиаде́л| о <-а> *ср* Flugwesen *nt,* Fliegerei *f*

авиадеса́нт <-а> *м* Luftlandetruppe *f*

авиадеса́нтник <-а> *м* Soldat *m* bei Luftlandetruppen

авиадиспе́тчер <-а> *м* Fluglotse *m*

авиаинстру́ктор <-а> *м* Fluglehrer *m*

авиакатастро́ф| а <-ы> *ж* Flugzeugabsturz *m*

авиакомпа́ни| я <-и> *ж* Fluggesellschaft *f*

авиаконстру́ктор <-а> *м* Flugzeugkonstrukteur *m*

авиала́йнер <-а> *м* Verkehrsflugzeug *nt*
авиали́ни|я <-и> *ж* Fluglinie *f*
авиамодели́зм <-а> *м* Flugmodellsport *m*
авиамодели́ст <-а> *м* Flugzeugmodellbauer *m*
авиамоде́|ль <-ли> *ж* Flugzeugmodell *nt*
авиамо́ст <-а́> *м* Luftbrücke *f*
авиамото́р <-а> *м* Flugzeugtriebwerk *nt*
авианакладн|а́я <-о́й> *ж* Luftfrachtbrief *m*
авиано́с|ец <-ца> *м* Flugzeugträger *m*
авиапассажи́р <-а> *м* Fluggast *m*, Passagier *m*
авиаперево́зчик <-а> *м* Luftfrachtführer *m*
авиапо́лк <-а> *м* Flugzeuggeschwader *nt*
авиапо́чт|а <-ы> *ж* Luftpost *f*; **посла́ть авиапо́чтой** mit Luftpost schicken
авиапромы́шленнос|ть <-ти> *ж* Flugzeugindustrie *f*
авиапу́шк|а <-и> *ж* Bordkanone *f*
авиарабо́тник <-а> *м* Mitarbeiter *m* bei der Luftfahrt
авиаразве́дк|а <-и> *ж* Luftaufklärung *f*
авиаре́йс <-а> *м* Linienflug *m*
авиаремо́нтн|ый <-ая, -ое> *прил* Flugzeugreparatur-; **~ заво́д** Flugzeugreparaturwerk *nt*
авиастрое́ни|е <-я> *ср* Flugzeugbau *m*, Flugzeugindustrie *f*
авиастро́йте|ль <-ля> *м* Flugzeugbauer *m*
авиа́тор <-а> *м* Pilot(in) *m(f)*
авиатра́нспорт <-а> *м* Lufttransport *m*, Luftfrachtbeförderung *f*
авиатра́сс|а <-ы> *ж* Flugstrecke *f*
авиацио́нн|ый <-ая, -ое> *прил* Flug-, Flugzeug-, Luft-; **авиацио́нная накладна́я** Luftfrachtbrief *m*
авиа́ци|я <-и> *ж* Flugwesen *nt*
авиашко́л|а <-ы> *ж* Fliegerschule *f*
авиашо́у <неизм> *ср* Flugschau *f*
ави́зо <неизм> *ср* ЭКОН Anzeige *f*, Avis *nt*
авизова́ни|е <-я> *ср* ЭКОН Avisierung *f*
авиз|ова́ть <-у́ю, -у́ешь> *(н)св прх* ЭКОН avisieren
авитамино́з <-а> *м* МЕД Vitaminmangel *m*; **весе́нний ~** Frühjahrsmüdigkeit *f*
авока́до <неизм> *ср* БОТ Avocado *f*
аво́сь <неизм> *част* vielleicht, wenn man Glück hat; **на ~** aufs Geratewohl
аво́ськ|а <-и> *ж разг* Einkaufsnetz *nt*
авра́л <-а> *м* **1.** МОР Großalarm *m*; **~!** alle Mann an Deck! **2.** *разг* Feuerwehreinsatz *m*
авра́льн|ый <-ая, -ое> *прил* Alarm-; **авра́льная рабо́та** Großeinsatz *m*
авро́р|а <-ы> *ж книжн* Morgenröte *f*

i Land & Leute

Ein bekannter sowjetischer Mythos handelt von dem **„legendären Kreuzer Awrora"**: durch eine gewaltige Breitseite, die von diesem am frühen Morgen des 25. Oktober 1917 (nach alter Zeitrechnung) abgefeuert wurde, soll der historische Sturm aufständischer Matrosen und Soldaten auf den Winterpalast in Sankt-Petersburg eingeleitet worden sein. Der rasche Sturz der im Winterpalast residierenden, gewählten „Provisorischen Regierung" wird auch heute in Russland jedes Jahr offiziell und inoffiziell am 7. Oktober (nach neuer Zeitrechnung) als „Große Sozialistische Oktoberrevolution" gefeiert. Das heute an der Newa vor Anker liegende gleichnamige Museumsschiff ist mit der historischen „Morgenröte" nicht identisch: fast alle Bestandteile des Originals mussten im Laufe der Zeit ausgetauscht werden.

австрали́|ец <-йца> *м*, **австрали́йк|а** <-и> *ж* Australier(in) *m(f)*
австрали́йск|ий <-ая, -ое> *прил* australisch
Австра́ли|я <-и> *ж* Australien *nt*
австралопите́к <-а> *м* Australopithekus *m*
австри́|ец <-йца> *м*, **австри́йк|а** <-и> *ж* Österreicher(in) *m(f)*
австри́йск|ий <-ая, -ое> *прил* österreichisch
А́встри|я <-и> *ж* Österreich *nt*
автарки́|я <-и> *ж* Autarkie *f*
авто́ <неизм> *ср разг* Auto *nt*
а́вто-[1] *сокр. от* **автомати́ческий** automatisch
а́вто-[2] *пе́рвая ча́сть сло́жных слов* Selbst-, Auto-
автоба́з|а <-ы> *ж* Transportbetrieb *m*, Fuhrpark *m*
автобиографи́ческ|ий <-ая, -ое> *прил* autobiografisch; **~ рома́н** autobiografischer Roman *m*
автобиогра́фи|я <-и> *ж* Autobiografie *f*, Lebenslauf *m*; **~ на бла́нке** tabellarischer Lebenslauf *m*
автоблокира́тор <-а> *м* ТЕХ Autoblockierer *m*
автоблокиро́вк|а <-и> *ж* **1.** Ж.-Д. automatische Sperre *f* **2.** ТЕХ automatische Blockierung *f*
авто́бус <-а> *м* Bus *m*, Omnibus *m*
автовес|ы́[1] <-о́в> *мн* automatische Waage *f*
автовесы́[2] *сокр. от* **автомоби́лные весы́** Kraftfahrzeugwaage *f*
автовладе́|лец <-льца> *м* Fahrzeughalter *m*
автовокза́л <-а> *м* Busbahnhof *m*
автоге́н <-а> *м* Schweißgerät *nt*
автоге́нн|ый <-ая, -ое> *прил* Autogen-, Brenn-; **автоге́нная ре́зка** Gasbrenn-

schneiden *nt;* **автоге́нная сва́рка** Autogenschweißen *nt*

автогород|о́к <-ка́> *м* Parkplatz *m* für Wohnwagen

авто́граф <-а> *м* **1.** *(на́дпись)* Autogramm *nt* **2.** *(по́длинная ру́копись)* Autograph *m*

автода́ч|а <-и> *ж* Wohnwagen *m,* Wohnanhänger *m*

автоде́л|о <-а> *ср* Verkehrswesen *nt*

автодиза́йн <-а> *м* Autodesign *nt,* Wagendesign *nt*

автодиза́йнер <-а> *м* Autodesigner(in) *m(f)*

автодиспе́тчер <-а> *м* Verkehrspolizist(in) *m(f)*

автодозво́н <-а> *м разг* automatische Wahlwiederholung *f*

автодоро́г|а <-и> *ж* Autostraße *f*

автодоро́жн|ый <-ая, -ое> *прил* Straßen-; **автодоро́жное происше́ствие** Verkehrsunfall *m*

автозаво́д <-а> *м* Autowerk *nt*

автозаводск|о́й <-а́я, -о́е> *прил* Autowerks-; **~ па́рк** Autowerkspark *m*

автозапра́вочн|ый <-ая, -ое> *прил* Tank-, Tankstellen-; **автозапра́вочная ста́нция** Tankstelle *f*

автоинспе́ктор <-а> *м* Verkehrspolizist(in) *m(f)*

автоинспе́кци|я <-и> *ж* Verkehrspolizei *f*

автока́р <-а> *м* Motorkarren *m*

автокатастро́ф|а <-ы> *ж* Autounfall *m*

автокефа́ли|я <-и> *ж* РЕЛИГ Autokephalie *f,* Eigenständigkeit *f*

автокла́в <-а> *м* ТЕХ Autoklav *m*

автоклу́б <-а> *м* Autoklub *m*

автоколо́нн|а <-ы> *ж* Autokolonne *f*

автокра́н <-а> *м* Autokran *m*

автокрано́вщик <-а> *м* Autokranführer(in) *m(f)*

автокра́т <-а> *м* Alleinherrscher *m*

автокра́ти|я <-и> *ж* Autokratie *f,* Selbstherrschaft *f*

автокро́сс <-а> *м* Autocross *m*

автолюби́те|ль <-ля> *м* Autofan *m,* Autoliebhaber *m*

автомагази́н <-а> *м* Autohaus *nt*

автомагистра́|ль <-ли> *ж* Fernverkehrsstraße *f,* Autobahn *f*

автомастерск|а́я <-о́й> *ж* Autowerkstatt *f,* Kfz-Werkstatt *f*

автома́т <-а> *м* **1.** ТЕХ Automat *m;* **~ для прода́жи напи́тков** Getränkeautomat *m;* **биле́тный ~** Fahrkartenautomat *m;* **телефо́н-~** Münzfernsprecher *m,* Kartentelefon *nt* **2.** *(ору́жие)* Maschinenpistole *f,* Sturmgewehr *nt*

автоматиза́ци|я <-и> *ж* Automatisierung *f*

автоматизи́ровани|е <-я> *ср* Automatisierung *f*

автоматизи́рованн|ый <-ая, -ое> *прил* automatisiert; **автоматизи́рованное произво́дство** automatische Fertigung *f;* **автоматизи́рованное проекти́рование** Computer Aided Design *nt,* CAD *nt;* **автоматизи́рованная систе́ма управле́ния произво́дством** Computer Aided Manufacturing *nt,* CAM *nt;* **по́лностью ~** vollautomatisiert

автоматизи́р|овать <-ую, -уешь> *(н)св npx* automatisieren

автоматизи́роваться *(н)св рефл* sich automatisieren, automatisch handeln

автомати́зм <-а> *м* Automatismus *m*

автома́тик|а <-и> *ж* Automatik *f*

автома́тически *нрч* automatisch; **~ возобновля́емый креди́т** ЭКОН Revolvingkredit *m*

автомати́ческ|ий <-ая, -ое> *прил* **1.** ТЕХ automatisch, selbsttätig; **автомати́ческая телефо́нная ста́нция** (**АТС**) Fernsprechamt *nt* **2.** *(нецаро́чный)* unbewusst, unwillkürlich

автомати́ч|ный <-ная, -ное; -ен, -на, -но> *прил* automatisch; **автомати́чное движе́ние** Reflexbewegung *f*

автома́тчик <-а> *м* **1.** *(обслу́живает автома́т)* Bediener *m* eines Automaten **2.** *(бое́ц)* Maschinengewehrschütze *m*

автомаши́н|а <-ы> *ж* Auto *nt,* Kraftfahrzeug *nt*

автомобилестрое́ни|е <-я> *ср* Auto(mobil)bau *m,* Auto(mobil)industrie *f*

автомобилиза́ци|я <-и> *ж* Motorisierung *f*

автомобили́зм <-а> *м* Kraftfahrwesen *nt,* Automobilsport *m*

автомобили́ст <-а> *м,* **автомобили́стк|а** <-и> *ж* Autofahrer(in) *m(f)*

автомоби́|ль <-ля> *м* Auto *nt,* Kraftfahrzeug *nt;* **легково́й ~** Personenwagen *m,* Pkw *m;* **~ ско́рой по́мощи** Rettungswagen *m;* **грузово́й ~** Lastwagen *m,* Lkw *m;* **подёржанный ~** Gebrauchtwagen *m;* **~ с улу́чшенными показа́телями токси́чности** schadstoffarmes Auto *nt*

автомоби́льн|ый <-ая, -ое> *прил* Auto-, Automobil-; **автомоби́льная ава́рия** Autounfall *m;* **автомоби́льная промы́шленность** Automobilindustrie *f*

автомоби́льщик <-а> *м* Autofahrer(in) *m(f),* Automobilist(in) *m(f) CH*

автомодели́зм <-а> *м* Automodellbau *m*

автомоде́|ль <-ли> *ж* Automodell *nt*

автомотри́с|а <-ы> *ж* Ж.-Д. Triebwagen *m* *(mit Verbrennungsmotor)*

автонаруши́те|ль <-ля> *м* Verkehrssünder(in) *m(f)*

автоно́ми|я <-и> *ж* Autonomie *f,* Selbstverwaltung *f*

автоно́м|ный <-ная, -ное; -ен, -на, -но> *прил* autonom

автоотве́тчик <-а> *м* automatischer Anrufbeantworter *m*

автопа́рк <-а> *м* Autopark *m,* Wagenpark *m*
автопило́т <-а> *м* Autopilot *m,* Kurssteueranlage *f*
автопогру́зчик <-а> *м* Selbstlader *m;* **ви́лочный ~** Gabelstapler *m*
автопо́езд <-а> *м* Lastzug *m,* Sattelschlepperzug *m*
автопокры́шк|а <-и> *ж* Autoreifen *m,* Autoreifendecke *m*
автопортре́т <-а> *м* Selbstbildnis *nt*
автоприце́п <-а> *м* Anhänger *m,* Anhängerwagen *m*
автопробе́г <-а> *м* Autorennen *nt*
автопромы́шленнос|ть <-ти> *ж* Autoindustrie *f*
а́втор <-а> *м* **1.** *(созда́тель)* Autor(in) *m(f);* **и́стинный ~** Ghostwriter *m;* **~ сцена́рия** Drehbuchautor *m;* **~ го́ла** СПОРТ Torschütze *m* **2.** ЮР Urheber *m*
автора́лли <неизм> *ср* Autorallye *f*
авторемо́нтн|ый <-ая, -ое> *прил* Autoreparatur-; **авторемо́нтная мастерска́я** Autoreparaturwerkstatt *f*
автореферáт <-а> *м* Autorreferat *nt*
авторизо́ван|ный <-ная, -ное; -, -а, -о> *прил* autorisiert, bevollmächtigt; **~ перево́д** autorisierte Übersetzung *f*
авториз|ова́ть <-ую, -уешь> *(н)св прх* autorisieren, bevollmächtigen
авторитари́зм <-а> *м* autoritäre Herrschaftsform *f*
авторита́р|ный <-ная, -ное; -ен, -на, -но> *прил* autoritär; **~ режи́м** autoritäres Regime *nt*
авторите́т <-а> *м* **1.** *(прести́ж)* Autorität *f,* Ansehen *nt;* **по́льзоваться больши́м ~ом** großes Ansehen genießen; **потеря́ть ~** an Autorität verlieren; **2.** *(челове́к)* Autorität *f*
авторите́т|ный <-ная, -ное; -ен, -на, -но> *прил* **1.** *(влия́тельный)* angesehen **2.** *(излуча́ющий авторите́т)* einflussreich; **авторите́тное мне́ние** sachkundige Meinung *f*
а́вторск|ий <-ая, -ое> *прил* Autoren-; **а́вторское пра́во** Urheberrecht *nt;* **~ ве́чер** Soloabend *m;* **а́вторское телеви́дение** nichtstaatliches Fernsehen *nt,* Privatfernsehen *nt*
а́вторств|о <-а> *ср* Autorschaft *f,* Urheberschaft *f*
автору́чк|а <-и> *ж* Füller *m;* **ша́риковая авторучка** Kugelschreiber *m*
авторы́н|ок <-ка> *м* Automarkt *m*
автосало́н <-а> *м* **1.** *(вы́ставка)* Autosalon *m* **2.** *(магази́н)* Autoverkaufssalon *m*
автосе́рвис <-а> *м* Autowerkstatt *f*
автоспу́ск <-а> *м* ФОТ Selbstauslöser *m*
автоста́нци|я <-и> *ж* Autobushaltestelle *f*
автосто́п <-а> *м* **1.** Ж.-Д. Fahrsperre *f* **2.** *(попу́тка)* Trampen *nt;* **е́хать автосто́пом** per Anhalter fahren
автостоя́нк|а <-и> *ж* Parkplatz *m*
автостра́д|а <-ы> *ж* Autobahn *f,* Fernstraße *f*
автотеле́жк|а <-и> *ж* kleiner Wagenanhänger auf zwei Rädern
автотелефо́н <-а> *м* Sprechfunk *m*
автотра́нспорт <-а> *м* Kraftverkehr *m*
автотра́сс|а <-ы> *ж* Autobahn *f*
автотренажёр <-а> *м* Autosimulator *m,* Autotrainer *m*
автотури́зм <-а> *м* Autotourismus *m*
автотури́ст <-а> *м* Autotourist *m,* Camper *m*
автоуго́нщик <-а> *м разг* Autodieb(in) *m(f)*
автофурго́н <-а> *м* Lieferwagen *m*
автоце́нтр <-а> *м* Autozentrum *nt*
автоши́н|а <-ы> *ж* Autoreifen *m*
автошко́л|а <-ы> *ж* Fahrschule *f*
авуа́р|ы <-ов> *мн* ЭКОН Guthaben *nt*
ага́ *межд* aha!
ага́т <-а> *м* Achat *m*
аге́нт <-а> *м,* **аге́нтк|а** <-и> *ж* **1.** АДМ Agent(in) *m(f), (шпио́н)* Spion(in) *m(f);* **двойно́й ~** Doppelagent *m;* **засыла́ть ~а** einen Agenten einschleusen; **разоблача́ть ~а** einen Agenten entlarven; **2.** ЭКОН Vermittler *m,* Vertreter *m;* **~ по сбы́ту** Absatzvermittler *m;* **страхово́й ~** Versicherungsvertreter *m;* **торго́вый ~** Handelsvertreter *m*
аге́нтск|ий <-ая, -ое> *прил* Agenten-
аге́нтств|о <-а> *ср* Agentur *f,* Vertretung *f;* **~ печа́ти** Presseagentur *f*
агенту́р|а <-ы> *ж* Agentur *f,* Aufklärungsdienst *m;* **созда́ть разветвлённую агенту́ру** einen Agentenring *m* aufbauen
агиогра́фи|я <-и> *ж* РЕЛИГ Hagiographie *f,* Heiligenleben *nt*
агита́тор <-а> *м* Agitator *m*
агита́ци|я <-и> *ж* Agitation *f*
агитбрига́д|а <-ы> *ж* Agitationsbrigade *f*
агити́р|овать <-ую, -уешь> *нсв прх* **1.** *(занима́ться агита́цией)* agitieren, werben **2.** *разг (убежда́ть)* überreden
аги́тк|а <-и> *ж* **1.** *(брошю́ра)* Agitationsschrift *f* **2.** *(сторо́нник)* Fans *mpl,* Anhänger *mpl*
агитплака́т <-а> *м* Werbeplakat *nt*
агломера́ци|я <-и> *ж* **1.** *(концентра́ция)* Anhäufung *f* **2.** *(райо́н или о́бласть)* Ballungsgebiet *nt*
а́гнец <а́гнца> *м* РЕЛИГ Lamm *nt* Gottes
агно́стик <-а> *м* Agnostiker(in) *m(f)*
агностици́зм <-а> *м* Agnostizismus *m*
агности́ческ|ий <-ая, -ое> *прил* Agnostik-; **агности́ческое уче́ние** agnostizistische Lehre *f*
агонизи́р|овать <-ую, -ешь> *нсв нпрх* mit dem Tod ringen, sich quälen
аго́ни|я <-и> *ж* Agonie *f,* Todeskampf *m*
агра́ри|й <-ия> *м* Landwirt *m,* Agrarier *m*
агра́рн|ый <-ая, -ое> *прил* Agrar-, Boden-,

landwirtschaftlich; **агрáрная полúтика** Agrarpolitik *f;* **агрáрная пóшлина** Agrarzoll *m;* **агрáрная рефóрма** Bodenreform *f;* **~ рынок** Agrarmarkt *m;* **~ сéктор** Agrarsektor *m*

агрегáт <-а> *м* ТЕХ Aggregat *nt*

агрегáтн|ый <-ая, -ое> *прил* Aggregat-; **агрегáтное состоя́ние** ФИЗ Aggregatzustand *m*

агрегúрованн|ый <-ая, -ое> *прил* ЭКОН aggregiert

агремáн <-а> *м* Agrement *nt,* Agreement *nt*

агрессúвнос|ть <-ти> *ж* Aggressivität *f*

агрессúв|ный <-ная, -ное; -ен, -на, -но> *прил* aggressiv, angriffslustig; **агрессúвная ценá** ЭКОН Kampfpreis *m*

агрéсси|я <-и> *ж* Aggression *f; (нападéние)* Angriff *m*

агрéссор <-а> *м* Aggressor *m,* Angreifer *m*

агрокультýр|а <-ы> *ж* Agrokultur *f,* landwirtschaftliche Kultur *f*

агрометеорóлог <-а> *м* Agrometeorologe *m,* Landwirtschaftsmeteorologe *m*

агрометеоролóги|я <-и> *ж* Agrometeorologie *f,* Landwirtschaftswetterdienst *m*

агронóми|я <-и> *ж* Agronomie *f,* Landwirtschaftswissenschaft *f*

агропромы́шленн|ый <-ая, -ое> *прил* agroindustriell; **~ кóмплекс** agroindustrieller Komplex *m* [*o* Produktionsbetrieb *m*]

агротéхник|а <-и> *ж* Agrartechnik *f*

агроэколóги|я <-и> *ж* Landwirtschaftsökologie *f*

агý *межд Lalllaut zu einem Baby*

агýк|ать <-ну, -нешь> *нсв нпрх разг* lallen

ад <áда> *м* РЕЛИГ Hölle *f*

адáжио I. *нрч* МУЗ *(мéдленно)* adagio, im langsamen Tempo **II.** <неизм> *ср* Adagio *nt*

адáмов <-а, -о> *прил* Adams-; **адáмово я́блоко** Adamsapfel *m*

адаптáци|я <-и> *ж* Adaption *f,* Anpassung *f*

адáптер <-а> *м* ЭЛ Adapter *m*

адаптúровани|е <-я> *ср* Anpassung *f*

адаптúрованн|ый <-ая, -ое> *прил* adaptiert, angepasst; **адаптúрованное издáние** adaptierte Ausgabe *f*

адаптúр|овать <-ую, -ешь> *(н)св прх* anpassen

адаптúр|оваться <-уюсь, -уешься> *(н)св рефл* sich anpassen, sich eingewöhnen

адвентúзм <-а> *м* РЕЛИГ Adventismus *m*

адвентúстск|ий <-ая, -ое> *прил* adventistisch; **~ проповéдник** adventistischer Prediger *m*

адвокáт <-а> *м* **1.** ЮР Anwalt *m,* Anwältin *f* **2.** *(защúтник на судé)* Verteidiger(in) *m(f);* **наня́ть ~а** sich einen Anwalt nehmen **3.** *перен (застýпник, ходáтай)* Fürsprecher *m*

адвокатýр|а <-ы> *ж* ЮР Anwaltskanzlei *f,* Anwaltschaft *f*

адеквáтн|ый <-ая, -ое> *прил* angemessen, entsprechend, adäquat

аденóм|а <-ы> *ж* МЕД Adenom(a) *nt*

адинамú|я <-и> *ж* МЕД Bewegungsmangel *m*

администратúвн|ый <-ая, -ое> *прил* Verwaltungs-; **администратúвно-хозя́йственные издéржки** Verwaltungsgemeinkosten *pl;* **администратúвное наказáние** Ordnungsstrafe *f;* **администратúвное прáво** Verwaltungsrecht *nt;* **администратúвное распоряжéние** Verordnung *f;* **администратúвные полномóчия** Verwaltungsvollmacht *f;* **администратúвные расхóды** Verwaltungskosten *pl;* **~ поря́док** Dienstweg *m;* **в администратúвном поря́дке** auf dem Amtsweg *m;* **~ совéт** Verwaltungsrat *m*

администрáтор <-а> *м* **1.** *(руководúтель)* Verwalter *m,* verantwortlicher Leiter *m,* Geschäftsführer *m;* **~ сéти** ИНФОРМ Netzwerkadministrator *m* **2.** *(в гостúнице)* Empfangschef *m,* Rezeptionist *m*

администрáци|я <-и> *ж* Verwaltung *f,* Administration *f,* Geschäftsleitung *f;* **~ предприя́тия** Betriebsleitung *f*

администрúровани|е <-я> *ср* Administration *f*

администрúр|овать <-ую, -уешь> *нсв прх* verwalten

адмирáл <-а> *м* Admiral *m*

адмиралтéйств|о <-а> *ср* Admiralität *f*

адмирáльск|ий <-ая, -ое> *прил* Admirals-; **~ корáбль** Admiralsschiff *nt*

áдов|ый <-ая, -ое; -, -а, -о> *прил* Höllen-, höllisch, unerträglich; **рабóта áдовая!** ein Teufelswerk!

адреналúн <-а> *м* МЕД Adrenalin *nt*

áдрес <-а> *м* Adresse *f,* Anschrift *f;* **~ электрóнной пóчты** E-Mail-Adresse *f;* **~ гарáнта** ЭКОН Notadresse *f;* **~ отправúтеля** Absender *m;* **поздравúтельный ~** Grußadresse *f,* Glückwunschschreiben *nt;* **попáсть не по ~у** *и перен* an die falsche Adresse geraten

адресáнт <-а> *м* Adressant(in) *m(f),* Absender *m*

адресáт <-а> *м* Adressat *m,* Empfänger *m*

адресáци|я <-и> *ж* ИНФОРМ Adressieren *nt,* Adressierung *f*

áдресн|ый <-ая, -ое> *прил* Adressen-; **áдресное бюрó** Adressenauskunft *f;* **áдресная пóмощь** gezielte Hilfe *f*

адрес|овáть <-ýю, -ýешь> *(н)св прх* **1.** *(послáть по áдресу)* adressieren **2.** *(напрáвить в чей-л. áдрес)* richten an *+akk*

Адриáтик|а <-и> *ж* Adria *f*

áдск|ий <-ая, -ое> *прил и перен* höllisch; **áдская боль** wahnsinniger Schmerz *m*

адсóрбер <-а> *м* Adsorber *m*

адсорбúр|овать <-ую, -уешь> *(н)св прх*

adsorbieren
адсо́рбци|я <-и> *ж* Adsorbtion *f*
адъю́нкт <-а> *м* Aspirant *m* an der Militärakademie
адъюнкту́р|а <-ы> *ж* Aspirantur *f* an der Militärakademie
адъюта́нт <-а> *м* Adjutant *m*
адыге́|ец <-йца> *м*, **адыге́йк|а** <-и> *ж* Adigeer(in) *m(f)*
аж <неизм> *разг* **I.** *част* **1.** *(да́же)* sogar **2.** *(подчёркивает ва́жность)* selbst **II.** *сз (так что)* so, dass ...
а́жио <неизм> *ср* ЭКОН Agio *nt*, Aufgeld *nt*
ажиота́ж <-а> *м* **1.** *(шум)* Lärm *m*, Rummel *m*, Aufregung *f* **2.** ЭКОН Agiotage *f*; **биржево́й ~** Börsenspekulation *f*
ажиота́жн|ый <-ая, -ое> *прил* Erregungs-; **~ спрос** Kaufrausch *m*
ажу́р <-а> *м (состоя́ние по́лного поря́дка)* **быть в ~е** unter Dach und Fach sein, in bester Ordnung sein
ажу́р|ный <-ная, -ное; -ен, -на, -но> *прил* **1.** *(с узо́ром)* Ajour-; **~ чуло́к** Ajourstrumpf *m* **2.** *(иску́сно сде́ланный)* Juwelier-; **ажу́рная рабо́та** kunstvolle Arbeit *f*
аз <аза́> *м (бу́ква) der erste Buchstabe im altslawischen Alphabet;* **ни а́за (в глаза́) не знать** keine Ahnung von etw *dat* haben; **от а́за до и́жицы** das Alpha und Omega
аза́рт <-а> *м* Eifer *m*; **рабо́тать с ~ом** mit Eifer an die Arbeit gehen
аза́рт|ный <-ная, -ное; -ен, -на, -но> *прил* leidenschaftlich; **аза́ртные и́гры** Glücksspiele *ntpl*
а́збук|а <-и> *ж* Alphabet *nt*; **~ для слепых** Blindenschrift *f*; **но́тная ~** Notenschrift *f*; **~ Мо́рзе** Morsealphabet *nt*; **передава́ть а́збукой Мо́рзе** morsen
азбуко́вник <-а> *м* alphabetisches Verzeichnis *nt*
а́збучн|ый <-ая, -ое> *прил* alphabetisch; *перен* elementar, allbekannt; **а́збучная и́стина** Binsenweisheit *f*
Азербайджа́н <-а> *м* Aserbaidschan *nt*
азербайджа́н|ец <-ца> *м*, **азербайджа́нк|а** <-и> *ж* Aserbaidschaner(in) *m(f)*
азербайджа́нск|ий <-ая, -ое> *прил* aserbaidschanisch
азиа́т <-а> *м*, **азиа́тк|а** <-и> *ж* Asiat (in) *m(f)*
азиа́тск|ий <-ая, -ое> *прил* asiatisch
а́зимут <-а> *м* АСТР Azimut *nt o m*
А́зи|я <-и> *ж* Asien *nt*
Азо́рски|е остров|а́ <-х -о́в> *мн* Azoren *pl*
азо́т <-а> *м* ХИМ Stickstoff *m*
азо́тн|ый <-ая, -ое> *прил* Stickstoff-; **азо́тные удобре́ния** Stickstoffdünger *m*
аз|ы́ <-о́в> *мн* Anfangsgründe *mpl*; **нача́ть с азо́в** von Grund auf beginnen
а́ист <-а> *м* Storch *m*
ай, **ай-ай-а́й** *межд* au, oh, weh; **на что э́то похо́же! ~!** wo gibt's denn das!; **~! как э́то случи́лось?** au! wie ist das passiert?
айв|а́ <-ы> *ж* **1.** *(плод)* Quitte *f* **2.** *(де́рево)* Quittenbaum *m*
айда́ <неизм> **I.** *межд разг (пойдём, иди́те)* komm!; **~, ребя́та!** kommt Kinder! **II.** *межд* **то́лько что пришли́ – и ~ обра́тно** gerade angekommen und schon wieder zurück
айкидо́ <неизм> *ср* Aikido *nt*
айкидои́ст <-а> *м* Aikidokämpfer(in) *m(f)*
а́йсберг <-а> *м* Eisberg *m*; **верху́шка а́йсберга** *и перен (ви́димая часть)* die Spitze des Eisbergs
АК *сокр от* **акционе́рная компа́ния** AG *f*, Aktiengesellschaft *f*
академгород|о́к <-ка́> *м Forschungszentrum außerhalb einer Stadt mit einer dazugehörenden Akademikersiedlung*
академи́зм <-а> *м* *Akademismus m*
акаде́мик <-а> *м* Akademiemitglied *nt*

i Land & Leute

Die in den 20er Jahren gegründete Akademie der Wissenschaften gilt von Anfang an als die ranghöchste wissenschaftliche Forschungseinrichtung des Landes. Schon immer hat sie bedeutende Wissenschaftler auf verschiedenen Gebieten unter ihrem Dach vereinigt, von denen viele auch Weltruf haben. Zu den berühmten **Akademiemitgliedern** zählen der Generalkonstrukteur Sergej Koroljow, der den weltweit ersten bemannten Raumflug (1961) mit Jurij Gagarin vorbereitet hat, und der Atomphysiker Andrej Sacharow, der in seinen jungen Jahren bei der Schaffung der ersten sowjetischen Atombombe mitwirkte und später zu einem viel verfolgten, aber unbeugsamen Kämpfer für die Menschenrechte in der damaligen UdSSR wurde.

академи́ческ|ий <-ая, -ое> *прил* akademisch; **академи́ческое зва́ние** akademischer Titel *m*; **академи́ческая медици́на** Schulmedizin *f*
академи́ч|ный <-ная, -ное; -ен, -на, -но> *прил* akademisch
акаде́ми|я <-и> *ж* Akademie *f*; **~ нау́к** Akademie der Wissenschaften
академо́тпуск <-а> *м akademischer Urlaub, während dessen ein Wissenschaftler von der Hochschule (Universität), an der er unterrichtet, fern bleibt und an seiner Weiterbildung oder an wissenschaftlichen Projekten arbeitet*
ака́ци|я <-и> *ж* БОТ Akazie *f*

АКБ *сокр от* **Акционе́рный комме́рческий банк** kommerzielle Aktienbank *f*

аквала́нг <-а> *м* Tauchgerät *nt*

аквалангист <-а> *м* Sporttaucher *m,* Taucher(in) *m(f)*

акварели́ст <-а> *м* Aquarellmaler(in) *m(f)*

аквамари́н <-а> *м* Aquamarin *m*

аквaре́|ль <-ли> *ж* Aquarell *nt*

аква́риум <-а> *м* Aquarium *nt*

аквариуми́ст <-а> *м* Aquarist(in) *m(f)*

аквато́ри|я <-и> *ж* Seegebiet *nt,* Gewässer *nt;* **охраня́емая ~** Wasserschutzgebiet *nt*

акведу́к <-а> *м* Aquädukt *m*

аквизи́тор <-а> *м* Akquisiteur *m*

аквизи́торск|ий <-ая, -ое> *прил* ЭКОН akquisitorisch; **~ потенциа́л** akquisitorisches Potential *nt*

аквизи́ци|я <-и> *ж* Akquisition *f,* Takeover *m*

акклиматиза́ци|я <-и> *ж* Akklimatisierung *f,* Anpassung *f*

акклиматизи́р|овать <-ую, -уешь> *(н)св прх* akklimatisieren, anpassen

акклиматизи́р|оваться <-уюсь, -уешься> *(н)св рефл* sich anpassen, sich eingewöhnen; **хорошо́ акклиматизи́рующийся** anpassungsfähig

аккомода́ци|я <-и> *ж* Akkommodation *f,* Anpassung *f*

аккомоди́р|овать <-ую, -уешь> *(н)св прх* akkommodieren, anpassen

аккомоди́р|оваться <-уюсь, -уешься> *(н)св рефл* sich anpassen

аккомпанеме́нт <-а> *м* МУЗ Begleitung *f,* Begleitmusik *f*

аккомпаниа́тор <-а> *м* Akkompagneur(in) *m(f)*

аккомпани́р|овать <-ую, -уешь> *нсв нпрх (кому́-л. на чём-л.)* begleiten

акко́рд <-а> *м* МУЗ, ЭКОН Akkord *m;* **заверша́ющий ~** Schlussakkord *m;* **группово́й ~** Gruppenakkord *m*

аккордео́н <-а> *м* Akkordeon *nt*

аккордеони́ст <-а> *м* Akkordeonspieler(in) *m(f)*

акко́рдн|ый <-ая, -ое> *прил* Akkord-; **акко́рдная за́работная пла́та** Akkordlohn *m,* Stücklohn *m;* **акко́рдная рабо́та** Akkordarbeit *f*

аккредитацио́нн|ый <-ая, -ое> *прил* Beglaubigungs-; **аккредитацио́нная ка́рточка** Presseausweis *m*

аккредита́ци|я <-и> *ж* Akkreditierung *f,* Bevollmächtigung *f*

аккредити́в <-а> *м* Akkreditiv *nt,* Kreditbrief *m;* **(без)отзы́вный ~** (un)widerrufliches Akkreditiv *nt;* **бессро́чный ~** unbefristetes Akkreditiv *nt;* **возобновля́емый ~** revolvierendes Akkreditiv *nt;* **документа́рный ~** Dokumentenakkreditiv *nt;* **(не)подтверждённый ~** (un)bestätigtes Akkreditiv *nt;* **(не)покры́тый ~** (un)gedecktes Akkreditiv *nt*

аккредити́вн|ый <-ая, -ое> *прил* Akkreditiv-; **аккредити́вная фо́рма расчёта** Akkreditivverfahren *nt*

аккредитиводáте|ль <-ля> *м* Akkreditivsteller *m*

аккредито́ван|ный <-ная, -ное; -, -а, -о> *прил* beglaubigt, akkreditiert

аккредит|ова́ть <-у́ю, -у́ешь> *(н)св прх* beglaubigen, bevollmächtigen, akkreditieren

аккредит|ова́ться <-у́юсь, -у́ешься> *(н)св рефл* **1.** *(диплома́т)* akkreditiert werden **2.** *(официа́льное призна́ние пра́ва на что-л.)* bevollmächtigt werden

аккумули́р|овать <-ую, -уешь> *(н)св прх* akkumulieren, speichern

аккумули́р|оваться <-уюсь, -уешься> *(н)св рефл* sich anhäufen

аккумуля́тор <-а> *м* **1.** АВТО Batterie *f* **2.** ТЕХ Akkumulator *m*

аккумуля́ци|я <-и> *ж* Akkumulation *f,* Ansammlung *f,* Speicherung *f;* **~ валю́ты** Währungsakkumulation *f;* **~ тепла́** Wärmespeicherung *f;* **~ эне́ргии** Energiespeicherung *f;* **эффе́кт аккумуля́ции** Akkumulationseffekt *m*

аккура́т *нрч разг* akkurat, ordentlich; **он сде́лал всё во́время, ~ к обе́ду** er hat alles rechtzeitig genau zum Mittag gemacht

аккура́тно *нрч* **1.** *(стара́тельно)* akkurat, ordentlich; **он сде́лал всё о́чень ~** er hat alles sehr ordentlich gemacht **2.** *разг (осторо́жно)* sorgfältig, vorsichtig; **де́лай ~, а то испо́ртишь** arbeite vorsichtig, sonst machst du alles kaputt **3.** *разг (регуля́рно)* regulär, regelmäßig; **по́чту прино́сят ~** die Post wird regelmäßig gebracht

аккура́тнос|ть <-ти> *ж* Genauigkeit *f,* Sorgfalt *f;* *(то́чность)* Pünktlichkeit *f*

аккура́т|ный <-ная, -ное; -ен, -на, -но> *прил* ordentlich *(то́чный)* pünktlich; **у него́ аккура́тный по́черк** er hat eine saubere Handschrift

акмеи́зм <-а> *м* Akmeismus *m (russische Dichtungsströmung)*

акмеи́ст <-а> *м* Akmeist *m (Dichter der Richtung Akmeismus)*

акри́л <-а> *м* ХИМ Acryl *nt*

акроба́т <-а> *м* Akrobat *m*

акроба́тик|а <-и> *ж* Akrobatik *f*

акробати́ч|еский <-еская, -еское; -ен, -на, -но> *прил* akrobatisch; **~ этю́д** akrobatische Übung *f*

акро́по|ль <-ля> *м* Akropolis *f*

акрости́х <-а> *м* ЛИТ Akrostichon *nt*

аксака́л <-а> *м* Sippenältester *m (im Kaukasus und Mittelasien)*

акселера́т <-а> *м* Frühreifer *m*

акселера́тор <-а> *м* Akzelerator *m*

аксельба́нт <-а> *м* Achselband *nt,* Achselschnur *f*

аксессуа́р <-а> *м* Accessoire *nt; мн* Zubehör *nt*

аксиоло́ги|я <-и> *ж* Axiologie *f (Lehre von den geistigen Werten)*

аксиома́тик|а <-и> *ж* Axiomatik *f*

аксиомати́ч|ный <-ная, -ное; -ен, -на, -но> *прил* axiomatisch; **аксиомати́чное утвержде́ние** axiomatische Behauptung *f*

аксо́н <-а> *м* АНАТ Axon *nt,* Neurit *m*

акт <а́кта> *м* **1.** *(де́йствие)* Aktion *f,* Handlung *f;* **~ до́брой во́ли** Geste *f;* **террористи́ческий ~** Terrorakt *m,* Terroranschlag *m* **2.** ТЕАТ Akt *m,* Aufzug *m* **3.** *(докуме́нт)* Urkunde *f,* Dokument *nt,* Protokoll *nt;* **обвини́теный ~** Anklageschrift *f;* **~ о переда́че** Zessionsurkunde *f,* Übertragungsurkunde *f;* **~ о приёме** ЭКОН Abnahmeprotokoll *nt*

актёр <-а> *м* **1.** ТЕАТР Schauspieler *m* **2.** *перен* Komödiant *m*

актёрск|ий <-ая, -ое> *прил* schauspielerisch; **актёрская игра́** schauspielerische Aufführung *f* [*o* Darbietung *f*]

акти́в <-а> *м* **1.** ПОЛ aktive Mitglieder *ntpl* **2.** ЭКОН Guthaben *nt,* Vermögensbestand *m*

актива́ци|я <-и> *ж* Aktivierung *f*

активиза́ци|я <-и> *ж* Aktivierung *f*

активизи́р|овать <-ую, -уешь> *(н)св прх* aktivieren

активизи́р|оваться <-уюсь, -уешься> *(н)св рефл* aufleben, lebhafter werden

активи́р|овать <-ую, -уешь> *(н)св прх* aktivieren, intensivieren, beschleunigen

активи́ст <-а> *м* Aktivist *m;* **~ борьбы́ за гражда́нские права́** Bürgerrechtler *m;* **~ охра́ны окружа́ющей среды́** Umweltschützer *m;* **профсою́зный ~** Gewerkschaftler *m*

акти́внос|ть <-ти> *ж* Aktivität *f,* Engagement *nt;* **повы́шенная со́лнечная ~** erhöhte Sonnenstrahlung *f*

акти́в|ный <-ная, -ное; -ен, -на, -но> *прил* **1.** *(де́йствующий)* aktiv **2.** *(полага́ющий уси́лия)* engagiert; **акти́вная зо́на реа́ктора** ФИЗ Reaktorkern *m;* **акти́вная и пасси́вная ча́сти бала́нса** Soll und Haben; **акти́вная статья́ бала́нса** Aktivposten *m;* **акти́вная часть вну́треннего бала́нса** Inlandsaktiva *pl;* **~ о́тдых** Aktivurlaub *m;* **акти́вно уча́ствовать** sich engagieren; **акти́вно-пасси́вный счёт** Bestandskonto *nt;* **акти́вное са́льдо** Aktivsaldo *m,* Debetsaldo *m,* Sollsaldo *m*

акти́в|ы <-ов> *мн* ЭКОН Aktiva *pl,* Guthaben *nt*

акти́ни|й <-я> *м* Aktinium *nt*

акти́р|овать <-ую, -уешь> *(н)св прх* **1.** *книжн (составля́ть акт)* eine Akte anlegen, eine Urkunde ausstellen **2.** *разг (освободи́ть из тюрьмы́)* aus dem Gefängnis befreien

а́ктов|ый <-ая, -ое> *прил* Akten-; **~ зал** Aula *f*

актри́с|а <-ы> *ж* **1.** ТЕАТР Schauspielerin *f* **2.** *перен* Komödiantin *f*

актуализа́ци|я <-и> *ж* Aktualisierung *f*

актуализи́р|овать <-ую, -уешь> *(н)св прх* aktualisieren, auf den neusten Stand bringen

актуализи́р|оваться <-уюсь, -уешься> *(н)св рефл* sich aktualisieren

актуа́льнос|ть <-ти> *ж* Aktualität *f*

актуа́ль|ный <-ная, -ное; -ен, -на, -но> *прил* aktuell; *(совреме́нный)* zeitgemäß

аку́л|а <-ы> *ж* Hai(fisch) *m*

акуметри́|я <-и> *ж* Akumetrie *f,* Hörprüfung *f*

акупрессу́р|а <-ы> *ж* Akupressur *f*

акупункту́р|а <-ы> *ж* Akupunktur *f;* **корпора́льная ~** Körperakupunktur *f*

аку́стик <-а> *м* Akustiker(in) *m(f)*

аку́стик|а <-и> *ж* Akustik *f;* **в э́том за́ле хоро́шая ~** in diesem Raum herrscht eine gute Akustik

акутра́вм|а <-ы> *ж* Lärmtrauma *nt*

акуше́рк|а <-и> *ж* Hebamme *f,* Geburtshelferin *f*

акуше́рск|ий <-ая, -ое> *прил* Entbindungs-

акуше́рств|о <-а> *ср* Geburtshilfe *f*

акуше́рств|овать <-ую, -уешь> *нсв нпрх* bei der Geburt [*o* Entbindung] helfen

акце́нт <-а> *м* **1.** *(ударе́ние)* Akzent *m,* Betonung *f* ; **он говори́т без ~а** er spricht akzentfrei **2.** *перен* Schwerpunkt *m;* **(с)де́лать ~ на чём-л.** einen Schwerpunkt setzen auf *+akk*

акценти́р|овать <-ую, -уешь> *(н)св прх и перен* betonen

акцентоло́ги|я <-и> *ж* Akzentologie *f*

акце́пт <-а> *м* ЭКОН Akzept *nt,* Annahme *f,* Annahmeerklärung *f;* **ба́нковский ~** Bankakzept *nt;* **бла́нковый ~** Blankoakzept *nt;* **това́рный ~** Warenakzept *nt;* **~ докуме́нтов, пе́реданных ба́нку на инка́ссо** Dokumenteninkasso *nt*

акцепта́нт <-а> *м* ЭКОН Akzeptant *m*

акце́птн|ый <-ая, -ое> *прил* ЭКОН Annahme-; **акце́птная отме́тка** Annahmevermerk *m;* **акце́птно-рамбу́рсный креди́т** Rembourskredit *m;* **~ креди́т** Akzeptkredit *m*

акцептова́ни|е <-я> *ср* ЭКОН Akzept *nt,* Annahme *f;* **~ ве́кселя** Wechselakzept *nt;* **~ для спасе́ния креди́та векселеда́теля** Ehrenannahme *f*

акцессо́рно|е пра́в|о <-го -а> *ср* akzessorisches Recht *nt*

акциедержа́те|ль <-ля> *м* Aktienbesitzer *m,* Aktienhalter *m,* Aktieninhaber *m*

акци́з <-а> *м* ЭКОН Akzise *f,* Verbrauchssteuer *f;* **~ на таба́к** indirekte Tabaksteuer *f;* **~ на спиртны́е напи́тки** indirekte Alkoholsteuer *f*

акци́зн|ый <-ая, -ое> *прил* ЭКОН Akzis-; **~**

сбор Akziseinnahme *f;* **акци́зная ма́рка** Steuermarke *f*

акционе́р <-а> *м* Aktionär *m,* Aktieninhaber *m;* **~ коммандИ́тного о́бщества** Kommanditaktionär *m*

акционе́рн|ый <-ая, -ое> *прил* Aktien-; **акционе́рное ло́бби** Aktionärsvereinigung *f;* **акционе́рное о́бщество** Aktiengesellschaft *f,* AG *f;* **акционе́рное о́бщество откры́того ти́па** Publikumsgesellschaft *f;* **акционе́рное пра́во** Aktienrecht *nt;* **~ банк** Aktionärsbank *f;* **~ капита́л** Aktienkapital *nt;* **~ сертифика́т** Aktienzertifikat *nt*

акциони́ровани|е <-я> *ср* *Umwandlung staatlicher Betriebe in Aktiengesellschaften*

а́кци|я[1] <-и> *ж* Aktie *f;* **а́кции-двойники́** Zwillingsaktien *pl;* **безголо́сая ~** stimmrechtslose Aktie *f;* **~ инвестицио́нной компа́нии** Fondsanteilsschein *m;* **~ на предъяви́теля** Inhaberaktie *f;* **привилегиро́ванная ~** Vorzugsaktie *f;* **учреди́тельская ~** Gründungsaktie *f;* **ана́лиз а́кций** Aktienanalyse *f;* **вы́пуск а́кций** Aktienausgabe *f;* **дохо́д с а́кций** Aktienrendite *f;* **кни́га а́кций** Aktienbuch *nt;* **ры́нок а́кций** Aktienmarkt *m;* **торго́вля а́кциями** Aktienhandel *m;* **эми́ссия а́кций** Aktienemission *f;* **его́ а́кции упа́ли** *перен* es sieht schlecht für ihn aus

а́кци|я[2] <-и> *ж* Aktion *f;* **~ проте́ста** Protestaktion *f*

алба́н|ец <-ца> *м,* **алба́нк|а** <-и> *ж* Albaner(in) *m(f)*

Алба́ни|я <-и> *ж* Albanien *nt*

алба́нск|ий <-ая, -ое> *прил* albanisch

а́лгебр|а <-ы> *ж* Algebra *f*

алгебраи́ческ|ий <-ая, -ое> *прил* algebraisch; **алгебраи́ческая фу́нкция** algebraische Funktion *f*

алгори́тм <-а> *м* МАТ Algorithmus *m*

алгоритмиза́ци|я <-и> *ж* Algorithmisierung *f*

алеба́стр <-а> *м* Alabaster *m*

алеба́стров|ый <-ая, -ое> *прил* Alabaster-; **алеба́стровая стату́этка** Alabasterskulptur *f;* **алеба́стровые ру́ки** Alabasterhände *pl*

александри́т <-а> *м* Alexandrit *m*

але́|ться <-ется> *нсв безл, только в 3 л* rot schimmern [*o* leuchten]

Алжи́р <-а> *м* **1.** *(госуда́рство в Се́верной А́фрике)* Algerien *nt* **2.** *(столи́ца)* Algier *nt*

алжи́р|ец <-ца> *м,* **алжи́рк|а** <-и> *ж* Algerier(in) *m(f)*

а́либи <неизм> *ср* Alibi *nt*

алиготе́ <неизм> *ср* *(вино́)* Aligote *m*

алиме́нтщик <-а> *м разг* Alimentenzahler *m,* Unterhaltszahler *m*

алиме́нт|ы <-ов> *мн* Alimente *pl,* Unterhaltszahlung *f*

алкало́ид <-а> *м* Alkaloid *nt*

алка́ш <-а́> *м разг* Trunkenbold *m,* Säufer *m*

алкоголи́зм <-а> *м* Alkoholismus *m,* Alkoholabhängigkeit *f;* **лече́ние от ~а** Entziehungskur *f*

алкого́лик <-а> *м* Alkoholiker *m*

алкого́|ль <-ля> *м* Alkohol *m;* **пло́хо переноси́ть ~** Alkohol schlecht vertragen

алкого́льн|ый <-ая, -ое> *прил* alkoholisch, Alkohol-

алле́ *межд* ЦИРК *(кома́нда)* allez!; **~ гоп!** allez hop!

аллегори́ч|еский <-еская, -еское; -ен, -на, -но> *прил* allegorisch, sinnbildlich

аллего́ри|я <-и> *ж* Allegorie *f*

аллерге́н <-а> *м* МЕД Allergen *nt*

алле́ргик <-а> *м* Allergiker(in) *m(f)*

аллерги́ческ|ий <-ая, -ое> *прил* allergisch; **~ на́сморк** Heuschnupfen *m*

аллерги́|я <-и> *ж* Allergie *f;* **у него́ ~ на кого́-л./что-л.** er ist allergisch gegen + *akk*

аллерго́лог <-а> *м* Allergologe *m,* Allergologin *f*

аллерголо́ги|я <-и> *ж* Allergologie *f*

алле́я <-и> *ж* Allee *f*

аллига́тор <-а> *м* Alligator *m*

аллилу́йщик <-а> *м разг* Scharwenzler(in) *m(f)*

аллитера́ци|я <-и> *ж* ЛИТ Alliteration *f*

алло́ *межд* hallo!

аллока́ци|я <-и> *ж* ЭКОН Allokation *f*

алло́нж <-а> *м* ЭКОН Allonge *f,* Anhang *m,* Wechselallonge *f*

аллопати́|я <-и> *ж* МЕД Allopathie *f*

аллю́зи|я <-и> *ж* ЛИТ Anspielung *f,* Andeutung *f*

аллю́р|ы <-ов> *мн* Allüren *fpl*

алма́з <-а> *м* Diamant *m;* **у тебя́ не глаз, а ~** du hast aber ein scharfes Auge

алма́зн|ый <-ая, -ое> *прил и перен* Diamant(en)-; **~ пе́рстень** Diamantring *m;* **алма́зная роса́** Diamantentau *m*

алоги́зм <-а> *м* Alogismus *m*

алоги́ч|ный <-ная, -ное; -ен, -на, -но> *прил* unlogisch; **~ посту́пок** unlogische Tat *f*

ало́э <неизм> *ср* БОТ Aloe *f*

алта́|рь <-ря́> *м* Altar *m*

алта́|эц <-йца> *м,* **алта́йк|а** <-и> *ж* Altaie *m,* Altaiin *f*

алты́н <-а> *м* ИСТОР Altyn *nt* *(alte Münze = silbernes Dreikopekenstück)*

алфави́т <-а> *м* Alphabet *nt*

алфави́тн|ый <-ая, -ое> *прил* alphabetisch; **расста́вить в алфави́тном поря́дке** alphabetisch anordnen

алхи́мик <-а> *м* **1.** ИСТОР Alchemist *m* **2.** *разг* Goldmacher *m*

алхи́ми|я <-и> *ж* Alchimie *f*

а́лчнос|ть <-ти> *ж* Habsucht *f,* Gier *f*

а́лч|ный <-ная, -ное; -ен, -на, -но> *прил* habgierig

áл|ый <-ая, -ое; -, -а, -о> *прил* scharlachrot
алыч|á <-и́> *ж* **1.** *(дéрево)* Mirabellenbaum *m* **2.** *(плод)* Mirabelle *f*
альбатрóс <-а> *м* Albatros *m*
альбинóс <-а> *м* Albino *m*
альбóм <-а> *м* Album *nt, (с фотогрáфиями)* Fotoalbum *nt, (печáтное издáние)* Bildband *m*
альбуми́н <-а> *м* Albumin *nt*
альвеóл|а <-ы> *ж* **1.** *(в лёгких)* Alveole *f* **2.** *(в чéлюсти)* Zahnalveole *f*
áльма-мáтер <неизм> *ж книж* Alma mater *f*, Universität *f*, Hochschule *f*
альманáх <-а> *м* Almanach *m*
альпакá <неизм> *м и ср* **1.** *(живóтное)* Alpaka *nt* **2.** *(шерсть живóтного)* Alpakawolle *f*
альпáри *нрч* ЭКОН *(наравнé)* pari, al pari
альпи́йск|ий <-ая, -ое> *прил* Alpen-, alpin; **альпи́йские ви́ды спóрта** alpine Sportarten *fpl;* **альпи́йские лугá** Weideland *nt*, Alm *f*
альпинáри|й <-я> *м* Alpinum *nt*, Steingarten *m*
альпини́зм <-а> *м* Bergsteigen *nt*, Klettern *nt*
Áльп|ы <-> *мн* die Alpen *pl*
альт <-á> *м* МУЗ **1.** *(гóлос)* Alt *m*, Altstimme *f* **2.** *(инструмéнт)* Bratsche *f*
альтернати́в|а <-ы> *ж* Alternative *f*
альтернати́в|ный <-ная, -ное; -ен, -на, -но> *прил* Alternativ-, alternativ; **~ вопрóс** Alternativfrage *f;* **альтернати́вные истóчники энéргии** alternative Energiequellen *fpl;* **альтернати́вная вóинская слýжба** Zivildienst *m;* **~ кандидáт** Gegenkandidat *m;* **альтернати́вная энéргия** alternative Energie *f;* **альтернати́вное плани́рование** Alternativplanung *f;* **альтернати́вные предприя́тия** alternative Betriebe *pl;* **~ план** Eventualplan *m*
альти́ст <-а> *м* Bratschespieler(in) *m(f)*
альтруи́зм <-а> *м* Altruismus *m*
альтруи́ст <-а> *м* Altruist(in) *m(f)*
альтруисти́ческ|ий <-ая, -ое> *прил* altruistisch; **~ постýпок** altruistische Tat *f*
áльф|а <-ы> *ж* Alpha *nt;* **~ и омéга** das A und O; **от áльфы до омéги** von A bis Z
áльфа-луч|и́ <-éй> *мн* Alphastrahlen *mpl*
áльфа-распáд <-а> *м* Alphazerfall *m*
áльфа-части́ц|ы <-> *мн* Alphateilchen *ntpl*
алья́нс <-а> *м* ПОЛ Allianz *f*, Bündnis *nt*
алюми́ниев|ый <-ая, -ое> *прил и перен* Aluminium-; **алюми́ниевая лóжка** Aluminiumlöffel *m;* **алюми́ниевое нéбо** schwarzer Himmel *m*
алюми́ни|й <-я> *м* Aluminium *nt*
аляповáт|ый <-ая, -ое; -, -а, -о> *прил* grob, ungehobelt
амазóнк|а <-и> *ж* Amazone *f*
Амазóнк|а <-и> *ж* Amazonas *m*
амальгáм|а <-ы> *ж* ХИМ Amalgam *nt*
амбáл <-а> *м разг* hässlicher [*o* schreckenerregender] Riese *m*
амбáр <-а> *м* **1.** *(для сéна)* Scheune *f* **2.** *(склад)* Lagerhaus *nt* **3.** *(для зернá)* Speicher *m*
амбáрн|ый <-ая, -ое> *прил* Scheunen-; **~ замóк** Scheunenschloss *nt*
амбивалéнтн|ый <-ая, -ое> *прил* ПСИХ ambivalent, doppelwertig
амбициóз|ный <-ная, -ное; -ен, -на, -но> *прил* ehrgeizig; **~ человéк** ehrgeiziger Mensch *m*
амби́ци|я <-и> *ж* Ehrgeiz *m; только мн* Ambitionen *fpl;* **ли́чные ~** persönlicher Ehrgeiz *m*
амбразýр|а <-ы> *ж* Schießscharte *f*
амбулатóри|я <-и> *ж* Ambulanz *f*, Ambulatorium *nt*
амбулатóрн|ый <-ая, -ое> *прил* ambulant; **амбулатóрное лечéние** ambulante Behandlung *f*
амвóн <-а> *м* Voraltar *m*
амéб|а <-ы> *ж и перен* Amöbe *f*
Амéрик|а <-и> *ж* Amerika *nt;* **Лати́нская ~** Lateinamerika *nt*
америкáн|ец <-ца> *м*, **америкáнк|а** <-и> *ж* Amerikaner(in) *m(f)*
американизáци|я <-и> *ж* Amerikanisierung *f*
американизи́рованн|ый <-ая, -ое> *прил* amerikanisiert; **~ óбраз жи́зни** amerikanisierte Lebensweise *f*
американизи́р|оваться <-уюсь, -уешься> *(н)св рефл* sich amerikanisieren
американи́зм <-а> *м* Amerikanismus *m*
америкáнск|ий <-ая, -ое> *прил* amerikanisch; **~ óбраз жи́зни** „American way of life"
амери́ци|й <-я> *м* Amerizium *nt*
амети́ст <-а> *м* Amethyst *m*
аминокислот|á <-ы> *ж* Aminosäure *f*
аммиáк <-а> *м* Ammoniak *nt*
амнези́|я <-и> *ж* Amnesie *f*, Gedächtnisverlust *m*
амнисти́р|овать <-ую, -уешь> *(н)св прх* amnestieren
амни́сти|я <-и> *ж* Amnestie *f;* **попадáть/попáсть под амни́стию** amnestiert werden
аморáльнос|ть <-ти> *ж* Amoralität *f*, Sittenwidrigkeit *f*
аморá|льный <-льная, -льное; -лен, -льна, -льно> *прил* unmoralisch; *(безнрáвственный)* sittenwidrig
амортизáтор <-а> *м* ТЕХ Stoßdämpfer *m*, Dämpfer *m*
амортизациóнн|ый <-ая, -ое> *прил* **1.** ЭКОН Tilgungs-, Amortisations-; **~ периóд** Abschreibungsszeitraum *m;* **~ срок** Amortisationsdauer *f;* **амортизациóнные отчислéния** Abschreibung *f* **2.** ТЕХ Dämpfungs-; **амортизациóнное устрóйство** Dämp-

fungsvorrichtung *f*

амортиза́ци|я <-и> *ж* **1.** ЭКОН Abschreibung *f*, Amortisation *f*; **~ до́лга** Schuldentilgung *f*, Amortisation *f*; **~ това́ров** Güterverzehr *m* **2.** ТЕХ Dämpfung *f* **3.** Verschleiß *m*

амортизи́р|овать <-ую, -уешь> *(н)св прх* ЭКОН amortisieren, tilgen, abschreiben

амо́рф|ный <-ная, -ное; -ен, -на, -но> *прил* amorph; **~ углеро́д** amorpher Kohlenstoff *m*; **амо́рфное состоя́ние** amorpher Zustand *m*; **~ челове́к** Mensch *m* ohne feste Grundsätze

ампе́р <-а> *м* Ampere *nt*

амперме́тр <-а> *м* Amperemeter *nt*, Strommesser *m*

ампи́р <-а> *м* Empire *nt*, Empirestil *m*

амплиту́д|а <-ы> *ж* Amplitude *f*

амплуа́ <неизм> *ср* ТЕАТ Rolle *f*

ампута́ци|я <-и> *ж* МЕД Amputation *f*

ампути́р|овать <-ую, -уешь> *(н)св прх* amputieren

амуле́т <-а> *м* Amulett *nt*, Glücksbringer *m*

амуни́ци|я <-и> *ж* **1.** *(бойца́)* Ausrüstung *f* **2.** *разг (оде́жда)* Spezialbekleidung *f*

амфи́би|я <-и> *ж* Amphibie *f*

амфитеа́тр <-а> *м* Amphitheater *nt*

а́мфор|а <-ы> *ж* Amphora *f*, Amphore *f*

анабо́лик <-а> *м* Anabolikum *nt*

анаболи́ческ|ий <-ая, -ое> *прил* anabol; **анаболи́ческое сре́дство** Anabolikum *nt*

аналге́тик <-а> *м* Analgetikum *nt*, Schmerzmittel *nt*

ана́лиз <-а> *м* **1.** ХИМ, МЕД, ЭКОН Analyse *f*, Untersuchung *f*; **~ бала́нса** Bilanzanalyse *f*; **~ затра́т и результа́тов** Kosten-Nutzen-Analyse *f*; **~ инфляцио́нного разры́ва** Gap-Analyse *f*; **ка́чественный ~** qualitative Analyse *f*; **коли́чественный ~** quantitative Analyse *f*; **~ конкуре́нции** Konkurrenzanalyse *f*; **~ межотраслевы́х свя́зей** Input-Output-Analyse *f*; **~ отклоне́ний** Abweichungsanalyse *f*; **~ поле́зности** Nutzwertanalyse *f*; **~ портфе́ля** Portfolioanalyse *f*; **~ результати́вности** Erfolgsanalyse *f*; **~ ри́ска** Risikoanalyse *f*; **~ сбы́та** Absatzanalyse *f*; **~ средств рекла́мы** Mediaanalyse *f*; **~ факти́ческого положе́ния** Ist-Analyse *f*; **~ фина́нсового положе́ния** Finanzanalyse *f*; **~ хозя́йственной де́ятельности предприя́тия** Betriebsanalyse *f*; **~ це́нных бума́г** Wertpapieranalyse *f*; **~ кро́ви** Blutprobe *f*; **~ кро́ви на СПИД** Aidstest *m*; **~ мочи́** Urinprobe *f* **2.** МАТ Analysis *f* **3.** *(разбо́р)* Analyse *f*

анализа́тор <-а> *м* **синтакси́ческий ~** ИНФОРМ Parser *m*

анализи́р|овать <-ую, -уешь> *нсв*, **про-анализи́ровать** *св прх* analysieren, auswerten

анали́тик <-а> *м* Analytiker *m*

аналити́ческ|ий <-ая, -ое> *прил* Analyse-, analytisch

ана́лог <-а> *м* Analogon *nt*, Vergleich *m*

аналоги́ч|ный <-ная, -ное; -ен, -на, -но> *прил* analog, entsprechend

анало́ги|я <-и> *ж* Analogie *f*, Entsprechung *f*

анало́гов|ый <-ая, -ое> *прил* ИНФОРМ Analog-, analog; **анало́говая те́хника** Analogtechnik *f*

анало́го-цифров|о́й <-а́я, -о́е> *прил* ИНФОРМ analog-digital-; **~ преобразова́тель** Analog-Digital-Wandler *m*

ана́льн|ый <-ая, -ое> *прил* АНАТ anal; **ана́льное отве́рстие** After *m*

ана́мнез <-а> *м* МЕД Anamnese *f*

анана́с <-а> *м* Ananas *f*

анана́сов|ый <-ая, -ое> *прил* Ananas-; **~ компо́т** Ananaskompott *nt*

анархи́зм <-а> *м* Anarchismus *m*

анархи́ст <-а> *м*, **анархи́стк|а** <-и> *ж* Anarchist(in) *m(f)*

анархи́ч|еский <-еская, -еское; -ен, -на, -но> *прил* anarchisch

ана́рхи|я <-и> *ж* Anarchie *f*

ана́том <-а> *м* Anatom(in) *m(f)*

анатоми́ческ|ий <-ая, -ое> *прил* anatomisch

анато́ми|я <-и> *ж* **1.** *(нау́ка)* Anatomie *f* **2.** *перен* Hintergründe *mpl*

ана́фем|а <-ы> *ж* Kirchenbann *m*; **преда́ть ана́феме кого́-л.** den Bann *m* aussprechen über *+akk*

ана́фемсв|овать <-ую, -уешь> *нсв прх* **1.** *книжн (предава́ть ана́феме)* jdn mit einem Bannfluch belegen, jdn in die Acht erklären **2.** *разг (проклина́ть)* jdn verdammen

анахоре́т <-а> *м* Einsiedler *m*

анахрони́зм <-а> *м* Anachronismus *m*

анахрони́ч|еский <-еская, -еское; -ен, -на, -но> *прил* anachronistisch

ангажеме́нт <-а> *м* Engagement *nt*

ангажи́рован|ный <-ная, -ное; -, -а, -о> *прил (акти́вный)* engagiert

ангажи́р|овать <-ую, -уешь> *(н)св прх* **1.** *устар (предлага́ть ангажеме́нт)* engagieren, anheuern, beschäftigen **2.** *(на та́нец)* auffordern **3.** *книжн (склони́ть, обеща́я вы́годы)* anmachen, jdn anlocken

ангажи́р|оваться <-уюсь, -уешься> *(н)св рефл устар* sich engagieren, eine Verpflichtung *f* eingehen

анга́р <-а> *м* Hangar *m*, Flugzeughalle *f*

а́нгел <-а> *м* Engel *m*; **а́нгел-храни́тель** Schutzengel *m*

а́нгельск|ий <-ая, -ое> *прил* Engels-; **~ го́лос** Engelsstimme *f*

анги́н|а <-ы> *ж* Angina *f*, Mandelentzündung *f*

англи́йск|ий <-ая, -ое> *прил* englisch

англика́нств|о <-а> *ср* Anglikanismus *m*

англи́стик|а <-и> *ж* Anglistik *f*

англици́зм <-а> *м* Anglizismus *m*

англича́н|ин <-ина, *им мн* -е> *м*, **англича́нк|а** <-и> *ж* Engländer(in) *m(f)*

А́нгли|я <-и> *ж* England *nt*

англоговоря́щ|ий <-ая, -ее> *прил* englischsprechend; **англоговоря́щие страны́** englischsprechende Länder *ntpl*

англоязы́чн|ый <-ая, -ое> *прил* englischsprachig; **англоязы́чное населе́ние** englischsprachige Bevölkerung *f*

анго́р|а <-ы> *ж разг* Angorawolle *f*

анго́рск|ий <-ая, -ое> *прил* Angora-; **анго́рская шерсть** Angorawolle *f*

андергра́унд <-а> *м только ед avantgardistische Kunst im Untergrund, die von der öffentlichen Kunstkritik nicht anerkannt wird*

андинова́ни|е <-я> *ср* ЭКОН Andienung *f*

Андо́рр|а <-ы> *ж* Andorra *nt*

анекдо́т <-а> *м* Anekdote *f*; *(шу́тка)* Witz *m*; **трави́ть анекдо́ты** Witze reißen

i Land & Leute

In der späteren Sowjetzeit entstanden unzählige **Witze über die sowjetische Realität**, die im krassen Gegensatz zu der offiziellen Selbstdarstellung standen und in privaten Kreisen erzählt wurden.
Ihre Thematik reichte von durchaus harmlosen Geschichten über den Alltag bis hin zu politischen Witzen, wie z.B. über den Staats- und Parteichef Breschnew.
Die sowjetische Propaganda behauptete, dass diese Witze von westlichen Geheimdiensten erfunden und illegal ins Land geschleust würden, um „den Sowjetmenschen“ zu demoralisieren.
Seit der Glasnost – seit man „alles sagen darf“ – hat die *politische* Bedeutung solcher Witze stark nachgelassen. Mit dem Wort „анекдо́т“ werden auch nur **geistreiche Witze sowie Zoten** bezeichnet.

анекдоти́ческ|ий <-ая, -ое> *прил* anekdotenhaft; **анекдоти́ческая ситуа́ция** unmögliche Situation *f*

анеми́ч|ный <-ная, -ное; -ен, -на, -но> *прил* anämisch, blutarm; **анеми́чное состоя́ние** anämischer Zustand *m*

анеми́|я <-и> *ж* МЕД Anämie *f*, Blutarmut *f*

анемо́н|а <-ы> *ж* Anemone *f*

анестезио́лог <-а> *м* Anästhesist(in) *m(f)*, Anästhesiologe *m*

анестезиоло́ги|я <-и> *ж* Anästhesiologie *f*, Betäubung *f*

анестези́р|овать <-ую, -уешь> *нсв*, **проанестези́ровать** *св прх* МЕД betäuben, anästhesieren

анестези́|я <-и> *ж* МЕД Betäubung *f*, Anästhesie *f*; **ме́стная ~** örtliche Betäubung *f*; **о́бщая ~** Vollnarkose *f*

анимали́зм <-а> *м* Animalismus *m*

анимали́ст <-а> *м* Animalist(in) *m(f)*

анима́ци|я <-и> *ж* Animation *f*

ани́с <-а> *м* **1.** БОТ Anis *m* **2.** *(напи́ток)* Anisschnaps *m*

ани́совк|а <-и> *ж разг* Anisette *m*, Anisschnaps *m*

анкетёр <-а> *м* Interviewer *m*

анке́т|а <-ы> *ж* Umfrage *f*; *(бланк)* Fragebogen *m*; **ви́зовая ~** Visumantrag *m*

анкети́ровани|е <-я> *ср* Umfrage *f*; **~ потреби́телей** Verbraucherbefragung *f*

анке́тн|ый <-ая, -ое> *прил* Umfrage-; **анке́тные да́нные** Personalien *pl*; **~ опро́с на места́х** Feldforschung *f*

андла́в <-а> *м* Enklave *f*, Gebietseinschluss *m*

анна́л|ы <-ов> *мн* Annalen *pl*

аннекси́рованн|ый <-ая, -ое> *прил* annektiert, eingegliedert; **аннекси́рованная террито́рия** annektiertes Territorium *nt*

аннекси́р|овать <-ую, -уешь> *(н)св прх* annektieren, sich gewaltsam aneignen

анне́кси|я <-и> *ж* Annexion *f*, gewaltsamer Anschluss *m*

аннота́ци|я <-и> *ж* kurze Inhaltsangabe *f*, ЛИТ Annotation *f*

аннoти́рованн|ый <-ая, -ое> *прил* annotiert; **~ журна́л** annotierte Zeitschrift *f*

аннoти́р|овать <-ую, -уешь> *(н)св прх* eine kurze Inhaltsangabe verfassen

аннуите́т <-а> *м* ЭКОН Annuität *f*

аннули́ровани|е <-я> *ср* Annullierung *f*; *(прекраще́ние)* Aufhebung *f*, Auflösung *f*

аннули́рованн|ый <-ая, -ое> *прил* nichtig

аннули́р|овать <-ую, -уешь> *(н)св прх* annullieren, für ungültig erklären; ЭКОН stornieren, auflösen; **~ догово́р** einen Vertrag aufheben; **~ зака́з** abbestellen

ано́д <-а> *м* Anode *f*

анома́ли|я <-и> *ж* Anomalie *f*

анома́ль|ный <-ная, -ное; -лен, -на, -но> *прил* **1.** *(ненорма́льный)* anomal, regelwidrig **2.** ПСИХ verhaltensgestört

анони́м <-а> *м* Anonymus *m*, unbekannter Verfasser *m*

анони́мк|а <-и> *ж разг* anonymer Brief *m*

анони́мнос|ть <-ти> *ж* Anonymität *f*

анони́м|ный <-ная, -ное; -ен, -на, -но> *прил* anonym; **~ резе́рв** stille Reserve *f*; **~ счёт** Nummernkonto *nt*; **~ тест** Blindtest *m*

анони́мщик <-а> *м разг Verfasser anonymer Briefe*

анно́нс <-а> *м* Annonce *f*, Anzeige *f*

анонси́р|овать <-ую, -уешь> *(н)св прх книжн* annoncieren, ankündigen

анса́мб|ль <-ля> *м* **1.** МУЗ, ТЕАТ Ensemble *nt* **2.** *перен* Gesamtbild *nt*

антагони́зм <-а> *м* Gegensatz *m,* Widerspruch *m*

антагони́ст <-а> *м* Antagonist(in) *m(f),* Feind(in) *m(f)*

антагонисти́ческ|ий <-ая, -ое> *прил* antagonistisch, feindselig; **антагонисти́ческие кла́ссы** antagonistische Klassen *pl*

антагонисти́ч|ный <-ная, -ное; -ен, -на, -но> *прил* antagonistisch, feindselig; **~ взгляд** feindseliger Blick *m*

Антаркти́д|а <-ы> *ж* Antarktis *f*

анте́нн|а <-ы> *ж* Antenne *f;* **ко́мнатная ~** Zimmerantenne *f;* **параболи́ческая ~** Parabolantenne *f*

а́нти- *пе́рвая часть в сло́жных слова́х* Anti-, anti-

антибио́тик <-а> *м* Antibiotikum *nt*

антибли́ков|ый <-ая, -ое> *прил* Antireflexions-; **~ фильтр** Antireflexionsfilter *m*

антиви́русн|ый <-ая, -ое> *прил* ИНФОРМ Antivirus-; **антиви́русная програ́мма** Virenschutzprogramm *nt*

антивое́нн|ый <-ая, -ое> *прил* Antikriegs-; **антивое́нное движе́ние** Friedensbewegung *f*

антиги́тлеровск|ий <-ая, -ое> *прил* Anti-Hitler-; **~ блок** Anti-Hitler-Koalition *f*

антигосуда́рственн|ый <-ая, -ое> *прил* staatsfeindlich; **~ за́говор** staatsfeindliche Verschwörung *f*

антигума́н|ный <-ная, -ное; -ен, -на, -но> *прил* unmenschlich, inhuman

антидемократи́зм <-а> *м* *antidemokratische Tendenzen/Praktiken*

антидемократи́ческ|ий <-ая, -ое> *прил* demokratiefeindlich, antidemokratisch

антидо́пингов|ый <-ая, -ое> *прил* Antidoping-; **~ контро́ль** Dopingkontrolle *f*

антидо́т <-а> *м* МЕД Gegengift *nt*

антиза́падн|ый <-ая, -ое> *прил* antiwestlich; **антиза́падные настрое́ния** antiwestliche Stimmung *f*

антиинфляциони́стск|ий <-ая, -ое> *прил* antiinflationistisch

антиква́р <-а> *м* Antiquitätenhändler *m*

антиквариа́т <-а> *м* Antiquariat *nt;* *(магази́н)* Antiquitätengeschäft *nt*

антиква́рн|ый <-ая, -ое> *прил* antiquarisch; **антиква́рная вещь** Antiquität *f*

антиконституцио́нн|ый <-ая, ое> *прил* verfassungswidrig

антикоррози́йн|ый <-ая, -ое> *прил* Korrosionsschutz-; **антикоррози́йная плёнка** Korrosionsschutzschicht *f*

антило́п|а <-ы> *ж* Antilope *f*

антинаро́дн|ый <-ая, -ое> *прил* volksfeindlich

антинау́чн|ый <-ая, -ое> *прил* wissenschaftswidrig; **~ подхо́д** wissenschaftswidriges Vorgehen *nt* [*o* Herangehen *nt*]

антино́ми|я <-и> *ж* Antinomie *f*

антиобледени́те|ль <-ля> *м* Mittel *nt* gegen Eisbildung

антиобще́ствен|ный <-ная, -ное; -, -а, -о> *прил* antisozial, gesellschaftsfeindlich; **~ посту́пок** gesellschaftsfeindliche Tat *f*

антипати́ч|ный <-ная, -ное; -ен, -на, -но> *прил* unsympathisch

антипа́ти|я <-и> *ж* Abneigung *f,* Antipathie *f*

антиперестро́еч|ный <-ная, -ное; -ен, -на, -но> *прил* perestroikafeindlich

антиправи́тельственн|ый <-ая, -ое> *прил* regierungsfeindlich

антирелигио́зн|ый <-ая, -ое> *прил* religionsfeindlich, religionsgegnerisch; **антирелигио́зная литерату́ра** religionsfeindliche Literatur *f*

антиры́ночник <-а> *м* Gegner *m* der Marktwirtschaft

антисанита́р|ный <-ная, -ное; -ен, -на, -но> *прил* unhygienisch; **антисанита́рные усло́вия** gesundheitswidrige Verhältnisse *ntpl*

антисеми́т <-а> *м* Antisemit(in) *m(f)*

антисемити́зм <-а> *м* Antisemitismus *m*

антисеми́тск|ий <-ая, -ое> *прил* antisemitisch, judenfeindlich

антисе́птик <-а> *м* МЕД Antiseptikum *nt*

антисе́птик|а <-и> *ж* МЕД **1.** *(обрабо́тка)* Antisepsis *f* **2.** *собир* Antiseptik *f*

антисовети́зм <-а> *м* Antisowjetismus *m*

антисове́тск|ий <-ая, -ое> *прил* antisowjetisch

антисове́тчик <-а> *м* Sowjetgegner *m*

антисоциа́|льный <-льная, -льное; -лен, -льна, -льно> *прил* antisozial, gesellschaftsfeindlich; **антисоциа́льная де́ятельность** antisoziale Tätigkeit *f*

антиспасти́ческ|ий <-ая, -ое> *прил* МЕД antispastisch; **~ препара́т** Antispasmodikum *nt*

антистати́ческ|ий <-ая, -ое> *прил* antistatisch

антите́з|а <-ы> *ж* Antithese *f*

антите́л|о <-а> *ср* БИОЛ Antikörper *m*

антитокси́ческ|ий <-ая, -ое> *прил* antitoxisch; **антитокси́ческое сре́дство** antitoxisches Mittel *nt,* Gegengift *nt*

антифаши́ст <-а> *м* Antifaschist *m*

антифаши́стск|ий <-ая, -ое> *прил* antifaschistisch; **~ ло́зунг** antifaschistische Losung *f*

антифри́з <-а> *м* Frostschutzmittel *nt*

анти́христ <-а> *м* РЕЛИГ Antichrist *m*

антицикли́ческ|ий <-ая, -ое> *прил* antizyklisch

антицикло́н <-а> *м* МЕТЕОР Hoch *nt,* Hochdruckgebiet *nt*

антиципати́вн|ый <-ая, -ое> *прил* antizipativ

анти́чнос|ть <-ти> *ж* Antike *f*

анти́чн|ый <-ая, -ое> *прил* antik

антоло́ги|я <-и> *ж* Anthologie *f*
анто́ним <-а> *м* лингв Antonym *nt,* Gegenteil *nt*
анто́новк|а <-и> *ж* бот Apfelbaum *m (Sorte Antonow)*
анто́новск|ий <-ая, -ое> *прил* бот **анто́новское я́блоко** Apfel *m (Sorte Antonow)*
антра́кт <-а> *м* театр Pause *f*
антраци́т <-а> *м* Anthrazit *m*
антропоге́нн|ый <-ая, -ое> *прил* durch den Menschen verursacht; **антропоге́нная пусты́ня** Kulturwüste *f*
антропо́лог <-а> *м* Anthropologe *m,* Anthropologin *f*
антрополо́ги|я <-и> *ж* Anthropologie *f*
антропофа́г <-а> *м* Menschenfresser *m*
антропоцентри́зм <-а> *м* anthropozentrisches Weltbild *nt*
антура́ж <-а> *м* **1.** *(среда́, окруже́ние)* Gefolgschaft *f,* Anhängerschaft *f* **2.** *(предме́ты окружа́ющей среды́)* Umgebung *f,* Umwelt *f*
а́нус <-а> *м* анат Anus *m*
анфа́с *нрч* en face, von vorn; **сфотографи́роваться ~** von vorn fotografiert werden
аншла́г <-а> *м* театр **спекта́кль идёт с ~ом** die Vorstellung ist ausverkauft
АО *сокр от* **акционе́рное о́бщество** Aktiengesellschaft *f,* AG *f*
ао́рт|а <-ы> *ж* Aorta *f,* Hauptschlagader *f*
апартаме́нт <-а> *м* Appartement *nt,* Wohnung *f*
апартеи́д <-а> *м* Apartheid *f,* Rassentrennung *f*
апати́ч|ный <-ная, -ное; -ен, -на, -но> *прил* apathisch, lustlos
апа́ти|я <-и> *ж* Apathie *f,* Teilnahmslosigkeit *f*
апелли́р|овать <-ую, -уешь> *(н)св нпрх* **1.** *(к кому́-л./чему́-л.)* appellieren an *+akk* **2.** юр Berufung *f* einlegen
апелляцио́нн|ый <-ая, -ое> *прил* Berufungs-; **апелляцио́нная жа́лоба** Berufung *f*
апелля́ци|я <-и> *ж* **1.** *(взыва́ние)* Appell *m* **2.** юр Berufung *f;* **пода́ть апелля́цию** Berufung einlegen
апельси́н <-а> *м* Apfelsine *f,* Orange *f*
апельси́нов|ый <-ая, -ое> *прил* Apfelsinen-, Orangen-; **апельси́новое де́рево** Apfelsinenbaum *m;* **~ сок** Orangensaft *m*
аперити́в <-а> *м* Aperitif *m*
АПК *сокр от* **агра́рно-промы́шленный ко́мплекс** Agrar-Industrie-Komplex *m*
аплоди́р|овать <-ую, -уешь> *(н)св нпрх (кому́-л./чему́-л.)* applaudieren, Beifall *m* klatschen
аплодисме́нт|ы <-ов> *мн* Applaus *m,* Beifall *m;* **под бу́рные ~** unter stürmischem Beifall; **сорва́ть ~** Beifall ernten
апло́мб <-а> *м* Aplomb *m*
апоге́|й <-я> *м* **1.** астр Apogäum *nt* **2.** *перен* Höhepunkt *m;* **дости́чь апоге́я** seinen Höhepunkt erreichen
апока́липсис <-а> *м* Apokalypse *f*
апокалипти́ческ|ий <-ая, -ое> *прил* apokalyptisch; **~ у́жас** apokalyptisches Entsetzen *nt*
апо́криф|ы <-ов> *мн* религ Apokryph *nt*
аполити́чнос|ть <-ти> *ж* politisches Desinteresse *nt,* Politikverdrossenheit *f*
аполити́ч|ный <-ная, -ное; -ен, -на, -но> *прил* unpolitisch
апологе́т <-а> *м* Befürworter *m,* Verteidiger *m*
апопле́кси|я <-и> *ж* мед Gehirnschlag *m,* Apoplexie *f*
апо́рт <-а> *м* Apport *m*
апо́стол <-а> *м и перен* Apostel *m*
апостро́ф <-а> *м* Apostroph *m,* Auslassungszeichen *nt*
апофео́з <-а> *м* **1.** религ *(обря́д обожествле́ния)* Vergöttlichung *f* **2.** религ *(прославле́ние)* Apotheose *f* **3.** театр Schlussszene *f*
аппара́т <-а> *м* **1.** тех Apparat *m,* Gerät *nt;* **копирова́льный ~** Kopiergerät *nt;* **факси́мильный ~** Faxgerät *nt* **2.** пол Apparat *m,* Nomenklatur *f;* **госуда́рственный ~** Staatsapparat *m;* **~ подавле́ния** Unterdrückungsapparat *m* **3.** лит Apparat *m;* **крити́ческий ~** Textanmerkungen *fpl,* kritischer Apparat *m*
аппара́тн|ая <-ой> *ж* Geräteraum *m*
аппара́тн|ый <-ая, -ое> *прил* Apparat-; **аппара́тные сре́дства** информ Hardware *f*
аппарату́р|а <-ы> *ж* Apparatur *f;* **подслу́шивающая ~** Abhörgerät *nt*
аппара́тчик <-а> *м* Anlagenbediener *m*
аппе́ндикс <-а> *м* **1.** *(приложе́ние)* Appendix *m* **2.** анат Blinddarm *m*
аппендици́т <-а> *м* Blinddarmentzündung *f*
аппети́т <-а> *м* Appetit *m;* **прия́тного ~а!** guten Appetit!; **~ прихо́дит во вре́мя еды́** der Appetit kommt beim Essen; **во́лчий ~** Bärenhunger *m;* **отсу́тствие ~а** Appetitlosigkeit *f*
аппети́т|ный <-ная, -ное; -ен, -на, -но> *прил* appetitanregend; *(зама́нчивый)* verlockend
аппліка́ци|я <-и> *ж* Applikation *f*
апре́|ль <-ля> *м* April *m*
апре́льск|ий <-ая, -ое> *прил* April-; **первоапре́льская шу́тка** Aprilscherz *m*
априо́ри *част* a priori, von vornherein
априо́р|ный <-ная, -ное; -ен, -на, -но> *прил* a priori, von vornherein; **априо́рное предположе́ние** apriorische Vermutung *f*
апроба́ци|я <-и> *ж* Approbation *f,* Genehmigung *f*
апроби́р|овать <-ую, -уешь> *(н)св прх*

gutheißen, billigen

аптéк|а <-и> *ж* Apotheke *f;* **у нас всё как в аптéке** *перен* wir sind sehr genau

аптéкарск|ий <-ая, -ое> *прил* Apotheker-; **~ помóщник** Apothekergehilfe *m;* **рабóтать с аптéкарской тóчностью** mit der Genauigkeit eines Apothekers arbeiten

аптéка|рь <-ря> *м*, **аптéкарш|а** <-и> *ж* Apotheker(in) *m(f)*

аптéчк|а <-и> *ж* Verbandskasten *m;* **домáшняя ~** Hausapotheke *f*

аптéчн|ый <-ая, -ое> *прил* Apotheker-; **~ киóск** Apothekerkiosk *f*

ар <áра> *м* АГР Ar *nt o m*

арáб <-а> *м*, **арáбк|а** <-и> *ж* Araber(in) *m(f)*

арабéск <-а> *м*, **арабéск|а** <-и> *ж* МУЗ, ТЕАТР, АРХ Arabeske *f*

арабúст <-а> *м* Arabist(in) *m(f)*

арабúстик|а <-и> *ж* Arabistik *f*

арáбск|ий <-ая, -ое> *прил* arabisch; **арáбские цúфры** arabische Ziffern *fpl*

аравúйск|ий <-ая, -ое> *прил* arabisch; **Аравúйская пустыня** Arabische Wüste *f*

Арáви|я <-и> *ж* Arabien *nt*

аракчéевщин|а <-ы> *ж* ИСТОР *tyrannische Militärregierung in Russland Anfang des 19. Jahrhunderts*

Арáльско|е мóр|е <-го -я> *ср* Aralsee *m*

аранжúр|овать <-ую, -уешь> *(н)св прх* arrangieren, dekorieren

аранжирóвк|а <-и> *ж* Dekoration *f*

аранжирóвщик <-а> *м* Arrangeur *m,* Dekorateur *m*

арáхис <-а> *м* Erdnuss *f*

арбúтр <-а> *м* ЮР, СПОРТ Schiedsrichter *m*

арбитрáж <-а> *м* **1.** ЮР Schiedsgericht *nt* **2.** ЭКОН Arbitrage *f*

арбитрáжн|ый <-ая, -ое> *прил* Arbitrage-, schiedsgerichtlich; **арбитрáжная оговóрка** Schiedsklausel *f;* **арбитрáжная оперáция** [*или* **сдéлка**] Arbitragegeschäft *nt*

арбýз <-а> *м* Wassermelone *f*

Аргентúн|а <-ы> *ж* Argentinien *nt*

аргó <неизм> *ср* ЛИНГВ Argo *nt,* Jargon *m*

аргóн <-а> *м* ХИМ Argon *nt*

аргумéнт <-а> *м* Argument *nt;* **весóмый ~** stichhaltiges [*o* schwerwiegendes] Argument *nt;* **неубедúтельный ~** haltloser Beweis *m;* **привестú ~** ein Argument vorbringen; **опровергáть чьй-л. ~ы** jds Argumente widerlegen

аргументáци|я <-и> *ж* Argumentation *f,* Beweisführung *f*

аргументúр|овать <-ую, -уешь> *(н)св нпрх* argumentieren

ареáл <-а> *м* Areal *nt;* *(óбласть)* Gebiet *nt*

арéн|а <-ы> *ж* **1.** СПОРТ Arena *f* **2.** *и перен* Schauplatz *m*

арéнд|а <-ы> *ж* Pacht *f;* **взять в арéнду** pachten; **~ с возмóжностью послéдующего вы́купа** Mietkauf *m;* **сдавáть в арéнду** verpachten

арендáтор <-а> *м* Pächter *m,* Leasingnehmer *m*

арéндн|ый <-ая, -ое> *прил* Pacht-; **арéндная плáта** Pachtzins *m,* Miete *f;* **~ договóр** Leasingvertrag *m,* Pachtvertrag *m*

аренд|овáть <-ýю, -ýешь> *(н)св прх* pachten; *(брать напрокáт)* leasen

арендодáте|ль <-ля> *м* Verpächter *m,* Vermieter *m;* *(лúзинговая фúрма)* Leasinggeber *m*

арéст <-а> *м* Festnahme *f,* Haft *f*

арестáнтск|ая <-ой> *ж разг* Haftzelle *f*

арестóван|ный <-ная, -ное; -, -а, -о> *прил* verhaftet; **~ демонстрáнт** verhafteter Demonstrant *m*

арестóвыва|ть <-ю, -ешь> *нсв*, **арестовáть** *св прх* **1.** *(когó-л.)* verhaften, festnehmen **2.** *(наложúть запрéт)* verbieten

арú|ец <-йца> *м*, **арúйк|а** <-и> *ж* Arier(in) *m(f)*

аристокрáт <-а> *м* Aristokrat(in) *m(f)*

аристократúзм <-а> *м* Aristokratismus *m*

аристократúческ|ий <-ая, -ое> *прил* aristokratisch, nobel; **аристократúческое óбщество** noble Gesellschaft *f;* **аристократúческая натýра** nobler Geist *m*

аристократúч|ный <-ная, -ное; -ен, -на, -но> *прил* aristokratisch, nobel; **~ молодóй человéк** aristokratischer junger Mann *m*

аристокрáти|я <-и> *ж* Hochadel *m,* Aristokratie *f*

аритмú|я <-и> *ж* МЕД Rhythmusstörung *f;* **сердéчная ~** Herzrhythmusstörung *f*

арифмéтик|а <-и> *ж* Arithmetik *f*

арифметúческ|ий <-ая, -ое> *прил* arithmetisch; **арифметúческая задáча** Rechenaufgabe *f*

áри|я <-и> *ж* Arie *f*

áрк|а <-и> *ж* СТР Bogen *m*

аркáн <-а> *м* Lasso *nt;* **тащúть когó-л. на аркáне** jdn an einem Lasso ziehen

Áрктик|а <-и> *ж* Arktis *f*

арктúческ|ий <-ая, -ое> *прил* arktisch; **~ пóлюс** Nordpol *m*

арлекúн <-а> *м* ТЕАТР *(персонáж)* Harlekin *m*

АРМ *сокр от* **автоматизúрованное рабóчее мéсто** automatisierter [*o* computergestützter] Arbeitsplatz *m,* CAD-Arbeitsplatz *m*

армáд|а <-ы> *ж* **1.** *(кораблéй)* Kriegsflotte *f* **2.** *разг (большóе колúчество)* Unmenge *f*

арматýр|а <-ы> *ж* **1.** *(комплектýющие издéлия)* Armatur *f* **2.** *(стальнóй каркáс)* Bewehrung *f,* Armierung *f*

арматýрщик <-а> *м* Armaturenarbeiter *m,* Armierer *m,* Eisenflexter *m*

армé|ец <-йца> *м* Soldat *m*

арме́йск|ий <-ая, -ое> *прил* Armee-; **~ полк** Armeeregiment *nt*

Арме́ни|я <-и> *ж* Armenien *nt*

арми́р|овать <-ую, -уешь> *(н)св прх* verstärken, armieren

а́рми|я <-и> *ж* **1.** *(во́йско)* Armee *f,* Heer *nt;* **~ спасе́ния** Heilsarmee *f;* **служи́ть в а́рмии** den Wehrdienst leisten **2.** *и перен* große Menge *f*

армян|и́н <-и́на, *им мн* армя́не> *м,* **армя́нк|а** <-и> *ж* Armenier(in) *m(f)*

армя́нск|ий <-ая, -ое> *прил* armenisch

арома́т <-а> *м* Aroma *nt,* Duft *m*

ароматерапи́|я <-и> *ж* Aromatherapie *f*

ароматиза́тор <-а> *м* Aromatisator *m*

ароматизи́р|овать <-ую, -уешь> *(н)св прх* aromatisieren

арома́т|ный <-ная, -ное; -ен, -на, -но> *прил* aromatisch, wohlriechend

арсена́л <-а> *м* **1.** *(склад)* Arsenal *nt,* Waffenlager *nt* **2.** *(запа́с, совоку́пность)* Vorrat *m*

артезиа́нск|ий <-ая, -ое> *прил* artesisch; **артезиа́нский коло́дец** artesischer Brunnen *m*

арте́|ль <-ли> *ж* **1.** *(объедине́ние)* Kooperation *f* **2.** *(фо́рма веде́ния хозя́йства)* Produktionsgenossenschaft *f*

арте́льн|ый <-ая, -ое> *прил* **1.** *(относя́щийся к арте́ли)* Kooperations-; **~ уста́в** Vereinsstatut *nt* **2.** *(совме́стный, коллекти́вный)* gemeinschaftlich; **арте́льная рабо́та** Kooperationsarbeit *f*

арте́ри|я <-и> *ж* **1.** АНАТ Arterie *f,* Pulsader *f* **2.** *перен* Verkehrsweg *m;* **тра́нспортная ~** Hauptverkehrsader *f*

арти́к|ль <-ля> *м* ЛИНГВ Artikel *m*

арти́кул <-а> *м* Ware *f*

артикули́р|овать <-ую, -уешь> *нсв прх* ЛИНГВ artikulieren

артикуля́ци|я <-и> *ж* ЛИНГВ Artikulation *f,* Aussprache *f*

артиллери́йск|ий <-ая, -ое> *прил* ВОЕН Artillerie-; **артиллери́йская акаде́мия** Artillerieakademie *f*

артиллери́ст <-а> *м* ВОЕН Artillerist *m*

артилле́ри|я <-и> *ж* ВОЕН Artillerie *f*

арти́ст <-а> *м,* **арти́стк|а** <-и> *ж* **1.** *(творе́ц)* Künstler(in) *m(f)* **2.** *(актёр)* Schauspieler(in) *m(f)* **3.** *перен* Sonderling *m;* **ну ты ~!** *разг* na, du bist mir einer!

артисти́ческ|ий <-ая, ое> *прил* schauspielerisch; **~ тала́нт** Künstlertalent *nt*

артисти́ч|ный <-ная, -ное; -ен, -на, -но> *прил* schauspielerisch; **артисти́чная по́за** künstlerische Pose *f*

артобстре́л <-а> *м* ВОЕН Artilleriebeschuss *m*

артподгото́вк|а <-и> *ж* ВОЕН Artillerieausbildung *f*

артри́т <-а> *м* МЕД Arthritis *f,* Gelenkentzündung *f*

артро́з <-а> *м* МЕД Arthrose *f*

а́рф|а <-ы> *ж* Harfe *f*

арфи́ст <-а> *м* Harfenist(in) *m(f)*

архаи́зм <-а> *м* **1.** ЛИНГВ Archaismus *m* **2.** *(оста́ток)* Überbleibsel *nt*

архаи́ческ|ий <-ая, -ое> *прил* archaisch; **~ стиль** archaischer Stil *m*

архаи́ч|ный <-ная, -ное; -ен, -на, -но> *прил* archaistisch; **~ приём** veraltete Methode *f*

арха́нгел <-а> *м* РЕЛИГ Erzengel *m*

археолог <-а> *м* Archäologe *m*

археоло́ги|я <-и> *ж* Archäologie *f*

археопте́рикс <-а> *м* Archaopteryx *m*

архети́п <-а> *м* Archetyp(us) *m*

архи́в <-а> *м* Archiv *nt;* **сдава́ть в ~** archivieren, ad acta legen; **откры́ть ~ы** Archive der Öffentlichkeit zugänglich machen

архива́риус <-а> *м* Archivar(in) *m(f)*

архиви́ровани|е <-я> *ср* Archivierung *f*

архи́вн|ый <-ая, -ое> *прил* Archiv-, Akten-; **архи́вная ко́пия** Aktenkopie *f*

архидья́кон <-а> *м* *(о мона́хах)* Erzdiakon *m*

архиепи́скоп <-а> *м* Erzbischof *m*

архиере́|й <-я> *м* Erzpriester *m*

архиигу́мен <-а> *м* Klostervorsteher *m*

архимандри́т <-а> *м* Archimandrit *m,* Klosterabt *m,* Klostervorsteher *m*

архипела́г <-а> *м* Archipel *m*

архитекто́ник|а <-и> *ж* Architektonik *f*

архите́ктор <-а> *м* Architekt *m*

архитекту́р|а <-ы> *ж* Architektur *f,* Baukunst *f*

архитекту́рн|ый <-ая, -ое> *прил* architektonisch; **~ па́мятник** Baudenkmal *nt*

арши́н <-а> *м* *altes russisches Längenmaß: 0,71m;* **ме́рить всех на свой ~** alles am eigenen Maßstab messen

асбе́ст <-а> *м* Asbest *m*

асимметри́|я <-и> *ж и перен* Asymmetrie *f,* Missverhältnis *nt*

асинхро́н|ный <-ная, -ное; -ен, -на, -но> *прил* asynchron; **асинхро́нные колеба́ния** Asynchronschwingungen *pl*

аске́т <-а> *м* Asket *m*

аскети́зм <-а> *м* Askese *f*

аскети́ческ|ий <-ая, -ое> *прил* asketisch; **аскети́ческая жизнь** asketisches Leben *nt*

аскети́ч|ный <-ная, -ное; -ен, -на, -но> *прил* asketisch; **~ о́браз жи́зни** asketische Lebensweise *f*

аскорби́нк|а <-и> *ж разг* Tablette *f* Vitamin C

аспе́кт <-а> *м* Aspekt *m,* Gesichtspunkt *m*

аспира́нт <-а> *м,* **аспира́нтк|а** <-и> *ж* Dissertant(in) *m(f)*

аспиранту́р|а <-ы> *ж* *besonderer Ausbildungsgang für Dissertanten an der Hochschule*

аспира́тор <-а> *м* Aspirator *m*

аспири́н <-а> *м* МЕД Aspirin *nt*

ассамбле́|я <-и> *ж* Versammlung *f;* **генера́льная ~ ООН** UNO-Vollversammlung *f*

ассигнова́ни|е <-я> *ср* **1.** *(разреше́ние)* Bewilligung *f* **2.** ЭКОН Zuweisung *f,* Zuwendung *f,* Geldanweisung *f*

ассигн|ова́ть <-у́ю, -у́ешь> *(н)св прх* bewilligen, zuwenden, anweisen

ассигно́вк|а <-и> *ж* Anweisung *f*

ассимили́р|овать <-ую, -уешь> *(н)св прх* assimilieren, aufnehmen

ассимили́р|оваться <-уюсь, -уешься> *(н)св рефл* sich anpassen

ассимиля́ци|я <-и> *ж* Assimilation *f,* Assimilierung *f*

ассири́|ец <-йца> *м,* **ассири́йк|а** <-и> *ж* Assyrier(in) *m(f)*

ассирия́нин <-а> *м,* **ассирия́нк|а** <-и> *ж* Assyrer(in) *m(f)*

ассисте́нт <-а> *м,* **ассисте́нтк|а** <-и> *ж* Assistent(in) *m(f),* Gehilfe *m,* Gehilfin *f*

ассисти́р|овать <-ую, -уешь> *нсв нпрх* assistieren

ассорти́ <неизм> *ср* Mischung *f;* **конфе́ты ~** Pralinenmischung *f*

ассортиме́нт <-а> *м* **1.** *(това́ры)* Sortiment *nt,* Angebot *nt* **2.** *(вы́бор)* Auswahl *f;* **~ това́ров** Warenangebot *nt;* **широ́кий ~** große Auswahl *f,* reichhaltiges Angebot *nt;* **ассортиме́нтная гру́ппа** Produktfamilie *f*

ассоциати́вн|ый <-ая, -ое> *прил* assoziativ; **~ слова́рь** assoziatives Wörterbuch *nt*

ассоциа́ци|я <-и> *ж* **1.** ЭКОН Vereinigung *f,* Gesellschaft *f;* **~ предпринима́телей** genossenschaftlicher Verbund *m* **2.** ПСИХ Gedankenverbindung *f,* Assoziation *f*

ассоции́ровани|е <-я> *ср* Assoziierung *f*

ассоции́рованн|ый <-ая, -ое> *прил* assoziiert, angeschlossen; **~ член** assoziiertes Mitglied *nt*

ассоции́р|овать <-ую, -уешь> *(н)св прх (что-л. с чем-л.)* assoziieren, verbinden

ассоции́р|оваться <-уюсь, -уешься> *(н)св рефл* sich assoziieren, sich anschließen

аста́т <-а> *м* ХИМ Astat *nt*

астени́|я <-и> *ж* МЕД Asthenie *f,* Kraftlosigkeit *f*

астеро́ид <-а> *м* Asteroid *m*

астигмати́зм <-а> *м* МЕД Astigmatismus *m,* Stabsichtigkeit *f*

а́стм|а <-ы> *ж* МЕД Asthma *nt*

астма́тик <-а> *м разг* Asthmatiker(in) *m(f)*

астмати́ческ|ий <-ая, -ое> *прил* Asthma-

а́стр|а <-ы> *ж* БОТ Aster *f*

астроло́ги|я <-и> *ж* Astrologie *f*

астрона́вт <-а> *м* Astronaut(in) *m(f),* US-Raumfahrer(in) *m(f)*

астрономи́ческ|ий <-ая, -ое> *прил* **1.** ФИЗ astronomisch **2.** *перен* immens, unermesslich; **астрономи́ческие су́ммы** Unsummen *fpl*

астроно́ми|я <-и> *ж* Astronomie *f*

асфа́льт <-а> *м* Asphalt *m*

асфальти́р|овать <-ую, -уешь> *(н)св прх* asphaltieren, mit Asphalt belegen

асфикси́|я <-и> *ж* МЕД Asphyxie *f,* Ersticken *nt*

ата́к|а <-и> *ж* **1.** *(нападе́ние)* Attacke *f* **2.** *и перен* Angriff *m;* **идти́ в ата́ку** angreifen; **отби́ть ата́ку проти́вника** den gegnerischen Angriff abwehren

атак|ова́ть <-у́ю, -у́ешь> *(н)св прх* **1.** *(напада́ть)* angreifen **2.** *и перен* bedrängen

атако́выва|ть <-ю, -ешь> *нсв прх* angreifen

атама́н <-а> *м* **1.** *(предводи́тель)* Ataman *m (Anführer der Kosakenarmee);* **~ каза́чьего во́йска** Ataman der Kosakenarmee **2.** *(глава́рь)* Führer *m*

ата́с <-а> *м tatarischer Schlachtruf;* **стоя́ть на ата́се** Schmiere stehen

атеи́зм <-а> *м* Atheismus *m*

атеи́ст <-а> *м* Atheist *m*

атеисти́ческ|ий <-ая, -ое> *прил* РЕЛИГ atheistisch, gottlos; **~ слова́рь** atheistisches Wörterbuch *nt*

ателье́ <неизм> *ср* ИСК Atelier *nt,* Künstlerwerkstatt *f;* *(для почи́нки)* Reparaturwerkstatt *f;* **~ по ремо́нту о́буви** Schusterwerkstatt *f*

атеросклеро́з <-а> *м* МЕД Arteriosklerose *f,* Arterienverkalkung *f*

Атла́нтик|а <-и> *ж* Atlantik *m*

атланти́ческ|ий <-ая, -ое> *прил* atlantisch; **Атланти́ческий океа́н** Atlantischer Ozean *m*

а́тлас <-а> *м* Atlas *m;* **~ ми́ра** Weltatlas *m*

атла́с *м* Atlas *m*

атла́сн|ый <-ая, -ое> *прил* Atlas-, atlassen; **атла́сная ткань** Atlasgewebe *nt;* **атла́сная ко́жа** weiße Haut *f*

атле́т <-а> *м* Athlet *m,* Sportler *m*

атле́тик|а <-и> *ж* Athletik *f*

атлети́ческ|ий <-ая, -ое> *прил* **1.** *(относя́щийся к атле́тике)* athletisch; **атлети́ческие упражне́ния** athletische Übungen *pl* **2.** *(сво́йственный атле́ту)* athletisch, sportlich; **атлети́ческая фигу́ра** sportliche Figur *f*

атлети́ч|ный <-ная, -ное; -ен, -на, -но> *прил* athletisch, sportlich; **атлети́чное телосложе́ние** athletische Figur *f*

атмосфе́р|а <-ы> *ж и перен* Atmosphäre *f;* **земна́я ~** Erdatmosphäre *f;* **тя́гостная ~** bedrückende Atmosphäre; **~ перегово́ров** Gesprächsklima *nt;* **бесе́да прошла́ в непринуждённой атмосфе́ре** das Gespräch verlief in ungezwungener Atmosphäre

атмосфе́рн|ый <-ая, -ое> *прил* atmosphärisch; **атмосфе́рное давле́ние** Luftdruck *m;* **атмосфе́рные оса́дки** Niederschläge *mpl*

атóлл <-а> *м* Atoll *nt*

áтом <-а> *м* Atom *nt*

áтомн|ый <-ая, -ое> *прил* Atom-, Kern-; **áтомная бóмба** Atombombe *f;* **~ вес** Atomgewicht *nt;* **áтомное орýжие** Atomwaffe *f;* **áтомная электростáнция, АЭС** Atomkraftwerk *nt;* **áтомная энéргия** Kernkraft *f*

áтомщик <-а> *м разг* Beschäftigte(r) *m(f)* der Atomwirtschaft

атрибýт <-а> *м* **1.** лингв Attribut *nt,* Beifügung *f* **2.** *(характéрное свóйство)* Wesensmerkmal *nt*

атрофúрован|ный <-ная, -ное; -, -а, -о> *прил* мед atrophiert, geschrumpft; **атрофúрованные мы́шцы** Muskelschwund *m*

атрофú|я <-и> *ж* мед Atrophie *f*

АТС *сокр от* **автоматúческая телефóнная стáнция** Fernsprechamt *nt* für Selbstwählbetrieb

атташé <неизм> *м* Attaché *m;* **~ по вопрóсам культýры** Kulturattaché *m;* **воéнный ~** Militärattaché *m;* **кóнсульский ~** Konsularattaché *m;* **торгóвый ~** Handelsattaché *m*

атташé-кейс <-а> *м* Diplomatenkoffer *m*

аттестáт <-а> *м* Zeugnis *nt;* **~ зрéлости** Reifezeugnis *nt;* **получúть ~ зрéлости** das Abitur machen

аттестáци|я <-и> *ж* Qualitätsprüfung *f;* **~ персонáла** Personalbeurteilung *f*

аттест|овáть <-ýю, -ýешь> *(н)св прх* beurteilen, attestieren

аттрактúвн|ый <-ая, -ое> *прил (предложéние)* attraktiv, lohnend

аттракциóн <-а> *м* **1.** *(цирковóй нóмер)* Kunststück *nt* **2.** *(в увеселúтельном пáрке)* Karussell *nt*

аудиéнц-зал <-зáла> *м* Empfangshalle *f*

аудиéнци|я <-и> *ж* Audienz *f,* offizieller Empfang *m;* **дать аудиéнцию** empfangen

аудиовизуáльн|ый <-ая, -ое> *прил* audiovisuell; **аудиовизуáльное обучéние** audiovisuelle Schulung *f*

аудиокассéт|а <-ы> *ж* Audiokassette *f;* **~ с зáписью** bespielte Audiokassette *f;* **чúстая ~** unbespielte Audiokassette *f,* Leerkassette *f*

аудиофáйл <-а> *м* информ Audiofile *m,* Audiodatei *f*

аудúровани|е <-я> *ср* лингв Hören *nt,* Hörübung *f,* Hörverstehen *nt*

аудúт <-а> *м* экон Buchprüfung *f,* Rechnungsprüfung *f,* Wirtschaftsprüfung *f*

аудúтор <-а> *м* экон Wirtschaftsprüfer *m,* Revisor *m,* Buchprüfer *m*

аудитóри|я <-и> *ж* **1.** *(помещéние)* Hörsaal *m,* Seminarraum *m* **2.** *(слýшатели)* Auditorium *nt,* Zuhörerschaft *f*

аудúторск|ий <-ая, -ое> *прил* экон Prüfungs-, Revisions-; **аудúторская провéрка** Buchprüfung *f*

аудúторств|о <-а> *ср* Buchprüfung *f,* Wirtschaftsprüfung *f*

аýка|ть <-ю, -ешь> *нсв,* **аýкнуть** *св нпрх разг* Echo rufen

аýка|ться <-юсь, -ешься> *нсв,* **аýкнуться** *св рефл разг* „Echo“ laut schreien *(im Wald)*

аýкну|ть <-, -ешь> *св нпрх разг см.* **аýкать**

аýкн|уться <-усь, -ешься> *св рефл см.* **аýкаться**

аукциóн <-а> *м* Auktion *f,* Versteigerung *f;* **аукциóнная продáжа** Versteigerung *f;* **продавáть с аукциóна** versteigern

аукционúст <-а> *м* Auktionator *m,* Versteigerer *m*

áут <-а> *м* спорт Aus *nt;* **быть в áуте** im Aus sein

аутентúчнос|ть <-ти> *ж* Authentizität *f,* Echtheit *f,* Glaubwürdigkeit *f*

аутентúчн|ый <-ая, -ое> *прил* authentisch, echt

аутотрéнинг *сокр от* **аутогéнная тренирóвка** autogenes Training *nt*

аутсáйдер <-а> *м* **1.** спорт abstiegsgefährdeter Verein *m* **2.** *перен (зáмкнутый человéк)* Außenseiter *m*

афгáн|ец <-ца> *м,* **афгáнк|а** <-и> *ж* **1.** *(жúтель Афганистáна)* Afghane *m,* Afghanin *f* **2.** *(ветерáн Афганистáна)* Afghanistankämpfer *m,* Afghanistanveteran *m*

Афганистáн <-а> *м* **1.** геог Afghanistan *nt* **2.** *разг (войнá)* Afghanistankrieg *m*

афгáнск|ий <-ая, -ое> *прил* afghanisch

афéр|а <-ы> *ж* **1.** *разг* Affäre *f* **2.** *(измéна)* Seitensprung *m*

аферúст <-а> *м* Schwindler *m,* Trickbetrüger *m;* **брáчный ~** Heiratsschwindler *m*

Афúн|ы <-> *мн* Athen *nt*

афúш|а <-и> *ж* театр Aushang *m,* Anschlagzettel *m,* Plakat *nt*

афишúр|овать <-ую, -уешь> *(н)св прх* zur Schau stellen

афорúзм <-а> *м* Aphorismus *m*

Áфрик|а <-и> *ж* Afrika *nt*

африкáн|ец <-ца> *м,* **африкáнк|а** <-и> *ж* Afrikaner(in) *m(f)*

африкáнск|ий <-ая, -ое> *прил* afrikanisch

афро-американ|ец <-ца> *м,* **афро-американк|а** <-и> *ж* Afroamerikaner(in) *m(f)*

аффéкт <-а> *м* Affekt *m;* **дéйствовать в состоя́нии ~а** im Affekt handeln

аффектúрован|ный <-ная, -ное; -, -а, -о> *прил* affektiert, gereizt; **~ тон** affektierter Ton *m*

аффектúр|овать <-ую, -уешь> *(н)св прх* aufregen

ах **I.** *межд* ach! **II.** *част для усилéния* ach!; **~ вот онó что!** ach, so!

áха|ть <-ю, -ешь> *нсв,* **áхнуть** *св (н)прх*

разг **1.** *(воскли́кнуть)* ach rufen **2.** *то́лько 3 л (взры́в)* donnern **3.** *(уда́рить)* (auf)schlagen, knallen

Ахилле́с <-а> *м* Achilles *m;* **ахилле́сова пята́** Achillesferse *f*

ахине́|я <-и> *ж разг* Unsinn *m*

а́хн|уть <-у, -ешь> *св прх разг см.* **а́хать**

а́хов|ый <-ая, -ое> *прил разг* **положе́ние а́ховое!** die Dinge stehen schlecht!

ацето́н <-а> *м* Azeton *nt*

ацте́к <-а> *м* Azteke *m*

аэра́ци|я <-и> *ж* ТЕХ Auflockerung *f,* Durchlüftung *f;* **~ сто́чных вод** Abwasserbelüftung *f*

аэро́бик|а <-и> *ж* Aerobic *f*

аэробу́с <-а> *м* Airbus *m,* Großraumflugzeug *nt*

аэровокза́л <-а> *м* **1.** *(зда́ние)* Flughafengebäude *nt* **2.** *(зал вы́лета)* Abfertigungshalle *f*

аэродина́мик|а <-и> *ж* Aerodynamik *f*

аэродинами́ческ|ий <-ая, -ое> *прил* aerodynamisch

аэродро́м <-а> *м* Flugplatz *m*

аэрозо́|ль <-ля> *м* Spray *nt*

аэроклу́б <-а> *м* Aeroklub *m*

аэропо́рт <-а> *м* Flughafen *m*

аэроста́т <-а> *м* ТЕХ Ballon *m*

аэрота́нк <-а> *м* ЭКОЛ Belüftungsbecken *nt,* Belebtschlammbecken *nt*

Аэрофло́т <-а> *м russische Luftfahrtgesellschaft*

аэрофотосни́м|ок <-ка> *м* Luftaufnahme *f*

АЭС *сокр от* **а́томная электроста́нция** Atomkraftwerk *nt,* Kernkraftwerk *nt*

Бб

Б, б <неизм> *ср* *Buchstabe Б*

ба́б|а¹ <-ы> *ж* **1.** *разг (крестья́нка)* Bauernfrau *f*, Bäuerin *f* **2.** *(супру́га)* (Ehe)Frau *f;* **сне́жная ба́ба** *перен* Schneemann *m*

ба́б|а² <-ы> *ж (хлеб)* **ро́мовая ба́ба** Punschtorte *f*, Punschkuchen *m*

баба́ха|ть <-ю, -ешь> *нсв*, **баба́хну|ть** *св нпрх разг* knallen, krachen; *(уда́рить)* hauen; **пу́шка баба́хает** die Kanone kracht

баба́хн|уться <-усь, -ешься> *св рефл разг* knallen, sich hauen; **~ на зе́млю** sich auf die Erde hauen

ба́б|а-яг|а́ <-ы -и́> *ж* **1.** лит *(в ска́зках)* Hexe *f*, alte (böse) Zauberin *f* **2.** *разг (о сварли́вой же́нщине)* Schreckschraube *f*, Vogelscheuche *f*

i Land & Leute

In der russischen Märchenwelt ist **die alte böse Zauberin, die im Urwald lebt,** eine nicht wegzudenkende Figur. Sie wohnt in einer Hütte „auf Hühnerfüßen", die sich auf Geheiß eines umherirrenden Wanderers „mit der Hinterseite zum Walde, mit der Vorderseite zu mir" umdrehen kann: Wenn man schlau genug ist, kann man die Alte überlisten und von ihrer Zauberei profitieren. Wie die Hexen der Walpurgis Nacht fliegt auch sie von einem Ort zum anderen auf einem Besen. Das Wort Baba-jaga dient als Bezeichnung für böse und hässliche Frauen.

ба́бк|а¹ <-и> *ж разг* **1.** *(ба́бушка)* Großmutter *f*, Oma *f*, altes Mütterchen *nt* **2.** *(знаха́рка)* Gesundbeterin *f*, *презрит* Kurpfuscherin *f*

ба́бк|а² <-и> *ж* **1.** *разг (суста́в у живо́тных)* Fessel *f*, Fußknöchel *m* **2.** *то́лько мн (игра́)* Knöchelspiel *nt*

ба́б|ки <-ок> *мн то́лько мн, жарг (де́ньги)* Kohle *f*, Moos *nt*, Heu *nt*

ба́бочк|а <-и> *ж* **1.** зоол Schmetterling *m* **2.** *(га́лстук)* Fliege *f*, Binder *m*

бабуи́н <-а> *м* зоол Babouin *m*

ба́бушк|а <-и> *ж* Großmutter *f*, Oma *f*; *разг* alte Frau *f*

Бава́ри|я <-и> *ж* Bayern *nt*

бава́рск|ий <-ая, -ое> *прил* bayrisch

бага́ж <-а́> *м* Gepäck *nt;* **~ зна́ний** *перен* Kenntnisse *pl*

бага́жник <-а> *м* **1.** авто Kofferraum *m* **2.** *(у велосипе́да)* (Fahrrad)Gepäckträger *m*

бага́жн|ый <-ая, -ое> *прил* Gepäck-; **~ ваго́н** Gepäckwagen *m*

Бага́мски|е остров|а́ <-х -о́в> *м* геог Bahamas *pl*

багге́т <-а> *м* Leiste *f*, Zierleiste *f*, Gardinenstange *f*

баг|о́р <-ра́> *м* **пожа́рный ~** Feuerwehrhaken *m*, Brandhaken *m*

ба́гр|ить <-ю, -ишь> *нсв прх* **1.** *(выта́скивать из воды́ багро́м)* *etw mit dem Schifferhaken aus dem Wasser ziehen* **2.** *(лови́ть ры́бу)* (mit einem Fischerhaken) fischen; **запреще́ние ~ ры́бу** Hakenfischereiverbot *nt*, Fischstechenverbot *nt*, Stechfischereiverbot *nt*

багр|и́ть <-ю́, и́шь> *нсв*, **обагр|и́ть** *св прх* purpurrot färben; **кро́вью оба́грил он алта́рь** er hat mit seinem Blut den Altar purpurrot gefärbt

багрове́|ть <-ю, -ешь> *нсв*, **побагрове́|ть** *св прх* rot werden; **у него́ побагрове́ло лицо́** sein Gesicht wurde puterrot

багро́в|ый <-ая, -ое; -, -а, -о> *прил* flammendrot, purpurrot, blaurot; **~ шрам** glutrote Narbe *f;* **багро́вые ли́стья** flammendrote Blätter *pl;* **багро́вое за́рево** purpurroter Feuerschein *m*

багря́н|ец <-ца> *м (цвет)* flammende Röte *f*, Purpurrot *nt*

багря́н|ый <-ая, -ое> *прил* hellrot, leuchtendrot, grellrot; **~ флаг** hellrote Fahne *f;* **~ зака́т** purpurroter Sonnenuntergang *m*

Баде́н-Вюртембе́рг <-а> *м* Baden-Württemberg *nt*

бадминто́н <-а> *м* Badminton *nt*, Federball *nt*

бадь|я́ <-и́> *ж* Eimer *m*, Kübel *m*

ба́з|а <-ы> *ж* **1.** *(осно́ва)* Basis *f*, Grundlage *f;* **заложи́ть ба́зу для чего́-л.** den Grundstein [*o* das Fundament] legen für *+akk;* **~ тамо́женной оце́нки** Zollbemessungsgrundlage *f* **2.** *(това́рный склад)* Warenlager *nt* **3.** воен Militärstützpunkt *m;* **~ да́нных** информ Datenbank *f*

база́льт <-а> *м* Basalt *m*

база́р <-а> *м* **1.** *(ме́сто для торго́вли)* Markt *m* **2.** *разг (шум, гам)* Stimmengewirr *nt;* **пти́чий ~** Vogelkolonie *f*

базе́дов *то́лько в сочет* **базе́дова боле́знь** basedowsche Krankheit *f*

базили́к <-а> *м* Basilikum *nt*, Basilienkraut *nt*

бази́лик|а <-и> *ж* арх Basilika *f*

бази́р|овать <-ую, -уешь> *нсв прх* basieren, stationieren, beruhen (auf) *+dat;* **~ промы́шленность на ме́стном сырье́** die

Industrie auf örtliche Rohstoffe stützen

бази́р|оваться <-уюсь, -уешься> *нсв нпрх* **1.** *(осно́вываться на чём-л.)* sich stützen auf +*akk*, beruhen auf +*dat* **2.** *(име́ть что-л. ба́зой)* ansässig sein, den Sitz haben

ба́зис <-а> *м* Basis *f;* **~ нало́говых расчётов** Steuerbemessungsgrundlage *f;* **~ существова́ния** Existenzgrundlage *f*

ба́зов|ый <-ая, -ое> *прил* Grund-, Basis-; **ба́зовая величина́** Bezugsgröße *f;* **ба́зовые зна́ния** Grund-/Vorkenntnisse *fpl*

байда́рк|а <-и> *ж* Paddelboot *nt,* Kajak *nt;* **разбо́рная ~** Faltboot *nt*

ба́йк|а[1] <-и> *ж (ткань)* Flausch *m;* **сапо́жки на ба́йке** Flauschstiefel *pl*

ба́йк|а[2] <-и> *ж (коро́ткий расска́з)* kurzes Märchen *nt;* **расска́зывать ба́йки** *разг* Unsinn erzählen

Байка́л <-а> *м* ГЕОГ Baikalsee *m*

ба́йков|ый <-ая, -ое> *прил* Flausch-, flauschig; **~ хала́т** flauschiger Morgenrock *m;* **ба́йковое одея́ло** Flauschdecke *f*

байт <-а> *м* ИНФОРМ Byte *nt*

бак <-а> *м* Behälter *m;* **запасно́й ~** Reservekanister *m*

бакала́вр <-а> *м* Bakkalaureus *m,* Bakkalaureat *nt,* Bachelor *m*

бакале́|я <-и> *ж разг* Lebensmittelgeschäft *nt*

бакели́т <-а> *м* Bakelit *nt*

ба́кен <-а> *м* Boje *f*

бакенба́рд|ы <-ов> *мн* Backenbart *m*

ба́к|и <-> *ж pl* Backenbart *m,* Koteletten *pl*

баклажа́н <-а> *м* Aubergine *f*

баклу́ш|а <-и> *ж* Holzklötzchen *nt;* **бить баклу́ши** auf der Bärenhaut liegen

ба́кс|ы <-ов> *мн жарг (до́ллары США)* US Dollars *pl*

бактериа́льн|ый <-ая, -ое> *прил* bakteriell

бакте́ри|я <-и> *ж* Bakterie *f*

бал <ба́ла> *м* Ball *m;* **устро́ить ~** einen Ball geben; **пра́вить ба́лом** das Sagen haben; **на балу́** auf dem Ball

балага́н <-а> *м* **1.** *(деревя́нная постро́йка)* Bude *f,* Schaubude *f* **2.** *перен (шуми́ха)* Durcheinander *nt,* Tohuwabohu *nt,* Rummel *m*

балага́нн|ый <-ая, -ое> *прил* Schaubuden-; **балага́нное представле́ние** Schaubudenvorstellung *f,* Posse *f,* Hanswursterei *f;* **~ посту́пок** *разг* grobe Handlung *f*

балагу́р <-а> *м разг (шутни́к)* Witzbold *m,* Spaßvogel *m*

балагу́р|ить <-ю, -ишь> *нсв нпрх разг* Spaß machen, Witze machen

бала́ка|ть <-ю, -ешь> *нсв нпрх* schwatzen, plappern, murren

балала́йк|а <-и> *ж* Balalaika *f*

баламу́т <-а> *м разг* Chaotiker *m*

баламу́|тить <-чу, -тишь> *нсв,* **взбаламу́|тить** *св прх разг* **1.** *(вноси́ть беспоря́док, волнова́ть)* aufregen; **заче́м же бы́ло наро́д ~?** warum musste man das Volk aufregen? **2.** *(мути́ть)* trüben, trübe machen; **~ во́ду** *перен* jdm das Wasser trüben, jdn ausstechen, jdm Steine in den Weg legen

бала́нд|а <-ы> *ж* **1.** *разг (жи́дкая похлёбка)* dünne Suppe *f;* **корми́ть бала́ндой** jdm eine Brühe auftischen **2.** *разг (пусто́й разгово́р)* leeres Geschwätz *nt;* **конча́й бала́нду!** hör auf zu quasseln!

бала́нс <-а> *м* **1.** ЭКОН Bilanz *f;* **вуали́рование бала́нса** Bilanzverschleierung *f;* **годово́й ~** Jahresbilanz *f;* **~ импорти́рованных и экспорти́рованных това́ров** Warenbilanz *f;* **~ иму́щественного состоя́ния** Vermögensbilanz *f;* **~ обора́чиваемости капита́лов и креди́тов** Kapitalverkehrsbilanz *f;* **консолиди́рованный ~** konsolidierte Bilanz *f,* Konzernbilanz *f;* **~ оборо́та капита́ла** Kapitalbilanz *f;* **~ с соблюде́нием торго́вого пра́ва** handelsrechtliche Bilanz *f;* **~ совоку́пных затра́т** Vollkostenkalkulation *f;* **~ услу́г** Dienstleistungsbilanz *f* **2.** *(равнове́сие)* Balance *f;* **~интере́сов** Interessenausgleich *m;* **~ сил** ПОЛ Kräfteverhältnis *nt*

баланси́ровани|е <-я> *ср* Balancieren *nt;* ЭКОН Ausgleich *m,* Bilanzierung *f,* Abschluss *m;* **~ бюдже́та** Budgetausgleich *m*

баланси́р|овать[1] <-ую, -уешь> *нсв,* **сбаланси́ровать** *св нпрх (на чём-л./чем-л.)* balancieren, das Gleichgewicht halten

баланси́р|овать[2] <-ую, -уешь> *нсв,* **сбаланси́ровать** *св прх* **1.** *(уравнове́шивать)* ins Gleichgewicht bringen **2.** ЭКОН Bilanz ziehen, bilanzieren

балансиро́вк|а <-и> *ж* **~ бюдже́та** Haushaltsausgleich *m*

бала́нсов|ый <-ая, -ое> *прил* Bilanz-; **бала́нсовая оце́нка** Bilanzbewertung *f;* **бала́нсовая поли́тика** Bilanzpolitik *f;* **бала́нсовая при́быль** Bilanzgewinn *m;* **бала́нсовая сто́имость** Buchwert *m;* **бала́нсовая увя́зка** Bilanzierung *f;* **бала́нсовые избы́тки** Bilanzüberschuss *m;* **бала́нсовые убы́тки** Bilanzverlust *m;* **~ ито́г** Bilanzsumme *f*

балахо́н| <-а> *м* Gewand *nt*

балбе́с <-а> *м разг* Lümmel *m,* Tölpel *m,* Taugenichts *m*

балдёж <балдежа́> *м разг* Trip *m,* Rauschzustand *m*

балдахи́н <-а> *м* Baldachin *m,* Betthimmel *m,* Thronhimmel *m*

балде́|ть <-ю, -ешь> *нсв нпрх разг* **1.** *(проводи́ть вре́мя в безде́йствии)* die Zeit vertreiben **2.** *(наркотизи́роваться)* auf einen Trip gehen

балери́н|а <-ы> *ж* Ballerina *f,* Balletttänzerin *f*

бале́т <-а> *м* Ballet *nt;* **~ на льду́** Eisrevue *f*

ба́лк|а <-и> *ж* Balken *m;* *(широ́кий овра́г)* Schlucht *f*

балкани́стик|а <-и> *ж* Balkanistik *f*

Балка́ны <Балка́н> *ммн* Balkan *m*

балко́н <-а> *м* Balkon *m*

балл[1] <ба́лла> *м* *(оце́нка)* Note *f,* Zensur *f;* **она́ получи́ла хоро́ший ~** sie hat eine gute Note bekommen

балл[2] <ба́лла> *м* Stärkegrad *m;* **ве́тер в 6 ба́ллов** Windstärke *f* 6

балла́д|а <-ы> *ж* Ballade *f*

балла́ст <-а> *м* **1.** *и перен* Ballast *m;* **сбро́сить ~** (ideologischen) Ballast abwerfen **2.** ТЕХ Schotter *m*

балла́стн|ый <-ая, -ое> *прил* Ballast-; **балла́стные вещества́** Ballaststoffe *m*

балли́стик|а <-и> *ж* Ballistik *f,* Wurflehre *f*

балло́н <-а> *м* Ballon *m;* **га́зовый ~** ХИМ, ФИЗ Gasflasche *f*

баллоти́р|оваться <-уюсь, -уешься> *нсв рефл* kandidieren

баллотиро́вк|а <-и> *ж* Abstimmung *f*

балнеоло́ги|я <-и> *ж* Balneologie *f*

бал|ова́ть <-ую, -уешь> *нсв,* **изба́ловать** *св прх* verwöhnen, verhätscheln

бал|ова́ться <-у́юсь, -у́ешься> *нсв рефл разг* sich verwöhnen, unartig sein

ба́лов|ень <-ня> *м* **1.** *разг* verzogenes Kind *nt,* Schoßkind *nt,* Liebling *m;* **расти́ ба́ловнем** als Liebling aufwachsen **2.** *(счастли́вчик)* Glückskind *nt,* Sonntagskind *nt;* **~ судьбы́** vom Schicksal verwöhnt, Schoßkind des Glücks

баловств|о́ <-а́> *ср* Übermut *m*

балти́йск|ий <-ая, -ое> *прил* baltisch; **Балти́йское мо́ре** Ostsee *f*

Ба́лтик|а <-и> *ж* Ostsee *f*

балы́к <-а́> *м* geräuchertes Fischfilet *nt*

бальза́м <-а> *м* Balsam *m*

балюстра́д|а <-ы> *ж* Balustrade *f;* **~ ле́стницы** Treppengeländer *nt,* Treppenbrüstung *f*

бамбу́к <-а> *м* Bambus *m*

ба́мпер <-а> *м* АВТО Stoßstange *f*

бана́льнос|ть <-ти> *ж* Banalität *f*

бана́|льный <-льная, -льное; -лен, -льна, -льно> *прил* banal

бана́н <-а> *м* Banane *f*

ба́нд|а <-ы> *ж* Verbrecherbande *f*

банда́ж <-а *или* -а́> *м* Bandage *f;* **накла́дывать ~** bandagieren

бандеро́|ль <-ли> *ж* **1.** *(ма́ленькая посы́лка)* Päckchen *nt;* **посла́ть что-л. ~ю** etw als Päckchen schicken **2.** *(почто́вое отправле́ние в бума́жной обёртке)* Streifbandsendung *f* **3.** *(ярлы́к на това́ре)* Drucksache *f*

ба́нджо *ср нескл* МУЗ Banjo *nt*

банди́т <-а> *м* Bandit *m*

банди́тск|ий <-ая, -ое> *прил* Banden-

банк <-а> *м* **1.** ЭКОН Bank *f;* **~ да́нных** ИНФОРМ Datenbank *f;* **~ (экономи́ческого) разви́тия** Entwicklungsbank *f;* **~ при конце́рне** Hausbank *f;* **~ универса́льного ти́па** Universalbank *f;* **~ откры́вший аккредити́в** Eröffnungsbank *f* **2.** *(в ка́рточной игре́)* Spielbank *f;* **сорва́ть ~** die Bank sprengen

ба́нк|а[1] <-и> *ж* Dose *f,* Büchse *f;* **консе́рвная ~** Konservendose *f*

ба́нк|а[2] <-и> *ж* МОР Untiefe *f;* **подво́дная ~** Sandbank *f*

банке́т <-а> *м* Bankett *nt,* Festessen *nt*

банки́р <-а> *м* Bankier *m*

банк-корреспонде́нт <-а> *м* Bankverbindung *f*

банкно́т|а <-ы> *ж* Banknote *f,* Geldschein *m;* **банкно́тная эми́ссия** Banknotenausgabe *f;* **банкно́тное обраще́ние** Notenumlauf *m*

ба́нковск|ий <-ая, -ое> *прил* Bank-; **ба́нковская гара́нтия** Bankgarantie *f;* **ба́нковская де́ятельность** Bankgeschäfte *pl;* **ба́нковская коми́ссия** Bankprovision *f;* **ба́нковская опера́ция по дисконти́рованию векселе́й** Diskontgeschäft *nt;* **ба́нковская систе́ма** Bankensystem *nt;* **ба́нковская ссу́да** Bankkredit *m;* **ба́нковская та́йна** Bankgeheimnis *nt;* **ба́нковские акти́вы** Bankguthaben *nt;* **~ опера́ции** Banking *nt;* **~ аккредити́в** Bankakkreditiv *nt;* **~ акце́пт** Bankakzept *nt;* **~ биле́т** Banknote *f;* **~ вклад** Bankeinlage *f;* **~ кли́ринг** Bankenclearing *nt;* **~ креди́т** Bankkredit *m;* **~ перево́д** Bankanweisung *f;* **~ счёт** Bankkonto *nt;* **~ чек** Bankscheck *m;* **ба́нковское де́ло** Bankwesen *nt;* **~ и́ндекс** Bankleitzahl *f;* **ба́нковское поручи́тельство** Bankgarantie *f;* **~ слу́жащий** Bankangestellte(r) *m;* **ба́нковское хране́ние це́нных бума́г** Effektenverwahrung *f*

банкома́т <-а> *м* Geldautomat *m*

банкро́т <-а> *м* *(несостоя́тельный должни́к)* Bankrotteur *m;* **объяви́ть кого́-л. банкро́том** Zahlungsunfähige(r) *f(m)*

банкро́|титься <-чусь, -тишься> *нсв,* **обанкро́титься** *св рефл* bankrott gehen, Konkurs anmelden

банкро́тств|о <-а> *ср* **1.** *(банкро́т)* Bankrott *m,* Konkurs *m,* Ruin *m;* **~ госуда́рства** Staatsbankrott *m;* **объявля́ть ~** Konkurs anmelden **2.** *перен (прова́л, крах)* Scheitern *nt,* Misserfolg *m*

ба́нн|ый <-ая, ое> *прил* Bade-; *(жа́ркий, вла́жный)* schwül; **~ та́зик** Badeschussel *f;* **ба́нное полоте́нце** Badetuch *nt;* **пристал ко мне как ба́нный лист** *перен* er klebt an mir wie eine Klette

ба́ночк|а <-и> *ж уменьши́тельное см.* **ба́нка[1]**

бант <-а> *м* Schleife *f;* **завяза́ть банто́м** zur Schleife binden

ба́нщик <-а> *м,* **ба́нщиц|а** <-ы> *ж* Badegehilfe *m,* Badewärter(in) *m(f),* Badefrau *f*

ба́н|я <-и> *ж* russisches Dampfbad *nt*

i Land & Leute

Das russische Dampfbad besteht auf dem Lande seit Jahrhunderten. Da sich nicht jede Bauernfamilie ein eigenes Dampfbad leisten kann, gehört zu jedem Dorf ein Gemeinschaftsbad, das meist in einem Blockhaus abseits des Dorfes untergebracht ist und einmal in der Woche geheizt wird.
Die Russen nehmen ein Dampfbad von jeher auch aus gesundheitlichen Gründen: besonders wenn man auf die Schwitzbank steigt und sich mit einer Birkenrute behandelt, kommt es zu einer guten Entschlackung und Durchblutung.
Im Winter taucht man im Dorf anschließend noch in ein Eisloch, oder man reibt sich mit Schnee ab – das dient traditionell zur Abhärtung. In Städten wird das öffentliche Dampfbad neuerdings oft mit der Sauna kombiniert oder durch diese gar ersetzt.

баоба́б <-а> *м* Baobab *m*, Affenbrotbaum *m*

бар[1] <-а> *м* **1.** *(ма́ленький рестора́н)* Bar *f*, Imbissstube *f* **2.** *(сто́йка)* Theke *f*

бар[2] <-а> *м* ФИЗ Bar *nt*

бараба́н <-а> *м* Trommel *f*

бараба́н|ить <-ю, -ишь> *нсв нпрх* trommeln

бараба́нщик <-а> *м*, **бараба́нщиц|а** <-ы> *ж* **1.** МУЗ Trommler(in) *m(f)* **2.** *разг (стука́ч)* Denunziant(in) *m(f)*

бара́к <-а> *м* Baracke *f*

бара́н <-а> *м* Hammel *m*; **смотре́ть на что-л. как ~ на но́вые воро́та** *перен* dastehen wie die Kuh vorm neuen Tor

бара́н|ий <-ья, -ье> *прил* Hammel-; **~ жир** Hammelfett *nt*; **бара́нья котле́та** Hammelkotelett *nt*; **бара́нья голова́** Hammelkopf *m*; **бара́ньи глаза́** Hammelaugen *pl*; **в ~ рог скрути́ть** jdn klein kriegen

бара́нин|а <-ы> *ж* Hammelfleisch *nt*

бара́нк|а <-и> *ж* **1.** *(бу́лочное изде́лие)* Kringel *m*, Ringel *m* **2.** *разг* АВТО *(руль)* Lenkrad *nt*; **сесть за бара́нку** sich hinter das Steuer setzen

барахл|и́ть <-ю́, -и́шь> *нсв*, **набарахли́ть** *св нпрх прост* **1.** *(пло́хо рабо́тать)* **дви́гатель барахли́т** der Motor stottert **2.** *(би́ться неро́вно)* unregelmäßig schlagen; **се́рдце барахли́т** das Herz schlägt unregelmäßig

барахл|о́ <-а́> *ср разг* Krempel *m*, Kram *m*

бара́хта|ться <-юсь, -ешься> *нсв рефл* zappeln, strampeln

бара́ш|ек <-ка> *м* Lamm *nt*, Lämmchen *nt*

барбари́с <-а> *м* **1.** *(куст)* Berberitzenstrauch *m* **варе́нье из барбари́са** Berberitzenkonfitüre *f*, Sauerdornkonfitüre *f* **2.** *(я́года)* Berberitzenbeere *f*

барбо́с <-а> *м* **1.** *(кли́чка пса)* Hofhund *m* **2.** *шутл (кру́пный ребёнок, подро́сток)* kräftiges Kind *nt*

бард <ба́рда> *м* Liedermacher *m*

барда́к <-а> *м разг* Schlamperei *f*, Lotterwirtschaft *f*

ба́ре|ль <-ля> *м* **1.** *(ёмкость для не́фти)* Fass *nt* **2.** *(ме́ра ёмкости)* Barrel *nt*

барелье́ф <-а> *м* Basrelief *nt*

баре́т|ки <-ок> *мн разг (ту́фли)* Schuhe *pl*

ба́рж|а <-и или -и́> *ж* Lastkahn *m*, Prahm *m*, Schute *f*; **нефтенали́вная ~** Tankprahm *m*

ба́ри|й <-я> *м* ХИМ Barium *nt*

ба́рин <-а> *м*, **ба́рын|я** <-и> *ж* Herr(in) *m(f)*, Adlige *m*, Gutsherr *m*; *разг (ба́ловень)* verwöhnter Mensch *m*

барито́н <-а> *м* Bariton *m*

ба́рк|а <-и> *ж (ба́ржа)* Barke *f*, Schute *f*

барка́с <-а> *м* Barkasse *f*; **пожа́рный ~** Feuerwehrbarkasse *f*

ба́рмен <-а> *м* Barkeeper *m*

ба́рменш|а <-и> *ж* **1.** *разг (владе́лица ба́ра)* Barkeeperin *f* **2.** *(буфе́тчица в ба́ре)* Bardame *f*

баро́кко <неизм> *ср* Barock *nt o m*

баро́метр <-а> *м* Barometer *nt*

баро́н <-а> *м*, **барон́есс|а** <-ы> *ж* Baron(in) *m(f)*, Baronesse *f*

баро́чн|ый <-ая, -ое> *прил* barock

баррика́д|а <-ы> *ж* Barrikade *f*; **вы́йти на баррика́ды** *и перен* auf die Barrikaden gehen

баррикади́р|овать <-ую, -уешь> *нсв*, **забаррикади́ровать** *св прх* verbarrikadieren, verrammeln, versperren; **~ у́лицу** die Straße verbarrikadieren; **~ все вы́ходы** alle Ausgänge verbarrikadieren

барс <-а> *м (леопа́рд)* Irbis *m*, Schneeleopard *m*

ба́рск|ий <-ая, -ое> *прил* herrschaftlich; **жить на ба́рскую но́гу** *перен* auf großem Fuß leben

барсу́к <-а́> *м* Dachs *m*

ба́ртер <-а> *м* ЭКОН Tauschgeschäft *nt*, Tauschhandel *m*, Barterhandel *m*

ба́ртерн|ый <-ая, -ое> *прил* Barter-, Tausch-; **ба́ртерная опера́ция** Bartergeschäft *nt*; **ба́ртерная сде́лка** Tauschgeschäft *nt*; **ба́ртерная торго́вля** Tauschhandel *m*

ба́рхат <-а> *м* Samt *m*

ба́рхатн|ый <-ая, ое> *прил* Samt-, samten

бары́ш <-а́> *м* Gewinn *m*, Profit *m*, Vorteil *m*; **получи́ть ~** einen Vorteil bekommen

ба́рышн|я <-и> *ж* gnädiges Fräulein *nt*; **кисе́йная ~** *презрит* Zierpuppe *f*

барье́р <-а> *м* **1.** *и перен* Barriere *f*, Schranke *f*, Hindernis *nt* **2.** СПОРТ Hürde *f*; **торго́вые ~ы** Handelsschranken *fpl*; **звуково́й ~**

Schallmauer *f;* **языковой ~** Verständigungsproblem *nt,* Sprachbarriere *f*

бас <-а> *м* Bass *m*

басить <башу, басишь> *нсв нпрх разг* im Bass(ton) sprechen/singen

баскетбол <-а> *м* Basketball *m*

басм|а <-ы> *ж* Basma *f (schwarze Pflanzenhaarfarbe)*

баснослов|ный <-ная, -ное; -ен, -на, -но> *прил* fabelhaft, unglaublich, märchenhaft; **~ герой** Fabelheld *m;* **баснословные богатства** märchenhafte Schätze *pl;* **баснословные цены** sehr hohe Preise *pl;* **~ успех** unglaublicher Erfolg *m*

басн|я <-и> *ж* Fabel *f*

бассейн <-а> *м* Bassin *nt,* Becken *nt;* **~ реки** Flussbecken *nt*

бастион <-а> *м* **1.** *(укреплённый выступ)* **бастионы Петропавловской крепости** Bastion *f* [*o* Bastei *f*] der Petropavlovskaja-Festung **2.** ПРЕСС *(надёжная опора)* Bollwerk *m*

баст|овать <-ую, -уешь> *нсв,* **забастовать** *св нпрх* streiken, in Streik treten

баталист <-а> *м* Schlachtenmaler *m*

батали|я <-и> *ж* Schlacht *f,* Streit *m,* Wortgefecht *nt;* **политическая ~** politische Auseinandersetzung *f*

батальн|ый <-ая, ое> *прил* Schlachten-; **~ жанр в живописи** Schlachtenmalerei *f;* **батальные сцены** Schlachtszenen *pl*

батальон <-а> *м* Bataillon *nt*

батарейк|а <-и> *ж* kleine Batterie *f*

батаре|я <-и> *ж и* ВОЕН, ЭЛ Batterie *f,* Akku *m;* **солнечная ~** Solarzelle *f;* **отопительная ~** Heizkörper *m*

батат <-а> *м* Batate *f,* Süßkartoffel *f*

батик *м* Batik *f;* **печатать ~** batiken

батник <-а> *м* Hemdbluse *f*

батон <-а> *м* Stangenweißbrot *nt*

батрак <-а> *м (наёмный рабочий)* Knecht *m,* Landarbeiter *m;* **наняться в батраки** als Tagelöhner *m* arbeiten; **я тебе не ~!** ich bin doch nicht dein Knecht!

батрач|ить <-у, -ишь> *нсв нпрх* als Tagelöhner arbeiten; **он батрачит у богатого оленевода** er ist Tagelöhner beim reichen Rentierzüchter

баттерфля|й <-я> *м* СПОРТ Schmetterling *m,* Butterfly *m*

батут <-а>, **батуд** *м* Sprungmatte *f*

батюшк|а <-и> *м* **1.** *(отец, Бог, царь)* Vater *m;* **~-заступник** Vater-Beschützer *m* **2.** *(священник)* Priester *m*

бах! *межд* bums!, baff!

бахвал <-а> *м,* **бахвалк|а** <-и> *ж разг (хвастун)* Prahler(in) *m(f),* Großmaul *nt,* Aufschneider(in) *m(f)*

бахвал|иться <-юсь, -ишься> *нсв рефл* prahlen, aufschneiden

бахвальств|о <-а> *ср* Prahlerei *f*

бахром|а <-ы> *ж* Franse *f*

бахч|а <-и> *ж* Gemüsegarten *m,* Melonenfeld *nt,* Kürbisfeld *nt*

бацилл|а <-ы> *ж* Bazillus *m*

башк|а <-и> *ж разг* Birne *f,* Rübe *f,* Kopf *m*

башковит|ый <-ая, -ое; -, -а, -о> *прил разг* klug, gescheit, aufgeweckt; **~ мужик** gescheiter Bauer *m,* kluger Kerl *m*

башмак|и <-ов> *мн* **1.** *(грубые ботинки)* Schuhe *pl;* **лыжные ~** Skischuhe *pl;* **быть под башмаком у кого-л.** unter dem Pantoffel von jdm stehen, ein Pantoffelheld sein **2.** Ж.-Д. **тормозной башмак** Bremsschuh *m*

башмачник <-а> *м* **1.** *(сапожник)* Schuhmacher *m,* Schuster *m* **2.** Ж.-Д. Schuhbeschlager *m*

башн|я <-и> *ж* **1.** СТР Turm *m* **2.** *разг (высотный дом)* Hochhaus *nt*

бдительнос|ть <-ти> *ж* Wachsamkeit *f*

бдите|льный <-льная, -льное -лен, -льна, -льно> *прил* wachsam

бег <бега> *м* Lauf *m;* **~ в мешках** Sackhüpfen *nt;* **~ на выносливость** Dauerlauf *m;* **~ на месте** auf der Stelle laufen

бега <-ов> *м* **1.** *(состязание)* Rennen *nt,* Wettrennen *nt* **2.** *(гонки)* Pferderennen *nt;* **в ~х** *перен* auf der Flucht

бега|ть <-ю, -ешь> *нсв,* **бе|жать** <-гу, -жишь> *нсв нпрх* **1.** *(туда-сюда)* hin und her laufen **2.** *(избегать кого-л./чего-л.)* jdn meiden; **~ за кем-л.** jdm hinterherlaufen; **бежать от чего-л.** fliehen vor; **часы бегут** *перен* die Uhr geht vor; **молоко бежит** die Milch läuft über

бегемот <-а> *м* Flusspferd *nt,* Nilpferd *nt*

беглец <-а> *м* Flüchtling *m*

бегло *нрч* fließend, schnell; **она ~ говорит по-немецки** sie spricht fließend deutsch

бегл|ый <-ая, -ое> *прил* **1.** *(убежавший)* flüchtig, entlaufen **2.** *перен (быстрый)* flüchtig, schnell; **~ взгляд** flüchtiger Blick *m*

беглянк|а <-и> *ж* weiblicher Flüchtling *m*

бегов|ой <-ая, -ое> *прил* Renn-

бегом *нрч* laufend, im Laufschritt

бегони|я <-и> *ж* БОТ Begonie *f*

беготн|я <-и> *ж разг* Hinundherlaufen *nt,* Durcheinander *nt*

бегств|о <-а> *ср* Flucht *f;* **~ капитала** Kapitalabfluss *m;* **обратить в ~** in die Flucht schlagen; **обратиться в ~** die Flucht ergreifen

бегун <-а> *м,* **бегунь|я** <-и> *ж* СПОРТ Läufer(in) *m(f)*

бед|а <-ы> *ж* Unglück *nt,* Elend *nt;* **~ в том, что ...** das Schlimme ist, dass ...; **не ~** das ist nicht so schlimm; **лиха ~ начало** aller Anfang ist schwer; **~ как** *разг* sehr; **~ сколько** *разг* schrecklich viel

бедлам <-а> *м разг (шум, беспорядок)* Durcheinander *nt;* **устроить ~** ein Tohuwabohu *nt* veranstalten

беднé|ть <-ю, -ешь> *нсв,* **обеднéть** *св прх* verarmen; **дерéвня обеднéла** das Dorf verarmte; **золотóй запáс обеднéл** die Goldreserven verringerten sich

бéднос|ть <-ти> *ж* Armut *f*

бéд|ный <-ная, -ное; -ен, -нá, -но> *прил* 1. *(неимýщий, скýдный)* arm 2. *(несчáстный, жáлкий)* unglücklich

бедня́жк|а <-и> *м и ж разг* armer Tropf *m,* arme Frau *f*

бедня́к <-á> *м* 1. *(неимýщий)* Arme(r) *f(m)* 2. *(крестья́нин)* armer Bauer *m*

бедокýр|ить <-ю, -ишь> *нсв,* **набедокýрить** *св нпрх* ausgelassen sein, Streiche machen, Unfug anrichten; **щенóк в дóме бедокýрит óчень мнóго** das Hündchen macht zu Hause viele Streiche

бедолáг|а <-и> *м и ж разг* Arme(r) *f(m), презрит* Penner *m*

бедр|ó <-á> *ср* АНАТ Oberschenkel *m,* Hüfte *f*

бéдственн|ый <-ая, -ое; -а, -о> *прил* Not-; **бéдственное положéние** Notlage *f*

бéдстви|е <-я> *ср* Unheil *nt,* Katastrophe *f;* **стихи́йное ~** Naturkatastrophe *f*

бéдств|овать <-ую, -уешь> *нсв нпрх* Not leiden, darben

бедуи́н <-а> *м,* **бедуи́нка** *ж* Beduine *m,* Beduinin *f*

беж <неизм> *прил* beige; **костю́м цвéта ~** beigefarbener Anzug *m*

бежáть <бегý, бежи́шь> *нсв нпрх см.* **бéгать**

бéжев|ый <-ая, -ое> *прил* beige

бéжен|ец <-ца> *м* Flüchtling *m,* Asylbewerber *m;* **напли́в бéженцев** Flüchtlingsstrom *m*

без, безо *предл* ohne *+akk;* **~ гарáнтии** ohne Gewähr; **~ надбáвки** zuschlagsfrei; **~ обязáтельства** freibleibend; **~ обязáтельства возмещéния ущéрба** entschädigungslos; **~ оши́бок** fehlerlos; **~ рабóты** arbeitslos; **~ ручáтельства** ohne Gewähr; **~ ски́дки** netto; **~ сомнéния** zweifellos; **~ тáры** [*или* **упакóвки**] netto; **~ пяти́ двенáдцать** fünf Minuten vor zwölf

безалáбер|ный <-ная, -ное; -ен, -на, -но> *прил* liederlich, unordentlich

безалáберщин|а <-ы> *ж* Schlamperei *f*

безалкогóльн|ый <-ая, -ое> *прил* alkoholfrei

безапелляциóн|ный <-ная, -ное; -ен, -на, -но> *прил* kategorisch; ЮР Berufung ausschließend

безáтомн|ый <-ая, -ое> *прил* atom(waffen)frei; **безáтомная зóна** atomwaffenfreie Zone *f*

безбéд|ный <-ная, -ное; -ен, -на, -но> *прил* sorgenfrei, gesichert; **безбéдная жизнь** sorgenfreies Leben *nt*

безбилéтн|ый <-ая, -ое> *прил* fahrscheinlos; **~ пассажи́р** Schwarzfahrer *m*

безбóж|ный <-ная, -ное; -ен, -на, -но> *прил* 1. *(отрицáющий существовáние Бóга)* gottlos, atheistisch; *(грехóвный)* sündhaft; **безбóжные мы́сли** unerhörte Gedanken *mpl* 2. *тóлько пóлная фóрма, разг (бессóвестный)* gewissenlos; **~ лжец** gewissenloser Lügner *m;* **~ пья́ница** unverschämter Säufer *m* 3. *разг (óчень си́льный)* **~ цини́зм** äußerster Zynismus *m*

безболéзнен|ный <-ная, -ное; -, на, -но> *прил* 1. *(без бóли)* schmerzlos 2. *перен (беспрепя́тственный)* problemlos, reibungslos

безборóд|ый <-ая, -ое> *прил* bartlos; **~ мужи́к** bartloser Kerl *m*

безбрáчи|е <-я> *ср* Ehelosigkeit *f,* Zölibat *m o nt*

безбрéж|ный <-ная, -ное; -ен, -на, -но> *прил* endlos, uferlos; **безбрéжные простóры** endlose Weiten *pl*

безбрóв|ый <-ая, -ое> *прил* brauenlos, ohne Augenbrauen; **~ блонди́н** brauenloser Blonde *m*

безбýр|ный <-ная, -ное; -ен, -на, -но> *прил* 1. *(спокóйный)* ruhig; **~ день** ruhiger Tag *m* 2. *(лишённый тревóг)* sorgenlos; **безбýрные гóды** sorgenfreie Jahre *pl*

безвéри|е <-я> *ср* Ungläubigkeit *f,* Unglaube *m,* Atheismus *m*

безвéстнос|ть <-ти> *ж* Ungewissheit *f*

безвéст|ный <ная, -ное; -ен, -на, -но> *прил* unbekannt; **~ герóй** unbekannter Held *m;* **безвéстная моги́ла** unbekanntes Grab *nt;* **~ писáтель** unbekannter Schriftsteller *m*

безвéтрен|ный <-ная, ное; -, -на, -но> *прил* windstill; **~ день** windstiller Tag *m;* **безвéтренная погóда** Flaute *f*

безвéтри|е <-я> *ср* Windstille *f*

безви́зов|ый <-ая, -ое> *прил* visumfrei; **~ режи́м** Reisefreiheit *f,* Visumfreiheit *f*

безвкýсиц|а <-ы> *ж* 1. *перен* Geschmacklosigkeit *f* 2. *(в искýсстве)* Kitsch *m*

безвкýс|ный <-ная, -ное; -ен, -на, -но> *прил* geschmacklos, kitschig

безвлáсти|е <-я> *ср* Anarchie *f*

безвóд|ный <-ная, -ное; -ен, -на, -но> *прил* wasserarm, wasserlos, trocken; **~ райóн** wasserarme Gegend *f*

безвозврáт|ный <-ная, -ное; -ен, -на, -но> *прил* unwiederbringlich; **безвозврáтные ассигновáния** unwiderrufliche Geldanweisung *f;* **безвозврáтные гóды** unwiederbringliche Jahre *pl;* **безвозврáтные потéри** unwiederbringliche Verluste *pl*

безвоздýшн|ый <-ая, -ое> *прил* luftleer; **безвоздýшное пространство** luftleerer Raum *m,* Vakuum *nt*

безвозмéздн|ый <-ая, -ое> *прил* unentgeltlich, kostenlos, gratis

безволóс|ый <-ая,-ое> *прил* haarlos, unbehaart, kahlköpfig

безво́|льный <-льная, -льное; -лен, -льна, -льно> *прил* willenlos

безвре́д|ный <-ная, -ное; -ен, -на, -но> *прил* unschädlich, harmlos

безвре́менн|ый <-ая, -ое> *прил книжн* vorzeitig, zu früh, ungelegen

безвре́мень|е <-я> *ср* schwere Zeiten *fpl*

безвы́ход|ный <-ная, -ное; -ен, -на, -но> *прил* ausweglos; **он в безвы́ходном положе́нии** er ist in einer ausweglosen Lage, er weiß weder ein noch aus

безгла́з|ый <-ая, -ое> *прил* **1.** *(не име́ющий глаз)* augenlos; **безгла́зое морско́е созда́ние** augenloses Seegeschöpf *nt* **2.** *(с утра́ченным зре́нием)* blind; **~ стари́к** erblindeter Alter *m*

безгла́с|ный <-ная, -ное; -ен, -на,-но> *прил* **1.** *(бесслове́сный)* schweigsam, stumm, lautlos; **безгла́сные существа́** lautlose Geschöpfe *pl* **2.** *(не выража́ющий своего́ мне́ния)* meinungslos; **~ исполни́тель** wortloser [*o* gehorsamer] Mitarbeiter *m*

безголо́в|ый <-ая, -ое; -, -а, -о> *прил* **1.** *(не име́ющий головы́)* kopflos, enthauptet, ohne Kopf **2.** *разг (бестолко́вый)* verständnislos, begriffsstutzig; **~ слуга́** verständnisloser Diener *m*

безгра́мотнос|ть <-ти> *ж* **1.** *(негра́мотность)* Analphabetentum *nt* **2.** *(неве́жество)* Unwissenheit *f*

безграни́ч|ный <-ная, -ное; -ен, -на, -но> *прил* grenzenlos; **безграни́чная ра́дость** grenzenlose Freude *f*

безгре́ш|ный <-ная, -ное; -ен, -на, -но> *прил* **1.** *(не пови́нный ни в чём)* unschuldig; **безгре́шная душа́** unschuldige Seele *f* **2.** *(чи́стый)* rein; **~ сон** reiner Traum *m;* **безгре́шные по́мыслы** reine Gedanken *pl*

безда́рнос|ть <-ти> *ж* Unbegabtheit *f*, Unfähigkeit *f*, Talentlosigkeit *f;* **~ произведе́ния** talentloses Werk *nt;* **кака́я же ты ~!** was bist du stümperhaft!

безда́р|ный <-ная, -ное; -ен, -на, -но> *прил* unbegabt

безде́йстви|е <-я> *ср* Tatenlosigkeit *f;* **~ поли́ции** Nichteinschreiten *nt* der Polizei

безде́йств|овать <-ую, -уешь> *нсв нпрх* **1.** *(о челове́ке)* tatenlos zusehen **2.** ЮР *(о маши́не)* nicht eingreifen, nicht wirksam werden

безде́йствующ|ий <-ая, -ее> *прил* **1.** *(не де́йствующий)* unwirksam **2.** *(ничего́ не де́лающий)* untätig, passiv

безде́лиц|а <-ы> *ж* Kleinigkeit *f*, Bagatelle *f*

безделу́шк|а <-и> *ж* Nippes *fpl*

безде́ль|е <-я> *ср* Nichtstun *nt*, Faulenzen *nt*

безде́льник <-а> *м* Faulpelz *m*, Taugenichts *m*

безде́льнича|ть <-ю, ешь> *нсв нпрх* faulenzen, herumgammeln

безде́нежн|ый <-ая, -ое> *прил* geldlos, mittellos; **~ потреби́тель** mittelloser Verbraucher *m*

безде́т|ный <-ная, -ное; -ен, -на, -но> *прил* kinderlos

безде́ятельнос|ть <-и> *ж* Tatenlosigkeit *f*

безде́яте|льный <-льная, -льное; -лен, -льна, -льно> *прил* tatenlos

бе́здн|а <-ы> *ж* **1.** *(глубо́кая про́пасть)* Abgrund *m* **2.** *разг (у́йма)* Unmenge *f;* **~ дел** eine Menge Arbeit

бездо́м|ный **I.** <-ная, -ное; -ен, -на, -но> *прил* obdachlos **II.** <-ого> *м* Obdachlose(r) *m*

бездо́н|ный <-ная, -ное; -ен, -на, -но> *прил* bodenlos; **бездо́нная бо́чка** *перен* Fass *nt* ohne Boden

бездоро́ж|ный <-ная, -ное; -ен, -на, -но> *прил* unwegsam, unbefahrbar

бездохо́д|ный <-ная,-ное; -ен, -на, -но> *прил* ertraglos; **~ про́мысел** ertragloses Gewerbe *nt*

безду́мно *нрч* gedankenlos, unbedacht

безду́мнос|ть <-ти> *ж* Gedankenlosigkeit *f*

бездухо́в|ный <-ная, -ное; -ен, -на, -но> *прил* seelenlos, geistesarm; **бездухо́вное существова́ние** geistesarme Existenz *f;* **бездухо́вное поколе́ние** Generation *f* ohne geistige Werte

безду́ш|ный <-ная, -ное; -ен, -на, -но> *прил* herzlos, hartherzig

безды́мн|ый <-ая, -ое> *прил* rauchlos; **~ по́рох** rauchloses Pulver *nt;* **безды́мная свеча́** rauchlose Kerze *f*

бездыха́н|ный <-ная, -ное; -ен, -на, -но> *прил книжн* leblos, tot, entseelt; **~ геро́й** lebloser Held *m*

безе́ <неизм> *ср* ГАСТР Baiser *m*

безжа́лост|ный <-ная, -ное; -ен, -на, -но> *прил* erbarmungslos, unbarmherzig

безжи́знен|ный <-ная, -ное; -, -на, -но> *прил* leblos

беззабо́т|ный <-ная, -ное; -ен, -на, -но> *прил* sorglos, unbekümmert

беззако́ни|е <-я> *ср* **1.** *(несоблюде́ние зако́нов)* Gesetzlosigkeit *f* **2.** *(произво́л)* Willkür *f;* **соверша́ть ~** gesetzwidrig handeln

беззасте́нчив|ый <-ая, -ое; -, -а, -о> *прил* unverschämt, rücksichtslos

беззащи́т|ный <-ная, -ное; -ен, -на, -но> *прил* schutzlos, wehrlos

беззвёздн|ый <-ая, ое; -а, -о> *прил* stern(en)los; **беззвёздное не́бо** sternenloser Himmel *m;* **беззвёздная ночь** sternlose Nacht *f*

беззву́ч|ный <-ная, -ное; -ен, -на, -но> *прил* lautlos, kaum hörbar

беззе́ме|льный <-льная, льное; -лен, -льна, -льно> *прил* landlos, ohne Land; **~ крестья́нин** landloser Kleinbauer *m*

беззло́б|ный <-ная, -ное; -ен, -на, -но>

прил gutherzig, gutmütig, arglos; **~ смех** gutmütiges Lachen *nt;* **~ челове́к** gutherziger Mensch *m*

беззу́б|ый <-ая, -ое> *прил* **1.** *(не име́ющий зубо́в)* zahnlos; **~ рот** zahnloser Mund *m;* **~ стари́к** zahnloser Alter *m* **2.** *(лишённый крити́чности)* schwach, mild; **~ спекта́кль** schwache Aufführung *f;* **беззу́бая кри́тика** schwache Kritik *f*

безлека́рствен|ный <-ная, -ное; -, -на, -но> *прил* medikamentlos; **~ спо́соб лече́ния** medikamentlose Behandlung *f;* **безлека́рственная медици́на** Medizin *f* ohne Arzneimittel

безли́к|ий <-ая, -ое> *прил* ohne klare Gestalt; **~ писа́тель** unpersönlicher Schriftsteller *m,* Schriftsteller *m* ohne Eigenart

безли́ствен|ный <-ная, -ное; -, -на, -но> *прил* laublos, kahl, unbelaubt; **~ лес** kahler Wald *m*

безлицензио́н|ный <-ная, -ное; -ен, -на, -но> *прил* lizenzfrei

безли́ч|ный <-ная, -ное; -ен, -на, -но> *прил* и лингв unpersönlich

безлу́н|ный <-ная, -ное; -ен, -на, -но> *прил* mondlos; **~ ве́чер** mondloser Abend *m*

безлю́д|ный <-ная, -ное; -ен, -на, -но> *прил* menschenleer, öde

безме́р|ный <-ная, -ное; -ен, -на, -но> *прил* maßlos, unermesslich

безмо́згл|ый <-ая,-ое> *прил презр* hohlköpfig, dumm, stumpfsinnig; **~ нача́льник** dummer Chef *m*

безмо́лв|ный <-ная, -ное; -ен, -на, -но> *прил* **1.** *(молчали́вый)* schweigend, schweigsam; **~ свиде́тель** stiller Zeuge *m;* **~ уко́р** stiller Vorwurf *m;* **безмо́лвная подде́ржка** wortlose Unterstützung *f* **2.** *(лишённый звуко́в)* lautlos, still; **~ лес** stiller Wald *m;* **безмо́лвная пусты́ня** lautlose Wüste *f*

безмоти́в|ный <-ная, -ное; -ен, -на, -но> *прил* motivlos; **~ посту́пок** unmotivierte Tat *f*

безмото́р|ный <-ная, -ное; -ен, -на, -но> *прил* motorlos, mit abgeschaltetem Motor, ohne Motorantrieb; **~ лета́тельный аппара́т** Segelflugzeug *nt*

безмяте́ж|ный <-ная, -ное; -ен, -на, -но> *прил* ruhig, still; **~ смех** friedliches Lachen *nt;* **безмяте́жное состоя́ние** wolkenloser Zustand *m;* **~ сон** friedlicher Schlaf *m;* **безмяте́жное де́тство** sorglose Kindheit *f*

безнадёжнос|ть <-ти> *ж* Hoffnungslosigkeit *f*

безнадёж|ный <-ная, -ное; -ен, -на, -но> *прил* hoffnungslos

безнадзо́р|ный <-ная, -ное; -ен, -на, -но> *прил* unbeaufsichtigt; **~ ребёнок** unbeaufsichtigtes Kind *nt*

безнака́занно *нрч* ungestraft, straflos

безнака́зан|ный <-ная, -ное; -, -на, -но> *прил* unbestraft, straflos; **~ посту́пок** straflose Tat *f*

безна́л <-а> *м разг (безнали́чные де́ньги, безнали́чный расчёт)* bargeldloser Zahlungsverkehr *m;* **получи́ть на счёт ~** auf das Konto eine bargeldlose Zahlung bekommen

безнали́чн|ый <-ая, -ое> *прил* bargeldlos; **~ расчёт** bargeldloser Zahlungsverkehr *m,* Giroverkehr *m*

безнача́ли|е <-я> *ср* Anarchie *f;* **в эконо́мике вла́ствует ~** in der Wirtschaft herrscht Anarchie

безнитра́тн|ый <-ая, -ое> *прил* nitratfrei; **безнитра́тная техноло́гия выра́щивания овоще́й** Obstzucht *f* ohne Nitratdünger; **безнитра́тные о́вощи** nitratfreies Obst *nt*

безно́г|ий <-ая, -ое> *прил* **~ кале́ка** Krüppel *m* ohne Beine; **безно́гие земново́дные** beinlose Lurche *pl;* **~ стул** Stuhl *m* mit gebrochenen Beinen

безнра́вственнос|ть <-ти> *ж* Unmoral *f*

безнра́вствен|ный <-ная, -ное; -, -на, -но> *прил* unmoralisch

безоби́д|ный <-ная, -ное; -ен, -на, -но> *прил* harmlos

безо́блач|ный <-ная, -ное; -ен, -на, -но> *прил* wolkenlos; **безо́блачное сча́стье** *перен* ungetrübtes Glück *nt*

безобра́зи|е <-я> *ср* **1.** *(о вне́шности)* Hässlichkeit *f* **2.** *(наха́льство)* Unverschämtheit *f;* **э́то ~!** das ist ein Unding!

безобра́|зить <-жу, -зишь> *нсв,* **обезобра́зить** *св прх* **1.** *(де́лать некраси́вым)* entstellen, verunstalten; **ме́стность обезобра́жена пожа́ром** die Gegend wurde durch einen Brand verunstaltet **2.** *прост (безобра́зничать)* sich flegelhaft [*o* unanständig] benehmen

безобра́знича|ть <-ю, -ешь> *нсв нпрх разг* Unfug *m* treiben; **прекрати́те ~!** hört mit dem Unfug auf!

безогля́дн|ый <-ая, -ое; -а, -о> *прил* grenzlos, endlos; **безогля́дная сме́лость** grenzlose Kühnheit *f;* **безогля́дная любо́вь** endlose Liebe *f;* **безогля́дные просто́ры** grenzlose Weiten *fpl*

безоговоро́чно *нрч* bedingungslos, vorbehaltlos

безоговоро́чн|ый <-ая, -ое; -а, -о> *прил* bedingungslos, vorbehaltlos; **безоговоро́чная капитуля́ция** bedingungslose Kapitulation *f*

безопа́снос|ть <-ти> *ж* Sicherheit *f,* Gefahrlosigkeit *f;* **~ пре́жде всего́** die Sicherheit geht vor; **быть в безопа́сности** in Sicherheit sein; **о́рганы госуда́рственной безопа́сности** Staatssicherheitsorgane *pl*

безопа́с|ный <-ная, -ное; -ен, -на, -но> *прил* ungefährlich, sicher; **~ в эксплуата́ции** betriebssicher

безоснова́те|льный <-льная, -льное; -лен, -льна, -льно> *прил* grundlos, unbegründet; **~ страх** grundlose Angst *f;* **безоснова́тельные опасе́ния** unbegründete Bedenken *pl*

безостано́воч|ный <-ная, -ное; -ен, -на, -но> *прил* ununterbrochen, pausenlos

безотве́т|ный <-ная, -ное; -ен, -на, -но> *прил* unerwidert; **безотве́тная любо́вь** unerwiderte Liebe *f*

безотве́тствен|ный <-ная, -ное; -, -на, -но> *прил* unverantwortlich, verantwortungslos

безотзы́вн|ый <-ая, -ое> *прил* unwiderruflich; **безотзы́вный аккредити́в** ЭКОН unwiderrufliches Akkreditiv *nt*

безотка́з|ный <-ная, -ное; -ен, -на, -но> *прил* störungsfrei, einwandfrei; **~ рабо́та** störungsfreier Betrieb *m;* **~ челове́к** *перен* Pflichtmensch *m,* hilfsbereiter Mensch *m*

безотлага́те|льный <-льная, -льное; -лен, -льна, -льно> *прил* unverzüglich

безотноси́тельно *межд* unabhängig, beziehungslos

безотра́д|ный <-ная, -ное; -ен, -на, -но> *прил (уны́лый)* trübselig, freudlos; **~ вид го́рода** trostlose Stadt *f;* **безотра́дная жизнь** trostloses Leben *nt*

безотры́вно *нрч* ohne Unterbrechung

безотхо́дн|ый <-ая, -ое> *прил* abfallfrei; **безотхо́дная техноло́гия** abfallfreies Produktionsverfahren *nt*

безотцо́вщин|а <-ы> *ж* **1.** СОЦИОЛ Aufwachsen *nt* ohne Vater/Heimat **2.** *разг* vaterlos aufwachsendes Kind *nt*

безотчёт|ный <-ная, -ное; -ен, -на, -но> *прил (бессозна́тельный)* unbewusst, unüberlegt, unwillkürlich; **~ страх** unerklärliche Angst *f;* **безотчётная грусть** unbegründete Traurigkeit *f*

безоши́боч|ный <-ная, -ное; -ен, -на, -но> *прил* fehlerfrei, fehlerlos

безрабо́тиц|а <-ы> *ж* Arbeitslosigkeit *f;* **рост безрабо́тицы** Anstieg *m* der Arbeitslosigkeit; **у́ровень безрабо́тицы** Arbeitslosenquote *f*

безрабо́тн|ый I. <-ая, -ое> *прил* arbeitslos II. <-ого> *м* Arbeitslose(r) *f(m)*

безра́дост|ный <-ная, -ное; -ен, -на,-но> *прил* freudlos

безразде́|льный <-льная, -льное; -лен, -льна, -льно> *прил* **1.** *(неограни́ченный)* ungeteilt, uneingeschränkt; **~ хозя́ин** uneingeschränkter Herr *m* **2.** ЮР unteilbar; **безразде́льное иму́щество** unteilbarer Besitz *m*

безразли́чи|е <-я> *ср* Gleichgültigkeit *f*

безразли́чно *нрч* gleichgültig; **э́то мне ~** das ist mir gleichgültig

безразме́рн|ый <-ая, -ое> *прил разг* dimensionslos, in einer Größe; **безразме́рные колго́тки** Strumpfhose *pl* in einheitlicher Größe

безрассу́д|ный <-ная, -ное; -ен, -на, -но> *прил* unbesonnen, kopflos; **~ посту́пок** unüberlegte Handlung *f*

безрассу́дств|о <-а> *ср* Unvernunft *f,* Unbesonnenheit *f,* Unverstand *m;* **~ посту́пка** unvernünftige Tat *f;* **соверша́ть ~** leichtsinnig handeln

безрасчётн|ый <-ая, -ое; -а, -о> *прил* unberechenbar; **безрасчётная пре́данность** völlige [*o* grenzenlose] Ergebenheit *f*

безрезульта́т|ный <-ная, -ное; -ен, -на, -но> *прил* ergebnislos, erfolglos

безре́льсов|ый <-ая, -ое> *прил* schienenlos, gleislos; **~ тра́нспорт** schienenloser Transport *m*

безро́д|ный <-ная, -ное; -ен, -на, -но> *прил* **1.** *(без ро́дственников)* alleinstehend, ohne Verwandte; **безро́дная сирота́** Weisenkind *nt* **2.** *устар (незна́тный)* ohne aristokratische Ahnen; **~ дворяни́н** Adliger *m* ohne noble Ahnen

безро́пот|ный <-ная, -ное; -ен, -на, -но> *прил (поко́рный)* demütig, ergeben, resigniert; **~ нрав** demütiger Charakter *m;* **безро́потное поко́рство** widerspruchslose Ergebenheit *f*

безрука́вк|а <-и> *ж* ärmellose Jacke *f,* Weste *f;* **стёганая/вя́заная ~** Steppweste *f,* Strickweste *f*

безры́бь|е <-я> *ср* Fischmangel *m;* **на безры́бье и рак ры́ба** in der Not frisst der Teufel Fliegen

безуда́р|ный <-ная, -ное; -ен, -на, -но> *прил* ЛИНГВ unbetont; **~ гла́сный** unbetonter Vokal *m*

безу́держ|ный <-ная, -ное; -ен, -на, -но> *прил* **1.** *(неудержи́мый)* unaufhaltsam **2.** *(несде́ржанный)* hemmungslos, zügellos; **~ рост цен** ständiger Preisanstieg *m;* **безу́держная фанта́зия** zügellose Phantasie *f*

безукори́знен|ный <-ная, -ное; -, -на, -но> *прил* makellos, tadellos, einwandfrei

безу́м|ец <-ца> *м* Narr *m,* Verrückte(r) *f(m),* Tollkopf *m*

безу́ми|е <-я> *ср и перен* Wahnsinn *m,* Verrücktheit *f*

безу́м|ный <-ная, -ное; -ен, -на, -но> *прил и перен* wahnsinnig, verrückt, geistesgestört

безумо́лчн|ый <-ая, -ое> *прил (непрекраща́ющийся)* unaufhörlich; **~ разгово́р** endloses Gespräch *nt*

безу́мств|овать <-ую, -уешь> *нсв нпрх* **1.** *(де́йствовать неразу́мно)* unvernünftig handeln **2.** *(неисто́вствовать)* toben, rasen

безупре́ч|ный <-ная, -ное; -ен, -на, -но> *прил* einwandfrei, tadellos; **безупре́чная репута́ция** einwandfreier Ruf *m*

безусло́вно *нрч* **1.** *(разуме́ется)* sicherlich, zweifellos **2.** *(несомне́нно)* bedingungslos

безусло́в|ный <-ная, -ное; -ен, -на, -но> *прил* **1.** *(безоговоро́чный)* unbedingt

2. *(несомне́нный)* bedingungslos; **безусло́вное финанси́рование** ЭКОН Forfaitierung *f;* **безусло́вное повинове́ние** unbedingter Gehorsam *m* **3.** *(уве́ренный)* sicher, eindeutig; **~ успе́х** sicherer Erfolg *m*

безуспе́шнос|ть <-ти> *ж* Erfolglosigkeit *f*

безуспе́ш|ный <-ная, -ное; -ен, -на, -но> *прил* erfolglos; **безуспе́шная попы́тка** missglückter Versuch *m*

безу́с|ый <-ая, -ое; -, -а, -о> *прил (лишённый усо́в)* **~ мужчи́на** bartloser Mann *m*

безуте́ш|ный <-ная, -ное; -ен, -на, -но> *прил* untröstlich

безу́х|ий <-ая, -ое> *прил* ohne Ohr(en); **~ вара́н** ohrenloser Waran *m*

безуча́ст|ный <-ная, -ное; -ен, -на, -но> *прил* teilnahmslos, unbeteiligt; **~ свиде́тель** unbeteiligter Zeuge *m*

безъя́дер|ный <-ная, -ное; -ен, -на, -но> *прил* kernwaffenfrei

безыде́йнос|ть <-ти> *ж* Ideenlosigkeit *f*

безыде́|йный <-йная, -йное; -ен, -йна, -йно> *прил* ideenlos, ideenleer; **~ спекта́кль** ideenleere Aufführung *f;* **безыде́йное иску́сство** ideenlose Kunst *f*

безымя́нн|ый <-ая, -ое> *прил* dem Namen nach unbekannt, ohne Namen, anonym; **~ па́лец** Ringfinger *m*

безынерцио́н|ный <-ная, -ное; -ен, -на, -но> *прил* trägheitslos, masselos, ohne Verzögerung; **~ механи́зм** trägheitsloser Mechanismus *m*

безынициати́внос|ть <-ти> *ж* fehlende Initiative *f*

безынициати́в|ный <-ная, -ное; -ен, -на, -но> *прил* ohne Initiative *f;* **~ руководи́тель** Leiter *m* ohne Initiative

безынтере́с|ный <-ная, -ное; -ен, -на, -но> *прил* uninteressant; **~ сюже́т** uninteressante Fabel *f*

безынфляцио́н|ный <-ная, -ное; -ен, -на, -но> *прил* inflationslos; **~ пери́од** inflationslose Periode *f;* **~ план** inflationsloser Plan *m*

безыску́с|ный <-ная, -ное; -ен, -на, -но> *прил* einfach; **~ стиль** schlichter Stil *m;* **~ расска́з** einfache Erzählung *f*

безыску́ствен|ный <-ная, -ное; -, -на, -но> *прил (есте́ственный)* ungekünstelt, natürlich, urwüchsig; **~ челове́к** urwüchsiger Mensch *m;* **безыску́ственная красота́** natürliche Schönheit *f*

безысхо́д|ный <-ная, -ное; -ен, -на, -но> *прил* hoffnungslos, trostlos, ausweglos; **безысхо́дная грусть** hoffnungslose Trauer *f;* **безысхо́дная нужда́** auswegloses Elend *f*

бе́|й <-я> *м (ти́тул)* Bei *m,* Bey *m*

бейсбо́л <-а> *м* СПОРТ Baseball *m*

бейсбо́льн|ый <-ая, -ое> *прил* Baseball-; **~ матч** Baseballspiel *nt*

бе́йсик <-а> *м* ИНФОРМ Basic *nt*

бека́с <-а> *м* Schnepfe *f*

бекаси́н|ый <-ая, -ое> *прил* Schnepfen-; **~ вы́водок** Schnepfenbrut *m*

беке́ш|а <-и> *ж (пальто́) pelzgefütterter Herrenmantel mit enger Taille*

беккере́|ль <-ля> *м* ФИЗ Becquerel *nt*

беко́н <-а> *м* Räucherspeck *m*

белен|а́ <-ы́> *ж* БОТ Bilsenkraut *nt;* **ты что, белены́ объе́лся?** *перен* bist du noch bei Trost?

белен|и́ться <-юсь, ишься> *нсв нпрх* überschnappen; **не из-за чего́ ~!** reg dich deshalb nicht auf!

беле́|ть <-ю, -ешь> *нсв,* **побеле́ть** *св нпрх* weiß werden, verbleichen; **у него́ от и́звести побеле́ли ру́ки** seine Hände wurden vom Kalk weiß

белиберд|а́ <-ы *или* -ы́> *ж разг (бессмы́слица)* Unsinn *m,* Stuss *m,* Blödsinn *m*

белизн|а́ <-ы́> *ж* Weiße *f;* **~ сне́га** Weiße *f* des Schnees

бели́л|а <-> *мн* Deckweiß *nt*

бел|и́ть <-ю́, бе́лишь> *нсв,* **побели́ть** *св прх* weiß anstreichen; *(бельё)* bleichen

бе́лк|а <-и> *ж* **1.** *(живо́тное)* Eichhörnchen *nt* **2.** *(мех)* Feh *nt,* Eichhörnchenfell *nt;* **верте́ться как ~ в колесе́** *перен* ohne Rast und Ruh sein

белк|и́[1] <-о́в> *м мн* das Weiße des Auges

белк|и́[2] <-о́в> *м мн* ХИМ Eiweißstoffe *mpl*

белладо́нн|а <-ы> *ж* Tollkirsche *f;* **табле́тки с белладо́нной** Belladonnatabletten *pl*

беллетри́стик|а <-и> *ж* ЛИТ Belletristik *f*

белобиле́тник <-а> *м разг* ВОЕН *aus gesundheitlichen Gründen wehrdienstuntauglicher Mensch*

белоборо́д|ый <-ая, -ое; -, -а, -о> *прил* weißbärtig; **~ мона́х** weißbärtiger Mönch *m*

белобры́с|ый <-ая, -ое; -, -а, -о> *прил разг (со све́тлыми волоса́ми)* semmelblond, weißblond, flachsfarben; **~ ма́льчик** semmelblonder Junge *m;* **белобры́сая чёлка** weißblonder Pony *m*

белова́т|ый <-ая, -ое; -, -а, -о> *прил* weißlich; **~ ствол де́рева** weißlicher Baumstamm *m;* **~ тума́н** weißlicher [*o* milchiger] Nebel *m*

белови́к <-а> *м* Reinschrift *f*

белоголо́с|ый <-ая, -ое; -, -а, -о> *прил* weißblond, flachshaarig, weißhaarig; **~ ю́ноша** weißblonder Junge *m;* **~ учёный** weißhaariger Gelehrte *m*

белогварде́|ец <-йца> *м* Weißgardist *m,* Konterrevolutionär *m*

бело́к <белка́> *м* **1.** БИОЛ Eiweißstoff *m* **2.** *(яйца́)* Eiweiß *nt* **3.** *(гла́за)* Weiße *nt* (des Auges), Sklera *f*

белокоча́нн|ый <-ая, -ое> *прил* БОТ Weißkopf-; **белокоча́нная капу́ста** Weißkohl *m,* Weißkraut *m*

Б

белокро́ви|е <-я> *ср разг* мед Leukämie *f;* **умере́ть от белокро́вия** an Leukämie sterben

белоку́р|ый <-ая, -ое; -, -а, -о> *прил* blond, hellblond

белоли́ц|ый <-ая, -ое; -, -а, -о> *прил* weißhäutig; **~ па́рень** weißhäutiger Bursche *m*

белору́к|ий <-ая, -ое; -, -а, -о> *прил* arbeitsscheu; **~ господи́н** arbeitsscheuer Herr *m*

белору́с <-а> *м,* **белору́ск|а** <-и> *ж* Weißrusse *m,* Weißrussin *f*

Белору́сси|я <-и> *ж* Weißrussland *nt*

белору́сск|ий <-ая, -ое> *прил* weißrussisch

белору́чк|а <-и> *ж и м* arbeitsscheuer Mensch, Arbeitsscheue *m*

Белосне́жк|а <-и> *ж* Schneewittchen *nt*

белосне́ж|ный <-ная, -ное; -ен, -на, -но> *прил* schneeweiß, blütenweiß

белошёрст|ый <-ая, -ое> *прил* mit weißem Fell; **~ ягнёнок** weißfelliges Lamm *nt;* **~ котёнок** weißfelliges Kätzchen *nt*

белу́г|а <-и> *ж (ры́ба)* Hausen *m,* Beluga *f*

бе́л|ый <-ая, -ое; -, -á, -ó> *прил* weiß; **~ гриб** Steinpilz *m;* **~ дом** das Weiße Haus *nt;* **~ медве́дь** Eisbär *m;* **~ хлеб** Weißbrot *nt;* **~ как мел** kreidebleich; **средь бе́ла дня** am helllichten Tag; **~ биле́т** Befreiung vom Armeedienst aus Gesundheitsgründen; **~ стих** лит Blankvers *m;* **~ та́нец** Damenwahl *f;* **бе́лая воро́на** *перен* weißer Rabe *m;* **бе́лая кость** *перен* blaues Blut *nt;* **бе́лое пятно́** weißer Fleck auf der Landkarte, unerforschtes Gebiet *nt;* **бе́лые но́чи** helle Nächte *f*

i Land & Leute

Alle, die im August 1991 das historische Medienereignis „Sturm auf das Weiße Haus" in Moskau miterlebt haben, werden dieses Bild noch nicht vergessen haben: ein imposant wirkendes, im modernen Stil errichtetes weißes Hochhaus im Zentrum der russischen Hauptstadt, umstellt von Panzern und verrußt von Salvenfeuer. Im damaligen Gebäude des Obersten Sowjets der UdSSR verbarrikadierten sich „die Putschisten" – hochrangige Partei- und Staatsfunktionäre, Militärs und Abgeordnete, die sich zum Ziel setzten, Gorbatschow zu entmachten und die im Zerfall begriffene Sowjetunion zu retten. Als das Gebäude auf Befehl des damaligen Regierungschefs der RSFR Jelzin im Sturm genommen wurde, war der Putsch zu Ende. **Das in diesen Tagen so genannte „Weiße Haus"** dient seit 1993 als Gebäude des russischen Parlaments.

бельги́|ец <-йца> *м,* **бельги́йк|а** <-и> *ж* Belgier(in) *m(f)*

бельги́йск|ий <-ая, -ое> *прил* belgisch

Бе́льги|я <-и> *ж* Belgien *nt*

бель|ё <-я́> *ср* Wäsche *f;* **ни́жнее ~** Unterwäsche *f;* **посте́льное ~** Bettwäsche *f;* **цветно́е ~** Buntwäsche *f;* **~ для кипяче́ния** Kochwäsche *f;* **копа́ться в чужо́м гря́зном белье́** *разг* schmutzige Wäsche waschen

бельев|а́я <-о́й> *ж* Wäschezimmer *nt*

бельме́с <-а> *м* **ни бельме́са не знать** gar nichts wissen, von etw *dat* keine Ahnung haben

бельм|о́ <-á> *ср* мед Leukom *m;* **быть для кого́-л. бельмо́м на глазу́** *перен* jdm ein Dorn im Auge sein

бельэта́ж <-а> *м* театр erster Rang *m*

бемо́|ль <-ля> *м* муз b-Moll *nt*

бенга́л|ец <-ьца> *м* Bengale *m*

бенга́льск|ий <-ая, -ое> *прил* bengalisch; **~ язы́к** bengalische Sprache *f;* **~ ого́нь** Wunderkerze *f,* Sternchenfeuer *nt*

бенефи́с <-а> *м* Benefiz *nt;* **проща́льный/юбиле́йный ~** Benefizvorstellung *f*

бенефициа́р <-а> *м* юр Begünstigte(r) *m*

бензи́н <-а> *м* Benzin *nt;* **неэтили́рованный ~** bleifreies Benzin *nt;* **обы́чный ~** Normalbenzin *nt*

бензоба́к <-а> *м* Benzinkanister *m,* Kraftstoffbehälter *m,* Benzintank *m*

бензово́з <-а> *м* Tankwagen *m*

бензозапра́вк|а <-и> *ж разг* Kraftstofftanken *nt;* **шланг для бензозапра́вки** Tankschlauch *m;* **подъе́хать к бензозапра́вке** zum Tanken *nt* fahren

бензозапра́вочн|ый <-ая, -ое> *прил* Zapf-, Tank-; **~ бак** Benzintank *m;* **бензозапра́вочная ста́нция** Tankstelle *f;* **бензозапра́вочная коло́нка** Zapfsäule *f*

бензоколо́нк|а <-и> *ж* **1.** *(автозапра́вочная ста́нция)* Tankstelle *f* **2.** *(бензинораздáточная коло́нка)* Zapfsäule *f*

бензо́л <-а> *м* Benzol *nt*

бензомото́рн|ый <-ая, -ое> *прил* Benzin-; **~ бак** Benzintank *m;* **бензомото́рная пила́** Benzinsäge *f*

бензонасо́с <-а> *м* Benzinpumpe *f*

бензопрово́д <-а> *м* Benzinleitung *f,* Kraftstoffleitung *f*

бензохрани́лищ|е <-а> *ср* Kraftstofflager *nt,* Tanklager *nt*

бенуа́р <-а> *м* **ло́жа бенуа́ра** Parkettloge *f*

бергамо́т <-а> *м* **1.** *(де́рево)* **чай с бергамо́том** Bergamotttee *m* **2.** *(сорт гру́ши)* Bergamotte *f*

бе́рег <-а> *м* Ufer *nt,* Küste *f;* **на берегу́** am Ufer *nt;* **круто́й ~** Steilküste *f;* **быть вы́брошенным на ~** stranden; **выходи́ть из ~о́в** über die Ufer treten; **сойти́ на ~** an Land gehen; **от одного́ ~а отста́ть, к друго́му не приста́ть** *перен* sich zwischen zwei Stühle setzen

берегозащи́тн|ый <-ая, -ое> *прил* Küstenschutz-, Uferschutz-; **~ вал** Küstenschutzwall *m,* Damm *m;* **берегозащи́тные сооруже́ния** Küstenschutzanlagen *pl*

берегоукрепи́тельный *прил* Küstenbefestigungs-; **берегоукрепи́тельные рабо́ты** Küstenbefestigungsarbeiten *pl*

бере|ди́ть <-жу́, -ди́шь> *нсв,* **разбереди́ть** *св прх* herumbohren, herumwühlen, kratzen; **~ ра́ну** in der Wunde herumstochern; **~ ду́шу** *перен* nicht in Ruhe lassen

бережён|ый <-ая, -ое> *прил* behütet, beschützt; **бережёного бог бережёт** Vorsicht ist besser als Nachsicht

бережли́вос|ть <-ти> *ж* **1.** *(нерасточи́тельность)* Sparsamkeit *f* **2.** *(хозя́йственность)* Wirtschaftlichkeit *f*

бережли́в|ый <-ая, -ое; -, -а, -о> *прил* sparsam, wirtschaftlich, haushälterisch

бе́режно *нрч* behutsam; **обраща́ться ~ с кем-л./чем-л.** behutsam umgehen mit *+dat*

бе́реж|ный <-ная, -ное; -ен, -на, -но> *прил* behutsam, vorsichtig

берёз|а <-ы> *ж* Birke *f*

березня́к <-а́> *м* *(ро́ща)* Birkenwald *m,* Birkengehölz *nt*

бере́мене|ть <-ю, -ешь> *нсв,* **забере́менеть** *св нпрх* schwanger werden

бере́мен|ная <-ой> *ж* Schwangere *f*

бере́меннос|ть <-ти> *ж* Schwangerschaft *f;* **она на тре́тьем ме́сяце бере́менности** sie ist im dritten Monat schwanger; **на после́днем ме́сяце бере́менности** hochschwanger; **нежела́тельная ~** ungewollte Schwangerschaft *f*

берест|а́ <-ы́> *ж* *(кора́)* Birkenrinde *f*

бере́т <-а> *м* Barett *nt*

бере́чь <берегу́, бережёшь> *нсв,* **сбере́чь** *св прх* **1.** *(щади́ть)* schonen; **~ си́лы** seine Kräfte schonen **2.** *(не тра́тить)* sparen **3.** *(сохраня́ть)* bewahren, aufbewahren; **~ та́йну** ein Geheimnis bewahren **4.** *(оберега́ть)* schützen, hüten; **~ как зени́цу о́ка** wie seinen Augapfel hüten; **береги́ себя́!** pass gut auf dich auf!

бере́|чься <-гу́сь, -жёшься> *нсв рефл* sich vorsehen, sich in Acht nehmen vor *+dat*

бери́лл <-а> *м* хим Beryll *m*

бери́лли|й <-я> *м* хим Beryllium *nt*

бе́ркут <-а> *м* Königsadler *m*

берло́г|а <-и> *ж* Höhle *f;* **~ медве́дя** Bärenhöhle *f*

берму́д|ы <-> *мн* Bermudashorts *pl*

беру́ш|и <-> *мн* Ohrenschützer *mpl*

бес <бе́са> *м* *разг* Teufel *m;* **в него́ всели́лся ~** der Teufel ist in ihn gefahren; **седина́ в бо́роду, ~ в ребро́** je oller, umso doller

бесе́д|а <-ы> *ж* **1.** *(разгово́р)* Gespräch *nt,* Unterhaltung *f* **2.** информ Chat *m;* **~ с гла́зу на́ глаз** Gespräch unter vier Augen; **3.** *(интервью́)* Interview *nt*

бесе́дк|а <-и> *ж* Gartenlaube *f*

бесе́д|овать <-ую, -уешь> *нсв,* **побесе́довать** *св нпрх* *(с кем-л. о чём-л.)* sich unterhalten, ein Gespräch führen

беси́ть <бешу́, бе́сишь> *нсв,* **взбеси́ть** *св прх* wütend machen, auf die Palme bringen

беси́ться <бешу́сь, бе́сишься> *нсв,* **взбе|си́ться** *св рефл* **1.** *то́лько в 3 л* tollwütig werden **2.** *разг* wüten, vor Wut toben; **он с жи́ру бе́сится** ihn sticht der Hafer

бескла́ссов|ый <-ая, -ое> *прил* klassenlos; **бескла́ссовое о́бщество** klassenlose Gesellschaft *f*

бескозы́рк|а <-и> *ж* schirmlose Mütze *f,* Tellermütze *f*

бескозы́рн|ый <-ая, -ое> *прил* *(в ка́рточной игре́)* ohne Trumpf

бескомпроми́сс|ный <-ная, -ное; -ен, -на, -но> *прил* kompromisslos; **~ вы́бор** kompromissfreie Wahl *f;* **бескомпроми́ссное реше́ние** kompromisslose Entscheidung *f*

бесконе́чнос|ть <-ти> *ж* Unendlichkeit *f*

бесконе́ч|ный <-ная, -ное; -ен, -на, -но> *прил* unendlich, endlos; **~ руло́н** Endlospapier *nt*

бесконта́кт|ный <-ная, -ное; -ен, -на, -но> *прил* kontaktlos; **~ прибо́р** эл kontaktloses Gerät *nt;* **~ масса́ж** kontaktlose Massage *f;* **бесконта́ктное лече́ние** kontaktlose Behandlung *f*

бесконтро́льнос|ть <-ти> *ж* Unkontrolliertheit *f*

бесконтро́|льный <-льная, -льное; -лен, -льна, -льно> *прил* unkontrolliert

бесконфли́кт|ный <-ная, -ное; -ен -на, -но> *прил* konfliktfrei, konfliktlos; **~ рома́н** konfliktloser Roman *m;* **бесконфли́ктные отноше́ния** konfliktlose Beziehungen *pl;* **бесконфли́ктная ситуа́ция** konfliktlose Situation *f*

беско́рмиц|а <-ы> *ж* Futtermangel *m*

бескоры́сти|е <-я> *с* Uneigennützlichkeit *f,* Selbstlosigkeit *f*

бескоры́ст|ный <-ная, -ное; -ен, -на, -но> *прил* uneigennützig, selbstlos

беско́ст|ный <-ная, -ное; -ен, -на, -но> *прил* knochenlos; **беско́стная ры́ба** grätenloser Fisch *m*

бескра́|йний <-йная, -йное; -ен, -йна, -йно> *прил* unendlich, grenzenlos, endlos; **~ просто́р** endlose Weite *f*

бескра́соч|ный <-ная, -ное; -ен, -йна, -йно> *прил* **1.** *(без я́ркой окра́ски)* farbenlos; **~ бульва́р** farbenloser Boulevard *m* **2.** *(лишённый я́рких черт)* fade; **бескра́сочная жизнь** fades Leben *nt*

бескри́зисн|ый <-ая, -ое> *прил* krisenfrei; **~ пери́од** krisenlose Periode *f;* **бескри́зисная эконо́мика** krisenfreie Wirtschaft *f*

бескро́в|ный[1] <-ная, -ное; -ен, -на, -но> *прил* blutlos, blutleer; **бескро́вные гу́бы** blutlose Lippen *pl;* **~ конфли́кт** Konflikt *m* ohne Blutvergießen

бескро́в|ный[2] <-ная, -ное; -ен, -на, -но> *прил устар (лишённый кро́ва)* obdachlos; **~ крестья́нин** obdachloser Bauer *m*

бескры́л|ый <-ая, -ое> *прил и перен* flügellos ohne Flügel; **бескры́лые насеко́мые** flügellose Insekten *pl*

бесноват|ый <-ая, -ое> *прил* besessen, rasend, blindwütig; **~ мужи́к** Besessener *m,* Tollwütiger *m*

бесн|ова́ться <-у́юсь, -у́ешься> *нсв рефл (беси́ться)* rasen, wüten, toben; **она́ до́лго бесновáлась, наконе́ц уста́ла крича́ть** sie hat lange getobt, endlich war sie zu müde zum Schreien

бесо́вск|ий <-ая, -ое> *прил* Hexen-; **~ взгляд** Hexenblick *m;* **бесо́вские си́лы** Hexenkräfte *pl*

бесовщи́н|а <-ы> *ж разг* Hexerei *f,* Teufelstat *f*

беспа́лубн|ый <-ая, -ое> *прил* ohne Deck; **беспа́лубное су́дно** deckloses Schiff *nt*

беспа́л|ый <-ая, -ое> *прил* fingerlos, zehenlos; **беспа́лая ла́па** zehenlose Pfote *f*

беспа́мят|ный <-ная, -ное; -ен, -на, -но> *прил (забы́вчивый)* vergesslich; *(потеря́вший созна́ние)* bewusstlos; **~ дед** vergesslicher Alte(r) *m;* **~ больно́й** bewusstlose(r) Kranke(r) *m*

беспа́мятств|о <-а> *ср* Besinnungslosigkeit *f,* Bewusstlosigkeit *f,* Ohnmacht *f;* **впасть в ~** in Ohnmacht fallen

беспардо́н|ный <-ная, -ное; -ен, -на, -но> *прил разг* rücksichtslos; **~ продаве́ц** frecher Verkäufer *m*

беспарти́йн|ый <-ая, -ое> *прил* parteilos; **беспарти́йный слу́жащий** nicht parteigebundener Mitarbeiter *m*

беспа́русн|ый <-ая, -ое> *прил* ohne Segel; **беспа́русная ло́дка** Boot *nt* ohne Segel

беспа́спортн|ый <-ая, -ое> *прил* ohne Pass; **~ иностра́нец** Ausländer *m* ohne Pass

беспате́нтн|ый <-ая, -ое> *прил* ohne Patent/Zulassung; **~ торго́вец** Händler *m* ohne Zulassung; **беспате́нтное произво́дство** patentlose Produktion *f*

бесперебо́|йный <-йная, -йное; -ен, -йна, -но> *прил* kontinuierlich, ununterbrochen

беспереса́дочн|ый <-ая, -ое> *прил* durchgehend, ohne Umsteigen; **~ рейс** durchfahrender Bus *m;* **~ ваго́н** durchfahrender Waggon *m*

бесперспекти́в|ный <-ная, -ное; -ен, -на, -но> *прил* aussichtslos, ohne Perspektive

беспе́чнос|ть <-ти> *ж* Sorglosigkeit *f,* Leichtsinn *m*

беспе́ч|ный <-ная, -ное; -ен, -на, -но> *прил* sorglos, unbekümmert

беспило́тн|ый <-ая, -ое> *прил* unbemannt; **~ косми́ческий кора́бль** unbemanntes Raumschiff *m;* **~ полёт** unbemannter Flug *m*

беспи́сьменн|ый <-ая, -ое> *прил* schriftlos, ohne Schrift; **~ язы́к** schriftlose Sprache *f*

беспла́менн|ый <-ая, -ое> *прил* flammenlos; **~ жар угле́й** flammenlose Kohlenglut *f;* **беспла́менное взрыва́ние** flammenlose Sprengung *f*

беспла́нов|ый <-ая, -ое; -> *прил* planlos

беспла́тно *нрч* gratis

беспла́т|ный <-ная, -ное; -ен, -на, -но> *прил* kostenlos, unentgeltlich; **беспла́тная а́кция** Gratisaktie *f;* **беспла́тная а́кция с фикси́рованным разме́ром дохо́да** Gratisgenussschein *m;* **беспла́тная про́ба** Gratisprobe *f*

бесплацка́ртн|ый <-ая, -ое> *прил* ohne festen Platz; **~ ваго́н** Waggon *m* ohne Platzkarten

беспло́ди|е <-я> *ср* мед Unfruchtbarkeit *f*

беспло́днос|ть <-ти> *ж перен* Fruchtlosigkeit *f,* Ergebnislosigkeit *f;* **~ де́ятельности** Ineffizienz *f*

беспло́д|ный <-ная, -ное; -ен, -на, -но> *прил* **1.** мед unfruchtbar, steril **2.** *перен* fruchtlos, ergebnislos

беспло́т|ный <-ная, -ное; -ен, -на, -но> *прил* körperlos, unkörperlich; **~ лик** körperloses Antlitz *nt;* **~ о́браз** immaterielle Erscheinung *f*

бесповоро́тн|ый <-ая, -ое; -а, -о> *прил* unabänderlich, unwiderruflich, endgültig

бесподкла́дочн|ый <-ая, -ое> *прил* ungefüttert; **~ костю́м** ungefütterter Anzug *m*

беспodо́б|ный <-ная, -ное; -ен, -на, -но> *прил* unvergleichlich, beispiellos

беспозво́ночн|ый <-ая, -ое> *прил* wirbellos; **~ органи́зм** wirbelloser Organismus *m;* **~ челове́к** *(лишенный досто́инства)* rückgratloser Mensch *m*

беспоко́|ить <-ю, -ишь> *нсв,* **обеспоко́ить** *св прх* **1.** *(волнова́ть)* beunruhigen; **~ свои́м поведе́нием** jdn mit seinem Benehmen beunruhigen; **~ состоя́нием здоро́вья** mit seinem Gesundheitszustand beunruhigen **2.** *(меша́ть)* stören, belästigen

беспоко́|иться <-юсь, -ишься> *нсв,* **забеспоко́иться** *св рефл* **1.** *(о ком-л./чём-л.)* besorgt sein, sich Sorgen machen **2.** *(затрудня́ть себя́)* sich bemühen; **пожа́луйста, не беспоко́йтесь!** bitte machen sie sich keine Umstände!

беспоко́|йный <-йная, -йное; -ен, -йна, -йно> *прил* **1.** *(неспоко́йный)* unruhig, ruhelos; **беспоко́йная рабо́та** aufreibende Arbeit *f* **2.** *(трево́жный)* fahrig, hastig; **~ взгляд** flüchtiger Blick *m*

беспоко́йств|о <-а> *ср* **1.** *(волне́ние)* Unruhe *f* **2.** *(озабо́ченность)* Besorgnis *f;*

вы́звать ~ Besorgnis erregen **3.** *(поме́ха)* Störung *f;* **извини́те за ~!** entschuldigen Sie die Störung!

беспол́е́зно *нрч* nutzlos; **э́то ~** das nützt nichts; **ему́ ~ об э́том говори́ть** es lohnt sich nicht, mit ihm darüber zu reden

бесполе́знос|ть <-ти> *ж* Nutzlosigkeit *f*

бесполе́з|ный <-ная, ное; -ен, -на, -но> *прил* nutzlos, vergeblich

беспо́л|ый <-ая, -ое> *прил* geschlechtslos, asexuell; **беспо́лое созда́ние** geschlechtsloses Geschöpf *nt;* **~ о́браз размноже́ния** ungeschlechtliche Fortpflanzung *f*

беспо́мощнос|ть <-ти> *ж* **1.** *(нужда́ в по́мощи)* Hilflosigkeit *f* **2.** *(бесси́лие)* Ohnmacht *f*

беспо́мощ|ный <-ная, -ное; -ен, -на, -но> *прил* **1.** *(нужда́ющийся в по́мощи)* hilflos **2.** *(нело́вкий, смуще́нный)* unbeholfen

беспоро́д|ный <-ная, -ное; -ен -на, -но> *прил* nicht reinrassig, nicht sortenrein; **~ конь** nicht reinrassiges Pferd *nt*

беспоро́ч|ный <-ная, -ное; -ен -на, -но> *прил* makellos, tadellos, unbescholten; **~ стиль поведе́ния** fehlerfreie Umgangsweise *f;* **беспоро́чная слу́жба** makelloser Dienst *m,* ehrliche Arbeit *f*

беспоря́д|ок <-ка> *м* **1.** *(непоря́док)* Unordnung *f,* Durcheinander *nt* **2.** *мн (волне́ния)* Ausschreitungen *fpl,* Krawalle *mpl*

беспоря́доч|ный <-ная, -ное; -ен, -на, -но> *прил* unordentlich, ungeordnet

беспоса́дочн|ый <-ая, -ое> *прил* ohne Zwischenlandung; **~ перелёт** Nonstopflug *m*

беспо́чвенн|ый <-ая, -ое; -а, -о> *прил* unbegründet, aus der Luft gegriffen; **~ упрёк** grundloser Vorwurf *m;* **беспо́чвенные подозре́ния** aus der Luft gegriffener Verdacht

беспо́шлинн|ый <-ая, -ое> *прил* **1.** *(не облага́емый по́шлиной)* zollfrei, gebührenfrei; **беспо́шлинная торго́вля** Freihandel *m;* **~ това́р** Freigut *nt* **2.** *(не опла́ченный по́шлиной)* unverzollt

беспоща́д|ный <-ная, -ное; -ен, -на, -но> *прил* gnadenlos, schonungslos; **беспоща́дная кри́тика** schonungslose Kritik *f*

беспра́ви|е <-я> *ср* Rechtlosigkeit *f*

беспра́в|ный <-ная, -ное; -ен, -на, -но> *прил* rechtlos, entrechtet

беспреде́л <-а> *м разг* absolute Gesetzlosigkeit *f,* Missachtung *f;* **разруши́тельный ~** Zerstörungswut *f;* **~ цен** horrende Preise *mpl*

беспреде́|льный <-льная, -льное; -лен, -льна, -льно> *прил и перен* grenzenlos, unermesslich

беспредме́т|ный <-ная, -ное; -ен, -на, -но> *прил (разгово́р)* gegenstandslos

беспрекосло́в|ный <-ная, -ное; -ен, -на, -но> *прил* widerspruchslos, unaufhörlich, unweigerlich; **беспрекосло́вное подчине́ние** unweigerlicher Gehorsam *m*

беспрепя́тственн|ый <-ая, -ое> *прил* ungehindert

беспреры́в|ный <-ная, -ное; -ен, -на, -но> *прил* ununterbrochen, pausenlos

беспреста́нно *нрч* unaufhörlich

беспреста́н|ный <-ная, -ное; -ен -на, -но> *прил* unaufhörlich, fortwährend, kontinuierlich; **~ дождь** fortwährender Regen *m;* **беспреста́нная боль** immerzu anhaltender Schmerz *m*

беспрецеде́нт|ный <-ная, -ное; -ен, -на, -но> *прил* beispiellos

бесприбы|льный <-льная, -льное; -лен, -льна, -льно> *прил* ertraglos; **бесприбыльное произво́дство** ertraglose Produktion *f*

бесприда́нниц|а <-ы> *ж* Braut *f* ohne Mitgift/Aussteuer

беспризо́рник <-а> *м,* **беспризо́рниц|а** <-ы> *ж* Obdachlose(r) *f(m),* Verwahrloste(r) *f(m);* **прию́т для беспризо́рников** Obdachlosenheim *nt*

беспризо́р|ный **I.** <-ная, -ное; -ен, -на, -но> *прил* verwahrlost, auf der Straße lebend **II.** <-ного> *м* verwahrloste(r) Jugendliche(r) *m*

бесприме́р|ный <-ная, -ное; -ен, -на, -но> *прил* beispiellos

беспри́месн|ый <-ая, -ое> *прил* ohne Beimischungen; **беспри́месная мука́** Mehl *m* ohne Beimischungen

беспринци́п|ный <-ная, -ное; -ен, -на, -но> *прил* prinzipienlos, gesinnungslos; **~ нача́льник** prinzipienloser Chef *m;* **~ посту́пок** gesinnungslose Tat *f*

беспристра́ст|ный <-ная, -ное; -ен, -на, -но> *прил* unvoreingenommen, unparteiisch

беспричи́нн|ый <-ая, -ое> *прил* grundlos; **~ смех** grundloses Gelächter *nt*

бесприю́т|ный <-ная, -ное; -ен, -на, -но> *прил* obdachlos

беспробле́мн|ый <-ая, -ое> *прил* problemlos

беспробу́д|ный <-ная, -ное; -ен, -на, -но> *прил* tief, fest; **~ сон** tiefer Schlaf *m;* **~ запо́й** *(безу́держный)* sich volllaufen lassen, ununterbrochene Sauferei *f*

беспро́волочн|ый <-ая, -ое> *прил* drahtlos; **~ телегра́ф** drahtloser Telegraf *m;* **беспро́волочная связь** drahtlose Verbindung *f*

беспрогля́д|ный <-ная, -ное; -ен -на, -но> *прил* undurchsichtig, undurchdringlich; **~ мрак** undurchdringliche Finsternis *f*

беспро́игрышн|ый <-ая, -ое> *прил* verlustlos, gewinnsicher; **беспро́игрышная игра́** gewinnsicheres Spiel *nt*

беспросве́т|ный <-ная, -ное; -ен, -на, -но> *прил* **1.** *(соверше́нно тёмный)* (stock)finster; **~ мрак** undurchdringliche Dunkelheit *f* **2.** *(безнадёжный)* hoffnungslos;

беспросве́тная нужда́ hoffnungsloses Elend *nt;* **беспросве́тное отча́яние** hoffnungslose Verzweiflung *f*

беспроце́нтн|ый <-ая, -ое> *прил* zinslos; **~ заём** zinsloses Darlehen *nt;* **беспроце́нтная облига́ция** Zerobond *nt*

беспу́т|ный <-ная, -ное; -ен, -на, -но> *прил* ausschweifend, liederlich, sittenlos; **беспу́тная ба́ба** verdorbenes Weib *nt*

беспу́тств|о <-а> *ср* Verderbtheit *f,* Sittenlosigkeit *f*

бессвя́з|ный <-ная, -ное; -ен, -на, -но> *прил* zusammenhangslos, unzusammenhängend

бессеме́йн|ый <-ая, -ое> *прил* ledig, unverheiratet, alleinstehend

бессерде́ч|ный <-ная, -ное; -ен, -на, -но> *прил* herzlos, hartherzig

бесси́ли|е <-я> *ср* Kraftlosigkeit *f,* Ohnmacht *f*

бесси́|льный <-льная, -льное; -лен, -льна, -льно> *прил* kraftlos, machtlos

бессимпто́мн|ый <-ая, ое> *прил* symptomlos, ohne Anzeichen; **бессимпто́мное заболева́ние** Krankheit *f* ohne Symptome

бессисте́м|ный <-ная, -ное; -ен, -на, -но> *прил* systemlos, unsystematisch; **бессисте́мное изложе́ние** unsystematische Ausführung *f;* **бессисте́мное поведе́ние** systemloses Handeln *nt*

бессла́ви|е <-я> *ср книжн* **покры́ть себя́ бессла́вием** sich mit Schmach bedecken

бессла́в|ный <-ная, -ное; -ен, -на, но> *прил* schmählich, glanzlos; **~ коне́ц** glanzloses Ende *nt*

бессле́дно *нрч* spurlos; **~ исчёзнуть** spurlos verschwinden; **ничто́ не прохо́дит ~** alles hinterlässt seine Spuren

бессле́дн|ый <-ая, -ое> *прил* **1.** *(лишённый следо́в)* spurlos; **бессле́дное исчезнове́ние** spurloses Verschwinden *nt* **2.** *(лишённый после́дствий)* folgenfrei

бесслёзн|ый <-ая, -ое> *прил* tränenlos

бессловéсн|ый <-ая, -ое; -а, -о> *прил* **1.** *(немо́й)* stumm **2.** *(молчали́вый)* wortkarg **3.** *(поко́рный)* unterwürfig

бессме́рти|е <-я> *ср* Unsterblichkeit *f*

бессме́ртник <-а> *м* БОТ Immortelle *f,* Strohblume *f*

бессме́рт|ный <-ная, -ное; -ен, -на, -но> *прил* unsterblich

бессме́т|ный <-ная, -ное; -ен, -на, -но> *прил* unermesslich; **бессме́тные дохо́ды** unermessliches Einkommen *nt*

бессмы́сленнос|ть <-ти> *ж* Sinnlosigkeit *f*

бессмы́слен|ный <-ная, -ное; -, -на, -но> *прил* sinnlos; **бессмы́сленная зате́я** ein sinnloses Unterfangen *nt*

бессмы́слиц|а <-ы> *ж разг* Unsinn *m;* **сказа́ть бессмы́слицу** Unsinn *m* reden

бессне́жн|ый <-ая, -ое> *прил* schneelos, schneefrei; **бессне́жная равни́на** schneelose Ebene *f;* **бессне́жная зима́** schneefreier Winter *m*

бессо́вестн|ый <-ая, -ое; -а, -о> *прил* **1.** *(нече́стный)* gewissenlos **2.** *(на́глый)* unverschämt

бессодержа́те|льный <-льная, -льное; -лен, -льна, -льно> *прил* inhaltslos, inhaltsleer, nichtssagend; **бессодержа́тельная жизнь** inhaltsloses Leben *nt;* **~ разгово́р** nichtssagendes Gespräch *nt*

бессозна́те|льный <-льная, -льное; -лен -льна, -льно> *прил* unbewusst, unbeabsichtigt, besinnungslos; **доста́вить больно́го в бессозна́тельном состоя́нии** den Kranken im bewusstlosem Zustand einliefern; **~ жест** unwillkürliche Geste *f;* **~ страх** unbewusste Angst *f*

бессолев|о́й <-а́я, -о́е> *прил* salzlos, salzfrei; **бессолева́я дие́та** salzlose Diät *f*

бессо́лнечный *прил* trüb; **~ день** trüber Tag *m*

бессо́нниц|а <-ы> *ж* Schlaflosigkeit *f*

бессо́нн|ый <-ая, -ое> *прил* schlaflos

бессою́зн|ый <-ая, -ое> *прил* лингв konjunktionslos, bindewortlos, asyndetisch; **бессою́зная связь** bindewortlose Verbindung *f;* **бессою́зное предложе́ние** bindewortloser Satz *m*

бесспо́рно *нрч* unbestreitbar; **~, что …** fest steht, dass …

бесспо́р|ный <-ная, -ное; -ен, -на, -но> *прил* ganz offenkundig

бессре́бреник <-а> *м,* **бессре́брениц|а** <-ы> *ж* uneigennütziger [*o* selbstloser] Mensch *m*

бессро́чн|ый <-ая, -ое> *прил* fristlos, unbefristet; **~ вклад** Sichteinlage *f*

бессто́чн|ый <-ая,-ое> *прил* abflusslos, ohne Abfluss; **~ водоём** abflussloser Wasserspeicher *m*

бесстра́ст|ный <-ная, -ное; -ен, -на, -но> *прил* gelassen, leidenschaftslos, gleichmütig; **~ тон** gelassener Ton *m;* **~ судья́** unparteiischer Schiedsrichter *m;* **~ вид** gelassenes Aussehen *nt*

бесстра́ш|ный <-ная, -ное; -ен, -на, -но> *прил* furchtlos, unerschrocken, kühn; **~ посту́пок** kühne Tat *f;* **~ во́ин** furchtloser Kämpfer *m*

бесстре́ссов|ый <-ая, -ое> *прил* stressfrei; **бесстре́ссовая обстано́вка** stressfreie Umgebung *f*

бессты́дник <-а> *м,* **бессты́дниц|а** <-ы> *ж разг* Schamlose(r) *f(m),* Unverschämte(r) *f(m)*

бессты́д|ный <-ная,-ное; -ен, -на, -но> *прил* unverschämt

бессты́дств|о <-а> *ср* Unverschämtheit *f,* Schamlosigkeit *f*

бессчётн|ый <-ая, -ое> *прил* zahllos,

unzählbar, unzählig; **бессчётное коли́чество** unzählbare Menge *f*

бессюже́т|ный <-ная, -ное; -ен, -на, -но> *прил* fabellos; ~ **расска́з** sujetlose Erzählung *f*

беста́ктнос|ть <-ти> *ж* Taktlosigkeit *f*

беста́кт|ный <-ная, -ное; -ен, -на, -но> *прил* taktlos; ~ **колле́га** taktloser Kollege *m;* ~ **посту́пок** taktlose Handlung *f;* **беста́ктное замеча́ние** taktlose Bemerkung *f*

бестала́н|ный <-ная, -ное; -ен, -на, -но> *прил* unbegabt, talentlos; ~ **арти́ст** unbegabter Künstler *m*

бестало́нн|ый <-ая, -ое> *прил* ohne Fahrkarte; ~ **прое́зд** schwarz fahren

беста́рифн|ый <-ая, -ое> *прил* tariflos; ~ **про́пуск** tarifloser Passierschein *m*

бестеле́с|ный <-ная, -ное; -ен; -на, -но> *прил* körperlos, unkörperlich; **бестеле́сное созда́ние** körperloses Geschöpf *nt*

бестенев|о́й <-а́я, -о́е> *прил* schattenlos, schattenfrei; **бестенева́я ла́мпа** schattenfreie Lampe *f*

бе́сти|я <-и> *ж* Bestie *f; и перен* Biest *nt*

бестолко́вщин|а <-ы> *ж разг* Wirrwarr *m,* Unordnung *f,* ungereimtes Zeug; ~ **жи́зни** Wirrwarr des Lebens

бестолко́в|ый <-ая, -ое; -, -а, -о> *прил* **1.** *разг (непоня́тливый)* schwer von Begriff **2.** *(несвя́зный)* unverständlich; **бестолко́вое указа́ние** unverständliche Anleitung *f*

бе́столо|чь <-чи> *м и ж* Dummkopf *m*

бестранше́йн|ый <-ая, -ое> *прил* nutlos; **бестранше́йная укла́дка проводо́в** offene Kabelverlegung *f*

бестрево́жн|ый <-ая, -ое> *прил* sorgenlos, gelassen

бестре́пет|ный <-ная, -ное; -ен, -на, -но> *прил* **1.** *(сме́лый)* furchtlos, unerschrocken **2.** *(не коле́блющийся)* **бестре́петное пла́мя** stille Flamme *f*

бестсе́ллер <-а> *м* Bestseller *m,* Verkaufsschlager *m, жарг* Renner *m*

бесфа́бульн|ый <-ая, -ое> *прил* ohne Fabel, handlungslos; ~ **рома́н** Roman *m* ohne Fabel; ~ **фильм** Film *m* ohne Handlung

бесфо́ндов|ый <-ая, -ое> *прил* ohne Fonds; **бесфо́ндовое снабже́ние** geldlose Belieferung *f*

бесфо́рмен|ный <-ная, -ное; -, -на, -но> *прил* formlos, klobig

бесхара́ктернос|ть <-ти> *ж* Charakterlosigkeit *f*

бесхара́ктер|ный <-ная, -ное; -ен, -на, -но> *прил* charakterlos

бесхво́ст|ый <-ая, -ое> *прил* schwanzlos; **бесхво́стая ку́рица** schwanzlose Henne *f*

бесхи́трост|ный <-ная, -ное; -ен, -на, -но> *прил* treuherzig, arglos, ungekünstelt; ~ **хара́ктер** offenherziger Charakter *m;* **бесхи́тростная улы́бка** treuherziges Lächeln *nt;* ~ **расска́з** harmlose Erzählung *f*

бесхо́зн|ый <-ая, -ое> *прил* herrenlos, niemandem gehörend

бесхозя́йственнос|ть <-ти> *ж* **1.** *(неуме́лое веде́ние хозя́йства)* Misswirtschaft *f* **2.** *(расточи́тельность)* Unwirtschaftlichkeit *f*

бесхозя́йственн|ый <-ая, -ое> *прил* unwirtschaftlich

бесхребе́т|ный <-ная, -ное; -ен -на, -но> *прил презрит (беспринци́пный)* prinzipienlos; ~ **поли́тик** prinzipienloser Politiker *m;* ~ **руководи́тель** prinzipienloser Führer *m*

бесцветко́в|ый <-ая, -ое> *прил* blütenlos; ~ **ка́ктус** blütenloser Kaktus *m*

бесцве́т|ный <-ная, -ное; -ен, -на, -но> *прил и перен* farblos

бесце́|льный <-льная, -льное; -лен, -льна, -льно> *прил* **1.** *(не име́ющий це́ли)* ziellos **2.** *(бесполе́зный)* zwecklos

бесцензу́рн|ый <-ая, -ое> *прил* zensurfrei; ~ **журна́л** zensurfreie Zeitschrift *f*

бесце́н|ный <-ная, -ное; -ен, -на, -но> *прил* **1.** *(драгоце́нный)* sehr wertvoll **2.** *(неоцени́мый)* unschätzbar

бесце́н|ок <-ка> *м* Schleuderpreis *m;* **за** ~ spottbillig

бесцеремо́ннос|ть <-ти> *ж* Rücksichtslosigkeit *f*

бесцеремо́н|ный <-ная, -ное; -ен, -на, -но> *прил* **1.** *(нетакти́чный)* rücksichtslos, ungeniert **2.** *(на́глый)* unverfroren

бесчелове́ч|ный <-ная, -ное; -ен, -на, -но> *прил* unmenschlich

бесче́сти|е <-я> *ср* Schmach *f,* Schande *f*

бесче́|стить <-щу, -стишь> *нсв,* **обесче́стить** *св прх* entehren, schänden, jdm die Ehre rauben

бесче́ст|ный <-ная, -ное; -ен, -на, -но> *прил* ehrlos, schändlich; ~ **посту́пок** unehrenhafte Handlung *f*

бесчи́нств|о <-а> *ср* **1.** *(эксце́сс)* Ausschreitung *f,* Exzess *m* **2.** *(безобра́зие)* Unfug *m*

бесчи́нств|овать <-ую, -уешь> *нсв нпрх* sein Unwesen treiben, randalieren

бесчи́слен|ный <-ная, -ное; -, -на, -но> *прил* unzählig, zahllos; **бесчи́сленное мно́жество** Unmenge *f*

бесчу́вственнос|ть <-ти> *ж* Gefühllosigkeit *f*

бесчу́вствен|ный <-ная, -ное; -, -на, -но> *прил* **1.** *(холо́дный)* gefühllos, unempfindlich **2.** *(лиши́вшийся чувств)* bewusstlos, ohnmächtig **3.** *перен (безжа́лостный)* mitleidlos, herzlos

бесшаба́шн|ый <-ая, -ое> *прил разг* unbekümmert, sorglos; ~ **пья́ница** vernunftwidriger Säufer; **бесшаба́шная у́даль** übermütige Kühnheit *f,* Verwegenheit *f*

бесшнуров|о́й <-а́я, -о́е> *прил* drahtlos; **~ телефо́н** drahtloses Telefon *nt*
бесшо́вн|ый <-ая, -ое> *прил* nahtlos; **бесшо́вное соедине́ние** nahtlose Verbindung *f*
бесшу́мн|ый <-ная, -ное; -ен, -на, -но> *прил* **1.** *(беззву́чный)* geräuschlos, lautlos **2.** *(со звукоизоля́цией)* schallgedämpft
бе́та-ве́рси|я <-и> *ж* ИНФОРМ Betaversion *f*
бе́та-луч|и́ <-е́й> *мн* ФИЗ Betastrahlen *pl*
бе́та-распа́д <-а> *м* ФИЗ Beta-Zerfall *m*
бетатро́н <-а> *м* Betathron *nt*, Elektronenschleuder *m*
бето́н <-а> *м* Beton *m*
бетони́р|овать <-ую, -уешь> *нсв*, **забетони́ровать** *св нпрх* betonieren
бетоново́з <-а> *м* Betonmischfahrzeug *nt*
бетономеша́лк|а <-и> *ж* Betonmischer *m*
бетоноукла́дчик <-а> *м* Betoneinbringer *m*, Betoniermaschine *f*
бето́нщик <-а> *м* Betonarbeiter *m*, Betonierer *m*
бефстро́ганов <-а> *м без мн* КУЛ **пригото́вить ~** Beef Stroganoff zubereiten *(Fleischgericht)*
бечёвк|а <-и> *ж* Schnur *f*, Bindfaden *m*
бечев|а́ <-ы́> *ж* Schlepptau *nt*, Zugseil *nt*, Treckseil *nt*
бешаме́|ль <-ли> *м* КУЛ **ку́рица под бешаме́лем** Hühnchen *nt* in Bechamelsoße
бе́шенств|о <-а> *ср* **1.** *перен (неи́стовая зло́ба)* Wut *f*, Zorn *m* **2.** МЕД Tollwut *f*
бе́шен|ый <-ая, -ое> *прил* **1.** *разг (необу́зданный)* wütend, rabiat **2.** МЕД tollwütig **3.** *разг (неслы́ханный)* ungeheuer; **бе́шеная ско́рость** halsbrecherische Geschwindigkeit *f*; **бе́шеное сопротивле́ние** hartnäckiger Widerstand *m*; **бе́шеные це́ны** horrende Preise *mpl*; **име́ть ~ успе́х** *разг* einen Wahnsinnserfolg haben
бешме́т <-а> *м* Beschmet *m (Männerbekleidung bei den türkmenischen und den kaukasischen Völkern)*
бзик <бзи́ка> *м разг* Schrulle *f*, Fimmel *m*; **э́то у него́ ~ – поуча́ть всех** das ist bei ihm eine fixe Idee – alle zu belehren
биатло́н <-а> *м* СПОРТ Biathlon *nt*
биатлони́ст <-а> *м*, **биатлони́стк|а** <-и> *ж* Biathlonsportler(in) *m(f)*
бибабо́ <неизм> *ср* Handpuppe *f*
библе́йск|ий <-ая, -ое> *прил* biblisch
библио́граф <-а> *м* Bibliograf *m*
библиографи́р|овать <-ую, -уешь> *нсв прх* bibliografieren
библиографи́ческ|ий <-ая, -ое> *прил* bibliografisch; **библиографи́ческие да́нные** bibliografische Angaben *fpl*
библиогра́фи|я <-и> *ж* Bibliografie *f*
библиома́н <-а> *м* Bibliomane *m*, Büchernarr *m*, Bücherwurm *m*
библиома́ния <-а> *ж* Bibliomanie *f*, Büchersammelwut *f*
библиоте́к|а <-и> *ж* Bibliothek *f*
библиоте́ка|рь <-ря> *м* Bibliothekar(in) *m(f)*
библиотекове́д <-а> *м* Bibliothekswissenschaftler(in) *m(f)*
библиофи́л <-а> *м*, **библиофи́лк|а** <-и> *ж* Bibliophile(r) *m*
би́бли|я <-и> *ж* Bibel *f*
бива́к <-а> *м* Biwak *nt*
би́в|ень <-ня> *м* Stoßzahn *m*
бига́ми|я <-и> *ж* Bigamie *f*
бигуди́ <неизм> *мн* Lockenwickler *m*
биде́ <неизм> *ср* Bidet *nt*
бидерме́йер <-а> *м* Biedermeier *nt*
бидо́н <-а> *м* Blechkanne *f*; **~ молока́** Milchkanne *f*
бие́ни|е <-я> *ср* Schlag *m*; **~ пу́льса** Pulsschlag *m*; **~ се́рдца** Herzschlag *m*
бижуте́ри|я <-и> *ж* **1.** *(украше́ния)* Modeschmuck *m* **2.** *(изде́лия)* Schmuckwaren *fpl*
биза́|нь <-ни> *ж* МОР **~-ма́чта** Besanmast *m*
би́знес <-а> *м* **1.** *(де́ло)* Geschäft *nt*, Geschäftstätigkeit *f* **2.** *(делова́я акти́вность)* Geschäftsleben *nt*, Business *nt*; **биржево́й ~** Börsengeschäft *nt*; **большо́й ~** Großunternehmen *nt*, Big Business *nt*; **при́быльный ~** einträgliches Geschäft *nt*; **ча́стный ~** Privatunternehmertum *nt*; **де́лать ~ на чём-л.** ein Geschäft machen mit +*dat*
бизнесме́н <-а> *м* Geschäftsmann *m*, Geschäftsfrau *f*; *презрит (деле́ц)* Geschäftemacher *m*

i Land & Leute

Eigentlich heißt Geschäftsmann auf Russisch „деле́ц“. Die ausgeprägt negative Konnotation dieses Wortes, die sich, wie bei anderen „kapitalistischen“ Begriffen, besonders in der Sowjetzeit durchgesetzt hat – schon im zaristischen Russland bedeutete es zugleich „Geschäftemacher“ –, konnte seit der Perestrojka, mit der „die rechnerische Gesinnung“ rasch „in“ geworden ist, nicht mehr überwunden werden. Das Wort passte nicht zu dem in den Medien jetzt aktiv propagierten Typus des „neuen Russen“ – eines modernen, in seinem legalen Geschäft erfolgreichen und in der Gesellschaft bevorzugten Zeitgenossen. Die Verwendung des alten russischen Wortes stand allerdings nicht zur Debatte: das schon früher russifizierte englische Wort „businessman“ konnte ohne weiteres auch in Bezug auf russische Geschäftsleute verwendet werden.

Da der Typ des „neuen Reichen“ bei vielen einfachen Russen jedoch auf Ablehnung stieß, wurde dieses Wort immer mehr zu einem Schimpfwort. In den Medien konkurriert mit ihm der neutralere Ausdruck „деловóй человéк“.

бизóн <-а> *м* Bison *m,* Wisent *m*
бики́ни <неизм> *мн* Bikini *m*
билабиáльн|ый <-ая, -ое> *прил* лингв bilabial; **билабиáльный звук** bilabialer Laut *m*
билатерáльн|ый <-ая, -ое> *прил* лингв bilateral; **билатерáльный языковóй знак** bilaterales Sprachenzeichen *nt*
билéт <-а> *м* **1.** *(проезднóй)* Fahrkarte *f;* **обрáтный ~** Rückfahrkarte *f;* **железнодорóжный ~** Bahnfahrkarte *f;* **~ на самолёт** Flugticket *nt* **2.** *(входнóй)* Eintrittskarte *f;* **~ в теáтр** Theaterkarte *f;* **пригласи́тельный ~** Einladung *f* **3.** *(лотерéйный)* Lotterielos *nt;* **~ без вы́игрыша** Niete *f;* **вы́игрышный ~** Gewinn-Los *nt* **4.** *(члéнский)* Ausweis *m;* **студéнческий ~** Studentenausweis *m;* **читáтельский ~** Benutzerausweis *m;* **члéнский ~** Mitgliedskarte *m;* **парти́йный ~** Parteibuch *nt*
билетёр <-а> *м,* **билетёрш|а** <-и> *ж* Platzanweiser(in) *m(f),* Logenschließer(in) *m(f)*
билингви́зм <-а> *м* Zweisprachigkeit *f*
билируби́н <-а> *м* Bilirubin *nt*
биллиóн <-а> *м* Milliarde *f*
билья́рд <-а> *м* Billard *nt*
билья́рдн|ая <-ой> *ж* Billardzimmer *nt*
биметáлл|ы <-ов> *м мн* Bimetalle *pl*
бинáрн|ый <-ая, -ое> *прил* binär; **бинáрные сплáвы** Zweistofflegierungen *fpl;* **бинáрные оппози́ции** binäre Opposition *f*
бинóк|ль <-ля> *м* Fernglas *nt;* **театрáльный ~** Opernglas *nt*
бинóм <-а> *м* мат Binom *nt*
бинт <-а> *м* мед Binde *f,* Verband *m*
бинт|овáть <-ýю, -ýешь> *нсв,* **забинтовáть** *св прх* verbinden, einen Verband anlegen; **~ гóлову мáрлей** den Kopf verbinden
био- *пéрвая составнáя часть слóва* Bio-, biologisch
биоакти́вн|ый <-ая, -ое> *прил* bioaktiv; **~ препарáт** bioaktives Mittel *nt;* **~ крем** bioaktive Creme *f*
биогáз <-а> *м* Biogas *nt*
биогенéз <-а> *м* Biogenese *f*
биогéнн|ый <-ая, -ое> *прил* biogenetisch; **~ стимуля́тор** biogenetischer Stimulator *m*
биóграф <-а> *м* Biograf(in) *m(f)*
биографи́ческ|ий <-ая, -ое> *прил* biografisch; **~ ромáн** biografischer Roman *m;* **биографи́ческие дáнные** Lebenslauf *m*
биогрáфи|я <-и> *ж* **1.** *(жизнеописáние)* Biografie *f* **2.** *(на блáнке)* Lebenslauf *m*
биогýмус <-а> *м* Biohumus *m*
биокерáмик|а <-и> *ж* Biokeramik *f*
биокибернéтик|а <-и> *ж* Biokybernetik *f*
биокоммуникáци|я <-и> *ж* Biokommunikation *f*
биокоррéкци|я <-и> *ж* Biokorrektur *f*
биокрéм <-а> *м* Biocreme *f*
биóлог <-а> *м* Biologe *m,* Biologin *f*
биологи́ческ|ий <-ая, -ое> *прил* biologisch; **биологи́ческие исслéдования** biologische Untersuchungen *fpl;* **биологи́ческие часы́** biologische Uhr *f*
биолóги|я <-и> *ж* Biologie *f*
биолокáци|я <-и> *ж* Biolokation *f,* biologische Ortung *f*
биомáсс|а <-ы> *ж* Biomasse *f*
биомехáник|а <-и> *ж* Biomechanik *f*
биомехани́ческ|ий <-ая, -ое> *прил* biomechanisch; **~ массáж** biomechanische Massage *f;* **биомехани́ческая стимуля́ция сердéчной дéятельности** biomechanische Stimulation der Herztätigkeit
биомици́н <-а> *м* Biomizin *nt*
биóник <-а> *м* Bioniker(in) *m(f)*
биóник|а <-и> *ж* Bionik *f*
биообъéкт <-а> *м* **излучéние биообъéкта** Ausstrahlung *f* eines Bioobjektes
биоочи́стк|а <-и> *ж* biologische Reinigung *f*
биопóл|е <-я> *ср* biologisches Feld *nt;* **си́льное ~** starkes biologisches Feld
биополимéр|ы <-ов> *м мн* Biopolymere *pl*
биопотенциáл <-а> *м* Biopotential *nt*
биопси́|я <-и> *ж* мед Biopsie *f*
биорегуля́тор <-а> *м* Bioregulator *m*
биори́тм|ы <-ов> *м мн* **определи́ть чьи́-л. ~** die Biorhythmen von jdm bestimmen
биостáнци|я <-и> *ж* **~ институ́та** die biologische Station des Institutes
биосфéр|а <-ы> *ж* Biosphäre *f*
биотехнолóги|я <-и> *ж* Biotechnologie *f*
биоткá|нь <-ни> *ж* biologisches Gewebe *nt*
биотóк|и <-ов> *мн* Bioströme *pl*
биотóп <-а> *м* Biotop *nt*
биотóплив|о <-а> *ср* biologischer Kraftstoff *m*
биофармаколóги|я <-и> *ж* Biopharmakologie *f* **отдéл биофармаколóгии** biopharmakologische Abteilung *f*
биофи́зик|а <-и> *ж* Biophysik *m*
биохи́ми|я <-и> *ж* Biochemie *f*
биоценóз <-а> *м* биол Biozönose *f*
биоэлектри́ческ|ий <-ая -ое> *прил* bioelektrisch; **биоэлектри́ческая акти́вность органи́зма** bioelektrische Aktivität eines Organismus; **~ потенциáл мóзга** bioelektrisches Potential des Gehirns
биоэнергéтик|а <-и> *ж* Bioenergetik *f;* **~ растéний** Pflanzenbioenergie *f*
биоэнергети́ческ|ий <-ая, -ое> *прил* bioenergetisch; **биоэнергети́ческие мéтоды лечéния** bioenergetische Heilmethoden

fpl; **~ диа́гноз** bioenergetische Diagnose *f*

биоэне́рги|я <-и> *ж* Bioenergie *f*

бипла́н <-а> *м* Doppeldecker *m,* Zweidecker *m*

биполя́рн|ый <-ая, -ое> *прил* bipolar, zweipolig

би́рж|а <-и> *ж* ЭКОН Börse *f;* **~ недви́жимости** Immobilienmarkt *m;* **~ с повыша́тельной тенде́нцией** Bull market *m;* **~ с тенде́нцией ку́рса на пониже́ние** Bear market *m;* **~ сро́чных сде́лок** Terminbörse *f;* **~ труда́** Arbeitsamt *nt;* **~ це́нных бума́г** Effektenbörse *f,* Wertpapierbörse *f*

биржеви́к <-а́> *м* Börsianer *m,* Börsenspekulant *m*

биржев|о́й <-а́я, -о́е> *прил* Börsen-; **биржева́я зая́вка** Börsenauftrag *m;* **биржева́я игра́ на ра́зницу** Differenzgeschäft *nt;* **биржева́я опера́ция** Börsengeschäft *nt;* **биржева́я опцио́нная сде́лка** Prämiengeschäft *nt;* **биржева́я па́ника** Run *m;* **биржева́я пре́мия** Bonus *m;* **биржева́я при́быль** Börsengewinn *m;* **биржева́я спекуля́ция** Börsenspekulation *f;* **биржево́е поруче́ние** Börsenauftrag *m;* **~ ажиота́ж** Agiotage *f;* **~ бум** Börsenansturm *m;* **~ бюллете́нь** Börsenbericht *m;* **~ дохо́д** Börsengewinn *m;* **~ зака́з** Börsenauftrag *m;* **~ инса́йдер** Börsen-Insider *m;* **~ крах** Börsenkrach *m;* **~ креди́т** Börsenkredit *m;* **~ курс** Börsenkurs *m;* **~ ма́клер** [*или* **посре́дник**] Börsenmakler *m;* **~ надзо́р** Börsenaufsicht *f;* **~ прика́з** Börsenauftrag *m;* **~ протоко́л** [*или* **реги́стр**] Börsenjournal *nt;* **~ спекуля́нт** Börsenspekulant *m*

би́рк|а <-и> *ж* **1.** *(ярлы́к)* Etikett *nt* **2.** *(у багажа́)* Kofferanhänger *m*

бирма́нц|ы <-ев> *мн* Burmesen *pl*

бирюз|а́ <-ы́> *ж* Türkis *m* **се́рьги из бирюзы́** Ohrringe *mpl* aus Türkis

бирюзо́в|ый <-ая, -ое> *прил* Türkis-; **~ ка́мень** Türkis *m;* **~ цвет** türkisfarben

бирю́к <-а> *м* **1.** *разг (волк) nicht im Rudel lebender Wolf* **2.** *разг (о нелюди́мом челове́ке)* einsamer Mensch *m*

бирю́л|ьки <-ек> *мн* Stäbchenspiel *nt;* **игра́ть в бирю́льки** *перен* Däumchen drehen

бисексуа́|льный <-льная, -льное; -лен, -льна, -льно> *прил* bisexuell

би́сер <-а> *м* Perle *f;* **мета́ть ~ перед сви́ньями** *перен* vergebliche Müh

би́серин|а <-ы> *ж разг* **~ росы́** Tauperle *f,* Glasperlchen *nt*

би́серн|ый <-ая, -ое> *прил* Perl-, Perlmut-; **~ пояс** Perlmutgürtel *m;* **би́серные слёзы** große Tränen *pl;* **би́серный по́черк** schöne zierliche Schrift *f*

биси́р|овать <-ую, -уешь> *(н)св прх (испо́лнить на бис)* (einen Auftritt) wiederholen; **пиани́ст биси́ровал три ра́за** der Pianist hat drei Zugaben gespielt

бискви́т <-а> *м* Biskuit *nt*

биссектри́с|а <-ы> *ж* МАТ Bisektrix *f,* Halbierende *f,* Halbierungslinie *f*

бистро́ <неизм> *ср* Bistro *nt,* Café *nt*

бит <-а> *м* ИНФОРМ Bit *nt;* **~ в секу́нду** bits per second

би́тв|а <-ы> *ж* Schlacht *f*

битк|и́ <-о́в> *мн* **~ с горо́шком** Klopse *pl* mit Erbsen

битко́м *нрч* **~ наби́тый** *разг* vollgestopft, gerammelt voll

би́тник <-а> *м* Stadtstreicher *m,* Penner *m*

би́тов|ый <-ая, -ое> *прил* Bit-; **би́товая гра́фика** ИНФОРМ Bitmapgrafik *f*

бит|о́к <-ка́> *м* Fleischkloß *m,* Klops *m*

би́тумн|ый <-ая, -ое> *прил* Bitumen-; **~ лак** Bitumenlack *m;* **би́тумные поро́ды** Bitumenarten *fpl*

би́т|ый <-ая, -ое; -, -а, -о> *прил* zerschlagen, kaputt; **~ автомоби́ль** Unfallwagen *m;* **~ час** eine geschlagene [*o* volle] Stunde *f;* **~ пёс** geschlagener Hund *m;* **би́тая посу́да** zerschlagenes Geschirr *nt;* **би́тые я́йца** Rühreier *ntpl;* **би́тая ка́рта** geschlagene Karte *f;* **би́тая пти́ца** geschlachteter Vogel *m*

бить <бью, бьёшь> *нсв,* **поби́ть** *св прх* **1.** *(избива́ть)* schlagen, hauen; **~ по лицу́** ins Gesicht schlagen; **~ по чьи́м-л. интере́сам** jds Interessen schädigen; **~ по недоста́ткам** auf Mängel [*o* Fehler] hinweisen; **э́то бьёт по карма́ну** das geht ins Geld; **часы́ бьют 8** die Uhr schlägt 8 **2.** *(победи́ть)* besiegen; **~ сосе́да в ша́хматы** den Nachbarn in Schach besiegen; **~ фигу́ру** eine Figur schlagen; **~ ка́рту** eine Karte stechen **3.** *(уничто́жить)* vernichten; **град поби́л пшени́цу** der Hagel hat den Weizen vernichtet **4.** *разг (разби́ть)* zerbrechen; **они́ поссо́рились и поби́ли посу́ду** sie hatten einen Streit und haben das Geschirr zerschlagen **5.** *(ударя́ть)* hämmern, trommeln; **~ в бараба́н** die Trommel schlagen; **~ в ладо́ши** in die Hände klatschen; **~ в цель** *и перен* ins Ziel [*o* Schwarze] treffen **6.** *(прое́сть)* zerfressen; **ржа́вчина поби́ла желе́зо** der Rost hat das Eisen zerfressen **7.** *(ключо́м)* sprudeln, quellen

би́ться <бьюсь, бьёшься> *нсв рефл* **1.** *(с кем-л.)* sich schlagen mit +*dat* **2.** *(над чем-л.)* sich abmühen mit +*dat* **3.** *(обо что-л.)* stoßen (gegen +*akk*); **~ голово́й о сте́нку** *перен* mit dem Kopf gegen die Wand rennen; **4.** *(разбива́ться)* zu Bruch gehen, zerbrechlich sein; **посу́да бьётся к сча́стью** Scherben bringen Glück **5.** *(о се́рдце)* schlagen, klopfen, pochen; **се́рдце бьётся** das Herz klopft; **~ в истери́ке** einen hysterischen Anfall haben, um sich schlagen; **~ об закла́д** wetten, eine Wette eingehen

битю́г <-а> *м* **1.** *(поро́да лошаде́й)* starkes

Lastpferd *nt* **2.** *разг (мужчи́на)* kräftiger Bursche *m*

бифуркáци|я <-и> *ж книжн (реки́)* Bifurkation *f*, Gab(e)lung *f*, Zweiteilung *f*

бифштéкс <-а> *м* Beefsteak *nt* **рýбленый ~** gehacktes Beefsteak *nt*

бихевиори́зм <-а> *м* Verhaltensforschung *f*

би́цепс <-а> *м* Bizeps *m*, Oberarmbeugemuskel *m*

бич <бичá> *м* **1.** *(плеть)* Peitsche *f* **2.** *перен (наказáние)* Plage *f* **3.** *вульг* Landstreicher *m*

бич|евáть <-ýю, -ýешь> *нсв* **I.** *прх* **1.** *(бить бичóм)* auspeitschen **2.** *перен (клейми́ть позóром)* geißeln **II.** *нпрх (жить бóмжем)* als Landstreicher leben

блáг|о <-а> **I.** *ср* **1.** *(благополýчие)* Wohl *nt*, Gut *nt* **2.** *(пóльза)* Nutzen *m*; **общéственное ~** Gemeinwohl *nt*; **идти́ на ~ комý-л.** jdm zugute kommen; **считáть за ~** etw für gut halten **3.** *мн (то, что даёт достáток)* Wohltaten *fpl*, Güter *ntpl* **4.** *(благосостоя́ние)* Wohlstand *m*; **всех благ!** *разг* alles Gute! **II.** *нрч* wohl, ein Glück **III.** *сз* **1.** *разг (тем бóлее что)* um so mehr als **2.** *(ведь же)* weil ja **3.** *(раз уж)* wenn schon; **~ я оказáлся здесь** wenn ich schon einmal hier bin

благовéрн|ый <-ая, -ое> *прил книжн* treu; **~ христиáнин** treuer Christ *m*

блáговест <-а> *м* РЕЛИГ Läuten *nt*; **~ к вечéрне** Kirchenglockengeläut *nt* zum Vesper

блáгове|стить <-щу, -стишь> *нсв*, **отблаговести́ть** *св нпрх* **1.** РЕЛИГ Kirchenglocken läuten **2.** *перен (сплéтничать)* herum erzählen, etw an die große Glocke hängen

Благовéщени|е <-я> *ср* РЕЛИГ Mariä Himmelfahrt *f*

благови́д|ный <-ная, -ное; -ен, -на, -но> *прил* anständig, angemessen; **под благови́дным предлóгом** *перен* unter einem passenden Vorwand

благоволéни|е <-я> *ср* Wohlwollen *nt*, Gunst *f*; **прояви́ть ~** Gunst *f* zeigen, wohlwollen

благовóни|е <-я> *ср* Wohlgeruch *m*

благовóнн|ый <-ая, -ое> *прил книжн* wohlriechend; **~ зáпах цветóв** wohlduftende Blumen *fpl*; **благовóнные мáсла** wohlriechende Öle, Duftöle *ntpl*

благовоспи́тан|ный <-ная, -ное; -, -на, -но> *прил* wohlerzogen, manierlich

благоговéй|ный <-ная, -ное; -ен, -на, -но> *прил* ehrfurchtsvoll

благоговéни|е <-я> *ср* **1.** *(сосредотóченность)* Andächtigkeit *f* **2.** *(глубóкое почтéние)* Ehrfurcht *f*, Andacht *f*

благоговé|ть <-ю, -ешь> *нсв нпрх (перед кем-л./чем-л.)* verehren, großen Respekt haben vor *+dat*

благодарéни|е <-я> *ср книж* Dank *m*, Dankbarkeit *f*, Erkenntlichkeit *f*; **воздáть ~ Бóгу** dem Gott danken

благодар|и́ть <-ю, -и́шь> *нсв*, **поблагодари́ть** *св прх* danken, sich bedanken; **благодарю́ вас!** ich danke Ihnen!

благодáрнос|ть <-ти> *ж* **1.** *(выражéние благодáрности)* Dank *m* **2.** *(чýвство благодáрности)* Dankbarkeit *f*; **из благодáрности** aus Dankbarkeit

благодáр|ный <-ная, -ное; -ен, -на, -но> *прил* dankbar, erkenntlich

благодаря́ *предл* dank *+gen*; **~ томý, что …** dadurch, dass …

благодáт|ный <-ная, -ное; -ен, -на, -но> *прил* segensreich, wohltuend; **~ кли́мат** *и перен* gutes Klima *nt*

благодéнстви|е <-я> *ср* Wohlstand *m*

благодéте|ль <-ля> *м*, **благодéтельниц|а** <ы> *ж* Wohltäter(in) *m(f)*

благодéтельнос|ть <-ти> *ж* Wohltätigkeit *f*

благодéльн|ый <-ая, -ое; -а, -о> *прил* wohltätig

благодея́ни|е <-я> *ср* Wohltat *f*

благодýш|ный <-ная, -ное; -ен, -на, -но> *прил* gutmütig

благожелáте|льный <-льная, -льное; -лен, -льна, -льно> *прил книжн* wohlwollend

благозвýчи|е <-я> *ср* Wohlklang *m*

благозвýч|ный <-ная, -ное; -ен, -на, -но> *прил книжн* wohlklingend; **~ стих** wohlklingender Vers *m*; **благозвýчное и́мя** wohlklingender Name *m*

благ|óй <-áя, -óе> *прил* **имéть благи́е намéрения** gute Vorsätze haben; **кричáть благи́м мáтом** *разг* schreien wie am Spieß

благолéпи|е <-я> *ср книж* Pracht *f*, Schönheit *f*; **~ храма** die Schönheit des Tempels

благонадёж|ный <-ная, -ное; -ен, -на, -но> *прил* **1.** *(заслýживающий довéрия)* zuverlässig, vertrauenswürdig **2.** *(лоя́льный)* loyal

благонамéрен|ный <-ная, -ное; -, -на, -но> *прил книжн* gutgesinnt, wohlgemeint, wohlmeinend; **~ чинóвник** regierungstreuer Beamte *m*; **благонамерéнные рассуждéния** wohlwollende Äußerungen *fpl*

благонрáв|ный <-ная, -ное; -ен, -на, -но> *прил* sittsam

благообрáз|ный <-ная, -ное; -ен, -на, -но> *прил книжн* wohlgestaltet; **~ вид** wohlgestaltetes Aussehen *nt*

благополýчи|е <-я> *ср* **1.** *(отсýтствие тревóг)* Wohlergehen *nt*, Glück *nt* **2.** *(благосостоя́ние)* Wohlstand *m*

благополýч|ный <-ная, -ное; -ен, -на, -но> *прил* **1.** *(благоприя́тный)* günstig **2.** *(счастли́вый)* glücklich **3.** *(не пострадáвший)* glatt, wohlbehalten; **~ конéц** Happyend *nt*

благоприобрете́ни|е <-я> *ср разг (о кру́пной поку́пке)* große Anschaffung *f*

благопристо́|йный <-йная, -йное; -ен, -йна, -йно> *прил книжн* schicklich

благоприя́т|ный <-ная, -ное; -ен, -на, -но> *прил* günstig; **~ моме́нт** günstiger Augenblick *m;* **~ отве́т** positive Antwort *f*

благоприя́тствовани|е <-я> *ср* Begünstigung *f*

благоприя́тств|овать <-ую, -уешь> *нсв нпрх (кому́-л./чему́-л.)* begünstigen, fördern

благоразу́ми|е <-я> *ср* 1. *(рассуди́тельность)* Besonnenheit *f* 2. *(понима́ние ситуа́ции)* Einsicht *f,* Vernunft *f*

благоразу́м|ный <-ная, -ное; -ен, -на, -но> *прил* besonnen, vernünftig

благорасположе́ни|е <-я> *ср* Wohlwollen *nt,* Gunst *f*

благоро́д|ный <-ная, -ное; -ен, -на, -но> *прил* 1. *(из зна́тного ро́да)* adlig, vornehm 2. *перен (досто́йный, великоду́шный)* edel, nobel; **~ жест** noble Geste *f;* **благоро́дные мета́ллы** ХИМ Edelmetalle *ntpl*

благоро́дств|о <-а> *ср* Edelmut *m*

благоскло́н|ный <-ная, -ное; -ен, -на, -но> *прил книжн* geneigt, gewogen

благослове́ни|е <-я> *ср* 1. РЕЛИГ Segen *m* 2. *перен (согла́сие)* Billigung *f*

благослове́н|ный <-ная, -ное; -, -на, -но> *прил* gesegnet

благословля́|ть <-ю, -ешь> *нсв,* **благослови́ть** *св, прх* 1. РЕЛИГ segnen 2. *перен (дать благослове́ние)* absegnen, gutheißen

благосостоя́ни|е <-я> *ср* Wohlstand *m*

бла́гос|ть <-ти> *ж* Sänfte *f,* Milde *f*

благотвори́те|ль <-ля> *м,* **благотвори́тельниц|а** <-ы> *ж* Wohltäter(in) *m(f)*

благотвори́тельнос|ть <-ти> *ж* Wohltätigkeit *f*

благотвори́тельн|ый <-ая, -ое> *прил* Wohltätigkeits-; **благотвори́тельное мероприя́тие** Wohltätigkeitsveranstaltung *f;* **благотвори́тельное учрежде́ние** Wohlfahrtseinrichtung *f*

благотво́р|ный <-ная, -ное; -ен, -на, -но> *прил (целе́бный)* wohltuend, heilsam

благоустра́ива|ть <-ю, -ешь> *нсв,* **благоустро́ить** *св прх (кварти́ру)* einrichten

благоустро́енн|ый <-ая, -ое> *прил* komfortabel eingerichtet

благоустро́|ить <-ю, -ишь> *св прх см.* **благоустра́ивать**

благоустро́йств|о <-а> *ср* Komfort *m,* Wohnkomfort *m;* **~ го́рода** Stadtverschönerung *f*

благоуха́ни|е <-я> *ср* Duft *m,* Wohlgeruch *m*

благоуха́нн|ый <-ая, -ое; -а, -о> *прил книжн* wohlriechend, duftend, aromatisch; **~ мёд** wohlriechender Honig *m;* **~ во́здух** duftende Luft *f*

благоуха́|ть <-ю, -ешь> *нсв нпрх книжн* duften

благочести́в|ый <-ая, -ое; -, -а, -о> *прил* fromm

блаже́н|ный <-ная, -ное; -, -на, -но> *прил* 1. *(счастли́вый)* selig, überglücklich 2. *то́лько по́лная фо́рма (глупова́тый)* töricht

блаже́нств|о <-а> *ср* Seligkeit *f,* Glückseligkeit *f;* **~ любви́** Wonne *f* der Liebe

блаже́нств|овать <-ую, -уешь> *нсв нпрх* sich selig fühlen; **так блаже́нствовал он с ме́сяц** so glücklich verbrachte er einen Monat

блажь <бла́жи> *ж разг (причу́да)* Laune *f,* Unberechenbarkeit *f,* Grille *f;* **~ на кого́-л. нашла́** er hat wieder seine Laune

бла́йзер <-а> *м* Blazer *m*

бланк <-а> *м* Formular *nt,* Vordruck *m;* **~ де́нежного перево́да** Überweisungsformular *nt;* **~ зака́за** Bestellzettel *m;* **~ зая́вки** Anmeldeformular *nt*

бланки́ст <-а> *м* ЭКОН Fixer *m*

бла́нко-ве́ксе|ль <-ля> *м* ЭКОН Blankowechsel *m*

бла́нков|ый <-ая, -ое> *прил* ЭКОН blanko, Blanko-; **бла́нковая на́дпись** Inhaberindossament *nt;* **бла́нковая переда́точная на́дпись** Blankoindossament *nt;* **бла́нковая по́дпись** Blankounterschrift *f;* **бла́нковые це́нные бума́ги** Blankopapiere *pl;* **~ акце́пт** Blankoakzept *m;* **~ ве́ксель** Blankowechsel *m;* **~ индоссаме́нт** Blankoindossament *nt;* **~ креди́т** Blankokredit *m;* **~ чек** Blankoscheck *m*

бланко-че́к <-а> *м* ЭКОН Blankoscheck *m*

бланши́р|овать <-ую, -уешь> *нсв прх* ГАСТР blanchieren; **~ грибы́/помидо́ры** Pilze *mpl*/Tomaten *fpl* blanchieren

бла́стул|а <-ы> *ж* БИОЛ Blastula *f*

блат <-а> *м разг* Beziehungen *fpl;* **по бла́ту** durch Beziehungen, hintenherum

блатн|о́й <-а́я, -о́е> *прил разг* Gauner-; **~ язы́к** Gaunersprache *f;* **~ мир** Gaunerwelt *f;* **блатны́е пе́сни** Gaunerlieder *pl;* **блатна́я до́лжность** Amt *nt* in der Unterwelt

блева́ть <блюю́, блюёшь> *нсв,* **сблева́ть** *св нпрх вульг* kotzen

бледне́|ть <-ю, -ешь> *нсв,* **побледне́ть** *св нпрх* 1. *(теря́ть цвет лица́)* blass werden 2. *перен (блёкнуть)* verblassen, unbedeutend erscheinen

бледноли́ц|ый <-ая, -ое> *прил* blass, mit blassem Gesicht; *(обраще́ние)* Bleichgesicht *nt*

бле́д|ный <-ная, -ное; -ен, -на́, -но> *прил* blass, bleich; **име́ть ~ вид** *перен* blass aussehen

блёкл|ый <-ая, -ое> *прил* matt, welk, verblasst

блёкн|уть <-у, -ешь> *нсв,* **поблёкнуть** *св нпрх* 1. *(бледне́ть)* fahl werden 2. *(увя-*

да́ть) verwelken; **трава́ побле́кла** das Gras vergilbte

блези́р <-а> *м разг* **для блези́ру** *(для ви́да)* nur so, nur zum Schein

блеск <-а> *м* Glanz *m,* Funkeln *nt;* **~ остроу́мия** Geistesblitz *m*

блесн|а́ <-ы́> *ж* Köder *m (beim Angeln)*

блесте́ть <блещу́, блести́шь> *нсв,* **блесн|у́ть** *св нпрх* **1.** *(я́рко сверка́ть)* glitzern, glänzen **2.** *(свети́ться)* leuchten

блестя́щ|ий <-ая, -ее; -, -а, -е> *прил* **1.** *(сверка́ющий, светя́щийся)* glänzend, blank **2.** *перен (иде́я)* hervorragend, brillant

блеф <-а> *м* Bluff *m*

блеф|ова́ть <-у́ю, -у́ешь> *(н)св нпрх* bluffen

бле́|ять <-ю, -ёшь> *нсв нпрх только в 3 л* blöken, meckern

ближа́йш|ий <-ая, -ее> *прил* **1.** *(сле́дующий)* nächste(r, s), nächstliegend; **когда́ идёт ~ по́езд до Москвы́?** wann fährt der nächste Zug nach Moskau?; **в ближа́йшее вре́мя** demnächst **2.** *(са́мый бли́зкий)* beste(r, s), engste(r, s); **он мой ~ друг** er ist mein bester Freund; **при ближа́йшем рассмотре́нии** bei genauerer Betrachtung

бли́жн|ий <-яя, -ее> **I.** *прил* nahe; **Бли́жний Восто́к** ГЕОГ Naher Osten *m;* **~ свет** АВТО Abblendlicht *nt* **II.** <-его> *м* РЕЛИГ Nächste(r) *m;* **возлюби́ бли́жнего твоего́, как са́мого себя́!** liebe deinen Nächsten wie dich selbst!

близ *предл* nahe *+dat,* bei *+dat*

бли́з|иться <-ится> *нсв,* **прибли́зиться** *св безл, только в 3 л* sich nähern; **зима́ бли́зится к концу́** es geht auf den Frühling zu

бли́з|кий **I.** <-ая, -ое; -ок, -ка́, -ко> *прил* **1.** *(располо́женный недалеко́)* nahe, nahegelegen; **мы близки́ к це́ли** wir sind nah am Ziel; **бли́зко от чего́-л.** nahe bei **2.** *(об отноше́ниях)* nahe; **э́то мой ~ ро́дственник** das ist ein naher Verwandter von mir; **они́ близки́ друг с дру́гом** sie haben vertrauten Umgang; **бли́зкий к полити́ческим круга́м** den politischen Kreisen nahe stehend **3.** *(схо́дный)* ähnlich, verwandt; **перево́д бли́зок к оригина́лу** die Übersetzung ist originalgetreu; **~ по смы́слу** sinnverwandt **II.** <-кого> *м* Angehörige(r) *m; мн* die nächsten Angehörigen *mpl*

бли́зко *нрч* nah, unweit, eng; **приня́ть ~ к се́рдцу** etw ernst nehmen; **вокза́л ~** der Bahnhof ist nicht weit; **весна́ ~** der Frühling ist nah

близкоро́дствен|ный <-ная, -ное; -, -на, -но> *прил* nahverwandt; **близкоро́дственные языки́** nahverwandte Sprachen *fpl*

близлежа́щ|ий <-ая, -ое> *прил* nahegelegen

близнец|ы́ <-о́в> *мн* Zwillinge *mpl*

близня́шк|а <-и> *м и ж разг* Zwilling *m;* **симпати́чный ~** sympathischer Zwilling

близору́к|ий <-ая, -ое; -, -а, -о> *прил и перен* kurzsichtig

бли́зос|ть <-ти> *ж* **1.** *(по ме́сту и вре́мени)* Nähe *f;* **~ к ры́нку** Marktnähe *f* **2.** *(об отноше́ниях)* Vertrautheit *f,* Intimität *f* **3.** *(схо́дство)* Ähnlichkeit *f*

блик <-а> *м* Lichtfleck *m,* Reflex *m*

блин <блина́> *м* Plinse *f,* Pfannkuchen *m;* **пе́рвый ~ (всегда́) ко́мом** aller Anfang ist schwer

i Land & Leute

Bei dieser in der Pfanne gebackenen, flachen Speise aus Mehl, Eiern und Milch geht es um eine genuin russische Spezialität, die traditionell vor allem in der Fastnachtwoche zubereitet wird: seit der heidnischen Zeit symbolisiert sie die Sonne.
Im Unterschied von den ähnlich aussehenden französischen Crêpes sind **die russischen Eierpfannkuchen** größer.
Wenn sie dabei dünn „wie die Spitze" geworden sind, bekommt die Hausfrau dafür extra ein Lob.
Im alten Russland waren die wohlhabenden Kaufleute dafür bekannt, dass sie **„блины с икро́й"** – Eierkuchen mit Kaviar – oft genossen.
Heute gibt es meist Butter, saure Sahne oder Konfitüre als Beilage.
Beliebt sind auch mit Hackfleisch oder gesüßter Quarkmasse gefüllte und zu „Taschen" geformte Eierkuchen.

блинда́ж <-а> *м* ВОЕН **укры́ться в блинда́же** sich im Unterstand/Luftschutzbunker verstecken

блинт <-а> *м* ТИП Prägedruck *m*

бли́нчик <-а> *м* Pfannkuchen *m*

блиста́тельн|ый <-ая, -ое; -а, -о> *прил перен* glänzend, großartig

блиста́|ть <-ю, -ешь> *нсв нпрх* **1.** *(сверка́ть)* glänzen **2.** *перен (выделя́ться)* glänzen, sich auszeichnen; **~ отсу́тствием** durch Abwesenheit glänzen

блиц <неизм> *м* **1.** *(ла́мпа-вспы́шка)* Blitzlicht *nt* **2.** *(ша́хматная па́ртия)* Blitzspiel *nt,* Blitzpartie *f*

блиц- *пе́рвая часть сло́жных слов* Blitz-; **блиц-интервью́** Blitzinterview *nt;* **блиц-турни́р** Blitzturnier *nt*

блок <-а> *м* **1.** ТЕХ Block *m,* Baustein *m;* **~ цили́ндров** Zylinderblock *m;* **око́нный ~** Fensterblock *m;* **грани́тный ~** Granitblock *m;* **операцио́нный ~** Operationsblock/

OP-Block *m* **2.** *(сигаре́т)* Stange *f* **3.** пол Bündnis *nt,* Pakt *m;* **полити́ческий ~** politischer Block *m*

блока́д|а <-ы> *ж* Blockade *f; (сидя́чая забасто́вка)* Sitzstreik *m;* **экономи́ческая ~** Wirtschaftsblockade *f;* **ввести́ блока́ду** eine Blockade verhängen; **обойти́ блока́ду** die Blockade umgehen

блока́дн|ый <-ая, -ое> *прил* Blockaden-; **~ паёк** Blockadenration *f,* Blockadenzuteilung *f*

блоки́р|овать <-ую, -уешь> *(н)св прх* blockieren; *(преграждáть)* versperren; **блоки́рованный депози́т** экон Sperrdepot *nt*

блоки́р|оваться <-уюсь, -уешься> *(н)св рефл* пол paktieren mit *+dat*

блокиро́вк|а <-и> *ж* Sperre *f;* **~ путе́й** Straßensperre *f;* **автомати́ческая ~** automatische Sperre [*o* Verriegelung *f*]

блокно́т <-а> *м* Schreibblock *m*

блокпо́ст <-а> *м* **пограни́чный ~** bewaffnete Grenzwache *f*

блок-схе́м|а <-ы> *ж* информ Blockdiagramm *nt,* Blockbild *nt*

блонди́н <-а> *м* Blonde *m*

блонди́нк|а <-и> *ж* Blondine *f*

блох|а́ <-и́> *ж* Floh *m*

бло́чн|ый <-ая, -ое> *прил* Block-; **~ дом** Blockhaus *nt*

блошли́в|ый <-ая, -ое> *прил* mit Flöhen; **~ кот** Kater *m* mit Flöhen

блуд <блу́да> *м* *(развра́т)* Unzucht *f,* Unsittlichkeit *f,* Hurerei *f;* **предава́ться блу́ду** Unzucht treiben

блу|ди́ть <-жу́, -ди́шь> *нсв нпрх прост* **1.** *(распу́тничать)* ein unzüchtiges Leben führen; **муж её в отря́де, а она́ блуди́т** ihr Mann ist bei der Armee und sie treibt Unsitte **2.** *(ворова́ть)* mausen **3.** *прост (блужда́ть, плута́ть)* umherirren

блудни́к <-а> *м,* **блудни́ц|а** <-ы> *ж разг (развра́тник)* Wüstling *m,* Wollüstling *m,* Dirne *f,* Hure *f*

блу́дн|ый <-ая, -ое> *прил* **1.** *(предаю́щийся блу́ду)* ausschweifend lebend **2.** *(блужда́ющий, заблуди́вшийся)* umherirrend; **возвраще́ние блу́дного сы́на** *перен* die Heimkehr des verlorenen Sohnes

блу́дн|я <-и> *м и ж разг* **кот-~** Wüstling-Kater *m*

блужда́|ть <-ю, -ешь> *нсв нпрх* umherirren

блужда́ющ|ий <-ая, -ее> *прил* wandernd, umherirrend, umherschweifend; **~ взгляд** umherschweifender Blick *m;* **блужда́ющие огоньки́** Irrlicht *nt,* Wanderfeuer *nt;* **блужда́ющий нерв** Vagus *m;* **блужда́ющая по́чка** Wanderniere *f*

блу́з|а <-ы> *ж* Bluse *f;* **~ худо́жника** Arbeitskittel *m* des Künstlers; **пра́здничная ~** Festbluse *f*

блу́зк|а <-и> *ж* Bluse *f*

блю́дечк|о <-а> *ср* **1.** *(для варе́нья)* Schüsselchen *nt* **2.** *(для ча́шки)* kleine Untertasse *f;* **принести́ на блю́дечке с голубо́й каёмочкой** *перен* jdm etw auf dem Präsentierteller servieren

блю́д|о <-а> *ср* **1.** *(ку́шанье)* Speise *f,* Gericht *nt,* Gang *m;* **люби́мое ~** Leibgericht *nt* **2.** *(посу́да)* Schüssel *f*

блюдоли́з <-а> *м устар (подхали́м)* Speichellecker *m,* Schmeichler *m*

блю́дц|е <-а> *ср* Untertasse *f*

блюз <-а> *м* Blues *m*

блю|сти́ <-ду́, -дёшь> *нсв,* **соблюсти́** *св нпрх* hüten, bewahren; **~ национа́льные интере́сы** die nationalen Interessen wahren

блюсти́те|ль <-ля> *м* Hüter *m,* Wächter *m;* **~ поря́дка** Ordnungshüter *m*

блю-чип <-а> *м* экон Blue Chip *m*

бля|дь <бля́ди> *ж вульг (проститу́тка)* Hure *f*

бля́х|а <-и> *ж* kleines Blechschild *nt,* Marke *f*

боа́ <неизм> *ж* зоол Riesenschlange *f*

боб <боба́> *м* Bohne *f;* **разводи́ть бобы́** *перен* Unsinn reden; **оста́ться на боба́х** leer ausgehen

боб|ёр <-ра́> *м* Biberfell *nt*

бо́бик *м* **1.** *разг (соба́ка)* **бе́гаю, как ~** wie ein Hund heraumlaufen **2.** *разг (заискивающий челове́к)* Einschmeichler *m*

боби́н|а <-ы> *ж (кату́шка)* **магнитофо́нная ~** Bobine *f,* Spule *f*

бобови́дн|ый <-ая, -ое> *прил* bohnenähnlich; **~ шрам** bohnenähnliche Schramme *f*

бобо́вы|е <-х> *мн* бот Hülsenfrüchtler *mpl*

бобр <бобра́> *м* Biber *m*

бо́брик <-а> *м* **1.** *(материа́л: пальто́)* Biberpelzmantel *m* **2.** *(стри́жка)* Bürstenfrisur *f,* Bürstenhaarschnitt *m*

бобслейст <-а> *м,* **бобслейстк|а** <-и> *ж* Bobslayfahrer(in) *m(f),* Bobschlittenfahrer(in) *m(f)*

бобсле́|й <-я> *м* спорт Bob *m,* Bobschlitten *m*

бобте́ил, бобте́й|ль <-ля> *м (поро́да соба́к)* Bobtail *m*

боб|ы́ <-о́в> *мн* бот Bohnen *pl;* **гря́дки бобо́в** Bohnenbeete *ntpl;* **соля́нка с боба́ми** Bohnensuppe *f;* **кака́о-бобы́** Kakaobohnen *pl*

бобы́|ль <-ля> *м* **1.** *разг (бессеме́йный челове́к)* Junggeselle *m;* **оста́ться бобыле́м** Junggeselle *m* bleiben **2.** *(в Росси́и до 1917 г.: безземе́льный крестья́нин)* landloser Bauer *m*

Бог <Бо́га> *м* Gott *m;* **ве́рить в ~а** an Gott glauben; **бо́же мо́й!** mein Gott!; **бог зна́ет** weiß Gott; **не да́й бог!** Gott bewahre!; **сла́ва бо́гу** Gott sei Dank!; **кто ра́но встаёт, тому́ бог даёт** Morgenstund hat Gold im Mund

богаде́льн|я <-и> *ж устар* Armenhaus *nt* **не заво́д, а ~!** kein Werk, sondern ein Armenhaus!

богате́|й <-я> *м*, **богате́йк|а** <-и> *ж (бога́ч)* Reiche *m*, Krösus *m*

богате́|ть <-ю, -ешь> *нсв*, **разбогате́ть** *св нпрх* reich werden

бога́тств|о <-а> *ср* Reichtum *m*, Schatz *m*

бога́т|ый <-ая, -ое; -, -а, -о> *прил* **1.** *(состоя́тельный)* reich, wohlhabend; **~ вы́бор** *перен* eine große Auswahl *f* **2.** *(чем-л.)* reich an *+akk;* **~ белка́ми** eiweißreich

богаты́рск|ий <-ая, -ое> *прил* reckenhaft, riesenstark; **~ сон** fester Schlaf *m;* **богаты́рское здоро́вье** eiserne Gesundheit *f;* **богаты́рская у́даль** Heldenkühnheit *f*

богаты́|рь <-ря́> *м* Held *m*, Recke *m*

бога́ч <-а́> *м* reicher Mensch *m*

боге́м|а <-ы> *ж* Bohème *f*

Боге́ми|я <-и> *ж* Böhmen *nt*

боге́мн|ый <-ая, -ое> *прил* böhmisch

боге́мск|ий <-ая, -ое> *прил* böhmisch

боги́н|я <-и> *ж* Göttin *f*

богобо́р|ец <-ца> *м* **Промете́й – ~!** Prometheus – der Kämpfer gegen die Götter!

богобоя́знен|ный <-ная, -ное; -, -на, -но> *прил* fromm, gottesfürchtig; **~ богомо́лец** frommer Pilger *m*

богоиска́те|ль <-ля> *м* Gottsuchende(r) *f(m)*

богома́те|рь <-ри> *ж (Богоро́дица)* **~ Влади́мирская** die Madonna aus Wladimir

богоми́л <-а> *м* Bogomile *m*

богоми́льств|о <-а> *ср* Bogomilentum *m*

богоотсту́пник <-а> *м*, **богоотсту́пниц|а** <-ы> *ж* Abtrünnige *m*, Gottesleugner *m*, Apostat *m*

Богоро́диц|а <-ы> *ж* Mutter *f* Gottes, Madonna *f*

богосло́в <-а> *м* Theologe *m*

богосло́ви|е <-я> *ср* Theologie *f*

богосло́вск|ий <-ая, -ое> *прил* theologisch

богослуже́ни|е <-я> *ср* Gottesdienst *m;* **вести́ ~** Gottesdienst halten

боготвор|и́ть <-ю́, -и́шь> *нсв прх* vergöttern, anhimmeln

богоуго́д|ный <-ная, -ное; -ен, -на, -но> *прил* gottgefällig; **~ челове́к** gottgefälliger Mensch *m;* **богоуго́дное де́ло** gottgefällige Tat *f;* **богоуго́дное заведе́ние** wohltätige Anstalt *f*

богоху́льств|о <-а> *ср* Blasphemie *f*, Gotteslästerung *f*

богоху́льств|овать <-ую, -уешь> *нсв нпрх устар* Gott lästern; **не богоху́льствуй!** lästere nicht über Gott!

богочелове́к <-а> *м* Gottesmensch *m*

богоявле́ни|е <-я> *ср* Erscheinung *f* Gottes

бода́|ть <-ю, -ешь> *нсв прх* stößig sein; **~ рога́ми** mit den Hörnern stoßen

бода́|ться <-юсь, -ешься> *нсв рефл* mit den Hörnern stoßen; **на́ша коро́ва бода́ется** unsere Kuh ist stößig

бодиби́лдинг <-а> *м* Bodybuilding *nt*

бодли́в|ый <-ая, -ое; -, -а, -о> *прил* stößig; **~ козе́л** stößiger Ziegenbock *m*

бодр|и́ть <-ю́, -и́шь> *нсв*, **взбодри́ть** *св прх* aufmuntern, anregen, stärken; **встре́ча ободри́ла меня́** die Begegnung ermunterte mich

бодр|и́ться <-ю́сь, -и́шься> *нсв рефл* Mut fassen, sich zusammennehmen

бо́дрос|ть <-ти> *ж* Munterkeit *f*

бо́дрств|овать <-ую, -уешь> *нсв нпрх* wach bleiben, wachen

бодрствующ|ий <-ая, -ее> *прил* wach

бо́др|ый <-ая, -ое; -, бодра́, -ро> *прил* rüstig, munter

бодря́щ|ий <-ая, -ее> *прил* ermutigend, erfrischend, anregend; **~ ве́тер** belebender Wind *m*

бодя́г|а <-и> *ж (болтовня́)* Geschwätz *nt*, Gerede *nt*, Geplauder *nt;* **конча́й бодя́гу!** höre mit dem Gerede auf!

боеви́к <-а́> *м* **1.** ВОЕН Kämpfer *m;* **отря́ды ~ов** Schlägertruppen *fpl* **2.** КИНО Thriller *m*

боев|о́й <-а́я, -о́е> *прил* **1.** *(име́ющий отноше́ние к войне́)* Kampf- **2.** *(во́инственный)* kampfbereit, kriegerisch

боеголо́вк|а <-и> *ж* Sprengkopf *m;* **я́дерная ~** Atomsprengkopf *m*

боезапа́с <-а> *м* Munition *f;* **израсхо́довать ~** die Munition aufbrauchen

боезаря́д <-а> *м* Ladung *f*

боекомпле́кт <-а> *м* Kampfausrüstung *f;* **по́лный ~** volle Kampfausrüstung *f*

боепита́ни|е <-я> *ср* Munitionsversorgung *f;* **слу́жба боепита́ния** Munitionsversorgungsabteilung *f*

боеприпа́с|ы <-ов> *мн* Munition *f*

боеспосо́б|ный <-ная, -ное; -ен, -на, -но> *прил* gefechtsbereit, kampffähig

бое́ц <бойца́> *м* **1.** *(боре́ц)* Kämpfer *m;* **~-пограни́чник** Grenzsoldat *m;* **~ пожа́рной кома́нды** Feuerwehrmann *m;* **кула́чный ~** Faustkämpfer *m;* **не ~!** er ist kein Kämpfer! **2.** *(рабо́чий скотобо́йни)* Schlachter *m*

бо́же *см.* **Бог**

бо́жеск|ий <-ая, -ое> *прил* annehmbar; **по бо́жеским це́нам** zu vertretbaren Preisen, relativ billig

боже́ственн|ый <-ая, -ое; -а, -о> *прил* **1.** *(исходя́щий от бо́га)* göttlich **2.** *(прекра́сный)* wunderschön **3.** *(восхити́тельный)* entzückend

божеств|о́ <-а> *ср* Gottheit *f*

бо́ж|ий <-ья, -ье> *прил* Gottes-; **храм ~** РЕЛИГ Gotteshaus *nt;* **бо́жья коро́вка** БОТ Marienkäfer *m*

бож|и́ться <-у́сь, бо́жишься> *нсв*, **побожи́ться** *св рефл* bei Gott schwören; **не божи́тесь, я и так пове́рю** Sie brauchen nicht bei Gott zu schwören, ich glaube es auch so

бо́|й <-я> *м* **1.** ВОЕН Kampf *m,* Gefecht *nt;* **без бо́я** kampflos; **он пал в бою́** er ist im Kampf gefallen; **у́личные бои́** Straßenkämpfe *mpl* **2.** *перен* Streit *m*

бой-ба́б|а <-ы> *ж разг* Dragoner *m,* resolutes Frauenzimmer *nt*

бой-де́вк|а <-и> *ж* starke Frau *f*

бо́йк|ий <-ая, -ое; бо́ек, бойка́, бо́йко> *прил* **1.** *(прово́рный)* gewandt, fix **2.** *(оживлённый, шу́мный)* lebhaft, belebt; **бо́йкая у́лица** eine belebte Straße *f*

бойко́т <-а> *м* Boykott *m;* **объяви́ть кому́-л./како́й-л. стране́ ~** jdm/einem Land den Boykott erklären

бойкоти́р|овать <-ую, -уешь> *(н)св прх* boykottieren

бо́йлер <-а> *м* Boiler *m,* Heißwasserspeicher *m*

бойни́ц|а <-ы> *ж* Schießscharte *f*

бо́йн|я <-и> *ж* **1.** *(скотобо́йня)* Schlachthof *m* **2.** *(избие́ние)* Massaker *nt,* Gemetzel *nt*

бойскаути́зм <-а> *м* Boyscout-Organisation *f,* Pfadfinderbewegung *f*

бойцо́вск|ий <-ая, -ое> *прил* Kämpfer-, Soldaten-; **бойцо́вское снаряже́ние** Soldatenausrüstung *f*

бок <бо́ка> *м* Seite *f;* **с ~у на́ ~** von einer Seite auf die andere; **~ о ~** Seite an Seite; **лежа́ть на боку́** *перен* faulenzen; **под бо́ком** in allernächster Nähe

бока́л <-а> *м* Becher *m,* Pokal *m*

бокови́н|а <-ы> *ж* **~ печи́** Ofenseitenwand *f*

боков|о́й <-а́я, -о́е> *прил* Seiten-, seitlich

бо́ком *нрч и перен* seitwärts; **вы́йти ~** seitwärts hinausgehen; **пройти́ ~ в дверь** seitwärts durch die Tür gehen; **смотре́ть ~** schief gucken

бокс[1] <-а> *м* СПОРТ Boxkampf *m*

бокс[2] <-а> *м* Abteil *nt,* Box *f;* **поста́вить маши́ну в ~** den Wagen in die Box fahren; **~ для туале́тной бума́ги** Toilettenpapierbehälter *m*

боксёр[1] <-а> *м* СПОРТ Boxer *m*

боксёр[2] <-а> *м* *(поро́да соба́к)* **чистокро́вный ~** reinblutiger Boxer *m*

боксёрск|ий <-ая, -ое> *прил* Box-; **боксёрское телосложе́ние** Boxerkörperbau *m;* **боксёрская гру́ша** Boxball *m,* Boxbirne *f;* **боксёрские перча́тки** Boxhandschuhe *mpl*

боксёр|ки <-ок> *мн разг* Boxershorts *pl*

бокси́р|овать <-ую, -уешь> *нсв нпрх* boxen

бокси́т <-а> *м* *(го́рная поро́да)* Bauxit *m*

болва́н <-а> *м* **1.** *(чурба́н)* Holzklotz *m* **2.** *перен* *(дура́к)* Dummkopf *m*

болва́нк|а <-и> *ж* **1.** *(загото́вка)* Barren *m,* Ingot *m,* Block *m;* **руже́йная ~** Gewehrbarren *m* **2.** *разг* *(снаря́д)* Faustpatrone *f*

болга́рин <-а> *м,* **болга́рк|а** <-и> *ж* Bulgare *m,* Bulgarin *f*

Болга́ри|я <-и> *ж* Bulgarien *nt*

болга́рск|ий <-ая, -ое> *прил* bulgarisch

болев|о́й <-а́я, -о́е> *прил* schmerzhaft; **болева́я то́чка** *и перен* Schmerzstelle *m,* wunder Punkt *m*

бо́лее *нрч* mehr; **ситуа́ция всё ~ обостря́ется** die Situation spitzt sich immer mehr zu; **~-ме́нее** mehr oder weniger; **тем ~, что** umso mehr, als; **~ чем когда́-л.** mehr denn je; **~ удо́бный моме́нт тру́дно себе́ предста́вить** einen günstigeren Augenblick kann man sich kaum vorstellen

боле́знен|ный <-ная, -ное; -, -на, -но> *прил* **1.** *(хи́лый)* kränklich **2.** *и перен* *(нездоро́вый)* krankhaft **3.** *и перен* *(причиня́ющий боль)* schmerzhaft; **боле́зненные воспомина́ния** *перен* schmerzliche Erinnerungen *fpl;* **боле́зненная пробле́ма** brennendes [*o* akutes] Problem *nt;* **~ проце́сс** schmerzhafter [*o* langwieriger] Prozess *m*

болезнетво́рн|ый <-ая, -ое> *прил* krankheitserregend, pathogen; **болезнетво́рные бакте́рии** krankheitserregende Bakterien *fpl*

болезнеусто́йчив|ый <-ая, -ое> *прил* БОТ resistent

боле́з|нь <-ни> *ж* Krankheit *f;* **зара́зная ~** ansteckende Krankheit *f;* **лучева́я ~** Strahlenkrankheit *f;* **по боле́зни** krankheitshalber, aus gesundheitlichen Gründen

боле́льщик <-а> *м* СПОРТ leidenschaftlicher Anhänger *m,* Fan *m;* *(приезжа́ющий на матч из друго́го го́рода)* Schlachtenbummler *m*

болеро́ <неизм> *ср* Bolero *m;* **жиле́тка-болеро́** Boleroweste *f*

боле́|ть[1] <-ю, -ешь> *нсв нпрх* **1.** *(быть больны́м)* krank sein **2.** *(страда́ть чем-л.)* leiden an *+dat* **3.** *(о ком-л./чём-л.)* sich sorgen um, bangen um **4.** *(за кого́-л.)* jds Fan sein

бол|е́ть[2] <-и́т> *нсв безл, то́лько в 3 л* schmerzen, weh tun; **что у вас боли́т?** was tut Ihnen weh?; **у меня́ боли́т голова́** ich habe Kopfschmerzen

болеутоля́ющ|ий <-ая, -ее> *прил* МЕД schmerzstillend; **болеутоля́ющее сре́дство** Schmerzmittel *nt*

Боли́ви|я <-и> *ж* Bolivien *nt*

боли́д <-а> *м* **1.** АСТР *(метео́р)* Bolid *m,* Feuerkugel *f* **2.** СПОРТ Bolid *m*

боло́нк|а <-и> *ж* Bologneser Hund *m,* Schoßhündchen *nt*

боло́нь|я <-и> *ж* *wasserdichter Stoff*

боло́тист|ый <-ая, -ое; -, -а, -о> *прил* sumpfig

боло́тн|ый <-ая, -ое> *прил* Sumpf-, Moor-; **боло́тная сы́рость** Sumpfnässe *f;* **боло́тные пти́цы** Sumpfvögel *pl;* **боло́тные**

сапоги́ Sumpfstiefel *pl;* **болóтный газ** Methan *nt,* Sumpfgas *nt;* **кики́мора болóтная** Moorphantom *nt,* Sumpfgespenst *nt,* Moorschemen *m*

болóт|о <-а> *ср* Moor *nt,* Sumpf *m,* Morast *m*

болт <болтá> *м* ТЕХ Bolzen *m*

болтá|ть[1] <-ю, -ешь> *нсв нпрх разг* baumeln, schlenkern; **~ ногáми** mit den Beinen baumeln

болтá|ть[2] <-ю, -ешь> *нсв нпрх разг (разговáривать)* plaudern, quatschen; **~ вздор** Unsinn quatschen

болтá|ться <-юсь, -ешься> *нсв рефл* **1.** *разг (висéть)* baumeln **2.** *(одéжда)* schlottern **3.** *(слоня́ться без дéла)* herumgammeln

болтли́в|ый <-ая, -ое; -, -а, -о> *прил* geschwätzig, schwatzhaft

болтовн|я́ <-и́> *ж презрит* Geschwätz *nt,* Gefasel *nt*

болтýн <-á> *м,* **болтýнь|я** <-и> *ж* Schwätzer(in) *m(f)*

боль <бóли> *ж* **1.** МЕД Schmerz *m;* **головня́я ~** Kopfschmerzen; **~ в гóрле** Halsweh *nt;* **~ в мы́шцах** Muskelkater *m* **2.** *перен (страдáние)* Sorge *f,* Leid *nt*

больни́ц|а <-ы> *ж* Krankenhaus *nt*

больни́чн|ый **I.** <-ая, -ое> *прил* Kranken-; **больни́чная кáсса** Krankenkasse *f;* **больни́чная кáсса на предприя́тии** Betriebskrankenkasse *f* **II.** <-ого> *м* Krankengeld *nt*

бóльно[1] *нрч* empfindlich, schmerzhaft; **~ удáриться** sich schmerzhaft stoßen

бóльно[2] *нрч разг (óчень, си́льно)* sehr, allzu sehr, höchst; **~ дóрог он мне** ich schätze ihn sehr

больн|óй **I.** <-áя, -óе; бóлен, больнá, больнó> *прил* **1.** МЕД krank **2.** *перен (болéзненный)* wund; **больнóе мéсто** *и перен* wunder Punkt *m;* **~ вопрóс** *перен* ein heikles Thema *nt* **II.** <-ого> *м* Kranke(r) *f(m),* Patient(in) *m(f);* **тяжелó ~** Schwerkranke(r) *m*

большáк <-á> *м (дорóга)* Landstraße *f;* **вы́ехать на ~** auf die Landstraße ausfahren

бóльше **I.** *прил* größer; *см. т.* **большóй** **II.** *нрч* mehr; **чтоб э́того ~ нé было!** das darf nicht mehr vorkommen!; **э́то емý ~ нрáвится** das gefällt ihm besser; **всё ~** immer mehr; **как мóжно ~** möglichst viel

большеви́зм <-а> *м* Bolschewismus *m*

большеви́к <-а> *м,* **большеви́чк|а** <-и> *ж* Bolschewik *m*

большеви́стск|ий <-ая, -ое> *прил* bolschewistisch; **болшеви́стская пáртия** bolschewistische Partei *f*

большеглáз|ый <-ая, -ое; -, -а, -о> *прил* mit großen Augen; **~ телёнок** Kalb *nt* mit großen Augen

большеголóв|ый <-ая, -ое> *прил* großköpfig; **~ ребёнок** großköpfiges Kind *nt*

большегрýз <-а> *м* ТРАНСП Schwerlasttransporter *m*

большегрýзн|ый <-ая, -ое> *прил* Schwerlast-, mit großem Ladegewicht; **~ вагóн** Großraumwaggon *m*

бóльш|ий <-ая, -ое> *прил* größer

большинств|ó <-á> *ср* Mehrheit *f;* **~ áкций** Aktienmehrheit *f;* **~ в две трéти** Zweidrittelmehrheit *f;* **~ голосóв** Stimmenmehrheit *f;* **составля́ть ~** die Mehrheit bilden

больш|óй <-áя, -óе> *прил* **1.** (⇔ *мáленький)* groß; **бóльшей чáстью** meistens; **сáмое бóльшее** höchstens **2.** *(выдаю́щийся)* bedeutend **3.** *(взрóслый)* erwachsen

боля́чк|а <-и> *ж* **1.** *(рáнка)* **содрáть боля́чку** die Wunde aufreißen **2.** *тóлько мн (гóрести)* Sorge *f;* **расскáзывать о свои́х боля́чках** sich etw von der Seele reden, vom seinen Sorgen sprechen

бóмб|а <-ы> *ж* Bombe *f;* **взрыв бóмбы** Bombenexplosion *f*

бомбарди́р <-а> *м* СПОРТ **1.** *(нападáтель)* Stürmer *m* **2.** *(заби́вший гол)* Torschütze *m*

бомбардир|овáть <-ую *или* -ýю, -уешь *или* -ýешь> *нсв прх* **1.** *(обстрéливать)* bombardieren, beschießen, mit Artilleriefeuer belegen; **~ гóрод** die Stadt mit Bomben belegen **2.** *перен, ирон (донимáть)* belästigen; **~ прóсьбами** mit Gesuchen belästigen

бомбардирóвочн|ый <-ая, -ое> *прил* Bombardier-; **~ отря́д** Bombardiergeschwader *m*

бомбардирóвщик <-а> *м* **1.** *(самолёт)* Bomber *m,* Bombenflugzeug *nt;* **тяжёлый ~** Schwerbomber *m* **2.** *(лётчик)* Bombenflieger *m*

бомбёжк|а <-и> *ж* Bombenangriff *m*

бомби́|ть <-шь> *нсв,* **разбомби́ть** *св прх 1 л. не употр.* bombardieren

бомбоубéжищ|е <-а> *ср* Luftschutzbunker *m*

бомж *сокр от* **без определённого мéста жи́тельства** Landstreicher *m,* Obdachloser *m*

бомж|евáть <-ую, -уешь> *нсв нпрх* als Obdachloser leben; **емý пришлóсь ~ на ули́це** er musste als Obdachloser auf der Straße leben

бомжи́х|а <-и> *ж* Landstreicherin *f,* Obdachlose *f; см. т.* **бомж**

бóн|а <-ы> *ж* ЭКОН *(бáнковский чек)* Gutschein *m,* Bon *m*

бонапарти́зм <-а> *м (крáйний индивидуали́зм)* Bonapartismus *m*

бóна фи́дэ *нрч* bona fide

бондáрн|ый <-ая, -ое> *прил* Böttcher-; **бондáрное произвóдство** Fassbinderproduktion *f;* **бондáрная артéль** Böttcherhandwerksbetrieb *nt*

бондá|рь, бóнда|рь <-ря> *м* Böttcher *m,*

Fassbinder *m*

бо́нз|а <-ы> *м* Bonze *m;* **профсою́зный ~** *разг* Gewerkschaftsbonze

бонифика́ци|я <-и> *ж* ЭКОН Rückvergütung *f,* Bonifikation *f*

бо́нус <-а> *м* Bonus *m*

бо́н|ы <-> *мн* ФИН Bon *m;* **обменя́ть ~** Bons wechseln

бор¹ <бо́ра> *м* ХИМ Bor *nt*

бор² <бо́ра> *м* Kiefernwald *m*

борде́|ль <-ля> *м* Bordell *nt*

бордо́ <неизм> *ср (вино́)* Bordeaux *m (Rotweinsorte)*

бордо́в|ый <-ая, -ое> *прил* weinrot, Bordeaux-; **~ цвет** weinrote Farbe *f;* **~ георги́н** weinrote Dahlie *f*

бордю́р <-а> *м (обрамле́ние)* Bordüre *f,* Borte *f,* Besatz *m;* **цвето́чный ~** farbige Borte

бор|е́ц <-ца́> *м* Kämpfer *m;* СПОРТ Ringer *m;* **~ за гражда́нские права́** Bürgerrechtler *m*

боржо́ми <неизм> *ср и м (минера́льная вода́)* Borshom-Wasser *nt;* **откры́ть буты́лку ~** Flasche Borshom-Wasser aufmachen

борз|а́я <-о́й> *ж* Barsoi *m,* (russischer) Windhund *m*

бормаши́н|а <-ы> *ж* Bohrmaschine *f*

бормота́ни|е <-я> *ср* Gemurmel *nt*

бормо|та́ть <-чу́, -чешь> *нсв,* **пробормота́ть** *св нпрх* murmeln, brummen; **нака́занный пробормота́л что́-то и сел на ме́сто** der Bestrafte murmelte etwas und setzte sich

бормоту́х|а <-и> *ж разг Wein von sehr niedriger Qualität;* **пить бормоту́ху** schlechten Wein trinken

бо́ров <-а> *м* **1.** *(свинья́)* Eber *m* **2.** *разг (то́лстый челове́к)* Fettwanst *m*

борови́к <-а́> *м* Steinpilz *m*

борови́нк|а <-и> *ж (сорт я́блони) kleiner Apfel*

бород|а́ <-ы́> *ж* Bart *m,* Vollbart *m;* **отра́щивать себе́ бороду́** sich einen Bart wachsen lassen

борода́вк|а <-и> *ж* Warze *f*

борода́вчат|ый <ая, -ое> *прил* warzig, voller Warzen; **борода́вчатые ру́ки** warzige Hände *fpl;* **борода́вчатые жа́бы** warzige Frösche *mpl*

борода́т|ый <-ая, -ое; -, -а, -о> *прил* bärtig

борозд|а́ <-ы́> *ж* **1.** АГР Furche *f* **2.** ТЕХ Rille *f,* Nut *f*

бороз|ди́ть <-жу́, -ди́шь> *нсв,* **взборозди́ть** *св прх* **1.** *(проре́зывать)* furchen; **~ землю́** in der Erde Furchen ziehen **2.** *(пересека́ть)* durchfurchen; **мо́лнии бороздя́т не́бо** Blitze durchfurchen den Himmel

борон|а́ <-ы́> *ж* Egge *f*

борон|и́ть <-ю́, -и́шь> *нсв,* **взборони́ть** *св прх* eggen; **~ по́ле** das Feld eggen

боро́ть <борю́, бо́решь> *нсв,* **поборо́ть** *св прх* überwinden, bezwingen; **сон бо́рет** die Augen fallen mir zu

боро́ться <борю́сь, бо́решься> *нсв,* **поборо́ться** *св рефл (с кем-л./чем-л.)* kämpfen; СПОРТ ringen; **~ с престу́пностью** *перен* die Kriminalität bekämpfen; **~ за кого́-л./что-л.** streiten [*o* sich einsetzen] für *+akk*

борт <бо́рта> *м* МОР Bord *m;* **ле́вый ~** Backbord *nt;* **пра́вый ~** Steuerbord *nt;* **на борту́** an Bord; **выбра́сывать за́ ~** *и перен* über Bord werfen

бортжурна́л <-а> *м* Schiffsbuch *nt;* **запо́лнить ~** das Schiffsbuch ausfüllen

бортинжене́р <-а> *м* Bordingenieur *m*

бортмеха́ник <-а> *м* Bordmechaniker *m*

бо́ртничеств|о <-а> *ср (лесно́е пчелово́дство)* Waldbienenzucht *m,* Waldimkerei *f*

бортов|о́й <-а́я, -о́е> *прил* Bord-, an Bord befindlich

бортпроводни́к <-а> *м,* **бортпроводни́ц|а** <-и> *ж* Steward *m,* Stewardess *f*

борцо́в|ки <-ок> *мн (о́бувь)* Ringerschuhe *mpl*

борцо́вск|ий <-ая, -ое> *прил* Ringer-; **~ вид** Aussehen *nt* eines Ringers; **~ ковёр** Ringerteppich *m*

борщ <борща́> *м Suppe aus roten Rüben und anderem Gemüse*

борьб|а́ <-ы́> *ж* **1.** *(с чем-л.)* Kampf *m* (gegen *+akk*); **~ в о́бласти цен** ЭКОН Preiskampf *m;* **~ за власть** Machtkampf *m* **2.** *(за что-л.)* Auseinandersetzung *f;* **~ с го́лодом** der Kampf gegen den Hunger; **~ за существова́ние** der Kampf ums Dasein **3.** СПОРТ *(на ри́нге)* Ringen *nt* **4.** СПОРТ *(состяза́ние)* Wettkampf *m*

босико́м *нрч* barfuß

боске́т <-а> *м* Boskett *nt*

босни́йск|ий <-ая, -ое> *прил* bosnisch

Бо́сни|я <-и> *ж* Bosnien *nt*

бос|о́й <-а́я, -о́е; -, -а́, бо́со> *прил* barfüßig, nackt, bloß; **~ ребенок** barfüßiges Kind *nt*

босоно́г|ий <-ая, -ое> *прил* barfüßig; **~ крестья́нин** barfüßiger Bauer *m*

босоно́ж|ки <-ек> *мн* Sandaletten *pl*

босс <бо́сса> *м* **1.** *(шеф)* Boss *m;* **~ пришёл?** ist der Boss schon da? **2.** *(руководи́тель)* Anführer *m;* **профсою́зный ~** Gewerkschaftsführer *m*

босто́н <-а> *м* **1.** *(ка́рточная игра́)* Boston *nt;* **игра́ть в ~** Boston spielen **2.** *(та́нец)* Boston *m;* **вальс-~** Bostonwalzer *m* **3.** *(ткань)* feines Tuch *nt*

Босфо́р <-а> *м* Bosporus *m*

턱ся́к <-а́> *м,* **бося́чк|а** <-и> *ж* Lumpenproletarier(in) *m(f);* **одева́ться, как ~** sich wie ein Landstreicher anziehen

бота́ник <-а> *м* **1.** *(специали́ст)* Botaniker *m;* **конгре́сс бота́ников** Botanikerkongress *m* **2.** *разг (учи́тель бота́ники)* Botaniklehrer *m*

Б

бота́ник|а <-и> *ж* Botanik *f*, Pflanzenkunde *f;* **уро́к бота́ники** Botanikstunde *f;* **учёбник бота́ники** Botaniklehrbuch *nt*

ботв|а́ <-ы́> *ж* бот Kraut *nt;* **свеко́льная ~** Rübenkraut *nt*

ботви́нь|я <-и> *ж* Botwinja *f (kalte Suppe aus Kwass, Gemüse und Fisch)*

боти́н|ок <-ка> *м* **1.** *(на шнуро́вке)* Schnürschuh *m* **2.** *(полусапо́жки)* Halbstiefel *m;* **ко́жаные/лакиро́ванные боти́нки** Leder-/Lackschuhe; **лы́жные боти́нки** Skistiefel *mpl*

ботули́зм <-а> *м* мед Botulismus *m;* **причини́тель ботули́зма** Botulismuserreger *m*

ботфо́рт|ы <-ов> *мн* истор Kanonenstiefel *pl*

бо́т|ы <-ов> *мн* Stiefelette *f*, Halbstiefel *m;* **рези́новые ~** Gummihalbstiefel *pl*

бо́цман <-а> *м* Bootsmann *m*

бо́чк|а <-и> *ж* Fass *nt*, Tonne *f;* **бездо́нная ~** *перен* ein Fass ohne Boden

бочкообра́зн|ый <-ая, -ое> *прил* tonnenähnlich; **~ ча́йник** tonnenähnliche Teekanne *f*

бочкота́р|а <-ы> *ж (пусты́е бо́чки)* leere Fässer *mpl;* **~ из-под ры́бы** leere Fischfässer

бочо́н|ок <-ка> *м* kleines Fass *nt;* **~ с мёдом** Honigfass *nt*

боязли́вос|ть <-ти> *ж* Ängstlichkeit *f*

боязли́в|ый <-ая, -ое; -, -а, -о> *прил* ängstlich, furchtsam

боя́з|нь <-ни> *ж* Angst *f;* **~ простра́нства** Platzangst *f;* **~ существова́ния** Existenzangst *f*

боя́рин <-а> *м* истор Bojar *m*

боя́рк|а <-и> *ж (ша́пка)* Mütze *f* mit Pelzrand; **бобро́вая ~** Bibermütze *f*

боярск|ий <-ая, -ое> *прил* Bojaren-; **боя́рские зе́мли** Bojarenländereien *pl;* **боя́рская шу́ба** Bojarenpelzmantel *m*

боя́рств|о <-а> *ср* **1.** истор Bojarentum *nt;* **московское ~** das Moskauer Bojarentum **2.** *(чин боя́рина)* Bojarenrang *m;* **жа́ловать боя́рством** zum Bojaren ernennen

боя́рын|я <-и> *ж* Bojarin *f;* **~ Моро́зова** die Bojarin Morosowa

боя́рышник <-а> *м* **1.** бот Hagedorn *m*, Weißdorn *m;* **сажа́ть ~** Hagedorn anpflanzen **2.** *(насто́йка)* Weißdornauszug *m;* **нака́пать боя́рышника** Weißdornauszug *m* tröpfeln

боя́ться <бою́сь, бои́шься> *нсв рефл* **1.** *(кого́-л./чего́-л.)* sich fürchten, Angst haben; **не бо́йся!** keine Angst! **2.** *перен* fürchten, befürchten; **она́ боя́лсь опозда́ть** sie fürchtete, zu spät zu kommen

бр, бр-р *межд* Br-r-r *(Laut beim Frieren oder Ekeln)*

бра <неизм> *ср* Wandleuchter *m*, Wandlampe *f*, Armleuchte *f;* **сере́бряное ~** silberne Armleuchte *f*

брава́д|а <-ы> *ж (показна́я сме́лость)* Prahlerei *f*, vorgetäuschte Tapferkeit, Schneid *m;* **расска́зывать о себе́ без брава́ды** über sich selbst ohne Großtuerei erzählen

бра́во *межд* bravo

браву́р|ный <-ная, -ное; -ен, -на, -но> *прил* schneidig, bravurös, laut; **~ марш** Bravurmarsch *m;* **браву́рное выступле́ние** Bravuraufführung *f*

бра́в|ый <-ая, -ое> *прил* brav, wacker, tüchtig; **~ во́ин** braver Soldat *m;* **бра́вая похо́дка** wackerer Gang *m*

бра́г|а <-и> *ж* **1.** *(переброди́вшая смесь из воды́, дрожже́й и муки́)* selbstgebrautes Bier *nt;* **гнать из бра́ги самого́н** selbstgebrannten Schnaps aus Selbstgebrautem machen **2.** *устар (слабоалкого́льный напи́ток)* Dünnbier *nt*

бра́жнича|ть <-ю, -ешь> *нсв нпрх устар* zechen, kneipen, schlemmen; **день и ночь ~** Tag und Nacht zechen

Брази́ли|я <-и> *ж* Brasilien *nt*

брази́льск|ий <-ая, -ое> *прил* brasilianisch; **~ футбо́л** brasilianischer Fußball *m*

брак[1] <-а> *м* Ehe *f;* **незарегистри́рованный ~** Ehe ohne Trauschein; **вступи́ть в ~** eine Ehe schließen; **расто́ргнуть ~** eine Ehe scheiden

брак[2] <-а> *м (нека́чественное изде́лие)* Ausschuss *m;* **изде́лие с бра́ком** Ausschussware *f*

брако́ван|ный <-ная, -ное; -, -а, -о> *прил* Ausschuss-; **~ това́р** Ausschussware *f*

брак|ова́ть <-у́ю, -у́ешь> *нсв,* **забракова́ть** *св прх* aussondern

брако́вщик <-а> *м* **контролёр-брако́вщик** Warenkontrolleur(in) *m(f)*, Warenprüfer(in) *m(f)*

бракоде́л <-а> *м разг* Ausschusserzeuger *m*, Murkser *m*

браконье́р <-а> *м* Wilderer *m*, Wilddieb *m*

браконье́рск|ий <-ая, -ое> *прил* Wilderer-; **браконье́рская сеть** Wilderernetz *nt*

бракоразво́дн|ый <-ая, -ое> *прил* (Ehe)Scheidungs-; **бракоразво́дное де́ло** Scheidungsverfahren *nt;* **бракоразво́дный проце́сс** Ehescheidungsprozess *m*

бракосочета́ни|е <-я> *ср* Trauung *f*, Eheschließung *f*

брами́н <-а> *м* Brahmane *m*

брандахлы́ст <-а> *м разг* **1.** *(бурда́)* Fusel *m*, Dünnbier *nt;* **э́то не чай, а како́й-то ~** das ist kein Tee, sondern irgendeine dünne Brühe **2.** *(челове́к)* Hohlkopf *m*

брандма́уэр <-а> *м* информ Firewall *m*

брандспо́йт <-а> *м* **1.** *(металли́ческий наконе́чник шла́нга)* Feuerspritze *f* **2.** *(перено́сный насо́с)* Strahlrohr *nt*

бран|и́ть <-ю́, -и́шь> *нсв,* **вы́бранить, побрани́ть** *св прх* schelten, schimpfen

бран|и́ться <-ю́сь, -и́шься> *нсв,* **побрани́ться** *св рефл* **1.** *(ссо́риться с кем-л.)* sich streiten, sich zanken; **ми́лые бра́нятся – то́лько те́шатся** was sich liebt, das neckt sich **2.** *(руга́ться)* fluchen

бра́нн|ый <-ая, -ое> *прил* Schelt-, Schmach-, Schimpf-; **бра́нные слова́** Scheltworte *pl;* **бра́нное выска́зывание** Schimpfäußerung *f*

бра|нь <-ни> *ж* Schimpfworte *fpl;* **непристо́йная ~** unanständiges Gekeife *nt*

брасле́т <-а> *м* Armband *nt*

брасс <-а> *м* СПОРТ Brustschwimmen *nt*

брат <бра́та> *м* Bruder *m;* **двою́родный ~** Cousin *m;* **сво́дный ~** Stiefbruder *m;* **бра́тья и сёстры** Geschwister *pl*

бра́ти|я <-и> *ж собир* **1.** РЕЛИГ Klosterbruderschaft *f;* **свята́я ~** Ordensbruderschaft *f* **2.** *шутл (лю́ди одного́ кру́га)* Gesellschaft *f,* Konsorten *pl;* **пи́шущая ~** Schriftstellergemeinschaft *f*

братоуби́йственн|ый <-ая, -ое> *прил* bruderkriegerisch; **братоуби́йственная война́** Bruderkrieg *m*

братоуби́йств|о <-а> *ср* Brudermord *m;* **соверши́ть ~** Brudermord begehen

бра́тск|ий <-ая, -ое> *прил* Bruder-, brüderlich; **бра́тская моги́ла** Massengrab *nt*

бра́тств|о <-а> *ср* **1.** *книжн (едине́ние люде́й)* Brüderlichkeit *f;* **пропове́довать всеми́рное ~** die Weltbrüderlichkeit predigen; **студе́нческое ~** Studentenbrüderlichkeit *f* **2.** РЕЛИГ Kirchengemeinschaft *f;* **храм бе́лого бра́тства** Kirche *f* der weißen Bruderschaft

брать <беру́, берёшь> *нсв,* **взять** *св прх* **1.** *(принима́ть в ру́ки)* nehmen, entgegennehmen **2.** *(с собо́й)* mitnehmen **3.** *(на себя́)* auf sich nehmen, übernehmen **4.** *(на рабо́ту)* einstellen, anstellen; **его́ беру́т програ́ммистом** er wird als Programmierer eingestellt **5.** *(нанима́ть)* sich nehmen; **~ адвока́та** (sich) einen Anwalt nehmen; **~ такси́** ein Taxi nehmen **6.** *(покупа́ть)* kaufen; **~ биле́т** eine Karte [*o* ein Ticket] kaufen **7.** *(получа́ть)* in Anspruch nehmen, sich geben lassen; **~ о́тпуск** Urlaub nehmen; **~ уро́ки** Unterricht nehmen **8.** *перен (охва́тывать)* packen, überkommen; **меня́ зло́сть берёт** mich packt die Wut; **~ кого́-л. за́ душу** jdm ans Herz gehen; **возьму́ да и скажу́** und ich werde es doch sagen; **а он возьми́ и приди́** er kam ganz plötzlich **9.** ВОЕН, СПОРТ einnehmen, überwinden; **~ с бо́ю** [*или* **при́ступом**] *и перен* erkämpfen; **~ барье́ры** *и перен* Hürden nehmen **10.** *перен (добива́ться це́ли)* sein Ziel erreichen; **она́ берёт хи́тростью** sie schafft es mit List; **~ что-л. го́лыми рука́ми** etw mühelos erreichen **11.** *разг (заключи́ть)* folgern, schließen; **с чего́ ты взял?** woraus schließt du das?

бра́ться <беру́сь, берёшься> *нсв,* **взя́ться** *св рефл* **1.** *(за что-л.)* anfassen, berühren; *(за ру́ки)* einander bei den Händen fassen **2.** *(приступа́ть)* anpacken; **~ за кого́-л.** *перен* sich jdn vorknöpfen; **~ за рабо́ту** sich an die Arbeit machen; **~ за у́м** zur Besinnung kommen **3.** *(появля́ться)* herkommen; **отку́да беру́тся э́ти де́ньги?** wo kommt das Geld her? **4.** *(обяза́ться)* übernehmen, auf sich nehmen; **~ за что-л.** sich verpflichten, etw zu tun

бра́узер <-а> *м* ИНФОРМ Browser *m*

бра́унинг <-а> *м* Browning *m*

бра́чн|ый <-ая, -ое> *прил* ehelich, Hochzeits-

бреве́нчат|ый <-ая, -ое> *прил* Balken-, aus Balken; **~ дом** Blockhaus *nt;* **~ насти́л** Balkenbelag *m*

бревн|о́ <-а́> *ср* **1.** *(де́рево)* Baumstamm *m* **2.** СПОРТ Schwebebalken *m*

бред <-а> *м* **1.** МЕД Fieberwahn *m,* Delirium *nt;* **в бреду́** im Delirium **2.** *и перен* Unsinn *m*

бре́|дить <-жу, -дишь> *нсв нпрх* МЕД im Fieber sprechen

бре́дн|и <-ей> *мн презр* Gefasel *nt,* ungereimtes Zeug, Phantastereien *pl;* **пусты́е ~** leeres Gefasel

бредо́в|ый <-а́я, -о́е> *прил разг* hirnverbrannt; **бредо́вая иде́я** Schnapsidee *f,* hirnverbrannte Idee *f*

бре́зга|ть <-ю, -ешь> *нсв,* **побре́згать** *св прх* sich ekeln, Abscheu empfinden; **ста́нешь ~, бу́дешь голода́ть** ekelst du dich, wirst du hungern; **мы не бре́згуем ва́шими деньга́ми** wir verzichten nicht auf euer Geld

брезгли́в|ый <-ая, -ое; -, -а, -о> *прил* **1.** *(испы́тывающий отноше́ние)* Ekel empfindend, wählerisch **2.** *(выража́ющий отноше́ние)* voller Ekel [*o* Abscheu]; **~ вид** mit Ekel erfülltes Gesicht; **брезгли́вая улы́бка** mit Ekel erfülltes Lächeln

брезе́нт <-а> *м* Plane *f,* Zeltbahn *f*

брезе́нтов|ый <-ая, -ое> *прил* Segeltuch-, Zelttuch-, Planenstoff-; **~ чехо́л** Plane *f;* **брезе́нтовые сапоги́** Zelttuchstiefel *pl*

бре́зж|ить <-ит> *нсв,* **забре́зжить** *св безл, только в 3 л* schwach schimmern, dämmern; **бре́зжит рассве́т** der Morgen graut

брейк <-а> *м* Brake *m;* **исполня́ть ~** Brake tanzen

бре́йкер <-а> *м* Braker *m*

брел|о́к <-ка́> *м* Uhrkettenanhängsel *nt,* Uhrgehänge *nt;* **~ для ключе́й** Schlüsselanhänger *m*

бре́м|я <-ени> *ср и перен* Last *f,* Bürde *f,* Belastung *f;* **~ доказа́тельств** Wucht *f* der Beweise; **нало́говое ~** ЭКОН Steuerlast *f;* **~ нерешённых пробле́м** Altlasten *pl;* **~ платеже́й** Zahllast *f;* **~ ста́рых долго́в**

Altlasten *pl*

бре́нн|ый <-ая, -ое; -а, -о> *прил книжн* vergänglich; **~ мир** vergängliche Welt *f;* **бре́нное те́ло** vergänglicher Körper *m;* **бре́нные оста́нки** die sterblichen Überreste *pl*

бренч|а́ть <-у́, -и́шь> *нсв нпрх* klirren, klimpern; **~ на гита́ре** auf der Gitarre klimpern

бре|сти́ <-ду́, -дёшь> *св нпрх см.* **броди́ть**

брете́л|и <-ей> *мн* Träger *m;* **блу́зка с брете́лями** Trägerbluse *f*

бре|ха́ть <-шу́, бре́шешь> *нсв нпрх прост* **1.** *(ла́ять)* bellen, kläffen; **соба́ка бре́шет** der Hund bellt **2.** *(врать, говори́ть вдор)* lügen, quatschen, faseln; **ну что ты бре́шешь!** was faselst du da!

брешь <бре́ши> *ж* Bresche *f,* Lücke *f;* **проби́ть ~** *и перен* eine Bresche schlagen

бре́ющ|ий <-ая, -ее> *прил* Tief-; **бре́ющий полёт** Tiefflug *m*

брига́д|а <-ы> *ж* Brigade *f;* **~ специали́стов** Expertenteam *nt*

бригади́р <-а> *м* **1.** *устар* ВОЕН Brigadier *m* **2.** СТР Brigadeleiter

бриганти́н|а <-ы> *ж* Brigantine *f*

бридж <бри́джа> *м* Bridge *nt;* **игра́ть в ~** Bridge spielen

бри́дж|и <-ей> *мн* Breeches *pl,* Reithose *f;* **ходи́ть в бри́джах** Reithose tragen

бриз <бри́за> *м* Brise *f;* **морско́й ~** Seebrise *f*

брике́т <-а> *м* Brikett *nt,* Presswürfel *m;* **у́гольные брике́ты** Presskohle *f*

бриллиа́нт <-а> *м* Brillant *m*

бриллианти́н, **брильянти́н** <-а> *м* Brillantine *f,* Haarpomade *f*

брио́|шь <-ши> *ж* Streuselkuchen *m*

брита́н|ец <-ца> *м,* **брита́нк|а** <-и> *ж* Brite *m,* Britin *f*

брита́нск|ий <-ая, -ое> *прил* britisch

бри́тв|а <-ы> *ж* **1.** *(ле́звие)* Rasierklinge *f,* Rasiermesser *nt* **2.** *(прибо́р)* Rasierer *m;* **электри́ческая ~** Rasierapparat *m*

бритоголо́в|ый <-ого> *м* Skinhead *m*

бри́т|ый <-ая, -ое; -, -а, -о> *прил* rasiert, glattrasiert; **~ подборо́док** glattrasiertes Kinn *nt;* **бри́тая голова́** rasierter Kopf *m*

брить|ё <-я> *ср* Rasur *f;* **по́сле бритья́** nach der Rasur

брить <бре́ю, бре́ешь> *нсв,* **побри́ть** *св прх* rasieren

бри́ться <бре́юсь, бре́ешься> *нсв,* **побри́ться** *св рефл* sich rasieren

бри́финг <-а> *м* **1.** *(коро́ткое совеща́ние)* Kurzbesprechung *f* **2.** *(для журнали́стов)* Briefing *nt*

бри́чк|а <-и> *ж* Kutsche *f;* **почто́вая ~** Postkutsche *f*

брова́ст|ый <-ая, -ое> *прил разг* mit buschigen Augenbrauen; **~ мужчи́на** Mann *m* mit buschigen Augenbrauen

бровь <брови́> *ж* Augenbraue *f;* **поднима́ть бро́ви** die Augenbrauen hochziehen; **он и бро́вью не повёл** er zuckte nicht mal; **попа́сть не в ~, а в глаз** *перен* den Nagel auf den Kopf treffen

брод <-а> *м* Furt *f*

бро|ди́ть[1] <-жу́, бро́дишь> *нсв,* **брести́** *нсв нпрх* umherirren

брод|и́ть[2] <-ит> *нсв прх безл, то́лько в 3 л* gären; **пи́во бро́дит** das Bier gärt

бродя́г|а <-и> *м* Landstreicher *m,* Vagabund *m*

бродя́жнича|ть <-ю, -ешь> *нсв нпрх* sich herumtreiben, vagabundieren

бродя́ч|ий <-ая, -ее> *прил* umherziehend, wandernd, Wander-; **~ цирк** Wanderzirkus *m;* **~ актёр** umherziehender Schauspieler *m;* **бродя́чий сюже́т** wanderndes Sujet *nt*

броже́ни|е <-я> *ср* Gärung *f;* **в наро́де ~** *перен* im Volk brodelt es

бро́йлер <-а> *м* Broiler *m;* **разводи́ть бро́йлеров** Broiler züchten

бро́кер <-а> *м* Börsenmakler *m,* Broker *m;* **~ валю́тной би́ржи** Devisenbroker *m*

бром <-а> *м* Brom *nt*

броне- *пе́рвая составна́я часть сло́ва* Panzer-

бронеавтомоби́|ль <-ля> *м* Panzerwagen *m*

бронежиле́т <-а> *м* kugelsichere Weste *f*

бронено́с|ец <-ца> *м* **1.** ЗООЛ Gürteltier *nt* **2.** ВОЕН, МОР Panzerschiff *nt*

бронепо́езд <-а> *м* Panzerzug *m*

бронестекл|о́ <-а́> *ср* Panzerglas *nt*

бронета́нков|ый <-ая, -ое> *прил* Panzertruppen-; **бронета́нковая брига́да** Panzertruppenbrigade *f*

бронетраспортёр <-а> *м* **гу́сеничный ~** Raupenschützenpanzerwagen *m*

бро́нз|а <-ы> *ж* Bronze *f*

бро́нзов|ый <-ая, -ое> *прил* bronzen, Bronze-, in Bronze gegossen; **~ подсве́чник** Bronzeleuchter *m;* **~ век** Bronzezeit *f;* **бро́нзовая меда́ль** Bronzemedaille *f,* Bronze *f;* **~ зага́р** Bronzeteint *f*

брони́ровани|е <-я> *ср* **1.** *(маши́ны)* Panzerung *f* **2.** *(мест, биле́тов)* Buchung *f,* Reservierung *f*

брони́р|овать <-ую *или* -у́ю, -уешь *или* -у́ешь> *(н)св,* **заброни́ровать** *св прх* **1.** *(покрыва́ть бро́ней)* panzern **2.** *(предвари́тельно зака́зывать)* reservieren; **заброни́ровать стол на 5 челове́к в рестора́не** einen Tisch für fünf Personen im Restaurant reservieren

бронтоза́вр <-а> *м* Brontosaurus *m*

бро́нх|и <-ов> *мн* Bronchien *fpl*

бронхи́т <-а> *м* Bronchitis *f*

бронхопневмони́|я <-и> *ж* Lungenentzündung *f,* Bronchopneumonie *f;* **у меня́ ~** ich habe eine Lungenentzündung

бро́н|я[1] <-и> *ж* **1.** *(закрепле́ние)* Reservierung *f* **2.** *(докуме́нт)* Reservierungsschein *m*

брон|я́[2] <-и *или* -и́> *ж* ВОЕН Panzerung *f*

броса́|ть <-ю, -ешь> *нсв*, **бро́сить** *св прх* **1.** *(ки́нуть, швырну́ть)* werfen, hinwerfen; **бро́сить замеча́ние** *перен* eine Bemerkung fallen lassen; **бро́сить взгляд** einen Blick werfen **2.** *(поки́нуть)* verlassen, im Stich lassen; **бро́сить всё** alles stehen und liegen lassen **3.** *(прекрати́ть что-л.)* aufhören, aufgeben; **бро́сить кури́ть** sich das Rauchen abgewöhnen; **бро́сить учёбу** das Studium abbrechen

броса́|ться <-юсь, -ешься> *нсв*, **бро́ситься** *св нпрх* sich werfen, sich stürzen; **~ в сто́рону** zur Seite springen; **~ в глаза́** *перен* ins Auge springen, auffallen

бро́с|кий <-кая, -кое; -ок, -ка, -ко> *прил* auffällig, grell; **~ заголо́вок** Aufmacher *m*, Schlagzeile *f*; **бро́ская дета́ль** Blickfang *m*

броско́м *нрч* mit einem Ruck

бро́сов|ый <-ая, -ое> *прил* minderwertig, wertlos; **~ э́кспорт** Dumping *nt*; **~ цена́** *разг* Schleuderpreis *m*; **~ това́р** Billigware *f*

брос|о́к <-ка́> *м* Wurf *m*

бро́шк|а <-и> *ж* Brosche *f*

брошю́р|а <-ы> *ж* Informationsschrift *f*

брошюро́ван|ный <-ная, -ное> *прил* broschiert, geheftet

брошюро́вочн|ый <-ая, -ое> *прил* Broschier-; **~ цех** Einzelbogenabteilung *f*

брошюр|ова́ть <-у́ю, -у́ешь> *нсв*, **сброшюрова́ть** *св прх* broschieren, heften; **~ листы́/докуме́нты** Papierbogen/Dokumente heften

брудерша́фт <-а> *м* Bruderschaft *f*; **пить (на) брудерша́фт** mit jdm Bruderschaft trinken

брус <бру́са> *м* Balken *nt*

брусни́к|а <-и> *ж* БОТ Preiselbeere *f*

брусни́чн|ый <-ая, -ое> *прил* Preiselbeer-; **~ пиро́г** Preiselbeerkuchen *m*; **~ цвет** Preiselbeerfarbe *f*

брус|о́к <-ка́> *м* **1.** *(абрази́вный ка́мень)* Schleifstein *m*, Abziehstein *m*; **точи́льный ~** Sensenstein *m* **2.** *(предме́т)* Block *m*, Klotz *m*, Stange *f*; **~ сыра/мыла** Stück *nt* Käse/Seife

бру́ствер <-а> *м* ВОЕН Brustwehr *f*; **укры́ться за бру́ствером** sich hinter der Brustwehr verstecken

брусча́тк|а <-и> *ж* **1.** *(булы́жная мостова́я)* Kopfsteinpflaster *nt* **2.** *(булы́жник)* Pflasterstein *m*

брусча́т|ый <-ая, -ое> *прил* Balken-; **~ дом** Haus *nt* aus Balken (gebaut); **брусча́тая мостова́я** Pflaster *nt*

бру́сь|я <-ев> *мн* СПОРТ Barren *m*

брута́|льный <-льная, -льное; -лен, -льна, -льно> *прил* brutal; **~ посту́пок** brutale Tat *f*; **брута́льные нра́вы** brutale [*o* harte] Sitten *fpl*

бру́тто *нрч* brutto

бруцеллёз <-а> *м* Brutzellose *f*, Bangsche Krankheit *f*

бры́згалк|а <-и> *ж* Spritze *f*; **увлажня́ющая ~** Befeuchtungsspritze *f*

бры́з|гать <-жу, -жешь> *нсв*, **забры́згать, бры́знуть** *св нпрх* (be)spritzen

бры́зг|и <-> *мн* **1.** *(ка́пли)* Spritzer *mpl* **2.** *(ме́лкие части́цы)* Splitter *npl*

бры́зн|уть <-у, -ешь> *св нпрх см.* **бры́згать**

брыка́|ть <-ю, -ешь> *нсв*, **брыкну́ть** *св прх* ausschlagen, strampeln, störrisch sein; **~ нога́ми** mit den Füßen strampeln

брыка́|ться <-юсь, -ешься> *нсв*, **брыкну́ться** *св рефл* strampeln, versteifen, bockig sein; **ло́шадь брыка́ется** das Pferd schlägt aus

брыла́ст|ый <-ая, -ое> *прил разг* mit dicken Lippen; **~ щено́к** Hündchen *nt* mit dicken Lippen; **у него́ брыла́стое лицо́** er hat dicke Lippen

бры́л|ы <-> *мн* **1.** *(у соба́к) hängende Lippen bei einigen Hunderassen* **2.** *разг (у челове́ка) hängende Lippen, Wangen oder Unterkinn*

бры́нз|а <-ы> *ж* Schafskäse *m*; **сала́т с бры́нзой** Salat *m* mit Schafskäse

брысь *межд* pfui!

брюзг|а́ <-и́> *м разг* Nörgler(in) *m(f)*

брюзгли́в|ый <-ая, -ое; -, -а, -о> *прил* mürrisch, griesgrämig

брюзжа́ни|е <-я> *ср* Nörgelei *f*, Quengelei *f*

брюзж|а́ть <-у́, -и́шь> *нсв нпрх разг* nörgeln, meckern

брю́кв|а <-ы> *ж* Kohlrübe *f*, Steckrübe *f*; **тушёная ~** gedünstete Kohlrübe

брю́к|и <-> *мн* Hose *f*

брюне́т <-а> *м* braunhaariger Mann *m*; **жгу́чий ~** scharfer Brünette

брюне́тк|а <-и> *ж* Brünette *f*

брюссе́льск|ий <-ая, -ое> *прил* Brüsseler; **брюссе́льские кружева́** Brüsseler Spitze *f*; **брюссе́льская капу́ста** Rosenkohl *m*, Sprossenkohl *m*

брюха́т|ый <-ая, -ое> *прил разг* **1.** *(то́лстый)* dickbäuchig; **~ свяще́нник** dickbäuchiger Pfarrer *m* **2.** *только ж* **брюха́та пе́рвенцем** mit dem ersten Kind schwangere Frau

брю́х|о <-а> *ср* **1.** *разг* Bauch *m* **2.** *презрит (пу́зо)* Wanst *m*; **наби́ть ~** sich den Wanst voll schlagen

брюши́н|а <-ы> *ж* АНАТ Bauchfell *nt*

брюшк|о́ <-а́> *ср разг* Bäuchlein *nt*; **отрасти́ть ~** einen Bauchansatz bekommen

брюшн|о́й <-а́я, -о́е> *прил* АНАТ Bauch-; **брюшна́я по́лость** Bauchhöhle *f*

бряк *межд разг* bum!

бря́ка|ть <-ю, -ешь> *нсв*, **бря́кнуть** *св нпрх* **1.** *разг (стуча́ть, звене́ть)* klappern, klirren **2.** *(неосторо́жно сказа́ть)* geradeheraus sagen, herausplatzen

бряца́|ть <-ю, -ешь> *нсв прх* klirren, klimpern, rasseln; **~ шпо́рами** mit den Sporen klirren; **~ ору́жием** mit den Waffen klirren

бу́б|ен <-на> *м* Schellentrommel *f*

бу́блик <-а> *м* Kringel *m*; **~ с ма́ком** Mohnkringel *m*

бубн|и́ть <-ю́, -и́шь> *нсв*, **пробубни́ть** *св прх разг* murmeln, unaufhörlich wiederholen; **он постоя́нно бубни́т** er brummt ständig vor sich hin; **что вы там пробубни́ли, скажи́те гро́мко!** was murmelt ihr da, sprecht laut!

бу́б|ны <-ён> *мн* Karo *nt*, Schellen *f*; **ходи́ть с бубён** Karo [*o* Schellen] ausspielen

бугá|й <-я> *м* **1.** *(бык-производи́тель)* Stier *m*, Bulle *m*, Zuchttier *nt* **2.** *разг (мужчи́на)* Mann *m*; **ну и ~!** ist das ein Bulle!

буг|óр <-рá> *м* Hügel *m*; **за бугро́м** *разг* im Ausland; **слиня́ть за ~** *разг* sich ins Ausland absetzen

бугри́ст|ый <-ая, -ое; -, -а, -о> *прил* hügelig, höckerig, wellig; **~ чéреп** unebener Schädel *m*; **бугри́стая равни́на** höckerige Ebene *f*

будёновк|а <-и> *ж (красноарме́йский шлем)* Budjonnymütze *f*

бу́дд|а <-ы> *м* Buddha *m*

будди́зм <-а> *м* Buddhismus *m*

буди́льник <-а> *м* Wecker *m*

буди́ть <бужу́, бу́дишь> *нсв*, **разбуди́ть, пробуди́ть** *св прх* (auf)wecken; *перен (растормоши́ть)* aufrütteln; *(интерéс)* erwecken

бу́дк|а <-и> *ж* Häuschen *nt*; **соба́чья ~** Hundehütte *f*; **телефо́нная ~** Telefonzelle *f*

бу́дн|и <-ей> *мн* **1.** *(рабо́чие дни)* Werktag *m* **2.** *(повседнéвность, обы́денность)* Alltag *m*

бу́дничн|ый <-ая, -ое> *прил* Alltags-, alltäglich

будора́ж|ить <-у, -ишь> *нсв*, **взбудора́жить** *св прх* aufregen, aufrütteln; **~ общéственное мнéние** *перен* die Öffentlichkeit wachrütteln; **но́вость взбудора́жила всех** die Nachricht versetzte alle in Aufruhr

будора́жн|ый <-ая, -ое> *прил разг* aufgeregt, aufgewühlt, aufgerührt; **~ слух** aufregendes Gerücht *nt*

бу́дто *сз* als ob, als wenn

будуа́р <-а> *м* Boudoir *nt*; **принима́ть го́стя в будуа́ре** den Gast im Boudoir empfangen; **~ с роско́шной мéбелью** ein Boudoir mit prunkvollen Möbeln

бу́дущ|е <-го> *ср* Zukunft *f*; лингв Futur *nt*; **~ за таки́ми фи́рмами** die Zukunft gehört solchen Unternehmen; **в бу́дущем** in Zukunft

бу́дущ|ий <-ая, -ее> *прил* zukünftig; **на бу́дущей недéле** in der kommenden Woche

бу́дущнос|ть <-ти> *ж книжн (бу́дущее)* Zukunft *f*

буера́к <-а> *м (овра́г)* Mulde *f*, Erdkluft *f*

буженúн|а <-ы> *ж* кул **дома́шняя ~** hausgemachter gekochter Schinken *m*

буз|á[1] <-ы́> *ж (напи́ток)* Busa *f*, Hirsebier *nt (süßliches, leichtvergorenes Hirsegetränk)*

буз|á[2] <-ы́> *ж разг (возня́, дра́ка)* Skandal *m*, Radau *m*, Krakeel *m*; **затéять бузу́** Unfug *m* treiben

бузин|á <ы́> *ж* Holunder *m*

бузи́|ть <-шь> *нсв нпрх нет 1 л., прост* Skandal [*o* Radau] machen *m*, Unfug *m* treiben, lärmen; **нéчего ~, на́до рабо́тать!** Schluss mit dem Radau, jetzt wird gearbeitet!

бузотёр <-а> *м*, **бузотёрк|а** <-и> *ж разг (зади́ра)* Skandalmacher *m*, Krakeeler *m*, Radaubruder *m*

бу́|й <-я> *м* Boje *f*

бу́йвол <-а> *м* Büffel *m*

бу́йволиц|а <-ы> *ж* Büffelkuh *f*

бу́йн|ый <-ая, -ое; бу́ен, буйна́, бу́йно> *прил* ungestüm, wild; **бу́йное помеша́тельство** Tobsucht *f*

бу́йств|о <-а> *ср* Raserei *f*

бу́йств|овать <-ую, -уешь> *нсв нпрх* **1.** *и перен* toben **2.** *(вести́ себя́ бу́йно)* Amok laufen

бук <бу́ка> *м* Buche *f*

бу́к|а <-и> *м и ж* Schreckgespenst *m*; *разг* Griesgram *m*; **смо́трит бу́кой** mit finsterer Miene dasitzen, eine finstere Miene aufsetzen

бука́шк|а <-и> *ж* **1.** *(насеко́мое)* Käferchen *nt* **2.** *разг (незначи́тельный человéк)* Niemand *m*; **жа́лкая ~** armseliger Mensch *m*

бу́кв|а <-ы> *ж* Buchstabe *m*; **прописна́я ~** Großbuchstabe *m*; **стро́чная ~** Kleinbuchstabe *m*; **~ в бу́кву** genau, buchstäblich

буквализа́ци|я <-и> *ж* **~ переводно́го тéкста** wörtliche Übersetzung *f*

буква́льн|ый <-ая, -ое> *прил* buchstäblich, wörtlich; **в буква́льном смы́сле** im eigentlichen Sinne

буква́|рь <-ря́> *м* Fibel *f*; **учи́ться по букварю́** nach der Fibel lernen; **пра́здник букваря́** Fibelfest *nt*

буквое́д <-а> *м*, **буквое́дк|а** <-и> *ж* Haarspalter(in) *m(f)*, Pedant(in) *m(f)*

букéт <-а> *м* **1.** *(цвето́в)* Blumenstrauß *m* **2.** *перен* Blume *f*, Aroma *nt*

букини́ст <-а> *м* Antiquar *m*; **э́ту кни́гу мо́жно доста́ть у букини́стов** das Buch kann man nur beim Altbuchhändler besorgen

букле́ <неизм> *ср (ткань)* Buklee *m*, Bukleestoff *m*, Noppenstoff *m*; **пальто́ из ~** Mantel *m* aus Bukleestoff

буклéт <-а> *м* Faltblatt *nt*; **рекла́мный ~** Werbebroschüre *f*; **тури́стские буклéты**

Touristenfaltblatt *nt*

бу́кл|и <-ей> *ж мн (ло́коны)* Locken *pl;* **завива́ть ~** Locken drehen

букме́кер <-а> *м* Buchmacher *m,* Bookmaker *m*

букси́р <-а> *м* МОР Schlepper *m;* **брать на ~** *и перен* ins Schlepptau nehmen

букси́рн|ый <-ая, -ое> *прил* Schlepp-; **~ кана́т** Abschleppseil *nt*

букси́р|овать <-ую, -уешь> *нсв прх* bugsieren, schleppen, schieben; **~ маши́ну** das Auto abschleppen

букс|ова́ть <-у́ет> *нсв безл, обы́чно в 3 л* **1.** АВТО rutschen, schlüpfen **2.** *перен* auf der Stelle treten, nicht vorankommen; **перестро́йка буксу́ет** die Perestrojka ist festgefahren

булав|а́ <-ы́> *ж* **1.** СПОРТ Keule *f;* **срази́ть врага́ булаво́й** den Feind mit dem Streitkolben erschlagen; **сочета́ние с булава́ми** eine Kombination mit Keulen **2.** *(жезл, си́мвол вла́сти)* Stab *m,* Zepter *nt;* **ге́тманская ~** Hetmansstab *m*

була́вк|а <-и> *ж* Stecknadel *f;* **англи́йская ~** Sicherheitsnadel *f*

була́н|ый <-ая, -ое> *прил* falb; **була́ный конь** Falbe *f;* **була́ная пти́ца** falber Vogel *m*

була́т <-а> *ж* **1.** *устар (сталь)* Damaszenerstahl *m;* **стре́мя из чёрного була́та** Steigbügel *m* aus schwarzem Damaszenerstahl **2.** *(кинжа́л, меч)* Damaszenerschwert *nt*

бу́лк|а <-и> *ж* Semmel *f,* Brötchen *nt;* **све́жая ~** frische Semmel; **сдо́бная ~** Milchbrötchen *nt*

бу́лочк|а <-и> *ж* Brötchen *nt*

бу́лочн|ая <-ой> *ж* Bäckerei *f*

бу́лочник <-а> *м разг* Bäcker *m*

бульты́х *межд* klatsch

бултыха́|ться <-юсь, -ешься> *нсв,* **бултыхну́ться** *св рефл разг* plumpsen, purzeln, sich ins Wasser stürzen; **~ в бассе́йн** im Schwimmbecken plantschen; **вода́ бултыха́ется в бо́чке** das Wasser wird im Fass geschüttelt

булы́жник <-а> *м* Pflasterstein *m,* Kopfstein *m*

бульва́р <-а> *м* Allee *f,* Boulevard *m;* **примо́рский ~** Küstenboulevard *m;* **прогу́ливаться по бульва́ру** auf dem Boulevard schlendern

бульва́рн|ый <-ая, -ое> *прил* Boulevard-; **~ рома́н** Groschenroman *m*

бульдо́г <-а> *м* Bulldogge *f*

бульдо́зер <-а> *м* Bulldozer *m,* Planierraupe *f;* **разровня́ть алле́ю бульдо́зером** die Allee mit einem Bulldozer glatt walzen

бульдозери́ст <-а> *м* Bulldozerfahrer *m,* Planierraupenfahrer *m*

бу́лька|ть <-ю, -ешь> *нсв,* **бу́лькнуть** *св нпрх* gluckern, glucksen

бульо́н <-а> *м* Bouillon *f;* **мясно́й ~** Fleischbrühe *f*

бультерье́р <-а> *м* Bullterrier *m*

бум <бу́ма> *м* Boom *m,* Hochkonjunktur *f*

бума́г|а <-и> *ж* **1.** *(материа́л для письма́)* Papier *nt* **2.** *(докуме́нт)* Dokument *nt;* **почто́вая ~** Briefpapier *nt;* **лино́ванная ~** liniertes Papier *nt;* **~ в кле́тку** kariertes Papier *nt;* **вы́разить что-л. на бума́ге** etw zu Papier bringen **3.** *(хло́пок)* Baumwolle *f*

бума́жк|а <-и> *ж* **1.** *(листок)* Zettel *m* **2.** *пейор (купю́ра)* Geldschein *m* **3.** *разг (официа́льный докуме́нт)* Schriftstück *nt*

бума́жник <-а> *м* Brieftasche *f*

бума́жн|ый <-ая, -ое> *прил* Papier-; **бума́жная волоки́та** Papierkrieg *m;* **бума́жные де́ньги** Papiergeld *nt;* **~ кулёк** Papiertüte *f;* **бума́жная салфе́тка** Papierserviette *f*

бумажо́нк|а <-и> *ж презрит, разг* Wisch *m*

бумазе́|я <-и> *ж (ткань)* Barchent *m;* **бе́лая ~** weißer Barchent *m;* **пла́тье из бумазе́и** Barchentkleid *nt*

бумера́нг <-а> *м* Bumerang *m*

бу́нгало, бунга́ло <неизм> *ср* Bungalow *m*

бундесве́р <-а> *м (вооружённые си́лы Федерати́вной Респу́блики Герма́ния)* Bundeswehr *f*

бу́нкер <-а> *м* Bunker *m*

бунт <бу́нта> *м* Aufstand *m,* Revolte *f,* Meuterei *f;* **подня́ть ~** meutern

бунта́рск|ий <-ая, -ое> *прил* rebellisch

бунта́рств|о <-а> *ср* Rebellentum *nt,* Rebellengeist *m,* Aufsässigkeit *f*

бунт|ова́ть <-у́ю, -у́ешь> *нсв,* **взбунтова́ться** *св нпрх и перен* rebellieren

бур[1] <бу́ра> *м* Bohrer *m*

бур[2] <бу́ра> *м* Bure *m*

бура́в <-а> *м* Bohrer *m;* **сверли́ть бура́вом** bohren

бура́в|ить <-лю, -ишь> *нсв* **пробура́вить** *св прх* bohren

бура́н <-а> *м* Schneesturm *m*

бургоми́стр <-а> *м* Bürgermeister(in) *m(f)*

бурд|а́ <ы́> *ж* **1.** *(невку́сное, жи́дкое ку́шанье)* Plempe *f,* dünne geschmacklose Brühe *f;* **э́то не суп, а ~** das ist keine Suppe, sondern eine Plempe **2.** *(пу́таница)* Wirrwarr *m;* **в ум ле́зет вся́кая ~** im Kopf herrscht ein Durcheinander

бурдю́к <-а́> *м* Weinschlauch *m*

буреве́стник <-а> *м* Sturmvogel *m*

бурело́м <-а> *м* Windbruch *m;* **пробира́ться сквозь ~** sich durch den Windbruch den Weg bahnen

burёнк|а <-и> *ж (коро́ва)* Kuh *f*

буржуази́|я <-и> *ж* Bourgeoisie *f,* Bürgertum *nt,* Bürgerstand *m;* **кру́пная ~** Großbürgertum *nt;* **ме́лкая ~** Kleinbürgertum *nt*

буржуа́з|ный <-ная, -ное; -ен, -на, -но>

прил bürgerlich

буржу́йк|а <-и> *ж разг (пе́чка)* kleiner eiserner Ofen; **затопи́ть буржу́йку** einen kleinen Kanonenofen anheizen

бур|и́ть <-ю́, -и́шь> *нсв,* **пробури́ть** *св прх* ГЕОЛ bohren

бурле́ск <-а> *м* Burleske *f,* Schwank *m*

бурл|и́ть <-ю́, -и́шь> *нсв нпрх и перен* brodeln, kochen; **наро́д бурли́т** das Volk ist in Aufruhr

бурну́с <-а> *м* Burnus *m*

бу́р|ный <-ная, -ное; -ен, -на, -но> *прил* **1.** *(бушу́ющий)* stürmisch; **~ рост (цен)** (Preis)Explosion *f;* **бу́рные аплодисме́нты** stürmischer Beifall *m;* **бу́рное мо́ре** stürmische See *f* **2.** *(стра́стный)* leidenschaftlich, ungestüm

буров|о́й <-а́я, -о́е> *прил* Bohr-; **бурова́я платфо́рма** Bohrinsel *f*

бу́рск|ий <-ая, ое> *прил* Buren-; **~ язы́к** Afrikaans

бурунду́к <-а́> *м* Burunduk *m,* Erdeichhörnchen *nt;* **ю́ркий ~** flinker Burunduk; **воротни́к из бурундука́** Kragen *m* aus Erdeichhörnchenfell

бурч|а́ть <-у́, -и́шь> *нсв,* **пробурча́ть** *св нпрх разг* knurren, brummen; **у меня́ в животе́ бурчи́т** mir knurrt der Magen

бурья́н <-а> *м* Unkraut *nt,* Steppengras *nt;* **за́росли бурья́на** Unkrautdickicht *nt*

бу́р|я <-и> *ж* Sturm *m,* Unwetter *nt*

бу́син|а <-и> *ж* Glasperle *f*

бу́с|ы <-> *мн* Halskette *f*

бута́н <-а> *м* Butan *nt*

бутафо́ри|я <-и> *ж* **1.** ТЕАТ Requisiten *pl* **2.** *(муля́ж)* Attrappe *f*

бутербро́д <-а> *м* Butterbrot *nt,* belegtes Brötchen *nt*

буто́н <-а> *м* Knospe *f*

бу́тс|ы <-ов> *мн* Fußballschuhe *pl*

буту́з <-а> *м разг* Dickerchen *nt;* **э́кий ~ он роди́лся!** was für ein kräftiges Kind!

буты́лк|а <-и> *ж* Flasche *f;* **~ из-под молока́** leere Milchflasche *f*

бутылкообра́зн|ый <-ая, -ое> *прил* flaschenähnlich; **~ ствол де́рева** flaschenähnlicher Baumstamm *m*

буты́лоч|ый <-ая -ое> *прил* Flaschen-; **буты́лочное стекло́** Flaschenglas *nt;* **буты́лочная про́бка** Flaschenpfropfen *m;* **буты́лочное пи́во** Flaschenbier *nt*

буты́|ль <-ли> *ж* **1.** *(больша́я буты́лка с узки́м го́рлом)* große Flasche *f;* **пятилитро́вая ~** Ballon *m* **2.** *(буты́лка)* Korbflasche *f;* **~ вина́** eine Flasche Wein

бу́фер <-а> *м* **1.** *(для смягче́ния уда́ров)* Dämpfer *m* **2.** *(промежу́точное звено́)* Puffer *m;* **э́тот элеме́нт рабо́тает как ~** dieses Element wirkt als Puffer **3.** *то́лько мн, шутл (же́нская грудь)* Puffer *m*

бу́ферн|ый <-ая, -ое> *прил* Puffer-; **бу́ферная зо́на** Pufferzone *f,* Schutzzone *f*

бу́фер обме́на <-а, -> *м* ИНФОРМ Zwischenablage *f*

буфе́т <-а> *м* **1.** *(сто́йка)* Büffet *nt* **2.** *(заку́сочная)* Imbissraum *m*

буфе́тчик <-а> *м* **1.** *(продаве́ц)* Bufettier *m* **2.** ИСТОР *(слуга́)* Büfettkraft *f;* **служи́ть в буфе́тчиках** beim Büfettier arbeiten

буфе́тчиц|а <-ы> *ж (продавщи́ца)* Büfettiere *f,* Büfettfräulein *nt*

буфф <неизм> *прил* **театр-~** Komödientheater *nt,* Buffonade *f;* **мисте́рия-~** Mysterium *nt* buffo; **кло́ун-~** Buffo-Clown *m*

бух! *межд* plumps!, bums!

буха́нк|а <-и> *ж* Laib *m;* **~ хле́ба** Brotlaib *m*

бу́ха|ть <-ю, -ешь> *нсв,* **бу́хнуть** *св прх разг* knallen, herausplatzen, quellen

бухга́лтер <-а> *м* Buchhalter *m*

бухгалте́ри|я <-и> *ж* **1.** *(счетово́дство)* Buchführung *f,* Buchhaltung *f* **2.** *(счётный отде́л)* Abrechnungsstelle *f*

бухга́лтер-ревизо́р <-а> *м* Wirtschaftsprüfer *m,* Prüfer *m,* Buchprüfer *m,* Revisor *m*

бухга́лтерск|ий <-ая, -ое> *прил* Buchhaltung(s)-; **бухга́лтерская за́пись** Buchung *f;* **бухга́лтерская кни́га** Buch *nt,* Geschäftsbuch *nt;* **бухга́лтерская прово́дка** Buchung *f;* **бухга́лтерская реви́зия** Buchprüfung *f;* **~ докуме́нт** Beleg *m;* **~ учёт** Buchführung *f,* Buchhaltung *f;* **~ учёт о́рганов obще́ственного управле́ния** Kameralistik *f;* **~ учёт основны́х средств** Anlagenbuchhaltung *f*

бу́хт|а <-ы> *ж* Bucht *f*

буш|ева́ть <-у́ю, -у́ешь> *нсв нпрх* **1.** *(стихи́я)* tosen, stürmen **2.** *разг (бу́йствовать)* toben, Radau machen

бушла́т <-а> *м (ку́ртка моряко́в)* Matrosenjacke *f;* **матро́сский ~** gepolsterte Rettungsweste *f*

бушме́н <-а> *м,* **бушме́нк|а** <-и> *ж* Buschmann *m,* Buschfrau *f*

буя́н <-а> *м* Raufbold *m,* Randalierer *m*

буя́н|ить <-ю, -ишь> *нсв нпрх разг* Radau machen, krakeelen

быва́л|ый <-ая, -ое> *прил* erfahren, routiniert; **он челове́к ~** er ist ein alter Hase

быва́|ть <-ю, -ешь> *нсв нпрх* **1.** *(случа́ться)* vorkommen, geschehen; **быва́ет ещё ху́же** es gibt Schlimmeres; **зачасту́ю быва́ет так, что …** es geschieht häufig, dass …; **как ни в чём не быва́ло** als ob nichts geschehen wäre **2.** *(посеща́ть)* zu sein pflegen; **ра́ньше я ча́сто у них быва́л** früher habe ich sie oft besucht

бы́вш|ий <-ая, -ее> *прил* ehemalig, einstig; **~ СССР** die ehemalige UdSSR; **~ муж** Ex-Mann *m;* **бы́вшие социалисти́ческие стра́ны** Reformländer *pl;* **~ федера́льный ка́нцлер** Altbundeskanzler *m*

бык <быка́> *м* Stier *m;* **брать быка́ за**

рога́ *перен* den Stier bei den Hörnern packen

были́н|а <-ы> *ж* Sage *f,* Heldensage *f,* Heldengedicht *nt;* **~ о богатыря́х** Bogatirensage *f*

были́нк|а <-и> *ж* Grashalm *m*

был|о́й <-а́я, -о́е> *прил* vergangen, früher; **было́е вре́мя** frühere Zeit *f*

быль <бы́ли> *ж* wahre Geschichte *f,* wahrer Vorfall *m;* **не ска́зка, а ~** das ist kein Märchen, sondern eine wahre Geschichte

быстрот|а́ <-ы> *ж* Schnelligkeit *f,* Geschwindigkeit *f*

бы́стр|ый <-ая, -ое; -, -а́, -о> *прил* schnell, rasch

быт <бы́та> *м* Lebensgewohnheiten *pl,* Lebensart *f;* **дома́шний ~** häusliches Leben *nt*

быти|е́ <-я́> *ср* ФИЛОС Sein *nt,* Dasein *nt;* **~ определя́ет созна́ние** das Sein bestimmt das Bewusstsein; **кни́га бытия́** РЕЛИГ das 1. Buch Mose

быт|ова́ть <-у́ет> *нсв безл, то́лько в 3 л* vorkommen, verbreitet sein; **быту́ет мне́ние, что …** es besteht [*o* herrscht] die Meinung, dass …

бытов|о́й <-а́я, -о́е> *прил* **1.** *(относя́щийся к повседне́вной жи́зни)* Lebens-; **бытовы́е усло́вия** Lebensbedingungen *pl* **2.** *(испо́льзуемый в дома́шнем хозя́йстве)* Haushalts-; **бытова́я те́хника** Haushaltsgeräte *pl*

быть *нсв нпрх* **1.** *(существова́ть)* sein; **чем ты хо́чешь ~?** was möchtest du einmal werden?; **жил-был ...** es war einmal ...; **у меня есть брат** ich habe einen Bruder; **~ вне себя́** außer sich sein; **как ~?** und was nun?; **мо́жет ~** vielleicht **2.** *(происходи́ть, име́ть ме́сто)* sich ereignen, stattfinden; **это бы́ло давно́** das ist schon lange her **3.** *(находи́ться)* sich befinden; **быть в Петербу́рге** in Petersburg sein **4.** *(приходи́ть)* kommen; **он бу́дет к ве́черу** er kommt gegen Abend

бэр <бэ́ра> *м* ФИЗ Rem *nt*

бюдже́т <-а> *м* Budget *nt,* Etat *m,* Haushalt(splan) *m;* **госуда́рственный ~** ПОЛ Staatshaushalt *m;* **прое́кт бюдже́та** Haushaltsentwurf *m;* **~ рекла́мы** Werbeetat *m*

бюдже́тник <-а> *м* staatliche(r) Angestellte(r) *f(m)*

бюдже́тн|ый <-ая, -ое> *прил* Budget-, Haushalts-; **бюдже́тная поли́тика** Budgetpolitik *f;* **бюдже́тное регули́рование** Finanzausgleich *m;* **бюдже́тные ассигнова́ния** Haushaltszuweisungen *pl;* **бюдже́тные затра́ты** [*или* **изде́ржки**] Sollkosten *pl;* **бюдже́тные сре́дства** Budgetmittel *pl;* **~ дефици́т** Haushaltsdefizit *nt,* Budgetdefizit *nt;* **~ изли́шек** Budgetüberschuss *m;* **~ план** Haushaltsplan *m*

бюллете́н|ить <-ю, -ишь> *нсв нпрх разг* krankgeschrieben sein

бюллете́|нь <-ня> *м* **1.** *(отчёт, сообще́ние)* Bericht *m* **2.** *(периоди́ческое изда́ние)* Bulletin *nt* **3.** *разг* ärztliches Attest *nt;* **брать ~** sich krankschreiben lassen; **дава́ть кому́-л. ~** jdn krankschreiben **4.** *(избира́тельный листо́к)* Stimmzettel *m,* Wahlzettel *m*

бюро́ <неизм> *ср* **1.** *(бюро́)* Büro *nt,* Sekretariat *nt* **2.** *(пи́сьменный стол)* Schreibtisch *m;* **~ нахо́док** Fundbüro *nt;* **~ по регистра́ции изобрете́ний и вы́даче пате́нтов** Patentamt *nt;* **~ по трудоустро́йству** Stellenvermittlung *f*

бюрократи́зм <-а> *м* Bürokratismus *m*

бюрократи́ческ|ий <-ая, -ое> *прил* bürokratisch; **~ аппара́т** Bürokratie *f*

бюрокра́ти|я <-и> *ж* Bürokratie *f*

бюст <бю́ста> *м* **1.** *(скульпту́ра)* Büste *f* **2.** *(грудь)* Busen *m*

бюстга́льтер <-а> *м* Büstenhalter *m,* BH *m*

В в

В, в[1] <неизм> *ср Buchstabe В*

в[2] **I.** *предл с вин для обозначе́ния направле́ния (куда́?)* in *+akk,* nach *+dat;* **~ шко́лу** in die Schule; **~ Москву́** nach Moskau **II.** *предл с вин для обозначе́ния вре́мени (когда́?)* an *+dat;* **~ пя́тницу** am Freitag; **~ пять часо́в** um fünf Uhr; **~ про́шлом году́** im letzten Jahr **III.** *предл с вин для обозначе́ния места (где?)* in *+dat,* auf *+dat;* **~ шко́ле** in der Schule; **~ чём?** worin?; **~ э́том** darin; **~ три ра́за бо́льше** dreimal so viel

ва-ба́нк *нрч* va banque; **игра́ть ~** va banque spielen; **идти́ ~** va banque gehen

вавило́нск|ий <-ая, -ое> *прил* Babel-, Babylon-; **вавило́нское столпотворе́ние** *перен* Durcheinander *nt;* **вавило́нская ба́шня** Babylonturm *m*

ва́г|а <-и> *ж* **1.** *(весы́)* Schwerlastwaage *f* **2.** *(рыча́г)* Hebel *m*

ваго́н <-а> *м* Waggon *m,* Eisenbahnwagen *m;* **жёсткий ~** Wagen 2. Klasse; **мя́гкий ~** Wagen 1. Klasse

вагоне́тк|а <-и> *ж* Grubenwagen *m,* Lore *f*

вагоне́тчик <-а> *м,* **вагоне́тчиц|а** <-ы> *ж* Waggonführer(in) *m(f)*

ваго́нник <-а> *м* Arbeiter *m* im Waggonwerk *nt*

ваго́нн|ый <-ая, -ое> *прил* Waggon-, Wagen-; **~ па́рк** Waggonpark *m;* **ваго́нное депо́** Waggondepot *nt*

вагоновожа́т|ый <-ого> *м,* **вагоновожа́т|ая** <-ой> *ж* Straßenbahnfahrer(in) *m(f)*

вагра́нк|а <-и> *ж* ТЕХ Kupolofen *m,* Gießereischachtofen *nt*

ва́ер <-а> *м (стально́й тро́сс)* Stahltau *nt*

ва́жнича|ть <-ю, -ешь> *нсв нпрх разг* wichtig tun, angeben

ва́жнос|ть <-ти> *ж* Wichtigkeit *f,* Bedeutung *f*

ва́ж|ный <-ная, -ное; -ен, -на́, -но> *прил* wichtig, bedeutend; **мне** [*или* **для меня́**] **ва́жно** mir liegt daran; **ва́жная пти́ца** *разг* hohes Tier *nt*

ВАЗ *сокр от* **Во́лжский автомоби́льный заво́д** Wolga Automobilwerk *nt;* **проду́кция ВАЗа** Produktion *f* von Wolga

ва́з|а <-ы> *ж* **1.** *(для цвето́в)* Vase *f* **2.** *(для фру́ктов)* Schale *f*

вазели́н <-а> *м* Vaseline *f;* **бо́рный ~** Borsalbe *f;* **техни́ческий ~** technische Vaseline *f*

вазомото́рн|ый <-ая, -ое> *прил* vasomotorisch; **вазомото́рные це́нтры** vasomotorische Zentren *ntpl;* **вазомото́рные не́рвы** vasomotorische Nerven *mpl*

вазо́н <-а> *м* Steinvase *f*

ВАК *сокр от* **Вы́сшая аттестацио́нная коми́ссия** Höhere Beurteilungskommission *f;* **реше́ния ~а** Entscheidungen *pl* der Höheren Beurteilungskommission

вака́нси|я <-и> *ж* Vakanz *f,* freie [*o* unbesetzte] Stelle *f*

вака́нт|ный <-ная, -ное; -ен, -на, -но> *прил* vakant, unbesetzt, frei; **вака́нтное ме́сто** vakante Stelle *f*

ва́кс|а <-ы> *ж* Schuhcreme *f;* **чи́стить ва́ксой о́бувь** die Schuhe mit Schuhcreme putzen

ва́куум <-а> *м* Vakuum *nt*

ва́куум-испари́те|ль <-ля> *м* ТЕХ Vakuumverdampfer *m*

ва́куум-ка́мер|а <-ы> *ж* Vakuumkammer *f*

ва́куум-насо́с <-а> *м* Vakuumpumpe *f*

ва́куумно-пло́тн|ый <-ая, -ое> *прил* vakuumdicht

ва́куумн|ый <-ая, -ое> *прил* Vakuum-; **ва́куумная па́йка** Vakuumlöten *nt;* **ва́куумная су́шка** Vakuumtrocknung *f;* **в ва́куумной упако́вке** vakuumverpackt

ва́куум-перего́нк|а <-и> *ж* Vakuumdestillation *f*

ва́куум-суши́лк|а <-и> *ж* Vakuumtrockner *m*

ва́куум-фи́льтр <-а> *м* Vakuumfilter *m o nt*

вакци́н|а <-ы> *ж* Impfstoff *m*

вакцина́ци|я <-и> *ж* Impfung *f*

вал <ва́ла> *м* **1.** *(для защи́ты)* Schutzwall *m* **2.** ТЕХ Welle *f,* Walze *f* **3.** МОР Welle *f,* Woge *f;* **девя́тый ~** *перен* größtes Hindernis *nt*

валя́нда|ться <-юсь, -ешься> *нсв рефл* (herum)trödeln; **пиши́ скоре́й, не валя́ндайся!** schreib schneller, trödele nicht so rum!; **це́лый день ~ с ремо́нтом** den ganzen Tag mit der Reparatur vertrödeln

вале́жин|а <-ы> *ж,* **вале́жник** <-а> *м* Fallholz *nt,* Bruchholz *nt*

ва́лек <валька́> *м* **1.** *(кру́глый брусо́к)* Waschbeutel *m,* Wäschestampfer *m* **2.** *(часть весла́)* Ruderteil *m*

вале́жник <-а> *м* trockener Zweig *m;* **чи́стить лес от вале́жника** den Wald von trockenen Ästen [*o* Reisig] befreien

ва́лен|ки <-ков *или* -ок> *ммн* Filzstiefel *mpl*

i Land & Leute

In der eiskalten und schneereichen Winterzeit waren warme **Filzstiefel mit Galoschen** in Russland schon immer angebracht. Einem erwachsenen Stadtbewohner in diesem „Outfit“ kann man heute auf der Straße allerdings kaum mehr begegnen: einmal überall gang und gäbe, gilt es in russischen Städten schon seit vielen Jahrzehnten als ein Relikt. Dabei können sich noch manche 30- bis 40jährige in der Stadt groß gewordene Russen gut an ihre „валенки с галошами“ erinnern, in denen sie als kleine Kinder im Winter über Schnee marschierten. Nur auf dem Lande bleiben Filzstiefel mit Galoschen für alt und jung nach wie vor unentbehrlich.

валéнтнос|ть <-ти> *ж* лингв Valenz *f*
валёр <-а> *м* иск *(оттéнок тóна)* Valeurs *npl*
валериа́н|а <-ы> *ж* Baldrian *m*
валерья́нк|а <-и> *ж* мед Baldriantropfen *pl*
валéт <-а> *м* Bube *m;* **бубнóвый ~** Karo *nt* Bube; **~ пик** Pik *nt* Bube; **валéтом спа́ть** Kopf an Fuß schlafen
ва́лик <-а> *м* **1.** тех Welle *f* **2.** *(для тахты́)* rundes Kissen *nt;* **дива́нный ~** rundes Sofakissen *nt*
вал|и́ть[1] <-ю́, ва́лишь> *нсв,* **свали́ть** *св прх* **1.** *разг* abladen, kippen; *(опроки́дывать)* umwerfen; **~ отхóды** Abfälle abladen; **~ всё в однý кýчу** *перен* alles in einen Topf werfen; **~ лес** Holz fällen; **~ винý на когó-л.** *перен* jdm die Schuld in die Schuhe schieben **2.** пол stürzen, zu Fall bringen **3.** *перен* abladen, abwälzen auf *+akk*
вал|и́ть[2] <-и́т> *нсв,* **повали́ть** *св безл, тóлько в 3 л* herbeiströmen; *(нача́ть па́дать)* fallen; **повали́л мóкрый снег** es begann nasser Schnee [*o* Pappschnee] zu fallen
вал|и́ться <-ю́сь, ва́лишься> *нсв,* **повали́ться** *св рефл (па́дать)* (hin)fallen; **~ на бок** auf die Seite fallen; **~ с ног** *(переутомля́ться)* vor Müdigkeit umfallen; **всё ва́лится из рук** nichts anfangen können; **он повали́лся на зéмлю от уста́лости** er ist vor Überanstrengung auf den Boden gefallen
валов|óй <-а́я, -óе> *прил* экон Brutto-; **валова́я вы́ручка** Bruttoerlös *m;* **валова́я закýпочная ценá** Einkaufsbruttopreis *m;* **валова́я при́быль** Bruttoerfolg *m,* Bruttogewinn *m;* **валова́я продáжная ценá** Bruttoverkaufspreis *m;* **валова́я ценá** Bruttopreis *m;* **валовóе имýщество** Rohvermögen *nt;* **~ дохóд** Bruttoeinkommen *nt,* Rohertrag *m;* **~ национа́льный продýкт** Bruttoinlandsprodukt *nt;* **~ процéнт на капитáл** Bruttozins *m;* **~ социа́льный продýкт** Bruttosozialprodukt *nt;* **валовы́е издéржки** Gesamtkosten *pl*
ва́лом *нрч* alle auf einmal, zusammen; **~ вали́ть** *(идти́ толпóй)* in Mengen strömen; *(бросáть как попáло)* alles auf einen Haufen werfen
валоризáци|я <-и> *ж* экон Valorisation *f*
валтóрн|а <-ы> *ж* Waldhorn *nt*
валýн <-á> *м (окрýглый кáмень)* großer, runder Stein; **прибрéжные валуны́** große rundförmige Ufersteine
вальвáци|я <-и> *ж* экон Schätzung *f*
ва́льдшнеп <-а> *м* Waldschnepfe *f*
вальс <-а> *м* Walzer *m*
вальц|ы́ <-óв> *м* **1.** тех *(цилиндри́ческие валы́)* Walze *f;* **прокáтные ~** Laufwalze *f* **2.** *(станóк)* Walzstraße *f;* **кóвочные ~** Schmiedewalze *f*
ва́льщик <-а> *м* Holzfäller *m*
вальяжн|ый <-ая, -ое> *прил устар (представи́тельный)* erlesen, elegant; **~ ви́д** elegantes Aussehen *nt*
валю́т|а <-ы> *ж* Währung *f; (инострáнная)* Devisen *pl;* **твёрдая валю́та** Hartwährung *f*
валю́тн|ый <-ая, -ое> *прил* Währungs-; **валю́тная би́ржа** Devisenbörse *f;* **валю́тная едини́ца** Währungseinheit *f;* **валю́тная компенсáция** Währungsausgleich *m;* **валю́тная нали́чность** Devisenbestand *m;* **валю́тная оговóрка** Wertsicherungsklausel *f;* **валю́тная окупáемость** Fremdwährungskostendeckung *f;* **валю́тная операция** Devisengeschäft *nt;* **валю́тная ревальвáция** Währungsaufwertung *f;* **валю́тная сдéлка** Devisengeschäft *nt;* **валю́тная систéма** Währungssystem *nt;* **валю́тное обращéние** Devisenverkehr *m;* **валю́тное соглашéние** Währungsabkommen *nt,* Devisenabkommen *nt;* **валю́тные запáсы** Devisenreserve *f;* **валю́тные ограничéния** Devisenbewirtschaftung *f;* **валю́тные резéрвы** Devisenreserve *f;* **~ арбитрáж** Zinsarbitrage *f;* **~ балáнс** Devisenbilanz *f;* **~ гóлод** Devisenarmut *f;* **~ дефици́т** Devisenknappheit *f;* **~ заём** Währungsanleihe *f;* **~ запáс** Devisenbestand *m;* **~ контрóль** Devisenbewirtschaftung *f;* **~ креди́т** Fremdwährungskredit *m;* **~ курс** Devisenkurs *m;* **~ курс продавцóв** Devisenverkaufskurs *m;* **~ паритéт** Währungsparität *f;* **~ резéрв** Devisenbestand *m;* **~ риск** Währungsrisiko *nt;* **~ ры́нок** Devisenmarkt *m;* **~ сою́з** Währungsunion *f;* **~ спекуля́нт** Devisenschieber *m;* **~ фонд** Währungsfonds *m*
валю́тчик <-а> *м* Devisenschieber *m*
валя́|ть <-ю, -ешь> *нсв,* **сваля́ть** *св прх* **1.** *(катáть)* rollen, wälzen; **~ в сухаря́х** in Zwieback [*o* Semmelmehl] wälzen; **~ пó полу** auf dem Fußboden rollen **2.** *(скáтывать в определённую фóрму)* kneten, bereiten; **~ тéсто** Teig kneten; **~ хлéб** Brot bereiten **3.** *(дéлать кóе-как)* etw auf die Schnelle erledigen; **валя́ет, лишь бы скорée** etw

auf die Schnelle erledigen um Zeit zu gewinnen; **~ дурака́** *(безде́льничать)* sich dumm stellen; **валя́й за пи́вом!** *(сходи́)* geh mal Bier holen!

валя́|ться <-юсь, -ешься> *нсв рефл* unordentlich umherliegen; **~ в посте́ли** *разг* sich im [*o* auf dem] Bett fläzen

вам *мест дат. п. от вы* ihnen, euch

ва́ми *мест твор. п. от вы* ihnen, euch

вана́ди|й <-я> *м* Vanadin *nt*, Vanadium *nt*

вандáл <-а> *м и перен* Wandale *m*

вандали́зм <-а> *м* Wandalismus *m*, Zerstörungswut *f*

ванили́н <-а> *м* ХИМ **синтети́ческий ~** Vanillin *nt*

вани́|ль <-ли> *ж* Vanille *f*

вани́льн|ый <-ая, -ое> *прил* Vanille-; **~ за́пах** Vanilleduft *m*; **~ то́рт** Vanilletorte *f*

ва́нн|а <-ы> *ж* **1.** *(для купа́ния)* Wanne *f*, Badewanne *f* **2.** *(купа́ние)* Bad *nt*; **со́лнечная ~** Sonnenbad *nt*; **принима́ть ва́нну** ein Bad nehmen

ва́нн|ая <-ой> *ж* Bad *nt*, Badezimmer *nt*

вар <ва́ра> *м* **1.** *(смола́)* Pech *nt* **2.** *прост (круто́й кипято́к)* kochendes Wasser *nt*; **как ва́ром о́бдало** *перен* wie vom Blitz getroffen sein

ва́рвар <-а> *м*, **ва́рварк|а** <-и> *ж* **1.** ИСТОР Barbar(in) *m(f)* **2.** *перен (неве́жда)* Ungebildeter *m*

ва́рварск|ий <-ая, -ое> *прил* barbarisch; **ва́рварские племена́** barbarische Stämme *mpl*; **ва́рварское ору́жие** barbarische Waffen *fpl*

ва́рварств|о <-а> *ср* Barbarei *f*

ва́рев|о <-а> *ср прост (похлёбка)* Brühe *f*

ва́реж|ки <-ек> *мн* Fausthandschuhe *mpl*

варе́ник <-а> *м* gekochte Teigkugel mit Füllung; **варе́ники с черни́кой** gekochte Teigkugel mit Heidelbeeren; **объе́сться варе́никами** zu viel gekochte Teigkugel essen

варён|ки <-ок> *ж (джи́нсы)* stone-washed Jeans

варён|ый <-ая, -ое> *прил* gekocht

варе́нь|е <-я> *ср* Konfitüre *f*

i Land & Leute

In Zuckersirup eingekochte ganze Früchte oder Fruchtstücke sind seit dem 19. Jahrhundert ein wichtiges Lebens- und Genussmittel in Russland, das seinerzeit den teueren Honig ersetzen sollte. **Die russische Konfitüre** zeichnet sich durch eine dickflüssige Konsistenz und einen besonders fruchtigen Geschmack aus – es kommt allerdings auf die Zuckermenge an. Säuerungs- und Geliermittel werden bei ihrer Zubereitung nicht verwendet.

„Варе́нье" kochen Hausfrauen für ihre Familien traditionell im Sommer und im Herbst als Eingemachtes für die kalte Winterzeit. Besonders beliebt sind Konfitüren aus Erdbeeren, Johannisbeeren und Himbeeren. Viele Russen gebrauchen ihre Konfitüre nicht nur als Brotaufstrich, sondern auch direkt zum Tee.

вариа́нт <-а> *м* **1.** *(разнови́дность)* Variante *f* **2.** *(те́кста)* Fassung *f*; **чернов́ой ~** vorläufiger Entwurf *m*; **испра́вленный ~** verbesserte Fassung *f*

вариати́вн|ый <ая, -ое> *прил* variabel

вариаци|я <-и> *ж* Variation *f*; **вариа́ции на ста́рую те́му** МУЗ Variationen über ein altes Thema; **~ цен** Preisdifferenzierung *f*

вар|и́ть <-ю́, -ишь> *нсв*, **свари́ть** *св прх* (ab)kochen; **~ пи́во** Bier brauen; **~ суп** eine Suppe kochen

вар|и́ться <-юсь, -ишься> *нсв*, **свари́ться** *св рефл* gekocht sein, aufkochen; **~ в со́бственном соку́** im eigenen Saft schmoren

варра́нт <-а> *м* ЭКОН Optionsschein *m*

варьи́р|овать <-ую, -уешь> *нсв прх* variieren, abwechseln

варя́г <-а> *м* ИСТОР *(норма́нский во́ин)* Waräger, normannischer Krieger *m*; **не обошли́сь без варя́гов** *(по́мощи приглашённых)* es ging nicht ohne fremde Hilfe

вас *мест род./вин. п. от вы* ihr, euer; *уважи́тельно* Sie, euch

васи|лёк <-лька́> *м* БОТ Kornblume *f*

василько́в|ый <-ая, -ое> *прил* hellblau; **~ цве́т гла́з** hellblaue Augen *pl*

васкули́т <-а> *м* МЕД Vaskulitis *nt*

васса́л <-а> *м* ИСТОР Vasall *m*

ва́т|а <-ы> *ж* Watte *f*; **на ва́те** wattiert

ватáг|а <-и> *ж* **1.** *разг (шу́мная толпа́)* lärmende Schar *f* von Menschen; **~ ребяти́шек** Kinderschar *f* **2.** МОР *(промысло́вая арте́ль)* handwerkliche Gesellschaft *f*; **рыболове́цкая ~** Fischereigesellschaft *f*

ватерполи́ст <-а> *м* Wasserballspieler *m*

вати́н <-а> *м (ткань с начёсом)* Watteline *f*, Steppwatte *f*; **пальто́ на вати́не** Wattelinemantel *m*, Mantel *m* mit Wattelinefutter

ва́тман <-а> *сокр. от* **ва́тманская бума́га** (dickes) Zeichenpapier *nt*

ва́тник <-а> *м разг (ва́тная ку́ртка)* Steppjacke *f*

ва́тн|ый <-ая, -ое> *прил* **1.** *(из ва́ты)* Watte-, aus Watte; **ва́тное одея́ло** Steppdecke *f* **2.** *(вя́лый)* schlapp

ватру́шк|а <-и> *ж* КУЛ Quarktasche *f*

i Land & Leute

Dieses unkomplizierte und preiswerte Gebäck war schon im alten Russland sehr beliebt. In der Sowjetzeit fehlte es kaum an einem Verkaufsstand für Gebackenes und gewiss in keinem Schulbüfett. **Der runde Käsekuchen, ca. 10 cm im Durchmesser**, war immer viel gefragt: man kaufte ihn in der Pause zwischen Unterrichtsstunden, zum Tee oder für unterwegs. Seit der Perestrojka gibt es die „**ватру́шки**" seltener zu kaufen. Oft heißt es dabei, dass sie nicht mehr so quarkig schmecken wie in den „alten guten Zeiten".

ватт <ва́тта> *м* эл Watt *nt;* **ла́мпочка в сто ~** 100-Watt-Glühbirne *f*

ва́учер <-а> *м* **1.** *(чек, о́рдер)* Voucher *m,* Gutschein *m* **2.** *(приватизацио́нный чек)* Privatisierungsscheck *m*

ваучериза́ци|я <-и> *ж* экон *Veräußerung von Staatsbetrieben durch Ausgabe von Gratisanteilen*

ва́фельниц|а <-ы> *ж* Waffeleisen *nt*

ва́фл|я <-и> *ж* Waffel *f*

ва́хт|а <-ы> *ж* Schiffswache *f;* **стоя́ть на ва́хте** (auf) Wacht stehen

вахтёр <-а> *м (сто́рож в учрежде́нии)* Wächter *m;* **дежу́рный ~** diensthabender Wächter *m*

ва́хтенн|ый I. <-ая, -ое> *прил* мор Wach-; **~ журна́л** Wachtagebuch *nt;* **ва́хтенная слу́жба** Wachdienst *m* **II.** <-ого> *м* Wachhabende(r) *f(m);* **ра́порт ва́хтенного** Rapport *m* des Wachhabenden

ваш <ва́шего> *мест притяжат. к вы* euer, Ihr; **с ва́шей стороны́** eurerseits, Ihrerseits; **э́то не ва́ше де́ло** das geht euch/Sie nichts an

ваяте|ль <-ля> *м книж (ску́льптор)* Bildhauer *m;* **дре́вние ваятели** alte [*o* antike] Bildhauer; **шко́ла жи́вописи и ваяния** Schule *f* für Malerei und Bildhauerkunst

вая́|ть <-ю, -ешь> *нсв,* **изваять** *св прх* meißeln, hauen; **~ из мра́мора/ка́мня** in Marmor/Stein hauen; **~ скульпту́ру** Plastik formen

вбега́|ть <-ю, -ешь> *нсв,* **вбежа́ть** *св нпрх* hineinlaufen, hineinrennen

вбива́|ть <-ю, -ешь> *нсв,* **вбить** *св прх* einschlagen, einhämmern; **~ гвоздь в стену́** einen Nagel in die Wand schlagen; **вбить себе́ в го́лову** *перен* sich etw in den Kopf setzen

вбира́|ть <-ю, -ешь> *нсв,* **вобра́ть** *св прх и перен (впи́тывать)* aufsaugen, absorbieren, in sich aufnehmen

вбить <вобью, вобьёшь> *св прх см.* **вбива́ть**

вблизи́ *нрч* in der Nähe

вбок *нрч* seitlich, zur Seite; **смотре́ть ~** zur Seite blicken

вбра́сывани|е <-я> *ср* спорт Einwurf *m*

вбра́сыва|ть <-ю, -ешь> *нсв,* **вбро́сить** *св прх* (ein)werfen; **~ мяч в игру́** Ball ins Spiel werfen

вброд *нрч* durch eine Furt; **переходи́ть ре́ку ~** den Fluss an einer Furt durchqueren

вбро́|сить <-шу, -сишь> *св прх см.* **вбра́сывать**

вва́лива|ться <-юсь, -ешься> *нсв,* **ввали́ться** *св рефл* **1.** *(упа́сть во что-л.)* hineinstürzen, hineinfallen **2.** *разг (заявля́ться)* hereinstürzen, hereinplatzen **3.** *только в 3 л (щёки, глаза́)* einfallen

введе́ни|е <-я> *ср* **1.** *(вступле́ние)* Einleitung *f,* Vorwort *nt* **2.** *(в де́йствие)* Einführung *f;* **~ (но́вого това́ра) на ры́нок** Markteinführung *f;* **~ са́нкций** Verhängung von Sanktionen; **~ чрезвыча́йного положе́ния** Verhängung des Ausnahmezustandes

ввез|ти́ <-у́, -ёшь> *св прх см.* **ввози́ть**

ввек *нрч* niemals, nie; **~ с тобо́й не расста́нусь** ich trenne mich niemals von dir

вверга́|ть <-ю, -ешь> *нсв,* **вве́ргнуть** *св нпрх* stürzen; **~ в войну́** in einen Krieg stürzen; **~ в отча́яние** in Verzweiflung stürzen

вве́р|ить <-ю, -ришь> *св прх см.* **вверя́ть**

ввёртыва|ть <-ю, -ешь> *нсв,* **ввернуть** *св прх* **1.** *(ввинти́ть)* einschrauben, festdrehen, festschrauben; **~ ла́мпочку** die Glühbirne festschrauben **2.** *(вста́вить)* einfügen; **~ ме́ткое сло́во** eine treffende Bemerkung machen; **~ остро́ту** *разг* eine spitze Bemerkung machen [*o* einflechten]

вверх *нрч* nach oben, hinauf; **~ по тече́нию** stromaufwärts; **~ дном** drunter und drüber

вверху́ *нрч* oben

вверя́|ть <-ю, -ешь> *нсв,* **вве́рить** *св прх* anvertrauen

вве|сти́ <-ду́, -дёшь> *св прх см.* **вводи́ть**

ввиду́ *предл* wegen *+gen,* angesichts *+gen;* **~ того́, что ...** da ..., weil ...

ввинчива|ть <-ю, -ешь> *нсв,* **ввинти́ть** *св прх (что-л. во что-л.)* einschrauben

ввод <вво́да> *м* Einführung *f,* Einsetzung *f;* **~ войск** Truppeneinmarsch *m;* **~ да́нных** информ Dateneingabe *f;* **~ в де́йствие** Inbetriebnahme *f;* **~ в обраще́ние на би́рже** Börseneinführung *f*

ввo|ди́ть <-жу́, -дишь> *нсв,* **ввести́** *св прх* **1.** *(в помеще́ние)* hereinführen, hineinführen **2.** *(устана́вливать)* einführen, einsetzen **3.** информ eingeben; **~ войска́** Truppen entsenden; **~ са́нкции** Sanktionen verhängen; **~ в заблужде́ние** irreführen, täuschen; **~ кого-л. в курс де́ла** jdn mit einer Sache vertraut machen, jdn in etw einführen

ввóдн|ый <-ая, -ое> *прил* Einführungs-, einleitend; **ввóдные постановлéния** Durchführungsbestimmung *f;* **~ курс** Einführungskurs *m*

ввоз <ввóза> *м* Einfuhr *f,* Import *m;* **~ и вы́воз товáров без тамóженного надзóра** (Waren)Freiverkehr *m;* **~ капитáла** Kapitaleinfuhr *f;* **~ товáров** Warenimport *m*

вво|зи́ть <-жý, -зи́шь> *нсв,* **ввезти́** *св прх* einführen, importieren

ввóзн|ый <-ая, -ое> *прил* Einfuhr-, Import-; **ввознáя декларáция** Einfuhrerklärung *f;* **ввознáя лицéнзия** Einfuhrgenehmigung *f;* **ввознáя пóшлина** Einfuhrzoll *m,* Einfuhrabgabe *f;* **ввознáя тамóженная пóшлина** Importzoll *m;* **ввознóе свидéтельство** Importzertifikat *nt,* Einfuhrbescheinigung *f;* **~ контингéнт** Einfuhrkontingent *nt*

ввóлю *нрч* **1.** *(скóлько душé угóдно)* nach Herzenslust **2.** *(в изоби́лии)* in Hülle und Fülle

ввосьмерóм *нрч* zu acht; **спрáвимся ~** wir schaffen das zu acht

ВВП *сокр от* **Вну́тренний валовóй продýкт** Bruttoinlandsprodukt *nt*

ВВС *сокр от* **вóенно-воздýшные си́лы** Luftstreitkräfte *pl,* Luftwaffe *f*

ввысь *нрч* nach oben, aufwärts; **унести́сь ~** nach oben fliegen

ввя́зыва|ться <-юсь, -ешься> *нсв,* **ввязáться** *св рефл (во что-л.)* sich einmischen in *+akk*

ВГИК *сокр от* **Всеросси́йский госудáрственный институ́т кинематогрáфии** Russisches Staatsinstitut für Kinematographie; **окóнчить ~** das Russische Staatsinstitut für Kinematographie absolvieren

вглубь *нрч* in die Tiefe, in das Innere

вгля́дыва|ться <-юсь, -ешься> *нсв,* **вглядéться** *св рефл (в когó-л./что-л.)* genau betrachten, aufmerksam anschauen

вгоня́|ть <-ю, -ешь> *нсв,* **вогнáть** *св прх* **1.** *(вбить)* hineintreiben, hineinschlagen; **~ гвоздь в стéну** den Nagel in die Wand (hinein)schlagen **2.** *перен* lassen; **~ в крáску** jdn erröten lassen; **~ в тоску́** jdn traurig stimmen

вгорячáх *нрч* gereizt; **обругáть ~** seinen Zorn an jdm auslassen

вгрызá|ться <-юсь, -ешься> *нсв,* **вгры́зться** *св рефл* sich festbeißen

вда|вáться <-ю́сь, -ёшься> *нсв,* **вдáться** *св рефл* **1.** *(зайти́ вглубь)* eindringen, hineinragen **2.** *перен (предáться рассуждéниям)* eingehen; **~ в подрóбности** auf Einzelheiten eingehen

вдáвлива|ть <-ю, -ешь> *нсв,* **вдави́ть** *св прх* hineindrücken, einpressen; **~ прóбку в буты́лку** den Stöpsel in die Flasche drücken

вдáлблива|ть <-ю, -ешь> *нсв,* **вдолби́ть** *св прх разг (убеждáть)* eintrichtern, einpauken

вдалекé, вдали́ *нрч* in der Ferne

вдаль *нрч* in die Ferne

вдá|ться <-мся, -шься> *св рефл см.* **вдавáться**

вдвóе *нрч* zweimal, doppelt; **~ бóльше** doppelt so viel; **~ мéньше** halb so viel; **снижáть ~** halbieren; **склáдывать лист ~** ein Blatt zusammenfalten

вдвоём *нрч* zu zweit

вдвойнé *нрч* zweifach, doppelt

вдевá|ть <-ю, -ешь> *нсв,* **вдеть** *св прх* durchziehen; **~ ни́тку в игóлку** einfädeln

вдéлыва|ть <-ю, -ешь> *нсв,* **вдéлать** *св прх* einbauen; **~ замóк в дверь** ein Schloss in die Tür einbauen; **~ кáмень в кольцó** einen Edelstein in den Ring einfassen

вдеть <вдéну, вдéнешь> *св прх см.* **вдевáть**

вдобáвок *нрч* überdies, außerdem

вдов|á <-ы́> *ж* Witwe *f;* **солóменная ~** Strohwitwe *f*

вдов|éц <-цá> *м* Witwer *m*

вдóволь *нрч* in Hülle und Fülle, vollauf, reichlich

вдогóнку *нрч* unmittelbar hinterher; **кричáть комý-л. что-л. ~** jdm etw hinterher rufen; **посылáть письмó ~** einen Brief nachsenden

вдолб|и́ть <-лю́, -и́шь> *св прх см.* **вдáлбливать**

вдоль I. *предл (чегó?)* entlang *+akk,* entlang *+dat* **II.** *нрч* der Länge nach; **~ и поперёк** kreuz und quer; **знать ~ и поперёк** in- und auswendig kennen

вдох <вдóха> *м* Atemzug *m*

вдохновéни|е <-я> *ср* **1.** *(твóрческий подъём)* Inspiration *f,* Eingebung *f* **2.** *(востóрг)* Begeisterung *f*

вдохновля́|ть <-ю, -ешь> *нсв,* **вдохнови́ть** *св нпрх* **1.** *(привести́ в востóрг)* begeistern **2.** *(воодушеви́ть)* inspirieren [*o* anregen] (zu *+dat*)

вдохновля́|ться <-юсь, -ешься> *нсв,* **вдохнови́ться** *св рефл* sich begeistern für *+akk*

вдохн|ýть <-ý, -ёшь> *св прх см.* **вдыхáть**

вдрéбезги *нрч* ganz entzwei; **разбивáться ~** in Scherben gehen

вдруг *нрч* plötzlich, unerwartet; **всё ~** alles auf einmal

вдрызг *нрч разг* völlig

вдýма|ться <-юсь, -ешься> *св рефл см.* **вдýмываться**

вдýмчив|ый <-ая, -ое; -, -а, -о> *прил* ernst, nachdenklich

вдýмыва|ться <-юсь, -ешься> *нсв,* **вдýматься** *св рефл (во что-л.)* sich hineindenken, sich vertiefen in *+akk*

вдыха́|ть <-ю, -ешь> *нсв,* **вдохну́ть** *св прх* einatmen

вегетариа́н|ец <-ца> *м,* **вегетариа́нк|а** <-и> *ж* Vegetarier(in) *m(f)*

вегетариа́нск|ий <-ая, -ое> *прил* vegetarisch

вегетати́вн|ый <-ая, -ое> *прил* биол vegetativ; **вегетати́вная не́рвная систе́ма** vegetatives Nervensystem *nt;* **вегетати́вное размноже́ние** vegetative Vermehrung *f*

вегетацио́нн|ый <-ая, -ое> *прил* бот Vegetations-; **~ пери́од** Vegetationsperiode *f*

ве́да|ть <-ю, -ешь> *нсв нпрх* **1.** *устар* wissen **2.** *(чем-л.)* verwalten, leiten; **кто ве́дает э́тим?** wer ist dafür zuständig?

веде́ни|е <-я> *ср* Führung *f,* Leitung *f;* **~ дел** Geschäftsführung *f,* Amtsführung *f;* **~ операцио́нных счето́в** Kostenrechnung *f;* **~ фина́нсовой документа́ции** Finanzbuchhaltung *f;* **~ фина́нсовых дел** Buchführung *f;* **отстрани́ть от веде́ния дел** von der Leitung entbinden

ве́дени|е <-я> *ср* Zuständigkeit *f;* **э́то не в и́х ве́дении** dazu haben sie keine Befugnis; **в чьём э́то ве́дении?** wer ist dafür zuständig?

ве́домо *нрч* bekannt; **с ве́дома или без ве́дома кого́-л.** mit oder ohne jds Kenntnis

ве́домос|ть <-ти> *ж* Liste *f,* Verzeichnis *nt;* **~ произво́дственного учёта** Betriebsabrechnungsbogen *m*

ве́домственн|ый <-ая, -ое> *прил* behördlich

ве́домств|о <-а> *ср* **1.** *(учрежде́ние)* Amt *nt,* Behörde *f,* Dienststelle *f;* **пате́нтное ~** Patentamt *nt;* **~ по контро́лю за карте́лями** Kartellamt *m;* **~ по трудоустро́йству** Arbeitsamt *nt;* **тамо́женное ~** Zollbehörde *f* **2.** *(о́бласть управле́ния)* Ressort *nt*

ве́дом|ый <-ая, -ое; -, -а, -о> *прил* bekannt; **ему́ не ве́дом страх** er kennt keine Angst

ведо́м|ый <-ая, -ое; -, -а, -о> *прил* **1.** *(иду́щий следо́м)* geführt; **~ самолёт** geführtes Flugzeug *nt* **2.** тех *(о шестерне́)* treibend; **ведо́мое колесо́** treibendes Rad *nt*

ведр|о́ <-а́> *ср* Eimer *m;* **~ для му́сора** Mülleimer *m*

веду́щ|ий **I.** <-ая, -ее> *прил* **1.** *(иду́щий впереди́)* grundlegend; **веду́щее нача́ло** Grundprinzip *nt* **2.** *(гла́вный, руководя́щий)* führend, leitend; **~ на ры́нке** marktführend **II.** *м* кино Moderator *m*

ведь **I.** *част* ja, wirklich; **~ я не спо́рю!** ich streite ja gar nicht!; **~ пра́вда?** ist doch wahr? **II.** *сз* denn, doch

ве́дьм|а <-ы> *ж* **1.** *(зла́я волше́бница)* Hexe *f* **2.** *презрит, разг (сварли́вая же́нщина)* Drachen *m,* zänkisches Weib *nt*

ве́ер <-а> *м* Fächer *m*

ве́жливос|ть <-ти> *ж* Höflichkeit *f*

ве́жлив|ый <-ая, -ое; -, -а, -о> *прил* höflich, zuvorkommend

везде́ *нрч* überall; **~ и всю́ду** an allen Ecken und Enden

вездесу́щ|ий <-ая, -ее; -, -а, -о> *прил разг* allgegenwärtig; **вездесу́щие репортёры и фото́графы** allgegenwärtige Reporter und Fotografen

вездехо́д <-а> *м* Geländewagen *m*

везе́ни|е <-я> *ср разг (уда́ча)* Erfolg *m;* **невероя́тное ~** unglaublicher Erfolg

вез|ти́[1] <-у́, -ёшь> *нсв* **повезти́** *св прх* fahren; *(на ло́шади)* ziehen

вез|ти́[2] <-ёт> *нсв,* **повезти́** *св безл то́лько в 3 л* Glück haben; **ему́ везёт** er hat Glück; **ему́ не везёт** er hat Pech

везу́ч|ий <-ая, -ее> *прил* Glücks-; **~ челове́к** Glückspilz *m*

век <ве́ка> *м* **1.** *(столе́тие)* Jahrhundert *nt* **2.** *(эпо́ха)* Zeitalter *nt,* Epoche *f;* **ка́менный ~** Steinzeit *f;* **сре́дние века́** Mittelalter *nt* **3.** *(жизнь)* Lebenszeit *f,* Menschenleben *nt;* **~ живи́, ~ учи́сь** man lernt nie aus

ве́к|о <-а> *ср* Augenlid *nt*

век|ова́ть <-у́ю, -у́ешь> *нсв нпрх (существова́ть)* Jahrhunderte lang überleben; **бобылём век ~** sein Leben lang in Einsamkeit verbringen

векове́чн|ый <-ая, -ое> *прил* ewig, jahrhundertelang; **векове́чная вражда́** ewige Feindschaft *f*

веков|о́й <-а́я, -о́е> *прил* jahrhundertealt; **~ дуб** jahrhundertealte Eiche *f;* **вековы́е обы́чаи** jahrhundertealte Bräuche *mpl*

векселеда́те|ль <-ля> *м* экон Wechselaussteller *m*

векселеполуча́те|ль <-ля> *м* экон Wechselnehmer *m*

векселеприобрета́те|ль <-ля> *м* экон Indossatar *m*

ве́ксе|ль <-ля> *м* экон Wechsel *m;* **~ для по́лного урегули́рования расчётов** Appoint *nt;* **~ к платежу́** Schuldwechsel *m;* **~ к получе́нию** Besitzwechsel *m;* **~ на предъяви́теля** Sichtwechsel *m;* **опла́чивать ~** einen Wechsel einlösen; **раздава́ть векселя́** *перен* große Versprechungen machen

ве́ксельн|ый <-ая, -ое> *прил* экон Wechsel-; **ве́ксельная дееспосо́бность** Wechselfähigkeit *f;* **ве́ксельная сде́лка** Wechselgeschäft *nt;* **ве́ксельное обяза́тельство** Wechselobligo *nt;* **~ адреса́т** Wechseladressat *m;* **~ ломба́рд** Wechsellombard *m;* **~ регре́сс** Wechselrückgriff *m*

ве́ктор <-а> *м* мат Vektor *m;* **су́мма двух ве́кторов** Summe *f* zweier Vektoren

веле́ни|е <-я> *ср* Befehl *m;* **~ вре́мени** das Gebot der Stunde

вел|е́ть <-ю́, -и́шь> *(н)св прх* befehlen

велика́н <-а> *м,* **велика́нш|а** <-и> *ж* Riese *m,* Riesin *f*

вели́к|ий <-ая, -ое; -, -а́, -о́> *прил* groß, gewaltig; **вели́кая держа́ва** Großmacht *f*

Великобрита́ни|я <-и> *ж* Großbritannien *nt*

великово́зрастн|ый <-ая, -ое> *прил* **~ гимнази́ст** alter Oberschüler *m;* **~ безде́льник** unverbesserlicher Nichtstuer *m*

великоду́ши|е <-я> *ср* Großmut *f*

великоду́ш|ный <-ная,-ное; -ен, -на, -но> *прил* großmütig, großherzig

великоле́пи|е <-я> *ср* Herrlichkeit *f,* Pracht *f*

великоле́п|ный <-ная, -ное; -ен, -на, -но> *прил* prächtig, herrlich; *перен (отли́чный)* großartig

великому́ченик <-а> *м,* **великому́чениц|а** <-ы> *ж* РЕЛИГ Märtyrer *m,* Märtyrerin *f*

велича́в|ый <-ая, -ое; -, -а, -о> *прил* majestätisch, erhaben

велича́|ть <-ю, -ешь> *нсв прх (называть кем-л./чем-л.)* verherrlichen, rühmen; **~ мать ма́тушкой** seine Mutter siezen; **как тебя́ по ба́тюшке ~?** wie ist dein Vatersname?

вели́чествен|ный <-ная, -ное; -, -на, -но> *прил* majestätisch, imposant

вели́честв|о <-а> *ср* Majestät *f;* **Ва́ше вели́чество** Eure Majestät

вели́чи|е <-я> *ср* **1.** *(великоле́пие)* Herrlichkeit *f* **2.** *(досто́инство)* Würde *f*

величина́ <-ы́> *ж* **1.** *(разме́р, объём)* Umfang *m,* Dimension *f* **2.** МАТ Größe *f* **3.** ЭКОН Kapazität *f;* **~ изде́ржек** Kostenhöhe *f;* **~ покры́тия постоя́нных изде́ржек** Deckungsbeitrag *m;* **~ предприя́тия** Betriebsgröße *f*

велого́нк|а <-и> *ж* Radrennen *nt*

велодро́м <-а> *м* СПОРТ Fahrradrennbahn *f*

велопробе́г <-а> *м* Fahrradtour *f*

велосипе́д <-а> *м* Fahrrad *nt;* **го́рный ~** Mountainbike *nt;* **е́здить на велосипе́де** Rad fahren, radeln

велосипеди́ст <-а> *м,* **велосипеди́стк|а** <-и> *ж* Radfahrer(in) *m(f)*

велоспо́рт <-а> *м* Radsport *m*

велотренажёр <-а> *м* Zimmerfahrrad *nt,* Hometrainer *m*

вельбо́т <-а> *м* МОР *(мореходная шлю́пка)* leichter Einmaster *m*

вельве́т <-а> *м (ба́рхатная ткань)* Barchentstoff *m,* Velvetstoff *m;* **пла́тье из вельве́та** Kleid *nt* aus Velvet

вельмо́ж|а <-и> *м* **1.** *устар (зна́тный сано́вник)* Würdenträger *m* **2.** *ирон (зазна́вшийся челове́к)* hochnäsiger Mensch *m*

велю́р <-а> *м* Velours *m*

ве́н|а <-ы> *ж* Vene *f;* **вскры́ть себе́ ве́ны** sich die Pulsadern aufschneiden

Ве́н|а <-ы> *ж* Wien *nt*

венге́рск|ий <-ая, -ое> *прил* ungarisch

венгр <ве́нгра> *м,* **венге́рк|а** <-и> *ж* Ungar(in) *m(f)*

Ве́нгри|я <-и> *ж* Ungarn *nt*

венери́ческ|ий <-ая, -ое> *прил* МЕД venerisch; **венери́ческая боле́знь** Geschlechtskrankheit *f;* **~ больно́й** Geschlechtskranke(r) *m*

венесуэ́|лец <-льца> *м,* **венесуэ́лк|а** <-и> *ж* Venezueler *m,* Venezuelerin *f*

вен|е́ц <-ца́> *м* **1.** *(ве́нок)* Kranz *m* **2.** *(коро́на)* Krone *f;* **терно́вый ~** РЕЛИГ Dornenkrone *f;* **идти́ под ~** sich kirchlich trauen lassen; **3.** *перен (блестя́щее заверше́ние)* Krönung *f,* Höhepunkt *m;* **коне́ц – де́лу ~** Ende gut, alles gut

вене́чн|ый <-ая, -ое> *прил* МЕД *(корона́рный)* Kranz-; **вене́чные сосу́ды** Kranzgefäße *ntpl;* **вене́чное кровообраще́ние** Koronarkreislauf *m*

ве́нзе|ль <-ля> *м* Monogramm *nt;* **писа́ть вензеля́** *(о пья́ном: идти́, шата́ясь)* torkeln

ве́ник <-а> *м* **1.** *(для по́ла)* Handfeger *m* **2.** *(ба́нный)* Rutenbesen *m*

вено́зн|ый <-ая, -ое> *прил* venös, Venen-; **вено́зная кровь** venöses Blut *nt;* **вено́зное давле́ние** Venendruck *m*

вен|о́к <-ка́> *м* Kranz *m;* **лавро́вый ~** Lorbeerkranz *m*

вентили́р|овать <-ую, -уешь> *нсв,* **провентили́ровать** *св прх* **1.** *(прове́трить)* lüften **2.** *перен (обсужда́ть)* erörtern, klären

ве́нти|ль <-ля> *м* ТЕХ, МУЗ Ventil *nt*

вентиля́тор <-а> *м* Ventilator *m*

венча́льн|ый <-ая, -ое> *прил* Trau-, Trauungs-; **венча́льные ко́льца** Trauring *m;* **~ обря́д** Trauung *f*

венча́ни|е <-я> *ср* Trauung *f*

венча́|ть <-ю, -ешь> *нсв,* **увенча́ть, обвенча́ть** *св прх* **1.** *(чем-л.)* krönen **2.** *перен (успе́шно заверша́ть)* krönen, erfolgreich zu Ende bringen **3.** *(соединя́ть бра́ком)* (kirchlich) trauen; **~ молоды́х** das junge Paar in der Kirche trauen

венча́|ться <-юсь, -ешься> *нсв,* **обвенча́ться** *св рефл* sich kirchlich trauen lassen; **та́йно ~ в це́ркви** sich heimlich in der Kirche trauen lassen

ве́нчурн|ый <-ая, -ое> *прил (иду́щий на риск)* Joint Venture; **ве́нчурные фи́рмы** Joint Venture-Firmen *fpl*

вепрь <ве́пря> *м* ЗООЛ Keiler *m;* *(ди́кий каба́н)* Wildschwein *nt*

ве́р|а <-ы> *ж* **1.** РЕЛИГ Glaube *m,* Religion *f;* **~ в Бо́га** Glaube an Gott **2.** *(уве́ренность)* Zuversicht *f* **3.** *(дове́рие)* Vertrauen *nt,* Glaube *m*

вера́нд|а <-ы> *ж* Veranda *f;* **застеклённая ~** verglaste Veranda *f*

ве́рб|а <-ы> *ж* Weide *f*

верба́|льный <-льная, -льное; -лен, -льна, -льно> *прил* ЛИНГВ verbal, mündlich

верблю́д <-а> *м* Kamel *nt;* **одного́рбый ~**

Dromedar *nt*

верблю́ж|ий <-ья, -ье> *прил* Kamel-; **верблю́жья шерсть** Kamelhaarwolle *f;* **~ корм** Kamelfutter *nt;* **верблю́жье одея́ло** Kamelhaardecke *f*

ве́рбн|ый <-ая, -ое> *прил* РЕЛИГ *(христиа́нский пра́здник)* Weiden-, Palm-; **ве́рбное воскресе́нье** Palmsonntag *m;* **ве́рбная неде́ля** Karwoche *f*

верб|ова́ть <-у́ю, -у́ешь> *нсв,* **завербова́ть** *св прх* anwerben

вербо́вк|а <-и> *ж* Werbung *f,* Anwerbung *f;* **~ покупа́телей** Akquisition *f*

верёвк|а <-и> *ж* Seil *nt,* Strick *m;* **бельева́я ~** Wäscheleine *f*

верди́кт <-а> *м* ЮР *(реше́ние суда́)* Urteil *nt;* **вы́нести оправда́тельный ~** ein rechtfertigendes Urteil sprechen

верени́ц|а <-ы> *ж* (lange) Reihe *f;* **~ автомоби́лей** Autoschlange *f*

ве́реск <-а> *м* Heidekraut *nt*

верете́ниц|а <-ы> *ж* ЗООЛ Blindschleiche *f*

верещ|а́ть <-у́, -и́шь> *нсв нпрх* meckern; *(насеко́мое)* zirpen; **кузне́чики вереща́т в траве́** die Grillen zirpen im Gras

верзи́л|а <-ы> *м и ж разг* Bohnenstange *f*

вери́г|а <-и> *ж устар* **1.** РЕЛИГ *(око́вы)* Kette *f* **2.** *(тюре́мные вери́ги)* Häftlingskette *f*

вери́тельн|ый <-ая, -ое> *прил* Beglaubigungs-; **вери́тельная гра́мота** Beglaubigungsschreiben *nt*

ве́р|ить <-ю, -ишь> *нсв,* **пове́рить** *св нпрх* glauben; *(дове́риться)* vertrauen; **~ кому́-л. на́ сло́во** jdm aufs Wort glauben; **тебе́ никто́ не пове́рит** niemand glaubt dir

верифика́ци|я <-и> *ж* Verifikation *f*

вермише́|ль <-ли> *ж* Fadennudeln *pl*

верниса́ж <-а> *м* Vernissage *f (Eröffnung einer Kunstausstellung)*

ве́рно *нрч* **1.** *(пра́вильно)* richtig; **э́то ~** das stimmt; **э́то, пожа́луй, ~** das mag stimmen **2.** *(пре́данно)* treu **3.** *(вероя́тно)* wahrscheinlich, wohl

ве́рнос|ть <-ти> *ж* **1.** *(пра́вильность)* Richtigkeit *f;* **для ве́рности** sicherheitshalber **2.** *(пре́данность)* Zuverlässigkeit *f,* Treue *f;* **храни́ть ~ кому́-л.** jdm treu bleiben

верн|у́ть <-у́, -ёшь> *св прх* zurückgeben

верн|у́ться <-у́сь, -ёшься> *св рефл* zurückkommen, zurückkehren

ве́р|ный <-ная, -ное; -ен, -на́, -но> *прил* **1.** *(пра́вильный)* richtig, wahr; **ве́рное замеча́ние** eine treffende Bemerkung *f* **2.** *(надёжный)* sicher, zuverlässig; **ве́рное сре́дство от чего́-л.** ein sicheres Mittel gegen +*akk* **3.** *(пре́данный)* treu; **оста́ться ве́рным себе́** sich [*o* seinen Prinzipien] treu bleiben

ве́ровани|е <-я> *ср* Glaube *m,* Religion *f*

вероисповеда́ни|е <-я> *ср* Glaubensbekenntnis *nt,* Konfession *f;* **свобо́да вероисповеда́ния** Religionsfreiheit *f*

вероло́м|ный <-ная, -ное; -ен, -на, -но> *прил* wortbrüchig, treulos

вероло́мств|о <-а> *ср* Verrat *m,* Treuebruch *m*

вероотсту́пник <-а> *м,* **вероотсту́пниц|а** <-ы> *ж устар* РЕЛИГ Abtrünnige(r) *f(m)*

веротерпи́мос|ть <-ти> *ж* Glaubensfreiheit *f*

вероя́тно *нрч* wahrscheinlich, vermutlich

вероя́тнос|ть <-ти> *ж* Wahrscheinlichkeit *f;* **~ успе́ха** Erfolgsrate *f;* **по всей вероя́тности** aller Wahrscheinlichkeit nach; **тео́рия вероя́тности** МАТ Wahrscheinlichkeitstheorie *f*

вероя́т|ный <-ная, -ное; -ен, -на, -но> *прил* wahrscheinlich, vermutlich

ве́рси|я <-и> *ж (разнови́дность, вариа́нт)* Version *f,* Fassung *f;* **согла́сно официа́льной ве́рсии** der offiziellen Version zufolge; **по друго́й ве́рсии** nach einer anderen Auslegung [*o* Auffassung]

верст|а́ <-ы́> *ж alte russische Längeneinheit = 1,06 km;* **за версту́** in großer Entfernung; **коло́менская ~** Bohnenstange *f*

верста́к <-а́> *м (рабо́чий стол)* Werkbank *f,* Hobelbank *f*

верста́|ть <-ю, -ешь> *нсв,* **сверста́ть** *св прх (текст)* umbrechen

вёрстк|а <-и> *ж (текст)* Umbruch *m,* Korrekturfahne *f*

ве́ртел <-а> *м* Bratspieß *m;* **жа́рить дичь на ве́ртеле** Wild am Spieß braten

верте́п <-а> *м* **1.** ИСТОР *(передвижно́й ку́кольный теа́тр)* Wanderpuppentheater *nt* **2.** *(прито́н)* Lasterhöhle *f*

вер|те́ть <-чу́, -ти́шь> *нсв (н)прх* **1.** *(крути́ть)* (hin und her) drehen **2.** *разг (распоряжа́ться кем-л.)* mit jdm nach Belieben [*o* Laune] verfahren; **она́ верте́ла им, как хоте́ла** sie machte mit ihm, was sie wollte

вер|те́ться <-чу́сь, -ти́шься> *нсв рефл* **1.** *(крути́ться)* sich drehen, rotieren **2.** *разг (слоня́ться)* sich herumtreiben, sich ständig (irgendwo) befinden; **~ на языке́ у кого́-л.** jdm auf der Zunge liegen

вертика́льн|ый <-ая, -ое> *прил* vertikal, senkrecht; **вертика́льная диверсифика́ция** ЭКОН vertikale Diversifikation *f;* **~ трест** ЭКОН Vertikaltrust *m*

вёрт|кий <-кая, -кое; -ок, -ка́, -ко> *прил* sehr beweglich, wendig, agil

вертихво́стк|а <-и> *ж разг (ве́треная же́нщина)* leichtsinnige Kokette *f*

вертля́в|ый <-ая, -ое; -, -а, -о> *прил* zappelig, unruhig

вертолёт <-а> *м* Hubschrauber *m*

вертопра́х <-а> *м разг (несерьёзный челове́к)* Luftikus *m (leichtsinniger unzuverlässiger Mensch)*

вертушк|а <-и> *ж разг* **1.** тех *(прибор для измерения количества воды)* Wasserzähler *m* **2.** *(игрушка)* Karussell *nt* **3.** *(о легкомысленном человеке)* leichtsinniger Mensch *m* **4.** *(дверь)* Drehtür *f*

верующ|ий <-ая, -ее> *м* религ Gläubige(r) *f(m)*

верфь <верфи> *ж* мор Werft *f*

верх <верха *или* верху> *м* **1.** *(верхняя часть)* oberer Teil *m,* Spitze *f;* **на верху** an der Spitze, ganz oben **2.** авто Verdeck *nt* **3.** *перен (высшая степень)* Höhepunkt *m,* Gipfel *m;* **это ~ наглости** *разг* das geht auf keine Kuhhaut; **брать ~** die Oberhand gewinnen

верхненемецк|ий <-ая, -ое> *прил* hochdeutsch

верхн|ий <-яя, -ее> *прил* obere, Ober-; **верхняя палата** пол Oberhaus *nt;* **~ предел исчисления страховых взносов** Beitragsbemessungsgrenze *f;* **~ предел цен** Preisobergrenze *f*

верховенств|о <-а> *ср книжн (господство)* Herrschaft *f*

верховн|ый <-ая, -ое> *нрч* oberst, höchst; **верховная судебная палата** Oberster Gerichtshof *m;* **Верховный Совет** Oberster Sowjet *m*

верхово|дить <-жу, -дишь> *нсв прх (руководить)* leiten, anführen; **~ ребятами в классе** die Kinder in der Klasse anführen

верхов|ой <-ая, -ое> *прил* Reit-; **верховая езда** Reiten *nt*

верховь|е <-я> *ср* Oberlauf *m;* **в верховьях Волги** am Oberlauf der Wolga

верхом *нрч* zu Pferde; **ехать ~** reiten

верхушк|а <-и> *ж* Spitze *f; (дерева)* Wipfel *m;* **правящая ~** Führungsspitze *f*

вершин|а <-ы> *ж* **1.** *(верхняя часть)* Gipfel *m,* Spitze *f* **2.** *(дерева)* Wipfel *m* **3.** мат Scheitel *m* **4.** *перен (кульминация)* Höhepunkt *m*

верш|ить <-у, -ишь> *нсв прх* **1.** *книжн (кончить)* entscheiden, verfügen **2.** *(управлять)* Macht ausüben

верш|ок <-ка> *м (мера длины)* alte russische Längeneinheit = 4,4 cm; **от горшка два вершка** kleiner Mensch *m*

вес <веса *или* весу> *м* **1.** *(тяжесть)* Gewicht *nt,* Masse *f;* **~ без тары** Eigengewicht *nt;* **~ нетто** Nettogewicht *nt;* **~ тары** Tara *f;* **~ упаковки** Verpackungsgewicht *nt;* **быть на весу** *перен* in der Schwebe sein **2.** *перен (значение)* Geltung *f,* Bedeutung *f;* **иметь большой ~** einen hohen Stellenwert haben; **на ~ золота** Goldes wert

веселе|ть <-ю, -ешь> *нсв,* **повеселеть** *св нпрх* lustig werden, erheitern; **девочка быстро повеселела** das Mädchen gewann schnell ihre gute Laune zurück

весел|ить <-ю, -ишь> *нсв,* **развеселить** *св прх* aufheitern, aufmuntern; **~ публику шутками** das Publikum in Stimmung bringen

весел|иться <-юсь, -ишься> *нсв рефл* sich vergnügen, sich amüsieren

весёлк|а <-и> *ж (лопатка для теста)* Rührlöffel *m;* **выложить смесь весёлкой** Teig mit dem Rührlöffel ausbreiten

весёлос|ть <-ти> *ж* Heiterkeit *f*

весёл|ый <-ая, -ое; весел, весела, весело> *прил* lustig, fröhlich, heiter; **мне весело** mir ist froh zumute

весель|е <-я> *ср* Frohsinn *m,* Fröhlichkeit *f*

весельн|ый <-ая, -ое> *прил* Ruder-; **весельная лодка** Ruderboot *nt*

весельчак <-а> *м разг* Spaßvogel *m*

весенн|ий <-яя, -ее> *прил* Frühlings-, Frühjahrs-

ве|сить <-шу, -сишь> *нсв нпрх* wiegen, Gewicht haben

вес|кий <-ая, -ое; -ок, -ка, -ко> *прил* schwerwiegend, stichhaltig; **сказать своё веское слово** ein Machtwort sprechen

весл|о <-а> *ср* Ruder *nt*

весн|а <-ы> *ж* Frühling *m,* Frühjahr *nt*

весной *нрч* im Frühling

веснушк|а <-и> *ж* Sommersprosse *f*

веснушчат|ый <-ая, -ое> *прил* sommersprossig

весовщик <-а> *м,* **весовщиц|а** <-ы> *ж* Wiegemeister *m,* Wiegemeisterin *f*

весом|ый <-ая, -ое; -, -а, -о> *прил* gewichtig; **весомые успехи** spürbare Erfolge *mpl*

вестерн <-а> *м* Westernfilm *m;* **смотреть американские вестерны** sich amerikanische Westernfilme ansehen

вести <веду, ведёшь> *нсв прх* **1.** *(руководить, заведовать)* führen; **~ заседание** eine Sitzung leiten; **~ переговоры** verhandeln; **~ торговлю** handeln; **~ хозяйство** wirtschaften **2.** *(автомобиль)* führen, lenken **3.** *только в 3 л* führen; **куда ведёт эта дорога?** wohin führt dieser Weg? **4.** *(поступать каким-нибудь образом)* sich aufführen, sich benehmen; **веди себя как следует!** benimm dich anständig!

вестибулярн|ый <-ая, -ое> *прил* анат vestibulär; **~ аппарат** Gleichgewichtsorgan *nt*

вестибю|ль <-ля> *м* Vestibül *nt*

ве|стись <-дусь, -дёшься> *нсв,* **повестись** *св рефл* **1.** *(начать осуществляться)* beginnen; **сначала у нас дела повелись плохо** zuerst lief es nicht gut **2.** *неодобр, разг (дружить)* sich befreunden; **с кем поведёшься, от того и наберёшься** gleich und gleich gesellt sich gern **3.** *разг (быть принятым)* üblich sein; **так уж у нас ведётся** so ist es bei uns Sitte

вестник <-а> *м* Bote *m*

вестов|ой **I.** <-ая, -ое> *прил устар* Signal-, Alarm- **II.** <-ого> *м* воен Ordonnanz *f*

весть <вéсти> *ж* Nachricht *f,* Botschaft *f;* **подавáть о себé вéсти** von sich hören lassen; **пропáсть бéз вести** verschollen sein, vermisst werden

i Land & Leute

Die beiden großen Fernsehkanäle Russlands – „das Öffentliche Russische Fernsehen" (das ORT) und „die Staatliche Fernsehgesellschaft – der Fernsehkanal Russlands" (die GTK) – wurden nach dem Zerfall der UdSSR neu gegründet und strahlen ihre Sendungen aus Moskau über ganz Russland und die ehemaligen Sowjetrepubliken aus. **Ihre Nachrichtensendungen** sind für viele Fernsehzuschauer ein Muss. Diejenigen der GTK heißen „**Вести**" („Nachrichten") – im Unterschied von seinen neutralen, seit der Sowjetzeit üblichen Synonymen „**новости**" und „**известия**" mutet dieses Wort, wie auch die fliegende Troika als Vorschaubild, sehr „russisch" an. **Die Nachrichtensendungen des ORT** heißen „**Время**" („Die Zeit") – diesen Namen und die das Vorschaubild begleitende Musik übernahm das Öffentliche Russische Fernsehen von seinem Vorgänger aus der Sowjetzeit, dem „Ostankino". Die beiden Fernsehkanäle gelten unter Zuschauern als Sprachrohre der Regierung (bei der Aktiengesellschaft ORT besitzt der Staat 49% der Aktien).

вес|ы́ <-óв> *мн* Waage *f*

весь <всегó> *мест* alle(s), ganz; **по всей Еврóпе** in ganz Europa; **в э́том он весь** das ist ganz seine Art

весьмá *нрч (óчень)* sehr, ziemlich, überaus, recht; **~ вероя́тно, что …** es ist durchaus möglich, dass …; **в ~ слóжной обстанóвке** in einer ziemlich komplizierten Situation

ветви́ст|ый <-ая, -ое; -, -а, -о> *прил* verzweigt; **ветви́стое дéрево** verzweigter Baum *m;* **ветви́стые рогá** verästelte Hörner *pl*

ветв|и́ться <-ю́сь, -и́шься> *нсв рефл* sich verzweigen; **молодóй ствол клёна ветви́тся** der junge Ahornbaum verzweigt sich

ветвь <вéтви> *ж* **1.** *(вéтка)* Ast *m,* Zweig *m* **2.** *перен (óтрасль)* Zweig *m,* Branche *f*

вéт|ер <-ра> *м* Wind *m;* **на ветрý** im Wind; **попýтный ~** günstiger Wind; **держáть нос пó ветру** *перен* seine Fahne nach dem Wind drehen; **не бросáть слов на ~** zu seinem Wort stehen

ветерáн <-а> *м* **1.** *(óпытный вóин)* Veteran *m;* **~ войны́** Kriegsveteran *m* **2.** *(заслýженный рабóтник)* verdienter Arbeiter *m;* **~ наýки** verdienter Wissenschaftler *m*

ветеринáр <-а> *м* Tierarzt *m,* Tierärztin *f*

ветер|óк <-кá> *м* leichter Wind *m*

вéтк|а <-и> *ж* **1.** *(дéрева)* kleiner Zweig *m* **2.** ТРАНСП Zweigbahn *f,* Industriegleis *nt* **3.** *перен (ответвлéние)* Abzweigung *f*

ветл|á <-ы> *ж (серебри́стая и́ва)* Silberweide *f*

вéто <неизм> *ср* Veto *nt,* Einspruch *m;* **наклáдывать ~ на что-л.** Einspruch erheben gegen *+akk*

вéто|шь <-ши> *ж (изнóшенная одéжда)* abgetragenes Kleidungsstück *nt*

вéтрен|ый <-ая, -ое; -, -а, -о> *прил* **1.** *(погóда)* windig **2.** *перен (легкомы́сленный)* flatterhaft, leichtfertig

ветрóвк|а <-и> *ж* Blouson *m,* Windjacke *f*

ветров|óй <-áя, -óе> *прил* Wind-; **ветровáя эрóзия пóчвы** Winderosion *f;* **ветровóе стеклó** Windschutzscheibe *f*

вéтр|ы <-ов> *мн* Winde *pl, вульг* Furz *m;* **выпускáть ~** pupsen, furzen

ветря́нк|а <-и> *ж разг (ветрянáя óспа)* Windpocken *pl*

ветрян|óй <-áя, -óе> *прил* Wind-; **~ дви́гатель** Windkraftanlage *f;* **ветрянáя мéльница** Windmühle *f*

вéтрян|ый <-ая, -ое> *прил* **вéтряная óспа** МЕД Windpocken *pl*

вéтхи|й <-ая, -ое; -, -á, -о> *прил* **1.** *(пострóйка)* baufällig **2.** *(дря́хлый)* gebrechlich, alt; **~ завéт** РЕЛИГ Altes Testament *nt*

вéтхос|ть <-ти> *ж* **1.** *(стáрость)* Alter *nt* **2.** *(дря́хлость)* Altersschwäche *f* **3.** *(пострóйки)* Baufälligkeit *f*

ветчин|á <-ы́> *ж* Schinken *m; мн* Schinkensorten *pl*

вéх|а <-и> *ж перен* Markstein *m,* Meilenstein *m;* **~ в истóрии страны́** ein Markstein in der Geschichte des Landes

вéчер <-а> *м* **1.** *(часть сýток)* Abend *m;* **под ~** gegen Abend; **дóбрый ~!** guten Abend!; **ещё не ~** man soll den Tag nicht vor dem Abend loben **2.** *(мероприя́тие)* Abendveranstaltung *f*

вечерé|ть <-ю, -ешь> *нсв,* **свечерéть** *св нпрх* dämmern; **день вечерéет** ПОЭТ die Abenddämmerung bricht herein

вечери́нк|а <-и> *ж* Abendgesellschaft *f,* Party *f;* **~ наканýне свáдьбы** Polterabend *m*

вечёрк|а <-и> *ж* Abendzeitung *f;* **помести́ть объявлéние в вечёрке** Anzeige in einer Abendzeitung veröffentlichen

вечéрн|ий <-яя, -ее> *прил* abendlich, Abend-; **вечéрняя заря́** Abendrot *nt*

вечéрн|я <-и> *ж* РЕЛИГ Abendandacht *f,* Vesper *f*

вéчером *нрч* abends, am Abend

вечéр|я <-и> *ж церксл* Abendmahlzeit *f,* Abendbrot *nt;* **Тáйная ~** РЕЛИГ Heiliges Abendmahl *nt*

ве́чно *нрч* **1.** *(в тече́ние веко́в)* ewig; **ничто́ не ~ под луно́й** nichts währt ewig **2.** *разг (о́чень ча́сто)* ewig, ständig, dauernd; **~ ты меша́ешься под нога́ми** du stehst mir dauernd im Weg

ве́чнос|ть <-ти> *ж* Ewigkeit *f*

ве́ч|ный <-ная, -ное; -ен, -на, -но> *прил* **1.** *(не перестаю́щий существова́ть)* ewig; **ве́чная дру́жба** ewige Freundschaft *f* **2.** *(бессро́чный)* zeitlos

ве́шалк|а <-и> *ж* **1.** *(крючо́к)* Kleiderhaken *m* **2.** *(пле́чики)* Kleiderbügel *m* **3.** *(у пла́тья)* Aufhänger *m*

ве́ша|ть[1] <-ю, -ешь> *нсв,* **пове́сить** *св прх* **1.** *и перен* hängen; **не ве́шай го́лову!** lass den Kopf nicht hängen! **2.** *(подве́шивать, разве́шивать)* aufhängen; **~ телефо́нную тру́бку** den Hörer auflegen **3.** *(казни́ть)* erhängen

ве́ша|ть[2] <-ю, -ешь> *нсв,* **све́шать** *св прх разг* abwiegen, wägen

ве́ша|ться[1] <-юсь, -ешься> *нсв,* **пове́ситься** *св рефл* sich erhängen, sich aufhängen

ве́ш|аться[2] <-юсь, -ешься> *нсв,* **све́шаться** *св рефл разг* sich wiegen

ве́шн|ий <-яя, -ее> *прил* поэт Frühlings-

веща́ни|е <-я> *ср (трансля́ция)* Sendung *f;* **радио~** Rundfunksendung *f*

веща́|ть <-ю, -ешь> *нсв,* **провеща́ть** *св (н)прх (передава́ть)* senden; **~ по ра́дио** im Rundfunk senden

вещев|о́й <-а́я, -о́е> *прил* Inventar-; **~ скла́д** Zeugkammer *f;* **~ мешо́к** Inventarsack *m*

веще́ственн|ый <-ая, -ое> *прил* **1.** экон materiell; **~ капита́л** Sachkapital *nt* **2.** хим stofflich

веществ|о́ <-а́> *ср* Stoff *m,* Substanz *f*

вещи́зм <-а> *м* Konsumdenken *nt*

ве́щ|ий <-ая, -ее> *прил (проро́ческий)* prophetisch; **ве́щие слова́** prophetische Wörter *ntpl*

ве́щн|ый <-ая, -ое> *прил* юр materiell; **ве́щное пра́во** materielles Recht *nt,* Sachenrecht *nt,* dingliches Recht *nt*

вещь <ве́щи> *ж* Ding *nt,* Sache *f;* **~ в себе́** филос das Ding an sich

ве́ялк|а <-и> *ж (маши́на для очи́стки зерна́)* Worfelmaschine *f,* Sichter *m*

ве́яни|е <-я> *ср* geistige Strömung *f,* Tendenz *f;* **~ мо́ды** Modetrend *m*

ве́|ять <-ю, -ешь> *нсв,* **пове́ять** *св нпрх* wehen; **ве́тер ве́ет** der Wind weht; **от него́ ве́яло хо́лодом** *перен* er strahlte Kälte aus

вжива́|ться <-юсь, -ешься> *нсв,* **вжи́ться** *св рефл* sich hineinversetzen; **~ в свою́ роль** sich in eine Rolle hineinversetzen

взад *нрч* zurück; **~ и вперёд** vor und zurück, hin und her

взаимнос|ть <-ти> *ж* **1.** *(взаи́мное согла́сие)* Gegenseitigkeit *f;* **что-л. осно́вано на взаи́мности** etw beruht auf Gegenseitigkeit **2.** *(взаи́мная любо́вь)* Gegenliebe *f;* **не встреча́ть взаи́мности** nicht auf Gegenliebe stoßen

взаи́м|ный <-ная, -ное; -ен, -на, -но> *прил* gegenseitig; **взаи́мная внешнеторго́вая сде́лка** Gegenseitigkeitsgeschäft *nt;* **взаи́мная юриди́ческая сде́лка** gegenseitiges Rechtsgeschäft *nt;* **взаи́мное исполне́ние обяза́тельств** Gegenleistung *f;* **~ зачёт тре́бований** Forderungsverrechnung *f*

взаимо- *пе́рвая составна́я часть сло́ва* gegenseitig

взаимовы́годн|ый <-ая, -ое> *прил* gegenseitig vorteilhaft

взаимоде́йстви|е <-я> *ср* **1.** *(согласо́ванность де́йствия)* Zusammenwirken *nt* **2.** *(взаимообусло́вленность)* Wechselwirkung *f*

взаимоде́йств|овать <-ую, -уешь> *нсв нпрх* zusammenwirken

взаимозави́симос|ть <-ти> *ж* Abhängigkeit *f,* Interdependenz *f*

взаимозаменя́емос|ть <-ти> *ж* Substituierbarkeit *f,* gegenseitige Vertretung *f*

взаимоотноше́ни|е <-я> *ср* Wechselbeziehung *f;* **взаимоотноше́ния челове́ка и живо́тных** die Beziehung zwischen Mensch und Tier

взаимопо́мо|щь <-щи> *ж* gegenseitige Hilfe *f*

взаимопонима́ни|е <-я> *ср* gegenseitiges Einvernehmen *nt;* **~ ме́жду наро́дами** Völkerverständigung *f*

взаимосвя́|зь <-зи> *ж* Wechselbeziehung *f,* Zusammenhang *m*

взаймы́ *нрч* leihweise; **брать ~** borgen, entleihen; **дава́ть ~** verborgen, verleihen

взаме́н *предл с род* anstatt *+gen,* anstelle *+gen*

взаперти́ *нрч* eingesperrt, hinter Schloss und Riegel

взапра́вду *нрч* wirklich; **~ так и бы́ло** so war es wirklich

вза́пуски *нрч* um die Wette

взатя́жку *нрч* in Lungenzügen; **кури́ть ~** auf Lunge rauchen

взба́дрива|ть <-ю, -ешь> *нсв,* **взбодри́ть** *св прх* **1.** *(освежи́ть)* erfrischen; **холо́дный душ взба́дривает** eine kalte Dusche erfrischt immer **2.** *(прида́ть сме́лости)* ermutigen; **~ до́брым сло́вом** mit guten Worten ermutigen

взбаламу́|тить <-чу, -тишь> *св прх разг см.* **баламу́тить**

взба́лмошн|ый <-ая, -ое> *прил* **1.** *(неуравнове́шенный)* unausgeglichen **2.** *(непредсказу́емый)* unberechenbar

взба́лтыва|ть <-ю, -ешь> *нсв,* **взболта́ть**

св прх schütteln

взбегá|ть <-ю, -ешь> *нсв,* **взбежáть** *св нпрх* hinauflaufen

взбе|сúть <-шу́, -ишь> *св прх см.* **бесúть**

взбе|сúться <-шусь, -сишься> *св рефл см.* **бесúться**

взбешён|ный <-ная, -ное; -, -á, -ó> *прил разг* wütend, fuchsteufelswild

взбивá|ть <-ю, -ешь> *нсв,* **взбить** *св прх* rühren, schlagen; **~ поду́шки** Kissen aufschütteln; **~ слúвки** Sahne schlagen

взбирá|ться <-юсь, -ешься> *нсв,* **взобрáться** *св рефл* hinaufklettern; **~ на гóру** auf einen Berg steigen

взбúт|ый <-ая, -ое; -, -а, -о> *прил* schaumig, steif geschlagen; **взбúтые слúвки** steif geschlagene Sahne *f;* **спать на взбúтых поду́шках** auf aufgeschlagenen Kissen schlafen

взбить <взобью́, взобьёшь> *св прх см.* **взбивáть**

взбодр|úть <-ю́, -úшь> *св прх см.* **взбáдривать**

взболт|áть <-у́ю, -у́ешь> *св нпрх см.* **взбáлтывать**

взбороз|дúть <-жу́, -дúшь> *св прх см.* **бороздúть**

взборон|úть <-ю, -ишь> *св прх см.* **боронúть**

взбредá|ть <-ю́, -ешь> *нсв,* **взбрестú** *св нпрх* hinaufklettern, hinaufsteigen; **~ на пригóрки** *(поднятьcя)* den kleinen Hügel hinaufklettern; **~ в гóлову** *перен* einfallen

взбудорáж|ить <-у, -ишь> *св прх см.* **будорáжить**

взбунт|овáться <-у́юсь, -у́ешься> *св рефл см.* **бунтовáть**

взбу́чк|а <-и> *ж разг (наказáние, вы́говор)* Tadel *m;* **получúть взбу́чку** Rüge bekommen; **задáть взбу́чку** jdn bestrafen

взвáлива|ть <-ю, -ешь> *нсв,* **взвалúть** *св прх* **1.** *(на спúну)* aufladen **2.** *(возложúть что-л. на когó-л.)* aufbürden

взвé|сить <-шу, -сишь> *св прх см.* **взвéшивать**

взве|стú <-ду́, -дёшь> *св прх см.* **взводúть**

взвéшеннос|ть <-ти> *ж* Ausgewogenheit *f*

взвéшен|ный <-ная, -ное; -, -а, -о> *прил* überlegt, durchdacht; **~ отвéт** überlegte Antwort *f*

взвéшива|ть <-ю, -ешь> *нсв,* **взвéсить** *св прх* **1.** *(определять вес)* abwiegen **2.** *перен (обду́мывать)* erwägen, abwägen; **~ все за и прóтив** das Für und Wider abwägen

взвéшива|ться <-юсь, -ешься> *нсв,* **взвéситься** *св рефл* sich wiegen

взвивá|ть <-ю, -ешь> *нсв,* **взвить** *св прх* aufwirbeln; **вéтер взвил пыль на дорóге** der Wind wirbelte den Staub auf dem Weg auf

взвивá|ться <-юсь, -ешься> *нсв,* **взвúться** *св рефл* sich umdrehen, sich schlängeln; **на флагштóке корабля́ взвúлся флаг** eine Flagge flattert am Schiffspylon

взвúзгив|ать <-ю, -ешь> *нсв,* **взвúзгнуть** *св нпрх* aufkreischen, quieken; **~ от бóли** vor Schmerz winseln

взвин|тúть <-чу́, -тúшь> *св прх см.* **взвúнчивать**

взвúнчивани|е <-я> *ср перен* Hochschrauben *nt;* **~ цен** Preistreiberei *f*

взвúнчива|ть <-ю, -ешь> *нсв,* **взвинтúть** *св прх* sich aufregen, reizen; **не стóит ~ себя́ из-за пустякóв** *(напрягáться)* reg dich wegen solcher Kleinigkeiten nicht auf; **~ нéрвы** die Nerven reizen

взвить <взовью́, взовьёшь> *св прх см.* **взвивáть**

взвúться <взовью́сь, взовьёшься> *св рефл см.* **взвивáться**

взвод <взвóда> *м* ВОЕН Zug *m*

взво|дúть <-жу́, -дишь> *нсв,* **взвестú** *св прх* hinaufführen; **~ поклёп на когó-л.** jdn grundlos beschuldigen, jdn verleumden

взвóдн|ый I. <-ая, -ое> *прил* ВОЕН Zug-; **~ командúр** Zugführer *m* **II.** <-ого> *м* Zugführer *m;* **доклáдывать взвóдному** dem Zugführer berichten

взволнóван|ный <-ная, -ное; -, -на, -но> *прил* aufgeregt, erregt

взволн|овáть <-у́ю, -у́ешь> *св прх см.* **волновáть**

взвывá|ть <-ю, -ешь> *нсв,* **взвы́ть** *св нпрх* zu heulen [*о* weinen] anfangen; **взвы́ли сирéны** die Sirenen fingen an zu heulen; **~ от отчáяния и бóли** vor Verzweiflung und Schmerz anfangen zu weinen

взгляд <-а> *м* **1.** *(напрáвленность зрéния)* Blick *m;* **на пéрвый ~, с пéрвого взгля́да** auf den ersten Blick **2.** *перен (тóчка зрéния)* Ansicht *f,* Meinung *f;* **на мóй ~** meiner Meinung nach, meines Erachtens

взгля́дыва|ть <-ю, -ешь> *нсв,* **взгляну́ть** *св нпрх (на когó-л./что-л.)* anblicken, betrachten; **дáй мне ~!** lass mich mal sehen!

взгóрь|е <-я> *ср разг (холм)* Hügel *m;* **посёлок на ~** eine Siedlung am Hügel

взгревá|ть <-ю, -ешь> *нсв,* **взгреть** *св прх разг (сдéлать вы́говор)* ausschimpfen, einheizen

взгромождá|ться <-юсь, -ешься> *нсв,* **взгромоздúться** *св рефл* sich werfen; **~ на вéрхнюю пóлку в купé** *(влезть с трудóм)* sich aufs oberste Bett im Schlafabteil fallen lassen

взгрустн|у́ть <-у́, -ёшь> *св нпрх* Sehnsucht bekommen; **~ по ю́ношеской порé** Sehnsucht nach seiner Jugendzeit bekommen; **~ о былóм** der Vergangenheit nachtrauern

вздёргива|ть <-ю, -ешь> *нсв,* **вздёрнуть** *св прх (повéсить)* (an)hängen; *(задрáть)* hochziehen, hochtragen; ~ **на ви́селицу** an den Galgen hängen

вздёрнут|ый <-ая, -ое> *прил* ~ **но́сик** Stupsnase *f*

вздёрн|уть <-у, -ешь> *св прх см.* **вздёргивать**

вздор <вздо́ра> *м* Unsinn *m,* dummes Zeug *nt*

вздо́р|ить <-ю, -ишь> *нсв,* **повздо́рить** *св нпрх разг* sich zanken, streiten; **они́ бы́ло повздо́рили, но пото́м успоко́ились** fast hätten sie sich gestritten, dann haben sie sich aber beruhigt

вздо́р|ный <-ная, -ное; -ен, -на, -но> *прил* **1.** *(неле́пый)* unsinnig, töricht **2.** *(задири́стый)* zänkisch, streitsüchtig

вздорожа́|ть <-ю, -ешь> *св нпрх см.* **дорожать**

вздох <вздо́ха> *м* Seufzer *m;* ~ **облегче́ния** erleichtertes Aufatmen *nt;* **до после́днего вздо́ха** bis zum letzten Atemzug

вздохн|у́ть <-у́, -ешь> *св нпрх см.* **вздыха́ть**

вздра́гива|ть <-ю, -ешь> *нсв,* **вздро́гнуть** *св нпрх* zusammenzucken, auffahren

вздремн|у́ть <-у́, -ёшь> *св нпрх разг* ein Schläfchen machen

вздро́гн|уть <-у, -ешь> *св нпрх см.* **вздра́гивать**

вздува́|ть <-ю, -ешь> *нсв,* **взду́ть** *св прх* **1.** *(подня́ть дунове́нием)* aufwirbeln; ~ **облака́ пы́ли** eine Staubwolke aufwirbeln **2.** *разг (си́льно увели́чить)* aufpumpen; ~ **це́ны на ры́нке** die Marktpreise hochschrauben; ~ **за прока́зы** *перен* jdn wegen schlechten Benehmens bestrafen

вздува́|ться <-юсь, -ешься> *нсв,* **взду́ться** *св рефл* **1.** МЕД schwellen, anschwellen **2.** *(це́ны)* übermäßig ansteigen

взду́ма|ть <-ю, -ешь> *св прх* etw vorhaben; **не взду́май!** denke nicht einmal daran!

взду́ма|ться <-ется> *св безл, только 3 л* einfallen, in den Sinn kommen; **ему́ взду́малось прогуля́ться** er wollte auf einmal spazieren gehen; **как ему́ взду́мается** wie es ihm gerade einfällt

взду́ти|е <-я> *ср* МЕД Blähung *f*

взду́т|ый <-ая, -ое; -, -а, -о> *прил* geschwollen; **взду́тая от бо́ли щека́** geschwollene Wange *f;* **взду́тые це́ны на това́ры** *(завы́шенные)* hochgeschraubte Warenpreise *fpl*

взду́|ть <-ю, -ешь> *св прх см.* **вздува́ть**

взду́|ться <-юсь, -ешься> *св рефл см.* **вздува́ться**

вздыха́|ть <-ю, -ешь> *нсв,* **вздохну́ть** *св нпрх* **1.** *(де́лать вздо́хи)* seufzen **2.** *(грусти́ть, тоскова́ть)* sich sehnen nach +*dat*

взима́ни|е <-я> *ср* АДМ Einziehung *f,* Erhebung *f;* ~ **нало́га с при́были** Gewinneinbehaltung *f;* ~ **нало́гов** Steuereintreibung *f;* ~ **проце́нтов с капита́ла** Kapitalverzinsung *f;* ~ **тамо́женной по́шлины** Zollerhebung *f*

взима́|ть <-ю, -ешь> *нсв прх* erheben, einziehen; ~ **нало́ги** Steuern einziehen

взира́|ть <-ю, -ешь> *нсв,* **воззре́ть** *св нпрх (на что́-л./кого́-л.)* anschauen, ansehen

взла́мыва|ть <-ю, -ешь> *нсв,* **взлома́ть** *св прх* aufbrechen, einbrechen; ~ **замо́к** ein Schloss aufbrechen; ~ **програ́мму** ИНФОРМ ein Computerprogramm knacken

взлёт <взлёта> *м* **1.** *(самолёта)* Start *m,* Abflug *m* **2.** ЭКОН *(подъём)* Aufschwung *m;* ~ **спро́са** Nachfrageboom *m*

взлеле́|ять <-ю, -ешь> *св прх см.* **леле́ять**

взлета́|ть <-ю, -ешь> *нсв,* **взлете́ть** *св нпрх* starten, aufsteigen; ~ **на во́здух** *и перен* in die Luft gehen, explodieren

взлётн|ый <-ая, -ое> *прил* Start-, Flug-; **взлётная по́лоса** Startrampe *f*

взлом <взло́ма> *м* Einbruch *m;* **защищённый от взло́ма** einbruchsicher; **кра́жа со взло́мом** Einbruchsdiebstahl *m*

взлома́|ть <-ю, -ешь> *св прх см.* **взла́мывать**

взма́лива|ться <-юсь, -ешься> *нсв,* **взмоли́ться** *св рефл* flehen; **взмоли́ться о поща́де** um Gnade flehen

взмах <взма́ха> *м* Schwung *m,* Schwingen *nt;* ~ **кры́льев** Flügelschlag *m*

взма́хив|ать <-ю, -ешь> *нсв,* **взмахну́ть** *св нпрх* schwenken, schwingen; ~ **кры́льями** mit den Flügeln schlagen

взмока́|ть <-ю, -ешь> *нсв,* **взмо́кнуть** *св нпрх* durchnässen, nass werden; ~ **от напряже́ния** vor Anspannung schwitzen

взмол|и́ться <-ю́сь, -ишься> *св рефл см.* **взма́ливаться**

взмо́рь|е <-я> *ср* **1.** *(пляж)* Strand *m* **2.** *(побере́жье)* Küste *f*

взмыва́|ть <-ю, -ешь> *нсв,* **взмыть** *св нпрх* hochfliegen; ~ **под облака́** sich schnell zu den Wolken erheben; **раке́та взмы́ла над мо́рем** die Rakete erhob sich schnell über das Meer

взмы́ленн|ый <-ая, -ое> *прил* schaumbedeckt, verschwitzt; ~ **конь** schaumbedecktes Pferd *nt;* **пришёл домо́й весь** ~ er kam ganz verschwitzt nach Hause

взмы́лива|ть <-ю, -ешь> *нсв,* **взмы́лить** *св прх* einseifen, mit Schaum bedecken

взм|ы́ть <-о́ю, -о́ешь> *св нпрх см.* **взмыва́ть**

взнос <взно́са> *м* **1.** *(внесе́ние пла́ты)* Einzahlung *f,* Zahlung *f* **2.** *(вноси́мые де́ньги)* Beitrag *m;* **благотвори́тельный** ~ Spende *f;* ~ **по амортиза́ции до́лга** Tilgungsrate *f*

взобра́ться <взберу́сь, взберёшься> *св*

рефл см. **взбира́ться**

взой|ти́ <-ду́, -дёшь> *св нпрх см.* **всходи́ть**

взор <взо́ра> *м книжн* Blick *m;* **обраща́ть свой ~ы куда́-л./на что-л.** seinen Blick auf etw *akk* richten; **поту́пить ~** den Blick senken

взорв|а́ть <-у́, -ёшь> *св прх см.* **взрыва́ть**

взорв|а́ться <-у́сь, -ёшься> *св рефл см.* **взрыва́ться**

взра́щива|ть <-ю, -ешь> *нсв,* **взрасти́ть** *св прх* **1.** *(разводи́ть)* züchten **2.** *(расти́ть)* großziehen **3.** *(тала́нты)* fördern

взрев|е́ть <-у́, -ешь> *св нпрх* laut aufbrüllen; **простре́ленный зверь взреве́л от бо́ли** das getroffene Tier brüllte vor Schmerzen laut auf

взросле́|ть <-ю, -ешь> *нсв,* **повзросле́ть** *св нпрх* erwachsen werden

взро́сл|ый **I.** <-ая, -ое> *прил* erwachsen **II.** <-ого> *м* Erwachsene(r) *f(m)*

взрыв <взры́ва> *м* Explosion *f,* Detonation *f; перен (сме́ха, негодова́ния) plötzlicher geräuschvoller Ausbruch;* **~ аплодисме́нтов** Beifallssturm *m;* **~ изде́ржек** Kostenexplosion *f*

взрыва́те|ль <-ля> *м воен* Zünder *m;* **~ мгнове́нного де́йствия** Beschleunigungszünder

взрыва́|ть <-ю, -ешь> *нсв,* **взорва́ть** *св нпрх* sprengen; *перен (возмуща́ть)* empören, aus der Fassung bringen

взрыва́|ться <-юсь, -ешься> *нсв,* **взорва́ться** *св рефл* explodieren; *перен (выходи́ть из себя́)* vor Ärger in die Luft gehen

взрывн|о́й <-а́я, -о́е> *прил* **1.** *(от взры́ва)* Spreng-; **взрывна́я волна́** Sprengwelle *f;* **взрывна́я маши́на** Sprengmaschine *f* **2.** лингв *(смы́чный)* explosiv, plosiv; **взрывны́е согла́сные** explosive Konsonanten *mpl*

взрывоопа́сн|ый <-ая, -ое> *прил и перен* explosiv, brisant; **взрывоопа́сное положе́ние** brenzlige Situation *f*

взрывча́тк|а <-и> *ж* Sprengstoff *m*

взры́вчат|ый <-ая, -ое> *прил* explosiv; **взры́вчатое вещество́** Sprengstoff *m*

взъеда́|ться <-юсь, -ешься> *нсв,* **взъе́сться** *св рефл* Streit anfangen; **не зна́ю, за что он на нас взъе́лся** ich weiß nicht, warum er sich so aufgeregt hat

взъеро́шен|ный <-ная, -ное; -, -а, -о> *прил* struppig, zerzaust

взъеро́шива|ть <-ю, -ешь> *нсв,* **взъеро́шить** *св прх* zerzausen; **~ во́лосы и бо́роду** Haare und Bart zerzausen

взъе́|сться <-мся, -шься> *св рефл см.* **взъеда́ться**

взыва́|ть <-ю, -ешь> *нсв,* **воззва́ть** *св нпрх книжн (к кому́-л. о чём-л.)* (an)flehen um *+akk,* (an)rufen; **~ к Го́споду** религ den Herrn rufen

взы́грыва|ть <-ю, -ешь> *нсв,* **взыгра́ть** *св нпрх* **1.** *(прийти́ в бу́рное состоя́ние)* aufbrausen, hochgehen; **мо́ре взыгра́ло** das Meer war aufgewühlt **2.** *(о чу́встве ра́дости)* aufregen, bewegen; **у меня́ се́рдце взыгра́ло** ich war sehr aufgeregt

взыска́ни|е <-я> *ср* **1.** юр Strafe *f,* Geldstrafe *f* **2.** адм Einziehung *f,* Erhebung *f;* **~ до́лга** Inkasso *nt;* **~ задо́лженности в поря́дке суде́бного прика́за** gerichtliches Mahnverfahren *nt*

взыска́те|льный <-льная, -льное; -лен, -льна, -льно> *прил* anspruchsvoll, *(стро́гий)* streng

взы́скива|ть <-ю, -ешь> *нсв* **взыска́ть** *св прх (что-л. с кого́-л.)* einziehen, eintreiben; **~ до́лг** Schulden eintreiben; **не взыщи́те!** *перен* seien Sie bitte nachsichtig!

взя́ти|е <-я> *ср* Einnahme *f,* Eroberung *f*

взя́тк|а <-и> *ж* **1.** *(в ка́рточной игре́)* Stich *m* **2.** *(по́дкуп)* Bestechungsgeschenk *nt,* Schmiergeld *nt;* **брать взя́тки** sich bestechen lassen; **дава́ть взя́тки** jdn bestechen; **с него́ взя́тки гла́дки** ihm ist nicht beizukommen, ihm ist nichts nachzuweisen

взя́точник <-а> *м презрит* korrupter [*o* bestechlicher] Mensch *m,* Schmiergeldnehmer *m*

взя́точничеств|о <-а> *ср* **1.** *(коррумпи́рованность)* Bestechung *f* **2.** *(корру́пция)* Bestechlichkeit *f*

взя́ть <возьму́, возьмёшь> *св прх см.* **брать**

взя́ться <возьму́сь, возьмёшься> *св рефл см.* **бра́ться**

виаду́к <-а> *м* Viadukt *nt*

вибра́нт <-а> *м* лингв Vibrant *m*

вибра́ци|я <-и> *ж* физ, муз Vibration *f,* Schwingung *f;* **вре́дная ~** schädliche Schwingungen; **вы́звать вибра́цию** eine Vibration verursachen

вибри́р|овать <-ую, -уешь> *нсв нпрх* vibrieren

вива́ри|й <-я> *м (пито́мник для живо́тных)* Vivarium *nt*

вигва́м <-а> *м* Wigwam *m;* **~ инде́йцев** Wigwam der Indianer

виго́|нь <-ни> *ж* **1.** зоол *(род лам)* Vigogne *f (Lama)* **2.** *(пря́жа из хло́пка с ше́рстью)* Garn *nt* aus Vigognewolle *(Garn aus Baumwolle und Wolle);* **шарф из виго́ни** Schal *m* aus Vigognewolle

вид[1] <ви́да> *м* **1.** *(вне́шность)* Aussehen *nt,* Äußere(s) *nt;* **у тебя́ уста́лый ~** du siehst müde aus **2.** *(ви́димость)* Anschein *m;* **де́лать ~, что …** so tun, als ob …, etw vortäuschen **3.** *(откуда-л. на что-л.)* Blick *m,* Aussicht *f;* **ко́мната с ви́дом на мо́ре** Zimmer mit Blick auf das Meer; **~ сбо́ку** Seitenansicht *f;* **потеря́ть кого́-л. из ви́ду**

jdn aus den Augen verlieren **4.** *(намере́ния)* Absicht *f;* **я име́л в виду совсе́м друго́е** ich habe etw ganz anderes gemeint; **име́ть ви́ды на что-л.** etw im Auge haben, aus sein auf *+akk*

вид[2] <ви́да> *м* **1.** *(род, сорт)* Art *f;* **в како́м ви́де?** in welcher Form?; **~ догово́ра** Vertragsform *f;* **~ изде́ржек** [*или* **расхо́дов**] Kostenart *f;* **~ иму́щества** Vermögensart *f;* **~ капиталовложе́ния** Anlageform *f;* **~ на жи́тельство** Aufenthaltsgenehmigung *f;* **ни под каки́м ви́дом** auf keinen Fall; **~ платежа́** Zahlungsart *f;* **~ промы́шленной де́ятельности** Geschäftsbereich *m;* **~ ры́нка** Marktform *f;* **~ состоя́ния** Vermögensart *f* **2.** биол Art *f* **3.** лингв Aspekt *m*

вида́|ть <-ю, -ешь> *нсв прх* sehen, treffen; **не ~** nicht zu sehen sein; **~ он до́ма** offensichtlich ist er zu Hause

вида́|ться <-юсь, -ешься> *нсв,* **повида́ться** *св рефл разг* jdn sehen; **хочу́ с ним ~** ich will ihn sehen

ви́дени|е <-я> *ср* Sicht *f;* **но́вое ~ ми́ра** neue Weltsicht *f*

виде́ни|е <-я> *ср* Erscheinung *f,* Vision *f,* Gespenst *nt*

ви́део- *пе́рвая составна́я часть сло́ва* Video-; **~магнитофо́н** Videorecorder *m;* **~за́пись** Videoaufzeichnung *f*

видеозо́н <-а> *м* Ultraschall *m;* **осмо́тр на видеозо́не** Ultraschalluntersuchung *f*

видеокассе́т|а <-ы> *ж* Videokassette *f;* **просмотре́ть видеокассе́ту** sich eine Videokassette ansehen

видеокли́п <-а> *м* Videoclip *m;* **рекла́мный ~** Werbevideoclip *m*

видеомагнитофо́н <-а> *м* Videorecorder *m*

видеоте́кст <-а> *м* Bildschirmtext *m*

ви́|деть <-жу, -дишь> *нсв,* **уви́деть** *св прх* **1.** *(смотре́ть)* sehen, sehen können **2.** *(встреча́ть)* begegnen, treffen; **рад вас ~** ich freue mich, Sie zu sehen **3.** *(признава́ть, разпознава́ть)* einsehen, erkennen; **~ свой оши́бки** seine Fehler einsehen; **~ кого́-л. наскво́зь** jdn durchschauen

ви́|деться <-жусь, -дишься> *нсв,* **уви́деться** *св рефл* **1.** *(встре́титься)* sich sehen, einander begegnen, sich treffen; **~ с друзья́ми** sich mit Freunden treffen; **~ че́рез мно́го лет** sich nach vielen Jahren treffen; **уви́димся не ско́ро** wir werden uns nicht so bald wiedersehen **2.** *безл (представля́ться)* erscheinen; **мне э́то ви́дится соверше́нно ина́че** mir erscheint das völlig anders; **мне ви́делось во сне** ich träumte

ви́дик <-а> *м разг* Videorecorder *m*

ви́димо *нрч* vermutlich, offenbar

ви́димо-неви́димо *нрч* sehr viel, eine große Menge

ви́димос|ть <-ти> *ж* **1.** *(возмо́жность ви́деть)* Sicht *f,* Sichtweite *f* **2.** *(вне́шнее подо́бие)* (An)Schein *m;* **создава́ть ~ демокра́тии** Demokratie vorgaukeln; **сохраня́ть ~ чего́-л.** den Anschein von etw wahren

ви́дим|ый <-ая, -ое; -, -а, -о> *прил* sichtbar

видне́|ться <-юсь, -ешься> *нсв рефл* sichtbar sein

ви́д|ный <-ная, -ное; -ен, -на́, -но> *прил* **1.** *(ви́димый)* sichtbar **2.** *(ста́тный)* ansehnlich **3.** *(изве́стный)* angesehen

видоизмене́ни|е <-я> *ср* Abänderung *f,* Veränderung *f;* **~ изде́лия** Produktvariation *f*

видоизменя́|ть <-ю, -ешь> *нсв,* **видоизмени́ть** *св прх* abändern, modifizieren

видоиска́те|ль <-ля> *м* фот Sucher *m*

ви́з|а <-ы> *ж* Visum *nt,* Sichtvermerk *m;* **запра́шивать ви́зу** ein Visum beantragen; **~ на въезд, въездна́я ~** Einreisevisum *nt*

визави́ *нрч* **1.** *(лицо́м к лицу́)* vis-á-vis; **сиде́ть ~** gegenüber sitzen **2.** *(тот, кто напро́тив)* Gegenüber *m;* **мой ~** mein Gegenüber

визг <ви́зга> *м* Gewinsel *nt*

визгли́в|ый <-ая, -ое; -, -а, -о> *прил* schrill; **~ го́лос** schrille Stimme *f;* **~ ребёнок** nörgelndes Kind *nt*

визж|а́ть <-у́, -и́шь> *нсв,* **завизжа́ть** *св прх* **1.** *(пронзи́тельно крича́ть)* kreischen, schreien **2.** *(о соба́ке)* winseln

визи́р <-а> *м* **1.** фот Sucher *m,* Bildsucher *m* **2.** воен Visier *nt*

визи́р|овать[1] <-ую, -уешь> *нсв,* **завизи́ровать** *св нпрх* **1.** *(заверя́ть по́дписью)* abzeichnen, beglaubigen **2.** *(ста́вить ви́зу)* mit einem Visum versehen **3.** *(ста́вить втору́ю по́дпись)* gegenzeichnen

визи́р|овать[2] <-ую, -уешь> *(н)св прх* тех anvisieren

визи́т <-а> *м* Besuch *m,* Visite *f;* **~ в Росси́ю** Russlandbesuch *m*

визита́ци|я <-и> *ж* **1.** *устар* мед *(враче́бный обхо́д)* Visite *f,* Krankenbesuch *m;* **у́тренняя ~** Morgenvisite *f* **2.** воен *(прове́рка докуме́нтов на су́дне)* Passkotrolle *f* auf dem Schiff

визитёр <-а> *м* **1.** *книжн* Besucher *m* **2.** *(непро́шеный посети́тель)* ungebetener Gast *m*

визи́тк|а <-и> *ж* **1.** *разг (визи́тная ка́рточка)* Visitenkarte *f* **2.** *(сюрту́к)* Ausgehanzug *m*

визи́тниц|а <-ы> *ж* Visitenkartenbox *f*

визи́тн|ый <-ая, -ое> *прил* Visiten-; **визи́тная ка́рточка** Visitenkarte *f*

ви́зов|ый <-ая, -ое> *прил* Visum-; **~ режи́м** Visumpflicht *f*

визуа́льн|ый <-ая, -ое> *прил* visuell; **~ контро́ль оши́бок** информ Anzeigefehlerprüfung *f;* **визуа́льная информа́ция** информ Anzeigedaten *pl,* Anzeigeinformation *f*

ви́кинг <-а> *м* истор Wikinger *m*

В

викторин|а <-ы> *ж* Quiz *nt*

вилк|а <-и> *ж* **1.** *(прибо́р для еды́)* Gabel *f* **2.** эл Stecker *m*

вилл|а <-ы> *ж* Wochenendhaus *nt;* **за́городная ~** Wochenendhaus außerhalb der Stadt

вил|о́к <-ка́> *м разг (коча́н)* Strunk *m;* **взве́сить ~ капу́сты** den Kohlenstrunk wiegen

ви́л|ы <-> *мн* **1.** *(наво́зные)* Mistgabel *f* **2.** *(се́нные)* Heugabel *f*

вильн|у́ть <-у, -ёшь> *св нпрх см.* **виля́ть**

виля́ни|е <-я> *ср перен, разг (лука́вство)* Umschweife *f;* **отвеча́й без вся́кого виля́ния** antworte ohne Umschweife

виля́|ть <-ю, -ешь> *нсв,* **вильну́ть** *св нпрх* **1.** *(из стороны́ в сто́рону)* wedeln; **~ хвосто́м** mit dem Schwanz wedeln **2.** *разг (лука́вить)* Ausflüchte machen

вин|а́ <-ы́> *ж* Schuld *f,* Verschulden *nt;* **по вине́ кого́-л.** durch jds Verschulden; **снима́ть вину́ с кого́-л.** jdn freisprechen

виндика́ци|я <-и> *ж* юр Vindikation *f*

виндсе́рфинг <-а> *м* Windsurfen *nt*

винегре́т <-а> *м Salat aus roten Rüben, Kartoffeln, eingelegten Gurken und Majonäse*

вини́тельн|ый <-ая, -ое> *прил* лингв akkusativ; **~ паде́ж** Akkusativ *m*

вин|и́ть <-ю́, -и́шь> *нсв прх (кого́-л. в чём-л.)* jdm etw vorwerfen

ви́нн|ый <-ая, -ое> *прил* Wein-

вин|о́ <-а́> *ср* Wein *m;* **и́стина в вине́** in vino veritas, im Wein liegt Wahrheit

винова́т|ый <-ая, -ое; -, -а, -о> *прил* schuldig; **ты сам винова́т** du bist selbst schuld (daran); **я не винова́т** ich kann nichts dafür

вино́вник <-а> *м* Schuldige(r) *f(m),* Verursacher *m*

вино́в|ный <-ная, -ное; -ен, -на, -но> *прил* schuldig; **призна́ть себя́ вино́вным в чём-л.** sich schuldig bekennen; **быть вино́вным в кра́же** des Diebstahls schuldig sein

виногра́д <-а> *м* **1.** *(лоза́)* Weinrebe *f,* Weinstock *m* **2.** *(гро́здья)* Weintrauben *fpl*

виногра́дарств|о <-а> *ср* Weinbau *m*

виногра́да|рь <-ря> *м* Winzer *m*

виногра́дник <-а> *м* Weinberg *m,* Weingarten *m*

винт <винта́> *м* Schraube *f*

ви́нтик <-а> *м* Schraubchen *nt*

вин|ти́ть <-чу́, -ти́шь> *нсв,* **завинти́ть** *св прх разг* schrauben

винто́вк|а <-и> *ж* Gewehr *nt*

винтов|о́й <-а́я, -о́е> *прил* Schrauben-; **винтова́я ле́стница** Wendeltreppe *f*

винье́тк|а <-и> *ж* Vignette *f;* **орнамента́льная ~** ornamentale Vignette *f*

виолонче́|ль <-ли> *ж* Violoncello *nt*

вира́ж <-а́> *м* Kurve *f*

виртуа́|льный <-льная, -льное; -лен, -льна, -льно> *прил* virtuell; **~ магази́н** информ Onlineshop *m;* **виртуа́льная маши́на** информ virtuelle Maschine *f*

виртуо́з|ный <-ная, -ное; -ен, -на, -но> *прил* virtuos

ви́рус <-а> *м* Virus *nt*

вис <ви́са> *м* спорт Reck *nt;* **отрабо́тать ~** am Reck trainieren

ви́селиц|а <-ы> *ж* Galgen *m*

висе́ть <вишу́, виси́шь> *нсв нпрх* hängen

ви́ски <неизм> *ср* Whisky *m*

виско́зн|ый <-ая, -ое> *прил* Viskose-; **виско́зное волокно́** Viskosefaser *f*

ви́смут <-а> *м* хим Wismut *nt*

ви́сн|уть <-у, -ешь> *нсв нпрх* **1.** *(спуска́ться вниз)* herunterhängen; **во́лосы ви́снут на лоб** die Haare hängen jdm ins Gesicht **2.** *перен (льнуть к кому́-л.)* jdn lieb gewinnen; **~ на ше́е** sich jdm an den Hals werfen

вис|о́к <-ка́> *м* Schläfe *f*

високо́сн|ый <-ая, -ое> *прил то́лько в сочет.* **~ год** Schaltjahr *nt*

вися́льк|а <-и> *ж (подве́ска, украше́ние)* Troddel *f,* Quaste *f;* **лю́стра с вися́льками** mit Troddeln verzierter Kronleuchter *m*

вися́ч|ий <-ая, -ее> *прил* hängend, Hänge-; **~ замо́к** Vorhängeschloss *nt;* **~ мост че́рез ре́ку** Hängebrücke *f* über den Fluss; **вися́чее положе́ние** *(неопределённое)* unklarer Zustand *m*

витами́н <-а> *м* Vitamin *nt;* **недоста́ток витами́нов** Vitaminmangel *m;* **бе́дный витами́нами** vitaminarm; **бога́тый витами́нами** vitaminreich

витаминиза́ци|я <-и> *ж* Vitaminisierung *f,* Vitaminanreicherung *f,* Vitaminzusatz *m*

витами́нн|ый <-ая, -ое> *прил* Vitamin-; **~ чай** Vitamintee *m*

витаминоло́ги|я <-и> *ж* Vitaminforschung *f*

витаминоноси́те|ль <-ля> *м* Vitaminträger *m*

витаминотерапи́|я <-и> *ж* мед Vitaminbehandlung *f,* Vitaminkur *f*

вита́|ть <-ю, -ешь> *нсв нпрх книжн* schweben; **~ в облака́х** *перен* über den Wolken schweben, wirklichkeitsfremd sein

витиева́т|ый <-ая, -ое; -, -а, -о> *прил* geziert, schwülstig; **~ стиль** schwülstiger Stil *m*

вити́|я <-и> *м* **1.** *(ора́тор)* Redner *m* **2.** *презрит* Schwätzer *m*

вит|о́й <-а́я, -о́е> *прил* spiralförmig; **~ трос** Trosse *f;* **вита́я ле́стница** Wendeltreppe *f*

вит|о́к <-ка́> *м* Windung *f,* Drehung *f*

витра́ж <-а> *м* Glasmalerei *f;* **витражи́ на о́кнах** Fenster *pl* mit Glasmalerei

витри́н|а <-ы> *ж* **1.** *(окно́ магази́на)* Schaufenster *nt* **2.** *(застеклённая доска́* *для объявле́ний)* Schaukasten *m;* **витри́нная рекла́ма** Schaufensterwerbung *f*

вить <вью, вьёшь> *нсв,* **свить** *св прх* **1.** *(верёвку)* drehen **2.** *(вено́к)* flechten **3.** *(гнездо́)* bauen

ви́ться <вьюсь, вьёшься> *нсв рефл* **1.** *(обвива́ться вокру́г чего-л.)* sich schlingen **2.** *(во́лосы)* sich kräuseln

вих|о́р <-ра́> *м (торча́щая прядь воло́с)* Stirnlocke *f,* Haartolle *f;* **отодра́ть за ~** an der Stirnlocke ziehen

вихра́ст|ый <-ая, -ое; -, -а, -о> *прил* lockig; **~ паренёк** lockiger Knabe *m*

вихрев|о́й <-а́я, -о́е> *прил* stürmisch, Wirbel-; **вихрево́е движе́ние** stürmische Bewegung *f;* **~ насо́с** Wirbelpumpe *f*

вихрь <ви́хря> *м* Wirbelwind *m*

вице- *первая составна́я часть сло́ва* Vize-

ВИЧ *сокр от* **ви́рус иммунодефици́та челове́ка** Aids-Virus *nt,* HIV *nt*

ви́шн|я <-и> *ж* **1.** *(плод)* Sauerkirsche *f* **2.** *(де́рево)* Sauerkirschbaum *m*

вка́лыва|ть <-ю, -ешь> *нсв,* **вколо́ть** *св прх* **1.** МЕД *(ввести́ внутрь)* einspritzen; **~ се́рию уко́лов** eine Reihe Injektionen machen **2.** *разг (рабо́тать усе́рдно и мно́го)* viel arbeiten; **~ по це́лым дням** tagein, tagaus arbeiten **3.** *(приколо́ть)* einstecken; **~ в ко́су цвето́к** eine Blume ins geflochtene Haar stecken

вка́пыва|ть <-ю, -ешь> *нсв,* **вкопа́ть** *св прх* eingraben; **он останови́лся как вко́панный** er blieb wie angewurzelt stehen

вка|ти́ть <-чу́, -тишь> *св прх см.* **вка́тывать**

вка|ти́ться <-чу́сь, -тишься> *св рефл см.* **вка́тываться**

вка́тыва|ть <-ю, -ешь> *нсв,* **вкати́ть** *св прх* **1.** *(перемести́ть)* hineinrollen; **~ маши́ну в гара́ж** das Auto in die Garage (ein)fahren; **~ ви́нные бо́чки** Weinfässer hineinrollen **2.** *разг (поста́вить, вы́нести)* erteilen; **~ стро́гий вы́говор** jdn stark ausschimpfen **3.** *разг (въе́хать)* hineinrollen; **теле́га вкати́ла на широ́кий двор** der Pferdewagen rollte in den breiten Hof hinein

вка́тыва|ться <-юсь, -ешься> *нсв,* **вкати́ться** *св рефл* hineinrollen; **мяч вкати́лся в воро́та** der Ball rollte ins Tor

вклад <вкла́да> *м* **1.** *(инвести́ция)* Anlage *f,* Investition *f* **2.** *(в ба́нке)* Einlage *f,* Depot *nt,* Guthaben *nt* **3.** *перен* Beitrag *m;* **~ акционе́ров в капита́л о́бщества** Gesellschaftseinlage *f;* **~ в ви́де иму́щества** Sacheinlage *f;* **вноси́ть ~** einen Beitrag leisten; **~ в уста́вный фонд компа́нии** Stammeinlage *f;* **~ коммандити́ста** Kommanditeinlage *f;* **~ уча́стников в капита́л о́бщества** Gesellschaftereinlage *f*

вкла́дк|а <-и> *ж* Beilage *f;* **цветна́я ~** farbige Beilage *f*

вкладн|о́й <-а́я, -о́е> *прил* Beilage-; **~ капита́л** Einzahlungskapital *m;* **~ лист** Beilageblatt *m;* **вкладно́е свиде́тельство** Einzahlungsbestätigung *f;* **~ биле́т** Depotschein *m;* **вкладны́е опера́ции** Einlagengeschäft *nt*

вкла́дчик <-а> *м* ФИН Deponent *m,* Einleger *m*

вкла́дыва|ть <-ю, -ешь> *нсв,* **вложи́ть** *св прх* hineinlegen; ЭКОН investieren, hineinstecken; **~ все свои́ си́лы во что-л.** seine ganze Kraft einsetzen für *+akk;* **~ де́ньги во что-л.** Geld anlegen in *+akk*

вкла́дыш <-а> *м* **1.** *(приложе́ние)* Beilage *f* **2.** ТЕХ *(дета́ль в маши́не)* Schale *f;* **~ подши́пника** Lagerschale *f*

вкле́ива|ть <-ю, -ешь> *нсв,* **вкле́ить** *св прх* hineinkleben

вкле́йк|а <-и> *ж* Abziehbild *nt;* **рису́нки на вкле́йках** Zeichnungen auf Abziehbildern

вкли́нива|ться <-юсь, -ешься> *нсв,* **вкли́ниться** *св рефл* eindringen

включа́|ть <-ю, -ешь> *нсв,* **включи́ть** *св прх* **1.** *(свет, ра́дио и т.д.)* anschalten, einschalten **2.** *(вводи́ть, вноси́ть во что-л.)* einbeziehen, aufnehmen; **~ в докуме́нт** in ein Dokument aufnehmen; **~ в калькуля́цию** einkalkulieren; **~ в сеть систе́м ЭВМ** EDV vernetzen

включа́|ться <-юсь, -ешься> *нсв,* **включи́ться** *св рефл* **1.** ТЕХ angehen **2.** *(во что-л.)* sich einschalten, eingreifen in *+akk;* **~ в диску́ссию** sich in eine Diskussion einschalten

включа́я *предл* einschließlich *+gen,* inklusive; **~ фрахт до ме́ста назначе́ния** ЭКОН frachtfrei

включе́ни|е <-я> *ср* **1.** ТЕХ Einschalten *nt* **2.** *(в соста́в)* Aufnahme *f;* **~ в сеть** ИНФОРМ Vernetzung *f;* **прямо́е ~** Direktschaltung *f,* Live-Übertragung *f*

включи́тельно *нрч* inklusive, einschließlich

включ|и́ть <-у́, -и́шь> *св прх см.* **включа́ть**

включ|и́ться <-у́сь, -и́шься> *св рефл см.* **включа́ться**

вкола́чива|ть <-ю, -ешь> *нсв,* **вколоти́ть** *св прх* einrammen, einschlagen

вкол|о́ть <-ю́, -ешь> *св прх см.* **вка́лывать**

вконе́ц *нрч* ganz, völlig; **~ изму́читься** sich gänzlich [*o* völlig] abquälen

вкопа́|ть <-ю, -ешь> *св прх см.* **вка́пывать**

вко́сь *нрч* **1.** *(беспоря́дочно)* schief, geneigt; **вкривь и ~** krumm und schief, unordentlich **2.** *(с угла́ на у́гол)* schräg; **сложи́ть плато́к ~** das Kopftuch schräg falten

вкра́дчив|ый <-ая, -ое; -, -а, -о> *прил* *(располага́ющий к себе́)* verschlagen, gewinnend, einschmeichelnd; **~ го́лос** verschlagene Stimme *f;* **вкра́дчивые мане́ры** gewinnende Manieren *pl*

вкра́дыва|ться <-юсь, -ешься> *нсв,* **вкра́сться** *св рефл и перен* sich hineinstehlen, sich einschleichen; **здесь вкра́лась оши́бка** hier hat sich ein Fehler eingeschlichen; **~ в дове́рие к кому́-л.** jds Vertrauen gewinnen

вкра́тце *нрч* kurz, straff; **изложи́ть де́ло ~** die Sache kurz erklären

вкри́вь *нрч* schief, schräg, verkehrt; **~ и вко́сь** alles geht drunter und drüber; **~ и вко́сь суди́ть о чём-л.** etw falsch beurteilen

вкругову́ю *нрч* rings(he)rum; **идти́ ~** ringsum gehen

вкруту́ю *нрч* hartgekocht

вку́пе *нрч* gemeinsam, zusammen; **все ~** *(вме́сте)* alle gemeinsam

вкус <вку́са> *м и перен* Geschmack *m;* **де́ло вку́са** Geschmacksache *f,* Ansichtssache *f;* **со вку́сом** geschmackvoll; **войти́ во ~ чего́-л.** an etw Geschmack finden

вку|си́ть <-шу́, -сишь> *св прх см.* **вкуша́ть**

вку́с|ный <-ная, -ное; -ен, -на́, -сно> *прил* lecker, schmackhaft, wohlschmeckend; **быть вку́сным** gut schmecken

вкусов|о́й <-а́я, -о́е> *прил* Geschmacks-; **вкусовы́е о́рганы** Geschmacksorgane *ntpl;* **вкусовы́е ка́чества проду́кта** Geschmackseigenschaften *fpl* des Produkts

вкуша́|ть <-ю, -ешь> *нсв,* **вкуси́ть** *св прх* **1.** *устар (попро́бовать)* kosten **2.** *перен (что-л. прия́тное)* genießen; **~ удово́льствие** Vergnügen haben **3.** *перен (что-л. неприя́тное)* erfahren, durchmachen; **~ мно́го бе́дствий** viel Unglück erleiden

вла́г|а <-и> *ж* Nässe *f,* Feuchtigkeit *f*

влага́лищ|е <-а> *ср* АНАТ Vagina *f,* Scheide *f*

владе́|лец <-льца> *м,* **владе́лиц|а** <-ы> *ж* **1.** *(со́бственник)* Eigentümer(in) *m(f)* **2.** *(облада́тель)* Inhaber(in) *m(f),* Besitzer(in) *m(f);* **~ а́кций** Aktieninhaber *m;* **~ ли́чного счёта** Kontoinhaber *m;* **~ магази́на уценённых това́ров** Discounter *m;* **~ ме́ньшей до́ли а́кций** Minderheitsaktionär *m;* **~ предприя́тия (фи́рмы)** Geschäftsinhaber *m;* **~ скла́да** Lagerhalter *m;* **~ судохо́дной компа́нии** Schifffahrtsunternehmer *m*

владе́ни|е <-я> *ср* **1.** *(облада́ние)* Besitz *m;* **~ а́кциями** Aktienbesitz *m;* **колониа́льные владе́ния** Kolonialbesitz *m;* **~ контро́льным паке́том а́кций** Mehrheitsbesitz *m;* **~ контро́льной до́лей капита́ла** Mehrheitsbeteiligung *f;* **~ ры́нком** Marktbeherrschung *f* **2.** *(уме́ние)* Beherrschung *f;* **~ ру́сским языко́м** Beherrschung *f* der russischen Sprache

владе́|ть <-ю, -ешь> *нсв прх* **1.** *(облада́ть)* besitzen **2.** *(уме́ть обраща́ться с чем-л.)* beherrschen; **она́ владе́ет двумя́ иностра́нными языка́ми** sie beherrscht zwei Fremdsprachen

влады́к|а <-и> *м* **1.** *книж (повели́тель)* Herrscher *m,* Gebieter *m;* **~ море́й** Herrscher der Meere **2.** РЕЛИГ *(митрополи́т)* Bischof *m;* **своя́ рука́ влады́ка** *перен* nach eigenem Ermessen handeln

вла́жнос|ть <-ти> *ж* Feuchtigkeit *f*

вла́ж|ный <-ная, -ное; -ен, -на́, -но> *прил* feucht

вла́мыва|ться <-юсь, -ешься> *нсв,* **вломи́ться** *св рефл* gewaltsam eindringen, einbrechen

вла́ств|овать <-ую, -уешь> *нсв нпрх (над кем-л./чем-л.)* herrschen über +*akk,* regieren

власти́те|ль <-ля> *м,* **власти́тельниц|а** <-ы> *ж* Herrscher(in) *m(f)*

вла́ст|ный <-ная, -ное; -ен, -на, -но> *прил* **1.** *(повели́тельный)* herrisch **2.** *то́лько кра́ткая фо́рма* ermächtigt

властолю́би|е <-я> *ср без мн (стремле́ние к вла́сти)* Machtgier *f*

власть <вла́сти> *ж* **1.** *и* ПОЛ *(си́ла)* Macht *f,* Gewalt *f;* **захвати́ть ~** die Macht ergreifen; **борьба́ за ~** Machtkampf *m;* **сме́на вла́сти** Machtwechsel *m* **2.** *(администра́ция)* Behörde *f;* **ме́стные вла́сти** die örtlichen Behörden; **росси́йские вла́сти** die russische Führung

влач|и́ть <-у́, -и́шь> *нсв прх* ertragen; **~ жа́лкое существова́ние** dahinvegetieren

вле́во *нрч* links; **~ от доро́ги** links vom Weg; **сверну́ть ~** nach links abbiegen

влеза́|ть <-ю, -ешь> *нсв,* **влезть** *св нпрх* **1.** *(взбира́ться на что-л.)* hinaufklettern **2.** *(проника́ть внутрь)* hineingehen, hineingeraten; **~ в долги́** *перен* Schulden machen **3.** *разг (умеща́ться)* (hinein)passen; **все ве́щи в чемода́н не вле́зут** die Sachen passen nicht alle in den Koffer (hinein)

влепля́|ть <-ю, -ешь> *нсв,* **влепи́ть** *св прх* **1.** *(вста́вить с по́мощью ле́пки)* ankleben, zukleben; **~ в гли́ну цветны́е ка́мешки** in den Ton farbige Steinchen kleben **2.** *разг (причини́ть что-л. неприя́тное)* Unannehmlichkeiten bereiten; **~ дво́йку** jdm eine Fünf verpassen; **~ вы́говор** jdm eine Rüge erteilen; **~ пощёчину** jdm eine Ohrfeige kleben

влёт[1] *нрч (на лету́)* im Flug; **бить пти́цу ~** den Vogel im Flug erschießen

влёт[2] <-а> *м* Landung *f;* **~ самолёта** Landung des Flugzeuges

влече́ни|е <-я> *ср без мн* Neigung *f,* Zuneigung *f;* **~ к нау́кам** Neigung zur Wissenschaft; **испы́тывать ~** Zuneigung zu jdm spüren

вле|чь <-ку́, -чёшь> *нсв,* **повле́чь** *св прх* **1.** *книжн (тащи́ть)* schleppen, ziehen **2.** *(привле́чь)* locken, hinziehen; **его́ влечёт**

к нау́ке ihn zieht es zur Wissenschaft; **~ за собо́й** *перен (иметь после́дствия)* nach sich ziehen, zur Folge haben

влива́ни|е <-я> *ср* МЕД Infusion *f;* **фина́нсовое ~** *перен* Finanzspritze *f*

влива́|ть <-ю, -ешь> *нсв,* **вли́ть** *св прх* **1.** *(нали́ть внутрь)* (ein)gießen; **~ глюко́зу в ве́ну** Glukose in die Venen transfusieren; **~ живу́ю струю́** Leben in etw bringen **2.** *перен (доба́вить)* hinzufügen; **~ све́жее пополне́ние в кома́нду** frisches Blut in die Mannschaft bringen

влива́|ться <-юсь, -ешься> *нсв,* **вли́ться** *св рефл* **1.** *(в ре́ку)* hineinfließen **2.** *перен (присоединя́ться)* hinzukommen

влипа́|ть <-ю, -ешь> *нсв,* **вли́пнуть** *св нпрх* **1.** *(попа́сть во что-л. вя́зкое)* versinken, stecken bleiben; **~ в смолу́** im Harz versinken **2.** *перен (попа́сть в неприя́тное положе́ние)* sich etw einhandeln; **~ в исто́рию** in die Klemme geraten

влит|о́й <-а́я, -о́е> *прил* angegossen; **костю́м сиди́т на вас как ~** *(пло́тно облега́я)* der Anzug sitzt an Ihnen wie angegossen

вли́ть <волью́, вольешь> *св прх см.* **влива́ть**

вли́ться <волью́сь, вольёшся> *св рефл см.* **влива́ться**

влия́ни|е <-я> *ср* Einfluss *m;* **благотво́рное ~** wohltuende Wirkung *f;* **име́ть ~ на кого́-л./что-л.** Einfluss haben auf *+akk;* **поддава́ться чьему́-л. влия́нию** sich beeinflussen lassen von *+dat*

влия́те|льный <-льная, -льное; -лен, -льна, -льно> *прил* einflussreich

влия́|ть <-ю, -ешь> *нсв,* **повлия́ть** *св нпрх* beeinflussen; **э́то не повлия́ет на на́ше реше́ние** dies wird keinen Einfluss auf unsere Entscheidung haben

вложе́ни|е <-я> *ср* Anlage *f;* **~ капита́ла** Kapitalanlage *f,* Vermögensanlage *f;* **~ капита́ла в други́е предприя́тия** Fremdinvestition *f*

вло́женнос|ть <-ти> *ж (бло́ков в програ́мме)* Schachtelung *f*

влож|и́ть <-у́, -ишь> *св прх см.* **вкла́дывать**

влом|и́ться <-лю́сь, -ишься> *св рефл см.* **вла́мываться**

влюбля́|ться <-ю́сь, -ешься> *нсв,* **влюби́ться** *св рефл (в кого́-л.)* sich verlieben in *+akk*

влюблённос|ть <-ти> *ж* Verliebtheit *f*

влюблён|ный <-ная, -ное; -, -а́, -о́> *прил* verliebt

вля́па|ться <-юсь, -ешься> *св рефл* platschen, in etw geraten; **~ в грязь** *перен* in Unannehmlichkeiten geraten

вма́зыва|ть <-ю, -ешь> *нсв,* **вма́зать** *св прх* (ein)schmieren; **~ цветно́е стекло́ гли́ной в сте́ну** farbiges Glas mit Ton in der Wand befestigen

вмен|и́ть <-ю́, -и́шь> *св прх см.* **вменя́ть**

вменя́емос|ть <-ти> *ж без мн* ЮР Zurechnungsfähigkeit *f;* **вопро́с о вменя́емости престу́пника** Frage nach der Zurechnungsfähigkeit des Verbrechers

вменя́ем|ый <-ая, -ое; -, -а, -о> *прил* zurechnungsfähig

вменя́|ть <-ю, -ешь> *нсв,* **вмени́ть** *св прх* zuschreiben; **~ а́втору в заслу́гу стиль изложе́ния** dem Autor den Darstellungsstil zugute halten; **~ престу́пнику в вину́ злой у́мысел** *(призна́ть вино́вным)* den Verbrecher für vorsätzlich schuldig erklären

вме́сте *нрч* zusammen, gemeinsam; **~ с тем** gleichzeitig

вмести́мос|ть <-ти> *ж* Fassungsvermögen *nt,* Rauminhalt *m*

вме|сти́ть <щу́, сти́шь> *св прх см.* **вмеща́ть**

вме́сто *предл* anstelle *+gen,* anstatt *+gen*

вмеша́тельств|о <-а> *ср* Einmischung *f,* Intervention *f;* **~ госуда́рства** staatlicher Eingriff *m;* **~ на ры́нке** Marktintervention *f*

вме́шива|ться <-юсь, -ешься> *нсв,* **вмеша́ться** *св рефл* **1.** *(в чужи́е дела́)* sich einmischen; **~ во всё** überall mitreden **2.** *(в ход собы́тий)* eingreifen, intervenieren

вмеща́|ть <-ю, -ешь> *нсв,* **вмести́ть** *св прх* fassen, aufnehmen

вмиг *нрч* augenblicklich, sofort

вмонтиро́выва|ть <-ю, -ешь> *нсв,* **вмонти́ровать** *св прх* einbauen

ВМФ *сокр от* **Вое́нно-морско́й флот** Marine *f,* Marinestreitkräfte *fpl*

вмя́тин|а <-ы> *ж* Delle *f,* Beule *f*

внаём, внаймы́ *нрч* zur Miete; **сдава́ть ~** vermieten

внакла́де *нрч* im Verlust; **оста́ться ~** im Verlust sein

внача́ле *нрч* zuerst, anfangs, zu Beginn

вне *предл* außer; **~ до́ма** außer Haus; **быть ~ себя́** außer sich sein; **~ вся́ких сомне́ний** zweifellos

вне- *пе́рвая составна́я часть сло́ва* außer-

внебиржев|о́й <-а́я, -о́е> *прил* außerhalb der Börse; **~ оборо́т** Freiverkehr *m;* **це́ны по внебиржевы́м сде́лкам** Preise für Geschäfte außerhalb der Börse

внебра́чн|ый <-ая, -ое> *прил* unehelich

внебюдже́тн|ый <-ая, -ое> *прил* außerhalb des Budgets

вневе́домственн|ый <-ая, -ое> *прил* außerbehördlich

внедре́ни|е <-я> *ср* Einführung *f,* Durchsetzung *f;* **быстре́йшее ~ рефо́рм** schnellstmögliche Durchsetzung von Reformen; **~ на ры́нок** Marktdurchdringung *f,* Penetration *f*

внедря́|ть <-ю, -ешь> *нсв,* **внедри́ть** *св прх* einführen; **~ в пра́ктику** in die Praxis umsetzen

внедря́|ться <-ю́сь, -е́шься> *нсв,* **внедри́ться** *св рефл* **1.** *(утверди́ться)* eingeführt werden **2.** *(прони́кнуть)* eindringen; **~ в созна́ние** *перен* sich im Bewusstsein verankern

внезаводск|о́й <-а́я, -о́е> *прил* außerbetrieblich

внеза́пно *нрч* plötzlich, unerwartet; **внеза́пное паде́ние ку́рса** ЭКОН Kurseinbruch *m*

внеземн|о́й <-а́я, -о́е> *прил* außerirdisch

внекла́сcн|ый <-ая, -ое> *прил* außerhalb des Unterrichts; **внекла́ссное чте́ние** Lesen *nt* außerhalb des Unterrichts; **внекла́ссная рабо́та** Arbeit *f* außerhalb des Unterrichts

внема́точн|ый <-ая, -ое> *прил* МЕД außerhalb der Gebärmutter; **внема́точная бере́менность** Bauchhöhlenschwangerschaft *f*

внеочередн|о́й <-а́я, -о́е> *прил* außer der Reihe, außerordentlich

внепла́нов|ый <-ая, -ое> *прил* außerplanmäßig

внепроизво́дственн|ый <-ая, -ое> *прил* betriebsfremd, außerbetrieblich

внесе́ни|е <-я> *ср* Eintragung *f;* **~ вкла́да нали́чными (в банк)** Bareinlage *f*

внес|ти́ <-у́, -ёшь> *св прх см.* **вноси́ть**

внес|ти́сь <-у́сь, е́шься> *св рефл см.* **вноси́ться**

внетари́фн|ый <-ая, -ое> *прил* **внетари́фное торго́вое ограниче́ние** Handelsschranke *f*

внеуро́ч|ный <-ная, -ное; -ен, -на, -но> *прил* außerordentlich, Sonder-; **внеуро́чные заня́тия** Sonderunterricht *m;* **внеуро́чное вре́мя** Unterricht *m* außerhalb des Stundenplans

внешко́льн|ый <-ая, -ое> *прил* außerschulisch; **внешко́льная рабо́та с детьми́** außerschulische Arbeit *f* mit Kindern; **внешко́льные организа́ции** außerschulische Organisationen *fpl*

внешнеторго́в|ый <-ая, -ое> *прил* Außenhandels-; **внешнеторго́вая документа́ция** Außenhandelsdokumente *pl;* **внешнеторго́вая опера́ция** Außenhandelsgeschäft *nt;* **внешнеторго́вая поли́тика** Außenhandelspolitik *f;* **внешнеторго́вая сде́лка** Auslandsgeschäft *nt;* **внешнеторго́вые отноше́ния** Außenhandelsbeziehungen *pl;* **внешнеторго́вый бала́нс** Außenhandelsbilanz *f*

внешнеэкономи́ческ|ий <-ая, -ое> *прил* außenwirtschaftlich, Außenwirtschafts-; **внешнеэкономи́ческая поли́тика** Außenwirtschaftspolitik *f*

вне́шн|ий <-яя, -ее> *прил* **1.** *(нару́жный)* äußerlich; **~ вид** Äußere(s) *nt;* **~ мир** Außenwelt *f* **2.** *(зарубе́жный)* auswärtig, extern; **вне́шняя поли́тика** Außenpolitik *f;* **вне́шная задо́лженность** Auslandsschulden *pl;* **вне́шнее финанси́рование** Außenfinanzierung *f;* **вне́шние долги́** Auslandsschulden *pl;* **~ заём** Auslandsanleihe *f;* **~ оборо́т (ба́нка)** Auslandsgeschäft *nt;* **~ ры́нок** Auslandsmarkt *m,* Weltmarkt *m,* Exportmarkt *m;* **~ спрос** Auslandnachfrage *f;* **вне́шняя слу́жба** Außendienst *m;* **вне́шняя торго́вля** Außenhandel *m;* **вне́шняя эми́ссия** Fremdemission *f*

В

вне́шнос|ть <-ти> *ж* Äußere(s) *nt,* Aussehen *nt;* **следи́ть за свое́й ~ю** auf sein Äußeres achten

вншта́тн|ый <-ая, -ое> *прил* nebenberuflich; **~ сотру́дник** freier Mitarbeiter *m*

вниз *нрч* abwärts, hinunter, nach unten; **~ по тече́нию реки́** flussabwärts

внизу́ *нрч* unten

вника́|ть <-ю, -ешь> *нсв,* **вни́кнуть** *св нпрх* eindringen, ergründen; **~ во что-л.** Einsicht nehmen in *+akk;* **~ в чьи-л. пробле́мы** sich um jds Probleme kümmern

внима́ни|е <-я> *ср* Aufmerksamkeit *f;* **обраща́ть ~ на что-л.** etw beachten; **принима́ть во ~** in Betracht ziehen; **принима́я во ~** in Anbetracht dessen; **благодари́м за ~!** vielen Dank für die Aufmerksamkeit!

внима́те|льный <-льная, -льное; -лен, -льна, льно> *прил* **1.** *(сосредото́ченный)* aufmerksam, konzentriert **2.** *(предупреди́тельный)* rücksichtsvoll, zuvorkommend; **быть внима́тельным** Acht geben, aufpassen

внима́|ть <-ю, -ешь> *нсв,* **внять** *св нпрх книжн* zuhören, lauschen

вничью́ *нрч* СПОРТ unentschieden

вно́вь *нрч* wieder, von neuem, aufs Neue; **встре́титься ~** sich wieder treffen

вно|си́ть <-шу́, -сишь> *нсв,* **внести́** *св прх* **1.** *(заноси́ть)* hereinbringen **2.** *(де́лать взнос)* einzahlen, einbringen; **~ вклад** einen Beitrag leisten; **~ в депози́т** hinterlegen; **~ но́вое усло́вие в догово́р** eine neue Bedingung in einen Vertrag aufnehmen; **~ зада́ток** anzahlen

вно|си́ться <-шу́сь, -сишься> *нсв,* **внести́сь** *св рефл* hineinstürzen; **~ в класс** in die Klasse hineinstürzen

вно́ск|а <-и> *ж (вста́вка)* Beilage *f;* **~ в те́ксте** Einfügung im Text

внук <вну́ка> *м* Enkel *m,* Enkelkind *nt*

вну́тренн|ий <-яя, -ее> *прил* **1.** *(находя́щийся внутри́)* Innen-; **вну́тренние боле́зни** innere Krankheiten *fpl* **2.** *(о дела́х фи́рмы, организа́ции)* intern; **вну́треннее запомина́ющее устро́йство** ИНФОРМ interner Speicher *m* **3.** ЭКОН Inlands-, Binnen-, innenpolitisch, betriebsintern; **~ ры́нок** Binnenmarkt *m;* **вну́тренние аву́ары, вну́тренние акти́вы** Inlandsaktiva *pl;* **вну́тренние долги́** Inlandsschulden *pl;* **вну́тренние**

долговы́е обяза́тельства Inlandspassiva *pl;* **вну́тренние изде́ржки предприя́тия** Betriebsausgaben *pl;* **вну́тренние капиталовложе́ния** Inlandsbeteiligung *f;* **вну́тренние пасси́вы** Inlandspassiva *pl;* **вну́тренние расхо́ды** interne Kosten *pl;* **~ де́бет** Inlandsaktiva *pl;* **~ разме́р проце́нта** interner Zinsfuß *m;* **вну́тренняя па́мять** ИНФОРМ interner Speicher *m;* **вну́тренняя проце́нтная ста́вка** interner Zinsfuß *m;* **вну́тренняя реви́зия** interne Revision *f;* **вну́тренняя систе́ма информа́ции** innerbetriebliche Kommunikationswege *pl;* **вну́тренняя торго́вля** Binnenhandel *m*

внутри́ I. *предл* innerhalb +*gen;* **~ предприя́тия** unternehmensintern II. *нрч* innen

внутризаво́дск|ой <-ая, -ое> *прил* betriebsintern; **внутризаводска́я проду́кция** innerbetriebliche Leistung *f;* **внутризаводска́я расчётная сто́имость** [*или* **цена́**] Betriebswert *m;* **внутризаводско́е потребле́ние** Eigenverbrauch *m;* **~ тра́нспорт** Werkverkehr *m*

внутрипарти́йн|ый <-ая, -ое> *прил* innerparteilich

внутрипроизво́дственн|ый <-ая, -ое> *прил* betrieblich, betriebsintern

вну́трь I. *предл* ins Innere (von) II. *нрч* nach innen

внуча́тн|ый <-ая, -ое> *прил* **~ племя́нник** Großneffe *m*

вну́чк|а <-и> *ж* Enkelin *f*

внуша́|ть <-ю, -ешь> *нсв,* **внуши́ть** *св прх* 1. *(что-л. кому́-л.)* einflößen; **~ дове́рие** Vertrauen einflößen 2. *(мы́сли)* einreden, suggerieren 3. *(пра́вила поведе́ния)* einschärfen

внуше́ни|е <-я> *ср* 1. ПСИХ Suggestion *f,* Einflößung *f* 2. *(вы́говор)* Verweis *m,* Rüge *f;* **де́лать кому́-л. ~** jdm einen Verweis erteilen

внуши́те|льный <-льная, -льное; -лен, -льна, -льно> *прил* 1. *(убеди́тельный)* eindringlich 2. *(впечатля́ющий)* beeindruckend, imposant

внуши́|ть <-ю, -ешь> *св прх см.* **внуша́ть**

вня́т|ный <-ная, -ное; -ен, -на, -но> *прил* deutlich, klar; **вня́тное произноше́ние** deutliche Aussprache *f;* **от него́ не доби́ться вня́тного отве́та** von ihm kann man keine klare Antwort bekommen

внять <без буд. и пов.> *св нпрх см.* **внима́ть**

во́бл|а <-ы> *ж без мн (вя́леная ры́ба)* getrockneter Fisch *m*

вобра́ть <вберу́, вберешь> *св прх см.* **вбира́ть**

ВОВ *сокр от* **Вели́кая Оте́чественная война́** der Große Vaterländische Krieg; **уча́стники ~** Teilnehmer *mpl* am Großen Vaterländischen Krieg

вове́к, **вове́ки** *нрч* 1. *(ве́чно)* auf ewig, für immer; **просла́вить вове́ки веко́в** für alle Zeiten rühmen 2. *(никогда́)* niemals; **~ не забу́ду** ich werde es niemals vergessen

вовлека́|ть <-ю, -ешь> *нсв,* **вовле́чь** *св прх* einbeziehen; **~ в разгово́р** jdn ins Gespräch mit einbeziehen

во́время *нрч* rechtzeitig

во́все *нрч с отрица́нием* ganz und gar (nicht); **~ нет** überhaupt nicht

вовсю́ *нрч* mit aller Kraft; **бежа́ть ~** mit aller Kraft rennen

во-вторы́х *нрч* zweitens

вогна́ть <вгоню́, вго́нишь> *св прх см.* **вгоня́ть**

во́гнут|ый <-ая, -ое; -, -а, -о> *прил* eingebogen, konkav

вод|а́ <-ы́> *ж* 1. *(жи́дкость)* Wasser *nt;* **питьева́я ~** Trinkwasser *nt;* **пре́сная ~** Süßwasser *nt* 2. *то́лько мн (ре́ки, озёра)* Gewässer *nt; (куро́рт с минера́льными исто́чниками)* Kurort *m,* Bad *nt;* **грунто́вые во́ды** Grundwasser *nt;* **минера́льные во́ды** Mineralquellen *pl;* **чи́стой воды́** reinsten Wassers, durch und durch; **как в во́ду ка́нуть** spurlos verschwinden; **как две́ ка́пли воды́** zum Verwechseln ähnlich; **он прошёл сквозь ого́нь и во́ду** er ist durch dick und dünn gegangen; **вы́йти сухи́м из воды́** mit heiler Haut davonkommen; **жёлтая ~** МЕД grüner Star *m;* **околопло́дные во́ды** МЕД Fruchtwasser *nt;* **сто́чные ~** Abwasser *nt*

водворя́|ть <-ю, -ешь> *нсв,* **водвори́ть** *св прх* schaffen, einführen; **~ тишину́ и поря́док** Ordnung und Ruhe schaffen

водеви́|ль <-ля> *м* Vaudeville *nt*

води́те|ль <-ля> *м* Fahrer *m,* Kraftfahrer *m;* **второ́й ~** Beifahrer *m*

во|ди́ть <-жу́, -дишь> *нсв* **завести́** *св прх* 1. *и перен* führen, herumführen; **~ за нос** jdn an der Nase herumführen; **завести́ знако́мство с ке́м-л.** eine Bekanntschaft machen mit +*dat;* **~ дру́га в теа́тр** einen Freund ins Theater mitnehmen 2. *(автомоби́ль)* fahren

во|ди́ться <-жу́сь, -дишься> *нсв,* **вести́сь** *св рефл* 1. *(с кем-л.)* Umgang pflegen mit +*dat* 2. *то́лько в 3 л (име́ть в нали́чии)* vorhanden sein, vorkommen; **в э́той реке́ во́дится мно́го ры́бы** in diesem Fluss gibt es viele Fische 3. *то́лько в 3 л (быть при́нятым)* üblich sein; **у нас так во́дится** bei uns ist es so üblich; **э́то за ним во́дится** das ist seine Art

во́дк|а <-и> *ж* Wodka *m*

во́дник <-а> *м* in der Schifffahrt Beschäftigter *m*

водноло́ыжник <-а> *м* Wasserskisportler *m*

во́дн|ый <-ая, -ое> *прил* Wasser-; **~ путь** Wasserweg *m;* **~ спорт** Wassersport *m;* **во́дные лы́жи** Wasserskier *pl*

водобоя́з|нь <-ни> *ж* МЕД **1.** *устар (бе́шенство)* Tollwut *f* **2.** *(страх от воды́)* Hydrophobie *f*, Wasserangst *f*
водоворо́т <-а> *м* Strudel *m*
водоём <-а> *м* **1.** *(вмести́лище воды́)* Wasserreservoir *nt* **2.** *в мн (река́, о́зеро)* Gewässer *nt*
водозабо́р <-а> *м* Wasserentnahme *f*
водока́чк|а <-и> *ж* Pumpstation *f*, Pumpenhaus *nt*
водола́з <-а> *м* Taucher *m*
водола́зк|а <-и> *ж разг* Rollkragenshirt *nt*
водола́зн|ый <-ая, -ое> *прил* Taucher-
водоле́|й <-я> *м* **1.** *(созве́здие)* Wassermann *m* **2.** *презрит* Schwätzer *m*
водолече́ни|е <-я> *ср* Hydrotherapie *f*, Wasserbehandlung *f*
водомёт <-а> *м* Wasserwerfer *m*
водоме́р <-а> *м* Wasserzähler *m;* **снять показа́ния водоме́ра** Anzeigen des Wasserzählers aufschreiben
водонагрева́те|ль <-ля> *м* Warmwasserboiler *m*
водонепроница́ем|ый <-ая, -ое; -, -а, -о> *прил* wasserdicht
водоотдели́те|ль <-ля> *м* ТЕХ Wasserabscheider *m*
водоохра́нн|ый <-ая, -ое> *прил* **водоохра́нная зо́на** Schutzwassergebiet *nt*
водоочи́стк|а <-и> *ж* Wasseraufbereitung *f*
водопа́д <-а> *м* Wasserfall *m*
водопла́вающ|ий <-ая, -ее> *нрч* **водопла́вающая пти́ца** Wasservogel *m*
водопо́|й <-я> *м* Tränke *f*
водоприёмник <-а> *м* Vorfluter *m*
водопрово́д <-а> *м* Wasserleitung *f*
водопрово́дн|ый <-ая, -ое> *прил* Wasserleitungs-; **водопрово́дная вода́** Leitungswasser *nt*
водоразде́л <-а> *м* Wasserscheide *f*
водораствори́м|ый <-ая, -ое> *прил* wasserlöslich
водоро́д <-а> *м* Wasserstoff *m*
во́дорос|ль <-ли> *ж* Wasserpflanze *f*, Alge *f*
водоснабже́ни|е <-я> *ср* Wasserversorgung *f;* **горя́чее ~** Warmwasserversorgung *f;* **питьево́е ~** Trinkwasserversorgung *f;* **централизо́ванное ~** zentrale Wasserversorgung *f*
водосто́к <-а> *м* Dachrinne *f*, Abfluss *m*
водото́к <-а> *м* Wasserlauf *m*
водоупо́рнос|ть <-ти> *ж* Wasserbeständigkeit *f*
водохрани́лищ|е <-а> *ср* Stausee *m*
водружа́|ть <-ю, -ешь> *нсв*, **водрузи́ть** *св прх* hochheben, erheben; **~ зна́мя** *(укрепи́ть, установи́ть)* die Flagge hochheben; **~ на нос очки́** seine Brille auf die Nase (auf)setzen
водяни́ст|ый <-ая, -ое; -, -а, -о> *прил* wässerig
водян|о́й **I.** <-а́я, -о́е> *прил* Wasser-; **~ знак** Wasserzeichen *nt;* **водяна́я ме́льница** Wassermühle *f;* **водяна́я струя́** Wasserstrahl *m;* **водяно́е отопле́ние** Wasserheizung *f;* **водяны́е живо́тные** Wassertiere *pl* **II.** <-ого> *м* ФОЛЬК Nix *m*, Wassergeist *m*
воева́ть <вою́ю, вою́ешь> *нсв нпрх* **1.** *(вести́ войну́ с кем-л.)* Krieg führen gegen *+akk* **2.** *разг (ссо́риться)* sich streiten mit *+dat*
воеди́но *нрч* vereint; **сли́ться ~** zu einem Ganzen verschmelzen
военача́льник <-а> *м* Feldherr *m*
военизи́рованн|ый <-ая, -ое> *прил* paramilitärisch
военнообя́занн|ый <-ая, -ое> *м* Wehrdienstpflichtige(r) *m*, Militärdienstpflichtige(r) *m*
военнопле́нн|ый <-ого> *м* Kriegsgefangene(r) *m*
вое́нно-промы́шленн|ый <-ая, -ое> *прил* **~ ко́мплекс** militärisch-industrieller Komplex *m*
военнослу́жащ|ий <-его> *м* Armeeangehörige(r) *m*
вое́нн|ый **I.** <-а́я, -о́е> *прил* **1.** *(относя́щийся к войне́)* Kriegs-; **объяви́ть вое́нное положе́ние** das Kriegsrecht verhängen; **вое́нное преступле́ние** Kriegsverbrechen *nt* **2.** *(относя́щийся к вооружённым си́лам)* militärisch, Militär- **II.** <-ого> *м* **1.** *(офице́р)* Militär *m* **2.** *(солда́т)* Soldat *m*
военру́к <-а> *м (преподава́тель вое́нного де́ла в те́хникуме)* Lehrer *m* im Militärwesen
вое́нщин|а <-ы> *ж презрит* Kriegstreiber *pl*, Soldateska *f*
вожа́к <-а́> *м* Anführer *m*, Führer *m*
вожделе́ни|е <-я> *ср книжн* Lust *f*, Begierde *f*
вожде́ни|е <-я> *ср без мн* Führung *f;* **~ судо́в** Schiffführung *f;* **~ поездо́в** Zugführung *f;* **зако́нчить ку́рсы вожде́ния** den Führerschein machen
вож|дь <-дя́> *м* **1.** *(предводи́тель, руководи́тель)* Führer *m* **2.** *(пле́мени)* Häuptling *m*
вожж|а́ <-и́> *ж* Zügel *m;* **натяну́ть во́жжи** *и перен* die Zügel straff ziehen
воз <во́за> *м* **1.** *(кладь)* Fuhre *f* **2.** *(пово́зка с кла́дью)* Fuhrwerk *nt;* **а ~ и ны́не там** *перен* trotz aller Mühe ist man noch kein Stück vorwärts gekommen
возбуди́мос|ть <-ти> *ж* Erregbarkeit *f*, Reizbarkeit *f*
возбуди́м|ый <-ая, -ое; -, -а, -о> *прил* reizbar, erregbar
возбуди́те|ль <-ля> *м* Erreger *m;* **~ заболева́ний** Krankheitserreger *m*
возбужда́|ть <-ю, -ешь> *нсв*, **возбуди́ть** *св прх* **1.** *(интере́с)* hervorrufen, erwecken

2. *(аппети́т)* anregen 3. *(взволнова́ть)* aufregen; ~ **де́ло про́тив кого́-л.** einen Prozess anstrengen gegen +*akk*

возбужда́ющ|ий <-ая, -ее> *прил* anregend; **возбужда́ющие сре́дства** Aufputschmittel *nt,* Doping *nt*

возбужде́ни|е <-я> *ср* Aufregung *f,* Erregung *f*

возбуждён|ный <-ная, -ное; -, -на́, -но́> *прил* aufgeregt

возвели́чива|ть <-ю, -ешь> *нсв,* **возвели́чить** *св прх* lobpreisen, rühmen; ~ **до небе́с** *(восхваля́ть)* jdn hoch feiern; ~ **свой наро́д** *(просла́вить)* sein Volk rühmen

возвеща́|ть <-ю, -ешь> *нсв,* **возвести́ть** *св прх книжн (что-л./о чём-л.)* verkünden

воз|води́ть <-вожу́, -во́дишь> *нсв,* **возвести́** *св прх* bauen, aufbauen, errichten; ~ **в сте́пень** мат potenzieren

возвра́т <-а> *м* 1. *(отда́ча)* Rückgabe *f,* Remission *f;* ~ **това́ра** экон Warenrücksendung *f,* Remission *f,* Retoursendung *f* 2. *(возмеще́ние)* Rückerstattung *f,* Erstattung *f;* ~ **де́нег** Rückzahlung *f;* ~ **страховы́х взно́сов** Beitragserstattung *f;* ~ **ча́сти страховы́х пре́мий** Rückvergütung *f;* ~ **боле́зни** мед Rückfall *m;* **возвра́та наза́д нет** es gibt kein Zurück

возвра|ти́ть <щу́, -ти́шь> *св прх см.* **возвраща́ть**

возвра|ти́ться <-щу́сь, -ти́шься> *св рефл см.* **возвраща́ться**

возвра́тн|ый <-ая, -ое> *прил* 1. экон Mehrweg-; **возвра́тная та́ра** Mehrwegverpackung *f* 2. лингв reflexiv; ~ **глаго́л** reflexives Verb *nt*

возвраща́|ть <-ю, -ешь> *нсв,* **возврати́ть** *св прх* 1. *(отдава́ть обра́тно)* zurückgeben 2. *(возмеща́ть)* zurückerstatten

возвраща́|ться <-юсь, -ешься> *нсв,* **возврати́ться** *св рефл* zurückkehren, zurückkommen; ~ **домо́й** heimkommen, nach Hause kommen; ~ **к вопро́су** *перен* auf eine Frage zurückkommen

возвраще́ни|е <-я> *ср* 1. *(домо́й, на ро́дину)* Rückkehr *f,* Heimkehr *f* 2. *(возмеще́ние)* Rückerstattung *f,* Erstattung *f,* Remission *f;* ~ **де́нег** Rückzahlung *f;* ~ **това́ра** Retoursendung *f,* Remission *f*

возвыша́|ть <-ю, -ешь> *нсв,* **возвы́сить** *св прх* 1. *(прида́ть чему-л. бо́лее высо́кое значе́ние)* erheben, erhöhen; **э́то возвы́сит тебя́ в мои́х глаза́х** das erhebt dich in meinen Augen 2. *(сде́лать гро́мким)* erheben; ~ **го́лос** die Stimme erheben

возвыша́|ться <-юсь, -ешься> *нсв,* **возвы́ситься** *св рефл* 1. *(подня́ться)* steigen 2. *(сде́лать карье́ру)* aufsteigen 3. *(вы́ситься)* sich erheben

возвыше́ни|е <-я> *ср* 1. *(карье́ра)* Aufstieg *m* 2. *(в це́ркви)* Empore *f*

возвы́шен|ный <-ная, -ное; -, -на, -но> *прил* erhaben

возглавля́|ть <-ю, -ешь> *нсв,* **возгла́вить** *св прх* 1. *(встать во главе́)* an die Spitze treten 2. *(руководи́ть)* leiten, an der Spitze stehen; ~ **делега́цию** eine Delegation leiten

во́зглас <-а> *м* Ausruf *m;* **удивлённый** ~ verwunderter Ausruf; **одобри́тельные во́згласы пу́блики** beifälliger Ausruf des Publikums

возгора́ем|ый <-ая, -ое> *прил* leicht entflammbar, feuergefährlich; **возгора́емая ткань** leicht entflammbares Gewebe *nt*

возгор|ди́ться <-жу́сь, -ди́шься> *св рефл* überheblich werden; ~ **свои́ми успе́хами** auf seine eigene Erfolge stolz sein

возда|ва́ть <-ю́, -ёшь> *нсв,* **возда́ть** *св прх* 1. *(дать, оказа́ть)* erweisen; ~ **по заслу́гам** jdm das Gebührende erweisen; ~ **до́лжное кому́-л.** jdm geben, was ihm zusteht; ~ **хвалу́** jdn loben 2. *(отплати́ть)* einen Gegendienst leisten; ~ **злом за добро́** Gutes mit Bösem vergelten

воздвига́|ть <-ю, -ешь> *нсв,* **воздви́гнуть** *св прх* errichten, erbauen

возде́йстви|е <-я> *ср* 1. *(влия́ние на кого́-л./что-л.)* Einfluss *m* 2. *(после́дствие, результа́т)* Auswirkung *f*

возде́йств|овать <-ую, -уешь> *(н)св прх (на кого́-л./что-л.)* einwirken auf +*akk,* sich auswirken auf +*akk*

возде́лывани|е <-я> *ср* агр Anbau *m;* **систе́ма возде́лывания** Anbausystem *nt*

возде́лыва|ть <-ю, -ешь> *нсв,* **возде́лать** *св прх* bebauen, bestellen; ~ **по́ле** das Feld bestellen

воздержа́ни|е <-я> *ср* Enthaltsamkeit *f,* Abstinenz *f*

возде́ржан|ный <-ная, -ное; -, -на, -но> *прил* enthaltsam

возде́ржива|ться <-юсь, -ешься> *нсв,* **воздержа́ться** *св рефл (от чего́-л.)* sich enthalten +*gen;* ~ **при голосова́нии** sich einer Stimme enthalten; ~ **от примене́ния си́лы** auf Gewaltanwendung verzichten

во́здух <-а> *м* Luft *f;* **носи́ться в во́здухе** *перен* in der Luft liegen

воздуходу́вк|а <-и> *ж* Gebläse *nt*

воздухопла́вани|е <-я> *ср без мн* Flugwesen *nt,* Luftfahrt *f*

возду́ш|ный <-ная, -ное; -ен, -на, -но> *прил* Luft-, luftig; ~ **поцелу́й** Kusshand *f;* **стро́ить возду́шные за́мки** *перен* Luftschlösser bauen; **возду́шное сообще́ние на осно́ве догово́ров** трансп Charter(flug)verkehr *m*

воззва́ни|е <-я> *ср* Aufruf *m,* Appell *m*

воззре́ни|е <-я> *ср* Ansicht *f,* Anschauung *f*

возз|ре́ть <-ю́, -ешь> *св нпрх см.* **взира́ть**

вози́ться <вожу́сь, во́зишься> *нсв рефл*

1. *разг (занимáться кропотли́вым дéлом)* hantieren, sich zu schaffen machen; **~ в кýхне** sich in der Küche zu schaffen machen **2.** *(мéдленно рабóтать с кем-л./чем-л.)* sich abrackern, sich abmühen mit *+dat*

возлагá|ть <-ю, -ешь> *нсв,* **возложи́ть** *св прх* **1.** *(торжéственно положи́ть)* festlich niederlegen; **~ цвéты на моги́лу** Blumen ans Denkmal festlich niederlegen **2.** *(поручи́ть)* auferlegen, jdm etw übertragen; **~ исполнéние на коллекти́в** dem Kollektiv die Ausfüllung von etw auferlegen; **~ винý на когó-л.** jdm die Schuld übertragen; **~ поручéние комý-л.** jdm einen Auftrag erteilen; **~ ми́ссию комý-л.** jdm eine Mission auferlegen

возлик|овáть <-ýю, -ýешь> *св нпрх* jubeln

возлож|и́ть <-ý, -ишь> *св прх см.* **возлагáть**

возлю́бленн|ый <-ого> *м,* **возлю́бленн|ая** <-ой> *ж* Geliebte(r) *f(m)*

возмéзди|е <-я> *ср* Vergeltung *f,* Rache *f*

возмещá|ть <-ю, -ешь> *нсв,* **возмести́ть** *св прх (что-л. чем-л.)* ersetzen, entschädigen; *(ущéрб)* wiedergutmachen; **~ убы́тки** Schadenersatz leisten, den Schaden ersetzen; **~ деньгáми** in Geld ersetzen; **обя́занный возмести́ть убы́тки** schadenersatzpflichtig

возмещéни|е <-я> *ср* **1.** *(возврáт)* Ersatz *m,* Erstattung *f;* **~ НДС** Mehrwertsteuererstattung *f;* **в ви́де возмещéния** als Entgelt; **~ издéржек** Aufwandsentschädigung *f;* **~ страховы́х взнóсов** Beitragserstattung *f;* **~ убы́тков** Verlustausgleich *m;* **~ ущéрба** Schadensersatz *m,* Entschädigung *f;* **~ ущéрба в натурáльной фóрме** Naturalersatz *m* **2.** *(удовлетворéние)* Abfindung *f,* Bonifikation *f*

возмóжно *нрч* vielleicht, möglicherweise

возмóжнос|ть <-ти> *ж* Möglichkeit *f,* Gelegenheit *f;* **по возмóжности** soweit möglich, gegebenenfalls; **~ вы́бора** Wahlmöglichkeit *f;* **~ испóльзования** Disponierbarkeit *f;* **возмóжности для дéйствий** Handlungsspielraum *m;* **ры́ночные возмóжности** ЭКОН Marktchancen *pl;* **возмóжности сбы́та** ЭКОН Absatzchancen *pl;* **упýщенная ~** verpasste Chance *f*

возмóж|ный <-ная, -ное; -ен, -на, -но> *прил* **1.** *(осуществи́мый)* möglich; **дéлать возмóжным** ermöglichen **2.** *(мы́слимый)* denkbar

возмужáл|ый <-ая, -ое> *прил* zum Mann gereift; **вы́глядеть возмужáлым** erwachsen aussehen; **~ вид** männliches Aussehen *nt*

возмужá|ть <-ю, -ешь> *св нпрх см.* **мужáть**

возмути́те|ль <-ля> *м* **~ спокóйствия** Störenfried *m*

возмути́те|льный <-льная, -льное; -лен, -льна, -льно> *прил* empörend

возмущá|ть <-ю, -ешь> *нсв,* **возмути́ть** *св прх* empören, entrüsten

возмущá|ться <-юсь, -ешься> *нсв,* **возмути́ться** *св рефл* sich empören, sich entrüsten

возмущéни|е <-я> *ср* Empörung *f,* Zorn *m*

вознаграждá|ть <-ю, -ешь> *нсв,* **вознагради́ть** *св прх* entschädigen, belohnen

вознаграждéни|е <-я> *ср* **1.** *(нагрáда)* Belohnung *f,* Entlohnung *f* **2.** *(оплáта)* Entgelt *nt,* Prämie *f,* Bonifikation *f,* Honorar *nt;* **~ за трýд** Arbeitslohn *m;* **~ за услýги** Provision *f*

вознегод|овáть <-ýю, -ýешь> *св нпрх* sich empören; **~ на клеветникá** sich gegen den Verleumder empören

возненави́|деть <-жу, -дишь> *св прх см.* **ненави́деть**

вознесéни|е <-я> *ср* РЕЛИГ Himmelfahrt *f*

возникá|ть <-ю, -ешь> *нсв,* **возни́кнуть** *св нпрх* aufkommen, entstehen

возникновéни|е <-я> *ср* Entstehung *f,* Aufkommen *nt*

возни́ц|а <-ы> *м* Kutscher *m*

возн|я́ <-и́> *ж* **1.** *(шум)* Gepolter *nt,* Lärm *m;* **~ вокрýг** viel Aufheben um *+akk* **2.** *(хлóпоты)* Schererei *f*

возобладá|ть <-ю, -ешь> *св нпрх* überwinden, überwiegen; **чýвство дóлга возобладáло над стрáхом** das Pflichtgefühl hat die Angst überwunden

возобновлéни|е <-я> *ср* **1.** *(отношéний)* Erneuerung *f* **2.** *(дéла или процéсса)* Wiederaufnahme *f*

возобновля́|ть <-ю, -ешь> *нсв,* **возобнови́ть** *св прх* erneuern, wiederaufnehmen; **~ подпи́ску** das Abonnement erneuern

возомн|и́ть <-ю́, и́шь> *св нпрх* sich etw einbilden; **что ты о себé возомни́л?** was bildest du dir ein?; **~ себя́ герóем** sich einbilden ein Held zu sein

возражá|ть <-ю, -ешь> *нсв,* **возрази́ть** *св нпрх* **1.** *(комý-л. на что-л.)* widersprechen **2.** *(проти́в когó-л./чегó-л.)* Einwendungen *fpl* [*o* Einwände *mpl*] vorbringen gegen *+akk*

возражéни|е <-я> *ср* **1.** *(дóвод прóтив чегó-л.)* Einwand *m* **2.** *(выражéние несоглáсия)* Widerrede *f* **3.** ЮР Einspruch *m*

возра|зи́ть <-жý, -зи́шь> *св нпрх см.* **возражáть**

вóзраст <-а> *м* Alter *nt,* Entwicklungsstufe *f;* **дéтский ~** Kindesalter *nt;* **пенсиóнный ~** Rentenalter *nt;* **одногó вóзраста** gleichaltrig

возрастá|ть <-ю, -ешь> *нсв,* **возрасти́** *св нпрх* zunehmen, größer werden, anwachsen, steigen

возрастáющ|ий <-ая, -ее> *прил* zunehmend

возраст|и́ <-ý, -ёшь> *св нпрх см.* **возрастáть**

возрастн|о́й <-а́я, -о́е> *прил* Alters-; **~ ценз** Altersgrenze *f;* **возрастны́е измене́ния** Altersveränderungen *fpl*

возрожда́|ть <-ю, -ешь> *нсв,* **возроди́ть** *св прх* **1.** *перен (верну́ть к жи́зни)* wiederbeleben, aufleben lassen **2.** *(возобнови́ть)* erneuern

возрожде́ни|е <-я> *ср* **1.** *(второ́е рожде́ние, духо́вное обновле́ние)* Wiedergeburt *f* **2.** *(возобновле́ние)* Erneuerung *f* **3.** *(восстановле́ние)* Wiederaufbau *m* **4.** истор *(эпо́ха Возрожде́ния)* Renaissance *f*

возыме́|ть <-ю, -ешь> *св прх* haben; **~ уваже́ние к кому́-нибу́дь** für jdn Verehrung [*o* Achtung] empfinden; **~ де́йствие** einschlagen, eine Wirkung haben [*o* zeigen]

во́ин <-а> *м книжн* Soldat *m;* **па́вшие в бою́ во́ины** im Krieg gefallene Soldaten

во́инск|ий <-ая, -ое> *прил* Kriegs-, Militär-

i Land & Leute

In Russland besteht **die allgemeine Wehrpflicht:** nach Erlangung der Volljährigkeit mit 18 Jahren werden alle tauglichen jungen Männer einbezogen. Die Dauer des aktiven Wehrdienstes beträgt in den Landesstreitkräften 2 Jahre, in der Marine 3 Jahre. Da „die Verteidigung des Vaterlandes“ in diesem Land herkömmlich als eine „heilige Pflicht“ angesehen wird, gibt es für Verweigerer bis heute nur in Ausnahmefällen einen Zivildienst. Im übrigen glauben viele, dass der Wehrdienst für einen jungen Mann als eine harte Disziplinschule unentbehrlich sei. Für die Zukunft ist allerdings eine teilweise Umwandlung der russischen Armee in eine „Berufsarmee“ vorgesehen.

во́инствен|ный <-ная, -ное; -, -на, -но> *прил* **1.** *(хра́брый)* kriegerisch **2.** *(реши́тельный)* militant

во́инствующ|ий <-ая, -ее> *прил* **1.** *(проявля́ющий гото́вность к столкнове́нию)* militant, kämpferisch, kriegslüstern **2.** *(агресси́вный)* aggressiv, streitbar, angriffslustig

вои́стину *нрч* wirklich, tatsächlich; **~ вели́кие дела́** wirklich große Taten

во́|й <-я> *м* Heulen *nt,* Geheul *nt;* **~ сире́ны** Sirenengeheul *nt*

во́йлок <-а> *м без мн* Filz *m;* **оби́ть во́йлоком** mit Filz polstern; **обувно́й ~** Schuhfilz *m*

во́йлочн|ый <-ая, -ое> *прил* aus Filz, Filz-

войн|а́ <-ы> *ж* Krieg *m;* **братоуби́йственная ~** Bruderkrieg *m;* **гражда́нская ~** Bürgerkrieg *m;* **быть на войне́** an der Front sein; **вступа́ть в войну́** in den Krieg eintreten

во́йск|о <-а> *ср* Heer *nt; мн* Truppen *fpl*

вой|ти́ <-ду́, -дёшь> *св нпрх см.* **входи́ть**

вокали́зм <-а> *м без мн* лингв Vokalismus *m;* **вокали́зм ру́сского языка́** Vokalismus der russischen Sprache; **уда́рный ~** betonter Vokalismus

вокали́ст <-а> *м* муз **1.** *(специали́ст по вока́лу)* Vokalkünstler *m* **2.** *(певе́ц-профессиона́л)* Sänger *m,* Vokalist *m*

вока́льн|ый <-ая, -ое> *прил* Vokal-; **вока́льное исполне́ние** Vokalaufführung *f;* **вока́льная му́зыка** Vokalmusik *f*

вокза́л <-а> *м* Bahnhof *m*

вокза́льн|ый <-ая, -ое> *прил* Bahnhofs-; **~ буфе́т** Bahnhofsbüffet *nt*

вокру́г **I.** *предл* um, um ... herum *+akk;* **Земля́ дви́жется ~ Со́лнца** die Erde kreist um die Sonne; **~ го́рода** um die Stadt herum **II.** *нрч* ringsum, ringsherum, ringsumher

вол <вола́> *м* Ochse *m;* **рабо́тать как ~** *перен* schuften wie ein Ochse

вола́н <-а> *м* **1.** спорт *(мя́чик для бадминто́на)* Federball *m* **2.** *(обо́рка)* Volant *m,* Falbel *f;* **ю́бка с вола́нами** Volantrock *m*

Во́лг|а <-и> *ж* **1.** геог Wolga *f* **2.** авто Wolga *m*

i Land & Leute

Nach dem großen russischen Fluss Wolga wurde **die beste Automarke aus der Sowjetzeit** genannt, die sich damals nur wenige Bürger leisten konnten. Von anderen sowjetischen Automarken unterschied sie sich nicht nur durch ihr solideres Aussehen sondern auch durch erhöhte Leistungskraft und Qualität. Seit der Perestrojka verdrängen westliche – neue und gebrauchte – Wagen, die man früher normalerweise nur im Fernsehen oder im Kino sehen konnte, zunehmend die einheimischen Autos auf den Straßen von Großstädten: die Autoindustrie in Russland steckt in einer schweren Krise. Doch es gibt noch genug Autofahrer, die auch heute auf ihren alten Wolga nicht verzichten wollen – oder sich für einen neuen Wolga statt eines westlichen Gebrauchwagens entscheiden.

волды́|рь <-ря́> *м* Brandblase *f,* Wasserblase *f;* **вскочи́л ~** eine Blase haben

волев|о́й <-а́я, -о́е> *прил* willensstark

волеизъявле́ни|е <-я> *ср* Willenserklärung *f*

волейбо́л <-а> *м* спорт Volleyball *m*

во́лей-нево́лей *нрч* wohl oder übel; **~ при-**

хо́дится идти́ вам навстре́чу wohl oder übel muss ich Ihnen entgegenkommen

волжа́нин <-а> *м (жи́тель райо́на Во́лги)* Bewohner *m* der Wolgaregion

во́лжск|ий <-ая, -ое> *прил* an der Wolga, Wolga-; **во́лжская гидроэлектроста́нция** Wasserkraftwerk *nt* an der Wolga

волк <во́лка> *м* Wolf *m*

волн|а́ <-ы> *ж* Welle *f,* Woge *f;* **на волне́ успе́ха** *перен* auf einer Erfolgswelle

волне́ни|е <-я> *ср* **1.** *(на воде́)* Seegang *m;* **~ в пять ба́ллов** der Seegang hat Stärke fünf; **морско́е ~** Meeresseegang *m* **2.** *(возбужде́ние)* Aufregung *f;* **прийти́ в ~** in Aufregung geraten **3.** *без ед (проте́ст)* Unruhe *f;* **наро́дные волне́ния** Unruhen im Volk

волни́ст|ый <-ая, -ое; -, -а, -о> *прил* gewellt, wellenförmig; **волни́стые во́лосы** gewellte Haare *pl;* **подчеркну́ть волни́стой ли́нией** mit wellenförmiger Linie unterstreichen

волн|ова́ть <-у́ю, -у́ешь> *нсв,* **взволнова́ть** *св прх* **1.** *(вода́)* Wellen schlagen **2.** *перен (трево́жить)* aufregen

волнов|о́й <-а́я, -о́е> *прил* ФИЗ Wellen-; **волново́е движе́ние** Wellenbewegung *f*

волноло́м <-а> *м (да́мба)* Mole *f*

волноре́з <-а> *м* Wellenbrecher *m*

воло́в|ий <-ья, -ье> *прил* Ochsen-; **воло́вье ста́до** Ochsenherde *f;* **воло́вьи глаза́** Ochsenaugen *fpl (große und schwarze Augen)*

волоки́т|а <-ы> *ж без мн* **1.** *(затя́гивание де́ла, бюрокра́тия)* Bürokratie *f;* **вести́ борьбу́ с волоки́той** mit der Bürokratie kämpfen **2.** *разг (хло́поты)* Hin und Her *nt;* **больша́я ~** mächtiges Hin und Her

волокн|о́ <-а́> *ср* Faser *f;* **иску́сственное ~** synthetische Faser; **не́рвные воло́кна** Nervenfasern; **мы́шечные воло́кна** Muskelfasern

во́локом *нрч* schleppend; **тащи́ть ~** jdn/etw schleppen

волоку́ш|а <-и> *ж* **1.** АГР *(для убо́рочных рабо́т)* Pferdeschleppvorrichtung *f;* **се́нная ~** Heuschleppwagen *m* **2.** ИСТОР *(пово́зка у инде́йцев)* Schleppwagen *m* bei den Indianern; **~ на поло́зьях** Schlittkufenschlepper *m* **3.** МОР *(не́вод для малько́в)* Schleppnetz **4.** ШАХТ *(в забо́ях для угля́ и руды́)* Lore *f,* Hund *m*

во́лос <-а> *м обы́чно в мн* Haar *nt;* **во́лосы встаю́т ды́бом** *перен* die Haare stehen zu Berge

воло́сат|ый <-ая, -ое; -, -а, -о> *прил* behaart; **волоса́тые ру́ки** behaarte Hände *fpl*

волос|о́к <-ка́> *м* **1.** *(ма́ленький во́лос)* Härchen *nt,* Fussel *m;* **на волоске́** um ein Haar, um Haaresbreite **2.** *(в ла́мпочке)* Drähtchen *nt*

волосян|о́й <-а́я, -о́е> *прил* haarig

волоч|и́ть <-у́, -ишь> *нсв,* **проволо́чить** *св прх* **1.** *(тащи́ть)* schleppen, schleifen; **~ мешо́к зерна́** einen Kornsack schleppen; **наси́лу но́ги ~** sich schleppen **2.** ТЕХ *(вытя́гивать из мета́лла)* ziehen; **~ про́волоку** einen Draht ziehen

волоч|и́ться <-у́сь, -и́шься> *нсв рефл* **1.** *(тяну́ться по земле́)* sich ziehen; **про́вод воло́чится по по́лу** der Draht liegt auf dem Boden **2.** *разг (уха́живать без серьёзных наме́рений)* nachlaufen; **~ за же́нщинами** jeder Schürze nachlaufen

во́лч|ий <-ья, -ье> *прил* Wolfs-; **во́лчья ста́я** Wolfsrudel *nt;* **во́лчья шку́ра** Wolfsbalg *nt;* **~ аппети́т** *перен* Bärenhunger *m;* **жить по во́лчьим зако́нам** nach dem Wolfsgesetz leben

волчи́х|а <-и> *ж разг* Wölfin *f*

волчи́ц|а <-ы> *ж* Wölfin *f*

волчко́м *нрч* kreiselschnell; **верте́ться ~** sich schnell drehen; *(мно́го рабо́тать)* viel arbeiten

волч|о́к <-ка́> *м* Brummkreisel *m*

волше́бник <-а> *м,* **волше́бниц|а** <-ы> *ж* Zauberer *m,* Zauberin *f*

волше́б|ный <-ная, -ное; -ен, -на, -но> *прил* **1.** *(свя́занный с волшебство́м)* Zauber-; **волше́бное сло́во** Zauberwort *nt* **2.** *(чару́ющий)* zauberhaft, bezaubernd

волы́нк|а <-и> *ж* **1.** МУЗ Dudelsack *m* **2.** *разг (кани́тель)* Trödeln *nt;* **тяну́ть волы́нку** Zeit schinden

вольго́тно *нрч* wohl; **жить ~** wohl leben

волье́р|а <-ы> *ж* Voliere *f,* Freigehege *nt*

во́льнича|ть <-ю, -ешь> *нсв нпрх* eigenwillig sein, eigenmächtig sein; **прошу́ не ~, а подчиня́ться** bitte seien Sie gehorsam

во́льно *нрч* frei; **вста́ть по кома́нде ~** ВОЕН, СПОРТ *(свобо́дно)* rührt Euch!; **оби́деть ~/нево́льно** jdn absichtlich/ungewollt beleidigen

вольнолюби́в|ый <-ая, -ое; -, -а, -о> *прил* freiheitsliebend; **вольнолюби́вое пле́мя** freiheitsliebender Stamm *m*

вольнонаёмн|ый <-ая, -ое> *прил* freiwillig, Zivil-; **~ труд** freiwillige Arbeit *f;* **~ соста́в** ВОЕН Zivilbestand *m*

вольнослу́шате|ль <-ля> *м* Gasthörer *m*

во́|льный[1] <-льная, -льное; -лен, -льна́, -льно́> *прил* frei, unabhängig; **во́льная га́вань** Freihafen *m;* **~ порт** Freihafen *m;* **~ склад** Freilager *nt;* **во́льная торго́вля** Freihandel *m*

во́льный[2] <-льная, -льное; -лен, -льна́, -льно́> *прил* ungebunden, ungezwungen; **он во́льная пти́ца** er ist ein freier Vogel; **он во́лен де́лать, что хо́чет** er ist sein eigener Herr; **~ перево́д** freie Übersetzung *f;* **~ стиль** СПОРТ Freistil *m*

вольт <-а> *м* ФИЗ Volt *nt*

вольтижёр <-а> *м без мн* **1.** СПОРТ *(на-*

е́здник в ци́рке) Kunstreiter *m* **2.** *(возду́шный гимна́ст)* Luftakrobat *m*

вольфра́м <-а> *м* хим Wolfram *nt*

во́л|я[1] <-и> *ж* Wille *m;* **име́ть си́лу во́ли** Willenskraft besitzen

во́ля[2] <-и> *ж (свобо́да)* Freiheit *f;* **дать во́лю свои́м чу́вствам** seinen Gefühlen freien Lauf lassen

вон[1] *нрч* fort, weg, hinaus

вон[2] *част разг (там)* dort, da

вонза́|ть <-ю, -ешь> *нсв,* **вонзи́ть** *св прх* stoßen, stechen; **~ нож в спи́ну** ein Messer in den Rücken stoßen; **~ шпо́ры в бока́ коня́** dem Pferd die Sporen geben

вонь <во́ни> *ж* Gestank *m*

воню́ч|ий <-ая, -ее; -, -а, -о> *прил* stinkend; **воню́чая сва́лка** stinkende Müllkippe *f*

воню́чк|а <-и> *ж* зоол *(скунс)* Stinktier *nt*

воня́|ть <-ю, -ешь> *нсв нпрх* stinken; **в по́гребе воня́ет гни́лью** im Keller riecht es muffig

воображá|ть <-ю, -ешь> *нсв,* **вообрази́ть** *св нпрх* **1.** *(мы́сленно предста́вить себе́)* sich vorstellen; **~ карти́ну золото́й о́сени** sich das Bild vom goldenen Herbst vorstellen **2.** *(оши́бочно предположи́ть)* sich einbilden; **~ о себе́** von sich eine hohe Meinung haben; **вообрази́л себя́ поэ́том** er hat sich eingebildet, ein Dichter zu sein

воображе́ни|е <-я> *ср* **1.** псих Vorstellungskraft *f,* Phantasie *f;* **живо́е ~** lebhafte Phantasie; **дар воображе́ния** Phantasiebegabung *f* **2.** *разг (до́мысел, плод фанта́зии)* Einbildung *f;* **э́то то́лько твоё воображе́ние** das ist nur deine Einbildung

вообра|зи́ть <-жу́, -зи́шь> *св прх см.* **воображáть**

вообще́ *нрч* **1.** *(обы́чно)* im Allgemeinen **2.** *(в о́бщем)* überhaupt; **~ говоря́** eigentlich

воодушевля́|ть <-ю, -ешь> *нсв,* **воодушеви́ть** *св прх* begeistern; **~ ве́рой в побе́ду** mit dem Glauben an den Sieg jdn begeistern; **~ люде́й на по́двиг** die Leute für eine Heldentat begeistern

вооружа́|ть <-ю, -ешь> *нсв,* **вооружи́ть** *св прх* **1.** *(запасти́сь вое́нным снаряже́нием)* bewaffnen, ausrüsten; **~ а́рмию** die Armee bewaffnen; **~ та́нками** mit Panzern ausrüsten **2.** *(снабди́ть сре́дствами)* ausrüsten; **~ зна́ниями** mit Kenntnissen ausrüsten **3.** *перен (настро́ить про́тив кого́-л.)* **~ всех про́тив себя́** alle gegen sich aufhetzen

вооружа́|ться <-юсь, -ешься> *нсв,* **вооружи́ться** *св рефл* sich bewaffnen, sich ausrüsten; **~ до зубо́в** sich bis an die Zähne bewaffnen; **~ терпе́нием** sich mit Geduld wappnen

вооруже́ни|е <-я> *ср* **1.** *(вое́нное снаряже́ние)* Bewaffnung *f,* Waffen *pl* **2.** *(де́йствие)* Ausrüstung *f*

вооружён|ный <-ная, -ное; -, -на́, -но́> *прил* bewaffnet, ausgerüstet; **вооружённые си́лы** Streitkräfte *fpl;* **вооружённая борьба́** Waffenkampf *m;* **вооружённым гла́зом** *(посре́дством опти́ческого прибо́ра)* mit Hilfe optischer Geräte

вооруж|и́ться <-у́сь, -и́шься> *св рефл см.* **вооружа́ться**

воо́чию *нрч* **1.** *(свои́ми глаза́ми)* persönlich; **убеди́ться ~ в чём-л.** sich persönlich von etw überzeugen **2.** *(нагля́дно)* offensichtlich, persönlich; **~ предста́вить себе́** sich persönlich etw vorstellen

во-пе́рвых *нрч* erstens, zunächst

воп|и́ть <-лю́, -и́шь> *нсв нпрх* heulen, weinen, schreien; **~ что есть мо́чи** aus vollem Halse schreien

вопию́щ|ий <-ая, -ее> *прил перен* schreiend, krass; **вопию́щее противоре́чие** krasser Widerspruch *m*

воплоща́|ть <-ю, -ешь> *нсв,* **воплоти́ть** *св прх (что-л. в ком-л./чём-л.)* verkörpern, verwirklichen; **~ в жизнь** in die Tat umsetzen

воплоще́ни|е <-я> *ср* Verkörperung *f*

во́п|ль <-ля> *м (гро́мкий крик)* Schrei *m;* **лику́ющие во́пли** triumphierende Schreie *mpl;* **~ отча́яния** Verzweiflungsschrei *m;* **издава́ть во́пли** schreien

вопреки́ *предл* ungeachtet +*gen,* wider +*akk,* trotz

вопро́с <-а> *м* Frage *f;* **о́стрый ~** akute Frage *f;* **зада́ть ~** eine Frage stellen; **(по)ста́вить под ~** in Frage stellen

вопроси́тельн|ый <-ая, -ое> *прил* fragend; **вопроси́тельная интона́ция** fragende Intonation *f;* **~ взгляд** fragender Blick *m;* **~ знак** лингв Fragezeichen *nt;* **вопроси́тельное местоиме́ние** Fragepronomen *nt*

вопро́сник <-а> *м* Fragebogen *m*

вор <во́ра> *м* Dieb *m;* **~ карма́нный** Taschendieb *m*

ворв|а́ться <-у́сь, -ёшься> *св рефл см.* **врыва́ться**

ворк|ова́ть <-у́ю, -у́ешь> *нсв нпрх* lallen, gurren; **~ как па́ра голубко́в** wie ein Paar Tauben gurren

вороб|е́й <-ья> *м* Sperling *m,* Spatz *m;* **стре́ляный ~** *перен* ein alter Fuchs; **стреля́ть из пу́шки по воробья́м** seine Kräfte vergeuden; **сло́во не ~, вы́летит - не пойма́ешь** man soll vorsichtig mit den Worten umgehen

воробьи́н|ый <-ая, -ое> *прил* Spatzen-; **воробьи́ное гнездо́** Spatzennest *nt;* **воробьи́ная ночь** *перен* stürmische Nacht *f;* **идти́ воробьи́ным ша́гом** mit kleinen Schritten gehen, trippeln

воро́ванн|ый <-ая, -ое> *прил* gestohlen; **воро́ванные ве́щи** gestohlene Sachen *pl*

ворова́т|ый <-ая, -ое; -, -а, -о> *прил*

1. *(хитрый)* schlau, pfiffig; **~ взгляд** pfiffiger Blick *m* **2.** *(осторожный)* schleichend, verstohlen; **вороватая походка** schleichender Gang *m*

вор|овать <-ую, -уешь> *нсв*, **своровать** *св прх* stehlen; **~ колбасу** eine Wurst stehlen

воровск|ой <-ая, -ое> *прил* verbrecherisch; **~ жаргон** Verbrecherjargon *m;* **воровская шайка** verbrecherische Bande *f*

воровств|о <-а> *ср (кража)* Diebstahl *m;* **сидеть за ~** wegen Diebstahl sitzen; **мелкое ~** geringer Diebstahl *m*

ворож|ить <-у, -ишь> *нсв нпрх* **1.** *(гадать)* wahrsagen **2.** *(колдовать)* zaubern

ворон <-а> *м* Rabe *m*

ворон|а <-ы> *ж* Krähe *f;* **белая ~** *перен* weißer Rabe *m*

ворон|ий <-ья, -ье> *прил* Krähe(n)-; **воронья стая** Krähenschwarm *m;* **~ глаз** БОТ Milchstern *m*

воронк|а <-и> *ж* Trichter *m*

воронкообразн|ый <-ая, -ое> *прил* trichterförmig

воронов <-а, -о> *прил* Raben-; **цвета воронова крыла** rabenschwarz

ворон|ой I. <-ая, -ое> *прил (чёрный)* schwarz; **вороная лошадь** Rappe *m* II. <-ого> *м* **тройка вороных** Dreiergespann *nt* mit Rappen

ворон|ьё <-ья> *ср без мн* **1.** *(стая птиц)* Rabenschwarm *m* **2.** *презрит (о расхитителях имущества)* Verschwender *m;* **слетелись как ~ на добычу** sie stürzten sich wie ein Rabenschwarm auf die Beute

ворот <-а> *м* **1.** *(на одежде)* Kragen *m;* **широкий ~** breiter Kragen; **схватить за ~** jdn am Kragen packen; **по ~ в грязи** bis zum Hals im Dreck **2.** ТЕХ *(грузоподъёмная машина)* Ladewinde *f,* Winde *f;* **вертикальный ~** vertikale Winde *f*

ворот|а <-> *мн* Pforte *f;* СПОРТ Tor *nt*

воротил|а <-ы> *м разг (делец)* Leiter *m;* **банковский ~** Bankleiter *m*

воро|тить <ворочу, воротишь> *нсв прх* wenden; **~ нос** sich abwenden; **с души воротит** an etw mit Unbehagen denken

воротник <-а> *м* Kragen *m*

воротнич|ок <-ка> *м* Kragen *m;* **крахмальный ~** gestärkter Kragen; **отложной ~** Doppelkragen *m*

воротн|ый <-ая, -ое> *прил* Tor-; **воротная вена** АНАТ Pfortader *f*

ворох <-а> *м без мн* **1.** *(куча, масса)* Haufen *m,* Stapel *m;* **~ бумаг** Papierstapel *m;* **~ сучьев** ein Reisigbündel *nt;* **переделать ~ дел** eine Menge Arbeit erledigen **2.** АГР *(необмолоченный сноп)* Haufen *m;* **клеверный ~** Kleehaufen *m* **3.** *(неочищенная куча зерна)* Kornhaufen *m*

ворочa|ть <-ю, -ешь> *нсв прх* **1.** *(двигать)* drehen, rollen; **еле ~ языком** die Zunge kaum bewegen **2.** *(управлять)* verwalten; **~ большими деньгами** großes Geld verwalten; **~ миллионами** Millionen verwalten

ворочa|ться <-юсь, -ешься> *нсв рефл* sich drehen; **~ беспокойно во сне** sich unruhig im Schlaf drehen; **~ с боку на бок** sich von einer Seite auf die andere drehen

ворош|ить <-у, -ишь> *нсв прх* **1.** *(разгребать)* umwühlen; **~ сено** das Heu wenden **2.** *перен* **незачем ~ прошлое** es lohnt sich nicht die Vergangenheit auszugraben

ворс <ворса> *м (сукна)* Haar *nt,* Flor *m;* **сукно с ворсом** angerautes Gewebe *nt;* **гладить против ворса** gegen den Strich bügeln

ворч|ать <-у, -ишь> *нсв*, **заворчать** *св нпрх* **1.** *(брюзжать)* brummen **2.** *(о собаке)* knurren, murren

ворчлив|ый <-ая, -ое; -, -а, -о> *прил* mürrisch, griesgrämig

ворчун <-а> *м*, **ворчун|ья** <-ьи> *ж разг* Meckerer *m,* Meckerin *f;* **старый ~** alter Meckerer

восвояси *нрч* nach Hause; **отправиться ~** nach Hause gehen

восемь <восьми> *числ* acht

восемью *нрч* achtmal

воск <воска> *м* Wachs *nt*

воскликн|уть <-у, -ешь> *св нпрх см.* **восклицать**

восклицани|е <-я> *ср* Ausruf *m,* Ruf *m;* **радостное ~** Freudenruf *m*

восклицательн|ый <-ая, -ое> *прил* Ausrufe-; **восклицательное предложение** Ausrufesatz *m;* **~ знак** Ausrufezeichen *nt*

восклица|ть <-ю, -ешь> *нсв*, **воскликнуть** *св нпрх* ausrufen; **~ на весь зал** den ganzen Saal übertönen

восковк|а <-и> *ж* Wachspapier *nt;* **печатать на восковке** auf Wachspapier drucken

восков|ой <-ая, -ое> *прил* Wachs-, wachsbleich; **восковые фигурки** Wachsfiguren *fpl;* **восковое лицо** *перен* wachsbleiches Gesicht *nt*

воскреса|ть <-ю, -ешь> *нсв*, **воскреснуть** *св нпрх* **1.** РЕЛИГ auferstehen **2.** *перен* wiedererwachen, wiederaufleben

воскресени|е <-я> *ср* Auferstehung *f*

воскресен|ье <-я> *ср* Sonntag *m*

воскре|сить <-шу, -сишь> *св прх см.* **воскрешать**

воскресн|уть <-у, -ешь> *св нпрх см.* **воскресать**

воскресн|ый <-ая, -ое> *прил* Sonntags-; **~ отдых** Sonntagsruhe *f*

воскреша|ть <-ю, -ешь> *нсв*, **воскресить** *св прх* **1.** РЕЛИГ *(оживлять)* auferstehen lassen **2.** *(восстановить)* wiederherstellen; **~ в памяти молодые годы** sich an die Jugendjahre erinnern

воспалени|е <-я> *ср* Entzündung *f*

воспалён|ный <-ная, -ное; -, -á, -ó> *прил* entzündet

воспали́тельн|ый <-ая, -ое> *прил* Entzündungs-; ~ **процéсс** Entzündungsprozess *m*

воспевá|ть <-ю, -ешь> *нсв*, **воспéть** *св прх* besingen; ~ **герóев** die Helden besingen

воспитáни|е <-я> *ср* Erziehung *f*

воспи́танник <-а> *м*, **воспи́танниц|а** <-ы> *ж* **1.** *(питóмец)* Absolvent *m*, Absolventin *f*; ~ **Москóвского университéта** Absolvent der Moskauer-Universität **2.** *(приёмыш)* Zögling *m*; **в воспи́таннике души́ не чáять** den Zögling über alles lieben

воспи́тан|ный <-ная, -ное; -, -на, -но> *прил* wohlerzogen

воспитáте|ль <-ля> *м*, **воспитáтельниц|а** <-ы> *ж* Erzieher *m*, Erzieherin *f*; **шкóльный** ~ Schulerzieher *m*

воспитáтельн|ый <-ая, -ое> *прил* erzieherisch, Erziehungs-; **воспитáтельные срéдства** Erziehungsmittel *ntpl*; ~ **дом** Erziehungsheim *m*

воспи́тыва|ть <-ю, -ешь> *нсв*, **воспитáть** *св прх* erziehen; ~ **ребёнка** ein Kind erziehen; ~ **в сы́не чу́вство отвéтственности** beim Sohn das Verantwortungsgefühl fördern

воспламеня́|ть <-ю, -ешь> *нсв*, **воспламени́ть** *св прх* **1.** *(зажéчь)* entzünden; ~ **горю́чую смесь** das Kraftstoff-Luft-Gemisch entzünden **2.** *перен (возбуди́ть)* begeistern, entflammen; ~ **воображéние слу́шателей** die Phantasie der Zuhörer entflammen

восполня́|ть <-ю, -ешь> *нсв*, **воспóлнить** *св прх* ergänzen, ausfüllen; ~ **пробéлы в знáниях** sein Wissen auffrischen; ~ **потéри** die Verluste ergänzen

воспóльз|оваться <-уюсь, -уешься> *св прх см.* **пóльзоваться**

воспоминáни|е <-я> *ср* Erinnerung *f*; *мн* Memoiren *pl*

воспрепя́тств|овать <-ую, -уешь> *св нпрх см.* **препя́тствовать**

воспрещá|ть <-ю, -ешь> *нсв*, **воспрети́ть** *св прх* verbieten, untersagen

восприи́мчивос|ть <-ти> *ж* **1.** *(усвоéние)* Aufnahmefähigkeit *f*; **хорóшая** ~ gute Aufnahmefähigkeit **2.** МЕД Anfälligkeit *f*; ~ **к инфекциóнным болéзням** Anfälligkeit für infektiöse Krankheiten

восприи́мчив|ый <-ая, -ое; -, -а, -о> *прил* aufnahmefähig, schnell begreifend; **восприи́мчивая ко всему́ натýра** aufnahmefähige Natur *f*; ~ **ум** schneller Verstand *m*, gute Auffassungsgabe *f*

восприни́мá|ть <-ю, -ешь> *нсв*, **воспри́ня́ть** *св прх* wahrnehmen; *(принимáть)* akzeptieren, annehmen; ~ **дурны́е привы́чки** schlechte Gewohnheiten annehmen; ~ **стиль рабóты** den Arbeitsstil akzeptieren

восприя́ти|е <-я> *ср* **1.** *(óрганами чувств)* Wahrnehmung *f* **2.** *(усвоéние)* Rezeption *f*

воспроизведéни|е <-я> *ср* **1.** *(кóпия, подражáние)* Nachbildung *f*, Kopie *f* **2.** *(передáча)* Wiedergabe *f*, Reproduktion *f*

воспроизв|оди́ть <-ожу́, -óдишь> *нсв*, **воспроизвести́** *св прх* **1.** *(создáть вновь)* reproduzieren **2.** *(повтори́ть в тóчности)* nachgestalten, wiedergeben; ~ **в пáмяти недáвний разговóр** sich ein früheres Gespräch ins Gedächins rufen

воспроизвóдств|о <-а> *ср* Reproduktion *f*

воспроти́в|иться <-люсь, -ишься> *св рефл см.* **проти́виться**

воспря́н|уть <-у, -ешь> *св нпрх* ~ **ду́хом** Mut fassen

воссоединéни|е <-я> *ср* Wiedervereinigung *f*

восста|вáть <-ю́, -ёшь> *нсв*, **восстáть** *св нпрх* entgegentreten, widersprechen, aufstehen; ~ **прóтив злоупотреблéний** dem Missbrauch entgegentreten

восстанáвлива|ть <-ю, -ешь> *нсв*, **восстанови́ть** *св прх* wiederherstellen; СТР restaurieren; *(прóтив когó-л./чегó-л.)* aufreizen, aufbringen; ~ **довéрие** das Vertrauen wiederherstellen; ~ **фóрму** in Form kommen; ~ **на рабóту** wieder einstellen; ~ **в пáмяти** *перен* ins Gedächtnis zurückrufen; ~ **в правáх** die Rechte wiederherstellen; ~ **здорóвье** die Gesundheit wiederherstellen

восстанáвлива|ться <-юсь, -ешься> *нсв*, **восстанови́ться** *св рефл* sich wiederherstellen

восстáни|е <-я> *ср* Aufstand *m*; **воéнное** ~ Militäraufstand *m*; ~ **племён** Aufstand der Stämme

восстан|ови́ть <-овлю́, -óвишь> *св прх см.* **восстанáвливать**

восстан|ови́ться <-овлю́сь, -óвишься> *св рефл см.* **восстанáвливаться**

восстановлéни|е <-я> *ср* **1.** *(возрождéние)* Wiederaufbau *m* **2.** *(возобновлéние)* Wiederaufnahme *f*; ~ **дипломати́ческих отношéний** Wiederaufnahme diplomatischer Beziehungen; ~ **в правáх** ЮР Rehabilitation *f*; ~ **трудоспосóбности** МЕД Rehabilitation *f*

восстá|ть <-ну, -нешь> *св нпрх см.* **восставáть**

востóк <-а> *м* Osten *m*; **на востóке** im Osten; **на** ~ nach Osten; **с востóка** von [*o* aus dem] Osten

Востóк <Востóка> *м* Orient *m*; **Бли́жний** ~ Naher Osten *m*; **Дáльний** ~ Ferner Osten *m*

востоковéд <-а> *м* Orientalist *m*

востóрг <-а> *м* Begeisterung *f*; **прийти́ в** ~ begeistert sein

восторгá|ться <-юсь, -ешься> *нсв рефл*

begeistert sein; **~ красото́й гор** von der Schönheit der Berge begeistert sein

восто́ржен|ный <-ная, -ное; -, -на, -но> *прил* begeistert

восторжеств|ова́ть <-ую, -ешь> *св нпрх см.* **торжествова́ть**

восточногерма́нск|ий <-ая, -ое> *прил* ostdeutsch

восто́чн|ый <-ая, -ое> *прил* Ost-, östlich; **Восто́чная Евро́па** Osteuropa *nt*

востре́бовани|е <-я> *ср* Abruf *m;* **до востре́бования** postlagernd

востре́бованн|ый <-ая, -ое> *прил* gesucht; **востре́бованные профе́ссии** die gesuchten Berufe

востре́б|овать <-ую, -уешь> *св прх* anfordern; **~ груз** die Ware anfordern

восхити́те|льный <-льная, -льное; -лен, -льна, -льно> *прил* wunderschön, entzückend

восхища́|ть <-ю, -ешь> *нсв,* **восхити́ть** *св прх книжн* begeistern, entzücken

восхище́ни|е <-я> *ср без мн* Begeisterung *f;* **прийти́ в ~ от уви́денного** von dem Anblick begeistert sein; **привести́ в ~** Begeisterung hervorrufen; **вы́разить своё ~** seine Begeisterung zum Ausdruck bringen

восхо́д <-а> *м* Aufstieg *m;* **~ на верши́ну горы́** Besteigung *f* des Berggipfels; **на восхо́де со́лнца** beim Sonnenaufgang

восходя́щ|ий <-ая, -ее> *прил* aufsteigend, aufgehend; **ро́дственники по восходя́щей ли́нии** Verwandte *mpl* aufsteigenden Grades; **восходя́щая звезда́** aufgehender Stern *m;* **восходя́щая интона́ция** лингв aufsteigende Intonation *f*

восьмёрк|а <-и> *ж* **1.** *(число́)* Acht *f,* Achter *m* **2.** трансп *(ли́ния)* Straßenbahnlinie Nr. 8

восьмигра́нник <-а> *м* Oktaeder *nt*

восьмикла́ссник <-а> *м,* **восьмикла́ссниц|а** <-ы> *ж* Schüler(in) *m(f)* der 8. Klasse

восьмикра́тн|ый <-ая, -ое> *прил* achtmalig, achtfach; **в восьмикра́тном разме́ре** im achtmaligen Ausmaß

восьмичасов|о́й <-а́я, -о́е> *прил* achtstündig; **~ рабо́чий день** achtstündiger Arbeitstag *m;* **взять биле́т на ~ по́езд** eine Fahrkarte für den Zug um 8 nehmen

восьмо́й *числ* achte(r, s)

вот *част* hier, jetzt; **~ наш дом** da wohnen wir; **~ как!** na so was!; **~ и всё** das ist alles

во́т-во́т *нрч* gleich; **он ~ придёт** er kommt gleich

воти́р|овать <-ую, -уешь> *(н)св прх* (ab)stimmen; **~ недове́рие** Misstrauen aussprechen

воткн|у́ть <-у́, -ёшь> *св прх см.* **втыка́ть**

во́тум <-а> *м* Votum *nt*

вошь <вши> *ж* Laus *f*

вощён|ый <-ая, -ое> *прил* gewachst, gebohnert

воя́к|а <-и> *м устар, разг* **1.** *(испы́танный во́ин)* erfahrener Krieger *m;* **ста́рый ~** alter Krieger *m* **2.** *ирон (забия́ка)* Raufbold *m;* **горе-~** schlechter Streithammel *m;* **вот так ~ вы́искался** was für ein Raufbold

впада́|ть <-ю, -ешь> *нсв,* **впасть** *св нпрх* **1.** *(влива́ться)* fließen; **река́ впада́ет в зали́в** der Fluss fließt in die Bucht **2.** *(дойти́ до како́го-л. состоя́ния)* fallen, geraten; **~ в кра́йность** ins Extrem geraten; **~ в неми́лость к кому́-л.** in Ungnade fallen; **~ в глубо́кую заду́мчивость** in tiefes Nachdenken versinken; **~ в па́нику** in Panik geraten

впаде́ни|е <-я> *ср (у́стье)* Mündung *f*

впа́дин|а <-ы> *ж* Vertiefung *f;* **глазна́я ~** *(глазни́ца)* Augenhöhle *f;* **впа́дины на щека́х** hohle Wangen *fpl;* **~ ме́жду верши́нами** Vertiefung *f* zwischen den Gipfeln

впа́йк|а <-и> *ж* Lötstelle *f;* **металли́ческая ~** metallische Lötstelle *f*

впа́л|ый <-ая,-ое> *прил* hohl; **впа́лые щёки** hohle Wangen *fpl*

впа́|сть <-ду́, -дешь> *св нпрх см.* **впада́ть**

впервы́е *нрч* zum ersten Mal

вперева́лку *нрч* schwankend, wankend; **ходи́ть ~** schwankend [*o* wankend] gehen

вперёд *нрч* **1.** vorwärts, nach vorn **2.** *разг (впредь)* in Zukunft **3.** *перен (зара́нее)* im voraus; **часы́ ушли́ ~** die Uhr geht vor

впереди́ I. *предл* vor *+dat* **II.** *нрч* voraus, voran

впереме́жку *нрч* abwechselnd, untermischt mit *+dat*

впереме́шку *нрч* durcheinander, in Unordnung, kunterbunt

впечатле́ни|е <-я> *ср* Eindruck *m;* **како́е у вас ~ от э́того?** welchen Eindruck haben Sie davon?

впечатли́те|льный <-льная, -льное; -лен, -льна, -льно> *прил* sensibel; **впечатли́тельная нату́ра** sensible Natur *f*

впечатля́ющ|ий <-ая, -ее> *прил* beeindruckend; **впечатля́ющее зре́лище** beeindruckendes Schauspiel *nt*

впива́|ть <-ю, -ешь> *нсв,* **впить** *св прх (в себя́)* in sich aufnehmen, einsaugen

впива́|ться <-юсь, -ешься> *нсв,* **впи́ться** *св рефл* sich festklammern an *+akk;* **~ зуба́ми** sich festbeißen; **~ глаза́ми в кого́-л./что-л.** kein Auge lassen von *+dat;* **~ в кни́гу** *перен* sich in ein Buch vertiefen

впи|са́ться <-шу́сь, -шешься> *св рефл см.* **впи́сываться**

впи́сыва|ть <-ю, -ешь> *нсв,* **вписа́ть** *св прх* einschreiben, eintragen

впи́сыва|ться <-юсь, -ешься> *нсв,* **вписа́ться** *св рефл* **1.** *(записа́ться)* sich eintragen; **~ в спи́сок** sich in die Liste eintragen **2.** *(сочета́ться)* (dazu)passen; **~ в архитекту́рный анса́мбль** zum architektonischen Ensemble passen; **э́то не впи́сывает-**

В

ся в прáвила хорóшего тóна das passt nicht zum guten Ton

впитá|ть <-ю, -ешь> *св прх см.* **впитывать**

впить <вопью́, вопёшь> *св прх см.* **впивáть**

впи́ться <вопью́сь, вопьёшься> *св рефл см.* **впивáться**

впи́тыва|ть <-ю, -ешь> *нсв,* **впитáть** *св прх* aufsaugen, einsaugen; *перен* in sich aufnehmen

впи́хива|ть <-ю, -ешь> *нсв,* **впихну́ть** *св прх (когó-л./что-л. во что-л.)* hineinzwängen, hineinpferchen

вплáвь *нрч* schwimmend; **перепрáвиться ~** schwimmend überqueren

вплетá|ть <-ю, -ешь> *нсв,* **вплести́** *св прх* einflechten; **~ лéнты в вóлосы** Bänder ins Haar (ein)flechten

вплотну́ю *нрч* dicht; *(серьёзно)* ernst; **заня́ться ~ рабóтой** sich mit der Arbeit ernsthaft beschäftigen; **придви́нуть ~ к стенé** *(бли́зко)* dicht an die Wand schieben

вплывá|ть <-ю, -ешь> *нсв,* **вплыть** *св нпрх* schwimmen; **~ в зали́в** in die Bucht schwimmen

вповáлку *нрч* **лежáть ~** nebeneinander liegen

вполглáза *нрч* nicht ganz; **спáть ~** unruhig schlafen

вполгóлоса *нрч* halblaut; **напевáть ~** leise singen

вполнакáла *нрч* halbleuchtend; **лáмпочка гори́т ~** die Birne brennt schwach

вполнé *нрч* völlig, durchaus

вполоборóта *нрч* halb umgedreht; **стоя́ть ~** halb abgewandt stehen

вполси́лы *нрч* mit halber Kraft; **рабóтать ~** mit halber Kraft arbeiten

вполцены́ *нрч* zu halbem Preis; **купи́ть ~** zu halbem Preis kaufen

впопыхáх *нрч* schnell, eilig; **~ забы́ть что-л.** etw in der Eile vergessen

впóру *нрч* passend; **ту́фли ~** die Schuhe passen

впотьмáх *нрч* im Dunkel; **сидéть ~** im Dunkel sitzen

впрáвду *нрч* wirklich; **я э́того ~ не знал** ich habe das wirklich nicht gewusst

впрáве *нрч* Recht habend; **ты не ~ так поступáть** du hast kein Recht so zu handeln

вправля́|ть <-ю, -ешь> *нсв,* **впрáвить** *св прх* einrenken; **~ вы́вих** das Gelenk einrenken; **~ мозги́** *перен (образу́мить)* jdn zur Vernunft bringen

впрáво *нрч* **1.** *(в прáвой сторонé)* rechts **2.** *(в прáвую стóрону)* nach rechts

впредь *нрч* künftig, von nun an; **~ до дальнéйшего распоряжéния** bis auf weiteres

вприпры́жку *нрч* hüpfend; **бежáть ~** hüpfend rennen

вприты́к *нрч (вплотну́ю)* dicht; **уклáдывать тру́бы ~** die Rohre dicht nebeneinander verlegen

впрóголодь *нрч* hungernd, ärmlich; **жить ~** hungern

впрок *нрч* **1.** *(про запáс)* im Vorrat, vorrätig; **заготóвить прови́зию ~** einen Vorrat an Lebensmitteln machen **2.** *(на пóльзу)* zum Nutzen; **э́то вам пойдёт ~** das wird für euch irgendwann von Nutzen sein

впросáк *нрч* **попáсть ~** in Schwierigkeiten geraten

впрóчем *сз* trotzdem, nichtsdestotrotz

впры́гива|ть <-ю, -ешь> *нсв,* **впры́гнуть** *св нпрх* hineinspringen; **~ в вагóн** in den Waggon springen

впры́скивани|е <-я> *ср* Einspritzen *nt;* **подкóжное ~** subkutanes Einspritzen; **внутривéнное ~** inneres Einspritzen

впры́скива|ть <-ю, -ешь> *нсв,* **впры́снуть** *св прх* ТЕХ, МЕД einspritzen, injizieren

впрягá|ть <-ю, -ешь> *нсв,* **впря́чь** *св прх (напря́чь)* anspannen; *(конéй)* einspannen; **~ трóйку в сáни** die Pferde vor den Schlitten einspannen

впрягá|ться <-юсь, -ешься> *нсв,* **впря́чься** *св рефл* sich anspornen; **~ в рабóту** schwer arbeiten

впряму́ю *нрч* direkt; **~ задéть самолю́бие** jdn tief treffen

впря́мь *нрч* direkt; **вкось и ~** so und so; **я вас и ~ понимáю** ich verstehe Sie wirklich

впря́|чь <-гу́, -жешь> *св прх см.* **впрягáть**

впря́|чься <-гу́сь, -жешься> *св рефл см.* **впрягáться**

впускá|ть <-ю, -ешь> *нсв,* **впусти́ть** *св прх* hereinlassen; **~ пу́блику в зал** das Publikum in den Saal (herein)lassen; **~ пар в тру́бы** Dampf in die Rohre (hinein)lassen

впускнóй *прил* Einlass-; **~ клáпан** Einlassventil *nt*

впу|сти́ть <-щу́, -стишь> *св прх см.* **впускáть**

впусту́ю *нрч (напрáсно)* umsonst, zwecklos; **старáться ~** sich umsonst bemühen

впу́тыва|ть <-ю, -ешь> *нсв,* **впу́тать** *св прх* verwickeln; **~ в истóрию** in eine Geschichte verwickeln

впя́теро *нрч* fünffach, fünfmal

впятерóм *нрч* zu fünft

враг <врагá> *м* Feind *m,* Gegner *m*

вражд|á <-ы́> *ж без мн* Feindschaft *f;* **непримири́мая ~** unversöhnliche Feindschaft; **питáть враждý к комý-л.** Feindschaft jdm gegenüber hegen

враждéбнос|ть <-ти> *ж без мн* Feindseligkeit *f;* **чу́вствовать ~ тóна** Feindseligkeit im Ton spüren

враждéб|ный <-ная, -ное; -ен, -на, -но> *прил* feindselig; **враждéбное отношéние** feindseliges Verhalten *nt*

вражд|ова́ть <-у́ю, -у́ешь> *нсв нпрх (с кем-л.)* auf dem Kriegsfuß stehen mit *+dat*

вра́жеск|ий <-ая, -ое> *прил* feindlich; **пробра́ться во ~ ла́герь** ins feindliche Lager eindringen

враз *нрч* **1.** *(одновреме́нно)* gleichzeitig, auf einmal **2.** *(сра́зу)* sofort

вразби́вку *нрч* durcheinander; **спра́шивать алфави́т ~** das Alphabet durcheinander abfragen

вразва́лку *нрч* schwankend; **похо́дка ~** schwankender Gang *m*

вразнобо́й *нрч* uneinig; **де́йствовать ~** uneinig handeln

вразно́с *нрч* ambulant; **продава́ть ~** ambulant verkaufen

вразре́з *нрч* im Gegensatz; **идти́ ~ с чем-л.** im Gegensatz zu etw handeln

вразумля́|ть <-ю, -ешь> *нсв,* **вразуми́ть** *св прх* jdn zur Vernunft bringen; **его́ ниче́м не вразуми́шь** nichts kann ihn zur Vernunft bringen

вра́ки <врак> *мн разг (вздор)* Lügen(geschichten) *fpl*

вра́|ль <-ля́> *м разг (пустосло́в)* Schwätzer *m;* **вздо́рный ~** dummer Schwätzer

вран|ьё <-я́> *ср без мн, разг (ложь)* Schwindel *m;* **сплошно́е ~** lauter Schwindel; **не обхо́дится без вранья́** ohne Lügen nicht auskommen

враспло́х *нрч* überraschend, plötzlich; **засти́гнуть ~** jdn überraschen; **напа́сть ~** jdn plötzlich angreifen

врассыпну́ю *нрч* zerstreut; **бро́ситься ~** auseinander laufen

врастя́жку *нрч* ausgedehnt; **говори́ть ~** langsam sprechen; **упа́сть ~** ausgestreckt auf die Erde fallen

врата́|рь <-ря́> *м* Torwart *m*

врать <вру, врёшь> *нсв,* **совра́ть** *св нпрх разг* lügen, schwindeln

врач <врача́> *м* Arzt *m*

враче́бн|ый <-ая, -ое> *прил* ärztlich; **~ обхо́д** ärztliche Visite *f;* **враче́бная та́йна** ärztliches Geheimnis *nt;* **оказа́ть враче́бную помо́щь** ärztliche Hilfe leisten; **вы́звать на враче́бную коми́ссию** zur ärztlichen Kommission vorladen

врач|ева́ть <-у́ю, -у́ешь> *нсв прх* heilen; **~ неду́ги** Gebrechen heilen

врачу́ющ|ий <-ая, -ее> *прил* heilend; **врачу́ющее де́йствие** heilende Wirkung *f*

враща́тельн|ый <-ая, -ое> *прил* Rotations-, Dreh-; **враща́тельное движе́ние** Rotationsbewegung *f;* **враща́тельная си́ла** Drehkraft *f*

враща́|ть <-ю, -ешь> *нсв прх* drehen; **~ колесо́** ein Rad drehen; **~ глаза́ми** die Augen verdrehen

враща́|ться <-юсь, -ешься> *нсв рефл* **1.** *(верте́ться)* sich drehen **2.** *(в како́й-л. среде́)* verkehren; **~ в учёных круга́х** in gelehrten Kreisen verkehren

вред <вреда́> *м* Schaden *m*

вреди́те|ль <-ля> *м* **1.** зоол Schädling *m;* **вреди́тели ле́са** Waldschädlinge **2.** *(диверса́нт)* Diversant *m*

вре|ди́ть <-жу́, -ди́шь> *нсв,* **повреди́ть** *св* **I.** *прх* beschädigen, verletzen *+akk;* **~ но́гу** das Bein verletzen **II.** *нпрх* schaden *+dat;* **~ здоро́вью** der Gesundheit schaden; **~ чьим-л. интере́сам** jds Interessen schaden; **э́то мо́жет ему́ повреди́ть** das könnte ihm schaden

вре́д|ный <-ная, -ное; -ен, -на́, -но> *прил* schädlich, gefährlich

вреза́|ть <-ю, -ешь> *нсв,* **вре́зать** *св прх* einschneiden; **~ замо́к в дверь** ein Schloss in die Tür einbauen

вреза́|ться <-юсь, -ешься> *нсв,* **вре́заться** *св рефл* **1.** *(воткну́ться)* eindringen; **нос ло́дки вре́зался в о́тмель** das Boot bohrte sich in die Untiefe ein **2.** *(ворва́ться)* einschneiden **3.** *(запечатле́ться)* sich einprägen; **~ в па́мять** sich im Gedächtnis einprägen **4.** *(налете́ть, наскочи́ть)* prallen; **~ в доро́жный столб** gegen den Wegmast prallen

врезн|о́й <-ая, -ое> *прил* eingeschnitten, eingesteckt; **~ замо́к** eingebautes Schloss *nt*

времена́ми *нрч* zeitweise, ab und zu

вре́менно *нрч* einstweilig, vorläufig; **~ освободи́ть от рабо́ты** (von der Arbeit) freistellen

временн|о́й <-ая, -ое> *прил* Zeit-, zeitlich; **временно́е ограниче́ние** zeitliche Begrenzung *f*

вре́менн|ый <-ая, -ое> *прил* zeitweilig, vorübergehend; **вре́менная а́кция** экон Zwischenschein *m;* **вре́менная ме́ра** Provisorium *nt;* **вре́менная остано́вка** Stilllegung *f;* **вре́менная рабо́та** Job *m,* Gelegenheitsarbeit *f;* **вре́менная цена́** Sonderpreis *m;* **вре́менное закры́тие предприя́тия** Betriebssperre *f;* **вре́менное освобожде́ние от до́лжности** Suspension *f;* **вре́менное свиде́тельство** Anteilschein *m;* **~ поря́док** Übergangsregelung *f;* **~ сертифика́т** экон Anteilschein *m,* Zwischenschein *m*

вре́м|я <-ени> *ж* Zeit *f,* Uhrzeit *f;* **~ вы́борки** информ Zugriffszeit *f;* **~ выполне́ния рабо́чей опера́ции** экон Einzelzeit *f;* **~ изготовле́ния едини́цы проду́кции** экон Stückzeit *f;* **~ исполне́ния кома́нды** информ Zugriffszeit *f;* **~ на нала́дку** экон Rüstzeit *f;* **~ рабо́ты магази́на** Ladenöffnungszeiten *pl;* **реа́льное ~** информ Echtzeit *f;* **~ су́ток** Tageszeit *f;* **тра́тить ~ впусту́ю** Zeit verschwenden; **~ от вре́мени** von Zeit zu Zeit; **всё ~** immer, ständig; **в то же ~** gleichzeitig; **тем вре́менем** zur selben Zeit

времяисчисле́ни|е <-я> *ср без мн*

Kalendersystem *nt,* Zeitrechnung *f;* **приня́ть но́вое ~** die neue Zeitrechnung annehmen

времяпрепровожде́ни|е <-я> *ср* Zeitvertreib *m*

вро́вень *нрч* neben, in gleicher Höhe; **стара́ться идти́ ~ со все́ми** sich bemühen nicht zurückzubleiben

вро́де *част* ähnlich wie

врождён|ный <-ная, -ное; -, -á, -о> *прил* angeboren; **~ дефе́кт ре́чи** angeborener Sprachdefekt *m;* **~ поро́к се́рдца** angeborener Herzfehler *m;* **~ тала́нт** Naturtalent *nt*

вро́зь *нрч* getrennt; **жить ~** getrennt leben; **все идёт ~** die Dinge stehen schlecht

вру́б <вру́ба> *м* Bohrung *f*

вруба́|ть <-ю, -ешь> *нсв,* **врубить** *св прх* **1.** *(вде́лать)* einbauen **2.** *(включи́ть в сеть)* einschalten; **~ сире́ну** auf die Hupe drücken

врукопа́шную *нрч* im Nahkampf; **дра́ться ~** einen Nahkampf bestreiten

врун <вруна́> *м,* **вру́нь|я** <-и> *ж разг* *(лжец)* Lügner(in) *m(f);* **неисправи́мый ~** unverbesserlicher Lügner *m*

вруча́|ть <-ю, -ешь> *нсв,* **вручи́ть** *св прх* aushändigen, überreichen

вруче́ни|е <-я> *ср* **1.** *(награ́ды, о́рдена и т.п.)* Überreichen *nt,* Verleihung *f* **2.** *(доста́вка адреса́ту)* Zustellung *f*

вруч|и́ть <-у́, -и́шь> *св прх см.* **вруча́ть**

вручну́ю *нрч* manuell, Hand-; **обрабо́тка дета́лей ~** manuelle Detailbearbeitung *f*

врыва́|ть <-ю, -ешь> *нсв,* **вры́ть** *св прх* eingraben; **~ столб в зе́млю** den Pfahl in den Boden eingraben

врыва́|ться <-юсь, -ешься> *нсв,* **ворва́ться** *св рефл* gewaltsam eindringen, einbrechen

вры́ть <вро́ю, вро́ешь> *св прх см.* **врыва́ть**

вря́д ли *нрч* kaum; **он ~ вы́держит напряже́ния** es ist fraglich, ob er die Anspannung aushält

ВС *сокр от* **Верхо́вный Сове́т** Oberster Rat *m*

вса|ди́ть <-жу́, -дишь> *св прх см.* **вса́живать**

вса́дник <-а> *м,* **вса́дниц|а** <-ы> *ж* Reiter(in) *m(f)*

вса́жива|ть <-ю, -ешь> *нсв,* **всади́ть** *св прх* **1.** *(вонза́ть, попада́ть)* einschlagen, hineinschießen; **~ пу́лю в лоб** in die Stirn hineinschießen; **~ топо́р в де́рево** die Axt in den Baum einschlagen **2.** *разг (затра́тить сре́дства)* Geld ausgeben; **~ все де́ньги в дом** das ganze Geld ins Haus stecken

вса́сыва|ть <-ю, -ешь> *нсв,* **всоса́ть** *св прх* einsaugen, aufsaugen; **по́чва вса́сывает вла́гу** der Boden saugt die Feuchtigkeit auf; **~ с молоко́м ма́тери** mit der Muttermilch einsaugen

все- *пе́рвая составна́я часть сло́ва* all-, allumfassend

всё[1] *см.* **весь**

всё[2] *нрч (всё вре́мя)* dauernd, immer; **он ~ ещё бо́лен** er ist immer noch krank; **~ же** dennoch, trotzdem

всеве́дущ|ий <-ая, -ее> *прил* allwissend; **~ челове́к** allwissender Mensch *m*

всеви́дящ|ий <-ая, -ее> *прил* allsehend; **всеви́дящее о́ко** allsehendes Auge *nt*

всевла́сти|е <-я> *ср без мн, книж* uneingeschränkte Macht *f;* **насту́пит коне́ц всевла́стия** der uneingeschränkten Macht kommt ein Ende

всевозмо́жн|ый <-ая, -ое> *прил* allerlei, vieler Art

всегда́ *нрч* immer

всегда́шн|ий <-яя, -ее> *прил* ständig; **~ гость** ständiger Gast *m;* **всегда́шние жа́лобы** ständige Beschwerden *fpl*

всего́ *нрч* alles; **~-на́всего** nur; **~ ничего́** sehr wenig; **то́лько и ~** das ist alles, mehr gibt es nicht

всеевропе́йск|ий <-ая, -ое> *прил* europäisch; **всеевропе́йская конфере́нция по вопро́сам разоруже́ния** Europäische Abrüstungskonferenz *f*

всезна́йк|а <-и> *м и ж ирон, разг* Alleswisser *m*

вселе́нн|ая <-ой> *ж* Weltall *nt,* Universum *nt*

вселе́нск|ий <-ая, -ое> *прил* Welt-, Weltall-

всел|и́ть <-ю́, -и́шь> *св прх см.* **вселя́ть**

всел|и́ться <-ю́сь, -и́шься> *св рефл см.* **вселя́ться**

вселя́|ть <-ю, -ешь> *нсв,* **всели́ть** *св прх* **1.** *(посели́ть)* einziehen; **~ в но́вый дом** in ein neues Haus einziehen **2.** *(внуши́ть, зарони́ть)* einflößen; **~ споко́йствие в ду́шу** seelische Ruhe finden; **~ ве́ру** Glauben einflößen

вселя́|ться <-юсь, -ешься> *нсв,* **всели́ться** *св рефл* **1.** *(поселя́ться)* sich niederlassen, einziehen; **~ в но́вую кварти́ру** in eine neue Wohnung ziehen **2.** *(зароди́ться)* **в меня́ всели́лся страх** die Angst überkam mich

всеме́рн|ый <-ая, -ое> *прил* allseitig; **всеме́рное соде́йствие** allseitige Unterstützung *f;* **всеме́рная подде́ржка** allseitige Hilfe *f*

все́меро *нрч* siebenmal

всеми́рно *нрч* Welt-; **~-изве́стный** weltberühmt

всеми́рн|ый <-ая, -ое> *прил* Welt-, weltweit; **всеми́рная сла́ва** Weltruhm *m*

всемогу́щ|ий <-ая, -ое; -, -а, -о> *прил* allmächtig; **всемогу́щие покрови́тели** allmächtige Beschützer *mpl*

всенаро́дн|ый <-ая, -ое> *прил* Volks-, national; **~ пра́здник** nationaler Feiertag *m;* **всенаро́дная любо́вь** Volksliebe *f*

всео́буч *сокр от* **всео́бщее обяза́тельное обуче́ние шко́льников** allgemeine obligatorische Schulausbildung *f*

всео́бщ|ий <-ая, -ее> *прил* allgemein; **все́общая забасто́вка** Generalstreik *m;* **все́общее избира́тельное пра́во** das allgemeine Wahlrecht *nt;* **всео́бщая во́инская обя́занность** die allgemeine Wehrpflicht *f*

всеобъе́млющ|ий <-ая, -ее; -, -а, -о> *прил* (all)umfassend; **~ контро́ль** totale Kontrolle *f*

всеору́жи|е <-я> *ср без мн (гото́вность)* Waffenbereitschaft *f;* **во всеору́жии** in Waffenbereitschaft; **вы́ступить во всеору́жии зна́ний** gut vorbereitet auftreten

всерьёз *нрч* im Ernst, ernstgemeint

всё-таки *сз* trotzdem, ungeachtet dessen

всесокруша́ющ|ий <-ая, -ее> *прил* alles besiegend; **всесокруша́ющая си́ла** alles besiegende Macht *f*

всесторо́нн|ий <-яя, -ее> *прил* allseitig; **~ учёт** Berücksichtigung *f* aller Aspekte; **~ разбо́р де́ла** allseitige Untersuchung *f* der Arbeit; **всесторо́ннее разви́тие** allseitige Entwicklung *f*

всеуслы́шани|е <-я> *ср* zur allgemeinen Kenntnis(nahme) *f;* **объяви́ть во ~** laut erklären

всеце́ло *нрч* völlig, vollständig; **~ доверя́ть** sich jdm vollständig anvertrauen; **он ~ пре́дан нау́ке** er ist der Wissenschaft völlig ergeben

всея́дн|ый <-ая, -ое> *прил* **всея́дное живо́тное** Allesfresser *m*

вска́кива|ть <-ю, -ешь> *нсв,* **вскочи́ть** *св нпрх* **1.** *(на кого́-л./что-л.)* hinaufspringen **2.** *(ре́зко встава́ть)* aufspringen, auffahren; **~ с посте́ли** aus dem Bett fahren; **~ от испу́га** vor Schreck aufspringen

вска́пыва|ть <-ю, -ешь> *нсв,* **вскопа́ть** *св прх* umgraben; **~ гря́дки** die Beete umgraben

вскара́бка|ться <-юсь, -ешься> *св рефл см.* **кара́бкаться**

вска́рмлива|ть <-ю, -ешь> *нсв,* **вскорми́ть** *св прх* groß ziehen; **~ ребёнка** das Kind groß ziehen

вска́чь *нрч* galoppierend; **нести́сь ~** galoppieren

вски́дыва|ть <-ю, -ешь> *нсв,* **вски́нуть** *св прх* heben; **~ ружьё** das Gewehr heben; **~ го́лову** den Kopf heben; **~ глаза́** aufblicken

вскипа́|ть <-ю, -ешь> *нсв,* **вскипе́ть** *св нпрх* aufkochen

вскип|е́ть <-лю́, -и́шь> *св нпрх см.* **кипе́ть, вскипа́ть**

вскипя|ти́ть <-чу́, -ти́шь> *св прх см.* **кипяти́ть**

вско́льзь *нрч* beiläufig, nebenher

вскопа́|ть <-ю, -ешь> *св прх см.* **вска́пывать**

вско́ре *нрч* bald, in kurzer Zeit

вскорм|и́ть <-лю́, -ишь> *св прх см.* **вска́рмливать**

вскоч|и́ть <-у́, -ишь> *св нпрх см.* **вска́кивать**

вскри́кива|ть <-ю, -ешь> *нсв,* **вскри́кнуть** *св нпрх* aufschreien

вскруж|и́ть <-у́, -и́шь> *св прх см.* **кружи́ть**

вскруж|и́ться <-у́сь, -и́шься> *св прх см.* **кружи́ться**

вскрыва́|ть <-ю, -ешь> *нсв,* **вскрыть** *св прх* **1.** *(откры́ть)* öffnen, aufmachen **2.** *перен (недоста́тки)* aufdecken, offenbaren **3.** МЕД obduzieren

вскрыва́|ться <-юсь, -ешься> *нсв,* **вскры́ться** *св рефл* sich zeigen, sich offenbaren; **вскры́лись противоре́чия** die Widersprüche sind sichtbar geworden

вскры́ти|е <-я> *ср* Öffnen *nt;* МЕД Obduktion *f*

вскр|ыть <-о́ю, -о́ешь> *св прх см.* **вскрыва́ть**

вскр|ы́ться <-о́юсь, -о́ешься> *св рефл см.* **вскрыва́ться**

вскрышн|о́й <-а́я, -о́е> *прил* ШАХТ Aufdeck-; **вскрышны́е рабо́ты** Aufdeckarbeiten *fpl*

всласть *нрч* nach Herzenslust

всле́дствие *предл* infolge *+gen,* aufgrund *+gen*

вслепу́ю *нрч* blindlings, aufs Geratewohl

вслу́х *нрч* laut; **чита́ть ~** laut lesen

вслу́шива|ться <-юсь, -ешься> *нсв,* **вслу́шаться** *св рефл* zuhören; **~ в разгово́р** dem Gespräch zuhören

всма́трива|ться <-юсь, -ешься> *нсв,* **всмотре́ться** *св рефл* anstarren; **~ в морску́ю даль** die Weite des Meeres betrachten; **~ во тьму но́чи** in die dunkle Nacht blicken

всмя́тку *нрч* weichgekocht; **яйцо́ ~** weichgekochtes Ei *nt;* **свари́ть яйцо́ ~** ein Ei weich kochen

всо́выва|ть <-ю, -ешь> *нсв,* **всу́нуть** *св прх* (ein)stecken; **~ ру́ки в карма́ны** die Hände in die Taschen stecken

всос|а́ть <-у́, -ёшь> *св прх см.* **вса́сывать**

вспа́рхива|ть <-ю, -ешь> *нсв,* **вспорхну́ть** *св нпрх* wegfliegen; **~ с ме́ста** vom Platz aufspringen

вспа́рыва|ть <-ю, -ешь> *нсв,* **вспоро́ть** *св прх разг* auftrennen; **~ матра́ц** die Matratze aufreißen

вспа|ха́ть <-шу́, -шешь> *св прх см.* **паха́ть, вспа́хивать**

вспа́хива|ть <-ю, -ешь> *нсв,* **вспаха́ть** *св прх* pflügen; **~ по́ле** das Feld pflügen

вспа́шк|а <-и> *ж без мн* Pflügen *nt;* **глуби́нная ~** Tiefpflügen *nt*

вспе́нивате|ль <-ля> *м* Schaumerzeuger *m,* Schäumer *m*

вспе́нива|ться <-юсь, -ешься> *нсв,* **вспе́-**

В

ниться *св рефл* aufschäumen; **вино́ вспе́нилось** der Wein schäumte; **во́лны вспе́нились** die Wellen schäumten

всплакн|у́ть <-у́, -ешь> *св нпрх* weinen; **~ о поги́бших** um die Gefallenen weinen

всплеск <вспле́ска> *м (воды́)* Plätschern *nt;* **вспле́ски волн** Plätschern der Wellen

вспле́скива|ть <-ю, -ешь> *нсв,* **всплесн|у́ть** *св нпрх* platschen, klatschen; **~ хвосто́м** mit dem Schwanz wedeln; **~ рука́ми** *перен* die Hände (vor Freude/Verwunderung) zusammenschlagen

всплыва́|ть <-ю, -ешь> *нсв,* **всплы́ть** *св нпрх* **1.** *(подня́ться)* auftauchen, an die Oberfläche kommen; **~ с добы́чей** mit der Beute an die Oberfläche kommen **2.** *(появи́ться)* erscheinen; **недоста́тки всплы́ли** die Mängel kamen zur Geltung; **~ в созна́нии** im Gedächtnis auftauchen

всполо́х <-а> *м* **1.** *(зарни́ца)* Feuerschein *m;* **громово́й ~** Donnerschlag *m* **2.** *(вспы́шка огня́)* Feuerausbruch *m* **3.** *устар (трево́га)* Alarm *m;* **ло́жный ~** blinder Alarm

всполош|и́ть <-у́, -и́шь> *св прх* erschrecken; **~ сосе́дей** die Nachbarn erschrecken

вспомина́|ть <-ю, -ешь> *нсв,* **вспо́мнить** *св прх (кого́-л./что-л.; о ком-л./чём-л.)* sich erinnern, zurückdenken an *+akk;* **вспо́мнил!** jetzt fällt es mir ein!

вспомога́тельн|ый <-ая, -ое> *прил* Hilfs-, Behelfs-; **вспомога́тельное ме́сто возникнове́ния затра́т** ЭКОН Hilfskostenstelle *f;* **вспомога́тельное сре́дство** Hilfsmittel *nt;* **вспомога́тельные кни́ги** ЭКОН Hilfsbücher *pl;* **~ глаго́л** ЛИНГВ Hilfsverb *nt;* **~ материа́л** Hilfsmaterial *nt;* **~ персона́л** Hilfskräfte *pl;* **~ счёт** ЭКОН Interimskonto *nt;* **~ текст** ИНФОРМ Hilfetext *f;* **~ файл** Hilfedatei *f;* **вспомога́тельная фу́нкция** Hilfsfunktion *f*

вспор|о́ть <-ю́, -ешь> *св прх см.* **вспа́рывать**

вспорхн|у́ть <-у́, -ёшь> *св нпрх см.* **вспа́рхивать**

вспу́гива|ть <-ю, -ешь> *нсв,* **вспугну́ть** *св прх* aufschrecken, aufscheuchen; **~ дичь** das Wild aufscheuchen

вспыл|и́ть <-ю́, -и́шь> *св нпрх* aufbrausen, zornig werden

вспы́льчив|ый <-ая, -ое; -, -а, -о> *прил* reizbar, jähzornig

вспы́хива|ть <-ю, -ешь> *нсв,* **вспы́хнуть** *св нпрх* **1.** *(воспламеня́ться)* in Brand geraten, aufflammen **2.** *перен (война́)* ausbrechen **3.** *перен (ре́зко покрасне́ть)* erröten

вспы́шк|а <-и> *ж* **1.** *(пла́мени)* Aufflammen *nt* **2.** *перен (внеза́пное возникнове́ние)* Ausbruch *m;* **~ эпиде́мии** Ausbruch *m;* **~ гне́ва** Wutanfall *m* **3.** ФОТ Blitzlicht *nt*

вспя́ть *нрч* rückwärts, zurück

вста|ва́ть <-ю́, -ёшь> *нсв,* **встать** *св нпрх* **1.** *(выпрямля́ться)* aufstehen, sich erheben **2.** *(о небе́сных свети́лах)* aufgehen; **со́лнце вста́ло** die Sonne ist aufgegangen

вста́вк|а <-и> *ж* **1.** *(де́йствие)* Einsetzen *nt,* Einfügen *nt* **2.** *(вста́вленный отры́вок)* Zusatz *m,* eingesetzte Stelle *m*

вставля́|ть <-ю, -ешь> *нсв,* **вста́вить** *св прх* **1.** *(помести́ть внутрь)* einsetzen, einfügen; **~ о́кна** Fenster einsetzen; **~ карти́ну в ра́му** ein Bild einrahmen; **~ ка́мень в опра́ву** einen Edelstein einfassen; **~ в текст** in den Text einfügen; **~ (своё) слове́чко** *перен* seinen Senf dazugeben **2.** *(помести́ть в середи́ну)* einstecken, einlegen; **~ плёнку в фотоаппара́т** einen Film einlegen

вставн|о́й <-а́я, -о́е> *прил* einsetzbar; **вставны́е зу́бы** künstliche Zähne *pl;* **вставны́е ра́мы** Einsetzrahmen *mpl*

вста́рь *нрч* in alten Zeiten, früher; **живу́т как ~** wie in alten Zeiten leben

встать <вста́ну, вста́нешь> *св нпрх см.* **встава́ть**

встра́ива|ть <-ю, -ешь> *нсв,* **встро́ить** *св прх* einbauen; **~ шкаф в сте́ну** einen Schrank in die Wand einbauen

встрева́|ть <-ю, -ешь> *нсв,* **встря́ть** *св нпрх разг* sich einmischen; **~ в разгово́р** sich ins Gespräch einmischen

встрево́ж|ить <-у, -ишь> *св прх см.* **трево́жить**

встрево́ж|иться <-усь, -ишься> *св рефл см.* **трево́житься**

встрёпан|ный <-ная, -ное; -, -а, -о> *прил* struppig, zersaust; **встрёпанные во́лосы** struppiges [*o* zersaustes] Haar *nt;* **встал как ~** *(как ни в чём не быва́ло)* er stand auf, als ob nichts geschehen wäre

встрёпк|а <-и> *ж разг (наказа́ние)* Strafe *f;* **задать встрёпку** jdn bestrafen

встрепен|у́ться <-у́сь, -ешься> *св рефл* **1.** *(вздро́гнуть)* zusammenzucken, erschaudern **2.** *(си́льно заби́ться)* pochen, klopfen; **се́рдце встрепену́лось** das Herz pochte stark

встре́|тить <-чу, -тишь> *св прх см.* **встреча́ть**

встре́|титься <-чусь, -тишься> *св рефл см.* **встреча́ться**

встре́ч|а <-и> *ж* **1.** *(друзе́й)* Treffen *nt,* Begegnung *f;* **~ на вы́сшем у́ровне** Gipfeltreffen *nt;* **~ в верха́х по экономи́ческим вопро́сам** Wirtschaftsgipfel *m* **2.** *(приём)* Begrüßung *f,* Empfang *m;* **устро́ить кому́-л. торже́ственную встре́чу** jdn feierlich empfangen **3.** ЭКОН Termin *m* **4.** СПОРТ Spiel *nt,* Begegnung *f*

встреча́|ть <-ю, -ешь> *нсв,* **встре́тить** *св прх* **1.** *(случа́йно уви́деть)* treffen, begegnen **2.** *(обнару́жить)* finden, entdecken; **~ понима́ние у кого́-л.** auf Verständnis stoßen bei *+dat* **3.** *(приня́ть)* empfangen; **~ кого́-л. на вокза́ле** jdn am Bahnhof abholen;

~ Нóвый год das Neue Jahr willkommen heißen

встречá|ться <-юсь, -ешься> *нсв,* **встрéтиться** *св рефл* **1.** *(ви́деться с кем-л.)* treffen, sich treffen **2.** *(бывáть)* vorkommen; **такóе встречáется не чáсто** so etwas kommt selten vor **3.** СПОРТ spielen gegen *+akk*

встрéчн|ый <-ая, -ое> *прил* Gegen-, entgegenkommend; **встрéчное движéние** Gegenverkehr *m;* **встрéчное исполнéние** Gegenleistung *f;* **~ вопрóс** Rückfrage *f,* Gegenfrage *f*

встрó|ить <-ю, -ишь> *св прх см.* **встрáивать**

встря́ск|а <-и> *ж* **1.** *разг (душéвное потрясéние)* Erschütterung *f;* **~ нéрвов** Nervenkrise *f* **2.** *разг (изменéние)* Veränderung *f;* **глубочáйшая ~** tiefe Veränderung *f* **3.** *(вы́говор)* Verweis *m;* **получи́ть ~** einen Verweis bekommen

встря́|ть <-ну, -нешь> *св нпрх см.* **встревáть**

встря́хива|ть <-ю, -ешь> *нсв,* **встряхнýть** *св прх* aufschütteln; *перен (растормоши́ть)* aufrütteln

вступá|ть <-ю, -ешь> *нсв,* **вступи́ть** *св нпрх* **1.** *(войти́)* einmarschieren **2.** *(стать члéном)* eintreten, beitreten **3.** *(начáть)* beginnen; **~ в контáкт** Kontakt aufnehmen; **~ в спор** einen Streit anfangen; **~ в переговóры** Verhandlungen einleiten; **~ в дóлжность** ein Amt [*o* seinen Dienst] antreten; **~ в си́лу** in Kraft treten **4.** МУЗ einsetzen

вступá|ться <-юсь, -ешься> *нсв,* **вступи́ться** *св рефл (за когó-л./что-л.)* eintreten, sich einsetzten, Partei ergreifen für *+akk*

вступи́тельн|ый <-ая, -ое> *прил* Eintritts-, Eröffnungs-; **вступи́тельная зáпись** ЭКОН Eröffnungsbuchungen *pl;* **вступи́тельное занесéние на счёт** ЭКОН Eröffnungsbuchungen *pl;* **вступи́тельные ограничéния** Zutrittsschranken *pl,* Zutrittsbarrieren *pl;* **~ балáнс** ЭКОН Eröffnungsbilanz *f,* Anfangsbilanz *f*

вступ|и́ть <-лю́, -и́шь> *св нпрх см.* **вступáть**

вступ|и́ться <-лю́сь, -и́шься> *св рефл см.* **вступáться**

вступлéни|е <-я> *ср* **1.** *(войск)* Einmarsch *m* **2.** *(в организáцию)* Eintritt *m,* Beitritt *m;* **~ в граждáнский процéсс в кáчестве трéтьей стороны́** ЮР Intervention *f;* **~ в договóр в кáчестве солидáрного должникá** ЭКОН Schuldbeitritt *m;* **~ в управлéние предприя́тием** Geschäftsübernahme *f;* **~ во владéние предприя́тием** Geschäftsübernahme *f* **3.** *(введéние, предислóвие)* Einleitung *f,* Vorwort *nt* **4.** МУЗ Vorspiel *nt*

всýн|уть <-у, -ешь> *св прх см.* **всóвывать**

всухомя́тку *нрч* trocken; **питáться ~** sich ohne warme Mahlzeiten ernähren

всухýю *нрч* **1.** СПОРТ **сыгрáть ~** das Spiel verlieren **2.** *(без смáзки)* trocken; **протирáть ствол ружья́ ~** das Gewehr trocken wischen

всхлип <всхли́па> *м* Schluchzen *nt;* **ти́хий ~** leises Schluchzen *nt*

всхо|ди́ть <-жý, -дишь> *нсв,* **взойти́** *св нпрх* hinaufsteigen

всхóд|ы <-ов> *мн (ростки́ семя́н)* (Getreide)Keime *mpl*

всыпá|ть <-ю, -ешь> *нсв,* **всы́пать** *св прх* **1.** *(помести́ть)* geben; **~ зернá лошадя́м** Kornfutter den Pferden geben **2.** *(наказáть)* **~ горя́чих** jdn beschimpfen, jdn versohlen

всю́ду *нрч* überall

вся *см.* **весь**

вся́кий *мест* **1.** *(кáждый)* jede(r, s); **~ раз однó и тó же** jedes Mal dasselbe; **во вся́ком слýчае** jedenfalls **2.** *(рáзный)* verschieden; **вся́кие кни́ги** verschiedene Bücher *ntpl;* **без вся́кого сомнéния** ganz ohne Zweifel

вся́чески *нрч* auf jede Art und Weise; **~ помогáть по дóму** auf jede Art und Weise zu Hause helfen

вся́ческ|ий <-ая, -ое> *прил* auf jede erdenkliche Art und Weise; **окáзывать вся́ческую пóмощь** auf jede erdenkliche Art und Weise helfen; **воздéйствовать вся́ческими спóсобами** auf jede Weise auf jdn einwirken

вся́чин|а <-ы> *ж без мн, разг* **вся́кая ~** alles Mögliche

Вт *сокр от* **Ватт** Watt *nt*

втáйне *нрч* heimlich, im Stillen

ВТАК *сокр от* **Внешнеторгóвая арбитрáжная коми́ссия** Außenhandelskommission *f*

втáлкива|ть <-ю, -ешь> *нсв,* **втолкнýть** *св прх* (hinein)stecken, (hinein)schieben; **~ бóчку в подвáл** das Fass in den Keller (hinein)schieben

втёмную *нрч* blindlings; **игрáть ~** blindlings spielen; **дéйствовать ~** blindlings handeln

втирáни|е <-я> *ср* Einreiben *nt;* **~ мáзи в кóжу** Einreiben der Salbe in die Haut

втирá|ть <-ю, -ешь> *нсв,* **втерéть** *св прх* einreiben, einmassieren; **~ очки́ комý-л.** *перен* jdm Sand in die Augen streuen

втирá|ться <-юсь, -ешься> *нсв,* **втерéться** *св рефл* sich hineindrängen, sich einschleichen; **~ в довéрие к комý-л.** *перен* jds Vertrauen gewinnen

вти́скива|ться <-юсь, -ешься> *нсв,* **вти́снуться** *св рефл* sich durchzwängen; **~ в вагóн** sich in den Waggon zwängen

втихомóлку *нрч* im Geheimen, klammheimlich

втихýю *нрч* leise, insgeheim; **дéйствовать ~** insgeheim handeln

втолкн|ýть <-ý, -ешь> *св прх см.* **втáл-**

кивать

втолко́выва|ть <-ю, -ешь> *нсв,* **втолкова́ть** *св прх* einpauken; ~ **пра́вила** Regeln einpauken

вто́р|а <-ы> *ж* муз zweite Geige *f*

вторга́|ться <-юсь, -ешься> *нсв,* **вто́ргнуться** *св рефл* gewaltsam eindringen, einbrechen

вторже́ни|е <-я> *ср* Einbruch *m;* воен Invasion *f*

вто́р|ить <-ю, -ишь> *нсв нпрх* wiederholen; **бас вто́рит те́нору** der Bass begleitet den Tenor; **зву́кам смычка́ вто́рит э́хо** die Geigentöne erzeugen ein Echo; ~ **нача́льству** dem Chef beistimmen

втори́чн|ый <-ая, -ое> *прил* sekundär; **втори́чное испо́льзование** Recycling *nt;* **втори́чное обраще́ние к респонде́нтам** экон Nachfassaktion *f;* **втори́чные затра́ты** экон sekundäre Kosten *pl;* ~ **оборо́тный докуме́нт** экон gekorene Orderpapiere *pl;* ~ **се́ктор** экон sekundärer Sektor *m*

вто́рник <-а> *м* Dienstag *m*

второго́дник <-а> *м,* **второго́дниц|а** <-ы> *ж* Sitzenbleiber(in) *m(f)*

втор|о́й <-а́я, -о́е> *порядк к два числ* zweite(r, s); **со второ́го захо́да** beim zweiten Versuch; **узна́ть из вторы́х рук** aus zweiter Hand erfahren; **обрести́ второ́е дыха́ние** neue Kraft schöpfen

второку́рсник <-а> *м,* **второку́рсниц|а** <-ы> *ж* Student(in) *m(f)* im zweiten Jahr

второпя́х *нрч* in der Eile; **забы́ть докуме́нты** ~ in der Eile die Unterlagen vergessen

второразря́дн|ый <-ая, -ое> *прил* zweitklassig, mittelmäßig; **второразря́дная мастерска́я** mittelmäßige Werkstatt *f*

второстепе́н|ный <-ная, -ное; -ен, -на, -но> *прил* **1.** *(несуще́ственный)* nebensächlich; **игра́ть второстепе́нную роль** eine untergeordnete Rolle spielen **2.** *(второразря́дный, зауря́дный)* zweitrangig, mittelmäßig; ~ **писа́тель** mittelmäßiger Schriftsteller *m*

вторсырь|ё <-я́> *ср без мн (ути́ль)* Altstoffe *mpl,* Sekundärrohstoffe *mpl;* **пу́нкты по приёму вторсырья́** Sammelstelle *f* für Sekundärrohstoffe

в-тре́тьих *нрч* drittens

втри́дорога *нрч* sehr teuer; **прода́ть** ~ für etw das Dreifache verlangen

втро́е *нрч* dreimal, dreifach

втроём *нрч* zu dritt

втройне́ *нрч* dreifach; **заплати́ть** ~ für etw das Dreifache bezahlen

втуз *сокр от* **Вы́сшее техни́ческое учёбное заведе́ние** Technische Hochschule *f;* **обуче́ние во вту́зе** Ausbildung *f* an einer Technischen Hochschule

вту́лк|а <-и> *ж* Buchse *f,* Spund *m*

вту́не *нрч* zwecklos, ergebnislos; **хло́поты оказа́лись** ~ alle Mühe war umsonst

втыка́|ть <-ю, -ешь> *нсв,* **воткну́ть** *св прх* einstecken, hineinstecken

ВТЭК *сокр от* **врачебно-трудова́я экспе́ртная коми́ссия** ärztliche Kommission *f* für Arbeitsfähigkeit

втюр|иться <-юсь, -ишься> *св рефл прост* sich verlieben; ~ **по́ уши в кого-л.** sich in jdn bis über beide Ohren verlieben

втя́гива|ть <-ю, -ешь> *нсв,* **втяну́ть** *св (н)прх* **1.** *(внутрь)* einziehen, hineinziehen, hinaufziehen **2.** *(привле́чь)* heranziehen, hinzuziehen **3.** *(вовле́чь)* verwickeln; ~ **кого́-л. в (неприя́тную) исто́рию** jdn in eine Affäre verwickeln; ~ **кого́-л. в игру́** jdn ins Spiel einbeziehen

втя́гива|ться <-юсь, -ешься> *нсв,* **втяну́ться** *св рефл* **1.** *(привы́кнуть)* sich einleben, sich eingewöhnen; ~ **в рабо́ту** sich einarbeiten **2.** *(пристрасти́ться)* seine Leidenschaft für etw entdecken

втяжн|о́й <-а́я, -о́е> *прил* тех Saug-; **втяжно́й рука́в насо́са** das Saugrohr der Pumpe

вуали́р|овать <-ую, -уешь> *нсв,* **завуали́ровать** *св прх* verschleiern, vertuschen

вуа́|ль <-ли> *ж* Schleier *m*

вуз *сокр от* **вы́сшее учёбное заведе́ние** Hochschule *f*

ву́зовск|ий <-ая, -ое> *прил* Hochschul-; **обнови́ть ву́зовские програ́ммы** das Hochschulprogramm erneuern

вулка́н <-а> *м* Vulkan *m;* **де́йствующий** ~ aktiver Vulkan *m;* **изверже́ние вулка́на** (Vulkan)Ausbruch *m*

вулканиза́т <-а> *м* хим Vulkanisat *nt,* Gummi *m*

вулканиза́ци|я <-и> *ж* Vulkanisation *f,* Vulkanisierung *f;* ~ **горя́чим во́здухом** Heißluftvulkanisation *f*

вулкани́ческ|ий <-ая, -ое> *прил* vulkanisch; **вулкани́ческие землетрясе́ния** vulkanisches Erdbeben *nt*

вульгариза́ци|я <-и> *ж без мн* Vulgarisation *f*

вульгари́зм <-а> *м* лингв Vulgarismus *m;* **ввести́ в речь вульгари́змы** Vulgarismen in die Sprache einführen

вульга́р|ный <-ная, -ное; -ен, -на, -но> *прил (гру́бый)* vulgär; **вульга́рные мане́ры** vulgäre Manieren *pl;* ~ **материали́зм** vulgärer Materialismus *m;* **вульга́рная лат́ынь** *(лати́нское просторе́чие)* Vulgärlatein *nt*

вурдала́к <-а> *м (вампи́р)* Vampir *m*

ВФП *сокр от* **Всеми́рная федера́ция профсою́зов** Weltverband *m* der Gewerkschaften

вход <вхо́да> *м* Eingang *m;* *(до́ступ)* Eintritt *m;* **гла́вный** ~ Haupteingang *m;* ~ **воспрещён** Eintritt verboten; **беспла́тный** ~ freier Eintritt; **пла́та за** ~ Eintrittsgeld *nt*

вхо|ди́ть <-жу́, -дишь> *нсв,* **войти́** *св нпрх* **1.** *(заходи́ть)* hineingehen, eintreten; **входи́(те)!** (komm(en Sie)) herein! **2.** *(вступи́ть)* beitreten **3.** *(в ваго́н и т.п.)* einsteigen **4.** *(в соста́в)* zu etw gehören; **~ в коали́цию** an einer Koalition beteiligt sein; **~ в чьи́-л. обя́занности** zu jds Pflichten gehören; **~ в чьи́-л. расчёты** von jdm einkalkuliert sein; **~ в привы́чку** zur Gewohnheit werden; **~ в курс де́ла** sich mit etw vertraut machen; **~ в чье-л. положе́ние** sich in jds Lage versetzen **5.** *(вмеща́ться)* hineinpassen

входн|о́й <-а́я, -о́е> *прил* Eingangs-, Eintritts-; **входна́я дверь** Eingangstür *f;* **~ биле́т** Eintrittskarte *f*

входя́щ|ий <-ая, -ее> *прил* адм eingehend; **входя́щие докуме́нты** eingehende Unterlagen *pl*

вхо́ж|ий <-ая, -ее; -, -а, -е> *прил разг* Zugang habend; **он вхож в полити́ческие круги́** er hat Zugang zu politischen Kreisen

вхолосту́ю *нрч* im Leerlauf

вцепля́|ться <-ю́сь, -ешься> *нсв,* **вцепи́ться** *св рефл (в кого́-л./что-л.)* sich festklammern an *+dat*

вчера́ *нрч* gestern

вчера́шн|ий <-яя, -ее> *прил* gestrig, von gestern; **вчера́шние шко́льники** die gestrigen Schüler; **иска́ть вчера́шний день** seine Zeit verschwenden; **жить вчера́шним днём** in der Vergangenheit leben

вче́тверо *нрч* viermal, vierfach

вчетверо́м *нрч* zu viert

в-четвёртых *нрч* viertens

вчисту́ю *нрч* ganz und gar, völlig; **~ прогоре́ть на сде́лках** sein ganzes Geld in Geschäften verlieren

вчи́тыва|ться <-юсь, -ешься> *нсв,* **вчита́ться** *св рефл* sich ins Lesen vertiefen; **~ в текст письма́** sich in den Brief vertiefen

вше́стеро *нрч* sechsmal, sechsfach

вшестеро́м *нрч* zu sechst

в-шесты́х *нрч* sechstens

вшива́|ть <-ю, -ешь> *нсв,* **вшить** *св прх* einnähen; *(приши́ть)* annähen; **~ мо́лнию** den Reißverschluss annähen; **~ карма́ны** die Taschen annähen

вширь *нрч* weit; **разда́ться ~** dicker werden; **нау́ка развива́ется вглубь и ~** die Wissenschaft entwickelt sich in verschiedenen Aspekten

вшить <вошью́, вошьёшь> *св прх см.* **вшива́ть**

въе́длив|ый <-ая, -ое; -, -а, -о> *прил* **1.** *(е́дкий)* zersetzend, ätzend; **въе́дливая кра́ска** zersetzender Farbstoff *m* **2.** *(вника́ющий во всё)* ätzend; **~ челове́к** ätzender Mensch *m*

въезд <въе́зда> *м* Einfahrt *f;* *(в страну́)* Einreise *f;* *(в но́вую кварти́ру)* Einzug *m*

въездн|о́й <-а́я, -о́е> *прил* Eingang-, Einreise-; **въездна́я ви́за** Einreisevisum *nt*

въезжа́|ть <-ю, -ешь> *нсв,* **въе́хать** *св нпрх* hineinfahren; *(в страну́)* einreisen; *(в но́вую кварти́ру)* einziehen

вы <вас, вам, вас, ва́ми, о вас> *мест ли́чное 2 л. мн. ч.* ihr; *(уважи́тельно)* Sie

выба́лтыва|ть <-ю, -ешь> *нсв,* **вы́болтать** *св прх прост* von sich geben, sich verplappern

вы́бел|ить <-ю, -ишь> *св прх (бели́ть)* bleichen; **~ сте́ны** die Wände bleichen; **~ холсты́** Leinen bleichen

выбива́|ть <-ю, -ешь> *нсв,* **вы́бить** *св прх* **1.** *(стекло́)* zerschlagen **2.** *(ковёр)* ausklopfen; **~ дополни́тельные сре́дства** *перен* zusätzliche Mittel herausschlagen; **~ кого́-л. из коле́й** jdn aus dem Gleis bringen [*o* werfen]

выбива́|ться <-юсь, -ешься> *нсв,* **вы́биться** *св рефл* **1.** *(с трудо́м освободи́ться)* entrinnen, entkommen; **~ из нужды́** der Armut entrinnen; **~ на доро́гу** den Weg finden; **~ из гра́фика** nicht planmäßig verlaufen; **~ из долго́в** aus den roten Zahlen [*o* Schulden] kommen **2.** *(показа́ться нару́жу)* herausragen; **прядь воло́с вы́билась из-под шля́пки** die Haare ragen unter dem Hut heraus **3.** *(си́льно уста́ть)* **вы́биться из сил** von Kräften kommen

выбира́|ть <-ю, -ешь> *нсв,* **вы́брать** *св прх* **1.** *(отбира́ть)* auswählen, aussuchen **2.** *(отсортиро́вывать)* auslesen, aussondern **3.** *(голосова́нием)* wählen

выбира́|ться <-юсь, -ешься> *нсв,* **вы́браться** *св рефл* mit Mühe hinausgelangen; **~ из кри́зиса** eine Krise überwinden; **~ в теа́тр** die Möglichkeit finden, ins Theater zu gehen

вы́бить <вы́бью, вы́бешь> *св прх см.* **выбива́ть**

вы́б|иться <-ьюсь, -ьешься> *св рефл см.* **выбива́ться**

вы́боин|а <-ы> *ж* Schlagloch *nt*

вы́болта|ть <-ю, -ешь> *св прх см.* **выба́лтывать**

вы́бор <-а> *м* Wahl *f,* Auswahl *f; мн* Wahlen *fpl;* **у меня́ нет вы́бора** ich habe keine Wahl; **сде́лать пра́вильный ~** die richtige Wahl treffen; **~ ме́ста размеще́ния** Standortwahl *f;* **предлага́ться на ~** zur Auswahl stehen; **~ това́ров** Warenauswahl *f;* **досро́чные вы́боры** vorgezogene Neuwahlen *pl*

вы́борк|а <-и> *ж* **1.** *обы́чно в мн (вы́писки)* Exzerpt *nt,* Auszug *m;* **де́лать вы́борки** exzerpieren; **~ да́нных** информ Datenabruf *m* **2.** *(вы́борочная прове́рка)* Sample *nt,* Stichprobe *f*

вы́борнос|ть <-ти> *ж без мн* юр *(замеще́ние до́лжности)* Wahlprinzip *m;* **при́нцип вы́борности** Prinzip *nt* der Wählbarkeit

выборн|ый <-ая, -ое> *прил* Wahl-; **выборная должность** Wahlposten *m*

выборочн|ый <-ая, -ое> *прил* stichprobenartig; **выборочная проба** [*или* **проверка**] Stichprobe *f;* **выборочное наблюдение** Repräsentativerhebung *f;* **выборочное обследование** Sample *nt*

выборщик <-а> *м* Wahlmann *m*

выбран|ить <-ю, -ишь> *св прх см.* **бранить**

выбрасывани|е <-я> *ср* Emission *f*

выбрасыва|ть <-ю, -ешь> *нсв,* **выбросить** *св прх* **1.** *(что-л. ненужное)* wegwerfen **2.** *и перен (вышвырнуть)* hinauswerfen; **~ на свалку** auf den Müll werfen; **~ на рынок** auf den Markt bringen; **~ что-л. из головы** *перен* sich etw aus dem Kopf schlagen

выбрасыва|ться <-юсь, -ешься> *нсв,* **выброситься** *св рефл* **1.** *(выскочить)* hinausspringen sich hinabstürzen; **~ из окна** aus dem Fenster springen; **~ с парашютом из самолёта** mit einem Fallschirm aus dem Flugzeug springen **2.** *(направить судно на берег)* stranden; **шлюпки выбросились на мель** die Boote liefen auf eine Sandbank

выб|рать <-еру, -ерешь> *св прх см.* **выбирать**

выб|раться <-ерусь, -ерешься> *св рефл см.* **выбираться**

выброс <-а> *м* Emission *f*

выбро|сить <-шу, -сишь> *св прх см.* **выбрасывать**

выбро|ситься <-шусь, -сишься> *св рефл см.* **выбрасываться**

выбыва|ть <-ю, -ешь> *нсв,* **выбыть** *св нпрх* ausscheiden, austreten; **~ из школы** von der Schule abgehen

вывалива|ться <-юсь, -ешься> *нсв,* **вывалиться** *св рефл* (heraus)fallen; **книга вывалилась из рук** das Buch ist aus der Hand gefallen

вываля|ть <-ю, -ешь> *св прх см.* **валять**

выведыва|ть <-ю, -ешь> *нсв,* **выведать** *св прх* untersuchen, erforschen; **~ чужие планы** die fremden Pläne erfahren

вывез|ти <-у, -ешь> *св прх см.* **вывозить**

вывер|ить <-ю, -ишь> *св прх см.* **выверять**

выверк|а <-и> *ж* Prüfung *f,* Eichung *f,* Justierung *f*

выверн|уть <-у, -ешь> *св прх см.* **вывёртывать**

выверт <-а> *м* **1.** *разг (поворот)* Umdrehung *f;* **танцевать с вывертами** sich beim Tanzen drehen **2.** *перен (причуда)* Laune *f;* **мне надоели его выверты** mir reicht es mit seinen Ausreden

вывёртыва|ть <-ю, -ешь> *нсв,* **вывернуть** *св прх* **1.** *(вынуть, крутя)* abschrauben, herausdrehen; **~ лампочку** die Glühbirne herausdrehen **2.** *(вывихнуть)* verenken, verzerren; **~ руку** die Hand verrenken **3.** *(изнанкой наружу)* wenden, umkehren; **~ карман** die Taschen umkehren

выверя|ть <-ю, -ешь> *нсв,* **выверить** *св прх* prüfen, eichen, justieren

выве|сить <-шу, -сишь> *св (н)прх см.* **вывешивать**

вывеск|а <-и> *ж* Aushängeschild *nt; (фирмы)* Firmenschild *nt,* Dienststellenschild *nt;* **смена вывесок** *перен* Etikettenwechsel *m*

выве|сти <-ду, -дешь> *св прх см.* **выводить**

выве|стись <-усь, -дешься> *св рефл см.* **выводиться**

вывешива|ть <-ю, -ешь> *нсв,* **вывесить** *св прх* aufhängen; **~ расписание на доске** den Plan am Brett aushängen; **~ бельё на дворе** Wäsche im Hof aufhängen

вывих <-а> *м* **1.** АНАТ *(смещение в суставе)* Verrenkung *f,* Verzerrung *f;* **~ ноги** Fußverrenkung *f;* **вправить ~** die Verrenkung wieder einrenken **2.** *перен, разг (отклонение)* Abweichung *f,* Abschweifung *f;* **срывы и вывихи в работе** Störungen und Abweichungen in der Arbeit

вывихн|уть <-у, -ешь> *св прх* verstauchen; **~ себе ногу** sich den Fuß verstauchen

вывод <-а> *м* **1.** *(удаление)* Hinausbefördern *nt;* **~ войск** ВОЕН Truppenabzug *m* **2.** *(заключение)* Schlussfolgerung *f;* **делать ~ы** Schlussfolgerungen ziehen **3.** ЭЛ Klemme *f* **4.** ИНФОРМ Ausgabe *f;* **~ данных** Datenausgabe *f*

выв|одить <-ожу, -одишь> *нсв,* **вывести** *св прх* **1.** *(откуда-л.)* hinausführen, hinausbefördern; **~ войска** die Truppen abziehen; **~ из кризиса** aus der Krise führen; **~ из терпения** aus der Fassung bringen **2.** *(удалять)* entfernen; **~ пятно** einen Fleck entfernen **3.** БИОЛ ausbrüten, züchten

выв|одиться <-ожусь, -одишься> *нсв,* **вывестись** *св рефл* verschwinden; **пятна вывелись** die Flecken sind verschwunden; **предрассудки вывелись** die Vorurteile existieren nicht mehr

вывод|ок <-ка> *м* Brut *f*

вывоз <-а> *м* Ausfuhr *f,* Export *m;* **~ капитала** ЭКОН Kapitalausfuhr *f;* **~ товаров** ЭКОН Warenexport *m*

выв|озить <-ожу, -озишь> *нсв,* **вывезти** *св прх* **1.** *(с помощью транспорта)* hinausfahren, abtransportieren; **~ детей в лагерь** die Kinder in ein Ferienlager bringen **2.** *(на экспорт)* exportieren **3.** *(привозить с собой)* mitnehmen, mitbringen

вывозн|ой <-ая, -ое> *прил* Ausfuhr-, Export-; **вывозная пошлина** Ausfuhrzoll *m,* Exportabgabe *f;* **вывозное разрешение** Ausfuhrbewilligung *f,* Exportbewilligung *f,*

Exporterlaubnis *f;* **вывознóе свидéтельство** Ausfuhrbescheinigung *f*

выворáчива|ть <-ю, -ешь> *нсв,* **вы́воротить** *св прх* **1.** *(извлéчь)* herausziehen; **~ пень с кóрнем** den Baumstamm mit den Wurzeln herausziehen **2.** *(поведáть сокровéнное)* beichten; **~ дýшу** sich etw von der Seele sprechen

выгáдыва|ть <-ю, -ешь> *нсв,* **вы́гадать** *св прх* gewinnen; **~ врéмя** Zeit gewinnen

вы́гла|дить <-жу, -дишь> *св прх см.* **глáдить**

вы́гля|деть <-жу, -дишь> *нсв нпрх* aussehen; **ты чудéсно вы́глядишь** du siehst blendend aus

вы́г|нать <-оню, -онишь> *св прх см.* **выгоня́ть**

выговáрива|ть <-ю, -ешь> *нсв,* **вы́говорить** *св прх* **1.** *(произноси́ть)* aussprechen; **с трудóм ~ слова́** mühsam die Wörter aussprechen **2.** *(вы́сказать)* sich aussprechen; **~ до концá** alles sagen **3.** ЮР *(оговори́ть услóвия)* absprechen; **~ себé прáво** für sich das Recht vorbehalten

вы́говор <-а> *м* **1.** ЛИНГВ Aussprache *f* **2.** *перен* Rüge *f,* Verweis *m*

вы́говор|ить <-ю, -ишь> *св прх см.* **выговáривать**

вы́год|а <-ы> *ж* **1.** *(пóльза)* Vorteil *m,* Nutzen *m;* **извлéчь вы́году из чегó-л.** Vorteil ziehen aus *+dat* **2.** *(при́быль)* Profit *m,* Gewinn *m;* **~ при покýпке** Einkaufsvorteil *m*

вы́год|ный <-ная, -ное; -ен, -на, -но> *прил* **1.** *(удóбный)* vorteilhaft, günstig **2.** *(при́быльный)* lukrativ, Gewinn bringend; **óсобо вы́годное предложéние** ЭКОН Lockvogelangebot *nt*

вы́гон <-а> *м (пáстбище)* Weide *f;* **~ лошадéй в пóле** Pferdeweide im Feld

выгоня́|ть <-ю, -ешь> *нсв,* **вы́гнать** *св прх* **1.** *(прогнáть)* hinauswerfen; **~ из шкóлы** aus der Schule (hinaus)werfen **2.** *(погнáть)* hinausführen; **~ стáдо на пáстбище** die Herde auf die Weide (hinaus)führen **3.** ТЕХ *(добы́ть перегóнкой)* Destilat gewinnen; **~ спирт** Schnaps brennen

выгорáжива|ть <-ю, -ешь> *нсв,* **вы́городить** *св прх* **1.** *(отделя́ть и́згородью)* umzäunen, abzäunen **2.** *перен (защищáть когó-л.)* jdn verteidigen, reinwaschen

выгорá|ть[1] <-ю, -ешь> *нсв,* **вы́гореть** *св нпрх* **1.** *(сгорéть)* verbrennen, niederbrennen **2.** *(вы́цвести)* verblassen, verschießen

выгорá|ть[2] <-ю, -ешь> *нсв,* **вы́гореть** *св нпрх* gelingen; **дéло не вы́горело** die Sache ist schief gegangen

вы́городи|ть <-жу, -дишь> *св прх см.* **выгорáживать**

вы́гравир|овать <-ую, -уешь> *св прх см.* **гравировать**

выгружá|ть <-ю, -ешь> *нсв,* **вы́грузить** *св прх* ausladen, abladen, entladen

выда|вáть <-ю́, -ёшь> *нсв,* **вы́дать** *св прх* **1.** *(вручи́ть)* aushändigen, ausgeben; **~ кни́ги нá дом** Bücher ausleihen; **~ зарплáту** den Lohn [*o* das Gehalt] auszahlen; **~ зáмуж** *перен* ein Mädchen verheiraten **2.** *(докумéнт)* ausstellen, erteilen; **~ аккредити́в** akkreditieren; **~ закáзы** Aufträge vergeben; **~ лицéнзию** eine Lizenz erteilen; **~ удостоверéние** eine Bescheinigung ausstellen **3.** *(престýпника)* ausliefern **4.** *(тáйну)* verraten, offenbaren; **~ себя́** sich verraten; **~ свои́ намéрения** seine Gedanken offenbaren **5.** *(за когó-л./чтó-л.)* ausgeben für *+akk;* **~ чью́-л. мысль за свою́** jds Idee für die seinige ausgeben

выдавá|ться <-юсь, -ешься> *нсв,* **вы́даться** *св рефл* herausstehen, hervorragen

вы́д|ать <-ам, -ашь> *св прх см.* **выдавáть**

вы́да|ться <-мся, -шься> *св рефл см.* **выдавáться**

вы́дач|а <-и> *ж* **1.** *(вручéние)* Aushändigung *f,* Verteilung *f,* Auszahlung *f* **2.** *(докумéнта)* Ausstellung *f,* Erteilung *f;* **~ закáзов** Auftragsvergabe *f;* **~ непокры́тых чéков** Checkbetrug *m;* **~ ссуд под залóг** Pfandleihe *f* **3.** *(престýпника)* Auslieferung *f*

выдаю́щ|ийся <-аяся, -ееся> *прил* hervorragend, namhaft

выдвигá|ть <-ю, -ешь> *нсв,* **вы́двинуть** *св прх* **1.** *(вытáскивать)* herausziehen **2.** *(выставля́ть вперёд)* vorrücken **3.** *перен (повышáть, выделя́ть)* befördern, aufrücken lassen **4.** *перен (назывáть)* nominieren, aufstellen; **~ на Нóбелевскую прéмию** für den Nobelpreis vorschlagen; **~ свою́ кандидатýру** kandidieren **5.** *перен (предлагáть для обсуждéния)* vorbringen; **~ доказáтельства** Beweise erbringen; **~ трéбования** Forderungen erheben

выдвижн|óй <-áя, -óе> *прил* Schub-; **~ я́щик столá** Schublade *f*

вы́двин|уть <-у, -ешь> *св прх см.* **выдвигáть**

выдворéни|е <-я> *ср* Abschiebung *f,* Landesverweisung *f,* Ausweisung *f*

выдворя́|ть <-ю, -ешь> *нсв,* **вы́дворить** *св прх* ausweisen, des Landes verweisen

вы́дел <-а> *м* **1.** АРХ Anteil **2.** ЮР Zuteilung *f,* Teilung *f,* Erbteilung *f;* **~ наслéдников** Abfindung *f*

выделéни|е <-я> *ср* **1.** *(предоставлéние)* Gewährung *f;* **~ средств** Zuweisung von Mitteln **2.** *(в тéксте)* Hervorhebung *f* **3.** *и мн (секрéция)* Absonderung *f,* Ausfluss *m* **4.** *(вы́брос)* Ausscheidung *f,* Emission *f*

вы́дел|ить <-ю, -ишь> *св прх см.* **выделя́ть**

вы́дел|иться <-юсь, -ишься> *св рефл см.* **выделя́ться**

вы́делк|а <-и> *ж* Bearbeitung *f,* Anfertigung *f;* ~ **ко́жи** Gerbung *f*

выделя́|ть <-ю, -ешь> *нсв,* **вы́делить** *св прх* **1.** *(отобра́ть)* aussuchen **2.** *(определи́ть)* bestimmen **3.** *(предоста́вить)* abzweigen, zuweisen, zur Verfügung stellen **4.** ЮР abfinden **5.** *(отличи́ть)* auszeichnen **6.** *(в те́ксте)* hervorheben **7.** *(отдели́ть)* absondern, ausscheiden

выделя́|ться <-юсь, -ешься> *нсв,* **вы́делиться** *св рефл* **1.** *(отличи́ться)* sich hervortun, sich auszeichnen **2.** *(о проду́ктах выделе́ния)* sich absondern

вы́держан|ный <-ная, -ное; -, -а, -о> *прил* **1.** *(владе́ющий собо́й)* beherrscht, diszipliniert **2.** *(после́довательный)* konsequent, folgerichtig **3.** *(о проду́ктах и т.п.)* abgelagert

выде́ржива|ть <-ю, -ешь> *нсв,* **вы́держать** *св прх* **1.** *(вы́нести)* aushalten, ertragen; **что-л. не выде́рживает кри́тики** etw hält der Kritik nicht stand; ~ **конкуре́нцию** konkurrenzfähig sein; ~ **роль** nicht aus der Rolle fallen **2.** *(экза́мен, испыта́ния)* bestehen **3.** *(вино́, древеси́ну)* ablagern

вы́держк|а[1] <-и> *ж* Ausdauer *f; (самооблада́ние)* Standhaftigkeit *f,* Selbstbeherrschung *f;* ФОТ Belichtungszeit *f; (хране́ние)* Lagerung *f*

вы́держк|а[2] <-и> *ж* Zitat *nt,* Auszug *m*

вы́дох <-а> *м* Ausatmen *nt;* **коро́ткий** ~ kurzes Ausatmen; **задержа́ть** ~ den Atem halten

вы́дохн|уться <-усь, -ешься> *св рефл см.* **выдыха́ться**

вы́др|а <-ы> *ж* **1.** ЗООЛ Fischotter *m* **2.** *презрит* zickige Frau *f,* Zicke *f*

вы́дрессир|овать <-ую, -уешь> *св прх см.* **дрессирова́ть**

вы́дуб|ить <-лю, -ишь> *св прх см.* **дуби́ть**

выдува́|ть <-ю, -ешь> *нсв,* **вы́дуть** *св прх* **1.** *(удаля́ть)* ausblasen, wegblasen; ~ **из тру́бки таба́к** Tabak aus der Pfeife (weg)blasen **2.** ТЕХ *(изготовля́ть)* blasen; ~ **посу́ду** Geschirr blasen

вы́думк|а <-и> *ж* **1.** *разг (изобрета́тельность, зате́я)* Erfindung *f;* **блестя́щая** ~ glänzende Erfindung; **он хитёр на вы́думки** er ist sehr erfinderisch **2.** *(вы́мысел)* Lüge *f,* Lügerei *f;* **все э́то одна́** ~ das ist alles eine Lüge

вы́думщик <-а> *м,* **вы́думщиц|а** <-ы> *ж* Erfinder(in) *m(f),* Phantast *m*

выду́мыва|ть <-ю, -ешь> *нсв,* **вы́думать** *св прх* sich etw ausdenken, frei erfinden

вы́ду|ть <-ю, -ешь> *св прх см.* **выдува́ть**

выдыха́|ться <-юсь, -ешься> *нсв,* **вы́дохнуться** *св рефл* **1.** *(вино́)* an Aroma verlieren **2.** *перен, разг (обесси́леть)* an Kraft verlieren; **я совсе́м вы́дохся** ich bin fix und fertig

вы́езд <-а> *м* **1.** *(отъе́зд)* Abfahrt *f,* Ausreise *f* **2.** *(вы́ход)* Ausfahrt *f*

выездн|о́й <-а́я, -о́е> *прил* Wander-, Ausreise-; ~ **спекта́кль** Wandervorstellung *f;* **выездна́я се́ссия суда́** Gerichtssitzung *f* außerhalb des Gerichtssaals; **получи́ть выездну́ю ви́зу** ein Ausreisevisum *nt* bekommen

выезжа́|ть <-ю, -ешь> *нсв,* **вы́ехать** *св нпрх* hinausfahren, ausreisen; *(при переє́зде)* umziehen; *разг (на ком-л./чём-л.)* jds Arbeit/etw ausnutzen

вы́емк|а <-и> *ж* Vertiefung *f,* Einschnitt *m;* ШАХТ Abbau *m*

вы́е|хать <-ду, -дешь> *св прх см.* **выезжа́ть**

вы́ж|ать <-му, -мешь> *св прх см.* **выжима́ть**

вы́жд|ать <-у, -ешь> *св прх см.* **выжида́ть**

вы́жел|тить <-чу, -тишь> *св прх см.* **желти́ть**

вы́ж|ечь <-гу, -жешь> *св прх см.* **выжига́ть**

выжива́ни|е <-я> *ср* Überleben *nt,* Fortbestand *m*

выжига́|ть <-ю, -ешь> *нсв,* **вы́жечь** *св прх* **1.** *(испепели́ть)* niederbrennen; ~ **посе́вы** die Saat verbrennen **2.** *(сде́лать зна́к)* brandmarken, zeichnen; ~ **клеймо́** eine Brandmarke *f* setzen; ~ **по де́реву** etw ins Holz brennen

выжида́тельн|ый <-ая, -ое> *прил* abwartend

выжида́|ть <-ю, -ешь> *нсв,* **вы́ждать** *св прх* abwarten; ~ **удо́бный моме́нт** auf eine günstige Gelegenheit warten

выжима́|ть <-ю, -ешь> *нсв,* **вы́жать** *св прх* **1.** *(сок)* auspressen; ~ **со́ки из кого́-л.** *перен* jdn ausbeuten **2.** *(бельё)* auswringen **3.** СПОРТ heben, stemmen

вы́з|вать <-ову, -вешь> *св прх см.* **вызыва́ть**

вы́з|ваться <-овусь, -овешься> *св рефл см.* **вызыва́ться**

выздора́влива|ть <-ю, -ешь> *нсв,* **вы́здороветь** *св нпрх* gesund werden

вы́зов <-а> *м* **1.** *(приглаше́ние)* Einladung *f* **2.** *(призы́в)* Aufforderung *f,* Herausforderung *f;* **приня́ть** ~ eine Herausfordung annehmen **3.** ЮР Ladung *f* **4.** ИНФОРМ Abruf *m;* ~ **програ́ммы** Programmaufruf *m*

вызу́брива|ть <-ю, -ешь> *нсв,* **вы́зубрить** *св прх разг* einstudieren, auswendig lernen, büffeln; *см. т.* **зубри́ть**

вызыва́|ть <-ю, -ешь> *нсв,* **вы́звать** *св прх* **1.** *(проси́ть яви́ться)* herbeirufen; ~ **врача́** einen Arzt holen; ~ **такси́** ein Taxi bestellen **2.** *(по спи́ску)* aufrufen **3.** *(в суд и т.п.)* vorladen **4.** *(кого́-л. на что-л.)* zu etw bringen [*o* veranlassen]; **~ на открове́нность** jdn zur Offenheit herausfordern **5.** *(возбуди́ть)* hervorrufen; **~ беспоко́йство** Besorgnis *f* erregen; **~ интере́с** Interesse *nt* erwecken

вызыва́|ться <-юсь, -ешься> *нсв*, **вы́зваться** *св рефл* sich bereitstellen etw zu tun; **~ помо́чь по до́му** Hilfe bei der Hausarbeit anbieten

вызыва́ющ|ий <-ая, -ее> *прил* herausfordernd, provozierend

выи́грыва|ть <-ю, -ешь> *нсв*, **вы́играть** *св прх* gewinnen; *(от чего́-л.)* profitieren von +*dat*

вы́игрыш <-а> *м* Gewinn *m*; *(побе́да)* Sieg *m*; **гла́вный ~** Hauptgewinn *m*; **~ по сберкни́жке** Sparprämie *f*

вы́игрышн|ый <-ая, -ое> *прил* gewinnbringend; **~ вклад** Prämiensparen *nt*; **~ заём** Prämienanleihe *f*

выи́скива|ть <-ю, -ешь> *нсв*, **вы́искать** *св прх* finden; **~ оши́бку в расчёте** einen Fehler in der Abrechnung entdecken; **~ удо́бный слу́чай** eine günstige Gelegenheit finden

вы́й|ти <-ду, -дешь> *св нпрх см.* **выходи́ть**

выка́пыва|ть <-ю, -ешь> *нсв*, **вы́копать** *св прх* **1.** *(вырыва́ть)* ausgraben; **~ я́му** eine Grube ausgraben **2.** *(оты́скивать)* entdecken; **~ но́вые фа́кты** neue Fakten entdecken

выкара́бкива|ться <-юсь, -ешься> *нсв*, **вы́карабкаться** *св рефл* herauskommen; **~ из глубо́кого сне́га** aus dem tiefen Schnee herauskommen; **~ из беды́** sich vor Unglück retten

выка́тыва|ть <-ю, -ешь> *нсв*, **вы́катить** *св прх* **1.** *(вы́везти)* herausrollen; **~ маши́ну** den Wagen herausfahren **2.** *(широко́ раскры́ть)* weit aufreißen; **~ глаза́** die Augen weit aufreißen

выка́чива|ть <-ю, -ешь> *нсв*, **вы́качать** *св прх* **1.** *(удаля́ть)* auspumpen; **~ во́ду** Wasser auspumpen **2.** *перен* ausnehmen; **~ у кого́-л. все де́ньги** jdn ausnehmen

выки́дыва|ть <-ю, -ешь> *нсв*, **вы́кинуть** *св прх* **1.** *(освободи́ться от чего́-л.)* wegwerfen; **~ из головы́** sich etw aus dem Kopf schlagen **2.** *(подня́ть)* aufziehen; **~ бе́лый флаг** eine weiße Fahne aufziehen **3.** *(проде́лывать)* **~ фо́кус** Tricks machen

вы́кидыш <-а> *м* Fehlgeburt *f*

вы́кин|уть <-у, -ешь> *св прх см.* **выки́дывать**

вы́кладк|а <-и> *ж* **1.** СТР Ausmauerung *f*, Auslegung *f* **2.** *обы́чно мн (расчёты)* Berechnungen *fpl*, Formeln *fpl* **3.** ВОЕН Gepäck *nt*, Sturmgepäck *nt*

выкла́дыва|ть <-ю, -ешь> *нсв*, **вы́ложить** *св прх* **1.** *(для обозре́ния)* austellen; **~ това́р** die Ware ausstellen **2.** *(выска́зывать)* sagen; *(рассказа́ть)* auspacken; **выкла́дывай!** schieß los!; **~ всю пра́вду** die ganze Wahrheit sagen **3.** *(отде́лывать)* verlegen; **~ мра́мором** mit Marmor verlegen; **~ пли́ткой** fliesen **4.** *(сооруди́ть)* aufbauen; **~ из кирпича́** aus Ziegelsteinen bauen

выключа́те|ль <-ля> *м (прибо́р)* Stromunterbrecher *m*; **автомати́ческий ~** automatischer Stromunterbrecher; **нажа́ть на ~** auf den Stromunterbrecher drücken

выключа́|ть <-ю, -ешь> *нсв*, **вы́ключить** *св прх* ausschalten, abstellen

вы́копа|ть <-ю, -ешь> *св прх см.* **копа́ть, выка́пывать**

вы́корч|евать <-ую, -уешь> *св прх см.* **корчева́ть**

выкорчёвыва|ть <ю, -ешь> *нсв*, **вы́корчевать** *св прх* ausroden; *перен (искорени́ть)* ausmerzen, ausrotten

выкра́ива|ть <-ю, -ешь> *нсв*, **вы́кроить** *св прх* zuschneiden; *перен (эконо́мить)* abzweigen, einsparen; **~ вре́мя** Zeit finden; **~ костю́м** einen Anzug zuschneiden; **~ де́ньги** Geld sparen

вы́крик <-а> *м (во́зглас)* Schrei *m*, Ruf *m*; **вы́крики из толпы́** Schreie *mpl* aus der Menge

вы́кро|ить <-ю, -ишь> *св прх см.* **выкра́ивать**

вы́кройк|а <-и> *ж (образе́ц для кро́йки)* Schnitt *m*; **шить по вы́кройке** nach Schnitt nähen; **снять вы́кройку** einen Schnitt abnehmen

выкрута́сы <-ов> *мн разг* **1.** *(замыслова́тые движе́ния)* Umdrehungen *fpl*; **выде́лывать ~** Umdrehungen machen **2.** *перен (увёртки, хи́рости)* Umschweife *pl*; **говори́ть с выкрута́сами** mit Umschweifen reden; **~ в му́зыке** Tonhebungen; **челове́к с выкрута́сами** extravaganter Mensch *m*

выкру́чива|ться <-юсь, -ешься> *нсв*, **вы́крутиться** *св рефл перен (вы́браться)* davonkommen; **вы́крутиться из беды́** mit einem blauen Auge davonkommen

вы́куп <-а> *м* **1.** *(пла́та)* Lösegeld *nt*; **пра́во вы́купа** Ablösungsrecht *nt*; **су́мма вы́купа** Ablösungssumme *f*; **тре́бовать вы́купа** Lösegeld fordern **2.** *(чего́-л. из-под зало́га)* Einlösung *f*; **~ облига́ции** Rückzahlung *f* einer Obligation **3.** *(кого́-л. из пле́на)* Loskauf *m*; **~ неве́сты** Brautkauf *m*

выкупа́|ть <-ю, -ешь> *нсв*, **вы́купить** *св прх* **1.** *(что-л. из-под зало́га)* einlösen **2.** *(освобожда́ть кого́-л.)* loskaufen, freikaufen

вы́купа|ть <-ю, -ешь> *св прх см.* **купа́ть**

вы́купа|ться <-юсь, -ешься> *св рефл см.* **купа́ться**

вы́куп|ить <-лю, -ишь> *св прх см.* **выкупа́ть**

выкупн|о́й <-а́я, -о́е> *прил* Ankaufs-; **вы-**

купны́е платежи́ Ankaufszahlungen *fpl*

выку́рива|ть <-ю, -ешь> *нсв,* **вы́курить** *св прх* **1.** *(тру́бку, папиро́су)* aufrauchen **2.** *(вы́гнать ды́мом)* ausräuchern; **~ лису́ из норы́** den Fuchs aus dem Loch ausräuchern **3.** *(вы́проводить)* hinauswefen; **~ из до́му** jdn bis zur Tür begleiten

выла́влива|ть <-ю, -ешь> *нсв,* **вы́ловить** *св прх* **1.** *(извле́чь)* herausziehen; **~ из воды́** aus dem Wasser herausziehen **2.** *(переловить)* fangen; **~ всю ры́бу** alle Fische fangen

вы́лазк|а <-и> *ж* **1.** ВОЕН Ausfall *m* **2.** *перен* heimtückischer Angriff *m* **3.** СПОРТ Ausflug *m*

вылеза́|ть <-ю, -ешь> *нсв,* **вы́лезти** *св нпрх* **1.** *(выбира́ться)* herauskriechen; **~ из овра́га** aus der Grube herauskriechen **2.** *(изба́виться)* herauskommen; **~ из долго́в** aus den Schulden herauskommen **3.** *(некста́ти сказа́ть)* etw unpasend sagen; **~ с замеча́нием** unpassend eine Bemerkung machen

вы́леп|ить <-лю, -ишь> *св прх см.* **лепи́ть**

вы́лет <-а> *м* Flug *m,* Abflug *m;* **боево́й ~** Kampfflug *m*

вылета́|ть <-ю, -ешь> *нсв,* **вы́лететь** *св нпрх* **1.** *(отпра́виться)* abfliegen; **~ на разве́дку** zur Aufklärung abfliegen; **~ из гнезда́** aus dem Nest fliegen **2.** *перен* hinausfliegen; **~ пу́лей/стрело́й** im hohen Bogen hinausfliegen; **~ из рук** aus der Hand fliegen; **~ из седла́** aus dem Sattel fallen; **~ из головы́** vergessen; **~ в трубу́** *(обанкро́титься)* Bankrott gehen

выле́чива|ть <-ю, -ешь> *нсв,* **вы́лечить** *св прх* auskurieren, auf die Beine bringen

вы́линя|ть <-ю, -ешь> *св нпрх* **1.** *(побле́кнуть)* ausbleichen, verblassen **2.** *(о живо́тных)* dünn werden

вы́лит|ый <-ая, -ое; -, -а, -о> *прил* **~ оте́ц** *(ко́пия)* seinem Vater wie aus dem Gesicht geschnitten

вы́лов|ить <-лю, -ишь> *св прх см.* **выла́вливать**

вы́лож|ить <-у, -ишь> *св прх см.* **выкла́дывать**

вылупля́|ться <-юсь, -ешься> *нсв,* **вы́лупиться** *св рефл* **1.** *(о птенца́х)* schlüpfen **2.** *вульг, разг (уста́виться)* glotzen; **что вы́лупился?** was glotzt du so?

выма́зыва|ть <-ю, -ешь> *нсв,* **вы́мазать** *св прх* **1.** *(натере́ть, покры́ть)* bestreichen; **~ гли́ной** mit Lehm bestreichen **2.** *(испа́чкать)* bekleckern; **вы́мазать ру́ки кра́ской** die Hände mit Farbstoff bekleckern

выма́нива|ть <-ю, -ешь> *нсв,* **вы́манить** *св прх* **1.** *(кого-л.)* herauslocken **2.** *(что-л. хи́тростью)* sich etw erschleichen

выма́тыва|ть <-ю,-ешь> *нсв,* **вы́мотать** *св прх* entkräften, zermürben

выма́хива|ть <-ю, -ешь> *нсв,* **вы́махать** *св нпрх разг* **како́й молоде́ц вы́махал!** was für ein kräftiger Mann bist du geworden!

выме́нива|ть <-ю, -ешь> *нсв,* **вы́менять** *св прх (кого́-л./что-л. на кого́-л./что-л.)* eintauschen, umtauschen

вымога́тельств|о <-а> *ср* Erpressung *f*

вымога́|ть <-ю, -ешь> *нсв прх* erpressen

вы́мота|ть <-ю, -ешь> *св прх см.* **выма́тывать**

вы́мпел <-а> *м* МОР *(флаг на вое́нном су́дне)* Flagge *f*

вы́муштр|овать <-ую, -уешь> *св прх см.* **муштрова́ть**

вы́мыс|ел <-ла> *м без мн* **1.** *(фанта́зия)* Phantasie *f,* Erfindung *f;* **худо́жественный ~** künstlerische Erfindung *f* **2.** *(вы́думка, ложь)* Lüge *f,* Hirngespinst *nt;* **не ве́рить вы́мыслам** dem Hirngespinst nicht glauben

вы́м|ыть <-ою, -оешь> *св прх см.* **мыть**

вы́мышлен|ный <-ная, -ное; -, -а, -о> *прил* erfunden; **~ слу́чай** erfundener Vorfall *m;* **жить под вы́мышленным и́менем** unter falschem Namen leben

вы́м|я <-ени> *ср без мн* Euter *nt;* **коро́вье ~** Kuheuter *nt*

вынесе́ни|е <-я> *ср* **~ пригово́ра** Urteilsfällung *f,* Urteilsverkündung *f*

вы́нес|ти <-у, -ешь> *св прх см.* **выноси́ть**

вынима́|ть <-ю, -ешь> *нсв,* **вы́нуть** *св прх* herausnehmen, herausziehen; **~ пи́сьма из почто́вого я́щика** den Briefkasten leeren

вы́нос <-а> *м* Hinaustragen *nt;* **~ поко́йника** *(про́воды)* Hinaustragen des Verstorbenen

вын|оси́ть <-ошу́, -о́сишь> *нсв,* **вы́нести** *св прх* **1.** *(отку́да-л.)* hinaustragen **2.** *(переноси́ть)* ertragen **3.** *(предлага́ть, объявля́ть)* zur Beurteilung vorlegen; **~ пригово́р** ein Urteil fällen; **~ сор из избы́** *перен* schmutzige Wäsche (vor anderen Leuten) waschen

вы́носк|а <-и> *ж (примеча́ние под те́кстом)* Auszug *m*

выно́сливос|ть <-ти> *ж* Widerstandskraft *f,* Zähigkeit *f;* СПОРТ Ausdauer *f*

выно́слив|ый <-ая, -ое; -, -а, -о> *прил* widerstandsfähig, standhaft

вы́ношен|ный <-ная, -ное; -, -а, -о> *прил* abgenutzt, abgetragen; **вы́ношенная иде́я** *(обду́манная)* eine gut durchdachte Idee *f*

вынужда́|ть <-ю, -ешь> *нсв,* **вы́нудить** *св прх* zwingen, erzwingen; **~ призна́ние** jdn zu einem Geständnis zwingen

вы́нужден|ный <-ная, -ное; -, -а, -о> *прил* erzwungen, notgedrungen; **вы́нужденная ме́ра** Zwangsmaßnahme *f;* **вы́нужденная поса́дка** Notlandung *f*

вы́н|уть <-у, -ешь> *св прх см.* **вынима́ть**

вы́пад <-а> *м* **1.** СПОРТ *(в фехтова́нии)* Ausfall *m;* **сде́лать ~ вперёд** Ausfall nach vorne machen **2.** *перен (атáка)* Angriff *m;* **враждéбный ~** feindlicher Angriff *m*

выпадá|ть <-ю, -ешь> *нсв,* **вы́пасть** *св (н)прх* **1.** *(из чегó-л.)* (her)ausfallen **2.** *(снег)* fallen; **вы́пал снег** es hat geschneit **3.** *(не состоя́ться)* ausfallen **4.** *(вы́быть)* ausscheiden **5.** *(утрáтиться)* entfallen; **э́тот факт вы́пал у меня́ из пáмяти** diese Tatsache ist mir entfallen **6.** *тóлько в 3 л* zuteil werden, zufallen; **счáстье вы́пало мне** ich habe großes Glück gehabt; **~ на дóлю** jdm zuteil werden

выпадéни|е <-я> *ср* Ausfallen *nt;* **~ волóс** Haarausfall *m;* **~ сигнáла** эл Signalausfall *m*

выпáлива|ть <-ю, -ешь> *нсв,* **вы́палить** *св (н)прх* **1.** *(вы́стрелить)* feuern; **~ из ружья́** aus dem Gewehr feuern **2.** *(вы́сказать)* ausplaudern; **~ нóвости** die Nachrichten ausplaudern

вы́пáчка|ться <-юсь, -ешься> *св рефл см.* **пáчкаться**

вы́печк|а <-и> *ж* **1.** *(выпекáние)* Backen *nt* **2.** *(издéлие)* Kleingebäck *nt*

вы́пивк|а <-и> *м* **1.** *разг (попóйка)* Trinkgelage *nt;* **устрóить вы́пивку** ein Trinkgelage veranstalten **2.** *(винó)* Weingetränk *nt*

вы́пи|сать <-шу, -шешь> *св прх см.* **выпи́сывать**

вы́писк|а <-и> *ж* **1.** *(извлечéние)* Auszug *m;* **~ из бáнковского счёта** Bankauszug *m;* **~ из бухгáлтерских книг** Buchauszug *m;* **~ из счёта** Kontoauszug *m* **2.** *(из больни́цы и т.п.)* Entlassung *f,* Abmeldung *f*

выпи́сыва|ть <-ю, -ешь> *нсв,* **вы́писать** *св прх* **1.** *(сдéлать вы́борку)* herausschreiben **2.** *(заказáть)* bestellen, abonnieren **3.** *(исключи́ть)* aus der Liste streichen; **~ когó-л. из больни́цы** einem Patienten den Entlassungsschein geben **4.** *(докумéнт)* ausschreiben, ausstellen; **~ счёт-фактýру** экон fakturieren

вы́пить <вы́пью, вы́пьешь> *св (н)прх см.* **пить**

выплáкива|ть <-ю, -ешь> *нсв,* **вы́плакать** *св прх* **1.** *(изли́ть)* sich ausweinen; **~ гóре/оби́ду** sein Schmerz/Leid ausweinen; **~ все глазá** sich die Augen ausweinen **2.** *(вы́просить)* erbitten; **~ себé прощéния** um Vergebung bitten

вы́плат|а <-ы> *ж* Zahlung *f,* Auszahlung *f;* **~ зáработной плáты** Lohnzahlung *f;* **~ в рассрóчку** Ratenzahlung *f;* **~ вознаграждéния, единоврéменная ~** Abfindung *f;* **~ дивидéндов** Dividendenausschüttung *f*

выплáчива|ть <-ю, -ешь> *нсв,* **вы́платить** *св прх* zahlen, auszahlen; **~ зарплáту** den Lohn [*o* das Gehalt] auszahlen; **постепéнно ~** in Raten zahlen; **~ долг** die Schuld tilgen; **~ вознаграждéние** abfinden; **~ дивидéнды** Dividenden ausschütten

выполнéни|е <-я> *ср* Ausführung *f,* Vollzug *m,* Erledigung *f;* **~ закáзов** Auftragserfüllung *f;* **~ ненадлежáщим óбразом** юр Schlechterfüllung *f;* **~ тамóженных формáльностей** (Zoll)Abfertigung *f;* **~ прогрáммы** информ Ausführung *f*

выполня́|ть <-ю, -ешь> *нсв,* **вы́полнить** *св прх* ausführen, erfüllen, erledigen; **~ свои́ обя́занности** seinen Pflichten nachkommen; **~ тамóженные формáльности** abfertigen; **вы́полнить обещáние** ein Versprechen erfüllen [*o* halten]; **~ поручéние** einen Auftrag ausführen; **~ распоряжéние** einer Anordnung Folge leisten

вы́потрош|ить <-у, -ишь> *св прх см.* **потроши́ть**

вы́прав|ить <-лю, -ишь> *св прх см.* **выправля́ть**

вы́правк|а <-и> *ж без мн (осáнка)* Haltung *f;* **воéнная ~** militärische Haltung, Soldatenhaltung; **молодцевáтая ~** tapfere Erscheinung *f*

выправля́|ть <-ю, -ешь> *нсв,* **вы́править** *св прх* **1.** *(вы́прямить)* gerade biegen; **~ гвóздь** den Nagel gerade biegen **2.** *(улýчшить)* verbessern; **~ положéние** die Lage verbessern **3.** *(испрáвить)* korrigieren; **~ рýкопись** das Manuskript korrigieren

выпрями́те|ль <-ля> *м* эл Gleichrichter *m*

выпрямля́|ть <-ю, -ешь> *нсв,* **вы́прямить** *св прх* **1.** тех gleichrichten; **~ ток** den Strom gleichrichten **2.** *(разогнýть)* gerade biegen; **~ прóволоку** den Draht gerade biegen

вы́пуклос|ть <-ти> *ж* Rundung *f*

вы́пукл|ый <-ая, -ое> *прил* nach außen gewölbt, konvex; *перен (отчётливый)* augenfällig, anschaulich

вы́пуск <-а> *м* **1.** *(из печáти, в эфи́р)* Herausgabe *f,* Ausgabe *f;* **специáльный ~** Sonderausgabe *f;* **ночнóй ~ послéдних извéстний** Spätnachrichten *fpl* **2.** *(продýкции)* Fertigung *f,* Ausstoß *m;* **послéдний ~** das neuste Modell; **рáзовый ~** Einzelfertigung *f* **3.** *(учáщихся)* Jahrgang *m* **4.** *(в обращéние)* Emission *f;* **~ áкций** Aktienausgabe *f;* **~ банкнóт** Banknotenausgabe *f;* **~ бáнковских билéтов** Banknotenausgabe *f;* **~ бумáжных дéнег** Geldschöpfung *f;* **~ в обращéние** Emission *f;* **~ цéнных бумáг по номинáльному кýрсу** Pari-Emission *f*

выпускá|ть <-ю, -ешь> *нсв,* **вы́пустить** *св прх* **1.** *(на ýлицу)* hinauslassen, herauslassen **2.** *(из печáти и т.п.)* herausgeben **3.** *(продýкцию)* produzieren, herstellen **4.** *(из учéбного заведéния)* das Abschlusszeugnis geben **5.** *(на ры́нок)* in Umlauf setzen, emittieren; **~ в продáжу** in den Handel bringen; **~ заём** eine Anleihe geben

выпускни́к <-á> *м,* **выпускни́ц|а** <-ы> *ж* Absolvent *m,* Absolventin *f;* **~ шкóлы** Absolvent der Schule; **грýппа студéнтов-выпускникóв** Gruppe *f* von Studenten-Absolventen

выпускн|о́й <-áя, -óе> *прил* Abgangs-; ТЕХ Ablass-, Ablauf-, Auspuff-; **выпускны́е экза́мены** Abschlussprüfungen *f;* **выпускно́й ве́чер** Schulentlassungsfeier *f*

выпу́тыва|ться <-юсь, -ешься> *нсв,* **вы́путаться** *св рефл* **1.** *(освободи́ться)* sich losbinden **2.** *(вы́йти из затрудне́ния)* sich retten; **~ из долго́в** sich der Schulden entledigen; **~ из беды́** sich aus einer schwierigen Lage retten

вы́пушк|а <-и> *ж (кант)* Besatz *m;* **мехова́я ~** Lederbesatz *m*

выпы́тыва|ть <-ю, -ешь> *нсв,* **вы́пытать** *св прх* ausfragen; **~ секре́т** ein Geheimnis in Erfahrung bringen

выпь <вы́пи> *ж без мн (боло́тная пти́ца)* Rohrdommel *f*

выраба́тыва|ть <-ю, -ешь> *нсв,* **вы́работать** *св прх* **1.** *(производи́ть)* herstellen, produzieren **2.** *(составля́ть, разраба́тывать)* ausarbeiten, erarbeiten; **~ резолю́цию** eine Resolution ausarbeiten **3.** *перен (развива́ть)* herausbilden; **~ на́выки** Fertigkeiten entwickeln

вы́работк|а <-и> *ж* **1.** *(изготовле́ние)* Herstellung *f* **2.** *(объём вы́работки)* Produktionsmenge *f,* Ausstoß *m;* **дневна́я ~** Tagesleistung *f* **3.** *(разрабо́тка)* Ausarbeitung *f;* **~ програ́ммы** ИНФОРМ Erstellung *f* **4.** ШАХТ Abbau *m*

выра́внивани|е <-я> *ср* Ausgleich *m;* **~ бюдже́та** Budgetausgleich *m*

выра́внива|ть <-ю, -ешь> *нсв,* **вы́ровнять** *св прх* nivellieren

выража́|ть <-ю, -ешь> *нсв,* **вы́разить** *св прх* ausdrücken, zum Ausdruck bringen; **~ чьи-л. интере́сы** jds Interessen vertreten

выража́|ться <-юсь, -ешься> *нсв,* **вы́разиться** *св рефл* **1.** *(вы́сказаться)* sich ausdrücken, sich äußern **2.** *(прояви́ться)* sich zeigen, zum Ausdruck kommen; **в чём э́то выража́ется?** worin äußert sich das? **3.** *(вы́ругаться)* derbe Ausdrücke gebrauchen

выраже́ни|е <-я> *ср* Äußerung *f,* Ausdruck *m;* ЛИНГВ Redensart *f,* Redewendung *f;* **~ недово́льства** Ausdruck des Missfallens; **найти́ своё выраже́ние** seinen Niederschlag finden; **~ лица́** Gesichtsausdruck *m*

вырази́те|ль <-ля> *м* Wortführer *m*

вырази́те|льный <-льная, -льное; -лен, -льна, -льно> *прил* ausdrucksvoll; **вырази́тельное чте́ние** ausdrucksvolles Lesen *nt;* **~ взгля́д** ausdrucksvoller Blick *m*

вы́ра|зить <-жу, -зишь> *св прх см.* **выража́ть**

вы́ра|зиться <-жусь, -зишься> *св рефл см.* **выража́ться**

выраста́|ть <-ю, -ешь> *нсв,* **вы́расти** *св нпрх* **1.** *(подрасти́)* wachsen, aufwachsen; **~ в чьи́х-л. глаза́х** *перен* sich vor jds Augen erheben **2.** *(увели́читься)* anwachsen; **семья́ вы́росла** die Familie ist größer geworden **3.** *разг (из чего-л.)* herauswachsen; **он выраста́ет из пальто́** er wächst aus dem Mantel heraus

выра́щива|ть <-ю, -ешь> *нсв,* **вы́растить** *св прх* **1.** *(дете́й)* großziehen **2.** *(ка́дры)* heranbilden **3.** БИОЛ züchten **4.** АГР anbauen

вырва́|ть <-ю, -ешь> *св прх см.* **вырыва́ть**

вырва́|ться <-юсь, -ешься> *св рефл см.* **вырыва́ться**

вы́рез <-а> *м* Ausschnitt *m;* **треуго́льный ~** V-Ausschnitt *m*

вы́резк|а <-и> *ж* **1.** *(вы́емка)* Ausschnitt *m;* **газе́тная ~** Zeitungsausschnitt **2.** *(филе́)* Filetstück *nt*

вырожде́ни|е <-я> *ср* **1.** *(дегенера́ция)* Entartung *f* **2.** *перен (упа́док)* Verfall *m,* Dekadenz *f*

вы́рост <-а> *м без мн* **шить на ~** *(с запа́сом)* mit Reserve nähen

вы́рубк|а <-и> *ж* **1.** *(ле́са)* Abholzen *nt* **2.** *(вы́рубленное ме́сто)* Holzschlag *m* **3.** *разг (зару́бка)* Kerbe *f,* Einschnitt *m*

выруча́|ть <-ю, -ешь> *нсв,* **вы́ручить** *св прх* **1.** *(кого́-л.)* jdm aus der Klemme helfen **2.** *(получи́ть)* erwirtschaften; **~ при́быль** Profit *m* herausschlagen

вы́ручк|а <-и> *ж* Erlös *m;* **~ бру́тто** Bruttoerlös *m;* **~ не́тто** Nettoerlös *m;* **~ от прода́жи** Verkaufserlös *m;* **~ с оборо́та** Umsatz *m*

вырыва́|ть <-ю, -ешь> *нсв,* **вы́рвать** *св прх* **1.** *(из земли́)* (her)ausreißen, entreißen, entwurzeln; **~ с ко́рнем** *перен* mit der Wurzel herausreißen **2.** *(зуб)* herausziehen **3.** *перен (добива́ться у кого́-л.)* erzwingen, abringen; **~ призна́ние** ein Geständnis erzwingen

вырыва́|ться <-юсь, -ешься> *нсв,* **вы́рваться** *св рефл* **1.** *(уйти́ вперёд)* sich losreißen; **вы́рваться вперёд** *и перен* einen Vorsprung gewinnen **2.** *перен (срыва́ться с языка́)* entschlüpfen, entfahren

выса́жива|ть <-ю, -ешь> *нсв,* **вы́садить** *св прх* **1.** *(пассажи́ров)* aussteigen lassen, absetzen **2.** БИОЛ verpflanzen; **~ на гря́дку** ins Beet einpflanzen

выса́сыва|ть <-ю, -ешь> *нсв,* **вы́сосать** *св прх* auspumpen, aussaugen; **~ яд из ра́ны** das Gift aus der Wunde aussaugen; **~ все со́ки** *(лиша́ть сил)* die Lebenskräfte aussaugen; **~ из па́льца** sich etw aus den Fingern saugen

высвобожда́|ть <-ю, -ешь> *нсв,* **вы́свободить** *св прх* **1.** *(освобожда́ть)* befreien **2.** *(сре́дства и т.п.)* freisetzen

высвобожде́ни|е <-я> *ср* Freisetzung *f;* **~ рабо́чей си́лы** Personalfreisetzung *f*

высе|ка́ть <-ку, -чешь> *нсв,* **вы́сечь** *св прх* einmeißeln, in Stein meißeln; **~ ого́нь**

Feuer schlagen

высели́|ть <-ю, -ешь> *нсв,* **вы́селить** *св прх* aussiedeln

вы́се|чь <-ку, -чешь> *св прх см.* **высека́ть, сечь**

выси́жива|ть <-ю, -ешь> *нсв,* **вы́сидеть** *св прх* **1.** *(о пти́це)* ausbrüten; **~ цыпля́т** Kücken ausbrüten **2.** *(с трудо́м вы́держать)* aushalten; **~ до конца́ ма́тча** bis zum Ende des Fußballspiels aushalten **3.** *перен (сочиня́ть)* sich etw ausdenken; **так ничего́ и не вы́сидел** er hat sich nichts ausgedacht

выска́зывани|е <-я> *ср (мне́ние)* Äußerung *f;* **содержа́тельное ~** sinnvolle Äußerung; **повествова́тельное ~** лингв Aussagesatz *m*

выска́зыва|ться <-юсь, -ешься> *нсв,* **вы́сказаться** *св рефл* **1.** *(о чём-л./ком-л.)* sich äußern; **~ в том смы́сле, что ...** sich dahin äußern, dass ... **2.** *(за́ или про́тив)* sich aussprechen für/gegen *+akk*

выска́кива|ть <-ю, -ешь> *нсв,* **вы́скочить** *св нпрх* hinausspringen, herausspringen; **у меня́ вы́скочило из головы́** es ist mir entfallen; **~ за́муж** *разг* plötzlich heiraten

выска́льзыва|ть <-ю, -ешь> *нсв,* **вы́скользнуть** *св нпрх* **1.** *(вы́рваться)* ausrutschen; **~ из рук** aus der Hand rutschen **2.** *(незаме́тно уйти́)* sich davonschleichen; **~ из до́му** sich aus dem Haus schleichen

вы́скочк|а <-и> *м и ж разг* Gernegroß *m*

вы́|слать <-шлю, -шлешь> *св прх см.* **высыла́ть**

вы́слуг|а <-и> *ж без мн* Dienst *m;* **~ лет** Dienstjahre *ntpl*

выслу́жива|ть <-ю, -ешь> *нсв,* **вы́служить** *св прх* **1.** *(заслужи́ть)* sich verdienen; **~ пе́нсию** sich die Rente verdienen **2.** *(прослужи́ть срок)* ausdienen

выслу́шива|ть <-ю, -ешь> *нсв,* **вы́слушать** *св прх* **1.** мед anhören **2.** *(прослу́шать до конца́)* zuhören; **~ пригово́р** das Urteil anhören; **~ пра́вду** sich die Wahrheit anhören

высме́ива|ть <-ю, -ешь> *нсв,* **вы́смеять** *св прх* auslachen, verspotten

вы́смол|ить <-ю, -ишь> *св прх см.* **смоли́ть**

вы́сморка|ться <-юсь, -ешься> *св рефл см.* **сморка́ться**

высо́выва|ть <-ю, -ешь> *нсв,* **вы́сунуть** *св прх* herausholen; **~ го́лову из окна́** den Kopf aus dem Fenster stecken; **нельзя́ но́су вы́сунуть** *(показа́ться из до́ма)* ich kann mich nicht mal draußen zeigen

высо́к|ий <-ая, -ое; -, -á, -ó> *прил* hoch; *(челове́к)* groß; **высо́кая конъюнкту́ра** экон Hochkonjunktur *f*

высокого́рн|ый <-ая, -ое> *прил* Gebirgs-, im Gebirge gelegen; **~ масси́в** Hochgebirge *nt*

высокого́рь|е <-я> *ср* Hochgebirge *nt;* **в высокого́рьях Кавка́за** im Hochgebirge des Kaukasus

высокока́чественн|ый <-ая, -ое> *прил* hochwertig, von hoher Qualität

высококвалифици́рованн|ый <-ая, -ое> *прил* hochqualifiziert, sachkundig

высокоме́р|ный <-ная, -ное; -ен, -на, -но> *прил* hochmütig, eingebildet

высокоопла́чиваем|ый <-ая, -ое> *прил* hochbezahlt; **высокоопла́чиваемые до́лжности** hochbezahlte Posten *mpl*

высокопа́р|ный <-ная, -ное; -ен, -на, -но> *прил* hochtrabend, schwülstig

высокopри́быльн|ый <-ая, -ое> *прил* gewinnträchtig

высокопро́б|ный <-ная, -ное; -ен, -на, -но> *прил* **1.** *(зо́лото)* von hohem Feingehalt **2.** *перен* Qualitäts-; **высокопро́бное вино́** Qualitätswein *m*

высокопроце́нтн|ый <-ая, -ое> *прил* hochprozentig

высокочасто́тн|ый <-ая, -ое> *прил* hochfrequent, Hochfrequenz-, HF-; **высокочасто́тная аппарату́ра** HF-Anlage *f*

вы́сос|ать <-у, -ешь> *св прх см.* **выса́сывать**

высот|а́ <-ы́> *ж* Höhe *f;* **быть на высоте́ положе́ния** einer Situation gewachsen sein

высо́тник <-а> *м* **1.** *(строи́тель)* Bauarbeiter *m;* **монта́жник-~** Hochmontagearbeiter *m* **2.** *(летчик)* Pilot *m* **3.** *(альпини́ст)* Bergsteiger *m,* Alpinist *m*

высо́тн|ый <-ая, -ое> *прил* Hoch-; **высо́тное зда́ние** Hochhaus *nt*

высотоме́р <-а> *м* Höhenmesser *m*

вы́сохн|уть <-у, -ешь> *св нпрх см.* **высыха́ть**

выстави́те|ль <-ля> *м* экон Aussteller *m*

вы́став|ить <-лю, -ишь> *св прх см.* **выставля́ть**

вы́ставк|а <-и> *ж* Ausstellung *f,* Messe *f;* **передвижна́я ~** Wanderausstellung *f;* **~-я́рмарка/прода́жа** Verkaufsmesse *f,* Verkaufsausstellung *f;* **на вы́ставке** auf der Ausstellung

выставля́|ть <-ю, -ешь> *нсв,* **вы́ставить** *св (н)прх* **1.** *(вперёд)* nach vorn stellen **2.** *(нару́жу)* hinausstellen; **~ за дверь** *перен* vor die Tür setzen **3.** *(напока́з)* ausstellen, zur Schau stellen **4.** *(кандида́та)* aufstellen, nominieren

вы́ставочн|ый <-ая, -ое> *прил* Ausstellungs-; **~ павильо́н** Ausstellungshalle *f*

выста́ива|ть <-ю, -ешь> *нсв,* **вы́стоять** *св нпрх* **1.** *(на нога́х)* lange stehen; **~ в о́череди за биле́том** für Karten in einer langen Schlange anstehen **2.** *(вы́держать)* aushalten, ertragen; **~ под огнём неприя́теля** unter dem feindlichen Feuer aushalten

вы́стега|ть <-ю, -ешь> *св прх см.* **стега́ть**

вы́стира|ть <-ю, -ешь> *св прх см.* **стира́ть**[2]

вы́страда|ть <-ю, -ешь> *св прх см.* **страда́ть**

вы́стрел <-а> *м* Schuss *m,* Salve *f;* **ору́дийный ~** Artilleriesalve *f;* **холосто́й ~** blinder Schuss, Blindschuss *m;* **произвести́ ~** die Waffe abfeuern; **не подпусти́ть на пу́шечный ~** jdn auf Schussweite halten

вы́стрел|ить <-ю, -ишь> *св прх* schießen; **~ из ружья́** das Gewehr abfeuern

вы́строга|ть <-ю, -ешь> *св прх см.* **строга́ть**

вы́ступ <-а> *м* Vorsprung *m;* **вы́ступы скал** Felsenvorsprung *m*

выступа́|ть <-ю, -ешь> *нсв,* **вы́ступить** *св нпрх* **1.** *(выходи́ть вперёд)* nach vorn treten, hervortreten **2.** *(пу́блично)* (öffentlich) auftreten; **~ с докла́дом** einen Vortrag halten; **~ с деклара́цией** deklarieren **3.** *то́лько нсв 3 л (выдава́ться)* vorstehen, hinausragen **4.** *(за како́е-л. де́ло)* sich einsetzen, sich engagieren

выступле́ни|е <-я> *ср* **1.** *(речь, докла́д)* Rede *f,* Vortrag *m;* **кра́ткое ~** kurzer Vortrag *m* **2.** ТЕАТР Aufführung *f*

вы́сун|уть <-у, -ешь> *св прх см.* **высо́вывать**

вы́суш|ить <-у́, -ишь> *св прх см.* **суши́ть**

вы́суш|иться <-у́сь, -ишься> *св рефл см.* **суши́ться**

высчи́тыва|ть <-ю, -ешь> *нсв,* **вы́считать** *св прх* **1.** *(вы́числить)* ausrechnen, berechnen; **~ су́мму расхо́дов** die Aufwandsumme berechnen **2.** *(удержа́ть)* abziehen; **~ из зарпла́ты** vom Lohn abziehen

вы́сш|ий <-ая, -ее> *прил превосх* höchste(r, s); **на вы́сшем у́ровне** auf höchster Ebene; **вы́сшее звено́ управле́ния** Topmanagement *nt;* **вы́сшая ме́ра наказа́ния** ЮР Todesstrafe *f;* **в вы́сшей сте́пени** im höchsten Grade

высыла́|ть <-ю, -ешь> *нсв,* **вы́слать** *св прх* **1.** *(по́чтой)* abschicken **2.** *(вы́дворить из страны́)* ausweisen, des Landes verweisen

вы́сылк|а <-и> *м* **1.** *(отпра́вка)* (Ab)Sendung *f;* **~ бандеро́лей и пи́сем** Absendung von Briefen und Paketen **2.** *(администрати́вное наказа́ние)* Ausweisung *f,* Verbannung *f*

высыха́|ть <-ю, -ешь> *нсв,* **вы́сохнуть** *св нпрх* **1.** *то́лько в 3 л* trocken werden **2.** *(жи́дкость)* austrocknen, versiegen **3.** *(вя́нуть)* verwelken **4.** *разг (си́льно худе́ть)* abmagern

высь <вы́си> *ж* **1.** *(даль)* Höhe *f;* **в заобла́чную ~** hoch über den Wolken **2.** *(верши́ны)* Gipfel *m;* **го́рные вы́си** Gebirgsgipfel *mpl*

выта́скива|ть <-ю, -ешь> *нсв,* **вы́тащить** *св прх* herausholen, herausziehen

выта́чива|ть <-ю, -ешь> *нсв,* **вы́точить** *св прх* drechseln

вы́тачк|а <-и> *ж (скла́дка на оде́жде)* Abnäher *m,* Falte *f*

вы́тащ|ить <-у, -ишь> *св прх см.* **выта́скивать**

вытека́|ть <-ю, -ешь> *нсв,* **вы́течь** *св нпрх* **1.** *(нару́жу)* herausfließen, auslaufen **2.** *то́лько нсв (река́)* entspringen **3.** *перен (результа́т)* sich ergeben, resultieren aus *+dat*

вы́т|ереть <-ру, -решь> *св прх см.* **вытира́ть**

вытесне́ни|е <-я> *ср* Verdrängung *f*

вытесня́|ть <-ю, -ешь> *нсв,* **вы́теснить** *св прх* hinausdrängen; *и перен (оттесни́ть)* verdrängen

вы́т|ечь <-еку, -ечешь> *св нпрх см.* **вытека́ть**

вытира́|ть <-ю, -ешь> *нсв,* **вы́тереть** *св прх* **1.** *(де́лать чи́стым, сухи́м)* abwischen, abtrocknen; **~ ру́ки** die Hände abwischen **2.** *(изна́шивать)* abnutzen

выторго́выва|ть <-ю, -ешь> *нсв,* **вы́торговать** *св прх* (ver)handeln; *(прода́ть)* verkaufen; **~ не́сколько фу́нтов мёду** ein paar Pfund Honig verkaufen

вы́точ|ить <-у, -ишь> *св прх см.* **выта́чивать, точи́ть**

вытра́влива|ть <-ю, -ешь> *нсв,* **вы́травить** *св прх* **1.** *(истреби́ть)* vernichten, ausrotten; **~ крыс** die Ratten ausrotten **2.** *(вы́вести)* chemisch reinigen; **~ пя́тна** die Flecken chemisch reinigen **3.** ОХОТ (hinaus)treiben; **~ зве́ря из ле́су** das Tier aus dem Wald treiben

вытрезви́те|ль <-ля> *м* **доста́вить в ~** in die Ausnüchterungszelle bringen

выть <во́ю, во́ешь> *нсв нпрх* heulen, jaulen; **~ от бо́ли** vor Schmerz jaulen

вытя́гива|ть <-ю, -ешь> *нсв,* **вы́тянуть** *св прх* **1.** *(удали́ть тя́гой)* absaugen, straffen; **~ дым вентиля́цией** den Rauch über die Ventilation absaugen **2.** *(извле́чь)* herausziehen; **~ ры́бу на бе́рег** den Fisch ans Ufer ziehen; **из него́ сло́ва не вы́тянуть** man kriegt aus ihm kein Wort heraus **3.** *(оси́лить)* schaffen; **~ план** den Plan bewältigen **4.** *(распрями́ть)* spannen, straffen; **~ ру́ки по швам** strammstehen **5.** *(распра́вить)* straffen, straff ziehen; **~ ко́жу** das Leder straff ziehen **6.** *перен (вы́держать)* aushalten; **так до́лго не вы́тянешь** so lange kann man nicht aushalten; **вы́тянуть ду́шу** quälen

вытя́гива|ться <-юсь, -ешься> *нсв,* **вы́тянуться** *св рефл* **1.** *(расположи́ться)* sich ausstrecken; **~ на дива́не** sich auf dem Sofa ausstrecken **2.** *(вы́прямиться)* sich aufrichten; **~ в стру́нку** strammstehen

3. *(подрасти́)* größer werden; ~ **за ле́то** über den Sommer wachsen 4. *перен (от удивле́ния, доса́ды)* länger werden; **у него́ лицо́/физионо́мия вы́тянулась** er machte ein langes Gesicht

вы́тяжк|а <-и> *ж* 1. *(вса́сывание)* Auszug *m* 2. *(экстра́кт)* Extrakt *m*; **семенна́я ~** Samenextrakt; ~ **сла́бой концентра́ции** schwacher Extrakt

вытяжн|о́й <-а́я, -о́е> *прил* Abzugs-; **вытяжна́я труба́** Abzugsrohr *nt*; ~ **шкаф** Abzugsschrank *m*

вы́тянут|ый <-ая, -ое> *прил* ausgestreckt; **на расстоя́нии вы́тянутой руки́** auf Armlänge; **стоя́ть с вы́тянутым лицо́м** ein langes Gesicht machen

вы́тян|уть <-у, -ешь> *св прх см.* **вытя́гивать**

вы́тян|уться <-усь, -ешься> *св рефл см.* **вытя́гиваться**

выу́жива|ть <-ю, -ешь> *нсв,* **вы́удить** *св прх* herausangeln; *перен, разг (вы́манить)* ergaunern

выу́чива|ться <-юсь, -ешься> *нсв,* **вы́учиться** *св рефл* 1. *(приобрести́ зна́ния)* erlernen; ~ **ру́сскому языку́** Russisch erlernen; ~ **писа́ть и чита́ть** Schreiben und Lesen erlernen 2. *(зако́нчить учёбу)* den Abschluss machen; **вы́учусь и ста́ну врачо́м** wenn ich meinen Abschluss mache, werde ich Arzt

вы́уч|ить <-у, -ишь> *св прх* 1. *(усво́ить)* lernen; ~ **уро́ки** seine Hausaufgaben machen 2. *(научи́ть)* lehren; ~ **игре́ на гита́ре** jdn das Gitarrenspiel lehren; *см. т.* **учи́ть**

вы́учк|а <-и> *ж без мн, разг* Ausbildung *f*; **пройти́ хоро́шую вы́учку** eine gute Ausbildung erhalten; **посла́ть на вы́учку к ма́стеру** jdn in die Lehre geben; **во́инская ~** Militärausbildung *f*

выха́жива|ть <-ю, -ешь> *нсв,* **вы́ходить** *св прх* 1. *(больно́го)* gesund pflegen 2. *(ребёнка)* aufziehen

выхва́тыва|ть <-ю, -ешь> *нсв,* **вы́хватить** *св прх* 1. *(вы́рвать, вы́нуть)* herausreißen; ~ **письмо из рук** den Brief aus der Hand reißen; ~ **цита́ту из кни́ги** ein Zitat aus dem Buch nehmen 2. *(бы́стро извле́чь)* ziehen; ~ **пистоле́т из-за по́яса** die Pistole rasch aus dem Gürtel ziehen

вы́хлоп <-а> *м* ТЕХ Auspuff *m*, Ausdampf *m*, Auslass *m*, Auslassöffnung *f*

выхлопа́тыва|ть <-ю, -ешь> *нсв,* **вы́хлопотать** *св прх* erbitten; ~ **разреше́ние** um Erlaubnis bitten; ~ **путёвку** einen Urlaub erwirken

выхлопн|о́й <-а́я, -о́е> *прил* Auspuff-; **выхлопна́я труба́** Auspuffrohr *nt*

вы́ход <-а> *м* 1. *(⇔ вход)* Ausgang *m*; **запа́сный ~** Notausgang *m* 2. *(ухо́д)* Ausscheiden *nt*, Austritt *m*; ~ **из па́ртии** Parteiaustritt *m*; ~ **из догово́ра** Vertragsrücktritt *m*; ~ **из стро́я** ТЕХ Ausfall *m* 3. ТЕАТ Auftritt *m* 4. ТИП Erscheinen *nt* 5. *перен* Ausweg *m*, Lösung *f*

вы́ход|ец <-ца> *м* 1. *(переселе́нец, при́шелец)* Auswanderer *m*; ~ **из Саксо́нии** Auswanderer aus Sachsen 2. *(из друго́й социа́льной среды́)* jd mit anderer Herkunft; ~ **из крестья́н** mit Bauernherkunft

выхо|ди́ть <-жу́, -дишь> *нсв,* **вы́йти** *св нпрх* 1. *(на у́лицу)* hinausgehen, herausgehen 2. *(выса́живаться)* aussteigen 3. *обы́чно мн (появля́ться)* erscheinen 4. *(получи́ться)* gelingen, geraten, werden; **о́кна выхо́дят в сад** die Fenster gehen zum Garten hinaus; **э́то не выхо́дит у меня́ из головы́** das geht mir nicht aus dem Kopf; **из э́того ничего́ не вы́йдет** daraus wird nichts; ~ **за́муж за кого́-л.** jdn heiraten; ~ **в отста́вку** in den Ruhestand treten; ~ **в свет** veröffentlicht werden; ~ **в фина́л** СПОРТ ins Finale kommen; ~ **на пе́нсию** in Pension/Rente gehen; ~ **на рабо́ту** die Arbeit (wieder) aufnehmen; ~ **на свобо́ду** freikommen; ~ **на сце́ну** die Bühne betreten; ~ **сухи́м из воды́** *перен* ungeschoren davonkommen; ~ **из дове́рия** die Glaubwürdigkeit verlieren; ~ **из мо́ды** aus der Mode kommen; ~ **из себя́** *разг* außer sich geraten; **у меня́ ничего́ не выхо́дит** *разг* ich schaffe das nicht

вы́хо|дить <-жу, -дишь> *св прх см.* **выха́живать**

вы́ходк|а <-и> *ж* 1. *(эксце́сс)* Ausschreitung *f*, Unfug *m* 2. *(ша́лость)* Streich *m*

выходн|о́й I. <-а́я, -о́е> *прил* 1. *(свобо́дный)* arbeitsfrei; ~ **день** Ruhetag *m*, arbeitsfreier Tag *m* 2. *(слу́жащий для вы́хода)* Ausgangs-; **выходны́е да́нные** Impressum *nt*; **выходно́е посо́бие** Überbrückungsgeld *nt* II. <-ого> *м* 1. *разг (выходно́й день)* Ruhetag *m*; **у меня́ сего́дня ~** ich habe heute frei 2. *(о челове́ке)* Beurlaubter *m*; **он сего́дня ~** er hat heute frei

выцара́пыва|ть <-ю, -ешь> *нсв,* **вы́царапать** *св прх* 1. *(изобрази́ть)* einkratzen; ~ **гвоздём на́дпись** mit einem Nagel eine Überschrift einkratzen 2. *(вы́драть)* auskratzen; ~ **друг дру́гу глаза́** sich die Augen einander auskratzen 3. *разг (доста́ть с трудо́м)* abbringen; **у него́ тепе́рь не вы́царапать** er wird das jetzt nicht hergeben

выцвета́|ть <-ю, -ешь> *нсв,* **вы́цвести** *св нпрх* ausbleichen, sich verfärben

выце́жива|ть <-ю, -ешь> *нсв,* **вы́цедить** *св прх* abzapfen; *разг* langsam austrinken; ~ **вино́ из бо́чки** Wein aus dem Fass zapfen

вы́чекан|ить <-ю, -ишь> *св прх см.* **чека́нить**

вычёркива|ть <-ю, -ешь> *нсв,* **вы́черкнуть** *св прх* streichen, durchstreichen

вы́ч|есть <-ту, -тешь> *св прх см.* **вы-**

читать

вычет <-а> *м* Abzug *m;* **~ из зарплаты** Gehaltsabzug *m,* Lohnabzug *m;* **за вычетом накладных расходов** nach Abzug der Unkosten; **за вычетом подоходного налога** nach Abzug der Lohnsteuer

вычислени|е <-я> *ср* Berechnung *f,* Überschlag *f*

вычислитель|ный <-ая, -ое> *прил* Rechen-; **вычислительная машина** Rechenmaschine *f,* Computer *m*

вычисля|ть <-ю, -ешь> *нсв,* **вычислить** *св прх* errechnen

вычитаемо|е <-го> *ср* Subtrahend *m*

вычитани|е <-я> *ср* Subtraktion *f*

вычита|ть <-ю, -ешь> *нсв,* **вычесть** *св прх (что-л. из чего-л.)* subtrahieren, abziehen

вычитыва|ть <-ю, -ешь> *нсв,* **вычитать** *св прх* **1.** *разг* herauslesen, durch Lesen erfahren **2.** тип korrigieren, lektorieren

вычур|ный <-ная, -ное; -ен, -на, -но> *прил* komisch, seltsam; **вычурное выражение** *(замысловатое)* komischer Ausdruck *m;* **~ фасон платья** komisches Modell *nt*

вышвырива|ть <-ю, -ешь> *нсв,* **вышвырнуть** *св прх* **1.** *(выкинуть)* wegwerfen; **~ что-л. в окно** etw aus dem Fenster werfen **2.** *(выгнать)* hinausjagen; **~ кошку из дома** die Katze aus dem Haus jagen

выше I. *предл род* oberhalb *+gen;* **это ~ моих сил** das übersteigt meine Kräfte II. *прил сравнит* höher; **он ~ меня** er ist größer als ich III. *нрч* weiter oben; **как сказано ~** wie oben erwähnt

вышеизложенн|ый <-ая, -ое> *прил* oben genannt; **всё вышеизложенное в докладе** alles oben Genannte im Vortrag

вышеприведён|ный <-ая, -ое> *прил* oben genannt; **~ пример** das oben angeführte Beispiel

вышестоящ|ий <-ая, -ее> *прил* übergeordnet; **решения вышестоящего органа** die Entscheidungen der höheren Instanz

вышиба|ть <-ю, -ешь> *нсв,* **вышибить** *св прх* **1.** *(выбить)* ausschlagen; **~ дверь ногой** die Tür mit dem Fuß ausschlagen; **~ из рук** etw aus der Hand schlagen; **~ дух** den Atem verschlagen; *(убить ударом)* jdn erschlagen **2.** *прост (изгнать)* fortjagen; **~ с работы** jdn von der Arbeit entlassen

вышивальн|ый <-ая, -ое> *прил* Stick-; **вышивальная машина** Stickmaschine *f;* **вышивальные нитки** Stickfäden *mpl*

вышива|ть <-ю, -ешь> *нсв,* **вышить** *св прх* **1.** *(изобразить шитьём)* sticken; **~ узор на скатерти** ein Muster auf die Tischdecke sticken **2.** *(украсить шитьём)* besticken; **~ шёлком** mit Seide besticken

вышивк|а <-и> *ж (узор)* Stickerei *f;* **нарядная ~** elegante Stickerei *f;* **платье с вышивкой** Kleid *nt* mit Stickereien

вышит|ый <-ая, -ое; -, -а, -о> *прил* bestickt; **вышитое бельё** bestickte Wäsche *f*

выш|ить <-ью, -ьешь> *св прх см.* **вышивать**

вышк|а <-и> *ж* Turm *m,* Warte *f; разг (смертная казнь)* Todesstrafe *f*

вышкол|ить <-ю, -ишь> *св прх см.* **школить**

выявля|ть <-ю, -ешь> *нсв,* **выявить** *св прх* **1.** *(обнаружить)* zeigen, an den Tag bringen **2.** *(недостатки)* aufdecken, enthüllen

выявля|ться <-юсь, -ешься> *нсв,* **выявиться** *св рефл* sich zeigen, zutage treten

выяснени|е <-я> *ср* Klärung *f,* Klarstellung *f*

выясня|ть <-ю, -ешь> *нсв,* **выяснить** *св прх (положение)* klarstellen, klären

выясняться <-юсь, -ешься> *нсв,* **выясниться** *св рефл* klar werden

вьетнам|ец <-ца> *м,* **вьетнамк|а** <-и> *ж* Vietnamese *m,* Vietnamesin *f*

вьюг|а <-и> *ж (метель)* Schneesturm *m*

вьюжн|ый <-ая, -ое> *прил* stürmisch; **~ ветер** stürmischer Wind *m;* **вьюжная погода** stürmisches Wetter *nt*

вьюк <вьюка> *м (груз, мешки)* Bündel *nt,* Satteltasche *f*

вьюн <вьюна> *м (рыба)* Schmerle *f;* **вьюном виться** *(угодливо ухаживать)* jdm den Hof machen

вьюнковы|е <-х> *прил* бот Kletter-; **~ растения** Kletterpflanzen *fpl*

вьюн|ок <-ка> *м* бот Kletterpflanze *f,* Winde *f*

вьюч|ить <-у, -ишь> *нсв,* **навьючить** *св прх* aufladen, beladen; **~ поклажу на коня** das Pferd beladen

вьючн|ый <-ая, -ое> *прил* Last-, Fracht-; **вьючные ремни** Lastriemen *mpl;* **вьючное животное** Lasttier *nt*

вьющ|ийся <-аяся, -ееся> *прил* Kletter-; **вьющееся растение** Kletterpflanze *f;* **вьющиеся волосы** Kraushaare *ntpl*

ВЭИ *сокр от* **Высший электротехнический институт** Elektrotechnische Hochschule *f*

вяжущ|ий <-ая, -ее> *прил* **1.** кулин herb; **вяжущий вкус** herber Geschmack *m* **2.** тех zusammenziehend, bindend; **вяжущие материалы** Bindemittel *ntpl*

вяз <вяза> *м* Ulme *f*

вязальн|ый <-ая, -ое> *прил* Strick-; **вязальные спицы** Stricknadel *f;* **вязальная машина** Strickmaschine *f*

вязани|е <-я> *ср* Stricken *nt;* **отложить ~ в сторону** die Strickerei zur Seite legen

вяза́нк|а <-и> *ж* Bündel *nt;* **~ дров/соло́мы** ein Bündel Holz/Stroh

вяза́ть <вяжу́, вя́жешь> *нсв,* **связа́ть** *св прх* **1.** *(на спи́цах)* stricken; *(крючко́м)* häkeln **2.** *(снопы́)* binden

вяза́ться <вяжу́сь, вя́жешься> *нсв рефл* zusammenpassen; **одно́ с други́м не вя́жется** das eine passt nicht zueinander; **де́ло не вя́жется** die Arbeit geht nicht vorwärts

вя́зк|а <-и> *ж (свя́зывание)* Bündel *n,* Verbindung *f;* **~ снопо́в** ein Bündel Garben

вя́з|кий <-кая, -кое; -ок, -ка́, -ко> *прил* **1.** *(густо́й)* zäh, zähflüssig **2.** *(то́пкий)* matschig, sumpfig

вя́зкос|ть <-ти> *ж* Zähigkeit *f,* Viskosität *f*

вязкоупру́г|ий <-ая, -ое> *прил* viskös, zähelastisch

вя́зн|уть <-у, -ешь> *нсв нпрх* versinken, stecken bleiben; **колёса вя́знут в грязи́** die Räder versinken im Schlamm

вя́зь <вя́зи> *ж* лингв *(сплете́ние букв)* Zierschrift *f;* **ара́бская ~** arabisches Flechtornament *m*

вя́ка|ть <-ю, -ешь> *нсв нпрх прост* stammeln, undeutlich sprechen

вя́лен|ый <-ая, -ое> *прил* gedörrt, Trocken-; **вя́леное мя́со** gedörrtes Fleisch *nt,* Trockenfleisch *nt*

вя́л|ить <-ю, -ишь> *нсв,* **провя́лить** *св прх* dörren; **~ ры́бу** Fisch dörren

вя́лос|ть <-ти> *ж* **1.** *(дря́блость)* Schlaffheit *f* **2.** *(отсу́тствие бо́дрости)* Trägheit *f*

вя́л|ый <-ая, -ое; -, -а́, -о> *прил* **1.** *(дря́блый)* schlaff **2.** *(увя́дший)* welk, verwelkt **3.** *(лишённый эне́ргии)* träge, *(ве́тер)* flau

вя́н|уть <-у, -ешь> *нсв,* **завя́нуть** *св нпрх* welken, verwelken

В

Г г

Г, г <неизм> *ср Buchstabe Г*

габари́т <-а> *м (разме́р)* Umgrenzungsprofil *nt,* Außenabmessung *f; (тя́жесть)* Ladegewicht *nt;* **габари́ты маши́ны** Maschinenaußenmaße *ntpl*

Гава́н|а <-ы> *ж* ГЕОГ Havanna *f;* **~ – столи́ца Ку́бы** Havanna ist die Hauptstadt von Kuba

га́ва|нь <-ни> *ж* Hafen *m*

гад <га́да> *м* **1.** *устар, разг Sammelbezeichnung für Reptilien und Amphibien* **2.** *перен, презрит (и́зверг)* Scheusal *nt*

гада́лк|а <-и> *ж* Wahrsagerin *f*

гадёныш <-а> *м* ekelhafter/widerlicher/abstoßender Mensch *m;* **э́тот ма́льчик настоя́щий ~** dieser Junge ist ein Scheusal

гада́ни|е <-я> *ср* Wahrsagerei *f,* Prophezeiung *f;* **~ на ка́ртах** aus den Karten wahrsagen [*o* lesen]; **~ на кофе́йной гу́ще** aus dem Kaffeesatz wahrsagen [*o* lesen]

гада́|ть <-ю, -ешь> *нсв,* **погада́ть** *св нпрх* wahrsagen; *(о ком-л./чём-л.)* mutmaßen; **~ на ка́ртах** Karten legen; **гада́ть на кофе́йной гу́ще** *перен* aus dem Kaffeesatz wahrsagen

га́дин|а <-ы> *ж презр* Tier *nt,* Vieh *nt,* Scheusal *nt;* **он – больша́я ~** er ist ein großes Scheusal

га́|дить <-жу, -дишь> *нсв,* **нага́дить** *св нпрх* **1.** *(о живо́тных)* sich entleeren **2.** *разг (па́чкать)* verpfuschen, verderben **3.** *перен, разг (па́костить)* jdm schaden

га́д|кий <-кая, -кое; -ок, -ка́, -ко> *прил* abscheulich, widerlich

гадли́вос|ть <-ти> *ж* Ekel *m,* Widerwille *m,* Abscheu *m*

гадоли́ни|й <-я> *м* ХИМ Gadolinium *nt*

га́дос|ть <-ти> *ж разг* **1.** *(предме́т, вызыва́ющий отвраще́ние)* Abscheulichkeit *f,* Ekel *nt;* **вы́брось э́ту ~** wirf dieses eklige Zeug weg **2.** *(отврати́тельные слова́)* widerliche Worte *ntpl* [*o* Schriften *fpl*]; **говори́ть га́дости** unanständig reden; **де́лать га́дости** abscheuliche Dinge tun

гадю́к|а <-и> *ж* **1.** ЗООЛ Viper *f;* **обыкнове́нная ~** Kreuzotter *f* **2.** *перен, презрит (подколо́дная змея́)* Giftnudel *f*

га́ер <-а> *м* Narr *m,* Clown *m,* Witzbold *m;* **выступле́ние га́ера** Narrenauftritt *m*

га́ечк|а <-и> *ж* Mutter *f,* Schraubenmutter *f;* **га́ечку легко́ потеря́ть** eine Schraubenmutter geht leicht verloren

га́ечн|ый <-ая, -ое> *прил* Schrauben-; **~ ключ** Schraubenschlüssel *m*

газ[1] <га́за> *м* **1.** ХИМ Gas *nt;* **дава́ть ~** Gas geben; **приро́дный ~** Erdgas *nt;* **выхлопны́е га́зы** Autoabgase *ntpl;* **отрабо́танные га́зы** Abgase *ntpl* **2.** *то́лько мн (га́зы)* Blähungen *fpl*

газ[2] <га́за> *м* Gaze *f*

газе́|ль <-ли> *ж* Gazelle *f*

газе́т|а <-ы> *ж* Zeitung *f;* **ежедне́вная ~** Tageszeitung *f;* **вече́рняя ~** Abendblatt *nt;* **бульва́рная ~** Boulevardblatt *nt;* **выпи́сывать ~** eine Zeitung abonnieren

газе́тн|ый <-ая, -ое> *прил* Zeitungs-; **~ кио́ск** Zeitungskiosk *m*

газе́тчик <-а> *м* Zeitungsmitarbeiter *m; (продаве́ц)* Zeitungsverkäufer *m;* **он – ста́рый ~ с о́пытом** er ist ein erfahrener Journalist

газиро́вк|а <-и> *ж* Brause *f; разг* Soda *nt;* **~ воды́** Soda(wasser) *nt,* Selters(wasser) *nt,* Tafelwasser *nt* mit Kohlensäure; **вы́пить газиро́вки** ein Glas Brause trinken

газифика́ци|я <-и> *ж* **1.** *(превраще́ние в газ)* Vergasung *f* **2.** *(снабже́ние га́зом)* Gasversorgung *f*

газифици́р|овать <-ую, -уешь> *(н)св прх* **1.** *(у́голь)* zu Gas verarbeiten **2.** *(кварти́ры)* ans Gasnetz anschließen, mit Gas versorgen

газ|ова́ть <-зую, -зуешь> *нсв прх разг* Gas geben

га́зов|ый <-ая, -ое> *прил* Gas-; **~ заво́д** Gaswerk *nt;* **га́зовая ка́мера** Gaskammer *f*

газо́н <-а> *м* Rasen *m,* Rasenplatz *m*

газонокоси́лк|а <-и> *ж* Rasenmäher *m*

газообра́зн|ый <-ая, -ое> *прил* gasförmig; **газообра́зные тела́** Gaskörper *mpl*

газопрово́д <-а> *м* Gasleitung *f,* Ferngasleitung *f,* Pipeline *f;* **~ Тюме́нь-Москва́** Gasleitung *f* Tjumen-Moskau

газпро́м *сокр от* **га́зовая промы́шленность** Gasindustrie *f*

га́йк|а <-и> *ж* Schraubenmutter *f*

гаймори́т <-а> *м* МЕД Kieferhöhlenentzündung *f*

гала́ктик|а <-и> *ж* Galaxie *f*

галакти́ческ|ий <-ая, -ое> *прил* galaktisch; **галакти́ческий кора́бль** Raumschiff *nt*

галантере́йн|ый <-ая, -ое> *прил* **~ това́р** Galanteriewaren *pl*

галантере́|я <-и> *ж* Kurzwaren *pl*

гала́нтно *нрч* galant, höflich, ritterlich; **вести́ себя́ ~** sich galant benehmen

гала́нт|ный <-ная, -ное; -ен, -на, -но> *прил* galant

галдёж <-а> *м* Lärm *m,* Stimmengewirr *m,* Tumult *m;* **на у́лице тако́й ~!** auf der Straße ist so ein Lärm!

галд|е́ть <-и́т> *нсв безл, то́лько 3 л* krakeelen, lärmen

гале́ра <-ы> *ж* Galeere *f;* **~ 19 ве́ка** eine Galeere aus dem 19. Jahrhundert

галере́|я <-и> *ж* Galerie *f;* **карти́нная ~** Gemäldegalerie *f*

галёрк|а <-и> *ж* **1.** ТЕАТ Galerie *f,* oberster Rang *m* **2.** *(пу́блика)* Galeriepublikum *nt*

гале́т|а <-ы> *ж* Zwieback *m;* **~ для соба́к** Hundekuchen *m*

галимать|я́ <-и́> *ж разг* Galimathias *m o nt,* Unordnung *f;* **настоя́щая ~** ein wüstes Durcheinander

галифе́ <неизм> *мн* Reiterhose *f,* Stiefelhose *f;* **в си́них ~** in blauer Reiterhose

га́лк|а <-и> *ж* Dohle *f;* **~ лети́т** die Dohle fliegt; **се́рая ~** graue Dohle

галл <га́лла> *м* Gallier(in) *m(f) (Bewohner vom alten Gallien, heute Frankreich);* **га́ллы – дре́вняя наро́дность** die Gallier sind ein altes Volk

га́лли|й <-я> *м* ХИМ Gallium *nt*

галлюцина́ци|я <-и> *ж* Halluzination *f*

гало́п <-а> *м* Galopp *m;* **скака́ть гало́пом** galoppieren

галопи́р|овать <-ую, -уешь> *нсв нпх* **1.** *(скака́ть гало́пом)* galoppieren **2.** *перен (об инфля́ции)* in großem Tempo voranschreiten

гало́ш|а <-и> *ж* Galoschen *pl,* Gummischuhe *pl;* **гало́ши порва́лись** die Galoschen sind geplatzt; **рези́новые гало́ши** Gummigaloschen

га́лстук <-а> *м* Krawatte *f,* Schlips *m*

галу́н <-а́> *м* Litze *f,* Tresse *f;* **золото́й ~** goldene Tresse *f*

галу́шк|а <-и> *ж kleiner Teigkloß;* **горя́чие галу́шки** heiße Galuschki *(gekochte Teigklöße)*

галчо́нок <-нка> *м* Dohlenküken *nt,* junge Dohle *f;* **ма́ленький ~** kleines Dohlenküken

гальвани́ческ|ий <-ая, -ое> *прил* ФИЗ galvanisch; **гальвани́ческие элеме́нты** galvanische Elemente *ntpl*

га́льк|а <-и> *ж* **1.** *(кру́пная)* Geröll *nt* **2.** *(ме́лкая)* Kieselstein *m*

гам <га́ма> *м* Stimmengewirr *nt,* Lärm *m,* Geschrei *nt;* **на дворе́ ~** auf dem Hof herrscht großer Lärm; **шум и ~** Lärm und Geschrei

гамадри́л <-а> *м* ЗООЛ Mantelpavian *m*

гама́к <-а́> *м* Hängematte *f*

Га́мбург <-а> *м* Hamburg *nt*

га́мбургер <-а> *м* Hamburger *m;* **вку́сный ~** gut schmeckender Hamburger; **заказа́ть ~** einen Hamburger bestellen

га́мбургск|ий <-ая, -ое> *прил* hamburgisch, aus Hamburg

га́мм|а <-ы> *ж* МУЗ Tonleiter *f;* **~ кра́сок** *перен* Farbskala *f*

гангре́н|а <-ы> *ж* МЕД Brand *m,* Gangrän *f;* **у больно́го ~** der Kranke hat Windbrand

гангрено́зн|ый <-ая, -ое> *прил* brandig; **гангрено́зная ра́на** gangränöse Wunde *f*

га́нгстер <-а> *м* Gangster *m*

гандбо́л <-а> *м* Handball *m*

ганте́|ль <-ли> *ж* Hantel *f*

гара́ж <-а́> *м* Garage *f;* **подзе́мный ~** Tiefgarage *f;* **я́русный ~** Hochgarage *f*

гара́нт <-а> *м* Bürge *m,* Garant *m*

гаранти́йн|ый <-ая, -ое> *прил* Garantie-; **ещё не истёк ~ срок** die Garantie ist noch nicht abgelaufen; **гаранти́йная отве́тственность** Gewährleistung *f,* Garantie *f;* **гаранти́йная су́мма** Garantiesumme *f;* **гаранти́йное обяза́тельство** Garantieverpflichtung *f;* **гаранти́йное письмо́** Bürgschaftserklärung *f;* **гаранти́йное соглаше́ние** Garantievereinbarung *f;* **~ взнос** Marge *f;* **~ догово́р** Garantievertrag *m;* **~ ремо́нт** Garantieleistung *f;* **~ срок** Garantiedauer *f,* Garantiezeit *f,* Gewährleistungsfrist *f*

гаранти́рован|ный <-ная, -ное; -, -а, -о> *прил* garantiert, gesichert, gewährt; **~ полёт** bestätigter Flug *m*

гаранти́р|овать <-ую *или* -у́ю, -уешь *или* -у́ешь> *(н)св прх* garantieren, gewährleisten, bürgen, haften

гаранти́р|оваться <-уюсь *или* -у́юсь, -уешься *или* -у́ешься> *нсв рефл* sich versichern; **~ от неожи́данностей** sich gegen das Unerwartete versichern

гара́нти|я <-и> *ж* Garantie *f,* Gewähr(leistung) *f,* Sicherheit *f,* Bürgschaft *f; (гаранти́йный тало́н)* Garantieverpflichtung *f,* Haftung *f; (докуме́нт)* Garantieschein *m;* **дава́ть гара́нтию на́ год** ein Jahr Garantie geben; **~ изготови́теля** Herstellergarantie *f;* **~ исправле́ния дефе́ктов** Mängelhaftung *f;* **~ от необосно́ванного увольне́ния** Kündigungsschutz *m;* **~ поста́вки** Liefergarantie *f;* **~ поступле́ния платежа́** Delkredere *nt;* **без гара́нтии** ohne Gewährleistung

гардеро́б <-а> *м* **1.** *(помеще́ние)* Garderobe *f* **2.** *(шкаф)* Kleiderschrank *m* **3.** *(пла́тье)* Garderobe *f,* Kleidung *f*

гардеро́бн|ый <-ая, -ое> *прил* Garderoben-; **гардеро́бная по́лка** Garderobenregal *nt*

гардеро́бщик <-а> *м* Garderobier(e) *m(f),* Garderobenfrau *f;* **ста́рый ~** der alte Garderobier

гарди́н|а <-ы> *ж* Gardine *f,* Vorhang *m;* **тю́левые гарди́ны** Tüllgardinen; **тяжёлые гарди́ны** schwere Vorhänge

га́рев|ый <-ая, -ое> *прил* Aschen-; **га́ревая доро́жка** СПОРТ Aschenbahn *f*

гаре́м <-а> *м* Harem *m*

га́рка|ть <-ю, -ешь> *нсв,* **га́ркнуть** *св нпх* kreischen, (an)schreien, brüllen; **~ на ребёнка** ein Kind anschreien

гармо́ник|а <-и> *ж* Harmonika *f,* Ziehharmonika *f,* Schifferklavier *nt;* **ста́рая ~** die alte Harmonika

гармони́р|овать <-ую, -уешь> *нсв нпх* harmonieren, passen; **слова́ гармони́руют с посту́пками** die Worte entsprechen den Taten

гармони́ст <-а> *м* Harmonikaspieler *m;* **тала́нтливый ~** begabter [*o* talentierter] Harmonikaspieler *m*

гармони́ческ|ий <-ая, -ое> *прил* harmonisch, abgestimmt, wohlklingend

гармони́ч|ный <-ная, -ное; -ен, -на, -но> *прил* harmonisch

гармо́ни|я <-и> *ж* **1.** муз Harmonie *f* *(тео́рия)* Harmonielehre *f* **2.** *перен (согла́сие)* Einklang *m*

гармо́|нь <-ни> *ж* Harmonika *f*, Ziehharmonika *f*, Schifferklavier *nt;* **стари́нная ~** alte Harmonika *f*

гармо́шк|а <-и> *ж* Harmonika *f*, Ziehharmonika *f*, Schifferklavier *nt;* **ма́ленькая ~** kleine Harmonika *f*

гарнизо́н <-а> *м* Besatzung *f*, Garnison *f*, Standort *m;* **полко́вник гарнизо́на** Oberst *m* der Garnison

гарнизо́нн|ый <-ая, -ое> *прил* Garnison-; **гарнизо́нная часть** Garnisonseinheit *f*

гарни́р <-а> *м* Beilage *f*, Beikost *f;* **~ к котле́там** Beilage *f* zu den Koteletts; **~ из овоще́й** Gemüsebeilage *f*

гарниту́р <-а> *м* Garnitur *f*, Satz *m;* **~ ме́бели** Möbelgarnitur *f*

гарпу́н <-а> *м* Harpune *f;* **бить гарпуно́м** harpunieren

гарпу́н|ить <-ю, -ишь> *нсв прх* harpunieren

Гарц <Га́рца> *м* Harz *m*

гарц|ева́ть <-у́ю, -у́ешь> *нсв нпрх* reitend herumstolzieren, Reiterkunststücke vorführen

гарь <га́ри> *ж* **1.** *(что-л. горе́лое)* Verbranntes *nt;* **па́хнет га́рью** es riecht nach Verbranntem **2.** *(оста́тки ка́менного угля́)* Schlacke *f*, Steinkohlenasche *f;* **посы́пать доро́жки га́рью** den Weg mit Schlacke bestreuen

га|си́ть <-шу́, -сишь> *нсв,* **погаси́ть** *св прх* **1.** *(свет)* löschen, auslöschen **2.** *(подави́ть)* unterdrücken **3.** *(аннули́ровать)* ungültig machen **4.** *(погаша́ть)* tilgen, begleichen

га́сн|уть <-у, -ешь> *нсв,* **пога́снуть** *св нпрх* **1.** *(ого́нь, электри́чество)* ausgehen **2.** *перен (наде́жда)* erlöschen

гастри́т <-а> *м* мед Gastritis *f*

гастролёр <-а> *м* **1.** теат Gastspieler *m*, Gastsolist *m* **2.** *презрит (не име́ющий постоя́нной рабо́ты)* Jobhopper *m*

гастроли́р|овать <-ую, -уешь> *нсв нпрх* ein Gastspiel geben

гастро́|ль <-ли> *ж* Gastrolle *f*, Gastspiel *nt*, Gastvorstellung *f*

гастро́льн|ый <-ая, -ое> *прил* Gastspiel-; **~ конце́рт** Gastkonzert *nt*

гастроно́м <-а> *м* **1.** *(люби́тель вку́сной еды́)* Gastronom *m*, Feinschmecker(in) *m(f);* **он настоя́щий ~** er ist ein echter Feinschmecker **2.** *(магази́н)* Feinkosthandlung *f*, Delikatessengeschäft *nt;* **купи́ть в гастроно́ме** im Lebensmittelladen einkaufen

гастрономи́ческ|ий <-ая, -ое> *прил* Feinkost-; **~ магази́н** Feinkostgeschäft *nt*

гать <га́ти> *ж* Übergang *m* im Sumpf/Moor; **деревя́нная ~** Knüppeldamm *m* durch den Sumpf

га́убиц|а <-ы> *ж* воен *(ору́дие)* Haubitze *m;* **полева́я ~** Feldhaubitze; **тяжёлая ~** schwere Haubitze

га́уптва́хт|а <-ы> *ж* Arrestraum *m*

га́фни|й <-я> *м* хим Hafnium *nt*

гашётк|а <-и> *ж* воен Abzug *m;* **нажа́ть на гашётку** den Abzug drücken

гаши́ш <-а> *м* Haschisch *nt;* **кури́ть ~** Haschisch rauchen; *разг* kiffen

гвалт <гва́лта> *м* Lärm *m*, Geschrei *nt*, Krach *m;* **подня́ть ~** Krach machen; **~ стоя́л ужа́сный** es herrschte schrecklicher Krach

гварде́|ец <-йца> *м* Gardist *m;* **~ короля́** Königsgardist *m*

гварде́йск|ий <-ая, -ое> *прил* Garde-; **~ полк** Gardenkorps *nt*, Garderegiment *nt*

гва́рди|я <-и> *ж* Garde *f;* **национа́льная ~** Nationalgarde *f*

гвозди́к|а <-и> *ж* **1.** бот *(цвето́к)* Nelke *f* **2.** гастр *(пря́ность)* Gewürznelke *f*

гвоздь[1] <гвоздя́> *м* тех Nagel *m;* **и никаки́х гвозде́й!** *перен* keine Widerrede!

гвоздь[2] <гвоздя́> *м* Clou *m*, Knüller *m;* **~ сезо́на** Schlager *m*

где *нрч* wo; **~ бы то ни́ было** wo es auch sein mag; **~-ли́бо, ~-нибу́дь** irgendwo

ГДР истор *сокр от* **Герма́нская Демократи́ческая Респу́блика** Deutsche Demokratische Republik *f*, DDR *f*

гегемо́н <-а> *м* Hegemon *m;* **мирово́й ~** Welthegemon *m*

гее́нн|а <-ы> *ж* религ Gehenna *f*, Hölle *f*

ге́йзер <-а> *м* Geiser *m;* **большо́й ~** großer Geiser *m*

ге́йша <-и> *ж* Geisha *f;* **краси́вая ~** schöne Geisha *f*

гекта́р <-а> *м* Hektar *nt*, Hektare *f* CH; **семь гекта́ров** sieben Hektar

ге́ли|й <-я> *м* хим Helium *nt*

гель <ге́ля> *м* Gel *nt;* **~ для воло́с** Haargel *nt;* **~ для ду́ша** Duschgel *nt*

гемоглоби́н <-а> *м* Hämoglobin *nt;* **у́ровень гемоглоби́на** Hämoglobinwert *m*

геморро́|й <-я> *м* мед Hämorrhoiden *pl*

ген <ге́на> *м* Gen *nt*

гендире́ктор *сокр от* **генера́льный дире́ктор** Generaldirektor *m;* **~ телеви́дения** Generaldirektor *m* des Fernsehens

генеало́ги|я <-и> *ж* Genealogie *f (Lehre von der Abstammung/Stammbaumforschung)*

генера́л <-а> *м* General *m;* **~ а́рмии** Armeegeneral *m;* **~-майо́р** Generalmajor *m*

генерали́ссимус <-а> *м* Generalissimus *m;* **~ Суво́ров** Generalissimus Suworow

генера́льн|ый <-ая, -ое> *прил* allgemein, General-; **генера́льная дове́ренность** Generalvollmacht *f;* **генера́льная огово́рка**

Generalklausel *f;* **~ подря́дчик** Hauptauftragnehmer *m;* **генера́льное представи́тельство** Generalvertretung *f;* **генера́льное соглаше́ние по тамо́женным тари́фам и торго́вле** GATT *nt;* **генера́льная репети́ция** Generalprobe *f;* **~ дире́ктор** Generaldirektor *m;* **~ дове́ренный** Generalbevollmächtigter *m;* **~ представи́тель** Generalvertreter *m*

генера́льск|ий <-ая, -ое> *прил* Generals-

генера́льш|а <-и> *ж разг* Frau *f* eines Generals

генера́тор <-а> *м* Generator *m,* Stromerzeuger *m*

гене́тик <-а> *м* Genetiker(in) *m(f);* **рабо́та гене́тика** die Arbeit des Genetikers

гене́тик|а <-и> *ж* Genetik *f*

генети́чески *нрч* genetisch; **~ обусло́вленно** genetisch begründet

генети́ческ|ий <-ая, -ое> *прил* genetisch

гениа́льно *нрч* genial, hochbegabt; **~ приду́мано** genialer Einfall *m*

гениа́льнос|ть <-ти> *ж* Genialität *f*

гениа́|льный <-льная, -льное; -лен, -льна, -льно> *прил* genial

ге́ни|й <-я> *м* Genie *nt;* *и перен (а́нгел-храни́тель)* Genius *m;* **до́брый ге́ний** Schutzgeist *m*

ге́нн|ый <-ая, -ое> *прил* Gen-; **ге́нная инжене́рия** Gentechnologie *f*

генофо́нд <-а> *м* genetischer Fonds/Bestand *m*

геноци́д <-а> *м* Völkermord *m*

генподря́дчик <-а> *м* Generalauftragnehmer *m*

генпрокурату́ра *сокр от* **генера́льная прокурату́ра** Generalstaatsanwaltschaft *f;* **пози́ция генпрокурату́ры** Stellungnahme *f* der Generalstaatsanwaltschaft

генсе́к *сокр от* **генера́льный секрета́рь** Generalsekretär(in) *m(f);* **~ ООН** Generalsekretär der UNO

Ге́ну|я <-и> *ж* ГЕОГ Genua *nt*

геншта́б *сокр от* **генера́льный штаб** Generalstab *m;* **~ росси́йской а́рмии** Generalstab *m* der russischen Armee

гео́граф <-а> *м* Geograf(in) *m(f);* **учи́тель-~** Geografielehrer(in) *m(f)*

географи́ческ|ий <-ая, -ое> *прил* geografisch; **географи́ческая ка́рта** Landkarte *f*

геогра́фи|я <-и> *ж* Geografie *f,* Erdkunde *f*

геодези́ст <-а> *м* Geodät(in) *m(f);* **специали́ст-~** Spezialist(in) *m(f)* in Geodäsie

геодези́ческ|ий <-ая, -ое> *прил* geodätisch; **~ прибо́р** Messinstrument *nt;* **геодези́ческая съёмка** geodätische Aufnahme *f*

гео́лог <-а> *м* Geologe *m,* Geologin *f*

геологи́ческ|ий <-ая, -ое> *прил* geologisch; **геологи́ческая съёмка** geologische Aufnahme *f*

геоло́ги|я <-и> *ж* Geologie *f,* Erdgeschichte *f*

геометри́ческ|ий <-ая, -ое> *прил* geometrisch

геоме́три|я <-и> *ж* Geometrie *f*

геополити́ческ|ий <-ая, -ое> *прил* geopolitisch; **~ вопро́с** geopolitische Frage *f*

георги́н <-а> *м* БОТ Dahlie *f*

гепа́рд <-а> *м* Gepard *m*

гепати́т <-а> *ж* МЕД Hepatitis *f,* Leberentzündung *f;* **ма́льчик заболе́л гепати́том** der Junge erkrankte an Hepatitis; **о́страя фо́рма гепати́та** schwere Form *f* von Hepatitis

гера́|нь <-ни> *ж* Geranie *f,* Geranium *nt,* Storchschnabel *m;* **цвету́щая ~** blühende Geranie *f*

герб <ге́рба> *м* Wappen *nt*

герба́ри|й <-я> *м* Herbarium *nt;* **сде́лать ~** ein Herbarium machen

гербици́д <-а> *м* АГР Herbizid *nt*

ге́рбов|ый <-ая, -ое> *прил* Wappen-; **~ зал** Wappensaal *m;* **ге́рбовая пу́говица** Wappenknopf *m;* **ге́рбовая бума́га** Stempelpapier *nt;* **ге́рбовая ма́рка** Stempelmarke *f*

геркуле́с <-а> *м* Herkules *m;* **си́льный как ~** stark wie Herkules

герма́н|ец <-ца> *м* Deutsche(r) *f(m);* **дре́вние племена́ герма́нцев** altgermanische Stämme *mpl*

герма́ни|й <-я> *м* ХИМ Germanium *nt*

германи́ст <-а> *м,* **германи́стк|а** <-и> *ж* Germanist(in) *m(f)*

германи́стик|а <-и> *ж* Germanistik *f*

Герма́ни|я <-и> *ж* Deutschland *nt*

герма́нск|ий <-ая, -ое> *прил* deutsch; **~ язы́к** deutsche Sprache *f*

герметизи́р|овать <-ую, -уешь> *(н)св прх* hermetisch verschließen, abdichten

гермети́ческ|ий <-ая, -ое> *прил* hermetisch; **гермети́ческая упако́вка** Frischhalteverpackung *f*

гермети́чн|ый <-ая, -ое> *прил* hermetisch, luftdicht; **гермети́чная заку́порка** luftdichter Verschluss *m*

гермошле́м <-а> *м* hermetischer Helm *m;* **надёжный ~** zuverlässiger hermetischer Helm

герои́зм <-а> *м* Heldentum *nt,* Heroismus *m,* Heldenmut *m;* **~ солда́т** Soldatenheldentum *nt;* **большо́й ~** großer Heldenmut *m*

герои́н <-а> *м* Heroin *nt*

герои́н|я <-и> *ж* ЛИТ Heldin *f*

герои́чески *нрч* heldenhaft; **поступи́ть ~** heldenhaft handeln, eine Heldentat vollbringen

герои́ческ|ий <-ая, -ое> *прил* heldenhaft

геро́|й <-я> *м* ЛИТ Held *m*

геро́йски *нрч* heldenhaft; **он поступи́л ~** er hat wie ein Held gehandelt

геро́йск|ий <-ая, -ое> *прил* heldenhaft; **~ посту́пок** heldenhafte Tat *f*

геро́йств|о <-а> *ср* Heldentum *nt,* Heroismus *m,* Heldenmut *m;* **прояви́ть ~** Heldenmut zeigen

ге́рпес <-а> *м* мед Herpes *m ohne pl;* **у неё ~** sie hat Herpes

герц <ге́рца> *м* физ Hertz *nt*

ге́рцог <-а> *м,* **герцоги́н|я** <-и> *ж* Herzog(in) *m(f);* **молода́я герцоги́ня** junge Herzogin

ге́рцогств|о <-а> *ср* Herzogtum *nt*

Ге́ссен <-а> *м* Hessen *nt*

гетероге́нн|ый <-ая, -ое> *прил* heterogen

гетеросексуа́|льный <-льная, -льное; -лен, -льна, -льно> *прил* heterosexuell

ге́тто <неизм> *ср* G(h)etto *nt;* **негритя́нское ~** Schwarzengetto *nt;* **евре́йское ~** Judengetto *nt,* Judenviertel *nt*

гиаци́нт <-а> *м* бот Hyazinthe *f*

ги́бе|ль <-ли> *ж* **1.** *(разруше́ние, уничтоже́ние)* Verderben *nt,* Untergang *m* **2.** *(смерть)* Sterben *nt,* Tod *m;* **~ лесо́в** Waldsterben *nt*

ги́бе|льный <-льная, -льное; -лен, -льна, -льно> *прил* tödlich, lebensgefährlich; **ги́бельные после́дствия** verhängnisvolle Folgen *fpl*

ги́б|кий <-кая, -кое; -ок, -ка́, -ко> *прил* biegsam, gelenkig, flexibel; **~ диск** информ Floppy *f,* Floppy Disk *f*

ги́бко *нрч* biegsam, geschmeidig, flexibel

ги́бкос|ть <-ти> *ж и перен* Biegsamkeit *f,* Gelenkigkeit *f,* Geschmeidigkeit *f;* **~ цен** Elastizität *f* der Preise; **~ спро́са** Elastizität *f* der Nachfrage

ги́бл|ый <-ая, -ое> *прил* tödlich, unheilvoll; **ги́блое де́ло** hoffnungslose Sache *f*

ги́бн|уть <-у, -ешь> *нсв,* **поги́бнуть** *св нпрх* **1.** *(умере́ть)* ums Leben kommen **2.** бот eingehen **3.** *и перен (разруша́ться)* zugrunde gehen

гибри́д <-а> *м* Hybride *f,* Mischling *m;* **~ сорто́в виногра́да** hybride Weinsorte *f*

гига́нт <-а> *м* Riese *m,* Gigant *m*

гига́нтск|ий <-ая, -ое> *прил* gigantisch

гигие́н|а <-ы> *ж* Hygiene *f*

гигиени́ческ|ий <-ая, -ое> *прил* hygienisch; **~ душ** hygienische Dusche *f*

гид <ги́да> *м* Fremdenführer *m,* Reiseleiter *m*

ги́др|а <-ы> *ж* зоол, миф Hydra *f*

гидравли́ческ|ий <-ая, -ое> *прил* hydraulisch

гидрокарбона́т <-а> *м* Hydrokarbonat *nt;* **до́за гидрокарбона́та** eine Dosis Hydrokarbonat

гидропо́ник|а <-и> *ж* Hydrokultur *f*

гидроста́нци|я <-и> *ж* Wasserkraftwerk *nt;* **больша́я ~** großes Wasserkraftwerk *nt*

гидроэлектроста́нци|я <-и> *ж* Wasserkraftwerk *nt*

гие́н|а <-ы> *ж* Hyäne *f*

гик <ги́ка> *м* мор Gieksegel *nt*

ги́кань|е <-я> *ср* Schrei *m,* Aufschrei *m;* **~ де́вушек** Mädchengeschrei(e) *nt;* **си́льное ~** starkes [*o* grellendes] Geschrei *nt*

ги́льди|я <-и> *ж* Gilde *f,* Innung *f,* Zunft *f*

ги́льз|а <-ы> *ж* Hülse *f*

гильоти́н|а <-ы> *ж* Guillotine *f,* Fallbeil *nt;* **больша́я ~** große Guillotine *f*

Гимала́|и <-ев> *мн* геог Himalaja *m;* **~ – са́мая высо́кая гора́ в ми́ре** der Himalaja ist das höchste Bergmassiv der Welt

гимн <ги́мна> *м* Hymne *f*

гимнази́ст <-а> *м,* **гимнази́стк|а** <-и> *ж* Gymnasiast(in) *m(f)*

гимнази́ческ|ий <-ая, -ое> *прил* Gymnasial-, Oberschul(en)-; **гимнази́ческое образование** Gymnasialausbildung *f*

гимна́зи|я <-и> *ж* Gymnasium *nt*

гимна́ст <-а> *м,* **гимна́стк|а** <-и> *ж* Turner(in) *m(f)*

гимнастёрк|а <-и> *ж* Feldbluse *f;* **ста́рая ~** alte Feldbluse *f*

гимна́стик|а <-и> *ж* Gymnastik *f;* **спорти́вная ~** Geräteturnen *nt;* **худо́жественная ~** Kunstturnen *nt*

гимнасти́ческ|ий <-ая, -ое> *прил* Turn-; **~ зал** Turnhalle *f*

гинеко́лог <-а> *м* Gynäkologe *m,* Gynäkologin *f,* Frauenarzt *m,* Frauenärztin *f*

гинекологи́ческ|ий <-ая, -ое> *прил* gynäkologisch; **гинекологи́ческая кли́ника** Frauenklinik *f*

гипе́рбол|а <-ы> *ж* лит Hyperbel *f*

гиперреми́|я <-и> *ж* мед Hyperämie *f;* **~ лица́** Gesichtsrötung *f*

гиперинфля́ци|я <-и> *ж* экон drastischer Wertverlust *m,* Hyperinflation *f*

гиперте́кст <-а> *м* информ Hypertext *m;* **протоко́л переда́чи ~а** Hypertext Transfer Protocol *nt,* HTTP *nt*

гипертони́ческ|ий <-ая, -ое> *прил* мед hypertonisch; **~ при́ступ** hypertonische Krise *f,* hypertonischer Anfall *m*

гипертони́|я <-и> *ж* мед Hypertonie *f,* Bluthochdruck *m;* **артериа́льная ~** arterielle Hypertonie *f*

гипертрофи́рованн|ый <-ая, -ое> *прил* мед hypertroph, hypertrophiert; **~ о́рган** hypertrophiertes Organ *nt*

гипертрофи́|я <-и> *ж* мед Hypertrophie *f;* **~ отде́лов се́рдца** Hypertrophie *f* der Herzkammer

гипно́з <-а> *м* Hypnose *f*

гипнотизёр <-а> *м* Hypnotiseur(in) *m(f)*

гипнотизи́р|овать <-ую, -уешь> *нсв,* **загипнотизи́ровать** *св прх* hypnotisieren

гипноти́ческ|ий <-ая, -ое> *прил* hypnotisch; **~ сеа́нс** hypnotische Seance *f*

гипокси́|я <-и> *ж* мед Hypoxie *f,* Sauerstoffmangel *m;* **~ мо́зга** Hirnhypoxie *f*

гипотала́мус <-а> *м* мед Hypothalamus *m;* **гормо́ны гипотала́муса** Hypothalamushormone *ntpl*

гипо́тез|а <-ы> *ж* Hypothese *f*

гипотети́ческ|ий <-ая, -ое> *прил* hypothetisch

гипотрофи|я <-и> *ж* МЕД Hypotrophie *f;* **хрони́ческая ~** chronische Unterernährung *f*

гипофи́з <-а> *ж* МЕД Hypophyse *f,* Hirnanhangsdrüse *f;* **заболева́ние гипофи́за** Erkrankung *f* der Hypophyse

гиппопота́м <-а> *м* Nilpferd *nt*

гипс <ги́пса> *м* Gips *m*

гипс|ова́ть <-у́ю, -у́ешь> *нсв,* **загипсова́ть** *св прх* einen Gipsverband anlegen, eingipsen

ги́псов|ый <-ая, -ое> *прил* Gips-; **~ сле́пок** Gipsabdruck *m;* **ги́псовая повя́зка** Gipsverband *m*

гирля́нд|а <-ы> *ж* Girlande *f*

ги́р|я <-и> *ж* **1.** *(тя́жесть)* Gewicht *nt* **2.** СПОРТ Hantel *f*

гистере́зис <-а> *м* ФИЗ Hysterese *f*

гита́р|а <-ы> *ж* Gitarre *f*

гитари́ст <-а> *м* Gitarrist(in) *m(f);* **профессиона́льный ~** professioneller Gitarist *m;* **исполне́ние гитари́ста** Vorführung *f* des Gitaristen; **соло-~** Solodarbietung *f* des Gitaristen

гита́рн|ый <-ая, -ое> *прил* Gitarren-; **~ звук** Gitarrenton *m*

гитлери́зм <-а> *м* Hitlerfaschismus *m*

ги́тлеровск|ий <-ая, -ое> *прил* Hitler-; **~ офице́р** Hitleroffizier *m*

глав|а́ <-ы́> *ж* **1.** *книжн (гла́вное лицо́)* Haupt *nt,* Oberhaupt *nt* **2.** *(нача́льник)* Chef *m;* **~ прави́тельства** Regierungschef *m;* **во главе́ чего́-л.** an der Spitze; **ста́вить во главу́ угла́ что-л.** etw über alles stellen **3.** СТР Kuppel *f* **4.** ЛИТ Kapitel *nt,* Abschnitt *m*

глава́|рь <-ря́> *м* Anführer *m,* Häuptling *m*

главбу́х *сокр от* **гла́вный бухга́лтер** Hauptbuchhalter(in) *m(f)*

главвра́ч <-а́> *м* Chefarzt *m*

главе́нств|овать <-ую, -уешь> *нсв нпрх* führen, leiten; **~ над всеми** alle anführen; **~ в рабо́те** am Arbeitsplatz die Leitung haben

главк *сокр от* **гла́вный комите́т** *(назва́ние учрежде́ний)* Hauptkomitee *nt;* **~ ВВС** Hauptkomitee *nt* der Luftstreitkräfte

главко́м *сокр от* **главнокома́ндующий** Oberbefehlshaber *m,* Oberkommandierende(r) *m;* **~ росси́йского фло́та** Oberbefehlshaber *m* der russischen Flotte; **верхо́вный ~** Oberbefehlshaber *m*

главне́йш|ий <-ая, -ее> *прил превосх* Ober(st)-; **~ из гла́вных** der Alleroberste

главнокома́ндовани|е <-я> *ср* Oberkommando *nt;* **ста́вка верхо́вного главнокома́ндования** Hauptquartier *nt* vom Oberkommando

главнокома́ндующ|ий <-его> *м* ВОЕН Oberkommandierende(r) *(f)m;* **верхо́вный ~** Oberbefehlshaber *m;* **~ сухопу́тными во́йсками** Oberbefehlshaber *m* der Landstreitkräfte

гла́вн|ый <-ая, -ое> *прил* hauptsächlich, Haupt-, Ober-; **гла́вная доро́га** [*или* **у́лица**] Hauptstraße *f;* **~ аргуме́нт** Hauptargument *nt;* **гла́вная мысль** Leitgedanke *m;* **гла́вное предложе́ние** ЛИНГВ Hauptsatz *m;* **э́то гла́вное** das ist die Hauptsache; **гла́вная кни́га** ЭКОН Hauptbuch *nt;* **~ акционе́р** Hauptaktionär *m;* **~ поставщи́к** Hauptlieferant *m*

главпочта́мт <-а> *м* Hauptpostamt *nt*

глаго́л <-а> *м* ЛИНГВ Verb *nt;* **вспомога́тельный ~** Hilfsverb *nt*

гладиа́тор <-а> *м* Gladiator *m,* Fitnesstrainingsgerät *nt;* **би́тва гладиа́торов** Gladiatorenkampf *m*

гладио́лус <-а> *м* БОТ Gladiole *f*

гла́|дить <-жу, -дишь> *нсв,* **погла́дить** *св прх* **1.** *(утюго́м)* bügeln **2.** *(кого́-л./что-л.; по кому́-л./чему́-л.)* streichen (über) **3.** *(ласка́ть)* streicheln

гла́д|кий <-кая, -кое; -ок, -ка́, -ко> *прил* **1.** *(ро́вный)* glatt, eben **2.** *(сти́ль)* fließend

гла́дко *нрч* glatt, fließend; **~ ката́ться на конька́х** gut Schlittschuh laufen

гладь <гла́ди> *ж (пове́рхность воды́)* Spiegel *m;* **во́дная ~** Meeresspiegel *m*

глаз <гла́за> *м* АНАТ Auge *nt;* **в глазу́** im Auge; **не ве́рить свои́м глаза́м** seinen Augen nicht trauen; **не спуска́ть ~ с кого́-л.** jdn im Auge behalten; **не попада́йся мне бо́льше на глаза́!** *разг* komm mir bloß nicht mehr unter die Augen!; **сказа́ть кому́-л. в глаза́** jdm etw geradeheraus sagen; **с глазу на ~** unter vier Augen; **с ~ доло́й – из се́рдца вон** aus den Augen, aus dem Sinn

глаза́ст|ый <-ая, -ое; -, -а, -о> *прил* **1.** *разг* mit großen Augen; **~ ма́льчик** ein Junge mit großen Augen **2.** *(прозо́рливый)* scharfsichtig

Гла́зго <неизм> *ср* ГЕОГ Glasgow *nt*

глазён|ки <-ок> *мн* Äuglein *nt;* **~ новорождённого** Äuglein *nt* des Neugeborenen; **голубы́е ~** blaue Äuglein

глазе́|ть <-ю, -ешь> *нсв нпрх* **1.** *разг* glotzen **2.** *(на кого́-л./что-л.)* anstarren

глази́ще <-а> *ср* Riesenauge *nt;* **огро́мное ~ звéря** Riesenauge *nt* des Biestes

глазни́ц|а <-ы> *ж* Augenhöhle *f;* **рак глазни́цы** Augenhöhlenkrebs *m*

глазн|о́й <-а́я, -о́е> *прил* Augen-; **~ врач** Augenarzt *m;* **глазна́я боле́знь** Augenkrankheit *f*

глаз|о́к[1] <-ка́> *м* Äuglein *nt;* **аню́тины гла́зки** БОТ Stiefmütterchen *ntpl;* **стро́ить кому́-л. гла́зки** jdm schöne Augen machen

глазо́к[2] <-ка́> *м* **1.** *(дверно́й)* Guckloch *nt*

2. БОТ Knospe *f*

глазу́нь|я <-и> *ж* Spiegelei *nt*

глазу́|рь <-ри> *ж* Glasur *f;* **покрыва́ть глазу́рью** glasieren

гла́нд|а <-ы> *ж* АНАТ Mandel *f;* **опера́ция гла́нд** Mandeloperation *f;* **удале́ние гла́нд** die Mandeln herausnehmen [*o* herausoperieren]

глас <гла́са> *м церкcл* ПОЭТ Stimme *f;* **~ наро́да** die Stimme des Volkes; **~ небе́с** Himmelsstimme *f*

гла|си́ть <-шу́, -си́шь> *нсв нпрх* lauten, besagen

гла́снос|ть <-ти> *ж (откры́тость)* Öffentlichkeit *f,* Offenheit *f,* Transparenz *f;* **~ суда́** *юр* Öffentlichkeit des Gerichtsverfahrens; **преда́ть гла́сности** publik machen; **стать достоя́нием гла́сности** an die Öffentlichkeit gelangen

гла́сн|ый I. <-ая, -ое> *прил* 1. *(откры́тый)* öffentlich; **~ суд** ЮР öffentliche Gerichtsverhandlung *f* 2. ЛИНГВ vokalisch; **~ звук** Vokal *m* II. <-ого> *м* Vokal *m*

глауко́м|а <-ы> *ж* МЕД Glaukom *nt;* grüner Star *m*

глаша́та|й <-я> *м* Ausrufer *m,* Verkünder *m;* **~ и́стины и свобо́ды** Verkünder *m* neuer Ideen

гле́тчер <-а> *м* Gletscher *m*

гликози́д <-а> *м* Glykosid *m*

гли́н|а <-ы> *ж* Ton *m,* Lehm *m*

гли́нист|ый <-ая, -ое; -, -а, -о> *прил* tonhaltig, lehmhaltig; **гли́нистая по́чва** Lehmboden *m*

глинобитн|ый <-ая, -ое> *прил* Stampflehm-; **глиноби́тная стена́** Stampfmauer *f*

глинозём <-а> *м* Tonerde *f,* Alaunerde *f*

глинтве́йн <-а> *м* Glühwein *m*

гли́нян|ый <-ая, -ое> *прил* Ton-, tönern; **гли́няные изде́лия** Tonwaren *fpl*

гли́ссер <-а> *м* Gleitboot *nt,* Schnellboot *nt;* **бы́стрый ~** schnelles Motorboot

глист <глиста́> *м* Eingeweidewurm *m;* **ле́нточный ~** Bandwurm *m*

глист|а́ <-ы́> *ж* Eigenweidenwurm *m,* Helminthe *f,* Bandwurm *m*

глицери́н <-а> *м* Glyzerin *nt;* **произво́дство глицери́на** Glyzerinherstellung *f*

глоба́|льный <-льная, -льное; -лен, -льна, -льно> *прил* global, weltweit; **глоба́льная сеть** ИНФОРМ Wide Area Network *nt,* WAN *nt;* **глоба́льная це́ссия** ЭКОН Globalzession *f*

гло́бус <-а> *м* Globus *m,* Lampenkugel *f;* **насто́льный ~** Tischlampenkugel *f;* **шко́льный ~** Schulglobus *m*

гло|да́ть <-жу́, -жешь> *нсв прх* 1. *(кость)* nagen, knabbern 2. *перен (му́чить)* zermürben, quälen; **его́ гло́жет тоска́** der Gram verzehrt ihn

глосса́ри|й <-я> *м* Glossar *nt,* Wörterverzeichnis *nt*

глота́ни|е <-я> *ср* Schlucken *nt,* Einnehmen *nt,* Verschlingen *nt;* **затрудне́ние глота́ния** Schwierigkeiten *pl* beim Schlucken; **табле́тка для глота́ния** eine Pille [*o* eine Tablette] zum Schlucken

глота́тельн|ый <-ая, -ое> *прил* Schluck-; **глота́тельные движе́ния** Schluckbewegungen *fpl*

глота́|ть <-ю, -ешь> *нсв,* **глотну́ть** *св прх* schlucken, (ver)schlucken; **~ во́здух** Luft *f* schnappen/einatmen

гло́тк|а <-и> *ж* Kehle *f,* Schlund *m;* **во всю гло́тку** aus voller Kehle, lauthals

глотн|у́ть <-у, -ёшь> *св прх см.* **глота́ть**

глот|о́к <-ка́> *м* Schluck *m*

гло́хн|уть <-у, -ешь> *нсв,* **загло́хнуть** *св нпрх* 1. *(затиха́ть)* abklingen, verhallen, verstummen; **не дать де́лу ~** *перен* der Sache keine Ruhe geben 2. *(переста́ть де́йствовать)* aussetzen; **мото́р загло́х** der Motor hat ausgesetzt; **магнитофо́н загло́х** das Tonbandgerät verhallte 3. *(дича́ть)* verwildern; **сад загло́х** der Garten verwilderte

глубин|а́ <-ы́> *ж* Tiefe *f;* **~ ре́зкости** ФОТ Tiefenschärfe *f;* **~ ассортиме́нта проду́кта** ЭКОН Sortimentstiefe *f*

глуби́нк|а <-и> *ж разг (далёкий райо́н)* Ferne *f,* Provinz *f;* **се́верная ~** ferner Norden *m*

глуби́нн|ый <-ая, -ое> *прил* Tief-, Tiefen-; **глуби́нное интервью́** Tiefeninterview *nt*

глубо́к|ий <-ая, -ое; -, -а́, -о́> *прил и перен* tief; **~ сон** tiefer Schlaf *m;* **глубо́кая печа́ль** tiefer Kummer *m;* **глубо́кое впечатле́ние** tiefer Eindruck *m;* **глубокое убежде́ние** tiefe Überzeugung *f;* **глубо́кие зна́ния** fundiertes Wissen *nt;* **глубо́кая о́сень** Spätherbst *m;* **глубо́кая ста́рость** hohes Alter *nt;* **до глубо́кой но́чи** bis tief in die Nacht hinein; **глубо́кое неве́жество** krasse Unwissenheit *f;* **глубо́кая благода́рность** tief empfundener Dank *m;* **~ ана́лиз** tief greifende Analyse *f;* **глубо́кое иссле́дование** eingehende Untersuchung *f;* **глубо́кое противоре́чие** krasser Widerspruch [*o* Gegensatz] *m;* **име́ть глубо́кие ко́рни** tiefe Wurzeln gefasst haben; **в глубо́кой дре́вности** in grauer Vorzeit; **~ ассортиме́нт** ЭКОН tiefes Sortiment *nt*

глубоко́ *нрч* tief; **~ дыша́ть** tief atmen

глубоково́дн|ый <-ая, -ое> *прил* Tief(see)-; **глубоково́дная река́** wasserreicher Fluss *m;* **глубоково́дные ры́бы** Tiefseefische *mpl;* **глубоково́дные иссле́дования** Tiefseeforschungen *fpl*

глубокомы́слен|ный <-ная, -ное; -, -на, -но> *прил* tiefsinnig

глубокоуважа́ем|ый <-ая, -ое> *прил офиц* sehr geachtet, sehr geehrt, hochangesehen; **~ господи́н** sehr geehrter Herr

глубоча́йш|ий <-ая, -ее> *прил превосх*

tiefst; **~ покло́н** tiefe Verbeugung *f*
глубь <глу́би> *ж* Tiefe *f;* **в ~ страны́** in das Landesinnere
глум <глу́ма> *м* Höhn *m*, Spott *m;* **люби́тели глу́ма** Spottliebhaber *mpl*
глум|и́ться <-лю́сь, -и́шься> *нсв,* **поглуми́ться** *св нпрх (над кем-л./чем-л.)* jdn verhöhnen
глумле́ни|е <-я> *ср* Hohn *m*, Spott *m;* **выноси́ть глумле́ния** Hohn *m* ertragen
глумли́в|ый <-ая, -ое; -, -а, -о> *прил* verhönend; **~ челове́к** spöttischer Mensch *m*
глупе́йш|ий <-ая, -ее> *прил превосх* dümmst, schwachköpfigst; **~ приме́р** das dümmste Beispiel
глу́пеньк|ий <-ая, -ое> *прил* dumm; **~ ребёнок** dummes Kind *nt*
глупе́|ть <-ю, -ешь> *нсв,* **оглупе́ть** *св нпрх* verblöden, schwachsinnig werden
глуп|е́ц <-ца́> *м разг* Dummkopf *m*, Depp *m*
глуп|и́ть <-лю́, -и́шь> *нсв,* **сглупи́ть** *св нпрх разг* Blödsinn *m* machen
глу́по *нрч* dumm, schwachköpfig, geistesarm; **о́чень ~** sehr dumm, blöd
глупова́т|ый <-ая, -ое; -, -а, -о> *прил* dämlich; **глупова́тая де́вочка** dummes Mädchen *nt*
глу́пос|ть <-ти> *ж* Dummheit *f*, Torheit *f*
глу́п|ый <-ая, -ое; -, -а́, -о> *прил* **1.** *(челове́к)* dumm, doof **2.** *(ситуа́ция)* dumm, unerfreulich
глуха́|рь <-ря> *м* ЗООЛ Auerhahn *m;* **клéтка глухаря́** Auerhahnkäfig *m*
глу́хо *нрч* gedämpft, dumpf; **~ звуча́ть** dumpf klingen
глухова́то *нрч* gedämpft, dumpf; **~ звуча́ть** dumpf klingen
глухова́т|ый <-ая, -ое; -, -а, -о> *прил* schwerhörig; **~ де́душка** tauber Opa *m*
глух|о́й I. <-а́я, -о́е; -, -а́, -о> *прил* **1.** *(с плохи́м слу́хом)* taub; **быть глухи́м к чему́-л.** *перен* taub sein gegen; **не оста́ться глухи́м к кому́-л./чему́-л.** *перен* jdm/etw sein Ohr nicht verschließen **2.** *(о зву́ке)* dumpf; **~ согла́сный** ЛИНГВ stimmloser Konsonant *m* **3.** *(ти́хий, окра́инный)* abgelegen; **глуха́я прови́нция** abgelegene Gegend *f;* **глуха́я у́лица** unbelebte Straße *f;* **глуха́я ночь** stockfinstere Nacht *f;* **~ лес** dichter [*o* tiefer] Wald *m* **4.** *(сплошно́й)* blind, falsch; **глуха́я стена́** blinde Mauer *f;* **глухо́е окно́** blindes [*o* falsches] Fenster *nt* **II.** <-ого> *м* Taube(r) *m*, Gehörlose(r) *m*
глухома́|нь <-ни> *ж* Waldesdickicht *nt*, Dickicht *nt; разг* Einöde *f*
глухонем|о́й I. <-ая, -ое> *прил* taubstumm **II.** <-ого> *м* Taubstumme(r) *m*
глухот|а́ <-ы́> *ж* Taubheit *f*
глуши́те|ль <-ля> *м* **1.** ТЕХ Schalldämpfer *m* **2.** АВТО Auspufftopf *m*
глуш|и́ть <-у́, -и́шь> *нсв прх* **1.** *(челове́ка)* betäuben **2.** *(зву́ки)* dämpfen **3.** *(мото́р)* abdrosseln
глушь <глуши́> *ж* **1.** *(глухо́е ме́сто)* Einöde *f*, abgelegener Ort *m* **2.** *(глуха́я ме́стность)* Wildnis *f*
глы́б|а <-ы> *ж* Klumpen *m*, Brocken *m*
глюко́з|а <-ы> *ж* Glukose *f*, Traubenzucker *m*
гля|де́ть <-жу́, -ди́шь> *нсв,* **погляде́ть** *св нпрх* **1.** *(на кого́-л./что-л.)* anschauen, anblicken; **~ в о́ба** auf der Hut sein; **~ на что-л. сквозь па́льцы** *перен* ein Auge zudrücken; **ни на что́ не гля́дя** ohne jede Rücksicht; **идти́ куда́-л. на́ ночь гля́дя** spätabends irgendwohin gehen; **идти́ куда́ глаза́ глядя́т** immer der Nase nach gehen; **~ во все́ глаза** ganz Auge sein; **того́ и гляди́ случи́тся** es kann jeden Augenblick passieren; **~ сме́рти в глаза́** [*или* **опа́сности**] *перен* dem Tod [*o* der Gefahr] ins Auge sehen **2.** *(за кем-л./чем-л.)* aufpassen auf, einen kurzen Blick werfen; **куда́ ни гля́нешь** wohin der Blick auch fällt
гля|де́ться <-жу́сь, -ди́шься> *нсв рефл* sich betrachten; **~ в зе́ркало** sich im Spiegel betrachten
глядь *част разг* schau!, sieh!; **~, он идёт** guck mal, er kommt!
гля́н|ец <-ца> *м* Glanz *m*, Schimmer *m*
гля́н|уть <-у, -ешь> *св нпрх см.* **гляде́ть**
глянцеви́т|ый <-ая, -ое> *прил* Glanz-; **глянцеви́тая бума́га** Glanzpapier *nt*
гля́нцев|ый <-ая, -ое> *прил* Glanz-; **гля́нцевая пове́рхность** Glanzfläche *f*
гм *межд разг* hm
гна́ть <гоню́, го́нишь> *нсв нпрх* (ver)treiben, verjagen; **~ ста́до** eine Herde antreiben; **~ из до́му** jdn aus dem Haus (fort)jagen
гна́ться <гоню́сь, го́нишься> *нсв,* **погна́ться** *св рефл* **1.** *(за кем-л./чем-л.)* nachrennen; **~ за кем-л. по пята́м** jdm auf den Fersen sein; **~ за трамва́ем** hinter der Straßenbahn herlaufen **2.** *перен (стреми́ться)* trachten nach; **~ за успе́хом** auf Erfolg aus sein
гнев <гне́ва> *м* Zorn *m*, Wut *f;* **смени́ть ~ на ми́лость** Gnade für Recht ergehen lassen
гне́ва|ться <-юсь, -ешься> *нсв,* **разгнева́ться** *св рефл* wütend werden; **~ на судьбу́** sich über das Schicksal ärgern
гнев|и́ть <-лю́, -и́шь> *нсв,* **прогневи́ть** *св перех* ärgern; **~ бо́га** den Zorn Gottes hervorrufen; **~ роди́телей** die Eltern ärgern
гне́вно *нрч* wütend; **~ отвеча́ть** zornig antworten
гне́в|ный <-ная, -ное; -ен, -на, -но> *прил* zornig, wütend
гнед|о́й <-а́я, -о́е> *прил* rotbraun; **гнеда́я ло́шадь** Fuchs *m*, rotbraunes Pferd *nt*
гнез|ди́ться <-жу́сь, -ди́шься> *нсв нпрх*

Г

1. *(вить гнёзда)* nisten **2.** *и перен (жить, юти́ться)* sich einnisten

гнезд|о́ <-á> *ср* Nest *nt*

гнёт <-а> *м* Unterdrückung *f,* Joch *nt;* **духо́вный ~** geistige Unterdrückung

гнету́щ|ий <-ая, -ее> *прил* unterdrückend, bedrückend; **гнету́щее впечатле́ние** bedrückender Eindruck *m*

гни́д|а <-ы> *ж* Nisse *f;* **ма́ленькая ~** *перен* kleines Ekel *nt*

гние́ни|е <-я> *ср* Faulen *nt,* Verwesung *f;* **~ древеси́ны** Holzfäulnis *nt*

гнил|о́й <-áя, -óе; -, -á, -о> *прил* **1.** *и перен* faul, verfault; **~ за́пах** fauler Geruch *m;* **~ компроми́сс** fauler Kompromiss *m;* **совсе́м гнило́е де́ло** eine ganz faule Sache **2.** *(о зуба́х)* faul, kariös **3.** *(ве́тхий)* morsch

гни́лостн|ый <-ая, -ое> *прил* Fäulnis-; **~ за́пах** Fäulnisgeruch *m;* **гни́лостные бакте́рии** Fäulnisbakterien *fpl;* **гни́лостное разложе́ние** Verwesung *f*

гнилу́шк|а <-и> *ж* Rauchholz *nt;* **кусо́к гнилу́шки** ein Stück Rauchholz

гниль <гни́ли> *ж* Fäulnis *f*

гниль|ё <-я́> *ср* Verfaulte(s) *nt;* **па́хнет гнильём** es riecht faulig

гнить <гнию́, гниёшь> *нсв,* **сгнить** *св нпрх* **1.** *(по́ртиться)* faulen, verfaulen **2.** *(истлева́ть)* vermodern

гноеро́дн|ый <-ая, -ое> *прил* МЕД eitererregend

гно́|ить <-ю́, -и́шь> *нсв,* **сгнои́ть** *св прх* verfaulen lassen

гно|и́ться <-и́тся> *нсв безл, только 3 л* eitern

гно́|й <-я> *м* Eiter *m*

гнойни́к <-а> *м* Eiterbeule *f,* Eiterbläschen *nt,* Eiterpickel *m;* **вскры́ть ~** eine Eiterbeule aufschneiden; **лече́ние гнойнико́в** Behandlung *f* von Eiterbeulen

гнойнич|о́к <-ка́> *м* МЕД Pustel *f,* Eiterbläschen *nt*

гно́йн|ый <-ая, -ое> *прил* eitrig; **гно́йное воспале́ние** eitrige Entzündung *f*

гном <гно́ма> *м* Zwerg *m;* **ска́зочный ~** Märchenzwerg *m*

гнус <гну́са> *м* Ungeziefer *nt,* Insektenplage *f*

гнуса́в|ый <-ая, -ое; -, -а, -о> *прил* nasal; **~ го́лос** nasale Aussprache *f*

гну́сно *нрч* ekelhaft, ekelig, widerlich; **он поступи́л ~** er war sehr gemein

гну́снос|ть <-ти> *ж* Schändlichkeit *f,* Niederträchtigkeit *f*

гну́с|ный <-ная, -ное; -ен, -на́, -но> *прил* schändlich, niederträchtig; **~ посту́пок** Schandtat *f*

гну́т|ый <-ая, -ое; -, -а, -о> *прил* verbogen; **гну́тая ме́бель** geschwungene Möbel *f*

гнуть <гну, гнёшь> *нсв,* **согну́ть** *св прх* **1.** *(искривля́ть)* biegen, krümmen **2.** *(клони́ть к чему́-л.)* abzielen auf; **~ свою́ ли́нию** seinen Kopf durchsetzen wollen

гну́ться <гну́сь, гнёшься> *нсв рефл* verbiegen; **стекло́ не гнётся** Glas verbiegt sich nicht; **де́рево гнётся от ве́тра** der Baum beugt sich im Wind

гнуша́|ться <-юсь, -ешься> *нсв рефл* sich ekeln, angewidert sein; **~ лжи** Lügen hassen

гобеле́н <-а> *м* Gobelin *m,* Bildteppich *m;* **стари́нные францу́зские гобеле́ны** altertümliche französische Gobelins; **сте́ны в гобеле́нах** die Wände sind mit Gobelins bedeckt

Го́би <неизм> *ж* ГЕОГ Gobi *f;* **пусты́ня ~** die Wüste Gobi

гобо́|й <-я> *м* Oboe *f*

го́вор <-а> *м* **1.** *(разгово́р)* Reden *nt,* Sprechen *nt;* **ти́хий ~** leises Sprechen; **без го́вора** ohne Ton **2.** *(вы́говор)* Aussprache *f* **3.** ЛИНГВ Mundart *f*

говор|и́ть <-ю́, -и́шь> *нсв,* **сказа́ть** *св нпрх* **1.** *(по́льзоваться языко́м)* sprechen, reden über; **она хорошо́ говори́т по-ру́сски** sie spricht gut Russisch; **об э́том говоря́т все** das ist in aller Munde; **~ на ра́зных языка́х** *перен* einander nicht verstehen; **~ вокру́г да о́коло** [*или* **обиняка́ми**] drum herum reden; **~ намёками** durch die Blume sprechen; **~ без обиняко́в** frei von der Seele weg reden; **~ открове́нно** mit der Sprache herausrücken; **не говоря́ уже о том, что ...** geschweige denn, dass ... **2.** *(выража́ть мы́сли)* sagen; **он говори́т пра́вду** er sagt die Wahrheit; **говоря́т тебе́, замолчи́!** sei gefälligst still!; **~ что-л. за чьей-л. спино́й** *перен* etw hinter jds Rücken sagen; **со́бственно говоря́** eigentlich; **мя́гко говоря́** gelinde gesagt; **не дать кому́-л. ~** jdn nicht zu Wort kommen lassen; **коро́че говоря́** mit anderen Worten; **стро́го говоря́** streng genommen; **открове́нно** [*или* **че́стно**] **говоря́** offen [*o* ehrlich] gesagt; **ме́жду на́ми говоря́** unter uns gesagt; **говоря́т, что ...** man sagt, dass ... **3.** *(свиде́тельствовать о чём-л.)* besagen; **э́то мне́ ма́ло что говори́т** das sagt mir eigentlich nichts; **э́то говори́т само́ за себя́** das spricht für sich; **э́то говори́т о том, что ...** das ist ein Indiz dafür, dass ...

говор|и́ться <-и́тся> *нсв безл, то́лько в 3 л* **как говори́тся** wie man sagt

говорли́в|ый <-ая, -ое; -, -а, -о> *прил* redselig, gesprächig, geschwätzig; **~ ребёнок** Plappermaul *nt*

говору́н <-á> *м разг* Sprecher(in) *m(f),* Schwätzer(in) *m(f);* **~ кла́сса** Klassensprecher *m*

говоря́щ|ий <-яя, -ее> *прил* sprechend

говя́дин|а <-ы> *ж* Rindfleisch *nt*

говя́ж|ий <-ья, -ье> *прил* Rinds-, Rinder-; **говя́жий жир** Rindertalg *m*

Г

гóгот <-а> *м разг* Gelächter *nt;* **неприли́чный ~** unanständiges Gelächter

гог|ота́ть <-очу́, -óчешь> *нсв нпрх* **1.** *(о гуся́х)* gackern, schnattern **2.** *перен (хохота́ть)* laut lachen, wiehern

год <гóда> *м* Jahr *nt;* **раз в году́** einmal im Jahr; **високóсный ~** Schaltjahr *nt;* **теку́щий ~** das laufende Jahr; **учéбный ~** Schuljahr *nt,* Studienjahr *nt;* **фина́нсовый** [*или* **бюджéтный**] ~ ЭКОН Rechnungsjahr *nt;* **~ изда́ния** Erscheinungsjahr *nt;* **~ окончáния строи́тельства** [*или* **изготовлéния**] Baujahr *nt;* **врéмя гóда** Jahreszeit *f;* **кру́глый ~** das ganze Jahr (über); **годáми** jahrelang; **из гóда в ~** von Jahr zu Jahr; **девянóстые гóды** die neunziger Jahre; **в прóшлом году́** im vergangenen Jahr; **в бу́дущем году́** im kommenden Jahr; **~ тому́ назáд** (heute) vor einem Jahr; **чéрез ~** in einem Jahr; **за оди́н ~** innerhalb eines Jahres; **рáзница в годáх** Altersunterschied *m;* **быть** (**ужé**) **в годáх** bejahrt sein; **в твои́ гóды** in deinem Alter; **ему́ 35 лет** er ist 35 Jahre alt; **ему́ седьмóй год** er wird sieben; **ей не дашь её гóды** ihr Alter sieht man ihr nicht an

гóдик <-а> *м разг уменьши́тельно* ein Jahr *nt;* **мáльчику испóлнился ~** der Junge ist ein Jahr geworden

го|ди́ться <-жу́сь, -ди́шься> *нсв рефл* taugen, sich eignen; **он ему́ в подмётки не годи́тся** er kann ihm nicht das Wasser reichen

годи́чн|ый <-ая, -ое> *прил* Jahres-; **~ óтпуск** Jahresurlaub *m;* **годи́чное собрáние** Jahresversammlung *f*

гóднос|ть <-ти> *ж* **1.** *(спосóбность)* Tauglichkeit *f* **2.** *(приспосóбленность)* Brauchbarkeit *f;* **~ к воéнной слу́жбе** Wehrdiensttauglichkeit *f;* **срок гóдности** Verfallsdatum *nt*

гóд|ный <-ная, -ное; -ен, -нá, -о> *прил* tauglich, geeignet, brauchbar; **~ к строевóй** [*или* **воéнной**] **слу́жбе** wehrdiensttauglich; **ни на что не ~ человéк** Taugenichts *m;* **~ к обрабóтке** bearbeitungsfähig; **~ к эксплуатáции** betriebsfähig; **~ для питья́** trinkbar; **~ для еды́** essbar

годовáл|ый <-ая, -ое> *прил* einjährig; **~ ребёнок** einjähriges Kind *nt;* **годовáлое живóтное** Jährling *m*

годов|óй <-áя, -óе> *прил* jährlich, Jahres-; **годовáя зáработная плáта** [*или* **~ оклáд**] Jahresgehalt *nt;* **годовáя при́быль** Jahresgewinn *m;* **годовóе óбщее собрáние** (**акционéров**) Jahreshauptversammlung *f;* **~ балáнс** Jahresabschluss *m;* **~ дохóд** Jahreseinkommen *nt;* **~ зáработок** Jahresverdienst *m;* **~ оборóт** Jahresumsatz *m*

годовщи́н|а <-ы> *ж* Jahrestag *m*

год|óк <-кá> *м прост* Jährchen *nt;* **дед-то мне ~** der Opa ist so alt wie ich

гол <гóла> *м* СПОРТ Tor *nt;* **~, заби́тый в свой ворóта** Eigentor *nt*

Голгóф|а <-ы> *ж* Golgatha *nt*

голенáст|ый <-ая, -ое> *прил* langbeinig, stelzbeinig; **голенáстые пти́цы** Stelzenläufer *mpl,* Storchenvögel *mpl*

голени́щ|е <-а> *ср* Stiefelschaft *m*

гóле|нь <-ни> *ж* Schienbein *nt,* Unterschenkel *m;* **бóли в гóлене** Schmerzen *mpl* im Schienbein

голéц <гольцá> *м* Schmerle *f,* Schmerling *m;* **речнóй ~** Grundel *f*

Голиáф <-а> *м* Goliath *m;* **Дави́д и ~** David und Goliath

голки́пер <-а> *м* Torwart *m*

голлáнд|ец <-ца> *м,* **голлáндк|а** <-и> *ж* Holländer(in) *m(f)*

Голлáнди|я <-и> *ж* Holland *nt*

голлáндск|ий <-ая, -ое> *прил* holländisch

Голливу́д <-а> *м* Hollywood *nt*

голливу́дск|ий <-ая, -ое> *прил* Hollywood-; **~ фи́льм** Hollywoodfilm *m*

гóло *нрч* leer; **в кóмнате ~** im Zimmer ist es leer

голов|á <-ы́> *ж* **1.** АНАТ Kopf *m;* **у меня́ ~ закружи́лась** mir ist schwind(e)lig; **прóсто ~ идёт кру́гом** ich weiß nicht, wo mir der Kopf steht; **вы́ше гóлову!** Kopf hoch!; **приходи́ть в гóлову** einfallen, in den Kopf kommen; **вбить себé что-л. в гóлову** *перен* sich etw in den Kopf setzen; **ломáть себé** (**над чем-л.**) **о гóлову** *перен* sich (über etw) den Kopf zerbrechen; **сломя́ гóлову** *перен* Hals über Kopf; **терять гóлову** *перен* die Beherrschung verlieren; **вскружи́ть кому́-л. гóлову** *перен* jdm den Kopf verdrehen; **повéсить гóлову** *перен* den Kopf hängen lassen; **вали́ть с больнóй головы́ на здорóвую** *перен* jdm die Schuld in die Schuhe schieben; **морóчить кому́-л. гóлову** *разг* jdn an der Nase herumführen; **на свою́ гóлову** *разг* auf eigene Verantwortung; **намы́лить кому́-л. гóлову** *разг* jdm den Kopf waschen **2.** *устар (главá)* Haupt *nt,* Oberhaupt *nt*

головáстик <-а> *м* Kaulquappe *f*

головáст|ый <-ая, -ое> *прил* mit großem Kopf; **~ ребёнок** ein Kind mit großem Kopf

головк|а <-и> *ж* Köpfchen *nt,* Kopf *m,* Kuppe *f;* **булáвочная ~** Stecknadelkopf *m;* **~ звукоснимáтеля** ЭЛ Tonkopf *m;* **~ воспроизведéния** ИНФОРМ Lesekopf *m*

головн|óй <-áя, -óе> *прил* **1.** АНАТ Kopf-; **быть чьéй-л. головнóй бóлью** jdm Kopfzerbrechen bereiten; **головнáя боль** Kopfschmerzen *pl;* **~ мозг** Gehirn *nt* **2.** *(глáвный ведýщий)* Leit-, Mutter-; **головнáя компáния** Obergesellschaft *f;* **головнáя организáция** Dachorganisation *f;* **головнóе óбщество** Muttergesellschaft *f*

головн|я́[1] <-и́> *ж (обгорéлое полéно)* Holzscheit *nt*

головн|я́[2] <-и́> *ж то́лько ед* БОТ Brand *m,* Kornbrand *m;* **овся́ная ~** Haferbrand *m;* **пшени́чная ~** Getreidebrand *m*

головокруже́ни|е <-я> *ср и перен* Schwindel *m,* Schwindelgefühl *nt;* **у меня́ сего́дня си́льное ~** heute ist es mir sehr schwindlig; **~ от успе́хов** Selbstzufriedenheit *f*

головокружи́тельн|ый <-ая, -ое> *прил и перен* schwindlig, Schwindel erregend; **головокружи́тельная высота́** Schwindelhöhe *f;* **~ успе́х** außerordentlicher Erfolg *m*

головоло́мк|а <-и> *ж* Denksportaufgabe *f*

головомо́йк|а <-и> *ж* Verweis *m,* Rüffel *m;* **зада́ть кому́-л. головомо́йку** jdm tüchtig den Kopf waschen; **получи́ть головомо́йку** einen Rüffel einstecken

головоре́з <-а> *м разг* Mörder *m;* **большо́й ~** gefährlicher Mörder *m*

го́лод <-а> *м* Hunger *m;* *(бе́дствие)* Hungersnot *f*

голода́ни|е <-я> *ср* Hungern *nt;* **лече́бное ~** Heilfasten *nt*

голода́|ть <-ю, -ешь> *нсв нпрх* hungern, Hunger leiden; *(для лече́бных це́лей)* fasten

го́лодно *нрч* hungrig; **мне ~** ich bin hungrig

голо́д|ный <-ная,-ное; -ен, -на́, -но> *прил* hungrig

голодо́вк|а <-и> *ж* Hungerstreik *m*

голодра́н|ец <-ца> *м* Habenichts *m;* **у него́ вид голодра́нца** er sieht wie ein Habenichts aus

голоду́х|а <-и> *ж разг* Hunger *m;* **ослабе́л с голоду́хи** er hat vor Hunger abgenommen

гололёд <-а> *м* Glatteis *nt*

гололе́диц|а <-ы> *ж* Glatteis *nt*

го́лос <-а> *м* Stimme *f;* **у него́ лома́ется го́лос** er hat Stimmwechsel; **ни́зкий ~** tiefe Stimme *f;* **хри́плый ~** heisere Stimme *f;* **облада́ть го́лосом** МУЗ stimmbegabt sein; **быть в го́лосе** bei Stimme sein; **повы́сить ~** die Stimme erheben; **в оди́н ~** einstimmig; **пра́во го́лоса** ПОЛ Stimmrecht *nt;* **подсчёт голосо́в** Stimmenzählung *f;* **большинство́ голосо́в** Stimmenmehrheit *f*

голоси́ст|ый <-ая,-ое; -, -а, -о> *прил* stimmkräftig; **~ певе́ц** Sänger *m* mit starker Stimme

голо|си́ть <-шу́, -си́шь> *нсв нпрх* jammern; **~ по поко́йнику** den Toten betrauern

голосова́ни|е <-я> *ср* Abstimmung *f,* Stimmabgabe *f;* **зао́чное ~** Briefwahl *f;* **откры́тое ~** offene Abstimmung *f;* **поимённое ~** namentliche Abstimmung *f;* **о́бщее ~** Urabstimmung *f;* **прямо́е ~** direkte Wahl *f;* **та́йное ~** geheime Abstimmung *f;* **уча́стие в голосова́нии** Stimmbeteiligung *f,* Wahlbeteiligung *f*

голос|ова́ть[1] <-у́ю, -у́ешь> *нсв,* **проголосова́ть** *св нпрх* **1.** *(за кого́-л./что-л.)* stimmen für **2.** *разг* abstimmen über

голос|ова́ть[2] <-у́ю, -у́ешь> *нсв,* **проголосова́ть** *св нпрх* **1.** *(е́хать на попу́тных маши́нах)* per Anhalter fahren **2.** *(пыта́ться останови́ть попу́тную маши́ну)* ein Auto (durch Winken) anzuhalten versuchen

голосов|о́й <-а́я, -о́е> *прил* Stimm-; **голосовы́е свя́зки** Stimmbänder *pl*

голос|о́к <-ка́> *м* Stimme *f;* **~, как у пти́чки** eine sehr schöne Stimme

голу́б|а <-ы> *ж разг* Taube *f;* **~ и голу́бчик** zwei verliebte Täubchen

голубе́|ть <-ет> *нсв безл, то́лько 3 л* blau schimmern, blau werden; **в траве́ голубе́ют незабу́дки** im Gras schimmern Vergissmeinnicht blau; **не́бо голубе́ет** der Himmel wird blau

голуб|е́ц <-ца́> *м* КУЛ Krautroulade *f*

голубизн|а́ <-ы́> *ж* Blaue *nt,* Bläue *f*

голуби́н|ый <-ая, -ое> *прил и перен* Tauben-; **голуби́ные я́йца** Taubeneier *pl;* **голуби́ная по́чта** Taubenpost *f;* **голуби́ная кро́тость** sanft wie eine Taube

голубова́т|ый <-ая, -ое> *прил* bläulich; **голубова́тые глаза́** bläuliche Augen *pl*

голубогла́з|ый <-ая, -ое; -, -а, -о> *прил* blauäugig

голуб|о́й **I.** <-а́я, -о́е> *прил* hellblau, himmelblau **II.** <-ого> *м разг* Schwuler *m*

голу́бушк|а <-и> *ж разг* Täubchen *nt;* **ми́лая ~** meine Liebe

голу́бчик <-а> *м разг* Liebling *m;* **мой ~** mein Liebling

го́лу|бь <-бя> *м* Taube *f*

голубя́тник <-а> *м* Taubenzüchter(in) *m(f);* **мой дя́дя – ~** mein Onkel ist Taubenzüchter

голубя́тн|я <-и> *ж* Taubenhaus *nt,* Taubenschlag *m;* **~ на чердаке́** Taubenschlag *m* auf dem Dachboden

го́л|ый <-ая, -ое; -, -а́, -о> *прил* **1.** *(наго́й)* nackt, bloß, kahl; **соверше́нно ~** splitternackt; **го́лые дере́вья** kahle Bäume; **спать на го́лой земле́** auf der bloßen Erde schlafen; **го́лая прово́дка** ЭЛ blanker Draht *m;* **а коро́ль-то го́лый!** *перен* der Kaiser ist nackt!; **гол как со́кол** *перен* arm wie eine Kirchenmaus **2.** *перен, разг (чи́стый)* rein; **го́лые фа́кты** nackte Tatsachen *fpl;* **~ расчёт** eiskalte Berechnung *f*

голы́ш <-а́> *м разг* nacktes Kind *nt,* Nackedei *m;* **ку́кла-~** Babypuppe *f*

го́льми|й <-я> *м* ХИМ Holmium *nt*

гольф <го́льфа> *м* СПОРТ Golf *nt*

Гольфстри́м <-а> *м* Golfstrom *m*

го́льф|ы <-ов> *мн* Kniestrümpfe *mpl*

гомеопа́т <-а> *м* Homöopath(in) *m(f)*

гомеопати́ческ|ий <-ая, -ое> *прил* homöopathisch; **гомеопати́ческая до́за** kleine Dosis *f*

гомеопа́ти|я <-и> *ж* Homöopathie *f*

гомогенн|ый <-ая, -ое> *прил* homogen

гóмон <-а> *м* Heidenlärm *m*, Lärm *m*; **птúчий ~** Gezwitscher *nt*; **~ детéй** Kinderlärm *m*

гомонúть <-ю, -úшь> *нсв нпрх* lärmen; **сосéди гомонúли всю нóчь** die Nachbarn haben die ganze Nacht gekracht

гомосексуалúзм <-а> *м* Homosexualität *f*

гомосексуалúст <-а> *м* Homosexueller *m*

гомосексуáльнос|ть <-ти> *ж* Homosexualität *f*

гомосексуáльн|ый <-ая, -ое> *прил* homosexuell

гонг <гóнга> *м* Gong *m*

гондóл|а <-ы> *ж* Gondel *f*

гонéни|е <-я> *ср* Verfolgung *f*; **подвéргнуть гонéниям** verfolgt werden; **~ на свобóду печáти** Verfolgung *f* der Pressefreiheit

гон|éц <-цá> *м* Eilbote *m*, Bote *m*; **послáть гонцá** einen Boten schicken

гонúм|ый <-ая, -ое; -, -а, -о> *прил* verfolgt; **~ престýпник** gejagter Verbrecher *m*

гóнк|а <-и> *ж* **1.** СПОРТ Rennen *nt*; **~ фóрмула одúн** АВТО Formel-1-Rennen *nt*; **~ преслéдования** Verfolgungsjagd *f* **2.** *разг* Hetze *f*

Гонкóнг <-а> *м* ГЕОГ Hongkong *nt*; **поéхать в ~** nach Hongkong fahren

гонокóкк <-а> *м* Gonokokke *f*

гóнор <-а> *м* Dünkel *m*; **человéк с гóнором** eingebildeter Mensch *m*; **большóй ~** großer Dünkel *m*

гонорáр <-а> *м* Honorar *nt*, Gage *f*

гонорé|я <-и> *ж* Gonorrhoe *nt*, Tripper *m*; **у негó нашлú гонорéю** bei ihm wurde Tripper festgestellt

гóночн|ый <-ая, -ое> *прил* Renn-; **гóночная лóдка** Rennboot *nt*

гончáр <-á> *м* Töpfer *m*

гончáрн|ый <-ая,-ое> *прил* Töpfer-; **гончáрная мастерскáя** Töpferwerkstatt *f*

гóнч|ий <-ая> *прил* **гóнчая собáка** Jagdhund *m*

гóнщик <-а> *м*, **гóнщиц|а** <-ы> *ж* Rennfahrer(in) *m(f)*

гонá|ть <-ю, -ешь> *нсв прх* **1.** *(погонять)* jagen; **~ мяч** СПОРТ den Ball kicken **2.** *(прогонять)* vertreiben **3.** *(торопить)* hetzen, antreiben; **~ лошадéй** die Pferde (mit der Peitsche) antreiben; **~ машúну** mit dem Auto rasen

гонá|ться <-юсь, -ешься> *нсв рефл (за кем-л./чем-л.)* jdm/etw nachjagen, jdn/etw verfolgen

гоп *межд разг* hopp!

гор|á <-ы> *ж* Berg *m*; **~ отхóдов** Müllberg *m*; **в гóру** bergauf; **нáши делá идýт в гóру** *перен* es geht aufwärts mit uns; **под гóру, с горы́** bergab; **зимá не за горáми** *разг* der Winter steht vor der Tür; **сулúть комý-л. золоты́е гóры** *перен* jdm goldene Berge versprechen; **он мóжет сдвúнуть гóры** *перен* er kann Berge versetzen

горáзд <-а, -о> *прил прост* geschickt; **кто во что ~** jeder macht das, was er am besten kann; **на вы́думки ~** einfallsreich

горáздо *нрч* viel, bei weitem; **~ бóльше** bei weitem mehr

горб <горбá> *м* АНАТ Buckel *m*, Höcker *m*; **зарабóтать своúм горбóм** *разг* mit eigenen Händen erarbeiten; **испытáть на своём горбý** *перен* am eigenen Leib erfahren

горбáт|ый <-ая, -ое; -, -а, -о> *прил* bucklig; **горбáтого могúла испрáвит** *перен* den Krüppel heilt erst der Tod

горбúнк|а <-и> *ж* **нос с горбúнкой** gebogene Nase *f*

гóрб|ить <-лю, -ишь> *нсв*, **сгóрбить** *св перех* krümmen; **~ спúну** sich krumm arbeiten

гóрб|иться <-люсь, -ишься> *нсв*, **сгóрбиться** *св рефл* sich krümmen; **он гóрбится при ходьбé** er läuft krumm; **~ от тя́жести** von Lasten einen krummen Rücken bekommen

горбонóс|ый <-ая, -ое; -,-а, -о> *прил* mit gebogener Nase; **~ мужчúна** Mann *m* mit Hakennase

горбýн <-á> *м* Buck(e)lige(r) *f(m)*; **егó назывáли горбунóм** man nannte ihn den Buckligen

горбýш|а <-и> *ж* Buckellachs *m*; **паштéт из горбýши** Buckellachspastete *f*

горбýшк|а <-и> *ж* **~ хлéба** Brotkante *f*

горделúв|ый <-ая, -ое; -, -а, -о> *прил* stolz, hochmütig; **горделúвая осáнка** hochmütige Erscheinung *f*

гордéц <-á> *м* stolzer Mensch *m*

гор|дúться <-жýсь, -дúшся> *нсв рефл* stolz sein auf *+akk*, sich brüsten mit *+dat*

гóрдо *нрч* stolz; **~ переступáть** stolzieren

гóрдос|ть <-ти> *ж* Stolz *m*

гóрд|ый <-ая, -ое; -, -á, -о> *прил* stolz

горды́н|я <-и> *ж* Hochmut *f*, Überheblichkeit *f*; **обуздáть горды́ню** die Überheblichkeit überwinden [*o* unterdrücken]

гóр|е <-я> *ср* **1.** *(печáль)* Gram *m*, Kummer *m* **2.** *(несчáстье)* Unglück *nt*; **на моё ~, к моемý гóрю** zu meinem Unglück; **с гóрем пополáм** mit Müh und Not

гóре- *пéред существúтельным* erbärmlich, schlecht; **~-администрáтор** *перен* dummer Beamter *m*

гор|евáть <-ю́ю, -ю́ешь> *нсв*, **погоревáть** *св нпрх (о ком-л./чём-л.)* sich grämen, trauern um/über *+akk*

горéлк|а <-и> *ж* Brenner *m*; **прúмусная ~** Petroleumkocher *m*; **~ гáзовой плиты́** Gasherdflamme *f*

горéл|ый <-ая, -ое> *прил* verbrannt, angebrannt; **горéлые дóски** angebrannte Bretter *ntpl*; **горéлые кóжи** gebranntes Leder *nt*

горемы́к|а <-и> *м и ж разг* armer Teufel

m, Pechvogel *m*

горемы́ч|ный <-ная,-ное; -ен, -на, -но> *прил* traurig; **горемы́чная до́ля** Jammerleben *nt*

горе́ни|е <-я> *ср* Brennen *nt;* **~ дров** Holzbrennen *nt*

го́рестно *нрч* traurig; **о́чень ~** sehr traurig

го́рест|ный <-ная, -ное; -ен, -на, -но> *прил* kummervoll, traurig; **го́рестное изве́стие** traurige Nachricht *f*

го́рес|ть <-ти> *ж* Kummer *m,* Gram *m,* Unglück *nt;* **чу́вство го́рести** Unglücksgefühl *nt;* **ско́лько го́рестей!** so viel Leid!

гор|е́ть <-ю́, -и́шь> *нсв,* **сгоре́ть** *св нпрх* brennen; **~ от стыда́** *перен* vor Scham vergehen; **щёки горя́т** *перен* die Wangen glühen [*o* brennen]; (**э́то**) **не гори́т!** *перен* es hat keine Eile!

го́р|ец <-ца> *м,* **горя́нк|а** <-и> *ж* Bergbewohner *m*

гореча́вк|а <-и> *ж* БОТ Enzian *m*

го́ре|чь <-чи> *ж* **1.** *(вкус)* Bitterkeit *f;* **~ во рту** bitterer Geschmack im Mund **2.** *перен (го́ресть)* Bitternis *f;* **~ разлу́ки** die Bitterkeit des Abschieds

горизо́нт <-а> *м и перен* Horizont *m*

горизонта́|ль <-ли> *ж* Horizontale *f;* **по горизонта́ли** auf der Horizontale

горизонта́|льный <-льная, -льное; -лен, -льна, -льно> *прил* horizontal, waagerecht; **горизонта́льная диверсифика́ция** ЭКОН horizontale Diversifikation *f*

гори́лл|а <-ы> *ж* Gorilla *m*

горисполко́м *сокр от* **городско́й исполни́тельный комите́т** Exekutivkomitee *nt* des Stadtrates; **секрета́рь горисполко́ма** Sekretär *m* des Stadtexekutivkomitees

гори́ст|ый <-ая, -ое; -, -а, -о> *прил* bergig, Gebirgs-; **гори́стая ме́стность** Berglandschaft *f*

го́рк|а <-и> *ж* kleiner Berg *m,* Anhöhe *f;* **де́тская ~** Rutschbahn *f;* **ледяна́я ~** Rodelbahn *f*

горко́м *сокр от* **городско́й комите́т** Stadtkomitee *nt;* **~ па́ртии** Stadtparteikomitee *nt*

горла́н|ить <-ю, -ишь> *нсв нпрх разг* grölen

горла́ст|ый <-ая, -ое; -, -а, -о> *прил прост* Schrei-; **~ па́рень** Schreihals *m*

го́рл|о <-а> *ср* АНАТ Hals *m,* Kehle *f;* **по ~** *и перен* bis zum [*o* über den] Hals; **рабо́ты** (**у нас**) **по ~** die Arbeit wächst uns über den Kopf; **быть сы́тым по ~** bis oben hin satt sein; **встать кому́-л. попере́к го́рла** *перен* jdm zum Hals heraushängen; **крича́ть** [*или* **ора́ть**] **во всё** ~ *разг* aus voller Kehle schreien; **промочи́ть ~** *разг* sich die Kehle anfeuchten [*o* schmieren]

горлови́н|а <-ы> *ж* Schacht *f;* **~ вулка́на** Krater *m* des Vulkans; **~ парово́го котла́** Dampfkesselöffnung *f*

горлов|о́й <-а́я, -о́е> *прил* Kehl-; **~ ка́шель** Kehlhusten *m*

горлопа́н <-а> *м* Schreihals *m*

го́рлышк|о <-а> *ср* **1.** *(го́рло)* Kehlchen *nt* **2.** *(буты́лки)* Flaschenhals *m*

гормо́н <-а> *м* Hormon *nt;* **~ ро́ста** Wachstumshormon *nt;* **полово́й ~** Geschlechtshormon *nt;* **лече́ние ~ами** Hormontherapie *f*

гормона́льн|ый <-ая, -ое> *прил* Hormon-, hormonal, Hormonal-; **~ препара́т** Hormonalmittel *nt,* Hormonalpräparat *nt*

горн <го́рна> *м* **1.** МУЗ Horn *nt;* **звук го́рна** Hornblasen *nt* **2.** ТЕХ Herd *m*

горни́ст <-а> *м* Hornist *m;* **одарённый ~** begabter Hornist *m*

го́рниц|а <-ы> *ж устар* Zimmer *nt;* **ую́тная ~** gemütliches Zimmer

го́рничн|ая <-ой> *ж* Zimmermädchen *nt*

горнолы́жн|ый <-ая, -ое> *прил* Ski-; **~ спорт** alpiner Skisport *m*

горноста́|й <-я> *м* Hermelin *m*

го́рн|ый <-ая, -ое> *прил* Berg(bau)-, Gebirgs-; **~ велосипе́д** Mountainbike *nt;* **~ во́здух** Höhenluft *f;* **го́рное де́ло** Bergbau *m;* **~ инжене́р** Bergbauingenieur *m;* **го́рная цепь** Gebirgskette *f*

горня́к <-а> *м* Bergmann *m,* Bergarbeiter *m*

го́род <-а> *м* Stadt *f;* **~-миллионе́р** Millionenstadt *f;* **~-спу́тник** Trabantenstadt *f;* **~-побрати́м** Partnerstadt *f;* **за́ ~** aufs Land, ins Grüne

горо|ди́ть <-жу́, -ди́шь> *нсв прх* **1.** *(огороди́ть)* einzäunen; **~ огоро́д** einen Zaun setzen **2.** *перен* dummes Zeug reden

городи́щ|е <-а> *ср* prähistorische Siedlung *f*

городово́|й <-го> *м* Polizist(in) *m(f);* **чин городово́го** Rang *m* des Polizisten

город|о́к <-ка> *м уменьши́тельное* Städtchen *nt,* Kleinstadt *f;* **студе́нческий ~** Studentenstadt *f;* **косми́ческий ~** Astronautenstädtchen *nt*

городск|о́й <-а́я, -о́е> *прил* städtisch, Stadt-; **городско́е управле́ние** Stadtverwaltung *f;* **~ сове́т** Stadtrat *m*

городьб|а́ <-ы́> *ж* Bau *m;* **~ да́чи** Bau eines Wochenendhauses

горожа́нин <-а> *м,* **горожа́нк|а** <-и> *ж* Städter(in) *m(f)*

гороско́п <-а> *м* Horoskop *nt*

горо́х <-а> *м* **1.** *(зёрна)* Erbsen *pl* **2.** *(расте́ние)* Erbsenpflanze *f*

горо́хов|ый <-ая, -ое> *прил* Erbsen-; **~ суп** Erbsensuppe *f*

горо́ш|ек <-ка> *м* **1.** *уменьши́тельное* Erbse *f;* **суп из горо́шка** Erbsensuppe *f* **2.** *(расте́ния)* Erbsenpflanze *f;* **души́стый горо́шек** wohlriechende Platterbse *f* **3.** *(мате́рия)* **си́тец горо́шком** getüpfelter Stoff *f*

горо́шин|а <-ы> *ж* Erbse *f*
горсове́т *сокр от* **городско́й сове́т** Stadtrat *m*
го́рстк|а <-и> *ж* Handvoll *f*
го́рс|ть <-ти> *ж* Handvoll *f;* **две го́рсти муки́** zwei Handvoll Mehl
горта́нно *нрч* Kehl(kopf)-, guttural; **говори́ть ~** kehlig sprechen
горта́нн|ый <-ая, -ое> *прил* Kehl(kopf)-, guttural; **горта́нные зву́ки** kehlige Laute *mpl*
горта́|нь <-ни> *ж* Kehlkopf *m*
горч|и́ть <-ит> *нсв безл, то́лько 3 л* bitter schmecken; **мука́ горчи́т** das Mehl schmeckt bitter; **во рту горчи́т** ich habe einen bitteren Geschmack im Mund
горчи́ц|а <-ы> *ж* Senf *m*
горчи́чник <-а> *м* **1.** МЕД Senfpflaster *nt,* Senfpapier *nt* **2.** *разг* СПОРТ gelbe Karte *f*
горш|о́к <-ка́> *м* Topf *m;* **цвето́чный ~** Blumentopf *m;* **ночно́й ~** Nachttopf *m;* **от горшка́ два вершка́** *разг* Dreikäsehoch *m*
горшо́ч|ек <-ка> *м* Topf *m;* **~ ка́ши** Topf *m* voll mit Brei
го́|рький <-рькая, -рькое; -рек, -рька́, -рько> *прил* bitter, schwer, kummervoll; **го́рькое разочарова́ние** bittere Enttäuschung *f*
го́рько *нрч* bitter; **немно́го ~** etwas bitter
горю́че|е <-го> *ср* Brennstoff *m,* Treibstoff *m,* Kraftstoff *m*
горю́ч|ий <-ая, -ее; -, -а, -о> *прил* brennbar; **горю́чие слёзы** *перен* bittere Tränen *fpl*
горя́че|е <-го> *ср* warme Mahlzeit *f*
горя́чечн|ый <-ая, -ое> *прил* fiebrig, fieberhaft; **~ бред** im Fieber fantasieren; **~ больно́й** Fieberkranke *m*
горя́ч|ий <-ая, -ее; -, -а́, -о́> *прил* **1.** *(о́чень тёплый)* heiß; **горя́чая вода́** warmes Wasser *nt;* **~ во́здух** Heißluft *f* **2.** *разг (стра́стный)* hitzig, heftig; **горя́чая голова́** Hitzkopf *m;* **горя́чая то́чка** Krisengebiet *nt;* **горя́чие деньки́** hektische [*o* arbeitsreiche] Tage *mpl*
горячи́тельн|ый <-ая, -ое> *прил разг* **~ напи́ток** Spirituosen *pl*
горяч|и́ть <-у́, -и́шь> *нсв,* **разгорячи́ть** *св прх* erhitzen; *(подстрека́ть)* anstacheln, anfeuern
горяч|и́ться <-у́сь, -и́шься> *нсв,* **погорячи́ться** *св рефл* sich ereifern
горя́чк|а <-и> *ж* **1.** МЕД Fieber *nt;* **бе́лая ~** Delirium tremens *nt,* Säuferwahnsinn *m;* **роди́льная ~** Wochenbettfieber *nt* **2.** *перен (спе́шка)* Hast *f,* große Eile *f;* **биржева́я ~** Börsenfieber *nt*
горя́чнос|ть <-ти> *ж* Eifer *m,* Hitzigkeit *f;* **говори́ть с горя́чностью** eifrig sprechen; **~ хара́ктера** hitziger Charakter *m*
горячо́ *нрч* heiß; **~ приве́тствовать** herzlichst begrüßen
госба́нк *сокр от* **госуда́рственный банк** Staatsbank *f*
госбезопа́сность *сокр от* **госуда́рственная безопа́сность** Staatssicherheit *f;* **план госбезопа́сности** Staatssicherheitsplan *m*
госбюдже́т *сокр от* **госуда́рственный бюдже́т** Staatshaushalt *m*
госду́ма *сокр от* **госуда́рственная Ду́ма** staatliche Duma *f (das russische Parlament);* **зако́н при́нят госду́мой** das Gesetz wurde von der Duma verabschiedet
госзака́з *сокр от* **госуда́рственный зака́з** Staatsauftrag *m*
госпитализа́ци|я <-и> *ж* Hospitalisierung *f,* Einweisung *f;* **~ больно́го** Hospitalisierung des Kranken
госпитализи́р|овать <-ую, -уешь> *(н)св прх* hospitalisieren; **~ больно́го** den Kranken ins Krankenhaus einweisen
го́спита|ль <-ля> *м* Hospital *nt*
госпита́льн|ый <-ая, -ое> *прил* Krankenhaus-, Lazarett-; **го́спитальная ско́рая** Krankenwagen *m*
Го́споди! *межд* mein Gott!
господи́н <-а> *м* Herr *m;* **господа́!** *(Anrede)* meine Herren!

i Land & Leute

Die offizielle Form der Anrede im alten Russland, die im Deutschen **„Frau“ und „Herr“** entsprach, galt nur in den oberen Schichten der Gesellschaft und wurde nach 1917 von den Bolschewiken abgeschafft. Auch die vornehme altrussische Bezeichnung „су́дарь“ и „суда́рыня“ („mein Herr“ und „gnädige Frau“), die im inoffiziellen Verkehr gebraucht wurde, passte der Partei nicht.
Die von ihr eingeführte Anrede für Männer und Frauen „това́рищ“ („Genosse“) war vor allem unter den Funktionären und in der Basis unter den Kollegen üblich. Sonst setzte sich im offiziellen Umgang die Bezeichnung „гражданин“ und „гражда́нка“ („Bürger“ und „Bürgerin“) durch – im inoffiziellen die von vielen als vulgär empfundene Geschlechtsanrede „мужчина“ und „же́нщина“ sowie, in Bezug auf jüngere Menschen, die angenehmere „молодо́й челове́к“ und „де́вушка“.
Seit der Perestrojka ist die alte Form „господин“ und „госпожа́“ zunehmend wieder im Gebrauch; bei feierlichen Ansprachen verwendet man immer öfter die Anrede „Да́мы и господа́!“ („Meine Damen und Herren!“).
Für die Mehrheit der Russen wirken

diese „alten neuen“ Anredeformen allerdings noch sehr befremdend.

госпо́дн|ий <-яя, -ее> *прил* Gottes-
госпо́дск|ий <-ая, -ое> *прил* Herren-; **~ дом** Herrenhaus *nt*
госпо́дств|о <-а> *ср* Herrschaft *f; (госпо́дствующее положе́ние)* Vorherrschaft *f,* Dominanz *f;* **~ на ры́нке** Marktbeherrschung *f*
госпо́дств|овать <-ую, -уешь> *нсв нпрх* **1.** *(над кем-л./чем-л.)* herrschen über **2.** *(преоблада́ть)* vorherrschen
госпо́дствующ|ий <-ая, -ее> *прил* herrschend, Herrscher-; **~ класс** Herrscherklasse *f;* **госпо́дствующее мне́ние** herrschende Meinung *f*
Госпо́дь <го́спода> *м* Herr *m,* Gott *m;* **Го́споди!** mein Gott!
госпож|а́ <-и́> *ж* Frau *f; (хозя́йка)* Herrin *f,* Wirtin *f; (в обраще́нии)* gnädige Frau *(als Anrede);* **~ Ивано́ва** Frau Iwanowa
госпредприя́тие *сокр от* **госуда́рственное предприя́тие** staatliches Unternehmen *nt*
госрегули́рование *сокр от* **госуда́рственное регули́рование** staatlicher Eingriff *m*
госсекрета́|рь <-ря́> *м* Staatssekretär *m*
гостев|о́й <-ая, -ое> *прил* Gäste-; **~ биле́т** Gästekarte *f*
гостеприи́м|ный <-ная, -ное; -ен, -на, -но> *прил* gastlich, gastfreundlich
гостеприи́мств|о <-а> *ср* Gastfreundschaft *f*
гости́н|ая <-ой> *ж* Wohnzimmer *nt*
гости́н|ец <-ца> *м* Geschenk *nt;* **привезти́ гости́нцы** Geschenke mitbringen
гости́ниц|а <-ы> *ж* Gasthof *m,* Hotel *nt;* **постро́ить гости́ницу** ein Hotel bauen; **посели́ться в гости́нице** im Hotel einchecken
гости́ничн|ый <-ая, -ое> *прил* Hotel-; **~ но́мер** Hotelzimmer *nt*
гости́н|ый <-ая, -ое> *прил* **~ двор** Kaufhof *m*
го|сти́ть <-щу́, -сти́шь> *нсв нпрх* besuchen, zu Besuch sein; **~ у ма́мы в дере́вне** bei Mutter im Dorf zu Besuch sein
гость <го́стья> *м* Gast *m;* **почётный ~** Ehrengast *m;* **у меня́ го́сти** ich habe Besuch; **принима́ть госте́й** Gäste empfangen; **ходи́ть в го́сти к кому́-л.** jdn besuchen; **быть в гостя́х у кого́-л.** bei jmd zu Besuch sein
го́сть|я <-и> *ж* Gast *m;* **быть го́стьей** zu Besuch sein
госуда́ре|в <-ва, -го> *прил* Herren-; **госуда́рево поме́стье** Herrengut *nt*
госуда́рственнос|ть <-ти> *ж* Staatswesen *nt;* **национа́льная ~** nationales Staatswesen *nt*
госуда́рственн|ый <-ая, -ое> *прил* staatlich, Staats-; **госуда́рственная гара́нтия** staatliche Garantie *f;* **госуда́рственная де́ятельность** Staatstätigkeit *f;* **госуда́рственная долгова́я поли́тика** staatliche Schuldenpolitik *f;* **госуда́рственная задо́лженность** Staatsverschuldung *f;* **госуда́рственная казна́** Fiskus *m;* **госуда́рственная монопо́лия** staatliches Monopol *nt;* **госуда́рственная подде́ржка обме́нного ку́рса** gestützter Wechselkurs *m;* **госуда́рственная со́бственность** Staatseigentum *nt;* **госуда́рственная субси́дия** Subvention *f;* **госуда́рственное предприя́тие** staatliches Unternehmen *nt;* **госуда́рственное хозя́йство** Staatswirtschaft *f;* **госуда́рственные дохо́ды** Staatseinnahmen *pl;* **госуда́рственные за́ймы** Staatsanleihen *pl;* **госуда́рственные облига́ции** Bundesobligation *f;* **госуда́рственные расхо́ды** Staatsausgaben *pl;* **госуда́рственные це́нные бума́ги** Staatspapiere *pl;* **~ банк** Staatsbank *f;* **~ ба́нковский контро́ль** Bankenaufsicht *f;* **~ бюдже́т** Staatshaushalt *m,* Etat *m;* **~ дирижи́зм** staatlicher Eingriff *m;* **~ муж** Staatsmann *m;* **~ се́ктор промы́шленности** verstaatlichte Industrie *f;* **~ се́ктор эконо́мики** Staatswirtschaftsbereich *m;* **~ сове́т** Staatsrat *m;* **госуда́рственные интере́сы** Staatsinteressen *pl,* staatliche Interessen *pl*
госуда́рств|о <-а> *ср* Staat *m;* **~ всео́бщего благоде́нствия** Wohlfahrtsstaat *m;* **правово́е ~** Rechtsstaat *m;* **федера́льное** [*или* **сою́зное**] **~** Bundesstaat *m;* **~-исто́чник** Quellenstaat *m;* **госуда́рства Перси́дского зали́ва** Golfstaaten *pl*
госуда́рын|я <-и> *ж* Herrscherin *f,* Fürstin *f;* **ми́лостивая ~** gnädige Frau, sehr geehrte Frau
госуда́|рь <-ря> *м* Herrscher *m,* Fürst *m;* **мой ~** mein Herr
гот <го́та> *м* Gote *m;* **вест-~** Westgote *m*
го́тик|а <-и> *ж* Gotik *f*
готи́ческ|ий <-ая, -ое> *прил* gotisch
гото́в|ить <-лю, -ишь> *нсв,* **пригото́вить, сгото́вить** *св прх* **1.** *(приготовля́ть)* vorbereiten; **~ кни́гу к печа́ти** ein Buch druckfertig machen; **~ уро́ки** die Hausaufgaben machen **2.** *(пи́щу)* zubereiten, kochen; **~ обе́д** das Mittagessen kochen **3.** *(специали́стов)* ausbilden
гото́в|иться <-люсь, -ишься> *нсв рефл* *(к чему́-л.)* sich vorbereiten, Vorbereitungen treffen, sich gefasst machen
гото́внос|ть <-ти> *ж* Bereitschaft *f;* **~ к компроми́ссам** Kompromissbereitschaft *f;* **~ помо́чь** Hilfsbereitschaft *f;* **вы́разить свою́ ~** sich bereit erklären; **~ к поста́вке** ЭКОН Lieferbereitschaft *f;* **боева́я ~** ВОЕН Kampfbereitschaft *f*
гото́в|ый <-ая, -ое; -, -а, -о> *прил*

1. *(пригото́вленный, сде́ланный)* fertig; **гото́вая дета́ль** Fertigteil *nt;* **гото́вая проду́кция** Fertigerzeugnisse *ntpl;* **гото́вое блю́до** Fertiggericht *nt;* **гото́вое изде́лие** Fertigfabrikat *nt;* **~ к печа́ти** druckreif; **~ к эксплуата́ции** betriebsbereit **2.** *(согла́сный)* bereit; **быть гото́вым к чему́-л.** willens sein; **быть гото́вым на что-л.** bereit sein zu

гофри́рован|ный <-ная, -ное; -, -а, -о> *прил* geriffelt, gewellt

грабёж <-á> *м* Raub *m,* Plünderung *f;* **~ среди́ бе́ла дня́** *перен* die reinste Geldschneiderei

граби́те|ль <-ля> *м* Räuber *m,* Plünderer *m*

граби́тельск|ий <-ая, -ое> *прил* räuberisch

гра́б|ить <-лю, -ишь> *нсв,* **огра́бить, разгра́бить** *св (н)прх* ausrauben, plündern; *(соверши́ть кра́жу со взло́мом)* einbrechen; **~ банк** eine Bank ausrauben

гра́|бли <-бель *или* -блей> *мн* Rechen *m,* Harke *f*

гра́ви|й <-я> *м* Kies *m,* Schotter *m*

грави́р|овать <-ую, -уешь> *нсв,* **выграви́ровать** *св прх* gravieren; **~ на́дпись** eine Inschrift (ein)gravieren

гравитацио́нн|ый <-ая, -ое> *прил* Gravitations-

гравита́ци|я <-и> *ж* Gravitation *f,* Schwerkraft *f*

гравю́р|а <-ы> *ж* Kupferstich *m,* Gravüre *f*

град <гра́да> *м* Hagel *m;* **идёт ~** es hagelt; **уда́ры сы́пались гра́дом** *перен* es hagelte Prügel; **~ пуль** *перен* Kugelhagel *m*

гради́рн|я <-и> *ж* ТЕХ Kühlturm *m,* Gradierwerk *nt*

градонача́льник <-а> *м* ИСТОР Stadthauptmann *m,* Stadtoberhaupt *m*

градострои́тельств|о <-а> *ср* Städtebau *m*

гра́дус <-а> *м* Grad *m;* **де́лать поворо́т на сто во́семьдесят гра́дусов** *и перен* sich um hundertachtzig Grad drehen, seine Meinung völlig ändern; **под гра́дусом** *разг* beschwipst, angeheitert

гра́дусник <-а> *м* Fieberthermometer *nt*

граждани́н <-а> *м* Staatsbürger *m;* **Граждани́н!** *(обраще́ние)* gnädiger Herr!; **~ ФРГ** Bundesbürger *m;* **почётный ~** Ehrenbürger *m*

гражда́нк|а <-и> *ж* Staatsbürgerin *f;* **Гражда́нка!** *(обраще́ние)* gnädige Frau!

гражда́нск|ий <-ая, -ое> *прил* Bürger-; *(невое́нный)* Zivil-; **гражда́нская война́** Bürgerkrieg *m;* **гражда́нская инициати́ва** Bürgerinitiative *f;* **гражда́нско-правово́е о́бщество** Zivilgesellschaft *f;* **гражда́нское пра́во** Zivilrecht *nt;* **гражда́нское лицо́** Zivilist *m;* **гражда́нское му́жество** Zivilcourage *f;* **гражда́нское населе́ние** Zivilbevölkerung *f*

гражда́нств|о <-а> *ср* Staatsangehörigkeit *f;* **двойно́е ~** doppelte Staatsbürgerschaft *f;* **лицо́ без гражда́нства** Staatenloser *m;* **дава́ть ~** einbürgern; **лиша́ть гражда́нства** ausbürgern

грамза́пи|сь <-си> *ж* Schallplattenaufnahme *f;* **прослу́шать ~** sich eine Plattenaufnahme anhören

грамм <гра́мма> *м* Gramm *nt*

грамма́тик|а <-и> *ж* Grammatik *f*

граммати́ческ|ий <ая, -ое> *прил* grammatisch, grammatikalisch

граммофо́н <-а> *м* Plattenspieler *m*

гра́мот|а <-ы> *ж* **1.** *(официа́льный пи́сьменный акт)* Urkunde *f;* **вери́тельная ~** Beglaubigungsschreiben *nt;* **почётная ~** Ehrenurkunde *f* **2.** *(уме́ние чита́ть и писа́ть)* Lesen und Schreiben *nt;* **обуче́ние гра́моте** Lese- und Schreibunterricht *m*

грамоте́й <-я> *м разг* Schriftkundige *m*

гра́мотно *нрч* schriftkundig; **писа́ть ~** ohne Fehler schreiben

гра́мотнос|ть <-ти> *ж* Beherrschung *f* des Lesens und Schreibens; **~ населе́ния** schriftkundige Bevölkerung *f*

гра́мот|ный <-ная, -ное; -ен, -на, -но> *прил* **1.** *(зна́ющий гра́моту)* schriftkundig, lese- und schreibkundig; **гра́мотное письмо́** fehlerfrei schreiben **2.** *(све́дущий)* sachkundig, geschult **3.** *(о рабо́те)* fachmännisch

гран <гра́на> *м (едини́ца ма́ссы, ра́вная 0,062 г)* Gran *nt;* **ни гра́на (нет)** es gibt nichts mehr

грана́т[1] <-а> *м (де́рево)* Granat(apfel)baum *m;* **спе́лый ~** reifer Granatapfel *m*

грана́т[2] <-а> *м (минера́л)* Granat *m;* **брасле́т из грана́тов** Granatarmband *m*

грана́т|а <-ы> *ж* Granate *f*

грана́тн|ый <-ая, -ое> *прил* Granaten-; **~ снаря́д** Granatengeschoss *m*

грана́тов|ый <-ая, -ое> *прил* Granat(en)-; **~ брасле́т** Granatarmband *nt*

гранатомет <-а> *м* ВОЕН Bazooka *f;* **музе́йный ~** Museumsbazooka *f*

гранатомётчик <-а> *м* ВОЕН Granatwerfer *m;* **~ полка́** Granatwerfer des Regiments

гранд <гра́нда> *м* Grande *m;* **испа́нский ~** spanischer Grande *m*

грандио́з|ный <-ная, -ное; -ен, -на, -но> *прил* grandios, großartig

гранён|ый <-ая, -ое> *прил* geschliffen; **~ стака́н** geschliffenes Glas *nt;* **~ хруста́ль** facettiertes Kristallglas *nt*

грани́т <-а> *м* Granit *m*

грани́тн|ый <-ая, -ое> *прил* Granit-, granit; **~ па́мятник** Granitdenkmal *nt*

гран|и́ть <-ю́, -и́шь> *нсв прх* schleifen; **~ алма́зы** Diamanten schleifen

грани́ц|а <-ы> *ж* **1.** *(грань)* Grenze *f;* **~ страны́** Landesgrenze *f;* **госуда́рственная ~** Staatsgrenze *f;* **тамо́женная ~** Zollgrenze *f;* **пересече́ние грани́цы** Grenzübertritt *m;*

Г

за грани́цу ins Ausland; **за грани́цей** im Ausland; **из-за грани́цы** aus dem Ausland **2.** *(преде́л)* Grenze *f,* Limit *nt;* **~ дохо́да** Einkommensgrenze *f;* **~ задо́лженности** Verschuldensgrenze *f;* **~ ро́ста** Wachstumsgrenze *f;* **не знать грани́ц** *перен* keine Grenzen kennen; **вы́йти из грани́ц** (**дозво́ленного**) *перен* alle Grenzen überschreiten [*o* übersteigen]; **нет грани́ц чему́-л.** *перен* einer Sache sind keine Grenzen gesetzt

грани́ч|ить <-у, -ишь> *нсв нпрх и перен (с чем-л.)* grenzen an; **э́то грани́чит с преда́тельством** das kommt einem Verrat gleich

грануля́ци|я <-и> *ж* Granulierung *f*

грань <гра́ни> *ж* **1.** *перен (грани́ца)* Grenzlinie *f,* Rand *m;* **на гра́ни войны́** am Rande eines Krieges; **провести́ чёткую ~** (**ме́жду чем-л.**) etw genau [*o* scharf] (voneinander) abgrenzen **2.** *(пло́скость)* Fläche *f,* Facette *f*

гра́тис *нрч* gratis

граф <-а> *м* Graf *m*

графа́ <-ы́> *ж* Spalte *f;* **запо́лнить в графе́** in die Spalte eintragen

гра́фик[1] <-а> *м* **1.** мат Graph *m* **2.** *(расписа́ние)* Plan *m;* **часово́й ~** Stundenplan *m;* **~ движе́ния поездо́в** Fahrplan *m;* **по гра́фику** *(о движе́нии поездо́в)* (fahr)planmäßig **3.** *(план рабо́т)* Terminplan *m,* Zeitplan *m;* **~ строи́тельства** Bauplan *m;* **рабо́тать стро́го по гра́фику** genau nach Plan arbeiten; **вы́биться из гра́фика** den Zeitplan nicht einhalten können **4.** *(графи́ческое изображе́ние)* Schaubild *nt,* grafische Darstellung *f;* **~ после́довательности опера́ций** Ablaufdiagramm *nt;* **~ сбы́та** Absatzkurve *f;* **~ результа́тов де́ятельности** Erfolgskurve *f*

гра́фик[2] <-а> *м* Grafiker *m*

гра́фик|а <-и> *ж* **1.** *(рису́нок)* Grafik *f* **2.** лингв Schreibweise *f*

графи́н <-а> *м* Karaffe *f*

графи́нчик <-а> *м уменьши́тельное* Karaffe *f;* **нали́ть во́ду в ~** die Karaffe mit Wasser füllen

графи́н|я <-и> *ж* Gräfin *f*

графи́т <-а> *м* Graphit *m,* Grafit *m*

графи́ческ|ий <-ая, -ое> *прил* grafisch, zeichnerisch; информ Grafik-, grafikfähig; **графи́ческая операцио́нная среда́** grafische Benutzeroberfläche *f;* **~ при́нтер** Grafikdrucker *m;* **~ реда́ктор** Grafikeditor *m*

графома́н <-а> *м* Schreibwütiger *m;* **он ~ ещё с де́тства** schon seit seiner Kindheit ist er ein Poetaster

гра́фск|ий <-ая, -ое> *прил* Grafen-; **~ ти́тул** Grafentitel *m*

гра́фств|о <-а> *ср* Grafschaft *f*

гра́ффити *ср нескл* Graffiti *ntpl*

грацио́зно *нрч* graziös; **~ переступа́ть** graziös schreiten

грацио́з|ный <-ная, -ное; -ен, -на, -но> *прил* graziös, anmutig

гра́ци|я <-и> *ж* Grazie *f;* **кака́я ~!** welche Grazie!

грач <грача́> *м* Saatkrähe *f;* **гнездо́ грача́** Saatkrähennest *nt*

гребёнк|а <-и> *ж* Kamm *m;* **стричь всех под одну́ гребёнку** *перен* alle über einen Kamm scheren

гре́б|ень <-ня> *м* Kamm *m;* **петуши́ный ~** Hahnenkamm *m;* **~ горы́** Bergkamm *m,* Bergrücken *m;* **~ волны́** Wellenkamm *m*

греб|е́ц <-ца́> *м* Ruderer *m,* Ruderin *f*

грёз|а <-ы> *ж обы́чно мн* Traum *m,* Träumerei *f,* Wunschtraum *m,* Trugbild *nt;* **мир грёз** Traumwelt *f*

гребеш|о́к <-ка> *м уменьши́тельное* kleiner Kamm *m;* **деревя́нный ~** Holzkamm

гре́бл|я <-и> *ж* Rudern *nt;* *(состяза́ние)* Wettrudern *nt,* Ruderregatta *f;* **академи́ческая ~** akademische Regatta; **чемпио́н по гре́бле** Ruderchampion *m*

гре́|зить <-жу, -зишь> *нсв рефл* träumen; **~ наяву́** wachend träumen

гре́|зиться <-жусь, -зишься> *нсв,* **при-гре́зиться** *св рефл* träumen; **~ в воображе́нии** in der Phantasie erscheinen

гре́йдер <-а> *м* Ruderchampion *m,* Rudermeister *m*

грейпфру́т <-а> *м* Grapefruit *f*

грек <гре́ка> *м* Grieche *m*

гре́лк|а <-и> *ж* Wärmflasche *f*

грем|е́ть <-лю́, -и́шь> *нсв нпрх* **1.** *(грохота́ть)* dröhnen, rasseln; **гром греми́т** es donnert **2.** *перен* erschallen, ertönen

грему́ч|ий <-ая, -ее> *прил* Knall-; **грему́чая змея́** зоол Klapperschlange *f;* **грему́чая ртуть** хим Knallquecksilber *nt;* **~ газ** хим Knallgas *nt*

Гренла́нди|я <-и> *ж* Grönland *nt*

гре|сти́ <-бу́, -бёшь> *нсв нпрх* **1.** *(вёслами)* rudern; **~ про́тив тече́ния** *перен* gegen den Strom schwimmen **2.** *(гра́блями)* harken; **~ де́ньги лопа́той** *разг* Geld wie Heu haben; **~ под себя́** *разг* seine Schäfchen ins Trockene bringen

греть <гре́ю, гре́ешь> *нсв прх* **1.** *(согрева́ть)* erwärmen, aufwärmen **2.** *(испуска́ть тепло́)* wärmen; **со́лнце све́тит, но не гре́ет** die Sonne scheint, aber sie wärmt nicht; **~ себе́ ру́ки на чём-л.** *перен* sich gesundstoßen an

гре́|ться <-юсь, -ешься> *нсв рефл* (sich) wärmen; **~ у костра́** sich am Feuer wärmen

грех <греха́> *м* **1.** религ Sünde *f;* **перворо́дный ~** Grundübel *nt;* **смерте́льный ~** Todsünde *f;* **отпуска́ть кому́-л. грехи́** jdm die Sünden erlassen **2.** *перен (оши́бка, просту́пок)* Fehler *m,* Vergehen *nt;* **ста́рые грехи́, грехи́ про́шлого** Altlasten *f;* **обвиня́ть кого́-л. во всех сме́ртных греха́х**

разг jdm alles Mögliche in die Schuhe schieben; **с грехо́м попола́м** mit Ach und Krach, mit Müh und Not

грехо́в|ный <-ная, -ное; -ен, -на, -но> *прил* sündhaft, sündig; **грехо́вные мы́сли** sündhafte Gedanken *mpl*

Гре́ци|я <-и> *ж* Griechenland *nt*

гре́цк|ий <-ая, -ое> *прил* ~ **оре́х** Walnuss *f*

гре́ч|а <-и> *ж* Buchweizen *m;* **ка́ша из гре́чи** Buchweizengrütze *f*

греча́нк|а <-и> *ж* Griechin *f*

гре́ческ|ий <-ая,-ое> *прил* griechisch

гречи́х|а <-и> *ж,* **гре́чк|а** <-и> *ж* Buchweizen *m*

гре́чнев|ый <-ая, -ое> *прил* Buchweizen-; **гре́чневая крупа́** Buchweizengraupen *pl*

i Land & Leute

Obwohl der Buchweizen in Russland auch als Beilage zu Fleischgerichten verwendet wird, mag man ihn am liebsten **als Grütze.** Besonders beliebt ist gekochter Buchweizen mit viel kalter Milch. Anders als der in deutschen Läden zu kaufende hellbraune Buchweizen sieht das russische Produkt dunkelbraun aus: das liegt daran, dass es vorher auf der Pfanne behandelt wird.

греш|и́ть <-у́, -и́шь> *нсв,* **согреши́ть** *св нпрх* **1.** РЕЛИГ sündigen **2.** *(про́тив чего́-л.)* verstoßen gegen

гре́шник <-а> *м,* **гре́шниц|а** <-ы> *ж* Sünder(in) *m(f)*

грешно́ *нрч* sündig, sündhaft; ~ **поду́мать** ich kann es mir gar nicht vorstellen

гре́ш|ный <-ная, -ное; -ен, -на́, -но *или* -но́> *прил* sündhaft; **гре́шным де́лом** *разг* leider, schwach wie ich schon bin

гриб <гриба́> *м* Pilz *m;* **ядови́тый** ~ Giftpilz *m;* **съедо́бный** ~ Speisepilz *m;* **расти́ как грибы́ по́сле дождя́** *перен* wie Pilze aus dem Boden schießen; **а́томный** ~ Atompilz *m*

грибко́в|ый <-ая, -ое> *прил* Pilz-; ~ **микрооргани́зм** Pilzmikroorganismus *m*

грибни́к <-а> *м* Pilzsammler *m;* **корзи́на грибника́** Pilzsammlerkorb *m*

грибн|о́й <-а́я, -о́е> *прил* Pilz-; ~ **дождь** warmer Regen *m* bei Sonnenschein; ~ **суп** Pilzsuppe *f*

гри́в|а <-ы> *ж* Mähne *f*

гри́венник <-а> *м* Grivennik *m (alte russische Münze im Wert von 10 Kopeken); разг* Zehnkopekenstück *nt;* **одолжи́ть** ~ zehn Kopeken leihen

гри́вн|а <-ы> *ж Währungseinheit in der Ukraine*

грим <гри́ма> *м* Schminke *f*

грима́с|а <-ы> *ж* Grimasse *f*

гримёр <-а> *м,* **гримёрш|а** <-и> *ж* Maskenbildner(in) *m(f)*

грима́снича|ть <-ю, -ешь> *нсв нпрх* Grimassen [*o* Fratzen] schneiden; **переста́нь ~!** hör auf Grimassen zu schneiden!

гримир|ова́ть <-у́ю, -у́ешь> *нсв,* **загримирова́ть** *св прх* **1.** *(накла́дывать грим)* schminken **2.** *(под кого́-л./что-л.)* schminken als

гримир|ова́ться <-у́юсь, -у́ешься> *нсв,* **загримирова́ться** *св рефл* sich schminken (lassen)

грипп <гри́ппа> *м* МЕД Grippe *f*

гриппо́зн|ый <-ая, -ое> *прил* Grippe-, grippal

гриф[1] <гри́фа> *м* **1.** ЗООЛ Lämmergeier *m* **2.** МИФ Greif *m*

гриф[2] <гри́фа> *м* МУЗ Griffbrett *nt*

гриф[3] <гри́фа> *м* Namensstempel *m;* ~ **секре́тности** Vermerk *m*

грифо́н <-а> *м* МИФ Greif *m;* **ги́псовый ~** Gipsgreif *m*

гроб <гро́ба> *м* Sarg *m;* **в гробу́** im Grab; **стоя́ть одно́й ного́й в гробу́** *перен* mit einem Fuß im Grab stehen; **вогна́ть кого́-л. в ~** *перен* jdn ins Grab bringen; **переверну́ться в гробу́** *перен* sich im Grab umdrehen

гробни́ц|а <-ы> *ж* Gruft *f;* **мра́морная ~** Marmorgruft *f*

гробов|о́й <-а́я, -о́е> *прил* Grabes-, Toten-; ~ **я́щик** Sarg *m;* ~ **го́лос** Totenstimme *f;* **гробово́е молча́ние** Totenstille *f*

грог <гро́га> *м* Grog *m*

гроз|а́ <-ы́> *ж* **1.** МЕТЕОР Gewitter *nt;* **надвига́ется ~** ein Gewitter zieht auf; **разрази́лась ~** das Gewitter entlud sich **2.** *перен (тот, кто наво́дит у́жас)* Schrecken *m*

гроз|дь <-ди> *ж* Traube *f;* ~ **виногра́да** Weintraube *f;* **сорва́ть ~** Weintrauben lesen

гро|зи́ть <-жу́, -зи́шь> *нсв,* **пригрози́ть, погрози́ть** *св нпрх* drohen, einschüchtern; ~ **па́льцем** mit dem Finger drohen; ~ **увольне́нием** mit der Entlassung drohen; **ему́ грози́т опа́сность** ihm droht Gefahr; **стране́ грози́т экономи́ческий кри́зис** dem Land droht eine Wirtschaftskrise; **дом грози́т развали́ться** das Haus droht einzustürzen; ~ **кому́-л. кулако́м** jdm mit der Faust drohen

гро|зи́ться <-жу́сь, -зи́шься> *нсв,* **пригрози́ться** *св рефл разг* drohen; ~ **шалуну́** dem Schlingel drohen; ~ **па́льцем** mit dem Finger drohen

гро́зно *нрч* fürchterlich; ~ **вы́глядеть** fürchterlich aussehen

гро́з|ный <-ная, -ное; -ен, -на́, -но> *нрч* **1.** *(внуша́ющий страх)* fürchterlich, schrecklich, Furcht erregend; **Ива́н Гро́зный**

истор Iwan der Schreckliche **2.** *(угрожа́ющий)* drohend; **~ взгляд** strenger Blick *m*

грозов|о́й <-а́я, -о́е> *прил* gewittrig, Gewitter-

гром <гро́ма> *м* Donner *m;* **греми́т ~** es donnert; **раска́ты гро́ма** das Rollen [*o* das Grollen] des Donners; **уда́р гро́ма** Donnerschlag *m;* **~ аплодисме́нтов** *перен* Beifallssturm *m;* **мета́ть гро́мы и мо́лнии** *перен* herumpoltern; **как ~ среди́ я́сного не́ба** *перен* wie der Blitz aus heiterem Himmel

грома́д|а <-ы> *ж* Riese *m,* Koloss *m;* **грома́ды гор** ein großes Gebirge

грома́дин|а <-ы> *ж разг* Riese *m;* **не мужчи́на, а ~** kein Mensch, sondern ein Riese

грома́д|ный <-ная, -ное; -ен, -на, -но> *прил* riesig, kolossal, enorm; **грома́дное большинство́** die übergroße Mehrheit *f*

громи́л|а <-ы> *ж разг* Einbrecher *m;* **осуди́ть громи́лу** einen Einbrecher verurteilen

гром|и́ть <-лю́, -и́шь> *нсв,* **разгроми́ть** *св прх* **1.** *(разруша́ть)* zerstören, demolieren **2.** воен zerschlagen

гро́м|кий <-кая, -кое; -ок, -ка́, -ко> *прил* *(го́лос)* laut, lautstark; **~ хо́хот** schallendes Gelächter *nt;* **гро́мкая побе́да** *перен* glänzender Sieg *m;* **гро́мкое и́мя** *перен* berühmter Name *m;* **гро́мкие слова́** *перен* große [*o* tönende] Worte *ntpl;* **гро́мкий проце́сс** *перен* Aufsehen erregender Prozess *m*

гро́мко *нрч* laut; муз forte

громкоговори́те|ль <-ля> *м* Lautsprecher *m*

гро́мкос|ть <-ти> *ж* Lautstärke *f*

громогла́сно *нрч* laut; **о́чень ~** sehr laut

громоз|ди́ть <-жу́, -ди́шь> *нсв,* **нагромозди́ть** *св прх* anhäufen, auftürmen

громозди́|ться <-тся> *нсв безл, то́лько в 3 л* sich häufen; **вдали́ громозди́лись прибре́жные ска́лы** in der Ferne türmen sich die Uferklippen

громо́зд|кий <-кая, -кое; -ок, -ка, -ко> *прил* sperrig

громоотво́д <-а> *м* Blitzableiter *m*

громоподо́б|ный <-ная, -ное; -ен, -на, -но> *прил* Donner-; **~ го́лос** Donnerstimme *f*

громыха́|ть <-ю, -ешь> *нсв нпрх разг* poltern, donnern, rumpeln

громыхн|у́ть <-ну́, -нёшь> *нсв нпрх разг* donnern

гроссме́йстер <-а> *м* Großmeister *m;* **ру́сский ~** russischer Großmeister *m*

грот <гро́та> *м* Grotte *f*

гроте́скн|ый <-ая, -ое> *прил* grotesk

гро́хн|уть <-ну, -нешь> *св перех разг* knallen; **~ стул на пол** den Stuhl auf den Boden knallen

гро́хн|уться <-усь, -ешься> *св рефл* fallen; **~ с ле́стницы** die Treppe runterfallen

гро́хот[1] <-а> *м* Gepolter *nt,* polternder Lärm *m*

гро́хот[2] <-а> *м* тех Sieb *nt,* Sortiersieb *nt*

грохо|та́ть <-чу́, -чешь> *нсв,* **прогрохота́ть** *св нпрх* **1.** *(шуме́ть)* poltern, krachen **2.** *(о гро́ме)* rollen, donnern; **залп ору́дий прогрохота́л за бугро́м** die Salve der Geschütze donnerte hinter dem Hügel

грош <гроша́> *м* Groschen *m;* **э́тому ~ цена́, э́то гроша́ ло́маного не сто́ит** das ist nicht mal einen Pfifferling wert; **рабо́тать за гроши́** *перен* für einen Hungerlohn arbeiten; **не име́ть за душо́й ни гроша́** *разг* völlig blank sein

грошо́в|ый <-ая, -ое> *прил разг* spottbillig; **грошо́вая цена́** spottbilliger Preis *m*

груб|и́ть <-лю́, -и́шь> *нсв,* **нагруби́ть** *св нпрх* grob sein; **нехорошо́ ~ ста́ршим** man darf Älteren gegenüber nicht grob sein; **~ в отве́т** mit Grobheiten erwidern

грубия́н <-а> *м* Grobian *m*

гру́бо *нрч* derb, grob; **~ относи́ться к кому́-л.** sich jdm gegenüber grob verhalten

грубова́то *нрч* grob; **~ разгова́ривать** barsch sprechen

грубова́т|ый <-ая,-ое; -, -а, -о> *прил* grob

гру́бос|ть <-ти> *ж* Grobheit *f*

гру́б|ый <-ая, -ое; -, -а́, -о> *прил* **1.** *(просто́й, примити́вный)* grob, rau, ungeschliffen; **гру́бые черты́ лица́** grobe Gesichtszüge *mpl;* **~ го́лос** raue Stimme *f;* **гру́бые слова́** grobe [*o* gemeine] Worte *ntpl;* **гру́бое выраже́ние** derber Ausdruck *m;* **гру́бое поведе́ние** grobes Benehmen *nt;* **гру́бая оши́бка** grober Fehler *m;* **гру́бое наруше́ние** grober Verstoß *m;* **гру́бо говоря́** im Allgemeinen, kurzgefasst **2.** *(о воло́кне́, корма́х и т.п.)* unbearbeitet; **мука́ гру́бого помо́ла** Schrot *m*

гру́д|а <-ы> *ж* großer Haufen *m;* **~ разва́лин** Trümmerhaufen *m*

груда́ст|ый <-ая, -ое; -, -а, -о> *прил* vollbusig; **груда́стая же́нщина** vollbusige Frau *f*

груди́н|а <-ы> *ж* анат Brustbein *nt*

груди́нк|а <-и> *ж* Bruststück *nt,* Rippchen *nt*

грудн|о́й <-а́я, -о́е> *прил* Brust-; **~ ребёнок** Brustkind *nt*

грудь <гру́ди> *ж* **1.** анат Brust *f* **2.** *(бюст)* Busen *m;* **корми́ть гру́дью** stillen

гру́жен|ый <-ая, -ое> *прил* beladen; **~ ваго́н** beladener Waggon *m*

груз <гру́за> *м* **1.** *(това́р)* Fracht *f,* Ladung *f,* Ladegut *nt;* **~ осо́бой сро́чности** Expressgut *nt;* **шту́чный ~** Stückgut *nt* **2.** *перен* *(бре́мя)* Last *f*

груздь <груздя́> *м* *(гриб)* Milchling *m;* **жа́реный ~** gebratener Milchling *m*

грузи́л|о <-а> *ср* Senkblei *nt,* Lot *nt*

грузи́н <-а> *м,* **грузи́нк|а** <-и> *ж* Georgier(in) *m(f)*

грузи́нск|ий <-ая, -ое> *прил* georgisch

гру|зи́ть <-жу́, -зи́шь *или* -зишь> *нсв*, **нагрузи́ть** *св прх* laden, aufladen, beladen, befrachten

гру|зи́ться <-жу́сь, -зишься> *нсв*, **погрузи́ться** *св рефл* verladen; **~ на парохо́д** etw auf das Schiff laden

Гру́зи|я <-и> *ж* Georgien *nt*

гру́зно *нрч* schwer, schwerfällig; **~ опусти́ться на стул** sich auf den Stuhl fallen lassen

гру́з|ный <-ная,-ное; -ен, -на́, -но> *прил* schwer, schwerfällig; **гру́зная фигу́ра** schwere Person *f*; **гру́зные ве́щи** schwere Sachen *fpl*

грузови́к <-а́> *м* Lastwagen *m*, Lkw *m*

грузов|о́й <-а́я, -о́е> *прил* Last-, Fracht-; **~ автомоби́ль** Lastkraftwagen *m*, Lkw *m*

грузоотправи́те|ль <-ля> *м* Frachtführer *m*, Verfrachter *m*

грузоподъёмнос|ть <-ти> *ж* Tragfähigkeit *f*

грузопото́к <-а> *м* ТРАНСП Güterstrom *m*

гру́зчик <-а> *м* Verladearbeiter *m*; **рабо́тать гру́зчиком** als Träger arbeiten

грунт <гру́нта> *м* Erdboden *m*

грунто́вк|а <-и> *ж* Grundierung *f*, Grund *m*, Grundanstrich *m*

грунтов|о́й <-а́я, -о́е> *прил* Grund-; **грунтовы́е во́ды** Grundwasser *nt*; **грунтова́я доро́га** unbefestigte Landstraße *f*

гру́пп|а <-ы> *ж* Gruppe *f*; **~ изде́лий** Produktgruppe *f*; **~ кро́ви** Blutgruppe *m*; **~ ри́ска** Risikogruppe *f*; **~ новосте́й** ИНФОРМ Newsgroup *f*; **~ самопо́мощи** Selbsthilfegruppe *f*; **~ сотру́дников** Team *nt*; **иссле́довательская ~** Forschungsteam *nt*

i Land & Leute

In der russischen Schule wird Unterricht bis zur Abiturklasse in zwei Schichten gegeben – vormittags oder nachmittags. Die Schulanfänger haben immer in der ersten Schicht Unterricht, später in der Grundschule geht man meist in der zweiten Schicht, in den oberen Klassen meist wieder in der ersten Schicht zur Schule. Seit der Sowjetzeit gibt es fast in jeder Grundschule eine **Hortgruppe**, in der die Schulkinder, deren Eltern berufstätig sind, in der unterrichtsfreien Zeit von Lehrern betreut werden können: sie machen dort ihre Hausaufgaben, bekommen eine warme Malzeit, ihre freie Zeit wird möglichst sinnvoll gestaltet.

группир|ова́ться <-у́ется> *нсв*, **сгруппирова́ться** *св безл, то́лько в 3 л* sich gruppieren

группиро́вк|а <-и> *ж* Gruppierung *f*; **ю́жная ~ во́йск** südliche Armeegruppierung *f*

гру́ппк|а <-и> *ж уменьши́тельное* kleine Gruppe *f*; **~ ученико́в** kleine Gruppe von Schülern

группов|о́й <-а́я, -о́е> *прил* Gruppen-; **группова́я рабо́та** Gruppenarbeit *f*; **группова́я фотогра́фия** Gruppenfoto *nt*

гру|сти́ть <-щу́, -сти́шь> *нсв нпрх* traurig [*o* betrübt] sein

гру́стно *нрч* traurig, wehmütig, betrübt; **сего́дня мне ~** heute bin ich traurig

гру́ст|ный <-ная, -ное; -ен, -на́, -но> *прил* traurig, betrübt; **э́то наво́дит на гру́стные размышле́ния** das bringt einen auf traurige Gedanken

грусть <гру́сти> *ж* Wehmut *f*, Traurigkeit *f*

гру́ш|а <-и> *ж* **1.** *(плод)* Birne *f* **2.** *(де́рево)* Birnbaum *m*

грушеви́д|ный <-ная, -ное; -ен, -на, -но> *прил* birnenförmig

гры́ж|а <-и> *ж* МЕД Hernie *f*, Bruch *m*; **па́ховая ~** Leistenbruch *m*

гры́зл|о <-а> *ср* Kandare *f*

грызн|я́ <-и́> *ж* **1.** *(соба́к)* Beißerei *f* **2.** *перен, разг (ссо́ры)* Zänkerei *f*

грыз|ть <-у́, -ёшь> *нсв*, **загры́зть** *св прх* nagen, knabbern; **его́ грызёт со́весть** *перен* das Gewissen nagt an ihm

гры́з|ться <-у́сь, -ёшься> *нсв рефл* **1.** *(о соба́ках)* sich beißen **2.** *перен, разг (ссо́риться)* sich zanken

грызу́н <-а́> *м* Nagetier *nt*

гряд|а́ <-ы́> *ж* **1.** *(полоса́ вско́панной земли́)* Beet *nt*; **~ капу́сты** Kohlbeet *nt* **2.** *(ряд предме́тов)* Reihe *f*; **~ облако́в** Wolkenzug *m*, Wolkenbank *f*

гря́дк|а <-и> *ж* Beet *nt*

гряду́щ|ий <-ая, -ее> *прил книжн* künftig, kommend; **на сон ~** vor dem Schlafengehen

грязев|о́й <-а́я, -о́е> *прил* Schlamm-, Moor-; **грязевы́е ва́нны** МЕД Schlammbäder *ntpl*; **грязево́й куро́рт** МЕД Moorbad *nt*

грязн|и́ть <-ю́, -и́шь> *нсв*, **загрязни́ть** *св прх* verschmutzen, schmutzig machen

грязн|и́ться <-ю́сь, -и́шься> *нсв*, **загрязни́ться** *св рефл* schmutzig werden

гря́зно *нрч* schmutzig

грязнова́т|ый <-ая,-ое> *прил* schmutzig; **грязнова́тая оде́жда** schmutzige Kleidung *f*

грязну́л|я <-и> *м и ж разг* Schmutzfink *m*, Dreckspatz *m*

гря́з|ный <-ная, -ное; -ен, -на́, -но> *прил* schmutzig, dreckig; **гря́зная посу́да** Abwasch *m*; **гря́зное де́ло** *перен* schmutziges Geschäft *nt*; **выполня́ть гря́зную рабо́ту** *перен* die Dreck(s)arbeit machen

грязь <гря́зи> *ж* **1.** *(пыль, сор)* Schmutz *m,* Dreck *m;* **смеша́ть кого́-л./что-л. с гря́зью** *перен* jdn/etw durch den Schmutz ziehen **2.** *(земля́, по́чва)* Schlamm *m;* **меси́ть ~** durch den Schlamm waten; **лече́бная ~** МЕД Fango *m,* Heilschlamm *m*

гря|сти́ <-ду́, -дёшь> *нсв нпрх церксл* kommen; **грядёт но́вое вре́мя** die neue Zeit kommt

гуа́шь <гуа́ши> *ж* Gouache *f;* *(карти́на)* Gouachebild *nt*

губ|а́ <-ы́> *ж* Lippe *f;* **у него́ ещё молоко́ на губа́х не вы́сохло** er ist noch nicht trocken hinter den Ohren; **у него́ ~ не ду́ра** er ist kein Kostverächter; **ве́рхняя ~** Oberlippe *f;* **ни́жняя ~** Unterlippe *f;* **за́ячья ~** МЕД Hasenscharte *f*

губа́ст|ый <-ая, -ое; -, -а, -о> *прил* dicklippig; **~ ребёнок** dicklippiges Kind *nt*

губерна́тор <-а> *м* Gouverneur *m*

i Land & Leute

Im alten Russland war das Gouvernement der größte Verwaltungsbezirk mit einem Gouverneur als dem höchsten Exekutivbeamten an der Spitze. Seit der Sowjetzeit sind die „Oblast“, die „Autonome Republik“ bzw. der „Autonome Bezirk“ (bei den von einer nationalen Minderheit dominierten Gebieten) größere Verwaltungseinheiten in Russland, die bis zur Abschaffung des Sowjetsystems einen Vorsitzenden des Exekutivsowjets als ihren Verwaltungschef hatten. Seit der Einführung der neuen Verfassung im Jahre 1991 werden die gewählten Verwaltungschefs dieser administrativen Einheiten einfach „Verwaltungschefs“ oder, nach dem alten Brauch, auch Gouverneure genannt. Eine Ausnahme bildet die Autonome Republik Tatarstan: Seit Mitte der 90er Jahre hat sie einen Moskau abgezwungenen Sonderstatus und einen eigenen Präsidenten. Auf diesem Wege befindet sich heute auch die abtrünnige Republik Tschetschenien.

губерна́торск|ий <-ая, -ое> *прил* Gouverneurs-; **~ пост** Gouverneursposten *m*

губе́рнск|ий <-ая, -ое> *прил* Gouvernements-

губи́те|льный <-льная, -льное; -лен, -льна, -льно> *прил* schädlich; **губи́тельная си́ла** vernichtende Kraft *f*

губ|и́ть <-лю́, -ишь> *нсв,* **погуби́ть, сгуби́ть** *св прх* zugrunde richten, ins Verderben stürzen

гу́бк|а <-и> *ж* **1.** ЗООЛ Schwamm *m* **2.** *(для мытья́)* Badeschwamm *m*

губн|о́й <-а́я, -о́е> *прил* Lippen-; **губна́я гармо́шка** Mundharmonika *f;* **губна́я пома́да** Lippenstift *m*

губошлёп <-а> *м разг* Tölpel *m*

гуверна́нтк|а <-и> *ж* Kindermädchen *nt;* **~ из Фра́нции** ein Kindermädchen aus Frankreich

гуде́ни|е <-я> *ср* Läuten *nt,* Summen *nt,* Brummen *nt;* **~ ве́тра** Windgeheul *nt;* **~ поездо́в** Rattern *nt* der Züge

гу|де́ть <-жу́, -ди́шь> *нсв нпрх* dröhnen; *(насеко́мые)* summen; *(самолёт)* brummen; *(сире́на, ве́тер)* heulen

гуд|о́к <-ка́> *м* **1.** АВТО Hupe *f,* Hupensignal *nt* **2.** *(сире́на)* Sirene *f* **3.** ТЕЛКОМ Signalton *m*

гул <гу́ла> *м* Getöse *nt;* **~ голосо́в** Stimmengewirr *nt*

гула́г <-а> *м* ИСТОР Gulag *nt* *(staatliche Verwaltung der Straflager)*

гу́л|кий <-кая, -кое; -ок, -ка́, -ко> *прил* widerhallend, schallend

гу́лко *нрч* widerhallend, schallend

гульба́ <-ы́> *ж* Zecherei *f;* **~ студе́нтов** Studentenzecherei *f;* **весёлая ~** feuchtfröhliche Feier *f*

гуля́к|а <-и> *м* Herumtreiber *m,* Zechbruder *m;* **похожде́ния гуля́ки** die Abenteuer des Zechbruders

гуля́нь|е <-я> *ср* Spaziergang *m;* **всенаро́дное ~** Volksfest *nt*

гуля́нк|а <-и> *ж* Gelage *nt,* Zeche *f;* **устро́ить гуля́нку** ein Gelage organisieren

гуля́|ть <-ю, -ешь> *нсв,* **погуля́ть** *св нпрх* spazieren gehen; *перен, разг* *(не рабо́тать)* frei feiern; *(кути́ть, весели́ться)* bummeln, zechen; **~ в саду́** im Garten spazieren gehen

гуля́ш <-а> *м* Gulasch *nt*

гуля́щ|ий <-ая, -ее> *прил* feiernd; **~ наро́д** feierndes Volk *nt*

гумани́зм <-а> *м* Humanismus *m*

гумани́ст <-а> *м* Humanist *m;* **взгля́ды гумани́ста** die Ansichten des Humanisten

гуманисти́ческ|ий <-ая, -ое> *прил* humanistisch

гуманита́рн|ый <-ая, -ое> *прил* **1.** *(благотвори́тельный)* humanitär; **гуманита́рная по́мощь** humanitäre Hilfe *f* **2.** *(обще́ственно-нау́чный)* humanistisch; **гуманита́рное образова́ние** humanitäre Bildung *f;* **гуманита́рные нау́ки** Geisteswissenschaften *fpl*

гума́нно *нрч* human; **~ относи́ться** sich human verhalten

гума́ннос|ть <-ти> *ж* Humanität *f,* Menschlichkeit *f*

гума́н|ный <-ная, -ное; -ен, -на, -но> *прил* human, menschlich

гурма́н <-а> *м*, **гурма́нк|а** <-и> *ж* Feinschmecker *m*

гуру́ <неизм> *м* Guru *m*

гурьб|а́ <-ы́> *ж* Schar *f;* **~ ребя́т** Kinderschar *f;* **идти́ гурьбо́й** in Scharen gehen

гуса́рск|ий <-ая, -ое> *прил* Husaren-; **~ эскадро́н** Husarenschwadron *f*

гу́сениц|а <-ы> *ж* **1.** зоол Raupe *f* **2.** тех Kettenraupe *f*

гу́сеничн|ый <-ая, -ое> *прил* Ketten-; **~ тра́ктор** Raupenschlepper *m,* Raupentraktor *m*

гуси́н|ый <-ая, -ое> *прил* Gänse-; **гуси́ная ко́жа** Gänsehaut *f*

густе́|ть <-ет> *нсв безл, то́лько в 3 л* sich verdichten, dichter werden; **лес густе́ет** der Wald wird dichter; **тума́н густе́ет** der Nebel verdichtet sich

гу́сто *нрч* dicht; **~ растёт трава́** das Gras wächst dicht

густ|о́й <-а́я, -о́е; -, а́, -о> *прил* dicht; *(жи́дкость)* dickflüssig; **~ тума́н** dichter Nebel *m;* **густы́е во́лосы** dichtes Haar *nt;* **густы́е бро́ви** buschige Augenbrauen *fpl*

густонаселённ|ый <-ая, -ое> *прил* dicht bevölkert

густот|а́ <-ы́> *ж* Dichte *f;* **~ населе́ния** Bevölkerungsdichte *f*

гусь <гу́ся> *м* Gans *f;* **с него́ как с гу́ся вода́** *перен* an ihm prallt alles ab

гусько́м *нрч* im Gänsemarsch

гуся́тин|а <-ы> *ж* Gänsefleisch *nt*

гуся́тник <-а> *м* Gänsestall *m*

гутали́н <-а> *м* Schuhcreme *f*

гу́щ|а <-и> *ж* **1.** *(оса́док)* Satz *m,* Bodensatz *m* **2.** *(ча́ща)* Dickicht *nt;* **в гу́ще люде́й** im Menschengewühl **в** (са́мой) **гу́ще собы́тий** *перен* dort, wo viel [*o* am meisten] los ist

ГЭС *сокр от* **гидроэлектроста́нция** Wasserkraftwerk *nt*

Г

Д д

Д, д <неизм> *ср Buchstabe Д*

да I. *част* ja II. *сз* und, doch, aber

дава́ть <даю, даёшь> *нсв,* **дать** *св прх* 1. *и перен* geben, bieten, erteilen; **~ есть/пить** zu essen/trinken geben; **~ взаймы́** leihen; **~ напрока́т** verleihen, vermieten; **~ в аре́нду** verpachten; **~ взя́тку** bestechen; **~ зада́ток** anzahlen; **~ сове́ты** Ratschläge geben; **~ указа́ния** anweisen; **~ инстру́кции** unterweisen; **~ согла́сие** [*или* **разреше́ние**] bewilligen; **~ ход де́лу** ein Verfahren einleiten [*o* in Gang setzen]; **~ полномо́чия** Vollmachten erteilen; **~ консульта́цию** beraten; **~ отчёт** Bericht erstatten; **~ заключе́ние** begutachten; **~ результа́ты** Erfolge zeitigen; **~ по́вод к чему́-л.** Anlass geben zu *+dat;* **~ представле́ние о чём-л.** eine Vorstellung vermitteln von *+dat;* **не ~ поко́я кому́-л.** jdm keine Ruhe lassen; **~ поня́ть** zu verstehen geben; **~ знать** wissen lassen; **~ о себе́ знать** sich bemerkbar machen; **~ телегра́мму** ein Telegramm aufgeben [*o* absenden]; **~ ток** Strom liefern; **~ конце́рт** ein Konzert geben 2. *(приглаша́ть сде́лать что-л.)* lassen; **дава́й игра́ть в ша́хматы!** lass uns Schach spielen!; **дава́йте ча́й пить!** lasst uns einen Tee trinken!; **дава́й пойдём!** komm, gehen wir! 3. *разг (бить)* schlagen; **я тебе́ дам!** du wirst gleich was abkriegen!

дава́ться <даю́сь, даёшься> *нсв,* **да́ться** *св рефл* 1. *(подда́ться)* nachgeben; **не ~ в обма́н** sich nicht betrügen lassen; **~ в ру́ки** jdm in die Hände geraten; **не ~ в оби́ду** nicht leicht unterzukriegen sein 2. *(легко́ преодо́леть)* leicht fallen; **матема́тика ему́ даётся** Mathematik fällt ihm leicht; **нау́ки мне даю́тся легко́** die Wissenschaften fallen mir leicht; **ди́ву дава́ться** sich wundern

да́веча *нрч прост (неда́вно, на днях)* vor kurzem, vor ein paar Tagen; **~ ты оби́дел меня́** vor kurzem hast du mich beleidigt; **расста́ться ~** vor kurzem haben wir uns getrennt

дав|и́ть <-лю́, -ишь> *нсв,* **раздави́ть** *св прх* 1. *и перен* drücken, lasten auf *+dat* 2. *(раздави́ть)* zerdrücken, zerquetschen 3. *(выда́вливать)* (aus)pressen, ausdrücken

дав|и́ться <-лю́сь, -ишься> *нсв,* **подави́ться** *св рефл* 1. *(поперхну́ться)* sich verschlucken; **подави́ться ко́сточкой** sich an einem Kern verschlucken 2. *(испы́тывать уду́шье)* ersticken; **~ от сме́ха** sich totlachen; **~ от ка́шля** Würgehusten haben 3. *(толка́ться)* sich drängeln; **~ в метро́** sich in der U-Bahn drängeln 4. *(торопи́ться)* **не дави́сь, ешь споко́йнее!** verschluck dich nicht, iss langsamer!

да́вк|а <-и> *ж* Gedränge *nt,* Gewühl *nt*

давле́ни|е <-я> *ср и перен* Druck *m,* Zwang *m;* **кровяно́е ~** МЕД Blutdruck *m;* **атмосфе́рное ~** Luftdruck *m;* **ни́зкое ~** МЕТЕОР Tiefdruck *m;* **избы́точное ~** ТЕХ Überdruck *m;* **~ конкуре́нции** ЭКОН Konkurrenzdruck *m;* **ока́зывать ~ на кого́-л.** jdn unter Druck setzen; **под давле́нием обстоя́тельств** unter dem Druck der Umstände; **под давле́нием вне́шних сил** unter Druck von außen

давне́нько *нрч разг* recht lange

да́вн|ий <-яя, -ее> *прил* längst gewesen, einstig; *(о тради́ции)* althergebracht; **с да́вних пор** seit eh und je, von alters her

давни́шн|ий <-яя, -ее> *прил (мину́вший)* vergangen, alt, früher; **давни́шняя ссо́ра** alter Streit *m;* **давни́шнее реше́ние** frühere Entscheidung *f;* **~ разгово́р** früheres Gespräch *nt*

давно́ *нрч* längst, seit langem; **давно́ бы так!** es war höchste Zeit!; **уже́ ~** schon lange; **не так ~** vor nicht allzu langer Zeit

давнопроше́дш|ий <-ая, -ее> *прил* ehemalig, uralt; *(давны́м-давно́)* vor langer Zeit; **~ э́тап** ehemalige Etappe *f;* **давнопроше́дшие собы́тия** uralte Geschichte *f;* **давнопроше́дшее вре́мя** ЛИНГВ Plusquamperfekt *nt*

да́внос|ть <-ти> *ж* ЮР Verjährung *f;* **срок да́вности** Verjährungsfrist *f;* **теря́ть си́лу за да́вностью** verjähren; **собы́тия ме́сячной да́вности** *книжн* Ereignisse *ntpl,* die einen Monat zurückliegen

давны́м-давно́ *нрч разг* sehr lange her, vor langer Zeit

да́вящ|ий <-ая, -ее> *прил (мра́чный, гнету́щий)* finster, düster, bedrückend; **да́вящая обстано́вка** [*или* **тоска́**] bedrückende Situation *f;* **да́вящее впечатле́ние** düstere Stimmung *f*

Дагеста́н <-а> *м* ГЕОГ Daghestan *nt*

дагеста́н|ец <-ца> *м,* **дагеста́нк|а** <-и> *ж* Daghestaner *m,* Daghestanin *f*

дагеста́нск|ий <-ая, -ое> *прил* daghestanisch; **дагеста́нские обы́чаи** daghestanische Bräuche *mpl;* **~ язы́к** daghestanische Sprache *f*

да́же *част* sogar; **~ не** nicht einmal

дайджест <-а> *м* ПРЕСС Digest *nt (Zeitschrift mit verschiedenen Artikeln)*

да́ка|ть <-ю, -ешь> *нсв,* **да́кнуть** *св нпрх* ja sagen, bejahen; **переста́нь ~** hör auf alles zu bejahen!

дактилоскопи́|я <-и> *ж* ЮР Daktyloskopie *f*

да́кти|ль <-ля> *м* ЛИТ Daktylus *m*

дáлее *нрч (дáльше)* ferner, weiter; **и так ~, и т.д.** und so weiter; **не ~ как вчерá** erst gestern

далёк|ий <-ая, -ое; -, -á, -о *или* -ó> *прил* fern, weit, entfernt; **я далёк от мы́сли, что …** es liegt mir fern zu glauben, dass …

далекó *нрч* weit; **он ~ пойдёт** er wird es weit bringen; **заходи́ть сли́шком ~** zu weit gehen; **до э́того ещё ~** das hat noch lange Zeit; **~ от и́стины** weit von der Wahrheit entfernt; **~ не** bei weitem nicht; **~ зá пóлночь** weit nach Mitternacht; **~ за пятьдеся́т** weit über fünfzig

далековáто *нрч прост (óчень далекó)* sehr weit; **отъéхать ~** sehr weit fahren; **зайти́ ~** *перен* zu weit gehen

далéче *нрч* weit, fern; **до утрá ~** der Morgen ist noch weit

дáли|я <-и> *ж* бот Dahlie *f*

даль <дáли> *ж* Ferne *f*, Weite *f*; **в дали́** in der Ferne

дальневостóчн|ый <-ая, -ое> *прил* fernöstlich; **~ региóн** fernöstliche Region *f*; **дальневостóчное парохóдство** fernöstliche Dampfschiffgesellschaft *f*; **дальневостóчная рáса** fernöstliche Rasse *f*

дальнéйш|ий <-ая, -ее> *нрч* weiter, ferner; **дальнéйшее разви́тие** Weiterentwicklung *f*; **в дальнéйшем** in Zukunft, *(в тéксте)* im Folgenden

дáльн|ий <-яя, -ее> *прил* **1.** *(отдалённый)* fern, entfernt, entlegen; **дáльнее сообщéние** трансп Fernverkehr *m*; **~ райóн** entlegenes Gebiet *nt*; **Дáльний Востóк** геог der Ferne Osten; **~ свет** авто Fernlicht *nt* **2.** *(дли́нный)* weit; **~ путь** weiter Weg *m* **3.** *(о родствé)* weitläufig; **~ рóдственник** entfernter Verwandter *m*

дальнобóйн|ый <-ая, -ое> *прил* воен weittragend; **дальнобóйная артиллéрия** Artillerie *f* von großer Reichweite; **дальнобóйное орýдие** weittragende Kanone *f*

дальнови́днос|ть <-ти> *ж* Weitblick *m*, Voraussicht *f*

дальнови́д|ный <-ная, -ное; -ен, -на, -но> *прил* weitblickend; **дальнови́дная поли́тика** weitsichtige Politik *f*

дальнозóр|кий <-кая, -кое; -ок, -ка, -ко> *прил* **1.** мед weitsichtig **2.** *перен* weit blickend

дальнозóркос|ть <-ти> *ж* мед Weitsichtigkeit *f*; **у ребёнка ~** das Kind hat Weitsichtigkeit; **страдáть дальнозóркостью** an Weitsichtigkeit leiden

дальномéр <-а> *м* Entfernungsmesser *m*; **опти́ческий ~** optischer Entfernungsmesser *m*; **акусти́ческий ~** akustischer Entfernungsmesser *m*; **рáдио ~** Radioentfernungsmesser *m*; **электроопти́ческий ~** elektrooptischer Entfernungsmesser *m*

дáльнос|ть <-ти> *ж* Weite *f*, Reichweite *f*

дальтони́зм <-а> *м* мед Farbenblindheit *f*

дальтóник <-а> *м* Farbenblinde *m o f*

дáльше *нрч* weiter; **что случи́лось ~?** was ist weiter passiert?; **~ – бóльше** es kommt noch schlimmer; **~ éхать нéкуда** weiter können wir nicht fahren; *перен* mehr können wir nicht tun; **~ своегó нóса не ви́деть** nicht weiter sehen, als die Nasenspitze reicht

дáм|а <-ы> *ж* Dame *f*; **пи́ковая ~** Pikdame *f*

дáмб|а <-ы> *ж* Damm *m*, Deich *m*

дáмк|а <-и> *ж (шáшки)*, Dame *f (Spielstein beim Damenspiel)*; **пройти в дáмки** eine Dame bekommen

дáмно <неизм> *ср* экон Damnum *nt*

дамóклов <-а> *прил (грозя́щая опáсность)* Damokles-; **~ мéч** Damoklesschwert *nt*; **висéть как ~ меч** unter Druck setzen

дáмск|ий <-ая, -ое> *прил* Damen-; **~ велосипéд** Damenfahrrad *nt*

Дáни|я <-и> *ж* Dänemark *nt*

дáнны|е <-х> *мн* **1.** *(информáция)* Daten *pl*, Angaben *fpl*; **анкéтные** [*или* **пáспортные**] **~** Personalien *pl*; **исхóдные ~** Ausgangsdaten; **цифровы́е ~** Zahlenangaben *fpl*; **~ осмóтра** [*или* **обслéдования**] Befund *m*; **обрабóтка дáнных** информ Datenverarbeitung *f*; **по имéющимся дáнным** nach vorliegenden Angaben **2.** *(основáния)* Gründe *mpl*, Voraussetzungen *fpl*; **у негó есть для э́того всé ~** er hat alle Voraussetzungen dafür

дáн|ный <-ная, -ное; -, -á, -ó> *прил* gegeben; **в ~ момéнт** derzeit, momentan; **в дáнном слýчае** im vorliegenden Fall

дань <дáни> *ж* **1.** *(налóг)* Steuer *f*; **плати́ть ~** Steuern zahlen; **брать ~** Steuern sammeln **2.** *(уважéние)* Verehrung *f*, Achtung *f*; **отдáть ~ дрýжбе** die alte Freundschaft achten; **~ тради́циям** vor den Traditionen Achtung haben; **~ мóде** der Mode Tribut zahlen

дар <дáра> *м* **1.** *(подáрок)* Geschenk *nt* **2.** юр Schenkung *f* **3.** *(спосóбность)* Gabe *f*, Begabung *f*

дарён|ый <-ая, -ое> *прил* gestiftet, geschenkt; **~ мáтерью** von der Mutter geschenkt; **дарёная вещь** geschenkter Gegenstand *m*; **дарёному коню́ в зýбы не смóтрят** dem geschenkten Gaul schaut man nicht ins Maul

дарéни|е <-я> *ср* юр Schenkung *f*

дари́те|ль <-ля> *м* Schenker *m*, Stifter *m*

дар|и́ть <-ю́, -ишь> *нсв*, **подари́ть** *св прх* schenken

дармоéд <-а> *м перен* Schmarotzer *m*

дармоéднича|ть <-ю, -ешь> *нсв нпрх* faulenzen; **~ по суббóтам и воскресéньям** *разг* am Wochenende faulenzen

дармоéдств|о <-а> *ср разг (безде́лье)* Faulheit *f*

даровáни|е <-я> *ср* Begabung *f*, Talent *nt*

дар|овáть <-ýю, -ýешь> *(н)св прх (на-*

градить) auszeichnen; *(подарить)* schenken; **~ свободу/жизнь** jdm die Freiheit/das Leben schenken

даровит|ый <-ая, -ое; -, -а, -о> *прил* begabt; *(талантливый)* talentiert; **даровитая личность** begabte Persönlichkeit *f;* **~ художник** begabter Maler *m;* **на редкость ~ ребёнок** ungewöhnlich begabtes Kind *nt*

даром *нрч* **1.** *(бесплатно)* unentgeltlich, gratis; **мне этого и ~ не надо** das nehme ich nicht geschenkt; **это мне не ~ досталось** das hat mich Mühe gekostet **2.** *(без всякой пользы)* vergeblich; **тратить время ~** die Zeit vergeuden

дарственн|ый <-ая, -ое> *нрч* **дарственная запись** ЮР Schenkungsurkunde *f*

дат|а <-ы> *ж* Datum *nt,* Zeitpunkt *m,* Termin *m;* **~ рождения** Geburtsdatum *nt;* **~ выдачи (документа)** Ausstellungsdatum *nt;* **~ истечения срока** Abaufdatum *nt;* **~ переписи** Erhebungsstichtag *m;* **~ платежа** Zahlungszeitpunkt *m;* **~ сдачи** Abgabetermin *m;* **~ поставки** Lieferdatum *nt;* **поставить дату** das Datum setzen

дательн|ый <-ая, -ое> *прил* Dativ-; **~ падеж** ЛИНГВ Dativ *m*

датир|овать <-ую, -уешь> *(н)св прх* datieren; **~ задним числом** nachdatieren

датир|оваться <-уюсь, -уешься> *(н)св рефл* datieren; **~ 18-м веком** ins 18. Jhhrhundert datieren

датск|ий <-ая, -ое> *прил* dänisch

датчанин <-а> *м,* **датчанк|а** <-и> *ж* Däne *m,* Dänin *f*

датчик <-а> *м* ТЕХ Geber *m,* Messfühler *m*

дать <дам, дашь> *св прх см.* **давать**

даться <дамся, дашься> *св рефл см.* **даваться**

дач|а[1] <-и> *ж* **~ показаний** ЮР Abgabe *f* von Aussagen

дач|а[2] <-и> *ж* Datscha *f,* Sommerhaus *nt*

i Land & Leute

Viele Stadtbewohner besitzen seit der frühen Sowjetzeit ein Wochenendhaus am Stadtrand oder in Umgebung mit einem anliegenden Obst- und Gemüsegarten, den sie selbst bebauen.
Die Datscha war für viele schon immer ein unentbehrliches Mittel zur Selbstversorgung mit der ökologisch unbedenklichen Pflanzenkost. Gleichzeitig kann die eigene Datscha zu einer längeren Erholung im Grünen dienen. Davon sind „die Datschen" des jeweiligen amtierenden oder früheren Staatsoberhaupts, hoch gestellter Politiker und Funktionäre sowie neuerdings „neuer Reicher" zu unterscheiden: dies sind bewachte Landhäuser hinter einem hohen Zaun in einer speziellen Erholungszone.

дачник <-а> *м,* **дачниц|а** <-ы> *ж* Urlauber *m,* Urlauberin *f (auf dem Grundstück)*

дачн|ый <-ая, -ое> *прил* Land-; **~ отдых** Erholung *f* auf dem Lande; **дачная усадьба** Landhaus *nt*

два <двух, двум, двумя, о двух> *числ колич* zwei; **по ~** je zwei; **каждые ~ дня** alle zwei Tage; **увеличивать в ~ раза** verdoppeln; **уменьшать в ~ раза** halbieren; **в двух словах** *перен* kurz gesagt; **на ~ слова** *перен* auf ein paar Worte; **ни ~ ни полтора** *fig* nichts Halbes und nichts Ganzes

двадцатилети|е <-я> *ср* zwanzigster Jahrestag *m;* **~ брака** zwanzigster Hochzeitstag

двадцатилетн|ий <-яя, -ее> *прил* zwanzigjährig; **~ юноша** zwanzigjähriger Junge *m;* **двадцатилетняя дружба** zwanzigjährige Freundschaft *f;* **~ стаж** zwanzigjährige Beschäftigungsdauer *f*

двадцатипятилетн|ий <-яя, -ее> *прил* fünfundzwanzigjährig; **~ юбилей** fünfundzwanzigjähriger Jubiläum *nt;* **двадцатипятилетняя служба** fünfundzwanzigjähriger Dienst *m;* **~ срок** fünfundzwanzigjährige Frist *f*

двадца|ть <-ти> *числ колич* zwanzig

дважды *нрч* zweimal; **~ два – четыре** zwei mal zwei ist vier; **~ щёлкнуть** ИНФОРМ doppelklicken

двенадцатиперстн|ый <-ая, -ое> *прил в сочет.* **двенадцатиперстная кишка** АНАТ Zwölffingerdarm *m*

двенадца|ть <-ти> *числ колич* zwölf

дверн|ой <-ая, -ое> *прил* Tür-; **~ замок** Türschloss *nt;* **дверная ручка** Türgriff *m,* Türklinke *f;* **~ глазок** Türguckloch *nt*

дверц|а <-ы> *ж* **1.** *(маленькая дверь)* kleine Tür *f* **2.** АВТО Autotür *f*

дверь <двери> *ж* Tür *f;* **на двери** an der Tür; **выставить кого-л. за ~** *и перен* jdn vor die Tür setzen; **хлопнуть дверью** die Tür zuschlagen, *перен* einer Sache den Rücken kehren; **при закрытых дверях** *перен* unter Ausschluss der Öffentlichkeit

двести <двухсот> *числ колич* zweihundert

двигате|ль <-ля> *м* **1.** *(мотор)* Motor *m;* **~ внутреннего сгорания** Verbrennungsmotor *m;* **двухтактный ~** Zweitaktmotor *m* **2.** *перен (движущая сила)* treibende Kraft *f*

двигательн|ый <-ая,- ое> *прил* **1.** *(управляющий)* Antriebs-; **двигательная сила** Antriebskraft *f;* **двигательная установка** Antriebsanlage *f* **2.** АНАТ *(моторный)* Bewegungs-; **~ нерв** Bewegungsnerven *mpl;* **~ центр** Bewegungszentrum *nt*

дви|гать <-жу, -жешь> *нсв,* **двинуть** *св*

прх **1.** *(с места)* bewegen, schieben, vorwärts schieben; **~ рефо́рмы** *перен* die Reformen voranbringen **2.** *(дёргать)* zucken; **~ плеча́ми** mit den Schultern zucken

двига|ться <-юсь, -ешься> *нсв,* **дви́нуться** *св рефл* **1.** *(передвига́ться)* sich bewegen; **~ по направле́нию к чему́-л.** sich auf etw zubewegen; **дви́нуться с ме́ста** sich vom Platz bewegen; **по́езд дви́нулся** der Zug hat sich in Bewegung gesetzt **2.** *(шевели́ться)* sich rühren, in Bewegung kommen; **де́ло не дви́гается** die Sache kommt nicht voran; **дви́нуться в путь** sich auf den Weg machen

движе́ни|е <-я> *ср* Bewegung *f; (тра́нспорта, пешехо́дов)* Verkehr *m;* **~ вперёд, поступа́тельное ~** Vorwärtsbewegung *f;* **~ по орби́те** Bewegung *f* auf einer Umlaufbahn; **привести́ в ~** in Bewegung setzen; **прийти́ в ~** in Bewegung kommen; **~ (де́ла) по инста́нциям** Instanzenweg *m;* **~ биржевы́х ку́рсов** ЭКОН Kursentwicklung *f;* **~ капита́ла** ЭКОН Kapitalbewegung *f;* **профсою́зное ~** Gewerkschaftsbewegung *f;* **~ за незави́симость** ПОЛ Unabhängigkeitsbewegung *f;* **~ сопротивле́ния** ПОЛ Widerstandsbewegung *f;* **у́личное ~** Straßenverkehr *m;* **встре́чное ~** Gegenverkehr *m;* **двусторо́ннее ~** Verkehr *m* in beide Richtungen; **у́лица с односторо́нним движе́нием** Einbahnstraße *f;* **~ поездо́в** Zugverkehr *m;* **возду́шное ~** Flugverkehr *m*

дви́жим|ый[1] <-ая, -ое; -, -а, -о> *прил* *(чем-л.)* geleitet von + *dat;* **~ чу́вством до́лга** vom Pflichtgefühl geleitet

дви́жим|ый[2] <-ая, -ое; -, -а, -о> *прил* **дви́жимое иму́щество** ЮР mobiles Vermögen *nt*

движите|ль <-ля> *м* ТЕХ Antrieb *m,* Triebwerk *nt*

движ|о́к <-ка́> *м* **1.** ТЕХ *(часть механи́зма)* Gleitstück *nt,* Schieber *m* **2.** ТЕХ *(перено́сный дви́гатель)* tragbarer Motor *m;* **~ ло́дки** tragbarer Bootmotor **3.** *(деревя́нная лопа́та для убо́рки сне́га)* Schneeschieber *m*

дви́жущ|ий <-ая, -ее> *прил* bewegend, treibend; **~ моти́в** Beweggrund *m;* **дви́жущая си́ла** Triebkraft *f;* **дви́жущая си́ла в эконо́мике** *перен* Wirtschaftsmotor *m*

дви́жущ|ийся <-аяся, -ееся> *прил* ТЕХ bewegt, sich bewegend; **~ конве́йер** sich bewegendes Fließband *nt;* **дви́жущаяся мише́нь** bewegte Zielscheibe *f;* **~ эскала́тор** Rolltreppe *f*

дви́нуть *св прх см.* **двигать**

дви́н|уться <-усь, -ешься> *св рефл см.* **двигаться**

дво́е <двои́х> *колич числ собира́тельное* zwei; **нас бы́ло ~** wir waren zu zweit

двоебо́рь|е <-я> *ср* СПОРТ Zweikampf *m*

двоевла́сти|е <-я> *ср* ПОЛ Doppelherrschaft *f*

двоеже́н|ец <-ца> *м* Bigamist *m*

двоежёнств|о <-а> *ср* Bigamie *f*

двоето́чи|е <-я> *ср* Doppelpunkt *m*

дво́ечник <-а> *м,* **дво́ечниц|а** <-ы> *ж* schlechter Schüler *m,* schlechte Schülerin *f (in Russland ist eine Eins die schlechteste Note);* **закорене́лый ~** notorisch schlechter Schüler, notorisch schlechte Schülerin

дво|и́ть <-ю́, -и́шь> *нсв,* **раздвои́ть** *св прх* **1.** *(разделя́ть на́двое)* halbieren, (in zwei Teile) teilen **2.** *(соединя́ть по два)* zu zweit verbinden; **~ ни́тки** zwei Fäden verbinden **3.** *(втори́чно вспа́хивать)* (noch einmal) pflügen; **~ по́ле** das Feld noch einmal pflügen

дво|и́ться <-ю́сь, -и́шься> *нсв рефл* doppelt erscheinen; **у меня́ двои́тся в глаза́х** ich sehe alles doppelt

дво́йк|а <-и> *ж* Zwei *f;* СПОРТ Zweier *m*

двойни́к <-а́> *м* Doppelgänger *m*

двойн|о́й <-а́я, -о́е> *прил* doppelt, Doppel-; **в двойно́м разме́ре** doppelt soviel; **вести́ двойну́ю жизнь** ein Doppelleben führen; **вести́ с кем-л. двойну́ю игру́** *перен* ein Doppelspiel mit jdm treiben; **двойна́я систе́ма бухга́лтерского учёта** ЭКОН doppelte Buchführung *f;* **двойно́е налогообложе́ние** ЭКОН Doppelbesteuerung *f;* **~ счёт** ЭКОН Gegenkonto *nt;* **~ щелчо́к** ИНФОРМ Doppelklick *m*

дво́йн|я <-и> *ж* Zwillinge *mpl*

двойня́ш|ки <-ек> *мн* Zwillinge *pl*

дво́йственнос|ть <-ти> *ж* **1.** *(повторя́емость)* Duplizität *f,* doppeltes Vorkommen *nt* **2.** *(двули́чность)* Doppelnatur *f,* Doppelzüngigkeit *f,* Doppelgleisigkeit *f*

дво́йственн|ый <-ая, -ое; -а, -о> *прил* **1.** *(противоречи́вый)* zwiespältig; **дво́йственное чу́вство** zwiespältiges Gefühl *nt* **2.** *(двули́чный)* doppelzüngig, zweigleisig; **дво́йственная поли́тика** doppelgleisige Politik *f*

двор <двора́> *м* Hof *m;* **постоя́лый ~** Gasthof *m;* **шко́льный ~** Schulhof *m;* **на дворе́** auf dem Hof; **во дворе́** im Hof

двор|е́ц <-ца́> *м* Palast *m;* **~ спо́рта** Sportpalast *m*

дворе́цк|ий <-ого> *м* *(управля́ющий)* Verwalter *m;* **ука́з дворе́цкого** Erlass *m* des Verwalters

дво́рик <-а> *м* kleiner Hof *m;* **вну́тренний ~** kleiner Innenhof *m,* **ухо́женный ~** gepflegter Hof *m*

дво́рник <-а> *м* Hausmeister *m;* АВТО Scheibenwischer *m*

дво́рничих|а <-и> *ж* **1.** *(жена́ дво́рника)* Hausmannsfrau *f;* **2.** *(же́нщина-дво́рник)* Hauswärterin *f*

дворня́г|а <-и> *ж разг* Straßenhund *m*

дворня́жк|а <-и> *ж* Mischlingshund *m*

Д

дворо́в|ый <-ая, -ое> *прил* **1.** *(относя́щийся к двору́)* Hof-; **дворо́вая постро́йка** Hofgebäude *nt;* ~ **пёс** Straßenhund *m* **2.** *(прислу́га)* Dienst-; **дворо́вые (лю́ди)** Dienstpersonal *nt*

дворцо́в|ый <-ая, -ое> *прил* Hof-; **дворцо́вая пло́щадь** Hofplatz *m;* **дворцо́вая стра́жа** Hofwache *f;* ~ **ритуа́л** Hofritual *nt;* **дворцо́вое убра́нство** Hofpracht *f;* ~ **переворо́т** *(сверже́ние вла́сти)* Umsturz *m*

дворяни́н <-а> *м,* **дворя́нк|а** <-и> *ж* Adliger *m,* Adlige *f*

дворя́нск|ий <-ая, -ое> *прил* adlig

дворя́нств|о <-а> *ср* Adel *m*

двою́родн|ый <-ая, -ое> *прил* ~ **брат** [*или* **кузе́н**] Cousin *m;* **двою́родная сестра́** [*или* **кузи́на**] Cousine *f*

двоя́к|ий <-ая, -ое; -, -а, -о> *прил* zweifach, doppelt; **двоя́кое значе́ние** zweifache Bedeutung *f;* **двоя́кое толкова́ние** doppelte Auslegung *f*

двоя́ко *нрч (двумя́ спо́собами)* zweifach, doppelsinnig; **реша́ть ~ зада́чу** die Aufgabe zweifach lösen; **по́нять ~** doppelsinnig etw verstehen

двояково́гнут|ый <-ая, -ое> *прил (вда́вленный с двух сторо́н)* bikonkav; **двояково́гнутое стекло́** bikonkaves Glas *nt;* **двояково́гнутая ли́нза** bikonkave Linse *f*

двояковы́пукл|ый <-ая, -ое> *прил* bikonvex; **двояковы́пуклая лу́па** bikonvexe Lupe *f*

двоякоды́шащи|е <-х> *прил* ЗООЛ doppelatmend; ~ **ры́бы** doppelatmende Fische *mpl*

двубо́ртн|ый <-ая, -ое> *прил (костю́м)* zweireihig

двугла́в|ый <-ая, -ое> *прил (с двумя́ голова́ми)* zweiköpfig; **двугла́вая верши́на** zweiköpfiger Gipfel *m;* ~ **орёл** zweiköpfiger Adler *m;* ~ **Эльбру́с** zweiköpfiger Elbrus *m*

двугла́сн|ый <-ая, -ое> *прил* ЛИНГВ doppelvokal; ~ **звук** Doppelvokal *m*

двуголо́с|ый <-ая, -ое> *прил* МУЗ *(ду́эт)* zweistimmig; **двуголо́сое пе́ние** zweistimmiger Gesang *m;* **двуголо́сая а́рия** zweistimmiges Gesangsstück *nt*

двуго́рб|ый <-ая, -ое> *прил* zweihöckerig; ~ **верблю́д** ЗООЛ zweihöckeriges Kamel *nt*

двугра́нн|ый <-ая, -ое> *прил* zweiseitig; ~ **у́гол** МАТ zweischenkliger Winkel *m*

двудо́льн|ый <-ая, -ое> *прил* БОТ *(из двух до́лей)* aus zwei Keimblättern, zweikeimblättrig; **двудо́льные расте́ния** zweikeimblättrige Pflanzen *fpl*

двудо́мн|ый <-ого> *прил* БОТ zweihäusig; **двудо́мные расте́ния** zweihäusige Pflanzen *fpl*

двужи́льн|ый <-ая, -ое> *прил разг* zäh, kräftig; ~ **мужи́к** zäher Kerl *m*

двузна́чн|ый <-ая, -ое> *прил* МАТ zweistellig; **двузна́чное число́** zweistellige Zahl *f*

двуко́лк|а <-и> *ж* zweirädriger Karren *m*

двукра́тно *нрч (два́жды)* zweimal, zweifach, doppelt; **ста́вки повы́сились ~** die Einsätze haben sich um das Doppelte erhöht; **плати́ть в двукра́тном разме́ре** das Doppelte bezahlen

двукра́тн|ый <-ая, -ое> *прил* zweifach, zweimalig

двукры́л|ый <-ая, -ое> *прил* ЗООЛ zweiflügelig; **двукры́лое насеко́мое** zweiflügeliges Insekt *nt;* **двукры́лое млекопита́ющее** zweiflügeliges Säugetier *nt*

двулепёстн|ый <-ая, -ое> *прил* БОТ zweiblättrig; ~ **цвето́к** zweiblättrige Blume *f*

двуле́тник <-а> *м* БОТ Enzian *m*

двули́к|ий <-ая, -ое; -, -а, -о> *прил (лицеме́рный)* doppelgesichtig; ~ **Я́нус** doppelgesichtiger Janus *nt*

двули́чи|е <-я> *ср* Heuchelei *f;* **обвиня́ть в двули́чии** jdn der Heuchelei beschuldigen; **проявля́ть ~** heuchlerisch handeln

двули́чно *нрч (лицеме́рно, неи́скренне)* heuchlerisch; **вести́ себя́ ~** sich heuchlerisch verhalten

двули́ч|ный <-ная, -ное; -ен, -на, -но> *прил* heuchlerisch, falsch

двуно́г|ий <-ая, -ое> *прил и перен* zweibeinig; **двуно́гая табуре́тка** zweibeiniger Polsterhocker *m;* ~ **враг** zweibeiniger Feind *m;* **двуно́гая тварь** zweibeiniges Geschöpf *nt*

двуо́ки|сь <-си> *ж* Dioxyd *nt;* ~ **се́ры** Schwefeldioxyd *nt;* ~ **углеро́да** Kohlendioxyd *nt*

двуро́г|ий <-ая, -ое> *прил* zweihörnig; ~ **носоро́г** ЗООЛ zweihörniges Nashorn *nt;* **двуро́гая луна́** zweihörniger Mond *m*

двуру́шник <-а> *м,* **двуру́шниц|а** <-ы> *ж ирон* Doppelzüngler(in) *m(f);* **отъя́вленный ~** ausgesprochener Heuchler *m*

двуру́шнича|ть <-ю, -ешь> *нсв нпрх* doppelzüngig reden; **хва́тит ~!** hör mit der Heuchelei auf!; **вам не к лицу́~** die Heuchelei passt nicht zu Ihnen

двуру́шничеств|о <-а> *ср ирон* Heuchelei *f;* **полити́ческое ~** politische Heuchelei

двусемядо́льн|ый <-ая, -ое> *прил* БОТ zweikeimblättrig; *(двудо́льный)* zweisamig; **двусемядо́льное расте́ние** zweisamige Pflanze *f*

двусло́жн|ый <-ая, -ое> *прил* ЛИНГВ *(двуслогово́й)* zweisilbig; **двусло́жное сло́во** zweisilbiges Wort *nt*

двусмы́сленно *нрч* zweideutig; **отвеча́ть ~** zweideutig antworten; **его́ поведе́ние ~** sein Verhalten ist zweideutig

двусмы́сленнос|ть <-ти> *ж* Doppelsinnigkeit *f*, Zweideutigkeit *f*

двусмы́слен|ный <-ная, -ное; -, -на, -но> *прил* zweideutig, doppelsinnig; **двусмы́сленная шу́тка** doppeldeutiger Witz *m*

двусмы́слиц|а <-ы> *ж разг* Zweideutigkeit *f;* **по́лная ~** vollkommene Zweideutigkeit *f*

двусоста́вн|ый <-ая, -ое> *прил* zusammengesetzt; **двусоста́вное предложе́ние** лингв zusammengesetzter Satz *m;* **двусоста́вное сло́во** лингв zusammengesetztes Wort *nt*

двуство́лк|а <-и> *ж* Doppelflinte *f;* **прикла́д двуство́лки** Kolben *m* der Doppelflinte

двуство́льн|ый <-ая, -ое> *прил* Doppellauf-, doppelstämmig; **двуство́льная берёза** doppelstämmige Birke; **двуство́льное ружьё** Doppelflinte *f*

двуство́рчат|ый <-ая, -ое> *прил* zweiteilig; **двуство́рчатая дверь** Flügeltür *f;* **двуство́рчатая ра́ковина** zweischaliges Gehäuse *nt;* **двуство́рчатые моллю́ски** зоол zweischalige Weichtiere *ntpl*

двусто́пн|ый <-ая, -ое> *прил* лит zweifüßig; **~ ямб** zweifüßiger Jambus *m;* **~ разме́р** zweifüßiges Versmaß *nt*

двусторо́нн|ий <-яя, -ее> *прил* zweiseitig, beiderseitig, doppelseitig; пол bilateral; **двусторо́нние отноше́ния** bilaterale Beziehungen *fpl*

двуха́ктн|ый <-ая, -ое> *прил* театр aus zwei Akten bestehend; **~ бале́т** Ballett *nt* aus zwei Akten; **двуха́ктная пье́са** Zweiakter *m*

двуха́томн|ый <-ая, -ое> *прил* хим zweiatomar, diatomar; **двуха́томное соедине́ние** diatomare Verbindung *f;* **двуха́томная моле́кула** diatomares Molekül *nt*

двухверстн|ый <-ая, -ое> *прил* zwei Kilometer lang; **~ перехо́д** zwei Kilometer langer Übergang *m*

двухгоди́чн|ый <-ая, -ое> *прил (двухле́тний)* zweijährig; **~ курс** zweijähriger Lehrgang *m;* **двухгоди́чное пла́вание** zweijährige Schifffahrt *f;* **~ прое́кт** zweijähriges Projekt *nt*

двухгодова́л|ый <-ая, -ое> *прил (двухле́тний)* zweijährig; **~ ребёнок** zweijähriges Kind *nt*

двухдне́вн|ый <-ая, -ое> *прил* zweitägig

двухколе́йн|ый <-ая, -ое> *прил (двухре́льсовый)* Doppelschienen-; **~ путь** Doppelschienenweg *m*

двухколёсн|ый <-ая, -ое> *прил* zweirädrig; **~ велосипе́д** zweirädriges Fahrrad *nt;* **двухколёсная теле́жка** zweirädriger kleiner Pferdewagen *m*

двухко́мнатн|ый <-ая, -ое> *прил* Zweizimmer-; **~ фли́гель** Zweizimmerflügel *m;* **двухко́мнатная кварти́ра** Zweizimmerwohnung *f*

двухлётн|ий <-яя, -ее> *прил* zweijährig

двухлитро́в|ый <-ая, -ое> *прил* Zweiliter-; **~ бидо́н** Zweiliterkanister *m;* **двухлитро́вая бо́чка** Zweiliterfass *nt;* **~ мото́р** Zweilitermotor *m*

двухма́чтов|ый <-ая, -ое> *прил* мор Zweimaster-; **двухма́чтовое су́дно** Zweimasterschiff *nt;* **~ па́русник** Zweimaster *m;* **~ катамара́н** Zweimasterkatamaran *m*

двухме́стн|ый <-ая, -ое> *прил* Doppel-; **двухме́стная каю́та** Doppelkajüte *f;* **двухме́стное купе́** Doppelabteil *nt*

двухме́сячн|ый <-ая, -ое> *нрч* zweimonatig; **~ ребёнок** ein Kind von zwei Monaten; **в ~ срок** innerhalb von zwei Monaten

двухметро́в|ый <-ая, -ое> *прил* zwei Meter lang/hoch; **на двухметро́вой высоте́** in zwei Meter Höhe; **~ прыжо́к** zwei Meter hoher Sprung; **~ гига́нт** zwei Meter hoher Riese *m*

двухмото́рн|ый <-ая, -ое> *прил* zweimotorig; **~ самолёт** zweimotoriges Flugzeug *nt;* **двухмото́рная ло́дка** zweimotoriges Boot *nt*

двухнеде́льн|ый <-ая, -ое> *прил* **1.** *(да́вность)* zweiwöchig, vierzehntägig **2.** *(во́зраст)* zwei Wochen alt

двухпала́тн|ый <-ая, -ое> *прил* юр Zweikammer-; **~ сена́т** Zweikammersenat *m;* **двухпала́тная систе́ма** Zweikammersystem *nt*

двухпа́лубн|ый <-ая, -ое> *прил* мор zweideckig; *(с двумя́ па́лубами)* mit zwei Decks; **двухпа́лубное су́дно** zweideckiges Schiff *nt;* **~ ла́йнер** zweideckiges Linienschiff *nt*

двухпарти́йн|ый <-ая, -ое> *прил* пол zweiparteilich; **~ парла́мент** zweiparteiliches Parlament *nt;* **двухпарти́йная систе́ма** Zweiparteiensystem *nt*

двухпо́люсн|ый <-ая, -ое> *прил* zweipolig; **двухпо́люсная моде́ль** zweipoliges Modell *nt;* **двухпо́люсное соедине́ние** doppelpolige Verbindung *f*

двухра́зов|ый <-ая, -ое> *прил* zweimalig, zweifach; **двухра́зовое кормле́ние** zweimaliges Stillen *nt*

двухсло́йн|ый <-ая, -ое> *прил* zweilagig; **~ пиро́г** zweischichtiger Kuchen *m*

двухсме́нн|ый <-ая, -ое> *прил* Zweischichten-; **двухсме́нная рабо́та** Zweischichtenarbeit *f*

двухсотле́тн|ий <-яя, -ое> *прил* zweihundertjährig; **~ юбиле́й** zweihundertjähriges Jubiläum *nt;* **~ пери́од** zweihundertjährige Periode *f*

двухспа́льн|ый <-ая, -ое> *прил* Doppelbett-; **~ компле́кт** Doppelbettwäsche *f;* **двухспа́льная крова́ть** Doppelbett *nt*

двухстро́чн|ый <-ая, -ое> *прил* zweizeilig

двухстру́нн|ый <-ая, -ое> *прил* zweisaitig

двухступе́нчат|ый <-ая, -ое> *прил* zweistufig, Zweistufen-; **двухступе́нчатая**

Д

раке́та Zweistufenrakete *f*

двухсу́точн|ый <-ая, -ое> *прил* ВОЕН zweitägig; **~ похо́д** zweitägiger Feldzug *m;* **~ паёк** zweitägige Ration *f;* **~ запа́с** zweitägige Reserve *f*

двухта́ктн|ый <-ая, -ое> *прил* ТЕХ, МУЗ Zweitakt-; **~ дви́гатель** Zweitaktmotor *m*

двухто́мник <-а> *м* zweibändige Ausgabe *f*

двухто́мн|ый <-ая, -ое> *прил* zweibändig; **~ сбо́рник** zweibändiger Sammelband *m;* **~ слова́рь** zweibändiges Wörterbuch *nt;* **двухто́мное изда́ние** zweibändige Ausgabe *f*

двухфа́зн|ый <-ая, -ое> *прил* ЭЛ zweiphasig, Zweiphasen-; **~ ток** Zweiphasenstrom *m*

двухцве́тн|ый <-ая, -ое> *прил* zweifarbig; **двухцве́тное зна́мя** zweifarbige Fahne *f;* **двухцве́тная тка́нь** zweifarbiges Gewebe *nt;* **~ флаг** zweifarbige Flagge *f*

двухчасов|о́й <-а́я, -о́е> *прил* Zwei-, zweistündig; **~ по́езд** Zweiuhrzug *m;* **~ полёт** zweistündiger Flug *m;* **двухчасова́я бесе́да** zweistündiger Vortrag *m;* **двухчасово́е совеща́ние** zweistündige Besprechung *f*

двухъя́русн|ый <-ая, -ое> *прил* Doppelstock-, zweigeschossig; **двухъя́русная крова́ть** Etagenbett *nt*

двухэта́жн|ый <-ая, -ое> *прил* einstöckig, zweigeschossig

двучле́н <-а> *м* МАТ Binom *nt*

двучле́нн|ый <-ая, -ое> *прил* zweigliedrig; **~ экипа́ж** Zweimannbesatzung *f;* **~ соста́в** Zweimannpersonal *nt;* **двучле́нное уравне́ние** МАТ zweigliedrige Gleichung *f*

двуязы́чи|е <-я> *ср* Zweisprachigkeit *f*

двуязы́ч|ный <-ная, -ное; -ен, -на, -но> *прил* zweisprachig

деактивиза́ци|я <-и> *ж* ИНФОРМ Inaktivierung *f*

деактивизи́р|овать <-ую, -уешь> *(н)св прх* ИНФОРМ inaktivieren

дебати́р|овать <-ую, -уешь> *нсв прх (обсужда́ть)* diskutieren; **~ вопро́с** die Frage besprechen; **~ в парла́менте** im Parlament debattieren

дебати́р|оваться <-уюсь, -уешься> *нсв рефл* debattiert werden; **прое́кт дебати́руется в сове́те** das Projekt wird im Rat durchgesprochen

деба́т|ы <-ов> *мн* Debatten *pl;* **парла́ментские ~** Parlamentsdebatten *fpl*

де́бет <-а> *м* ЭКОН Soll *nt,* Sollseite *f,* Debet *nt;* **~-ави́зо** Lastschriftanzeige *f;* **~ и кре́дит** Soll *nt* und Haben *nt;* **~-но́та** Belastungsanzeige *f*

дебетова́ни|е <-я> *ср* ЭКОН Lastschrift *f,* Belastung *f;* **~ на су́мму изде́ржек** Kostenbelastung *f*

дебет|ова́ть <-ую, -ешь> *(н)св прх* ЭКОН belasten

дебет|ова́ться <-уюсь, -уешься> *нсв рефл* belastet werden; **дебету́ется на счёт** das Konto mit etw belasten

дебито́р <-а> *м* ЭКОН Debitor *m,* Schuldner *m*

дебито́рск|ий <-ая, -ое> *прил* Debitoren-; **дебито́рская задо́лженность** Außenstände *mpl*

деблоки́р|овать <-ую, -уешь> *(н)св прх* **~ счёт** eine Kontosperrung aufheben

дебо́ш <-а> *м* Skandal *m,* Radau *m,* Krach *m;* **устро́ить ~** Radau [*o* Krach] machen

дебоши́р <-а> *м* Ruhestörer *m,* Randalierer *m*

дебоши́р|ить <-ю, -ишь> *нсв нпрх разг (сканда́лить)* randalieren; **переста́ньте ~!** hört mit dem Radau auf!

де́бр|и <-ей> *мн* **1.** *(ди́кие за́росли)* Dickicht *nt,* Urwald *m;* **непроходи́мые ~** undurchdringliches Dickicht *nt* **2.** *перен (пу́таница)* Wirrwarr *m*

дебюрократиза́ци|я <-и> *ж* Entbürokratisierung *f*

дебю́т <-а> *м* Debüt *nt; (ша́хматы)* Eröffnung *f*

дебюта́нт <-а> *м,* **дебюта́нтк|а** <-и> *ж* Debütant(in) *m(f)*

дебюти́р|овать <-ую, -уешь> *(н)св нпрх* debütieren

де́в|а <-ы> *ж и* АСТР *(де́вушка)* Jungfrau *f;* **ста́рая ~** alte Jungfer *f*

девальвацио́нн|ый <-ая, -ое> *прил* ФИН devalvatorisch, abwertend; **девальвацио́нное обеспече́ние** devalvatorische Versicherung *f;* **девальвацио́нная поли́тика** Devalvationspolitik *f*

девальва́ци|я <-и> *ж* ЭКОН Entwertung *f,* Geldabwertung *f*

девальви́р|овать <-ую, -уешь> *(н)св прх* ЭКОН devalvieren, entwerten, abwerten

дева́|ть <-ю, -ешь> *нсв,* **деть** *св прх разг ча́сто прош* hintun; **не по́мню, куда́ я дева́л кни́жку** ich weiß nicht mehr, wohin ich das Buch gesteckt habe

дева́|ться <-юсь, -ешься> *нсв,* **де́ться** *св рефл разг* verloren gehen; **куда́ дева́лась моя́ кни́жка?** wo ist nur mein Buch abgeblieben?

де́ве|рь <-ря> *м (брат му́жа)* Schwager *m*

девиа́ци|я <-и> *ж* **1.** *(отклоне́ние)* Deviation *f,* Abweichung *f;* **~ самолёта** Deviation [*o* Abweichung] des Flugzeuges **2.** ФИЗ *(колеба́ние)* Abweichung *f;* **~ магни́тного меридиа́на** Abweichung des Magnetmeridians **3.** БИОЛ Versatz *m;* **~ органи́зма** Versatz des Organismus

деви́з <-а> *м* Devise *f,* Motto *nt*

деви́з|а <-ы> *ж* Devise *f (ausländisches Zahlungsmittel)*

деви́ц|а <-ы> *ж книжн (де́вушка)* Mädchen *nt,* Jungfrau *f*

деви́ческ|ий <-ая, -ое> *прил* mädchenhaft

де́вич|ий <-ья, -ье> *прил (деви́ческий)*

mädchenhaft, Mädchen-; ~ **смех** Mädchenlachen *nt;* **дéвичьи грёзы** Mädchenträume *mpl;* **дéвичья пáмять** *шутл (корóткая)* kurzes Gedächtnis *nt*

деви́чник <-а> *м (обря́д невéсты)* *Brautritual am Vorabend der Hochzeit*

дéвк|а <-и> *ж* **1.** *вульг* Mädchen *nt;* **засидéться в дéвках** *разг* sitzen bleiben, keinen Mann bekommen **2.** *презрит* Dirne *f*

дéвочк|а <-и> *ж* kleines Mädchen *nt*

дéвственнос|ть <-ти> *ж* Jungfräulichkeit *f,* Keuschheit *f;* **лиши́ть дéвственности** entjungfern

дéвствен|ный <-ная, -ное; -, -на, -но> *прил* jungfräulich, keusch; *перен (нетрóнутый, чи́стый)* unberührt, rein; **дéвственная плевá** Jungfernhäutchen *nt,* Hymen *nt;* ~ **лес** Urwald *m*

дéвушк|а <-и> *ж* junges Mädchen *nt;* ~! *(обращéние)* Fräulein!

девчóнк|а <-и> *ж* Mädchen *nt,* Mädel *nt;* **избалóванная** ~ verwöhntes Mädchen *nt;* **непослýшная** ~ ungehorsames Mädchen *nt*

девянóст|о <-а> *числ колич* neunzig

девяностолéтн|ий <-яя, -ее> *прил* neunzigjährig; ~ **стари́к** neunzigjähriger Greis *m;* ~ **юбилéй** neunzigjähriges Jubiläum *nt*

девяси́л <-а> *м* БОТ Alant *m*

девятиклáссник <-а> *м,* **девятиклáсниц|а** <-ы> *ж* Schüler(in) *m(f)* der neunten Klasse

девятикрáтн|ый <-ая, -ое> *прил* neunmalig, neunfach; **в девятикрáтном размéре** in neunfachem Ausmaß; ~ **чемпиóн** neunmaliger Champion *m;* **девятикрáтная побéда** neunmaliger Sieg *m*

девятилéтн|ий <-яя, -ее> *прил* neunjährig; **девятилéтнее отсýтствие** neunjährige Abwesenheit *f;* ~ **вóзраст** Alter von neun Jahren

девя́тк|а <-и> *ж* Neun *f,* Neuner *m*

девятнáдца|ть <-ти> *числ колич* neunzehn

девя́т|ый <-ая, -ое> *числ порядк* neunte(r, s)

дéвять <девяти́> *числ колич* neun

девятьсóт <девятисóт> *числ колич* neunhundert

дегазáци|я <-и> *ж тóлько ед* Entgasung *f,* Entgiftung *f;* ~ **стáли** Stahlentgasung *f;* ~ **шахт** Schachtentgiftung *f*

дегенерáт <-а> *м* Degenerierte *m,* Entartete *m*

дегенерати́вн|ый <-ая, -ое> *прил* МЕД *(вырождáющийся)* degenerativ; **дегенерати́вные изменéния** degenerative Veränderungen *fpl;* ~ **процéсс** degenerativer Prozess *m*

дегенери́р|овать <-ую, -уешь> *(н)св нпрх* degenerieren, entarten

дегидратáци|я <-и> *ж* Wasserentzug *m,* Dehydrierung *f*

дёг|оть <-тя> *м* Teer *m*

деградáци|я <-и> *ж* Verfall *m;* **социáльная** ~ sozialer Abstieg *m*

деградúр|овать <-ую, -уешь> *(н)св нпрх* verfallen

дегресси́вн|ый <-ая, -ое> *прил* degressiv

дегрéсси|я <-и> *ж* ЭКОН Degression *f;* ~ **издéржек** Kostendegression *f*

дегустáтор <-а> *м* Degustator *m,* Verkoster *m;* ~ **чáя** Teedegustator *m;* ~ **винá** Weindegustator *m*

дегустациóнн|ый <-ая, -ое> *прил* Degustations-; ~ **зал** Degustationsraum *m;* **дегустациóнная аппаратýра** Degustationsapparatur *f;* **дегустациóнная лаборатóрия** Degustationslabor *nt;* ~ **нюх** Degustationsspürsinn *m*

дегустáци|я <-и> *ж* Kostprobe *f;* ~ **вин** Weinprobe *f*

дегусти́р|овать <-ую, -уешь> *(н)св прх* abschmecken, kosten

дед <дéда> *м* Großvater *m;* **Дед Морóз** Väterchen Frost *nt,* Weihnachtsmann *m*

дедовщи́н|а <-ы> *ж* ВОЕН Vorgesetztenwillkür *f*

дедукти́вн|ый <-ая, -ое> *прил (логи́ческий)* deduktiv; ~ **мéтод** deduktive Methode *f;* ~ **анáлиз** deduktive Analyse *f*

дедýкци|я <-и> *ж* Deduktion *f*

дéдушк|а <-и> *м* Großväterchen *nt,* Opa *m;* ~ **и бáбушка** Großeltern *pl*

деепричáсти|е <-я> *ср* ЛИНГВ Gerundium *nt,* Adverbialpartizip *nt*

деепричáстн|ый <-ая, -ое> *прил* ЛИНГВ Gerundium-; **деепричáстные фóрмы** Gerundiumformen *fpl*

дееспосóбнос|ть <-ти> *ж* **1.** *(трудоспосóбность)* Arbeitsfähigkeit *f,* Leistungsfähigkeit *f* **2.** ЮР Handlungsfähigkeit *f,* Rechtsfähigkeit *f*

дееспосóб|ный <-ная, ное; -ен, -на, -но> *прил* **1.** *(трудоспосóбный)* arbeitsfähig **2.** ЮР handlungsfähig, rechtsfähig

дежýр|ить <-ю, -ишь> *нсв нпрх* Dienst haben; *(бóдрствовать)* wachen

дежýрн|ый I. <-ая, -ое> *прил* diensthabend; **дежýрная аптéка** Apotheke *f* mit Sonntagsdienst; **дежýрная маши́на** Bereitschaftswagen *m;* **дежýрное блю́до** Tagesgericht *nt* **II.** <-ого> *м* Diensthabende(r) *f(m)*

дежýрств|о <-а> *ср* Wachdienst *m,* Bereitschaftsdienst *m*

дезавуи́р|овать <-ую, -уешь> *(н)св прх* *(лиши́ть прав)* jdm ein Recht absprechen; ~ **представи́теля** dem Vertreter das Recht absprechen; ~ **нóту послá** dem Botschafter die Note absprechen

дезерти́р <-а> *м* Deserteur *m*

дезерти́р|овать <-ую, -уешь> *(н)св нпрх* desertieren

дезинвести́ци|я <-и> *ж* ЭКОН Desinvestition *f*

дезинсе́кци|я <-и> *ж* Desinsektion *f*, Schädlingsbekämpfung *f*; **~ зернохрани́лищ** Desinsektion der Getreidespeicher

дезинтегра́тор <-а> *м* Desintegrator *m*; **~ угля́** Kohlendesintegrator *m*

дезинтегра́ци|я <-и> *ж* Desintegration *f*

дезинфекцио́нн|ый <-ая, -ое> *прил* *(обеззара́живающий)* Desinfektions-; **~ препара́т** Desinfektionsmittel *nt*; **~ раство́р** Desinfektionslösung *f*; **дезинфекцио́нная ста́нция** Desinfektionsstation *f*

дезинфе́кци|я <-и> *ж* Desinfektion *f*; **~ помеще́ния** Desinfektion des Raumes; **~ оде́жды** Desinfektion der Kleidung; **производи́ть дезинфе́кцию** ХИМ, ЭКОЛ eine Desinfektion durchführen; **~ профилакти́ческая** prophylaktische Desinfektion; **ветерина́рная ~** Veterinärdesinfektion

дезинфици́р|овать <-ую, -уешь> *(н)св прх* desinfizieren

дезинфици́рующ|ий <-ая, -ее> *прил* desinfizierend; **дезинфици́рующее сре́дство** Desinfektionsmittel *nt*

дезинфля́ци|я <-и> *ж* ЭКОН Desinflation *f*; **импорти́руемая ~** Importdesinflation *f*

дезинформацио́нн|ый <-ая, -ое> *прил* ПРЕСС *(ло́жный)* desinformierend; **дезинформацио́нные све́дения** irreführende Nachrichten *fpl*

дезинформа́ци|я <-и> *ж* Desinformation *f*; **~ обще́ственного мне́ния** Irreführung *f* der Öffentlichkeit

дезинформи́р|овать <-ую, -уешь> *(н)св прх* *(заблужда́ть)* desinformieren; **~ о́бщество** die Gesellschaft desinformieren

дезодора́нт <-а> *м* Deospray *nt*, Deo *nt*

дезодора́тор <-а> *м* Erfrischer *m*; **~ во́здуха** Lufterfrischer *m*

дезоксирибо́з|а <-ы> *ж* МЕД Desoxyribose *f*

дезоксирибонуклеи́нов|ый <-ая, -ое> *прил* ХИМ, МЕД Desoxyribonuklein-, DNS-; **дезоксирибонуклеи́новая кислота́** Desoxyribonukleinsäure *f*

дезорганиза́тор <-а> *м* Desorganisator *m*

дезорганизо́выва|ть <-ю, -ешь> *нсв*, **дезорганизова́ть** *св прх* desorganisieren; **~ рабо́ту** die Arbeit desorganisieren; **~ коллекти́в** das Kollektiv desorganisieren

дезориенти́р|овать <-ую, -уешь> *(н)св прх* desorientieren, irreleiten

дезориенти́р|оваться <-уюсь, -уешься> *(н)св рефл* desorientiert werden; **~ в ситуа́ции** die Lage nicht einschätzen können

дейониза́ци|я <-и> *ж* ФИЗ Deionisation *f*

де́йственнос|ть <-ти> *ж* Wirksamkeit *f*

де́йствен|ный <-ная, -ное; -, -на, -но> *прил* wirksam, wirkungsvoll

де́йстви|е <-я> *ср* **1.** *обы́чно мн (проявле́ние акти́вности, посту́пок)* Handlung *f*, Aktion *f*; **соверши́ть де́йствие** eine Handlung begehen; **име́ть свобо́ду де́йствий** freie Hand haben; **предоста́вить кому́-л. свобо́ду де́йствий** jdm freie Hand lassen; **програ́мма де́йствий** Aktionsprogramm *nt*; **вое́нные** [*или* **боевы́е**] **де́йствия** ВОЕН Kampfhandlungen *fpl* **2.** *(возде́йствие, влия́ние)* Wirkung *f*, Einfluss *m*; **благотво́рное ~** wohltuende Wirkung *f*; **побо́чное ~** МЕД Nebenwirkung *f*; **под де́йствием чего́-л.** unter dem Einfluss von etw; **побо́чное ~** МЕД Nebenwirkung *f*; **поле́зное ~** ТЕХ Nutzeffekt *m*; **коэффицие́нт поле́зного де́йствия** ФИЗ, ТЕХ Wirkungsgrad *m* **3.** *(проявле́ние на пра́ктике)* Gültigkeit *f*, Geltungsdauer *f*; **обра́тное ~ зако́на** ЮР rückwirkende Kraft *f* **4.** ЛИТ Handlung *f* **5.** ТЕАТ Akt *m*, Aufzug *m* **6.** ТЕХ Funktion *m*, Betrieb *m*

действи́тельно *нрч* wirklich, tatsächlich; *(пра́во)* ja, das stimmt

действи́тельнос|ть <-ти> *ж* Wirklichkeit *f*; **бли́зкий к действи́тельности** wirklichkeitsnah; **в действи́тельности** in Wirklichkeit; **оторва́нный от действи́тельности** wirklichkeitsfremd

действи́те|льный <-льная, -льное; -лен, -льна, -льно> *прил* gültig, rechtswirksam; *(и́стинный)* wirklich, tatsächlich; **действи́тельное положе́ние веще́й** die wirkliche [*o* tatsächliche] Lage der Dinge; **действи́тельная вое́нная слу́жба** aktiver Wehrdienst *m*; **~ член** ordentliches Mitglied *nt*; **~ про́пуск** gültiger Ausweis *m*

де́йств|овать <-ую, -уешь> *нсв*, **поде́йствовать** *св нпрх* **1.** *(проявля́ть акти́вность)* handeln, vorgehen; **~ в чьих-л. интере́сах** in jds Interesse handeln; **~ наверняка́** *разг* auf Nummer Sicher gehen **2.** *(рабо́тать)* funktionieren; **прибо́р не де́йствует** das Gerät funktioniert nicht **3.** *(поде́йствовать)* wirken, Wirkung zeigen; **э́то поде́йствовало** das hat gewirkt; **не ~** keine Wirkung haben; **~ возбужда́юще** [*или* **успока́ивающе**] МЕД eine stimulierende [*o* beruhigende] Wirkung zeigen; **уко́л поде́йствовал** die Spritze hat gewirkt; **~ кому́-л. на не́рвы** *разг* jdm auf die Nerven gehen **4.** *(о зако́не и т.п.)* gelten, gültig sein

де́йствующ|ий <-ая, -ее> *прил* **1.** *(проявля́ющий акти́вность)* handelnd; **де́йствующая а́рмия** ВОЕН Einsatzarmee *f*; **де́йствующие ли́ца** ТЕАТ (handelnde) Personen *fpl* **2.** *(ока́зывающий возде́йствие)* wirkend; **си́льно де́йствующее сре́дство** МЕД stark wirkendes Mittel *nt* **3.** ЮР *(действи́тельный)* gültig; **~ догово́р** gültiger Vertrag *m*

дейте́ри|й <-я> *м* ФИЗ Deuterium *nt*

де́к|а <-и> *ж* МУЗ *(часть ко́рпуса стру́н-*

ных инструме́нтов) Resonanzboden *m,* Schalldecke *f;* **~ гита́ры** Resonanzboden der Gitarre

декабри́ст <-а> *м,* **декабри́стк|а** <-и> *ж* ИСТОР Dekabrist(in) *m(f)*

дека́б|рь <-ря> *м* Dezember *m*

дека́брьск|ий <-ая, -ое> *прил* Dezember-

дека́д|а <-ы> *ж* Dekade *f*

декаде́нтств|о <-а> *ср книж* Dekadenz *f*

дека́н <-а> *м* УНИ Dekan *m;* **~ факульте́та** Dekan der Fakultät

декана́т <-а> *м* УНИ Dekanat *nt*

декартелиза́ци|я <-и> *ж* ЭКОН Entflechtung *f*

декартелизи́р|овать <-ую, -уешь> *(н)св прх* entflechten

дека́эдр <-а> *м* МАТ *(десятигра́нник)* Dekaeder *nt*

деквалифика́ци|я <-и> *ж* Dequalifikation *f*

деклама́тор <-а> *м* ЛИТ Deklamator *m,* Rezitator *m*

деклами́р|овать <-ую, -уешь> *нсв,* **продеклами́ровать** *св прх* deklamieren, rezitieren; **~ стихи́** Gedichte rezitieren; **~ со слеза́ми на глаза́х** mit Tränen in den Augen deklamieren

декларати́в|ный <-ная, -ное; -ен, -на, -но> *прил* **1.** *(форма́льный)* rein verbal, phrasenhaft; **обеща́ния но́сят ~ хара́ктер** das Versprechen ist rein formal **2.** *то́лько по́лная фо́рма (в фо́рме деклара́ции)* deklarativ; **декларати́вное заявле́ние** Grundsatzerklärung *f*

деклара́ци|я <-и> *ж* **1.** *(провозглаше́ние)* Erklärung *f,* Deklaration *f;* **прави́тельственная ~** Regierungserklärung *f* **2.** *(уведомле́ние)* Erklärung *f,* Anmeldung *f;* **нало́говая ~** Steuererklärung *f;* **~ на упла́ту нало́га с оборо́та** Umsatzsteuererklärung *f;* **~ о нало́гах на за́работную пла́ту** Lohnsteueranmeldung *f;* **тамо́женная ~** Zollerklärung *f*

деклари́р|овать <-ую, -уешь> *(н)св прх* **1.** *(провозглаша́ть)* öffentlich erklären **2.** *(сообща́ть све́дения)* deklarieren, melden

декоди́ровани|е <-я> *ср* Dekodierung *f,* Entschlüsselung *f*

декоди́р|овать <-ую, -уешь> *(н)св прх* dekodieren; **декоди́рующая програ́мма** ИНФОРМ Dekodierprogramm *nt*

декольте́ <неизм> *ср* Dekolleté *nt,* Ausschnitt *m*

декомпенса́ци|я <-и> *ж* МЕД Dekompensation *f;* **~ се́рдца** Herzdekompensation *f*

деконцентра́ци|я <-и> *ж* Dekonzentration *f;* ЭКОН Entflechtung *f*

деко́р <-а> *м* Dekor *nt,* Verzierung *f*

декорати́в|ный <-ная, -ное; -ен, -на, -но> *прил* **1.** *(служа́щий для худо́жественного оформле́ния)* dekorativ; **декорати́вное иску́сство** dekorative Kunst *f;* **декорати́вное расте́ние** Zierpflanze *f;* **~ элеме́нт** Dekorationselement *nt* **2.** *(слу́жащий лишь для украше́ния)* unecht, zur Dekoration

декора́тор <-а> *м* Dekorateur *m;* ТЕАТ Bühnenbildner *m*

декора́ци|я <-и> *ж* ТЕАТ Dekoration *f;* **сме́на декора́ций** Kulissenwechsel *m*

деко́рт <-а> *м* ЭКОН Abzug *m,* Dekort *m*

декре́т <-а> *м* Verfügung *f,* Dekret *nt; разг (о́тпуск по бере́менности)* Schwangerschaftsurlaub *m*

декрети́р|овать <-ую, -уешь> *(н)св прх* durch ein Dekret anordnen [*o* bestimmen]

декре́тн|ый <-ая, -ое> *прил* dekretmäßig **~ о́тпуск** Schwangerschaftsurlaub *m*

де́ла|ть <-ю, -ешь> *нсв,* **сде́лать** *св прх* **1.** *(о де́йствии, заня́тии)* tun, machen; **что ~?** was tun?; **что мне ~?** was soll ich tun?; **что ты сейча́с де́лаешь?** was machst du jetzt?; **де́лать не́чего** nichts zu machen; **~, так ~!** wenn schon, denn schon!; **~ каку́ю-л. рабо́ту** eine Arbeit machen; **~ поку́пки** Einkäufe machen; **~ докла́д** einen Vortrag [*o* ein Referat] halten; **~ сообще́ние** eine Mitteilung machen; **~ кому́-л. опера́цию** jdn operieren; **~ кому́-л./чему́-л. рекла́му** Werbung machen für *+akk;* **~ вид, что …** so tun als ob …; **от не́чего ~** aus lauter Übermut **2.** *(о поведе́нии)* anstellen, sich holen, jdm zuteil werden lassen; **так де́лать нельзя́** so etwas tut man nicht; **не де́лай глу́постей!** mach keine Dummheiten!; **~ оши́бки** Fehler machen; **~ долги́** Schulden machen; **~ что-л. кому́-л. назло́** etw jdm zum Trotz tun; **~ кому́-л. одолже́ние** jdm einen Gefallen tun; **~ честь кому́-л.** jdm Ehre machen **3.** *(изготовля́ть)* anfertigen, herstellen; **~ пирожки́** kleine Piroggen machen; **~ ме́бель** Möbel herstellen; **~ перево́д** übersetzen **4.** *(из кого́-л./чего́-л. кого́-л./что-л.)* jdn/etw machen aus *+dat;* **он де́лает из него́ хоро́шего ма́стера** er macht aus ihm einen guten Handwerker **5.** *(кого́-л./что́-л. кем-л./чем-л., каки́м-л.)* jdn/etw machen zu *+dat, (jdn in einen bestimmten Zustand u.ä. bringen);* **тако́й успе́х де́лает его́ счастли́вым** solcher Erfolg macht ihn glücklich; **~ кого́-л. свои́м замести́телем** jdn zu seinem Vertreter machen **6.** *(представля́ть)* jdn/etw als etw hinstellen; **~ из кого́-л. дурака́** jdn als Dummkopf hinstellen

де́ла|ться <-юсь, -ешься> *нсв,* **сде́латься** *св рефл* **1.** *то́лько 3 л (происходи́ть)* geschehen; **что тут одна́ко де́лается?** was geht hier eigentlich vor? **2.** *(станови́ться)* werden; **~ хоро́шим специали́стом** zu einem guten Spezialisten werden

3. *(осуществля́ться)* gemacht werden; **э́то де́лается о́чень легко́** das ist leicht machbar [*o* zu machen]

делега́т <-а> *м* Delegierter *m*

делега́ци|я <-и> *ж* Delegation *f*, Abordnung *f*; **возглавля́ть делега́цию** eine Delegation leiten

делеги́ровани|е <-я> *ср* Delegation *f*, Delegieren *nt*, Übergabe *f*

делеги́р|овать <-ую, -уешь> *(н)св прх* delegieren

делёж <-а́> *м* Teilung *f*, Aufteilung *f*; **по дележу́** durch Teilung

деле́ни|е <-я> *ср* Teilen *nt*, Teilung *f*; ФИЗ Spaltung *f*; МАТ Division *f*; *(на шкале́)* Teilstrich *m*, Skalenteilung *f*; **администрати́вное ~** Verwaltungseinteilung *f*; **~ на кла́ссы и катего́рии** Klassifikation *f*; **~ эми́ссии** ЭКОН Stückelung *f*; **~ кле́тки** Zellteilung *f*

де|ле́ц <-льца́> *м презрит* Geschäftemacher *m*, Macher *m*

деликате́с <-а> *м* Delikatesse *f*

делика́тно *нрч* 1. *(такти́чно)* taktvoll; **~ промолча́ть** taktvoll etw verschweigen; **~ откла́няться** taktvoll das Gesprächthema wechseln 2. *(щекотли́во)* delikat; **положе́ние ~** delikate Lage *f*

делика́тнос|ть <-ти> *ж* Zartgefühl *nt*, Feinfühligkeit *f*

делика́т|ный <-ная, -ное; -ен, -на, -но> *прил* 1. *(чу́ткий)* feinfühlig, zartfühlend 2. *(такти́чный)* taktvoll 3. *(щекотли́вый)* delikat, heikel

дели́кт <-а> *м* ЮР Delikt *nt*

деликтоспосо́бнос|ть <-ти> *ж* ЮР Deliktsfähigkeit *f*

дели́мо|е <-го> *ср* МАТ Dividend *m*

дели́мос|ть <-ти> *ж* 1. БИОЛ Teilbarkeit *f*; **~ кле́тки** Teilbarkeit der Zelle 2. МАТ *(сво́йство)* Division *f*, Dividieren *nt*; **при́знаки дели́мости** Teilbarkeitsmerkmale *ntpl*

дели́те|ль <-ля> *м* 1. МАТ Divisor *m* 2. ТЕХ *(устро́йство)* Teiler *m*; **~ напряже́ния** Spannungsteiler *m*; **~ частоты́** Frequenzteiler *m*

дел|и́ть <-ю́, -ишь> *нсв*, **подели́ть** *св прх* 1. *(на ча́сти)* teilen, aufteilen 2. МАТ dividieren; **~ два́дцать на пять** zwanzig durch fünf teilen 3. *(с кем-л.)* teilen mit *+dat*

дел|и́ться <-ю́сь, -ишься> *нсв*, **подели́ться** *св рефл* 1. *(на ча́сти)* teilbar sein 2. *(с кем-л.)* teilen mit *+dat* 3. *перен (сообща́ть, расска́зывать)* teilhaben lassen an *+akk*; **~ о́пытом** Erfahrungen *fpl* weitergeben

де́л|о <-а> *ср* 1. *(вопро́с, пробле́ма)* Sache *f*, Angelegenheit *f*; **переходи́ть сра́зу к де́лу** gleich zur Sache kommen; **я к тебе́ по де́лу** ich habe ein Anliegen an dich; **в чём ~?** worum geht es?; **~ в том, что** das Problem besteht darin, dass; **е́сли ~ дойдёт до э́того** wenn es dazu kommt; **то и ~** immer wieder; **на де́ле** in Wirklichkeit, in der Praxis; **как ва́ши дела́?** *разг* wie geht es Ihnen?; **как дела́?** wie geht's?; **ну и дела́!** *разг* das ist aber allerhand! 2. *(предприя́тие)* Geschäft *nt*, Unternehmen *nt*; **при́быльное ~** lukratives [*o* lohnendes] Geschäft *nt*; **откры́ть своё ~** ein eigenes Unternehmen gründen 3. *(специа́льность, о́бласть заня́тий)* Handwerk *nt*; **го́рное ~** Bergbau *m*; **изда́тельское ~** Verlagswesen *nt* 4. *(заня́тие)* Arbeit *f*; **быть без де́ла** nichts zu tun haben 5. ЮР Fall *m*, Verfahren *nt* 6. *(собра́ние докуме́нтов)* Akte *f*, Aktenstück *nt* 7. *(посту́пок, де́йствие)* Tat *f*, Handlung *f*; **сло́вом и де́лом** in Wort und Tat; **~ чьих-л. рук** jds Werk; **его́ наказа́ли за ~** *разг* er hat seine Strafe verdient

делови́тос|ть <-ти> *ж* Sachlichkeit *f*

делови́т|ый <-ая, -ое; -, -а, -о> *прил* sachlich, tüchtig, geschäftstüchtig

делов|о́й <-а́я, -о́е> *прил* 1. *(относя́щийся к служе́бной или предпринима́тельской де́ятельности)* Geschäfts-, geschäftlich; **делова́я акти́вность** Geschäftstätigkeit *f*; **делова́я документа́ция** Schriftgut *nt*; **делов́ые лю́ди** Geschäftsleute *pl*; **делова́я же́нщи́на** Geschäftsfrau *f*; **делов́ые круги́** Geschäftskreise *pl*; **делов́ые отноше́ния** Geschäftsverbindung *fpl*, Geschäftsbeziehungen *fpl*; **делова́я игра́** Unternehmensplanspiel *nt*; **делова́я пра́ктика** Gebarung *f*; **делово́е письмо́** Geschäftsbrief *m*; **~ риск** Geschäftsrisiko *nt*; **~ англи́йский** Wirtschaftsenglisch *nt*; **~ визи́т** Arbeitsbesuch *m*; **делова́я пое́здка** Geschäftsreise *f* 2. *(делови́тый, де́льный)* sachdienlich; **делово́е предложе́ние** konkreter Vorschlag *m*; **~ стиль** sachbetonter Stil *m*; **делов́ые ка́чества** fachliches Können *nt*; **по делов́ым ка́чествам** nach fachlichen Kriterien

делопроизводи́те|ль <-ля> *м*, **делопроизводи́тельниц|а** <-ы> *ж* Sachbearbeiter(in) *m(f)*

делопроизво́дств|о <-а> *ср* Schriftführung *f*, Schriftverkehr *m*; *(веде́ние дел)* Geschäftsführung *f*

делькре́дере <неизм> *ср* ЭКОН Delkredere *nt*

де́льн|ый <-ая, -ое> *прил* 1. *то́лько по́лная фо́рма (спосо́бный к рабо́те)* tüchtig, gründlich 2. *(толко́вый, практи́чески поле́зный)* vernünftig; **э́то де́льно** das hat Hand und Fuß; **~ сове́т** sachkundiger Rat *m*

де́льт|а <-ы> *ж* Flussdelta *nt*

дельтапла́н <-а> *м* СПОРТ Drachenflieger *m*

дельтапланери́зм <-а> *м* Drachenfliegen *nt*

дельтапланери́ст <-а> *м* Deltaflieger *m*

дельфи́н <-а> *м* зоол Delfin *m;* **пла́вать сти́лем ~** спорт Delfinschwimmen *nt*
дельфина́ри|й <-я> *м* зоол Delfinarium *nt*
деля́честв|о <-а> *ср презрит* Geschäftemacherei *f*
демаго́г <-а> *м* Demagoge *m*
демаго́ги|я <-и> *ж* **1.** *(обма́н)* Demagogie *f,* Illusion *f* **2.** *(рассужде́ния)* Demagogie *f;* **сплошна́я ~** reine Demagogie; **разводи́ть демаго́гию** schwafeln
демаски́р|овать <-ую, -уешь> *(н)св прх* воен enttarnen; **~ вое́нный объе́кт** das Militärobjekt enttarnen; **~ местонахожде́ние** die Ortslage enttarnen
демере́дж <-а> *м* *(неусто́йка)* Konventionalstrafe *f*
демилитариза́ци|я <-и> *ж* воен *(разоруже́ние)* Abrüstung *f;* **по́лная ~** volle Abrüstung *f;* **части́чная ~** teilweise Abrüstung *f*
демилитаризи́р|овать <-ую, -уешь> *(н)св прх* entmilitarisieren
демисезо́нн|ый <-ая, -ое> *прил* Frühlings-, Herbst-; **демисезо́нное пальто́** Übergangsmantel *m;* **~ жаке́т** Übergangsjackett *nt;* **демисезо́нная о́бувь** Übergangsschuhe *pl*
демобилиза́ци|я <-и> *ж* воен Demobilisierung *f*
демобилиз|ова́ть <-у́ю, -у́ешь> *(н)св прх* воен demobilisieren; **~ диви́зию** die Kompanie demobilisieren
демобилиз|ова́ться <-у́юсь, -у́ешься> *(н)св рефл* воен sich demobilisieren; **~ в срок** sich rechtzeitig demobilisieren; **~ из а́рмии** von der Armee entlassen werden
демо́граф <-а> *м* Meinungsforscher *m,* Demoskop *m*
демографи́ческ|ий <-ая, -ое> *прил* bevölkerungsstatistisch; **~ взрыв** Bevölkerungsexplosion *f*
демогра́фи|я <-и> *ж* адм Demografie *f*
демокра́т <-а> *м* пол Demokrat *m*
демократиза́ци|я <-и> *ж* Demokratisierung *f*
демократизи́р|овать <-ую, -уешь> *(н)св прх* пол demokratisieren; **~ зако́ны** Gesetze demokratisieren; **~ конститу́цию** die Verfassung demokratisieren
демократи́зм <-а> *м* пол Demokratie *m;* **прояви́ть ~** demokratisch handeln
демократи́ческ|ий <-ая, -ое> *прил* demokratisch; **демократи́ческое госуда́рство** Demokratie *f*
демократи́чнос|ть <-ти> *ж* пол Demokratismus *m;* **~ взгля́дов** demokratische Anschauungen *fpl;* **проявля́ть ~** demokratisch handeln
демократи́ч|ный <-ная, -ное; -ен, -на, -но> *прил* demokratisch
демокра́ти|я <-и> *ж* Demokratie *f*
де́мон <-а> *м* Dämon *m*

демонетиза́ци|я <-и> *ж* экон Demonetisierung *f*
демони́ческ|ий <-ая, -ое> *прил* dämonisch
демонополиза́ци|я <-и> *ж* Demonopolisierung *f*
демонстра́нт <-а> *м* Demonstrant *m*
демонстрати́вно *нрч* *(подчеркнуто)* demonstrativ; **~ отверну́ться** demonstrativ jdm den Rücken zukehren; **~ не здоро́ваться** jdn demonstrativ nicht begrüßen
демонстрати́в|ный <-ная, -ное; -ен, -на, -но> *прил* demonstrativ, ostentativ
демонстрацио́нн|ый <-ая, -ое> *прил* Demonstrations-; **~ зал** Vorführungsraum *m;* **демонстрацио́нная моде́ль** Demonstrationsmodell *nt;* **~ полёт** Demonstrationsflug *m;* **~ прибо́р** Demonstrationsgerät *nt*
демонстра́ци|я <-и> *ж* **1.** *(ми́тинг, манифеста́ция)* Demonstration *f;* **~ проте́ста** Protestkundgebung *f* **2.** *(пока́з)* Vorführung *f,* Schau *f;* **~ мод** Modeschau *f*
демонстри́р|овать <-ую, -уешь> *(н)св,* **продемонстри́ровать** *св прх* demonstrieren, vorführen; *(объясни́ть нагля́дно)* veranschaulichen; **~ фи́льм** einen Film zeigen
демонта́ж <-а> *м* Demontage *f,* Abbau *m*
демонти́р|овать <-ую, -уешь> *(н)св прх* abbauen, abmontieren
деморализа́ци|я <-и> *ж* Demoralisierung *f;* **~ ду́ха** Demoralisierung *f* des Geistes; **~ а́рмии** Demoralisierung *f* der Armee
деморализ|ова́ть <-ую, -уешь> *(н)св прх* demoralisieren
де́мос <-а> *м* истор Demos *m*
демоскопи́|я <-и> *ж* Demoskopie *f*
де́мпинг <-а> *м* Dumping *nt (Unterbieten der Preise im Ausland);* **де́мпинговая цена́** Dumpingpreis *m,* Schleuderpreis *m*
де́мпингов|ый <-ая, -ое> *прил* фин *(бро́совый)* Dumping-; **~ скок** Dumpingsprung *m;* **~ э́кспорт** Dumpingexport *m*
демуниципализа́ци|я <-и> *ж* юр Restitution *f;* **~ владе́ний** Restitution des Besitzes
демуниципализи́р|овать <-ую, -уешь> *(н)св прх* пол restituieren; **~ со́бственность** Eigentum *nt* restituieren
денатурализа́ци|я <-и> *ж* юр Denaturalisation *f;* **проводи́ть денатурализа́цию** Denaturalisation durchführen; **~ гражда́нства** Denaturalisation der Staatsangehörigkeit
денатурализ|ова́ть <-у́ю, -у́ешь> *(н)св прх* юр denaturalisieren; **~ гражда́нство** Staatsangehörigkeit *f* denaturalisieren
денатура́ци|я <-и> *ж* хим Vergällung *f;* **~ белко́в** Denaturierung *f* der Eiweiße
денационализа́ци|я <-и> *ж* Entstaatlichung *f,* Privatisierung *f*

денационализи́р|овать <-ую, -уешь> *(н)св прх* entstaatlichen
де́нди <неизм> *м нескл* *(щёголь, франт)*

Д

Dandy *m;* **одева́ться как ~** sich als Dandy anziehen; **походи́ть на ~** einem Dandy ähneln

дендра́ри|й <-я> *м* БОТ Dendrarium *m*

дендроло́ги|я <-и> *ж* БОТ Dendrologie *f*

де́нежн|ый <-ая, -ое> *прил* **1.** ЭКОН Geld-, Währungs-, pekuniär; **де́нежная едини́ца** Währungseinheit *f;* **~ знак** Banknote *f;* **де́нежная ма́сса** Geldmenge *f;* **~ пото́к** Geldstrom *m;* **де́нежное обраще́ние** Geldkreislauf *m;* **~ оборо́т** Geldumlauf *m;* **~ рынок** Geldmarkt *m;* **де́нежные сре́дства** Geldmittel *pl;* **де́нежные сре́дства центра́лного ба́нка** Zentralbankgeld *nt;* **де́нежная нали́чность** Barvermögen *nt;* **де́нежная осно́ва** Geldbasis *f;* **де́нежная рефо́рма** Währungsreform *f;* **де́нежная поли́тика** Geldpolitik *f;* **де́нежная компенса́ция** Abfindung *f,* Ausgleichszahlung *f;* **де́нежная по́мощь** Subvention *f;* **де́нежная пе́ня** Geldstrafe *f;* **де́нежная су́мма** Geldbetrag *m;* **~ вклад** Bareinlage *f;* **~ вклад в банк** Bankeinlage *f;* **~ дефици́т** Fehlbetrag *m;* **~ аккредити́в** Barakkreditiv *nt;* **~ зало́г** Kaution *f;* **~ перево́д** Überweisung *f;* **~ штраф** Geldstrafe *f* **2.** *разг (при́быльный)* gewinnbringend **3.** *разг (бога́тый)* vermögend

деномина́ци|я <-и> *ж* Denominierung *f*

денонса́ци|я <-и> *ж* ЮР Kündigung *f*

денонси́р|овать <-ую, -уешь> *(н)св прх* ЮР kündigen

денщи́к <-а> *м* Offiziersbursche *m;* **служи́ть в денщика́х** als Offiziersbursche dienen

день <дня> *м* Tag *m;* АДМ, ЭКОН Termin *m;* **~ рожде́ния** Geburtstag *m;* **~ неде́ли** Wochentag *m;* **рабо́чий** [*или* **бу́дничный**] ~ Arbeitstag *m,* Werktag *m;* **восьмичасово́й рабо́чий ~** Achtstundentag *m;* **непо́лный рабо́чий ~** Kurzarbeitstag *m;* **выходно́й** [*или* **нерабо́чий**] ~ arbeitsfreier Tag *m,* Ruhetag *m;* **пра́здничный ~** Feiertag *m;* **Междунаро́дный же́нский ~** Internationaler Frauentag *m;* **тре́тьего дня́** *(позавчера́)* vorgestern; **на днях** neulich, in diesen Tagen; **изо дня́ в ~** tagein, tagaus; **це́лыми дня́ми** tagelang, von früh bis spät; **~ платежа́** [*или* **упла́ты**] Stichtag *m;* **~ ликвида́ции расчётов** Abrechnungsdatum *nt;* **~ исполне́ния обяза́тельства** Fälligkeitsdatum *nt;* **~ отпра́вки** Absendetag *m;* **~ поста́вки** Lieferdatum *nt*

де́ньги <де́нег> *мн* Geld *nt;* **ме́лкие ~** Kleingeld *nt;* **фальши́вые** [*или* **подде́льные**] ~ Falschgeld *nt;* **быть при деньга́х** gut bei Kasse sein; **ни за каки́е ~!** nicht für alles Geld der Welt!; **не в де́ньгах сча́стье** Geld allein macht nicht glücklich

департа́мент <-а> *м* Departement *nt;* **~ Фра́нции** französisches Departement; **Госуда́рственный ~ США** Staatsdepartement der USA; **~ поли́ции** Polizeidepartement

департа́ментск|ий <-ая, -ое> *прил* ПОЛ Departements-; **~ служи́тель** Departementsangestellte(r) *m;* **департа́ментские вы́боры** Departementswahl *f;* **~ сове́т** Departementsrat *m*

депе́ш|а <-и> *ж* Depesche *f*

депо́ <неизм> *ср* Depot *nt*

депо́вск|ий <-ая, -ое> *прил* АДМ Depot-, Lager-; **~ рабо́чий** Lagerarbeiter *m;* **депо́вские мастерски́е** Lagerwerkstatt *f;* **депо́вские пути́** Lagerwege *mpl*

депози́т <-а> *м* ЭКОН Bankeinlage *f,* Geldeinlage *f*

депозита́ри|й <-я> *м* ФИН *(дове́ренное лицо́)* Deponierer *m*

депози́тн|ый <-ая, -ое> *прил* ЭКОН Depositen-, Depot-; **депози́тные опера́ции** Einlagengeschäft *nt;* **депози́тный банк** Depositenbank *f;* **депози́тный биле́т** Depotschein *m*

депози́тор <-а> *м* ФИН Depositär *m*

депоне́нт <-а> *м* ФИН Deponent *m*

депони́ровани|е <-я> *ср* Deponierung *f*

депони́р|овать <-ую, -уешь> *(н)св прх* ФИН deponieren; **~ депо́зит** eine Einlage deponieren

депо́рт <-а> *м* ЭКОН Deport *m*

депорта́ци|я <-и> *ж* **1.** *(принуди́тельное перемеще́ние)* Deportation *f,* Verbannung *f* **2.** *(выдворе́ние)* Abschiebung *f*

депресси́в|ный <-ная, -ное; -ен, -на, -но> *прил* depressiv; **депресси́вное состоя́ние** depressiver Zustand *m;* **~ ме́тод** depressive Methode *f;* **~ пери́од в эконо́мике** depressive Periode in der Wirtschaft

депре́сси|я <-и> *ж* **1.** ЭКОН Depression *f* **2.** ПСИХ Depression *f,* Niedergeschlagenheit *f*

депута́т <-а> *м* Abgeordnete(r) *m(f)*

депута́тск|ий <-ая, -ое> *прил* ПОЛ Abgeordneten-; **~ иммуните́т** Abgeordnetenimmunität *f;* **депута́тская ка́рта** Abgeordnetenausweis *m;* **~ го́лос** Abgeordnetenstimme *f;* **депута́тские полномо́чия** Abgeordnetenrechte *ntpl*

дёр <дёра> *м* **зада́ть дёру** *(удра́ть, убежа́ть)* weglaufen; *(наказа́ть)* bestrafen

дератиза́ци|я <-и> *ж* ХИМ, ЭКОН, БИОЛ Deratisation *f*

де́рби <неизм> *ср* СПОРТ Derby *nt*

де́рвиш <-а> *м* **1.** *(мусульма́нский мона́х)* Derwisch *m* **2.** *(ни́щий)* Armer *m,* Bettler *m*

дёрга|ть <-ю, -ешь> *нсв,* **дёрнуть** *св* **I.** *прх* **1.** *(тяну́ть)* ruckartig ziehen, zupfen; **~ за рука́в** am Ärmel zupfen **2.** *перен, разг (нерви́ровать)* dauernd belästigen, nerven; **~ кого́-л. постоя́нными тре́бованиями** jdn mit ständigen Forderungen belästigen **II.** *нпрх* **1.** *то́лько 3 л ед (боль)* zucken; **у меня́ дёргает па́лец** es reißt mir im Finger **2.** *разг (исче́знуть)* sich aus dem Staub machen

дёрга|ться <-юсь, -ешься> *нсв рефл*

(дёрнуться) zusammenzucken; **~ всем тéлом** mit dem ganzen Körper zusammenzucken; **~ из стороны́ в стóрону** unruhig auf seinem Platz sitzen

дергáч <-á> *м* **1.** ЗООЛ *(птúца)* Wachtelkönig *m* **2.** ТЕХ *(инструмéнт)* Abisolierzange *f*

деревенé|ть <-ю, -ешь> *нсв,* **одеревенéть** *св прх* steif werden; **от напряжéния мýскулы одеревенéли** vor Spannung wurden die Muskeln steif; **от хóлода пáльцы одеревенéли** vor Kälte wurden seine Finger steif

деревéнск|ий <-ая, -ое> *прил* **1.** *(сéльский)* Dorf-, ländlich; **~ жúтель** Dorfbewohner *m* **2.** *перен (простóй)* einfältig

деревéнщин|а <-ы> *м и ж разг* Bauer *m;* **необразóванная ~** ungebildeter Bauer *m*

дерéвн|я <-и> *ж* Dorf *nt;* **в дерéвне** auf dem Lande

дéрев|о <-а> *ср* Baum *m; (древесúна)* Holz *nt;* **лúственное ~** Laubbaum *m;* **хвóйное ~** Nadelbaum *m;* **генеалогúческое ~** *перен* Stammbaum *m*

деревообдéлочн|ый <-ая, -ое> *прил* Tischler-; **~ станóк** Tischlerbank *f,* Hobelbank *f;* **деревообдéлочная мастерскáя** Tischlerwerkstatt *m;* **~ цех** Tischlerwerkabteilung *f*

деревообрабáтывающ|ий <-ая, -ее> *прил* Holzverarbeitungs-; **деревообрабáтывающая промы́шленность/индустрúя** Holzverarbeitungsindustrie *f;* **~ цех** Holzverarbeitungsabteilung *f*

деревообрабóтк|а <-и> *ж* Holzverarbeitung *f*

деревýшк|а <-и> *ж* kleines Dorf *nt,* Dörfchen *nt*

деревя́нн|ый <-ая, -ое> *прил* **1.** *(из дéрева)* hölzern, Holz- **2.** *перен, разг (натя́нутый)* steif

дерегулúровани|е <-я> *ср* ЭКОН Deregulierung *f*

держáв|а <-ы> *ж книжн* Staat *m,* Macht *f;* **велúкая ~** Großmacht *f;* **я́дерная ~** Atommacht *f*

держáвн|ый <-ая, -ое> *прил* **1.** ИСТОР *(самовлáстный)* selbstherrlich **2.** *книжн (велúчественный)* majestätisch

дéржан|ый <-ая, -ое> *прил* gebraucht, getragen

держáте|ль <-ля> *м* **1.** *(владéтель)* Besitzer *m;* **~ áкций** Aktieninhaber *m;* **~ большóго пакéта áкций** Großaktionär *m;* **~ контрóльного пакéта акций** Mehrheitsaktionär *m* **2.** ТЕХ Halter *m,* Träger *m*

держ|áть <-ý, -ишь> *нсв прх* **1.** *и перен* halten **2.** *(удéрживать)* festhalten **3.** *(хранúть)* aufbewahren **4.** *(не возвращáть)* behalten **5.** *перен* halten, bewahren; **~ в чистотé** sauber halten; **~ наготóве** bereithalten; **~ в тáйне** geheim halten; **~ в невéдении** in Unwissenheit halten; **~ дáнное слóво** sein Wort halten; **~ речь** eine Rede halten; **~ экзáмен** eine Prüfung ablegen; **~ себя́** sich verhalten, sich benehmen; **~ себя́ в рукáх** sich beherrschen; **~ язы́к за зубáми** den Mund halten

держ|áться <-ýсь, -ишься> *нсв рефл* sich (fest)halten; *(изо всéх сил)* sich festklammern an +*dat; (вестú себя́)* sich benehmen; **~ вмéсте** zusammenhalten; **~ на плавý** sich über Wasser halten; **~ зá руки** sich an den Händen halten; **~ прáвой стороны́** rechts gehen; **~ увéренно** sicher auftreten; **~ особнякóм** sich aus etw heraushalten

дерзá|ть <-ю, -ешь> *нсв,* **дерзнýть** *св нпрх* erkühnen; **он не дерзнýл приблúзиться** er hat es nicht gewagt sich zu nähern

дерз|úть <-úшь> *нсв нпрх* frech werden; **~ стáршим** sich dreist gegenüber den Älteren verhalten; **перестáнь ~!** hör mit den Frechheiten auf!

дéрз|кий <-кая, -кое; -ок, -кá, -ко> *прил* **1.** *(нáглый)* unverschämt, anmaßend, frech **2.** *(отвáжный)* kühn, verwegen

дéрзко *нрч (вызывáюще, грýбо)* frech, dreist; **отвéтить ~** *(смéло)* kühn/wagemutig antworten; **~ вы́сказаться прóтив** seine negative Meinung wagemutig äußern

дерзн|ýть <-ý, -ёшь> *св нпрх см.* **дерзáть**

дéрзос|ть <-ти> *ж* **1.** *(нáглость)* Unverschämtheit *f,* Dreistigkeit *f* **2.** *(отвáга)* Kühnheit *f,* Wagemut *m*

деривáт <-а> *м* ХИМ *(органúческое соединéние)* Derivat *nt;* **~ петрóля** Erdölderivat; **деривáты разрушéния почв** Derivate der Bodenzerstörung

деривациóнн|ый <-ая, -ое> *прил* Umleitungs-, Abweichungs-; **~ канáл** Umleitungskanal *m;* **деривациóнное сооружéние** Umleitungsanlage *f;* **деривациóнное исчислéние** Abweichungsberechnung *f*

деривáци|я <-и> *ж* **1.** ВОЕН *(отклонéние)* Drallabweichung *f* **2.** ТЕХ *(гидротéхника)* Umleitung *f;* **подводя́щая ~** Unterwasserumleitung *f;* **отводя́щая ~** Abflussumleitung *f*

дерматúт <-а> *м* МЕД Dermatitis *f*

дерматóз <-а> *м* МЕД Dermatose *f*

дерматóлог <-а> *м* МЕД Dermatologe *m,* Hautarzt *m*

дерматологúческ|ий <-ая, -ое> *прил* МЕД *(кóжный)* dermatologisch; **дерматологúческая клúника** dermatologische Klinik *f;* **~ анáлиз** dermatologische Analyse *f;* **дерматологúческое исслéдование** dermatologische Untersuchung *f*

дерматолóги|я <-и> *ж* МЕД Dermatologie *f*

дермографúзм <-а> *м* МЕД Dermographismus *m*

дёрн <дёрна> *м* Rasen *m;* **покры́тый дёр-**

ном begrast
дёрн|уть <-у,-ешь> *св прх см.* **дёргать**
дёрн|уться <-усь, -ешься> *св см,* **дёргаться**
дерьм|о́ <-а́> *ср вульг* Dreck *m,* Scheiße *f*
деря́бн|уть <-у, -ешь> *св прх разг* **1.** *(хи́щнически захвати́ть)* ergreifen **2.** *(вы́пить ра́зом)* auf ex-trinken; **~ по стака́ну** ein Glas auf einen Zug (aus)trinken
деса́нт <-а> *м* воен **1.** *(опера́ция)* Landung *f* **2.** *(войска́)* Landetruppen *pl*
деса́нтник <-а> *м* воен Soldat *m* der Landetruppen
деса́нтн|ый <-ая, -ое> *прил* воен Landungs-; **~ полк** Landungsregiment *nt;* **деса́нтная опера́ция** Landungsoperation *f;* **деса́нтные войска́** Landungstruppen *fpl;* **~ штурм** Landungsangriff *m*
десе́рт <-а> *м* Nachtisch *m,* Dessert *nt*
десе́ртн|ый <-ая, -ое> *прил* **1.** *(сла́дкий)* Dessert-; **десе́ртное вино́** Dessertwein *f;* **~ кокте́йль** Dessertcocktail *m* **2.** *(прибо́р)* Nachtisch-; **десе́ртная ло́жка** Nachtischlöffel *m;* **~ набо́р** Nachtischbesteck *nt*
дескри́пци|я <-и> *ж* лингв Deskription *f*
Десн|а́ <-ы́> *ж* геог Desna *f*
десни́ц|а <-ы> *ж церкcл* поэт Rechte (Hand) *f;* **пожа́ть десни́цу** jdm die Rechte drücken; **кара́ющая ~** strafende Hand *f;* **твёрдая ~** strenge Hand *f*
дёсны <дёсен> *мн* Zahnfleisch *nt*
де́спот <-а> *м (тира́н, сатра́п)* Despot *m,* Tyrann *m;* **вели́кий ~** großer Despot *m*
деспоти́зм <-а> *м* **1.** пол Gewaltherrschaft *f,* Despotismus *m* **2.** *(произво́л)* Willkür *f*
деспоти́чно *нрч (вла́стно)* despotisch; **~ управля́ть госуда́рством** einen Staat despotisch regieren; **вести́ себя́ деспоти́чно** sich despotisch benehmen
деспоти́ч|ный <-ная, -ное; -ен, -на, -но> *прил (вла́стный)* despotisch, herrisch; **~ владе́тель** despotischer Herrscher *m;* **~ хара́ктер/нрав** herrischer Charakter *m*
десятибо́р|ец <-ца> *м* спорт Zehnkämpfer *m*
десятибо́рь|е <-я> *ср* спорт Zehnkampf *m*
десятигра́нник <-а> *м* мат Zehnflach *nt,* Dekaeder *nt*
десятидне́вк|а <-и> *ж (дека́да)* Dekade *f;* **проше́дшая ~** vergangene Dekade *f*
десятикла́ссник <-а> *м,* **десятикла́ссниц|а** <-ы> *ж* Schüler(in) *m(f)* der 10. Klasse
десятикра́тн|ый <-ая, -ое> *прил* zehnfach
десятиле́тн|ий <-яя, -ее> *прил* zehnjährig
десятиуго́льник <-а> *м* мат Zehneck *nt*
десяти́чн|ый <-ая, -ое> *прил* dezimal; **десяти́чная дробь** Dezimalbruch *m*
деся́тк|а <-и> *ж* Zehn *f;* **попа́сть в деся́тку** ins Schwarze treffen
деся́тник <-а> *м* стр *(ста́рший)* Zehnergruppenleiter *m*
деся́т|ок <-ка> *м* zehn Stück; **деся́тками** dutzendweise; **в деся́ток раз** *разг* zigmal
деся́тый *числ* zehnte(r, s); **одна́ деся́тая** ein Zehntel
де́сять <десяти́> *числ* zehn
дета́|ль <-ли> *ж* **1.** *(часть)* Detail *nt,* Einzelheit *f;* **вдава́ться в дета́ли** ins Detail gehen **2.** тех Einzelteil *nt*
дета́льно *нрч (тща́тельно)* detailliert, sorgfältig; **~ изучи́ть** etw detailliert studieren; **~ обсуди́ть прое́кт** das Projekt sorgfältig besprechen
дета́льн|ый <-ая, -ое> *прил* detailliert, ausführlich; **бо́лее дета́льная информа́ция** nähere Informationen *fpl;* **дета́льное плани́рование** Feinplanung *f*
детвор|а́ <-ы́> *ж без мн (де́ти)* Kinder *pl;* **шум детворы́** Kinderlärm *m*
де́тдом *сокр от* **де́тский дом** Kinderheim *nt*
детдо́мов|ец <-ца> *м* *Kind aus einem Waisenhaus*
детекти́в <-а> *м* **1.** *(сы́щик)* Detektiv *m* **2.** *(рома́н)* Krimi *m*
детекти́вн|ый <-ая, -ое> *прил* Detektiv-; **~ рома́н** Krimi(nalroman) *m*
дете́ктор <-а> *м* Detektor *m;* **~ лжи** Lügendetektor *m*
детёныш <-а> *м* Junge *nt,* junges Tier *nt*
де́ти <дете́й> *мн* Kinder *ntpl*
детона́тор <-а> *м* Detonator *m*
детоуби́йств|о <-а> *ср* Kindesmord *m*
детса́д *сокр от* **де́тский сад** Kindergarten *m*
де́тск|ий <-ая, -ое> *прил* **1.** *(у дете́й)* kindlich, Kinder-; **де́тская боле́знь** Kinderkrankheit *f;* **де́тская коля́ска** Kinderwagen *m;* **~ сту́льчик** Kindersitz *m* **2.** *перен (на́ивный)* kindisch, naiv
де́тств|о <-а> *ср* Kindheit *f*
деть <де́ну, де́нешь> *св прх см.* **дева́ть**
де́ться <де́нусь, де́нешься> *св рефл см.* **дева́ться**
де-фа́кто *нрч* юр *(факти́чески)* de facto; **~ догово́р не согласо́ван** der Vertrag ist de facto nicht abgestimmt
дефе́кт <-а> *м* Defekt *m,* Fehler *m,* Mangel *m;* **~ зре́ния** Sehfehler *m;* **~ изде́лия** Sachmangel *m;* **~ в материа́ле** Materialfehler *m;* **~ изготовле́ния** Fabrikationsfehler *m;* **скры́тый ~** verdeckter Mangel *m*
дефекти́в|ный <-ная, -ное; -ен, -на, -но> *прил* мед *(несоверше́нный)* defekt, mangelhaft; **дефекти́вное разви́тие** fehlerhafte Entwicklung *f*
дефе́ктн|ый <-ая, -ое> *прил* defekt, mangelhaft
дефектоло́ги|я <-и> *ж* псих Defektologie *f*
дефектоскопи́|я <-и> *ж* мед Defektoskopie

f; **ультразву́ковая ~** Ultraschalldefektoskopie *f;* **га́мма- ~** Gammadefektoskopie *f;* **рентге́но- ~** Röntgendefektoskopie

дефибрилля́ци|я <-и> *ж* МЕД Defibrillation *f;* **~ се́рдца** Defibrillation *f* des Herzens

дефиле́ <неизм> *ср* ГЕОГ Engpass *m;* **го́рное ~** Schlucht *f*

дефили́р|овать <-ую, -уешь> *нсв нпрх* defilieren, vorbeimarschieren; **торже́ственно ~** festlich vorbeimarschieren; **~ на сце́не** auf der Bühne defilieren

дефини́ци|я <-и> *ж* Definition *f*

дефи́с <-а> *м* ЛИНГВ Bindestrich *m*

дефици́т <-а> *м* **1.** *(недоста́ча)* Defizit *nt,* Fehlbetrag *m,* Verlustbetrag *m;* **~ бюдже́та** Budgetdefizit *nt,* Haushaltsdefizit *nt;* **~ плате́жного бала́нса** Zahlungsbilanzdefizit *nt;* **~ э́кспортно-и́мпортного бала́нса** Leistungsbilanzdefizit *nt;* **~ вне́шней торго́вли** Außenhandelsdefizit *nt* **2.** *(нехва́тка)* Mangel *m,* Lücke *f,* Engpass *m;* **быть в дефици́те** Mangelware sein; **~ това́ров** Güterknappheit *f;* **валю́тный ~** Devisenmangel *m;* **~ поста́вок** Lieferengpass *m;* **~ предложе́ния** Angebotslücke *f* **3.** *разг* Mangelware *f*

дефици́тн|ый <-ая, -ое> *прил* knapp; **дефици́тное финанси́рование** Defizitfinanzierung *f;* **дефици́тные това́ры** knappe [*o* mangelnde] Güter *pl;* **~ това́р** Mangelware *f*

дефля́тор <-а> *м* ЭКОН Deflator *m*

дефляцио́нн|ый <-ая, -ое> *прил* deflationistisch

дефля́ци|я <-и> *ж* Deflation *f;* **~ почв** Bodendeflation *f;* **~ го́рных поро́д** Deflation der mineralischen Bodenschichten

деформа́ци|я <-и> *ж* ФИЗ *(искаже́ние)* Deformierung *f*

деформи́р|овать <-ую, -уешь> *(н)св прх* deformieren

деформи́р|оваться <-уюсь, -уешься> *(н)св рефл* sich deformieren; **~ под вне́шним возде́йствием** sich unter äußeren Einwirkungen verändern; **~ от уда́ра** sich vom Schlag deformieren

децентрализа́ци|я <-и> *ж* Dezentralisation *f*

децентрализ|ова́ть <-у́ю, -у́ешь> *(н)св прх* dezentralisieren

децеребра́ци|я <-и> *ж* МЕД Dezerebration *f;* **~ мо́зга** Dezerebration des Gehirns

децибе́л <-а> *м* МУЗ Dezibel *nt*

децима́льн|ый <-ая, -ое> *прил* МАТ *(десяти́чный)* dezimal, Dezimal-; **~ые весы́** Dezimalwaage *f;* **децима́льная систе́ма классифика́ции** dezimales Klassifizierungssystem *nt*

децимéтр <-а> *м* МАТ Dezimeter *m*

дешеве́|ть <-ю, -ешь> *нсв,* **подешеве́ть** *св нпрх* billig(er) werden

дёшево *нрч* **1.** *(недо́рого, да́ром)* billig, günstig; **купи́ть това́р ~** die Ware billig [*o* günstig] kaufen **2.** *(без уси́лий, легко́)* leicht; **после́дний гро́ш ~ не отдаю́т** sein letztes Geld gibt man nur schwer aus

дешёв|ый <-ая, -ое-; -, -а́, -о> *прил* **1.** *(недорого́й)* billig, preiswert; **~ товар** Billigware *f* **2.** *перен (ничто́жный)* billig, wertlos, nichtig; **дёшево отде́латься** *разг* mit einem blauen Auge davonkommen

дешифри́р|овать <-ую, -уешь> *(н)св,* **дешифрова́ть** <дешифру́ю, дешифру́ешь> *нсв прх* dechiffrieren, entschlüsseln; **~ сообще́ние** die Nachricht dechiffrieren; **~ ру́копись** das Manuskript auswerten

дешифро́вк|а <-и> *ж* Dechiffrierung *f;* **~ депе́ш** Dechiffrierung der Depesche; **~ пи́сьменности** Dechiffrierung des Schrifttums

деэмульга́тор|ы <-ов> *мн* ХИМ Demulgator *m;* **~ в промы́шленности** Demulgator in der Industrie

де-ю́ре *нрч* ЮР de jure; **призна́ть ~** de jure anerkennen

дея́ни|е <-я> *ср* ЮР Tat *f,* Handlung *f;* **соверши́ть ~** eine Handlung/Tat begehen; **престу́пное ~** kriminelle Tat *f,* Verbrechen *nt*

де́яте|ль <-ля> *м* **~ иску́сств** Künstler *m;* **полити́ческий ~** Politiker *m,* Spitzenpolitiker *m*

де́ятельнос|ть <-ти> *ж* Tätigkeit *f,* Wirken *nt; (заня́тие)* Beschäftigung *f;* **предпринима́тельская ~** Unternehmertätigkeit *f;* **профессиона́льная ~** Erwerbstätigkeit *f*

де́яте|льный <-льная, -льное; -лен, -льна, -льно> *прил* tätig, aktiv, energisch; **де́ятельное уча́стие** Engagement *nt*

джаз <джа́за> *м* Jazz *m*

джа́зов|ый <-ая, -ое> *прил* МУЗ Jazz-; **~ репертуа́р** Jazzrepertoire *nt;* **джа́зовая му́зыка** Jazzmusik *f;* **джа́зовое исполне́ние** Jazzaufführung *f*

джем <дже́ма> *м* Marmelade *f*

дже́мпер <-а> *м* Pullover *m*

джентльме́н <-а> *м* Gentleman *m*

джентльме́нск|ий <-ая, -ое> *прил книж (благоро́дный)* vornehm, ritterlich, gentlemanlich; **~ посту́пок** vornehme [*o* anständige] Tat *f;* **джентльме́нское соглаше́ние** Gentlemens Agreement *nt*

джиги́т <-а> *м книж (нае́здник)* Dschigit *m (Reiter);* **иску́сный ~** geschickter Dschigit *m;* **отва́жный ~** kühner Dschigit *m*

джин <джи́на> *м* Gin *m*

джи́нс|ы <-ов> *мн* Jeans *f,* Jeanshose *f*

джо́у|ль <-ля> *м* ФИЗ Joule *nt*

джу́нгл|и <-ей> *мн и перен* Dschungel *m*

дзот <дзо́та> *м* ВОЕН *(огнева́я то́чка)* Feuernest *nt*

дзюдо́ <неизм> *ср без мн* СПОРТ Judo *nt*

диабе́т <-а> *м* МЕД Diabetes *m;* **са́харный ~** Zuckerkrankheit *f*

диабе́тик <-а> *м* Diabetiker *m*

Д

диа́гноз <-а> *м* Diagnose *f;* **поста́вить ~** eine Diagnose stellen

диагно́ст <-а> *м* МЕД Diagnostiker *m*

диагно́стик|а <-и> *ж* МЕД Diagnostik *f;* **при́нцип диагно́стики** Prinzip *m* der Diagnostik; **~ заболева́ния** Diagnostik der Erkrankung

диагности́ческ|ий <-ая, -ое> *прил* МЕД Diagnostik-, diagnostisch; **~ прибо́р** Diagnostikgerät *nt;* **~ ме́тод** diagnostische Methode *f;* **диагности́ческое отделе́ние** Diagnostikstation *f*

диагона́|ль <-ли> *ж* Diagonale *f*

диагона́льн|ый <-ая, -ое> *прил* diagonal

диагра́мм|а <-ы> *ж* Diagramm *nt,* Schaubild *nt*

диаде́м|а <-ы> *ж* Diadem *nt*

диакрити́ческ|ий <-ая, -ое> *прил* ЛИНГВ diakritisch; **~ знак** diakritisches Zeichen *nt*

диале́кт <-а> *м* ЛИНГВ Dialekt *m,* Mundart *f;* **ме́стный ~** einheimischer Dialekt *m;* **стра́нный ~** sonderbarer Dialekt *m*

диале́ктик|а <-и> *ж* Dialektik *f;* **зако́ны диале́ктики** Gesetze *ntpl* der Dialektik; **~ собы́тий** Dialektik der Ereignisse

диалекти́ческ|ий <-ая, -ое> *прил* **1.** ФИЛОС dialektisch; **~ ме́тод** dialektische Methode *f;* **~ материали́зм** dialektischer Materialismus *m;* **диалекти́ческое мышле́ние** dialektisches Denken *nt;* **диалекти́ческая ло́гика** dialektologische Logik *f* **2.** ЛИНГВ dialektal; **диалекти́ческие осо́бенности** dialektale Besonderheiten *fpl*

диалектоло́ги|я <-и> *ж* ЛИНГВ Dialektologie *f*

диа́лиз <-а> *м* Dialyse *f*

диало́г <-а> *м* Dialog *m;* **спосо́бность к диало́гу** Dialogfähigkeit *f;* **вести́ ~** einen Dialog führen

диалоги́ческ|ий <-ая, -ое> *прил* ЛИНГВ dialogisch; **диалоги́ческая ре́чь** dialogische Sprache *f;* **диалоги́ческая фо́рма** dialogische Form *f*

диало́гов|ый <-ая, -ое> *прил* ИНФОРМ Online-, Dialog-; **диало́говое окно́** Dialogfenster *nt;* **диало́говое по́ле** Dialogfeld *nt;* **диало́говый язы́к** Dialogsprache *f*

диа́метр <-а> *м* Durchmesser *m*

диаметра́льн|ый <-ая, -ое> *прил* МАТ *(соверше́нный)* diametral; **диаметра́льная противополо́жность** das absolute Gegenteil; **диаметра́льная пло́скость** diametrale Ebene *f*

диапазо́н <-а> *м* **1.** ТЕХ Ausmaß *nt,* Bereich *m,* Reichweite *f* **2.** ЭЛ Bandbreite *f;* **ширина́ диапазо́на** ИНФОРМ Bandbreite *f* **3.** *перен* Spielraum *m;* **~ оце́нки** Bewertungsspielraum *m*

диапозити́в <-а> *м* ФОТ Dia(positiv) *nt*

диа́спор|а <-ы> *ж* АДМ *(этни́ческая гру́ппа)* Diaspora *f;* **евре́йская ~** jüdische Diaspora *f*

диате́з <-а> *м* МЕД Diathese *f*

диатерми́|я <-и> *ж* МЕД *(прогрева́ние)* Diathermie *f*

диафра́гм|а <-ы> *ж* **1.** АНАТ Zwerchfell *nt* **2.** ФОТ Blende *f*

диафрагми́р|овать <-ую, -уешь> *нсв нпрх* ФОТ die Blende einstellen

ди́в|а <-ы> *ж* Diva *f,* Filmstar *m*

дива́н <-а> *м* Sofa *nt,* Diwan *m;* **мя́гкий ~** weiches Sofa *nt*

диверге́нци|я <-и> *ж* МАТ, ЛИНГВ, БИОЛ Divergenz *f;* **~ языково́й едини́цы** Divergenz der Spracheinheit; **~ ви́дов** Divergenz der Arten

диверса́нт <-а> *м* Diversant *m,* Saboteur *m*

диверсио́нн|ый <-ая, -ое> *прил* Diversions-; **~ акт** Diversionsakt *m;* **диверсио́нная гру́ппа** Diversionsgruppe *f;* **диверсио́нные де́йствия** Diversionsaktionen *pl*

диверсифика́ци|я <-и> *ж* ЭКОН Diversifizierung *f*

дите́рси|я <-и> *ж* ВОЕН *(разруше́ние)* Diversion *f;* **осуществля́ть диве́рсию** eine Diversion durchführen; **биологи́ческая ~** biologische Diversion *f*

дивиде́нд <-а> *м* Dividende *f,* Gewinnanteil *m;* **~ не́тто** Nettodividende *f;* **~ по а́кциям** Aktiendividende *f;* **~ в фо́рме а́кций** Stockdividende *f;* **нараста́ющий ~** kumulative Dividende *f;* **невы́плаченный ~** rückständiger Gewinnanteil *m;* **отступно́й ~** Abschlagsdividende *f;* **просро́ченный ~** überfällige Dividende *f*

дивиде́ндн|ый <-ая, -ое> *прил* ЭКОН Dividenden-; **дивиде́ндная та́кса** Dividendengebühr *f,* Dividendensteuer *f;* **дивиде́ндное распределе́ние** Dividendenverteilung *f*

дивизио́нн|ый <-ая, -ое> *прил* ВОЕН Divisions-; **~ штаб** Divisionsstab *m;* **~ врач** Divisionsarzt *m;* **дивизио́нное кома́ндование** Divisionskommando *nt;* **~ полк** Divisionsregiment *nt*

диви́зи|я <-и> *ж* ВОЕН Division *f*

див|и́ть <-лю́, -и́шь> *нсв прх разг* in Erstaunen versetzen, verwundern

див|и́ться <-лю́сь, -и́шься> *нсв,* **подиви́ться** *св рефл разг* sich wundern [*o* staunen] über *+akk*

ди́вно *нрч (изуми́тельно)* erstaunlich; **~ провести́ вре́мя** die Zeit toll verbringen; **~ расска́зывать** erstaunlich gut erzählen

ди́в|ный <-ная, -ное; -ен, -на, -но> *прил* wundervoll, wunderbar

ди́в|о <-а> *ср разг* Wunder *nt;* **на ~** ausgezeichnet; **что за ~!** das ist ein wahres Wunder!; **ди́ву дава́ться** sich wundern, staunen

дигита́лис <-а> *м* МЕД Digitalis *f*

дида́ктик|а <-и> *ж* Didaktik *f*

дидакти́ческ|ий <-ая, -ое> *прил*

didaktisch; **дидакти́ческое стихотворе́ние** Lehrgedicht *nt*

дие́т|а <-ы> *ж* Diät *f*, Schonkost *f*; **разгру́зочная дие́та** Entschlackungsdiät *f*; **лече́ние дие́той** Diätkur *f*; **соблюда́ть дие́ту** eine Diät einhalten

диети́ческ|ий <-ая, -ое> *прил* Diät-; **диети́ческая пи́ща** Schonkost *f*; **~ проду́кт** Diäterzeugnis *nt*; **диети́ческое блю́до** Diätspeise *f*

дието́лог <-а> *м* Ernährungswissenschaftler *m*

диза́жио <неизм> *ср* Disagio *nt*, Abschlag *m*, Abgeld *nt*

диза́йн <-а> *м* Design *nt*

диза́йнер <-а> *м* Designer *m*

ди́зе|ль <-ля> *м* **1.** *(мото́р)* Diesel *m*, Dieselmotor *m* **2.** *(то́пливо)* Dieselkraftstoff *m*

ди́зельн|ый <-ая, -ое> *прил* ТЕХ Diesel-; **~ дви́гатель** Dieselmotor *m*; **ди́зельное то́пливо** Dieselbrennstoffe *mpl*; **ди́зельная электроста́нция** Dieselkraftwerk *nt*

дизенте́рийн|ый <-ая, -ое> *прил* МЕД Ruhr-; **дизентери́йная инфе́кция** Ruhrinfektion *f*; **дизентери́йные па́лочки** Ruhrbazillen *pl*; **~ больно́й** Ruhrkranke(r) *m*

дизентери́|я <-и> *ж* МЕД Ruhr *f*

дика́|рь <-ря́> *м*, **дика́рк|а** <-и> *ж* Wilde(r) *m(f)*; *перен (отдыха́ющий)* Rucksacktourist(in) *m(f)*

ди́к|ий <-ая, -ое; -, -á, -о> *прил* **1.** *(о живо́тных/расте́ниях)* wild lebend, wild wachsend; **ди́кая ме́стность** Wildnis *f* **2.** *(засте́нчивый)* scheu, menschenscheu **3.** *перен* wild, roh; **~ За́пад** der Wilde Westen; **ди́кие нра́вы** wilde Sitten *pl*; **ди́кие це́ны** horrende Preise *pl*; **ди́кая боль** rasender Schmerz *m*

ди́ко *нрч (неи́стово, глу́по)* hysterisch; **~ огля́дываться по сторона́м** sich hysterisch umsehen; **вести́ себя́ ~** sich hysterisch benehmen; **~ разозли́ться** sich dumm und dämlich ärgern

дикобра́з <-а> *м* ЗООЛ Stachelschwein *nt*

дикорасту́щ|ий <-ая, -ее> *прил* БИОЛ wildwachsend, unkultiviert; **дикорасту́щая я́блоня** wildwachsender Apfelbaum *m*; **~ куста́рник** wildwachsendes Gebüsch *nt*

дикта́нт <-а> *м* Diktat *nt*; **контро́льный ~** Kontrolldiktat; **писа́ть ~** ein Diktat schreiben

дикта́т <-а> *м* Diktat *nt*

дикта́тор <-а> *м* Diktator *m*

дикта́торск|ий <-ая, -ое> *прил* diktatorisch

диктату́р|а <-ы> *ж* Diktatur *f*, Gewaltherrschaft *f*; **установи́ть диктату́ру** eine Diktatur errichten

дикт|ова́ть <-у́ю, -у́ешь> *нсв*, **продиктова́ть** *св прх и перен* diktieren; **~ кому́-л. свои́ усло́вия** jdm seine Bedingungen aufzwingen

ди́ктор <-а> *м* Nachrichtensprecher *m*; **~ телеви́дения** Fernsehansager *m*

диктофо́н <-а> *м* Diktiergerät *nt*

ди́кци|я <-и> *ж (произноше́ние)* Diktion *f*, Aussprache *f*; **отли́чная ~** ausgezeichnete Diktion; **отраба́тывать ди́кцию** an der Aussprache arbeiten

диле́мм|а <-ы> *ж* Dilemma *nt*; **стоя́ть перед диле́ммой** vor einem Dilemma stehen

ди́лер <-а> *м* **1.** *(торго́вец)* Händler *m*, Vertreter *m* **2.** *(торго́вец нарко́тиками)* Drogenhändler *m*, Dealer *m*

дилета́нт <-а> *м* Dilettant *m*, Laie *m*

дилета́нтск|ий <-ая, -ое> *прил* dilettantisch, nicht berufsmäßig

дилета́нтств|о <-а> *ср (люби́тельство)* Dilettantismus *m*

дилижа́нс <-а> *м (каре́та)* Postkutsche *f*, Kutsche *f*; **откры́тый ~** offene Kutsche *f*

диморфи́зм <-а> *м* ЗООЛ, БИОЛ *(разли́чие)* Dimorphismus *m*, Dimorphie *f*; **полово́й ~** Geschlechtsdimorphismus; **сезо́нный ~** saisonaler Dimorphismus *m*

ди́н|а <-ы> *ж* ФИЗ *(си́ла)* Dyn *nt*

динами́зм <-а> *м* Dynamik *f*; **~ в разви́тии** Entwicklungsdynamik; **~ во взгля́дах** Dynamik in den Anschauungen

дина́мик <-а> *м* Aktivlautsprecher *m*, Aktivbox *f*

дина́мик|а <-и> *ж* **1.** ФИЗ Dynamik *f*, Bewegungslehre *f* **2.** *(разви́тие)* Dynamik *m*, Entwicklung *f*; **следи́ть за дина́микой чего́-л.** die Entwicklung verfolgen von *+dat*; **~ гру́ппы** ПСИХ Gruppendynamik *f*; **~ профессиона́льного ро́ста ка́дров** Personalentwicklung *f*; **~ за́нятости** Beschäftigungsentwicklung *f*; **~ за́работной пла́ты** Lohnentwicklung *f*; **~ затра́т** [*или* **изде́ржек**] Kostenverlauf *m*; **~ цен** Preisentwicklung *f* **3.** МУЗ Dynamik *f*

динами́т <-а> *м* Dynamit *nt*

динами́ческ|ий <-ая, -ое> *нрч* dynamisch; **динами́ческие те́мпы ро́ста** dynamisches Wachstumstempo *nt*

динами́ч|ный <-ная, -ное; -ен, -на, -но> *прил* dynamisch, tatkräftig, energisch; **динами́чная ли́чность** eine dynamische Persönlichkeit *f*

дина́мо <неизм> *ср* Dynamo *m*

дина́мо-маши́н|а <-ы> *ж (генера́тор)* Gleichstromgenerator *m*, Dynamo *m*

дина́р <-а> *м (де́нежная едини́ца)* Dinar *m*

дина́сти|я <-и> *ж* Dynastie *f*

ди́нго <неизм> *м* Dingo *m*; *(ди́кая соба́ка)* wilder Hund *m*

диноза́вр <-а> *м* Dinosaurier *m*

дио́д <-а> *м* Diode *f*; **защи́тный ~** Schutzdiode *f*; **тунне́льный ~** Tunneldiode *f*

диокси́н <-а> *м* ХИМ Dioxin *nt*

дио́птр <-а> *м* ФИЗ Diopter *nt*

диоптри|я <-и> *ж* МЕД Dioptrie *f;* **определя́ть диоптри́ю** die Dioptrie bestimmen

диора́м|а <-ы> *ж* ИСК Diorama *nt*

дипло́м <-а> *м* **1.** *(свиде́тельство)* Diplom *nt,* Abschlusszeugnis *nt* **2.** *разг (дипло́мная рабо́та)* Diplomarbeit *f;* **защити́ть ~** sein Diplom ablegen **3.** *(как награ́да)* Ehrenurkunde *f,* Diplom *nt;* **вруча́ть ~** das Diplom überreichen

диплома́нт <-а> *м* Diplomand *m;* **~ ко́нкурса** Diplomand des Wettbewerbes

диплома́т <-а> *м* **1.** *(служи́тель)* Diplomat *m* **2.** *перен (портфе́ль)* Aktenkoffer *m*

дипломати́ческ|ий <-ая, -ое> *прил* diplomatisch; **~ ко́рпус** diplomatisches Korps *nt;* **установи́ть дипломати́ческие отноше́ния** diplomatische Beziehungen *fpl* aufnehmen

дипломати́чно *нрч (укло́нчиво)* diplomatisch; **отве́тить** diplomatisch antworten

дипломати́ч|ный <-ная, -ное; -ен, -на, -но> *прил* taktisch geschickt, diplomatisch

диплома́ти|я <-и> *ж* Diplomatie *f*

дипломи́рованн|ый <-ая, -ое> *прил* diplomiert

дипло́мн|ый <-ая, -ое> *прил* Diplom-; **дипло́мная рабо́та** Diplomarbeit *f*

директи́в|а <-ы> *ж* Richtsatz *m,* Weisung *f;* ИНФОРМ Befehl *m;* **директи́вы ЕС** EG-Richtlinien *pl*

директи́вн|ый <-ая, -ое> *прил (руководя́щий)* richtunggebend; **~ план** richtunggebender Plan *m*

дире́ктор <-а> *м* **1.** *(уче́бного заведе́ния, учрежде́ния)* Direktor *m* **2.** *(предприя́тия)* Leiter *m;* **~ предприя́тия** Betriebsleiter *m*

директора́т <-а> *м* Direktorat *nt*

дире́кторск|ий <-ая, -ое> *прил* Direktoren-; **~ кабине́т** Direktorenkabinett *nt;* **дире́кторское распоряже́ние** Direktorenverordnung *f;* **~ контро́ль** Direktorenkontrolle *f*

директри́с|а <-ы> *ж разг* Direktrice *f*

дире́кци|я <-и> *ж* Direktion *f,* Geschäftsleitung *f;* **~ предприя́тия** Betriebsleitung *f*

дирижа́б|ль <-ля> *м* Luftschiff *nt,* Zeppelin *m*

дирижёр <-а> *м* Dirigent *m*

дирижёрск|ий <-ая, -ое> *прил* Dirigenten-; **~ пульт** Dirigentenpult *nt;* **дирижёрская па́лочка** Dirigentenstock *m*

дирижи́зм <-а> *м* ЭКОН Dirigismus *m*

дирижи́р|овать <-ую, -уешь> *нсв нпрх и перен* МУЗ dirigieren, leiten

дирижи́стск|ий <-ая, -ое> *прил* ЭКОН dirigistisch

дисбала́нс <-а> *м* offene Bilanz *f,* Dysbilanz *f;* **~ в расчётах** Dysbilanz in den Rechnungen

дисгармо́ни|я <-и> *ж* Disharmonie *f,* Missklang *m*

диск <диска> *м* ТЕХ Scheibe *f;* **~ Луны́** Mondscheibe *f;* **мета́ние диска** СПОРТ Diskuswerfen *nt;* **жёсткий ~** ИНФОРМ Festplatte *f*

диска́нт <-а> *м* МУЗ Diskant *m;* **зво́нкий ~** klingender Diskant *m;* **прия́тный ~** angenehmer Diskant *m*

дисквалифика́ци|я <-и> *ж* СПОРТ Disqualifizierung *f;* **~ спортсме́на** Disqualifizierung des Sportlers

дисквалифици́р|овать <-ую, -уешь> *(н)св прх* СПОРТ disqualifizieren

дисквалифици́р|оваться <-уюсь, -уешься> *(н)св рефл* sich disqualifizieren

диске́т|а <-ы> *ж* Diskette *f;* **инсталляцио́нная ~** Installationsdiskette *f;* **~ нача́льной загру́зки, ста́ртовая ~** Startdiskette *f;* **содержи́мое диске́ты** Disketteninhalt *m*

диск-жоке́|й <-я> *м* Diskjockey *m*

дисково́д <-а> *м* Diskettenlaufwerk *nt;* **~ жёсткого ди́ска** Festplattenlaufwerk *nt*

ди́сков|ый <-ая, -ое> *прил* ТЕХ Scheiben-; **ди́сковая па́мять** ИНФОРМ Plattenspeicher *m*

дискомфо́рт <-а> *м* **1.** *(отсу́тствие комфо́рта)* Komfortlosigkeit *f* **2.** *перен (неприя́тное чу́вство)* Unbehagen *nt*

дисќонт <-а> *м* ЭКОН Diskont *m,* Zinsvergütung *f;* **~ ве́кселя** Wechseldiskont *m*

дисконтёр <-а> *м* ФИН Diskontgeber *m*

дисконти́р|овать <-ую, -уешь> *(н)св прх* diskontieren

диско́нтн|ый <-ая, -ое> *прил* ЭКОН Diskont-; **диско́нтная поли́тика** Diskontpolitik *f;* **диско́нтная ста́вка** Diskontsatz *m*

дискоте́к|а <-и> *ж* Diskothek *f,* Disko *f*

дискредити́р|овать <-ую, -уешь> *(н)св прх (вы́звать недове́рие)* diskreditieren; **~ прави́тельство** die Regierung diskreditieren; **~ посту́пком** durch eine Handlung diskreditieren

дискре́тн|ый <-ая, -ое> *прил* МАТ diskret

дискриминацио́нн|ый <-ая, -ое> *прил* ПОЛ *(неравнопра́вный)* diskriminierend, Diskriminierungs-; **дискриминацио́нная поли́тика** Diskriminierungspolitik *f;* **~ барье́р** diskriminierende Barriere *f;* **дискриминацио́нные ме́ры** diskriminierende Maßnahmen *pl*

дискримина́ци|я <-и> *ж* **1.** ПОЛ Diskriminierung *f* **2.** *разг (пренебреже́ние)* Benachteiligung *f,* Zurücksetzung *f*

дискримини́р|овать <-ую, -уешь> *(н)св прх* diskriminieren

дискуссио́нн|ый <-ая, -ое> *прил* ПОЛ *(спо́рный)* strittig, Diskussions-; **~ вопро́с** strittige Frage *f;* **~ клуб** Diskussionsklub *m;* **дискуссио́нная статья́** Diskussionsartikel *m;* **в дискуссио́нном поря́дке** der Reihe nach

дискусси|я <-и> *ж* Diskussion *f;* **жаркая ~** Wortgefecht *nt*

дискутир|овать <-ую, -уешь> *нсв прх (о чём-л.)* diskutieren

дислокаци|я <-и> *ж* ВОЕН, ГЕОЛ Dislokation *f;* **~ войск** Dislokation der Armee; **~ горных пород** Dislokation der oberen Bodenschichten

дислоцир|овать <-ую, -уешь> *(н)св прх* ВОЕН dislozieren, stationieren; **~ войска** die Armee dislozieren

дислоцир|оваться <-уюсь, -уешься> *(н)св рефл* ВОЕН sich dislozieren; **~ на побережье** sich an der Küste dislozieren; **~ срочным порядком** sich fristgemäß dislozieren

диспансер <-а> *м* МЕД Betreuungsstelle *f;* **онкологический ~** onkologische Betreuungsstelle *f*

диспансеризаци|я <-и> *ж* МЕД *(jährliches) Gesundheitsfürsorgewesen nt*

диспашер <-а> *м* ЭКОН *(страховщик)* Versicherer *m*

диспепси|я <-и> *ж* МЕД Dyspepsie *f;* **желудочная ~** Magendyspepsie *f;* **кишечная ~** Darmdyspepsie

дисперси|я <-и> *ж* ФИЗ *(рассеяние)* Dispersion *f;* **~ волн** Wellendispersion; **~ света** Lichtdispersion *f;* **аномальная ~** anomale Dispersion

диспетчер <-а> *м* Dispatcher *m;* **дежурный ~** diensthabender Dispatcher *m;* **центральный ~** zentraler Dispatcher *m*

диспетчерск|ая <-ой> *ж* Verkehrszentrale *f*

диспле|й <-я> *м* **1.** ТЕХ Bildschirm *m,* Bildschirmgerät *nt,* Display *nt* **2.** ЭКОН *(броская реклама)* Display *nt,* Blickfang *m*

диспозици|я <-и> *ж* ЭКОН Disposition *f*

диспонент <-а> *м* ЭКОН Disponent *m*

диспрози|й <-я> *м* ХИМ Dysprosium *nt*

диспропорци|я <-и> *ж и перен* Missverhältnis *nt*

диспут <-а> *м* Disput *m,* wissenschaftliches Streitgespräch *nt*

диссертант <-а> *м,* **диссертантк|а** <-и> *ж* Dissertant *m,* Dissertantin *f*

диссертационн|ый <-ая, -ое> *прил* Dissertations-; **~ труд** Dissertationsschrift *f;* **диссертационное исследование** Dissertationsforschung *f;* **~ анализ** Dissertationsanalyse *f*

диссертаци|я <-и> *ж* Dissertation *f;* **писать диссертацию** eine Dissertation schreiben

диссидент <-а> *м* Dissident *m*

диссимиляци|я <-и> *ж* БИОЛ, ЛИНГВ Dissimilation *f*

диссонанс <-а> *м и перен* Dissonanz *f,* Missklang *m*

дистальн|ый <-ая, -ое> *прил* МЕД distal, peripher; **~ сосуд** peripheres Blutgefäß *nt*

дистанционн|ый <-ая, -ое> *прил* Fern-, fern-; **дистанционная передача данных** Datenfernübertragung *f,* DFÜ *f;* **дистанционное управление** Fernbedienung *f;* **с дистанционным управлением** ferngesteuert; **~ взрыватель** Zeitzünder *m*

дистанцир|оваться <-уюсь, -уешься> *нсв рефл (от кого-л./чего-л.)* sich distanzieren von *+dat*

дистанци|я <-и> *ж* Distanz *f,* Abstand *m;* **соблюдать дистанцию** *и перен* Abstand einhalten

дистиллированн|ый <-ая, -ое> *прил (очищенный)* destilliert; **~ раствор** destillierte Lösung *f;* **дистилированная вода** destilliertes Wasser *nt*

дистиллир|овать <-ую, -уешь> *н(св) прх* destillieren; **~ воду** Wasser destillieren

дистиллят <-а> *м* ХИМ Destillat *nt;* **~ нефти** Erdöldestillat *nt*

дистиллятор <-а> *м (прибор)* Destillator *m*

дистилляци|я <-и> *ж* ХИМ *(перегонка)* Destillation *f;* **~ смеси** Destillation *f* der Mischungen; **фракционная ~** fraktionelle Destillation *f;* **молекулярная ~** molekulare Destillation *f*

дистрибутивн|ый <-ая, -ое> *прил* distributiv; **дистрибутивная политика** ЭКОН Distributionspolitik *f*

дистрибуци|я <-и> *ж* ЭКОН Distribution *f*

дистрибьютер <-а> *м* ЭКОН Verteiler *m*

дистрофи|я <-и> *ж* МЕД Dystrophie *f;* **~ сердечной мышцы** Dystrophie *f* der Herzmuskel; **~ миокарда** Dystrophie *f* des Myokards

дисциплин|а <-ы> *ж* **1.** *(порядок)* Disziplin *f,* Ordnung *f;* **соблюдать дисциплину** die Disziplin einhalten; **подчиняться дисциплине** sich der Disziplin fügen; **нарушать дисциплину** gegen die Disziplin verstoßen **2.** *(отрасль науки)* Disziplin *f,* Wissenschaftszweig *m;* **учебная ~** Studienfach *nt,* Unterrichtsfach *nt;* **смежная ~** Nachbardisziplin *f*

дисциплинарн|ый <-ая, -ое> *прил* disziplinär; **дисциплинарное взыскание** Disziplinarstrafe *f;* **~ порядок** Disziplinarverfahren *m;* **в дисциплинарном порядке** disziplinarisch

дисциплинированн|ый <-ая, -ое> *прил* diszipliniert

дисциплинир|овать <-ую, -уешь> *н(св) прх* disziplinieren; **~ персонал** das Personal disziplinieren; **~ гарнизон** ВОЕН der Besatzung Disziplin beibringen

дитя <дитяти> *ср обычно в ед (ребёнок)* Kind *nt*

дифирамб <-а> *м* **1.** *(культовая песнь)* Dithyrambus *m* **2.** *(похвала)* Lobspruch *m;* **петь дифирамбы** Lobsprüche singen

дифракци|я <-и> *ж* ФИЗ *(огибание)*

Diffraktion *f;* **~ волн** Wellendiffraktion *f;* **~ рентге́новских луче́й** Diffraktion *f* der Röntgenstrahlen; **~ части́ц** Diffraktion *f* der Teilchen

дифтери́|я <-и> *ж* МЕД Diphtherie *f*

дифто́нг <-а> *м* ЛИНГВ *(двугла́сный)* Diphthong *m,* Doppellaut *m;* **восходя́щий ~** aufsteigender Doppellaut *f;* **нисходя́щий ~** absteigender Doppellaut *f*

диффама́ци|я <-и> *ж* Diffamierung *f,* Verleumdung *f*

дифференциа́л <-а> *м* МАТ *(ра́зность)* Differenzial *nt*

дифференциа́льн|ый <-ая, -ое> *прил* Differenzial-, disziplinarisch; **дифференциа́льное исчисле́ние** МАТ Differenzialrechnung *f;* **дифференциа́льная переда́ча** АВТО Differenzialgetriebe *nt*

дифференциа́ци|я <-и> *ж* Differenzierung *f;* **~ проду́кта** ЭКОН Produktdifferenzierung *f;* **~ цен** ЭКОН Preisdifferenzierung *f*

дифференци́р|овать <-ую, -уешь> *(н)св прх* differenzieren, abstufen

диффузио́нн|ый <-ая, -ое> *прил (ва́куумный)* Diffusions-; **~ насо́с** Diffusionspumpe *f;* **диффузио́нная ка́мера** Diffusionskammer *f*

диффу́зи|я <-и> *ж* ХИМ *(проникнове́ние)* Diffusion *f;* **~ га́зов** Gasdiffusion *f;* **~ жи́дкостей** Flüssigkeitsdiffusion *f;* **молекуля́рная ~** Moleküldiffusion *f*

дича́|ть <-ю, -ешь> *нсв,* **одича́ть** *св нпрх* verwildern; *(о челове́ке)* menschenscheu werden

дич|и́ться <-у́сь, -и́шься> *нсв,* **подичи́ться** *св рефл (избега́ть)* meiden; **~ окружа́ющих** die Leute meiden; **переста́нь ~!** hör auf den Leuten aus dem Weg zu gehen!

дичь <ди́чи> *ж* **1.** ЗООЛ Wild *nt* **2.** *(мя́со)* Wild *nt,* Fleisch *nt* **3.** *разг (неле́пость, вздор)* Unsinn *m;* **поро́ть ~** Unsinn reden

длин|а́ <-ы> *ж* Länge *f*

длиннборо́д|ый <-ая, -ое> *прил* langbärtig; **~ стари́к** langbärtiger Greis *m;* **~ обма́нщик** großer Lügner *m*

длинноволокни́ст|ый <-ая, -ое> *прил* langfaserig; **~ лён** langfaseriger Lein *m;* **~ хло́пок** langfaserige Baumwolle *f*

длинноволо́с|ый <-ая, -ое> *прил* langhaarig; **~ ю́ноша** langhaariger Jugendlicher *m;* **~ бродя́га** langhaariger Landstreicher *m*

длинноно́г|ий <-ая, -ое; -, -а, -о> *прил (долгоно́гий)* langbeinig; **~ жура́вль** langbeiniger Kranich *m;* **~ спортсме́н** langbeiniger Sportler *m;* **длинноно́гая манеке́нщица** langbeiniges Modell *nt*

длинноно́с|ый <-ая, -ое; -, -а, -о> *прил* langnasig; **~ кули́к** langnasige Schnepfe *f;* **длинноно́сая стару́ха** langnasige Greisin *f*

длиннопо́л|ый <-ая, -ое> *прил* knöchellang; **~ сюрту́к** knöchellanger Mantel *m;* **длиннопо́лая шля́па** breitkrempiger Hut *m*

дли́н|ный <-ная, -ное; -ен, -на́, -но> *прил* lang

дли́тельнос|ть <-ти> *ж* Dauer *f*

дли́те|льный <-льная, -льное; -лен, -льна, -льно> *прил* langwierig, langewährend, lang anhaltend; **ока́зывать дли́тельное возде́йствие** eine nachhaltige Wirkung zeigen

дли́ться <длю́сь, дли́шься> *нсв рефл* dauern, sich hinziehen

для *предл род* für *+akk;* **~ чего́ э́то тебе́ ну́жно?** wozu brauchst du das?; **~ того́, что́бы** um zu; **ведро́ ~ воды́** Wassereimer *m;* **вре́дный ~ здоро́вья** gesundheitsschädlich; **~ нача́ла** als Erstes; **~ поря́дка** ordnungshalber; **для переда́чи** zur Weiterleitung

днева́льн|ый <-ого> *м* ВОЕН Stubendienst *m;* **~ по ку́хне** der Stubendienst in der Küche; **днева́льное помеще́ние** Raum für die Soldaten, die Stubendienst haben; **обя́занности днева́льного** Verpflichtungen *fpl* des Stubendienstes

днева́ть <дню́ю, дню́ешь> *нсв нпрх* den Tag verbringen; **~ и ночева́ть в гора́х** den Tag im Gebirge verbringen und übernachten

дневни́к <-а́> *м* Tagebuch *nt;* **вести́ ~** ein Tagebuch führen

днев|но́й <-а́я, -о́е> *прил* Tages-; **дневна́я но́рма** Tagesnorm *f;* **~ свет** Tageslicht *nt*

днём *нрч* tagsüber; **~ ра́ньше** einen Tag früher

Днепр <Днепра́> *м* ГЕОГ Dnepr *m*

Дне́стр <Днестра́> *м* ГЕОГ Dnestr *m*

дно <дна> *ср* Boden *m,* Grund *m;* **морско́е ~** Meeresboden *m;* **пить до дна** austrinken; **золото́е ~** *перен* Goldgrube *f;* **оказа́ться на дне** *перен* heruntergekommen sein, auf den Hund gekommen sein; **вверх дном** drunter und drüber, durcheinander

до *предл род* **1.** *(ука́зывает расстоя́ние, вре́мя)* bis (zu) *+dat,* bis nach *+akk;* **~ за́втра** bis morgen; **~ пя́тницы** bis Freitag; **~ свида́ния!** auf Wiedersehen!; **~ сих пор** bisher, bis jetzt; **с утра́ ~ ве́чера** von früh bis spät; **е́хать ~ Москвы́** bis Moskau fahren **2.** *(ра́ньше чего́-л.)* vor *+dat;* **~ на́шей э́ры** vor unserer Zeitrechnung; **~ войны́** vor dem Krieg **3.** *(приблизи́тельно)* etwa, ungefähr; **моро́з доходи́л ~ сорока́ гра́дусов** die Kälte erreichte ungefähr vierzig Grad unter Null; **ему́ ни ~ чего́ нет де́ла** er kümmert sich um nichts; **мне не ~ того́** mir ist nicht danach zumute

доба́в|ить <-лю, -ишь> *св прх см.* **добавля́ть**

доба́вк|а <-и> *ж* **1.** *(добавле́ние)* Zusatz *m,* Ergänzung *f* **2.** *(доба́вочное блю́до)* Zugabe *f;* **вкусовы́е доба́вки** Aromastoffe *mpl*

добавле́ни|е <-я> *ср* Zusatz *m,* Ergänzung *f,* Nachtrag *m*
добавля́|ть <-ю, -ешь> *нсв,* **доба́вить** *св прх* hinzufügen, ergänzen; **остаётся доба́вить, что …** bleibt nur noch hinzuzufügen, dass …; **мне к э́тому доба́вить не́чего** ich habe dem nichts hinzuzufügen; **к э́тому сле́дует доба́вить** dazu muss noch gesagt werden
доба́вочн|ый <-ая, -ое> *прил* zusätzlich, Zusatz-; **доба́вочная затра́та** Mehraufwand *m;* **~ расхо́д** Mehrverbrauch *m;* **доба́вочные расхо́ды** Mehrkosten *pl;* **доба́вочная поле́зность** Zusatznutzen *m;* **~ дивиде́нд** Bonus *m;* **~ за́работок** Nebenverdienst *m*
доба́лтыва|ться <-юсь, -ешься> *нсв,* **доболта́ться** *св нпрх* schwatzen, quatschen; **~ до абсу́рда** lauter Unsinn schwatzen; **~ до увольне́ния** sich eine Entlassung einhandeln
добега́|ть <-ю, -ешь> *нсв,* **добежа́ть** *св нпрх* angelaufen kommen; **добежа́ть до до́му** nach Hause angelaufen kommen; **добежа́ть во́время** zur rechten Zeit angelaufen kommen
добе́га|ться <-юсь, -ешься> *св рефл (причини́ть себе́ вред)* **~ до просту́ды** sich eine Erkältung einfangen; **~ до неприя́тностей** sich etw einbrocken
добе|жа́ть <-гу́, -жи́шь> *св нпрх см.* **добега́ть**
добела́ *нрч* **1.** *(до бе́лого кале́ния)* bis zur Weißglut; **раскали́ть желе́зо ~** das Eisen bis zum Glühen erhitzen **2.** *(до белизны́, чи́сто)* blitzblank; **отмы́ть ~** das Geschirr blitzblank putzen; **чи́стить ~** alles blitzblank putzen
добе́л|ить <-ю, -ишь> *нсв,* **добеля́ть** *св прх* bleichen; **~ до середи́ны** bis zur Mitte bleichen; **~ холст** die Leinwand bleichen
добел|я́ть <-ю́, -ишь> *св прх см.* **добе́лить**
доберма́н-пи́нчер <-а> *м* ЗООЛ Dobermannpinscher *m*
добива́|ть <-ю, -ешь> *нсв,* **доби́ть** *св прх* jdm den Gnadenstoß geben; **доби́ть зве́ря** dem Tier den Gnadenstoß geben; **доби́ть же́ртву** dem Opfer den Gnadenstoß geben; **изве́стие доби́ло старика́** die Nachricht hat dem Alten den letzten Rest gegeben
добива́|ться <-юсь, -ешься> *нсв рефл* streben nach, sich bemühen; **~ популя́рности** nach Popularität streben; **~ успе́хов** Erfolg anstreben; **~ встре́чи** sich um ein Treffen mit jdm bemühen; **~ це́ли** ein Ziel anstreben; **~ своего́** sein Ziel erreichen, seinen Willen durchsetzen
добира́|ться <-юсь, -ешься> *нсв,* **добра́ться** *св рефл* **1.** *(дое́хать)* erreichen; **~ с трудо́м** etw mit Mühe erreichen **2.** *(достига́ть)* gelangen; **~ до и́стины** die Wahrheit herausbekommen; **я ещё до тебя́ доберу́сь!** *перен* dir werde ich es noch zeigen!, du kannst noch was erleben!
доби́ть <добью́, добьёшь> *св прх см.* **добива́ть**
доби́ться <добью́сь, добьёшься> *св рефл см.* **добива́ться**
до́блестно *нрч (сме́ло, му́жественно)* mutig; **сража́ться ~** mutig kämpfen; **~ вы́йти из положе́ния** ehrenvoll eine Situation meistern
до́блест|ный <-ная, -ное; -ен, -на, -но> *прил* heldenhaft; **~ посту́пок** heldenhafte Tat *f;* **~ по́двиг** heldenhafte Großtat *f*
доболта́|ться <-юсь, -ешься> *св рефл см.* **доба́лтываться**
добра́сыва|ть <-ю, -ешь> *нсв,* **добро́сить** *св прх* werfen; **~ диск до отме́тки** den Diskus bis zum Zeichen werfen; **~ до середи́ны** bis zur Mitte werfen; **это далеко́, я не добро́шу** es ist zu weit, ich kann es bis dorthin nicht werfen
доб|ра́ться <-еру́сь, -ерёшься> *св рефл см.* **добира́ться**
добреда́|ть <-ю, -ешь> *нсв,* **добрести́** *св нпрх разг* sich schleppen; **~ до до́му** sich nach Hause schleppen; **~ из после́дних сил** sich mit letzter Kraft schleppen; **~ до остано́вки** sich zur Haltestelle schleppen
добре́|ть <-ю, -ешь> *нсв,* **подобре́ть** *св нпрх* **1.** *(станови́ться до́брым)* gutmütiger werden; **~ по́сле еды́** nach dem Essen immer gute Laune haben **2.** *(толсте́ть)* zunehmen, dick werden; **от безде́лья он стал ~** vom Nichtstun hat er zugenommen
добрива́|ть <-ю, -ешь> *нсв,* **добри́ть** *св прх прост* zu Ende rasieren; **добрива́йся, пора́ е́хать!** rasier dich zu Ende, wir müssen losfahren!; **~ усы́ и бо́роду** sich den Schnurrbart und Bart zu Ende rasieren
добрива́|ться <-юсь, -ешься> *нсв,* **добри́ться** *св рефл* sich zu Ende rasieren; **добре́йся, мы опа́здываем!** rasiere dich zu Ende, wir sind spät dran!
добр|и́ть <-е́ю,-е́ешь> *св прх см.* **добрива́ть**
добр|и́ться <-е́юсь, -е́ешься> *св рефл см.* **добрива́ться**
добр|о́ I. <-а́> *ср* **1.** *(все хоро́шее, поле́зное)* Gutes *nt,* Nützliches *nt;* **де́лать ~ кому́-л.** jdm Gutes tun; **э́то не к добру́** das führt zu nichts Gutem **2.** *(согла́сие)* Zustimmung *f,* Einverständnis *nt;* **дава́ть ~ на что-л.** etw befürworten, etw genehmigen **3.** *(иму́щество, пожи́тки)* Hab *nt* und Gut *nt,* Habseligkeiten *fpl* **II.** *нрч для усиле́ния* gut, einverstanden; **~, сде́лаем так!** einverstanden, das machen wir so!; **~ пожа́ловать!** herzlich willkommen!
доброво́л|ец <-ьца> *м* ВОЕН Freiwillige(r) *f(m)*
доброво́льно *нрч (без принужде́ния)*

Д

freiwillig; **~ сде́лать поже́ртвование** freiwillig eine Spende machen; **~ отступи́ть** freiwillig abtreten; **~ вступи́ть в а́рмию** freiwillig zur Armee gehen

доброво́|льный <-льная, -льное; -лен, -льна, -льно> *прил* freiwillig

доброво́льческ|ий <-ая, -ое> *прил* пол Freiwilligen-; **~ отря́д** Freiwilligenabteilung *f;* **доброво́льческая дружи́на** Freiwilligengruppe *f;* **доброво́льческая а́рмия** Freiwilligenarmee *f*

доброде́те|ль <-ли> *ж* Tugend *f*

доброде́те|льный <-льная, -льное; -лен, -льна, -льно> *прил* tugendhaft

доброду́ши|е <-я> *ср* Gutmütigkeit *f*

доброду́шно *нрч* gutmütig; **улыба́ться ~** gutmütig lächeln; **быть настро́енным ~** jdm gut gesinnt sein

доброду́ш|ный <-ная, -ное; -ен, -на, -но> *прил* gutmütig

доброжела́те|ль <-ля> *м (благожела́тель)* Gönner *m*

доброжела́тельно *нрч (дружелю́бно, уча́стливо)* wohlgesinnt; **настро́иться ~** sich wohlgesinnt stimmen; **встре́тить ~** jdn wohlgesinnt begrüßen

доброжела́тельнос|ть <-ти> *ж* Wohlwollen *nt*

доброжела́те|льный <-льная, -льное; -лен, -льна, -льно> *прил* wohlwollend, gönnerhaft

доброка́чественнос|ть <-ти> *ж* Güte *f*, gute Qualität *f*

доброка́чествен|ный <-ная, -ное; -, -на, -но> *прил* **1.** *(с хоро́шим ка́чеством)* von guter Qualität **2.** мед *(о́пухоль)* gutartig

добро́м *нрч (доброво́льно, по до́брой во́ле)* gutwillig, aus freiem Willen; **отплати́ться ~** sich bei jdm aus freiem Willen revanchieren; **проси́ть ~** jdn höflich um etw bitten

добропоря́доч|ный <-ная, -ное; -ен, -на, -но> *прил (че́стный)* anständig; **~ семья- ни́н** anständiger Ehemann *m;* **добропоря́дочное о́бщество** anständige Gesellschaft *f;* **добропоря́дочные нра́вы** anständige Sitten *fpl*

добросерде́ч|ный <-ная, -ное; -ен, -на, -но> *прил (раду́шный)* gutherzig; **~ приём** gutherziger Empfang *m;* **добросерде́чные земляки́** gutherzige Landsmänner *mpl;* **встре́тить добросерде́чно** jdn herzlich begrüßen

добро́|сить <-шу, -сишь> *св прх см.* **добра́сывать**

добросо́вестно *нрч* gewissenhaft, bona fide

добросо́вестнос|ть <-ти> *ж* Gewissenhaftigkeit *f*

добросо́вест|ный <-ная, -ное; -ен, -на, -но> *прил* gewissenhaft; **добросо́вестное приобрете́ние иму́щества** gutgläubiger Erwerb *m*

добрососе́дск|ий <-ая, -ое> *прил (дру́жеский)* gutnachbarlich; **добрососе́дские отноше́ния** gutnachbarliche Beziehungen *fpl*

доброт|а́ <-ы> *ж* Gutmütigkeit *f*, Herzensgüte *f*

добро́тно *нрч (про́чно, хорошо́)* stabil; **~ постро́енный дом** stabil [*o* gut] gebautes Haus; **жить ~** wohl leben

добро́тнос|ть <-ти> *ж* Güte *f*, Haltbarkeit *f*

добро́тн|ый <-ая, -ое> *прил (доброка́чественный)* von guter Qualität, haltbar; **~ полушу́бок** hochwertige Pelzjacke *f;* **~ дом** stabiles Haus *nt*

до́бр|ый <-ая, -ое; -, -á, -о> *прил* **1.** *(хоро́ший)* gut; **~ день!** guten Tag!; **всего́ до́брого!** alles Gute!; **бу́дьте добры́, помоги́те мне!** seien Sie so gut und helfen Sie mir!; **по до́брой во́ле** freiwillig; **до́брая полови́на** gut die Hälfte **2.** *(добросерде́чный)* gutmütig **3.** *(ка́чественный)* von guter Qualität

добря́к <-á> *м разг* gutmütiger Mensch *m;* **~ по нату́ре** von Natur aus gutmütig

до|буди́ться <-бужу́сь, -бу́дишься> *св рефл* jdn mühevoll aufwecken; **вас невозмо́жно ~** Sie kann man gar nicht aufwecken; **его́ тру́дно ~** es ist schwer ihn zu wecken

добыва́|ть <-ю, -ешь> *нсв,* **добы́ть** *св прх* **1.** *(геоло́гия)* gewinnen; **~ нефть** Erdöl *nt* gewinnen; **~ у́голь** Kohle *f* gewinnen **2.** *(приобрести́)* verdienen; **с трудо́м добы́ть де́нег** schwer für sein Geld arbeiten

добыва́|ться <-юсь, -ешься> *нсв рефл* gewonnen werden; **тру́дно добыва́ются алма́зы** Diamanten werden schwer gewonnen; **у́голь добыва́ется на Ура́ле** Kohle wird im Ural gewonnen

добы́тчик <-а> *м (корми́лец)* Ernährer *m;* **~ в семе́йстве** Familienernährer *m*

доб|ы́ть <-у́ду, -у́дешь> *св прх см.* **добыва́ть**

добы́ч|а <-и> *ж* **1.** геол Gewinnung *f*, Förderung *f;* **~ не́фти** Ölförderung *f;* **~ у́гля** Kohleabbau *m* **2.** *и перен (уло́в)* Fang *m*, Beute *f;* **дом стал добы́чей огня́** das Haus fiel den Flammen zum Opfer

дова́рива|ть <-ю, -ешь> *нсв,* **довари́ть** *св прх* fertig kochen; **~ суп** die Suppe fertig kochen; **пи́щу на́до ~** das Essen muss gut gekocht sein

дова́рива|ться <-юсь, -ется> *нсв,* **довари́ться** *св рефл* fertig kochen; **поста́вь рис ~** lass den Reis fertig kochen; **борщ до́лжен ~** der Borschtsch muss fertig kochen

дов|ари́ть <-арю́, -а́ришь> *св прх см.* **дова́ривать**

довар|и́ться <-ю́сь, -ишься> *св рефл см.* **дова́риваться**

довез|ти́ <-у́, -ёшь> *св прх см.* **довози́ть**

довéреннос|ть <-ти> *ж* юр Vollmacht *f;* **неограни́ченная ~** Prokura *f,* unbeschränkte Vollmacht *f;* **специа́льная ~** Sondervollmacht *f;* **де́йствовать по довéренности** laut Vollmacht handeln; **отмени́ть ~** eine Vollmacht entziehen; **~ на ведéние счёта** Kontovollmacht *f;* **~ на ведéние торго́вых опера́ций** Handlungsvollmacht *f*

довéрен|ный I. <-ная, -ное; -, -а, -о> *прил* 1. *(полномо́чный)* bevollmächtigt 2. *(уполномо́ченный)* beauftragt II. <-ного> *м* 1. *(уполномо́ченный)* Bevollmächtigter *m* 2. экон Treuhänder *m,* Fiduziar *m;* **~ торго́вой фи́рмы** Prokurist *m*

довéри|е <-я> *ср* Vertrauen *nt;* **пита́ть ~ к кому́-л.** Vertrauen haben zu *+dat;* **внуша́ющий ~** Vertrauen erweckend; **по́льзоваться довéрием** Vertrauen genießen; **потеря́ть ~** das Vertrauen einbüßen, in Misskredit kommen

довери́те|ль <-ля> *м* юр Kommittent *m,* Treugeber *m*

довери́тельно *нрч (секрéтно, конфиденциа́льно)* vertraulich; **сообщи́ть информа́цию ~** die Information vertraulich mitteilen

довери́тельн|ый <-ая, -ое> *прил* 1. *(испо́лненный довéрия)* vertrauensvoll 2. *(разгово́р)* vertraulich 3. экон fiduziarisch; **довери́тельная опера́ция** Treuhandgeschäft *nt;* **~ со́бственник** Treuhänder *m*

довéр|ить <-ю, -ишь> *св прх см.* **доверя́ть**

довéр|иться <-юсь, -ишься> *св рефл см.* **доверя́ться**

довёртыва|ться <-юсь, -ешься> *нсв,* **доверте́ться** *св рефл* sich etw einbrocken

до́верху *нрч (до краёв)* bis oben; *(сни́зу до́верху)* von unten bis oben; **нали́ть во́ду ~** etw randvoll mit Wasser füllen; **трю́м был загру́жен гру́зом ~** der Schiffsladeraum war bis oben geladen

довéрчиво *нрч (легковéрно)* leichtgläubig; **~ слу́шать небыли́цы** den Märchen leichtgläubig zuhören; **взгляну́ть ~** leichtgläubig gucken

довéрчивос|ть <-ти> *ж* Leichtgläubigkeit *f,* Zutraulichkeit *f*

довéрчив|ый <-ая, -ое; -, -а, -о> *прил* vertrauensselig, arglos, zutraulich

доверя́|ть <-ю, -ешь> *нсв,* **довéрить** *св* I. *нпрх* vertrauen II. *прх* vertrauen; *(та́йну)* anvertrauen

доверя́|ться <-юсь, -ешься> *нсв,* **довéриться** *св рефл* 1. *(кому́-л./чему́-л.)* sich anvertrauen 2. *(положи́ться на кого́-л.)* sich verlassen auf *+akk;* **~ чу́вству** seinem Gefühl vertrauen; **не сто́ит слéпо ~** es lohnt sich nicht sich jdm blindlings anzuvertrauen

дове|сти́ <-ду́, -дёшь> *св прх см.* **доводи́ть**

дове|сти́сь <-ду́сь, -дёшься> *св рефл см.* **доводи́ться**

до́вод <-а> *м* Beweisgrund *m,* Argument *nt*

дов|оди́ть <-ожу́, -о́дишь> *нсв,* **довести́** *св прх* 1. *(доку́да-л.)* hinführen, begleiten; **~ ребёнка до до́ма** ein Kind nach Hause bringen 2. *перен (до како́го-л. состоя́ния)* bringen; **~ во́ду до кипéния** Wasser zum Kochen bringen; **~ дéло до конца́** *перен* etw zu Ende führen; **кого́-л. до слёз** *перен* jdn zum Weinen bringen; **~ до свéдения** *книжн* zur Kenntnis bringen

дов|оди́ться <-ожу́сь, -о́дишься> *нсв,* **довести́сь** *св рефл* sich ergeben; **мне довело́сь встре́тить его́** ich hatte Gelegenheit, ihn zu sehen

довоёвыва|ться <-юсь, -ешься> *нсв,* **довоева́ться** *св рефл* bis zum Ende kämpfen; **~ до болéзней** sich eine Krankheit einhandeln; **~ до по́лного разгро́ма** den Krieg bis zum bitteren Ende führen

довоéнн|ый <-ая, -ое> *прил* Vorkriegs-

дов|ози́ть <-ожу́, -о́зишь> *нсв,* **довезти́** *св прх* fahren; **ча́сто ~ до рабо́ты** jdn öfters bis zur Arbeit fahren; **авто́бус довезёт вас до вокза́ла** der Bus fährt Sie bis zum Bahnhof; **~ в срок** etw fristgemäß bringen

дово́льно *нрч* 1. *(в доста́точной стéпени)* ziemlich, reichlich; **он ~ умён** er ist ziemlich klug; **ужé ~ по́здно** es ist schon reichlich spät 2. *(хва́тит)* genug, ausreichend; **с меня́ э́того ~** das genügt mir; **~ спо́рить!** hört auf zu streiten!; **~ слов!** genug der Worte!; **~ на сего́дня!** genug, das reicht für heute!

дово́|льный <-льная, -льное; -лен, -льна, -льно> *прил* zufrieden

дово́льств|оваться <-уюсь, -уешься> *нсв рефл* sich begnügen, sich zufrieden geben mit *+dat;* **~ ма́лым** keine großen Ansprüche stellen

довы́бор|ы <-ов> *мн* пол Nachwahlen *fpl*

довя́зыва|ть <-ю, -ешь> *нсв,* **довяза́ть** *св прх* 1. *(око́нчить вяза́ть)* fertig stricken; **~ сви́тер** den Pullover fertig stricken 2. *(око́нчить свя́зывать)* fertig binden; **~ снопы́** die Garben fertig binden

дог <до́га> *м* Dogge *f*

догада́|ться <-юсь, -ешься> *св рефл см.* **дога́дываться**

дога́дк|а <-и> *ж* Vermutung *f,* Annahme *f*

дога́длив|ый <-ая, -ое; -, -а, -о> *прил (сообрази́тельный)* scharfsinnig; **~ ребёнок** scharfsinniges Kind *nt;* **не по во́зрасту ~** er ist sehr klug für sein Alter

дога́дыва|ться <-юсь, -ешься> *нсв,* **догада́ться** *св рефл* 1. *(уга́дывать)* erraten 2. *(предполага́ть, предчу́вствовать)* vermuten, ahnen; **об э́том остаётся то́лько ~** darüber kann man nur rätseln

догла́жива|ть <-ю, -ешь> *нсв,* **догла́дить** *св прх* fertig bügeln; **~ што́ры** die

Gardinen fertig bügeln; ~ **бельё** die Wäsche fertig bügeln

до́гм|а <-ы> *ж* ФИЛОС *(положе́ние)* Dogma *nt;* ~ **пра́ва** Dogma des Rechtes

догмати́зм <-а> *м* ФИЛОС *(мышле́ние)* Dogmatismus *m;* **закостене́лый** ~ starrer Dogmatismus *m*

дог|на́ть <-оню́, -о́нишь> *св прх см.* **догоня́ть**

догнива́|ть <-ю, -ешь> *нсв,* **догни́ть** *св нпрх* verfaulen; **урожа́й догнива́ет на корню́** die Ernte verfault an der Wurzel; ~ **в амба́ре** im Speicher verfaulen

догова́рива|ть <-ю, -ешь> *нсв,* **договори́ть** *св нпрх* bis zu Ende sprechen; **дать кому́-л. договори́ть** jdn aussprechen lassen

догова́рива|ться <-юсь, -ешься> *нсв,* **договори́ться** *св рефл* übereinkommen, sich einigen; *(о чём-л.)* sich absprechen, sich verständigen; ~ **о встре́че** ein Treffen vereinbaren; **договори́лись!** abgemacht!

догово́р <-а> *м* Vertrag *m,* Abkommen *nt,* Kontrakt *m;* ~ **аре́нды** [*или* **на́йма**] Mietvertrag *m;* ~ **ку́пли-прода́жи** Kaufvertrag *m;* ~ **на поста́вку** Liefervertrag *m;* ~ **о коопера́ции** Kooperationsvertrag *m;* ~ **о ли́зинге** Leasingvertrag *m;* ~ **о монтаже́** Montagevertrag *m;* ~ **подря́да** Werkvertrag *m;* **заключа́ть** ~ einen Vertrag schließen; **расторга́ть** ~ einen Vertrag kündigen

договорённос|ть <-ти> *ж* Abmachung *f,* Absprache *f,* Vereinbarung *f,* Übereinkunft *f;* **дости́гнуть договорённости** eine Abmachung treffen, eine Übereinkunft erzielen; ~ **о креди́те** Kreditvereinbarung *f;* **у́стная** ~ mündliche Absprache *f;* **в соотве́тствии с предвари́тельной договорённостью** nach vorheriger Absprache

договор|и́ть <-ю́, -и́шь> *св прх см.* **догова́ривать**

договор|и́ться <-ю́сь, -и́шься> *св рефл см.* **догова́риваться**

догово́рн|ый <-ая, -ое> *прил* vertraglich; **догово́рное пра́во** Vertragsrecht *nt;* **догово́рные отноше́ния** Vertragsverhältnisse *ntpl;* **догово́рные усло́вия** Vertragsbedingungen *fpl;* ~ **курс** Applikationskurs *m;* ~ **продаве́ц** Vertragshändler *m*

догола́ *нрч (до по́лной наготы́)* splitternackt; **разде́ться** ~ sich ganz ausziehen

догоня́|ть <-ю, -ешь> *нсв,* **догна́ть** *св прх и перен* einholen

догора́|ть <-ю, -ешь> *нсв,* **догоре́ть** *св нпрх* **1.** *(сгоре́ть до преде́ла)* verbrennen; **свеча́ догоре́ла** die Kerze ist verbrannt; **костёр догора́ет** das Feuer erlischt **2.** *(пога́снуть)* erlöschen; **заря́ догора́ет** das Morgenrot erlischt; **зака́т догора́ет** der Sonnenuntergang erlischt

догреба́|ть <-ю, -ешь> *нсв,* **догрести́** *св нпрх* **1.** *(доплы́ть)* schwimmen; **помоги́ догрести́ до бе́рега** hilf mir bis zum Ufer zu schwimmen **2.** *(сгреба́ть)* zusammenschaufeln; ~ **се́но в стог** Heu auf einen Haufen zusammenharken

догружа́|ть <-ю, -ешь> *нсв,* **догрузи́ть** *св прх* zu Ende laden; ~ **ваго́ны** die Waggons zu Ende laden; ~ **това́р в трю́мы** die Fracht in den Laderaum laden

доде́лыва|ть <-ю, -ешь> *нсв,* **доде́лать** *св прх* abschließen, beenden; **рабо́ту придётся** ~ die Arbeit muss beendet werden; ~ **рабо́ту во́время** die Arbeit rechtzeitig beenden; ~ **дипло́мный прое́кт** das Diplomprojekt abschließen

доду́мыва|ться <-юсь, -ешься> *нсв,* **доду́маться** *св рефл* sich überlegen; *(прийти́ к заключе́нию)* schlussfolgern ~ **на́до бы́ло ра́ньше, сейча́с уже́ по́здно** das hättest du dir vorher überlegen müssen, jetzt ist es zu spät

доеда́|ть <-ю, -ешь> *нсв,* **дое́сть** *св прх* aufessen; **мо́жно не ~?** darf ich nicht alles aufessen?; **он никогда́ не доеда́ет** er isst niemals auf; ~ **за́втрак** das Frühstück aufessen; **почему́ ты не дое́л?** warum hast du nicht aufgegessen?

доезжа́|ть <-ю, -ешь> *нсв,* **дое́хать** *св (н)прх* ankommen; ~ **за час** innerhalb einer Stunde ankommen; ~ **на метро́** mit der U-Bahn kommen; **как дое́хать до це́нтра?** wie kann man das Zentrum erreichen?; ~ **без переса́дки** ohne Umsteigen erreichen

дое́|сть <-м, -шь> *св прх см.* **доеда́ть**

дое́|хать <-ду, -дешь> *св прх см.* **доезжа́ть**

дожа́рива|ть <-ю, -ешь> *нсв,* **дожа́рить** *св прх* fertig braten; ~ **свини́ну** das Schweinefleisch fertig [*o* gar] braten; ~ **на си́льном огне́** bei starkem Feuer fertig braten; **мя́со ну́жно дожа́рить** man muss das Fleisch fertig [*o* gar] braten

дожд|а́ться <-у́сь, -ёшься> *св рефл см.* **дожида́ться**

дождеви́к <-а́> *м* **1.** *разг (непромока́емый плащ)* Regenmantel *m* **2.** БОТ *(шарообра́зный гриб)* Bovist *m*

дождев|о́й <-а́я, -о́е> *прил* Regen-; **дождева́я ка́пля** Regentropfen *m;* ~ **червь** Regenwurm *m*

дождли́в|ый <-ая, -ое; -, -а, -о> *прил (о пого́де)* regnerisch

дождь <дождя́> *м* Regen *m;* **затяжно́й** ~ Dauerregen *m;* **идёт** ~ es regnet

дожёвыва|ть <-ю, -ешь> *нсв,* **дожева́ть** *св прх* fertig kauen, zerkauen; **с трудо́м дожева́ть кусо́к хле́ба** mühsam das Stück Brot zerkauen; ~ **пи́щу** das Essen fertig kauen; ~ **второпя́х** in Eile zerkauen

дожива́|ть <-ю, -ешь> *нсв,* **дожи́ть** *св (н)прх* **1.** *(дости́чь определённого во́зраста, собы́тия)* etw erleben; ~ **после́дние го́ды** die letzten Jahre noch erleben; ~

до вну́ков die Enkelkinder noch erleben **2.** *(провести́ оста́ток вре́мени)* verbringen; **~ ле́то на да́че** die restliche Sommerzeit auf dem Land verbringen

дожида́|ться <-юсь, -ешься> *нсв,* **дожда́ться** *св рефл* **1.** *(получи́ть)* endlich [o noch] erhalten; *(кого́-л./чего́-л.)* warten auf/bis *+akk; (дожи́ть)* erleben; **ждём не дождёмся** wir können es kaum erwarten; **~ приёма** bis zum Empfang warten; **~ осмо́тра** auf die (ärztliche) Untersuchung warten **2.** *разг* es dahin bringen, dass

дожи́|ть <-ву́, -вёшь> *св нпрх см.* **дожива́ть**

до́з|а <-ы> *ж* Dosis *f;* **~ облуче́ния** Strahlendosis *f*

доза́тор <-а> *м* Dosiergerät *nt,* Dosiereinrichtung *f;* **~-насо́с** Dosierpumpe *f;* **~ жи́дкого мы́ла** Flüssigseifenspender *m*

дозва́нива|ться <-юсь, -ешься> *нсв,* **дозвони́ться** *св рефл (до кого́-л.)* jdn (telephonisch) erreichen; **~ с трудо́м** mit Mühe erreichen; **~ по телефо́ну** jdn telefonisch erreichen wollen; **~ в кварти́ру** an der Wohnungstür lange klingeln

дозиметри́ст <-а> *м* Strahlungstechniker *m*

дози́р|овать <-ую, -уешь> *(н)св прх* dosieren

дозиро́вк|а <-и> *ж без мн* Dosierung *f;* **непра́вильная ~** falsche Dosierung *f*

дозна́ни|е <-я> *ср* ЮР Ermittlung *f;* **производи́ть ~** Ermittlungen anstellen; **предвари́тельное ~** vorläufige Ermittlung

дозо́р <-а> *м* ВОЕН **1.** *(осмо́тр)* Streife *f,* Patrouille *f;* **обходи́ть дозо́ром** patrouillieren, auf Streife gehen **2.** *(разве́дка)* Aufklärungstrupp *m;* **высыла́ть ~** einen Aufklärungstrupp schicken

дозо́рн|ый <-ая, -ое> *прил* ВОЕН *(сторожево́й)* Streifen-, Wach-; **дозо́рное су́дно** Potrouillenschiff *m;* **~ карау́л** Wache *f;* **дозо́рная вы́шка** Wachturm *m*

дозрева́|ть <-ю, -ешь> *нсв,* **дозре́ть** *св нпрх* **1.** *(стать спе́лым)* ausreifen; **виногра́д дозре́л** die Weintrauben sind ausgereift **2.** *(стать взро́слым)* aufwachsen; **~ до серьёзных реше́ний** groß genug sein um selbst ernsthafte Entscheidungen zu treffen

доигра́|ть <-ю, -ешь> *св прх см.* **дои́грывать**

доигра́|ться <-юсь, -ешься> *св рефл см.* **дои́грываться**

дои́грыва|ть <-ю, -ешь> *нсв,* **доигра́ть** *св прх* zu Ende spielen; **~ роль** die Rolle zu Ende spielen; **~ па́ртию в ша́хматы** eine Partie Schach zu Ende spielen; **~ пье́су** das Theaterstück zu Ende spielen

дои́грыва|ться <-юсь, -ешься> *нсв,* **доигра́ться** *св рефл* sich etw einbrocken; **~ до ссо́ры** sich einen Streit einhandeln

до́ильн|ый <-ая, -ое> *прил* Melk-; **~ аппара́т** Melkapparat *m;* **~ бидо́н** Melkeimer *m;* **до́ильная устано́вка** Melkanlage *f*

до́ильщиц|а <-ы> *ж* Melkerin *f*

дои́ть <дою́, до́ишь> *нсв,* **выдоить** *св прх* melken

до́йк|а <-и> *ж* Melken *nt;* **механи́ческая ~** mechanisches Melken *nt*

дой|ти́ <-ду́, -дёшь> *св нпрх см.* **доходи́ть**

док <до́ка> *м* Dock *nt*

доказа́тельств|о <-а> *ср* **1.** *(до́вод)* Beweis *m* **2.** *(подтвержде́ние)* Nachweis *m;* **~ владе́ния** Besitznachweis *m*

док|аза́ть <-ажу́, -а́жешь> *св прх см.* **дока́зывать**

доказу́ем|ый <-ая, -ое; -, -а, -о> *прил* beweisbar, nachweisbar

дока́зыва|ть <-ю, -ешь> *нсв,* **доказа́ть** *св прх* beweisen; **~ то́чку зре́ния** seien Standpunkt vertreten; **~ правоту́** sein Recht verteidigen; **~ пре́данность** seine Ergebenheit beweisen; **~ теоре́му** das Theorem beweisen

дока́пыва|ться <-юсь, -ешься> *нсв,* **докопа́ться** *св рефл* ausfindig machen, herausfinden; **докопа́ться до и́стины** hinter die Wahrheit kommen

до́кер <-а> *м* Hafenarbeiter *m*

докла́д <-а> *м* **1.** *(выступле́ние)* Vortrag *m,* Referat *nt;* **де́лать ~** ein Referat halten **2.** *(донесе́ние, отчёт)* Bericht *m*

докла́дчик <-а> *м* Redner *m,* Referent *m*

докла́дыва|ть <-ю, -ешь> *нсв,* **доложи́ть** *св* **I.** *нпрх (сообща́ть что-л./о чём-л.)* berichten, melden **II.** *прх (добавля́ть что-л./чего́-л.)* dazulegen, hinzufügen

доко́ле *нрч разг (до каки́х пор)* bis wann; **~ бу́ду я терпе́ть?** wie lange soll ich das noch aushalten?

докона́|ть <-ю, -ешь> *св прх разг* erledigen, den Rest geben

докопа́|ться <-юсь, -ешься> *св рефл см.* **дока́пываться**

докрасна́ *нрч (до красноты́)* bis zum Glühen; **накали́ть желе́зо ~** das Eisen bis zum Glühen erhitzen

докрич|а́ться <-у́сь, -и́шься> *св рефл* sich die Lunge aus dem Hals schreien; **~ до сосе́дей** so laut schreien, dass die Nachbarn alles mitbekommen; **~ до хрипоты́** sich heiser schreien

до́ктор <-а> *м* **1.** *(врач)* Arzt *m,* Ärztin *f* **2.** *(сте́пень)* Doktor *m;* **почётный ~** Ehrendoktor *m*

i Land & Leute

Die Bezeichnung „Doktor“
gilt im Russischen vor allem dem Arzt, auch als Anrede von Seiten des Patienten.

Д

Sonst bedeutet dieses Wort einen hohen wissenschaftlichen Grad, den des „Doktors der Wissenschaften“ („доктор наук“), der im Deutschen etwa **dem habilitierten Doktor** entspricht. Eine „Doktorarbeit“ („докторская диссертация“) ist in Russland dementsprechend eine Art Habilitationsarbeit. Ein promovierter Fachmann heißt aber „Kandidat der Wissenschaften“.

доктора́нт <-а> *м* Habilitand *m*

докторанту́р|а <-ы> *ж* Doktorantur *f*

до́кторск|ий <-ая, -ое> *прил* Doktor-, ärztlich; **~ сове́т** Ärztekollegium *nt*, ärztlicher Rat *m;* **до́кторское предписа́ние** ärztliche Vorschrift *f;* **до́кторская диссерта́ция** Habilitationsschrift *f*

до́кторш|а <-и> *ж разг* Ärztin *f*

доктри́н|а <-ы> *ж* пол *(тео́рия)* Doktrin *f;* **вое́нная ~** Militärdoktrin *f*

докуме́нт <-а> *м* **1.** *(делова́я бума́га)* Dokument *nt*, Schriftstück *nt;* **подшива́ть докуме́нты в де́ло** Unterlagen *fpl* abheften; **~ о недоста́чах** Verlustausweis *m* **2.** *мн (удостовере́ние ли́чности)* Ausweispapiere *ntpl;* **предъяви́ть докуме́нты** sich ausweisen

документа́льн|ый <-ая, -ое> *прил* dokumentarisch, Dokumentar-; **документа́льное заключе́ние** Gutachten *nt;* **документа́лное подтвержде́ние** Offenlegung *f;* **~ фильм** Dokumentarfilm *m*

документа́ци|я <-и> *ж* Dokumentation *f*, Unterlagen *fpl;* **техни́ческая ~** technische Unterlagen *fpl;* **учётная ~** Abrechnungsbelege *mpl*

документи́р|овать <-ую, -уешь> *(н)св прх* dokumentieren; **~ заседа́ния** die Sitzungen dokumentieren; **~ выска́зывания** die Meinungen dokumentieren

доку́р|ивать <-ю́, -ишь> *нсв,* **докури́ть** *нсв прх* aufrauchen; **~ тру́бку** die Pfeife aufrauchen

докуча́|ть <-ю, -ешь> *нсв нпрх (надоеда́ть)* belästigen; **~ расспро́сами** jdn mit Fragen belästigen; **~ мора́лью** jdm mit Moralpredigten belästigen

доку́члив|ый <-ая, -ое; -, -а, -о> *прил* lästig, zudringlich

дол <до́ла> *м* поэт **1.** *(доли́на)* Tal *nt* **2.** *(далеко́)* sehr weit; **за гора́ми, за дола́ми** weit weit entfernt

долг <до́лга> *м* **1.** *(обяза́тельство)* Pflicht *f*, Schuldigkeit *f;* **служе́бный долг** Amtspflicht *f;* **сознаю́щий сво́й ~** pflichtbewusst; **по долгу́ слу́жбы** pflichtgemäß; **не оста́ться в долгу́ у кого́-л.** sich revanchieren bei *+dat* **2.** *(взя́тое взаймы́)* Geldschuld; **долги́** Schulden *pl;* **зале́зть в долги́** *перен* Schulden machen; **ходи́ть в долга́х** *разг* verschuldet sein **3.** экон Verpflichtung *f*, Verbindlichkeit *f*

до́л|гий <-гая, -гое; -ог, га́, -го> *прил* lang; **откла́дывать в ~ я́щик** *перен* auf die lange Bank schieben

до́лго *нрч (бесконе́чно, продолжи́тельно)* lang, unendlich; **~ жда́ть** lange warten; **~ ли, ко́ротко ли** nach einer gewissen Zeit, über kurz oder lang

долгове́ч|ный <-ная, -ное; -ен, -на, -но> *прил* dauerhaft

долгов|о́й <-а́я, -о́е> *прил* экон Schuld-, Schulden-; **долгово́е обяза́тельство** Schuldverschreibung *f;* **долгово́е свиде́тельство** Schuldschein *m;* **долгова́я отве́тственность** Schuldenhaftung *f;* **долгова́я конве́рсия** Schuldenswap *m*, Schuldenumwandlung *f;* **~ кри́зис** Schuldenkrise *f*

долговре́менн|ый <-ая, -ое> *прил* **1.** *(дли́тельный)* lang während **2.** *(долгосро́чный)* langfristig

долговя́з|ый <-ая, -ое; -, -а, -о> *прил* *(нескла́дный)* groß und mager; **~ па́рень** ein großer magerer Junge *m;* **долговя́зая фигу́ра** eine große magere Figur *f*

долгожда́нн|ый <-ая, -ое> *прил* lang erwartet; **~ прие́зд** lang erwartete Ankunft *f;* **долгожда́нная встре́ча** lang erwartete Begegnung *f;* **~ мир** lang erwarteter Frieden *m*

долголе́ти|е <-я> *ср без мн* langes Leben *nt*

долголе́тн|ий <-яя, -ее> *прил* langjährig; **~ о́пыт** langjährige Erfahrung *f;* **долголе́тняя дру́жба** langjährige Freundschaft *f*

долгосро́чн|ый <-ая, -ое> *прил* langfristig; **~ вклад** Festgeld *nt;* **~ креди́т** langfristiger Kredit *m;* **~ заём** langfristige Anleihe *f;* **долгосро́чное обяза́тельство** Dauerverpflichtung *f;* **долгосро́чное поруче́ние** Dauerauftrag *m;* **долгосро́чное плани́рование** langfristige Planung *f*

долгот|а́ <-ы́> *ж без мн* **1.** геог *(координа́та)* Länge *f;* **восто́чная ~** östliche Länge **2.** *(дли́тельность)* Dauer *f;* **~ дня** Tagesdauer *f*

долев|о́й <-а́я, -о́е> *прил* экон Anteil-; **долева́я со́бственность** Miteigentum *nt;* **долево́е уча́стие** Beteiligung *f*, Anteil *m;* **долева́я а́кция** Quotenaktie *f;* **долево́е уча́стие капита́ла** Kapitalbeteiligung *f;* **долево́е уча́стие в оборо́те** Umsatzbeteiligung *f;* **долево́е уча́стие в предприя́тии** Unternehmensanteil *m;* **долево́е уча́стие госуда́рства** Staatsanteil *m*

долета́|ть <-ю, -ешь> *нсв,* **долете́ть** *св нпрх* angeflogen kommen, herbeifliegen; **~ до слу́ха** jdm zu Ohren kommen; **за́пахи долета́ют** verschiedene Düfte liegen in der Luft; **~ до Ма́рса** den Mars erreichen; **~ до**

ю́жных широ́т die südlichen Breiten erreichen

должа́|ть <-ю, -ешь> *нсв*, **задолжа́ть** *св прх* in Schulden geraten, verschuldet sein; **~ большу́ю су́мму** stark [*o* hoch] verschuldet sein; **~ ба́нку** Schulden bei der Bank haben, *разг* bei der Bank in der Kreide stehen

до́лж|ен <-на́, -но́> *прил* **1.** *(кому́-л. что-л.)* schulden, schuldig sein; **он мне ~ сто рубле́й** er schuldet mir hundert Rubel **2.** *(обя́зан)* müssen; **ты не ~ э́того де́лать** du musst das nicht machen; **он ~ ско́ро прийти́** er muss gleich kommen

должни́к <-а́> *м* Schuldner *m*, Debitor *m*; **несостоя́тельный ~** zahlungsunfähiger Schuldner *m*; **~ по ве́кселю** Wechselschuldner *m*

должни́ц|а <-ы> *ж* Schuldnerin *f*

до́лжно|е <-го> *ср* Gebührendes *nt*; **возда́ть ~ кому́-л.** jdm Gerechtigkeit widerfahren lassen, jdm etw zugute halten

должностн|о́й <-а́я, -о́е> *прил* amtlich, Amts-; **должностно́е лицо́** Beamte(r) *f(m)*, Beamtin *f*, Amtsperson *f*; **должностна́я инстру́кция** Stellenbeschreibung *f*; **должностно́е преступле́ние** Amtsvergehen *nt*, Amtsdelikt *nt*

до́лжнос|ть <-ти> *ж* Amt *nt*, Stelle *f*, Dienststelle *f*; **занима́ть ~** ein Amt bekleiden, eine Stellung bekleiden; **вступи́ть в ~** ein Amt antreten; **поступи́ть на ~** in Dienst treten; **освободи́ть кого́-л. от до́лжности** jdn seines Amtes entheben

до́лжн|ый <-ая, -ое> *прил* **1.** *(подоба́ющий)* gebührend **2.** *(полага́ющийся)* nötig; **оказа́ть до́лжную по́мощь** erforderliche Hilfe leisten

долива́|ть <-ю, -ешь> *нсв*, **доли́ть** *нсв прх* nachgießen, nachschenken; **~ в стака́н молока́** Milch ins Glas nachgießen; **~ в буты́лку воды́** Wasser in die Flasche nachfüllen

доли́н|а <-ы> *ж* Tal *nt*

доли́ть <долью́, дольёшь> *св прх см.* **долива́ть**

до́ллар <-а> *м* Dollar *m*, US-Dollar *m*

до́лларов|ый <-ая, -ое> *прил* Dollar-; **до́лларовые це́ны** Dollarpreise *m*

дол|ожи́ть <-ожу́, -о́жишь> *св (н)прх см.* **докла́дывать**

доло́й *нрч* nieder!, weg damit!; **уходи́ с глаз доло́й!** geh mir aus den Augen!

долот|о́ <-а́> *ср* Meißel *m*

до́льк|а <-и> *ж (ло́мтик)* Stück *nt*, Scheibe *f*; **~ лимо́на** Zitronenscheibe; **раздели́ть на до́льки** in Stücke teilen

до́л|я <-и> *ж* **1.** *(часть)* Teil *m*; **в до́лю секу́нды** im Bruchteil einer Sekunde; **в э́том есть ~ и́стины** daran ist etwas Wahres; **льви́ная ~** FIG Löwenanteil *m* **2.** ЭКОН, ЮР Anteil *m*, Quote *f*; **~ нало́говых поступле́ний** Abgabenquote *f*; **~ вне́шней торго́вли** Außenhandelsquote *f*; **~ э́кспорта** Exportanteil *m*; **~ потребле́ния** Konsumquote *f*; **~ приро́ста** Wachstumsrate *f*; **~ же́нщин в о́бщей чи́сленности за́нятых** Frauenbeschäftigung *f*, Frauenquote *f*; **~ в капита́ле** Kapitalanteil *m*; **~ в акционе́рном капита́ле** Aktienanteil *m*; **~ уча́стия в компа́нии** Gesellschaftsanteil *m*; **~ уча́стия в предприя́тии** Geschäftsanteil *m*; **~ при́были** Gewinnanteil *m*; **~ госуда́рства** Staatsanteil *m*; **~ на ры́нке** Marktanteil *m*; **~ покры́тия постоя́нных изде́ржек** Deckungsbeitrag *m*; **~ со́бственных средств** Eigenaufkommen *nt*; **насле́дственная ~** Erbteil *nt* **3.** *(у́часть)* Schicksal *nt*, Los *nt*; **у него́ незави́дная ~** er ist nicht zu beneiden; **вы́пасть на чью-л. до́лю** jdm zuteil werden

дом <до́ма> *м* **1.** *(жило́й)* Haus *nt*; **~-новостро́йка** Neubau *m*; **бло́чный ~** Plattenbau *m*; **сбо́рный ~** Fertighaus *nt* **2.** *(дома́шний оча́г)* Heim *nt*, Zuhause *nt*; **де́тский ~** Kinderheim *nt*; **о́тчий** [*или* **роди́тельский**] ~ Elternhaus *nt*; **вне до́ма** außerhalb, auswärts

до́ма *нрч* zu Hause, daheim; **быть как ~** sich wie zu Hause fühlen

дома́шн|ий <-яя, -ее> *прил* Haus-, häuslich; **дома́шнее живо́тное** Haustier *nt*; **дома́шнее зада́ние** Hausaufgabe *f*; **дома́шнее хозя́йство** Haushalt *m*; **дома́шняя колбаса́** hausgemachte Wurst *f*; **дома́шняя страни́ца** ИНФОРМ Homepage *f*

до́менн|ый <-ая, -ое> *прил* ТЕХ Hochofen-; **до́менная печь** Roheisen *m*; **~ цех** Hochofenabteilung *f*; **до́менная пла́вка** Hochofenschmelzen *nt*; **до́менное произво́дство** Hochofenerzeugung *f*; **~ воздухонагрева́тель** Winderhitzer *m*, Cowper *m*

до́менщик <-а> *м (рабо́чий)* Arbeiter *m* der Hochofenabteilung

до́мик <-а> *м* Häuschen *nt*; **садо́вый ~** Gartenhaus *nt*; **рассыпа́ться как ка́рточный ~** wie ein Kartenhaus zusammenfallen

домина́нт|а <-ы> *ж* Dominante *f*

домина́нтн|ый <-ая, -ое> *прил книжн* dominant, vorherrschend

доминио́н <-а> *м* ПОЛ Dominion *nt*

домини́ровани|е <-я> *ср* Dominieren *nt*, Dominanz *f*; **~ на ры́нке** Marktbeherrschung *f*

домини́р|овать <-ует> *нсв безл, то́лько 3 л* dominieren, vorherrschen

домино́ <неизм> *ср* **1.** *(маскара́дный костю́м)* Domino *m* **2.** *(насто́льная игра́)* Domino *nt*

домици́ли|й <-я> *м* Domizil *nt*

домкра́т <-а> *м* Wagenheber *m*

до́мн|а <-ы> *ж* Hochofen *m*

домовладе́|лец <-льца> *м* Hausbesitzer *m*

домовладе́ни|е <-я> *ср* АДМ Hausbesitz *m*

домово́|й <-го> *м* ФОЛЬК Hausgeist *m*

домога́тельств|о <-a> *ср (настойчивое стремле́ние)* Bemühung *f,* Bestrebung *f*

домога́|ться <-юсь, -ешься> *нсв рефл* sich bemühen, streben; **~ вла́сти** nach der Macht streben; **~ согла́сия** sich um Einverständnis bemühen

домо́й *нрч* nach Hause

доморо́щен|ый <-ая, -ое> *прил* selbstgezüchtet; *презрит (примити́вный)* hausbacken

домосе́д <-a> *м* Stubenhocker *m*

домотка́нн|ый <-ая, -ое> *прил* handgewoben; **домотка́нное полотно́** handgewobener Stoff *m;* **домотка́нная ска́терть** handgewobene Tischdecke *f;* **домотка́нная оде́жда** handgewobenes Kleidungsstück *nt*

домоуправи́те|ль <-ля> *м* АДМ Hausverwalter *m,* Hausmeister *m*

домоуправле́ни|е <-я> *ср* АДМ Hausverwaltung *f*

домохозя́йк|а <-и> *ж* **1.** *(домовладе́лица)* Hauswirtin *f* **2.** *(дома́шняя хозя́йка)* Hausfrau *f*

домоча́д|ец <-ца> *м (член семе́йства)* Familienmitglied *nt;* **в кругу́ домоча́дцев** im Familienkreis

до́мр|а <-ы *или* -ы́> *ж* МУЗ Domra *f (ein altes russisches Zupfinstrument);* **трёхстру́нная ~** Dreisaiten-Domra *f*

домрабо́тниц|а <-ы> *ж* Hausangestellte *f*

домри́ст <-a> *м* МУЗ Domraspieler *m;* **кварте́т домри́стов** Quartett *nt* von Domraspielern

домч|а́ться <-у́сь, -и́шься> *св рефл* angelaufen kommen; **~ до вокза́ла** zum Bahnhof angelaufen kommen; **~ со ско́ростью све́та** mit Lichtgeschwindigkeit angelaufen kommen

до́мыс|ел <-ла> *м* unbegründete Vermutung *f,* Lügenmärchen *ntpl*

Дон <До́на> *м* ГЕОГ Don *m*

донага́ *нрч (догола́)* splitternackt; **обнажи́ться ~** sich nackt ausziehen

дона́шива|ть <-ю, -ешь> *нсв,* **доноси́ть** *св,* **донести́** *св прх* **1.** *(оде́жду)* abtragen; **~ пла́тье сестры́** das Kleid meiner Schwester abtragen **2.** *(роди́ть в срок)* austragen; **~ ребёнка** das Kind austragen **3.** *(куда́-л.)* tragen, bringen

Донба́сс *сокр от* **Доне́цкий бассе́йн** Donezkohlebecken *nt*

доне́льзя *нрч (до крайнего преде́ла)* aufs äußerste, über alle Maßen; **~ упря́м** dickköpfig, sehr stur; **~ бестолко́в** sehr begriffsstutzig

донесе́ни|е <-я> *ср* dienstliche Meldung *f,* Rapport *m*

донес|ти́[1] <-у́, -ёшь> *св прх см.* **дона́шивать**

донес|ти́[2] <-у́, -ёшь> *св прх* etw irgendwohin tragen [*o* bringen]; *см.* **доноси́ть**[2]

до́низу *нрч (до са́мого ни́за)* bis ganz unten; **поклони́ться ~** sich tief verbeugen; **промо́кнуть све́рху до́низу** ganz nass werden

донима́|ть <-ю, -ешь> *нсв,* **доня́ть** *св прх разг* piesacken, belästigen

до́нн|ый <-ая, -ое> *прил* Grund-; **до́нные ры́бы** Grundfische *mpl*

до́нор <-a> *м* **1.** МЕД Blutspender *m,* Organspender *m* **2.** ЭКОН Geldgeber *m*

до́норств|о <-a> *ср без мн* МЕД Organspende *f*

доно́с <-a> *м* Denunziation *f;* **писа́ть ~** eine Denunziation schreiben

дон|оси́ть[1] <-ошу́, -о́сишь> *нсв прх см.* **дона́шивать**

дон|оси́ть[2] <-ошу́, -о́сишь> *нсв прх* **1.** *(сообщи́ть)* melden, berichten **2.** *(сде́лать доно́с)* anzeigen

доно́счик <-a> *м* Denunziant *m*

доня́ть <дойму́, доймёшь> *св прх см.* **донима́ть**

допива́|ть <-ю, -ешь> *нсв,* **допи́ть** *св прх* austrinken

до́пинг <-a> *м* СПОРТ Doping *nt,* Aufputschmittel *nt;* **принима́ть ~** dopen, Aufputschmittel nehmen

до́пингов|ый <-ая, -ое> *прил* Doping-; **~ контро́ль** Dopingkontrolle *f*

допи́ть <допью́, допьёшь> *св прх см.* **допива́ть**

допла́т|а <-ы> *ж* **1.** *(дополни́тельная пла́та)* Nachzahlung *f* **2.** *(припла́та)* Zuschlag *m,* Zuzahlung *f;* **~ к за́работной пла́те** Lohnzulage *f*

допла́чива|ть <-ю, -ешь> *нсв,* **доплати́ть** *св прх* nachzahlen; *(приплати́ть)* draufzahlen

доплыв|а́ть <-ю, -ешь> *нсв,* **доплы́ть** *св нпрх* **1.** *(дости́чь чего́-л.)* bis zu etw schwimmen, etw schwimmend erreichen; **~ до бе́рега** bis zur Küste schwimmen **2.** *(распространя́ться)* sich schwimmend ausbreiten; **до нас доплыва́ют зву́ки мело́дии** uns erreichen die Töne einer Melodie

допоздна́ *нрч* bis spät, bis spätabends; **засиде́ться ~** bis spät bleiben; **рабо́тать ~** bis spätabends arbeiten

дополз|а́ть <-ю, -ешь> *нсв,* **доползти́** *св нпрх* angekrochen kommen; **~ до укры́тия** bis zum Versteck kriechen

дополне́ни|е <-я> *ср* Ergänzung *f,* Nachtrag *m,* Zusatz *m;* ПОЛ, ЮР Novelle *f;* ЛИНГВ Objekt *nt;* **~ к наименова́нию фи́рмы** Firmenzusatz *m*

дополни́тельно *нрч* ergänzend, nachträglich, zusätzlich

дополни́тельн|ый <-ая, -ое> *прил* Ergänzungs-, Zusatz-; **дополни́телное соглаше́ние** Zusatzabkommen *nt;* **дополни́тельное усло́вие** Zusatzbedingung *f;* **дополни́тельная информа́ция** Hintergrundinformation *f;* **~ срок** Nachfrist *f;* **~ взнос**

Zuzahlung *f;* **дополни́тельное налогообложе́ние** Nachversteuerung *f;* **~ сбор** Nebenabgabe *f;* **~ бюдже́т** Ergänzungsetat *m;* **дополни́тельная вы́плата** [*или* **опла́та**] Nachzahlung *f;* **дополни́тельные вы́платы** Zusatzleistungen *pl,* Nebenleistungen *pl;* **дополни́тельная вы́ручка** Mehrerlös *m;* **дополни́тельные затра́ты** [*или* **расхо́ды**] Mehrkosten *pl,* Zusatzkosten *pl;* **~ бала́нс** Ergänzungsbilanz *f;* **~ зака́з** Anschlussauftrag *m,* Folgeauftrag *m,* Nachbestellung *f;* **дополни́тельная поста́вка** Zusatzlieferung *f;* **дополни́тельные рабо́ты** Nebenleistungen *pl;* **дополни́тельные услу́ги** Zusatzleistungen *pl,* Nebenleistungen *pl;* **~ проце́нт** Zuschlagssatz *m;* **дополни́тельная ста́вка** Zuschlagssatz *m;* **~ дохо́д** Nebenerwerb *m;* **~ за́работок** Nebenverdienst *m,* Nebenerwerb *m*

дополня́|ть <-ю, -ешь> *нсв,* **допо́лнить** *св (н)прх* ergänzen; **~ расска́з** die Erzählung ergänzen; **~ изда́ние** die Ausgabe ergänzen; **~ друг дру́га** einander ergänzen

допра́шива|ть <-ю, -ешь> *нсв,* **допроси́ть** *св прх* verhören, vernehmen; **~ обвиня́емого** den Angeklagten verhören; **~ свиде́телей** die Zeugen vernehmen

допризы́вник <-а> *м* ВОЕН *Soldat, der seine Militärausbildung vorzeitig macht*

допро́с <-а> *м* Verhör *nt,* Vernehmung *f*

допр|оси́ть <-ошу́, -о́сишь> *св прх см.* **допра́шивать**

до́пуск <-а> *м* **1.** *(до́ступ)* Einlass *m,* Zutritt *m* **2.** *(разреше́ние)* Zulassung *f;* **~ к обраще́нию на би́рже** ЭКОН Börseneinführung *f* **3.** ТЕХ Toleranz *f*

допуска́|ть <-ю, -ешь> *нсв,* **допусти́ть** *св прх* **1.** *(позволя́ть)* zulassen **2.** *перен (предполага́ть)* annehmen, für möglich halten; **допу́стим, что** angenommen, dass

допусти́м|ый <-ая, -ое; -, -а, -о> *прил* zulässig, vertretbar

доп|усти́ть <-ущу́, -у́стишь> *св прх см.* **допуска́ть**

допуще́ни|е <-я> *ср* **1.** *(разреше́ние)* Zulassung *f;* **~ к заня́тию про́мыслом** Approbation *f* **2.** *(предположе́ние)* Annahme *f,* Hypothese *f*

дораба́тыва|ть <-ю, -ешь> *нсв,* **дорабо́тать** *св прх* **1.** *(заверша́ть)* fertig stellen; **~ статью́** den Artikel fertig schreiben; **~ прое́кт** das Projekt fertig machen **2.** *(подправля́ть)* nachbessern, den letzten Schliff geben

дорабо́тк|а <-и> *ж* Fertigstellung *f,* Nachbesserung *f;* **~ законопрое́кта** Nachbesserung *f* des Gesetzentwurfes

доро́г|а <-и> *ж* **1.** *(путь)* Weg *m,* Straße *f;* **дать** [*или* **уступи́ть**] **кому́-л. доро́гу** jdm den Weg freimachen; **стоя́ть кому́-л. попе́рёк доро́ги** *перен* jdm im Weg stehen; **доро́гу!** *разг* Bahn frei!; **туда́ ему́ и ~** *разг* das geschieht ihm recht **2.** ж.-д. Bahn *f;* **желе́зная ~** Eisenbahn *f;* **кана́тная ~** Seilbahn *f* **3.** *(путеше́ствие)* Reise *f;* **в** [*или* **по**] **доро́ге** unterwegs; **в доро́гу** für unterwegs; **отпра́виться в доро́гу** sich auf den Weg machen

дороговизн|а <-ы> *ж* Teuerung *f*

дорог|о́й <-ая, -ое; до́рог, -а́, до́рого> *прил* **1.** *(сто́ящий больши́х де́нег)* teuer **2.** *(кото́рым дорожа́т)* wertvoll; **дорого́е удово́льствие** ein teures Vergnügen *nt* **3.** *то́лько кра́ткая фо́рма* teuer, wert; **мне дорога́ его́ дру́жба** seine Freundschaft bedeutet mir sehr viel **4.** *(в пи́сьмах)* liebe(r, s); **дороги́е друзья́!** liebe Freunde!

доро́гой *нрч* unterwegs

дорогосто́ящ|ий <-ая, -ее> *прил* kostspielig

доро́днос|ть <-ти> *ж* Beleibtheit *f,* Korpulenz *f, (неповоро́тливость)* Behäbigkeit *f*

доро́д|ный <-ная, -ное; -ен, -на, -но> *прил* beleibt, korpulent, stattlich; *(медли́тельный)* behäbig

дорожа́|ть <-ю, -ешь> *нсв,* **подорожа́ть** *св нпрх* teurer werden; **това́ры подорожа́ли почти́ вдво́е** die Waren sind fast doppelt so teuer geworden

доро́же *нрч* teuerer; **вре́мя ~ всего́** Zeit ist Geld

дорож|и́ть <-у́, -и́шь> *нсв прх* wertschätzen

доро́жк|а <-и> *ж* **1.** *(тропа́)* Weg *m,* Pfad *m* **2.** *(ко́врик)* schmaler Teppich *m,* Läufer *m* **3.** СПОРТ Bahn *f;* **бегова́я ~** Rennbahn *f* **4.** ТЕХ Spur *f;* **звукова́я ~** Tonspur *f*

доро́жн|ый <-ая, -ое> *прил* Weg-, Straßen-; *(для доро́ги)* Reise-; **~ знак** Verkehrszeichen *nt;* **доро́жное покры́тие** Straßendecke *f;* **доро́жное строи́тельство** Straßenbau *m;* **~ указа́тель** Wegweiser *m;* **доро́жные расхо́ды** Reisekosten *pl;* **~ сбор** Maut *f;* **~ чек** Travellerscheck *m,* Reisescheck *m*

доса́д|а <-ы> *ж* Ärger *m,* Entrüstung *f,* Verdruss *m*

доса|ди́ть <-жу́, -ди́шь> *св см.* **досажда́ть**

доса́дно *нрч (оби́дно, неприя́тно)* lästig; **чу́вствовать себя́ ~** sich unbehaglich fühlen; **ста́ло ~** es ist lästig geworden

доса́д|ный <-ная, -ное; -ен, -на, -но> *прил* ärgerlich, verdrießlich; **доса́дное недоразуме́ние** bedauerliches Missverständnis *nt*

доса́д|овать <-ую, -уешь> *нсв нпрх (на кого́-л./что-л.)* sich ärgern über *+akk*

досажда́|ть <-ю, -ешь> *нсв,* **досади́ть** *св нпрх* belästigen, ärgern; **~ про́сьбами** jdm mit Bitten zur Last fallen; **здо́рово ~** *разг* jdm arg zusetzen

доск|а́ <-и́> *ж* Brett *nt,* Bohle *f; (кла́ссная, мемориа́льная)* Tafel *f,* Schultafel *f;* **гла-**

ди́льная ~ Bügelbrett *nt;* **шáхматная** ~ Schachbrett *nt*

доскона́льн|ый <-ая, -ое> *прил* gründlich, sehr genau, penibel, akkurat

досла́ть <дошлю́, дошлёшь> *св прх см.* **досыла́ть**

досло́вно *нрч* (Wort) wörtlich

досло́вн|ый <-ая, -ое> *прил (перево́д)* wörtlich

досма́трива|ть <-ю, -ешь> *нсв,* **досмотре́ть** *св прх* **1.** *(просмотре́ть до конца́)* bis zu Ende ansehen **2.** *(произвести́ тамо́женный досмо́тр)* einer (Zoll)Kontrolle unterziehen, durchsuchen

досмо́тр <-а> *м* Kontrolle *f;* **тамо́женный** ~ Zollkontrolle *f;* ~ **гру́зов** Frachtkontrolle *f;* **ли́чный** ~ Leibesvisitation *f*

досмотр|е́ть <-ю́, -ишь> *св прх см.* **досма́тривать**

досмо́трщик <-а> *м,* **досмо́трщиц|а** <-ы> *ж* Prüfer(in) *m(f);* ~ **тамо́жни** Zollbeamte(r) *f(m);* **предъяви́ть досмо́трщику докуме́нты** dem Zollbeamten Papiere vorlegen

доспе́х|и <-ов> *мн* Rüstung *f;* **ры́царские** ~ Ritterrüstung *f*

досро́чно *нрч* vorfristig; **сде́лать** ~ etw vorfristig machen; **вы́полнить** ~ etw vorfristig erfüllen

досро́чн|ый <-ая, -ое> *прил* vorfristig; **досро́чная сда́ча экза́мена** vorfristiges Belegen *nt* der Prüfung; ~ **платёж** vorfristiges Zahlen *nt;* **досро́чное освобожде́ние** vorfristige Befreiung *f*

достава́л|а <-ы> *м и ж презрит, разг* Beschaffer(in) *m(f)*

доста|ва́ть <-ю́, -ёшь> *нсв,* **доста́ть** *св* **I.** *прх* **1.** *(вытаскивать)* herausholen, herausnehmen **2.** *(раздобы́ть)* auftreiben, beschaffen **3.** *разг (довести́ кого́-л. до гне́ва)* zur Weißglut bringen **II.** *нпрх* **1.** *(дотя́гиваться)* reichen, gelangen; ~ **до потолка́** bis zur Decke reichen **2.** *перен (хвати́ть)* reichen; **доста́нет на всех** es langt [*o* reicht] für alle; **у него́ не доста́нет ду́ху** er hat nicht den Mut; **э́того ещё не достава́ло** *разг* das fehlte noch

достава́|ться <-юсь, -ешься> *нсв,* **доста́ться** *св рефл* **1.** *(кому́-л.)* zuteilwerden, zufallen **2.** *безл* eine Strafe abbekommen; **ему́ доста́лось** *разг* er hat eins abgekriegt

доста́в|ить <-лю, -ишь> *св прх см.* **доставля́ть**

доста́вк|а <-и> *ж* Lieferung *f,* Zustellung *f;* ~ **гру́зов** [*или* **това́ров**] Güterzustellung *f*

доставля́|ть <-ю, -ешь> *нсв,* **доста́вить** *св прх* **1.** *(по а́дресу)* bringen; ~ **в больни́цу** ins Krankenhaus bringen; ~ **груз** die Fracht liefern; ~ **на борт** an Bord des Schiffes liefern **2.** *(о по́чте)* zustellen **3.** *перен* bereiten; ~ **удово́льствие** Vergnügen bereiten; ~ **кому́-л. нема́ло хлопо́т** jdm viel zu schaffen machen; ~ **кому́-л. неприя́тности** jdm Unannehmlichkeiten bereiten

доста́вщик <-а> *м,* **доста́вщиц|а** <-ы> *ж* Lieferant(in) *m(f)*

доста́т|ок <-ка> *м* **1.** *(благополу́чие)* Wohlstand *m;* **жить в доста́тке** im Wohlstand leben **2.** *(изоби́лие)* Menge *f;* **у нас всего́ в доста́тке** wir sind gut versorgt

доста́точ|ный <-ная, -ное; -ен, -на, -но> *прил* ausreichend, genug; *(удовлетвори́тельный)* hinlänglich; **быть доста́точным** ausreichen

доста́|ть <-ну, -нешь> *св см.* **достава́ть**

доста́|ться <-нусь, -нешься> *св рефл см.* **достава́ться**

достига́|ть <-ю, -ешь> *нсв,* **дости́гнуть, дости́чь** *св нпрх* erreichen; ~ **грани́цы** die Grenze erreichen; ~ **разме́ров** eine gewisse Größe erreichen; ~ **глубо́кой ста́рости** ein hohes Alter erreichen; ~ **взаимопонима́ния** gegenseitiges Verständnis erzielen; ~ **согла́сия** Einverständnis erlangen; ~ **успе́хов** Erfolg erzielen

достиже́ни|е <-я> *ср* **1.** *(како́й-л. це́ли)* Erreichung *f,* Erlangung *f,* Erzielung *f;* **по достиже́нии совершенноле́тия** nach Erlangung der Volljährigkeit **2.** *(успе́х)* Erfolg *f,* Leistung *f,* Errungenschaft *f*

достижи́мос|ть <-ти> *ж* Erreichbarkeit *f*

достижи́м|ый <-ая, -ое; -, -а, -о> *прил* erreichbar

дости́|чь <-гну, -гнешь> *св нпрх см.* **достига́ть**

достове́рнос|ть <-ти> *ж* Glaubwürdigkeit *f,* Richtigkeit *f*

достове́р|ный <-ная, -ное; -ен, -на, -но> *прил* glaubwürdig, richtig; **из достове́рных исто́чников** aus zuverlässiger Quelle

досто́инств|о <-а> *ср* **1.** *(самоуваже́ние)* Würde *f;* **держа́ться с ~м** sich würdevoll verhalten **2.** *(ка́чество)* Wert *m,* Vorzug *m;* **досто́инства и недоста́тки** Vor- und Nachteile *mpl;* **оцени́ть по досто́инству** nach Gebühr würdigen **3.** *(сто́имость)* Wert *m,* Wertangabe *f;* **досто́инством в сто рубле́й** im Wert von hundert Rubel

досто́|йный <-йная, -йное; -ин, -йна, -йно> *прил* **1.** *(заслу́живающий чего́-л.)* würdig **2.** *(заслу́женный)* gerecht, gebührend **3.** *(заслу́живающий чего́-л.)* wert; ~ **подража́ния** nachahmenswert; ~ **восхище́ния** bewundernswert; ~ **любви́** liebenswert

достопочте́нн|ый <-ая, -ое> *прил* ehrbar, ehrwürdig

достопримеча́тельнос|ть <-ти> *ж* Sehenswürdigkeit *f*

достопримеча́те|льный <-льная, -льное; -лен, -льна, -льно> *прил* sehenswert, bemerkenswert

достоя́ни|е <-я> *ср* Eigentum *nt,* Besitz *m,*

Gut *nt;* **о́бщее ~** Gemeingut *nt;* **стать достоя́нием исто́рии** in die Geschichte eingehen; **сде́лать достоя́нием обще́ственности** der Öffentlichkeit zugänglich machen

до́ступ <-а> *м* **1.** *(вход)* Zugang *m,* Zutritt *m;* **свобо́дный ~** freier Zutritt *m;* **~ на ры́нок** Marktzugang *m* **2.** ИНФОРМ Zugriff *m;* **~ к Интерне́ту** Internetzugang *m*

досту́пнос|ть <-ти> *ж* **1.** *(общедосту́пность)* Erreichbarkeit *f,* Zugänglichkeit *f* **2.** *(поня́тность)* Fassbarkeit *f*

досту́п|ный <-ная, -ное; -ен, -на, -но> *прил* **1.** *и перен (подходя́щий для мно́гих или для всех)* zugänglich; **по досту́пной цене́** erschwinglich **2.** *(лёгкий для понима́ния)* fassbar, verständlich; **в легко́ досту́пной фо́рме** in leicht verständlicher Form

досу́г <-а> *м* Muße *f;* **на досу́ге** in den Mußestunden, in der Freizeit

досыла́|ть <-ю, -ешь> *нсв,* **досла́ть** *св прх (о по́чте)* nachsenden, nachschicken

досыпа́|ть <-ю, -ешь> *нсв,* **досы́пать** *св прх* hinzuschütten

до́сыта *нрч (вдо́воль)* reichlich; **нае́сться ~** sich satt essen

досье́ <неизм> *ср* Dossier *nt,* Akte *f*

досяга́ем|ый <-ая, -ое; -, -а, -о> *прил* greifbar, erreichbar

дотацио́нн|ый <-ая, -ое> *прил* **дотацио́нная цена́** gestützter Preis *m*

дота́ци|я <-и> *ж* Subvention *f,* Zuwendung *f,* Zuschuss *m;* **~ для поддержа́ния у́ровня цен** Preisstützung *f*

дотемна́ *нрч (допоздна́)* bis spät in die Nacht; **засиде́ться ~** bis spät in die Nacht bleiben

дотла́ *нрч (по́лностью, целико́м)* ganz, völlig; **сгоре́ть ~** ganz verbrennen; **испепели́ть ~** völlig verkohlen

дото́шн|ый <-ая, -ое> *прил разг* akkurat; *(любозна́тельный)* wissbegierig; **~ служи́тель** akkurater Angestellter *m;* **~ до мелоче́й** bis in die Einzelheiten peinlich genau

дотра́гива|ться <-юсь, -ешься> *нсв,* **дотро́нуться** *св рефл* berühren; **дотро́нуться до больно́го ме́ста** den wunden Punkt treffen; **не дотро́нуться до еды́** das Essen nicht anrühren

дотя́гива|ть <-ю, -ешь> *нсв,* **дотяну́ть** *св нпрх* aushalten; **~ до бензиноста́нции** mühsam zur Tankstelle gelangen; **~ до зарпла́ты** bis zum Lohnerhalt auskommen; **~ до утра́** bis zum Morgen aushalten

до́хл|ый <-ая, -ое> *прил (боле́зненный)* kränklich, schwächlich; **~ на вид ю́ноша** schwächlicher Junge *m;* **уж о́чень он ~** er sieht sehr schwächlich aus; **до́хлые му́хи** tote Fliegen *fpl*

дохо́д <-а> *м* Einkommen *nt,* Ertrag *m,* Einnahme *f;* **~ на ду́шу населе́ния** Pro-Kopf-Einkommen *nt;* **~ бру́тто** Rohertrag *m,* Bruttoeinkommen *nt;* **~ не́тто** Nettoeinkommen *nt;* **~ в натура́льной фо́рме** Naturaleinkommen *nt;* **~ семьи́** Haushaltseinkommen *nt;* **побо́чные дохо́ды** Nebeneinkünfte *pl;* **с ни́зким дохо́дом** einkommensschwach; **~ с капита́ла** Kapitalrendite *f;* **дохо́ды от инвести́ции** Anlagegewinn *m;* **~ с це́нных бума́г** Rendite *f;* **~ не́тто с це́нных бума́г** Nettorendite *f;* **~ от владе́ния иму́ществом** Besitzeinkommen *nt;* **дохо́ды от состоя́ния** Vermögenseinkommen *nt;* **~ от проце́нтов** Zinseinkommen *nt;* **~ от труда́** Erwerbseinkommen *nt;* **~ предпринима́теля** Unternehmereinkommen *nt;* **дохо́ды предприя́тия** Betriebseinnahmen *pl;* **дохо́ды госуда́рства** Staatseinnahmen *pl;* **дохо́ды от нало́гов** Steuereinnahmen *pl*

дох|оди́ть <-ожу́, -о́дишь> *нсв,* **дойти́** *св нпрх* **1.** *(до кого́-л./чего́-л.)* jdn erreichen, gelangen zu +*akk;* **~ пешко́м** zu Fuß kommen; **~ по по́чте** *(о письме́)* per Post kommen; **до меня́ дохо́дят слу́хи** mir sind Gerüchte zu Ohren gekommen; **у меня́ ру́ки не дохо́дят** ich komme nicht dazu; **не доходя́ до остано́вки** kurz vor der Haltestelle **2.** *(до созна́ния)* bewusst werden, klar werden; **до него́ до́лго дохо́дит** *разг* er hat eine lange Leitung; **дошло́?** *разг* kapiert?, klar? **3.** *(до кра́йности)* bis zum Äußersten gehen, zu etw kommen; **~ до бе́шенства** wütend werden; **~ до отча́яния** in Verzweiflung geraten; **дошло́ до того́, что ...** es ist so weit gekommen, dass ...

дохо́днос|ть <-ти> *ж* Einträglichkeit *f,* Rentabilität *f,* Ertragskraft *f*

дохо́д|ный <-ная, -ное; -ен, -на, -но> *прил* einträglich, rentabel, lukrativ, gewinnbringend; **~ дом** Mietshaus *nt*

дохо́дчиво *нрч (толко́во, вня́тно)* begreiflich, verständlich; **объясня́ть ~** verständlich erklären

доходя́г|а <-и> *м и ж разг* armes Luder [*o* Ding] *nt*

доце́нт <-а> *м* Dozent(in) *m(f)*

дочерна́ *нрч* **ру́ки загоре́ли ~** die Hände sind ganz braun geworden; **вы́мазаться ~** sich ganz dreckig machen

доче́рн|ий <-яя, -ее> *прил* ЭКОН Tochter-; **доче́рняя компа́ния** Tochtergesellschaft *f;* **доче́рнее о́бщество** Tochtergesellschaft *f;* **доче́рнее предприя́тие конце́рна** Konzerntochter *f*

дочи́тыва|ть <-ю, -ешь> *нсв,* **дочита́ть** *св прх* zu Ende lesen; **~ ру́копись** das Manuskript zu Ende lesen; **~ до середи́ны** bis zur Mitte lesen

дочь <до́чери> *ж* Tochter *f*

дошко́льник <-а> *м,* **дошко́льниц|а** <-ы> *ж* Vorschüler(in) *m(f)*

дошко́льн|ый <-ая, -ое> *прил* Vorschul-; **~ во́зраст** Vorschulalter *nt;* **дошко́льное**

Д

воспитáние Vorschulerziehung *f;* **дéти дошкóльного вóзраста** Kinder *pl* im Vorschulalter; **дошкóльная педагóгика** Vorschulpädagogik *f*

дощáт|ый <-ая, -ое> *прил (сдéланный из дóсок)* Bretter-, Dielen-; **~ пол** Dielenfußboden *m;* **~ забóр** Bretterzaun *m*

дoяр <-а> *м*, **доя́рк|а** <-и> *ж* Melker(in) *m(f)*

д-р *сокр от* **дóктор** Dr. *m,* Doktor *m*

драгомáн <-а> *м (перевóдчик)* Dragoman *m,* Dolmetscher *m* im Nahen Osten

драгоцéннос|ть <-ти> *ж* Kostbarkeit *f,* Kleinod *nt*

драгоцéн|ный <-ная, -ное; -ен, -на, -но> *прил* kostbar; **~ кáмень** Edelstein *m*

драгýн <-а> *м* Dragoner *m*

драже́ <неизм> *ср* Dragée *nt*

дразн|и́ть <-ю́, -ишь> *нсв прх* necken, reizen; *(возбуждáть)* anregen

дразн|и́ться <-ю́сь, -ишься> *нсв рефл (раздражáть)* sich ärgern, sich aufregen; **перестáнь ~** hör auf dich zu ärgern

дрá|ить <-ю, -ишь> *нсв прх* **1.** *(чи́стить)* schrubben; **~ пáлубу** das Deck schrubben; **~ полы́** den Fußboden schrubben **2.** МОР spannen; **~ канáт** den Tau spannen

дрáйвер <-а> *м* ИНФОРМ Treiber *m;* **~ при́нтера** Druckertreiber *m*

дрáк|а <-и> *ж* Prügelei *f,* Schlägerei *f;* **затéять дрáку** eine Prügelei anzetteln

дракóн <-а> *м* Drache *m*

дракóновск|ий <-ая, -ое> *прил* drakonisch, grausam; **дракóновские мéры** drakonische Maßnahmen *fpl*

дрáм|а <-ы> *ж* **1.** ЛИТ Drama *nt* **2.** *перен* Drama *nt,* Tragödie *f*

драматизи́р|овать <-ую, -уешь> *(н)св прх и перен* dramatisieren; **не бýдем ~** wir wollen nicht übertreiben

драмати́зм <-а> *м* Dramatik *f;* **~ ситуáции** Dramatik der Situation; **~ сюжéта** Dramatik des Sujets

драмати́ческ|ий <-ая, -ое> *прил* dramatisch; **~ теáтр** Schauspielhaus *nt*

драмати́ч|ный <-ная, -ное; -ен, -на, -но> *прил (ситуáция)* dramatisch zugespitzt, spannungsvoll

драматýрг <-а> *м* Dramatiker *m;* **вели́кий ~** bemerkenswerter Dramatiker

драматурги́|я <-и> *ж* Dramatik *f,* Dramaturgie *f;* **совремéнная ~** moderne Dramatik *f*

дрáнк|а <-и> *ж* Dachschindel *f*

драпир|овáть <-ýю, -ýешь> *нсв прх* drapieren, falten; **~ крéсло** den Sessel drapieren; **~ шёлком** mit Seide schmücken

драть <дерý, дерёшь> *нсв (н)прх* **1.** *(снимáть)* abziehen; **~ кóжу** das Fell abziehen; **~ корý с дéрева** die Baumrinde schälen **2.** *(продавáть дóрого)* **~ втридóрога** das Dreifache für etw verlangen **3.** *(накáзывать)* bestrafen; **~ зá уши** die Ohren lang ziehen; **~ плéтью** die Peitsche schwingen; **~ гóрло** *(кричáть)* sich die Lunge aus dem Hals schreien

дрáться <дерýсь, дерёшься> *нсв,* **подрáться** *св рефл (с кем-л.)* sich raufen, sich schlagen

дрáхм|а <-ы> *ж* Drachme *f*

драчли́в|ый <-ая, -ое; -, -а, -о> *прил (задúристый)* streitsüchtig, zänkisch; **~ мáльчик** streitsüchtiger Junge *m;* **~ как петýх** Streithammel *m*

драчýн <-á> *м,* **драчýнь|я** <-и> *ж* Streithammel *m,* Raufbold *m*

дребезж|áть <-ý, -и́шь> *нсв нпрх (стакáны)* klirren

древеси́н|а <-ы> *ж* Holz *nt;* **гнилáя ~** morsches Holz *nt;* **мя́гкая ~** Weichholz *nt;* **прессóванная ~** Pressholz *nt;* **твёрдая ~** Hartholz *nt*

древéсн|ый <-ая, -ое> *прил* Holz-; **древéсная порóда** Holzart *f;* **~ ýголь** Holzkohle *f;* **древéсная лягýшка** Laubfrosch *m*

древнéйш|ий <-ая, -ее> *прил превосх* uralt

древнерýсск|ий <-ая, -ое> *прил* altrussisch

дрéвн|ий <-яя, -ее> *прил* alt, altertümlich, antik; **дрéвняя истóрия** Geschichte *f* des Altertums

дрéвнос|ть <-ти> *ж* Altertum *nt,* Antike *f*

дрéв|о <-а> *ср устар (дéрево)* Baum *m;* **~ познáния** РЕЛИГ Baum *m* der Erkenntnis

древови́д|ный <-ная, -ное; -ен, -на, -но> *прил* baumartig; **древови́дная структýра** ИНФОРМ, ЛИНГВ Baumstruktur *f*

древотóч|ец <-ца> *м* Holzwurm *m*

дрези́н|а <-ы> *ж* Draisine *f*

дрéйф <-а> *м* МОР Drift *f,* Wanderung *f;* **~ льда** Eisdrift *f,* Eiswanderung *f;* **~ материкóв** Kontinentaldrift *f*

дрéйф|ить <-лю, -ишь> *нсв,* **сдрéйфить** *св нпрх* driften; **не дрейфь, не пропадёшь!** *перен (не бóйся)* keine Angst, du wirst es schaffen!

дрейф|овáть <-ýю, -ýешь> *нсв,* **сдрéйфовать** *св нпрх* abdriften; **корáбль дрейфýет** das Schiff driftet ab

дрель <дрéли> *ж* СТР Drillbohrer *m;* **электри́ческая ~** elektrischer Drillbohrer *m*

дрем|áть <-лю́, -лешь> *нсв нпрх* dösen, schlummern

дремáться <-лется> *нсв рефл безл* **мне дрéмлется** ich bin schläfrig

дремóт|а <-ы> *ж* Schlummer *m,* Halbschlaf *m*

дремýч|ий <-ая, -ее; -, -а, -е> *прил* **1.** *(густóй)* dicht; **~ лес** dichter Wald *m;* **дремýчие зáросли** Dickicht *nt* **2.** *ирон (невоспи́танный)* ungebildet; **~ невéжда**

Unwissender *m;* **дрему́чая провинциа́лка** ungebildete Provinzlerin *f*

дрена́ж <-а> *м* **1.** СТР Bodenentwässerung *f* **2.** МЕД Dränage *f*

дрена́жн|ый <-ая, -ое> *прил* Dränage-; **дрена́жные рабо́ты** ТЕХ Dränagearbeiten *pl;* **дрена́жная маши́на** Dränagemaschine *f;* **дрена́жная тру́бка** МЕД Dränagerohr *nt*

дрени́р|овать <-ую, -уешь> *(н)св прх* entwässern

дрессир|ова́ть <-у́ю, -у́ешь> *нсв,* **вы́дрессировать** *св прх* dressieren, abrichten

дрессиро́вк|а <-и> *ж* Dressur *f*

дрессиро́вщик <-а> *м,* **дрессиро́вщиц|а** <-ы> *ж* Dompteur *m,* Dompteuse *f,* Dresseur(in) *m(f)*

дроб|и́ть <-лю́, -и́шь> *нсв,* **раздроби́ть** *св прх* zerstückeln, zermalmen

дробле́ни|е <-я> *ср* Zerstückelung *f,* Zerkleinerung *f;* **~ а́кций** ЭКОН Splitting *nt*

дро́б|ный <-ная, -ное; -ен, -на, -но> *прил* **1.** *(ме́лкий)* klein, fein; **~ стук дождя́** leises Rieseln des Regens; **~ шаг** kleine Schritte *mpl* **2.** МАТ *(состоя́щий из дро́би)* Bruch-; **дро́бная величина́** Bruchgröße *f;* **дро́бное число́** Bruchzahl *f*

дробови́к <-а́> *м* Schrotflinte *f*

дробь <дро́би> *ж* **1.** *(для ружья́)* Schrot *m* **2.** МАТ Bruch *m;* **де́йствия с дро́бями** Bruchrechnen *nt*

дров|а́ <-> *мн* Brennholz *nt*

дровосе́к <-а> *м* **1.** *(лесору́б)* Holzfäller *m;* **сторо́жка дровосе́ка** Holzfällerhütte *f* **2.** ЗООЛ Baumkäfer *m*

дровян|о́й <-а́я, -о́е> *прил* Holz-; **~ склад** Holzlager *nt;* **дровяно́е отопле́ние** Holzheizung *f;* **дровяны́е загото́вки** Holzvorrat *m*

дро́гн|уть[1] <-у, -ешь> *нсв,* **продро́гнуть** *св нпрх (зя́бнуть)* frieren; **мы продро́гли, пока жда́ли вас на у́лице** wir sind durchgefroren, während wir auf der Straße auf euch warteten

дро́гн|уть[2] <-у, -ешь> *св нпрх см.* **дрожа́ть**

дрож|а́ть <-у́, -и́шь> *нсв,* **дро́гнуть** *св нпрх и перен* zittern

дрожжев|о́й <-а́я, -о́е> *прил* Hefe-

дро́жж|и <-е́й> *мн* Hefe *f*

дро́ж|ки <-ек> *мн* Droschke *f*

дрожь <дро́жьи> *ж* Zittern *nt,* Frösteln *nt,* Schauer *m*

дрозд <дро́зда> *м* ЗООЛ Drossel *f*

друг I. <дру́га> *м* Freund *m;* **~ по перепи́ске** Brieffreund *m;* **~ ю́ности** Jugendfreund *m* II. *нрч* **~ с дру́гом** miteinander

друг|о́й <-а́я, -о́е> *прил* andere(r, s); **э́то друго́е де́ло** das ist etwas anderes; **в ~ раз** ein andermal; **други́ми слова́ми** mit anderen Worten, anders gesagt; **с ~ стороны́** andererseits

дру́жб|а <-ы> *ж* Freundschaft *f*

дружелю́б|ный <-ная, -ное; -ен, -на, -но> *прил* freundlich

дру́жеск|ий <-ая, -ое> *прил* freundschaftlich; **в дру́жеском кругу́** im Freundeskreis; **быть на дру́жеской ноге́ с кем-л.** mit jdm auf freundschaftlichem Fuß stehen

дру́жественн|ый <-ая, -ое> *прил* freundschaftlich, Freundes-; **дру́жественные стра́ны** befreundete Länder *ntpl*

дружи́н|а <-ы> *ж* Gruppe *f,* Schar *f;* **охо́тничья ~** Jägerschar *f;* **боева́я ~** Bataillon *nt,* Kampfgruppe *f*

дружи́нник <-а> *м,* **дружи́нниц|а** <-ы> *ж* Gruppenmitglied *m*

друж|и́ть <-у́, -и́шь> *нсв,* **подружи́ть** *св нпрх* befreundet sein mit *+dat*

друж|и́ться <-у́сь, -и́шься> *нсв,* **подружи́ться** *св рефл* sich anfreunden

дру́ж|ный <-ная, -ное; -ен, -на́, -но> *прил* einmütig, einträchtig

дры́хн|уть <-ну, -ешь> *нсв нпрх разг* pennen

дря́блос|ть <-ти> *ж* Schlaffheit *f*

дря́бл|ый <-ая, -ое; -, -а́, -о> *прил* schlaff, welk; *перен (слабово́льный)* willensschwach

дря́зг|и <-> *мн без ед (ссо́ры)* Gezänk *nt;* **ме́лкие ~** kleine Streiterei; **погря́зть в дря́згах** in Streitigkeiten versinken

дрянн|о́й <-а́я, -о́е> *прил* minderwertig, lumpig

дрянь <дря́ни> *ж* Schmutz *m,* Schund *m; презрит* Lump *m*

дря́хлос|ть <-ти> *ж* Altersschwäche *f,* Gebrechlichkeit *f*

дря́хл|ый <-ая, -ое; -, -а́, -о> *прил* altersschwach, gebrechlich; *перен (устаре́вший)* antiquiert

ДТП *сокр от* **доро́жно-тра́нспортное происше́ствие** Verkehrsunfall *m*

дуайе́н <-а> *м (старе́йшина)* Vorsteher *m*

дуб <ду́ба> *м* Eiche *f*

дуба́|сить <-шу, -сишь> *нсв,* **отдуба́сить** *св прх* **1.** *(кого́-л.)* verprügeln, windelweich schlagen **2.** *(по чему́-л.)* einschlagen auf *+ akk,* schlagen an *+ akk*

дуби́льн|ый <-ая, -ое> *прил* Gerb-; **дуби́льное произво́дство** Gerberei *f*

дуби́н|а <-ы> *ж* **1.** *(ору́жие)* Knüppel *m,* Keule *f* **2.** *перен (болва́н)* sturer Mensch *m,* Klotz *m*

дуби́нк|а <-и> *ж* Knüppel *m,* Schlagstock *m*

дуб|и́ть <-лю́, -и́шь> *нсв,* **вы́дубить** *св прх* ТЕХ gerben; **~ ко́жу** Fell *nt* gerben

дублёнк|а <-и> *ж (шу́ба)* Pelzmantel *m;* **~ из ове́чьей ко́жи** Pelzmantel aus Schafsfell

дублён|ый <-ая, -ое> *прил (обрабо́танный)* gegerbt; **~ полушу́бок** Pelzjacke *f* aus gegerbtem Fell; **дублёные ко́жи** gegerbtes Leder *nt*

дублёр <-а> *м* **1.** *(запаснóй)* Ersatzmann *m* **2.** *(в кинó)* Double *nt*
дубликáт <-а> *м* Duplikat *nt;* **~ железнодорóжной накладнóй** ТРАНС Frachtbriefdoppel *nt*
дублúр|овать <-ую, -уешь> *нсв прх* **1.** *(заменя́ть)* doubeln **2.** *(фильм)* synchronisieren
дубóв|ый <-ая, -ое> *прил* **1.** БОТ Eichen-; **дубóвая рóща** Eichenhain *nt;* **~ лист** Eichenblatt *nt;* **~ паркéт** Eichenparkett *nt;* **дубóвые двéри** Eichentüren *fpl* **2.** *(грýбый, неуклю́жий)* Dick-, plump, grob; **дубóвая головá** Dickschädel *m*
дубрáв|а <-ы> *ж* Eichen(hoch)wald *m;* **сéсть в тенú дубрáвы** im Schatten des Waldesdickichtes sitzen
дуг|á <-ú> *ж* МАТ *(чáсть окрýжности)* Bogen *m;* **описáть дугý** einen Bogen ziehen; **вóльтовая ~** ФИЗ Lichtbogen; **согнýть когó-л. в дугý** *(принуждáть)* jdn zwingen etw zu tun
дугообрáз|ный <-ная, -ное; -ен, -на, -но> *прил* bogenförmig; **~ мост** bogenförmige Brücke *f;* **дугообрáзные брóви** bogenförmige Augenbrauen *fpl;* **дугообрáзная трýбка** bogenförmige Pfeife *f;* **~ свод** bogenförmiges Gewölbe *nt*
дýдк|а <-и> *ж* **1.** МУЗ *(продóльная флéйта)* Flöte *f;* **пастýшья ~** Hirtenflöte; **игрáть на дýдке** auf der Flöte spielen **2.** *(подчиня́ться комý-л.)* sich jdm unterwerfen; **плясáть под чужýю дýдку** nach jemandes Pfeife tanzen
дукáт <-а> *м* ИСТОР Dukat *m;* **золотóй ~** goldener Dukat *m*
дýл|о <-а> *ср* Gewehrmündung *f*
дýм|а <-ы> *ж* **1.** *книжн* Gedanke *m;* **дýмать дýму** sinnen **2.** *устар (жанр в фольклóрной поэ́зии)* Volkslied *nt* **3.** ИСТОР Duma *f (Gremium in der politischen Struktur Russlands: Rat der fürstlichen Gefolgsleute; Abgeordnetenversammlung);* **Госудáрственная Дýма** Staatsduma *f,* Unterhaus *nt;* **городскáя ~** Stadtrat *m*

i Land & Leute

Nach der Niederschlagung des Augustputsches 1991 wurde das von der KPDSU dominierte System der Sowjets in Russland radikal in Frage gestellt. Diese Form der „Volksvertretung", die seit der Oktoberrevolution von 1917 auf allen Ebenen der Staatsverwaltung Kraft hatte, sollte schließlich im Rahmen der vom damaligen Regierungschef der RSFR Jelzin durchgesetzten „Russischen Verfassung" durch eine neue ersetzt werden: es galt dabei, an die alte russische Form der Volksvertretung, **die Duma**, die vor 1917 auf der Staats- und der Stadtebene funktionierte, anzuknüpfen. Der letzte Oberste Sowjet wurde nach dessen Selbstauflösung und Neuwahlen nach dem Parteisystem durch eine **Staatsduma** als Unterhaus des Parlaments ersetzt, die Sowjets auf der Gebietsebene später in **Gebietsdumas** umgewandelt. Die entsprechenden Machtorgane in der Stadt und auf dem Lande heißen aber nach wie vor Sowjets.

дýма|ть <-ю, -ешь> *нсв,* **подýмать** *св* **I.** *нпрх (о чём-л.)* denken an *+akk,* nachdenken über *+akk* **II.** *нпрх (имéть в видý)* glauben, meinen; **и не дýмаю** ich denke gar nicht daran; **и не дýмайте!** wagen Sie es bloß nicht!; **подýмать тóлько!** o du meine Güte!; **как вы моглú подýмать?** wo denken Sie hin?; **и не подýмаю!** ich denke nicht daran!
Дунá|й <-я> *м* Donau *f*
дуновéни|е <-я> *ср* Lufthauch *m*
дýн|уть <-у, -ешь> *св нпрх см.* **дуть**
дуопóли|я <-и> *ж* ЭКОН Duopol *nt*
дупл|ó <-á> *ср* **1.** *(в дéреве)* Baumhöhle *f;* **скры́ться в дуплé** sich in einer Baumhöhle verstecken **2.** МЕД *(кáриес)* Zahnloch *nt,* Karies *f*
дурáк <-á> *м* Dummkopf *m,* Narr *m;* **валя́ть дуракá** den Dummen spielen; **держáть когó-л. за дуракá** jdn für dumm verkaufen; **оставáться в дуракáх** der Dumme sein
дурáцк|ий <-ая,-ое> *прил* **1.** *(глýпый)* närrisch **2.** *(идиóтский)* blödsinnig
дурáчеств|о <-а> *ср* Albernheit *f,* Firlefanz *m*
дурáч|ить <-у, -ишь> *нсв,* **одурáчить** *св прх* übertölpeln
дурáч|иться <-усь, -ишься> *нсв рефл* herumalbern, blödeln
дурмáн <-а> *м* **1.** *(ядовúтое растéние)* Stechapfel *m;* **лúстья дурмáна** Blätter *ntpl* der Rauschgiftpflanze **2.** *(опьянéние)* Rausch *m;* **зáпах дурмáна** Rauschgeruch *m*
дурмáн|ить <-ю, -ишь> *нсв,* **одурмáнить** *св прх* betäuben
дур|нóй <-ная, -ное; -ен, -нá, -но> *прил* schlimm, übel; **дурнáя весть** schlechte Nachricht *f;* **дурнáя примéта** böses Omen *nt*
дýрочк|а <-и> *ж* Närrin *f,* törichte Frau *f,* *вульг* Idiotin *f*
дýт|ый <-ая, -ое; -, -а, -о> *прил* ФИН *(преувелúченный)* übertrieben; **дýтые цéны** gepfefferte Preise *mpl*
дуть <дýю, дýешь> *нсв,* **дýнуть, подýть** *св нпрх* wehen, blasen; **здесь дýет** hier zieht es
дý|ться <-юсь, -ешься> *нсв,* **надýться**

св рефл (на кого́-л.) schmollen mit +*dat*

дух <ду́ха> *м* **1.** *(су́щность чего́-л., при́зрак)* Geist *m;* **~ вре́мени** Zeitgeist *m;* **в ~е вре́мени** zeitgemäß; **свято́й ~** РЕЛИГ Heiliger Geist *m* **2.** *(дыха́ние)* Atem *m;* **перевести́ ~** Atem holen [*o* schöpfen] **3.** *(му́жество)* Mut *m;* **па́дать ду́хом** den Mut verlieren **4.** *(душе́вное состоя́ние)* Stimmung *f;* **быть в ду́хе** gut gelaunt sein

дух|и́ <-о́в> *мн* Parfüm *nt*

ду́х|и <-ов> *мн (при́зраки)* Geister *mpl*

духове́нств|о <-а> *ср* Klerus *m,* Geistlichkeit *f*

духо́вк|а <-и> *ж* Backofen *m*

духо́вн|ый <-ая, -ое> *прил* **1.** *(вну́тренний, душе́вный)* geistig, seelisch; **духо́вная бли́зость** Geistesverwandtschaft *f;* **духо́вные це́нности** geistige Werte *mpl* **2.** *(свя́занный с рели́гией)* geistlich, religiös; **духо́вное завеща́ние** (kirchliches) Testament *nt;* **~ оте́ц** Beichtvater *m;* **духо́вная му́зыка** geistliche Musik *f*

духов|о́й <-а́я, -о́е> *прил* Luft-; **духово́е ружьё** Luftgewehr *nt;* МУЗ Blas-; **~ орке́стр** Blasorchester *nt*

духот|а́ <-ы́> *ж* Schwüle *f;* **в до́ме ~** im Haus ist es schwül; **сто́ит невероя́тная ~** draußen ist es sehr schwül

душ <ду́ша> *м* Dusche *f;* **принима́ть ~** duschen

душ|а́ <-и́> *ж* Seele *f;* **~ моя́!** *(обраще́ние)* mein(e) Liebe(r)!; **всей душо́й** mit Leib und Seele; **в глубине́ души́** innerlich, im Grunde des Herzens; **жить ~ в ду́шу** ein Herz und eine Seele sein; **излива́ть кому́-л. ду́шу** jdm sein Herz ausschütten; **ско́лько душе́ уго́дно** so viel das Herz begehrt, nach Herzenslust

душевнобольн|о́й **I.** <-а́я, -о́е> *прил* geisteskrank **II.** <-о́го> *м* Geisteskranke(r) *f(m)*

душе́внос|ть <-ти> *ж* Herzlichkeit *f,* Innigkeit *f*

душе́вн|ый <-ая, -ое> *прил* **1.** *(вну́тренний)* seelisch, innerlich; **душе́вное состоя́ние** Gemütszustand *m;* **душе́вное споко́йствие** Seelenfrieden *m* **2.** *(серде́чный)* herzlich, innig

душев|о́й <-а́я, -о́е> *прил* Dusch-; **душева́я каби́на** Duschkabine *f*

душераздира́ющ|ий <-ая, -ее> *прил* herzzerreißend

души́ст|ый <-ая, -ое; -, -а, -о> *прил* aromatisch, wohlriechend; **души́стая сире́нь** aromatischer Flieder *m;* **души́стое мы́ло** aromatische Seife *f;* **во́здух души́ст и све́ж** die Luft ist frisch und wohlriechend; **~ горо́шек** БОТ wohlriechende Platterbse *f*

душ|и́ть[1] <-у́, -ишь> *нсв,* **задуши́ть** *св прх* **1.** *(удуши́ть)* würgen, erwürgen **2.** *перен (подави́ть)* unterdrücken

душ|и́ть[2] <-у́, -ишь> *нсв,* **надуши́ть** *св прх* parfümieren

душ|и́ться <-у́сь, -ишься> *нсв,* **надуши́ться** *рефл* sich parfümieren

ду́шно *нрч* schwül, stickig; **в ко́мнате ~** im Zimmer ist es schwül; **мне ~** mir ist heiß; **в купе́ ~** im Abteil ist es stickig

ду́ш|ный <-ая, -ое; -ен, -на́, -но> *прил* stickig, schwül

дуэ́|ль <-ли> *ж* Duell *nt;* **вы́звать на ~** zum Duell auffordern; **слове́сная ~** Wortgefecht *nt*

дуэля́нт <-а> *м* Duellant *m*

дуэ́т <-а> *м* Duett *nt*

ды́б|а <-ы> *ж* ИСТОР *(ору́дие пы́тки)* Folterbank *f;* **вздёрнуть на ды́бу** foltern

ды́бом *нрч* **во́лосы встаю́т ~** da stehen einem die Haare zu Berge

дыбы́ *нрч в сочет.* **встать на дыбы́** *и перен* sich aufbäumen, sich auf die Hinterbeine stellen

ды́лд|а <-ы> *м и ж разг (верзи́ла)* Bohnenstange *f*

дым <ды́ма> *м* Rauch *m;* **нет ды́ма без огня́** *перен* wo Rauch ist, ist auch Feuer

дым|и́ть <-лю́, -и́шь> *нсв,* **надыми́ть** *св нпрх* **1.** *то́лько в 3 л* schlecht brennen, schwelen **2.** *(сигаре́той)* paffen, rauchen

дым|и́ться <-лю́сь, -и́шься> *нсв,* **задыми́ться** *св рефл* dampfen, qualmen

ды́мк|а <-и> *ж* Dunst *m,* Dunstschleier *m*

ды́мн|ый <-ая, -ое> *прил* rauchig, verqualmt

ды́мчат|ый <-ая, -ое; -, -а, -о> *прил (пе́пельный)* aschgrau; **~ цвет воло́с** aschblonde Haare *pl;* **ды́мчатая мгла́** Rauchnebel *m*

ды́н|я <-и> *ж* Melone *f*

дыр|а́ <-ы́> *ж* Loch *nt*

ды́рк|а <-и> *ж* kleineres Loch *nt*

дыроко́л <-а> *м* Locher *m*

дыря́в|ить <-лю, -ишь> *нсв прх* lochen, durchlöchern

дыря́в|ый <-ая, -ое; -, -а, -о> *прил* löchrig; **дыря́вая па́мять** *разг* ein Gedächtnis wie ein Sieb

дыха́ни|е <-я> *ср* Atem *m;* **задержа́ть ~** den Atem anhalten; **затруднённое ~** Atemnot *f;* **иску́сственное ~** künstliche Beatmung *f;* **у него́ дыха́ние спёрло** *разг* ihm ist die Puste ausgegangen

дыха́тельн|ый <-ая, -ое> *прил* МЕД Atmungs-; **~ центр** Atmungszentrum *nt;* **~ кла́пан** Luftklappe *f;* **~ коэффицие́нт** Atmungskoeffizient *nt*

дыш|а́ть <-у́, -ишь> *нсв нпрх* atmen; *(излуча́ть)* strahlen vor +*dat;* **~ тяжело́** keuchen, schnaufen; **его́ лицо́ дыша́ло ра́достью** er strahlte vor Freude

ды́шл|о <-а> *ср* Deichsel *f*

дья́вол <-а> *м* Teufel *m,* Dämon *m*

дья́вольск|ий <-ая, -ое> *прил* diabolisch, teuflisch

дья́кон <-а> *м* Diakon *m*
дьяч|о́к <-ка́> *м* Küster *m*
дю́бе|ль <-ля> *м* Dübel *m*
дю́же *нрч прост, разг (кра́йне, си́льно)* sehr; **ка́шель ~ одоле́л** der Husten ist sehr stark geworden; **~ хо́лодно** zu kalt
дю́ж|ий <-ая, -ее; -, -а́, -е> *прил* kräftig, robust
дю́жин|а <-ы> *ж* Dutzend *nt;* **дю́жинами** dutzendweise
дюйм <дю́йма> *м* Zoll *m*
дю́н|а <-ы> *ж* Düne *f*
дя́дюшк|а <-и> *м* Onkelchen *nt*
дя́д|я <-и> *м* Onkel *m*
дя́т|ел <-ла> *м* Specht *m*

Е е

Е, е <неизм> *ср Buchstabe E*
Éв|а <-ы> *ж* Eva; **в костю́ме Éвы** in Evas Kostüm; **от Ада́ма и Éвы** seit Adam und Evas Zeiten
ева́нгели|е <-я> *ср* Evangelium *nt*
евангели́ст <-а> *м*, **евангели́стк|а** <-и> *ж* Evangelist(in) *m(f)*
евангели́ческ|ий <-ая, -ое> *прил* evangelisch; *(протеста́нтский)* protestantisch
ева́нгельск|ий <-ая, -ое> *прил* evangelisch
евге́ник|а <-и> *ж* Eugenik *f*
е́внух <-а> *м* Eunuch *m*
евразí|ец <-йца> *м* Eurasier(in) *m(f)*
евразúйск|ий <-ая, -ое> *прил* eurasisch; **~ регио́н** eurasische Region *f*
Евра́зи|я <-и> *ж* Eurasien *nt*
евре́|й <-я> *м*, **евре́йк|а** <-и> *ж* Jude *m*, Jüdin *f*
евре́йск|ий <-ая, -ое> *прил* jüdisch
евре́йств|о <-а> *ср* Judentum *m*
е́вро <неизм> *м* Euro *m*
евроазиа́тск|ий <-ая, -ое> *прил* euroasiatisch; **евроазиа́тские стра́ны** euroasiatische Länder *ntpl*
евробо́нд <-а> *м* Eurobond *m*
евровалю́т|а <-ы> *ж* Eurowährung *f*
Еврови́дени|е <-я> *ср* Eurovision *f*
евродо́ллар <-а> *м* Eurodollar *m*
Евро́п|а <-ы> *ж* Europa *nt*; **Восто́чная ~** Osteuropa *nt*
европарла́мент <-а> *м* Europarlament *nt*; **коми́ссия Европарла́мента** der Ausschuss des Europarlaments
европе́|ец <-йца> *м*, **европе́йк|а** <-и> *ж* Europäer(in) *m(f)*
европеиза́ци|я <-и> *ж* Europäisierung *f*; **для стран Восто́чной Евро́пы характе́рна ~** für die osteuropäischen Länder ist die Europäisierung sehr typisch
европеизи́р|овать <-ую, -уешь> *(н)св прх* europäisieren
европеизи́р|оваться <-уюсь, -уешься> *(н)св рефл* sich europäisieren; **стра́ны восто́чной Евро́пы постепе́нно европеизи́руются** die osteuropäischen Länder europäisieren sich allmählich
европеи́зм <-а> *м* Europäismus *m*
европе́йск|ий <-ая, -ое> *прил* europäisch; **Европе́йский сою́з** Europäische Union *f*; **европе́йская поли́тика** Europapolitik *f*; **Европе́йский парла́мент** Europäisches Parlament *nt*; **~ пате́нт** Europapatent *nt*; **Европе́йский суд** Europäischer Gerichtshof *m*; **Европе́йский това́рный код** Europäische Artikelnummer *f*; **Европе́йское пате́нтное управле́ние** Europäisches Patentamt *nt*; **~ экономи́ческое простра́нство** Europäischer Wirtschaftsraum *m*; **Европе́йское экономи́ческое соо́бщество** ИСТОР Europäische Wirtschaftsgemeinschaft *f*
европео́идн|ый <-ая, -ое> *прил* europoid; **европео́идная ра́са** europoide Rasse *f*
европоцентри́зм <-а> *м* Eurozentrismus *m*
европоцентри́ст <-а> *м*, **европоцентри́стк|а** <-и> *ж* Eurozentrist(in) *m(f)*
евроры́н|ок <-ка> *м* Euromarkt *m*
евроцентри́стск|ий <-ая, -ое> *прил* eurozentristisch
евроче́к <-а> *м* ФИН Euroscheck *m*
евста́хиев <-а> *прил* eustachisch; **евста́хиева труба́** eustachische Röhre *f*
евхари́сти|я <-и> *ж* Eucharistie *f*
е́ге|рь <-ря> *м* Jäger *m*; **~ следи́т за сро́ками охо́ты** der Jäger hält sich an die Jagdfristen; **~ ната́скивает соба́к** der Jäger richtet die Hunde ab; **ко́нный ~** berittener Jäger *m*
Еги́п|ет <-та> *м* Ägypten *nt*
еги́петск|ий <-ая, -ое> *прил* ägyptisch; **еги́петская казнь** schwere Lage *f*; **еги́петский труд, еги́петская рабо́та** schwere Arbeit *f*; **тьма еги́петская** stockfinster
египто́лог <-а> *м* Ägyptologe *m*
египтоло́ги|я <-и> *ж* Ägyptologie *f*
египтя́нин <-а> *м*, **египтя́нк|а** <-и> *ж* Ägypter(in) *m(f)*
его́[1] *мест личное от он и оно́* ihn
его́[2] *мест притяжа́т.* sein
егоз|а́ <-ы́> *м и ж* unruhiger Mensch *m*; **прекрати́, ~, успоко́йся!** hör auf mit dem Herumtollen, beruhige dich!
его|зи́ть <-жу́, -зи́шь> *нсв нпрх* unruhig sein; *(уго́дничать)* sich bei jdm einschmeicheln; **прекрати́, пожа́луйста, ~!** hör bitte mit dem Herumtollen auf!; **~ пе́ред нача́льством он уме́ет!** er versteht es sich beim Chef einzuschmeicheln!
егози́в|ый <-ая, -ое; -, -а, -о> *прил* zapplig; **мой мла́дший брат тако́й ~!** mein kleiner Bruder ist so ein Unband!
еда́ <еды́> *ж* Essen *nt*; *(блю́до)* Speise *f*; **во вре́мя еды́, за едо́й** beim Essen; **дома́шняя ~** Hausmannskost *f*
едва́ I. *нрч* **1.** *(е́ле)* kaum; **его́ го́лос ~ слы́шен** seine Stimme ist kaum zu hören; **~ ли** schwerlich; **~ не** fast, beinahe; **~-~** mit Müh und Not **2.** *(то́лько что)* soeben; **ему́ ~ испо́лнилось три́дцать лет** er ist gerade dreißig geworden **II.** *сз* kaum, sobald; **~ он вошёл, как все ста́ли его́ расспра́шивать** er war kaum eingetreten, als ihn schon alle mit Fragen bestürmten
едине́ни|е <-я> *ср* Einigung *f*

Е

единјить <-ю́, -и́шь> *нсв прх* vereinen, vereinigen; **их едини́т о́бщая пробле́ма** ein gemeinsames Problem vereinigt sie

едини́ц|а <-ы> *ж* **1.** *(число́, оце́нка)* Eins *f (die schlechteste Note in Russland)*; **получи́ть едини́цу** eine Eins bekommen **2.** физ *(величина́)* Einheit *f*, Maßeinheit *f*; **~ длины́** Längenmaß *nt*; **де́нежная ~** Währungseinheit *f*; **~ расчётов** Verrechnungseinheit *f*

едини́чн|ый <-ая, -ое> *прил* einzeln, vereinzelt; **едини́чное иссле́дование** Fallstudie *f*; **едини́чное произво́дство** Einzelproduktion *f*; **~ слу́чай** Einzelfall *m*; **едини́чные слу́чаи** vereinzelte Fälle *mpl*

единобо́жи|е <-я> *ср* Monotheismus *m*

единобо́р|ец <-ца> *м* Zweikämpfer *m*; **подгото́вка единобо́рцев к олимпиа́де** Vorbereitung der individuellen Kämpfer für die Olympiade

единобо́рств|о <-а> *ср* Zweikampf *m*

единобо́рств|овать <-ую, -уешь> *нсв нпрх* gegeneinander antreten

единобра́чи|е <-я> *ср* Monogamie *f*

единове́р|ец <-ца> *м*, **единове́рк|а** <-и> *ж* **1.** *(одно́й ве́ры)* Glaubensgenosse *m*; **че́хи и слова́ки – единове́рцы** die Tschechen und die Slowaken sind Glaubensgenossen **2.** *(старообря́дец)* Anhänger *m* der Sekte der Altgläubigen **3.** *(единомы́шленник)* Gesinnungsgenosse *m*, Gleichgesinnte *m*; **э́того учёного поддержа́л его́ ~** dieser Gelehrte wurde von seinem Gleichgesinnten unterstützt

единовла́сти|е <-я> *ср* Alleinherrschaft *f*, Einzelherrschaft *f*; **стреми́ться к единовла́стию** die Alleinherrschaft anstreben

единовла́ст|ный <-ная, -ное; -ен, -на, -но> *прил* alleinherrschend; **~ прави́тель** alleinherrschender Regent *m*

единовре́менн|ый <-ая, -ое> *прил* einmalig; **единовре́менное посо́бие** einmalige Zuwendung *f*

единогла́си|е <-я> *ср* Einstimmigkeit *f*

единогла́сн|ый <-ая, -ое> *прил* einhellig, einstimmig

единодержа́ви|е <-я> *ср* Autokratie *f*, Selbstherrschaft *f*, Absolutismus *m*

единоду́ши|е <-я> *ср* Einmütigkeit *f*

единоду́ш|ный <-ная, -ное; -ен, -на, -но> *прил* einmütig, einträchtig; **единоду́шное мне́ние** übereinstimmende Meinung *f*

еди́ножды *нрч* einmal, einst; **э́то случа́лось не ~** das geschah nicht nur einmal

единокро́в|ный <-ная, -ное; -ен, -на, -но> *прил* blutsverwandt; **~ сын** leiblicher Sohn *m*; **да свой он, ~!** er ist von unserem Blut!; **единокро́вные наро́ды** gleichstämmige Völker *ntpl*

единоли́чник <-а> *м* **1.** экон Einzelbauer *m*; **хозя́йство единоли́чника** Einzelbauernwirtschaft *f*, bäuerlicher Einzelbetrieb *m* **2.** *(эгои́ст)* Egoist *m*; **~ нашёлся, его́ ничего́ не даёт, а из о́бщего берёт!** ist das ein Egoist – das Eigene behalten, aus dem Gemeinsamen schöpfen!

единоли́чн|ый <-ая, -ое> *прил* Einzel-, individuell; **~ со́бственник** Alleineigentümer *m*; **~ со́бственник торго́вого предприя́тия** Einzelkaufmann *m*; **единоли́чное предприя́тие** Einzelunternehmen *nt*, Einmannbetrieb *m*; **единоли́чное хозя́йство** bäuerliche Einzelwirtschaft *f*; **единоли́чное реше́ние** eigenmächtige Entscheidung *f*

единомы́сли|е <-я> *ср* Gesinnungsgleichheit *f*, Ideenharmonie *f*, Einmütigkeit *f*; **по́лное ~ по э́тому вопро́су** volle Übereinstimmung in dieser Frage

единомы́слящ|ий <-ая, -ее> *прил* gleichgesinnt; **единомы́слящие лю́ди** gleichgesinnte Leute *pl*

единомы́шленник <-а> *м* Gleichgesinnte(r) *m*, Gesinnungsgenosse *m*; *(соуча́стник)* Mitbeteiligte *m*, Komplize *m*; **мы с ва́ми никогда́ не мо́жем быть единомы́шленниками** mit Ihnen könnten wir nie Gleichgesinnte sein; **бежа́ть из тюрьмы́ ему́ помо́г ~** ein Komplize hat ihm geholfen aus dem Gefängnis zu fliehen

единонача́ли|е <-я> *ср* Einzelleitung *f*; **при́нцип единонача́лия** Einzelleitungsprinzip *nt*

единонасле́ди|е <-я> *ср* **1.** *(в монархи́ческом госуда́рстве)* Alleinerbtum *m* **2.** юр *(при́нцип насле́дования)* das Prinzip des Alleinerben

единообра́зи|е <-я> *ср* Einheitlichkeit *f*

единообра́з|ный <-ная, -ное; -ен, -на, -но> *прил* **1.** *(станда́ртный)* einheitlich **2.** *(одина́ковый)* konform

единопле́менник <-а> *м*, **единопле́менниц|а** <-ы> *ж* *(соплеме́нник)* Stammesgenosse *m*

единопле́менн|ый <-ая, -ое> *прил* aus dem gleichen Stamm

единоро́г <-а> *м* Einhorn *nt*

единоро́г|ий <-ая, -ое> *прил* Einhorn-; **единоро́гое живо́тное** Einhorn *nt*

единоро́дн|ый <-ая, -ое> *прил* Einzel-; **~ сын** Einzelsohn *m*

единоутро́б|ный <-ная, -ное; -ен, -на, -но> *прил* leiblich; **единоутро́бные бра́тья** leibliche Brüder *mpl*

еди́нственно I. *нрч* nur, allein, einzig und allein; **э́то бы́ло ~ возмо́жным реше́нием** das war die einzig mögliche Lösung **II.** *част разг (то́лько)* nur; **она́ сде́лала э́то ~ с мы́слью о нём** das tat sie nur seinetwegen

еди́нственн|ый <-ая, -ое> *прил* einzige(r, s); **~ ребёнок** Einzelkind *nt*; **~ работа́ющий в семье́** Alleinverdiener *m*; **еди́нственное число́** лингв Einzahl *f*, Singular *m*; **~ в своём ро́де** einzigartig

еди́нств|о <-а> *ср* Einheit *f,* Einigkeit *f*

еди́н|ый <-ая, -ое; -, -а, -о> *прил* 1. *(о́бщий)* einheitlich, einig; **приде́рживаться еди́ного мне́ния с кем-л.** mit jdm einer Meinung sein; **приходи́ть к еди́ному мне́нию** sich einig werden; **~ курс** Einheitskurs *m;* **~ систе́ма** Verbundsystem *nt;* **~ тамо́женный тари́ф** Einheitstarif *m* 2. *(оди́н, еди́нственный)* einzig; **ни еди́ной души́** keine Menschenseele *f*

е́д|кий <-кая, -кое; -ок, -ка́, -ко> *прил* 1. *хим* ätzend 2. *(дым)* beißend 3. *перен (злой, язви́тельный)* bissig, scharf; **е́дкая иро́ния** beißende Ironie *f*

едо́к <едка́> *м* 1. *(при распределе́нии пи́щи)* Esser *m* 2. *разг (лю́бит пло́тно пое́сть)* Vielfraß *m;* **тако́го едока́ нам подава́й!** schickt uns solch einen Vielfraß!

еду́н <едуна́> *м* Bärenhunger *m;* **~ напа́л** einen Bärenhunger [*o* Mordshunger] haben

её[1] *мест ли́чное от она́* ihr

её[2] *мест притяжа́т.* ihr

ёж <ежа́> *м* Igel *m*

ежевече́рний *прил* allabendlich; **~ разгово́р** allabendliches Gespräch *nt*

ежеви́к|а <-и> *ж* 1. *(я́года)* Brombeere *f* 2. *(куст)* Brombeerstrauch *m*

ежеви́чник <-а> *м* Brombeerstrauch *m;* **гу́стой ~** Brombeerdickicht *nt,* dichter Brombeerstrauch *m*

ежего́дник <-а> *м* Jahrbuch *nt;* **~ статисти́ческого управле́ния** das Jahrbuch der statistischen Administration

ежего́дн|ый <-ая, -ое> *прил* jährlich, Jahres-; **~ о́тпуск** Jahresurlaub *m;* **~ дохо́д** Jahreseinkommen *nt;* **~ оборо́т** Jahresumsatz *m;* **~ отчёт** Jahresbericht *m;* **ежего́дная амортиза́ция** jährliche Abschreibung *f;* **ежего́дное о́бщее собра́ние** Jahreshauptversammlung *f*

ежедне́вник <-а> *м* Tagesausgabe *f;* **что́бы не забы́ть, всегда́ запи́сываю в ~** ich trage immer alles in meinen Kalender ein, um es nicht zu vergessen

ежедне́вн|ый <-ая, -ое> *прил* täglich, Tages-; *(бу́дничный, повседне́вный)* alltäglich; **ежедне́вная газе́та** Tageszeitung *f*

е́жели *сз устар* wenn, falls

ежеме́сячник <-а> *м* Monatsschrift *f,* Monatsheft *nt,* Monatsausgabe *f;* **~ лексикографи́ческого о́бщества** Monatszeitschrift *f* der lexikographischen Gesellschaft

ежеме́сячн|ый <-ая, -ое> *прил* monatlich, Monats-; **~ взнос** Monatsbeitrag *m*

ежемину́тн|ый <-ая, -ое> *прил* minütlich; **ежемину́тные звонки́ по телефо́ну** fortwährende Telefonanrufe *mpl*

еженеде́льник <-а> *м* Wochenschrift *f,* Wochenblatt *nt;* **литерату́рный ~** wöchentliche Literaturschrift *f;* **парти́йный ~** das Wochenblatt der Partei; **незави́симый ~** unabhängige Wochenschrift *f*

еженеде́льн|ый <-ая, -ое> *прил* wöchentlich, Wochen-

ежён|ок <-ка> *м* Igelchen *nt*

ежено́щн|ый <-ая, -ое> *прил* allnächtlich; **~ сон** allnächtlicher Schlaf *m*

ежесеку́ндн|ый <-ая, -ое> *прил* im Sekundenabstand

ежесу́точн|ый <-ая, -ое> *прил* täglich; **~ контро́ль** tägliche Kontrolle *f*

ежеча́сн|ый <-ая, -ое> *прил* stündlich; **ежеча́сные сообще́ния** stündliche Mitteilungen *fpl*

ёжик <-а> *м* 1. *(ма́ленький ёж)* kleiner Igel *m* 2. *(стри́жка)* Bürstenhaarschnitt *m*

ёжить <ёжу, ёжишь> *нсв прх разг* rühren, verziehen, zusammenpressen; **он постоя́нно ёжит нос** er zieht ständig die Nase hoch

ёжиться <ёжусь, ёжишься> *нсв рефл* 1. *(сжима́ться всем те́лом)* sich zusammenkauern; **он ёжится от холо́да** er zittert vor Kälte 2. *(стесня́ться)* schüchtern sein; **она́ ёжится пе́ред незнако́мыми людьми́** sie ist vor Unbekannten sehr schüchtern

ежи́х|а <-и> *ж* weiblicher Igel *m*

ежо́в|ый <-ая, -ое> *прил* Igel-; **держа́ть кого́-л. в ежо́вых рукави́цах** *перен* jdn unter der Fuchtel halten

еж-рыб|а <-ы> *ж* Igelfisch *m*

езд|а́ <-ы́> *ж* Fahren *nt,* Fahrt *f;* **в двух часа́х езды́ от** zwei Stunden Fahrt entfernt; **верхова́я ~** Reiten *nt*

е́здить <е́зжу, е́здишь> *нсв,* **е́хать** <е́ду, е́дешь> *нсв,* **съезди́ть** *нпрх* fahren; **~ верхо́м** reiten; **е́хать на ли́фте** mit dem Fahrstuhl fahren; **е́хать на трамва́е** [*или* **авто́бусе**] mit der Straßenbahn [*o* dem Buss] fahren; **~ на по́езде** mit dem Zug fahren; **е́хать на попу́тной маши́не** per Anhalter fahren; **е́хать в Москву́** nach Moskau fahren; **е́хать в о́тпуск** [*или* **на кани́кулы**] in Urlaub [*o* in die Ferien] fahren; **е́хать домо́й** heimfahren; **~ за́йцем** *разг* schwarzfahren; **~ на велосипе́де** Rad fahren

е́здк|а <-и> *ж* Fahrt *f;* **э́та ~ тебе́ не засчи́тывается** diese Fahrt wird dir nicht verrechnet

ездов|о́й <-а́я, -о́е> *прил* Fuhr-, Zug-, Reit-; **~ конь** Reitpferd *nt*

е́зжен|ный <-ная, -ное; -, -а, -о> *прил разг* 1. *(объе́зженный)* zugeritten; **~ конь** zugerittenes Pferd *nt* 2. *(по кото́рому е́здили)* eingefahren; **е́зженая доро́га** eingefahrene Straße *f*

ей-бо́гу I. *межд разг (действи́тельно)* wahrhaftig; **~, говорю́ вам су́щую пра́вду!** bei Gott, ich sage euch die volle Wahrheit! II. *межд* bei Gott!; **не могу́, ~, поня́ть, в чём тут де́ло** ich kann um Gottes Willen nicht verstehen, worum es hier geht

ей-е́й *межд разг* wahrlich!, wahrhaftig!

ёка|ть <-ю, -ешь> *нсв,* **ёкнуть** *св нпрх* 1. *(ика́ть)* schluchzen; **ребёнок ёкал уже́ не́сколько мину́т и не мог успоко́иться** das Kind schluchzte schon seit ein paar Minuten und konnte sich nicht beruhigen 2. *(от испу́га)* stocken; **при э́том сообще́нии у ма́тери се́рдце ёкнуло** bei dieser Mitteilung stand das Mutterherz still

екклезиа́ст <-а> *м* РЕЛИГ Ekklesiastikus *m*

е́ле *нрч* kaum; **~ живо́й** halbtot; **~-~** mit Müh und Not; **~ успе́ть** es kaum schaffen

еле́|й <-я> *м* 1. РЕЛИГ Salböl *nt,* Weiheöl *nt* 2. *(сре́дство успокое́ния)* Balsam *m;* **твой расска́з – ~ для меня́** deine Erzählung ist Balsam für mich 3. *(слаща́вые слова́)* Schmeichelei *f;* **разводи́ть ~** sich einschmeicheln

еле́йн|ый <-ая, -ое> *прил* salbungsvoll, süßlich

ёлк|а <-и> *ж* 1. БОТ *(де́рево)* Fichte *f,* Rottanne *m* 2. *(новогодняя)* Weihnachtsbaum *m*

елеосвяще́ни|е <-я> *ср* РЕЛИГ Öl(ein)weihung *f*

ело́в|ый <-ая, -ое> *прил* Fichten-; **~ лес** Fichtenwald *m;* **ело́вая ши́шка** Fichtenzapfen *m*

ёлочк|а <-и> *ж* 1. *(ёлка)* Weihnachtsbaum *m,* Tannenbaum *m,* Fichte *f* 2. *(тип узо́ра)* Fischgrätemuster *nt;* **~ пти́чьего сле́да** Vogelspurmuster *nt;* **ты уме́ешь поднима́ться в го́ру на лы́жах ёлочкой?** kannst du auf der Piste im Grätenschritt hochsteigen?

ёлочн|ый <-ая, -ое> *прил* Weihnachtsbaum-; **ёлочные игру́шки** [*или* **украше́ния**] Weihnachtsbaumschmuck *m*

ель <е́ли> *ж* БОТ Fichte *f,* Rottanne *f*

е́льник <-а> *м* 1. *(ело́вый лес)* Fichtenwald *m,* Tannenwald *m;* **молодо́й ~** junger Fichtenwald *m* 2. *(ело́вые ве́тки)* Tannenreisig *nt;* **она́ спала́ на е́льнике** sie hat auf Tannenstreu geschlafen

ём|кий <-кая, -кое; -ок, -ка, -ко> *прил* geräumig; **ёмкая формулиро́вка** *перен* umfassende Formulierung *f;* **~ ры́нок** ЭКОН aufnahmefähiger Markt *m*

ёмкос|ть <-ти> *ж* 1. *(сосу́д)* Behälter *m;* **~ для бензи́на** Benzinkanister *m* 2. *(вмести́мость)* Fassungsvermögen *nt,* Kapazität *f;* **~ ры́нка** ЭКОН Aufnahmefähigkeit *f,* Marktkapazität *f,* Marktvolumen *nt;* **~ накопи́теля информа́ции** ИНФОРМ Speicherkapazität *f* 3. ЭЛ Kapazität *f*

ему́ *мест ли́чное от* он *и* оно́ ihm

ено́т <-а> *м* Waschbär *m*

епанч|а́ <-и> *ж* ИСТОР Epantscha *m (Oberbekleidung so ähnlich wie Mantel)*

епа́рхи|я <-и> *ж* 1. РЕЛИГ Diözese *f* 2. *перен* Zuständigkeitsgebiet *nt*

епи́скоп <-а> *м* Bischof *m*

епископа́льн|ый <-ая, -ое> *прил* bischöflich

епи́скопск|ий <-ая, -ое> *прил* РЕЛИГ Bischofs-; **~ сан** Bischofswürde *f*

епи́скопств|о <-а> *ср* Bistum *nt*

епитимь|я́ <-и́> *ж* РЕЛИГ Epitimie *f,* Kirchenbuße *f;* **наложи́ть епитимью́** eine Epitimie auferlegen

епитрахи́|ль <-ли> *ж* РЕЛИГ Stola *f,* Stole *f*

ерала́ш <-а> *м разг* Wirrwarr *m,* Durcheinander *nt*

е́ре|сь <-си> *ж* РЕЛИГ Häresie *f,* Ketzerei *f;* **нести́ ~** *разг* völligen Unsinn reden

ерети́к <-а́> *м* Ketzer *m*

ерети́ческ|ий <-ая, -ое> *прил* ketzerisch

ёрза|ть <-ю, -ешь> *нсв нпрх* dauernd hin und her rutschen; **не ёрзай!** sitz doch still!

ермо́лк|а <-и> *ж* Kappe *f,* Scheitelkappe *f;* **ба́рхатная ~** Samtkäppchen *nt*

ёрнича|ть <-ю, -ешь> *нсв нпрх* ein liederliches Leben führen; *разг (гру́бо издева́ться)* verhöhnen; **переста́ньте ~! не сты́дно?** hört mit dem Verhöhnen auf! schämt ihr euch denn gar nicht?

еро́ш|ить <-у, -ишь> *нсв прх разг* zersausen; **он постоя́нно еро́шит бо́роду** er zersaust ständig seinen Bart

еро́ш|иться <-усь, -ишься> *нсв рефл разг* 1. *(во́лосы, шерсть)* unordentlich abstehen, sträuben; **пе́рья от ве́тра еро́шились** durch den Wind sträubten sich die Federn 2. *(горячи́ться)* sich ereifern; **чего́ ты еро́шишься!** wieso regst du dich so auf!

ерунд|а́ <-ы́> *ж* 1. *разг (чепуха́)* Unsinn *m,* dummes Zeug *nt* 2. *разг (пустя́к)* Kleinigkeit *f*

ерундо́вск|ий <-ая, -ое> *прил* dumm, unbedeutend

ерундо́в|ый <-ая, -ое> *прил* dumm, bedeutungslos, nichtig; **~ вопро́с** unbedeutende Frage *f*

ёрш[1] <ерша́> *м* 1. ЗООЛ Kaulbarsch *m* 2. *(щётка)* Flaschenbürste *f*

ёрш[2] <ерша́> *м разг* Getränk aus Wodka und Bier

ёршик <-а> *м* 1. *(для труб)* Rohrreiniger *m* 2. *(для буты́лок)* Gläserbürste *f,* Flaschenbürste *f,* Rundbürste *f;* **мыть буты́лку ёршиком** eine Flasche mit der Rundbürste waschen

ерши́ст|ый <-ая, -ое; -, -а, -о> *прил разг* 1. *(во́лосы́)* Igelfrisur *f;* **ерши́стые бро́ви** buschige Augenbrauen *fpl* 2. *(неусту́пчивый)* störrisch, unnachgiebig; **~ па́рень** störrischer Bursche *m*

ерш|и́ть <-у́, -и́шь> *нсв прх разг* zerzausen

ерш|и́ться <-у́сь, -и́шься> *нсв рефл разг* sich sträuben, unordentlich abstehen

еры́ *ж и ср неизм, устар der Buchstabe „ы"*

ерь <е́ря> *м устар der Buchstabe „ь"*

ЕС 1. *сокр от* **Европе́йское Соо́бщест-**

во Europäische Gemeinschaft *f,* EG *f* **2.** *сокр от* **Евросовéт, Европéйский совéт** Europarat *m* **3.** *сокр от* **Европéйский сою́з** Europäische Union *f,* EU *f*

есаýл <-а> *м* Jessaul *m,* Kosakenkapitän *m;* **казáчий ~** Kosakenrittmeister *m*

éсли *сз* wenn, falls; **~ смóжешь, приезжáй** wenn du kannst, dann komm; **что ~?** was wenn?; **~ бы что-нибýдь случúлось, нас бы известúли** wenn etw passiert wäre, hätten sie uns benachrichtigt

естéственник <-а> *м* Naturforscher *m,* Naturwissenschaftler *m;* **студéнт-~** Student *m* der Naturwissenschaften

естéственно I. *нрч* natürlich; **он дéлал всё óчень ~** er tat alles sehr natürlich **II.** *нрч* *(конéчно)* selbstverständlich; **вы, ~, не хотúте э́того дéлать** ihr möchtet das selbstverständlich nicht machen **III.** *част разг (да)* natürlich; **бýдете дéлать э́то? – ~!** werdet ihr das tun? – natürlich!

естéственнос|ть <-ти> *ж* Natürlichkeit *f*

естéствен|ный <-ная, -ное; -, -на, -но> *прил* **1.** *тóлько пóлная фóрма (прирóдный)* natürlich, Natur-; **естéственная безработица** natürliche Arbeitslosigkeit *f;* **~ продýкт** Naturprodukt *nt;* **естéственная наýка** Naturwissenschaft *f* **2.** *перен (разумéется)* natürlich, selbstverständlich **3.** *(непринуждённый)* ungezwungen

естествознáни|е <-я> *ср* Naturwissenschaft *f*

естествоиспытáте|ль <-ля> *м,* **естествоиспытáтельниц|а** <-ы> *ж* Naturforscher(in) *m(f)*

есть[1] <ем, ешь> *нсв,* **съесть** *св нпрх* essen; *(живóтное)* fressen; ХИМ zerfressen; **дым ест глазá** der Rauch beißt in die Augen

есть[2] *нсв нпрх* **1.** *(быть)* sein **2.** *(имéется)* es gibt; **у меня́ ~ идéя** ich habe eine Idee; **~ такóе предложéние** es liegt folgender Vorschlag vor; **в э́том что-то ~** das hat etw für sich

есть[3] *межд* ВОЕН zu Befehl!

ефрéйтор <-а> *м* ВОЕН Gefreiter *m*

éхать <éду, éдешь> *нсв нпрх см.* **éздить**

ехúдн|а <-ы> *ж* **1.** *(змея)* Schwarzotter *f* **2.** *разг (злой, ковáрный человéк)* Spötter *m,* gehässiger Mensch *m;* **ну и ~ же ты!** bist du boshaft [*o* gemein]!

ехúднича|ть <-ю, -ешь> *нсв,* **съехúдничать** *св нпрх разг* sticheln, lästern

ехúд|ный <-ная, -ное; -ен, -на, -но> *прил* boshaft, bösartig, giftig

ехúдств|о <-а> *ср* Bosheit *f,* Bösartigkeit *f*

ехúдств|овать <-ую, -уешь> *нсв нпрх* **1.** *(ехúдничать)* boshaft [*o* bösartig] sein **2.** *(злорáдствовать)* schadenfroh sein

ещё *нрч* **1.** *(покá что)* noch, nach wie vor, bis jetzt; **~ молóд** noch jung; **всё ~** noch immer; **нет ~** noch nicht; **~ не** noch nicht **2.** *(ужé)* schon; **~ год назáд** schon vor einem Jahr; **~ недáвно** erst vor kurzem; **~ ребёнком** schon als Kind **3.** *(дополнúтельно)* noch, zusätzlich; **~ раз** noch einmal; **~ и ~** noch und noch; **~ бы!** und ob!, natürlich!; **~ какóй!** und was für einer!

ЕЭП *сокр от* **Европéйское экономúческое прострáнство** Europäischer Wirtschaftsraum *m,* EWR *m*

Жж

Ж, ж <неизм> *ср* *Buchstabe Ж*

жа́б|а <-ы> *ж* Kröte *f,* Frosch *m;* **грудна́я жа́ба** мед Angina *f* pectoris, Stenokardie *f*

жабо́ <неизм> *ср* Jabot *nt;* **блу́зка с ~** Bluse *f* mit Jabot [*o* Rüschen]

жа́б|ры <-ер> *мн* Kiemen *fpl;* **взять кого́-л. за ~** *перен* jdm das Messer an die Kehle setzen

жа́ворон|ок <-ка> *м* Lerche *f*

жа́дин|а <-ы> *м и ж разг* Knauser *m,* Geizkragen *m;* **кака́я же ты всё-таки ~!** was bist du nur für ein Geizhals!

жадне́|ть <-ю, -ешь> *нсв нпрх разг* geiziger werden

жа́днича|ть <-ю, -ешь> *нсв нпрх разг* knausern, geizen, gierig sein

жа́днос|ть <-ти> *ж* **1.** *(а́лчность)* Gier *f,* Habsucht *f;* **~ к деньга́м** Geldgier *f;* **~ к еде́** Gefräßigkeit *f* **2.** *разг (ску́пость)* Geiz *m*

жа́д|ный <-ная, -ное; -ен, -на́, -но> *прил* **1.** *(а́лчный)* gierig, habgierig; **~ к де́ньга́м** geldgierig; **жа́дно есть** gierig herunterschlingen; **~ до зна́ний** *перен* wissbegierig **2.** *разг (скупо́й)* geizig

жа́жд|а <-ы> *ж* **1.** *(жела́ние пить)* Durst *m* **2.** *перен (страсть)* Begierde *f,* Verlangen *nt;* **~ де́йствий** Tatendrang *m;* **~ зна́ний** Wissbegierde *f;* **~ стра́нствий** Wanderlust *f,* Fernweh *nt*

жа́жд|ать <-у, -ешь> *нсв прх (чего́-л.)* dürsten, begehren, lechzen nach *+dat*

жаке́т <-а> *м* Jackett *nt,* Jacke *f;* **весе́нний ~** Herbstjacke *f;* **мехово́й ~** Pelzjackett *nt*

жаке́тк|а <-и> *ж* Jacke *f,* Damenjacke *f*

жакка́рд <-а> *м* Jacquard *m;* **костю́м из жакка́рда** Jacquardanzug *m*

жакка́рдов|ый <-ая, -ое> *прил* Jacquard-; **~ ковёр** Jacquarddecke *f*

жале́йк|а <-и> *ж* Hirtenflöte *f,* Kinderflöte *f;* **игра́ть на жале́йке** Kinderflöte spielen

жале́|ть <-ю, -ешь> *нсв,* **пожале́ть** *св прх* **1.** *(сочу́вствовать)* Mitleid haben (mit *+dat*) **2.** *(сожале́ть)* bedauern **3.** *(бере́чь)* schonen, sparen; **не ~ трудо́в** keine Mühe scheuen

жа́л|ить <-ю, -ишь> *нсв,* **ужа́лить** *св прх* **1.** *(уколо́ть)* stechen **2.** *(змея́)* beißen

жа́л|кий <-кая, -кое; -ок, -ка́,-ко> *прил* **1.** *(вызыва́ющий сострада́ние)* bedauernswert, bemitleidenswert **2.** *(невзра́чный, нека́зистый)* jämmerlich, armselig; **~ вид** kläglicher Anblick *m;* **игра́ть жа́лкую роль** *перен* eine traurige Figur abgeben

жа́лко *нрч* schade, es ist bedauerlich; **мне ~ его́** er tut mir leid; **мне ~ вре́мени** schade um die Zeit

жа́л|о <-а> *ср* **1.** *(насеко́мого)* Stachel *m* **2.** *(змеи́)* Zunge *f* **3.** *перен* Stachel *m,* Giftzahn *m;* **~ сати́ры** der Giftzahn der Satire

жа́лоб|а <-ы> *ж* Beschwerde *f,* Klage *f;* **подава́ть жа́лобу на кого́-л.** юр Anzeige erstatten gegen *+akk*

жа́лоб|ный <-ная, -ное; -ен, -на, -но> *прил* klagend, jammernd; **~ го́лос** klagende Stimme *f;* **жа́лобная пе́сня** Klagelied *nt;* **жа́лобная кни́га** Beschwerdebuch *nt*

жа́лобщик <-а> *м* **1.** юр Kläger *m* **2.** *презрит (кля́узник)* Denunziant *m*

жа́лованн|ый <-ая, -ое> *прил истор* verliehen, geschenkt; **жалованная во́тчина** verliehener Erbbesitz *m*

жа́ловань|е <-я> *ср* Gehalt *nt,* Besoldung *f*

жа́л|овать <-ую, -уешь> *нсв,* **пожа́ловать** *св нпрх* **1.** *(прийти́)* kommen; **к нам инспе́ктор пожа́ловал** zu uns kam der Inspektor; **добро́ пожа́ловать!** herzlich willkommen!; **пожа́луйте в зал, господа́** Herrschaften, kommen Sie, bitte, herein! **2.** *то́лько нсв (люби́ть)* willkommen sein; **его́ там не жа́луют** er ist da nicht willkommen **3.** *книжн (награжда́ть)* verleihen **4.** *(предъяви́ть)* vorlegen; **пожа́луйте докуме́нты, и я вас пропущу́** zeigen Sie bitte Ihre Papiere und ich werde Sie hereinlassen

жа́л|оваться <-уюсь, -уешься> *нсв,* **пожа́ловаться** *св рефл (на кого́-л./что-л.)* klagen [*o* sich beschweren] über *+akk*

жалоно́сн|ый <-ая, -ое> *прил* Stachel-, stachelig; **жалоно́сное насеко́мое** Stechinsekt *nt*

жа́лостлив|ый <-ая, -ое; -, -а, -о> *прил* mitleidig, teilnehmend, rührend; **~ челове́к** mitfühlender Mensch *m;* **жа́лостливая пе́сня** trauriges Lied *nt*

жа́лост|ный <-ная, -ное; -ен, -на, -но> *прил* kläglich, jämmerlich; **~ стон** Klagestöhnen *nt;* **жа́лостное отноше́ние** mitfühlendes Verhalten *nt*

жа́лос|ть <-ти> *ж* Mitleid *nt;* **кака́я ~!** wie schade!; **вызыва́ть ~** Mitleid erwecken; **из жа́лости** aus Mitleid

жалюзи́ <неизм> *ср* Jalousie *f,* Rollladen *m*

жанда́рм <-а> *м* Gendarm *m,* Landjäger *m;* **служи́ть жанда́рмом** als Gendarm dienen; **не же́нщина, а ~ в ю́бке!** das ist keine Frau, sondern ein Gendarm im Rock!; **миро-во́й ~** die Weltpolizei *f*

жандарме́ри|я <-и> *ж* Gendarmerie *f*

жанда́рмск|ий <-ая, -ое> *прил* Gendarmerie-; **~ ко́рпус** Gendarmeriekorps *nt*

жанр <жа́нра> *м* Genre *nt,* Gattung *f*

жа́нров|ый <-ая, -ое> *прил* Genre-, genrehaft; **жа́нровая разнови́дность** Genreabart *f*

жар <жа́ра> *м* Hitze *f*, Glut *f*; **зада́ть жа́ру кому́-л.** *перен* jdm einheizen, jdm Dampf machen

жар|а́ <-ы> *ж* Hitze *f*

жарго́н <-а> *м* Jargon *m*; **воровско́й ~** Gaunersprache *f*; **канцеля́рский ~** Amtsjargon *m*

жаргони́зм <-а> *м* Jargonausdruck *m*; **в те́ксте расска́за бы́ло непрости́тельно мно́го жаргони́змов** im Text der Erzählung gab es unverzeihlich viele saloppe Ausdrücke

жарго́нн|ый <-ая, -ое> *прил* Jargon-, salopp; **жарго́нное сло́во** salopper Ausdruck *m*

жардинье́рк|а <-и> *ж* Blumenständer *m*; **камышо́вая ~** Binsentisch *m*

жа́рен|ый <-ая, -ое> *прил* gebraten, Brat-, geröstet; **~ цыплёнок** Brathähnchen *nt*; **жа́реным па́хнет** es riecht nach Gebratenem; **~ факт** ausgekochte Tatsache *f*

жа́р|ить <-ю, -ишь> *нсв*, **поджа́рить** *св* **I.** *прх* braten, rösten; **~ ры́бу в ма́сле** Fisch in Öl braten **II.** *прх (шашлы́к)* grillen **III.** *нпрх (о со́лнце)* sengen, brennen; *см. т.* **поджа́ривать**

жа́р|иться <-юсь -ишься> *нсв рефл* gebraten werden, schmoren; *разг (загора́ть)* sich sonnen

жари́щ|а <-и> *ж* Hitze *f*; **така́я ~ на у́лице!** draußen ist es schrecklich heiß!

жа́рк|а <-и> *ж* Braten *nt*; **~ мя́са** Fleischbraten *nt*

жа́р|кий <-кая, -кое; -ок, -ка́, -ко> *прил* **1.** *(горя́чий)* heiß **2.** *перен (ожесточённый, стра́стный)* heftig, leidenschaftlich

жа́рко *нрч* heiß; **~ спо́рить** heftig streiten; **в купе́ ~** es ist heiß im Abteil

жарко́|е <-го> *ср* Braten *m*

жаро́вн|я <-и> *ж* Kohlenofen *m*, Kohlenkocher *m*; **на жаро́вне пекли́ мя́со** auf dem Grill hat man Fleisch gebraten

жаровыно́слив|ый <-ая, -ое; -, -а, -о> *прил* hitzebeständig; **жаровыно́сливое расте́ние** hitzebeständige Pflanze *f*

жаропонижа́ющ|ий <-ая, -ее> *прил* fiebersenkend; **жаропонижа́ющее лека́рство** Fiebermittel *nt*, fiebersenkendes Mittel *nt*, Antipyretikum *nt*

жаропро́чн|ый <-ая, -ое> *прил* hitzebeständig, hitzefest; **жаропро́чные спла́вы** hitzebeständige Legierungen *fpl*

жаросто́йк|ий <-ая, -ое> *прил* hitzebeständig

жароупо́рн|ый <-ая, -ое> *прил* hitzebeständig, hitzefest; **жароупо́рные спла́вы** hitzefeste Legierungen *fpl*

жар-пти́ц|а <-ы> *ж* поэт Feuervogel *m*, Phönix *m*; **пойма́ть жар-пти́цу** den Feuervogel fangen

жары́|нь <-ни> *ж разг* Hitze *f*, Glut *f*; **на у́лице така́я ~!** auf der Straße ist es schrecklich heiß!

жасми́н <-а> *м* бот Jasmin *m*

жа́тв|а <-ы> *ж* **1.** *(убо́рка урожа́я)* Ernte *f*, Ernteertrag *m*; **в э́том году́ ~ была́ успе́шной** in diesem Jahr war die Ernte ausgiebig **2.** *(вре́мя убо́рки урожа́я)* Erntezeit *f*; **наступа́ет ~** die Erntezeit kommt **3.** *(урожа́й)* Ernte *f*; **бога́тая ~** reiche Ente *f*

жа́тк|а <-и> *ж* Getreidemähmaschine *f*, Mähdrescher *m*

жать[1] <жму, жмёшь> *нсв*, **пожа́ть** *св прх* **1.** *(сжима́ть)* drücken; **~ кому́-л. ру́ку** jdm die Hand schütteln **2.** *(выжима́ть)* pressen **3.** тех komprimieren, verdichten **4.** *безл (о́бувь)* drücken, zu eng sein

жать[2] <жну, жнёшь> *нсв*, **нажа́ть** *св прх (вести́ жа́тву)* mähen

жа́ться <жму́сь, жмёшься> *нсв рефл* **1.** *(сжима́ться всем те́лом)* sich drängen, sich drücken, sich zusammenkauern; **~ от хо́лода** sich zusammenkauern vor Kälte **2.** *(прижима́ться к кому-л./чему-л.)* sich (an)schmiegen; **~ к тёплому те́лу** sich an den warmen Körper anschmiegen **3.** *разг (проявля́ть нереши́тельность)* unschlüssig sein; **она́ все жмётся, не разгова́ривает** sie geniert sich und spricht mit niemandem

жва́чк|а <-и> *ж* **1.** *(пережёвываемая пи́ща)* wiedergekäutes Futter *nt*; **коро́ва жуёт жва́чку** die Kuh käut wieder **2.** *(жева́тельная рези́нка)* Kaugummi *m*; **апельси́новая жва́чка** Orangenkaugummi *m*; **жева́ть жва́чку** Kaugummi kauen

жва́чны|е <-х> *мн* зоол **~ живо́тные** Wiederkäuertiere *pl*

жгут <жгута́> *м* **1.** *(плеть)* Geflecht *nt*; **соло́менный ~** Strohwisch *m* **2.** мед Schlauch *m* **3.** *(шнур)* Schnur *f*

жгу́тиковы|е <-х> *мн* зоол Geißeltierchen *ntpl*

жгу́ч|ий <-ая, -ее; -, -а, -е> *прил* brennend, beißend, heftig; **жгу́чая крапи́ва** Brennnessel *f*; **жгу́чие слёзы** heiße Tränen *fpl*; **жгу́чая не́нависть** *перен* glühender Hass *m*; **жгу́чая пробле́ма** *перен* brennendes [*o* akutes] Problem *nt*

ждать <жду, ждёшь> *нсв прх* warten auf *+akk*, erwarten; **меня́ ждут** ich werde erwartet; **жду не дожду́сь** ich kann es kaum noch erwarten; **вре́мя не ждёт** die Zeit drängt; **~ свое́й о́череди** warten, bis man an die Reihe kommt; **не ~ ничего́ хоро́шего** nichts Gutes erwarten; **того и жди́, что ...** jeden Augenblick kann es geschehen, dass ...

же *част усили́вание* aber, doch, denn, hingegen; **что же ты молчи́шь?** warum sagst du denn nichts?; **тогда́ ~** dann; **тот ~** derselbe; **та ~** dieselbe; **то ~** dasselbe

жева́тельн|ый <-ая, -ое> *прил* Kau-; **~ таба́к** Kautabak *m*

жева́ть <жую́, жуёшь> *нсв прх* kauen; **~**

Ж

жва́чку Kaugummi *m* kauen

жезл <жезла́> *м* **1.** *(по́сох, трость)* Stab *m,* Zepter *m;* **~ полково́дца** Feldherrnstab *m;* **~ милиционе́ра** Polizistenkelle *f* **2.** ж.-д. Blockstab *m,* Zugstab *m*

жела́ни|е <-я> *ср* Wunsch *m; (охо́та, страсть)* Begierde *f,* Lust *f;* **по жела́нию** auf Wunsch; **при всём жела́нии** beim besten Willen; **исполня́ть** [*или* **удовлетворя́ть**] **~** jds Wünschen nachkommen; **име́ть ~** Lust haben

жела́нн|ый <-ая, -ое> *прил* ersehnt, erwünscht, willkommen, begehrt; **пришёл ~ миг** der lang ersehnte Moment ist da [*o* gekommen]

жела́те|льный <-льная, -льное; -лен, -льна, -льно> *прил* erwünscht, wünschenswert

желати́н <-а> *м* Gelatine *f*

желати́нов|ый <-ая, -ое> *прил* Gelatine-, gallertartig; **~ раство́р** Gelatinelösung *f*

жела́|ть <-ю, -ешь> *нсв,* **пожела́ть** *св прх* wünschen, begehren; **сам того́ не жела́я** gegen seinen Willen; **~ кому́-л. всего́ хоро́шего** jdm alles Gute wünschen

жела́ющ|ий <-ая, -ее> *м* Interessent *m,* Bewerber *m*

желва́к <-а́> *м* **1.** *(ши́шка)* Beule *f,* Schwellung *f;* **~ на лбу** Stirnbeule *f* **2.** *(выступа́ющий му́скул)* ausgeprägter Muskel *m;* **на ску́лах у него́ заигра́ли желва́ки** auf seinen Backenknochen spielten die Muskeln

желе́ <неизм> *ср* Gelee *nt*

желез|а́ <-ы́> *ж* АНАТ Drüse *f;* **поджелу́дочная ~** Bauchspeicheldrüse *f*

желе́зин|а <-ы> *ж разг (кусо́к желе́за)* Stück *nt* Eisen, Eisenblech *nt*

желе́зк|а <-и> *ж разг* Eisen *nt,* kleines Stück *nt* Eisen; **у него́ в мастерско́й полно́ вся́ких желе́зок** in seiner Werkstatt liegt überall allerlei Eisen; **на всю желе́зку** *перен* aus allen Kräften

желёзк|а <-и> *ж* АНАТ Drüse *f*

железнодоро́жник <-а> *м* Eisenbahner *m,* Bahnbeamte(r) *m*

железнодоро́жн|ый <-ая, -ое> *прил* Bahn-, Eisenbahn-; **железнодоро́жная ли́ния** Eisenbahnlinie *f;* **железнодоро́жная сеть** Eisenbahnnetz *nt*

желе́зн|ый <-ая, -ое> *прил* **1.** *(из желе́за)* eisern, Eisen-; **желе́зная доро́га** Eisenbahn *f* **2.** *перен (дисципли́на)* eisern, unbeugsam

железня́к <-а́> *м (желе́зная руда́)* Eisenstein *m;* **бу́рый ~** Roteisenstein *m*

желе́з|о <-а> *ср* **1.** *(мета́лл)* Eisen *nt* **2.** *разг* ИНФОРМ Hardware *f*

железобето́н <-а> *м* Stahlbeton *m*

железобето́нн|ый <-ая, -ое> *прил* Stahlbeton-; **~ мост** Stahlbetonbrücke *f*

железопрока́тн|ый <-ая, -ое> *прил* Eisenwalz-; **~ стан** Eisenwalzstraße *f*

железору́дн|ый <-ая, -ое> *прил* Eisenerz-; **~ комбина́т** Eisenhüttenkombinat *nt*

железосодержа́щ|ий <-ая, -ее> *прил* eisenhaltig

железя́к|а <-и> *ж разг* Eisenstück *nt*

желеобра́зн|ый <-ая, -ое> *прил* geleeartig; **~ сиро́п** geleeartiger Sirup *m*

жёлоб <жёлоба> *м* Rinne *f;* **водосто́чный ~** Regenrinne *f*

желоб|о́к <-ка́> *м* kleine Rinne *f,* Rille *f*

жело́бчат|ый <-ая, -ое> *прил* rinnenförmig; **жело́бчатая черепи́ца** rinnenförmiger Dachziegel *m*

желте́|ть <-ю, -ешь> *нсв,* **пожелте́ть** *св нпрх* **1.** *(станови́ться жёлтым)* gelb werden; **ли́стья на дере́вьях пожелте́ли** die Blätter der Bäume wurden gelb; **его́ лицо́ пожелте́ло от стра́ха** sein Gesicht wurde blass vor Angst **2.** *нсв (желте́ться)* gelb schimmern [*o* leuchten]

желте́|ться <-юсь, -ешься> *нсв рефл* gelb werden, angilben, gelb schimmern; **вдали́ желте́ется по́ле** in der Ferne schimmert das Feld gelb

желтизн|а́ <-ы́> *ж* Gelbe *nt,* Gelb *nt;* **~ янтаря́** Bernsteingelb *nt*

желти́нк|а <-и> *ж разг* gelbliche Schattierung *f,* gelblicher Fleck *m;* **мо́рдочка с желти́нкой** gelber Fleck am Mund [*o* an der Schnauze]

жел|ти́ть <-чу́, -ти́шь> *нсв,* **вы́желтить** *св прх* gelb färben; **э́тот свет желти́л её лицо́** bei dieser Beleuchtung sah ihr Gesicht gelblich aus

желти́т|ься <-ся> *нсв безл, то́лько 3 л* sich gelb färben, gelb werden; **ли́стья на дере́вьях уже́ желтя́тся** das Laub wird schon gelb

желтко́в|ый <-ая, -ое> *прил* Eidotter-; **желтко́вая оболо́чка** Eigelbhaut *f*

желтова́т|ый <-ая, -ое> *прил* gelblich

желтоголо́в|ый <-ая, -ое> *прил* gelbköpfig; **~ птене́ц** gelbköpfiges Vogeljunges *nt*

желтогру́д|ый <-ая, -ое> *прил* mit gelber Brust; **~ птене́ц** ein Vogeljunges mit gelber Brust

желтозём <-а> *м* Gelberde *f*

желт|о́к <-ка́> *м* Eigelb *nt,* Eidotter *m*

желтоко́ж|ий <-ая, -ее> *прил* gelbhäutig; **~ инду́с** gelbhäutiger Inder *m*

желтокры́л|ый <-ая, -ое> *прил* mit gelben Flügeln; **желтокры́лая ба́бочка** Schmetterling *m* mit gelben Flügeln

желтоли́ц|ый <-ая, -ее> *прил* mit gelbem Gesicht; **~ ма́льчик** gelbgesichtiger Junge *m*

желтоно́с|ый <-ая, -ое> *прил* mit gelber Nase; **~ скворе́ц** gelbnasiger Star *m*

желторо́т|ый <-ая, -ое> *прил* mit gelbem Schnabel; *перен (нео́пытный)* Gelbschnabel *m;* **~ воробе́й** Spatz *m* mit gelbem Schnabel;

~ **мальчи́шка** Grünschnabel *m*
желту́х|а <-и> *ж* МЕД Gelbsucht *f*
жёлт|ый <-ая, -ое; -, -а́, -о *или* -о́> *прил* gelb; **~ дом** *разг* Irrenanstalt *f;* **жёлтая лихора́дка** МЕД Gelbfieber *nt;* **жёлтая пре́сса** Sensationspresse *f;* **жёлтые страни́цы** Gelbe Seiten *pl*
желу́д|ок <-ка> *м* Magen *m;* **расстро́йство желу́дка** МЕД Durchfall *m,* Magenverstimmung *f*
желу́доч|ек <-ка> *м (се́рдца)* Herzkammer *f, (головно́го мо́зга)* Hirnkammer *f;* **ле́вый ~ се́рдца** linke Herzkammer
желу́дочн|ый <-ая, -ое> *прил* Magen-; **желу́дочный сок** Magensaft *m*
жёлу|дь <-дя> *м* Eichel *f*
жёл|чь <-чи> *ж* **1.** АНАТ Galle *f* **2.** *перен (раздраже́ние)* Zorn *m,* Gereiztheit *f;* **его́ переполня́ет ~** ihm läuft die Galle über
желчего́нн|ый <-ая, -ое> *прил* gallentreibend; **желчего́нное сре́дство** gallentreibendes Mittel *nt*
желчнока́менн|ый <-ая, -ое> *прил* Gallenstein-; **желчнока́менная боле́знь** Gallensteinkrankheit *f*
жема́н|иться <-юсь -ишься> *нсв рефл разг* sich zieren, zimperlich tun
жема́нница|ть <-ю, -ешь> *нсв нпрх разг* sich zieren, zimperlich sein; **она́ всё вре́мя жема́нничает** sie spielt die ganze Zeit die Zimperliese
жема́н|ный <-ная, -ное; -ен, -на, -но> *прил* affektiert, geziert
жема́нств|о <-а> *ср* Affektiertheit *f,* Ziererei *f*
же́мчуг <-а> *м* Perlen *fpl;* **речно́й ~** Süßwasserperle *f;* **она́ вся в же́мчуге** sie ist ganz in Perlen; **зу́бы как ~** Zähne wie Perlen
жемчу́жин|а <-ы> *ж* Perle *f*
жемчу́жниц|а <-ы> *ж* Perlmuschel *f;* **морска́я ~** Seeperlmuschel *f*
жемчу́жн|ый <-ая, -ое> *прил* Perlen-; **жемчу́жное ожере́лье** Perlenhalsband *nt,* Perlenkette *f*
жен|а́ <-ы́> *ж* Ehefrau *f*
жена́т|ый <-> *прил (мужчи́на)* verheiratet
Жене́в|а <-ы> *ж* Genf *nt*
жен|и́ть <-ю́, -ишь> *нсв,* **пожени́ть** *св прх* verheiraten
жени́тьб|а <-ы> *ж* Heirat *f*
жен|и́ться <-ю́сь, -ишься> *(н)св рефл* heiraten, sich verheiraten
жени́х <-а́> *м* Bräutigam *m,* Verlobte(r) *m; разг (и́щущий неве́сту)* Freier *m,* Bewerber *m;* **~ и неве́ста** Brautpaar *nt*
жениховск|ий <-ая, -ое> *прил* Bräutigam(s)-; **~ вид** Bräutigamslook *m*
жениш|о́к <-ка́> *м пренебр* Freier *m*
жёнк|а <-и> *ж разг (жена́)* Frau *f*
женолю́б <-а> *м* Weiberfreund *m*
женоненави́стник <-а> *м* Frauenhasser *m*
женоненави́стничеств|о <-а> *ср* Frauenfeindlichkeit *f,* Weiberfeindlichkeit *f*
же́нск|ий <-ая, -ое> *прил* Frauen-, weiblich; **же́нское движе́ние** Frauenbewegung *f*
же́нствен|ный <-ная, -ное; -, -на, -но> *прил* weiblich, frauenhaft, feminin
жёнушк|а <-и> *ж ласк* Frauchen *nt*
же́нщин|а <-ы> *ж* Frau *f;* **рабо́тающая ~** berufstätige Frau *f;* **~-вра́ч** Ärztin *f;* **~-бизнесме́н** Geschäftsfrau *f*
женьше́|нь <-ня> *м* Ginseng *m*
жерди́н|а <-ы> *ж разг* Bohnenstange *f,* Hopfenstange *f;* **ну и жерди́ну вы́махал ты!** bist du eine Bohnenstange!
жёрдочк|а <-и> *ж* **1.** *(жердь)* Latte *f,* Stange *f,* Rundstange *f* **2.** *(для сиде́ния пти́цы)* Hühnerstange *f;* **ку́рица се́ла на жёрдочку** die Henne hüpfte auf die Stange
жердь <же́рди> *ж* Stange *f; (в забо́ре)* Zaunpfahl *m;* **худо́й как ~** *перен* dünn wie eine Bohnenstange
жеребён|ок <-ка> *м* Fohlen *nt*
жереб|е́ц <-ца́> *м* Hengst *m*
жереб|и́ться <-лю́сь, -и́шься> *нсв,* **ожереби́ться** *св рефл* fohlen; **кобы́ла жереби́тся** die Stute fohlt
жеребьёвк|а <-и> *ж* Auslosung *f,* Losziehung *f;* **проводи́ть жеребьёвку** auslosen
жерёб|ый <-ая, -ое> *прил* trächtig; **жерёбая кобы́ла** trächtige Stute *f*
жёрнов <-а> *м* Mühlstein *m*
жеребя́тин|а <-ы> *ж разг* **1.** *(мя́со жеребёнка)* Fohlenfleisch *nt* **2.** *(блю́до из мя́са жеребёнка)* ein Gericht *nt* aus Fohlenfleisch; **~ – одно́ из предпочита́емых мно́ю блюд** Fohlenfleischgerichte gehören zu den von mir bevorzugten Speisen
жерл|о́ <-а́> *ср* **1.** *(отве́рстие)* Krater *m,* Loch *nt,* Spalt *m;* **~ тонне́ля** Tunnelöffnung *f* **2.** *(ду́ло)* Schlund *m,* Mündung *f;* **оруди́йное ~** Kanonenmündung *f*
же́ртв|а <-ы> *ж и перен* Opfer *nt;* **же́ртвы землетрясе́ния** Erdbebenopfer *ntpl;* **пасть же́ртвой** zum Opfer fallen; **принести́ в же́ртву** zum Opfer bringen, opfern
же́ртвенник <-а> *м* Opferstätte *f,* Opferaltar *m;* **возложи́ть на ~** jdn opfern
же́ртвенн|ый <-ая, -ое> *прил* Opfer-; *перен (гото́вый на самопоже́ртвование)* selbstlos; **~ обря́д** Opferritual *nt*
же́ртв|овать <-ую, -уешь> *нсв,* **поже́ртвовать** *св прх* **1.** *(де́ньги и т.п.)* spenden **2.** *(кем-л./чем-л.)* opfern; **~ собо́й** sich aufopfern
жертвоприноше́ни|е <-я> *ср* Opferung *f,* Opfergabe *f;* **соверши́ть ~** ein Opfer bringen
жест <же́ста> *м* Geste *f,* Handbewegung *f;* **язы́к же́стов** Gebärdensprache *f*
жестикули́р|овать <-ую, -уешь> *нсв нпрх* gestikulieren
жестикуля́ци|я <-и> *ж* Gestikulation *f,*

Gebärdenspiel *nt;* **споко́йная ~** ruhige Gestikulation *f*
жёст|кий <-кая, -кое; -ок, -ка́, -ко> *прил* **1.** *(твёрдый)* hart, fest; **~ диск** ИНФОРМ Festplatte *f* **2.** *(мя́со)* zäh **3.** *перен (суро́вый, ре́зкий)* streng, hart; **сторо́нник жёсткого ку́рса** ПОЛ Hardliner *m*
жёстко *нрч* hart, starr, rau; **~ поступа́ть** schroff [*o* streng] handeln, hart sein; **на земле́ ~ спать** auf dem Boden zu schlafen ist hart
жесто́к|ий <-ая, -ое; -, -а, -о> *прил* **1.** *(безжа́лостный)* grausam, brutal; **жесто́кое обраще́ние** Misshandlung *f* **2.** *(моро́з)* heftig, stark **3.** *(оши́бка и т.п.)* folgenschwer
жестокосе́рд|ный <-ная, -ное; -ен, -на, -но> *прил* hartherzig
жесто́кос|ть <-ти> *ж* **1.** *(беспоща́дность)* Grausamkeit *f,* Brutalität *f* **2.** *(суро́вость)* Härte *f*
жесть <же́сти> *ж* Blech *nt*
жестя́нщик <-а> *м,* **жестя́ник** <-а *или* -а́> *м* Klempner *m*
жето́н <-а> *м (для игры́)* Spielmarke *f; (для автома́та)* Automatenmünze *f*
жечь <жгу, жжёшь> *нсв,* **сжечь** *св* **I.** *прх* verbrennen **II.** *нпрх (о ра́не и т.п.)* brennen, weh tun
жже́ни|е <-я> *ср* Brennen *nt;* **~ в груди́** Brennen *nt* in der Brust
жжёнк|а <-и> *ж* Punsch *m;* **пить жжёнку** ein Glas Punsch trinken
живи́те|льный <-льная, -льное; -лен, -льна, -льно> *прил* belebend, erquickend; **~ во́здух** belebende Luft *f*
жив|и́ть <-лю́, -и́шь> *нсв,* **оживи́ть** *св прх* ermuntern; *(кого́-л.)* beleben; **внима́ние живи́т ду́шу** die Aufmerksamkeit ermuntert die Seele; **~ эконо́мику** die Wirtschaft ankurbeln
жи́внос|ть <-ти> *ж разг* Geflügel *nt,* Federvieh *nt,* Kleinvieh *nt;* **в лесу́ мно́го жи́вности** im Wald gibt es viel Wild
живодёр <-а> *м* Schinder *m,* Abdecker *m; разг* Menschenschinder *m,* Blutsauger *m,* Schinder *m*
жив|о́й <-а́я, -о́е; -, -а́, -о> *прил* lebendig, lebend; *перен (акти́вный)* lebhaft, rege; **живо́е существо́** Lebewesen *nt;* **~ интере́с к чему́-л.** reges Interesse für *+akk*
живопи́с|ец <-ца> *м* Maler(in) *m(f),* Kunstmaler(in) *m(f)*
живопи́с|ный <-ная, -ное; -ен, -на, -но> *прил* **1.** *(относя́щийся к жи́вописи)* Gemälde-; **живопи́сная те́хника** Technik *f* der Malerei **2.** *(я́ркий, краси́вый)* malerisch
жи́вопи|сь <-си> *ж* Malerei *f;* **фре́сковая ~** Freskomalerei *f;* **пейза́жная ~** Landschaftsmalerei *f*
живородя́щи|е <-их> *мн* ЗООЛ Lebendgebärende *pl,* Viviparen *pl*
жи́вос|ть <-ти> *ж* Lebendigkeit *f,* Lebhaftigkeit *f*
живо́т <-а́> *м* АНАТ Bauch *m,* Unterleib *m;* **у меня́ боли́т ~** ich habe Bauchschmerzen
животи́н|а <-ы> *ж разг* Vieh *nt;* **бесслове́сная ~** sprachloses Vieh *nt,* stumme Kreatur *f,* stummes Lebewesen *nt*
животново́д <-а> *м* Viehzüchter(in) *m(f),* Tierpfleger(in) *m(f)*
животново́дств|о <-а> *ср* Tierzucht *f,* Viehhaltung *f,* Tierwirtschaft *f;* **мя́со-моло́чное ~** Milch- und Fleischtierzucht *f*
живо́тно|е <-го> *ср как прил.* Tier *nt*
живо́тн|ый <-ая, -ое> *прил* Tier-, tierisch; *перен (гру́бый, ни́зменный)* animalisch, triebhaft
животрепе́щущ|ий <-ая, -ее> *прил* voller Leben, aktuell, brennend; **~ вопро́с** aktuelle Frage *f*
живу́ч|ий <-ая, -ее; -, -а, -е> *прил* **1.** *(жизнеспосо́бный)* lebensfähig **2.** *(усто́йчивый)* zäh, überlebensfähig; **наро́дная му́дрость чрезвыча́йно живу́ча** die Volksweisheit ist außerordentlich zählebig
жи́вчик <-а> *м* **1.** *разг* Quirl *m,* lebhafter Mensch *m* **2.** БИОЛ männliche Samenzelle *f*
живьём *нрч* lebend, bei lebendigem Leibe
жид <жида́> *м презрит* Jude *m; перен (скря́га)* Geizhals *m,* Geizkragen *m*
жи́д|кий <-кая, -кое; -ок, -ка́, -ко> *прил* flüssig; *(водни́стый)* dünn, wässerig; *(ре́дкий, неча́стый)* schütter, spärlich
жидкокристалли́ческ|ий <-ая, -ое> *прил* LCD-; **~ индика́тор, ЖК-индика́тор** LCD-Anzeige *f*
жи́дкос|ть <-ти> *ж* Flüssigkeit *f*
жи́ж|а <-и> *ж* Brühe *f,* Saft *m,* dünnflüssiges Gemisch *nt;* **наво́зная ~** Jauche *f*
жизнеде́ятельнос|ть <-ти> *ж* БИОЛ Lebensfunktion *f*
жизнеде́яте|льный <-льная, -льное; -лен, -льна, -льно> *прил* lebenstätig; **~ ум** lebenstätiger Verstand *m*
жизнелю́б <-а> *м* Frohnatur *f,* lebensfroher Mensch *m*
жизнелюби́в|ый <-ая, -ое; -, -а, -о> *прил* lebensfroh, lebenslustig; **~ челове́к** lebensfroher Mensch *m*
жи́зненнос|ть <-ти> *ж* **1.** *(вита́льность)* Lebensfähigkeit *f,* Lebenskraft *f,* Vitalität *f;* **~ кле́тки** Lebensfähigkeit *f* der Zelle **2.** *(ва́жность)* Lebenswichtigkeit *f;* **~ языка́** Aktualität *f* der Sprache
жи́знен|ный <-ная, -ное; -, -на, -но> *прил* **1.** *(относя́щийся к жи́зни)* Lebens-; **~ о́пыт** Lebenserfahrung *f;* **~ путь** Lebensweg *m;* **жи́зненная эне́ргия** Lebenskraft *f* **2.** *(ва́жный для жи́зни)* lebenswichtig, lebensnotwendig
жизнеописа́ни|е <-я> *ср* Lebensbeschreibung *f,* Lebenslauf *m;* **~ вели́ких полко-**

во́дцев Biographie *f* der großen Feldherren

жизнера́достнос|ть <-ти> *ж* Lebensfreude *f*

жизнера́дост|ный <-ная, -ное; -ен, -на, -но> *прил* lebensfroh, lebenslustig

жизнеспосо́б|ный <-ная, -ное; -ен, -на, -но> *прил* lebensfähig; **жезнеспосо́бное расте́ние** lebenskräftige Pflanze *f;* **жизнеспосо́бная гру́ппа** lebensfähige Gruppe *f*

жизнесто́|йкий <-йкая, -йкое; -ек, -йка, -йко> *прил* lebenstüchtig; **~ сорт** lebenstüchtige Sorte *f*

жизнеутвержда́ющ|ий <-ая, -ее> *прил* lebensbejahend; **~ фина́л** lebensbejahendes Finale *nt*

жизнь <жи́зни> *ж* Leben *nt,* Existenz *f;* *(реа́льность)* Lebenswirklichkeit *f,* Geschehen *nt;* **всю свою́ ~** zeitlebens; **при жи́зни** zu Lebzeiten; **~ и тво́рчество** Leben und Werk *nt;* **сре́дства к жи́зни** Existenzmittel *ntpl;* **лиши́ть себя́ жи́зни** sich das Leben nehmen; **ни в ~** im Leben nicht, niemals; **не на ~, а на смерть** *и перен* auf Leben und Tod; **ча́стная ~** Privatleben *nt;* **духо́вная ~** geistiges Leben *nt;* **не от хоро́шей жи́зни** aus Not; **приме́р из жи́зни** ein Beispiel aus dem Leben

жи́л|а <-ы> *ж* **1.** *разг (сухожи́лие)* Sehne *f,* Flechse *f* **2.** *разг (кровено́сный сосу́д)* Blutader *f,* Blutgefäß *nt;* **тяну́ть жи́лы из кого́-л.** *перен* jdn bis aufs Blut quälen **3.** ШАХТ Ader *f,* Erzgang *m;* **найти́ золоту́ю жи́лу** *перен* auf eine Goldader stoßen

жиле́т <-а> *м* Weste *f;* **спаса́тельный ~** Schwimmweste *f*

жиле́ц <жильца́> *м,* **жили́ца** *ж* Bewohner(in) *m(f),* Mieter(in) *m(f),* Untermieter(in) *m(f);* **он не ~ на бе́лом све́те** *разг* er macht's nicht mehr lange, er wird wohl bald sterben

жи́лист|ый <-ая, -ое; -, -а, -о> *прил* **1.** *(с жи́лами)* aderig, sehnig; **жи́листые ру́ки** muskulöse Arme *mpl* **2.** *(сухоща́вый)* hager, sehnig; **~ мужчи́на** hagerer Mann *m* **3.** *разг (си́льный)* muskulös; **~ мужи́к** muskulöser Kerl *m*

жили́щ|е <-а> *ср* Wohnung *f,* Behausung *f*

жили́щн|ый <-ая, -ое> *прил* Wohnungs-; **жили́щное строи́тельство** Wohnungsbau *m;* **жили́щные усло́вия** Wohnverhältnisse *pl*

жи́лк|а <-и> *ж* **1.** *разг (кровено́сный сосу́д)* Blutäderchen *nt* **2.** БОТ Aderverzweigung *f;* **жи́лки** Geäder *nt;* **~ листа́** Blattrippe *f*

жилконто́р|а <-ы> *ж разг* Wohnungsverwaltung *f*

жилмасси́в <-а> *м разг* Neubaugebiet *nt*

жил|о́й <-а́я, -о́е> *прил* **1.** *(предназна́ченный для жилья́)* bewohnt, Wohn-; **~ дом** Wohnhaus *nt;* **~ райо́н** Wohngebiet *nt* **2.** *(обита́емый)* bewohnbar

жилпло́щадь *сокр от* **жила́я пло́щадь** Wohnraum *m,* Wohnfläche *f*

жилфо́нд <-а> *м* Wohnungsbestand *m*

жиль|ё <-я́> *ср то́лько ед* **1.** *(ме́сто, где живу́т лю́ди)* Wohnstätte *f* **2.** *(жили́ще)* Wohnung *f,* Unterkunft *f;* **по́иски жилья́** Wohnungssuche *f*

жир <жи́ра> *м* Fett *nt;* **сма́зывать жи́ром** einfetten

жира́ф <-а> *м* Giraffe *f*

жире́|ть <-ю, -ешь> *нсв,* **разжире́ть** *св нпрх* dick werden, Fett [*o* Speck] ansetzen

жи́рнос|ть <-ти> *ж* Fettgehalt *m*

жи́р|ный <-ная, -ное; -ен, -на́, -но> *прил* **1.** *(о́чень то́лстый)* fett, dickleibig; **на́бранный жи́рным шри́фом** fett gedruckt **2.** *(содержа́щий мно́го жи́ра)* viel Fett enthaltend; **~ суп** fette Suppe *f* **3.** *(са́льный)* fettig, verfettet; **жи́рная ко́жа** fette Haut *f;* **жи́рное пятно́** Fettfleck *m,* Ölfleck *m*

жирови́к <-а́> *м* **1.** МИН Talkstein *m,* Speckstein *m* **2.** МЕД Fettgeschwulst *f;* **удали́ть ~** ein Lipom *nt* entfernen

жиров|о́й <-а́я, -о́е> *прил* **1.** *(относя́щийся к жи́ру)* Fett-; **жировы́е отложе́ния** Fettgeschwulst *f,* Lipom *nt* **2.** *(относя́щийся к обрабо́тке жиро́в)* Fettverarbeitungs-; **жирова́я промы́шленность** Fettverarbeitungsindustrie *f*

жирoприка́з <-а> *м* Giroanweisung *f;* **вы́писать ~** eine Giroanweisung schreiben

жиротопле́ни|е <-я> *ср* Fettschmelzung *f,* Fettabsaugen *nt*

жите́йск|ий <-ая, -ое> *прил* **1.** *(жи́зненный)* Lebens-; **де́ло жите́йское!** das kommt vor!; **жите́йская му́дрость** Lebensweisheit *f* **2.** *(обы́денный)* alltäglich, Alltags-; **жите́йские забо́ты** Alltagssorgen *pl;* **жите́йские ме́лочи** tägliche(r) Kleinkram *m*

жи́те|ль <-ля> *м,* **жи́тельниц|а** <-ы> *ж* Bewohner(in) *m(f),* Einwohner(in) *m(f)*

жи́тельств|о <-а> *ср* **1.** *(местожи́тельство)* Wohnsitz *m,* Aufenthaltsort *m;* **постя́нное ме́сто жи́тельства** fester [*o* ständiger] Wohnsitz *m* **2.** АДМ Aufenthaltsgenehmigung *f*

жи́тниц|а <-ы> *ж* Kornkammer *f*

жить <живу́, живёшь> *нсв нпрх* **1.** *(существова́ть)* leben **2.** *(прожива́ть)* wohnen; **он живёт в Москве́** er wohnt in Moskau **3.** *(на что-л.)* seinen Lebensunterhalt bestreiten; **она́ живёт на стипе́ндию** sie lebt von ihrem Stipendium; **жил-был** *(в ска́зке)* es war einmal; **тебе́ что, ~ надое́ло?** *перен, разг* bist du lebensmüde?

жить|ё <-я́> *ср* **1.** *(жизнь, бытие́)* Leben *nt,* Dasein *nt;* **не житьё!** das ist doch kein Leben! **2.** *разг (ме́сто, удо́бное для житья́)* ein bequemes Plätzchen zum Wohnen

житьё-бытьё <житья́-бытья́> *ср разг* das Leben und Treiben, der Handel und Wandel

Ж

житьи́шк|о <-а> *ср (плохо́е житьё)* jämmerliche Existenz *f*

жи́ться <живётся> *нсв безл, только в 3 л разг (кому́-л.)* (irgendwie) leben; **нам живётся хорошо́** uns geht es gut

жмот <жмо́та> *м разг* Geizhals *m,* Knauser *m;* **ну и ~ же ты!** du bist so ein Geizhals!

жму́р|иться <-юсь, -ишься> *нсв,* **зажму́риться** *св рефл* blinzeln, die Augen zusammenkneifen

жму́р|ки <-ок> *мн* Blindekuh; **игра́ть в ~** Blindekuh spielen

жмых|и́ <-о́в> *мн* Futterkuchen *m,* Leinkuchen *m;* **подсо́лнечные ~** Öl(frucht)-kuchen *m*

жне́йк|а <-и> *ж* Getreidemähmaschine *f,* Mähmaschine *f,* Mähbinder *m*

жнец <жнеца́> *м,* **жни́ц|а** <-ы> *ж* Schnitter(in) *m(f)*

жнивь|ё <-я́> *ср* **1.** АГР *(по́ле)* Stoppelfeld *nt* **2.** *(соло́ма)* Stoppeln *fpl*

жоке́|й <-я> *м* Jockei *m*

жоке́йк|а <-и> *ж разг* Jockeimütze *f*

жом <жо́ма> *м* Quetsche *f,* Schnitzelpresse *f,* Schließmuskel *m;* **маслобо́йный ~** Ölpresse *f*

жонглёр <-а> *м* Jongleur *m*

жонглёрств|о <-а> *ср* **1.** *(иску́сство)* Jonglieren *nt,* Jongleurkunst *f* **2.** *перен* Jonglieren *nt;* **полити́ческое ~** politisches Jonglieren *nt*

жонгли́р|овать <-ую, -уешь> *нсв нпрх и перен* jonglieren; **~ мяча́ми** mit Bällen jonglieren; **~ фа́ктами** mit Fakten jonglieren

жо́п|а <-ы> *ж вульг* Arsch *m;* **пошёл ты в жо́пу!** scher' dich zum Teufel!; **ну и жо́па же ты!** bist du ein Arschloch!

жрать <жру, жрёшь> *нсв,* **сожра́ть** *св нпрх вульг* fressen

жре́би|й <-я> *м* Los *nt;* **тяну́ть ~** (ver)losen; **~ бро́шен** *перен* die Würfel sind gefallen

жрец <жреца́> *м,* **жри́ц|а** <-ы> *ж* Priester(in) *m(f)*

ЖСК *сокр от* **жи́лищно-строи́тельный кооперати́в** Wohnungsbaugenossenschaft *f;* **чле́ны ~** Mitglieder *ntpl* einer Wohnungsbaugenossenschaft

жужж|а́ть <-у́, -и́шь> *нсв нпрх* **1.** *(пчела́)* summen **2.** *(жук)* surren, brummen

жук <жука́> *м* **1.** ЗООЛ Käfer *m* **2.** *разг (плут)* Schlitzohr *nt*

жу́лик <-а> *м* Gauner *m,* Dieb *m*

жу́льнича|ть <-ю, -ешь> *нсв,* **сжу́льничать** *св прх разг* betrügen, mogeln

жу́пел <-а> *м* Schreckgespenst *nt,* Popanz *m,* Schrat *m A;* **он для него́ ~** für ihn ist er ein Schreckgespenst

журавлён|ок <-ка> *м* Kranichküken *nt*

жура́влик <-а> *м* Kranich *m*

журавли́н|ый <-ая, -ое> *прил* Kranich-; **~ клюв** Kranichschnabel *m*

жура́в|ль <-ля́> *м* **1.** ЗООЛ Kranich *m* **2.** ТЕХ Schwengel *m*

жур|и́ть <-ю́, -и́шь> *нсв прх разг* jdm einen Vorwurf machen, jdm etw vorwerfen, jdm die Leviten lesen, jdn zurechtweisen; **~ шалуна́** den Flegel zurechtweisen; **~ ребёнка за что-л.** das Kind für etw bestrafen

журна́л <-а> *м* Zeitschrift *f*

журнали́ст <-а> *м,* **журнали́стк|а** <-и> *ж* Journalist(in) *m(f)*

журнали́стик|а <-и> *ж* Journalismus *m; (дисципли́на)* Journalistik *f*

журч|а́ть <-у́, -и́шь> *нсв прх* **1.** *(пото́к, ре́чка)* rauschen, rieseln **2.** *перен (ре́чь)* vor sich hinplätschern

жу́т|кий <-кая, -кое; -ок, -ка́, -ко> *прил* schauerlich, gruselig, unheimlich; **мне жу́тко** mich gruselt es; **жу́ткая исто́рия** Schauergeschichte *f*

жу́тко *нрч разг* schrecklich, unheimlich; **мне ~ неудо́бно** es ist mir schrecklich peinlich

жуть <жу́ти> *ж разг* Grauen *nt,* Angst *f,* Schrecken *nt;* **~ берёт меня́** die Angst packt mich; **до жу́ти** äußerst, sehr

жуч|о́к <-ка́> *м разг* Käferchen *nt,* Holzkäfer *m,* Holzbohrer *m*

ЖЭК *сокр от* **жи́лищно-эксплуатацио́нная конто́ра** (kommunale) Wohnungsverwaltung *f;* **реше́ние ЖЭКа́** Beschluss *m* der Wohnungsverwaltung

жюри́ <неизм> *ср* Jury *f,* Preisgericht *nt*

З з

З, з <неизм> *ср* *Buchstabe З*

за *предл* **1.** *(куда?)* hinter *+akk, (около)* an *+akk;* **уехать ~ границу** ins Ausland fahren; **сесть ~ стол** sich an den Tisch setzen **2.** *(когда?)* während *+gen;* **он сделал всю работу ~ один день** er hat die ganze Arbeit an einem Tag erledigt; **~ час до концерта** eine Stunde vor dem Konzert **3.** *(где?)* hinter *+dat,* an *+dat,* bei *+dat,* außerhalb *+gen;* **~ границей** im Ausland; **сидеть ~ столом** am Tisch sitzen; **сидеть ~ чаем** bei einer Tasse Tee sitzen; **он живёт ~ городом** er wohnt außerhalb der Stadt **4.** *(за кем-л.)* nach *+dat;* **бегать ~ кем-л.** hinter jdm herlaufen; **идти ~ хлебом** Brot holen; **послать ~ доктором** nach dem Doktor schicken, den Doktor holen **5.** *(ради, в пользу)* für *+akk;* **купить что-л. ~ сто рублей** etw für hundert Rubel kaufen; **пить ~ чьё-л. здоровье** auf jds Wohl trinken; **~ и против** für und wider; **я ~ это** ich bin dafür

зааплодир|овать <-ую, -уешь> *св нпрх* applaudieren

заарендовыва|ть <-ю, -ешь> *нсв,* **заарендовать** *св прх* mieten; **~ земельные участки** Grundstücke pachten

заарканива|ть <-ю, -ишь> *нсв,* **заарканить** *св прх* jdn mit dem Lasso fangen

заасфальтир|овать <-ую, -уешь> *св прх* asphaltieren; **~ улицы и площади** Straßen und Plätze mit Asphalt belegen; **~ парковые аллеи** Parkalleen asphaltieren

заатлантическ|ий <-ая, -ое> *прил* transatlantisch; **заатлантическое плавание** Überseefahrt *f*

забав|а <-ы> *ж* **1.** *(развлечение)* Vergnügen *nt;* **детские забавы** Kinderspielereien *fpl* **2.** *(времяпрепровождение)* Zeitvertreib *m;* **это пустая ~** das ist Kinderkram **3.** *(игра)* Spielzeug *nt;* **найти себе забаву** sich selbst unterhalten

забавля|ть <-ю, -ешь> *нсв прх* belustigen, amüsieren

забавник <-а> *м,* **забавниц|а** <-ы> *ж* Spaßvogel *m*

забав|ный <-ная, -ное; -ен, -на, -но> *прил (смешной)* amüsant, lustig, witzig

Забайкаль|е <-я> *ср* Transbaikalien *nt;* **охрана заповедников Забайкалья** Bewachung *f* der Transbaikalschutzgebiete

забалансир|овать <-ую, -уешь> *св прх* ЭКОН balancieren; **~ счета** die Rechnung abschließen; *см. т.* **балансировать**

забаллотир|овать <-ую, -уешь> *св прх (кандидата)* niederstimmen, bei der Wahl durchfallen lassen

забаловыва|ть <-ю, -ешь> *нсв,* **забаловать** *св прх* verziehen; **забаловать ребёнка вниманием** das Kind durch zu viel Aufmerksamkeit verwöhnen

забалтыва|ться <-юсь, -ешься> *нсв,* **заболтаться** *св рефл* über dem Plaudern die Zeit vergessen; **~ до позднего часа** bis spät am Abend plaudern

забаррикадир|овать <-ую, -уешь> *св прх см.* **баррикадировать**

забаст|овать <-ую, -уешь> *св нпрх см.* **бастовать**

забастовк|а <-и> *ж* Streik *m,* Ausstand *m;* **минимаксная забастовка** Minimax-Streik *m;* **предупредительная ~** Warnstreik *m*

забастовочн|ый <-ая, -ое> *прил* Streik-; **~ фонд** Streikfonds *m;* **забастовочное движение** Streikbewegung *f;* **~ пикет** Streikposten *m*

забвени|е <-я> *ср книжн* Vergessenheit *f,* Vergessen *nt;* **предать что-л. забвению** etw der Vergessenheit preisgeben; **быть преданным забвению** in Vergessenheit geraten; **искать забвения (в чём-л.)** versuchen zu vergessen (durch + *akk*)

забег <-а> *м* СПОРТ Lauf *m;* **~ на стометровку** 100-Meter-Lauf *m;* **~ на длинную дистанцию** Langstreckenlauf *m*

забегаловк|а <-и> *ж* Stehkneipe *f,* Stehbierhalle *f;* **перекусить в забегаловке** in der Stehkneipe etw [*o* einen kleinen Inbiss] zu sich nehmen

забега|ть <-ю, -ешь> *нсв,* **забежать** *св нпрх* **1.** *(к кому-л., куда-л.)* einen kurzen Besuch machen, vorbeikommen **2.** *(вперёд)* vorlaufen; *перен* vorgreifen

забега|ть <-ю, -ешь> *св нпрх* anfangen (hin und her) zu laufen

забега|ться <-юсь, -ешься> *св рефл разг* aus der Puste kommen

забе|жать <-гу, -жишь> *св нпрх см.* **забегать**

забеля|ть <-ю, -ешь> *нсв,* **забелить** *св прх* weiß anmalen [*o* streichen]; **~ оконные рамы** die Fensterrahmen weiß streichen; **~ слова в тексте** einige Worte im Text löschen

забеременe|ть <-ю, -ешь> *св нпрх* schwanger werden

забеспоко|иться <-юсь, -ишься> *св рефл см.* **беспокоиться**

забетонир|овать <-ую, -уешь> *св прх см.* **бетонировать**

забива|ть <-ю, -ешь> *нсв,* **забить** *св прх* **1.** *(вколачивать)* einschlagen, rammen; **~ насмерть** erschlagen **2.** СПОРТ schießen; **~ гол** ein Tor schießen **3.** *(скот)* abschlachten

забива|ться <-юсь -ешься> *нсв,* **забиться** *св рефл* **1.** *(спрятаться)* sich

З

verstecken; **~ в у́гол** *разг* sich in eine Ecke verkriechen **2.** *(снег, пыль)* eindringen

забивк|а <-и> *ж* СТР Einschlagen *nt,* Auspfählen *nt*

забивн|ой <-áя, -óе> *прил* ТЕХ Einschlag-

забинто́выва|ть <-ю, -ешь> *нсв,* **забинтова́ть** *св прх* verbinden, einen Verband anlegen

забира́|ть <-ю, -ешь> *нсв,* **забра́ть** *св прх* **1.** *(с собой, к себе)* nehmen, ergreifen; **~ из ремо́нта** [*или* **почи́нки**] von der Reparatur abholen **2.** *разг (отнима́ть)* wegnehmen **3.** *(аресто́вывать)* verhaften, abführen

забира́|ться <-юсь, -ешься> *нсв,* **забра́ться** *св рефл* **1.** *(прони́кнуть, проскользну́ть)* eindringen, sich einschleichen; **забра́ться в чужо́й дом** sich ins fremde Haus einschleichen; **забра́ться под тёплое одея́ло** ins warme Bett kriechen **2.** *(уе́хать далеко́)* geraten; **забра́ться на кра́йний се́вер** in den fernen Norden geraten

заби́т|ый <-ая, -ое; -, -а, -о> *прил* eingeschüchtert, unterdrückt; **име́ть ~ вид** eingeschüchtert aussehen; **~ челове́к** *(изму́ченный)* unterdrückter Mensch *m*

заби́ть <забью́, забьёшь> *св прх см.* **забива́ть**

заби́ться <забью́сь, забьёшься> *св рефл см.* **забива́ться**

забия́к|а <-и> *м и ж* Raufbold *m*

заблаговре́менно *нрч* **1.** *(зара́нее)* im Voraus, von Vornherein; **гото́виться к чему́-л. ~** sich auf etw im Voraus vorbereiten **2.** *(своевре́менно)* rechtzeitig; **сообщи́ть о прие́зде ~** die Ankunft rechtzeitig melden

заблагорассу́ди|ться <-тся> *безл, только 3 л* **де́лать, что заблагорассу́дится** tun, was jdm beliebt; **поступа́ть, как заблагорассу́дится** handeln, wie es jdm beliebt

забл|есте́ть <-ещу́, -færdig-ести́шь *или* -е́щешь> *св нпрх* anfangen zu strahlen [*o* glänzen]

забл|уди́ться <-ужу́сь, -у́дишься> *св рефл* sich verirren, sich verlaufen

заблу́дш|ий <-ая, -ее> *прил* verirrt; **заблу́дшая овца́** verirrtes Schaf *nt*

заблужда́|ться <-юсь, -ешься> *нсв нпрх* (sich) irren; **~ относи́тельно кого́-л.** sich über jdn irren

заблужде́ни|е <-я> *ср* Irrtum *m;* **находи́ться** [*или* **пребыва́ть**] **в заблужде́нии** sich im Irrtum befinden, im Irrtum sein; **ввести́ кого́-л. в ~** jdn irreführen

забо́|й <-я> *м* **1.** ШАХТ Ort *nt,* Abbauort *nt;* **фронта́льный ~** Frontort *nt;* **рабо́тать в забо́е** vor Ort arbeiten **2.** АГР Schlachten *nt;* **~ скота́** Tierschlachten *nt*

забо́йн|ый <-ая, -ое> *прил* ШАХТ Orts-; **~ молото́к** Abbauhammer *m;* **~ механи́зм** Stoßvorrichtung *f,* Abbaumechanismus *m*

забо́йщик <-а> *м* Hauer *m;* **~ по углю́** Kohlenhauer *m*

забола́чивани|е <-я> *ср* Versumpfung *f;* **~ по́чв** Bodenversumpfung *f*

заболева́емос|ть <-ти> *ж без мн* Erkrankung *f;* **сниже́ние заболева́емости** die Erkrankungshäufigkeit reduzieren; **профессиона́льная ~** Berufserkrankung *f*

заболева́ни|е <-я> *ср* Erkrankung *f;* **профессиона́льное ~** Berufskrankheit *f*

заболева́|ть <-ю, -ешь> *нсв,* **заболе́ть** *св* **I.** *прх* erkranken an *+dat* **II.** *нпрх* anfangen zu schmerzen

заболо́ченн|ый <-ая, -ое> *прил* Sumpf-; **~ луг** Sumpfwiese *f;* **заболо́ченная ме́стность** Sumpfgegend *f,* Sumpfgelände *nt*

заболта́|ться <-юсь, -ешься> *св рефл см.* **заба́лтываться**

забо́р[1] <-а> *м* Zaun *m,* Umzäunung *f;* **огора́живать забо́ром** umzäunen

забо́р[2] <-а> *м* ТЕХ Entnahme *f*

забо́рн|ый <-ая, -ое> *прил* Zaun-; **~ столб** Zaunpfahl *m;* **забо́рная ру́гань** *разг (гру́бый)* Fluchen *nt*

забо́т|а <-ы> *ж* **1.** *(трево́га, беспоко́йство)* Sorge *f;* **э́то не моя́ ~** das ist nicht mein Problem; **э́то моя́ забо́та** das lass nur meine Sorge sein; **мне бы твои́ забо́ты!** deine Sorgen möchte ich haben!; **~ о бу́дущем** Sorge *f* um die Zukunft; **повседне́вные забо́ты** Alltagssorgen *fpl;* **~ об и́мидже** [*или* **прести́жности**] Imagepflege *f* **2.** *(внима́ние)* Fürsorge *f;* **окружи́ть больно́го забо́той** einen Kranken mit Fürsorge umhegen

забо́|титься <-чусь, -тишся> *нсв,* **позабо́титься** *св рефл* **1.** *(о ко́м-л./чём-л.)* sich sorgen um *+akk;* **она́ забо́тится о хозя́йстве** sie kümmert sich um den Haushalt **2.** *(уха́живать)* pflegen, sorgen für *+akk* **3.** *(беспоко́иться)* sorgen, sich Sorgen machen um *+akk*

забо́тлив|ый <-ая, -ое; -, -а, -о> *прил* fürsorglich

забрако́выва|ть <-ю, -ешь> *нсв,* **забракова́ть** *св прх* aussondern, aussortieren

забра́л|о <-а> *ср* ИСТОР Visier *nt;* **подня́ть ~** das Visier öffnen; **с откры́тым забра́лом** *(не тая́сь)* offen und ehrlich

забра́сыва|ть[1] <-ю, -ешь> *нсв,* **заброса́ть** *св прх и перен (кого́-л./что-л. чем-л.)* bewerfen, zuschütten; **~ кого́-л. вопро́сами** jdn mit Fragen überhäufen

забра́сыва|ть[2] <-ю, -ешь> *нсв,* **забро́сить** *св прх* **1.** *(заки́дывать)* (zu) weit werfen **2.** *перен (перестава́ть занима́ться)* hinwerfen, aufgeben; **забро́сить учёбу** sein Studium aufgeben

заб|ра́ть <-еру́, -ерёшь> *св прх см.* **забира́ть**

заб|ра́ться <-еру́сь, -ерёшься> *св рефл см.* **забира́ться**

забреда́|ть <-ю, -ешь> *нсв,* **забрести́** *св нпрх* sich verlaufen; **~ в глубину́ па́рка** sich tief im Park verlaufen; **мысль забрела́ мне в го́лову** mir kam der Gedanke

забре́зж|ить <-у, -ишь> *св нпрх см.* **бре́зжить**

забре|сти́ <-ду́, -дёшь> *св нпрх см.* **забреда́ть**

заброни́р|овать <-ую *или* -у́ю, -уешь *или* -у́ешь> *св прх см.* **брони́ровать**

забро́са|ть <-ю, -ешь> *св прх см.* **забра́сывать**[1]

забро́|сить <-шу, -сишь> *св прх см.* **забра́сывать**[2]

забро́ск|а <-и> *ж* Lieferung *f;* **~ това́ров на ба́зу** Warenlieferung *f* zum Stützpunkt

забро́шен|ный <-ная, -ное; -, -а, -о> *прил* vernachlässigt; *(поте́рянный)* verloren; *(неухо́женный)* ungepflegt; **име́ть ~ вид** ungepflegt aussehen

забры́згива|ть <-ю, -ешь> *нсв,* **забры́згать** *св прх (гря́зью)* bespritzen, bekleckern

забулды́г|а <-и> *м* Säufer *m,* Trunkenbold *m*

забыва́|ть <-ю, -ешь> *нсв,* **забы́ть** *св прх (кого́-л./что-л.; о ком-л./чём-л.)* vergessen, nicht mehr denken an *+akk;* **~ о свои́х обя́занностях** seine Pflichten vernachlässigen; **мы не должны́ ~, что …** wir dürfen nicht vergessen, dass …

забыва́|ться <-юсь -ешься> *нсв,* **забы́ться** *св рефл* **1.** *(погружа́ться в дремо́ту)* einschlummern **2.** *(теря́ть созна́ние)* das Bewusstsein verlieren **3.** *разг (переходи́ть грани́цы дозво́ленного)* sich vergessen, die Beherrschung verlieren

забы́вчивос|ть <-ти> *ж* Vergesslichkeit *f,* Zerstreutheit *f*

забы́вчив|ый <-ая, -ое; -, -а, -о> *прил* vergesslich, zerstreut

забы́т|ый <-ая, -ое; -, -а, -о> *прил* vergessen; **забы́тые чу́вства** vergessene Gefühle *ntpl;* **посети́ть забы́тые места́** vergessene Orte besuchen

заб|ы́ть <-у́ду, -у́дешь> *св прх см.* **забыва́ть**

забы́ть|е <-я́> *ср* Bewusstlosigkeit *f,* Ohnmacht *f;* **впада́ть в ~** das Bewusstsein verlieren; **выводи́ть из забытья́** zu sich kommen

заб|ы́ться <-у́дусь, -у́дешься> *св рефл см.* **забыва́ться**

зав *сокр от* **заве́дующий** Leiter *m,* Verwalter *m;* **обрати́ться к за́ву** sich an den Leiter wenden; **подписа́ть заявле́ние у за́ва** den Antrag bei dem Abteilungsleiter unterzeichnen lassen

зава́жнича|ть <-ю, -ешь> *св нпрх разг* wichtig tun, sich etw einbilden

зава́л <-а> *м* Verschüttung *f,* Sperre *f;* **сне́жный ~** Schneeverwehungen *pl;* **разгреба́ть ка́менный ~** den Steinhaufen beseitigen; **~ с рабо́той** bis zum Hals in Arbeit stecken; **~ на ша́хте** Einsturz *m* im Stollen

зава́лива|ть <-ю, -ешь> *нсв,* **завали́ть** *св прх* **1.** *(загромозди́ть)* versperren **2.** *(засы́пать)* verschütten; **~ пода́рками** *перен* mit Geschenken überhäufen; **~ рабо́той** *перен* mit Arbeit überlasten **3.** *разг (провали́ть)* verhauen, viele Fehler machen; **~ экза́мен** das Examen nicht bestehen

зава́лива|ться <-юсь, -ешься> *нсв,* **завали́ться** *св рефл* einstürzen; *(упа́сть)* fallen hinter *+akk;* **кни́га завали́лась за стол** das Buch ist hinter den Tisch gefallen; **~ спать** sich aufs Ohr legen; **~ на экза́мене** durchfallen; **хоть завали́сь** *разг* bis zum Abwinken

зава́рива|ть <-ю, -ешь> *нсв,* **завари́ть** *св прх (чай)* aufbrühen; **ты завари́л ка́шу, а мне прихо́дится расхлёбывать** *перен* ich muss die Suppe auslöffeln, die du eingebrockt hast

зава́рк|а <-и> *ж* **1.** *(ча́я)* Aufbrühen *nt* **2.** *(чай для зава́рки)* Tee *m* zum Aufbrühen

заварн|о́й <-а́я, -о́е> *прил* **1.** кул **~ крем** Milchkrem *f* **2.** *(для зава́рки)* **~ ча́йник** Teekanne *f*

зава́рух|а <-и> *ж прост* Wirrwarr *m*

заведе́ни|е <-я> *ср* Anstalt *f,* Einrichtung *f,* Institution *f;* **вы́сшее уче́бное ~** Hochschule *f*

заве́довани|е <-я> *ср* Verwaltung *f,* Leitung *f*

заве́д|овать <-ую, -ешь> *нсв нпрх* verwalten, leiten, führen

заве́домо *нрч* bewusst, wissentlich

заве́дующ|ий <-его> *м,* **заве́дующ|ая** <-ей> *ж* Leiter(in) *m(f),* Verwalter(in) *m(f);* **~ отде́лом** Abteilungsleiter *m*

заверб|ова́ть <-у́ю, -у́ешь> *св прх см.* **вербова́ть**

завере́ни|е <-я> *ср* **1.** *(слове́сное)* Versicherung *f,* Beteuerung *f* **2.** *(по́дписью, печа́тью)* Beglaubigung *f*

заве́р|ить <-ю, -ишь> *св прх см.* **заверя́ть**

заве́рк|а <-и> *ж* Beglaubigung *f,* Bescheinigung *f;* **~ докуме́нтов** Dokumentenbeglaubigung *f;* **~ по́дписи** Unterschriftsbeglaubigung *f*

завёртыва|ть <-ю, -ешь> *нсв,* **заверну́ть** *св прх* einwickeln, einpacken

заверша́|ть <-ю, -ешь> *нсв,* **заверши́ть** *св прх* abschließen, beenden

заверше́ни|е <-я> *ср* Vollendung *f; (оконча́ние)* Abschluss *m;* **в ~ конгре́сса** zum Abschluss des Kongresses

заверш|и́ть <-у́, -и́шь> *св прх см.* **заверша́ть**

заверя́|ть <-ю, -ешь> *нсв,* **заве́рить** *св прх* **1.** *(кого́-л. в чём-л.)* versichern, beteuern

3

2. *(докуме́нт)* beglaubigen

заве́с|а <-ы> *ж перен* Schleier *m;* **дымова́я ~** Dunstschleier *m*

заве́|сить <-шу, -сишь> *св прх см.* **заве́шивать**

заве|сти́ <-ду́, -дёшь> *св прх см.* **заводи́ть**

заве|сти́сь <-ду́сь, -дёшься> *св рефл см.* **заводи́ться**

заве́т <-а> *м* Vermächtnis *nt;* **Ве́тхий ~** РЕЛИГ Altes Testament *nt;* **Но́вый ~** Neues Testament *nt*

заве́тн|ый <-ая, -ое> *прил* **1.** *(дорого́й)* sehnlich, heißersehnt; **заве́тная мечта́** Herzenswunsch *m* **2.** *(свя́то храни́мый)* heimlich, vertraut

заве́шива|ть <-ю, -ешь> *нсв,* **заве́сить** *св прх* zuhängen, verhängen

завеща́ни|е <-я> *ср* Testament *nt,* Vermächtnis *nt*

завеща́те|ль <-ля> *м* ЮР Erblasser *m*

завеща́|ть <-ю, -ешь> *(н)св прх* vererben, vermachen

завзя́т|ый <-ая, -ое> *прил разг* leidenschaftlich; **~ театра́л** leidenschaftlicher Theaterfreund *m;* **~ ло́дырь** notorischer Faulenzer *m;* **~ шахмати́ст** leidenschaftlicher Schachspieler *m*

завива́|ть <-ю, -ешь> *нсв,* **зави́ть** *св прх* **~ во́лосы** die Haare ondulieren

зави́вк|а <-и> *ж* Kräuseln *nt;* **шестиме́сячная** [*или* **хими́ческая**] ~ Dauerwelle *f*

зави́д|овать <-ую, -уешь> *нсв,* **позави́довать** *св нпрх* jdn beneiden, neidisch sein auf *+akk*

завизж|а́ть <-у́, -и́шь> *св прх см.* **визжа́ть**

завизи́р|овать <-ую, уешь> *св прх см.* **визи́ровать**

зави́нчива|ть <-ю, -ешь> *нсв,* **завинти́ть** *св прх* zuschrauben, festschrauben

завира́|ться <-юсь, -ешься> *нсв,* **завра́ться** *св рефл* lügen, verlogen sein; **~ до преде́ла** lügen was das Zeug hält

зависа́|ть <-ю, -ешь> *нсв,* **зави́снуть** *св нпрх* hängen bleiben, ИНФОРМ abstürzen

зави́|сеть <-шу, -сишь> *нсв нпрх (от кого́-л./чего́-л.)* abhängen, abhängig sein von *+dat;* **э́то зави́сит от того́** es kommt darauf an, ob; **зави́сеть от кого́-л. по слу́жбе** dienstlich angewiesen sein auf *+akk*

зави́симос|ть <-ти> *ж* Abhängigkeit *f*

зави́сим|ый <-ая, -ое; -, -а, -о> *прил* abhängig

зави́сн|уть <-у, -ешь> *св нпрх см.* **зависа́ть**

зави́стлив|ый <-ая, -ое; -, -а, -о> *прил* neidisch

зави́стник <-а> *м* neidischer Mensch *m,* Neider(in) *m(f)*

за́вис|ть <-ти> *ж* Neid *m;* **достóйный за́висти** beneidenswert

завит|о́к <-ка́> *м* **1.** *(во́лос)* Locke *f,* Lockenringel *m* **2.** *(ро́счерк)* Schnörkel *m* **3.** АРХ Schnecke *f;* **~ капите́ли** Kapitelspirale *f* **4.** ТЕХ *(вито́к)* Windung *f*

зави́ть <завью́, завьёшь> *св прх см.* **завива́ть**

завихре́ни|е <-я> *ср* **1.** ФИЗ Wirbel *m;* **~ во́здуха** Luftwirbel *m* **2.** *перен (стра́нность)* Verwirbelung *f;* **~ мозго́в** Spinnerei *f*

завко́м *сокр от* **заводско́й комите́т** Betriebsgewerkschaftsleitung *f;* **заседа́ние завко́ма** Sitzung *f* der Gewerkschaftsleitung

завладева́|ть <-ю, -ешь> *нсв,* **завладе́ть** *св прх* sich einer Sache bemächtigen; **~ внима́нием** *перен* die Aufmerksamkeit fesseln; **~ разгово́ром** *перен* das Gespräch an sich reißen

завлека́|ть <-ю, -ешь> *нсв,* **завле́чь** *св прх* verlocken, verleiten

завма́г *сокр от* **заве́дующий магази́ном** Geschäftsleiter *m*

заво́д <-а> *м* **1.** *(индустриа́льный)* Werk *nt,* Betrieb *m,* Fabrik *f;* **пивова́ренный ~** Brauerei *f* **2.** *(у часо́в)* Aufziehwerk *nt*

заводи́л|а <-ы> *м и ж разг* Anführer(in) *m(f),* Anstifter(in) *m(f)*

зав|оди́ть <-ожу́, -о́дишь> *нсв,* **завести́** *св прх* **1.** *(куда́-л.)* hinführen **2.** *(вводи́ть, начина́ть)* einführen; **~ но́вые поря́дки** Neuerungen einführen; **~ де́ло на кого́-л.** АДМ über jdn eine Akte anlegen **3.** *(приобрета́ть, осно́вывать)* sich zulegen, gründen; **~ себе́ соба́ку** sich einen Hund zulegen; **~ семью́** eine Familie gründen **4.** *(начина́ть)* anknüpfen; **~ знако́мство с кем-л.** Bekanntschaft machen mit *+dat;* **~ разгово́р о чём-л.** zu sprechen kommen auf *+akk;* **~ спор** Streit *m* anfangen **5.** ТЕХ *(мото́р)* ankurbeln, anlassen **6.** *(часы́)* aufziehen

зав|оди́ться <-ожу́сь, -о́дишься> *нсв,* **завести́сь** *св рефл* sich einfinden; *(мото́р)* anspringen; *перен (начина́ть спо́рить)* ungehalten werden

заводн|о́й <-а́я, -о́е> *прил (игру́шка)* zum Aufziehen

заводоуправле́ни|е <-я> *ср* Betriebsleitung *f*

заводск|о́й <-а́я, -о́е> *прил* Werk-, Betriebs-; **заводска́я поста́вка** Werklieferung *f;* **заводско́е обору́дование** Betriebsausrüstung *f*

заво́дчик <-а> *м* Fabrikbesitzer *m,* Fabrikant *m*

за́во|дь <-ди> *ж* Stillwasser *nt,* kleine Bucht mit geringer Strömung

завоева́ни|е <-я> *ср* Errungenschaft *f,* Leistung *f;* ВОЕН Eroberung *f*

завоева́те|ль <-ля> *м* Eroberer *m*

завоева́тельн|ый <-ая, -ое> *прил*

Eroberungs-; **завоева́тельная война́** Eroberungskrieg *m;* **~ ма́ркетинг** ЭКОН Takeover-Marketing *nt*

завоёвыва|ть <-ю, -ешь> *нсв,* **завоева́ть** *св прх* **1.** ВОЕН erobern, erkämpfen **2.** *перен (добива́ться)* erringen, erwerben; **~ чьё-л. расположе́ние** jdn für sich gewinnen; **~ побе́ду** СПОРТ den Sieg erringen

заво́з <-а> *м* Lieferung *f;* **~ стройматериа́лов** Lieferung *f* von Baumaterialien; **~ сырья́** Rohstofflieferung *f;* **~ проду́ктов в магази́н** Warenbelieferung *f*

завола́кива|ть <-ю, -ешь> *нсв,* **заволо́чь** *св прх* sich trüben, (sich) verdunkeln; **глаза́ заволокло́ слеза́ми** die Augen füllten sich mit Tränen

завола́кива|ться <-юсь, -ешься> *нсв,* **заволо́чься** *св рефл* sich bedecken, sich überziehen; **не́бо заволокло́сь облака́ми** der Himmel bewölkte sich

Заво́лжь|е <-я> *ср das Gebiet östlich der Wolga*

заволо́|чь <-ку́, -чёшь> *св прх см.* **завола́кивать**

завора́жива|ть <-ю, -ешь> *нсв,* **заворожи́ть** *св прх* bezaubern, in seinen Bann ziehen

завора́чива|ть <-ю, -ешь> *нсв,* **заверну́ть** *св прх* **1.** *(за у́гол)* einbiegen, abbiegen **2.** *(не пропуска́ть)* zur Umkehr zwingen, umlenken **3.** *(упако́вывать)* einwickeln, einpacken

заворо́женно *нрч* verzaubert; **слу́шать ~** wie verzaubert zuhören

заворож|и́ть <-у́, -и́шь> *св прх см.* **завора́живать**

за́ворот <-а> *м* МЕД **~ кишо́к** Darmverschlingung *f,* Darmverschluss *m*

заворча́|ть <-ю, -ешь> *св нпрх см.* **ворча́ть**

завр|а́ться <-у́сь, -ёшься> *св рефл см.* **завира́ться**

завсегда́та|й <-я> *м* Stammgast *m,* ständiger Besucher *m*

за́втра *нрч* morgen

за́втрак <-а> *м* Frühstück *nt;* **корми́ть за́втраками** *перен* jdn mit leeren Versprechungen abspeisen, jdn ständig auf Morgen vertrösten

за́втрака|ть <-ю, -ешь> *нсв,* **поза́втракать** *св нпрх* frühstücken

за́втрашн|ий <-яя, -ее> *прил* Morgen-; **за́втрашнее число́** das morgige Datum; **ду́мать о за́втрашнем дне** an die Zukunft denken; **наде́яться на ~ день** auf den morgigen Tag hoffen

завуали́р|овать <-ую, -уешь> *св прх* verschleiern; *и перен* verdunkeln

за́вуч *сокр от* **заве́дующий учебной ча́стью** Leiter der Studienabteilung; **часы́ приёма за́вуча шко́лы** Sprechstunden des Unterrichtsdirektors; **~ те́хникума** Leiter *m* der Studienabteilung in der technischen Oberschule

завхо́з *сокр от* **заве́дующий хозя́йством** Verwalter *m,* Wirtschaftsleiter *m;* **распоряже́ние завхо́за** eine Anordnung *f* des Verwalters

завыша́|ть <-ю, -ешь> *нсв,* **завы́сить** *св прх* zu hoch festsetzen, zu hoch ansetzen; **~ тре́бования** an jdn zu hohe Anforderungen stellen

зав|яза́ть[1] <-яжу́, -я́жешь> *св прх см.* **завя́зывать**

завяза́|ть[2] <-ю, -ешь> *нсв,* **завя́знуть** *св прх* stecken bleiben; **~ в снегу́** im Schnee stecken bleiben; **~ в долга́х** in Schulden stecken, verschuldet sein

зав|яза́ться <-яжу́сь, -я́жешься> *св рефл см.* **завя́зываться**

завя́зк|а <-и> *ж* **1.** *(у оде́жды)* Band *nt;* **завя́зки хала́та** der Gürtel des Kittels **2.** *(нача́ло)* Beginn *m;* **~ дра́мы** ЛИТ Schutzung *f* des Knotes im Drama; **~ бо́я** Eröffnung *f* des Kampfes

завя́зн|уть <-у, -ешь> *св нпрх см.* **завяза́ть**[2]

завя́зыва|ть <-ю, -ешь> *нсв,* **завяза́ть** *св прх* **1.** *(кре́пко привяза́ть)* zubinden, zuschnüren; **~ у́зел** [*или* **узло́м**] verknoten; **завяза́ть га́лстук** den Schlips [*o* die Krawatte] binden; **завяза́ть шарф** den Schal umbinden **2.** *перен (нача́ть совме́стные де́йствия)* anknüpfen; **завяза́ть деловы́е конта́кты** Geschäftskontakte *mpl* knüpfen; **завяза́ть разгово́р** ein Gespräch anknüpfen

завя́зыва|ться <-юсь, -ешься> *нсв,* **завяза́ться** *св рефл* zugebunden sein, zugeschnürt sein; *перен (нача́ться)* in Gang kommen, entbrennen; **завяза́лась оживлённая бесе́да** es entspann sich eine angeregte Unterhaltung

за́вя|зь <-зи> *ж* БОТ Fruchtansatz *m*

завя́н|уть <-у, -ешь> *св нпрх см.* **вя́нуть**

загада́|ть <-ю, -ешь> *св прх см.* **зага́дывать**

зага́|дить <-жу, -дишь> *св прх см.* **зага́живать**

зага́дк|а <-и> *ж* Rätsel *nt*

зага́доч|ный <-ная, -ное; -ен, -на, -но> *прил* rätselhaft, mysteriös

зага́дыва|ть <-ю, -ешь> *нсв,* **загада́ть** *св прх* **1.** *(предложи́ть)* zu raten aufgeben; **~ зага́дку** ein Rätsel aufgeben **2.** *(заду́мать)* (aus)denken; **~ жела́ние** sich einen Wunsch ausdenken; **~ число́** sich eine Zahl ausdenken **3.** *(предположи́ть)* vorausplanen, vorausdenken; **~ далеко́ вперёд** weit vorausdenken

зага́жива|ть <-ю, -ешь> *нсв,* **зага́дить** *св прх разг* beschmutzen, besudeln

загазо́ванн|ый <-ая, -ое> *прил* ЭКОЛ abgasbelastet; **незагазо́ванный** abgasarm

3

зага́р <-а> *м* Sonnenbräune *f,* Bräune *f*

загво́здк|а <-и> *ж перен* Haken *m,* Schwierigkeit *f;* **в чём ~?** woran hapert es?

заги́б <-а> *м* **1.** *(отклоне́ние)* Abweichung *f;* **де́лать ~** eine Abweichung machen **2.** *(изги́б)* Knickung *f;* **~ на страни́це** eine Knickung auf der Seite **3.** МЕД Knick *m;* **~ ма́тки** Gebärmutterknick *m*

загиба́|ть <-ю, -ешь> *нсв,* **загну́ть** *св прх* umbiegen; **~ страни́цу в кни́ге** ein Eselsohr machen; **~ брю́ки** die Hosen hochkrempeln; **~ це́ну** *перен* einen unverschämt hohen Preis verlangen

загипнотизи́р|овать <-ую, -уешь> *св прх см.* **гипнотизи́ровать**

загипс|ова́ть <-у́ю, -у́ешь> *св прх см.* **гипсова́ть**

загла́ви|е <-я> *ср* **1.** *(кни́ги)* Titel *m* **2.** *(статьи́, те́кста)* Überschrift *f*

загла́вн|ый <-ая, -ое> *прил* Titel-; **загла́вная бу́ква** Großbuchstabe *m;* **загла́вное сло́во** *(в словаре́)* Stichwort *nt*

загла́жива|ть <-ю, -ешь> *нсв,* **загла́дить** *св прх* **1.** *(вы́ровнять)* glätten, (aus)bügeln; **~ во́лосы** die Haare glätten; **~ скла́дки** die Falten glätten **2.** *(искупи́ть, смягчи́ть)* wiedergutmachen; **~ вину́** die Schuld wiedergutmachen; **~ оши́бку** den Fehler wiedergutmachen; **~ противоре́чия** die Gegensätze ausgleichen

загло́хн|уть <-у, -ешь> *св нпрх см.* **гло́хнуть**

заглуша́|ть <-ю, -ешь> *нсв,* **заглуши́ть** *св прх* **1.** *(зву́ки)* übertönen **2.** *перен (смягчи́ть)* betäuben, dämpfen; **~ боль** den Schmerz betäuben; **~ го́лос со́вести** die Stimme des Gewissens beruhigen

заглу́шк|а <-и> *ж* ТЕХ Schieber *m,* Verschlussstück *nt,* Verschlusskappe *f;* **~ трубы́** Rohrverschluss *m*

загляде́нь|е <-я> *ср* Augenweide *f,* schöner Anblick *m*

загля́дыва|ть <-ю, -ешь> *нсв,* **загляну́ть** *св нпрх* **1.** *(смотре́ть куда́-л.)* flüchtig hinsehen, hineinsehen **2.** *(в слова́рь, кни́гу и т.п.)* nachsehen, nachschlagen in *+dat* **3.** *разг (заходи́ть к кому́-л.)* einen kurzen Besuch machen, vorbeischauen

заг|на́ть <-оню́, -о́нишь> *св прх см.* **загоня́ть**

загнива́|ть <-ю, -ешь> *нсв,* **загни́ть** *св нпрх* verfaulen

за́гнут|ый <-ая, -ое; -, -а, -о> *прил* gebogen, gekrümmt

загн|у́ть <-у́, -ёшь> *св прх см.* **загиба́ть**

загова́рива|ть <-ю, -ешь> *нсв,* **заговори́ть** *св* **I.** *нпрх* **1.** *(нача́ть говори́ть)* zu reden beginnen **2.** *(с ке́м-л.)* anreden, ansprechen **II.** *прх* **1.** *перен, разг (утоми́ть разгово́ром)* auf jdn einreden **2.** *(заколдова́ть)* besprechen, beschwören

загове́нь|е <-я> *ср* РЕЛИГ Vorfasten *nt*

за́говор[1] <-а> *м* ПОЛ Verschwörung *f,* Komplott *nt*

за́говор[2] <-а> *м (заклина́ние)* Zauberspruch *m,* Beschwörungsformel *f*

заговор|и́ть <-ю́, -и́шь> *св нпрх см.* **загова́ривать**

загово́рщик <-а> *м,* **загово́рщиц|а** <-ы> *ж* Verschwörer(in) *m(f)*

за́годя *нрч разг* früher; **при́быть на вокза́л ~** früher auf dem Bahnhof sein

заголо́в|ок <-ка> *м* Überschrift *f;* **бро́ский ~** Schlagzeile *f*

заго́н <-а> *м* **1.** *(для скота́)* Viehhof *m;* **~ для ове́ц** Schafhürde *f* **2.** *перен (в пренебреже́нии)* **быть в заго́не** vernachlässigt werden, stiefmütterlich behandelt werden

заго́нщик <-а> *м* Treiber *m*

загоня́|ть <-ю, -ешь> *нсв,* **загна́ть** *св прх* **1.** *(в помеще́ние)* hineinjagen, hineintreiben; **~ скот** das Vieh in den Stall treiben **2.** *(ло́шадь)* abhetzen **3.** *(зве́ря)* hetzen; **~ кого́-л. в у́гол** *перен* jdn in die Enge treiben

загора́жива|ть <-ю, -ешь> *нсв,* **загороди́ть** *св прх* **1.** *(обноси́ть огра́дой)* umzäunen **2.** *(прегражда́ть)* versperren, verstellen; **~ свет кому́-л.** jdm im Licht stehen

загора́|ть <-ю, -ешь> *нсв,* **загоре́ть** *св нпрх* **1.** *(на со́лнце)* sich sonnen **2.** *(станови́ться сму́глым)* braun werden

загора́|ться <-юсь -ешься> *нсв,* **загоре́ться** *св рефл* **1.** *(нача́ть горе́ть)* anfangen zu brennen, aufflammen **2.** *перен (воодушеви́ться чем-л.)* sich begeistern, Feuer und Flamme sein für *+akk*

загоре́вш|ий <-ая, -ее> *прил* braungebrannt

загор|е́ть <-ю́, -и́шь> *св нпрх см.* **загора́ть**

загор|е́ться <-ю́сь, -и́шься> *св рефл см.* **загора́ться**

загоро|ди́ть <-жу́, -ди́шь> *св прх см.* **загора́живать**

за́городн|ый <-ая, -ое> *прил* außerhalb der Stadt; **~ дом** Landhaus *nt*

заго|сти́ться <-щу́сь, -сти́шься> *св рефл* zu lange bleiben; **~ у ро́дственников** ich bin zu lange bei Verwandten geblieben

заготови́тельн|ый <-ая, -ое> *прил* Beschaffungs-; **~ пункт** Beschaffungsstelle *f;* **заготови́тельные расхо́ды** Beschaffungskosten *pl;* **заготови́тельная това́рная цена́** ЭКОН Wareneinstandpreis *m*

загото́вк|а <-и> *ж* **1.** ЭКОН Erfassung *f,* Beschaffung *f* **2.** ТЕХ Rohling *m*

загото́вщик <-а> *м,* **загото́вщиц|а** <-ы> *ж (ле́са)* Holzfäller *m*

загради́тельн|ый <-ая, -ое> *прил* ВОЕН, МОР Sperr-; **загради́тельная ли́ния** Sperrstreifen *m*

загражда́ющ|ий <-ая, -ее> *прил* Sperr-; ~

фильтр Sperrfilter *m*
заграждéни|е <-я> *ср* Sperre *f;* **прóволочное ~** Drahtverhau *m;* **ми́нное ~** Minenfeld *nt;* **противопехóтные заграждéния** Infanterie-Hindernis *nt*
заграни́ц|а <-ы> *ж* Ausland *nt*
заграни́чн|ый <-ая, -ое> *прил* Auslands-, ausländisch; **заграни́чная командирóвка** Auslandsreise *f;* **~ пáспорт** Reisepass *m;* **заграни́чная оперáция** [*или* **сдéлка**] Auslandsgeschäft *nt;* **~ филиáл** Auslandsfiliale *f;* **заграни́чное представи́тельство** Auslandsvertretung *f;* **заграни́чное имýщество** Auslandsvermögen *nt;* **заграни́чные инвести́ции** Auslandsinvestition *f;* **заграни́чные авуáры** Auslandsaktiva *pl;* **заграни́чные пасси́вы** Auslandspassiva *pl;* **~ оборóт** (**бáнка**) Auslandsgeschäft *nt*
загранпáспорт *сокр от* **заграни́чный пáспорт** Reisepass *m*
загребá|ть <-ю, -ешь> *нсв,* **загрести́** *св прх* zusammenraffen; **~ дéньги** *разг* Geld scheffeln
загри́в|ок <-ка> *м* **1.** *(у лóшади)* Widerrist *m* **2.** *(заты́лок)* Genick *nt,* Nacken *m;* **получи́ть по загри́вку** einen Klaps bekommen; **вы́толкать в ~** jdn hinauswerfen
загримир|овáть <-ýю, -ýешь> *св прх см.* **гримировáть**
загримир|овáться <-ýюсь, -ýешься> *св рефл см.* **гримировáться**
загрóбн|ый <-ая, -ое> *прил* **1.** РЕЛИГ jenseitig; **~ мир** Jenseits *nt;* **загрóбная жизнь** das Leben nach dem Tod **2.** *перен (глухóй)* Grabes-; **~ гóлос** Grabesstimme *f*
загружá|ть <-ю, -ешь> *нсв,* **загрузи́ть** *св прх* **1.** *перен (делáми, рабóтой)* beschäftigen, überlasten **2.** *(напóлнить)* füllen, (be)lasten, (be)laden; **~ склад зернóм** den Silo mit Korn füllen **3.** ТЕХ beschicken; **~ печь углём** den Ofen bekohlen **4.** *(дать рабóту)* beschäftigen; **~ предприя́тие закáзами** den Betrieb mit Aufträgen belasten; **~ до предéла рабóтой** voll auslasten **5.** ИНФОРМ herunterladen, downloaden
загрýженнос|ть <-ти> *ж* Auslastungsgrad *m; перен (стéпень зáнятости, нагрýзка)* Beschäftigungsgrad *m;* **непóлная ~** Unterbelastung *f*
загру|зи́ть <-жý, -зи́шь> *св прх см.* **загружáть**
загрýзк|а <-и> *ж* Ladung *f,* Beladung *f; перен (нагрýзка)* Beschäftigungsgrad *m,* Auslastung *f;* **~ реáктора** Reaktorfüllung *f;* **~ производственных мóщностей** Kapazitätsauslastung *f*
загрýзочн|ый <-ая, -ое> *прил* Lade-, Einfüll-; **загрýзочная страни́ца** ИНФОРМ Downloadseite *f*
загрязнéни|е <-я> *ср* Verschmutzung *f;* **~ воды́** Wasserverschmutzung *f;* **~ вóздуха** Luftverschmutzung *f;* **~ окружáющей среды́** Umweltverschmutzung *f;* **~ радиоакти́вными веществáми** Kontamination *f*
загрязн|и́ть <-ю́, -и́шь> *св прх см.* **грязни́ть, загрязня́ть**
загрязн|и́ться <-ю́сь, -и́шься> *св рефл см.* **грязни́ться, загрязня́ться**
загс *сокр от* **Зáпись Áктов Граждáнского Состоя́ния** Standesamt *nt*
заг|уби́ть <-ублю́, -ýбишь> *св прх* **1.** *(погуби́ть)* zugrunde richten; **~ жизнь** das Leben verlieren; **~ здорóвье** die Gesundheit ruinieren **2.** *(истрáтить)* verschwenden; **~ мнóго дéнег** viel Geld ausgeben
зад <зáда> *м* **1.** *(зáдняя часть)* hinterer Teil *m* **2.** *разг* АНАТ Gesäß *nt*
задa|вáть <-ю́, -ёшь> *нсв,* **задáть** *св прх* aufgeben, geben; **~ задáчу** eine Aufgabe geben; **~ сочинéние** einen Aufsatz geben; **~ курс** den Kurs bestimmen; **~ тон** den Ton angeben; **~ корм** den Tieren Futter geben; **~ жáру** jdm die Hölle heiß machen; **~ пéрцу** jdm Beine machen
задáвлива|ть <-ю, -ешь> *нсв,* **задави́ть** *св прх* zerdrücken, zerquetschen; *тóлько св (переéхать)* überfahren
задáни|е <-я> *ср* Aufgabe *f,* Auftrag *m;* **дать ~** einen Auftrag geben; **домáшнее ~** Hausaufgabe *f*
зáдан|ный <-ная, -ное; -, -á, -о> *прил* Soll-, vorgegeben; **зáданная скóрость** Sollgeschwindigkeit *f;* **зáданное врéмя** ЭКОН Richtzeit *f;* **~ показáтель** ТЕХ Vorgabe *f*
задáрива|ть <-ю, -ешь> *нсв,* **задари́ть** *св прх* mit Geschenken überschütten [*o* überhäufen]; **~ детéй игрýшками** die Kinder mit Geschenken überschütten
задáром *нрч разг* umsonst; **купи́ть ~** günstig kaufen; **рабóтать ~** umsonst arbeiten; **мне э́того и ~ не нáдо** das würde ich nicht einmal geschenkt nehmen
задáтк|и <-ов> *мн* Anlagen *pl;* **имéть хорóшие ~** gute Anlagen haben; **~ тóнкого умá** scharfsinnig veranlagt
задáт|ок <-ка> *м* **1.** *(пéрвый взнос)* Anzahlung *f,* Vorschuss *m;* **внести́ ~** eine Anzahlung leisten **2.** *(при заключéнии договóра)* Draufgabe *f*
задá|ть <-м, -шь> *св прх см.* **задавáть**
задáч|а <-и> *ж* **1.** *(задáние)* Aufgabe *f;* **~ управлéния** Führungsaufgabe *f;* **постáвить себé** [*или* **пéред собóй**] **задáчу** es sich zur Aufgabe machen; **спрáвиться с задáчей** eine Aufgabe bewältigen **2.** МАТ Rechenaufgabe *f;* **реши́ть задáчу** eine Aufgabe lösen
задáчник <-а> *м* Rechenbuch *nt*
задви́жк|а <-и> *ж (запóр)* Riegel *m*
задвóрк|и <-ок> *мн* Hinterhof *m;* **быть на задвóрках** *перен* an letzter Stelle stehen
задевá|ть <-ю, -ешь> *нсв,* **задéть** *св прх* **1.** *(касáться когó-л./чтó-л.)* streifen,

З

leicht berühren **2.** *(за что-л.)* anecken, anstoßen an *+dat* **3.** *перен (обижа́ть)* jdn kränken; **~ кого́-л. за живо́е** jdn am wunden Punkt treffen

заде́йств|овать <-ую, -уешь> *св прх* einsetzen, einbeziehen; **~ возмо́жности ОО́Н** die UNO einbeziehen

заде́л <-а> *м* Vorleistungen *fpl,* Vorarbeit *f*

заде́ла|ть <-ю, -ешь> *св прх см.* **заде́лывать**

заде́лк|а <-и> *ж* Abdichten *nt;* **~ щеле́й** СТР Spaltendichtung *f;* **~ пробо́ин в ко́рпусе** АВТО, МОР Leckdichtung *f*

заде́лыва|ть <-ю, -ешь> *нсв,* **заде́лать** *св прх* fest zumachen, verschließen; *(пробо́ину)* abdichten

задёрган|ный <-ная, -ное; -, -а, -о> *прил (челове́к)* abgehetzt

задёргива|ть <-ю, -ешь> *нсв,* **задёрнуть** *св прх* zuziehen; **~ што́ры на о́кнах** die Vorhänge zuziehen

задержа́ни|е <-я> *ср* Festnahme *f,* Verhaftung *f*

зад|ержа́ть <-ержу́, -е́ржишь> *св прх см.* **заде́рживать**

зад|ержа́ться <-ержу́сь, -е́ржишься> *св рефл см.* **заде́рживаться**

заде́ржива|ть <-ю, -ешь> *нсв,* **задержа́ть** *св прх* **1.** *(останови́ть)* anhalten **2.** *(заме́длить)* verzögern, aufhalten **3.** *(арестова́ть)* festnehmen, verhaften

заде́ржива|ться <-юсь, -ешься> *нсв,* **задержа́ться** *св рефл* **1.** *(где-л.)* sich (zu) lange aufhalten **2.** *(быть отло́женным)* sich verzögern, überfällig sein **3.** *(затяну́ться)* sich in die Länge ziehen

заде́ржк|а <-и> *ж* **1.** *(заде́рживание)* Verzögerung *f,* Stockung *f,* Verzug *m;* **~ в рабо́те** Stockung *f;* **~ исполне́ния** Leistungsverzug *m;* **~ платежа́** Zahlungsverzug *m;* **~ поста́вки** Lieferrückstand *m,* Lieferungsverzug *m;* **~ упла́ты до́лга** Retention *f* **2.** *(остано́вка)* Aufenthalt *m;* **~ в пути́** Reiseaufenthalt *m*

задёрн|уть <-у, -ешь> *св прх см.* **задёргивать**

заде́|ть <-ну, -нешь> *св прх см.* **задева́ть**

зади́р|а <-ы> *м и ж* Streithammel *m,* Streithahn *m*

задира́|ть <-ю, -ешь> *нсв,* **задра́ть** *св прх* **1.** *(подня́ть)* (hoch)heben; **~ го́лову** nach oben sehen; **~ подо́л ю́бки** den Rocksaum hochheben **2.** *(растерза́ть)* zerfetzen; **~ ягнёнка** das Lamm zerfetzen **3.** *перен* **~ нос** *(возгорди́ться)* hochnäsig werden

Заднепро́вь|е <-я> *ср* ГЕОГ *das Gebiet jenseits des Dnepr*

за́дн|ий <-яя, -ее> *прил* Rück-, Hinter-; **~ свет** АВТО Rücklicht *nt,* Schlusslicht *nt;* **за́днее сиде́нье** АВТО Rücksitz *m;* **за́дняя мысль** *перен* Hintergedanke *m;* **за́дним число́м** *перен* im Nachhinein, nachträglich

за́дник <-а> *м* **ту́фли без за́дников** fersenfreie Schuhe *pl*

за́дниц|а <-ы> *ж груб* Hintern *m;* **сядь на за́дницу и рабо́тай!** setze dich auf deine vier Buchstaben und arbeite!

задо́лго *нрч* lange; **~ до вы́лета самолёта** lange vor dem Abflug des Flugzeuges; **просну́ться ~ до рассве́та** lange vor Sonnenaufgang aufwachen

задолжа́|ть <-ю, -ешь> *св прх см.* **должа́ть**

задо́лженнос|ть <-ти> *ж* Verschuldung *f,* Schulden *pl,* Verbindlichkeiten *pl;* **вне́шняя ~** Auslandsverschuldung *f;* **~ по нало́гу** Steuerschuld *f;* **~ по проце́нтам** Zinslast *f;* **~ по торго́вым кни́гам** Buchschuld *f*

за́дом *нрч* rückwärts; **дви́гаться ~** rückwärts gehen; **поверну́ться ~ к кому́-л.** jdm den Rücken zukehren; **наде́ть ~ наперёд** verkehrt anziehen

задо́р <-а> *м* **1.** *(озорство́)* Eifer *f,* Elan *m* **2.** *(запа́льчивость)* Hitzigkeit *f,* Übermut *f*

задо́ринк|а <-и> *ж* **1.** СТР *(шерохова́тость)* Unebenheit *f,* Rauheit *f;* **доска́ с задо́ринками** ein Brett mit Unebenheiten; **ни сучка́, ни задо́ринки** *(гла́дко)* glatt **2.** *перен (без поме́х)* **без задо́ринки** reibungslos

задо́р|ный <-ная, -ное; -ен, -на, -но> *прил* **1.** *(озорно́й)* eifrig **2.** *(вызыва́ющий)* hitzig, herausfordernd

задохн|у́ться <-у́сь, -ёшься> *св рефл см.* **задыха́ться**

задра́ива|ть <-ю, -ешь> *нсв,* **задра́ить** *св прх* МОР verschließen, dicht machen; **~ лю́ки** die Luken verschließen

зад|ра́ть <-еру́, -ерёшь> *св прх см.* **задира́ть**

задри́пан|ный <-ная, -ное; -, -а, -о> *прил пренебр* zerlumpt; **~ пиджа́к** ein zerlumptes Jackett; **име́ть ~ вид** schäbig aussehen

заду́вк|а <-и> *ж* ТЕХ Anblasen *nt;* **~ до́менной печи́** Anblasen *nt* eines Hochofens

заду́ма|ть <-ю, -ешь> *св прх см.* **заду́мывать**

заду́ма|ться <-юсь, -ешься> *св рефл см.* **заду́мываться**

заду́мк|а <-и> *ж* **1.** *разг (наме́рение)* Vorhaben *nt* **2.** *разг (иде́я)* Einfall *m,* Idee *f*

заду́мчивос|ть <-ти> *ж* Nachdenklichkeit *f,* Versonnenheit *f;* **впасть в ~** in Gedanken sein

заду́мыва|ть <-ю, -ешь> *нсв,* **заду́мать** *св прх* sich vornehmen, beabsichtigen; **он что́-то заду́мал** er führt etwas im Schilde

заду́мыва|ться <-юсь, -ешься> *нсв,* **заду́маться** *св рефл (над чем-л.)* sich Gedanken machen über *+akk;* **заста́вить кого́-л. заду́матся** jdm zu denken geben

задуше́вн|ый <-ая, -ое> *прил* herzlich; **~ разгово́р** ein intimes Gespräch *nt;* **~ друг** Busenfreund *m*

зад|уши́ть <-ушу́, -у́шишь> *св прх см.* **души́ть**[1]

задым|и́ться <-лю́сь, -ли́шься> *св рефл см.* **дыми́ться**

задыха́|ться <-юсь -ешься> *нсв,* **задохну́ться** *св рефл* ersticken, keine Luft bekommen; *(тяжело́ дыша́ть)* keuchen; **~ от восто́рга** *перен* vor Begeisterung außer sich sein

заеда́|ть <-ю, -ешь> *нсв,* **зае́сть** *св прх* **1.** *(закуси́ть)* essen; **~ о́строе блю́до хле́бом** ein scharfes Essen mit Brot essen **2.** *разг (изму́чить)* an den Nerven zehren; **~ свои́ми приди́рками** er zehrt an den Nerven mit seinen Nörgeleien; **её тоска́ зае́ла** die Sehnsucht zehrt an ihr **3.** *то́лько 3 л* ТЕХ *(защеми́ть, зажа́ть)* (ein)klemmen; **замо́к зае́ло** das Schloss klemmt; **цепь зае́ло** die Kette hat sich verfangen

зае́зд <-а> *м* **1.** СПОРТ Rennen *nt,* Lauf *m* **2.** *(прие́зд)* Anreise *f*

зае́з|дить <-жу, -дишь> *св прх* **1.** *(ло́шадь)* abhetzen **2.** *(задёргать)* abhetzen

заезжа́|ть <-ю, -ешь> *нсв,* **зае́хать** *св нпрх* **1.** *(куда́-л.)* einen Abstecher machen **2.** *(за кем-л./чем-л.)* jdm mit dem Auto abholen

заём <за́йма> *м* Anleihe *f; (и ссу́да)* Darlehen *nt;* **госуда́рственный ~** staatliche Anleihe *f;* **вну́тренний ~** Inlandsanleihe *f;* **вне́шний ~** Auslandsanleihe *f;* **бессро́чный заём** unkündbare Anleihe *f;* **вы́пустить ~** eine Anleihe *f;* **объяви́ть подпи́ску на ~** eine Anleihe zur Zeichnung auflegen; **подписа́ться на ~** eine Anleihe *f;* **погаше́ние за́йма** Anleiherückzahlung *f;* **беспроце́нтный ~** zinsloses Darlehen *nt;* **погаше́ние за́йма** Kredittilgung *f;* **долгосро́чный ~** langfristiger Kredit *m;* **облигацио́нный ~** Obligationendarlehen *nt;* **вы́пустить ~** eine Anleihe auflegen; **~ под обеспече́ние чего́-л.** ein Kredit gesichert durch etw; **су́мма за́йма** Kreditbetrag *m;* **тре́бовать возвра́та за́ймов** die Rückzahlung eines Darlehens fordern

заёмн|ый <-ая, -ое> *прил* **1.** ЮР Leih-, Schuld-; **заёмное письмо́** Schuldbrief *m* **2.** ЭКОН eine Anleihe betreffend, geliehen; **заёмая облига́ция ба́нка** Bankobligation *f;* **заёмные опера́ции** Anleihegeschäft *nt;* **~ капита́л** Fremdkapital *nt;* **~ курс** Anleihekurs *m;* **~ проце́нт** Schuldzins *m*

заёмщик <-а> *м* Kreditnehmer *m,* Darlehensnehmer *m*

зае́|сть <-м, -шь> *св прх см.* **заеда́ть**

зае́|хать <-ду, -дешь> *св нпрх см.* **заезжа́ть**

зажа́рива|ть <-ю, -ешь> *нсв,* **зажа́рить** *св прх* gar braten

зажа́т|ый <-ая, -ое> *прил* **1.** ТЕХ eingeklemmt **2.** ПСИХ verklemmt

заж|а́ть <-му́, -мёшь> *св прх см.* **зажима́ть**

зажд|а́ться <-у́сь, -ёшься> *св рефл* sehnsüchtig erwarten; **~ весте́й** die Neuigkeiten kaum erwarten können; **мы тебя́ зажда́лись** wir warten sehnsüchtig auf dich

заж|е́чь <-гу́, -жёшь> *св прх* anzünden

заж|е́чься <-гу́сь, -жёшься> *св рефл* sich anzünden

зажива́|ть <-ю, -ешь> *нсв,* **зажи́ть** *св нпрх то́лько 3 л* verheilen, vernarben

за́живо *нрч* lebendig, bei lebendigem Leibe, lebendigen Leibes; **~ похорони́ть** bei lebendigem Leibe begraben

зажига́лк|а <-и> *ж* Feuerzeug *nt*

зажига́ни|е <-я> *ср* АВТО Zündung *f*

зажига́тельн|ый <-ая, -ое> *прил* **1.** *(воспламеня́ющий)* Brenn- **2.** *перен (пла́менный)* feurig; **зажига́тельная речь** mitreißende Rede *f*

зажига́|ть <-ю, -ешь> *нсв,* **заже́чь** *св прх* anzünden; *(свет)* einschalten; *перен (вдохновля́ть)* begeistern; **~ слу́шателей** die Zuhörer mitreißen

зажига́|ться <-юсь, -ешься> *нсв,* **заже́чься** *св рефл* **1.** *(воспаля́ться)* sich entzünden, in Brand geraten **2.** *(о све́те)* angehen, eingeschaltet werden **3.** *перен (о глаза́х)* aufleuchten **4.** *(воодушевля́ться)* sich begeistern

зажи́м <-а> *м* **1.** ТЕХ Klemme *f* **2.** *перен (подавле́ние, ограниче́ние)* Unterdrückung *f,* Einschränkung *f*

зажима́|ть <-ю, -ешь> *нсв,* **зажа́ть** *св прх* **1.** ТЕХ einklemmen, zusammenpressen **2.** *перен (кри́тику)* unterdrücken

зажи́мн|ый <-ая, -ое> *прил* ТЕХ Klemm-; **~ винт** Klemmschraube *f;* **зажи́мное устро́йство** Klemmvorrichtung *f*

зажи́точ|ный <-ная, -ное; -ен, -на, -но> *прил* wohlhabend

зажи́|ть[1] <-ву́, -вёшь> *св нпрх см.* **зажива́ть**

зажи́|ть[2] <-ву́, -вёшь> *св нпрх то́лько св* ein neues Leben beginnen

зажму́р|иться <-юсь, -ишься> *св рефл см.* **жму́риться**

ЗАЗ *сокр от* **Запоро́жский автомоби́льный заво́д** Saporoschjer Autowerk *nt;* **вы́пуск проду́кции ЗАЗа** Saporoshez *m*

заздра́вн|ый <-ая, -ое> *прил* **произнести́ ~ тост** ein Hoch auf jdn ausbringen; **отслужи́ть ~ моле́бен** РЕЛИГ eine Andacht abhalten

заземле́ни|е <-я> *ср* ТЕХ Erdung *f,* Erden *nt,* Erdleitung *f;* **гидрозащи́тное ~** Feuchtigkeitserdung *f;* **измери́тель заземле́ния** Erdungsmesser *m*

заземля́|ть <-ю, -ешь> *нсв,* **заземли́ть**

св прх эл erden

зазна|ва́ться <-ю́сь, -ёшься> *нсв*, **зазна́ться** *св рефл* sich viel einbilden, großtun; **не зазнава́йся!** gib nicht so an!

зазна́йств|о <-а> *ср презрит* Besserwisserei *f*, Großtuerei *f*

зазна́|ться <-юсь -ешься> *св рефл см.* **зазнава́ться**

зазно́б|а <-ы> *ж разг* Liebchen *nt*, Herzallerliebste *f*, Schatz *m*

зазо́р|ный <-ная, -ное; -ен, -на, -но> *прил* anstößig; **в э́том нет ничего́ зазо́рного** daran kann man keinen Anstoß nehmen

зазу́брива|ть <-ю, -ешь> *нсв*, **зазубри́ть** *св прх (заучи́ть)* einpauken; **~ цита́ты из те́кста** ich habe mir die Textzitate eingepaukt

зазу́брин|а <-ы> *ж* ТЕХ Scharte *f*, Zacke *f*

зазубр|и́ть <-ю́, -и́шь> *св прх см.* **зазу́бривать**

заигра́|ть <-ю, -ешь> *св (н)прх см.* **заи́грывать**

заи́грывани|е <-я> *ср* Anbändeln *nt*, Flirt *m*

заи́грыва|ть <-ю, -ешь> *нсв*, **заигра́ть** *св (н)прх* **1.** *то́лько св* anfangen zu spielen; **заигра́ла му́зыка** die Musik ertönte **2.** *(о ка́ртах)* abnutzen, abgreifen **3.** *то́лько нсв, разг (с ке́м-л.)* anbändeln, flirten

заи́к|а <-и> *м и ж* Stotterer *m*

заика́|ться <-юсь -ешься> *нсв*, **заикну́ться** *св рефл* stottern, stammeln

заимода́в|ец <-ца> *м* Gläubiger *m*

заи́мствовани|е <-я> *ср* **1.** *(де́йствие)* Entlehnung *f*, Übernahme *f* **2.** лингв *(заи́мствованное сло́во)* Lehnwort *nt*

заи́мств|овать <-ую, -уешь> *(н)св прх* **1.** *(у кого́-л. что-л.)* entlehnen **2.** *(воспо́льзоваться)* übernehmen

заи́ндеве|ть <-ю, -ешь> *св нпрх см.* **индеве́ть**

заинтересо́ваннос|ть <-ти> *ж (в чём-л.)* Interessiertheit *f*; **прояви́ть ~** Interesse zeigen

заинтересо́ван|ный <-ная, -ное; -, -а, -о> *прил (в чём-л.)* interessiert an *+dat*; **заинтересо́ванная сторона́** Interessent *m*

заинтересовыва́|ться <-юсь, -ешься> *нсв*, **заинтересова́ться** *св рефл* sich interessieren, Interesse zeigen für *+akk*

заинтриг|ова́ть <-ую, -уешь> *св нпрх см.* **интригова́ть**

заискива́|ть <-ю, -ешь> *нсв*, **заиска́ть** *св нпрх (пе́ред кем-л.)* sich einschmeicheln bei *+dat*

заи́скивающ|ий <-ая, -ее> *прил* einschmeichelnd, schmeichlerisch; **~ вид** schmeichlerisches Aussehen *nt*; **заи́скивающая улы́бка** einschmeichelndes Lächeln *nt*

за́ймов|ый <-ая, -ое> *прил* Darlehens-, Kredit-; **за́ймовые опера́ции** Darlehensoperationen *pl*

займода́те|ль <-ля> *м* ЭКОН Darlehensgeber *m*, Geldgeber *m*

займодержа́те|ль <-ля> *м* ЭКОН Anleiheinhaber *m*

зай|ти́ <-ду́, -дёшь> *св нпрх см.* **заходи́ть**

зай|ти́сь <-ду́сь, -дёшься> *св рефл см.* **заходи́ться**

зайча́тин|а <-ы> *ж* Hasenfleisch *nt*; **све́жая ~** frisches Hasenfleisch *nt*

за́йчик <-а> *м* **1.** *(за́яц)* Häschen *nt*, Kaninchen *nt*, Hase *m* **2.** *разг (све́тлое пя́тнышко)* Lichtreflex *nt*; **со́лнечный ~** Sonnenfleck *m*

закабаля́|ть <-ю, -ешь> *нсв*, **закабали́ть** *св прх* knechten, unterjochen

Закавка́зь|е <-я> *ср* Transkaukasien *nt*; **в райо́нах Закавка́зья** im transkaukasischen Gebiet

закавы́к|а <-и> *ж разг* **в э́том вся ~** das ist das Problem; **говори́ без закавы́к** rede ohne wenn und aber

закады́чн|ый <-ая, -ое> *прил* Busen-; **~ друг** Busenfreund *m*

зака́з <-а> *м* Auftrag *m*, Bestellung *f*; **на ~** auf Bestellung; **сши́тый на ~ костю́м** Maßanzug *m*; **~ на поста́вку** Lieferauftrag *m*; **~-наря́д** Order *f*; **~-наря́д на изготовле́ние** Fertigungsauftrag *m*; **сро́чный ~** Eilauftrag *m*; **сде́лать ~** eine Bestellung aufgeben, einen Auftrag erteilen; **приня́ть ~** eine Bestellung [*o* einen Auftrag] aufnehmen

зак|аза́ть <-ажу́, -а́жешь> *св прх см.* **зака́зывать**

зака́зник <-а> *м* ЭКОЛ Reservat *nt*; **орнитологи́ческий ~** Vogelschutzgebiet *nt*

заказн|о́й <-а́я, -о́е> *прил* **1.** *(письмо́)* eingeschrieben, Einschreibe-; **заказно́е письмо́** Einschreiben *nt* **2.** *(зака́занный)* im Auftrag; **заказно́е уби́йство** Auftragsmord *m*

зака́зчик <-а> *м*, **зака́зчиц|а** <-ы> *ж* Auftraggeber(in) *m(f)*, Besteller(in) *m(f)*; *(клие́нт)* Kunde *m*, Kundin *f*

зака́зыва|ть[1] <-ю, -ешь> *нсв*, **заказа́ть** *св прх* bestellen, in Auftrag geben; **~ зара́нее** vorbestellen; **~ по телефо́ну** telefonisch bestellen

зака́зыва|ть[2] <-ю, -ешь> *нсв*, **заказа́ть** *св прх (что-л.)* verbieten

закалён|ный <-ная, -ное; -,-а́, -о́> *прил* abgehärtet

зака́ливани|е <-я> *ср* Abhärtung *f*

закал|и́ть <-ю́, -и́шь> *св прх см.* **закаля́ть**

зака́лк|а <-и> *ж* **1.** ТЕХ Härten *nt*; **~ жи́дкости** Flüssigkeitshärten *nt* **2.** *(выно́сливость)* Abhärtung *f*; **приобрета́ть зака́лку** sich abhärten; **физи́ческая ~** körperliche Stählung *f*; **лю́ди ста́рой зака́лки** Leute vom alten Schrot und Korn

зака́лыва|ть <-ю, -ешь> *нсв*, **заколо́ть** *св прх* **1.** *(ножо́м)* erstechen **2.** *(була́вкой)* feststecken, festheften; **~ во́лосы** sich das Haar hochstecken

закаля́|ть <-ю, -ешь> *нсв,* **закали́ть** *св прх* **1.** ТЕХ härten **2.** *(здоро́вье)* abhärten

зака́нчива|ть <-ю, -ешь> *нсв,* **зако́нчить** *св прх* beenden, abschließen, fertig stellen

зака́нчива|ться <-юсь -ешься> *нсв,* **зако́нчиться** *св рефл* enden, zu Ende gehen, beendet werden

зака́пыва|ть[1] <-ю, -ешь> *нсв,* **зака́пать** *св прх* **1.** *(забры́згивать)* bespritzen, vollspritzen **2.** *(су́пом)* bekleckern **3.** *(лека́рство в нос)* einträufeln

зака́пыва|ть[2] <-ю, -ешь> *нсв,* **закопа́ть** *св прх (в зе́млю)* vergraben, eingraben

Закарпа́ть|е <-я> *ср* ГЕОГ Karpatoukraine *f,* Transkarpaten *pl*

закаспи́йск|ий <-ая, -ое> *прил* transkaspisch; **закаспи́йская о́бласть** das transkaspische Gebiet

зака́т <-а> *м* **1.** *(со́лнца)* Untergang *m;* **во вре́мя зака́та** bei Sonnenuntergang; **верну́ться на зака́те** bei Sonnenuntergang nach Hause kommen **2.** *перен (коне́ц, исхо́д)* Niedergang *m,* Verfall *m;* **на зака́те дней** am Lebensabend; **на зака́те профессиона́льной карье́ры** an der Neige seines Berufslebens

зака́тыва|ть <-ю, -ешь> *нсв,* **закати́ть** *св прх* **1.** *(во что-л.)* einrollen, einwickeln; **~ брю́ки** die Hosen hochkrempeln; **~ глаза́** die Augen verdrehen; **~ сце́ну** [*или* **исте́рику**] *перен, разг* eine Szene machen **2.** *(рукава́)* hochkrempeln

заква́|сить <-шу, -сишь> *св,* **заква́шивать** *нсв прх* (ein)säuern; **~ смета́ну** Sahne *f* säuern; **~ те́сто** Sauerteig *m* machen

заква́ск|а <-и> *ж* **1.** *(для те́ста, молока́)* Gärstoff *m,* Sauerteig *m* **2.** *перен, разг (осно́вы хара́ктера)* Veranlagung *f,* Anlagen *pl;* **в нём видна́ хоро́шая ~** er ist gut veranlagt, er hat einen guten Kern

заква́шива|ть <-ю, -ешь> *нсв,* **заква́сить** *св прх* (ein)säuern

заки́дыва|ть <-ю, -ешь> *нсв,* **заки́нуть** *св прх* **1.** *(забро́сить)* werfen; **заки́нуть мяч в се́тку** den Ball ins Netz werfen; **заки́нуть се́ти в мо́ре** die Fischernetze ins Meer werfen; **заки́нуть у́дочку** *перен (поинтересова́ться)* die Fühler ausstrecken **2.** *(наки́нуть)* überwerfen; **заки́нуть ружьё за спи́ну** das Gewehr überwerfen **3.** *(отвести́)* weit wegwerfen; **~ го́лову** den Kopf heben; **~ но́гу на́ ногу** die Beine übereinander schlagen

закипа́|ть <-ю, -ешь> *нсв,* **закипе́ть** *св нпрх* zu kochen beginnen, aufkochen; *перен (рабо́та)* in Gang kommen

за́ки|сь <-си> *ж* ХИМ niederwertiges Oxyd *nt;* **~ азо́та** Lachgas *nt*

закла́д <-а> *м* Pfand *nt;* **би́ться об ~** *перен* wetten

закла́дк|а <-и> *ж* **1.** *(в кни́гу)* Lesezeichen *nt* **2.** ИНФОРМ Bookmark *nt*

закладн|а́я <-о́й> *ж* ЮР, ЭКОН Pfandbrief *m,* Pfandschein *m;* **тамо́женная ~** Zollpfandbrief *m;* **ипоте́чная ~** Hypothekenbrief *m;* **вы́купить закладну́ю** den Pfandschein einlösen; **занима́ть де́ньги под закладну́ю** Geld gegen Pfandbrief leihen

закла́дыва|ть <-ю, -ешь> *нсв,* **заложи́ть** *св прх* **1.** *(засу́нуть)* verlegen, an einen falschen Ort legen **2.** *(загромозди́ть)* versperren, verstellen **3.** *(отдава́ть в зало́г)* verpfänden; **~ фунда́мент** *и перен* den Grundstein legen

закле́ива|ть <-ю, -ешь> *нсв,* **закле́ить** *св прх* zukleben; *(о́кна)* abdichten; **~ письмо́** den Briefumschlag zukleben; **~ страни́цу** die Seite ankleben

заклейм|и́ть <-лю́, -и́шь> *св прх см.* **клейми́ть**

заклёпк|а <-и> *ж* ТЕХ Niete *f*

заклёпочн|ый <-ая, -ое> *прил* ТЕХ Niet-; **заклёпочное соедине́ние** Nietverbindung *f;* **~ шов** Nietnaht *f*

заклина́ни|е <-я> *ср* Zauberspruch *m,* Beschwörungsformel *f*

заклина́|ть <-ю, -ешь> *нсв прх* (mit Zaubersprüchen) beschwören; *перен (умоля́ть)* inständig bitten

закли́нива|ть <-ю, -ешь> *нсв,* **закли́нить** *св прх* **1.** *(вбить клин)* verkeilen, einklemmen, einen Keil eintreiben; **~ бревно́** einen Balken festkeilen **2.** *(повреди́ть)* verkeilen, festkeilen; **~ руль** das Ruder festkeilen; **~ механи́зм** eine Vorrichtung verkeilen

заключа́|ть <-ю, -ешь> *нсв,* **заключи́ть** *св прх* **1.** *(помеща́ть, окружа́ть)* einschließen; **заключи́ть под стра́жу** inhaftieren; **заключи́ть в объя́тия** in die Arme nehmen, umarmen; **~ в кавы́чки** in Anführungszeichen setzen; **~ в себе́** *перен* beinhalten, enthalten **2.** *(догово́р и т.п.)* schließen; **~ брак** eine Ehe schließen; **~ догово́р** [*или* **контра́кт**] einen Vertrag (ab)schließen **3.** *(де́лать вы́воды)* schlussfolgern; **из э́того я заключа́ю, что …** ich schließe daraus, dass … **4.** *(зака́нчивать)* abschließen; **~ речь** eine Rede beenden

заключе́ни|е <-я> *ср* **1.** ЮР Haft *f;* **предвари́тельное ~** Untersuchungshaft *f;* **пожи́зненное ~** lebenslänglicher Freiheitsentzug *m;* **отбыва́ть ~** eine Haft absitzen **2.** *(догово́ра и т.п.)* Abschluss *m,* Unterzeichnen *nt;* **~ соглаше́ния** Vertragsabschluss *m;* **~ сде́лки** Geschäftsabschluss *m;* **~ торго́вой сде́лки** Negoziierung *f;* **~ сде́лки ку́пли-прода́жи** Verkaufsabschluss *m* **3.** *(вы́вод)* Schlussfolgerung *f,* Schluss *m;* **логи́ческое ~** logischer Schluss *m;* **поспе́шное ~** voreiliger

З

Schluss *m;* **прийти́ к заключе́нию, что …** zu dem Schluss kommen, dass … **4.** *(экспе́рта)* Gutachten *nt;* **сде́лать ~** ein Gutachten abgeben **5.** *(заверше́ние)* Abschluss *m;* **в ~** *(в коне́ц)* abschließend

заключён|ный I. <-ная, -ное; -, -á, -ó> *прил* darin enthalten; *(догово́р)* abgeschlossen **II.** <-ного> *м* Häftling *m,* Strafgefangene(r) *m*

заключи́тельн|ый <-ая, -ое> *прил* Schluss-, Abschluss-, abschließend; **заключи́тельная глава́** Schlusskapitel *nt;* **заключи́тельное сло́во** Schlusswort *nt;* **~ отчёт** Abschlussbericht *m;* **~ акко́рд** *и перен* Schlussakkord *m;* **~ акт** ТЕАТР Schlussakt *m;* ЮР Abschlussakte *f;* **заключи́тельная деклара́ция** ПОЛ (Ab)Schlusserklärung *f;* **~ бала́нс** ЭКОН Abschlussbilanz *f*

заключ|и́ть <-у́, -и́шь> *св прх см.* **заключа́ть**

закля́т|ый <-ая, -ое; -, -á, -о> *прил* **~ враг** Erzfeind *m*

заковы́рист|ый <-ая, -ое; -, -а, -о> *прил разг* schwierig, verwickelt; **заковы́ристая зада́чка** schwierige Aufgabe *f;* **заковы́ристая по́дпись** unleserliche Unterschrift *f*

закоди́р|овать <-ую, -уешь> *св прх* verschlüsseln, kodieren; **~ телегра́мму** ein Telegramm verschlüsseln

закола́чива|ть <-ю, -ешь> *нсв,* **заколоти́ть** *св прх* **1.** *(вбить)* einschlagen; **~ сва́и в зе́млю** Pfähle in den Boden einrammen **2.** *(закры́ть)* zunageln; **~ я́щик гвоздя́ми** eine Kiste zunageln

заколдо́ван|ный <-ная, -ное; -, -а, -о> *прил* verwünscht, verzaubert; **заколдо́ванное ме́сто** verzauberter Ort; **попа́сть в ~ круг** in einen Teufelskreis geraten

зако́лк|а <-и> *ж* **1.** *(для воло́с)* Haarnadel *f,* Haarspange *f* **2.** *(для га́лстука)* Krawattennadel *f*

заколо|ти́ть <-чу́, -ти́шь> *св прх см.* **закола́чивать**

закол|о́ть <-ю́, -ешь> *св прх см.* **зака́лывать**

зако́н <-а> *м* Gesetz *nt;* **~ приро́ды** Naturgesetz *nt;* **~ гостеприи́мства** Gastrecht *nt;* **основно́й ~** Grundgesetz *nt;* **~ о вы́борах** Wahlgesetz *nt;* **сухо́й ~** Alkoholverbot *nt;* **~ о подохо́дном нало́ге** Einkommenssteuergesetz *nt;* **~ об акционе́рных о́бществах** Aktiengesetz *nt;* **~ о би́ржах и биржевы́х опера́циях** Börsengesetz *nt;* **~ о валю́тном контро́ле** Devisenbewirtschaftungsgesetz *nt;* **~ о запре́те недобросо́вестной конкуре́нции** Gesetz *nt* über Wettbewerbsschutz; **~ о карте́лях** Kartellgesetz *nt;* **в си́лу зако́на** kraft Gesetzes; **приня́ть ~** ein Gesetz verabschieden [*o* beschließen]; **изда́ть** [*или* **обнаро́довать**] **~** ein Gesetz erlassen [*o* veröffentlichen]; **нару́шить ~** gegen ein Gesetz verstoßen; **поста́вить себя́ вне зако́на** sich außerhalb des Gesetzes stellen; **полага́ться по зако́ну** gesetzlich zustehen; **~ бо́жий** Gesetz Gottes, *(уро́к)* Religionsunterricht *m*

зако́ннос|ть <-ти> *ж* **1.** *(правопоря́док)* Gesetzlichkeit *f,* Rechtsordnung *f* **2.** *(правоме́рность)* Rechtmäßigkeit *f,* Gültigkeit *f*

зако́н|ный <-ная, -ное; -ен, -на, -но> *прил* gesetzlich, rechtmäßig, legitim; **зако́нное основа́ние** gesetzliche Grundlage *f;* **зако́нное пра́во** verbrieftes Recht *nt;* **~ владе́лец** rechtmäßiger Besitzer *m;* **зако́нное притяза́ние** legitimer Anspruch *m;* **зако́нное платёжное сре́дство** gesetzliches Zahlungsmittel *nt;* **~ представи́тель** gesetzlicher Vertreter *m;* **зако́нная кри́тика** *перен* legitime Kritik *f*

законове́д <-а> *м* Rechtswissenschaftler(in) *m(f),* Jurist(in) *m(f)*

законода́те|ль <-ля> *м* Gesetzgeber *m*

законода́тельн|ый <-ая, -ое> *прил* gesetzgebend, legislativ; **законода́тельная власть** gesetzgebende Gewalt *f,* Legislative *f;* **законода́тельная коми́ссия** Gesetzgebungskommission *f;* **~ акт** Gesetzgebungsakt *m;* **законода́тельная попра́вка** Novelle *f*

законода́тельств|о <-а> *ср* Gesetzgebung *f,* gesetzliche Bestimmungen *fpl;* **гражда́нское ~** Zivilrecht *nt;* **де́йствующее ~** geltendes Recht *nt;* **нало́говое ~** Steuergesetzgebung *f;* **антимонопо́льное ~** Kartellrecht *nt*

закономе́р|ный <-ная, -ное; -ен, -на, -но> *прил* **1.** *(правоме́рный)* gesetzmäßig **2.** *(обосно́ванный, опра́вданный)* rechtmäßig

законоположе́ни|е <-я> *ср* ЮР Gesetzesbestimmung *f;* **согла́сно законоположе́нию** laut Gesetzesbestimmung

законопослу́шн|ый <-ая, -ое> *прил* gesetzestreu

законопрое́кт <-а> *м* Gesetzentwurf *m,* Gesetzesvorlage *f*

законсерви́р|овать <-ую, -уешь> *св прх см.* **консерви́ровать**

законтракто́выва|ть <-ю, -ешь> *нсв,* **законтрактова́ть** *св прх* ЭКОН vertraglich binden; **~ помеще́ние** einen Raum vertraglich sichern; **~ па́ртию това́ра** über die Ladung einen Aufkaufvertrag abschließen

зако́нчен|ный <-ная, -ное; -, -а, -о> *прил* **1.** *(доверше́нный)* abgeschlossen, vollendet **2.** *(по́лный)* völlig; **~ идио́т** *разг* Vollidiot *m*

зако́нч|ить <-у, -ишь> *св прх см.* **зака́нчивать**

зако́нч|иться <-усь, -ишься> *св рефл см.* **зака́нчиваться**

закопа́|ть <-ю, -ешь> *св прх см.* **зака́пывать**

закоп|ти́ть <-чу́, -ти́шь> *св нпрх см.* **копте́ть**

закопчён|ный <-ная, -ное; -, -á, -ó> *прил* rußig, verrußt

закоренéл|ый <-ая, -ое> *прил* eingefleischt, unverbesserlich, notorisch

закóр|ки <-ок> *мн прост* **таскáть на закóрках** huckepack tragen

закорю́чк|а <-и> *ж* **1.** *(завиту́шка)* Haken *m,* Schnörkel *m;* **пóдпись с закорю́чкой** verschnörkelte Unterschrift *f;* **хвост закорю́чкой** Ringelschwanz *m* **2.** *(улóвка)* Haken *m,* Trick *m;* **вот где ~** ah, da ist der Haken!

закоснéл|ый <-ая, -ое> *прил* eingefleischt, starr verharrend; **закоснéлые поня́тия** eingefahrene Begriffe *fpl;* **закоснéлые привы́чки** eingefleischte Gewohnheiten *fpl*

закоу́л|ок <-ка> *м* **1.** *(переу́лок)* Seitengasse *f;* **идти́ по тёмным закоу́лкам** durch die dunklen Gassen wandern; **знать все закоу́лки** alle Ecken und Winkel kennen **2.** *(уголóк)* Winkel *m,* Ecke *f;* **посмотрéть во всех закоу́лках дóма** in allen Ecken und Winkeln nachsehen

закоченé|ть <-ю, -ешь> *св нпрх см.* **коченéть**

закрáдыва|ться <-юсь, -ешься> *нсв,* **закрáсться** *св рефл* sich einschleichen; **~ в ду́шу** sich bei jmd einschleichen; **закрáлось сомнéние** Zweifel überkommen jdn

закрáин|а <-ы> *ж* **1.** ТЕХ *(крóмка)* Rand *m;* **~ ги́льзы** Hülsenrand *m* **2.** *(вы́ступ)* Vorsprung *m;* **~ кры́ши** Dachvorsprung *m*

закрá|сться <-дусь, -дёшся> *св рефл см.* **закрáдываться**

закреп|и́ть <-лю́, -и́шь> *св прх см.* **закрепля́ть**

закреплéни|е <-я> *ср* **1.** ТЕХ Befestigung *f* **2.** *перен (установлéние, фикси́рование)* Festigung *f,* Sicherung *f,* Verankerung *f;* **законодáтельное ~ прав** Rechtssicherung *f;* **~ кáдров на произвóдстве** Personalbindung *f* **3.** *(за кем-л.)* Sicherung *f,* Reservierung *f*

закрепля́|ться <-юсь, -ешься> *нсв,* **закрепи́ться** *св рефл* **1.** ВОЕН sich festsetzen **2.** *(упрóчиться)* sich festigen **3.** *перен (обосновáться)* Fuß fassen

закрепля́ющ|ее <-ий, -ая> *прил* МЕД (ver)stopfend; **~ срéдство** stopfendes Mittel *nt*

закрóйн|ый <-ая, -ое> *прил* Zuschneide-; **~ цех** Zuschneiderei *f;* **закрóйная маши́на** Stoffzuschneidemaschine *f*

закрóйщик <-а> *м,* **закрóйщиц|а** <-ы> *ж* Zuschneider(in) *m(f);* **óпытный ~** erfahrener Zuschneider *m*

зáкром <-а> *м* АГР Kornkasten *m,* Futterboden *m;* **ссыпáть зернó в закромá** Getreide in den Kornkasten schütten

закруглéни|е <-я> *ср* **1.** *(дéйствие)* Abrunden *nt* **2.** *(ли́ния)* Rundung *f*

закругля́|ть <-ю, -ешь> *нсв,* **закругли́ть** *св прх* **1.** *(придáть закруглéние)* abrunden **2.** *перен (фрáзу)* ausfeilen

закругля́|ться <-юсь, -ешься> *нсв,* **закругли́ться** *св рефл* **1.** *(стать кру́глым)* rund werden **2.** *перен (закóнчить)* fertig werden; **порá ~** du musst langsam fertig werden; **~ с делáми** die Arbeit beenden

закругл|и́ть <-ю́, -и́шь> *св прх см.* **закругля́ть**

закругл|и́ться <-ю́сь, -и́шься> *св рефл см.* **закругля́ться**

закрывá|ть <-ю, -ешь> *нсв,* **закры́ть** *св прх* **1.** *(магази́н)* schließen, zumachen; **~ глазá** die Augen schließen; **~ водопровóдный кран** den Wasserhahn zudrehen; **~ глазá на что-л.** *перен* ein Auge zudrücken **2.** *(заслони́ть)* zudecken, bedecken **3.** *(преградúть)* sperren; **~ грани́цу** die Grenze sperren; **~ движéние трáнспорта** den Straßenverkehr sperren **4.** *(останови́ть рабóту)* den Betrieb einstellen; **~ магази́н** das Geschäft [*o* den Laden] zumachen; **~ предприя́тие** einen Betrieb stilllegen [*o* schließen] **5.** *(закóнчить)* beenden; **~ заседáние** die Sitzung beenden; **~ счёт в бáнке** das Bankkonto auflösen

закры́ти|е <-я> *ср* Schließung *f,* Schluss *m;* **~ магази́на** Ladenschluss *m;* **~ предприя́тия** Stilllegung *f;* **~ счёта** Abschluss *m* einer Rechnung

закры́т|ый <-ая, -ое; -, -а, -о> *прил* **1.** *(на замóк)* geschlossen, zugemacht **2.** *(запрéтный)* gesperrt; **закры́тая зóна** Sperrgebiet *nt* **3.** *перен (недосту́пный для посторóнних)* geschlossen, exklusiv; **закры́тое óбщество** geschlossene Gesellschaft *f;* **закры́тое заседáние** Sitzung *f* hinter verschlossenen Türen [*o* unter Ausschluss der Öffentlichkeit]; **~ фонд** ЭКОН geschlossener Fonds *m*

закр|ы́ть <-óю, -óешь> *св прх см.* **закрывáть**

закули́сн|ый <-ая, -ое> *прил* unterschwellig, geheim; **~ руководи́тель** Drahtzieher *m,* Hintermann *m*

закупá|ть <-ю, -ешь> *нсв,* **закупи́ть** *св прх* einkaufen, auf Vorrat kaufen; ЭКОН ankaufen, aufkaufen

заку́пк|а <-и> *ж* Einkauf *m,* Besorgung *f;* ЭКОН Ankauf *m,* Aufkauf *m;* **óптовая ~** Großeinkauf *m*

заку́пор|ить <-ю, -ишь> *св прх (буты́лку)* zukorken, zupfropfen

заку́порк|а <-и> *ж* Verkorkung *f;* **~ вен** МЕД Venenverstopfung *f*

заку́почн|ый <-ая, -ое> *прил* Aufkauf-, Einkaufs-; **заку́почная ценá** Einkaufspreis *m;* **заку́почная кооперáция** Einkaufsgenossenschaft *f;* **заку́почная ценá брýтто** Einkaufsbruttopreis *m;* **заку́почная ценá нéтто** Nettoeinkaufspreis *m;* **заку́почные издéржки** Anschaffungskosten *pl;* **закупоч-**

З

ные расхóды Beschaffungskosten *pl;* **закýпочные цéны на сырьё** Rohstoffpreise *pl*

закýпщик <-а> *м* Ankäufer *m,* Aufkäufer *m,* Einkäufer *m*

зак|усúть <-ушý, -ýсишь> *св прх см.* **закýсывать**

закýск|а <-и> *ж* Imbiss *m;* *(пéред едóй)* Vorspeise *f*

закýсочн|ая <-ой> *ж* Imbissbar *f,* Imbissstube *f*

закýсыва|ть <-ю, -ешь> *нсв,* **закусúть** *св прх* **1.** *(прикусúть)* beißen; **~ губý** sich +*dat* auf die Lippen beißen **2.** *(замолчáть)* schweigen; **~ язы́к** seine Zunge hüten **3.** *(поéсть)* essen; **~ чем Бог послáл** essen, was gerade auf dem Tisch steht; **~ вóдку ры́бой** Wodka trinken und Fisch essen

закýта|ть <-ю, -ешь> *св прх см.* **закýтывать**

закýт|ок <-ка> *м* **укрóмный ~** gemütliche Ecke *f*

закýтыва|ть <-ю, -ешь> *нсв,* **закýтать** *св прх (чем-л.; во что-л.)* warm einwickeln, einhüllen

зал <зáла> *м* Saal *m,* Halle *f;* **читáльный ~** Lesesaal *m;* **~ заседáний** Konferenzraum *m;* **~ судéбных заседáний** Gerichtssaal *m;* **зрúтельный ~** Zuschauerraum *m;* **~ ожидáния** Wartesaal *m;* **~ вы́лета** [*или* **отлёта**] ТРАНСП Abflughalle *f;* **~ прилёта** ТРАНСП Ankunftshalle *f;* **спортúвный ~** Turnhalle *f;* **тренажёрный ~** Fitnesscenter *nt*

залá|дить <-жу, -дишь> *св прх разг* **~ однó и то же** immer das alte Lied singen

залáмыва|ть <-ю, -ешь> *нсв,* **заломúть** *св прх* einknicken, umknicken; **~ рýки** *перен* die Hände ringen *(vor Verzweiflung);* **~ цéны** *перен* zu hohe Preise verlangen

залатá|ть <-ю, -ешь> *св прх см.* **латáть**

залегáни|е <-я> *ср* ШАХТ Vorkommen *nt,* Ablagerung *f;* **~ гóрных пород** Lagerstätte *f* von Berggestein; **~ грунтóвых вод** Grundwasservorkommen

залегá|ть <-ю, -ешь> *нсв,* **залéчь** *св нпрх* **1.** *(лечь надóлго)* sich hinlegen; **~ спать** sich schlafen legen **2.** *(притаúться)* sich verstecken; **~ в засáду** sich in den Hinterhalt legen, sich auf die Lauer legen; **~ в окóпе** sich in den Schützengraben legen **3.** *(расположúться)* sich einrichten **4.** *(минерáл)* lagern; **~ на большóй глубинé** in großer Tiefe lagern

заледенéл|ый <-ая, -ое> *прил* **1.** *(покры́тый льдом)* vereist, mit Eis bedeckt; **заледенéлые óкна** vereiste Fensterscheiben *fpl* **2.** *(закоченéвший)* eiskalt, erstarrt; **~ заледенéлые пáльцы** erstarrte Finger *mpl*

залежáл|ый <-ая, -ое> *прил разг* liegengeblieben; **~ товáр** abgelagerte Ware *f;* *разг* Ladenhüter *mpl;* **залежáлая мукá** überlagertes Mehl *nt*

залёжива|ться <-юсь, -ешься> *нсв,* **залежáться** *св рефл* **1.** *(дóлго лежáть)* zu lange liegen bleiben **2.** *(о товáрах)* keinen Absatz finden

залёжк|а <-и> *ж* **~ моржéй и тюлéней** Liegeplatz *m* von Walrossen und Robben am Ufer

зáлежн|ый <-ая, -ое> *прил* АГР brach, brachliegend

зáле|жь <-жи> *ж* **1.** ГЕОЛ *(месторождéние)* Vorkommen *nt;* **зáлежи руды́** Erzvorkommen; **зáлежи полéзных ископáемых** Bodenschätzevorkommen **2.** *(скоплéние)* Lager *nt;* **зáлежи желéзного лóма** Lagerung *f* vom Eisenschrott **3.** *(нехóдкий товáр)* schwerverkäufliche Ware *f*

залезá|ть <-ю, -ешь> *нсв,* **залéзть** *св нпрх* **1.** *(внутрь)* hineinkriechen, hereinkriechen; **~ в долгú** *перен* in Schulden geraten **2.** *(навéрх)* hinaufkriechen, heraufkriechen **3.** *(проникнуть)* heimlich eindringen, sich einschleichen in +*akk*

залепля́|ть <-ю, -ешь> *нсв,* **залепúть** *св прх* **1.** *(облепúть)* zukleben, verkleben **2.** *(удáрить)* jdm eine kleben; **~ пощёчину комý-л.** jdm eine Ohrfeige kleben

зале|сúть <-шý, -сúшь> *св прх* ГЕОЛ aufforsten; **~ степны́е учáстки** die Steppengebiete aufforsten

за|лéчь <-ля́гу, -ля́жешь> *св нпрх см.* **залегáть**

залúв <-а> *м* ГЕОГ Bucht *f,* Golf *m;* **Персúдский ~** Persischer Golf *m*

заливá|ть <-ю, -ешь> *нсв,* **залúть** *св прх* **1.** *и перен (затопúть)* überschwemmen, überfluten **2.** *(облúть)* übergießen; **~ огóнь** ein Feuer löschen; **~ винóм своё гóре** seinen Kummer ersäufen

заливá|ться[1] <-юсь, -ешься> *нсв,* **залúться** *нсв рефл (кудá-л.)* (herein)fließen

заливá|ться[2] <-юсь, -ешься> *нсв,* **залúться** *нсв рефл (смéхом)* in Gelächter ausbrechen; *(слезáми)* in Tränen ausbrechen

залúвист|ый <-ая, -ое; -, -а, -о> *прил* schallend, klingend; **~ смех** klingendes Lachen *nt;* **~ лай** lautes Gebell *nt*

залúвк|а <-и> *ж* Guss *m,* Vergießen *nt;* **~ форм** Formgießen *nt;* **~ бетóном** Betongießen *nt*

заливнó|е <-го> *ср тóлько ед* КУЛ Soße *f,* Aspik *m;* **~ из судакá** Zander *m* in Aspik

заливн|óй <-áя, -óе> *прил* КУЛ in Soße, in Aspik; **~ язы́к** Zunge *f* in Aspik

зал|úть <-ью́, -ьёшь> *св прх см.* **заливáть**

зал|úться <-ью́сь, -ьёшься> *св рефл см.* **заливáться**

залихвáтск|ий <-ая, -ое> *прил разг* verwegen, übermütig; **залихвáтская пля́ска** ausgelassener Tanz *m*

залóг[1] <-а> *м* Pfand *nt,* Verpfändung *f;* ЮР Kaution *f;* **взять в ~** als Pfand nehmen; **отдáть**

в ~ verpfänden; **дать под ~** gegen Pfand leihen; **вы́купить из зало́га** ein Pfand einlösen [*o* auslösen]; **~ недви́жимого иму́щества** ЭКОН Hypothek *f;* **~ успе́ха** *перен* Erfolgsgewähr *f;* **освободи́ть под ~** gegen Kaution freilassen

зало́г² <-а> *м* ЛИНГВ Aktionsform *f,* Genus verbi *nt*

зало́гов|ый <-ая, -ое> *прил* **1.** ЭКОН Pfand-, Versatz-; **зало́говое свиде́тельство, зало́говая квита́нция** Pfandschein *m* **2.** ЛИНГВ die Aktionsart *f* betreffend

залогода́те|ль <-ля> *м,* **залогода́тельниц|а** <-ы> *ж* ЮР Verpfänder(in) *m(f),* Pfandgeber(in) *m(f)*

залогодержа́те|ль <-ля> *м* ЮР Pfandgläubiger *m*

зал|ожи́ть <-ожу́, -о́жишь> *св прх см.* **закла́дывать**

зало́жник <-а> *м* Geisel *f;* **захва́т зало́жников** Geiselnahme *f;* **захвати́ть** [*или* **взять**] **зало́жников** Geiseln nehmen

зал|оми́ть <-омлю, -о́мишь> *св прх см.* **зала́мывать**

залп <за́лпа> *м* Salve *f*

за́лповый *прил* **откры́ть ~ ого́нь** Salvenfeuer *nt* eröffnen

за́лпом *нрч* **вы́стрелить ~** eine Salve abfeuern; **сказа́ть всё ~** in einem Zuge alles sagen; **вы́пить ~** auf ex austrinken

залы́син|ы <-> *мн* Geheimratsecken *pl*

зам *сокр от* **замести́тель** *разг* Vertreter *m,* Stellvertreter *m;* **узна́ть у за́ма** vom Stellvertreter erfahren, beim Stellvertreter nachfragen

зама́|зать <-жу, -жешь> *св прх см.* **зама́зывать**

зама́зк|а <-и> *ж* Kitt *m*

зама́зыва|ть <-ю, -ешь> *нсв,* **зама́зать** *св прх* **1.** *(закра́сить)* übermalen **2.** *(зама́зкой)* verkitten **3.** *перен (скрыть)* vertuschen

зама́лива|ть <-ю, -ешь> *нсв,* **замоли́ть** *св прх* РЕЛИГ um Vergebung [*o* Verzeihung] beten; **~ грехи́** um Sündenvergebung *f*

зама́лчива|ть <-ю, -ешь> *нсв,* **замолча́ть** *св прх разг* verschweigen, totschweigen

зама́нива|ть <-ю, -ешь> *нсв,* **замани́ть** *св прх* anlocken, verlocken, hineinlocken

зама́нчив|ый <-ая, -ое; -, -а, -о> *прил* verlockend; **зама́нчивая перспекти́ва** verlockende Aussicht *f;* **сде́лать зама́нчивое предложе́ние** einen verlockenden Vorschlag machen; **зама́нчивые карти́ны** anziehende Bilder *ntpl*

замара́|ть <-ю, -ешь> *св прх см.* **мара́ть**

замара́шк|а <-и> *м и ж разг* Schmutzfink *m,* Schmierfink *m*

зама́рива|ть <-ю, -ешь> *нсв,* **замори́ть** *св прх* **1.** *разг (изму́чить)* (zu Tode) schinden, abhetzen, abquälen; **~ го́лодом** jdn verhungern lassen **2.** *перен (перекуси́ть)* **~ червячка́** einen kleinen Imbiss zu sich nehmen

замарин|ова́ть <-у́ю, -у́ешь> *св прх см.* **маринова́ть**

замаскир|ова́ть <-у́ю, -у́ешь> *св прх см.* **маскирова́ть**

замаскир|ова́ться <-у́юсь, -у́ешься> *св рефл см.* **маскирова́ться**

зама́слива|ть <-ю, -ешь> *нсв,* **зама́слить** *св прх* **1.** ТЕХ einfetten; **~ волокно́** imprägnieren; **~ оде́жду** das Kleid mit Fettflecken beschmutzen **2.** *перен, разг (задо́брить)* jdn gütig stimmen

заматере́л|ый <-ая, -ое> *прил* unverbesserlich, eingefleischt; **~ престу́пник** eingefleischter Verbrecher *m*

зама́тыва|ть <-ю, -ешь> *нсв,* **замота́ть** *св прх* **1.** *(чем-л.)* umwickeln mit *+dat* **2.** *разг* ermüden

зама́х <-а> *м* СПОРТ Ausholen *nt,* Schwung *m*

зама́хива|ться <-юсь, -ешься> *нсв,* **замахну́ться** *св рефл* ausholen, Schwung holen; **~ па́лкой** einen Stock zum Schlag heben; **~ на но́вый реко́рд** sich für einen neuen Rekord anstrengen

зама́чива|ть <-ю, -ешь> *нсв,* **замочи́ть** *св прх* **1.** *(сде́лать вла́жным)* nass machen; **~ но́ги** nasse Füße bekommen **2.** *(намочи́ть)* einweichen; **~ бельё** die Wäsche einweichen **3.** *жарг (уби́ть)* umbringen

зама́шк|и <-ек> *мн разг* Angewohnheit *f,* Manieren *pl;* **же́нские зама́шки** Frauenmanieren *pl*

замедле́ни|е <-я> *ср* Verlangsamung *f; (заде́ржка)* Verzögerung *f*

заме́длен|ный <-ная, -ное; -, -а, -о> *прил* verlangsamt; **~ ход** verlangsamter Gang *m*

замедля́|ть <-ю, -ешь> *нсв,* **заме́длить** *св прх* verlangsamen; *(затяну́ть)* verzögern

заме́н|а <-ы> *ж* **1.** *(сме́на)* Ersetzung *f,* Vertretung *f,* Austausch *m;* **~ до́лжности** Ablösung *f;* ЭКОН Outplacement *nt;* **~ игрока́** СПОРТ Wechsel *nt* **2.** *(замени́тель)* Ersatz *m,* Ersatzmittel *nt*

замени́мос|ть <-ти> *ж* ЭКОН Substituierbarkeit *f*

замени́м|ый <-ая, -ое; -, -а, -о> *прил* ersetzbar

замени́те|ль <-ля> *м* **~ ко́жи** Lederersatz *m,* Kunstleder *nt*

зам|ени́ть <-еню́, -е́нишь> *св прх см.* **заменя́ть**

заменя́ем|ый <-ая, -ое> *прил* austauschbar

заменя́|ть <-ю, -ешь> *нсв,* **замени́ть** *св прх* **1.** *(кем-л./чем-л.)* ersetzen durch *+akk* **2.** *(смени́ть)* auswechseln, austauschen **3.** *(замести́ть)* vertreten

зам|ере́ть <-ру́, -рёшь> *св нпрх см.* **замира́ть**

замерза́ни|е <-я> *ср* Gefrieren *nt,* Erfrieren

З

nt; **~ воды́** Gefrieren *nt* des Wassers; **то́чка замерза́ния** Gefrierpunkt *m*

замерза́|ть <-ю, -ешь> *нсв,* **замёрзнуть** *св нпрх* **1.** *(живые существа́)* erfrieren **2.** *(водоём)* zufrieren

за́мертво *нрч* **упа́сть ~** tot umfallen

замести́те|ль <-ля> *м,* **замести́тельниц|а** <-ы> *ж* (Stell)Vertreter(in) *m(f)*

замести́тельств|о <-а> *ср* (Stell)Vertretung *f*

заме|сти́ть <-щу́, -сти́шь> *св прх см.* **замеща́ть**

заме́тано *нрч разг* abgemacht!

заме́|тить <-чу, -тишь> *св прх см.* **замеча́ть**

заме́тк|а <-и> *ж* Notiz *f,* Vermerk *m;* **~ на поля́х** Randnotiz *f,* Randbemerkung *f;* **брать что-л. на заме́тку** sich etw merken, sich etw notieren

заме́тно *нрч* merklich; **~ вы́расти** merklich wachsen; **~ постаре́ть** merklich alten

заме́т|ный <-ная, -ное; -ен, -на, -но> *прил* **1.** *(приме́тный)* merklich **2.** *(ви́дный)* bemerkenswert; **игра́ть заме́тную роль** *перен* eine bedeutende Rolle spielen

замеча́ни|е <-я> *ср* Verwarnung *f,* Verweis *m; (выска́зывание)* Bemerkung *f,* Äußerung *f;* **крити́ческое ~** kritischer Hinweis *m*

замеча́те|льный <-льная, -льное; -лен, -льна, -льно> *прил* bemerkenswert, hervorragend

замеча́|ть <-ю, -ешь> *нсв,* **заме́тить** *св прх* bemerken; **не ~ кого́-л.** jdn nicht bemerken, keine Notiz nehmen von *+dat; (сде́лать замеча́ние)* eine Bemerkung machen

заме́шан|ный <-ная, -ное; -, -а, -о> *прил* verwickelt; **быть заме́шанным во что-л.** in etw verwickelt sein, seine Hand im Spiel haben

замеша́тельств|о <-а> *ср* Verwirrung *f;* **прийти́ в ~** in Verlegenheit geraten; **внести́ ~** um Verwirrung sorgen; **привести́ в ~** in Verlegenheit bringen

заме́шива|ться <-юсь, -ешься> *нсв,* **замеша́ться** *св рефл* **1.** *(затеря́ться)* verloren gehen; **~ в толпе́** in der Menge untertauchen **2.** *(впу́таться)* (hinein)geraten, sich verwickeln; **~ в неприя́тную исто́рию** sich in eine unangenehme Angelegenheit verwickeln

заме́шка|ться <-юсь, -ешься> *св рефл разг* sich verspäten; **~ с отве́том** sich mit der Antwort verspäten; **~ с подгото́вкой прое́кта** sich mit der Projektvorbereitung verspäten

замеща́|ть <-ю, -ешь> *нсв,* **замести́ть** *св прх* vertreten; *(до́лжность)* besetzen

замеще́ни|е <-я> *ср* **1.** *(заме́на)* Ersetzung *f* **2.** *(кем-л.)* Vertretung *f*

замина́|ть <-ю, -ешь> *нсв,* **замя́ть** *св прх* **1.** *(смять)* zerdrücken; **~ оку́рок** einen Zigarettenstummel zerdrücken **2.** *(пресе́чь)* vertuschen, unterdrücken; **~ сканда́л** den Skandal vertuschen; **~ разгово́р** ein Gespräch unterdrücken

зами́нк|а <-и> *ж* **1.** *(остано́вка)* Stockung *f* **2.** *(промедле́ние)* Verzögerung *f*

замира́|ть <-ю, -ешь> *нсв,* **замере́ть** *св нпрх* **1.** *(останови́ться)* stocken, zum Erliegen kommen **2.** *(оцепене́ть)* erstarren, starr sein vor *+dat;* **~ от у́жаса** vor Entsetzen erstarren **3.** *(звук)* verklingen, verhallen

за́мкнутос|ть <-ти> *ж* **1.** *(скры́тность, необщи́тельность)* Verschlossenheit *f* **2.** *(уедине́ние, изоля́ция)* Abgeschlossenheit *f,* Isolation *f*

за́мкнут|ый <-ая, -ое; -, -а, -о> *прил* **1.** *(необщи́тельный)* verschlossen, kontaktarm; **он о́чень за́мкнут** er geht nicht aus sich heraus; **вести́ ~ о́браз жи́зни** ein zurückgezogenes Leben führen **2.** *(обосо́бленный)* exklusiv; **~ кружо́к** exklusiver Zirkel *f*

замкн|у́ть <-у́, -ёшь> *св прх см.* **замыка́ть**

замкн|у́ться <-у́сь, -ёшься> *св рефл см.* **замыка́ться**

зам|о́к <-ка́> *м* (Tür)Schloss *nt,* Verschluss *m;* **навесно́й ~** Vorhängeschloss *nt*

за́м|ок <-ка> *м* Schloss *nt; (кре́пость)* Burg *f;* **средневеко́вый ~** mittelalterliche Burg *f*

замо́лв|ить <-лю, -ишь> *св прх* **~ слове́чко за кого́-л.** *перен* ein gutes Wort einlegen für *+akk*

зам|оли́ть <-олю́, -о́лишь> *св прх см.* **зама́ливать**

замолка́|ть <-ю, -ешь> *нсв,* **замолча́ть** *св* **I.** *нпрх* verstummen; **заста́вить кого́-л. ~** jdn zum Schweigen bringen **II.** *прх* totschweigen

замора́живани|е <-я> *ср* **1.** ТЕХ Einfrieren *nt* **2.** *перен* Sperrung *f,* Stopp *m;* **~ зарпла́ты** Lohnstopp *m,* Einfrieren *nt;* **~ за́работной пла́ты и цен** Lohn- und Preisstopp *m;* **~ цен** Preisstopp *m;* **~ строи́тельства** Baustopp *m*

замора́жива|ть <-ю, -ешь> *нсв,* **заморо́зить** *св прх* einfrieren; *перен* einfrieren, sperren; **~ отноше́ния** eine Beziehung auf Eis legen; **~ перегово́ры** Verhandlungen einschlafen lassen

замор|и́ть <-ю́, -и́шь> *св прх см.* **зама́ривать**

заморо́|зить <-жу, -зишь> *св прх см.* **замора́живать**

за́морозк|и <-ов> *мн* Frost *m;* **ра́нние ~** Frühfrost *m*

замо́рск|ий <-ая, -ое> *прил устар* **1.** *(чужезе́мный)* Übersee-; **из замо́рских стран** aus Überseeländern; **посмотре́ть на замо́рские чудеса́** sich die Wunder der Ferne ansehen; **замо́рская торго́вля** Überseehandel *m* 2. *(вне́шний)* fremd

замо́рыш <-а> *м разг* **походи́ть на замо́рыша** er sieht wie ein Häufchen Unglück [*o* Elend] aus

Замоскворе́чь|е <-я> *ср* Samoskworetschje *nt (Moskauer Stadtteil südlich des Moskwa-Flusses)*

замота́|ть <-ю, -ешь> *св прх см.* **зама́тывать**

зам|очи́ть <-очу́, -о́чишь> *св прх см.* **зама́чивать**

замо́чн|ый <-ая, -ое> *прил* Schloss-; **замо́чная сква́жина** Schlüsselloch *nt*

замполи́т воен *сокр от* **замести́тель команди́ра по полити́ческой ча́сти** Stellvertreter *m* des Kommandierenden in politischen Angelegenheiten

за́муж *нрч steht in Verbindungen bezüglich der Heirat der Frau;* **выдава́ть ~** eine Frau vermählen; **выходи́ть ~** heiraten

заму́жеств|о <-а> *ср* Heirat *f,* Ehe *f;* **счастли́вое ~** glückliche Ehe *f;* **быть про́тив заму́жества** gegen das Heiraten sein

заму́жн|ий <-яя, -ее> *прил (же́нщина)* verheiratet

замухры́шк|а <-и> *м и ж прост* **он на вид ~** er macht eine echt jämmerliche Figur

заму́ченн|ый <-ая, -ое> *прил* 1. *(до сме́рти)* (zu Tode) gequält 2. *перен (измў́ченный)* total übermüdet

за́мш|а <-и> *ж только ед* Wildleder *nt;* **иску́сственная ~** künstliches Veloursleder; **пиджа́к из за́мши** Wildlederjacke *f*

за́мшев|ый <-ая, -ое> *прил* Wildleder-; **за́мшевые изде́лия** Wildlederartikel *pl*

замше́л|ый <-ая, -ое> *прил* moosbedeckt; **замше́лая кры́ша** moosbedecktes Dach *nt;* **~ лес** Wald *m* voller Moos

замыка́ни|е <-я> *ср* эл **коро́ткое ~** Kurzschluss *m*

замыка́|ть <-ю, -ешь> *нсв,* **замкну́ть** *св прх* 1. *(соедини́ть)* verschließen; **~ круг** den Kreis schließen; **~ цепь** эл den Stromkreis schließen 2. *(охвати́ть)* erfassen, umfassen; **~ в кольцо́** umringen 3. *(заключи́ть собо́й)* abschließen; **~ коло́нну** die Kolonne abschließen; **~ ше́ствие** den Zug schließen

замыка́|ться <-юсь, -ешься> *нсв,* **замкну́ться** *св рефл* 1. *(замо́к)* sich schließen 2. *перен* sich absondern, sich abkapseln; **~ на чём-л.** sich konzentrieren auf +*akk*

за́мыс|ел <-ла> *м* 1. *(наме́рение)* Absicht *f,* Vorhaben *nt* 2. *(иде́я)* Idee *f*

замышля́|ть <-ю, -ешь> *нсв,* **замы́слить** *св прх* beabsichtigen, im Schilde führen; **~ недо́брое** nichts Gutes im Schilde führen

замыслова́т|ый <-ая, -ое; -, -а, -о> *прил (сло́жный)* ausgeklügelt, kompliziert

зам|я́ть <-ну́, -нёшь> *св прх см.* **замина́ть**

за́навес <-а> *м* Vorhang *m,* Bühnenvorhang *m;* **желе́зный ~** *перен* der Eiserne Vorhang; **под ~ сезо́на** спорт, театр kurz vor Saisonende

занаве́|сить <-шу, -сишь> *св прх см.* **занаве́шивать**

занаве́ск|а <-и> *ж* 1. *(поло́тнище)* Vorhang *m,* Gardine *f;* **око́нная ~** Fenstervorhang; **задёрнуть занаве́ски** die Vorhänge zuziehen 2. анат **нёбная ~** Gaumenvorhang *m,* Gaumensegel *nt*

занаве́шива|ть <-ю, -ешь> *нсв,* **занаве́сить** *св прх* verhängen; **~ о́кна што́рами** die Fenster mit Vorhängen verhängen

занесе́ни|е <-я> *ср* Eintragung *f;* **~ в бухга́лтерские кни́ги** Buchung *f;* **~ в де́бет акти́вного счёта** Aktivierung *f;* **~ в де́бет счёта** Belastung *f;* **~ в креди́т** Entlastung *f*

занес|ти́ <-у́, -ёшь> *св прх см.* **заноси́ть**

занижа́|ть <-ю, -ешь> *нсв,* **зани́зить** *св прх* zu niedrig angeben; **~ оце́нку кому́-л.** спорт jdn schlecht beurteilen; **~ це́ну** den Preis zu niedrig ansetzen

зани́женн|ый <-ая, -ое> *прил* niedrig

зани́|зить <-жу, -зишь> *св прх см.* **занижа́ть**

занима́те|льный <-льная, -льное; -лен, -льна, -льно> *прил* unterhaltsam, interessant

занима́|ть¹ <-ю, -ешь> *нсв,* **заня́ть** *св прх* sich ausleihen; **~ де́ньги у кого́-л.** sich Geld borgen bei +*dat*

занима́|ть² <-ю, -ешь> *нсв,* **заня́ть** *св прх* 1. *(ме́сто)* einnehmen, beanspruchen; **~ мно́го ме́ста** viel Platz in Anspruch nehmen; **~ второ́е ме́сто** спорт den zweiten Platz belegen 2. *(для кого́-л.)* belegen, reservieren 3. *(до́лжность)* einnehmen, bekleiden 4. *(интересова́ть)* unterhalten, beschäftigen

занима́|ться <-юсь -ешься> *нсв,* **заня́ться** *св рефл* 1. *(де́лом)* sich beschäftigen mit +*dat,* sich befassen mit +*dat* 2. *(изуча́ть)* lernen, studieren 3. *разг (взя́ться за кого́-л.)* sich jdn vornehmen [*o* vorknöpfen]; **я ещё тобо́й займу́сь** dich knöpfe ich mir noch vor; **~ воспита́нием дете́й** sich der Kindererziehung widmen; **~ спо́ртом** Sport treiben; **~ с преподава́телем** Privatunterricht *m* nehmen

за́ново *нрч* von neuem, aufs Neue, von vorne; **делать ~** neu machen; **сло́вно ~ роди́лся** sich wie neugeboren fühlen

зано́з|а <-ы> *м и ж* 1. *(ще́пка, оско́лок стекла́, шип)* Splitter *m;* **всади́ть зано́зу** einen Splitter einreißen 2. *(зади́ра)* Streithahn *m*

зано́с <-а> *м* Rutschen *nt,* Schleudern *nt*

зан|оси́ть <-ошу́, -о́сишь> *нсв,* **занести́** *св прх* 1. *(приноси́ть куда́-л.)* vorbeibringen 2. *(в спи́сок)* eintragen 3. *(ру́ку, но́гу)* heben 4. *то́лько 3 л (засыпа́ть сне́гом, песко́м)* verwehen, verschütten 5. *то́лько 3 л* авто schleudern; **когда́ он вы́пьет, его́ начина́ет ~** *перен* wenn er betrunken ist, wird er leicht ausfällig; **как вас сюдá занеслó?** *перен* wie hat es euch an diesen Ort verschlagen?

занóсчивос|ть <-ти> *ж* Anmaßung *f,* Arroganz *f,* Überheblichkeit *f*

занóсчив|ый <-ая, -ое; -, -а, -о> *прил* anmaßend, arrogant, überheblich

занýд|а <-ы> *м и ж презрит* Nervensäge *f*

заня́ти|е <-я> *ср* **1.** *(дéло)* Tätigkeit *f,* Arbeit *f,* Beschäftigung *f;* **люби́мое ~** Lieblingsbeschäftigung *f* **2.** *обы́чно мн (в тéхникуме, вýзе)* Unterricht *m* **3.** ВОЕ Einnahme *f,* Besetzung *f*

заня́т|ный <-ная, -ное; -ен, -на, -но> *прил* interessant, unterhaltsam

занят|óй <-áя, -óе> *прил* **1.** *(человéк)* beschäftigt **2.** *(телефóн)* besetzt; **зáнято** besetzt

зáнятос|ть <-ти> *ж* ЭКОН Beschäftigung *f;* **пóлная ~** Vollbeschäftigung *f;* **прогрáмма обеспéчения зáнятости** Arbeitsbeschaffungsmaßnahmen *fpl*

заня́ть <займý, займёшь> *св прх см.* **занимáть**

за|ня́ться <-ймýсь, -ймёшься> *св рефл см.* **занимáться**

заóблачн|ый <-ая, -ое> *прил* über den Wolken; *перен* in den Wolken schwebend; **заóблачные верши́ны** Gipfel *mpl* über den Wolken; **в заóблачную высь** über die Wolken hinaus; **заóблачные мечты́** Träumereien *pl*

заоднó *нрч* **1.** *(в соглáсии)* im Einvernehmen; **быть ~ с кем-л.** am gleichen Strang ziehen mit *+dat* **2.** *(попýтно)* zugleich

заокеáнск|ий <-ая, -ое> *прил* Übersee-, transatlantisch; **~ гость** Gast *m* aus Übersee

заострён|ный <-ная, -ное; -, -á, -ó> *прил* spitz; **~ нос** spitze Nase *f*

заостря́|ть <-ю, -ешь> *нсв,* **заостри́ть** *св прх* **1.** *(сдéлать óстрым)* spitz machen **2.** *перен (вопрóс)* zuspitzen

заóчник <-а> *м,* **заóчниц|а** <-ы> *ж* Fernstudent(in) *m(f);* **сéссия для заóчников** Prüfungszeit *f* für Fernstudenten

заóчно *нрч* in Abwesenheit; *(об обучéнии)* Fern-

заóчн|ый <-ая, -ое> *прил* in Abwesenheit; **заóчная учёба** Fernstudium *nt*

зáпад <-а> *м* Westen *m;* **на зáпаде** im Westen; **на ~** nach Westen; **с зáпада** vom [*o* aus dem] Westen

i Land & Leute

Für viele Bürger der ehemaligen UdSSR war **der Westen** ein Inbegriff des ideologischen Feindes und der sozialen Ungerechtigkeit: man vertraute arglos der offiziellen Darstellung. Wenn es einem gelang, „im Westen“ gewesen zu sein, war man von den dortigen Verhältnissen – bzw. von dem Bild, das man sich davon machte, – jedoch meist begeistert. Unter Jüngeren erfreuten sich Markenartikel aus dem Westen, vor allem Jeans, sowie die westliche Pop- und Rockmusik großer Beliebtheit – einer der Gründe, warum die einheimische Propaganda stets von „dem verderbenden Einfluss des Westens“ sprechen musste.
Seit der Perestrojka gelten die wirtschaftlichen und die sozialen Verhältnisse **„im Westen“** in Russland als Vorbild.
Indes: Für die meisten Russen, die „den Westen“ unmittelbar kennen lernen konnten, gilt auch hier das alte russische Sprichwort: „Zu Gast ist es gut, zu Hause ist es besser.“

западá|ть <-ю, -ешь> *нсв,* **запáсть** *св нпрх* **1.** *(ввали́ться)* einfallen, einsinken; **клáвиша запáла** die Taste ist eingesunken; **глазá запáли** die Augen sind eingefallen **2.** *перен (запечатлéться)* sich einprägen; **словá запáли мне в пáмять** die Worte haben sich in mein Gedächtnis eingeprägt **3.** *(завали́ться)* hinter etw +*akk* fallen; **~ за диван** hinter das Sofa fallen

зáпадник <-а> *м* Westler *m; см.т.* **зáпадничество**

зáпадничеств|о <-а> *ср* Westlertum *nt (eine Strömung, die im Rahmen der gesellschaftlichen Diskussion über die Entwicklung Russlands im 19. Jahrhundert für das "europäische" Entwicklungsmodell plädierte)*

западногермáнск|ий <-ая, -ое> *прил* westdeutsch

западноевропéйск|ий <-ая, -ое> *прил* westeuropäisch

зáпадн|ый <-ая, -ое> *прил* West-, westlich; **Зáпадная Еврóпа** Westeuropa *nt*

западн|я́ <-и́> *ж* Falle *f;* **постáвить комý-л. западню́** jdm eine Falle stellen

запáздыва|ть <-ю, -ешь> *нсв,* **запоздáть** *св нпрх* sich verspäten, zu spät kommen; **скóрый запоздáл** der Schnellzug hat sich verspätet; **~ на полчасá** sich um eine halbe Stunde verspäten; **~ с оплáтой счетóв** sich mit der Zahlung der Rechnungen verspäten; **~ с предупреждéнием** mit der Warnung zu spät kommen

запáива|ть <-ю, -ешь> *нсв,* **запая́ть** *св прх* zulöten, verlöten

запáл <-а> *м* Zünder *m; перен (поры́в)* Ereiferung *f*

запáльн|ый <-ая, -ое> *прил* Zünd-; **~ шнур** Zündschnur *f;* **~ кáпсюль** ВОЕН Zündkapsel *f;* **запáльные свéчи** АВТО Zündkerzen *fpl*

запáльчивос|ть <-ти> *ж* Heftigkeit *f,*

Jähzorn *m;* **безрассу́дная запа́льчивость** leichtsinniger Jähzorn *m;* **обвини́ть в запа́льчивости** der Heftigkeit beschuldigen

запа́льчив|ый <-ая, -ое; -, -а, -о> *прил* aufbrausend; **~ хара́ктер** jähzorniger Charakter *m*

запанибра́та *нрч разг* allzu familiär

запа́рыва|ть <-ю, -ешь> *нсв,* **запоро́ть** *св прх разг* **1.** *(засе́чь)* auspeitschen **~ ро́згами** jdm die Rute geben; **~ до́ смерти** zu Tode peitschen **2.** *(испо́ртить)* verderben, beschädigen; **~ рабо́ту** die Arbeit verbocken; **~ чертёж** die Zeichnung verderben

запа́с <-а> *м* **1.** *и перен* Vorrat *m,* Reserve *f;* **у нас в запа́се два дня** wir haben noch zwei Tage Zeit **2.** *(нали́чие)* Bestand *m;* **~ материа́ла** Materialbestand *m;* **~ нали́чных средств** Barreserve *f;* **~ произво́дственных мо́щностей** Kapazitätsreserve *f;* **неприкоснове́нный ~** eiserne Reserve *f;* **~ слов** ЛИНГВ Wortschatz *m*

запаса́|ться <-юсь, -ешься> *нсв,* **запасти́сь** *св рефл* sich eindecken; **~ проду́ктами на неде́лю** sich mit Lebensmitteln für eine Woche versorgen; **~ словаря́ми** sich mit Wörterbüchern versehen; **~ терпе́нием** sich mit Geduld wappnen

запа́сник <-а> *м* ВОЕН *(военнослу́жащий)* Reservist *m;* **офице́р-~** Reserveoffizier *m*

запасн|о́й <-а́я, -о́е> *прил* Ersatz-, Reserve-; **~ фонд** Reservefonds *m;* **~ игро́к** СПОРТ Ersatzspieler *m;* **запасна́я часть** Ersatzteil *nt*

запа́сн|ый <-ая, -ое> *прил* Ersatz-, Reserve-, Not-; **~ вы́ход** Notausgang *m;* **~ путь** Abstellgleis *nt*

запас|ти́сь <-у́сь, -ёшься> *св рефл см.* **запаса́ться**

запа́|сть <-ду, -дёшь> *св нпрх см.* **запада́ть**

запатент|ова́ть <-у́ю, -у́ешь> *св прх* patentieren; **~ изобрете́ние** eine Erfindung patentieren

за́пах <-а> *м* Geruch *m,* Duft *m;* **дурно́й ~** übler Geruch *m;* **~ и́зо рта** Mundgeruch *m;* **без за́паха** geruchlos

запа́чка|ть <-ю, -ешь> *св прх см.* **па́чкать**

запа́чка|ться <-юсь, -ешься> *св рефл см.* **па́чкаться**

запа́я|ть <-ю, -ешь> *св прх см.* **запа́ивать**

запе́в <-а> *м* *Einleitung eines altrussischen Heldenliedes*

запева́|ть <-ю, -ешь> *нсв прх* ein Lied anstimmen

запека́нк|а <-и> *ж* КУЛ Auflauf *m;* **карто́фельная ~** Kartoffelauflauf *m*

запелена́|ть <-ю, -ешь> *св прх см.* **пелена́ть**

запеленг|ова́ть <-у́ю, -у́ешь> *св прх см.* **пеленгова́ть**

зап|ере́ть <-ру́, -рёшь> *св прх см.* **запира́ть**

запеча́та|ть <-ю, -ешь> *св прх см.* **запеча́тывать**

запечатлева́|ть <-ю, -ешь> *нсв,* **запечатле́ть** *св прх* **1.** *(изобрази́ть)* prägen; **~ собы́тие на плёнку** ein Ereignis auf Film festhalten **2.** *(сохрани́ть)* einprägen; **~ в па́мяти** im Gedächtnis einprägen

запеча́тыва|ть <-ю, -ешь> *нсв,* **запеча́тать** *св прх* versiegeln; *(письмо́)* zukleben

запива́|ть <-ю, -ешь> *нсв,* **запи́ть** *св (н)прх* mit Wasser trinken **~ табле́тку водо́й** die Tablette mit Wasser einnehmen; **запи́ть с го́ря** vor Kummer zu trinken anfangen

запина́|ться <-юсь, -ешься> *нсв,* **запну́ться** *св рефл* stocken, stottern, (in der Rede) stecken bleiben

запи́нк|а <-и> *ж* Stocken *nt,* Stammeln *nt,* Stottern *nt;* **говори́ть с запи́нками** stockend sprechen; **отвеча́ть без еди́ной запи́нки** ohne jedes Stottern [*o* glatt/fließend] antworten

запира́тельств|о <-а> *ср* Leugnen *nt*

запира́|ть <-ю, -ешь> *нсв,* **запере́ть** *св прх* **1.** *(где-л., куда́-л.)* einschließen **2.** *(дверь и т.п.)* abschließen, verriegeln

зап|иса́ть <-ишу́, -и́шешь> *св прх см.* **запи́сывать**

зап|иса́ться <-ишу́сь, -и́шешься> *св рефл см.* **запи́сываться**

запи́ск|а <-и> *ж* Zettel *m;* *мн* Aufzeichnungen *fpl,* Notiz *f;* **докладна́я ~** schriftlicher Bericht *m;* **па́мятная ~** Denkschrift *f*

записн|о́й <-а́я, -о́е> *прил* Notiz-; **записна́я кни́жка** Notizbuch *nt;* **электро́нная записна́я кни́жка** ИНФОРМ Notebook *nt*

запи́сыва|ть <-ю, -ешь> *нсв,* **записа́ть** *св прх* **1.** *(отмеча́ть)* aufschreiben, notieren; **у тебя́ есть чем записа́ть?** hast du was zum Schreiben?; **~ в па́мять** ИНФОРМ abspeichern **2.** *(вноси́ть в спи́сок)* eintragen, einschreiben **3.** *(на/в счёт)* (ver)buchen **4.** *(на магнитофо́н)* aufnehmen

запи́сыва|ться <-юсь, -ешься> *нсв,* **записа́ться** *св рефл* **1.** *(вноси́ть себя́ в спи́сок)* sich einschreiben, sich eintragen **2.** *(встава́ть на учёт, в о́чередь)* sich anmelden

запи́сывающ|ий <-ая, -ее> *прил* Schreib-; **запи́сывающая голо́вка** ИНФОРМ Schreibkopf *m;* **запи́сывающее устро́йство** Schreiber *m*

за́пи|сь <-си> *ж* **1.** *(запи́ска)* Aufschreiben *nt;* **да́рственная ~** Schenkungsurkunde *f;* **нотариа́льная ~** Notariatsurkunde *f* **2.** *(на приём и т.п.)* Anmeldung *f;* **предвари́тельная за́пись** Voranmeldung *f* **3.** *и мн (заме́тки)* Notizen *fpl,* Aufzeichnungen *fpl* **4.** *(занесе́ние)* Eintragung *f,* Buchung *f;* **~ в де́бет счёта** Lastschrift *f;* **~ в кре́дит** Bank-

З

gutschrift *f*, Habensbuchung *f*; ~ **в када́стре** Grundbucheintragung *f*; **в де́ле** Aktenvermerk *m*, Aktennotiz *f* **5.** *(фоногра́мма)* Aufnahme *f*

запи́ть <запью́, запьёшь> *св (н)прх см.* **запива́ть**

запланиро́ванн|ый <-ая, -ое> *прил* Plan-, eingeplant; **заплани́рованное коли́чество** Planmenge *f*; **заплани́рованное вре́мя** ЭКОН Richtzeit *f*; ~ **у́ровень за́нятости** ЭКОН Planbeschäftigung *f*

запл|ати́ть <-ачу́, -а́тишь> *св прх см.* **плати́ть**

запла́тк|а <-и> *ж* Flickfleck *m*, Flicken *m*; **ста́вить запла́тки** einen Flicken aufsetzen; **весь в запла́тках** voller Flicken

запле́сневел|ый <-ая, -ое> *прил* verschimmelt

запле́сневе|ть <-ю, -ешь> *св нпрх см.* **пле́сневеть**

заплета́|ться <-ется> *нсв,* **заплести́сь** *св безл, то́лько 3 л* **язы́к заплета́ется** die Zunge wird schwer; **но́ги от уста́лости заплета́ются** die Beine gehorchen vor Müdigkeit nicht mehr

запле́чн|ый <-ая, -ое> *прил* **1.** *(на пле́чи)* ~ **мешо́к** Rücksack *m* **2.** *устар (пала́ч)* ~ **ма́стер** Henker *m*

запле́чь|е <-я> *ср* АНАТ Ansatz *m* der Schulterblätter

запломбир|ова́ть <-у́ю, -у́ешь> *св прх см.* **пломбирова́ть**

заплы́в <-а> *м* СПОРТ Lauf *m*; **фина́льный** ~ Endlauf *m*; **трениро́вочный** ~ Trainingschwimmen *nt*

заплыва́|ть <-ю, -ешь> *нсв,* **заплы́ть** *св нпрх* schwimmen; ~ **за ска́лы** hinter die Felsen schwimmen; ~ **далеко́** weit hinausschwimmen; ~ **жи́ром** Fett ansetzen

запн|у́ться <-у́сь, -ёшься> *св рефл см.* **запина́ться**

запове́дник <-а> *м* Naturschutzgebiet *nt*; ~ **живо́тных** Wildschutzgebiet *nt*; **а́томный** ~ atomare Schutzzone *f*; **орнитологи́ческий** ~ Vogelschutzgebiet *nt*

запове́дн|ый <-ая, -ое> *прил* Schutz-, Schon-, Hege-

за́пове|дь <-ди> *ж* РЕЛИГ Gebot *nt*; **де́сять за́поведей** die Zehn Gebote; **нару́шить** [*или* **преступи́ть**] ~ gegen ein Gebot verstoßen

заподо́зр|ить <-ю, -ишь> *св прх* Verdacht schöpfen

запо́ем *нрч разг* unaufhörlich; ~ **чита́ть** sich ins Lesen vertiefen; **рабо́тать** ~ mit Hingabe arbeiten; **кури́ть** ~ Kettenrauchen *nt*

запозда́л|ый <-ая, -ое> *прил* verspätet, spät; ~ **отве́т** verspätete Antwort *f*; **запозда́лая по́мощь** verspätete Hilfe *f*

запозда́|ть <-ю, -ешь> *св нпрх см.* **запа́здывать**

запо́|й <-я> *м* **страда́ть запо́ем** an Trunksucht leiden

заполни́те|ль <-ля> *м* СТР Zuschlagstoff *m*, Füllstoff *m*; ~ **для бето́на** Betonfüller *m*

заполня́|ть <-ю, -ешь> *нсв,* **запо́лнить** *св прх (напо́лнить)* (aus)füllen

заполуча́|ть <-ю, -ешь> *нсв,* **заполучи́ть** *св прх разг* ergattern; ~ **на́сморк** sich einen Schnupfen holen

заполя́рн|ый <-ая, -ое> *прил* Polar-; ~ **го́род** Polarstadt *f*; ~ **круг** Polarkreis *m*

Заполя́рь|е <-я> *ср* Polargebiet *nt*, das Gebiet nördlich des Polarkreises

запомина́|ть <-ю, -ешь> *нсв,* **запо́мнить** *св прх* sich einprägen, sich merken; **хорошо́** ~ **чьи-л. слова́** jds Worte beherzigen

запомина́|ться <-юсь, -ешься> *нсв,* **запо́мниться** *св рефл* im Gedächtnis haften bleiben; **э́то мне хорошо́ запо́мнилось** das habe ich noch gut in Erinnerung

запомина́ющ|ий <-ая, -ее> *прил* ИНФОР Speicher-; **запомина́ющее устро́йство** Speichergerät *nt*, Speicher *m*; **ди́сковое запомина́ющее устро́йство** Plattenspeicher *m*

запо́мн|ить <-ю, -ишь> *(н)св прх см.* **запомина́ть**

запо́мн|иться <-юсь, -ишься> *св рефл см.* **запомина́ться**

за́понк|а <-и> *ж* Manschettenknopf *m*

запо́р <-а> *м* Verschluss *m*, Riegel *m*; МЕД Verstopfung *f*

Запоро́жь|е <-я> *ср* ГЕОГ Saporoschje *nt*; **в степя́х Запоро́жья** in den Steppen von Saporoschje

зап|оро́ть <-орю́, -о́решь> *св прх см.* **за́парывать**

запоте́л|ый <-ая, -ое> *прил разг (о стекле́)* angelaufen, beschlagen

заправи́л|а <-ы> *м и ж разг* Boss *m*

запра́в|ить <-лю, -ишь> *св прх см.* **заправля́ть**

запра́в|иться <-люсь, -ишься> *св рефл см.* **заправля́ться**

запра́вк|а <-и> *ж* **1.** *(горю́чим)* Auftanken *nt*; ~ **бензи́ном** Tanken *nt* **2.** КУЛ *(припра́вы)* Zutaten *pl*, Würze *f*; ~ **для сала́тов** Salatgewürze *ntpl*

заправля́|ть <-ю, -ешь> *нсв,* **запра́вить** *св прх* zurechtmachen; *перен* in der Hand haben; ~ **маши́ну бензи́ном** tanken; ~ **посте́ль** das Bett machen; ~ **руба́шку в брю́ки** das Hemd in die Hose stecken; **она́ всем заправля́ет в до́ме** zu Hause hält sie die Zügel in der Hand

заправля́|ться <-юсь, -ешься> *нсв,* **запра́виться** *св рефл* tanken

запра́вочн|ый <-ая, -ое> *прил* Tank-; **запра́вочная ста́нция** Tankstelle *f*

запра́вск|ий <-ая, -ое> *прил разг* echt, waschecht; ~ **охо́тник** ein Jäger, wie er im

Buche steht; **~ игрóк** echter Spieler

заправщик <-а> *м* Tankwart *m;* **самолёт-~** Tankflugzeug *nt*

запрашива|ть <-ю, -ешь> *нсв,* **запросить** *св прх (о чём-л.)* anfragen, anfordern

запредельн|ый <-ая, -ое> *прил* die Grenzen überschreitend; **запредельное торможéние** heftiges Bremsen

запресс|овáть <-ýю, -ýешь> *св прх* ТЕХ pressen; **~ сéно** Heu *nt* pressen

запрéт <-а> *м* Verbot *nt;* **~ конкурéнции** Wettbewerbsverbot *nt;* **~ на ímпорт** Importverbot *nt;* **~ на образовáние картéлей** Kartellverbot *nt;* **~ на постáвки** Liefersperre *f;* **~ на произведéние расчётов** Verrechnungsverbot *nt;* **~ на реклáму** Werbeverbot *nt;* **~ э́кспорта** Exportverbot *nt;* **~ на передáчу информáции** Nachrichtensperre *f;* **~ на профéссии** Berufsverbot *nt;* **~ стоя́нки** Parkverbot *nt;* **вопреки́ запрéту** trotz Verbot; **быть под запрéтом** verboten sein; **наложи́ть ~** ein Verbot auferlegen; **снять ~** ein Verbot aufheben

запрети́тельн|ый <-ая, -ое> *нрч* Prohibitiv-, verbietend; **запрети́тельная пóшлина** ЭКОН Prohibitivzoll *m*

запре|ти́ть <-щý, -ти́шь> *св прх см.* **запрещáть**

запрéтн|ый <-ая, -ое> *прил* verboten; **~ знак** Verbotsschild *nt;* **запрéтная зóна** Sperrzone *f;* **~ плод** verbotene Frucht *f*

запрещá|ть <-ю, -ешь> *нсв,* **запрети́ть** *св прх (комý-л. что-л.)* verbieten, untersagen

запрещéни|е <-я> *ср* Verbot *nt;* **~ ввóза** Einfuhrverbot *nt;* **~ вы́воза** Ausfuhrsperre *f;* **~ ímпорта** Importverbot *nt;* **~ платежá по чéку** Schecksperre *f;* **~ рóста цен** Preisstopp *m*

запрещён|ный <-ная, -ное; -, -á, -ó> *прил* verboten; **~ прóмысел** verbotenes Gewerbe *nt;* **запрещённая зóна** Sperrgebiet *nt*

запрограмми́р|овать <-ую, -уешь> *св прх см.* **программи́ровать**

запропа|сти́ться <-щýсь, -сти́шься> *св рефл* abhanden kommen, verloren gehen, verschwinden; **кудá ты запропасти́лся?** wo bist du abgeblieben?

запрóс <-а> *м* **1.** АДМ Anfrage *f,* Gesuch *nt* **2.** *обы́чно мн (потрéбности, притязáния)* Ansprüche *mpl;* **с высóкими запрóсами** anspruchsvoll

запр|оси́ть <-ошý, -óсишь> *св прх см.* **запрáшивать**

зáпросто *нрч разг* ohne Umstände; **обращáться с тéхникой ~** mit der Technik problemlos umgehen

запротоколи́р|овать <-ую, -уешь> *св прх* ins Protokoll aufnehmen; **~ показáния свидéтеля** die Zeugenaussagen protokollieren; **~ высказывания** die Aussagen ins Protokoll aufnehmen

запрýд|а <-ы> *ж* **1.** *(плоти́на)* Damm *m;* **речнáя ~** Flussdamm *m* **2.** *(водоём)* Stauanlage *f,* Deich *m*

запрýжива|ть <-ю, -ешь> *нсв,* **запруди́ть** *св прх* stauen; *перен (запóлнить)* überfluten

запрягá|ть <-ю, -ешь> *нсв,* **запря́чь** *св прх* **1.** *(в повóзку)* einspannen; **запря́чь пáрой лошадéй** zwei Pferde einspannen **2.** *перен (нагрузи́ть чем-л.)* **запря́чь всех в рабóту** alle in die Arbeit einspannen

запýгива|ть <-ю, -ешь> *нсв,* **запугáть** *св прх* einschüchtern

зáпуск <-а> *м* Anlassen *nt,* Ankurbeln *nt;* **~ в производство** Produktionsaufnahme *f;* **~ ракéты** Raketenstart *m;* **~ прогрáммы** ИНФОРМ Programmstart *m*

запускá|ть <-ю, -ешь> *нсв,* **запусти́ть** *св прх* anlassen, starten; *(чем-л.)* schleudern, vernachlässigen

запустéни|е <-я> *ср* Verwilderung *f;* **находи́ться в запустéнии** vernachlässigt sein

зап|усти́ть <-ущý, -ýстишь> *св прх см.* **запускáть**

запýтан|ный <-ная, -ное; -, -а, -о> *прил* **1.** *(беспоря́дочный)* verwickelt; **~ мотóк шéрсти** verfilztes Garn *nt;* **запýтанные вóлосы** zerzauste Haare *ntpl* **2.** *(слóжный)* kompliziert; **~ расскáз** komplizierte Geschichte *f;* **запýтанное дéло** verwickelte Sache *f*

запýтыва|ть <-ю, -ешь> *нсв,* **запýтать** *св прх* **1.** *(переплести́)* verfilzen; **~ ни́тки** das Garn verfilzen **2.** *(усложни́ть)* komplizieren; **~ дéло** eine Sache komplizieren **3.** *разг (сбить с тóлку)* verwirren; **~ вопрóсами** mit Fragen durcheinander bringen **4.** *разг (вóвлечь)* verwickeln; **~ в истóрию** in eine Geschichte verwickeln

запýщеннос|ть <-ти> *ж* Verfall *m,* Verwilderung *f;* **~ болéзни** verschleppte Krankheit *f;* **~ учёта** vernachlässigter Bericht *m*

запчáсти *сокр от* **запасны́е чáсти** Ersatzteile *mpl*

запылённос|ть <-ти> *ж* Staubgehalt *m*

запыхá|ться <-юсь, -ешься> *св рефл* den Atem verlieren, keuchen

запя́сть|е <-я> *ср* Handgelenk *nt*

запят|áя <-óй> *ж* Komma *nt*

запятнá|ть <-ю, -ешь> *св прх* **1.** *(запáчкать)* beflecken; **~ плáтье** das Kleid beflecken **2.** *(опозóрить)* besudeln; **~ своё и́мя** seinen Namen besudeln; **~ честь** die Ehre besudeln

зарабáтыва|ть[1] <-ю, -ешь> *нсв,* **заработать** *св прх* verdienen, erarbeiten, erwirtschaften; **~ себé на жизнь чем-л.** seinen Lebensunterhalt bestreiten mit *+dat*

зарабáтыва|ть[2] <-ю, -ешь> *нсв,* **заработать** *св нпрх (начáть рабóтать)* anfangen zu arbeiten, in Gang kommen

3

за́работн|ый <-ая, -ое> *прил* **за́работная пла́та** Arbeitslohn *m;* **за́работная пла́та слу́жащих** Gehalt *nt;* **за́работная пла́та нату́рой** Naturallohn *m*

за́работ|ок <-ка> *м* Verdienst *m,* Einkommen *nt,* Erwerb *m;* **за́работок не́тто** Nettoverdienst *m;* **случа́йный ~** Gelegenheitsverdienst *m;* **побо́чный ~** Nebenerwerb *m;* **ми́зерный ~** Hungerlohn *m;* **~ предпринима́теля** Unternehmerlohn *m*

заража́|ть <-ю, -ешь> *нсв,* **зарази́ть** *св прх* МЕД *(кого́-л. чем-л.)* anstecken

зараже́ни|е <-я> *ср* МЕД Ansteckung *f,* Infektion *f;* **~ кро́ви** Blutvergiftung *f*

зара́з|а <-ы> *ж* **1.** МЕД Seuche *f,* Epidemie *f* **2.** *презрит, разг* Drecksack *m*

зарази́те|льный <-льная, -льное; -лен, -льна, -льно> *прил* ansteckend; **~ приме́р** ansteckendes Beispiel *nt;* **~ смех** mitreißendes Lachen *nt*

зара|зи́ть <-жу́, -зи́шь> *св прх см.* **заража́ть**

зара́з|ный <-ная, -ное; -ен, -на, -но> *прил* ansteckend

зара́нее *нрч* im voraus, beizeiten; **~ позабо́титься о чём-л.** Vorsorge treffen für *+akk;* **~ скалькули́рованная надба́вка к цене́ за риск** ЭКОН kalkulatorisches Wagnis *nt*

зарапорт|ова́ться <-у́юсь, -у́ешься> *св рефл разг* Unsinniges erzählen, abschweifen

зараста́|ть <-ю, -ешь> *нсв,* **зарасти́** *св нпрх* **1.** *(покры́ться)* verwildern; **~ крапи́вой** mit Brennnessel bewachsen **2.** *(о ра́не)* vernarben, (zu)heilen

зарв|а́ться <-у́сь, -ёшься> *св рефл см.* **зарыва́ться**

зарде́|ться <-юсь, -ешься> *св рефл* rot werden, erröten; **~ от волне́ния** vor Aufregung erröten; **щёки зарде́лись** die Wangen röteten sich

за́рев|о <-а> *ср* Feuerschein *m;* **~ пожа́ров** Brandfeuerschein *m*

зарегистри́р|овать <-ую, -уешь> *св прх см.* **регистри́ровать**

зарегистри́р|оваться <-уюсь, -уешься> *св рефл* **1.** *(отме́титься)* sich registrieren, sich eintragen; **~ в гости́нице** sich im Hotel registrieren **2.** *(вступи́ть в брак)* sich standesamtlich trauen lassen; **~ в за́гсе** sich im Rathaus standesamtlich trauen lassen

заре́з <-а> *м* **1.** *(убо́й скота́)* (Ab)Schlachten *nt* **2.** *разг (чрезвыча́йно)* unbedingt nötig; **мне до заре́зу ну́жно** ich brauche das unbedingt

заре́|зать <-жу, -жешь> *св прх* **1.** *(уби́ть)* erstechen; **~ овцу́** ein Schaf abschlachten **2.** *перен, разг* alles stehen und liegen lassen; **~ статью́** den Artikel liegen lassen

зарезерви́р|овать <-ую, -уешь> *св прх см.* **резерви́ровать**

зарека́|ться <-юсь, -ешься> *нсв,* **заре́чься** *св рефл* sich *+dat* fest vornehmen; **заре́чься впредь не врать** sich fest vornehmen, nicht mehr zu lügen

зарекоменд|ова́ть <-у́ю, -у́ешь> *св прх* **~ себя́ с хоро́шей стороны́** sich gut bewähren (als)

заре́чн|ый <-ая, -ое> *прил* hinter dem Fluss; **заре́чное село́** das Dorf jenseits des Flusses; **заре́чные па́стбища** die Weide jenseits des Flusses

заре́чь|е <-я> *ср* das Gebiet jenseits des Flusses

заре́|чься <-ку́сь, -чёшься> *св рефл см.* **зарека́ться**

заржаве́|ть <-ю, -ешь> *св нпрх см.* **ржаве́ть**

зарисо́вк|а <-и> *ж* Zeichnung *f,* Skizze *f;* **каранда́шная ~** Bleistiftzeichnung *f*

за́р|иться <-юсь, -ишься> *нсв,* **поза́риться** *св рефл разг (на что-л.)* erpicht sein, scharf sein auf *+akk*

зарни́ц|а <-ы> *ж* Blitz *m,* Wetterleuchten *nt*

заро|ди́ть <-жу́, -ди́шь> *св прх см.* **зарожда́ть**

заро|ди́ться <-жу́сь, -ди́шься> *св рефл см.* **зарожда́ться**

заро́дыш <-а> *м* Keim *m*

заро́дышев|ый <-ая, -ое> *прил* embryonal, Embryonal-; **заро́дышевое разви́тие** Embryonalentwicklung *f;* **~ путь** Embryonalweg *m*

зарожда́|ть <-ю, -ешь> *нсв,* **зароди́ть** *св прх* erzeugen, ins Leben rufen; **зароди́ть наде́жду у кого́-л.** eine Hoffnung erwecken bei *+dat*

зарожда́|ться <-юсь, -ешься> *нсв,* **зароди́ться** *св рефл* entstehen, aufkommen, keimen

заро́к <-а> *м* **дать ~** sich etw fest vornehmen; **взять с кого́-л. ~** jdm ein Versprechen abnehmen

зароня́|ть <-ю, -ешь> *нсв,* **зарони́ть** *св прх* **1.** *(урони́ть)* fallen lassen; **~ ключ за сиде́ние** den Schlüssel hinter den Sitz fallen lassen **2.** *(вы́звать)* hervorrufen; **~ подозре́ние** einen Verdacht hervorrufen; **~ искру́** einen Funken werfen; **~ наде́жду** die Hoffnung wachrufen

за́росл|и <-ей> *мн* Dickicht *nt;* **~ куста́рника** Gestrüpp *nt*

зарпла́та *сокр от* **за́работная пла́та** Lohn *m,* Gehalt *nt*

заруба́|ть <-ю, -ешь> *нсв,* **заруби́ть** *св прх* **1.** *(уби́ть)* erstechen, niedermetzeln; **~ са́блей** mit einem Schwert erschlagen **2.** *перен (запо́мнить)* sich merken; **заруби́ на бу́дущее!** merk dir das für die Zukunft!; **заруби́ себе́ на носу́!** schreib dir das hinter die Ohren!

зарубе́жн|ый <-ая, -ое> *прил* ausländisch; **зарубе́жные стра́ны** Ausland *nt;* **~ ры-**

нок Auslandsmarkt *m;* **~ филиа́л** Auslandsfiliale *f;* **~ капита́л** Auslandskapital *nt;* **~ креди́т** Auslandkredit *m*

зарубе́жь|е <-я> *ср* Ausland *nt;* **бли́жнее ~** Nachbarrepubliken *fpl* der ehemaligen UdSSR; **ру́сское ~** Auslandsrussen *pl;* **литерату́ра зарубе́жья** russische Exilliteratur *f*

зар|уби́ть <-ублю́, -у́бишь> *св прх см.* **заруба́ть**

зару́бк|а <-и> *ж* Einschnitt *m,* Kerbe *f*

зарубцо́выва|ться <-юсь, -ешься> *нсв,* **зарубцева́ться** *св рефл* vernarben

зару́лива|ть <-ю, -ешь> *нсв,* **заpули́ть** *св нпрх* АВИА rollen; **~ на стоя́нку** zum Abstellplatz rollen; **~ на взлётную полосу́** zur Abflugbahn rollen

зарумя́нива|ться <-юсь, -ешься> *нсв,* **зарумя́ниться** *св рефл* **1.** *(стать румя́ным)* rot werden; **~ на моро́зе** vor Kälte rot werden **2.** *(поджа́риться)* bräunen; **пироги́ зарумя́нились** die Piroggen sind braun geworden

заруча́|ться <-юсь, -ешься> *нсв,* **заручи́ться** *св рефл* sich versichern; **~ подде́ржкой** sich jds Unterstützung sichern

зарыва́|ть <-ю, -ешь> *нсв,* **зары́ть** *св прх* vergraben; **~ свой тала́нт в зе́млю** *перен* sein Licht unter den Scheffel stellen

зарыва́ться *нсв,* **зарва́ться** *св рефл перен* zu weit gehen, sich überheben

зар|ы́ть <-о́ю, -о́ешь> *св прх см.* **зарыва́ть**

зар|я́ <-и́> *ж* **1.** *(у́тренняя)* Morgenrot *nt* **2.** *(вече́рняя)* Abendrot *nt* **3.** ВОЕН Zapfenstreich *m*

заря́д <-а> *м* **1.** ЭЛ Ladung *f* **2.** ВОЕН Sprengladung *f* **3.** *перен* Sprengkraft *f*

заря|ди́ть <-жу́, -ди́шь> *св прх см.* **заряжа́ть**

заря́дк|а <-и> *ж* **1.** ЭЛ Laden *nt* **2.** *(у́тренняя)* Morgengymnastik *f*

заря́дн|ый <-ая, -ое> *прил* Lade-; **заря́дное устро́йство** Ladegerät *nt;* **~ генера́тор** Ladegenerator *m*

заряжа́|ть <-ю, -ешь> *нсв,* **заряди́ть** *св прх* *(ору́жие)* laden; *(аппара́т)* einen Film einlegen; **~ аккумуля́тор** den Akkumulator aufladen; **~ ружьё дро́бью** das Gewehr mit Schrott laden; **~ всех эне́ргией** alle mit Energie laden; **~ ве́рой** jdn mit Glauben erfüllen; **~ одно́ и то же** unaufhörlich ein und dasselbe tun

заря́жен|ный <-ная, -ное; -, -а, -о> *прил* geladen; **заря́женная грана́та** geladene Granate *f;* **~ холосты́ми** mit Blindschüssen geladen

заса́д|а <-ы> *ж* Hinterhalt *m;* **сиде́ть в заса́де** auf der Lauer liegen

зас|ади́ть <-ажу́, -а́дишь> *св прх см.* **заса́живать**

заса́дк|а <-и> *ж* АГР Anpflanzung *f;* **~ скве́ров** Anpflanzung *f* der Grünanlagen; **~ са́женцев** die Anpflanzung *f* der Setzlinge

заса́жива|ть <-ю, -ешь> *нсв,* **засади́ть** *св прх* АГР bepflanzen

заса́ленн|ый <-ая, -ое> *прил* mit Fettflecken beschmiert; *(затáсканный, гря́зный)* abgegriffen, schmuddelig

заса́лива|ть <-ю, -ешь> *нсв,* **засоли́ть** *св прх* einsalzen, einlegen

заса́рива|ть <-ю, -ешь> *нсв,* **засо́рить** *св прх* verunreinigen, verstopfen

заса́сыва|ть <-ю, -ешь> *нсв,* **засоса́ть** *св прх* **1.** *(поглоти́ть)* einsaugen, aufsaugen; **засоса́ло в трясину** jd/etw ist im Sumpf versunken **2.** *(погуби́ть)* versumpfen

заса́харенн|ый <-ая, -ое> *прил* kandiert; **заса́харенные оре́хи** kandierte Nüsse *fpl;* **заса́харенные фру́кты** kandierte Früchte *fpl*

засверка́|ть <-ю, -ешь> *св нпрх* aufblitzen, aufleuchten

засв|ети́ть <-ечу́, -е́тишь> *св прх* **1.** *(заже́чь)* anzünden **2.** ФОТ versehentlich belichten

засв|ети́ться <-ечу́сь, -е́тишься> *св рефл* **1.** *(свети́ть)* aufleuchten, erstrahlen **2.** *разг* *(проболта́ться)* sich verplappern

засве́тк|а <-и> *ж* ФОТ Belichtung *f;* **~ плёнки** Belichtung *f* des Films

за́светло *нрч* bei Tageslicht; **спусти́ться с гор ~** vor Anbruch der Dunkelheit vom Berg herunterkommen

засвиде́тельствовани|е <-я> *ср* **1.** *(подтвержде́ние)* Bezeugung *f,* Bescheinigung *f* **2.** *(удостовере́ние)* Beglaubigung *f,* Beurkundung *f*

засвиде́тельств|овать <-ую, -уешь> *св прх см.* **свиде́тельствовать**

засе́в <-а> *м* АГР Saat *f*

заседа́ни|е <-я> *ср* **1.** *(сове́т)* Sitzung *f;* **~ правле́ния** Vorstandssitzung *f* **2.** *(конфере́нция, съезд)* Tagung *f,* Konferenz *f*

заседа́те|ль <-ля> *м* ЮР Beisitzer *m;* **суде́бный ~** Geschworene *m*

заседа́|ть <-ю, -ешь> *нсв нпрх* **1.** *(на сове́те)* an einer Sitzung teilnehmen **2.** *(на конфере́нции, съе́зде)* tagen

засе́к|а <-и> *ж* ВОЕН Verhau *m;* **про́волочная ~** Drahtverhau *m*

засека́|ть[1] <-ю, -ешь> *нсв,* **засе́чь** *св прх* **1.** *(де́лать засе́чку)* einkerben, eine Kerbe einschneiden **2.** *разг* *(примеча́ть)* den Standort bestimmen **3.** *(вре́мя)* stoppen

засека́|ть[2] <-ю, -ешь> *нсв,* **засе́чь** *св прх* *(до́ смерти)* zu Tode peitschen

засекре́чива|ть <-ю, -ешь> *нсв,* **засекре́тить** *св прх* *(докуме́нты)* geheim halten; **~ план де́йствий** den Plan geheim halten

заселе́ни|е <-я> *ср* Besied(e)lung *f;* **~ но́вых райо́нов** Besied(e)lung *f* neuer Gebiete; **~ жильцо́в** Einzug *m* in die Wohnung

заселя́|ть <-ю, -ешь> *нсв,* **засели́ть** *св*

прх bevölkern, besiedeln; *(кем-л.)* jdn ansiedeln

зас|е́сть <-я́ду, я́дешь> *св нпрх разг* stecken bleiben; **~ за уро́ки** sich an die Hausaufgaben machen; **~ за рабо́ту** sich an die Arbeit machen; **оско́лок засе́л в груди́** der Splitter ist in der Brust stecken geblieben; **~ в кре́пость** sich in der Festung verschanzen; **~ в уме́** nicht aus dem Sinn kommen; **~ гвоздём** stecken bleiben

засе́чк|а <-и> *ж* Kerbe *f,* Einschnitt *m;* **~ на де́реве** Kerbe *f* am Baum; **ста́вить засе́чки** eine Kerben einschneiden

засе́|чь <-ку́, -чёшь> *св прх см.* **засека́ть**

заси́жива|ться <-юсь, -ешься> *нсв,* **засиде́ться** *св рефл* zu lange bleiben; **~ допоздна́** bis spät bleiben; **~ в гостя́х** zu lange zu Besuch bleiben; **~ за рабо́той** lange arbeiten; **~ в неве́стах** alte Jungfrau bleiben

заси́ль|е <-я> *ср* Dominanz *f,* übermächtiger Einfluss *m*

заска́кива|ть <-ю, -ешь> *нсв,* **заскочи́ть** *св нпрх* auf einen Sprung vorbeikommen; **~ во двор** im Hof vorbeischauen; **~ в апте́ку** einen Abstecher zur Apotheke machen; **~ вперёд** vorauseilen

заско́к <-а> *м* **у него́ заско́к** *разг* er hat einen Vogel

заск|очи́ть <-очу́, -о́чишь> *св нпрх см.* **заска́кивать**

засла́ть <зашлю́, зашлёшь> *св прх см.* **засыла́ть**

засло́н <-а> *м* **1.** *(прегра́да)* Schutzwall *m;* **сне́жный ~** Schneeschutzwall *m* **2.** ВОЕН *(прикры́тие)* Sicherungseinheit *f;* **вы́ставить ~** eine Deckungseinheit aufstellen

заслон|и́ть <-ю́, -и́шь> *св прх см.* **заслоня́ть**

засло́нк|а <-и> *ж* Absperrschieber *m,* Schutzblende *f;* **печна́я ~** Ofenklappe *f,* Ofentür *f;* **дымова́я ~** Rauchklappe *f,* Rauchschieber *m*

заслоня́|ть <-ю, -ешь> *нсв,* **заслони́ть** *св прх* verdunkeln; **~ свет** das Licht verdecken; **~ экра́н** den Bildschirm verdecken; **~ пре́жний о́браз** das alte Bild von jdm verdrängen; **~ карти́ны про́шлого** die Bilder der Vergangenheit verdrängen

заслу́г|а <-и> *ж* Verdienst *nt;* **ста́вить что-л. кому́-л. в заслу́гу** jdm etw hoch anrechnen

заслу́жен|ный <-ная, -ное; -, -а, -о> *прил* **1.** *(име́ющий заслу́ги)* verdient, verdienstvoll **2.** *(о́тдых и т.п.)* wohlverdient

заслу́жива|ть <-ю, -ешь> *нсв,* **заслужи́ть** *св прх* verdienen, sich einer Sache wert erweisen

заслу́шива|ть <-ю, -ешь> *нсв,* **заслу́шать** *св прх* (sich) anhören; **~ докла́д** sich einen Vortrag anhören; **~ отчёт** einen Bericht entgegennehmen; **~ свиде́телей** die Zeugen anhören

засма́трива|ться <-юсь, -ешься> *нсв,* **засмотре́ться** *св рефл* anstarren; **~ на де́вушек** die Mädchen anstarren

засме́ива|ть <-ю, -ешь> *нсв,* **засмея́ть** *св прх разг* jdn auslachen, jdn verspotten, sich über jdn lustig machen; **~ докла́дчика** den Vortragenden verspotten

засмо́лк|а <-и> *ж* Teeren *nt;* **~ ло́док** Bootteeren *nt*

засм|отре́ться <-отрю́сь, -о́тришься> *св рефл см.* **засма́триваться**

засне́жён|ный <-ная, -ное; -, -á, -ó> *прил* verschneit; **~ двор** verschneiter Hof *m*

засн|у́ть <-у́, -ёшь> *св нпрх см.* **засыпа́ть**

засо́в <-а> *м* (Tür)Riegel *m*

засо́выва|ть <-ю, -ешь> *нсв,* **засу́нуть** *св прх* hineinstecken, einstecken; **~ ру́ки в карма́ны** die Hände in die Taschen stecken

засо́л <-а> *м* Einlegen *nt,* Salzen *nt;* **сельдь пря́ного засо́ла** frisch eingelegte Heringe *mpl;* **~ грибо́в** frisch eingelegte Pilze *mpl*

засоле́ни|е <-я> *ср* Versalzung *f;* **~ по́чвы** Bodenversalzung *f*

засол|и́ть <-ю́, -и́шь> *св прх см.* **заса́ливать, соли́ть**

засо́льщик <-а> *м,* **засо́льщиц|а** <-ы> *ж* Einleger(in) *m(f)*

засоре́ни|е <-я> *ср* Verunreinigung *f;* **~ рек и водоёмов** ЭКОЛ Gewässerverunreinigung *f;* **~ посе́вов** АГР Verunkrautung *f;* **~ желу́дка** МЕД Magenverstimmung *f,* Verdauungsstörung *f*

засор|и́ть <-ю́, -и́шь> *св прх см.* **заса́ривать**

засос|а́ть <-у́, -ёшь> *св,* **заса́сывать** *нсв прх* einsaugen, aufsaugen

засо́хн|уть <-у, -ешь> *св нпрх см.* **засыха́ть**

за́спанн|ый <-ая, -ое> *прил* verschlafen, schläfrig

заспирто́выва|ть <-ю, -ешь> *нсв,* **заспиртова́ть** *св прх* in Spiritus einlegen; **~ я́щерицу для музе́я** eine Eidechse für das Museum präparieren

заста́в|а <-ы> *ж* ВОЕН Sicherungswache *f;* **пограни́чная~** Grenzsposten *m;* **подня́ть заста́ву по трево́ге** bei der Grenzwache Alarm schlagen

заста|ва́ть <-ю́, -ёшь> *нсв,* **заста́ть** *св прх* antreffen, vorfinden; *(пойма́ть)* erwischen; **заста́ть кого́-л. на ме́сте преступле́ния** jdn auf frischer Tat ertappen

заста́в|ить <-лю, -ишь> *св прх см.* **заставля́ть**

заста́вк|а <-и> *ж* Leiste *f;* **рекла́мная ~** Werbungsleiste *f*

заставля́|ть <-ю, -ешь> *нсв,* **заста́вить** *св прх* nötigen, zwingen, veranlassen; **что тебя́ заста́вило приня́ть тако́е реше́ние?** was hat dich dazu veranlasst, diese

Entscheidung zu treffen?; **~ кого́-л. говори́ть** jdn zur Rede stellen; **~ себя́ сде́лать что-л.** sich zu etw aufraffen

застаре́л|ый <-ая, -ое> *прил* **1.** *(неизлечи́мый)* unheilbar **2.** *(укорени́вшийся)* alt; **застаре́лые привы́чки** alte Gewohnheiten *fpl*

заста́|ть <-ну, -ешь> *св прх см.* **застава́ть**

застёгива|ть <-ю, -ешь> *нсв,* **застегну́ть** *св прх* zuknöpfen

застёжк|а <-и> *ж* Verschluss *m;* **~-мо́лния** Reißverschluss *m;* **~ на липу́чках** Klettverschluss *m*

застекля́|ть <-ю, -ешь> *нсв,* **застекли́ть** *св прх* verglasen; **~ о́кна** die Fenster verglasen; **~ вера́нду** die Terrasse verglasen

застенографи́р|овать <-ую, -уешь> *св,* **стенографи́ровать** *нсв прх* stenografieren

засте́н|ок <-ка> *м* Folterkammer *f*

засте́нчивос|ть <-ти> *ж* Schüchternheit *f;* *(смуще́ние)* Verlegenheit *f*

засте́нчив|ый <-ая, -ое; -, -а, -о> *прил* schüchtern; *(смущённый)* verlegen

застига́|ть <-ю, -ешь> *нсв,* **засти́чь** *св прх* erwischen, ertappen, überraschen; **~ на ме́сте преступле́ния** auf frischer Tat ertappen; **~ врасплóх** jdn unvorbereitet überraschen; **~ на полпути́** auf halbem Wege einholen

засти́лк|а <-и> *ж* стр Belag *m;* **~ по́ла** Bodenbelag *m*

засти́|чь <-гну, -нешь> *св прх см.* **застига́ть**

засто́|й <-я> *м* **1.** *(зати́шье)* Stillstand *m* **2.** экон Stagnation *f,* Flaute *f;* **~ в сбы́те** Absatzflaute *f*

засто́йн|ый <-ая, -ое> *прил* **1.** *(застоя́вшийся)* stockend, stillstehend; **засто́йные во́ды** stillstehende Gewässer *pl* **2.** экон stagnierend

засто́льн|ый <-ая, -ое> *прил* Tisch-; **засто́льная бесе́да** Tischgespräch *nt;* **~ тост** Trinkspruch *m*

засто́порива|ться <-юсь, -ешься> *нсв,* **засто́пориться** *св рефл* **де́ло засто́порилось** die Sache kam ins Stocken

застоя́вш|ийся <-аяся, -ееся> *прил* *(вода́)* abgestanden

застра́ива|ть <-ю, -ешь> *нсв,* **застро́ить** *св прх* bebauen

застрах|ова́ть <-у́ю, -у́ешь> *св прх см.* **страхова́ть, застрахо́вывать**

застрах|ова́ться <-у́юсь, -у́ешься> *св рефл см.* **застрахо́вываться**

застрахо́выва|ть <-ю, -ешь> *нсв,* **застрахова́ть** *св прх* versichern; **~ иму́щество** das Guthaben versichern; **~ жизнь** eine Lebensversicherung abschließen; **~ от неприя́тностей** gegen Unannehmlichkeiten absichern; **~ от оши́бок** vor Fehlern schützen

застрахо́выва|ться <-юсь, -ешься> *нсв,* **застрахова́ться** *св рефл* юр sich versichern

застрева́|ть <-ю, -ешь> *нсв,* **застря́ть** *св нпрх* steckenbleiben, festsitzen; **де́ло застря́ло** *перен* die Sache kommt nicht voran

застре́лива|ть <-ю, -ешь> *нсв,* **застрели́ть** *св прх* erschießen

застре́х|а <-и> *ж* Dach *nt;* **гнездо́ под застре́хой** Nest *nt* unter dem Vordach

застро́|ить <-ю, -ишь> *св прх см.* **застра́ивать**

застро́йк|а <-и> *ж* Bebauung *f;* **~ спортко́мплекса** Bebauung des Sportkomplexes; **разреше́ние на застро́йку** Baurecht *nt,* Bebauungsrecht *nt*

застро́йщик <-а> *м* Bauherr *m*

застр|очи́ть <-очу́, -о́чишь> *св прх см.* **строчи́ть**

застря́|ть <-ну, -нешь> *св нпрх см.* **застрева́ть**

засту́ка|ть <-ю, -ешь> *св прх прост* erwischen, ertappen, überraschen; **~ на ме́сте преступле́ния** auf frischer Tat ertappen

за́ступ <-а> *м* стр Spaten *m,* Grabscheit *nt,* Schaufel *f*

заступа́|ть <-ю, -ешь> *нсв,* **заступи́ть** *св (н)прх* ablösen; **~ на пост** den Posten ablösen; **~ на дежу́рство** den Dienst antreten; **~ доро́гу** jdm den Weg versperren

заступа́|ться <-юсь -ешься> *нсв,* **заступи́ться** *св рефл* **1.** *(за кого́-л./что-л.)* sich einsetzen für *+akk* **2.** *(брать под защи́ту)* in Schutz nehmen

заст|упи́ть <-уплю́, -у́пишь> *св (н)прх см.* **заступа́ть**

заст|упи́ться <-уплю́сь, -у́пишься> *св рефл см.* **заступа́ться**

заступле́ни|е <-я> *ср* Antritt *m;* **~ на до́лжность** [*или* **пост**] Amtsantritt *m*

засту́пник <-а> *м,* **засту́пниц|а** <-ы> *ж* **1.** *устар* *(хода́тай)* Fürsprecher(in) *m(f)* **2.** *(защи́тник, покрови́тель)* Beschützer(in) *m(f)*

засту́пничеств|о <-а> *ср* **1.** *устар* *(хода́тайство)* Fürsprache *f* **2.** *(покрови́тельство)* Inschutznahme *f*

застыва́|ть <-ю, -ешь> *нсв,* **засты́ть** *св нпрх* **1.** *(оцепене́ть)* erstarren; **~ в одно́й по́зе** in einer Stellung verharren **2.** *(бето́н)* fest werden

засты́вш|ий <-ая, -ее> *прил* **1.** *(затверде́вший)* erstarrt; **засты́вшая ла́ва** erstarrte Lava *f* **2.** *(замёрзший)* erfroren, eiskalt; **засты́вшие коне́чности** lahme Glieder *ntpl* **3.** *(за́мерший, неподви́жный)* versteinert, starr; **~ взгляд** starrer Blick *m;* **засты́вшая улы́бка** starres Lächeln *nt;* **~ во́здух** eiskalte Luft *f*

засты́|ть <-ну, -ешь> *св нпрх см.* **застыва́ть**

засу́н|уть <-у, -ешь> *св прх см.* **засо́вы-**

вать

засух|а <-и> *ж* Dürre *f,* Trockenheit *f*

засучива|ть <-ю, -ешь> *нсв,* **засучить** *св прх* hochkrempeln; ~ **штаны** die Hosen hochkrempeln; ~ **рукава** die Ärmel hochkrempeln

засушива|ть <-ю, -ешь> *нсв,* **засушить** *св прх (цветок для гербария)* pressen, trocknen

засушлив|ый <-ая, -ое; -, -а, -о> *прил* dürr, trocken; **засушливое лето** trockener Sommer *m;* ~ **год** Dürrejahr *nt;* ~ **район** Trockengebiet *nt,* Dürregebiet *nt;* **засушливые земли** Dürreland *nt*

засчитыва|ть <-ю, -ешь> *нсв,* **засчитать** *св прх* anrechnen, gutschreiben

засыла|ть <-ю, -ешь> *нсв,* **заслать** *св прх* **1.** *(направлять по неверному пути)* fehlleiten; ~ **письмо** den Brief an eine falsche Adresse schicken **2.** *(агента, шпиона)* einschleusen **3.** *разг (засадить)* einschleusen

засыпа|ть[1] <-ю, -ешь> *нсв,* **заснуть** *св нпрх* einschlafen

засыпа|ть[2] <-ю, -ешь> *нсв,* **засыпать** *св прх* **1.** *(песком и т.п.)* zuschütten **2.** *и перен (вопросами)* überhäufen

засыпа|ться[1] <-юсь, -ешься> *нсв,* **засыпаться** *св рефл (попасть внутрь)* hineinfallen; **засыпаться за воротник** hinter den Kragen fallen

засыпа|ться[2] <-юсь, -ешься> *нсв,* **засыпаться** *св рефл* **1.** *(попасться)* gefasst werden; ~ **на ерунде** wegen Kleinigkeiten Schwierigkeiten kriegen; ~ **на мелком воровстве** wegen kleinem Diebstahl einen Reinfall erleben **2.** *(потерпеть неудачу)* eine Niederlage erleiden; ~ **на экзамене** durchfallen

засыпк|а <-и> *ж* **1.** *(ямы)* Zuschütten *nt* **2.** *(насыпание)* Schütten *nt,* Zuschütten *nt* **3.** *разг (проверка знаний)* **вопрос на засыпку** schwierige [*o* knifflige] Frage *f*

засыха|ть <-ю, -ешь> *нсв,* **засохнуть** *св нпрх* vertrocknen

затаён|ный <-ная, -ное; -, -á, -ó> *нрч* geheim, heimlich; **затаённая мысль** geheimer Gedanke *m;* **следить с затаённым дыханием** etw atemlos mitansehen

затаива|ть <-ю, -ешь> *нсв,* **затаить** *св прх* geheim halten, verbergen; ~ **обиду** jdm eine Kränkung nachtragen; ~ **дыхание** den Atem anhalten

затакт <-а> *м* МУЗ Auftakt *m*

заталкива|ть <-ю, -ешь> *нсв,* **затолкать** *св прх* **1.** *(заставить войти, засунуть)* hineinstoßen; ~ **в вагон** in den Waggon hineinschieben; ~ **в карман** die Hände in die Taschen stecken **2.** *(задавить)* erdrücken; ~ **в суматохе** im Durcheinander erdrücken

затаптыва|ть <-ю, -ешь> *нсв,* **затоптать** *св прх* **1.** *(заровнять, вдавить)* zerstampfen, zertreten; ~ **следы** die Spuren verwischen; ~ **монету ногами** eine Münze mit Füßen zerstampfen **2.** *перен, разг (очернить)* ~ **чьё-л. имя в грязь** jds Namen in den Schmutz ziehen **3.** *(испачкать)* beschmutzen; ~ **пол** den Boden beschmutzen **4.** *(уничтожить)* zertrampeln; ~ **копытами** mit den Hufen zertreten; ~ **цветы** die Blumen zertrampeln

затаскан|ный <-ная, -ное; -, -а, -о> *прил* abgegriffen *(о выражении)* abgedroschen

затаскива|ть[1] <-ю, -ешь> *нсв,* **затаскать** *св прх* **1.** *(истрепать)* abtragen, abnutzen; ~ **куртку** eine Jacke abtragen **2.** *(утомить)* erschöpfen

затаскива|ть[2] <-ю, -ешь> *нсв,* **затащить** *св прх* **1.** *(внести)* hineinschleppen; ~ **мешки в чулан** die Säcke in die Vorratskammer (hinein)schleppen **2.** *разг (завлечь)* verschleppen, mitschleppen; ~ **в кино** jdn ins Kino mitschleppen; ~ **к своим знакомым** zu Bekannten mitschleppen

затачивани|е <-я> *ср* (Ab)Schleifen *nt;* ~ **инструментов** Instrumentenschleifen *nt*

затачива|ть <-ю, -ешь> *нсв,* **заточить** *св прх* anschleifen, schleifen; ~ **карандаш** einen Bleistift spitzen; ~ **резец** eine Schneide anschleifen

затащ|ить <-ý, -ишь> *св прх см.* **затаскивать**[2]

затвердени|е <-я> *ср* МЕД Verhärtung *f;* ~ **ткани** Gewebeverhärtung *f*

затвер|дить <-жý, -дишь> *св прх разг* **1.** *(выучить)* auswendig lernen; ~ **урок** die Lektion auswendig lernen; ~ **таблицу умножения** das Einmaleins auswendig lernen **2.** *(повторять)* unaufhörlich wiederholen; ~ **одно и то же** ein und dasselbe wiederholen

затвор <-а> *м* **1.** ТЕХ Absperrvorrichtung *f,* Verschluss *m;* ~ **плотины** Dammabsperrung *f;* **затворы шлюзов** Schleusentore *pl* **2.** ВОЕН Verschluss *m,* Schloss *nt;* **ружейный** ~ Gewehrschloss *nt;* **рукоятка затвора** Öffnerhebel *m* **3.** *(засов)* Riegel *m;* ~ **с тяжёлым замком** mit schwerem Schloss

затворник <-а> *м* Einsiedler *m*

затворническ|ий <-ая, -ое> *прил* Gefängnis-; **вести** ~ **образ жизни** abgeschieden leben

затева|ть <-ю, -ешь> *нсв,* **затеять** *св прх* **1.** *(устраивать)* organisieren **2.** *и с инфинитивом (предпринимать)* sich vornehmen; ~ **перестройку** sich eine Umgestaltung vornehmen; ~ **интригу** eine Intrige einfädeln

затейлив|ый <-ая, -ое; -, -а, -о> *прил* **1.** *(замысловатый)* kompliziert; ~ **рисунок** schwierige Zeichnung *f;* **затейливая резьба** komplizierte Holzschnitzerei *f* **2.** *(занятный)* amüsant, unterhaltsam; ~ **рассказчик** ein unterhaltsamer Erzähler

затейник <-а> *м,* **затейниц|а** <-ы> *ж* erfinderischer Mensch *m,* Spaßvogel *m*

затека|ть <-ю, -ешь> *нсв,* **затечь** *св нпрх* **1.** *(попасть внутрь)* hineinfließen; **~ в нос и уши** in Nase und Ohren kommen; **вода затекла под пол** das Wasser fließt unter den Fußboden **2.** *(заплыть)* anschwellen; **глаз затёк** ein verquollenes Auge haben **3.** *(онеметь)* einschlafen; **нога затекла** das Bein ist eingeschlafen

затем *нрч* **1.** *(после этого)* danach, anschließend **2.** *(для этого)* darum, deswegen; **~, чтобы** damit, um zu

затемнени|е <-я> *ср* Verdunklung *f;* ВОЕН *(светомаскировка)* Verdunklungsvorrichtung *f*

затемн|ить <-ю, -ишь> *св прх см.* **затемнять**

затемно *нрч* vor Tageseinbruch; **выехать ещё ~** noch vor Tagesanbruch wegfahren

затемня|ть <-ю, -ешь> *нсв,* **затемнить** *св прх* dunkel machen, verdunkeln

затерива|ться <-юсь, -ешься> *нсв,* **затеряться** *св рефл* **1.** *(пропасть)* verloren gehen; **~ в дороге** unterwegs verloren gehen **2.** *перен (скрыться)* verschwinden; **~ в толпе** in der Menschenmenge verschwinden

затёс <-а> *м* Einschnitt *m;* **делать ~ топором** mit der Axt einen Einschnitt machen

зате|чь <-ку, -чёшь> *св нпрх см.* **затекать**

зате|я <-и> *ж* Vorhaben *nt,* Unterfangen *nt*

зате|ять <-ю, -ешь> *св прх см.* **затевать**

затиха|ть <-ю, -ешь> *нсв,* **затихнуть** *св нпрх* **1.** *(отзвучать)* verhallen, verklingen **2.** *(замолкнуть)* verstummen

затишь|е <-я> *ср и перен* Flaute *f;* **~ в экономике** Stillstand *m;* **~ перед бурей** Ruhe f vor dem Sturm

заткн|уть <-у, -ёшь> *св прх см.* **затыкать**

затмева|ть <-ю, -ешь> *нсв,* **затмить** *св прх* **1.** *(затемнять)* verdunkeln, verfinstern **2.** *перен (превосходить)* in den Schatten stellen, übertreffen

затмени|е <-я> *ср* **1.** АСТР Finsternis *f;* **солнечное ~** Sonnenfinsternis *f* **2.** *перен (помутнение рассудка)* Geistesverwirrung *f*

затм|ить <-лю, -ишь> *св прх см.* **затмевать**

зато *сз* dafür

затолка|ть <-ю, -ешь> *св прх см.* **заталкивать**

зат|онуть <-ону, -онешь> *св нпрх* versinken, untergehen; **~ в бурных водах** in stürmischen Gewässern untergehen

затоплени|е <-я> *ср* **1.** *(наводнение)* Überschwemmung *f,* Überflutung *f;* **~ земель** Festland-Überschwemmung *f* **2.** *(потопление)* Versenken *nt;* **~ корабля** Schiffsversenkung *f*

зат|оптать <-опчу, -опчешь> *св прх см.* **затаптывать**

затор <-а> *м* **1.** *(заторможение)* Stockung *f;* **~ в уличном движении** Verkehrsstau *f* **2.** *(льдов)* Eisstauung *f,* Eisstau *m*

затормажива|ть <-ю, -ешь> *нсв,* **затормозить** *св прх* **1.** АВТО bremsen **2.** *перен (задержать)* hemmen, aufhalten

затормо|зить <-жу, -зишь> *св прх см.* **тормозить**

заточени|е <-я> *ср* Verbannung *f;* **осудить на ~** zur Verbannung verurteilen; **~ в монастырь** ins Kloster verbannen

зат|очить <-очу, -очишь> *св прх см.* **затачивать**

заточн|ый <-ая, -ое> *прил* ТЕХ Anschliff-, Schliff-; **~ станок** Werkzeugschleifmaschine *f*

затр|авить <-авлю, -авишь> *св прх см.* **затравливать**

затравк|а <-и> *ж* ВОЕН, ШАХТ *(запал)* Zünder *m;* **для затравки** zum Zünden

затравлива|ть <-ю, -ешь> *нсв,* **затравить** *св прх* **1.** *(на охоте)* jagen; **~ рысака** das Pferd zu Tode hetzen **2.** *перен (подвергать преследованию)* hetzen; **~ на работе** jdn bei der Arbeit quälen

затрагива|ть <-ю, -ешь> *нсв,* **затронуть** *св прх и перен* berühren, streifen; **~ тему** *перен* ein Thema anschneiden

затрат|а <-ы> *ж* Aufwand *m;* **затраты** Kosten *pl,* Kostenaufwand *m,* Aufwendungen *pl,* Ausgaben *pl;* **затраты на рекламу** Werbekosten *pl;* **затраты материалов** Materialaufwand *m;* **затраты на материально-техническое обеспечение** Materialkosten *pl;* **затраты на изготовление продукции** Fertigungskosten *pl;* **затраты на обучение** Ausbildungskosten *pl;* **затраты на проведение исследовательских работ** Entwicklungskosten *pl;* **затраты труда** Arbeitsaufwand *m*

затреб|овать <-ую, -уешь> *св прх* anfordern, verlangen

затрещин|а <-ы> *ж разг* Ohrfeige *f;* **получить затрещину** eine Ohrfeige bekommen; **надавать затрещин** jdn ohrfeigen

затрон|уть <-у, -ешь> *св прх см.* **затрагивать**

затруднени|е <-я> *ср* Schwierigkeit *f;* **я получил загранпаспорт без всяких затруднений** ich habe ohne jegliche Schwierigkeiten einen Reisepass bekommen; **испытывать денежные затруднения** in finanzielle Schwierigkeiten geraten; **затруднения в области финансирования** Finanzierungsschwierigkeiten *fpl;* **затруднения в сбыте** Absatzschwierigkeiten *fpl*

затрудните|льный <-льная, -льное; -лен, -льна, -льно> *прил* schwierig, bedrängt; **затруднительное положение** Zwangslage *f*

затрудня|ть <-ю, -ешь> *нсв,* **затруднить** *св нпрх* **1.** *(сделать трудным)* er-

3

schweren **2.** *(созда́ть неприя́тности)* Schwierigkeiten *fpl* bereiten

затума́нива|ть <-ю, -ешь> *нсв,* **затума́нить** *св прх* vernebeln; *перен (завуали́ровать)* verschleiern

затупля́|ться <-юсь, -ешься> *нсв,* **затупи́ться** *св рефл (каранда́ш)* stumpf werden

затуха́|ть <-ю, -ешь> *нсв,* **зату́хнуть** *св нпрх* **1.** *(га́снуть)* erlöschen **2.** *(зву́ки)* abklingen

затушёвыва|ть <-ю, -ешь> *нсв,* **затушева́ть** *св прх* **1.** *(затени́ть)* schattieren; **~ рису́нок** eine Zeichnung schattieren **2.** *перен, разг* vertuschen; **~ недоста́тки** die Mängel vertuschen; **~ невы́годные сто́роны** die ungünstigen Seiten verdecken

за́тхл|ый <-ая, -ое> *прил* stickig, muffig

затыка́|ть <-ю, -ешь> *нсв,* **заткну́ть** *св прх* zustopfen; **~ кому́-л. рот** *разг* jdm den Mund stopfen, jdn zum Schweigen bringen

заты́л|ок <-ка> *м* Nacken *m,* Genick *nt*

заты́чк|а <-и> *ж* **1.** *(про́бка)* Pfropf *m,* Stopfen *m* **2.** *перен* Lückenbüßer *m*

затя́гива|ть <-ю, -ешь> *нсв,* **затяну́ть** *св прх* **1.** *(ту́го стяну́ть)* straff zuziehen; **~ петлю́** die Schlinge straff ziehen; **~ ту́же по́яс** *перен* den Gürtel enger schnallen **2.** *перен (заде́рживать)* hinziehen, hinauszögern **3.** ТЕХ *(пло́тно завинти́ть)* fest schrauben; **~ болт** einen Bolzen fest schrauben; **~ до отка́за га́йку** eine Mutter fest schrauben **4.** *перен (вовле́чь)* hineinziehen; **~ в спор** in einen Streit hineinziehen **5.** *(продли́ть)* hinauszögern; **~ игру́** das Spiel hinziehen; **~ заседа́ние** die Sitzung in die Länge ziehen **6.** *то́лько 3 л (покры́ть)* bedecken; **облака́ми затяну́ло не́бо** Wolken bedeckten den Himmel

затя́гива|ться <-юсь, -ешься> *нсв,* **затяну́ться** *св рефл* **1.** *(у́зел)* sich zuziehen; **~ ту́чами** *(не́бо)* sich bewölken **2.** *(де́ло)* sich in die Länge ziehen

затя́жк|а <-и> *ж (заде́ржка)* Verzögerung *f;* **~ де́ла** Prozessverzug *m;* **сде́лать жа́дную затя́жку** einen starken Zug machen

затяжн|о́й <-а́я, -о́е> *прил* schleppend, langwierig; **~ кри́зис** Dauerkrise *f*

зат|яну́ть <-яну́, -я́нешь> *св прх см.* **затя́гивать**

зат|яну́ться <-яну́сь, -я́нешься> *св рефл см.* **затя́гиваться**

зау́мн|ый <-ая, -ое> *прил* ausgeklügelt; ЛИТ transmental *(aus der futuristischen Dichtung);* **зау́мная тео́рия** ausgeklügelte Theorie *f;* **произноси́ть зау́мные ре́чи** wichtige Reden halten

за́у|мь <-ми> *ж* Sinnlosigkeit *f,* Unsinn *m;* ЛИТ transmentale Sprache *f;* **грани́чить с за́умью** an Unsinn grenzen

зауны́в|ный <-ная, -ное; -ен, -на, -но> *прил* schwermütig, melancholisch; **зауны́вная пе́сня** schwermütiges Lied *nt;* **~ пейза́ж** melancholische Landschaft *f*

заупоко́йн|ый <-ая, -ое> *прил* РЕЛИГ Seelen-; **заупоко́йная моли́тва** Totengebet *nt;* **отслужи́ть заупоко́йную слу́жбу** eine Seelenmesse *f* abhalten, eine Totenmesse *f* abhalten

Заура́ль|е <-я> *ср* Transuralgebiet *nt*

зауря́д|ный <-ная, -ное; -ен, -на, -но> *прил* durchschnittlich, mittelmäßig

заусе́н|ец <-ца> *м,* **заусе́ниц|а** <-ы> *ж* **1.** ТЕХ *(на мета́лле)* Grat *m,* Bart *m;* **свинцо́вый ~** Bleibart *m* **2.** *(на па́льце)* Niednagel *m*

зау́трен|я <-и> *ж* РЕЛИГ Frühmesse *f,* Frühgottesdienst *m*

зау́чен|ный <-ная, -ное; -, -а, -о> *прил* einstudiert; **зау́ченные фра́зы** einstudierte Phrasen *fpl*

зау́чива|ть <-ю, -ешь> *нсв,* **заучи́ть** *св прх* auswendig lernen

зау́шниц|а <-ы> *ж* МЕД Mumps *m,* Ziegenpeter *m*

зафикси́р|овать <-ую, -уешь> *св прх см.* **фикси́ровать**

зафрахто́выва|ть <-ю, -ешь> *нсв,* **зафрахтова́ть** *св прх* МОР, ЭКОН befrachten, mieten; **~ су́дно** das Schiff mieten

захва́т <-а> *м* Ergreifung *f,* Ansichreißen *nt;* **~ вла́сти** Machtergreifung *f;* **~ чужо́й террито́рии** ВОЕН Eroberung *f;* **~ зало́жников** Geiselnahme *f*

захвата́|ть <-ю, -ешь> *св прх см.* **захва́тывать**

захв|ати́ть <-ачу́, -а́тишь> *св прх см.* **захва́тывать**

захва́тническ|ий <-ая, -ое> *прил* Eroberungs-, Raub-; **захва́тническая война́** Eroberungskrieg *m;* **проводи́ть захва́тническую поли́тику** Eroberungspolitik *f* führen

захва́тчик <-а> *м* ВОЕН Eindringling *m,* Eroberer *m*

захва́тыва|ть[1] <-ю, -ешь> *нсв,* **захвати́ть** *св прх* **1.** *(завладева́ть)* ergreifen, in Besitz nehmen; **~ власть** die Macht ergreifen; **~ самолёт** ein Flugzeug in seine Gewalt bringen; **~ пле́нных** ВОЕН Gefangene nehmen; **~ инициати́ву** *перен* die Initiative ergreifen **2.** ВОЕН erobern

захва́тыва|ть[2] <-ю, -ешь> *нсв,* **захвата́ть** *св прх* abgreifen, durch häufiges Berühren beschmutzen

захва́тывающ|ий <-ая, -ее> *прил* ergreifend, fesselnd; **~ фильм** spannender Film *m;* **следи́ть с захва́тывающим интере́сом** mit Spannung verfolgen

захире́|ть <-ю, -ешь> *св нпрх см.* **хире́ть**

захлёбыва|ться <-юсь, -ешься> *нсв,* **захлебну́ться** *св рефл* **1.** *(задохну́ться* *от ды́ма, воды́ и т.п.)* sich verschlucken; **~ кро́вью** sich mit Blut verschlucken **2.** *(о чу́вствах)* außer sich sein; **~ от ра́дости** vor Freude außer sich sein; **~ от слёз** schluchzen **3.** ВОЕН *(о наступле́нии)* **ата́ка захлебну́лась** der Ansturm brach zusammen **4.** ТЕХ *(загло́хнуть)* versagen

захлёстыва|ть <-ю, -ешь> *нсв,* **захлесту́ть** *св прх* **1.** *(затяну́ть петлю́)* die Schlinge zuziehen **2.** *то́лько 3 л (зали́ть)* überschwemmen, überfluten **3.** *перен (о чу́вствах)* **злость захлестнула кого́-л.** der Zorn packte jdn

захло́пыва|ть <-ю, -ешь> *нсв,* **захло́пнуть** *св прх (дверь)* zuschlagen

захмеле́|ть <-ю, -ешь> *св нпрх разг* betrunken werden

захо́д <-а> *м* **1.** *(со́лнца)* Sonnenuntergang *m* **2.** *(самолёт, кора́бль)* Anflug *m,* Anlaufen *nt* **3.** СПОРТ *(попы́тка)* Versuch *m;* **со второ́го захо́да** beim zweiten Anlauf

зах|оди́ть <-ожу́, -о́дишь> *нсв,* **зайти́** *св нпрх* **1.** *(посеща́ть)* hineingehen, besuchen; **~ к кому́-л.** bei jdm vorbeikommen [*o* vorbeischauen]; **~ на мину́тку** *разг* auf einen Sprung vorbeikommen; **~ за кем-л./чем-л.** jdn/etw abholen; **~ на поса́дку** *(самолёт)* zur Landung ansetzen; **~ в порт** *(кора́бль)* den Hafen anlaufen **2.** *(со́лнце)* untergehen **3.** *перен (забыва́ться)* zu weit gehen; **~ сли́шком далеко́ в свои́х тре́бованиях** mit seinen Forderungen zu weit gehen

зах|оди́ться <-о́дится> *нсв,* **зайти́сь** *св бил, то́лько 3 л* **~ от сме́ха** vom Lachen außer Atem kommen; **се́рдце зашло́сь от волне́ния** mein Herz pochte vor Aufregung; **дух зашёлся** den Geist aufgeben

захолу́стн|ый <-ая, -ое> *прил презрит* abgelegen

захолу́сть|е <-я> *ср* Krähwinkel *m*

захороне́ни|е <-я> *ср* **1.** *(де́йствие)* Beerdigen *nt* **2.** *(ме́сто)* Grabstätte *f* **3.** *(радиоакти́вных отхо́дов)* Endlagerung *f*

захор|они́ть <-оню́, -о́нишь> *св прх* **1.** *(похорони́ть)* begraben, beerdigen **2.** *(помести́ть в храни́лище)* endlagern, deponieren

зах|оте́ть <-очу́, -о́чешь> *св нпрх см.* **хоте́ть**

захоте́ться *св безл* **мне вдруг захоте́лось** ich bekam plötzlich das Verangen nach *+dat*

захребе́тник <-а> *м презрит* Schmarotzer *m,* Drückeberger *m*

захуда́л|ый <-ая, -ое> *прил* heruntergekommen; **~ городо́к** heruntergekommenes Städtchen *nt*

зацеп|и́ться <-лю́сь, -и́шься> *св рефл см.* **зацепля́ться**

заце́пк|а <-и> *ж* **1.** *(поме́тка)* Häkchen *nt* **2.** *перен (предло́г)* Vorwand *m,* Anhaltspunkt *m*

зацепле́ни|е <-я> *ср* ТЕХ Eingriff *m,* Verzahnung *f;* **~ шестерён** Eingriff *m* des Triebrades, Verzahnung *f* des Zahnrades

зацепля́|ться <-юсь -ешься> *нсв,* **зацепи́ться** *св рефл* hängen bleiben; *разг (обосно́вываться)* Fuß fassen

заци́клива|ться <-юсь, -ешься> *нсв,* **зациклиться** *св рефл* **1.** *(сосредото́читься на чем-л.)* sich konzentrieren **2.** *разг (вбива́ть себе́ в го́лову)* sich (gedanklich) festfahren

зачасту́ю *нрч разг* oft, häufig, oftmals; **так ~ случа́ется** wie es öfters vorkommt

зача́ти|е <-я> *ср* БИОЛ Empfängnis *f;* **непоро́чное ~** РЕЛИГ unbefleckte Empfängnis *f*

зача́т|ок <-ка> *м* **1.** БИОЛ Keim *m* **2.** *перен (пе́рвый при́знак)* Ansatz *m*

зача́точн|ый <-ая, -ое> *прил* rudimentär; **зача́точные о́рганы** rudimentäre Organe *ntpl;* **находи́ться в зача́точном состоя́нии** sich im rudimentären Zustand befinden

зача́хн|уть <-у, -ешь> *св нпрх см.* **ча́хнуть**

заче́м *нрч* weshalb, wozu

зачёркива|ть <-ю, -ешь> *нсв,* **зачеркну́ть** *св прх* (durch)streichen

зачёркнут|ый <-ая, -ое; -, -а, -о> *прил* gestrichen

i Land & Leute

Das russische Studiensystem unterscheidet sich von dem deutschen erheblich durch seinen sehr strengen Rahmen. An allen staatlichen Hochschulen gilt die festgelegte Studienzeit von vier bis fünft Jahren, die normalerweise weder überschritten noch unterschritten werden darf.
Auch in Russland besteht jedes Studienjahr aus einem Winter- und einem Sommersemester mit längeren Ferien dazwischen.
Am Ende jeder Vorlesungszeit gibt es aber mehrere **obligatorische Testate** und **eine Zwischenprüfung**.
Die Zwischenprüfung darf in der Regel nicht wiederholt werden.
Den Studienplan und -stoff bekommen die Studenten vorgegeben, bei allen Lehrveranstaltungen besteht eine Anwesenheitspflicht.
Am Ende des Studiums wird eine Diplomarbeit geschrieben und vor einer Kommission „verteidigt“ sowie **das Staatsexamen** abgelegt. Seit den 90er Jahren gibt es an einzelnen Hochschulen wirksame Versuche, dieses System sinnvoll zu „liberalisieren“.

З

зачерстве́|ть <-ю, -шь> *св нпрх см.* **черстве́ть**

зачёт <-а> *м* **1.** *(зачи́тывание)* Anrechnung *f;* **~ взаи́мных тре́бований** Aufrechnung *f* **2.** *(в университе́те)* Zwischenprüfung *f* **3.** СПОРТ Wertung *f*

зачи́н <-а> *м* ЛИТ Anfang *m,* Einleitung *f (bei einer epischen Dichtung)*

зачина́те|ль <-ля> *м* Initiator *m,* Vorreiter *m*

зачинива́|ть <-ю, -ешь> *нсв,* **зачини́ть** *св прх разг* **1.** *(заде́лать ды́ры)* ausbessern, ausstopfen, flicken; **~ кры́шу** das Dach ausbessern; **~ оде́жду** die Kleidung flicken **2.** *(заостри́ть)* spitzen, anspitzen; **~ каранда́ш** einen Bleistift spitzen

зачи́нщик <-а> *м презрит* Anstifter *m*

зачисле́ни|е <-я> *ср* **1.** *(начисле́ние)* Anrechnung *f* **2.** *(приём)* Aufnahme *f,* Einstellung *f, (ВУЗ)* Immatrikulation *f*

зачисля́|ть <-ю, -ешь> *нсв,* **зачи́слить** *св прх* **1.** *(внести́ в спи́сок)* eintragen; **~ в штат** fest anstellen; **~ в вуз** sich an der Universität eintragen; **~ в запа́с** ВОЕН in die Reserve aufnehmen **2.** ЭКОН anrechnen; **~ на теку́щий счёт** in Anrechnung bringen; **~ в счёт до́лга** als Teilzahlung anrechnen

зачи́тыва|ть[1] <-ю, -ешь> *нсв,* **зачита́ть** *св прх разг* **1.** *(чита́ть вслух)* laut vorlesen, verlesen; **~ прика́з** eine Anordnung verlesen **2.** *разг (не верну́ть)* nicht zurück geben; **~ кни́гу** sich ein Buch aneignen

зачи́тывать[2] <-ю, -ешь> *нсв,* **заче́сть** *св прх* anrechnen; *(ста́вить зачёт)* als bestanden anrechnen

зашварто́выва|ть <-ю, -ешь> *нсв,* **зашвартова́ть** *св прх* МОР fest binden, vertauen

зашиба́|ть <-ю, -ешь> *нсв,* **зашиби́ть** *св прх* **~ де́ньги** Geld einheimsen

зашива́|ть <-ю, -ешь> *нсв,* **заши́ть** *св прх* zunähen

зашива́|ться <-юсь, -ешься> *нсв,* **заши́ться** *св рефл разг* etw nicht schaffen; **~ с рабо́той** *(не успе́ть к сро́ку)* die Arbeit nicht rechtzeitig erledigen können

заш|и́ть <-ью́, -ьёшь> *св прх см.* **зашива́ть**

заш|и́ться <-ью́сь, -ьёшься> *св рефл см.* **зашива́ться**

зашифро́выва|ть <-ю, -ешь> *нсв,* **зашифро́вать** *св прх* chiffrieren, verschlüsseln

зашто́рива|ть <-ю, -ешь> *нсв,* **зашто́рить** *св прх (окно́)* zuhängen

заштрих|ова́ть <-у́ю, -у́ешь> *св прх см.* **штрихова́ть**

защёлк|а <-и> *ж* **1.** *(задви́жка)* Klinke *f* **2.** *(в замке́)* Schnappschloss *m;* **~ у чемода́на** Schnappverschluss *m;* **~ у футля́ра** Schnapper *m*

защёлка|ть <-ю, -ешь> *св нпрх* **1.** *(па́льцами и т.п.)* schnippen; **~ языко́м** schnalzen **2.** *(о соловье́)* trillern

защёлкива|ться <-юсь, -ешься> *нсв,* **защёлкнуться** *св рефл (замо́к)* einschnappen

защемля́|ть <-ю, -ешь> *нсв,* **защеми́ть** *св прх* **1.** *(сдави́ть)* (zusammen)drücken, (zusammen)pressen; **~ клеща́ми** mit der Zange zusammendrücken **2.** *(прищеми́ть)* einklemmen; **~ па́лец** den Daumen einklemmen **3.** *то́лько 3 л (нача́ть ныть)* schmerzen; **защеми́ло в груди́** jdm wurde schwer ums Herz

защи́т|а <-ы> *ж* **1.** *(охра́на)* Schutz *m,* Verfechtung *f;* **~ окружа́ющей среды́** Umweltschutz *m;* **~ от радиа́ции** Strahlenschutz *m;* **~ матери́нства** Mutterschutz *m;* **~ да́нных** Datenschutz *m;* **~ свобо́дной конкуре́нции** Wettbewerbsschutz *m;* **~ кредито́ров** Gläubigerschutz *m;* **~ креди́та от ри́сков** Kreditabsicherung *f;* **~ това́рного зна́ка** Markenschutz *m;* **~ от и́мпорта** Importschutz *m* **2.** ЮР Verteidigung *f;* **свиде́тель защи́ты** Entlastungszeuge *m* **3.** ВОЕН Verteidigung *f* **4.** СПОРТ Verteidigung *f*

защи|ти́ть <-щу́, -ти́шь> *св прх см.* **защища́ть**

защи́тник <-а> *м* Beschützer *m;* ЮР Verteidiger *m,* Verfechter *m;* **~ живо́тных** Tierschützer *m*

защи́тн|ый <-ая, -ое> *прил* Schutz-; **защи́тные очки́** Schutzbrille *f;* **~ костю́м** Schutzanzug *m;* **защи́тного цве́та** khakifarben

защища́|ть <-ю, -ешь> *нсв,* **защити́ть** *св прх* beschützen, verteidigen

защищённос|ть <-ти> *ж* Sicherheit *f*

защищён|ный <-ная, -ное; -, -а́, -о́> *прил* geschützt, gesichert; **~ от ве́тра** windgeschützt; **социа́льно ~** sozial abgesichert; **~ от подде́лки** fälschungssicher; **~ пате́нтными права́ми** patentrechtlich geschützt

заяви́те|ль <-ля> *м* **1.** АДМ Antragsteller *m* **2.** ЮР Anzeigeerstatter *m*

за|яви́ть <-явлю́, -я́вишь> *св прх см.* **заявля́ть**

за|яви́ться <-явлю́сь, -я́вишься> *св рефл см.* **заявля́ться**

зая́вк|а <-и> *ж* **1.** *(регистра́ция)* Anmeldung *f;* **пате́нтная ~** Patentanmeldung *f* **2.** *(тре́бование)* Anforderung *f,* Bestellschein *m;* **предвари́тельная ~ на биле́ты** ТЕАТ Kartenreservierung *f;* **конце́рт по зая́вкам** Wunschkonzert *nt*

заявле́ни|е <-я> *ср* **1.** ПОЛ Erklärung *f;* **де́лать ~ для печа́ти** eine Presseerklärung abgeben; **~ о наме́рениях** Absichtserklärung *f;* **~ о приня́тии** Annahmeerklärung *f;* **~ об отка́зе** Verzichtserklärung *f* **2.** *(хода́тайство)* Antrag *m,* Eingabe *f,* Gesuch *nt;* **~ в суд об откры́тии ко́нкурсного произво́д-**

ства Konkursantrag *m;* **~ о за́нятии промысло́вой де́ятельностью** Gewerbeanmeldung *f;* **~ о предоставле́нии рабо́ты** [*или* **приёме на рабо́ту**] Stellengesuch *nt;* **~ об ухо́де** Kündigung *f;* **подава́ть ~** einen Antrag stellen

заявля́|ть <-ю, -ешь> *нсв,* **заяви́ть** *св прх* **1.** *(выска́зывать)* erklären, äußern; **~ о свои́х прете́нзиях** Ansprüche geltend machen **2.** ЮР anzeigen, mitteilen, anmelden; **~ на кого́-л.** Anzeige erstatten gegen *+akk*

заявля́|ться <-юсь -ешься> *нсв,* **зая́виться** *св рефл разг* erscheinen, sich einfinden

зая́дл|ый <-ая, -ое> *прил* leidenschaftlich; **~ кури́льщик** leidenschaftlicher Raucher *m,* Kettenraucher *m;* **~ фото́граф** leidenschaftlicher Fotograf *m*

зая́кор|ить <-ю, -ишь> *св прх* МОР vor Anker gehen, den Anker werfen; **~ в зали́ве** in der Bucht vor Anker gehen; **~ на середи́не ре́йда** mitten auf der Reede den Anker werfen

за́яц <за́йца> *м* **1.** ЗООЛ Hase *m;* **одни́м вы́стрелом уби́ть двух за́йцев** *перен* zwei Fliegen mit einer Klappe schlagen **2.** *перен (пу́тник без биле́та)* Schwarzfahrer *m*

за́яч|ий <-ья, -ье> *прил* Hasen-; **за́ячья губа́** МЕД Hasenscharte *f*

зва́ни|е <-я> *ср* Rang *m,* Dienstgrad *m;* **почётное ~** Ehrentitel *m*

зва́н|ый <-ая, -ое> *прил* gebeten, eingeladen; **~ обе́д** Diner *nt,* Festessen *nt;* **~ ве́чер** Abendgesellschaft *f;* **~ гость** eingeladener Gast *m*

зва́тельн|ый <-ая, -ое> *прил* ЛИНГВ **~ паде́ж** Vokativ *m*

звать <зову́, зовёшь> *нсв,* **позва́ть, назва́ть** *св прх* **1.** *(к себе́)* rufen; **~ к столу́** zum Essen rufen; **~ на по́мощь** um Hilfe rufen [*о* bitten] **2.** *(называ́ться)* heißen; **как тебя́ зову́т?** wie heißt du?

звезд|а́ <-ы> *ж* **1.** АСТР Stern *f;* **па́дающая ~** Sternschnuppe *f* **2.** *перен* Star *m*

звездан|у́ть <-у́, -ёшь> *св прх разг* überziehen; **~ по голове́** jdm eine überziehen

звёздн|ый <-ая, -ое> *прил* Stern-; **~ час** *перен* Sternstunde *f*

звездообра́з|ный <-ная, -ное; -ен, -на, -но> *прил* sternförmig

звездопа́д <-а> *м* Sternschuppe *f*

звездочёт <-а> *м* АСТР Astrologe *m,* Sterndeuter *m*

звёздочк|а <-и> *ж* ТИП *(звезда́)* Sternchen *nt;* **отмеча́ть звёздочкой** durch ein Sternchen kennzeichnen

звен|е́ть <-ю́, -и́шь> *нсв нпрх* **1.** *(звуча́ть)* klingeln **2.** *(дребезжа́ть)* rasseln

звен|о́ <-а́> *ср и перен (составна́я часть)* (Ketten)Glied *nt,* Bestandteil *m;* **связу́ющее ~** Bindeglied *nt;* **всё э́то зве́нья одно́й цепи́** all das gehört zusammen; **~ управле́ния** Führungsebene *f*

звеня́щ|ий <-ая, -ее> *прил* klingend; **~ го́лос** klingende Stimme *f*

зверёныш <-а> *м* junges Tier *nt,* Junge *nt*

звере́|ть <-ю, -ешь> *нсв,* **озвере́ть** *св нпрх* grausam werden, verrohen

звери́н|ец <-ца> *м разг* Menagerie *f,* Tierschau *f*

звери́н|ый <-ая, -ое> *прил* Tier-; **звери́ная шку́ра** Tierfell *nt;* **звери́ные инсти́нкты** animalische Instinkte *mpl;* **жить по звери́ным зако́нам** nach dem Dschungelgesetz leben

зверобо́|й <-я> *м* **1.** *(охо́тник)* Tierfänger *m;* **рыбак-~** Seetierjäger *m* **2.** БОТ Johanniskraut *nt*

зверобо́йн|ый <-ая, -ое> *прил* Tierfang-; **зверобо́йное су́дно** Seetierfänger *m;* **~ про́мысел** Seetierfang *m*

зверово́дств|о <-а> *ср* Tierzucht *f;* **пушно́е ~** Pelztierzucht *f*

зверolо́в <-а> *м* Pelztierjäger *m*

зве́рск|ий <-ая, -ое> *прил* **1.** *(жесто́кий)* bestialisch, grausam **2.** *разг (жу́ткий)* tierisch, riesig

зверь <зве́ря> *м* **1.** ЗООЛ wildes Tier *nt;* **хи́щный ~** Raubtier *nt* **2.** *перен (и́зверг)* grausamer Mensch *m*

звон <зво́на> *м* Klingen *nt,* Läuten *nt,* Klirren *nt;* **колоко́льный ~** Glockenspiel *nt,* Geläut *nt*

звона́|рь <-ря> *м* **1.** РЕЛИГ Glöckner *m* **2.** *перен (болту́н)* Schwätzer *m*

звон|и́ть <-ю́, -и́шь> *нсв,* **позвони́ть** *св нпрх (кому́-л. по телефо́ну)* anrufen; *(телефо́н)* läuten, klingeln

зво́н|кий <-кая, -кое; -ок, -ка́, -ко> *прил* klingend, helltönend; ЛИНГВ stimmhaft; **~ го́лос** helle Stimme *f*

зво́нниц|а <-ы> *ж* Glockenturm *m*

звон|о́к <-ка́> *м* **1.** *(дверно́й)* Klingel *f* **2.** *(телефо́нный)* Anruf *m*

звук <зву́ка> *м* Laut *m,* Schall *m;* **~ вы́стрела** Knall *m;* **ско́рость зву́ка** Schallgeschwindigkeit *f;* **звукова́я ка́рта** ИНФОРМ Soundkarte *f*

звуков|о́й <-а́я, -о́е> *прил* Schall-, Ton-, Audio-; **звукова́я сигнализа́ция** ТЕХ Alarmanlage *f;* **звуково́е давле́ние** ЭЛ Schalldruck *m*

звуковоспроизводя́щ|ий <-ая, -ее> *прил* Ton-; **~ аппара́т** Tongerät *nt,* Tontechnik *f*

звукоза́пи|сь <-си> *ж* Tonaufnahme *f;* **сту́дия звукоза́писи** Tonstudio *nt;* **~ ре́чи** Sprachaufnahme *f*

звукоизоля́ци|я <-и> *ж* Schallisolierung *f*

звукоме́три|я <-и> *ж* Schall(druck)messung *f,* Lautstärkemessung *f*

звуконепроница́ем|ый <-ая, -ое> *прил* schalldicht

звукоопера́тор <-а> *м* Tonoperator *m*
звукопоглоти́те|ль <-ля> *м* Schalldämpfer *m*
звукоподво́дн|ый <-ая, -ое> *прил* Schall-; **звукоподво́дная связь** Schallverbindung *f*
звукоподража́тельн|ый <-ая, -ое> *прил* lautnachahmend
звукопроница́ем|ый <-ая, -ое> *прил* schalldurchlässig; **звукопроница́емые сте́ны** schalldurchlässige Wände *mpl*
звукоря́д <-а> *м* муз Tonleiter *f;* **натура́льный ~** natürliche Tonleiter *f*
звукосочета́ни|е <-я> *ср* лингв Lautverbindung *f;* **мелоди́ческие звукосочета́ния** melodische Lautverbindungen *fpl*
звукоула́вливате|ль <-ля> *м* Schallempfänger *m*
звукоусили́те|ль <-ля> *м* Tonverstärker *m*
звуча́ни|е <-я> *ср* **1.** *(тона́льность)* Tonalität *f;* **бли́зкий по звуча́нию** ähnlich klingend **2.** *(смысл, значе́ние)* Note *f;* **сатири́ческое ~** satirische Note *f;* **приобрести́ осо́бое ~** eine besondere Bedeutung bekommen
звуч|а́ть <-у́, -и́шь> *нсв,* **прозвуча́ть** *св нпрх* ertönen, erklingen
зву́ч|ный <-ная, -ное; -ен, -на́, -но> *прил* klangvoll
звя́ка|ть <-ю, -ешь> *нсв,* **звя́кнуть** *св нпрх* **1.** *(изда́ть звук)* klirren, rasseln; **~ ключа́ми** mit den Schlüsseln rasseln **2.** *разг (позвони́ть)* klingeln; **я тебе́ звя́кну вечерко́м** gegen Abend werde ich dich anrufen
зги *ж только в сочет.* **ни ~ не ви́дно** es ist stockfinster
зда́ни|е <-я> *ср* Gebäude *nt;* **но́вое ~** Neubau *m*
здесь *нрч* **1.** *(на э́том ме́сте)* hier, da **2.** *(при э́том)* hieran, hierbei
зде́шн|ий <-яя, -ее> *прил разг* hiesig; **зде́шние нра́вы** hiesige Sitten *fpl,* hiesige Bräuche *mpl;* **зде́шняя молодёжь** die hiesige Jugend; **говори́ть на зде́шнем диале́кте** den lokalen Dialekt sprechen
здоро́ва|ться <-юсь, -ешься> *нсв,* **поздоро́ваться** *св нпрх (с ке́м-л.)* jdn begrüßen, sich grüßen
здорове́нн|ый <-ая, -ое> *прил разг* **1.** *(могу́чий)* kräftig, stark; **~ дети́на** kräftiger Junge *m* **2.** *(предме́т больши́х разме́ров)* groß, Riesen-; **здорове́нная дуби́на** Riesenkeule *f;* **здорове́нная глы́ба** Riesenbatzen *m*
здо́рово *нрч разг* klasse, prima
здоро́в|ый <-ая, -ое; -, -а, -о> *прил* **1.** *(⇔ больно́й)* gesund; **~ как бык** kerngesund; **~ о́браз жи́зни** gesunde Lebensweise *f* **2.** *перен (эконо́мика)* intakt **3.** *разг (большо́й)* groß
здоро́вь|е <-я> *ср* Gesundheit *f;* **он пы́шет здоро́вьем** er strotzt vor Gesundheit; **за Ва́ше/твоё ~!** prost!, zum Wohl!
здоровя́к <-а> *м разг* ein kerngesunder Mensch *m,* ein vor Gesundheit strotzender Mensch *m*
здра́ви|е <-я> *ср* Wohl *nt;* **быть в по́лном здра́вии** *книжн* wohlauf sein
здра́виц|а <-ы> *ж* Hoch *nt,* Trinkspruch *m;* **произноси́ть здра́вицы в чью-л. честь** jdn hochleben lassen

i Land & Leute

Der russische Trinkspruch ist oft wortreich und ausführlich. Besonders bei feierlichen Anlässen hält man mit einem gehobenen Glas traditionell eine ganze bewegende Rede, bevor man anstößt. Der kurze allgemeine Trinkspruch, der dem deutschen „Auf dein bzw. Ihr Wohl" entspricht, heißt übrigens auf Russisch „За твоё (или Ваше) здоровье" (wörtlich „Auf deine bzw. Ihre Gesundheit"). „Na zdorowje" sagt man in Polen.

здра́вниц|а <-ы> *ж* Heilstätte *f,* Heilanstalt *f,* Sanatorium *nt;* **де́тская ~** Kindererholungsheim *nt;* **отдыха́ть в здра́внице** sich in einer Erholungsstätte erholen
здра́во *нрч* gesund, vernünftig; **рассужда́ть ~** vernünftig über etw urteilen
здравомы́сли|е <-я> *ср* vernünftige Denkart *f,* gesundes Denken *nt;* **облада́ть здравомы́слием** einen gesunden Menschenverstand haben
здравомы́слящ|ий <-ая, -ее> *прил* gesund denkend; **~ челове́к** ein gesund denkender Mensch *m*
здравоохране́ни|е <-я> *ср* Gesundheitswesen *nt*
здравпу́нкт <-а> *м* Sanitätsstelle *f;* **обрати́ться в ~** sich an die Sanitätsstelle wenden
здра́вств|овать <-ую, -уешь> *нсв нпрх* sich wohlbefinden, leben; **здра́вствуйте!** guten Tag!
здра́в|ый <-ая, -ое; -, -а, -о> *прил* vernünftig; **~ смысл** gesunder Menschenverstand *m*
зе́бр|а <-ы> *ж* **1.** зоол Zebra *nt* **2.** *разг* Fußgängerüberweg *m*
зе́бу *нскл м* зоол Zebu *m*
зев <зе́ва> *м* Rachen *m,* Schlund *m*
зева́к|а <-и> *мf* Schaulustige(r) *f(m)*
зева́|ть <-ю, -ешь> *нсв,* **зевну́ть** *св нпрх* gähnen
зево́к <-а> *м* Gähnen *nt;* **подави́ть ~** ein Gähnen unterdrücken
зево́т|а <-ы> *ж* Gähnen *nt,* Gähnsucht *f;* **сде́рживать зево́ту** das Gähnen zurückhalten
зейгерова́ни|е <-я> *ср* тех Seigerung *f*

зелёненьки|е <-х> *мн разг* Dollarscheine *mpl*

зелене́|ть <-ю, -ешь> *нсв,* **позелене́ть** *св нпрх* grün werden

зелёнк|а <-и> *ж разг* Grün *nt,* Grüne(s) *nt*

зелён|ый I. <-ая, -ое; зе́лен, -á, -о> *прил* **1.** *(цвет)* grün; **зелёная капу́ста** Grünkohl *m;* **зелёные насажде́ния** Grünanlagen *pl,* Grünstreifen *m;* **~ теа́тр** Freilichtbühne *f;* **~ змий** *перен* Alkohol *m;* **дава́ть ~ свет чему́-л.** *перен* einer Sache grünes Licht geben **2.** *и перен (незре́лый)* unreif; **~ юне́ц** Grünschnabel *m* **II.** *м* Umweltschützer *m,* Grüner *m*

зе́ле|нь <-ни> *ж* **1.** *(расти́тельность)* Grün *nt;* **со́чная ~** saftiges Grün *nt;* **утопа́ть в зе́лени** voller Grün sein **2.** *(о́вощи)* Gemüse *nt,* Grünzeug *nt;* **~ для сала́та** Salatgrün *nt* **3.** *(окра́ска)* Grün *nt;* **отлива́ть зе́ленью** im Grün schillern **4.** *(налёт)* Belag *m,* Grünspan *m,* Edelrost *m;* **покры́ться зе́ленью** mit Patina bedeckt werden

зе́ль|е <-я> *ср* Trank *m;* **опои́ть зе́льем** mit einem Trank betäuben; **вре́дное ~** schädlicher Trank *m*

зельц <-а> *м* Sülzwurst *f*

земе́льн|ый <-ая, -ое> *прил* Boden-, Landes-; **земе́льная рефо́рма** Grund- und Bodenreform *f;* **земе́льная ре́нта** Grundrente *f;* **земе́льная со́бственность** Grundbesitz *m;* **~ када́стр** Grundbuch *nt;* **~ уча́сток** Grundstück *nt;* **земе́льные ба́нки** Landesbanken *pl;* **~ парла́мент** пол Landtag *m;* **земе́льное отраслево́е объедине́ние** Landesfachverband *m*

землеве́дени|е <-я> *м* Erdkunde *f;* **музе́й землеве́дения** Erdkundemuseum *nt*

землевладе́|лец <-льца> *м* Grundbesitzer *m;* **кру́пный ~** Großgrundbesitzer *m*

землевладе́ни|е <-я> *ср* Grundbesitz *m*

земледе́|лец <-льца> *м* Landmann *m,* Landwirt *m,* Ackerbauer *m*

земледе́ли|е <-я> *ср* Ackerbau *m*

землеко́п <-а> *м* Erdarbeiter *m*

землеме́рн|ый <-ая, -ое> *прил* Vermess-, Mess-; **~ инструме́нт** Messinstrument *nt,* Vermessungsinstrument *nt;* **землеме́рные рабо́ты** Vermessungsarbeiten *fpl*

землепа́ш|ец <-ца> *м* Landmann *m,* Ackerbauer *m*

землепрохо́д|ец <-ца> *м* истор Entdeckungsreisende(r) *f(m),* Forschungsreisende(r) *f(m)*

землеро́йк|а <-и> *ж* Spitzmaus *f*

землеро́йн|ый <-ая, -ое> *прил* Bagger-; **землеро́йная маши́на** Bagger *m,* Baggermaschine *f*

землетрясе́ни|е <-я> *ср* Erdbeben *nt*

землеустро́йств|о <-а> *ср* Bodenbewirtschaftung *f*

земли́ст|ый <-ая, -ое; -, -а, -о> *прил* **1.** *(с при́месью земли́)* erdig, erdartig; **~ песо́к** erdiger Sand *m;* **~ торф** erdartiger Torf *m* **2.** *(о цве́те)* aschfahl, aschgrau; **~ цвет лица́** aschfahle Gesichtsfarbe *f*

земл|я́ <-и́> *ж* **1.** *(земно́й шар)* Erde *f,* Erdkugel *f;* **на земле́** auf der Erde **2.** *(по́чва)* Erde *f,* Land *nt,* Erdboden *m* **3.** *(су́ша)* Festland *nt;* **больша́я ~** Festland *nt;* **сравня́ть с землёй** *перен* dem Erdboden gleichmachen **4.** *(федера́льная)* Bundesland *nt*

Земл|я́ <-и́> *ж* (Planet) Erde *f;* **на Земле́** auf der Erde

земля́к <-а́> *м* Landsmann *m*

землянúк|а <-и> *ж* Walderdbeere *f*

земля́нин <-а> *м* Erdbewohner(in) *m(f)*

земляни́чн|ый <-ая, -ое> *прил* Erdbeer-, erdbeerfarben; **земляни́чные ку́стики** Erdbeersträucher *mpl;* **земляни́чное де́рево** бот Erdbeerbaum *m*

земля́нк|а <-и> *ж* Erdhütte *f;* **~ войскова́я** Wohnbunker *m*

землян|о́й <-а́я, -о́е> *прил* Erd-; **земляны́е рабо́ты** Erdarbeiten *pl*

земля́честв|о <-а> *ср* Landsmannschaft *f*

земля́чк|а <-и> *ж* Landsmännin *f*

зе́мно *нрч* **~ кла́няться** sich tief verbeugen

земново́дны|е <-х> *мн* зоол Amphibien *pl,* Lurche *pl;* **изуче́ние земново́дных** Amphibienforschung *f*

земн|о́й <-а́я, -о́е> *прил* Erd-; *(жите́йский)* irdisch; **~ шар** Erdkugel *f;* **земно́е притяже́ние** физ Erdanziehung *f*

зе́мск|ий <-ая, -ое> *прил* истор Landes-; **~ собо́р** Standesvertretung *f;* **зе́мское собра́ние** Standesversammlung *f*

зензу́бе|ль <-ля> *м* тех Simshobel *m*

зени́т <-а> *м* **1.** астр Zenit *m;* **со́лнце в зени́те** die Sonne steht hoch; **~-телеско́п** Zenitteleskop *nt* **2.** *перен (верши́на чего́-л.)* Gipfelpunkt *m;* **~ жи́зни** der Gipfelpunkt des Lebens; **в зени́те сла́вы** auf dem Gipfel des Ruhmes

зени́тк|а <-и> *ж разг* воен Fliegerabwehrkanone *f,* Flak *f*

зени́тн|ый <-ая, -ое> *прил* **1.** воен Fliegerabwehr-, Flak-, Flugabwehr-; **зени́тная артилле́рия** Flakartillerie *f* **2.** *перен* Gipfelpunkt *m*

зени́тчик <-а> *м,* **зени́тчиц|а** <-ы> *ж* Flakartillerist(in) *m(f),* Flakschütze *m*

зени́ц|а <-ы> *ж* Pupille *f,* Augapfel *m;* **расшире́ние зени́ц** Erweiterung *f* der Pupillen; **бере́чь как зени́цу о́ка** wie seinen Augapfel hüten

зе́нкер <-а> *м* тех Senker *m*

зе́ркал|о <-а> *ср* Spiegel *m;* **~ за́днего ви́да** авто Rückspiegel *m*

зерка́льн|ый <-ая, -ое> *прил* **1.** *то́лько по́лная фо́рма* Spiegel-; **зерка́льное стекло́** Spiegelglas *nt;* **зерка́льное отраже́ние** Spiegelung *f,* *(в зе́ркале)* Spiegelbild *nt*

2. *(гла́дкий как стекло́, блестя́щий)* spiegelglatt, spiegelblank

зерни́ст|ый <-ая, -ое; -, -а, -о> *прил* körnig, gekörnt, granular; **~ известня́к** körniger Kalkstein *m;* **зерни́стая по́чва** körniger Boden *m;* **зерни́стая икра́** körniger Kaviar *m*

зерн|о́ <-а́> *ср* **1.** *(се́мя)* Korn *nt,* Samenkorn *nt* **2.** *(хлеб в ви́де зерна́)* Getreide *nt*

зернобобо́в|ый <-ая, -ое> *прил* агр Hülsen-; **зернобобо́вые культу́ры** Hülsenfrüchte *fpl*

зернову́з <-а> *м* Getreideschiff *nt,* Getreidefrachter *m*

зернов|о́й <-а́я, -о́е> *прил* Korn-, Getreide-; **~ фура́ж** Getreidefutter *nt;* **~ склад** Getreidelager *nt*

зернові́|е <-х> *мн* агр Getreide *nt;* **убо́рка зернові́х** Getreideernte *f;* **ози́мые ~** Wintergetreide *nt;* **посе́вы зернові́х** Getreidesaat *f*

зерноочисти́тельн|ый <-ая, -ое> *прил* агр Getreidereinigungs-; **зерноочисти́тельная маши́на** Getreidereinigungsmaschine *f,* Kornfege *f*

зерноподъёмник <-а> *м* агр Getreideelevator *nt*

зернопоста́вк|а <-и> *ж* агр Getreideablieferung *f*

зерносуши́лк|а <-и> *ж* агр Getreidetrockner *m,* Korndarre *f*

зерноубо́рочн|ый <-ая, -ое> *прил* агр Mähdresch-; **~ комба́йн** Mähdrescher *m;* **зерноубо́рочные рабо́ты** Mähdrescharbeiten *fpl,* Mähen *nt*

зернофура́ж <-а> *м* агр Futtergetreide *nt*

зернохрани́лищ|е <-а> *ср* агр Kornspeicher *m,* Getreidespeicher *m;* **си́лосное ~** Kornsilo *m;* **напо́льное ~** Feldkornspeicher *m*

зёрнышк|о <-а> *ср* **1.** *(зерно́)* Körnchen *nt* **2.** *(плодо́вое)* Kern *m;* **я́блочное ~** Apfelkern *f*

зефи́р <-а> *м* **1.** кул Schaumgebäck *nt;* **~ в шокола́де** Schaumgebäck *nt* in Schokolade **2.** *(ткань)* Zephir *m;* **соро́чка из зефи́ра** Zephirnachthemd *nt*

зигза́г <-а> *м* Zickzack *m*

зигзагообра́зн|ый <-ая, -ое> *прил* zickzackförmig, im Zickzack, Zickzack-; **зигзагообра́зная мо́лния** Zickzackblitz *m;* **зигзагообра́зные ли́нии** Zickzacklinie *f*

зиго́т|а <-ы> *ж* биол Zygote *f*

зи́жд|иться <-усь, -ешься> *нсв рефл (на чём-л.)* beruhen auf *+dat*

ЗИЛ *сокр от* **Моско́вский автомоби́льный заво́д им. И. А. Лихачёва** SIL *m (Moskauer Auto(mobil)werk "I. A. Lichatschow");* **автомоби́ли ЗИЛа** SIL-Wagen *mpl*

зим|а́ <-ы́> *ж* Winter *m;* **суро́вая ~** strenger Winter *m*

зи́мн|ий <-яя, -ее> *прил* Winter-, winterlich; **зи́мняя распрода́жа** Winterschlussverkauf *m;* **зи́мняя спя́чка** Winterschlaf *m*

зим|ова́ть <-у́ю, -у́ешь> *нсв,* **прозимова́ть** *св нпрх* überwintern; **~ на Се́верной Земле́** im Norden überwintern

зимо́вк|а <-и> *ж* Überwintern *nt,* Überwinterung *f; (зи́мний ла́герь)* Winterlager *nt;* **ме́сто зимо́вки** Winterquartier *nt*

зимо́й *нрч* im Winter

зимоpо́д|ок <-ка> *м* зоол Eisvogel *m*

зимосто́йкос|ть <-ти> *ж* Winterfestigkeit *f,* Frostresistenz *f*

зипу́н <-а́> *м устар Mantel aus dickem Wollstoff, der in alten russischen Dörfen getragen wurde*

зия́ни|е <-я> *ср* лингв Hiatus *m*

зия́|ть <-ю, -ешь> *нсв нпрх* klaffen, gähnen

зла́к|и <-ов> *мн* бот Gräser *ntpl;* **хле́бные ~** Getreidearten *fpl*

златогла́в|ый <-ая, -ое> *прил книж* mit goldener Kuppel; **златогла́вые це́ркви** Kirchen *fpl* mit goldenen Kuppeln

златотка́нн|ый <-ая, -ое> *прил книж* mit Gold bestickt; **~ по́яс** goldbestickter Gürtel *m*

златоу́ст <-а> *м ирон, шутл* jd, der schöne Reden schwingt

зла́чн|ый <-ая, -ое> *прил* fruchtbar; **зла́чное ме́сто** Lasterhöhle *f*

злить <злю́, зли́шь> *нсв,* **разозли́ть** *св прх* verärgern, wütend machen; **моё поведе́ние разозли́ло всех** mein Benehmen regte alle auf

зл|и́ться <-ю́сь, -и́шься> *нсв,* **обозли́ться** *св рефл (на кого́-л./что-л.)* sich ärgern über *+akk,* in Wut geraten

зло <зла> *ср* **1.** *(беда́, несча́стье, неприя́тность)* Übel *nt;* **из двух зол вы́брать ме́ньшее** das kleinere Übel wählen **2.** *(зло́ба)* Ärger *m,* Wut *f;* **со зла́** vor Wut, aus Ärger; **вымеща́ть ~ на ком-л.** seine Wut auslassen an *+dat;* **не держа́ть зла на кого́-л.** keinen Groll hegen gegen *+akk*

зло́б|а <-ы> *ж* Groll *m,* verhaltener Zorn *m;* **пита́ть зло́бу про́тив кого́-л.** *перен* einen Groll hegen gegen *+akk;* **~ дня** Tagesgespräch *nt,* Tagesereignis *nt*

зло́бнос|ть <-ти> *ж* Bosheit *f,* Gehässigkeit *f*

зло́б|ный <-ная, -ное; -ен, -на, -но> *прил* **1.** *(вре́дный)* boshaft **2.** *(взгляд)* bitterböse

злободне́в|ный <-ная, -ное; -ен, -на, -но> *прил* aktuell, akut; **злободне́вный вопро́с** Tagesfrage *f*

злове́щ|ий <-ая, -ее; -, -а, -е> *прил* unheilvoll, unheilverkündend

злово́н|ный <-ная, -ное; -ен, -на, -но> *прил* übelriechend, stinkend; **~ во́здух** stinkige Luft; **злово́нная я́ма** stinkende Grube *f*

зловре́д|ный <-ная, -ное; -ен, -на, -но>

прил schlecht, schlimm; **зловре́дные привы́чки** schlimme Gewohnheiten *fpl;* **~ посту́пок** schlimme Tat *f*

злоде́|й <-я> *м,* **злоде́йк|а** <-и> *ж* Bösewicht *m,* Verbrecher(in) *m(f)*

злодея́ни|е <-я> *ср* Verbrechen *nt,* Frevel *m,* Gräueltat *f*

зло́й <зла́я, зло́е; зол, зла, зло> *прил* **1.** *(плохо́й)* böse, boshaft; **со злым у́мыслом** böswillig; **быть злым на кого́-л.** auf jdn böse sein; **осторо́жно, зла́я соба́ка!** Vorsicht, bissiger Hund! **2.** *перен, разг (дурно́й, нехоро́ший)* schlimm

злока́чественн|ый <-ая, -ое> *прил* МЕД *(о́пухоль)* bösartig

злонаме́ренн|ый <-ая, -ое> *прил* böswillig

злопа́мят|ный <-ная, -ное; -ен, -на, -но> *прил* nachtragend

злополу́ч|ный <-ная, -ное; -ен, -на, -но> *прил* unglückselig

злопыха́те|ль <-ля> *м* Geiferer *m,* boshafter [*o* gehässiger] Mensch *m*

злора́дн|ый <-ая, -ое> *прил* schadenfroh

злора́дств|о <-а> *ср* Schadenfreude *f*

злосло́в|ить <-лю, -ишь> *нсв нпрх* lästern; **~ в а́дрес кого́-л.** über jdn tratschen

зло́стно *нрч* böswillig, böse, boshaft; **~ наруша́ть поря́док** böswillig gegen die Ordnung verstoßen

зло́ст|ный <-ная, -ное; -ен, -на, -но> *прил* **1.** *(злонаме́ренный)* böswillig; **со зло́стным у́мыслом** übelgesinnt; **зло́стная клевета́** böswillige Verleumdung *f* **2.** *(недобросо́вестный)* ungewissenhaft **3.** *(закорене́лый)* eingefleischt; **~ престу́пник** eingefleischter Verbrecher *m*

злос|ть <-ти> *ж* Bosheit *f,* Wut *f,* Zorn *m;* **пря́мо ~ берёт** mich packt richtig die Wut; **срыва́ть ~ на ком-л.** seinen Zorn an ihm auslassen; **говори́ть со зло́стью** böswillig reden

злосча́ст|ный <-ная, -ное; -ен, -на, -но> *прил* unglücklich, unglückselig; **злосча́стная любо́вь** unglückliche Liebe *f;* **~ вы́стрел** unglücklicher Schuss

зло́т|ый <-ого> *м* ФИН Zloty *m*

злоупотреб|и́ть <-лю́, -и́шь> *св нпрх см.* **злоупотребля́ть**

злоупотребле́ни|е <-я> *ср* Missbrauch *m,* übermäßiger Gebrauch *m; (вла́стью)* Übergriff *m;* **~ служе́бным положе́нием** Amtsmissbrauch *m;* **~ дове́рием** Vertrauensbruch *m;* **~ алкого́лем** übermäßiger Alkoholgenuss *m;* **~ лека́рством** Medikamentenmissbrauch *m*

злоупотребля́|ть <-ю, -ешь> *нсв,* **злоупотреби́ть** *св нпрх* missbrauchen; **~ алкого́лем** zu viel trinken

злю́к|а <-и> *м,* **злю́чк|а** <-и> *ж разг* Bösewicht *m*

злю́щ|ий <-ая, -ее> *прил* böse; **~ пёс** böser Hund *m*

змееви́д|ный <-ная, -ное; -ен, -на, -но> *прил* schlangenförmig, schlangenähnlich; **~ брасле́т** schlangenähnliches Armband *nt;* **змееви́дная брошь** schlangenförmige Brosche *f*

змеело́в <-а> *м* Schlangenfänger *m*

змеёныш <-а> *м* Schlangenbrut *f*

змеин|ый <-ая, -ое> *прил* **1.** ЗООЛ Schlangen-; **~ уку́с** Schlangenbiss *m;* **~ яд** Schlangengift *nt* **2.** *перен (кова́рный)* heimtückisch, hämisch, Schlangen-

зме́|й <-я> *м* **1.** МИФ Drache *m* **2.** *(бума́жный)* Drachen *m,* Papierdrachen *m;* **запуска́ть змея́** einen Drachen steigen lassen

зме|я́ <-и́> *ж* Schlange *f;* **ядови́тая ~** Giftschlange *f;* **подколо́дная ~** *перен* falsche Schlange *f,* heimtückischer Mensch *m*

знак <зна́ка> *м* Zeichen *nt,* Symbol *nt;* **вопроси́тельный ~** Fragezeichen *nt;* **доро́жный ~** Verkehrszeichen *nt;* **~ ра́венства** МАТ Gleichheitszeichen *nt;* **~ дро́би** МАТ Bruchstrich *m;* **хими́ческий ~** ХИМ chemisches Symbol *nt;* **мя́гкий ~** ЛИНГВ Weichheitszeichen *nt;* **специа́льный ~** ИНФОРМ Sonderzeichen *nt;* **~ почто́вой опла́ты** Postwertzeichen *nt;* **~ ка́чества** Gütezeichen *nt;* **това́рный ~** Warenzeichen *nt;* **в ~ благода́рности** als Zeichen der Dankbarkeit; **пода́ть кому́-л. ~** jdm ein Zeichen geben

знако́м|ить <-лю, -ишь> *нсв,* **познако́мить** *св прх (кого́-л. с кем-л./чем-л.)* bekannt machen (mit +*dat*)

знако́м|иться <-люсь, -ишься> *нсв,* **познако́миться** *св рефл (с кем-л./чем-л.)* sich bekannt machen, sich einander vorstellen, (sich) kennenlernen; **я рад с ва́ми ~** ich freue mich Sie kennenzulernen

знако́мств|о <-а> *ср* **1.** *(с кем-л.)* Bekanntschaft *f;* **слу́жба знако́мств** Partnervermittlung *f;* **э́то мо́жно сде́лать то́лько по знако́мству** *разг* das läuft nur über Beziehungen **2.** *(с чем-л.)* Kenntnis *f;* **при бо́лее бли́зком знако́мстве** bei näherem Hinsehen

знако́м|ый **I.** <-ая, -ое; -, -а, -о> *прил* bekannt, vertraut; **быть бли́зко знако́мым с кем-л.** mit jdm näher bekannt sein **II.** <-ого> *м и ж* Bekannte(r) *f(m)*

знамена́те|ль <-ля> *м* МАТ Nenner *m;* **привести́ к о́бщему знамена́телю** *и перен* auf einen gemeinsamen Nenner bringen

знамена́те|льный <-льная, -льное; -лен, -льна, -льно> *прил* bezeichnend; *(да́та, собы́тие)* bedeutsam, denkwürdig

знаме́ни|е <-я> *ср книжн* Vorzeichen *nt,* Omen *nt*

знамени́тос|ть <-ти> *ж* Berühmtheit *f,* prominente Persönlichkeit *f*

знамени́т|ый <-ая, -ое; -, -а, -о> *прил* berühmt, prominent

знамен|ова́ть <-у́ю, -у́ешь> *нсв,* **ознаменова́ть** *св прх* **1.** *книжн (собой*

3

что-л.) bedeuten **2.** *(отпрáздновать)* kennzeichnen, bezeichnen

знаменóс|ец <-ца> *м* Fahnenträger(in) *m(f)*

знáм|я <-ени> *ср* Banner *nt,* Fahne *f*

знáни|е <-я> *ср* Wissen *nt,* Kenntnis *f;* **со знáнием дéла** mit Sachkenntnis; **~ людéй** Menschenkenntnis *f;* **бáзовые знáния** Grundwissen *nt,* Vorkenntnisse *pl*

знáт|ный <-ная, -ное; -ен, -на, -но> *прил* **1.** *(старúнный)* vornehm; **~ род** vornehme Familie *f* **2.** *(прослáвленный)* angesehen; **~ шахтёр** berühmter Bergmann *m*

знатóк <-á> *м* Kenner *m,* Experte *m*

зна|ть[1] <знáю, знáешь> *нсв прх (что-л.; о ком-л./чём-л.)* kennen, wissen; **~ как свой пять пáльцев** *разг* aus dem Effeff kennen

зна|ть[2] <-ти> *ж устар* Adel *m,* Aristokratie *f*

знáха|рь <-ря> *м,* **знáхарк|а** <-и> *ж* Heiler(in) *m(f), презрит* Kurpfuscher(in) *m(f),* Quacksalber *m*

значéни|е <-я> *ср* **1.** *(смысл)* Bedeutung *f,* Sinn *m;* **э́то не имéет значéния** das ist nicht von Belang, das spielt keine Rolle; **придавáть чемý-л. осóбое ~** besonderen Wert legen auf +*akk* **2.** ТЕХ Wert *m;* **максимáльное ~** Höchstwert *m*

знáчимос|ть <-ти> *ж* Bedeutsamkeit *f,* Signifikanz *f,* Stellenwert *m*

знáчим|ый <-ая, -ое> *прил* wichtig, bedeutend; **знáчимые словá** bedeutende Worte *ntpl;* **знáчимые собы́тия** wichtige Ereignisse *ntpl*

значúте|льный <-льная, -льное; -лен, -льна, -льно> *прил* bedeutend, beträchtlich; *(значúмый)* bedeutsam

знáч|ить <-у, -ишь> *нсв нпрх* bedeuten; **что э́то знáчит?** was heißt [*o* bedeutet] das?

знáч|иться <-усь, -ишься> *нсв рефл* eingetragen sein; **~ в докумéнтах** in die Dokumente eingetragen sein; **~ в кáчестве гúда** als Reiseführer eingetragen sein

знач|óк <-кá> *м* Abzeichen *nt,* Plakette *f*

знáющ|ий <-ая, -ее> *прил* wissend; **~ человéк** erfahrener Mensch *m*

зноб|úть <-лю́, -úшь> *нсв нпрх* **меня́ знобúт** mich fröstelt

зно|й <зноя> *м* Hitze *f;* **лéтний ~** Sommerhitze *f;* **изнемогáть от знóя** von der Hitze erschöpft sein

знóйн|ый <-ая, -ое; знóен, знóйна, знóйно> *прил* **1.** *(жáркий)* heiß; **~ пóлдень** heißer Mittag *m;* **в знóйных степя́х** in den heißen Steppen **2.** *перен (стрáстный)* leidenschaftlich; **~ взгляд** leidenschaftlicher Blick *m*

зоб <зóба> *м* Kropf *m*

зов <зóва> *м* Ruf *m;* **прийтú по пéрвому зóву** auf Anruf kommen

зодиáк <-а> *м* АСТР Zodiakus *m,* Tierkreis *m;* **знáки зодиáка** Tierkreiszeichen *ntpl;* **дрéвний арáбский ~** der altarabische Zodiak

зодиакáльн|ый <-ая, -ое> *прил* **~ знак** Zodiak *m,* Tierkreiszeichen *nt*

зóдчеств|о <-а> *ср* ИСК Baukunst *f,* Architektur *f;* **совремéнное ~** moderne Architektur *f*

зóдч|ий <-его> *м* Baumeister *m,* Architekt *m*

зол|á <-ы́> *ж* Asche *f*

золéни|е <-я> *ср* Äscherung *f;* **~ шкур** Äscherung *f* von Fellen

золúст|ый <-ая, -ое> *прил* aschenhaltig, aschenreich; **~ ýголь** aschenhaltige Kohle

золóвк|а <-и> *ж (сестрá мýжа)* Schwägerin *f*

золотúст|ый <-ая, -ое; -, -а, -о> *прил* goldfarben, goldglänzend; *(вóлосы)* goldblond

золо|тúть <-чý, -тúшь> *нсв,* **позолотúть** *св прх* vergolden

золотнúк <-á> *м* **1.** ТЕХ Motor *m;* **цилиндрúческий ~** Zylindermotor *m* **2.** *устар (мéра вéса)* Solotnik *m (Gewichtsmaß = 4,26 g);* **мал ~, да дóрог** *поговóрка* klein, aber fein

золотникóв|ый <-ая, -ое> *прил* ТЕХ Ventil-; **золотникóвое распределéние** Ventilverteilung *f*

зóлот|о <-а> *ср* **1.** *(минерáл)* Gold *nt;* **чёрное ~** *(нефть)* Erdöl *nt;* **не всё ~, что блестúт** *перен* es ist nicht alles Gold, was glänzt **2.** СПОРТ Goldmedaille *f*

золотодобывáющ|ий <-ая, -ее> *прил* goldfördernd

золотоискáте|ль <-ля> *м* Goldsucher *m,* Goldgräber *m*

золот|óй <-áя, -óе> *прил* Gold-, golden; *перен* goldig, herzig; **золоты́х дел мáстер** Goldschmied *m;* **золотáя óсень** goldene Herbstzeit *f;* **золотóе обеспечéние банкнóт** ЭКОН Golddeckung *f;* **~ заём** ЭКОН Goldanleihe *f;* **золоты́е рýки** *перен* goldene Hände *fpl;* **золотóе прáвило** *перен* Faustregel *f;* **золотáя серединá** *перен* goldener Mittelweg *m*

i Land & Leute

Die Wolga und ihre Nebenflüsse bilden im Nordwesten Russlands einen „Ring", an dem alte russische Städte mit erhalten gebliebenen Kremleinrichtungen und Kirchen aus weißem Stein mit goldenen Zwiebeltürmen liegen. **Der so genannte „Goldene Ring Russlands"** umfasst neben Moskau Jaroslawl, Kolomna und andere Orte. Viele größere Städte, die um Moskau herum – auf der „großrussischen Ebene" liegen, waren einst Hauptstädte autonomer Fürstentümer und spielten dann bei der Herausbildung des Moskauer

Reiches im 14. und 15. Jahrhundert als dessen Stützpunkte eine wichtige Rolle. Eine touristische Schiffsrundfahrt mit Besichtigung dieser Städte bietet einen unvergesslichen Einblick in die russische Geschichte und Kultur.

золотоно́сн|ый <-ая, -ое> *прил* Gold-, goldhaltig; **~ песо́к** goldhaltiger Sand *m,* Goldsand *m;* **золотоно́сная жи́ла** Goldader *f*

золотопромы́шленн|ый <-ая, -ое> *прил* Goldindustrie-; **~ райо́н** Goldproduktionsgebiet *nt*

золоту́х|а <-и> *ж* МЕД Skrofel *f,* Skrofulose *f*

золочён|ый <-ая, -ое> *прил* vergoldet; **золочёные ло́жки** vergoldete Löffel *mpl;* **золочёные купола́ церкве́й** vergoldete Kirchenkuppeln *fpl*

Зо́лушк|а <-и> *ж* Aschenputtel *nt,* Aschenbrödel *nt*

зо́льник <-а> *м* ТЕХ Aschenbehälter *m*

зо́льн|ый <-ая, -ое> *прил* Aschen-; **зо́льная ку́ча** Aschenhaufen *m;* **зо́льные удобре́ния** Aschedünger *m*

зо́н|а <-ы> *ж* **1.** *(райо́н, ме́сто)* Zone *f,* Bereich *m;* **~ бе́дствия** Katastrophengebiet *nt;* **~ конфли́кта** Krisengebiet *nt;* **~ обслу́живания** Einzugsgebiet *nt;* **~ при́былей** ЭКОН Gewinnzone *f;* **~ свобо́дная от тамо́женного обложе́ния** Zollfreizone *f;* **~ свобо́дной торго́вли** Freihandelszone *f;* **~ фра́нко** Zollfreizone *f;* **~ влия́ния** Einflussgebiet *nt,* Einflussbereich *m;* **~ о́тдыха** Erholungsgebiet *nt* **2.** *разг (тюрьма́)* Vollzugsanstalt *f* **3.** *разг (исправи́тельный ла́герь)* Straflager *nt*

зона́льн|ый <-ая, -ое> *прил* zonal, Zonen-; **зона́льные грани́цы** Zonengrenzen *fpl;* **зона́льные осо́бенности** Zonenbesonderheiten *fpl;* **зона́льные соревнова́ния** Zonenwettkämpfe *mpl*

зонд <зо́нда> *м* ТЕХ Sonde *f*

зонди́ровани|е <-я> *ср* Sondieren *nt;* **~ ры́нка** ЭКОН Markterkundung *f*

зонди́р|овать <-ую, -уешь> *нсв прх* **1.** *(иссле́довать прибо́ром)* untersuchen; **~ ра́ну** eine Wunde untersuchen **2.** *перен (разузна́ть)* sondieren; **~ по́чву** das Terrain sondieren

зо́нн|ый <-ая, -ое> *прил* ТЕХ zonal, zonar; **зо́нная пла́вка** Zonenschmelzen *nt;* **зо́нная тео́рия** Zonartheorie *f*

зонт <зонта́> *м* Regenschirm *m;* **раскрыва́ть ~** den Schirm aufspannen

зо́нтик <-а> *м* Schirm *m;* *(от дождя́)* Regenschirm *m;* *(от со́лнца)* Sonnenschirm *m;* **складно́й ~** Taschenschirm *m*

зооветерина́рн|ый <-ая, -ое> *прил* tierärztlich, veterinär; **~ институ́т** Veterinärinstitut *nt;* **зооветерина́рные тре́бования** tierärztliche Forderungen *fpl*

зоогеогра́фи|я <-и> *ж* Zoogeographie *f*

зоо́лог <-а> *м* Zoologe *m,* Zoologin *f*

зоологи́ческ|ий <-ая, -ое> *прил* zoologisch, Tier-; **~ музе́й** Tiermuseum *nt*

зооло́ги|я <-и> *ж* Zoologie *f*

зоомагази́н <-а> *м* Tiergeschäft *nt*

зоопа́рк <-а> *м* zoologischer Garten *m,* Zoo *m*

зооте́хник <-а> *м* Zootechniker *m*

зо́р|кий <-кая, -кое; -ок, -ка́, -ко> *прил* **1.** *(с о́стрым зре́нием)* scharfsichtig; **~ глаз** scharfes Auge *nt* **2.** *перен (проница́тельный)* scharfsinnig; **~ путеше́ственник** aufmerksamer Reisende *m*

зо́рко *нрч* wachsam; **~ следи́ть за мо́дой** die Mode aufmerksam verfolgen

зра́з|а <-ы> *ж* КУЛ Kloß *m* mit Füllung; **зра́зы с ри́сом** Fleischklöße mit Reisfüllung; **зра́зы из свини́ны** Schweinefleischbuletten *fpl* mit Füllung

зрачко́в|ый <-ая, -ое> *прил* АНАТ Pupillen-; **~ нерв** Pupillennerv *m;* **~ рефле́кс** Pupillenreflex *m*

зрач|о́к <-ка́> *м* АНАТ Pupille *f*

зре́лищ|е <-а> *ср* **1.** *(предме́т обозре́ния)* Anblick *m;* **~ пожа́ра** Brandanblick *m* **2.** *(представле́ние)* Show *f,* Schauspiel *nt,* Vorstellung *f;* **ма́ссовое ~** Massenschauspiel *nt*

зре́лос|ть <-ти> *ж* Reife *f;* **полова́я ~** Geschlechtsreife *f;* **дости́гший полово́й зре́лости** geschlechtsreif

зре́л|ый <-ая, -ое; -, -а́, -о> *прил* **1.** *и перен* reif; **в зре́лом во́зрасте** in reifen Jahren **2.** *(обду́манный)* reif, reiflich

зре́ни|е <-я> *ср* Sehvermögen *nt;* **то́чка зре́ния** *перен* Gesichtspunkt *m,* Standpunkt *m*

зреть[1] <зре́ю, зре́ешь> *нсв,* **созре́ть** *св нпрх* reifen, reif werden

зреть[2] <зрю, зришь> *нсв,* **узре́ть** *св нпрх (уви́деть)* erblicken, sehen; **узре́ть оби́ду в слова́х** in den Worten eine Beleidigung sehen; **узре́ть намёк** eine Andeutung erblicken

зри́те|ль <-ля> *м,* **зри́тельниц|а** <-ы> *ж* Zuschauer(in) *m(f)*

зри́тельн|ый <-ая, -ое> *прил* **1.** МЕД Seh-; **зри́тельное утомле́ние** Sehmüdigkeit *f;* **~ нерв** Sehnerv *m;* **облада́ть зри́тельной па́мятью** visuelles Gedächtnis haben **2.** *(для зри́телей)* Zuschauer-; **~ зал** Zuschauerraum *m* **3.** *(опти́ческий прибо́р)* optisches Gerät *nt;* **зри́тельная труба́** Fernrohr *nt*

зри́тельск|ий <-ая, -ое> *прил* Zuschauer-, Publikums-; **~ интере́с** Zuschauerinteresse *nt;* **для зри́тельских о́тзывов** für Publikumsmeinungen

зря *нрч* umsonst, unnütz

З

зря́ч|ий <-ая, -ее> *прил* sehend

зуб <зу́ба> *м* АНАТ Zahn *m;* **глазно́й ~** Eckzahn *m;* **~ му́дрости** Weisheitszahn *m;* **име́ть ~ на** [*или* **про́тив**] *перен* jdm grollen; **держа́ть язы́к за зуба́ми** *перен* den Mund halten; **вооружённый до зубо́в** *перен* bis an die Zähne bewaffnet sein

зуба́ст|ый <-ая, -ое; -, -а, -о> *прил* bissig; **зуба́стая щу́ка** bissiger Hecht *m*

зуба́тк|а <-и> *ж* ЗООЛ Katfisch *m,* Seewolf *m*

зуб|е́ц <-ца́> *м* ТЕХ Zahn *m,* Zacke *f*

зуби́л|о <-а> *ср* Meißel *m*

зубн|о́й <-а́я, -о́е> *прил* Zahn-; **~ врач** Zahnarzt *m;* **зубна́я щётка** Zahnbürste *f;* **зубна́я эма́ль** Zahnschmelz *m*

зубоврачёбн|ый <-ая, -ое> *прил* zahnärztlich; **~ кабине́т** Zahnarztpraxis *f;* **зубоврачёбное кре́сло** Behandlungsstuhl *m*

зуб|о́к <-ка́> *м* **1.** *(зуб)* Zähnchen *nt* **2.** ТЕХ *(резе́ц инструме́нта)* Schneidezahn *m,* Schneide *f* **3.** *перен* **попа́сть на ~** *(стать предме́том насме́шек)* das Opfer von jds Gespött werden

зубопроте́зн|ый <-ая, -ое> *прил* Zahnersatz-; **зубопроте́зная те́хника** Zahntechnik *f*

зуборе́зн|ый <-ая, -ое> *прил* Zahnradschneide-; **~ стано́к** Zahnradfräsmaschine *f*

зубоска́л|ить <-ю, -ишь> *нсв нпрх* spotten, spötteln

зубочи́стк|а <-и> *ж* Zahnstocher *m*

зубр <зу́бра> *м* ЗООЛ Wisent *m,* Wisentbulle *m*

зубрёжк|а <-и> *ж разг* Pauken *nt,* Büffelei *f*

зубри́л|а <-ы> *м и ж* Büffler(in) *m(f)*

зубр|и́ть <-ю́, -и́шь> *нсв,* **вы́зубрить** *св прх разг* büffeln, pauken; *см.т.* **вызу́бривать**

зубча́тк|а <-и> *ж* ТЕХ Zahnrad *nt*

зубча́т|ый <-ая, -ое> *прил* Zahn-, gezahnt; **зубча́тое колесо́** ТЕХ Zahnrad *nt*

зу́бчик <-а> *м* **1.** *(зубе́ц)* Zähnchen *nt,* kleine Zacke *f* **2.** *разг (у чеснока́)* Knoblauchzehe *f;* **измельчи́ть не́сколько зу́бчиков чеснока́** einige Knoblauchzehen zerkleinern

зуд <зу́да> *м* **1.** МЕД Juckreiz *m* **2.** *перен (вну́тренняя потре́бность)* Jucken *nt,* Drängen *nt*

зу|де́ть <-жу́, -ди́шь> *нсв нпрх* jucken, prickeln

зуёк <зуйка́> *м* ЗООЛ Regenpfeifer *m*

зулу́с <-а> *м,* **зулу́ск|а** <-и> *ж* Sulu *m*

зу́ммер <-а> *м* ЭЛ Summer *m*

ЗУПВ *сокр от* **запомина́ющее устро́йство с произво́льной вы́боркой** Random Access Memory *nt,* RAM *nt*

зурн|а́ <-ы́> *ж* МУЗ Musikantenpfeife *f*

зурни́ст <-а> *м* МУЗ Musikantenpfeifer *m*

зы́бк|а <-и> *ж разг* Schaukelwiege *f;* **done** **кача́ть в зы́бке** sich in der Wiege schaukeln

зы́б|кий <-кая, -кое; -ок, -ка́, -ко> *прил* **1.** *(неусто́йчивый)* schwankend, wack(e)lig; **зы́бкая ло́дка** schwankendes Boot *nt* **2.** *перен (изме́нчивый)* unsicher, unklar; **зы́бкое положе́ние** unsichere Lage *f;* **зы́бкие очерта́ния** verschwommene Umrisse *mpl* **3.** *(дви́жущийся)* nachgiebig; **~ грунт** nachgiebiger Boden

зыбу́ч|ий <-ая, -ее> *прил* beweglich, treibend; **зыбу́чие пески́** Treibsand *m;* **зыбу́чее боло́то** treibendes Moor *nt*

зыбь <зы́би> *ж* Kräuseln *nt,* Seegang *m,* Dünung *f;* **мёртвая ~** Dünung; **~ на о́зере** gekräuselter See

зы́ка|ть <-ю, -ешь> *нсв,* **зы́кнуть** *св нпрх* **1.** *(кри́кнуть)* schreien; **~ на дете́й** die Kinder anschreien **2.** *(просвисте́ть)* vorbeipfeifen; **зы́кнула пу́ля** die Kugel pfiff vorbei

зы́ч|ный <-ная, -ное; -ен, -на, -но> *прил* schallend; **~ го́лос** kräftige Stimme *f;* **~ хо́хот** schallendes Gelächter *nt*

зэк <зэ́ка> *м разг (заключённый)* Strafgefangener *m*

зюйд <-а> *м* **1.** МОР *(направле́ние)* Süd *m,* Süden *m;* **курс на ~** Kurs nach Süden **2.** МОР, МЕТЕОР *(ве́тер)* Süd *m,* Südwind *m*

зюйдве́стк|а <-и> *ж разг* Südwesten *m*

зя́б|кий <-кая, -кое; -ок, -ка́, -ко> *прил* empfindlich gegen Kälte

зя́блик <-а> *м* Buchfink *m*

зя́бн|уть <-у, -ешь> *нсв нпрх* frieren, frösteln

зябь <зя́би> *ж* Herbstacker *m;* **подня́ть ~** die Herbstfurche ziehen; **взмёт зя́би** Herbststurz *m,* Herbstfurche *f*

зять <зя́тя> *м* **1.** *(муж до́чери)* Schwiegersohn *m* **2.** *(муж сестры́)* Schwager *m*

И и

И, и <неизм> *ср Buchstabe И*
и *сз* und; *(также, даже)* auch, sogar; **~ так далее** und so weiter, et cetera; **~ ... ~** sowohl ... als auch; **~ без того** ohnehin
ибери|ец <-йца> *м* Iberer *m*
иберийск|ий <-ая, -ое> *прил* iberisch; **иберийские горы** Iberisches Randgebirge *nt*
ибис <-а> *м* зоол Ibis *m;* **австралийский ~** australischer Ibis
ибо *сз книжн (потому что)* denn, weil
ив|а <-ы> *ж* Weide *f*
иван-да-марь|я <-и> *ж* бот Veilchen *nt*
ивановск|ий <-ая, -ое> *прил разг* **кричать во всю ивановскую** aus vollem Halse schreien

i Land & Leute

Eine typische positive Gestalt in den russischen Volksmärchen ist **Iwan der Dumme.** Im Gegensatz zu seinen tüchtigen und schlauen älteren Brüdern, die den väterlichen Besitz unter sich aufteilen dürfen, geht er zuerst immer leer aus. Auf seinen Wanderungen, die ihm dabei übrig bleiben, und bei seinen selbstlosen Unternehmungen bekommt er aber in entscheidenden Situationen immer Hilfe aus der Zauberwelt – und kann zum Schluss sogar die Zarentochter heiraten und „ein halbes Zarenreich" als Mitgift bekommen.

ивняк <-а> *м только ед* **1.** *(кустарник)* Weidengebüsch *nt* **2.** *(прутья)* Weidenrute *f;* **корзина из ивняка** Korb *nt* aus Weidenruten
ивов|ый <-ая, -ое> *прил* Weiden-; **~ плетень** Weidenflechtzaun *m*
иволг|а <-и> *ж* зоол Pirol *m,* Goldamsel *f*
иврит <-а> *м* hebräische Sprache *f*
ИВЦ *сокр от* **информационно-вычислительный центр** Rechenzentrum *nt*
игл|а <-ы> *ж* Nadel *f*
иглист|ый <-ая, -ое; -, -а, -о> *прил* **1.** *(колючий)* dornig, stachelig; **~ кактус** Stachelkaktus *m* **2.** *(иглообразный)* nadelförmig; **~ лёд** nadelförmiges Eis *nt*
иглиц|а <-ы> *ж* бот Schlüsselblume *f*
игловид|ный <-ная, -ное; -ен, -на, -но> *прил* nadelförmig; **~ камыш** nadelförmiges Schilf *nt*
иглообраз|ный <-ная, -ное; -ен, -на, -но> *прил* nadelförmig
иглотерапи|я <-и> *ж* Akupunktur *f*
иглоукалывани|е <-я> *ср* Nadelstich *m*
иглу <неизм> *ср* Iglu *nt o m*
игнорировани|е <-я> *ср* Ignorieren *nt,* Missachtung *f*
игнорир|овать <-ую, -уешь> *(н)св прх* ignorieren, missachten
иг|о <-а> *ср* Joch *nt;* **сбросить ~, освободиться от ига** истор sich vom Joch befreien
иголк|а <-и> *ж* **1.** *(для шитья)* Nadel *f,* Nähnadel *f;* **искать иголку в стоге сена** eine Stecknadel im Heuhaufen suchen **2.** *(у животных)* Stachel *m*
иголочк|а <-и> *ж* kleine Nadel *f;* **одета с иголочки** nach letzter Mode gekleidet
игольник <-а> *м* **1.** *(коробочка для игл)* Nadelkissen *nt* **2.** *(опавшая хвоя)* Haufen *m* Kiefernnadeln
игольн|ый <-ая, -ое> *прил* Nadel-; **игольное ушко** Nadelöhr *nt*
игольчат|ый <-ая, -ое> *прил* Nadel-, nadelförmig; **~ подшипник** тех Nadellager *nt;* **игольчатая железная руда** руд nadeliges Erz *nt*
игорн|ый <-ая, -ое> *прил* Spiel-; **~ дом** Spielhaus *nt*
игр|а <-ы> *ж* Spiel *nt;* **настольная ~** Brettspiel *nt;* **~ на своём поле** спорт Heimspiel *nt;* **двойная ~** *перен* Doppelspiel *nt;* **~ воображения** *перен* Gedankenspiel *nt,* Einbildung *f;* **~ стоит свеч** *перен* der Einsatz lohnt sich
игральн|ый <-ая, -ое> *прил* Spiel-; **игральные карты** Spielkarten *fpl*
игра|ть <-ю, -ешь> *нсв нпрх* **1.** *и перен* spielen; **~ на пианино** Klavier spielen; **~ на нервах** *перен* jds Nerven strapazieren **2.** *(вино)* perlen, moussieren
играючи *нрч* spielend; **~ справиться с чем-л.** etw spielend erledigen
играющ|ий <-ая, -ее> *м* Spieler *m;* **один из играющих** einer von den Spielern
игрек <-а> *м* мат, лингв Ypsilon *nt*
игрив|ый <-ая, -ое; -, -а, -о> *прил* **1.** *(резвый)* lebhaft; **~ щенок** verspieltes Hündchen *nt* **2.** *(весёлый, кокетливый)* fröhlich, spielerisch; **быть в игривом настроении** gute Laune haben; **игривое поведение** spielerisches Verhalten *nt*
игрист|ый <-ая, -ое; -, -а, -о> *прил* Schaum-; **игристое вино** Schaumwein *m*
игров|ой <-ая, -ое> *прил* Spiel-; **игровое кино** Spielfilmkunst *f;* **~ притон** Spielhaus *nt*
игрок <-а> *м* Spieler *m;* **запасной ~** Ersatzspieler *m;* **~ на повышение** экон Bull *m*
игротек|а <-и> *ж* Spielothek *f*

игру́н <-а́> *м*, **игру́нь|я** <-и> *ж* ausgelassener Mensch *m;* **малы́ш-~** verspieltes Kind *nt*

игру́шечн|ый <-ая, -ое> *прил* Spielzeug-; **игру́шечное произво́дство** Spielzeugherstellung *f;* **~ пистоле́т** Spielzeugpistole *f*

игру́шк|а <-и> *ж* Spielzeug *nt*, Spielsachen *pl*

игуа́н|а <-ы> *ж* зоол Leguan *m*

игу́мен <-а> *м*, **игу́мень|я** <-и> *ж* Abt *m*, Äbtissin *f*

иде́ал <-а> *м* Ideal *nt*, Idealbild *nt*

идеализи́р|овать <-ую, -уешь> *(н)св прх* idealisieren; **~ про́шлое** die Vergangenheit idealisieren; **~ семе́йную жизнь** das Familienleben idealisieren

идеали́зм <-а> *м без мн* Idealismus *m*

идеали́ст <-а> *м*, **идеали́стк|а** <-и> *ж* Idealist(in) *m(f)*

идеалисти́ческ|ий <-ая, -ое> *прил* idealistisch; **идеалисти́ческие воззре́ния** idealistisches Weltbild *nt;* **идеалисти́ческая филосо́фия** idealistische (Welt)Anschauung *f*

идеа́|льный <-льная, -льное; -лен, -льна, -льно> *прил* **1.** *(возвы́шенный)* ideal, erhaben; **идеа́льная любо́вь** ideale Liebe *f;* **идеа́льные представле́ния** Idealvorstellung *f* **2.** *(образцо́вый)* ideal, vorbildlich, beispielhaft; **подде́рживать ~ поря́док** alles in perfekter Ordnung halten; **жить в идеа́льных усло́виях** unter idealen Bedingungen leben

иде́|йный <-йная, -йное; -ен, -йна, -йно> *прил* Ideen-; **иде́йное насле́дие** Gedankengut *nt;* **~ челове́к** Mensch *m* der Ideale; **~ проти́вник** ideologischer Gegner *m*

иденти́зм <-а> *м* Identität *f*

идентифика́тор <-а> *м* Identifikator *m*

идентифика́ци|я <-и> *ж* Identifizierung *f;* **~ ли́чности** юр Personenidentifizierung *f;* **~ по́льзователя** информ Benutzererkennung *f;* **по́ле идентифика́ции** информ Identifikationsfeld *nt*

идентифици́р|овать <-ую, -уешь> *(н)св прх книж* identifizieren; **~ престу́пника** den Verbrecher identifizieren; **~ кого́-л. по по́черку** jdn durch seine Handschrift identifizieren

иденти́чнос|ть <-ти> *ж* Identität *f*

иденти́ч|ный <-ная, -ное; -ен, -на, -но> *прил* identisch; **~ перево́д** identische Übersetzung *f;* **иденти́чные поня́тия** identische Begriffe *mpl*

идеографи́ческ|ий <-ая, -ое> *прил* лингв ideographisch; **идеографи́ческие словари́** ideographische Wörterbücher *mpl;* **идеографи́ческое письмо́** ideographische Schrift *f*

идео́лог <-а> *м* Ideologe *m*

идеологи́ческ|ий <-ая, -ое> *прил* ideologisch

идеоло́ги|я <-и> *ж* Ideologie *f*

иде́|я <-и> *ж* Idee *f*, Einfall *m;* **бредо́вая ~** Schnapsidee *f;* **европе́йская ~** europäischer Gedanke *m*

иди́лли|я <-и> *ж* Idylle *f;* **любо́вная ~** Schäferstündchen *nt*

идиовариа́ци|я <-и> *ж* мед Idiovariation *f*

идиоле́кт <-а> *м* лингв Idiolekt *m*

идиомати́ческ|ий <-ая, -ое> *прил* лингв idiomatisch; **~ оборо́т** Redewendung *f;* **идиомати́ческое выраже́ние** idiomatischer Ausdruck *m*

идиопла́зм|а <-ы> *ж* мед Idioplasma *nt*

идиосинкрази́|я <-и> *ж* мед Idiosynkrasie *f*

идио́т <-а> *м*, **идио́тк|а** <-и> *ж* Idiot *m;* **кру́глый ~** vollkommener [*o* totaler] Idiot

идиоти́зм <-а> *м* Blödsinnigkeit *f*

идиоти́п <-а> *м* мед Idiotyp *m*

идиоти́|я <-и> *ж* мед Idiotie *f*

идио́тск|ий <-ая, -ое> *прил* **1.** *(слабоу́мный)* Idioten- **2.** *(нелепый)* idiotisch; **попа́сть в идио́тскую ситуа́цию** in eine idiotische Situation geraten; **что за идио́тские вы́ходки!** was für ein idiotisches Verhalten!

и́диш <неизм> *м* Jiddisch *nt*

и́дол <-а> *м* **1.** *(бог)* Götze *m*, Götzenbild *nt* **2.** *(куми́р)* Idol *nt* **3.** *презрит, разг (истука́н)* Holzkopf *m*

идолопокло́нник <-а> *м* Götzendiener *m*, Götzenanbeter *m*

идолопокло́нств|о <-а> *ср* Götzendienst *m*, Abgötterei *f*

идти́ <иду́, идёшь> *нсв нпрх* **1.** *(пешко́м)* gehen, laufen; **~ навстре́чу** jdm entgegengehen; **~ на вы́боры** zur Wahl gehen; **~ на усту́пки** *перен* entgegenkommen **2.** *и перен (за кем-л./чем-л.)* hinterherlaufen, nachfolgen **3.** *перен ((к) кому́-л./чему́-л.)* passen zu; **шля́па ей идёт** der Hut steht ihr **4.** *перен (на что-л.)* eingehen auf +*akk*, sich einlassen auf +*akk;* **они́ иду́т на на́ши усло́вия** sie gehen auf unsere Bedingungen ein **5.** *перен (о ком-л./чём-л.)* handeln von +*dat;* **речь идёт о но́вом фи́льме** es geht um einen neuen Film **6.** *(о фи́льме, спекта́кле)* laufen; **что идёт в кино́?** was läuft im Kino? **7.** *(наступа́ть)* anbrechen, kommen; **весна́ идёт** der Frühling kommt; **нововведе́ния иду́т тру́дно** das Neue setzt sich nur schwer durch; **идёт дождь** es regnet; **идёт снег** es schneit

иезуи́т <-а> *м и перен* религ Jesuit *m*

иезуи́тск|ий <-ая, -ое> *прил* **1.** религ jesuitisch, Jesuiten-; **~ о́рден** Jesuitenorden *m;* **получи́ть иезуи́тское воспита́ние** eine jesuitische Erziehung bekommen **2.** *(кова́рный)* jesuitisch; **~ план** jesuitischer Plan *m*

ие́н|а <-ы> *ж* фин Yen *m*

иерархи́ческ|ий <-ая, -ое> *прил* hierarchisch; **иерархи́ческая ле́стница** Rangordnung *f;* **иерархи́ческая структу́ра предприя́тия** Unternehmenshierarchie *f;* **иерархи́ческое построе́ние ме́неджмента** Führungshierarchie *f*

иера́рхи|я <-и> *ж* Hierarchie *f;* **~ ме́неджмента** [*или* **управле́ния**] Führungshierarchie *f*

иере́|й <-я> *м* Priester *m,* Pfarrer *m*

иеро́глиф <-а> *м* Hieroglyphe *f*

иероглифи́ческ|ий <-ая, -ое> *прил* Hieroglyph(en)-; **~ знак** Hieroglyph *m;* **иероглифи́ческая на́дпись** Hieroglypheninschrift *f*

иеромона́х <-а> *м* Priestermönch *m*

иждиве́н|ец <-ца> *м,* **иждиве́нк|а** <-и> *ж* Pflegesohn *m,* Pflegetochter *f;* **содержа́ть иждиве́нца** Pflegekinder unterhalten

иждиве́ни|е <-я> *ср* **быть на иждиве́нии у кого́-л.** von jdm Lebensunterhalt beziehen

из *предл* aus *+dat,* von *+dat;* **~ грани́цы** aus dem Ausland; **~ э́того вытека́ет, что …** daraus geht hervor, dass …; **~ любви́** aus Liebe; **лу́чший ~ всех** der beste von allen; **~ после́дних сил** mit letzter Kraft

изб|а́ <-ы́> *ж* Holzhaus *nt,* Bauernhaus *nt*

i Land & Leute

Eingeschossige Holz- oder Blockhäuser mit einem Satteldach, geschnitzten Verzierungen an den Fenstern und am Dach, einer Veranda, sowie mit wirtschaftlichen Anbauten und einem Obst- und Gemüsegarten repräsentieren das Bild des russischen Dorfes. **In jeder russischen Bauernhütte** gibt es einen Backofen mit einem Feuerrohr: die Wirtinnen benutzen eine Ofengabel, um gusseiserne Töpfe im Ofen hin und her zu schieben. Zum Kühlen von Produkten wird der Raum unter dem Fußboden benutzt, es gibt nur ein Plumpsklosett draußen. Modernere Häuser und Verhältnisse setzen sich auf dem Lande nur langsam durch. Wasser wird dort bis heute oft aus einem Brunnen geschöpft oder an einem Hydranten gezapft und am Tragejoch ins Haus gebracht.

избави́те|ль <-ля> *м,* **избави́тельниц|а** <-ы> *ж* Erlöser(in) *m(f)*

изба́в|ить <-лю, -ишь> *св прх см.* **избавля́ть**

изба́в|иться <-люсь, -ишься> *св рефл см.* **избавля́ться**

избавле́ни|е <-я> *ср (освобожде́ние)* Befreiung *f,* Erlösung *f*

избавля́|ть <-ю, -ешь> *нсв,* **изба́вить** *св прх (кого́-л. от кого́-л./чего́-л.)* erretten, erlösen, befreien

избавля́|ться <-юсь, -ешься> *нсв,* **изба́виться** *св рефл (от кого́-л./чего́-л.)* loskommen von *+dat,* sich befreien; **~ от дурно́й привы́чки** eine schlechte Angewohnheit ablegen; **~ от предрассу́дков** sich von Vorurteilen freimachen; **не могу́ изба́вится от впечатле́ния, что …** ich kann mich des Eindrucks nicht erwehren, dass …

избал|ова́ть <-у́ю, -у́ешь> *св прх см.* **балова́ть**

избало́выва|ться <-юсь, -ешься> *нсв,* **избалова́ться** *св рефл* **1.** *(о де́тях)* verhätschelt werden **2.** *(разлени́ться)* verwöhnt werden

избега́|ть <-ю, -ешь> *нсв,* **избежа́ть** *св нпрх (кого́-л./чего́-л.)* meiden, vermeiden; **~ отве́тственности** sich der Verantwortung entziehen; **э́то мо́жно бы́ло избежа́ть** das ließe sich vermeiden

избежа́ни|е <-я> *ср* Vermeiden *nt;* **~ опа́сности** Vermeiden *nt* der Gefahr; **во ~ неприя́тностей** um Unannehmlichkeiten zu vermeiden

избе|жа́ть <-гу́, -жи́шь> *св нпрх см.* **избега́ть**

избива́|ть <-ю, -ешь> *нсв,* **изби́ть** *св прх* verprügeln, zusammenschlagen

избира́те|ль <-ля> *м,* **избира́тельниц|а** <-ы> *ж* Wähler(in) *m(f)*

избира́тельн|ый <-ая, -ое> *прил* Wahl-; **~ бюллете́нь** Stimmzettel *m;* **избира́тельное пра́во** Wahlrecht *nt*

избира́|ть <-ю, -ешь> *нсв,* **избра́ть** *св прх* wählen; **~ в президе́нты** zum Präsidenten wählen; **~ председа́телем собра́ния** zum Vorsitzenden der Versammlung wählen

избирко́м *сокр от* **избира́тельная коми́ссия** Wahlkommission *f;* **по да́нным избирко́ма** nach Angaben der Wahlkommission

изби́т|ый <-ая, -ое; -, -а, -о> *прил* **1.** *(поби́тый)* zusammengeschlagen, misshandelt **2.** *перен (выраже́ние)* abgegriffen, abgedroschen

изби́ть <изобью́, изобьёшь> *св прх см.* **избива́ть**

изборо|зди́ть <-жу́, -зди́шь> *св прх* **1.** АГР furchen **2.** *перен (оста́вить следы́)* zerfurchen, mit Runzeln bedecken; **лицо́ избороздили морщи́ны** das Gesicht ist mit Runzeln bedeckt **3.** *(пересе́чь)* durchstreifen, durchqueren; **~ мно́го море́й** viele Meere durchqueren

избра́ни|е <-я> *ср* Wahl *f;* **~ на но́вый срок** ПОЛ Wiederwahl *f*

избра́нник <-а> *м,* **избра́нниц|а** <-ы> *ж* **1.** *(депута́т)* Abgeordnete(r) *m(f),* Auser-

И

wählter *m*, Auserwählte *f*; **наро́дный ~** Volksvertreter(in) *m(f)* **2.** *книж (возлю́бленный)* Geliebter *m*, Geliebte *f*; **она предста́вила нам своего́ избра́нника** sie hat uns ihren Geliebten vorgestellt **3.** *(люби́мец, ба́ловень)* Liebling *m*; **~ судьбы́** Liebling *m* des Schicksals

и́збран|ный <-ная, -ное; -, -а, -о> *прил* gewählt; *перен (элита́рный)* auserlesen, erlesen, exquisit

изб|ра́ть <-еру́, -ерёшь> *св прх см.* **избира́ть**

избу́шк|а <-и> *ж* kleine Hütte *f*

избы́т|ок <-ка> *м* Überschuss *m*, Überfluss *m*; **у него́ ~ сил** er hat Kraft im Übermaß; **~ предложе́ния** ЭКОН Überangebot *nt*; **име́ться в избы́тке** im Überfluss vorhanden sein

избы́точнос|ть <-ти> *ж* Überschuss *m*, Überfluss *m*; **энергети́ческая ~** Energieüberschuss *m*; **~ сообще́ний** Überfluss *m* an Mitteilungen; **~ вла́ги в по́чве** Überfluss *m* der Bodenfeuchtigkeit

избы́точ|ный <-ная, -ное; -ен, -на, -но> *прил* überschüssig; **~ вес** Übergewicht *nt*; **избы́точная эне́ргия** überschüssige Energie *f*; **избы́точное давле́ние** Überdruck *m*; **избы́точное това́рное предложе́ние** Warenüberangebot *nt*; **~ спрос** Überschussnachfrage *f*; **избы́точные произво́дственные мо́щности** Überkapazität *f*

извая́|ть <-ю, -ешь> *св прх см.* **ваять**

и́зверг <-а> *м* Unmensch *m*, Scheusal *nt*

изверга́|ть <-ю, -ешь> *нсв*, **изве́ргнуть** *св прх* **1.** *(вы́бросить)* hinauswerfen; **~ ла́ву** Lava *f* auswerfen **2.** *перен (выкри́кивать)* rufen; **~ прокля́тия в а́дрес кого́-л.** jdn verfluchen, Gift und Galle speien; **~ угро́зы** Drohungen ausstoßen **3.** *книж (изгна́ть)* wegjagen, hinausjagen; **~ из о́бщества** jdn aus der Gesellschaft hinausjagen

изверже́ни|е <-я> *ср* Ausbruch *m*; **~ вулка́на** Vulkanausbruch *m*

изверн|у́ться <-у́сь, -ёшься> *св рефл см.* **излора́чиваться**

изве|сти́ <-ду́, -дёшь> *св прх см.* **изводи́ть**

изве́сти|е <-я> *ср* Nachricht *f*

изве|сти́сь <-ду́сь, -дёшься> *св рефл см.* **изводи́ться**

изве|сти́ть <-щу́, -сти́шь> *св прх см.* **извеща́ть**

извёстк|а <-и> *ж* Kalk *m*; **вы́мазать сте́ны извёсткой** die Wände kalken

известко́в|ый <-ая, -ое> *прил* kalkhaltig; **известко́вая вода́** kalkhaltiges Wasser *nt*; **известко́вые удобре́ния** kalkhaltiger Dünger *m*, kalkhaltiges Düngemittel *nt*

изве́стнос|ть <-ти> *ж* Bekanntheit *f*, Berühmtheit *f*, Ruhm *m*, Ruf *m*; **приобрета́ть ~** bekannt werden, sich einen Namen machen

изве́ст|ный <-ная, -ное; -ен, -на, -но> *прил* bekannt, berühmt; *(определённый)* bestimmt, festgesetzt; **в изве́стной сте́пени** in gewissem Maße; **за ночь она́ ста́ла изве́стной** sie wurde über Nacht berühmt

известня́к <-а́> *м* Kalkstein *m*

и́звес|ть <-ти> *ж* Kalk *m*

изве́ч|ный <-ная, -ное; -ен, -на, -но> *прил* alt, althergebracht; **изве́чные права́** althergebrachtes Recht *nt*

извеща́|ть <-ю, -ешь> *нсв*, **извести́ть** *св прх* benachrichtigen; ЭКОН avisieren

извеще́ни|е <-я> *ср* **1.** *(уведомле́ние)* Mitteilung *f*, Benachrichtigung *f* **2.** ЭКОН *(ави́зо)* Anzeige *f*, Avis *nt*; **~ о гото́вности к поста́вке** ЭКОН Andienung *f*

извива́|ться <-юсь, -ешься> *нсв рефл* **1.** *(доро́га, река́)* sich schlängeln **2.** *(боль)* sich krümmen

изви́лин|а <-ы> *ж* Krümmung *f*, Wegbiegung *f*; АНАТ Hirnwindung *f*; **у него́ всего́ две изви́лины** *разг* er hat eine lange Leitung

изви́лист|ый <-ая, -ое; -, -а, -о> *прил* gewunden; **изви́листая доро́га** kurvenreiche Straße *f*; **изви́листая ли́ния** Schlangenlinie *f*

извине́ни|е <-я> *ср* Entschuldigung *f*; **приноси́ть кому́-л. свои́ извине́ния** jdn um Entschuldigung bitten

извини́те|льный <-льная, -льное; -лен, -льна, -льно> *прил* **1.** *(прости́тельный)* verzeihlich; **~ посту́пок** verzeiliche Tat *f* **2.** *(содержа́щий извине́ние)* entschuldigend; **~ тон** entschuldigender Ton

извин|и́ть <-ю́, -и́шь> *св прх см.* **извиня́ть**

извин|и́ться <-ю́сь, -и́шься> *св рефл см.* **извиня́ться**

извиня́|ть <-ю, -ешь> *нсв*, **извини́ть** *св прх* entschuldigen, verzeihen; **извини́те!** Entschuldigung!

извиня́|ться <-юсь, -ешься> *нсв*, **извини́ться** *св рефл* sich entschuldigen, um Verzeihung bitten; **~ за опозда́ние** sich für die Verspätung entschuldigen; **~ свое́й боле́знью** sich mit seiner Krankheit entschuldigen

извиня́ющ|ий <-ая, -ее> *прил* entschuldigend; **извиня́ющая причи́на** triftige Ursache *f*; **~ докуме́нт** stichhaltiges Dokument *nt*

извлека́|ть <-ю, -ешь> *нсв*, **извле́чь** *св прх* (heraus)ziehen; **~ пользу** [*или* **вы́году**] profitieren von +*dat*; **~ при́быль** ЭКОН Gewinne *mpl* erwirtschaften; **~ для себя́ вы́году** einen Vorteil *m* für sich erzielen; **~ уро́к из чего́-л.** eine Lehre ziehen aus +*dat*

извлече́ни|е <-я> *ср* **1.** *(удале́ние)* (Heraus)Ziehung *f*; **~ пу́ли** Herausholen einer Kugel **2.** ШАХТ Gewinnung *f*; **~ ру́дной ма́ссы** Gewinnung *f* von Erzmassen **3.** МАТ **~ ко́рня** Wurzelziehen *nt*, Radizieren *nt*

4. *(вы́писка)* Auszug *m;* **~ из протоко́ла** Protokollauszug

извле́|чь <-ку́, -чёшь> *св прх см.* **извлека́ть**

извне́ *нрч* von außen; **не ждать по́мощи ~** keine Hilfe von außen erwarten

изв|оди́ть <-ожу́, -о́дишь> *нсв,* **извести́** *св прх* **1.** *разг (истра́тить)* ausgeben; **~ мно́го де́нег** viel Geld ausgeben **2.** *(истреби́ть)* vernichten; **~ всю ры́бу** alle Fische vernichten **3.** *(изму́чить)* quälen, plagen; **~ насме́шками** durch Spotten quälen; **~ упрёками** mit Vorwürfen plagen

изв|оди́ться <-ожу́сь, -о́дишся> *нсв,* **извести́сь** *св рефл* **1.** *(изму́читься)* sich (ab)quälen; **~ от тоски́** sich vor Kummer quälen **2.** *(исче́знуть)* verschwinden; **~ по́лностью** ganz verschwinden

изво́з <-а> *м* Abfuhr *f*

изво́зчик <-а> *м* **1.** *(ку́чер)* Kutscher *m* **2.** *(экипа́ж)* Kutsche *f;* **е́хать на изво́зчике** mit der Kutsche fahren; **взять изво́зчика** die Kutsche nehmen; **брани́ться ху́же изво́зчика** wie ein Kutscher fluchen

извора́чива|ться <-юсь, -ешься> *нсв,* **изверну́ться** *св рефл* sich herauswinden

изворо́тливос|ть <-ти> *ж* Gewandtheit *f;* **~ ума́** Schlagfertigkeit *f;* **проявля́ть ~** Findigkeit *f* zeigen

изворо́тлив|ый <-ая, -ое; -, -а, -о> *прил* wendig, gewandt, aalglatt

извраща́|ть <-ю, -ешь> *нсв,* **изврати́ть** *св прх* **1.** *(иска́зить, передёрнуть)* verdrehen, entstellen **2.** *(испо́ртить)* pervertieren

извраще́ни|е <-я> *ср* **1.** *(искаже́ние)* Verdrehung *f,* Entstellung *f* **2.** *(развраще́ние, растле́ние)* Perversion *f*

извращён|ный <-ная, -ное; -, -а́, -о́> *прил* **1.** *(передёрнутый)* entstellt, verdreht **2.** *(испо́рченный)* pervers

изга́жива|ть <-ю, -ешь> *нсв,* **изга́дить** *св прх* **1.** *(испа́чкать)* beschmutzen, bekleckern; **~ всё помеще́ние** den ganzen Raum beschmutzen **2.** *перен (испо́ртить)* verderben; **~ на́чатое де́ло** jds Arbeit verderben

изги́б <-а> *м* Biegung *f,* Krümmung *f,* Knick *m*

изгиба́|ть <-ю, -ешь> *нсв,* **изогну́ть** *св прх* verbiegen; **~ трубу́** das Rohr biegen; **~ ше́ю** den Nacken beugen

изгла́|дить <-жу, -дишь> *св прх см.* **изгла́живать**

изгла́|диться <-жусь, -дишься> *св рефл см.* **изгла́живаться**

изгла́жива|ть <-ю, -ешь> *нсв,* **изгла́дить** *св прх* begleichen, verwischen; **~ неприя́тное впечатле́ние** den unangenehmen Eindruck verwischen; **~ из па́мяти собы́тия** Ereignisse *ntpl* aus dem Gedächtnis tilgen

изгла́жива|ться <-юсь, -ешься> *нсв,* **изгла́диться** *св рефл* verschwinden; **шрам изгла́дился** die Narbe verschwand; **противоре́чия изгла́дились** die Missverständnisse beseitigen

изгна́ни|е <-я> *ср* **1.** *(наси́льственное выселе́ние)* Vertreibung *f* **2.** *(ссы́лка)* Verbannung *f,* Exil *nt*

изгна́нник <-а> *м,* **изгна́нниц|а** <-ы> *ж* Verbannte(r) *f(m)*

и́згнан|ный I. <-ная, -ное; -, -а, -о> *прил* vertrieben **II.** <-ого> *м* Vertriebener *m*

изго́|й <-я> *м* **~ о́бщества** von der Gesellschaft verstoßener Mensch *m*

изголо́вь|е <-я> *ср* Kopfkissen *nt;* **класть в ~** auf das Kopfkissen legen; **стоя́ть у изголо́вья** an jds Sterbebett stehen

изголода́|ться <-юсь, -ешься> *св рефл* ausgehungert sein; *перен (по чему́-л.)* hungern, sich sehnen nach *+dat*

и́згоро|дь <-ди> *ж* Zaun *m;* **желе́зная ~** Eisengitter *nt;* **обнести́ живо́й и́згородью** mit einer Hecke einzäunen

изготови́те|ль <-ля> *м* Hersteller *m,* Produzent *m*

изгото́в|ить <-лю, -ишь> *св прх см.* **изготовля́ть**

изгото́в|иться <-люсь, -ишься> *св рефл см.* **изготовля́ться**

изгото́вк|а <-и> *ж* ВОЕН, СПОРТ Vorbereitung *f*

изготовле́ни|е <-я> *ср* Erzeugung *f,* Herstellung *f,* Fertigung *f,* Produktion *f;* **~ в запа́с** Vorratsanlegung *f;* **~ на склад** Lagerfertigung *f;* **~ по зака́зу** Auftragsfertigung *f*

изготовля́|ть <-ю, -ешь> *нсв,* **изгото́вить** *св прх* herstellen, produzieren, fertigen

изготовля́|ться <-юсь, -ешься> *нсв,* **изгото́виться** *св рефл* sich vorbereiten

изда|ва́ть <-ю́, -ёшь> *нсв,* **изда́ть** *св прх* **1.** *(кни́гу и т.п.)* herausgeben **2.** *(зако́н и т.п.)* erlassen, herausgeben

и́здавна *нрч* vor langer Zeit

издалека́ *нрч* von weitem; **нача́ть разгово́р ~** *перен* weit ausholen

и́здали *нрч* von weit her, aus der Ferne, von weitem; **наблюда́ть ~ за происходя́щим** die Geschehnisse aus der Ferne beobachten

изда́ни|е <-я> *ср* **1.** *(де́йствие)* Herausgabe *f* **2.** *(произведе́ние печа́ти)* Ausgabe *f;* **карма́нное ~** *(кни́га)* Taschenbuchausgabe *f;* **по́лное ~** Gesamtausgabe *f* **3.** *(тира́ж)* Auflage *f,* Edition *f;* **испра́вленное и допо́лненное ~** verbesserte und erweiterte Auflage *f;* **год изда́ния** Erscheinungsjahr *nt*

изда́те|ль <-ля> *м* Verleger *m,* Herausgeber *m*

изда́тельск|ий <-ая, -ое> *прил* Verlags-; **изда́тельское де́ло** Verlagswesen *nt*

изда́тельств|о <-а> *ср* Verlag *m*

изда́|ть <-м, -шь> *св прх см.* **издава́ть**

издева́тельств|о <-а> *ср* Verhöhnung *f,* Verspottung *f,* Hohn *m*

издева́|ться <-юсь, -ешься> *нсв рефл (над кем-л./чем-л.)* jdn/etw verspotten, seinen Spott treiben mit *+dat*

издёвк|а <-и> *ж* Verhöhnung *m,* Verspottung *f;* **в издёвку** zum Hohn, zum Spott

изде́ли|е <-я> *ср* **1.** *(проду́кт)* Erzeugnis *nt,* Produkt *nt* **2.** *(това́р)* Ware *f*

издёрган|ный <-ная, -ное; -, -а, -о> *прил* geplagt, gequält; **~ челове́к** geplagter Mensch *m*

издёргива|ть <-ю, -ешь> *нсв,* **издёргать** *св прх перен, разг (изму́чить)* plagen, quälen; **~ приди́рками** jdn mit Anforderungen quälen; **~ до преде́ла** bis aufs Letzte quälen

изде́ржива|ться <-юсь, -ешься> *нсв,* **издержа́ться** *св рефл разг* das ganze Geld ausgeben; **он совсе́м издержа́лся** er hat alles bis zum letzten Groschen ausgegeben

изде́ржк|и <-ек> *мн* Ausgaben *f,* Kosten *pl,* Unkosten *pl,* Spesen *pl;* **~ по креди́ту** Kreditkosten *pl;* **~ на материа́льно-техни́ческое обеспече́ние** Materialkosten *pl;* **~ по содержа́нию в испра́вности** Erhaltungsaufwand *m,* Unterhaltungskosten *pl;* **~ по монтажу́** Montagekosten *pl;* **~ на приобрете́ние** Anschaffungskosten *pl;* **~ на сырьё и материа́лы** Materialkosten *pl;* **~ на риск** Wagniskosten *pl;* **~ произво́дства** Produktionskosten *pl,* Fertigungskosten *pl;* **~ в расчёте на едини́цу проду́кции** Stückkosten *pl;* **~ по забрако́ванному това́ру** Ausschusskosten *pl;* **~ по сбы́ту** Absatzkosten *pl;* **~ по перево́зке (гру́зов)** Frachtkosten *pl;* **~ на угоще́ние госте́й** Bewirtungskosten *pl;* **суде́бные ~** ЮР Prozesskosten *pl*

издира́|ть <-ю, -ешь> *нсв,* **изодра́ть** *св прх* **1.** *(изорва́ть)* zerreißen, zerfetzen **2.** *(изра́нить)* zerkratzen; **~ ру́ки в за́рослях** sich die Hände an den Dornenhecken zerkratzen

издо́хн|уть <-у, -ешь> *св нпрх см.* **издыха́ть**

издыха́ни|е <-я> *ср* der letzte Atemzug; **наде́яться до после́днего издыха́ния** bis zum letzten Atemzug hoffen; **быть при после́днем издыха́нии** in den letzten Zügen liegen

издыха́|ть <-ю, -ешь> *нсв,* **издо́хнуть** *св нпрх* **1.** *(живо́тное)* sterben, verenden **2.** *вульг (околе́ть)* krepieren

изжа́р|иться <-юсь, -ишься> *св рефл* **1.** *(дойти́ до гото́вности)* fertig gebraten werden; **поросёнок изжа́рился** das Ferkel wurde fertig gebraten **2.** *разг (перегре́ться)* **~ на со́лнце** zu lange in der Sonne stehen

изжёван|ный <-ная, -ное; -, -а, -о> *прил* **1.** *(измя́тый)* zerknautscht; **в изжёванной футбо́лке** in zerknautschtem T-Shirt **2.** *(бана́льная)* banal; **изжёванная те́ма** banales Thema *nt*

изжива́|ть <-ю, -ешь> *нсв,* **изжи́ть** *св прх (недоста́тки и т.п.)* überwinden, ausmerzen, aus der Welt schaffen; **~ себя́** sich ausleben als

изжо́г|а <-и> *ж* Sodbrennen *nt*

из-за *предл* wegen *+gen;* **~ тебя́** deinetwegen; **встать ~ стола́** vom Tisch aufstehen

изла́влива|ть <-ю, -ешь> *нсв,* **излови́ть** *св прх разг* **1.** *(пойма́ть)* ertappen, erwischen; **излови́ть вори́шку** den kleinen Dieb erwischen **2.** *(уличи́ть)* überführen

излага́|ть <-ю, -ешь> *нсв,* **изложи́ть** *св прх* darlegen, berichten; **~ свою́ про́сьбу** seine Bitte vorbringen; **~ в пи́сьменной фо́рме** schriftlich niederlegen, schriftlich festhalten

изла́мыва|ть <-ю, -ешь> *нсв,* **излома́ть** *св прх* **1.** *(слома́ть)* zerbrechen, zerschlagen; **~ на куски́** zerstückeln **2.** *(испо́ртить)* zerstören, verderben; **~ жизнь** das Leben zerstören

изле́чива|ть <-ю, -ешь> *нсв,* **излечи́ть** *св прх* heilen, (aus)kurieren

излече́ни|е <-я> *ср* Heilung *f*

излечи́м|ый <-ая, -ое; -, -а, -о> *прил* heilbar

изл|ечи́ть <-ечу́, -е́чишь> *св прх см.* **изле́чивать**

излива́|ть <-ю, -ешь> *нсв,* **изли́ть** *св прх* **1.** *(проли́ть)* vergießen; **~ пото́ки слёз** Tränen in Strömen vergießen **2.** *перен (вы́сказать, вы́разить)* ausdrücken; **~ всю желчь** Gift und Galle spucken; **~ на кого́-л. оби́ду** seinen Zorn an jdm auslassen; **~ кому́-л. свою́ ду́шу** jdm seine Seele ausschütten

изли́ш|ек <-ка> *м* Überschuss *m,* Überfluss *m;* **изли́шки** ЭКОН Spitzen *pl* **~ сельхозпроду́кции** Agrarüberschüsse *mpl*

изли́шеств|о <-а> *ср* Überfluss *m,* Übermaß *nt*

изли́шн|ий <-яя, -ее; -а, -е> *прил* **1.** *(чрезме́рный)* übermäßig **2.** *(нену́жный)* überflüssig

излия́ни|е <-я> *ср* **1.** ГЕОЛ Effusion *f* **2.** МЕД Erguss *m* **3.** *мн, перен* heftige Gefühlsäußerung *f,* Ausströmung *f,* Ergießung *f;* **пусти́ться в излия́ния свои́х чувств** seinen Gefühlen freien Lauf lassen

изл|ови́ть <-овлю́, -о́вишь> *св прх см.* **изла́вливать**

изложе́ни|е <-я> *ср* **1.** *(де́йствие)* Darlegung *f,* Darstellung *f* **2.** *(кра́ткое содержа́ние)* Kurzfassung *f* **3.** *(в шко́ле)* schriftliche Nacherzählung *f*

изл|ожи́ть <-ожу́, -о́жишь> *св прх см.* **излага́ть**

изло́жниц|а <-ы> *ж* ТЕХ Gießform *f*

изло́м <-а> *м* **1.** *(ме́сто изло́ма)* Bruchstelle *f* **2.** *(надло́м)* Knick *m*

изло́ман|ный <-ная, -ное; -, -а, -о> *прил*

1. *(с изги́бами)* gebrochen, krumm; **изло́манные ли́нии** gebrochene Linien *fpl* 2. *(углова́тый)* eckig; **~ по́черк** eckige Handschrift *f* 3. *перен (исковéрканный)* entstellt

изломá|ть <-ю, -ешь> *св прх см.* **изла́мывать**

излучáте|ль <-ля> *м* ФИЗ Strahler *m;* **инфракрáсный ~** Infrarotstrahler *m;* **теплово́й ~** Wärmestrahler *m*

излучá|ть <-ю, -ешь> *нсв,* **излучи́ть** *св прх* (aus)strahlen, Strahlen aussenden; *перен (дыша́ть)* ausströmen; **~ споко́йствие** Ruhe *f* ausstrahlen

излучéни|е <-я> *ср* Strahlung *f;* **дéйствие излучéния** Strahlungswirkung *f;* **защи́та от излучéния** Strahlungsschutz *m;* **пиро́метр излучéния** Strahlungspyrometer *nt;* **пло́тность излучéния** Strahlungsdichte *f*

излу́чин|а <-ы> *ж* Kurve *f,* Bogen *m;* **на излу́чине реки́** an der Biegung des Flusses

излуч|и́ть <-у́, -и́шь> *св прх см.* **излучáть**

излю́блен|ный <-ная, -ное; -, -а, -о> *прил* bevorzugt, Lieblings-; **излю́бленное заня́тие** Lieblingsbeschäftigung *f*

измáзыва|ть <-ю, -ешь> *нсв,* **измáзать** *св прх* 1. *(испа́чкать)* schmutzig machen, verschmieren; **~ одéжду** die Kleidung bekleckern 2. *(израсхо́довать на ма́занье)* verbrauchen; **~ всю крáску** die Farbe verbrauchen

измáрыва|ть <-ю, -ешь> *нсв,* **измарáть** *св прх разг* 1. *(загрязни́ть)* schmutzig machen; **~ ту́шью пáльцы** die Finger mit Tusche beschmieren 2. *(исписа́ть)* vollschreiben; **~ бумáгу** das Papier vollschreiben

измáтыва|ть <-ю, -ешь> *нсв,* **измотáть** *св прх* zermürben, erschöpfen, aufreiben

измельчá|ть <-ю, -ешь> *нсв,* **измельчи́ть** *св прх* zerkleinern

измéн|а <-ы> *ж* 1. *(предáтельство)* Verrat *m;* **госудáрственная ~** Hochverrat *m* 2. *(невéрность)* Untreue *f;* **супру́жеская ~** Ehebruch *m*

изменéни|е <-я> *ср* (Ver)Änderung *f,* Wechsel *m,* Wandlung *f;* **~ цен** Preisänderung *f;* **~ структу́ры** Strukturwandel *m;* **~ правово́й фо́рмы предприя́тия** Umgründung *f;* **~ состáва акционéров** Gesellschafterwechsel *m;* **~ величины́ запáсов** Bestandsveränderung *f;* **~ оцéнки иму́щества** Fortschreibung *f*

изм|ени́ть <-еню́, -éнишь> *св прх см.* **изменя́ть**

измéнник <-а> *м,* **измéнниц|а** <-ы> *ж* Verräter(in) *m(f)*

измéнчивос|ть <-ти> *ж* 1. *(непостоя́нство)* Unbeständigkeit *f;* **~ температу́ры** Temperaturschwankungen *fpl* 2. БИОЛ Veränderlichkeit *f;* **сезо́нная ~** jahreszeitliche Veränderlichkeit *fpl;* **наслéдственная ~** erbliche Veränderlichkeit *f*

измéнчив|ый <-ая, -ое; -, -а, -о> *прил* veränderlich, unbeständig

изменя́|ть <-ю, -ешь> *нсв,* **измени́ть** *св прх* ändern, verändern; *(предáть)* verraten *и перен (быть невéрным)* untreu werden; **~ себé** seinen Prinzipien untreu werden

измерéни|е <-я> *ср* Messung *f,* Vermessung *f;* МАТ Dimension *f*

измери́м|ый <-ая, -ое; -, -а, -о> *прил* messbar

измери́те|ль <-ля> *м* 1. ТЕХ Messer *m,* Messgerät *nt;* **~ у́ровня мáсла** Ölstandanzeiger *m* 2. *(показáтель)* Index *m;* **~ кáчества рабо́ты** Index *m* der Arbeitsqualität

измери́тельн|ый <-ая, -ое> *прил* Mess-; **~ прибо́р** Messgerät *nt*

измеря́|ть <-ю, -ешь> *нсв,* **измéрить** *св прх* messen, vermessen

изминá|ть <-ю, -ешь> *нсв,* **измя́ть** *св прх* zerknittern, zerknüllen

измождён|ный <-ная, -ное; -, -á, -ó> *прил* erschöpft, ermüdet, müde; **имéть ~ вид** erschöpft aussehen; **измождённое лицо́** müdes Gesicht *nt*

измолáчива|ть <-ю, -ешь> *нсв,* **измолоти́ть** *св прх* 1. АГР dreschen 2. *перен, разг (изби́ть)* verhauen, verdreschen; **~ кулакáми** jdn verprügeln

измоло́т <-а> *м* АГР gedroschener Weizen *m*

измол|оти́ть <-очу́, -о́тишь> *св прх см.* **измолáчивать**

измо́р <-а> *м и перен* **взять измо́ром** jdn durch Belagerung erobern

и́зморо|зь <-зи> *ж* Reif *m,* Raureif *m*

и́зморо|сь <-си> *ж* feiner Regen *m,* Sprühregen *m;* **мéлкая ~** leises Rauschen

измотá|ть <-ю, -ешь> *св прх см.* **измáтывать**

измочáлива|ть <-ю, -ешь> *нсв,* **измочáлить** *св прх* 1. *(верёвку)* ausfransen 2. *разг (утоми́ть)* erschöpfen, Nerven aufreiben

изму́чен|ный <-ная, -ное; -, -а, -о> *прил* erschöpft, gequält; **~ тру́дным перехо́дом** erschöpft vom schwierigen Übergang *(in den Bergen)*

изму́чива|ть <-ю, -ешь> *нсв,* **изму́чить** *св прх* 1. *(истязáть)* foltern, quälen; **~ до́ смерти** totquälen 2. *перен (утоми́ть)* quälen, plagen; **~ кри́ком** mit Schreien quälen; **изму́чить расспро́сами** mit Fragen plagen

измывá|ться <-юсь, -ешься> *нсв рефл* verhöhnen, verspotten; **~ над плéнным** den Gefangenen verspotten

измышлéни|е <-я> *ср* Erdichtung *f,* Erfindung *f,* Hirngespinst *nt;* **клеветни́ческое ~** Verleumdung *f*

измя́т|ый <-ая, -ое; -, -а, -о> *прил* 1. *(неглáдкий)* zerknittert; **~ конвéрт** zerknitterter Briefumschlag *m;* **измя́тая постéль** ungemachtes Bett *nt* 2. *перен (утом-*

лённый) erschöpft, müde; **с измя́тым лицо́м** mit erschöpftem Gesicht

измя́ть <изомну́, изомнёшь> *св прх см.* **изминáть**

изна́нк|а <-и> *ж* linke Seite *f; перен (оборо́тная сторона́)* Kehrseite *f*

изнаси́ловани|е <-я> *ср* Vergewaltigung *f*

изнаси́л|овать <-ую, -уешь> *св прх см.* **наси́ловать**

изнача́льн|ый <-ая, -ое> *прил книж* ursprünglich; **прида́ть ~ вид** das ursprüngliche Aussehen wiederherstellen

изна́шивани|е <-я> *ср* Abnutzung *f,* Verschleiß *m*

изна́шива|ть <-ю, -ешь> *нсв,* **износи́ть** *св прх* abnutzen, verschleißen; *(оде́жду)* abtragen

изна́шива|ться <-юсь, -ешься> *нсв,* **износи́ться** *св рефл* sich abnutzen; **боти́нки износи́лись** die Schuhe sind abgenutzt; **ши́ны совсе́м износи́лись** die Autoreifen sind ganz abgenutzt

изне́жен|ный <-ная, -ное; -, -а, -о> *прил* verweichlicht, empfindlich; **изне́женное существо́** empfindliches Wesen *nt;* **изне́женные ру́ки** empfindliche Hände *fpl*

изне́жива|ть <-ю, -ешь> *нсв,* **изне́жить** *св прх* verwöhnen, verhätscheln

изнемога́|ть <-ю, -ешь> *нсв,* **изнемо́чь** *св нпрх (от чего́-л.)* verschmachten, vergehen vor *+dat;* **~ от жары́** in der Hitze schmoren; **~ от уста́лости** vor Müdigkeit umfallen

изнеможе́ни|е <-я> *ср* Erschöpfung *f,* Entkräftung *f*

изнеможён|ный <-ная, -ное; -, -á, -ó> *прил* völlig erschöpft

изнемо́|чь <-гу́, -жешь> *св нпрх см.* **изнемога́ть**

изне́рвнича|ться <-юсь, -ешься> *св рефл разг* nervös werden; **я весь изне́рвничался** ich bin ganz nervös

изно́с <-а> *м* Abnutzung *f,* Verschleiß *m;* **не зна́ющий изно́са** verschleißfest, unverwüstlich; **~ това́ров** Güterverzehr *m*

изн|оси́ть <-ошу́, -о́сишь> *св прх см.* **изна́шивать**

изн|оси́ться <-ошу́сь, -о́сишься> *св рефл см.* **изна́шиваться**

изно́шен|ный <-ная, -ное; -, -а, -о> *прил* abgenutzt, schäbig

изнуре́ни|е <-я> *ср* Erschöpfung *f,* Entkräftung *f*

изнури́те|льный <-льная, -льное; -лен, -льна, -льно> *прил* kräftezehrend; **~ труд** harte Arbeit *f;* **~ зной** schwere Hitze *f*

изнуря́|ть <-ю, -ешь> *нсв,* **изнури́ть** *св прх* erschöpfen, entkräften; **~ себя́ рабо́той** sich abarbeiten

изнутри́ *нрч* von innen; **закры́ться ~** sich von innen einschließen

изныва́|ть <-ю, -ешь> *нсв,* **изны́ть** *св нпрх* leiden; **~ от жа́жды** vor Durst sterben; **~ от тоски́** Kummer haben

изоантите́л|о <-а> *ср* мед Isoantikörper *m*

изоба́р|а <-ы> *ж* метеор, физ Isobare *f*

изоба́т|а <-ы> *ж* геог Isobathe *f*

изоби́ли|е <-я> *ср* Überfluss *m,* Fülle *f*

изоби́л|овать <-ует> *нсв безл, только 3 л* reich sein an; **ре́ки изоби́луют ры́бой** die Flüsse sind voller Fische [*o* fischreich]

изоблича́|ть <-ю, -ешь> *нсв,* **изобличи́ть** *св прх* entlarven; **акце́нт изоблича́л в нём иностра́нца** der Akzent verriet in ihm den Ausländer; **~ вино́вника** den Schuldigen überführen; **~ во лжи** eine Lüge entlarven

изобличи́те|ль <-ля> *м,* **изобличи́тельниц|а** <-ы> *ж* Entlarvende(r) *f(m)*

изоблич|и́ть <-у́, -и́шь> *св прх см.* **изоблича́ть**

изобража́|ть <-ю, -ешь> *нсв,* **изобрази́ть** *св прх* **1.** *(опи́сывать)* darstellen; *(слова́ми)* schildern **2.** *(на сце́не и т.п.)* darstellen, gestalten; **~ из себя́** *разг* sich einbilden **3.** *(выража́ть)* ausdrücken, widerspiegeln; **нагля́дно ~** veranschaulichen

изображе́ни|е <-я> *ср* **1.** *(де́йствие)* Darstellung *f,* Gestaltung *f* **2.** *(рису́нок, репроду́кция)* Abbildung *f,* Bild *nt*

изобрази́те|льный <-льная, -льное; -лен, -льна, -льно> *прил* gestalterisch, bildhaft; **изобрази́тельные сре́дства** bildhafte [*o* gestalterische] Mittel *ntpl;* **изобрази́тельные слова́** bildliche Wörter *nt;* **музе́й изобрази́тельных иску́сств** Museum *nt* der bildenden Künste

изобра|зи́ть <-жу́, -зи́шь> *св прх см.* **изобража́ть**

изобре|сти́ <-ту́, -тёшь> *св прх см.* **изобрета́ть**

изобрета́те|ль <-ля> *м,* **изобрета́тельниц|а** <-ы> *ж* Erfinder(in) *m(f)*

изобрета́тельнос|ть <-ти> *ж* Erfindungsgabe *f,* Einfallsreichtum *m*

изобрета́те|льный <-льная, -льное; -лен, -льна, -льно> *прил* erfinderisch, einfallsreich

изобрета́тельск|ий <-ая, -ое> *прил* erfinderisch; **изобрета́тельское пра́во** Erfinderrecht *nt;* **~ тала́нт** erfinderische Begabung *f*

изобрета́|ть <-ю, -ешь> *нсв,* **изобрести́** *св прх* erfinden

изобрете́ни|е <-я> *ср* Erfindung *f*

изогло́сс|а <-ы> *ж* лингв Isoglosse *f*

изо́гнут|ый <-ая, -ое; -, -а, -о> *прил* gebogen, gekrümmt

изогн|у́ть <-у́, -ёшь> *св прх см.* **изгиба́ть**

изогра́ф <-а> *м устар* Ikonenmaler *m;* **иску́сный ~** geschickter Ikonenmaler *m*

изодра́ть <издеру́, издерёшь> *св прх см.* **издира́ть**

изоли́ни|я <-и> *ж* Isolinie *f;* **~ затра́т** экон

Isokostenkurve *f*

изоли́рован|ный <-ная, -ное; -, -а, -о> *прил* **1.** *(отде́льный)* isoliert, getrennt; **помести́ть в изоли́рованную ка́меру** in eine Isolationszelle versetzen; **изоли́рованный ры́нок** ЭКОН geschlossener Markt *m* **2.** *(едини́чный)* einzeln; **изоли́рованные фа́кты** einzelne Fakten *mpl;* **~ слу́чай** Einzelfall *m* **3.** ТЕХ, МЕД isoliert; **~ про́вод** isoliertes Kabel *nt;* **изоли́рованные о́рганы** isolierte Organe *ntpl*

изоли́р|овать <-ую, -уешь> *(н)св прх* isolieren, absondern

изоли́рующи|й <-ая, -ее> *прил* ТЕХ, ЛИНГВ isolierend; **~ материа́л** isolierendes Material *nt;* **изоли́рующее веще́ство** Isolierstoff *m*

изоля́тор <-а> *м* **1.** ЭЛ, ФИЗ Isolator *m;* **подвесно́й ~** Hängeisolator *m* **2.** *(вещество́)* Isolierstoff *m* **3.** *(помеще́ние)* Isolator *m;* **держа́ть в сле́дственном изоля́торе** jdn im Untersuchungsisolator halten; **~-бокс для больны́х** Isolationsraum *m* für Kranke

изоляцио́нн|ый <-ая, -ое> *прил* ЭЛ Isolations-; **изоляцио́нная ле́нта** Isolierband *nt;* **изоляцио́нное покры́тие** Isolationsschicht *f*

изоля́ци|я <-и> *ж* Isolation *f,* Absonderung *f;* ЭЛ Isolierung *f*

изомери́|я <-и> *ж* ХИМ Isomerie *f;* **простра́нственная ~** Stereoisomerie *f;* **~ а́томных я́дер** Kernisomerie *f*

изоморфи́зм <-а> *м* ХИМ, МАТ Isomorphismus *m*

изорв|а́ть <-у́, -ёшь> *св прх* zerreißen; **~ письмо́** den Brief zerreißen; **~ в кло́чья** in Fetzen zerreißen; **на ме́лкие кусо́чки** in kleine Stücke zerreißen

изосиллаби́ческ|ий <-ая, -ое> *прил* ЛИНГВ gleichsilbig

изосту́дия *сокр от* **изобрази́тельная сту́дия** Bildstudie *f*

изоте́рм|а <-ы> *ж* ГЕОГ, ФИЗ Isotherme *f*

изотерми́ческ|ий <-ая, -ое> *прил* **1.** ГЕОГ, ФИЗ, МЕТЕОР isotherm, isothermisch; **~ проце́сс** isothermischer Prozess *m;* **изотерми́ческие ли́нии** isothermische Linien *fpl* **2.** *(холоди́льный)* isotherm, Kühl-; **~ автомоби́ль** Kühlwagen *m*

изото́п <-а> *м* ХИМ Isotop *nt;* **радиоакти́вные изото́пы** radioaktive Isotopen *ntpl;* **разделе́ние изото́пов** Isotopenteilung *f*

изото́пн|ый <-ая, -ое> *прил* isotop, Isotopen-, Isotopie-; **изото́пные индика́торы** ХИМ Isotopenindikator *m;* **~ ме́тод** ГЕОЛ Isotopenmethode *f*

изотропи́|я <-и> *ж* ФИЗ Isotropie *f*

изофа́з|а <-ы> *ж* АСТР Isophase *f*

изохро́н <-а> *м* МЕТЕОР, АСТР Isochrone *f*

изохро́ннос|ть <-ти> *ж* ФИЗ Isochronie *f;* **~ колеба́ний** Isochronie *f* der Schwankungen/Schwingungen

изощрён|ный <-ная, -ное; -, -а́, -о́> *прил* geübt, scharf, fein; *(утончённый)* raffiniert; **~ ум** scharfer Verstand *m;* **изощрённые ме́тоды** ausgeklügelte Methoden *fpl*

изощря́|ться <-юсь, -ешься> *нсв,* **изощри́ться** *св рефл* sich verschärfen; **~ в остроу́мии** scharfsinnig sein; **вкус изощри́лся** der Geschmack verfeinerte sich; **~ в вы́думках** Lügen wie gedruckt

из-под *предл* unter ... hervor *+dat*

изра́з|е́ц <-ца́> *м* Kachel *f*

изразцо́в|ый <-ая, -ое> *прил* Ziegel-; **изразцо́вая печь** Ziegelofen *m*

Изра́и|ль <-ля> *м* Israel *nt*

израильтя́нин <-а> *м,* **израильтя́нк|а** <-и> *ж* Israelit(in) *m(f)*

изра́ненн|ый <-ая, -ое> *прил* verwundet

изра́н|ить <-ю, -ишь> *св прх* verwunden; **~ ру́ки ножо́м** sich die Hände mit einem Messer verwunden

израсхо́д|овать <-ую, -уешь> *св прх см.* **расхо́довать**

и́зредка *нрч* ab und zu, selten; **навеща́ть ~** jdn ab und zu besuchen; **~ писа́ть** selten schreiben

изре́зыва|ть <-ю, -ешь> *нсв,* **изре́зать** *св прх* **1.** *(на ча́сти)* aufschneiden, zerschneiden; **изре́зать на куски́** in Stücke schneiden **2.** *(надре́зать)* sich schneiden; **изре́зать ру́ки стекло́м** die Hände am Glas zerschneiden

изрека́|ть <-ю, -ешь> *нсв,* **изре́чь** *св прх* aussprechen; **~ и́стину** die Wahrheit sagen; **~ в публи́чное простра́нство** sich in aller Öffentlichkeit äußern

изрече́ни|е <-я> *ср* Spruch *m*

изре́|чь <-ку́, -чёшь> *св прх см.* **изрека́ть**

изрешёчива|ть <-ю, -ешь> *нсв,* **изрешети́ть** *св прх* durchlöchern; **изрешети́ть дверь пу́лями** die Tür mit Kugeln durchlöchern

изрисо́выва|ть <-ю, -ешь> *нсв,* **изрисова́ть** *св прх* bemalen; **изрисова́ть весь альбо́м** das ganze Album bemalen; **изрисова́ть о́кна узо́рами** die Fenster mit Ornamenten bemalen

изруба́|ть <-ю, -ешь> *нсв,* **изруби́ть** *св прх* **1.** *(на ча́сти)* zerhacken; **ме́лко изруби́ть мя́со** Fleisch *nt;* kleinhacken **2.** *(уби́ть)* abschlachten; **изруби́ть ша́шкой** jdn mit dem Säbel niedermetzeln

изрыга́|ть <-ю, -ешь> *нсв,* **изрыгну́ть** *св прх* **1.** *(выбра́сывать)* speien, ausspeien; **~ ого́нь** Feuer speien **2.** *(руга́тельства)* schimpfen; **~ прокля́тия** fluchen **3.** МЕД speien, sich erbrechen

изря́дно *нрч устар* reichlich; **~ подвы́пить** reichlich trinken

изуве́р <-а> *м,* **изуве́рк|а** <-и> *ж* Fanatiker(in) *m(f)*

изувéчен|ный <-ная, -ное; -, -а, -о> *прил* verstümmelt, verkrüppelt

изуми́те|льный <-льная, -льное; -лен, -льна, -льно> *прил* erstaunlich; **изуми́тельная па́мять** erstaunliches Gedächtnis *nt;* **изуми́тельная рабо́та зо́дчих** erstaunliche Architektenarbeit *f*

изум|и́ть <-лю́, -и́шь> *св прх см.* **изумля́ть**

изум|и́ться <-лю́сь, -и́шься> *св рефл см.* **изумля́ться**

изумлён|ный <-ная, -ное; -, -á, -ó> *прил* erstaunt, verblüfft

изумля́|ть <-ю, -ешь> *нсв,* **изуми́ть** *св прх* in Erstaunen versetzen, überraschen; **~ свои́ми позна́ниями** jdn mit seinen Kenntnissen überraschen; **~ игро́й на сце́не** das Publikum mit seinem Bühnenspiel überraschen

изумля́|ться <-юсь, -ешься> *нсв,* **изуми́ться** *св рефл* in Erstaunen geraten, sich sehr wundern

изумру́д <-а> *м* Smaragd *m*

изумру́дн|ый <-ая, -ое> *прил* Smaragd-; **изумру́дные ро́ссыпи** Smaragdvorkommen *nt;* **изумру́дная брошь** Smaragdbrosche *f;* **~ цвет глаз** smaragdgrüne Augen *ntpl*

изуро́д|овать <-ую, -уешь> *св прх см.* **уро́довать**

изуча́|ть <-ю, -ешь> *нсв,* **изучи́ть** *св прх* **1.** *(учи́ть)* erlernen, studieren **2.** *(иссле́довать)* erforschen, untersuchen

изуча́ющ|ий <-ая, -ее> *прил* forschend; **~ взгляд** forschender Blick *m*

изуче́ни|е <-я> *ср* **1.** *(усвое́ние)* Erlernen *nt,* Studium *nt* **2.** *(иссле́дование)* Erforschung *f,* Untersuchung *f;* **~ обще́ственного мне́ния** Meinungsforschung *f,* Demoskopie *f;* **~ рабо́чего проце́сса** Arbeitsablaufstudie *f;* **~ сбы́та** Absatzforschung *f;* **~ ры́нка** Marktforschung *f,* Marktanalyse *f*

изу́чен|ный <-ная, -ное; -, -а, -о> *прил* erlernt; **повтори́ть ~ материа́л** das erlernte Material wiederholen

из|учи́ть <-учу́, -у́чишь> *св прх см.* **изуча́ть**

изъеда́|ть <-ю, -ешь> *нсв,* **изъе́сть** *св прх* zerfressen; **моль изъе́ла ко́врик** die Motten haben den Teppich zerfressen; **кислота́ изъе́ла ру́ки** die Säure hat die Hände zerfressen

изъе́з|дить <-жу, -дишь> *св прх см.* **изъе́зживать**

изъе́зжен|ный <-ная, -ное; -, -а, -о> *прил* ausgefahren, holperig; **по изъе́зженной доро́ге** auf dem ausgefahrenen Weg

изъе́зжива|ть <-ю, -ешь> *нсв,* **изъе́здить** *св прх* durchreisen, durchfahren; **~ вдоль и поперёк** herumreisen; **~ все уголки́ страны́** alle Ecken des Landes bereisen

изъе́|сть <-м, -шь> *св прх см.* **изъеда́ть**

изъяви́тельн|ый <-ая, -ое> *прил* лингв indikativ; **изъяви́тельное наклоне́ние** Indikativ *m*

изъяв|и́ть <-лю́, -ишь> *св прх см.* **изъявля́ть**

изъявле́ни|е <-я> *ср* Erklärung *f,* Äußerung *f;* **~ благода́рности** Äußerung *f* der Dankbarkeit

изъявля́|ть <-ю, -ешь> *нсв,* **изъяви́ть** *св прх* erklären; **~ жела́ние** einen Wunsch äußern; **изъяви́ть гото́вность** sich bereit erklären

изъя́н <-а> *м* Fehler *m,* Mangel *m;* **с изъя́ном** schadhaft, fehlerhaft

изъясн|и́ть <-ю́, -и́шь> *св прх см.* **изъясня́ть**

изъясн|и́ться <-ю́сь, -и́шься> *св рефл см.* **изъясня́ться**

изъясня́|ть <-ю, -ешь> *нсв,* **изъясни́ть** *св прх* (er)klären; **~ свою́ про́сьбу** seine Bitte erklären; **~ для себя́ ситуа́цию** für sich die Situation klären

изъясня́|ться <-юсь, -ешься> *нсв,* **изъясни́ться** *св рефл* erklären, klären; **~ на иностра́нном языке́** eine Fremdsprache sprechen; **изъясня́йтесь про́ще!** drücken Sie sich deutlicher aus!

изъя́ти|е <-я> *ср* **1.** *(вы́емка)* Entnahme *f,* Einziehung *f;* **~ а́кций из обраще́ния** Amortisation *f;* **~ капита́ла** Abschöpfung *f;* **~ при́были** Gewinnentnahme *f* **2.** *(конфиска́ция)* Beschlagnahme *f,* Sicherstellung *f* **3.** *(исключе́ние)* Streichung *f;* **сде́лать ~ в зако́не** aus dem Gesetz streichen; **всё без изъя́тия** *перен* alles ohne Ausnahme

изыма́|ть <-ю, -ешь> *нсв,* **изъя́ть** *св прх* **1.** *(устрани́ть)* wegnehmen, entziehen; **~ из обраще́ния моне́ты** Münzen aus dem Verkehr ziehen; **~ из торго́вой сети́** aus dem Handelsnetz ziehen; **~ брако́ванный това́р** die Ausschussware wegnehmen; **~ вклад** die Einlage entziehen **2.** *(конфискова́ть)* beschlagnahmen; **~ ору́жие** die Waffen beschlagnahmen; **~ при о́быске** bei der Untersuchung beschlagnahmen **3.** *(исключи́ть)* streichen

изыска́ни|е <-я> *ср* Untersuchung *m;* **производи́ть изыска́ния** Untersuchungen durchführen; **~ но́вых путе́й** Auffinden *nt* neuer Wege; **нау́чные изыска́ния** wissenschaftliche Ermittlungen *fpl*

изы́сканно *нрч* vornehm, fein; **вести́ себя́ ~** sich vornehm verhalten; **одева́ться ~** sich geschmacksvoll kleiden

изы́скан|ный <-ная, -ное; -, -на, -но> *прил* **1.** *(блю́до и т.п.)* erlesen **2.** *(вкус, мане́ры)* fein, raffiniert

изы́скива|ть <-ю, -ешь> *нсв,* **изыска́ть** *св прх книжн* ausfindig machen; **~ воз-**

мо́жности Möglichkeiten finden; **~ ну́жные сре́дства** die nötigen Mittel auftreiben

изю́бр <-а> *м* ЗООЛ Edelhirsch *m*

изю́м <-а> *м* Rosinen *pl*

изю́мин|а <-ы> *ж* Rosine *f*

изю́минк|а <-и> *ж* **1.** *(изюм)* Rosinchen *nt* **2.** *перен* Pointe *f*

изя́ществ|о <-а> *ср* Eleganz *f*, Zierlichkeit *f*

изя́щ|ный <-ная, -ное; -ен, -на, -но> *прил* **1.** *(грацио́зный)* elegant, grazil **2.** *(изыска́нный)* apart **3.** ИСК schön; **изя́щные иску́сства** die schönen Künste

ика́|ть <-ю, -ешь> *нсв*, **икну́ть** *св нпрх* schluchzen

ико́н|а <-ы> *ж* **1.** РЕЛИГ Ikone *f*, Heiligenbild *nt* **2.** ИНФОРМ Icon *nt*

иконогра́фи|я <-и> *ж* Ikonographie *f*

иконопи́с|ец <-ца> *м* Ikonenmaler *m*

иконопи́сн|ый <-ая, -ое> *прил* ikonographisch; **иконопи́сные шко́лы** ikonographische Schulen *fpl*

и́конопи|сь <-си> *ж* Ikonenmalerei *f*

иконоста́с <-а> *м* РЕЛИГ Ikonostas *m*

ико́рк|а <-и> *ж разг (икра́)* Kaviar *m*, Rogenpaste *f*; **закуси́ть ико́ркой** etw mit Kaviar trinken

ико́т|а <-ы> *ж* Schluckauf *m*

икр|а́[1] <-ы́> *ж* **1.** *(деликате́с)* Kaviar *m* **2.** *(вы́метанная)* Laich *m*

икр|а́[2] <-ы́> *ж* АНАТ Wade *f*; **си́льные и́кры ног** starke Waden; **су́дорога свела́ и́кры** einen Wadenkrampf bekommen

икромета́ни|е <-я> *ср* Laichen *nt*

ил <и́ла> *м* Schlamm *m*

и́ли *сз* oder; **~ ... ~** entweder ... oder

и́лист|ый <-ая, -ое; -, -а, -о> *прил* schlammig

иллюзиони́ст <-а> *м* Illusionist(in) *m(f)*, Zauberkünstler(in) *m(f)*

иллю́зи|я <-и> *ж* **1.** *(ло́жное представле́ние, обма́н)* Illusion *f*, Wunschvorstellung *f*; **я не пита́ю иллю́зий** ich mache mir nichts vor; **создава́ть у кого́-л. иллю́зию** jdm etw vormachen [*o* vorgaukeln]; **не стро́ить иллю́зий** sich keine Illusionen machen **2.** *(опти́ческий обма́н)* Sinnestäuschung *f*; **опти́ческая ~** optische Täuschung *f*

иллюзо́р|ный <-ная, -ное; -ен, -на, -но> *прил* illusorisch; **иллюзо́рные представле́ния** illusorische Aufführungen *fpl*; **таи́ть иллюзо́рные наде́жды** illusorische Hoffnungen hegen

иллюмина́тор <-а> *м* **1.** МОР, АВИА Luke *f*; **бортово́й ~** Bordluke *f*; **смотре́ть в стекло́ иллюмина́тора** durch die Luke gucken **2.** *(освети́тель)* Illuminator *m*

иллюмина́ци|я <-и> *ж* Illumination *f*, farbige Beleuchtung *f*

иллюмини́р|овать <-ую, -уешь> *(н)св прх* illuminieren

иллюстрати́в|ный <-ная, -ное; -ен, -на, -но> *прил* anschaulich; **~ приме́р** anschauliches Beispiel *nt*

иллюстра́тор <-а> *м* Illustrator *m*; **~ де́тских книг** Illustrator *m* von Kinderbüchern

иллюстра́ци|я <-и> *ж* Illustration *f*; **цветна́я ~** farbige Illustration *f*; **служи́ть иллюстра́цией чего́-л.** etw veranschaulichen [*o* erläutern]

иллюстри́рован|ный <-ная, -ное; -, -а, -о> *прил* illustriert; **~ журна́л** Illustrierte *f*

иллюстри́р|овать <-ую, -уешь> *(н)св*, **проиллюстри́ровать** *св прх* illustrieren; *(на приме́ре)* veranschaulichen

и́льк|а <-и> *ж* ЗООЛ Iltis *m*

и́льм <и́льма> *м* БОТ Ulme *f*

има́м <-а> *м* РЕЛИГ Imam *m*

име́ни|е <-я> *ср устар* Gut *nt*, Landgut *nt*

имени́нник <-а> *м*, **имени́нниц|а** <-ы> *ж* Person *f*, die ihren Namenstag feiert; **за здоро́вье имени́нника** auf die Gesundheit von dem, der seinen Namenstag feiert; **смотре́ть имени́нником** ein fröhliches Gesicht machen; **сиде́ть как ~** faulenzen

имени́нн|ый <-ая, -ое> *прил* Namenstags-; **~ пиро́г** *ein Kuchen für die Person, die ihren Namenstag feiert*

имени́н|ы <-> *мн* Namenstag *m*; **с днём имени́н** alles Gute zum Namenstag

имени́тельн|ый <-ая, -ое> *прил* ЛИНГВ **~ паде́ж** Nominativ *m*

имени́т|ый <-ая, -ое; -, -а, -о> *прил* **1.** *(изве́стный)* berühmt; **~ гость** berühmter Gast *m* **2.** *устар (зна́тный)* angesehen; **~ род** angesehene Familie *f*

и́менно *част* gerade, eben, ausgerechnet; **~ э́то я и име́л в виду́** gerade das meinte ich ja; **почему́ ~ он?** warum ausgerechnet er?; **а ~** nämlich, und zwar

именн|о́й <-а́я, -о́е> *прил* **1.** ЭКОН Namen(s)-; **имменая́ а́кция** Namensaktie *f* **2.** ЛИНГВ nominal

имено́ван|ный <-ная, -ное; -, -а, -о> *прил* МАТ genannt; **имено́ванное число́** genannte Zahl *f*

имен|ова́ть <-у́ю, -у́ешь> *нсв*, **наименова́ть** *св прх разг* nennen; **~ себя́ знатоко́м** sich als Kenner ausgeben

име́|ть <-ю, -ешь> *нсв прх* haben, besitzen; **~ с собо́й** dabei haben; **~ нагото́ве** bereithalten; **~ це́лью** zum Ziel haben; **не ~ ничего́ про́тив** nichts dagegen haben; **~ значе́ние** relevant sein; **~ ме́сто** stattfinden; **~ (зако́нную) си́лу** gültig sein; **~ пра́во** das Recht haben; **~ пра́во на получе́ние** bezugsberechtigt sein; **~ пра́во по́дписи** zeichnungsberechtigt sein; **~ хожде́ние** im Umlauf sein

име́|ться <-юсь, -ешься> *нсв рефл* vorhanden sein; **име́ется** es gibt

име́ющ|ий <-ая, -ее> *прил* habend; **~ пра́во на что-л.** das Recht zu etw habend

име́ющ|ийся <-аяся, -ееся> *прил* vor-

И

handen

и́мидж <-а> *м* Image *nt,* Ansehen *nt;* **~ ма́рки** Markenimage *nt;* **~ фи́рмы** Firmenimage *nt,* Corporate Image *nt*

имита́тор <-а> *м* Imitator *m*

имита́ци|я <-и> *ж* **1.** *(ко́пия)* Imitation *f,* Nachahmung *f,* Nachbildung *f* **2.** *(заме́на)* Ersatz *m*

имити́ровани|е <-я> *ср* Simulation *f*

имити́р|овать <-ую, -уешь> *нсв прх* imitieren, nachmachen

иммане́нт|ный <-ная, -ное; -ен, -на, -но> *прил книж* immanent; **иммане́нтная причи́на** immanente Ursache *f;* **иммане́нтная филосо́фия** immanente Philosophie *f*

иммигра́нт <-а> *м* Immigrant *m,* Einwanderer *m;* **~, прося́щий убе́жища** Asylbewerber *m*

иммигра́нтск|ий <-ая, -ое> *прил* Immigranten-; **иммигра́нтские права́** Immigrantenrechte *ntpl*

иммиграцио́нн|ый <-ая, -ое> *прил* Immigrations-; **~ ла́герь** Immigrantenlager *nt;* **иммиграцио́нные зако́ны** Immigrationsgesetze *ntpl*

иммигри́р|овать <-ую, -уешь> *(н)св нпрх* einwandern

имми́сси|я <-и> *ж* экол Immission *f*

иммобилиза́ци|я <-и> *ж* **1.** мед Ruhigstellung *f* **2.** экон *(свя́зывание средств)* Bindung *f*

имморте́|ль <-ли> *ж* бот Immortelle *f*

иммуниза́ци|я <-и> *ж* мед Impfung *f,* Immunisierung *f;* **~ про́тив гри́ппа** Grippeimpfung *f*

иммунизи́р|овать <-ую, -уешь> *(н)св прх* мед, юр immunisieren, impfen

иммуните́т <-а> *м* мед, юр Immunität *f*

имму́н|ный <-ная, -ное; -ен, -на, -но> *прил* мед, биол immun, widerstandsfähig; **защи́та имму́нной систе́мы** Schutz *m* des Immunsystems; **имму́нные сво́йства органи́зма** Widerstandskräfte *fpl* des Organismus

иммунодефици́т <-а> *м* мед Immunodefizit *nt*

иммуно́лог <-а> *м* мед Immunologe *m*

иммунопрофила́ктик|а <-и> *ж* мед Immunoprophylaxe *f*

иммунотерапи́|я <-и> *ж* мед Immunotherapie *f*

императи́в <-а> *м* **1.** фил (kategorischer) Imperativ *m* **2.** лингв Imperativ *m*

императи́в|ный <-ная, -ное; -ен, -на, -но> *прил* imperativisch, Imperativ-; **~ тон** imperativischer Ton *m*

импера́тор <-а> *м,* **императри́ц|а** <-ы> *ж* Imperator *m,* Imperatrix *f*

импера́торск|ий <-ая, -ое> *прил* des Imperators; **~ герб** Wappen *m* des Imperators; **импера́торская коро́на** Krone *f* des Imperators

империали́зм <-а> *м без мн* пол Imperialismus *m*

империалисти́ческ|ий <-ая, -ое> *прил* пол imperialistisch

импе́ри|я <-и> *ж* Imperium *nt,* Reich *nt*

импе́рск|ий <-ая, -ое> *прил* imperial, Reichs-; *перен (великодержа́вный)* Großmacht-

имперфе́кт <-а> *м* лингв Imperfekt *nt*

импи́чмент <-а> *м* Amtsenthebung *f,* Absetzung *f*

имплanта́т <-а> *м* мед Implantat *nt*

импланта́ци|я <-и> *ж* мед Implantation *f*

импоза́нт|ный <-ная, -ное; -ен, -на, -но> *прил* imposant; **~ вид** imposantes Aussehen *nt*

импони́р|овать <-ую, -уешь> *нсв нпрх* jdm imponieren, auf jdn Eindruck machen; **~ зри́телям** auf die Zuschauer Eindruck machen

и́мпорт <-а> *м* Import *m,* Einfuhr *f;* **~ това́ров** Warenimport *m;* **~ дешёвых това́ров** Billigimport *m;* **~ капита́ла** Kapitaleinfuhr *f*

импортёр <-а> *м* Importeur *m*

импорти́р|овать <-ую, -уешь> *(н)св прх* **1.** экон importieren, einführen **2.** информ importieren

и́мпортн|ый <-ая, -ое> *прил* importiert, Import-; **и́мпортные това́ры** Importgüter *pl;* **~ това́р** Import *m,* Importware *f;* **и́мпортная лице́нзия** Einfuhrgenehmigung *f,* Importlizenz *f;* **и́мпортное свиде́тельство, ~ сертифика́т** Importzertifikat *nt,* Einfuhrbescheinigung *f;* **и́мпортные ограниче́ния** Einfuhrbeschränkung *f;* **и́мпортная кво́та** Importquote *f;* **~ континге́нт** Einfuhrkontingent *nt;* **и́мпортная по́шлина** Einfuhrzoll *m;* **~ нало́г** Einfuhrsteuer *f,* Importsteuer *f*

импоте́нт <-а> *м* мед Impotent *m*

импоте́нт|ный <-ная, -ное; -ен, -на, -но> *прил* impotent; **импоте́нтное состоя́ние** impotenter Zustand *m*

импрегна́ци|я <-и> *ж без мн* тех, мед Imprägnierung *f*

импреса́рио <неизм> *м* Impresario *m*

импрессиони́зм <-а> *м* Impressionismus *m*

импрессиони́стск|ий <-ая, -ое> *прил* impressionistisch

импровиза́тор <-а> *м* Improvisator *m;* **блестя́щий ~** ausgezeichneter Improvisator *m*

импровизи́рован|ный <-ная, -ное; -, -а, -о> *прил* **1.** *(неподгото́вленный)* improvisiert, aus dem Stegreif, unvorbereitet **2.** *(вре́менный)* provisorisch, behelfsmäßig

импровизи́р|овать <-ую, -уешь> *нсв прх* improvisieren; **~ на роя́ле** am Flügel improvisieren

и́мпульс <-а> *м* Impuls *m,* Antrieb *m;* **послужи́ть импу́льсом для чего́-л.** als Anregung dienen für *+akk*

импульси́в|ный <-ная, -ное; -ен, -на,

-но> *прил* impulsiv; **импульси́вные движе́ния** impulsive Bewegungen *fpl;* **импульси́вное состоя́ние** мед impulsiver Zustand *m;* **импульси́вная нату́ра** impulsive Natur *f*

и́мпульсн|ый <-ая, -ое> *прил* эл, физ, радио Impuls-, Stoß-; **~ реа́ктор** Impulsreaktor *m;* **и́мпульсные исто́чники све́та** Impulslichtquelle *f;* **и́мпульсная те́хника** Impulstechnik *f;* **и́мпульсная радиосвя́зь** ImpulsFunkverkehr *m*

импульстерапи́|я <-и> *ж* мед Impulstherapie *f*

иму́щественн|ый <-ая, -ое> *прил* Vermögens-; **иму́щественные це́нности** Anlagen *pl;* **иму́щественное состоя́ние** Status *m;* **иму́щественное положе́ние** Einkommensverhältnisse *pl,* Vermögenslage *f;* **иму́щественные отноше́ния** Eigentumsverhältnisse *pl;* **иму́щественное пра́во** юр Eigentumsrecht *nt;* **иму́щественное страхова́ние** Sachversicherung *f;* **иму́щественная задо́лженность** Vermögensbelastung *f;* **иму́щественные вкла́ды** Vermögensanlage *f;* **~ вклад** Sacheinlage *f;* **~ трансфе́р** Vermögenstransfer *m*

иму́щественно-правов|о́й <-а́я, -о́е> *прил* юр Besitzrechts-; **~ вопро́с** Besitzrechtsfrage *f*

иму́ществ|о <-а> *ср* Vermögen *nt,* Besitz *m;* **~ в це́лом** Gesamtvermögen *nt;* **~ индивидуа́льной со́бственности** Privatvermögen *nt;* **~ несостоя́тельного должника́** Konkursmasse *f;* **~ о́бщества** Gesellschaftsvermögen *nt;* **~ предприя́тия** Betriebsvermögen *nt*

имущ|ий <-ая, -ее> *нрч* vermögend; **власть иму́щие** Machthaber *mpl*

и́мя <и́мени> *ср* Name *m,* Vorname *m;* **~ прилага́тельное** лингв Adjektiv *nt;* **~ существи́тельное** лингв Substantiv *nt;* **сде́лать себе́ ~ на чём-л.** sich einen Namen machen mit *+dat;* **от и́мени** in jds Auftrag, im Namen *+gen* [*o* von *+dat*]; **по и́мени** namens

инакомы́слящ|ий <-его> *м,* **инакомы́слящ|ая** <-ей> *ж* Andersdenkende(r) *f(m)*

инаугура́ци|я <-и> *ж (президе́нта)* Amtseinführung *f*

ина́че **I.** *нрч (по-друго́му)* anders; **ты до́лжен вести́ себя́ соверше́нно ~** du musst dich völlig anders verhalten; **так и́ли ~** unbedingt, unter allen Umständen; **~ звуча́щий** anderslautend **II.** *сз (а то)* sonst, andernfalls

инва́зи|я <-и> *ж* биол, мед Invasion *f*

инвали́д <-а> *м* Behinderte(r) *f(m);* **~ войны́** Kriegsinvalide *m;* **рассчи́танный на инвали́дов** behindertengerecht

инвали́днос|ть <-ти> *ж* Invalidität *f;* **гру́ппа инвали́дности** Invaliditätsgrad *m;* **посо́бие по инвали́дности** Invalidenunterhalt *m*

инвали́дн|ый <-ая, -ое> *прил* Invaliden-; **инвали́дная коля́ска** Rollstuhl *m;* **жить на инвали́дную пе́нсию** von der Invalidenrente leben

инвалю́т|а <-ы> *ж (иностра́нная валю́та)* Devisen *pl;* **инвалю́тный счёт** Fremdwährungskonto *nt,* Devisenkonto *nt*

инвариа́нтнос|ть <-ти> *ж* тех, мат Invarianz *f,* Unveränderlichkeit *f*

инвентариза́ци|я <-и> *ж* Inventur *f,* Bestandsaufnahme *f;* **~ на определённую да́ту** экон Stichtagsinventur *f*

инвента́рн|ый <-ая, -ое> *прил* Inventur-, Inventar-; **инвента́рная о́пись, ~ спи́сок** Inventarliste *f;* **инвента́рная оце́нка** Bestandsbewertung *f*

инвента́|рь <-ря́> *м* Inventar *nt*

инве́рси|я <-и> *ж* Inversion *f*

инверти́ровани|е <-я> *ср* эл Invertierung *f,* Umkehrung *f*

инвести́ровани|е <-я> *ср* Investieren *nt*

инвести́р|овать <-ую, -уешь> *(н)св прх* investieren, anlegen

инвести́торск|ий <-ая, -ое> *прил* des Auftragsgebers; **~ контро́ль** Kontrolle *f* des Auftraggebers

инвестицио́нн|ый <-ая, -ое> *прил* Investitions-, Anlage-; **инвестицио́нная компа́ния** Kapitalanlagegesellschaft *f;* **~ фонд** Anlagenfonds *m,* Investmentfonds *m;* **инвестицио́нная кво́та** Investitionsquote *f;* **~ сертифика́т** Investmentzertifikat *nt;* **~ креди́т** Investitionskredit *m;* **~ банк** Investitionsbank *f;* **~ кли́мат** Investitionsklima *nt;* **инвестицио́нная програ́мма** Investitionsprogramm *nt*

инвести́ци|я <-и> *ж обы́чно мн* экон Investition *f,* Geldanlage *f,* Kapitalanlage *f;* **инвести́ции не́тто** Nettoinvestition *f*

инве́стмент-тре́ст *м* экон Kapitalanlagegesellschaft *f*

инве́стор <-а> *м* Investor *m,* Anleger *m*

ингаля́тор <-а> *м* Inhalationsapparat *m;* **~ переносно́й** tragbarer Inhalationsapparat *m*

ингаля́ци|я <-и> *ж* мед Inhalation *f,* Inhalieren *nt*

ингиби́тор <-а> *м* Inhibitor *m*

ингредие́нт <-а> *м* Ingredienz *f*

ингу́ш <-а> *м,* **ингу́шк|а** <-и> *ж* Ingusch(in) *m(f)*

индеве́|ть <-ю, -ешь> *нсв,* **заиндеветь** *св нпрх* mit Raureif bedecken; **заиндеве́ть от моро́за** sich vor Kälte mit Raureif bedecken

инде́|ец <-йца> *м* Indianer *m*

инде́йк|а <-и> *ж* **1.** зоол Pute *f* **2.** *(мя́со)* Putenfleisch *nt*

инде́йск|ий <-ая, -ое> *прил* indianisch

и́ндекс <-а> *м* Index *m,* Verzeichnis *nt;* ~

И

БЭРИ BERI-Index *m;* **~ Доу-Джо́нса** Dow-Jones-Index *m;* **почто́вый ~** Postleitzahl *f;* **~ ку́рсов а́кций** Aktienindex *m;* **~ цен** Preisindex *m*

индекса́ци|я <-и> *ж* ЭКОН Indexierung *f;* **~ дохо́дов** Indexierung *f* des Einkommens

индемните́т <-а> *м* ЭКОН Indemnität *f*

индиа́нк|а <-и> *ж* **1.** *(жи́тельница И́ндии)* Inderin *f* **2.** *(жи́тельница Аме́рики)* Indianerin *f*

индивидуализи́р|овать <-ую, -уешь> *(н)св прх* individualisieren; **~ рабо́ту с уча́щимися** die Arbeit mit den Schülern individualisieren

индивидуали́ст <-а> *м,* **индивидуали́стк|а** <-и> *ж* Individualist *m,* Individualistin *f*

индивидуа́льнос|ть <-ти> *ж без мн* Individualität *f;* **национа́льная ~** nationale Individualität *f;* **утра́тить свою́ ~** seine Individualität verlieren

индивидуа́|льный <-льная, -льное; -лен, -льна, -льно> *прил* individuell, persönlich; **индивидуа́льные потре́бности** Eigenbedarf *m;* **~ дохо́д** Individualeinkommen *nt;* **индивидуа́льная дове́ренность** Einzelprokura *f;* **индивидуа́льные заня́тия** Einzelunterricht *m;* **индивидуа́льное произво́дство** Einzelfertigung *f;* **~ това́р** Individualgut *nt;* **индивидуа́льное иссле́дование** Fallstudie *f;* **~ опро́с** Interview *nt*

инди́го <неизм> *ср* Indigo *m,* Kohlepapier *nt*

инди́|ец <-йца> *м* Inder *m*

и́нди|й <-я> *м* ХИМ Indium *nt*

инди́йск|ий <-ая, -ое> *прил* indisch

индика́тор <-а> *м* Indikator *m,* Anzeigegerät *nt,* Anzeigeeinheit *f;* **~ вста́вки** ИНФОРМ Einfügemarke *f*

индика́торн|ый <-ая, -ое> *прил* Indikator-, Anzeige-; **индика́торная мо́щность** Anzeigeleistung *f;* **~ да́тчик** Indikator *m,* Anzeigegeber *m*

индиффере́нтнос|ть <-ти> *ж без мн книж* Indifferenz *f*

индиффере́нт|ный <-ная, -ное; -ен, -на, -но> *прил* indifferent; **индиффере́нтное отноше́ние** indifferentes Verhältnis *nt;* **~ раздражи́тель** indifferenter Erreger *m*

И́нди|я <-и> *ж* Indien *nt*

индоевропе́йск|ий <-ая, -ое> *прил* indoeuropäisch; **индоевропе́йские языки́** indoeuropäische Sprachen *fpl*

Индокита́|й <-я> *м* ГЕОГ Indochina *nt*

индо́лог <-а> *м* Indologe *m*

индонези́|ец <-йца> *м,* **индонези́йк|а** <-и> *ж* Indonesier(in) *m(f)*

Индоне́зи|я <-и> *ж* ГЕОГ Indonesien *nt*

индоссаме́нт <-а> *м* ЭКОН Indossament *nt;* **именно́й ~** Indossament *nt* in eigenem Namen; **ограни́ченный ~** begrenztes Indossament *nt*

индосса́нт <-а> *м* ЭКОН Indossant *m*

индосса́т <-а> *м* ЭКОН Indossat *nt,* Indossatar *m*

индосси́р|овать <-ую, -уешь> *(н)св прх* ЭКОН indossieren; **~ ве́ксель в по́льзу кого́-л.** den Wechsel zugunsten jds indossieren

индосси́руем|ый <-ая, -ое> *прил* ЭКОН indossabel

Индоста́н <-а> *м* ГЕОГ Hindostan *m,* Hindustan *m*

инду́изм <-а> *м* РЕЛИГ Hinduismus *m*

индукти́вн|ый <-ая, -ое> *прил* ФИЛОС, ФИЗ induktiv; **~ ме́тод** induktive Methode *f;* **индукти́вное сопротивле́ние** induktiver Widerstand *m;* **~ да́тчик** induktiver Indikator *m*

инду́ктор <-а> *м* ФИЗ Induktor *m;* **~ нагрева́тельный** Heizspule *f*

индукцио́нн|ый <-ая, -ое> *прил* ФИЗ Induktions-; **~ насо́с** Induktionspumpe *f;* **индукцио́нная печь** Induktionsofen *m*

инду́кци|я <-и> *ж* Induktion *f*

инду́с <-а> *м* Hindu *m*

индустриализа́ци|я <-и> *ж* Industrialisierung *f;* **~ страны́** Industrialisierung *f* des Landes

индустриа́льн|ый <-ая, -ое> *прил* industriell; **индустриа́льная зо́на** Industriegebiet *nt;* **индустриа́льные стра́ны** Industrieländer *ntpl*

индустри́|я <-и> *ж* Industrie *f*

индю́к <-а́> *м* Puter *m,* Truthahn *m*

и́не|й <-я> *м* Raureif *m;* **вы́пал ~** es gab Raureif

ине́ртнос|ть <-ти> *ж* Trägheit *f,* Tatenlosigkeit *f*

ине́рт|ный <-ная, -ное; -ен, -на, -но> *прил* träge

инерциа́льн|ый <-ая, -ое> *прил* МОР, АВИА Trägheits-; **инерциа́льная навига́ция** Trägheitsnavigation *f;* **инерциа́льная систе́ма отсчёта** Trägheitssystem *nt* des Abzählens

инерцио́нн|ый <-ая, -ое> *прил* ФИЗ inert

ине́рци|я <-и> *ж* **1.** ФИЗ Trägheit *f* **2.** *перен (ине́ртность, ле́нность)* Trägheit *f,* Lässigkeit *f;* **де́лать что-л. по ине́рции** etw aus Gewohnheit tun, etw ganz mechanisch tun

инже́ктор <-а> *м* ТЕХ Injektor *m*

инжене́р <-а> *м* Ingenieur *m*

инжене́ри|я <-и> *ж* **ге́нная ~** Gentechnik *f*

инжене́рн|ый <-ая, -ое> *прил* Ingenieur-

инжи́р <-а> *м* **1.** *(плод)* Feige *f* **2.** *(де́рево)* Feigenbaum *m*

инжи́рн|ый <-ая, -ое> *прил* Feigen-; **инжи́рная пастила́** getrocknetes Feigenmuss *nt;* **инжи́рное варе́нье** Feigenkonfitüre *f*

инициа́л <-а> *м* Initiale *f;* **ста́вить инициа́лы** seine Initialen stellen

инициати́в|а <-ы> *ж* Initiative *f,* Antrieb *m;* **по со́бственной инициати́ве** aus eigenem Antrieb; **прояви́ть инициати́ву** die Initiative ergreifen

инициати́в|ный <-ная, -ное; -ен, -на, -но> *прил* Initiativ-; **инициати́вная гру́ппа** Initiativgruppe *f;* **~ челове́к** initiativer Mensch *m*

инициа́тор <-а> *м* Initiator *m,* Wegbereiter *m*

иниции́ровани|е <-я> *ср* ТЕХ Initiative *f*

инкапсули́р|овать <-ую, -уешь> *(н)св прх* kapsulieren

инкасса́ци|я <-и> *ж* ЭКОН Inkasso *nt;* **~ че́ка** Scheckeinzug *m*

инкасси́ровани|е <-я> *ср* Inkasso *nt;* **~ ве́кселя** Wechseleinzug *m;* **~ че́ка** Scheckeinzug *m*

инкасси́р|овать <-ую, -уешь> *(н)св прх* einziehen

инка́ссо <неизм> *ср* Inkasso *nt*

инка́ссов|ый <-ая, -ое> *прил* **инка́ссовое поруче́ние** Inkassoauftrag *m;* **инка́ссовый ве́ксель** Einzugswechsel *m;* **инка́ссовый докуме́нт** Lastschrift *f*

ин-ква́рто *нрч* ТИП in Quarto

инквизи́тор <-а> *м* Inquisitor *m*

инквизи́торск|ий <-ая, -ое> *прил* inquisitorisch; **~ взгляд** inquisitorischer Blick *m;* **инквизи́торские ме́тоды** inquisitorische Methoden *fpl*

инквизицио́нн|ый <-ая, -ое> *прил* ЮР Inquisitions-; **~ проце́сс** Inquisitionsprozess *m;* **инквизицио́нные приёмы** Inquisitionsmethoden *fpl*

инквизи́ци|я <-и> *ж* ИСТОР Inquisition *f*

инклиноме́три|я <-и> *ж* ШАХТ Inklinometrie *f,* Neigungsmessung *f*

Инкоте́рмс <неизм> *ср* International Commercial Terms, Incoterms *pl*

инкримини́р|овать <-ую, -уешь> *(н)св прх* ЮР inkriminieren; **~ подсуди́мому преступле́ние** den Angeklagten gesetzwidrig beschuldigen

инкруста́ци|я <-и> *ж без мн* ИСК, СТР Inkrustation *f;* **~ перламу́тром** Perlmuttinkrustation *f*

инкуба́тор <-а> *м* АГР Inkubator *m*

инкубацио́нн|ый <-ая, -ое> *прил* **1.** МЕД, БИОЛ Inkubations-; **~ перио́д** Inkubationszeit *f* **2.** АГР Brut-; **инкубацио́нная устано́вка** Brutanlage *f*

инкуба́ци|я <-и> *ж* **1.** МЕД Inkubation *f* **2.** АГР Brüten *nt*

иннова́ци|я <-и> *ж* Innovation *f,* Neuerung *f*

инове́р|ец <-ца> *м,* **инове́рк|а** <-и> *ж* РЕЛИГ Andersgläubige(r) *f(m)*

иногда́ *нрч* manchmal, ab und zu

иногоро́дн|ий <-яя, -ее> *прил* aus einer anderen Stadt stammend, auswärtig; **~ ве́ксель** Distanzwechsel *m,* Distanzscheck *m*

ин|о́й <-а́я, -о́е> *прил* **1.** *(друго́й)* andere(r, s) **2.** *(не́который)* manche(r, s); **ины́е ду́мают, что …** manche meinen, dass …

инокорреспонде́нт <-а> *м* Fremdsprachenkorrespondent(in) *m(f)*

инокуля́ци|я <-и> *ж без мн* МЕД Inokulation *f*

инома́рк|а <-и> *ж разг* ausländisches Auto *nt*

инопланетя́нин <-а> *м* Außerirdische(r) *m*

иноро́дн|ый <-ая, -ое> *прил* fremd; **иноро́дные явле́ния** Erscheinungen *fpl* bei anderen Nationalitäten; **иноро́дное те́ло** Fremdkörper *m*

иносказа́ни|е <-я> *ср* ЛИТ Allegorie *f;* **говори́ть иносказа́ниями** in Allegorien sprechen

иносказа́те|льный <-льная, -льное; -лен, -льна, -льно> *прил* allegorisch, sinnbildlich

иностра́н|ец <-ца> *м,* **иностра́нк|а** <-и> *ж* Ausländer(in) *m(f)*

иностра́нн|ый <-ая, -ое> *прил* **1.** *(заграни́чный)* ausländisch, Auslands-; **~ язы́к** Fremdsprache *f;* **~ тури́зм** Fremdenverkehr *m;* **иностра́нное представи́тельство** Auslandsvertretung *f;* **иностра́нная валю́та** Devisen *pl,* Fremdwährung *f;* **~ капита́л** Auslandskapital *nt;* **~ заём** Auslandsanleihe *f;* **~ креди́т** Auslandskredit *m;* **~ ве́ксель** Devisenwechsel *m* **2.** ПОЛ auswärtig; **министе́рство иностра́нных дел** Außenministerium *nt*

инофи́рм|а <-ы> *ж* *(иностра́нная) фи́рма* ausländisches Unternehmen *nt*

иноязы́чн|ый <-ая, -ое> *прил* fremdsprachig; **иноязы́чные слова́** fremde Wörter *ntpl;* **катало́г иноязы́чных изда́ний** Katalog *m* fremdsprachiger Ausgaben

инса́йдер <-а> *м* Insider *m*

инсектици́д <-а> *м* ХИМ Insektizid *nt,* Insektengift *nt*

инсинуа́ци|я <-и> *ж книжн* Insinuation *f*

инсоля́ци|я <-и> *ж* ФИЗ Insolation *f;* МЕД Sonnenstich *m*

инспекти́р|овать <-ую, -ешь> *нсв прх* inspizieren; **~ рабо́ту школ** die Arbeit der Schulen inspizieren

инспе́ктор <-а> *м* Inspektor *m;* **фина́нсовый ~** Finanzinspektor *m;* **шко́льный ~** Schulinspektor *m*

инспе́кторск|ий <-ая, -ое> *прил* Inspektoren-; **инспе́кторская прове́рка** Inspektorenkontrolle *f*

инспе́кци|я <-и> *ж* Inspektion *f*

инспири́р|овать <-ую, -уешь> *(н)св прх книжн* inspirieren; **~ обще́ственное мне́ние** die öffentliche Meinung beeinflussen

инсталляцио́нн|ый <-ая, -ое> *прил* ИНФОРМ Installations-; **инсталляцио́нная диске́та** Installationsdiskette *f;* **инсталляцио́нная програ́мма** Installationsprogramm *nt*

инсталля́ци|я <-и> *ж* ЭЛ, ТЕХ Installation *f*

инста́нци|я <-и> *ж* **1.** АДМ Instanz *f*, Behörde *f*, Dienststelle *f*; **соотве́тствующие инста́нции** die zuständigen Behörden **2.** ЮР Instanz *f*

инсти́нкт <-а> *м* Instinkt *m*; **~ самосохране́ния** Selbsterhaltungstrieb *m*; **повинова́ться инсти́нкту** seinen Instinkten nachgeben; **~ подска́зывает** der Instinkt gibt ein

институ́т <-а> *м* Institut *nt*; *(вуз)* Hochschule *f*; *(учрежде́ние)* Institution *f*; **~ по изуче́нию obще́ственного мне́ния** Meinungsforschungsinstitut *nt*; **~ ры́ночных иссле́дований** Marktforschungsinstitut *nt*

i Land & Leute

Die russischen Hochschulen lassen sich ihrer Art nach hauptsächlich in Universitäten und Fachhochschulen einteilen. **Die russische Fachhochschule** zeichnet sich durch eine enge und zugleich umfassende Spezialisierung aus: so gibt es z.B. Hochschulen für Straßenbau, für Architektur und Bauwesen, Bergbauhochschulen u.a. Eine Ausnahme bilden die sog. „technischen Hochschulen“, an denen eine breite Palette technischer Fächer angeboten wird, von denen viele heute in „technische Universitäten“ umbenannt werden. Von den Fachhochschulen sind Forschungsinstitute zu unterscheiden, die ebenso „институты“ heißen. Dem deutschen Begriff „Institut“ (als Teil einer Hochschule) entspricht im Russischen das Wort „кафедра“.

институционализа́ци|я <-и> *ж* ЮР Institutionalisierung *f*

институциона́льн|ый <-ая, -ое> *прил* ЮР institutionalisiert

институцио́нн|ый <-ая, -ое> *прил* ЮР Institutions-

инструкта́ж <-а> *м* **1.** *(указа́ния, обуче́ние)* Instruktion *f*, Anleitung *f* **2.** ЭКОН Briefing *nt*

инструкти́р|овать <-ую, -уешь> *(н)св*, **проинструкти́ровать** *св прх* instruieren, anleiten

инстру́ктор <-а> *м* Ausbilde(r) *m*; **~ по вожде́нию** Fahrlehrer *m*

инстру́кци|я <-и> *ж* **1.** *(указа́ния)* Anweisung *f*; **~ для по́льзователей** Gebrauchsanweisung *f* **2.** *(предписа́ние)* Vorschrift *f*; **инстру́кции о поря́дке веде́ния бухга́лтерского учёта** ЭКОН Buchführungsrichtlinien *pl*; **инстру́кции по те́хнике безопа́сности** ЮР Arbeitsschutzvorschriften *pl*; **~ по составле́нию бала́нсов** Bilanzierungsvorschriften *pl*

инструме́нт <-а> *м* **1.** ТЕХ Werkzeug *nt* **2.** МУЗ Instrument *nt*; **духово́й ~** Blasinstrument *nt* **3.** ЭКОН Mittel *nt*; **~ ма́ркетинга** Marketinginstrument *nt*

инструмента́льн|ый <-ая, -ое> *прил* **1.** *(для произво́дства)* Werkzeug-; **инструмента́льная сталь** Werkzeugstahl *m*; **инструмента́льная промы́шленность** Werkzeugindustrie *f* **2.** *(вид му́зыки)* Instrumental-; **инструмента́льная му́зыка** Instrumentalmusik *f* **3.** ЛИНГВ *(эксперимента́льный)* Instrumental-; **инструмента́льная фоне́тика** Instrumentalphonetik *f*

инструмента́льщик <-а> *м* Werkzeugmacher *m*

инструмента́ри|й <-я> *м* Instrumentarium *nt*

инструменто́вк|а <-и> *ж* МУЗ Instrumentation *f*

инсу́льт <-а> *м* МЕД Schlaganfall *m*, Insult *m*

инсцени́р|овать <-ую *или* -у́ю, -уешь *или* -у́ешь> *(н)св прх* **1.** *(ста́вить на сце́не)* inszenieren; **~ рома́н** einen Roman inszenieren **2.** *(притво́рно изобрази́ть)* vortäuschen; **~ о́бморок** Ohnmacht *f* vortäuschen

интегра́л <-а> *м* МАТ Integral *nt*; **~ вероя́тности** Wahrscheinlichkeitsintegral *nt*

интегра́льн|ый <-ая, -ое> *прил* **1.** МАТ, ЭЛ Integral-, integral; **интегра́льная схе́ма** integrales Schema **2.** *(еди́ный)* einheitlich

интеграционн|ый <-ая, -ое> *прил* Integrations-; **~ проце́сс** Integrationsprozess *m*

интегра́ци|я <-и> *ж* **1.** МАТ, БИОЛ Integration *f*, Eingliederung *f* **2.** *(объедине́ние)* Integrieren *nt*; **~ языко́в** Integrieren *nt* der Sprachen

Интегри́рованная слу́жба цифрово́й сети ТЕЛКОМ Integrated Services Digitgal Network, ISDN *nt*

интегри́р|овать <-ую, -уешь> *(н)св прх* integrieren, eingliedern

интегри́рующ|ий <-ая, -ее> *прил* МАТ integrierbar; **интегри́рующее устро́йство** integrierbare Struktur *f*; **~ мно́житель** integrierbarer Multiplikator *m*

интелле́кт <-а> *м* Intellekt *m*; **с высо́ким интелле́ктом** von hohem Intellekt

интеллектуа́|льный <-льная, -льное; -лен, -льна, -льно> *прил* intellektuell; **интеллектуа́льная со́бственность** intellektuelles Eigentum *nt*; **~ труд** intellektuelle Arbeit *f*

интеллиге́нт <-а> *м*, **интеллиге́нтк|а** <-и> *ж* Intelektuelle(r) *f(m)*, Angehörige(r) *f(m)* der Intelligenz

интеллиге́нт|ный <-ная, -ное; -ен, -на, -но> *прил* intelligent, intellektuell

интенда́нт <-а> *м* ВОЕН Intendant *m*

интенда́нтск|ий <-ая, -ое> *прил* ВОЕН Intendanten-; **интенда́нтская слу́жба** Intendantendienst *m*; **интенда́нтское ве́-**

домство Intendantenbehörde *f*

интенси́внос|ть <-ти> *ж* Intensität *f*

интенси́в|ный <-ная, -ное; -ен, -на, -но> *прил* intensiv

интенсифици́р|овать <-ую, -уешь> *(н)св прх* intensivieren

интеракти́внос|ть <-ти> *ж* Interaktivität *f*

интеракти́вн|ый <-ая, -ое> *прил* interaktiv; **~ видеоди́ск** interaktive Bildplatte *f* [*o* Videoplatte *f*]

интерва́л <-а> *м* **1.** *(промежу́ток во вре́мени)* Intervall *nt*, zeitlicher Zwischenraum *m* **2.** *(диста́нция)* Zwischenraum *m*, Abstand *m* **3.** муз Intervall *nt*

интерве́нт <-а> *м* Eindringling *m*

интерве́нци|я <-и> *ж* Intervention *f*

интервью́ <неизм> *ср* Interview *nt*, Befragung *f*; **взять у кого́-л. ~** ein Interview machen mit +*dat*; **~ при приёме на рабо́ту** Einstellungsgespräch *nt*, Vorstellungsgespräch *nt*

интервьюи́р|овать <-ую, -уешь> *(н)св прх* interviewen

интерде́вочк|а <-и> *ж разг* Devisennutte *f*

интере́с <-а> *м* Interesse *nt*, Aufmerksamkeit *f*; **экономи́ческие интере́сы** wirtschaftliche Interessen *ntpl*; **проявля́ть ~ к чему́-л.** Interesse zeigen für +*akk*

интере́с|ный <-ная, -ное; -ен, -на, -но> *прил* interessant; **быть в интере́сном положе́нии** in anderen Umständen sein, schwanger sein; **с интере́сной вне́шностью** gutaussehend

интерес|ова́ться <-у́юсь, -у́ешься> *нсв*, **поинтересова́ться** *св рефл* sich interessieren für +*akk*; **руково́дство поинтересова́лось, что происхо́дит** die Leitung interessierte sich, was los ist

интерме́ди|я <-и> *ж* теат Intermedium *nt*

интерме́ццо <неизм> *ср* муз Intermezzo *nt*

интерна́т <-а> *м* Internat *nt*; **шко́ла-интерна́т** Internatschule *f*

интернационализа́ци|я <-и> *ж* Internationalisierung *f*

интернационали́зм <-а> *м* пол Internationalismus *m*

интерне́т <-а> *м* Internet *nt*

интерне́тчик <-а> *м разг* информ Internet-Nutzer *m*

интерпрета́ци|я <-и> *ж книжн* Interpretation *f*; **~ зако́на** юр Gesetzinterpretation; **~ языко́в программи́рования** информ Interpretation der Programmiersprachen; **~ те́кста** лингв Interpretation des Textes

интерфе́йс <-а> *м* информ Schnittstelle *f*, Interface *nt*; **паралле́льный ~** Parallelschnittstelle *f*; **рабо́чий ~** Benutzeroberfläche *f*

интерфере́нци|я <-и> *ж* Interferenz *f*; **~ языкова́я** лингв Spracheninterferenz *f*

интерье́р <-а> *м* иск Interieur *nt*; **убра́нство интерье́ра** Einrichtung *f*

инти́м|ный <-ная, -ное; -ен, -на, -но> *прил* **1.** *(ли́чный, сокрове́нный)* intim; **инти́мная жизнь** intimes Leben *nt*; **инти́мные отноше́ния** intime Beziehungen *fpl*; **~ разгово́р** intimes Gespräch *nt* **2.** *(бли́зкий)* vertraulich, intim; **в инти́мной обстано́вке** in vertraulicher Umgebung

интоксика́ци|я <-и> *ж* мед Intoxikation *f*; **промы́шленная ~** industrielle Intoxikation *f*

интонацио́нн|ый <-ая, -ое> *прил* Intonations-; **интонацио́нные сре́дства** Intonationsmittel *ntpl*

интона́ци|я <-и> *ж* Intonation *f*, Tonfall *m*

интразона́льнос|ть <-ти> *ж* геог Intrazonalität *f*

интрасе́|ть <-ти> *ж* информ Intranet *nt*

интри́г|а <-и> *ж* Intrige *f*

интрига́н <-а> *м*, **интрига́нк|а** <-и> *ж* Intrigant(in) *m(f)*

интриг|ова́ть <-у́ю, -у́ешь> *нсв*, **заинтригова́ть** *св* **I.** *нпрх (про́тив кого́-л.)* intrigieren **II.** *прх* neugierig machen

интрове́рт <-а> *м* псих introvertierter Mensch *m*

интроду́кци|я <-и> *ж* биол, муз Introduktion *f*; **~ расте́ний** Pflanzenintroduktion *f*

интроскопи́|я <-и> *ж* Introskopie *f*

интроспекти́вн|ый <-ая, -ое> *прил* псих introspektiv; **~ ме́тод** introspektive Methode *f*

интру́зи|я <-и> *ж* геол Intrusion *f*

интуба́ци|я <-и> *ж* мед Intubation *f*

интуи́ци|я <-и> *ж* Intuition *f*, Eingebung *f*

Интури́ст <-а> *м* *während der Sowjetzeit das staatliche Unternehmen für Auslandstourismus mit eigenem Hotelnetz und Vertretungen in allen Großstädten und Urlaubsgebieten in der UdSSR*

инфанти́льн|ый <-ая, -ое> *прил* infantil; **инфанти́льное поведе́ние** infantiles Benehmen *nt*

инфа́ркт <-а> *м* Infarkt *m*; **~ миока́рда** мед Herzinfarkt *m*

инфекцио́нн|ый <-ая, -ое> *прил* Infektions-, ansteckend

инфе́кци|я <-и> *ж* Infektion *f*; **кише́чная ~** Darminfektion *f*

инфильтра́т <-а> *м* мед, биол Infiltrat *nt*

инфинити́в <-а> *м* лингв Infinitiv *m*

инфля́ци|я <-и> *ж* Inflation *f*, Geldentwertung *f*; **~ спро́са** Nachfrageinflation *f*

информаге́нтство *сокр от* **информацио́нное аге́нтство** Infoagentur *f*

информа́нт <-а> *м* Informant *m*

информа́тик <-а> *м* Informatiker *m*

информа́тик|а <-и> *ж* Informatik *f*

информа́тор <-а> *м* Informator *m*

информацио́нно-по́исков|ый <-ая, -ое>

прил Informations-; ~ **язы́к** Informationssprache *f;* **информацио́нно-по́исковая систе́ма** Informationssystem *nt*

информацио́нно-спра́вочн|ый <-ая, -ое> *прил* Auskunfts-; **информацио́нно-спра́вочное бюро́** Auskunftsbüro *nt*

информацио́нн|ый <-ая, -ое> *прил* Informations-; ~ **лист** Informationsblatt *nt;* **информацио́нное аге́нтство** Nachrichtenagentur *f*

информа́ци|я <-и> *ж* **1.** *(информи́рование, оповеще́ние)* Information *f,* Auskunft *f;* ~ **ба́нка** Bankauskunft *f;* ~ **о движе́нии ку́рсов на би́рже** Börsenbericht *m* **2.** *(да́нные)* Daten *pl;* **носи́тель информа́ции** ИНФОРМ Datenträger *m*

информи́р|овать <-ую, -уешь> *(н)св,* **проинформи́ровать** *св прх* informieren

информи́р|оваться <-уюсь, -уешься> *(н)св рефл* sich informieren lassen; ~ **о положе́нии в стране́** sich über die Lage im Land informieren lassen

инфразву́к <-а> *м* ФИЗ Infraschall *m*

инфракра́сн|ый <-ая, -ое> *прил* ФИЗ infrarot; **инфракра́сные лучи́** infrarote Strahlen *mpl;* ~ **нагре́в** infrarotes Erhitzen; **инфракра́сная те́хника** Infrarottechnik *nt*

инфраструкту́р|а <-ы> *ж* Infrastruktur *f*

инциде́нт <-а> *м* Zwischenfall *m,* Vorfall *m;* **пограни́чный** ~ Grenzzwischenfall *f*

инъе́кци|я <-и> *ж* Injektion *f,* Spritze *f*

инъеци́р|овать <-ую, -уешь> *(н)св прх* **1.** МЕД injizieren **2.** ТЕХ einspritzen

Инъя́з *сокр от* **институ́т иностра́нных языко́в** Fremdspracheninstitut *nt,* Hochschule *f*

инюрколле́ги|я *сокр от* **иностра́нная юриди́ческая колле́гия** ЮР ausländisches Juristenkollegium *nt*

и.о. *сокр от* **исполня́ющий обя́занности** Stellvertreter *m,* Exekutiv-; **и.о. дека́на** Exekutiv-Dekan *m*

ионизá́ци|я <-и> *ж* ФИЗ, МЕД Ionisation *f*

ио́нн|ый <-ая, -ое> *прил* ФИЗ ionisch, ionogen; ~ **обме́н** Ionenaustausch *m;* ~ **прибо́р** Ionisator *m*

ионосфе́р|а <-ы> *ж* АСТР Ionosphäre *f*

иорда́н|ец <-ца> *м,* **иорда́нк|а** <-и> *ж* Jordanier(in) *m(f)*

Иорда́ни|я <-и> *ж* Jordanien *nt*

иподья́кон <-а> *м* Hypodiakon *m,* Subdiakon *m*

ипоте́к|а <-и> *ж* Hypothek *f,* Grundpfand *nt;* ~ **с твёрдым сро́ком вы́купа** Festhypothek *f*

ипотекодержа́те|ль <-ля> *м* Hypothekar *m*

ипоте́чн|ый <-ая, -ое> *прил* Hypotheken-; **ипоте́чная кни́га** Hypothekenregister *nt;* **ипоте́чное пра́во** ЮР Pfandrecht *nt;* **ипоте́чный банк** Hypothekenbank *f;* ~ **долг** Grundschuld *f;* ~ **креди́т** Hypothekarkredit *m;* ~ **лист** (Hypotheken)Pfandbrief *m*

ипохо́ндрик <-а> *м* Hypochonder *m*

ипподро́м <-а> *м* Rennbahn *f*

ипри́т <-а> *м* ХИМ Yperit *nt*

ипс *сокр от* **информацио́нно-по́исковая систе́ма** Informationssystem *nt*

Ира́к <-а> *м* Irak *m*

Ира́н <-а> *м* Iran *m*

ира́н|ец <-ца> *м,* **ира́нк|а** <-и> *ж* Iraner(in) *m(f)*

ириди|й <-я> *м* Iridium *nt*

и́рис <-а> *м* **1.** БОТ Schwertlilie *f* **2.** АНАТ Iris *f*

ири́с <-а> *м* Sahnebonbon *nt*

ирла́нд|ец <-ца> *м,* **ирла́ндк|а** <-и> *ж* Ire *m,* Irin *f*

Ирла́нди|я <-и> *ж* Irland *nt*

и́род <-а> *м* grausamer Mensch *m*

иронизи́р|овать <-ую, -уешь> *нсв нпрх* ironisieren

ирони́ческ|ий <-ая, -ое> *прил* ironisch; ~ **тон** ironischer Ton *m;* ~ **взгляд** ironischer Blick *m*

ирони́ч|ный <-ая, -ое; -ен, -на, -но> *прил* ironisch

иро́ни|я <-и> *ж* Ironie *f*

иррадиа́ци|я <-и> *ж* МЕД, ФИЗ Irradiation *f*

иррациона́|льный <-льная, -льное; -лен, -льна, -льно> *прил* ФИЛОС, МАТ irrational; **иррациона́льное число́** irrationale Zahl *f;* **иррациона́льное выраже́ние** irrationaler Ausdruck

иррегуля́рн|ый <ая, -ое> *прил* irregulär; **иррегуля́рные войска́** irreguläre Armee *f*

ирригацио́нн|ый <-ая, -ое> *прил* АГР Irrigations-; **ирригацио́нная систе́ма** Irrigationssystem *nt*

иск <и́ска> *м* ЮР (gerichtliche) Klage *f;* **гражда́нский** ~ Zivilklage *f;* **встре́чный** ~ Gegenklage *f;* ~ **об исполне́нии** Vollstreckungsklage *f;* ~ **о возмеще́нии убы́тков** Schadenersatzklage *f;* ~ **о переусту́пке** Abtretungsklage *f;* **возбуди́ть** ~ Klage erheben; **отклони́ть** ~ eine Klage zurückweisen

искажа́|ть <-ю, -ешь> *нсв,* **искази́ть** *св прх* entstellen, verdrehen, verzerren

искажён|ный <-ная, -ное; -, -а́, -о́> *прил* verzerrt; **изкажённое изображе́ние** Zerrbild *nt*

иска|зи́ть <-жу́, -зи́шь> *св прх см.* **искажа́ть**

искале́чива|ть <-ю, -ешь> *нсв,* **искале́чить** *св прх* zum Krüppel machen, verstümmeln

иска́лыва|ть <-ю, -ешь> *нсв,* **исколо́ть** *св прх* zerstechen

иска́ни|е <-я> *ср* **1.** *книжн* Suchen *nt,* Bemühen *nt* **2.** *мн (иссле́дование)* Forschungen *fpl*

иска́те|ль <-ля> *м* Sucher *m;* **~ приключе́ний** Abenteurer *m*

иска́ть <ищу́, и́щешь> *нсв прх* suchen

исключа́|ть <-ю, -ешь> *нсв,* **исключи́ть** *св прх* ausschließen; **~ из спи́ска** aus der Liste streichen; **~ из институ́та** exmatrikulieren; **не исключено́** es ist nicht ausgeschlossen

исключа́я *предл* außer *+dat,* ausgenommen *+akk*

исключе́ни|е <-я> *ср* **1.** *(удале́ние)* Ausschluss *m* **2.** *(из пра́вила)* Ausnahme *f;* **без исключе́ний** ausnahmslos; **в ви́де исключе́ния** ausnahmsweise

исключи́тельно *нрч* ausschließlich

исключи́тельнос|ть <-ти> *ж* **1.** *(исключе́ние из о́бщих пра́вил, обы́чных норм)* Exklusivität *f* **2.** *(чрезвыча́йность)* Besonderheit *f*

исключи́те|льный <-льная, -льное; -лен, -льна, -льно> *прил* **1.** *то́лько по́лная фо́рма (преиму́щественный, неограни́ченный)* Sonder-, Ausnahme- **2.** *(необыкнове́нный, ре́дкий, необы́чный)* ungewöhnlich **3.** *разг (осо́бенный, превосхо́дный)* exklusiv, ausgezeichnet; **исключи́тельное пра́во** Exklusivrecht *nt,* Alleinrecht *nt,* Alleinberechtigung *f*

исключ|и́ть <-у́, -и́шь> *св прх см.* **исключа́ть**

искове́рка|ть <-ю, -ешь> *св прх см.* **кове́ркать**

иско́в|о́й <-а́я, -о́е> *прил* ЮР Klage-; **исково́я да́вность** Klageverjährung *f;* **исково́е заявле́ние** Klageschrift *f*

исколе|си́ть <-шу́, -си́шь> *св прх разг* durchwandern, durchreisen; **~ всю Евро́пу** durch ganz Europa reisen

иско́лот|ый <-ая, -ое; -, -а, -о> *прил* durchstochen

иск|оло́ть <-олю́, -о́лешь> *св прх см.* **иска́лывать**

иско́м|ый <-ая, -ое> *прил* gesucht; **иско́мая величина́** МАТ gesuchte Größe *f,* unbekannte Größe *f*

иско́н|ный <-ная, -ное; -ен, -на, -но> *прил* vor alters her; **иско́нные жи́тели** *(абориге́ны)* Ureinwohner *mpl,* alteigesessene Einwohner *mpl;* **иско́нная вражда́** alte Feindschaft *f;* **иско́нные зе́мли** ererbtes Land *nt*

ископа́ем|ое <-ого> *ср* ГЕОЛ Fossil *nt;* **поле́зные ископа́емые** Bodenschätze; *мн*

искорене́ни|е <-я> *ср* Ausrottung *f,* Ausmerzung *f;* **~ престу́пности** Ausmerzung *f* des Verbrechens

искореня́|ть <-ю, -ешь> *нсв,* **искорени́ть** *св прх* ausrotten, ausmerzen

и́скоса *нрч* schief; **смотре́ть на кого́-л. ~** jdn schief ansehen

и́скр|а <-ы> *ж* Funke *m*

и́скрен|ний <-няя, -нее; -ен, -на, -не> *прил* aufrichtig; **и́скреннее жела́ние** Herzenswunsch *m*

искрив|и́ть <-лю́, -и́шь> *св прх см.* **искривля́ть**

искривле́ни|е <-я> *ср* Biegung *f,* (Ver)Krümmung *f;* **~ позвоно́чника** Rückgratverkrümmung *f*

искривля́|ть <-ю, -ешь> *нсв,* **искриви́ть** *св прх* **1.** *(изогну́ть)* verbiegen; **~ трубу́** das Rohr verbiegen **2.** *перен (о черта́х лица́)* verzerren; **~ лицо́** das Gesicht verzerren

искри́ст|ый <-ая, -ое; -, -а, -о> *прил* **1.** *(искря́щийся)* funkelnd; **~ снег** funkelnder Schnee *m;* **искри́стое шампа́нское** funkelnder Schaumwein *m* **2.** *перен (вырази́тельный)* ausdrucksvoll; **~ смех** herzliches Lachen *nt*

искр|и́ть <-ю́, -и́шь> *нсв нпрх* ЭЛ Funken sprühen, funkeln

и́скр|иться <-юсь *или* -ю́сь, -ишься *или* -и́шься> *нсв рефл* funkeln; **её глаза́ искри́лись ра́достью** ihre Augen sprühten Freude

искров|о́й <-а́я, -о́е> *прил* ФИЗ Funken-; **~ разря́д** Funkenentladung *f;* **~ счётчик** elektrischer Funkenzähler

искрогаси́те|ль <-ля> *м* ТЕХ Funkenlöscher *m*

искромса́|ть <-ю, -ешь> *св прх см.* **кромса́ть**

искупа́|ть[1] <-ю, -ешь> *нсв,* **искупи́ть** *св прх* sühnen, wiedergutmachen; **~ свою́ вину́** seine Schuld büßen

искупа́|ть[2] <-ю, -ешь> *св прх см.* **купа́ть**

искупа́|ться <-юсь, -ешься> *св рефл см.* **купа́ться**

искупи́те|льный <-льная, -льное; -лен, -льна, -льно> *прил* Sühn-; **стать искупи́тельной же́ртвой** zum Sündenbock *m* [*o* Sühnopfer *nt*] werden

искуп|и́ть <-лю́, -и́шь> *св прх см.* **искупа́ть**

искупле́ни|е <-я> *ср* Sühne *f,* Buße *f*

искуса́|ть <-ю, -ешь> *св прх см.* **иску́сывать**

искуси́те|ль <-ля> *м,* **искуси́тельниц|а** <-ы> *ж* Verführer(in) *m(f);* **кова́рный ~** hinterhältiger Verführer *m*

иску́сник <-а> *м,* **иску́сниц|а** <-ы> *ж* Meister(in) *m(f);* **вели́кий ~ в своём де́ле** großer Meister in seiner Arbeit

иску́с|ный <-ная, -ное; -ен, -на, -но> *прил* geschickt, gewandt, kunstvoll

иску́сствен|ный <-ная, -ное; -, -на, -но> *прил* **1.** *то́лько по́лная фо́рма* künstlich; **иску́сственное волокно́** Kunstfaser *f;* **иску́сственное взви́нчивание цен** Preistreiberei *f;* **~ интелле́кт** ИНФОРМ künstliche Intelligenz *f* **2.** *(неесте́ственный)* gekünstelt, unnatürlich

И

иску́сств|о <-а> *ср* **1.** иск Kunst *f* **2.** *(мастерство, умение)* Fertigkeit *f*
искусствове́д <-а> *м* Kunsthistoriker(in) *m(f)*
иску́сыва|ть <-ю, -ешь> *нсв*, **искуса́ть** *св прх* (zer)beißen; *(насеко́мые)* zerstechen, an vielen Stellen stechen
искушён|ный <-ная, -ное; -, -а́, -о́> *прил* **1.** *(нау́ченный чем-л.)* **~ о́пытом** durch die Erfahrung geschult **2.** *(о́пытный)* erfahren; **~ в поли́тике** erfahren in der Politik
искуше́ни|е <-я> *ср* Versuchung *f*
исла́м <-а> *м* религ Islam *m*
ислами́зм <-а> *м* религ Islamismus *m*
исла́нд|ец <-ца> *м*, **исла́ндк|а** <-и> *ж* Isländer(in) *m(f)*
испа́н|ец <-ца> *м* Spanier *m*
Испа́ни|я <-и> *ж* Spanien *nt*
испа́нк|а <-и> *ж* Spanierin *f*
испа́нск|ий <-ая, -ое> *прил* spanisch
испаре́ни|е <-я> *ср* Verdampfung *f*, Verdunstung *f*; **тяжёлые испаре́ния** Ausdünstungen *fpl*
испа́рин|а <-ы> *ж* Schweiß *m*
испари́те|ль <-ля> *м* метеор, тех Verdampfer *m*
испаря́|ться <-юсь, -ешься> *нсв*, **испари́ться** *св рефл* **1.** *(вода́)* verdampfen, verdunsten **2.** *разг (исчёзнуть)* verduften, sich aus dem Staub machen
испа́чка|ть <-ю, -ешь> *св прх см.* **па́чкать**
испепеля́|ть <-ю, -ешь> *нсв*, **испепели́ть** *св прх* **1.** *(сжечь)* einäschern; **~ сара́й** die Scheune in Asche verwandeln; **~ взгля́дом** *перен* jdn mit einem Blick vernichten **2.** *перен (растра́тить)* vergeuden; **~ жизнь** das Leben vergeuden
испестря́|ть <-ю, -ешь> *нсв*, **испестри́ть** *св прх* bunt bemalen; **~ тетра́дь поме́тами** das Heft mit Notizen vollschreiben; **~ кни́гу рису́нками** das Buch mit Zeichnungen bemalen
испе́|чь <-ку́, -чёшь> *св прх см.* **печь**
испещря́|ть <-ю, -ешь> *нсв*, **испещри́ть** *св прх* bunt bemalen; **~ лицо́ морщи́нами** das Gesicht mit Falten bedecken; **~ текст исправле́ниями** den Text mit Korrekturen vollschreiben
испи́сыва|ть <-ю, -ешь> *нсв*, **исписа́ть** *св прх* **1.** *(запо́лнить)* vollschreiben; **~ тетра́дь** das Heft vollschreiben **2.** *(истра́тить)* verbrauchen; **~ то́нны бума́ги** Tonnen Papier verbrauchen
испит|о́й <-а́я, -о́е> *прил разг* abgezehrt; **испито́е лицо́** abgezehrtes Gesicht *nt*
исповеда́льн|я <-и> *ж* Beichtstuhl *m*
исповеда́ни|е <-я> *ср* религ Konfession *f*; **правосла́вное ~** orthodoxe Konfession *f*
испове́да|ться <-юсь, -ешься> *св рефл см.* **испове́дываться**
испове́дник <-а> *м* религ **1.** *(свяще́нник)* Beichtvater *m* **2.** *(ка́ющийся)* Beichtgänger *m*
испове́д|овать <-ую, -уешь> *(н)св прх* **1.** религ beichten, bekennen; **~ сокрове́нные мы́сли** seine intimen Gedanken anvertrauen **2.** *(сле́довать рели́гии)* bekennen; **~ христиа́нство** sich zum Christentum bekennen
и́спове|дь <-ди> *ж* Beichte *f*
испове́д|ываться <-уюсь, -уешься> *нсв*, **испове́даться** *св рефл и перен* beichten; **~ в греха́х** die Sünden beichten
и́подволь *нрч разг* allmählich; **~ нака́пливаться** sich allmählich ansammeln
исподло́бья *нрч* mürrisch, finster; **смотре́ть ~** mürrisch gucken; **взгляд ~** finsterer Blick *m*
исподтишка́ *нрч* insgeheim; **наблюда́ть ~** jdn/etw heimlich beobachten; **де́йствовать ~** vorsichtig handeln
испоко́н *нрч* **~ веко́в** seit Menschengedenken
исполи́н <-а> *м (гига́нт)* Riese *m*
исполи́нск|ий <-ая, -ое> *прил* riesig; **исполи́нские пла́ны** große Pläne *mpl*; **исполи́нская си́ла** große Kraft *f*; **~ рост** Riesengröße *f*
исполко́м *сокр от* **исполни́тельный комите́т** Exekutivkomitee *nt*
исполне́ни|е <-я> *ср* Ausführung *f*, Erfüllung *f*, Durchführung *f*, Erledigung *f*; **~ обяза́тельства согла́сно гара́нтии** Garantieleistung *f*; **приводи́ть в ~** юр *(пригово́р)* vollstrecken
испо́лнен|ный <-ная, -ное; -, -а, -о> *прил* **1.** *(сы́гранный)* aufgeführt; **~ на сце́не теа́тра** im Theater aufgeführt; **~ на бис** als Zugabe aufgeführt **2.** *(по́лный чего́-л.)* erfüllt; **~ страда́ниями** mit Leiden erfüllt; **~ наде́жд на бу́дущее** voller Hoffnungen in die Zukunft
исполни́м|ый <-ая, -ое; -, -а, -о> *прил* realisierbar; **исполни́мые жела́ния** realisierbare Wünsche *mpl*
исполни́те|ль <-ля> *м*, **исполни́тельниц|а** <-ы> *ж* **1.** юр Vollzieher *m*, Vollstrecker *m*; **суде́бный ~** Gerichtsvollzieher *m* **2.** *(техни́ческий рабо́тник, поруче́нец)* Bearbeiter(in) *m(f)*, ausführende Person *f*; **~ зака́за** экон *(подря́дчик)* Auftragnehmer *m* **3.** кино Darsteller(in) *m(f)*; **~ гла́вной ро́ли** Hauptdarsteller *m*
исполни́тельно-распоряди́тельн|ый <-ая, -ое> *прил* Vollzugs-; **~ протоко́л** Vollzugsprotokoll *nt*
исполни́тельнос|ть <-ти> *ж* Zuverlässigkeit *f*; **проявля́ть ~ во всём** immer zuverlässig sein
исполни́те|льный <-льная, -льное; -лен, -льна, -льно> *прил* **1.** *(фу́нкции)* vollziehend, exekutiv; **исполни́тельная власть** пол Exekutive *f*; **исполни́тельная инстру́кция** Durchführungsbestimmung *f*; **~**

докумéнт [*или* **лист**] Vollstreckungsbescheid *m* **2.** *(добросóвестный)* sorgfältig, verlässlich

испóлн|ить <-ю, -ишь> *св прх см.* **исполня́ть**

испóлн|иться <-юсь, -ишься> *св рефл см.* **исполня́ться**

исполня́|ть <-ю, -ешь> *нсв,* **испóлнить** *св прх* **1.** *(осуществля́ть)* erfüllen, ausführen; **~ обя́занности** ein Amt ausüben; **исполня́ющий обя́занности** Stellvertreter *m;* **~ стихотворéние** ein Gedicht vortragen **2.** ТЕАТ darstellen **3.** МУЗ spielen

исполня́|ться <-юсь, -ешься> *нсв,* **испóлниться** *св рефл* **1.** *(осуществи́ться)* sich erfüllen, in Erfüllung gehen **2.** *(юбилéй)* vollenden; **емý вчерá испóлнилось 50 лет** er ist gestern 50 Jahre alt geworden **3.** *(годовщи́на)* sich jähren; **испóлнилось дéсять лет со дня егó кончи́ны** der Tag seines Todes jährt(e) sich zum zehnten Mal

исполос|овáть <-ýю, -ýешь> *св прх* **1.** *(изби́ть)* zerfetzen; *(кнутóм)* auspeitschen **2.** *(исчерти́ть ли́ниями)* Spuren *pl* [*o* Streifen *pl*] hinterlassen; **~ зéмлю колёсами** Radspuren im Boden hinterlassen

испóльзовани|е <-я> *ср* **1.** *(применéние)* Ausnutzung *f,* Nutzung *f,* Verwendung *f;* **~ креди́тов** Inanspruchnahme *f* eines Kredits; **~ не по назначéнию** Zweckentfremdung *f;* **~ средств** Mittelverwendung *f;* **~ фáкторов произвóдства** Faktoreinsatz *m* **2.** *(обрабóтка)* Verwertung *f*

испóльз|овать <-ую, -уешь> *(н)св прх* **1.** *(пóльзоваться, применя́ть)* ausnutzen, sich zunutze machen, verwenden **2.** *(обрабáтывать)* nutzen, verwerten

испóльз|оваться <-уюсь, -уешься> *(н)св рефл* zur Anwendung kommen, verwendet werden

испóр|тить <-чу, -тишь> *св прх см.* **пóртить**

испóр|титься <-чусь, -тишься> *св рефл см.* **пóртиться**

испóрчен|ный <-ная, -ное; -, -а, -о> *прил* **1.** *(повреждённый)* beschädigt; **~ механи́зм** beschädigter Mechanismus *m* **2.** *(сквéрный)* verdorben; **испóрченное настроéние** verdorbene Laune *f;* **испóрченные отношéния** verdorbene Beziehung *f* **3.** *(распýщенный)* verwöhnt; **~ ребёнок** verwöhntes Kind *nt* **4.** *(гнилóй)* verfault, faulig; **испóрченное я́блоко** verfaulter Apfel

исправи́м|ый <-ая, -ое; -, -а, -о> *прил* korrigierbar; **дéло э́то исправи́мое** das werden wir schon hinbiegen

исправи́тельн|ый <-ая, -ое> *прил* Besserungs-; **исправи́тельные рабóты** Strafarbeit *f*

испрáв|ить <-лю, -ишь> *св прх см.* **исправля́ть**

испрáв|иться <-люсь, -ишься> *св рефл см.* **исправля́ться**

исправлéни|е <-я> *ср* **1.** *(попрáвка, опровержéние)* Berichtigung *f,* Korrektur *f;* **~ балáнса** Bilanzberichtigung *f* **2.** *(приведéние в испрáвность)* Ausbesserung *f,* Reparatur *f*

исправля́|ть <-ю, -ешь> *нсв,* **испрáвить** *св прх* **1.** *(оши́бку, оплóшность)* berichtigen, verbessern **2.** *(когó-л.)* bessern, ändern; **егó ужé не испрáвишь** man kann ihn nicht mehr ändern **3.** *(привести́ в испрáвность)* ausbessern, reparieren

исправля́|ться <-юсь, -ешься> *нсв,* **испрáвиться** *св рефл* sich bessern

испрáвнос|ть <-ти> *ж* **1.** ТЕХ *(отсýтствие повреждéний)* intakt sein, Funktionstüchtigkeit *f;* **~ дви́гателя** Funktionstüchtigkeit *f* des Motors; **получи́ть в пóлной испрáвности** etw in bestem Zustand bekommen **2.** *(аккурáтность)* Akkuratesse *f;* **~ платежéй** Akkuratesse *f* der Zahlungen

испражня́ться *нсв,* **испражни́ться** *св рефл* Kot absondern

испрóб|овать <-ую, -уешь> *св прх* ausprobieren; **~ все срéдства** alle Mittel ausprobieren

испýг <-а> *м* Schreck *m;* **отдéлаться лёгким испýгом** mit leichtem Schrecken davonkommen

испугá|ть <-ю, -ешь> *св прх см.* **пугáть**

испускá|ть <-ю, -ешь> *нсв,* **испусти́ть** *св прх* absondern, ausstoßen; **~ крик** einen Schrei ausstoßen; **~ дух** *перен* den Geist aufgeben

испытáни|е <-я> *ср* **1.** *(прóба, провéрка)* Versuch *m,* Probe *f,* Test *m;* **испытáния я́дерного орýжия** Nukleartests *pl;* **вы́борочное ~** Stichprobe *f;* **~ при пóмощи тéстов** Testverfahren *nt;* **~ в ры́ночных услóвиях** Markttest *m;* **~ продýкта** Produkttest *m;* **~ товáра** Warentest *m;* **~ упакóвки** Verpackungstest *m;* **ходовóе ~** АВТО Probefahrt *f;* **вы́держать ~** eine Prüfung bestehen **2.** *(экзáмен)* Prüfung *f* **3.** *(в жи́зни)* Prüfung *f,* Erprobung *f;* **~ на мýжество** Mutprobe *f;* **пройти́ тя́жкие испытáния** Schweres durchmachen

испы́тан|ный <-ная, -ное; -, -а, -о> *прил* erprobt, bewährt

испытáте|ль <-ля> *м* **1.** ТЕХ *(прибóр)* Prüfer *m;* **~ ýровней** Niveauprüfer **2.** *(проверя́ющий)* **лётчик-~** Testpilot *m*

испытáтельн|ый <-ая, -ое> *прил* Probe-; **~ проéкт** Pilotprojekt *nt;* **~ срок** Probezeit *f*

испытá|ть <-ю, -ешь> *св прх см.* **испы́тывать**

испытýем|ый <-ая, -ое> *м* Prüfling *m*

испытýющ|ий <-ая, -ее> *прил* forschend;

~ **взгляд** forschender Blick *m*

испы́тыва|ть <-ю, -ешь> *нсв*, **испыта́ть** *св прх* **1.** *(про́бовать, проверя́ть)* prüfen, testen; ~ **на про́чность** die Festigkeit testen; ~ **самолёт в во́здухе** das Flugzeug in der Luft testen; ~ **чьи-л. не́рвы** *перен* jds Geduld auf die Probe stellen **2.** *(ощуща́ть)* empfinden; *(пережи́ть)* erleiden, erleben; ~ **ра́дость** Freude empfinden; ~ **му́ки** Qualen ausstehen; ~ **стыд** sich schämen; ~ **превра́тности судьбы́** vom Schicksal heimgesucht werden; ~ **что-л. на себе́** etw am eigenen Leibe erfahren; ~ **нужду́** Not erleben; ~ **сча́стье** Glück empfinden

иссека́|ть <-ю, -ешь> *нсв*, **иссе́чь** *св прх* **1.** *(вы́тесать)* schnitzen, hauen; ~ **бюст из ка́мня** eine Büste in Stein hauen **2.** *(изруби́ть)* zerhacken; ~ **ша́шкой** mit dem Säbel zerhacken

и́ссиня-чёрн|ый <-ая, -ое> *прил* blauschwarz

иссле́довани|е <-я> *ср* Erforschung *f*, Forschung *f*, Untersuchung *f*, Studie *f*; **лаборато́рное** ~ Laboruntersuchung *f*; **косми́ческие иссле́дования** Weltraumforschung *f*; ~ **ры́нка** Marktforschung *f*; ~ **де́йственности рекла́мы** Copytest *m*; ~ **рабо́чего проце́сса** Arbeitsablaufstudie *f*; **иссле́дования и разрабо́тки** Forschung *f* und Entwicklung *f*

иссле́довате|ль <-ля> *м*, **иссле́довательниц|а** <-ы> *ж* Forscher(in) *m(f)*; ~ **ры́нка** Marktforscher *m*

иссле́д|овать <-ую, -уешь> *(н)св прх* erforschen, untersuchen

и́сстари *нрч* seit langem, seit alten Zeiten; ~ **так повело́сь** das ist alte Tradition

исстрада́|ться <-юсь, -ешься> *св рефл разг* leiden; ~ **в одино́честве** in Einsamkeit leiden

исстре́лива|ть <-ю, -ешь> *нсв*, **исстреля́ть** *св прх* **1.** *(израсхо́довать)* verschießen; ~ **запа́с патро́нов** die ganzen Patronen verschießen **2.** *(покры́ть следа́ми)* durchlöchern; ~ **всю мише́нь** die ganze Zielscheibe durchlöchern

исступле́ни|е <-я> *ср* Raserei *f*, Ausschreitung *f*; **довести́ до исступле́ния** zur Raserei treiben; **прийти́ в** ~ in Raserei geraten

иссуша́|ть <-ю, -ешь> *нсв*, **иссуши́ть** *св прх* **1.** *(лиши́ть вла́ги)* trocknen, trocken legen; ~ **по́чву** den Boden trocken legen **2.** *перен (изму́чить)* zehren an + *dat*; ~ **ду́шу** an jds Seele zehren; **тоска́ иссуши́ла её** der Kummer hat sie verzehrt

иссяка́|ть <-ю, -ешь> *нсв*, **исся́кнуть** *св прх* **1.** *(вы́сохнуть)* verrinnen, versiegen; **исто́чник иссяк** die Quelle versiegte **2.** *(исче́знуть)* verschwinden; **терпе́ние моё исся́кло** meine Geduld ist zu Ende; **де́ньги исся́кли** das Geld ging aus

иста́плива|ть <-ю, -ешь> *нсв*, **истопи́ть** *св прх* **1.** *(нагре́ть)* aufwärmen, erhitzen; ~ **ба́ню** das Bad einheizen **2.** *(израсхо́довать)* verbrennen; ~ **мно́го дров** viel Holz verbrennen **3.** *(распла́вить)* schmelzen lassen, zerlassen; ~ **са́ло** Fett schmelzen lassen

иста́скан|ный <-ная, -ное; -, -а, -о> *прил разг* **1.** *(потрёпанный)* abgenutzt, abgetragen; ~ **портфе́ль** abgewetzte Aktentasche *f* **2.** *(изнурённый)* erschöpft; ~ **вид** erschöpftes Aussehen *nt* **3.** *(по́шлый)* alt; ~ **анекдо́т** alter Witz *m*

исте́блишмент <-а> *м* Establishment *nt*

истека́|ть <-ю, -ешь> *нсв*, **исте́чь** *св нпрх* **1.** *перен (срок)* ablaufen; **срок де́йствия догово́ра истека́ет 1-го января́** der Vertrag endet am 1. Januar **2.** *(вытека́ть)* herausfließen; ~ **кро́вью** viel Blut verlieren, verbluten

истёкш|ий <-ая, -ее> *прил* abgelaufen; ~ **срок** abgelaufene Frist; **в истёкшем году́** im vergangenen Jahr

истере́ть <изотру́, изотрёшь> *св прх см.* **истира́ть**

истерза́|ть <-ю, -ешь> *св прх перен (изму́чить)* quälen, plagen; ~ **сомне́ниями** mit Verdächtigungen quälen; ~ **ду́шу** die Seele zerreißen

исте́рик <-а> *м*, **истери́чк|а** <-и> *ж* Hysteriker(in) *m(f)*

исте́рик|а <-и> *ж* hysterischer Anfall; **впасть в исте́рику** einen hysterischen Anfall bekommen; **закати́ть исте́рику** einen Riesenkrach machen; **би́ться в исте́рике** einen hysterischen Anfall haben

истери́ч|ный <-ная, -ное; -ен, -на, -но> *прил* hysterisch

истери́|я <-и> *ж* МЕД Hysterie *f*

ист|е́ц <-ца́> *м* ЮР Kläger(in) *m(f)*

истече́ни|е <-я> *ср* **1.** *(вытека́ние)* Ablauf *m*; **по истече́нии сро́ка** nach Ablauf der Frist **2.** МЕД Ausfluss *m*

исте́|чь <-ку́, -чёшь> *св нпрх см.* **истека́ть**

и́стин|а <-ы> *ж* Wahrheit *f*; **изби́тая** ~ Binsenwahrheit *f*

и́стин|ный <-ная, -ное; -на, -но> *прил* wahr, wahrhaft, echt; **и́стинное положе́ние веще́й** der tatsächliche Stand der Dinge; ~ **друг** echter Freund *m*

истира́ни|е <-я> *ср* Abnutzung *f*; ~ **рези́ны** Reifenabnutzung *f*

истира́|ть <-ю, -ешь> *нсв*, **истере́ть** *св прх* **1.** *(измельчи́ть)* zerreiben; ~ **в порошо́к** zu Pulver zerreiben **2.** *(пора́нить)* wund reiben; ~ **в кровь но́ги** die Füße wund reiben

исти́ц|а <-ы> *ж* ЮР Klägerin *f*

истма́т *сокр от* **истори́ческий материали́зм** *разг* historischer Materialismus *m*

и́стово *нрч* eifrig, inbrünstig; **кла́няться ~** sich eifrig verneigen

исто́к <-а> *м* **1.** *(нача́ло реки́)* Flussquelle *f;* **от исто́ка до у́стья** von der Flussquelle bis zur Mündung **2.** *то́лько мн, перен (первоисто́чник, нача́ло)* Urquell(e) *f*

истолкова́те|ль <-ля> *м,* **истолкова́тельниц|а** <-ы> *ж* Deuter(in) *m(f)*

истолко́выва|ть <-ю, -ешь> *нсв,* **истолкова́ть** *св прх* auslegen, interpretieren

истол|о́чь <-ку́, -чёшь> *св прх* zerstoßen; **~ в сту́пке оре́хи** im Mörser Walnüsse zerkleinern; **~ чесно́к** Knoblauch *m* zerstoßen

исто́м|а <-ы> *ж* Mattigkeit *f;* **в сла́дкой исто́ме** in süßer Schwäche

истом|и́ться <-лю́сь, -и́шься> *св рефл см.* **истомля́ться, томи́ться**

истомлён|ный <-ная, -ное; -, -а́, -о́> *прил* erschöpft; **~ жа́ждой и зно́ем** erschöpft vor Hunger und Hitze

истомля́|ться <-юсь, -ешься> *нсв,* **истоми́ться** *св рефл* verschmachten, sich verzehren

ист|опи́ть <-оплю́, -о́пишь> *св прх см.* **иста́пливать**

истопни́к <-а́> *м,* **истопни́ц|а** <-ы> *ж* Heizer(in) *m(f)*

исторга́|ть <-ю, -ешь> *нсв,* **исто́ргнуть** *св прх* **1.** *(вы́рвать)* herausreißen; **~ из се́рдца** aus dem Herz reißen **2.** *(вы́звать)* hervorrufen; **~ слёзы** Tränen hervorrufen; **~ призна́ния** ein Geständnis entlocken **3.** *(вы́рвать, вы́нуть)* herausziehen; **~ с ко́рнем** mit den Wurzeln (her)ausziehen; **~ из но́жен са́блю** den Säbel aus der Scheide (heraus)ziehen

исто́рик <-а> *м* Historiker *m*

историогра́фи|я <-и> *ж* Geschichtsschreibung *f*

истори́ческ|ий <-ая, -ое> *прил* historisch, geschichtlich, Geschichts-; **~ рома́н** historischer Roman *m;* **истори́ческая подоплёка произведе́ния** der geschichtliche Hintergrund eines Werks; **истори́ческое собы́тие** geschichtliches [*o* historisches] Ereignis *nt;* **истори́ческое созна́ние** Geschichtsbewusstsein *nt;* **истори́ческая часть го́рода** Altstadt *f*

исто́ри|я <-и> *ж* **1.** *(ход разви́тия, нау́ка)* Geschichte *f,* Geschichtswissenschaft *f* **2.** *(расска́з, повествова́ние)* Geschichte *f,* Erzählung *f,* Bericht *m;* **невероя́тная ~** unglaubliche Geschichte *f;* **~ боле́зни** Krankenbericht *m* **3.** *(происше́ствие)* Angelegenheit *f,* Begebenheit *f;* **ве́чная исто́рия!** immer die gleiche Geschichte!

истоск|ова́ться <-у́юсь, -у́ешься> *св рефл разг* Sehnsucht haben; **~ по бли́зким** Sehnsucht nach seinen Verwandten haben; **~ по до́му** Heimweh haben

источа́|ть <-ю, -ешь> *нсв,* **источи́ть** *св прх* **1.** *(арома́т)* ausströmen; **~ за́пах** Duft *m* [*o* Aroma *nt*] verbreiten **2.** *(повреди́ть)* zerfressen; **~ кору́ де́рева** die Rinde zerfressen; **~ брусо́к** den Balken zerfressen

исто́чник <-а> *м и перен* Quelle *f,* Ursprung *m;* **~ дохо́дов** Einnahmequelle *f;* **~ эне́ргии** Energiequelle *f;* **из хорошо́ информи́рованных исто́чников** aus gut informierten Quellen; **~ опла́ты нало́гов** Steuerquelle *f;* **~ получе́ния средств** Mittelherkunft *f*

исто́шн|ый <-ая, -ое> *нрч разг* entsetzlich; **~ крик** entsetzlicher Schrei *m;* **крича́ть исто́шным го́лосом** laut schreien

истоща́|ть <-ю, -ешь> *нсв,* **истощи́ть** *св прх* **1.** *(запа́сы)* erschöpfen, aufbrauchen; **~ терпе́ние** *перен* die Geduld erschöpfen **2.** *(изнури́ть)* erschöpfen, entkräften

истоще́ни|е <-я> *ср* Erschöpfung *f;* мед Unterernährung *f*

истощён|ный <-ная, -ное; -, -а́, -о́> *прил* **1.** *(изнурённый)* erschöpft; **~ органи́зм** erschöpfter Organismus *m;* **име́ть ~ вид** ein erschöpftes Aussehen haben **2.** *(неплодоро́дный)* unfruchtbar

истощ|и́ть <-у́, -и́шь> *св прх см.* **истоща́ть**

истра́|тить <-чу, -тишь> *св прх см.* **тра́тить**

истра́чива|ть <-ю, -ешь> *нсв,* **истра́тить** *св прх* **1.** *(израсхо́довать)* ausgeben, verbrauchen; **~ все де́ньги** das ganze Geld ausgeben **2.** *(о вре́мени)* verschwenden, vergeuden; **~ це́лый день на по́иски** den ganzen Tag durch Suchen vergeuden

истреби́те|ль <-ля> *м* **1.** *(уничтожи́тель)* Vernichter *m;* **~ грызуно́в** Vertilger *m* von Mäusen **2.** авиа Jagdflugzeug *nt;* **реакти́вный ~** Düsenflugzeug *m;* **~-бомбарди́ровщик** Jagdbomber

истребля́|ть <-ю, -ешь> *нсв,* **истреби́ть** *св прх* vernichten, ausrotten

истрёпыва|ть <-ю, -ешь> *нсв,* **истрепа́ть** *св прх* **1.** *(привести́ в него́дность)* abnutzen, abtragen; **истрепа́ть о́бувь** die Schuhe abnutzen; **истрепа́ть рукава́ ку́ртки** den Ärmel der Jacke abwetzen **2.** *перен (утоми́ть, изму́чить)* zerren; **~ не́рвы** an den Nerven zerren

истука́н <-а> *м (и́дол)* Idol *nt,* Statue *f,* Steinbild *nt;* **стоя́ть истука́ном** wie versteinert dastehen; **сиде́ть как ~** wie versteinert dasitzen

и́ст|ый <-ая, -ое> *прил* echt, wahr; **~ джентльме́н** wahrer Gentleman *m*

истяза́ни|е <-я> *ср* Folterung *f;* **подве́ргнуть истяза́нию** einer Folterung unterziehen, foltern

истяза́те|ль <-ля> *м,* **истяза́тельниц|а** <-ы> *ж* Peiniger(in) *m(f)*

истяза́|ть <-ю, -ешь> *нсв прх* foltern, peinigen; **~ пле́нников** die Gefangenen

И

foltern; ~ **недозво́ленными ме́тодами** mit unerlaubten Methoden quälen

ису́сик <-а> *м ирон, разг* **ходи́ть ису́сиком, изобража́ть из себя́ ису́сика** *(притворя́ться скро́мным)* das Unschuldslamm spielen

исхитр|я́ться <-юсь, -ешься> *нсв,* **исхитри́ться** *св рефл* listig sein, schlau vorgehen

исхлопа́тыва|ть <-ю, -ешь> *нсв,* **исхлопота́ть** *св прх* erbitten, erbetteln; ~ **дополни́тельный о́тпуск** zusätzlichen Urlaub erbitten

исхо́д <-а> *м* **1.** *(коне́ц)* Ausgang *m,* Ende *nt;* **быть на исхо́де** zur Neige gehen **2.** РЕЛИГ *(ма́ссовый ухо́д)* Auszug *m,* Exodus *m*

исхода́тайств|овать <-ую, -уешь> *св прх* durch ein Gesuch erbitten, erwirken

исх|оди́ть <-ожу́, -о́дишь> *нсв нпрх* **1.** *(из чего́-л., осно́вываться на чем-л.)* ausgehen von +*dat,* sich stützen auf +*akk* **2.** *(происходи́ть)* stammen; ~ **от нача́льника** vom Vorgesetzten ausgehen; ~ **из ве́рных исто́чников** aus sicherer Quelle stammen

исхо́дн|ый <-ая, -ое> *прил* Ausgangs-; **исхо́дная величина́** Bezugsgröße *f;* **исхо́дная то́чка** Ausgangspunkt *m;* **исхо́дные да́нные** Ausgangsdaten *pl;* ~ **материа́л** Rohstoff *m;* ~ **проду́кт** ЭКОН Vorprodukt *nt;* ~ **текст** [*или* **код**] ИНФОРМ Quellcode *m,* Sourcecode *m;* ~ **текст** ЛИНГВ Quelltext *m*

исходя́щ|ий <-ая, -ее> *прил* Ausgangs-; **исходя́щая корреспонде́нция** Ausgangskorrespondenz *f;* **вы́дать** ~ **но́мер** eine Ausgangsnummer geben

исхуда́л|ый <-ая, -ое> *прил* mager, abgemagert; **исхуда́лое лицо́** abgemagertes Gesicht *nt*

исхуда́|ть <-ю, -ешь> *св нпрх* abmagern

исцара́пыва|ть <-ю, -ешь> *нсв,* **исцара́пать** *св прх* (zer)kratzen; **исцара́пать ру́ки** die Hände zerkratzen; **исцара́пать пове́рхность стола́** die Tischoberfläche zerkratzen

исцеле́ни|е <-я> *ср* Heilung *f,* Genesung *f;* **наде́яться на** ~ auf eine Heilung hoffen; ~ **души́** Genesung *f* der Seele

исцели́те|ль <-ля> *м,* **исцели́тельниц|а** <-ы> *ж* Heilender *m,* Heilende *f*

исцеля́|ть <-ю, -ешь> *нсв,* **исцели́ть** *св прх* heilen; ~ **больны́х** die Kranken heilen; ~ **ра́ны** die Wunden heilen

исча́ди|е <-я> *ср* Ausgeburt *f;* ~ **зла** Ausgeburt *f* des Bösen; ~ **а́да** Ausgeburt *f* der Hölle

исчеза́|ть <-ю, -ешь> *нсв,* **исче́знуть** *св нпрх* verschwinden, verloren gehen; ~ **из ви́ду** *разг* von der Bildfläche verschwinden

исчезнове́ни|е <-я> *ср* Verschwinden *nt*

исче́зн|уть <-у, -ешь> *св нпрх см.* **исчеза́ть**

исче́рпыва|ть <-ю, -ешь> *нсв,* **исчерпа́ть** *св прх* **1.** *(израсхо́довать)* erschöpfen, verbrauchen; ~ **все возмо́жности** *перен* alle Möglichkeiten ausschöpfen **2.** *(де́ло, вопро́с)* erledigen, vollständig klären

исче́рпывающ|ий <-ая, -ее> *прил* erschöpfend

исчисле́ни|е <-я> *ср* Berechnung *f,* Rechnung *f;* **интегра́льное** ~ МАТ Integralrechnung *f;* ~ **проце́нтов** Zinsrechnung *f;* ~ **сло́жного проце́нта** Zinseszinsrechnung *f;* ~ **изде́ржек** Kostenrechnung *f;* ~ **себесто́имости** Selbstkostenberechnung *f*

исчи́сл|ить <-ю, -ишь> *св прх см.* **исчисля́ть**

исчисля́емос|ть <-ти> *ж* МАТ Rechnen *nt,* Berechnen *nt*

исчисля́|ть <-ю, -ешь> *нсв,* **исчи́слить** *св прх* berechnen, ausrechnen

исчисля́|ться <-юсь, -ешься> *нсв рефл* berechnet werden, sich belaufen auf; **расхо́ды исчисля́ются в ты́сячах рубле́й** der Aufwand beträgt Tausende von Rubeln; ~ **в проце́нтном соотноше́нии** in Prozent berechnet werden

ита́к *сз* also

Ита́ли|я <-и> *ж* Italien *nt*

италья́н|ец <-ца> *м,* **италья́нк|а** <-и> *ж* Italiener(in) *m(f)*

италья́нск|ий <-ая, -ое> *прил* italienisch; **италья́нская забасто́вка** Bummelstreik *m*

ИТАР *сокр от* **информацио́нно-телегра́фное аге́нство Росси́и** russische Nachrichtenagentur *f,* ITAR

и т.д. *сокр от* **и так да́лее** usw.

итера́ци|я <-и> *ж* МАТ Iteration *f*

ито́г <-а> *м* Endergebnis *nt,* Fazit *nt,* Bilanz *f;* **ито́ги вы́боров** Wahlergebnis *nt;* **в ито́ге** im Endeffekt; **в коне́чном ито́ге** letzten Endes; **подводи́ть ито́ги** Bilanz ziehen

итого́ *нрч* alles in einem, summa summarium

ито́гов|ый <-ая, -ое> *прил* Gesamt-, Abschluss-; **ито́говая су́мма** Gesamtsumme *f;* **ито́говые показа́тели** [*или* **ци́фры**] ЭКОН Erfolgskennzahlen *pl;* ~ **бала́нс** ЭКОН Abschlussbilanz *f*

и́ттри|й <-я> *м* ХИМ Yttrium *nt*

Иу́д|а <-ы> *м* Judas *m*

иудаи́зм <-а> *м* РЕЛИГ Judaismus *m*

иуде́йск|ий <-ая, -ое> *прил* ИСТОР, РЕЛИГ jüdisch; ~ **храм** jüdischer Tempel *m*

ихневмо́н <-а> *м* ЗООЛ Ichneumon *m*

ихтио́з <-а> *м* МЕД Ichthyose *f*

ихтио́л <-а> *м* Ichthyol *nt*

ихтио́лов|ый <-ая, -ое> *прил* Ichtyol-; **ихтио́ловая мазь** Ichthyolsalbe *f*

ихтиоло́ги|я <-и> *ж* Ichthyologie *f*

ихтиофа́ун|а <-ы> *ж* Ichthyofauna *f*

иша́к <-а́> *м* Esel *m;* **рабо́тать как** ~ *перен* schuften

иша́ч|ить <-у, -ишь> *нсв нпрх разг* hart

arbeiten; **~ на тебя́ не ста́ну** ich mache mir für dich den Rücken nicht krumm

ишеми́|я <-и> *ж* мед Ischämie *f*

ишиа́с <-а> *м* мед Ischias *m o nt*

ишь *част разг* guck mal, sieh mal an; **~ ты како́й!** sieh an, was für einer du bist!; **~ что наду́мал!** sieh mal einer an, was du im Schilde führst!

ище́йк|а <-и> *ж и перен* Spürhund *m*

ию́ль <ию́ля> *м* Juli *m*

ию́нь <ию́ня> *м* Juni *m*

И

Й й

Й, й <неизм> *ср* *Buchstabe Й*

йе́мен|ец <-ца> *м,* **йе́менк|а** <-и> *ж* Jemenit(in) *m(f)*

йог <йо́га> *м* Yogi *m*

йо́г|а <-и> *ж* Yoga *nt*

йогу́рт <-а> *м* Joghurt *m,* Jogurt

йо́д <-а> *м* Jod *nt*

йо́дист|ый <-ая, -ое> *прил* jodhaltig, jodiert; **~ на́трий** jodiertes Natrium *nt;* **йо́дистые мета́ллы** jodhaltige Metalle *pl;* **йо́дистая соль** jodiertes Salz *nt*

йо́дн|ый <-ая, -ое> *прил* Jod-; **~ раство́р** Jodlösung *f;* **йо́дная насто́йка** Jodtinktur *f*

йорда́н|ец <-ца> *м,* **йорда́нк|а** <-и> *ж* Jordanier(in) *m(f)*

йо́т <-а> *м* Jot *nt;* **согла́сный ~** der Konsonant Jot

йо́т|а <-ы> *ж* Jota *nt;* **ни на йо́ту** um kein Jota, nicht im Geringsten

йота́ци|я <-и> *ж* лингв Jotierung *f*

йоти́рованн|ый <-ая, -ое> *прил* jotiert; **~ гла́сный** jotierter Vokal *m*

Кк

К, к[1] <неизм> *ср* *Buchstabe K*
к[2] *предл* **1.** *ме́ста* zu, an *+akk;* **подъе́хать ~ ста́нции** zum Bahnhof fahren; **позва́ть ~ телефо́ну** ans Telefon rufen **2.** *вре́мени* bis; **~ 2010-му го́ду** zum Jahr 2010; **гото́виться ~ экза́мену** sich auf das Examen vorbereiten; **э́то ни ~ чему́** das hat keinen Zweck; **~ сча́стью** zum Glück; **~ сожале́нию** leider; **~ девяти́ часа́м** gegen neun Uhr
каба́к <-а́> *м* Kneipe *f*
кабал|а́ <-ы́> *ж* Knechtschaft *f,* Sklaverei *f*
каба́льн|ый <-ая, -ое> *прил* **1.** ИСТОР leibeigen; **каба́льная зави́симость** Leibeigenschaft *f;* **каба́льные холо́пы** Leibeigene *pl* **2.** *(закабаля́ющий)* knechtend; **~ догово́р** Knechtschaftsvertrag *m;* **каба́льная сде́лка** ungleichberechtigtes Abkommen *nt*
каба́н <-а́> *м* Eber *m,* Wildschwein *nt*
каба́н|ий <-ья, -ьи> *прил* Eber-, Wildschwein-; **~ след** Wildschweinspur *f;* **каба́нья голова́** Eberskopf *m*
кабани́н|а <-ы> *ж* Eberfleisch *nt*
кабаре́ <неизм> *ср* Kabarett *nt*
каба́цк|ий <-ая, -ое> *прил* Kneip-, Schenk-; **отпуска́ть каба́цкие шу́точки** alberne Scherze machen
кабачко́в|ый <-ая, -ое> *прил* Zucchini-; **кабачко́вая икра́** Zucchinipaste *f*
кабач|о́к <-ка́> *м* **1.** *(рестора́нчик)* kleine Kneipe *f* [*o* Schenke *f*]; **се́льский ~** Dorfkneipe *f;* **придоро́жный ~** Straßenschenke *f* **2.** БОТ *(о́вощ)* Zucchini *f;* **кабачки́ в смета́не** Zucchini *fpl* in Sahne; **жа́реные кабачки́** gebratene Zucchini *fpl*
ка́бе|ль <-ля> *м* Kabel *nt*
ка́бельн|ый <-ая, -ое> *прил* Kabel-; **подключа́ть к сети́ ка́бельного телеви́дения** ТВ verkabeln; **ка́бельное телеви́дение** Kabelfernsehen *nt*
каби́н|а <-ы> *ж* Kabine *f,* Zelle *f;* **~ грузовика́** Fahrerhaus *nt;* **~ пило́та** Cockpit *nt*
кабине́т <-а> *м* **1.** *(рабо́чая ко́мната)* Arbeitszimmer *nt,* Amtszimmer *nt;* **лингафо́нный ~** Sprachlabor *nt* **2.** *(врача́)* Sprechzimmer *nt,* Behandlungsraum *m* **3.** ПОЛ Kabinett *nt,* Ministerrat *m*
кабине́тн|ый <-ая, -ое> *прил* Arbeitszimmer-, Kabinett(s)-; **кабине́тная систе́ма обуче́ния** Fachzimmerstudiensystem *nt;* **~ учёный** Stubengelehrte(r) *m*
каби́нк|а <-и> *ж* *(каби́на)* kleine Kabine *f;* **туале́тная ~** Toilettencontainer *m,* WC-Kabine *f;* **пля́жная ~** Umkleidekabine *f*
каблу́к <-а́> *м* Absatz *m;* **ту́фли на высо́ких каблука́х** Schuhe *mpl* mit hohen Absätzen; **быть под каблуко́м у кого́-л.** *перен* unter dem Pantoffel stehen
кабота́ж <-а> *м* МОР Küstenschifffahrt *f*
кабота́жн|ый <-ая, -ое> *прил* Küsten-; **кабота́жные перево́зки** Küstentransport *m;* **кабота́жная торго́вля** Küstenhandel *m;* **кабота́жное судохо́дство** Küstenfahrt *m*
кабриоле́т <-а> *м* Kabrio *nt,* Kabriolett *nt*
кавале́р <-а> *м* **1.** *(в та́нцах)* Kavalier *m* **2.** *(о́рдена)* Ordensträger *m*
кавалери́йск|ий <-ая, -ое> *прил* Kavallerie-; **гварде́йский ~ полк** Kavallerieregiment *nt* der Garde; **кавалери́йская ата́ка** Kavallerieangriff *m*
кавалери́ст <-а> *м* Kavallerist *m*
кавале́ри|я <-и> *ж* Kavallerie *f*
кавалька́д|а <-ы> *ж* Kavalkade *f*
каварда́к <-а́> *м* Durcheinander *nt,* Wirrwarr *m*
кавати́н|а <-ы> *ж* МУЗ Kavatine *f*
ка́верз|а <-ы> *ж* **1.** *(приди́рка)* Schikane *f* **2.** *(зла́я шу́тка)* Intrige *f,* böser Steich *m*
ка́верзник <-а> *м,* **ка́верзниц|а** <-ы> *ж* Intrigant(in) *m(f),* Ränkeschmied *m*
ка́верзный <-ная, -ное; -ен, -на, -но> *прил* **1.** *(мудрёный, хитроу́мный)* kniffelig, heimtückisch; **~ вопро́с** eine spitzfindige Frage *f* **2.** *(кова́рный)* heimtückisch, arglistig
каве́рн|а <-ы> *ж* МЕД Höhle *f*
Кавка́з <-а> *м* Kaukasus *m;* **на Кавка́зе** im Kaukasus
кавка́з|ец <-ца> *м,* **кавка́зк|а** <-и> *ж* Kaukasier(in) *m(f)*
кавка́зск|ий <-ая, -ое> *прил* kaukasisch
кавы́ч|ки <-ек> *мн* Anführungszeichen *ntpl;* **взять цита́ту в ~** ein Zitat in Anführungszeichen setzen
кага́л <-а> *м* *прост* **устро́ить ~** einen Rummel veranstalten
када́нс <-а> *м* МУЗ Kadenz *f*
када́стр <-а> *м* Kataster *m*
кади́л|о <-а> *ср* РЕЛИГ Weihrauchfass *m;* **разду́ть ~** *перен (разверну́ть каку́ю-л. де́ятельность)* eine Tätigkeit entwickeln
ка́дк|а <-и> *ж* Kübel *m*
ка́дми|й <-я> *м* Kadmium *nt*
кадр <ка́дра> *м* ФОТ Einzelbild *nt,* Momentaufnahme *f;* **за ка́дром** im Off
кадри́|ль <-ли> *ж* Quadrille *f;* **выпля́сывать ~** Quadrille tanzen
кадрови́к <-а́> *м* Personalabteilungsleiter(in) *m(f);* **офице́р-~** Kaderoffizier *f*
ка́дров|ый <-ая, -ое> *прил* Personal-; ВОЕН Berufs-; **ка́дровая поли́тика** Personalpolitik *f;* **ка́дровые вопро́сы** personelle Fragen *pl;* **ка́дровые перестано́вки** personelle Veränderungen *fpl;* **~ вое́нный** Militär *nt*
ка́др|ы <-ов> *мн* Kader *m,* Personalbestand

Й
К

m; **основны́е ~** Stammpersonal *nt;* **~ специали́стов** Fachkräfte *pl;* **отде́л ка́дров** Personalabteilung *f*

каду́шк|а <-и> *ж* Fässchen *nt;* **~ с солёной капу́стой** kleiner Kübel *m* mit Sauerkraut

кады́к *м* Adamsapfel *m;* **ше́я с больши́м кадыко́м** Hals *m* mit großem Adamsapfel

каём|ка <-и> *ж* Saum *m,* Borte *f,* Kante *f;* **серви́з с золото́й каёмкой** Tafelgeschirr *nt* mit Goldrändern

каёмочн|ый <-ая, -ое> *прил* Kanten-; **~ узо́р** Kantenmuster *nt*

каёмчат|ый <-ая, -ое> *прил* Kanten-; **~ плато́к** gesäumtes Taschentuch *nt*

каждодне́вн|ый <-ая, -ое> *прил* tagtäglich

ка́жд|ый <-ая, -ое> *мест* jede(r, s)

ка́жущ|ийся <-аяся, -ееся> *прил* Schein-, scheinbar; **ка́жущееся споко́йствие** trügerische Ruhe *f*

каза́к <-а́> *м,* **каза́чк|а** <-и> *ж* Kosak(in) *m(f)*

каза́н <-а> *м* Kessel *m;* **свари́ть ~ щей** einen Kessel Gemüsesuppe kochen

каза́нск|ий <-ая, -ое> *прил* Kasaner; **каза́нская сирота́** Jammerlappen *m*

Каза́|нь <-ни> *ж* ГЕОГ Kasan *nt*

каза́рм|а <-ы> *ж* Kaserne *f*

каза́рменн|ый <-ая, -ое> *прил* Kasernen-; **перейти́ на ~ режи́м** zur Kasernenordnung übergehen

каза́ть <кажу́, ка́жешь> *нсв прх* sich zeigen; **не ~ но́су** sich nicht sehen lassen

каза́ться <кажу́сь, ка́жешься> *нсв,* **показа́ться** *св рефл* **1.** *(вы́глядеть)* scheinen, den Anschein haben; **что́бы ~ моло́же** um jünger auszusehen **2.** *безл (представля́ться)* vorkommen; **э́то мне ка́жется стра́нным** das kommt mir seltsam vor **3.** *только 3 л ед (быть вероя́тным, очеви́дным)* scheinen; **он, ка́жется, согла́сен** anscheinend ist er einverstanden

каза́х <-а> *м,* **каза́шк|а** <-и> *ж* Kasache *m,* Kasachin *f*

Казахста́н <-а> *м* Kasachstan *nt*

казённ|ый <-ая, -ое> *прил* **1.** *(госуда́рственный)* staatlich; **за ~ счёт** auf Staatskosten **2.** *(бюрократи́ческий)* bürokratisch **3.** *презрит (бана́льный)* banal

казёнщин|а <-ы> *ж без мн* Bürokratismus *m;* **бума́жная ~** Papierkram *m*

казема́т <-а> *м* ВОЕН Kasematte *f;* **заключи́ть в ~** in der Kasematte einschließen

казино́ <неизм> *ср* Kasino *nt,* Spielkasino *nt*

казн|а́ <-ы́> *ж (бюдже́т)* Staatskasse *f,* Fiskus *m*

казначе́|й <-я> *м* Schatzmeister *m*

казначе́йск|ий <-ая, -ое> *прил* **казначе́йские обяза́тельства** Schatzanweisung *f;* **казначе́йский докуме́нт** Schatzbrief *m*

казначе́йств|о <-а> *ср* **госуда́рственное ~** *устар* Schatzamt *nt,* Schatzkammer *f*

казн|и́ть <-ю́, -и́шь> *(н)св прх* hinrichten; **~ себя́** *перен* sich heftige Vorwürfe machen, sich selbst beschuldigen

казнокра́д <-а> *м* Veruntreuer *m*

казнокра́дств|о <-а> *ср* Veruntreuung *f,* Unterschlagung *f*

казнь <ка́зни> *ж* Hinrichtung *f;* **сме́ртная ~** Todesstrafe *f*

ка́зус <-а> *м* **1.** ЮР Fall *m;* **разреши́ть ~** den Fall lösen **2.** *разг (происше́ствие)* Vorfall *m*

Каи́р <-а> *м* ГЕОГ Kairo *nt*

кайл|а́ <-ы́> *ж* ГЕОЛ Hacke *f;* **дроби́ть ка́йлой по́чву** den Boden locker hacken

кайм|а́ <-ы́> *ж* Borte *f,* Kante *f*

кайф <-а> *м* **1.** *разг (балдёж)* Spaß *m,* Riesenspaß *m* **2.** *(наркоти́ческое состоя́ние)* Rausch *m,* Kick *m*

кайф|ова́ть <-у́ю, -у́ешь> *нсв нпрх* **1.** *разг (балде́ть)* sich amüsieren, Spaß haben **2.** *(быть в состоя́нии наркоти́ческого опьяне́ния)* im Rausch sein

как **I.** *нрч* wie; **~ вы сказа́ли?** wie bitte?; **~ де́ла?** wie geht's?; **~ ты догада́лся?** wie kommst du darauf? **II.** *сз* als, wie; **~ бу́дто** [*или* **бы**] als ob; **~ бы то ни́ было** wie dem auch sei, jedenfalls; **~ ни в чём не быва́ло** als sei nichts geschehen [*o* gewesen]; **~ всегда́** wie immer; **~ мо́жно скоре́е** baldmöglichst; **~ пра́вило** gewöhnlich, normalerweise; **~ раз** gerade, ausgerechnet; **~ ... так и** sowohl ... als auch; **~ то́лько** sobald

какаду́ <неизм> *м* Kakadu *m;* **чёрный ~** schwarzer Kakadu *m*

кака́о <неизм> *ср* Kakao *m*

ка́ка|ть <-ю, -ешь> *нсв,* **пока́кать** *св нпрх* kacken

как-нибу́дь *нрч* irgendwie

как-ника́к *нрч* einigermaßen; **~ мы друзья́** wir sind doch Freunde

как|о́й <-а́я, -о́е> *вопросит. мест* was für ein(er, s), welche(r, s); **кака́я сего́дня пого́да?** wie ist denn heute das Wetter?; **~ по счёту** der wievielte

ка́ктус <-а> *м* Kaktus *m*

кал <ка́ла> *м (экскреме́нты)* Kot *m*

каламбу́р <-а> *м* Kalauer *m*

кала́н <-а> *м* ЗООЛ Fischotter *m*

кала́ндр <-а> *м* ТЕХ Glättmaschine *f*

каланч|а́ <-и́> *ж* **1.** *(пожа́рная)* Feuerturm *m* **2.** *перен (о высо́ком челове́ке)* Bohnenstange *f;* **ну и ~!** was für eine Bohnenstange!

кала́ч <-а́> *м* Kalatsch *m (Weißbrotsorte);* **тёртый ~** *перен* erfahrener Mensch *m;* **калачо́м не зама́нишь** ihn bringen keine zehn Pferde (da)hin; **на калачи́ доста́лось** er hat gründlich was abbekommen

кала́чиком *нрч в сочет.* **сверну́ться** [*или* **лечь**] **~** *разг* sich zusammenrollen, zusammenkauern

калейдоско́п <-а> *м* Kaleidoskop *nt;* **в калейдоско́пе собы́тий** im Laufe der Ereignisse

калейдоскопи́ческ|ий <-ая, -ое> *прил* kaleidoskopisch; **~ узо́р** kaleidoskopisches Muster *nt*

кале́к|а <-и> *м и ж* Krüppel *m*

календа́рн|ый <-ая, -ое> *прил* Kalender-; **календа́рная неде́ля** Kalenderwoche *f;* **~ год** Kalenderjahr *nt;* **~ гра́фик** Zeitplan *m*

календа́|рь <-ря> *м* Kalender *m; (для встреч)* Terminkalender *m;* **гражда́нский ~** weltlicher Kalender *m;* **церко́вный ~** Kirchenkalender *m*

кале́ндул|а <-ы> *ж* БОТ Ringelrose *f;* **насто́йка из кале́ндулы** Ringelblumenauszug *m*

кале́ни|е <-я> *ср без мн* ТЕХ Glut *f,* Glühen *nt;* **кра́сное ~** rotes Glühen *nt;* **довести́ до бе́лого кале́ния** *перен* jdn bis zur Weißglut reizen; **дойти́ до бе́лого кале́ния** vor Wut kochen

калён|ый <-ая, -ое> *прил* **1.** *(си́льно нагре́тый)* glühend; **~ клино́к** gehärtete Spitze *f;* **калёные стре́лы** gehärtete Pfeile *mpl* **2.** *(жа́реные на про́тивне)* geröstet; **калёные се́мечки** geröstete Kerne *mpl*

кале́ч|ить <-у, -ишь> *нсв прх* verkrüppeln, zum Krüppel machen, verstümmeln

кали́бр <-а> *м* ТЕХ Kaliber *nt,* Durchmesser *m*

калибр|ова́ть <-у́ю, -у́ешь> *нсв прх* ТЕХ eichen

ка́ли|й <-я> *м* Kalium *nt*

кали́н|а <-ы> *ж* **1.** *(куст)* Schneeballstrauch *m* **2.** *(я́годы)* Schneeballbeeren *pl*

кали́тк|а <-и> *ж* Pforte *f;* **садо́вая ~** Gartentor *nt*

кал|и́ть <-ю́, -и́шь> *нсв прх* **1.** *(оре́хи)* rösten **2.** *(раскаля́ть)* erhitzen; **~ желе́зо** Eisen *nt* schmieden; **~ докрасна́** stark erhitzen

каллиграфи́ческ|ий <-ая, -ое> *прил* kalligraphisch; **~ по́черк** kalligraphische Schrift *f*

калори́йнос|ть <-ти> *ж* Kaloriengehalt *m*

калори́йн|ый <-ая, -ое> *прил* Kalorien-; **~ проду́кт** kalorienreiches Produkt *nt;* **калори́йное то́пливо** heizwertreicher Brennstoff *m;* **калори́йная пи́ща** kalorienreiches Essen *nt*

калори́фер <-а> *м* Heizkörper *m*

кало́ри|я <-и> *ж* Kalorie *f*

кало́ш|а <-и> *ж* Gummischuh *m;* **посади́ть в кало́шу** *перен* jdn in eine unangenehme Lage bringen; **сесть в кало́шу** *перен* sich blamieren

калы́м <-а> *м без мн* ЭТНОГР Brautgeld *nt*

ка́льк|а <-и> *ж* Pauspapier *nt;* ЛИНГВ Lehnübersetzung *f*

кальки́р|овать <-ую, -уешь> *(н)св прх* durchpausen, durchzeichnen; **~ чертёж** eine Zeichnung durchpausen

калькули́р|овать <-ую, -уешь> *нсв,* **скалькули́ровать** *св прх* kalkulieren, veranschlagen

калькули́руем|ый <-ая, -ое> *прил* kalkulatorisch; **калькули́руемая амортиза́ция** kalkulatorische Abschreibung *f;* **калькули́руемая проце́нтная ста́вка** Kalkulationszinsfuß *m;* **калькули́руемые изде́ржки** kalkulatorische Kosten *pl;* **калькули́руемые проце́нты** kalkulatorische Zinsen *pl*

калькуля́тор <-а> *м* Taschenrechner *m*

калькуля́ци|я <-и> *ж* ЭКОН Kalkulation *f;* **предвари́тельная ~** Vorkalkulation *f;* **~ совоку́пных затра́т** Vollkostenkalkulation *f;* **производи́ть калькуля́цию** kalkulieren

кальма́р <-а> *м* Kalmar *m*

кальсо́н|ы <-> *мн без ед* (lange) Unterhose *f*

ка́льци|й <-я> *м* Kalzium *nt*

КамА́З *сокр от* **Ка́мский автомоби́льный заво́д** Kamas *(LKW-Werk in der Stadt Kama);* **проду́кция КамАЗа** Produktion *f* des Kama-Werkes

ка́мбал|а <-ы> *ж* ЗООЛ Flunder *f,* Scholle *f,* Butt *m;* **дальневосто́чная ~** Fernostflunder *f*

камбоджи́|ец <-йца> *м,* **камбоджи́йк|а** <-и> *ж* Kambodschaner(in) *m(f)*

ка́мбуз <-а> *м* Schiffsküche *f,* Kombüse *f*

каме́|дь <-ди> *ж* Pflanzengummi *nt*

камел|ёк <-ька́> *м* **1.** *(ками́н)* kleiner Kamin *m,* kleiner Herd *f* **2.** *(оча́г)* Feuerstelle *f;* **обогре́ться у камелька́** sich am Kamin wärmen

каме́ли|я <-и> *ж* БОТ Kamelie *f*

камене́|ть <-ю, -ешь> *нсв,* **окамене́ть** *св нпрх* zu Stein werden, erstarren

камени́ст|ый <-ая, -ое; -, -а, -о> *прил* steinig; **~ уча́сток пути́** steinige Wegstrecke

каменноуго́льн|ый <-ая, -ое> *прил* Steinkohlen-; **каменноуго́льная промы́шленность** Steinkohlenindustrie

ка́менн|ый <-ая, -ое> *прил* steinern; **~ век** Steinzeit *f*

каменоло́мн|я <-и> *ж* Steinbruch *m*

каменотёс <-а> *м* Steinmetz *m*

ка́менщик <-а> *м,* **ка́менщиц|а** <-ы> *ж* Maurer(in) *m(f)*

ка́м|ень <-ня> *м* Stein *m;* **драгоце́нный ~** Edelstein *m;* **~ преткнове́ния** *перен* Stein *m* des Anstoßes, Streitpunkt *m;* **филосо́фский ~** Stein *m* der Weisen; **броса́ть ка́мнем в кого́-л.** *перен* mit Steinen auf jdn werfen; **не оста́вить ка́мня на ка́мне** keinen Stein auf dem anderen lassen, alles dem Erdboden gleichmachen; **у меня́ ~ с души́ свали́лся** *перен* mir ist ein Stein vom Herzen gefallen

ка́мер|а[1] <-ы> *ж* **1.** *(небольшо́е помеще́ние)* Kammer *f;* **~ хране́ния** Gepäckaufbewahrung *f* **2.** *(тюре́мная)* Gefängniszelle *f;* **~ пы́ток** Folterkammer *f* **3.** ТЕХ Kammer *f*

ка́мер|а² <-ы> *ж* ФОТ Kamera *f*
ка́мерн|ый <-ая, -ое> *прил* Kammer-; **ка́мерная му́зыка** Kammermusik *f*
камерто́н <-а> *м* Stimmgabel *f*
каме́|я <-и> *ж* Kamee *f;* **~ в золото́й опра́ве** Kamee *f* in goldener Fassung
ками́н <-а> *м* Kamin *m*
ками́нн|ый <-ая, -ое> *прил* Kamin-; **ками́нные щипцы́** Kaminzange *f*
камнеобрабо́тк|а <-и> *ж* Steinbearbeitung *f;* **сырьё для камнеобрабо́тки** Rohmaterial *nt* für die Steinbearbeitung
камнепа́д <-а> *м* Geröll *nt;* **осторо́жно, ~!** Vorsicht, Steinlawinen!
камо́рк|а <-и> *ж* Stube *f;* **юти́ться в камо́рке** in einer kleinen Stube wohnen
кампа́ни|я <-и> *ж* Kampagne *f;* **~ по сбо́ру по́дписей** Unterschriftensammlung *f;* **предвы́борная ~** Wahlkampagne *f;* **разну́зданная ~ клеветы́** wilde Hetz-/Verleumdungskampagne *f*
ка́мпус <-а> *м* Campus *m*
камуфли́р|овать <-ую, -уешь> *(н)св прх* tarnen
ка́муш|ек <-ка> *м* Steinchen *nt;* **это ~ в мо́й огоро́д** *перен* das ist auf mich gemünzt
камфар|а́ <-ы́>, **камфор|а́** <-ы> *ж* МЕД, ТЕХ Kampfer *m*
камча́тк|а¹ <-и> *ж шутл (за́дние ряды́ парт в учёбном заведе́нии)* die hinteren Reihen der Schulbänke
Камча́тк|а² <-и> *ж* ГЕОГ *(полуо́стров в Восто́чной Сиби́ри)* Kamtschatka *nt*
камча́тн|ый <-ая, -ое> *прил* Damast-, damasten; **камча́тная ска́терть** Damasttischtuch *nt;* **узо́рчатая камча́тная ткань** gemusterter Damaststoff *m*
камы́ш <-а́> *м* Schilf *nt,* Schilfrohr *nt*
камышо́в|ый <-ая, -ое> *прил* Schilf-, Rohr-; **камышо́вые за́росли** Röhricht *nt;* **камышо́вая трость** Rohr *nt,* Rohrstock *m*
кана́в|а <-ы> *ж* Graben *m;* **сто́чная ~** Rinnstein *m,* Gosse *f*
кана́вк|а <-и> *ж* **1.** *(же́лоб)* kleiner Graben *m,* Rinne *f* **2.** *(борозда́)* Rille *f*
Кана́д|а <-ы> *ж* Kanada *nt*
кана́д|ец <-ца> *м,* **кана́дк|а** <-и> *ж* Kanadier(in) *m(f)*
кана́дк|а <-и> *ж* kurzer Mantel *m;* **~ на меху́** kurzer Pelzmantel *m*
кана́дск|ий <-ая, -ое> *прил* kanadisch
кана́л <-а> *м* Kanal *m; перен (путь переда́чи информа́ции)* Weg *m,* Verbindung *f;* **~ дистрибу́ции** [*или* **распределе́ния**] ЭКОН Distributionskanal *m;* **~ распростране́ния** Vertriebsweg *m;* **по дипломати́ческим кана́лам** auf diplomatischem Wege; **~ сбы́та** Absatzweg *m,* Vertriebsweg *m,* Absatzkanal *m*
канализацио́нн|ый <-ая, -ое> *прил* Kanalisations-; **~ колле́ктор** Sammelrohr *nt,* Kanalisationskollektor *m;* **канализацио́нные тру́бы** Abflusskanal *m*
канализа́ци|я <-и> *ж* Kanalisation *f;* **разде́льная систе́ма канализа́ции** Trennkanalisation *f*
кана́|лья <-льи> *м и ж вульг* Kanaille *f;* **держи́сь, ~!** na warte, Kanaille!
канаре́йк|а <-и> *ж* Kanarienvogel *m*
кана́т <-а> *м* Seil *nt,* Tau *nt;* **хожде́ние по кана́ту** Seiltanz *m,* Balanceakt *m;* **перетя́гивание кана́та** *и перен* Tauziehen *nt*
кана́т|ный <-ая, -ое> *прил* Seil-; **кана́тная доро́га** Seilbahn *f;* **кана́тное произво́дство** Seilfabrik *f,* Seilerei *f*
канатохо́д|ец <-ца> *м* Seiltänzer(in) *m(f)*
канв|а́ <-ы́> *ж без мн* **1.** *(ткань для вышива́ния)* Kanevas *m;* **вышива́ть по канве́** auf Kanevas sticken **2.** *перен (осно́ва)* Grundlage *f;* **~ собы́тий** der Kern der Ereignisse; **~ рома́на** Handlungsgerüst *nt* des Romans; **хронологи́ческая ~** chronologische Aufstellung *f*
кандал|ы́ <-о́в> *мн без ед* Fesseln *fpl*
канделя́бр <-а> *м* Kerzenhalter *m;* **стари́нный ~** alter Kerzenhalter *m*
кандида́т <-а> *м,* **кандида́тк|а** <-и> *ж* Kandidat(in) *m(f),* Anwärter(in) *m(f),* Bewerber(in) *m(f); только м akademischer Grad in Russland;* **~ в президе́нты** Präsidentschaftskandidat *m;* **основно́й ~** Spitzenkandidat *m;* **~ нау́к** Doktor(in) *m(f);* **~ юриди́ческих нау́к** promovierter Jurist *m*

i Land & Leute

Der wissenschaftliche Nachwuchs wird in Russland an „Aspiranturen" vorbereitet – besonderen Ausbildungsgängen auf der Basis größerer Universitäten. Neben einem vorgeschriebenen Studiengang arbeiten die Doktoranden („Aspiranten") unter individueller Betreuung vor allem an ihrer Doktorarbeit, die wörtlich „Kandidatendissertation" heißt. Um ein **„Kandidat der Wissenschaften"** zu werden, muss man seine Dissertation vor einem anspruchsvollen wissenschaftlichen Gremium „verteidigt" haben. Diesen wissenschaftlichen Grad, der dem Doktorgrad (dem des habilitierten Doktors!) vorangeht, kann man auch an einem Forschungsinstitut im Rahmen eines besonderen Forschungsprojektes gewinnen.

кандида́тск|ий <-ая, -ое> *прил* Bewerbungs-; **~ экза́мен** Bewerbungsprüfung *f;* **защи́та кандида́тской диссерта́ции** Verteidigung *f* der Doktorarbeit
кандидату́р|а <-ы> *ж* Kandidatur *f,* An-

wartschaft *f;* **вы́двинуть чью-л. кандидатýру** jdn als Kandidaten aufstellen; **вы́ставить свою́ кандидатýру** kandidieren

канúкул|ы <-> *мн* Ferien *pl;* **парлáментские ~** parlamentarische Sommer-/Winterpause *f*

канúстр|а <-ы> *ж* Blechkanister *m;* **~ для бензúна** Benzinkanister *m*

канитéл|иться <-юсь, -ишься> *нсв,* **проканитéлиться** *св рефл* trödeln

канитé|ль <-ли> *ж* **1.** *(ёлочное украшéние)* Goldfaden *m,* Silberfaden *m* **2.** *разг (возня́, хлóпоты)* langwierige Angelegenheit *f,* Schererei *f*

канитéльн|ый <-ая, -ое> *прил* umständlich; **канитéльное произвóдство** umständliche Produktion *f;* **э́то дéло канитéльное** das wird sich in die Länge ziehen

канифó|ль <-ли> *ж без мн* Kolophonium *nt,* Geigenharz *nt*

каннибалúзм <-а> *м* Kannibalismus *m*

канои́ст <-а> *м* СПОРТ Kanuruderer *m*

канóн <-а> *м* Kanon *m;* **придéрживаться канóнов** sich streng an die Traditionen halten

канонáд|а <-ы> *ж* Kanonade *f,* Kanonendonner *m;* **слышны́ отголóски канонáды** man hört den Nachhall der Kanonade

канонéрк|а <-и> *ж* МОР Kanonenboot *nt*

канóник <-а> *м* Kanonikus *m,* Domherr *m*

канонúческ|ий <-ая, -ое> *прил* **1.** РЕЛИГ kanonisch; **канонúческое прáво** kanonisches Recht *nt* **2.** *перен (пóдлинно áвторский)* authentisch, Original-; **~ текст** Urtext *m,* Originaltext *m*

канóэ <неизм> *ср* Kanu *nt*

кант <кáнта> *м* **1.** *(полóска ткáни по крáю одéжды)* Kante *f,* Borte *f;* **воéнные брю́ки с кáнтом** Militärhose *f* mit Kante; **отдéлывать кáнтом** mit einer Kante versehen, einfassen **2.** ТЕХ Vorstoß *m*

кантáт|а <-ы> *ж* МУЗ Kantate *f*

кант|овáть <-ýю, -ýешь> *нсв,* **окантовáть** *св прх* ТЕХ kanten; **~ груз** die Last kanten; **не ~!** *(предупреждéние)* nicht kanten!

канýн <-а> *м и перен* Vorabend *m;* **канýн нóвого гóда** Silvester *m*

кáн|уть <-у, -ешь> *св нпрх* verschwinden; **~ в вéчность** für immer vorbei sein; **как в вóду ~** spurlos verschwinden, wie vom Erdboden verschluckt sein

канцеляризм <-а> *м* Ausdruck *m* der Kanzleisprache

канцеля́ри|я <-и> *ж* Büro *nt; устар* Kanzlei *f*

канцеля́рск|ий <-ая, -ое> *прил* Büro-; **~ рабóтник** Bürokraft *f;* **~ шкаф** Aktenschrank *m;* **канцеля́рская скрéпка** Büroklammer *f*

канцерогéнн|ый <-ая, -ое> *прил* МЕД kanzerogen, Krebs erzeugend

кáнцлер <-а> *м* Kanzler *m*

канцóн|а <-ы> *ж* МУЗ Kanzone *f*

каньóн <-а> *м* Schlucht *f,* Flusstal *nt;* **подвóдные каньóны** Unterseeschluchten *fpl*

кап <кáпа> *м* Kap *nt*

кáпа|ть <-ю, -ешь> *нсв,* **кáпнуть** *св* **I.** *нпрх* tropfen **II.** *прх* **1.** *(вливáть по кáплям)* einträufeln **2.** *разг (доносúть)* angeben, jdn anschwärzen

капéлл|а <-ы> *ж* Chor *m,* Kapelle *f;* **госудáрственная академúческая ~** staatlicher akademischer Chor *m*

капé|ль <-ли> *ж без мн* (Dach)Traufe *f,* Tauwetter *nt;* **стук капéли** Prasseln *nt* der Traufe

капельдúнер <-а> *м* Logenschließer *m,* Platzanweiser *m*

кáпельк|а <-и> *ж* Tropfen *m;* **кáпельки пóта** Schweißtropfen *mpl;* **вы́пить всё до кáпельки** alles bis zum letzten Tropfen austrinken; **у нее нет ни кáпельки самолю́бия** sie besitzt nicht die Spur von Eitelkeit; **подождú кáпельку!** warte ein bisschen!

капельмéйстер <-а> *м* Kapellmeister *m;* **~ духовóго оркéстра** Kapellmeister *m* der Blaskapelle

кáпельниц|а <-ы> *ж* МЕД Tropf *m*

кáпельн|ый <-ая, -ое> *прил* Tropf-; **~ анáлиз** ХИМ Tropfanalyse *f*

кáперств|о <-а> *ср* МОР Kaperkrieg *m,* Freibeuterei *f*

капилля́р <-а> *м* АНАТ Kapillare *f,* Kapillargefäß *nt*

капитáл <-а> *м* Kapital *nt;* **начáльный ~** Startkapital *nt;* **вéнчурный ~** Venture-Kapital *nt,* Risikokapital *nt*

капитализáци|я <-и> *ж* ЭКОН Kapitalisation *f,* Kapitalisierung *f*

капиталúзм <-а> *м* Kapitalismus *m*

капиталúст <-а> *м* Kapitalist *m*

капиталистúческ|ий <-ая, -ое> *прил* kapitalistisch

капиталоёмк|ий <-ая, -ое> *прил* ЭКОН investitionsintensiv, anlageintensiv

капиталовложéни|е <-я> *ср* Kapitalanlage *f,* Kapitalinvestition *f;* **пойтú на капиталовложéния** Investitionen tätigen; **~ на расширéние произвóдственных фóндов** Erweiterungsinvestition *f;* **капиталовложéния по перестрóйке произвóдства** Umstellungsinvestition *f;* **капиталовложéния в веще́ственной фóрме** Sachanlagevermögen *nt*

капиталовооружённос|ть <-ти> *ж* Kapitalausstattung *f*

капиталоёмк|ий <-ая, -ое> *прил* anlageintensiv, kapitalintensiv

капитáльн|ый <-ая, -ое> *прил* Haupt-, General-; **капитáльное строúтельство** Investitionsbau *m;* **~ ремóнт** Generalüberholung *f;* **~ вопрóс** Hauptfrage *f;* **~ труд** Kapitalwerk *nt;* **капита́льные затра́ты** Hauptkosten *pl*

капита́н <-а> *м* **1.** ВОЕН Hauptmann *m* **2.** МОР Kapitän *m*

капита́нск|ий <-ая, -ое> *прил* Kapitäns-, Hauptmanns-; **~ мо́стик** Kommandobrücke *f;* **капита́нская каю́та** Kapitänskabine *f*

капи́те|ль <-ли> *ж* АРХ Kapitell *nt*

капитули́р|овать <-ую, -уешь> *(н)св нпрх* kapitulieren

капитуля́ци|я <-и> *ж* Kapitulation *f*

капка́н <-а> *м* Falle *f;* **попа́сться в ~** in eine Falle geraten; **ста́вить ~** eine Falle aufstellen

каплеобра́з|ный <-ная, -ное; -ен, -на, -но> *прил* tropfenförmig; **~ отдели́тель** Tropfenabscheider *m;* **~ улови́тель** Tropfenfänger *m*

ка́пл|я <-и> *ж* Tropfen *m;* **дождева́я ~** Regentropfen *m;* **~ в мо́ре** *перен* ein Tropfen auf den heißen Stein; **э́то ста́ло после́дней ка́плей, перепо́лнившей ча́шу терпе́ния** *перен* das hat das Fass zum Überlaufen gebracht; **ни ка́пли** *разг* kein bisschen, überhaupt nicht

ка́пн|уть <-у, -ешь> *св нпрх см.* **ка́пать**

капо́т <-а> *м* АВТО Motorhaube *f, (оде́жда)* Morgenrock *m*

капри́з <-а> *м* Laune *f;* **отучи́ть кого́-л. от капри́зов** jdm die Flausen austreiben; **капри́зы судьбы́** *перен* die Launen des Schicksals

капри́знича|ть <-ю, -ешь> *нсв нпрх* launisch sein; **~ по пустяка́м** viel Lärm um nichts machen

капри́з|ный <-ная, -ное; -ен, -на, -но> *прил* launenhaft, launisch

ка́псул|а <-ы> *ж* Kapsel *f*

капу́ст|а <-ы> *ж* Kohl *m;* **белокоча́нная ~** Weißkohl *m;* **краснокоча́нная ~** Rotkohl *m;* **брюссе́льская ~** Rosenkohl *m;* **цветна́я ~** Blumenkohl *m;* **ква́шеная ~** Sauerkohl *m,* Sauerkraut *nt*

капу́стник <-а> *м* **1.** *(огоро́д)* Kohlfeld *nt,* Kohlgarten *m* **2.** *(червь)* Kohlraupe *f* **3.** *(пиро́г)* Pirogge *f* mit Kohlfüllung **4.** *(вечери́нка)* Abendgesellschaft *f;* **устро́ить студе́нческий ~** eine Studentenparty organisieren

капу́стн|ый <-ая, -ое> *прил* Kohl-, Kraut-; **~ лист** Kohlblatt *nt;* **капу́стная расса́да** Kohlsetzlinge *mpl;* **~ червь** Kohlraupe *f*

капюшо́н <-а> *м* Kapuze *f*

ка́р|а <-ы> *ж* Strafe *f,* Vergeltung *f;* **понести́ тяжёлую ка́ру** eine schwere Strafe verbüßen

караби́н <-а> *м* **1.** *(винто́вка)* Karabiner *m;* **стреля́ть из караби́на** aus dem Karabiner schießen **2.** ТЕХ *(механи́ческий зажи́м)* Karabinerhaken *m*

кара́бка|ться <-юсь, -ешься> *нсв,* **вскара́бкаться** *св рефл* klettern, hinaufklettern

карава́|й <-я> *м* Brotlaib *m*

карава́н <-а> *м* Karawane *f*

каракалпа́к <-а> *м,* **каракалпа́чк|а** <-и> *ж* Karakalpake *m,* Karakalpakin *f*

карака́тиц|а <-ы> *ж* **1.** *(морско́й моллю́ск)* Sepie *f,* Tintenfisch *m* **2.** *прост (о неуклю́жем челове́ке)* Tollpatsch *m*

кара́ков|ый <-ая, -ое> *прил* braun; **~ жеребе́ц** *(вороно́й с подпа́линами)* brauner Hengst, Braune *m;* **кара́ковая масть** braune Farbe *f (für Tiere)*

кара́кулев|ый <-ая, -ое> *прил* Persianer-; **~ мех** Persianerfell *nt;* **кара́кулевая ша́пка** Persianermütze *f*

кара́кул|и <-> *мн* Gekritzel *nt*

кара́ку|ль <-ля> *м без мн* Karakul *m,* Persianer *m;* **чёрный ~** schwarzer Karakul *m*

караме́|ль <-ли> *ж* Karamell *m о nt (конфе́та)* Karamellbonbon *nt*

каранда́ш <-а́> *м* Bleistift *m;* **просто́й ~** einfacher Bleistift *m;* **кра́сный ~** Rotstift *m;* **цветно́й каранда́ш** Farbstift *m;* **взять на ~** notieren, vermerken

каранда́шн|ый <-ая, -ое> *прил* Bleistift-; **каранда́шные зарисо́вки** Bleistiftzeichnungen *fpl*

каранти́н <-а> *м* Quarantäne *f*

каранти́нн|ый <-ая, -ое> *прил* Quarantäne-; **~ срок** Quarantänefrist *f;* **каранти́нные боле́зни** Quarantänekrankheiten *pl*

карапу́з <-а> *м* Knirps *m,* Dreikäsehoch *m;* **трехле́тний ~** dreijähriger Knirps

карасёв|ый <-ая, -ое> *прил* Karausche(n)-; **карасёвая уха́** Karauschenfischsuppe *f*

кара́|сь *м* Karausche *f;* **серебряный ~** Silberkarausche *f*

кара́т <-а> *м* Karat *nt;* **бриллиа́нт в два кара́та** zweikarätiger Diamant *m*

карате́ <неизм> *ср* Karate *nt*

кара́те|ль <-ля> *м* Angehöriger *m* eines Strafkommandos; **отря́д кара́телей** Strafkommando *nt*

кара́тельн|ый <-ая, -ое> *прил* Straf-; **кара́тельный отря́д** Strafkommando *nt*

карати́ст <-а> *м* Karatesportler(in) *m(f)*

кара́|ть <-ю, -ешь> *нсв,* **покара́ть** *св прх* strafen, bestrafen

кара́|ться <-ется> *нсв безл, только 3 л* bestraft werden; **~ зако́ном** laut Gesetz bestraft werden

карау́л <-а> **I.** *м* ВОЕН Wache *f;* **заступа́ть в ~** die Wache übernehmen **II.** *межд* Hilfe!; **крича́ть ~** Zeter und Mordio schreien

карау́л|ить <-ю, -ишь> *нсв прх* bewachen

карау́лк|а <-и> *ж разг* Wache *f;* **заводска́я ~** Betriebswache *f*

карау́льн|ый <-ая, -ое> *м то́лько ед* Wache *f;* **расста́вить карау́льных** die Posten aufstellen; **нести́ карау́льную слу́жбу** Wache stehen

карбу́нкул <-а> *м* МЕД Karfunkel *m,* Karfunkelstein *m,* Karbunkel *m*

карбюра́тор <-а> *м* Vergaser *m*

карг|а́ <-и́> *ж разг* alte Schachtel *f,* Hexe *f;* **ста́рая ~** altes Weibsbild *nt*

ка́рго <неизм> *ср* экон Kargo *nt*

карда́нн|ый <-ая, -ое> *прил* тех Kardan-; **~ вал** Kardanwelle *f;* **карда́нная переда́ча** Kardanantrieb *m*

кардина́льн|ый <-ая, -ое> *прил* grundlegend; **кардина́льные вопро́сы** Grund-/Kardinalfragen *fpl;* **кардина́льная экономи́ческая рефо́рма** durchgreifende Wirtschaftsreform *f*

кардиогра́мм|а <-ы> *ж* Kardiogramm *nt;* **де́лать кардиогра́мму** ein Kardiogramm machen

кардиогра́фи|я <-и> *ж* Kardiographie *f*

кардиоло́ги|я <-и> *ж* Kardiologie *f*

каре́ <неизм> *ср* **1.** воен Karree *nt* **2.** *(в фо́рме четырёхуго́льника)* Viereck *nt;* **пла́тье с вы́резом ~** Kleid mit viereckigem Ausschnitt

каре́л <-а> *м,* **каре́лк|а** <-и> *ж* Karelier(in) *m(f)*

каре́т|а <-ы> *ж* Kutsche *f*

Кари́бско|е мо́р|е <-го -я> *ср* Karibik *f*

ка́риес <-а> *м* Karies *f*

ка́р|ий <-яя, -ее> *прил* **1.** *(о цве́те глаз)* braun, kastanienbraun **2.** *(о ма́сти ло́шади)* braune Farbe *f (bei Tieren);* **~ жеребёнок** braunes Fohlen

карикату́р|а <-ы> *ж* Karikatur *f;* **рисова́ть карикату́ры** Karikaturen *fpl* zeichnen

карикату́р|ный <-ная, -ное; -ен, -на, -но> *прил* Karikatur-; **карикату́рная карти́нка** Zerrbild *nt;* **в карикату́рном ви́де** in Karikatur

карка́с <-а> *м* Gerippe *nt,* Gestell *nt*

ка́рка|ть <-ю, -ешь> *нсв нпрх (воро́на)* krächzen

ка́рлик <-а> *м* Zwerg *m;* **дере́вья-ка́рлики** Zwergbäume *mpl*

ка́рликов|ый <-ая, -ое> *прил* Zwerg-; **~ рост** Zwerggröße *f;* **ка́рликовые расте́ния** Zwergpflanzen *fpl;* **ка́рликовая антило́па** Zwergantilope *f*

карма́н <-а> *м* Tasche *f;* **~ брюк** Hosentasche *f;* **вы́ложить из со́бственного карма́на** *разг* aus der eigenen Tasche bezahlen; **э́то бьёт по карма́ну** *разг* das geht ins Geld; **э́то мне не по карма́ну** *разг* das kann ich mir nicht leisten; **он за сло́вом в ~ не поле́зет** *разг* er ist nicht auf den Mund gefallen

карма́нник <-а> *м* Taschendieb *m*

карма́нн|ый <-ая, -ое> *прил* Taschen-; **де́ньги на карма́нные расхо́ды, карма́нные де́ньги** Taschengeld *nt;* **~ вор** Taschendieb *m;* **кни́жка карма́нного форма́та** Taschenbuch *nt*

карнава́л <-а> *м (ма́сленица)* Karneval *m,* Fastnacht *f,* Fasching *m*

карнава́льн|ый <-ая, -ое> *прил* Karneval-; **карнава́льное ше́ствие** Faschingszug *m*

карни́з <-а> *м* Sims *m;* **око́нный ~** Fenstersims *m*

кароти́н <-а> *м без мн* Karotin *nt;* **содержа́ние кароти́на в проду́кте** Karotingehalt *nt* im Produkt

карп <ка́рпа> *м* Karpfen *m*

Карпа́т|ы <-> *мн* геог Karpaten *pl;* **в Карпа́тах** in den Karpaten

карст <ка́рста> *м* геол Karst *m*

ка́рстов|ый <-ая, -ое> *прил* Karst-, karstig; **ка́рстовые явле́ния** Karsterscheinungen *pl;* **~ релье́ф** Karstlandschaft *f*

ка́рт|а <-ы> *ж* Karte *f;* **географи́ческая ~** Landkarte *f;* **игра́льная ~** Spielkarte *f;* **(по)ста́вить всё на одну́ ка́рту** *и перен* alles auf eine Karte setzen; **что-л. поста́влено на ка́рту** etw steht auf dem Spiel; **раскрыва́ть свои́ ка́рты** seine Karten aufdecken

карта́в|ить <-лю, -ишь> *нсв нпрх* undeutlich sprechen

карта́в|ый <-ая, -ое; -, -а, -о> *прил* **карта́вое произноше́ние** undeutliche Aussprache *f*

карт-бла́нш <карт-бла́нша> *м* Carte blanche *f,* unbeschränkte Vollmacht *f;* **дать ~** jdm freie Bahn geben

картёжник <-а> *м* (leidenschaftlicher) Spieler *m;* **неутоми́мый ~** rastloser Spieler *m*

карте́|ль <-ля> *м* Kartell *nt;* **~ на осно́ве джентльме́нского соглаше́ния** Frühstückskartell *nt;* **~ по кво́там и це́нам сырья́** Rohstoffkartell *nt;* **контингенти́рованный ~** Quotenkartell *nt*

карте́льн|ый <-ая, -ое> *прил* экон Kartell-; **карте́льное законода́тельство** Kartellgesetz *nt;* **карте́льное соглаше́ние о це́нах** Preiskartell *nt;* **~ регі́стр** [*или* **рее́стр**] Kartellregister *nt*

ка́ртер <-а> *м* тех, авто Gehäuse *nt*

карте́|чь <-чи> *ж* **1.** воен Kartätsche *f* **2.** *(дробь)* Schrotkugel *f;* **заряди́ть ружьё карте́чью** das Gewehr mit Schrot laden

карти́н|а <-ы> *ж* **1.** иск Bild *nt,* Gemälde *nt;* **~, напи́санная ма́слом** Ölgemälde *nt* **2.** *(кинофи́льм)* Film *f* **3.** *(обстано́вка)* allgemeine Lage *f;* **сего́дня ина́я ~** *перен* heute sieht die Situation anders aus

ка́ртинг <-а> *м* Karting *nt;* **пе́рвенство по ка́ртингу** Kartingmeisterschaft *f*

карти́нк|а <-и> *ж (иллюстра́ция)* Illustration *f,* Abbildung *f;* **кни́га с карти́нками** Bilderbuch *nt;* **переводны́е карти́нки** Abziehbilder *ntpl*

карти́н|ный <-ная, -ное; -ен, -на, -но> *прил* **1.** *(карти́на)* Bild-, Gemälde-; **карти́нная галере́я** Gemäldegalerie *f* **2.** *перен (живопи́сный)* bildhübsch, malerisch

картиш|ки <-ек> *мн разг* Kartenspiel *nt;* **переки́нуться в ~** Karten spielen

картогра́фи|я <-и> *ж* Kartographie *f*

картóн <-а> *м* Pappe *f*
картóнн|ый <-ая, -ое> *прил* Papp-; **картóнная корóбка** Karton *m*, Pappschachtel *f*
картотéк|а <-и> *ж* Kartei *f*; ЭКОН *(спи́сок предприя́тий-задóлжников)* *amtliche Liste von Betrieben, die gegenseitig verschuldet sind*; **сидéть на картотéке** auf der Schuldnerliste stehen
картóфе|ль <-ля> *м* БОТ **1.** *(растéние)* Kartoffelpflanze *f* **2.** *(плод)* Kartoffeln *fpl*; **жáреный ~** Bratkartoffeln *pl*; **~ в мунди́ре** Pellkartoffeln *pl*; **отварнóй ~** Salzkartoffeln *pl*; **хрустя́щий жáреный ~** Kartoffelchips *pl*
картóфельн|ый <-ая, -ое> *прил* Kartoffel-; **картóфельное пюрé** Kartoffelbrei *m*, Kartoffelpüree *nt*
кáрточк|а <-и> *ж* Karte *f*, Kärtchen *nt*; **продовóльственная ~** Lebensmittelkarte *f*; **картотéчная ~** Karteikarte *f*; **визи́тная ~** Visitenkarte *f*, Gästeausweis *m*; **плáстиковая ~** Bankkarte *f*; **~ учёта налóгов на зáработную плáту** Lohnsteuerkarte *f*
кáрточн|ый <-ая, -ое> *прил* Karten-; **кáрточная систéма** Rationierungssystem *nt*; **рýхнуть, как ~ дóмик** *перен* wie ein Kartenhaus einstürzen
картóшк|а <-и> *ж разг* Kartoffeln *pl*
кáрт|ы <-> *мн* Spielkarten *fpl*, Kartenspiel *nt*
карусé|ль <-ли> *ж* Karussell *nt*
кáрцер <-а> *м* Karzer *m*; **посади́ть в ~** in den Karzer stecken
карцинóм|а <-ы> *ж* МЕД Karzinom *nt*, Krebsgeschwulst *f*
карьéр <-а> *м* **1.** *(мéсто разрабóтки)* Tagebau *m*, Grube *f*; **высокогóрный ~** Hochgebirgsgrube *f* **2.** *(аллю́р)* Karriere *f*; **пусти́ть лóшадь в ~** Karriere reiten; **мчáться во весь ~** in Karriere reiten; **с мéста в ~** *перен* unvorbereitet
карьéр|а <-ы> *ж* Karriere *f*; **(с)дéлать карьéру** Karriere machen
карьери́зм <-а> *м* Karrieredenken *nt*
карьери́ст <-а> *м*, **карьери́стк|а** <-и> *ж презрит* Karrieremacher(in) *m(f)*, Streber(in) *m(f)*
карьери́стск|ий <-ая, -ое> *прил* Karriere-; **из карьери́стских соображéний** aus Karrieregründen
касáни|е <-я> *ср* МАТ Berührung *f*; **тóчка касáния** Berührungspunkt *m*
касáтельно *предл* betreffs, bezüglich *+gen*
касáтельн|ая <-ой> *прил* Berührungs-; **касáтельная плóскость** МАТ Berührungsfläche *f*; **касáтельное ускорéние** Tangentialbeschleunigung *f*
касáтк|а <-и> *ж* ЗООЛ **1.** *(лáсточка)* Rauchschwalbe *f*, Stallschwalbe *f* **2.** *(лáсковое обращéние к дéвушке)* Liebling *(Anrede)*
касá|ться <-юсь, -ешься> *нсв*, **коснýться** *св рефл* **1.** *(когó-л./чегó-л.)* berühren **2.** *перен (тéмы)* betreffen; **что касáется** in Bezug auf; **что касáется э́того** diesbezüglich; **что касáется меня́** was mich anbelangt, soweit es mich betrifft
кáск|а <-и> *ж* Helm *m*; **воéнная ~** Militärhelm *m*
каскáд <-а> *м (стреми́тельный потóк)* Kaskade *f*; **~ гидроэлектростáнций** Kaskade *f* von Wasserkraftwerken; **~ удáров** eine Reihe *f* von Schlägen; **~ слов** *перен* Wortschwall *m*
каскадёр <-а> *м* Kaskadeur *m*, Stuntman *m*
каскáдн|ый <-ая, -ое> *прил* Kaskaden-; **каскáдные листы́ сти́лей** ИНФОРМ Cascading Style Sheets *pl*, CSS
Кáспи|й <-я> *м* ГЕОГ Kaspisee *m*, Kaspisches Meer *nt*
кáсс|а <-ы> *ж* Kasse *f*; **билéтная ~** Fahrkartenschalter *f*; **сберегáтельная ~** Sparkasse *f*
кассациóнн|ый <-ая, -ое> *прил* ЮР Berufungs-; **~ суд** Kassationshof *m*; **кассациóнная жáлоба** Rekurs *m*; **подáть кассациóнную жáлобу** Berufung *f* [*o* Rekurs *m*] einlegen
кассáци|я <-и> *ж* ЮР Berufung *f*
кассéт|а <-ы> *ж* Kassette *f*
кассéтник <-а> *м разг* Kassettenrecorder *m*
касси́р <-а> *м*, **касси́рш|а** <-и> *ж* Kassierer(in) *m(f)*
кáссов|ый <-ая, -ое> *прил* Kassen-; **кáссовая кни́га** Kassenbuch *nt*; **~ аппарáт** Registrierkasse *f*; **кáссовая квитáнция** Kassenbeleg *m*; **кáссовая нали́чность** Kassenbestand *m*; **кáссовое поступлéние** Kasseneinnahme *f*; **кáссовые сбóры** Kasseneinnahmen *pl*; **~ прихóд** Kasseneinnahme *f*; **~ расхóд** Ausgang *m*; **кáссовая сдéлка** Spotgeschäft *nt*; **~ успéх** Kassenschlager *m*; **~ фильм** Kassenschlager *m*
кáст|а <-ы> *ж* Klasse *f*, Kaste *f*
кастеля́нш|а <-и> *ж* Wäscheverwalterin *f*
кастéт <-а> *м* Schlagring *m*; **вооружи́ться кастéтом** sich mit einem Schlagring bewaffnen
кáстинг <-а> *м* Casting *nt*; **проводи́ть ~** ein Casting durchführen
кáстов|ый <-ая, -ое> *прил* Kasten-, Schicht-; **кáстовые тради́ции** Kastentraditionen *fpl*; **~ предрассýдок** Klassenvorurteil *nt*
кастóрк|а <-и> *ж* Rizinusöl *nt*
кастрáци|я <-и> *ж* Kastration *f*
кастри́р|овать <-ую, -уешь> *(н)св прх* kastrieren
кастрю́л|я <-и> *ж* Kochtopf *m*
катавáси|я <-и> *ж разг* Wirrwarr *m*, Durcheinander *nt*; **что за ~!** was für ein Durcheinander!
каталáжк|а <-и> *ж разг (тюрьмá)* Kittchen *nt*, Gefängnis *nt*
каталéпси|я <-и> *ж* МЕД Katalepsie *f*, Starrkrampf *m*

катализа́тор <-а> *м* Katalysator *m*

ката́лк|а <-и> *ж* Rollstuhl *m;* **~ для большо́го** Krankenrollstuhl *m*

катало́г <-а> *м* Katalog *m;* **зака́зывать по катало́гу** über Versandhandel [*o* per Katalog] bestellen; **~ цен** Preisliste *f*

каталогизи́р|овать <-ую, -уешь> *(н)св прх* katalogisieren

катало́жн|ый <-ая, -ое> *прил* Katalog-; **~ зал** Katalogsaal *m*

катамара́н <-а> *м* мор Katamaran *m*

ката́ни|е <-я> *ср (на конька́х)* Eislaufen *nt*

катапу́льт|а <-ы> *ж* Katapult *nt,* Schleuder *f*

ката́р <-а> *м* мед Katarr(h) *m*

катара́кт|а <-ы> *ж* мед grauer Star *m*

катара́льн|ый <-ая, -ое> *прил* Katarrh-; **катара́льное воспале́ние** Katarrhentzündung *f;* **~ ка́шель** Katarrhhusten *m*

катастро́ф|а <-ы> *ж* Katastrophe *f*

катастрофи́ческ|ий <-ая, -ое> *прил* katastrophal

ката́|ть <-ю, -ешь> *нсв прх* **1.** *(мяч)* rollen **2.** *(на прогу́лку)* fahren

ката́|ться <-юсь, -ешься> *нсв рефл* sich rollen, sich wälzen; *(на чём-л.)* fahren; **~ со сме́ху** sich kaputtlachen; **~ как сыр в ма́сле** *перен* wie die Made im Speck leben; **~ на велосипе́де** Rad fahren; **~ на ло́дке** Boot fahren; **~ на конька́х** eislaufen; **~ на саня́х** [*или* **са́нках**] Schlitten fahren

катафа́лк <-а> *м* Leichenwagen *m*

категори́ческ|ий <-ая, -ое> *прил* **1.** филос kategorisch **2.** *(реши́тельный)* entschieden

категори́чнос|ть <-ти> *ж* Entschiedenheit *f*

катего́ри|я <-и> *ж* Kategorie *f,* Klasse *f;* **~ налогообложе́ния** Steuerklasse *f*

ка́тер <-а> *м* Motorboot *nt*

ка́тет <-а> *м* мат Kathete *f*

кате́тер <-а> *м* Katheter *m*

кати́ться <качу́сь, ка́тишься> *нсв нпрх* rollen, fahren

като́д <-а> *м* Kathode *f*

кат|о́к <-ка́> *м* **1.** *(ледяно́й)* Eisbahn *f* **2.** тех Walze *f;* **доро́жный ~** Dampfwalze *f;* **~ для белья́** Wäschemangel *f*

като́лик <-а> *м,* **католи́чк|а** <-и> *ж* Katholik(in) *m(f)*

католи́ческ|ий <-ая, -ое> *прил* katholisch

ка́торг|а <-и> *ж* Häftlingslager *nt;* **отбыва́ть ка́торгу** die Zwangsarbeit abbüßen; **сосла́ть на ка́торгу** ins Häftlingslager schicken; **не жизнь, а ~** *перен* das ist kein Leben, sondern ein Elend

ка́торжник <-а> *м,* **ка́торжниц|а** <-ы> *ж* Zuchthaushäftling *m,* Zuchthäusler *m;* **бе́глый ~** Zuchthausflüchtling *m*

ка́торжн|ый <-ая, -ое> *прил* Zuchthaus-, Sträflings-, Zwangs-; **~ труд** Schinderei *f;* **ка́торжные рабо́ты** Galeerenarbeit *f*

кату́шечн|ый <-ая, -ое> *прил* Rollen-; **кату́шечные ни́тки** Rollenzwirn *m*

кату́шк|а <-и> *ж* Spule *f;* **~ ни́ток** Zwirnrolle *f;* **на всю кату́шку** *перен* aus voller Kraft; **~ сопротивле́ния** эл Widerstandsspule *f;* **индукцио́нная ~** эл Induktionsspule *f*

ка́упер <-а> *м* тех Winderhitzer *m*

кausти́ческ|ий <-ая, -ое> *прил* тех kaustisch; **каусти́ческая со́да** Ätznatron *nt,* kaustisches Soda *nt*

каучу́к <-а> *м* Kautschuk *m*

каучу́ков|ый <-ая, -ое> *прил* Kautschuk-; **~ заво́д** Kautschukfabrik *f;* **каучу́ковое де́рево** Kautschukpflanze *f*

кафе́ <неизм> *ср* Café *nt;* **~-моро́женое** Eisdiele *f*

ка́федр|а <-ы> *ж* Katheder *nt,* Rednerpult *nt;* *(в це́ркви)* Kanzel *f;* *(в ву́зе)* Lehrstuhl *m,* Abteilung *f*

кафедра́льн|ый <-ая, -ое> *прил* **~ собо́р** Kathedrale *f,* Dom *m*

ка́фе|ль <-ля> *м* Kachel *f*

ка́фельн|ый <-ая, -ое> *прил* Kachel-; **~ пол** Kachelboden *m,* Fliesenboden *m*

кафете́ри|й <-я> *м* Cafeteria *f*

кача́лк|а <-и> *м* Schaukelstuhl *m;* **де́тская ~** Wippe *f*

кача́|ть <-ю, -ешь> *нсв прх* **1.** *(из стороны́ в сто́рону)* schaukeln **2.** *(ребёнка)* wiegen **3.** *(во́ду)* pumpen **4.** *перен* **~ права́** *разг* auf sein Recht pochen

кача́|ться <-юсь, -ешься> *нсв рефл* **1.** *(из стороны́ в сто́рону)* schaukeln, sich wiegen, pendeln **2.** *(поша́тываться)* taumeln

каче́л|и <-ей> *мн* Schaukel *f*

ка́чественн|ый <-ая, -ое> *прил* Qualitäts-, von hoher Qualität; **ка́чественное изде́лие** Qualitätsprodukt *nt;* **(высоко)ка́чественная сталь** Edelstahl *m*

ка́честв|о <-а> *ср* Qualität *f,* Beschaffenheit *f;* **~ жи́зни** Lebensqualität *f;* **в э́том ка́честве** in dieser Funktion; **в ка́честве дире́ктора** als Direktor

ка́чк|а <-и> *ж* мор Schaukeln *nt;* **не переноси́ть морско́й ка́чки** die Seefahrt schlecht vertragen

ка́ш|а <-и> *ж* Brei *m;* **овся́ная ~** Haferbrei *m;* **завари́ть ка́шу** *разг* eine schöne Suppe einbrocken; **с ке́м-л. ка́ши не сва́ришь** *разг* nicht einig werden mit jdm

кашало́т <-а> *м* Pottwal *m*

ка́ш|ель <-ля> *м* Husten *m*

кашеми́р <-а> *м* Kaschmir *m*

ка́шля|ть <-ю, -ешь> *нсв,* **ка́шлянуть** *св нпрх* husten

кашне́ <неизм> *ср* Schal *m;* **ку́таться в вя́заное ~** sich in einen Schal hüllen

кашпо́ <неизм> *ср* Blumentopf *m*

кашта́н <-а> *м* **1.** *(плод)* Kastanie *f;* *(съе-*

дóбный) Esskastanie *f,* Marone *f* **2.** *(дéрево)* Kastanienbaum *m*
каштáнов|ый <-ая, -ое> *прил* **1.** *(дéрево)* Kastanien-, Maronen-; **каштáновая рóща** Kastanienhain *m* **2.** *(о цвéте)* kastanienbraun, kastanienfarben; **каштáновые вóлосы** kastanienbraune Haare *ntpl* **3.** геог **каштáновые пóчвы** Kastanienböden *mpl*
каю́к <-а> *м* **1.** *(плоскодóнная лóдка)* Kajak *m* **2.** *прост (конéц, гúбель)* Ende *nt;* **тут емý и ~** mit ihm war es aus
каю́т|а <-ы> *ж* мор Kajüte *f,* Kabine *f*
каю́т-компáни|я <-и> *ж* мор Speiseraum *m,* Offiziersmesse *f*
кá|яться <-юсь, -ешься> *нсв,* **покáяться** *св рефл* **1.** *(в чём-л.)* bereuen **2.** *(признáться комý-л.)* gestehen
кб *сокр от* **конструктóрское бюрó** Konstruktionsbüro *nt,* Entwicklungsbüro *nt*
квадрáт <-а> *м* Quadrat *nt;* мат Quadratzahl *f*
квадрáтн|ый <-ая, -ое> *прил* quadratisch; **~ метр** Quadratmeter *m*
квазáр <-а> *м* астр Quasar *m*
квáка|ть <-ю, -ешь> *нсв нпрх* quaken
квáкш|а <-и> *ж* зоол Laubfrosch *m*
квалификáци|я <-и> *ж* Qualifikation *f;* **повышáть квалификáцию** sich qualifizieren, sich weiterbilden
квалифицúрован|ный <-ная, -ное; -, -а, -о> *прил* qualifiziert, fachkundig; **квалифицúрованный рабóчий** Facharbeiter *m*
квалифицúр|овать <-ую, -юуешь> *(н)св прх* **1.** *(оцéнивать)* bewerten, beurteilen **2.** *(проверя́ть)* die Qualifikation prüfen
квант <квáнта> *м* физ Quant *nt;* **~ световóй энéргии** Lichtquant *nt*
квантитатúвн|ый <-ая, -ое> *прил* quantitativ; **~ мéтод** quantitative Methode *f*
квáнтов|ый <-ая, -ое> *прил* Quanten-; **квáнтовая мехáника** Quantenmechanik *f*
квáрт|а <-ы> *ж* муз Quarte *f*
квартáл <-а> *м* **1.** *(чéтверть гóда)* Quartal *nt* **2.** *(райóн гóрода)* Stadtviertel *nt,* Wohnviertel *nt* **3.** *(кóмплекс здáний)* Häuserblock *m*
квартáльн|ый <-ая, -ое> *прил* Stadtviertel-; **~ план** Stadtviertelplan *m;* **~ учáсток** Stadtviertel(polizei)revier *nt*
квартéт <-а> *м* Quartett *nt*
квартúр|а <-ы> *ж* Wohnung *f;* **двухкóмнатная ~** Zweizimmerwohnung *f;* **снимáемая ~** Mietwohnung *f;* **сóбственная ~** Eigentumswohnung *f*
квартирáнт <-а> *м,* **квартирáнтк|а** <-и> *ж* Mieter(in) *m(f),* Untermieter(in) *m(f)*
квартúрн|ый <-ая, -ое> *прил* Wohnungs-; **квартúрная плáта** Miete *f*
квартир|овáть <-ýю, -ýешь> *нсв нпрх* wohnen
квартиросъёмщик <-а> *м,* **квартиросъёмщиц|а** <-ы> *ж* Mieter(in) *m(f)*
квартплáта *сокр от* **квартúрная плáта** Miete *f*
кварц <квáрца> *м* Quarz *m*
квáрцев|ый <-ая, -ое> *прил* Quarz-; **квáрцевая лáмпа** Quarzlampe *f;* **квáрцевые порóды** Quarzgesteine *pl*
квас <квáса> *м* Kwass *m (säuerliches Getränk aus Hefe (oder Schwarzbrot) und Malz)*

i Land & Leute

Der Kwass ist ein altes russisches Erfrischungsgetränk, das aus gegorenem Brot, Mehl und Malz – heute in erster Linie industriell – zubereitet wird.
Im Sommer kann man ihn nicht nur in Flaschen sondern auch als Ausschankkwass aus einem großen Fass auf Rädern kaufen, das als ein Anhänger zu einem Lebensmittelgeschäft gebracht wird.
In den letzten Jahren wird Kwass allerdings weniger angeboten – man trinkt vorzugsweise Bier, Mineralwasser und diverse andere mit Kohlensäure versetzte, zuckerhaltige Getränke. Die jüngere Generation bevorzugt vor allem auch das Cola und das Pepsi. Von einem „Kwass-Patriotismus“ („квасной патриотизм“) spricht man in Russland im Hinblick auf eine übertriebene „nationale“ Gesinnung.

квáшен|ый <-ая, -ое> *прил* Sauer-; **квáшеная капýста** Sauerkohl *m,* Sauerkraut *nt;* **квáшеное молокó** Sauermilch *f*
квашн|я́ <-и́> *ж* **1.** *(посýда для заквáшивания тéста)* Backtrog *m* **2.** *прост (забродúвшее тéсто)* Sauerteig *m;* **замесúть квашню́** einen Sauerteig anrühren **3.** *перен (о неповорóтливом человéке)* Schlappschwanz *m*
квéрху *нрч* nach oben, hinauf; **подня́ть глазá ~** die Augen heben; **подпры́гнуть ~** einen Hüpfer machen
квúнт|а <-ы> *ж* муз Quinte *f*
квинтéт <-а> *м* муз Quintett *nt;* **вокáльный ~** Vokalquintett *nt*
квинтэссéнци|я <-и> *ж* Quintessenz *f,* Grundsubstanz *f,* Hauptgedanke *m*
квитáнци|я <-и> *ж* Quittung *f*
квúты *прил* **мы квúты** wir sind quitt; **мы с ним квúты** ich bin mit ihm quitt
КВН *сокр от* **Клуб весёлых и нахóдчивых** *(телепередáча)* Klub *m* der Fröhlichen und Findigen *(Fernsehsendung);* **откры́ть сезóн КВН** Saisoneröffnung *f* des KWN
квóрум <-а> *м* Quorum *nt;* **квóрума нет** die Versammlung ist nicht beschlussfähig
квóт|а <-ы> *ж* Quote *f;* **~ безрабóтных**

Arbeitslosenquote *f;* **~ вне́шней торго́вли** Außenhandelsquote *f;* **~ за́работной пла́ты** Lohnquote *f;* **~ со́бственного капита́ла** Eigenkapitalquote *f;* **~ уча́стия** Beteiligungsquote *f;* **квотати́вная а́кция** Quotenaktie *f;* **иммиграцио́нная ~** Einwanderungsquote *f;* **и́мпортная кво́та** Einfuhrquote *f,* Importquote *f*

кВт *сокр от* **килова́тт** Kilowatt *nt,* kW *nt*

кг *сокр от* **килогра́мм** Kilogramm *nt,* kg *nt*

КГБ *сокр от* **Комите́т Госуда́рственной Безопа́сности** KGB *m*

кегельба́н <-а> *м* Kegelbahn *f*

кегль <ке́гля> *м* тип Kegel *m,* Schriftgröße *f*

ке́гл|я <-и> *ж* Kegel *m; мн* Kegeln *nt,* Kegelspiel *nt;* **игра́ть в ке́гли** kegeln

кедр <ке́дра> *м* Zeder *f;* **насажде́ния ке́дра** Zederanpflanzungen *fpl*

ке́дров|ый <-ая, -ое> *прил* Zeder(n)-; **ке́дровые ши́шки** Zederzapfen *mpl;* **ке́дровая тру́бка** Zederpfeife *f*

ке́д|ы <-ов> *мн* Sportschuhe *pl*

кекс <ке́кса> *м eine Art Rosinenbrötchen;* **рожде́ственский ~** Stollen *m*

келе́йн|ый <-ая, -ое> *прил* im geheimen, im stillen; **келе́йное реше́ние** Entscheidung *f* im engen Kreis

ке́льнер <-а> *м* Kellner(in) *m(f)*

кельт <-а> *м* Kelte *m*

ке́льтск|ий <-ая, -ое> *прил* keltisch; **ке́льтские племена́** keltische Stämme *mpl;* **ке́льтские языки́** keltische Sprachen *fpl,* Keltische *nt*

ке́ль|я <-и> *ж* Klosterzelle *f,* Klause *f*

кем *мест* mit wem

ке́мпинг <-а> *м* Campingplatz *m;* **жить в ке́мпинге** campen, zelten

кенгуру́ <неизм> *м* Känguru *nt*

кени́|ец <-йца> *м,* **кени́йк|а** <-и> *ж* Kenianer(in) *m(f)*

ке́пк|а <-и> *ж* Schirmmütze *f*

кера́мик|а <-и> *ж* Keramik *f*

керами́ческ|ий <-ая, -ое> *прил* keramisch, Keramik-; **керами́ческие пли́тки** keramische Fliesen *fpl;* **~ цех** Keramik(werk)abteilung *f*

керати́т <-а> *м* мед Keratitis *f,* Hornhautentzündung *f*

ке́рлинг <-а> *м* спорт Curling *nt;* **чемпиона́т по ке́рлингу** Curlingmeisterschaft *f*

кероси́н <-а> *м,* **кероси́нк|а** <-и> *ж* Kerosin *nt,* Petroleum *nt,* Petroleumkocher *m*

кероси́нов|ый <-ая, -ое> *прил* Petroleum-; **кероси́новая цисте́рна** Petroleumtankwagen *m;* **~ за́пах** Petroleumgeruch *m*

ке́сарев <-а, -о> *прил* **ке́сарево сече́ние** мед Kaiserschnitt *m*

ке́т|а <-ы> *ж* sibirischer Lachs *m,* Ketalachs *m;* **моро́женая ~** gefrorener Ketalachs *m*

ке́тгут <-а> *м* мед Katgut *nt*

ке́тов|ый <-ая, -ое> *прил* Lachs-; **ке́товая икра́** Lachskaviar *m*

кетчу́п <-а> *м* Ketschup *nt* o *m*

кефа́|ль <-ля> *ж* Meeräsche *f;* **копчёная ~** geräucherte Meeräsche *f*

кефи́р <-а> *м* Kefir *m*

киберне́тик|а <-и> *ж* Kybernetik *f*

ки́берспейс <-а> *м* информ Cyberspace *m*

киби́тк|а <-и> *ж* **1.** *(пово́зка)* überdeckter Reisewagen *m* **2.** *(жили́ще кочёвников)* Zelt *nt (bei Nomadenvölkern),* Jurte *f*

кива́|ть <-ю, -ешь> *нсв,* **кивну́ть** *св нпрх* nicken; *(кому́-л.)* zunicken; **~ на кого́-л.** *разг* jdm die Schuld in die Schuhe schieben

кив|о́к <-ка́> *м* Kopfnicken *nt;* **поздоро́ваться кивко́м** jdn mit einem Kopfnicken begrüßen; **кивко́м пригласи́ть сесть** mit einem Kopfnicken zum Hinsetzen auffordern

кида́|ть <-ю, -ешь> *нсв,* **ки́нуть** *св прх* *(броса́ть)* werfen, schmeißen

кида́|ться <-юсь, -ешься> *нсв,* **ки́нуться** *св рефл* **1.** *(устреми́ться)* sich stürzen; **~ на врага́** sich auf den Feind stürzen; **~ в объя́тия** sich in jds Arme stürzen; **~ в во́ду** sich ins Wasser stürzen **2.** *(бро́ситься)* sich fallen lassen; **~ на зе́млю** sich auf den Boden fallen lassen **3.** *(сде́латься заме́тным)* auffallen; **~ в глаза́** jdm auffallen

кизи́л <-а> *м* **1.** *(куста́рник)* Kornkirschbaum *m,* Kornelbaum *m* **2.** *(я́годы)* Kornelkirsche *f,* Herlitze *f;* **компо́т из кизи́ла** Kornelkirschkompott *nt*

кий <кия́ *или* ки́я> *м (билья́рдный)* Queue *nt,* Billardstock *m*

килев|о́й <-а́я, -о́е> *прил* Kiel-; **килева́я ба́лка** Kielbalken *m,* Querbalken *m;* **килева́я ка́чка** Stampfen *nt*

ки́ллер <-а> *м* Killer *m,* Mörder(in) *m(f);* **профессиона́льный ~** Profikiller *m;* **~ на ста́вке** Berufskiller *m*

килоба́йт <-а> *м* Kilobyte *nt*

килоджо́у|ль <-ля> *м* Kilojoule *nt*

килокало́ри|я <-и> *ж* Kilokalorie *f*

киломе́тр <-а> *м* Kilometer *m*

километра́ж <-а> *м* Kilometerstand *m*

киль <ки́ля> *м* мор Kiel *m*

кильва́тер <-а> *м* Kielwasser *nt*

ки́льк|а <-и> *ж* Sprotte *f;* **балти́йская ~** Ostseesprotte *f*

кимоно́ <неизм> *ср* Kimono *m*

кинематогра́фи|я <-и> *ж* Kinematographie *f,* Filmwesen *nt;* **достиже́ния кинематогра́фии** Leistungen *fpl* der Filmkunst

кинжа́л <-а> *м* Dolch *m*

кино́ <неизм> *ср* Kino *nt*

киноактёр <-а> *м,* **киноактри́с|а** <-ы> *ж* Filmschauspieler(in) *m(f)*

kинобоеви́к <-а> *м* Actionfilm *m;* **америка́нский ~** amerikanischer Actionfilm *m*

кинова́рь <-и> *ж* **1.** геол *(серни́стая ртуть)* Zinnober *nt* **2.** *(кра́ска)* Zinnoberrot

К

nt; ~ Zinnober *m*

кинозвезд|а́ <-ы́> *ж* Filmstar *m*

кинока́мер|а <-ы> *ж* Filmkamera *f*

кинопроду́сер <-а> *м и ж* Filmproduzent(in) *m(f)*

кинопрока́т <-а> *м* Filmverleih *m*

киносъёмк|а <-и> *ж* Filmaufnahme *f*

кинотеа́тр <-а> *м* Kino *nt*

кинофестива́|ль <-ля> *м* Filmfestival *nt*

ки́н|уть <-у, -ешь> *св прх см.* **кида́ть**

ки́н|уться <-усь, -ешься> *св рефл см.* **кида́ться**

кио́ск <-а> *м* Kiosk *m*

ки́п|а <-ы> *ж* Pack *m,* Packen *m;* ~ **пи́сем** Stoß *m* [*o* Stapel *m*] Briefe

кипари́с <-а> *м* Zypresse *f*

кипари́сов|ый <-ая, -ое> *прил* Zypressen-; **кипари́совая алле́я** Zypressenallee *f*

кипе́ни|е <-я> *ср* Kochen *nt;* **то́чка кипе́ния** Siedepunkt *m;* ~ **страсте́й** Leidenschaftsausbruch *m*

кип|е́ть <-лю́, -и́шь> *нсв,* **вскипе́ть** *св нпрх* **1.** *(вода́)* kochen, brodeln, sieden **2.** *(спо́риться)* gut vorangehen; **рабо́та кипи́т** die Arbeit flutscht **3.** *перен (чем-л.)* kochen, brennen; **она́ кипи́т гне́вом** sie kocht vor Wut; **он кипи́т нетерпе́нием** er brennt vor Ungeduld

Кипр <Ки́пра> *м* Zypern *nt*

киприо́т <-а> *м,* **киприо́тк|а** <-и> *ж* Zypriot(in) *m(f)*

кипу́ч|ий <-ая, -ее; -, -а, -е> *прил* schäumend, brausend, sprudelnd; ~ **пото́к** sprudelnder Bach *m;* **кипу́чая жизнь** brodelndes Leben *nt*

кипяти́льник <-а> *м* **1.** *(погружно́й)* Tauchsieder *m* **2.** *(бо́йлер)* Boiler *m*

кипяти́льн|ый <-ая, -ое> *прил* Siedekessel-; ~ **бак** Sterilisator *m*

кипя|ти́ть <-чу́, -ти́шь> *нсв,* **вскипяти́ть** *св прх* aufkochen; ~ **во́ду** Wasser aufkochen

кипя|ти́ться <-чу́сь, -ти́шься> *нсв рефл* kochen; ~ **из-за пустяко́в** *(горячи́ться)* sich wegen Kleinigkeiten aufregen

кипят|о́к <-ка́> *м* **1.** *(вскипе́вшая вода́)* kochendes [*o* siedendes] Wasser *nt;* **круто́й** ~ stark kochendes Wasser *nt;* **обда́ть кипятко́м** (ab)brühen **2.** *перен (о челове́ке)* Hitzkopf *m,* Brausekopf *m;* **он как** ~ er ist ganz aufgeregt

кипячён|ый <-ая, -ое> *прил* gekocht; **кипячёная вода́** gekochtes Wasser *nt;* **кипячёное молоко́** gekochte Milch *f*

кирги́з <-а> *м,* **кирги́зк|а** <-и> *ж* Kirgise *m,* Kirgisin *f*

Кирги́зи|я <-и> *ж* Kirgisien *nt*

кирги́зск|ий <-ая, -ое> *прил* kirgisisch; **кирги́зские сте́пи** kirgisische Steppen *pl*

кири́ллиц|а <-ы> *ж* Kyrilliza *f,* kyrillische Schrift *f*

ки́рк|а <-и> *ж* **1.** *(лютера́нская це́рковь)* evangelisch-lutherische Kirche **2.** *(ручно́й инструме́нт)* Picke *f,* Spitzhacke *f;* **долби́ть ки́ркой зе́млю** den Boden mit der Spitzhacke bearbeiten

кирпи́ч <-а́> *м* **1.** *(строи́тельный материа́л)* Ziegel *m* **2.** *(шту́ка)* Ziegelstein *m*

кирпи́чик <-а> *м и перен* Steinchen *nt;* **по кирпи́чику** *перен* Schritt für Schritt

кирпи́чн|ый <-ая, -ое> *прил* Ziegel-, Backstein-; *(о цве́те)* ziegelrot, ziegelfarben; ~ **заво́д** Ziegelei *f;* **кирпи́чная кла́дка** Ziegellegen *nt,* Mauern *nt;* ~ **чай** *перен (спрессо́ванный)* Ziegeltee *m*

кисе́йн|ый <-ая, -ое> *прил* **1.** *(ткань)* Tüll-; ~ **ша́рфик** Tüllschal *m* **2.** *ирон* **кисе́йная ба́рышня** *(жема́нная)* Zierpuppe *f*

кисе́|ль <-ля́> *м süßsaure, mit Fruchtsaft gekochte Mehlspeise, Götterspeise*

кисе́т <-а> *м* Beutel *m;* **вы́шитый** ~ bestickter Beutel *m*

кислова́т|ый <-ая, -ое; -, -а, -о> *прил* säuerlich

кислоро́д <-а> *м* Sauerstoff *m*

кислоро́дн|ый <-ая, -ое> *прил* ХИМ, МЕД, ТЕХ Sauerstoff-; **кислоро́дные соедине́ния** Sauerstoffverbindungen *fpl;* **кислоро́дное голода́ние** Sauerstoffmangel *m;* **кислоро́дная ма́ска** Sauerstoffmaske *f;* **кислоро́дная сва́рка** *(га́зовая)* Gas(schmelz)schweißen *nt*

кислот|а́ <-ы́> *ж* ХИМ Säure *f;* **азо́тная** ~ Salpetersäure *f;* **се́рная** ~ Schwefelsäure *f;* **у́гольная** ~ Kohlensäure *f*

кисло́тнос|ть <-ти> *ж* pH-Wert *m*

кисло́тн|ый <-ая, -ое> *прил* ХИМ säurehaltig; ~ **дождь** ЭКОЛ saurer Regen *m*

кислотосто́йк|ий <-ая, -ое> *прил* ХИМ säurebeständig

ки́с|лый <-лая, -лое; -ел, -ла́, -ло́> *прил* sauer; **ки́слое молоко́** Sauermilch *f;* **у него́** ~ **вид** *перен* er ist sauer

кисля́тин|а <-ы> *ж* **1.** *(о пи́ще)* saueres Zeug *nt;* **не я́блоко, а** ~ was für ein saurer Apfel **2.** *(о ску́чном челове́ке)* Nörgler *m*

ки́сн|уть <-у, -ешь> *нсв нпрх (молоко́)* sauer werden

кист|а́ <-ы́> *ж* МЕД Zyste *f*

кистев|о́й <-а́я, -о́е> *прил* Zysten-; ~ **суста́в** МЕД Zystengelenk *nt*

ки́сточк|а <-и> *ж* **1.** *(виногра́да)* Weintraube *f* **2.** *(украше́ние)* Quaste *f;* **по́яс с ки́сточками** Gürtel *m* mit Quasten **3.** *(для нанесе́ния чего́-л.)* Pinsel *m;* ~ **для рисова́ния** Malpinsel *m;* ~ **для макия́жа** Schminkpinsel *m*

кисть <ки́сти> *ж* **1.** *(маля́рная, для рисова́ния)* Pinsel *m* **2.** *(виногра́дная)* Traube *f* **3.** *(руки́)* Hand *f*

кит <кита́> *м* Walfisch *m;* **голубо́й** ~ Blauwal *m;* **киты́ би́знеса** *перен* Geschäftsriesen *mpl*

кита́|ец <-йца> *м,* **китая́нк|а** <-и> *ж* Chinese *m,* Chinesin *f*

Кита́|й <-я> *м* China *nt*
кита́йск|ий <-ая, -ое> *прил* chinesisch
ки́те|ль <-ля> *м* Uniformjacke *f;* **морско́й ~** Marinejacke *f;* **на ки́теле вое́нные отли́чия** auf der (Uniform)Jacke sind alle Militärauszeichnungen
китобо́йн|ый <-ая, -ое> *прил* Walfang-; **~ про́мысел** Walfang *m;* **китобо́йная флоти́лия** Walfangflotte *f;* **китобо́йное су́дно** Walfangschiff *nt*
кито́в|ый <-ая, -ое> *прил* Walfisch-; **~ ус** Fischbein *nt*
китч <ки́тча> *м* Kitsch *m*
кич|и́ться <-у́сь, -и́шься> *нсв нпрх* protzen, angeben mit *+dat*
кичли́в|ый <-ая, -ое; -, -а, -о> *прил разг (надме́нный)* großspurig, eingebildet
киш|е́ть <-у́, -и́шь> *нсв прх* wimmeln (von); **у́лица киши́т людьми́** auf der Straße wimmelt es von Menschen
кише́чник <-а> *м* АНАТ Darm *m;* **очи́стить ~** den Darm säubern
кише́чн|ый <-ая, -ое> *прил* Darm-; **кише́чные заболева́ния** Darmerkrankungen *fpl*
кишк|а́ <-и́> *ж* Darm *m;* **пряма́я ~** Mastdarm *m;* **у тебя́ для э́того ~ тонка́** *разг* dem bist du nicht gewachsen
кишмя́ *нрч* **~ кише́ть** es wimmelt; **наро́д так ~ и киши́т** es wimmelt hier von Leuten
ккал *сокр от* **килокало́рия** Kilokalorie *f*, kcal *f*
клавеси́н <-а> *м* Cembalo *nt*
клавиату́р|а <-ы> *ж* Tastatur *f*
клави́р <-а> *м* МУЗ Klavierauszug *m*
кла́виш|а <-и> *ж* Taste *f;* **горя́чая ~** ИНФОРМ Hotkey *m;* **~ управле́ния ку́рсором** ИНФОРМ Cursortaste *f;* **функциона́льная ~** ИНФОРМ Funktionstaste *f*
клад <кла́да> *м* Schatz *m*
кла́дбищ|е <-а> *ср* Friedhof *m*
кла́де|зь <-зя> *м* Brunnen *m;* **~ прему́дрости** *перен* Weisheitsbrunnen *m*
кла́дк|а <-и> *ж* Mauerwerk *nt;* **вести́ ка́менную кла́дку** mauern
кладов|а́я <-о́й> *ж* Lagerraum *m*, Magazin *nt*, Vorratskammer *f*
кладо́вк|а <-и> *ж* **1.** *(чула́н)* Abstellraum *m*, Rumpelkammer *f* **2.** *(кладова́я)* Vorratskammer *f*
кладовщи́к <-а́> *м* Lagerhalter *m*
кладь <кла́ди> *ж* **1.** *(груз)* Ladegut *nt*, Last *f*, Fracht *f* **2.** *(бага́ж)* Gepäck *nt* **3.** *(едини́ца гру́за или багажа́)* Kollo *nt;* **ручна́я ~** Handgepäck *nt*
клакёр <-а> *м* Claqueur *m*
кла́ксо́н <-а> *м* АВТО Hupe *f*
кла́ня|ться <-юсь, -ешься> *нсв,* **поклони́ться** *св рефл* sich verbeugen, sich verneigen vor *+dat; (в знак приве́тствия)* begrüßen

кла́пан <-а> *м* Ventil *nt*
кларне́т <-а> *м* Klarinette *f*
класс <кла́сса> *м* **1.** СОЦИОЛ *(социа́льная гру́ппа)* Klasse *f* **2.** *(разря́д, катего́рия)* Klasse *f*, Kategorie *f;* **~ позвоно́чных** БИОЛ Klasse *f* der Wirbeltiere; **купе́ пе́рвого кла́сса** Abteil *nt* erster Klasse; **~ налогообложе́ния** Steuerklasse *f;* **~ по ка́честву** Güteklasse *f* **3.** *(в шко́ле)* Schulklasse *f* **4.** *(кла́ссная ко́мната)* Klassenzimmer *nt*, Klassenraum *m* **5.** МУЗ *(специа́льность)* Fach *nt;* **по кла́ссу виолонче́ли** im Fach Violoncello
кла́ссик <-а> *м* Klassiker *m*
кла́ссик|а <-и> *ж* Klassik *f;* **люби́тели кла́ссики** Klassikfreunde *mpl*
классифика́ци|я <-и> *ж* Klassifikation *f*
классифици́р|овать <-ую, -уешь> *(н)св прх* klassifizieren, einteilen
класси́ческ|ий <-ая, -ое> *прил* **1.** *(анти́чный)* antik **2.** СТР klassizistisch **3.** *(литерату́ра, му́зыка)* klassisch
кла́ссн|ый <-ая, -ое> *прил* Klassen-; *разг (отли́чный)* erstklassig, klasse; **~ руководи́тель** Klassenlehrer(in) *m(f)*
кла́ссов|ый <-ая, -ое> *прил* klassenbedingt; **кла́ссовая борьба́** Klassenkampf *m;* **кла́ссовая принадле́жность** Klassenzugehörigkeit *f*
кла|сть <-ду́, -дёшь> *нсв,* **положи́ть** *св прх* legen, hinlegen, hineinlegen; **~ в осно́ву** *перен* zugrunde legen; **ему́ па́льца в рот не клади́** *перен* mit ihm ist nicht gut Kirschen essen
кла́узул|а <-ы> *ж* ЮР Klausel *f;* **~ о страхова́нии гру́зов** eine Klausel über die Warenversicherung; **содержа́ть кла́узулу** eine Klausel beinhalten
клёв <клёва> *м* Fang *m;* **уда́чный ~** guter Fang *m*
клева́ть <клюю́, клюёшь> *нсв нпрх* **1.** *(клю́вом)* picken, hacken; **~ но́сом** *перен* einnicken; **у него́ де́нег ку́ры не клюю́т** *перен* er hat Geld wie Heu **2.** *(ры́ба)* anbeißen
кле́вер <-а> *м* Klee *m*
клевет|а́ <-ы́> *ж* Verleumdung *f*
клев|ета́ть <-ещу́, -е́щешь> *нсв,* **наклевета́ть** *св нпрх* verleumden; **~ на дру́га** einen Freund verleumden
клеветни́к <-а> *м,* **клеветни́ц|а** <-ы> *ж* Verleumder(in) *m(f)*
клеветни́ческ|ий <-ая, -ое> *прил* verleumderisch
клеёнк|а <-и> *ж* Wachstuch *nt;* **~ для стола́** Tischwachstuch *nt*
клеёнчат|ый <-ая, -ое> *прил* Wachstuch-; **клеёнчатая су́мка** Wachstuchtasche *f;* **клеёнчатая оби́вка** Wachstuchbezug *m*
кле́|ить <-ю, -ишь> *нсв прх* kleben, leimen
кле́|иться <-юсь, -ишься> *нсв рефл*

К

1. *(прилипáть)* kleben; **плёнка легкó клéится** der Film lässt sich leicht aufkleben **2.** *(удавáться)* klappen; **разговóр не клéился** das Gespräch geriet ins Stocken; **делá не клéятся** es klappt nicht **3.** *жарг (приставáть)* aufdringlich sein

клé|й <-я> *м* Klebstoff *m,* Leim *m;* **универсáльный ~** Alleskleber *m;* **намáзывать клéем** leimen

клé|йкий <-йкая, -йкое; -ек, -йка, -йко> *прил* klebrig

клеймён|ый <-ая, -ое> *прил* markiert; **~ товáр** gestempelte Ware

клейм|и́ть <-лю́, -и́шь> *нсв,* **заклейми́ть** *св прх* **1.** *(стáвить клеймó)* stempeln, markieren, eichen **2.** *перен (разоблачáть)* brandmarken, anprangern; **~ когó-л. позóром** jdm ein Schandmal aufdrücken

клейм|ó <-á> *ср (знак на издéлии)* Stempel *m;* **заводскóе ~** Fabrikmarke *f;* **смыть ~ стыдá** *перен* den Schandfleck abwaschen

клёкот <-а> *м* Adlerruf *m,* Adlerschrei *m*

клéмм|а <-ы> *ж* ТЕХ Klemme *f*

клён <клёна> *м* Ahorn *m*

кленóв|ый <-ая, -ое> *прил* Ahorn-

клепáл|о <-а> *ср* ТЕХ Niethammer *m*

клепáть <клеплю́, клéплешь> *нсв прх* **1.** ТЕХ *(соединя́ть)* (ver)nieten **2.** *нпрх, разг (клеветáть)* verleumden; **нéчего ~ на прия́теля** einem Freund redet man nicht übel nach

клёпк|а <-и> *ж* ТЕХ *(скреплéние)* Nietung *f;* **маши́нная ~** Maschinenvernietung *f;* **~ котлá** Kesselvernietung *f;* **паркéтная ~** Parkettlegen *nt;* **дубóвая ~** Eichenverbindung *f;* **у негó клёпки не хватáет** *перен* ihm fehlt einfach die Erfahrung

клептомáн <-а> *м,* **клептомáнк|а** <-и> *ж* Kleptomane *m,* Stehlsüchtige *m,* Kleptomanin *f*

клептомáни|я <-и> *ж* Kleptomanie *f*

клерк <клéрка> *м* Bürokraft *f*

клéтк|а <-и> *ж* **1.** *(решётка)* Käfig *m;* **~ для птиц** Vogelbauer *nt;* **сидéть в золотóй клéтке** *перен* im goldenen Käfig sitzen **2.** БИОЛ Zelle *f;* **зарóдышевая ~** Keimzelle *f* **3.** *(клéтчатый узóр)* Karo *nt;* **в мéлкую клéтку** kleinkariert

клéточн|ый <-ая, -ое> *прил* БИОЛ zellular, Zell(en)-; **клéточная мембрáна** Zellmembran *f*

клетчáтк|а <-и> *ж* Zellgewebe *nt*

клéтчат|ый <-ая, -ое> *прил* kariert

клеть <клéти> *ж* **1.** *(кладовáя)* Vorratskammer *f* **2.** ШАХТ Förderkorb *m;* **шáхтная ~** Grubenförderkorb *m*

клёцк|а <-и> *ж* Kloß *m,* Knödel *m*

клёш <клёша> *прил* Glocken-; **брю́ки ~** Schlaghose *f*

клешн|я́ <-и́> *ж* Krebsschere *f*

клещ <клещá> *м* Milbe *f,* Zecke *f*

клéщ|и <-éй> *м* Zange *f,* Kneifzange *f*

клиéнт <-а> *м,* **клиéнтк|а** <-и> *ж* Klient(in) *m(f),* Kunde *m,* Kundin *f;* **постоя́нный клиéнт** Stammkunde *m*

клиентýр|а <-ы> *ж* **1.** *(круг постоя́нных клиéнтов)* Klientel *f* **2.** *(круг закáзчиков, покупáтелей)* Kundschaft *f,* Kundenkreis *m*

кли́зм|а <-ы> *ж* Klistier *nt,* Einlauf *m*

кли́к|а <-и> *ж и презрит* Clique *f,* Klüngel *m*

кли|кáть <-чу, -чешь> *нсв,* **кли́кнуть** *св прх* rufen; **~ клич** einen Aufruf starten

кли́макс <-а> *м* Klimakterium *nt,* Wechseljahre *ntpl*

климактери́ческ|ий <-ая, -ое> *прил* **~ периóд** Wechseljahre *ntpl,* Klimakterium *nt*

кли́мат <-а> *м и перен* Klima *nt;* **сурóвый ~** raues Klima *nt*

климати́ческ|ий <-ая, -ое> *прил* klimatisch; **климати́ческие услóвия** Klimaverhältnisse *ntpl*

клин <кли́на> *м* Keil *m*

кли́ник|а <-и> *ж* Klinik *f*

клини́ческ|ий <-ая, -ое> *прил* klinisch

клин|óк <-кá> *м* Klinge *f,* Schneide *f*

кли́нопи|сь <-си> *ж* Keilschrift *f;* **вавилóнская ~** babylonische Keilschrift *f*

клип <кли́па> *м* Spot *m*

клипс <кли́пса> *м* Klipp *m;* **серёжки-кли́псы** Ohrklips *m*

клир <кли́ра> *м* РЕЛИГ **1.** *(служи́тели)* Klerus *m,* Geistlichkeit *f* **2.** *(хор)* Kirchenchor *m*

кли́ренс <-а> *м* АВТО Bodenfreiheit *f*

кли́ринг <-а> *м* ЭКОН Clearing *nt;* **~ по цéнным бумáгам** Effektenclearing *nt;* **~-банк** Clearingbank *f;* **принуди́тельный ~** Zwangsclearing *nt*

кли́ринг-банк <-а> *м* Clearingbank *f*

кли́рингов|ый <-ая, -ое> *прил* ЭКОН Clearing-; **кли́ринговая палáта** Abrechnungsstelle *f;* **кли́ринговое соглашéние** Verrechnungsabkommen *nt;* **кли́ринговые оперáции** Clearingsverkehr *m,* Abrechnungsverkehr *m;* **кли́ринговые расчётные оперáции центрáльного бáнка** Zentralbank-Clearing *nt;* **кли́ринговые расчёты по цéнным бумáгам** (Effekten)Clearing *nt*

кли́ринг-хауз <-а> *м* Abrechnungsstelle *f*

кли́рос <-а> *м* РЕЛИГ Chor *m,* Kirchenchor *m*

клич <кли́ча> *м* Ruf *m;* **боевóй ~** Schlachtruf *m*

кли́чк|а <-и> *ж* **1.** *(человéка)* Spitzname *m* **2.** *(конспирати́вное и́мя)* Deckname *m* **3.** ИНФОРМ Alias *nt*

клишé <неизм> *ср и перен* Klischee *nt,* ТИП Druckschablone *f*

клок <клóка> *м* **1.** *(волóс, шéрсти)* Büschel *nt;* **~ волóс** Haarbüschel *nt* **2.** *(ткáни)* Fetzen *m*

клоко|тать <-чу́, -чи́шь> *нсв нпрх* sprudeln, brodeln
клони́р|овать <-ую, -уешь> *(н)св прх* klonen
клони́ть[1] <клоню́, кло́нишь> *нсв прх* lenken, hinauswollen auf *+akk;* **к чему́ ты кло́нишь?** worauf willst du hinaus?
клони́ть[2] <кло́нит> *нсв безл, только в 3 л* **меня́ кло́нит ко сну** ich bin schläfrig
клоп <клопа́> *м* **1.** ЗООЛ Wanze *f* **2.** *разг (малы́ш)* Knirps *m,* Kleine(r) *m*
кло́ун <-а> *м* Clown *m*
кло́унск|ий <-ая, -ое> *прил* Clown(s)-; **~ но́мер** Clownerie *f;* **кло́унская ма́ска** Clownsmaske *f*
клуб <клу́ба> *м* Klub *m,* Verein *m*
клу́б|ень <-ня> *м* Knolle *f*
клуб|и́ться <-и́тся> *нсв безл, только 3 л (о тума́не)* in Schwaden aufsteigen
клубнепло́д <-а> *м* БОТ Knollenfrucht *f,* Knollengewächs *nt*
клубни́к|а <-и> *ж* Gartenerdbeeren *fpl*
клубни́чн|ый <-ая, -ое> *прил* Erdbeer-; **~ сиро́п** Erdbeersirup *m;* **клубни́чный джем** Erdbeermarmelade *f*
клу́бн|ый <-ая, -ое> *прил* Klub-; **~ завсегда́тай** Stammgast *m* im Klub; **клу́бная сце́на** Klubszene *f*
клуб|о́к <-ка́> *ж* Knäuel *nt;* **~ ше́рсти** Wollknäuel *nt*
клу́мб|а <-ы> *ж* Beet *nt,* Blumenbeet *nt;* **разби́ть клу́мбу** das Beet umgraben
клык <клыка́> *м* Stoßzahn *m; (у челове́ка)* Eckzahn *m*
клюв <клю́ва> *м* Schnabel *m*
клюз <клю́за> *м* МОР Klüse *f*
клюк|а́ <-и́> *ж* Gehstock *m,* Krücke *f*
клю́кв|а <-ы> *ж* Moosbeere *f;* **разве́систая ~** *перен* Lügenmärchen *nt*
клю́квенн|ый <-ая, -ое> *прил* Moosbeer-; **~ мусс** Moosbeermus *nt*
клю́н|уть <-у, -ешь> *св нпрх* anbeißen; **~ на прима́нку** *перен* auf den Leim gehen, hereinfallen auf *+akk*
ключ[1] <ключа́> *м* Schlüssel *m;* ТЕХ Taste *f,* Schalter *m;* **~ от кварти́ры** Wohnungsschlüssel *m;* **~ зажига́ния** АВТО Zündschlüssel *m;* **га́ечный ~** Schraubenschlüssel *m;* **басо́вый ~** МУЗ Bassschlüssel *m;* **скрипи́чный ~** Violinschlüssel *m*
ключ[2] <ключа́> *м* Quelle *f;* **бить ключо́м** quellen, brodeln; **там жизнь бьёт ключо́м** dort herrscht Hochbetrieb
ключев|о́й[1] <-а́я, -о́е> *прил* Schlüssel-; **ключево́й вопро́с** Kernfrage *f;* **ключево́е сло́во** Stichwort *nt;* **ключева́я роль** Schlüsselrolle *f;* **ключева́я о́трасль промы́шленности** Schlüsselindustrie *f*
ключев|о́й[2] <-а́я, -о́е> *прил* Quell-; **ключева́я вода́** Quellwasser *nt*
ключи́ц|а <-ы> *ж* Schlüsselbein *nt*
клю́шк|а <-и> *ж* СПОРТ Hockeyschläger *m,* Schläger *m*
кля́кс|а <-ы> *ж* Klecks *m,* Tintenklecks *m;* **посади́ть** [*или* **сажа́ть**] **кля́ксу** klecksen
кля́нч|ить <-у, -ишь> *нсв прх* betteln; **~ де́ньги** um Geld bitten
кляп <кля́па> *м* Knebel *m;* **заткну́ть кому́-л. рот кля́пом** jdn knebeln; **засу́нуть в рот ~** jdm das Maul stopfen
клясть <кляну́, клянёшь> *нсв прх* verfluchen
кля́|сться <-ну́сь, -нёшься> *нсв,* **покля́сться** *св рефл* schwören; **~ кому́-л. в ве́рности** jdm Treue schwören
кля́тв|а <-ы> *ж* Eid *m,* Schwur *m;* **дава́ть кля́тву** geloben, einen Eid ablegen
кля́твенн|ый <-ая, -ое> *прил* Eides-
кля́уз|а <-ы> *ж* Klatsch *m;* **сочиня́ть кля́узы** Geschichten *fpl* erzählen
кля́узник <-а> *м* Klatschmaul *nt,* Petzer *m*
кля́узнича|ть <-ю, -ешь> *нсв,* **накля́узничать** *св нпрх разг* denunzieren; **де́ти накля́узничали воспита́тельнице** die Kinder haben jdn der Erzieherin verpetzt
км *сокр от* **киломе́тр** Kilometer *m,* km *m*
КНДР *сокр от* **Коре́йская Наро́дно-Демократи́ческая Респу́блика** Koreanische Volksdemokratische Republik *f*
кне́дл|и <-ей> *мн* Knödel *mpl;* **суп с кне́длями** Knödelsuppe *f*
кнехт <кне́хта> *м* МОР Knecht *m;* **заверну́ть трос за кне́хты** das Tau am Knecht festbinden
кни́г|а <-и> *ж* Buch *nt;* **а́дресная ~** Adressbuch *nt;* **насто́льная ~** Handbuch *nt;* **пова́ренная ~** Kochbuch *nt;* **~ о́тзывов** Gästebuch *nt;* **~ о́тпуска това́ров** ЭКОН Warenausgangsbuch *nt;* **~ поступле́ния това́ров** ЭКОН Wareneingangsbuch *nt;* **~ расчётов за нали́чные** ЭКОН Kassenbuch *nt;* **~ за семью́ печа́тями** *перен* ein Buch mit sieben Siegeln
книголю́б <-а> *м* Bücherfreund *m;* **о́бщество книголю́бов** Lesegesellschaft *f*
книгопеча́тани|е <-я> *ср* Buchdruck *m*
книготорго́в|ец <-ца> *м* Buchhändler(in) *m(f)*
книготорго́вл|я <-и> *ж* Buchhandel *m*
книгохрани́лищ|е <-а> *ср* Bücherei *f; (в библиоте́ке)* Magazin *nt*
кни́жк|а <-и> *ж* Büchlein *nt;* **записна́я ~** Notizbuch *nt;* **зачётная ~** Studienbuch *nt;* **сберега́тельная ~** Sparbuch *nt*
кни́жн|ый <-ая, -ое> *прил* Buch-; **~ магази́н** Buchhandlung *f;* **кни́жная я́рмарка** Buchmesse *f*
кно́пк|а <-и> *ж* **1.** *(канцеля́рская)* Reißzwecke *f* **2.** *(для застёгивания)* Druckknopf *m* **3.** ЭЛ, ИНФОРМ Knopf *m,* Taste *f,* Button *m;* **~-стре́лка** Pfeiltaste *f*
КНР *сокр от* **Кита́йская Наро́дная Респу́блика** Volksrepublik *f* China

кнут <кнута́> *м* Peitsche *f;* **с по́мощью кнута́ и пря́ника** mit Zuckerbrot und Peitsche

княги́н|я <-и> *ж* Fürstin *f*

кня́жеск|ий <-ая, -ое> *прил* fürstlich

кня́жеств|о <-а> *ср* Fürstentum *nt*

князь <кня́зья> *м* Fürst *m*

коагуля́ци|я <-и> *ж* ФИЗ, ХИМ Koagulation *f,* Koagulieren *nt;* **~ ка́пель в облака́х** Koagulation der Tropfen in den Wolken; **~ кро́ви** Blutkoagulation *f*

коа́л|а <-ы> *ж* Koala *m,* Koalabär *m*

коалицио́нн|ый <-ая, -ое> *прил* Koalitions-; **~ партнёр** Koalitionspartner *m;* **коалицио́нное прави́тельство** Koalitionsregierung *f*

коали́ци|я <-и> *ж* Koalition *f,* Allianz *f*

ко́бальт <-а> *м* Kobalt *nt*

кобе́|ль <-ля́> *м* **1.** ЗООЛ Rüde *m* **2.** *вульг (похотли́вый мужчи́на)* triebgesteuerter Mann *m*

ко́бр|а <-ы> *ж* ЗООЛ Kobra *f*

кобур|а́ <-ы́> *ж* **1.** *(футля́р для пистоле́та)* Revolvertasche *f,* Pistolenhalfter *nt* **2.** *(су́мка у седла́)* Satteltasche *f*

кобы́л|а <-ы> *ж* Stute *f*

ко́ван|ый <-ая, -ое> *прил* **1.** *(изгото́вленный посре́дством ко́вки)* geschmiedet, Schmiede-; **~ меч** geschmiedetes Schwert *nt* **2.** *(подко́ванный)* beschlagen; **ко́ваные сапоги́** beschlagene Stiefel *mpl*

кова́р|ный <-ная, -ное; -ен, -на, -но> *прил* hinterlistig, heimtückisch

кова́рств|о <-а> *ср* Hinterlist *f;* **~ и любо́вь** ПОЭТ Kabale und Liebe

кова́ть <кую́, куёшь> *нсв прх и перен* schmieden

ковбо́|й <-я> *м* Cowboy *m*

ков|ёр <-ра́> *м* Teppich *m;* **вы́звать кого́-л. на ~** *перен* jdn zu sich zitieren

кове́рка|ть <-ю, -ешь> *нсв,* **искове́ркать** *св прх* **1.** *(по́ртить)* kaputt machen **2.** *(мысль)* verdrehen; **~ слова́** die Wörter verdrehen, ein Kauderwelsch sprechen

ко́вк|а <-и> *ж* Schmieden *nt;* **~ ста́ли** Stahlschmieden *nt*

коври́г|а <-и> *ж* Laib *m;* **~ ржано́го хле́ба** Laib *m* Roggenbrot

коври́жк|а <-и> *ж* **1.** *(хлеб)* Rundbrot *nt* **2.** *(пря́ник)* Pfefferkuchen *m;* **медо́вые коври́жки** Lebkuchen *m;* **ни за каки́е коври́жки** *перен* um nichts in der Welt

ко́врик <-а> *м* **1.** *(доро́жка)* kleiner Teppich *m,* Läufer *m* **2.** *(цино́вка)* Matte *f*

ковро́в|ый <-ая, -ое> *прил* Teppich-; **ковро́вая доро́жка** Teppichläufer *m;* **ковро́вые изде́лия** Teppichwaren *pl*

ковче́г <-а> *м* **1.** РЕЛИГ Schrein *m;* **Но́ев ~** die Arche Noahs **2.** *устар (ларе́ц)* Kästchen *nt,* Schachtel *f;* **~ с инкруста́циями** Kästchen *nt* mit Inkrustationen

ковш <ковша́> *м* **1.** ТЕХ Kelle *f,* Schöpfkelle *f,* Kübel *m;* **лите́йный ~** Pfanne *f,* Gießpfanne *f;* **~ экскава́тора** Baggereimer *m* **2.** МОР *(бу́хта для судо́в)* Bucht *f*

ковшо́в|ый <-ая, -ое> *прил* Kübel-; **~ элева́тор** Kübelfließband *m;* **~ конве́йер** Förderer *m*

ковы́|ль <-ля́> *м* Steppengras *nt,* Reihergras *nt;* **пе́ристый ~** Federgras *nt*

ковыля́|ть <-ю, -ешь> *нсв нпрх* hinken, humpeln

ковыря́|ть <-ю, -ешь> *нсв (н)прх (в чём-л.)* stochern

ковыря́|ться <-юсь, -ешься> *нсв рефл* wühlen; **~ в маши́не** am Auto [*o* an der Maschine] rumhantieren

когда́ **I.** *нрч* wann; **~ он придёт?** wann kommt er?; **~-нибу́дь** irgendwann **II.** *сз* als, wenn; **~ он просну́лся, бы́ло ещё темно́** als er aufwachte, war es noch dunkel; **~ бы знал, не пошёл бы** wenn ich es gewusst hätte, wäre ich nicht gegangen

когéзи|я <-и> *ж* ФИЗ, ХИМ Kohäsion *f*

когере́нтнос|ть <-ти> *ж* Kohärenz *f;* **простра́нственная ~** ФИЗ räumliche Kohärenz *f*

кого́ *мест от кто* wessen, wen

когóрт|а <-ы> *ж* ИСТОР Kohorte *f;* **принадлежа́ть к когóрте учёных** der Gelehrtenkohorte angehören

ко́г|оть <-тя> *м* Kralle *f,* Klaue *f*

код <ко́да> *м* Kode *m,* Schlüssel *m;* **телефо́нный ~** Vorwahlnummer *f;* **~ ба́нка** Bankleitzahl *f;* **штрихово́й ~** *(на това́рах)* Strichkode *m*

ко́декс <-а> *м* Gesetzbuch *nt; устар (непи́саный зако́н)* Kodex *m;* **гражда́нский ~** Zivilgesetzbuch *nt;* **торго́вый ~** Handelsgesetzbuch *nt;* **уголо́вный ~** Strafgesetzbuch *nt*

коди́ровани|е <-я> *ср* Kodieren *nt,* Verschlüsseln *nt*

коди́р|овать <-ую, -уешь> *(н)св прх* kodieren

кодифика́ци|я <-и> *ж* ЮР Kodifikation *f,* Kodifizierung *f*

кодифици́р|овать <-ую, -уешь> *(н)св прх* kodifizieren

ко́дов|ый <-ая, -ое> *прил* Kode-

ко́е-где́ *нрч* mancherorts

ко́е-ка́к *нрч* irgendwie

ко́е-кто́ *мест неопред* **1.** *(не́которые)* (so) manche(r, s) **2.** *(кто-то)* irgendwer

ко́е-что́ *мест неопред* manches, irgendwas

ко́ж|а <-и> *ж* **1.** МЕД Haut *f;* **сбра́сывать с себя́ ко́жу** sich häuten; **~ да ко́сти** *перен* nur noch Haut und Knochen; **из ко́жи вон лезть** *перен* sich für etw abstrampeln, sich die größte Mühe geben **2.** *(материа́л)* Leder *nt;* **натура́льная ~** Echtleder *nt;* **замени́тель ко́жи** Kunstleder *nt;* **изде́лия из ко́жи** Lederwaren *pl*

ко́жанк|а <-и> *ж* Lederjacke *f*

ко́жан|ый <-ая, -ое> *прил* Leder-; **ко́жаная ку́ртка** Lederjacke *f*

кожгалантере́|я <-и> *ж* Lederwaren *pl*

коже́венн|ый <-ая, -ое> *прил* Leder-, Gerber-; **коже́венная промы́шленность** Lederindustrie *f;* **коже́венное сырьё** Häute *fpl,* Rohfelle *ntpl;* **коже́венная проду́кция** Lederwaren *fpl*

ко́жник <-а> *м разг* Hautarzt *m,* Dermatologe *m*

ко́жн|ый <-ая, -ое> *прил* Haut-; **ко́жная боле́знь** Hautkrankheit *f*

кожур|а́ <-ы́> *ж* Schale *f;* **лу́ковая ~** Zwiebelschale *f;* **снять кожуру́ с апельси́на** eine Orange schälen; **очища́ть кожуру́** schälen

кожу́х <-а́> *м* ТЕХ Gehäuse *nt*

коз|а́ <-ы́> *ж* Ziege *f*

коз|ёл <-ла́> *м* Ziegenbock *m;* **го́рный ~** Steinbock *m;* **~ отпуще́ния** *перен* Sündenbock *m*

Козеро́г <-а> *м* *(созве́здие)* Steinbock *m*

ко́з|ий <-ья, -ье> *прил* Ziegen-; **ко́зье молоко́** Ziegenmilch *f;* **~ сыр** Ziegenkäse *m;* **сверну́ть ко́зью но́жку** *перен* sich eine Zigarette drehen

козлён|ок <-ка> *м* Zickel *nt,* Zicklein *nt*

козли́н|ый <-ая, -ое> *прил* Ziegen-; **козли́ная борода́** Ziegenbart *m;* **~ го́лос** Ziegenstimme *f*

ко́зн|и <-ей> *мн* Intrigen *pl;* **стро́ить ~** Intrigen spinnen; **~ недоброжела́телей** Intrigen der Missgönner

козыр|ёк <-ька́> *м* **1.** *(у ке́пки, фура́жки)* Mützenschirm *m* **2.** *(наве́с)* Vordach *nt*

козырн|о́й <-а́я, -о́е> *прил* Trumpf-; **~ туз** Trumpfass *nt;* **козырна́я ка́рта** Trumpfkarte *f*

ко́зы|рь <-ря> *м* Trumpf *m*

козыря́|ть <-ю, -ешь> *нсв нпрх* auftrumpfen

козя́вк|а <-и> *ж* **1.** *(бука́шка)* Käferchen *nt* **2.** *перен (о ничто́жном челове́ке)* Niemand *m;* **вся́кая ~ бу́дет меня́ учи́ть** jeder Schlaumeier versucht mich zu belehren

ко́йк|а <-и> *ж* Koje *f*

кок <ко́ка> *м* МОР Schiffskoch *m*

кокаи́н <-а> *м* Kokain *nt*

кока́рд|а <-ы> *ж* Kokarde *f,* Mützenabzeichen *nt*

ко́ка|ть <-ю, -ешь> *нсв,* **ко́кнуть** *св прх* **1.** *разг (разби́ть)* zerschlagen; **ко́кнуть яйцо́** ein Ei zerschlagen **2.** *перен (уда́рить)* zuschlagen; **ко́кнуть по голове́** jdm eine Kopfnuss geben

коке́тлив|ый <-ая, -ое; -, -а, -о> *прил* kokett, gefallsüchtig

коке́тнича|ть <-ю, -ешь> *нсв нпрх* kokettieren, liebäugeln mit *+dat*

коке́тств|о <-а> *ср* Koketterie *f*

ко́клюш <-а> *м* Keuchhusten *m*

ко́кн|уть <-у, -ешь> *св прх см.* **ко́кать**

ко́кон <-а> *м* Kokon *m,* Puppe *f;* **шелкови́чный ~** Seidenpuppe *f*

коко́сов|ый <-ая, -ое> *прил* Kokos-; **~ оре́х** Kokosnuss *f*

коко́шник <-а> *м* ИСТОР *(головно́й убо́р)* Kokoschnik *m (nationaler Kopfputz russischer Frauen)*

кокс <ко́кса> *м* Koks *m*

кокс|ова́ть <-у́ю, -у́ешь> *нсв,* **накоксова́ть** *св прх* koken; **~ у́голь** die Kohle koken

ко́ксов|ый <-ая, -ое> *прил* Koks-; **ко́ксовая печь** Koksofen *m;* **ко́ксовое произво́дство** Koksindustrie *f*

кокте́й|ль <-ля> *м* **1.** *(напи́ток)* Cocktail *m* **2.** *(приём)* Cocktailparty *f*

кол <кола́> *м* Pfahl *m*

ко́л|а <-ы> *ж* Cola *f*

ко́лб|а <-ы> *ж* Kolben *m*

колбас|а́ <-ы́> *ж* Wurst *f;* **ли́верная ~** Leberwurst *f;* **варёная ~** Kochwurst *f;* **твердокопчёная ~** Dauerwurst *f*

колба́сн|ый <-ая, -ое> *прил* Wurst-; **~ отде́л** Wurstabteilung *f;* **колба́сные изде́лия** Wurstwaren *fpl*

колго́т|ки <-ок> *мн* Strumpfhose *f*

колд|ова́ть <-у́ю, -у́ешь> *нсв нпрх* zaubern, hexen

колдовств|о́ <-а́> *ср* Zauberei *f,* Hexerei *f*

колду́н <-а́> *м,* **колду́нь|я** <-и> *ж* Zauberer *m,* Zauberin *f,* Hexenmeister *m,* Hexe *f*

колеба́ни|е <-я> *ср* **1.** ФИЗ Schwingung *f* **2.** *(измене́ние)* Schwankung *f,* Fluktuation *f;* **~ температу́ры** Temperaturschwankung *f;* **~ цен** Preisschwankung *f;* **~ обме́нного ку́рса** Floaten *nt;* **колеба́ния валю́тного ку́рса** Wechselkursschwankungen *fpl;* **сезо́нные колеба́ния** saisonbedingte Schwankungen *fpl* **3.** *(нереши́тельность)* Unschlüssigkeit *f,* Schwanken *nt;* **по́сле до́лгих колеба́ний** nach langem Zögern; **без колеба́ний** ohne Zaudern

кол|еба́ть <-е́блю, -е́блешь> *нсв,* **поколеба́ть** *св прх* erschüttern; **~ усто́и о́бщества** die Grundpfeiler der Gesellschaft erschüttern; **~ осно́вы госуда́рства** die Grundpfeiler des Staates erschüttern; **~ ве́ру** den Glauben erschüttern

кол|еба́ться <-е́блюсь, -е́блешься> *нсв,* **поколеба́ться** *св рефл* **1.** *(не́которое вре́мя)* zögern; **он сперва́ поколеба́лся, но пото́м реши́л пойти́** am Anfang zögerte er, dann entschloss er sich jedoch zu gehen **2.** *(потеря́ть дове́рие)* ins Schwanken geraten; **его́ авторите́т поколеба́лся** seine Autorität wurde untergraben **3.** *(стать неусто́йчивым)* schwanken; **це́ны поколеба́лись** die Preise schwankten **4.** *(проявля́ть нереши́тельность)* zögern; **~ в**

К

вы́боре профе́ссии beim Berufsauswahl unentschlossen sein

коленкóр <-а> *м перен* **э́то друго́й ~** das ist eine ganz andere Sache

колéнн|ый <-ая, -ое> *прил* АНАТ Knie-; **колéнная ча́шечка** Kniescheibe *f;* **~ суста́в** Kniegelenk *nt*

колéн|о <-а> *ср* Knie *nt;* **стать на колéни** hinknien; **посади́ть ребёнка себé на колéни** das Kind auf den Schoß nehmen; **поста́вить когó-л. на колéни** *перен* jdn in die Knie zwingen; **упра́шивать когó-л. на колéнях** *перен* jdn beknien [*o* inständig bitten]; **ему́ мóре по ~** *перен* er fürchtet sich vor nichts

коленопреклонéни|е <-я> *м* Kniefall *m*

кóлер <-а> *м* Farbton *m,* Farbabstufung *f*

коле|си́ть <-шу́, -си́шь> *нсв нпрх* kreuz und quer fahren, umherirren, auf Umwegen fahren; **~ по всей странé** im ganzen Land viel unterwegs sein

колесни́ц|а <-ы> *ж* Wagen *m;* **боева́я ~** Kampfwagen *m,* Streitwagen *m;* **погреба́льная ~** Leichenwagen *m*

колёсн|ый <-ая, -ое> *прил* Rad-, Räder-

колес|ó <-á> *ср* Rad *nt;* **чёртово ~** Riesenrad *nt*

колес|ова́ть <-у́ю, -у́ешь> *(н)св прх* ИСТОР rädern

коле|я́ <-и́> *ж* **1.** *(велосипéдная)* Radspur *f* **2.** *(железнодорóжная)* Gleis *nt;* **войти́ в колею́** (wieder) ins Gleis kommen; **вы́йти из колеи́** aus dem Gleis kommen; **вы́бить когó-л. из колеи́** jdn aus dem Gleis werfen

кóлик|а <-и> *ж* МЕД Kolik *f*

коли́т <-а> *м* МЕД Kolitis *f,* Dickdarmentzündung *f*

коли́чественн|ый <-ая, -ое> *прил* quantitativ, zahlenmäßig, mengenmäßig; **коли́чественная ра́зница** Mengenabweichung *f;* **коли́чественная экономи́ческая поли́тика** quantitative Wirtschaftspolitik *f;* **коли́чественное числи́тельное** ЛИНГВ Kardinalzahl *f,* Grundzahlwort *nt*

коли́честв|о <-а> *ср* Quantität *f,* Anzahl *f,* Menge *f;* **óбщее коли́чество** Gesamtmenge *f;* **~ включéний** ТВ Einschaltquote *f*

кóл|кий <-кая, -кое; -ок, -ка́, -ко> *прил* **1.** *(кóлющийся)* spitz, stachelig **2.** *(замечáние)* beißend, spöttisch

кóлкос|ть <-ти> *ж* Sticheleien *f,* Anzüglichkeiten *f*

колла́ж <-а> *м* Collage *f*

колла́пс <-а> *м* Kollaps *m*

коллéг|а <-и> *м и ж* Kollege *m,* Kollegin *f;* **~ по рабóте** Arbeitskollege, Arbeitskollegin *m*

коллегиа́|льный <-льная, -льное; -лен, -льна, -льно> *прил* kollegial; **~ сти́ль руковóдства** kollegialer Führungsstil *m*

коллéги|я <-и> *ж* Kollegium *nt*

коллéж <-а>, **кóлледж** <-а> *м* College *nt*

коллекти́в <-а> *м* Kollektiv *nt,* Arbeitsgemeinschaft *f,* Team *nt;* **~ рабóчих и слу́жащих** Belegschaft *f;* **~ преподава́телей** Lehrkörper *m;* **редáкторский ~** Lektorat *nt*

коллективи́зм <-а> *м* Kollektivgeist *m,* Teamgeist *m*

коллекти́вн|ый <-ая, -ое> *прил* kollektiv, gemeinschaftlich; **коллекти́вная зая́вка** Sammelbestellung *f;* **коллекти́вная довéренность** Gesamtprokura *f;* **коллекти́вная сóбственность** Kollektivgut *nt;* **коллекти́вное трудовóе соглашéние, ~ договóр** Kollektivvertrag *m;* **~ договóр о тари́фных ста́вках** Tarifvertrag *m;* **~ договóр предприя́тия** Betriebsvereinbarung *f*

коллекционéр <-а> *м* Sammler(in) *m(f)*

коллекциони́р|овать <-ую, -уешь> *нсв прх* sammeln

коллекциóнн|ый <-ая, -ое> *прил* Sammler-; **коллекциóнные ма́рки** Sammlerbriefmarken *fpl*

коллéкци|я <-и> *ж* **1.** *(собра́ние)* Sammlung *f;* **собра́ть коллéкцию** eine Sammlung aufbauen [*o* zusammentragen] **2.** *(модéлей одéжды)* Kollektion *f;* **~ образцóв** Musterkollektion *f*

колли́зи|я <-и> *ж* Kollision *f;* **~ интерéсов** Interessenkonflikt *m*

коллóквиум <-а> *м* Kolloquium *nt;* **провести́ ~ по хи́мии** ein Chemiekolloquium durchführen; **заключи́тельный ~** Abschlusskolloquium *nt*

коловорóт <-а> *м* **1.** *(столя́рный инструмéнт)* Brustbohrer *m,* Handbohrer *m,* Bohrwinde *f* **2.** *устар (круговорóт)* Kreislauf *m,* Wirbel *m;* **в ~е собы́тий** im Wirbel der Ereignisse

колóд|а <-ы> *ж* **1.** *(чурба́н)* Holzklotz *m* **2.** *перен* Klotz *m* **3.** *(карт)* Karten *pl*

колóдезн|ый <-ая, -ое> *прил* Brunnen-; **колóдезная вода́** Brunnenwasser *nt*

колóд|ец <-ца> *м* Brunnen *m*

колóдк|а <-и> *ж* **1.** *(деревя́нная часть инструмéнта)* Leisten *m;* **~ руба́нка** Hobelkasten *m;* **~ лопа́ты** Schaufelstiel *m;* **сапóжная ~** Schuhspanner *m;* **скрóены на одну́ колóдку** *перен (одина́ковые)* sie sind sich gleich; **по чужóй колóдке мéрить** mit anderen Augen sehen **2.** *(пла́нка для награ́д)* Ordensriegel *m;* **óрденская ~** Ordensspange *f* **3.** ТЕХ Bremsklotz *m;* **колóдки тормозóв** Bremsbacke *f* **4.** *(окóвы)* Block *m;* **арестáнтские колóдки** Fußblock *m*

кóлокол <-а> *м* Glocke *f;* **бить во все колокола́** *перен* Alarm schlagen

колокóльн|ый <-ая, -ое> *прил* Glocken-; **~ звон** Glockengeläut(e) *nt*

колокóльн|я <-и> *ж* Glockenturm *m*

колокóльчик <-а> *м* **1.** *(ма́ленький кóлокол)* Glöckchen *nt,* Schelle *f;* **двернóй ~**

Türklingel *f* **2.** БОТ Glockenblume *f*

колониали́зм <-а> *м* Kolonialismus *m*

колониа́льный <-ая, -ое> *прил* Kolonial-, kolonial; **колониа́льные наро́ды** Kolonialvölker *ntpl*

колониза́ци|я <-и> *ж* Kolonisation *f*

коло́ни|я <-и> *ж* Kolonie *f*

коло́нк|а[1] <-и> *ж* Spalte *f*; *(в газе́те)* Kolumne *f*

коло́нк|а[2] <-и> *ж* **1.** *(водоразбо́рный кран)* Hydrant *m*; **бензозапра́вочная ~** Zapfsäule *f*; **акусти́ческая ~** Lautsprecherbox *f* **2.** *(в ва́нной)* Badeofen *m*

коло́нн|а <-ы> *ж* Kolonne *f*; СТР Säule *f*

колонна́д|а <-ы> *ж* Kolonnade *f*

коло́нн|ый <-ая, -ое> *прил* Kolonnen-; **~ марш** МУЗ Kolonnenmarsch *m*; **коло́нные пути́** ВОЕН Kolonnenwege *mpl*

колора́дск|ий <-ая, -ое> *прил* **~ жук** Kartoffelkäfer *m*

колори́т|ный <-ная, -ное; -ен, -на, -но> *прил* Kolorit-, bunt; **~ пейза́ж** farbenprächtige Landschaft *f*

ко́лос <-а> *м* Ähre *f*

коло́сс <-а> *м* *(гига́нт)* Koloss *m*, Riese *m*

колосса́льн|ый <-ая, -ое> *прил* kolossal, enorm

ко|лоти́ть <-лочу́, -ло́тишь> *нсв*, **поколоти́ть** *св прх* **1.** *(ударя́ть)* (ver)hauen **2.** *разг* *(избива́ть)* prügeln

ко|лоти́ться <-лочу́сь, -ло́тишься> *нсв рефл* schlagen; **се́рдце коло́тится** das Herz klopft

ко́лот|ый <-ая, -ое; -, -а, -о> *прил* gehackt; **ко́лотые дрова́** gehacktes Holz *nt*

кол|о́ть[1] <-ю́, -ешь> *нсв прх* stechen

кол|о́ть[2] <-ю́, -ешь> *нсв прх* **1.** *(дрова́)* (zer)hacken **2.** *(оре́хи)* knacken

кол|о́ться <-ю́сь, -ешься> *нсв рефл* **1.** *то́лько 3 л (быть колю́чим)* stachelig sein **2.** *разг* *(о наркома́не)* an der Nadel hängen, fixen; **ему́ и хо́чется и ко́лется** *разг* er macht sich die Entscheidung schwer

коло́ш|а <-и> *ж* Gicht *f*; **ко́ксовая ~** Koksgicht *f*

колпа́к <-а́> *м* **1.** *(ша́пка)* Kappe *f*; **шутовско́й ~** Narrenkappe *f* **2.** ТЕХ Haube *f*; **~ для сы́ра** Käseglocke *f*; **быть под колпако́м у КГБ** *перен* vom KGB überwacht werden

колумби́|ец <-йца> *м*, **колумби́йк|а** <-и> *ж* Kolumbianer(in) *m(f)*

Колу́мби|я <-и> *ж* Kolumbien *nt*

колхо́з *сокр от* **коллекти́вное хозя́йство** Kolchos *m*, Kolchose *f*, Kollektivwirtschaft *f*

колча́н <-а> *м устар* Köcher *m*; **~ ручно́й рабо́ты** handgearbeiteter Köcher *m*

колчеда́н <-а> *м* ГЕОЛ Kies *m*; **се́рный ~** Schwefelkies *m*; **ме́дный ~** Kupferkies *m*

колыбе́|ль <-ли> *ж* Wiege *f*

колыбе́льн|ая <-ой> *ж* *(пе́сня)* Schlaflied *nt*, Wiegenlied *nt*

кол|ыха́ть <-ышу, -ы́шешь> *нсв*, **колыхну́ть** *св прх* wiegen, (sanft) bewegen

колье́ <неизм> *ср* Kollier *nt*

кольн|у́ть <-у́, -ёшь> *св прх* stechen; **его́ кольну́ла мысль** ein Gedanke durchfuhr ihn

кольра́би <неизм> *ж* Kohlrabi *m*

кольт <ко́льта> *м* Colt *m*

кольцев|о́й <-а́я, -о́е> *прил* Ring-; **кольцева́я доро́га** Ringstraße *f*, Ringbahn *f*; **кольцева́я ли́ния метро́** U-Bahnstation *f* auf der Ringlinie

кольц|о́ <-а́> *ср* Ring *m*; **обруча́льное ~** Ehering *m*

кольчу́г|а <-и> *ж* ИСТОР Ringpanzer *m*, Kettenpanzer *m*, Ringhemd *nt*

колю́ч|ий <-ая, -ее; -, -а, -е> *прил* stachelig; **колю́чая про́волока** Stacheldraht *m*

колю́чк|а <-и> *ж* БОТ Stachel *m*, Dorn *m*

ко́лющ|ий <-ая, -ее> *прил* Stich-, stechend; **ко́лющее ору́жие** Stichwaffe *f*; **ко́лющая боль** stechender Schmerz *m*

коляд|а́ <-ы́> *ж* Weihnachtslied *nt*

коля́ск|а <-и> *ж* Handwagen *m*, Wagen *m*; **де́тская ~** Kinderwagen *m*; **инвали́дная ~** Rollstuhl *m*; **мотоци́кл с коля́ской** Motorrad *nt* mit Beiwagen

ком <ко́ма> *м* Klumpen *m*, Kloß *m*, Ball *m*; **сне́жный ~** Schneeball *m*

ко́м|а <-ы> *ж* Koma *nt*

кома́нд|а <-ы> *ж* **1.** *(прика́з)* Kommando *nt*, Befehl *m* **2.** ИНФОРМ Befehl *m* **3.** СПОРТ Mannschaft *f* **4.** ВОЕН *(отряд)* Truppe *f*

команди́р <-а> *м* ВОЕН Kommandeur *m*

командир|ова́ть <-у́ю, -у́ешь> *(н)св прх* beordern, delegieren; **~ на конфере́нцию** zu einer Konferenz delegieren

командиро́вк|а <-и> *ж* Dienstreise *f*; **быть в командиро́вке** sich auf einer Dienstreise befinden

командиро́вочн|ый <-ая, -ое> *прил* Dienstreise-; **командиро́вочное удостовере́ние** Dienstreiseauftrag *m*; **командиро́вочные (де́ньги)** Dienstreisegeld *nt*

команди́рск|ий <-ая, -ое> *прил* Kommando-; **~** [*или* **капита́нский**] **мо́стик** МОР Kommandobrücke *f*

кома́ндн|ый <-ая, -ое> *прил* **1.** ВОЕН Kommando-; **кома́ндная строка́** ИНФОРМ Befehlszeile *f*; **кома́ндное меню́** ИНФОРМ Befehlsmenü *nt*; **кома́ндные высо́ты** *перен* Vormachtstellung *f* **2.** СПОРТ Mannschafts-

кома́ндовани|е <-я> *ср* ВОЕН Kommando *nt*; **гла́вное ~** Oberkommando *nt*

кома́нд|овать <-ую, -уешь> *нсв*, **скома́ндовать** *св нпрх* kommandieren, befehlen

командо́р <-а> *м* **1.** ИСТОР Komtur *m* **2.** СПОРТ *(зва́ние председа́теля яхт-клу́ба)* Jachtklubleiter *m*

кома́ндующ|ий <-ая, -ее> *м* воен Befehlshaber *m;* **главно~** Oberbefehlshaber *m*

кома́р <-а́> *м* (Stech)Mücke *f;* **~ но́са не подто́чит** *перен* alles ist tipptopp, daran ist nichts auszusetzen

комари́н|ый <-ая, -ое> *прил* Mücken-; **~ уку́с** Mückenstich *m*

комато́зн|ый <-ая, -ое> *прил* мед komatös, komaähnlich; **комато́зное состоя́ние** komatöser Zustand *m*

комба́йн <-а> *м* Mähdrescher *m;* **ку́хонный ~** Küchenmaschine *f*

комба́йнер <-а> *м* Mähdrescherfahrer *m*

комба́нк *сокр от* **комме́рческий банк** Handelsbank *f*

комба́т <-а> *м* воен **1.** *(команди́р батальо́на)* Bataillonskommandeur *m* **2.** *(команди́р батаре́и)* Batteriekommandant *m*

ко́мби <неизм> *ср* Kombi *m;* **автомоби́ль ~** Kombiwagen *m*

комбико́рм <-а> *м* стр Mischfutter *nt*

комбина́т <-а> *м* **1.** *(предприя́тие)* Kombinat *nt;* **полиграфи́ческий ~** Druckkombinat *nt;* **~ бытово́го обслу́живания** Dienstleistungskombinat *nt;* **шве́йный ~** Nähkombinat *nt,* Bekleidungskombinat *nt* **2.** *(уче́бное заведе́ние при предприя́тии)* Betriebslehranstalt *f;* **уче́бный ~** Bildungskombinat *nt*

комбина́ци|я <-и> *ж* **1.** *(набо́р зна́ков)* Kombination *f;* **~ кла́виш** информ Tastenkombination *f* **2.** *(расчёт)* Berechnung *f* **3.** *(бельё)* Unterkleid *nt*

комбинезо́н <-а> *м* Overall *m*

комбини́рованн|ый <-ая, -ое> *прил* kombiniert

комбини́р|овать <-ую, -уешь> *нсв,* **скомбини́ровать** *св прх* kombinieren

комедиа́нт <-а> *м,* **комедиа́нтк|а** <-и> *ж* **1.** театр Komödiant(in) *m(f)* **2.** *перен (притво́ра, лицеме́р)* Heuchler(in) *m(f)*

коме́дийн|ый <-ая, -ое> *прил* Komödie(n)-; **~ жанр** Komödiegenre *nt*

коме́ди|я <-и> *ж* Komödie *f,* Lustspiel *nt*

коменда́нт <-а> *м* Kommandant(in) *m(f);* **~ общежи́тия** Wohnheimleiter *m*

коменда́нтск|ий <-ая, -ое> *прил* Kommandanten-; **~ час** Ausgangssperre *f*

коме́т|а <-ы> *ж* Komet *m*

коми́зм <-а> *м* Komik *f*

ко́мик <-а> *м* **1.** *(актёр)* Komiker(in) *m(f)* **2.** *перен (весельча́к)* Spaßvogel *m*

ко́микс <-а> *м* **1.** *(карикату́ра)* Cartoon *m* **2.** *(расска́з в карти́нках)* Comic *m;* **кни́жка с ко́миксами** Comicstrips *mpl*

комисса́р <-а> *м* Kommissar(in) *m(f)*

комиссариа́т <-а> *м* Kommissariat *nt;* **наро́дный ~** Volkskommissariat *nt;* **вое́нный ~** Militärkommissariat *nt*

комиссионе́р <-а> *м* экон Kommissionär *m;* **~ по сбы́ту** Verkaufskommissionär *m;* **провернýть сде́лку че́рез комиссионе́ра** ein Geschäft mit Hilfe eines Vermittlers realisieren

комиссио́нк|а <-и> *ж* Kommissionsgeschäft *nt;* **сдать в комиссио́нку** ins Kommissionsgeschäft geben

комиссио́нны|е <-х> *мн* Provision *f*

комиссио́нн|ый <-ая, -ое> *прил* Kommissions-; **комисио́нное поруче́ние** Kommission *f;* **комиссио́нное вознагражде́ние** Provision *f;* **комиссио́нные за ба́нковские опера́ции** Bankprovision *f;* **комиссио́нные на управле́ние** Gestionskommission *f;* **комиссио́нные с оборо́та** Umsatzkommission *f;* **комиссио́нная торго́вля** Kommissionshandel *m;* **~ магази́н** An- und Verkauf *m,* Secondhand-Laden *m*

коми́сси|я <-и> *ж* **1.** адм, пол Kommission *f,* Ausschuss *m;* **~ ОО́Н по права́м челове́ка** UNO-Menschenrechtskommission *f;* **согласи́тельная ~** Schlichtungsausschuss *m* **2.** экон Provision *f;* **~ в проце́нтах с оборо́та** Verkaufsprovision *f;* **~ по заку́пкам** Einkaufsgremium *nt*

комите́нт <-а> *м* экон Kommittent *m*

комите́т <-а> *м* Ausschuss *m,* Komitee *nt;* *(сове́т)* Beirat *m;* **роди́тельский ~** *(в шко́ле)* Elternbeirat *m*

коми́ческ|ий <-ая, -ое> *прил* komisch

коми́ч|ный <-ная, -ное; -ен, -на, -но> *прил* komisch, ulkig

ко́мка|ть <-ю, -ешь> *нсв,* **ско́мкать** *св прх* **1.** *(смять)* zerknittern; **скомка́ть письмо́** den Brief zerknüllen **2.** *перен, разг (зако́нчить на́спех)* kürzen; **скомка́ть коне́ц расска́за** kurzum die Eizählung beenden

коммандити́ст <-а> *м* экон Kommanditist *m,* Teilhafter *m*

комманди́тн|ый <-ая, -ое> *прил* **комманди́тное акционе́рное о́бщество** [*или* **това́рищество**] Kommanditgesellschaft *f;* **комманди́тное това́рищество, отве́тственным уча́стником кото́рого явля́ется о́бщество с ограни́ченной отве́тственностью** Gesellschaft *f* mit beschränkter Haftung und Co.

коммента́ри|й <-я> *м* Kommentar *m,* Anmerkung *f*

коммента́тор <-а> *м* Kommentator(in) *m(f)*

коммента́р|овать <-ую, -уешь> *(н)св прх* kommentieren

коммерса́нт <-а> *м* Kaufmann *m,* Geschäftsmann *m;* **кру́пный ~** Großhändler *m;* **~ в си́лу его торго́вой де́ятельности** Musskaufmann *m;* **~ согла́сно торго́вому рее́стру** Sollkaufmann *m*

комме́рци|я <-и> *ж* Kommerz *m,* Handel *m*

комме́рческ|ий <-ая, -ое> *прил* **1.** *(торго́вый)* kaufmännisch; **комме́рческая де́ятельность** Geschäftstätigkeit *f;* **комме́рческая опера́ция** Transaktion *f;* **комме́рче-**

ское обучéние Verkaufstraining *nt;* **коммéрческая подготóвка** Verkäuferschulung *f;* **коммéрческие óрдерные докумéнты** kaufmännische Orderpapiere *pl;* **~ докумéнт** Kommerzpapier *nt;* **коммéрческие свя́зи** Handelsbeziehungen *fpl,* Geschäftsbeziehungen *fpl;* **~ банк** Geschäftsbank *f;* **~ вéксель** Handelswechsel *m;* **~ дирéктор** Geschäftsführer *m,* Verkaufsleiter *m;* **коммéрческое руковóдство** Verkaufsleitung *f;* **~ креди́т** kommerzieller Kredit *m;* **~ магази́н** mit freien Preisen arbeitendes Geschäft *nt;* **~ отдéл** Verkaufsabteilung *f;* **~ суд** Handelsgericht *nt;* **коммéрческое óбщество** Erwerbsgesellschaft *f;* **коммéрческое предприя́тие** Handelsunternehmen *nt;* **коммéрческое учи́лище** Handelsschule *f;* **коммéрческое at** ИНФОРМ at-sign *nt,* Klammeraffe *m* **2.** *(на коммéрческой оснóве)* kommerziell, nichtstaatlich, privat; **коммéрческая прогрáмма** Privatfernsehen *nt;* **коммéрческие цéны** freie Preise *mpl*

коммýн|а <-ы> *ж* Kommune *f,* Gemeinde *f*

коммунáлк|а <-и> *ж* *Wohnung für mehrere Familien mit gemeinsamer Bad- und Küchenbenutzung*

i Land & Leute

Im Unterschied zurr europäischen Studenten-WG ist **die Wohnung mit mehreren Hauptmietern** (коммунальная квартира) – auch eine „Wohnung mit einer Gemeinschaftsküche" genannt – in Russland ein völlig notgedrungenes Phänomen, ausgelöst von der totalen, von der Sowjetzeit herrührenden Wohnungsknappheit.
Da es früher nur staatliche Wohnungen gab und man auf eine Wohnung oft Jahrzehnte lang warten musste, wurden auch Familien mit Kindern in solchen „Wohnungsgemeinschaften" untergebracht. Aber auch seit der Perestroika – seit man Wohnungen kaufen und mieten kann –, ist das Problem noch lange nicht aus der Welt geschafft: viele Russen, die eine Wohnung dringend nötig hätten, können sich einfach keine leisten.
Und kostenfreie staatliche Wohnungen gibt es inzwischen nicht mehr.

коммунáльн|ый <-ая, -ое> *прил* Kommunal-; **коммунáльное хозя́йство** Versorgungswirtschaft *f;* **коммунáльные вы́боры** Gemeindewahl *f;* **коммунáльные сбóры** Kommunalabgaben *fpl;* **~ налóг** Kommunalsteuern *fpl;* **коммунáльная кварти́ра** Wohnung *f* mit mehreren Hauptmietern

коммуни́зм <-а> *м* Kommunismus *m*

коммуникáбельн|ый <-льная, -льное; -лен, -льна, -льно> *прил* kommunikativ

коммуникати́вн|ый <-ая, -ое> *прил* лингв kommunikativ; **коммуникати́вная фýнкция языкá** kommunikative Funktion *f* der Sprache

коммуникáци|я <-и> *ж* **1.** *(общéние)* Kommunikation *f* **2.** *(пути́ сообщéния)* Verkehrswege *mpl* **3.** *(провóдка водо-, газо-, тепло- и энергоснабжéния)* Versorgungsleitungen *fpl*

коммуни́ст <-а> *м,* **коммуни́стк|а** <-и> *f* Kommunist(in) *m(f);* *(член пáртии)* Parteimitglied *nt;* **бы́вший ~** Altkommunist *m*

коммунисти́ческ|ий <-ая, -ое> *прил* kommunistisch

коммутáтор <-а> *м* ТЕХ Verteiler *m,* Kommutator *m*

коммутáци|я <-и> *ж* эл Schaltung *f*

коммюникé <неизм> *ср* Kommunikee *nt*

кóмнат|а <-ы> *ж* Zimmer *nt,* Raum *m;* **~ для бесéд** ИНФОРМ Chatroom *m;* **~ для гостéй** Gästezimmer *nt;* **~ мáтери и ребёнка** Wickelraum *m*

кóмнатн|ый <-ая, -ое> *прил* Zimmer-; **кóмнатное растéние** Zimmerpflanze *f*

комóд <-а> *м* Kommode *f*

ком|óк <-кá> *м* Klümpchen *nt;* **~ в гóрле** *перен* ein Kloß im Hals *m;* **~ нéрвов** *перен* Nervenbündel *nt*

компáкт-диск <компáкт-дискá> *м* Compact Disc *f,* CD *f*

компáкт|ный <-ная, -ное; -ен, -на, -но> *прил* kompakt, dicht

компанéйск|ий <-ая, -ое> *прил* **1.** *(общи́тельный)* gesellig; **компанéйский человéк** geselliger Mensch *m* **2.** *разг (одинáковый для всех)* **на компанéйских начáлах** für alle gleich

компáни|я <-и> *ж* **1.** ЭКОН *(óбщество, предприя́тие)* Gesellschaft *f,* Unternehmen *nt;* **крýпная ~** Großunternehmen *nt;* **~-преéмница** Auffanggesellschaft *f;* **~-учáстник** Schachtelgesellschaft *f;* **хóлдинговая ~** Holdinggesellschaft *f;* **дочéрняя ~** Tochtergesellschaft *f;* **~ по сбы́ту** Vertriebsgesellschaft *f;* **парохóдная ~** Schifffahrtsgesellschaft *f;* **нефтянáя ~** Ölgesellschaft *f* **2.** *(круг общéния)* Gesellschaft *f,* Zusammensein *nt;* **состáвить комý-л. компáнию** jdm Gesellschaft leisten; **вращáться в дурнóй компáнии** schlechten Umgang haben; **попáсть в дурнýю компáнию** in schlechte Gesellschaft geraten

компаньóн <-а> *м* Kompagnon *m,* Teilhaber *m*

K

компаративи́зм <-а> *м* лингв Komparativismus *m*

ко́мпас <-а> *м* Kompass *m*

компенсато́рн|ый <-ая, -ое> *прил* kompensatorisch; **компенсато́рные спосо́бности органи́зма** kompensatorische Eigenschaften *fpl* des Organismus

компенсацио́нн|ый <-ая, -ое> *прил* Ausgleichs-, Ersatz-; **компенсацио́нная ввозна́я по́шлина** Abschöpfung *f;* **компенсацио́нная сде́лка** Parallelgeschäft *nt,* Kompensationsgeschäft *nt;* **~ платёж** Ausgleichszahlung *f;* **~ тари́ф** Ausgleichstarif *m;* **компенсацио́нная торго́вля** Ausgleichshandel *m*

компенса́ци|я <-и> *ж* Kompensation *f,* Ausgleich *m,* Entschädigung *f,* Abfindung *f;* **~ за нанесённый уще́рб** Schadenersatz *m;* **пра́во** [*или* **притяза́ние**] **на компенса́цию** Anspruch *m* auf Entschädigung *f;* **предоставле́ние компенса́ции** Abfindungszahlung; **~ убы́тков** Verlustausgleich *m,* Vergütung *f;* **~ су́ммы нало́га на доба́вленную сто́имость** Mehrwertsteuerrückvergütung *f*

компенси́р|овать <-ую, -уешь> *(н)св прх* kompensieren, ausgleichen, abfinden; **~ кому́-л. убы́тки** jdn für seine Verluste entschädigen; **~ дополни́тельные изде́ржки** Mehrkosten *pl* ausgleichen

компете́нтнос|ть <-ти> *ж* **1.** *(зна́ние де́ла)* Kompetenz *f,* Sachkenntnis *f* **2.** *(заве́дывание чем-л.)* Zuständigkeit *f*

компете́нт|ный <-ная, -ное; -ен, -на, -но> *прил* **1.** *(све́дующий в чём-л.)* kompetent, sachkundig, fachkundig **2.** *(отве́тственный)* zuständig

компете́нци|я <-и> *ж* **1.** *(объём зна́ний)* Kompetenz *f,* Sachverstand *m* **2.** *(круг полномо́чий)* Kompetenz *f,* Zuständigkeitsbereich *m;* **э́то не вхо́дит в мою́ компете́нцию** dafür bin ich nicht zuständig

компиля́тор <-а> *м* информ Compiler *m*

компиля́ци|я <-и> *ж* Kompilation *f*

ко́мплекс <-а> *м* **1.** *(совоку́пность)* Gesamtheit *f,* Komplex *m;* **~ мер** пол Maßnahmenpaket *nt* **2.** психол Komplex *m,* Hemmung *f;* **~ неполноце́нности** Minderwertigkeitskomplex *m*

ко́мплекснос|ть <-ти> *ж* Komplexität *f*

ко́мплексн|ый <-ая, -ое> *прил* komplex

компле́кт <-а> *м* **1.** *(набо́р)* Satz *m,* Set *nt* **2.** *(о́бщее коли́чество)* Gesamtanzahl *f;* **входи́ть в ~ поста́вки** zum Lieferumfang gehören

компле́ктн|ый <-ая, -ое> *прил* komplett

комплект|ова́ть <-у́ю, -у́ешь> *нсв,* **скомплектова́ть** *св прх* komplettieren, vollständig machen

компле́кци|я <-и> *ж* Körperbau *m*

комплемента́рн|ый <-ая, -ое> *прил* komplementär

комплиме́нт <-а> *м* Kompliment *nt;* **засыпа́ть кого́-л. комплиме́нтами** jdn mit Komplimenten überschütten

компози́тор <-а> *м* Komponist(in) *m(f)*

компози́ци|я <-и> *ж* **1.** *(худо́жественная структу́ра)* Komposition *f,* Zusammenstellung *f;* **~ худо́жественного произведе́ния** Aufbau *m* eines literarischen Werkes **2.** муз Komposition *f*

компоне́нт <-а> *м* Komponente *f,* Bestandteil *nt;* **~ обору́дования вычисли́тельной систе́мы** информ Hardwarekomponente *f*

компон|ова́ть <-у́ю, -у́ешь> *нсв,* **скомпонова́ть** *св прх* zusammenstellen, anordnen; **~ сбо́рник** ein Sammelband zusammenstellen

компо́ст <-а> *м* Kompost *m*

компо́стер <-а> *м* Fahrscheinentwerter *m,* Entwerter *m*

компости́ровани|е <-я> *ср* Entwertung *f,* Kompostieren *nt*

компости́р|овать <-ую, -уешь> *нсв,* **закомпости́ровать** *св прх* entwerten

компо́т <-а> *м* Kompott *nt*

компре́сс <-а> *м* Kompresse *f*

компре́сси|я <-и> *ж* Kompression *f*

компре́ссор <-а> *м* тех Kompressor *m,* Verdichter *m;* **поршнево́й ~** Kolbenkompressor *m;* **стру́йный ~** Strahlkompressor *m*

компрома́т <-а> *м* пол kompromittierendes Material *nt;* **сочиня́ть ~ на кого́-л.** kompromittierende Information über jdn erfinden

компромети́р|овать <-ую, -уешь> *нсв,* **скомпромети́ровать** *св прх* kompromittieren, bloßstellen

компроми́сс <-а> *м* Kompromiss *m;* **идти́ на ~** einen Kompromiss eingehen; **гото́вый к компроми́ссам** kompromissbereit

компроми́ссн|ый <-ая, -ое> *прил* Kompromiss-; **компроми́ссное реше́ние** Kompromisslösung *f;* **компроми́ссное реше́ние суда́** юр Vergleich *m;* **~ вариа́нт** Mittelweg *m*

компью́тер <-а> *м* Computer *m*

компьютеризи́р|овать <-ую, -уешь> *нсв прх* computerisieren

компью́терн|ый <ая, -ое> *прил* Computer-; **компью́терная сеть** Computernetz *nt;* **компью́терная техноло́гия** Computertechnologie *f;* **~ ви́рус** Computervirus *m;* **компью́терные и́гры** Computerspiele *ntpl*

компью́терщик <-а> *м разг* Computerfachmann *m*

комсомо́л <-а> *м* истор Komsomol *m* *(kommunistischer Jugendverband)*

комсомо́|лец <-льца> *м,* **комсомо́лк|а** <-и> *ж* Komsomolze *m,* Komsomolzin *f*

комсомо́льск|ий <-ая, -ое> *прил* Komsomol-; **~ вожа́к** Komsomolanführer *m,* Komsomolleiter *m*

i Land & Leute

Für die gedruckten Massenmedien hat die Perestrojka nicht nur die Pressefreiheit sondern auch das Problem der Finanzierung gebracht. Viele etablierte Zeitungen, die früher „offizielle Druckorgane" waren, mussten nun, um als „unabhängige Medien" zu überleben, nach Sponsoren suchen und viel Platz für Werbeanzeigen frei machen. Obwohl solche Zeitungen ihren alten Namen, der mit dem alten Propaganda-Stil assoziiert wurde, in der Regel behielten – denn so konnten sie besser mit zahlreichen neu gegründeten Druckmedien konkurrieren –, gingen sie oft zugleich zu einem lockeren Stil und zu Themen und Inhalten über, die den „Durchschnittsleser" am besten anziehen könnten – um ihre Auflagen zu steigern. Das hat zu manchen Kuriositäten geführt: So erinnert die früher als Organ des ZK der Komsomol-Organisation erscheinende **„Komsomolskaja prawda"**, die ihren sowjetisch-propagandistisch anmutenden „Kopf" seitdem nicht verändert hat, mit ihrer Aufmachung und ihren Texten inzwischen eher an ein Boulevardblatt.

комсоста́в <-а> *м* Kommandeure *mpl;* **~ диви́зии** Divisionskommandeure *mpl*

кому́ *дат мест от* **кто** wem

комфо́рт <-а> *м* Komfort *m,* Bequemlichkeit *f*

комфорта́бе|льный <-льная, -льное; -лен, -льна, -льно> *прил* komfortabel, mit allen Bequemlichkeiten ausgestattet

комфо́ртн|ый <-ая, -ое> *прил* komfortabel, bequem; **созда́ть комфо́ртные усло́вия** für Bequemlichkeit *f* sorgen

кон <ко́на> *м* Einsatz *m;* **взять де́ньги с ко́на** beim Hasardspiel gewinnen; **поста́вить на ~** *(внести́ ста́вку)* seinen Einsatz machen; *(подве́ргнуться ри́ску)* riskieren; **сыгра́ть оди́н ~** einen Satz spielen

конве́йер <-а> *м* Fließband *nt;* **рабо́тать на конве́йере** am Fließband arbeiten; **сойти́ с конве́йера** vom Band *nt*

конве́ктор <-а> *м* Konvektor *m*

конве́кци|я <-и> *ж* Konvektion *f*

конвенциона́льн|ый <-ая, -ое> *прил* Konventional-; **~ штраф** ЮР Konventionalstrafe *f*

конве́нци|я <-и> *ж* Konvention *f,* Übereinkunft *f;* **~ в о́бласти цен** Preiskonvention *f*

конверсио́нн|ый <-ая, -ое> *прил* Konversions-; **~ заём** Wandelanleihe *f;* **конверсио́нная програ́мма** Umstellungsprogramm *nt*

конве́рси|я <-и> *ж* ЭКОН Umstellung *f,* Umwandlung *f;* **~ вое́нного произво́дства** Umstellung *f* der Rüstungsindustrie auf Zivilproduktion; **~ долго́в** Umschuldung *f*

конве́рт <-а> *м* (Brief)Umschlag *m*

конверти́р|овать <-ую, -уешь> *(н)св прх* ЭКОН konvertieren

конверти́руемос|ть <-ти> *ж* ЭКОН Konvertierbarkeit *f*

конверти́руем|ый <-ая, -ое> *прил* ЭКОН konvertierbar

конво́|й <-я> *м* Geleitschutz *m,* Konvoi *m*

конво́йн|ый <-ая, -ое> *прил* Geleit-; **конво́йное су́дно** Geleitboot *nt*

конву́льси|я <-и> *ж* Krampf *m;* **би́ться в конву́льсиях** in Krämpfen liegen

конгломера́т <-а> *м* Konglomerat *nt*

конгре́сс <-а> *м* Kongress *m*

конгруэ́нтнос|ть <-ти> *ж* Kongruenz *f,* Übereinstimmung *f*

конденса́т <-а> *м* Kondensat *nt*

конденса́тор <-а> *м* ТЕХ Kondensator *m;* **~ электроэне́ргии** elektrischer Kondensator *m*

конденса́ци|я <-и> *ж* ФИЗ *(накопле́ние)* Kondensation *f*

конденси́р|овать <-ую, -уешь> *(н)св прх* kondensieren, verdichten

конди́тер <-а> *м* Konditor(in) *m(f)*

конди́терск|ая <-ой> *ж* Konditorei *f*

конди́терск|ий <-ая, -ое> *прил* Süßwaren-; **~ отде́л** Konditorei *f;* **конди́терские това́ры** Süßwaren *pl;* **конди́терская фа́брика** Süßwarenfabrik *f*

кондиционе́р <-а> *м* Klimaanlage *f;* **с кондиционе́ром** klimatisiert

кондициони́р|овать <-ую, -уешь> *нсв прх (во́здух)* klimatisieren

конди́ци|я <-и> *ж* **1.** *(ка́чество)* Beschaffenheit *f* **2.** СПОРТ Kondition *f*

кондра́шк|а <-и> *м без мн разг* **~ хвати́л** *(об апоплекси́ческом уда́ре)* er hat einen Schlaganfall erlitten

конду́ктор <-а> *м* Schaffner(in) *m(f)*

конево́дств|о <-а> *ср без мн* Pferdezucht *f*

кон|ёк <-ька́> *м* **1.** ЗООЛ **морско́й ~** Seepferdchen *nt* **2.** СТР Dachfirst *m* **3.** *перен (хо́бби)* Steckenpferd *nt,* Lieblingsbeschäftigung *f*

кон|е́ц <-ца́> *м* Ende *nt,* Schluss *m;* **~ неде́ли** Wochenende *nt;* **счастли́вый ~** Happy End *nt;* **к концу́ 1994 го́да** am Jahresende 1994; **~ хозя́йственного го́да** Jahresabschluss *m;* **чему́-л. конца́ не ви́дно** etw nimmt kein Ende; **~ – де́лу вене́ц** Ende gut, alles gut; **в конце́ концо́в** schließlich; **положи́ть ~ чему́-л.** etw *dat* ein Ende bereiten; **едва́ своди́ть концы́ с конца́ми** *перен* geradeso hinkommen; **отда́ть концы́** *разг* abkratzen

К

конéчно *част* natürlich, sicherlich, gewiss

конéчнос|ть <-ти> *ж* **1.** АНАТ Extremität *f* **2.** ФИЛОС Vergänglichkeit *f*, Endlichkeit *f*

конéчн|ый <-ая, -ое> *прил* **1.** *(окончáтельный)* End-; **конéчная продýкция** Endprodukt *nt;* **конéчная стóимость** ЭКОН Endkosten *pl;* **~ носи́тель затрáт** ЭКОН Endkostenträger *m;* **~ получáтель** Endabnehmer *m;* **~ потреби́тель** Endverbraucher *m;* **~ продýкт** Endprodukt *nt;* **~ результáт** Endergebnis *nt;* **конéчная останóвка** Endstation *f;* **в конéчном счёте** letztlich **2.** ФИЛОС, МАТ vergänglich, endlich

кони́ческ|ий <-ая, -ое> *прил* konisch

конкретизи́р|овать <-ую, -уешь> *(н)св прх* konkretisieren; **~ óбщее положéние** die allgemeine Lage konkretisieren

конкрéт|ный <-ная, -ное; -ен, -на, -но> *прил* konkret

конкурéнт <-а> *м* Konkurrent *m*, Mitbewerber *m*

конкурéнтн|ый <-ая, -ое> *прил* Konkurrenz-; **конкурéнтная борьбá** Konkurrenzkampf *m;* **конкурéнтная борьбá на вытеснéние** Verdrängungswettbewerb *m;* **конкурéнтное предложéние** Konkurrenzangebot *nt;* **конкурéнтное преимýщество** Wettbewerbsvorteil *m*

конкурентоспосóбнос|ть <-ти> *ж* ЭКОН Konkurrenzfähigkeit *f*

конкурентоспосóбн|ый <-ая, -ое> *прил* konkurrenzfähig, wettbewerbsfähig

конкурéнци|я <-и> *ж* Konkurrenz *f*, Wettbewerb *m;* **выдéрживать конкурéнцию** im Wettbewerb bestehen; **быть вне конкурéнции** konkurrenzlos sein

конкури́р|овать <-ую, -уешь> *нсв нпрх* *(с кем-л. в чём-л.)* konkurrieren, wetteifern

конкури́рующ|ий <-ая, -ее> *прил* **конкури́рующая фи́рма** Konkurrenz *f*, Konkurrenzunternehmen *nt;* **конкури́рующее издéлие** Konkurrenzprodukt *nt;* **конкури́рующее предприя́тие** Konkurrenzunternehmen *nt*

кóнкурс <-а> *м* Wettbewerb *m*, Preisausschreiben *nt;* *(при поступлéнии в вуз)* Numerus clausus *m;* *(соревновáние)* Ausschreibung *f*, ЭКОН *(банкрóт)* Konkurs *m;* **~ красоты́** Schönheitswettbewerb *m;* **откры́тый ~** öffentliche Ausschreibung *f;* **вне кóнкурса** außerwettbewerblich

кóнкурсн|ый <-ая, -ое> *прил* **1.** *(на кóнкурс)* Wettbewerbs-; **кóнкурсные начáла** Wettbewerbsprinzip *nt;* **~ экзáмен** Aufnahmeprüfung *f* **2.** ЭКОН Konkurs-; **кóнкурсная мáсса** Konkursmasse *f;* **~ балáнс предприя́тия** Konkursbilanz *f;* **~ кредитóр** Konkursgläubiger *m;* **кóнкурсное производ́ство** Konkurs *m*, Konkursverfahren *nt*

кóнник <-а> *м* Reiter *m*

кóнниц|а <-ы> *ж* Kavallerie *f*

кóнн|ый <-ая, -ое> *прил* Pferde-; **~ завóд** Gestüt *nt;* **~ спорт** Reiten *nt*, Pferdesport *m*

коновáл <-а> *м* Pferdedoktor *m;* *перен (о плохóм врачé)* Kurpfuscher *m;* **э́тому коновáлу нельзя́ доверя́ть** diesem Kurpfuscher darf man nicht trauen

коновя́|зь <-зи> *ж* **1.** *(стóйка)* Pikettpfahl *m* **2.** *(верёвка)* Fußstrick *m (für frei weidende Pferde)*

конопáт|ый <-ая, -ое> *прил прост* pockennarbig; *(в веснýшках)* sommersprossig; **конопáтое лицó** pockennarbiges Gesicht *nt*

конопл|я́ <-и́> *ж* Hanf *m*

конопля́н|ый <-ая, -ое> *прил* Hanf-; **конопля́ное сéмя** Hanfsamen *m;* **конопля́ное мáсло** Hanföl *nt*

коносамéнт <-а> *м* ЭКОН Konnossement *nt*, Ladeschein *m*, Seefrachtbrief *m*

консáлтинг <-а> *м* ЭКОН Consulting *nt*, Beratungsmaßnahmen *fpl;* **~ по вопрóсам хозя́йственной дéятельности предприя́тия** Unternehmensberatung *f;* **консáлтинговая фи́рма** Consultingfirma *f;* **консáлтинговая фи́рма по кáдровым вопрóсам** Personalberatungsunternehmen *nt*

консéнсус <-а> *м* ПОЛ Konsens *m*, Einvernehmen *nt*

консервáнт <-а> *м* Konservierungsmittel *nt*

консервати́в|ный <-ная, -ное; -ен, -на, -но> *прил* konservativ; **консервати́вные взгля́ды** konservative Ansichten *fpl;* **крáйне ~** erzkonservativ

консервати́зм <-а> *м без мн* Konservatismus *m*

консервáтор <-а> *м*, **консервáторк|а** <-и> *ж* Konservative *m o f;* **отчáянный ~** ausgesprochen Konservativer *m*

консерви́рован|ный <-ная, -ное; -, -а, -о> *прил* konserviert, eingelegt; **консерви́рованные фрýкты** eingemachte Früchte *fpl;* **консерви́рованное мя́со** konserviertes Fleisch *nt*

консерви́р|овать <-ую, -уешь> *(н)св,* **законсерви́ровать** *св прх* **1.** *(óвощи, фрýкты)* konservieren, einmachen, einkochen **2.** *перен (приостанáвливать)* einstellen; **~ строи́тельство** Bauarbeiten *fpl* einstellen

консéрвн|ый <-ая, -ое> *прил* Konserven-; **~ нож** Büchsenöffner *m*

консéрв|ы <-ов> *мн* Konserven *fpl*

консигнáци|я <-и> *ж без мн* ЭКОН Konsignation *f;* **послáть товáр на консигнáцию** Ware *f* auf Konsignation abschicken

конси́лиум <-а> *м* Konsilium *nt*, Ärztekonsilium *nt;* **созвáть ~** ein Konsilium einberufen

консистéнци|я <-и> *ж* ФИЗ Konsistenz *f;* **довести́ до нýжной консистéнции** die notwendige Konsistenz erreichen

кóнск|ий <-ая, -ое> *прил* Pferde-; **~ тó-**

пот Pferdegetrappel *nt;* **ко́нская сбру́я** Pferdegeschirr *nt,* Riemenzeug *nt;* **~ кашта́н** БОТ Pferdekastanie *f*

консолида́ци|я <-и> *ж* Konsolidierung *f;* **~ долго́в** Schuldenumwandlung *f,* Umschuldung *f*

консолиди́р|овать <-ую, -уешь> *(н)св прх* konsolidieren

консо́|ль <-ли> *ж* **1.** АРХ Konsole *f,* Kragstein *m* **2.** *(подста́вка)* Untersatz *m;* **мра́морная ~** Marmorständer *m*

консонанти́зм <-а> *м без мн* ЛИНГВ Konsonantismus *m;* **~ ру́сского языка́** Konsonantismus *m* der russischen Sprache

консона́нтн|ый <-ая, -ое> *прил* ЛИНГВ konsonantisch; **консона́нтая систе́ма** Konsonantensystem *nt*

консорциа́льн|ый <-ая, -ое> *прил* **консорциа́льная сде́лка** ЭКОН Konsortialgeschäft *nt*

консо́рциум <-а> *м* ЭКОН Konsortium *nt;* **~ ба́нков** Bankenkonsortium *nt;* **~ для размеще́ния за́йма** Anleihekonsortium *nt;* **~ ба́нков для реализа́ции эми́ссии** Emissionskonsortium *nt*

конспе́кт <-а> *м* Konspekt *m;* **~ ле́кции** Konspekt *m* der Vorlesung; **соста́вить ~** konspektieren

конспекти́вно *нрч* lakonisch; **излага́ть ~** *(в сжа́том ви́де)* etw knapp beschreiben

конспира́ци|я <-и> *ж* Konspiration *f*

конста́нт|а <-ы> *ж* Konstante *f*

констата́ци|я <-и> *ж* Feststellung *f*

констати́р|овать <-ую, -уешь> *(н)св прх* konstatieren, feststellen

конституцио́нн|ый <-ая, -ое> *прил* konstitutionell, verfassungemäß; **~ суд** Verfassungsgericht *nt*

конститу́ци|я <-и> *ж* **1.** ПОЛ Konstitution *f,* Verfassung *f,* Grundgesetz *nt* **2.** МЕД Körperbau *m*

конструи́ровани|е <-я> *ср* Konstruktion *f,* Entwicklung *f*

конструи́р|овать <-ую, -уешь> *(н)св,* **сконструи́ровать** *св прх* konstruieren, entwerfen; *(постро́ить)* bauen

конструкти́в|ный <-ная, -ное; -ен, -на, -но> *прил* konstruktiv, aufbauend; ТЕХ Konstruktions-; **~ элеме́нт** Konstruktionselement *nt*

констру́ктор <-а> *м* Konstrukteur(in) *m(f);* *(игру́шка)* Baukasten *m*

констру́кци|я <-и> *ж* Konstruktion *f*

ко́нсул <-а> *м* Konsul *m*

ко́нсульск|ий <-ая, -ое> *прил* konsular, konsularisch, Konsular-; **~ отде́л** Konsularabteilung *f;* **~ представи́тель** Konsularvertreter *m;* **~ иммуните́т** Konsularimmunität *f*

ко́нсульств|о <-а> *ср* Konsulat *nt*

консульта́нт <-а> *м* Berater(in) *m(f);* **~ по вопро́сам семьи́ и бра́ка** Eheberater(in) *m(f);* **~ по нало́говым вопро́сам** Steuerberater *m;* **~ по вложе́ниям** [*или* **инвести́циям**] Anlageberater *m*

консультацио́нн|ый <-ая, -ое> *прил* Beratungs-, Consulting-; **консультацио́нная фи́рма** Beratungsfirma *f,* Consultingfirma *f;* **консультацио́нная фи́рма по ка́дровым вопро́сам** Personalberatungsfirma *f*

консульта́ци|я <-и> *ж* **1.** *(де́йствие)* Beratung *f;* **~ по вложе́ниям** Anlageberatung *f;* **беспла́тные юриди́ческие консульта́ции** kostenlose Rechtsberatung *f;* **обрати́ться за консульта́цией к специали́стам** fachmännischen Rat einholen **2.** *(консультацио́нное бюро́)* Beratungsstelle *f*

консульти́р|овать <-ую, -уешь> *нсв,* **проконсульти́ровать** *св прх* einen Rat erteilen, beraten

консулти́р|оваться <-уюсь, -уешься> *нсв,* **проконсулти́роваться** *св рефл* sich beraten lassen

конта́кт <-а> *м* **1.** ЭЛ Kontakt *m* **2.** *перен* *(связь)* Kontakt *m,* Verbindung *f;* **войти́** [*или* **вступи́ть**] **в ~** sich in Verbindung setzen (mit +*dat*)

конта́ктн|ый <-ая, -ое> *прил* **1.** ЭЛ Kontakt-; **конта́ктная ли́нза** МЕД Kontaktlinse *f* **2.** *перен* *(общи́тельный)* kontaktfreudig

конта́нго <неизм> *ср* ЭКОН Report *m*

конте́йнер <-а> *м* Container *m,* Behälter *m;* **~ для му́сора** Mülltonne *f;* **~ для сбо́ра стеклоотхо́дов** Altglascontainer *m*

конте́кст <-а> *м* Kontext *m,* Zusammenhang *m*

контекстуа́льн|ый <-ая, -ое> *прил* kontextual; **контекстуа́льная обусло́вленность** kontextuale Bedingtheit *f*

континге́нт <-а> *м* Kontingent *nt*

контине́нт <-а> *м* Kontinent *m,* Erdteil *m*

континента́льн|ый <-ая, -ое> *прил* ГЕОГ, ВОЕН kontinental, Kontinental-, Festlands-; **~ шельф** Kontinentalschelf *m,* Festland(s)sockel *m;* **~ кли́мат** kontinentales Klima *nt;* **континента́льные отложе́ния** Kontinentalablagerungen *pl;* **раке́та с континента́льным ра́диусом де́йствия** Kontinentalrakete *f*

контиро́вк|а <-и> *ж* ЭКОН Kontierung *f*

контокорре́нт <-а> *м* ФИН Kontokorrent *nt*

контокорре́нтн|ый <-ая, -ое> *прил* ЭКОН Kontokorrent-; **~ креди́т** Kontokorrentkredit *m;* **~ счёт** Kontokorrent *nt*

конто́р|а <-ы> *ж* **1.** *(рабо́чий кабине́т, о́фис)* Büro *nt* **2.** *(служе́бное, торго́вое помеще́ние)* Geschäftsraum *m;* **обме́нная** [*или* **меня́льная**] **~** Wechselstube *f*

конто́рск|ий <-ая, -ое> *прил* Büro-, Geschäfts-; **конто́рские кни́ги** Geschäftsbücher *ntpl;* **~ рабо́тник** [*или* **слу́жащий**] Bürokraft *f*

конто́рщик <-а> *м,* **конто́рщиц|а** <-ы> *ж* *устар* Büroangestellte(r) *f(m)*

К

контрабáнд|а <-ы> *ж* **1.** *(дéйствие)* Schmuggel *m* **2.** *(контрабáндный товáр)* Schmuggelware *f*

контрабанди́ст <-а> *м*, **контрабанди́стк|а** <-и> *ж* Schmuggler(in) *m(f)*

контрабáс <-а> *м* Kontrabass *m*

контрабаси́ст <-а> *м* Kontrabassist(in) *m(f)*

контрагéнт <-а> *м* Vertragspartner *m*, Kontrahent *m;* ~ **по торгóвым сдéлкам** Handelspartner *m*

контрáкт <-а> *м* Vertrag *m*, Kontrakt *m;* ~ **на постáвку** Liefervertrag *m;* **заключáть** ~ einen Vertrag abschließen

контрактáци|я <-и> *ж* ЭКОН Vertragsabschluss *m*

контракт|овáть <-у́ю, -у́ешь> *нсв прх* kontrahieren; ~ **рабóчих** die Arbeiter vertraglich binden

контракту́р|а <-ы> *ж* МЕД Kontraktur *f;* **неврогéнная** ~ neurogene Kontraktur *f*

контрáльто <неизм> *ср* Kontraalt *m*

контраргумéнт <-а> *м* Gegenargument *nt*

контрáст <-а> *м* Kontrast *m*

контрáстнос|ть <-ти> *ж без мн* Kontrast *m;* ~ **изображéния** Bildkontrast

контрáстн|ый <-ая, -ое> *прил* Kontrast-; **контрáстные цветá** Kontrastfarben *fpl;* **контрáстные явлéния** Kontrasterscheinungen *fpl*

контратáк|а <-и> *ж* Gegenangriff *m;* **перейти́ в контратáку** zum Gegenangriff übergehen; **отрази́ть контратáку** den Gegenangriff abwehren

контрафáкци|я <-и> *ж* ЮР Nachdruck *m*, Nachahmung *f*

контрацепти́в <-а> *м* Verhütungsmittel *nt*

контрацéпци|я <-и> *ж* Empfängnisverhütung *f*

контргáйк|а <-и> *ж* ТЕХ Gegenmutter *f*

контрдоказáтельств|о <-а> *ср* Gegenbeweis *m*

контрзакáз <-а> *м* Gegenauftrag *m*

контрибу́ци|я <-и> *ж* Kontribution *f;* **наложи́ть контрибу́цию на когó-л.** jdm eine Kontribution auferlegen

контрмéр|а <-ы> *ж* Gegenmaßnahme *f;* **в кáчестве контрмéры** im Gegenzug *m*

контрнаступлéни|е <-я> *ср* ВОЕН Gegenangriff *m*, Gegenoffensive *f*

контролёр <-а> *м* Kontrolleur(in) *m(f)*

контроли́р|овать <-ую, -уешь> *нсв*, **проконтроли́ровать** *св прх* kontrollieren, überprüfen, checken; ~ **положéние** *перен* die Lage im Griff haben

контрóллинг <-а> *м* ЭКОН Controlling *nt*

контрó|ль <-ля> *м* Kontrolle *f*, Überwachung *f*, Überprüfung *f*, Inspektion *f;* ~ **вооружéний** Rüstungskontrolle *f;* ~ **за кáчеством материáлов** Materialkontrolle *f;* ~ **за сбы́том** Absatzkontrolle *f;* ~ **за эффекти́вностью реклáмы** Werbeerfolgskontrolle *f;* ~ **над конкурéнцией** Wettbewerbskontrolle *f;* ~ **над э́кспортом** Exportkontrolle *f;* **пограни́чный** ~ Grenzkontrolle *f;* **выходи́ть из-под контрóля** sich der Kontrolle entziehen, außer Kontrolle geraten

контрóльн|ая <-ой> *ж (контрóльная рабóта)* Klassenarbeit *f*, Klausur *f*

контрóльн|ый <-ая, -ое> *прил* Kontroll-; **контрóльная зáпись** Gegenbuchung *f;* **контрóльная стáвка** Leitzins *m;* **контрóльное испытáние** Posttest *m;* ~ **пакéт áкций** Aktienmehrheit *f;* ~ **совéт** Aufsichtsrat *m;* **контрóльная ци́фра** Kontrollnummer *f*, Richtwert *m*

контрофéрт|а <-ы> *ж* ЭКОН Gegenofferte *f*, Gegenangebot *nt*

контрпредложéни|е <-я> *ср* Gegenangebot *nt*, Gegenvorschlag *m*

контрпретéнзи|я <-и> *ж* Gegenforderung *f*, Gegenanspruch *m*

контрпроéкт <-а> *м* Gegenvorschlag *m*, Gegenentwurf *m*

контрразвéдк|а <-и> *ж* ВОЕН Abwehrdienst *m*, Spionageabwehr *f*

контрудáр <-а> *м* Gegenschlag *m;* **нанести́** ~ **проти́внику** dem Gegner einen Gegenschlag versetzen

контýзи|я <-и> *ж* Quetschung *f*, Prellung *f*

кóнтур <-а> *м* Kontur *f*, Umriss *m*

кóнтурн|ый <-ая, -ое> *прил* Konturen-

конур|á <-ы́> *ж* **1.** *(бýдка для собáки)* Hundehütte *f* **2.** *(убóгое жильё)* Hundeloch *nt;* **юти́ться в жáлкой конурé** unter armseligen Bedingungen hausen

кóнус <-а> *м* Kegel *m*

кóнусн|ый <-ая, -ое> *прил* Kegel-; **кóнусная втýлка** Kegelbüchse *f;* **кóнусное сечéние** Kegelschnitt *m*

конусови́д|ный <-ная, -ное; -ен, -на, -но> *прил* kegelförmig

конусообрáз|ный <-ная, -ное; -ен, -на, -но> *прил* kegelartig; ~ **кýпол** kegelartige Kuppel *f*

конфедерáци|я <-и> *ж* Konföderation *f;* ~ **госудáрств** Staatenbund *m*

конфекциóнн|ый <-ая, -ое> *прил* Konfektions-; **конфекциóнные издéлия** Konfektionsware *f*

конферáнс <-а> *м* Moderation *f;* **занимáться ~ом** moderieren

конферансьé <неизм> *м* Moderator(in) *m(f)*

конферéнц-зал <зáла> *м* Konferenzraum *m*, Tagungsraum *m*

конферéнци|я <-и> *ж* Konferenz *f;* ~ **на вы́сшем ýровне** Gipfelkonferenz *f;* **Конферéнция по безопáсности и сотрýдничеству в Еврóпе** Konferenz *f* über Sicherheit und Zusammenarbeit in Europa, KSZE *f*

конфессионáльн|ый <-ая, -ое> *прил* РЕЛИГ konfessionell; ~ **вопрóс** konfessionelle Frage *f;* **конфессионáльные разли́чия**

konfessionelle Unterschiede *mpl*

конфе́т|а <-ы> *ж* Praline *f*, Bonbon *m*; **шокола́дные ~** Pralinen *fpl*

конфе́тн|ый <-ая, -ое> *прил* ГАСТР Bonbon-, Süßwaren-; **конфе́тная обёртка** Bonbon(einschlag)papier *nt*

конфетти́ <неизм> *ср* Konfetti *nt*

конфигура́ци|я <-и> *ж* Konfiguration *f*, Gestaltung *f*; **~ обору́дования** ИНФОРМ Hardwarekonfiguration *f*; **~ па́мяти** ИНФОРМ Speicherkonfiguration *f*; **~ схе́мы** ЭЛ Schaltungskonfiguration *f*

конфиденциа́|льный <-льная, -льное; -лен, -льна, -льно> *прил* vertraulich

конфирма́ци|я <-и> *ж* Konfirmation *f*

конфиска́ци|я <-и> *ж* Einziehung *f*, Beschlagnahmung *f*, Konfiszierung *f*

конфиск|ова́ть <-у́ю, -у́ешь> *(н)св прх* konfiszieren, beschlagnahmen, einziehen

конфитю́р <-а> *м* Konfitüre *f*; **~ из абрико́сов** Aprikosenkonfitüre *f*

конфли́кт <-а> *м* Konflikt *m*; **~ интере́сов** Interessenskonflikt *m*; **~ це́лей** Zielkonflikt *m*; **~ поколе́ний** Generationskonflikt *m*; **~ со́вести** Gewissenskonflikt *m*; **этни́ческие конфли́кты** ethnische Konflikte *mpl*; **~ назрева́ет** der Konflikt schwelt

конфли́ктн|ый <-ая, -ое> *прил* streitsüchtig; **конфли́ктная личность** Streithammel *m*; **конфли́ктная ситуа́ция** Konfliktsituation *f*

конфликт|ова́ть <-у́ю, -у́ешь> *нсв нпрх (с ке́м-л.)* mit jdm in Konflikt geraten; **конфликту́ющие сто́роны** Streitparteien *fpl*

конфо́рк|а <-и> *ж* Herdring *m*; **плита́ на две конфо́рки** Zweiflammenherd *m*

конформи́зм <-а> *м без мн книж* Konformismus *m*

конфронта́ци|я <-и> *ж без мн* Konfrontation *f*; **полити́ческая ~** politische Konfrontation *f*

конфу́з <-а> *м* Verlegenheit *f*; **испы́тывать ~** in Verlegenheit geraten; **како́й получи́лся ~** was für eine Blamage

конфу́|зить <-жу, -зишь> *нсв*, **сконфу́зить** *св прх* in Verlegenheit bringen

конфу́|зиться <-жусь, -зишься> *нсв*, **сконфу́зиться** *св рефл* in Verlegenheit kommen, betreten sein

конфу́злив|ый <-ая, -ае; -, -а, -о> *прил* konfus; **~ смех** konfuses Lachen *nt*; **~ вид** verlegener Ausdruck *m* (im Gesicht)

конфу́зн|ый <-ая, -ое> *прил* peinlich; **конфу́зная ситуа́ция** peinliche Situation *f*

концентра́т <-а> *м* Konzentrat *nt*

концентрацио́нн|ый <-ая, -ое> *прил* Konzentrations-; **~ ла́герь** Konzentrationslager *nt*, KZ *nt*

концентра́ци|я <-и> *ж* Konzentration *f*; *(скопле́ние)* Ballung *f*, Dichte *f*; **~ произво́дства** Betriebszusammenschluss *m*

концентри́рован|ный <-ная, -ное; -, -а, -о> *прил* konzentriert; **концентри́рованная руда́** ШАХТ konzentriertes Erz *nt*; **~ раство́р со́ли** ХИМ konzentrierte Salzlösung *f*

концентри́р|овать <-ую, -уешь> *нсв*, **сконцентри́ровать** *св прх* konzentrieren, zusammenziehen; **~ в рука́х власть** die Macht in seinen Händen bündeln; **~ внима́ние на вопро́се** sich auf die Frage konzentrieren

концентри́р|оваться <-уюсь, -уешься> *нсв*, **сконцентри́роваться** *св рефл (на чём-л.)* sich konzentrieren auf *+akk*

конце́пт <-а> *м* Konzept *nt*

конце́пци|я <-и> *ж* Konzept *nt*; **~ ма́ркетинга** Marketingkonzept *nt*; **~ ме́неджмента** Managementkonzept *nt*; **~ предприя́тия** Unternehmenskonzept *nt*; **~ руково́дства** Führungskonzept *nt*

конце́рн <-а> *м* Konzern *m*; **~ на пая́х** Beteiligungskonzern *m*

конце́рт <-а> *м* Konzert *nt*; **~ по заявкам** Wunschkonzert *nt*; **благотвори́тельный ~** Wohltätigkeitskonzert *nt*

концертме́йстер <-а> *м* Konzertmeister *m*

конце́ртн|ый <-ая, -ое> *прил* Konzert-; **~ зал** Konzertsaal *m*; **конце́ртная програ́мма** Konzertprogramm *nt*

конце́сси|я <-и> *ж* Konzession *f*, Genehmigung *f*

концла́герь *сокр от* **концентрацио́нный ла́герь** Konzentrationslager *nt*, KZ *nt*

концо́вк|а <-и> *ж (заключе́ние)* Ende *nt*, Schluss *m*; **~ пье́сы** Schlussszene *f*

конча́|ть <-ю, -ешь> *нсв*, **ко́нчить** *св прх* beenden, abschließen; *(шко́лу)* absolvieren; **ко́нчено!** und damit basta!

конча́|ться <-юсь, -ешься> *нсв*, **ко́нчиться** *св рефл* zu Ende gehen, enden; **моя́ подпи́ска ко́нчилась** mein Abonnement ist abgelaufen

ко́нчен|ый <-ая, -ое; -, -а, -о> *прил* **1.** *(решённый)* beschlossen; **де́ло ко́нченое** die Sache ist erledigt **2.** *перен* **~ челове́к** *(пропа́щий)* ein erledigter Mensch *m*

ко́нчик <-а> *м* Zipfel *m*, Spitze *f*; **~ па́льца** Fingerkuppe *f*; **~ но́са** Nasenspitze *f*

кончи́н|а <-ы> *ж* Ende *nt*; *(смерть)* Tod *m*; **безвре́менная ~** vorzeitiges Ende *nt*

ко́нч|ить <-у, -ишь> *св прх см.* **конча́ть**

ко́нч|иться <-усь -ишься> *св рефл см.* **конча́ться**

конъюнктиви́т <-а> *м* МЕД Bindehautentzündung *f*

конъюнкту́р|а <-ы> *ж* Konjunktur *f*, Geschäftslage *f*; **~ ры́нка сбы́та** Absatzlage *f*; **высо́кая ~** Hochkonjunktur *f*; **усто́йчивая ~** stabile Konjunktur *f*; **паде́ние конъюнкту́ры** Konjunkturabschwung *m*; **подъём конъюнкту́ры** Konjunkturaufschwung *m*

конъюнкту́рн|ый <-ая, -ое> *прил* Konjunktur-, konjunkturbedingt; **конъюнкту́рные колеба́ния** konjunkturelle Schwankungen *fpl;* **~ бум** Konjunkturaufschwung *m;* **конъюнкту́рная програ́мма** Konjunkturprogramm *nt*

конъюнкту́рщик <-а> *м презрит* Konjunkturritter *m*

конь <коня́> *м* Pferd *nt;* **коне́й на перепра́ве не меня́ют** in der Furt wechselt man keine Pferde

коньк|и́ <-о́в> *мн* Schlittschuhe *mpl;* **ро́ликовые ~** Rollschuhe *mpl*

конькобе́ж|ец <-ца> *м,* **конькобе́жк|а** <-и> *ж* Schlittschuhläufer(in) *m(f)*

конья́к <-а́> *м* Kognak *m*

ко́нюх <-а> *м* Knecht *m;* **се́льский ~** Landknecht *m*

коню́шн|я <-и> *ж* Pferdestall *m*

кооперати́в <-а> *м* Genossenschaft *f;* **строи́тельный ~** Baugenossenschaft *f*

кооперати́вн|ый <-ая, -ое> *прил* kooperativ, genossenschaftlich

коопера́ци|я <-и> *ж* **1.** *(сотру́дничество)* Kooperation *f,* Zusammenarbeit *f* **2.** ЭКОН *(кооперати́вное движе́ние)* Genossenschaftswesen *nt*

коопери́ровани|е <-я> *ср* Kooperieren *nt*

коопери́р|оваться <-уюсь, -уешься> *(н)св рефл* kooperieren

координа́т|а <-ы> *ж* Koordinate *f*

координа́тн|ый <-ая, -ое> *прил* Koordinaten-; **кордина́тная систе́ма** Koordinatensystem *nt;* **кордина́тная ось** Koordinatenachse *f*

координа́ци|я <-и> *ж* Koordination *f*

координи́р|овать <-ую, -уешь> *(н)св прх* koordinieren

копа́|ть <-ю, -ешь> *нсв,* **вы́копать** *св прх* (aus)graben, umgraben

копа́|ться <-юсь, -ешься> *нсв рефл* **1.** *(в чём-л.)* wühlen, kramen **2.** *разг (ме́длить, вози́ться)* trödeln

копе́ечк|а <-и> *ж (копе́йка)* Kopeke *f;* **влете́ть кому́-л. в копе́ечку** *разг* jdm teuer zu stehen kommen

копе́ечн|ый <-ая, -ое> *прил* **1.** *(дешёвый)* billig; **копе́ечное де́ло** leichte Sache *f;* **копе́ечная вещь** Billigware *f* **2.** *(ме́лочный)* **~ ум** Krämerseele *f*

копе́йк|а <-и> *ж* Kopeke *f;* **ни копе́йки** keinen Pfennig; **с то́чностью до копе́йки** auf Heller und Pfennig

копи́лк|а <-и> *ж* Sparschwein *nt*

копи́рк|а <-и> *ж* Kohlepapier *nt,* Blaupapier *nt;* **писа́ть под копи́рку** mit Durchschlag schreiben

копирова́льн|ый <-ая, -ое> *прил* Kopier-; **~ аппара́т** Kopierer *m,* Kopiergerät *nt*

копи́р|овать <-ую *или* -у́ю, -уешь *или* -у́ешь> *нсв,* **скопи́ровать** *св прх* **1.** *(де́лать ко́пию)* kopieren **2.** *(подража́ть)* nachahmen

коп|и́ть <-лю́, -ишь> *нсв,* **скопи́ть** *св прх* sparen, zusammensparen; **~ си́лы** Kräfte sammeln; **~ состоя́ние** ein Vermögen zusammensparen

ко́пи|я <-и> *ж* Kopie *f,* Abschrift *f,* Durchschlag *m,* Durchschrift *f;* *(о челове́ке)* Abbild *nt,* Ebenbild *nt*

копн|а́ <-ы́> *ж* Heuhaufen *m*

ко́по|ть <-ти> *ж* Ruß *m*

копош|и́ться <-у́сь, -и́шься> *нсв рефл* kribbeln, wimmeln; *(мы́сли)* schwirren

коп|те́ть <-чу́, -ти́шь> *нсв нпрх разг* *(усе́рдно занима́ться)* tüchtig arbeiten; **~ над словаря́ми** über den Wörterbüchern sitzen; **~ над зада́чей** an der Aufgabe sitzen

коп|ти́ть <-чу́, -ти́шь> *нсв,* **накопти́ть, прокопти́ть** *св (н)прх* **1.** *(ры́бу)* räuchern **2.** *то́лько 3 л. (свеча́)* rußen **3.** *разг (запо́лнить ды́мом)* verräuchern; **~ помеще́ние** den Raum verräuchern **4.** *(обрабо́тать путём копче́ния)* räuchern lassen; **~ колбасу́** Wurst *f* räuchern lassen

копчён|ый <-ая, -ое; -, -а́, -о́> *прил* geräuchert; **копчёное мя́со** Rauchfleisch *nt*

ко́пчик <-а> *м* Steißbein *nt*

копы́тны|е <-х> *мн* Huftiere *pl;* **семе́йство копы́тных** Familie *f* der Huftiere

копы́т|о <-а> *ср* Huf *m*

копь|ё <-я́> *ср* Lanze *f,* Speer *m;* **лома́ть ко́пья вокру́г чего́-л.** *перен* heftig um etw streiten

кор|а́ <-ы́> *ж* БОТ Rinde *f;* **~ головно́го мо́зга** АНАТ Hirnrinde *f;* **земна́я ~** ГЕОЛ Erdkruste *f*

корабе́льн|ый <-ая, -ое> *прил* Schiff(s)-; **~ уста́в** Schiffsordnung *f;* **корабе́льная ма́чта** Schiffsmast *m*

кораблекруше́ни|е <-я> *ср* Schiffbruch *m*

кораблестрое́ни|е <-я> *ср* Schiffbau *m*

кораблестро́ительн|ый <-ая, -ое> *прил* Schiffbau-; **~ институ́т** Schiffbauinstitut *nt;* **кораблестрои́тельные рабо́ты** Schiffbauarbeiten *fpl*

кора́б|ль <-ля́> *м* Schiff *nt;* **лине́йный ~** Schlachtschiff *nt;* **косми́ческий ~** Raumschiff *nt;* **косми́ческий ~ многора́зового испо́льзования** Raumfähre *f*

кора́лл <-а> *м* Koralle *f*

кора́ллов|ый <-ая, -ое> *прил* Korallen-; **~ риф** Korallenriff *nt*

Кора́н <-а> *м* Koran *m*

корд <ко́рда> *м* Kord(samt) *m;* **~ шнур** Kordschnur *f;* **пальто́ из ко́рда** Kordmantel *m*

ко́рд|а <-ы> *ж* Leine *f;* **выводи́ть на ко́рде** an der Leine führen

кордебале́т <-а> *м* Ballettkorps *nt*

кордо́н <-а> *м* **1.** *(цепь отря́дов)* Kordon *m,* Absperrung *f;* **тамо́женный ~** Zollsperre *f;* **полице́йский ~** Polizeikordon *m* **2.** *(грани́ца)* Grenze *f;* **уе́хать за ~** ins Ausland fahren

корé|ец <-йца> *м*, **корея́нк|а** <-и> *ж* Koreaner(in) *m(f)*

корёж|ить <-у, -ишь> *нсв прх* 1. *(кривúть)* krümmen, verbiegen, zusammenschrumpfen 2. *(о сýдорогах)* sich krampfen; **~ от бóли** sich vor Schmerzen krümmen

корéйк|а <-и> *ж без мн* Bruststück *nt*

корéйск|ий <-ая, -ое> *прил* koreanisch

кореллятúвн|ый <-ая, -ое> *прил* korrelativ; **кореллятúвная связь** korrelative Verbindung *f;* **кореллятúвная пáра** korrelatives Paar *nt*

коренáст|ый <-ая, -ое; -, -а, -о> *прил* stämmig, untersetzt

корен|úться <-ю́сь, -úшься> *нсв рефл* wurzeln; **суевéрие коренúтся в невéжестве** der Aberglaube hat seine Wurzeln in der Unwissenheit

коренн|óй <-áя, -óе> *прил* 1. *(основнóй)* grundlegend; **~ вопрóс** Hauptfrage *f;* **кореннáя чертá** Grundzug *m;* **коренные преобразовáния** grundlegende Veränderungen *fpl;* **коренны́м óбразом** gründlich; **~ зуб** Backenzahn *m* 2. *(искóнный)* gebürtig, alteingesessen; **онá кореннáя москвúчка** sie ist eine waschechte Moskauerin

кóр|ень <-ня> *м и перен* Wurzel *f;* **пускáть кóрни** Wurzeln schlagen; **социáльные кóрни** sozialer Hintergrund *mpl;* **в кóрне изменúть что-л.** etw von Grund auf verändern

корéнь|я <-ев> *мн* кул Wurzelgemüse *nt;* **жаркóе с корéньями** Braten *m* mit Wurzelgemüse

кóреш <-á> *м жарг* Freund *m,* Kumpel *m;* **мы с ним кóреши** *(друзья́)* wir sind alte Kumpel(s)

кореш|óк <-кá> *м* 1. *(кóрень)* Wurzel *f* 2. *(кнúги)* Buchrücken *m;* **кóжаный ~ переплёта** Lederrücken *m* des Bucheinbandes

Корé|я <-и> *ж* Korea *nt*

корж <коржá> *м* Fladen *m;* **корж свéжей вы́печки** *(лепёшки)* frisch gebackene Fladen *pl*

кóржик <-а> *м* Fladen *m;* **~ на медý** Honigfladen *m*

корзúн|а <-ы> *ж* Korb *m;* информ Papierkorb *m;* **~ для бумáг** Papierkorb *m*

корзúнк|а <-и> *м* Korb *m,* Körbchen *nt*

кориáндр <-а> *м без мн* бот, кул Koriander *m*

коридóр <-а> *м* Korridor *m,* Flur *m;* **~ для захóда на посáдку** Einflugschneise *f;* **воздýшный ~** Luftkorridor *m*

корúнк|а <-и> *ж без мн* *(изю́м без кóсточек)* Korinthe *f,* Sultanine *f*

кор|úть <-ю́, -úшь> *нсв прх* rügen, schelten, tadeln

корифé|й <-я> *м* Koryphäe *f,* Kapazität *f*

корúц|а <-ы> *ж* Zimt *m*

корúчнев|ый <-ая, -ое> *прил* braun

кóрк|а <-и> *ж* 1. *(корá)* Rinde *f,* Kruste *f* 2. *(апельсúна)* Schale *f*

корм <кóрма> *м* Futter *nt,* Tiernahrung *f*

корм|á <-ы́> *ж* мор Heck *nt,* hinterer Teil *m*

кормúл|ец <-ьца> *м,* **кормúлиц|а** <-ы> *ж* Ernährer(in) *m(f);* **пéнсия по слýчаю потéри кормúльца** Hinterbliebenenrente *f*

кормúлиц|а <-ы> *ж* Amme *f*

кормúл|о <-а> *ср* Steuerruder *nt*

корм|úть <-лю́, -ишь> *нсв,* **накормúть, прокормúть** *св прх* ernähren; *(живóтных)* füttern; **~ грýдью** stillen; **~ из рожкá** das Fläschchen geben; **~ пусты́ми обещáниями** *перен* mit leeren Versprechungen abspeisen; **прокормúть селó во врéмя гóлода** das Dorf während des Hungers ernähren

корм|úться <-лю́сь, -ишься> *нсв,* **накормúться, прокормúться** *рефл* essen; *(забóтиться о пропитáнии)* seinen Lebensunterhalt bestreiten; **на э́ти дéньги прокормúться невозмóжно** mit diesem Geld ist es unmöglich, seinen Lebensunterhalt zu bestreiten; **~ в столóвой** in der Kantine essen; **~ своúм трудóм** sich sein Brot selbst verdienen

кормов|óй <-áя, -óе> *прил* Futter-; **~ балáнс** Futterbilanz *f;* **кормовáя бáза** Futterbasis *f;* **кормовы́е культýры** Futterkulturen *fpl*

кормýшк|а <-и> *ж и перен* Futterkrippe *f*

корневúщ|е <-а> *ср* Wurzelstock *m*

корнев|óй <-ая, -ое> *прил* бот, лингв Wurzel-; **корневáя систéма** Wurzelsystem *nt*

корненóжк|а <-и> *ж* зоол Wurzelfüßler *ntpl*

корнеплóд <-а> *м* бот Knollenfrucht *f*

кóрнер <-а> *м* спорт Eckstoß *m*

корнишóн <-а> *м* Essgurke *f;* **маринóванные корнишóны** eingemachte Gurken *fpl*

корноу́х|ий <-ая, -ое; -, -а, -о> *прил* **~ пёс** Hund *m* mit gestutzten Ohren

кóроб <-а> *м* 1. *(я́щик)* Korb *m;* **нестú ~ книг** einen Korb mit Büchern schleppen 2. *перен* *(óчень мнóго)* Haufen *m;* **цéлый ~ новостéй** ganzer Haufen Neuigkeiten; **наобещáть с три кóроба** jdm das Blaue vom Himmel versprechen

коробéйник <-а> *м* Hausierer *m*

корóб|ить <-лю, -ишь> *нсв,* **покорóбить** *св нпрх* Anstoß erregen, unangenehm berühren; **э́то егó корóбит** daran nimmt er Anstoß; **от вúда горéвшего дóма меня́ покорóбило** mich erschütterte der Anblick des brennenden Hauses

корóб|иться <-лю́сь, -úшься> *нсв,* **покорóбиться** *св рефл* sich krümmen

корóбк|а <-и> *ж* Schachtel *f;* **картóнная ~** Karton *m;* **~ конфéт** Pralinenschachtel *f;* **дверня́я ~** Türrahmen *m;* **черепня́я ~** анат

Schädeldach *nt;* **~ передáч** АВТО Getriebe *nt;* **корóбочная компáния** *перен* ЭКОН Schachtelgesellschaft *f,* Krümmen *nt*

корóблени|е <-я> *ср* ТЕХ Verwerfung *f,* Verziehen *nt*

короб|óк <-кá> *м* Körbchen *nt;* **~ спúчек** Streichholzschachtel *f*

корóв|а <-ы> *ж* Kuh *f;* **дóйная ~** Milchkuh *f*

корóв|ий <-ья, -ье> *прил* Kuh-; **корóвье вы́мя** Kuheuter *nt;* **корóвье слúвочное мáсло** (Kuh)Butter *f*

корóвк|а <-и> *ж* **бóжья ~** ЗООЛ Marienkäfer *m*

корóвник <-а> *м* Kuhstall *m*

короéд <-а> *м* ЗООЛ Borkenkäfer *m*

королéв|а <-ы> *ж* Königin *f;* *(в шáхматах)* Dame *f*

королéвск|ий <-ая, -ое> *прил* königlich; **~ обéд** *перен* ein fürstliches Mahl *nt*

королéвств|о <-а> *ср* Königreich *nt*

корол|ёк <-ькá> *м* **1.** БОТ *(сорт апельсúна)* Blutapfelsine *f* **2.** ЗООЛ *(птúца)* Goldhähnchen *nt*

корó|ль <-ля́> *м* König *m;* **некоронóванный ~** ungekrönter König *m*

коромы́сл|о <-а> *ср* *(для вёдер)* Schulterjoch *nt,* ТЕХ Schwengel *m;* **дым коромы́слом** es herrscht ein Höllenlärm

корóн|а <-ы> *ж* Krone *f*

коронáрн|ый <-ая, -ое> *прил* МЕД Koronar-; **коронáрные сосу́ды** Koronargefäße *ntpl;* **коронáрная недостáточность** Koronarinsuffienz *f;* **коронáрное кровообращéние** Koronarblutkreislauf *m*

коронáци|я <-и> *ж* *(коронования)* Krönung *f*

корóнк|а <-и> *ж* **1.** МЕД *(зубнáя)* Zahnkrone *f;* **вставля́ть корóнку** einen Zahn überkronen; **~ из зóлота** Goldzahnkrone *f* **2.** ТЕХ *(ободóк рéжущих частéй бу́ра)* Bohrkrone *f;* **алмáзная ~** Diamantbohrer *m*

корóнн|ый <-ая, -ое> *прил* Kron-; **~ нóмер** *перен* Glanznummer *f*

корон|овáть <-у́ю, -у́ешь> *(н)св прх* krönen

коротá|ть <-ю, -ешь> *нсв,* **скоротáть** *св прх* **~ врéмя** sich die Zeit vertreiben

корóт|кий <-кая, -кое; -ок, -кá, -кó> *прил* kurz; **корóткие вóлны** ЭЛ Kurzwellen *fpl;* **корóткое замыкáние** Kurzschluss *m;* **в сáмые корóткие срóки** in kürzester Zeit; **кóротко и я́сно** kurz und bündig, klipp und klar

кóротко *нрч* **1.** *(блúзко)* vertraut, nahe; **я знакóм с ней ~** ich kenne sie näher **2.** *(вкрáтце)* kurz, lakonisch; **излагáть ~** lakonisch sprechen

коротковóлнов|ый <-ая, -ое> *прил* Kurzwellen-; **~ приёмник** Kurzwellenempfänger *m;* **коротковолнóвая радиосвя́зь** Kurzwellenradioverbindung *f*

коротышк|а <-и> *м и ж прост* Knirps *m,* Dreikäsehoch *m*

корóче *прил сравнит.* *(корóче говоря́)* kurz gesagt

корп|éть <-лю́, -úшь> *нсв нпрх разг* *(над чем-л.)* ackern an *+dat,* brüten über *+dat*

корпоратúвн|ый <-ая, -ое> *прил* korporativ, Korporations-, Korps-; **~ дух** korporativer Geist *m;* **корпоратúвные интерéсы** korporative Interessen *ntpl*

корпорáци|я <-и> *ж* **1.** *(óбщество, объединéние)* Körperschaft *f,* Verein *m* **2.** ЭКОН Unternehmensvereinigung *f*

кóрпус <-а> *м* **1.** *(тулóвище)* Rumpf *m,* Körper *m* **2.** *(здáние)* Gebäude *nt;* **заводскúе корпусá** Werkanlagen *fpl* **3.** *(корабля́)* Rumpf *m* **4.** *(часóв)* Gehäuse *nt* **5.** ВОЕН Korps *nt;* **~ мúра** Friedenstruppe *f*

корпу́скул|а <-ы> *ж* ФИЗ Korpuskel *nt*

корпусн|óй <-áя, -óе> *прил* Korps-; **~ командúр** kommandierender General *m* *(eines Armeekorps)*

корректúв <-а> *м* Korrektur *f,* Berichtigung *f;* **внестú корректúвы** berichtigen

корректúр|овать <-ую, -уешь> *нсв,* **скорректúровать, откорректúровать** *св прх* korrigieren; **~ стрельбу́** die Zielgenauigkeit korrigieren; **~ ру́копись** das Manuskript korrigieren

корректирóвк|а <-и> *ж* Korrektur *f;* **~ ку́рса** Kurskorrektur *f;* **~ балáнсовой стóимости** ЭКОН Wertberichtigung *f*

коррéкт|ный <-ная, -ное; -ен, -на, -но> *прил* korrekt, angemessen; **коррéктное поведéние** korrektes Benehmen *nt*

коррéктор <-а> *м* **1.** ТЕХ Korrektor *m* **2.** ИНФОРМ Rechtschreib(e)programm *nt*

корректу́р|а <-ы> *ж* Korrekturabzug *m,* Korrekturfahne *f;* **читáть корректу́ру** eine Korrektur lesen

коррéкци|я <-и> *ж* *(корректирóвка)* Korrektur *f*

корреля́ци|я <-и> *ж книж* Korrelation *f*

корреспондéнт <-а> *м,* **корреспондéнтк|а** <-и> *ж* Korrespondent(in) *m(f),* Berichterstatter(in) *m(f)*

корреспондéнтск|ий[1] <-ая, -ое> *прил* Korrespondenten-; **корреспондéнтское удостоверéние** Presseausweis *m*

корреспондéнтск|ий[2] <-ая, -ое> *прил* ЭКОН **корреспондéнтская связь бáнка** Bankverbindung *f*

корреспондéнци|я <-и> *ж* Korrespondenz *f,* Briefwechsel *m*

корреспондúр|овать <-ую, -уешь> *нсв нпрх* **1.** *(вестú перепúску)* Korrespondenz führen; **~ в редáкцию** einen Bericht erstatten **2.** *(соответствовать)* entsprechen; **~ с поня́тием** dem Begriff entsprechen

корригúр|овать <-ую, -уешь> *нсв прх*

korrigieren; **~ текст** einen Text korrigieren; **~ отношения** die Beziehungen verbessern

корри́д|а <-ы> *ж* Stierkampf *m;* **испа́нская ~** spanischer Stierkampf *m*

коррози́йн|ый <-ая, -ое> *прил* Korrosions-; **коррози́йные пя́тна** Korrosionsflecken *mpl*

корро́зи|я <-и> *ж* Korrosion *f*

коррумпи́рован|ный <-ная, -ное; -, -а, -о> *прил* korrupt, bestechlich

корру́пци|я <-и> *ж* Korruption *f,* Bestechlichkeit *f*

корса́ж <-а> *м* *(по́яс ю́бки)* Leibchen *nt,* Mieder *nt;* **вшить ~** ein Leibchen einsetzen

корсе́т <-а> *м* Korsett *nt*

корсика́н|ец <-ца> *м,* **корсика́нк|а** <-и> *ж* Korsikaner(in) *m(f)*

корт <ко́рта> *м* спорт Tennisplatz *m*

корте́ж <-а> *м* Ehrengeleit *nt;* **сва́дебный ~** Hochzeitszug *m;* **тра́урный ~** Trauerzug *m*

ко́ртик <-а> *м* воен Dolch *m*

ко́рточ|ки <-ек> *мн* **присе́сть на ~** in die Hocke gehen; **сиде́ть на ко́рточках** hocken, kauern

кору́нд <-а> *м* шахт Korund *m*

корчева́ни|е <-я> *ср* Rodung *f*

корч|ева́ть <-у́ю, -у́ешь> *нсв,* **вы́корчевать** *св прх* roden

корче́вник <-а> *м* Rodeholz *nt*

ко́рч|и <-ей> *мн разг* Krämpfe *pl*

ко́рч|ить <-у, -ишь> *нсв,* **скорчить** *св прх* sich krümmen; **~ грима́сы** Grimassen schneiden; **~ из себя́ учёного** den Gelehrten spielen; **переста́нь дурака́ ~** hör mit dem Unsinn auf

ко́рч|иться <-усь, -ишься> *нсв,* **скорчиться** *св рефл* sich krümmen; **~ от бо́ли** sich vor Schmerz krümmen

корчм|а́ <-ы> *ж* Schenke *f,* Kneipe *f;* **приго́родная ~** Vorstadtkneipe *f*

корчма́|рь <-ря́> *м,* **корчма́рк|а** <-и> *ж* Schankwirt(in) *m(f)*

ко́ршун <-а> *м* Geier *m,* Milan *m*

коры́ст|ный <-ная, -ное; -ен, -на, -но> *прил* eigennützig

корыстолюби́в|ый <-ая, -ое; -, -а, -о> *прил* habgierig, geldgierig

коры́с|ть <-ти> *ж без мн* **1.** *(вы́года)* Eigennutz *m,* Vorteil *m;* **пресле́довать ~** eigennützig handeln; **помога́ть не ра́ди коры́сти** uneigennützig helfen **2.** *(стремле́ние к нажи́ве)* Gewinnsucht *f;* **подозрева́ть в коры́сти** jdn der Gewinnsucht verdächtigen

коры́т|о <-а> *ср* **1.** *(для сти́рки)* Trog *m,* Mulde *f,* Futtertrog *m* **2.** *(о ста́рой ло́дке)* alter Pott *m;* **он оста́лся у разби́того коры́та** ihm sind alle seine Felle fortgeschwommen

корь <ко́ри> *ж* мед Masern *pl*

коря́в|ый <-ая, -ое; -, -а, -о> *прил* rau; **коря́вое де́рево** ästiges Holz *nt;* **коря́вая ко́жа** raue Haut; **коря́вые ру́ки** rissige/raue Hände *fpl;* **~ по́черк** hinkende Schrift; **~ стиль** holpriger Stil *m;* **коря́вое лицо́** pockenartiges Gesicht *nt*

коря́г|а <-и> *ж* *im Wasser versunkener Baumstamm*

кос|а́[1] <-ы> *ж* *(во́лосы)* Zopf *m*

кос|а́[2] <-ы> *ж* *(для травы́)* Sense *f;* **нашла́ ~ на ка́мень** *перен* es ging hart auf hart

кос|а́[3] <-ы> *ж* геог Landzunge *f;* **Ку́ршская коса́** Kurische Nehrung *f*

коса́|рь <-ря́> *м* **1.** *(косе́ц)* Mäher *m;* **лу́чший ~ колхо́за** der beste Mäher im Kolchos **2.** *(нож)* Hackmesser *nt*

коса́тк|а <-и> *ж* зоол Killerwal *m*

ко́свенно *нрч* indirekt; **ста́лкиваться пря́мо или ~** im direkten oder indirekten Konflikt stehen

ко́свенн|ый <-ая, -ое> *прил* indirekt, mittelbar; **ко́свенная амортиза́ция** indirekte Abschreibung *f;* **ко́свенная дота́ция** indirekte Subvention *f;* **ко́свенная при́быльность** Umwegrentabilität *f;* **ко́свенная рекла́ма** Schleichwerbung *f;* **ко́свенная рента́бельность** Umwegrentabilität *f;* **ко́свенная субве́нция** indirekte Subvention *f;* **ко́свенная эласти́чность цен** Kreuzpreiselastizität *f;* **ко́свенные изде́ржки** Materialgemeinkosten *pl;* **ко́свенные нало́ги** indirekte Steuern *pl;* **ко́свенные расхо́ды** indirekte Kosten *pl;* **ко́свенные расхо́ды на за́работную пла́ту** Lohnnebenkosten *pl;* **~ уще́рб** Folgeschaden *m;* **узна́ть что-л. ко́свенным путём** etw auf Umwegen erfahren; **ко́свенная речь** лингв indirekte Rede *f*

коси́лк|а <-и> *ж* Rasenmäher *m*

коси́ть[1] <кошу́, ко́сишь> *нсв,* **скоси́ть** *св прх* *(траву́)* mähen

коси́ть[2] <кошу́, коси́шь> *нсв нпрх* *(гла́зом)* schielen

коси́ться <кошу́сь, коси́шься> *нсв,* **покоси́ться, скоси́ться** *св рефл* **1.** *(смотре́ть и́скоса)* schielen **2.** *(недружелю́бно относи́ться)* schief ansehen; **~ на незнако́мца** den Unbekannten schief ansehen; **продавщи́ца покоси́лась на меня́** die Verkäuferin sah mich schief an **3.** *(стать косы́м)* sich neigen; **дом покоси́лся** das Haus steht schief

косма́т|ый <-ая, -ое; -, -а, -о> *прил разг* behaart; *(лохма́тый)* zerzaust; **косма́тая грудь** behaarte Brust *f;* **косма́тая ша́пка** zerzauste Mütze *f;* **косма́тая голова́** Strubbelkopf *m*

косме́тик|а <-и> *ж* Kosmetik *f;* **употребля́ть косме́тику** sich schminken; **авто~** авто Autoputzmittel *nt*

космети́ческ|ий <-ая, -ое> *прил* kosmetisch; **космети́ческие това́ры** Kosmetik *f;* **космети́ческая опера́ция** Schönheitsoperation *f;* **~ ремо́нт** Schönheitsreparatur *f*

К

косметичк|а <-и> *ж* Kosmetiktasche *f/*-beutel *m; (же́нщина)* Kosmetikerin *f*
косми́ческ|ий <-ая, -ое> *прил* kosmisch; **косми́ческое простра́нство** Weltraum *m;* **косми́ческие иссле́дования** Weltraumforschung *f*
космодро́м <-а> *м* Kosmodrom *nt,* Weltraumbahnhof *m*
космона́вт <-а> *м* Kosmonaut(in) *m(f),* Raumfahrer(in) *m(f)*

i Land & Leute

Als Jurij Gagarin 1961 als erster in der Welt mit einem Raumschiff die Erde umflogen hat, waren viele Menschen in der damaligen Sowjetunion auf diese Leistung der einheimischen Kosmonautik sehr stolz. „Der erste Kosmonaut der Erde" und seine Nachfolger und Nachfolgerinnen wurden als Helden gefeiert – fast alle kleinen Jungen wollten unbedingt **Kosmonaut** werden. Nach dem Zerfall der UdSSR und wegen der Wirtschaftskrise in Russland mussten viele Raumfahrtprogramme eingestellt werden, das Kosmodrom in Baikonur befand sich jetzt auf dem Territorium des unabhängigen Kasachstan, mit dem Ende der ausgedienten Raumstation „Mir" im Jahre 2002 schien das ruhmreiche Kapitel abgeschlossen zu sein. Obwohl die russische Raumfahrt überlebt hat – sie konnte sich an die neuen Verhältnisse anpassen, immer neue Raketen starten auch heute in den Weltraum – genießt sie ihren alten Ruhm in der Gesellschaft kaum mehr: Jungs träumen immer mehr davon, „бизнесмен"zu werden.

космона́втик|а <-и> *ж* Raumfahrt *f;* **пилоти́руемая ~** bemannte Raumfahrt *f*
космополи́т <-а> *м,* **космополи́тк|а** <-и> *ж* Kosmopolit(in) *m(f),* Weltbürger(in) *m(f)*
ко́смос <-а> *м* Kosmos *m,* Weltall *nt;* **в откры́том ко́смосе** im freien Raum
косне́|ть <-ю, -ешь> *нсв нпрх* erstarren; *(погряза́ть)* versinken; **~ в неве́жестве** in Unwissenheit leben; **~ в поро́ках** dem Laster verfallen; **говори́ть косне́ющим языко́м** mit schwerer Zunge sprechen
косноязы́чи|е <-я> *ср без мн* Sprachfehler *m,* Stammeln *nt;* **страда́ть косноязы́чием** stottern, stammeln
косн|у́ться <-усь, -ёшься> *св рефл см.* **каса́ться**
ко́с|ный <-ная, -ное; -ен, -на, -но> *прил* konservativ, stur
ко́со *нрч* schräg, schief; **смотре́ть ~** jdn schief ansehen
кособо́к|ий <-ая, -ое; -, -а, -о> *прил* schief, zur Seite geneigt; **кособо́кая кры́ша** schiefes Dach *nt*
косогла́зи|е <-я> *ср без мн* МЕД Schieläugigkeit *f,* Schielen *nt;* **паралити́ческое ~** paralytisches Schielen *nt*
косого́р <-а> *м* Abhang *m,* Hang *m*
кос|о́й <-а́я, -о́е; -, -а́, -о> *прил* schräg, schief; **броса́ть на кого́-л. косы́е взгля́ды** *перен* jdn schief [*o* scheel] ansehen
косола́п|ый <-ая, -ое; -, -а, -о> *прил (неуклю́жий)* plump, linkisch
кост|ёр <-ра́> *м* **1.** *(на прива́ле, в ла́гере)* Lagerfeuer *nt* **2.** *(для экзеку́ции)* Scheiterhaufen *m*
кости́ст|ый <-ая, -ое; -, -а, -о> *прил* **1.** *(ширококо́стный)* knochig; **кости́стая фигу́ра** knochige Figur *f* **2.** *(о ры́бе)* grätig; **~ лещ** grätige Brasse *f,* grätiger Brachsen *m*
костля́в|ый <-ая, -ое; -, -а, -о> *прил* **1.** *(худо́й)* knochig, dürr **2.** *(ры́ба)* grätig
ко́стн|ый <-ая, -ое> *прил* Knochen-; **~ мозг** Knochenmark *nt*
костопра́в <-а> *м* Knocheneinrenker *m*
ко́сточк|а <-и> *ж (кость)* kleiner Knochen *m,* Knöchelchen *nt;* **перемыва́ть кому́-л. ко́сточки** *перен* an jdm herummeckern
ко́сточков|ый <-ая, -ое> *прил* Stein-; **ко́сточковые поро́ды** Steinsorten *pl;* **ко́сточковые фру́кты** Steinobst *nt,* Steinfrüchte *fpl*
косты́|ль <-ля́> *м* Krücke *f*
кость <ко́сти> *ж* **1.** АНАТ Knochen *m;* **слоно́вая ~** Elfenbein *nt* **2.** *(ры́бная)* Gräte *f;* **выбира́ть ко́сти** entgräten **3.** *(игра́льная)* Würfel *m;* **игра́ в ~** Würfelspiel *nt*
костю́м <-а> *м* **1.** *(мужско́й)* Anzug *m* **2.** *(же́нский)* Kostüm *nt* **3.** *(карнава́льный)* Faschingskostüm *nt* **4.** *(национа́льный)* Tracht *f*
костюме́р <-а> *м,* **костюме́рш|а** <-и> *ж* Gewandmeister(in) *m(f)*
костюме́рн|ая <-ой> *ж то́лько ед* Kostümverleih *m*
костюми́рован|ный <-ная, -ное; -, -а, -о> *прил* kostümiert, Kostüm-, Masken-; **~ бал** Maskenball *m*
костюми́р|оваться <-уюсь, -уешься> *(н)св рефл* sich kostümieren, sich verkleiden
костя́к <-а́> *м* **1.** *(скеле́т)* Gerippe *nt* **2.** *перен (основно́й соста́в)* Kern *m,* Stamm *m*
костян|о́й <-а́я, -о́е> *прил* Knochen-; **костяна́я мука́** Knochenmehl *nt;* **~ нож** Knochenmesser *nt;* **~ ларе́ц** Elfenbeinkästchen *nt*
костя́шк|а <-и> *ж* АНАТ Knöchel *m;* **стуча́ть костя́шками домино́** mit den Domi-

nosteinen klappern

косу́л|я <-и> *ж* Reh *nt*

косы́нк|а <-и> *ж* Dreieckstuch *nt,* Kopftuch *nt*

косьб|а́ <-ы́> *ж* Mähen *nt;* **~ травы́** Grasmähen *nt*

кося́к <-а́> *м* **1.** *(две́ри, окна́)* Pfosten *m,* Pfeiler *m* **2.** *(стая́)* Zug *m,* Schwarm *m;* **~ се́льди** Heringsschwarm; **~ журавле́й** Schwarm *m* Kraniche

кот <кота́> *м* Kater *m;* **~ напла́кал** *перен* sehr wenig; **всё коту́ под хвост** *перен* für die Katz; **купи́ть кота́ в мешке́** *перен* die Katze im Sack kaufen

кот|ёл <-ла́> *м* Kessel *m*

котел|о́к <-ка́> *м* **1.** *(посу́да)* Kessel *m;* **солда́тский ~** Suppenkessel *m* **2.** *(головно́й убо́р)* Herrenfilzhut *m* **3.** *перен (о голове́)* Kopf *m;* **у него́ ~ ва́рит** er hat Grips im Kopf

коте́льн|ая <-ой> *ж* **1.** *(кочега́рка)* Kesselhaus *nt* **2.** *(в подва́ле)* Heizungskeller *m*

котён|ок <-ка> *м* Kätzchen *nt,* Katzenjunges *nt*

ко́тик <-а> *м* **1.** *(котёнок)* Kätzchen *nt* **2.** *(морско́й)* Seebär *m*

коти́ровани|е <-я> *ср* Kotieren *nt*

коти́р|овать <-ую *или* -у́ю, -уешь *или* -у́ешь> *(н)св прх* kotieren, bewerten, notieren

коти́роваться <-уюсь *или* -у́юсь, -уешься *или* -у́ешься> *нсв рефл* **1.** ЭКОН *(на би́рже)* an der Börse zugelassen sein; **~ на би́рже** börsenfähig sein **2.** *перен (по́льзоваться успе́хом)* allgemein anerkannt werden

котиро́вк|а <-и> *ж* Kotierung *f,* Notierung *f,* Bewertung *f;* **~ а́кций** Aktiennotierung *f;* **~ зо́лота** Goldnotierung *f;* **~ ку́рсов** Kursnotierung *f;* **~ цен** Preisnotierung *f*

котиро́вщик <-а> *м* Notierer *m*

ко|ти́ться <-чу́сь, -ти́шся> *нсв,* **окоти́ться** *св рефл (о ко́шке)* Junge werfen

котле́т|а <-ы> *ж* Frika(n)delle *f;* **рубленая ~** Bulette *f;* **отбивна́я ~** Kotelett *nt*

котлова́н <-а> *м* ТЕХ Baugrube *f*

котлови́н|а <-ы> *ж* Mulde *f,* Talmulde *f*

кото́р|ый <-ая, -ое> **I.** *мест вопросит.* welche(r, s); **кото́рый час?** wie spät ist es? **II.** *мест относит.* der

котте́дж <-а> *м* **1.** *(особня́к)* Einfamilienhaus *nt,* Eigenheim *nt* **2.** *(за́городный дом)* Landhaus *nt*

ко́фе <неизм> *м* Kaffee *m;* **~ в зёрнах** Bohnenkaffee *m;* **~ в порошке́** Pulverkaffee *m;* **~ с молоко́м** Milchkaffee *m*

кофева́рк|а <-и> *ж* Kaffeemaschine *f*

кофеин <-а> *м* Koffein *nt;* **без кофеина** koffeinfrei

кофе́йник <-а> *м* Kaffeekanne *f*

кофе́йн|ый <-ая, -ое> *прил* **1.** *(из ко́фе)* Kaffee- **2.** *(цвет)* kaffeebraun

кофемо́лк|а <-и> *ж* Kaffeemühle *f*

ко́фт|а <-ы> *ж* Jacke *f;* **вя́заная ~** Strickjacke *f*

коча́н <-а> *м* **~ капу́сты** Kohlkopf *m*

коч|ева́ть <-у́ю, -у́ешь> *нсв нпрх* ein Nomadenleben führen; **~ из го́рода в го́род** von Stadt zur Stadt ziehen

коче́вник <-а> *м,* **коче́вниц|а** <-ы> *ж* Nomade *m,* Nomadin *f*

кочев|о́й <-а́я, -о́е> *прил* Nomaden-; **кочевы́е племена́** Nomadenvölker *ntpl;* **вести́ ~ о́браз жи́зни** ein Nomadenleben führen

коче́вь|е <-я> *ср* **1.** *(ме́стность)* Nomadenterrain *nt* **2.** *(ла́герь)* Nomadenlager *nt*

кочега́р <-а> *м* Heizer *m;* **парово́зный ~** Lok(omotiv)heizer *m*

кочене́|ть <-ю, -ешь> *нсв,* **закочене́ть, окочене́ть** *св нпрх* **1.** *(утра́тить чувстви́тельность)* erstarren; **~ от моро́за** vor Kälte erstarren; **у меня́ но́ги закочене́ли** meine Beine sind steif vor Kälte; **па́льцы окочене́ли** die Finger erstarrten **2.** *(стать холо́дным)* kalt werden

кочерг|а́ <-и́> *ж* Feuerhaken *m,* Schüreisen *nt,* Schürhaken *m*

кочеры́жк|а <-и> *ж* Kohlstrunk *m*

ко́чк|а <-и> *ж* kleiner Erdhügel *m*

коша́тник <-а> *м,* **коша́тниц|а** <-ы> *ж* **1.** *(люби́тель ко́шек)* Katzenfreund(in) *m(f)* **2.** *(охо́тник)* Katzenfänger(in) *m(f)*

коша́ч|ий <-ья, -ье> *прил и перен* Katzen-, katzenähnlich; **коша́чьи ужи́мки** katzenähnliche Manieren *pl;* **~ конце́рт** Katzenmusik *f*

кошел|ёк <-ька́> *м* Geldbeutel *m*

ко́шечк|а <-и> *ж* Kätzchen *nt*

ко́шк|а <-и> *ж* Katze *f*

ко́ш|ки-мы́ш|ки <-ек -ек> *мн* Katz-und-Maus *nt;* **игра́ть в ~** Katz-und-Maus spielen

кошма́р <-а> *м и перен* Alptraum *m*

кощу́нств|о <-а> *ср* **1.** РЕЛИГ *(богоху́льство)* Blasphemie *f,* Gotteslästerung *f* **2.** *перен (ху́ла, клевета́)* Schmähung *f*

кощу́нств|овать <-ую, -уешь> *нсв нпрх (над кем-л./чем-л.)* lästern über +*akk*

коэффицие́нт <-а> *м* **1.** МАТ Koeffizient *m,* Faktor *m* **2.** ЭКОН Index *m;* **~ испо́льзования мо́щностей** Leistungsgrad *m;* **~ нараще́ния сло́жных проце́нтов** Aufzinsungsfaktor *m;* **~ распределе́ния затра́т по места́м их возникнове́ния** Kostenschlüssel *m*

кпд *сокр от* **коэффицие́нт поле́зного де́йствия** Wirkungsgrad *m,* Nutzeffekt *m;* **с высо́ким ~** mit hohem Wirkungsgrad

краб <кра́ба> *м* Krabbe *f*

кра́дено|е <-го> *ср* Diebesgut *nt*

кра́ден|ый <-ая, -ое> *прил* gestohlen

кра́дучись *нрч* schleichend; **войти́ ~** hineinschleichen

краеве́дени|е <-я> *ср* Heimatkunde *f*

краеве́дческ|ий <-ая, -ое> *прил* heimatkundlich; **~ музе́й** Heimatmuseum *nt*

К

краеуго́льн|ый <-ая, -ое> *прил* **~ ка́мень** *(осно́ва чего́-л.)* Eckstein *m*, Grundstein *m*
кра́ж|а <-и> *ж* Diebstahl *m*; **кварти́рная ~** Einbruchsdiebstahl *m*
край <кра́я> *м* **1.** *(коне́ц)* Rand *m*; **на краю́ стола́** an der Tischkante; **на краю́ све́та** *перен* am Ende der Welt; **пере́дний ~** ВОЕ vorderste Linie *f*, Front *f* **2.** *(страна́)* Land *nt*; **родно́й ~** Heimatland *nt* **3.** АДМ *offizielle Bezeichnung einiger großer administrativer Gebiete (Subjekte der Föderation) in Russland;* **Краснода́рский ~** Region *f* Krasnodar
кра́йне *нрч* überaus, äußerst
кра́йн|ий <-яя, -ее> *прил* **1.** *(после́дний)* am Rande gelegen, Letzte(r, s) in der Reihe **2.** *(преде́льный)* äußerst, extrem; **в кра́йнем слу́чае** im Notfall; **на ~ слу́чай** für den Notfall; **по кра́йней ме́ре** zumindest, wenigstens
кра́йнос|ть <-ти> *ж* Extrem *nt*
крамо́л|а <-ы> *ж* *устар* Aufruhr *m*
крамо́льник <-а> *м* *устар* Umstürzler *m*
кран[1] <кра́на> *м* *(водопрово́дный)* Wasserhahn *m*; **водоразбо́рный ~** *(коло́нка)* Hydrant *m*
кран[2] <кра́на> *м* СТР Baukran *m*
кра́н|ец <-ца> *м* МОР Fender *m*, Wieling *f*
крановщи́к <-а́> *м*, **крановщи́ц|а** <-ы> *ж* Kranführer(in) *m(f)*
крап <кра́па> *м* *(пя́тна)* Tüpfel *pl*; **мра́мор с бе́лым кра́пом** Marmor mit weißen Sprenkeln
крапи́в|а <-ы> *ж* БОТ Brennnessel *f*
крапи́вник <-а> *м* ЗООЛ Zaunkönig *m*
кра́пинк|а <-и> *ж* Tüpfelchen *nt*
краплён|ый <-ая, -ое> *прил* gezeichnet, gezinkt *(bei Spielkarten)*; **коло́да краплёных карт** gezinkte Karten *fpl*
краса́виц|а <-ы> *ж* Schöne *f*, Schönheit *f*, schöne Frau *f*, schönes Mädchen *nt*; **она́ пи́саная ~** sie ist bildschön; **спя́щая ~** Dornröschen *nt*
краси́в|ый <-ая, -ое; -, -а, -о> *прил* schön, hübsch; **краси́вая жизнь** schönes Leben, Luxusleben *nt*; **краси́вые слова́** schöne Worte *fpl*
краси́льн|ый <-ая, -ое> *прил* Färb(e)-; **краси́льная маши́на** Färbemaschine *f*; **краси́льные вещества́** Färbmittel *nt*
краси́льщик <-а> *м*, **краси́льщиц|а** <-ы> *ж* Färber(in) *m(f)*
краси́те|ль <-ля> *м* Farbstoff *m*
кра́|сить <-шу, -сишь> *нсв*, **покра́сить** *св прх* **1.** *(кра́ской)* (mit Farbe) anstreichen; **~ в бе́лый цвет** weiß anstreichen **2.** *(во́лосы)* färben, tönen **3.** *устар* *(украша́ть)* verzieren, schmücken; **э́тот посту́пок его́ не кра́сит** *перен* darauf braucht er sich nichts einzubilden
кра́|ситься <-шусь, -сишься> *нсв*, **покра́ситься** *св рефл* *(гримирова́ться)* sich schminken; *(во́лосы)* sich die Haare färben
кра́ск|а <-и> *ж* Farbe *f*; **сгуща́ть кра́ски** *перен* zu dick auftragen, übertreiben; **осе́нние кра́ски** Herbstfarben *fpl*
красне́|ть <-ю, -ешь> *нсв*, **покрасне́ть** *св нпрх* rot werden, erröten
красноват|ый <-ая, -ое; -, -а, -о> *прил* rötlich
краснозём <-а> *м* *без мн* Roterde *f*
краснокож|ий <-ая, -ее; -, -а, -о> *м* Rothaut *f*; **вождь краснокожих** der Häuptling der Rothäute
краснолесь|е <-я> *ср* *без мн* *(хво́йный лес)* Nadelwald *m*
красноречи́в|ый <-ая, -ое; -, -а, -о> *прил* beredet, redegewandt; *(многозначи́тельный)* aufschlussreich, vielsagend
красноре́чи|е <-я> *ср* Redegewandtheit *f*
краснот|а́ <-ы́> *ж* *без мн* МЕД Röte *f*, Rötung *f*; **~ в го́рле** *(воспале́ние)* Halsröte *f*
красну́х|а <-и> *ж* МЕД Röteln *pl*
кра́с|ный <-ная, -ное; -ен, -на́, -но> *прил* **1.** *(цвет)* rot; **Кра́сная ша́почка** Rotkäppchen *nt*; **кра́сное де́рево** Mahagoni *nt*; **~ уголо́к** Kulturraum *m*; **кра́сное сто́рно** ЭКОН Gegenbuchung *f* **2.** *(в наро́дной ре́чи и поэ́зии)* schön; **не ра́ди кра́сного словца́** *перен* nicht der schönen Worte wegen **3.** ИСТОР revolutionär, dem Sinn der Oktoberrevolution entsprechend; **Кра́сная А́рмия** die Rote Armee
крас|ова́ться <-у́юсь, -у́ешься> *нсв рефл* stolzieren, sich zur Schau stellen
красот|а́ <-ы́> *ж* Schönheit *f*; **красота́ приро́ды** die Schönheit der Natur
кра́соч|ный <-ная, -ное; -ен, -на, -но> *прил* farbenfroh
кра|сть <-ду́, -дёшь> *нсв*, **укра́сть** *св прх* stehlen
кра́|сться <-ду́сь, -дёшься> *нсв*, **прокра́сться** *св рефл* *(пробра́ться тайко́м)* sich anschleichen; **~ в склад и вы́нести това́р** sich ins Lager schleichen und die Ware heraustragen
кра́тер <-а> *м* *(вулка́на)* Krater *m*
кра́т|кий <-кая, -кое; -ок, -ка́, -ко> *прил* kurz; **~ визи́т** Kurzbesuch *m*; **кра́ткая фо́рма** ЛИНГВ Kurzform *f*
кратковре́мен|ный <-ная, -ное; -ен, -на, -но> *прил* kurz, kurzzeitig, von kurzer Dauer; **кратковре́менная связь** kurzzeitige Verbindung *f*; **кратковре́менное пребыва́ние** kurzer Aufenthalt *m*; **~ дождь** Regenschauer *m*
краткосро́ч|ный <-ная, -ное; -ен, -на, -но> *прил* kurzfristig; **~ креди́т** ЭКОН Überbrückungskredit *m*
кра́ткос|ть <-ти> *ж* Kürze *f*
кра́тно|е <-го> *ср* *то́лько ед* МАТ Vielfache(s) *nt*; **о́бщее наиме́ньшее ~** das kleinste gemeinsame Vielfache

кра́т|ный <-ная, -ное; -ен, -на, -но> *прил* МАТ teilbar; **де́вять – число́, кра́тное трём** neun ist eine durch drei teilbare Zahl

крах <кра́ха> *м* ЭКОН Zusammenbruch *m*, Bankrott *m*, Pleite *f*; **~ ку́рсов** Kurssturz *m*; **экономи́ческий ~** Wirtschaftskollaps *m*

крахма́л <-а> *м без мн* Stärke *f*; **крахма́льное вещество́** Stärkesubstanz *f*; **карто́фельный ~** Kartoffelstärke *f*; **живо́тный ~** tierische Stärke *f*, Glykogen *nt*

крахма́л|ить <-ю, -ишь> *нсв*, **накрахма́лить** *св прх* stärken; **~ бельё** die Wäsche stärken

кра́шени|е <-я> *ср* Färben *nt*; **~ тексти́ля** Stofffärben *nt*; **~ бума́ги** Papierfärben *nt*

краю́шк|а <-и> *ж разг* Kanten *m*, Ranft *m*; **~ хле́ба** Brotranft *m*

креату́р|а <-ы> *м и ж книж* Kreatur *f*

креве́тк|а <-и> *ж* Garnele *f*

креди́т <-а> *м* Kredit *m*; **~ без обеспе́чения** offener Kredit *m*; **~ зака́зчику** Bestellerkredit *m*; **~ на сре́дства произво́дства** Betriebsmittelkredit *m*; **~ по коммерче́ским векселя́м** Rediskontkredit *m*; **~ по контокорре́нтному счёту** Kontokorrentkredit *m*; **~ по основны́м фо́ндам** Investitionskredit *m*; **~ по поручи́тельству** Avalkredit *m*; **~ по э́кспортым опера́циям** Exportkredit *m*; **~ под дви́жимость** Mobiliarkredit *m*; **~ под зало́г** Pfandkredit *m*; **~ под усту́пку тре́бования** Zessionskredit *m*; **~ поста́вщика** Lieferantenkredit *m*; **акце́птный ~** Akzeptkredit *m*; **ипоте́чный ~** Hypothekarkredit *m*; **льго́тный ~** Vorzugskredit *m*; **~ без обеспе́чения, бла́нковый ~** ungedeckter Kredit *m*; **долгосро́чный ~** langfristiger Kredit *m*; **краткосро́чный ~** kurzfristiger Kredit *m*; **~ с твёрдо устано́вленным сро́ком** Kredit *m* mit fester Laufzeit; **предоста́вить кому́-л. ~** jdm einen Kredit gewähren; **погаси́ть ~** einen Kredit tilgen [*o* zurückzahlen]; **~ дове́рия** *перен* Vertrauensvorsprung *m*

креди́тн|ый <-ая, -ое> *прил* Kredit-; **~ институ́т** Kreditinstitut *nt*, Geldinstitut *nt*; **креди́тная „аку́ла“** Kredithai *m*; **креди́тное де́ло** Kreditwesen *nt*; **креди́тная систе́ма** Kreditwesen *nt*; **креди́тное финанси́рование** Kreditfinanzierung *f*; **креди́тная ка́рточка** Kreditkarte *f*; **креди́тная ли́ния** Rahmenkredit *m*; **креди́тная прете́нзия** Gläubigeranspruch *m*; **креди́тное ограниче́ние** Kreditbegrenzung *f*; **креди́тное письмо́** Kreditbrief *m*; **креди́тное соглаше́ние** Kreditvereinbarung *f*; **креди́тные затра́ты** Kreditkosten *pl*; **~ аппара́т** Kreditapparat *m*; **~ лими́т** Rahmenkredit *m*; **~ риск** Kreditrisiko *nt*; **креди́тная эми́ссия** Kreditemission *f*; **креди́тные гара́нтии** Kreditsicherheiten *fpl*

кредитова́ни|е <-я> *ср* Kreditierung *f*, Kreditgewährung *f*

кредит|ова́ть <-у́ю, -у́ешь> *(н)св прх* ФИН **1.** *(выдава́ть креди́т)* kreditieren, Mittel bereitstellen **2.** *(запи́сывать в креди́т)* gutschreiben, entlasten

кре́дитов|ый <-ая, -ое> *прил* **кре́дитовая сторона́** Habenseite *f*; **кре́дитовое са́льдо** Habensaldo *m*; **~ оста́ток** Habensaldo *m*

креди́тов|ый <-ая, -ое> *прил* Kredit-; **креди́товое са́льдо** Kreditsaldo *m*, Kreditabrechnung *f*

кредитозаёмщик <-а> *м* Kreditnehmer *m*

кредито́р <-а> *м* ЭКОН Gläubiger *m*, Kreditgeber *m*; **~ ко́нкурсной ма́ссы** Massegläubiger *m*; **~ несостоя́тельного должника́** Konkursgläubiger *m*; **~ по закладно́й** Hypothekar *m*

кредитоспосо́бнос|ть <-ти> *ж* Kreditwürdigkeit *f*, Kreditfähigkeit *f*, Bonität *f*

кредитоспосо́б|ный <-ная, -ное; -ен, -на, -но> *прил* kreditwürdig, kreditfähig

кре́до <неизм> *ср* Glaubensbekenntnis *nt*, Credo *nt*; **~ предприя́тия** ЭКОН Unternehmenskultur *f*

кре́йсер <-а> *м* Kreuzer *m*

кре́кер <-а> *м без мн* Cracker *m*

крем <кре́ма> *м* Creme *f*, Krem *f*; **торт с кре́мом** Cremetorte *f*; **~ для бритья́** Rasiercreme *f*; **~ от зага́ра** Sonnencreme *f*; **увлажня́ющий ~** Feuchtigkeitscreme *f*; **нама́зывать кре́мом** eincremen, einkremen; **~ для о́буви** Schuhkrem *f*

кремато́ри|й <-я> *м* Krematorium *nt*

крема́ци|я <-и> *ж* Feuerbestattung *f*, Einäscherung *f*

крем|ёнь <-ня́> *м* **1.** *(ка́мень)* Feuerstein *m* **2.** *перен (непрекло́нный челове́к)* starrköpfiger Mensch *m*

кремлёвск|ий <-ая, -ое> *прил* Kreml-; **~ дворе́ц** Kremlpalast *m*; **кремлёвские воро́та** Kremltore *pl*; **кремлёвские кура́нты** die Kreml-Turmuhr

Кремль <Кремля́> *м* Moskauer Kreml *m*; *перен die Staatsführung Russlands*

i Land & Leute

Jede russische Stadt wurde im Altertum als eine besondere Dreieckbefestigung an einem Fluss gegründet, um die herum sie dann ausgebaut wurde. **Der Kreml** diente auch als Verwaltungssitz. In vielen Städten (Nowgorod, Tula, Kasan u.a.) kann man heute den Kreml als ein Baudenkmal besichtigen. Sankt Petersburg entstand erst um die Wende zum 18. Jh., gebaut nach einem europäischen Muster, und besitzt keinen Kreml. **Der Moskauer Kreml** ist der zentrale gesellschaftspolitische und kunsthistorische Komplex der heutigen russischen Hauptstadt und der Sitz der höchsten Organe der Staatsgewalt.

кремнёв|ый <-ая, -ое> *прил* **1.** *(из крéмня)* Kiesel- **2.** *перен (непреклóнный)* hart, unbeugsam
крéмни|й <-я> *м* ХИМ Silizium *nt*
кремнúст|ый <-ая, -ое; -, -а, -о> *прил* **1.** *(каменúстый)* Kiesel-; **~ путь** Kieselweg *m* **2.** *(непреклóнный)* hart; **~ мужúк** harter Mann *m*
крéмов|ый <-ая, -ое> *прил* **1.** КУЛ Krem-, Creme-; **~ торт** Cremetorte *f;* **крéмовое пирóженое** Kremkuchen *m* **2.** *(цвет)* cremefarben; **~ шарф** cremefarbener Schal *m*
крен <крéна> *м* МОР Schlagseite *f;* **~ вправо** *и перен* ПОЛ Rechtsdrall *m,* Rechtsruck *m*
крéнде|ль <-ля> *м* Kringel *m,* Brezel *f*
крен|úть <-ю́, -úшь> *нсв,* **накренúть** *св прх* neigen, auf die Seite legen
крен|úться <-ю́сь, -úшься> *нсв,* **накренúться** *св рефл* sich neigen; **лóдка кренúтся нáбок** das Boot neigt sich zur Seite
креóл <-а> *м, ж* Kreole *m,* Kreolin *f*
креп <крéпа> *м* Krepp *m*
крепдешúн <-а> *м без мн* Crepe de Chine *m,* Chinakrepp *m*
крепёжн|ый <-ая, -ое> *прил* ТЕХ, ШАХТ Befestigungs-; **крепёжные детáли** Befestigungsteile *ntpl*
креп|úть <-лю́, -úшь> *нсв прх* befestigen
креп|úться <-лю́сь, -úшься> *нсв рефл* sich zusammennehmen, die Fassung bewahren
крéп|кий <-кая, -кое; -ок, -кá, -ко> *прил* **1.** *(твёрдый)* fest, hart **2.** *(прóчный)* fest, dauerhaft; **~ сон** *перен* fester Schlaf *m* **3.** *(сúльный)* kräftig, stark; **крéпкое здорóвье** gute Gesundheit *f;* **~ морóз** heftiger Frost *m* **4.** *(напúток)* stark
крéпко *нрч* fest, stark; **~ спать** fest schlafen; **~ держáться** sich festhalten; **~ вы́ругаться** stark fluchen
крéпко-нáкрепко *нрч* sehr fest; **~ связáть** sehr kräftig festbinden; **~ приказáть** ausdrüklich befehlen
креплён|ый <-ая, -ое> *прил* **~ винó** verschnittener Wein *m*
креплéни|е <-я> *ср* **1.** ТЕХ *(соединéние, установлéние)* Befestigung *f;* **~ свай** Pfahlbefestigung *f* **2.** ШАХТ Abstützen *nt;* **рýдничное ~** Abstützen der (Abbau)Stollen
крéпн|уть <-у, -ешь> *нсв,* **окрéпнуть** *св нпрх* МЕД stark werden; **~ пóсле оперáции** nach der Operation zu Kräften kommen
крепостнúчеств|о <-а> *ср без мн* ИСТОР Leibeigenschaft *f*
крепостн|óй I. <-áя, -óе> *прил* leibeigen, hörig II. <-ого> *м* Leibeigene(r) *f(m)*
крéпос|ть <-ти> *ж* **1.** *(здáние)* Festung *f* **2.** *тóлько ед (сúла)* Festigkeit *f,* Stärke *f*
крепы́ш <-á> *м (ребёнок)* kerngesundes Kind *nt*
крéсл|о <-а> *ср* Sessel *m;* **инвалúдное ~** Rollstuhl *m;* **~-качáлка** Schaukelstuhl *m;* **держáться за своё крéсло** *перен* sich an sein Amt klammern
крест <крестá> *м* Kreuz *nt;* **постáвить на чём-л. ~** jede Hoffnung aufgeben, etw abschreiben
крест|éц <-ца> *м* АНАТ Kreuz *nt*
крестúн|ы <-> *мн* Taufe *f*
кре|стúть <-щу́, -стишь> *(н)св,* **окрестúть** *св прх* **1.** РЕЛИГ taufen **2.** *разг (назвáть)* nennen, taufen
кре|стúться <-щу́сь, -стишься> *(н)св,* **окрестúться** *св рефл* sich bekreuzigen; *(покрестúться)* sich taufen lassen
крест-нáкрест *нрч* kreuzweise; **сложúть рýки ~** die Hände kreuzen
крéстник <-а> *м,* **крéстниц|а** <-ы> *ж* Patenkind *nt*
крёстн|ый <-ая, -ое> *прил* Paten-; **крёстная мать** Patin *f,* Patentante *f;* **~ отéц** Pate *m,* Patenonkel *m;* **~ ход** РЕЛИГ Prozession *f*
крестовúдн|ый <-ая, -ое> *прил* kreuzförmig; **~ шурýп** ТЕХ Kreuzschlitzschraube *f*
крестовúк <-а *или* -á> *м* ЗООЛ Kreuzspinne *f*
крестóв|ый <-ая, -ое> *прил* Kreuz-; **~ похóд** Kreuzzug *m;* **~ ход** СТР Kreuzgang *m*
крестья́нин <-а> *м,* **крестья́нк|а** <-и> *ж* Bauer *m,* Bäuerin *f*
крестья́нск|ий <-ая, -ое> *прил* bäuerlich, Bauern-; **~ двор** Bauernhof *m*
кретúн <-а> *м* Vollidiot *m*
крещéндо *нрч* МУЗ crescendo
крещéни|е <-я> *ср* Taufe *f;* **Крещение** Dreikönigsfest *nt*
крив|áя <-óй> *ж* Kurve *f;* **~ затрáт** Isokostenkurve *f;* **~ предложéния** Angebotskurve *f;* **~ произвóдства** Produktionsfunktion *f;* **~ результáтов дéятельности** Erfolgskurve *f*
крив|úть <-лю́, -úшь> *нсв,* **скривúть** *св прх* krümmen; *(перекáшивать)* verziehen; **~ лицó** das Gesicht verzerren; **~ душóй** *перен* sich verstellen
крив|úться <-лю́сь, -úшься> *нсв,* **скривúться, покривúться** *св рефл* **1.** *(стать кривы́м)* krumm werden **2.** *(искáзиться)* sich verziehen, sich verzerren; **дом покривúлся нáбок** das Haus neigte sich
кривля́|ться <-юсь, -ешься> *нсв рефл* Fratzen schneiden; **~ перед зéркалом** vor dem Spiegel Faxen machen
крив|óй <-áя, -óе; -, -á, -о> *прил* **1.** *(искривлённый)* krumm, schief; **кривóе зéркало** Zerrspiegel *m;* **кривáя улы́бка** schiefes Lächeln *nt* **2.** *(одноглáзый)* einäugig

криво́то́лк|и <-ов> *мн* Geschwätz *nt;* **не допуска́ть кривото́лков** kein Geschwätz zulassen; **избежа́ть кривото́лков** übles Gerede vermeiden
кривоши́п <-а> *м* ТЕХ Kurbel *f*
кри́зис <-а> *м* Krise *f;* **~ дове́рия** Vertrauenskrise *f;* **~ середи́ны жи́зни** Midlifecrisis *f;* **~ эконо́мики** Wirtschaftskrise *f;* **пережива́ть ~** sich in einer Krise befinden; **преодоле́ть ~** eine Krise überwinden; **~ миров́ой эконо́мики** Weltwirtschaftskrise *f*
кри́зисн|ый <-ая, -ое> *прил* Krisen-; **кри́зисная ситуа́ция** Krisensituation *f;* **кри́зисный ме́неджмент** Krisenmanagement *nt*
крик <кри́ка> *м;* **~ о по́мощи** Hilferuf *m;* **после́дний ~ мо́ды** *перен* der letzte Schrei
кри́кет <-а> *м* СПОРТ Kricket *nt*
крикли́в|ый <-ая, -ое; -, -а, -о> *прил* **1.** *(о челове́ке)* schreiend; **~ ребёнок** schreiendes Baby *nt* **2.** *(неприя́тный)* grellend; **~ го́лос** schrille Stimme *f*
кри́кн|уть <-у, -ешь> *св нпрх* aufschreien
крику́н <-а́> *м,* **крику́нь|я** <-и> *ж* Schreihals *m*
кримина́л <-а> *м* Kriminalfall *m*
криминализи́рованн|ый <-ая, -ое> *прил* kriminalisiert
крими́на́льн|ый <-ая, -ое> *прил* kriminell; **крими́на́льные элеме́нты** kriminelle Elemente *ntpl;* **~ слу́чай** Kriminalfall *m*
криминоге́нн|ый <-ая, -ое> *прил* die Kriminalität betreffend; **~ райо́н** Gegend *f* mit hoher Verbrechensrate
крипто́н <-а> *м* Krypton *nt*
криста́лл <-а> *м* Kristall *m*
кристалли́ческ|ий <-ая, -ое> *прил* ХИМ Kristall-; **кристалли́ческая решётка** Kristallgitter *nt*
криста́|льный <-льная, -льное; -лен, -льна, -льно> *прил* **1.** *(прозра́чный)* kristallklar; **~ во́здух** kristallklare Luft **2.** *(безупре́чный)* rein; **криста́льная душа́** reine Seele *f*
крите́ри|й <-я> *м* Kriterium *nt,* Maßstab *m;* **~ сортиро́вки** ИНФОРМ Sortierkriterium *nt*
кри́тик <-а> *м* Kritiker(in) *m(f);* **~ режи́ма** *(диссиде́нт)* Regimekritiker(in) *m(f)*
кри́тик|а <-и> *ж* Kritik *f,* Beurteilung *f;* **ре́зкая ~** scharfe Kritik *f;* **навести́ кри́тику на что-л.** *разг* Kritik üben an
критика́н <-а> *м,* **критика́нк|а** <-и> *ж* *пренебр* Meckerer *m,* Meckerliese *f*
критик|ова́ть <-у́ю, -у́ешь> *нсв прх* kritisieren
крити́ческ|ий <-ая, -ое> *прил* kritisch
крич|а́ть <-у́, -и́шь> *нсв,* **кри́кнуть** *нпрх* **1.** *(издава́ть крик)* schreien; *(на кого́-л.)* jdn anschreien, anfahren **2.** *(гро́мко произнести́ что-л.)* ausrufen **3.** *разг (широко́ распространи́ть)* überall verkünden; **везде́ ~ о ка́чествах проду́кта** überall die Qualität des Produktes verkünden
крича́щ|ий <-ая, -ее> *прил* schreiend, rufend, knallig; **~ заголо́вок статьи́** auffallender Titel *m*
кров <кро́ва> *м* Obdach *nt,* Bleibe *f;* **без кро́ва** obdachlos
крова́в|ый <-ая, -ое> *прил* blutig; *перен (жесто́кий)* blutrünstig
крова́|ть <-ти> *ж* Bett *nt;* **двуспа́льная ~** Doppelbett *nt*
кро́вельн|ый <-ая, -ое> *прил* Dach-; **кро́вельное желе́зо** Dachblech *nt;* **кро́вельные рабо́ты** Dacharbeiten *fpl;* **~ карто́н** Dachkarton *m*
кро́вельщик <-а> *м* Dachdecker *m*
кровено́сн|ый <-ая, -ое> *прил* Blut-; **кровено́сная систе́ма** Blutkreislaufsystem *nt;* **кровено́сные сосу́ды** Blutgefäße *ntpl*
крови́нк|а <-и> *ж* Bluttropfen *m;* **ни крови́нки в лице́** sehr blass
кро́вл|я <-и> *ж* Dach *nt;* *перен (дом, жильё)* Haus *nt;* **черепи́чная ~** Ziegeldach *nt;* **жить под одно́й кро́влей** unter einem Dach wohnen
кро́вн|ый <-ая, -ое> *прил* **1.** *(ро́дственный)* leiblich, blutsverwandt **2.** *перен (интере́сы)* eigen, ureigen
кровожа́д|ный <-ная, -ное; -ен, -на, -но> *прил* blutgierig; **~ враг** blutrünstiger Feind *m*
кровоизлия́ни|е <-я> *ср* МЕД Bluterguss *m;* **~ в мозг** Gehirnschlag *m*
кровообраще́ни|е <-я> *ср* Blutkreislauf *m*
кровопи́йц|а <-ы> *м и ж* Blutsauger *m,* Bluthund *m*
кровоподтёк <-а> *м* Bluterguss *m;* **всё лицо́ в кровоподтёках** sein ganzes Gesicht ist blutunterlaufen
кровопроли́ти|е <-я> *ср* Blutvergießen *nt*
кровопроли́т|ный <-ная, -ное; -ен, -на, -но> *прил* blutig, mörderisch
кровосмеше́ни|е <-я> *ср* Blutschande *f*
кровоснабже́ни|е <-я> *ср* Durchblutung *f*
кровотече́ни|е <-я> *ср* Blutung *f;* **носово́е ~** Nasenbluten *nt*
кровоточ|и́ть <-у́, -и́шь> *нсв нпрх* bluten
кровь <кро́ви> *ж* Blut *nt;* **консерви́рованная ~** Blutkonserve *f*
кровяни́ст|ый <-ая, -ое; -, -а, -о> *прил* bluthaltig; **кровяни́стое мя́со** blutiges Fleisch *nt*
кровян|о́й <-а́я, -о́е> *прил* Blut-; **кровяно́е давле́ние** Blutdruck *m;* **кровяна́я колбаса́** Blutwurst *f;* **кровяны́е тельца́** Blutkörperchen *ntpl*
кро|и́ть <-ю́, -и́шь> *нсв,* **скрои́ть** *св прх* **1.** *(ткань)* zuschneiden **2.** *разг (постро́ить, сочини́ть)* verfassen, schreiben, dichten; **из его́ расска́зов мо́жно скрои́ть це́лый рома́н** aus seinen Erzählungen

К

kann man einen ganzen Roman verfassen **3.** *разг (прида́ть выраже́ние лицу́)* Grimassen schneiden; **~ жа́лкую физионо́мию** ein klägliches Gesicht machen; **хорошо́ скрóенная фигу́ра** eine gute Figur *f*

крóйк|а <-и> *ж* Zuschneiden *nt*

кроке́т <-а> *м* спорт Krocket *nt*

кроке́т|ы <-ов> *мн* Kroketten *fpl*

крокоди́л <-а> *м* Krokodil *nt*

крóкус <-а> *м* Krokus *m*

крóлик <-а> *м* Kaninchen *nt;* **подóпытный ~** *перен* Versuchskaninchen *nt*

кроль <крóля> *м* спорт Kraul *nt*

крольча́тин|а <-ы> *ж без мн* Kaninchenfleisch *nt;* **жа́реная ~** gebratenes Kaninchen *nt*

крóме *предл + род* außer; **~ тогó** außerdem

кроме́шн|ый <-ая, -ое> *прил* schrecklich; **~ ад** wahre Hölle *f;* **~ мрак** völlige Dunkelheit *f*

крóмк|а <-и> *ж* Kante *f,* Rand *m*

кромса́|ть <-ю, -ешь> *нсв,* **искромса́ть** *св прх разг* **1.** *(гру́бо на куски́)* zerstückeln, in Stücke schneiden; **~ полотнó** den Stoff verschneiden; **~ пье́су** das Theaterstück kürzen **2.** *(уничтóжить)* verderben; **~ статью́** den Artikel verderben; **~ ткань** den Stoff verderben

крóн|а <-ы> *ж* Krone *f*

кропи́л|о <-а> *ср* религ Weihwasserwedel *nt*

кроп|и́ть <-лю́, -и́шь> *нсв прх* besprengen, bespritzen; **~ святóй водóй** mit Weihwasser bespritzen

кропотли́во *нрч* mühsam, mühselig; **~ иссле́довать** genau erforschen

кропотли́в|ый <-ая, -ое; -, -а, -о> *прил* mühsam; **~ труд** mühselige Arbeit *f*

кросс <крóсса> *м* спорт Geländelauf *m;* **уча́стники крóсса** Geländeläufer *mpl;* **лы́жный ~** Skilauf *m*

кроссвóрд <-а> *м* Kreuzworträtsel *nt*

кроссóв|ки <-ок> *мн* Sportschuhe *mpl,* Turnschuhe *mpl*

кросс-чек <кросс-че́ка> *м* экон gekreuzter Scheck *m*

крот <кротá> *м* зоол Maulwurf *m*

крóт|кий <-кая, -кое; -ок, -кá, -ко> *прил* sanft, mild; **~ как ове́чка** lammfromm

кротóв|ый <-ая, -ое> *прил* Maulwurfs-; **~ ход** Maulwurfshügel *m*

крóтос|ть <-ти> *ж без мн* Sanftmut *f;* **~ нра́ва** sanftmütiger Charakter *m*

крох|á <-и́> *ж и м* Krume *f; мн, перен (незначи́тельное коли́чество)* ein ganz klein wenig

крóха *м* Kleine(r) *f(m),* Knirps *m*

крóшечн|ый <-ая, -ое> *прил* winzig

крош|и́ть <-у́, -ишь> *нсв,* **накроши́ть, раскроши́ть** *св прх* zerbröckeln, zerkrümeln; *(неприя́теля)* kurz und klein schlagen

кроши́ться <крошу́сь, крóши́шься> *нсв,* **раскроши́ться** *св рефл* (ab)bröckeln

крóшк|а <-и> *ж* **1.** *(хле́ба)* Krümel *m* **2.** *разг (ма́ленький ребёнок)* Kleine(r) *f(m),* Knirps *m*

круг <кру́га> *м* **1.** *(окру́жность)* Kreis *m;* **по кру́гу** im Kreis; **Поля́рный ~** Polarkreis *m;* **на ~** *разг (в сре́днем)* im Durchschnitt; **ходи́ть круга́ми вокру́г чегó-л.** *перен* wie die Katze um den heißen Brei schleichen; **у меня́ голова́ идёт кругóм** *перен* mir dreht sich alles; **порóчный** [*или* **за́мкнутый**] **~** *перен* Teufelskreis *m;* **~ замкну́лся** *перен* der Kreis hat sich geschlossen **2.** *(предме́т, име́ющий фóрму кру́га)* kreisförmiger Gegenstand *m;* **спаса́тельный ~** Rettungsring *m* **3.** *перен (óбласть, сфе́ра)* Kreis *m,* Bereich *m;* **~ де́ятельности** Geschäftsbereich *m;* **~ зада́ч** Aufgabenbereich *m;* **~ полномóчий** Kompetenzbereich *m;* **~ обя́занностей** Aufgabenbereich *m* **4.** *перен (гру́ппа бли́зких людéй)* Personenkreis *m;* **~ покупа́телей** Kundenkreis *m,* Abnehmerkreis *m;* **~ знакóмых** Bekanntenkreis *m;* **влия́тельные круги́** einflussreiche Kreise *mpl* **5.** спорт Runde *f*

круглогоди́чн|ый <-ая, -ое> *прил* ganzjährig

круглосу́точн|ый <-ая, -ое> *прил* durchgehend, rund um die Uhr

кру́гл|ый <-ая, -ое; -, -á, -о> *прил* rund, kreisförmig; **~ год** das ganze Jahr über, ganzjährig; **кру́глая да́та** runder Geburtstag *m;* **перегово́ры за кру́глым столóм** пол Gespräche *ntpl* am Runden Tisch; **~ как шар** kugelrund

кругов|óй <-áя, -óе> *прил* Kreis-; **кругово́е движе́ние** Kreisverkehr *m;* **кругова́я пору́ка** wechselseitige Bürgschaft *f*

круговорóт <-а> *м* Kreislauf *m*

кругозóр <-а> *м перен* Horizont *m,* Gesichtskreis *m*

кругóм *нрч* ringsherum

кругообра́з|ный <-ная, -ное; -ен, -на, -но> *прил* kreisförmig; **де́лать кругообра́зные движе́ния** kreisförmige Bewegungen machen

кругосве́тн|ый <-ая, -ое> *прил* Welt-, um die Welt; **кругосве́тное путеше́ствие** Weltreise *f,* Reise *f* um die Welt

кружевни́ц|а <-ы> *ж* Spitzenklöpplerin *f*

кружевн|óй <-áя, -óе> *прил* Spitzen-; **~ воротни́к** Spitzenkragen *m;* **кружевнóе бельё** Spitzenwäsche *f*

кру́жев|о <-а> *ср* Spitze *f*

круж|и́ть <-у́, -и́шь> *нсв,* **вскружи́ть** *св нпрх* **1.** *(враща́ть, крути́ть)* drehen; **э́то кру́жит ему́ гóлову** das steigt ihm zu Kopf(e); **вскружи́ть гóлову кому́-л.** jdm den Kopf verdrehen **2.** *(кружи́ться)* kreisen, Kreise ziehen **3.** *(блужда́ть)* umherirren

круж|и́ться <-у́сь, -и́шься> *нсв*, **вскружи́ться** *св рефл* **1.** *(враща́ться)* sich drehen; **у меня́ кружи́тся голова́** mir ist schwindelig **2.** *(де́лать круги́)* Kreise ziehen **3.** *то́лько 3 л (о сне́ге, пы́ли)* wirbeln

кру́жк|а <-и> *ж* große Tasse *f*

круж|о́к <-ка́> *м* **1.** *(ма́ленький круг)* kleiner Kreis *m* **2.** *перен (гру́ппа, объедине́ние)* Arbeitsgemeinschaft *f*, Zirkel *m*

круи́з <-а> *м* Kreuzfahrt *f*, Rundreise *f*

круп <кру́па> *м* **1.** МЕД Krupp *m*, Halsbräune *f*; **ло́жный ~** Pseudokrupp *m* **2.** *(ло́шади)* Kruppe *f*, Kreuz *nt (des Pferdes)*

круп|а́ <-ы́> *ж (zerkleinerte) Getreidekörner ohne Spelzen;* **ма́нная ~** Grieß *m*; **перло́вая ~** Graupen *pl*; **сне́жная ~** *перен* Graupelschauer *m*

крупи́нк|а <-и> *ж* Körnchen *nt*; **~ ри́са** Reiskörnchen *nt*; **~ песка́** ein Körnchen Sand; **ни крупи́нки нет** *перен* nicht die Bohne

крупи́ц|а <-ы> *ж* Körnchen *nt*; **по крупи́цам собира́ть** körnchenweise auflesen; **ни крупи́цы здра́вого смы́сла** kein Körnchen gesunden Menschenverstand; **есть ли ~ пра́вды в твои́х слова́х?** ist denn ein Körnchen Wahrheit in deinen Worten?

кру́пно *нрч* groß; **~ писа́ть** mit großen Buchstaben schreiben; **~ поспо́рить** einen heftigen Streit (mit jdm) haben; **~ поговори́ть** *(ре́зко)* ein ernstes Wort (mit jdm) sprechen

крупнокали́берн|ый <-ая, -ое> *прил* großkalibrig; **~ пулемёт** großkalibriges Maschinengewehr *nt*

крупномасшта́бн|ый <-ая, -ое> *прил* großräumig; **крупномасшта́бная ка́рта** großräumige Karte *f*; **крупномасшта́бное произво́дство** großräumige Produktion *f*

крупносери́йн|ый <-ая, -ое> *прил* Großserien-; **крупносери́йное произво́дство** Großserienfertigung *f*

кру́п|ный <-ная, -ное; -ен, -на́, -но> *прил* **1.** *(большо́й)* groß, Groß-; **~ рога́тый скот** Großvieh *nt*; **кру́пное землевладе́ние** Großgrundbesitz *m*; **кру́пное произво́дство** [*или* **хозя́йство**] Großbetrieb *m*; **кру́пное предприя́тие** Großunternehmen *nt*, Großbetrieb *m*; **~ землевладе́ле́ц** Großgrundbesitzer *m*; **~ предпринима́тель** Großunternehmer *m*; **~ акционе́р** Großaktionär *m*; **~ покупа́тель** Großabnehmer *m*, Großkunde *m*; **кру́пная сде́лка** Transaktion *f*; **~ зака́з** Großauftrag *m*; **~ креди́т** Großkredit *m*; **~ прое́кт** Großprojekt *nt* **2.** *(зёрна, песо́к)* grob, grobkörnig **3.** *перен (значи́тельный, ви́дный)* bedeutend

крупо́зн|ый <-ая, -ое> *прил* МЕД kruppös; **крупо́зные явле́ния** kruppöse Erscheinungen *fpl*; **крупо́зное воспале́ние лёгких** kruppöse Lungenentzündung *fpl*

крупча́тк|а <-и> *ж* feinstes Weizenmehl, Auszugsmehl *nt*

крупье́ <неизм> *м* Croupier *m*

крупян|о́й <-а́я, -о́е> *прил* Gries-, Grützen-; **крупяны́е культу́ры** Grützenkulturen

крутизн|а́ <-ы́> *ж без мн* Steilheit *f*

кру|ти́ть <-чу́, -тишь> *нсв прх* **1.** *(враща́ть)* drehen; **~ колесо́** ein Rad drehen; **~ фильм** einen Film drehen **2.** *(распоряжа́ться)* anordnen, bestimmen; **~ все́ми дела́ми** alles verwalten **3.** *(хитри́ть)* ein falsches Spiel treiben; **говори́ пра́вду, не крути́!** rede nicht drumrum, sag die Wahrheit! **4.** *(свя́зывать)* binden, zusammenbinden; **~ ру́ки наза́д** jdm die Arme nach hinten drehen **5.** *перен* **~ бара́нку** *(о води́теле)* das Lenkrad drehen; **~ рома́н** mit jdm ein Liebesverhältnis haben; **~ но́сом** *(упира́ться)* sich weigern etw zu tun

кру|ти́ться <-чу́сь, -тишься> *нсв рефл* **1.** *(враща́ться)* sich drehen; **колесо́ кру́тится** das Rad dreht sich **2.** *(хлопота́ть)* **~ с дела́ми** alle Hände voll zu tun haben **3.** *перен* stören; **~ под нога́ми** *(меша́ть)* jdm in die Quere kommen; **~ как бе́лка в колесе́** *поговорка* sehr viel arbeiten; **как ни крути́сь, придётся созна́ться** wie du dich auch herauswinden möchtest, du musst gestehen

кру́то *нрч* **1.** *(внеза́пно)* plötzlich; **~ оборва́ть разгово́р** schroff ein Gespräch unterbrechen **2.** *(стро́го)* hart, streng; **обойти́сь ~ с кем-л.** mit jdm sehr hart umgehen **3.** *(тру́дно)* schwer; **кому́-л. ~ прихо́дится** für jdn ist es schwer **4.** *(чрезме́рно)* stark, zu viel; **~ попе́рчить блю́до** das Essen stark salzen **5.** *жарг (отли́чно)* super!; **сде́лано ~!** hast du super gemacht!

крут|о́й <-а́я, -о́е; -, -а́, -о> *прил* **1.** *(обры́вистый)* steil **2.** *(внеза́пный)* jäh, scharf; **~ поворо́т** scharfe Kurve *f*, einschneidende Wende *f* **3.** *(стро́гий)* hart, unnachgiebig; **круты́е ме́ры** strenge Maßnahmen *fpl*; **~ нрав** ein schroffes Wesen *nt* **4.** *разг (чуде́сный, превосхо́дный)* echt stark, geil

кру́ч|а <-и> *ж* Steile *f*, steiler Abhang *m*, Steilhang *m*; **полете́ть под кру́чу** den Hang hinunterstürzen

кручён|ый <-ая, -ое; -, -а́, -о> *прил* **1.** СПОРТ getrieben; **~ мяч** getriebener Ball *m*; **~ уда́р** getriebener Schlag *m* **2.** *(ни́тки)* gedreht, gezwirnt; **кручёная шерсть** gezwirnte Seide *f*

круше́ни|е <-я> *ср* **1.** *(катастро́фа)* Unfall *nt*, Katastrophe *f*; **~ по́езда** Zugunglück *nt* **2.** *перен (прова́л)* Scheitern *nt*, Krach *m*

круш|и́ть <-у́, -и́шь> *нсв прх* zerstören, zerschmettern; **~ всё на своём пути́** alles auf seinem Weg zerstören; **~ врага́** den Feind zerschmettern

крыжо́вник <-а> *м* **1.** *(я́года)* Stachelbeere *f* **2.** *(куст)* Stachelbeerstrauch *m*

крыла́т|ый <-ая, -ое; -, -а, -о> *прил*

К

geflügelt; **крыла́тая раке́та** воен Marschflugkörper *m;* **крыла́тое выраже́ние** *перен* geflügeltes Wort *nt*

крыл|о́ <-á> *ср* **1.** *(пти́цы, самолёта)* Flügel *m* **2.** пол Parteiflügel *m* **3.** авто Kotflügel *m*

кры́лышк|о <-а> *ср* Flügelchen *nt;* **быть под кры́лышком у кого́-л.** unter den Fittichen von jdm sein; **взять под своё кры́лышко** jdn unter seine Fittiche nehmen

крыльц|о́ <-á> *ср* Freitreppe *f;* **вход с за́днего крыльца́** Hintereingang *m*

Крым <Кры́ма> *м* Krim *f;* **в Крыму́** auf der Krim

кры́с|а <-ы> *ж* Ratte *f;* **водяна́я ~** Wasserratte *f*

кры́т|ый <-ая, -ое; -, -а, -о> *прил* **1.** *(покры́тый)* bedeckt **2.** *(име́ющий кры́шу)* überdacht; **~ бассе́йн** Hallenbad *nt;* **~ ры́нок** Markthalle *f*

крыть <кро́ю, кро́ешь> *нсв,* **покры́ть** *св прх* **1.** *(накры́ть)* decken; **~ кры́шу** das Dach decken **2.** *разг (в ка́ртах: бить ка́рту)* entgegnen; **~ не́чем** es gibt nichts zu entgegnen **3.** *перен, разг (руга́ть кого́-л.)* beschimpfen; **~ ма́том** fluchen

кры́ться <кро́юсь, кро́ешься> *нсв рефл (в чём-л.)* sich verbergen

кры́ш|а <-и> *ж* **1.** *(до́ма)* Dach *nt;* **раздвижна́я ~** Schiebedach *nt* **2.** *перен (прикры́тие, личи́на)* Deckmantel *m*

кры́шк|а <-и> *ж* Deckel *m;* **~ радиа́тора** авто Kühlerhaube *f;* **тепе́рь ему́ ~** *разг* jetzt ist es aus mit ihm

крюйс-пе́ленг <крюйс-пе́ленга> *м* радио Kreuzpeilung *f*

крюк <крюка́> *м* **1.** *(за́гнутый гвоздь)* Haken *m;* **пове́сить на ~** am Haken aufhängen; **вбить ~ в сте́ну** einen Haken in die Wand einschlagen **2.** *(око́льный путь)* Umweg *m;* **сде́лать ~** einen Umweg machen; **дать крю́ку** einen längeren Weg einschlagen **3.** *(запо́р)* Riegel *m;* **запере́ть дверь на ~** die Tür verriegeln

крю́ч|иться <-у́сь, -ишься> *нсв,* **скрю́читься** *св рефл* sich krümmen; **~ от бо́ли** sich vor Schmerz krümmen

крючкотво́рств|о <-а> *ср* Rechtsverdrehung *f;* **канцеля́рское ~** bürokratisches Vorgehen *nt*

крючкотво́рств|овать <-ую, -уешь> *нсв нпрх* das Recht verdrehen

крюч|о́к <-ка́> *м* Haken *m,* Häkchen *nt; (для вяза́ния)* Häkelnadel *f*

крюшо́н <-а> *м (пунш)* Bowle *f*

кря́ду *нрч разг* nacheinander; **пять дней ~** fünf Tage hintereinander

кряж <кря́жа> *м* **1.** *(цепь го́р)* Hügel *m,* Anhöhe *f;* **Доне́цкий ~** die Anhöhe bei Donezk; **леси́стый ~** Waldlichtung *f* **2.** *(обру́бок бревна́)* Balkenstummel *m;* **дубо́вый ~** Eichenklotz *m*

кряжи́ст|ый <-ая, -ое; -, -а, -о> *прил* **1.** *(кре́пкий)* dick, stämmig; **~ дуб** stämmige Eiche *f* **2.** *(корена́стый)* stämmig, untersetzt; **кряжи́стая фигу́ра** untersetzte Figur *f*

кря́ка|ть <-ю, -ешь> *нсв,* **кря́кнуть** *св нпрх* **1.** *(об у́тке)* schnattern **2.** *перен (от удовлетворе́ния)* grunzen; **~ от удово́льствия** vor Vergnügen stöhnen

крях|те́ть <-чу́, -ти́шь> *нсв нпрх* krächzen

ксено́н <-а> *м* Xenon *nt*

ксенофо́би|я <-и> *ж* Ausländerfeindlichkeit *f,* Fremdenfeindlichkeit *f,* Fremdenhass *m*

ксенофо́бн|ый <-ая, -ое> *прил* ausländerfeindlich, fremdenfeindlich

ксе́р|ить <-ю, -ишь> *нсв прх разг* kopieren; **~ докуме́нты** Unterlagen *pl* kopieren

ксероко́пи|я <-и> *ж* Fotokopie *f;* **сде́лать ксероко́пию** *разг (отксе́рить)* fotokopieren

ксе́рокс <-а> *м (копирова́льный аппара́т)* Kopiergerät *nt,* Kopierer *m*

ксерофи́т|ы <-ов> *мн* бот Xerophyten *pl*

ксилогра́фи|я <-и> *ж без мн* Holzschnitt *m,* Xylographie *f*

ксилофо́н <-а> *м* муз Xylophon *nt*

кста́ти *нрч* **1.** *(впро́чем)* übrigens, nebenbei gesagt **2.** *(во́время)* zur rechten Zeit; **прийти́ как нельзя́ ~** wie gerufen kommen, im rechten Augenblick kommen; **э́то мне весьма́ ~** das kommt mir sehr gelegen

кти́тор <-а> *м* религ Stifter *m* einer Kirche, Kirchenvorsteher *m*

кто <кого́, кому́, кого́, кем, о ком> **I.** *мест вопросит.* wer **II.** *мест относит.* der, welcher, die, welche, das, welches

кто-ли́бо *мест неопред* irgendwer

кто-нибу́дь *мест неопред* irgendjemand

кто́-то *мест неопред* jemand

Ку́б|а <-ы> *ж* Kuba *nt*

Куба́|нь <-ни> *ж* геог Kuban *m*

ку́барем *нрч* kopfüber; **скати́ться ~ с ле́стницы** kopfüber die Treppe herunterstürzen; **лете́ть ~ вниз** kopfüber hinunterfliegen

кубату́р|а <-ы> *ж* Rauminhalt *m*

куби́зм <-а> *м* иск Kubismus *m*

ку́бик <-а> *м* **1.** *(для игры́)* kleiner Würfel *m* **2.** *(де́тский)* Baustein *m,* Bauklotz *m*

куби́ческ|ий <-ая, -ое> *прил* Kubik-; **~ сантиме́тр** Kubikzentimeter *m*

ку́бков|ый <-ая, -ое> *прил* спорт Pokal-; **ку́бковые соревнова́ния** Pokalmeisterschaft *f;* **ку́бковая игра́** Pokalspiel *nt*

ку́б|ок <-ка> *м* **1.** *(ча́ша)* Kelch *m;* **~ с я́дом** Giftbecher *m* **2.** спорт Pokal *m;* **~ Евро́пы** Europacup *m*

кубоме́тр <-а> *м* Kubikmeter *nt o m*

ку́брик <-а> *м* мор Deck *nt; (ни́жняя па́луба)* Zwischendeck *nt;* **матро́сский ~** Matrosendeck *nt*

кубы́шк|а <-и> *ж* **1.** *(копи́лка)* Geldbüchse

f, Sparbüchse *f;* **класть де́ньги в кубы́шку** Geld in die Sparbüchse legen **2.** *перен (толстýшка)* Dickerchen *nt*

кува́лд|а <-ы> *ж* **1.** *(ручно́й мо́лот)* Vorschlaghammer *m* **2.** *перен (о неуклю́жей же́нщине)* plumpe, grobe Frau *f*

Куве́йт <-а> *м* Kuwait *nt*

куве́рт <-а> *м* Gedeck *nt*, komplettes Menü; **стол на де́сять куве́ртов** Tisch *m* für zehn Gedecke

кувши́н <-а> *м* Kanne *f*, Krug *m;* **~ для молока́** Milchkanne *f*

кувши́нк|а <-и> *ж* БОТ weiße Seerose, Seelilie *f*, Wasserlilie *f;* **цвете́ние кувши́нок** das Blühen der Seelilien

кувы́рк|а́ться <-аюсь *или* -а́юсь, -аешься *или* -а́ешься> *нсв*, **кувыркну́ться** *св рефл* Purzelbäume schlagen; **~ в во́здухе** in die Luft springen; **~ со скло́на** den Hang herunterpurzeln

кувырко́м *нрч* kopfüber; **всё идёт ~** alles geht drunter und drüber

куда́ *нрч* **1.** *(направле́ние)* wohin **2.** *при сравне́нии (куда́-как)* bei weitem

куда́х|тать <-чу, -чешь> *нсв нпрх* gackern

куде́|ль <-ли> *ж без мн* Flachs *m*, Hanf *m*, Hede *f*, Wocken *m;* **плести́ из куде́ли** aus Hanf flechten

куде́сник <-а> *м книж* Zauberer *m*

кудла́т|ый <-ая, -ое; -, -а, -о> *прил* zottig, struw(w)elig, struppig; **кудла́тая голова́** Struw(w)elkopf *m*

ку́др|и <-е́й> *мн* Locken *fpl*

кудря́в|ый <-ая, -ое; -, -а, -о> *прил (курча́вый)* lockig, gelockt

кузе́н <-а> *м*, **кузи́н|а** <-ы> *ж* Cousin *m*, Cousine *f*

кузне́ц <-а́> *м* Schmied *m*

ку́зниц|а <-ы> *ж* Schmiede *f*

ку́зов <-а> *м* Karosserie *f*

кукареку́ *межд* kikeriki

ку́киш <-а> *м разг* Feige *f;* **показа́ть кому́-л. ~** jdm die Feige zeigen; **~ с ма́слом** nichts bekommen

ку́кл|а <-ы> *ж* Puppe *f*

кук|ова́ть <-у́ю, -у́ешь> *нсв нпрх* kuckuck rufen

ку́колк|а <-и> *ж* **1.** *уменьши́тельное* Püppchen *nt* **2.** ЗООЛ Puppe *f*

ку́кольн|ый <-ая, -ое> *прил* Puppen-; **~ теа́тр** Puppentheater *nt*

кукуру́з|а <-ы> *ж* Mais *m;* *(кукуру́зные хло́пья)* Cornflakes *pl;* **возду́шная ~** Popcorn *nt*

куку́шк|а <-и> *ж* Kuckuck *m*

кула́к[1] <-а́> *м* Faust *f;* **пуска́ть в ход кулаки́** handgreiflich werden; **сжать ~** die Hand zur Faust ballen

кула́к[2] <-а́> *м* Kulak *m (Großbauer im Russland der zwanziger Jahre)*

кулачко́в|ый <-ая, -ое> *прил* ТЕХ Nocken-; **~ вал** Nockenwelle *f;* **~ механи́зм** Nockengetriebe *nt*

кула́чн|ый <-ая, -ое> *прил* Faust-; **~ бой** Faustkampf *m;* **кула́чное пра́во** Faustrecht *nt*

кулебя́к|а <-и> *ж Pastete mit Fisch-/Fleisch-/Reis-/Gemüsefüllung*

кул|ёк <-ька́> *м* Tüte *f*, Papierbeutel *m;* **~ с конфе́тами** Bonbontüte *f;* **из кулька́ в рого́жку** *(из одно́й неприя́тности в другу́ю)* vom Regen in die Traufe kommen

кули́к <-а́> *м* Schnepfe *f;* **всяк ~ своё боло́то хва́лит** *перен* jedem Narren gefällt seine eigene Kappe

кулина́рн|ый <-ая, -ое> *прил* kulinarisch; **~ реце́пт** Kochrezept *nt*

кули́с|а <-ы> *ж* Kulisse *f;* **загля́дывать за кули́сы** hinter die Kulissen schauen

кули́ч <-а́> *м* Kulitsch *m (russischer Osterkuchen);* **~ с изю́мом** Osterkuchen *m* mit Rosinen

кули́ч|ки <-ек> *мн* **к чёрту на ~** wo sich die Füchse und Hasen gute Nacht sagen

куло́н <-а> *м* Halsschmuck *m*, Anhänger *m;* **янта́рный ~** Bernsteinanhänger *m*

кулуа́р|ы <-ов> *мн* Couloir *m (Wandelgang im Parlament oder im Theater);* **в кулуа́рах конфере́нции** *перен* am Rande *m* der Konferenz; **в кулуа́рах** *перен* inoffiziell

куль <куля́> *м* **1.** *(мешо́к)* Sack *m;* **~ с капу́стой** ein Sack mit Kohl **2.** *(де́вять пудо́в)* neun Pud *nt (Pud: ehemaliges russisches Gewichtsmaß = 16,38 kg);* **~ муки́** neun Pud Mehl

кульмина́ци|я <-и> *ж* Höhepunkt *m;* **достига́ть своей кульмина́ции в чём-л.** gipfeln in

культ <-а> *м* Kult *m;* **~ ли́чности** Personenkult *m;* **~ наси́лия** Gewaltverherrlichung *f*

i Land & Leute

Der Ausdruck **Personenkult** bezieht sich auf Josef Stalin und ist von Chruschtschow bald nach dem Tod des Diktators im Jahre 1953 eingeführt worden. Der hinter diesem Ausdruck steckende ungeheuere Tatbestand konnte aus ideologischen Gründen jedoch erst mit Gorbatschows Perestroika und Glasnost ein öffentliches Thema werden. In Russland und in anderen ehemaligen Teilrepubliken der UdSSR gibt es kaum eine Familie, die von Stalins Terror nicht betoffen wäre. Und dennoch: in der russischen Gesellschaft ist und bleibt die Beurteilung Stalins bei weitem nicht eindeutig negativ. Ein Grund dafür: Dank ihm sei die Sowjetunion zu einer Großmacht geworden – ihr Niedergang wird heute von vielen privat und öffentlich beklagt.

культиви́р|овать <-ую, -уешь> *нсв прх* kultivieren

ку́льтов|ый <-ая, -ое> *прил* РЕЛИГ Kult-; **~ ритуа́л** Kultritual *nt;* **ку́льтовая му́зыка** Kultmusik *f*

культу́р|а <-ы> *ж* БИОЛ, АГР Kultur *f;* **~ ре́чи** Sprachpflege *f;* **~ предприя́тия** Unternehmenskultur *f;* **бобо́вая ~** Hülsenfrucht *f;* **лека́рственная ~** Heilpflanze *f;* **техни́ческие культу́ры** technische Nutzpflanzen *fpl*

культури́зм <-а> *м* Bodybuilding *nt*

культури́ст <-а> *м* **1.** СПОРТ Bodybuilder(in) *m(f)* **2.** *разг (хва́лящийся свое́й си́лой)* Muskelprotz *m*

культу́р|ный <-ная, -ное; -ен, -на, -но> **I.** *прил* Kultur-, kulturell **II.** *прил (образо́ванный)* kultiviert, wohlerzogen

культ|я́ <-и́> *ж* Stumpf *m,* Stummel *m*

кум <ку́ма> *м,* **кум|а́** <-ы́> *ж* Trauzeuge *m,* Trauzeugin *f*

кума́ч <-а́> *м* Kummatsch *m (roter Kattun)*

куми́р <-а> *м* Idol *nt;* **созда́ть себе́ ~** sich ein Idol schaffen; **возвести́ в ~** zum Abgott ernennen

кумуля́ци|я <-и> *ж* Kumulation *f*

ку́мушк|а <-и> *ж* **1.** *(кума́)* Trauzeugin *f* **2.** *перен (спле́тница)* Klatschbase *f*

кумы́с <-а> *м без мн* Kumys *m (gegorene Stutenmilch)*

кунжу́т <-а> *м* Sesam *m*

куни́ц|а <-ы> *ж* Marder *m*

купа́льник <-а> *м* Badeanzug *m;* **~ из лайкры́** Badeanzug aus Lycra

купа́льн|ый <-ая, -ое> *прил* Bade-; **~ костю́м** Badeanzug *m*

купа́льн|я <-и> *ж* Bad *nt,* Badeanstalt *f;* **откры́тая ~** Freibad *nt*

купа́|ть <-ю, -ешь> *нсв,* **вы́купать** *св прх (ребёнка)* baden

купа́|ться <-юсь, -ешься> *нсв,* **вы́купаться** *св рефл* baden; **идти́ ~** baden gehen; **~ в де́ньгах** *перен* im Geld schwimmen

купе́ <неизм> *ср* ТРАНСП Abteil *nt,* Zugabteil *nt;* **~ для куря́щих** Raucherabteil *nt*

купе́йн|ый <-ая, -ое> *прил* Coupé-; **биле́т в ~ ваго́н** Bahnfahrkarte für einen Waggon mit getrennten Abteilen

купе́|ль <-ли> *ж* Taufbecken *nt*

куп|е́ц <-ца́> *м* ИСТОР Kaufmann *m*

купе́ческ|ий <-ая, -ое> *прил* **1.** *устар* Kaufmanns- **2.** *перен* auffällig reich, protzig

куп|и́ть <-лю́, -ишь> *св прх см.* **покупа́ть**

купле́т <-а> *м* ЛИТ Strophe *f*

ку́пл|я <-и> *ж* Kauf *m;* **~-прода́жа а́кций** Aktienhandel *m;* **~-прода́жа за нали́чные** Barkauf *m,* Barverkauf *m;* **~-прода́жа це́нных бума́г** Negoziierung *f*

ку́пол <-а> *м* Kuppel *f*

куполови́д|ный <-ная, -ное; -ен, -на, -но> *прил* kuppelförmig, kuppelartig; **~ свод** kuppelartiges Gewölbe *nt*

купо́н <-а> *м* **1.** ЭКОН *(а́кции, облига́ции)* Coupon *m* **2.** *(о́рдер на получе́ние това́ра)* Bezugsschein *m*

купоро́с <-а> *м* Vitriol *nt;* **ме́дный ~** Kupfervitriol *nt*

купю́р|а <-ы> *ж* Banknote *f*

кураг|а́ <-и́> *ж без мн* getrocknete Aprikosen *fpl*

кура́ж <-а> *м* Übermut *m,* Tapferkeit *f;* **собра́ть ~** Mut sammeln; **вы́пить для кура́жа** sich Mut antrinken

кура́ж|иться <-усь, -ишься> *нсв рефл прост* frech sein; **~ над сла́бым** den Schwächeren gegenüber großtun

кура́нт|ы <-ов> *мн* Turmuhr *f* mit Glockenspiel; **бой кура́нтов** Schlag *m* des Glockenspiels; **кремлёвские ~** das Glockenspiel des Kreml

кура́тор <-а> *м* Berater *m;* **~ ку́рса** Lehrgangsberater *m*

курга́н <-а> *м* Hügelgrab *nt,* Hügel *m;* **сторожево́й ~** Wachthügel *m*

курд <ку́рда> *м,* **курдя́нк|а** <-и> *ж* Kurde *m,* Kurdin *f*

куре́ни|е <-я> *ср* Rauchen *nt;* **пасси́вное ~** Passivrauchen *nt*

кури́лк|а <-и> *ж разг* **1.** *(кури́тельная ко́мната)* Rauchzimmer *nt* **2.** *шутл (кури́льщик)* Raucher *m;* **жив ~!** er lebt noch!

Кури́л|ы <-ов> *мн* ГЕОГ die Kurilen *(Inselgruppe im fernen Osten);* **жить на Кури́лах** auf den Kurilen leben

кури́льщик <-а> *м,* **кури́льщиц|а** <-ы> *ж* Raucher(in) *m(f);* **зая́длый ~** Kettenraucher *m*

кури́н|ый <-ая, -ое> *прил и перен* Hühner-; **кури́ное яйцо́** Hühnerei *nt;* **~ суп** Hühnersuppe *f;* **кури́ные мозги** *перен* Spatzenhirn *nt*

кури́р|овать <-ую, -уешь> *нсв прх* АДМ betreuen, zuständig sein

кури́тельн|ый <-ая, -ое> *прил* Rauch-; **~ зал** Rauchzimmer *nt;* **кури́тельная тру́бка** Pfeife *f*

кур|и́ть <-ю́, -ришь> *нсв нпрх* rauchen; **бро́сить ~** das Rauchen aufgeben

ку́риц|а <-ы> *ж* Huhn *nt,* Henne *f*

курлы́кань|е <-я> *ср* Kranichschrei *m*

курно́с|ый <-ая, -ое; -, -а, -о> *прил* stumpfnasig, stupsnasig; **~ нос** Stupsnase *f*

кур|о́к <-ка́> *м* Schlagstück *nt,* Abzug *m*

куропа́тк|а <-и> *ж* Rebhuhn *nt*

куро́рт <-а> *м* Kurort *m,* Badeort *m;* **климати́ческий ~** Luftkurort *m;* **лече́бный ~** Heilbad *nt*

куро́ртник <-а> *м,* **куро́ртниц|а** <-ы> *ж* Kurgast *m*

курортоло́ги|я <-и> *ж* Balneologie *f*

курс[1] <кýрса> *м* **1.** *(учéбный)* Kurs *m,* Lehrgang *m* **2.** *(в вýзе, тéхникуме)* Studienjahr *nt*

курс[2] <кýрса> *м* **1.** *(направлéние движéния)* Kurs *m,* Route *f,* Linie *f;* **брáть ~** *и перен* etw ansteuern, etw anstreben; **придéрживаться кýрса** an einem Kurs festhalten; **быть в кýрсе чегó-л.** auf dem Laufenden sein; **держáть когó-л. в кýрсе чегó-л.** jdn auf dem Laufenden halten **2.** ЭКОН *(на бúрже, в бáнке)* Kurs *m;* **обмéнный ~** Wechselkurs *m;* **~ áкций** Aktienkurs *m;* **~ цéнных бумáг** Wertpapierkurs *m;* **~ инострáнной валю́ты** Devisenkurs *m;* **~ спрóса** Geldkurs *m;* **~ покупáтелей** Ankaufskurs *m,* Geldkurs *m;* **~ продавцóв** Angebotskurs *m,* Verkaufskurs *m;* **~ предложéний** Angebotskurs *m,* Brief *m;* **~ при откры́тии бúржи** Eröffnungskurs *m;* **~ в серединé дня** Mittagskurs *m;* **~ дня** Tageskurs *m;* **~ кáссовых сдéлок** Spotpreis *m,* Kassakurs *m;* **~ пересчёта** Umrechnungskurs *m;* **~ по сдéлкам на налúчный товáр** Kassakurs *m;* **~ по сдéлкам на ýльтимо** Ultimokurs *m;* **~ при биржевы́х сдéлках на срок** Terminkurs *m*

курсáнт <-а> *м,* **курсáнтк|а** <-и> *ж* **1.** *(учáщийся на кýрсах)* Kursbesucher(in) *m(f),* Kursant(in) *m(f)* **2.** *(воспúтанник воéнного учúлища)* Offiziersschüler *m*

курсáнтск|ий <-ая, -ое> *прил* Kursanten-; **курсáнтская фóрма** Kursantenuniform *f*

курсúв <-а> *м* Kursivschrift *f*

курсúвн|ый <-ая, -ое> *прил* Kursiv-; **~ шрифт** Kursivschrift *f*

курсúвом *нрч* kursiv, in Kursivschrift gedruckt; **вы́делить заглáвие курсúвом** die Überschrift durch Kursivschrift betonen

курсúр|овать <-ую, -уешь> *нсв нпрх* **1.** ТРАНСП *(совершáть рéйсы)* verkehren **2.** *(тудá и обрáтно)* pendeln, hin- und herfahren

курсов|óй <-áя, -óе> *прил* ЭКОН Kurs-; **курсовáя котирóвка** Kursnotierung *f;* **курсовáя прúбыль** Kursgewinn *m;* **курсовáя спекуля́ция** Kursspekulation *f;* **курсовáя стóимость** Kurswert *m;* **курсовáя таблúца** Kurszettel *m;* **курсовóй úндекс** Kursindex *m;* **курсовóй ýровень** Kursniveau *nt;* **~ проéкт** Semesterarbeit *f;* **~ экзáмен** Klausur *f;* **курсовáя ценá áкций** ФИН Aktien(wechsel)kurs *m;* **курсовáя рáзница** Kursdifferenz *f*

курсóр <-а> *м* ИНФОРМ Cursor *m;* **мигáющий ~** blinkender Cursor *m*

куртáж <-а> *м* ЭКОН Maklergebühr *f,* Courtage *f*

кýртк|а <-и> *м* Jacke *f;* **~ с капюшóном** Anorak *m*

курчáв|ый <-ая, -ое; -, -а, -о> *прил* *(кудря́вый)* lockig, kraus

курьёз <-а> *м* *(смешнóй или стрáнный слýчай)* Kuriosum *nt*

курьёзнос|ть <-ти> *ж* Kuriosität *f*

курьёз|ный <-ная, -ное; -ен, -на, -но> *прил* kurios, seltsam

курьéр <-а> *м* Kurier *m,* Eilbote *m*

курьéрск|ий <-ая, -ое> *прил* Kurier-, Boten-; **~ пóезд** Schnellzug *m;* **как на курьéрских** *(бы́стро)* im Sturmschritt, im Eiltempo

куря́тин|а <-ы> *ж без мн* Hühnerfleisch *nt,* Hühnerbraten *m;* **отвéдать жáреной куря́тины** den Hühnerbraten kosten

куря́тник <-а> *м* Hühnerstall *m*

куря́щ|ий <-ая, -ее> *м* Raucher(in) *m(f);* **местá для куря́щих** Raucher(sitz)plätze *mpl*

кусá|ть <-ю, -ешь> *нсв прх* beißen; *(комáр)* stechen

кусá|ться <-юсь, -ешься> *нсв рефл* bissig sein; *перен, разг (дорогóй товáр)* viel zu teuer sein; **цéны кусáются** die Preise sind gepfeffert

кусáч|ки <-ек> *мн* Kneifzange *f,* Beißzange *f*

кус|óк <-кá> *м* **1.** *(часть)* Stück *nt,* Happen *m;* **~ хлéба** Schnitte *f* [*o* Scheibe *f*] Brot **2.** *разг (ты́сяча рублéй)* tausend Rubel

кусóч|ек <-ка> *м* Stückchen *nt*

куст <кустá> *м* Strauch *m,* Busch *m;* *мн* Gebüsch *nt*

кустáрн|ый <-ая, -ое> *прил* **1.** *(ремéсленный)* Handwerks-; **кустáрное предприя́тие** Handwerksbetrieb *m;* **кустáрное произвóдство** Handwerk *nt* **2.** *перен (неумéлый)* primitiv

кустá|рь <-ря́> *м* Heimarbeiter *m,* Handwerker *m*

кýстик <-а> *м* kleiner Strauch *m*

кустúст|ый <-ая, -ое; -, -а, -о> *прил* buschig; **кустúстая рожь** buschiger Roggen *m;* **кустúстые брóви** buschige Augenbrauen *fpl*

кýта|ть <-ю, -ешь> *нсв прх* einhüllen, einwickeln

кýта|ться <-юсь, -ешься> *нсв рефл* sich einhüllen, sich einwickeln; **~ в шýбу** sich in den Pelzmantel hüllen

кутёж <кутежá> *м* Gelage *nt,* Zecherei *f*

кутерьм|á <-ы́> *ж* Durcheinander *m,* Wirrwarr *m;* **поднимáть кутерьмý** ein Drunter und Drüber anrichten

кутúл|а <-ы> *м и ж* Prasser *m,* Zecher *m*

ку|тúть <-чý, -тúшь> *нсв нпрх* prassen, zechen

кутýзк|а <-и> *ж прост* Kittchen *nt;* **посадúть в кутýзку** ins Kittchen bringen

кухáрк|а <-и> *ж* Köchin *f*

кухáрнича|ть <-ю, -ешь> *нсв нпрх прост* den Haushalt führen

кýхн|я <-и> *ж* **1.** *(помещéние)* Küche *f* **2.** *тóлько ед, перен (подоплёка)* Hintergründe *mpl,* Machenschaften *fpl*

К

кýхонн|ый <-ая, -ое> *прил* Küchen-; **~ комбáйн** Küchenroboter *m,* Küchenmaschine *f;* **кýхонная мéбель** Küchenmöbel *ntpl*

кýц|ый <-ая, -ее; -, -а, -о> *кратк. прил* **1.** *(корóткий)* gestutzt, stutzschwänzig, stummelschwänzig; **~ пёс** stummelschwänziger Hund *m* **2.** *перен (бéдный)* verstümmelt, unzulänglich

кýч|а <-и> *ж* Haufen *m;* **навóзная ~** Misthaufen *m;* **зарабáтывать кýчу дéнег** jede Menge [*o* einen Haufen] Geld verdienen

кучев|óй <-áя, -óе> *прил* Haufen-; **кучевы́е пески́** Dünen *pl,* Sanddünen *pl*

кýчер <-а> *м* Kutscher *m*

кýчк|а <-и> *ж* Häufchen *nt*

кучк|овáться <-ýюсь, -ýешься> *нсв рефл разг* die Köpfe zusammenstecken, sich kurz beraten

кýчн|ый <-ая, -ое> *прил* ВОЕН dicht; **кýчная стрельбá** dichter Beschuss

куш <кýша> *м* **сорвáть ~** *(большýю сýмму)* einen großen Batzen Geld abbekommen; **жи́рный ~** ein fetter Braten

кушáк <-á> *м* Gurt *m,* Gürtel *m;* **подпоя́саться кушакóм** sich umgürten; **шёлковый ~** Seidengürtel *m*

кýшань|е <-я> *ср* Essen *nt,* Speise *f,* Gericht *nt*

кýша|ть <-ю, -ешь> *нсв,* **скýшать** *св нпрх* essen

кушéтк|а <-и> *ж* Liege *f*

кýщ|а <-и> *ж* Baumkrone *f*

кэтч <кэ́тча> *м* СПОРТ Catch *nt*

кэтчи́ст <-а> *м* Catcher *m;* **выступлéния кэтчи́стов** Auftreten *nt* der Catcher

кэш <кэ́ша> *м* ИНФОРМ Cache *m*

кэш-флóу <неизм> *м* ЭКОН Cash Flow *m*

кювéт <-а> *м* Graben *m;* **дорóжный ~** Straßengraben *m;* **свали́ться в ~** in den Straßengraben fallen

кюрé <неизм> *м* Curé *m (katholischer Geistlicher)*

Л л

Л, л <неизм> *ср Buchstabe Л*

лаба́зник <-а> *м* БОТ Getreidehändler *m,* Mehlhändler *m,* Besitzer *m* eines Kornspeichers

лабиализа́ци|я <-и> *ж* ЛИНГВ Labialisierung *f;* **~ зву́ков** Lautlabialisierung *f*

лабиализо́ванн|ый <-ая, -ое> *прил* labialisiert; **лабиализо́ванные гла́сные** labialisierte Vokale *mpl;* **~ звук** labialisierter Laut *m*

лабиализ|ова́ть <-у́ю, -у́ешь> *(н)св прх* labialisieren

лаби́|льный <-льная, -льное; -лен, -льна, -льно> *прил* ПСИХ labil; **лаби́льная пси́хика** labile Psyche *f;* **лаби́льное состоя́ние** labiler Zustand *m;* **лаби́льное давле́ние** labiler (Blut)Druck *m;* **лаби́льная мы́шца** labiler Muskel *m*

лабири́нт <-а> *м и перен* Labyrinth *nt*

лабора́нт <-а> *м,* **лабора́нтк|а** <-и> *ж* Laborant(in) *m(f)*

лаборато́ри|я <-и> *ж* Labor *nt,* Laboratorium *nt*

лаборато́рн|ый <-ая, -ое> *прил* Labor-; **~ о́пыт** Laborversuch *m;* **лаборато́рные иссле́дования** Laboruntersuchungen *fpl;* **~ ана́лиз** Laboranalyse *fpl*

лабрадо́р <-а> *м* ШАХТ Labrador *m,* Labradorstein *m*

лабрадори́т <-а> *м* ШАХТ Labradorit *m*

лабрадо́ров|ый <-ая, -ое> *прил* Labrador-; **~ поро́ды** Labradorgesteinsarten *fpl*

ла́в|а <-ы> *ж* Lava *f*

лава́нд|а <-ы> *ж* Lavendel *m*

лава́ндн|ый <-ая, -ое> *прил* Lavendel-; **~ за́пах** Lavendelduft *m;* **~ спирт** Lavendelspiritus *m*

лава́ндов|ый <-ая, -ое> *прил* Lavendel-; **лава́ндовое ма́сло** Lavendelöl *nt;* **~ мёд** Lavendelhonig *m;* **лава́ндовая вода́** Lavendelwasser *nt*

лава́ш <-а> *м* Fladen *m* aus Hefeteig

лави́н|а <-ы> *ж* Lawine *f*

лави́р|овать <-ую, -уешь> *нсв нпрх* lavieren

ла́вк|а <-и> *ж* **1.** *(скаме́йка)* Bank *f* **2.** *(магази́нчик)* Laden *m,* Verkaufsbude *f*

лавр <ла́вра> *м* **1.** БОТ Lorbeer *m,* Lorbeerbaum *m* **2.** *мн, перен (сла́ва)* Lorbeeren *pl;* **почи́ть на ла́врах** sich auf seinen Lorbeeren [*o* Erfolgen] ausruhen; **сниска́ть себе́ ла́вры чем-л.** für etw Lorbeeren ernten, sich verdient machen um *+akk*

ла́вр|а <-ы> *ж* Lawra *f (ein größeres Kloster der russisch-orthodoxen Kirche)*

ла́вров|ый <-ая, -ое>, **лавро́вый** *прил* Lorbeer-; **~ де́рево** Lorbeerbaum *m;* **~ лист** Lorbeerblatt *nt;* **ла́вровая ро́ща** Lorbeerhain *m,* Lorbeerwäldchen *nt;* **ла́вровое ма́сло** Lorbeeröl *nt;* **~ вено́к** Lorbeerkranz *m*

лавса́н <-а> *м (ткань)* Lawsan *nt;* **костю́м из лавса́на** Lawsananzug *m*

лавса́нов|ый <-ая, -ое> *прил* Lawsan-; **лавса́новая нить** Lawsanfaden *m;* **лавса́новая ва́та** Lawsanwatte *f*

лаг <ла́га> *м* МОР Log *nt,* Logge *f*

ла́ге|рь <-ря> *м* **1.** *(вре́менное поселе́ние, стоя́нка)* Lager *nt,* Camp *nt;* **ле́тний оздорови́тельный ~ для шко́льников** Kinderferienlager *nt;* **уче́бно-трениро́вочный ~** Trainings-/Ausbildungslager *nt;* **разби́ть ~** ein Lager aufschlagen **2.** *(для заключённых)* Lager *nt,* Strafanstalt *f;* **исправи́тельный ~** Straflager *nt;* **концентрацио́нный ~** Konzentrationslager *nt,* KZ *nt;* **~ сме́рти** Vernichtungslager *nt;* **~ для бе́женцев** Flüchtlingslager *nt,* Auffanglager *nt*

лагу́н|а <-ы> *ж* Lagune *f*

лагу́нн|ый <-ая, -ое> *прил* Lagunen-; **лагу́нные отложе́ния** Lagunenablagerungen *fpl;* **лагу́нные острова́** Laguneninseln *fpl;* **лагу́нные ато́ллы** Lagunenatoll *nt;* **~ риф** Lagunenriff *nt*

лад <ла́да> *м* **1.** МУЗ Tonart *f* **2.** *разг (мане́ра, спо́соб)* Art und Weise *f;* **на но́вый ~** auf eine neue Art und Weise **3.** *(согла́сие)* Eintracht *f;* **быть не в лада́х с орфогра́фией** mit der Rechtschreibung auf dem Kriegsfuß stehen; **быть не в лада́х с собо́й** mit sich selbst nicht im Reinen sein

ла́дан <-а> *м* **1.** РЕЛИГ Weihrauch *m* **2.** *(дыша́ть с трудо́м)* **дыша́ть на ~** mit einem Bein im Grab stehen **3.** *(избега́ть чего́-л.)* meiden, vermeiden, ausweichen; **боя́ться как чёрт ла́дана** wie der Teufel das Weihwasser fürchten

ла́|дить <-жу, -дишь> *нсв нпрх (с кем-л.)* auskommen, klarkommen mit *+dat*

ла́дно *част разг* einverstanden, geht in Ordnung

ладо́|нь <-ни> *ж* Hand *f,* Handfläche *f*

ладо́ш|и <-> *мн без ед* Handfläche *f;* **хло́пать в ладо́ши** in die Hände klatschen, applaudieren, Beifall klatschen

лад|ья́ <-и́> *ж* **1.** *(па́русная ло́дка)* Nachen *m,* Kahn *m;* **быстрокры́лая ~** schnelles Boot *nt* **2.** СПОРТ Turm *m;* **же́ртвовать ладью́** den Turm opfern

лаз <ла́за> *м* ТЕХ Einsteigeloch *nt,* Einstieg *m*

лазаре́т <-а> *м* Lazarett *nt*

лазе́йк|а <-и> *ж* Schlupfloch *nt*

ла́зер <-а> *м* Laser *m*

ла́зерн|ый <-ая, -ое> *прил* Laser-; **~ диск** Compact Disc *f,* CD *f;* **~ луч** Laserstrahl *m;* **~**

при́нтер Laserdrucker *m*

ла́|зить <-жу, -зишь> *нсв,* **сла́зить** *св нпрх* **1.** *разг (взобра́ться)* (hinauf)klettern; **~ на черда́к** auf den Boden klettern **2.** *(спусти́ться)* hinuntersteigen; **~ в по́греб** in den Keller (hinunter)steigen

лазури́т <-а> *м* ШАХТ Lasurit *m,* Lasurstein *m,* Lapislazuli *m*

лазу́р|ный <-ная, -ное; -ен, -на, -но> *прил* lasurblau; **Лазу́рный бе́рег** ГЕОГ Côte d'Azur *f,* Riviera *f*

лазу́|рь <-ри> *ж* Lasurblau *nt,* Himmelblau *nt;* **~ небе́с и вод** Himmel- und Wasserblau *nt;* **берли́нская ~** Berliner Blau *nt*

лай <ла́я> *м* Gebell *nt;* **соба́чий ~** Hundegebell *nt*

ла́йб|а <-ы> *ж* Kahn *m,* Boot *nt;* **рыба́чья ~** Fischerboot *nt* mit zwei Masten

ла́йк|а <-и> *ж* **1.** ЗООЛ Eskimohund *m;* **се́верная ~** Polarhund *m* **2.** *(ко́жа)* Glacéleder *nt;* **перча́тки из ла́йки** Glacéhandschuhe *mpl*

лайкр|а́ <-ы́> *ж* Lycra *nt;* **колго́тки из лайкры́** Lycrastrumpfhose *f*

ла́йнер <-а> *м* **1.** *(су́дно)* Überseeschiff *nt,* Linienschiff *nt;* **пассажи́рский ~** Fahrgastschiff *nt;* **океа́нский ~** Überseelinienschiff *nt,* Überseedampfer *nt* **2.** *(самолёт)* Linienflugzeug *nt;* **возду́шный ~** Verkehrsflugzeug *nt;* **комфорта́бельный ~** Luxusliner *m*

ла́йнсмен <-а> *м* СПОРТ Linienschiedsrichter *m*

лак <ла́ка> *м* Lack *m;* **~ для воло́с** Haarlack *m,* Haarspray *m o nt;* **~ для ногте́й** Nagellack *m*

лака́|ть <-ю, -ешь> *нсв нпрх* schlabbern

лаке́|й <-я> *м* **1.** *устар* Lakai *m,* Diener *m* **2.** *презрит (подхали́м)* Kriecher *m,* Schleimer *m;* **придво́рный ~** Hofdiener *m*

лакиро́ван|ный <-ная, -ное; -, -а, -о> *прил* lackiert, Lack-, Lackleder-; **лакиро́ванная шкату́лка** lackiertes Schmuckkästchen *nt;* **лакиро́ванная ко́жа** Lackleder *nt;* **лакиро́ванная ме́бель** lackierte Möbel *ntpl;* **лакиро́ванные но́гти** lackierte Nägel *mpl*

лакир|ова́ть <-у́ю, -у́ешь> *(н)св прх* lackieren

лакиро́вк|а <-и> *ж* Lackierung *f;* **~ ме́бели** Möbellackierung *f;* **~ ко́жи** Lederlackierung *f;* **~ потре́скалась** die Lackierung ist an vielen Stellen geplatzt; **ту́склая ~** matte Lackierung *f*

лакиро́вочн|ый <-ая, -ое> *прил* Lackier-; **~ цех** Lackierwerkstatt *f;* **лакиро́вочная маши́на** Lackiermaschine *f*

лакиро́вщик <-а> *м,* **лакиро́вщиц|а** <-ы> *ж* Lackierer(in) *m(f)*

ла́кмус <-а> *м* ХИМ Lackmus *nt*

ла́кмусов|ый <-ая, -ое> *прил* Lackmus-; **ла́кмусовая тинкту́ра** Lackmustinktur *f;* **ла́кмусовые кра́ски** Lackmusfarben *fpl;* **ла́кмусовая бу́мага** Lackmuspapier *nt*

ла́ков|ый <-ая, -ое> *прил* Lack-, lackiert; **~ раство́р** Lacklösung *f;* **ла́ковые кра́ски** Lackfarben *fpl;* **ла́ковые масла́** Lacköle *ntpl;* **ла́ковая ко́жа** Lackleder *nt;* **ла́ковая о́бувь** Lackschuhe *mpl;* **~ подно́с** lackiertes Tablett *nt;* **ла́ковая шкату́лка** lackiertes Schmuckkästchen *nt;* **ла́ковое де́рево** БОТ Lackbaum *m (tropischer Baum, aus dessen Harz Lackfarben hergestellt werden)*

лакокра́сочн|ый <-ая, -ое> *прил* ХИМ Lackfarben-; **~ заво́д** Lackfarbenfabrik *f;* **~ материа́л** Lackfarbenmaterial *nt*

ла́ком|иться <-люсь, -ишься> *нсв,* **пола́комиться** *св рефл* naschen

ла́комк|а <-и> *м и ж* Leckermaul *nt,* Naschkatze *f*

ла́ком|ый <-ая, -ое; -, -а, -о> *прил* lecker; **~ кусо́чек** Leckerbissen *m*

лакони́зм <-а> *м* Lakonismus *m;* **~ выраже́ний** Ausdruckslakonismus *m;* **стиль отлича́ется лакони́змом** der Stil zeichnet sich durch Lakonismus aus

лакони́чнос|ть <-ти> *ж* Lakonismus *m;* **прояви́ть ~** lakonisch sein

лакони́ч|ный <-ная, -ное; -ен, -на, -но> *прил* lakonisch

лакри́ц|а <-ы> *ж* БОТ Süßholz *nt,* Lakritze *f*

лактацио́нн|ый <-ая, -ое> *прил* АНАТ Laktations-; **~ пери́од** Laktationsperiode *f*

лакта́ци|я <-и> *ж* Laktation *f,* Milchabsonderung *f*

лакто́з|а <-ы> *ж* ХИМ Laktose *f,* Milchzucker *m*

лактоско́п <-а> *м* АГР Laktoskop *nt*

лаку́н|а <-ы> *ж* АНАТ Lakune *f (Hohlraum in Organen)*

ла́м|а[1] <-ы> *ж* ЗООЛ Lama *nt*

ла́м|а[2] <-ы> *м (духо́вное лицо́)* Lama *m*

ламина́ри|я <-и> *ж* БОТ Laminaria *f (Riementang)*

ла́мп|а <-ы> *ж* Lampe *f;* **насто́льная ~** Tischleuchte *f*

лампа́д|а <-ы> *ж* Öllämpchen *nt;* **мерца́ющий свет лампа́ды** flackerndes Lämpchenlicht *nt*

лампа́дн|ый <-ая, -ое> *прил* Lämpchen-; **~ свет** Lämpchenlicht *nt;* **лампа́дное ма́сло** Lämpchenöl *nt*

лампа́сы <-ов> *мн* Hosenstreifen *mpl*

лампио́н <-а> *м* Stehlampe *f,* Laterne *f,* Lampion *m;* **лампио́ны метро́** U-Bahn-Laternen *fpl*

ла́мпочк|а <-и> *ж* Glühbirne *f;* **мне всё до ла́мпочки** *разг* mir ist alles schnuppe

ланге́т <-а> *м* Gericht *nt* mit Fleischstückchen; **~ с гарни́ром** Fleischgericht mit Beilage

лангу́ст <-а> *м* Languste *f*

ла́ндстинг <-а> *м* ПОЛ Landsting *nt (obere Parlamentskammer in Dänemark und Schwe-

den)

ландта́г <-а> *м (земе́льный парла́мент)* Landtag *m*

ландша́фт <-а> *м* **1.** ГЕОГ, ГЕОЛ Landschaft *f* **2.** *и перен (карти́на, пейза́ж)* Landschaftsbild *nt;* **лу́нный ~** Mondlandschaft *f*

ландша́фтн|ый <-ая, -ое> *прил* landschaftlich

ла́ндыш <-а> *м* Maiglöckchen *nt*

ла́ндышев|ый <-ая, -ое> *прил* БОТ Maiglöckchen-, Maiblumen-; **~ за́пах** Maiglöckchenduft *m;* **ла́ндышевые ли́стья** Maiglöckchenblätter *ntpl;* **ла́ндышевая насто́йка** Maiglöckchenauszug *m;* **ла́ндышевое де́рево** Maiglöckchenbaum *m (südlicher Baum oder Strauch mit wohlduftenden weißen Blüten)*

лани́т|а <-ы> *ж* ЦЕРКСЛ Wange *f;* **лани́ты пла́менем горя́т** die Wangen brennen feuerrot

ланоли́н <-а> *м* МЕД Lanolin *nt,* Wollfett *nt*

ланоли́нов|ый <-ая, -ое> *прил* Lanolin-, lanolinhaltig; **~ крем** Lanolincreme *f*

ланце́т <-а> *м* МЕД Lanzette *f,* Ritzmesser *nt,* Schlitzmesser *nt*

ланце́тник <-а> *м* ЗООЛ Lanzettfisch *f*

ланцетови́д|ный <-ная, -ное; -ен, -на, -но> *прил* БОТ lanzettförmig; **~ лист** lanzettförmiges Blatt *nt*

лань <ла́ни> *ж* ЗООЛ Damhirsch *m;* **боязли́вая ~** scheuer Damhirsch *m*

лао́с|ец <-ца> *м,* **лао́ск|а** <-и> *ж* Laote *m,* Laotin *f*

лао́сск|ий <-ая, -ое> *прил* ГЕОГ laotisch; **~ язы́к** laotische Sprache *f;* **~ наро́д** laotisches Volk *nt*

ла́п|а <-ы> *ж* Pfote *f,* Tatze *f;* **попа́сть кому́-л. в ла́пы** *перен* jdm in die Klauen fallen

лапида́р|ный <-ная, -ное; -ен, -на, -но> *прил* lapidar, kurz und bündig; **~ стиль** Lapidarstil *m;* **~ слог** lapidarer Stil *m*

ла́пк|а <-и> *ж* **1.** *(ла́па живо́тного)* Pfötchen *nt,* Tätzchen *nt;* **му́фта из бе́личьих ла́пок** Muff *m* aus Fehpfötchen **2.** *(морщи́нки у глаз)* Augenfältchen *ntpl;* **гуси́ные ла́пки** Krähenfüße *mpl;* **ходи́ть на за́дних ла́пках** *(уго́дничать)* katzbuckeln, scharwenzeln, auf dem Bauch vor jdm kriechen

лапла́нд|ец <-ца> *м,* **лапла́ндк|а** <-и> *ж* Lappe *m,* Lappin *f,* Lappländer(in) *m(f)*

лапла́ндск|ий <-ая, -ое> *прил* ГЕОГ lappländisch; **~ ландша́фт** lappländische Landschaft *f;* **~ запове́дник** lappländisches Schutzgebiet *nt*

ла́пов|ый <-ая, -ое> *прил* Zinken-

ла́п|оть <-тя> *м* **1.** *(о́бувь)* Bastschuh *m;* **ходи́ть в лаптя́х** Bastschuhe tragen; **ли́повые ла́пти** Lindenbastschuhe *mpl;* **ла́пти из берёзового лы́ка** Birkenbastschuhe *mpl* **2.** *(невéжественный челове́к)* Flegel *m,* Trottel *m;* **ну и ~ же ты!** was für ein Trottel! **3.** *(неуме́ло де́лать что-л.)* **ла́пти плести́** tollpatschig sein

лапто́п <-а>, **лэпто́п** <-а> *м* ИНФОРМ Laptop *m*

лапча́тк|а <-и> *ж* Fingerkraut *nt*

ла́пчат|ый <-ая, -ое> *прил* **1.** ЗООЛ fingerförmig, gefingert, gezackt; **ла́пчатые ли́стья клёна** gefingerte Ahornblätter *ntpl;* **ла́пчатые су́чья** Flügeläste *mpl;* **~ ка́ктус** fingerförmiger Kaktus *m* **2.** ТЕХ Zinken-, zinkenförmig; **ла́пчатая борона́** Zinkenegge *f;* **ла́пчатые шипы́** fingerförmig gespreizte Zinken *fpl;* **~ культива́тор** Hackgrubber *m,* Furchenigel *m* **3.** *(хитря́га)* **гусь ~** Schlaumeier *m,* Gauner *m,* durchtriebener Kerl *m* **4.** *(ши́тый из ла́пок)* **~ мех** Fehpelz *m*

лапш|а́ <-и́> *ж* Nudeln *fpl*

лар <ла́ра> *м* Laren *pl (Schutzgeister von Haus und Familie aus der römischen Mythologie);* **верну́ться к свои́м ла́рам** zu den eigenen Wurzeln zurückkehren

ларге́тто <неизм> *нрч* МУЗ larghetto

ла́рго <неизм> *нрч* МУЗ largo

ларёк <ларька́> *м (кио́ск)* Verkaufsstand *m,* Bude *f*

лар|е́ц <-ца́> *м* Kästchen *nt,* Schatulle *f;* **~ с секре́том** Kästchen *nt* mit Sicherheitsschloss; **музыка́льный ларе́ц** Musikschatulle *f,* Spieluhr *f;* **иску́сно сде́ланный ~** kunstvolle Schatulle *f*

ларёчник <-а> *м* Krämer *m,* Händler *m*

ларинги́т <-а> *м* МЕД Laryngitis *f,* Kehlkopfentzündung *f;* **о́стрый ~** akute Laryngitis *f;* **хрони́ческий ~** chronische Laryngitis *f*

ларинго́лог <-а> *м* МЕД Laryngologe *m*

ларинголо́ги|я <-и> *ж* МЕД Laryngologie *f*

ларингоско́п <-а> *м* МЕД Laryngoskop *nt,* Kehlkopfspiegel *m*

ла́ск|а <-и> *ж* **1.** *(не́жность)* Zärtlichkeit *f;* **согре́ть ду́шу ла́ской** die Seele mit Zärtlichkeit wärmen; **матери́нская ~** Mutterliebe *f;* **расточа́ть ла́ски** mit Zärtlichkeiten überschütten, verschwenderisch an Zärtlichkeiten sein **2.** *(доброжела́тельность)* Güte *f;* **спаси́бо за ва́шу ла́ску** danke für Ihre Gutmütigkeit; **ла́ской мо́жно всего́ доби́ться** mit Güte kann man alles erreichen **3.** ЗООЛ Wiesel *nt;* **воротни́к из ла́ски** Wieselkragen *m*

ласка́те|льный <-льная, -льное; -лен, -льна, -льно> *прил* zärtlich; **ласка́тельное обраще́ние** Kosewort *nt*

ласка́|ть <-ю, -ешь> *нсв прх* liebkosen

ла́сково *нрч* zärtlich, schmeichelnd, freundlich; **~ посмотре́ть** zärtlich blicken; **~ улыбну́ться** lieblich lächeln; **со́лнце све́тит ~** die Sonnenstrahlen streicheln

ла́сков|ый <-ая, -ое; -, -а, -о> *прил* **1.** *(не́жный)* zärtlich, liebevoll **2.** *(ве́тер)* sanft

Л

ла́ссо <неизм> *ср* Lasso *nt,* Wurfschlinge *f;* **наки́нуть ~** jdm das Lasso überwerfen

ласт <ла́ста> *м* **1.** АНАТ Flosse *f* **2.** СПОРТ Schwimmflosse *f;* **пла́вать в ла́стах** mit Flossen schwimmen

ла́стик <-а> *м* Radiergummi *m*

ластоно́г|ие <-их> *мн* ЗООЛ Flossenfüßler *pl*

ла́сточк|а <-и> *ж* Schwalbe *f;* **пе́рвая ~** Vorbote *m*

лата́ни|е <-я> *ср* Stopfen *nt;* **~ дыр в бюдже́те** *перен* Löcher im Haushalt [*o* Etat] stopfen

лата́ни|я <-и> *ж* БОТ Latanbaum *m,* Latanie *f;* **веерообра́зная лата́ния** Fächerpalme *f*

лата́|ть <-ю, -ешь> *нсв,* **залата́ть** *св прх* flicken, stopfen

Ла́тви|я <-и> *ж* Lettland *nt*

лате́кс <-а> *м* БОТ, ХИМ Latex *m,* Kautschuksaft *m;* **иску́сственный ~** Kunstlatex *m;* **синтети́ческий ~** synthetischer Latex *m*

лате́нтн|ый <-ая, -ое> *прил* latent; **latéнтная потре́бность** latenter Bedarf *m;* **~ спрос** latenter Bedarf *m*

латини́зм <-а> *м* ЛИНГВ Latinismus *m*

латини́ст <-а> *м* Latinist *m*

лати́ниц|а <-ы> *ж* ЛИНГВ das lateinische Alphabet; **писа́ть на лати́нице** mit lateinischen Buchstaben schreiben

латиноамерика́нск|ий <-ая, -ое> *прил* lateinamerikanisch

лати́нск|ий <-ая, -ое> *прил* lateinisch; **~ алфави́т** *(лати́ница)* lateinische Schrift *f;* **~ язы́к** Latein *nt*

латиня́нин <-а> *м,* **латиня́нк|а** <-и> *ж* Lateiner(in) *m(f)*

латифу́нди|я <-и> *ж* ИСТОР Latifundium *nt,* Großgrundbesitz *m*

ла́тник <-а> *м* ИСТОР Panzerträger *m,* Geharnischte *m;* **средневеко́вые ла́тники** mittelalterliche Panzerträger *mpl*

лату́к <-а> *м* БОТ Lattich *m;* **сала́тный ~** Salatlattich *m;* **ядови́тый ~** Giftlattich *m*

лату́нн|ый <-ая, -ое> *прил* Messing-; **лату́нное произво́дство** Messingproduktion *f;* **лату́нная про́волока** Messingdraht *m;* **лату́нная посу́да** Messinggeschirr *nt*

лату́|нь <-ни> *ж* Messing *nt*

ла́т|ы <-> *мн* ИСТОР Panzerhemd *nt,* Panzer *m;* **защи́тные ~** Schutzpanzer *m*

латы́|нь <-ни> *ж* Latein *nt*

латы́ш <-а́> *м,* **латы́шк|а** <-и> *ж* Lette *m,* Lettin *f*

латы́шск|ий <-ая, -ое> *прил* lettisch

лауреа́т <-а> *м* Preisträger(in) *m(f);* **~ Но́белевской пре́мии** Nobelpreisträger(in) *m(f)*

лафа́ *нпрх разг* **у тебя́ тепе́рь мно́го свобо́дного вре́мени, ~!** du hast sehr viel freie Zeit, was für ein Glück!; **ему́ тепе́рь ~!** für ihn ist jetzt die Welt in Ordnung!

лафе́т <-а> *м* ИСТОР, ВОЕН Lafette *f;* **похо́дный ~** Marschlafette *f;* **лафе́ты пу́шек** Kanonenlafetten *fpl*

ла́цкан <-а> *м (отворо́т пиджака́)* Revers *nt*

лачу́г|а <-и> *ж* Hütte *f;* **жа́лкая ~** Bruchbude *f*

ла́ять <ла́ю, ла́ешь> *нсв нпрх* bellen, kläffen

ЛВС *сокр от* **лока́льная вычисли́тельная сеть** LAN *nt*

лгать <лгу, лжёшь> *нсв,* **солга́ть** *св нпрх* lügen

лгун <лгуна́> *м,* **лгу́нь|я** <-и> *ж* Lügner(in) *m(f)*

лебед|а́ <-ы́> *ж* БОТ Melde *f;* **со́рная ~** Unkrautmelde *f*

лебеди́н|ый <-ая, -ое> *прил* Schwanen-; *(велича́вый)* majestätisch; **лебеди́ная стая́** Schwanenschwarm *m;* **лебеди́ные пе́рья** Schwanenfeder *fpl;* **лебеди́ная ше́я** Schwanenhals *m;* **лебеди́ная грудь** Schwanenbrust *f;* **лебеди́ная по́ступь** majestätischer Gang *m;* **лебеди́ная пе́сня** Schwanengesang *m,* Schwanenlied *nt*

лебёдк|а <-и> *ж* **1.** ЗООЛ Schwanenweibchen *nt;* **ле́бедь со свое́й лебёдкой** der Schwan mit seinem Weibchen **2.** ТЕХ Winde *f,* Seilwinde *f;* **тягова́я ~** Zugwinde *m;* **подъёмная ~** Hebewinde *f*

лебёдочн|ый <-ая, -ое> *прил* ТЕХ Winde(n)-; **~ бараба́н** Windetrommel *f*

ле́бе|дь <-дя> *м* Schwan *m*

лебе|зи́ть <-жу́, -зи́шь> *нсв нпрх ирон, разг* sich um die Gunst von jdm bemühen, vor jdm kriechen; **~ пе́ред нача́льством** um die Gunst vom Chef werben

лев <льва> *м* Löwe *m*

лева́д|а <-ы> *ж* Weide *f,* Morast *m,* Wiesengrund *m*

левизн|а́ <-ы> *ж* ПОЛ linksradikale Einstellung *f,* Linksradikalismus *m;* **~ убежде́ний** linksradikale Gesinnung *f;* **~ взгля́дов** linksradikale Ansichten *fpl*

ле́вкас <-а> *м* ИСК Grundiermaterial *nt* für Holz

левко́|й <-я> *м* Levkoje *f,* Goldlack *m;* **арома́т левко́ев** Levkojenduft *m*

левобере́жн|ый <-ая, -ое> *прил* am linken Ufer gelegen, linksuferig; **~ склон** linksuferiger Hang *m*

левосторо́нн|ий <-ая, -ее> *прил* Links-, linksseitig; **левосторо́ннее движе́ние** Linksverkehr *m*

левш|а́ <-и́> *м и ж* Linkshänder(in) *m(f)*

ле́вы|е <-х> *мн* ПОЛ Linke *f*

ле́в|ый <-ая, -ое> *прил* **1.** *(⇔ пра́вый)* linke(r, s); **~ кра́йний** СПОРТ Linksaußen *m;* **~ поворо́т** Linkskurve *f* **2.** *перен, разг (нелега́льный)* link, illegal; **ле́вая рабо́та** Schwarzarbeit *f*

лега́в|ый <-ого> *м разг* Hühnerhund *m,* Vorstehhund *m;* **гру́ппа лега́вых** Hühnerhundegruppe *f;* **лега́вые иду́т по сле́ду** die

Vorstehhunde folgen der Spur

легализа́ци|я <-и> *ж* Legalisation *f,* Legalisierung *f;* **~ по́дписей** Unterschriftlegalisierung *f;* **~ докуме́нтов** Legalisation der Unterlagen

легализ|ова́ть <-у́ю, -у́ешь> *(н)св прх* legalisieren

лега́льно *нрч* legal, gesetzlich, gesetzmäßig; **~ получи́ть докуме́нт** ein Dokument legal bekommen

лега́льнос|ть <-ти> *ж* Legalität *f*

лега́|льный <-льная, -льное; -лен, -льна, -льно> *прил* legal

лега́т <-а> *м* Legat *m,* Gesandter *m;* **па́пский ~** päpstlicher Legat *m*

лега́то *нрч* муз legato

легго́рн <-а> *м* зоол, агр Leghorn *nt*

леге́нд|а <-ы> *ж* Legende *f,* Sage *f*

легенда́р|ный <-ная, -ное; -ен, -на, -но> *прил* legendär, sagenhaft

ле́гинц|ы <-ев> *мн* Leggings; **~ для аэро́бики** Aerobicleggings

легио́н <-а> *м* Legion *f;* *(мно́жество)* Legionen *pl,* Scharen *pl;* **легио́ны Це́заря** Cäsars Legionen; **иностра́нный ~** Fremdenlegion; **О́рден почётного легио́на** Orden *m* der Ehrenlegion; **желе́зные легио́ны** die eisernen Legionen; **легио́ны подража́телей** Legionen von Nachahmern

легионе́р <-а> *м* Legionär *m*

леги́рованн|ый <-ая, -ое> *прил* тех legiert; **леги́рованная сталь** legierter Stahl *m*

леги́р|овать <-ую, -уешь> *(н)св прх* legieren; **~ мета́лл** Metall *nt* legieren

легислату́рн|ый <-ая, -ое> *прил* Legislatur-; **~ пери́од** пол Legislaturperiode *f*

легитима́ци|я <-и> *ж* юр Legitimation *f,* Rechtfertigung *f*

легити́мн|ый <-ая, -ое> *прил* legitim; **легити́мная власть** legitime Macht *f;* **~ докуме́нт** legitimes Dokument *nt;* **~ отка́з** legitime Absage *f*

лёг|кий <-кая, -кое; -ок, -ка́, -ко́> *прил* **1.** *(невесо́мый)* leicht, Leicht-; **~ как пёрышко** federleicht; **лёгкая рабо́та** leichte Arbeit *f;* **лёгкая атле́тика** Leichtathletik *f;* **лёгкое недомога́ние** leichte Unpässlichkeit *f;* **тебе́ легко́ говори́ть** du hast leicht [*o* gut] reden; **с лёгким се́рдцем** leichten Herzens; **лёгок на поми́не** Lupus in fabula, wenn man vom Teufel spricht, kommt er **2.** *(легкомы́сленный)* leichtsinnig, leichtfertig

легко́ *нрч* **1.** *и перен* leicht; **~ нагрузи́ться** sich leicht beladen; **~ оде́ться** sich leicht bekleiden; **~ пообе́дать** ein leichtes Mittagsessen zu sich nehmen; **~ дви́гаться** sich leicht bewegen; **~ спры́гнуть** leicht abspringen; **~ ступа́ть** leichter Gang *m;* **э́то ему́ ~ даётся** das fällt ihm leicht; **~ доста́ть** leicht etw bekommen; **~ подня́ться** leicht auf die Beine kommen; **~ косну́ться** leicht berühren; **температу́ра ~ повы́силась** die Temperatur [*o* das Fieber] ist leicht gestiegen; **~ сказа́ть** das ist leicht gesagt; **час от ча́су не ле́гче!** es wird schlimmer und schlimmer! **2.** *(легкомы́сленно)* leichtsinnig; **~ отнести́сь к де́лу** leichtsinnig einer Sache gegenüberstehen

легкоатле́т <-а> *м,* **легкоатле́тк|а** <-и> *ж* спорт Leichtathlet(in) *m(f)*

легкоатлети́ческ|ий <-ая, -ое> *прил* спорт Leichtathletik-; **легкоатлети́ческие соревнова́ния** Leichtathletikwettkämpfe *mpl*

легкове́р|ный <-ная, -ное; -ен, -на, -но> *прил* leichtgläubig

легкове́с <-а> *м* спорт Leichtgewichtler *m,* Leichtgewichtsportler(in) *m(f)*

легкове́с|ный <-ная, -ное; -ен, -на, -но> *прил* **1.** *(име́ющий недоста́точный вес)* leicht **2.** *(легкомы́сленный)* oberflächlich, unwesentlich, belanglos; **легкове́сное сужде́ние** oberflächliches Urteil *nt;* **легкове́сная нату́ра** oberflächliche Person *f;* **~ до́вод** belangloses Argument *nt*

легков|о́й <-а́я, -о́е> *прил* leicht; **~ автомоби́ль** Personenkraftwagen *m,* PKW *m,* Pkw

легковоспламеня́ющ|ийся <-аяся, -ееся> *прил* leicht entzündbar, feuergefährlich; **легковоспламеня́ющаяся жи́дкость** leicht entzündbare Flüssigkeit *f;* **~ газ** feuergefährliches Gas *nt*

лёгко|е <-го> *ср* Lunge *f*

легкокры́л|ый <-ая, -ое> *прил* **1.** *(бы́стрый)* schnell; **легкокры́лая ба́бочка** schneller Schmetterling *m* **2.** *(мимолётный)* flüchtig, vergänglich, vorübergehend; **легкокры́лая мла́дость** vergängliche Jugend *f;* **легкокры́лая ра́дость** vorübergehende Freude *f*

легкомы́сленно *нрч* leichtfertig, leichtsinnig; **~ рассуждать** leichtfertig überlegen; **~ вести́ себя́** leichtsinnig sein [*o* handeln]

легкомы́слен|ный <-ная, -ное; -, -на, -но> *прил* leichtfertig, leichtsinnig

легкомы́сли|е <-я> *ср* Leichtsinn *m*

легконо́г|ий <-ая, -ое; -, -а, -о> *прил* schnell; **легконо́гая лань** schneller Damhirsch *m;* **~ стрело́к** schneller Schütze *m*

легкопла́вк|ий <-ая, -ое> *прил* leichtschmelzend, niedrigschmelzend; **~ мета́лл** leichtschmelzendes Metall *nt;* **~ сплав** niedrigschmelzende Legierung *f;* **легкопла́вкие ру́ды** leichtschmelzende Erze *mpl;* **легкопла́вкое стекло́** leichtschmelzendes Glas *nt;* **легкопла́вкая глазу́рь** niedrigschmelzende Glasur *f*

легкопла́вкос|ть <-ти> *ж* Schmelzindex *m;* **~ стекла́** Glasschmelzindex *m;* **~ мета́лла** Metallschmelzindex *m*

лёгкос|ть <-ти> *ж* Leichtigkeit *f*

легкоусва́иваем|ый <-ая, -ое> *прил* **1.** *(легко́ перева́риваемый)* leichtverdaulich

Л

2. *перен* leichtverständlich

лёгочн|ый <-ая, -ое> *прил* АНАТ, МЕД Lungen-; **лёгочная ткань** Lungengewebe *nt;* **лёгочная арте́рия** Lungenarterie *f;* **~ абсце́сс** Lungenabszess *m*

лёд <льда> *м* Eis *nt;* **па́ковый ~** Packeis *nt;* **на льду** auf dem Eis

ледене́|ть <-ю, -ешь> *нсв,* **оледене́ть** *св нпрх* **1.** *(покрыва́ться льдо́м)* vereisen, zufrieren; **вода́ ледене́ет** das Wasser vereist **2.** *(сты́нуть от хо́лода)* frieren; **ру́ки ледене́ют** die Hände frieren **3.** *(цепене́ть)* erstarren; **~ от у́жаса** vor Schrecken erstarren; **кровь ледене́ет** das Blut erstarrt in der Adern

леден|е́ц <-ца́> *м* Bonbon *nt; мн* Kandiszucker *m;* **~ на па́лочке** Lutscher *m;* **~ от ка́шля** Hustenbonbon *nt;* **фрукто́вые леденцы́** Drops *pl*

ледени́ст|ый <-ая, -ое; -, -а, -о> *прил* Eis-; **~ покро́в** Eisdecke *f;* **ледени́стая ма́сса** Eismasse *f*

леденя́щ|ий <-ая, -ее> *прил* eisig, eiskalt; **~ ду́шу** *перен* furchteinflößend

ле́ди <неизм> *ж* Lady *f;* **пе́рвая ~** First Lady *f*

ледни́к <-а́> *м* **1.** *(гле́тчер)* Gletscher *m;* **го́рный ~** Berggletscher *m;* **та́яние ледников́** Gletscherschmelzen *nt* **2.** *(по́греб со льдо́м)* Eiskeller *m;* **держа́ть проду́кты в леднике́** Produkte im Eiskeller halten

леднико́в|ый <-ая, -ое> *прил* ГЕОЛ Gletscher-; ИСТОР eiszeitlich; **леднико́вая эпо́ха, ~ пери́од** Eiszeit *f;* **леднико́вые отложе́ния** eiszeitliche Ablagerungen *fpl;* **леднико́вые озёра** Gletscherseen *mpl;* **~ нано́с** Gletscheranschwemmungen *fpl*

ледо́в|ый <-ая, -ое> *прил* Eis-; **ледо́вая доро́га** vereiste Straße *f*

ледоко́л <-а> *м* Eisbrecher *m*

ледоко́льн|ый <-ая, -ое> *прил* Eisbrecher-; **~ флот** Eisbrecherflotte *f;* **ледоко́льные рабо́ты** Eisbrecherarbeiten *fpl;* **ледоко́льная кома́нда** Eisbrechertruppe *f*

ледоре́з <-а> *м* **1.** ТЕХ Eisbock *m* **2.** МОР Eisbrecher *m*

ледору́б <-а> *м* СПОРТ Eispickel *m*

ледосбро́с <-а> *м* ТЕХ Eisablass *m*

ледоспу́ск <-а> *м* ТЕХ Eisablass *m*

ледоста́в <-а> *м* Eisstand *m*

ледохо́д <-а> *м* Eisgang *m,* Eisbruch *m,* Eisfluss *m;* **начался́ ~** der Eisgang läuft

ледохо́дн|ый <-ая, -ое> *прил* Eisgang-, Eisbruch-, Eisfluss-; **~ сезо́н** Eisgangsaison *f*

леды́шк|а <-и> *ж* Eisstück *nt,* Eisklumpen *m;* **он замёрз как ~, он преврати́лся в леды́шку** er ist zu einem Eisklumpen erstarrt

ледя́нк|а <-и> *ж* Schlitterbahn *f;* **ката́ться с гор на ледя́нке** vom Berg (herunter)schlittern

ледян|о́й <-а́я, -о́е> *прил* **1.** *(из льда)* Eis- **2.** *перен* eisig, frostig

ле́ер <-а> *м* МОР Reling *f;* **спаса́тельный ~** Strecktau *m,* Rettungstrosse *f,* Geländer *nt*

ле́ерн|ый <-ая, -ое> *прил* МОР Reling(s)-; **ле́ерное устро́йство** Relingaufbau *m;* **ле́ерные сто́йки** Relingsständer *mpl*

лежа́к <-а́> *м* Liege *f;* **спать на лежаке́** auf der Liege schlafen

лежа́нк|а <-и> *ж* Ofenbank *f;* **гре́ться на лежа́нке** sich auf der Ofenbank wärmen

леж|а́ть <-у́, -и́шь> *нсв,* **пролежа́ть** *св нпрх* **1.** *(лежа́ть не́которое вре́мя)* liegen; *перен* ruhen, lasten auf *+dat;* **~ в посте́ли** im Bett liegen **2.** *(пробы́ть без примене́ния)* unbenutzt herumliegen; **кни́га пролежа́ла 10 лет в библиоте́ке** das Buch lag 10 Jahre unbenutzt in der Bibliothek herum **3.** *разг (отлежа́ть, обездви́жить часть те́ла)* einschlafen; **отлежа́л бока́/бедро́** die Hüfte/der Oberschenkel ist mir eingeschlafen

лежа́ч|ий <-ая, -ее> *прил* liegend; **~ больно́й** bettlägerig; **под ~ ка́мень вода́ не течёт** *перен* wer rastet, der rostet

ле́жбищ|е <-а> *ср* Lagerplatz *m;* **~ морски́х ко́тиков** Lagerplatz *m* der Seebären; **~ тюле́ней** Robbenlagerplatz *m*

лежебо́к|а <-и> *м и ж* Faulenzer(in) *m(f),* Faulpelz *m,* Nichtstuer *m;* **проспа́л, ~, весь день!** Faulpelz, du hast den ganzen Tag verpennt!

ле́ж|ень <-ня> *м* **1.** ТЕХ Schwelle *f,* Sohlbalken *m* **2.** *разг (до́лго лежа́ть)* faulenzen; **ле́жнем лежа́ть** auf der faulen Haut liegen

ле́зви|е <-я> *ср* Klinge *f,* Schneide *f*

лезги́н <-а> *м,* **лезги́нк|а** <-и> *ж* Lesghier(in) *m(f),* Lesginer(in) *m(f)*

лезги́нк|а <-и> *ж* Lesginka *f (kaukasischer Tanz);* **танцева́ть лезги́нку** Lesginka tanzen

лезть <ле́зу, ле́зешь> *нсв прх* **1.** *(кара́бкаться)* klettern; **~ без о́череди** sich vordrängeln **2.** *разг (во что-л.)* sich einmischen in *+akk;* **~ не в своё де́ло** sich in fremde Angelegenheiten einmischen; **~ в дра́ку** handgreiflich werden

лей <ле́я> *м* ФИН Leu *m,* Lei *mpl (rumänische Währungseinheit)*

лейб-гварде́йск|ий <-ая, -ое> *прил* ВОЕН Leibgarde(n)-; **~ полк** Leibgardenregiment *nt;* **~ офице́р** Leibgardeoffizier *m*

лейб-гва́рди|я <-и> *ж* ИСТОР, ВОЕН Leibgarde *f;* **ца́рская ~** Königsleibgarde *f*

лейб-ме́дик <-а> *м* Leibarzt *m*

лейбори́ст <-а> *м* ПОЛ Mitglied *nt* der Labour Party in England, Labourpolitiker(in) *m(f)*

лейбори́стск|ий <-ая, -ое> *прил* ПОЛ Labour-; **лейбори́стское прави́тельство** Labour-Regierung *f;* **лейбори́стская па́ртия** Labour-Partei *f*

ле́йк|а <-и> *ж* Gießkanne *f*

лейкеми́|я <-и> *ж* Leukämie *f*

лейкоде́рм|а <-ы> *ж* МЕД Leukodermie *f,*

Leukopathie *f*

лейкóз <-а> *м* МЕД Leukose *f;* **óстрый ~** akute Leukose *f;* **хронúческий ~** chronische Leukose *f*

лейкопла́стыр|ь <-ря> *м* МЕД (Heft)Pflaster *nt,* Leukoplast *nt;* **наложúть ~** ein Pflaster über die Wunde kleben

лейкоцúт <-а>, **лейкоцúт|ы** <-ов> *м* АНАТ Leukozyt(en) *m(pl)*

лейкоцитóз <-а> *м* МЕД Leukozytose *f*

лейтенáнт <-а> *м* Leutnant *m*

лейтмотúв <-а> *м* **1.** МУЗ Leitmotiv *nt* **2.** *перен (основнáя мысль)* Grundgedanke *m*

лек <лéка> *м* ФИН Lek *m (albanische Währungseinheit)*

лекáл|о <-а> *ср* Kurvenlineal *nt,* Schablone *f,* Lehre *f;* **чертёжное ~** Lehrbrett *nt*

лекáрственн|ый <-ая, -ое> *прил* Heil-; **лекáрственное растéние** Heilpflanze *f*

лекáрств|о <-а> *ср* Arznei *f;* **~ от чéго-л.** Heilmittel gegen +*akk*

лéка|рь <-ря> *м устар* Arzt *m;* **врéмя – лýчший ~** die Zeit heilt alle Wunden

лéксик|а <-и> *ж* Lexik *f,* Wortschatz *m;* **бáзовая ~** Grundwortschatz *m*

лексикóграф <-а> *м* ЛИНГВ Lexikograph *m*

лексикогрáфи|я <-и> *ж* ЛИНГВ Lexikographie *f;* **традúции рýсской лексикогрáфии** Traditionen der russischen Lexikographie

лексиколóги|я <-и> *ж* ЛИНГВ Lexikologie *f,* Wortkunde *f;* **занимáться лексиколóгией** sich mit Lexikologie befassen

лексикóн <-а> *м* **1.** *устар (словáрь)* Lexikon *nt,* Wörterbuch *nt* **2.** *книжн (запáс слов)* Wortschatz *m,* Vokabular *nt*

лексúческ|ий <-ая, -ое> *прил* ЛИНГВ lexikalisch; **~ запáс** Wortschatz *m,* Sprachschatz *m;* **~ мúнимум** lexikalisches Minimum *nt;* **лексúческие единúцы** lexikalische Einheiten *fpl;* **лексúческие осóбенности** lexikalische Besonderheiten *fpl*

лéктор <-а> *м* Lektor(in) *m(f),* Vortragende(r) *f(m),* Referent(in) *m(f);* **~ по этúческим проблéмам** Referent für ethische Probleme

лектóри|й <-я> *м* Vorlesungsreihe *f;* **посещáть ~** eine Vorlesungsreihe besuchen; **организовáть ~** eine Vorlesungsreihe organisieren

лéкторск|ий <-ая, -ое> *прил* Vortrags-; **~ óпыт** Vortragserfahrung *f;* **лéкторская грýппа** Vortragsgruppe *f*

лекциóнн|ый <-ая, -ое> *прил* Vorlesungs-; **лекциóнная прогрáмма** Vorlesungsprogramm *nt;* **~ час** Vorlesungsstunde *m;* **лекциóнная аудитóрия** Vorlesungsauditorium *nt,* Vorlesungszuhörerschaft *m,* Vorlesungspublikum *nt*

лéкци|я <-и> *ж* Vorlesung *f;* **вступúтельная ~** Antrittsvorlesung *f;* **читáть лéкцию** eine Vorlesung halten

лелé|ять <-ю, -ешь> *нсв,* **взлелéять** *св прх* **1.** *(оберегáть)* beschützen, aufpassen; **~ младéнца** ein Kind verwöhnen; **~ как зенúцу óка** *поговóрка* etw wie seinen Augapfel hüten; **~ ребёнка** das Kind liebevoll erziehen **2.** *(вынáшивать мысль)* hegen, hegen und pflegen; **~ мечтý** einen Traum hegen; **~ надéжду** sich in der Hoffnung wiegen

лéмех <-á> *м* АГР (Pflug)Schar *f,* Pflugeisen *nt*

лéмм|а <-ы> *ж* МАТ Lemma *nt*

лéмминг <-а> *м* ЗООЛ Lemming *m*

лемýр <-а> *м* ЗООЛ Lemur(e) *m,* Maki *m*

лён <льна> *м* **1.** БОТ Lein *m,* Flachs *m;* **~-долгунéц** gemeiner Flachs *m,* Faserlein *nt;* **кукýшкин ~** Kräuselflachs *m;* **сéять ~** Flachs anbauen; **теребúть ~** Flachs rupfen; **чесáть ~** Flachs hecheln; **прясть ~** Flachs spinnen **2.** *(ткань)* Leinen *nt;* **костюм из льна** Leinenanzug *m;* **скáтерть из льна** Leinentischdecke *f* **3.** ШАХТ Asbest *m;* **гóрный ~** Bergflachs *m*

ленúв|ец <-ца> *м,* **ленúвиц|а** <-ы> *ж* **1.** ЗООЛ Faultier *nt* **2.** *(лентяй)* Faulenzer(in) *m(f),* Faulpelz *m;* **неисправúмый ~** unverbesserlicher Faulpelz *m*

ленúво *нрч* faul, träge, schlaff; **~ отвечáть на вопрóсы** lässig auf die Fragen antworten; **~ потя́гиваться** sich arbeitsscheu räkeln

ленúв|ый <-ая, -ое; -, -а, -о> *прил* faul, träge

i Land & Leute

Die Rolle des Führers der Oktoberrevolution von 1917 in der russischen Geschichte findet heute verschiedene Einschätzungen – von eindeutig negativen bis zu eindeutig positiven. Dass **Lenin** persönliche Machtansprüche fremd waren und dass es ihm um das Wohl und die kulturelle Besserstellung der Armen ging, wird ihm oft hoch angerechnet. Dass unter ihm eine systematische Ausrottung andersdenkender Intellektueller im Lande und ein grausamer Terror eingeleitet wurde, stößt auf eine scharfe Verurteilung. Von vielen einfachen Russen wird Lenin auch heute verehrt: das Mausoleum am Roten Platz soll – obwohl diese Form der Totenverehrung nicht mit der russischen Tradition übereinstimmt – vorerst erhalten bleiben.

лен|úться <-юсь, -ишься> *нсв,* **поленúться** *св рефл* faulenzen, faul sein; **~ читáть** zu faul zum Lesen sein; **~ учúться** zu träge zum Lernen sein; **онú поленúлись**

пое́хать в го́ры sie waren zu faul, um ins Gebirge zu fahren

лен|о́к <-ка́> *м* зоол Lachs *m,* Salm *m*

ле́нос|ть <-ти> *ж* Faulheit *f,* Trägheit *f,* Faulenzerei *f;* **укоря́ть в ле́ности** jdm Faulheit vorwerfen; **~ подвела́** aus lauter Faulheit

ле́нт|а <-ы> *ж* Band *nt,* Streifen *m;* **кле́йкая ~, кле́йкий скоч** Klebestreifen *m;* **магни́тная ~** Tonband *nt*

лентови́дн|ый <-ая, -ое> *прил* бот Band-, bandartig, bandförmig; **лентови́дные ли́стья** bandförmige Blätter *ntpl;* **лентови́дная фо́рма** Bandform *f*

ле́нточн|ый <-ая, -ое> *прил* Band-, Streifen-; **~ стано́к** Bandwebstuhl *m;* **ле́нточное произво́дство** Fließbandproduktion *f;* **ле́нточная фа́брика** Fließbandfabrik *f;* **ле́нточные че́рви** Bandwürmer *mpl;* **ле́нточные ры́бы** Bandfische *mpl;* **~ транспортёр** Transportband *nt,* Förderband *nt*

лентя́|й <-я> *м,* **лентя́йк|а** <-и> *ж* Faulenzer(in) *m(f),* Faulpelz *m*

лентя́йнича|ть <-ю, -ешь> *нсв нпрх разг* faulenzen; **нельзя́ це́лый день ~!** man darf nicht den ganzen Tag faulenzen!; **как тебе́ не надое́ло ~?** hast du es nicht satt, den ganzen Tag nichts zu tun?

лень <ле́ни> *ж* Faulheit *f*

леопа́рд <-а> *м* Leopard *m*

леопа́рдов|ый <-ая, -ое> *прил* Leopard(en)-; **~ прыжо́к** Leopardensprung *m;* **леопа́рдовая шку́ра** Leopardenfell *nt*

лепест|о́к <-ка́> *м* Blütenblatt *nt;* **лепестки́ ро́зы** Rosenblütenblätter *ntpl;* **лепестки́ обсы́пались** die Blütenblätter sind abgefallen

ле́пет <-а> *м* **1.** *(нея́сная речь)* Lallen *nt,* Gelalle *nt;* **де́тский ~** Kinderei *f;* **младе́нческий ~** Babylallen *nt;* **приве́тливый ~** freundliches Lallen **2.** *(лёгкий шум)* Gemurmel *nt,* Murmeln *nt;* **~ ручья́** Bachgemurmel *nt;* **не́жный ~** zärtliches Gemurmel *nt*

леп|ета́ть <-ечу́, -е́чешь> *нсв,* **пролепета́ть** *св нпрх* **1.** *(младе́нец)* lallen **2.** *(бормота́ть)* stammeln

лепету́н <-а> *м,* **лепету́нь|я** <-и> *ж* Plappermaul *nt,* Schwätzer(in) *m(f),* Quatschkopf *m;* **неумолка́емая ~** Schwatzliese *f*

лепёшк|а <-и> *ж* **1.** *(печёное те́сто)* Fladen *m;* **ржана́я ~** Roggenfladen *m;* **сдо́бные медо́вые лепёшки** Fladen mit Honig und Butter; **~ с ма́ком** Mohnfladen *m* **2.** *(лека́рство)* Pastille *f,* Tablette *f;* **мя́тные лепёшки** Pfefferminzdrops *pl;* **шокола́дные лепёшки** Schokoladenplätzchen *ntpl;* **гото́в в лепёшку расшиби́ться** sich vor Eifer fast umbringen, sich die Beine ausreißen; **я из тебя́ лепёшку сде́лаю!** ich werde dich zu Brei schlagen!

леп|и́ть <-лю́, -ишь> *нсв,* **вы́лепить, слепи́ть** *св прх* kneten, modellieren

ле́пк|а <-и> *ж* иск Modellieren *nt,* Formen *nt;* **занима́ться ле́пкой** sich mit Modellieren beschäftigen; **материа́л для ле́пки** Formmaterial *nt;* **~ из ги́пса** Gipsmodellieren *nt*

ле́пт|а <-ы> *ж* kleiner Beitrag *m;* **вноси́ть свою́ ле́пту** sein Scherflein beitragen

ле́рк|а <-и> *ж* тех Schneideisen *nt*

лес <ле́са> *м* Wald *m;* **ли́ственный ~** Laubwald *m;* **тропи́ческий** [*или* **экваториа́льный**] **~** Regenwald *m;* **хво́йный ~** Nadelwald *m*

лес|а́ <-ы *или* -ы́> *мн* стр Gerüst *nt;* спорт Angelschnur *f;* **натяну́ть ле́су** die Angelschnur straff ziehen

лесбия́нк|а <-и> *ж* Lesbierin *f,* Lesbe *f*

лесбия́нск|ий <-ая, -ое> *прил* lesbisch

ле́сенк|а <-и> *ж* (kleine) Leiter *f;* **лёгкая складна́я ~** leichte zusammenklappbare Leiter *f;* **подстри́чь во́лосы ле́сенкой** sich die Haare abgestuft schneiden lassen; **подня́ться на лы́жах ле́сенкой** im Treppenschritt steigen mit Skiern

леси́ст|ый <-ая, -ое; -, -а, -о> *прил* waldig

ле́ск|а <-и> *ж* Angelschnur *f,* Leine *f;* **смота́ть у́дочки и ле́ску** Angel und Angelschnur zusammenpacken; **порва́ть ле́ску** die Leine zerreißen

лесни́к <-а́> *м* Förster(in) *m(f)*

лесни́честв|о <-а> *ср* **1.** *(уча́сток)* Försterei *f;* **2.** *(управле́ние)* Forstamt *nt;* **разреше́ние лесни́чества** Genehmigung *f* vom Forstamt

лесни́ч|ий <-его> *м то́лько ед* Förster *m,* Forstbeamte(r) *f(m);* **под контро́лем лесни́чего** unter der Kontrolle des Försters; **во владе́ниях лесни́чего** Forsteigentum *nt*

лесн|о́й <-а́я, -о́е> *прил* Wald-; **~ пожа́р** Waldbrand *m;* **лесно́е хозя́йство** Forstwirtschaft *f*

лесово́д <-а> *м (специали́ст)* Forstwirt *m*

лесово́дств|о <-а> *ср* **1.** агр *(нау́ка)* Forstwissenschaft *f,* Forstkunde *f;* **изучать ~** Forstwissenschaft studieren **2.** *(ухо́д за ле́сом)* Forstwirtschaft *f;* **пра́вильное ~** richtige Forstpflege *f*

лесово́з <-а> *м* Langholztransporter *m,* Langholzwagen *m,* Holzfrachter *m;* **грузоподъёмность лесово́за** Tragfähigkeit *f* des Holzfrachters; **вмести́мость лесово́за** Kapazität *f* des Langholzwagens

лесозаготови́тельн|ый <-ая, -ое> *прил* Holzaufbereitungs-, Holzeinschlag-; **лесозаготови́тельные рабо́ты** Holaufbereitungsarbeiten *fpl;* **~ цех** Holzaufbereitungsabteilung *f*

лесозащи́тн|ый <-ая, -ое> *ж* **лесозащи́тная полоса́** Waldschutzstreifen *m*

лесоматериа́л <-а> *м* Nutzholz *nt;* **обрабо́тка лесоматериа́ла** тех Holzverarbeitung *f;* **вы́воз лесоматериа́ла** Holzabfuhr *f*

лесомелиора́ци|я <-и> *ж* Forstmelioration *f*
лесонасажде́ни|е <-я> *ср* Waldanpflanzung *f*, Holzanbau *m*, Aufforstung *f*; **полезащи́тные лесонасажде́ния** Schutzwaldstreifen *pl*, Schutzwald(an)pflanzungen *pl*, Schutzforst *m*
лесопа́рк <-а> *м* Waldpark *m*; **зо́на лесопа́рка** Waldparkzone *f*; **охраня́ть ~** den Waldpark bewachen
лесоперева́лочн|ый <-ая, -ое> *прил* Holzumschlag-; **~ пункт** Holzumschlagpunkt *m*, Holzeinschlagstelle *f*; **лесоперева́лочная ба́за** Holzumschlagbasis *f*
лесопи́льн|ый <-ая, -ое> *прил* Säge-, Holzsäge-; **~ заво́д** Holzsägewerk *nt*; **~ стано́к** Sägemaschine *f*
лесопито́мник <-а> *м* Schonung *f*
лесопогру́зочн|ый <-ая, -ое> *прил* Holzlade-; **лесопогру́зочная маши́на** Holzlademaschine *f*; **лесопогру́зочные рабо́ты** Holzladearbeiten *fpl*
лесополос|а́ <-ы́> *ж* Waldstreifen *m*; **полезащи́тная ~** Schutzwaldungen *fpl*, Schutzwaldstreifen *mpl*
лесоса́дк|а <-и> *ж* Waldanpflanzung *f*
лесоса́дочн|ый <-ая, -ое> *прил* Waldanpflanzung(s)-; **~ материа́л** Waldanpflanzungsmaterial *nt*, Aufforstungsmaterial *nt*; **лесоса́дочные маши́ны** Waldanpflanzungsmaschinen *pl*, Aufforstungsmaschinen *ntpl*
лесопромысло́в|ый <-ая, -ое> *прил* Holzproduktions-, Holzgewerbe-; **лесопромысло́вая арте́ль** Holzgewerbegenossenschaft *f*; **лесопромысло́вая коопера́ция** Holzproduktionsgesellschaft *f*
лесопромы́шленн|ый <-ая, -ое> *прил* Holzindustrie-; **~ ко́мплекс** Forstindustriebetrieb *m*; **~ комбина́т** Holzindustriekombinat *nt*
лесопу́нкт <-а> *м* Holzeinschlagstelle *f*
лесоразведе́ни|е <-я> *ср* Aufforstung *f*
лесоразрабо́т|ки <-ок> *мн* Holzschlag *m*, Holzeinschlag *m*
лесору́б <-а> *м* Holzfäller *m*
лесосе́к|а <-и> *ж* Holzschlag *m*, Hiebsfläche *f*; **разме́р лесосе́ки** Abtriebsfläche *f*; **~ для вы́рубки** Holzeinschlagfläche *f*
лесospла́в <-а> *м* Flößerei *f*
лесоспу́ск <-а> *м* Holzriese *f*
лесосте́|пь <-пи> *ж* ГЕОГ Waldsteppe *f*; **осо́бенности лесосте́пи** Besonderheiten *fpl* der Waldsteppe; **фло́ра и фа́уна лесосте́пи** Flora *f* und Fauna *f* der Waldsteppe
лесотехни́ческ|ий <-ая, -ое> *прил* forsttechnisch; **~ институ́т** forsttechnisches Institut *nt*; **лесотехни́ческая индустри́я** forsttechnische Industrie *f*
лесоту́ндр|а <-ы> *ж* ГЕОГ Waldtundra *f*; **кли́мат лесоту́ндры** Waldtundraklima *nt*; **ландша́фт лесоту́ндры** Waldtundralandschaft *f*
лесоукла́дчик <-а> *м* ТЕХ Maschine *f* zum Verpacken von Baumstämmen
лесоустро́йств|о <-а> *ср* АГР Forsteinrichtung *f*, Waldertragsregelung *f*
лесохими́ческ|ий <-ая, -ое> *прил* АГР, ТЕХ, ХИМ holzchemisch; **лесохими́ческая перерабо́тка** holzchemische Verarbeitung *f*
лесоэксплуата́ци|я <-и> *ж* АГР Holzeinschlag *m*
леспромхо́з <-а> *м* Forstwirtschaftsbetrieb *m*, Forstindustriebetrieb *m*, industrieller Forstbetrieb *m*; **загото́вки леспромхо́за** Holzbeschaffung *f*, Holzeinschlag *m*, Holzaufbereitung *f*
лёсс <лёсса> *м* ГЕОЛ Löss *m*; **ква́рцовый ~** Quarzlöss *m*; **по́ристость лёсса** Lössporosität *f*
лесси́р|овать <-ую, -уешь> *(н)св прх* ИСК lessieren; **~ полотно́** Tuchlessierung *f*; **~ то́нким сло́ем** mit einer dünnen Schicht lessieren *(zur Betonung der Farben)*
лессиро́вк|а <-и> *ж* ИСК Lessierung *f*; **~ полотна́** Tuchlessierung *f*
лессови́дн|ый <-ая, -ое> *прил* lössartig; **лессови́дные отложе́ния** lössartige Ablagerungen *pl*; **лессови́дные сугли́нки** lössartiger Sandboden *m*
лёссов|ый <-ая, -ое> *прил* Löss-; **лёссовые по́чвы** Lössboden *m*; **лёссовое плато́** Lösshochebene *f*
ле́стниц|а <-ы> *ж* Treppe *f*, Leiter *f*; **верёвочная ~** Strickleiter *f*; **винтова́я ~** Wendeltreppe *f*; **на ле́стнице** im Treppenhaus; **служе́бная ~** *перен* Dienstleiter *f*
ле́стничн|ый <-ая, -ое> *прил* Treppen-; **ле́стничная кле́тка** Treppenhaus *nt*
ле́ст|ный <-ная, -ное; -ен, -на, -но> *прил* schmeichelhaft, lobend; **дать ~ о́тзыв** sich lobend äußern (über *+akk*); **сде́лать ле́стное предложе́ние** ein unwiderstehliches Angebot machen; **получи́ть ле́стную оце́нку** eine anerkennende Bewertung bekommen; **ле́стное мне́ние** schmeichelhafte Meinung *f*
лесть <ле́сти> *ж* Schmeichelei *f*
лёт <лёта> *м то́лько ед (полёт)* Flug *m*; **до Москвы́ два часа́ лёта** bis Moskau sind es mit dem Flugzeug zwei Stunden; **перекуси́ть на лету́** schnell etw essen; **на лету́** auf die Schnelle (etw erledigen); **схва́тывать на лету́** schnell von Begriff sein
лета́ <лет> *мн (годы́)* Alter *nt*, Jahre *pl*; **ско́лько вам лет?** wie alt sind Sie?; **в лета́х** bejahrt
лета́льн|ый <-ая, -ое> *прил* МЕД letal, tödlich; **~ исхо́д** letaler [*o* tödlicher] Ausgang *m*; **лета́льная до́за** letale [*o* tödliche] Dosis *f*
летарги́ческ|ий <-ая, -ое> *прил* МЕД lethargisch; **~ сон** lethargischer Schlaf *m*; **летарги́ческое состоя́ние** lethargischer Zustand *m*

Л

летарги́|я <-и> *ж* **1.** МЕД Lethargie *f* **2.** *перен* Teilnahmslosigkeit *f*

лета́тельн|ый <-ая, -ое> *прил* АВИА, ЗООЛ Flug-; **~ аппара́т** Flugapparat *m;* **косми́ческий ~ аппара́т** Raumfähre *f;* **лета́тельная перепо́нка** Flughaut *f (der Fledermäuse)*

лета́|ть <-ю, -ешь> *нсв нпрх* fliegen

лете́ть <лечу́, лети́шь> *нсв нпрх* fliegen; *перен (нести́сь)* dahineilen, sausen; **как бы́стро лети́т вре́мя** wie schnell die Zeit vergeht

ле́тн|ий <-яя, -ее> *прил* Sommer-; **ле́тнее вре́мя** Sommerzeit *f;* **~ курс** Ferienkurs *m*

лётн|ый <-ая, -ое> *прил* Flug-; **лётная шко́ла** Flugschule *f*

ле́т|о <-а> *ср* Sommer *m;* **ба́бье ~** Altweibersommer *m*

летоисчисле́ни|е <-я> *ср* Zeitrechnung *f*

ле́том *нрч* im Sommer; **уви́димся ~!** wir sehen uns im Sommer!; **~ темне́ет по́здно** im Sommer wird es spät dunkel

летопи́с|ец <-ца> *м* ИСТОР, ЛИТ Chronist *m,* Annalist *m,* Annalenschreiber *m;* **отража́ется летопи́сцем** wird vom Chronisten festgehalten; **Не́стор – пе́рвый ру́сский ~** Nestor ist der erste russische Annalenschreiber

ле́топи|сь <-си> *ж* Chronik *f*

лету́н <-а́> *м* Jobhopper *m*

лету́чес|ть <-ти> *ж* ХИМ Flüchtigkeit *f;* **~ га́за** Gasflüchtigkeit *f;* **~ сме́си** Gemischflüchtigkeit *f*

лету́ч|ий <-ая, -ее; -, -а, -е> *прил* **1.** *(летя́щий, лета́ющий)* fliegend; **лету́чая пыль** fliegender Staub *m;* **лету́чие семена́** fliegende Samen *mpl* **2.** МЕД fliegend; **~ ревмати́зм** Polyarthritis *f;* **лету́чая сыпь** wandernder Ausschlag *m;* **лету́чая лихора́дка** fliegendes Fieber *nt* **3.** ХИМ flüchtig; **лету́чие эфи́рные масла́** flüchtige ätherische Öle *ntpl;* **лету́чая аммиа́чная соль** flüchtiges Alkalisalz *nt* **4.** *(проводи́мый сро́чно)* improvisiert, spontan, kurzfristig; **~ ми́тинг** kurzfristig organisiertes Meeting *nt;* **лету́чее собра́ние** kurzes Meeting *nt* **5.** ЗООЛ Flug-; **лету́чая мышь** Fledermaus *f;* **лету́чая ры́ба** Flugfisch *m*

лету́чк|а <-и> *ж* **1.** *(печа́тный листо́к)* Flugblatt *nt;* **газета-~** Flugschrift *f* **2.** *(собра́ние)* Kurzbesprechung *f,* operative Versammlung *f;* **обсуди́ть на лету́чке** in der Kurzbesprechung diskutieren; **провести́ лету́чку** eine Besprechung durchführen **3.** *(подвижно́й отря́д)* Einsatztruppe *f;* **санита́рная ~** sanitärer Rettungsdienst *m;* **ремо́нтная ~** Reparaturwagen *m* **4.** БОТ Federkrone *f,* Samenkrone *f*

лётчик <-а> *м,* **лётчиц|а** <-ы> *ж* Flieger(in) *m(f),* Pilot(in) *m(f)*

лече́бн|ый <-ая, -ое> *прил* Heil-; **лече́бная гимна́стика** Krankengymnastik *f;* **в лече́бных це́лях** zu Heilzwecken

лече́ни|е <-я> *ср* Behandlung *f,* Kur *f;* **~ для похуде́ния** Schlankheitskur *f;* **~ от алкоголи́зма** Entziehungskur *f;* **стациона́рное ~** stationäre Behandlung *f*

лечи́ть <лечу́, ле́чишь> *нсв прх (боле́знь)* behandeln, kurieren

лечь <ля́гу, ля́жешь> *св нпрх см.* **ложи́ться**

ле́ш|ий <-его> *м то́лько ед* Waldgeist *m,* Waldteufel *m,* Schrat *m;* **како́го ле́шего!** *вульг* was zum Teufel!

лещ <леща́> *м* ЗООЛ Brasse *f,* Brachsen *m,* Blei *m*

лещи́н|а <-ы> *ж* БОТ Haselstrauch *m*

лженау́к|а <-и> *ж* Pseudowissenschaft *f*

лжеприся́г|а <-и> *ж* Meineid *m*

лжесвиде́те|ль <-ля> *м,* **лжесвиде́тельниц|а** <-ы> *ж* ЮР falscher Zeuge *m,* falsche Zeugin *f*

лжесвиде́тельств|овать <-ую, -уешь> *нсв нпрх* ЮР falsch aussagen

лжец <лжеца́> *м* Lügner *m*

лжи́вос|ть <-ти> *ж* Falschheit *f,* Verlogenheit *f*

лжи́в|ый <-ая, -ое; -, -а, -о> *прил* verlogen

ли *част* ob; **ли … ли …** ob … oder …

лиа́н|а <-ы> *ж* БОТ Liane *f;* **тропи́ческая ~** tropische Liane *f;* **травяни́стые лиа́ны** Schlinggras *nt;* **~ виногра́да** Weinranke *f;* **~ плюща́** Efeuranken *fpl*

либера́л <-а> *м,* **либера́лк|а** <-и> *ж* ПОЛ Liberale(r) *m,* Liberale *f*

либерализа́ци|я <-и> *ж* Liberalisierung *f;* **~ цен** Preisfreigabe *f*

либерали́зм <-а> *м* Liberalismus *m*

либерализ|ова́ть <-у́ю, -у́ешь> *(н)св прх* liberalisieren

либера́льно *нрч* liberal, vorurteilsfrei; **~ мы́слить** liberal denken; **~ оце́нивать** vorurteilsfrei einschätzen

либера́|льный <-льная, -льное; -лен, -льна, -льно> *прил* liberal

ли́бо *сз (и́ли)* oder

либретти́ст <-а> *м,* **либретти́стк|а** <-и> *ж* МУЗ Librettist(in) *m(f),* Operntextdichter(in) *m(f)*

либре́тто <неизм> *ср* ТЕАТ Libretto *nt,* Textbuch *nt,* Operntext *m;* **~ о́перы** Operntext *m*

Лива́н <-а> *м* Libanon *m*

лива́н|ец <-ца> *м,* **лива́нк|а** <-и> *ж* Libanese *m,* Libanesin *f*

лива́нск|ий <-ая, -ое> *прил* libanesisch; **~ язы́к** libanesische Sprache *f;* **лива́нские ара́бы** libanesische Araber *mpl*

ли́в|ень <-ня> *м* Regenschauer *m*

ли́верн|ый <-ая, -ое> *прил* Leber-; **ли́верная колбаса́** Leberwurst *f*

ливи́|ец <-йца> *м,* **ливи́йк|а** <-и> *ж* Libyer *m,* Libyerin *f*

Ли́ви|я <-и> *ж* Libyen *nt*
ливре́|я <-и> *ж* Livree *f*
ли́г|а <-и> *ж* Liga *f;* **Ли́га На́ций** Völkerbund *m;* **федера́льная ~** СПОРТ Bundesliga *f*
лигату́р|а <-ы> *ж* **1.** ХИМ Legierung *f,* Metallmischung *f,* Münzzusatz *m* **2.** МЕД Ligatur *f,* Unterbindung *f;* **наложи́ть лигату́ру** eine Ligatur auflegen; **снять лигату́ру** die Ligatur abnehmen **3.** ЛИНГВ Ligatur *f* **4.** ТИП Ligatur *f,* Buchstabenverbindung *f*
лигату́рн|ый <-ая, -ое> *прил* **1.** МЕТ Legierungs-; **лигату́рное зо́лото** Legierungsgold *nt* **2.** МЕД Bind(e)-; **~ шелк** Bindseide *f*
лигни́н <-а> *м* **1.** БИОЛ Lignin *nt* **2.** ХИМ Zellstoff *m*
лигни́нов|ый <-ая, -ое> *прил* БИОЛ, ХИМ Lignin-; **лигни́новая кислота́** Ligninsäure *f;* **лигни́новое сырьё** Ligninrohstoff *m*
лигни́т <-а> *м* ШАХТ Lignit *m*
лигрои́нов|ый <-ая, -ое> *прил* ХИМ Ligroin-; **лигрои́новые раствори́тели** Ligroinlösungsmittel *nt;* **лигрои́новая смесь** Ligroingemisch *nt*
ли́дер <-а> *м* **1.** ПОЛ Führer *m,* Leitfigur *f;* **~ оппози́ции** Oppositionsführer *m;* **полити́ческие ~ы** führende Politiker *mpl* **2.** ЭКОН Vorreiter *m* **3.** СПОРТ Tabellenführer *m;* **~ конс́орциума** Konsortialführer *m;* **~ на ры́нке** Marktführer *m*
ли́дерств|о <-а> *ср* Führung *f*
лиди́ровани|е <-я> *ср* Führen *nt;* **~ в о́бласти цен** ЭКОН Preisführerschaft *f*
лиди́р|овать <-ую, -уешь> *нсв нпрх* führen, in Führung liegen
лиза́ть <лижу́, ли́жешь> *нсв прх* lecken, ablecken
лизи́н <-а> *м* БИОЛ, ХИМ Lysin *nt;* **синтети́ческий ~** synthetisches Lysin *nt*
ли́зинг <-а> *м* ЭКОН Leasing *nt;* **брать на усло́виях ~а** leasen; **~ персона́ла** Personalleasing *nt*
ли́зингов|ый <-ая, -ое> *прил* ЭКОН Leasing-; **~ ры́нок** Leasing-Markt *m;* **~ се́ктор** Leasing-Bereich *m;* **ли́зинговая сде́лка** [*или* **опера́ция**] Leasing-Geschäft *nt;* **ли́зинговые услу́ги** Leasingleistungen *fpl*
лизингода́те|ль <-ля> *м* Leasinggeber *m*
лизингополуча́те|ль <-ля> *м* Leasingnehmer *m*
ли́зис <-а> *м* МЕД Lysis *f*
лизоблю́д <-а> *м презрит* Schleimer *m,* Kriecher *m*
лизо́л <-а> *м* ХИМ Lysol *nt*
лизосо́м|а <-ы> *ж* БИОЛ Lysosom *nt*
лизун|е́ц <-ца́> *м* АГР Steinsalzstück *nt (für die Wildtiere im Winter)*
ликвида́тор <-а> *м* ЭКОН Liquidator *m,* Abwickler *m*
ликвидацио́нн|ый <-ая, -ое> *прил* Liquidations-; **ликвидацио́нная сто́имость обору́дования** Altwert *m,* Schrottwert *m;* **~ бала́нс** Liquidationsbilanz *f*
ликвида́ци|я <-и> *ж* Liquidation *f,* Liquidierung *f,* Abschaffung *f,* Auflösung *f;* **~ задо́лженности** ЭКОН Schuldenabtragung *f;* **~ расчётов** ЭКОН Abrechnung *f;* **~ фи́рмы** ЭКОН Firmenauflösung *f*
ликвиди́р|овать <-ую, -уешь> *(н)св прх* liquidieren, beseitigen, abbauen, abschaffen, auflösen; **~ а́рмию** die Armee abschaffen; **~ задо́лженность** Schulden begleichen [*o* tilgen]; **~ раке́ты** Raketen verschrotten
ликви́днос|ть <-ти> *ж* ЭКОН Liquidität *f,* Zahlungsfähigkeit *f;* **валю́тная ~** Währungsliquidität *f;* **усло́вная ~** bedingte Liquidität *f*
ликви́дн|ый <-ая, -ое> *прил* liquid, zahlungsfähig, flüssig; **ликви́дное положе́ние ба́нков** Bankenliquidität *f;* **ликви́дные резе́рвы** Liquiditätsreserve *f;* **ликви́дные сре́дства** liquide Mittel *pl*
ликёр <-а> *м* Likör *m*
ликова́ни|е <-я> *ср* Jubel *m,* Frohlocken *nt*
лик|ова́ть <-у́ю, -у́ешь> *нсв нпрх книжн* jubeln, frohlocken
ликопо́ди|й <-я> *м* БОТ, МЕД Lykopodiazee *f,* Bärlapp *m,* Moospulver *nt*
лилипу́т <-а> *м,* **лилипу́тк|а** <-и> *ж* Liliputaner(in) *m(f)*
ли́ли|я <-и> *ж* Lilie *f*
лило́в|ый <-ая, -ое> *прил* lila
лима́н <-а> *м* Liman *m,* Mündungssee *m*
лими́т <-а> *м* Limit *nt,* Höchstgrenze *f;* **~ цен** Preisgrenze *f;* **~ креди́та** Kreditlinie *f*
лимити́ровани|е <-я> *ср* Limitierung *f,* Begrenzung *f*
лимити́р|овать <-ую, -уешь> *(н)св прх* limitieren; **лимити́рованная цена́** Limitpreis *m*
лими́тн|ый <-ая, -ое> *прил* Limit-, Grenz-; **лими́тная ста́вка** Limiteinsatz *m,* Grenzsatz *m;* **лими́тные це́ны** Höchstpreise *mpl*
лими́тчик <-а> *м,* **лими́тчиц|а** <-ы> *ж* *Einwohner Moskaus (aus anderer Stadt stammend) mit befristeter Wohnerlaubnis*
лимноло́ги|я <-и> *ж* ЭКОЛ Limnologie *f (Lehre von den Binnengewässern)*
лимо́н <-а> *м* **1.** *(плод)* Zitrone *f* **2.** *устар, разг (миллио́н рубле́й)* eine Million Rubel
лимона́д <-а> *м* Limonade *f*
лимо́нк|а <-и> *ж* **1.** БОТ *Birnensorte* **2.** *разг* ВОЕН, ИСТОР *(ручна́я грана́та)* Handgranate *f;* **взорва́ть лимо́нку** eine Handgranate sprengen
лимо́нник <-а> *м* БОТ, МЕД Zitronenstrauch *m (südlicher Strauch mit Früchten mit Zitronengeschmack und tonisierender Wirkung)*
лимо́нниц|а <-ы> *ж* ЗООЛ Zitronenfalter *m*
лимо́нн|ый <-ая, -ое> *прил* **1.** *(из лимо́на)* Zitronen-; **~ сок** Zitronensaft *m;* **лимо́нные до́льки** Zitronenscheiben *fpl* **2.** *(цве́та лимо́на)* zitronengelb
лимузи́н <-а> *м* Limousine *f*

ли́мф|а <-ы> *ж* биол Lymphe *f,* Lymphflüssigkeit *f*

лимфадени́т <-а> *м* мед Lymphadenitis *f*

лимфати́ческ|ий <-ая, -ое> *прил* Lymph-; **~ у́зел** Lymphknoten *m*

лингви́ст <-а> *м* Linguist(in) *m(f),* Sprachwissenschaftler(in) *m(f)*

лингви́стик|а <-и> *ж* лингв Linguistik *f,* Sprachwissenschaft *f*

лингвисти́ческ|ий <-ая, -ое> *прил* лингв linguistisch, sprachwissenschaftlich; **~ зако́н** linguistisches Gesetz *nt;* **~ ана́лиз** sprachwissenschaftliche Analyse *f;* **лингвисти́ческая геогра́фия** Sprachgeographie *f;* **лингвисти́ческие явле́ния** Spracherscheinungen *fpl*

лине́йк|а <-и> *ж* **1.** мат Lineal *nt;* **логарифми́ческая ~** Rechenschieber *m* **2.** *(ли́ния)* Linie *f* **3.** *(о́бщий сбор в шко́ле)* Appell *m* **4.** информ Leiste *f;* **~ заголо́вка** Titelleiste *f*

лине́йн|ый <-ая, -ое> *прил* linear; **лине́йная амортиза́ция** экон lineare Abschreibung *f;* **лине́йная систе́ма организа́ции управле́ния** экон Linienorganisation *f*

лине́йчат|ый <-ая, -ое> *прил* физ, мат, бот Linien-, linear; **~ спектр** Linienspektrum *nt;* **лине́йчатая пове́рхность** Linearfläche *f;* **~ лист** Linearblatt *nt*

ли́нз|а <-ы> *ж* Linse *f*

ли́ни|я <-и> *ж* **1.** *и перен* Linie *f;* **по матери́нской ли́нии** mütterlicherseits; **идти́ по ли́нии наиме́ньшего сопротивле́ния** *перен* den leichtesten Weg gehen **2.** пол Kurs *m,* Politik *f* **3.** трансп Linie *f,* Route *f;* **парохо́дная ~** Schifffahrtslinie *f* **4.** эл Leitung *f;* **~ высо́кого напряже́ния** Hochspannungsleitung *f*

линко́р *сокр от* **лине́йный кора́бль** Schlachtschiff *nt*

линкру́ст <-а> *м* Linkrusta *f*

лино́ван|ный <-ная, -ное; -, -а, -о> *прил* liniiert

лин|ова́ть <-у́ю, -у́ешь> *нсв,* **налин|ова́ть** *св прх* Linien ziehen

линогравю́р|а <-ы> *ж* Linolschnitt *m*

лино́леум <-а> *м* Linoleum *nt*

линч|ева́ть <-у́ю, -у́ешь> *(н)св прх* lynchen

линь <линя́> *м* **1.** мор Leine *f,* Schiffsleine *f* **2.** зоол Schleie *f,* Schlei *m*

ли́ньк|а <-и> *ж* **1.** *(у живо́тных)* Haaren *nt* **2.** *(у птиц)* Federn *nt,* Mausern *nt*

линя́|ть <-ю, -ешь> *нсв,* **полиня́ть, слиня́ть** *св* **I.** *нпрх* **1.** *(тка́нь)* abfärben, ausbleichen **2.** *(лупи́ться)* sich häuten **3.** *(скры́ться)* sich verdrücken **II.** *нпрх* **1.** *(живо́тные)* haaren **2.** *(пти́цы)* sich mausern

ли́п|а[1] <-ы> *ж* бот Linde *f*

ли́п|а[2] <-ы> *ж разг (подде́лка)* Fälschung *f,* Imitation *f*

ли́п|кий <-кая, -кое; -ок, -ка́, -ко> *прил* klebrig; **ли́пкая грязь** Schmiere *f,* klebriger Schmutz *m*

ли́пн|уть <-у, -ешь> *нсв нпрх* kleben (bleiben), haften (bleiben); **руба́шка ли́пнет к те́лу** das Hemd bleibt am Körper kleben; **бума́га ли́пнет к па́льцам** das Papier klebt an den Fingern

ли́пов|ый[1] <-ая, -ое> *прил* Linden-; **~ чай** Lindenblütentee *m*

ли́пов|ый[2] <-ая, -ое> *прил разг* gefälscht

липу́ч|ий <-ая, -ее; -, -а, -е> *прил* Klebe-; **липу́чая смола́** Klebeharz *nt*

ли́р|а[1] <-ы> *ж* муз Lyra *f,* Leier *f*

ли́р|а[2] <-ы> *ж* Lira *f (italienische Währungseinheit)*

ли́рик|а <-и> *ж* Lyrik *f*

лири́ческ|ий <-ая, -ое> *прил* **1.** лит, муз lyrisch; **лири́ческая поэ́зия** lyrische Dichtung, Lyrik *f;* **лири́ческая про́за** lyrische Prosa *f* **2.** *(по́лный чувств)* gefühlvoll; **~ поры́в** Gefühlsausbruch *m;* **~ лад** lyrische Tonart *f;* **лири́ческая о́пера** lyrische Oper *f;* **~ те́нор** Mezzsopran *m;* **лири́ческое сопра́но** Mezzotenor *m;* **лири́ческое отступле́ние** lyrisches Intermezzo *nt*

лирохво́ст <-а> *м* зоол Leierschwanz *m*

ли́ро-эпи́ческ|ий <-ая, -ое> *прил* лит lyrisch-episch; **~ жанр** lyrisch-episches Genre *nt,* lyrisch-epische Gattung *f,* lyrisch-epische Art *f;* **ли́ро-эпи́ческая поэ́зия** lyrisch-epische Poesie *f*

лис|а́ <-ы́> *ж* Fuchs *m*

лисе́|ль <-ля> *м* мор Zusatzsegel *nt;* **ве́тер наду́л ~** der Wind hat das Zusatzsegel gespannt

ли́с|ий <-ья, -ье> *прил* **1.** *(лиси́ный)* Fuchs-; **~ след** Fuchsspur *f;* **~ хвост** Fuchsschwanz *m;* **ли́сья шу́ба** Fuchspelz *m* **2.** *(хи́трый)* schlau; **ли́сья хи́трость** Fuchslistigkeit *f*

лиси́ц|а <-ы> *ж* **1.** зоол Fuchs *m;* **ры́жая ~** Rotfuchs *m;* **чёрно-бу́рая ~** Silberfuchs *m* **2.** *(льсти́вый)* schmeichlerisch; **хи́трый как ~** schlau wie ein Fuchs

лиси́чк|а <-и> *ж* Pfifferling *m*

лисохво́ст <-а> *м* бот Fuchsschwanz *m*

лист[1] <-а́, *мн* ли́стья, -ьев> *м* бот Blatt *nt*

лист[2] <-а́, *мн* листы́, -о́в> *м* **1.** *(бума́ги)* Blatt *nt,* Bogen *m;* **~ почто́вой бума́ги** Briefbogen *m* **2.** *(спи́сок, докуме́нт и т.п.)* Liste *f,* Schein *m;* **~ сти́ля** информ Style-Sheet *nt;* **исполни́тельный ~** юр Vollstreckungsbescheid *m*

листа́|ть <-ю, -ешь> *нсв прх* blättern, umblättern

листв|а́ <-ы́> *ж* Laub *nt*

ли́ственниц|а <-ы> *ж* зоол Lärche *f*

ли́ственн|ый <-ая, -ое> *прил* Laub-; **ли́ственное де́рево** Laubbaum *m*

листовёртк|а <-и> *ж* зоол Schmetterling *m*

листо́вк|а <-и> *ж* Flugblatt *nt;* **~-вкла́дыш** *(к лека́рствам)* Beipackzettel *m*
листов|о́й <-а́я, -о́е> *прил* Blatt-, Blätter-, Bogen-; **листова́я кро́на** Blätterkrone *f;* **листова́я систе́ма** Blättersystem *nt;* **~ таба́к** Blatttabak *m;* **листово́е желе́зо** Eisenblech *nt*
листое́д <-а> *м* ЗООЛ Käfer *m*
листопа́д <-а> *м* Laubfall *m,* Blätterfall *m;* **начался́ ~** der Blätterfall hat begonnen; **шум листопа́да** das Rascheln der fallenden Blätter
листопрока́тн|ый <-ая, -ое> *прил* СТР Blechwalz-; **~ цех** Blechwalzabteilung *f;* **~ стан** Walzstraße *f*
лита́вр|ы <-> *мн* Pauke *f;* **бить в ~** *и перен* auf die Pauke hauen
Литв|а́ <-ы́> *ж* Litauen *nt*
лите́йн|ый <-ая, -ое> *прил* Gieß-; **~ цех, лите́йное произво́дство** Gießerei *f*
лите́йщик <-а> *м* Gießer *m,* Metallgießer *m*
ли́тер|а <-ы> *ж* ТИП Buchstabe *m,* Letter *f*
литера́тор <-а> *м* Literat(in) *m(f),* Schriftsteller(in) *m(f)*
литерату́р|а <-ы> *ж* Literatur *f*
литерату́р|ный <-ная, -ное; -ен, -на, -но> *прил* literarisch; **~ неме́цкий язы́к** Hochdeutsch *nt;* **~ язы́к** ЛИНГВ Hochsprache *f*
литературове́дени|е <-я> *ср* Literaturwissenschaft *f*
ли́ти|й <-я> *м* Lithium *nt*
лито́в|ец <-ца> *м,* **лито́вк|а** <-и> *ж* Litauer(in) *m(f)*
лито́вск|ий <-ая, -ое> *прил* litauisch
литогра́фи|я <-и> *ж* ТИП Lithographie *f,* Steindruck *m,* Steinzeichnung *f;* **худо́жественная ~** künstlerische Lithographie *f*
литогра́фск|ий <-ая, -ое> *прил* ТИП lithographisch; **~ спо́соб печа́тания** lithographischer Druck *m;* **~ о́ттиск** lithographischer Abdruck *m,* lithographischer Abzug *m;* **~ цех** lithographische Abteilung *f;* **литогра́фская тушь** lithographische Druckfarbe *f,* Lithographentinte *f;* **~ ка́мень** Lithographiestein *m*
лит|о́й <-а́я, -о́е> *прил* gegossen, Guss-; **лита́я сталь** Gussstahl *m;* **лиы́е изде́лия** Gusserzeugnisse *ntpl;* **лито́е зо́лото** Gussgold *nt*
литосфе́р|а <-ы> *ж* ГЕОЛ Lithosphäre *f,* Erdrinde *f*
литр <ли́тра> *м* Liter *m*
литра́ж <-а> *м* Fassungsvermögen *nt;* **~ дви́гателя** Motorhubraum *m;* **~ цисте́рны** Tankwagenvolumen *nt*
литурги́|я <-и> *ж* Liturgie *f*
лить I. <лью, льёшь> *нсв прх (вылива́ть)* gießen, schütten **II.** *безл, то́лько в 3 л* strömen; **льёт как из ведра́** es regnet in Strömen
ли́ться <льюсь, льёшься> *нсв рефл* **1.** *(дождь)* strömen, sich ergießen **2.** *(вода́)* ständig fließen
лифт <ли́фта> *м* Fahrstuhl *m*
ли́фчик <-а> *м разг* Büstenhalter *m,* BH *m;* **же́нский ~** Damenbüstenhalter *m;* **де́тский ~** Kinder-BH *m*
лиха́ч <-а́> *м* АВТО Raser *m*
лиха́честв|о <-а> *ср презрит* Raserei *f,* leichtsinnige Fahrweise *f*
лиха́ч|ить <-у, -ишь> *нсв нпрх* rasen, zu schnell fahren
лихв|а́ <-ы́> *ж разг* Zins *m;* **верну́ть с лихво́й** mit Zinsen zurückzahlen
ли́х|о <-а> *ср* Böses *nt*
ли́хо *нрч* waghalsig
лих|о́й[1] <-ая, -ое; -, -а́, -о> *прил* verwegen, waghalsig
лих|о́й[2] <-ая, -ое; -, -а́, -о> *прил (челове́к)* böse; **лиха́ беда́ нача́ло** *перен* aller Anfang ist schwer
лихора́|дить <-жу, дишь> *нсв прх* **меня́ лихора́дит** ich fiebere, mich fiebert
лихора́дк|а <-и> *ж* Fieber *nt,* Malaria *f*
лихора́дочн|ый <-ая, -ое> *прил* **1.** *то́лько по́лная фо́рма* Fieber-, fiebrig **2.** *перен (суетли́вый, не́рвный)* fieberhaft, hektisch
лихтёр <-а> *м* МОР Leichter *m,* Seeleichter *m*
лиц|ева́ть <-у́ю, -у́ешь> *нсв прх* СТР wenden, wenden lassen
лицев|о́й <-а́я, -о́е> *прил* **1.** АНАТ Gesichts-; **~ нерв** Gesichtsnerv *m* **2.** *(нару́жный)* Vorder-, Außen-; **лицева́я сторона́** Außenseite *f* **3.** ЭКОН persönlich; **~ счёт** persönliches Konto *nt*
лицеде́|й <-я> *м,* **лицеде́йк|а** <-и> *ж* ТЕАТ Mime *m o f;* **теа́тр лицеде́ев** Mimentheater *nt*
лицеи́ст <-а> *м* УНИ Schüler(in) *m(f)* des Lyzeum
лице́|й <-я> *м* Lyzeum *nt*
лицеме́р <-а> *м,* **лицеме́рк|а** <-и> *ж* Heuchler(in) *m o f*
лицеме́ри|е <-я> *ср* Heuchelei *f*
лицеме́р|ить <-ю, -ишь> *нсв нпрх* heucheln
лицеме́р|ный <-ная, -ное; -ен, -на, -но> *прил* heuchlerisch, scheinheilig
лицензеда́те|ль <-ля> *м* Lizenzgeber *m*
лицензеполуча́те|ль <-ля> *м* Lizenznehmer *m*
лицензиа́р <-а> *м* Lizenziar *m,* Lizenzgeber *m*
лицензиа́т <-а> *м* Lizenziat *m,* Lizenznehmer *m*
лицензио́нн|ый <-ая, -ое> *прил* Lizenz-; **~ догово́р** [*или* **контра́кт**] Lizenzvertrag *m;* **~ сбор** Lizenzgebühr *f;* **лицензио́нное вознагражде́ние** Royalty *f;* **лицензио́нное произво́дство** Lizenzfertigung *f;* **лицензио́нное соглаше́ние** Lizenzvertrag *m*
лицензи́ровани|е <-я> *ср* Lizenzierung *f,* Genehmigung *f*
лицензи́рованн|ый <-ая, -ое> *прил*

Л

lizenziert

лице́нзи|я <-и> *ж* Lizenz *f*, Genehmigung *f*; **~ на ввоз** Einfuhrgenehmigung *f*, Importlizenz *f*; **~ на ИТД** Gewerbeschein *m*; **изгота́вливать по лице́нзии** in Lizenz herstellen; **~ на вы́воз** Ausfuhr-/Exportlizenz *f*; **~ на и́мпорт** Importlizenz *f*

лиц|о́ <-а́> *ср* 1. АНАТ Gesicht *nt*; **показа́ть своё и́стинное ~** *перен* sein wahres Gesicht zeigen; **сохрани́ть ~** *fig* das Gesicht wahren 2. *(индиви́д)* Person *f*; **от лица́ кого́-л.** im Namen/Auftrag +*gen*; **~, даю́щее рекоменда́цию** Referenzgeber *m*; **~, выпи́сывающее ве́ксель** Wechselaussteller *m*; **~, даю́щее поруче́ние по перево́ду де́нег** Anweisender *m*; **~, име́ющее пра́во на получе́ние чего́-л.** Empfangsberechtigter *m*; **~, име́ющее за́работок** Erwerbstätiger *m*; **~, име́ющее побо́чный за́работок** Doppelverdiener *m*; **~, не рабо́тающее по на́йму** Selbständiger *m*; **~ свобо́дной профе́ссии** Freiberufler *m*; **~, рабо́тающее без вознагражде́ния** Volontär *m*; **~, не входя́щее в соста́в чего́-л.** Nichtmitglied *nt*; **~, обя́занное произвести́ платёж** Zahlungspflichtiger *m*; **~, регуля́рно приезжа́ющее на рабо́ту из отдалённого ме́ста жи́тельства** Pendler *m* 3. *(и́мидж)* Image *nt*, Profil *nt*; **~ предприя́тия** Unternehmensidentität *f*

личи́н|а <-ы> *ж* Larve *f*; *перен* Maske *f*

личи́нк|а <-и> *ж* ЗООЛ Larve *f*, Made *f*

ли́чно *нрч* persönlich, eigenhändig; **~ я** was mich betrifft

ли́чнос|ть <-ти> *ж* 1. *(индиви́д)* Person *f* 2. *(индивидуа́льность)* Persönlichkeit *f*; **выдаю́щаяся ~** prominente [*o* herausragende] Persönlichkeit *f*

ли́чн|ый <-ая, -ое> *прил* persönlich; **~ вклад** persönlicher Beitrag *m*; **~ дохо́д** Individualeinkommen *nt*; **~ нало́г** Personensteuer *f*; **~ счёт** Privatkonto *nt*; **ли́чное де́ло** Privatsache *f*, АДМ Personalakte *f*; **ли́чное потребле́ние** Eigenbedarf *m*; **ли́чное пра́во** ЮР Personalrecht *nt*; **ли́чное страхова́ние** Privatversicherung *f*

лиша́|й <-я́> *м* БОТ Flechte *f*

лиша́йник <-а> *м* БОТ Flechte *f*

лиша́|ть <-ю, -ешь> *нсв*, **лиши́ть** *св прх (чего́-л.)* entziehen, berauben; **~ кого́-л. возмо́жности** jdm die Möglichkeit [*o* Chance] nehmen; **~ сло́ва** das Wort entziehen; **~ гражда́нских прав** entmündigen; **~ гражда́нства** die Staatsbürgerschaft aberkennen

лиша́|ться <-юсь, -ешься> *нсв*, **лиши́ться** *св рефл (кого́-л./чего́-л.)* jdn/etw verlieren, einbüßen; **~ рабо́ты** die Arbeit verlieren; **~ чувств** das Bewusstsein verlieren

лишён <-а́, -о́> *прил* beraubt, bar; **~ чу́вства ю́мора** ohne jeglichen Sinn für Humor

лише́ни|е <-я> *ср* 1. ЮР Entzug *m*, Aberkennung *f*, Entziehung *f*; **~ гражда́нских прав** Entmündigung *f*; **~ свобо́ды** Freiheitsentzug *m* 2. *мн (нужда́)* Entbehrungen *fpl*; **терпе́ть лише́ния** Not leiden

лиш|и́ть <-у́, -и́шь> *св прх см.* **лиша́ть**

лиш|и́ться <-у́сь, -и́шься> *св рефл см.* **лиша́ться**

ли́шн|ий <-яя, -ее> *прил* 1. *(нену́жный)* überflüssig, unnötig; **я не хочу́ ли́шних разгово́ров** ich möchte unnötiges Gerede vermeiden; **~ вес** Übergewicht *nt* 2. *(дополни́тельный)* zusätzlich; **ли́шние де́ньги мне сейча́с не помеша́ют** gegen etw mehr Geld hätte ich momentan nichts einzuwenden; **~ раз** noch einmal; **из него́ сло́ва ли́шнего не вы́тянешь** *перен* man muss ihm jedes Wort einzeln aus der Nase ziehen

лишь *част разг* nur, bloß, erst; **я ~ на мину́тку** ich komme kurz vorbei; **ему́ ~ бы уйти́!** er will bloß weg!; **~ бы то́лько успе́ть!** Hauptsache, wir schaffen es!

лоб <лба> *м* Stirn *f*; **на лбу** auf der Stirn; **зада́ть вопро́с в ~** eine unvermittelte Frage stellen

ло́бби <неизм> *ср* Lobby *f*

лобби́зм <-а> *м* Lobbyismus *m*

лобби́р|овать <-ую, -уешь> *нсв прх* vor dem Hintergrund eigener Interessen versuchen, eine politische Entscheidung zu beeinflussen

лобби́ст <-а> *м* Lobbyist *m*, Meinungsmacher *m*

ло́бзик <-а> *м* ТЕХ Laubsäge *f*; **выпи́ливать ло́бзиком** mit der Laubsäge aussägen

лобко́в|ый <-ая, -ое> *прил* АНАТ Scham-; **лобко́вые ко́сти** Schambein *nt*; **лобко́вое сраще́ние** Schambeinverwachsung *f*

ло́бн|ый <-ая, -ое> *прил* МЕД Stirn-; **ло́бная кость** Stirnbein *nt*; **воспале́ние ло́бных па́зух** Stirnhöhlenentzündung *f*

лобов|о́й <-а́я, -о́е> *прил* 1. *(фронта́льный)* frontal, Frontal-, stirnseitig; **~ ве́тер** Gegenwind *m*; **лобова́я ата́ка** Frontalangriff *m*; **~ уда́р** Frontalstoß *m* 2. *(пере́дняя часть)* vorder; **лобова́я броня́** vordere Stoßstange *f*; **~ уча́сток** vordere Strecke *f*, vorderes Grundstück *nt*

лоб|о́к <-ка́> *м* Schamhügel *m*, Venusberg *m*

лоботря́с <-а> *м разг* Tagedieb *m*; **безде́льник и ~** Nichtstuer und Tagedieb

лов <ло́ва> *м* Fang *m*

лов|е́ц <-ца́> *м* Fänger(in) *m(f)*, Jäger(in) *m(f)*; *(рыболо́в)* Fischer(in) *m(f)*; **иску́сный ~** geschickter Jäger *m*; **на ловца́ и зверь бежи́т** *поговорка* Kunst bringt Gunst

лов|и́ть <-лю́, -ишь> *нсв*, **пойма́ть** *св прх* 1. *(хвата́ть)* fangen, auffangen; **~ ры́бу** angeln 2. *перен (по́льзоваться чем-л.)* nutzen, ausnutzen; **~ себя́ на мы́сли** sich bei dem Gedanken ertappen; **~ удо́бный слу́чай** eine günstige Gelegenheit abpassen [*o* nutzen]; **~ ры́бку в му́тной воде** im Trüben fischen; **~ себя́ на чем-л.** sich ertappen bei *+dat*

ло́в|кий <-кая, -кое; -ок, -ка́, -ко> *прил* **1.** *(уме́лый, иску́сный)* gewandt, geschickt **2.** *(хи́трый)* pfiffig

ло́вко *нрч* gewandt, geschickt, findig; **~ обвести́ вокру́г па́льца** jdn geschickt um den Finger wickeln; **~ обману́ть** geschickt betrügen

ло́вкос|ть <-ти> *ж* Geschick *nt,* Geschicklichkeit *f;* **~ рук** Fingerfertigkeit *f*

лову́шк|а <-и> *ж* Falle *f;* **рада́рная ~** Radarfalle *f*

ло́вч|ий <-его> *м* Hetzjäger *m*

логари́фм <-а> *м* Logarithmus *m*

логари́фмик|а <-и> *ж* МАТ Logarithmenrechnung *f*

логарифми́ческ|ий <-ая, -ое> *прил* МАТ Logarithmen-; **логарифми́ческая фу́нкция** logarithmische Funktion *f;* **логарифми́ческая крива́я** logarithmische Kurve *f;* **логарифми́ческая лине́йка** Rechenstab *m,* Rechenschieber *m;* **логарифми́ческая спира́ль** logarithmische Spirale *f;* **логарифми́ческая бума́га** logarithmisches Papier *nt;* **логарифми́ческие табли́цы** Logarithmentafel *f*

ло́гик|а <-и> *ж* Logik *f*

логи́стик|а <-и> *ж* Logistik *f;* **консульта́нт по логи́стике** Logistikberater *m*

логи́ческ|ий <-ая, -ое> *прил* ФИЛОС, МАТ, ЛИНГВ logisch, folgerichtig; **логи́ческие катего́рии** logische Kategorien *fpl;* **логи́ческие зако́ны** Gesetze *mpl* der Logik; **~ вы́вод** logische Schlussfolgerung *f;* **логи́ческая оши́бка** logischer Fehler *m;* **логи́ческое доказа́тельство** logischer Beweis *m;* **логи́ческое ударе́ние** logische Betonung *f;* **~ си́нтаксис** logische Syntax *f;* **логи́ческая сема́нтика** logische Semantik *f*

логи́ч|ный <-ная, -ное; -ен, -на, -но> *прил* logisch, folgerichtig

ло́гов|о <-а> *ср* Lager *nt,* Höhle *f;* **во́лчье ~** Wolfshöhle *f;* **~ зве́ря** Tierlager *nt перен* Höhle *f* des Löwen

логопа́ти|я <-и> *ж* МЕД Logopathie *f*

логопе́д <-а> *м* Logopäde *m,* Sprachheilpädagoge *m*

логопе́ди|я <-и> *ж* МЕД Logopädie *f*

логотерапи́|я <-и> *ж* Sprachtherapie *f*

логоти́п <-а> *м* Namenslogo *nt*

ло́джи|я <-и> *ж* Loggia *f*

ло́дк|а <-и> *ж* Boot *nt;* **мото́рная ~** Motorboot *nt;* **надувна́я ~** Schlauchboot *nt;* **подво́дная ~** U-Boot *nt;* **перевози́ть** [*или* **переправля́ть**] **~** ein Boot übersetzen; **сиде́ть в одно́й ло́дке** *перен* im selben Boot sitzen

ло́дочк|а <-и> *ж (же́нские ту́фли)* Pumps *mpl*

ло́дочник <-а> *м* Bootsführer *m*

ло́дочн|ый <-ая, -ое> *прил* Boots-; **ло́дочная при́стань** Bootsanlegestelle *f;* **ло́дочная ста́нция** Bootsverleih *m*

лоды́жк|а <-и> *ж* Knöchel *m*

ло́дырнича|ть <-ю, -ешь> *нсв нпрх разг* faulenzen, auf der Bärenhaut liegen, herumlungern; **переста́ньте ~!** hört auf herumzulungern!; **вам бы то́лько ~!** ihr wollt nur auf der faulen Haut liegen!

ло́ды|рь <-ря> *м разг* Faulenzer *m,* Faulpelz *m,* Drückeberger *m,* Nichtstuer *m;* **иди́те рабо́тать, ло́дыри!** geht arbeiten, ihr Nichtstuer!; **ло́дыря гоня́т** den Faulen schickt jeder weg

ло́ж|а <-и> *ж* Loge *f;* **масо́нская ~** Freimaurerloge *f*

ложби́н|а <-ы> *ж* Vertiefung *f;* **скры́ться в ложби́не** sich in einer Vertiefung verstecken

ло́ж|е <-а> *ср* Ruhelager *nt;* **бра́чное ~** Ehebett *nt;* **сме́ртное ~** Sterbebett *nt;* **~ океа́на** Ozeanbett *nt;* **~ реки́** Flussbett *nt;* **камени́стое ~** Steinbett *nt;* **~ автома́та** ВОЕН Gewehrkasten *m*

Л

лож|и́ться <-у́сь, -и́шься> *нсв,* **лечь** *св нпрх* sich hinlegen; *(идти́ спать)* schlafen gehen

ло́жк|а <-и> *ж* Löffel *m;* **десе́ртная ~** Dessertlöffel *m;* **столо́вая ~** Esslöffel *m;* **ча́йная ~** Teelöffel *m*

ложноно́жк|а <-и> *ж* ЗООЛ Pseudopodium *nt,* Scheinfüßchen *nt*

ложносло́ник <-а> *м* ЗООЛ Käfer *m*

ло́ж|ный <-ная, -ное; -ен, -на, -но> *прил* **1.** *(оши́бочный, неве́рный)* falsch, unwahr; **ло́жная информа́ция** Fehlinformation *f;* **ло́жные показа́ния** Falschaussage *f;* **ло́жная трево́га** Fehlalarm *m;* **идти́ по ло́жному пути́** *перен* auf dem Holzweg sein **2.** *(обма́нчивый)* Schein-, Trug-

ложь <лжи> *ж* Lüge *f;* **~ во спасе́ние** Notlüge *f;* **гру́бая** [*или* **на́глая**] **~** faustdicke [*o* aalglatte] Lüge *f*

лоз|а́ <-ы́> *ж* **1.** *(виногра́дная)* Rebe *f,* Weinstock *m* **2.** Wünschelrute *f*

лозня́к <-а́> *м* БОТ Weidengebüsch *nt,* Weidengehölz *nt;* **густо́й ~** dichtes Weidengesträuch *nt;* **ве́тки лозняка́** Weidenrute *f*

лозохо́д|ец <-ца> *м* Rutengänger *m*

ло́зунг <-а> *м* Losung *f,* Parole *f,* Devise *f;* **вы́двинуть ~** eine Losung [*o* Parole] aufstellen

локализ|ова́ть <-у́ю, -у́ешь> *(н)св прх* lokalisieren

лока́льн|ый <-ая, -ое> *прил* lokal, örtlich; **лока́льная сеть** ИНФОРМ LAN *nt*

лока́тор <-а> *м* ТЕХ Ortungsgerät *nt;* **звуково́й ~** Schallortungsgerät *nt,* Schallradar *nt o m,* Schalllokator *m;* **опти́ческий ~** Lichtradar *nt o m*

лока́ут <-а> *м* ЭКОН Lockout *nt*

локомоти́в <-а> *м* Lokomotive *f*

ло́кон <-а> *м* Locke *f*

ло́к|оть <-тя> *м* Ell(en)bogen *m;* **чу́вство**

лóктя Tuchfühlung *f*

локтев|óй <-áя, -óе> *прил* МЕД Ell(en)-bogen-, kubital, ulnar; **~ сустáв** Ellbogengelenk *nt;* **~ сгиб** Ellbogenkrümmung *f;* **локтевáя кость** Elle *f,* Kubitalknochen *m*

лом <лóма> *м* **1.** *(инструмéнт)* Brecheisen *nt,* Brechstange *f* **2.** *(слóманные вéщи)* Bruch *m,* Schrott *m*

лóман|ый <-ая, -ое> *прил* **1.** *(разбúтый)* gebrochen, zerbrochen, zerschlagen **2.** *(исковéрканный)* entstellt, verzerrt, verstümmelt; **разговáривать на лóманом языкé** radebrechen, gebrochen sprechen **3.** МАТ *(изóгнутый)* gekrümmt; **лóманая лúния** gebrochene [*o* geknickte] Linie *f;* **грошá лóманого не стóит** *поговорка (никудá не годúться)* es ist keinen Pfennig wert, das ist geschenkt zu teuer

ломá|ть <-ю, -ешь> *нсв,* **сломáть** *св прх* brechen, zerbrechen, kaputt machen; **~ гóлову над чем-л.** *перен* sich den Kopf zerbrechen über +*akk;* **~ себé шéю** sich den Hals brechen

ломá|ться <-юсь -ешься> *нсв,* **сломáться** *св рефл* zerbrechen, zu Bruch gehen; *презрит, разг (кривля́ться)* sich zieren

ломбáрд <-а> *м* Pfandleihe *f,* Pfandhaus *nt*

ломбáрдн|ый <-ая, -ое> *прил* Leih-, Pfand-; **ломбáрдная квитáнция** Pfandschein *m,* Versatzschein *m*

лом|úть <-лю́, -ишь> *нсв* **I.** *прх* **1.** *(ломáть)* brechen, biegen, knicken **2.** *(напирáть)* sich vorwärts drängen **II.** *безл, только в 3 л* weh tun; **у меня́ лóмит гóлову** *перен* ich habe Kopfschmerzen

лом|úться <-лю́сь, -ишься> *нсв рефл* **1.** *(от чегó-л.)* brechend voll sein **2.** *перен (лезть напролóм)* mit Gewalt eindringen

лóмк|а <-и> *ж* Brechen *nt,* Zerbrechen *nt,* Niederreißen *nt;* **~ гóлоса** Stimmbruch *m*

лóм|кий <-кая, -кое; -ок, -кá, -ко> *прил* brüchig, zerbrechlich

ломонóс <-а> *м* БОТ Waldrebe *f,* Klematis *f*

лóмтик <-а> *м* Scheibchen *nt,* Scheibe *f;* **~ сы́ру** Käsescheibchen *nt;* **~ хлéба** Brotscheibe *f;* **нарéзать лóмтиками лимóн** eine Zitrone in Scheibchen schneiden

лонгéт <-а> *м* МЕД Schiene *f;* **наложúть ~** eine Schiene legen, schienen; **передвигáться с лонгéтом** sich mit einer Schiene bewegen

лонжерóн <-а> *м* АВИА, АВТО Holm *m,* Längsholm *m,* Längsträger *m*

лóнн|ый <-ая, -ое> *прил* АНАТ Schoß-; **лóнные кóсти** Schoßbein *nt;* **~ бугорóк** Venusberg *m;* **лóнное сращéние** Schoßverwachsung *f*

лóн|о <-а> *ср* Schoß *m;* **на лóне счáстья и забвéнья** im Schoße des Glücks und der Vergessenheit; **в ~ хлáдное землú** im Schoße der kühlen Erde; **на лóне прирóды** in der freien Natur

лóпас|ть <-ти> *ж* **1.** *(плóский конéц)* Schaufel *f,* Blatt *nt;* **~ застýпа** Schippenschaufel *f* **2.** МОР, ТЕХ Schraubenblatt *nt,* Schraubenflügel *m;* **вёсла с широ́кими лóпастями** breite Ruderblätter *ntpl*

лопáт|а <-ы> *ж* Schaufel *f; (штыковáя)* Spaten *m;* **рабóтать лопáтой** schaufeln, graben

лопáтк|а <-и> *ж* **1.** *(мастерóк)* Kelle *f* **2.** АНАТ Schulterblatt *nt*

лопатонóг|ий <-ого> *м* ЗООЛ Flossenfüßler *m*

лопатонóс <-а> *м* ЗООЛ Störfisch *m*

лóпа|ть <-ю, -ешь> *нсв,* **слóпать** *св прх жарг* fressen

лóпа|ться <-юсь -ешься> *нсв,* **лóпнуть** *св рефл* **1.** *(трéснуть, порвáться)* platzen, zerreißen, zerspringen; **стакáн лóпнул** das Glas zersprang; **шúна лóпнула** der Reifen ist geplatzt; **брю́ки лóпнули по швам** die Hose platzte an der Naht; **струнá лóпнула** die Saite zersprang **2.** *(набýхнуть)* aufgehen; **пóчки на дерéвьях лóпнули** die Knospen platzten auf **3.** *(потерпéть крах)* Bankrott erklären *m;* **карьéра лóпнула** die Karriere ist zu Ende; **дéло лóпнуло** die Sache ging ins Wasser; **надéжда лóпнула** die Hoffnung ist gescheitert **4.** *разг (не вы́держать напряжéния)* vor Spannung platzen; **~ от злóсти** vor Wut kochen; **терпéние лóпнуло** der Geduldsfaden ist gerissen

лопýх <-á> *м* БОТ Klette *f;* **двор зарóс лопухóм** der Hof ist mit Klette bewachsen; **~ он у тебя́!** hast du einen Tollpatsch!

ЛОР *сокр от* **отоларингóлог** Hals-Nasen-Ohren-Arzt *m,* HNO-Arzt *m*

лóри <неизм> *ср* ЗООЛ Lori *m (Papageienart)*

лорнéт <-а> *м* Lorgnon *nt,* Lorgnette *f;* **держáть мóдный ~** mit modischem Lorgnon in der Hand

лосúн|ы <-> *мн* Leggings *pl*

лоск <лóска> *м* Glanz *m,* Schliff *m*

лоскýт <-á> *м* Flicken *m*

лосн|úться <-ю́сь, -úшься> *нсв рефл* **1.** *(блестéть)* glänzen; **шёлк лоснúтся** die Seide glänzt; **вóлосы лосня́тся** die Haare glänzen **2.** *(изнáшиваться)* abnutzen, abtragen; **рукавá пиджакá лосня́ться** die Jackenärmel sind abgewetzt

лососёв|ый <-ая, -ое> *прил* Lachs-; **лососёвая икрá** Kaviar *m*

лосó|сь <-ся> *м* ЗООЛ Lachs *m*

лось <лóся> *м* ЗООЛ Elch *m*

лосьóн <-а> *м* Lotion *f;* **~ для брить́я** Rasierwasser *nt;* **~ для лицá** Gesichtswasser *nt*

лот <лóта> *м* МОР Lot *nt*

лотерéйн|ый <-ая, -ое> *прил* Lotterie-; **~ билéт** Lottoschein *m;* **нóмер лотерéйного билéта** Losnummer *f*

лотерé|я <-и> *ж* Lotterie *f;* **дéнежно-вещевáя ~** Tombola *f*

лото́ <неизм> *ср (игра́)* (Bilder)Lotto *nt*
ло́тос <-а> *м* БОТ Lotos *m,* Lotosblume *f;* **еги́петский ~** ägyptischer Lotos *m;* **инди́йский ~** indischer Lotos *m*
лох <ло́ха> *м* **1.** БОТ wilder Olivenbaum *m* **2.** ЗООЛ männlicher Lachs *m* **3.** *разг (дура́к)* Dummkopf *m*
лоха́нк|а <-и> *ж* АНАТ Becken *nt;* **по́чечная ~** Nierenbecken *nt*
лохма́т|ый <-ая, -ое; -, -а, -о> *прил* **1.** *(растрёпанный)* zottig, struppig **2.** *(непричёсанный)* ungekämmt
лохмо́ть|я <-ев> *мн* Lumpen *mpl,* Fetzen *mpl;* **оде́тый в ~** zerlumpt
ло́хов|ый <-ая, -ое> *прил* Sanddorn-; **~ сте́бель** Schlehdorn *m,* Schwarzdorn *m;* **~ плод** Schleh(frucht) *f*
ло́ци|я <-и> *ж* МОР Lotsen *nt,* Steuermannskunst *f,* Seehandbuch *nt*
ло́цман <-а> *м* Lotse *m*
лошади́н|ый <-ая, -ое> *прил* Pferde-; **лошади́ная си́ла, л.с.** Pferdestärke *f,* PS
ло́ша|дь <-ди> *ж* Pferd *nt;* **бегова́я ~** Rennpferd *nt;* **верхова́я ~** Reitpferd *nt;* **~-кача́лка** *(игру́шка)* Schaukelpferd *nt*
лоша́к <-а́> *м* Maulesel *m*
лощён|ый <-ая, -ое> *прил (бума́га)* glänzend, Glanz-
лощи́н|а <-ы> *ж* Mulde *f,* Talsenke *f*
лощ|и́ть <-у́, -и́шь> *нсв,* **на́лощить** *св прх* polieren, glätten, satinieren; **~ парке́т во́ском** den Fußboden bohnern, polieren; **~ бума́гу** das Papier satinieren; **~ ко́жу** das Leder glanzieren
лоя́льнос|ть <-ти> *ж* Loyalität *f*
лоя́льн|ый <-ая, -ое> *прил* loyal
луб|о́к <-ка́> *м* **1.** МЕД Schiene *f;* **наложи́ть ~** schienen; **нога́ в лубка́х** geschientes Bein *nt* **2.** ИСК Bilderbogen *m,* Volksbilderbogen *m*
лубян|о́й <-а́я, -о́е> *прил* Bast-; **лубяны́е изде́лия** Basterzeugnisse *ntpl;* **лубяна́я табаке́рка** Tabakdose *f* aus Bast
луг <лу́га> *м (лужа́йка)* Wiese *f;* **на лугу́** auf der Wiese; **~ альпи́йский** Alm *f*
лугово́дств|о <-а> *ср* Wiesenwirtschaft *f,* Wiesenbau *m*
лугов|о́й <-а́я, -о́е> *прил* Wiesen-; **~ волк** Steppenwolf *m;* **~ мотылёк** Wiesenfalter *m,* Wiesenschmetterling *m;* **~ опёнок** Hallimasch *m;* **луговы́е цветы́** Wiesenblumen *fpl;* **луговы́е по́чвы степе́й** Grassteppenboden *m*
лугомелиора́ци|я <-и> *ж* АГР Wiesenmelioration *m*
лу́ж|а <-и> *ж* Pfütze *f*
лужа́йк|а <-и> *ж* kleine Wiese *f; (поля́на)* Waldlichtung *f*
луже́ни|е <-я> *ср* ТЕХ Verzinnen *nt;* **~ посу́ды** Geschirrverzinnen *nt*
лужён|ый <-ая, -ое> *прил* verzinnt; *разг (громогла́сный)* schrill; **лужёная посу́да** verzinntes Geschirr *nt;* **лужёная гло́тка** ausgebrannte Gurgel *f*
лу́з|а <-ы> *ж* СПОРТ Billardbeutel *m,* Billardloch *nt;* **загоня́ть шар в лу́зу** den Ball ins Loch schießen
лузг|а́ <-и́> *ж* Hülse *f,* Schale *f,* Spreu *f*
лук[1] <лу́ка> *м* Zwiebel *f;* **зелёный ~** Zwiebellauch *m;* **лук-поре́й** Lauch *m,* Porree *m*
лук[2] <лу́ка> *м* СПОРТ Bogen *m;* **стрело́к из лу́ка** Bogenschütze *m*
лук|а́ <-и́> *ж* Biegung *f,* Krümmung *f;* **~ доро́ги** Straßenbiegung *f;* **морска́я ~** Seekrümmung *f*
лука́в|ить <-лю, -ишь> *нсв,* **слука́вить** *св нпрх* sich verstellen, listig sein; **будь и́скрен, ни к чему́ ~** bleib ehrlich, du brauchst dich nicht zu verstellen; **по глаза́м ви́дно, что лука́вит** der Schalk schaut ihm aus den Augen
лука́в|ый <-ая, -ое; -, -а, -о> *прил* hinterlistig, tückisch; **~ взгляд** verschlagener Blick *m;* **лука́вая улы́бка** schelmisches Lächeln *nt*
лу́ковиц|а <-ы> *ж* Zwiebel *f;* **цвето́чная ~** Blumenzwiebel *f*
лу́ковичн|ый <-ая, -ое> *прил* БОТ Zwiebel-; **лу́ковичные расте́ния** Zwiebelgewächse *ntpl*
лу́ков|ый <-ая, -ое> *прил* **1.** *(с арома́том лу́ка)* Zwiebel-; **~ со́ус** Zwiebelsoße *f;* **~ за́пах** Zwiebelgeruch *m* **2.** *шутл (неза́дачливый)* Pech-; **го́ре лу́ковое, уме́ешь ли ты стреля́ть?** du, Unglücksrabe, kannst du überhaupt schießen?
лукомо́рь|е <-я> *ср* ПОЭТ Meeresbucht *f;* **ве́тер ве́ял с лукомо́рья** der Wind wehte aus der Bucht
луко́шк|о <-а> *ср разг* Bastkorb *m;* **~ с риба́ми** Bastkorb mit Pilzen; **по́лное ~ земляни́ки** voller Korb Erdbeeren
лун|а́ <-ы́> *ж* Mond *m*
лу́на-па́рк <лу́на-па́рка> *м* Vergnügungspark *m*
луна́-ры́б|а <-ы> *ж* ЗООЛ Mondfisch *m*
луна́тик <-а> *м* Schlafwandler *m;* **быть луна́тиком** schlafwandeln
лу́нк|а <-и> *ж* **1.** *(я́мка)* kleine runde Aushöhlung *f,* Eindruck *m* **2.** *(отве́рстие во льду́)* Eisloch *nt* **3.** АНАТ Alveole *f;* **~ зу́ба** Zahnhöhle *f*
лу́нн|ый <-ая, -ое> *прил* Mond-
луноход <-а> *м* Mondmobil *nt*
луноход|ы <-ов> *мн (о́бувь)* Moonboots *mpl*
лунь <лу́ня *или* луня́> *м* ЗООЛ Weih *m,* Weihe *f;* **лугово́й ~** Wiesenweihe *f;* **степно́й ~** Steppenweihe *f;* **боло́тный ~** Sumpfweihe *f;* **бе́лый как ~** schneeweiß, silberweiß
лу́п|а <-ы> *ж* Lupe *f*
луп|и́ть <-лю́, -ишь> *нсв,* **облупи́ть** *св прх* **1.** *(сдира́ть)* häuten, (ab)schälen; **~ ко́жу** die Haut abziehen; **~ кору́ с де́рева**

Л

abrinden, die Rinde abreißen **2.** *разг (до́рого брать)* überteuern; **~ втридо́рога** das Fell über die Ohren ziehen

луп|и́ться <-лю́сь, -ишься> *нсв,* **облупи́ться** *св рефл* **1.** *(шелуши́ться)* sich schälen **2.** *(отва́ливаться)* abbröckeln

луч <луча́> *м* Strahl *m;* **~ све́та** Lichtstrahl *m;* **~ наде́жды** *перен* Hoffnungsschimmer *m*

лучев|о́й <-а́я, -о́е> *прил* **1.** МЕД Strahlen-; **лучева́я боле́знь** Strahlenkrankheit *f;* **лучева́я терапи́я** Strahlentherapie *f,* Strahlenbehandlung *f* **2.** ФИЗ, МАТ Strahlen-, strahlenförmig, radial; **лучева́я реа́кция** Strahlenreaktion *f;* **лучева́я симме́трия** Strahlensymmetrie *f* **3.** АНАТ Speiche(n)-; **лучева́я кость** Speiche *f*

лучеза́р|ный <-ная, -ное; -ен, -на, -но> *прил* ПОЭТ strahlend, leuchtend; **лучеза́рное со́лнце** strahlende Sonne *f;* **лучеза́рная улы́бка** strahlendes Lächeln *nt;* **лучеза́рное бу́дущее** schöne Zukunft *f*

лучеиспуска́ни|е <-я> *ср* ФИЗ (Aus)-Strahlung *f,* Strahlungsemission *f,* Radiation *f*

лучепреломле́ни|е <-я> *ср* ФИЗ Strahlenbrechung *f,* Refraktion *f;* **двойно́е ~** doppelte Strahlenbrechung *f*

лучи́ст|ый <-ая, -ое; -, -а, -о> *прил* **1.** *(испуска́ющий лучи́, свет)* strahlend; **~ свет** strahlendes Licht *nt;* **лучи́стые звезды** strahlende Sterne *mpl;* **лучи́стые глаза́** strahlende Augen *ntpl* **2.** ФИЗ strahlend, strahlig, Strahlungs-; **лучи́стая эне́ргия** Strahlungsenergie *f;* **лучи́стая теплота́** Strahlungswärme *f;* **~ пото́к** Strahlenstrom *m;* **лучи́стое равнове́сие** Strahlengleichgewicht *nt* **3.** ШАХТ Strahlen-; **~ колчеда́н** Strahlenkies *m;* **лучи́стая руда́** Strahlenerz *nt*

лучко́в|ый <-ая, -ое> *прил* ТЕХ Bogen-; **лучко́вая пила́** Bogenfeile *f;* **лучко́вое сверло́** Bogenbohrer *m;* **лучко́вое сверле́ние** Bogenbohren *nt*

лу́чник <-а> *м,* **лу́чниц|а** <-ы> *ж* **1.** ИСТОР Bogenschütze *m,* Bogenschützin *f;* **отря́д лу́чников** Bogenschützentrupp *m;* **ко́нные лу́чники** reitende Bogenschützen *mpl* **2.** СПОРТ Bogenschießen *nt;* **соревнова́ния лу́чников** Bogenschießwettkampf *m*

лу́чше **I.** <*сравнит. от* хоро́ший> *прил* besser; **ему́ ~** es geht ihm besser **II.** <*сравнит. от* хорошо́> *нрч* besser, lieber; **как нельзя́ ~** bestens, ausgezeichnet; **~ сде́лай э́то сра́зу!** mach das lieber gleich!

лу́чш|ий <-ая, -ее> *прил* beste(r, s); **мо́й ~ друг** mein bester Freund *m;* **в лу́чшем слу́чае** bestenfalls; **он измени́лся в лу́чшую сто́рону** er hat sich zu seinem Vorteil verändert

луще́ни|е <-я> *ср* АГР *(очище́ние от скорлупы́)* (Ab)Schälen *nt,* Enthülsen *nt,* Ausschoten *nt;* **~ оре́хов** Nüsseknacken *nt*

лущ|и́ть <-у́, -и́шь> *нсв,* **облущи́ть** *св прх* **1.** *(очища́ть)* schälen, ausschoten, enthülsen; **~ горо́х** Erbsen aushülsen **2.** *(разрыхля́ть)* auflockern

лы́ж|и <-> *мн* Ski *mpl,* Schi *mpl;* **беговы́е ~** Langlaufschi *mpl;* **во́дные ~** Wasserski *mpl*

лы́жник <-а> *м,* **лы́жниц|а** <-ы> *ж* Schifahrer(in) *m(f),* Schiläufer(in) *m(f)*

лы́жн|ый <-ая, -ое> *прил* Schi-, Ski-; **~ костю́м** Schianzug *m;* **~ подъёмник** Schilift *m;* **лы́жные боти́нки** Schistiefel *mpl*

лыжн|я́ <-и *или* -и́> *ж* Schispur *f,* Loipe *f*

лы́к|о <-а> *ср* Bast *m*

лысе́|ть <-ю, -ешь> *нсв,* **облысе́ть** *св нпрх* kahlköpfig werden, eine Glatze bekommen

лы́син|а <-ы> *ж* Glatze *f*

лы́с|ый <-ая, -ое; -, -а́, -о> *прил* kahl, glatzköpfig

льви́н|ый <-ая, -ое> *прил* Löwen-; **льви́ная до́ля** Löwenanteil *m*

льви́ц|а <-ы> *ж* Löwin *f*

льго́т|а <-ы> *ж* Privileg *nt,* Vergünstigung *f;* **нало́говая ~ на дете́й** Kinderfreibetrag *m;* **по́льзоваться льго́тами** Sonderrechte *ntpl* genießen

льго́тн|ый <-ая, -ое> *прил* vergünstigt; **~ биле́т** ermäßigte Fahrkarte *f;* **льго́тная по́шлина** Vorzugszoll *m;* **льго́тная цена́** Sonderpreis *m;* **~ креди́т** Soft Loan *m*

льди́н|а <-ы> *ж* Eisscholle *f;* **шага́ть с льди́ны на льди́ну** von Eisscholle zur Eisscholle springen; **плаву́чая ~** schwimmende Eisscholle *f*

льново́дн|ый <-ая, -ое> *прил* АГР Flachsanbau-, Lein(an)bau-; **льново́дная зо́на** Flachsanbaugebiet *nt*

льня́нк|а <-и> *ж* БОТ Leinkraut *nt*

льнян|о́й <-а́я, -о́е> *прил* Flachs-, Lein-; **льняно́е се́мя** Leinsaat *f;* **льняно́е ма́сло** Leinöl *nt;* **льняна́я пря́жа** Leinengarn *nt;* **льняно́е полотно́** Leinwand *f;* **льняны́е тка́ни** Leinenstoffe *mpl;* **льняно́е произво́дство** Leinenproduktion *f*

льсте́ц <-а́> *м* Schmeichler(in) *m(f)*

льсти́в|ый <-ая, -ое; -, -а, -о> *прил* schmeichelnd, Schmeichel-, liebedienerisch; **льсти́вые слова́** Schmeichelworte *ntpl;* **льсти́вая улы́бка** schmeichelndes Lächeln *nt;* **~ челове́к** Schmeichler *m*

льстить <льщу, льстишь> *нсв,* **польсти́ть** *св прх* schmeicheln, Süßholz raspeln

льсти́ться <льщусь, льсти́шься> *нсв,* **польсти́ться** *св рефл разг* verführt/versucht/verlockt werden

лья́л|о <-а> *ср* **1.** МОР Entwässerungsrinne *f* im Schiffsladeraum **2.** ТЕХ Kokille *f*

лэпто́п <-а> *м* ИНФОРМ Laptop *nt*

любе́знича|ть <-ю, -ешь> *нсв нпрх* **1.** *разг (флиртова́ть, заи́грывать с кем-л.)* flirten, schäkern mit *+dat* **2.** *(втира́ться в дове́рие)* sich einschmeicheln bei *+dat*

любе́знос|ть <-ти> *ж* **1.** *(учти́вость)* Liebenswürdigkeit *f;* **не откажи́те в любе́зности!** bitte tun Sie mir den Gefallen!; **оказа́ть ~** einen Gefallen tun **2.** ЭКОН *(в отноше́ниях с клие́нтом)* Kulanz *f,* Entgegenkommen *nt*

любе́з|ный <-ная, -ное; -ен, -на, -но> *прил* **1.** *(учти́вый)* liebenswürdig, freundlich **2.** ЭКОН *(усту́пчивый)* kulant, entgegenkommend

люби́м|ец <-ца> *м,* **люби́миц|а** <-ы> *ж* Liebling *m;* **~ пу́блики** Publikumsliebling *m*

люби́м|ый <-ая, -ое; -, -а, -о> *прил* Lieblings-; **люби́мое блю́до** Lieblingsessen *nt,* Leibgericht *nt;* **люби́мое заня́тие** Lieblingsbeschäftigung *f,* Hobby *nt*

люби́те|ль <-ля> *м,* **люби́тельниц|а** <-ы> *ж* **1.** *(знато́к)* Kenner(in) *m(f);* **~ му́зыки** Musikfreund *m;* **~ пи́ва** Biertrinker *m;* **~ поспа́ть** Langschläfer *m;* **~ приключе́ний** abenteuerlustiger Mensch *m* **2.** *(непрофессиона́л)* Laie *m,* Amateur(in) *m(f);* **садово́д-~** Gartenfreund *m,* Hobbygärtner *m*

люб|и́ть <-лю́, -ишь> *нсв прх* lieben, lieb haben, mögen; **~ свою́ профе́ссию** an seinem Beruf hängen

лю́бк|а <-и> *ж* БОТ Schwertlilie *f*

люб|ова́ться <-у́юсь, -у́ешься> *нсв,* **полюбова́ться** *св рефл* **1.** *книжн* sich weiden an *+dat* **2.** *(на кого́-л./что-л.)* etw mit Vergnügen betrachten; **~ пейза́жем** sich über die Aussicht freuen; **полюбу́йтесь, как он хорошо́ экза́мен сдал!** *(пло́хо)* sehen Sie sich an, wie er bei der Prüfung abgeschnitten hat! *(schlecht)*

любо́вник <-а> *м* Liebhaber *m,* Geliebter *m*

любо́вниц|а <-ы> *ж* Geliebte *f*

любо́вн|ый <-ая, -ое; -на, -но> *прил* Liebes-; **любо́вное письмо́** Liebesbrief *m;* **любо́вная тоска́** Liebeskummer *m*

люб|о́вь <-ви́> *ж* Liebe *f;* **~ к бли́жнему** Nächstenliebe *f;* **~ к живо́тным** Tierliebe *f;* **~ к приро́де** Naturverbundenheit *f;* **~ к поря́дку** Ordnungsliebe *f;* **~ к чте́нию** Leselust *f;* **матери́нская ~** Mutterliebe *f;* **~ с пе́рвого взгля́да** Liebe auf den ersten Blick; **с любо́вью** liebevoll

любозна́тельнос|ть <-ти> *ж* Wissensdurst *m,* Wissbegierde *f*

любозна́те|льный <-льная, -льное; -лен, -льна, -льно> *прил* wissbegierig

люб|о́й <-а́я, -о́е> *прил* beliebig; **в любо́е вре́мя** zu jeder Zeit

любопы́т|ный **I.** <-ная, -ное; -ен, -на, -но> *прил* **1.** *(любопы́тствующий)* neugierig **2.** *(занима́тельный)* interessant **II.** <-ного> *м* Neugierige(r) *f(m)*

любопы́тств|о <-а> *ср* Neugier *f;* **из любопы́тства** aus Neugier

любопы́тств|овать <-ую, -уешь> *нсв нпрх* neugierig sein; *(спра́шивать)* sich erkundigen

лю́бящ|ий <-ая, -ее> *прил* liebevoll; **~ дете́й** kinderlieb

лю́гер <-а> *м* МОР Lugger *m*

лю́д|и <-е́й> *мн* Menschen *mpl,* Leute *pl*

людое́д <-а> *м* Menschenfresser *m,* Kannibale *m*

людск|о́й <-а́я, -о́е> *прил* menschlich, Menschen(s)-; **~ род** Menschengeschlecht; **людска́я молва́** Gerede *nt* der Leute; **людска́я неблагода́рность** Undankbarkeit *f* der Leute [*o* Menschen]; **~ шум** Menschenlärm *m;* **людска́я не́нависть** Hass *m* der Leute

люк <лю́ка> *м* Luke *f;* *(подва́л)* Falltür *f*

люкс **I.** <неизм> *прил* erste Klasse, Luxus- **II.** <лю́кса> *м* *komfortables Zimmer im Hotel, Kreuzfahrtschiff usw.*

Люксембу́рг <-а> *м* Luxemburg *nt*

лю́льк|а <-и> *ж* Wiege *f*

люмба́го <неизм> *ср* МЕД Hexenschuss *m,* Lumbago *f*

люме́н <-а> *м* ФИЗ Lumen *nt;* **~-секу́нда** Lumen pro Sekunde, *lm/s*

люмина́л <-а> *м* МЕД Luminal *nt*

люминесце́нтн|ый <-ая, -ое> *прил* ФИЗ Lumineszenz-, Leuchtstoff-; **~ ана́лиз** Leuchtstoffanalyse *f;* **люминесце́нтная ла́мпа** Leuchtstofflampe *f;* **люминесце́нтная дефектоскопи́я** Leuchtstoffdefektoskopie *f*

люминесце́нци|я <-и> *ж* ХИМ, ФИЗ Lumineszenz *f;* **спонта́нная ~** spontane Lumineszenz *f;* **резона́нсная ~** resonante Lumineszenz *f;* **кратковре́менная ~** kurzzeitige Lumineszenz *f;* **дли́тельная ~** andauernde Lumineszenz *f*

лю́мпенпролетариа́т <-а> *м* ПОЛ Lumpenproletariat *nt*

люне́т <-а> *м* СТР Bogenfeld *nt,* ИСТОР Lünette *f*

люпи́н <-а> *м* БОТ Lupine *f;* **кормово́й ~** Futterlupine *f*

лю́пус <-а> *м* МЕД Lupus *m*

лю́стр|а <-ы> *ж* Kronleuchter *m*

люстри́н <-а> *м* Lüster *m;* **костю́м из люстри́на** Lüsteranzug *m*

лютера́нств|о <-а> *ср* РЕЛИГ Luthertum *nt;* **сторо́нники лютера́нства** Lutheraner(in) *m(f)*

лю́тик <-а> *м* БОТ Hahnenfuß *m,* Ranunkel *f*

лютни́ст <-а> *м* МУЗ Lautenspieler(in) *m(f)*

лю́тн|я <-и> *ж* МУЗ Laute *f*

лю́т|ый <-ая, -ое; -, -а́, -о> *прил* grausam, grimmig, unerträglich

люф|а́ <-ы́> *ж* БОТ Luffa *f,* Luffagurke *f,* Luffaschwamm *m*

люце́рн|а <-ы> *ж* БОТ Luzerne *f;* **~ гибри́дная** Hybridluzerne *f;* **~ жёлтая** gelbe Luzerne *f*

лю́эс <-а> *м* МЕД Lues *f,* Syphilis *f*

лягуша́тник <-а> *м* Planschbecken *nt*

Л

лягуша́ч|ий <-ья, -ье> *прил* Frosch-; **лягу́ша́чья ла́пка** Froschschenkel *m*

лягу́шк|а <-и> *ж* Frosch *m;* **древе́сная ~** Laubfrosch *m*

ля́жк|а <-и> *ж* Lende *f,* Schenkel *m*

лязг <ля́зга> *м* Klirren *nt,* Rasseln *nt,* Klappern *nt;* **~ цепе́й** Kettengerassel *nt;* **~ желе́за** Eisenklirren *nt;* **~ зубо́в** Zähneklappern *nt*

ля́зга|ть <-ю, -ешь> *нсв прх* klirren mit +*dat;* *(зуба́ми)* mit den Zähnen klappern

ля́мбли|я <-и> *ж* зоол Lamblia *f* *(Magenparasit)*

ля́мк|а <-и> *ж* **1.** *(широ́кий реме́нь)* Tragriemen *m;* **попра́вить ля́мку рюкзака́** den Traggurt des Rucksacks reparieren; **бурла́цкая ~** Schleppseil *nt* **2.** *(две поло́ски)* Träger *m;* **~ сарафа́на** die Träger vom Trägerrock; **~ ли́фчика** BH-Träger *m* **3.** *разг* *(тяжёлая рабо́та)* Abrackern *nt;* **тянуть ~** sich abrackern

ля́па|ть <-ю, -ешь> *нсв,* **ля́пнуть** *св прх разг* **1.** *(сболтну́ть)* herausplatzen, daherreden; **~ глу́пость** quatschen; **ля́пнул, не поду́мав** er redet drauflos **2.** *(де́лать ко́е-ка́к)* pfuschen

ля́пис <-а> *м* мед Höllenstein *m,* Silbernitrat *nt*

ля́пн|уть <-у, -ешь> *св прх см.* **ля́пать**

ля́псус <-а> *м* Lapsus *m,* Schnitzer *m*

М м

М, м <неизм> *ср нескл Buchstabe M f*

мавзоле́|й <-я> *м* Mausoleum *nt;* **~ Ле́нина** das Lenin-Mausoleum

мавр <ма́вра> *м* Maure *m,* Mohr *m*

маг <ма́га> *м* Magier *m,* Zauberer *m*

Магада́н <-а> *м* ГЕОГ Magadan *nt*

магази́н <-а> *м* **1.** *(помеще́ние для прода́жи това́ров)* Geschäft *nt,* Laden *m,* Verkaufsstelle *f;* **~ самообслу́живания** Selbstbedienungsgeschäft *nt;* **~ уценённых това́ров** Discount-Geschäft *nt;* **апте́карский ~** Drogerie *f;* **кни́жный ~** Buchhandlung *f;* **комиссио́нный ~** Secondhandladen *m;* **специализи́рованный ~** Fachgeschäft *nt;* **ходи́ть по магази́нам** einen Einkaufsbummel machen **2.** ВОЕН *(обо́йма)* Magazin *nt*

магази́нн|ый <-ая, -ое> *прил* Laden-; **~ вор** Ladendieb *m;* **магази́нная цена́** Ladenpreis *m*

магази́нчик <-а> *м* Laden *m;* **кофе́йный ~** Kaffeegeschäft *nt,* Kaffeestube *f,* IAEO *f*

МАГАТЭ́ *сокр от* **междунаро́дное а́гентство по а́томной эне́ргии** Internationale Atomenergieorganisation *f,* IAEO *f*

маги́стр <-а> *м* Magister *m*

магистра́|ль <-ли> *ж* Verkehrsader *f;* **выходна́я** [*или* **выездна́я**] **~** Ausfallstraße *f;* **информацио́нная ~** Datenautobahn *f,* Datenhighway *m*

магистра́льн|ый <-ая, -ое> *прил* Autobahn-; **~ уча́сток** Autobahnstrecke *f*

магистра́т <-а> *м* Magistrat *m,* Stadtrat *m,* Stadtverwaltung *f*

маги́ческ|ий <-ая, -ое> *прил* magisch; **маги́ческое сло́во** Zauberwort *nt*

ма́ги|я <-и> *ж* Magie *f*

магна́т <-а> *м* Magnat *m;* **нефтяно́й ~** Ölmagnat *m*

магнети́зм <-а> *м и перен* Magnetismus *m;* **земно́й ~** Erdmagnetismus *m*

ма́гни|й <-я> *м* Magnesium *nt*

магни́т <-а> *м* Magnet *m*

магни́тн|ый <-ая, -ое> *прил* Magnet-, magnetisch; **магни́тная ка́рта** Magnetkarte *f;* **магни́тная ле́нта, МЛ** Magnetband *nt;* **магни́тная па́мять, магни́тное ЗУ** Magnetspeicher *m;* **магни́тное по́ле** Magnetfeld *nt*

Магнитого́рск <-а> *м* ГЕОГ Magnitogorsk *nt*

магнито́л|а <-ы> *ж* Radiorecorder *m*

магнитофо́н <-а> *м* Tonbandgerät *nt;* **кассе́тный ~** Kassettenrecorder *m*

магнитофо́нн|ый <-ая, -ое> *прил* Tonband-; **магнитофо́нная за́пись** Tonbandaufnahme *f*

магно́ли|я <-и> *ж* БОТ Magnolie *f,* Magnolienbaum *m;* **краси́вая ~** schöne Magnolie *f*

мада́м <неизм> *ж* Madame *f;* **~ Ивано́ва** Madame Iwanowa

мадемуазе́ль <неизм> *ж (обраще́ние)* Mademoiselle *f*

мадо́нн|а <-ы> *ж* Madonna *f,* Mutter Gottes; **католи́ческая ~** katholische Madonna *f*

Мадри́д <-а> *м* Madrid *nt;* **столи́ца Испа́нии – ~** die Hauptstadt Spaniens ist Madrid

мажо́р <-а> *м* Dur *nt*

мажорита́рн|ый <-ая, -ое> *прил* Mehrheits-; **мажорита́рная систе́ма** Mehrheitssystem *nt*

мажо́р|ный <-ная, -ное; -ен, -на, -но> *прил* **1.** МУЗ Dur-; **~ акко́рд** Durakkord *m* **2.** *перен* heiter; **мажо́рное настрое́ние** heitere Laune *f*

ма́занк|а <-и> *ж* Lehmhütte *f*

ма́|зать <-жу, -жешь> *нсв,* **нама́зать, пома́зать** *св прх* **1.** *(нама́зать, сма́зать)* schmieren; **~ хлеб ма́слом** eine Butterschnitte schmieren **2.** РЕЛИГ *(соверши́ть пома́зание)* salben; **~ царя́** den König salben **3.** *перен* **~ из ружья́** mit der Flinte vorbeischießen

мазн|у́ть <-у, -ёшь> *св прх разг* schmieren

мазн|я́ <-и́> *ж презрит* Geschmier *nt,* Schmiererei *f*

маз|о́к <-ка́> *м* Pinselstrich *m,* Strich *m;* **кла́сть после́дние мазки́** die letzten Striche machen

мазохи́зм <-а> *м* Masochismus *m;* **настоя́щий ~** echter Masochismus *m*

мазохи́стск|ий <-ая, -ое> *прил* masochistisch

мазу́т <-а> *м* Heizöl *nt,* Schweröl *nt;* **уте́чка мазу́та** Heizölabfluss *m,* Heizölleck *nt*

мазу́тн|ый <-ая, -ое> *прил* Masut-, Heizöl-; **мазу́тное пятно́** Heizölfleck *m;* **мазу́тные масла́** Masutöle *ntpl*

мазь <ма́зи> *ж* Salbe *f;* **~ от ожо́гов** Brandsalbe *f;* **натира́ть ма́зью** salben

май <ма́я> *м* Mai *m*

Майа́ми <неизм> *мн* ГЕОГ Miami *nt*

ма́йк|а <-и> *ж* **1.** *(футбо́лка)* T-Shirt *nt* **2.** СПОРТ Trikot *nt,* Sporthemd *nt;* **жёлтая ~** СПОРТ gelbes Trikot *nt* **3.** *(ни́жнее бельё)* Unterhemd *nt*

майоне́з <-а> *м* Mayonnaise *f*

майо́р <-а> *м* Major *m*

ма́йск|ий <-ая, -ое> *прил* Mai-; **~ жук** Maikäfer *m*

ма́й|я <-и> *ж* Baumwollstoff *m;* **голуба́я ~** blauer Baumwollstoff *m*

Ма́йя <неизм> *мн* ЭТНОГР Maya *pl*

мак <ма́ка> *м* Mohn *m*

мака́к|а <-и> *ж* Makak *m;* **ма́ленькая ~** kleiner Makak *m*

макаро́нн|ый <-ая, -ое> *прил* Nudel-; **макаро́нные изде́лия** Teigwaren *pl*
макаро́н|ы <-> *мн* Makkaroni *pl*
мака́|ть <-ю, -ешь> *нсв прх* eintauchen, tunken; **~ перо́ в черни́ла** die Feder in die Tinte eintauchen; **~ хлеб** das Brot eintunken; **~ све́чи** Kerzen ziehen *(Kerzen im Tauchverfahren herstellen)*
македо́н|ец <-ца> *м* Mazedonier *m;* **борьба́ македо́нцев** der Kampf der Mazedonier
Македо́ни|я <-и> *ж* Mazedonien *nt*
македо́нк|а <-и> *ж* Mazedonierin *f;* **потомственная ~** gebürtige Mazedonierin *f*
македо́нск|ий <-ая, -ое> *прил* mazedonisch
маке́т <-а> *м* **1.** *(моде́ль, имита́ция)* Modell *nt,* Attrappe *f,* Nachbildung *f* **2.** *(но́вого но́мера газе́ты)* Layout *nt*
маке́тчик <-а> *м* Modellbauer *m;* **профессиона́льный ~** Profimodellbauer *m*
макинто́ш <-а> *м* Regenmantel *m*
макия́ж <-а> *м* Make-up *nt,* Schminke *f*
ма́клер <-а> *м* Makler *m;* **биржево́й ~** Börsenmakler *m,* Broker *m;* **~ по недви́жимости** *(риэ́лтер)* Immobilienmakler *m;* **~ по опера́циям с це́нными бума́гами** Effektenmakler *m;* **~ по прода́же земе́льных уча́стков** Grundstücksmakler *m*
ма́клерск|ий <-ая, -ое> *прил* Makler-; **ма́клерская ста́вка** Maklergebühr *f*
ма́ковк|а <-и> *ж* Mohnkopf *m;* **ма́ленькая ~** kleiner Mohnkopf *m;* **ма́ковки на меду́** Mohnkuchen *m* mit Honig; **золочёные ма́ковки** goldene Kuppeln *fpl;* **в долга́х по ма́ковку** *перен, разг* bis über die Ohren in Schulden stecken
ма́ков|ый <-ая, -ое> *прил* Mohn-; **~ цвет** Mohnblüte *f;* **ма́ковая бу́лка** Mohnbrötchen *nt*
макре́|ль <-ли> *ж* Makrele *f*
ма́крос <-а> *м* ИНФОРМ Makro *nt*
макроэконо́мик|а <-и> *ж (экономи́ческая стру́ктура страны́)* Makroökonomie *f,* Gesamtwirtschaft *f*
максимали́ст <-а> *м einer, der immer aufs Ganze geht*
максима́|льный <-льная, -льное; -лен, -льна, -льно> *прил* maximal, Höchst-; **максима́льная мо́щность** Maximalkapazität *f;* **максима́льная при́быль** Maximalgewinn *m;* **максима́льная сте́пень загру́зки мо́щностей** Betriebsmaximum *nt;* **максима́льная су́мма креди́та** Kreditplafond *m;* **~ преде́л** Höchstgrenze *f*
максимиза́ци|я <-и> *ж* Maximierung *f;* **~ при́были** Gewinnmaximierung *f*
максимизи́р|овать <-ую, -уешь> *(н)св прх* maximieren
ма́ксимум <-а> *м* Maximum *nt,* Höhepunkt *m;* **приложи́ть ~ уси́лий** alles daran setzen
макулату́р|а <-ы> *ж* **1.** *(нену́жная бума́га)* Makulatur *f,* Altpapier *nt* **2.** *разг (низкопро́бная литерату́ра)* Schundliteratur *f*
маку́шк|а <-и> *ж* **1.** *(ве́рхняя часть головы́)* Scheitel *m* **2.** *разг (верху́шка)* Spitze *f*
мала́г|а <-и> *ж* Malaga *m,* Malagawein *m*
Мала́йзи|я <-и> *ж* ГЕОГ Malaysia *nt*
мала́йц|ы <-ев> *мн* Malaysier *pl;* **исто́рия мала́йцев** die Geschichte der Malaysier
малахи́тов|ый <-ая, -ое> *прил* Malachit-; **малахи́товая шкату́лка** Malachitschmuckkätschen *nt;* **~ ларе́ц** Malachitkästchen *nt*
мал|ева́ть <-ю́ю, -ю́ешь> *нсв,* **намалева́ть** *св прх разг* bemalen, anstreichen; **~ сте́ну ма́сляной кра́ской** die Wand mit Ölfarbe bemalen; **не так стра́шен черт, как его́ малю́ют** *поговорка* der Teufel ist nicht so gefährlich, wie man ihn beschreibt, es ist halb so schlimm
мале́йш|ий <-ая, -ее> *прил* geringste(r, s), mindeste(r, s); **ни в мале́йшей сте́пени** nicht im Geringsten
ма́леньк|ий <-ая, -ое> *прил* klein; **~ да уда́ленький** klein aber fein
мал|е́ц <-ьца́> *м прост* Bursche *m,* Junge *m*
мали́н|а <-ы> *ж* **1.** *(я́года)* Himbeere *f* **2.** *(куст)* Himbeerstrauch *m*
мали́нник <-а> *м* Himbeergesträuch *nt*
мали́нов|ый <-ая, -ое> *прил* Himbeer-; **мали́новая ро́ща** Himbeerhain *m;* **мали́новое варе́нье** Himbeerkonfitüre *f*
ма́ло *нрч* wenig; **э́то ~ что меня́ет** das ändert wenig an der Sache; **так же ~** ebenso wenig
малова́то *нрч* zu wenig; **~ во́здуха** hier ist es stickig
малова́т|ый <-ая, -ое; -, -а, -о> *прил* klein; **~ рост** zu klein von Wuchs; **~ разме́р** kleine Größe *f*
маловероя́т|ный <-ная, -ное; -ен, -на, -но> *прил* unwahrscheinlich; **~ слу́чай** das ist kaum vorstellbar
малогабари́тн|ый <-ая, -ое> *прил* klein
малогра́мот|ный <-ная, -ное; -ен, -на, -но> *прил* ungebildet; **~ челове́к** Analphabet *m;* **~ рису́нок** stümperhafte Zeichnung *f;* **~ чертёж** fehlerhafte Zeichnung *f*
малоду́ши|е <-я> *ср* Mutlosigkeit *f;* **прояви́ть ~** Schwäche *f* zeigen
малоду́ш|ный <-ная, -ное; -ен, -на, -но> *прил* kleinmütig, halbherzig, mutlos
малозаме́т|ный <-ная, -ное; -ен, -на, -но> *прил* unauffällig; **малозаме́тная дета́ль** unauffällige Einzelheit *f*
малознако́м|ый <-ая, -ое; -, -а, -о> *прил* wenig bekannt; **~ писа́тель** unbekannter Schriftsteller *m*
малоизве́ст|ный <-ная, -ное; -ен, -на, -но> *прил* wenig bekannt
малоиму́щ|ий <-ая, -ее; -, -а, -е> *прил*

einkommensschwach, arm

малокалори́йн|ый <-ая, -ое> *прил* kalorienarm

малокро́ви|е <-я> *ср* Blutarmut *f;* **страда́ть малокро́вием** an Anämie leiden

малокро́в|ный <-ная, -ное; -ен, -на, -но> *прил* blutarm

малоле́тн|ий <-яя, -ее> *прил* minderjährig; **~ во́зраст** minderjähriges Alter *nt;* **малоле́тняя дочь** minderjährige Tochter *f*

малоле́т|ок <-ка> *м* Minderjährige *m;* **хулига́н-~** minderjähriger Flegel *m*

малоле́тств|о <-а> *ср* Kindesalter *nt,* Kindheit *f*

малолитра́жк|а <-и> *ж разг* Kleinwagen *m;* **купи́ть малолитра́жку** einen Wagen mit geringem Treibstoffverbrauch kaufen

малообеспе́ченн|ый <-ая, -ое> *прил* einkommensschwach, sozialschwach

малообщи́те|льный <-льная, -льное; -лен, -льна, -льно> *прил* kontaktarm

малоотхо́д|ный <-ная, -ное; -ен, -на, -но> *прил* abfallarm; **малоотхо́дные техноло́гии** abfallarme Produktionsverfahren *ntpl*

малоперспекти́в|ный <-ная, -ное; -ен, -на, -но> *прил* wenig aussichtsreich

малоподви́ж|ный <-ная, -ное; -ен, -на, -но> *прил* unbeweglich

малопоня́тный *прил* schwerverständlich, schwerbegreiflich; **~ язы́к** schwerverständliche Sprache *f*

малоприя́т|ный <-ная, -ное; -ен, -на, -но> *прил* unangenehm; **~ разгово́р** unangenehmes Gespräch *nt*

малоро́сл|ый <-ая, -ое; -, -а, -о> *прил* klein; **~ ма́льчик** kleinwüchsiger Junge *m*

ма́лос|ть <-ти> *ж* Kleinigkeit *f,* Wenigkeit *f;* **ма́лая ~** Winzigkeit *f*

малотокси́ч|ный <-ная, -ное; -ен, -на, -но> *прил* schadstoffarm

малоце́н|ный <-ная, -ное; -ен, -на, -но> *прил* minderwertig; **малоце́нное иму́щество** [*или* **~ това́р**] geringwertiges Wirtschaftsgut *nt*

малочи́слен|ный <-ная, -ное; -, -на, -но> *прил* klein; **~ наро́д** kleines Volk *nt*

малоэффекти́в|ный <-ная, -ное; -ен, -на, -но> *прил* nicht effektiv; **малоэффекти́вная маши́на** ineffektive [*o* unwirksame] Maschine *f*

ма́лус <-а> *м* ЭКОН Malus *m*

ма́л|ый <-ая, -ое; -, -а́, -о *или* -о́> *прил* klein; **~ би́знес** kleine und mittlere Betriebe *mpl,* Kleinunternehmertum *nt;* **ма́лое предприя́тие** Kleinbetrieb *m;* **иску́сство ма́лых форм** Kleinkunst *f;* **не ма́лого ро́ста** von großem Wuchs; **не ма́лые де́ньги** stattliche Geldsumme *f;* **сапоги́ малы́** die Stiefel sind eng

малы́ш <-а́> *м,* **малы́шк|а** <-и> *ж* Kleine(r) *m(f),* Knirps *m*

малышн|я́ <-и́> *ж разг* Kinder *pl;* **он лю́бит вози́ться с малышнёй** er kümmert sich gern um die Kinder

малыш|о́к <-ка> *м* Kleine *m;* **очарова́тельный ~** reizender Knirps *m*

ма́льв|а <-ы> *ж* Malve *f*

Ма́льт|а <-ы> *ж* Malta *nt*

ма́льчик <-а> *м* Junge *m;* **я уже́ не ~** ich bin nicht mehr der Jüngste; **~ для битья́** *перен* Prügelknabe *m;* **~ на побегу́шках** Laufbursche *m*

мальчи́шеск|ий <-ая, -ое> *прил* knabenhaft

мальчи́шеств|о <-а> *ср* Kinderei *f*

мальчи́шк|а <-и> *м разг* Bengel *m,* Lausbub *m*

мальчо́н|ка <-ки> *м* Jungchen *nt,* Bürschchen *m;* **~ с у́лицы** Straßenbengel *m*

мальчуга́н <-а> *м разг* Junge *m,* Bengel *m;* **отва́жный ~** kühner Junge *m*

малю́сеньк|ий <-ая, -ое> *прил разг* winzig; **~ но́сик** winzige Nase *f;* **~ щено́к** kleines Hündchen *nt*

малю́тк|а <-и> *м и ж* Kleinkind *nt,* Kleines *nt*

маля́вк|а <-и> *м и ж прост* Dreikäsehoch *m,* Hosenmatz *m;* **~ а туда́ же, рассужда́ет** so ein Dreikäsehoch und schon hat er eine eigene Meinung

маля́р <-а́> *м* Anstreicher *m,* Maler *m*

маляри́|я <-и> *ж* Malaria *f*

ма́м|а <-ы> *ж* Mutter *f,* Mama *f;* **суррога́тная ~** Leihmutter *f*

мамалы́г|а <-и> *ж* Maisbrei *m,* Polenta *f (in Italien)*

мама́н|я <-и> *ж разг* Mutti *f (als Anrede)*

мама́ш|а <-и> *ж прост* Mutter *f*

ма́меньк|а <-и> *ж разг* Mutti *f;* **ми́лая ~** liebe Mutti

ма́менькин <-а, -о> *прил* Mutter-; **~ сыно́к** Muttersöhnchen *nt*

ма́мк|а <-и> *ж разг* Amme *f,* Mutter *f*

ма́монт <-а> *м* Mammut *m*

ма́мочк|а <-и> *ж* Mama *f,* Mami *f,* Mutti *f*

маму́л|я <-и> *ж* Mutti *f;* **моя ~** meine Mutti

мана́т|ки <-ок> *мн прост* Habseligkeiten *pl,* Kram *m;* **собира́й свой ~** pack deinen Kram!

ма́нго <неизм> *ср* Mango *f*

манда́нт <-а> *м* Mandant(in) *m(f)*

мандари́н <-а> *м* **1.** БОТ Mandarine *f* **2.** *(в дре́внем Кита́е)* Mandarin *m*

манда́т <-а> *м* ПОЛ Mandat *nt;* **прямо́й ~** Direktmandat *nt*

мандоли́н|а <-ы> *ж* Mandoline *f*

манёвр <-а> *м* **1.** ВОЕН Manöver *nt,* Übung *f* **2.** *перен* Manöver *nt* **3.** ТРАНСП Rangieren *nt*

манёвренн|ый <-ая, -ое> *прил* wendig, Manöver-, Manövrier-; **манёвренная та́ктика** Manövriertaktik *f*

маневри́р|овать <-ую, -уешь> *нсв нпрх* manövrieren

маневро́в|ый <-ая, -ое> *прил* Rangier-; **~ парово́з** Rangierlokomotive *f*

мане́ж <-а> *м* **1.** *(для верхово́й езды́)* Reitbahn *f* **2.** цирк Manege *f* **3.** *(для дете́й)* Laufstall *m*

мане́ж|ный <-ная, -ное; -ен, -на, -но> *прил* Manege-, Reitbahn-; **мане́жная езда́** Manegereiten *nt*

манеке́н <-а> *м* Mannequin *nt; (в витри́не)* Schaufensterpuppe *f*

манеке́нщик <-а> *м*, **манеке́нщиц|а** <-ы> *ж* Dressman *m*, Modell *nt*

мане́р|а <-ы> *ж* Manier *f*, Art und Weise *f*; **~ говори́ть** Ausdrucksweise *f*; **~ держа́ться** Umgangsformen *pl*; **~ исполне́ния** Vortragsweise *f*; **худо́жественная ~** Malweise *f*

мане́р|ный <-ная, -ное; -ен, -на, -но> *прил* manieriert, geziert, gekünstelt

манже́т|а <-ы> *ж* Manschette *f*

маниака́льн|ый <-ая, -ое> *прил* manisch; **~ психо́з** manische Psychose *f*

маникю́р <-а> *м* Maniküre *f*

манипули́ровани|е <-я> *ср* Machenschaften *fpl*; **по́длое ~** gemeine Machenschaften *fpl*

манипули́р|овать <-ую, -уешь> *нсв прх* manipulieren

манипуля́тор <-а> *м* Manipulator *m*; **обще́ственный ~** Gesellschaftsmanipulator *m*

манипуля́ци|я <-и> *ж* Manipulation *f*, Machenschaft *f*; **~ ге́нами** Genmanipulation *f*

ман|и́ть <-ю́, -ишь> *нсв*, **помани́ть** *св прх* locken, anlocken; **~ ко́шку** die Katze zu sich locken

манифе́ст <-а> *м* Manifest *nt*

мани́шк|а <-и> *ж* Vorhemd *nt*, Chemisett *nt*; **кружевна́я ~** Spitzenchemisett *nt*; **крахма́льная ~** gestärktes Vorhemd *nt*

ма́ни|я <-и> *ж* Manie *f*, Wahn *m*; **~ вели́чия** Größenwahn *m*; **~ пресле́дования** Verfolgungswahn *m*

ма́нк|а <-и> *ж разг* Grießbrei *m*

ма́нко <неизм> *ср* экон Manko *nt*, Fehlbetrag *m*, Fehlmenge *f*

ма́нн|а <-ы> *ж* Manna *nt*; **~ небе́сная** Himmelsmanna *nt*

ма́нн|ый <-ая, -ое> *прил* Grieß-; **ма́нная крупа́** Grieß *m*; **ма́нная ка́ша** Grießbrei *m*

манове́ни|е <-я> *ср* Wink *m*, Zeichen *nt*; **по манове́нию руки́ сде́лать что-л.** etw mit einem Schlag erledigen

ман|о́к <-ка́> *м* Pfeife *f (zum Vogelanlocken)*

мано́метр <-а> *м* Manometer *nt*; **то́чный ~** genaues Manometer *nt*

манса́рд|а <-ы> *ж* Mansarde *f*

манси́ <неизм> *м и ж* Mansi *pl (Volk der ugrofinnischen Sprachgruppe)*

манти́ль|я <-и> *ж* Mantille *f*; **испа́нская кружевна́я ~** spanische Spitzenmantille *f*

ма́нти|я <-и> *ж* Umhang *m*; **пунцо́вая ~ кардина́ла** der rote Umhang des Kardinals; **короле́вская ~** der Königsumhang *m*; **земна́я ~** Erdmantel *m*

манто́ <неизм> *ср* Pelzmantel *m*, Damenpelz *m*; **~ из но́рки** Nerzmantel *m*

манускри́пт <-а> *м* Manuskript *nt*; **стари́нные манускри́пты** altertümliche Schriftstücke *ntpl*

мануфакту́р|а <-ы> *ж* Manufaktur *f*

манья́к <-а> *м* Wahnsinnige(r) *f(m)*, Besessene(r) *f(m)*; **сексуа́льный ~** Triebtäter *m*

маня́щ|ий <-ая, -ее> *прил* verführerisch; **маня́щие зву́ки пиани́но** die verführerischen Klaviertöne

марабу́ <неизм> *м* зоол Marabu *m*; **большо́й ~** großer Marabu *m*

мара́зм <-а> *м* Schwachsinn *m*; **ста́рческий ~** Altersschwäche *f*; **впасть в ~** in Altersschwäche verfallen; **дойти́ до мара́зма** altersschwachsinnig [*o* dement] werden

маразма́тик <-а> *м* Marasmatiker(in) *m(f)*

марак|ова́ть <-у́ю, -у́ешь> *нсв нпрх разг* **~ в матема́тике** sich als Mathematiker ausgeben

мара́л <-а> *м* Maral *m*, Edelhirsch *m*; **сиби́рский ~** sibirischer Edelhirsch *m*

мара́|ть <-ю, -ешь> *нсв*, **замара́ть** *св прх разг* beschmieren; **~ пла́тье** sein Kleid beschmutzen; **~ че́стное и́мя** *перен* seinen Ehrennamen beschmutzen; **~ текст** den Text beklecksern

марафе́т <-а> *м прост* **навести́ в кварти́ре к пра́зднику ~** zum Fest alles in der Wohnung auf Glanz bringen

марафо́н <-а> *м* Marathon *m*, Marathonlauf *m*

ма́рган|ец <-ца> *м* Mangan *nt*

марганцо́вк|а <-и> *ж* Kaliumpermanganat *nt*

маргари́н <-а> *м* Margarine *f*

маргари́тк|а <-и> *ж* Gänseblümchen *nt*

маргина́л|ы <-ов> *мн* социол Außenseiter *mpl*, Randgruppenvertreter *mpl*

маргина́льн|ый <-ая, -ое> *прил* marginal, Rand-

ма́рев|о <-а> *ср* Luftspiegelung *f*; **осе́ннее ~** Herbstdunst *m*

маре́н|а <-ы> *ж* Färberröte *f*

ма́рж|а <-и> *ж* экон Marge *f*, Spanne *f*; **~ проце́нтной ста́вки** Zinsspanne *f*

марина́д <-а> *м* Marinade *f*; **ки́слый ~** Essigsoße *f*

марини́ст <-а> *м* Seemaler *m*; **худо́жник-~** Marinemaler *m*

марино́ван|ный <-ная, -ное; -, -а, -о> *прил* Essig-, eingelegt; **марино́ванные огурцы́** Essiggurken *fpl*, Gewürzgurken *fpl*

марин|ова́ть <-у́ю, -у́ешь> *нсв*, **замарино́ва́ть** *св прх* **1.** гастр marinieren, einlegen **2.** *перен, разг (му́чить, томи́ть)* auf die

Folter spannen
марионе́тк|а <-и> *ж и перен* Marionette *f*
марихуа́н|а <-ы> *ж* Marihuana *nt*
ма́рк|а <-и> *ж* **1.** *(заводска́я)* Marke *f*, Firmenzeichen *nt;* **держа́ть ма́рку** das Image bewahren **2.** *(почто́вая)* Briefmarke *f* **3.** *(валю́та)* Mark *f*
ма́ркер <-а> *м* Markierstift *m;* **кра́сный ~** roter Markierstift *m*
марке́тинг <-а> *м* Marketing *nt*
марке́тинг-микс <-ми́кса> *м* Marketing-Mix *m*
марке́тингов|ый <-ая, -ое> *прил* Markt-; **марке́тинговые иссле́дования** Marktforschung *f*
марки́з <-а> *м*, **марки́з|а** <-ы> *ж* Marquis(e) *m(f)*
ма́р|кий <-кая, -кое; -ок, -ка́, -ко> *прил* **ма́ркая оде́жда** leicht schmutzig werdende Kleidung
марки́р|ова́ть <-ую *или* -у́ю, -уешь *или* -у́ешь> *(н)св прх* markieren, kennzeichnen
маркиро́вк|а <-и> *ж* Markierung *f*
маркси́зм <-а> *м* Marxismus *m*
маркси́ст <-а> *м* Marxist *m*
маркси́стск|ий <-ая, -ое> *прил* marxistisch
ма́рлев|ый <-ая, -ое> *прил* Mull-; **ма́рлевая повя́зка** Mullbinde *f*
ма́рл|я <-и> *ж* Mull *m*
мармела́д <-а> *м* **1.** *(в фо́рме фру́ктов)* Geleefrüchte *pl* **2.** *(конфе́ты)* Geleebonbons *ntpl*
мародёр <-а> *м* Plünderer *m*
марокка́нск|ий <-ая, -ое> *прил* marokkanisch; **~ та́нец** marokkanischer Tanz *m*
Маро́кко <неизм> *ср* Marokko *nt*
ма́рочн|ый <-ая, -ое> *прил* Marken-; **~ знак** Markenzeichen *nt;* **~ това́р** Markenartikel *m*
Марс <Ма́рса> *м* Mars *m*
марселье́з|а <-ы> *ж* Marseillaise *f*
марсиа́нин <-а> *м* Marsmensch *m;* **кора́бль марсиа́нина** das Raumschiff des Marsmenschen
марсиа́нск|ий <-ая, -ое> *прил* marsianisch, Mars-
март <ма́рта> *м* März *m*
ма́ртовск|ий <-ая, -ое> *прил* März-; **~ снег** Märzschnee *m*
марты́шк|а <-и> *ж* Makak *m*
марципа́н <-а> *м* Marzipan *nt*
марш **I.** <ма́рша> *м* **1.** воен Marsch *m;* **~ проте́ста** Protestmarsch *m* **2.** муз Marsch *m* **3.** *(земля́)* Marsch *f*, Schwemmland *nt* **4.** *(ле́стницы)* Stufenabstand *m* **II.** *межд* marsch!, vorwärts!; **ша́гом ~!** воен im Gleichschritt marsch!; **~ отсю́да!** hau ab!
ма́ршал <-а> *м* Marschall *m*
ма́ршальск|ий <-ая, -ое> *прил* Marschall(s)-; **ма́ршальские пого́ны** Marschallsschulterklappen *fpl*
ма́ршев|ый <-ая, -ое> *прил* Marsch-; **~ ритм** Marschrhythmus *m*
марши́р|ова́ть <-у́ю, -у́ешь> *нсв нпрх* marschieren; **~ на пара́де** bei der Parade marschieren
маршру́т <-а> *м* **1.** *(путь сле́дования)* Marschweg *m*, Strecke *f*; *(пое́здки)* Reiseroute *f* **2.** информ Pfad *m;* **~ по́иска** Suchpfad *m*
маршру́тк|а <-и> *ж* Linientaxi *nt;* **бы́страя ~** schnelles Linientaxi *nt*
маршру́тн|ый <-ая, -ое> *прил* Linien-; **маршру́тное такси́** Linientaxi *nt*
ма́ск|а <-и> *ж* Maske *f*
маскара́д <-а> *м* **1.** *(пра́здник)* Maskenball *m*, Kostümfest *nt*, Maskerade *f* **2.** *разг (маскиро́вка)* Vermummung *f*
маскир|ова́ть <-у́ю, -у́ешь> *нсв*, **замаскирова́ть** *св прх* tarnen, maskieren
маскир|ова́ться <-у́юсь, -у́ешься> *нсв*, **замаскирова́ться** *св рефл* sich tarnen; *(переоде́ться)* sich verkleiden
маскиро́вк|а <-и> *ж* Maskierung *f*; *(камуфля́ж)* Tarnung *f*
маскиро́вочн|ый <-ая, -ое> *прил* Tarn-; **~ костю́м** Tarnanzug *m*
ма́сленниц|а <-ы> *ж* *(неде́ля пе́ред вели́ким посто́м)* Fastnacht *f*; **не всё коту́ ~** es ist nicht alle Tage Sonntag
маслёнк|а <-и> *ж* Butterdose *f;* **хруста́льная ~** Kristallbutterdose *f*
маслён|ок <-ка> *м* Butterpilz *m;* **жа́реные масля́та** gebratene Butterpilze *mpl*
ма́слен|ый <-ая, -ое> *прил* butterig; **~ блин** butteriger Pfannkuchen *m*; **~ го́лос** schmeichlerische Stimme *f*; **~ взгляд** schmachtender Blick *m*
масли́н|а <-ы> *ж* **1.** *(плод)* Olive *f* **2.** *(де́рево)* Olivenbaum *m*
ма́слиц|е <-а> *ср* Butter *f;* **доба́вить немно́го ма́слица** noch ein bisschen Butter hinzufügen
ма́сл|о <-а> *ср* **1.** *(сли́вочное)* Butter *f* **2.** *(расти́тельное)* Öl *nt;* **всё идёт как по ма́слу** alles läuft wie geschmiert; **подлива́ть ма́сла в ого́нь** *перен* Öl ins Feuer gießen
маслозаво́д <-а> *м* Molkerei *f*
маслянист|ый <-ая, -ое; -, -а, -о> *прил* fett, ölig; **~ проду́кт** Ölprodukt *nt*
ма́слян|ый <-ая, -ое> *прил* ölig, Öl-; **ма́сляная кра́ска** Ölfarbe *f*
масо́н <-а> *м* Freimaurer *m*
масо́нск|ий <-ая, -ое> *прил* Freimaurer-, freimaurerisch; **масо́нская ло́жа** Freimaurerloge *f*
масо́нств|о <-а> *ср* Freimaurerei *m;* **после́дователь масо́нства** Anhänger *m* der Freimaurerei
ма́сс|а <-ы> *ж* **1.** *(вес)* Masse *f* **2.** *разг (большо́е коли́чество)* Unmenge *f*

М

масса́ж <-а> *м* Massage *f*; **де́лать ~** massieren

массажи́ст <-а> *м*, **массажи́стк|а** <-и> *ж* Masseur(in) *m(f)*

масси́в <-а> *м* Massiv *nt*; **го́рный ~** Gebirgsmassiv *nt*; **лесно́й ~** Waldbestand *m*; **~ да́нных** Datei *f*

масси́в|ный <-ная, -ное; -ен, -на, -но> *прил* **1.** *(соли́дный)* massiv **2.** *(громо́здкий)* massig, klotzig

масси́рован|ный <-ная, -ное; -, -а, -о> *прил* massiert; **~ налёт авиа́ции** massierter Luftangriff *m*

масси́р|овать <-ую, -уешь> *нсв прх* massieren

массо́вк|а <-и> *ж разг* Massenveranstaltung *f*; **больша́я ~** großes Meeting *nt*

ма́ссов|ый <-ая, -ое> *прил* Massen-, massenhaft; **ма́ссовая безрабо́тица** Massenarbeitslosigkeit *f*; **ма́ссовая демонстра́ция** Großdemonstration *f*; **ма́ссовая организа́ция** Massenorganisation *f*; **ма́ссовое бе́гство** Massenflucht *f*; **ма́ссовое изготовле́ние** [*или* **произво́дство**] Massenfertigung *f*; **ма́ссовое мероприя́тие** Großveranstaltung *f*; **ма́ссовое созна́ние** öffentliches Bewusstsein *nt*; **ма́ссовые увольне́ния** Massenentlassungen *fpl*; **~ психо́з** Massenpsychose *f*, Massenhysterie *f*; **~ вы́пуск** Serienfertigung *f*; **сре́дства ма́ссовой информа́ции** Massenmedien *pl*

маста́к <-а́> *м разг* Meister *m*, Könner *m*; **~ в своём де́ле** er ist Meister in seinem Werk

ма́стер <-а> *м* Handwerksmeister *m*; **дома́шний ~** Heimwerker *m*; **~ на все ру́ки** *разг* Tausendsassa *m*; **~ своего́ де́ла** Meister *m* seines Faches; **~ це́ха** Werkmeister *m*

мастер|и́ть <-ю́, -и́шь> *нсв*, **смастери́ть** *св прх* basteln, hantieren

мастери́ц|а <-ы> *ж* Meisterin *f*; **ру́ки мастери́цы** Hände *fpl* einer Meisterin

мастерск|а́я <-о́й> *ж* Werkstatt *f*; *(худо́жника)* Atelier *nt*; **ремо́нтная ~** Reparaturwerkstatt *f*

мастерски́ *нрч* meisterhaft, meisterisch, Meister-; **по-~ срабо́тано** es ist meisterhaft angefertigt

ма́стерск|ий <-ая, -ое> *прил* meisterhaft

мастерств|о́ <-а́> *ср* Meisterschaft *f*, Können *nt*; **демонстри́ровать своё ~** sein Können unter Beweis stellen

масти́к|а <-и> *ж* Bohnerwachs *nt*; **натира́ть мasти́кой** bohnern

масти́т <-а> *м* МЕД Mastitis *f*, Brustdrüsenentzündung *f*

масти́т|ый <-ая, -ое> *прил* ehrwürdig, ehrbar, anerkannt

масть <ма́сти> *ж* Farbe *f*; **гнеда́я ~** Bräune *f*; **бубно́вая ~** Karo *nt*

масшта́б <-а> *м* **1.** *(разме́р)* Maßstab *m* **2.** *перен* Maßstab *m*, Ausmaß *nt*, Dimension *f*

масшта́б|ный <-ная, -ное; -ен, -на, -но> *прил* Maßstabs-; *(всеобъе́млющий, обши́рный)* umfassend, umfangreich

мат[1] <ма́та> *м* СПОРТ Matte *f*

мат[2] <ма́та> *м (в ша́хматах)* Matt *nt*; **получи́ть ~** schachmatt sein; **объяви́ть** [*или* **поста́вить**] **~** jdn mattsetzen

мат[3] <ма́та> *м разг* Fluchen *nt*

матема́тик <-а> *м*, **математи́чк|а** <-и> *ж* **1.** *(учёный)* Mathematiker(in) *m(f)* **2.** *разг (учи́тель матема́тики)* Mathematiklehrer(in) *m(f)*

матема́тик|а <-и> *ж* Mathematik *f*

математи́чески *нрч* mathematisch; **обрабо́тано ~** mathematisch bearbeitet

математи́ческ|ий <-ая, -ое> *прил* mathematisch

материа́л <-а> *м* **1.** *(вещество́, предме́т)* Stoff *m*, Material *nt* **2.** *(конструкцио́нный)* Werkstoff *m*; **материа́лы произво́дственного назначе́ния** Betriebsstoffe *mpl* **3.** *(да́нные)* Unterlagen *pl*

материали́зм <-а> *м* Materialismus *m*

материализ|ова́ть <-у́ю, -у́ешь> *(н)св прх* umsetzen, verwirklichen

материализ|ова́ться <-у́юсь, -у́ешься> *(н)св рефл* sich materialisieren

материали́ст <-а> *м* Materialist *m*

материалисти́ческ|ий <-ая, -ое> *прил* materialistisch

материа́льно *нрч* materiell

материа́|льный <-льная, -льное; -лен, -льна, -льно> *прил* materiell; **материа́льная заинтересо́ванность** materielles Interesse *nt*; **материа́льное бла́го** Wirtschaftsgut *nt*; **материа́льные це́нности** Sachwerte *pl*, Anlagen *pl*; **~ уще́рб** Sachschaden *m*

матери́к <-а́> *м* Festland *nt*, Kontinent *m*

материко́в|ый <-ая, -ое> *прил* Festlands-, kontinental, festländisch; **~ кли́мат** Kontinentalklima *nt*

ма́терин <-а, -о> *прил разг* mütterlich, Mutter-

матери́нск|ий <-ая, -ое> *прил* mütterlich; **матери́нская компа́ния** ЭКОН Obergesellschaft *f*; **матери́нская любо́вь** Mutterliebe *f*; **по матери́нской ли́нии** mütterlicherseits; **проявля́ть матери́нскую забо́ту о ком-л.** jdn bemuttern

матери́нств|о <-а> *ср* Mutterschaft *f*

матер|и́ть <-ю́, -и́шь> *нсв прх* fluchen

матер|и́ться <-ю́сь, -и́шься> *нсв рефл* fluchen

мате́ри|я <-и> *ж* **1.** *(вещество́)* Stoff *m* **2.** ФИЗ, ФИЛОС Materie *f*, Substanz *f*

ма́терн|ый <-ая, -ое> *прил* fluchend, schimpfend

мате́рчат|ый <-ая, -ое> *прил* Stoff-; **~ переплёт** Stoffeinband *m*

матёр|ый <-ая, -ое> *прил* **1.** *(большо́й)*

groß; ~ **волк** ausgewachsener Wolf *m* **2.** *перен, разг* eingefleischt, ausgekocht; ~ **банкúр** eingefleischter Bankier *m* **3.** *перен (отъя́вленный)* Erz-; ~ **враг** Erzfeind *m*

мáтк|а <-и> *ж* **1.** АНАТ Gebärmutter *f* **2.** ЗООЛ Weibchen *nt,* Königin *f,* Muttertier *nt*

мáтовос|ть <-ти> *ж* Mattheit *f;* ~ **стеклá** Glasmattheit *f*

мáтов|ый <-ая, -ое> *прил* Matt-, matt; **мáтовое стеклó** Mattscheibe *f*

мáточн|ый <-ая, -ое> *прил* Gebärmutter-, Uterus-, uterin

матрáс <-а>, **матрáц** <-а> *м* Matratze *f*

матрёшк|а <-и> *ж* Matrjoschka *f (kleine russische Nationalpuppe);* **мáленькая** ~ kleine Matrjoschka

мáтриц|а <-ы> *ж* **1.** ТИП Matrize *f* **2.** МАТ Matrix *f*

мáтричн|ый <-ая, -ое> *прил* Matrix-; **мáтричная организáция** Matrixorganisation *f;* ~ **балáнс** ЭКОН Matrizenbilanz *f*

матрóн|а <-ы> *ж* Matrone *f*

матрóс <-а> *м* Matrose *m*

матрóск|а <-и> *ж* Matrosenbluse *f;* **сúняя** ~ blaue Matrosenbluse *f*

матрóсск|ий <-ая, -ое> *прил* Matrosen-; **матрóсская тельня́шка** Matrosen-T-Shirt *nt*

мáтушк|а <-и> *ж* Mutter *f;* **моя́** ~ mein Mütterchen

матч <мáтча> *м* СПОРТ Spiel *nt,* Wettkampf *m,* Match *nt*

мать <мáтери> *ж* Mutter *f;* **роднáя** ~ leibliche Mutter *f;* **~-одинóчка** alleinerziehende Mutter *f*

мáузер <-а> *м* Mauserpistole *f,* Mausergewehr *nt*

мафиóзн|ый <-ая, -ое> *прил* Mafia-; **мафиóзная разбóрка** Mafiakrieg *m*

мáфи|я <-и> *ж* Mafia *f,* organisiertes Verbrechen *nt;* **нарко-~** Drogenmafia *f*

мах <мáха> *м* Schwung *m;* **однúм мáхом** schlagartig, sofort

махáл|а <-ы> *м разг* СПОРТ Linienrichter *m*

махáть <машу́, мáшешь> *нсв,* **махну́ть** *св прх* winken; *(размáхивать)* fuchteln; ~ **рукóй комý-нибýдь** jdm mit der Hand zuwinken; ~ **на прощáние** zum Abschied winken

махúн|а <-ы> *ж* Koloss *m,* Ungetüm *nt*

махинáци|я <-и> *ж* **1.** *(интрúга)* Machenschaft *f* **2.** ЭКОН *(противозакóнная оперáция)* Schiebung *f*

махн|ýть <-ý, -ешь> *св нпрх см.* **махáть**

маховúк <-á> *м* Schwungrad *nt,* Handrad *nt,* Kurbelrad *nt*

мáхоньк|ий <-ая, -ое> *прил прост* klein wie ein Zwerg

махóрк|а <-и> *ж* Knaster *m;* **курúть махóрку** Knaster rauchen

махрóв|ый <-ая, -ое> *прил* frottiert; *перен (крáйний)* Erz-; **махрóвое полотéнце** Frottiertuch *nt;* **махрóвая ткань** Frottee *m;* ~ **реакционéр** Erzkonservative(r) *m*

махр|ы́ <-óв> *мн* Franse *f,* Troddel *f,* Quaste *f*

мáчех|а <-и> *ж* Stiefmutter *f*

мáчт|а <-ы> *ж* МОР Mast *m*

машúн|а <-ы> *ж* **1.** *(механúзм)* Maschine *f;* ~ **врéмени** Zeitmaschine *f;* **стирáльная** ~ Waschmaschine *f;* **швéйная** ~ Nähmaschine *f* **2.** *(автомобúль)* Auto *nt* **3.** *(компью́тер)* Computer *m* **4.** *(автомáт)* Automat *m*

машинá|льный <-льная, -льное; -лен, -льна, -льно> *прил* mechanisch, maschinell; ~ **отвéт** mechanische Antwort *f;* ~ **жест** maschinelle Geste *f*

машинúст <-а> *м* Maschinist(in) *m(f);* ~ **тепловóза** Lokomotivführer(in) *m(f)*

машинúстк|а <-и> *ж* Schreibkraft *f*

машúнк|а <-и> *ж* Schreibmaschine *f,* Stenotypistin *f*

машúнный <-ая, -ое> *прил* maschinell, Maschinen-; ~ **зал** Computerraum *m;* ~ **сбой** Maschinenstörung *f;* ~ **язы́к, язы́к ВМ** Maschinensprache *f*

машинопúсн|ый <-ая, -ое> *прил* maschinengeschrieben

машúнопи|сь <-си> *ж* Maschinenschrift *f;* *(машинопúсный текст)* Maschinenschreiben *nt*

машиностроéни|е <-я> *ср* Maschinenbau *m;* **специалúст по машиностроéнию** Maschinenbauer *m*

машинострóительн|ый <-ая, -ое> *прил* Maschinenbau-; ~ **завóд** Maschinenbauwerk *nt*

машиносчúтываем|ый <-ая, -ое> *прил* ИНФОРМ maschinenlesbar

маэ́стро <неизм> *м* МУЗ Maestro *m,* Meister *m,* Dirigent *m*

мая́к <-á> *м* Leuchtturm *m,* Leuchtfeuer *nt*

мáятник <-а> *м* Pendel *nt,* Uhrpendel *f*

мá|яться <-юсь, -ешься> *нсв нпрх* sich quälen, sich abplagen; ~ **без дéла** sich ohne Arbeit abplagen

мая́ч|ить <-у, -ишь> *нсв нпрх* schimmern; ~ **перед глазáми** vor den Augen schimmern

мая́ч|óк <-кá> *м* kleiner Leuchtturm *m*

МВД *сокр от* **Министéрство внýтренних дел** Innenministerium *nt*

МВФ *сокр от* **Международный валю́тный фонд** Internationaler Währungsfonds *m,* IWF *m*

МВЭС *сокр от* **Министéрство внéшнеэкономúческих свя́зей** Ministerium *nt* für Außenwirtschaft

мгла <мглы> *ж* **1.** *(тумáн)* Nebel *m* **2.** *(ды́мка)* Dunst *m* **3.** *книжн (тьма)* Finsternis *f*

мглúст|ый <-ая, -ое; -, -а, -о> *прил*

М

dunstig, diesig
мгнове́ни|е <-я> *ср* Augenblick *m,* Moment *m;* **в то же ~** im selben Augenblick; **в одно́ ~** augenblicklich; momentan; **в ~ о́ка** in einem Augenblick
мгнове́нно *нрч* augenblicklich, blitzschnell; **~ приду́мать** sich etw blitzschnell ausdenken
мгнове́н|ный <-ная, -ное; -ен, -на, -но> *прил* momentan, augenblicklich; **мгнове́нная реа́кция** Sofortreaktion *f*
МГУ *сокр от* **Моско́вский госуда́рственный университе́т и́мени Ломоно́сова** Staatliche Lomonosow-Universität in Moskau
ме́бе|ль <-ли> *ж* **1.** *(предме́т ко́мнатной обстано́вки)* Möbel *pl* **2.** *(движимость, обстано́вка)* Mobiliar *nt,* Einrichtung *f;* **мя́гкая ~** Polstermöbel *pl;* **о́фисная ~** Büromöbel *pl;* **то́лько для ме́бели** *разг* völlig nutzlos
ме́бельн|ый <-ая, -ое> *прил* Möbel-; **ме́бельная перево́зка** Möbelwagen *m*
мегаба́йт <-а> *м* ИНФОРМ Megabyte *nt*
мегалопо́лис <-а> *м* Megalopolis *f*
мегапо́лис <-а> *м* Megapolis *f;* **Москва́ – ~** Moskau ist eine Megapolis
мегафо́н <-а> *м* Megafon *nt*
мёд <мёда> *м* Honig *m;* **пчели́ный ~** Bienenhonig *m*
медали́ст <-а> *м* Medaillenträger(in) *m(f);* **золото́й ~** Träger *m* einer Goldmedaille; **~ Олимпиа́ды** Medaillengewinner *m* bei der Olympiade
меда́|ль <-ли> *ж* Medaille *f;* **бро́нзовая ~** Bronzemedaille *f;* **золота́я ~** Goldmedaille *f;* **сере́бряная ~** Silbermedaille *f;* **завоева́ть ~** eine Medaille gewinnen; **разы́грывать ~** eine Medaille vergeben
медальо́н <-а> *м* Medaillon *nt*
медве́диц|а <-ы> *ж* Bärin *f;* **ста́рая ~** alte Bärin *f*
медве́|дь <-дя> *м* Bär *m;* **вести́ себя́ как ~** *перен* sich wie die Axt im Wald [*o* der Elefant im Porzellanladen] benehmen
медвежа́тник <-а> *м* Bärenzwinger *m*
медве́ж|ий <-ья, -ье> *прил* Bären-; **медве́жья берло́га** Bärenhöhle *f;* **оказа́ть кому́-л. медве́жью услу́гу** jdm einen Bärendienst erweisen
медвежо́н|ок <-ка> *м* Bärenjunge *nt*
ме́ди|а <неизм> *мн* Media *f*
ме́дик <-а> *м* Mediziner(in) *m(f)*
медикаме́нт <-а> *м* Medikament *nt,* Arznei *f*
медикаменто́зн|ый <-ая, -ое> *прил* medikamentös; **~ або́рт** medikamentöse Fehlgeburt *f*
медита́ци|я <-и> *ж* Meditation *f,* Selbstbesinnung *f*
ме́диум <-а> *м* Medium *nt*
медици́н|а <-ы> *ж* Medizin *f,* Humanmedizin *f;* **о́бщая ~** Allgemeinmedizin *f;* **студе́нт по медици́не** Medizinstudent(in) *m(f);* **изуча́ть медици́ну** Medizin studieren
медици́нск|ий <-ая, -ое> *прил* medizinisch; **медици́нское образова́ние** medizinische Ausbildung *f*
медкоми́ссия *сокр от* **медици́нская коми́ссия** medizinischer Ausschuss *m;* **заключе́ние медкоми́ссии** Beschluss *m* der medizinischen Kommission
ме́дленно *нрч* langsam, schleichend; **~ рабо́тать** langsam arbeiten
ме́дленнос|ть <-ти> *ж* Langsamkeit *f*
ме́длен|ный <-ная, -ное; -, -на, -но> *прил* **1.** *(споко́йный, неторопли́вый)* langsam, gemächlich **2.** *перен (затяжно́й)* schleichend
медли́тельнос|ть <-ти> *ж* Behäbigkeit *f*
медли́те|льный <-льная, -льное; -лен, -льна, -льно> *прил* **1.** *(неторопли́вый)* behäbig, geruhsam **2.** *(вя́лый)* schleppend
ме́дл|ить <-ю, -ишь> *нсв,* **проме́длить** *св нпрх* zögern, zaudern
ме́дн|ый <-ая, -ое> *прил* kupfern
медо́в|ый <-ая, -ое> *прил* Honig-; **~ ме́сяц** Flitterwochen *pl*
медосмо́тр *сокр от* **медици́нский осмо́тр** medizinische Untersuchung *f;* **пройти́ ~** sich einer medizinischen Untersuchung unterziehen
медперсона́л *сокр от* **медици́нский персона́л** medizinisches Personal *nt;* **назна́чить ~** medizinisches Personal einstellen
медпу́нкт *сокр от* **медици́нский пункт** Sanitätsstelle *f;* **отпра́виться в ~** zur Sanitätsstelle gehen
медсестра́ *сокр от* **медици́нская сестра́** Krankenschwester *f*
меду́з|а <-ы> *ж* **1.** ЗООЛ Qualle *f,* Meduse *f* **2.** МИТ Meduse *f*
медь <ме́ди> *ж* Kupfer *nt*
медя́к <-а́> *м разг* Kupfermünze *f;* **бро́сить ~ в фонта́н** eine Kupfermünze in den Brunnen werfen
меж|а́ <-и́> *ж* Rain *m,* Grenzfurche *f,* Grenze *f;* **~ двух уча́стков** die Grenze zweier Grundstücke
межве́домственн|ый <-ая, -ое> *прил* behördenübergreifend
межгосуда́рственный *прил* zwischenstaatlich
междоме́ти|е <-я> *ср* ЛИНГВ Interjektion *f*
междоусо́биц|а <-ы> *ж* innere Unruhen *fpl*
ме́жду *предл* zwischen; **~ собо́й** untereinander; **~ тем** inzwischen, unterdessen
междугоро́дн|ий <-яя, -ее> *прил* Fern-; **~ телефо́н** Ferngespräch *nt*
междунаро́дн|ый <-ая, -ое> *прил* international; **~ матч** СПОРТ Länderspiel *nt;* **междунаро́дная конве́нция** internationales Abkommen *nt;* **~ отде́л** Auslandsabteilung *f;* **междунаро́дное пра́во** Völker-

recht *nt;* **междунаро́дная перево́зка това́ров** grenzüberschreitender Warenverkehr *m;* **Междунаро́дная торго́вая пала́та** Internationale Handelskammer *f;* **междунаро́дная торго́вля** Welthandel *m;* **междунаро́дное соглаше́ние** internationales Abkommen *nt,* Länderabkommen *nt;* **Междунаро́дный банк реконстру́кции и разви́тия** Internationale Bank *f* für Wiederaufbau und Entwicklung; **Междунаро́дный валю́тный фонд** Internationaler Währungsfonds *m;* **междунаро́дный коммерса́нт** Außenhandelskaufmann *m*

межзвёздн|ый <-ая, -ое> *прил* Sternen-

межли́чностн|ый <-ая, -ое> *прил* zwischenmenschlich; **межли́чностные отноше́ния** zwischenmenschliche Beziehungen *fpl*

межнациона́льн|ый <-ая, -ое> *прил* zwischen den Nationen (bestehend); **~ конфли́кт** Nationalitätenkonflikt *m;* **~ конце́рн** multinationales Unternehmen *nt*

межотде́льческ|ий <-ая, -ое> *прил* abteilungsübergreifend

межотраслев|о́й <-а́я, -о́е> *прил* **1.** *(в нау́ке: межпредме́тный)* interdisziplinär, fachbereichsübergreifend **2.** ЭКОН mehrere Wirtschaftszweige betreffend, branchenübergreifend

межплане́тн|ый <-ая, -ое> *прил* interplanetar; **межплане́тные сообще́ния** interplanetarer Verkehr *m*

межрегиона́льн|ый <-ая, -ое> *прил* überregional

межфи́рменнный *прил* zwischenbetrieblich

мездр|а́ <-ы́> *ж* Aasseite *f,* Fleischseite *f (der Felle)*

мезони́н <-а> *м* Überbau *m; (ве́рхний полуэта́ж)* Zwischengeschoss *nt,* Mezzanin *nt;* **жить в мезони́не** im Mezzanin wohnen

мейстерзи́нгер <-а> *м* Meistersinger *m*

Ме́кк|а <-и> *ж* Mekka *nt*

Мекленбу́рг-Пере́дняя Помера́ния *м и ж* Mecklenburg-Vorpommern *nt*

Ме́ксик|а <-и> *ж* Mexiko *nt*

мексика́н|ец <-ца> *м* Mexikaner(in) *m(f)*

мексика́нск|ий <-ая, -ое> *прил* mexikanisch; **~ сала́т** mexikanischer Salat *m*

мел <ме́ла> *м* Kreide *f*

меланхоли́ч|ный <-ная, -ное; -ен, -на, -но> *прил* melancholisch

меланхо́ли|я <-и> *ж* Melancholie *f;* **впада́ть в меланхо́лию** melancholisch werden

меле́|ть <-ет> *нсв,* **обмеле́ть** *св нпрх только 3 л* **1.** *(стать мелково́дным)* seicht werden; **река́ обмеле́ла** der Fluss wurde seicht **2.** МОР versanden

ме́л|кий <-кая, -кое; -ок, -ка́, -ко> *прил* **1.** *(ма́ленький)* klein **2.** *(мелково́дный)* flach; **ме́лкие де́ньги** Kleingeld *nt;* **напеча́танное ме́лким шри́фтом** Kleingedrucktes *nt* **3.** *перен (незначи́тельный)* klein, unbedeutend; **~ акционе́р** Kleinaktionär *m;* **~ предпринима́тель** Kleinunternehmer *m;* **~ торгове́ц** Minderkaufmann *m;* **ме́лкое предприя́тие** Kleinbetrieb *m*

ме́лко *нрч* fein; **ре́зать ~** fein schneiden [*o* schnitzeln]

мелкобуржуа́з|ный <-ная, -ное; -ен, -на, -но> *прил* kleinbürgerlich

мелкова́т|ый <-ая, -ое> *прил* klein

мелково́дь|е <-я> *ср* niedriger Wasserstand *m;* **ле́тнее ~** sommerlicher Niedrigwasserstand *m*

мелколе́сь|е <-я> *ср* Jungwald *m*

мелкот|а́ <-ы́> *ж собир* Kleinheit *f,* Feinheit *f,* Winzigkeit *f;* **то́лько одна́ ~** es sind nur kleine Fische

мелов|о́й <-а́я, -о́е> *прил* Kreide-, kreidehaltig; **мелова́я бума́га** Kunstdruckpapier *nt;* **~ перио́д** Kreidezeit *f*

мелоди́чно *нрч* melodisch, wohlklingend; **~ звуча́ть** melodisch klingen

мелоди́ч|ный <-ная, -ное; -ен, -на, -но> *прил* melodisch

мело́ди|я <-и> *ж* Melodie *f*

мелодра́м|а <-ы> *ж* Melodram(a) *nt;* **посмотре́ть мелодра́му** sich ein Melodrama ansehen

мел|о́к <-ка́> *м* Kreidestift *m;* **кусо́чек мелка́** ein Stück Kreide

мелома́н <-а> *м* Musikliebhaber *m,* Melomane *m;* **колле́кция мелома́на** die Sammlung des Melomanen

мелочёвк|а <-и> *ж разг* Kleinkram *m*

ме́лочн|ый <-ая, -ое> *прил* kleinlich, unbedeutend; **~ челове́к** kleinlicher Mensch, kleinkarierter Mensch *m;* **ме́лочные интере́сы** kleinliche Interessen *ntpl;* **ме́лочные приди́рки** Haarspalterei *f*

ме́ло|чь <-чи> *ж* **1.** *(разме́нная моне́та)* Kleingeld *nt* **2.** *перен (пустя́к, безде́лица)* Kleinigkeit *f,* Bagatelle *f,* Kleinkram *m*

мель <ме́ли> *ж* Sandbank *f;* **сесть на ~** МОР auf eine Sandbank auflaufen; **он оста́лся на мели́** *перен, разг* er ist abgebrannt, er sitzt auf dem Trockenen

Мельбу́рн <-а> *м* Melbourne *nt*

мелька́ни|е <-я> *ср* Schimmern *nt,* Flimmern *nt;* **~ свечи́** Kerzenflimmern *nt*

мелька́|ть <-ю, -ешь> *нсв,* **мелькну́ть, промелькну́ть** *св нпрх* **1.** *(пройти́ о́чень бы́стро)* vorbeihuschen; **в голове́ у неё промелькну́ла интере́сная мысль** ein interessanter Gedanke kam ihr in den Kopf; **мелька́ют фигу́ры люде́й** Menschenfiguren huschen vorbei; **мелька́ют звёзды** die Sterne schimmern; **мелькну́л огонёк** ein Feuer leuchtete auf **2.** *(появи́ться, не привлека́я внима́ния)* leicht angedeutet werden; **в выступле́нии промелькну́л намёк о тру́дном положе́нии фи́рмы** während der Rede spürte man eine leichte Andeutung auf

М

die schwierige Lage der Firma
мелько́м *нрч* flüchtig; **~ взгляну́ть** flüchtig ansehen
ме́льниц|а <-ы> *ж* Mühle *f;* **~ для пе́рца** Pfeffermühle *f;* **ветряна́я ~** Windmühle *f;* **лить во́ду на чью-л. ме́льницу** *перен* Wasser auf jds Mühlen sein; **борьба́ с ветряны́ми ме́льницами** *перен* der Kampf mit den Windmühlen
ме́льничн|ый <-ая, -ое> *прил* Mühlen-
мельте́ш|ить <-у -ишь> *нсв нпрх прост* vorbeihuschen; **мельте́шат перед глаза́ми бесконе́чные ци́фры** unendliche Zahlenreihen huschen an meinen Augen vorbei
мельхио́р <-а> *м* Neusilber *nt,* Argentan *nt;* **цвет мельхио́ра** Neusilberfarbe *f*
мельча́йш|ий <-ая, -ее> *прил* kleinst, winzig; **мельча́йшие подро́бности** die kleinsten Details
мелюзг|а́ <-и́> *ж разг* Kleinzeug *nt;* **пойма́ть одну́ мелюзгу́ на рыба́лке** beim Fischen nur kleine Fische fangen
мембра́н|а <-ы> *ж* Membran *f*
мемора́ндум <-а> *м* Memorandum *nt,* Denkschrift *f;* **~ прави́тельства** Regierungsmemorandum *nt*
мемориа́л <-а> *м* Mahnmal *nt* (für *+akk*), Gedenkstätte *f*
мемориа́льн|ый <-ая, -ое> *прил* Gedenk-; **~ музе́й** Gedenkstätte *f*
мему́ары <-ов> *мн (воспомина́ния)* Memoiren *pl,* Lebenserinnerungen *pl*
ме́н|а <-ы> *ж* Tausch *m;* **очередна́я ~** neuer Tausch *m*
менделе́ви|й <-я> *м* ХИМ Mendelevium *nt*
ме́неджер <-а> *м* **1.** ЭКОН Manager *m* **2.** *(организа́тор)* Organisator *m;* **~ по проду́кту** Produktmanager *m*
ме́неджмент <-а> *м* Management *nt;* **~ марке́тинга** Marketingmanagement *nt;* **~ на осно́ве согласо́ванных це́лей** Management *nt* by objectives; **~ предприя́тия** Unternehmensführung *f;* **~ путём делеги́рования** Management *nt* by delegation; **~ с уча́стием сотру́дников** Management *nt* by participation
ме́нее *нрч* weniger; **~всего́** am wenigsten; **не ~** mindestens; **тем не ~** nichtsdestoweniger, trotzdem; **~ чем за год** in weniger als einem Jahr; **~ краси́вый** weniger schön
мензу́рк|а <-и> *ж* Messbecher *m*
менинги́т <-а> *м* Hirnhautentzündung *f*
мени́ск <-а> *м* АНАТ Meniskus *m*
менов|о́й <-а́я, -о́е> *прил* Tausch-; **менова́я сде́лка** Tauschgeschäft *nt;* **менова́я сто́имость** Tauschwert *m;* **менова́я торго́вля** Tauschhandel *m;* **менов́ое отноше́ние** Tauschverhältnis *nt*
менопа́уз|а <-ы> *ж* Klimakterium *nt,* Menopause *f,* Wechseljahre *pl*
менструа́льн|ый <-ая, -ое> *прил* Menstruations-, menstrual; **~ цикл** Menstruation *f,* Periode *f,* Regel *f*
менструа́ци|я <-и> *ж* Menstruation *f*
мент <мента́> *м разг* Bulle *m;* **вы́звать менто́в** die Bullen rufen
менталите́т <-а> *м* Mentalität *f*
мента́льнос|ть <-ти> *ж* Mentalität *f*
мента́льн|ый <-ая, -ое> *прил* Mental-, mental
ме́нтовск|ий <-ая, -ое> *прил разг* Bullen-
менто́л <-а> *м* Menthol *nt*
менуэ́т <-а> *м* Menuett *nt*
ме́ньше *нрч* kleiner
ме́ньш|ий <-ая, -ее> *прил сравнит* mindere(r, s); *(бо́лее ю́ный)* jüngere(r, s); **по ме́ньшей ме́ре** mindestens; **из двух зол выбира́ть ме́ньшее** das kleinere von zwei Übeln wählen
меньшинств|о́ <-а́> *ср* Minderheit *f;* **а́кций** Aktienminderheit *f;* **национа́льное ~** nationale Minderheit *f*
меньш|о́й <-а́я, -о́е> *прил* jünger, jüngster; **~ брат** der jüngere Bruder
меню́ <неизм> *ср* **1.** *(спи́сок блюд в рестора́не)* Speisekarte *f* **2.** ИНФОРМ Menü *nt;* **ветвь ~** Menüoption *f;* **гла́вное ~** Startmenü *nt;* **конте́кстное ~** Objektmenü *nt;* **статья́** [*или* **пункт**] **~** Menüpunkt *m*
меня́ *мест род/вин от* **я** mich, meiner
меня́|ть <-ю, -ешь> *нсв,* **п(р)оменя́ть** *св прх* tauschen, wechseln; *(заменя́ть, изменя́ть)* auswechseln, ändern; **~ мне́ние** seine Meinung ändern; **~ окра́ску** sich verfärben; **~ профе́ссию** den Beruf wechseln; **променя́ть свою́ жизнь на другу́ю** sein Leben gegen ein anderes eintauschen
меня́|ться <-юсь, -ешься> *нсв,* **поменя́ться** *св рефл* **1.** *(изменя́ться)* sich verändern, sich wandeln **2.** *(места́ми и т.п.)* tauschen, austauschen; **~ роля́ми** die Rollen tauschen; **~ места́ми** die Plätze tauschen
ме́р|а <-ы> *ж* **1.** *и перен (до́ля, сте́пень, грани́ца)* Maß *nt;* **~ пло́щади** Flächenmaß *nt;* **~ отве́тственности** Maß an Verantwortung; **в значи́тельной ме́ре** in hohem Maße, weitgehend; **в по́лной ме́ре** vollständig, in vollem Umfang; **в тако́й же ме́ре** ebenso; **отсу́тствие чу́вства ме́ры** Maßlosigkeit *f;* **соблюда́ть** [*или* **знать**] **ме́ру** Maß halten **2.** *перен (мероприя́тие, шаг)* Maßnahme *f,* Schritt *m;* **~ защи́ты** Schutzmaßnahme *f;* **ме́ры безопа́сности** Sicherheitsvorkehrungen *fpl;* **вре́менная ~** temporäre Maßnahme *f;* **ме́ры по трудоустро́йству** Arbeitsbeschaffungsmaßnahmen *fpl;* **ме́ры поощре́ния** Förderungsmaßnahmen *fpl;* **вы́сшая ~ наказа́ния** Todesstrafe *f*
мере́ть <мру, мрёшь> *нсв нпрх разг* sterben; **мрут как му́хи** wie Fliegen sterben
мере́щ|иться <-усь, -ишься> *нсв,* **помере́щиться** *св рефл* scheinen

мерза́в|ец <-ца> *м* Schurke *m,* Schuft *m;* **настоя́щий ~** ein echter Schuft

ме́рз|кий <-кая, -кое; -ок, -ка́, -ко> *прил* widerlich, abscheulich

ме́рзко *нрч* abscheulich, grässlich

мёрзл|ый <-ая, -ое> *прил* gefroren, hartgefroren; **мёрзлая земля́** gefrorener Boden *m;* **~ карто́фель** hartgefrorene Kartoffeln *fpl*

мерзлот|а́ <-ы́> *ж* Frost *m;* **ве́чная ~** ewiger Frost *m*

мёрзн|уть <-у, -ешь> *нсв,* **замёрзнуть, промёрзнуть** *св нпрх* **1.** *(си́льно озя́бнуть)* frieren, vor Kälte steif werden; **у неё промёрзли но́ги, пока́ она́ ждала́ авто́бус** ihre Beine sind durchgefroren, während sie auf den Bus wartete **2.** *(на большо́й глубине́)* tief durchfrieren; **земля́ промёрзла на 5 ме́тров** der Boden ist bis 5 Meter Tiefe durchgefroren

ме́рзос|ть <-ти> *ж* Scheußlichkeit *f*

меридиа́н <-а> *м* Meridian *m*

ме́рин <-а> *м* Wallach *m*

ме́р|ить <-ю, -ишь> *нсв,* **сме́рить** *св прх* messen; **~ ко́мнату** das Zimmer messen; **~ о́бувь** Schuhe anprobieren; **сме́рить температу́ру** die Temperatur [*o* das Fieber] messen; **сме́рить кого́-л. взгля́дом** jdn prüfend ansehen

ме́рк|а <-и> *ж* Maß *nt,* Messlatte *f; перен (масшта́б, крите́рий)* Maßstab *m,* Kriterium *nt;* **по сего́дняшним ме́ркам** nach heutigen Maßstäben; **по на́шим ме́ркам** für unsere Verhältnisse; **по челове́ческим ме́ркам** nach menschlichem Ermessen

ме́ркн|уть <-ет> *нсв,* **поме́ркнуть** *св безл, только 3 л* verblassen, erlöschen; **звёзды ме́ркнут** die Sterne verblassen; **ме́ркнет сла́ва** *перен* der Ruhm erlischt

Мерку́ри|й <-я> *м* Merkur *m;* **расстоя́ние от Земли́ до Мерку́рия** der Abstand zwischen Erde und Merkur

ме́рно *нрч* rhythmisch; **~ бьётся се́рдце** das Herz schlägt rhythmisch

ме́р|ный <-ная, -ное; -ен, -на, -но> *прил* rhythmisch; **~ звук прибо́я** der rhythmische Klang der Brandung; **идти́ ме́рным ша́гом** mit gemessenen Schritten gehen

мероприя́ти|е <-я> *ср* **1.** *(ме́ра, шаг)* Maßnahme *f,* Schritt *m* **2.** *(предпри́нятое де́ло)* Veranstaltung *f;* **ма́ссовое ~** Großveranstaltung *f;* **~ по оздоровле́нию** Sanierungsmaßnahme *f;* **мероприя́тия по повыше́нию квалифика́ции персона́ла** Personalentwicklung *f*

мерседе́с <-а> *м* Mercedes *m;* **но́вая моде́ль мерседе́са** das neue Modell von Mercedes

мерси́ *межд разг* danke!

ме́ртвенно *нрч* Toten-, tödlich; **~-беле́сый свет** blasses Licht *nt*

ме́ртвенн|ый <-ая, -ое> *прил* leblos; **ме́ртвенная тишина́** Totenstille *f*

мертве́|ть <-ю, -ешь> *нсв,* **омертве́ть** *св прх* erstarren; **па́льцы мертве́ют от хо́лода** die Finger erstarren vor Kälte; **~ от стра́ха** vor Angst erstarren

мертве́ц <-а́> *м* Tote *m*

мертве́цк|ий <-ая, -ое> *прил разг* Toten-

мертвечи́н|а <-ы> *ж* Aas *nt;* **за́пах мертвечи́ны** Aasgeruch *m*

мёртв|ый <-ая, -ое; -, -а́, -о> *прил* tot; **сдви́нуть с мёртвой то́чки** den toten Punkt überwinden

мертвя́к <-а́> *м разг* Dünung *f*

мерца́ни|е <-я> *ср* Blinken *nt,* Flimmern *nt;* **~ огне́й** Feuergeflimmer *nt*

мерца́|ть <-ю, -ешь> *нсв нпрх* blinken, flimmern; *(огонёк)* flackern, glimmen

ме́сив|о <-а> *ср* Fraß *m*

ме|си́ть <-шу́, -сишь> *нсв,* **смеси́ть** *св прх (те́сто)* rühren

ме́сс|а <-ы> *ж* РЕЛИГ Messe *f*

мессиа́нск|ий <-ая, -ое> *прил* messianisch

месси́|я <-и> *м* Messias *m*

месте́чк|о <-а> *ср* **1.** *(населённый пункт)* Ortschaft *f* **2.** *(ме́сто)* Plätzchen *nt*

местечко́в|ый <-ая, -ое> *прил* Fleckens-, Stellen-

мести́ <мету́, метёшь> *нсв нпрх* fegen, kehren

местко́м *сокр от* **ме́стный комите́т профсою́зной организа́ции** Gewerkschaftsleitung *f;* **член местко́ма** Mitglied *nt* der Gewerkschaftsleitung

ме́стно *нрч* lokal, örtlich

ме́стнос|ть <-ти> *ж* Gegend *f;* **гори́стая ~** bergiges Gelände *nt;* **откры́тая ~** offene Gegend *f;* **заня́тия вое́нным де́лом на ме́стности** Geländeübungen *fpl;* **в на́шей ме́стности** bei uns in der Gegend; **се́льская ~** dörfliche Gegend *f*

ме́стн|ый <-ая, -ое> *прил* einheimisch, hiesig; **ме́стная сеть** Ortsnetz *nt;* **ме́стная сеть ВМ** Lokalnetz *nt;* **ме́стное вре́мя** Ortszeit *f;* **ме́стный фина́нсовый о́рган** Wohnsitzfinanzamt *nt;* **~ жи́тель** Einheimische(r) *f(m);* **~ телефо́нный разгово́р** Ortsgespräch *nt;* **~ обы́чай** Lokalbrauch *m;* **ме́стная промы́шленность** örtliche Industrie *f;* **ме́стные жи́тели** einheimische Bevölkerung *f;* **ме́стное воспале́ние** lokale Entzündung *f*

ме́ст|о <-а> *ср* **1.** *(пребыва́ния, происше́ствия, де́йствия)* Ort *m* **2.** *(занима́емое ме́сто, до́лжность)* Platz *m,* Stelle *f;* **~ возникнове́ния затра́т** Kostenstelle *f;* **~ встре́чи** Treffpunkt *m;* **~ для ночле́га** Schlafgelegenheit *f;* **~ для прогу́лок** Promenade *f* **3.** ТЕАТ, ТРАНСП Sitz *m,* Sitzplatz *m,* Platz *m;* **~ второ́го води́теля** Beifahrersitz *m;* **~ у окна́** Fensterplatz *m;* **сидя́чее ~** Sitzplatz *m;* **стоя́чее ~** Stehplatz *m* **4.** *(в* *парла́менте)* Parlamentssitz *m,* Mandat *nt;* **~ заключе́ния** Haftanstalt *f;* **~ наро́дных гуля́ний** Rummelplatz *m;* **~ обраще́ния** *(для бе́женцев)* Anlaufstelle *f;* **~ пребыва́ния** Aufenthaltsort *m;* **~ преступле́ния** Tatort *m;* **~ проведе́ния** Austragungsort *m;* **~ происше́ствия** Unfallstelle *f;* **~ рабо́ты** Arbeitsstätte *f;* **~ рожде́ния** Geburtsort *m;* **почётное ~** Ehrenplatz *m;* **рабо́чее ~** Arbeitsplatz *m;* **в друго́м ме́сте** anderweitig, an anderer Stelle; **в надёжном ме́сте** an einem sicheren Ort; **в ну́жном ме́сте** *разг* am richtigen Ort, an richtiger Stelle; **на места́х** vor Ort; **заня́ть второ́е ~** an zweiter Stelle rangieren; **найти́ своё ~ в жи́зни** sich im Leben zurechtfinden; **оста́ться без ме́ста** seine Arbeit verlieren; **зал на 2000 мест** ein Saal mit 2000 Sitzen; **расста́вить всё по свои́м места́м** *перен* alles zurechtrücken, alles wieder ins Lot bringen; **я не хоте́л бы оказа́ться на его́ ме́сте** ich möchte nicht mit ihm tauschen; **~ вырабо́тки проду́кции** Produktionsstätte *f;* **~ выставле́ния** (**докуме́нта**) Ausstellungsort *m;* **~ жи́тельства** Wohnsitz *m;* **~ исполне́ния** Erfüllungsort *m;* **~ на ры́нке** Marktposition *f;* **~ назначе́ния** Destination *f,* Bestimmungsort *m;* **~ поста́вки** Lieferungsort *m;* **~ приёмки** Annahme *f;* **~ прода́жи** Point of Sale; **~ размеще́ния** Standort *m;* **~ торго́вли** Verkaufsstelle *f;* **дви́гать с ме́ста на ~** sich von Ort zu Ort bewegen; **~ в ло́же** Logenplatz *m;* **наси́женное ~** abgesessene Stelle *f;* **~ заключе́ния** Gefängnis *nt;* **положи́ть на ~** auf seinen Platz legen; **живопи́сные места́** schöne Orte *mpl;* **заня́ть пе́рвое ~** den ersten Platz belegen; **хоро́шее ~ на рабо́те** eine gute Arbeitsstelle; **са́мое интере́сное ~ в кни́ге** die interessanteste Stelle im Buch; **в бага́же пять мест** es sind 5 Stück als Gepäck aufgegeben; **делега́ты с мест** Abgeordnete *mpl* mit Parlamentssitzen

местожи́тельств|о <-a> *ср* Wohnort *m;* *книж (резиде́нция)* Wohnsitz *m,* Domizil *nt*

местоиме́ни|е <-я> *ср* лингв Pronomen *nt;* **возвра́тное ~** Reflexivpronomen *nt;* **вопроси́тельное ~** Interrogativpronomen *nt;* **ли́чное ~** Personalpronomen *nt;* **относи́тельное ~** Relativpronomen *nt;* **притяжа́тельное ~** Possessivpronomen *nt;* **указа́тельное ~** Demonstrativpronomen *nt*

местонахожде́ни|е <-я> *ср* Standort *m,* Sitz *m,* Niederlassung *f;* *(местопребыва́ние)* Aufenthaltsort *m;* **~ произво́дства** Produktionsstätte *f;* **~ фи́рмы** Firmensitz *m*

местоположе́ни|е <-я> *ср* Standort *m,* Position *f;* **краси́вое ~** schöne Stelle *f*

местопребыва́ни|е <-я> *ср* **1.** *(пребыва́ние, нахожде́ние)* Aufenthalt *m* **2.** *(го́род, дере́вня)* Aufenthaltsort *m*

месторасположе́ни|е <-я> *ср* Standort *m*

месторожде́ни|е <-я> *ср* Geburtsort *m;* шахт Lager *nt,* Lagerstätte *f,* Vorkommen *nt*

месть <ме́сти> *ж* Rache *f;* **кро́вная ~** Blutrache *f*

ме́сяц <-a> *м* Monat *m;* *(серп луны́)* Mondsichel *f*

ме́сячн|ый <-ая, -ое> *прил* monatlich; **~ окла́д, ме́сячное жа́лованье** Monatsgehalt *nt;* **ме́сячная за́работная пла́та** Monatslohn *m;* **~ дохо́д** Monatseinkommen *nt*

мета́лл <-a> *м* Metall *nt;* **благоро́дный ~** Edelmetall *nt*

металли́ст <-a> *м* Metallarbeiter *m*

металли́ческ|ий <-ая, -ое> *прил* metallen, Metall-

металло́лом <-a> *м* Schrott *m,* Altmetall *nt;* **сда́ть ~** Altmetall *nt* abgeben

металлу́рг <-a> *м* Metallurg *m;* **изве́стный ~** berühmter Hüttenarbeiter *m*

металлурги́ческ|ий <-ая, -ое> *прил* Metall-, Hütten-; **металлурги́ческая промы́шленность** Metallindustrie *f,* Hüttenindustrie *f*

металлу́рги|я <-и> *ж* Metallurgie *f;* **цветна́я ~** Buntmetallurgie *f;* **чёрная ~** Eisen- und Stahlindustrie *f*

метаморфо́з <-a> *м* Metamorphose *f;* **~ гу́сеницы в ба́бочку** die Verwandlung der Raupe in einen Schmetterling

метаморфо́з|а <-ы> *ж* Metamorphose *f,* Verwandlung *f;* **с ним произошла́ ~** er ist wie verwandelt

мета́н <-a> *м* хим Methan *nt*

мета́ни|е <-я> *ср* Werfen *nt;* **~ ди́ска** Diskuswerfen *nt*

метаорганиза́ци|я <-и> *ж* Metaorganisation *f*

метаста́з <-a> *м* мед Metastase *f;* **метаста́зы ра́ка** Krebsmetastasen *fpl*

мета́ть <мечу́, ме́чешь> *нсв прх* schleudern; **~ би́сер пе́ред сви́ньями** *перен* Perlen vor die Säue werfen; **~ гро́мы и мо́лнии** *перен* Gift und Galle spucken; **~ икру́** зоол laichen

ме|та́ться <-чу́сь, -чешься> *нсв рефл* sich wälzen; **~ в бреду́** sich im Fieberwahn hin und her werfen; **~ по ко́мнате** im Zimmer umherrennen

метафи́зик <-a> *м* Metaphysiker *m*

метафи́зик|а <-и> *ж* Metaphysik *f;* **увлека́ться метафи́зикой** sich für Metaphysik begeistern

метафизи́ческ|ий <-ая, -ое> *прил* metaphysisch

мета́фор|а <-ы> *ж* Metapher *f*

метёлк|а <-и> *ж* *(метла́)* Besen *m;* **ста́рая ~** der alte Besen

мете́|ль <-ли> *ж* Schneegestöber *nt,* Schneesturm *m*

мете́льн|ый <-ая, -ое> *прил* Schneesturm-

метео́р <-a> *м* Meteor *m*

метеори́зм <-a> *м* Meteorismus *m*

метеори́т <-а> *м* Meteorit *m;* **наблюда́ть за метеори́тами** die Meteoriten beobachten
метеори́тн|ый <-ая, -ое> *прил* Meteoriten-; **~ дождь** Meteoritenregen *m*
метеоро́лог <-а> *м* Meteorologe *m*
метеорологи́ческ|ий <-ая, -ое> *прил* meteorologisch; **метеорологи́ческая ка́рта** Wetterkarte *f*
метеороло́ги|я <-и> *ж* Meteorologie *f*
метеосво́дка *сокр от* **метеорологи́ческая сво́дка** Wetterbericht *m*
метеослу́жба *сокр от* **метеорологи́ческая слу́жба** Wetterdienst *m*
метеоста́нци|я <-и> *ж* meteorologische Station *f;* **гла́вная ~** Hauptwetterstation *f*
метеочувстви́тельн|ый <-ая, -ое> *прил* wetterfühlig
мети́л <-а> *м* Methyl *nt;* **спирт из мети́ла** Methylalkohol *m*
мети́лов|ый <-ая, -ое> *прил* Methyl-; **~ спирт** Methylalkohol *m*
мети́с <-а> *м* Mischling *m*
ме́|тить <-чу, -тишь> *нсв нпрх* **1.** *(де́лать поме́тку)* markieren **2.** *перен (в кого́-л./что-л.)* aus sein, es abgesehen haben auf +*akk;* **он ме́тит в президе́нта** er möchte gern Präsident werden
ме́|титься <-чусь, -тишься> *нсв рефл (в кого́-л./что-л.)* zielen, abzielen auf +*akk*
ме́тк|а <-и> *ж* **1.** *(засе́чка)* Kerbe *f* **2.** *(маркиро́вка)* Markierung *f* **3.** ИНФОРМ Tag *m*
ме́т|кий <-кая, -кое; -ок, -ка́, -ко> *прил* treffsicher; *перен (то́чный, ве́рный)* treffend; **ме́ткое сравне́ние** treffender Vergleich *m*
ме́тко *нрч* treffend; **кра́тко и ~** kurz und treffend; **~ стреля́ть** genau schießen
метл|а́ <-ы́> *ж* Besen *m;* **но́вая ~ по но́вому метёт** neue Besen kehren gut
метн|у́ть <-у, -ешь> *св прх* werfen; **~ грана́ту** eine Handgranate werfen
метну́|ться <-усь, -ешься> *св рефл* sich stürzen, sich werfen
ме́тод <-а> *м* Methode *f; (техноло́гия)* Verfahren *nt;* **~ ана́лиза затра́ты-результа́ты** Input-Output-Analyse *f;* **~ испыта́ния** Prüfverfahren *nt;* **~ крити́ческого пути́** Critical-Path-Methode *f;* **~ оптимиза́ции** Optimierungsverfahren *nt;* **~ отбо́ра руководя́щих ка́дров** Assessment Center *nt;* **~ оце́нки по пу́нктам** Punktbewertungsmethode *f;* **~ произво́дства** Produktionsverfahren *nt;* **~ распределе́ния взно́сов** Umlageverfahren *nt;* **~ расчёта при́были на осно́ве оборо́та** Umsatzkostenverfahren *nt;* **~ случа́йной вы́борки** Random-Verfahren *nt;* **~ Де́льфи** Delphi-Methode *f;* **~ те́стов** Testverfahren *nt;* **ме́тоды по́иска но́вых иде́й** Kreativitätstechniken *fpl*
мето́д|а <-ы> *ж* Methode *f,* Verfahren *nt;* **но́вая ~** neue Methode *f*
мето́дик|а <-и> *ж* Methodik *f;* **~ расчётов** Rechenverfahren *nt;* **~ преподава́ния** Didaktik *f*
методи́ст <-а> *м* Methodiker *m;* **~ по лече́бной гимна́стике** Krankengymnast(in) *m(f)*
методи́ческ|ий <-ая, -ое> *прил* methodisch, systematisch
методи́чно *нрч* methodisch; **рабо́тать ~** methodisch arbeiten
методологи́ческ|ий <-ая, -ое> *прил* methodologisch
методоло́ги|я <-и> *ж* Methodologie *f*
метр <ме́тра> *м* Meter *m; (сантиме́тр)* Metermaß *nt;* **складно́й ~** Zollstock *m*
метрдоте́|ль <-ля> *м* Oberkellner *m;* **о́пытный ~** erfahrener Oberkellner
ме́трик|а[1] <-и> *ж* ЛИТ Metrik *f;* **уче́бник ме́трики** Metriklehrbuch *nt;* **ру́сская ме́трика** russische Metrik *f*
ме́трик|а[2] <-и> *ж (докуме́нт)* Geburtsurkunde *f;* **потре́бовать ме́трику** die Geburtsurkunde verlangen
метри́ческ|ий <-ая, -ое> *прил* metrisch; **метри́ческая систе́ма** metrisches System *nt*
метро́ *сокр от* **метрополите́н** U-Bahn *f*
метро́в|ый <-ая, -ое> *прил* Meter-
метроно́м <-а> *м* Metronom *nt,* Taktmesser *m;* **определя́ть темп метроно́мом** das Tempo mit dem Taktmesser bestimmen
метрополите́н <-а> *м* Untergrundbahn *f,* U-Bahn *f;* **моско́вский ~** die Moskauer U-Bahn
метропо́ли|я <-и> *ж* Metropole *f*
мех <ме́ха> *м* **1.** *(кузне́чный)* Blasebalg *m* **2.** *(у живо́тных)* Pelz *m*
механиза́тор <-а> *м* Mechanisator *m*
механиза́ци|я <-и> *ж* Mechanisierung *f*
механизи́рован|ный <-ная, -ное; -, -а, -о> *прил* mechanisiert; **~ отде́л** mechanisierte Abteilung *f*
механи́зм <-а> *м* **1.** *и перен* Mechanismus *m* **2.** *(устро́йство, прибо́р)* Maschine *f,* Gerät *nt* **3.** *(техноло́гия)* Verfahren *nt,* Verfahrensweise *f;* **~ управле́ния диске́тами** Diskettenlaufwerk *nt;* **~ цен** Preismechanismus *m*
меха́ник <-а> *м* Mechaniker(in) *m(f)*
меха́ник|а <-и> *ж* Mechanik *f*
механи́чески *нрч* mechanisch; **~ отвеча́ть на вопро́сы** die Fragen mechanisch beantworten
механи́ческ|ий <-ая, -ое> *прил* mechanisch; *перен (машина́льный)* gedankenlos
мехов|о́й <-а́я, -о́е> *прил* Pelz-; **мехова́я шу́ба** Pelzmantel *m*
мецена́т <-а> *м* Mäzen *m*
мецена́тств|о <-а> *ср* Mäzenatentum *nt*
меч <меча́> *м* Schwert *nt;* **дамо́клов ~** Damoklesschwert *nt*
ме́чен|ый <-ая, -ое> *прил* gezeichnet; **ме-**

М

ченое бельё gezeichnete Wäsche *f*

мече́|ть <-ти> *ж* Moschee *f*

мечт|а́ <-ы́> *ж* Traum *m*, Wunschtraum *m*; **голуба́я ~** sehnlichster Wunsch *m*; **несбы́точная ~** unerfüllbarer Traum *m*; **несбы́вшаяся ~** unerfüllter Traum *m*

мечта́ни|е <-я> *ср* Träumerei *f*

мечта́те|ль <-ля> *м*, **мечта́тельниц|а** <-ы> *ж* Träumer(in) *m(f)*

мечта́тельн|ый <-ая, -ое> *прил* schwärmerisch, träumerisch

мечта́|ть <-ю, -ешь> *нсв нпрх (о ком-л./чём-л.)* träumen, schwärmen von +*dat*

меша́лк|а <-и> *ж* **1.** *(смеси́тель, ми́ксер)* Mischer *m*, Mischanlage *f* **2.** *(муто́вка)* Quirl *m*

мешани́н|а <-ы> *ж разг* Durcheinander *nt*; **~ в голове́** ein Durcheinander im Kopf

меша́|ть <-ю, -ешь> *нсв*, **помеша́ть** *св прх* **1.** *(поме́шивать)* umrühren **2.** *(сме́шивать)* mischen **3.** *(обременя́ть, докуча́ть)* stören, behelligen **4.** *(препя́тствовать)* behindern; *(предотврати́ть что-л.)* verhindern, verhüten; **~ кому́-л. рабо́тать** jdn bei der Arbeit stören; **э́то нам не помеша́ет** das stört uns nicht

меша́|ться <-юсь, -ешься> *нсв*, **помеша́ться** *св нпрх* sich einmischen; **~ не в свое де́ло** sich in fremde Angelegenheiten einmischen; **мы́сли меша́лись** die Gedanken waren verwirrt; **по́сле э́того собы́тия он помеша́лся** nach diesem Ereignis wurde er wahnsinnig; **мой сын помеша́лся на компью́терных и́грах** mein Sohn ist verrückt nach Computerspielen

ме́шка|ть <-ю, -ешь> *нсв рефл разг* zögern; **~ с отъе́здом** mit der Abreise zögern

мешкова́т|ый <-ая, -ое; -, -а, -о> *прил* plump; **~ костю́м** ausgebeulter Anzug *m*

мешкови́н|а <-ы> *ж* Sackleinen *nt*; **ка́чественная ~** Qualitätssackleinen *nt*

меш|о́к <-ка́> *м* Sack *m*; *(су́мка)* Beutel *m*; **спа́льный ~** Schlafsack *m*

мешо́чник <-а> *м* Schieber *m*

мещани́н <-а> *м* **1.** ИСТОР Kleinbürger *m* **2.** *пейор (обыва́тель)* Spießbürger *m*

меща́нк|а <-и> *ж* Kleinbürgerin *f*

меща́нск|ий <-ая, -ое> *прил* kleinbürgerlich; **меща́нская упра́ва** kleinbürgerliche Verwaltung *f*

меща́нств|о <-а> *ср* Kleinbürgertum *nt*

мзда <мзды> *ж устар* Lohn *m*, Bezahlung *f*

ми <неизм> *ср* E *nt*; **~ мажо́р** E-Dur *nt*

миа́зм <-а> *м* Miasma *nt*

миг <ми́га> *м* Augenblick *m*, Moment *m*; **в оди́н ~** in einem Augenblick, im Nu; **прекра́сный ~** wunderschöner Moment *m*

мига́лк|а <-и> *ж разг* АВТО Lichthupe *f*

мига́ни|е <-я> *ср* Blinzeln *nt*

мига́|ть <-ю, -ешь> *нсв*, **мигну́ть** *св нпрх* **1.** *(ла́мпа)* flackern **2.** *(све́т)* flimmern **3.** *(мая́к)* blinken **4.** *(челове́к)* blinzeln

мига́ющ|ий <-ая, -ее> *прил* flimmernd, blinkend; **~ ку́рсор** blinkender Cursor *m*; **~ свет** Blinklicht *nt*

мигн|у́ть <-у́, -ешь> *св нпрх см.* **мига́ть**

мигра́нт <-а> *м* **1.** *(переселе́нец)* Ein-/Auswanderer *m* **2.** СОЦИОЛ *(ма́ятниковый)* Pendler *m*

миграцио́нн|ый <-ая, -ое> *прил* Migranten-; **~ пото́к** Zuwandererstrom *m*

мигра́ци|я <-и> *ж* Migration *f*, Ein-/Auswanderung *f*

мигре́|нь <-ни> *м устар* Migräne *f*

МИД *сокр от* **Министе́рство иностра́нных де́л** Auswärtiges Amt *nt*, Außenministerium *nt*

мизантро́п <-а> *м* Misanthrop *m*, Menschenfeind *m*

мизантро́пи|я <-и> *ж* Misanthropie *f*, Menschenscheu *f*

ми́зер|ный <-ная, -ное; -ен, -на, -но> *прил* **1.** *(незначи́тельный)* klein, unbedeutend **2.** *(жа́лкий, смехотво́рный)* armselig, läppisch

мизи́н|ец <-ца> *м* kleiner Finger *m*; **боли́т ~** der Finger tut mir weh

микроавто́бус <-а> *м* Kleinbus *m*

микро́б <-а> *м* Mikrobe *f*

микро́бн|ый <-ая, -ое> *прил* Mikroben-

микроволно́в|ый <-ая, -ое> *прил* Mikrowellen-; **микроволно́вая печь** Mikrowellenherd *m*

микрокалькуля́тор <-а> *м* Taschenrechner *m*

микрокли́мат <-а> *м* Mikroklima *nt*

микроко́смос <-а> *м* Mikrokosmos *m*

микролитра́жк|а <-и> *ж разг* Kleinstwagen *m*; **купи́ть ~** einen Wagen mit minimalem Kraftstoffverbrauch kaufen

микромо́ду|ль <-ля> *м* Mikromodulbaustein *m*, Mikromodul *nt*

микрооргани́зм <-а> *м* Mikroorganismus *m*; **изуча́ть микрооргани́змы** Mikroorganismen studieren

микропрогра́мм|а <-ы> *ж* Mikroprogramm *nt*

микропроце́ссор <-а> *м* Mikroprozessor *m*

микрорайо́н <-а> *м* Wohngebiet *nt*, Wohnbezirk *m*

микроско́п <-а> *м* Mikroskop *nt*; **электро́нный ~** Elektronenmikroskop *nt*

микроскопи́ческ|ий <-ая, -ое> *прил* mikroskopisch; **~ ана́лиз** mikroskopische Analyse *f*; **микроскопи́ческая кле́тка** mikroskopisch kleine Zelle *f*; **микроскопи́ческая до́за** winzige Dosis *f*

микросхе́м|а <-ы> *ж* Mikroschaltung *f*, Mikroschaltkreis *m*

микрофло́р|а <-ы> *ж* Mikroflora *f*, Mikropflanzenwelt *f*

микрофо́н <-а> *м* Mikrophon *nt*
микроэконо́мик|а <-и> *ж* Mikroökonomie *f*
микроэлектро́ник|а <-и> *ж* Mikroelektronik *f*
ми́ксер <-а> *м* Mixer *m,* Mixgerät *nt*
миксту́р|а <-ы> *ж* Mixtur *f*
Мила́н <-а> *м* Mailand *nt;* **улете́ть в ~** nach Mailand fliegen
миле́ди <неизм> *ж* Mylady *f;* **уважа́емая ~** verehrte Mylady
миле́йш|ий <-ая, -ее> *прил* **~ челове́к** der allerliebste Mensch
ми́леньк|ий <-ая, -ое> *прил* nett, lieb, niedlich
милитари́зм <-а> *м* Militarismus *m*
милитари́стск|ий <-ая, -ое> *прил* militaristisch
милице́йск|ий <-ая, -ое> *прил* Polizei-; **милице́йская маши́на** Polizeiwagen *m*
милиционе́р <-а> *м* Polizist *m*
мили́ци|я <-и> *ж* Polizeiwache *f*
миллиа́рд <-а> *м* Milliarde *f*
миллиарде́р <-а> *м* Milliardär *m*
миллиа́рдн|ый <-ая, -ое> *прил* Milliarden-; **миллиа́рдные за́ймы** Kredite *mpl;* **~ зака́з** Milliardenauftrag *m;* **~ посети́тель** milliardster Besucher *m*
миллигра́мм <-а> *м* Milligramm *nt*
миллиме́тр <-а> *м* Millimeter *m*
миллиметро́в|ый <-ая, -ое> *прил* Millimeter-; **~ разре́з** Millimeterschnitt *m*
миллио́н <-а> *м* Million *f*
миллионе́р <-а> *м* Millionär *m*
миллионе́рш|а <-и> *ж разг* Millionärin *f;* **состоя́ние миллионе́рши** das Vermögen der Millionärin
миллио́нн|ый <-ая, -ое> *прил* Millionen-, millionste(r, s)
ми́ло *нрч* nett, lieb; **о́чень ~** sehr lieb
ми́л|овать <-ую, -уешь> *нсв прх* begnadigen; **нельзя́ ~ престу́пника** den Verbrecher darf man nicht begnadigen
милови́д|ный <-ная, -ное; -ен, -на, -но> *прил* lieblich, niedlich, hübsch
мил|о́к <-ка́> *м* mein Lieber *(als Anrede)*
мило́рд <-а> *м* Mylord *m*
милосе́рди|е <-я> *ср* **1.** *(сострада́ние)* Barmherzigkeit *f;* **сестра́ милосе́рдия** *устар* Krankenschwester *f;* **сестра́ милосе́рдия евангели́ческой общи́ны** Diakonisse *f* **2.** *(серде́чная доброта́)* Herzensgüte *f*
милосе́рд|ный <-ная, -ное; -, -на, -но> *прил* barmherzig
ми́лостив|ый <-ая, -ое; -, -а, -о> *прил* gnädig
ми́лостын|я <-и> *ж* Almosen *nt;* **проси́ть ми́лостыню** betteln
ми́лос|ть <-ти> *ж* Gnade *f;* **~ бого́в** Charisma *nt;* **Ва́ша ми́лость!** *устар (обраще́ние)* Euer Gnaden!
ми́лочк|а <-и> *ж* Liebchen *nt,* Kindchen *nt* *(als Anrede)*
ми́л|ый <-ая, -ое; -, -а́, -о> *прил* **1.** *(дорого́й)* lieb **2.** *(прия́тный, сла́вный)* nett
ми́л|я <-и> *ж* Meile *f;* **морска́я ~** Seemeile *f*
мим <ми́ма> *м* Mime *m*
ми́мик|а <-и> *ж* Mimik *f*
мими́кри|я <-и> *ж* Mimikry *f*
ми́мо *нрч* vorbei; **проходи́ть ~** vorbeigehen
мимо́з|а <-ы> *ж и перен* Mimose *f*
мимолётно *нрч* flüchtig; **влюби́ться ~** sich kurzzeitig verlieben
мимолёт|ный <-ная, -ное; -ен, -на, -но> *прил* flüchtig; **~ взгля́д** flüchtiger Blick *m;* **мимолётная встре́ча** flüchtige Begegnung *f*
мимохо́дом *нрч* **1.** *(ме́жду про́чим)* beiläufig **2.** *(случа́йно)* nebenher
ми́н|а <-ы> *ж* **1.** воен Mine *f;* **~ заме́дленного де́йствия** Zeitbombe *f* **2.** *(выраже́ние лица́)* Miene *f,* Gesichtsausdruck *m;* **де́лать хоро́шую ми́ну при плохо́й игре́** *перен* gute Miene zum bösen Spiel machen
минаре́т <-а> *м* Minarett *nt*
минда́лин|а[1] <-ы> *ж* Mandelkern *m;* **фо́рма минда́лины** die Form eines Mandelkernes
минда́лин|а[2] <-ы> *ж* мед Mandel *f;* **удали́ть минда́лины** die Mandeln herausnehmen
минда́|ль <-ля́> *м* бот **1.** *то́лько ед (де́рево)* Mandelbaum *m* **2.** *(плод)* Mandeln *pl*
минда́льн|ый <-ая, -ое> *прил* Mandel-; **минда́льное пиро́жное** Makrone *f,* Mandelstück *nt*
минера́л <-а> *м* Mineral *nt*
минера́льн|ый <-ая, -ое> *прил* Mineral-; **минера́льная вода́** Mineralwasser *nt*
минздра́в *сокр от* **Министе́рство здравоохране́ния** Gesundheitsministerium *nt*
миниатю́р|а <-ы> *ж* Miniatur *f*
миниатю́р|ный <-ная, -ное; -ен, -на, -но> *прил* Miniatur-; **миниатю́рная жи́вопись** Miniaturmalerei *f*
минигру́пп|а <-ы> *ж* Kleingruppe *f*
минима́|льный <-льная, -льное; -лен, -льна, -льно> *прил* minimal, Mindest-; **минима́льная за́работная пла́та** Mindestlohn *m;* **минима́льная мо́щность** Mindestkapazität *f;* **минима́льная номина́льная сто́имость** Mindestnennbetrag *m;* **минима́льная пе́нсия** Mindestrente *f;* **минима́льная предложе́нная су́мма** Mindestbargebot *nt;* **минима́льная ре́нта** Mindestrente *f;* **минима́льная цена́** Mindestpreis *m;* **~ взнос** Mindesteinlage *f;* **~ вклад** Mindesteinlage *f;* **~ дохо́д** Mindesteinkommen *nt;* **~ проце́нт дохо́да** Mindestrendite *f;* **~ резе́рв** Mindestreserve *f;* **~ разме́р капита́ла** Mindestkapital *nt;* **~ у́ровень изде́ржек** Kostenminimum *nt;* **минима́льное налого-**

М

обложе́ние Mindestbesteuerung *f;* **минима́льное начисле́ние проце́нтов** Mindestverzinsung *f;* **минима́льное тре́бование** Mindestanforderung *f*

минимизи́р|овать <-ую, -уешь> *нсв прх* minimieren

ми́нимум <-а> *м* Minimum *nt,* Mindestmaß *nt;* **прожи́точный ~** Existenzminimum *nt;* **как ~** mindestens; **~ за́работной пла́ты** Mindestlohn *m;* **~ складски́х запа́сов** Mindestbestand *m*

мини́р|овать <-ую, -уешь> *(н)св прх* verminen; **~ мост** eine Brücke verminen

министе́рск|ий <-ая, -ое> *прил* Minister-, Ministerial-, ministeriell; **~ ука́з** Ministerialerlass *m*

министе́рств|о <-а> *ср* Ministerium *nt;* **~ здравоохране́ния** Gesundheitsministerium *nt;* **~ иностра́нных дел** Auswärtiges Amt *nt;* **~ по дела́м образова́ния** Kultusministerium *nt;* **силовы́е министе́рства** Innen-, Verteidigungs- und Sicherheitsministerium *nt;* **~ торго́вли** Handelsministerium *nt*

мини́стр <-а> *м* Minister(in) *m(f);* **~ без портфе́ля** Minister *m* ohne Geschäftsbereich; **~ иностра́нных дел** Außenminister *m;* **~ фина́нсов** Finanzminister *m;* **федера́льный ~** Bundesminister *m*

миниюбк|а <-и> *ж* Minirock *m*

ми́нн|ый <-ая, -ое> *прил* Minen-; **ми́нные поля́** Minenfelder *pl*

минобороны *сокр от* **Министе́рство оборо́ны** Verteidigungsministerium *nt*

мин|ова́ть <-у́ю, -у́ешь> *(н)св прх* **1.** *(прое́хать ми́мо)* vorüberfahren; **~ дере́вню** am Dorf vorüberfahren **2.** *(избежа́ть)* vermeiden; **чему́ быть, того́ не ~** *поговорка* was sein muss, muss sein; **опа́сность минова́ла** die Gefahr ist vorüber

миноме́т <-а> *м* Granatwerfer *m;* **крупнокали́берный ~** großkalibriger Granatwerfer

миноме́тн|ый <-ая, -ое> *прил* Granatwerfer-, Werfer-; **~ обстре́л** Granatwerferbeschuss *m*

миномётчик <-а> *м* Granatwerferschütze *m*

миноно́с|ец <-ца> *м* Zerstörer *m*

мино́р <-а> *м* **1.** МУЗ Moll *nt* **2.** *перен* Niedergeschlagenheit *f;* **сего́дня он в мино́ре** er ist heute sehr niedergeschlagen

минота́вр <-а> *м* МИФ Minotaurus *m,* Minotaur *m*

Минск <Ми́нска> *м* Minsk *nt;* **по́езд из Ми́нска** der Zug aus Minsk

мину́вш|ий <-ая, -ее> *прил* **1.** *(проше́дший)* vergangen, verflossen **2.** *(про́шлый)* vorig; **на мину́вшей неде́ле** in der vorigen Woche

ми́нус I. *м* <-а> **1.** МАТ Minuszeichen *nt* **2.** *перен* Mangel *m,* Unzulänglichkeit *f;* **оказа́ться в ми́нусе** in die roten Zahlen geraten II. *част* МАТ minus; **де́сять ~ три бу́дет семь** zehn minus drei ist sieben

мину́т|а <-ы> *ж* Minute *f;* **~ молча́ния** Gedenkminute *f*

мину́тн|ый <-ая, -ое> *прил* Minuten-; **мину́тная стре́лка** Minutenzeiger *m;* **~ фа́ктор** Minutenfaktor *m;* **~ разгово́р** kurzes Gespräch *nt*

мин|у́ть <-у́ю, -ешь> *св нпрх* vergehen, verstreichen; **ему́ ми́нуло два́дцать лет** er ist jetzt über zwanzig

минфин *сокр от* **Министе́рство фина́нсов** Finanzministerium *nt*

миока́рд <-а> *м* МЕД Myokard *nt*

миокарди́т <-а> *м* МЕД Myokarditis *f,* Herzmuskelentzündung *f;* **страда́ть миокарди́том** an Herzmuskelentzündung leiden

мио́м|а <-ы> *ж* Myom *nt,* Muskelgeschwulst *f;* **образова́ние мио́мы** Bildung eines Muskelgeschwulstes

мир[1] <ми́ра> *м то́лько ед* Frieden *m;* **борьба́ за ~** Kampf *m* für den Frieden

мир[2] <ми́ра> *м (свет)* Welt *f;* **в совреме́нном ми́ре** in der Welt von heute, in der heutigen Welt

мира́ж <-а> *м* Luftspiegelung *f,* Trugbild *nt,* Fata Morgana *f;* **~ в пусты́не** eine Luftspiegelung in der Wüste; **~ сча́стья** ein Trugbild des Glücks

мириа́д|ы <-> *мн* Myriade *f;* **~ звёзд** Myriaden von Sternen

мир|и́ть <-ю́, -и́шь> *нсв,* **помири́ть** *св нпрх* **1.** *(кого́-л./чего́-л.)* versöhnen; **~ вражду́ющих** die Verfeindeten versöhnen **2.** *(с кем-л./чем-л.)* sich versöhnen

мир|и́ться <-ю́сь, -и́шься> *нсв,* **помири́ться** *св рефл* **1.** *(с кем-л.)* sich aussöhnen mit *+dat* **2.** *(принима́ть, терпе́ть)* hinnehmen, akzeptieren **3.** *(идти́ на что-л.)* etw in Kauf nehmen, sich abfinden mit *+dat;* **~ с го́рькой необходи́мостью** *перен* in den sauren Apfel beißen

ми́рно *нрч* friedlich; **~ реши́ть вопро́с** die Frage friedlich lösen

ми́р|ный <-ная, -ное; -ен, -на, -но> *прил* friedlich, Friedens-; **ми́рные перегово́ры** Friedensverhandlungen *fpl*

мировоззре́ни|е <-я> *ср* Gesinnung *f,* Weltanschauung *f*

миров|о́й <-а́я, -о́е> *прил* Welt-, Friedens-; **мирова́я война́** Weltkrieg *m;* **мирова́я обще́ственность** Weltöffentlichkeit *f;* **~ ры́нок** Weltmarkt *m;* **~ реко́рд** Weltrekord *m;* **но́вый ~ поря́док** neue Weltordnung *f;* **мирова́я скорбь** ПОЭТ Weltschmerz *m;* **учёный с мировы́м и́менем** weltbekannte(r) Gelehrte(r) *m;* **фи́рма с мировы́м и́менем** Weltunternehmen *nt*

мироздани|е <-я> *ср* Weltall *nt*

мир|о́к <-ка́> *м разг* kleine Welt *f;* **его́ ма́ленький со́бственный ~** seine eigene kleine Welt *f*

миролюби́в|ый <-ая, -ое; -, -а, -о> *прил* friedliebend, friedfertig

мироощуще́ни|е <-я> *ср* Weltempfindung *f;* **ли́чное ~** eigene Weltempfindung *f*

миротво́р|ец <-ца> *м* Friedensstifter *m;* **уси́лия миротво́рцев** die Bemühungen der Friedensstifter

миротво́рческ|ий <-ая, -ое> *прил* friedensfördernd, friedensstiftend; **миротво́рческие си́лы ООН** Friedenstruppen *fpl* der UNO

мирск|о́й <-а́я, -о́е> *прил* weltlich; **мирска́я жизнь** weltliches Leben *nt*

ми́ск|а <-и> *ж* Schüssel *f,* Napf *m*

миссионе́р <-а> *м,* **миссионе́рш|а** <-и> *ж* Missionar(in) *m(f)*

ми́сси|я <-и> *ж* **1.** *(дипломати́ческая)* Mission *f,* Gesandtschaft *f* **2.** *(поруче́ние)* Mission *f,* Auftrag *m;* **на э́том моя́ ~ зако́нчена** damit habe ich meine Pflicht getan

ми́стер <-а> *м (обраще́ние)* Mister *m;* **~ Джонс** Mister Jones

мисте́ри|я <-и> *ж* Mysterium *nt,* Mysterienspiel *nt;* **средневеко́вая ~** mittelalterliches Mysterium *nt*

ми́стик <-а> *м* Mystiker(in) *m(f)*

ми́стик|а <-и> *ж* Mystik *f*

мистифика́ци|я <-и> *ж* Täuschung *f,* Betrug *m,* Mystifikation *f*

мисти́ческ|ий <-ая, -ое> *прил* mystisch; **~ дом** mystisches Haus *nt*

ми́тинг <-а> *м* Kundgebung *f,* Meeting *nt*

митинг|ова́ть <-у́ю, -у́ешь> *нсв нпрх* ein Meeting abhalten

митра́льн|ый <-ая, -ое> *прил* mitral

митрополи́т <-а> *м* РЕЛИГ **1.** *(архиепи́скоп)* Metropolit *m,* Erzbischof *m* **2.** *(глава́ правосла́вной це́ркви) Leiter einer unabhängigen Landeskirche*

миф <ми́фа> *м* **1.** *(сказа́ние, леге́нда)* Mythos *m,* Legende *f* **2.** *(небыли́ца, вы́думка)* Märchen *nt,* Erfindung *f*

мифи́ческ|ий <-ая, -ое> *прил* mythisch, legendär; **~ геро́й** legendärer Held *m*

мифологи́ческ|ий <-ая, -ое> *прил* mythologisch, Sagen-; **~ сюже́т** mythologisches Sujet *nt*

мифоло́ги|я <-и> *ж* Mythologie *f*

ми́чман <-а> *м* Fähnrich *m* zur See, Unterleutnant *m* zur See

мише́|нь <-ни> *ж* **1.** *и перен* Zielscheibe *f* **2.** *(в ти́ре)* Schießbudenfigur *f;* **сде́лать кого́-л. мише́нью для насме́шек** jdn zur Zielscheibe des Spottes machen

ми́шк|а <-и> *м* **1.** *(кли́чка)* Bär *m;* **~ косола́пый** Bär *(im russischen Volksmund)* **2.** *(игру́шка)* Teddybär *m* **3.** *(и́мя) Diminutiv des männlichen Vornamens Michail*

мишур|а́ <-ы́> *ж* Firlefanz *m,* Tand *m*

младе́н|ец <-ца> *м* Baby *nt,* Säugling *m;* **~ Христо́с** Christkind *nt;* **уста́ми младе́нца глаго́лит и́стина** Kindermund tut Wahrheit kund

младе́нческ|ий <-ая, -ое> *прил* Baby-; **~ во́зраст** Babyalter *nt*

младе́нчеств|о <-а> *ср* Säuglingsalter *nt;* **во младе́нчестве** im Säuglingsalter

младе́нчик <-а> *м уменьш* Neugeborene *nt,* Säugling *m,* Christkind *nt;* **он су́щий ~** er ist ein echtes Christkind

млад|о́й <-а́я, -о́е; -, -а́, -о> *прил* jung

мла́дшеньк|ий <-ая, -ое> *прил* der jüngste

мла́дш|ий <-ая, -ее> *прил сравнит* jüngere(r, s); **~ брат** kleiner Bruder *m*

млекопита́ющ|ий <-ая, -ее> *м* Säugetier *nt*

млекопита́юще|е <-го> *ср* Säuger *pl;* **разря́д млекопита́ющих** Säugetiere *pl*

млеть <мле́ю, мле́ешь> *нсв нпрх* vergehen, zerfließen; **~ от восто́рга** vor Begeisterung zerfließen

мле́чн|ый <-ая, -ое> *прил* Milch-; **Мле́чный Путь** Milchstraße *f*

мм *сокр от* **миллиме́тр** Millimeter *m*

мне *мест личн дат от я* mir; *(обо мне)* von mir, über mich

мнемо́ник|а <-и> *ж* Mnemonik *f*

мнемони́ческ|ий <-ая, -ое> *прил* mnemonisch

мне́ни|е <-я> *ср* Meinung *f,* Auffassung *f;* **быту́ющее** [*или* **расхо́жее**] **~** gängige Meinung *f;* **обще́ственное ~** öffentliche Meinung *f;* **по моему́ мне́нию** meiner Meinung nach; **выска́зывать своё ~** seine Meinung zum Ausdruck bringen; **остава́ться при своём мне́нии** auf seiner Meinung beharren; **приде́рживаться мне́ния** einen Standpunkt vertreten; **прийти́ к мне́нию** zu der Auffassung gelangen; **прислу́шиваться к чьему́-л. мне́нию** auf jds Meinung Wert legen; **сходи́ться во мне́ниях с кем-л.** mit jdm übereinstimmen in *+dat;* **на́ши мне́ния расхо́дятся** wir haben verschiedene Meinungen

мни́м|ый <-ая, -ое> *прил* **1.** *(предполага́емый)* angeblich **2.** *(ка́жущийся)* scheinbar, vermeintlich; **мни́мая при́быль** ЭКОН Scheingewinn *m;* **~ коммерса́нт** ЭКОН Scheinkaufmann *m*

мни́тельнос|ть <-ти> *ж* Argwohn *m*

мни́те|льный <-льная, -льное; -лен, -льна, -льно> *прил* argwöhnisch, misstrauisch

мнить <мню, мнишь> *нсв нпрх* **~ мно́го о себе́** eingebildet sein

мно́г|ий <-ая, -ое> *прил обы́чно в мн* viel; **мно́гие го́ды** seit Jahren; **во мно́гих отноше́ниях** in vielerlei Hinsicht

мно́го *нрч* viel; **с тех пор ~ воды́ утекло́** seitdem ist viel Zeit vergangen

мно́го- *пе́рвая составна́я часть сло́ва* viel-, mehr-

М

многова́то *нрч* zu viel

многовеков|о́й <-а́я, -о́е> *прил* jahrhundertealt; ~ **за́мок** jahrhundertealtes Schloss *nt*

многоголо́с|ый <-ая, -ое> *прил* МУЗ mehrstimmig; **многоголо́сая а́кция** ЭКОН Mehrstimmrechtsaktie *f*

многогра́нн|ый <-ая, -ое> *прил* vielseitig

многоде́тн|ый <-ая, -ое> *прил* kinderreich

многодне́вн|ый <-ая, -ое> *прил* mehrtägig; **многодне́вная забасто́вка** mehrtägiger Streik *m*

многозначи́те|льный <-льная, -льное; -лен, -льна, -льно> *прил* bedeutungsvoll, vielsagend

многозна́чнос|ть <-ти> *ж* **1.** ЛИНГВ Mehrdeutigkeit *f* **2.** *(неоднозна́чность)* Ambiguität *f*

многозна́ч|ный <-ная, -ное; -ен, -на, -но> *прил* mehrdeutig

многокра́тно *нрч* mehrfach; ~ **повторя́ть** mehrfach wiederholen

многокра́тн|ый <-ая, -ое> *прил* **1.** *(многора́зовый)* vielfach **2.** *(повторя́ющийся)* wiederholt; **многокра́тная ви́за** Dauervisum *nt;* **многокра́тное налогообложе́ние** Mehrfachbesteuerung *f*

многоле́тн|ий <-яя, -ее> *прил* langjährig, mehrjährig

многоли́кий *прил* ~ **Я́нус** der doppelgesichtige Janus

многолю́дн|ый <-ая, -ое> *прил* belebt; **многолю́дная пло́щадь** belebter Platz *m*

многомиллио́нн|ый <-ая, -ое> *прил* Millionen-, millionen-; ~ **го́род** millionenköpfige Stadt *f*

многонациона́льн|ый <-ая, -ое> *прил* multinational; **многонациона́льное госуда́рство** Vielvölkerstaat *m*

многоно́жк|а <-и> *ж* ЗООЛ Tausendfüßler *m*

многообеща́ющ|ий <-ая, -ее> *прил* vielversprechend

многообра́зи|е <-я> *ср* Vielfalt *f,* Mannigfaltigkeit *f;* ~ **ви́дов проду́кта** ЭКОН Produktbreite *f*

многообра́з|ный <-ная, -ное; -ен, -на, -но> *прил* vielfältig, mannigfaltig

многоо́пытн|ый <-ая, -ое> *прил* erfahren; ~ **специали́ст** erfahrener Spezialist *m*

многосло́в|ный <-ная, -ное; -ен, -на, -но> *прил* redselig; ~ **ора́тор** ein weitschweifiger Redner *m*

многосло́|йный <-йная, -йное; -йна, -йно> *прил* mehrschichtig, Mehrschichten-; ~ **торт** Mehrschichtentorte *f*

многосме́нн|ый <-ая, -ое> *прил* Mehrschicht-; **многосме́нное предприя́тие** Mehrschichtbetrieb *m*

многосторо́н|ний <-няя, -нее; -ен, -ня, -не> *прил* **1.** ПОЛ multilateral **2.** *перен (разносторо́нний)* vielseitig **3.** *(многогра́нный)* vielflächig

многострада́|льный <-льная, -льное; -лен, -льна, -льно> *прил* leidgeprüft; ~ **о́браз** leidende Gestalt *f,* traurige Gestalt *f*

многоступе́нчат|ый <-ая, -ое> *прил* mehrstufig, Mehrstufen-; **многоступе́нчатая сде́лка** ЭКОН Ringgeschäft *nt*

многотира́жк|а <-и> *ж разг* Betriebszeitung *f (Zeitung von lokaler Bedeutung in großer Auflage);* **городска́я** ~ städtische Zeitung *f*

многото́нн|ый <-ая, -ое> *прил* mehrere Tonnen schwer; **многото́нная раке́та** tonnenschwere Rakete *f*

многото́чи|е <-я> *ср* Gedankenpunkte *pl;* **поста́вить** ~ Gedankenpunkte setzen

многотру́д|ный <-ная, -ное; -ен, -на, -но> *прил* beschwerlich

многоты́сячн|ый <-ая, -ое> *прил* tausendfach; ~ **ми́тинг** tausendköpfige Kundgebung *f*

многоуважа́ем|ый <-ая, -ое> *прил* sehr geehrt; ~ **господи́н** sehr geehrter Herr

многоцве́тн|ый <-ая, -ое> *прил* bunt; ~ **материа́л** buntes Material *nt*

многочасов|о́й <-а́я, -о́е> *прил* mehrstündig; ~ **полёт** mehrstündiger Flug *m*

многочи́слен|ный <-ная, -ное; -, -на, -но> *прил* zahlreich

многоэта́жн|ый <-ая, -ое> *прил* mehrstöckig; ~ **дом** mehrstöckiges Haus *nt*

мно́жественнос|ть <-ти> *ж* Vielfalt *f;* **пробле́ма мно́жественности** das Problem der Vielfalt

мно́жественн|ый <-ая, -ое> *прил* ~ **склеро́з** МЕД multiple Sklerose *f*

мно́жеств|о <-а> *ср* **1.** *мн* МАТ Mengen *fpl* **2.** *(большо́е коли́чество)* Menge *f;* ~ **стоя́щих пробле́м** Fülle *f* anstehender Probleme; **во мно́жестве** en masse, in Massen

мно́ж|иться <-усь -ишься> *нсв рефл* sich vermehren

мобилизацио́нн|ый <-ая, -ое> *прил* Mobilisations-; **мобилизацио́нная коми́ссия** Mobilisationskommission *f*

мобилиза́ци|я <-и> *ж* Mobilisierung *f*

мобилиз|ова́ть <-у́ю, -у́ешь> *(н)св прх* mobilisieren; ~ **все си́лы** alles aufbieten

моби́|ль <-ля> *м* АВТО Wohnmobil *nt; (автоприце́п)* Wohnwagen *m*

моби́льник <-а> *м разг* Handy *nt;* **потеря́ть** ~ das Handy verlieren

моби́льнос|ть <-ти> *ж* **1.** *(подви́жность)* Mobilität *f,* Beweglichkeit *f* **2.** ИНФОРМ Portabilität *f,* Portierbarkeit *f*

моби́|льный <-льная, -льное; -лен, -льна, -льно> *прил* mobil, beweglich

моги́л|а <-ы> *ж* Grab *nt*

моги́льник <-а> *м* Grabstätte *f*

моги́льн|ый <-ая, -ое> *прил* Grab(es)-

моги́льщик <-а> *м* Totengräber *m*

могу́ч|ий <-ая, -ее; -, -а, -е> *прил* gewaltig,

mächtig

могу́ществен|ный <-ная, -ное; -, -на, -но> *прил* mächtig

могу́ществ|о <-а> *ср* Macht *f*

мо́д|а <-ы> *ж* Mode *f;* **мужска́я ~** Herrenmode *f;* **входи́ть в мо́ду** in Mode kommen; **вы́йти из мо́ды** aus der Mode kommen; **следя́щий за мо́дой, одева́ющийся по мо́де** modebewusst

мода́льн|ый <-ая, -ое> *прил* ЛИНГВ Modal-; **~ глаго́л** Modalverb *nt*

моделирова́ни|е <-я> *ср* **1.** *(имита́ция)* Simulation *f* **2.** *(ле́пка, проекти́рование)* Modellierung *f* **3.** *(моделестрое́ние)* Modellbau *m*

модели́р|овать <-ую, -уешь> *(н)св,* **смодели́ровать** *св прх* modellieren, entwerfen; **~ пла́тье** ein Kleid entwerfen

моде́|ль <-ли> *ж* **1.** *(образе́ц)* Modéll *nt* **2.** *(манеке́нщик, манеке́нщица)* Módel *nt*

модельéр <-а> *м* Modedesigner(in) *m(f);* **прое́кт знамени́того модельéра** Entwurf *m* eines berühmten Modeschöpfers

моде́льн|ый <-ая, -ое> *прил* Modell-; **~ цех** Modelltischlerei *f*

моде́м <-а> *м* Modem *nt;* **сре́дства сопряже́ния с моде́мами** ИНФОРМ Modemanschluss *m*

моде́рн <неизм> *м* modern; **стиль ~** moderner Stil

модерниза́ци|я <-и> *ж* Modernisierung *f*

модернизи́рован|ный <-ная, -ное; -, -а, -о> *прил* modernisiert; **модернизи́рованная те́хника** modernisierte Technik *f*

модернизи́р|овать <-ую, -уешь> *(н)св прх* modernisieren

моderни́ст <-а> *м* Modernist *m;* **худо́жник-~** modernistischer Künstler *m*

моди́стк|а <-и> *ж* Modeschöpferin *f,* Modistin *f;* **изве́стная столи́чная ~** eine in der Stadt bekannte Modistin

модифика́ци|я <-и> *ж* **1.** *(измене́ние)* Abart *f* **2.** *(разнови́дность)* Abänderung *f,* Modifizierung *f*

модифици́р|овать <-ую, -уешь> *(н)св прх* modifizieren

мо́дниц|а <-ы> *ж* Modedame *f;* **больша́я ~** eine echte Modedame

мо́дно *нрч* modisch, modern; **~ одева́ться** sich modern anziehen

мо́д|ный <-ная, -ное; -ен, -на́, -но> *прил* **1.** *(совреме́нный)* modisch **2.** *(сле́дующий мо́де)* modebewusst **3.** *(популя́рный)* beliebt **4.** *(широко́ распространённый)* weit verbreitet; **мо́дная пье́са** Schlager *m;* **мо́дные украше́ния** Modeschmuck *m*

мо́ду|ль <-ля> *м* Modul *m o nt;* **математи́ческий ~** mathematischer Modul *m*

можжеве́лов|ый <-ая, -ое> *прил* Wacholder-; **~ куст** Wacholderstrauch *m*

можжеве́льник <-а> *м* Wacholder *m;* **куст можжеве́льника** Wacholderstrauch *m*

мо́жно *прил* man kann, man darf; **~ войти́?** darf ich hereinkommen?; **как ~ скоре́е** so schnell wie möglich

моза́ик|а <-и> *ж* Mosaik *nt*

мозг <мо́зга> *м* АНАТ Gehirn *nt;* *(ко́стный)* Mark *nt;* **спинно́й ~** Rückenmark *nt;* **раски́нуть мозга́ми** *разг* sein Köpfchen anstrengen

мозгов|о́й <-а́я, -о́е> *прил* **1.** АНАТ, МЕД zerebral, Hirn-; **~ симпто́м** Zerebralerscheinung *f* **2.** *(костномозгово́й)* Mark-; **мозгова́я кость** Markknochen *m;* **мозгова́я ата́ка** Brainstorming *nt*

мозжеч|о́к <-ка́> *м* Kleinhirn *nt*

мозо́лист|ый <-ая, -ое; -, -а, -о> *прил* schwielig; **мозо́листые ру́ки** schwielige Hände *fpl*

мозо́л|ить <-ю, -ишь> *нсв,* **намозо́лить** *св прх* **1.** *(натруди́ть)* Schwielen bekommen; **~ ру́ки** Schwielen auf den Händen bekommen **2.** *разг (надое́сть)* lästig werden; **~ глаза́ кому́-л.** jdm ein Dorn im Auge sein

мозо́|ль <-ли> *ж* **1.** *(на рука́х)* Schwiele *f* **2.** *(на нога́х)* Hühnerauge *nt* **3.** *(волды́рь)* Blase *f*

M

мой, моё, моя́ <моего́, мое́й, моего́> *мест притяжат* mein

мо́йк|а <-и> *ж* Waschanlage *f;* **~ маши́н** Autowaschanlage *f*

мокаси́н <-а> *м* Mokassins *pl;* **удо́бные мокаси́ны** bequeme Mokassins *pl*

мо́кн|уть <-у, -ешь> *нсв нпрх* nass werden; **~ под дождём** im Regen stehen

мокре́ц <-а́> *м* Flechte *f* über dem Huf *(Pferdekrankheit)*

мокри́ца <-ы> *ж* Assel *f;* **ма́ленькая ~** kleine Mauerassel *f*

мо́кро *нрч* nass; *(сы́ро)* feucht; **на у́лице ~** auf der Straße ist es nass

мокрот|а́ <-ы́> *ж* Nässe *f;* *(сы́рость)* Feuchtigkeit *f*

мо́кр|ый <-ая, -ое; -, -а́, -о> *прил* **1.** *(сыро́й, вла́жный)* feucht **2.** *(промо́кший)* nass; **~ до ни́тки** klatschnass

мол <мо́ла> *м* Mole *f*

молв|а́ <-ы́> *ж* Gerücht *nt,* Gerede *f;* **людска́я ~** Menschengerede *nt*

мо́лв|ить <-лю, -ишь> *св прх* sagen, (aus)sprechen; **~ слова́** sprechen

молдава́нин <-а> *м* Moldauer(in) *m(f)*

Молда́ви|я <-и> *ж* Moldawien *nt*

молда́вск|ий <-ая, -ое> *прил* moldauisch

Молдо́в|а <-ы> *ж* Moldawien *nt*

моле́б|ен <-на> *м* kurzer Gottesdienst *m,* Andacht *f;* **отслужи́ть ~** einen kurzen Gottesdienst abhalten

моле́кул|а <-ы> *ж* Molekül *nt*

молекуля́рн|ый <-ая, -ое> *прил* molekular; **молекуля́рная ма́сса** Molekularmasse *f;* **молекуля́рное заболева́ние** Molekularkrankheit *f*

молибде́н <-а> *м* Molybdän *nt*

моли́тв|а <-ы> *ж* Gebet *nt;* **чита́ть моли́тву** ein Gebet sprechen

моли́твенник <-а> *м* Gebetbuch *nt;* **~ свято́го отца́** das Gebetbuch des Heiligen Vaters

моли́твенн|ый <-ая, -ое> *прил* Gebets-; **моли́твенное настрое́ние** Gebetsstimmung *f*

мол|и́ть <-ю́, -ишь> *нсв прх* flehen, anflehen

мол|и́ться <-ю́сь, -ишься> *нсв,* **помоли́ться** *св рефл* beten; **~ Бо́гу** zu Gott beten

молниено́сно *нрч* blitzschnell, schlagartig; **~ отреаги́ровать** blitzschnell reagieren

молниено́с|ный <-ная, -ное; -ен, -на, -но> *прил* blitzschnell, schlagartig; **~ уда́р** Blitzangriff *m;* **~ взгляд** schneller/kurzer Blick *m*

мо́лни|я <-и> *ж* **1.** МЕТЕОР Blitz *m* **2.** *(застёжка)* Reißverschluss *m*

молодёжн|ый <-ая, -ое> *прил* Jugend-, jugendlich; **молодёжная вечери́нка** jugendliche Tanzveranstaltung *f;* **молодёжные брига́ды** Jugendbrigaden *fpl*

молодё|жь <-жи> *ж* **1.** *(в совоку́пности)* Jugend *f* **2.** *(молоды́е лю́ди)* junge Leute *pl* **3.** *(подраста́ющее поколе́ние)* Nachwuchs *m*

моло́деньк|ий <-ая, -ое> *прил разг* sehr jung; **~ преподава́тель** sehr junger Lektor *m*

молоде́|ть <-ю, -ешь> *нсв,* **помолоде́ть** *св нпрх* jünger aussehen; **помолоде́ть от ра́дости** vor Freude jünger aussehen; **после пое́здки она́ помолоде́ла** nach der Reise sah sie jünger aus

молод|е́ц <-ца́> *м* *(молодо́й челове́к)* Prachtkerl *m;* *(де́вушка)* Prachtmädel *nt*

молоде́цк|ий <-ая, -ое> *прил разг* frisch, flott; **~ вид** flottes Aussehen *nt*

моло|ди́ться <-жу́сь, -ди́шься> *нсв рефл* sich auf jung trimmen, sich (zu) jugendlich geben

моло́дк|а <-и> *ж* junge Bauernfrau *f*

молодня́к <-а́> *м* Jungwild *m;* **в па́рке гуля́ет оди́н ~** im Park spazieren nur Jugendliche

мо́лодо *нрч* jung; **вы́глядеть ~** jung aussehen

молодожён <-а> *м* Bräutigam *m;* **поздра́вить молодожёна** dem Bräutigam gratulieren

молод|о́й <-ая, -ое; -, -а́, -о> *прил* jung; **молоды́е ка́дры** Nachwuchskräfte *fpl;* **молодо́е поколе́ние руководя́щих ка́дров** Führungsnachwuchs *m*

мо́лодос|ть <-ти> *ж* Jugend *f;* **он в дни мо́лодости** in seiner Jugend; **он не пе́рвой мо́лодости** er ist nicht mehr der Jüngste

молоду́х|а <-и> *ж разг* junge Bauernfrau *f*

молодцева́тос|ть <-ти> *ж разг* Schneid *m,* Draufgängertum *nt*

молодцева́т|ый <-ая, -ое; -, -а, -о> *прил* forsch, schneidig, zackig

моло́дчик <-а> *м* Bürschchen *nt;* **подозри́тельный ~** verdächtiger Bursche *m*

молодчи́н|а <-ы> *м и ж* Mordskerl *m;* **он у нас ~!** er ist unser Held!

моложа́в|ый <-ая, -ое; -, -а, -о> *прил* jugendlich; **~ вид** jugendliches Aussehen *nt*

молок|о́ <-а́> *ср* Milch *f;* **парно́е ~** kuhwarme Milch *f;* **це́льное ~** Vollmilch *f;* **сухо́е ~** Milchpulver *nt;* **у него́ ещё ~ на гу́бах не обсо́хло** er ist noch nicht trocken hinter den Ohren

молокосо́с <-а> *м разг* Grünschnabel *m;* **не слу́шай молокосо́са** hör nicht auf den Naseweis

мо́лот <-а> *м* Hammer *m;* **серп и ~** Hammer und Sichel

молоти́лк|а <-и> *ж* Dreschmaschine *f;* **почини́ть молоти́лку** den Drescher reparieren

молоти́л|о <-а> *ср* Dreschflegel *m;* **деревя́нное ~** hölzerner Dreschflegel *m*

мол|оти́ть <-очу́, -о́тишь> *нсв,* **смолоти́ть** *св нпрх* dreschen; *(ударя́ть молотко́м)* hämmern

молот|о́к <-ка> *м* Hammer *m*

молото́ч|ек <-ка> *м* Hämmerchen *nt;* **ма́ленький ~** kleines Hämmerchen *nt*

мо́лот|ый <-ая, -ое; -, -а, -о> *прил* gemahlen; **~ ко́фе** gemahlener Kaffee *m*

моло́ть <мелю́, ме́лешь> *нсв,* **смоло́ть** *св прх* mahlen

молочк|о́ <-а́> *ср* Milch *f;* **туале́тное ~** Gesichtsreinigungsmilch *f*

моло́чниц|а <-ы> *ж* Milchfrau *f,* Milchhändlerin *f;* МЕД Mundschwämmchen; **ребёнок заболе́л моло́чницей** das Kind erkrankte an Mundschwämmchen

моло́чн|ый <-ая, -ое> *прил* Milch-; **моло́чная буты́лка** Milchflasche *f;* **~ зуб** Milchzahn *m;* **моло́чная фе́рма** Molkerei *f*

мо́лча *нрч* stumm; **сиде́ть ~** still sitzen

молчали́во *нрч* schweigend; **~ отойти́ в сто́рону** schweigend zur Seite gehen

молчали́вос|ть <-ти> *ж* Schweigsamkeit *f*

молчали́в|ый <-ая, -ое; -, -а, -о> *прил* schweigsam

молча́ни|е <-я> *ср* Schweigen *nt,* Verschwiegenheit *f*

молч|а́ть <-у́, -и́шь> *нсв нпрх* schweigen

молчко́м *нрч* schweigend; **де́йствовать ~** heimlich handeln

молчо́к *межд разг* **име́й в виду́, обо всем э́том – ~** und denk daran – kein Wort darüber!

молчу́н <-а> *м разг* schweigsamer Mensch *m,* mürrischer Kerl *m*

моль <мо́ли> *ж* Motte *f;* **сре́дство от мо́ли** Mottenkugeln *fpl*

мольб|а́ <-ы́> *ж* Flehen *nt,* Bitte *f;* **обрати́ться с мольбо́й** sich mit einer Bitte an jdn wenden

мольбе́рт <-а> *м* Staffelei *f*

моллю́ск <-а> *м* БИОЛ Molluske *f*, Weichtier *nt*

моме́нт <-а> *м* Moment *m*, Augenblick *m*

момента́льно *нрч* augenblicklich, auf der Stelle; **~ убежа́ть** augenblicklich wegrennen

момента́льн|ый <-ая, -ое> *прил* momentan, Sofort-; **момента́льное фо́то** Momentaufnahme *f*; **~ фотоаппара́т** Sofortbildkamera *f*

Мона́ко <неизм> *ср* Monaco *nt*

мона́рх <-а> *м* Monarch *m*

монархи́ст <-а> *м* Monarchist *m*; **взгля́ды монархи́ста** Monarchistenansichten *fpl*

монархи́ческ|ий <-ая, -ое> *прил* monarchistisch

мона́рхи|я <-и> *ж* Monarchie *f*

монасты́рск|ий <-ая, -ое> *прил* klösterlich, Kloster-

монасты́|рь <-ря́> *м* Kloster *nt*

мона́х <-а> *м*, **мона́хин|я** <-и> *ж* Mönch *m*, Nonne *f*

мона́шеск|ий <-ая, -ое> *прил* Mönchs-; **~ сан** Mönchsrang *m*

мона́шк|а <-и> *ж разг* Nonne *f*; **постри́чься в мона́шки** ins Kloster gehen

монго́л <-а> *м* Mongole *m*; **студе́нт ~** mongolischer Student *m*

Монго́ли|я <-и> *ж* Mongolei *f*

монголо́идн|ый <-ая, -ое> *прил* mongoloid

монго́льск|ий <-ая, -ое> *прил* mongolisch; **~ язы́к** mongolische Sprache *f*

моне́т|а <-ы> *ж* Münze *f*, Geldstück *nt*; **~ в одну́ ма́рку** Einmarkstück *nt*

моне́тарн|ый <-ая, -ое> *прил* monetär; **монета́рная поли́тика** Geldpolitik *f*

моне́тк|а <-и> *ж* Münze *f*; **бро́сить моне́тку на сча́стье** eine Münze fürs Glück werfen

монито́р <-а> *м* Monitor *m*, Bildschirm *m*

монито́ринг <-а> *м* Monitoring *nt*, Überwachung *f*; **~ окружа́ющей среды́** Umweltüberwachung *f*

монога́мн|ый <-ая, -ое> *прил* monogam

моногра́мм|а <-ы> *ж* Monogramm *nt*; **~ из пяти́ букв** ein Monogramm aus fünf Buchstaben

моногра́фи|я <-и> *ж* Einzeldarstellung *f*; **а́втор моногра́фии** Autor *m* einer Monographie; **написа́ть моногра́фию** eine Monographie verfassen

моно́к|ль <-ля> *м* Monokel *nt*; **де́душкин ~** das Monokel des Großvaters

монокульту́р|а <-ы> *ж* Monokultur *f*

моноли́т <-а> *м* Monolith *nt*

моноли́т|ный <-ная, -ное; -ен, -на, -но> *прил* Monolith-; **моноли́тная коло́нна** Monolithsäule *f*; **моноли́тная па́ртия** einheitliche Partei *f*

моноло́г <-а> *м* Monolog *m*, Selbstgespräch *nt*

монополизи́р|овать <-ую, -уешь> *(н)св прх* monopolisieren, zum Monopol machen; **~ вне́шнюю торго́влю** den Außenhandel monopolisieren

монополи́ст <-а> *м* Monopolist *m*

монополисти́ческ|ий <-ая, -ое> *прил* monopolistisch; **монополисти́ческое торго́вое предприя́тие** Handelsmonopol *nt*

монопо́ли|я <-и> *ж* Monopol *nt*; **ликвиди́ровать** [*или* **разру́шить**] **монопо́лию** das Monopol brechen; **~ покупа́телей** Nachfragemonopol *nt*; **~ покупа́тельского спро́са** Nachfragemonopol *nt*; **~ торго́вли** Handelsmonopol *nt*

монопо́льн|ый <-ая, -ое> *прил* monopolistisch; **монопо́льная прода́жа** Alleinvertrieb *m*, Alleinverkauf *m*; **монопо́льная цена́** Monopolpreis *m*; **~ догово́р** Exklusionsvertrag *m*; **~ офере́нт** Alleinanbieter *m*; **~ сбыт** Alleinvertrieb *m*, Exklusivvertrieb *m*; **монопо́льное пра́во** Exklusivrecht *nt*; **монопо́льное представи́тельство** Alleinvertretung *f*

монопсо́н <-а> *м* Monopson *nt*; **монопсо́нная цена́** Monopsonpreis *m*

моното́нно *нрч* monoton, eintönig; **говори́ть ~** eintönig sprechen

моното́ннос|ть <-ти> *ж* Eintönigkeit *f*, Monotonie *f*

моното́нн|ый <-ая, -ое> *прил* eintönig, monoton

Монреа́|ль <-ля> *м* Montreal *nt*

монстр <мо́нстра> *м* Monster *nt*, Ungeheuer *nt*

монта́ж <-а> *м* Einbau *m*, Montage *f*; **электри́ческий ~** ЭЛ Verdrahtung *f*

монтажёр <-а> *м* Cutter(in) *m(f)*

монта́жник <-а> *м*, **монта́жниц|а** <-ы> *ж* Monteur(in) *m(f)*

монта́жн|ый <-ая, -ое> *прил* Montage-; **монта́жные рабо́ты** Montagearbeiten *pl*; **~ цех** Montageabteilung *f*

Монтевиде́о <неизм> *ср* Montevideo *nt*

монтёр <-а> *м* Elektriker(in) *m(f)*

монти́р|овать <-ую, -уешь> *нсв*, **смонти́ровать** *св прх* montieren, zusammenbauen

монтиро́вк|а <-и> *ж* Montage *f*, Aufstellung *f*; **~ устано́вки** Anlagenaufstellung *f*; **~ кинофи́льма** Filmmontage *f*

монуме́нт <-а> *м* Monument *nt*

монумента́|льный <-льная, -льное; -лен, -льна, -льно> *прил* monumental; **монумента́льная жи́вопись** Monumentalgemälde *nt*

мопе́д <-а> *м* Moped *nt*

мопс <мо́пса> *м* Mops *m*

мор <мо́ра> *м* Seuche *f*, Massensterben *nt*

морали́ст <-а> *м* Moralist *m*, Moralprediger *m*; **ба́сни морали́ста** die Sprüche des Sittenpredigers

мора́|ль <-ли> *ж* Moral *f*

М

мора́льно *нрч* moralisch, sittlich; **поступи́ть ~** sittlich handeln

мора́|льный <-льная, -льное; -лен, -льна, -льно> *прил* moralisch; **мора́льная подде́ржка** moralische Unterstützung *f;* **мора́льное пра́во** moralische Berechtigung *f*

морато́ри|й <-я> *м экон (отсро́чка платежа́)* Stundung *f*

морг <мо́рга> *м* Leichenhalle *f*

морга́ни|е <-я> *ср* Augenzwinkern *nt*

морга́|ть <-ю, -ешь> *нсв нпрх* blinzeln; **не моргну́в гла́зом** ohne mit der Wimper zu zucken

моргн|у́ть <-у́, -ёшь> *св нпрх* zwinkern; **~ гла́зом** zuzwinkern

мо́рд|а <-ы> *ж* **1.** *(у живо́тных)* Schnauze *f,* Maul *nt* **2.** *вульг* Fresse *f*

морда́ст|ый <-ая, -ое; -, -а, -о> *прил* großschnäuzig; **~ котёнок** großschnäuziges Kätzchen *nt*

морда́шк|а <-и> *ж разг* Fratze *f;* **симпати́чная ~** sympathische Fratze *f*

мордобо́|й <-я> *м разг* Schläge *pl* ins Gesicht

мордоворо́т <-а> *м разг: etwas Abstoßendes*

мо́рдочк|а <-и> *ж* Schnauzchen *nt,* Mäulchen *nt;* **~ щенка́** Welpenschnauzchen *nt*

мо́р|е <-я> *ср* Meer *nt,* See *f;* **~ огне́й** Lichtermeer *nt;* **вну́треннее ~** Binnenmeer *nt;* **рукотво́рное ~** *книжн* Stausee *m;* **в откры́том ~** auf hoher See

море́н|а <-ы> *ж* Moräne *f*

морён|ый <-ая, -ое> *прил* gebeizt; **~ дуб** gebeizte Eiche *f*

морепла́вани|е <-я> *ср* Seefahrt *f*

морепла́вате|ль <-ля> *м* Seefahrer *m;* **приключе́ния морепла́вателя** die Abenteuer des Seefahrers

морехо́д <-а> *м* Seefahrer *m;* **ру́сские морехо́ды** russische Seefahrer *mpl*

морехо́дн|ый <-ая, -ое> *прил* Seefahrts-, Schifffahrts-; **морехо́дные ка́чества су́дна** die Seetüchtigkeitsqualitäten des Schiffes; **морехо́дные инструме́нты** Seefahrtsinstrumente *ntpl*

морж <моржа́> *м* **1.** *зоол* Walross *nt* **2.** *перен* Winterschwimmer *m*

моржо́в|ый <-ая, -ое> *прил* Walross-; **~ ус** Walrossbart *m;* **моржо́вая шку́ра** Walrossfell *nt*

морзя́нк|а <-и> *ж* Morsealphabet *nt*

мори́лк|а <-и> *ж* Beize *f*

мор|и́ть <-ю́, -и́шь> *нсв,* **помори́ть** *св прх* **1.** *(трави́ть)* vertilgen, vergiften **2.** *разг (му́чить)* quälen, ausmergeln; **~ го́лодом** hungern lassen

морко́вн|ый <-ая, -ое> *прил* Möhren-, Mohrrüben-, Karotten-; **~ цвет** Karottenfarbe *f;* **~ сок** Karottensaft *m*

морко́|вь <-ви> *ж* Möhre *f;* **сок из морко́ви** Möhrensaft *m;* **цвет морко́ви** Mohrrübenfarbe *f*

моро́жено|е <-го> *ср* Speiseeis *nt*

моро́женщик <-а> *м* Eisverkäufer *m;* **ста́рый ~** der alte Eisverkäufer

моро́женщиц|а <-ы> *ж* Eisverkäuferin *f;* **до́брая ~** die gute Eisverkäuferin

моро́жен|ый <-ая, -ое> *прил* gefroren, Gefrier-; **моро́женое мя́со** Gefrierfleisch *nt*

моро́з <-а> *м* Frost *m;* **Дед Моро́з** Väterchen Frost

моро́з|ец <-ца> *м* Frost *m,* Kälte *f;* **кре́пкий ~** starker Frost

морози́лк|а <-и> *ж* Gefrierfach *nt*

морози́льник <-а> *м* Gefriertruhe *f*

моро́зн|ый <-ая, -ое> *прил* frostig, eiskalt

моро́к|а <-и> *ж* Schererei *f;* **с ни́ми одна́ ~** mit denen gibt es nur Scherereien

мороси́|ть <-т> *нсв безл, только 3 л* nieseln

моро́ч|ить <-у, -ишь> *нсв,* **обморо́чить** *св прх разг* täuschen, an der Nase rumführen; **~ го́лову кому́-л.** jdn an der Nase rumführen

морс <мо́рса> *м* Fruchtsaftgetränk *nt;* **клю́квенный ~** Moosbeerensaft *m*

морск|о́й <-а́я, -о́е> *прил* Meeres-, See-; **~ груз** Seefracht *f;* **~ путь** Seeweg *m;* **морска́я сви́нка** *зоол* Meerschweinchen *nt;* **~ флот** Marine *f;* **страда́ющий морско́й боле́знью** seekrank; **морско́е сообще́ние на осно́ве догово́ров** Charterverkehr *m*

морфе́м|а <-ы> *ж лингв* Morphem *nt*

мо́рфи|й <-я> *м* Morphium *nt*

морфи́н <-а> *м* Morphium *nt;* **до́за морфи́на** eine Dosis Morphium

морфологи́ческ|ий <-ая, -ое> *прил* morphologisch; **~ разбо́р** morphologische Analyse *f*

морфоло́ги|я <-и> *ж лингв* Morphologie *f*

морщи́н|а <-ы> *ж* Runzel *f*

морщи́нист|ый <-ая, -ое; -, -а, -о> *прил* runzelig, faltig

мо́рщ|ить <-у, -ишь> *нсв,* **смо́рщить** *св прх* **1.** *(лоб)* runzeln **2.** *(лицо́)* verziehen

мо́рщ|иться <-усь, -ишься> *нсв,* **смо́рщиться** *св рефл* **1.** *(смо́рщить лицо́)* das Gesicht verziehen; **он смо́рщился от возмуще́ния** er verzog das Gesicht vor Empörung **2.** *(покры́ться скла́дками)* sich falten; *(ря́бью)* sich kräuseln

моря́к <-а́> *м* Seemann *m; (матро́с)* Matrose *m*

Москв|а́ <-ы́> *ж* **1.** *(го́род)* Moskau *nt;* **~ не сра́зу стро́илась** Rom wurde nicht an einem Tag erbaut **2.** *(река́)* Moskwa *f*

i Land & Leute

Москва и Санкт Петербург Das ursprüngliche Russland hatte eine andere Hauptstadt, Kiew – **Moskau** war damals eine unbedeutende Stadt im Nordosten der

„Kiewer Rus". Erst im späten Mittelalter kommt es zur sog. „Erhöhung" des Moskauer Fürstentums als Zentrum eines neuen Ostslawenreichs. Im Zuge der Überwindung der feudalen Zersplitterung bildet sich das später so genannte „Groß-Russland" mit Moskau als Hauptstadt heraus – die Ukraine und Weißrussland gehen ihre eigenen Wege. Als Peter der Große zu Beginn des 18. Jahrhunderts Sankt-Petersburg als „Fenster nach Europa" gründen lässt und die Hauptstadt dorthin verlegt, ist Russland schon eine stark zentralisierte Macht. Nach 1917 wird Moskau die Hauptstadt der Sowjetunion. Seitdem ist es das wichtigste gesellschaftspolitische, wirtschaftliche und kulturelle Zentrum des Landes, mit dem nur Sankt Petersburg – „die zweite Hauptstadt", die nach Lenins Tod in Leningrad umbenannt wurde, – mithalten kann.

москви́ч <-а́> *м*, **москви́чк|а** <-и> *ж* Moskauer(in) *m(f)*, Moskowiter(in) *m(f)*
моски́т <-а> *м* Moskito *m*
моско́вск|ий <-ая, -ое> *прил* Moskauer

i Land & Leute

Im Sommer 1980 fanden die Olympischen Spiele in der UdSSR statt – **die Olympiade von Moskau** blieb sowohl im In- als auch im Ausland für lange ein unvergessliches Ereignis, nicht zuletzt dank der prachtvoll veranstalteten Abschiedsshow im Hauptstadion.
Das Bild des sympathischen „Olympischen Bären", der sich an bunten Luftballons in den Himmel erhob und allen mit der Pfote winkte, in Begleitung eines gefühlvollen Abschiedsliedes, verursachte Tränen bei vielen Zuschauern im Stadion und vor dem Fernsehschirm.
Dieses nostalgisch gewordene Bild zeigt man bis heute ab und zu im russischen Fernsehen, weil es im Nachhinein als symbolisch wirkt: die Moskauer Olympiade war das letzte große Ereignis im Lande vor Beginn der Perestroika.

мос|о́л <-ла́> *м* Oberschenkelknochen *m*
мост <мо́ста> *м* **1.** *(сооруже́ние)* Brücke *f;* **вися́чий ~** Hängebrücke *f;* **возду́шный ~** Luftbrücke *f;* **сжига́ть все мосты́** alle Brücken hinter sich abbrechen **2.** авто Achse *f;* **пере́дний ~** Vorderachse *f*
мо́стик <-а> *м* Steg *m*, kleine Brücke *f;* **капита́нский ~** мор Kommandobrücke *f*
мо|сти́ть <-щу́, -сти́шь> *нсв прх* pflastern; **~ у́лицу** die Straße pflastern
мостк|и́ <-о́в> *мн* **1.** *(деревя́нная насти́лка)* Steg *m*, Holzweg *m* **2.** *(помо́ст)* *Anlegestelle für kleine Boote*
мостов|а́я <-о́й> *ж* Pflaster *nt*
мостов|о́й <-а́я, -о́е> *прил* Brücken-; **мосто́вые быки́** Brückenpfeiler *pl*
мось|е́ <-и́> *м* Monsieur *m*
мот <мо́та> *м* Verschwender *m;* **большо́й ~ и транжи́ра** echter Verschwender
мота́|ть <-ю, -ешь> *нсв*, **намота́ть** *св прх* spulen *(на клубо́к)* aufwickeln; **~ себе́ не́рвы** *разг* sich herumärgern mit *+dat*
мота́|ться <-юсь, -ешься> *нсв рефл* baumeln; **верёвка мота́ется** die Leine baumelt
моте́|ль <-ля> *м* Motel *nt*
моти́в <-а> *м* **1.** псих Motiv *nt*, Anreiz *m* **2.** иск Motiv *nt*, Sujet *nt* **3.** муз Motiv *nt;* **~ фотогра́фии** Bildmotiv *nt*
мотивацио́нн|ый <-ая, -ое> *прил* Motiv-; **мотивацио́нный ана́лиз** Motivforschung *f*
мотива́ци|я <-и> *ж* Motivation *f*, Anregung *f*
мотиви́рован|ный <-ная, -ное; -, -а, -о> *прил* motiviert; **~ вы́бор** motivierte Wahl *f*
мотиви́р|овать <-ую, -уешь> *(н)св прх* begründen
мотиви́ровк|а <-и> *ж* Begründung *f*
мотн|у́ть <-у́, -ешь> *св нпрх* schütteln; **~ голово́й** den Kopf schütteln
мотовств|о́ <-а́> *ср* Geldverschwendung *f*
мото́к <-ка́> *м* Docke *f*, Strähne *f*, Wickel *m;* **~ ни́ток** Garndocke *f*
мотокро́сс <-а> *м* Moto-Cross *nt*
мото́р <-а> *м* Motor *m;* **подвесно́й ло́дочный ~** Außenbordmotor *m*
мотори́ст <-а> *м* Mechaniker *m;* **рабо́тать мотори́стом** als Mechaniker arbeiten
мото́рн|ый <-ая, -ое> *прил* Motor-; **мото́рная ло́дка** Motorboot *nt*
моторо́ллер <-а> *м* Motorroller *m;* **е́здить на моторо́ллере** Motorroller fahren
мото́рчик <-а> *м* Kindermotorroller *m;* **де́тский ~** Spielzeugmotorroller *m*
мотоспо́рт <-а> *м* Motorsport *m*
мотоци́кл <-а> *м* Motorrad *nt*
мотоцикле́тн|ый <-ая, -ое> *прил* Motorrad-; **~ заво́д** Motorradwerk *nt*
мотоцикли́ст <-а> *м* Motorradfahrer(in) *m(f)*
моты́г|а <-и> *ж* Hacke *f*
мотыл|ёк <-ька́> *м* Falter *m*, Schmetterling *m*
мох <мха *или* мо́ха> *м* Moos *nt*
мохна́т|ый <-ая, -ое; -, -а, -о> *прил* **1.** *(косма́тый)* zottig **2.** *(взъеро́шенный)* struppig **3.** *(ткань)* flauschig

мохов|óй <-áя, -óе> *прил* Moos-; **моховóе образовáние** Moosformation *f*

моч|á <-й> *ж* Harn *m,* Urin *m*

мочáлк|а <-и> *ж* Bastwisch *m*

мочáл|о <-а> *ср* Bast *m,* Bastfaden *m*

мочевúна <-ы> *ж* Harnstoff *m*

мочев|óй <-áя, -óе> *прил* Harn-; **~ пузы́рь** Harnblase *f*

мочегóнн|ый <-ая, -ое> *прил* harntreibend; **мочегóнные срéдства** harntreibende Mittel *ntpl*

мочеиспускáни|е <-я> *ср* Harnlassen *nt,* Harnentleerung *f*

мочеиспускáтельн|ый <-ая, -ое> *прил* Harnröhren-

мочён|ый <-ая, -ое> *прил* eingelegt; **мочёные я́блоки** eingelegte Äpfel *mpl*

моч|úть <-ý, -ишь> *нсв,* **намочúть** *св прх* anfeuchten, befeuchten; *(увлажнúть)* anfeuchten

моч|úться <-ýсь, -ишься> *нсв,* **помочúться** *св рефл* urinieren, Harn lassen; **онú помочúлись за углóм дóма** sie pinkelten hinter dem Haus

мóчк|а <-и> *ж* Ohrläppchen *nt*

мочь[1] <могý, мóжешь> *нсв,* **смочь** *св нпрх* **1.** *(имéть разрешéние, прáво)* dürfen **2.** *(имéть возмóжность, умéть)* können; **мóжет быть** vielleicht, mag sein; **не мóжет быть** das ist unmöglich, das kann nicht wahr sein

мочь[2] <мóчи> *ж* Kraft *f;* **что есть мóчи** mit voller Kraft; **во всю ~** was das Zeug hält; **мóчи нет, как хóлодно** die Kälte halte ich nicht aus; **изо всей мóчи** mit ganzer Kraft; **кричáть во всю мочь** aus vollem Halse schreien

мошéнник <-а> *м* Gauner *m,* Schlitzohr *nt*

мошéннича|ть <-ю, -ешь> *нсв,* **смошéнничать** *св нпрх* mogeln

мошéнничеств|о <-а> *ср* **1.** *(жýльничество)* Gaunerei *f* **2.** *(обмáн)* Betrug *m*

мошк|á <-й>, **мошкар|á** <-ы> *ж тóлько ед Sammelbegriff für kleine Insekten*

мóшк|а <-и> *ж* Schnake *f;* *(мáленькая мýха)* kleine Fliege *f*

мошóнк|а <-и> *ж* Hoden *m*

мощён|ый <-ая, -ое> *прил* gepflastert; **мощёная ýлица** gepflasterte Straße *f*

мощнéйш|ий <-ая, -ее> *прил* der stärkste; **~ двúгатель** der stärkste Motor; **~ ураган** der mächtigste Orkan

мóщно *нрч* gewaltig; **~ взорвáться** kräftig explodieren

мóщнос|ть <-ти> *ж* **1.** ТЕХ, ЭКОН Leistung *f,* Kapazität *f* **2.** *(машúны)* Leistungsvermögen *nt,* Leistungsfähigkeit *f*

мóщ|ный <-ная, -ное; -ен, -нá *или* -на, -но> *прил* **1.** *(могýчий)* mächtig **2.** *разг (сúльный, огрóмный)* gewaltig **3.** ТЕХ *(производúтельный)* leistungsfähig

мощь <мóщи> *ж* **1.** *(власть, влия́ние)* Macht *f* **2.** *(сúла)* Stärke *f*

мóющ|ий <-ая, -ее> *прил* Wasch-; **мóющее срéдство** Waschmittel *nt*

МП *сокр от* **мáлое предприя́тие** Kleinbetrieb *m*

мразь <мрáзи> *м разг* Dreckskerl *m,* Miststück *nt*

мрак <мрáка> *м* Finsternis *f*

мракобéс <-а> *м презр* Obskurant *m*

мрáмор <-а> *м* Marmor *m*

мрáморн|ый <-ая, -ое> *прил* marmorn, Marmor-; **~ пол** Marmorboden *m*

мрачнé|ть <-ю, -ешь> *нсв,* **помрачнéть** *св нпрх и перен* sich verfinstern

мрáчно *нрч* düster, finster; **~ смотрéть** düster schauen

мрачновáт|ый <-ая, -ое> *прил* dunkel, finster; **мрачновáтая кóмната** finsteres Zimmer *nt*

мрáчнос|ть <-ти> *ж* Finsternis *f,* Düsterkeit *f*

мрáч|ный <-ная, -ное; -ен, -нá, -но> *прил* düster, finster; **~ юмор** schwarzer Humor *m*

мстúте|ль <-ля> *м* Rächer *m;* **нарóдные мстúтели** Volksrächer *mpl*

мстúте|льный <-льная, -льное; -лен, -льна, -льно> *прил* rachsüchtig

мстúть <мщу, мстишь> *нсв,* **отомстúть** *св (н)прх* sich rächen, Rache nehmen; **~ врагý** sich am Feind rächen

мсье <неизм> *м* Monsieur *m*

МТП *сокр от* **многосторóнние торгóвые переговóры** MHV *pl,* Multilaterale Handelsverhandlungen *pl*

муáров|ый <-ая, -ое> *прил* Moiré-, moiriert, geflammt; **муáровое плáтье** Moirékleid *nt*

мудрéйш|ий <-ая, -ее> *прил* der weiseste, der klügste; **~ совéт** der weiseste Rat

мудренó *нрч* kein Wunder, dass …

мудрён|ый <-ая, -ое; -, -á, -ó> *прил* kompliziert; **~ человéк** sonderbarer Mensch *m;* **мудрёная задáча** schwere Aufgabe *f*

мудрéц <-а> *м* Weise(r) *f(m),* Besserwisser *m;* **совéты мудрецá** die Ratschläge des Weisen

мудр|úть <-ю, -úшь> *нсв прх разг* ausklügeln

мýдро *нрч* weise, klug

мýдрос|ть <-ти> *ж* Weisheit *f;* **~ прéдков** die Weisheit der Vorfahren; **нарóдная ~** Volksweisheit *f;* **зуб мýдрости** Weisheitszahn *m*

мýдр|ый <-ая, -ое; -, -á *или* -а, -о> *прил* weise, klug; **~ старúк** weiser alter Mann *m*

муж <мýжа> *м* **1.** *(супрýг)* Ehemann *m,* Gatte *m* **2.** *книжн (человéк с высóким положéнием) gesellschaftlich einen hohen Rang besitzender Mann;* **учёный ~** Gelehrte(r) *f(m);* **госудáрственный ~** Staatsmann *m*

мужá|ть <-ю, -ешь> *нсв,* **возмужáть** *св нпрх* zum Manne reifen; **как ты возму-**

жа́л! was für ein Mann bist du geworden!; **ребя́та возмужа́ли** die Jungs sind schon groß geworden

мужен|ёк <-ька́> *м* Männlein *nt;* **ми́лый ~** lieber Mann

му́жественно *нрч* mutig, tapfer; **вести́ себя́ ~** sich tapfer verhalten

му́жественнос|ть <-ти> *ж* Mut *m;* **~ хара́ктера** beherzter Charakter *m*

му́жествен|ный <-ная, -ное; -, -на, -но> *прил* mutig, tapfer; **~ посту́пок** mutige Tat *f*

му́жеств|о <-а> *ср* Mut *m,* Tapferkeit *f;* **прояви́ть ~** Mut aufbringen

мужи́к <-а́> *м* **1.** *устар* Bauer *m* **2.** *разг (мужчи́на)* Mann *m*

мужи́цк|ий <-ая, -ое> *прил* Bauern-, bäuerlich, bäuerisch

му́жич|ий <-ая, -ее> *прил* bauernhaft, plump

мужич|о́к <-ка́> *м* Bauer *m*

мужск|о́й <-а́я, -о́е> *прил* Männer-, Herren-, männlich; **~ одеколо́н** Herren-Eau de Toilette *nt;* **мужска́я рука́** Männerhand *f*

мужчи́н|а <-ы> *м* Mann *m*

му́з|а <-ы> *ж* Muse *f;* **~ поэ́та** die Muse des Dichters

музе́|й <-я> *м* Museum *nt*

музе́йн|ый <-ая, -ое> *прил* Museums-; **~ экспона́т** Museums(ausstellungs)stück *nt;* **музе́йная ре́дкость** museale Seltenheit *f*

му́зык|а <-и> *ж* Musik *f*

музыка́льно *нрч* musikalisch

музыка́|льный <-льная, -льное; -лен, -льна, -льно> *прил* Musik-, musikalisch; **~ го́лос** musikalische Stimme *f;* **~ ребёнок** musikalisches Kind *nt*

музыка́нт <-а> *м* Musiker *m;* **профессиона́льный ~** professioneller Musiker *m;* **полковы́е музыка́нты** Regimentsmusiker *mpl*

музыкове́д <-а> *м* Musikwissenschaftler(in) *m(f)*

му́к|а <-и> *ж* Qual *f;* **му́ки го́лода** Hungerqual *f;* **хожде́ние по му́кам** Leidensweg *m*

мук|а́ <-и́> *ж* Mehl *nt*

мукомо́л <-а> *м* Müller *m*

мул <му́ла> *м* Maultier *nt;* **бесполе́зный ~** nutzloses Maultier *nt*

мула́т <-а> *м* Mulatte *m;* **похо́ж на мула́та** einem Mulatten ähnlich sein

му́льтик <-а> *м разг* Zeichentrickfilm *m;* **посмотре́ть ~** sich einen Trickfilm ansehen

мультиме́ди|а <неизм> *мн* Multimedia *f*

мультфи́льм <-а> *м* Zeichentrickfilm *m,* Trickfilm *m;* **показа́ть ~** einen Trickfilm zeigen

муля́ж <-а> *м* Nachbildung *f,* Modell *nt;* **восково́й ~** Wachsmodell *nt*

му́ми|я <-и> *ж* Mumie *f*

мунди́р <-а> *м* Uniform *f;* **карто́шка в мунди́ре** Pellkartoffeln *pl*

мундшту́к <-а́> *м* Mundstück *nt*

муниципалите́т <-а> *м* Stadtrat *m*

муниципа́льн|ый <-ая, -ое> *прил* Gemeinde-, munizipal; **~ нало́г** Kommunalsteuern *pl;* **~ сове́тник** Stadtrat *m;* **~ райо́н** Gemeindebezirk *m*

мурав|е́й <-ья́> *м* Ameise *f*

мураве́йник <-а> *м* Ameisenhaufen *m;* **наступи́ть на ~** in einen Ameisenhaufen treten

муравьи́н|ый <-ая, -ое> *прил* Ameisen-; **муравьи́ная ку́ча** Ameisenhaufen *m*

мура́ш <-а́> *м* Schauer *m,* Gänsehaut *f*

мура́ш|ки <-ек> *мн* Gänsehaut *f*

мурлы́кань|е <-я> *ср* Schnurren *nt;* **~ ко́шек** Katzenschnurren *nt*

мурлы́|кать <-чу, -чешь> *нсв прх* miauen; *(от удово́льствия)* schnurren; **~, как ко́шечка** wie eine Katze schnurren; **котёнок промурлы́кал и улёгся на дива́н** das Kätzchen miaute und legte sich auf das Sofa; **~ пе́сенку** ein Lied summen; **ла́сково ~ что-л.** etw mit zarter Stimme sagen

Му́рманск <-а> *м* Murmansk *nt*

мус <му́са> *м* Mus *nt;* **я́блочный ~** Apfelmus *nt*

муска́т <-а> *м* Muskat *nt*

му́скул <-а> *м* Muskel *m*

мускулату́р|а <-ы> *ж* Muskulatur *f*

мускули́ст|ый <-ая, -ое; -, -а, -о> *прил* muskulös, kräftig

му́скульн|ый <-ая, -ое> *прил* Muskel-; **му́скульная си́ла** Muskelkraft *f*

мусо́л|ить <-ю, -ишь> *нсв прх* bespeicheln; **~ каранда́ш** am Bleistift kauen

му́сор <-а> *м* Müll *m; (строи́тельный)* Bauschutt *m; (сор)* Kehricht *m*

му́сор|ить <-ю, -ишь> *нсв,* **наму́сорить** *св прх разг* beschmutzen; **~ в ко́мнате** das Zimmer schmutzig machen

му́сорн|ый <-ая, -ое> *прил* Müll-; **му́сорное ведро́** Mülleimer *m;* **му́сорная сва́лка** Mülldeponie *f*

мусорово́з <-а> *м* Müllwagen *m*

мусородроби́лк|а <-и> *ж* Müllwolf *m,* Müllzerkleinerungsanlage *f*

мусоропрово́д <-а> *м* Müllschacht *m;* **вы́бросить в ~** in den Müllschacht werfen

мусоросжига́тельн|ый <-ая, -ое> *прил* **мусоросжига́тельная устано́вка** Müllverbrennungsanlage *f*

му́сорщик <-а> *м* Müllmann *m; (води́тель)* Müllfahrer *m*

муссо́н <-а> *м* Monsun *m*

муста́нг <-а> *м* Mustang *m*

мусульма́нин <-а> *м* Moslem *m*

мусульма́нск|ий <-ая, -ое> *прил* moslemisch

мусульма́нств|о <-а> *ср* Islam *m*

мута́нт <-а> *м* Mutant *m;* **он вы́глядит как ~** er sieht wie ein Mutant aus

мута́ци|я <-и> *ж* Mutation *f*

му́ти|ть <-чу́, -ти́шь> *нсв прх* trüben; **~ во́ду** das Wasser trüben; **алкого́ль му́тит созна́ние** der Alkohol benebelt das Bewusstsein; **~ люде́й** die Leute hetzen; **мути́т от лека́рств** mir ist von den Pillen übel

мути́|ться <-тся> *нсв,* **помути́ться** *св безл, только 3 л* sich trüben, unklar werden; **взор помути́лся** der Blick trübte sich; **мо́ре помути́лось** das Meer trübte sich

мутне́|ть <-ет> *нсв,* **помутне́ть** *св безл, то́лько 3 л* sich trüben, trüb werden; **вода́ мутне́ет** das Wasser trübt sich; **в голове́ мутне́ет** alles dreht sich im Kopf; **вода́ в о́зере помутне́ла** das Wasser im See wurde trüb

му́тно *нрч* trübe; **~ пе́ред глаза́ми** dunkel vor Augen

мутнова́т|ый <-ая, -ое> *прил* trübe; **мутнова́тая вода́** trübes Wasser *nt;* **~ взгля́д** verschleierter Blick *m*

му́т|ный <-ная, -ное; -ен, -на́, -но> *прил* trübe, matt; **лови́ть ры́бу в му́тной воде́** *перен* im Trüben fischen

му́торно *нрч* **на душе́ ~** mir ist schwer ums Herz

муть <му́ти> *ж* Trübe *f,* Bodensatz *m;* **~ в душе́** ein Stein auf dem Herzen

му́х|а <-и> *ж* Mücke *f;* **де́лать из му́хи слона́** aus einer Mücke einen Elefanten machen

мухомо́р <-а> *м* Fliegenpilz *m*

муче́ни|е <-я> *ср* Qual *f,* Pein *f*

му́ченик <-а> *м* Märtyrer *m*

му́ченическ|ий <-ая, -ое> *прил* Märtyrer-; **му́ченическая смерть** Märtyrertod *m*

мучи́те|ль <-ля> *м* Peiniger *m; перен, разг (ребёнок)* Quälgeist *m*

мучи́тельно *нрч* quälend

мучи́те|льный <-льная, -льное; -лен, -льна, -льно> *прил* qualvoll

му́ч|ить <-у, -ишь> *нсв,* **заму́чить** *св прх* quälen, peinigen, plagen, schinden, foltern; **меня́ му́чают угрызе́ния со́вести** ich habe Gewissensbisse

му́ч|иться <-усь, -ишься> *нсв,* **заму́читься, прому́читься** *св рефл* leiden; *(терза́ться)* sich quälen; **он прому́чился до́лгое вре́мя, пока́ лека́рство поде́йствовало** er quälte sich lange, bis das Arzneimittel zu wirken begann

мучни́ст|ый <-ая, -ое; -, -а, -о> *прил* mehlig

мучн|о́й <-а́я, -о́е> *прил* Mehl-; **мучно́е блю́до** Mehlspeise *f*

муши́н|ый <-ая, -ое> *прил* Fliegen-; **~ уку́с** Fliegenbiss *m*

му́шк|а[1] <-и> *ж* kleine Fliege *f*

му́шк|а[2] <-и> *ж* Visier *nt;* **взять на му́шку кого́-л.** jdn ins Visier nehmen

мушкетёр <-а> *м* Musketier *m;* **три мушкетёра** drei Musketiere

муштр|ова́ть <-у́ю, -у́ешь> *нсв,* **вымуштрова́ть** *св прх и перен* ВОЕН drillen

МХАТ *сокр от* **Моско́вский худо́жественный академи́ческий теа́тр** Moskauer Akademisches Künstler-Theater *nt*

мча́ться <мчусь, мчи́шься> *нсв,* **промча́ться** *св рефл* rennen, rasen; *(пройти́ бы́стро, незаме́тно)* vorbeisausen; **грузови́к промча́лся** der LKW sauste vorbei; **вре́мя промча́лось о́чень бы́стро** die Zeit verflog sehr schnell

мши́ст|ый <-ая, -ое; -, -а, -о> *прил* moosig, bemoost; **мши́стые берега́** moosige Ufer *ntpl*

мще́ни|е <-я> *ср* Vergeltung *f*

мы <нас, нам, нас, на́ми, о нас> *мест ли́чное* wir

мы́ка|ться <-юсь, -ешься> *нсв рефл разг* umherirren; **~ по све́ту** in der Welt herumirren

мы́л|о <-а> *ср* Seife *f;* **жи́дкое ~** Schmierseife *f*

мы́льниц|а <-ы> *ж* Seifenschale *f,* Seifenbehälter *m;* **пуста́я ~** leere Seifenschale *f*

мы́льн|ый <-ая, -ое> *прил* seifig

мыс <мы́са> *м* Kap *nt,* Vorgebirge *nt*

мы́сленно *нрч* in Gedanken; **быть ~ с кем-л.** in Gedanken mit jdm sein

мы́сленн|ый <-ая, -ое> *прил* gedanklich, mental

мыслим|ый <-ая, -ое; -, -а, -о> *прил* denkbar, erdenklich

мысли́те|ль <-ля> *м (фило́соф)* Denker *m*

мысли́тельн|ый <-ая, -ое> *прил* geistig; **мысли́тельные спосо́бности** Denkfähigkeit *f*

мы́сл|ить <-ю, -ишь> *нсв нпрх* denken, sich vorstellen; **как ты себе́ э́то мы́слишь?** wie stellst du dir das vor?

мысль <мы́сли> *ж* Gedanke *m; (иде́я)* Idee *f; (мышле́ние)* Denken *nt;* **внеза́пная ~** Einfall *m,* Eingebung *f;* **чита́ть** [*или* **уга́дывать**] **мы́сли** Gedanken lesen

мы́слящ|ий <-ая, -ее> *прил* intelligent; **~ па́рень** intelligenter Junge *m*

мыта́рств|о <-а> *ср* Strapaze *f;* **обре́чь на ~** zu Strapazen verdammen

мыта́|рь <-ря> *м* Zöllner *m (Steuereintreiber im altjüdischen Staat)*

мы́т|ый <-ая, -ое; -, -а, -о> *прил* gewaschen; **мы́тая посу́да** abgewaschenes Geschirr *nt*

мыть <мо́ю, мо́ешь> *нсв,* **вы́мыть, помы́ть** *св прх* waschen; *(купа́ть)* baden; **~ пол** den Fußboden abwischen; **~ посу́ду** das Geschirr spülen; **~ го́лову** den Kopf waschen

мыть|ё <-я́> *ср* Waschen *nt;* **~ посу́ды** Geschirrspülen *nt*

мы́ться <мо́юсь, мо́ешься> *нсв,* **помы́ться** *св рефл* sich waschen, baden

мыча́ни|е <-я> *ср* Gebrüll *nt,* Brüllen *nt*

мыч|а́ть <-у́, -и́шь> *нсв,* **промыча́ть** *св*

нпрх **1.** *(изда́ть непродолжи́тельное мыча́ние)* muhen, brüllen; **коро́ва промыча́ла** die Kuh muhte **2.** *презрит, разг (сказа́ть что-л. невня́тно)* murmeln; **~ в отве́т** etw vor sich hinmurmeln

мышело́вк|а <-и> *ж* Mäusefalle *f*

мы́шечн|ый <-ая, -ое> *прил* Muskel-; **мы́шечная дистрофи́я** МЕД Muskeldystrophie *f*

мыши́н|ый <-ая, -ое> *прил* Maus-, Mäuse-; **~ цвет** mausgraue Farbe *f*

мы́шк|а <-и> *ж разг* Mäuschen *nt,* kleine Maus *f;* **в до́ме живёт ~** im Haus lebt ein Mäuschen

мышле́ни|е <-я> *ср* Denken *nt; (о́браз мы́слей)* Denkweise *f;* **но́вое ~** neues Denken *nt*

мы́шц|а <-ы> *ж* Muskel *m;* **атрофи́я мышц** Muskelschwund *m;* **разры́в мы́шцы** Muskelriss *m;* **утомле́ние мышц, сопровожда́ющееся бо́лью** Muskelschmerz *m,* Muskelkater *m*

мышь <мы́ши> *ж* ЗООЛ, ИНФОРМ Maus *f;* **летýчая ~** Fledermaus *f;* **кно́пка мы́ши** Maustaste *f;* **ко́врик для мы́ши** Mauspad *nt;* **ку́рсор** [*или* **указа́тель**] **мы́ши** Mauszeiger *m;* **управле́ние с по́мощью мы́ши** Maussteuerung *f;* **щёлкнуть мы́шью** mit der Maus klicken

мышья́к <-а́> *м* Arsen *nt*

мэйл <мэ́йла> *м* ИНФОРМ E-Mail *f*

мэр <мэ́ра> *м* Bürgermeister *m*

мэ́ри|я <-и> *ж* Rathaus *nt;* **~ го́рода Ту́лы** das Rathaus der Stadt Tula

мэтр <мэ́тра> *м* Maitre *m*

мю́зикл <-а> *м* Musical *nt*

Мю́нхен <-а> *м* München *nt*

мю́нхенск|ий <-ая, -ое> *прил* Münchner

мя́г|кий <-кая, -кое; -ок, -ка́, -ко> *прил* weich; *перен (несто́йкий, уме́ренный)* mild; *(не́жный, кро́ткий)* zart, sanft; **~ знак** ЛИНГВ Weichheitszeichen *nt;* **мя́гкая ме́бель** Polstermöbel *nt*

мя́гко *нрч* weich; *(снисходи́тельно)* milde; **~ говоря́** milde gesagt [*o* ausgedrückt]

мя́гкос|ть <-ти> *ж* Weichheit *f; (доброта́, уме́ренность)* Milde *f*

мягкоте́л|ый <-ая, -ое; -, -а, -о> *прил* **1.** *(лишённый эне́ргии)* energielos **2.** *(беcхара́ктерный)* charakterlos, willensschwach; **он ~ челове́к** er hat kein Rückgrat

мягчи́те|ль <-ля> *м* ТЕХ Weichmacher *m*

мяки́н|а <-ы> *ж* Spreu *f;* **ста́рого воробья́ на мяки́не не проведёшь** einen alten Fuchs kann man nicht hinters Licht führen

мя́киш <-а> *м* **хле́бный ~** das Weiche des Brotes

мя́ко|ть <-ти> *ж* Fruchtfleisch *nt*

мя́мл|ить <-ю, -ишь> *нсв прх* undeutlich sprechen

мяси́ст|ый <-ая, -ое; -, -а, -о> *прил* fleischig; **~ кусо́к свини́ны** ein großes Stück Schweinefleisch; **мяси́стое лицо́** fleischiges Gesicht *nt*

мясни́к <-а́> *м* Fleischer *m,* Metzger *m*

мясн|о́й <-а́я, -о́е> *прил* Fleisch-; **мясна́я ла́вка** Fleischerei *f,* Metzgerei *f*

мя́с|о <-а> *ср* Fleisch *nt;* **ру́бленое ~** Hackfleisch *nt*

мясое́д <-а> *м* Fleischesser *m*

мясокомбина́т <-а> *м* Fleischkombinat *nt;* **проду́кция мясокомбина́та** die Produktion des Fleischkombinats

мясору́бк|а <-и> *ж* Fleischwolf *m*

мя́т|а <-ы> *ж* Minze *f;* **пе́речная ~** Pfefferminze *f*

мяте́ж <-а́> *м* Meuterei *f,* Rebellion *f,* Revolte *f,* Aufruhr *m*

мяте́жник <-а> *м* Rebell *m*

мяте́жн|ый <-ая, -ое> *прил* **1.** *(прича́стный к мятежу́)* rebellisch, aufsässig **2.** ПОЛ *(преда́вший, измени́вший)* abtrünnig

мя́т|ый <-ая, -ое; -, -а, -о> *прил* **1.** *(в скла́дках)* faltig **2.** *(ско́мканный)* zerknittert; **мя́тое пла́тье** zerknittertes Kleid *nt*

мять <мну, мнёшь> *нсв прх* **1.** *(дави́ть)* quetschen **2.** *(ко́мкать)* zerknittern, zerknüllen

мя́ться <мнётся> *нсв безл, то́лько 3 л (о ткани)* knittern

мя́у *межд* Miau

мяу́кань|е <-я> *ср* Miauen *nt;* **~ котя́т** Katzenmiauen *nt*

мяу́кать *нсв,* **промяу́кать** *св нпрх* miauen

мяч <мяча́> *м* Ball *m*

мя́чик <-а> *м* kleiner Ball, Spielball *m;* **потеря́ть ~** den Ball verlieren; **игра́ть в ~** Ball spielen

Н н

Н, н <неизм> *ср Buchstabe H*

на[1] *предл* **1.** *(где́?)* auf +*dat,* an +*dat,* in, bei +*dat;* **~ столе́** auf dem Tisch; **~ у́лице** auf der Straße; **~ стене́** an der Wand; **~ заво́де** in einer Fabrik; **~ фи́рме** bei einer Firma; **~ конфере́нции** bei der Konferenz; **~ э́той встре́че** bei diesem Treffen **2.** *(на чём?)* auf, mit; **е́хать ~ авто́бусе** mit dem Bus fahren; **игра́ть ~ скри́пке** Geige spielen; **ката́ться ~ велосипе́де** Rad fahren **3.** *(куда́?)* auf, an, zu +*akk;* **идти́ ~ рабо́ту** zur Arbeit gehen; **пое́хать ~ мо́ре** ans Meer fahren; **посмотре́ть ~ дру́га** den Freund ansehen **4.** *(на что?)* auf, für; **де́йствовать ~ не́рвы** auf die Nerven gehen; **де́ньги ~ кни́гу** Geld für ein Buch; **пра́во ~ жили́ще** Recht *nt* auf Wohnung; **~ что тебе́ э́то?** wozu brauchst du das?; **перевести́ кни́гу ~ ру́сский язы́к** das Buch ins Russische übersetzen; **раздели́ть пиро́г ~ ча́сти** den Kuchen aufteilen **5.** *(когда́?)* an, in, für; **~ сле́дующий день** am nächsten Tag; **~ Рождество́** über Weihnachten; **~ откры́тие Ле́йпцигской я́рмарки** zur Eröffnung der Leipziger Messe; **опозда́ть ~ час** sich um eine Stunde verspäten; **уе́хать ~ неде́лю** eine Woche wegfahren; **~ э́то** darauf, dazu; **~ э́тот раз** diesmal

на[2] *межд* **~!** nimm; **вот тебе́ и ~!** das ist ja eine schöne Bescherung!

набалда́шник <-а> *м* Knauf *m*

наба́лтыва|ть <-ю, -ешь> *нсв,* **наболта́ть** *св прх* **1.** *(наговори́ть)* zusammenquatschen; **наболта́ть ли́шнего** Unsinn reden **2.** *(намеша́ть)* zusammenrühren

набарахл|и́ть <-ю́, -и́шь> *св нпрх см.* **барахли́ть**

наба́т <-а> *м* **бить в ~** Alarm schlagen

набе́г <-а> *м* Überfall *m*

набега́|ть <-ю, -ешь> *нсв,* **набежа́ть** *св нпрх* **1.** *(на кого́-л.)* rennen, anrennen (gegen) +*akk* **2.** *(сбега́ться, стека́ться)* zusammenströmen **3.** *(внеза́пно появи́ться)* heraufziehen; **волна́ набежа́ла и обры́згала нас** die Welle schlug ans Ufer und hat uns bespritzt **4.** *(появи́ться)* zusammenlaufen, zusammenströmen **5.** *(скопи́ться в одно́м ме́сте)* sich ansammeln; **наро́ду набежа́ло!** da waren so viele Leute! **6.** *(нака́пливаться)* sich anhäufen

набе́га|ться <-юсь, -ешься> *св рефл* sich die Beine ablaufen; **де́ти вдо́воль набе́гались** die Kinder haben viel gespielt

набедоку́р|ить <-ю, -ишь> *св нпрх см.* **бедоку́рить**

набе́дренн|ый <-ая, -ое> *прил* Lenden-; **носи́ть набе́дренную повя́зку** ein Lendentuch [*o* Lendenschurz] tragen

набе|жа́ть <-гу́, -жи́шь> *св нпрх см.* **набега́ть**

набекре́нь *нрч* schief, zur Seite; **наде́ть ша́пку ~** den Hut schief aufsetzen; **фура́жка съе́хала ~** die Mütze ist zur Seite gerutscht

на́бережн|ая <-ой> *ж* Kai *m*

набива́|ть <-ю, -ешь> *нсв,* **наби́ть** *св прх* **1.** *(чу́чело)* ausstopfen **2.** *(ме́бель)* polstern **3.** *(тексти́ль)* bedrucken; **~ себе́ це́ну** *перен* sich selbst loben; **наби́ть мо́рду кому́-л.** *вульг* jdm die Fresse polieren

набива́|ться <-юсь -ешься> *нсв,* **наби́ться** *св рефл* **1.** *(собира́ться, скапливаться)* sich ansammeln; **в ваго́н наби́лось мно́го пассажи́ров** der Waggon war voll **2.** *(навя́зываться)* sich aufdrängen; **~ в друзья́ кому́-л.** sich jdm anbiedern **3.** *(нали́пнуть)* kleben

набира́|ть <-ю, -ешь> *нсв,* **набра́ть** *св прх* **1.** *(собира́ть)* sammeln; **~ но́мер по прямо́й ли́нии** ТЕЛКОМ durchwählen; **~ очки́** Punkte sammeln; **~ си́лу** *перен* erstärken, Kraft sammeln **2.** *(ско́рость, пу́нкты)* zulegen; **~ ско́рость** hohe Geschwindigkeit erreichen; **~ высоту́** *(о самолёте)* an Höhe gewinnen **3.** ВОЕН einziehen, rekrutieren **4.** ТЕАТ engagieren **5.** ТИП setzen

набира́|ться <-юсь, -ешься> *нсв,* **набра́ться** *св рефл* **1.** *(собира́ться)* sich ansammeln **2.** *перен (усва́ивать, запаса́ться)* sich aneignen; **~ о́пыта** Erfahrungen sammeln; **~ сил** Kräfte sammeln; **~ зна́ний** *разг* sich Wissen [*o* Kenntnisse] aneignen; **~ ума́-ра́зума у кого́-л.** lernen von +*dat;* **~ на́глости де́лать что-л.** sich etw herausnehmen; **~ хра́брости** Mut fassen **3.** *разг (напи́ться)* betrunken sein

наби́т|ый <-ая, -ое; -, -а, -о> *прил* **1.** *разг (кру́глый)* voll; **~ дура́к** ausgemachter Narr *m* **2.** *(по́лный)* voll, vollgestopft, überfüllt; **~ кошелёк** prall gefüllte Geldbörse *f*

наб|и́ть <-ью́, -ьёшь> *св прх см.* **набива́ть**

наб|и́ться <-ью́сь, -ьёшься> *св рефл см.* **набива́ться**

наблюда́те|ль <-ля> *м* Beobachter(in) *m(f),* Betrachter(in) *m(f);* **посторо́нний ~** Außenstehende(r) *f(m);* **~ на вы́борах** Wahlbeobachter *m*

наблюда́тельнос|ть <-ти> *ж* Beobachtungsgabe *f*

наблюда́те|льный <-льная, -льное; -лен, -льна, -льно> *прил* **1.** *(внима́тельный)* aufmerksam; **~ взгля́д** scharfsichtiger Blick *m;* **~ собесе́дник** aufmerksamer Gesprächspartner *m* **2.** ВОЕН Beobachtungs-, Überwachungs-, Aufsichts-

наблюда́|ть <-ю, -ешь> *нсв прх* beobachten, verfolgen; *(присма́тривать)* beaufsichtigen

наблюда́|ться <-юсь, -ешься> *нсв рефл* **в ию́не наблюда́ются бе́лые но́чи** im Juni gibt es weiße Nächte

наблюде́ни|е <-я> *ср* Beobachtung *f*, Betrachtung *f*; *(надзо́р)* Aufsicht *f*, Überwachung *f*; **~ за ры́нком** Marktbeobachtung *f*; **несплошно́е ~** Teilerhebung *f*, Repräsentativerhebung *f*

на́божнос|ть <-ти> *ж* Frömmigkeit *f*

на́бож|ный <-ная, -ное; -ен, -на, -но> *прил* fromm

набо́йк|а <-и> *ж* **1.** *(ткань с узо́ром)* bedruckter Stoff *m* **2.** ТЕХ Stoffdrucker *m* **3.** *разг (подмётка)* Absatzfleck *m*; **наби́ть набо́йку** einen Absatz(fleck) anschlagen

на́бок *нрч* seitlich, schief, zur Seite; **склони́ть го́лову ~** den Kopf zur Seite senken

наболе́вш|ий <-ая, -ее> *прил* wund; **~ вопро́с** brennende Frage *f*; **наболе́вшие пробле́мы** unumgängliche Probleme *ntpl*

наболта́|ть <-ю, -ешь> *св прх см.* **наба́лтывать**

набо́р <-а> *м* **1.** *(компле́кт)* Set *nt*, Garnitur *f* **2.** *(ассортиме́нт)* Sortiment *nt*; **~ инструме́нтов** Handwerkszeug *nt*; **~ кра́сок** Malkasten *m*; **~ мя́гкой ме́бели** Polstergarnitur *f*; **почто́вый ~** Briefblock *m*; **сквозно́й ~** ТЕЛКОМ Durchwahl *f*; **бессмы́сленный ~ слов** Wortschwall *m* **3.** *(приём уча́щихся, слу́жащих)* Aufnahme *f* **4.** *(призы́в)* Rekrutierung *f*; **~ ка́дров** Personalauswahl *f*

набо́рн|ый <-ая, -ое> *прил* **1.** ТИП Setz-; **набо́рная маши́на** Setzmaschine *f* **2.** *(соста́вленный из кусо́чков)* Satz *m*, Garnitur *f*

набо́рщик <-а> *м* Setzer(in) *m(f)*

набра́сыва|ть <-ю, -ешь> *нсв*, **наброса́ть, набро́сить** *св прх* **1.** *(прое́кт, схе́му)* konzipieren, entwerfen **2.** *(предме́ты оди́н на друго́й)* umherwerfen; **~ на пле́чи пиджа́к** die Jacke umlegen; **~ на себя́ пальто́** sich den Mantel umlegen

набра́сыва|ться <-юсь, -ешься> *нсв*, **набро́ситься** *св рефл (на кого́-л.)* herfallen über *+akk*, einstürmen auf *+akk*; **соба́ка набро́силась на незнако́мца** der Hund stürzte sich auf den Unbekannten; **~ с расспро́сами** jdn ausfragen

наб|ра́ть <-еру́, -ерёшь> *св прх см.* **набира́ть**

наб|ра́ться <-еру́сь, -ерёшься> *св рефл см.* **набира́ться**

наброса́|ть <-ю, -ешь> *св прх см.* **набра́сывать**

набро́|сить <-шу, -сишь> *св прх см.* **набра́сывать**

набро́|ситься <-шусь, -сишься> *св рефл см.* **набра́сываться**

набро́с|ок <-ка> *м* Skizze *f*, Entwurf *m*, Konzept *nt*

набуха́|ть <-ю, -ешь> *нсв*, **набу́хнуть** *св нпрх* **1.** *(напо́лниться со́ком)* aufquellen; **по́чки на дере́вьях набуха́ют** die Baumknospen quellen **2.** *(напита́ться вла́гой)* anschwellen

нава́лива|ть <-ю, -ешь> *нсв*, **навали́ть** *св прх* **1.** *(положи́ть с уси́лием)* aufladen **2.** *(возлага́ть обя́занности)* aufbürden; **~ всю рабо́ту на кого́-л** die ganze Arbeit jdm aufbürden **3.** *разг (наброса́ть в беспоря́дке)* anhäufen; **~ ве́щи в прихо́жей** alle Sachen im Vorraum auftürmen; **навали́ло мно́го сне́гу** es ist viel Schnee gefallen

нава́лива|ться <-юсь, -ешься> *нсв*, **навали́ться** *св рефл* **1.** *(нале́чь с си́лой)* **навали́ться всей тя́жестью** sich mit dem ganzen Gewicht legen **2.** *(обремени́ть, затрудни́ть)* erschweren **3.** *(овладе́ть, охвати́ть)* sich über etw hermachen **4.** *(обру́шиться)* herfallen über **5.** *(напада́ть)* sich auf jdn/etw werfen

нав|али́ть <-алю́, -а́лишь> *св прх см.* **нава́ливать**

нав|али́ться <-алю́сь, -а́лишься> *св рефл см.* **нава́ливаться**

нава́лом *нрч* massenhaft; **э́того добра́ ~** das gibt bis zum Abwinken

нава́лочн|ый <-ая, -ое> *прил* **1.** *(в нава́лку)* Schütt-, unverpackt; **~ груз** Schüttgut *nt* **2.** *(осуществля́ющий нава́лку)* Lade-

нава́р <-а> *м* Brühe *f*; **ча́йный ~** Teesud *m*

нава́рива|ть <-ю, -ешь> *нсв*, **навари́ть** *св прх* **1.** *(свари́ть мно́го)* viel kochen; **навари́ть варе́нья** viel Konfitüre kochen **2.** ТЕХ anschweißen **3.** *(обрабо́тать сва́ркой)* aufschweißen

нава́рист|ый <-ая, -ое; -, -а, -о> *прил* kräftig; **~ борщ** fetter Borschtsch *m*

нав|ари́ть <-арю́, -а́ришь> *св прх см.* **нава́ривать**

навева́|ть <-ю, -ешь> *нсв*, **наве́ять** *св прх* heranwehen; *перен (вызыва́ть)* hervorrufen

наве́дыва|ться <-юсь, -ешься> *нсв*, **наве́даться** *св рефл* besuchen; **часте́нько ~ к кому́-л.** ein- und ausgehen bei *+dat*; **~ в го́сти** jdn besuchen; **~ без приглаше́ния** ohne Einladung kommen

наве́ки *нрч* auf ewig, für immer; **~ оста́ться в па́мяти** auf ewig in Erinnerung bleiben; **вме́сте ~** für immer zusammen

наве́рно(е) *нрч* wahrscheinlich, sicher, gewiss; **~ зна́ешь, но скрыва́ешь** bestimmt weißt du es, möchtest es aber geheim halten; **будь споко́ен, э́то уж ~** beruhige dich, das ist schon sicher

наверн|у́ться <-у́сь, -ёшься> *св рефл см.* **навёртываться**

наверняка́ *нрч* sicherlich, ganz bestimmt; **де́йствовать ~** sichergehen; **сказа́ть ~** mit Sicherheit sagen

навёрстыва|ть <-ю, -ешь> *нсв,* **наверста́ть** *св прх* aufholen, nachholen; **~ упу́щенное вре́мя** die verlorene Zeit aufholen; **~ пропу́щенные заня́тия** das Verpasste nachholen

навёртыва|ться <-юсь, -ешься> *нсв,* **наверну́ться** *св рефл* auftauchen; **на глаза́ наверну́лись слёзы** Tränen traten in die Augen

наве́рх *нрч* nach oben, hinauf

наверху́ *нрч* oben

наве́с <-а> *м* **1.** *разг (кро́вля)* Überdachung *f;* **пря́таться под наве́сом** sich unter dem Dach verstecken **2.** спорт Schirmdach *nt,* Schutzdach *nt,* Wetterdach *nt*

навеселе́ *нрч* angeheitert, leicht betrunken, angetrunken

наве́|сить <-шу, -сишь> *св прх см.* **наве́шивать**

навесн|о́й <-а́я, -о́е> *прил* **~ замо́к** Vorhängeschloss *nt*

наве|сти́ <-ду́, -дёшь> *св прх см.* **наводи́ть**

наве|сти́ть <-щу́, -сти́шь> *св прх см.* **навеща́ть**

наве́тренн|ый <-ая, -ое> *прил* мор Luv-, Wetter-

наве́чно *нрч* auf ewig, für immer; **оста́ться в па́мяти ~** auf immer in Erinnerung bleiben; **расста́ться ~** sich auf ewig trennen

наве́ша|ть <-ю, -ешь> *св,* **наве́шивать** *нсв прх (пове́сить)* aufhängen; **~ карти́н** Bilder aufhängen

наве́шива|ть <-ю, -ешь> *нсв,* **наве́сить** *св прх* **1.** *(на пе́тли)* einhängen **2.** *(прицепля́ть)* anhängen

навеща́|ть <-ю, -ешь> *нсв,* **навести́ть** *св прх* besuchen, aufsuchen

наве́|ять <-ю, -ешь> *св прх см.* **навева́ть**

на́взничь *нрч* rücklings

навзры́д *нрч* laut, lauthals; **пла́кать ~** lauthals weinen

навига́тор <-а> *м* трансп, авто Navigator *m;* **~ управле́ния** Steuernavigator *m*

навигацио́нн|ый <-ая, -ое> *прил* Navigations-, Schifffahrts-, nautisch; **навигацио́нное обору́дование** Navigationsausrüstung *f*

навига́ци|я <-и> *ж* Navigation *f*

навида́|ться <-юсь, -ешься> *св рефл разг* **мно́гого в жи́зни навида́лся!** ich habe im Leben schon vieles gesehen!; **~ вся́кого** alles Mögliche sehen

навира́|ть <-ю, -ешь> *нсв,* **навра́ть** *св прх разг* **1.** *(солга́ть)* lügen; **навра́ть вся́кой чепухи́** große Lügen auftischen **2.** *(допусти́ть оши́бку)* einen Fehler machen; **~ в вычисле́ниях** bei den Berechnungen Fehler machen **3.** *(наклевета́ть)* verleumden; **~ на сосе́да** den Nachbarn verleumden; **~ с три ко́роба** lügen was das Zeug hält

нависа́|ть <-ю, -ешь> *нсв,* **нави́снуть** *св нпрх (све́шиваться)* überhängen; **ту́чи нави́сли над горизо́нтом** Regenwolken haben den ganzen Himmel bedeckt

навлека́|ть <-ю, -ешь> *нсв,* **навле́чь** *св (н)прх* anziehen; **~ кому́-л. неприя́тности** jdn Unannehmlichkeiten bereiten; **~ на себя́ подозре́ния** den Verdacht auf sich ziehen

нав|оди́ть <-ожу́, -о́дишь> *нсв,* **навести́** *св прх* hinführen, lenken; **~ кого́-л. на мысль** jdm einen Gedanken nahelegen; **~ красоту́** sich schön machen; **~ мосты́** *и перен* Brücken schlagen; **~ на чей-л. след** auf jds Spur bringen; **~ поря́док** Ordnung *f* schaffen; **~ спра́вки** Auskunft *f* einholen

наво́дк|а <-и> *ж без мн* **1.** воен Richten *nt,* Zielen *nt* **2.** трансп Schlag *m,* Bau *m;* **~ моста́** Brückenschlag *m* **3.** *разг (красота́)* Schönheit *f*

наводне́ни|е <-я> *ср* Flutkatastrophe *f,* Überschwemmung *f*

наводня́|ть <-ю, -ешь> *нсв,* **наводни́ть** *св прх* überschwemmen

наво́дчик <-а> *м* **1.** воен Richtschütze *m,* Richtkanonier *m; (бое́ц)* Richtkanonier *m* **2.** *разг (ма́стер)* Meister *m* **3.** *жарг (вор)* Komplize *m*

наво́з <-а> *м* Mist *m;* **выгреба́ть ~** ausmisten

наво́зник <-а> *м* зоол **жук-~** Mistkäfer *m*

наво́зн|ый <-ая, -ое> *прил* Mist-; **наво́зная ку́ча** Misthaufen *m*

на́волочк|а <-и> *ж* Kissenbezug *m*

навора́чива|ть <-ю, -ешь> *нсв,* **наворoти́ть** *св (н)прх* **1.** *(накру́чивать)* aufwickeln **2.** *(нагромозди́ть)* anhäufen; **~ гру́ду щё́бня** einen Haufen Steine auftürmen **3.** *разг* **~ блины́** Blini mit Appetit essen; **~ ку́чу оши́бок** eine Menge Fehler machen

навостр|и́ть <-ю́, -и́шь> *св прх разг* schärfen; **~ у́ши** die Ohren spitzen

навр|а́ть <-у́, -ёшь> *св прх см.* **навира́ть**

навре|ди́ть <-жу́, -ди́шь> *св прх* Schaden zufügen, schädigen

навсегда́ *нрч* für immer; **раз и ~** ein für alle Mal

навстре́чу *нрч* entgegen; **идти́ ~** *и перен* entgegenkommen; **идти́ ~ чьим-л. тре́бованиям** jds Forderungen nachkommen

навы́ворот *нрч* verkehrt; **оде́ть руба́шку ~** das Hemd verkehrt anziehen; **де́лать всё ~** alles verkehrt machen; **ши́ворот-~** andersherum

на́вык <-а> *м* **1.** *(практи́ческое уме́ние)* Fertigkeit *f* **2.** *(о́пыт, сноро́вка)* Routine *f*

навы́кате *нрч* hervorquellend, Glotz-; **глаза́ ~** Glotzaugen *pl*

навы́лет *нрч* Durch-; **пу́ля прошла́ ~** einen

Durchschuss haben

навыпуск *нрч* **носить рубашку ~** ein Hemd über die Hose tragen

навытяжку *нрч* strammstehend; **стоять ~** strammstehen

навьючива|ть <-ю, -ешь> *нсв,* **навьючить** *св прх* bepacken, laden; **~ верблюдов мешками** die Kamele mit Säcken schwer beladen

навьюч|ить <-у, -ишь> *св прх см.* **навьючивать, вьючить**

нав|язать <-яжу, -яжешь> *св прх см.* **навязывать**

нав|язаться <-яжусь, -яжешься> *св рефл см.* **навязываться**

навязчив|ый <-ая, -ое; -, -а, -о> *прил* aufdringlich, zudringlich

навязыва|ть <-ю, -ешь> *нсв,* **навязать** *св прх* **1.** *(привязывать)* anbinden, umbinden **2.** *(вязать на спицах)* stricken **3.** *перен (заставлять против воли делать что-л.)* aufzwingen, aufdrängen; **~ кому-л. своё мнение** jdm seine Meinung aufzwingen; **~ кому-л. что-л.** *разг* jdm etw aufdrängen

навязыва|ться <-юсь, -ешься> *нсв,* **навязаться** *св рефл* sich aufdrängen, sich anbiedern

нагада|ть <-ю, -ешь> *св нпрх разг* wahrsagen, weissagen; **~ счастья** das Glück voraussagen

нага|дить <-жу, -дишь> *св прх см.* **гадить**

нагайк|а <-и> *ж* Nagaika *f,* Riemenpeitsche *f;* **хлестать нагайкой** mit der Riemenpeitsche schlagen

наган <-а> *м* ВОЕН Revolver *m*

нагар <-а> *м без мн* Rußansatz *m;* **снять ~ со свечи** die Lichtschnuppe von der Kerze entfernen; **металлический ~** metallische Verbrennungsrückstände *mpl*

наге|ль <-ля> *м* ТЕХ Nagel *m*

нагиба|ть <-ю, -ешь> *нсв,* **нагнуть** *св прх* **1.** *(наклонить)* beugen, biegen; **~ ветку** den Ast biegen **2.** ТЕХ biegen

нагиба|ться <-юсь, -ешься> *нсв,* **нагнуться** *св рефл (за чем-л.)* sich bücken nach *+dat*

нагишом *нрч* ganz nackt, splitternackt; **дети бегают ~** die Kinder rennen splitternackt herum

нагле|ть <-ю, -ешь> *нсв,* **обнаглеть** *св нпрх* frech werden, dreist werden; **стал терять стыд и совсем обнаглел** er hat die Scham verloren und wurde unverschämt; **надо же так ~!** nein, so eine Frechheit!; **~ до предела** in seiner Dreistigkeit keine Grenzen kennen

наглец <-а> *м разг* Frechdachs *m*

нагло *нрч* unverschämt, dreist; **разговаривать ~** unverschämt sprechen; **~ вести себя** sich dreist benehmen

нагловат|ый <-ая, -ое; -, -а, -о> *прил* frech, dreist; **~ взгляд** frecher Blick *m*

наглос|ть <-ти> *ж* Frechheit *f;* **иметь ~ сделать что-л.** *перен* sich etw herausnehmen

наглота|ться <-юсь, -ешься> *св рефл* schlucken; **~ пыли** viel Staub schlucken; **~ морской воды** viel Meereswasser schlucken

наглухо *нрч* dicht, luftdicht; **закрыть двери ~** die Tür dicht schließen; **застегнуться ~** sich fest zuknöpfen

нагл|ый <-ая, -ое; -, -á, -о> *прил* frech, unverschämt, dreist

нагля|деться <-жусь, -дишься> *св рефл* sich satt sehen; **чего я только не нагляделся!** was habe ich nicht alles schon gesehen!

наглядно *нрч* anschaulich; **~ продемонстрировать** anschaulich demonstrieren

нагляднос|ть <-ти> *ж* Übersichtlichkeit *f*

нагляд|ный <-ная, -ное; -ен, -на, -но> *прил* **1.** *(изложение, объяснение)* anschaulich **2.** *(легко обозримый)* übersichtlich; **наглядно-иллюстративная реклама** Display *nt*

нагнаива|ться <-юсь, -ешься> *нсв,* **нагноиться** *св рефл* МЕД vereitern

наг|нать <-оню, -онишь> *св прх см.* **нагонять**

нагнета|ть <-ю, -ешь> *нсв,* **нагнести** *св прх* **1.** ПОЛ anspannen; **~ обстановку** die Lage anspannen **2.** ТЕХ zusammendrücken, (zusammen)pressen

нагноени|е <-я> *ср* МЕД *(процесс нагноения)* Eiterung *f;* *(гнойный нарыв)* Eiterbeule *f;* **~ раны** Wundeiterung *f*

нагно|иться <-юсь, -ишься> *св рефл см.* **нагнаиваться**

нагн|уть <-у, -ёшь> *св прх см.* **нагибать**

нагн|уться <-усь, -ёшься> *св рефл см.* **нагибаться**

наговарива|ть <-ю, -ешь> *нсв,* **наговорить** *св (н)прх* **1.** *(сказать много)* zusammenreden; **~ лишнего** zu vieles sagen; **~ больше, чем нужно** mehr als nötig reden; **~ чепухи** viel daherreden **2.** *разг (наклеветать)* verleumden; **он не виноват, на него наговорили** ihn trifft keine Schuld, das waren Verleumdungen

наговарива|ться <-юсь, -ешься> *нсв,* **наговориться** *св рефл* sich lange unterhalten; **наговориться всласть** sich zur Genüge aussprechen

наговор <-а> *м разг (клевета)* Verleumdung *f*

наговор|ить <-ю, -ишь> *св (н)прх см.* **наговаривать**

наговор|иться <-юсь, -ишься> *св рефл см.* **наговариваться**

наг|ой <-ая, -ое; -, -á, -о> *прил (неприкрытый одеждой)* nackt; **нагая грудь** nackte Brust *f*

Н

на́голо *нрч* kahl; **обрива́ть ~** kahl scheren
на́голову *нрч* **проти́вник разби́т ~** der Gegner ist vollständig geschlagen
нагоня́|й <-я> *м разг* Schelte *f*, Vorwurf *m*
нагоня́|ть <-ю, -ешь> *нсв*, **нагна́ть** *св прх* **1.** *(догна́ть)* einholen; **незнако́мец хоте́л нас нагна́ть** der Unbekannte wollte uns einholen **2.** *разг (сравня́ться с кем-л в успе́хах)* aufholen; **~ упу́щенное** das Verpasste nachholen **3.** *(сбере́чь вре́мя)* Zeit sparen **4.** *разг (сосредото́чить в одно́м ме́сте)* zusammentreiben; **ве́тер нагна́л ту́чи и грозу́** der Wind brachte Regenwolken und Sturm **5.** *(внуши́ть, вы́звать)* einflößen; **~ стра́ху** jdm Furcht einflößen **6.** *разг (увели́чить)* hochtreiben
наго́рь|е <-я> *ср* ГЕОГ Hochland *nt*, Hochebene *f*; **тибе́тское ~** das Tibeter Hochland
нагот|а́ <-ы́> *ж* Nacktheit *f*; **прикры́ть наготу́** die Blöße bedecken; **во всей наготе́** in der vollen Nacktheit
нагота́влива|ть <-ю, -ешь> *нсв*, **нагото́вить** *св прх* **1.** *разг (запасти́)* anschaffen; **~ дров на́ зиму** Holz für den Winter anschaffen **2.** *(настря́пать мно́го еды́)* viel Essen kochen; **нагото́вить к обе́ду вся́кой вся́чины** zum Mittagessen alles Mögliche vorbereiten
нагото́ве *нрч* bereit; **держа́ть ~** bereithalten; **стоя́ть ~** bereitstehen
нагото́в|ить <-лю, -ишь> *св прх см.* **нагота́вливать**
награ́б|ить <-лю, -ишь> *св прх* zusammenrauben; **~ добра́** viel zusammenrauben
награ́д|а <-ы> *ж* Auszeichnung *f*, Prämie *f*, Preis *m*; **~ за поимку магази́нных воро́в** Fangprämie *f* für Ladendiebe
награ|ди́ть <-жу́, -ди́шь> *св прх см.* **награжда́ть**
наградн|о́й <-а́я, -о́е> *прил* Prämien-; **~ спи́сок** Belohnungsliste *f*
награжда́|ть <-ю, -ешь> *нсв*, **награди́ть** *св прх* auszeichnen, ehren; **~ о́рденом** jdn mit einem Orden auszeichnen; **~ поцелу́ем** mit einem Kuss belohnen
награжде́ни|е <-я> *ср* Ehrung *f*; **~ победи́телей** СПОРТ Siegerehrung *f*
нагрева́ни|е <-я> *ср* **1.** *разг* Erwärmung *f*, Beheizung *f*, Heizung *f* **2.** МЕД Erwärmen *nt*; **де́лать ~** erwärmen
нагрева́те|ль <-ля> *м* ТЕХ Erhitzer *m*; **прото́чный ~** Durchlauferhitzer *m*
нагрева́|ть <-ю, -ешь> *нсв*, **нагре́ть** *св прх* **1.** *(сде́лать тёплым)* (er)wärmen, erhitzen; **~ во́ду** Wasser *nt* erhitzen **2.** *разг (обмануть)* betrügen, hintergehen **3.** *(нажи́ться нече́стным путём)* sein Schäfchen ins Trockene bringen; **~ бока́** sich bereichern
нагрева́|ться <-юсь, -ешься> *нсв*, **нагре́ться** *св рефл* sich erwärmen, sich erhitzen; **утю́г нагре́лся** das Bügeleisen ist schon heiß
нагре́|ть <-ю, -ешь> *св прх см.* **нагрева́ть**
нагре́|ться <-юсь, -ешься> *св рефл см.* **нагрева́ться**
нагроможде́ни|е <-я> *ср* Anhäufung *f*
нагромоз|ди́ть <-жу́, -ди́шь> *св прх см.* **громозди́ть**
нагруб|и́ть <-лю́, -и́шь> *св прх см.* **груби́ть**
нагру́дник <-а> *м* Lätzchen *nt*
нагру́дн|ый <-ая, -ое> *прил* Brust-; **~ карма́н** Brusttasche *f*
нагружа́|ть <-ю, -ешь> *нсв*, **нагрузи́ть** *нсв прх* **1.** *(напо́лнить гру́зом)* beladen **2.** *(возложи́ть обя́занности на кого́-л.)* belasten; **~ поруче́ниями** mit Aufträgen belasten
нагру́зк|а <-и> *ж* **1.** ТЕХ Last *f*, Auslastung *f* **2.** *перен (загру́женность)* Belastung *f*; **больша́я не́рвная ~** starke nervliche Belastung *f*; **~ на окружа́ющую среду́** Umweltbelastung *f*
нагря́н|уть <-у, -ешь> *св нпрх* überfallen, überraschen; **неожи́данно ~** unerwartet kommen; **~ в го́сти** überraschend zu Besuch kommen
нагу́лива|ть <-ю, -ешь> *нсв*, **нагуля́ть** *св прх* bekommen; **~ аппети́т** guten Appetit bekommen
нагу́лива|ться <-юсь, -ешься> *нсв*, **нагуля́ться** *св рефл* einen langen Spaziergang machen; **нагуля́ться вдо́воль** lange an der frischen Luft sein
нагуля́|ть <-ю, -ешь> *св прх см.* **нагу́ливать**
нагуля́|ться <-юсь, -ёшься> *св рефл см.* **нагу́ливаться**
над *предл* über; **~ столо́м** über dem Tisch; **смея́ться ~ кем-л.** über jdn lachen
нада|ва́ть <-ю́, -ёшь> *св прх разг* geben; **~ поруче́ний** viele Aufträge erteilen; **~ пощёчин** Ohrfeigen geben
нада́влива|ть <-ю, -ешь> *нсв*, **надави́ть** *св прх* drücken, pressen; **~ на дверь плечо́м** mit der Schulter an die Tür drücken; **~ я́год** Beeren auspressen
нада́ива|ть <-ю, -ешь> *нсв*, **надо́ить** *св прх* melken; **~ молока́** Milch *nt* melken
нада́лблива|ть <-ю, -ешь> *нсв*, **надолби́ть** *св прх* einkerben, aushöhlen
надба́вк|а <-и> *ж* **1.** *(к за́работной пла́те)* Zuschlag *m*, Zulage *f* **2.** *(к цене́)* Bonus *m*, Aufschlag *m*; **~ за опа́сные усло́вия труда́** Gefahrenzulage *f*; **~ к цене́** Aufpreis *m*, Preisaufschlag *m*; **~ на о́бщие изде́ржки на сырьё и материа́лы** Materialgemeinkostenzuschlag *m*; **~ на изде́ржки** Kostenzuschlag *m*; **~ на при́быль** Gewinnaufschlag *m*; **~ за тру́дные усло́вия** Erschwerniszulage *f*; **надба́вки за многоде́тность** Familien-

lastenausgleich *m*

надвигá|ть <-ю, -ешь> *нсв,* **надви́нуть** *св прх* schieben, rücken; **надви́нуть шля́пу на лоб** den Hut auf die Stirn drücken

надвигá|ться <-юсь, -ешься> *нсв,* **надви́нуться** *св рефл* nahen; **надвигáется грозá** ein Gewitter braut sich zusammen; **толпá надви́нулась стенóй** die Menschenmenge rückte wie eine Mauer an

надви́н|уть <-у, -ешь> *св прх см.* **надвигáть**

надви́н|уться <-усь, -ешься> *св рефл см.* **надвигáться**

нáдвое *нрч* **1.** *(пополáм)* entzwei; **разрéзать ~** in zwei Teile schneiden **2.** *(двусмы́сленно)* zweideutig; **бáбушка ~ сказáла** *поговóрка* die Sache kann klappen oder auch nicht

надвóрн|ый <-ая, -ое> *прил* Hof-; **~ совéтник** Hofrat *m*

надгрóби|е <-я> *ср* **1.** *(надгрóбный кáмень)* Grabstein *m* **2.** *(плитá)* Grabplatte *f*

надгрóбн|ый <-ая, -ое> *прил* **1.** *(надмоги́льный)* Grab-; **~ пáмятник** Grabstein *m* **2.** *(сдéланный на плитé)* Grabplatte *f;* **надгрóбная нáдпись** Grabinschrift *f*

надевá|ть <-ю, -ешь> *нсв,* **надéть** *св прх* anziehen, anlegen; *(шля́пу)* aufsetzen; **~ кольцó на пáлец** den Ring an den Finger stecken; **помогáть комý-л. ~ пальтó** jdm in den Mantel helfen

надéжд|а <-ы> *ж* Hoffnung *f;* **возлагáть надéжды на когó-л./что-л.** Hoffnung setzen auf *+akk;* **вселя́ть в когó-л. надéжду** jdm Hoffnung machen; **не оправдáть надéжды** jdn enttäuschen; **пóлный надéжд** hoffnungsvoll

надёжно *нрч* zuverlässig, sicher

надёжнос|ть <-ти> *ж* Zuverlässigkeit *f;* *(безопáсность)* Sicherheit *f*

надёж|ный <-ная, -ное; -ен, -на, -но> *прил* zuverlässig, verlässlich; **~ в эксплуатáции** betriebssicher

надéл <-а> *м* ИСТОР Anteil *m*

надéла|ть <-ю, -ешь> *св прх* **1.** *(сдéлать мнóго)* (viel) machen **2.** *(натвори́ть)* anrichten; **~ глýпостей** Dummheiten machen; **~ шýма** viel Staub aufwirbeln

наделя́|ть <-ю, -ешь> *нсв,* **надели́ть** *св прх* **1.** ИСТОР *(снабди́ть)* ausstatten **2.** *(одари́ть)* **природá надели́ла егó тaлáнтом** er ist von Natur aus begabt

надé|ть <-ну, -нешь> *св прх см.* **надевáть**

надé|яться <-юсь, -ешься> *нсв,* **понадéяться** *св рефл* hoffen, erhoffen; **надéюсь, что …** hoffentlich …

надзвёздн|ый <-ая, -ое> *прил* Himmels-; **надзвёздное прострáнство** Himmelsraum *m*

надзирáте|ль <-ля> *м,* **надзирáтельниц|а** <-ы> *ж* Aufseher(in) *m(f);* **тюрéмный ~** Gefängnisaufseher *m*

надзирá|ть <-ю, -ешь> *нсв нпрх (за кем-л./чем-л.)* beaufsichtigen

надзóр <-а> *м* Aufsicht *f;* **судéбный ~** Gerichtsaufsicht *f*

надирá|ть <-ю, -ешь> *нсв,* **надрáть** *св прх* **1.** *(отодрáть)* abreißen; **надрáть лы́ка** abbasten **2.** *разг (наказáть)* bestrafen; **надрáть комý-л. ýши** jdm die Ohren lang ziehen

надкóстниц|а <-ы> *ж* АНАТ Knochenhaut *f,* Beinhaut *f;* **воспалéние надкóстницы** Knochenhautentzündung *f*

надкýсыва|ть <-ю, -ешь> *нсв,* **надкуси́ть** *св прх* abbeißen; **~ я́блоко** in einen Apfel beißen

надлáмыва|ть <-ю, -ешь> *нсв,* **надломи́ть** *св прх* **1.** *(отлáмывать)* anbrechen; **надломи́ть вéтку сирéни** einen Fliederast knicken **2.** *(сгибáть)* knicken **3.** *перен (ослабля́ть, подрывáть)* brechen, untergraben; *(подорвáть)* schädigen; **~ здорóвье** die Gesundheit erschüttern

надлáмыва|ться <-юсь, -ешься> *нсв,* **надломи́ться** *св рефл* **1.** *(получи́ть трéщину)* einen Knick bekommen; **верхýшка сосны́ надломи́лась** der Kieferwipfel hat einen Knick bekommen **2.** *(потеря́ть си́лы)* zusammenbrechen

надлеж|áть <-ит> *нсв безл, только 3 л* muss, soll; **емý надлежи́т яви́ться на рабóту** er muss zur Arbeit erscheinen; **груз надлежи́т достáвить в срок** die Ware ist termingemäß zu liefern

надлежáщ|ий <-ая, -ее> *прил* **1.** *(полóженный по заслýгам)* gebührend, gehörig **2.** *(полóженный в соответствии с прáвилами)* ordnungsgemäß; **надлежáщим óбразом** sachgemäß

надлóм <-а> *м* Bruch *m*

надл|оми́ть <-омлю́, -óмишь> *св прх см.* **надлáмливать**

надл|оми́ться <-омлю́сь, -óмишься> *св рефл см.* **надлáмываться**

надлóмлен|ный <-ная, -ное; -, -а, -о> *прил и перен* geknickt, niedergeschlagen

надмéнно *нрч* hochmutig, hochnäsig, arrogant; **разговáривать ~** von oben herabreden; **огля́дывать ~ с ног до головы́** jdn vom Kopf bis Fuß arrogant betrachten

надмéннос|ть <-ти> *ж* Arroganz *f,* Hochmut *m*

надмéн|ный <-ная, -ное; -ен, -на, -но> *прил* arrogant, eingebildet

надмолекуля́рн|ый <-ая, -ое> *прил* ФИЗ übermolekular; **надмолекуля́рная структýра** übermolekulare Struktur *f*

нáдоб|иться <-люсь, -ишься> *нсв,* **понáдобиться** *св рефл* etw brauchen; **сохрани́ корóбку, мóжет понáдобится потóм**

Н

heb die Schachtel auf, vielleicht brauchst du sie später

на́добнос|ть <-ти> *ж* **1.** *(необходи́мость)* Notwendigkeit *f* **2.** *(потре́бность)* Bedarf *m;* **без осо́бой на́добности** unnötig; **по ме́ре на́добности** bei Bedarf, soweit nötig

надоеда́|ть <-ю, -ешь> *нсв,* **надое́сть** *св прх* langweilen, lästig werden; **~ расспро́сами** jdm in den Ohren liegen; **мне это надое́ло!** davon habe ich die Nase voll!, ich habe das satt!

надое́длив|ый <-ая, -ое; -, -а, -о> *прил* langweilig; **~ собесе́дник** aufdringlicher Gesprächspartner *m;* **приста́л как надое́дливая му́ха** er klebt wie eine lästige Fliege; **надое́дливые вопро́сы** zudringliche Fragen *fpl*

надое́|сть <-м, -шь> *св прх см.* **надоеда́ть**

надо|и́ть <-ю́, -и́шь> *св прх см.* **нада́ивать**

надолб|и́ть <-лю́, -и́шь> *св прх см.* **нада́лбливать**

надо́лго *нрч* für lange Zeit

надо́мник <-а> *м,* **надо́мниц|а** <-ы> *ж* Heimarbeiter(in) *m(f)*

надо́мн|ый <-ая, -ое> *прил* Heim-; **надо́мная рабо́та** Heimarbeit *f*

надорв|а́ть <-у́, -ёшь> *св прх см.* **надрыва́ть**

надорв|а́ться <-у́сь, -ёшься> *св рефл см.* **надрыва́ться**

надоу́млива|ть <-ю, -ешь> *нсв,* **надоу́мить** *св прх* jdm etw raten; **кто вас надоу́мил так поступи́ть?** *разг* wer hat Ihnen geraten so zu handeln?

надпа́лубн|ый <-ая, -ое> *прил* МОР Überdeck-; **надпа́лубные каю́ты** Überdeckkabinen *fpl*

надпи́сыва|ть <-ю, -ешь> *нсв,* **надписа́ть** *св прх (кни́гу)* signieren

на́дпи|сь <-си> *ж* **1.** *(на чём-л.)* Aufschrift *f* **2.** *(на стене́)* Inschrift *f* **3.** *(ро́счерк)* Schriftzug *m* **4.** *(поме́та)* (schriftlicher) Vermerk *m;* **~ об акце́пте** Annahmevermerk *m*

надпо́чвенн|ый <-ая, -ое> *прил* Obergrund-; **надпо́чвенные во́ды** Oberflächengewässer *pl*

надпо́чечник <-а> *м* АНАТ Nebennieren *pl;* **пораже́ния надпо́чечника** Beschädigung *f* der Nebennieren

надра́ива|ть <-ю, -ешь> *нсв,* **надра́ить** *св прх* МОР blank scheuern; **~ па́лубу** das Deck blank scheuern

над|ра́ть <-еру́, -ерёшь> *св прх см.* **надира́ть**

надре́з <-а> *м* **1.** *(зару́бка, засе́чка)* Kerbe *f* **2.** *(надре́з)* Einschnitt *m*

надреза́|ть <-ю, -ешь> *нсв,* **надре́зать** *св прх* anschneiden, aufschneiden

надроб|и́ть <-лю́, -и́шь> *св прх см.* **дроби́ть**

надру́б <-а> *м* Kerbe *f;* **сде́лать ~** einkerben

надруга́тельств|о <-а> *ср* **1.** *(оскверне́ние, изнаси́лование)* Schändung *f;* **~ над моги́лами** Grabschändung *f* **2.** *(богоху́льство)* Blasphemie *f*

надруга́|ться <-юсь, -ешься> *св рефл* verhöhnen; **~ над чу́вствами** die Gefühle von jdm verletzen

надры́в <-а> *м* **1.** *(напряже́ние)* Überanstrengung *f;* **рабо́тать с надры́вом** sich (vor Arbeit) zerreißen **2.** *(надло́м)* Bedrücktheit *f;* **душе́вный ~** Depression *f*

надрыва́|ть <-ю, -ешь> *нсв,* **надорва́ть** *св прх разг* **1.** *(слегка́ разорва́ть)* anreißen **2.** *(повреди́ть)* sich überanstrengen; **~ здоро́вье** die Gesundheit ruinieren **3.** *(насмея́ться вдо́воль)* sich krank lachen; **надрыва́ть от сме́ха живо́т** sich den Bauch vor Lachen halten **4.** *(крича́ть)* sich überschreien; **~ гло́тку** krakeelen

надрыва́|ться <-юсь, -ешься> *нсв,* **надорва́ться** *св рефл* **1.** *(разрыва́ться)* einreißen **2.** *(перенапряга́ться)* sich überanstrengen **3.** *разг (вка́лывать)* schuften

надры́вист|ый <-ая, -ое; -, -а, -о> *прил* hysterisch; **~ ка́шель** krampfhafter Husten *m*

надры́в|ный <-ная, -ное; -ен, -на, -но> *прил* hysterisch; **~ крик** hysterischer Schrei *m*

надсмо́трщик <-а> *м* Aufseher(in) *m(f)*

надстра́ива|ть <-ю, -ешь> *нсв,* **надстро́ить** *св прх* aufstocken, aufbauen

надстро́йк|а <-и> *ж* **1.** СТР Aufbau *m* **2.** ФИЛОС Überbau *m*

надстро́чн|ый <-ая, -ое> *прил* über der Zeile befindlich, hochstehend; **~ знак** ein Zeichen über der Zeile

надтёсыва|ть <-ю, -ешь> *нсв,* **надтеса́ть** *св прх* grob behauen; **~ де́рево** das Holz grob behauen

надува́тельств|о <-а> *ср разг* Betrug *m;* **прибе́гнуть к надува́тельству** zu Betrug greifen

надува́|ть <-ю, -ешь> *нсв,* **наду́ть** *св прх* **1.** *(вводи́ть во́здух)* aufblasen **2.** *разг (обма́нывать)* beschwindeln, betrügen, beschummeln

надува́|ться <-юсь, -ешься> *нсв,* **наду́ться** *св рефл* anschwellen; *(приня́ть надме́нный вид)* hochmütig tun; *разг (оби́деться)* schmollen; **мяч наду́лся** der Ball ist aufgeblasen; **паруса́ наду́лись от поры́ва ве́тра** die Segel füllte sich mit Wind; **~, как мышь на крупу́** die beleidigte Leberwurst spielen

надувн|о́й <-а́я, -о́е> *прил* aufblasbar; **~ матра́с** Luftmatratze *f*

наду́ман|ный <-ная, -ное; -, -на, -но> *прил* unnatürlich, künstlich

надут|ый <-ая, -ое; -, -а, -о> *прил* **1.** *и перен* aufgeblasen, arrogant **2.** *перен (обиженный)* unzufrieden

надý|ть <-ю, -ешь> *нсв прх см.* **надувáть**

надý|ться <-юсь, -ешься> *св рефл см.* **надувáться, дýться**

над|ушить <-ушý, -ýшишь> *нсв прх см.* **душить**

над|ушиться <-ушýсь, -ýшишься> *нсв,* **душиться** *св рефл* sich parfümieren

надым|ить <-лю́, -и́шь> *св нпрх см.* **дымить**

над|ышáться <-ышýсь, -ы́шишься> *св рефл* **1.** *(вдохнýть)* aufatmen; **~ лесны́м вóздухом** die Waldluft atmen **2.** *ирон (наверстáть упýщенное)* das Verpasste nachholen

наедá|ться <-юсь, -ешься> *нсв,* **наéсться** *св рефл* sich satt essen; **~ до отвáла** sich zum Bersten satt essen

наединé *нрч* allein; **поговори́ть ~** unter vier Augen sprechen; **остáться ~** allein bleiben

наéзд <-а> *м* **1.** *(приéзд)* (kurzer, unerwarteter) Besuch *m* **2.** АВТО *(маши́ны)* Überfahren *nt*

наéз|дить <-жу, -дишь> *св прх см.* **наезжáть, наéзживать**

наéз|диться <-жусь, -дишься> *св рефл* sich satt fahren; **~ на велосипéде** vom Fahrradfahren die Nase voll haben

наéздник <-а> *м,* **наéздниц|а** <-ы> *ж* **1.** СПОРТ *(всáдник)* Reiter *m;* **~ в состязáниях** Jockei *m* **2.** *(арти́ст)* Kunstreiter(in) *m(f)* **3.** ЗООЛ Schlüpfwespe *f,* Schmarotzerwespe *f*

наезжá|ть <-ю, -ешь> *нсв,* **наéхать, наéздить** *св нпрх* **1.** *(натолкнýться)* gegen etw fahren; **~ на пешехóда** einen Fußgänger überfahren **2.** *(при́быть неожи́данно)* unerwartet ankommen; **внезáпно наéхали гóсти** unerwartet sind Gäste eingetroffen **3.** *(съéхаться неожи́данно)* aufeinander treffen

наéзжива|ть <-ю, -ешь> *нсв,* **наéздить** *св прх* **1.** *(укатáть)* einfahren **2.** *(выéздить)* zureiten; **~ жеребцá** einen Hengst zureiten

наём <нáйма> *м* **1.** *(рабóчей си́лы)* Einstellung *f* **2.** *(плáта за кварти́ру)* Miete *f;* **наёмный рабóтник** Arbeitnehmer *m*

наёмник <-а> *м* Söldner *m*

наёмн|ый <-ая, -ое> *прил* Lohn-; **лицó наёмного трудá** Lohnarbeiter *m;* **~ уби́йца** bezahlter Mörder *m*

наé|сться <-мся, -шься> *св рефл см.* **наедáться**

наé|хать <-ду, -дешь> *св нпрх см.* **наезжáть**

нажáл|оваться <-уюсь, -уешься> *св рефл* sich beklagen; **~ начáльству** sich beim Chef über etw/jdn beklagen

наж|áть <-мý, -мёшь> *св прх см.* **нажимáть**

наждáк <-á> *м* Schmirgel *m;* **чисти́ть наждакóм** schmirgeln

наж|éчь <-гý, -жёшь> *св прх см.* **нажигáть**

нажи́в|а <-ы> *ж* **1.** *(дохóд)* Gewinn *m;* **в погóне за нажи́вой** auf der Profitjagd **2.** *(примáнка)* Köder *m*

наживá|ть <-ю, -ешь> *нсв,* **нажи́ть** *св прх* **1.** *(приобрести́)* erwerben, gewinnen; **~ себé состоя́ние** sich ein Vermögen erwerben **2.** *перен (навлéчь на себя́)* sich zuziehen; **~ капитáл из чегó-л.** Kapital schlagen aus +*dat;* **~ себé врагóв** sich Feinde schaffen; **нажи́ть себé неприя́тности** sich Unannehmlichkeiten bereiten

наживá|ться <-юсь, -ешься> *нсв,* **нажи́ться** *св рефл* reich werden; *(на чём-л.)* profitieren von +*dat;* **кáждый хóчет поскорéе нажи́ться** jeder will schnell zu Geld kommen; **~ за грани́цей** lange im Ausland leben

нажи́вк|а <-и> *ж* Köder *m;* **~ для ры́бы** Fischköder *m*

наживн|óй <-áя, -óе> *прил разг* erwerblich, ersetzbar; **дéньги – дéло наживнóе** *поcлóвица* Geld kann man immer finden

нажигá|ть <-ю, -ешь> *нсв,* **нажéчь** *св прх* **1.** *разг (израсхóдовать)* verbrennen; **~ мнóго древéсного ýгля** viel Holzkohle verbrennen **2.** *(накали́ть)* erhitzen; **сóлнце нажглó гóлову** die Sonne erhitzte den Kopf **3.** *(вы́жечь мéтку)* (eine Brandmarke) brennen

нажи́м <-а> *м и перен* Druck *m;* **окáзывать ~ на когó-л.** jdn unter Druck setzen

нажимá|ть <-ю, -ешь> *нсв,* **нажáть** *св прх* drücken; **~ на кнóпку** den Knopf betätigen; **~ спусковóй крючóк** abdrücken; **~ на педáль** aufs Pedal treten; **надо ~, а то не успéем к срóку** wir sollten schneller arbeiten, sonst schaffen wir es nicht rechtzeitig; **~ пшени́цу** АГР Weizen (ab)mähen

нажи́|ть <-вý, -вёшь> *св прх см.* **наживáть**

нажи́|ться <-вýсь, -вёшься> *св рефл см.* **наживáться**

назáвтра *нрч* für Morgen; **~ отменён полёт** für Morgen ist der Flug abgesagt

назáд *нрч* zurück; *(в обрáтном направлéнии)* rückwärts

назáльн|ый <-ая, -ое> *прил* ЛИНГВ Nasal-; **~ звук** Nasallaut *m*

назанимá|ть <-ю, -ешь> *св прх разг* leihen; **~ дéнег** Geld *nt* leihen

назвáнива|ть <-ю, -ешь> *нсв нпрх разг* **~ по телефóну** wiederholt anrufen

назвáни|е <-я> *ср* Name *m,* Bezeichnung *f;* **измéнение назвáния** Namensänderung *f;* **~ товáрной мáрки** Markenname *m;* **~ тор-**

го́вой фи́рмы Handelsname *m;* **~ фи́рмы** Firmenbezeichnung *f,* Firma *f*

наз|ва́ть <-ову́, -овёшь> *св прх см.* **называ́ть**

наз|ва́ться <-ову́сь, -овёшься> *св рефл см.* **называ́ться**

назе́мн|ый <-ая, -ое> *прил* Erd-, Land-; **~ персона́л** Bodenpersonal *nt;* **назе́мная ста́нция** Bodenstation *f*

на́земь *нрч* zu Boden, auf die Erde, auf den Boden

назида́ни|е <-я> *ср* Belehrung *f*

назида́тельно *нрч* belehrend; **сове́товать ~** jdm nachdrücklich raten

назида́те|льный <-льная, -льное; -лен, -льна, -льно> *прил* **1.** *книжн (возвыша́ющий ду́шу)* erbaulich **2.** *(поуча́ющий)* schulmeisterlich; **~ тон** belehrender Ton *m*

назло́ *нрч* zum Trotz, zum Ärger; **сде́лать что-л. ~ кому́-л.** etw zu jds Ärger tun

назнача́|ть <-ю, -ешь> *нсв,* **назна́чить** *св прх* **1.** *(устана́вливать, определя́ть)* festlegen, festsetzen; **назна́чить заседа́ние на бу́дущую неде́лю** eine Sitzung für die nächste Woche festsetzen; **~ срок** einen Termin festlegen, befristen; **~ це́ну** den Preis festsetzen; **~ свида́ние кому́-л.** sich verabreden mit *+dat* **2.** *(выдвига́ть, предлага́ть)* benennen, ernennen **3.** *(лека́рство)* verordnen

назначе́ни|е <-я> *ср* **1.** *(предназначе́ние)* Zweck *m,* Bestimmung *f;* **испо́льзовать не по назначе́нию** zweckentfremdet nutzen **2.** *(цель пое́здки)* (Reise)Ziel *nt* **3.** *(на до́лжность)* Ernennung *f,* Berufung *f;* **~ цен** Preisfestsetzung *m*

назна́ч|ить <-у, -ишь> *св прх см.* **назнача́ть**

назо́йлив|ый <-ая, -ое; -, -а, -о> *прил* aufdringlich, zudringlich; *(сли́шком любопы́тный)* naseweis

назрева́|ть <-ю, -ешь> *нсв,* **назре́ть** *св нпрх и перен* reifen; **назрева́ет конфли́кт/кри́зис** eine Auseinandersetzung wird unausweichlich

назре́вш|ий <-ая, -ее> *прил* **1.** *(собы́тия)* herangereift **2.** *(подлежа́щий рассмотре́нию)* spruchreif **3.** *(давно́ назре́вший)* überfällig

назубо́к *нрч* auswendig; **вы́учить ~** etw auswendig wissen

назу́брива|ть <-ю, -ешь> *нсв,* **назубри́ть** *св прх* einpauken

называ́|ть <-ю, -ешь> *нсв,* **назва́ть** *св прх* bezeichnen, nennen; *(номини́ровать)* nominieren; **~ ве́щи свои́ми имена́ми** *перен* die Dinge beim Namen nennen **~ по и́мени** mit Vornamen anreden; **~ у́лицу в честь кого́-л.** die Straße nach jdm benennen

называ́|ться <-юсь, -ешься> *нсв,* **назва́ться** *св рефл* heißen; **как называ́ется э́та у́лица?** wie heißt diese Straße?

назывн|о́й <-а́я, -о́е> *прил* лингв Nominal-; **назывно́е предложе́ние** Nominalsatz *m*

наи- *пе́рвая составна́я часть сло́ва (са́мый)* **~легча́йший** der leichteste

наибо́лее *нрч* am meisten; **~ ва́жный** der Wichtigste; **~ изве́стный** der Bekannteste

наибо́льш|ий <-ая, -ее> *прил* der Größte; **наибо́льшее благоприя́тствование** Meistbegünstigung *f*

наи́вно *нрч* naiv, einfältig; **поступа́ть ~** naiv handeln

наи́внос|ть <-ти> *ж* Naivität *f,* Einfältigkeit *f*

наи́в|ный <-ная, -ное; -ен, -на, -но> *прил* naiv, einfältig, kindisch

наивы́сш|ий <-ая, -ее> *прил* (aller)höchst-; **наивы́сшая цель** das (aller)höchste Ziel

наи́гранно *нрч* eingespielt; **вести́ себя́ ~** sich gekünstelt verhalten

наигра́|ть <-ю, -ешь> *св прх см.* **наигрывать**

наигра́|ться <-юсь, -ешься> *св рефл см.* **наигрываться**

наи́грыва|ть <-ю, -ешь> *нсв,* **наигра́ть** *св прх* **1.** *(сыгра́ть)* spielen; **~ мело́дию** eine Melodie spielen **2.** *разг (приобрести́, игра́я)* erwerben

наи́грыва|ться <-юсь, -ешься> *нсв,* **наигра́ться** *св рефл* sich satt spielen; **ну, дети, наигра́лись, пора́ домо́й** Kinder, genug gespielt, Zeit zum heimgehen

наизна́нку *нрч* verkehrt, links, mit der Innenseite nach außen; **вы́вернуть карма́ны ~** die Taschen umkrempeln; **всё де́лать ~** alles verkehrt tun

наизу́сть *нрч* auswendig; **вы́учить ~** auswendig lernen; **говори́ть ~** auswendig aufsagen

наилу́чш|ий <-ая, -ее> *прил* best; **наилу́чшее реше́ние** die beste Lösung

наиме́нее *нрч* am (aller)wenigsten; **~ уда́чный вы́бор** die schlechtmöglichste Wahl

наименова́ни|е <-я> *ср* Bezeichnung *f;* **~ профе́ссии** Berufsbezeichnung *f*

наимен|ова́ть <-у́ю, -у́ешь> *св прх см.* **именова́ть**

наиме́ньш|ий <-ая, -ее> *прил* mindeste(r, s); **идти́ по пути́ наиме́ньшего сопротивле́ния** den Weg des geringsten Widerstandes gehen

на́искось *нрч* schräg gegenüber; **расположи́ть рису́нки ~** die Bilder schräg gegenüber aufstellen

найти|е <-я> *ср книжн* Eingebung *f;* **по найтию** einer Eingebung folgend

найдёныш <-а> *м* Findelkind *nt,* Findling *m*

най|ти́ <-ду́, -дёшь> *св прх см.* **находи́ть**

най|ти́сь <-ду́сь, -дёшься> *св рефл см.* **находи́ться**

нака́з <-а> *м* **1.** пол Auftrag *m* **2.** *разг*

(во́ля) Antrieb *nt;* **отцо́вский ~** väterliche Anweisung *f*

наказа́ни|е <-я> *ср* Strafe *f; (ка́ра)* Bestrafung *f; (на́пасть)* Plage *f*

нака́зан|ный <-ная, -ное; -, -а, -о> *прил* bestraft; **быть нака́занным за что-л.** büßen für *+akk*

нак|аза́ть <-ажу́, -а́жешь> *св прх см.* **нака́зывать**

наказу́ем|ый <-ая, -ое; -, -а, -о> *прил* **1.** *(посту́пок)* strafbar; **наказу́емое дея́ние** ЮР strafbare Handlung *f,* Straftat *f* **2.** *(челове́к, заслу́живающий наказа́ния)* straffällig

нака́зыва|ть <-ю, -ешь> *нсв,* **наказа́ть** *св* **I.** *прх* bestrafen; *(дете́й)* züchtigen **II.** *нпрх (внуша́ть кому́-л.)* nahelegen, einimpfen

нака́л <-а> *м* **1.** ТЕХ *(сте́пень нагре́ва)* Glühen *nt,* Glut *f,* Heizung *f;* **~ мета́лла** Metallglühen *nt;* **подверга́ть нака́лу** dem Glühen unterziehen **2.** *разг (напряже́ние)* höchste Spannung *f*

накалён|ный <-ная, -ное; -, -а́, -о́> *прил* ПОЛ gespannt, geladen; **накалённая атмосфе́ра** geladene Atmosphäre *f*

накал|и́ть <-ю́, -и́шь> *св прх см.* **накаля́ть**

накал|и́ться <-ю́сь, -и́шься> *св рефл см.* **накаля́ться**

нака́лыва|ть <-ю, -ешь> *нсв,* **наколо́ть** *св прх* **1.** *(ножо́м, ви́лкой)* anstechen, aufstechen **2.** *(забива́ть)* schlachten, abschlachten **3.** *разг (надува́ть)* beschummeln **4.** *(коло́ть, руби́ть)* hacken, spalten

накаля́|ть <-ю, -ешь> *нсв,* **накали́ть** *св прх* **1.** *(докрасна́)* zum Glühen bringen, erhitzen; **~ печь** den Ofen erhitzen **2.** *(сде́лать напряжённым)* anspannen

накаля́|ться <-юсь, -ешься> *нсв,* **накали́ться** *св рефл* **1.** *(нагре́ться добела́)* weiß glühen, weiß erhitzen; **желе́зо накали́лось** das Eisen ist glühend weiß **2.** *(стать напряжённым)* sich anspannen; **ситуа́ция накали́лась до преде́ла** die Lage hat sich bis aufs Äußerste erhitzt

накану́не **I.** *нрч* am Vortag **II.** *предл перен* am Vorabend *+gen;* **~ визи́та** im Vorfeld des Besuchs; **~ Но́вого го́да** am Silvesterabend

нака́па|ть <-ю, -ешь> *св прх см.* **нака́пывать**

нака́плива|ть <-ю, -ешь> *нсв,* **накопи́ть** *св прх* ansammeln, anhäufen, akkumulieren

нака́плива|ться <-юсь, -ешься> *нсв,* **накопи́ться** *св рефл* **1.** *(собира́ться)* sich ansammeln, sich aufstauen **2.** ЭКОЛ sich anreichern

нака́пыва|ть[1] <-ю, -ешь> *нсв,* **накопа́ть** *св прх* АГР ausgraben; **~ карто́шки** Kartoffel roden

нака́пыва|ть[2] <-ю, -ешь> *нсв,* **нака́пать** *св прх* **1.** *(нали́ть по ка́плям)* eintröpfeln **2.** *(испа́чкать)* bekleckern; **нака́пать на ска́терть** Flecken auf der Tischdecke machen **3.** *разг (ная́бедничать)* verleumden; **нака́пать на лу́чшего дру́га** den besten Freund verleumden

нака́т <-а> *м* **1.** МОР *(прибо́й)* Heranwalzen *nt,* Heranrollen *nt* **2.** ВОЕН *(движе́ние)* Vorholen *nt*

наката́|ть <-ю, -ешь> *св прх см.* **нака́тывать**

наката́|ться <-юсь, -ешься> *св рефл* sich satt fahren; **наката́лся, пора́ домо́й!** genug gefahren, ab nach Hause!

нак|ати́ть <-ачу́, -а́тишь> *св прх см.* **нака́тывать**

нак|ати́ться <-ачу́сь, -а́тишься> *св рефл см.* **нака́тываться**

нака́тыва|ть <-ю, -ешь> *нсв,* **нака́тить, наката́ть** *св прх* **1.** *(прикати́ть)* heranrollen **2.** *(прие́хать)* ankommen; **накати́ло мно́го госте́й** es sind viele Gäste gekommen **3.** *(охвати́ть)* überkommen **4.** *(катая́, изгото́вить)* drehen; **~ про́волоку** Draht aufrollen **5.** *(уплотни́ть)* verdichten **6.** *разг (написа́ть бы́стро)* hinschmieren; **наката́ть стате́йку** einen Artikel auf die Schnelle hinkritzeln

нака́тыва|ться <-юсь, -ешься> *нсв,* **накати́ться** *св рефл* sich heranwalzen; **на бе́рег накати́лась волна́** eine Welle walzte sich ans Ufer (heran)

нака́чива|ть <-ю, -ешь> *нсв,* **накача́ть** *св прх* pumpen, aufpumpen

нака́чк|а <-и> *ж* **1.** *(нака́чивание)* Pumpen *nt,* Aufpumpen *nt* **2.** *перен (фина́нсовая подде́ржка)* finanzielle [*o* staatliche] Unterstützung *f* **3.** *разг (взбу́чка, нагоня́й)* Anschnauzer *m*

наква́шива|ть <-ю, -ешь> *нсв,* **наква́сить** *св прх* einsäuern; **~ капу́сты** Kohl *nt* einlegen

накида́|ть <-ю, -ешь> *св прх см.* **наки́дывать**

наки́дк|а <-и> *ж* **1.** *(оде́жда)* Umhang *m* **2.** *(надба́вка)* Zuschlag *m,* Aufpreis *m;* **~ на це́ну** Aufpreis *m,* Preisaufschlag *m;* **~ на це́ну за риск** Risikoprämie *f*

наки́дыва|ть <-ю, -ешь> *нсв,* **накида́ть, наки́нуть** *св прх* **1.** *(пальто́)* überziehen **2.** *перен (це́ну)* den Preis erhöhen, aufschlagen; **~ рубль** (um) einen Rubel aufschlagen; **накида́ть в пе́чку дров** Holz in den Ofen werfen

наки́дыва|ться <-юсь, -ешься> *нсв,* **наки́нуться** *св рефл* herfallen über *+akk,* einstürmen auf *+akk*

наки́н|уть <-у, -ешь> *св прх см.* **наки́дывать**

наки́н|уться <-усь, -ешься> *св рефл см.* **наки́дываться**

накипа́|ть <-ю, -ешь> *нсв*, **накипе́ть** *св нпрх (о зло́бе и т.п.)* sich ansammeln, sich aufstauen

на́ки|пь <-пи> *ж* **1.** ТЕХ *(отложе́ния)* Ansatz *m*, Kesselstein *m*, Wasserstein *m* **2.** *разг (пе́на, оса́док)* Schaum *m*; **снять ~ с бульо́на** die Brühe abschäumen

накипя|ти́ть <-чу́, -ти́шь> *св прх* aufkochen; **~ молока́** die Milch aufkochen

накла́д <-а> *м разг* Verlust *m*; **быть в накла́де** Verluste *mpl* erleiden

накла́дк|а <-и> *ж* **1.** ТЕХ Lasche *f* **2.** *перен, разг (неуда́ча)* Missgeschick *nt*; **произошла́ ~** ein Missgeschick ist passiert

накладн|а́я <-о́й> *ж* Lieferschein *m*; ЭКОН Frachtbrief *m*

накла́дно *нрч* aufwändig; **э́то ~** *разг* das geht ins Geld

накладн|о́й <-а́я, -о́е> *прил* **накладны́е затра́ты** Gemeinkosten *pl*; **накладны́е изде́ржки** Anschaffungsnebenkosten *pl*; **накладны́е произво́дственние расхо́ды** Fertigungsgemeinkosten *pl*; **накладны́е расхо́ды** Gemeinkosten *pl*; **накладны́е расхо́ды по содержа́нию персона́ла** Personalnebenkosten *pl*

накла́дыва|ть <-ю, -ешь> *нсв*, **наложи́ть** *св прх* **1.** *(класть)* füllen, legen, auflegen; **~ в таре́лку ка́ши** den Teller mit Brei füllen; **~ в штаны́** *разг* in die Hose machen **2.** МЕД anlegen; **~ повя́зку** einen Verband anlegen; **~ на ра́ну швы** eine Wunde nähen **3.** *перен (налага́ть)* auferlegen; **~ обяза́тельства на кого́-л.** jdm Verpflichtungen auferlegen; **~ штраф на кого́-л.** jdm eine Geldstrafe auferlegen; **~ отпеча́ток на что-л.** *перен* etw seinen Stempel aufdrücken; **~ на себя́ ру́ки** Selbstmord begehen

наклев|ета́ть <-ещу́, -е́щешь> *св нпрх см.* **клевета́ть**

наклёвыва|ться <-юсь, -ешься> *нсв*, **наклю́нуться** *св рефл* **де́ло наклю́нулось** der Sache hat eine Wende genommen

накле́ива|ть <-ю, -ешь> *нсв*, **накле́ить** *св прх* aufkleben, ankleben; **~ ма́рку на конве́рт** einen Briefumschlag frankieren

накле́йк|а <-и> *ж* Aufkleber *m*

накли́|кать <-чу, -чешь> *св прх (беду́)* heraufbeschwören

накло́н <-а> *м* **1.** СПОРТ Beuge *f* **2.** ТЕХ Neigung *f*, Gefälle *nt*; **пое́зд с накло́ном ку́зова** Neigezug *m*

наклоне́ни|е <-я> *ср* **1.** *(де́йствие)* Neigen *nt* **2.** ЛИНГВ Modus *m*; **изъяви́тельное ~** Indikativ *m*; **повели́тельное ~** Imperativ *m*; **сослага́тельное ~** Konjunktiv *m*

накл|они́ть <-оню́, -о́нишь> *св прх см.* **наклоня́ть**

накл|они́ться <-оню́сь, -о́нишься> *св рефл см.* **наклоня́ться**

накло́ннос|ть <-ти> *ж* **1.** *(влече́ние)* Neigung *f*, Veranlagung *f* **2.** *(привы́чка)* Gewohnheit *f*; **~ к куре́нию** Rauchgewohnheit **3.** *(скло́нность)* Veranlagung *f*; **~ к матема́тике** mathematische Veranlagung *f*

накло́н|ный <-ная, -ное; -ен, -на, -но> *прил* geneigt; **кати́ться по накло́нной пло́скости** *перен* auf die schiefe Bahn geraten

наклоня́|ть <-ю, -ешь> *нсв*, **наклони́ть** *св прх* neigen, beugen; **наклони́ть го́лову** den Kopf beugen

наклоня́|ться <-юсь, -ешься> *нсв*, **наклони́ться** *св рефл* sich bücken, sich beugen; **ве́тви и́вы наклони́лись к са́мой воде́** die Weidenäste haben sich tief übers Wasser gebeugt

наклю́н|уться <-усь, -ешься> *св рефл см.* **наклёвываться**

накля́узнича|ть <-ю, -ешь> *св нпрх см.* **кля́узничать**

накова́льн|я <-и> *ж* Amboss *m*

нако́выва|ть <-ю, -ешь> *нсв*, **накова́ть** *св прх* annageln; **~ подко́в** ein Hufeisen annageln

наковы́рива́|ть <-ю, -ешь> *нсв*, **наковыря́ть** *св прх* **1.** *(извлека́ть)* herumstochern **2.** *шут (напо́ртить)* petzen; **ну что ты тут наковыря́л!** was ist das für ein Quatsch!

нако́жник <-а> *м* ЗООЛ Zecke *f*, Blutsauger *m*

нако́жн|ый <-ая, -ое> *прил* МЕД Haut-; **нако́жная сыпь** Hautausschlag *m*

накокс|ова́ть <-у́ю, -у́ешь> *св прх см.* **коксова́ть**

накола́чива|ть <-ю, -ешь> *нсв*, **наколоти́ть** *св прх* **1.** *(насади́ть, приколоти́ть)* annageln **2.** *(поби́ть)* zerschlagen **3.** *(настреля́ть)* anschießen

наколдо́выва|ть <-ю, -ешь> *нсв*, **наколдова́ть** *св прх* zaubern

наколе́нник <-а> *м* Kniestück *nt*; **защи́тный ~** Knieschützer *m*

нако́лк|а <-и> *ж (украше́ние)* Kopfputz *m*; **~ из серебра́** silberner Kopfputz *m*; **инкрусти́рованная ~** inkrustierter Kopfputz *m*

накол|оти́ть <-очу́, -о́тишь> *св прх см.* **накола́чивать**

нак|оло́ть <-олю́, -о́лешь> *св прх см.* **нака́лывать**

накома́рник <-а> *м* Mückennetz *nt*

накомка́|ть <-ю, -ешь> *св прх разг* zerknittern

наконе́ц *нрч* endlich, schließlich

наконе́чник <-а> *м* Spitze *f*; **~ для стрел** Pfeilspitze *f*

накопа́|ть <-ю, -ешь> *св прх см.* **нака́пывать**

накопи́те|ль <-ля> *м* ИНФОРМ Speicher *m*

накопи́тельств|о <-а> *ср* Anhäufung *f*, Ansammlung *f*; **страсть к накопи́тельству** Sammlerleidenschaft *f*

нак|опи́ть <-оплю́, -о́пишь> *св прх см.* **нака́пливать**

нак|опи́ться <-оплю́сь, -о́пишься> *св рефл см.* **нака́пливаться**

накопле́ни|е <-я> *ср* Rücklage *f; (сбереже́ния)* Ersparnisse *pl;* ЭКОН Akkumulation *f;* **~ капита́ла** Kapitalaufstockung *f*

накоп|ти́ть <-чу́, -ти́шь> *св прх см.* **копти́ть**

нак|орми́ть <-ормлю́, -о́рмишь> *св прх см.* **корми́ть**

накоротке́ *нрч* **быть ~ с кем-л.** zu jdm in gutem freundschaftlichen Verhältnis stehen

накорчёвыва|ть <-ю, -ешь> *нсв,* **накорчева́ть** *св прх* ausroden; **~ пней** Baumstümpfe ausroden

нако́стниц|а <-ы> *ж* МЕД Krebsgeschwulst *f* im Knochen

нако́стн|ый <-ая, -ое> *прил* МЕД Knochen-; **нако́стная о́пухоль** Knochengeschwulst *f*

накра́пыва|ть <-ю, -ешь> *нсв нпрх* tröpfeln; **стал ~ ме́лкий дождь** es begann zu nieseln

накрахма́л|ить <-ю, -ишь> *св прх см.* **крахма́лить**

накрен|и́ть <-ю́, -и́шь> *св прх см.* **крени́ть, накреня́ть**

накрен|и́ться <-ю́сь, -и́шся> *св рефл см.* **крени́ться**

накрен|я́ть <-ю́, -я́шь> *нсв,* **накрени́ть** *св прх* **1.** МОР neigen, auf die Seite legen; **~ су́дно** das Schiff auf die Seite legen **2.** *(оседа́ть)* sich (ab)setzen

на́крепко *нрч* fest; **~ закры́ть о́кна** die Fenster fest schließen; **запрети́ть кре́пко-~** nachdrücklich verbieten

на́крест *нрч* kreuzweise; **~ завяза́ть плато́к** das Tuch kreuzweise binden; **крест-~** gekreuzt

накрич|а́ть <-у́, -и́шь> *нсв нпрх (на кого́-л.)* anschreien

накр|оши́ть <-ошу, -о́шишь> *св прх см.* **кроши́ть**

накру́чива|ть <-ю, -ешь> *нсв,* **накрути́ть** *св прх (нама́тывать)* aufwickeln; **~ кана́т на бараба́н** das Seil an der Trommel aufwickeln

накрыва́|ть <-ю, -ешь> *нсв,* **накры́ть** *св прх* decken, bedecken, zudecken; **~ на стол** den Tisch decken; **~ на трои́х** für drei Personen decken

накрыва́|ться <-юсь, -ешься> *нсв,* **накры́ться** *св рефл* sich bedecken; **~ одея́лом** sich mit einer Decke zudecken; **~ с голово́й** sich über Kopf bedecken

накр|ы́ть <-о́ю, -о́ешь> *св прх см.* **накрыва́ть**

накр|ы́ться <-о́юсь, -о́ешься> *св рефл см.* **накрыва́ться**

наку́рива|ть <-ю, -ешь> *нсв,* **накури́ть** *св нпрх (наполня́ть ды́мом)* vollrauchen, verqualmen

накуроле́|сить <-шу, -ишь> *св нпрх разг* **накуроле́сил, тепе́рь расхлебывай!** was man sich eingebrockt hat, muss man auch auslöffeln!

нала́влива|ть <-ю, -ешь> *нсв,* **налови́ть** *св прх* fangen

налага́|ть <-ю, -ешь> *нсв,* **наложи́ть** *св прх* belegen; **~ аре́ст на иму́щество** pfänden

нала́|дить <-жу, -дишь> *св прх см.* **нала́живать**

нала́|диться <-жусь, -дишься> *св рефл см.* **нала́живаться**

нала́дк|а <-и> *ж* ТЕХ Einrichten *nt,* Instandsetzung *f;* **~ пото́чной ли́нии** Fließbandinstandsetzung *f*

нала́дочн|ый <-ая, -ое> *прил* ТЕХ Einrichtungs-, Instandsetzungs-; **нала́дочные рабо́ты** Einrichtungsarbeiten *pl*

нала́дчик <-а> *м* ТЕХ Einrichter *m;* **~ стан-ко́в** Maschinenschlosser *m*

нала́жен|ный <-ная, -ное; -, -а, -о> *прил* gut funktionierend, intakt

нала́живани|е <-я> *ср (конта́ктов)* Aufnahme *f,* Zustandekommen *nt*

нала́жива|ть <-ю, -ешь> *нсв,* **нала́дить** *св прх* **1.** *(рабо́ту)* organisieren **2.** *(конта́кты)* aufnehmen **3.** *(стано́к)* einrichten **4.** ТЕХ instand setzen

нала́жива|ться <-юсь, -ешься> *нсв,* **нала́диться** *св рефл* **1.** *(устана́вливаться)* in Ordnung kommen; **отноше́ния нала́дились** die Beziehungen wurden besser; **пого́да нала́дилась** das Wetter hat sich verbessert **2.** *(пойти́ на лад)* sich mit jdm vertragen

нала́мыва|ть <-ю, -ешь> *нсв,* **налома́ть** *св прх* brechen; **~ бока́** *разг* verprügeln; **~ дров** *перен* Dummheiten machen

нале́во *нрч* nach links

нале́га́|ть <-ю, -ешь> *нсв,* **нале́чь** *св нпрх* **1.** *(навали́ться)* sich stützen; **~ плечо́м на дверь** sich mit der Schulter gegen die Tür stemmen **2.** *(взя́ться)* sich anstrengen; **~ за рабо́ту** sich ins Zeug legen

налегке́ *нрч* ohne Gepäck; **идти́ ~** unbeschwert gehen

налёжива|ть <-ю, -ешь> *нсв,* **належа́ть** *св прх разг* von langem Liegen Wunden bekommen; **~ бока́** *перен* faulenzen

нале́за́|ть <-ю, -ешь> *нсв,* **нале́зть** *св нпрх* **1.** *(нагромозди́ться)* auftürmen, anhäufen **2.** *разг (наде́ться)* anziehen; **сапоги́ с трудо́м нале́за́ют** die Stiefel lassen sich schwer anziehen

налёт <-а> *м* **1.** *(нападе́ние)* Überfall *m,* Raubüberfall *m* **2.** *(бомбёжка)* Bombenangriff *m;* **возду́шный ~** Luftangriff *m* **3.** *перен (отте́нок)* Anflug *m,* Andeutung *f;* **с налё-том гру́сти** mit einem Anflug von Trauer

Н

налета́|ть[1] <-ю, -ешь> *нсв,* **налете́ть** *св нпрх (на кого́-л./что-л.)* hereinbrechen über *+akk,* anstürmen gegen *+akk*

налета́|ть[2] <-ю, -ешь> *нсв,* **налётывать** *св нпрх* eine bestimmte Strecke mit dem Flugzeug zurücklegen

нале|те́ть <-чу́, -ти́шь> *св нпрх см.* **налета́ть**[1]

налётыва|ть <-ю, -ешь> *св нпрх см.* **налета́|ть**[2]

нал|е́чь <-я́гу, -я́жешь> *св нпрх см.* **налега́ть**

налива́|ть <-ю, -ешь> *нсв,* **нали́ть** *св прх* eingießen, einschenken; **повто́рно ~** nachfüllen

налива́|ться <-юсь, -ешься> *нсв,* **нали́ться** *св рефл* **1.** *(напо́лниться)* sich füllen; **глаза́ нали́лись слеза́ми** die Augen füllten sich mit Tränen **2.** *(созре́ть)* reifen; **я́блоки нали́лись со́ком** die Äpfel wurden reif

нали́вк|а <-и> *ж* Fruchtlikör *m;* **вишнёвая ~** Sauerkirschlikör *m*

наливн|о́й <-а́я, -о́е> *прил (со́чный)* saftig; **наливно́е я́блоко** Glasapfel *m*

нали́вом *нрч* flüssig; **транспорти́ровать ~** flüssig transportieren

нали́м <-а> *м зоол* Quappe *f,* Aalquappe *f*

налин|ова́ть <-у́ю, -у́ешь> *св прх см.* **линова́ть**

налипа́|ть <-ю, -ешь> *нсв,* **нали́пнуть** *св нпрх* kleben; **грязь нали́пла на о́бувь** der Schlamm klebte an den Schuhen

налит|о́й <-а́я, -о́е; -, -а́, -о> *прил* **1.** *(созре́вший)* reif **2.** *(упру́гий)* voll; **налита́я грудь** volle/feste Brust *f*

нал|и́ть <-ью́, -ьёшь> *св прх см.* **налива́ть**

нал|и́ться <-ью́сь, -ьёшься> *св рефл см.* **налива́ться**

налицо́ *нрч* vorhanden, anwesend; **быть ~** anwesend sein

нали́чи|е <-я> *ср* Vorhandensein *nt,* Existenz *f;* экон *(нали́чность)* Bestand *m;* **~ сре́дств на счёте** Kontostand *m;* **~ кво́рума** Beschlussfähigkeit *f;* **~ материа́ла** Materialbestand *m;* **~ средств в ка́ссе** Kassenhaltung *f;* **~ це́нных бума́г** Wertpapierbestand *m*

нали́чник <-а> *м* Einfassung *f,* Verkleidung *f;* **~ с резьбо́й** eine geschnitzte Verkleidungsleiste; **око́нный ~** Fensterverkleidung *f*

нали́чнос|ть <-ти> *ж* **1.** *(нали́чие)* Disponierbarkeit *f* **2.** экон *(това́ров)* Bestand *m;* *(де́нежная)* Bargeld *nt;* **~ на вну́треннем ры́нке** Inlandsaktiva *pl;* **вся ~** Gesamtbestand *m*

нали́чны|е <-х> *мн* Bargeld *nt,* Kasse *f;* **~ про́тив докуме́нтов** Kasse gegen Dokumente; **~ сре́дства** Bargeld *nt,* Geldmittel *pl;* **~ сре́дства на счета́х** Buchgeld *nt*

нали́чн|ый <-ая, -ое> *прил* disponibel, verfügbar; *(де́нежный)* bar; **нали́чные де́ньги** Bargeld *nt;* **распла́чиваться нали́чными** bar bezahlen; **~ де́нежный резе́рв** Barreserve *f;* **~ платёж** Barzahlung *f;* **~ расчёт до приёмки и транспортиро́вки това́ра покупа́телем** cash and carry

нали́чными *нрч* cash, in bar

нал|ови́ть <-овлю́, -о́вишь> *св прх см.* **нала́вливать**

наловч|и́ться <-у́сь, -и́шься> *св рефл* **~ ходи́ть по кана́ту** Geschicklichkeit *f* im Seillaufen erreichen

нало́г <-а> *м* экон Steuer *f,* Abgabe *f;* **~ на доба́вленную сто́имость** Mehrwertsteuer *f;* **~ на за́работную пла́ту** Lohnsteuer *f;* **~ на соба́к** Hundesteuer *f;* **~ с оборо́та** Umsatzsteuer *f;* **автомоби́льный ~** Kraftfahrzeugsteuer *f;* **подохо́дный ~** Einkommenssteuer *f;* **промысло́вый ~** Gewerbesteuer *f;* **~ на электроэне́ргию** Energieabgabe *f;* **облага́ть нало́гами** besteuern; **освобожда́ть от нало́гов** von Steuern befreien; **уклоня́ться от упла́ты нало́гов** Steuern hinterziehen; **~, взима́емый при поку́пке земе́льного уча́стка** Grunderwerbssteuer *f;* **~, взима́емый на одно́й ста́дии экономи́ческого оборо́та** Einphasensteuer *f;* **~ за загрязне́ние окружа́ющей среды́** Umweltabgabe *f;* **~ на даре́ния** Schenkungssteuer *f;* **~ на дохо́ды** Ertragssteuer *f;* **~ на дохо́д с капита́ла** Kapitalertragssteuer *f;* **~ на импорти́руемые това́ры** Importsteuer *f;* **~ на исто́чники дохо́дов** Quellensteuer *f;* **многофа́зный ~ с оборо́та** Mehrphasensteuer *f;* **~ на напи́тки** Getränkesteuer *f;* **~ на нефтяны́е проду́кты** Mineralölsteuer *f;* **~ на объе́кты обложе́ния** Objektsteuer *f;* **~ на предме́ты потребле́ния** Verbrauchssteuer *f;* **~ на предме́ты ро́скоши** Luxussteuer *f;* **~ на приобрете́ние недви́жимости** Grunderwerbssteuer *f;* **~ на су́мму зара́ботной пла́ты** Lohnsummensteuer *f;* **~ на иму́щество** Vermögenssteuer *f;* **~ на промысло́вый дохо́д** Gewerbeertragssteuer *f*

нало́гов|ый <-ая, -ое> *прил* Steuer-, steuerlich; **нало́говая амни́стия** Steueramnestie *f;* **нало́говая деклара́ция** Steuererklärung *f;* **налого́вая деклара́ция о разме́рах дохо́да** Einkommensteuererklärung *f;* **нало́говая кво́та** Grenzsteuersatz *m;* **нало́говая льго́та** Steuervergünstigung *f,* Steuerermäßigung *f;* **нало́говая недои́мка** Steuerschuld *f;* **нало́говая обя́занность** [*или* **пови́нность**] Steuerpflicht *f;* **нало́говая привиле́гия** Steuervergünstigung *f;* **нало́говая привиле́гия для инкорпори́рованных компа́ний** Schachtelprivileg *nt;* **нало́говая прогре́ссия** Steuerprogression *f;* **нало́говая справедли́вость** Steuergerechtigkeit *f;* **нало́говая ста́вка** Steuersatz *m;*

налóговая стóимость объéкта Einheitswert *m;* **налóговая сýмма** Steuerbetrag *m;* **налóговые поступлéния** Steueraufkommen *nt;* **~ балáнс** Steuerbilanz *f;* **~ должни́к** Steuerschuldner *m;* **~ истóчник** Steuerquelle *f;* **~ оáзис** Steueroase *f;* **~ суверенитéт** Steuerverwaltung *f;* **~ тари́ф** Steuertarif *m;* **~ брéмя** Steuerlast *f;* **налóговое законодáтельство** Steuergesetze *pl;* **налóговое обложéние** Steuerbelastung *f;* **налóговое уведомлéние** Steuerbescheid *m;* **налóговое управлéние** Steuerbehörde *f;* **налóгово-финáнсовое управлéние** Finanzamt *nt;* **~ консультáнт** Steuerberater *m*

налогообложéни|е <-я> *ср* Besteuerung *f,* Steuerbelastung *f;* **~ при́были** Gewinnbesteuerung *f*

налогообя́занн|ый <-ая, -ое> *прил* steuerpflichtig; **налогообя́занное лицó** Steuerpflichtiger *m*

налогоплатéльщик <-а> *м* Steuerzahler(in) *m(f),* Steuersubjekt *nt,* Steuerpflichtiger *m*

налогоспособ|ный <-ная, -ное; -ен, -на, -но> *прил* ФИН steuerzahlungsfähig

налóжен|ный <-ная, -ное; -, -а, -о> *прил* auferlegt; **налóженным платежóм** per Nachnahme

нал|ожи́ть <-ожý, -óжишь> *св прх см.* **наклáдывать, налагáть**

налóжниц|а <-ы> *ж устар, разг* Konkubine *f,* Mätresse *f*

налокóтник <-а> *м* Ellenbogenschützer *m;* **стальнóй ~** Ellenbogenschützer *m* aus Stahl

наломá|ть <-ю, -ешь> *св прх см.* **налáмывать**

налощ|и́ть <-ý, -и́шь> *св прх* blank reiben; **~ паркéт** das Parkett blank reiben

налюб|овáться <-ýюсь, -ýешься> *св рефл* sich satt sehen; **друг на дрýга не налюбýются** einander nicht satt sehen können

наля́па|ть <-ю, -ешь> *св прх см.* **ля́пать**

нам *мест личн дат. от* **мы** uns

намагни́чива|ть <-ю, -ешь> *нсв,* **намагни́тить** *св прх* magnetisieren

намá|зать <-жу, -жешь> *св прх см.* **намáзывать**

намáзк|а <-и> *ж* ХИМ Anstreichen *nt,* Anstrich *m;* **фóсфорная ~** Phosphoranstrich

намáзыва|ть <-ю, -ешь> *нсв,* **намáзать** *св прх* bestreichen

намал|евáть <-ю́ю, -ю́ешь> *св прх см.* **малевáть**

намáлыва|ть <-ю, -ешь> *нсв,* **намолóть** *св прх* **1.** *(размельчи́ть)* (fertig)mahlen; **~ кóфе** den Kaffee mahlen **2.** *(наболтáть)* schwatzen; **намолóть вздор** dummes Zeug reden

намаринóвыва|ть <-ю, -ешь> *нсв,* **маринoвáть** *св прх* marinieren; **~ грибóв/огурцóв** Pilze/Gurken einlegen

намáслива|ть <-ю, -ешь> *нсв,* **намáслить** *св прх* mit Butter bestreichen

наматрáсник <-а> *м* Auflegematratze *f*

намáтыва|ть <-ю, -ешь> *нсв,* **намотáть** *св прх* aufwickeln; **~ на ус** *перен, разг* sich hinter die Ohren schreiben, beherzigen; **~ клубки́ шéрсти** Knäuel/Seide aufspulen

намáтыва|ться <-юсь, -ешься> *нсв,* **намотáться** *св рефл разг (устáть от хлопóт)* ermüden; **намотáться за день** vom schweren Tag ermüdet sein; **намотáться с детьми́** erschöpft von den Kindern sein

намáчива|ть <-ю, -ешь> *нсв,* **намочи́ть** *св прх* einweichen; *(увлажни́ть)* anfeuchten; *см. т.* **мочи́ть, намáчивать**

намáщива|ть <-ю, -ешь> *нсв,* **намости́ть** *св прх* pflastern; **~ дорóгу** die Straße pflastern

намá|яться <-юсь, -ешься> *св рефл разг* todmüde werden, ermüden; **~ за день** todmüde vom schweren Tag sein

намéдни *нрч* neulich, vor Kurzem; **я был там ~** ich war vor Kurzem dort

намёк <-а> *м* Anspielung *f,* Andeutung *f;* **тóнкий ~** leichte Anspielung *f*

намекá|ть <-ю, -ешь> *нсв,* **намекнýть** *св нпрх (на когó-л./что-л.)* anspielen, hindeuten auf *+akk*

намеревá|ться <-юсь, -ешься> *нсв рефл* beabsichtigen, vorhaben

намéрен <-а, -о> *прил кратк.* gewillt; **я не ~ э́то дéлать** ich bin nicht gewillt, das zu tun

намéрени|е <-я> *ср* Absicht *f,* Vorhaben *nt*

намéрен|ный <-ная, -ное; -, -а, -о> *прил* beabsichtigt; **~ постýпок** beabsichtigte Tat *f*

намёрзн|уться <-усь, -ешься> *св рефл* stark frieren, vor Kälte erstarren; **~ в дорóге** unterwegs stark frieren

нáмертво *нрч* tödlich, zu Tode; **приклéить ~** ganz fest kleben

нам|еси́ть <-ешý, -éсишь> *св прх см.* **намéшивать**

наме|сти́ <-тý, -тёшь> *св прх см.* **házметáть**

намéстник <-а> *м,* **намéстниц|а** <-ы> *ж* ИСТОР Statthalter(in) *m(f)*

намётан|ный <-ная, -ное; -, -а, -о> *прил* geübt; **~ глаз** scharfes Auge *nt*

наметá|ть <-ю, -ешь> *нсв,* **намести́** *св прх (собрáть, сметáя)* zusammenwerfen, zusammenzählen

намé|тить <-чу, -тишь> *св прх см.* **намечáть**

намé|титься <-чусь, -тишься> *св рефл см.* **намечáться**

намётк|а <-и> *ж* **1.** *(шов, стежóк)* Heften *nt,* Heftnaht *f,* Steppstich *m* **2.** *(план)* Entwurf *m;* **дéлать намётку** einen Entwurf vorbereiten

намёточн|ый <-ая, -ое> *прил* **намёточная маши́на** Nähmaschine *f* mit geradem Stich

Н

намеча́|ть <-ю, -ешь> *нсв,* **наме́тить** *св прх* **1.** *(плани́ровать)* planen, sich vornehmen **2.** *(наброса́ть)* abstecken, konzipieren

намеча́|ться <-юсь, -ешься> *нсв,* **наме́титься** *св рефл* **1.** *(определи́ться)* sich anbahnen; **наме́тился план де́йствий** der Plan wurde deutlich **2.** *(обозна́читься)* sichtbar werden, hervortreten

наме́шива|ть <-ю, -ешь> *нсв,* **намеси́ть** *св прх* kneten; **~ те́ста** Teig kneten

Нами́би|я <-и> *ж* ГЕОГ Namibia *nt*

намина́|ть <-ю, -ешь> *нсв,* **намя́ть** *св прх* **1.** *(смять)* zerknittern **2.** *разг (примя́ть)* niederdrücken **3.** *(натере́ть)* einreiben **4.** *(поби́ть)* verprügeln

нами́нк|а <-и> *ж* МЕД Prellung *f,* Quetschung *f,* Verstauchung *f*

намно́го *нрч* weit, bedeutend; **~ превзойти́ ожида́ния** die Erwartungen weit übertreffen

намозо́л|ить <-ю, -лишь> *св прх см.* **мозо́лить**

намока́|ть <-ю, -ешь> *нсв,* **намо́кнуть** *св нпрх* nass werden; **~ под ли́внем** im Regen nass werden

намола́чива|ть <-ю, -ешь> *нсв,* **намолоти́ть** *св прх* dreschen; **~ зерно́** Korn dreschen

нам|оло́ть <-елю́, -ме́лешь> *св прх см.* **нама́лывать**

намо́рдник <-а> *м* Maulkorb *m*

намор|и́ть <-ю́, -и́шь> *св прх* **1.** *(истреби́ть)* vernichten **2.** *(пригото́вить)* vorbereiten

намо́рщенн|ый <-ая, -ое> *прил* runz(e)lig

намо́рщ|ить <-у, -ишь> *св прх см.* **мо́рщить**

намо́рщ|иться <-усь, -ишься> *св рефл см.* **мо́рщиться**

намо|сти́ть <-щу́, -сти́шь> *св прх см.* **нама́щивать**

намота́|ть <-ю, -ешь> *св прх см.* **нама́тывать**

намота́|ться <-юсь, -ешься> *св рефл см.* **нама́тываться**

намо́точн|ый <-ая, -ое> *прил* Aufwickel-; **~ бараба́н** Aufwickeltrommel *m*

нам|очи́ть <-очу́, -о́чишь> *св прх см.* **мочи́ть, нама́чивать**

намудр|и́ть <-ю́, -и́шь> *св нпрх* **так намудри́л, что тру́дно разобра́ться** er hat sich etwas so schwieriges ausgedacht, dass man es nur schwer verstehen kann

наму́сор|ить <-ю, -ишь> *св прх см.* **му́сорить**

наму|ти́ть <-чу́, -ти́шь> *св прх* **1.** *(сде́лать му́тным)* trüben; **~ во́ду в реке́** das Wasser im Fluss trübe machen **2.** *(вы́звать сму́ту)* durcheinander bringen; **во всех дела́х намути́л** er hat alles durcheinander gebracht

наму́ч|иться <-усь *или* -аюсь, -ишься *или* -аешься> *св рефл* sich abquälen; **~ с прое́ктом** sich über dem Projekt den Kopf zerbrechen; **~ с больны́м** sich mit dem Kranken abplagen

намыва́|ть <-ю, -ешь> *нсв,* **намы́ть** *св прх* auswaschen; **~ песку́** den Sand auswaschen; **~ зо́лото** Gold auswaschen

намы́ка|ться <-юсь, -ешься> *св рефл разг* umherirren; **~ по све́ту** in der Welt herumirren

намы́лива|ть <-ю, -ешь> *нсв,* **намы́лить** *св прх* einseifen

намы́л|иваться <-юсь, -ишься> *нсв,* **намы́литься** *св рефл* sich einseifen; *разг (отправля́ться)* abhauen, vorhaben, sich irgendwohin zu begeben

нам|ы́ть <-о́ю, -о́ешь> *св прх см.* **намыва́ть**

нам|я́ть <-ну́, -нёшь> *св прх см.* **намина́ть**

нанес|ти́ <-у́, -ёшь> *св прх см.* **наноси́ть**

нани́зыва|ть <-ю, -ешь> *нсв,* **наниза́ть** *св прх* auffädeln, aneinander reihen; **~ же́мчуг на ни́тку** Perlen auf eine Schnur reihen; **~ грибы́** Pilze auffädeln; **~ ри́фму** reimen

нанима́те|ль <-ля> *м* Arbeitgeber *m*

нанима́|ть <-ю, -ешь> *нсв,* **наня́ть** *св прх* **1.** *(рабо́тников)* einstellen **2.** *(кварти́ру)* mieten **3.** *(маши́ну, су́дно, самолёт)* chartern; **~ гуверна́нтку** ein Kindermädchen einstellen; **~ маши́ну** ein Auto mieten; **~ кварти́ру** eine Wohnung mieten

нанима́|ться <-юсь, -ешься> *нсв,* **наня́ться** *св рефл* eingestellt werden; **~ по́варом** als Koch eingestellt werden

на́ново *нрч* von neuem, aufs neue; **восстана́вливать ~** aufs neue wiederaufbauen

нано́с <-а> *м* Anschwemmung *f;* **речно́й ~** Flussanschwemmung *f*

нан|оси́ть <-ошу́, -о́сишь> *нсв,* **нанести́** *св прх* **1.** *(собира́ть)* zusammentragen **2.** *(вноси́ть)* eintragen **3.** *(добавля́ть)* zufügen **4.** *(кра́ску)* auftragen; **~ на ка́рту** auf der Karte einzeichnen; **~ оби́ду кому́-л.** jdn beleidigen; **~ визи́т** einen Besuch abstatten; **~ уда́р** einen Schlag versetzen; **~ уще́рб** Schaden zufügen

нано́сн|ый <-ая, -ое> *прил* Schwemm-; **~ песо́к** Schwemmsand *m*

нанюха|ться <-юсь, -ешься> *св рефл разг* sich satt schnupfen, sich satt schnobern; **~ табаку́** sich satt mit Schnupftabak schnobern

на|ня́ть <-йму́, -ймёшь> *св прх см.* **нанима́ть**

на|ня́ться <-йму́сь, -ймёшься> *св рефл см.* **нанима́ться**

наобеща́|ть <-ю, -ешь> *св прх* viel versprechen; **~ золоты́е го́ры** die Sterne vom Himmel versprechen

наоборо́т *нрч* umgekehrt, im Gegenteil, vice

versa

наобу́м *нрч* **отвеча́ть ~ и невпопа́д** raten

наор|а́ть <-у́, -ёшь> *св нпрх (на кого́-л.)* anbrüllen, anschnauzen

наостр|и́ть <-ю́, -и́шь> *св прх* spitzen, spitz machen; **~ каранда́ш** einen Bleistift (an)spitzen

нао́тмашь *нрч* **уда́рить ~** jdn ohrfeigen

наотре́з *нрч* endgültig; **отказа́ться ~** entschieden ablehnen

напада́|ть <-ю, -ешь> *нсв*, **напа́сть** *св нпрх (на кого́-л.)* überfallen, angreifen, herfallen über *+akk*; *(вреди́тели)* befallen; **~ на след** jdm auf die Spur kommen

напада́ющ|ий <-ая, -ее> *м* **1.** *(напада́тель)* Angreifer *m* **2.** СПОРТ Stürmer *m*, Angreifer *m*; **центра́льный ~** Mittelstürmer *m*

нападе́ни|е <-я> *ср* Überfall *m*; ВОЕН *(ата́ка)* Angriff *m*; **внеза́пное ~** Überraschungsangriff *m*

напа́д|ки <-ок> *мн* **1.** *(вы́пады)* Angriffe *mpl* **2.** *(обвине́ния)* Beschuldigungen *fpl* **3.** *(приди́рки, ко́лкости)* Anfeindungen *fpl*; **подверга́ться напа́дкам** sich Anfeindungen aussetzen

напа́йк|а <-и> *ж* ТЕХ Schweißen *nt*, Schweißnaht *f*; **~ про́вода** Drahtschweißen *nt*

напа́рива|ться <-юсь, -ешься> *нсв*, **напа́риться** *св рефл* sich in Schweiß bringen; **~ в ба́ньке** zu Genüge im Dampfbad schwitzen

напа́рник <-а> *м* Partner *m*; **взять в напа́рники** zum Partner nehmen

напа́рыва|ть <-ю, -ешь> *нсв*, **напоро́ть** *св прх* **1.** *(пора́нить)* schneiden; **напоро́ть но́гу о стекло́** das Bein am Glassplitter scheiden **2.** *(распоро́ть)* trennen **3.** *(наговори́ть)* dummes Zeug reden

напа́рыва|ться <-юсь, -ешься> *нсв*, **напоро́ться** *св рефл* stechen; **~ на гвоздь** sich an einem Nagel ritzen; **~ на неприя́тности** auf Unannehmlichkeiten stoßen

напа́|сть[1] <-ду́, -дёшь> *св нпрх см.* **напада́ть**

напа́с|ть[2] <-ти> *ж* **1.** *(несча́стье)* Unglück *nt*, Übel *nt*, Unheil *nt* **2.** *(невезе́ние)* Pech *nt*

напе́в <-а> *м* МУЗ Melodie *f*, Motiv *nt*; **наро́дный ~** Volksweise *f*

напева́|ть <-ю, -ешь> *нсв*, **напе́ть** *св прх* vor sich hin singen; **~ вполго́лоса** summen

напе́внос|ть <-ти> *ж* МУЗ Melodie *f*; **~ ре́чи** Sprachmelodie *f*

напека́|ть <-ю, -ешь> *нсв*, **напе́чь** *св прх* backen; **~ блино́в** genügend Pfannkuchen backen; **со́лнце напекло́ го́лову** die Sonne hat den Kopf erhitzt

наперебо́й *нрч* durcheinander sprechen, um die Wette; **расска́зывать ~** um die Wette erzählen

наперево́с *нрч* **держа́ть ру́жья ~** das Gewehr vor sich schussbereit halten

наперего́нки *нрч* um die Wette; **бежа́ть ~** um die Wette rennen

наперёд *нрч* im voraus; **знать всё ~** alles im voraus wissen; **за́дом ~** rückwärts

напереко́р *нрч* zum Trotz, zuwider; **~ судьбе́** dem Schicksal zum Trotz; **пойти́ ~** seinen eigenen Kopf durchsetzen

наперере́з *нрч* quer

наперечёт *нрч* **знать всех ~** alle von A bis Z kennen

напе́рсник <-а> *м*, **напе́рсниц|а** <-ы> *ж* Busenfreund(in) *m(f)*, Liebling *m*; **~ бого́в** Gottesliebling *m*

напе́рсн|ый <-ая, -ое> *прил* РЕЛИГ Brust-; **~ крест** Brustkreuz *nt*

напёрст|ок <-ка> *м* Fingerhut *m*

напе́рч|ить <-у, -ишь> *св прх см.* **перчи́ть**

нап|е́ть <-ою́, -оёшь> *св прх см.* **напева́ть**

напеча́та|ть <-ю, -ешь> *св прх см.* **печа́тать**

напеча́та|ться <-юсь, -ешься> *св рефл см.* **печа́таться**

напе́|чь <-ку́, -чёшь> *св прх см.* **напека́ть, печь**

напива́|ться <-юсь, -ешься> *нсв*, **напи́ться** *св рефл* **1.** *(утоля́ть жа́жду)* seinen Durst stillen **2.** *(станови́ться пья́ным)* sich betrinken

напи́льник <-а> *м* Feile *f*

напира́|ть <-ю, -ешь> *нсв нпрх* drängen

написа́ни|е <-я> *ср* Schreibung *f*, Schreibweise *f*; **~ с прописно́й** [*или* **большо́й**] **бу́квы** großgeschrieben

нап|иса́ть <-ишу́, -и́шешь> *св прх см.* **писа́ть**

напи́тыва|ться <-юсь, -ешься> *нсв*, **напита́ться** *св рефл* **1.** *шутл (нае́сться)* sich sättigen **2.** *то́лько в 3 л (стать вла́жным)* durchtränkt werden; **во́здух напита́лся све́жестью** die Luft erfüllte sich mit Frische

напи́т|ок <-ка> *м* Getränk *nt*

нап|и́ться <-ью́сь, -ьёшься> *св рефл см.* **напива́ться**

напи́чка|ть <-ю, -ешь> *св прх см.* **пи́чкать**

напла́в <-а> *м* Schwimmer *m*; **сеть с напла́вом** Fischernetz *nt* mit Schwimmern

напл|ева́ть <-юю́, -юёшь> *св (н)прх* **1.** *(плю́нуть)* vollspucken, bespucken **2.** *(пренебре́чь чем-л.)* vernachlässigen; **~ на свои́ обя́занности** die eigenen Pflichten vernachlässigen; **мне на э́то ~!** das ist mir schnuppe! **3.** *(вы́разить презре́ние)* Verachtung *f* zeigen

напло|ди́ть <-жу́, -ди́шь> *св прх разг* viel gebären; **~ кро́ликов** viele Kaninchen gebären

наплы́в <-а> *м* **1.** *(прибы́тие мно́жества люде́й)* Andrang *m*, Auflauf *m*; **~ бе́жен-**

Н

цев Flüchtlingsstrom *m;* **~ покупáтелей** Run *m,* Kundenansturm *m* **2.** ФИЛЬМ Einblendung *f*

наповáл *нрч* auf der Stelle; **уложи́ть медвéдя ~** den Bären mit einem Schuss töten

наподóбие *предл* in der Art von, à la

напокáз *нрч* zur Schau; **вы́ставить товáр ~** die Ware zur Schau stellen

наполеóновск|ий <-ая, -ое> *прил* **имéть наполеóновские плáны** hochfliegende Pläne haben, hoch hinaus wollen

наползá|ть <-ю, -ешь> *нсв,* **наползти́** *св нпрх* **1.** *(наткну́ться на что-л.)* auf etw stoßen **2.** *(заслони́ть собóй)* verdecken; **наползли́ ту́чи** Regenwolken verdeckten alles **3.** *(приползти́)* angekrochen kommen

наполнéни|е <-я> *ср* Füllung *f*

наполня́|ть <-ю, -ешь> *нсв,* **напóлнить** *св прх* füllen; **~ бокáлы винóм** die Gläser mit Wein füllen; **пу́блика напóлнила зал** das Publikum füllte den Saal

наполови́ну *нрч* zur Hälfte

напóльн|ый <-ая, -ое> *прил* **~ кóврик** Bodenteppich *m*

напоминáни|е <-я> *ср* Mahnung *f;* **~ о платежé** Zahlungserinnerung/-aufforderung *f*

напоминá|ть <-ю, -ешь> *нсв,* **напóмнить** *св прх* erinnern an *+akk*

напополáм *нрч* entzwei, in Hälften; **дели́ть ~** in Hälften teilen

напóр <-а> *м* **1.** *(давлéние)* Druck *m* **2.** *(нáтиск)* Druck *m,* Andrang *m*

напóрист|ый <-ая, -ое; -, -а, -о> *прил* energisch; **~ харáктер** energischer Charakter *m*

напóрн|ый <-ая, -ое> *прил* Druck-; **напóрные вóды** Druckwasser *nt*

нап|орóть <-орю́, -óришь> *св прх см.* **напáрывать**

нап|орóться <-орю́сь, -óришься> *св рефл см.* **напáрываться**

напорош|и́ть <-у́, -и́шь> *св прх см.* **порощи́ть**

напортáч|ить <-у, -ишь> *св нпрх см.* **портáчить**

напослéдок *нрч* in letzter Zeit, zu guter Letzt, zum Schluss; **~ мы егó не ви́дим** in letzter Zeit sehen wir ihn nicht

напр. *сокр от* **напримéр** z.B.

напрáв|ить <-лю, -ишь> *св прх см.* **направля́ть**

направлéни|е <-я> *ср* **1.** *(курс, ли́ния)* Richtung *f,* Kurs *m;* **~ дéятельности** Tätigkeitsbereich *m;* **~ движéния** Fahrtrichtung *f* **2.** *(руковóдство)* Lenkung *f* **3.** *(делегáции, войск)* Entsendung *f* **4.** *(в больни́цу)* Einweisung *f;* **рабóта в э́том направлéнии ведётся** daran wird gearbeitet

направля́|ть <-ю, -ешь> *нсв,* **напрáвить** *св прх* **1.** *(посылáть)* schicken, entsenden, delegieren; **~ по пóчте** mit der Post schicken; **~ на лечéние** zur Kur schicken **2.** *(войскá)* abkommandieren **3.** *(в определённую стóрону)* richten, leiten; *(маши́ну)* lenken **4.** *(вóду, пар)* leiten

направля́ющ|ий <-ая, -ее> *прил* leitend; **направля́ющая плáнка** ТРАНСП Leitplanke *f*

напрáво *нрч* nach rechts

напрáсно *нрч* umsonst, vergebens, ohne Grund; **беспокóиться ~** sich grundlos Sorgen machen; **упóрствовать ~** umsonst hartnäckig bleiben

напрáс|ный <-ная, -ное; -ен, -на, -но> *прил* vergeblich

напрáшива|ться <-юсь, -ешься> *нсв,* **напроси́ться** *св рефл* **1.** *(навя́зываться)* sich aufdrängen, sich selbst einladen; **~ на комплимéнт** ein Kompliment angeln **2.** *перен (слéдовать)* sich ergeben, naheliegen; **отсю́да напрáшивается вы́вод** daraus ergibt sich die Schlussfolgerung; **напрáшивается вопрóс** es drängt sich die Frage auf; **~ в гóсти** sich aufdrängen

напрокáт *нрч* mietweise; **взять ~** mieten

напролёт *нрч разг* **читáть нóчь ~** die ganze Nacht durchlesen

напролóм *нрч разг* **дви́гаться ~** drauflosgehen

напропалу́ю *нрч разг* **идти́ ~** drauflosgehen

напр|оси́ться <-ошу́сь, -óсишься> *св рефл см.* **напрáшиваться**

напрóтив **I.** *нрч* **1.** *(наоборóт)* umgekehrt **2.** *(не так, как нáдо)* verkehrt; **он всё делáет ~** er macht alles verkehrt **II.** *предл* gegenüber von *+dat* **III.** *част* im Gegenteil, dagegen

нáпрочь *нрч разг* völlig, ganz; **~ забы́ть** völlig vergessen

напрягá|ть <-ю, -ешь> *нсв,* **напря́чь** *св прх* anstrengen; *(отдавáть)* einsetzen; **~ все си́лы** alles aufbieten; **~ пáмять** sein Gedächtnis anstrengen; **~ слух** das Gehör anstrengen; **~ послéдние си́лы** seine letzten Kräfte einsetzen; **~ гóлос** die Stimme anstrengen

напрягá|ться <-юсь, -ешься> *нсв,* **напря́чься** *св рефл* sich anstrengen

напряжéни|е <-я> *ср* Anspannung *f;* **высóкое ~** ЭЛ Hochspannung *f;* **с напряжéнием всех сил** unter vollem Einsatz aller Kräfte; **держáть когó-л. в напряжéнии** jdn in Schach halten

напряжёнк|а <-и> *ж разг* Engpass *m*

напряжённос|ть <-ти> *ж* Spannung *f,* Anspannung *f;* *(напряжённая ситуáция)* gespannte Lage *f;* **нагнетáние напряжённости** Schüren *nt;* **рост социáльной напряжённости** wachsende soziale Spannungen *pl*

напряжён|ный <-ная, -ное; -, -á, -ó> *прил* (an)gespannt; *(уси́ленный)* angestrengt;

(утоми́тельный) anstrengend; **напряжённая рабо́та** Hochbetrieb *m*

напрями́к *нрч* **1.** *разг* geradeaus **2.** *перен (без обиняко́в)* ohne Umstände [*o* Umschweife]

напряму́ю *нрч разг* direkt, geradeaus

напря́|чь <-гу́, -жёшь> *св прх см.* **напряга́ть**

напря́|чься <-гу́сь, -жёшься> *св рефл см.* **напряга́ться**

напуга́|ть <-ю, -ешь> *св прх см.* **пуга́ть**

напу́др|ить <-ю, -ишь> *св прх см.* **пу́дрить**

напу́льсник <-а> *м* Pulswärmer *m*

напуска́|ть <-ю, -ешь> *нсв,* **напусти́ть** *св прх (дать прони́кнуть)* (her)einlassen; **~ ды́му** den Rauch eindringen lassen; **~ ва́жность** sich wichtig machen; **~ соба́к на прохо́жего** die Hunde auf den Vorbeikommenden hetzen

напускн|о́й <-а́я, -о́е> *прил* gekünstelt, gespielt, gemacht; **напускна́я весёлость** vorgespielte Fröhlichkeit *f*

нап|усти́ть <-ущу́, -у́стишь> *св прх см.* **напуска́ть**

напу́та|ть <-ю, -ешь> *св прх см.* **напу́тывать**

напу́тственн|ый <-ая, -ое> *прил* Abschieds-; **напу́тственное сло́во** Abschiedsworte *pl*

напу́тстви|е <-я> *ср* Abschiedsrede *f;* **обрати́ться с напу́тствием** jdm etw auf den Weg wünschen

напу́тыва|ть <-ю, -ешь> *нсв,* **напу́тать** *св прх разг* **1.** *(запу́тать)* verwirren, durcheinander bringen **2.** *(ошиби́ться)* sich irren, sich täuschen; **~ в подсчётах** sich verrechnen

напы́ж|иться <-усь, -ишься> *св рефл см.* **пы́житься**

напыл|и́ть <-ю́, -и́шь> *св прх см.* **пыли́ть**

напы́щеннос|ть <-ти> *ж* Aufgeblasenheit *f;* **~ ре́чи** Schwülstigkeit *f* der Sprache

напы́щен|ный <-ная, -ное; -, -а, -о> *прил* **1.** *(ва́жный)* aufgeblasen **2.** *(высокопа́рный)* schwülstig; **~ стиль** schwülstige Redeweise *f*

нар <на́ра> *м* зоол Nar *m (Mischling vom Dromedar und Kamel)*

нараспа́шку *нрч* aufgeknöpft, offen; **пальто́ ~** den Mantel nicht zugeknöpft tragen; **жить ~** auf großem Fuß leben

нараспе́в *нрч* **говори́ть ~** langsam sprechen

нараста́ни|е <-я> *ср* **1.** *(увеличе́ние)* Zunahme *f* **2.** экон *(рост)* Aufwärtstrend *m;* **~ недово́льства** wachsender Unmut *m*

нараста́|ть <-ю, -ешь> *нсв,* **нарасти́** *св нпрх* anwachsen, zunehmen; **нараста́ющий ито́г** Fortschreibung *f*

нара|сти́ть <-щу́, -сти́шь> *св прх см.* **нара́щивать**

нарасхва́т *нрч* rasch; **раскупа́ться ~** reißenden Absatz finden

нара́щива|ть <-ю, -ешь> *нсв,* **нарасти́ть** *св прх* **1.** *(темп, ско́рость)* zulegen **2.** тех ansetzen, verlängern **3.** *перен (уси́ливать)* verstärken

нарва́л <-а> *м* зоол Narwal *m,* Zahnwal *m*

нарв|а́ть <-у́, -ёшь> *св прх* **1.** *(набра́ть)* pflücken; **~ буке́т цвето́в** einen Blumenstrauß pflücken **2.** *(разорва́ть)* (zer)reißen, zerfetzen

нарв|а́ться <-у́сь, -ёшься> *св рефл см.* **нарыва́ться**

наргиле́ <неизм> *м и ср* Nargileh *nt,* Wasserpfeife *f;* **закури́ть ~** Wasserpfeife rauchen

наре́з <-а> *м* Einschnitt *m*

нареза́|ть <-ю, -ешь> *нсв,* **наре́зать** *св прх (хлеб)* schneiden, aufschneiden; **~ ме́лко** klein schneiden

нарезв|и́ться <-лю́сь, -и́шься> *св рефл разг* spielen; **~ вдо́воль** sich satt spielen

нарека́ни|е <-я> *ср* Vorwurf *m;* **несправедли́вое ~** ungerechter Vorwurf *m*

наре́чи|е <-я> *ср* **1.** лингв Adverb *nt;* **употребля́емый как ~** adverbial **2.** *(диале́кт)* Mundart *f*

наре́чн|ый <-ая, -ое> *прил* лингв adverbial

нарза́н <-а> *м* геог Narsan *m (Mineralwasser aus dem Kaukasus);* **лечи́ться нарза́ном** sich mit Narsan behandeln lassen

нарза́нн|ый <-ая, -ое> *прил* Narsan-; **~ исто́чник** Narsanquelle *f*

нарис|ова́ть <-у́ю, -у́ешь> *св прх см.* **рисова́ть**

нарица́тельн|ый <-ая, -ое> *прил* **и́мя нарица́тельное** лингв Gattungsname *m,* Appellativum *nt;* **нарица́тельная** [*или* **номина́льная**] **сто́имость** экон Nennwert *m*

наркоби́знес <-а> *м* Drogengeschäft *nt,* Drogenhandel *m*

наркобо́сс <-а> *м* Drogenboss *m*

наркоди́лер <-а> *м* Rauschgifthändler *m(f),* Drogenhändler(in) *m(f)*

нарко́з <-а> *м* мед Narkose *f*

нарколе́пси|я <-и> *ж* мед Narkolepsie *f*

нарко́лог <-а> *м* мед Narkologe *m,* Anästhesist(in) *m(f)*

наркологи́ческ|ий <-ая, -ое> *прил* narkologisch; **~ центр** narkologisches Zentrum *nt;* **наркологи́ческие иссле́дования** narkologische Untersuchungen *fpl*

нарkома́н <-а> *м,* **наркома́нк|а** <-и> *ж* Drogenabhängige(r) *f(m),* Junkie *m*

наркома́ни|я <-и> *ж* Drogensucht *f*

наркома́фи|я <-и> *ж* Drogenmafia *f*

нарко́т|а <-ы> *ж жарг* Rauschgift *nt,* Drogen *pl;* **ба́ловаться нарко́той** ab und zu Drogen nehmen

наркотизи́р|овать <-ую, -уешь> *(н)св прх* мед narkotisieren, betäuben

нарко́тик <-а> *м* **1.** *(наркоти́ческое сре́дство)* Droge *f,* Rauschgift *nt* **2.** мед

Betäubungsmittel *nt;* **употребля́ющий нарко́тики** drogenabhängig

наркоти́ческ|ий <-ая, -ое> *прил* narkotisch; **наркоти́ческое сре́дство** Betäubungsmittel *nt*

наро́д <-а> *м то́лько ед* Volk *nt;* Menschen *pl,* Leute *pl;* **мно́го наро́ду** eine Menge Menschen

i Land & Leute

„Die Russen" – so hatte man im Westen sogar die Sowjetbürger genannt. Erst als in der UdSSR und danach in Russland nationale Konflikte ausbrachen, wurde es vielen bewusst, dass es dabei jeweils um ein multinationales Land ging. Die Wurzeln dieser Konflikte liegen besonders in der so genannten „Nationalitätenpolitik" J. Stalins, den man zu seinen Lebzeiten als „Vater der Völker" lobpries – der auf endlose Erweiterung und Beherrschung seines Reiches erpicht war und Völker dadurch „bestrafte", dass er sie aus ihren ureigenen Gebieten vertreiben ließ. Von einer Herrschaft der ethnischen Russen unter **den mehr als 100 Völkern des Landes** zu sprechen, wäre dabei nicht korrekt: es spricht schon für sich, dass die nationalen Minderheiten vom russischen Volk nie assimiliert wurden. Im übrigen ist es „dem großen Bruder" schon immer nicht besser ergangen als anderen Völkern dieses Landes.

наро́днос|ть <-ти> *ж* **1.** ГЕОГ *(о́бщность)* Gemeinschaft *f,* Nationalität *f,* Völkerschaft *f;* **наро́дности Кавка́за** kaukasische Völker *ntpl* **2.** ЛИТ *(самобы́тность)* Volkstümlichkeit *f;* **~ иску́сства** Volkstümlichkeit *f* der Kunst

народнохозя́йственн|ый <-ая, -ое> *прил* gesamtwirtschaftlich, volkswirtschaftlich

наро́дн|ый <-ая, -ое> *прил* Volks-; *(фолькло́рный)* volkstümlich; **наро́дная пе́сня** Volkslied *nt;* **наро́дная респу́блика** Volksrepublik *f;* **~ та́нец** Volkstanz *m;* **наро́дное хозя́йство** Volkswirtschaft *f*

народонаселе́ни|е <-я> *ср* **приро́ст народонаселе́ния** Bevölkerungszuwachs *m*

нарожа́|ть <-ю, -ешь> *св прх разг* gebären; **~ дете́й** viele Kinder gebären

наро́ст <-а> *м* Auswuchs *m*

нарочи́т|ый <-ая, -ое; -, -а, -о> *прил* absichtlich, vorsätzlich; **нарочи́тое безразли́чие** absichtliche Gleichgültigkeit *f*

наро́чно *нрч* **1.** *(наме́ренно)* absichtlich **2.** *(специа́льно)* eigens, speziell **3.** *(ра́ди шу́тки)* zum Spaß; **как ~** wie zum Trotz

на́рочн|ый <-ого> *м* Eilbote *m,* Kurier *m;* **при́был ~** der Bote ist gekommen; **ждут ве́сти от на́рочного** man wartet auf eine Nachricht vom Kurier

нарсу́д пол *сокр от* **наро́дный суд** Volksgericht *nt*

на́рт|а <-ы> *ж* Rentierschlitten *m,* Hundeschlitten *m*

наруба́|ть <-ю, -ешь> *нсв,* **наруби́ть** *св прх* fällen; **~ дров** Holz klein hacken

нару́жнос|ть <-ти> *ж* **1.** *(вне́шность)* Äußere *nt,* Aussehen *nt;* **прия́тная ~** angenehmes Aussehen; **походи́ть нару́жностью на отца́** ganz nach dem Vater (gehen) **2.** *(фаса́д)* Fassade *f,* Front *f,* Vorderseite *f*

нару́жн|ый <-ая, -ое> *прил* **1.** *(вне́шний)* äußere(r, s) **2.** *перен (показно́й)* Außen-, äußerlich; **нару́жная рекла́ма** Außenwerbung *f;* **нару́жная сторона́** Außenseite *f;* **то́лько для нару́жного употребле́ния** nur zur äußerlichen Anwendung

нару́жу *нрч* **1.** *(сюда́)* heraus **2.** *(туда́)* hinaus **3.** *(на у́лицу)* nach außen

нарука́вник <-а> *м* Schutzärmel *m,* Über(zieh)ärmel *m*

наруми́н|ить <-ю, -ишь> *св прх см.* **румя́нить**

нару́чник|и <-ов> *мн* Handschellen *pl*

нару́чн|ый <-ая, -ое> *прил* Hand-; **нару́чные часы́** Armbanduhr *f*

наруша́|ть <-ю, -ешь> *нсв,* **нару́шить** *св прх (зако́н)* verletzen, verstoßen gegen *+akk;* **~ тишину́** die Ruhe stören; **~ чей-л. поко́й** jds Ruhe stören; **~ тради́цию** die Tradition verletzen; **~ угово́р** sich nicht an die Absprache halten

наруше́ни|е <-я> *ср* **1.** *(поме́ха)* Störung *f* **2.** *(противозако́нное дея́ние)* Verletzung *f,* Verstoß *m;* **~ неприкоснове́нности жили́ща** ЮР Hausfriedensbruch *m;* **~ кровообраще́ния** МЕД Kreislaufstörung *f;* **~ прав челове́ка** Menschenrechtsverletzung *f;* **~ пра́вил** СПОРТ Foul *nt;* **~ споко́йствия** Ruhestörung *f;* **~ устано́вленного поря́дка** Ordnungswidrigkeit *f;* **~ валю́тного законода́тельства** Devisenvergehen *nt;* **~ форма́льных тре́бований** Formfehler *m;* **~ догово́ра** Vertragsverletzung *f,* Vertragsbruch *m;* **~ служе́бного до́лга** Verletzung *f* der Dienstpflicht

наруши́те|ль <-ля> *м* Verletzer *m;* **~ грани́цы** Grenzverletzer *m;* **~ пра́вил у́личного движе́ния** Verkehrssünder *m*

нару́ш|ить <-у, -ишь> *св прх см.* **наруша́ть**

нарци́сс <-а> *м* БОТ Narzisse *f*

на́р|ы <-> *то́лько мн* Pritsche *f,* Holzpritsche *f;* **спать на на́рах** auf Pritschen schlafen

нары́в <-а> *м* **1.** *(о́пухоль)* Geschwür *nt* **2.** *(нары́в)* Abszess *m*

нарыва́|ть <-ю, -ешь> *нсв прх (за-*

гноиться) beginnen zu eitern

нарыва|ться <-юсь, -ешься> *нсв*, **нарваться** *св рефл разг* stoßen; **~ на засаду** in einen Hinterhalt geraten

наряд[1] <-а> *м* **1.** *(одежда)* Gewand *nt* **2.** *(праздничное платье)* Festkleid *nt* **3.** *(национальный костюм)* Tracht *f*

наряд[2] <-а> *м* Arbeitsanweisung *f*, Order *f*

наряд[3] <-а> *м* Wache *f*; ВОЕН Streife *f*

наря|дить <-жу, -дишь> *св прх см.* **наряжать**

наря|диться <-жусь, -дишься> *св рефл см.* **наряжаться**

наряд|ный <-ная, -ное; -ен, -на, -но> *прил* elegant, schön; **~ вид** elegantes Aussehen *nt*; **нарядное платье** festliches Kleid *nt*

наряду *нрч* **1.** *(кроме того)* neben, außer **2.** *(как и)* ebenso wie; **~ с этим** gleichzeitig

нарядчик <-а> *м*, **нарядчиц|а** <-ы> *ж* СТР, ШАХТ Dispatscher(in) *m(f)*

наряжа|ть <-ю, -ешь> *нсв*, **нарядить** *св прх* **1.** *(одевать)* kostümieren, schön kleiden, herausputzen; **~ невесту** die Braut schmücken **2.** ВОЕН beordern, abkommandieren

наряжа|ться <-юсь, -ешься> *нсв*, **нарядиться** *св рефл* sich ausstatten, sich schön machen, sich herausputzen, sich herrichten

нас *мест род/вин/предл от* **мы** uns

наса|дить <-жу, -дишь> *св прх см.* **насаждать**

насадк|а <-и> *ж (приманка)* Köder *m*; **~ для рыбы** Fischköder *m*

насажда|ть <-ю, -ешь> *нсв*, **насадить** *св прх* **1.** *(растения)* anpflanzen **2.** *перен (насильственно вводить)* einführen, einbürgern

насаждени|е <-я> *ср* ЭКОЛ Pflanzen *nt*, Anpflanzung *f*

насалива|ть <-ю, -ешь> *нсв*, **насолить** *св прх* salzen; *разг (кому-л. чем-л.)* einbrocken, versalzen

насева|ть <-ю, -ешь> *нсв*, **насеять** *св прх* säen, aussäen; **~ картофель** Kartoffel anbauen

наседа|ть <-ю, -ешь> *нсв*, **насесть** *св нпрх* **1.** *(скопиться)* sich anhäufen, sich ansammeln; **дорожная пыль насела на обувь** der Straßenstaub setzte sich auf den Schuhen ab **2.** *(напасть)* herfallen, überfallen, überkommen **3.** *(пристать)* bedrängen; **~ с просьбами** mit Bitten bedrängen

наседк|а <-и> *ж* ЗООЛ, АГР Bruthenne *f*

насека|ть <-ю, -ешь> *нсв*, **насечь** *св прх* **1.** *(сделать нарезы)* einkerben; **~ метки на деревьях** die Bäume einkerben **2.** *(заострить)* anspitzen **3.** *(нарубить)* klein hacken, zerkleinern

насекомоядн|ый <-ая, -ое> *прил* БИОЛ, ЗООЛ insektenfressend; **насекомоядное растение** insektenfressende Pflanze *f*

насекомы|е <-х> *мн* ЗООЛ Insekt *nt*

населённос|ть <-ти> *ж* Bevölkerungsdichte *f*; **~ района** die Bevölkerungsdichte der Region

населени|е <-я> *ср* Bevölkerung *f*; **~ земли** Weltbevölkerung *f*

населён|ный <-ная, -ное; -, -á, -ó> *прил* Bevölkerungs-; **~ пункт** Ortschaft *f*

насел|ить <-ю, -ишь> *св прх см.* **населять**

насельник <-а> *м* ИСТОР Bewohner *m*, Einwohner *m*; **кочевые ~** Nomaden *mpl*

населя|ть <-ю, -ешь> *нсв*, **населить** *св прх* bevölkern

насест <-а> *м* Hühnerstange *f*; **вскочить на ~** auf die Hühnerstange springen

нас|есть <-яду, -ядешь> *св нпрх см.* **наседать**

насечк|а <-и> *ж* Einschnitt *m*

насе|чь <-ку, -чёшь> *св прх см.* **насекать**

насе|ять <-ю, -ешь> *св прх см.* **насевать**

насижива|ть <-ю, -ешь> *нсв*, **насидеть** *св прх* **1.** *(высидеть)* ausbrüten; **~ яйца** Eier ausbrüten **2.** *(приобрести)* anschaffen

насили|е <-я> *ср* Gewalt *f*; *(давление, принуждение)* Zwang *m*; **совершать ~ над кем-л.** an jdm Gewalt ausüben

насил|овать <-ую, -уешь> *нсв*, **изнасиловать** *св прх* sich vergreifen an +*dat*; *(женщину)* vergewaltigen

насилу *нрч* mit Mühe; **~ вырвался** er hat sich mit Mühe befreit

насильник <-а> *м* Gewalttäter *m*

насильно *нрч* gewaltsam; **увезти ~** gewaltsam wegbringen; **~ мил не будешь** *пословица* Liebe lässt sich nicht erzwingen

насильствен|ный <-ная, -ное; -, -на, -но> *прил* gewaltsam, gewalttätig; **насильственное преступление** Gewaltverbrechen *nt*

наскакива|ть <-ю, -ешь> *нсв*, **наскочить** *св нпрх* gegen etw rennen, prallen auf +*akk*; *(на кого-л./что-л.)* stoßen auf +*akk*

наскальн|ый <-ая, -ое> *прил* Fels-; *(пещерные)* Höhlen-; **наскальные изображения** Höhlenmalerei *f*

насквозь *нрч* durch und durch, völlig; **промокнуть ~** bis auf die Knochen nass werden

наскок <-а> *м* **1.** *(скачок)* Sprung *m*, Satz *m* **2.** ВОЕН *(нападение)* Überfall *m* **3.** *(придирки)* Anfallen *nt*, Angreifen *nt*; **отчаянный ~** verzweifelter Angriff *m*; **налететь с наскока** sich kurzerhand stürzen

насколько *нрч* **1.** *(о количестве)* um wie viel **2.** *(в какой мере)* inwieweit, inwiefern **3.** *(в известной степени)* so viel, soweit; **~ мне известно** so viel [*o* soweit] ich weiß, meines Wissens

наск|очить <-очу, -очишь> *св нпрх см.* **наскакивать**

наскуч|ить <-у, -ишь> *нсв нпрх разг* überdrüssig werden; **это мне наскучило** ich habe es satt

наслажда|ться <-юсь, -ешься> *нсв*, **на-**

Н

сладиться *св рефл* genießen

наслажде́ни|е <-я> *ср* Genuss *m,* Lust *f;* **с наслажде́нием** genießerisch, genüsslich

насле́ди|е <-я> *ср* **1.** *(завеща́ние)* Vermächtnis *nt* **2.** *книжн* Nachlass *m,* Erbschaft *f;* **иде́йное ~** Ideengut *nt*

насле́дник <-а> *м,* **насле́дниц|а** <-ы> *ж* Erbe *m,* Erbin *f; перен (прее́мник)* Nachfolger(in) *m(f);* **~ престо́ла** Thronfolger(in) *m(f)*

насле́дн|ый <-ая, -ое> *прил* Erb-

насле́довани|е <-я> *ср* Erbfolge *f,* Nachfolge *f;* **пра́во насле́дования** Erbrecht *nt*

насле́д|овать <-ую, -уешь> *(н)св,* **унасле́довать** *св прх* erben

насле́дственнос|ть <-ти> *ж* БИОЛ Vererbung *f,* Erblichkeit *f;* **~ ге́нов** genetische Vererbung *f*

насле́дственн|ый <-ая, -ое> *прил* Erb-; **насле́дственная боле́знь** Erbkrankheit *f*

насле́дств|о <-а> *ср* Erbe *nt;* **лиша́ть насле́дства** enterben; **оставля́ть в ~** hinterlassen; **передава́ть по насле́дству** vererben; **получа́ть ~ от кого́-л.** jdn beerben; **перехо́д по насле́дству** Vererbung *f*

наслое́ни|е <-я> *ср* **1.** ГЕОЛ Schichtung *f,* Ablagerung *f;* **песча́ное ~** Sandsteinschichtung *f;* **оса́дочные наслое́ния** Sedimente *pl* **2.** *разг* Überlagerung *f*

наслу́ша|ться <-юсь, -ешься> *св рефл* vieles hören, genug hören; **~ новосте́й** genug von den Neuigkeiten haben

наслы́шк|а <-и> *ж устар, разг* Gerücht *nt,* Gerede *nt;* **знать по наслы́шке** vom Hörensagen erfahren; **говори́ть по наслы́шке** den Gerüchten nach erzählen

насма́лива|ть <-ю, -ешь> *нсв,* **насмоли́ть** *св прх* teeren; **~ кана́т** das Tau teeren

насма́рку *нрч разг* **все уси́лия иду́т ~** alle Bemühungen waren umsonst; **рабо́та пошла́ ~** alles verlorene Liebesmühe

на́смерть *нрч* **1.** *(до́ сме́рти)* tödlich; **ра́нить ~** tödlich verwunden **2.** *(о́чень си́льно)* zu Tode; **испуга́ться ~** sich zu Tode erschrecken

насмеха́|ться <-юсь, -ешься> *нсв рефл (над кем-л./чем-л.)* verhöhnen

насмеш|и́ть <-у́, -и́шь> *св прх см.* **смеши́ть**

насме́шк|а <-и> *ж* Hohn *m,* Spott *m*

насме́шлив|ый <-ая, -ое; -, -а, -о> *прил* höhnisch, hämisch

насме́шник <-а> *м,* **насме́шниц|а** <-ы> *ж* Spötter(in) *m(f)*

насме|я́ться <-ю́сь, -ёшься> *св рефл* **1.** *(посмея́ться)* sich totlachen **2.** *(отнести́сь с насме́шкой)* auslachen, verspotten, verhöhnen, sich lustig machen über; **~ над чу́вствами** über jds Gefühle lachen

насмол|и́ть <-ю́, -и́шь> *св прх см.* **насма́ливать**

на́сморк <-а> *м* МЕД Schnupfen *m;* **хрони́ческий ~** Stockschnupfen *m;* **схвати́ть ~** einen Schnupfen kriegen

насовсе́м *нрч* für immer; **уе́хать ~** für immer abreisen

насол|и́ть <-ю, -и́шь> *св прх см.* **наса́ливать**

насо́с <-а> *м* Pumpe *f;* **возду́шный ~** Luftpumpe *f;* **то́пливный ~** АВТО Einspritzpumpe *f*

насо́сн|ый <-ая, -ое> *прил* Pump-; **насо́сная устано́вка** Pumpenanlage *f*

на́спех *нрч* flüchtig, in aller Eile; **де́лать что-л. ~** herumpfuschen an *+dat*

наставле́ни|е <-я> *ср* **1.** *разг* Belehrung *f;* **чита́ть наставле́ния** jdm die Leviten lesen, jdm eine Moralpredigt halten; **роди́тельское ~** Elternvortrag *m* **2.** ВОЕН *(инстру́кция)* Vorschrift *f,* Anweisung *f*

наста́вник <-а> *м* **1.** *(учи́тель, ма́стер)* Lehrmeister *m* **2.** *(забо́тящийся)* Betreuer *m;* **~-воспита́тель** Erziehungsberechtigte(r) *f(m)* **3.** СПОРТ *(тре́нер)* Coach *m*

наста́ива|ть <-ю, -ешь> *нсв,* **насто́ять** *св нпрх (на чём-л.)* bestehen, beharren auf *+dat*

на́стежь *нрч* sperrangelweit offen

насте́нн|ый <-ая, -ое> *прил* Wand-; **насте́нные часы́** Wanduhr *f;* **насте́нная ла́мпа** Wandlampe *f*

настига́|ть <-ю, -ешь> *нсв,* **насти́чь** *св прх* einholen; **урага́н насти́г пу́тников** der Orkan holte die Reisenden ein

насти́л <-а> *м* СТР Belag *m;* **ка́менный ~** Steinbelag *m*

настила́|ть <-ю, -ешь> *нсв,* **настла́ть** *св прх* **1.** *(разостла́ть)* belegen **2.** *(уложи́ть)* legen; **~ парке́т** das Parkett legen

насти́лк|а <-и> *ж* Belag *m;* **мостова́я ~** Brückenpflaster *m*

насти́|чь <-гну, -гнешь> *св прх см.* **настига́ть**

на́сти|я <-и> *ж* БОТ Nastie *f*

наст|ла́ть <-елю́, -е́лешь> *св прх см.* **настила́ть**

насто́|й <-я> *м* Aufguss *m;* **~ кре́пкого ча́я** starker Tee *m;* **~ рома́шки** Kamillentee *m*

насто́йк|а <-и> *ж* **1.** МЕД Tinktur *f;* **спиртова́я ~** Alkoholtinktur **2.** *(спиртно́й напи́ток)* Likör *m;* **ани́совая ~** Anislikör *m;* **вишнёвая ~** Kirschbranntwein *m,* Kirschbrand *m*

насто́йчиво *нрч* hartnäckig; **~ угова́ривать** hartnäckig überreden; **~ добива́ться** hartnäckig seinen Willen durchsetzen

насто́йчивос|ть <-ти> *ж* Beharrlichkeit *f,* Hartnäckigkeit *f*

насто́йчив|ый <-ая, -ое; -, -а, -о> *прил* **1.** *(упо́рный)* beharrlich **2.** *(настоя́тельный)* eindringlich **3.** *(целеустремлённый)* zielstrebig

настóлько *нрч* **1.** *(в такóй мéре)* so, so sehr; **языки́ ~ близки́, что мне всё я́сно** die Sprachen sind sich so ähnlich, dass ich alles verstehe; **вы не ~ больны́** so sehr sind Sie nicht krank **2.** *(в такóй же мéре, как)* derart, soweit, soviel; **~ наскóлько** so sehr wie; **~ же умён, наскóлько краси́в** er ist genauso klug wie schön

настóльн|ый <-ая, -ое> *прил* Tisch-; **~ тéннис** Tischtennis *nt;* **настóльное издáтельство** Desktop Publishing *nt*

насторáжива|ть <-ю, -ешь> *нсв,* **насторожи́ть** *св прх* **1.** *(призывáть к бди́тельности)* wachsam [*o* misstrauisch] machen **2.** *(заставля́ть прислу́шаться)* aufhorchen lassen; **шóрох насторожи́л нас** das Geräusch hat uns aufmerksam gemacht; **~ слух** die Ohren spitzen

насторожé *нрч* auf der Hut, vorsichtig; **пограни́чники стоя́т ~** die Grenzsoldaten sind ständig wachsam; **не доверя́йтесь, бу́дьте ~** verlasst euch auf niemanden, seid ständig auf der Hut

насторóженно *нрч* beunruhigt; **держáться ~** beunruhigt sein; **~ расспрáшивать** besorgt ausfragen

насторож|и́ть <-у́, -и́шь> *св прх см.* **насторáживать**

настоя́ни|е <-я> *ср* Drängen *nt;* **по её настоя́нию** auf ihr Drängen (hin)

настоя́тельниц|а <-ы> *ж* Äbtissin *f*

настоя́тельно *нрч* nachdrücklich; **~ проси́ть объяснéний** inständig um Erklärung bitten

настоя́те|льный <-льная, -льное; -лен, -льна, -льно> *прил* nachdrücklich

насто|я́ть <-ю́, -и́шь> *св нпрх см.* **настáивать**

настоя́щ|ий <-ая, -ее> *прил* **1.** *(неподдéльный)* echt **2.** *(действи́тельный)* wahr **3.** *(пóдлинный)* authentisch **4.** *(о врéмени)* gegenwärtig; **настоя́щее врéмя** лингв Präsens *nt*

настрáгива|ть <-ю, -ешь> *нсв,* **настрогáть** *св прх* hobeln; **~ дóсок** Bretter *ntpl* hobeln

настрáива|ть <-ю, -ешь> *нсв,* **настрóить** *св прх* **1.** *(влия́ть)* beeinflussen, einnehmen; **~ когó-л. в пóльзу чегó-л.** jdn einnehmen für +*akk* **2.** муз stimmen **3.** тех einstellen, einrichten

настрáива|ться <-юсь, -ешься> *нсв,* **настрóиться** *св рефл* sich einstellen auf +*akk;* **~ на рабóту** sich auf die Arbeit einstellen

настригá|ть <-ю, -ешь> *нсв,* **настри́чь** *св прх* scheren

настрогá|ть <-ю, -ешь> *св прх см.* **настрáгивать**

настроéни|е <-я> *ср* Laune *f,* Stimmung *f; (умонастроéние)* Geisteshaltung *f;* **поднимáть ~** die Stimmung heben; **быть в хорóшем/плóхом настроéнии** guter/schlechter Laune sein

настрóен|ный <-ная, -ное; -, -а, -о> *прил* **1.** *(в какóм-л. настроéнии)* gelaunt **2.** *(на что-л.)* gesinnt **3.** муз gestimmt

настрó|ить <-ю, -ишь> *св прх см.* **настрáивать**

настрó|иться <-юсь, -ишься> *св рефл см.* **настрáиваться**

настрó|й <-я> *м разг* Geisteshaltung *f,* Mentalität *f;* **крити́ческий ~** kritische Einstellung *f;* **óбщий ~** Grundhaltung *f*

настрóйк|а <-и> *ж* **1.** муз Stimmen *nt,* Abstimmung *f;* **~ роя́ля** Klavierstimmen *nt* **2.** тех **~ прибóра** Abgleichung *f,* Abstimmung *f*

настрóйщик <-а> *м,* **настрóйщиц|а** <-ы> *ж* Stimmer(in) *m(f),* Einrichter(in) *m(f);* **~ инструмéнтов** Musikinstrumentenstimmer *m;* **~ аппарáта** Apparateeinrichter *m*

настроч|и́ть <-у́, -и́шь> *св (н)прх см.* **строчи́ть**

наступáтельн|ый <-ая, -ое> *прил* Angriffs-, offensiv

наступá|ть <-ю, -ешь> *нсв,* **наступи́ть** *св нпрх* **1.** *(приближáться)* herantreten **2.** *(су́мерки, ночь)* einbrechen, hereinbrechen **3.** юр verfallen; **~ на нóги** jdm auf die Füße treten **4.** *нсв* воен eine Offensive durchführen

наступлéни|е <-я> *ср* **1.** *(начáло)* Beginn *m* **2.** *(холодóв и т.п.)* Eintritt *m;* **~ холодóв** Kälteeinbruch *m;* **с наступлéнием темноты́** bei Anbruch der Dunkelheit **3.** воен Angriff *m,* Offensive *f;* **предпринимáть ~** zum Angriff ansetzen; **~ срóка исполнéния обязáтельств** Verfall *m;* **~ срóка (платежá)** Fälligkeit *f*

насту́рци|я <-и> *ж* бот Kresse *f*

нáсухо *нрч* trocken; **вы́тереть ~** abtrocknen, trockenreiben

насу́шива|ть <-ю, -ешь> *нсв,* **насуши́ть** *св прх* trocknen; **~ грибóв** Pilze trocknen; **~ ли́пового чáя** Lindentee trocknen; **~ сухарéй** Zwieback rösten

насу́щ|ный <-ная, -ное; -ен, -на, -но> *прил* **1.** *(óстрый)* dringlich, akut **2.** *(релевáнтный)* relevant **3.** *(актуáльный)* aktuell

нáсы|пь <-пи> *ж* **1.** *(возвышéние)* Damm *m;* **железнодорóжная ~** Bahndamm *m* **2.** *(откóс, нáсыпь)* Böschung *f*

насы́|тить <-щу, -тишь> *св прх см.* **насыщáть**

насы́|титься <-щусь, -тишься> *св рефл см.* **насыщáться**

насыщá|ть <-ю, -ешь> *нсв,* **насы́тить** *св прх* sättigen

насыщá|ться <-юсь, -ешься> *нсв,* **насы́титься** *св рефл* **1.** *(наéсться дóсыта)* sich satt essen, sich sättigen; **младéнец насы́тился и усну́л** der Säugling wurde satt und ist eingeschlafen **2.** *(пропита́ться)* sich durchtränken; **поля́ насы́тились вла́гой** die Felder haben sich mit Feuchtigkeit gesättigt

насыще́ни|е <-я> *ср* Sättigung *f;* **~ ры́нка** Marktsättigung *f*

насы́щеннос|ть <-ти> *ж* Sättigungsgrad *m,* Sättigung *f;* **~ цве́та** Farbsättigung *f*

насы́щен|ный <-ная, -ное; -, -на, -но> *прил* reichhaltig, gesättigt; **~ собы́тиями** ereignisreich; **насы́щенная програ́мма** gedrängtes Programm *nt*

ната́лкива|ть <-ю, -ешь> *нсв,* **натолкну́ть** *св прх* **1.** *(сдви́нуть с ме́ста)* stoßen **2.** *(побуди́ть)* auf etw bringen; **~ на иде́ю** jdn auf eine Idee bringen

ната́плива|ть <-ю, -ешь> *нсв,* **натопи́ть** *св прх* einheizen

ната́птыва|ть <-ю, -ешь> *нсв,* **натопта́ть** *св прх* **1.** *(наследи́ть)* Fußspuren hinterlassen; **~ в прихо́жей** im Flur Fußspuren hinterlassen **2.** *(намя́ть)* zertreten

ната́скива|ть <-ю, -ешь> *нсв,* **натаска́ть** *св прх* **1.** *(наноси́ть)* zusammenschleppen; **~ дров** Holz anschleppen **2.** *(обучи́ть)* einpauken **3.** *(наказа́ть)* bestrafen; **~ за́ уши** die Ohren lang ziehen

натвор|и́ть <-ю́, -и́шь> *нсв прх разг* anstellen, ausfressen, anrichten

нат|ере́ть <-ру́, -рёшь> *св прх см.* **натира́ть**

нат|ерпе́ться <-ерплю́сь, -е́рпишься> *св рефл* viel durchmachen; **~ го́ря/стра́ха** Kummer/Angst erleiden

натёсыва|ть <-ю, -ешь> *нсв,* **натеса́ть** *св прх* behauen; **~ брёвен/до́сок** Balken/Bretter glätten

натира́|ть <-ю, -ешь> *нсв,* **натере́ть** *св прх* **1.** *(пол)* scheuern, bohnern **2.** *разг* rubbeln **3.** *(втере́ть)* einreiben

на́тиск <-а> *м* Andrang *m,* Druck *m*

наткн|у́ть <-у́, -ёшь> *св прх см.* **натыка́ть**

НАТО <неизм> *ср* Nato *f*

натолкн|у́ть <-у́, -ёшь> *св прх см.* **ната́лкивать**

нат|опи́ть <-оплю́, -о́пишь> *св прх см.* **ната́пливать**

нат|опта́ть <-опчу́, -о́пчешь> *св прх см.* **ната́птывать**

нат|очи́ть <-очу́, -о́чишь> *св прх см.* **точи́ть[1]**

натоща́к *нрч* nüchtern; **принима́ть лека́рство ~** das Arzneimittel auf nüchternen Magen einnehmen

натра́влива|ть <-ю, -ешь> *нсв,* **натрави́ть** *св прх (кого́-л. на кого́-л./что-л.)* aufhetzen gegen *+akk*

натренир|ова́ть <-у́ю, -у́ешь> *св прх см.* **тренирова́ть**

на́триев|ый <-ая, -ое> *прил* **1.** хим Natron-, Natrium-; **~ раство́р** Natronlösung *f,* Kochsalzlösung *f* **2.** *(исто́чник све́та)* Natronlampe *f*

на́три|й <-я> *м* хим Natrium *nt*

натру|ди́ть <-жу́, -ди́шь> *св прх см.* **натру́живать**

натру|ди́ться <-жу́сь, -и́шься> *св рефл разг* **~ на своём веку́** in seinem Leben genug arbeiten

натру́жива|ть <-ю, -ешь> *нсв,* **натруди́ть** *св прх разг* überanstrengen; **~ спи́ну** den Rücken überlasten

нату́р|а <-ы> *ж* Natur *f,* Charakter *m,* Eigenart *f;* **он весёлый по нату́ре** er hat ein fröhliches Naturell

натурализа́ци|я <-и> *ж* пол Einbürgerung *f,* Naturalisierung *f*

натурали́зм <-а> *м* Naturalismus *m*

натурали́ст <-а> *м* Naturforscher(in) *m(f),* Naturalist(in) *m(f)*

натуралисти́ческ|ий <-ая, -ое> *прил* naturalistisch; **~ стиль** naturalistischer Stil *m*

натура́|льный <-льная, -льное; -лен, -льна, -льно> *прил* **1.** *(есте́ственный)* natürlich, ungezwungen **2.** *(в натура́льной фо́рме)* Natur-, natural **3.** *(настоя́щий)* echt; **натура́льная опла́та** Sachbezüge *pl;* **~ дохо́д** Naturaleinkommen *nt;* **~ шёлк** reine Seide *f;* **натура́льное хозя́йство** Naturalwirtschaft *f*

натыка́|ть <-ю, -ешь> *нсв,* **наткну́ть** *св прх* aufspießen, aufstecken

натюрмо́рт <-а> *м* Stillleben *nt*

натя́г <-а> *м* тех Instrument *nt* zum Festziehen von Fassreifen

натя́гива|ть <-ю, -ешь> *нсв,* **натяну́ть** *св прх* spannen, straffen

натя́жк|а <-и> *ж* Bezug *m; (принужде́ние)* Gezwungenheit *f;* **э́то ве́рно с натя́жкой** dies stimmt nur mit Vorbehalt

натяжн|о́й <-ая, -ое> *прил* Spann-; **~ кана́т** Spannseil *nt*

натя́нутос|ть <-ти> *ж* Steifheit *f*

натя́нут|ый <-ая, -ое; -, -а, -о> *прил* stramm, gespannt; **натя́нутые отноше́ния** gespannte Verhältnise *ntpl*

нат|яну́ть <-яну́, -я́нешь> *св прх см.* **натя́гивать**

наугра́д *нрч* auf gut Glück, blindlings

науда́чу *нрч* **сби́вшись с пути́, шли ~** als wir vom Weg abgekommen sind, haben wir unser Glück versucht; **тяну́ть биле́т ~** ein Lotterielos auf gut Glück ziehen

нау́к|а <-и> *ж* Wissenschaft *f; (иссле́дование)* Forschung *f;* **есте́ственная ~** Naturwissenschaft *f;* **~ об эконо́мике и организа́ции произво́дства** Betriebswissenschaft *f*

наутёк *нрч* auf und davon

наути́лус <-а> *м* зоол Nautilus *m*

на|учи́ть <-учу́, -у́чишь> *св прх см.* **учи́ть**

нау́чно-иссле́довательск|ий <-ая, -ое> *прил* Forschungs-; **~ институ́т** wissenschaftliches Forschungsinstitut *nt;* **научно-иссле́довательские и о́пытно-констру́кторские рабо́ты** Forschungs- und Entwicklungsarbeiten *pl;* **научно-иссле́довательская поли́тика** Forschungspolitik *f;* **нау́чно-иссле́довательские и о́пытно-констру́кторские разрабо́тки** Forschung und Entwicklung *f*

нау́чно-популя́рн|ый <-ая, -ое> *прил* populärwissenschaftlich

нау́ч|ный <-ная, -ное; -ен, -на, -но> *прил* wissenschaftlich, Forschungs-; **нау́чные иссле́дования** Forschung *f;* **~ рабо́тник** Wissenschaftler *m;* **~ центр** Forschungszentrum *nt*

нау́шник|и <-ов> *мн* Ohrenwärmer *pl,* ТЕХ Kopfhörer *m*

нафтали́н <-а> *м* ТЕХ, ХИМ Naphthalin *nt,* Mottenpulver *m*

наха́л <-а> *м,* **наха́лк|а** <-и> *ж* Frechdachs *m,* Flegel *m*

наха́льнича|ть <-ю, -ешь> *нсв нпрх* unverschämt sein, sich frech benehmen; **переста́нь ~!** hör auf, dich so frech zu benehmen!

наха́|льный <-льная, -льное; -лен, -льна, -льно> *прил* frech, dreist, vorlaut

нахва́тыва|ть <-ю, -ешь> *нсв,* **нахвата́ть** *св прх разг* aufschnappen; **~ двоек** schlechte Zensuren bekommen

нахлеба́|ться <-юсь, -ешься> *св рефл разг* schlucken; **~ воды́/го́ря** Wasser schlucken/Kummer ertragen

нахле́бник <-а> *м,* **нахле́бниц|а** <-ы> *ж* *jd, der bei einem anderen umsonst isst;* **содержа́ть нахле́бников** jdn beköstigen

нахлёстыва|ть <-ю, -ешь> *нсв,* **нахлеста́ть** *св прх* peitschen; **~ по щека́м** ohrfeigen; **~ ло́шадь плётью** das Pferd peitschen

нахлобу́чива|ть <-ю, -ешь> *нсв,* **нахлобу́чить** *св прх разг* stülpen

нахлобу́чк|а <-и> *ж разг* Rüffel *m;* **получи́ть нахлобу́чку** einen Anschnauzer kriegen

нахлоп|ота́ться <-очу́сь, -о́чешься> *св рефл* sich abmühen; **~ за день** sich den ganzen Tag abmühen

нахму́рен|ный <-ная, -ное; -, -а, -о> *прил* **~ лоб** gerunzelte Stirn *f*

нахму́р|ить <-ю, -ишь> *св прх см.* **хму́рить**

нахму́р|иться <-юсь, -ишься> *св рефл см.* **хму́риться**

нах|оди́ть <-ожу́, -о́дишь> *нсв,* **найти́** *св прх* **1.** *(что-л. поте́рянное)* finden, ausfindig machen, entdecken; **найти вре́мя на что-л.** sich Zeit nehmen für *+akk;* **~ в себе́ си́лы** die Kraft aufbringen; **~ доро́гу путём расспро́сов** sich durchfragen; **~ друзе́й** Freunde gewinnen; **~ своё ме́сто** seinen Platz finden; **~ сре́дства** Mittel aufbringen; **~ удово́льствие в чём-л.** Spaß finden an *+dat* **2.** *перен (овладева́ть)* übermannen; **что на тебя́ нашло́?** was ist in dich gefahren?

нах|оди́ться <-ожу́сь, -о́дишься> *нсв,* **найти́сь** *св рефл* **1.** *(быть в определённом ме́сте)* sich befinden, liegen **2.** *разг (уста́ть от ходьбы́)* sich müde laufen; **для всех найдётся де́ло!** für alle wird sich Arbeit finden; **не найдётся ли у вас взаймы́?** könnten Sie mir etwas borgen?; **не найти́сь, что отве́тить** keine Antwort finden

нахо́дк|а <-и> *ж* Fund *m*

нахо́дчивос|ть <-ти> *ж* Schlagfertigkeit *f*

нахо́дчив|ый <-ая, -ое; -, -а, -о> *прил* schlagfertig, einfallsreich

нахо́хлен|ный <-ная, -ное; -, -а, -о> *прил* **1.** *(пону́рый)* düster schauend **2.** *(взъеро́шенный)* aufgeplustert; **~ воробе́й** aufgeplusterter Spatz *m*

нахох|ота́ться <-очу́сь, -о́чешься> *св рефл* sich tot lachen; **~ до слёз** Tränen lachen; **ну и нахохота́лись же мы!** wir haben uns tot gelacht!

нахра́п <-а> *м разг* rücksichtslos; **де́йствовать нахра́пом** rücksichtslos handeln

нацара́па|ть <-ю, -ешь> *св прх см.* **цара́пать**

наце́жива|ть <-ю, -ешь> *нсв,* **нацеди́ть** *св прх* durchseihen; **~ сок** den Saft durchseihen; **~ вина́ из бо́чки** den Wein aus dem Fass filtrieren

наце́лива|ть <-ю, -ешь> *нсв,* **наце́лить** *св прх* **1.** *(во что-л.)* zielen **2.** *перен (на кого́-л./что-л.)* steuern auf *+akk,* anspielen auf *+akk*

наце́л|ить <-ю, -ишь> *св нпрх см.* **це́лить**

наце́нк|а <-и> *ж* Aufpreis *m,* Zuschlag *m,* Aufschlag *m*

на́цизм <-а> *м* Nazismus *m,* Nationalsozialismus *m*

национализа́ци|я <-и> *ж* Nationalisierung *f,* Verstaatlichung *f*

национализи́р|овать <-ую, -уешь> *(н)св прх* verstaatlichen

национали́зм <-а> *м* Nationalismus *m*

национали́ст <-а> *м* ПОЛ Nationalist *m*

националисти́ческ|ий <-ая, -ое> *прил* nationalistisch; **националисти́ческие взгля́ды** nationalistische Ansichten *fpl*

национа́льнос|ть <-ти> *ж* **1.** *(этни́ческая принадле́жность)* Volkszugehörigkeit *f* **2.** *(принадле́жность к на́ции)* Nationalität *f*

национа́|льный <-льная, -льное; -лен, -льна, -льно> *прил* national; **~ пра́здник** Nationalfeiertag *m;* **~ геро́й** Nationalheld *m;* **~ гимн** Nationalhymne *f;* **национа́льная сбо́рная** Nationalmannschaft *f;* **~ банк** Nationalbank *f;* **~ дохо́д** Volkseinkommen *nt;*

Н

~ **рынок** Inlandsmarkt *m*

нацист <-а> *м* Nationalsozialist(in) *m(f)*, Nazi *m*

наци|я <-и> *ж* Nation *f*

нача|дить <-жу́, -ди́шь> *св нпрх см.* **чадить**

начал|о <-а> *ср* Anfang *m*; **для начала** fürs erste; ~ **игры** СПОРТ Anspiel *nt*; **положить ~ чему-л.** den Grundstein legen zu *+dat*; **с начала до конца** von A bis Z; ~ **торговли** Börsenöffnung *f*; ~ **файла** ИНФОРМ Dateibeginn *m*

начальник <-а> *м* Leiter *m*, Vorgesetze(r) *f(m)*, Chef *m*; ~ **отдела** Abteilungsleiter *m*; ~ **отдела кадров** Personalchef *m*; ~ **отдела сбыта** Verkaufsleiter *m*; ~ **подразделения** Bereichsleiter *m*

начальн|ый <-ая, -ое> *прил* Anfangs-; ~ **баланс** Eröffnungsbilanz *f*, Anfangsbilanz *f*; ~ **капитал** Anfangskapital *nt*; ~ **остаток** Anfangsbestand *m*

начальств|о <-а> *ср* Vorgesetzte *m o f*; ~ **распорядилось** der Vorgesetzte hat angeordnet; **вызвать к начальству** zum Chef rufen

нач|ать <-ну́, -нёшь> *св прх см.* **начинать**

нач|аться <-ну́сь, -нёшься> *св рефл см.* **начинаться**

начеку *нрч* auf der Hut; **быть** ~ auf der Hut sein

нач|ертить <-ерчу́, -е́ртишь> *св прх см.* **чертить**

начёс <-а> *м* **1.** ТЕХ Aufrauung *f*, Anrauung *f*; ~ **шерсти** Seidenanrauung *f* **2.** *(причёска)* Toupieren *nt*; **высокий** ~ hoch toupiert

начёсыва|ть <-ю, -ешь> *нсв*, **начесать** *св прх* **1.** *(обработать)* aufrauen, anrauen **2.** *(уложить)* kämmen, toupieren; ~ **волосы** die Haare legen

нач|есть <-ту́, -тёшь> *св прх см.* **начитывать**

начёт <-а> *м* ФИН Anrechnung *f*; **возместить** ~ die Anrechnung ersetzen

начина|ть <-ю, -ешь> *нсв*, **начать** *св (н)прх* anfangen, beginnen; ~ **с нуля** bei Null anfangen; **с чего начать?** womit anfangen?; **начать разговор** das Gespräch beginnen; ~ **издалека** weit ausholen; **начать следствие** eine Untersuchung einleiten; **начал накрапывать дождь** es fing an zu regnen; **начало теплеть** es wurde warm; **начать пачку сигарет** eine Zigarettenschachtel anbrechen; ~ **бутылку вина** eine Flasche Wein öffnen

начина|ться <-юсь, -ешься> *нсв*, **начаться** *св рефл* beginnen; **спектакль начался** die Aufführung begann; **слушание дела началось** die gerichtliche Verhandlung lief an

начинающ|ий I. <-ая, -ее> *прил* angehend; ~ **художник** angehender Künstler *m* II. <-его> *м* Anfänger *m*

начин|ить <-ю́, -и́шь> *св прх см.* **начинять**

начинк|а <-и> *ж* Füllung *f*; **шоколадная** ~ Schokoladenfüllung *f*; **пирог с начинкой** Kuchen *m* mit Füllung

начиня|ть <-ю, -ешь> *нсв*, **начинить** *св прх (заполнить)* füllen; ~ **пирожки мясом** die Fleischtaschen füllen; ~ **патроны порохом** die Patronen mit Pulver füllen; **этот человек начинён сплетнями** dieser Mensch hat nur Klatsch im Kopf

начислени|е <-я> *ср* Zurechnung *f*; ~ **налога** Veranlagung *f*; ~ **процентов на капитал** Kapitalverzinsung *f*; ~ **процентов от номинальной стоимости ценных бумаг** Nominalverzinsung *f*; ~ **процентов по ценным бумагам** Wertpapierverzinsung *f*; ~ **процентов** Verzinsung *f*; ~ **сложных процентов** Aufzinsung *f*

начисля|ть <-ю, -ешь> *нсв*, **начислить** *св прх* berechnen

начи|стить <-щу, -стишь> *св прх см.* **начищать**

начисто *нрч* **1.** *разг (очень чисто)* rein, blank; ~ **выбритое лицо** glatt rasiertes Gesicht; **стены выбелены** ~ die Wände sind weiß gestrichen **2.** *(аккуратно)* sauber; **переписать** ~ ins Reine schreiben **3.** *(полностью)* ganz; **враг ~ разбит** der Feind ist total geschlagen; **окна выбиты** ~ die Fenster sind ganz ausgeschlagen **4.** *(честно)* offen(herzig); **рассказать всё** ~ alles offen erzählen

начистоту *нрч* offen(herzig), freimütig; **объяснимся** ~ sprechen wir offen; **действовать** ~ freimütig handeln

начитан|ный <-ная, -ное; -, -на, -но> *прил* **1.** *(много прочитавший)* belesen **2.** *(сведующий)* bewandert

начита|ться <-юсь, -ешься> *св рефл см.* **начитываться**

начитыва|ть <-ю, -ешь> *нсв*, **начесть** *св прх* ФИН anrechnen

начитыва|ться <-юсь, -ешься> *нсв*, **начитаться** *св рефл* viel lesen; ~ **романов** viele Romane lesen; **я читаю, не могу начитаться** ich lese und kann mich nicht satt lesen

начища|ть <-ю, -ешь> *нсв*, **начистить** *св прх* putzen, reinigen; ~ **картошки** Kartoffeln schälen; ~ **обувь** Schuhe putzen

начищен|ный <-ная, -ное; -, -а, -о> *прил* **1.** *(очень чистый)* blitzsauber **2.** *(чистый до блеска)* blank

наш *мест притяжат.* unser; **с нашей стороны** unsererseits

нашал|ить <-ю́, -и́шь> *св нпрх* Unfug treiben; **дети нашалили** die Kinder haben viel Unfug getrieben

нашаты|рь <-ря́> *м* Salmiak(geist) *m*

нашвыря|ть <-ю, -ешь> *св прх см.* **швырять**

нашёптыва|ть <-ю, -ешь> *нсв,* **нашепта́ть** *св нпрх* ins Ohr flüstern; **нашепта́ть вся́кого вздо́ра** jeden möglichen Unsinn erzählen

наше́стви|е <-я> *ср* **1.** ИСТОР Einfall *m,* Invasion *f* **2.** БИОЛ *(появле́ние)* Plage *f;* **~ саранчи́** Heuschreckenplage *f* **3.** *разг* **~ госте́й** Gästeüberfall *m*

нашива́|ть <-ю, -ешь> *нсв,* **наши́ть** *св прх* **1.** *(приши́ть пове́рх)* annähen; **~ карма́ны** die Taschen annähen; **~ этике́тки** Etiketten aufnähen **2.** *(сшить мно́го)* eine Menge nähen

наши́вк|а <-и> *ж* **1.** ВОЕН *(знак отли́чий)* Litze *f;* **~ на мунди́ре** Monturlitze *f;* **генера́льские наши́вки** Generaltressen *pl* **2.** *(поло́ска)* Lampassen *pl,* Hosenstreifen *m*

нашинко́выва|ть <-ю, -ешь> *нсв,* **нашинкова́ть** *св прх* klein schneiden; **~ капу́сту** Kohl klein schneiden

наш|и́ть <-ью́, -ьёшь> *св прх см.* **нашива́ть**

нашко́ди|ть <-шь> *1 л. ед. число не употр. св нпрх* Schaden anrichten; **нашко́дил, так отвеча́й!** den Schaden hast du angerichtet, jetzt solltest du dafür gerade stehen!

нашпиг|ова́ть <-у́ю, -у́ешь> *св прх см.* **шпигова́ть**

наштампо́выва|ть <-ю, -ешь> *нсв,* **наштампова́ть** *св прх* stempeln; **~ дета́ли** Maschinenteile stanzen, stempeln

нащёлкива|ть <-ю, -ешь> *нсв,* **нащёлкать** *св прх* **1.** *(наколо́ть)* knacken; **~ оре́хов** Nüsse knacken **2.** *разг (сфотографи́ровать)* aufnehmen; **нащёлкать фотогра́фий** Aufnahmen schießen **3.** *(надава́ть)* **нащёлкать по лбу** eine auf die Stirn geben

нащу́пыва|ть <-ю, -ешь> *нсв,* **нащу́пать** *св прх* **1.** МЕД fühlen; **~ пульс** den Puls fühlen **2.** *перен (зонди́ровать)* tasten; **~ сла́бое ме́сто** die schwache Stelle finden

наэлектризо́выва|ть <-ю, -ешь> *нсв,* **наэлектризова́ть** *св прх* elektrisieren

наяву́ *нрч* in Wirklichkeit; **всё происхо́дит ~** alles geschieht in Wirklichkeit; **не во сне, а ~** nicht im Schlaf, sondern in Wirklichkeit; **сон ~** Traum im wachen Zustand

НДС *сокр от* **нало́г на доба́вленную сто́имость** MwSt *f,* Mehrwertsteuer *f*

не *част отрица́ние* nicht, kein; **э́то ~ моё де́ло** das geht mich nichts an; **я тут ~ при чём** ich kann nichts dafür

неадеква́т|ный <-ная, -ное; -ен, -на, -но> *прил книжн* unangemessen

неаккура́т|ный <-ная, -ное; -ен, -на, -но> *прил* **1.** *книжн* unordentlich, schlampig **2.** *(опа́здывающий)* unpünktlich

неактуа́|льный <-льная, -льное; -лен, -льна, -льно> *прил* nicht aktuell; **неактуа́льная те́ма** nicht aktuelles Thema *nt*

неакцептова́ни|е <-я> *ср* ЭКОН Annahmeverweigerung *f*

неандерта́|лец <-льца> *м* Neandertaler *m*

неаппети́т|ный <-ная, -ное; -ен, -на, -но> *прил* unappetitlich

небезвре́д|ный <-ная, -ное; -ен, -на, -но> *прил* nicht unschädlich; **~ напи́ток** nicht unschädliches Getränk *nt;* **небезвре́дное лека́рство** nicht unschädliches Arzneimittel *nt*

небезопа́с|ный <-ная, -ное; -ен, -на, -но> *прил* nicht ungefährlich

небезразли́чно *нрч* nicht gleichgültig; **~ относи́ться к де́лу** engagiert [*o* nicht gleichgültig] die Sache angehen

небезызве́ст|ный <-ная, -ное; -ен, -на, -но> *прил* allgemein bekannt, sattsam bekannt

небрежли́в|ый <-ая, -ое; -, -а, -о> *прил* nachlässig, schlampig; **небережли́вое отноше́ние к веща́м** Nachlässigkeit *f*

небескоры́стно *нрч* nicht uneigennützig; **отноше́ние к вам ~** die Beziehung zu Ihnen ist nicht uneigennützig

небе́сн|ый <-ая, -ое> *прил* himmlisch, Himmels-; **небе́сное те́ло** Himmelskörper *m*

неблагови́д|ный <-ная, -ное; -ен, -на, -но> *прил* verwerflich, anstößig

неблаговоспи́тан|ный <-ная, -ное; -, -на, -но> *прил* schlecht erzogen; **~ посту́пок** schlechte Tat *f*

неблагода́рнос|ть <-ти> *ж* Undank *m,* Undankbarkeit *f*

неблагода́р|ный <-ная, -ное; -ен, -на, -но> *прил* undankbar

неблагозву́ч|ный <-ная, -ное; -ен, -на, -но> *прил* missklingend, misstönig; **~ акко́рд** disharmonischer Akkord *m*

неблагонадёж|ный <-ная, -ное; -ен, -на, -но> *прил* **1.** ПОЛ nicht loyal **2.** *(ненадежный)* unzuverlässig

неблагополу́ч|ный <-ная, -ное; -ен, -на, -но> *прил* ungünstig, unglücklich; **неблагополу́чные де́ти** СОЦИОЛ schwer erziehbare Kinder

неблагоприя́т|ный <-ная, -ное; -ен, -на, -но> *прил* ungünstig, negativ

неблагоразу́ми|е <-я> *ср* Unvernunft *f*

неблагоро́д|ный <-ная, -ное; -ен, -на, -но> *прил* **1.** *(неизя́щный)* unedel, unfein, unfair; **~ жест** unedle Geste *f* **2.** ГЕОЛ unedel; **неблагоро́дные мета́ллы** unedle Metalle *pl*

неблагоскло́нно *нрч* nicht wohlwollend; **отзыва́ться о ком-л. ~** nicht sehr wohlwollend über jdn sprechen; **относи́ться ~** sich nicht wohlwollend verhalten

неблагоустро́ен|ный <-ная, -ное; -, -а, -о> *прил* unkomfortabel

нёбн|ый <-ая, -ое> *прил* АНАТ, ЛИНГВ Gaumen-

нёб|о <-а> *ср* Himmel *m*

Н

нёб|о <-а> *ср* Gaumen *m*

небога́т|ый <-ая, -ое; -, -а, -о> *прил* **1.** *(скро́мный)* bescheiden; **небога́тое прида́ное** bescheidene Mitgift *f* **2.** *(ограни́ченный)* beschränkt; **челове́к небога́того ума́** ein Mensch mit sehr beschränktem Verstand **3.** *(ску́дный)* dürftig; **~ урожа́й** dürftige Ernte *f*

небоеспосо́бн|ый <-ая, -ое> *прил* kampfunfähig

небосво́д <-а> *м* Himmelsgewölbe *nt*

небоскло́н <-а> *м* Horizont *m*

небоскрёб <-а> *м* Wolkenkratzer *m*

небре́жнос|ть <-ти> *ж* Nachlässigkeit *f*; *(хала́тность)* Fahrlässigkeit *f*

небре́ж|ный <-ная, -ное; -ен, -на, -но> *прил* nachlässig, schlampig; *(хала́тность)* fahrlässig; **небре́жная рабо́та** Schlamperei *f*, Pfuscherei *f*

небро́ск|ий <-ая, -ое> *прил* unauffällig; **небро́ская вне́шность** unauffälliges Äußeres *nt*

небыва́ло *нрч* noch nie da gewesen, nie gesehen, beispiellos; **~ высо́кий урожа́й** unerhört große Ernte *f*

небыва́л|ый <-ая, -ое> *прил* nie da gewesen, beispiellos

небыли́ц|а <-ы> *ж* erfundene Geschichte *f*, Märchen *nt*; **расска́зывать кому́-л. небыли́цы** *перен* jdm einen Bären aufbinden

небыти|е́ <-я́> *ср* филос Nichtsein *nt*, Nichts *nt*

небьющ|ийся <-аяся, -ееся> *прил* unzerbrechlich

Нев|а́ <-ы́> *ж* геог Newa *m*

нева́ж|ный <-ная, -ное; -ен, -на́, -но> *прил* **1.** *(не име́ющий значе́ния)* unwichtig, belanglos **2.** *(плохо́й)* mies, miserabel

неваля́шк|а <-и> *ж* Steh-auf-Männchen *nt*

невдалеке́ *нрч* unweit, in der Nähe

невдомёк *нрч* **мне ~, что происхо́дит** ich konnte nicht begreifen was geschieht; **ему́ ~, как вы́йти из ситуа́ции** ihm fiel kein Ausweg aus der Situation ein

неве́дени|е <-я> *ср* Unkenntnis *f*, Unwissenheit *f*

неве́дом|ый <-ая, -ое; -, -а, -о> *прил* **1.** *(незнако́мый)* unbekannt **2.** *(таи́нственный)* geheimnisvoll

неве́жд|а <-ы> *м и ж* Unwissende(r) *m*, Ignorant *m*

неве́жествен|ный <-ная, -ное; -, -на, -но> *прил* ungebildet, unwissend

неве́жеств|о <-а> *ср* **1.** *(незна́ние)* Unwissenheit *f* **2.** *разг (невоспи́танность)* Unhöflichkeit *f*

неве́жливо *нрч* unhöflich; **~ не пропусти́ть да́му** es ist unhöflich, einer Dame nicht den Vortritt zu lassen; **~ толка́ться** sich zu drängen ist unhöflich

невезе́ни|е <-я> *ср* Pech *nt*

невезу́ч|ий <-ая, -ее> *прил* vom Pech verfolgt; **что же ты тако́й ~!** was bist du für ein Pechvogel!

неве́ри|е <-я> *ср* Unglaube *m*

неве́рнос|ть <-ти> *ж* Untreue *f*; **супру́жеская ~** Ehebruch *m*

неве́р|ный <-ная, -ное; -ен, -на́, -но> *прил* **1.** *(непра́вильный)* falsch, unrichtig **2.** *(вероло́мный)* untreu, treulos **3.** *(оши́бочный)* fehlerhaft

невероя́тнос|ть <-ти> *ж* Unwahrscheinlichkeit *f*

невероя́т|ный <-ная, -ное; -ен, -на, -но> *прил* unwahrscheinlich, unglaublich

неве́рующ|ий **I.** <-ая, -ее> *прил* ungläubig **II.** <-его> *м* Atheist *m*

невесёл|ый <-ая, -ое; -, -а́, -о> *прил* **1.** *(гру́стный)* traurig; **невесёлая исто́рия** traurige Geschichte *f*; **невеселая улы́бка** trauriges Lächeln *nt* **2.** *(ску́чный)* langweilig

невесо́мос|ть <-ти> *ж* Schwerelosigkeit *f*

невесо́м|ый <-ая, -ое; -, -а, -о> *прил* schwerelos

неве́ст|а <-ы> *ж* Braut *f*

неве́стк|а <-и> *ж* Schwiegertochter *f*; *(жена́ бра́та)* Schwägerin *f*

неве́сть *нрч* **1.** *разг (непоня́тно отчего́, как)* unklar; **~ отчего́ запла́кать** ohne Grund weinen **2.** *(неопределённо како́й)* irgendwelche; **~ каки́е ва́жные дела́** irgendwelche wichtige Dinge; **расхо́д ~ како́й** kleine Ausgaben **3.** *(о́чень ва́жный)* wer weiß was; **выдава́ть себя́ ~ за кого́** sich für jd Besonderes ausgeben; **сули́ть ~ что** wer weiß was versprechen **4.** *(не́что стра́шное)* etwas Schreckliches

невзго́д|а <-ы> *ж* Unglück *nt*

невзира́я на *предл* trotz *+dat*, ungeachtet *+gen*, ohne Rücksicht auf *+akk*; **невзира́я на э́то** ungeachtet dessen; **невзира́я ни на что** trotz alledem

невзнача́й *нрч разг* zufällig, unvermutet

невзра́ч|ный <-ная, -ное; -ен, -на, -но> *прил* unansehnlich

невзыска́тельнос|ть <-ти> *ж* Anspruchslosigkeit *f*, Genügsamkeit *f*

невзыска́те|льный <-льная, -льное; -лен, -льна, -льно> *прил* anspruchslos

неви́дан|ный <-ная, -ное; -, -на, -но> *прил* **1.** *(небыва́лый)* nie gesehen **2.** *(непозволи́тельный)* unerhört

невиди́мк|а <-и> *м и ж* Unsichtbare(r) *m*; **ша́пка-~** Tarnkappe *f*

неви́дим|ый <-ая, -ое; -, -а, -о> *прил* unsichtbar

неви́д|ный <-ная, -ное; -ен, -на, -но> *прил* **1.** *(недосту́пный зре́нию)* unsichtbar **2.** *(неприме́тный)* nicht wahrnehmbar; **неви́дная до́лжность** unbedeutender Posten *m;* **~ городишко** kleines Städtchen *nt;* **не рослый и ~ на вид** kleinwüchsig und unansehnlich

невиннос|ть <-ти> *ж* Unschuld *f;* *(девственность)* Jungfräulichkeit *f*

невин|ный <-ная, -ное; -ен, -на, -но> *прил* unschuldig; *(безобидный)* harmlos; *(девственный)* jungfräulich; **с невинным видом** mit Unschuldsmiene

невиновнос|ть <-ти> *ж* Unschuld *f;* **доказать ~** die Unschuld beweisen

невинов|ный <-ная, -ное; -ен, -на, -но> *прил* ЮР unschuldig

невменяем|ый <-ая, -ое; -, -а, -о> *прил* **1.** ЮР schuldunfähig, unzurechnungsfähig **2.** *(непредсказуемый)* unberechenbar

невмешательств|о <-а> *ср* Nichteinmischung *f*

невмоготу *нрч* unerträglich, nicht zum Aushalten; **молчать стало ~** es wurde unerträglich zu schweigen; **ждать ~** die Warterei ist nicht mehr auszuhalten

невнимани|е <-я> *ср* **1.** *(неосторожность)* Unaufmerksamkeit *f,* Unachtsamkeit *f* **2.** *(равнодушие)* Gleichgültigkeit *f*

невнимательнос|ть <-ти> *ж* Unachtsamkeit *f*

невнимате|льный <-льная, -льное; -лен, -льна, -льно> *прил* achtlos, unaufmerksam

невнят|ный <-ная, -ное; -ен, -на, -но> *прил* undeutlich; **~ говор** Gemurmel *nt*

невод <-а> *м* Fischnetz *nt*

невозвратим|ый <-ая, -ое; -, -а, -о> *прил* unersetzlich, unwiederbringlich

невозделанн|ый <-ая, -ое> *прил* **1.** АГР *(необработанный)* unbebaut **2.** *(лежащий под паром)* brachliegend

невоздержаннос|ть <-ти> *ж* Unmäßigkeit *f*

невоздержан|ный <-ная, -ное; -, -на, -но> *прил* unmäßig, maßlos, exzessiv

невозможнос|ть <-ти> *ж* Unmöglichkeit *f*

невозмож|ный <-ная, -ное; -ен, -на, -но> *прил* unmöglich

невозмутимос|ть <-ти> *ж* Gelassenheit *f,* Kaltblütigkeit *f*

невозмутим|ый <-ая, -ое; -, -а, -о> *прил* gelassen, unerschütterlich, unbeeindruckt

невольник <-а> *м* ИСТОР Sklave *m;* **торговля невольниками** Sklavenhandel *m*

невольно *нрч* **1.** *(непреднамеренно)* unwillkürlich; **~ оказаться свидетелем** unwillkürlich Zeuge sein **2.** *(непроизвольно)* ungewollt; **~ коснуться болезненной темы** ungewollt das wunde Thema berühren **3.** *(против воли)* unfreiwillig(erweise)

нево|льный <-льная, -льное; -лен, -льна, -льно> *прил* unwillkürlich

невол|я <-и> *ж* Unfreiheit *f,* Gefangenschaft *f,* Sklaverei *f*

невообразим|ый <-ая, -ое; -, -а, -о> *прил* unvorstellbar, unglaublich

невооружённ|ый <-ая, -ое> *прил* unbewaffnet; **невооружённым глазом** mit bloßem Auge

невоспитаннос|ть <-ти> *ж* Unerzogenheit *f,* Ungezogenheit *f*

невоспитан|ный <-ная, -ное; -, -на, -но> *прил* ungezogen

невосприимчивос|ть <-ти> *ж* Unempfindlichkeit *f;* МЕД Resistenz *f,* Immunität *f*

невостребованн|ый <-ая, -ое> *прил* nicht abgeholt; *(специалист)* nicht gebraucht

невпопад *нрч* unangebracht; **отвечать на вопросы ~** raten; **делать ~** unangebracht handeln

невпроворот *нрч* viel; **работы ~** viel zu tun haben; **мы ели, пили ~** wir haben viel gegessen und getrunken

невразумите|льный <-льное, -льная; -лен, -льна, -льно> *прил* unverständlich, unklar

невралгическ|ий <-ая, -ое> *прил* neuralgisch; **~ приступ** neuralgischer Anfall *m*

невралги|я <-и> *ж* МЕД Neuralgie *f*

неврастеник <-а> *м* МЕД, **неврастеничк|а** <-и> *ж* Neurastheniker(in) *m(f)*

неврастени|я <-и> *ж* МЕД Neurasthenie *f*

невредим|ый <-ая, -ое; -, -а, -о> *прил* heil

неврит <-а> *м* МЕД Neuritis *f,* Nervenentzündung *f*

невроз <-а> *м* Neurose *f*

невролог <-а> *м* МЕД Neurologe *m*

неврологи|я <-и> *ж* Neurologie *f*

невром|а <-ы> *ж* МЕД Neurom *nt,* Nervengewebegeschwulst *f*

невропати|я <-и> *ж* МЕД Neuropathie *f*

невропатолог <-а> *м* МЕД Neuropathologe *m*

невропатологи|я <-и> *ж* МЕД Neuropathologie *f*

невротик <-а> *м* Neurotiker *m*

невротическ|ий <-ая, -ое> *прил* neurotisch

невтерпёж *нрч* unerträglich, unausstehlich; **ждать уже ~** es ist unerträglich zu warten; **стало ~ от жажды** großen Durst haben

невыгод|ный <-ная, -ное, -ен, -на, -но> *прил* nachteilig, unvorteilhaft

невыдержан|ный <-ная, -ное; -, -на, -но> *прил* unbeherrscht; *(без единства)* uneinheitlich; *(о вине)* nicht ausgereift

невылазно *нрч* **~ запутаться в долгах** sich ausweglos in Schulden verwickeln; **сидеть дома ~** lange zu Hause hocken

невыносим|ый <-ая, -ое; -, -а, -о> *прил* unerträglich

невыполнени|е <-я> *ср* Nichtbefolgung *f,* Nichterfüllung *f;* **~ приказа** ВОЕН Befehlsverweigerung *f*

Н

невырази́те|льный <-льная, -льное; -лен, -льна, -льно> *прил* ausdruckslos

не́г|а <-и> *ж* **1.** *(дово́льство)* Wohlleben *nt* **2.** *(блаже́нство)* Wonne *f*, Seligkeit *f*; **предава́ться не́ге** sich der Wonne hingeben **3.** *(не́жность)* Zärtlichkeit *f*; **в его́ реча́х така́я ~** in seinen Reden ist so viel Zärtlichkeit

нега́данно *нрч* unerwartet, plötzlich; **прие́хать нежда́нно-~** unerwartet kommen; **пе́рвое чу́вство пришло́ ~** das erste Gefühl kam ganz plötzlich

негати́в <-а> *м* фот Negativ *nt*

негативи́зм <-а> *м* мед, псих Negativismus *m*; **де́тский ~** Kindernegativismus *m*

негати́в|ный <-ная, -ное; -ен, -на, -но> *прил* negativ

негашённ|ый <-ая, -ое> *прил* ungelöscht; **негашённая и́звесть** ungelöschter Kalk *m*

не́где *нрч* nirgends; **я́блоку упа́сть ~** *погово́рка* nicht mal für eine Nadel gibt es hier Platz; **спря́таться ~** man kann sich nirgends verstecken

негермети́чн|ый <-ая, -ое> *прил* undicht

неги́бк|ий <-ая, -ое> *прил* unbiegsam, ungelenk, steif

негла́сн|ый <-ая, -ое> *прил* nicht öffentlich, inoffiziell; **негла́сная це́ссия** stille Zession *f*; **~ компаньо́н** stiller Gesellschafter *m*; **негла́сное уча́стие** stille Beteiligung *f*

неглиже́ <неизм> *ср* Morgenrock *m*

него́дник <-а> *м разг*, **него́дниц|а** <-ы> *ж* Taugenichts *m*, Nichtsnutz *m*

него́днос|ть <-ти> *ж* Unbrauchbarkeit *f*; **прише́дший в ~** ausgedient haben

него́д|ный <-ная, -ное; -ен, -на́, -но> *прил* unbrauchbar; *(неприго́дный)* untauglich

негодова́ни|е <-я> *ср* **1.** *книжн* Zorn *m* **2.** *(возмуще́ние)* Empörung *f*; **приходи́ть в ~** sich entrüsten

негодя́|й <-я> *м* Halunke *m*, Schuft *m*, Schurke *m*

негостеприи́м|ный <-ная, -ное; -ен, -на, -но> *прил* ungastlich

негото́внос|ть <-ти> *ж* Nichtbereitschaft *f*; **~ к конта́ктам** Berührungsangst *f*

негр <не́гра> *м*, **негритя́нк|а** <-и> *ж* Neger(in) *m(f)*

негра́мотнос|ть <-ти> *ж* **1.** *(незна́ние гра́моты)* Analphabetentum *nt* **2.** *(некомпете́нтность)* Unwissenheit *f*, Inkompetenz *f*

негра́мот|ный **I.** <-ного> *м* Analphabet *m* **II.** <-ная, -ное; -ен, -на, -но> *прил* inkompetent

негро́ид <-а> *м* антроп Negroide *m*

негро́идн|ый <-ая, -ое> *прил* биол negroid; **негро́идная ра́са** negroide Rasse *f*

негума́н|ный <-ная, -ное; -ен, -на, -но> *прил* unmenschlich, inhuman

негу́сто *нрч* dünn, dünnflüssig, spärlich; **ры́бы налови́ли ~** wenig gefangen haben

неда́вн|ий <-яя, -ее> *прил* unlängst geschehen; **с неда́вних пор** seit neuestem, seit kurzer Zeit

неда́вно *нрч* vor kurzem, neulich

недалёк|ий <-ая, -ое; -, -а́, -о> *прил* **1.** *(бли́зкий)* nahe **2.** *перен (ограни́ченный)* begrenzt; **в недалёком бу́дущем** in absehbarer Zukunft

недальнови́д|ный <-ная, -ное; -ен, -на, -но> *прил перен* kurzsichtig

неда́ром *нрч* nicht umsonst, nicht ohne Grund

недви́жимос|ть <-ти> *ж* Immobilien *pl*, Liegenschaften *pl*; **ма́клер по недви́жимости** Immobilienmakler *m*; **торго́вля недви́жимостью** Immobilienhandel *m*; **фонд недви́жимости** Immobilienfonds *m*

недви́жим|ый <-ая, -ое; -, -а, -о> *прил* **1.** юр immobil; **недви́жимое иму́щество** Immobilien *pl* **2.** *(неподви́жный)* unbeweglich, regungslos, starr

недвусмы́слен|ный <-ная, -ное; -, -на, -но> *прил* eindeutig, unzweideutig

недееспосо́бнос|ть <-ти> *ж* **1.** юр Geschäftsunfähigkeit *f*, Handlungsunfähigkeit *f* **2.** *(неде́йственность)* Untüchtigkeit *f*, Untauglichkeit *f*

неде́йствен|ый <-ая, -ое> *прил* ineffizient

недействи́тельнос|ть <-ти> *ж* Ungültigkeit *f*

недействи́те|льный <-льная, -льное; -лен, -льна, -льно> *прил* unwirksam, ungültig, nichtig; **станови́ться неде́йствительным** юр erlöschen

недели́м|ый <-ая, -ое; -, -а, -о> *прил* unteilbar

неде́льн|ый <-ая, -ое> *прил* wöchentlich, Wochen-; **взять ~ о́тпуск** eine Woche Urlaub nehmen; **~ за́работок** Wochenlohn *m*, Wochengehalt *nt*

неде́л|я <-и> *ж* Woche *f*; **сорокачасова́я рабо́чая ~** Vierzigstundenwoche *f*

неде́лями *нрч* wochenlang

недержа́ни|е <-я> *ср* мед Enuresis *f*, Inkonsistenz *f*; **~ мочи́** Harnträufeln *nt*

недисциплини́рован|ный <-ная, -ное; -, -на, -но> *прил* undiszipliniert

недифференци́рован|ный <-ная, -ное; -, -на, -но> *прил* undifferenziert

недобо́р <-а> *м* Fehlbetrag *m*, Rückstand *m*, Ausfall *m*; **~ нало́гов** Steuerdefizit *nt*

недоброжела́тельнос|ть <-ти> *ж* **1.** *(антипа́тия)* Abneigung *f* **2.** *(неми́лость)* Missgunst *f*

недоброка́чественнос|ть <-ти> *ж* Fehlerhaftigkeit *f*, Minderwertigkeit *f*, schlechte Qualität *f*

недоброка́чествен|ный <-ная, -ное; -, -на, -но> *прил* fehlerhaft, minderwertig, defekt, von schlechter Qualität; **~ това́р** minderwertige Ware *f*

недобросо́вестнос|ть <-ти> *ж* Unzuverlässigkeit *f,* Pflichtvergessenheit *f,* Gewissenlosigkeit *f;* ЮР Unredlichkeit *f*

недове́ри|е <-я> *ср* Misstrauen *nt;* **вы́разить ~** Misstrauen ausdrücken

недове́рчив|ый <-ая, -ое; -, -а, -о> *прил* misstrauisch

недове́с <-а> *м* Untergewicht *nt,* Fehlgewicht *nt,* Gewichtsmanko *nt*

недово́|льный <-льная, -льное; -лен, -льна, -льно> *прил* unzufrieden; *(серди́тый)* missmutig, verdrießlich; *(разозлённый)* verärgert

недово́льств|о <-а> *ср* Unzufriedenheit *f;* *(неудово́льствие)* Unmut *m;* **вы́звать ~** Unmut hervorrufen; **выража́ть ~** sein Missfallen ausdrücken

недовыполне́ни|е <-я> *ср* Rückstand *m*

недовы́ручк|а <-и> *ж* Mindererlös *m,* Erlösausfall *m*

недога́дливос|ть <-ти> *ж* Mangel *m* an Scharfsinn, Begriffsstutzigkeit *f*

недогля́дыва|ть <-ю, -ешь> *нсв,* **недогляде́ть** *св прх* **1.** *(пропусти́ть)* übersehen, nicht bemerken; **недогляде́ть опеча́тку в те́ксте** den Druckfehler im Text übersehen **2.** *(не убере́чь)* außer Acht lassen; **~ за ребёнком** das Kind ohne Aufsicht lassen

недоговорённос|ть <-ти> *ж* **1.** *(ума́лчивание)* Verschweigen *nt* **2.** *(нея́сность)* Unklarheit *f* **3.** *(отсу́тствие договорённости)* Fehlen *nt* einer Absprache

недогружа́|ть <-ю, -ешь> *нсв,* **недогрузи́ть** *св прх* nicht voll laden; **недогрузи́ть ваго́ны** die Waggons unterladen; **~ това́р** nicht die ganze Ladung verladen

недоде́лк|а <-и> *ж* **1.** *(изъя́н)* Fehler *m,* Mangel *m,* Defekt *m* **2.** *(незавершённость)* Unvollendetheit *f,* Unvollkommenheit *f;* **в рабо́те есть недоде́лки** die Arbeit ist unvollendet

недоеда́ни|е <-я> *ср* Unterernährung *f*

недоеда́|ть <-ю, -ешь> *нсв,* **недое́сть** *св нпрх* sich schlecht ernähren, an Unterernährung leiden

недозво́лен|ный <-ная, -ное; -, -а, -о> *прил* verboten, unerlaubt

недозре́л|ый <-ая, -ое> *прил* unreif

недои́мк|а <-и> *ж* Zahlungsrückstand *m;* **взы́скивать недои́мки** Rückstände eintreiben

недои́мщик <-а> *м* rückständiger Schuldner *m*

недока́занн|ый <-ая, -ое> *прил* unerwiesen, unbewiesen

недоказу́емос|ть <-ти> *ж* МАТ, ФИЛОС Unbeweisbarkeit *f;* **~ теоре́мы** die Unbeweisbarkeit des Lehrsatzes

недоко́рм <-а> *м* АГР Unterernährung *f;* **~ скота́** Unterernährung *f* der Tiere

недо́лго *нрч* nicht lange; **~ ду́мая** kurzerhand, ohne lange zu überlegen

недолгове́ч|ный <-ная, -ное; -ен, -на, -но> *прил* **1.** *(о живы́х существа́х)* kurzlebig **2.** *(о веща́х и явле́ниях)* nicht von Dauer

недомога́ни|е <-я> *ср* МЕД Unwohlsein *nt;* **лёгкое ~** leichte Unpässlichkeit *f*

недомо́лвк|а <-и> *ж* **говори́ть недомо́лвками** mit Andeutungen sprechen

недонесе́ни|е <-я> *ср* Unterlassung *f*

недоно́шен|ный <-ная, -ное; -, -а, -о> *м* frühgeboren

недооце́нива|ть <-ю, -ешь> *нсв,* **недооцени́ть** *св прх* unterschätzen, unterbewerten

недооце́нк|а <-и> *ж* Unterschätzung *f;* **~ ситуа́ции** Unterschätzung *f* der Situation

недопоста́вк|а <-и> *ж* **~ гру́за** Warenteillieferung *f*

недопусти́м|ый <-ая, -ое; -, -а, -о> *прил* unzulässig

недопуще́ни|е <-я> *ср* Nichtzulassung *f,* Verweigerung *f*

недорабо́тк|а <-и> *ж* **~ прое́кта** ein nicht vollendetes Projekt; **ликвиди́ровать недорабо́тки** die Arbeit vollenden

недора́звит|ый <-ая, -ое; -, -а, -о> *прил* unterentwickelt

недоразуме́ни|е <-я> *ср* Missverständnis *nt;* *(оши́бка, недосмо́тр)* Versehen *nt;* **по недоразуме́нию** fälschlicherweise

недорог|о́й <-а́я, -о́е; -, -а́, -о> *прил* preisgünstig

не́дорос|ль <-ли> *м* **1.** ИСТОР *(молодо́й дворя́нин)* minderjähriger Landjunker *m* **2.** *ирон* *(недоу́чка)* geistig unentwickelter junger Mann *m;* **вы́расти не́дорослем** geistig unentwickelt aufwachsen

недосмо́тр <-а> *м* **1.** *(невнима́тельность)* Unachtsamkeit *f,* Versehen *nt* **2.** *(недоста́точный надзо́р)* ungenügende Beaufsichtigung *f*

недосп|а́ть <-лю́, -и́шь> *св нпрх см.* **недосыпа́ть**

недоста|ва́ть <-ёт> *безл, только 3 л нсв,* **недоста́ть** *св нпрх* **1.** *(нехвата́ть)* mangeln, knapp sein **2.** *(отсу́тствовать)* fehlen, vermisst werden; **нам тебя́ недостава́ло** wir haben dich vermisst; **э́того ещё недостава́ло!** das hat uns gerade noch gefehlt!

недоста́т|ок <-ка> *м* **1.** *(изъя́н)* Nachteil *m* **2.** *(оши́бка)* Fehler *m* **3.** *(дефици́т)* Mangel *m,* Engpass *m;* **испы́тывать о́стрый ~ в чём-л.** Mangel leiden an *+dat;* **~ изде́лия** Sachmangel *m;* **~ спро́са** Nachfragedefizit *nt;* **~ това́ров** Güterknappheit *f*

недоста́точнос|ть <-ти> *ж* **1.** *(дефици́т)* Mangel *m,* Unzulänglichkeit *f* **2.** МЕД Insuffizienz *f*

недоста́точ|ный <-ная, -ное; -ен, -на, -но> *прил* ungenügend, unzureichend,

Н

mangelhaft; **недоста́точная капиталовооружённость** Unterfinanzierung *f;* **недоста́точное снабже́ние** Unterversorgung *f*

недоста́|ть <-ёт> *св безл см.* **недостава́ть**

недоста́ч|а <-и> *ж* **1.** эКОН Fehlbetrag *m,* Manko *nt,* Fehlbestand *m,* Fehlmenge *f* **2.** *(поте́ря)* Verlust *m* **3.** ФИН Differenz *f;* **~ в ка́ссе** Kassenfehlbetrag *m;* **~ на скла́де** Lagerabgang *m*

недостающ|ий <-ая, -ее> *прил* fehlende(r, s); **недостаю́щая су́мма** Fehlbetrag *m;* **недостаю́щее коли́чество** Fehlmenge *f*

недостижи́мос|ть <-ти> *ж* Unerreichbarkeit *f*

недостижи́м|ый <-ая, -ое; -, -а, -о> *прил* unerreichbar

недостове́р|ный <-ная, -ное; -ен, -на, -но> *прил* **1.** *(сомни́тельный)* unglaubwürdig **2.** *(непрове́ренный)* nicht überprüft **3.** *(неве́рный, ло́жный)* falsch

недосто́|йный <-йная, -йное; -ин, -йна, -йно> *прил* unwürdig; **~ челове́ка** menschenunwürdig

недосту́п|ный <-ная, -ное; -ен, -на, -но> *прил* unzugänglich, unerschwinglich

недосу́г <-а> *м* Zeitmangel *m;* **сосла́ться на ~** sich auf die fehlende Zeit berufen; **нам ~** uns fehlt die Zeit

недосчи́тыва|ться <-юсь, -ешься> *нсв,* **недосчита́ться** *св рефл* **1.** *(обнару́жить недоста́ток)* vermissen **2.** *(потеря́ть)* verloren haben

недосыпа́|ть <-ю, -ешь> *нсв,* **недоспа́ть** *св нпрх* zu wenig schlafen, nicht ausschlafen; **недоспа́л и голова́ боли́т** nach wenig Schlaf tut mir der Kopf weh; **ка́ждый день недосыпа́ешь!** jeden Tag hast du nicht ausgeschlafen!

недосяга́ем|ый <-ая, -ое; -, -а, -о> *прил* unerreichbar; **~ ко́смос** das unerreichbare Weltall; **подня́ться на недосяга́емые высо́ты** auf unerreichbare Höhe steigen

недотёп|а <-ы> *м и ж ирон, разг* Tölpel *m,* Tollpatsch *m;* **вы́расти недотёпой** als Tölpel aufwachsen

недотро́г|а <-и> *м и ж* **1.** *разг (оби́дчивый челове́к)* überempfindlicher Mensch *m;* **разы́грывать недотро́гу** die Zimperliese spielen **2.** БОТ Balsaminengewächs *nt*

недоу́зд|ок <-ка> *м* Halfter *f*

недоумева́|ть <-ю, -ешь> *нсв нпрх* staunen; **недоумева́ю, как вы уцеле́ли!** ich kann es nicht fassen, wie habt ihr überlebt!

недоуме́ни|е <-я> *ср* Befremden *nt,* Entrüstung *f;* **вы́звать чьё-л. ~** jdn befremden

недоу́м|ок <-ка> *м ирон, разг* Hohlkopf *m;* **нашёл недоу́мка** da bist du an den Falschen geraten

недоу́чива|ться <-юсь, -ешься> *нсв,* **недоучи́ться** *св рефл* die Schule nicht beenden; **бро́сил шко́лу и недоучи́лся** er hat die Schule geschmissen und so blieb er halbgebildet

недохва́тк|а <-и> *ж разг* Fehlen *nt,* Mangel *m;* **~ рабо́чих** Mangel *m* an Arbeitskraft

недочёт <-а> *м* эКОН Fehlbetrag *m,* Differenz *f,* Manko *nt*

не́др|а <-> *мн* Innere *nt;* **~ земли́** Erdinnere *nt*

не́друг <-а> *м книжн* Feind *m,* Gegner *m,* Widersacher *m*

недружелю́би|е <-я> *ср* Feindseligkeit *f,* Unfreundlichkeit *f*

неду́г <-а> *м* Leiden *nt,* Krankheit *f*

недур|но́й <-на́я, -но́е; -ен, -на́, -но> *прил* **1.** *(привлека́тельный)* hübsch; **недурён собо́й** er sieht nicht übel aus **2.** *(неплохо́й)* erträglich, passabel; **недурно́е воспита́ние** keine schlechte Erziehung *f*

недю́жинн|ый <-ая, -ое> *прил* außergewöhnlich, hervorragend, überdurchschnittlich; **недю́жинные спосо́бности** überdurchschnittliche Fähigkeiten *fpl*

неесте́ствен|ный <-ная, -ное; -, -на, -но> *прил* unnatürlich, gekünstelt

нежва́чны|е <-х> *мн* ЗООЛ Nichtwiederkäuer *pl*

нежда́нно *нрч* unerwartet; **го́сти появи́лись ~** die Gäste kamen völlig unerwartet

нежела́ни|е <-я> *ср* Unwille *m; (неохо́та)* Unlust *f*

нежела́те|льный <-льная, -льное; -лен, -льна, -льно> *прил* unerwünscht

не́женк|а <-и> *ж ирон, разг* zimperlicher Mensch *m;* **расти́ не́женкой** wie ein Weichling aufwachsen

нежив|о́й <-а́я, -о́е> *прил* **1.** *(неоргани́ческий)* anorganisch; **нежива́я приро́да** anorganische Natur *f* **2.** *(вя́лый, ту́склый)* matt **3.** *(апати́чный)* tot, apathisch; **неживы́е глаза́** tote Augen *pl*

нежи́знен|ный <-ная, -ное; -, -на, -но> *прил* **1.** *(нереа́льный)* unwirklich, fantastisch **2.** *(неримени́мый)* unanwendbar

нежил|о́й <-а́я, -о́е> *прил* unbewohnt; **нежило́е помеще́ние** unbewohnbarer Raum *m*

нежи́рн|ый <-ая, -ое> *прил (о проду́ктах)* fettarm

не́ж|иться <-усь, -ишься> *нсв рефл разг* sich aalen

не́жнос|ть <-ти> *ж* Zartheit *f; (не́жное обраще́ние)* Zärtlichkeit *f*

не́ж|ный <-ная, -ное; -ен, -на́, -но> *прил* zart; *(в обраще́нии)* zärtlich

незабу́дк|а <-и> *ж* БОТ Vergissmeinnicht *nt*

незабыва́ем|ый <-ая, -ое; -, -а, -о> *прил* unvergesslich

незавершён|ный <-ная, -ное; -, -а, -о> *прил* unvollendet; **~ прое́кт** unvollendetes Projekt *nt*

незави́д|ный <-ная, -ное; -ен, -на, -но> *прил* nicht beneidenswert, nicht zu beneiden; **занима́ть незави́дное положе́ние** in einer kläglichen Lage sein; **игра́ть незави́дную роль** eine kleine Rolle spielen; **вы́пала незави́дная до́ля** jdm wurde ein nicht beneidenswertes Schicksal zuteil werden

незави́симос|ть <-ти> *ж* Unabhängigkeit *f*, Autonomie *f*, Selbständigkeit *f*

незави́сим|ый <-ая, -ое; -, -а, -о> *прил* unabhängig, autonom, selbständig

незадо́лго *нрч* kurz vor, kurz vorher; **~ до отъе́зда** kurz vor der Abreise

незажива́ющ|ий <-ая, -ее> *прил* nicht (ver)heilend; **незажива́ющая ра́на** schwer heilende Verletzung *f*

незаинтересо́ван|ный <-ная, -ное; -, -а, -о> *прил* uninteressiert, nicht daran interessiert; **незаинтересо́ванная сторона́** unvoreingenommene Seite *f*

незако́н|ный <-ная, -ное; -ен, -на, -но> *прил* ungesetzlich, illegal; **незако́нное заня́тие каки́м-л. про́мыслом** Schwarzarbeit *f*

незако́нченн|ый <-ая, -ое> *прил* unvollendet

незамедли́те|льный <-льная, -льное; -лен, -льна, -льно> *прил* unverzüglich

незамени́м|ый <-ая, -ое; -, -а, -о> *прил* unersetzbar, unabkömmlich

незамерза́ющий *прил* nicht zufrierend; **~ родни́к** eisfreie Quelle *f*

незаме́тно *нрч* unbemerkbar, unauffällig; **уйти́ из до́ма ~** unbemerkt aus dem Hause gehen; **~ наступи́ла ночь** unmerklich wurde es Nacht

незаме́т|ный <-ная, -ное; -ен, -на, -но> *прил* **1.** *(небро́ский)* unauffällig **2.** *(неуловú́мый)* unmerklich

незаму́жн|ий <-яя, -ее> *прил (о же́нщине)* unverheiratet, ledig

неза́нят|ый <-ая, -ое; -, -а, -о> *прил* frei, unbeschäftigt

незапа́мятн|ый <-ая, -ое> *прил* undenklich; **с незапа́мятных времён** immer schon, seit eh und je

незапо́лненн|ый <-ая, -ое> *прил* blanko; **~ чек** Blankoscheck *m*; **~ ве́ксель** Blankowechsel *m*

незапя́тнанн|ый <-ая, -ое> *прил* makellos, tadellos; **незапя́тнанная репута́ция** tadelloser Ruf *m*

незара́з|ный <-ная, -ное; -ен, -на, -но> *прил* nicht ansteckend; **незара́зное заболева́ние** nicht ansteckende Krankheit *f*

незаря́жен|ный <-ная, -ное; -, -а, -о> *прил* ungeladen, nicht geladen; **~ пистоле́т** ungeladene Pistole *f*

незаслу́женно *нрч* unverdient, unverschuldet; **~ оби́деть кого́-л.** unverdient jdm beleidigen; **~ нести́ наказа́ние** unverschuldet eine Strafe absitzen

незаслу́жен|ный <-ная,-ное; -, -на, -но> *прил* unverdient

незате́йлив|ый <-ая, -ое; -, -а, -о> *прил* **1.** *(бесхи́тростный)* unkompliziert **2.** *(просто́й)* einfach, primitiv; **~ узо́р** primitives Muster *nt*

незауря́д|ный <-ная, -ное; -ен, -на, -но> *прил* außergewöhnlich; **~ тала́нт** außergewöhnliche Begabung *f*; **~ хара́ктер** außergewöhnlicher Charakter *m*

не́зачем *нрч разг* nicht nötig, zwecklos; **~ ходи́ть без приглаше́ния** es gehört sich nicht, uneingeladen aufzutauchen

незащищённ|ый <-ая, -ое> *прил* **1.** *(беззащи́тный)* schutzlos **2.** *(нужда́ющийся в по́мощи)* schutzbedürftig; **социа́льно незащищённые гру́ппы населе́ния** sozial nicht abgesicherte Bevölkerungsgruppen

незва́н|ый <-ая, -ое> *прил* ungeladen

нездéшн|ий <-яя, -ее> *прил* **1.** *(прие́зжий)* nicht von hier **2.** *(чужо́й)* fremd; **~ обы́чай** fremder Brauch *m* **3.** *(неземно́й)* nicht von dieser Welt

нездоро́в|ый <-ая, -ое; -, -а, -о> *прил* **1.** *(вредя́щий здоро́вью)* ungesund **2.** *и перен* krankhaft

неземн|о́й <-ая, -ое> *прил* überirdisch

незлоби́в|ый <-ая, -ое; -, -а, -о> *прил* arglos

незло́б|ный <-ная, -ное; -ен, -на, -но> *прил* gut, gutherzig, sanftmütig; **~ нрав** gutmütiges Wesen *nt*

незлопа́мятн|ый <-ая, -ое> *прил* nicht nachtragend; **~ хара́ктер** nicht nachtragender Charakter *m*

незна́йк|а <-и> *м и ж разг* Nichtswisser *m*; **прики́дываться незна́йкой** so tun, als wisse man von nichts

i Land & Leute

Unter den Lieblingsbüchern russischer Vorschul- und Grundschulkinder ist **die Bücherserie über Nesnajka** und seine Freunde besonders zu nennen. Diese vom sowjetischen Kinderschriftsteller N. Nossow verfassten Geschichten, die von Abenteuern winziger Jungen und Mädchen aus einer „Blumenstadt“ handeln, haben viele Generationen von Kindern fasziniert. Sie drehen sich um einen sorglosen, ungezogenen und unwissenden, aber lernfähigen Jungen, dessen künstlicher Kindername etwa „Ich weiß nicht, wie“ bedeutet. Im Umgang mit seinen wohlerzogenen, klügeren und tüchtigen Freunden lernt Nesnajka viele gute und nützliche Dinge kennen.

Н

незнако́м|ец <-ца> *м*, **незнако́мк|а** <-и> *ж* Unbekannte(r) *f(m)*; **таи́нственная незнако́мка** geheimnisvolle Unbekannte *f*

незнако́м|ый <-ая, -ое; -, -а, -о> *прил* unbekannt, fremd

незна́мо *нрч* Gott weiß; **э́то случи́лось ~ как** nur Gott weiß, wie das geschah; **прийти́ домо́й ~ в кото́ром часу́** zu unbekannter Zeit heimkommen

незна́ни|е <-я> *ср* Unwissenheit *f*, Unkenntnis *f*; **~ зако́нов** Unkenntnis *f* der Gesetze; **допусти́ть оши́бку по незна́нию** aus Unwissenheit Fehler machen

незна́чащ|ий <-ая, -ее> *прил* unwichtig, bedeutungslos; **~ жест** leere Geste *f*

незначи́те|льный <-льная, -льное; -лен, -льна, -льно> *прил* bedeutungslos, belanglos, nichtig

незре́лос|ть <-ти> *ж* Unreife *f*; **~ ума́** Verstandsunreife *f*

незре́л|ый <-ая, -ое; -, -а, -о> *прил и перен* unreif

незря́ч|ий <-ая, -ее> *прил* blind; **~ ста́рик** blinder Alter *m*

незы́блем|ый <-ая, -ое; -, -а, -о> *прил* **1.** *(непоколеби́мый)* unveränderlich **2.** *(твёрдый)* unerschütterlich; **незы́блемая ве́ра** unerschütterlicher Glauben *m*

неизбе́ж|ный <-ная, -ное; -ен, -на, -но> *прил* unausweichlich; *(неотврати́мый)* unabwendbar

неизве́дан|ный <-ная, -ное; -, -на, -но> *прил* **1.** *(неизу́ченный)* unerforscht; **неизве́данные стра́ны** unerforschte Länder *ntpl* **2.** *(неиспы́танный)* noch nicht erprobt; **неизве́данное сча́стье** noch nicht erlebtes Glück *nt*

неизве́ст|ный <-ная, -ное; -ен, -на, -но> *прил* **1.** *(никому́ не знако́мый)* unbekannt **2.** *(нея́сный, непоня́тный)* obskur; **э́то пока́ никому́ неизве́стно** das steht in den Sternen

неизлечи́м|ый <-ая, -ое; -, -а, -о> *прил* unheilbar

неизме́н|ный <-ная, -ное; -ен, -на, -но> *прил* **1.** *(постоя́нный)* unverändert **2.** *(не подлежа́щий измене́нию)* unabänderlich **3.** *(не меня́ющийся)* gleichbleibend

неизменя́емос|ть <-ти> *ж разг* Unveränderlichkeit *f*, Unabänderlichkeit *f*

неизмери́м|ый <-ая, -ое; -, -а, -о> *прил* unermesslich

неизу́чен|ный <-ая, -ное; -, -а, -о> *прил* **1.** *(неиссле́дованный)* unerforscht; **~ ко́смос** der unerforschte Weltraum **2.** *(неизве́стный)* unbekannt

неизъясни́м|ый <-ая, -ое; -, -а, -о> *прил* unaussprechlich, unsagbar, unsäglich; **неизъясни́мое блаже́нство** unsagbare Wonne *f*

неиме́ни|е <-я> *ср разг* Mangel *m*; **за неиме́нием доказа́тельств** aus Mangel an Beweisen

неимове́р|ный <-ная, -ное; -ен, -на, -но> *прил* groß; **неимове́рные уси́лия** ungeheuerliche Anstrengung *f*

неиму́щ|ий <-ая, -ее> *прил книжн* besitzlos, mittellos

неинтеллиге́нт|ный <-ная, -ное; -ен, -на, -но> *прил* nicht intelligent, ungebildet

неискорени́м|ый <-ая, -ое; -, -а, -о> *прил* unausrottbar; **неискорени́мые предрассу́дки** fest eingewurzelte Vorurteile *mpl*

нейскрен|ний <-няя, -нее; - *или* -ен, -а *или* -на, -е *или* -не> *прил* unaufrichtig

неискушённ|ый <-ая, -ое> *прил* unerfahren

неисповеди́м|ый <-ая, -ое; -, -а, -о> *прил* unergründlich; **неисповеди́мы пути́ госпо́дни** unergründlich sind Gottes Wege

неисполне́ни|е <-я> *ср* Nichterfüllung *f*

неисполни́мос|ть <-ти> *ж* Unerfüllbarkeit *f*

неиспо́льзованн|ый <-ая, -ое> *прил* ungenutzt

неиспо́рченн|ый <-ая, -ое> *прил* **1.** *(здоро́вый, це́лый)* unverdorben **2.** *перен (неви́нный)* rein

неисправи́м|ый <-ая, -ое; -, -а, -о> *прил* unverbesserlich

неиспра́внос|ть <-ти> *ж* Defekt *m*, Panne *f*; **~ мото́ра** Motorschaden *m*; **~ станка́** Maschinenschaden *f*

неиспра́в|ный <-ная, -ное; -ен, -на, -но> *прил* defekt, mangelhaft

неиссяка́ем|ый <-ая, -ое; -, -а, -о> *прил* unerschöpflich; **~ исто́чник** unversiegbare Quelle *f*

не́йстово *нрч* laut, ungestüm, rasend; **~ крича́ть от бо́ли** vor Schmerzen laut schreien

не́йстовств|о <-а> *ср* Zorn *m*, Rage *f*

не́йстовств|овать <-ую, -уешь> *нсв нпрх* rasen, sehr wütend sein

не́йстов|ый <-ая, -ое; -, -а, -о> *прил* **1.** *книж* leidenschaftlich, ungestüm **2.** *(бе́шеный)* rasend

неистощи́м|ый <-ая, -ое; -, -а, -о> *прил* unerschöpflich; **неистощи́мые запа́сы** unversiegbare Vorräte *mpl*

неистреби́м|ый <-ая, -ое; -, -а, -о> *прил* unausrottbar

неисцели́м|ый <-ая, -ое; -, -а, -о> *прил книжн* unheilbar

неисчерпа́ем|ый <-ая, -ое; -, -а, -о> *прил* unerschöpflich, unerschöpfliche; **неисчерпа́емые приро́дные бога́тства** unerschöpfliche Naturschätze *mpl*

неисчисли́м|ый <-ая, -ое; -, -а, -о> *прил* unzählig; **неисчисли́мое мно́жество** unzählbare Menge *f*

нейло́н <-а> *м* Nylon *nt*

нейло́нов|ый <-ая, -ое; -, -а, -о> *прил* Nylon-; **нейло́новая ку́ртка** Nylonjacke *f*

нейропсихоло́ги|я <-и> *ж* МЕД, ПСИХ Neuropsychologie *f*

нейрохиру́рг <-а> *м* МЕД Neurochirurg *m*

нейтрализа́ци|я <-и> *ж* **1.** ХИМ Neutralisation *f;* **~ кисло́тных свойств** Neutralisation *f* der Säureeigenschaften **2.** ЛИНГВ, ПОЛ, ВОЕН Neutralisierung *f*

нейтрализ|ова́ть <-у́ю, -у́ешь> *(н)св прх* neutralisieren

нейтралите́т <-а> *м* ПОЛ, ЮР Neutralität *f;* **сохраня́ть ~** die Neutralität bewahren; **догово́р о нейтралите́те** Neutralitätsvertrag *m*

нейтра́|льный <-льная, -льное; -лен, -льна, -льно> *прил* neutral; **нейтра́льная сторона́** neutrale Seite *f*

нейтро́н <-а> *м* Neutron *nt*

нейтро́нн|ый <-ая, -ое> *прил* Neutronen-; **нейтро́нное ору́жие** Neutronenwaffe *f*

неказист|ый <-ая, -ое; -, -а, -о> *прил* unansehnlich; **некази́стая вне́шность** unscheinbar vom Aussehen

неквалифици́рованн|ый <-ая, -ое> *прил* ungelernt, unqualifiziert; **~ рабо́чий** Hilfskraft *f*

не́кий *мест неопр.* ein gewisser; **вас спра́шивает ~ господи́н** ein Anruf für Sie von einem gewissen Herrn

не́когда *нрч* **1.** *(нет свобо́дного вре́мени)* keine Zeit; **гуля́ть ~ – на́до рабо́тать** keine Zeit zum Nichtstun – die Arbeit ruft; **мне ~** ich habe keine Zeit **2.** *(давно́, в про́шлом)* einst, vor Zeiten; **здесь ~ был родни́к** einst gab es hier eine Quelle **3.** *(в бу́дущем)* irgendwann einmal

не́кого *мест отрицат.* niemand; **~ спроси́ть** man kann niemanden fragen

некомпане́йск|ий <-ая, -ое> *прил разг* ungesellig; **~ челове́к** Spielverderber *m*

некомпете́нтнос|ть <-ти> *ж* Inkompetenz *f*, Unzuständigkeit *f*

некомпле́кт|ный <-ная, -ное; -ен, -на, -но> *прил* unvollständig, nicht komplett

неконверти́руемос|ть <-ти> *ж* Nichtkonvertibilität *f*

неконта́кт|ный <-ная, -ное; -ен, -на, -но> *прил* nicht kontaktfähig; **~ больно́й** der Kranke ist nicht kontaktfähig

некорре́кт|ный <-ная, -ное; -ен, -на, -но> *прил (нетакти́чный)* inkorrekt, unkorrekt

не́который *мест неопр.* **1.** *(како́й-то)* ein gewisser **2.** *мн (ины́е)* manche, einige; **с не́которых пор** seit geraumer Zeit; **не́которое вре́мя** einige Zeit, eine Zeitlang, eine Weile

некраси́в|ый <-ая, -ое; -, -а, -о> *прил* **1.** *(непривлека́тельный)* unschön, nicht schön; **некраси́вый по́черк** hässliche Handschrift *f* **2.** *(нече́стный)* unehrlich, unredlich; **~ посту́пок** unehrliche Tat *f*

некредитоспосо́бнос|ть <-ти> *ж* ФИН Kreditunfähigkeit *f*, Kreditunwürdigkeit *f;* **~ предприя́тия** Nonvalenz *f* eines Betriebes; **объяви́ть ~** Insolvenz *f* erklären

некредитоспосо́б|ный <-ная, -ное; -ен, -на, -но> *прил* ФИН kreditunfähig; **~ клие́нт** kreditunfähiger Kunde *m*

некрити́ческ|ий <-ая, -ое> *прил* kritiklos, unkritisch; **некрити́ческое отноше́ние** unkritische Einstellung *f;* **~ ана́лиз** kritiklose Analyse *f*

некрити́ч|ный <-ная, -ное; -ен, -на, -но> *прил* kritiklos, unkritisch; **некрити́чное отноше́ние к недоста́ткам на предприя́тии** Betriebsblindheit *f;* **некрити́чно относя́щийся к недоста́ткам на предприя́тии** betriebsblind sein

некроло́г <-а> *м* Nachruf *m*

некро́по|ль <-ля> *м* Nekropole *f*, Nekropolis *f*

некста́ти *нрч* ungelegen, unangebracht; **ваш визи́т о́чень ~** Ihr Besuch kommt zu unpassender Zeit; **ре́плика прозвуча́ла ~** der Zwischenruf war völlig fehl am Platz; **замеча́ние оказа́лось ~** die Bemerkung kam ungelegen

некта́р <-а> *м* Nektar *m*

некульту́р|ный <-ная, -ное; -ен, -на, -но> *прил* **1.** *(невоспи́танный)* ungebildet; **некульту́рные мане́ры** schlechte Manieren *pl*; **некульту́рная речь** kulturlose Sprache *f* **2.** *(дикорасту́щий)* unkultiviert, wildwachsend; **некульту́рные сорта́ виногра́да** wildwachsende Weinsorten *fpl*

некуря́щ|ий <-ая, -ее> *м* Nichtraucher *m*

нела́дно *нрч* schlecht, nicht in Ordnung; **здесь что-то ~** hier ist etwas faul, hier stimmt etwas nicht

нелад|ы́ <-о́в> *мн* **1.** *разг (ссо́ры)* Zerwürfnis *nt*, Zwistigkeiten *pl*, Reibereien *pl;* **~ в семье́** Familienzank *m* **2.** ТЕХ *(непола́дки)* Beschädigung *f*, Fehler *m*, Störung *f;* **~ в дви́гателе** Motorschaden *m*

нела́сков|ый <-ая, -ое; -, -а, -о> *прил* **1.** *(сде́ржанный)* zurückhaltend; **~ ребёнок** zurückhaltendes Kind *nt* **2.** *(неприве́тливый)* unfreundlich; **~ взгляд** unfreundlicher Blick *m*

нелега́|льный <-льная, -льное; -лен, -льна, -льно> *прил* illegal; **нелега́льная торго́вля** Schwarzhandel *m;* **~ ры́нок** Schwarzmarkt *m*

нелёг|кий <-кая, -кое; -ок, -ка́, -ко́> *прил* schwierig; **нелёгкая борьба́** harter Kampf *m*

нелéпос|ть <-ти> *ж* Unsinnigkeit *f*

нелéп|ый <-ая, -ое; -, -а, -о> *прил* unsinnig, widersinnig; **нелéпая идéя** absurde Idee *f*

нелéст|ный <-ная, -ное; -ен, -на, -но> *прил* abfällig; **нелéстное выска́зывание** abfällige Bemerkung *f*

нелётн|ый <-ая, -ое> *прил* ungünstig zum

Fliegen; **нелётная пого́да** kein Flugwetter

неликви́днос|ть <-ти> *ж* ЭКОН Illiquidität *f*

неликви́дн|ый <-ая, -ое> *прил* illiquide

нелимити́рован|ный <-ная, -ное; -, -а, -о> *прил* nicht limitiert; **нелимити́рованное поруче́ние, ~ прика́з** ЭКОН Bestens-Auftrag *m*

нелицеприя́т|ный <-ная, -ное; -ен, -на, -но> *прил* unangenehm; **~ разгово́р** unangenehmes Gespräch *nt;* **нелицеприя́тная кри́тика** unangenehme Kritik *f*

нели́шне *нрч разг* angebracht; **~ предупреди́ть о визи́те** es ist angebracht den Besuch zu melden; **~ вы́йти во́время** es ist angebracht rechtzeitig loszufahren

нело́в|кий <-кая, -кое; -ок, -ка́, -ко> *прил* **1.** *(неуклю́жий)* plump, ungeschlacht **2.** *перен (мучи́тельный, неприя́тный)* peinlich; **поста́вить кого́-л. в нело́вкое положе́ние** jdn in eine peinliche Lage bringen

нело́вкос|ть <-ти> *ж* **1.** *(смуще́ние)* Peinlichkeit *f;* **испыта́ть чу́вство нело́вкости** peinlich berührt sein **2.** *(неуклю́жесть)* Ungeschicklichkeit *f,* Plumpheit *f*

нелоги́ч|ный <-ная, -ное; -ен, -на, -но> *прил* unlogisch

нелоя́льнос|ть <-ти> *ж* Illoyalität *f;* **~ поведе́ния** unloyales Verhalten *nt;* **прояви́ть ~** Illoyalität zeigen

нельзя́ *нрч* man darf [*o* soll] nicht

нелюбе́з|ный <-ная, -ное; -ен, -на, -но> *прил* unfreundlich, unliebenswürdig; **~ приём** unfreundlicher Empfang *m;* **~ отве́т** unfreundliche Antwort *f*

нелюди́м|ый <-ая, -ое; -, -а, -о> *прил* menschenscheu

нема́ло *нрч* **1.** *(дово́льно мно́го)* recht viel **2.** *(не́сколько)* etliche, viele; **тому́ ~ приме́ров** dafür gibt es viele Beispiele

немалова́ж|ный <-ная, -ное; -ен, -на, -но> *прил* wesentlich, relevant

нема́л|ый <-ая, -ое; -, -а, -о> *прил* nicht unbedeutend, ordentlich; **~ срок** geraume Zeit *f;* **в нема́лой сте́пени** in beträchtlichem Maße

нема́рочн|ый <-ая, -ое> *прил* **~ проду́кт** No-Name-Produkt *nt*

нематериа́|льный <-льная, -льное; -лен, -льна, -льно> *прил* immateriell; **нематериа́льные це́нности** Immaterialgüter *pl;* **~ основно́й капита́л** immaterielles Anlagevermögen *nt*

неме́дленно *нрч* sofort, unverzüglich, auf der Stelle; **~ приня́ть ме́ры** sofort Maßnahmen ergreifen; **~ оказа́ть по́мощь** auf der Stelle Hilfe leisten; **прошу́ отве́тить ~** bitte umgehend antworten

неме́дленн|ый <-ая, -ое> *прил* sofortig, augenblicklich, unverzüglich; **неме́дленное де́йствие** Sofortwirkung *f;* **неме́дленная поста́вка** Sofortlieferung *f;* **неме́дленное расторже́ние** fristlose Kündigung *f*

неме́ркнущ|ий <-ая, -ее> *прил* **1.** *(не га́снувший)* nicht erlöschend **2.** *(ве́чный)* ewig, unvergänglich; **неме́ркнущая сла́ва** unvergänglicher Ruhm *m*

неме́|ть <-ю, -ешь> *нсв,* **онеме́ть** *св нпрх* **1.** *(теря́ть чувстви́тельность)* erstarren; **па́льцы неме́ют от хо́лода** die Finger werden gefühllos vor Kälte **2.** *(умолка́ть)* verstummen, die Sprache verlieren; **~ пе́ред зако́ном** vor dem Gesetz verstummen; **~ от неожи́данности** vor Überraschung verstummen

не́м|ец <-ца> *м* Deutscher *m*

неме́цк|ий <-ая, -ое> *прил* deutsch; **~ язы́к** Deutsch *nt;* **уро́к неме́цкого языка́** Deutschunterricht *m*

немецкоязы́чн|ый <-ая, -ое> *прил* deutschsprachig

неми́лос|ть <-ти> *ж разг* Ungnade *f;* **быть в неми́лости** in Ungnade sein; **впасть в ~** in Ungnade fallen

немину́ем|ый <-ая, -ое; -, -а, -о> *прил* unvermeidlich, unumgänglich

не́мк|а <-и> *ж* **1.** *(национа́льность)* Deutsche *f* **2.** *разг (учи́тельница неме́цкого языка́)* Deutschlehrerin *f*

немно́г|ий <-ая, -ое> *прил* wenige(r, s)

немно́го *нрч* ein wenig, ein bisschen

немногосло́в|ный <-ная, -ное; -ен, -на, -но> *прил* **1.** *(коро́ткий)* einsilbig **2.** *перен (ре́зкий, нелюбе́зный)* kurz angebunden; **немногосло́вное выступле́ние** lakonische Ansprache *f;* **~ собесе́дник** kein redseliger Gesprächspartner *m*

немну́щ|ийся <-аяся, -ееся> *прил (об оде́жде)* bügelfrei

нем|о́й <-а́я, -о́е; -, -а́, -о> *прил и перен* stumm

немот|а́ <-ы> *ж* **1.** *(отсу́тствие да́ра ре́чи)* Stummheit *f;* **~ от рожде́ния** stumm von Geburt an **2.** *(безмо́лвие)* Schweigen *nt*

не́мощ|ный <-ная, -ное; -ен, -на, -но> *прил* kraftlos, schwach; **не́мощное состоя́ние** siechender Zustand *m;* **не́мощные ру́ки** kraftlose Hände *fpl*

не́мо|щь <-щи> *ж то́лько ед* Kraftlosigkeit *f;* **лёгкая ~** leichter Kräfteschwund; **~ ста́рческая** Altersschwäche *f*

немудрено́ *нрч* **1.** *(легко́)* schlicht, einfach; **~ блесну́ть воспита́нием** es ist einfach mit guter Erziehung zu glänzen **2.** *(неудиви́тельно)* kein Wunder; **~, что тру́ппа име́ет успе́х** kein Wunder, dass die Truppe erfolgreich ist; **~ что вы́боры не состоя́лись** kein Wunder, dass die Wahlen nicht stattgefunden haben

немы́слим|ый <-ая, -ое; -, -а, -о> *прил* unvorstellbar, undenkbar

ненави́|деть <-жу, -дишь> *нсв,* **возне-**

нави́деть *св прх* **1.** *(кого́-л.)* hassen **2.** *(чу́вствовать отвра́щение)* verabscheuen; **~ клеве́тника** den Verleumder verabscheuen
ненави́дящ|ий <-ая, -ее> *прил* hassend; **~ взгляд** hasserfüllter Blick *m*
ненави́ст|ный <-ная, -ное; -ен, -на, -но> *прил* verhasst
не́навис|ть <-ти> *ж* Hass *m;* **испо́лненный не́нависти** hasserfüllt
ненадёжнос|ть <-ти> *ж* **1.** *(сомни́тельность)* Unsicherheit *f* **2.** *(недостове́рность)* Unzuverlässigkeit *f*
ненадёж|ный <-ная, -ное; -ен, -на, -но> *прил* unsicher, unzuverlässig
ненадо́лго *нрч* kurz; **уе́хать ~** für kurze Zeit verreisen; **~ отлучи́ться** kurz weggehen
ненаказу́ем|ый <-ая, -ое; -, -а, -о> *прил* юр nicht strafbar; **~ посту́пок** nicht strafbare Tat *f*
ненаро́ком *нрч* unabsichtlich; **~ опозда́ть на по́езд** sich unabsichtlich zum Zug verspäten; **~ сби́ться с пути́** sich ohne Absicht verfahren
ненаро́чно *нрч* unabsichtlich; **~ наступи́ть на́ ногу** unabsichtlich auf die Füße treten; **~ разби́ть ча́шку** ein Glas ohne Absicht zerbrechen
ненаси́льственн|ый <-ая, -ое> *прил* gewaltlos
нена́ст|ный <-ная, -ное; -ен, -на, -но> *прил* trübe, regnerisch
нена́сть|е <-я> *ср* trübes Wetter *nt;* **осе́ннее ~** herbstliches Schlechtwetter *nt;* **стои́т ~** das schlechte Wetter hält an
нену́жнос|ть <-ти> *ж* Nutzlosigkeit *f*
нену́ж|ный <-ная, -ное; -ен, -на́, -но> *прил* entbehrlich, nutzlos, überflüssig; **нену́жное зачеркну́ть** Überflüssiges *nt* streichen
необду́ман|ный <-ная, -ное; -, -а, -о> *прил* unüberlegt; **необду́манная поку́пка** Impulskauf *m*
необеспе́чен|ный <-ная, -ное; -, -на, -но> *прил* **1.** *(без средств)* unbemittelt **2.** экон nicht gesichert, ohne Deckung; **~ креди́т** Blankokredit *m*
необита́ем|ый <-ая, -ое; -, -а, -о> *прил* unbewohnt; **~ о́стров** einsame Insel *f;* **~ фли́гель** unbewohnter Hausflügel *m*
необлага́ем|ый <-ая, -ое; -, -а, -о> *прил* nicht abgabenpflichtig; **необлага́емая нало́гом су́мма** Steuerfreibetrag *m;* **необлага́емые нало́гами поступле́ния** [*или* **дохо́ды**] steuerfreie Einnahmen *pl;* **~ нало́гами ми́нимум** Steuerfreibetrag *m;* **~ нало́гом ми́нимум за́работной пла́ты** Arbeitnehmerfreibetrag *m,* Lohnsteuerfreibetrag *m*
необозри́м|ый <-ая, -ое; -, -а, -о> *прил* unübersehbar; **необозри́мое бу́дущее** die unübersehbare Zukunft; **необозри́мая ширь** unübersehbare Weiten *pl*
необори́м|ый <-ая, -ое; -, -а, -о> *прил* unüberwindlich; **необори́мая тоска́** unüberwindliche Trauer *f;* **необори́мая страсть** unüberwindliche Leidenschaft *f*
необосно́ван|ный <-ная, -ное; -, -на, -но> *прил* unbegründet, nicht stichhaltig; **необосно́ванное завыше́ние цен** Preistreiberei *f*
необрабо́тан|ный <-ная, ное; -, -а, -о> *прил* **1.** *(неотде́ланный)* unbehandelt, unbebaut; **необрабо́танная зе́мля** unbebautes Land *nt;* **~ мета́лл** unbearbeitetes Metall *nt;* **~ минера́л** nicht bearbeitetes Mineral *nt* **2.** *(недоде́ланный)* nicht ausgefeilt; **необрабо́танная статья́** nicht ausgefeilter Artikel *m*
необразо́ван|ный <-ная, -ное; -, -на, -но> *прил* ungebildet
необрати́мос|ть <-ти> *ж* Nichtkonvertibilität *f*
необрати́м|ый <-ая, -ое; -, -а, -о> *прил* nicht umkehrbar; *(не подлежа́щий отме́не)* unwiderruflich
необу́здан|ный <-ная, -ное; -, -а, -о> *прил* zügellos, ungezügelt; **необу́зданная фанта́зия** ausschweifende Phantasie *f*
необходи́мо *нрч* es ist nötig [*o* notwendig]
необходи́мос|ть <-ти> *ж* Notwendigkeit *f;* **~ де́йствий** Handlungsbedarf *m;* **при необходи́мости** bei Bedarf, notfalls
необходи́м|ый <-ая, -ое; -, -а, -о> *прил* notwendig, erforderlich; **необходи́мое усло́вие** Voraussetzung *f*
необщи́те|льный <-льная, -льное; -лен, -льна, -льно> *прил* kontaktarm
необъе́зжен|ный <-ная, -ное; -, -а́, -о> *прил* **необъе́зженная ло́шадь** nicht zugerittenes Pferd *nt*
необъя́т|ный <-ная, -ное; -ен, -на, -но> *прил* unermesslich; **необъя́тные просто́ры** unermessliche Weiten *pl;* **необъя́тная вселе́нная** unermessliches Weltall *nt*
необыча́|йный <-йная, -йное; -ен, -йна, -йно> *прил* ungewöhnlich, erstaunlich; **необыча́йное приро́дное явле́ние** erstaunliche Naturerscheinung *f;* **необыча́йная акти́вность** ungewohnte Aktivität *f;* **необыча́йное волне́ние** außergewöhnliche Aufregung *f*
необы́ч|ный <-ная, -ное; -ен, -на, -но> *прил* **1.** *(стра́нный)* ungewöhnlich, ausgefallen **2.** *(непривы́чный)* fremdartig *f*
необяза́те|льный <-льная, -льное; -лен, -льна, -льно> *прил* **1.** *(ни к чему́ не обя́зывающий)* unverbindlich **2.** *(факульта́тивный)* fakultativ, nicht obligatorisch **3.** *(не выполня́ющий свои́х обя́занностей)* pflichtvergessen
неограни́чен|ный <-ная, -ное; -, -на, -но> *прил* unbegrenzt, unbeschränkt; **неограни́ченные возмо́жности** unbegrenzte Mög-

lichkeiten *pl*

неоди́м <-а> *м* хим Neodym *nt*

неоднозна́чнос|ть <-ти> *ж* *(двусмы́сленность)* Doppelsinnigkeit *f,* Doppeldeutigkeit *f,* Mehrdeutigkeit *f*

неоднокра́тно *нрч* mehrmals, des Öfteren; **~ обраща́ться за по́мощью** mehrfach um Hilfe bitten; **~ получа́ть отка́з** wiederholt eine Absage bekommen

неоднокра́тн|ый <-ая, -ое> *прил* wiederholt, mehrfach

неодноро́д|ный <-ная, -ное; -ен, -на, -но> *прил* nicht gleichartig, heterogen

неодобре́ни|е <-я> *ср* Missbilligung *f*

неодоли́м|ый <-ая, -ое; -, -а, -о> *прил* unüberwindlich, unüberwindbar, unbezwingbar; **неодоли́мое упо́рство** unüberwindliche Hartnäckigkeit *f;* **неодоли́мое препя́тствие** unüberwindbares Hindernis *nt;* **~ враг** unbezwingbarer Feind *m*

неодушевлён|ный <-ная, -ное; -, -на, -но> *прил* leblos; **~ предме́т** lebloses Objekt *nt;* **неодушевлённая мате́рия** leblose Materie *f*

неоживлённ|ый <-ая, -ое> *прил* flau

неожи́даннос|ть <-ти> *ж* **1.** *(что-л. внеза́пное)* Überraschung *f* **2.** *(неожи́данное явле́ние)* Unerwartete(s) *nt;* **растеря́ться от неожи́данности** *разг* baff [*o* verblüfft] sein

неожи́дан|ный <-ная, -ное; -, -на, -но> *прил* überraschend, unerwartet; *(внеза́пный)* plötzlich, abrupt

неоко́нченн|ый <-ая, -ое> *прил* unvollendet, nicht abgeschlossen; **неоко́нченная па́ртия** unvollendete Partie *f;* **~ разгово́р** unvollendetes Gespräch *nt;* **неоко́нченная симфо́ния** unvollendete Symphonie *f*

неоли́т <-а> *м* археол Neolithikum *nt;* **эпо́ха неоли́та** neolithisches Zeitalter *nt,* Jungsteinzeit *f*

неологи́зм <-а> *м* лингв Neologismus *m;* **употребле́ние неологи́змов** Gebrauch *m* von Neologismen

неомрачённ|ый <-ая, -ое> *прил* ungetrübt

нео́н <-а> *м* Neon *nt*

неонаци́ст <-а> *м* Neonazi *m*

нео́нов|ый <-ая, -ое> *прил* Neon-; **нео́новая ла́мпа** Neonlampe *f;* **нео́новое освеще́ние** Neonlicht *nt*

неопа́с|ный <-ная, -ное; -ен, -на, -но> *прил* **1.** *(безопа́сный)* ungefährlich **2.** *(не вызыва́ющий сомне́ний)* unbedenklich

неопери́вш|ийся <-аяся, -ееся> *прил* **1.** *(без опере́ния)* noch unbefiedert; **~ птене́ц** noch unbefiedertes Vogeljunge *nt* **2.** *ирон* *(нео́пытный)* unerfahren, ungeübt

неопи́сан|ный <-ная, -ное; -, -на, -но> *прил* **1.** *(не воше́дший в о́пись)* nicht inventarisiert; **неопи́санное иму́щество** nicht verzeichnetes Vermögen *nt* **2.** *(неопису́емый)* unbeschreiblich, unaussprechlich

неопису́ем|ый <-ая, -ое; -, -а, -о> *прил* **1.** *(невырази́мый)* unbeschreiblich; **~ восто́рг** unaussprechliche Begeisterung *f;* **неопису́емое выраже́ние глаз** unbeschreiblicher Augenausdruck *m* **2.** *(чрезвыча́йный)* außergewöhnlich; **пережи́ть неопису́емую ра́дость** unsagbare Freude erleben; **испыта́ть ~ у́жас** unbeschreibliches Grauen empfinden

неопла́ченн|ый <-ая, -ое> *прил* **1.** *(счёт)* offen **2.** *(о́тпуск, труд и т.п.)* unbezahlt **3.** *(су́мма)* ausstehend

неопра́вданн|ый <-ая, -ое> *прил* ungerechtfertigt

неопределённос|ть <-ти> *ж* Unbestimmtheit *f;* *(неизве́стность)* Ungewissheit *f;* **правова́я ~** Grauzone *f,* unübersichtliche Gesetzeslage *f*

неопределён|ный <-ная, -ное; -ен, -на, -но> *прил* **1.** *(не устано́вленный)* unbestimmt; **непоределённая фо́рма глаго́ла** лингв Infinitiv *m* **2.** *(неизве́стный)* ungewiss

неопроверж́им|ый <-ая, -ое; -, -а, -о> *прил* unwiderlegbar

неопря́т|ный <-ная, -ное; -ен, -на, -но> *прил* **1.** *(гря́зный)* schmutzig **2.** *(неря́шливый, небре́жный)* unordentlich, schlampig

нео́пыт|ный <-ная, -ное; -ен, -на, -но> *прил* unerfahren

неоргани́ческ|ий <-ая, -ое> *прил* хим anorganisch

неосе́дл|ый <-ая, -ое> *прил* nicht sesshaft

неослабева́ющ|ий <-ая, -ее> *прил* nicht nachlassend; **~ интере́с** nicht nachlassendes Interesse *nt;* **неослабева́ющая эне́ргия** nicht nachlassende Energie *f*

неосмотри́те|льный <-льная, -льное; -лен, -льна, -льно> *прил* unvorsichtig; **~ посту́пок** unbedachte Handlung *f;* **предприня́ть неосмотри́тельные де́йствия** unvorsichtig handeln

неосмы́слен|ный <-ная, -ное; -, -а, -о> *прил* unbedacht; **неосмы́сленные ме́ры** unbedachte Maßnahmen *pl;* **~ шаг** unbedachter Schritt *m*

неоснова́те|льный <-льная, -льное; -лен, -льна, -льно> *прил* unbegründet, ohne Grund; **неоснова́тельные обвине́ния** leichtfertige Beschuldigungen *fpl*

неосо́знан|ный <-ная, -ное; -, -а, -о> *прил* unbewusst; **~ страх** unbewusste Angst *f;* **~ тала́нт** brachliegendes Talent *nt*

неоспори́м|ый <-ая, -ое; -, -а, -о> *прил* unbestreitbar, unstreitig; **дать неоспори́мое доказа́тельство** unwiderlegliche Beweise vorlegen; **~ факт** unanfechtbare Tatsache *f*

неосторо́ж|ный <-ная, -ное; -ен, -на, -но> *прил* unvorsichtig

неосяза́ем|ый <-ая, -ое; -, -а, -о> *прил* nicht fühlbar, nicht tastbar; **неосяза́емые ре-**

зульта́ты kaum wahrnehmbare Ergebnisse; **неосяза́емое влече́ние к му́зыке** unerklärliche Neigung zur Musik

неотврати́м|ый <-ая, -ое; -, -а, -о> *прил* unvermeidlich; **неотврати́мая опа́сность** unvermeidliche Gefahr *f;* **неотврати́мая беда́** unabwendbare Not *f*

неотёсан|ный <-ная, -ное; -, -на, -но> *прил* **1.** *и перен* ungehobelt **2.** *перен (гру́бый)* grobschlächtig, plump, ungeschlacht

не́откуда *нрч* nirgendwoher

неотло́жка *сокр. от* **неотло́жная медици́нская по́мощь** *разг* schnelle medizinische Hilfe *f*

неотло́жнос|ть <-ти> *ж* Dringlichkeit *f*

неотло́ж|ный <-ная, -ное; -ен, -на, -но> *прил* dringlich

неотлу́чно *нрч* ständig; **~ дежу́рить** ständig wachen; **~ уха́живать за больны́м** ununterbrochen den Kranken pflegen

неотрази́м|ый <-ая, -ое; -, -а, -о> *прил* unwiderstehlich

неотры́вно *нрч* ununterbrochen; **~ следи́ть за собы́тиями** ununterbrochen die Ereignisse verfolgen

неотчужда́ем|ый <ая, -ое; -, -а, -о> *прил* юр unveräußerlich; **неотчужда́емые дохо́ды** unveräußerliches Einkommen *nt*

неофаши́зм <-а> *м* Neofaschismus *m*

неофициа́|льный <-льная, -льное; -лен, -льна, -льно> *прил* inoffiziell, nicht amtlich; **~ тон** inoffizieller Ton *m;* **по неофициа́льным да́нным** gemäß nicht amtlichen Daten; **неофициа́льная информа́ция** inoffizielle Information *f*

неофо́рмлен|ный <-ная, -ное; -, -а, -о> *прил* **1.** *(незако́нченный)* nicht vollendet **2.** *(неузако́ненный)* nicht rechtskräftig; **~ докуме́нт** nicht legalisiertes Dokument *nt;* **~ брак** nicht rechtskräftige Ehe *f*

неохо́т|а <-ы> *ж (нежела́ние)* Unlust *f,* Widerwille *m;* **пое́хать с неохо́той** ungern fahren; **~ дискути́ровать** keine Lust zum Diskutieren haben

неохо́тно *нрч* ungern

неохо́тн|ый <-ая, -ое> *прил* **1.** *(с нежела́нием)* lustlos **2.** *(скрепя́ се́рдце)* halbherzig

неоцени́м|ый <-ая, -ое; -, -а, -о> *прил книжн* unschätzbar

непа́рн|ый <-ая, -ое> *прил* **1.** *(разро́зненный)* unpaar(ig); **непа́рная о́бувь** unpaarige Schuhe *pl;* **непа́рные ва́режки** unpaarige Fäustlinge *pl* **2.** бот falsch gepaart

непереводи́м|ый <-ая, -ое; -, -а, -о> *прил* unübersetzbar; **непереводи́мая идио́ма** unübersetzbares Idiom *nt;* **неререводи́мая игра́ слов** unübersetzbares Wortspiel *nt*

непередава́ем|ый <-ая, -ое; -, -а, -о> *прил* unbeschreiblich; **непередава́емые впечатле́ния** äußerst tiefer Eindruck; **~ у́жас** unbeschreiblicher Schrecken *m*

неперехо́дн|ый <-ая, -ое> *прил* лингв intransitiv; **~ глаго́л** intransitives Verb *nt*

непи́сан|ый <-ая, -ое> *прил* ungeschrieben; **~ зако́н** ungeschriebenes Gesetz *nt;* **непи́саное пра́вило** Gewohnheitsregel *f*

непла́нов|ый <-ая, -ое> *прил* unplanmäßig

неплатёж <-а́> *м* фин Nichtzahlung *f,* Nichtbezahlung *f;* **~ в срок** Nichtzahlung *f* zum Termin

неплатежеспосо́бнос|ть <-ти> *ж* эконн Insolvenz *f,* Insuffizienz *f,* Zahlungsunfähigkeit *f*

неплатежеспосо́б|ный <-ная, -ное; -ен, -на, -но> *прил* zahlungsunfähig, insolvent

неплате́льщик <-а> *м,* **неплате́льщиц|а** <-ы> *ж* Nichtzahler *m*

неплодоро́д|ный <-ная, -ное; -ен, -на, -но> *прил* unfruchtbar; **неплодоро́дная по́чва** unfruchtbarer Boden *m;* **~ райо́н** unergiebige Gegend *f*

непова́дно *нрч* **что́бы ~ бы́ло** dass mir das nicht wieder vorkommt

неповинове́ни|е <-я> *ср* **1.** *(непослуша́ние)* Ungehorsam *m* **2.** *(упря́мство)* Widerspenstigkeit *f*

неповоро́тлив|ый <-ая, -ое; -, -а, -о> *прил* schwerfällig, linkisch; **неповоро́тливые движе́ния** ungeschickte Bewegungen *fpl;* **неповоро́тливое те́ло** plumper Körper *m*

неповреждённ|ый <-ая, -ое> *прил* unversehrt

неповтори́м|ый <-ая, -ое; -, -а, -о> *прил книжн* einmalig, unwiederholbar

непого́д|а <-ы> *ж* Unwetter *nt*

непого́ж|ий <-ая, -ее> *прил* trüb, regnerisch; **~ день** trüber Tag *m*

непогреши́мос|ть <-ти> *ж* Unfehlbarkeit *f*

непогреши́м|ый <-ая, -ое; -, -а, -о> *прил* unfehlbar

неподалёку *нрч* nicht weit; **жить ~ от па́рка** nicht weit vom Park wohnen; **~ отсю́да нахо́дится водопа́д** nicht weit von hier gibt es einen Wasserfall

неподве́домственнос|ть <-ти> *ж* юр Unzuständigkeit *f,* Ausschluss *m*

неподви́жнос|ть <-ти> *ж* **1.** *(оцепене́ние, онеме́ние)* Starrheit *f,* Steifheit *f* **2.** *(состоя́ние)* Unbeweglichkeit *f*

неподви́ж|ный <-ная, -ное; -ен, -на, -но> *прил* **1.** *(в состоя́нии неподви́жности)* unbeweglich, bewegungslos **2.** *(оцепене́вший, онеме́вший)* starr, steif

неподгото́вленн|ый <-ая, -ое> *прил* unvorbereitet

неподде́льнос|ть <-ти> *ж* Echtheit *f*

неподде́|льный <-льная, -льное; -лен, -льна, -льно> *прил* unverfälscht, echt

неподку́п|ный <-ная, -ное; -ен, -на, -но> *прил* nicht käuflich, unbestechlich; **неподку́пная че́стность** unbestechliche Ehrlichkeit *f;* **~ хара́ктер** unbestechlicher Charakter *m;*

Н

~ чино́вник unbestechlicher Beamte *m*

неподоба́ющ|ий <-ая, -ее> *прил* ungehörig; **вести́ себя́ неподоба́ющим о́бразом** sich unschicklich verhalten; **неподоба́ющая вне́шность** ungebührendes Aussehen *nt;* **разгова́ривать неподоба́ющим то́ном** mit einem unziemenden Ton sprechen

неподсу́днос|ть <-ти> *ж* Unzuständigkeit *f*

неподходя́щ|ий <-ая, -ее> *прил* unpassend, unangemessen; **неподходя́щее вре́мя** unpassende Zeit *f;* **неподходя́щая компа́ния** schlechte Gesellschaft *f*

непозволи́те|льный <-льная, -льное; -лен, -льна, -льно> *прил* unerlaubt, nicht gestattet, unzulässig; **~ тон** unzulässiger Ton *m;* **непозволи́тельная расточи́тельность** unzulässige Verschwendungssucht *f*

непоколеби́м|ый <-ая, -ое; -, -а, -о> *прил книжн* unerschütterlich, felsenfest

непоко́р|ный <-ная, -ное; -ен, -на, -но> *прил* ungehorsam

непокры́т|ый <-ая, -ое; -, -а, -о> *прил* **1.** *(откры́тый)* unbedeckt **2.** ЭКОН ungedeckt, offen

непола́дк|и <-ок> *мн* Störungen *fpl;* **техни́ческие ~** technisches Versagen *nt*

неполити́чн|ый <-ая, -ое> *прил* taktlos, undiplomatisch; **неполити́чное обраще́ние** undiplomatische Ansprache *f;* **~ тон** undiplomatischer Ton *m;* **~ челове́к** taktloser Mensch *m;* **неполити́чное поведе́ние** taktloses Benehmen *nt*

неполнот|а́ <-ы́> *ж* Unvollständigkeit *f,* Unvollkommenheit *f;* **~ све́дений** Unvollständigkeit der Angaben; **~ зву́ка** nicht voller Ton

непо́л|ный <-ная, -ное; -он, -на, -но> *прил* lückenhaft, unvollständig, mangelhaft, unvollkommen; **рабо́тать ~ рабо́чий день/непо́лную рабо́чую неде́лю** kurzarbeiten; **непо́лная за́нятость** Unterbeschäftigung *f;* **непо́лная рабо́чая неде́ля, ~ рабо́чий день** Kurzarbeit *f;* **непо́лное покры́тие изде́ржек** Unterdeckung *f* der Kosten; **непо́лное страхова́ние** Unterversicherung *f*

неполовозре́л|ый <-ая, -ое> *прил* БИОЛ geschlechtlich unreif; **~ органи́зм** sexuell unreifer Organismus *m*

непонима́ни|е <-я> *ср* Unverständnis *nt*

непоня́тлив|ый <-ая, -ое; -, -а, -о> *прил* verständnislos, schwer von Begriff; **~ ребёнок** ein Kind mit schlechtem Auffassungsvermögen; **что же ты тако́й ~?** du bist wohl schwer von Begriff?

непоня́т|ный <-ная, -ное; -ен, -на, -но> *прил* unverständlich; *(стра́нный)* seltsam

непоправи́м|ый <-ая, -ое; -, -а, -о> *прил* nicht wieder gutzumachen, unverbesserlich; **непоправи́мая оши́бка** ein nicht wieder gutzumachender Fehler; **~ посту́пок** nicht wieder gutzumachende Tat *f*

непопуля́рн|ый <-ая, -ое> *прил* unbeliebt, unpopulär

непоро́дн|ый <-ая, -ое> *прил* ЗООЛ nicht rassig; **~ скот** nicht rassiges Vieh *nt;* **непоро́дное ста́до** keine reinrassige Herde *f*

непоро́ч|ный <-ная, -ное; -ен, -на, -но> *прил* unschuldig; **непоро́чная ю́ность** unschuldige Jugend *f;* **непоро́чное чу́вство** reines Gefühl *nt;* **непоро́чная душа́** reine Seele *f*

непоря́д|ок <-ка> *м* Unordnung *f;* **~ в оформле́нии докуме́нтов** Unordnung bei der Dokumentenabfertigung; **устрани́ть ~** die Unordnung beseitigen

непоря́дочнос|ть <-ти> *ж* Unehrenhaftigkeit *f,* Unanständigkeit *f;* **прояви́ть ~** sich unehrenhaft zeigen; **~ поведе́ния** Unanständigkeit des Verhaltens

непосе́д|а <-ы> *м и ж разг* unruhiger Geist *m*

непосе́длив|ый <-ая, -ое; -, -а, -о> *прил* **1.** *(вертля́вый)* zappelig **2.** *(живо́й)* rege

непоси́|льный <-льная, -льное; -лен, -льна, -льно> *прил* die Kräfte übersteigend, übermenschlich; **непоси́льная но́ша** schwere Last *f;* **непоси́льная зада́ча** schwere Aufgabe *f*

непослу́ш|ный <-ная, -ное; -ен, -на, -но> *прил* ungehorsam, aufsässig

непосре́дствен|ный <-ная, -ное; -, -на, -но> *прил* **1.** *(сле́дующий сра́зу за кем-л./чем-л.)* unmittelbar, direkt; **~ потреби́тель** Direktabnehmer *m* **2.** *перен (есте́ственный)* unbefangen

непостижи́м|ый <-ая, -ое; -, -а, -о> *прил* **1.** *(непоня́тный)* unbegreiflich **2.** *(немы́слимый)* unfassbar; **э́то непостижи́мо!** es ist nicht zu fassen!

непостоя́н|ный <-ная, -ное; -ен, -на, -но> *прил* unbeständig, unstet, flatterhaft

непоступле́ни|е <-я> *ср* Ausfall *m*

непоти́зм <-а> *м* ИСТОР *(кумовство́)* Nepotismus *m,* Vetternwirtschaft *f;* **терпе́ть ~** eine Vetternwirtschaft ertragen

непоча́т|ый <-ая, -ое> *прил* nicht angefangen; *(о буты́лке)* nicht angebrochen **непоча́тая бо́чка вина́** nicht angestochenes Weinfass *m*

непочти́те|льный <-льная, -льное; -лен, -льна, -льно> *прил* respektlos

непра́вд|а <-ы> *ж* Unwahrheit *f;* **э́то ~!** das stimmt nicht!

неправдоподо́б|ный <-ная, -ное; -ен, -на, -но> *прил* unglaubwürdig

непра́ви|льный <-льная, -льное; -лен, -льна, -льно> *прил* falsch; *(оши́бочный)* fehlerhaft; *(про́тив пра́вил)* regelwidrig; **непра́вильные де́йствия люде́й** menschliches Versagen *nt;* **непра́вильная кальку́ляция** Fehlkalkulation *f;* **непра́вильная оце́нка** Fehleinschätzung *f;* **непра́вильная тенде́нция разви́тия** Fehlentwicklung *f*

неправоме́р|ный <-ная, -ное; -ен, -на, -но> *прил* rechtswidrig; **неправоме́рное испо́льзование** Missbrauch *m*

неправомо́ч|ный <-ная, -ное; -ен, -на, -но> *прил* **1.** *(без полномо́чий)* nicht berechtigt, nicht bevollmächtigt **2.** юр unbefugt

неправоспосо́бнос|ть <-ти> *ж* юр Rechtsunfähigkeit *f*

неправоспосо́б|ный <-ная, -ное; -ен, -на, -но> *прил* юр rechtsunfähig, nicht rechtsfähig; **~ насле́дник** Erbe *m* ohne Erbrecht; **~ води́тель** unberechtigter Fahrer *m*

неправот|а́ <-ы́> *ж* Unrecht *nt*; **раска́яться в свое́й неправоте́** das eigene Unrecht bereuen; **призна́ть свою́ неправоту́** das eigene Unrecht zugeben

непракти́чн|ый <-ая, -ое> *прил* unpraktisch

непревзойдённ|ый <-ая, -ое> *прил* **1.** *(соверше́нный)* unübertroffen, unübertrefflich; **~ ора́тор** unübertroffener Redner *m*; **~ тала́нт** unübertroffenes Talent *nt* **2.** *(кра́йний)* unglaublich, äußerst

непредвзя́т|ый <-ая, -ое> *прил* unvoreingenommen

непредви́деннос|ть <-ти> *ж* Unvorhersehbarkeit *f*, Unberechenbarkeit *f*

непредви́ден|ный <-ная, -ное; -, -а, -о> *прил* unvorhergesehen; *(чрезвыча́йный)* außerordentlich

непреднаме́рен|ный <-ная, -ное; -, -а, -о> *прил* *(необду́манный зара́нее)* unvorsätzlich, unabsichtlich; **~ посту́пок** unabsichtliche Tat *f*; **непреднаме́ренное оскорбле́ние** unvorsätzliche Beleidigung *f*

непредсказу́емос|ть <-ти> *ж* Unvorhersehbarkeit *f*

непредсказу́ем|ый <-ая, -ое; -, а, -о> *прил* *(челове́к)* unberechenbar

непредстави́те|льный <-льная, -льное; -лен, -льна, -льно> *прил* unansehnlich, nicht stattlich; **~ на вид** unansehliches Aussehen *nt*; **непредстави́тельная оса́нка** nicht stattliche Haltung *f*

непредубеждённ|ый <-ая, -ое> *прил* unvoreingenommen; **~ чита́тель** unvoreingenommener Leser *m*; **непредубеждённое отноше́ние** unvoreingenommene Einstellung *f*

непредусмотри́те|льный <-льная, -льное; -лен, -льна, -льно> *прил* unbedacht; **~ посту́пок** unbedachte Tat *f*; **непредусмотри́тельное реше́ние** unbedachte Entscheidung *f*; **~ хозя́ин** nicht vorsorglicher Eigentümer *m*; **непредусмотри́тельная небре́жность** Nachlässigkeit *f*, keine Vorsorge treffen

непрезента́бе|льный <-льная, -льное; -лен, -льна, -льно> *прил* nicht repräsentativ, unansehnlich; **~ го́род** unansehnliche Stadt *f*; **~ костю́м** nicht repräsentativer Anzug *m*

непрекло́н|ный <-ная, -ное; -ен, -на, -но> *прил* **1.** *(неумоли́мый)* unerbittlich **2.** *(упо́рный)* unbeugsam

непрело́ж|ный <-ная, -ное; -ен, -на, -но> *прил* **1.** *(неруши́мый)* unumstößlich; **непрело́жное пра́вило** unumstößliche Regel *f* **2.** *(неоспори́мый)* unbestreitbar, unanfechtbar; **непрело́жная и́стина** unbestreitbare Wahrheit *f*; **~ факт** unanfechtbare Tatsache *f*; **~ зако́н** unanfechtbares Gesetz

непреме́н|ный <-ная, -ное; -ен, -на, -но> *прил* unbedingt, unablässig

непреодоли́м|ый <-ая, -ое; -, -а, -о> *прил* unüberwindlich

непреры́в|ный <-ная, -ное; -ен, -на, -но> *прил* ununterbrochen, kontinuierlich, durchgehend; **непреры́вная вы́плата за́работной пла́ты** Lohnfortzahlung *f*; **~ учёт** permanente Inventur *f*

непреста́н|ный <-ная, -ное; -ен, -на, -но> *прил* unaufhörlich, ständig

непрести́жнос|ть <-ти> *ж* geringes Ansehen *nt*

непри́быльн|ый <-ая, -ое> *прил* keinen Gewinn abwerfend, unrentabel, nicht lukrativ

неприве́тливос|ть <-ти> *ж* Unfreundlichkeit *f*

неприве́тлив|ый <-ая, -ое; -, -а, -о> *прил* unfreundlich

непривлека́те|льный <-льная, -льное; -лен, -льна, -льно> *прил* reizlos, nicht attraktiv

непривы́ч|ный <-ная, -ное; -ен, -на, -но> *прил* ungewohnt

непригля́д|ный <-ная, -ное; -ен, -на, -но> *прил* unansehnlich; *перен* *(недосто́йный)* unwürdig

неприго́днос|ть <-ти> *ж* Untauglichkeit *f*, Unbrauchbarkeit *f*; **~ к рабо́те** Arbeitsuntauglichkeit *f*

неприго́д|ный <-ная, -ное; -ен, -на, -но> *прил* **1.** *(нену́жный)* unbrauchbar **2.** *(неподходя́щий)* ungeeignet

неприго́ж|ий <-ая, -ое; -, -а, -е> *прил* **1.** *(некраси́вый)* unschön **2.** *(нехоро́ший)* schlecht; **неприго́жие ре́чи** unpassende Reden *fpl*

неприе́млем|ый <-ая, -ое; -, -а, -о> *прил* unannehmbar, unzulässig; **неприе́млемые усло́вия** unannehmbare Bedingungen *fpl*; **неприе́млемая пози́ция** unzulässige Position *f*; **~ посту́пок** unzulässige Handlung *f*

неприёмн|ый <-ая, -ое> *прил* **~ день** Sperrtag *m*, Schließtag *m*

непризна́ни|е <-я> *ср* **1.** пол Nichtanerkennung *f* **2.** юр Nichtanerkenntnis *f*; **~ отцо́вства** Abstreitung *f* der Vaterschaft

непри́знанн|ый <-ая, -ое> *прил* verkannt; **~ ге́ний** verkanntes Genie *nt*

неприка́янн|ый <-ая, -ое> *прил* **1.** *(бес-*

Н

поко́йный) ruhelos **2.** *(беспо́мощный)* hilflos, verloren

неприкоснове́ннос|ть <-ти> *ж* Unantastbarkeit *f,* Integrität *f;* **~ депута́та** Abgeordnetenimmunität *f;* **~ террито́рии** territoriale Integrität *f;* **парла́ментская ~** parlamentarische Immunität *f;* **наруше́ние неприкоснове́нности жили́ща** юр Hausfriedensbruch *m*

неприкры́т|ый <-ая, -ое; -, -а, -о> *прил* **1.** *(непокры́тый)* unbedeckt, nicht zugedeckt **2.** *перен (откры́тый)* unverhohlen, offenkundig

неприли́ч|ный <-ная, -ное; -ен, -на, -но> *прил* unanständig, anstößig

неприменени́|е <-я> *ср* Nichtanwendung *f;* **~ си́лы** Gewaltverzicht *m*

неприме́т|ный <-ная, -ное; -ен, -на, -но> *прил* **1.** *(неощути́мый)* unmerklich, kaum zu bemerken; **неприме́тная ра́зница** kaum bemerkbarer Unterschied *m;* **неприме́тным о́бразом** auf unmerkliche Weise **2.** *(непримеча́тельный)* nicht bemerkenswert, unansehnlich; **неприме́тная вне́шность** nicht auffallendes Äußeres *nt;* **~ тропа́** unmerklicher Pfad *m*

непримири́м|ый <-ая, -ое; -, -а, -о> *прил* unversöhnlich, unvereinbar

непринуждённос|ть <-ти> *ж* Zwanglosigkeit *f*

непринуждён|ный <-ная, -ное; -, -на, -но> *прил* zwanglos, ungezwungen, locker, natürlich

неприня́ти|е <-я> *ср* Annahmeverweigerung *f*

неприсоедини́вш|ийся <-аяся, -ееся> *прил* blockfrei

непристо́йнос|ть <-ти> *ж* Obszönität *f,* Unanständigkeit *f*

непристо́|йный <-йная, -йное; -ен, -йна, -йно> *прил* unanständig, obszön

непристу́п|ный <-ная, -ное; -ен, -на, -но> *прил* **1.** *(к кото́рому нельзя́ приближи́ться)* unnahbar **2.** *(недружелю́бный)* abweisend

непрису́тственн|ый <-ая, -ое> *прил* arbeitsfrei; **непрису́тственные дни́** arbeitsfreie Tage *mpl*

непритво́р|ный <-ная, -ное; -ен, -на, -но> *прил* aufrichtig; **непритво́рное внима́ние** ungeheuchelte Aufmerksamkeit *f;* **непритво́рное удивле́ние** aufrichtige Bewunderung *f;* **непритво́рная грусть** unverstellte Trauer *f*

непритяза́тельнос|ть <-ти> *ж* Genügsamkeit *f,* Anspruchslosigkeit *f*

непритяза́те|льный <-льная, -льное; -лен, -льна, -льно> *прил* anspruchslos, genügsam

неприхотли́в|ый <-ая, -ое; -, -а, -о> *прил* anspruchslos

неприча́стнос|ть <-ти> *ж* Nichtteilnahme *f,* Nichtbeteiligung *f;* **доказа́ть свою́ ~** die eigene Nichtbeteiligung beweisen; **~ к де́лу** Nichtteilnahme in diesem Fall

неприя́з|нь <-ни> *ж* Abneigung *f,* Feindseligkeit *f*

неприя́те|ль <-ля> *м* Feind *m;* **нажи́ть себе́ неприя́теля** sich Feinde machen; **нанести́ уда́р неприя́телю** dem Feind einen Schlag versetzen; **~ лазу́тчик** feindlicher Aufklärer *m*

неприя́ти|е <-я> *ср* Ablehnung *f,* Widerwille *m*

неприя́тно *нрч* unangenehm, unbehaglich, ärgerlich; **ста́ло ~ на душе́** es wurde mir unbehaglich; **пра́вду всегда́ слу́шать ~** die Wahrheit zu hören ist immer unangenehm; **его́ поведе́ние отта́лкивающе ~** sein Verhalten ist abstoßend

неприя́тнос|ть <-ти> *ж* Ärger *m,* Unannehmlichkeit *f*

неприя́т|ный <-ная, -ное; -ен, -на, -но> *прил* **1.** *(вкус)* unangenehm; **во рту ~ вкус** ein fader Geschmack im Mund **2.** *(доса́дный)* unangenehm, leidig

непробива́ем|ый <-ая, -ое; -, -а, -о> *прил* undurchdringlich; **~ борт су́дна** undurchdringlicher Schiffsbord *m;* **непробива́емая броня́** undurchdringlicher Panzer *m*

непробу́дн|ый <-ая, -ое> *м в сочет.* **~ сон** tiefer [*o* fester] Schlaf *m; перен (смерть)* ewiger Schlaf *m,* Tod *m*

непроводни́к <-а́> *м* эл, физ Nichtleiter *m*

непрогля́д|ный <-ная, -ное; -ен, -на, -но> *прил* undurchdringlich, undurchsichtig; **непрогля́дная тьма** undurchdringliche Dunkelheit *f;* **~ тума́н** undurchdringlicher Nebel *m*

непрода́жн|ый <-ая, -ое> *прил* unverkäuflich

непродолжи́те|льный <-льная, -льное; -лен, -льна, -льно> *прил* kurz; **~ визи́т** Kurzbesuch *m,* Stippvisite *f*

непродукти́в|ный <-ная, -ное; -ен, -на, -но> *прил* unproduktiv

непроду́ман|ный <-ая, -ое; -, -а, -о> *прил* unbedacht, nicht durchdacht; **непроду́манное выступле́ние** unbedachter Auftritt *m;* **~ план де́йствий** nicht durchdachter Handlungsplan *m*

непроизводи́те|льный <-льная, -льное; -лен, -льна, -льно> *прил* unproduktiv; **непроизводи́тельные затра́ты** экон Leerkosten *pl*

непроизво́дственн|ый <-ая, -ое> *прил* betriebsfremd, außerbetrieblich

непроизво́|льный <-льная, -льное; -лен, -льна, -льно> *прил* unbewusst; *(нево́льный)* unwillkürlich

непрола́з|ный <-ная, -ное; -ен, -на, -но> *прил* undurchdringlich; **непрола́зные сугро́бы** undurchdringliche Schneewehen *fpl*

непромока́ем|ый <-ая, -ое; -, -а, -о> *прил* wasserdicht, wasserundurchlässig; **~ плащ** Regenmantel *m;* **непромока́емые сапоги́** Gummistiefel *pl;* **~ тент** wasserabstoßendes Überzelt *nt*

непроница́емос|ть <-ти> *ж* Undurchlässigkeit *f*

непроница́ем|ый <-ая, -ое; -, -а, -о> *прил* **1.** *(не пропуска́ющий чего́-л.)* undurchlässig; **во́до~** wasserdicht; **во́здухо~** luftdicht **2.** *(закры́тый)* verschlossen

непропорциона́|льный <-льная, -льное; -лен, -льна, -льно> *прил* disproportional, unproportioniert; **непропорциона́льное телосложе́ние** unproportionaler Körperbau *m;* **непропорциона́льные черты́ лица́** disproportionale Gesichtszüge *mpl;* **непропорциона́льная фигу́ра** schlecht proportionierte Gestalt *f*

непросвещён|ный <-ная, -ное; -, -на, -но> *прил* nicht aufgeklärt, ungebildet, unwissend; **непросвещённая аудито́рия** ungebildete Zuhörer *mpl;* **непросвещённая толпа́** nicht aufgeklärte Menschenmenge *f*

непрости́тельно *нрч* unverzeihlich; **я ~ винова́т пе́ред ва́ми!** ich bin schuldig!; **опа́здывать ~!** sich zu verspäten ist unentschuldbar!; **ва́ше поведе́ние ~ гру́бо** Ihr Benehmen ist unverzeihlich grob

непрости́те|льный <-льная, -льное; -лен, -льна, -льна> *прил* unverzeihlich, sträflich

непротивле́ни|е <-я> *ср* РЕЛИГ, ФИЛОС Nichtwidersetzung *f;* **~ злу наси́лием** man darf dem Bösen nicht mit Gewalt antworten

непрофессиона́л <-а> *м* **1.** *(люби́тель)* Laie *m* **2.** *(дилета́нт)* Dilettant *m*

непроходи́мос|ть <-ти> *ж* МЕД Undurchgänglichkeit *f,* Unwegsamkeit *f,* Undurchlässigkeit *f;* **~ кише́чника** Darmverschluss *m;* **~ пищево́да** Speiseröhrenverschluss *m*

непроходи́м|ый <-ая, -ое; -, -а, -о> *прил* **1.** *(труднодосту́пный)* schwer zugänglich; **непроходи́мые леса́** undurchdringliche Wälder *mpl;* **~ перева́л** unwegsamer Gebirgspass *m* **2.** *(безнадёжный)* hoffnungslos; **~ дура́к** hoffnungsloser Dummkopf *m*

непро́чно *нрч* nicht stabil; **анте́на укреплена́ ~** die Antenne ist nicht stabil befestigt; **дом постро́ен ~** das Haus ist nicht stabil gebaut

непро́ч|ный <-ная, -ное; -ен, -на *или* -на́, -но> *прил* **1.** *(ненадёжный)* instabil; **непро́чное строи́тельство** nicht dauerhafter Bau *m* **2.** *(хру́пкий)* zerbrechlich; **непро́чная дру́жба** zerbrechliche Freundschaft *f*

непро́шен|ый <-ая, -ое> *прил* ungeladen, ungebeten

непту́ни|й <-я> *м* Neptunium *nt*

непунктуа́льн|ый <-ая, -ое> *прил* unpünktlich

непутёв|ый <-ая, -ое; -, -а, -о> *прил* nichtsnutzig; **~ па́рень** nichtsnutziger Kerl *m*

непьющ|ий <-ая, -ее> *прил* nüchtern, nicht trinkend

нетрудоспосо́бнос|ть <-ти> *ж* Arbeitsunfähigkeit *f;* **вре́менная ~** zeitweilige Arbeitsunfähigkeit *f*

нерабо́ч|ий <-ая, -ее> *прил* Freizeit-; **нерабо́чая оде́жда** Freizeitkleidung *f;* **нерабо́чее вре́мя** Feierabend *m;* **~ день** arbeitsfreier Tag *m,* Ruhetag *m,* Schließtag *m*

нера́венств|о <-а> *ср* **1.** ПОЛ, ЭКОН, ВОЕН Ungleichheit *f;* **экономи́ческое ~** wirtschaftliche Ungleichheit *f;* **социа́льное ~** soziale Ungleichheit *f;* **~ сил** Ungleichheit *f* der Kräfte **2.** МАТ Ungleichung *f*

неравноду́ш|ный <-ная, -ное; -ен, -на, -но> *прил* nicht gleichgültig; **быть неравноду́шным к кому́-л.** jdn gern haben, jdn mögen; **~ взгляд** nicht gleichgültiger Blick *m*

неравноме́рнос|ть <-ти> *ж* Ungleichmäßigkeit *f,* Unausgewogenheit *f;* **~ в у́ровне разви́тия се́вера и ю́га** Nord-Süd-Gefälle *nt*

неравноме́р|ный <-ная, -ное; -ен, -на, -но> *прил* ungleichmäßig, unausgewogen, unregelmäßig; **неравноме́рное разви́тие** ungleichmäßige Entwicklung *f;* **~ ход** unregelmäßiger Gang *m;* **неравноме́рное дыха́ние** ungleichmäßiges Atmen *nt;* **неравноме́рная поста́вка гру́за** unregelmäßige Warenlieferung *f*

неравнопра́внос|ть <-ти> *ж* ИСТОР fehlende Gleichberechtigung *f;* **~ сосло́вий** fehlende Gleichberechtigung unter den Ständen

неравнопра́в|ный <-ная, -ное; -ен, -на, -но> *прил* nicht gleichberechtigt; **~ догово́р** nicht gleichberechtigter Vertrag *m;* **неравнопра́вное положе́ние** nicht gleichberechtigte Lage *f*

нера́в|ный <-ная, -ное; -ен, -на́, -но> *прил* ungleich; **ста́вить кого́-л. в нера́вные усло́вия** jdn benachteiligen

нера́див|ый <-ая, -ое; -, -а, -о> *прил* nachlässig; **~ рабо́тник** schlampiger Arbeiter *m;* **~ учени́к** nachlässiger Schüler; **нера́дивое отноше́ние к де́лу** eine nachlässige Einstellung *f* zur Sache

неразбери́х|а <-и> *ж разг* Durcheinander *nt;* **по́лная ~** völliges Durcheinander *nt;* **~ в зако́нах** Grauzone *f*

неразбо́рчив|ый <-ая, -ое; -, -а, -о> *прил* **1.** *(по́черк)* unleserlich, undeutlich **2.** *(вы́бор средств)* nicht wählerisch

нера́звит|ый <-ая, -ое; -, -а́, -о> *прил* unterentwickelt; *(у́мственно)* geistig zurückgeblieben

нера́звитос|ть <-ти> *ж* Unterentwicklung *f;* **~ органи́зма** Unterentwicklung des Organismus; **у́мственная ~** geistige Zurückgebliebenheit *f*

Н

неразга́дан|ный <-ная, -ное; -, -а,-о> *прил* **1.** *(нерасшифро́ванный)* ungelöst; **неразга́данная на́дпись** nicht entzifferte Inschrift *f;* **неразга́данное посла́ние** verschlüsselte Botschaft *f* **2.** *(непоня́тный)* unverständlich, unbegreiflich; **~ сюже́т** unverständliche Fabel *f;* **~ зага́дка** seltsames Rätsel *nt* **3.** *(зага́дочный)* merkwürdig, unerklärlich; **неразга́данная та́йна** unerklärliches Geheimnis *nt;* **неразга́данное про́шлое** unaufgeklärte Vergangenheit *f*

неразгово́рчив|ый <-ая, -ое; -, -а, -о> *прил* **1.** *(немногосло́вный)* wortkarg, mundfaul **2.** *(молчали́вый)* schweigsam

разделён|ный <-ная, -ное; -, -а, -о> *прил* **1.** *(оста́вшееся неделённым)* unteilbar, un(zer)trennbar, unzertrennlich; **неразделённое иму́щество** unteilbares Vermögen *nt* **2.** *(без отве́та)* nicht erwidert; **неразделённая любо́вь** nicht erwiderte Liebe *f;* **неразделённые чу́вства** nicht erwiderte Gefühle *ntpl*

неразделим|ый <-ая, -ое; -, -а, -о> *прил* unteilbar; **~ сою́з** unteilbares Bündnis *nt;* **неразделимая дру́жба** unzertrennliche Freundschaft *f*

нераздé|льный <-льная, -льное; -лен, -льна, -льно> *прил* unteilbar, un(zer)trennbar, unzertrennlich; **нераздéльная террито́рия** unteilbares Territorium *nt;* **нераздéльная власть** unteilbare Macht *f;* **нераздéльное госпо́дство** unteilbare Herrschaft *f*

неразличи́м|ый <-ая, -ое; -, -а, -о> *прил* **1.** *(о́чень похо́жий)* nicht zu unterscheiden **2.** *(неви́димые)* unsichtbar, schwer zu erkennen; **неразличи́мые ко́нтуры** unsichtbare Umrisse *mpl*

неразложи́м|ый <-ая, -ое; -, а, -о> *прил* мат unzerlegbar, unzersetzbar; **неразложи́мое число́** unzerlegbare Zahl *f*

неразлу́ч|ный <-ная, -ное; -ен, -на, -но> *прил* unzertrennlich

неразме́нн|ый <-ая, -ое> *прил* nicht wechselbar

неразрешённ|ый <-ая, -ое> *прил* **1.** *(невы́ясненный)* ungelöst, ungeklärt **2.** *(запрещённый)* unerlaubt, verboten

неразреши́м|ый <-ая, -ое; -, -а, -о> *прил* *(пробле́ма)* unlösbar

неразруши́м|ый <-ая, -ое; -, -а, -о> *прил* unzerstörbar

неразры́в|ный <-ная, -ное; -ен, -на, -но> *прил* **1.** *перен* *(нерасторжи́мый)* unauflöslich **2.** *(нерву́щийся)* unzerreißbar

неразу́м|ный <-ная, -ное; -ен, -на, -но> *прил* unvernünftig

нерасположе́ни|е <-я> *ср* Abneigung *f*

нераствори́мос|ть <-ти> *ж* Unlöslichkeit *f;* **~ соле́й** Salzunlöslichkeit *f*

нераствори́м|ый <-ая, -ое; -, -а, -о> *прил* unlöslich; **нераствори́мые вещества́** unlösliche Stoffe *mpl*

нерасторжи́м|ый <-ая, -ое; -, -а, -о> *прил* unlösbar, unzerstörbar

нерасторо́п|ный <-ная, -ное; -ен, -на, -но> *прил* langsam; **нерасторо́пные движе́ния** langsame Bewegungen *fpl;* **нерасторо́пная похо́дка** langsamer Gang *m*

нерациона́|льный <-льная, -льное; -лен, -льна, -льна> *прил* unrationell, irrational

нерв <не́рва> *м* Nerv *m;* **де́йствовать на не́рвы** auf die Nerven gehen

нерви́р|овать <-ую, -уешь> *нсв прх* nerven; **~ окружа́ющих** die Anwesenden nerven

не́рвнича|ть <-ю, -ешь> *нсв нпрх* nervös sein, aufgeregt sein; **~ из-за ерунды́** sich wegen jeder Kleinigkeit aufregen; **~ по ка́ждому по́воду** aus jedem Anlass die Nerven verlieren

не́рв|ный <-ная, -ное; -ен, -на, -но> *прил* Nerven-, nervlich; *перен* *(неспоко́йный)* nervös; **не́рвное истоще́ние** Nervenzusammenbruch *m;* **не́рвная систе́ма** Nervensystem *nt;* **не́рвная рабо́та** nervenaufreibende Arbeit *f*

нерво́знос|ть <-ти> *ж* Nervosität *f;* *(спе́шка)* Hektik *f*

нервотрёпк|а <-и> *ж разг* **сплошна́я ~** die reinste Folter

нерву́щ|ийся <-аяся, -ееся> *прил* strapazierfähig

нереа́|льный <-льная, -льное; -лен, -льна, -льно> *прил* unwirklich, irreal; *(чу́ждый действи́тельности)* wirklichkeitsfremd

нерегуля́рнос|ть <-ти> *ж* Unregelmäßigkeit *f*

нерегуля́рн|ый <-ая, -ое> *прил* unregelmäßig

нере́д|кий <-кая, -кое; -ок, -ка́, -ко> *прил* nicht selten; **нере́дкое явле́ние** nicht seltene Erscheinung *f*

нерезиде́нт <-а> *м* экон Devisenausländer *m*

нере́зк|ий <-ая, -ое> *прил* unscharf

нерента́бельнос|ть <-ти> *ж* **1.** экон Unwirtschaftlichkeit *f* **2.** *(неэффекти́вность)* Ineffizienz *f*

нерента́бельн|ый <-ая, -ое> *прил* unrentabel, unwirtschaftlich; *(неэффекти́вный)* ineffizient

нереши́те|льный <-льная, -льное; -лен, -льна, -льна> *прил* unentschlossen; *(ро́бкий)* zaghaft

нержаве́ющ|ий <-ая, -ее> *прил* rostfrei; **нержаве́ющая сталь** nicht rostender Stahl *m,* Edelstahl *m*

неритми́ч|ный <-ная, -ное; -ен, -на, -но> *прил* nicht rhythmisch, nicht taktmäßig; **неритми́чные движе́ния** nicht rhythmische Bewegungen *fpl*

неро́б|кий <-кая, -кое; -ок, -ка́, -ко> *прил* nicht zaghaft, nicht furchtsam; **неро́бкого деся́тка** er hat Mumm; **~ го́лос** sichere Stimme

неро́в|ный <-ная, -ное; -ен, -на́, -но> *прил* **1.** *(негла́дкий)* uneben; **неро́вная доро́га** holpriger Weg *m* **2.** *(с кривизно́й)* krumm; **неро́вная ли́ния** ungerade Linie *f;* **~ по́черк** unleserliche Schrift *f* **3.** *(неодина́ковый)* unregelmäßig; **неро́вные движе́ния** unregelmäßige Bewegungen *fpl;* **неро́вное дыха́ние** unregelmäßiges Atmen *nt;* **~ шаг** schwankender Schritt *m* **4.** *(неуравнове́шенный)* unausgeglichen

неро́вн|я <-и> *м и ж разг* nicht ebenbürtig; **он ему́ ~** er ist ihm nicht standesgleich; **ты с ним ~** du passt nicht zu ihm

неру́дн|ый <-ая, -ое> *прил* ГЕОЛ Nichterz-; **неру́дные поле́зные ископа́емые** Nichterze *pl*

неруши́м|ый <-ая, -ое; -, -а, -о> *прил* **1.** *(про́чный)* unzerstörbar; **неруши́мая дру́жба** unerschütterliche Freundschaft *f;* **~ мир** unzerstörbarer Frieden *m* **2.** *(незы́блемый)* unerschütterlich; **неруши́мая тишина́** völlige Stille *f*

неря́х|а <-и> *м и ж* **1.** *разг* Dreckspatz *m* **2.** *(о же́нщине)* Schlampe *f*

неря́шливос|ть <-ти> *ж* Schlamperei *f*

неря́шлив|ый <-ая, -ое; -, -а, -о> *прил* schlampig, unordentlich

несамостоя́те|льный <-льная, -льное; -лен, -льна, -льно> *прил* unselbstständig, abhängig

несве́дущ|ий <-ая, -ее; -, -а, -е> *прил* unwissend

несво́йствен|ный <-ная, -ное; -, -на, -но> *прил* nicht eigen; *(чу́ждый)* fremd; **быть несво́йственным кому́-л.** jdm fern liegen

несвя́з|ный <-ная, -ное; -ен, -на, -но> *прил* unzusammenhängend, wirr; **~ расска́з** wirre Geschichte *f*

несгиба́ем|ый <-ая, -ое; -, -а, -о> *прил* **1.** *(твёрдый)* unbiegsam **2.** *(сто́йкий)* unbeugsam; **несгиба́емая во́ля** unbeugsamer Wille *m*

несгово́рчив|ый <-ая, -ое; -, -а, -о> *прил* unnachgiebig; *(не те́рпящий возраже́ний)* rechthaberisch

несде́ржан|ный <-ная, -ное; -, -а, -о> *прил* **1.** *(невы́полненный)* nicht eingehalten; **несде́ржанное обеща́ние** nicht eingehaltenes Versprechen *nt* **2.** *(вспы́льчивый)* unbeherrscht, heftig, hitzig; **~ хара́ктер** aufbrausender Charakter *m* **~ тон** unbeherrschter Ton *m;* **~ поры́в чувств** heftiger Gefühlsausbruch *m*

нессе́р <-а> *м* Nessessär *nt*

несимпати́ч|ный <-ная, -ое; -ен, -на, -но> *прил* unsympathisch

несказа́нн|ый <-ая, -ое; -а, -о> *прил* *книжн* unsagbar

нескла́д|ный <-ная, -ное; -ен, -на, -но> *прил* **1.** *(неуклю́жий)* ungeschickt; **нескла́дная фигу́ра** unförmige Figur *f* **2.** *(несвя́зный)* ungereimt; **~ расска́з** wirre Erzählung *f* **3.** *(нестро́йный)* disharmonisch; **нескла́дное пе́ние** disharmonischer Gesang *m* **4.** *(неле́пый)* unsinnig; **нескла́дная жизнь** schweres Leben *nt*

не́сколько *числ неопр.* einige; **~ раз** mehrmals

нескро́м|ный <-ная, -ное; -ен, -на́, -но> *прил* unbescheiden; *(назо́йливый)* vorlaut, naseweis

несльы́хан|ный <-ная, -ное; -, -на, -но> *прил* unerhört

несме́т|ный <-ная, -ное; -ен, -на, -но> *прил* unermesslich; **несме́тные бога́тства** unzählige Schätze *mpl;* **несме́тная толпа́** zahllose Menschenmenge *f*

несмотря́ *предл* abgesehen; **~ на** trotz *+dat;* **несмотря́ на то, что** obwohl, abgesehen davon, dass

несмыва́ем|ый <-ая, -ое> *прил* **1.** *(усто́йчивый)* nicht abwaschbar; **несмыва́емые кра́ски** Dauerfarben *pl* **2.** *(жгу́чий)* brennend, akut; **~ позо́р** ewige Schande *f*

несмышлёныш <-а> *м разг* **ребёнок ~** begriffsstutziges Kind *nt*

несно́с|ный <-ная, -ное; -ен, -на, -но> *прил* unausstehlich, unerträglich

несо́бранн|ый <-ая, -ое> *прил* unkonzentriert, fahrig

несовершенноле́тн|ий **I.** <-яя, -ее> *прил* minderjährig **II.** <-его> *м* Minderjährige(r) *m*

несоверше́н|ный <-ная, -ное; -, -на, -но> *прил* unvollkommen

несовмести́мос|ть <-ти> *ж* Unvereinbarkeit *f,* ИНФОРМ Inkompatibilität *f;* **~ це́лей** Zielantinomie *f*

несовмести́м|ый <-ая, -ое; -, -а, -о> *прил* unvereinbar, unverträglich; ИНФОРМ inkompatibel

несовпада́ющ|ий <-ая, -ее> *прил* abweichend; **несовпада́ющие мне́ния** Meinungsverschiedenheit *f*

несовпаде́ни|е <-я> *ср* **1.** *(разли́чие)* Differenz *f* **2.** *(несоотве́тствие)* Diskrepanz *f;* **~ интере́сов** Interessendivergenz *f*

несовреме́нн|ый <-ая, -ое> *прил* unzeitgemäß, unmodern

несогла́си|е <-я> *ср* Uneinigkeit *f;* *(противоре́чие)* Unstimmigkeit *f;* *(неприя́тие)* Ablehnung *f*

несогласо́ван|ный <-ная, -ное; -, -на, -но> *прил* nicht abgestimmt; **несогласо́ваннные де́йствия** nicht koordinierte Handlungen *fpl*

несозна́те|льный <-льная, -льное; -лен, -льна, -льно> *прил* unbewusst; **~ посту́пок**

unbewusste Tat *f*

несоизмери́м|ый <-ая, -ое; -, -а, -о> *прил* **1.** МАТ unvergleichbar, inkongruent; **несоизмери́мые величи́ны** unvergleichbare Größen *fpl* **2.** *(несравни́мый)* einzigartig, einzig, unvergleichbar; **несоизмери́мые поня́тия** unvergleichbare Begriffe *mpl*

несо́лоно *нрч разг* **уйти́ ~ хлеба́вши** leer ausgehen

несомне́н|ный <-ная, -ное; -ен, -на, -но> *прил* zweifellos, unbestritten

несообрази́те|льный <-льная, -льное; -лен, -льна, -льно> *прил* begriffsstutzig

несоотве́тстви|е <-я> *ср* Diskrepanz *f,* Nichtübereinstimmung *f,* Disparität *f*

несоразме́р|ный <-ная, -ное; -ен, -на, -но> *прил* unverhältnismäßig; **несоразме́рные величи́ны** unverhältnismäßige Größen *fpl*

несостоя́тельнос|ть <-ти> *ж* **1.** *(об аргуме́нтах)* Haltlosigkeit *f* **2.** ЮР Zahlungsunfähigkeit *f,* Insolvenz *f,* Konkurs *m*

несостоя́те|льный <-льная, -льное; -лен, -льна, -льно> *прил* **1.** *(несодержа́тельный)* nicht stichhaltig, haltlos **2.** ЮР *(неплатежеспосо́бный)* bankrott, zahlungsunfähig, insolvent; **поли́тики оказа́лись несостоя́тельными** die Politiker haben versagt

неспе́ш|ный <-ная, -ное; -ен, -на, -но> *прил* langsam, gemächlich

неподру́ч|ный <-ная, -ное; -ен, -на, -но> *прил* unhandlich; **~ материа́л** unpassendes Material *nt;* **неподру́чная рабо́та** unpassende Arbeit *f*

неспорти́вн|ый <-ая, -ое> *прил* unsportlich

неспосо́бнос|ть <-ти> *ж* Unfähigkeit *f;* **~ принима́ть реше́ния** mangelnde Entscheidungsfähigkeit *f*

неспосо́б|ный <-ная, -ное; -ен, -на, -но> *прил* unfähig

несправедли́вос|ть <-ти> *ж* Ungerechtigkeit *f*

несправедли́в|ый <-ая, -ое; -, -а, -о> *прил* ungerecht

неспряга́ем|ый <-ая, -ое> *прил* ЛИНГВ nicht konjugierbar; **~ глаго́л** nicht konjugierbares Verb *nt*

несравне́н|ный <-ная, -ное; -ен, -на, -но> *прил* ohnegleichen, einmalig

несравни́м|ый <-ая, -ое; -, -а, -о> *прил* unvergleichbar; **несравни́мые поня́тия** unvergleichbare Begriffe *ntpl*

нестаби́льнос|ть <-ти> *ж* Instabilität *f*

нестанда́рт|ный <-ная, -ное; -ен, -на, -но> *прил* ungewöhnlich, unkonventionell

нестерпи́м|ый <-ая, -ое; -, -а, -о> *прил* unerträglich; **нестерпи́мая боль** unerträglicher Schmerz *m;* **~ моро́з** unerträgliche Kälte *f*

нес|ти́ <-у́, -ёшь> *нсв прх* **1.** *и перен* tragen; **~ вздор** *разг* quasseln; **~ наказа́ние** bestraft werden; **~ отве́тственность** Verantwortung *f* tragen; **~ расхо́ды** Kosten *pl* bestreiten; **~ слу́жбу** Dienst *m* leisten; **~ уще́рб** Schaden *m* erleiden; **~ чемода́н** den Koffer tragen; **~ отве́тственность** haften **2.** *(приноси́ть)* bringen; **ку́ры несу́т я́йца** Hühner legen Eier

нес|ти́сь <-у́сь, -ёшься> *нсв рефл* **1.** *(бы́стро бежа́ть)* rennen, rasen, sausen **2.** *(о зву́ках)* ertönen, erschallen **3.** *(о ку́рах)* legen

нестó|йкий <-йкая, -йкое; -ек, -йка, -йко> *прил* unbeständig; **~ за́пах** flüchtiger Duft *m*

нестроев|о́й <-а́я, -о́е> *прил* **1.** ВОЕН **нестроева́я слу́жба** Hilfssoldat *m* **2.** *(него́дный для постро́йки)* bauuntauglich; **~ материа́л** bauuntaugliches Material *nt*

нестро́|йный <-йная, -йное; -ен, -йна, -йно> *прил* **1.** *(некраси́во сло́женный)* nicht wohlgestaltet; **нестро́йная фигу́ра** unförmige Figur *f* **2.** *(дезорганизо́ванный)* ungeordnet; **нестро́йные ряды́** ungeordnete Reihen *fpl* **3.** *(лишённый благозву́чия)* disharmonisch; **нестро́йное пе́ние** disharmonisches Singen *nt*

несура́зиц|а <-ы> *ж разг* Unsinn *m,* ungereimtes Zeug *nt;* **нести́ несура́зицу** Unsinn *m* reden; **занима́ться несура́зицей** sich mit Unsinn befassen

несура́з|ный <-ная, -ное; -ен, -на, -но> *прил* widersinnig, unlogisch, dumm

несусве́т|ный <-ная, -ное; -ен, -на, -но> *прил* unerhört, unglaublich, entsetzlich; **несусве́тная жара́** unglaubliche Hitze *f;* **несусве́тная чепуха́** Unsinn *m,* unglaublicher Quatsch *m*

несу́шк|а <-и> *ж* Henne *f*

несуще́ствен|ный <-ная, -ное; -, -на, -но> *прил* unwesentlich, irrelevant

несхо́д|ный <-ная, -ное; -ен, -на, -но> *прил* **1.** *(разли́чный)* unähnlich; **несхо́дные поня́тия** unähnliche Begriffe *mpl;* **несхо́дные мне́ния** verschiedene Meinungen *fpl* **2.** *(невы́годный)* ungünstig; **несхо́дная цена́** schlechter Preis *m*

несхо́жес|ть <-ти> *ж разг* Unvereinbarkeit *f;* **~ взгля́дов** Unvereinbarkeit *f* der Ansichten; **~ при́нципов** Unvereinbarkeit *f* der Prinzipien; **~ хара́ктеров** Charakterunvereinbarkeit *f*

несча́ст|ный <-ная, -ное; -ен, -на, -но> *прил* unglücklich; **~ слу́чай** Unfall *m,* Unglücksfall *m;* **~ слу́чай на произво́дстве** Arbeitsunfall *m,* Betriebsunfall *m*

несча́сть|е <-я> *ср* **1.** *(бе́дствие, го́ре)* Unglück *nt* **2.** *(беда́)* Unheil *nt* **3.** *(неуда́ча, невзго́да)* Missgeschick *nt;* **~ в гора́х** Bergnot *f;* **к несча́стью** unglücklicherweise

несчёт|ный <-ная, -ное; -ен, -на, -но> *прил* МАТ unzählbar, unzählig; **несчётное мно́жество** unzählige Menge *f*

несъедо́б|ный <-ная, -ное; -ен, -на, -но> *прил* ungenießbar, nicht essbar; ~ **гриб** giftiger Pilz *m;* **несъедо́бные я́годы** ungenießbare Beeren *fpl*

нет *част* nein; **категори́ческое** ~ klares Nein *nt;* **отве́та ещё** ~ die Antwort steht noch aus

нетакти́ч|ный <-ная, -ное; -ен, -на, -но> *прил* taktlos; ~ **посту́пок** taktlose Tat *f;* **нетакти́чное замеча́ние** undiplomatische Bemerkung *f*

нетари́фн|ый <-ая, -ое> *прил* außertariflich; **нетари́фные ограниче́ния торго́вли** nichttarifarische Handelshemmnisse *pl*

нетвёрд|ый <-ая, -ое; -, -а́, -о> *прил* **1.** *(дово́льно мя́гкий)* nicht hart; **нетвёрдая по́чва** weicher Boden **2.** *(неуве́ренный)* unsicher; **нетвёрдые шаги́** unsichere Schritte *mpl;* ~ **го́лос** unsichere Stimme *f;* ~ **по́черк** unsichere Handschrift *f* **3.** *(нереши́тельный)* unentschlossen

нетерпели́в|ый <-ая, -ое; -, -а, -о> *прил* ungeduldig

нетерпе́ни|е <-я> *ср* Ungeduld *f*

нетерпи́мос|ть <-ти> *ж* Intoleranz *f,* Unduldsamkeit *f*

нетёсан|ый <-ая, -ое> *прил* **1.** *(необрабо́танный)* unbearbeitet; ~ **ка́мень** unbearbeiteter Stein *m* **2.** *ирон (некульту́рный)* ungehobelt; ~ **деревéнщина** ungehobelter Holzkopf *m*

нетипи́ч|ный <-ная, -ное; -ен, -на, -но> *прил* untypisch; ~ **слу́чай** untypischer Fall *m;* **нетипи́чное явле́ние** untypische Erscheinung *f;* **нетипи́чные оши́бки** ungewöhnliche Fehler *mpl;* **нетипи́чное поведе́ние** untypisches Verhalten *nt*

неторопли́вос|ть <-ти> *ж* Gemächlichkeit *f*

неторопли́в|ый <-ая, -ое; -, -а, -о> *прил* gemächlich

нето́чнос|ть <-ти> *ж* Ungenauigkeit *f*

нето́ч|ный <-ная, -ное; -ен, -на́, -но> *прил* ungenau

нетрадицио́н|ный <-ная, -ное; -ен, -на, -но> *прил* unkonventionell

нетре́бовательнос|ть <-ти> *ж* Bescheidenheit *f,* Anspruchslosigkeit *f*

нетре́зв|ый <-ая, -ое, -, -а́, -о> *прил* angetrunken; **быть в нетре́звом ви́де** unter Alkoholeinfluss stehen

нетро́нут|ый <-ая, -ое; -, -а, -о> *прил* unberührt; экол naturbelassen

нетрудов|о́й <-а́я, -о́е> *прил* **1.** *(получа́емый не от труда́)* nicht durch Arbeit erworben; ~ **дохо́д** nicht erarbeitetes Einkommen *nt* **2.** *(не рабо́тающий)* nicht erwerbstätig; **нетрудово́е населе́ние** Nichterwerbspersonen *pl*

нетрудоспосо́б|ный <-ная, -ное; -ен, -на, -но> *прил* arbeitsunfähig, erwerbsunfähig

не́тто *нрч* netto; **не́тто-бала́нс** Nettobilanz *f,* Saldenbilanz *f;* **не́тто-пози́ция** Nettoposition *f;* **не́тто-регистро́вая то́нна** Nettoregistertonne *f*

неубеди́те|льный <-льная, -льное; -лен, -льна, -льно> *прил* nicht überzeugend; ~ **до́вод** nicht überzeugendes Argument *nt*

неуважи́тельнос|ть <-ти> *ж* Respektlosigkeit *f*

неуважи́те|льный <-льная, -льное; -лен, -льна, -льно> *прил* respektlos; *(пренебрежи́тельный)* geringschätzig

неуве́реннос|ть <-ти> *ж* Unsicherheit *f*

неуве́рен|ный <-ная, -ное; -, -а, -о> *прил* unsicher

неувя́зк|а <-и> *ж разг* Unstimmigkeit *f,* Mangel *m* an Übereinstimmung; ~ **в рабо́те** in der Arbeit mangelt es an Übereinstimmung; **произошла́** ~ es kam zu Unstimmigkeiten

неугомо́н|ный <-ная, -ное; -ен, -на, -но> *прил* **1.** *(де́ятельный)* unermüdlich; ~ **малы́ш** unermüdlicher Knabe *m;* **неугомо́нные воробьи́** ausgelassene Spatzen *mpl;* **неугомо́нная жизнь** rastloses Leben *nt* **2.** *(беспреры́вный)* ununterbrochen, unaufhörlich

неуда́ч|а <-и> *ж* **1.** *(неуспе́х)* Misserfolg *m,* Fehlschlag *m,* Flop *m* **2.** *(невзго́да)* Missgeschick *nt* **3.** *(невезе́ние)* Pech *nt* **4.** *(пораже́ние)* Rückschlag *m;* **зако́нчиться неуда́чей** fehlschlagen; **потерпе́ть неуда́чу** eine Niederlage erleiden

неуда́чник <-а> *м* **1.** *(проигра́вший)* Verlierer *m* **2.** *(не спра́вившийся с чем-л.)* Versager *m* **3.** *(несчастли́вец)* Pechvogel *m*

неуда́ч|ный <-ная, -ное; -ен, -на, -но> *прил* **1.** *(неуспе́шный)* missglückt, misslungen **2.** *(безуспе́шный)* erfolglos; **неуда́чная спекуля́ция** Fehlspekulation *f;* ~ **това́р** Flop *m*

неудержи́м|ый <-ая, -ое; -, -а, -о> *прил* unaufhaltsam

неудо́б|ный <-ная, -ное; -ен, -на, -но> *прил* **1.** *(лишённый удо́бства)* unbequem **2.** *перен (нело́вкий, неуме́стный)* peinlich, deplaziert

неудобовари́м|ый <-ая, -ое; -, -а, -о> *прил* **1.** *(пло́хо усва́иваемый)* unverdaulich; **неудобовари́мая пи́ща** schwer verdauliches Essen *nt* **2.** *ирон (труднопонима́емый)* schwer verständlich

неудобопроизноси́м|ый <-ая, -ое; -, -а, -о> *прил* schwer auszusprechen; **неудобопроизноси́мое сло́во** schwer auszusprechendes Wort *nt*

неудо́бств|о <-а> *ср* **1.** *(недоста́ток)* Unbequemlichkeit *f* **2.** *(смуще́ние)* Peinlichkeit *f;* ~ **положе́ния** Peinlichkeit *f* der Lage; **чу́вствовать** ~ sich unbehaglich fühlen

неудовлетворён|ный <-ная, -ное; -, -а́, -о> *прил* unbefriedigend; **неудовлетворённое жела́ние** unbefriedigter Wunsch *m;* **не-**

удовлетворённое любопы́тство unbefriedigte Neugier *f*

неудовлетвори́тельно *нрч* unbefriedigend; *(оце́нка)* ungenügend

неудовлетвори́те|льный <-льная, -льное; -лен, -льна, -льно> *прил* unbefriedigend; **кра́йне неудовлетвори́тельное состоя́ние** Missstand *m*

неудово́льстви|е <-я> *ср* Unzufriedenheit *f*; **во́зглас** [*или* **выраже́ние**] **неудово́льствия** Buhruf *m*; **вы́звать ~** Unwille *m* hervorrufen

неуже́ли *част разг* wirklich; **~ вы так и не встре́тились?** habt ihr euch wirklich nicht getroffen?; **~ он опозда́л?** hat er sich wirklich verspätet?

неужи́вчивос|ть <-ти> *ж* Unverträglichkeit *f*, Ungeselligkeit *f*; **~ хара́ктера** Charakterunverträglichkeit *f*

неузнава́емос|ть <-ти> *ж* Unkenntlichkeit *f*; **измени́ться до неузнава́емости** sich bis zur Unkenntlichkeit verändern

неукло́н|ный <-ная, -ное; -ен, -на, -но> *прил* stetig, unaufhörlich, kontinuierlich, unnachgiebig

неуклю́ж|ий <-ая, -ее; -, -а, -е> *прил* linkisch, plump, ungeschickt, klobig; **быть неуклю́жим** zwei linke Hände haben

неукроти́м|ый <-ая, -ое; -, -а, -о> *прил* **1.** *(неи́стовый)* unbändig; **~ зверь** unbezähmbares Tier *nt*; **~ гнев** unzähmbarer Zorn *m* **2.** *(неудержи́мый)* unaufhaltsam, unbändig

неулови́м|ый <-ая, -ое; -, -а, -о> *прил* unfassbar, nicht erreichbar; *перен (незаме́тный)* unmerkbar, unmerklich; **~ для гла́за** unsichtbar

неуме́ни|е <-я> *ср* Unvermögen *nt*, Unfähigkeit *f*

неуме́рен|ный <-ная, -ное; -, -на, -но> *прил* übermäßig, übertrieben; **неуме́ренная стро́гость** übertriebene Strenge *f*; **~ восто́рг** übermäßige Begeisterung *f*

неуме́ст|ный <-ная, -ное; -ен, -на, -но> *прил* unangebracht, unangemessen, deplaziert; **быть неуме́стным** fehl am Platze sein

неу́м|ный <-ная, -ное; -ен, -на́, -но́> *прил* nicht klug, nicht gescheit; **неу́мные ре́чи** nicht gescheite Reden *fpl*; **неу́мная зате́я** blöde Idee *f*

неумоли́м|ый <-ая, -ое; -, -а, -о> *прил книжн* unerbittlich

неумолка́ем|ый <-ая, -ое; -, -а, -о> *прил* unaufhörlich, nicht verstummend; **~ гул** unaufhörliches Getöse *nt*

неумы́шлен|ный <-ная, -ное; -, -на, -но> *прил* unabsichtlich

неупла́т|а <-ы> *ж* Nichtbezahlung *f*; **~ долго́в** Nichtbezahlung *f* der Schulden

неуправля́ем|ый <-ая, -ое; -, -а, -о> *прил* unlenkbar, außer Kontrolle geraten

неуравнове́шен|ный <-ная, -ное; -, -на, -но> *прил* unausgeglichen, unausgewogen

неуро́чн|ый <-ая, -ое> *прил* **1.** *(не устано́вленный догово́ром)* nicht vertraglich vereinbart **2.** *(неподходя́щий: вре́мя)* ungünstig; **~ час** ungünstiger Zeitpunkt *m*

неуря́диц|а <-ы> *ж разг* **1.** *(беспоря́док)* Unordnung *f*, Verwirrung *f*; **в до́ме ~** zu Hause herrscht Unordnung **2.** *(ссо́ра)* Streitigkeiten *pl*, Zwistigkeiten *pl*; **семе́йная ~** Familienstreit *m*

неусто́йк|а <-и> *ж* Konventionalstrafe *f*, Vertragsstrafe *f*

неусто́йчивос|ть <-ти> *ж* Instabilität *f*

неусто́йчив|ый <-ая, -ое; -, -а, -о> *прил* unbeständig, schwankend; **неусто́йчивая валю́та** weiche Währung *f*

неустрани́м|ый <-ая, -ое; -, -а, -о> *прил* nicht zu beseitigen, unüberwindlich; **неустрани́мое препя́тствие** unüberwindliches Hindernis *nt*

неустраши́м|ый <-ая, -ое; -, -а, -о> *прил* unerschrocken, furchtlos; **~ боре́ц** unerschrockener Kämpfer *m*; **~ морепла́ватель** furchtloser Seefahrer *m*

неустро́ен|ный <-ная, -ное; -, -на, -но> *прил* ungeregelt; **~ быт** ungeregelte Lebensweise *f*; **неустро́енная жизнь** ungeordnetes Leben *nt*

неусту́пчив|ый <-ая, -ое; -, -а, -о> *прил* unnachgiebig, starrsinnig

неусы́п|ный <-ная, -ное; -ен, -на, -но> *прил* ständig wach; **неусы́пная бди́тельность** ständige Wachsamkeit *f*; **~ надзо́р** ständige Aufsicht *f*

неутоли́м|ый <-ая, -ое; -, -а, -о> *прил* **1.** *(неудовлетвори́мый)* unstillbar, unersättlich; **~ го́лод** unersättlicher Hunger *m*; **неутоли́мая жа́жда** brennender Durst *m* **2.** *(о́чень си́льный)* sehr stark, leidenschaftlich

неутоми́м|ый <-ая, -ое; -, -а, -о> *прил* unermüdlich

неухо́женн|ый <-ая, -ое> *прил* ungepflegt

не́уч <-а> *м презрит, разг* Ignorant *m*, Unwissende *m*; **расти́ не́учем** als Unwissender aufwachsen

неуча́сти|е <-я> *ср* Nichtteilnahme *f*; **~ в вы́борах** Wahlenthaltung *f*

неучти́в|ый <-ая, -ое; -, -а, -о> *прил* unhöflich, taktlos; **неучти́вое замеча́ние** unhöfliche Bemerkung *f*; **~ отка́з** taktlose Absage *f*; **~ тон** unhöflicher Ton *m*

неую́т|ный <-ная, -ное; -ен, -на, -но> *прил* ungemütlich

неф <не́фа> *м* Kirchenschiff *nt*; **боково́й ~** Seitenschiff *nt*; **попере́чный ~** Querschiff *nt*; **продо́льный ~** Längsschiff *nt*; **центра́льный ~** Mittelschiff *nt*

нефи́рменн|ый <-ая, -ое> *прил* No-Name-; **нефи́рменное изде́лие** No-Name-Produkt *nt*

неформа́л <-а> *м разг (член неформа́льной гру́ппы)* Alternativer *m;* **неформа́льная гру́ппа** alternative Gruppe *f*

неформа́|льный <-льная, -льное; -лен, -льна, -льно> *прил* informell; *(неофициа́льный)* inoffiziell; *(непринуждённый)* ungezwungen, spontan; социол alternativ

нефри́т <-а> *м* **1.** геол Jade *m,* Nephrit *m* **2.** мед Nephritis *f,* Nierenentzündung *f*

нефтено́с|ный <-ная, -ное; -ен, -на, -но> *прил* erdölhaltig, ölführend; **нефтено́сное месторожде́ние** Erdölvorkommen *nt*

нефтеперераба́тывающ|ий <-ая, -ее> *прил* Erdöl verarbeitend; **~ заво́д** Raffinerie *f*

нефтепрово́д <-а> *м* стр, хим (Erd)Ölleitung *f,* Pipeline *f;* **проложи́ть ~** eine Erdölleitung verlegen

нефтепроду́кт <-а> *м* хим Erdölprodukt *nt;* **перерабо́тка нефтепроду́ктов** Verarbeitung *f* der Erdölerzeugnisse; **э́кспорт нефтепроду́ктов** Export *m* der Erdölerzeugnisse

нефтехрани́лищ|е <-а> *ср* Erdöllager *nt,* (Erd)ölspeicher *m*

нефть <не́фти> *ж* Erdöl *nt;* **~-сыре́ц** Rohöl *nt*

нефтян|о́й <-а́я, -о́е> *прил* Öl-; **нефтяно́е загрязне́ние** Ölpest *f;* **нефтяно́е пятно́** Ölteppich *m;* **~ та́нкер** Öltanker *m;* **нефтяна́я компа́ния** Erdölgesellschaft *f;* **нефтяно́й би́знес** (Erd)Ölgeschäft *nt;* **нефтяно́й до́ллар** Petrodollar *m*

нехва́тк|а <-и> *ж* **1.** *(недоста́ча)* Mangel *m,* Knappheit *f,* Fehlbestand *m;* **~ жилья́** Wohnungsnot *f;* **~ персона́ла** Personalmangel *m;* **~ ме́ста** Platzmangel *m;* **~ вре́мени** Zeitmangel *m* **2.** экон Manko *nt,* Fehlbetrag *m;* **~ ликви́дных средств** Liquiditätsengpass *m;* **~ произво́дственных мо́щностей** Kapazitätsengpass *m;* **~ това́ров** Güterknappheit *f*

нехи́т|рый <-рая, -рое; -ёр, -ра́, -ро́> *прил разг* leicht, einfach, unkompliziert

неходов|о́й <-а́я, -о́е> *прил* schwer absetzbar; **~ това́р** Ladenhüter *m*

не́хотя *нрч* ungern, unwillig; **~ отвеча́ть на вопро́сы** die Fragen widerwillig beantworten; **~ приня́ться за де́ло** sich ungern an die Sache machen

нецензу́р|ный <-ная, -ное; -ен, -на, -но> *прил* **1.** *(запрещёный цензу́рой)* zensurwidrig **2.** *(непристо́йный)* unanständig, obszön; **~ анекдо́т** schmutziger Witz *m*

неча́янн|ый <-ая, -ое> *прил* **1.** *(ненаме́ренный)* unbeabsichtigt, ungewollt **2.** *(неожи́данный)* unverhofft, unerwartet

нечелове́чески *нрч* nicht menschlich, übermenschlich; **~ тру́дные усло́вия** menschenunwürdige Verhältnisse *ntpl*

нече́ст|ный <-ная, -ное; -ен, -на, -но> *прил* unehrlich, unfair, unlauter

нечёт|кий <-кая, -кое; -ок, -ка, -ко> *прил* undeutlich, unklar; **~ по́черк** unleserliche Handschrift *f;* **нечёткое произноше́ние** schlechte Artikulation *f*

нечётн|ый <-ая, -ое> *прил* ungerade; **нечётное число́** мат ungerade Zahl *f*

нечистопло́т|ный <-ная, -ное; -ен, -на, -но> *прил* **1.** *(гря́зный)* unrein, schmutzig; **~ челове́к** Schmutzfink *m* **2.** *перен (нече́стный)* gewissenlos, unehrlich

нечистот|ы́ <-> *мн* **1.** *(помо́и)* Kot *m* **2.** *(му́сор, отбро́сы)* Unrat *m* **3.** *(сто́чные во́ды)* Abwasser *nt*

нечи́ст|ый <-ая, -ое; -, -а́, -о> *прил* **1.** *(гря́зный)* dreckig, unrein, unsauber; **нечи́стая оде́жда** schmutzige Kleidung *f* **2.** *(с при́месью)* verunreinigt, verschmutzt, verfälscht **3.** *(загрязнённый)* verpestet; **~ во́здух** verpestete Luft *f* **4.** *(сде́ланный нето́чно)* nicht sauber; **нечи́стая рабо́та** keine saubere Arbeit *f* **5.** *(поро́чный)* lasterhaft, schmutzig; **~ по́мысел** schmutzige Gedanken *mpl* **6.** *(нече́стный)* unehrlich, gemein; **нечи́стое де́ло** eine schmutzige Geschichte *nt;* **нечи́стая со́весть** schlechtes Gewissen; **нечи́стая игра́** böses Spiel *nt;* **~ дух** böser Geist *m;* **нечи́стая си́ла** das Böse **7.** *(скло́нный к воровству́)* lange Finger haben

нечле́н <-а> *м* Nichtmitglied *nt*

нечленоразде́|льный <-льная, -льное; -лен, -льна, -льно> *прил* unartikuliert, unzusammenhängend; **нечленоразде́льная речь** unartikulierte Sprache *f;* **~ звук** unartikulierter Laut *m*

не́что *мест неопр. только им. и вин. п.* etwas

нечу́т|кий <-кая, -кое; -ок, -ка, -ко> *прил* **1.** *(нечувстви́тельный)* unempfindlich; **нечу́ткое у́хо** unempfindliches Ohr *nt;* **нечу́ткие па́льцы** unempfindliche Finger *mpl* **2.** *(безду́шный)* teilnahmslos, unaufmerksam; **нечу́ткое отноше́ние** teilnahmslose Behandlung *f*

неэквивале́нт|ный <-ная, -ное; -ен, -на, -но> *прил* nicht gleichwertig; **~ обме́н** nicht gleichwertiger Austausch *m*

неэкологи́ч|ный <-ная, -ное; -ен, -на, -но> *прил* umweltschädlich

неэкономи́чнос|ть <-ти> *ж* Unwirtschaftlichkeit *f*

неэкономи́ч|ный <-ная, -ное; -ен, -на, -но> *прил* unwirtschaftlich, unökonomisch, unrentabel

неэмоциона́льнос|ть <-ти> *ж* Gefühllosigkeit *f*

неэтили́рованн|ый <-ая, -ое> *прил* unverbleit, bleifrei

неэффекти́в|ный <-ная, -ное; -ен, -на, -но> *прил* unwirksam, ineffizient

нея́снос|ть <-ти> *ж* Unklarheit *f*

нея́с|ный <-ная, -ное; -ен, -на́, -но> *прил* unklar; *(неопределённый, расплы́вчатый)* undeutlich, vage

ни *част отрица́ние* nicht; **~ в ко́ем слу́чае** keinesfalls; **~ ра́зу** nie; **~ с того́ ~ с сего́** mir nichts dir nichts, aus heiterem Himmel; **~ то ~ сё** nichts Ganzes und nichts Halbes, weder Fisch noch Fleisch

ни́в|а <-ы> *ж* *(па́шня)* Acker *m*, Feld *nt*

нивели́р <-а> *м* ТЕХ Nivellier *m*, Wasserwaage *f*

нивели́рн|ый <-ая, -ое> *прил* Nivellier-; **нивели́рная тру́бка** Wasserwaage *f*; **нивели́рные рабо́ты** Nivellierung *f*

нивели́р|овать <-ую, -уешь> *(н)св прх* nivellieren

нигде́ *нрч* nirgends, nirgendwo

нигили́зм <-а> *м* Nihilismus *m*

нигилисти́ческ|ий <-ая, -ое> *прил* nihilistisch

нидерла́ндск|ий <-ая, -ое> *прил* niederländisch

Нидерла́нд|ы <-ов> *мн* die Niederlande *pl*

ни́же **I.** *прил* **1.** *(у́ровень)* niedriger **2.** *перен* *(подле́е)* niedriger, gemeiner **II.** *нрч* **1.** *(в кни́ге)* im Folgenden, im Weiteren; **смо́три ~** siehe unten, s.u. **2.** *(по реке́)* flussabwärts

нижненеме́цк|ий <-ая, -ое> *прил* plattdeutsch

ни́жн|ий <-яя, -ее> *прил* untere, Unter-; **ни́жняя то́чка** Tiefpunkt *m*; **Ни́жняя Саксо́ния** Niedersachsen *nt*; **~ эта́ж** Erdgeschoss *nt*; **~ преде́л ка́чества** Mindestqualität *f*; **~ преде́л цен** Preisuntergrenze *f*; **~ у́ровень управле́ния** Lower Management *nt*

ни|за́ть <-жу́, -жешь> *нсв прх* aufreihen

низверга́|ться <-юсь, -ешься> *нсв*, **низве́ргнуться** *св рефл* (ab)stürzen, niederstürzen; **водопа́д низверга́ется** der Wasserfall stürzt sich nieder; **лави́ной низверга́ется вулка́н** der Vulkan bricht aus; **~ в про́пасть** sich in den Abgrund stürzen

низи́н|а <-ы> *ж* Niederung *f*

ни́з|кий <-кая, -кое; -ок, -ка́, -ко> *прил* **1.** *(у́ровень)* niedrig **2.** *перен* *(по́длый)* niedrig, gemein

ни́зко *нрч* niedrig, tief; **тума́н лежи́т ~** es liegt tiefer Nebel; **баро́метр стои́т ~** das Barometer steht tief; **вы ведёте себя́ ~** Sie verhalten sich niederträchtig

низково́льтн|ый <-ая, -ое> *прил* Niederspannungs-; **низково́льтная сеть** Niederspannungsnetz *nt*

низкоопла́чиваем|ый <-ая, -ое> *прил* schlecht bezahlt; **~ труд** schlecht bezahlte Arbeit *f*; **низкоопла́чиваемая до́лжность** eine schlecht bezahlte Stelle

низкопокло́нник <-а> *м* Kriecher *m*

низкопро́б|ный <-ная, -ное; -ен, -на, -но> *прил* **1.** *(с большо́й при́месью)* geringhaltig; **низкопро́бное зо́лото** geringhaltiges Gold *nt* **2.** *(нека́чественный)* minderwertig, von schlechter Qualität

низкоро́сл|ый <-ая, -ое; -, -а, -о> *прил* kleinwüchsig; **~ куста́рник** kleinwüchsiges Gebüsch *nt*

низкосо́рт|ный <-ная, -ное; -ен, -на, -но> *прил* von schlechter Qualität; **низкосо́ртное сырьё** Rohstoffe *pl* niedriger Qualität; **низкосо́ртная проду́кция** minderwertige Produktion *f*

низлага́|ть <-ю, -ешь> *нсв*, **низложи́ть** *св прх* stürzen; **~ мона́рха** den König entthronen; **~ авторите́т** die Autorität untergraben

ни́зменнос|ть <-ти> *ж* Flachland *nt*

низо́вь|е <-я> *ср* Mündungsgebiet *nt*; **~ реки́** der untere Flusslauf

низой|ти́ <-ду́, -дёшь> *св нпрх см.* **нисходи́ть**

ни́зос|ть <-ти> *ж* Gemeinheit *f*, Niedertracht *f*; **допусти́ть ~** Niederträchtigkeiten zulassen; **отъя́вленная ~** ausgesprochene Gemeinheit *f*

ни́зш|ий <-ая, -ее; -, -а, -е> *прил* **1.** *(са́мый ни́зкий)* der unterste; **ни́зшая до́лжность** unterster Dienstgrad *m*; **ни́зшая инста́нция** die niedrigste Instanz **2.** ЗООЛ primitiv; **ни́зшие органи́змы** die primitivsten Organismen **3.** ИСТОР unterst; **ни́зшее сосло́вие** unterste Schicht *f*

ника́к *нрч* keinesfalls, auf keinen Fall, durchaus nicht, anscheinend, wie es scheint; **я ~ не могу́ засну́ть** ich kann unmöglich einschlafen; **~ не пойму́ вас** ich kann Sie überhaupt nicht verstehen; **~ нельзя́ опозда́ть** man darf sich auf keinen Fall verspäten; **~ нет** überhaupt nicht; **ты ~ заболе́л?** du bist scheinbar krank?; **вы ~ поссо́рились?** ihr habt euch scheinbar gestritten?

никако́й *мест отрицат* keine(r, s)

никарагуа́н|ец <-ца> *м*, **никарагуа́нк|а** <-и> *ж* Nikaraguaner *m*

ни́келев|ый <-ая, -ое> *прил* ХИМ Nickel-; **ни́келевые ру́ды** Nickelerze *pl*; **ни́келевые спла́вы** Nickellegierungen *pl*

никели́н <-а> *м* ГЕОЛ Nickelin *nt*

никелиро́вк|а <-и> *ж* **1.** *(покры́тие)* Vernickeln *nt*, Vernickelung *f*; **~ изде́лий** Vernickelung der Erzeugnisse **2.** *(слой ни́келя)* Nickelschicht *f*; **~ схо́дит** die Nickelschicht blättert ab

ни́ке|ль <-ля> *м* Nickel *nt*

ни́кн|уть <-у, -ешь> *нсв*, **пони́кнуть** *св нпрх* **1.** *(увяда́ть)* verwelken; **цветы́ ни́кнут от зноя́** die Blumen verwelken von der Hitze **2.** *(теря́ть си́лы)* niedersinken; **дух и си́лы больно́го ни́кнут** die Kräfte des Kranken lassen nach

никогда́ *нрч* nie, niemals; **сейча́с как ~**

jetzt erst recht

нико́им о́бразом *нрч книжн* keineswegs

никоти́н <-а> *м* Nikotin *nt;* **с ни́зким содержа́нием никоти́на** nikotinarm

никоти́нов|ый <-ая, -ое> *прил* БИОЛ Nikotin-; **никоти́новая кислота́** Nikotinsäure *f*

никто́ *мест отрицат.* niemand, keine(r, s)

никуда́ *нрч* **1.** *(ни в како́е ме́сто)* nirgend(s)wohin, nirgends; **не хо́чется ~ е́хать** ich möchte nirgendwohin fahren **2.** *(скве́рный)* zu nichts taugen; **~ него́дный прое́кт** ein zu nichts taugliches Projekt; **здоро́вье уже́ ~ не годи́тся** die Gesundheit taugt schon gar nicht; **не́рвы ~ не годя́тся** die Nerven taugen schon nicht

никчёмн|ый <-ая, -ое> *прил* unnütz, nutzlos; **~ челове́к** *разг* Niete *f*

нимб <ни́мба> *м* Nimbus *m;* **свято́й ~** Heiligenschein *m*

ни́мф|а <-ы> *ж* МИФ Nymphe *f;* **речна́я ~** Flussnymphe *f;* **~ лесо́в** Waldnymphe *f*

нимфома́ни|я <-и> *ж* МЕД Nymphomanie *f*

нио́би|й <-я> *м* Niob *nt,* Niobium *nt*

НИОКР *сокр от* **нау́чно-иссле́довательские и о́пытно-констру́кторские рабо́ты** Forschungs- und Entwicklungsarbeiten *pl*

нипочём *нрч* **1.** *(о́чень дёшево)* umsonst, spottbillig **2.** *(о́чень легко́)* leicht; **солга́ть – ему́ ~** Lügen macht ihm nichts aus; **моро́зы мне ~** die Kälte tut mir nichts

ни́ппе|ль <-ля> *м* ТЕХ Nippel *m,* Rohrverbindungsstück *nt;* **велосипе́дный ~** Fahrradnippel *m*

нирва́н|а <-ы> *ж* РЕЛИГ Nirwana *nt;* **погружа́ться в нирва́ну** im Nirwana sinken

ниско́лько *нрч* ganz und gar nicht, nicht im geringsten, keinesfalls; **~ не приба́вить в ве́се** überhaupt nicht zunehmen

нисх|оди́ть <-ожу́, -о́дишь> *нсв,* **низойти́** *св нпрх* absteigen; **нисходя́щий ме́тод** Top-Down-Methode *f*

ни́тк|а <-и> *ж* Faden *m; то́лько мн* Nähgarn *nt;* **вдеть ни́тку в иго́лку** einfädeln

ни́точк|а <-и> *ж* Fussel *f*

нитра́т <-а> *м* ХИМ Nitrat *nt*

нитри́т <-а> *м* ХИМ Nitrit *nt*

нитроглицери́н <-а> *м* МЕД, ХИМ Nitroglyzerin *nt*

нить <ни́ти> *ж и перен* Faden *m;* **потеря́ть ~ разгово́ра** den Faden verlieren

ничего́ *нрч* nichts; **ничего́!** das macht nichts!; **э́то ещё ~** das ist halb so schlimm; **~ не говоря́щий** nichtssagend

ниче́й *мест отрицат* niemandem gehörend, herrenlos

ничко́м *нрч* mit dem Gesicht nach unten; **споткну́вшись, упа́сть ~** stolpern und auf die Nase fallen; **лежа́ть ~** mit dem Gesicht nach unten liegen

ничто́ *мест отрицат* nichts

ничто́ж|ный <-ная, -ное; -ен, -на, -но> *прил* nichtig, geringfügig

ничу́ть *нрч* **1.** *(ниско́лько)* durchaus nicht, keineswegs, überhaupt nicht; **~ не ме́ньше** überhaupt nicht weniger; **я ~ не оби́делся** ich bin keineswegs beleidigt **2.** *(во́все нет)* keine Spur; **~ не быва́ло** nicht im geringsten

ничь|я́ <-е́й> *ж* СПОРТ Unentschieden *nt*

ни́ш|а <-и> *ж* Nische *f,* Lücke *f;* **ры́ночная ~** Marktlücke *f;* **экологи́ческая ~** ökologische Nische *f*

нища́|ть <-ю, -ешь> *нсв,* **обнища́ть** *св нпрх* verarmen; **из-за неурожа́я дере́вня обнища́ла** wegen der Missernte wurde das Dorf arm

ни́щенск|ий <-ая, -ое> *прил* armselig, miserabel; **ни́щенская зарпла́та** Hungerlohn *m*

нищет|а́ <-ы́> *ж* Elend *nt*

ни́щ|ий **I.** <-ая, -ее; -, а́, -е> *прил* bettelarm **II.** <-его> *м* Bettler *m*

НЛО *сокр от* **неопо́знанный лета́ющий объе́кт** Ufo *nt*

но *сз* aber, jedoch; **бе́зо вся́ких ~** ohne Wenn und Aber

Но́белевск|ий <-ая, -ое> *прил* Nobel-; **~ лауреа́т, лауреа́т Но́белевской пре́мии** Nobelpreisträger *m;* **Но́белевская пре́мия за укрепле́ние ми́ра** Friedensnobelpreis *m*

нобе́ли|й <-я> *м* Nobelium *nt*

нова́тор <-а> *м* Entwickler *m; (пионе́р)* Pionier *m*

нова́торск|ий <-ая, -ое> *прил* **1.** *(но́вый)* wegweisend, bahnbrechend **2.** ЭКОН innovativ

нова́торств|о <-а> *ср* Pioniergeist *m*

нова́ци|я <-и> *ж* **1.** *(но́вшество, нововведе́ние)* Neuerung *f* **2.** ЭКОН Innovation *f;* **~ долго́в** Umfinanzierung *f* der Schulden

Но́в|ая Зела́нди|я <-ой -и> *ж* Neuseeland *nt*

нове́лл|а <-ы> *ж* **1.** ЛИТ Erzählung *f,* Novelle *f* **2.** ЮР Abänderungsgesetz *nt*

новелли́ст <-а> *м* ЛИТ Novellist(in) *m(f)*

но́вен|ький **I.** <-ькая, -ькое; нове́нек, нове́нька, нове́нько> *прил разг* funkelnagelneu **II.** <-ького> *м* Neuling *m,* Neue(r) *f(m)*

новизн|а́ <-ы́> *ж* Neuheit *f*

нови́нк|а <-и> *ж* **1.** *(что-л. но́вое)* Novum *nt* **2.** ЭКОН Produktinnovation *f;* **кни́жная ~** Neuerscheinung *f*

нович|о́к <-ка́> *м* **1.** *(начина́ющий)* Neuling *m,* Anfänger *m* **2.** *(в би́знесе, на эстра́де и т.п.)* Newcomer *m*

новобра́н|ец <-ца> *м* ВОЕН Rekrut *m*

новобра́чн|ый <-ого> *м,* **новобра́чн|ая** <-ой> *ж то́лько ед* Jungverheiratete *m o f*

нововведе́ни|е <-я> *ср* Innovation *f*

нового́дн|ий <-яя, -ее> *прил* Neujahrs-; **~ пода́рок** Neujahrsgeschenk *nt;* **нового́дняя**

ёлка Christbaum *m;* **новогóдние поздравлéния** Neujahrsgrüße *pl*

Land & Leute

Unmittelbar vor dem Neujahrsfest gibt es für Kinder in Kindergärten, Schulen und Betrieben ein **„Tannenbaumfest“**, auf dem sie vom russischen Nikolaus – dem „Väterchen Frost“ – und seiner ständigen Begleiterin, „Enkelin Snegurotschka“, beschert und unterhalten werden. Neben verschiedenem Spielzeug bekommt jedes Kind zum Schluss eine Tüte mit Süßigkeiten, Walnüssen und Mandarinen – die Kosten dafür tragen oft die Eltern. Die Tradition solcher Feste wurde von den Bolschewiken eingeführt. Als „das landesweit wichtigste Tannenbaumfest“ gilt seit Lenin die Neujahrsveranstaltung im Kreml.

новозела́нд|ец <-ца> *м*, **новозела́ндк|а** <-и> *ж* Neuseeländer(in) *m(f)*
новолу́ни|е <-я> *ср* Neumond *m*
новорождённ|ый <-ая, -ое> *м то́лько ед* Neugeborene *m;* **поздра́вить с новорождённым** zum Neugeborenen gratulieren
новосёл <-а> *м* Neu(an)siedler(in) *m(f);* **дом ждёт новосёлов** das Haus erwartet die Neusiedler
новосе́ль|е <-я> *ср* Einzugsfeier *f*
новостро́йк|а <-и> *ж* Neubau *m*
но́вос|ть <-ти> *ж* Neuigkeit *f; (изве́стие)* Nachricht *f*
новоя́вленн|ый <-ая, -ое> *прил* neuerschienen, neugebacken
но́вшеств|о <-а> *ср* **1.** *(что-л. но́вое)* Novum *nt* **2.** ЭКОН *(нововведе́ние)* Innovation *f* **3.** *(нови́нка)* Neuheit *f*
но́в|ый <-ая, -ое; -, -á, -о> *прил* neu, neuartig; **Но́вый Год** Neujahr *nt;* **встреча́ть Но́вый Год** Silvester feiern; **~ катало́г** aktueller Katalog *m;* **~ президе́нт** neugewählter Präsident *m;* **но́вая реда́кция** Neufassung *f*, Neubearbeitung *f;* **но́вая сто́имость** Neuwert *m;* **но́вое вре́мя** Neuzeit *f*

Land & Leute

Die Bolschewiken hatten nach ihrer Machtergreifung dafür gesorgt, dass traditionelle russische Feste, die nach dem orthodoxen Kirchenkalender begangen wurden, weitgehend ausgelöscht wurden: stattdessen führten sie „sozialistische“ Feiertage ein. Die einzige Ausnahme bildete **das Neujahrsfest.** Die neuen Machthaber ließen es von Anfang an gelten, weil es für sie ideologisch unbedenklich war und Weihnachten ersetzen konnte. Seitdem ist es das beliebteste Fest in Russland, das besonders als ein Familienfest gefeiert wird, – immer mit einem Tannenbaum und Geschenken, mit diversen Unterhaltungsprogrammen sowie viel Essen und Trinken.

ног|á <-и́> *ж* АНАТ Bein *nt; (ступня́)* Fuß *m;* **~ в ги́псе** Gipsbein *nt;* **жить на широ́кую но́гу** *перен* auf großem Fuße leben; **идти́ в но́гу** im Gleichschritt gehen [*o* marschieren]; **идти́ в но́гу со вре́менем** mit der Zeit Schritt halten; **идти́ не в но́гу** aus der Reihe tanzen; **но́ги колесо́м** O-Beine; **поста́вить нá ноги** *перен* auf die Beine stellen; **протяну́ть но́ги** *разг, перен* abkratzen
но́г|оть <-тя> *м* **1.** *(на руке́)* Fingernagel *m* **2.** *(на ноге́)* Zehennagel *m*
но́ев *прил* РЕЛИГ **~ ковче́г** die Arche Noah
нож <ножá> *м* Messer *nt;* **~ для чи́стки карто́феля** Kartoffelschäler *m;* **охо́тничий ~** Jagdmesser *nt;* **перочи́нный ~** Taschenmesser *nt;* **консе́рвный ~** Büchsenöffner *m;* **~ для вскры́тия пи́сем** Brieföffner *m;* **складно́й ~** Klappmesser *nt*
но́жк|а <-и> *ж* **1.** *(ногá)* Beinchen *nt; (ступня́)* Füßchen *nt;* **свина́я ~** Eisbein *nt* **2.** *(столá, штати́ва и т.п.)* Bein *nt;* **~ сту́ла** Stuhlbein *nt* **3.** БОТ Stiel *m*
но́жниц|ы <-> *мн* Schere *f;* **маникю́рные ~**, **~ для ногте́й** Nagelschere *f;* **садо́вые ~** Gartenschere *f*, Heckenschere *f*
ножн|о́й <-áя, -óе> *прил* **1.** МЕД Fuß-, Bein-; **~ му́скул** Beinmuskel *m* **2.** ТЕХ fußbetrieben; **ножна́я шве́йная маши́на** fußbetriebene Nähmaschine *f*
но́ж|ны <-ен> *мн* (Dolch)Scheide *f;* **вложи́ть меч в ~** *перен* den Krieg beenden
ножо́вк|а <-и> *ж* ТЕХ Handsäge *f*, Fuchsschwanz *m*, Metallsäge *f*
ноздр|я́ <-и́> *ж* Nasenloch *nt*
НОК *сокр от* **Национа́льный Олимпи́йский Комите́т** Nationales Olympisches Komitee *nt*
нока́ут <-а> *м* СПОРТ Knockout *m;* **положе́ние ~** Knockout-Lage *f*
нокаути́р|овать <-ую, -уешь> *(н)св прх и перен* umhauen
нокда́ун <-а> *м* СПОРТ Knockdown *m*
нолев|о́й <-áя, -óе>, **нулев|о́й** <-áя, -óе> *прил* Null-; *(незначи́тельный)* unbedeutend; **~ цикл** Nullzyklus *m;* **нолева́я величинá** Nullgröße *f;* **~ результа́т** ohne Ergebnis; **нулева́я температу́ра** Null Grad; **нулева́я ви́димость** keine Sicht

ноль <ноля́> *м* Null *f*

нома́д <-а> *м* истор Nomade *m;* **племена́ нома́дов** Nomadenvölker *pl,* Nomadenstämme *pl*

нома́дн|ый <-ая, -ое> *прил* истор Nomaden-

номенклату́р|а <-ы> *ж* Nomenklatur *f; перен (вы́сшие круги́)* Oberschicht *f;* **~ счето́в бухга́лтерского учёта** Kontenrahmen *m*

но́мер <-а> *м* **1.** *(число́)* Nummer *f;* **~ до́ма** Hausnummer *f;* **~ расчётного счёта** Kontonummer *f;* **~ телефо́на** Rufnummer *f;* **вы́игрышный ~** Gewinnummer *f;* **~ арти́кула** Artikelnummer *f;* **~ счёта** Kontonummer *f* **2.** *(журна́ла)* Heft *nt,* Ausgabe *f* **3.** *(в гости́нице)* Hotelzimmer *nt,* Appartement *nt;* **двухме́стный ~** Doppelzimmer *nt;* **одноме́стный ~** Einbettzimmer *nt* **4.** *(разме́р)* Größe *f* **5.** *(выступле́ние)* Einzelvorführung *f*

номерн|о́й <-а́я, -о́е> *прил* Nummern-; **~ знак** авто Nummernschild *nt*

номина́л <-а> *м* Nennwert *m,* Nominalwert *m*

номина́|льный <-льная, -льное; -лен, -льна, -льно> *прил* nominell, Nominal-, Nenn-; **номина́льная за́работная пла́та** Nominallohn *m;* **номина́льная сто́имость** Nennwert *m;* **номина́льная су́мма** Nominalbetrag *m;* **~ дохо́д** Nominallohn *m;* **~ капита́л** Nominalkapital *nt;* **~ проце́нт** Nominalzins *m*

номинати́в <-а> *м* лингв Nominativ *m*

номинати́вн|ый <-ая, -ое> *прил* лингв Nominativ-

номина́ци|я <-и> *ж* **1.** лингв Nominierung *f* **2.** *(представле́ние к награ́де)* Nomination *f* zur Auszeichnung; **~ фи́льма** Filmnominierung *f;* **~ за пе́сню** Songnominierung

нор|а́ <-ы́> *ж* Höhle *f,* Bau *m;* **пря́таться в нору́** sich in der Höhle verstecken; **~ крота́** Maulwurfsloch *nt*

Норве́ги|я <-и> *ж* Norwegen *nt*

норве́ж|ец <-ца> *м,* **норве́жк|а** <-и> *ж* Norweger(in) *m(f)*

норве́жск|ий <-ая, -ое> *прил* norwegisch

норд <но́рда> *м* мор, метеор Nord *m,* Norden *m;* **тече́ние отнесло́ к но́рду** die Strömung trieb etw nach Norden; **ду́ет ~** der Nordwind weht

норд-вест <норд-ве́ста> *м* мор, метеор Nordwest *m,* Nordwesten *m;* **взять курс на ~** Kurs nach Nordwest nehmen, Nordwest; **ве́тер ~** Nordwestwind *m*

норд-ост <норд-о́ста> *м* мор, метеор Nordost *m*

но́рк|а <-и> *ж* **1.** *(нора́)* (kleine) Höhle *f* **2.** зоол Nerz *m*

но́рков|ый <-ая, -ое> *прил* Nerz-; **~ мех** Nerzpelz *m;* **~ воротни́к** Nerzkragen *m*

но́рм|а <-ы> *ж* **1.** *(узако́ненное установле́ние)* Norm *f* **2.** *(устано́вленный разме́р)* Rate *f;* **~ за́работной пла́ты** Lohnquote *f;* **~ амортиза́ции** Abschreibungsrate *f;* **~ обяза́тельных резе́рвов** Mindestreservesatz *m;* **~ при́были** Profitquote *m;* **~ при́роста** Zuwachsrate *f;* **~ проце́нта** Zinssatz *m;* **~ рабо́чего вре́мени** Arbeitsnormalzeit *f*

нормализ|ова́ть <-у́ю, -у́ешь> *(н)св прх* normalisieren, wieder ins Lot bringen

норма́|льный <-льная, -льное; -лен, -льна, -льно> *прил* normal

нормати́в <-а> *м* Richtsatz *m*

нормати́в|ный <-ная, -ное; -ен, -на, -но> *прил* normativ; **~ резе́рв** gesetzliche Rücklage *f*

норми́ровани|е <-я> *ср* Normung *f,* Normierung *f*

нормир|ова́ть <-у́ю, -у́ешь> *(н)св прх* normen

но́ров <-а> *м (хара́ктер)* Widerspenstigkeit *f;* **круто́й ~** Starrkopf *m;* **ло́шадь с но́ровом** wildes Pferd *nt*

норови́ст|ый <-ая, -ое; -, -а, -о> *прил* störrisch, halsstarrig; **~ конь** widerspenstiges Pferd *nt;* **~ хара́ктер** störrischer Charakter *m*

нос <но́са> *м* **1.** анат Nase *f;* **~ крючко́м** Hakennase *f;* **вздёрнутый ~** Stupsnase *f;* **води́ть за ~** an der Nase herumführen; **заруби́ть себе́ на носу́** *перен* sich hinter die Ohren schreiben; **оста́ться с но́сом** leer ausgehen; **на носу́ вы́боры** die Wahlen stehen vor der Tür **2.** мор Bug *m*

носи́л|ки <-ок> *мн* Tragbahre *f*

носи́льщик <-а> *м* Gepäckträger *m*

носи́те|ль <-ля> *м* Träger *m;* **~ да́нных** информ Datenträger *m;* **~ рекла́мы** Werbeträger *m;* **~ языка́** Muttersprachler *m;* **раке́та-~** Trägerrakete *f;* **~ затра́т** Kostenträger *m;* **~ информа́ции** Datenträger *m;* **~ обще́ственного мне́ния** Meinungsführer *m*

но|си́ть <-шу́, -сишь> *нсв прх и перен* tragen; **~ коро́ткую причёску** das Haar kurzgeschnitten tragen; **~ очки́** eine Brille tragen; **~ фами́лию му́жа** den Namen des Ehemannes führen

но|си́ться <-шу́сь, -сишься> *нсв рефл* hin- und herlaufen; **э́ти иде́и но́сятся в во́здухе** diese Ideen liegen in der Luft

но́с|кий <-кая, -кое; -ок, -ка, -ко> *прил (об оде́жде)* haltbar, strapazierfähig

носов|о́й <-а́я, -о́е> *прил* **1.** анат Nasen-; **носово́е кровотече́ние** Nasenbluten *nt* **2.** лингв nasal

носогло́тк|а <-и> *ж* анат Nasenrachenraum *m;* **воспале́ние носогло́тки** Entzündung *f* des Nasenrachenraumes

нос|о́к <-ка́> *м* **1.** *(коро́ткий чуло́к)* Socke *f* **2.** *(о́буви)* Schuhspitze *f*

носоро́г <-а> *м* зоол Nashorn *nt,* Rhinozeros *nt*

ностальгú|я <-и> *ж* Nostalgie *f*; *(тоскá, меланхóлия)* Sehnsucht *f*

нóстро <неизм> *ср* экон Nostrokonto *nt*

нóстро-сдéлк|а <-и> *ж* экон Nostrogeschäft *m*

нóт|а <-ы> *ж* **1.** муз Note *f* **2.** пол Note *f*; **~ протéста** Protestnote *f*

нотариáльн|ый <-ая, -ое> *прил* notariell; **нотариáльная контóра** Notariat *nt*

нотариáт <-а> *м* юр Notariat *nt*; **завéрить в нотариáте** notariell beglaubigen

нотáриус <-а> *м* Notar(in) *m(f)*

нотáци|я <-и> *ж* **1.** *(вы́говор, наставлéние)* Moralpredigt *f*, Gardinenpredigt *f* **2.** муз Notierung *f*, Notenschrift *f*

нотификáци|я <-и> *ж* Notifikation *f*

нотифицúр|овать <-ую, -ешь> *(н)св прх* адм, фин notifizieren

нóтн|ый <-ая, -ое> *прил* Noten-; **~ ключ** муз Notenschlüssel *m*

нóтопи|сь <-си> *ж* муз Notenschreibung *f*

нóутбук <-а>, **нóтбук** <-а> *м* информ Notebook *nt*

нóу-хáу <неизм> *ср* Know-how *nt*, Fachwissen *nt*

ночёвк|а <-и> *ж* Übernachtung *f*

ноч|евáть <-ýю, -ýешь> *н(св) нпрх* übernachten; **~ под откры́тым нéбом** unter freiem Himmel übernachten

ночлéг <-а> *м* **1.** *(мéсто)* Übernachtungsmöglichkeit *f* **2.** *(ночёвка)* Übernachtung *f*

ночнúк <-á> *м* **1.** *(светúльник)* Nachtlampe *f*; **~ свéтит слáбо** die Nachtlampe leuchtet ganz schwach **2.** трансп Nachtarbeiter *m*; **лётчик-~** Nachtflieger *m*

ночн|óй <-áя, -óе> *прил* Nacht-, nächtlich; **ночнáя смéна** Nachtschicht *f*; **ночнáя рабóта** Nachtarbeit *f*; **ночнáя сорóчка** [*или* **рубáшка**] Nachthemd *nt*; **ночнóе дежýрство** Nachtdienst *m*; **~ дозóр** Nachtwache *f*; **ночнóе заведéние** Nachtlokal *nt*; **~ покóй** Nachtruhe *f*; **нарушáть чей-л. ~ покóй** jds Nachtruhe stören; **~ стóрож** Nachtwächter *m*; **в ночнóе врéмя** bei Nacht, in der Nacht

ночь <нóчи> *ж* Nacht *f*; **по ночáм** nachts; **спокóйной нóчи!** gute Nacht!

нóчью *нрч* nachts, in der Nacht

нóш|а <-и> *ж* Last *f*

ноя́б|рь <-ря́> *м* November *m*

НПС *сокр от* **налóг на добáвленную стóимость** Mehrwertsteuer *f*, MwSt *f*

нрав <нрáва> *м* Gemüt *nt*, Naturell *nt*; **нрáвы и обы́чаи** Sitten und Gebräuche

нрáв|иться <-люсь, -ишься> *нсв*, **понрáвиться** *св рефл* gefallen, behagen; *(пúща)* schmecken; **не ~** missfallen

нравоучéни|е <-я> *ср* Moralpredigt *f*

нрáвственнос|ть <-ти> *ж* Sittlichkeit *f*

нрáвствен|ный <-ная, -ное; -, -на, -но> *прил* sittlich

НТР *сокр от* **наýчно-технúческая революция** wissenschaftlich-technische Revolution *f*

ну! *межд* na!

нуворúш <-а> *м презрит* Neureiche(r) *f(m)*

нудúзм <-а> *м* Nudismus *m*, Freikörperkultur *f*

нýд|ный <-ная, -ное; -ен, -на, -но> *прил* langweilig, monoton

нужд|á <-ы́> *ж* **1.** *(бéдность, нищетá)* Armut *f*; **жить в нуждé** Not leiden **2.** *(потрéбность)* Bedürfnis *nt*; **справля́ть нуждý** seine Notdurft verrichten **3.** *(нехвáтка)* Mangel *m*

нуждá|ться <-юсь, -ешься> *нсв рефл* **1.** *(в чём-л.)* brauchen, benötigen **2.** *(терпéть нуждý)* notleiden

нуждáющ|ийся I. <-аяся, -ееся> *прил* bedürftig; **~ в пóмощи** hilfsbedürftig **II.** <-егося> *м* Bedürftige(r) *f(m)*, Arme(r) *f(m)*

нýжник <-а> *м прост, разг* Toilette *f*, Klosett *nt*

нýжн|ый <-ая, -ое> *прил* notwendig

нуклеúнов|ый <-ая, -ое> *прил* биол Nuklein-; **нуклеúновая кислотá** Nukleinsäure *f*

нулев|óй <-áя, -óе>, **нолев|óй** <-áя, -óе> *прил* Null-; **~ вариáнт** Nulllösung *f*; **нулевáя тóчка** Nullpunkt *m*; **~ результáт** kein Ergebnis *nt*, ergebnislos; **~ рост** Nullwachstum *nt*; **~ тарúф** Nulltarif *m*

нуллификáци|я <-и> *ж* экон Außerkurssetzung *f*

нуль <нуля́> *м* Null *f*; **начинáть с нуля́** bei Null anfangen

нумерáци|я <-и> *ж* Nummerierung *f*

нумер|овáть <-ýю, -ýешь> *нсв*, **пронумеровáть** *св прх* nummerieren, durchnummerieren

нумизмáт <-а> *м* Numismat *m*, Münzsammler(in) *m(f)*

нумизмáтик|а <-и> *ж* Numismatik *f*

нутр|ó <-á> *ср разг* Inneres *nt*, Seele *f*; **э́то мне не по нутрý** das geht mir gegen den Strich

ны́не *нрч* heute, jetzt

ны́нешн|ий <-яя, -ее> *прил разг* jetzig, derzeitig

нырн|ýть <-ý, -ешь> *св нпрх см.* **ныря́ть**

ныр|óк <-кá> *м* **1.** *(прыжóк в вóду)* Untertauchen *nt*; **красúвый ~** schöner Sprung *m* ins Wasser **2.** спорт Kopfsprung *m* **3.** зоол **водянóй ~** Tauchente *f*

ныря́льщик <-а> *м*, **ныря́льщиц|а** <-ы> *ж* Taucher(in) *m(f)*

ныря́|ть <-ю, -ешь> *нсв*, **нырнýть** *св нпрх* **1.** *(погружáться)* (unter)tauchen; **~ в вóду** ins Wasser tauchen; **~ в сугрóб** in einer Schneewehe versinken; **~ под волнý** unter die Welle tauchen **2.** *(проникáть)* eindringen

ны́тик <-а> *м* Quengler *m*
ныть <но́ю, но́ешь> *нсв нпрх* quengeln, jammern
ныть|ё <-я́> *ср* Quengelei *f*, Nörgelei *f*
ньюфа́ундленд <-а> *м* зоол Neufundländer *m*
нюа́нс <-а> *м* Nuance *f*
нюни *мн разг* **распусти́ть ~** losheulen; **утере́ть ~** jdm die Tränen abwischen
нюх <ню́ха> *м* Spür(sinn) *m*; **о́стрый ~** scharfer Spürsinn; **соба́чий ~** Hundewitterung *f*; **чу́ять ню́хом** sich an der Nase orientieren; **~ на всё но́вое** Sinn für alles Neue haben
ню́хательн|ый <-ая, -ое> *прил* Schnupf-; **~ таба́к** Schnupftabak *m*; **~ порошо́к** Schnupfpulver *nt*
ню́ха|ть <-ю, -ешь> *нсв*, **поню́хать** *св прх* riechen; *(принюхиваться)* schnuppern, riechen, einatmen
ня́н|я <-и> *ж* **1.** *(же́нщина, присма́тривающая за детьми́)* Babysitterin *f* **2.** *(за грани́цей)* Au-pair-Mädchen *nt* **3.** *(в больни́це)* Krankenpflegerin *f*

О о

О, о[1] <неизм> *ср Buchstabe O*

о[2] *предл* über, von, zu; **~ чём** worüber, wovon; **ду́мать ~ бу́дущем** an die Zukunft denken; **забо́титься ~ де́тях** sich um die Kinder sorgen; **проси́ть ~ по́мощи** um Hilfe bitten; **расска́зывать ~ пое́здке** von der Reise erzählen; **об э́том** darüber, davon; **об э́том я позабо́чусь** das kannst du mir überlassen; **об э́том не мо́жет быть и ре́чи** das kommt nicht in Frage

ОАЕ *сокр от* **Организа́ция Африка́нского Еди́нства** пол Organisation *f* für Afrikanische Einheit

оа́зис <-а> *м* Oase *f*

о́ба, о́бе, о́ба <обо́их, обе́их, обо́их> *числ* beide; **мы ~** wir beide; **обе́ими рука́ми** mit beiden Händen

обагря́|ть <-ю, -ешь> *нсв*, **обагри́ть** *св прх см.* **багри́ть**

обагря́|ться <-юсь, -ешься> *нсв*, **обагри́ться** *св рефл* поэт sich rot färben; **лицо́ обагри́лось кро́вью** das Gesicht wurde rot

обалдева́|ть <-ю, -ешь> *нсв*, **обалде́ть** *св нпрх разг (быть не в себе́)* verblöden; **обалде́ть от ску́ки** vor Langeweile sterben

обалде́л|ый <-ая, -ое> *прил разг* stumpfsinnig; **~ взгляд** stumpfsinniger Blick *m*; **вбежа́л, как ~** er kam wie verrückt angelaufen

обалде́|ть <-ю, -ешь> *св нпрх см.* **обалдева́ть**

обалду́|й <-я> *м прост* Trottel *m*; **це́лый день, как ~, ничего́ не де́лаешь!** du faulenzest den ganzen Tag nur rum!; **не стой как ~!** steh nicht wie ein Blödmann da!

обанкро́тивш|ийся <-аяся, -ееся> *прил* bankrott, pleite

обанкро́|титься <-чусь, -тишься> *св рефл см.* **банкро́титься**

обая́ни|е <-я> *ср* Charme *m*, Anziehungskraft *f*, Attraktivität *f*

обая́|тельный <-льная, -льное; -лен, -льна, -льно> *прил* **1.** *(очарова́тельный)* charmant **2.** *(симпати́чный)* sympathisch

обва́л <-а> *м* Einsturz *m*; **го́рный ~** Bergrutsch *m*

обва́лива|ть <-ю, -ешь> *нсв*, **обваля́ть** *св прх* hin und her rollen; **~ ры́бу в муке́** den Fisch im Mehl wenden

обва́лива|ться <-юсь, -ешься> *нсв*, **обвали́ться** *св рефл* **1.** *(обру́шиваться)* zusammenfallen, einstürzen; **кро́вля до́ма обвали́лась** das Dach stürzte ein **2.** *(осыпа́ться)* abfallen, abbröckeln; **штукату́рка обвали́лась** der Verputz ist abgebröckelt

обвалова́ни|е <-я> *ср* агр, стр Einsturz *m*; **~ морски́х побере́жий** Erdrutsch *m* am Meeresufer

обвало́выва|ть <-ю, -ешь> *нсв*, **обвалова́ть** *св прх* einstürzen, zusammenfallen

обва́лом *нрч жарг, разг* in Scharen; **~ выезжа́ть за грани́цу** in Scharen ins Aufsland fahren

обва́льн|ый <-ая, -ое> *прил жарг, разг* пресс *(сплошно́й, уси́ленный)* verstärkt; **~ рост престу́пности** gestiegene Kriminalitätsrate *f*

обваля́|ть <-ю, -ешь> *св прх см.* **обва́ливать**

обва́рива|ть <-ю, -ешь> *нсв*, **обвари́ть** *св прх* abbrühen; **обвари́ть ру́ку кипятко́м** sich die Hand mit kochendem Wasser verbrühen; **обвари́ть нёбо горя́чим ча́ем** sich den Gaumen mit heißem Tee verbrühen

обва́рива|ться <-юсь, -ешься> *нсв*, **обвари́ться** *св рефл* sich verbrühen; **обвари́ться кипятко́м** sich mit kochendem Wasser verbrühen

обв|ари́ть <-арю́, -а́ришь> *св прх см.* **обва́ривать**

обв|ари́ться <-арю́сь, -а́ришься> *св рефл см.* **обва́риваться**

обвева́|ть <-ю, -ешь> *нсв*, **обве́ять** *св прх* **1.** агр umwehen; **~ зерно́** das Korn wehen **2.** *(обда́ть)* **обве́ять хо́лодом** es überlief ihn kalt; **обве́ять воспомина́ниями** von Erinnerungen befallen sein

обвенча́|ть <-ю, -ешь> *св прх см.* **венча́ть**

обвенча́|ться <-юсь, -ешься> *св рефл см.* **венча́ться**

обве|сти́ <-ду́, -дёшь> *св прх см.* **обводи́ть**

обве́трен|ный <-ная, -ное; -, -а, -о> *прил* **1.** *(разру́шенный)* baufällig, verfallen **2.** *(огрубе́вший)* rau; **обве́тренные гу́бы** raue Lippen *fpl*

обве́трива|ть <-ю, -ешь> *нсв*, **обве́трить** *св нпрх* **1.** *(разру́шить)* baufällig werden, verfallen **2.** *(загрубе́ть)* rau werden; **на моро́зе обве́тривает лицо́** von der Kälte wird das Gesicht rau

обве́трива|ться <-юсь, -ешься> *нсв*, **обве́триться** *св рефл* **1.** *(разру́шиться)* baufällig werden **2.** *(огрубе́ть от ве́тра)* rau werden **3.** *(обсо́хнуть)* (aus)trocknen; **поля́ обве́трились** die Felder trockneten aus

обве́тр|ить <-ю, -ишь> *св нпрх см.* **обве́тривать**

обве́тр|иться <-юсь, -ишься> *св рефл см.* **обве́триваться**

обветша́л|ый <-ая, -ое; -, -а, -о> *прил*

baufällig

обве́|ять <-ю, -ешь> *св (н)прх см.* **обвева́ть**

обвива́|ть <-ю, -ешь> *нсв,* **обви́ть** *св прх* umschlingen

обвине́ни|е <-я> *ср* Anschuldigung *f,* Beschuldigung *f;* юр Anklage *f;* **выдвига́ть** [*или* **предъявля́ть**] **~ кому́-л.** einen Vorwurf erheben gegen *+akk;* **предяви́ть ~** Anklage erheben

обвини́те|ль <-ля> *м* юр, пол Ankläger(in) *m(f);* **госуда́рственный ~** Staatsanwalt *m;* **речь обвини́теля** Rede *f,* des Anklägers; **выступа́ть в ро́ли обвини́теля** als Ankläger antreten

обвини́тельн|ый <-ая, -ое> *прил* юр Anklage-; **~ пригово́р** Anklage *f*

обвин|и́ть <-ю́, -и́шь> *св прх см.* **обвиня́ть**

обвиня́ем|ый <-ая, -ое> *м* Angeklagte(r) *f(m)*

обвиня́|ть <-ю, -ешь> *нсв,* **обвини́ть** *св прх* anklagen, beschuldigen; *(упрекну́ть, приписа́ть)* vorwerfen, unterstellen; юр *(уличи́ть, изобличи́ть)* belasten

обви́сл|ый <-ая, -ое> *прил* (herab)hängend, schlaff; **обви́слая ко́жа на щека́х** schlaffe Wangenhaut *f;* **обви́слые пле́чи** herabhängende Schultern *fpl*

обви́сш|ий <-ая, -ее> *прил* **1.** *(дря́блый)* schlaff, schlapp **2.** *(вися́щий)* hängend

обв|и́ть <-ью́, -ьёшь> *св прх см.* **обвива́ть**

обво́д <-а> *м* **1.** воен **оборони́тельный ~** Verteidigungslinie *f* **2.** мор Umriss *m,* Linienführung *f* **3.** *(полоса́)* Streifen *m;* **узо́рчатые обво́ды** gemusterte Streifen *mpl*

обв|оди́ть <-ожу́, -о́дишь> *нсв,* **обвести́** *св прх* **1.** *(сде́лать осмо́тр)* herumführen **2.** *(окружи́ть)* umgeben, umringen **3.** спорт umspielen; **обвести́ кого́-л. вокру́г па́льца** *перен* jdn um den kleinen Finger wickeln

обводне́ни|е <-я> *ср* тех Bewässerung *f*

обводни́тельн|ый <-ая, -ое> *прил* тех Bewässerungs-; **~ кана́л** Bewässerungskanal *m;* **обводни́тельная систе́ма** Bewässerungssystem *nt*

обводня́|ть <-ю, -ешь> *нсв,* **обводни́ть** *св прх* экон, экол (be)wässern; **~ па́стбища** die Weiden bewässern

обвола́кива|ть <-ю, -ешь> *нсв,* **обволо́чь** *св прх* **1.** *(оку́тать)* verdecken; **ту́чи обволокли́ небоскло́н** die Wolken bedeckten den Himmel; **верши́ны гор обволокло́ тума́ном** Nebel umhüllte die Gebirgsgipfel **2.** мед belegen; **го́рло обволокло́ налётом** der Hals war belegt **3.** *(опу́тать)* betrügen

обвора́жива|ть <-ю, -ешь> *нсв,* **обворожи́ть** *св прх* entzücken; **~ умо́м собесе́дников** mit Intellekt den Gesprächspartner verzaubern; **~ мане́рами** mit Manieren entzücken

обворо́выва|ть <-ю, -ешь> *нсв,* **обворова́ть** *св прх разг* bestehlen; **~ прохо́жего** den Passanten beklauen; **~ магази́н** den Laden beklauen

обворожи́те|льный <-льная, -льное; -лен, -льна, -льно> *прил* bezaubernd, entzückend; **обворожи́тельная улы́бка** bezauberndes Lächeln *nt;* **бро́сить ~ взгля́д** einen bezaubernden Blick werfen

обворож|и́ть <-у́, -и́шь> *св нпрх см.* **обвора́живать**

обгова́рива|ть <-ю, -ешь> *нсв,* **обговори́ть** *св прх* absprechen, besprechen, vereinbaren; **обговори́ть все вопро́сы** alle Fragen besprechen; **э́то де́ло на́до хороше́нько ~** die Sache sollte man gründlich besprechen; **обговори́ть всё по поря́дку** alles der Reihe nach besprechen

обго́н <-а> *м* Überholen *nt;* **ло́шадь пошла́ в обго́н** das Pferd machte sich ans Überholen; **~ запрещён!** Überholverbot! *nt*

обго́нн|ый <-ая, -ое> *прил* Überhol-; **обго́нная доро́га** Überholspur *f*

обгоня́|ть <-ю, -ешь> *нсв,* **обогна́ть** *св прх* überholen, überrunden

обгора́|ть <-ю, -ешь> *нсв,* **обгоре́ть** *св нпрх* **1.** *(пострада́ть от огня́)* vom Feuer beschädigt werden; **ве́рхний эта́ж по́лностью обгоре́л** das oberste Stockwerk brannte völlig aus; **во́лосы обгоре́ли** die Haare sind abgebrannt; **пило́т самолёта обгоре́л до неузнава́емости** der Flugzeugpilot verbrannte bis zur Unkenntlichkeit **2.** *разг* **обгоре́ть на со́лнце** einen Sonnenbrand kriegen

обгоре́вш|ий <-ая, -ее> *прил* angebrannt

обда|ва́ть <-ю́, -ёшь> *нсв,* **обда́ть** *св нпрх* **1.** *(окати́ть)* übergießen; **обда́ть холо́дной водо́й** mit kaltem Wasser übergießen; **обда́ть бры́згами с ног до головы́** von Kopf bis Fuß bespritzen **2.** *(обве́ивать)* erfassen, umströmen, umgeben; **его́ обдало́ хо́лодом** Kälte schlug ihm entgegen

обде́ла|ть <-ю, -ешь> *св прх см.* **обде́лывать**

обд|ели́ть <-елю́, -е́лишь> *св прх см.* **обделя́ть**

обде́лк|а <-и> *ж* **1.** стр Verschalung *f,* Verkleidung *f;* **~ тонне́ля** Tunnelverschalung *f;* **ка́менная ~** Steinverkleidung *f* **2.** *(обрабо́тка)* Bearbeitung *f;* **~ алма́зов** Bearbeitung *f* von Diamanten; **~ кож** Pelzbearbeitung *f*

обде́лочн|ый <-ая, -ое> *прил* Verschalungs-, Verkleidungs-; **~ ка́мень** Verkleidungsstein *m;* **обде́лочные рабо́ты** Verschalungsarbeiten *fpl*

обде́лыва|ть <-ю, -ешь> *нсв,* **обде́лать** *св прх* bearbeiten; **~ де́ло** *разг* deichseln

обделя́|ть <-ю, -ешь> *нсв,* **обдели́ть** *св прх* übervorteilen

обдира́л|а <-ы> *м и ж разг* (Leute)Schinder *m,* Beutelschneider *m*

обдира́ловк|а <-и> *ж разг* Nepp *m*

обдира́тельств|о <-а> *ср* Nepp *m*

обдира́|ть <-ю, -ешь> *нсв,* **ободра́ть** *св прх* **1.** *(содра́ть)* zerkratzen; **~ кору́ с де́рева** die Rinde vom Baum abziehen; **~ ло́коть** sich den Ellenbogen zerkratzen **2.** *(обноси́ться)* abtragen; **~ боти́нки** die Schuhe abtragen **3.** *(завы́сить це́ну)* den Preis erhöhen; **ободра́ть как ли́пку** jdn ausnehmen

обдира́|ться <-юсь, -ешься> *нсв,* **ободра́ться** *св рефл* sich zerkratzen; **кра́ска места́ми ободрала́сь** die Farbe bröckelt stellenweise

обди́рк|а <-и> *ж* **1.** ТЕХ schälen, abschaben **2.** АГР enthülsen

обду́ман|ный <-ная, -ное; -, -а, -о> *прил* bedacht, (wohl)überlegt; **обду́манное реше́ние** überlegter Entschluss *m;* **~ отве́т** bedachte Antwort *f;* **план де́йствий обду́ман предвари́тельно** der Aktionsplan wurde vorher gut durchdacht

обду́мыва|ть <-ю, -ешь> *нсв,* **обду́мать** *св прх* überdenken, durchdenken

обега́|ть <-ю, -ешь> *нсв,* **обе́гать** *св прх разг* ablaufen, abklappern; **~ весь го́род в по́исках чего́-л.** die ganze Stadt auf der Suche nach etw ablaufen

обе́д <-а> *м* Mittagessen *nt; (пра́здничное засто́лье)* Festessen *nt;* **оби́льный ~** opulentes Mahl *nt;* **по́сле обе́да** nachmittags; **сего́дня по́сле обе́да** heute Nachmittag; **у нас в 12 ~** wir haben um 12 Uhr Mittagspause; **зва́ный ~** Gastmahl *nt*

обе́да|ть <-ю, -ешь> *нсв,* **пообе́дать** *св нпрх* speisen, zu Mittag essen

обе́денн|ый <-ая, -ое> *прил* Mittags-; **обе́денное вре́мя** Mittagszeit *f;* **~ переры́в** Mittagspause *f;* **~ стол** Esstisch *m;* **в обе́денное вре́мя** mittags

обедне́|ть <-ю, -ешь> *св прх см.* **бедне́ть**

обе́дн|я <-и> *ж* **1.** РЕЛИГ Mittagsmesse *f;* **отслужи́ть обе́дню** die Mittagsmesse abhalten **2.** *разг (помеша́ть кому́-л)* jdn stören; **испо́ртить всю обе́дню** alles versauen

обезбо́ливани|е <-я> *ср* МЕД Betäubung *f*

обезбо́ливающ|ий <-ая, -ее> *прил* Betäubungs-; **обезбо́ливающее сре́дство** Betäubungsmittel *nt;* **сде́лать кому́-л. ~ уко́л** jdn betäuben

обезво́|диться <-жусь, -дишься> *св рефл см.* **обезво́живаться**

обезво́живани|е <-я> *ср* Wasserentzug *m,* Feuchtigkeitsverlust *m*

обезво́жива|ться <-юсь, -ешься> *нсв,* **обезво́диться** *св рефл* Feuchtigkeit verlieren; **органи́зм обезво́дился** der Organismus ist entwässert

обезвре́жива|ть <-ю, -ешь> *нсв,* **обезвре́дить** *св прх* unschädlich machen; *(бо́мбу)* entschärfen; **~ проти́вника** den Gegner unschädlich machen; **~ ми́ну** eine Mine entschärfen

обезгла́в|ить <-лю, -ишь> *св прх* köpfen; *книжн (лиши́ть руково́дства)* der Leitung berauben

обездви́жива|ть <-ю, -ешь> *нсв,* **обездви́жить** *св прх* stilllegen, bewegungslos machen; **~ повреждённую коне́чность** das beschädigte Glied stilllegen; **~ пацие́нта** den Patienten stilllegen

обездо́лен|ный <-ная, -ное; -, -а, -о> *прил* **1.** ИСТОР elend; **~ пролетариа́т** das elende Proletariat; **уни́женные и обездо́ленные наро́ды** erniedrigte und elende Völker **2.** *(лишённый всего́)* beraubt; **~ судьбо́й** das Schicksal hat ihm alles beraubt

обезжи́рен|ный <-ная, -ное; -, -а, -о> *прил* fettarm, mager; **обезжи́ренное молоко́** Magermilch *f;* **~ творо́г** Magerquark *m*

обезжи́рива|ть <-ю, -ешь> *нсв,* **обезжи́рить** *св прх* entfetten; **~ молоко́** die Milch entfetten

обеззара́жива|ть <-ю, -ешь> *нсв,* **обеззарази́ть** *св прх* entseuchen; МЕД desinfizieren; **~ ме́стность** die Gegend entseuchen; **~ водоснабди́тельную систе́му** das Wasserversorgungssystem desinfizieren

обеззу́бе|ть <-ю, -ешь> *св нпрх разг* die Zähne verlieren

обезле́сива|ть <-ю, -ешь> *нсв,* **обезле́сить** *св (н)прх* abholzen; **~ край** die Gegend entwalden; **го́ры обезле́сили из-за вы́рубки** durch Abholzen wurden die Berge entwaldet

обезли́чива|ть <-ю, -ешь> *нсв,* **обезли́чить** *св прх* der Persönlichkeit berauben; **жизнь в го́роде обезли́чивает челове́ка** das Stadtleben verwischt das Individuelle im Menschen

обезлю́де|ть <-ет> *св безл только 3 л* menschenleer werden

обезобра́жива|ть <-аю, -ешь> *нсв,* **обезобра́зить** *св прх* entstellen

обезопа́|сить <-шу, сишь> *св прх* sichern, sicher stellen; **~ грани́цу госуда́рства** die Staatsgrenze sichern; **~ движе́ние на доро́гах** den Straßenverkehr sichern

обезору́жива|ть <-ю, -ешь> *нсв,* **обезору́жить** *св прх* entwaffnen, jdm die Waffe aus der Hand schlagen; **обезору́жить неприя́теля** den Feind entwaffnen; **обезору́жить оппоне́нта до́водами** den Gegner mit Argumenten entmutigen; **обезору́жить открове́нностью** durch Aufrichtigkeit entwaffnen

обезору́живающ|ий <-ая, -ее> *прил* entwaffnend; **обезору́живающая улы́бка**

entwaffnendes Lächeln *nt;* ~ **взгля́д** entwaffnender Blick *m*

обезору́ж|ить <-у, -ишь> *св (н)прх см.* **обезору́живать**

обезумева́|ть <-ю, -ешь> *нсв,* **обезу́меть** *св нпрх* verrückt werden, den Verstand verlieren; **обезуме́ть от стра́ха/го́ря** vor Angst/Kummer den Kopf verlieren; ~ **от сча́стья** vor Glück im siebten Himmel sein

обезья́н|а <-ы> *ж* Affe *m;* **человекообра́зная** ~ Menschenaffe *m*

обезья́нничань|е <-я> *ср разг* Nachäfferei *f*

обели́ск <-а> *м* Obelisk *m*

обеля́|ть <-ю, -ешь> *нсв,* **обели́ть** *св прх перен* reinwaschen

оберега́|ть <-ю, -ешь> *нсв,* **обере́чь** *св прх* behüten vor *+dat*

обёртк|а <-и> *ж* Einschlagpapier *nt,* Hülle *f*

оберну́|ться <-сь, -ёшься> *св рефл см.* **обора́чиваться**

оберто́н <-а> *м* муз, физ Oberton *m*

обёрточн|ый <-ая, -ое> *прил* Umschlag-; **обёрточная бума́га** Packpapier *nt*

обёртывани|е <-я> *ср* мед Packung *f*

обескура́жива|ть <-ю, -ешь> *нсв,* **обескура́жить** *св прх* entmutigen

обеспе́чени|е <-я> *ср* Versorgung *f;* экон *(покры́тие, сохра́нность)* Deckung *f,* Sicherung *f; (де́йствие)* Absicherung *f,* Gewährleistung *f; (уве́ренность)* Sicherheit *f;* **аппара́тное** ~ информ Hardware *f;* **прогáммное** ~ информ Software *f;* **социа́льное** ~ Sozialfürsorge *f;* ~ **банкно́т** Banknotendeckung *f;* ~ **вкла́дов** Einlagensicherung *f;* ~ **в ста́рости** Altersvorsorge *f;* ~ **рабо́чего ме́ста** Arbeitsplatzsicherung *f;* ~ **да́нных** информ Datensicherung *f;* ~ **со́бственным капита́лом** Eigenkapitalausstattung *f;* ~ **ссу́ды** Darlehenssicherung *f;* ~ **сто́имостного покры́тия** Wertsicherung *f;* ~ **це́нными бума́гами** Securitization *f*

обеспе́чен|ный <-ная, -ное; -, -а, -о> *прил* gutsituiert, begütert; **материа́льно** ~ materiell abgesichert

обеспе́чива|ть <-ю, -ешь> *нсв,* **обеспе́чить** *св прх* **1.** *(гаранти́ровать)* sicherstellen, sichern, garantieren; ~ **мир** den Frieden sichern; ~ **рост за́работной пла́ты** den Gehaltsanstieg sicherstellen; ~ **рабо́чие места́** die Arbeitsplätze garantieren; ~ **сниже́ние цен** die Preissenkung gewährleisten **2.** *(снабди́ть)* versorgen; ~ **семью́ сре́дствами** die Familie versorgen **3.** экон decken

обеспоко́ен|ный <-ная, -ное; -, -а, -о> *прил* beunruhigt; ~ **взгляд** beunruhigter Blick *m;* **обеспоко́енные роди́тели** beunruhigte Eltern *pl*

обеспоко́|ить <-ю, -ишь> *св прх см.* **беспоко́ить**

обессе́ривани|е <-я> *ср* Entschwefelung *f*

обессе́рива|ть <-ю, -ешь> *нсв,* **обессе́рить** *св прх* entschwefeln

обесси́лен|ный <-ная, -ное; -, -а, -о> *прил* erschöpft

обесси́лива|ть <-ю, -ешь> *нсв,* **обесси́лить** *св нпрх* schwächen, erschöpfen; ~ **от боле́зни** durch die Krankheit schwach werden; **обессме́тить от бессо́нных ноче́й** erschöpft von schlaflosen Nächten sein

обессме́рчива|ть <-ю, -ешь> *нсв,* **обессме́ртить** *св прх* unsterblich machen, verewigen; **обессме́ртить и́мя вели́ким творе́нием** durch sein großes Werk seinen Namen verewigen

обессмы́слива|ть <-ю, -ешь> *нсв,* **обессмы́слить** *св прх* sinnlos machen; **посту́пок обессмы́сливает ска́занное** die Tat macht das Gesagte sinnlos

обесто́чива|ть <-ю, -ешь> *нсв,* **обесто́чить** *св прх* эл die Stromzufuhr sperren; ~ **прово́дку** keinen Strom in die Leitung geben

обесцве́чива|ть <-ю, -ешь> *нсв,* **обесцве́тить** *св прх* bleichen, entfärben; *(во́лосы)* blondieren

обесце́нени|е <-я> *ср* Abwertung *f;* ~ **це́нных бума́г** Nonvaleurs *pl*

обесце́нен|ный <-ная, -ное; -а, -о> *прил* экон entwertet

обесце́нивани|е <-я> *ср* Entwertung *f;* ~ **де́нег** Inflation *f,* Geldentwertung *f;* ~ **рубля́** Rubelverfall *m*

обесце́нива|ть <-ю, -ешь> *нсв,* **обесце́нить** *св прх* entwerten, abwerten, wertlos machen; **обесце́нить де́ньги** das Geld abwerten; **обесце́нить дру́жбу** die Freundschaft wertlos machen

обесче́|стить <-щу, -стишь> *св прх см.* **бесче́стить**

обе́т <-а> *м* религ Gelübde *nt,* Gelöbnis *nt;* **дать** ~ ein Gelöbnis ablegen

обеща́ни|е <-я> *ср* Versprechen *nt;* **брать** ~ **с кого́-л.** jdm ein Versprechen abnehmen; **дава́ть** ~ ein Versprechen geben; **сдержа́ть** ~ ein Versprechen halten; ~ **предоставле́ния креди́та** Kreditzusage *f*

обеща́|ть <-ю, -ешь> *(н)св,* **пообеща́ть** *св прх* versprechen

обжа́ловани|е <-я> *ср* юр Berufung *f,* Appellation *f,* Anfechtung *f;* **не подлежа́щий обжа́лованию** nicht berufungsfähig

обже́чь <обожгу́, обожжёшь> *св прх см.* **обжига́ть**

обже́чься <обожгу́сь, обожжёшься> *св рефл см.* **обжига́ться**

обжива́|ть <-ю, -ешь> *нсв,* **обжи́ть** *св прх* einleben; ~ **но́вый дом** sich im neuen Heim einleben

о́бжиг <-а> *м* тех Glühen *nt,* Rösten *nt,* Kalzinieren *nt;* ~ **гли́ны** Tonbrennen *nt*

обжига́|ть <-ю, -ешь> *нсв,* **обже́чь** *св прх* brennen

О

обжига́|ться <-юсь, -ешься> *нсв,* **обже́чься** *св рефл* sich verbrennen; ~ **горя́чим ча́ем** sich mit heißem Tee verbrühen; ~ **сковоро́дкой** sich an der Bratpfanne verbrennen; **обжёгся на цене́** sich am Preis verbrennen; **я уже́ на э́том де́ле обжёгся** daran habe ich mir schon die Finger verbrannt

обжи́мк|а <-и> *ж* **1.** ТЕХ *(инструме́нт)* Nietstanze *f* **2.** *(шта́мп)* Stanze *f;* ~ **загото́вок** Stanzen von Rohlingen

обжит|о́й <-а́я, -о́е; -, -а́, -о́> *прил* eingelebt; ~ **край** bewohnte Gegend *f;* **тру́дно покида́ть обжиты́е места́** es ist schwer die eingelebten Plätze zu verlassen

обжи́|ть <-ву́, -вёшь> *св прх см.* **обжива́ть**

обжо́р|а <-ы> *ж и м презрит, разг* Vielfraß *m,* Fresssack *m*

обжо́рств|о <-а> *ср разг* Gefräßigkeit *f;* **страда́ть от обжо́рства** an Gefräßigkeit leiden

обзаве|сти́ <-ду́, -дёшь> *св прх см.* **обзаводи́ть**

обзаве|сти́сь <-ду́сь, -дёшься> *св рефл см.* **обзаводи́ться**

обзаво|ди́ться <-жу́сь, -дишься> *нсв,* **обзавести́сь** *св рефл* sich anschaffen, sich ausstatten mit *+dat;* ~ **семьёй** eine Familie gründen

обзва́нива|ть <-ю, -ешь> *нсв,* **обзвони́ть** *св прх* herumtelefonieren; ~ **всех знако́мых** alle Bekannte anrufen

обзо́р <-а> *м* Überblick *m;* ~ **пре́ссы** Presseschau *f;* ~ **основны́х средств** Anlagespiegel *m*

обзыва́|ть <-ю, -ешь> *нсв,* **обозва́ть** *св (н)прх* (be)nennen; **неприли́чно** ~ beschimpfen; ~ **бе́столочью** jdn einen Dummkopf nennen

обива́|ть <-ю, -ешь> *нсв,* **оби́ть** *св прх* beschlagen; *(ме́бель)* polstern; ~ **поро́ги** *перен* mit Bitten bestürmen

оби́вк|а <-и> *ж* Bezug *m,* Polsterung *f*

оби́вочн|ый <-ая, -ое> *прил* Bezugs-, Überzugs-; ~ **материа́л** Überzugsmaterial *nt*

оби́д|а <-ы> *ж* **1.** *(чу́вство оби́ды)* Betroffenheit *f* **2.** *(оскорбле́ние)* Beleidigung *f;* **не дава́ть себя́ в оби́ду** seinen Mann stehen

оби́|деть <-жу, -дишь> *св прх см.* **обижа́ть**

оби́|деться <-жусь, -дишься> *св рефл см.* **обижа́ться**

оби́дно *нрч* beleidigend, kränkend; ~ **быть непо́нятым** es ist beleidigend nicht verstanden zu werden; **меня́ отруга́ли и ста́ло** ~ ich wurde beschimpft und es hat mich gekränkt; **~, что опозда́л** es ist bedauerlich, dass ich mich verspätet habe

оби́д|ный <-ная, -ное; -ен, -на, -но> *прил* kränkend, beleidigend; **оби́дное замеча́ние** kränkende Bemerkung *f;* ~ **про́звище** beleidigender Spitzname *m*

оби́дчиво *нрч* beleidigt; ~ **поджа́ть гу́бы** beleidigt die Lippen zusammenziehen; ~ **промолча́ть** gekränkt schweigen

оби́дчив|ый <-ая, -ое; -, -а, -о> *прил* reizbar

обижа́|ть <-ю, -ешь> *нсв,* **оби́деть** *св прх* kränken, beleidigen; **он му́хи не оби́дит** *перен* er kann keiner Fliege was zuleide tun

обижа́|ться <-юсь, -ешься> *нсв,* **оби́деться** *св рефл* beleidigt sein, sich gekränkt fühlen

оби́жен|ный <-ная, -ное; -, -а, -о> *прил* gekränkt, verletzt; *(неприя́тно поражён-ный)* befremdet

оби́ли|е <-я> *ср* **1.** *(изоби́лие)* Überfluss *m* **2.** *(изби́ток)* Fülle *f*

оби́льно *нрч* reichlich, ausgiebig; ~ **поу́жинать** ausgiebig zum Abendbrot essen; **оса́дков вы́пало** ~ es gab große Regenfälle

оби́|льный <-льная, -льное; -лен, -льна, -льно> *прил* reichlich, reichhaltig; ~ **обе́д** ausgiebige Mahlzeit *f*

обиня́к <-а́> *м* Anspielung *f,* Andeutung *f;* **без обиняко́в** ohne Umschweife, klipp und klar

обира́л|а <-ы> *м* Abzocker *m,* Beutelschneider *m*

обира́ловк|а <-и> *ж* Abzockerei *f*

обира́|ть <-ю, -ешь> *нсв,* **обобра́ть** *св прх* **1.** *(собра́ть)* pflücken; ~ **с куста́ мали́ну** die Himbeeren vom Strauch pflücken **2.** *(обокра́сть)* plündern; ~ **кварти́ру** die Wohnung ausrauben; ~ **как ли́пку** bis aufs letzte plündern

обита́ем|ый <-ая, -ое; -, -а, -о> *прил* bewohnt; *(жило́й)* bewohnbar

обита́ни|е <-я> *ср* ЭКОЛ Lebensraum *m*

обита́те|ль <-ля> *м,* **обита́тельниц|а** <-ы> *ж* Bewohner(in) *m(f)*

обита́|ть <-ю, -ешь> *нсв прх* bewohnen

оби́те|ль <-ли> *ж* **монасты́рская** ~ Kloster *nt;* **ти́хая** ~ stille Heimstatt *f*

оби́ть <обобью, обобьёшь> *св прх см.* **обива́ть**

обихо́д <-а> *м* **1.** *(укла́д жи́зни, повседне́вность)* Alltag *m* **2.** *(испо́льзование в быту́)* Gebrauch *m,* Bedarf *m;* **предме́ты дома́шнего обихо́да** Haushaltswaren *pl*

обихо́д|ный <-ная, -ное; -ен, -на, -но> *прил* Alltags-, alltäglich, gebräuchlich; **обихо́дные предме́ты** alltägliche Gegenstände *mpl;* **войти́ в ~ язы́к** in Umgangssprache eingehen; **обихо́дные выраже́ния** gebräuchliche Ausdrücke *mpl;* **обихо́дные те́мы для разгово́ра** alltägliche Gesprächsthemen *ntpl*

обката́|ть <-ю, -ешь> *св прх см.* **обка́тывать**

обка́тк|а <-и> *ж то́лько ед* Probefahrt *f;*

АВТО Einfahren *nt*

обка́тыва|ть <-ю, -ешь> *нсв,* **обката́ть** *св прх* **1.** *(утрамбова́ть)* abwälzen; **~ доро́гу катко́м** die Straße mit der Straßenwalze glätten **2.** *(испыта́ть)* einfahren; **~ двига́тель** den Motor einfahren

обкла́дыва|ть <-ю, -ешь> *нсв,* **обложи́ть** *св прх* **1.** *(положи́ть круго́м)* umlegen; **~ больно́го поду́шками** den Kranken mit Kissen umlegen **2.** *(облицева́ть)* verkleiden, verputzen, verblenden; **~ дом ка́мнем** das Haus mit Steinplatten verblenden **3.** *(обволо́чь)* belegen; **~ го́рло налётом** den Hals belegen **4.** *(окружи́ть)* umzingeln; **~ зве́ря в берло́ге** das Tier im Bau umzingeln **5.** ФИН *(обяза́ть к упла́те)* zwingen; **~ нало́гом** besteuern **6.** *прост, разг (обруга́ть)* (be)schimpfen; **~ ма́том** fluchen

обкле́ива|ть <-ю, -ешь> *нсв,* **обкле́ить** *св прх* bekleben

обкра́дыва|ть <-ю, -ешь> *нсв,* **обокра́сть** *св прх* bestehlen

обку́рива|ть <-ю, -ешь> *нсв,* **обкури́ть** *св прх* ausräuchern; **~ пчёл** die Bienen ausräuchern; **~ помеще́ние** den Raum vollrauchen; **~ тру́бку** die Pfeife anrauchen

obла́в|а <-ы> *ж* Razzia *f*

облага́|ть <-ю, -ешь> *нсв,* **обложи́ть** *св прх* ЭКОН belasten; **~ нало́гом** besteuern; **облага́емый нало́гом** abgabenpflichtig, gebührenpflichtig, steuerpflichtig; **облага́емый по́шлиной** zollpflichtig, gebührenpflichtig

облагора́живани|е <-я> *ср* Veredelung *f*

облагора́жива|ть <-ю, -ешь> *нсв,* **облагороди́ть** *св прх* **1.** *(возвы́сить)* veredeln **2.** *(улу́чшить)* verbessern; **~ поро́ду коне́й** die Pferdegattung verbessern; **~ по́чву** den Boden verbessern

облада́ни|е <-я> *ср* Besitz *m*

облада́те|ль <-ля> *м* **1.** *(со́бственник)* Besitzer *m;* **~ ку́бка** СПОРТ Pokalsieger *m* **2.** ЮР Inhaber *m*

облада́|ть <-ю, -ешь> *нсв нпрх* **1.** *(име́ть во владе́нии)* besitzen, verfügen über *+akk* **2.** *вульг (же́нщиной)* ficken

обла́|зить <-жу, -зишь> *св прх* durchstöbern; **~ весь дом** das ganze Haus durchstöbern; **за гриба́ми весь лес обла́зили** wir haben den ganzen Wald nach Pilzen abgesucht; **~ го́рные хребты́** in den Bergen klettern

о́блак|о <-а> *ср* Wolke *f*

обла́мыва|ть <-ю, -ешь> *нсв,* **облома́ть** *св прх* **1.** *(отдели́ть)* abbrechen; **~ ве́тки де́рева** die Baumäste abbrechen **2.** *разг (подчини́ть свое́й во́ле)* unterwerfen **3.** *разг (поби́ть)* **~ бока́** jdn verprügeln

обла́скива|ть <-ю, -ешь> *нсв,* **обласка́ть** *св прх* gütig behandeln; *перен, устар (осы́пать ми́лостями)* begünstigen

областн|о́й <-а́я, -о́е> *прил* **1.** *(региона́льный)* Gebiets-, Regional-, Bezirks-; **~ центр** Bezirkszentrum *nt;* **~ суд** Regionalgericht *nt;* **областна́я конфере́нция** Bezirkskonferenz *f* **2.** *(ме́стный)* örtlich, Orts-, Lokal-; **~ диале́кт** Lokaldialekt *m;* **областно́е произноше́ние** örtliche Aussprache *f*

о́блас|ть <-ти> *ж* Gebiet *nt;* *(сфе́ра)* Bereich *m;* *(окре́стности)* Gegend *nt,* Landkreis *m;* **~ зна́ний** Fachgebiet *nt,* Wissensgebiet *nt;* **в о́бласти** auf dem Gebiet, im Bereich; **~ осуществле́ния контро́льных фу́нкций** Kontrollspanne *f;* **~ хозя́йства** Wirtschaftsbereich *m;* **~ эконо́мики** Wirtschaftsbereich *m;* **~ энерге́тики** Energiesektor *m*

о́блачнос|ть <-ти> *ж* Bewölkung *f*

о́блач|ный <-ная, -ное; -ен, -на, -но> *прил* bewölkt

облега́|ть <-ет> *нсв,* **обле́чь** *св безл, то́лько 3 л (о пла́тье)* sich schmiegen, eng anliegen

облегча́|ть <-ю, -ешь> *нсв,* **облегчи́ть** *св прх* **1.** *(освободи́ть от тя́жести)* erleichtern; **~ но́шу** die Last vermindern; **~ нагру́зку** die Belastung kleiner machen; **~ вес** das Gewicht reduzieren **2.** *(упрости́ть)* vereinfachen **3.** *(сде́лать ле́гче)* erleichtern; **~ рабо́ту** die Arbeit erleichtern **4.** *(успоко́ить)* lindern; **~ боль** den Schmerz mildern; **~ ду́шу** sein Herz ausschütten; **~ со́весть** sein Gewissen entlasten

облегче́ни|е <-я> *ср* Erleichterung *f,* Befreiung *f;* *(упроще́ние)* Vereinfachung *f*

облегчён|ный <-ная, -ное; -, -а́, -о́> *прил* erleichtert; **разда́лся ~ вздох** ein erleichterter Seufzer ertönte; **со́зданы облегчённые усло́вия рабо́ты** es wurden erleichterte Arbeitsbedingungen geschaffen

облегч|и́ть <-у́, -и́шь> *св прх см.* **облегча́ть**

обледене́л|ый <-ая, -ое> *прил* vereist, eisbedeckt; **обледене́лые ступе́ни** eisbedeckte Stufen *fpl;* **~ уча́сток доро́ги** vereiste Straßenstrecke *f*

обледене́|ть <-ю, -ешь> *св нпрх* vereisen, sich mit Eis bedecken; **стекло́ маши́ны обледене́ло** die Windschutzscheibe wereiste; **к ве́черу доро́га обледене́ла и ста́ло ско́льзко** am Abend vereisten die Straßen und wurden glatt

облеза́|ть <-ю, -ешь> *нсв,* **обле́зть** *св нпрх* **1.** *(о волоса́х)* ausfallen **2.** *(о кра́ске)* abbröckeln

облека́|ть <-ю, -ешь> *нсв,* **обле́чь** *св прх* **1.** *(вы́разить)* ausdrücken; **~ мы́сли в слова́** die Gedanken mit Worten ausdrücken **2.** *(надели́ть)* ausstatten; **~ вла́стью** jdm Macht gewähren **3.** *(оку́тать)* einhüllen, umhüllen; **~ та́йной** sich mit Geheimnissen umhüllen; **~ мра́ком** sich in Finsternis einhüllen

О

облéнива|ться <-юсь, -ешься> *нсв,* **облениться** *св рефл* faul werden; **дéти совсéм обленились, никтó не помогáет** die Kinder sind faul geworden, niemand hilft zu Hause; **обленился ты, а делá не ждут** du bist faul geworden, die Arbeit aber kann nicht warten

обл|епить <-еплю, -éпишь> *св прх см.* **облеплять**

облепих|а <-и> *ж* БОТ Sanddorn *m*

облепихов|ый <-ая, -ое> *прил* МЕД Sanddorn-; **облепиховое мáсло** Sanddornöl *nt*

облеплá|ть <-ю, -ешь> *нсв,* **облепить** *св прх* **1.** *(плóтно окружить)* umringen; **любопытные облепили вновь прибывшего** die Neugierigen umringten den Neuankömmling **2.** *(наклéить)* bekleben; **~ стéну объявлéниями** die Wand mit Anzeigen bekleben

облесéни|е <-я> *ср* Aufforstung *f,* Bewaldung *f*

облесён|ный <-ная, -ное; -, -á, -ó> *прил* bewaldet

облёт <-а> *м* Einfliegen *nt,* Probeflug *m,* Umfliegen *nt;* **патрýльный ~** Patrouillenflug *m*

облетá|ть <-ю, -ешь> *нсв,* **облетéть** *св (н)прх* **1.** *(вокрýг чегó-л.)* umfliegen, vorbeifliegen **2.** *(побывáть всюду)* umfliegen; **~ всю странý** das ganze Land bereisen **3.** *(быстро распространиться)* sich verbreiten; **нóвость молниенóсно облетéла весь мир** die Neuigkeit verbreitete sich blitzschnell um die ganze Welt **4.** *(осыпаться)* sich entblättern, herabfallen; **листвá облетáет** Blätter fallen nieder

облé|чь <-кý, -чёшь> *св прх* bekleiden; *см.* **облекáть, облегáть**

обливá|ть <-ю, -ешь> *нсв,* **облить** *св прх* **1.** *(окатить)* begießen; **~ рýки холóдной водóй** die Hände mit kaltem Wasser begießen **2.** *(выступить)* austreten; **все лицó облито слезáми** das ganze Gesicht ist tränenübergossen; **рубáшка облита пóтом** das Hemd ist voller Schweiß **3.** *(испáчкать)* beschmutzen, schmutzig machen, beflecken; **~ костюм чáем** den Anzug mit Tee beflecken **4.** *(покрыть)* bedecken; **~ горшóк глазýрью** den Topf mit Glasur überziehen **5.** *(несправедливо обвинить)* ungerecht beschuldigen, verleumden; **~ презрéнием** verachten **6.** *(напóлнить)* überschütten, voll machen; **зáл облит ярким свéтом** der Saal steht in grellem Licht

обливá|ться <-юсь, -ешься> *нсв,* **облиться** *св рефл* sich begießen; **~ пóтом** schwitzen; **~ кипяткóм** sich mit kochendem Wasser begießen; **~ слезáми** in Tränen schwimmen

облигациóнн|ый <-ая, -ое> *прил* ФИН Obligation(en)-; **~ заём** Obligationsdarlehen *nt*

облигáци|я <-и> *ж* Schuldverschreibung *f,* Obligation *f;* **~ центрáльного бáнка** Offenmarktpapiere *pl;* **~ бáнка** Bankanleihe *f,* Bankobligation *f;* **~ зерó, ~ с нулевым купóном** Zerobond *m*

облиго <неизм> *ср* Obligo *nt,* Verbindlichkeit *f*

облизыва|ть <-ю, -ешь> *нсв,* **облизáть** *св прх* lecken; **~ пáльчики от удовóльствия** sich die Finger ablecken

óблик <-а> *м* **1.** *(внéшний вид)* Antlitz *nt* **2.** *(харáктер, своеобрáзие)* Charakter *m,* Eigenart *f,* Gepräge *nt*

облиствé|ть <-ю, -ешь> *св нпрх* БОТ belauben; **вéтви облиствéли** die Äste bedeckten sich mit Laub

об|лить <-олью, -ольёшь> *св прх см.* **обливáть**

об|литься <-ольюсь, -ольёшься> *св рефл см.* **обливáться**

облиц|евáть <-ýю, -ýешь> *св прх см.* **облицóвывать**

облицóвк|а <-и> *ж* СТР Verkleidung *f,* Verblendung *f,* Verputz *m;* **~ здáния** Gebäudeverkleidung *f;* **~ кáмнем** Steinverkleidung *f*

облицóвочн|ый <-ая, -ое> *прил* Verkleidungs-, Verputz-, Zier-; **~ материáл** Verkleidungsbaustoff *m,* Verblendplatten *pl*

облицóвщик <-а> *м* СТР Verkleider *m,* Verblender *m,* Verputzer *m;* **бригáда облицóвщиков** Verputzerbrigade *f*

облицóвыва|ть <-ю, -ешь> *нсв,* **облицевáть** *св прх* verkleiden; **~ стéны мрáмором** die Wände mit Marmor verkleiden; **~ вáнную кóмнату кáфелем** das Bad verkacheln

обличá|ть <-ю, -ешь> *нсв,* **обличить** *св прх* **1.** *(порицáть)* überführen, entlarven; **~ порóки** die Laster entlarven **2.** *(раскрыть)* aufdecken, entlarven; **~ в обмáне** jdn des Betrugs beschuldigen **3.** *(раскрывáть)* zeigen, aufdecken; **все обличáет в нем тaлáнт** alles zeigt sein Talent

обличéни|е <-я> *ср* **1.** *(изобличéние)* Überführung *f,* Entlarvung *f* **2.** *(обвинéние)* Beschuldigung *f*

обличитe|ль <-ля> *м* Ankläger(in) *m(f)*

облич|ить <-ý, -ишь> *св прх см.* **обличáть**

обложéни|е <-я> *ср* **1.** ЭКОН Belastung *f;* **~ многофáзным налогóм** Allphasenbesteuerung *f;* **~ налóгом с прибыли** Gewinnbesteuerung *f;* **~ налóгом** Besteuerung *f;* **~ налóгом фактических дохóдов** Istversteuerung *f;* **~ тамóженной пóшлиной** Verzollung *f* **2.** ВОЕН Belagerung *f*

обл|ожить <-ожý, -óжишь> *св прх см.* **обклáдывать, облагáть**

облóжк|а <-и> *ж* Umschlag *m,* Cover *nt*

облока́чива|ться <-юсь, -ешься> *нсв,* **облокоти́ться** *св рефл* sich auf die Ellenbogen stützen

облома́|ть <-ю, -ешь> *св прх см.* **обла́мывать**

обло́м|ок <-ка> *м* **1.** ГЕОЛ **~ мра́мора** Bruchstück *nt* **2.** *(отби́тый кусо́к)* Trümmer *pl,* Schutt *m,* Wrack *nt;* **обло́мки разру́шенного до́ма** die Trümmer des zerstörten Hauses

обло́мочн|ый <-ая, -ое> *прил* ГЕОЛ Verwitterungs-; **обло́мочные го́рные поро́ды** Verwitterungsgesteine *pl*

обл|упи́ть <-уплю́, -у́пишь> *св прх см.* **лупи́ть**

обл|упи́ться <-уплю́сь, -у́пишься> *св рефл см.* **лупи́ться**

облуча́|ть <-ю, -ешь> *нсв,* **облучи́ть** *св прх* МЕД bestrahlen; **~ ультрафиоле́товыми луча́ми** mit UV-Strahlen bestrahlen

облуче́ни|е <-я> *ср* Bestrahlung *f*

облуч|и́ть <-у́, -и́шь> *св прх см.* **облуча́ть**

облуч|о́к <-ка́> *м* Kutschersitz *m,* Bock *m*

облу́щива|ть <-ю, -ешь> *нсв,* **облущи́ть** *св прх* enthülsen

облущ|и́ть <-у́, -и́шь> *св прх см.* **лущи́ть, облу́щивать**

облысе́ни|е <-я> *ср* Kahlköpfigkeit *f*

облысе́|ть <-ю, -ешь> *св нпрх см.* **лысе́ть**

облюбо́выва|ть <-ю, -ешь> *нсв,* **облюбова́ть** *св прх* (aus)wählen, an etw Gefallen finden; **~ ме́сто в па́рке** sich einen Platz im Park auswählen

обля́пыва|ть <-ю, -ешь> *нсв,* **обля́пать** *св прх разг* bekleckern; **~ ска́терть** die Tischdecke bekleckern

обма́кивать *нсв,* **обмакну́ть** *св прх* eintauchen, *(еду́)* eintitschen

обма́лыва|ть <-ю, -ешь> *нсв,* **обмоло́ть** *св прх* dreschen; **~ зерно́** Korn dreschen

обма́н <-а> *м* Betrug *m,* Täuschung *f;* **~ зре́ния** optische Täuschung *f;* **~ чу́вств** Sinnestäuschung *f*

обма́нк|а <-и> *ж* ГЕОЛ Blende *f;* **ци́нковая ~** Zinkblende *f*

обм|ану́ть <-ану́, -а́нешь> *св прх см.* **обма́нывать**

обма́нчив|ый <-ая, -ое; -, -а, -о> *прил* betrügerisch, täuschend

обма́нщик <-а> *м,* **обма́нщиц|а** <-ы> *ж* Betrüger(in) *m(f)*

обма́нива|ть <-ю, -ешь> *нсв,* **обману́ть** *св прх* täuschen, betrügen, belügen

обма́тыва|ть <-ю, -ешь> *нсв,* **обмота́ть** *св прх* umwickeln; **~ бинто́м но́гу** einen Verband am Fuß anlegen; **~ полоте́нцем го́лову** sich ein Handtuch um den Kopf wickeln

обма́хива|ть <-ю, -ешь> *нсв,* **обмахну́ть** *св прх* wedeln; **~ пыль с ме́бели** die Möbel abstauben

обмежёвыва|ть <-ю, -ешь> *нсв,* **обмежева́ть** *св прх* АГР abgrenzen; **~ уча́сток** ein Grundstück vermessen

обмеле́|ть <-ет> *св безл только 3 л см.* **меле́ть**

обме́н <-а> *м* **1.** *(заме́на)* Austausch *m,* Umtausch *m* **2.** *(ме́на, разме́н)* Wechsel *m;* **~ валю́ты** Geldwechsel *m;* **~ веще́ств** Stoffwechsel *m;* **~ кварти́р** Wohnungstausch *m;* **~ мне́ниями** Meinungsaustausch *m;* **~ уда́рами** Schlagabtausch *m;* **молодёжный ~** Jugendaustausch *m;* **шко́льный ~** Schüleraustausch *m;* **в ~ на что-л.** im Austausch gegen *+akk;* **~ информа́цией** Informationsaustausch *m;* **пункт обме́на валю́ты** Wechselstube *f;* **обме́нное соотноше́ние** Tauschverhältnis *nt;* **~ о́пытом** Erfahrungsaustausch *m*

обме́нива|ть <-ю, -ешь> *нсв,* **обменя́ть** *св прх* **1.** *(на что-л.)* tauschen gegen *+akk* **2.** *(де́ньги на другу́ю валю́ту)* einlösen, einwechseln; **~ це́нности на де́ньги** Wertsachen gegen Geld eintauschen

обме́нива|ться <-юсь, -ешься> *нсв,* **обменя́ться** *св рефл* wechseln, tauschen; **~ впечатле́ниями** Erlebnisse austauschen; **~ почто́выми ма́рками** Briefmarken tauschen; **~ взгля́дами** Blicke wechseln; **~ о́пытом** Erfahrung austauschen; **~ приве́тствиями** Begrüßungsschreiben austauschen

обме́нн|ый <-ая, -ое> *прил* Wechsel-; **~ курс** Wechselkurs *m*

обменя́|ть <-ю, -ешь> *св прх см.* **обме́нивать**

обменя́|ться <-юсь, -ешься> *св нпрх см.* **обме́ниваться**

об|мере́ть <-омру́, -омрёшь> *св нпрх см.* **обмира́ть**

обмётыва|ть <-ю, -ешь> *нсв,* **обмета́ть** *св прх* **1.** *(обши́ть)* umnähen; **~ пе́тли у пальто́** ein Knopfloch umnähen; **~ пу́говицы** den Knopf umnähen **2.** *разг (появи́лась лихора́дка)* Schüttelfrost bekommen; **у меня́ гу́бы обмета́ло от жа́ра** vom Fieber haben sich meine Lippen entzündet

обмира́|ть <-ю, -ешь> *нсв,* **обмере́ть** *св нпрх* erstarren; **~ от стра́ха** vor Schreck erstarren

обмо́лв|иться <-люсь, -ишься> *св рефл* ein Paar Worte wechseln; **да́же не обмо́лвился, что уезжа́ет** er hat kein Wort darüber verloren, dass er wegfährt; **не обмо́лвится ни сло́вом** kein Wort sagen

обмоло́т <-а> *м* АГР Drusch *m,* Dreschen *nt,* Dreschgut *nt;* **~ зерна́** Korndreschen *nt*

обмол|оти́ть <-очу́, -о́тишь> *св прх см.* **молоти́ть**

обм|оло́ть <-елю́, -е́лешь> *св прх см.* **обма́лывать**

обмора́жива|ть <-ю, -ешь> *нсв,* **обморо́зить** *св прх* abfrieren; **обморо́зить ли-**

О

цо́/коне́чности sich das Gesicht/die Glieder abfrieren

обморо́жен|ный <-ная, -ное; -, -а, -о> *прил* erfroren; **обморо́женное ме́сто** Frostbeule *f*

обморо́|зить <-жу, -зишь> *св прх см.* **обмора́живать**

о́бморок <-а> *м* Bewusstlosigkeit *f*, Ohnmacht *f*; **упа́сть в ~** in Ohnmacht fallen, bewusstlos werden

обморо́ч|ить <-у, -ишь> *св прх см.* **моро́чить**

о́бморочн|ый <-ая, -ое> *прил* ohnmächtig; **о́бморочное состоя́ние** Ohnmacht *f*

обмота́|ть <-ю, -ешь> *св прх см.* **обма́тывать**

обмо́тк|а <-и> *ж* ЭЛ Wicklung *f*, Windung *f*; **про́волочная ~** Drahtwicklung *f*

обмо́точн|ый <-ая, -ое> *прил* ЭЛ, ТЕХ Wickel-; **~ про́вод** Wickeldraht *m*

обмундирова́ни|е <-я> *ср* ВОЕН Uniformierung *f*, Einkleidung *f*; **офице́рское ~** Offizieruniform *f*

обмундиро́выва|ть <-ю, -ешь> *нсв*, **обмундирова́ть** *св прх* einkleiden; **~ а́рмию** die Armee in Uniform kleiden

обмур|ова́ть <-у́ю, -у́ешь> *св прх см.* **обмуро́вывать**

обмуро́вк|а <-и> *ж* ТЕХ Ummauern *nt*

обмуро́выва|ть <-ю, -ешь> *нсв*, **обмурова́ть** *св прх* ТЕХ ausmauern; **~ кирпичо́м печь** den Ofen mit Ziegelsteinen ausmauern

обмыва́|ть <-ю, -ешь> *нсв*, **обмы́ть** *св прх* waschen, reinigen; *(поко́йника)* den Leichnam vor der Grablegung waschen *(orthodoxes Ritual)*

обмяка́|ть <-ю, -ешь> *нсв*, **обмя́кнуть** *св нпрх* weich werden; **гли́на обмя́кла** der Ton wurde weich; **се́рдце старика́ обмя́кло** das Herz des Alten wurde weich; **но́ги от уста́лости обмя́кли** die Knie wurden weich vor Müdigkeit

обнагле́|ть <-ю, -ешь> *св нпрх см.* **нагле́ть**

обнадёжива|ть <-ю, -ешь> *нсв*, **обнадёжить** *св прх* Hoffnung machen; **зря ты нас так обнадёжил!** du hast uns umsonst so viel Hoffnung gemacht!; **врач обнадёжил пацие́нта** der Arzt machte dem Patienten Hoffnung

обнадёживающ|ий <-ая, -ее> *прил* vielversprechend

обнажа́|ть <-ю, -ешь> *нсв*, **обнажи́ть** *св прх* **1.** *(оста́вить наги́м)* entblößen, entkleiden; **~ му́скулы** die Muskeln zeigen **2.** *(лиши́ть расти́тельности)* entlauben; **ве́тер обнажи́л дере́вья** der Wind entblößte die Bäume **3.** *(сде́лать ви́димым)* zeigen; **~ ду́шу** die Seele entblößen; **~ меч** das Schwert ziehen

обнажа́|ться <-юсь, -ешься> *нсв*, **обнажи́ться** *св рефл* sich entblößen; **лес обнажи́лся, поля́ опусте́ли** der Wald entlaubte sich, die Felder wurden kahl; **боевы́е пози́ции обнажи́лись** die Kampfpositionen entblößten sich

обнаже́ни|е <-я> *ср* **1.** БОТ, ВОЕН Bloßlegung *f*, Entblößung *f*, Freilegung *f*; **~ корне́й** Wurzelfreilegung *f*; **~ фла́нгов** Flankenentblößung *f* **2.** ГЕОЛ Auslaufen *nt*, Zutagestreichen *nt*

обнажён|ный <-ная, -ное; -, -а́, -о́> *прил* **1.** *(челове́к)* nackt, bloß **2.** *(са́бля)* blank **3.** *(фа́кты)* offengelegt

обнаж|и́ть <-у́, -и́шь> *св прх см.* **обнажа́ть**

обнаж|и́ться <-у́сь, -и́шься> *св рефл см.* **обнажа́ться**

обнаро́довани|е <-я> *ср* Publikmachen *nt*, Verkündigung *f*

обнаро́д|овать <-ую, -уешь> *св прх* veröffentlichen; **~ ука́з** einen Erlass bekannt machen

обнаруже́ни|е <-я> *ср* **1.** *(откры́тие)* Feststellung *f*, Aufspüren *nt*; **~ оши́бок** ИНФОРМ Fehlererkennung *f* **2.** ЮР Erhebung *f*; **~ доказа́тельства** Beweiserhebung *f* **3.** *(проявле́ние)* Hervortreten *nt*

обнару́живать *нсв*, **обнару́жить** *св прх* **1.** *(откры́ть)* entdecken, finden; **обнару́жить за́лежи поле́зных ископа́емых** Vorkommen *pl* an Bodenschätzen entdecken; **обнару́жить интере́с к собесе́днику** Interesse *nt* am Gesprächspartner finden **2.** *(показа́ть)* zeigen; **обнару́жить незауря́дные спосо́бности** außergewöhnliche Fähigkeiten zeigen **3.** *(разоблача́ть)* zum Vorschein bringen, offenbaren **4.** *(заме́тить)* entdecken; **обнару́жить следы́ зве́ря** Tierspuren *fpl* entdecken; **обнару́жить пропа́жу докуме́нта** den Verlust des Dokuments feststellen

обнару́жива|ться <-юсь, -ешься> *нсв*, **обнару́житься** *св рефл* sich offenbaren, sich zeigen; *(ока́зываться)* sich herausstellen; **обнару́жилась пропа́жа багажа́** es hat sich herausgestellt, dass das Gepäck fehlt; **обнару́жился дефе́кт в рабо́те** man hat Fehler in der Arbeit entdeckt; **обнару́жились интере́сные подро́бности** interessante Details kamen zum Vorschein; **обнару́жилось воспале́ние лёгких** es wurde eine Lungenentzündung entdeckt; **обнару́жился интере́с к му́зыке** es zeigte sich Interesse an der Musik

обнару́ж|ить <-у, -ишь> *св прх см.* **обнару́живать**

обнару́ж|иться <-усь, -ишься> *св рефл см.* **обнару́живаться**

обна́шива|ться <-юсь, -ешься> *нсв*, **обноси́ться** *св рефл* sich abnutzen, sich abtragen; **пальто́ обноси́лось и обтрепа́лось** der Mantel ist ganz abgenutzt und zerlumpt

обнес|ти́ <-у́, -ёшь> *св прх см.* **обноси́ть**

обнима́|ть <-ю, -ёшь> *нсв,* **обня́ть** *св прх* umarmen; **брат, похло́пав по плечу́, о́бнял меня́** der Bruder klopfte mir auf die Schulter und umarmte mich

обнима́|ться <-юсь, -ешься> *нсв,* **обня́ться** *св рефл* sich umarmen; **обняли́сь на проща́нье** sie umarmten sich zum Abschied; **~ при встре́че** sich beim Treffen umarmen

обни́мк|а <-и> *ж разг* Umarmung *f;* **идти́ в обни́мку** umarmt gehen

обнища́|ть <-ю, -ешь> *св нпрх см.* **нища́ть**

обно́в|а <-ы> *ж разг* Neuanschaffung *f;* **примеря́ть обно́ву** die Neuanschaffung anprobieren; **ра́доваться обно́ве** sich der Neuanschaffung freuen

обнов|и́ть <-лю́, -и́шь> *св прх см.* **обновля́ть**

обнов|и́ться <-лю́сь, -и́шься> *св рефл см.* **обновля́ться**

обновле́ни|е <-я> *ср* Modernisierung *f;* **~ операцио́нной систе́мы** Update *nt;* **~ проду́кта** Produktinnovation *f,* Relaunch *nt;* **~ фа́йла** ИНФОРМ Fortschreibung *f;* **~ това́ра** Produktinnovation *f*

обновлён|ный <-ная, -ное; -, -а́, -о́> *прил* erneuert, aufgefrischt; **обновлённая приро́да** die erneuerte Natur; **~ прое́кт** das aufgefrischte Projekt; **обновлённые си́лы** neue Kräfte *fpl*

обновля́|ть <-ю, -ешь> *нсв,* **обнови́ть** *св прх* erneuern, neu gestalten, aktualisieren; **~ устаре́вшее обору́дование** die Altanlage sanieren

обновля́|ться <-юсь, -ешься> *нсв,* **обнови́ться** *св рефл* **1.** *(возроди́ться)* wiederaufleben; **жизнь в дере́вне обнови́лась** das Dorfleben lebte auf; **приро́да обновля́ется** die Natur erneuert sich **2.** *(измени́ться)* sich verändern **3.** *(пополня́ться)* sich ergänzen; **коллекти́в постоя́нно обновля́ется** das Kollektiv erneuert sich ständig

обно́жк|а <-и> *ж* БОТ, АГР Bienenstäubchen *nt*

обн|оси́ть <-ошу́, -о́сишь> *нсв,* **обнести́** *св прх* umzäunen; **~ дом и́згородью** das Haus einzäunen; **~ госте́й вино́м** allen Gästen Wein anbieten

обн|оси́ться <-ошу́сь, -о́сишься> *св рефл см.* **обна́шиваться**

обню́хива|ть <-ю, -ешь> *нсв,* **обню́хать** *св прх* beschnuppern

обн|я́ть <-иму́, -и́мешь> *св прх см.* **обнима́ть**

обн|я́ться <-иму́сь, -и́мешься> *св рефл см.* **обнима́ться**

об|обра́ть <-еру́, -ерёшь> *св прх см.* **обира́ть**

обобща́|ть <-ю, -ешь> *нсв,* **обобщи́ть** *св прх* verallgemeinern, generalisieren; *(резюми́ровать)* zusammenfassen; *(испо́льзовать)* auswerten; **~ полу́ченные да́нные** die erhaltenen Daten zusammenfassen; **~ результа́ты иссле́дований** die Forschungsergebnisse zusammenfassen

обобще́ни|е <-я> *ср* Verallgemeinerung *f;* *(резюме́)* Zusammenfassung *f;* *(испо́льзование)* Auswertung *f*

обобщ|и́ть <-у́, -и́шь> *св прх см.* **обобща́ть**

обогати́те|ль <-ля> *м* ГЕОЛ Anreicher *m;* **бакте́рии явля́ются обогати́телями по́чвы** die Bakterien sind Bodenbereicherer

обога|ти́ть <-щу́, -ти́шь> *св прх см.* **обогаща́ть**

обога|ти́ться <-щу́сь, -ти́шься> *св рефл см.* **обогаща́ться**

обогаща́|ть <-ю, -ешь> *нсв,* **обогати́ть** *св прх* **1.** ШАХТ aufbereiten **2.** *(чем-л.)* anreichern **3.** *перен (допо́лнить)* bereichern, ergänzen

обогащ|а́ться <-а́юсь, -а́ешься> *нсв,* **обогати́ться** *св рефл* **1.** *(разбогате́ть)* reich werden; **~ за счёт грабежа́** auf Kosten eines Raubes reich werden **2.** *(попо́лниться)* bereichern; **медици́на обогати́лась но́выми откры́тиями** die Medizin hat sich mit neuen Entdeckungen bereichert; **библиоте́чный фонд обогати́лся** der Bücherbestand vergrößerte sich

обогаще́ни|е <-я> *ср* Bereicherung *f;* ШАХТ Aufbereitung *f;* **~ содержа́ния трудово́й де́ятельности** ЭКОН Jobenrichment *nt*

об|огна́ть <-гоню́, -го́нишь> *св прх см.* **обгоня́ть**

обогн|у́ть <-у́, -ёшь> *св прх см.* **огиба́ть**

обогрева́те|ль <-ля> *м* ТЕХ Heizgerät *nt,* Heizanlage *f;* **электри́ческий ~** elektrisches Heizgerät *nt*

обогрева́тельн|ый <-ая, -ое> *прил* ТЕХ Heiz-; **~ прибо́р** Heizvorrichtung *f*

обогрева́|ть <-ю, -ешь> *нсв,* **обогре́ть** *св прх* wärmen; *(ота́пливать)* beheizen; **со́лнечные лучи́ обогре́ли зе́млю** die Sonnenstrahlen erwärmten die Erde; **~ ру́ки у ками́на** sich die Hände am Kamin wärmen

обогрева́|ться <-юсь, -ешься> *нсв,* **обогре́ться** *св рефл* sich wärmen; **~ у костра́** sich am Feuer wärmen

обогре́|ть <-ю, -ешь> *св прх см.* **обогрева́ть**

обогре́|ться <-юсь, -ешься> *св рефл см.* **обогрева́ться**

о́бод <-а> *м* Felge *f*

обо́дран|ный <-ная, -ное; -, -а, -о> *прил* **1.** *(поцара́панный)* zerkratzt; **обо́дранные**

O

коле́нки zerkratzte Knie *ntpl;* **обо́дранная стена́** zerkratzte Wand *f* **2.** *(изно́шенный)* zerlumpt, schäbig; **~ башма́к** abgetragener Schuh *m*

об|одра́ть <-деру́, -дерёшь> *св прх см.* **обдира́ть**

об|одра́ться <-деру́сь, -дерёшься> *св рефл см.* **обдира́ться**

ободре́ни|е <-я> *ср* Ermutigung *f,* Ermunterung *f*

ободри́те|льный <-льная, -льное; -лен, -льна, -льно> *прил* ermunternd, ermutigend; **~ тон** ermutigender Ton *m*

ободря́|ть <-ю *или* -ю́, -ишь *или* -и́шь> *нсв,* **ободри́ть** *св прх* ermuntern, ermutigen

ободря́юще *нрч* ermutigend; **~ взгляну́ть** ermutigend blicken; **напи́ток де́йствует ~** dieses Getränk muntert auf

ободря́ющ|ий <-ая, -ее> *прил* aufmunternd; **ободря́ющее настрое́ние** aufmunternde Stimmung *f;* **ободря́ющая улы́бка** aufmunterndes Lächeln *nt*

обоепо́л|ый <-ая, -ое; -, -а, -о> *прил* БИОЛ doppelgeschlechtlich, zweigeschlechtlich; **~ цвето́к** zwitterartige Blume *f;* **обоепо́лое размноже́ние** zweigeschlechtliche Fortpflanzung *f*

обожа́ни|е <-я> *ср* Anbetung *f,* Vergötterung *f;* **предме́т обожа́ния** Anbetungsobjekt *nt*

обожа́те|ль <-ля> *м,* **обожа́тельниц|а** <-ы> *ж* Verehrer(in) *m(f);* **толпа́ обожа́телей и обожа́тельниц** ein Haufen von Verehrern; **окружи́ть себя́ обожа́телями** von Verehrern umgeben sein; **та́йный ~** Geheimverehrer *m*

обожа́|ть <-ю, -ешь> *нсв прх* anbeten; **~ теа́тр** vom Theater schwärmen; **я обожа́ю слу́шать кла́ссику** ich liebe klassische Musik; **он обожа́ет Москву́** er liebt Moskau über alles; **де́ти обожа́ли своего́ учи́теля** die Kinder liebten ihren Lehrer

обожд|а́ть <-у́, -ёшь> *св прх разг* abwarten, etwas warten; **вам придётся обожда́ть** Sie möchten bitte etwas warten; **обожди́, не торопи́сь с вы́водами!** warte ab, ziehe keine überstürzten Schlussfolgerungen!; **обожди́те, я сейча́с узна́ю** warten sie etwas, ich werde mich umgehend erkundigen

обожествля́|ть <-ю, -ешь> *нсв,* **обожестви́ть** *св прх* vergöttern

обо́з <-а> *м* ВОЕН, МЕД Wagenzug *m,* Tross *m;* **санита́рный ~** Sanitärtross *m*

об|озва́ть <-зову́, -зовёшь> *св прх см.* **обзыва́ть**

обозл|и́ть <-ю́, -и́шь> *св прх см.* **злить**

обозл|и́ться <-ю́сь, -и́шься> *св рефл см.* **зли́ться**

обознава́|ться <-ю́сь, -ёшься> *нсв,* **обозна́ться** *св рефл разг* irren, sich täuschen, jdn für einen anderen halten; **бы́ло темно́ и я обозна́лся** es war dunkel und ich habe mich in der Person geirrt; **вы обозна́лись, мы не знако́мы** Sie täuschen sich, wir kennen uns nicht

обознача́|ть <-ю, -ешь> *нсв,* **обозна́чить** *св прх* **1.** *(отме́тить)* kennzeichnen; **~ пункти́ром на ка́рте** auf der Karte mit punktierter Linie markieren **2.** *(указа́ть)* kenntlich machen; **~ райо́н де́йствия** den Ort der Handlung kenntlich machen **3.** *(сде́лать заме́тным)* betonen

обознача́|ться <-юсь, -ешься> *нсв,* **обозна́читься** *св рефл* sich abzeichnen; **в су́мраке обозна́чился силуэ́т го́рода** in der Dämmerung zeichneten sich sie Umrisse der Stadt ab; **вдали́ обозна́чились верши́ны гор** in der Ferne traten die Berggipfel hervor; **в нём обозна́чилась ре́зкая переме́на** in ihm beobachtete man eine plötzliche Veränderung

обозначе́ни|е <-я> *ср* **1.** *(на ка́рте)* Markierung *f* **2.** *(наименова́ние)* Bezeichnung *f;* **~ происхожде́ния това́ра** Warenherkunftsbezeichnung *f*

обозна́ч|ить <-у, -ишь> *св прх см.* **обознача́ть**

обозна́ч|иться <-усь, -ишься> *св рефл см.* **обознача́ться**

обо́зник <-а> *м* ВОЕН Trossfahrer *m,* Trosssoldat *m*

обозрева́те|ль <-ля> *м* ПРЕСС Kommentator *m;* **полити́ческий ~** politischer Kommentator

обозрева́|ть <-ю, -ешь> *нсв,* **обозре́ть** *св прх* **1.** *(оки́нуть взо́ром)* überblicken **2.** *(обсле́довать)* überprüfen, untersuchen; **~ фа́кты** die Tatsachen überprüfen

обозре́ни|е <-я> *ср* Beschauen *nt;* **междунаро́дное ~** internationale Rundschau *f;* **вы́ставить карти́ну на всео́бщее ~** das Bild öffentlich ausstellen

обозр|е́ть <-ю́, -и́шь> *св прх см.* **обозрева́ть**

обозри́м|ый <-ая, -ое; -, -а, -о> *прил* absehbar

обо́|и <-ев> *мн* Tapete *f;* **мо́ющиеся ~** abwaschbare Tapete *f;* **окле́ивать обо́ями** tapezieren

обо́йм|а <-ы> *ж* ВОЕН, ТЕХ Ladestreifen *m,* Patronenstreifen *m,* Patronenrahmen *m*

обой|ти́ <-ду́, -дёшь> *св прх см.* **обходи́ть**

обой|ти́сь <-ду́сь, -дёшься> *св рефл см.* **обходи́ться**

обо́йщик <-а> *м* Tapezierer *m*

о́бок *нрч* nebeneinander; **идти́ бок ~** Seite an Seite gehen

обокра́|сть <-ду́, -дёшь> *св прх см.* **обкра́дывать**

оболва́нивани|е <-я> *ср* Verdummung *f;* **~ наро́дных масс** Verdummung *f* der Volksmassen

оболва́нива|ть <-ю, -ешь> *нсв,* **оболва́нить** *св прх* verdummen

оболо́чк|а <-и> *ж* Hülle *f;* АНАТ Haut *f;* **бре́нная ~** sterbliche Hülle *f;* **земна́я ~** Erdkruste *f;* **се́тчатая ~** Netzhaut *f*

обо́лтус <-а> *м прост, разг* Blödmann *m;* **э́тому обо́лтусу не дове́ришь де́ло** man kann diesem Blödmann die Sache nicht anvertrauen

обольсти́те|льный <-льная, -льное; -лен, -льна, -льно> *прил* verführerisch

оболь|сти́ть <-щу́, -сти́шь> *св прх см.* **обольща́ть**

оболь|сти́ться <-щу́сь, -сти́шься> *св рефл см.* **обольща́ться**

обольща́|ть <-ю, -ешь> *нсв,* **обольсти́ть** *св прх* verführen; **~ де́вушку** das Mädchen verführen

обольща́|ться <-юсь, -ешься> *нсв,* **обольсти́ться** *св рефл* sich verführen [*o* verleiten] lassen

обомлева́|ть <-ю, -ешь> *нсв,* **обомле́ть** *св нпрх* erstarren; **~ от неожи́данности/испу́га** vor Überraschung/Schreck erstarren; **но́ги обомле́ли от напряже́ния** vor Spannung wurden die Beine starr

обоня́ни|е <-я> *ср* Geruchssinn *m*

обора́чива|ться <-юсь, -ешься> *нсв,* **оберну́ться** *св рефл* **1.** *(поверну́ться)* sich umdrehen; **~ лицо́м к собесе́днику** sich mit dem Gesicht zum Gesprächspartner wenden; **~ вокру́г свое́й о́си** sich um die eigene Achse drehen **2.** *(приня́ть ино́й хара́ктер)* sich verwandeln; **обстоя́тельства оберну́лись про́тив нас** die Umstände haben sich gegen uns gewendet; **неизве́стно, как оберну́тся собы́тия** wir wissen nicht, was passieren wird; **ра́ньше ча́су не обернёшься** innerhalb einer Stunde wirst du nicht fertig werden **3.** *разг (найти́ вы́ход)* einen Ausweg finden; **как-нибу́дь обернёмся** wir werden schon einen Ausweg finden **4.** ФИН umschlagen; **вклад оберну́лся дохо́дом** die Investition lohnte sich

оборва́н|ец <-ца> *м,* **оборва́нк|а** <-и> *ж разг* Vagabund *m,* Landstreicher *m;* **ходи́ть в оборва́нцах** zerlumpt umherlaufen

обо́рван|ный <-ная, -ное; -, -а, -о> *прил разг* zerlumpt

оборв|а́ть <-у́, -ёшь> *св прх см.* **обрыва́ть**

оборв|а́ться <-у́сь, -ёшься> *св рефл см.* **обрыва́ться**

обо́рвыш <-а> *м разг* Lausejunge *m;* **босоно́гий ~** barfüßiger Bengel *m*

обо́рк|а <-и> *ж* Krause *f,* Rüsche *f*

оборо́н|а <-ы> *ж* ВОЕН Verteidigung *f,* Abwehr *f;* **Министе́рство оборо́ны** Verteidigungsministerium *nt*

оборони́тельн|ый <-ая, -ое> *прил* defensiv, Verteidigungs-

оборон|и́ть <-ю́, -и́шь> *св прх см.* **обороня́ть**

оборон|и́ться <-ю́сь, -и́шься> *св рефл см.* **обороня́ться**

оборо́нк|а <-и> *ж разг (оборо́нная промы́шленность)* Rüstungsindustrie *f*

оборо́нн|ый <-ая, -ое> *прил* ВОЕН Verteidigungs-; **оборо́нные предприя́тия** Betriebe *pl* der Verteidigungsindustrie

обороноспосо́бнос|ть <-ти> *ж* ВОЕН Verteidigungsfähigkeit *f;* **крепи́ть ~ страны́** die Verteidigungsfähigkeit des Landes unterstützen

обороня́|ть <-ю, -ешь> *нсв,* **оборони́ть** *св прх* verteidigen, schützen; **~ оте́чество** das Vaterland schützen; **~ пози́ции** die Stellung verteidigen

обороня́|ться <-юсь, -ешься> *нсв,* **оборони́ться** *св рефл* **1.** *(отрази́ть нападе́ние)* sich wehren; **~ от врага́** sich gegen den Feind wehren **2.** *(оказыва́ть противоде́йствие)* Widerstand leisten; **~ от уда́ров** sich gegen die Schläge wehren; **~ от напа́док** sich vor Angriffen verteidigen

оборо́т <-а> *м* **1.** *(направле́ние)* Wendung *f* **2.** ЭКОН Umsatz *m* **3.** *(кни́ги)* Umschlag *m* **4.** ТЕХ Umdrehung *f* **5.** *(оборо́тная сторона́)* Kehrseite *f,* Rückseite *f;* **смотри́ на оборо́те** bitte wenden; **брать кого́-л. в ~** jdn ins Gebet [*o* in die Mangel] nehmen; **на ~е** auf der Rückseite; **приня́ть неожи́данный ~** eine überraschende Wendung nehmen; **~ де́нежной ма́ссы** Geldumlauf *m;* **~ конце́рна** Konzernumsatz *m;* **~ не́тто** Nettoumsatz *m*

оборо́тист|ый <-ая, -ое; -, -а, -о> *прил* gewandt; **па́рень он ~, спра́вится** *разг* er findet immer einen Ausweg; **де́ньги у него́ есть, мужи́к он ~** er hat Geld, er ist nicht auf den Kopf gefallen

оборо́тн|ый <-ая, -ое> *прил* Kehr-; ЭКОН Umlauf-, negoziabel; **оборо́тная сторона́** Kehrseite *f,* Rückseite *f;* **оборо́тные сре́дства** Betriebsmittel *pl;* **~ докуме́нт** Orderpapiere *pl;* **~ капита́л** Betriebsmittel *pl,* Umlaufvermögen *nt*

обору́довани|е <-я> *ср* Ausrüstung *f,* Ausstattung *f,* Einrichtung *f;* ТЕХ Anlage *f;* ЭКОН Investitionsgut *nt;* **~ предприя́тия** Betriebsmittel *pl,* Betriebsausstattung *f*

обору́д|овать <-ую, -уешь> *(н)св прх* einrichten, ausstatten; **~ лаборато́рию** ein Labor einrichten

обоснова́ни|е <-я> *ср* Begründung *f;* **те́хнико-экономи́ческое ~** Feasibility-Studie *f*

обосно́ваннос|ть <-ти> *ж* Stichhaltigkeit *f,* Validität *f*

обосно́ван|ный <-ная, -ное; -, -а, -о> *прил* stichhaltig, begründet

обосн|ова́ть <-ую́, -уёшь> *св прх* begründen; *см.* **обосно́вывать**

обосн|ова́ться <-ую́сь, -уёшься> *св рефл см.* **обосно́вываться**

обосно́выва|ть <-ю, -ешь> *нсв,* **обоснова́ть** *св прх* begründen

обосно́выва|ться <-юсь, -ешься> *нсв,* **обоснова́ться** *св рефл* **1.** *(посели́ться)* sich niederlassen **2.** *(где-л., в ка́честве)* sich etablieren

обосо́б|ить <-лю, -ишь> *св прх см.* **обособля́ть**

обосо́б|иться <-люсь, -ишься> *св рефл см.* **обособля́ться**

обособле́ни|е <-я> *ср* Absonderung *f,* Isolierung *f*

обосо́блен|ный <-ная, -ное; -, -а, -о> *прил* **1.** *(за́мкнутый)* abgesondert, isoliert; **жить обосо́бленной жи́знью** zurückgezogen leben **2.** ЛИНГВ isoliert

обособля́|ть <-ю, -ешь> *нсв,* **обосо́бить** *св прх* ausgrenzen, absondern

обособля́|ться <-юсь, -ешься> *нсв,* **обосо́биться** *св рефл* *(вы́делиться)* sich absondern, sich isolieren; **~ друг от дру́га** sich voneinander trennen; **обосо́биться от коллекти́ва** sich vom Kollektiv isolieren

обостре́ни|е <-я> *ср* Verschärfung *f;* **~ конфли́кта** Zuspitzung *f*

обострённо *нрч* verschärft; **~ реаги́ровать** verschärft reagieren

обострён|ный <-ная, -ное; -, -а́, -о́> *прил* **1.** *(заостри́вшийся)* zugespitzt **2.** *(о́стрый)* scharf; **~ слух** scharfes Gehör; **~ интере́с** erhöhtes Interesse **3.** *(вражде́бный)* feindlich; **обостренное отноше́ние** angespannte Beziehungen

обостр|и́ть <-ю́, -и́шь> *св прх см.* **обостря́ть**

обостр|и́ться <-ю́сь, -и́шься> *св рефл см.* **обостря́ться**

обостря́|ть <-ю, -ешь> *нсв,* **обостри́ть** *св прх* verschärfen, zuspitzen

обостря́|ться <-юсь, -ешься> *нсв,* **обостри́ться** *св рефл* sich verschärfen, zunehmen

обо́чин|а <-ы> *ж* Rand *m;* **идти́ обо́чиной ле́са** am Waldrand laufen

обою́д|ный <-ная, -ное; -ен, -на, -но> *прил* gegenseitig; **с обою́дного согла́сия** in gegenseitigem Einverständnis; **по обою́дному жела́нию** gemäß dem Wunsch zweier Seiten

обраба́тыва|ть <-ю, -ешь> *нсв,* **обрабо́тать** *св прх* bearbeiten, abarbeiten, erledigen; АГР bestellen, bewirtschaften

обраба́тывающ|ий <-ая, -ее> *прил* verarbeitend; **~ центр** Verarbeitungszentrum *nt*

обрабо́та|ть <-ю, -ешь> *св прх см.* **обраба́тывать**

обрабо́тк|а <-и> *ж* **1.** *(обраба́тывание)* Bearbeitung *f* **2.** *(информа́ции)* Auswertung *f* **3.** *(облагора́живание)* Veredelung *f;* **~ да́нных** ИНФОРМ Datenverarbeitung *f;* **~ да́нных в режи́ме он-лайн** ИНФОРМ On-Line-Verarbeitung *f;* **~ те́кста** ИНФОРМ Textverarbeitung *f;* **~ древеси́ны/по́чвы/мета́лла** Bearbeitung von Holz/Boden/Metall

обра́дован|ный <-ная, -ное; -, -а, -о> *прил* erfreut; **обра́дованное лицо́** vor Freude strahlendes Gesicht *nt*

обра́д|овать <-ую, -уешь> *св прх см.* **ра́довать**

обра́д|оваться <-уюсь, -уешься> *св рефл см.* **ра́доваться**

о́браз <-а> *м* **1.** *(представле́ние)* Bild *nt;* **~ врага́** Feindbild *nt* **2.** *(литерату́рный)* Gestalt *f* **3.** ЭКОН Image *nt;* **~ ма́рки** Markenimage *nt* **4.** *(спо́соб)* Weise *f,* Art *f;* **~ жи́зни** Lebensweise *f,* Lebensstil *m,* Lebenswandel *m;* **~ де́йствий** Vorgehen *nt,* Verhalten *nt*

образ|е́ц <-ца́> *м* Muster *nt,* Vorbild *nt,* Vorlage *f;* ТЕХ Probe *f,* Prüfstück *nt;* **~ това́ра** Warenprobe *f*

о́браз|ный <-ная, -ное; -ен, -на, -но> *прил* bildhaft, figürlich

образова́ни|е <-я> *ср* **1.** *(возникнове́ние)* Bildung *f* **2.** *(обуче́ние)* (Aus)Bildung *f;* **~ взро́слых** Erwachsenenbildung *f;* **вы́сшее ~** Hochschulbildung *f* **3.** *(фо́рмация)* Formation *f,* Gebilde *nt* **4.** *(формирова́ние)* Gestaltung *f,* Herausbildung *f;* **~ иму́щества** Vermögensbildung *f;* **~ капита́ла** Kapitalbildung *f;* **~ состоя́ния** Vermögensbildung *f*

образо́ван|ный <-ная, -ное; -, -а, -о> *прил* gebildet, kultiviert; *(зна́ющий)* gelehrt; *(со́зданный)* gegründet

образова́те|льный <-льная, -льное; -лен, -льна, -льно> *прил* Bildungs-, Ausbildungs-; **образова́тельные програ́ммы** Bildungsprogramme *pl*

образ|ова́ть <-у́ю, -у́ешь> *св прх см.* **образо́вывать**

образ|ова́ться <-у́юсь, -у́ешься> *св нпрх см.* **образо́вываться**

образо́выва|ть <-ю, -ешь> *нсв,* **образова́ть** *св прх* bilden; *(основа́ть)* formieren

образо́выва|ться <-юсь, -ешься> *нсв,* **образова́ться** *св нпрх* sich bilden; *(возни́кнуть)* entstehen; **всё образу́ется** alles kommt wieder ins Lot; **остально́е образу́ется** das Übrige wird sich finden

образу́млива|ть <-ю, -ешь> *нсв,* **образу́мить** *св прх* zur Vernunft bringen, zur Raison bringen; **~ шалуна́** den Bengel zur Vernunft bringen; **~ собесе́дника** den Gesprächspartner zur Vernunft bringen

образцо́в|ый <-ая, -ое> *прил* beispielhaft, mustergültig

обра́м|ить <-лю, -ишь> *св прх см.* **обрамля́ть**

обрамле́ни|е <-я> *ср* ИСК, СТР Einrahmung *f,* Einfassung *f*

обрамля́|ть <-ю, -ешь> *нсв,* **обра́мить** *св прх* einfassen, umrahmen

обраста́ни|е <-я> *ср* ЗООЛ, БОТ Bewachsen *nt,* Umwachsen *nt*

обраста́|ть <-ю, -ешь> *нсв,* **обрасти́** *св (н)прх* bewachsen, sich bedecken; **сад обро́с ди́ким куста́рником** der Garten war mit dichtem Gebüsch bewachsen

обрати́мос|ть <-ти> *ж* Umkehrbarkeit *f;* ЭКОН Konvertierbarkeit *f*

обрати́м|ый <-ая, -ое; -, -а, -о> *прил* konvertierbar

обра|ти́ть <-щу́, -ти́шь> *св прх см.* **обраща́ть**

обра|ти́ться <-щу́сь, -ти́шься> *св рефл см.* **обраща́ться**

обра́тно *нрч (наза́д)* zurück; **поверну́ть ~** umdrehen; **взять биле́т туда́ и ~** eine Rückfahrkarte kaufen; **верни́сь ~!** komm zurück!; **получи́ть де́ньги ~** das Geld zurückbekommen

обра́тн|ый <-ая, -ое> *прил* **1.** *(противополо́жный)* entgegengesetzt, konträr, Gegen- **2.** *(веду́щий, напра́вленный наза́д)* zurück, Rück-; **~ биле́т** Rückfahrkarte *f;* **обра́тная коса́я черта́** ИНФОРМ Backslash *m;* **обра́тная доро́га** Rückweg *m;* **обра́тная перемо́тка** Playback *nt;* **обра́тной по́чтой** postwendend zurückschicken; **~ полёт** Rückflug *m;* **обра́тной си́лой** rückwirkend; **на обра́тном пути́** auf der Heimreise; **обра́тная свя́зь** Rückkoppelung *f,* Feedback *nt;* **обра́тная вы́плата** Rückzahlung *f;* **обра́тная калькуля́ция** retrograde Kalkulation *f;* **~ ве́ксель** Retourwechsel *m;* **~ иск по ве́кселю** Wechselrückgriff *m;* **обра́тное тре́бование** Rückgriff *m,* Regress *m*

обраща́емос|ть <-ти> *ж* Umlaufgeschwindigkeit *f*

обраща́|ть <-ю, -ешь> *нсв,* **обрати́ть** *св прх* **1.** *(обора́чивать)* hinwenden, zuwenden **2.** *перен (направля́ть)* lenken, richten; **~ внима́ние на что-л.** seine Aufmerksamkeit richten auf *+akk;* **не ~ на что-л. внима́ние** hinwegsehen über *+akk;* **~ в госуда́рственную со́бственность** verstaatlichen **3.** *и перен* РЕЛИГ bekehren zu *+dat*

обраща́|ться <-юсь, -ешься> *нсв,* **обрати́ться** *св рефл* **1.** *(с кем-л./чем-л.)* verfahren, umgehen, vorgehen; **уме́ть ~ с чем-л.** etw handhaben; **пло́хо ~ с чем-л.** etw stiefmütterlich behandeln **2.** *(к кому́-л.)* sich wenden an *+akk* **3.** *(к официа́льному лицу́ по како́му-л. де́лу)* vorsprechen; **~ в арбитра́жную коми́ссию** die Schiedskommission anrufen; **~ в газе́ту** an eine Zeitungsredaktion schreiben; **~ за сове́том** um Rat fragen; **~ с вопро́сом к кому́-л.** eine Frage richten an *+akk;* **~ к кому́-л. за по́мощью** jdn um Hilfe bitten; **~ к кому́-л. с про́сьбой** mit einer Bitte herantreten an *+akk* **4.** *(загова́ривать с кем-л.)* ansprechen, anreden; **~ на вы** siezen; **~ по и́мени к кому́-л.** jdn mit dem Vornamen anreden **5.** *(превраща́ться)* sich verwandeln in *+akk*

обраще́ни|е <-я> *ср* **1.** *(с кем-л./чем-л.)* Umgang *m,* Verkehr mit *m +dat;* **прибо́р прост в обраще́нии** das Gerät ist leicht zu bedienen **2.** *(к кому́-л.)* Anrede *f* **3.** *(заявле́ние, посла́ние, воззва́ние)* Eingabe *f,* Botschaft *f;* **~ к наро́ду** Appell *m* **4.** *(к резе́рвам, запа́сам)* Rückgriff *m* auf *+akk* **5.** ТЕХ, ЭКОН Umlauf *m* **6.** РЕЛИГ Bekehrung *f;* **~ в инста́нции** Instanzenweg *m*

обре́з <-а> *м (кро́мка)* Rand *m,* Kante *f;* **кни́га с золоты́м обре́зом** Buch *nt* mit Goldschnitt; **вре́мени в ~** die Zeit ist knapp

обреза́ни|е <-я> *ср* Beschneidung *f*

обреза́|ть <-ю, -ешь> *нсв,* **обре́зать** *св прх* **1.** *(отре́зать)* abschneiden **2.** *(садо́вые дере́вья)* beschneiden **3.** *(подре́зать)* stutzen

обреза́|ться <-юсь, -ешься> *нсв,* **обре́заться** *св рефл* sich schneiden

обрезн|о́й <-а́я, -о́е> *прил* **~ стано́к** Werkbank *f*

обре́з|ок <-ка> *м* Schnitzel *m,* Rest *m,* Flicken *m;* **~ ко́жи** Lederschnitzel *m;* **сшить из обре́зков** aus Resten zusammennähen

обрека́|ть <-ю, -ешь> *нсв,* **обре́чь** *св прх* verdammen, verurteilen; **~ себя на страда́ния** zum Leiden verdammen; **~ на ги́бель** dem Untergang weinen

обремене́ни|е <-я> *ср* Belastung *f*

обремени́те|льный <-льная, -льное; -лен, -льна, -льно> *прил* **1.** *(тяжёлый, утоми́тельный)* beschwerlich **2.** *(тя́гостный)* lästig

обременя́|ть <-ю, -ешь> *нсв,* **обремени́ть** *св прх* belasten; *(беспоко́ить кого́-л. чем-л.)* belästigen mit *+dat*

обрета́|ть <-ю, -ешь> *нсв,* **обрести́** *св прх* finden, gewinnen; **~ душе́вное споко́йствие** seelische Ruhe finden; **~ сча́стье** das Glück finden; **~ но́вых друзе́й** neue Freunde gewinnen; **~ мир** den Frieden finden

обречённос|ть <-ти> *ж* Verdammnis *f;* **на лице́ отрази́лась ~ и отча́яние** im Gesicht spiegelten sich völlige Hoffnungslosigkeit und Verzweiflung wider; **в го́лосе звучи́т ~** in der Stimme hörte man Verzweiflung; **его́ охвати́ло чу́вство обречённости** ein Gefühl der Verzweiflung überkam ihn

обречён|ный <-ная, -ное; -, -а́, -о́> *прил* verdammt; **~ на смерть** zum Tode verurteilt; **~ на пожи́зненное заключе́ние** zur lebenslangen Haft verurteilt; **~ на расстре́л** zum Erschießen verurteilt; **~ на изгна́ние** zur Verbannung verdammt

О

обре́|чь <-ку́, -чешь> *св прх см.* **обрека́ть**

обрива́|ть <-ю, -ешь> *нсв,* **обри́ть** *св прх* abrasieren; **~ усы́ и бо́роду** den Schnurrbart und den Bart abrasieren

обро́к <-а> *м* ИСТОР Gülte *f,* Grundzins *m (jährliche Geldabgabe der Leibeigenen an den Grundherrn);* **плати́ть ~** die Gülte zahlen

оброн|и́ть <-ю́, -и́шь> *св прх* fallen lassen, verlieren; *перен (сло́во)* nebenbei bemerken

обро́чн|ый <-ая, -ое> *прил* ИСТОР Grundzins-, Gült-, zinspflichtig; **~ крестья́нин** Gültbauer *m*

обруба́|ть <-ю, -ешь> *нсв,* **обруби́ть** *св прх* **1.** *(отре́зать)* abhauen, abschlagen **2.** *(подши́ть)* (um)säumen; **~ полоте́нце** das Tuch umsäumen

обру́б|ок <-ка> *м* Stummel *m,* Stumpf *m;* **~ де́рева** Baumstumpf *m*

обруга́|ть <-ю, -ешь> *св прх* beschimpfen

о́бруч <-а> *м* Reifen *m*

обруча́льн|ый <-ая, -ое> *прил* Verlobungs-; **~ обря́д** Verlobungszeremonie *f;* **обруча́льное кольцо́** Verlobungsring *m*

обруча́|ть <-ю, -ешь> *нсв,* **обручи́ть** *св прх* verloben

обруча́|ться <-юсь, -ешься> *нсв,* **обручи́ться** *св рефл* sich verloben

обруч|и́ть <-у́, -и́шь> *св прх см.* **обруча́ть**

обруч|и́ться <-у́сь, -и́шься> *св рефл см.* **обруча́ться**

обру́шени|е <-я> *ср* Einsturz *m*

обру́шива|ть <-ю, -ешь> *нсв,* **обру́шить** *св прх* einstürzen; **~ ого́нь на проти́вника** Feuer auf den Gegner richten

обру́шива|ться <-юсь, -ешься> *нсв,* **обру́шиться** *св рефл* **1.** *(развали́ться)* zusammenstürzen, einstürzen; **часть стены́ обру́шилась** ein Teil der Wand ist eingestürzt **2.** *(напа́сть)* sich stürzen, herfallen; **~ с угро́зами** sich mit Drohungen auf jdn stürzen; **несча́стья обру́шились лави́ной** das Unglück stürzte wie eine Lawine hinein

обру́ш|ить <-у, -ишь> *св прх см.* **обру́шивать**

обру́ш|иться <-усь, -ишься> *св прх см.* **обру́шиваться**

обры́в <-а> *м* Abgrund *m,* Abhang *m*

обрыва́|ть <-ю, -ешь> *нсв,* **оборва́ть** *св прх* **1.** *(срыва́ть)* abreißen **2.** *(ре́зко остана́вливать)* abbrechen, unterbrechen; **~ на полусло́ве** mitten im Satz abbrechen; **~ разгово́р** das Gespräch abbrechen **3.** *(я́годы, цветы́)* pflücken

обрыва́|ться <-юсь, -ешься> *нсв,* **оборва́ться** *св рефл* **1.** *(оторва́ться)* (ab)reißen; **пу́говица оборвала́сь** der Knopf ist abgerissen **2.** *(прерва́ться)* abbrechen; **го́лос оборва́лся** die Stimme brach ab; **на полусло́ве разгово́р оборва́лся** das Gespräch brach mittendrin ab; **связь оборва́лась** die Verbindung brach plötzlich ab

обры́вист|ый <-ая, -ое; -, -а, -о> *прил* **1.** *(круто́й)* steil; **~ бе́рег** steiles Ufer *nt* **2.** *(несвя́зный)* lückenhaft; **обры́вистая речь** lückenhafte Rede *f*

обры́в|ок <-ка> *м* Bruchstück *nt,* Fetzen *m*

обры́воч|ный <-ная, -ое; -ен, -на, -но> *прил* fragmentarisch

обры́зга|ть <-ю, -ешь> *св прх см.* **обры́згивать**

обры́зга|ться <-юсь, -ешься> *св прх см.* **обры́згиваться**

обры́згива|ть <-ю, -ешь> *нсв,* **обры́згать** *св прх* bespritzen

обры́згива|ться <-юсь, -ешься> *нсв,* **обры́згаться** *св прх* sich bespritzen; **~ водо́й/гря́зью** sich mit Wasser/Schlamm [*o* Dreck] bespritzen

обрю́згл|ый <-ая, -ое> *прил* schlaff; **обрю́зглое лицо́** welkes Gesicht *nt*

обря́д <-а> *м* Brauch *m,* Ritual *nt;* **сва́дебный ~** Hochzeitszeremonie *f;* **похоро́нный ~** Beerdigungsritual *nt*

обря́дов|ый <-ая, -ое> *прил* rituell; **обря́довые пе́сни** Ritualgesang *nt*

ОБСЕ *сокр от* **Организа́ция по Безопа́сности и Сотру́дничеству в Евро́пе** OSZE *f*

обсервато́ри|я <-и> *ж* Observatorium *nt,* Sternwarte *f*

обска́кива|ть <-ю, -ешь> *нсв,* **обскака́ть** *св прх* um jdn galoppieren; *(обогна́ть)* jdn überholen; **обскака́ть всех в учёбе** in der Schule alle überholen

обсле́довани|е <-я> *ср* Untersuchung *f,* Test *m;* **~ на СПИД** Aidstest *m*

обсле́д|овать <-ую, -уешь> *(н)св прх* überprüfen, nachprüfen; **врач обсле́дует больно́го** der Arzt untersucht den Kranken; **~ ме́стность** die Gegend untersuchen

обслу́живани|е <-я> *ср* **1.** *(забо́та)* Betreuung *f,* Bedienung *f;* **медици́нское ~** ärztliche Versorgung *f* **2.** *(пассажи́ров)* Abfertigung *f* **3.** *(те́хники)* Wartung *f,* Bedienung *f,* Service *m;* **~ до́лга** Schuldendienst *m*

обслу́жива|ть <-ю, -ешь> *нсв,* **обслужи́ть** *св прх* bedienen; *(забо́титься о ком-л./чем-л.)* betreuen

обсо́хн|уть <-у, -ешь> *св прх см.* **обсыха́ть**

обставля́|ть <-ю, -ешь> *нсв,* **обста́вить** *св прх (кварти́ру)* herrichten, möblieren, ausstatten

обстано́вк|а <-и> *ж* **1.** *(ситуа́ция)* Atmosphäre *f,* Klima *nt* **2.** *(кварти́ры)* Ausstattung *f,* Einrichtung *f*

обстоя́тельно *нрч* gründlich, ausführlich; **~ ознако́миться** sich ausführlich bekannt machen mit + *dat*

обстоя́те|льный <-льная, -льное; -лен, -льна, -льно> *прил* **1.** *(подро́бный)* ausführlich, eingehend **2.** *(основа́тельный)* umständlich

обстоя́тельственн|ый <-ая, -ое> *прил лингв* adverbial; **обстоя́телственное поясне́ние** Adverbialbestimmung *f*

обстоя́тельств|о <-а> *ср* **1.** *(положе́ние)* Umstand *m* **2.** лингв Adverb *nt* **3.** *(усло́вие)* Bedingung *f;* **форс-мажо́рные обстоя́тельства** höhere Gewalt *f;* **с учётом э́тих обстоя́тельств** unter diesen Gesichtspunkten; **~ непреодоли́мой си́лы** höhere Gewalt *f*

обстре́л <-а> *м* Beschuss *m*

обстре́лива|ть <-ю, -ешь> *нсв,* **обстреля́ть** *св прх* beschießen; **~ проти́вника** den Gegner beschießen

обстре́лян|ный <-ная, -ное; -, -а, -о> *прил* kampferfahren; **~ бое́ц** kampferfahrener Kämpfer *m*

обстреля́|ть <-ю, -ешь> *св прх см.* **обстре́ливать**

обступа́|ть <-ю, -ешь> *нсв,* **обступи́ть** *св прх* umringen; **~ со всех сторо́н** von allen Seiten umringen

обсужда́|ть <-ю, -ешь> *нсв,* **обсуди́ть** *св прх* besprechen, diskutieren

обсужде́ни|е <-я> *ср* Besprechung *f,* Erörterung *f,* Diskussion *f*

обсце́нн|ый <-ая, -ое> *прил* obszön

обсчита́|ть <-ю, -ешь> *св прх см.* **обсчи́тывать**

обсчита́|ться <-юсь, -ешься> *св нпрх см.* **обсчи́тываться**

обсчи́тыва|ть <-ю, -ешь> *нсв,* **обсчита́ть** *св прх* **1.** *(произвести́ расчёт)* rechentechnisch erfassen **2.** *(обману́ть)* übervorteilen, prellen

обсчи́тыва|ться <-юсь, -ешься> *нсв,* **обсчита́ться** *св нпрх* sich verrechnen

обсыпа́|ться <-юсь, -ешься> *нсв,* **обсы́паться** *св рефл* abbröckeln; **небосқло́н обсы́пан звёздами** der Himmel ist voller Sternen; **в саду́ обсыпа́ется листва́** im Garten sprießen die Blätter

обсыха́|ть <-ю, -ешь> *нсв,* **обсо́хнуть** *св прх* austrocknen; **гу́бы обсо́хли** die Lippen wurden trocken; **ещё молоко́ на губа́х не обсо́хло** *погово́рка* er ist noch feucht hinter den Ohren

обта́чива|ть <-ю, -ешь> *нсв,* **обточи́ть** *св прх* abschleifen

обтека́ем|ый <-ая, -ое; -, -а, -о> *прил* stromlinienförmig

обтере́ться <оботру́сь, оботрёшься> *св рефл см.* **обтира́ться**

обтёсыва|ть <-ю, -ешь> *нсв,* **обтеса́ть** *св прх* abhobeln; **~ брёвна** Balken *mpl* behauen

обтира́|ться <-юсь, -ешься> *нсв,* **обтере́ться** *св прх* **1.** *(вы́тереться)* sich abwischen, sich abtrocknen, sich abreiben; **~ полоте́нцем с головы́ до ног** sich mit einem Handtuch vom Kopf bis Fuß abtrocknen **2.** *(сноси́ться)* sich abnutzen; **рукава́ пальто́ обтёрлись** die Mantelärmel haben sich abgenutzt

обт|очи́ть <-очу́, -о́чишь> *св прх см.* **обта́чивать**

обтрёпан|ный <-ная, -ное; -, -а, -о> *прил* zerlumpt, zerschlissen; **~ костю́м** abgetragener Anzug *m*

обтрёпыва|ться <-юсь, -ешься> *нсв,* **обтрепа́ться** *св рефл* ausfransen

обтя́жк|а <-и> *ж (покры́тие)* Bezug *m,* Bespannung *f;* **~ ме́бели** Möbelbezug *m;* **брю́ки в обтя́жку** enge Hose *f*

обува́|ть <-ю, -ешь> *нсв,* **обу́ть** *св прх* Schuhe anziehen; **~ ту́фли на босу́ю но́гу** die Schuhe ohne Socken anziehen; **~ всю семью́** *перен* für die ganze Familie sorgen

обувн|о́й <-а́я, -о́е> *прил* Schuh-; **~ магази́н** Schuhgeschäft *nt*

о́бу|вь <-ви> *ж без мн* Schuhe *pl;* **ко́жаная ~** Lederschuhe *pl;* **за́мшевая ~** Wildlederschuhe *pl;* **о́бувь не по сезо́ну** für die Saison unpassende Schuhe

обу́глива|ться <-юсь, -ешься> *нсв,* **обу́глиться** *св рефл* verkohlen

обу́з|а <-ы> *ж без мн перен* Last *f,* lästige Verpflichtung *f*

обу́здыва|ть <-ю, -ешь> *св,* **обузда́ть** *нсв прх* zügeln, bändigen

обусла́влива|ть, обусло́влива|ть <-ю, -ешь> *нсв,* **обусло́вить** *св прх* **1.** *(служи́ть причи́ной)* bedingen **2.** *(служи́ть осно́вой)* Grundlage *f* sein für *+akk;* **обусло́вленный конъюнкту́рой** konjunkturbedingt; **списа́ние, обусло́вленное изно́сом** verbrauchsbedingte Abschreibung *f*

обустра́ива|ть <-ю, -ешь> *нсв,* **обустро́ить** *св прх* **1.** *(интегри́ровать)* eingliedern, integrieren **2.** *(наводи́ть поря́док)* ordnen, Ordnung schaffen

обустро́йств|о <-а> *ср* Wiedereingliederung *f*

обу́|ть <-ю, -ешь> *св прх см.* **обува́ть**

о́бух <-а> *м* Beilrücken *m*

обуча́|ть <-ю, -ешь> *нсв,* **обучи́ть** *св прх* ausbilden, schulen, lehren; *(преподава́ть)* unterrichten; **~ иностра́нному языку́** jdn eine Fremdsprache lehren; **~ гра́моте** Lesen und Schreiben beibringen

обуча́|ться <-юсь, -ешься> *нсв,* **обучи́ться** *св рефл* lernen; *(в ву́зе)* studieren; *(како́й-л. специа́льности)* ausgebildet werden; **~ компью́терной гра́мотности** lernen an einem Computer zu arbeiten; **~ письму́ и чте́нию** Lesen und Schreiben lernen

обуча́ющ|ий <-ая, -ее> *прил* Lern-; **обуча́ющие програ́ммы** Lernprogramme *pl*

обуче́ни|е <-я> *ср* **1.** *(преподава́ние)* Unterricht *m* **2.** *(подгото́вка)* Ausbildung *f,*

Lehre *f* **3.** *(ку́рс)* Schulung *f,* Training *nt;* **~ пра́вилам безопа́сности движе́ния** Verkehrserziehung *f;* **~ взро́слых** Erwachsenenbildung *f;* **~ ка́дров** Personalausbildung *f;* **~ комме́рческой де́ятельности** kaufmännische Lehre *f;* **~ персона́ла** Personalschulung *f;* **~ торго́вому де́лу** Verkäuferausbildung *f*

об|учи́ть <-учу́, -у́чишь> *св прх см.* **обуча́ть**

об|учи́ться <-учу́сь, -у́чишься> *св рефл см.* **обуча́ться**

обуя́|ть <-ет> *св безл, только 3 л.* packen; **его́ обуя́л си́льный гнев** starker Zorn packte ihn; **тоска́ обуя́ла** die Trauer ergriff jdn

обхва́т <-а> *м* Umfang *m;* **в обхва́те составля́ет 3 ме́тра** 3 m im Umfang

обхва́тыва|ть <-ю, -ешь> *нсв,* **обхвати́ть** *св прх* umfassen; **пла́мя обхвати́ло весь дом** die Flammen erfassten das ganze Haus

обхитр|и́ть <-ю́, -и́шь> *св прх* überlisten; **~ в два счёта** im Handumdrehen überlisten

обхо́д <-а> *м* Rundgang *m; (обхо́дный манёвр)* Umgehung *f,* Umgehen *nt;* **враче́бный ~** МЕД Visite *f;* **в ~ зако́на** in Umgehung des Gesetzes

обходи́тельнос|ть <-ти> *ж* Umgänglichkeit *f; (предупреди́тельный)* Zuvorkommenheit *f*

обходи́те|льный <-льная, -льное; -лен, -льна, -льно> *прил* **1.** *(коммуника́бельный)* umgänglich, gesellig **2.** *(предупреди́тельный)* zuvorkommend

обх|оди́ть <-ожу́, -о́дишь> *нсв,* **обойти́** *св прх* **1.** *и перен (вокру́г чего́-л.)* umgehen, übergehen; **~ кого́-л. за версту́** jdn meiden, einen Bogen machen um +*akk* **2.** *разг (быва́ть где-л., у кого́-л.)* abklappern **3.** *перен (о слу́хах)* sich verbreiten

обх|оди́ться <-ожу́сь, -о́дишься> *нсв,* **обойти́сь** *св рефл* **1.** *(с кем-л.)* behandeln, umgehen mit +*dat* **2.** *(чем-л.)* auskommen mit +*dat* **3.** *(без чего́-л.)* entbehren können; **не име́ть возмо́жности ~ без чего́-л.** angewiesen sein auf +*akk;* **совсе́м без тру́дностей не обошло́сь** ganz ohne Schwierigkeiten ging es nicht ab

обходн|о́й <-а́я, -о́е> *прил* Umgehungs-; *(иду́щий в обхо́д)* Umleitungs-; **~ маршру́т** Umweg *m;* **е́хать обходно́й доро́гой** auf dem Umleitungsweg fahren

обхожде́ни|е <-я> *ср* Umgang *m,* Behandlung *f;* **прия́тный в обхожде́нии** angenehm im Umgang; **гру́бое ~** grobe Behandlung *f*

обша́рива|ть <-ю, -ешь> *нсв,* **обша́рить** *св прх* durchwühlen, durchsuchen, durchstöbern; **~ все шкафы́** alle Schränke durchwühlen

обши́вк|а <-и> *ж* Bezug *m,* Polsterung *f; (кайма́)* Borte *f; (металли́ческая)* Beschlag *m*

обши́р|ный <-ная, -ное; -ен, -на, -но> *прил* **1.** *(просто́рный)* geräumig; **~ кабине́т** geräumiges Arbeitszimmer *nt* **2.** *(разносторо́нний)* groß, umfangreich; **обши́рные зна́ния** umfangreiche Kenntnisse *ntpl;* **обши́рные знако́мства** großer Bekanntenkreis *m*

обща́|ться <-юсь, -ешься> *нсв рефл* kontaktieren; *(встреча́ться)* Umgang haben, verkehren mit +*dat*

общевойсков|о́й <-а́я, -о́е> *прил* ВОЕН Armee-, Heeres-; **~ уста́в** Dienstvorschrift *f;* **общевойсковы́е уче́ния** Gesamttruppenübung *f*

общегерма́нск|ий <-ая, -ое> *прил* gesamtdeutsch

общегородск|о́й <-а́я, -о́е> *прил* Stadt-; **общегородска́я конфере́нция** Stadtkonferenz *f*

общегосуда́рственн|ый <-ая, -ое> *прил* Staats-, gesamtstaatlich; **~ бюдже́т** Staatsetat *m,* Staatshaushalt *m;* **общегосуда́рственные интере́сы** gesamtstaatliche Interessen *ntpl*

общедемократи́ческ|ий <-ая, -ое> *прил* allgemein demokratisch; **~ фо́рум** demokratisches Forum *nt;* **общедемократи́ческие при́нципы** allgemein demokratische Prinzipien *ntpl*

общедосту́п|ный <-ная, -ное; -ен, -на, -но> *прил* allgemein verständlich; **общедосту́пные це́ны** erschwingliche Preise *mpl;* **общедосту́пное образова́ние** allen zugängliche Ausbildung *f;* **общедосту́пное медици́нское обслу́живание** allen zugängliche medizinische Betreuung *f*

общежите́йск|ий <-ая, -ое> *прил* Alltags-; **общежите́йские пробле́мы** Alltagsprobleme *pl;* **общежите́йская му́дрость** Lebensweisheit *f*

общежи́ти|е <-я> *ср* Wohnheim *nt; (обще́ственный быт)* Gemeinschaftsleben *nt;* **студе́нческое ~** Studentenwohnheim *nt;* **челове́ческое ~** Zusammenleben *nt,* Miteinander *nt*

общеизве́ст|ный <-ная, -ное; -ен, -на, -но> *прил* allgemein bekannt, notorisch; **общеизве́стная и́стина** allbekannte Wahrheit *f;* **~ факт** allgemein bekannte Tatsache *f*

общенациона́льн|ый <-ая, -ое> *прил* National-; **общенациона́льные интере́сы** Nationalinteressen *pl*

обще́ни|е <-я> *ср* Umgang *m,* Verkehr *m; (связь)* Kontakt *m*

общеобразова́тельн|ый <-ая, -ое> *прил* allgemein bildend; **общеобразова́тельные програ́ммы** allgemein bildende Programme *ntpl*

общепарти́йн|ый <-ая, -ое> *прил* die ganze Partei betreffend; **~ интере́с** gesamtparteiliches Interesse *nt;* **общепарти́йные зада́-**

чи Parteiaufträge *pl*

общепри́знан|ный <-ная, -ное; -, -а, -о> *прил* allgemein anerkannt; **~ факт** allgemein anerkannte Tatsache *f;* **общепри́знанная тео́рия** allgemein anerkannte Theorie *f*

обще́ственнос|ть <-ти> *ж* Öffentlichkeit *f;* *(общество)* Allgemeinheit *f,* Allgemeinwesen *nt;* **свя́зи с обще́ственностью** Öffentlichkeitsarbeit *f;* **уча́стие обще́ственности** Bürgerbeteiligung *f;* **сде́лать что-л. достоя́нием обще́ственности** etw an die Öffentlichkeit bringen; **стать достоя́нием обще́ственности** an die Öffentlichkeit gelangen

обще́ственн|ый <-ая, -ое> *прил* **1.** *(публи́чный)* öffentlich, gesellschaftlich **2.** *(коллекти́вный, социа́льный)* gemeinschaftlich; **обще́ственная жи́знь** Gemeinwesen *nt;* **обще́ственное мне́ние** öffentliche Meinung *f;* **обще́ственное объедине́ние** Bürgervereinigung *f;* **обще́ственная организа́ция** Massenorganisation *f;* **~ тра́нспорт** öffentliche Verkehrsmittel *ntpl;* **в обще́ственных места́х** in der Öffentlichkeit; **на обще́ственных нача́лах** ehrenamtlich; **обще́ственная по́льза** gesellschaftlicher Nutzen *m,* Gemeinnützigkeit *f;* **обще́ственная со́бственность** Kollektivgut *nt;* **~ строй** Gesellschaftssystem *nt;* **~ проду́кт** Sozialprodukt *nt;* **обще́ственное пита́ние и гости́ничное де́ло** Gastgewerbe *nt*

о́бществ|о <-а> *ср* Gesellschaft *f,* Öffentlichkeit *f;* *(организа́ция)* Gesellschaft *f,* Verband *m,* Vereinigung *f,* Verein *m;* **информацио́нное ~** Informationsgesellschaft *f;* **~ защи́ты прав потреби́телей** Verbraucherzentrale *f;* **~ потребле́ния** Konsumgesellschaft *f;* **~ с ограни́ченной отве́тственностью** Gesellschaft *f* mit beschränkter Haftung, GmbH *f;* **гражда́нское ~** Zivilgesellschaft *f;* **опеку́нское ~** Treuhandanstalt *f;* **откры́тое ~** offene Gesellschaft *f;* **спорти́вное ~** Sportverein *m;* **~ всео́бщего благоде́нствия** Wohlstandsgesellschaft *f;* **~ довери́тельных опера́ций** Treuhandgesellschaft *f;* **~ изоби́лия** Überflussgesellschaft *f;* **~ со сме́шанным капита́лом** gemischte Gründung *f;* **~ потребле́ния однора́зовых това́ров** Wegwerfgesellschaft *f;* **~ с привлека́емым капита́лом** Kapitalgesellschaft *f;* **~, осно́ванное с це́лью уменьше́ния нало́гового бре́мени** Verlustzuweisungsgesellschaft *f;* **~ по испо́льзованию а́вторских прав** Verwertungsgesellschaft *f;* **~ по сбы́ту** Vertriebsgesellschaft *f*

обществове́дени|е <-я> *ср* Sozialkunde *f,* Gemeinschaftskunde *f*

общеустано́вленн|ый <-ая, -ое> *прил* allgemein angenommen, allgemein festgelegt, üblich; **~ поря́док** allgemein festgelegte Ordnung *f;* **общеустано́вленные но́рмы поведе́ния** allgemein angenommene Verhaltensnormen *fpl*

общечелове́ческ|ий <-ая, -ое> *прил* allgemein menschlich; **общечелове́ческая культу́ра** Menschheitskultur *f*

о́бщ|ий <-ая, -ее; -, -а́, -е> *прил* gesamt, allgemein; **о́бщее впечатле́ние** Gesamteindruck *m;* **о́бщее образова́ние** Allgemeinbildung *f;* **~ хара́ктер** Allgemeinheit *f;* **о́бщие це́ли** gemeinsame Ziele *pl;* **в о́бщем и це́лом** im Großen und Ganzen; **де́лать о́бщее де́ло** an einem Strang ziehen; **име́ть что-л. о́бщее с кем-л./чем-л.** etw gemein haben mit +*dat;* **о́бщие затра́ты** Gemeinkosten *pl,* Gesamtausgaben *pl;* **о́бщие изде́ржки** Gesamtausgaben *pl;* **о́бщие накла́дные расхо́ды** Overhead *m;* **о́бщие произво́дственные расхо́ды** Fertigungsgemeinkosten *pl;* **~ капита́л компа́нии** Gesellschaftskapital *nt;* **~ распоря́док** generelle Regelung *f;* **О́бщий ры́нок** European Economic Community *f,* Gemeinschaftsmarkt *m;* **о́бщая по́льза** gesellschaftlicher Nutzen *m;* **о́бщая амортиза́ция** Pauschalabschreibung *f;* **о́бщая вы́ручка** Gesamterlös *m;* **о́бщая дове́ренность** Gesamtprokura *f;* **о́бщая дове́ренность на управле́ние филиа́лом** Filialprokura *f;* **о́бщая долева́я со́бственность** Bruchteilsgemeinschaft *f;* **о́бщая мо́щность** Gesamtkapazität *f;* **о́бщая оце́нка** Pauschalbewertung *f,* Sammelbewertung *f;* **о́бщая поле́зность** gesellschaftlicher Nutzen *m;* **о́бщая со́бственность** Miteigentum *nt;* **о́бщая сто́имость зака́за** Gesamtauftragswert *m;* **о́бщая су́мма** Pauschalbetrag *m,* Gesamtbetrag *m;* **о́бщая су́мма за́работка** Bruttoverdienst *m;* **общегосуда́рственный бюдже́т** Staatshaushalt *m;* **общегосуда́рственный заём** Staatsanleihe *f;* **о́бщее бла́го** Wohlfahrt *f,* Gemeinwohl *nt;* **о́бщее число́ за́нятых** Gesamtbeschäftigtenzahl *f;* **о́бщее руково́дство** Gesamtleitung *f;* **о́бщее иму́щество** Gesamtvermögen *nt;* **о́бщее собра́ние** Generalversammlung *f,* Vollversammlung *f,* Hauptversammlung *f;* **о́бщее хозя́йство** Gemeinwirtschaft; **о́бщее собра́ние акционе́ров** Universalversammlung *f;* **о́бщее собра́ние кредито́ров** Gläubigerversammlung *f;* **о́бщее списа́ние** Pauschalabschreibung *f;* **о́бщее усло́вие** Rahmenbedingung *f;* **о́бщее плани́рование** Rahmenplanung *f*

о́бщин|а <-ы> *ж* Gemeinde *f;* **общи́нная со́бственность** Gemeindeeigentum *nt*

общи́тельнос|ть <-ти> *ж* Geselligkeit *f,* Kontaktfreudigkeit *f*

общи́те|льный <-льная, -льное; -лен, -льна, -льно> *прил* kontaktfreudig, gesellig, aufgeschlossen

о́бщнос|ть <-ти> *ж* **1.** *(совпаде́ние)* Gemeinsamkeit *f* **2.** *(совоку́пность)* Gemeinschaft *f;* **~ иму́щества** Gütergemeinschaft

О

f; **~ интере́сов** Interessengemeinschaft *f*

объеда́|ться <-юсь, -ешься> *нсв,* **объ-е́сться** *св рефл* sich voll stopfen; **~ сла́дким** sich mit Süßigkeiten voll stopfen

объеде́ни|е <-я> *ср разг* Genuss *m;* **пи-рожки́ ва́ши про́сто ~!** Ihre Piroggen sind ein wahrer Genuss!

объедине́ни|е <-я> *ср* **1.** *(де́йствие)* Vereinigung *f,* Zusammenschluss *m,* Fusion *f;* **~ Герма́нии** Wiedervereinigung *f* **2.** *(сою́з)* Union *f,* Verbund *m,* Verein *m;* **~ избира́те-лей** Wählergemeinschaft *f;* **~ профсою́зов** Gewerkschaftsbund *m;* **~ уси́лий** vereinte Bemühungen *fpl;* **~ интере́сов совме́стного осуществле́ния заку́пок** Einkaufsgemeinschaft *f;* **~ потреби́телей** Verbraucherverband *m;* **~ предприя́тий** Unternehmensverband *m;* **~ акционе́ров** Aktionärsvereinigung *f*

объединён|ный <-ная, -ное; -, -на́, -но́> *прил* vereint, geeint; **~ объединённая эконо́мика** Verbundwirtschaft *f;* **объединённая энергосисте́ма** Verbundnetz *nt*

объедин|и́ть <-ю́, -и́шь> *св прх см.* **объ-единя́ть**

объедин|и́ться <-ю́сь, -и́шься> *св рефл см.* **объединя́ться**

объединя́|ть <-ю, -ешь> *нсв,* **объеди-ни́ть** *св прх* **1.** *(слить, сплоти́ть)* vereinigen **2.** *(связа́ть)* verknüpfen, zusammenfassen

объединя́|ться <-юсь, -ешься> *нсв,* **объ-едини́ться** *св рефл* sich vereinigen; *(с кем-л. про́тив кого́-л.)* sich (mit jdm gegen jdn) verbünden

объе́зд <-а> *м* Umleitung *f;* *(окружно́й путь)* Umgehungsstraße *f*

объе́з|дить <-жу, -дишь> *св прх см.* **объ-езжа́ть**

объездн|о́й <-а́я, -о́е> *прил* Umleitungs-, Umgehungs-; **объездна́я доро́га** Umweg *m;* **иска́ть объездны́е пути́** nach Umwegen suchen

объезжа́|ть <-ю, -ешь> *нсв,* **объе́здить, объе́хать** *св прх* **1.** *(изъе́здить)* bereisen **2.** *(е́хать в объе́зд)* umfahren **3.** *(все места́)* alles abfahren

объе́кт <-а> *м* **1.** *(предме́т)* Gegenstand *m;* **калькуляцио́нный ~** ЭКОН Kostenträger *m;* **~ нало́гового обложе́ния** Steuerobjekt *nt* **2.** *(цель)* Objekt *nt;* **~ вожделе́ний** Lustobjekt *nt;* **~ изуче́ния** Studienobjekt *nt* **3.** *(со-оруже́ние)* Anlage *f;* **вое́нный ~** Rüstungsanlage *f;* **неопо́знанный лета́ющий ~, НЛО** Ufo *nt*

объекти́в <-а> *м* ФОТ Objektiv *nt*

объекти́вно *нрч* objektiv, sachlich, unparteiisch; **оце́нивать ~ ситуа́цию** die Situation objektiv einschätzen; **~ отнести́сь к слу́-чаю** sich unparteiisch zur Sache verhalten

объекти́внос|ть <-ти> *ж* Objektivität *f*

объекти́в|ный <-ная, -ное; -ен, -на, -но> *прил* objektiv

объём <-а> *м* Umfang *m,* Volumen *nt;* *перен* Fassungsvermögen *nt;* **~ вы́воза** Ausfuhrvolumen *nt,* Exportvolumen *nt;* **~ вне́шней торго́вли** Außenhandelsvolumen *nt;* **~ груди́** Oberweite *f;* **~ добы́чи** ШАХТ Fördermenge *f;* **~ зака́за** Auftragshöhe *f,* Bestellmenge *f;* **~ и́мпорта** Importvolumen *nt,* Einfuhrvolumen *nt;* **~ прода́ж** Umsatz *m;* **~ сбы́та** Gesamtabsatz *m;* **~ сде́лки** Geschäftsumfang *m;* **~ спро́са** Gesamtnachfrage *f;* **~ э́кспорта** Exportvolumen *nt*

объёмист|ый <-ая, -ое; -, -а, -о> *прил разг* umfassend, voluminös

объёмн|ый <-ая, -ое> *прил* umfangreich

объе́|сться <-мся, -шься> *св рефл см.* **объеда́ться**

объе́|хать <-ду, -дешь> *св прх см.* **объ-езжа́ть**

объ|яви́ть <-явлю́, -я́вишь> *св прх см.* **объявля́ть**

объ|яви́ться <-явлю́сь, -я́вишься> *св рефл см.* **объявля́ться**

объявле́ни|е <-я> *ср* Erklärung *f;* *(изве-ще́ние)* Ankündigung *f,* Bekanntmachung *f;* *(на доске́)* Aushang *m;* *(в газе́те)* Inserat *nt,* Annonce *f;* *(по ра́дио)* Ansage *f,* Durchsage *f;* **~ ко́нкурса** Ausschreibung *f* eines Wettbewerbs; **~ войны́** Kriegserklärung *f;* **~ о ро́-зыске (престу́пника)** Steckbrief *m;* **~ о сво-бо́дных вака́нсиях** Stellenanzeige *f;* **не-большо́е ~** Kleinanzeige *f;* **ча́стное ~** private Anzeige *f;* **дава́ть** [*или* **помеща́ть**] **~** annoncieren

объя́влен|ный <-ная, -ное; -, -а, -о> *прил* erklärt; *(зара́нее)* angekündigt, angesagt, bekannt gegeben; **объя́вленная цена́** Ausrufpreis *m*

объявля́|ть <-ю, -ешь> *нсв,* **объяви́ть** *св прх* **1.** *(объясня́ть)* erklären **2.** *(о чём-л. предстоя́щем)* bekannt geben, bekannt machen, ansagen; **~ но́вые вы́боры** Neuwahlen ausschreiben; **~ о предстоя́щем бра-косочета́нии** die Hochzeit ankündigen; **~ чрезвыча́йное положе́ние** den Ausnahmezustand verhängen **3.** *(кого́-л. кем-л.)* ausrufen, proklamieren; **~ святы́м** jdn heilig sprechen **4.** *(помеща́ть объявле́ние)* annoncieren, inserieren

объявля́|ться <-юсь, -ешься> *нсв,* **объ-яви́ться** *св рефл* sich einfinden, auftauchen

объясне́ни|е <-я> *ср* Erklärung *f;* **~ в любви́** Liebeserklärung *f*

объясни́м|ый <-ая, -ое; -, -а, -о> *прил книжн* erklärbar

объясня́|ть <-ю, -ешь> *нсв,* **объясни́ть** *св прх* erklären; *(разъясни́ть)* erläutern

объя́ти|е <-я> *ср обычно мн* Umarmung *f;* **бро́ситься в объя́тия** sich in jds Arme werfen; **заключи́ть в объя́тия** in die Arme nehmen; **встре́тить с распростёртыми**

объятиями mit offenen Armen empfangen

обыгрыва|ть <-ю, -ешь> *нсв*, **обыграть** *св прх* schlagen; **~ в шахматы** beim Schach gewinnen

обыденн|ый <-ая, -ое> *прил* alltäglich, alltagsmäßig, gewöhnlich; **обыденные проблемы** Alltagssorgen *fpl*

обыкновен|ный <-ная, -ное; -ен, -на, -но> *прил* **1.** *(заурядный)* normal **2.** *(обычный)* gewöhnlich, gemein; **обыкновенные люди** Durchschnittsmenschen *mpl*

обыск <-а> *м* Durchsuchung *f*

обыскива|ть <-ю, -ешь> *нсв*, **обыскать** *св прх* absuchen, durchsuchen

обыча|й <-я> *м* Brauch *m*, Sitte *f*; **нарушать старинный ~** einen alten Brauch brechen

обыч|ный <-ная, -ное; -ен, -на, -но> *прил* **1.** *(обыкновенный)* gewöhnlich, normal, durchschnittlich **2.** *(общепринятый)* konventionell, herkömmlich, regulär; **~ на рынке** marktüblich; **обычное качество** Durchschnittsqualität *f*; **обычная налоговая ставка** Normalsteuersatz *m*; **обычная цена** Normalpreis *m*

Обь <Оби> *ж* ГЕОГ Ob *m*

обьектно-ориентирован|ный <-ная, -ное; -, -а, -о> *прил* ИНФОРМ objektorientiert

обязаннос|ть <-ти> *ж* Pflicht *f*, Verpflichtung *f*; *(должностная)* Funktion *f*, Aufgabe *f*; **возлагать на кого-л. дополнительные обязанности** jdm zusätzliche Verpflichtungen auferlegen [*o* aufbürden]; **это входит в его ~** dies gehört zu seinen Pflichten; **~ публикации годового отчёта** ЭКОН Publikationspflicht *f* des Jahreaberichts; **~ публикации годового баланса** Publikationspflicht *f* des Jahresberichts; **~ предприятий публиковать материалы о своей деятельности** Veröffentlichungspflicht *f* über die Tätigkeit; **~ доплаты** Nachschusspflicht *f*; **~ вести бухгалтерский учёт** Buchführungspflicht *f*; **~ внесения дополнительных взносов** Nachschusspflicht *f*; **~ определённой формы** Formzwang *m*; **исполняющий обязанности, и.о.** АДМ designiert

обязан|ный <-ная, -ное; -, -а, -о> *прил* verpflichtet; **быть обязанным чем-л. кому-л.** jdm etw zu verdanken haben; **~ платить налоги** steuerpflichtig

обязательнос|ть <-ти> *ж* Verbindlichkeit *f*

обязате|льный <-льная, -льное; -лен, -льна, -льно> *прил* unbedingt; *(не факультативный)* obligatorisch, verbindlich; *(знающий свой долг)* pflichtbewusst; **~ предмет** Pflichtfach *nt*; **обязательная программа** Pflichtprogramm *nt*; **обязательная регистрация** Meldepflicht *f*; **обязательное условие** unablässige Bedingung *f*; **~ взнос** Pflichtbeitrag *m*, Zwangsbeitrag *m*; **~ вклад** Pflichteinlage *f*; **~ к регистрации** meldepflichtig; **~ платёж** Zwangsbeitrag *m*; **~ резерв** Zwangsreserve *f*; **~ характер** Verbindlichkeit *f*; **обязательное страхование** Versicherungspflicht *f*, Pflichtversicherung *f*; **обязательное членство** Zwangsmitgliedschaft *f*, Pflichtmitgliedschaft *f*

обязательственн|ый <-ая, -ое> *прил* ЮР Obligations-; **обязательственное право** Obligationsrecht *nt*; **обязательственные отношения** Obligationsbeziehungen *pl*

обязательств|о <-а> *ср* **1.** *(долг)* Verpflichtung *f*, Engagement *nt* **2.** ЭКОН *(задолженность)* Verbindlichkeit *f* **3.** *(связь)* Bindung *f*; **брать на себя обязательства** Verpflichtungen eingehen; **~ по передаточным надписям** Giroobligo *nt*; **~, исполняемое по месту пребывания кредитора** Bringschuld *f*; **~ предоставить документацию** Unterlagenpflicht *f*; **~ банка по акцептному кредиту** Akzeptverbindlichkeit *f*; **~, исполняемое по месту пребывания должника** Holschulden *pl*

об|язать <-яжу, -яжешь> *св прх см.* **обязывать**

об|язаться <-яжусь, -яжешься> *св рефл см.* **обязываться**

обязыва|ть <-ю, -ешь> *нсв*, **обязать** *св прх* verpflichten

обязыва|ться <-юсь, -ешься> *нсв*, **обязаться** *св рефл* sich engagieren, sich verpflichten

овал <-а> *м* Oval *nt*; **~ лица** Gesichtsoval *nt*

овальн|ый <-ая, -ое> *прил* oval

оваци|я <-и> *ж* Ovation *f*; **бурные овации** frenetischer Beifall *m*

овдовевш|ий <-ая, -ее> *прил* verwitwet

Овен <-а> *м* АСТР Widder *m*

овдове|ть <-ю, -ешь> *св прх* verwitwen; **~ рано** früh verwitwen; **внезапно ~** plötzlich verwitwen

овердрафт <-а> *м* Überziehungskredit *m*

овёс <овса> *м* Hafer *m*

овеч|ий <-ья, -ье> *прил* Schafs-

овечк|а <-и> *ж* Schäfchen *nt*; **невинная ~** *перен* Unschuldslamm *nt*

ОВИР *сокр от* **отдел виз и регистраций** *Amt für Visa und Ausländerregistrierung*

овладева|ть <-ю, -ешь> *нсв*, **овладеть** *св прх* **1.** ВОЕН einnehmen **2.** *(знаниями)* erlernen, sich etw aneignen; **~ профессией** einen Beruf erlernen; **~ иностранным языком** eine Fremdsprache lernen **3.** *(справляться с чем-л.)* meistern, beherrschen; **~ собой** sich beherrschen, sich zusammennehmen; **беспокойство овладело мною** die Unruhe hat mich gepackt; **навязчивая идея овладела им** eine fixe Idee hat sich in seinem Kopf eingenistet; **невыразимый ужас овладел людьми** unsagbares Entsetzen hat die Leute gepackt; **~ вниманием собеседников** die Aufmerksamkeit des Gesprächspartners gewinnen

о́вод <-а> *м* зоол Bremse *f*, Pferdebremse *f*

о́вощ|и <-е́й> *мн* Gemüse *nt*

овощн|о́й <-а́я, -о́е> *прил* Gemüse-, Grün-; **овощны́е культу́ры** Gemüsekulturen *pl*

овра́г <-а> *м* Schlucht *f*; **глубо́кий ~** tiefe Schlucht; **на дне овра́га** auf dem Boden der Schlucht; **скры́ться в овра́ге** sich in der Schlucht verstecken

овра́жист|ый <-ая, -ое; -, -а, -о> *прил* schluchtenreich, mit vielen Schluchten; **овра́жистая ме́стность** schluchtenreiche Gegend *f*

овся́нк|а <-и> *ж* **1.** *(крупа́)* Hafergrütze *f*, Haferflocken *pl*; **ка́ша из овся́нки** Haferbrei *m* **2.** зоол Ammer *f*

овся́н|ый <-ая, -ое> *прил* Hafer-; **овся́ные хло́пья** Haferflocken *pl*

овуля́ци|я <-и> *ж* биол Ovulation *f*

овц|а́ <-ы́> *ж* зоол Schaf *nt*

овцево́д <-а> *м* агр Schafzüchter *m*

овцево́дств|о <-а> *ср* агр Schafzucht *f*

овцево́дческ|ий <-ая, -ое> *прил* Schafzucht-; **овцево́дческая фе́рма** Schaf(zucht)farm *f*

овча́рк|а <-и> *ж* Schäferhund *m*

овча́рн|я <-и> *ж* агр Schafstall *m*, Schäferei *f*

овчи́н|а <-ы> *ж* *(шку́ра)* Schaffell *nt*, Lammfell *nt*; **полушу́бок из овчи́ны** kurzer Schafpelz; **~ вы́делки не сто́ит** *перен* die Sache lohnt die Mühe nicht

овчи́нн|ый <-ая, -ое> *прил* Schaf(s)-; **~ тулу́п** Schaf(s)pelz *m*

ога́р|ок <-ка> *м* Kerzenstummel *m*

огиба́|ть <-ю, -ешь> *нсв*, **обогну́ть** *св прх* umfahren; **~ мыс** das Kap umschiffen; **~ го́рный масси́в** den Gebirgsstock umfahren

оглавле́ни|е <-я> *ср* Inhaltsverzeichnis *nt*; **иска́ть в оглавле́нии** im Inhaltsverzeichnis suchen

огла|си́ть <-шу́, -си́шь> *св прх см.* **оглаша́ть**

огла́ск|а <-и> *ж* Verbreiten *nt*, Ausplaudern *nt*; **предава́ть огла́ске** an die Öffentlichkeit bringen; **э́то не подлежи́т огла́ске** dies ist vertraulich zu behandeln

огласо́вк|а <-и> *ж* лингв Vokalzeichen *nt*

оглаша́|ть <-ю, -ешь> *нсв*, **огласи́ть** *св прх* bekannt geben, mitteilen, publik machen

оглаше́ни|е <-я> *ср* Offenlegung *f*

огло́бл|я <-и> *ж* Deichsel *f*

огло́хн|уть <-у, -ешь> *св нпрх см.* **гло́хнуть**

оглуша́|ть <-ю, -ешь> *нсв*, **оглуши́ть** *св прх* taub machen, betäuben; **взрыв оглуши́л всех** die Explosion hat alle betäubt; **оглуши́ть уда́ром по голове́** durch einen Schlag auf den Kopf betäuben; **как гро́мом оглуши́л** wie vom Donner betäubt

оглуши́те|льный <-льная, -льное; -лен, -льна, -льно> *прил* ohrenbetäubend

оглуш|и́ть <-у́, -и́шь> *св нпрх см.* **оглуша́ть**

огля|де́ть <-жу́, -ди́шь> *св прх см.* **огля́дывать**

огля|де́ться <-жу́сь, -ди́шься> *св рефл см.* **огля́дываться**

огля́дк|а <-и> *ж* **бежа́ть без огля́дки** laufen so schnell man kann; **де́лать все с огля́дкой** alles mit Bedacht tun

огля́дыва|ть <-ю, -ешь> *нсв*, **огляде́ть** *св прх* betrachten; **~ всех прису́тствующих** alle Anwesenden ansehen; **~ с ног до головы́** von Kopf bis Fuß mustern

огля́дыва|ться <-юсь, -ешься> *нсв*, **огляну́ться, огляде́ться** *св прх* sich umsehen; **огляну́ться наза́д** zurückschauen; **~ вокру́г** sich umschauen; **~ по сторона́м** auf beide Seiten schauen; **не успе́ешь огляну́ться, как де́ло сде́лано** ehe man sich versieht, ist die Sache erledigt

огнев|о́й <-а́я, -о́е> *прил* **1.** воен Feuer-; **огнева́я подгото́вка** Feuervorbereitung *f*; **огнева́я пози́ция** Feuerstellung *f* **2.** *(о́гненный)* feurig, Feuer-

огнеды́шащ|ий <-ая, -ее> *прил* feuerspeiend; **~ вулка́н** feuerspeiender Vulkan *m*; **~ драко́н** feuerspeiender Drache *m*

огнемёт <-а> *м* воен Flammenwerfer *m*; **та́нковый ~** Panzerflammenwerfer *m*

о́гнен|ный <-ная, -ное; -ен, -на, -но> *прил* feurig

огнеопа́с|ный <-ная, -ное; -ен, -а, -о> *прил* feuergefährlich; **огнеопа́сные вещества́** feuergefährliche Stoffe *mpl*

огнепрово́дн|ый <-ая, -ое> *прил* Zünd-; **~ шнур** Zündschnur *f*

огнесто́|йкий <-йкая, -йкое; -ек, -йка, -йко> *прил* feuerfest, feuerbeständig; **~ материа́л** feuerfester Stoff *m*

огнестре́льн|ый <-ая, -ое> *прил* Feuer-, Schuss-; **огнестре́льное ору́жие** Schusswaffe *f*, Feuerwaffe *f*; **огнестре́льная ра́на** Schusswunde *f*

огнетуши́те|ль <-ля> *м* Feuerlöscher *m*

огнеупо́р|ный <-ная, -ное; -ен, -на, -но> *прил* feuerfest

огни́в|о <-а> *ср* Stein *m* zum Feuerschlagen

огова́рива|ть <-ю, -ешь> *нсв*, **оговори́ть** *св прх* **1.** *(оклевета́ть)* verleumden, in Verruf bringen; **~ неви́нного челове́ка** einen Unschuldigen in Verruf bringen **2.** *(догова́ривать)* vereinbaren, fest legen; **~ все усло́вия в догово́ре** alle Vertragsbedingungen besprechen **3.** *(сде́лать огово́рку)* vorbehalten, einen Vorbehalt machen

огова́рива|ться <-юсь, -ешься> *нсв*, **оговори́ться** *св рефл* sich versprechen; **от волне́ния ~** sich vor Aufregung versprechen; **извини́те, я оговори́лся** Verzeihung, ich habe mich versprochen

оговор|и́ть <-ю́, -и́шь> *св прх см.* **огова́-**

ривать

оговор|и́ться <-ю́сь, -и́шься> *св рефл см.* **огова́риваться**

огово́рк|а <-и> *ж* Ausrutscher *m,* Flüchtigkeitsfehler *m; (ограниче́ние)* Vorbehalt *m,* Einschränkung *f,* Restriktion *f;* ЮР Klausel *f;* **сде́лать огово́рку** vorbehalten; **~ в догово́ре** Vertragsvorbehalt *m;* **~ об исключе́нии отве́тственности** Freizeichnungsklausel *f;* **~ об ограниче́нии проку́ры на веде́ние дел филиа́ла** Filialklausel *f;* **~ об усло́виях перехо́да прав со́бственности на това́р** Eigentumsvorbehalt *m;* **~ о наибо́льшем благоприя́тствовании** Meistbegünstigungsklausel *f;* **~ о недопуще́нии конкуре́нции** Wettbewerbsklausel *f;* **~ о покрови́тельстве** Schutzklausel *f;* **~ о пра́ве отка́за** Rücktrittsklausel *f;* **~ о правово́й защи́те** Schutzklausel *f;* **~ о примене́нии скользя́щей цены́** Gleitpreisklausel *f;* **~ о франши́зе** Freizeichnungsklausel *f;* **~ „прика́зу"** Orderklausel *f*

оголён|ный <-ная, -ное; -, -á, -ó> *прил* bloß, entblößt

оголя́|ть <-ю, -ешь> *нсв,* **оголи́ть** *св прх* entblößen; **ве́тер оголи́л дере́вья** der Wind entlaubte die Bäume; **~ про́вод** das Kabel blankziehen

ого́нь <огня́> *м* Feuer *nt;* **вы́сечь ~** Feuer schlagen; **олимпи́йский ~** olympisches Feuer *nt;* **перекрёстный ~** Kreuzfeuer *nt;* **быть ме́жду двух огне́й** *перен* zwischen die Fronten geraten sein

огора́жива|ть <-ю, -ешь> *нсв,* **огороди́ть** *св прх* **1.** *(отгора́живать)* abgrenzen, begrenzen **2.** *(перекрыва́ть)* absperren **3.** *(загора́живать)* umzäunen

огоро́д <-а> *м* Gemüsegarten *m*

огоро|ди́ть <-жу́, -ди́шь> *св прх см.* **огора́живать**

огорча́|ть <-ю, -ешь> *нсв,* **огорчи́ть** *св прх* **1.** *(раздража́ть)* verärgern **2.** *(разочаро́вывать)* enttäuschen, bekümmern

огорче́ни|е <-я> *ср* Verdruss *m*

огорчён|ный <-ная, -ное; -, -á, -ó> *прил* betrübt

огорч|и́ть <-у́, -и́шь> *св прх см.* **огорча́ть**

огосударствле́ни|е <-я> *ср* Verstaatlichung *f*

огра́б|ить <-лю, -ишь> *св прх см.* **гра́бить**

ограбле́ни|е <-я> *ср* Raub *m,* Überfall *m*

огра́д|а <-ы> *ж* Zaun *m;* **~ из живо́го плетня́** Hecke *f;* **желе́зная ~** Gitterzaun *m;* **обнести́ огра́дой** mit einer Mauer umgeben

огради́тельн|ый <-ая, -ое> *прил* ТЕХ, МОР Schutz-; **огради́тельные сооруже́ния** Schutzanlagen *pl*

огражда́|ть <-ю, -ешь> *нсв,* **огради́ть** *св прх* **1.** *(обнести́ огра́дой)* umzäunen; **~ двор** den Hof umzäunen **2.** *(защити́ть)* in Schutz nehmen, isolieren; **~ от конта́ктов с больны́м** vom Kontakt zu Kranken bewahren

огражда́ющ|ий <-ая, -ее> *прил* МОР, СТР Schutz-; **~ вал** Schutzwall *m*

огражде́ни|е <-я> *ср* Umzäunung *f; (доро́жное)* Absperrung *f*

ограниче́ни|е <-я> *ср* Beschränkung *f,* Einschränkung *f; (сокраще́ние)* Drosselung *f;* **~ ввóза** Einfuhrbeschränkung *f,* Einfuhrrestriktion *f,* Importrestriktion *f;* **~ вы́воза** Ausfuhrbeschränkung *f,* Ausfuhrrestriktion *f,* Exportrestriktion *f;* **~ до́пуска** Zugangsbeschränkung *f;* **~ долго́в** Schuldenbegrenzung *f;* **~ до́ступа на ры́нок** Marktzutrittsschranken *pl;* **~ и́мпорта** Einfuhrbeschränkung *f,* Importrestriktion *f;* **~ конкуре́нции** Wettbewerbsbeschränkung *f;* **~ на ввоз и́мпортных това́ров** Importbeschränkung *f;* **~ на и́мпорт** Importbeschränkung *f;* **~ отве́тственности** Haftungsbeschränkung *f;* **~ числа́ претенде́нтов** Wettbewerbsbeschränkung *f;* **~ э́кспорта** Ausfuhrbeschränkung *f,* Exportbeschränkung *f;* **~ вооруже́ний** Rüstungsbegrenzung *f;* **~ ско́рости** Tempolimit *nt*

ограни́ченнос|ть <-ти> *ж* Begrenztheit *f; перен (у́мственная нера́звитость)* Beschränktheit *f*

ограни́чен|ный <-ная, -ное; -, -а, -о> *прил* **1.** *(о челове́ке)* beschränkt, borniert, stur **2.** *(вре́мя)* beschränkt, knapp; **~ сро́ком** befristet

ограни́чива|ть <-ю, -ешь> *нсв,* **ограни́чить** *св прх* begrenzen, beschränken; *(ско́рость)* drosseln; *(лимити́ровать)* limitieren; *(сро́ком)* befristen; **~ себя́ в расхо́дах** sich einschränken; **~ въезд в страну́** die Einreise ins Land beschränken; **~ и́мпорт това́ров** den Warenimport beschränken; **~ круг знако́мых** den Bekanntenkreis einengen; **~ ли́чные конта́кты** die persönliche Kontakte begrenzen; **~ в права́х** die Rechte einschränken

ограни́чива|ться <-юсь, -ешься> *нсв,* **ограни́читься** *св рефл* sich einschränken; *(дово́льствоваться чем-л.)* es bewenden lassen bei, mit *+dat*

ограничи́тельн|ый <-ая, -ое> *прил* einschränkend, Beschränkungs-; **ограничи́тельное усло́вие** ЮР Klausel *f*

ограни́ч|ить <-у, -ишь> *св прх см.* **ограни́чивать**

ограни́ч|иться <-усь, -ишься> *св рефл см.* **ограни́чиваться**

огра́нк|а <-и> *ж* Einfassung *f*

огро́м|ный <-ная, -ное; -ен, -на, -но> *прил* enorm; *(мо́щный)* gewaltig

огрубева́|ть <-ю, -ешь> *нсв,* **огрубе́ть** *св прх* **1.** *(стать жёстким)* rau werden; **ко́жа на рука́х огрубе́ла** die Hände wurden rau **2.** *(стать вне́шне гру́бым)* grob werden; **черты́ лица́ огрубе́ли** die Gesichtszüge wurden grob

О

огры́з|ок <-ка> *м* Rest *m,* Stummel *m;* **~ я́блока** Apfelbutzen *m,* Apfelgriebs *m;* **~ карандаша́** Bleistiftrest *m*

огу́|льный <-льная, -льное; -лен, -льна, -льно> *прил презрит* unterschiedslos, pauschal, wahllos

огур|е́ц <-ца́> *м* Gurke *f*

о́д|а <-ы> *ж* Ode *f,* Loblied *nt;* **торже́ственная ~** feierliches Loblied

ода́лжива|ть <-ю, -ешь> *нсв,* **одо́лжить** *св прх* borgen, leihen

одарён|ный <-ная, -ное; -, -а́, -о́> *прил* begabt, talentiert

ода́рива|ть <-ю, -ешь> *нсв,* **одари́ть** *св прх* beschenken, bescheren

одева́|ть <-ю, -ешь> *нсв,* **оде́ть** *св прх* anziehen, ankleiden

одева́|ться <-юсь, -ешься> *нсв,* **оде́ться** *св рефл* sich anziehen; **~ тепло́** sich warm anziehen; **~ не по сезо́ну** sich für die Saison unpassend anziehen; **~ одея́лом** sich mit einer Decke zudecken; **леса́ оде́лись све́жей листво́й** die Wälder haben sich mit frischen Blättern belaubt

оде́жд|а <-ы> *ж* Kleidung *f,* Bekleidung *f;* **~ для досу́га** Freizeit(be)kleidung *f;* **ве́рхняя ~** Oberbekleidung *f*

одеколо́н <-а> *м* Kölnischwasser *nt,* Eau de Cologne *nt;* **души́ться одеколо́ном** sich mit Kölnischwasser parfümieren

одео́н <-а> *м* МУЗ Odeon *nt*

О́дер <-а> *м* ГЕОГ Oder *f*

одёргива|ть <-ю, -ешь> *нсв,* **одёрнуть** *св прх* zurechtziehen; *разг (призва́ть к поря́дку)* zurechtweisen; **~ сви́тер** den Rollkragenpullover zurechtziehen; **~ ре́зким замеча́нием** mit barschen Bemerkungen zurechtweisen

одеревене́|ть <-ю, -ешь> *св прх см.* **деревене́ть**

оде́ржива|ть <-ю, -ешь> *нсв,* **одержа́ть** *св прх* erringen; **~ побе́ду над кем-л.** einen Sieg erringen über *+akk*

одержи́м|ый <-ая, -ое; -, -а, -о> *прил книжн* besessen

одёрн|уть <-у, -ешь> *св прх см.* **одёргивать**

оде́т|ый <-ая, -ое; -, -а, -о> *прил* angezogen; **быть оде́тым во что-л.** etw anhaben, etw tragen

оде́|ть <-ну, -нешь> *св прх см.* **одева́ть**

оде́|ться <-нусь, -нешься> *св рефл см.* **одева́ться**

одея́л|о <-а> *ср* Decke *f,* Bettdecke *f;* **стёганое ~** Steppdecke *f;* **шерстяно́е ~** Wolldecke *f*

одея́ни|е <-я> *ср* Gewand *nt*

оди́н <одного́> *m,* **одна́** <одно́й> *f,* **одно́** <одного́> *nt* eine(r, s); **оди́н во мно́гих ли́цах** *разг* Hansdampf in allen Gassen; **оди́н за други́м** einer nach dem anderen; **оди́н из основа́телей** Mitbegründer *m;* **оди́н к одному́** ganz genau wie, eins zu eins; **оди́н-одинёшенек, одна́-одинёшенька** mutterseelenallein; **я́сно одно́** eines steht fest

одина́ков|ый <-ая, -ое; -, -а, -о> *прил* gleich; *(похо́жий)* ähnlich; *(совпада́ющий)* konform; **одина́ковые усло́вия** gleiche Bedingungen *pl;* **в одина́ковой ме́ре** gleichermaßen

оди́ннадцать *числ* elf

одино́к|ий I. <-ая, -ое; -, -а, -о> *прил* 1. *(поки́нутый)* einsam, verlassen 2. *(живу́щий оди́н)* allein stehend, allein lebend II. <-ого> *м* allein stehende Person *f; (воспи́тывающий в одино́чку)* allein erziehende Person *f*

одино́ко *нрч* einsam, vereinsamt; **чу́вствовать себя́ ~** sich einsam fühlen; **жить ~** allein leben

одино́честв|о <-а> *ср* Einsamkeit *f,* Alleinsein *nt;* **чу́вство одино́чества** Vereinsamung *f;* **остава́ться в одино́честве** vereinsamen

одино́чк|а <-и> *ж и м* 1. *(живу́щий без по́мощи други́х)* Einzelgänger *m;* **мать-~** alleinstehende Mutter *f* 2. *(тюре́мная ка́мера)* Einzelzelle *f;* **сиде́ть в одино́чке** in der Einzelzelle sitzen

одино́чн|ый <-ая, -ое> *прил* Einzel-; **одино́чная игра́** СПОРТ Einzel *nt;* **одино́чное заключе́ние** Einzelhaft *f;* **одино́чная ка́мера** Einzelzelle *f*

одио́з|ный <-ная, -ное; -ен, -на, -но> *прил* 1. *книжн* ominös 2. *(ненави́стный, нелюби́мый)* verhasst, unbeliebt

одиссе́|я <-и> *ж* МИФ Odyssee *f;* **преврати́ть путеше́ствие в одиссе́ю** die Reise in eine Odyssee verwandeln

одича́|ть <-ю, -ешь> *св нпрх см.* **дича́ть**

одна́ *см.* **оди́н**

одна́жды *нрч* einmal, einst

одна́ко *сз* jedoch, allerdings

одно́ *см.* **оди́н**

одно- *пе́рвая часть сло́жных слов* ein-

одноа́ктн|ый <-ая, -ое> *прил* einaktig, Einakt-; **одноа́ктная коме́дия** Einaktkomödie *f*

одноа́томн|ый <-ая, -ое> *прил* ХИМ einatomig, einwertig; **одноа́томная структу́ра** einatomige Struktur *f*

однобо́ко *нрч* einseitig, beschränkt; **смотре́ть на мир ~** beschränkt auf die Welt schauen; **суди́ть обо́ всём ~** alles einseitig beurteilen

одновреме́нно *нрч* gleichzeitig, zu gleicher Zeit; **я не могу́ быть в двух места́х ~** ich kann nicht gleichzeitig an zwei Stellen sein; **два де́ла нельзя́ де́лать ~** man darf nicht gleichzeitig zwei Sachen tun

одновре́менн|ый <-ая, -ое> *прил* gleichzeitig, simultan

одногла́з|ый <-ая, -ое> *прил* einäugig

одногоди́чн|ый <-ая, -ое> *прил* einjährig

одноголо́си|е <-я> *ср муз* Einstimmigkeit *f*

одного́рб|ый <-ая, -ое> *прил зоол* einhöckerig; **~ верблю́д** einhöckeriges Kamel, Dromedar *nt*

однодне́вк|а <-и> *ж бот* Eintagsfliege *f;* **ба́бочка-~** Eintagsschmetterling *m*

однодне́вн|ый <-ая, -ое> *прил* eintägig

однозна́ч|ный <-ная, -ное; -ен, -на, -но> *прил* eindeutig; *(недвусмы́сленный)* unmissverständlich; **~ вы́вод** eindeutige Schlussfolgerung *f*

одноимён|ный <-ная, -ное; -ен, -на, -но> *прил* gleichlautend

однока́шник <-а> *м,* **однока́шниц|а** <-ы> *ж* **1.** *разг* Klassenkamerad(in) *m(f),* Mitschüler(in) *m(f)* **2.** *(в ву́зе)* Kommilitone *m,* Kommilitonin *f*

одноклáссник <-а> *м,* **однокла́ссниц|а** <-ы> *ж* Klassenkamerad(in) *m(f)*

однокле́точн|ый <-ая, -ое> *прил бот* einzellig; **~ органи́зм** Einzeller *m*

одноколе́йн|ый <-ая, -ое> *прил* einspurig; *ж.-д.* eingleisig

однокра́тн|ый <-ая, -ое> *прил (однора́зовый)* einmalig; **однокра́тное посеще́ние** einmaliger Besuch

однома́чтов|ый <-ая, -ое> *прил мор* einmastig; **однома́чтовое су́дно** Einmaster *m*

одноме́рн|ый <-ая, -ое> *прил m* eindimensional

одноме́стн|ый <-ая, -ое> *прил* Einmann-

однообра́зи|е <-я> *ср* Einerlei *nt,* Eintönigkeit *f,* Monotonie *f*

однообра́з|ный <-ная, -ное; -ен, -на, -но> *прил* einförmig, eintönig, monoton

однора́зов|ый <-ая, -ое> *прил* einmalig, Einweg-; **однора́зовая буты́лка** Einwegflasche *f;* **однора́зовая та́ра** Einwegverpackung *f;* **~ шприц** Einwegspritze *f;* **однора́зовое де́нежное вознагражде́ние по осо́бому слу́чаю** Gratifikation *f*

одноро́днос|ть <-ти> *ж астр, хим* Homogenität *f;* **~ соста́ва** homogene Zusammensetzung *f*

одноро́д|ный <-ная, -ное; -ен, -нар -но> *прил* gleichartig; *(гомоге́нный)* homogen; **одноро́дная конкуре́нция** gleichartige Konkurrenz *f*

однору́к|ий <-ая, -ое> *прил* einarmig

односельча́нин <-а> *м,* **односельча́нк|а** <-и> *ж einer, der aus dem gleichen Dorf stammt*

односери́йн|ый <-ая, -ое> *прил* einteilig

однoсло́йн|ый <-ая, -ое> *прил* einschichtig, einlagig

одностводо́льн|ый <-ая, -ое> *прил* einläufig; **одноство́льное ружьё** einläufige Flinte *f*

односторо́нн|ий <-яя, -ее> *прил* einseitig; **~ отка́з** Rücktritt *m*

односторо́ннос|ть <-ти> *ж* Einseitigkeit *f*

однoто́мн|ый <-ая, -ое> *прил* einbändig

однoто́нн|ый <-ая, -ое> *прил* **1.** *(моното́нный)* monoton; **однoто́нное жужжа́ние пчёл** das monotone Summen der Bienen **2.** *(одноцве́тный)* eintönig; **~ зи́мний пейза́ж** eintönige Winterlandschaft *f*

однофа́зн|ый <-ая, -ое> *прил эл* Einphasen-; **~ ток** Einphasenstrom *m*

однофами́л|ец <-ьца> *м,* **однофами́лиц|а** <-ы> *ж* Namensvetter *m*

одноэлеме́нтн|ый <-ая, -ое> *прил* einzel-; **одноэлеме́нтные затра́ты** Einzelkosten *pl;* **одноэлеме́нтные изде́ржки** Materialeinzelkosten *pl;* **одноэлеме́нтные расхо́ды** Einzelkosten *pl*

одноэта́жн|ый <-ая, -ое> *прил* einstöckig; **одноэта́жная постро́йка** einstöckiges Gebäude *nt*

одноязы́чн|ый <-ая, -ое> *прил* einsprachig

одноя́йцов|ый <-ая, -ое> *прил (близне́ц)* eineiig

одобре́ни|е <-я> *ср* Befürwortung *f,* Billigung *f,* Zustimmung *f; (разреше́ние)* Genehmigung *f*

одобри́тельн|ый <-ая, -ое> *прил* billigend; **получи́ть ~ о́тзыв** ein billigendes Gutachten bekommen; **~ тон** beipflichtender Ton *m*

одобря́|ть <-ю, -ешь> *нсв,* **одо́брить** *св прх* befürworten, genehmigen, billigen; *(согласи́ться)* gutheißen, zustimmen; **не ~** missbilligen

одолева́|ть <-ю, -ешь> *нсв,* **одоле́ть** *св прх* **1.** *(победи́ть)* überwältigen, bewältigen; **~ в схва́тке врага́** den Feind im Handgemenge bewältigen; **его́ одоле́ло смуще́ние и гнев** Verlegenheit und Zorn haben ihn übermannt; **~ го́рный перева́л** den Gebirgspass überwinden **2.** *разг (оси́лить)* bewältigen, meistern; **~ боле́знь** die Krankheit überwinden; **~ матема́тику** die Mathematik bewältigen; **меня́ одоле́ло любопы́тство** mich hat die Neugier gepackt; **его́ одоле́ла лень** die Faulheit hat ihn gepackt; **нас одоле́л сон** der Schlaf hat uns überwältigt **3.** *разг (заму́чить)* quälen, plagen; **его́ одолева́ют сомне́ния** er wird von Zweifeln geplagt

одолжа́|ть <-ю, -ешь> *нсв,* **одо́лжить** *св прх* borgen, leihen

одолже́ни|е <-я> *ср* Gefallen *m,* Gefälligkeit *f;* **сде́лать кому-л. ~** jdm einen Gefallen tun

одолж|и́ть <-у́, -и́шь> *св прх см.* **одолжа́ть**

одува́нчик <-а> *м бот* Löwenzahn *m*

оду́мыва|ться <-юсь, -ешься> *нсв,* **оду́маться** *св рефл* sich besinnen; **~ в пос-**

ле́днюю мину́ту sich in letzter Minute besinnen; **пора́ одуматься и приня́ть друго́е реше́ние** er ist an der Zeit sich zu besinnen und einen anderen Entschluss zu fassen; **ну, наконе́ц-то, оду́мался!** na, endlich bist du zur Vernunft gekommen!

одура́ч|ить <-у, -ишь> *св прх см.* **дура́чить**

одурма́н|ить <-ю, -ишь> *св прх см.* **дурма́нить**

одухотворён|ный <-ная, -ное; -, -а́, -о́> *прил* **~ взгляд** durchgeistigter Blick *m*

оды́шк|а <-и> *ж* МЕД Atemnot *f,* Atembeschwerden *nt,* Kurzatmigkeit *f;* **страда́ть оды́шкой** an Atembeschweren leiden

ожереб|и́ться <-лю́сь -и́шься> *св рефл см.* **жереби́ться**

ожере́ль|е <-я> *ср* Halskette *f,* Kollier *nt*

ожесточе́ни|е <-я> *ср* Verbitterung *f*

ожесточён|ный <-ная, -ное; -, -а́, -о́> *прил* erbittert, verbissen

оживá|ть <-ю, -ешь> *нсв,* **ожи́ть** *св прх* **1.** *(возроди́ться)* aufleben; **весно́й вся приро́да ожила́** im Frühling erwachte die Natur; **воспомина́ния ожи́ли** die Erinnerungen lebten auf **2.** *(оживи́ться)* aufleben; **го́род ожи́л** die Stadt lebte auf

ожив|и́ть <-лю́, -и́шь> *св прх см.* **оживля́ть, живи́ть**

ожив|и́ться <-лю́сь, -и́шься> *св рефл см.* **оживля́ться**

оживле́ни|е <-я> *ср* Betrieb *m,* Betriebsamkeit *f;* ЭКОН *(эконо́мики)* Ankurbelung *f,* Belebung *f;* **там цари́ло ~** dort herrschte reges Leben; **~ де́ятельности** Aktivierung *f;* **~ конъюнкту́ры** Konjunkturbelebung *f;* **~ проду́кта** Relaunch *m;* **~ спро́са** Nachfragebelebung *f*

оживлённо *нрч* lebhaft; **~ спо́рить** lebhaft streiten; **дискуссия прошла́ ~** die Diskussion verlief sehr lebhaft

оживлённос|ть <-ти> *ж* Lebhaftigkeit *f*

оживлён|ный <-ная, -ное; -, -а́, -о́> *прил перен (бо́йкий)* lebhaft

оживля́|ть <-ю, -ешь> *нсв,* **оживи́ть** *св прх* wiederbeleben, animieren; **~ эконо́мику** die Wirtschaft ankurbeln

оживля́|ться <-юсь, -ешься> *нсв,* **оживи́ться** *св рефл* aufleben

ожида́ни|е <-я> *ср* Erwartung *f;* *(наде́жда)* Hoffnung *f;* **по́лный ожида́ний** erwartungsvoll; **не опра́вдывать чьих-л. ожида́ний** jdn in seinen Erwartungen enttäuschen

ожида́|ть <-ю, -ешь> *нсв прх* erwarten; *(предвкуша́ть)* entgegensehen; **как и сле́довало ~** erwartungsgemäß

ожире́ни|е <-я> *ср* Fettansatz *m,* Fettleibigkeit *f;* **страда́ть ожире́нием** an Fettsucht leiden; **~ се́рдца** Herzverfettung *f*

ожи́|ть <-ву́, -вёшь> *св прх см.* **оживáть**

ожо́г <-а> *м* Verbrennung *f;* *(ра́на от ожо́га)* Brandwunde *f*

озабо́ченнос|ть <-ти> *ж* Besorgnis *f,* Sorge *f*

озабо́чен|ный <-ная, -ное; -, -а, -о> *прил* besorgt, sorgenvoll

озагла́влива|ть <-ю, -ешь> *нсв,* **озагла́вить** *св прх* betiteln, benennen

озада́чен|ный <-ная, -ное; -, -а, -о> *прил* **1.** *(поста́вленный в тупи́к)* verdutzt **2.** *(поражённый, ошеломлённый)* betroffen, bestürzt

озада́чива|ть <-ю, -ешь> *нсв,* **озада́чить** *св прх* **1.** *(поража́ть, ошеломля́ть)* bestürzen, verblüffen **2.** *(приводи́ть в замеша́тельство)* Verwirrung hervorrufen; **~ собесе́дников** die Gesprächpartner stutzig machen; **~ неожи́данным вопро́сом** durch eine unerwartete Frage verwirren

озаре́ни|е <-я> *ср и перен* Erleuchtung *f;* **на него́ нашло́ ~** er hatte eine Erleuchtung

озар|и́ть <-ю́, -и́шь> *св прх см.* **озаря́ть**

озар|и́ться <-ю́сь, -и́шься> *св рефл см.* **озаря́ться**

озаря́|ть <-ю, -ешь> *нсв,* **озари́ть** *св прх* **1.** *и перен* erleuchten **2.** *(освети́ть)* bescheinen

озаря́|ться <-юсь, -ешься> *нсв,* **озари́ться** *св рефл* **1.** *(я́рко освети́ться)* aufleuchten; **верши́ны гор озари́лись я́рким со́лнцем** die Berggipfel erstrahlten in der grellen Sonne **2.** *(оживи́ться)* sich erhellen; **лицо́ ю́ноши озари́лось наде́ждой** das Gesicht des Jungen strahlte voller Hoffnung

озвере́|ть <-ю, -ешь> *св нпрх см.* **звере́ть**

озву́чива|ть <-ю, -ешь> *нсв,* **озву́чить** *св прх* vertonen

оздорови́тельн|ый <-ая, -ое> *прил* Genesungs-, Heilungs-; **оздорови́тельные процеду́ры** Heilungsprozeduren *pl*

оздоров|и́ть <-лю́, -и́шь> *св прх см.* **оздоровля́ть**

оздоровле́ни|е <-я> *ср* **1.** ЭКОН *(сана́ция)* Sanierung *f,* Erneuerung *f* **2.** *(выздора́вливание)* Gesundung *f;* **~ окружа́ющей среды́** ökologische Sanierung *f*

оздоровля́|ть <-ю, -ешь> *нсв,* **оздорови́ть** *св прх* **1.** *(вы́лечить)* gesund machen **2.** ЭКОН *(сани́ровать)* sanieren

озелене́ни|е <-я> *ср* Begrünung *f*

озелени́те|ль <-ля> *м* БОТ Grünflächengestalter(in) *m(f),* Parkanlagenarchitekt(in) *m(f)*

озеленя́|ть <-ю, -ешь> *нсв,* **озелени́ть** *св прх* Grünflächen anlegen; **~ го́род** in der Stadt Grünflächen anpflanzen

о́земь *нрч* **уда́риться ~** sich zu Boden werfen

озёрн|ый <-ая, -ое> *прил* See-; **~ край** Seengebiet *nt;* **озёрная ры́ба** Seefisch *m*

о́зер|о <-а> *ср* See *m;* **иску́сственное ~** Stausee *m,* Baggersee *m*

ози́м|ый <-ая, -ое> *прил* БОТ Winter-; **ози́мые культу́ры** Winterkulturen *pl;* **убира́ть ози́мые хлеба́** das Wintergetreide ernten

ози|мь <-ми> *ж* БОТ Wintersaat *f,* Winterung *f,* Wintersaatfeld *nt*

озло́б|иться <-люсь, -бишься> *св рефл см.* **озлобля́ться**

озло́блен|ный <-ная, -ное; -, -а́, -о́> *прил* verbittert, erbost

озлобля́|ться <-юсь, -ешься> *нсв,* **озло́биться** *св рефл* erbittert [o böse] sein, erzürnen; **~ про́тив несправедли́вого отноше́ния** wegen einer ungerechten Behandlung erzürnen; **~ на подчинённых** auf Untergeordnete böse sein

ознако́м|ить <-лю, -ишь> *св прх см.* **ознакомля́ть**

ознако́м|иться <-люсь, -ишься> *св рефл см.* **ознакомля́ться**

ознакомле́ни|е <-я> *ср* **1.** *(просмо́тр)* Einsicht(nahme) *f* **2.** *(взгляд на что-л.)* Einblick *m* **3.** *(введе́ние во что-л.)* Einführung *f*

ознакомля́|ть <-ю, -ешь> *нсв,* **ознако́мить** *св прх* **1.** *(с чем-л.)* bekannt machen **2.** *(бли́же)* vertraut machen

ознакомля́|ться <-юсь, -ешься> *нсв,* **ознако́миться** *св рефл* Einblick gewinnen, sich vertraut machen

ознамен|ова́ть <-у́ю, -у́ешь> *св прх см.* **знаменова́ть**

означа́|ть <-ю, -ешь> *нсв прх* bedeuten

озно́б <-а> *м* **1.** *(дрожь, тре́пет)* Schauder *m,* Schauer *m* **2.** МЕД Schüttelfrost *m*

озоле́ни|е <-я> *ср* Veraschung *f,* Veraschen *nt*

озо́н <-а> *м* Ozon *nt*

озониза́ци|я <-и> *ж* Ozonierung *f;* **~ помеще́ния** Raumozonierung *f*

озони́р|овать <-ую, -уешь> *(н)св прх* ХИМ ozonieren; **~ во́здух/во́ду** Luft/Wasser ozonieren

озо́нов|ый <-ая, -ое> *прил* Ozon-; **озо́новая дыра́** Ozonloch *nt;* **~ слой** Ozonschicht *f*

озоносто́йкос|ть <-ти> *ж* Ozonbeständigkeit *f*

озорни́к <-а> *м* Schlingel *m,* Strolch *m*

озорн|о́й <-а́я, -о́е> *прил* mutwillig

озорств|о́ <-а́> *ср* Ausgelassenheit *f,* Übermut *m*

озя́бн|уть <-у, -ешь> *св нпрх* frieren

оказа́ни|е <-я> *ср* Bezeigung *f;* **~ по́мощи** Hilfeleistung *f;* **~ по́мощи развива́ющимся стра́нам** Förderung *f* für Entwicklungsländer; **~ консультацио́нных услу́г клие́нтам** Kundenberatung *f*

ок|аза́ть <-ажу́, -а́жешь> *св прх см.* **ока́зывать**

ок|аза́ться <-ажу́сь, -а́жешься> *св рефл см.* **ока́зываться**

ока́зи|я <-и> *ж разг* **переда́ть паке́т с ока́зией** ein Bestellpaket übergeben; **~ подверну́лась!** es bot sich eine seltene Gelegenheit!

ока́зыва|ть <-ю, -ешь> *нсв,* **оказа́ть** *св прх* erweisen, bezeigen; **~ дове́рие** Vertrauen entgegenbringen; **~ услу́гу** einen Dienst erweisen; **~ честь** Ehre erweisen

ока́зыва|ться <-юсь, -ешься> *нсв,* **оказа́ться** *св рефл* **1.** *(очути́ться)* geraten, gelangen, sich befinden **2.** *(предста́ть в действи́тельности)* sich erweisen, sich entpuppen als *+пот;* **прогно́з оказа́лся пра́вильным** die Prognose erwies sich als richtig **3.** *безл* sich herausstellen; **оказа́лось, что ...** es stellte sich heraus, dass ...

окайм|ля́ть <-лю́, -и́шь> *нсв,* **окайми́ть** *св прх* umsäumen, einfassen

ока́лин|а <-ы> *ж* Schlacke *f*

окамене́лос|ть <-ти> *ж* ГЕОЛ Versteinerung *f;* **~ расте́ний и живо́тных** Versteinerungen von Pflanzen und Tieren

окамене́л|ый <-ая, -ое> *прил* **1.** *(окамене́вший)* versteinert, fossil; **окамене́лые оста́нки дре́вних живо́тных** Fossilien *ntpl* von alten Tieren **2.** *(засты́вший)* erstarrt, starr, versteinert; **окамене́лое лицо́** versteinertes Gesicht *nt*

окамене́|ть <-ю, -ешь> *св нпрх* versteinern, zu Stein werden; **~ от стра́ха** vor Angst erstarren; **се́рдце окамене́ло** das Herz wurde kalt

окант|ова́ть <-у́ю, -у́ешь> *св прх см.* **кантова́ть**

оканто́выва|ть <-ю, -ешь> *нсв,* **окантова́ть** *св прх* **1.** *(обши́ть ка́нтом)* kanten; **~ воротни́к** einen Kragen abkanten; **~ гравю́ру** eine Radierung einrahmen **2.** *(обтеса́ть)* abfeilen

ока́нчива|ть <-ю, -ешь> *нсв,* **око́нчить** *св прх* **1.** *(заверши́ть)* beenden, zum Abschluss bringen; **игра́ око́нчена** das Spiel ist aus **2.** *(те́хникум, вуз)* absolvieren

ока́нчива|ться <-юсь, -ешься> *нсв,* **око́нчиться** *св рефл* enden, zu Ende gehen, seinen Abschluss finden

ока́пи <неизм> *м* ЗООЛ Okapi *nt*

ока́пыва|ться <-юсь, -ешься> *нсв,* **окопа́ться** *св рефл* sich eingraben; **~ на пози́ции** sich auf der Position verschanzen

океа́н <-а> *м* Ozean *m;* **за океа́ном** in Übersee

океана́риум <-а> *м* ЗООЛ Meeresaquatorium *nt;* **~ для дельфи́нов** Delfinarium *nt*

океани́ческ|ий <-ая, -ое> *прил* МОР Ozean-, Meeres-; **~ кли́мат** Meeresklima *nt*

Океа́ни|я <-и> *ж* ГЕОГ Ozeanien *nt*

океаноло́ги|я <-и> *ж* ГЕОЛ, БИОЛ Meereskunde *f,* Ozeanologie *f*

океа́нск|ий <-ая, -ое> *прил* ozeanisch, Ozean-, Hochsee-; **океа́нское путеше́ствие**

О

Hochseereise *f;* **океáнская впáдина** Ozeangraben *m*

óкис|ел <-ла> *м* ХИМ Oxyd *nt*

окислéни|е <-я> *ср* ХИМ Oxydation *f,* Oxydierung *f;* **~ метáлла** Metalloxydierung *f;* **стéпень окислéния** Oxydationsgrad *m*

окислúтельн|ый <-ая, -ое> *прил* ХИМ Oxydations-; **~ процéсс** Oxydationsprozess *m;* **окислúтельная реáкция** Oxydationsreaktion *f*

окисл|úть <-ю, -úшь> *св прх см.* **окислять**

окисл|úться <-юсь, -úшься> *св рефл см.* **окисляться**

окисля́|ть <-ю, -ешь> *нсв,* **окúслить** *св прх* oxydieren, sich mit Sauerstoff verbinden; **~ метáллы** die Metalle oxydieren

окисля́|ться <-юсь, -ешься> *нсв,* **окислúться** *св рефл* sich oxidieren

óки|сь <-си> *ж* ХИМ *(оксúд)* Oxyd *nt;* **~ азóта** Stickoxyd *nt;* **~ мéди** Patina *f;* **~ углерóда** Kohlenmonoxyd *nt*

оккультúзм <-а> *м* РЕЛИГ Okkultismus *m*

оккупáнт <-а> *м* Besatzer *m,* Eindringling *m*

оккупациóнн|ый <-ая, -ое> *прил* Besetzungs-; **оккупациóнная держáва** Besetzungsmacht *m*

оккупáци|я <-и> *ж* Okkupation *f;* ВОЕН Besetzung *f*

оккупúр|овать <-ую, -уешь> *(н)св прх* ВОЕН besetzen, einnehmen

оклáд <-а> *м* Gehalt *nt; (военнослýжащих)* Besoldung *f*

оклев|етáть <-ещý, -éщешь> *св прх* verleumden

оклика|ть <-ю, -ешь> *нсв,* **оклúкнуть** *св прх* rufen; **~ по úмени** beim Namen rufen; **~ прохóжего** dem Vorbeigehenden zurufen; **мы оклúкнули егó не срáзу** wir haben ihn nicht sofort gerufen

окн|ó <-á> *ср* Fenster *nt;* **~** *[или* **пóле***]* **ввóда дáнных** ИНФОРМ Eingabefeld *nt;* **прорубúть ~ в Еврóпу** das Tor zu Europa aufstoßen; **распахнýть ~** das Fenster weit aufmachen, ИНФОРМ Fenster maximieren; **свернýть ~** ИНФОРМ Fenster minimieren

окóв|ы <-> *мн* Fesseln *pl*

околдóвыва|ть <-ю, -ешь> *нсв,* **околдовáть** *св прх* **1.** *перен (очаровáть)* bezaubern, faszinieren **2.** *(заколдовáть)* verzaubern, behexen

óколо *предл* etwa, circa, um

околозéмн|ый <-ая, -ое> *прил* Erd-; **выходúть на околозéмную орбúту** die Erdumlaufbahn einnehmen; **~ спýтник** (Erd)Satellit *m*

окóльн|ый <-ая, -ое> *прил (о дорóге)* umständlich, nicht direkt; **~ путь** Umweg *m;* **окóльными путя́ми** auf Umwegen

окóнн|ый <-ая, -ое> *прил* Fenster-; **окóнная рáма** Fensterrahmen *m*

окончáни|е <-я> *ср* **1.** *(конéц)* Ende *nt,* Schluss *m;* **~ вéчера** Ausklang *m;* **~ рабóты** Feierabend *m* **2.** ЛИНГВ *(слóва)* Endung *f* **3.** *(в шáхматах)* Endspiel *nt* **4.** *(завершéние)* Ablauf *m,* Abschluss *m*

окончáте|льный <-льная, -льное; -лен, -льна, -льно> *прил* **1.** *(заключúтельный)* abschließend **2.** *(не подлежáщий пересмóтру)* endgültig; **я не хочý покá принимáть окончáтельное решéние** ich möchte mich noch nicht endgültig festlegen **3.** *(определенный)* definitiv; **окончáтельная дорабóтка** Endfertigung *f;* **окончáтельная распродáжа** Räumungsverkauf *m*

окóнч|ить <-у, -ишь> *св прх см.* **окáнчивать**

окóнч|иться <-усь, -ишься> *св рефл см.* **окáнчиваться**

окóп <-а> *м* Schützengraben *m,* Schanze *f*

окопá|ться <-юсь, -ешься> *св рефл см.* **окáпываться**

óкорок <-а> *м* Schinken *m,* Keule *f;* **свинóй/копчёный ~** Schweine-/Räucherschinken *m*

око|тúться <-чýсь, -тúшься> *св рефл см.* **котúться**

окоченéвш|ий <-ая, -ее> *прил* erstarrt; *(от хóлода)* klamm

окоченé|ть <-ю, -ешь> *св нпрх см.* **коченéть**

окóшк|о <-а> *ж* kleines Fenster *nt; (на пóчте)* Schalter *m; (в бáнке)* Kassenschalter *m*

окрáин|а <-ы> *ж* Rand *m,* Randgebiet *nt;* **~ гóрода** Stadtrand *m;* **~ лéса** Waldrand *m*

окрá|сить <-шу, -сишь> *св прх см.* **окрáшивать**

окрáск|а <-и> *ж* Färbung *f; (оттéнок)* Farbton *m*

окрáшива|ть <-ю, -ешь> *нсв,* **окрáсить** *св прх* färben, anstreichen; *(сдéлать крáсным, румя́ным)* röten

окрéпн|уть <-у, -ешь> *св нпрх см.* **крéпнуть**

окр|естúть <-ещý, -éстишь> *св прх см.* **крестúть**

окр|естúться <-ещýсь, -éстишься> *св рефл см.* **крестúться**

окрéстнос|ть <-ти> *ж* **1.** *(мéстность)* Umgebung *f,* Umgegend *f,* Umkreis *m;* **имéние и прилегáющие окрéстности** das Gut und die anliegende Umgebung; **находúться в окрéстностях гóрода** sich in der Stadtumgebung befinden **2.** МАТ Umkreis *m*

окрéстн|ый <-ая, -ое> *прил* umliegend

óкрик <-а> *м* Zuruf *m;* **раздáлся ~** ein Ruf ertönte; **обернýться на ~** sich auf Zuruf umwenden

окрúкива|ть <-ю, -ешь> *нсв,* **окрúкнуть** *св прх* rufen; **~ на ýлице знакóмого** einem Bekannten auf der Straße zurufen; **~ таксú** ein Taxi rufen

окрова́влен|ный <-ная, -ное; -, -а, -о> *прил* blutig, blutbefleckt, blutbespritzt; **окрова́вленное лицо́** blutverschmiertes Gesicht *nt;* **~ бинт** blutdurchtränkte Binde *f*

окро́шк|а <-и> *ж* **1.** *(холо́дный суп)* Okroschka *f (kalte Kwassuppe)* **2.** *(беспоря́док)* Durcheinander *m;* **в голове́ у него́ была́ ~** in seinem Kopf war ein Durcheinander

о́круг <-а> *м* Bezirk *m,* Distrikt *m;* **избира́тельный ~** Wahlkreis *m*

округле́ни|е <-я> *ср* **1.** *и перен* Abrundung *f* **2.** *и перен* ЭКОН *(су́ммы)* Pauschalierung *f*

округл|и́ть <-ю́, -и́шь> *св прх см.* **округля́ть**

окру́гл|ый <-ая, -ое; -, -а, -о> *прил* rundlich, kugelrund

округля́|ть <-ю, -ешь> *нсв,* **округли́ть** *св прх* **1.** *и перен* abrunden **2.** *(о чи́слах в сто́рону повыше́ния)* aufrunden **3.** *перен (су́мму)* ЭКОН pauschalieren

окружа́|ть <-ю, -ешь> *нсв,* **окружи́ть** *св прх* einkreisen, umringen, umzingeln; **~ себя́ тала́нтливыми людьми́** talentierte Leute um sich haben

окружа́ющи|е <-х> *мн* Mitmenschen *pl*

окружа́ющ|ий <-ая, -ее> *прил* umgebend; **не́нависть ко всему́ окружа́ющему** Hass *m* auf die ganze Umgebung; **окружа́ющая среда́** Umwelt *f*

окруже́ни|е <-я> *ср* Umfeld *nt,* Umgebung *f;* **в окруже́нии кого́-л.** im Kreise *+gen;* **попа́сть в ~** ВОЕН in einen Kessel geraten

окруж|и́ть <-у́, -и́шь> *св прх см.* **окружа́ть**

окружн|о́й <-а́я, -о́е> *прил* Kreis-; **окружна́я коми́ссия** Bezirksausschuss *m;* **~ суд** Bezirksgericht *nt*

окру́жнос|ть <-ти> *ж* МАТ Kreis *m,* Kreislinie *f,* Umkreis *m;* **начерти́ть ~** einen Kreis zeichnen; **длина́ окру́жности** Kreisumfang *m;* **центр окру́жности** Kreismittelpunkt *m*

окрылён|ный <-ная, -ное; -, -а́, -о́> *прил* beschwingt, beflügelt

окрыля́|ть <-ю, -ешь> *нсв,* **окрыли́ть** *св прх* beflügeln; **успе́х его́ окрыли́л** der Erfolg hat ihn beflügelt

окси́д <-а> *м* ХИМ, ГЕОЛ Oxyd *nt*

оксиди́р|овать <-ую, -уешь> *(н)св прх* oxydieren; **~ серебро́** das Silber oxydieren

окси́морон <-а> *м* ЛИТ Oxymoron *nt*

окта́в|а <-ы> *ж* МУЗ Oktave *f*

окта́н <-а> *м* ХИМ Oktan *nt*

окта́нов|ый <-ая, -ое> *прил* ХИМ Oktan-; **окта́новое число́** Oktanzahl *f*

октя́б|рь <-ря> *м* Oktober *m*

оку́клива|ться <-юсь, -ешься> *нсв,* **оку́клиться** *св рефл* ЗООЛ sich verpuppen; **личи́нка оку́клилась** die Larve puppte sich ein

окули́ст <-а> *м* Augenarzt *m,* Augenärztin *f*

окуля́р <-а> *м* ОПТ Okular *nt;* **~ объекти́ва** das Objektivokular

окуна́|ть <-ю, -ешь> *нсв,* **окуну́ть** *св прх* eintauchen

окуна́|ться <-юсь, -ешься> *нсв,* **окуну́ться** *св рефл* **1.** *(погрузи́ться)* untertauchen; **~ в во́ду с голово́й** er tauchte kopfüber ins Wasser **2.** *(отда́ться де́лу)* in der Arbeit aufgehen, sich in die Arbeit stürzen

окун|у́ть <-у́, -ёшь> *св прх см.* **окуна́ть**

окун|у́ться <-у́сь, -ёшься> *св рефл см.* **окуна́ться**

о́ку|нь <-ня> *м* Barsch *m*

окупа́емос|ть <-ти> *ж* ЭКОН Rückfluss *m;* **~ инвести́ций** Return on Investment *nt,* ROI

окупа́|ться <-юсь, -ешься> *нсв,* **окупи́ться** *св рефл* sich auszahlen, sich bezahlt machen; *(сто́ить, быть вы́годным)* sich lohnen; **затра́ченные уси́лия оку́пятся** die Mühe lohnt sich

оку́рива|ть <-ю, -ешь> *нсв,* **окури́ть** *св прх* räuchern

оку́р|ок <-ка> *м* Zigarettenkippe *f*

оку́тыва|ть <-ю, -ешь> *нсв,* **оку́тать** *св прх* einhüllen, umwickeln

ола́дь|я <-и> *ж* Pfannkuchen *m*

олеа́ндр <-а> *м* БОТ Oleander *m*

олеа́ндров|ый <-ая, -ое> *прил* Oleander-; **~ куст** Oleanderstrauch *m*

оледене́|ть <-ю, -ешь> *св прх см.* **ледене́ть**

оленево́д <-а> *м* АГР Rentierzüchter *m*

оленево́дств|о <-а> *ср* АГР Rentierzucht *f*

оленён|ок <-ка> *м* ЗООЛ Hirschkalb *nt,* Rentierkalb *nt*

оле́н|ий <-ья, -ьи> *прил* Hirsch-, Rentier-; **оле́ньи рога́** Hirschgeweih *nt;* **~ мех** Rentiermoos *nt*

олени́н|а <-ы> *ж* Hirschfleisch *nt,* Rentierfleisch *nt*

оле́|нь <-ня> *м* Hirsch *m;* **се́верный ~** Rentier *nt*

оли́в|а <-ы> *ж* Olivenbaum *m*

оли́вк|а <-и> *ж* Olive *f*

оли́вков|ый <-ая, -ое> *прил* **1.** *(из масли́н)* Oliven-; **оли́вковое ма́сло** Olivenöl *nt* **2.** *(о цве́те)* olivgrün

олига́рх <-а> *м* ИСТОР, ФИН Oligarch *m*

олига́рхи|я <-и> *ж* ИСТОР Oligarchie *f;* **фина́нсовая ~** Finanzoligarchie *f*

олигопо́ли|я <-и> *ж* ЭКОН Oligopol *nt*

олигофрени́|я <-и> *ж* МЕД Oligophrenie *f*

Оли́мп <-а> *м* ГЕОГ, МИФ Olymp *m;* **бо́ги Оли́мпа** die olympischen Götter; **взойти́ на ~** den Olymp besteigen

олимпиа́д|а <-ы> *ж* Olympiade *f*

олимпи́|ец <-йца> *м* СПОРТ Olympiateilnehmer(in) *m(f);* **награжде́ние олимпи́йцев** die Siegesehrung der Olympiateilnehmer; **настоя́щий ~** echter Olympier *m*

олимпи́йск|ий <-ая, -ое> *прил* olympisch;

олимпи́йские и́гры Olympische Spiele *pl;* **~ чемпио́н/олимпи́йская чемпио́нка** Olympiasieger(in) *m(f)*

оли́ф|а <-ы> *ж* Firnis *m*

олицетворе́ни|е <-я> *ср* ЛИТ, ИСК Personifizierung *f,* Verkörperung *f;* **~ сил приро́ды** die Verkörperung der Naturkräfte; **~ красоты́** die verkörperte Schönheit

олицетворя́|ть <-ю, -ешь> *нсв,* **олицетвори́ть** *св прх* verkörpern, personifizieren

о́лов|о <-а> *ср без мн* ХИМ Zinn *nt*

оловя́нн|ый <-ая, -ое> *прил* ХИМ Zinn-; **~ солда́тик** Zinnsoldat *m*

о́лух <-а> *м разг* Lümmel *m*

ольх|а́ <-и́> *ж* Erle *f*

ольхо́в|ый <-ая, -ое> *прил* Erlen-; **ольхо́вая кора́** Erlenrinde *f;* **~ насто́й** Erlenaufguss *m*

ом <о́ма> *м* ФИЗ Ohm *nt*

ома́р <-а> *м* ЗООЛ Hummer *m*

омедня́|ть <-ю, -ешь> *нсв,* **омедни́ть** *св прх* ТЕХ verkupfern; **~ металли́ческие изде́лия** Metallerzeugnisse *ntpl* verkupfern

омерзе́ни|е <-я> *ср* Abscheu *m,* Ekel *m;* **чу́вствовать ~** Ekel empfinden; **проти́вен до омерзе́ния** widerwärtig bis zum Abscheu

омерзи́те|льный <-льная, -льное; -лен, -льна, -льно> *прил* abscheulich, ekelhaft, widerlich; **~ за́пах** widerwärtiger Geruch *m;* **~ посту́пок** abscheuliche Tat *f*

омертве́л|ый <-ая, -ое> *прил* **1.** *(мёртвый)* leblos **2.** *(засты́вший)* reglos; **омертве́лые глаза́** erstarrte Augen *pl*

омертве́|ть <-ю, -ешь> *св прх см.* **мертве́ть**

омле́т <-а> *м* Omelett *nt*

омо́граф <-а> *м* ЛИНГВ Homograph *m*

омола́жива|ть <-ю, -ешь> *нсв,* **омолоди́ть** *св прх* verjüngen

ОМО́Н *сокр от* **отря́д мили́ции осо́бого назначе́ния** *Sondereinheit des russischen Innenministeriums*

омо́ним <-а> *м* ЛИНГВ Homonym *nt*

омоними́|я <-и> *ж* ЛИНГВ Homonymie *f*

омо́нов|ец <-ца> *м Angehöriger einer Sondereinheit des russischen Innenministeriums*

омрача́|ть <-ю, -ешь> *нсв,* **омрачи́ть** *св прх* **1.** *(затемни́ть)* verfinstern, trüben; **су́мерки омрачи́ли не́бо** die Dämmerung verdunkelte den Himmel; **~ рассу́док** den Vertand trübten **2.** *(опеча́лить)* betrüben; **разгово́р с дру́гом омрачи́л ра́дость прие́зда** das Gespräch mit dem Freund trübte die Freude über die Ankunft

омрача́|ться <-юсь, -ешься> *нсв,* **омрачи́ться** *св рефл* sich bewölken

омрачён|ный <-ная, -ное; -, -а́, -о́> *прил* verfinstert, verdunkelt; **омрачённое созна́ние** getrübtes Bewusstsein *nt*

омрач|и́ть <-у́, -и́шь> *св прх см.* **омрача́ть**

омрач|и́ться <-у́сь, -и́шься> *св рефл см.* **омрача́ться**

о́мут <-а> *м* **1.** *(глубо́кое ме́сто в реке́)* Untiefe *f* **2.** *(водоворо́т)* Wasserwirbel *m,* Strudel *m* **3.** *(быть ти́хим то́лько вне́шне)* **в ти́хом о́муте че́рти водя́тся** *посло́вица* stille Wasser sind tief

омыва́|ть <-ю, -ешь> *нсв,* **омы́ть** *св прх* **1.** *(обдава́ть)* übergießen, umspülen; **~ волно́й бе́рег** die Wellen umspülten das Ufer **2.** *(окружа́ть)* umgeben, umringen

он <его́, ему́, его́, им, о нём> *мест ли́чное 3 л ед* er

она́ <её, ей, её, (е́ю) ей, о ней> *мест ли́чное 3 л ед* sie

оналичива|ть <-ю, -ешь> *нсв,* **онали́чить** *св прх* ФИН Werte in Bargeld umwandeln

онани́зм <-а> *м* Masturbation *f*

онеме́|ть <-ю, -ешь> *св нпрх см.* **неме́ть**

они́ <их, им, их, и́ми, о них> *мест ли́чное 3 л мн* sie

о́никс <-а> *м* ГЕОЛ Onyx *m*

онко́лог <-а> *м* МЕД Onkologe *m*

онкологи́ческ|ий <-ая, -ое> *прил* МЕД onkologisch, Onkologie-; **~ институ́т** onkologisches Institut *nt*

онла́йнов|ый <-ая, -ое> *прил разг* ИНФОРМ Online-; **онла́йновая по́мощь** Online-Hilfe *f;* **онла́йновая слу́жба перево́дов** Online-Übersetzungsdienst *m*

оно́ <его́, ему́, его́, им, о нём> *мест ли́чное 3 л ед* es

онома́стик|а <-и> *ж* ЛИНГВ Namenkunde *f,* Onomastik *f*

ООН *сокр от* **Организа́ция Объединённых На́ций** UNO *f*

опад|а́ть <-у́т> *нсв,* **опа́сть** *св безл, то́лько 3 л (о ли́стьях)* abfallen; *(вали́ться)* verfallen; **листва́ уже́ опа́ла** die Blätter sind schon abgefallen

опа́здыва|ть <-ю, -ешь> *нсв,* **опозда́ть** *св нпрх* sich verspäten; **~ на по́езд** den Zug verpassen

опа́л <-а> *м* ГЕОЛ Opal *m;* **о́гненный ~** Feueropal *m*

опа́л|а <-ы> *ж* **1.** *книжн* Ungnade *f* **2.** *(объявле́ние вне зако́на)* Acht *f,* Bann *m*

опал|и́ть <-ю́, -и́шь> *св прх см.* **пали́ть**

опаса́|ться <-юсь, -ешься> *нсв рефл* **1.** *(чего́-л.)* fürchten, befürchten **2.** *(за кого́-л.)* bangen um +*akk*

опасе́ни|е <-я> *ср* Befürchtung *f;* *(сомне́ние)* Bedenken *pl*

опа́слив|ый <-ая, -ое; -, -а, -о> *прил* **1.** *(осторо́жный)* vorsichtig, behutsam; **опа́сливый прохо́жий** vorsichtiger Passant *m;* **ступа́ть опа́сливым ша́гом по льду** mit behutsamen Schritten auf das Eis treten **2.** *(боязли́вый)* zaghaft, bange; **вызыва́ть опа́сливое чу́вство** Besorgnis hervorrufen

опа́сно *нрч* gefährlich; **~ броди́ть но́чью по ле́су** es ist gefährlich nachts im Wald herumzulaufen; **взрыв прогреме́л ~ бли́зко** die Explosion erdröhnte gefährlich nah; **сиде́ть на моро́зе ~** es ist gefährlich in der Kälte zu sitzen

опа́снос|ть <-ти> *ж* Gefahr *f;* **~ для жи́зни** Lebensgefahr *f;* **~ обруше́ния** Einsturzgefahr *f;* **~ возникнове́ния пожа́ра** Feuergefahr *f;* **~ сокры́тия следо́в** Verdunklungsgefahr *f;* **подверга́ть опа́сности** gefährden; **в слу́чае действи́тельной** [*или* **реа́льной**] **опа́сности** im Ernstfall

опа́с|ный <-ная, -ное; -ен, -на, -но> *прил* gefährlich, riskant; *(угрожа́ющий)* bedrohlich; **~ для жи́зни** lebensgefährlich; **социа́льно** [*или* **обще́ственно**] **~** gemeingefährlich

опа́|сть <-ду́, -ёшь> *св прх см.* **опада́ть**

опаха́л|о <-а> *ср* *(ве́ер)* Wedel *m,* Fächer *m;* **стра́усовое ~** Straußwedel *m*

опе́к|а <-и> *ж* Vormundschaft *f,* Obhut *f,* Bevormundung *f;* ЮР Treuhand *f,* treuhänderische Verwaltung *f;* **находи́ться под опе́кой** unter Vormundschaft stehen; **междунаро́дная ~** internationale Treuhandschaft *f*

опека́ем|ый <-ого> *м,* **опека́ем|ая** <-ой> *ж* Mündel *nt,* Bevormundete *m o f*

опека́|ть <-ю, -ешь> *нсв прх* bevormunden; *(оберега́ть)* behüten; **ме́лочно ~** gängeln

опеку́н <-а́> *м* Vormund *m*

опеку́нств|о <-а> *ср* Vormundschaft *f,* Bevormundung *f;* **возложи́ть ~ на ста́ршего бра́та** die Vormundschaft dem älteren Bruder übertragen; **~ над ребёнком** Kindesbevormundung *f*

опён|ок <-ка> *м* БОТ Hallimasch *m*

о́пер|а <-ы> *ж* **1.** МУЗ Oper *f* **2.** *(о́перный теа́тр)* Opernhaus *nt;* **мы́льная ~** Seifenoper *f;* **э́то из друго́й о́перы** das ist ein Kapitel für sich, das gehört nicht hierher

операти́вк|а <-и> *ж разг* Arbeitsbesprechung *f;* **реши́ть на операти́вке** bei der Arbeitsbesprechung entscheiden; **провести́ сро́чно операти́вку** eine Arbeitsbesprechung dringend einberufen

операти́внос|ть <-ти> *ж* Wendigkeit *f,* Schnelligkeit *f*

операти́в|ный <-ная, -ное; -ен, -на, -но> *прил* kurzfristig, operativ; **операти́вная информа́ция** Sofortinformation *f;* **операти́вная па́мять** ИНФОРМ Arbeitsspeicher *m;* **операти́вная сво́дка** Lagebericht *m;* **операти́вное плани́рование** operative Planung *f;* **операти́вное запомина́ющее устро́йство** [*или* **ОЗУ**] ИНФОРМ Arbeitsspeicher *m,* RAM *nt;* **~ штаб** Krisenstab *m;* **операти́вные це́ли** operationale Ziele *pl*

опера́тор <-а> *м* **1.** КИНО Kameramann *m* **2.** ИНФОРМ Operator *m,* Operationsbefehl *m*

опера́торск|ий <-ая, -ое> *прил* Aufnahme-, Kamera-; **опера́торское иску́сство** Aufnahmekunst *f*

операциони́ст <-а> *м* *(в ба́нке)* Schalterbeamte(r) *m,* Schalterbeamtin *f*

операцио́нн|ая <-ой> *ж* Operationssaal *m,* OP *m*

операцио́нн|ый <-ая, -ое> *прил* operativ, Operations-; **~ зал** *(в ба́нке)* Schalterraum *m;* **операцио́нная систе́ма** ИНФОРМ Betriebssystem *nt;* **~ стол** МЕД Operationstisch *m;* **операцио́нное веде́ние счето́в по носи́телям затра́т** Kostenträgerrechnung *f*

опера́ци|я <-и> *ж* **1.** ПОЛ Handlung *f,* Manipulation *f* **2.** ТЕХ Arbeitsgang *m,* Operation *f* **3.** ЭКОН Geschäft *nt,* Transaktion *f,* Schaltergeschäft *nt,* Operation *f;* **консигнацио́нная ~** Konsignationsgeschäft *nt;* **опера́ции на откры́том ры́нке** Offenmarktgeschäfte *pl;* **опера́ции по вы́даче ссуд** Ausleihungsgeschäft *nt;* **опера́ции за со́бственный счёт** Eigengeschäft *nt;* **инде́нтная ~** Indentgeschäft *nt;* **~ аутрайт** Outright-Geschäft *nt;* **~ по предоставле́нию ссуды под закла́д векселе́й** Pensionsgeschäft *nt;* **опера́ции с це́нными бума́гами** Wertpapiergeschäfte *pl* **4.** ВОЕН Aktion *f* **5.** МЕД Operation *f,* chirurgischer Eingriff *m;* **~ на се́рдце** Herzoperation *f;* **де́лать опера́цию** operieren

опережа́|ть <-ю, -ешь> *нсв,* **опереди́ть** *св прх* überholen, zuvorkommen; *перен* *(превзойти́ кого́-л.)* übertreffen

опережа́ющ|ий <-ая, -ее> *прил* vorauseilend, beschleunigt; *перен* *(в разви́тии и т.п.)* überdurchschnittlich, fortgeschritten

опере́ни|е <-я> *ср* Gefieder *nt*

опере́точн|ый <-ая, -ое> *прил* Operetten-, operettenhaft; **опере́точная му́зыка** Operettenmusik *f;* **~ жанр** Operettengattung *f*

опере́тт|а <-ы> *ж* Operette *f*

опере́ться <обопру́сь, обопрёшься> *св рефл см.* **опира́ться**

опе́ривш|ийся <-аяся, -ееся> *прил* flügge

опери́р|овать <-ую, -уешь> *(н)св прх* **1.** МЕД operieren **2.** *книжн* *(де́йствовать)* operieren, handeln

опер|и́ться <-ю́сь, -и́шься> *св рефл см.* **оперя́ться**

о́перн|ый <-ая, -ое> *прил* Opern-; **~ певе́ц** Opernsänger *m;* **~ теа́тр** Opernhaus *nt*

оперя́|ться <-юсь, -ешься> *нсв,* **опери́ться** *св рефл* flügge werden

опеча́лен|ный <-ная, -ное; -, -а, -о> *прил* trauernd, betrübt; **опеча́ленное лицо́** betrübtes Gesicht *nt;* **~ вид** trauriges Aussehen *nt*

опеча́л|иться <-юсь, -ишься> *св рефл см.* **печа́литься**

опеча́та|ть <-ю, -ешь> *св прх см.* **опеча́тывать**

опеча́тк|а <-и> *ж* Druckfehler *m;* *(при печа́тании на клавиату́ре)* Tippfehler *m;* **сде́-**

О

лать опеча́тку sich vertippen

опеча́тыва|ть <-ю, -ешь> *нсв,* **опеча́тать** *св прх* versiegeln

опи́л|ки <-ок> *мн* Sägespäne *pl,* Sägemehl *nt;* **металли́ческие ~** Feilspäne *pl*

опира́|ться <-юсь, -ешься> *нсв,* **опере́ться** *св рефл* **1.** *(на кого́-л./что-л., обо что-л.)* sich stützen auf *+akk* **2.** *(облока́чиваться)* sich lehnen an *+akk,* sich auflehnen gegen *+akk* **3.** *перен (находи́ть подде́ржку)* Unterstützung suchen bei *+dat*

описа́ни|е <-я> *ср* Beschreibung *f;* **не поддава́ться никако́му описа́нию** jeder Beschreibung spotten; **~ рабочего ме́ста** Anforderungsprofil *nt*

оп|иса́ть <-ишу́, -и́шешь> *св прх см.* **опи́сывать**

опи́ск|а <-и> *ж* **1.** *(по невнима́тельности)* Flüchtigkeitsfehler *m* **2.** *(при написа́нии)* Schreibfehler *m*

опи́сыва|ть <-ю, -ешь> *нсв,* **описа́ть** *св прх* beschreiben

о́пи|сь <-си> *ж* **1.** *(спи́сок)* Verzeichnis *nt* **2.** ЮР Beschlagnahmung *f;* **~ гру́зов** Lastenheft *nt;* **~ состоя́ния** [*или* **~ иму́щества**] Vermögensaufstellung *f*

о́пиум <-а> *м* Opium *nt*

опла́кива|ть <-ю, -ешь> *нсв,* **опла́кать** *св прх* beweinen, betrauern; **~ смерть отца́** den Tod vom Vater beweinen; **~ ги́бель дру́га** den Tod des Freundes betrauern

опла́т|а <-ы> *ж* Bezahlung *f,* Zahlung *f,* Einzahlung *f,* Rückzahlung *f,* Tilgung *f,* Entlohnung *f,* Berichtigung *f;* **~ нали́чными** Barzahlung *f;* **~ обра́тного письма́** Rückporto *nt;* **~ труда́** Entgelt *nt;* **почасова́я ~** Stundenlohn *m;* **сде́льная ~** Stücklohn *m;* **~ нали́чными** Barzahlung *f;* **~ нали́чными до приёмки и транспортиро́вки това́ра покупа́телем** cash and carry; **~ нату́рой** Naturallohn *m;* **~ по безнали́чному расчёту** Einziehungsverfahren *nt;* **~ тамо́женной по́шлины** Verzollung *f;* **~ труда́ в нату́ре** Deputat *nt*

опла́чива|ть <-ю, -ешь> *нсв,* **оплати́ть** *св прх* bezahlen, zahlen, begleichen; **~ ве́ксель** einen Wechsel honorieren; **~ дополни́тельно** nachzahlen; **~ за́дним число́м** nachzahlen; **~ почто́вым сбо́ром** frankieren

оплеу́х|а <-и> *ж разг* Ohrfeige *f,* Backpfeife *f;* **залепи́ть оплеу́ху** ohrfeigen; **отве́т прозвуча́л как ~** die Antwort erklang wie eine Ohrfeige

оплодотворя́|ть <-ю, -ешь> *нсв,* **оплодотвори́ть** *св прх* befruchten

опло́т <-а> *м* Bollwerk *nt,* Hochburg *f*

оплo̓шнос|ть <-ти> *ж* **1.** *(про́мах)* Fehlgriff *m* **2.** *(просту́пок)* Fehltritt *m*

оповеща́|ть <-ю, -ешь> *нсв,* **оповести́ть** *св прх* bekannt machen; **~ о своём реше́нии** über seine Entscheidung benachrichtigen; **~ всех сотру́дников** alle Mitarbeiter in Kenntnis setzen; **~ своевре́менно** rechtzeitig bekannt machen

опозда́вш|ий <-его> *м* Nachzügler *m*

опозда́ни|е <-я> *ср* Verspätung *f*

опозда́|ть <-ю, -ешь> *св нпрх см.* **опа́здывать**

опознава́тельн|ый <-ая, -ое> *прил* ВОЕН Erkennungs-; **~ знак** Erkennungszeichen *nt;* **опознава́тельные огни́** Erkennungslichter *pl*

опозна|ва́ть <-ю́, -ёшь> *нсв,* **опозна́ть** *св прх* ЮР erkennen; **~ поги́бшего** den Verstorbenen identifizieren; **ве́щи опо́знаны свиде́телями** die Zeugen haben die Sachen identifiziert; **на о́чной ста́вке опозна́ли престу́пника** der Verbrecher wurde bei der Gegenüberstellung identifiziert

опозна́ни|е <-я> *ср* ЮР Erkennen *nt,* Identifizierung *f;* **~ по отпеча́ткам па́льцев** Identifizierung anhand der Fingerabdrücke; **~ по фотогра́фиям** Erkennen mit Hilfe von Fotos

опозна́|ть <-ю, -ешь> *св прх см.* **опознава́ть**

опозо́р|ить <-ю, -ишь> *св прх см.* **позо́рить**

опозо́р|иться <-юсь, -ишься> *св рефл см.* **позо́риться**

о́ползе|нь <-ни> *м* Erdrutsch *m*

ополча́|ться <-юсь, -ешься> *нсв,* **ополчи́ться** *св рефл* einen Aufstand machen; **~ на врага́** gegen den Feind ziehen; **за что ты на него́ ополчи́лся?** warum hast du solche feindliche Haltung gegen ihn eingenommen?

ополче́н|ец <-ца> *м* ВОЕН Landwehrmann *m;* **служи́ть ополче́нцем** als Landsturmmann dienen

ополче́ни|е <-я> *ср* **1.** ИСТОР Landsturm *m,* Landwehr *f* **2.** ВОЕН **наро́дное ~** Volksaufgebot *nt;* **вступи́ть в ~** ins Volksaufgebot eintreten

ополч|и́ться <-у́сь, -и́шься> *св рефл см.* **ополча́ться**

опо́мн|иться <-юсь, -ешься> *св рефл* sich besinnen, zur Besinnung kommen

опо́р|а <-ы> *ж* Stütze *f,* Halt *m; перен (подде́ржка)* Rückhalt *m; (опо́рная нога́)* Standbein *nt*

опо́рн|ый <-ая, -ое> *прил* Stütz-; **~ пункт** Stützpunkt *m*

опорожня́|ть <-ю, -ешь> *нсв,* **опорожни́ть** *св прх разг* leeren, entleeren

опоро́чива|ть <-ю, -ешь> *нсв,* **опоро́чить** *св прх* in Verruf bringen; **~ своё и́мя** seinem Namen keine Ehre machen; **~ зва́ние** seinen Grad in Verruf bringen

опоро́ч|ить <-у, -ишь> *св прх см.* **поро́чить**

опо́ссум <-а> *м* зоол Opossum *nt,* Beutelratte *f*

оппозицио́нн|ый <-ая, -ое> *прил* oppositionell

оппози́ци|я <-и> *ж* Opposition *f*

оппоне́нт <-а> *м* Gegenspieler *m,* Opponent *m*

оппони́р|овать <-ую, -уешь> *нсв нпрх* opponieren, als Opponent auftreten; **~ диссерта́нту** dem Dissertanten opponieren; **~ докла́дчику** dem Vortragenden opponieren

оппортуни́зм <-а> *м* Opportunismus *m*

оппортуни́ст <-а> *м* Opportunist(in) *m(f),* Trittbrettfahrer(in) *m(f)*

опра́в|а <-ы> *ж* Einfassung *f,* Fassung *f; (для очко́в)* Brillengestell *nt*

оправда́ни|е <-я> *ср* Rechtfertigung *f,* Entschuldigung *f;* юр *(оправда́тельный пригово́р)* Freispruch *m*

опра́вдан|ный <-ная, -ное; -, -а, -о> *прил* gerechtfertigt, berechtigt; **~ риск** berechtigtes Risiko *nt;* **опра́вданные расхо́ды** belegte Ausgaben *pl;* **опра́вданное дове́рие** gerechtfertigtes Vertrauen *nt;* **опра́вданные наде́жды** erfüllte Hoffnungen *fpl*

оправда́тельн|ый <-ая, -ое> *прил* юр freigesprochen; **~ пригово́р** Freispruch *m;* **~ докуме́нт** Beleg *m*

оправда́|ть <-ю, -ешь> *св прх см.* **опра́вдывать**

оправда́|ться <-юсь, -ешься> *св рефл см.* **опра́вдываться**

опра́вдыва|ть <-ю, -ешь> *нсв,* **оправда́ть** *св прх* rechtfertigen; *перен (вы́городить)* reinwaschen; юр *(вы́нести оправда́тельный пригово́р)* freisprechen

опра́вдыва|ться <-юсь, -ешься> *нсв,* **оправда́ться** *св рефл* sich rechtfertigen; **~ пе́ред су́дьями** sich vor den Richtern rechtfertigen; **мне не тру́дно бы́ло оправда́ться** es war einfach sich zu rechtfertigen; **прогно́зы оправда́лись** die Voraussagen gingen in Erfüllung; **предсказа́ния оправда́лись** die Prophezeiungen haben sich erfüllt; **на́ши опасе́ния оправдались** unsere Befürchtungen haben sich als richtig erwiesen; **расхо́ды оправда́лись** die Ausgaben haben sich gelohnt

оправля́|ться <-юсь, -ешься> *нсв,* **опра́виться** *св рефл* **1.** *(попра́вить пла́тье и т.п.)* in Ordnung bringen **2.** *перен (прийти́ в себя́)* sich erholen; **опра́виться от уда́ра** sich von einem Schlag erholen

опра́шива|ть <-ю, -ешь> *нсв,* **опроси́ть** *св прх* abfragen, befragen

определе́ни|е <-я> *ср* Ermittlung *f,* Bestimmung *f,* Festlegung *f; (дефини́ция)* Definition *f;* лингв Attribut *nt;* **~ долго́в** Schuldenbewertung *f;* **~ надёжности це́нных бума́г** Anlagenbewertung *f;* **~ обяза́тельств** Verbindlichkeitsbewertung *f;* **~ потре́бности** Disposition *f;* **~ разме́ра при́были** Gewinnermittlung *f;* **~ суда́** Gerichtsbeschluss *m;* **~ цен** Preisfestsetzung *f;* **~ дохо́дов** Einkommensermittlung *f*

определён|ный <-ная, -ное; -, -á, -ó> *прил* bestimmt, definitiv

определи́тельн|ый <-ая, -ое> *прил* лингв Definitions-; **определи́тельные предложе́ния** Bestimmungssätze *mpl*

определ|и́ть <-ю́, -и́шь> *св прх см.* **определя́ть**

определ|и́ться <-ю́сь, -и́шься> *св рефл см.* **определя́ться**

определя́|ть <-ю, -ешь> *нсв,* **определи́ть** *св прх* **1.** *(установи́ть, вы́яснить)* ermitteln, bestimmen, ausmachen; **определи́ть зада́чи на сего́дняшний день** die heutigen Aufgaben wurden bestimmt **2.** *(установи́ть, назна́чить)* festlegen, festsetzen, konzipieren; **определи́ть приорите́т** die Prioritäten festlegen **3.** *(срок)* anberaumen **4.** *(растолкова́ть)* definieren

определя́|ться <-юсь, -ешься> *нсв,* **определи́ться** *св рефл* **1.** *(чётко прояви́ться)* bestimmen, definieren, feststellen; **взаимоотноше́ния определи́лись** die Beziehungen haben sich geklärt **2.** *(сформирова́ться)* sich bilden; **хара́ктер определи́лся** der Charakter bildete sich **3.** *(сориенти́роваться)* sich orientieren; **~ с по́мощью ко́мпаса** sich mit Hilfe eines Kompasses zurechtfinden

определя́ющ|ий <-ая, -ее> *прил* maßgebend, entscheidend

опресни́те|ль <-ля> *м* тех Entsalzer *m;* **~ воды́** Wasserentsalzer *m*

опресни́тельн|ый <-ая, -ое> *прил* Entsalzungs-; **~ аппара́т** Seewasserentsalzer *m;* **опресни́тельная систе́ма** Entsalzungsvorrichtung *f*

оприхо́д|овать <-ую, -уешь> *(н)св прх см.* **прихо́довать**

опро́бовани|е <-я> *ср* Erprobung *f; (прове́рка)* Prüfung *f*

опро́б|овать <-ую, -уешь> *(н)св прх* erproben; *(прове́рить)* prüfen

опроверга́|ть <-ю, -ешь> *нсв,* **опрове́ргнуть** *св прх* **1.** *(оспа́ривать)* bestreiten, dementieren **2.** *(дава́ть опроверже́ние)* widerlegen, entkräften **3.** *(отка́зываться)* widerrufen

опроверже́ни|е <-я> *ср* **1.** *(официа́льное)* Dementi *nt* **2.** *(ре́плика)* Entgegnung *f* **3.** *(нагля́дное)* Gegendarstellung *f* **4.** *(отка́з)* Widerruf *m*

опроки́дыва|ть <-ю, -ешь> *нсв,* **опроки́нуть** *св прх* **1.** *(переверну́ть)* (um)kippen, (um)stürzen, umwerfen; **волно́й опроки́нуло ло́дку** die Welle kippte das Boot um; **опроки́нуть стул** den Stuhl umwerfen; **де́ти опроки́нули са́нки** die Kinder haben den

Schlitten umgekippt; **~ ча́шку с ча́ем** eine Tasse mit Tee umkippen **2.** *(вы́пить)* austrinken; **за́лпом ~ рю́мку ро́ма** auf Ex [*o* in einem Zug] ein Glas Rum trinken **3.** *(повали́ть)* umwerfen, umstoßen, umhauen

опроки́дыва|ться <-юсь, -ешься> *нсв,* **опроки́нуться** *св рефл* umkippen; МОР kentern

опроки́н|уть <-у, -ешь> *св прх см.* **опроки́дывать**

опроки́н|уться <-усь, -ешься> *св рефл см.* **опроки́дываться**

опроме́тчив|ый <-ая, -ое; -, -а, -о> *прил* unüberlegt, unbedacht; **~ посту́пок** unüberlegte Handlung *f;* **опроме́тчивое реше́ние** vorschnelle Entscheidung *f*

о́прометью *нрч* Hals über Kopf; **бро́сился ~ бежа́ть** er rannte Hals über Kopf; **~ вы́бежать из ко́мнаты** Hals über Kopf aus dem Zimmer rennen; **не принима́й ~ реше́ний** entscheide dich nie vorschnell [*o* voreilig]

опро́с <-а> *м* Umfrage *f,* Befragung *f;* **~ обще́ственного мне́ния** Meinungsumfrage *f;* **~ потреби́телей** Verbraucherbefragung *f*

опр|оси́ть <-ошу́, -о́сишь> *св прх см.* **опра́шивать**

опро́сн|ый <-ая, -ое> *прил* Frage-; **~ лист** Fragebogen *m;* **опро́сные све́дения** Umfragedaten *pl*

опротесто́выва|ть <-ю, -ешь> *нсв,* **опротестова́ть** *св прх* Einspruch erheben gegen *+akk*

опроти́ве|ть <-ю, -ешь> *св нпрх* zuwider werden; **пи́ща нам опроти́вела** das Essen wurde uns zuwider; **твоё поведе́ние мне опроти́вело** dein Benehmen ekelt mich an

опры́скивани|е <-я> *ср* ХИМ, АГР Besprengung *f,* Bespritzung *f,* Bespritzen *nt;* **~ расте́ний** Pflanzenbesprengung *f;* **~ по́чвы** Bodenspritzen *nt*

опря́т|ный <-ная, -ное; -ен, -на, -но> *прил* ordentlich; **~ вид** adrettes Aussehen *nt;* **опря́тное помеще́ние** sauberer Raum *m*

о́птик <-а> *м* Optiker(in) *m(f)*

о́птик|а <-и> *ж* Optik *f;* *(магази́н)* Optikergeschäft *nt*

оптима́|льный <-льная, -льное; -лен, -льна, -льно> *прил* optimal; **оптима́льное материа́льно-техни́ческое обеспе́чение** Logistik *f;* **~ у́ровень изде́ржек** Kostenoptimum *nt;* **~ по затра́там** kostengünstig; **оптима́льная мо́щность** Optimalkapazität *f;* **оптима́льная сте́пень загру́зки мо́щностей** Betriebsoptimum *nt*

оптимиза́ци|я <-и> *ж* Optimierung *f*

оптимизи́р|овать <-ую, -уешь> *(н)св прх* optimieren

оптими́зм <-а> *м* Optimismus *m*

оптими́ст <-а> *м* Optimist *m;* **неисправи́мый ~** unverbesserlicher Optimist *m*

оптимисти́ческ|ий <-ая, -ое> *прил* optimistisch; **~ подхо́д** optimistisches Herangehen *nt;* **~ взгляд на мир** optimistische Weltanschauung *f*

оптимисти́ч|ный <-ная, -ное; -ен, -на, -но> *прил* optimistisch

оптими́стк|а <-и> *ж* Optimistin *f*

о́птимум <-а> *м* Optimum *nt*

опти́ческ|ий <-ая, -ое> *прил* optisch; **опти́ческое распознава́ние те́кста** optische Text-/Zeichenerkennung *f,* OCR

опто́в|ый <-ая, -ое> *прил* Großhandels-; **опто́вая торго́вля** Großhandel *m;* **опто́вая ски́дка** Großhandelsrabatt *m;* **опто́вая цена́** Großhandelspreis *m;* **~ торго́вец** Großhändler *m;* **опто́вый поставщи́к** Großlieferant *m;* **опто́вый поставщи́к това́ров повседне́вного спро́са** Regalgroßhändler *m*

о́птом *нрч* en gros

опублико́выва|ть <-ю, -ешь> *нсв,* **опубликова́ть** *св прх* veröffentlichen

о́пус <-а> *м* **1.** МУЗ Opus *nt* **2.** *шутл (сочине́ние)* Werk *nt;* **сочиня́ть о́пусы** Werke niederschreiben

опуска́ни|е <-я> *ср* Senken *nt,* Sinken *nt;* *(выпуска́ние)* Auslassen *nt;* **~ земно́й пове́рхности** Absinken *nt* der Erdoberfläche

опуска́|ть <-ю, -ешь> *нсв,* **опусти́ть** *св прх* **1.** *(письмо́)* einwerfen **2.** *(в во́ду)* eintauchen **3.** *(вниз)* sinken lassen; **опусти́ть кры́лья** *и перен* die Flügel hängen lassen, den Mut verlieren; **опусти́ть го́лову** den Kopf hängen lassen **4.** *(пропуска́ть)* auslassen, weglassen **5.** *(перемести́ть)* herablassen, herunterlassen, senken; **~ шлагба́ум** die Schranke herunterlassen; **~ за́навес** den Vorhang fallen lassen; **опусти́ть воротни́к пальто́** den Mantelkragen herunterschlagen; **опусти́ть глаза́** die Augen senken **6.** *(поста́вить)* absetzen; **опусти́ть на пол чемода́ны** die Koffer auf dem Boden absetzen **7.** *(положи́ть)* einwerfen, stecken; **опусти́ть письмо́ в я́щик** einen Brief in den Briefkasten einwerfen; **опусти́ть ру́ку в карма́н** die Hand in die Tasche stecken; **~ моне́ту в автома́т** eine Münze in den Automaten einwerfen

опуска́|ться <-юсь, -ешься> *нсв,* **опусти́ться** *св рефл* **1.** *(сесть)* sich setzen, sich niederlassen; **опусти́тся на коле́ни** in die Knie gehen; **он бесси́льно опусти́лся на дива́н** er ließ sich erschöpft auf dem Sofa nieder **2.** *(понижа́ться)* sinken, heruntergehen **3.** *(мора́льно, вне́шне)* verlottern, vergammeln, herunterkommen; **он опусти́лся и разлени́лся** er ließ sich gehen **4.** *(оку́тать)* einwickeln, einhüllen, umhüllen **5.** *(закры́ться)* niedergehen; **за́навес опусти́лся** der Vorhang fiel

опусте́л|ый <-ая, -ое> *прил* leer; **опусте́лые у́лицы** leere Straßen *fpl;* **опусте́лые леса́ и поля́** verödete Wälder und Felder

оп|усти́ть <-ущу́, -у́стишь> *св прх см.* **опуска́ть**
оп|усти́ться <-ущу́сь, -у́стишься> *св рефл см.* **опуска́ться**
опустоша́|ть <-ю, -ешь> *нсв,* **опустоши́ть** *св прх* **1.** *(опоро́жнить)* leeren; **~ буты́лку вина́** eine Flasche Wein austrinken **2.** *(разори́ть)* verwüsten; *(разоря́ть)* zugrunde richten, zerstören; **пожа́ры опустоши́ли дере́вню** das Feuer zerstörte das Dorf
опустоше́ни|е <-я> *ср* Verwüstung *f*
опустоши́те|льный <-льная, -льное; -лен, -льна, -льно> *прил* verheerend
опустош|и́ть <-у́, -и́шь> *св прх см.* **опустоша́ть**
опуха́|ть <-ю, -ешь> *нсв,* **опу́хнуть** *св нпрх* (an)schwellen; **лицо́ опу́хло от слёз** das Gesicht ist von Tränen geschwollen; **но́ги опуха́ют от уста́лости** die Füße schwellen vor Müdigkeit an
о́пухо|ль <-ли> *ж* Geschwulst *f;* **ра́ковая ~** Krebsgeschwür *nt*
опу́шк|а <-и> *ж* **1.** *(ле́са)* Waldrand *m* **2.** *(из ме́ха)* Verbrämung *f,* Pelzbesatz *m*
опуще́ни|е <-я> *ср* **1.** мед Senkung *f;* **~ кише́чника** Darmsenkung *f;* **~ ма́тки** Gebärmuttersenkung *f* **2.** *(про́пуск)* Auslassen *nt*
опцио́н <-а> *м* Option *f;* **~-колл** Kaufoption *f;* **~ на поку́пку** Voranwartschaft *f;* **~ на прода́жу** Verkaufsoption *f*
опцио́нн|ый <-ая, -ое> *прил* Options-; **~ заём** Optionsanleihe *f;* **опцио́нная сде́лка** Optionsgeschäft *nt;* **опцио́нная би́ржа** Optionsbörse *f;* **~ сертифика́т** Aktienbezugsschein *m;* **~ срок** Optionsfrist *f*
опыле́ни|е <-я> *ср* **1.** бот Bestäubung *f;* **~ ве́тром** Windbestäubung *f* **2.** агр *(ороше́ние)* Besprengung *f*
опыли́те|ль <-ля> *м* Bestäuber *m*
опыля́|ть <-ю, -ешь> *нсв,* **опыли́ть** *св прх* bestäuben
о́пыт <-а> *м* **1.** *(зна́ние)* Erfahrung *f;* **многоле́тний ~** langjährige Erfahrung *f;* **нако́пленный ~** gesammelte Erfahrungen *fpl;* **профессиона́льный ~** Berufserfahrung *f;* **по о́пыту** erfahrungsgemäß; **по со́бственному о́пыту** aus eigener Erfahrung; **узна́ть на со́бственном о́пыте** am eigenen Leibe erfahren **2.** *(экспериме́нт)* Versuch *m;* **о́пыты на живо́тных** Tierversuche *mpl*
о́пыт|ный <-ная, -ное; -ен, -на, -но> *прил* **1.** *(зна́ющий)* erfahren, versiert **2.** *(быва́лый)* routiniert **3.** *(предназна́ченный для о́пытов)* Versuchs-; **о́пытная устано́вка** Pilotanlage *f;* **о́пытный прое́кт** Pilotprojekt *nt;* **~ экземпля́р** Muster *nt;* **о́пытное иссле́дование** Pilotstudie *f*
опьяне́ни|е <-я> *ср* Alkoholeinfluss *m,* Trunkenheit *f; перен (эйфо́рия)* Rausch *m;* **находи́ться в состоя́нии алкого́льного опьяне́ния** unter Alkoholeinfluss stehen; **в состоя́нии наркоти́ческого опьяне́ния** unter Drogeneinfluss, im Drogenrausch
опьяня́|ть <-ю, -ешь> *нсв,* **опьяни́ть** *св прх* berauschen
опя́ть *нрч* wieder, noch einmal
опя́ть-таки́ *нрч разг* schon wieder; **ты ~ опозда́л!** du kommst schon wieder zu spät!; **она́ ~ не пришла́** sie kam schon wieder nicht
ора́в|а <-ы> *ж разг* Haufen *m;* **~ мальчи́шек** Bengelbande *f*
ора́кул <-а> *м (проро́к)* Orakel *nt*
орангута́нг <-а> *м* зоол Orang-Utan *m*
ора́нжев|ый <-ая, -ое> *прил* orange
оранжере́йн|ый <-ая, -ое> *прил* Treibhaus-, Orangerie-, Gewächshaus-; **~ эффе́кт** Treibhauseffekt *m;* **оранжере́йные расте́ния** Orangeriepflanzen *fpl*
оранжере́|я <-и> *ж* Orangerie *f;* бот Gewächshaus *nt*
ора́тор <-а> *м* Redner(in) *m(f);* **предыду́щий ~** Vorredner(in) *m(f)*
ора́торск|ий <-ая, -ое> *прил* rednerisch, Redner-; **~ тала́нт** Rednergabe *f;* **ора́торское иску́сство** Rednerkunst *f*
ора́ть <ору́, орёшь> *нсв нпрх* schreien, brüllen; *(галде́ть, ссо́риться)* grölen
орби́т|а <-ы> *ж* астр Orbit *m,* Umlaufbahn *f;* **околозе́мная ~** Erdumlaufbahn *f;* **выводи́ть на орби́ту** auf die Umlaufbahn bringen, ins Weltall befördern
орбита́льн|ый <-ая, -ое> *прил* астр, физ Bahn-, Umlauf-; **орбита́льная ста́нция** Orbitalstation *f*
орга́зм <-а> *м* Orgasmus *m,* Höhepunkt *m*
о́рган <-а> *м* **1.** анат Organ *nt;* **~ чувств** Sinnesorgan *nt* **2.** *(коми́ссия, колле́гия)* Gremium *nt,* Körperschaft *f* **3.** адм *(инста́нция)* Behörde *f,* Dienststelle *f;* **о́рганы безопа́сности** Sicherheitsbehörde *f;* **госуда́рственные о́рганы** Staatsorgane *ntpl;* **парти́йный ~** Parteizeitung *f;* **печа́тный ~** Presseorgan *nt;* **~ надзо́ра** Aufsichtsbehörde *f;* **~ социа́льного страхова́ния** Sozialversicherungsträger *m*
орга́н <-а> *м* муз Orgel *f*
органигра́мм|а <-ы> *ж* Organigramm *nt*
организа́тор <-а> *м* Organisator *m,* Veranstalter *m;* **~ пое́здки** Reiseveranstalter *m*
организа́торск|ий <-ая, -ое> *прил* organisatorisch
организацио́нн|ый <-ая, -ое> *прил* organisatorisch; **организацио́нно-правова́я фо́рма предприя́тия** Unternehmensform *f;* **организацио́нная структу́ра предприя́тия** Unternehmensgliederung *f;* **организацио́нная едини́ца** Organisationseinheit *f;* **организацио́нная культу́ра** Unternehmenskultur *f;* **организацио́нная струк-**

ту́ра Organisationsstruktur *f;* **организацио́нная рабо́та** Organisation *f*

организа́ци|я <-и> *ж* **1.** *(де́йствие)* Organisation *f* **2.** *(учрежде́ние)* Institution *f,* Einrichtung *f* **3.** *(распределе́ние)* Gliederung *f;* **~ досу́га** Freizeitgestaltung *f;* **организа́ция де́нежного обраще́ния** Geldwesen *nt;* **Организа́ция европе́йского экономи́ческого сотру́дничества и разви́тия** Organization for Economic Cooperation and Development *f;* **Организа́ция Объединённых На́ций** Vereinte Nationen *pl;* **~ по охра́не прав** Verwertungsgesellschaft *f;* **~ прое́кта** Projektorganisation *f;* **~ рабо́чего проце́сса** Ablauforganisation *f;* **~ распростране́ния** Vertriebsorganisation *f;* **~ сбы́та** Verkaufsorganisation *f,* Vertriebsorganisation *f;* **Организа́ция стран-экспортёров не́фти** Organization of Petrolium Exporting Countries *f,* OPEC *f;* **~ торго́вли** Handelsorganisation *f;* **~ трудово́го проце́сса** Ablauforganisation *f;* **~ э́кспорта** Exportorganisation *f;* **~ проце́сса** Prozessorganisation *f*

органи́зм <-а> *м* Organismus *m*

организо́ван|ный <-ная, -ное; -, -а, -о> *прил* organisiert; **организо́ванная престу́пность** das organisierte Verbrechen; **проходи́ть в организо́ванном поря́дке** in organisierter Reihenfolge; **организо́ванные де́йствия** organisierte Handlungen *fpl*

организ|ова́ть <-у́ю, -у́ешь> *(н)св прх* organisieren, veranstalten; *(основа́ть)* gründen; **~ со́бственный теа́тр** ein eigenes Theater gründen

органи́ст <-а> *м,* **органи́стк|а** <-и> *ж* муз Organist(in) *m(f)*

органи́ческ|ий <-ая, -ое> *прил (живо́й)* organisch; **органи́ческая мате́рия** organische Materie *f;* **испы́тывать органи́ческую неприя́знь к кому́-л.** jdn nicht leiden [*o* ausstehen] können; **органи́ческая хи́мия** хим organische Chemie *f*

о́рги|я <-и> *ж* Orgie *f*

оргкомите́т *сокр от* **организацио́нный комите́т** Organisationskomitee *nt*

оргте́хник|а <-и> *ж* Bürotechnik *f*

орд|а́ <-ы́> *ж* Horde *f*

о́рден <-а> *м* Orden *m,* Auszeichnung *f;* РЕЛИГ Orden *m*

о́рдер <-а> *м* Order *f,* Anweisung *f; (тало́н)* Gutschein *m,* Bezugsschein *m;* **~ на аре́ст** Haftbefehl *m;* **~ на о́быск** Durchsuchungsbefehl *m*

о́рдерн|ый <-ая, -ое> *прил* Order-; **о́рдерная огово́рка** Orderklausel *f;* **о́рдерная це́нная бума́га** Order *f,* Orderpapiere *pl;* **о́рдерный докуме́нт** Orderpapier *nt*

ордина́р|ный <-ная, -ное; -ен, -на, -но> *прил* gewöhnlich, durchschnittlich

орёл <орла́> *м* зоол Adler *m*

ордина́т|а <-ы> *ж* мат Ordinate *f*

орео́л <-а> *м* **1.** РЕЛИГ Nimbus *m,* Heiligenschein *m* **2.** *(атмосфе́ра)* Aureole *f*

оре́х <-а> *м* (Wal)Nuss *f;* **земляно́й ~** Erdnuss *f;* **лесно́й ~** Haselnuss *f*

оре́хов|ый <-ая, -ое> *прил* (Wal)Nuss-; **оре́ховое де́рево** Walnussbaum *m;* **оре́ховая скорлупа́** Nussschale *f;* **оре́ховая мебли́ро́вка** Nussbaummöbel *pl*

оре́ш|ек <-ка> *м* бот Nuss *f*

оре́шник <-а> *м* Haselstrauch *m*

оригина́л <-а> *м* **1.** *(по́длинник)* Original *nt* **2.** *(образе́ц)* Vorlage *f* **3.** *(о челове́ке)* Sonderling *m,* Eigenbrötler *m;* **~ счёта** Originalrechnung *f*

оригина́льнос|ть <-ти> *ж* Originalität *f; (характе́рная осо́бенность)* Eigenart *f*

оригина́|льный <-льная, -льное; -лен, -льна, -льно> *прил* original, originell; **оригина́льная иде́я** originelle Idee *f;* **оригина́льные те́ксты** Originaltexte *mpl;* **оригина́льная упако́вка** Originalverpackung *f*

ориента́ци|я <-и> *ж* Orientierung *f;* **потеря́ть ориента́цию** die Orientierung verlieren; **~ на ры́нок** Marktorientierung *f*

ориенти́р <-а> *м* Anhaltspunkt *m,* Orientierungshilfe *f,* Richtlinie *f;* **но́вые ориенти́ры** neue Trends *mpl;* **~ на ры́нок** Marktorientierung *f*

ориенти́рован|ный <-ная, -ное; -, -а, -о> *прил* orientiert, informiert; **~ на по́льзователя** benutzerorientiert, benutzerfreundlich; **~ на интере́сы гра́ждан** bürgernah; **~ на получе́ние при́былы** gewinnorientiert; **~ на результа́т** leistungsorientiert; **~ на ры́нок** marktorientiert; **~ на успе́х** erfolgsorientiert

ориенти́р|овать <-ую, -уешь> *(н)св прх* orientieren; *(определи́ть местоположе́ние)* (einen Standpunkt) anzeigen

ориенти́р|оваться <-уюсь, -уешься> *нсв,* **сориенти́роваться** *св рефл* sich zurechtfinden, sich orientieren

ориентиро́вк|а <-и> *ж* Orientierung *f;* **потеря́ть ориентиро́вку** die Orientierung verlieren; **~ по ка́рте** sich nach einer Karte orientieren

ориентиро́вочн|ый <-ая, -ое> *прил* Orientierungs-, ungefähr; **по ориентиро́вочным да́нным** schätzungsweise; **ориентиро́вочная цена́** Richtpreis *m;* **ориентиро́вочные да́нные/показа́тели** Eckdaten *pl;* **~ бала́нс** ЭКОН Rohbilanz *f*

орке́стр <-а> *м* Orchester *nt,* Kapelle *f;* **джа́зовый ~** Jazzkapelle *f;* **духово́й ~** Blaskapelle *f;* **симфони́ческий ~** Symphonieorchester *nt*

оркестра́нт <-а> *м,* **оркестра́нтк|а** <-и> *ж* муз Orchestermitglied *nt,* Orchestermusiker(in) *m(f)*

оркестро́в|ый <-ая, -ое> *прил* муз Orchester-; **оркестро́вая му́зыка** Orchestermusik *f*

орлён|ок <-ка> *м* зоол Adlerjunge *nt*

орли́н|ый <-ая, -ое> *прил* **1.** зоол Adler-; **~ клюв** Adlerschnabel *m;* **орли́ное гнездо́** Adlerhorst *m* **2.** *(проница́тельный)* scharfsinnig; **~ взгляд** Adlerblick *m*

орли́ц|а <-ы> *ж* зоол Adlerweibchen *nt*

орна́мент <-а> *м* Ornament *nt*

орнито́лог <-а> *м* Ornithologe(in) *m(f),* Vogelkundler(in) *m(f)*

орнитоло́ги|я <-и> *ж* зоол Ornithologie *f*

орографи́ческ|ий <-ая, -ое> *прил* геог orographisch; **орографи́ческая ка́рта** orographische Karte *f*

орогра́фи|я <-и> *ж* геог Orographie *f*

ороси́тельн|ый <-ая, -ое> *прил* Bewässerungs-; **~ кана́л** Bewässerungskanal *m;* **ороси́тельная систе́ма** Bewässerungsanlage *f*

ороша́|ть <-ю, -ешь> *нсв,* **ороси́ть** *св прх* bewässern

ороше́ни|е <-я> *ср* Bewässerung *f*

ортодокса́льнос|ть <-ти> *ж* Orthodoxie *f;* **~ взгля́дов** Orthodoxie der Ansichten

ортодокса́|льный <-льная, -льное; -лен, -льна, -льно> *прил* überzeugt; религ orthodox

ортопе́д <-а> *м* Orthopäde *m,* Orthopädin *f*

ортопеди́ческ|ий <-ая, -ое> *прил* orthopädisch

ору́ди|е <-я> *ср* **1.** *(инструме́нт, прибо́р)* Werkzeug *nt,* Gerät *nt* **2.** воен Geschütz *nt* **3.** *перен (сре́дство)* Werkzeug *nt,* Waffe *f,* Mittel *nt*

орудийн|ый <-ая, -ое> *прил* воен Geschütz-, Artillerie-, Kanonen-; **~ залп** Kanonenfeuer *nt*

ору́д|овать <-ую, -уешь> *нсв нпрх* hantieren mit *+dat*

оруже́йник <-а> *м* воен Waffenschmied *m,* Waffenmeister *m*

оруже́йн|ый <-ая, -ое> *прил* **1.** воен Waffen-; **~ ма́стер** Waffenmeister *m* **2.** истор **Оруже́йная пала́та** Waffenkammer *f*

оружено́с|ец <-ца> *м* истор, воен Waffenträger *m,* (Schild)Knappe *m*

ору́жи|е <-я> *ср* Waffe *f;* **~ ма́ссового пораже́ния** Massenvernichtungswaffe *f;* **огнестре́льное ~** Schusswaffe *f*

орфогра́мм|а <-ы> *ж* лингв Orphogramm *nt*

орфографи́ческ|ий <-ая, -ое> *прил* orthografisch; **орфографи́ческая оши́бка** Rechtschreibfehler *m*

орфогра́фи|я <-и> *ж* Orthografie *f,* Rechtschreibung *f*

орфоэпи́ческ|ий <-ая, -ое> *прил* лингв orthoepisch; **орфоэпи́ческие но́рмы** orthoepische Normen *(die richtige Aussprache betreffend)*

орхиде́|я <-и> *ж* бот Orchidee *f*

ОС *сокр от* **операцио́нная систе́ма** Betriebssystem *nt*

ос|а́ <-ы́> *ж* Wespe *f*

оса́д|а <-ы> *ж* Belagerung *f*

оса|ди́ть <-жу́, -ди́шь> *св прх см.* **осажда́ть, оса́живать**

оса|ди́ться <-жу́сь, -ди́шься> *св рефл см.* **осажда́ться**

оса́дк|и <-ов> *мн* Niederschlag *m;* *(радиоакти́вные)* Fallout *m*

оса́дн|ый <-ая, -ое> *прил* истор, воен Belagerungs-; **оса́дные ору́дия** Belagerungsgeschütze *pl*

оса́д|ок <-ка> *м* хим Rückstand *m*

оса́дочн|ый <-ая, -ое> *прил* **1.** геол Sediment-, Schicht- **2.** метеор Niederschlags-; **оса́дочная вла́га** Niederschlagsfeuchtigkeit *f*

осажда́|ть <-ю, -ешь> *нсв,* **осади́ть** *св прх* **1.** воен belagern **2.** *(прижима́ть)* bestürmen, bedrängen

осажда́|ться <-юсь, -ешься> *нсв,* **осади́ться** *св рефл* хим (sich) absetzen

оса́жива|ть <-ю, -ешь> *нсв,* **осади́ть** *св прх* **1.** *(остана́вливать)* zum Stehen bringen, zügeln **2.** *перен (ста́вить на ме́сто)* zügeln, zurechtweisen

оса́нк|а <-и> *ж* Haltung *f;* **представи́тельная ~** stattliche Körperhaltung *f*

ОСВ *сокр от* **оборони́тельные страте́гические вооруже́ния** strategische Verteidigungswaffen *fpl*

осва́ива|ть <-ю, -ешь> *нсв,* **осво́ить** *св прх* **1.** *(террито́рию)* erschließen **2.** *(зна́ния)* sich aneignen

осва́ива|ться <-юсь, -ешься> *нсв,* **осво́иться** *св рефл* **1.** *(с де́лом)* sich einarbeiten **2.** *(где-л.)* sich einleben; *(к чему́-л.)* sich eingewöhnen, sich anpassen; **~ в незнако́мой обстано́вке** sich in der unbekannten Umgebung einleben; **~ в но́вом коллекти́ве** sich im neuen Kollektiv einarbeiten; **~ в чужо́м го́роде** sich in der fremden Stadt einleben

осведоми́те|ль <-ля> *м* Denunziant *m*

осведоми́тельн|ый <-ая, -ое> *прил* Informations-; **~ докла́д** Aufklärungsbericht *m;* **осведоми́тельное аге́нство** Informationsagentur *f*

осве́дом|ить <-лю, -ишь> *св прх см.* **осведомля́ть**

осве́дом|иться <-люсь, -ишься> *св рефл см.* **осведомля́ться**

осведомлённос|ть <-ти> *ж* **1.** *(подко́ванность)* Bewandertheit *f* **2.** *(зна́ние де́ла)* Sachkenntnis *f;* **~ о ма́рке** экон Markenkenntnis *f*

осведомлён|ный <-ная, -ное; -, -а́, -о́> *прил* informiert; **быть осведомлённым в разли́чных областя́х** in verschiedenen Gebieten bewandert sein; **хорошо́ осведом-**

лённые круги́ gut informierte Kreise

осведомля́|ть <-ю, -ешь> *нсв,* **осве́домить** *св прх* benachrichtigen, informieren, in Kenntnis setzen; **~ о прие́зде делега́ции** über die Ankunft der Delegation benachrichtigen; **~ о случи́вшемся** über die Geschehnisse informieren

осведомля́|ться <-юсь, -ешься> *нсв,* **осве́домиться** *св рефл* sich erkundigen, sich informieren; *(расспра́шивать)* erfragen

освежа́|ть <-ю, -ешь> *нсв,* **освежи́ть** *св прх* erfrischen; *перен (в па́мяти)* auffrischen

освежа́|ться <-юсь, -ешься> *нсв,* **освежи́ться** *св рефл* sich erfrischen, sich laben; **~ под ду́шем** sich unter der Dusche erfrischen

освежи́те|льный <-льная, -льное; -лен, -льна, -льно> *прил* erfrischend; **освежи́тельные напи́тки** Erfrischungsgetränke *ntpl;* **освежи́тельная салфе́тка** Erfrischungstuch *nt*

освеж|и́ть <-у́, -и́шь> *св прх см.* **освежа́ть**

освеж|и́ться <-у́сь, -и́шься> *св рефл см.* **освежа́ться**

освети́тельн|ый <-ая, -ое> *прил* эл, воен Leucht-, Beleuchtungs-; **~ прибо́р** Leuchte *f,* Lichtgerät *nt;* **освети́тельные раке́ты** Leuchtraketen *fpl*

осве|ти́ть <-щу́, -ти́шь> *св прх см.* **освеща́ть**

осве|ти́ться <-щу́сь, -ти́шься> *св рефл см.* **освеща́ться**

осветля́|ть <-ю, -ешь> *нсв,* **осветли́ть** *св прх* klären; *(лес)* auslichten; **~ во́ду в отсто́йнике** das Wasser im Absetzbecken klären

освеща́|ть <-ю, -ешь> *нсв,* **освети́ть** *св прх* **1.** *и перен* erleuchten, beleuchten **2.** *перен (разъясня́ть)* erhellen, beleuchten **3.** *(в пре́ссе)* behandeln; **широко́ ~ что-л.** ausführlich berichten über *+akk*

освеща́|ться <-юсь, -ешься> *нсв,* **освети́ться** *св рефл* **1.** *(напо́лниться све́том)* sich erhellen, erstrahlen; **сце́на освети́лась мно́жеством огне́й** die Bühne erstrahlte durch eine Unzahl von Lichtern **2.** *(оживи́ться)* erstrahlen; **лицо́ освети́лось ра́достной улы́бкой** das Gesicht erstrahlte in freudigem Lächeln

освеще́ни|е <-я> *ср* **1.** *перен* Erleuchtung *f* **2.** *(ламп)* Beleuchtung *f* **3.** *(в пре́ссе)* Berichterstattung *f*

освещённос|ть <-ти> *ж* Beleuchtungsstärke *f; (светово́ые усло́вия)* Lichtverhältnisse *pl*

освирепе́|ть <-ю, -ешь> *св нпрх см.* **свирепе́ть**

осви́стыва|ть <-ю, -ешь> *нсв,* **освиста́ть** *св прх* auspfeifen

освободи́тельн|ый <-ая, -ое> *прил* Befreiungs-, Freiheits-; **освободи́тельное движе́ние** Freiheitsbewegung *f;* **освободи́тельная война́** Befreiungskrieg *m*

освобо|ди́ть <-жу́, -ди́шь> *св прх см.* **освобожда́ть**

освобо|ди́ться <-жу́сь -ди́шься> *св рефл см.* **освобожда́ться**

освобожда́|ть <-ю, -ешь> *нсв,* **освободи́ть** *св прх* **1.** *(вы́пустить на свобо́ду)* befreien **2.** *(отпусти́ть)* freilassen; **~ из-под аре́ста** aus der Haft entlassen; **~ це́ны** die Preise freigeben **3.** *(вре́менно для чего́-л.)* freistellen **4.** *(от до́лжности)* (vom Amt) entbinden, (vom Dienst) suspendieren **5.** *(от хла́ма)* entrümpeln **6.** *(кварти́ру)* ausziehen, räumen **7.** *(от чего́-л.)* entlasten

освобожда́|ться <-юсь, -ешься> *нсв,* **освободи́ться** *св рефл* **1.** *(стать свобо́дным)* sich befreien; **~ из заключе́ния** sich aus der Haft befreien **2.** *(изба́виться)* loswerden; **~ от предрассу́дков** die Vorurteile aufgeben; **ме́сто освободи́лось** der Platz ist frei geworden; **я освободи́лся** ich bin schon frei

освобожде́ни|е <-я> *ср* Befreiung *f; (на свобо́ду)* Entlassung *f,* Freilassung *f; (от како́й-л. обя́занности)* Entlastung *f,* Erlass *m;* **~ от а́рмии** Befreiung vom Wehrdienst; **досро́чное ~** vorzeitige Entlassung *f;* **~ под зало́г** Entlassung *f* gegen Kaution; **~ от занима́емой до́лжности** Amtsentbindung *f;* **~ от тамо́женных по́шлин** Zollbefreiung *f;* **~ от уро́ков физкульту́ры** Freistellung *f,* vom Sportunterricht; **~ цен** Freigabe *f;* **~ из-под аре́ста** Haftentlassung *f;* **~ от нака́зания** Indemnität *f;* **~ от отве́тственности** Indemnität *f,* Haftungsfreistellung *f;* **~ от упла́ты нало́гов** Steuerbefreiung *f,* Abgabenbefreiung *f;* **~ цен** Preisfreigabe *f*

освое́ни|е <-я> *ср* **1.** *(о зна́ниях)* Aneignung *f,* Beherrschung *f* **2.** *(о террито́рии)* Erschließung *f;* **~ ры́нка** Markterschließung *f*

осво́|ить <-ю, -ишь> *св прх см.* **осва́ивать**

осво́|иться <-юсь, -ишься> *св рефл см.* **осва́иваться**

освяща́|ть <-ю, -ешь> *нсв,* **освяти́ть** *св прх* религ weihen; **да святи́тся и́мя твоё** geheiligt werde dein Name

освяще́ни|е <-я> *ср* религ Weihe *f;* **откры́тие и ~ па́мятника** Enthüllung *f* und Einweihung *f* eines Denkmals

осев|о́й <-а́я, -о́е> *прил* Achsen-, Achs-; **осева́я ли́ния** Axiallinie *f,* Mittellinie *f*

оседа́|ть <-ю, -ешь> *нсв,* **осе́сть** *св нпрх* **1.** *(о пы́ли и т.п.)* sich absetzen, sich ablagern **2.** *(о до́ме, о земле́)* sich senken, herabsinken **3.** *(поселя́ться)* sich niederlassen, sesshaft werden

осёдлыва|ть <-ю, -ешь> *нсв,* **оседла́ть** *св прх* **1.** *(коня́)* satteln **2.** *перен* bevormun-

den, gängeln **3.** ВОЕН besetzen
осéдл|ый <-ая, -ое> *прил* ansässig, sesshaft
осёл <ослá> *м* ЗООЛ Esel *m*
осекá|ться <-юсь, -ешься> *нсв*, **осéчься** *св рефл* versagen; **ружьё осеклóсь** die Schusswaffe versagte; **гóлос дрóгнул и осёкся** die Stimme zitterte und versagte; **от волнéния он осёкся и замолчáл** vor Aufregung blieb er stocken und verstummte
осел|óк <-кá> *м* Schleifstein *m; перен* Prüfstein *m*
осеменéни|е <-я> *ср* БИОЛ Befruchtung *f;* **искýсственное ~** künstliche Besamung *f (bei Tieren),* künstliche Befruchtung *f (bei Menschen)*
осеменя́|ть <-ю, -ешь> *нсв*, **осемени́ть** *св прх* БИОЛ, АГР besamen, befruchten; **~ яйцеклéтку** die Eizelle befruchten
осен|и́ть <-ю́, -и́шь> *св прх см.* **осеня́ть**
осéнн|ий <-яя, -ее> *прил* herbstlich
óсе|нь <-ни> *ж* Herbst *m;* **цыпля́т по óсени считáют** *пословица* man soll den Tag nicht vor dem Abend loben
óсенью *нрч* im Herbst, zur Herbstzeit; **~ идýт си́льные дожди́** im Herbst regnet es stark; **~ погóда пóртится** zur Herbstzeit wird das Wetter schlecht
осеня́|ть <-ю, -ешь> *нсв*, **осени́ть** *св прх* eine Erleuchtung bekommen; **егó осени́ла гениáльная идéя** ihm ist eine geniale Idee eingefallen; **меня́ осени́ла догáдка** eine Vermutung ist mir gekommen
осéсть <ося́ду, ося́дешь> *св нпрх см.* **оседáть**
осети́н <-а> *м*, **осети́нк|а** <-и> *ж* Ossete *m,* Ossetin *f*
осётр <-á> *м* ЗООЛ Stör *m;* **сахали́нский ~** Sachaliner Stör *m*
осети́нск|ий <-ая, -ое> *прил* ЭТН ossetisch; **~ нарóд** das ossetische Volk; **~ язы́к** die ossetische Sprache, das Ossetische
осетри́н|а <-ы> *ж* Störfleisch *nt*
осéчк|а <-и> *ж* Fehlschlag *m;* **ружьё далó осéчку** die Schusswaffe versagte; **вы́шла ~** es wurde zu einem Reinfall
осé|чься <-кýсь, -чешься> *св рефл см.* **осекáться**
оси́лива|ть <-ю, -ешь> *нсв*, **оси́лить** *св прх* **1.** *(поборóть)* überwältigen; **в борьбé ~ проти́вника** im Kampf den Gegner bezwingen; **~ волнéние** die Aufregung überwinden **2.** *(спрáвиться с чем-л)* bewältigen; **э́ту рабóту я не оси́лю сам** mit dieser Arbeit werde ich allein nicht fertig
оси́н|а <-ы> *ж* БОТ Espe *f*
оси́нов|ый <-ая, -ое> *прил* Espen-; **оси́новая рóща** Espenwald *m;* **дрожáть, как ~ лист** wie Espenlaub zittern
оси́н|ый <-ая, -ое> *прил* Wespen-; **оси́ное гнездó** Wespennest *nt;* **оси́ная тáлия** Wespentaille *f*
оси́пл|ый <-ая, -ое> *прил* heiser; **~ гóлос** heisere Stimme *f*
осиротéл|ый <-ая, -ое> *прил и перен* verwaist
осиротé|ть <-ю, -ешь> *св нпрх см.* **сиротéть**
оскáл <-а> *м* Fletschen *nt;* **~ зубóв** Zähnefletschen *nt*
оскáл|ить <-ю, -ишь> *св нпрх см.* **скáлить**
оскверня́|ть <-ю, -ешь> *нсв*, **осквернить** *св прх* schänden, beschmieren, entweihen
оскóл|ок <-ка> *м* Splitter *m;* **~ стеклá** Glasscherbe *f;* **~ снаря́да** Granatsplitter *m*
оскóлочн|ый <-ая, -ое> *прил* Splitter-; **~ снаря́д** Splittergranate *f*
оскóмин|а <-ы> *ж* herber Nachgeschmack *m;* **наби́ть оскóмину ки́слыми я́блоками** nach den saueren Äpfeln einen herben Nachgeschmack im Mund behalten; **их рéчи ужé давнó всем наби́ли оскóмину** ihre Reden sind schon lange allen zur Plage geworden
оскорби́те|льный <-льная, -льное; -лен, -льна, -льно> *прил* beleidigend, ausfallend, verletzend
оскорб|и́ть <-лю́, -и́шь> *св прх см.* **оскорбля́ть**
оскорблéни|е <-я> *ср* Beleidigung *f,* Beschimpfung *f*
оскорблён|ный <-ная, -ное; -, -á, -ó> *прил* verletzt, beleidigt; **оскорблённое честолю́бие** verletzter Ehrgeiz *m;* **чýвствовать себя́ оскорблённым** sich beleidigt fühlen
оскорбля́|ть <-ю, -ешь> *нсв*, **оскорби́ть** *св прх* beleidigen, kränken
ослабевá|ть <-ю, -ешь> *нсв*, **ослабéть** *св нпрх* schwächen, erschlaffen; *и перен* erlahmen; **пáмять ослабéла** das Gedächtnis ließ nach; **вéтер ослабéл** der Wind flaute ab; **надéжда всё бóльше ослабевáла** die Hoffnung schwand immer mehr; **интерéс к собы́тию рéзко ослабéл** das Interesse an diesem Ereignis ließ stark nach; **ýзел на канáте ослабéл** der Tauknoten wurde locker
ослáб|ить <-лю, -ишь> *св прх см.* **ослабля́ть**
ослаблéни|е <-я> *ср* **1.** *(слáбость)* Schwächung *f* **2.** ЭКОН *(замирáние)* Abnahme *f,* Abflauen *nt;* **~ конъюнктýры** Abschwung *m*
ослабля́|ть <-ю, -ешь> *нсв*, **ослáбить** *св прх* schwächen; *(отпусти́ть)* lockern
ослáв|ить <-лю, -ишь> *св прх см.* **слáвить**
ослáв|иться <-люсь, -ишься> *св рефл см.* **ославля́ться**
ослáв|ить <-лю, -ишь> *нсв*, **ослáвить** *св прх* verleumden
ославля́|ться <-юсь, -ешься> *нсв*, **ослá-**

виться *св рефл разг* in Verruf geraten; **~ на всю окру́гу** im ganzen Umkreis einen schlechten Ruf haben

ослепи́те|льный <-льная, -льное; -лен, -льна, -льно> *прил* blendend

ослеп|и́ть <-лю́, -и́шь> *св прх см.* **ослепля́ть**

ослепле́ни|е <-я> *ср* Blendung *f; перен (введе́ние в заблужде́ние)* Verblendung *f*

ослеплён|ный <-ная, -ное; -, -á, -ó> *прил* geblendet; **~ сне́гом** schneeblind

ослепля́|ть <-ю, -ешь> *нсв,* **ослепи́ть** *св прх* blenden

осле́пн|уть <-у, -ешь> *св прх см.* **сле́пнуть**

осли́н|ый <-ая, -ое> *прил* Esels-; **~ ум** Eselsgeist *m;* **осли́ное упря́мство** Sturheit *f;* **осли́ное неве́жество** große Unwissenheit *f*

осли́ц|а <-ы> *ж* зоол Eselin *f*

осложне́ни|е <-я> *ср* Komplikation *f*

осложн|и́ть <-ю́, -и́шь> *св прх см.* **осложня́ть**

осложн|и́ться <-ю́сь, -и́шься> *св рефл см.* **осложня́ться**

осложня́|ть <-ю, -ешь> *нсв,* **осложни́ть** *св прх* komplizieren; **отсу́тствие тра́нспорта осложни́ло положе́ние** der Ausfall der öffentlichen Verkehrsmittel erschwerte die Lage; **посторо́ннее вмеша́тельство осложня́ет де́ло** fremdes Einmischen macht die Sache komplizierter

осложня́|ться <-юсь, -ешься> *нсв,* **осложни́ться** *св рефл* kompliziert werden; **положе́ние осложни́лось** die Lage erschwerte sich; **отноше́ния в семье́ осложни́лись** die Familienbeziehungen wurden kompliziert; **боле́знь си́льно осложни́лась** die Krankheit führte zu einer Komplikation

ослы́ш|аться <-усь, -ишься> *св рефл разг* sich verhören, überhören; **извини́те, я, наве́рное, ослы́шался** entschuldigen Sie, bitte, ich habe mich wahrscheinlich verhört; **вы ослы́шались, я вас не вызыва́л** Sie haben falsch verstanden, ich habe Sie nicht aufgerufen

осма́нск|ий <-ая, -ое> *прил* истор osmanisch; **Осма́нская импе́рия** Osmanisches Reich *nt;* **осма́нское влады́чество** Osmanische Herrschaft *f*

осма́трива|ть <-ю, -ешь> *нсв,* **осмотре́ть** *св прх* **1.** *(музе́й)* besichtigen **2.** *(ко́мнату)* in Augenschein nehmen **3.** *(кого́-л.)* mustern

осма́трива|ться <-юсь, -ешься> *нсв,* **осмотре́ться** *св рефл* **1.** *(огляде́ться)* umherschauen, sich umsehen; **он стал внима́тельно осма́триваться** er schaute sich vorsichtig um **2.** *(ознако́миться с обстано́вкой)* sich orientieren; **~ на но́вом ме́сте** sich an der neuen Stelle einleben

осме́ива|ть <-ю, -ешь> *нсв,* **осмея́ть** *св прх* auslachen, lächerlich machen

осмеле́|ть <-ю, -ешь> *св прх см.* **смеле́ть**

осме́лива|ться <-юсь, -ешься> *нсв,* **осме́литься** *св рефл* wagen, sich erdreisten

осме|я́ть <-ю, -ешь> *св прх см.* **осме́ивать**

о́сми|й <-я> *м* хим Osmium *nt*

осмоле́ни|е <-я> *ср* Verharzung *f*

осмо́лк|а <-и> *ж* Teeren *nt*

осмо́тр <-а> *м* **1.** *(го́рода, музе́я и т.п.)* Besichtigung *f;* **нача́ло осмо́тра** Besichtigungsbeginn *m* **2.** мед Untersuchung *f* **3.** *(с це́лью контро́ля)* Inspektion *f,* Prüfung *f*

осм|отре́ть <-отрю́, -о́тришь> *св прх см.* **осма́тривать**

осм|отре́ться <-отрю́сь, -о́тришься> *св рефл см.* **осма́триваться**

осмотри́тельнос|ть <-ти> *ж* Umsicht *f,* Vorsicht *f,* Behutsamkeit *f;* **проявля́ть ~** Umsicht zeigen; **де́йствовать с осмотри́тельностью** mit Vorsicht handeln

осмотри́те|льный <-льная, -льное; -лен, -льна, -льно> *прил* umsichtig, vorsichtig; **~ челове́к** behutsamer Mensch *m*

осмо́трщик <-а> *м* Revisor *m,* Kontrolleur *m,* Prüfer *m;* **~ ваго́нов** Waggonprüfer *m;* **~ багажа́** Gepäckkontrolleur *m*

осмысле́ни|е <-я> *ср* **1.** *(усвое́ние, распознава́ние)* Erfassen *nt,* Erkennen *nt* **2.** *(размышле́ние)* Überdenken *nt;* **~ исто́рии** Geschichtsbewältigung *f,* Aufarbeitung *f* der Geschichte

осмысля́|ть <-ю, -ешь> *нсв,* **осмы́слить** *св прх* begreifen; **~ значе́ние ска́занного** das Gesagte erfassen; **~ своё поведе́ние** das eigene Verhalten überdenken; **~ происходя́щие собы́тия** die Ereignisse verarbeiten

осна|сти́ть <-щу́, -ти́шь> *св прх см.* **оснаща́ть**

осна́стк|а <-и> *ж* Ausstattung *f;* мор Takelung *f,* Takeln *nt*

оснаща́|ть <-ю, -ешь> *нсв,* **оснасти́ть** *св прх* **1.** *(обору́довать)* ausrüsten; **2.** *(снабди́ть)* ausstatten **3.** мор auftakeln; **~ су́дно всем необходи́мым** das Schiff mit allem Notwendigen betakeln

оснаще́ни|е <-я> *ср* Ausstattung *f,* Ausrüstung *f*

осно́в|а <-ы> *ж* Basis *f,* Grundlage *f;* лингв Stamm *m;* **~ существова́ния** Existenzgrundlage *f;* **~ нало́говых расчётов** Steuerbemessungsgrundlage *f*

основа́ни|е <-я> *ср* **1.** *(созда́ние)* Gründung *f,* Stiftung *f* **2.** *(по́вод)* Anlass *m,* Grund *m,* Begründung *f;* **име́ть под собо́й основа́ние** Hand und Fuß haben **3.** хим Base *f* **4.** *(фунда́мент)* Basis *f;* **~ для исчисле́ния чего́-л.** Bemessungsgrundlage *f;* **~ для расторже́ния трудово́го догово́ра** Kündigungsgrund *m;* **~ для увольне́ния с рабо́ты** Kündigungsgrund *m;* **~ фи́рмы** Firmengründung *f*

основа́те|ль <-ля> *м*, **основа́тельниц|а** <-ы> *ж* Gründer(in) *m(f)*

основа́тельно *нрч* **1.** *(серьезно)* gründlich, vernünftig; **~ изуча́ть предме́т** das Fach von Grund aus erlernen; **~ подгото́виться к интервью́** sich gründlich für das Interview vorbereiten **2.** *разг (о́чень)* stabil, ordentlich; **я ~ проголода́лся** ich habe ordentlichen Hunger; **у́тром мы ~ поза́втракали** heute früh haben wir gut gefrühstückt

основа́те|льный <-льная, -льное; -лен, -льна, -льно> *прил* gründlich, tiefgehend, tiefschürfend

осн|ова́ть <-ую́, -уёшь> *св прх см.* **осно́вывать**

осн|ова́ться <-ую́сь, -уешься> *св рефл см.* **осно́вываться**

основн|о́й <-а́я, -о́е> *прил* Haupt-, hauptsächlich; **основно́е зда́ние** Hauptgebäude *nt;* **основна́я за́работная пла́та** Grundlohn *m;* **основна́я компа́ния** Obergesellschaft *f;* **основна́я пло́щадь торго́вого помеще́ния** Verkaufsfläche *f;* **основна́я потре́бность** Grundbedürfnis *nt;* **основна́я профе́ссия** [*или* **специа́льность**] Hauptberuf *m;* **основна́я сфе́ра де́ятельности** Hauptaufgabenbereich *m;* **основна́я та́кса** Grundgebühr *f;* **основна́я зарпла́та слу́жащих** Grundgehalt *nt;* **основно́е значе́ние (сло́ва)** Grundbedeutung *f;* **основна́я мысль** Leitgedanke *m;* **основно́е отли́чие** Hauptunterschied *m;* **~ предме́т** Hauptfach *nt;* **в основно́м** im Wesentlichen; **основно́е фина́нсовое капиталовложе́ние** Finanzgrundlage *f;* **основно́е финанси́рование** Sockelfinanzierung *f;* **основны́е изде́ржки** Grundkosten *pl;* **основны́е о́трасли тяжёлой промы́шленности** Grundstoffindustrie *f;* **основные сре́дства** Anlagevermögen *nt,* Anlagegüter *pl;* **основны́е сре́дства произво́дства** Anlagegüter *pl,* Produktionsgüter *pl,* Investitionsgut *nt;* **основно́е ме́сто возникнове́ния затра́т** Hauptkostenstelle *f;* **основно́е назва́ние фи́рмы** Firmenkern *m;* **основно́е запомина́ющее устро́йство** ИНФОРМ Hauptspeicher *m;* **основно́е предприя́тие** Muttergesellschaft *f;* **основны́е фо́нды** Anlagefonds *m;* **~ дохо́д** Primäreinkommen *nt;* **~ зако́н налогообложе́ния** Abgabenordnung *f;* **~ материа́л для изготовле́ния изде́лия** Fertigungsmaterial *nt;* **~ капита́л** Anlagevermögen *nt;* **~ клие́нт** Hauptkunde *m;* **~ окла́д** Grundgehalt *nt;* **~ офере́нт** Hauptanbieter *m;* **~ покупа́тель** [*или* **потреби́тель**] Hauptabnehmer *m;* **~** [*или* **гла́вный**] **проце́ссор** ИНФОРМ Hostprozessor *m;* **~ спи́сок** ИНФОРМ Hauptverzeichnis *nt;* **~ ры́нок сбы́та** Hauptabsatzmarkt *m;* **~ сбор** Grundgebühr *f;* **~ сезо́н** Hauptsaison *f;* **~ тари́ф** Grundgebühr *f;* **~ счёт** Sachkonto *nt;* **~ фина́нсовый капита́л** Finanzlage *f*

основополага́ющ|ий <-ая, -ее> *прил* grundlegend

основополо́жник <-а> *м* **1.** *(основа́тель)* Begründer *m,* Gründer *m* **2.** *(созда́тель)* Schöpfer *m*

осно́выва|ть <-ю, -ешь> *нсв,* **основа́ть** *св прх* gründen, begründen, ins Leben rufen; *(учрежда́ть)* stiften; *(на чём-л.)* gründen, basieren auf *+dat*

осно́выва|ться <-юсь, -ешься> *нсв,* **основа́ться** *св рефл* **1.** *(опира́ться)* beruhen, basieren; *(на чём-л.)* auf *+dat;* **~ на нау́чных вы́водах** auf wissenschaftlichen Schlussfolgerungen basieren; **~ на предположе́ниях** auf Annahmen ruhen **2.** *(возни́кнуть)* entstehen; **Санкт-Петербу́рг основа́лся в у́стье Невы́** Sankt Peterburg entstand an der Mündung der Newa **3.** *(расположи́ться)* sich niederlassen, sich einrichten; **~ на но́вом ме́сте** sich am neuen Platz einrichten; **основа́лась но́вая па́ртия** eine neue Partei wurde gegründet

осо́б|а <-ы> *ж* Person *f,* Persönlichkeit *f;* **почте́нная ~** angesehene Person *f*

осо́бенно *нрч* besonders, insbesondere

осо́бенноc|ть <-ти> *ж* Besonderheit *f;* *(характе́рное сво́йство)* Eigenheit *f,* Eigenart *f*

осо́бенн|ый <-ая, -ое> *прил* besonders; **что́-то осо́бенное** etwas Besonderes *nt*

особня́к <-а́> *м* Eigenheim *nt,* Einfamilienhaus *nt*

особняко́м *нрч* abseits

осо́бо *нрч* **1.** *(осо́бенно)* besonders, extra **2.** *(отде́льно)* speziell; **~ тру́дные зада́ния он пропуска́л** die besonders schwierigen Aufgaben hat er übersprungen

осо́б|ый <-ая, -ое> *прил* besondere(r, s), Sonder-; **осо́бые заслу́ги** besondere Verdienste *ntpl;* **осо́бые приме́ты** besondere Kennzeichen *ntpl;* **~ слу́чай** Sonderfall *m;* **осо́бые изде́ржки** ЭКОН Sondereinzelkosten *pl;* **осо́бые полномо́чия** Sondervollmacht *f;* **осо́бые права́** Sonderrechte *pl;* **осо́бые расхо́ды** Sonderausgaben *pl;* **осо́бые сбо́ры** Sonderabgaben *pl*

осовреме́нива|ть <-ю, -ешь> *нсв,* **осовреме́нить** *св прх* erneuern, modernisieren, auf den neusten Stand bringen; **~ пье́су** das Theaterstück modernisieren; **~ обору́дование** die Ausrüstung erneuern

осозна|ва́ть <-ю́, -ёшь> *нсв,* **осозна́ть** *св прх* **1.** *(признава́ть, распознава́ть)* einsehen, erkennen **2.** *(сознава́ть, отдава́ть себе́ отчёт)* sich bewusst werden **3.** *(прочу́вствовать)* verinnerlichen

осозна́ни|е <-я> *ср* Begreifen *nt,* Erkennen *nt,* Bewusstwerden *nt*

осо́знан|ный <-ная, -ное; -, -а, -о> *прил*

О

bewusst, absichtlich; ~ **риск** bewusstes Risiko *nt;* **осóзнанные дéйствия** absichtliche Handlungen *fpl;* **осóзнанная винá** eingesehene Schuld *f*

осознá|ть <-ю, -ешь> *св прх см.* **осознавáть**

óсп|а <-ы> *ж* МЕД Pocken *pl*

оспáрива|ть <-ю, -ешь> *нсв,* **оспóрить** *св прх* abstreiten, bestreiten, in Abrede stellen; ЮР anfechten; ~ **правá на наслéдство** die Erbrechte anfechten; ~ **мнéние коллéг** die Meinung der Kollegen in Frage stellen

óспенн|ый <-ая, -ое> *прил* МЕД Pocken-; **óспенная эпидéмия** Pockenepidemie *f*

оспóр|ить <-ю, -ишь> *св прх см.* **оспáривать**

оста|вáться <-ю́сь, -ёшься> *нсв,* **остáться** *св рефл* **1.** *(стоя́ть на мéсте)* bleiben, verharren, dableiben **2.** *(о деньгáх, врéмени)* übrig bleiben **3.** *(сохраня́ться)* bestehen bleiben; **остáться в живы́х** mit dem Leben davonkommen, überleben; **остáвшиеся в живы́х** Überlebende *pl;* ~ **в коали́ции** in der Koalition verbleiben; ~ **в постéли** im Bett liegen bleiben; **остáться на вторóй год** *(в шкóле)* sitzen bleiben; **остáться ни с чем** [*или* **при своих интерéсах**] leer ausgehen, das Nachsehen haben; ~ **пóсле урóков** nachsitzen

оставля́|ть <-ю, -ешь> *нсв,* **остáвить** *св прх* **1.** *(не взять с собóй)* zurücklassen; ~ **в залóг** als Pfand dalassen; ~ **завещáние** ein Testament hinterlassen; ~ **следы́** Spuren hinterlassen **2.** *(сдавáть)* preisgeben **3.** *(забы́ть взять)* hier lassen, stehen lassen, liegen lassen; **остáвьте!** lassen Sie das!; ~ **в замкé** *(о ключé)* stecken lassen; ~ **висéть** hängen lassen; ~ **здесь** dalassen; ~ **как есть** belassen; ~ **на вторóй год** nicht versetzen, eine Klasse wiederholen lassen; ~ **откры́той** *(о двéри)* offen lassen; **твое решéние не оставля́ет сомнéний** deine Entscheidung lässt keine Zweifel; **оставля́ю тебé самомý приня́ть решéние** ich überlasse es dir die Entscheidung zu fällen **4.** *(поки́нуть, брóсить, прекрати́ть)* verlassen, im Stich lassen, sitzen lassen; ~ **в покóе** in Ruhe lassen, zufrieden lassen; ~ **детéй без присмóтра** die Kinder unbeaufsichtigt lassen; ~ **на чьё-л. усмотрéние** jdm die Entscheidung überlassen; ~ **пóсле урóков** nachsitzen lassen **5.** *(сохрани́ть)* behalten; ~ **за собóй** sich vorbehalten; ~ **себé** behalten, aufheben; ~ **вся́кую надéжду** alle Hoffnung fahren lassen; ~ **желáть лýчшего** viel zu wünschen übrig lassen

остальн|óй <-áя, -óе> *прил* übrig, restlich, sonstig

останáвлива|ть <-ю, -ешь> *нсв,* **останови́ть** *св прх* **1.** *(предотврати́ть)* aufhalten, stoppen, zum Stillstand bringen; ~ **кровотечéние** МЕД eine Blutung stillen; ~ **спад произвóдства** den Produktionsrückgang stoppen **2.** *(задержáть на мéсте)* anhalten; ~ **такси́** ein Taxi anhalten; ~ **прохóжего** den Passanten anhalten **3.** *(часы́)* stoppen **4.** *(произвóдство)* stilllegen, ТЕХ abstellen **5.** *(сосредотóчить)* richten, lenken, konzentrieren; ~ **внимáние на чём-л.** die Aufmerksamkeit auf etw lenken

останáвлива|ться <-юсь, -ешься> *нсв,* **останови́ться** *св рефл* **1.** *(встать на мéсте, прервáться)* stehen bleiben, Halt machen; **рабóта врéменно останови́лась** die Arbeit wurde zeitweilig gestoppt; **движé-ние в гóроде останови́лось** der Stadtverkehr stockte; ~ **в гости́нице** im Hotel bleiben; **он ни пéред чем не остановится** er macht vor nichts Halt; **останови́ться на полусло́ве** mitten im Satz aufhören **2.** *(дéлать привáл)* rasten, innehalten; **глáвное - вóвремя** ~ man soll nichts übertreiben; **ни пéред чем не** ~ vor nichts zurückschrecken; **не** ~ **пéред жéртвами** kein Opfer scheuen; **подрóбно** ~ **на чём-л. в своéй рéчи** in seiner Rede eingehen auf +*akk* **3.** *(об автóбусе)* anhalten **4.** *(о часáх)* ablaufen, stehen bleiben **5.** *(о произвóдстве)* zum Stillstand kommen, ruhen **6.** *(в гости́нице)* absteigen, einkehren, logieren **7.** *(сосредотóчиться)* verweilen, sich konzentrieren; ~ **на подрóбностях** sich auf die Details konzentrieren

остáнк|и <-ов> *мн* Reste *pl;* *(тéло покóйника)* Leichnam *m;* *(остáтки)* Ruine *f;* **брéнные** ~ die sterblichen Überreste; ~ **крепостнóй стены́** die Ruinen der Festungsmauer

остан|ови́ть <-овлю́, -óвишь> *св прх см.* **останáвливать**

остан|ови́ться <-овлю́сь, -óвишься> *св рефл см.* **останáвливаться**

остано́вк|а <-и> *ж* **1.** *(привáл, переды́шка)* Halt *m,* Rast *f* **2.** *(в пути́, в хóде визи́та)* Zwischenstation *f,* Zwischenstop *m* **3.** *(стáнция)* Haltestelle *f;* **автóбусная** ~ Bushaltestelle *f;* ~ **по трéбованию** Bedarfshaltestelle *f;* ~ **сéрдца** МЕД Herzstillstand *m;* **без остано́вки произвóдства** bei laufender Produktion; ~ **произвóдства** Produktionsausfall *m*

остано́вочн|ый <-ая, -ое> *прил* Halte-, Brems-; ~ **механи́зм** Bremsmechanismus *m*

остáт|ок <-ка> *м* Rest *m,* Überrest *m,* Überbleibsel *nt,* Relikt *nt;* *мн* *(отбрóсы)* Abfälle *mpl;* *(сдáча)* Saldo *m;* *(карандашá, свечи́)* Ende *nt,* Stumpf *m;* ~ **дня** Rest *m* des Tages; **без остáтка** restlos; ~ **сýммы** Differenzbetrag *m*

остáточн|ый <-ная, -ное> *прил* restlich, Rest-; **остáточная стóимость** Restwert *m;* **остáточный срок слýжбы** Restnutzungsdauer *f*

остá|ться <-нусь, -нешься> *св рефл см.*

остава́ться
остекле́ни|е <-я> *ср* Verglasung *f*
остекля́|ть <-ю, -ешь> *нсв*, **остекли́ть** *св прх* verglasen
остеопоро́з <-а> *м* МЕД Osteoporose *f*
остеохондро́з <-а> *м* МЕД Osteohondritis *f*
остепеня́|ться <-юсь, -ешься> *нсв*, **остепени́ться** *св рефл* vernünftig werden, sich besinnen; **жени́лся и остепени́лся** er hat geheiratet und wurde vernünftiger; **с года́ми остепени́лся** mit den Jahren wurde er vernünftiger
остервене́ни|е <-я> *ср* Wut *f*, Raserei *f*; **с остервене́нием рвану́ться вперёд** sich mit Hingabe an die Arbeit machen; **рабо́тать с остервене́нием** hingebungsvoll arbeiten
остерега́|ться <-юсь, -ешься> *нсв*, **остере́чься** *св рефл (кого́-л.)* sich in Acht nehmen vor +*dat*
о́стов <-а> *м* Gerüst *nt*, Gestell *nt*; *(карка́с)* Gerippe *nt*
остолбене́|ть <-ю, -ешь> *св нпрх см.* **столбене́ть**
осторо́жнос|ть <-ти> *ж* Vorsicht *f*, Behutsamkeit *f*
осторо́ж|ный <-ная, -ное; -ен, -на, -но> *прил* **1.** *(бе́режный)* vorsichtig, behutsam **2.** *(рассуди́тельный)* bedächtig
осточерте́|ть <-ю, -ешь> *св прх разг* zuwider sein, zum Halse heraushängen; **ему́ э́то уже́ осточерте́ло** das hängt ihm zum Halse heraus; **э́то мне осточерте́ло** das kotzt mich an
остри|ё <-я́> *ср* **1.** *(ле́звие)* Schneide *f* **2.** *(о́стрый коне́ц)* Spitze *f*; **на ~ ножа́** auf Messers Schneide
остри́га|ть <-ю, -ешь> *нсв*, **остри́чь** *св прх* schneiden; **~ во́лосы** Haare schneiden (lassen); **~ ове́ц** die Schafe scheren; **~ догола́** kahl scheren
остр|и́ть <-ю́, -и́шь> *нсв*, **состри́ть** *св* **I.** *прх* schärfen **II.** *нпрх (шути́ть)* flachsen, (geistreiche) Witze machen
остри́|чь <-гу́, -жешь> *св прх см.* **стричь, остри́гать**
о́стро *нрч* heftig, scharf; **~ отреаги́ровать на замеча́ние** heftig auf die Bemerkung reagieren
о́стров <-а> *м* Insel *f*; **~ сокро́вищ** Schatzinsel *f*; **необита́емый ~** verlassene Insel *f*
островитя́нин <-а> *м*, **островитя́нк|а** <-и> *ж* Inselbewohner(in) *m(f)*, Insulaner *m(f)*
островн|о́й <-ая, -ое> *прил* Insel-; **островна́я террито́рия** Inselterritorium *nt*
остров|о́к <-ка́> *м* kleine Insel *f*; **~ безопа́сности** Verkehrsinsel *f*
остро́г <-а> *м* ИСТ Gefängnis *nt*
острогла́з|ый <-ая, -ое; -, -а, -о> *прил* scharfsichtig; **~ орёл** scharfsichtiger Adler *m*; **~ ма́льчик** scharfsichtiger Junge *m*
остроконе́ч|ный <-ная, -ное; -ен, -на, -но> *прил* Spitz-; **остроконе́чная ба́шня** spitzer Turm *m*
остроно́с|ый <-ая, -ое; -, -а, -о> *прил* spitz; **остроно́сые ту́фли** spitze Schuhe *pl*
остросло́в <-а> *м* Witzbold *m*, geistreicher Spötter *m*
остросюже́тн|ый <-ая, -ое> *прил* **~ фильм** Actionfilm *m*
острот|а́ <-ы> *ж* Schärfe *f*
остро́т|а <-ы> *ж* Witz *m*, geistreiche Äußerung *f*; **неуда́чная ~** Kalauer *m*, schlechter Witz *m*
остроу́ми|е <-я> *ср* Scharfsinn *m*, Esprit *m*, Geist *m*
остроу́мнича|ть <-ю, -ешь> *нсв нпрх разг* witzig sein
остроу́м|ный <-ная, -ное; -ен, -на, -но> *прил* geistreich, witzig
о́стр|ый <-ая, -ое; -, -а́, -о́ *или* -о> *прил* **1.** *(нож, каранда́ш)* scharf, spitz **2.** *(прони́цательный)* scharfsinnig; **~ ум** scharfer Verstand *m*; **вести́ о́стрые дику́ссии** kontrovers diskutieren; **о́стрые спо́ры** heftige Auseinandersetzungen *fpl* **3.** *(актуа́льный)* akut, relevant **4.** *перен (ко́лкий, язви́тельный)* scharf, gepfeffert **5.** МЕД akut
остря́к <-а́> *м*, **остря́чк|а** <-и> *ж* Witzbold *m*, witziger Mensch *m*, Spaßvogel *m*
остужа́|ть <-ю, -ешь> *нсв*, **остуди́ть**, *св прх* auskühlen lassen, kaltstellen
оступа́|ться <-юсь, -ешься> *нсв*, **оступи́ться** *св рефл* stolpern; **не оступи́тесь, здесь поро́г!** Vorsicht, nicht stolpern, hier gibt es eine Schwelle!; **ещё не раз осту́пишься** dir stehen noch weitere Fehltritte bevor; **осту́пишься, не уныва́й!** wenn auch nicht alles klappt, lass den Kopf nicht hängen!
остыва́|ть <-ю, -ешь> *нсв*, **осты́ть** *св нпрх* **1.** *(стать холо́дным)* sich abkühlen; **ча́йник осты́л** die Teekanne wurde kalt **2.** *(охладе́ть)* gleichgültig werden; **интере́с к теа́тру осты́л** das Interesse am Theater nahm ab; **успоко́йся, осты́нь!** beruhige dich, bewahre einen kühlen Kopf!; **~ от волне́ния** sich abregen
осужда́|ть <-ю, -ешь> *нсв*, **осуди́ть** *св прх* verurteilen, missbilligen
осужде́ни|е <-я> *ср* Missbilligung *f*; ЮР Verurteilung *f*
осуждённ|ый <-ого> *м* verurteilt; **~ на смерть** zum Tode verurteilt
осу́н|уться <-усь, -ешься> *св рефл* abmagern, abnehmen
осуша́|ть <-ю, -ешь> *нсв*, **осуши́ть** *св прх* **1.** *(суши́ть)* trocknen **2.** ЭКОЛ *(боло́та)* trockenlegen **3.** *(выпива́ть до дна)* austrinken, leeren
осуше́ни|е <-я> *ср* Trockenlegung *f*, Entwässerung *f*; **~ боло́т** die Trockenlegung von Sümpfen

О

осуши́тельн|ый <-ая, -ое> *прил* экол, агр Trocken-, Trockenlegungs-; **осуши́тельная систе́ма** Entwässerungssystem *nt*

осуш|и́ть <-у́, -и́шь> *св прх см.* **осуша́ть**

осуществи́мос|ть <-ти> *ж* Durchführbarkeit *f*

осуществ|и́ть <-лю́, -и́шь> *прх см.* **осуществля́ть**

осуществле́ни|е <-я> *ср* Durchführung *f*, Abwicklung *f*, Verwirklichung *f*, Umsetzung *f*

осуществля́|ть <-ю, -ешь> *нсв*, **осуществи́ть** *св прх* durchführen, umsetzen, verwirklichen; ~ **план** einen Plan in die Wirklichkeit umsetzen; ~ **мечту́** den Traum verwirklichen; ~ **интегра́цию** integrieren; ~ **вы́пуск** ausgeben; ~ **капиталовложе́ния** investieren; ~ **эми́ссию** экон emittieren

осцилло́граф <-а> *м* мед Oszillograph *m*

осчастли́влива|ть <-ю, -ешь> *нсв*, **осчастли́вить** *св прх* beglücken, glücklich machen; ~ **ребёнка пода́рками** das Kind mit Geschenken beglücken

осыпа́|ть <-ю, -ешь> *нсв*, **осы́пать** *св прх* **1.** *(обсы́пать)* überschütten, bestreuen; ~ **молодожёнов цвета́ми** die Jungvermählten mit Blumen bestreuen **2.** *(усе́ять)* überstreuen; **брошь осы́пана бриллья́нтами** die Brosche ist mit Diamanten besetzt **3.** *(надели́ть)* bedecken; ~ **поцелу́ями** mit Küssen bedecken; ~ **пода́рками** mit Geschenken überschütten; ~ **оскорбле́ниями** jdn mit Beleidigungen überhäufen

осыпа́|ться <-юсь, -ешься> *нсв*, **осы́паться** *св рефл* **1.** *(о штукату́рке и т.п.)* abbröckeln, abfallen **2.** *(о дере́вьях)* Blätter verlieren

о́сы|пь <-пи> *ж* геол Geröll *nt*; **взбира́ться по о́сыпи** auf das Geröll heraufklettern

ось <о́си> *ж* Achse *f*

осьмино́г <-а> *м* зоол Krake *m*, Achtfüßler *m*

осяза́ни|е <-я> *ср* Tastsinn *m*; **чу́вство осяза́ния** Tastgefühl *nt*

осяза́те|льный <-льная, -льное; -лен, -льна, -льно> *прил* **1.** *(слу́жащий для осяза́ния)* Tast-, Fühl-; ~ **о́рган** Tastorgan *nt* **2.** *(ощути́мый)* wahrnehmbar, fühlbar, spürbar

от *предл* von +*dat*, ab; ~ **и́мени** im Namen von, stellvertretend für; ~ **... до** von ... bis; ~ **ду́ши** nach Herzenslust; **сре́дство ~ ка́шля** Mittel *nt* gegen Husten

ота́плива|ть <-ю, -ешь> *нсв*, **отопи́ть** *св прх* heizen, beheizen

отбе́ливате|ль <-ля> *ж* хим Bleichmittel *nt*

отбе́лива|ть <-ю, -ешь> *нсв*, **отбели́ть** *св прх* bleichen

отбива́|ть <-ю, -ешь> *нсв*, **отби́ть** *св прх* **1.** *(отража́ть)* schlagen, abschlagen **2.** воен zurückerobern; ~ **ата́ку** einen Angriff abwehren **3.** *разг (перема́нивать)* abspenstig machen, wegnehmen; ~ **жену́ у кого́-л.** jdm die Frau abspenstig machen; ~ **охо́ту к чему́-л. у кого́-л.** jdm die Lust nehmen zu +*dat*; ~ **хлеб у кого́-л.** *перен* jdm ins Handwerk pfuschen

отбива́|ться <-юсь, -ешься> *нсв*, **отби́ться** *св рефл* **1.** *(отколо́ться)* abbrechen; **но́сик ча́йника отби́лся** die Tülle der Teekanne brach ab **2.** *(отрази́ть нападе́ние)* zurückschlagen **3.** *(отста́ть)* zurückbleiben **4.** *(не слу́шаться)* ~ **от рук** jdm nicht mehr gehorchen

отбивн|о́й <-а́я, -о́е> *прил* **отбивна́я котле́та** Kotelett *nt*

отбира́|ть <-ю, -ешь> *нсв*, **отобра́ть** *св прх* **1.** *(выбира́ть)* auswählen, auslesen, aussondern **2.** *(забира́ть си́лой)* abnehmen, wegnehmen, abknöpfen

от|би́ть <-обью́, -обьёшь> *св прх см.* **отбива́ть**

от|би́ться <-обью́сь, -обьёшься> *св рефл см.* **отбива́ться**

отбла́гове|стить <-щу, -стишь> *св нпрх см.* **бла́говестить**

отблагодар|и́ть <-ю́, -и́шь> *св прх* sich erkenntlich zeigen, sich revanchieren

о́тблеск <-а> *м* **1.** *и перен* Abglanz *m*, Widerschein *m* ehemaligen Ruhmes; ~ **пре́жней сла́вы** Abglanz *m* **2.** *(отсве́т)* Gegenlicht *nt*

отбо́|й <-я> *м* **1.** воен Entwarnung *f*; ~ **возду́шной трево́ги** Entwarnung *f* nach Fliegeralarm **2.** *(в пионерла́гере)* Nachtruhe *f*; **бить ~** abblasen; **нет отбо́ю** [*или* **отбо́я**] mehr als genug; **от них отбо́я нет** man kann sich ihrer nicht erwehren

отбо́йн|ый <-ая, -ое> *прил* геол Abbau-

отбо́р <-а> *м* **1.** *(вы́бор)* Auslese *f*, Auswahl *f*, Selektion *f*; **есте́ственный ~** биол natürliche Auslese *f*; ~ **средств носи́телей** Mediaselektion *f*; ~ **средств рекла́мы** Mediaselektion *f* **2.** *(изыма́ние)* Entnahme *f*

отбо́рн|ый <-ая, -ое> *прил* *(эли́тный)* ausgewählt, erlesen

отбо́рочн|ый <-ая, -ое> *прил* Auswahl-, Ausscheidungs-; **отбо́рочная коми́ссия** Ausscheidungskommission *f*; **отбо́рочные соревнова́ния** Auswahlspiele *pl*

отбра́сыва|ть <-ю, -ешь> *нсв*, **отбро́сить** *св прх* **1.** *(в сто́рону)* zur Seite werfen; **отбра́сывать тень** Schatten werfen **2.** *перен (отказа́ться от чего́-л.)* verwerfen, aufgeben

отбро́|сы <-ов> *мн* **1.** *(му́сор)* Abfall *m* **2.** *(оста́ток)* Rückstand *m*

отбукси́р|овать <-у́ю, -у́ешь> *св прх* abschleppen

отбыва́|ть <-ю, -ешь> *нсв*, **отбы́ть** *св нпрх* **1.** *(отъе́хать)* abreisen, abfahren **2.** *(отсиде́ть, отрабо́тать и т.п.)*

ablеisten, verbüßen; **~ срок наказа́ния** eine Strafe verbüßen

отва́г|а <-и> *ж (хра́брость)* Kühnheit *f*, Mut *m*, Tapferkeit *f*; **проявля́ть отва́гу** Wagemut zeigen; **награжда́ть за отва́гу** für die Tapferkeit auszeichnen

отва́жива|ться <-юсь, -ешься> *нсв*, **отва́житься** *св рефл* sich wagen; **~ на геро́йский посту́пок** heldenhaft handeln; **не отва́жился спроси́ть** er hat sich nicht getraut zu fragen

отва́ж|ный <-ная, -ное; -ен, -на, -но> *прил* tapfer, mutig

отва́л <-а> *м* Halde *f*, Kippe *f*; **нае́сться до отва́ла** sich bis zum Umfallen voll fressen

отва́лива|ться <-юсь, -ешься> *нсв*, **отвали́ться** *св рефл* bröckeln; *разг* sich zurücklehnen, sich räkeln

отва́р <-а> *м* Brühe *f*; МЕД Absud *m*; **ча́йный ~** Teeabsud *m*

отва́рива|ть <-ю, -ешь> *нсв*, **отвари́ть** *св прх* **1.** *(свари́ть)* (ab)kochen; **~ карто́фель** Kartoffel *npl* kochen **2.** ТЕХ entbasten

отварн|о́й <-а́я, -о́е> *прил* (ab)gekocht; **отварны́е о́вощи** gekochtes Gemüse *nt*

отве́да|ть <-ю, -ешь> *св прх см.* **отве́дывать**

отведе́ни|е <-я> *ср (сто́чных вод)* Ableitung *f*

отве́дыва|ть <-ю, -ешь> *нсв*, **отве́дать** *св прх* **1.** *(попро́бовать на вкус)* kosten, probieren; **прошу́ ~ пиро́г с я́блоками** kosten Sie bitte den Apfelkuchen **2.** *(испыта́ть)* erleben; **не отве́дав го́ря, не позна́ешь сча́стья** *пословица* solange du nicht genug gelitten hast, kannst du nicht glücklich sein, ohne Schweiß kein Preis

отвез|ти́ <-у́, -ёшь> *св прх см.* **отвози́ть**

отверга́|ть <-ю, -ешь> *нсв*, **отве́ргнуть** *св прх* **1.** *(отказа́ть)* ablehnen, zurückweisen **2.** *(бре́зговать, не принима́ть)* verschmähen **3.** *(изгоня́ть)* verbannen, ausstoßen

отвердева́|ть <-ю, -ешь> *нсв*, **отверде́ть** *св нпрх* hart werden; **ла́ва отверде́ла** die Lava erstarrte

отверн|у́ть <-у́, -ёшь> *св прх см.* **отвёртывать**

отверн|у́ться <-у́сь, -ёшься> *св рефл см.* **отвёртываться**

отве́рсти|е <-я> *ср* Öffnung *f*, Loch *nt*, Bohrung *f*

отвёртк|а <-и> *ж* Schraubenzieher *m*

отвёртыва|ть <-ю, -ешь> *нсв*, **отверну́ть** *св прх* **1.** *(откры́ть)* aufdrehen, öffnen; **~ кран** den Hahn aufdrehen **2.** *(лицо́)* wenden, abwenden **3.** *(отогну́ть, загну́ть)* zurückschlagen, umschlagen

отвёртыва|ться <-юсь, -ешься> *нсв*, **отверну́ться** *св рефл* sich abwenden

отве́с <-а> *м* Lot *nt*

отве́с|ный <-ная, -ное; -ен, -на, -но> *прил* steil, abschüssig

отве|сти́ <-ду́, -дёшь> *св прх см.* **отводи́ть**

отве́т <-а> *м* Antwort *f*, Bescheid *m*; **дать ~** antworten, Auskunft geben; **держа́ть ~ пе́ред кем-л.** jdm Rede und Antwort stehen; **привлека́ть к отве́ту** belangen; **призыва́ть к отве́ту** zur Rede stellen, zur Rechenschaft ziehen; **в ~ на что-л.** als Antwort auf *+akk*

ответвле́ни|е <-я> *ср* Abzweigung *f*

отве́|тить <-чу, -тишь> *св нпрх см.* **отвеча́ть**

отве́тн|ый <-ая, -ое> *прил* Antwort-; *(в отве́т на)* Gegen-; **отве́тное письмо́** Antwortschreiben *nt*; **~ визи́т** Gegenbesuch *m*; **отве́тная любо́вь** Gegenliebe *f*; **отве́тная реа́кция** Gegenreaktion *f*; **~ уда́р** ВОЕН Vergeltungsschlag *m*; **~ ход** Gegenzug *m*; **отве́тная ме́ра** Gegenmaßnahme *f*; **приня́ть отве́тные ме́ры** Gegenmaßnahmen treffen; **отве́тная услу́га** Gegenleistung *f*

отве́тственнос|ть <-ти> *ж* **1.** *(долг)* Verantwortung *f*, Verantwortungsgefühl *nt* **2.** ЮР Verantwortlichkeit *f*, Haftung *f*, Haftpflicht *f*; **бе́гство от отве́тственности** Flucht *f* vor der Verantwortung; **привлека́ть к отве́тственности за что-л.** jdn haftbar machen für *+akk*; **~ госуда́рства** Staatshaftung *f*; **~ за изде́лие** Produkthaftung *f*; **~ за ка́чество това́ра** Mängelhaftung *f*; **~ за проду́кцию, ~ за това́р** Produkthaftung *f*; **~ изготови́теля** Herstellerhaftung *f*; **~ по задо́лженности** Schuldenhaftung *f*; **~ эмите́нта за достове́рность да́нных проспе́кта** Prospekthaftung *f*; **~ за вред, причинённый исто́чником повы́шенной опа́сности** Gefährdungshaftung *f*

отве́тствен|ный <-ная, -ное; -, -на, -но> *прил* **1.** *(несу́щий отве́тственность)* verantwortlich, zuständig **2.** ЮР haftbar **3.** *(осознаю́щий отве́тственность)* verantwortungsbewusst; **~ подхо́д** verantwortungsvolles Handeln *nt* **4.** *(ва́жный)* bedeutend; **отве́тственная до́лжность** Vertrauensstellung *f*; **~ исполни́тель** Abwickler *m*

отве́тчик <-а> *м*, **отве́тчиц|а** <-ы> *ж* ЮР Beklagte(r) *f(m)*, Verantwortliche(r) *f(m)*; **~ в арбитра́жном спо́ре** der Beklagte im Schiedsstreit

отвеча́|ть <-ю, -ешь> *нсв*, **отве́тить** *св нпрх* **1.** *(на что-л.)* antworten, erwidern **2.** *(за что-л.)* geradestehen, haften für *+akk*; **~ за свои́ посту́пки** für seine Handlungen Rede und Antwort stehen **3.** *(соотве́тствовать)* entsprechen; **не ~ тре́бованиям** den Anforderungen nicht genügen

отви́нчива|ть <-ю, -ешь> *нсв*, **отвинти́ть** *св прх* abschrauben

О

отвлека́|ть <-ю, -ешь> *нсв,* **отвле́чь** *св прх* ablenken

отвлека́ющ|ий <-ая, -ее> *прил* ablenkend, Ablenkungs-; **~ манёвр** Ablenkungsmanöver *nt*

отвлече́ни|е <-я> *ср* Ablenkung *f*

отвлечён|ный <-ная, -ное; -, -а́, -о́> *прил* abstrakt

отвле́|чь <-ку́, -чёшь> *св прх см.* **отвлека́ть**

отво́д <-а> *м* **1.** ВОЕН Abzug *m,* Rückzug *m* **2.** ЮР Ablehnung *f,* Einspruch *m;* **дать** [*или* **заяви́ть**] **~** Einspruch erheben; **дать ~ судье́** den Richter ablehnen

отв|оди́ть <-ожу́, -о́дишь> *нсв,* **отвести́** *св прх* **1.** *(куда́-л.)* hinbringen, wegbringen; **~ ребёнка в шко́лу** das Kind in die Schule bringen **2.** *(отклоня́ть)* ablenken, entfernen **3.** *(сто́чные во́ды)* ableiten

отво́дн|ый, отводн|о́й <-а́я, -о́е> *прил* СТР Ableitungs-, Zweig-; **~ тонне́ль** Ableitungstunnel *m*

отвоёвыва|ть <-ю, -ешь> *нсв,* **отвоева́ть** *св прх* zurückerobern; **~ потéрянные пози́ции** die verlorenen Positionen zurückerobern; **стари́к своё отвоева́л** der Alte hat seinen Beitrag geleistet

отв|ози́ть <-ожу́, -о́зишь> *нсв,* **отвезти́** *св прх* hinfahren, hinschaffen, befördern

отвора́чива|ть <-ю, -ешь> *нсв,* **отвороти́ть** *св* **I.** *прх* **1.** *(открыва́ть)* aufdrehen, öffnen **2.** *(лицо́)* abwenden **3.** *(отгиба́ть)* zurückschlagen, umschlagen **II.** *прх* fortwälzen, beiseite räumen

отвора́чива|ться <-юсь, -ешься> *нсв,* **отвороти́ться** *св рефл* sich abwenden; **~ лицо́м от собесе́дника** das Gesicht vom Gesprächspartner abwenden; **все друзья́ от него́ отверну́лись** alle Freunde brachen die Beziehungen mit ihm ab

отворо́т <-а> *м* Aufschlag *m,* Revers *nt*

отврати́те|льный <-льная, -льное; -лен, -льна, -льно> *прил* abscheulich, ekelhaft, widerwärtig

отворо|ти́ть <-чу́, -ти́шь> *св прх см.* **отвора́чивать**

отворо|ти́ться <-чу́сь, -ти́шься> *св рефл см.* **отвора́чиваться**

отвраще́ни|е <-я> *ср* Abscheu *f,* Ekel *m,* Widerwille *m,* Abneigung *f;* **вы́звать ~ у кого́-л.** jdn anekeln, jdn anwidern; **испыта́ть ~ к кому́-л.** jdn verabscheuen; **испыта́ть ~ к чему́-л.** sich ekeln vor *+dat;* **вызыва́ющий ~** ekelerregend

отвыка́|ть <-ю, -ешь> *нсв,* **отвы́кнуть** *св нпрх (от чего́-л.)* sich abgewöhnen; **~ от дурно́й привы́чки** eine schlechte Gewohnheit ablegen

отвя́зан|ный <-ная, -ное; -, -а, -о> *прил* lose

отв|яза́ть <-яжу́, -я́жешь> *св прх см.* **отвя́зывать**

отв|яза́ться <-яжу́сь, -я́жешься> *св рефл см.* **отвя́зываться**

отвя́зыва|ть <-ю, -ешь> *нсв,* **отвяза́ть** *св прх* abbinden, losbinden; **~ верёвку** den Strick aufbinden

отвя́зыва|ться <-юсь, -ешься> *нсв,* **отвяза́ться** *св рефл* **1.** *(освободи́ться)* sich losbinden **2.** *разг (изба́виться от кого́-л.)* jdn loswerden; **отвяжи́сь с навя́зчивыми вопро́сами!** lass mich mit deinen Fragen in Ruhe!; **е́ле отвяза́лся от доса́дных собесе́дников** mit Mühe habe ich mir die lästigen Gesprächspartner vom Halse geschafft

отгада́|ть <-ю, -ешь> *св прх см.* **отга́дывать**

отга́дк|а <-и> *ж* Raten *nt; (отве́т на зага́дку)* Lösung *f,* **~ была́ проста́я!** die Antwort war einfach!; **так где же ~?** also wo liegt die Lösung?

отга́дыва|ть <-ю, -ешь> *нсв,* **отгада́ть** *св прх* erraten; **~ зага́дку** das Rätsel lösen; **~ жела́ние собесе́дника** den Wunsch des Gesprächspartners erraten

отглаго́льн|ый <-ая, -ое> *прил* ЛИНГВ Deverbal-, deverbal; **отглаго́льное существи́тельное** deverbiales Substantiv *nt*

отгова́рива|ть <-ю, -ешь> *нсв,* **отговори́ть** *св прх (от чего́-л.)* ausreden, abraten, abbringen von *+dat*

отгова́рива|ться <-юсь, -ешься> *нсв,* **отговори́ться** *св рефл* sich herausreden

отговор|и́ть <-ю́, -и́шь> *св прх см.* **отгова́ривать**

отговор|и́ться <-ю́, -и́шь> *св рефл см.* **отгова́риваться**

отгово́рк|а <-и> *ж* Ausrede *f,* Ausflucht *f;* **пусты́е отгово́рки** faule Ausreden *fpl*

отголо́с|ок <-ка> *м* **1.** *(о́тзвук)* Widerhall *m,* Echo *nt;* **доно́сятся отголо́ски сме́ха** man hört das Lachen **2.** *(о́тклик)* Echo *nt;* **э́то собы́тие получи́ло ~ в печа́ти** dieses Ereignis fand einen großen Widerhall in der Presse

отгоня́|ть <-ю, -ешь> *нсв,* **отогна́ть** *св прх (прогна́ть)* verjagen, vertreiben, verscheuchen; **~ дурны́е мы́сли** die trüben Gedanken wegjagen; **~ любопы́тных** die Neugierigen vertreiben; **~ наха́льных воробьёв** die frechen Spatzen verscheuchen

отгора́жива|ть <-ю, -ешь> *нсв,* **отгороди́ть** *св прх* abgrenzen

отгрем|е́ть <-лю́, -и́шь> *св прх* aufhören zu donnern; **отгреме́л салю́т** der Salut hörte auf zu donnern; **сла́ва отгреме́ла** der Ruhm verhallte

отгружа́|ть <-ю, -ешь> *нсв,* **отгрузи́ть** *св прх (сгружа́ть)* abladen; *(грузи́ть)* verladen; *(перегрузи́ть)* umladen; **~ запасны́е ча́сти** Ersatzteile *mpl* verladen

отгру́зк|а <-и> *ж* Verladung *f*, Lieferung *f*

отгрыза́|ть <-ю, -ешь> *нсв*, **отгры́зть** *св прх* abnagen

отгу́лива|ть <-ю, -ешь> *нсв*, **отгуля́ть** *св прх* **1.** *разг (отдохну́ть)* bummeln, frei haben; **~ кани́кулы** Ferien haben **2.** *(отпра́здновать)* feiern; **~ пра́здники** die Feiertage feiern

отда|ва́ть <-ю́, -ёшь> *нсв*, **отда́ть** *св прх* abgeben, weggeben; *(возвраща́ть)* zurückgeben; *(долг)* zurückzahlen; **~ все свои́ си́лы** alles daran setzen, sein Bestes geben; **~ до́лжное** Gerechtigkeit widerfahren lassen; **~ на о́ткуп** *перен* preisgeben; **~ после́дний ко́зырь** seinen letzten Trumpf ausspielen

отда|ва́ться <-ю́сь, -ёшься> *нсв*, **отда́ться** *св рефл* **1.** *(посвяти́ть себя́)* sich hingeben, sich widmen; **~ нау́ке** sich der Wissenschaft widmen; **~ всеце́ло теа́тру** sich voll und ganz dem Theater hingeben **2.** *(отозва́ться)* widerhallen; **крик отда́лся в гора́х гу́лким э́хом** der Schrei hallte im Gebirge mit dröhnendem Echo wider

отдалён|ный <-ная, -ное; -, -а́, -о́> *прил* entfernt, entlegen, vage; **отдалённые перспекти́вы** langfristige Perspektiven *fpl;* **отдалённые после́дствия** Dauerfolgen *fpl;* **отдалённое схо́дство** eine entfernte Ähnlichkeit *f;* **име́ть весьма́ отдалённые представле́ния о чём-л.** sehr vage Vorstellungen haben von *+dat*

отдал|и́ть <-ю́, -и́шь> *св прх см.* **отдаля́ть**

отдал|и́ться <-ю́сь, -и́шься> *св рефл см.* **отдаля́ться**

отдаля́|ть <-ю, -ешь> *нсв*, **отдали́ть** *св прх* **1.** *(оттяну́ть)* hinauszögern **2.** *перен (сде́лать чу́ждым кому́-л.)* entfremden

отдаля́|ться <-юсь, -ешься> *нсв*, **отдали́ться** *св рефл* sich entfernen; **ло́дка отдали́лась от при́стани** das Boot entfernte sich von der Anlegestelle; **мы отдали́лись от те́мы разгово́ра** wir sind vom Gesprächsthema abgekommen

отда́|ть <-м, -ашь> *св прх см.* **отдава́ть**

отда́|ться <-мся, -шься> *св рефл см.* **отдава́ться**

отда́ч|а <-и> *ж* Rückgabe *f*, Abgabe *f*; *(отска́кивание)* Rückprall *m*, Rückstoß *m;* ЭКОН Nutzen *m*, Nutzeffekt *m;* *(самоотда́ча)* Engagement *nt*, persönlicher Einsatz *m;* **~ эне́ргии** Energieabgabe *f*

отде́л <-а> *м* Abteilung *f*, Dezernat *nt;* *(сфе́ра)* Bereich *m;* **~ ка́дров** Personalabteilung *f;* **~ по борьбе́ с нарко́тиками** Rauschgiftdezernat *nt;* **~ вкла́дов** Depot *nt;* **~ вне́шней торго́вли** Außenhandelsabteilung *f;* **~ заку́пок** ЭКОН Einkauf *m;* **~ за́работной пла́ты** Lohnbüro *nt;* **~ сбы́та** Verkaufsabteilung *f;* **~ социа́льного обеспече́ния** Sozialamt *nt;* **~ фи́рмы** Geschäftsbereich *m;* **~ по свя́зям/рабо́те с обще́ственностью** PR-Abteilung *f*, Abteilung *f* für Öffentlichkeitsarbeit

отде́ла|ть <-ю, -ешь> *св прх см.* **отде́лывать**

отде́ла|ться <-юсь, -ешься> *св рефл см.* **отде́лываться**

отделе́ни|е <-я> *ср* **1.** *(отде́л)* Abteilung *f* **2.** *(филиа́л)* Zweigstelle *f*, Zweigniederlassung *f*, Außenstelle *f* **3.** *(в больни́це)* Station *f* **4.** *(де́йствие)* Abtrennung *f*, Abspaltung *f;* **~ це́ркви от госуда́рства** Trennung *f* von Kirche und Staat; **~ раке́ты-носи́теля** Abkoppeln *nt* der Trägerrakete

отдел|и́ть <-ю́, -и́шь> *св прх см.* **отделя́ть**

отде́лк|а <-и> *ж* **1.** СТР Ausbau *m*, Vollendung *f* **2.** *(оконча́тельная обрабо́тка)* Endfertigung *f* **3.** *(оформле́ние, украше́ние)* Ausstattung *f*, Verzierung *f*

отде́лочник <-а> *м*, **отде́лочниц|а** <-ы> *ж* Facharbeiter(in) *m(f)* für die Endbearbeitung

отде́лочн|ый <-ая, -ое> *прил* Bearbeitungs-, Besatz-; **~ цех** Bearbeitungsabteilung *f*

отде́лыва|ть <-ю, -ешь> *нсв*, **отде́лать** *св прх* **1.** *(заверша́ть обрабо́тку)* vollenden **2.** *(оформля́ть)* herrichten, ausstatten **3.** *(украша́ть)* ausschmücken, garnieren **4.** *разг (изби́ть)* verprügeln

отде́лыва|ться <-юсь, -ешься> *нсв*, **отде́латься** *св рефл* **1.** *(поко́нчить)* fertig werden **2.** *(от кого́-л.)* loswerden; **от меня́ так легко́ не отде́лаешься** so einfach lasse ich mich nicht abfertigen **3.** *(от чего́-л.)* davonkommen; **~ лёгким испу́гом** mit einem Schrecken davonkommen; **отде́латься пусты́ми фра́зами** jdn mit hohlen Phrasen abspeisen **4.** *перен (уде́рживаться от чего́-л.)* sich erwehren *+gen;* **я не мог отде́латься от впечатле́ния** ich konnte mich des Eindrucks nicht erwehren

отде́льн|ый <-ая, -ое> *прил (изоли́рованный)* einzeln, separat; *мн (ины́е)* mancher; **~ предме́т** Einzelteil *nt;* **отде́льная ко́мната** Einzelzimmer *nt;* **отде́льные перегово́ры** gesonderte Verhandlungen *fpl;* **отде́льное предприя́тие** Einzelunternehmen *nt*

отделя́|ть <-ю, -ешь> *нсв*, **отдели́ть** *св прх* **1.** *(отграни́чивать)* abgrenzen **2.** *(выделя́ть, отрыва́ть)* abtrennen, abzweigen **3.** *(разделя́ть)* scheiden; **~ запято́й** ЛИНГВ durch Komma trennen

отдохн|у́ть <-у́, -ёшь> *св нпрх см.* **отдыха́ть**

отдуба́|сить <-шу, -сишь> *св прх см.* **дуба́сить**

отду́шин|а <-ы> *ж* Abzug *m*, Luftloch *nt;* ТЕХ Luftpfeife *f*, Gusspfeife *f*

о́тдых <-а> *м* Erholung *f*, Entspannung *f;*

O

нужда́ющийся в о́тдыхе erholungsbedürftig; **часы́ о́тдыха** erholsame Stunden *fpl*

отдыха́|ть <-ю, -ешь> *нсв,* **отдохну́ть** *св нпрх* sich erholen, (sich) (aus)ruhen, ausspannen; **~ на приро́де** sich in der Natur ausruhen; **~ в прия́тной компа́нии** sich in netter Gesellschaft entspannen; **отдыха́й, ты сего́дня мно́го сде́лал!** ruhe dich aus, du hast heute viel getan!

отд|ыша́ться <-ышу́сь, -ы́шишься> *св рефл разг* wieder zu Atem kommen, verschnaufen; **подожди́, дай ~** warte, lasse mich Atem holen; **дел мно́го, не́когда ~** vor lauter Arbeit habe ich keine Zeit zu verschnaufen

отёк <-а> *м* мед Ödem *nt,* Wassergeschwulst *f;* **~ лёгких** Lungenödem *nt*

отёл <-а> *м* Kalben *nt*

отека́|ть <-ю, -ешь> *нсв,* **оте́чь** *св нпрх* мед anschwellen

отел|и́ться <-ю́сь, -ишься *или* -и́шься> *св рефл см.* **тели́ться**

оте́|ль <-ля> *м* Hotel *nt;* **подъе́хать к оте́лю** zum Hotel fahren; **заказа́ть но́мер в оте́ле** Zimmer im Hotel buchen

отёсыва|ть <-ю, -ешь> *нсв,* **отеса́ть** *св прх* abfeilen; **~ ка́мни** den Stein behauen; **~ бревно́** einen Stamm behauen

оте́ц <отца́> *м* Vater *m;* религ Pater *m;* **~-одино́чка** Alleinerziehender *m;* **по отцу́** [*или* **со стороны́ отца́**] väterlicherseits; **пробле́ма отцо́в и дете́й** Generationskonflikt *m*

оте́ческ|ий <-ая, -ое> *прил* väterlich, Vater-

оте́чественн|ый <-ая, -ое> *прил* **1.** *книжн* vaterländisch, Vaterlands-; **оте́чественная культу́ра** Nationalkultur *f;* **Вели́кая Оте́чественная война́** der Große Vaterländische Krieg **2.** экон *(вну́тренний)* einheimisch, Inlands-; **~ ры́нок** heimischer Markt *m;* **оте́чественное предприя́тие** inländische Betriebsstätte *f*

i Land & Leute

In der späteren Sowjetzeit war unter Landesbürgern stets von „Defiziten" die Rede – gemeint wurde damit der ständige Mangel an bestimmten Waren: der „sozialistische Markt" steckte in einer Dauerkrise. Besonders der Mangel an wichtigen Lebensmitteln machte vielen zu schaffen. Als es jedoch nach dem Fall des „Eisernen Vorhanges" zu einer Sättigung des Handels mit Importwaren kam, stellten die Verbraucher etwa bei neuen Nahrungsmitteln fest, dass diese oft schlechter schmeckten als **die einheimischen Produkte**: die sowjetische Nahrungsmittelindustrie hatte nur natürliche Zutaten und kaum „Chemie" verwendet. Das letztere betraf auch die Kosmetik- und Hygieneartikel. Heute produzieren viele Betriebe, die sich inzwischen auf die „marktwirtschaftlichen" Verhältnisse umgestellt haben, verstärkt Produkte nach alten Verfahren.

оте́честв|о <-а> *ср книжн* Vaterland *nt*

i Land & Leute

Zum russischen Personennamen gehört **der Vatersname**, der im offiziellen Verkehr und in Dokumenten nicht ausgelassen werden darf: er wird aus dem Vornamen des Vaters gebildet und folgt dem Vornamen der Person, der dabei ebenso in seiner offiziellen Form verwendet wird – so sind z.B. „Tanja" und „Tatjana" oder „Sascha" und „Alexander" jeweils die „inoffizielle" und die „offizielle" Form ein und desselben Namens. Der Vatersname wird mit dem Vornahmen nach dem Genus kongruiert: heißt der Vater beispielsweise Pjotr, so wird seine Tochter „Tatjana Petrowna", sein Sohn aber „Alexander Petrowitsch" genannt. Als Form der Anrede wirkt der Vorname mit dem Vatersnamen vertraulicher als alle übrigen offiziellen Anredeformen.

отёчнос|ть <-ти> *ж* (An)Schwellung *f;* **~ лица́** Gesichts(an)schwellung *f*

оте́|чь <-ку́, -чёшь> *св нпрх см.* **отека́ть**

от|жа́ть <-ожму́, -ожмёшь> *св прх см.* **отжима́ть**

отжи́вш|ий <-ая, -ее> *прил* veraltet; **отжи́вшая иде́я** alte Idee *f;* **отжи́вшее поня́тие** überholter Begriff *m*

о́тжиг <-а> *м* тех Glühen *nt;* **~ мета́лла** Metallglühen *nt;* **~ стекла́** Glashärten *nt*

отжима́|ть <-ю, -ешь> *нсв,* **отжа́ть** *св прх* auspressen; **~ сок** Saft *m* pressen

о́тзвук <-а> *м* **1.** *(э́хо)* Echo *nt,* Widerhall *m,* Resonanz *f;* **слы́шится ~ канона́ды** das Echo der Kanonade ist zu hören **2.** *(отве́тное чу́вство)* Nachklang *m;* **найти́ ~ в душе́** Nachklang in der Seele finden **3.** *(о́тклик)* Nachwirkung *f;* **~ про́шлых лет** die Nachwirkung der vergangenen Jahre

отзвуч|а́ть <-у́, -и́шь> *св нпрх* verhallen, abklingen

о́тзыв <-а> *м* **1.** *(реце́нзия)* Gutachten *nt* **2.** *(рекоменда́ция)* Referenz *f* **3.** *(оце́нка)* Stellungnahme *f* **4.** ВОЕН vereinbarte Antwort *f*

отзыва́|ть <-ю, -ешь> *нсв,* **отозва́ть** *св прх* **1.** *(посла́, депута́та)* abberufen **2.** *(брать обра́тно)* zurückziehen, zurücknehmen

отзыва́|ться <-юсь, -ешься> *нсв,* **отозва́ться** *св рефл* **1.** *(откли́кнуться)* antworten; **~ на зов** den Ruf erwidern; **на крик никто́ не отозва́лся** niemand erwiderte den Ruf **2.** *(пробуди́ть)* erwachen; **в се́рдце отозвало́сь угрызе́ние со́вести** im Herz erwachten Gewissensbisse **3.** *(возде́йствовать, повлия́ть)* Einfluss haben, sich auswirken, (ein)wirken; **отка́з пло́хо отзовётся на на́ших отноше́ниях** die Absage wird sich schlecht auf unseren Beziehungen auswirken; **опозда́ния пло́хо отзову́тся на твое́й репута́ции** die Verspätungen werden sich schlecht auf deinen Ruf auswirken

отзывн|о́й <-а́я, -о́е> *прил* Abberufungs-; **отзывны́е гра́моты** Abberufungsurkunden *pl*

отзы́вчивос|ть <-ти> *ж* Hilfsbereitschaft *f;* *(сочу́вствие)* Mitgefühl *nt*

отзы́вчив|ый <-ая, -ое; -, -а, -о> *прил* **1.** *(гото́вый что-л. сде́лать)* bereitwillig **2.** *(гото́вый помо́чь)* hilfsbereit, hilfreich

оти́т <-а> *м* МЕД Otitis *f,* Ohrenentzündung *f*

отка́з <-а> *м* **1.** *(отклоне́ние)* Ablehnung *f,* Absage *f* **2.** *(нежела́ние)* Weigerung *f,* Verweigerung *f;* **~ от до́ма** Hausverbot *nt* **3.** *(от чего́-л. жела́тельного)* Verzicht *m* **4.** ТЕХ Ausfall *m* **5.** *(ухо́д с рабо́ты)* Kündigung *f* **6.** *(изыма́ние)* Rücknahme *f;* **~ в приёмке, ~ от акце́пта** [*или* **акцепти́рования**] Annahmeverweigerung *f;* **~ ры́ночного механи́зма** Marktversagen *nt*

отк|аза́ть <-ажу́, -а́жешь> *св нпрх см.* **отка́зывать**

отка|за́ться <-жу́сь -жешься> *св рефл см.* **отка́зываться**

отка́зник <-а> *м* **1.** *(в СССР) Person, der die sowjetischen Behörden kein Ausreisevisum ins Ausland (auf ständigen Wohnsitz) ausstellten* **2.** *(уклоня́ющийся от во́инской слу́жбы)* Wehrdienstverweigerer *m*

отка́зыва|ть <-ю, -ешь> *нсв,* **отказа́ть** *св нпрх* absagen, verweigern, abschlagen; **в э́том ему́ нельзя́ ~** das muss man ihm lassen; **~ в по́мощи кому́-л.** jdm Hilfe versagen; **~ в про́сьбе кому́-л.** jdm eine Bitte abschlagen

отка́зыва|ться <-юсь -ешься> *нсв,* **отказа́ться** *св рефл* **1.** *(оста́вить что-л.)* verzichten auf *+akk* **2.** *(отклони́ть)* ablehnen; **я не откажу́сь вы́пить ча́шечку ко́фе** ich wäre einer Tasse Kaffee nicht abgeneigt; **наотре́з отказа́ться** rundweg [*o* entschieden] ablehnen; **отказа́ться от да́чи показа́ний** ЮР die Aussage verweigern; **отказа́ться от первонача́льного пла́на** vom ursprünglichen Plan abkommen; **отказа́ться от пра́ва** auf seine Rechte verzichten; **~ от свои́х прав на застрахо́ванное иму́щество** ЮР abandonnieren

отка́лыва|ться <-юсь, -ешься> *нсв,* **отколо́ться** *св рефл* sich abspalten, abbrechen; **льди́на отколо́лась** die Eisscholle löste sich; **бро́шка от шля́пки отколо́лась** die Hutbrosche ging ab; **~ от компа́нии** sich von den Freunden trennen

отка́рмливани|е <-я> *ср* Mast *f*

отка́рмлива|ть <-ю, -ешь> *нсв,* **откорми́ть** *св прх* mästen

отка́т <-а> *м* ВОЕН Rücklauf *m;* **~ ору́дия** Kanonenrücklauf *m*

отка́точн|ый <-ая, -ое> *прил* ШАХТ Förder-; **~ ваго́н** Förderwaggon *m*

отка́чива|ть <-ю, -ешь> *нсв,* **откача́ть** *св прх* **1.** *(во́ду)* auspumpen **2.** *разг (уто́пленника)* wiederbeleben

отка́шлива|ться <-юсь, -ешься> *нсв,* **отка́шляться** *св рефл* sich räuspern

откидн|о́й <-а́я, -о́е> *прил* aufklappbar; **~ верх** nach oben aufklappbar; **~ сто́лик** aufklappbarer Tisch *m*

отки́дыва|ть <-ю, -ешь> *нсв,* **отки́нуть** *св прх* zur Seite werfen; **~ ка́мень с доро́ги** einen Stein von der Straße wegräumen; **~ навя́зчивую мысль** einen lästigen Gedanken verdrängen; **~ кры́шку роя́ля** den Deckel des Flügels aufklappen; **~ го́лову** den Kopf zurückwerfen; **~ прядь воло́с** eine Haarsträhne zurückwerfen

откла́дыва|ть <-ю, -ешь> *нсв,* **отложи́ть** *св прх* **1.** *(отсро́чивать)* aufschieben, hinauszögern **2.** *(в сто́рону)* ablegen, zurücklegen; **отложи́ть де́ло как заверше́нное** ad acta legen

откле́ива|ть <-ю, -ешь> *нсв,* **откле́ить** *св прх* ablösen; **~ обо́и** die Tapeten ablösen; **~ ярлыки́** die Preisschilder abmachen

о́тклик <-а> *м* **1.** *(э́хо)* Echo *nt* **2.** *перен (о́тзыв, резона́нс)* Widerhall *m,* Anklang *m* **3.** ПСИХ *(обра́тная связь)* Feedback *nt;* **встреча́ть ~** Anklang finden

отклика́|ться <-юсь, -ешься> *нсв,* **откли́кнуться** *св рефл (на что-л.)* reagieren; **~ на приглаше́ние** einer Einladung Folge leisten

отклоне́ни|е <-я> *ср* Abweichung *f,* Diskrepanz *f;* *(отка́з)* Ablehnung *f;* ФИЗ Ausschlag *m,* Ablenkung *f;* **~ от устано́вленного коли́чества** Mengenabweichung *f;* **~ факти́ческих затра́т от расчётных** Kostenabweichung *f*

откл|они́ть <-оню́, -о́нишь> *св прх см.* **отклоня́ть**

отклон|и́ться <-ю́сь, -ишься> *св рефл см.* **отклоня́ться**

O

отклоня́|ть <-ю, -ешь> *нсв,* **отклони́ть** *св прх* ablehnen, abweisen; ~ **предложе́ние** einen Vorschlag ablehnen

отклоня́|ться <-юсь, -ешься> *нсв,* **отклони́ться** *св рефл* abweichen, abkommen; физ ausschlagen; ~ **от те́мы** abschweifen

отключа́|ть <-ю, -ешь> *нсв,* **отключи́ть** *св прх* ausschalten, abschalten

откол|о́ться <-ю́сь, -ешься> *св рефл см.* **отка́лываться**

откомандиро́выва|ть <-ю, -ешь> *нсв,* **откомандирова́ть** *св прх (куда-л., на что-л.)* abkommandieren, schicken

отко́рм <-а> *м* Mast *f*

отк|орми́ть <-ормлю́, -о́рмишь> *св прх см.* **отка́рмливать**

откорректи́р|овать <-ую, -уешь> *св прх см.* **корректи́ровать**

отко́с <-а> *м* **1.** *(склон)* Abhang *m,* Böschung *f;* **круто́й ~ овра́га** der steile Hang der Schlucht **2.** *(боковая часть доро́ги)* Straßenrand *m;* **ждать на отко́се** am Straßenrand warten

открепи́тельн|ый <-ая, -ое> *прил* пол Abmelde-; ~ **тало́н** Abmeldeformular *nt*

откреп|и́ть <-лю́, -и́шь> *св прх см.* **открепля́ть**

откреп|и́ться <-лю́сь, -и́шься> *св рефл см.* **открепля́ться**

откреплéни|е <-я> *ср* Loslösung *f; (сня́тие с учёта)* Abmeldung *f*

открепля́|ть <-ю, -ешь> *нсв,* **открепи́ть** *св прх* abmachen, losmachen

открепля́|ться <-юсь, -ешься> *нсв,* **открепи́ться** *св рефл* sich abmelden

открове́ни|е <-я> *ср* религ Offenbarung *f*

открове́ннос|ть <-ти> *ж* Offenheit *f,* Aufrichtigkeit *f;* **вы́звать на ~** zur Aufrichtigkeit aufrufen; **не повреди́ла бы ~** Offenheit würde nicht schaden; **пойти́ на нево́льную ~** unwillkürlich aufrichtig werden

открове́н|ный <-ная, -ное; -ен, -на, -но> *прил* aufrichtig, offen

откру́чива|ть <-ю, -ешь> *нсв,* **открути́ть** *св прх* losdrehen, abschrauben, abwickeln

откру́чива|ться <-юсь, -ешься> *нсв,* **открути́ться** *св рефл* sich abdrehen, sich losdrehen, sich losschrauben; **кры́шка не откру́чивается** der Deckel lässt sich nicht abschrauben; **открути́ться от поруче́ния** um den Auftrag herumkommen; **как тебе́ удало́сь открути́ться?** wie konntest du dich davor drücken?

открыва́лк|а <-и> *ж разг* Öffner *m;* ~ **для консе́рвов** Dosenöffner *m;* ~ **для бутылки** Flaschenöffner *m,* Korkenzieher *m*

открыва́те|ль <-ля> *м* Entdecker(in) *m(f);* **открыва́тели ко́смоса** Weltallentdecker *pl*

открыва́|ть <-ю, -ешь> *нсв,* **откры́ть** *св прх* **1.** *(что-л.)* öffnen, aufmachen **2.** *(кни́гу)* aufschlagen **3.** *(кран)* aufdrehen **4.** *(па́мятник)* enthüllen **5.** *(вы́ставку)* eröffnen **6.** *(теа́тр)* einweihen **7.** *перен (обнару́живать)* aufdecken, entdecken **8.** *перен* einleiten; ~ **но́вый эта́п** eine neue Etappe einleiten

открыва́|ться <-юсь, -ешься> *нсв,* **откры́ться** *св рефл* sich öffnen, aufgehen; *(о конфере́нции)* beginnen; *перен (открыва́ть се́рдце)* sich jdm offenbaren; **отту́да открыва́ется чуде́сный вид на го́род** von dort aus bietet sich ein wunderschöner Blick über die Stadt; **все две́ри откры́лись** alle Türen öffneten sich; **глаза́ широко́ откры́лись** die Augen haben sich weit geöffnet; **ста́рая ра́на откры́лась** die alte Wunde riss wieder auf; **откры́лась но́вая шко́ла** eine neue Schule wurde eröffnet; **конфере́нция откры́лась** die Konferenz begann; **вдруг под нога́ми откры́лась про́пасть** plötzlich tat sich vor den Füßen ein Abgrund auf; **у больно́го откры́лась си́льная горя́чка** der Kranke bekam hohes Fieber

открыва́шк|а <-и> *ж* **1.** *разг* Öffner *m;* ~ **для консе́рвных ба́нок** Dosenöffner *m;* ~ **для буты́лок** Flaschenöffner *m* **2.** *(што́пор)* Korkenzieher *m*

откры́ти|е <-я> *ср (нача́ло)* Eröffnung *f;* **торже́ственное ~** Eröffnungsfeier *f; (обнаруже́ние)* Entdeckung *f,* Erkenntnis *f;* ~ **аккредити́ва** Akkreditiveröffnung *f;* ~ **конку́рса** Konkurseröffnung *f;* ~ **магази́на,** ~ **торго́вого де́ла** Geschäftseröffnung *f;* ~ **грани́ц** Grenzöffnung *f*

откры́тк|а <-и> *ж* **1.** *(почто́вая)* Postkarte *f* **2.** *(с ви́дом)* Ansichtskarte *f;* **поздрави́тельная ~** Glückwunschkarte *f* **3.** *(бланк зака́за)* Bestellkarte *f*

откры́то *нрч* offen; **говори́ть ~** offen sprechen; **де́йствовать ~** offen handeln

откры́тос|ть <-ти> *ж* Offenheit *f*

откры́т|ый <-ая, -ое; -, -а, -о> *прил* offen, geöffnet; *перен (общи́тельный)* aufgeschlossen, offen; **держа́ть откры́тым** offen halten; **на откры́том во́здухе** im Freien; **остава́ться откры́тым** offen bleiben; **оставля́ть откры́тым** offen lassen; **стоя́ть откры́тым** offen stehen; ~ **ко́нкурс** offener Wettbewerb *m;* ~ **креди́т** offener Kredit *m;* ~ **склад** Freilager *nt;* ~ **фонд капиталовложе́ний в недви́жимость** offener Immobilienfonds *m;* **откры́тое акционе́рное о́бщество** Publikumsgesellschaft *f;* **откры́тое торго́вое това́рищество** offene Handelsgesellschaft *f;* ~ **для вне́шнего ми́ра** weltoffen

откр|ы́ть <-о́ю, -о́ешь> *св прх см.* **открыва́ть**

откр|ы́ться <-о́юсь, -о́ешься> *св рефл см.* **открыва́ться**

отксе́р|ить <-ю, -ишь> *св прх* kopieren; ~ **докуме́нты** Dokumente kopieren

откýда *нрч* woher

откýда-нибýдь *нрч разг* irgendwoher; **достáнь ~ э́ту кни́гу** besorg irgendwoher dieses Buch

откýда-то *нрч разг* irgendwoher; **~ свéрху доноси́лся шум** irgendwo von oben kam Krach; **он приéхал ~ издалёка** er kam von sehr weit her

óткуп <-а> *м* ИСТОР Pacht *f;* **взять на ~** pachten, in Pacht nehmen; **отдавáть на ~** verpachten

откýпорива|ть <-ю, -ешь> *нсв,* **откýпорить** *св прх* öffnen, entkorken; *(бóчку)* anzapfen, anstechen

откýсыва|ть <-ю, -ешь> *нсв,* **откуси́ть** *св прх* abbeißen; *(щипцáми)* abkneifen, abknipsen

отлагá|ть <-ю, -ешь> *нсв,* **отложи́ть** *св прх* **1.** ГЕОЛ ablagern **2.** *(на потóм)* aufschieben, verschieben

отлакир|овáть <-ýю, -ýешь> *св прх см.* **лакировáть**

отлáмыва|ть <-ю, -ешь> *нсв,* **отломи́ть** *св прх* abbrechen, zerbrechen; **отломи́ть кусóк хлéба** ein Stück Brot abbrechen

отлёжива|ть <-ю, -ешь> *нсв,* **отлежáть** *св прх* taub werden; **я отлежáла себé рýку** mein Arm ist vom Liegen taub geworden; **~ две недéли в больни́це** zwei Wochen im Krankenhaus verbringen

отлёжива|ться <-юсь, -ешься> *нсв,* **отлежáться** *св рефл* lange liegen; **нéкогда ~, дéло не ждёт** keine Zeit zum Herumliegen, die Sache kann nicht warten

отлёт <-а> *м* Abflug *m*

отлетá|ть <-ю, -ешь> *нсв,* **отлетéть** *св нпрх* abfliegen; *перен* verfliegen

отли́в <-а> *м* **1.** МОР Ebbe *f;* **врéмя прили́ва и отли́ва** die Gezeiten *fpl* **2.** *(спад)* Rückgang *m;* **~ финáнсовых средств** Rückgang der Finanzmittel; **~ капитáла** Kapitalabfluss *m* **3.** *(оттéнок)* Schattierung *f;* **шёлк с золоти́стым отли́вом** Seide *f* mit goldener Schattierung

отливá|ть <-ю, -ешь> *нсв,* **отли́ть** *св прх* **1.** *поэт (оттени́ть)* schimmern; **и́ней отливáет серебри́стым блéском** der Reif schimmert im Silberglanz; **óсень отливáет зóлотом** der Herbst schillert golden **2.** *(вы́лить)* ausgießen; **~ воды́ из кувши́на** Wasser aus dem Krug gießen **3.** *(отхлы́нуть)* zurückweichen; **кровь отлилá от лицá** das Blut wich aus dem Gesicht **4.** *(вы́качать)* auspumpen **5.** *(изготóвить литьём)* gießen; **~ кóлокол** eine Glocke gießen

отли́вк|а <-и> *ж* **1.** *(литьё)* Gießen *nt,* Guss *m* **2.** *(литóе издéлие)* Gussstück *nt,* Gusserzeugnis *nt*

отли́вочн|ый <-ая, -ое> *прил* ТЕХ Gieß-; **~ цех** Gießerei *f*

от|ли́ть <-олью́, -ольёшь> *св прх см.* **отливáть**

отличá|ть <-ю, -ешь> *нсв,* **отличи́ть** *св прх* **1.** *(предпочитáть)* bevorzugen **2.** *(разглядéть)* unterscheiden; **~ прáвду от лжи** Wahrheit von Lüge unterscheiden **3.** *(выделя́ть)* auszeichnen, hervorheben; **егó отличáет скрóмность** er zeichnet sich durch Bescheidenheit aus; **егó отличáет бýйный нрав** er sticht durch seinen wilden Charakter hervor; **~ за заслýги** für Verdienste auszeichnen

отличáющ|ийся <-аяся, -ееся> *прил* andersgeartet, abweichend

отли́чи|е <-я> *ср* **1.** *(рáзница)* Unterschied *m;* **внéшнее ~** äußerer Unterschied; **в ~ от вас он начи́тан** im Unterschied zu Ihnen ist er sehr belesen **2.** *(нагрáда)* Auszeichnung *f;* **фильм имéет мнóго отли́чий** dieser Film ist mehrfach ausgezeichnet; **предстáвить к отли́чию** zur Auszeichnung vorschlagen; **диплóм с отли́чием** ein Diplom mit Auszeichnung

отличи́тельн|ый <-ая, -ое> *прил* **1.** *(вáжный)* Erkennungs-, Unterscheidungs-; **отличи́тельная осóбенность** kennzeichnende Besonderheit *f;* **отличи́тельная чертá харáктера** spezifischer Charakterzug *m;* **~ при́знак** Unterscheidungsmerkmal *nt* **2.** МОР Positions-; **отличи́тельные огни́** Positionsleuchten *pl*

отлич|и́ть <-ý, -и́шь> *св прх см.* **отличáть**

отли́чник <-а> *м,* **отли́чниц|а** <-ы> *ж* *Schüler, der in der Schule ständig die Note „sehr gut“ bekommt*

отли́чно *нрч* ausgezeichnet, perfekt; *(оцéнка) die höchste Note im russischen Schulsystem, entspricht dem deutschen „sehr gut“*

отли́ч|ный <-ная, -ное; -ен, -на, -но> *прил* ausgezeichnet, hervorragend; *(отличáющийся)* sich unterscheidend

отлóг|ий <-ая, -ое; -, -а, -о> *прил* leicht abfallend; **~ бéрег** leicht abfallendes Ufer *nt*

отложéни|е <-я> *ср* **1.** ГЕОЛ Ablagerung *f,* Schicht *f;* **песчáные отложéния** Sandablagerungen *pl* **2.** *(накоплéние)* Ansammlung *f,* Anhäufung *f,* Speicherung *f;* **~ солéй** Salzablagerung *f*

отл|ожи́ть <-ожý, -óжишь> *св* **I.** *прх* **1.** *(на врéмя)* aufschieben, hinauszögern **2.** *(в стóрону)* ablegen, zurücklegen, beiseite legen **II.** *прх* ГЕОЛ ablagern; *см.* **откла́дывать, отлагáть**

отл|оми́ть <-омлю́, -óмишь> *св прх см.* **отлáмывать**

отлóм|ок <-ка> *м* МЕД Bruchstück *nt;* **смещéние отлóмков при перелóме костéй** Verschiebung der Bruchstücke beim Knochenbruch

отлучá|ть <-ю, -ешь> *нсв,* **отлучи́ть** *св нпрх* **1.** *книжн* ausstoßen, ausschließen **2.** РЕЛИГ *(от цéркви)* exkommunizieren

отлуча́|ться <-юсь, -ешься> *нсв,* **отлучи́ться** *св рефл* weggehen; *(с рабо́чего ме́ста)* abkömmlich sein; **я не могу́ ~** ich bin leider unabkömmlich; **мне на́до ненадо́лго отлучи́ться** ich gehe kurz weg; **отлучи́ться по де́лу** dienstlich weggehen

отлуче́ни|е <-я> *ср (от це́ркви)* Kirchenbann *m*

отлуч|и́ть <-у́, -и́шь> *св прх см.* **отлуча́ть**

отлуч|и́ться <-у́сь, -и́шься> *св рефл см.* **отлуча́ться**

отлу́чк|а <-и> *ж* kurze Abwesenheit *f*

отма́лчива|ться <-юсь, -ешься> *нсв,* **отмолча́ться** *св рефл* sich in Schweigen hüllen

отма́хива|ть <-ю, -ешь> *нсв,* **отмаха́ть** *св прх* **1.** *(бы́стро преодоле́ть)* rasch durchlaufen, rasch zurücklegen; **~ со́тню киломе́тров** hundert Kilometer rasch zurücklegen **2.** МОР signalisieren

отма́хива|ться <-юсь, -ешься> *нсв,* **отмахну́ться** *св рефл (руко́й)* abwinken; *(от кого́-л.)* sich erwehren; *(от мух)* verjagen

отмежёвыва|ться <-юсь, -ешься> *нсв,* **отмежева́ться** *св рефл (от кого́-л.)* sich distanzieren von *+dat;* **~ от чьих-л. взгля́дов** sich von jds Auffassung abgrenzen

о́тме|ль <-ли> *ж* seichte Uferstelle *f;* **песча́ная ~** Sandbank *f*

отме́н|а <-ы> *ж* Abschaffung *f,* Annullierung *f,* Aufhebung *f,* Widerruf *m;* **~ догово́ра ку́пли-прода́жи** Wandlung *f* eines Kaufvertrags; **~ зака́за** Abbestellung *f;* **~ наказа́ния** Straferlass *m;* **~ пригово́ра** Unteilsaufhebung *f;* **~ вы́платы дивиде́ндов** Dividendenausfall *m;* **~ долговы́х обяза́тельств** Schuldenerlass *m;* **~ регули́рования** Freigabe *f;* **~ регули́рования ры́нка** Deregulierung *f* des Marktes; **~ регули́рования цен** Preisfreigabe *f*

отмен|и́ть <-ю́, -ишь> *св прх см.* **отменя́ть**

отме́н|ный <-ная, -ное; -ен, -на, -но> *прил* hervorragend, außerordentlich, ausgezeichnet; **~ у́жин** vorzügliches Abendessen *nt;* **отме́нные результа́ты** unübertreffliche Ergebnisse *ntpl*

отменя́|ть <-ю, -ешь> *нсв,* **отмени́ть** *св прх* aufheben, rückgängig machen, streichen; **отмени́ть встре́чу** ein Treffen absagen; **отмени́ть вы́зов такси́** das Taxi abbestellen; **отмени́ть матч** ein Spiel absagen; **отмени́ть наступле́ние** ВОЕН den Angriff abblasen

отмеря́|ть <-ю, -ешь> *нсв,* **отме́рить** *св прх* abmessen

отме́стк|а <-и> *ж разг* **~ за оби́ду** sich für die Beleidigung rächen; **сде́лать в отме́стку** aus Rache etw tun

отме́тин|а <-ы> *ж* **1.** *(знак)* Merkmal *nt;* **поста́вить отме́тину на де́реве** ein Zeichen im Baum einritzen; **~ от вы́стрела** Schussspur *f* **2.** *(пятно́)* Fleck *m,* Mal *nt;* **щено́к с отме́тиной на лбу** ein Welpen mit einem Fleck auf der Stirn

отме́|тить <-чу, -тишь> *св прх см.* **отмеча́ть**

отме́тк|а <-и> *ж* **1.** *(оце́нка)* Zensur *f,* Note *f* **2.** *(поме́тка)* Vermerk *m;* **~ о вы́писке** Abmeldung *f;* **~ без обяза́тельства** Freizeichnungsklausel *f;* **~ об опла́те прово́за грузоотправи́телем** Freivermerk *m;* **~ о поступле́нии** Eingangsvermerk *m;* **~ о предъяви́тельском хара́ктере докуме́нта** Inhaberklausel *f;* **~ о прове́рке** Prüfungsvermerk *m,* Prüfvermerk *m*

отмеча́|ть <-ю, -ешь> *нсв,* **отме́тить** *св прх* **1.** *(поме́тить)* anmerken, anstreichen, markieren; **~ кра́сным** rot anstreichen **2.** *разг (како́е-л. собы́тие)* begehen, feiern **3.** *(обраща́ть внима́ние)* vermerken, feststellen, verweisen auf *+akk* **4.** *(вноси́ть в спи́сок)* verzeichnen; **отме́тить награ́дой** auszeichnen

отмира́ни|е <-я> *ср* Aussterben *nt,* Verschwinden *nt;* **~ ви́да** Aussterben einer Art; **~ обы́чаев** Aussterben der Bräuche

отмолч|а́ться <-у́сь, -и́шься> *св рефл см.* **отма́лчиваться**

отмора́жива|ть <-ю, -ешь> *нсв,* **отморо́зить** *св прх (часть те́ла)* erfrieren; **отморо́зить лицо́** sich das Gesicht erfrieren; **отморо́зить коне́чности** sich die Gliedmaßen erfrieren; **закрыва́й лицо́, нос отморо́зишь!** bedeck dein Gesicht, sonst frierst du dir die Nase ab!

отмыва́ни|е <-я> *ср* Abwaschen *nt;* **~ (гря́зных) де́нег** Geldwäsche *f*

отмыва́|ть <-ю, -ешь> *нсв,* **отмы́ть** *св прх* abwaschen; *перен (оправда́ть)* reinwaschen

отмы́чк|а <-и> *ж* Dietrich *m; (подо́бранный, подде́льный ключ)* Nachschlüssel *m*

отнесе́ни|е <-я> *ср* Zurechnung *f,* Zuordnung *f,* Einstufung *f*

отнес|ти́ <-у́, -ёшь> *св прх см.* **относи́ть**

отнес|ти́сь <-у́сь, -ёшься> *св рефл см.* **относи́ться**

отнима́|ть <-ю, -ешь> *нсв,* **отня́ть** *св прх* **1.** *(отобра́ть)* wegnehmen, abnehmen, entziehen; **~ мно́го/ма́ло вре́мени** viel/wenig Zeit beanspruchen; **отнима́ющий мно́го вре́мени** zeitraubend; **~ у кого́-л. всё вре́мя и си́лы** jdn voll und ganz beanspruchen **2.** МАТ abziehen, subtrahieren **3.** МЕД amputieren

отнима́|ться <-юсь, -ешься> *нсв,* **отня́ться** *св рефл* gelähmt sein; **по́сле инсу́льта отняла́сь ле́вая рука́** nach dem Schlaganfall war die linke Hand gelähmt

относи́тельно *нрч* **1.** *(в связи́ с)* bezüglich, hinsichtlich *+gen;* **~ э́того** diesbezüglich

2. *(сравни́тельно)* verhältnismäßig, relativ

относи́тельнос|ть <-ти> *ж* Relativität *f;* **тео́рия относи́тельности** Relativitätstheorie *f;* **подчёркивать ~ чего́-л.** relativieren

относи́те|льный <-льная, -льное; -лен, -льна, -льна> *прил* relativ; **относи́тельное прида́точное предложе́ние** лингв Relativsatz *m*

отн|оси́ть <-ошу́, -о́сишь> *нсв,* **отнести́** *св прх* hinbringen, hinschaffen; *(к чему́-л.)* beziehen auf *+akk*

отн|оси́ться <-ошу́сь, -о́сишься> *нсв,* **отнести́сь** *св рефл* **1.** *(принадлежа́ть)* angehören, dazugehören, zählen zu *+dat;* **э́то к де́лу не отно́сится** das gehört nicht zur Sache **2.** *(к кому́-л./чему́-л.)* sich verhalten gegenüber *+dat;* **~ с уваже́нием к кому́-л.** jdm Achtung entgegenbringen; **~ к чему́-л. с понима́нием** Verständnis aufbringen für *+akk* **3.** мат sich verhalten zu *+dat*

отноше́ни|е <-я> *ср* **1.** *(связь, каса́тельство)* Beziehung *f,* Hinsicht *f* **2.** мат Relation *f,* Verhältnis *nt* **3.** *(пози́ция)* Einstellung *f;* **~ покупа́телей** Käuferverhalten *nt;* **~ к рели́гии** Verhältnis *nt* zur Religion; **во всех отноше́ниях** in jeder Hinsicht; **во мно́гих отноше́ниях** in vielerlei Hinsicht; **~ вы́пуск-затра́ты** экон Input/Input-Verhältnis *nt;* **отноше́ния по долгосро́чным обяза́тельствам** Dauerschuldverhältnisse *pl;* **отноше́ния со́бственности** Eigentumsverhältnisse *pl;* **межчелове́ческие отноше́ния** zwischenmenschliches Verhalten *nt*

отны́не *нрч* von nun an; **~ и впредь** von nun an und weiter; **~ и вове́ки веко́в** von heute an und auf ewig

отню́дь *нрч разг* keineswegs, durchaus nicht, in keiner Weise; **он ~ не из ро́бких** er ist nicht schüchtern; **я ~ не наме́рен на всё соглаша́ться** ich beabsichtige es ganz und gar nicht mit allem einverstanden zu sein

отня́ти|е <-я> *ср* Entfernen *nt,* Wegnehmen *nt;* **~ ребёнка от груди́** Entwöhnung *f* von der Mutterbrust

отн|я́ть <-иму́, -и́мешь> *св прх см.* **отнима́ть**

отн|я́ться <-иму́сь, -и́мешься> *св рефл см.* **отнима́ться**

отобража́|ть <-ю, -ешь> *нсв,* **отобрази́ть** *св прх* abbilden, darstellen

отображе́ни|е <-я> *ср* **1.** *перен (отраже́ние)* Abbild *nt* **2.** *(репроду́кция)* Abbildung *f* **3.** *(изображе́ние)* Darstellung *f*

отобра|зи́ть <-жу́, -зи́шь> *св прх см.* **отобража́ть**

от|обра́ть <-беру́, -берёшь> *св прх см.* **отбира́ть**

отовсю́ду *нрч* von überall her, von allen Seiten; **~ слышна́ му́зыка** von allen Seiten war Musik zu hören; **~ съе́хались делега́ты** von nah und fern kamen Delegierte an

от|огна́ть <-гоню́, -го́нишь> *св прх см.* **отгоня́ть**

отодвига́|ть <-ю, -ешь> *нсв,* **отодви́нуть** *св прх* **1.** *(отстрани́ть)* zur Seite schieben; **~ дива́н** das Sofa wegrücken; **~ щеко́лду на две́ри** den Türriegel zurückschieben **2.** *(перенести́)* verschieben, verlegen; **~ сда́чу экза́мена** die Prüfung verlegen

отодвига́|ться <-юсь, -ешься> *нсв,* **отодви́нуться** *св рефл* **1.** *(перемести́ться)* aus dem Wege gehen; **отодви́нутся наза́д** sich zurückziehen; **отодви́нутся от окна́** vom Fenster zurücktreten **2.** *(отдали́ться: вре́мя)* sich verzögern, *(ме́сто)* sich entfernen

отодви́н|уть <-у, -ешь> *св прх см.* **отодвига́ть**

отодви́н|уться <-усь, -ешься> *св рефл см.* **отодвига́ться**

отождествля́|ть <-ю, -ешь> *нсв,* **отождестви́ть** *св прх* identifizieren

от|озва́ть <-зову́, -зовёшь> *св прх см.* **отзыва́ть**

от|озва́ться <-зову́сь, -зовёшься> *св рефл см.* **отзыва́ться**

отой|ти́ <-ду́, -дёшь> *св нпрх см.* **отходи́ть**

оториноларинго́лог <-а> *м* Hals-Nasen-Ohren-Arzt *m,* Hals-Nasen-Ohren-Ärztin *f*

отом|сти́ть <-щу́, -сти́шь> *св см.* **мсти́ть**

отопи́тельн|ый <-ая, -ое> *прил* Heiz-; **~ прибо́р** Heizkörper *m*

от|опи́ть <-оплю́, -о́пишь> *св прх см.* **ота́пливать**

отопле́ни|е <-я> *ср* Heizung *f;* **ма́сляное ~** Ölheizung *f;* **эта́жное ~** Etagenheizung *f;* **систе́ма отопле́ния с ночны́м накопле́нием тепла́** Nachtspeicherheizung *f;* **центра́льное ~** Zentralheizung *f*

ото́рваннос|ть <-ти> *ж* Abgeschiedenheit *f;* **~ от действи́тельности** Loslösung *f* von der Wirklichkeit

ото́рван|ный <-ная, -ное; -, -а, -о> *прил* abgerissen; *перен (утра́тивший связь)* getrennt; **~ от жи́зни** lebensfremd, praxisfern

оторв|а́ть <-у́, -ёшь> *св прх см.* **отрыва́ть**

оторв|а́ться <-у́сь, -ёшься> *св рефл см.* **отрыва́ться**

оторопе́л|ый <-ая, -ое> *прил* verdutzt, stutzig, verdattert; **~ взгляд** verdutzter Blick *m;* **~ вид** verblüfftes Aussehen *nt* [*o* Gesicht *nt*]

оторопе́|ть <-ю, -ешь> *св нпрх разг* baff sein, verwirrt werden

ото|сла́ть <-шлю́, -шлёшь> *св прх см.* **отсыла́ть**

отосп|а́ть <-лю́, -и́шь> *св прх см.* **отсыпа́ть**

отосп|а́ться <-лю́сь, -и́шься> *св рефл см.* **отсыпа́ться**

отпа́д <-а> *м жарг* **быть в отпа́де** platt sein; **ну по́лный ~!** ich bin völlig platt!

отпада́|ть <-ю, -ешь> *нсв,* **отпа́сть** *св нпрх* **1.** *(отвали́ться)* (ab)fallen; **часть штукату́рки в коридо́ре отпа́ла** ein Teil vom Putz auf dem Flur ist abgefallen **2.** *(провали́ться)* durchfallen, scheitern; **ва́ша кандидату́ра отпа́ла** Ihre Bewerbung ist abgelehnt; **все обвине́ния отпа́ли** alle Beschuldigungen wurden zurückgezogen

отпари́р|овать <-ую, -уешь> *св прх* parieren, abwehren

отпа́рыва|ть <-ю, -ешь> *нсв,* **отпоро́ть** *св прх* abtrennen; **~ рука́в** den Ärmel abtrennen; **~ мо́лнию** den Reißverschluss abtrennen

отпа́|сть <-ду́, -дешь> *св нпрх см.* **отпада́ть**

отпах|а́ть <-шу́, -шешь> *св прх* das Pflügen beenden **~ в сжа́тые сро́ки** *разг* schnell alles erledigen

отпева́|ть <-ю, -ешь> *нсв,* **отпе́ть** *св нпрх* **1.** *(зако́нчить петь)* aufhören zu singen; **встава́й, петухи́ уже́ отпе́ли!** stehe auf, die Hähne haben schon gekräht! **2.** РЕЛИГ **~ моле́бен** die Totenmesse lesen

от|пере́ть <-опру́, -опрёшь> *св прх см.* **отпира́ть**

от|пере́ться <-опру́сь, -опрёшься> *св рефл см.* **отпира́ться**

отп|е́ть <-ою́, -оёшь> *св нпрх см.* **отпева́ть**

отпеча́та|ть <-ю, -ешь> *св прх см.* **печа́тать, отпеча́тывать**

отпеча́та|ться <-юсь, -ешься> *св рефл см.* **отпеча́тываться**

отпеча́т|ок <-ка> *м* Abdruck *m;* **отпеча́тки па́льцев** Fingerabdrücke *pl;* **цветно́й ~** ФОТ Farbabzug *m;* **налага́ть ~** *перен* etw prägen

отпеча́тыва|ть <-ю, -ешь> *нсв,* **отпеча́тать** *св прх* **1.** *(зако́нчить печа́тать)* abdrucken; **~ статью́ в журна́ле** einen Artikel in der Zeitschrift drucken **2.** *(снять печа́ть)* entsiegeln, das Siegel brechen **3.** *(оста́вить следы́)* Spuren hinterlassen; **~ па́льцы на стекле́** Fingerabdrücke am Glas hinterlassen

отпеча́тыва|ться <-юсь, -ешься> *нсв,* **отпеча́таться** *св рефл* **1.** *(оста́вить след)* Spuren hinterlassen, sich abdrucken, einen Abdruck hinterlassen **2.** *перен (запечатле́ться)* sich etw einprägen

отпива́|ть <-ю, -ешь> *нсв,* **отпи́ть** *св нпрх (из стака́на)* nippen

отпи́лива|ть <-ю, -ешь> *нсв,* **отпили́ть** *св прх* absägen

отпира́|ть <-ю, -ешь> *нсв,* **отпере́ть** *св прх* aufschließen; **~ дверь** die Tür aufmachen; **~ сейф** den Safe öffnen

отпира́|ться <-юсь, -ешься> *нсв,* **отпере́ться** *св рефл* **1.** *(отка́зываться)* ableugnen; **~ от ска́занных слов** das Gesagte ableugnen; **не отпира́йтесь, вы бы́ли там!** leugnen Sie nicht ab, Sie waren dort! **2.** *(открыва́ться)* sich öffnen, aufgehen; **дверь с трудо́м отперла́сь** die Tür ging schwer auf; **замо́к с секре́том, сам не отопрётся** die Tür hat ein Sicherheitsschloss und geht von alleine nicht auf

от|пи́ть <-опью́, -опьёшь> *св нпрх см.* **отпива́ть**

отпла́ва|ть <-ю, -ешь> *св нпрх* absegeln, in See stechen; **четы́ре го́да отпла́вал в моря́х и океа́нах** er war vier Jahre auf See

отпла́т|а <-ы> *ж* Lohn *m;* **~ за все уси́лия** die Vergeltung für alle Bemühungen

отпла́чива|ть <-ю, -ешь> *нсв,* **отплати́ть** *св прх* **1.** *перен* abrechnen **2.** *(отблагодари́ть)* einen Gegendienst leisten, sich revanchieren **3.** *(отомсти́ть)* heimzahlen; **~ кому́-л. той же моне́той** mit gleicher Münze zurückzahlen

отплыва́|ть <-ю, -ешь> *нсв,* **отплы́ть** *св нпрх* МОР ablegen, auslaufen

отплы́ти|е <-я> *ср* МОР Auslaufen *nt*

отплы́|ть <-ву́, -вёшь> *св нпрх см.* **отплыва́ть**

отполза́|ть <-ю, -ешь> *нсв,* **отползти́** *св нпрх* wegkriechen

отполир|ова́ть <-ую, -уешь> *св прх см.* **полирова́ть**

отпо́р <-а> *м* Abfuhr *f;* **дать ~** eine Abfuhr erteilen, Widerstand leisten

отп|оро́ть <-орю́, -о́ришь> *св прх см.* **отпа́рывать**

отправи́те|ль <-ля> *м* Absender(in) *m(f),* Einsender(in) *m(f)*

отпра́в|ить <-лю, -ишь> *св прх см.* **отправля́ть**

отпра́в|иться <-люсь, -ишься> *св рефл см.* **отправля́ться**

отпра́вк|а <-и> *ж* Versand *m,* Versendung *f;* ЭКОН Spedition *f;* **~ гру́зов** Güterabfertigung *f*

отправле́ни|е <-я> *ср* **1.** *(отъе́зд)* Abfahrt *f,* Abflug *m* **2.** *(отсы́лка)* Absendung *f,* Einsendung *f* **3.** *(почто́вое)* Versendung *f,* Aufgabe *f*

отправля́|ть <-ю, -ешь> *нсв,* **отпра́вить** *св прх* **1.** *(посла́ть)* schicken **2.** *(в доро́гу)* auf den Weg schicken **3.** *(това́ры)* abladen **4.** *(по́езд)* abfertigen **5.** *(письмо́)* abschicken, absenden; **~ сообще́ние электро́нной по́чтой** eine E-Mail abschicken

отправля́|ться <-юсь, -ешься> *нсв,* **отпра́виться** *св рефл* sich begeben; *(по́езд)* abfahren; *(самолёт)* abfliegen; **~ в пу́ть** aufbrechen; **~ домо́й** heimreisen, die Heimreise antreten; **~ в го́ры** eine Bergtour machen; **~ в путеше́ствие** eine Reise antreten; **~ за рубе́ж** ins Ausland abreisen

отправн|о́й <-а́я, -о́е> *прил* Ausgangs-,

Absende-; ~ **пункт** Absenderpunkt *m;* **отправна́я то́чка спо́ра** Ausgangspunkt *m* der Diskussion

отпра́здн|овать <-ую, -уешь> *св прх см.* **пра́здновать**

отпра́шива|ться <-юсь, -ешься> *нсв,* **отпроси́ться** *св рефл* um Urlaub bitten, freibekommen; **мы отпроси́лись на час** wir haben eine Stunde freibekommen; ~ **с рабо́ты ра́ньше** um die Erlaubnis bitten, von der Arbeit etwas früher zu gehen; ~ **уе́хать на два дня** zwei Tage Urlaub erbitten

отпружи́н|ить <-ю, -ишь> *св нпрх см.* **пружи́нить**

о́тпрыск <-а> *м* Spross *m; перен* Sprössling *m*

отпря́н|уть <-у, -ешь> *св прх* zurückprallen; **неожи́данно ~ от две́ри** plötzlich von der Tür zurückprallen; **в стра́хе ~ в сто́рону** vor Angst zur Seite springen

отпу́гивани|е <-я> *ср* Abschreckung *f*

отпу́гива|ть <-ю, -ешь> *нсв,* **отпугну́ть** *св прх* abschrecken

о́тпуск <-а> *м* Urlaub *m;* ~ **по ухо́ду за ребёнком** Erziehungsurlaub *m;* ~ **за свой счёт** [*или* **без сохране́ния содержа́ния**] unbezahlter Urlaub *m;* **декре́тный** ~ Mutterschaftsurlaub *m;* **краткосро́чный** ~ Kurzurlaub *m;* **неиспо́льзованные дни о́тпуска** Resturlaub *m;* **учёбный** ~ Bildungsurlaub *m;* **отправля́ть в** ~ beurlauben; **уходи́ть в** ~ in Urlaub gehen

отпуска́|ть <-ю, -ешь> *нсв,* **отпусти́ть** *св прх* **1.** *(позво́лить уйти́)* gehen lassen, loslassen; **отпусти́ть пти́цу из кле́тки** den Vogel aus dem Käfig freilassen; ~ **дете́й из шко́лы** den Schulkindern freigeben **2.** *(с рабо́ты)* freistellen, entschuldigen; *(уво́лить)* entlassen **3.** *(обслужи́ть)* bedienen; ~ **клие́нта** den Kunden bedienen **4.** *(отрасти́ть)* wachsen lassen; ~ **усы́ и бо́роду** Schnurrbart und Bart wachsen lassen; ~ **во́лосы до плеч** Haare bis zu den Schultern wachsen lassen **5.** *(вы́делить сре́дства)* bereitstellen; ~ **де́ньги на строи́тельство** Mittel für den Bau bereitstellen; ~ **сре́дства на обуче́ние** Mittel für die Ausbildung bewilligen **6.** *(сказа́ть)* zum Besten geben; ~ **шу́точку** einen Witz zum Besten geben; ~ **комплиме́нт** ein Kompliment sagen **7.** РЕЛИГ vergeben; ~ **грехи́** die Sünden vergeben **8.** ЭКОН ~ **це́ны** die Preise freigeben; **отпускна́я цена́** Verkaufspreis *m,* Abgabepreis *m;* **отпускна́я цена́ ро́зничной торго́вли** Endverbraucherpreis *m* freigeben

отпускни́к <-а́> *м,* **отпускни́ц|а** <-ы> *ж* Urlauber(in) *m(f)*

отпускн|о́й <-а́я, -о́е> *прил* Urlaubs-; **отпускны́е де́ньги** Urlaubsgeld *nt;* ~ **пери́од на предприя́тии** Betriebsferien *pl*

отп|усти́ть <-ущу́, -у́стишь> *св прх см.* **отпуска́ть**

отпутеше́ств|овать <-ую, -уешь> *св прх см.* **путеше́ствовать**

отпуще́ни|е <-я> *ср* РЕЛИГ Vergebung *f,* Absolution *f;* ~ **грехо́в** Vergebung *f* der Sünden

отраба́тыва|ть <-ю, -ешь> *нсв,* **отрабо́тать** *св прх* **1.** *(прораба́тывать)* durcharbeiten, einüben; ~ **програ́мму** ein Programm testen **2.** *(како́е-то вре́мя)* abarbeiten **3.** ШАХТ abbauen

отрабо́тан|ный <-ная, -ное; -, -а, -о> *прил* erprobt, bewährt; ЭКОЛ verbraucht; **отрабо́танные га́зы** Abgase *pl;* **отрабо́танная кислота́** Abfallsäure *f*

отрабо́та|ть <-ю, -ешь> *св прх см.* **отраба́тывать**

отрабо́тк|а <-и> *ж* Abarbeiten *nt;* ШАХТ Abbau *m;* ~ **месторожде́ния** Lagerstättenabbau *m*

отра́в|а <-ы> *ж* Gift *nt*

отр|ави́ть <-авлю́, -а́вишь> *св прх см.* **отравля́ть**

отр|ави́ться <-авлю́сь, -а́вишься> *св рефл см.* **отравля́ться**

отравле́ни|е <-я> *ср* Vergiftung *f;* ~ **гриба́ми** Pilzvergiftung *f*

отравля́|ть <-ю, -ешь> *нсв,* **отрави́ть** *св прх и перен* vergiften

отравля́|ться <-юсь, -ешься> *нсв,* **отрави́ться** *св рефл* sich vergiften, Gift nehmen

отра́д|ный <-ная, -ное; -ен, -на, -но> *прил* erfreulich; **отра́дное изве́стие** erfreuliche Neuigkeit *f;* **отра́дное явле́ние** erfreuliche Erscheinung *f*

отража́те|ль <-ля> *м* Reflektor *m,* Rückstrahler *m*

отража́|ть <-ю, -ешь> *нсв,* **отрази́ть** *св прх* reflektieren, widerspiegeln; ВОЕН abwehren, abschlagen

отража́|ться <-юсь, -ешься> *нсв,* **отрази́ться** *св рефл* sich spiegeln; *перен (находи́ть своё отраже́ние)* sich zeigen, seinen Niederschlag finden

отраже́ни|е <-я> *ср* **1.** *(зерка́льное отраже́ние)* Spiegelbild *nt,* Widerspiegelung *f* **2.** ВОЕН Abwehr *f* **3.** *перен* Ausdruck *m*

отражён|ный <-ная, -ное; -, -а́, о́> *прил* rindirekt

отра|зи́ть <-жу́, -зи́шь> *св прх см.* **отража́ть**

отра|зи́ться <-жу́сь, -зи́шься> *св рефл см.* **отража́ться**

отраслев|о́й <-а́я; -о́е> *прил* Branchen-; ~ **спра́вочник фирм** Branchenverzeichnis *nt;* **отраслево́е объедине́ние** Fachverband *m;* ~ **хо́лдинг** Branchenholding *f*

о́трас|ль <-ли> *ж* Zweig *m,* Branche *f,* Sparte *f,* Fachbereich *m;* ~ **произво́дства** Produktionszweig *m;* ~ **промы́шленной де́ятельности** Geschäftsbereich *m;* ~ **про-**

мы́шленности Industriezweig *m;* ~ **торго́вли** Geschäftsbereich *m;* ~ **хозя́йства** [*или* **эконо́мики**] Wirtschaftszweig *m*

отра́щива|ть <-ю, -ешь> *нсв,* **отрасти́ть** *св прх* wachsen lassen; ~ **бо́роду** sich einen Bart wachsen lassen; ~ **но́гти** sich lange Nägel wachsen lassen; ~ **брю́шко** sich ein Bäuchlein zulegen

отреаги́р|овать <-ую, -уешь> *нсв (н)прх см.* **реаги́р|овать**

отре́з <-а> *м* **1.** *(ли́ния)* Schnittlinie *f* **2.** *(кусо́к тка́ни)* (abgeschnittenes) Stoffstück *nt;* ~ **на костю́м** Stoff *m* für einen Anzug

отреза́|ть <-ю, -ешь> *нсв,* **отре́зать** *св прх* abschneiden

отрезвле́ни|е <-я> *ср* Ernüchterung *f,* Desillusionierung *f*

отрезн|о́й <-а́я, -о́е> *прил* abreißbar; ~ **тало́н** abreißbarer Kupon *m*

отре́з|ок <-ка> *м* Abschnitt *m,* Strecke *f;* ~ **пути́** Wegstrecke *f*

отрека́|ться <-юсь, -ешься> *нсв,* **отре́чься** *св рефл (от кого́-л./чего́-л.)* abschwören, entsagen; ~ **от престо́ла** abdanken, auf den Thron verzichten

отрепети́р|овать <-ую, -уешь> *св прх см.* **репети́ровать**

отреставри́р|овать <-ую, -уешь> *св прх см.* **реставри́ровать**

отрецензи́р|овать <-ую, -уешь> *св прх см.* **рецензи́ровать**

отре́|чься <-ку́сь, -чёшься> *св рефл см.* **отрека́ться**

отреша́|ться <-юсь, -ешься> *нсв,* **отреши́ться** *св рефл* verzichten; **я не мог отреши́ться от мы́сли** ich konnte mich nicht von den Gedanken befreien; **не ~ от ста́рых привы́чек** von den alten Gewohnheiten nicht loslassen können

отрица́ни|е <-я> *ср* Verneinung *f;* лингв Negation *f*

отрица́те|льный <-льная, -льное; -лен, -льна, -льно> *прил* negativ, abfällig; **отрица́тельное отноше́ние к чему́-л.** Abneigung *f* [*o* Aversion *f*] gegen *+akk;* **отрица́тельное са́льдо** экон Habensaldo *m*

отрица́|ть <-ю, -ешь> *нсв прх* leugnen, verneinen, negieren; *(опроверга́ть)* widerlegen; *(отклоня́ть)* ablehnen

отро́г <-а> *м* геол Ausläufer *m*

о́троду *нрч разг* nie, niemals, nie im Leben; ~ **не слы́шал ничего́ подо́бного** so was habe ich noch nie gehört

отро́дь|е <-я> *ср пренебр* Brut *f,* Gesindel *nt;* **ба́рское** ~ Herrensippschaft *f*

отро́ст|ок <-ка> *м* бот Ableger *m,* Spross *m*

о́троческ|ий <-ая, -ое> *прил* Knaben-, Jungen-; *(о де́вочке)* Mädchen-; **отро́ческие го́ды** *(перехо́дный во́зраст)* Flegeljahre *pl,* Knabenalter *nt*

о́трочеств|о <-а> *ср* Knabenalter *nt;* **го́ды о́трочества** die Jahren des Knabenalter Mädchenzeit

о́труб <-а> *м* Kleie *f*

отруба́|ть <-ю, -ешь> *нсв,* **отруби́ть** *св прх* abhacken, abhauen

отруга́|ть <-ю, -ешь> *св прх см.* **руга́ть**

отры́в <-а> *м* **1.** *(отрыва́ние)* Losreißen *nt* **2.** *(отделе́ние)* Abtrennen *nt* **3.** *перен (отчужде́ние)* Loslösung *f,* Distanz *f,* Entfremdung *f;* ~ **от действи́тельности** Entrücktheit *f* von der Wirklichkeit; ~ **от жи́зни** Lebensfremdheit *f;* **без отры́ва от произво́дства** ohne Unterbrechung seiner Berufstätigkeit

отрыва́|ть <-ю, -ешь> *нсв,* **оторва́ть** *св прх* abreißen; *перен (разъединя́ть)* trennen

отрыва́|ться <-юсь, -ешься> *нсв,* **оторва́ться** *св рефл* sich (los)reißen; **пу́говица оторвала́сь от пальто́** der Knopf vom Mantel riss ab; **тру́дно оторва́ться от интере́сной кни́ги** es ist schwer, sich von einem interessanten Buch loszureißen; **он с трудо́м оторва́лся от пого́ни** er schüttelte mit Mühe seinen Verfolger ab; **оторва́ться от друзе́й** die Verbindung mit den Freunden verlieren; **оторва́ться от жи́зни** die Verbindung zur Wirklichkeit verlieren; **на ми́нуту оторва́ться от де́ла** kurz die Arbeit unterbrechen

отры́вист|ый <-ая, -ое; -, -а, -о> *прил* abrupt; ~ **го́лос** abrupte Stimme *f;* **отры́вистое замеча́ние** schroffe Bemerkung *f*

отрывн|о́й <-а́я, -о́е> *прил* abreißbar; ~ **тало́н** abreißbarer Kupon *m;* ~ **блокно́т** Abreißblock *m*

отры́в|ок <-ка> *м* Passage *f,* Ausschnitt *m*

отры́воч|ный <-ная, -ное; -ен, -на, -но> *прил* **1.** *(несвя́зный)* fragmentarisch, lückenhaft; **отры́вочные све́дения** lückenhafte Informationen *fpl* **2.** *(прерыва́емый)* zusammenhangslos

отры́жк|а <-и> *ж* Rülpsen *nt*

отря́д <-а> *м* **1.** воен Einheit *f,* Truppe *f;* ~ **корабле́й** Kampfschiffverband *m* **2.** *(гру́ппа)* Gruppe *f,* Abteilung *f;* ~ **птиц** зоол die Ordnung *f* der Vögel

отря́дн|ый <-ая, -ое> *прил* Abteilungs-, Trupps-; ~ **команди́р** Abteilungskommandeur *m*

отря́хива|ть <-ю, -ешь> *нсв,* **отряхну́ть** *св прх* abschütteln, abklopfen; **отряхну́ть снег с пальто́** den Schnee vom Mantel abklopfen; **отряхну́ть пе́пел сига́ры** die Zigarettenasche abklopfen; ~ **кро́шки с оде́жды** die Krümel von der Kleidung abklopfen

отса́жива|ть <-ю, -ешь> *нсв,* **отсади́ть** *св прх* **1.** *(отдели́ть)* trennen; ~ **шалуна́ за отде́льный стол** den Kasper an einen anderen Tisch setzen **2.** *(пересади́ть)* umpflanzen

отса́жива|ться <-юсь, -ешься> *нсв,* **отсе́сть** *св прх* sich wegsetzen, wegrücken;

отсе́сть на за́дний ряд sich in die hintere Reihe setzen; **отсе́сть пода́льше** weiter wegrücken

отсалют|ова́ть <-у́ю, -у́ешь> *св нпрх см.* **салютова́ть**

о́тсвет <-а> *м* **1.** *(о́тблеск)* Gegenlicht *nt* **2.** *(отраже́ние)* Widerschein *m*

отсе́в <-а> *м* **1.** АГР Aussondern *nt,* Sieben *nt;* **~ зерна́** Sieben von Korn **2.** *(классифика́ция)* Ausscheiden *nt;* **~ уча́щихся на экза́менах** das Ausscheiden der Schüler bei den Prüfungen

отсе́ива|ть <-ю, -ешь> *нсв,* **отсе́ять** *св прх* **1.** *(отдели́ть)* (aus)sieben, aussortieren, auslesen **2.** *(отстрани́ть)* absondern, ausscheiden; **~ отстаю́щих студе́нтов** die zurückgebliebenen Studenten ausschließen **3.** *(зако́нчить сев)* die Aussaat beenden; **~ пшени́цу** die Weizenaussaat abschließen

отсе́к <-а> *м* ТЕХ Zelle *f,* Abteilung *f,* Fach *nt;* **~ самолёта** Flugzeugzelle *f;* **больни́чный ~** Krankenhausstation *f*

отсека́|ть <-ю, -ешь> *нсв,* **отсе́чь** *св прх* **1.** *(отруби́ть)* abhacken; **~ суху́ю ве́тку** den vertrockneten Ast abhacken; **~ го́лову** den Kopf abhauen, köpfen **2.** *(отдели́ть)* abriegeln, abtrennen

отс|е́сть <-я́ду, -я́дешь> *св прх см.* **отса́живаться**

отсече́ни|е <-я> *ср* **дать го́лову на ~** seinen Kopf für etw hinhalten

отсе́|чь <-ку́, -чешь> *св прх см.* **отсека́ть**

отсе́|ять <-ю, -ешь> *св прх см.* **отсеива́ть**

отси|де́ть <-жу́, -ди́шь> *нсв,* **отси́живать** *св прх* absitzen; **~ срок** eine Strafe absitzen

отси|де́ться <-жу́сь, -ди́шься> *св рефл см.* **отси́живаться**

отси́жива|ть <-ю, -ешь> *св прх см.* **отсиде́ть**

отси́жива|ться <-юсь, -ешься> *нсв,* **отсиде́ться** *св рефл* in Sicherheit abwarten; **~ в укры́тии во вре́мя бу́ри** in Sicherheit den Sturm abwarten; **~ в стороне́** abseits abwarten

отска́кива|ть <-ю, -ешь> *нсв,* **отскочи́ть** *св нпрх* **1.** *(отпря́нуть)* zur Seite springen **2.** *(избежа́ть чего́-л.)* ausweichen **3.** *(о пу́ле, мяче́)* abprallen

отскреба́|ть <-ю, -ешь> *нсв,* **отскрести́** *св прх* abkratzen; **~ ко́поть** den Russ abkratzen

отслое́ни|е <-я> *ср* Abblättern *nt,* Abspringen *nt,* Abplatzen *nt;* **~ кра́ски** Abblättern der Farbe

отслужи́вш|ий <-ая, -ее> *прил* ausgedient

отсл|ужи́ть <-ужу́, -у́жишь> *св прх* ableisten; **~ в а́рмии** den Wehrdienst ableisten; **обору́дование отслужи́ло** die Ausrüstung hat ausgedient; **~ моле́бен** eine Messe abhalten

отсн|я́ть <-иму́, -и́мешь> *св прх* КИНО (ab)drehen; **~ фотоплёнку** einen ganzen Film verschießen; **~ нау́чный фильм** einen wissenschaftlichen Film drehen

отсове́т|овать <-ую, -уешь> *св прх* abraten

отсоединя́|ть <-ю, -ешь> *нсв,* **отсоедини́ть** *св прх* trennen; **отсоедини́ть про́водку** die Leitung abklemmen; **отсоедини́ть прице́п от локомоти́ва** den Anhänger von der Lok lösen

отсортиро́выва|ть <-ю, -ешь> *нсв,* **отсортирова́ть** *св прх* (aus)sortieren, auswählen; **~ я́блоки** Äpfel *mpl* auslesen

отсро́чива|ть <-ю, -ешь> *нсв,* **отсро́чить** *св прх* hinausschieben, hinauszögern, hinausziehen; ЭКОН *(пролонги́ровать)* stunden

отсро́чк|а <-и> *ж* Stundung *f;* *(упла́ты)* Aufschub *m;* *разг* *(продле́ние сро́ка)* Verlängerung *f;* *(заседа́ния)* Vertagung *f;* **~ в проце́ссе экономи́ческой адапта́ции** Lag *nt;* **~ долго́в** Schuldenstundung *f;* **~ упла́ты нало́гов** Steuerstundung *f*

отстава́ни|е <-я> *ср* Zurückbleiben *nt,* Rückstand *m*

отста|ва́ть <-ю́, -ешь> *нсв,* **отста́ть** *св нпрх* **1.** *(оста́ться позади́)* zurückbleiben; **отста́ть от спу́тников** hinter den Reisegefährten zurückbleiben; **учени́к отста́л от кла́сса** der Schüler ließ in seinen Leistungen nach; **~ в разви́тии** in der Entwicklung zurückbleiben; **отста́ть от жи́зни** vom richtigen Leben fernbleiben **2.** *(опа́здывать)* nachgehen; **часы́ отстаю́т на 10 мину́т** die Uhr geht zehn Minuten nach **3.** *(отдели́ться)* sich lostrennen, sich loslösen, abgehen; **кра́ска отста́ла** die Farbe ging ab; **обо́и отста́ли** die Tapeten haben sich gelöst **4.** *(исче́знуть)* verschwinden; **пятно́ на брю́ках отста́ло** der Fleck auf der Hose ist weg **5.** *(переста́ть пристава́ть)* in Ruhe lassen; **отста́ньте от меня́, я за́нят!** lassen Sie mich in Frieden, ich habe zu tun!; **отста́нь с вопро́сами!** bleib mir vom Leibe mit deinen Fragen!

отста́в|ить <-лю, -ишь> *св прх см.* **отставля́ть**

отста́вк|а <-и> *ж* **1.** *(мини́стра, прави́тельства)* Rücktritt *m* **2.** *(о чино́вниках)* Ruhestand *m* **3.** *(увольне́ние)* Verabschiedung *f;* **в отста́вке** außer Dienst; **уходи́ть в отста́вку** zurücktreten, abtreten, aus dem Dienst scheiden, in den Ruhestand gehen; **дать отста́вку кому́-л.** *перен* jdm einen Korb geben

отставля́|ть <-ю, -ешь> *нсв,* **отста́вить** *св прх* **1.** *(передви́нуть)* wegstellen, beiseite legen; **~ стул к стене́** den Stuhl zur Wand wegschieben **2.** ВОЕН Befehl aufheben; **отста́вить кома́нду!** Kommando zurück!; **отста́вить разгово́ры!** keine Gespräche!

отставн|о́й <-а́я, -о́е> *прил* *(о вое́нных)*

verabschiedet, außer Dienst

отста́вш|ий <-ая, -ее> *м* Zurückbleibender *m; перен* Nachzügler *m*

отста́ива|ть <-ю, -ешь> *нсв*, **отстоя́ть** *св прх* sich einsetzen, sich stark machen für *+akk;* **~ свои́ интере́сы** seine Interessen verteidigen [*o* wahren]

отста́лос|ть <-ти> *ж* Ruckständigkeit *f*, Zurückgebliebenheit *f;* **экономи́ческая ~** wirtschaftliche Rückständigkeit *f;* **нау́чно-техни́ческая ~** wissenschaftlich-technischer Rückstand *m*

отста́л|ый <-ая, -ое; -, -а, -о> *прил* rückständig; *(слабора́звитый)* unterentwickelt

отста́|ть <-ну, -нешь> *св нпрх см.* **отстава́ть**

отстаю́щ|ий I. *прил* <-ая, -ее> *(о шко́льнике)* leistungsschwach **II.** <-его> *м (в соревнова́нии)* Schlusslicht *nt*

отстёгива́|ть <-ю, -ешь> *нсв*, **отстегну́ть** *св прх* aufknöpfen, aufhaken; *(ремни́)* abschnallen

отсти́рыва|ть <-ю, -ешь> *нсв*, **отстира́ть** *св прх* auswaschen; **~ пятно́** den Fleck auswaschen; **маши́на уже́ отстира́ла** die Waschmaschine ist schon fertig mit dem Waschen

отсто́йник <-а> *м* ТЕХ Kläranlage *f;* **очи́стка воды́ в отсто́йниках** Wasserreinigung *f* in der Kläranlage

отсто|я́ть <-ю́, -и́шь> *св прх см.* **отста́ивать**

отстра́ива|ть <-ю, -ешь> *нсв*, **отстро́ить** *св прх* fertig bauen; **~ гости́ницу** den Bau des Hotels vollenden

отстране́ни|е <-я> *ср* Absetzung *f*

отстраня́|ть <-ю, -ешь> *нсв*, **отстрани́ть** *св прх* entfernen, absetzen; **отстрани́ть от вла́сти** entmachten; **отстрани́ть от до́лжности** vom Dienst suspendieren

отстре́л <-а> *м* СПОРТ Abschuss *m;* **~ ди́чи** Wildabschuss *m*

отстро́|ить <-ю, -ишь> *св прх см.* **отстра́ивать**

о́тступ <-а> *м* Rand *m*, Abstand *m;* **де́лать ~** einrücken

отступа́|ть <-ю, -ешь> *нсв*, **отступи́ть** *св нпрх* **1.** *(отодви́нуться)* zurücktreten; **мо́ре отступи́ло** das Meer ist zurückgegangen **2.** ВОЕН sich zurückziehen, den Rückzug antreten; **войска́ отступи́ли под напо́ром проти́вника** die Truppen haben sich unter dem Druck des Feindes zurückgezogen **3.** *(уклони́ться)* abweichen; **~ пе́ред тру́дностями** vor Schwierigkeiten zurückweichen **4.** *(нару́шить)* verletzen; **~ от при́нципов** die Prinzipien verletzen; **~ от тре́бований** die Forderungen nicht erfüllen; **~ от да́нной кля́твы** einen geleisteten Eid brechen **5.** *(отказа́ться)* aufgeben, verzichten, verleugnen **6.** *(отклони́ться)* abweichen; **~ от те́мы бесе́ды** vom Gesprächsthema abkommen

отступле́ни|е <-я> *ср* **1.** *(от пра́вила, от те́мы)* Abweichung *f*, Abweg *m* **2.** ВОЕН Defensive *f*, Rückzug *m*

отсу́жива|ть <-ю, -ешь> *нсв*, **отсуди́ть** *св прх разг* im Gerichtsprozess obsiegen; **~ иму́щество** Besitz *m* gerichtlich erkämpfen; **~ права́** Rechte *ntpl* gerichtlich erwirken

отсу́тстви|е <-я> *ср* Fehlen *nt*, Abwesenheit *f;* **~ вся́ких жела́ний** Lustlosigkeit *f;* **~ интере́са/заинтересо́ванности** Desinteresse *nt;* **~ сре́дств** fehlende Finanzen *pl;* **~ чёткой конце́пции** Konzeptionslosigkeit *f;* **блиста́ть отсу́тствием** durch Abwesenheit glänzen; **при отсу́тствии** mangels *+gen;* **~ спро́са** ЭКОН Nachfrageausfall *m*

отсу́тств|овать <-ую, -уешь> *нсв нпрх* fehlen; *(о лю́дях)* abwesend sein; **~ без уважи́тельной причи́ны** unentschuldigt fehlen

отсу́тствующ|ий <-ая, -ее> *прил* fehlend, nicht vorhanden; *(не прису́тствующий)* abwesend

отсчёт <-а> *м* Zählung *f*, Abzählen *nt;* **но́вый ~ вре́мени** neue Zeitrechnung *f;* **~ вре́мени** Countdown *m*

отсчи́тыва|ть <-ю, -ешь> *нсв*, **отсчита́ть** *св прх* abzählen

отсыла́|ть <-ю, -ешь> *нсв*, **отосла́ть** *св прх* **1.** *(отпра́вить)* absenden, schicken; **~ письмо́ по по́чте** einen Brief per Post schicken **2.** *(удали́ть)* fortschicken; **отосла́ть дете́й спать** die Kinder schlafen schicken

отсы́лк|а <-и> *ж* Versand *m; (ссы́лка в те́ксте)* Querverweis *m;* **~ наза́д** Retoursendung *f*

отсыпа́|ть <-ю, -ешь> *нсв*, **отсы́пать** *св прх* schütten; **~ муки́** Mehl schütten

отсыпа́|ться <-юсь, -ешься> *нсв*, **отоспа́ться** *св рефл разг* sich ausschlafen; **~ по́сле изнури́тельного похо́да** nach einem ermüdenden Marsch ausschlafen; **~ по́сле рабо́ты** nach der Arbeit ausschlafen; **мне на́до отоспа́ться!** ich sollte endlich ausschlafen!

отсыре́|ть <-ю, -ешь> *св прх см.* **сыре́ть**

отсю́да *нрч* hieraus *(folgt)*, von hier aus; **иди́ ~!** hau ab!

отта́ива|ть <-ю, -ешь> *нсв*, **оттая́ть** *св нпрх* auftauen

отта́лкива|ть <-ю, -ешь> *нсв*, **оттолкну́ть** *св прх* wegschieben; *и перен* abstoßen; **~ ло́дку от бе́рега** das Boot vom Ufer abstoßen

отта́лкива|ться <-юсь, -ешься> *нсв*, **оттолкну́ться** *св рефл* sich abstoßen; **~ весло́м от бе́рега** sich mit dem Ruder vom Ufer abstoßen; **~ от предыду́щей пози́ции** von der vorhergehenden Position ausgehen

отта́лкивающ|ий <-ая, -ее> *прил* abstoßend, widerwärtig

отта́скива|ть <-ю, -ешь> *нсв,* **оттаска́ть, оттащи́ть** *св прх* fortziehen, fortschleppen; *разг (за что-л.)* zerren, ziehen; **оттаска́ть за во́лосы** an den Haaren ziehen

отта́чива|ть <-ю, -ешь> *нсв,* **отточи́ть** *св прх* **1.** *(подо́стрить)* schleifen, anspitzen; **~ топо́р** eine Axt schärfen **2.** *(сде́лать изя́щным)* feilen; **отточи́ть фра́зу** an der Phrase feilen; **отточи́ть та́лию** die Taille gut formen

оттащ|и́ть <-у́, -и́шь> *св прх см.* **отта́скивать**

отта́|ять <-ю, -ешь> *св нпрх см.* **отта́ивать**

оттен|и́ть <-ю́, -и́шь> *св прх см.* **оттеня́ть**

отте́н|ок <-ка> *м* Färbung *f,* Farbton *m; и перен* Schattierung *f,* Nuance *f;* **~ значе́ния** Bedeutungsschattierung *f*

оттеня́|ть <-ю, -ешь> *нсв,* **оттени́ть** *св прх* schattieren; *перен (вы́делить)* hervorheben, abstufen

о́ттепе|ль <-ли> *ж* Tauwetter *nt*

от|тере́ть <-отру́, -отрешь> *св прх см.* **оттира́ть**

оттесня́|ть <-ю, -ешь> *нсв,* **оттесни́ть** *св прх* zurückdrängen; **~ сопе́рника** den Rivalen ausstechen

оттёсыва|ть <-ю, -ешь> *нсв,* **оттеса́ть** *св прх* behauen, bearbeiten; **~ края́ доски́** das Lattenende bearbeiten

оттира́|ть <-ю, -ешь> *нсв,* **оттере́ть** *св прх* **1.** *(удали́ть)* abwischen; **~ пятно́** den Fleck abreiben **2.** *(верну́ть чувствительно́сть)* warm reiben; **оттере́ть замёрзшие ру́ки** die erfrorene Hände warm reiben **3.** *(оттесни́ть)* verdrängen; **~ в сто́рону** zur Seite drängen; **~ любопы́тных наза́д** die Neugierigen zurückdrängen

о́ттиск <-а> *м* Abdruck *m;* **~ печа́ти** Siegelabdruck *m;* **~ следо́в** Abdruck *m;* **корректу́рный ~** Korrekturfahne *f*

отто́к <-а> *м* Abwanderung *f,* Flucht *f; (вытека́ние)* Abfluss *m;* **~ бе́женцев** Flüchtlingsstrom *m;* **~ капита́ла** ЭКОН Kapitalflucht *f;* **~ де́нег** Geldabfluss *m;* **~ ка́дров, ~ персона́ла** Personalabgang *m*

оттолкн|у́ть <-у, -ёшь> *св прх см.* **отта́лкивать**

оттолкн|у́ться <-у́сь, -ешься> *св рефл см.* **отта́лкиваться**

оттопы́рен|ный <-ная, -ное; -, -а, -о> *прил* abgespreizt; **~ карма́н** abstehende Tasche *f;* **оттопы́ренные у́ши** abstehende Ohren *ntpl*

оттопы́рива|ться <-юсь, -ешься> *нсв,* **оттопы́риться** *св рефл (об уша́х)* abstehen

отторга́|ть <-ю, -ешь> *нсв,* **отто́ргнуть** *св прх* **1.** *(отдели́ть)* abtrennen; **органи́зм отто́рг чужеро́дное те́ло** der Körper hat den Fremdkörper abgestoßen **2.** *(отня́ть наси́льственно)* entreißen; **незако́нно ~ чужи́е зе́мли** fremde Territorien gesetzwidrig annektieren; **отто́ргнуть ребёнка от ма́тери** ein Kind gewaltsam der Mutter entreißen

отторже́ни|е <-я> *ср* Abtrennung *f;* МЕД Abstoßung *f;* **наси́льственное ~ террито́рий** gewaltsame Annexion von Territorien; **~ со́бственности** widerrechtliches Aneignen von Eigentum

отто́чен|ный <-ная, -ное; -, -а, -о> *прил* geschärft, geschliffen; **~ каранда́ш** gespitzter Bleistift *m;* **~ нож** geschärftes Messer *nt;* **отто́ченная фра́за** ausgefeilte Phrase *f;* **~ про́филь лица́** wohlgeformtes Gesichtsprofil *m*

отт|очи́ть <-очу́, -о́чишь> *св прх см.* **отта́чивать, точи́ть**

отту́да *нрч* dorther, von dort

оття́гива|ть <-ю, -ешь> *нсв,* **оттяну́ть** *св прх* **1.** *(отвести́ наза́д)* zurückziehen; **~ куро́к** den Gewehrhahn zurückziehen; **тяжёлый рюкзак оттяну́л пле́чи** der schwere Rucksack zerrte an den Schultern **2.** *(вы́тянуть)* auseinander ziehen **3.** *(отсро́чить)* verschieben, hinziehen; **~ отъе́зд** die Abreise hinauszögen; **~ вре́мя** Zeit *f* gewinnen **4.** ВОЕН zurückziehen; **~ все си́лы к го́роду** alle Kräfte zur Stadt zurückziehen **5.** ТЕХ abdrehen, abschrauben; **~ болт** einen Bolzen lösen

отупе́вш|ий <-ая, -ее> *прил перен (отупе́лый, безуча́стный)* abgestumpft

отупе́|ть <-ю, -ешь> *св нпрх см.* **тупе́ть**

отутю́жива|ть <-ю, -ешь> *нсв,* **отутю́жить** *св прх* bügeln; ausbügeln; **~ брю́ки па́ром** die Hose sorgfältig mit Dampf bügeln; **~ костю́м** den Anzug sorgfältig bügeln

отуча́|ть <-ю, -ешь> *нсв,* **отучи́ть** *св прх* abgewöhnen; **отучи́ть кого́-л. от капри́зов** jmd die Flausen austreiben

отуча́|ться <-юсь, -ешься> *нсв,* **отучи́ться** *св рефл* sich etw abgewöhnen; **отучи́ться от плохи́х мане́р** die schlechten Manieren ablegen; **отучи́ться пять лет в институ́те** fünf Jahre studieren; **отучи́ться непра́вильно выража́ться** sich die schlechte Ausdrucksweise abgewöhnen; **отучи́ться от куре́ния** sich das Rauchen abgewöhnen

от|учи́ть <-учу́, -у́чишь> *св прх см.* **отуча́ть**

от|учи́ться <-учу́сь, -у́чишься> *св рефл см.* **отуча́ться**

отфильтро́выва|ть <-ю, -ешь> *нсв,* **отфильтрова́ть** *св прх* **1.** *(очи́стить)* abfiltern; **~ во́ду** Wasser abfiltern **2.** *(отдели́ть)* absondern, aussortieren; **~ приме́си** Zusätze abfiltern

отфутбо́лива|ть <-ю, -ешь> *нсв,* **отфутбо́лить** *св прх* mit einem Fußtritt zur

О

Seite schleudern; *разг* von Pontius zu Pilatus schicken

отха́ркива|ть <-ю, -ешь> *нсв,* **отха́ркать** *св прх* abhusten; ~ **мокро́ту** den Auswurf ausspeien

отха́ркивающ|ий <-ая, -ее> *прил* schleimlösend; **отха́ркивающие сре́дства** schleimlösendes Mittel *nt;* **вы́писать ~ сиро́п** einen Hustensaft verschreiben

отхлёстыва|ть <-ю, -ешь> *нсв,* **отхлеста́ть** *св прх* auspeitschen; **отлеста́ть ло́шадь кнуто́м** dem Pferd die Peitsche geben

отхлы́н|уть <-у, -ешь> *св прх* zurückweichen; **толпа́ люде́й отхлы́нула** die Menschenmenge wich zurück; **кровь отхлы́нула от лица́** das Blut wich aus dem Gesicht

отхо́д[1] <-а> *м обы́чно мн* **1.** *(отбро́сы)* Abfall *m,* Rückstand *m* **2.** хим Abfallstoffe *mpl*

отхо́д[2] <-а> *м* **1.** *(уе́зд)* Abfahrt *f* **2.** *и перен* Zurückweichen *nt,* Abzug *m*

отх|оди́ть <-ожу́, -о́дишь> *нсв,* **отойти́** *св нпрх* **1.** *(о по́езде)* abfahren **2.** *(на коро́ткое вре́мя)* kurz weggehen **3.** *(приходи́ть в себя́)* zu sich kommen, sich erholen **4.** *перен (отклони́ться)* abrücken; ~ **от те́мы** vom Thema abkommen

отхо́дчив|ый <-ая, -ое; -, -а, -о> *прил* nicht nachtragend; **се́рдце у него́ отхо́дчивое** er hat ein großes Herz, er ist nicht nachtragend; ~ **нрав** nicht nachtragender Charakter *m*

отцвета́|ть <-ю, -ешь> *нсв,* **отцвести́** *св прх* **1.** *(опа́сть)* verwelken; **цветы́ отцвета́ют** die Blumen verblühen **2.** *(побле́кнуть)* verblassen; **тала́нт отцвёл** das Talent verblasste

отце́жива|ть <-ю, -ешь> *нсв,* **отцеди́ть** *св прх* (ab)seihen, abziehen; ~ **сок из лимо́на** den Saft aus einer Zitrone pressen; ~ **вино́ из бо́чки** Wein vom Fass abzapfen

отцо́вск|ий <-ая, -ое> *прил* Vater-, väterlich; ~ **дом** Vatershaus *nt;* ~ **долг** väterliche Pflicht *f*

отцо́вств|о <-а> *ср* Vaterschaft *f;* **испыта́ть чу́вство отцо́вства** Vaterschaftsgefühle empfinden; **установи́ть ~** юр die Vaterschaft feststellen

отча́л <-а> *м* мор Ablegen *nt*

отча́лива|ть <-ю, -ешь> *нсв,* **отча́лить** *св нпрх (отплы́ть)* auslaufen; **ло́дка отча́лила от бе́рега** das Boot legte vom Ufer ab

отча́сти *нрч разг* teilweise, zum Teil; **ты прав то́лько ~** du hast nur zum Teil Recht

отча́яни|е <-я> *ср* Verzweiflung *f;* **приходи́ть в ~** in Verzweiflung geraten; **привести́ в ~** verzweifeln

отча́яннос|ть <-ти> *ж* **1.** *(безнадёжность)* Hoffnungslosigkeit *f;* ~ **положе́ния** hoffnungslose Lage *f* **2.** *(отва́га)* Verwegenheit *f,* Waghalsigkeit *f,* Tollkühnheit *f*

отча́ян|ный <-ная, -ное; -, -на, -но> *прил* **1.** *(безнадёжный)* hoffnungslos, verzweifelt, ausweglos; ~ **взгляд** verzweifelter Blick *m;* ~ **шаг** verzweifelter Schritt *m;* **очути́ться в отча́янном положе́нии** in eine ausweglose Lage geraten **2.** *(безрассу́дно сме́лый)* waghalsig, tollkühn; ~ **посту́пок** tollkühne Tat *f* **3.** *(неисправи́мый)* unverbesserlich; ~ **игро́к** unverbesserlicher Glücksspieler *m* **4.** *(я́ростный)* äußerst, heftig; **отча́янное сопротивле́ние** heftiger Widerstand *m*

отчека́нива|ть <-ю, -ешь> *нсв,* **отчека́нить** *св прх* **1.** *(моне́ту)* prägen **2.** *перен (слова́ и т.п.)* deutlich artikulieren

отчёркива|ть <-ю, -ешь> *нсв,* **отчеркну́ть** *св прх* anstreichen, markieren, anmerken; ~ **карандашо́м ва́жное** das Wichtigste mit Bleistift markieren

о́тчеств|о <-а> *ср* Vatersname *m*

отчёт <-а> *м* Bericht *m,* Rechenschaft *f;* **отдава́ть себе́ ~ в чём-л.** sich voll bewusst sein über +*akk;* **отчётный год** Geschäftsjahr *nt;* ~ **наблюда́тельного сове́та** Aufsichtsratsbericht *m;* ~ **о возде́йствиях на окружа́ющую среду́** Umweltverträglichkeitsprüfbericht *m;* ~ **о движе́нии ку́рсов на би́рже** Börsenbericht *m;* ~ **о де́ятельности предприя́тия** Geschäftsbericht *m;* ~ **о контро́ле** Prüfbericht *m;* ~ **о недоста́чах** Verlustausweis *m;* ~ **о прове́рке** Prüfbericht *m;* **о рабо́те** Geschäftsbericht *m;* ~ **о состоя́нии дел** Lagebericht *m;* ~ **о результа́тах реви́зии** Prüfungsbericht *m;* ~ **ба́нка** Bankausweis *m*

отчётливо *нрч* klar, deutlich, bestimmt; ~ **сознава́ть свою́ оши́бку** den eigenen Fehler klar erkennen; ~ **произноси́ть слова́** die Worte deutlich aussprechen

отчётлив|ый <-ая, -ое; -, -а, -о> *прил* klar, deutlich

отчётнос|ть <-ти> *ж* Abrechung *f;* *(систе́ма отчётности)* Berichtswesen *nt;* **статисти́ческая ~** Meldewesen *nt*

отчётн|ый <-ая, -ое> *прил* Berichts-, Abrechnungs-; ~ **год** Berichtsjahr *nt;* ~ **пери́од** Abrechnungsperiode *f*

отчи́зн|а <-ы> *ж книжн* Vaterland *nt*

о́тч|ий <-ая, -ее> *прил книжн* Vater-, väterlich; ~ **дом** Vatershaus *nt*

о́тчим <-а> *м* Stiefvater *m*

отчисле́ни|е <-я> *ср* Abrechnung *f;* ~ **сло́жных проце́нтов** Abzinsung *f;* ~ **средств** Dotierung *f;* ~ **в пенсио́нный фонд** Pensionsrückstellung *f;* ~ **в резе́рв** Rücklagen *pl;* ~ **в резе́рвный фонд** Rückstellungen *pl;* ~ **в резе́рвный фонд промысло́вого нало́га** Gewerbesteuerrückstellung *f*

отчисля́|ть <-ю, -ешь> *нсв,* **отчи́слить** *св прх* **1.** *(ассигнова́ть)* anweisen, zuweisen; ~ **небольшу́ю су́мму** eine kleine Geldsumme anweisen **2.** *(исключи́ть из* *числá)* verabschieden, entlassen, ausschließen; **~ студéнта** den Studenten exmatrikulieren

отчитá|ть <-ю, -ешь> *св прх см.* **отчи́тывать**

отчитá|ться <-юсь, -ешься> *св рефл см.* **отчи́тываться**

отчи́тыва|ть <-ю, -ешь> *нсв,* **отчитáть** *св прх разг* abkanzeln, die Leviten lesen

отчи́тыва|ться <-юсь, -ешься> *нсв,* **отчитáться** *св рефл* **1.** *(предостáвить отчёт)* Bericht *m* erstatten, berichten **2.** *(перéд кем-л. в чём-л.)* Rechenschaft *f* ablegen

отчуждá|ть <-ю, -ешь> *нсв прх* **1.** юр veräußern **2.** *(отдаля́ть от когó-л.)* entfremden

отчуждéни|е <-я> *ср* **1.** *(отдалéние)* Entfremdung *f* **2.** юр *(путём продáжи)* Verkauf *m,* Veräußerung *f*

отчуждённо *нрч* entfremdet, fremd; **жить ~** zurückgezogen leben; **взгляну́ть ~** entfremdet aussehen

отчуждённос|ть <-ти> *ж* Entfremdung *f,* Zurückgezogenheit *f;* **чу́вствовать ~** eine Entfremdung spüren; **мéжду нáми возни́кла ~** wir haben uns auseinander gelebt

отчуждён|ный <-ная, -ное; -, -á, -ó> *прил* **1.** *(безрazли́чный)* entfremdet, gleichgültig; **отчуждённый взгляд** gleichgültiger Blick *m* **2.** юр enteignet, konfisziert, beschlagnahmt; **отчуждённые зéмли** enteignetes Land *nt*

отчурá|ться <-юсь, -ешься> *св рефл см.* **чурáться**

отшáтыва|ться <-юсь, -ешься> *нсв,* **отшатну́ться** *св рефл* weichen; **отшатну́ться назáд** zurückweichen; **с у́жасом отшатну́ться в стóрону** erschrocken zur Seite weichen; **все друзья́ отшатну́лись от негó** alle Freunde haben sich von ihm abgewandt

отшéльник <-а> *м* Einsiedler *m,* Eremit *m*

отши́б <-а> *м разг* abseits; **дом стои́т на отши́бе** das Haus steht abseits; **живёт на отши́бе** abgelegen wohnen

отшлёпыва|ть <-ю, -ешь> *нсв,* **отшлёпать** *св прх (наказáть)* jdm eins überziehen; **отшлёпать шалунá за баловствó** dem Windfang für seine Ungezogenheit einen Klaps geben

отшлифóвыва|ть <-ю, -ешь> *нсв,* **отшлифовáть** *св прх* schleifen, abschleifen

отщепéн|ец <-ца> *м,* **отщепéнк|а** <-и> *ж* пол Abtrünniger *m,* Sektierer *m,* Renegat *m;* **стать отщепéнцем** Sektierer werden

отъéзд <-а> *м* Abreise *f,* Abfahrt *f,* Aufbruch *m*

отъезжá|ть <-ю, -ешь> *нсв,* **отъéхать** *св прх* abfahren; **отъéхать недалекó от дóма** sich nicht weit von zu Hause entfernen; **отъéхать от гóрода** aus der Stadt fahren

отъя́влен|ный <-ная, -ное; -, -а, -о> *прил прост* berüchtigt; **~ плут** Erzgauner *m;* **~ хулигáн** ausgesprochener Halunke *m*

оты́грыва|ться <-юсь, -ешься> *нсв,* **отыгрáться** *св рефл* спорт das Rückspiel gewinnen; **в слéдующем мáтче комáнда надéется отыгрáться** im nächsten Spiel hofft die Mannschaft sich den Sieg zurückzuholen; **отыгрáться шу́ткой** sich mit einem Scherz herauswinden

отымённ|ый <-ая, -ое> *прил* лингв vom Nomen abgeleitet, denominal

оты́скива|ть <-ю, -ешь> *нсв,* **отыскáть** *св прх* auffinden, ausfindig machen

отягчá|ть <-ю, -ешь> *нсв,* **отягчи́ть** *св прх* erschweren, belasten; **~ вину́** die Schuld erschweren; **~ положéние** die Lage erschweren; **~ собесéдников** den Gesprächsteilnehmern lästig werden

отягчéни|е <-я> *ср* Langeweile *f;* **испы́тывать ~** sich langweilen

отягч|и́ть <-у́, -и́шь> *св прх см.* **отягчáть**

оферéнт <-а> *м* Anbieter *m;* **~-монополи́ст** Alleinanbieter *m*

офери́р|овать <-ую, -уешь> *нсв прх* экон offerieren

офéрт <-а> *м* Offerte *f;* **~ о продáже** Verkaufsangebot *nt*

офéрт|а <-ы> *ж* Angebot *nt,* Offerte *f*

óфис <-а> *м* Bürohaus *nt,* Büroraum *m,* Büro *nt;* *(контóра)* Geschäftsstelle *f*

óфисн|ый <-ая, -ое> *прил* Büro-; **óфисная оргтéхника** Bürotechnik *f*

офицéр <-а> *м* Offizier *m*

офицéрск|ий <-ая, -ое> *прил* Offiziers-; **офицéрское звáние** Offiziersrang *m*

официáльно *нрч* offiziell, amtlich; **~ заяви́ть** offiziell erklären; **встрéтить ~** förmlich empfangen; **одéться ~** sich offiziell kleiden

официá|льный <-льная, -льное; -лен, -льна, -льно> *прил* **1.** *(вéдомственный, прави́тельственный)* amtlich, behördlich **2.** *(с соблюдéнием всех формáльностей)* offiziell; **~ запрóс** offizielle Anfrage *f;* **официáльные круги́** offizielle Kreise *pl;* **~ путь** Behördenweg *m;* **официáльное взыскáние** Strafe *f*

официáнт <-а> *м,* **официáнтк|а** <-и> *ж* Kellner(in) *m(f),* Ober *m*

оформи́те|ль <-ля> *м,* **оформи́тельниц|а** <-ы> *ж* теат, кино Gestalter *m,* Raumgestalter *m;* **худóжественный ~** künstlerischer Gestalter *m;* **~ по костю́мам** Kostümdesigner *m*

офóрм|ить <-лю, -ишь> *св прх см.* **оформля́ть**

оформлéни|е <-я> *ср* **1.** *(внéшнее)* Gestaltung *f;* **~ интерьéра** Raumgestaltung *f;* **худóжественное ~ кни́ги** Buchausstattung *f,* künstlerische Gestaltung *f* **2.** экон Abfertigung *f;* **~ багажá** Gepäckabfertigung *f;* **~ тамóженных формáльностей** Zollabfertigung *f;* **~ гру́зов** Güterabfertigung *f;* **~ до-**

О

куме́нта Beurkundung *f;* **~ това́ра** Produktgestaltung *f*

оформля́|ть <-ю, -ешь> *нсв,* **офо́рмить** *св прх* gestalten; *(бага́ж)* abfertigen; *(па́спорт)* ausstellen; **офо́рмить на рабо́ту** anstellen, einstellen

офо́рт <-а> *м* Radierung *f*

офса́йд <-а> *м* спорт Abseits *nt*

офсе́т <-а> *м* тип Offset *nt*

офсе́тн|ый <-ая, -ое> *прил* тип Offset-; **офсе́тная печа́ть** Offsetdruck *m*

оффшо́рн|ый <-ая, -ое> *прил* экон Off-Shore-; **~ центр** Off-Shore-Zentrum *nt*

оха́ива|ть <-ю, -ешь> *нсв,* **оха́ять** *св прх* schmähen; *разг* schlechtmachen

охарактериз|ова́ть <-ую, -уешь> *св прх см.* **характеризова́ть**

о́ха|ть <-ю, -ешь> *нсв,* **о́хнуть** *св нпрх* ächzen, seufzen; **~ от бо́ли** vor Schmerz stöhnen; **о́хнуть от испу́га** vor Schreck ächzen; **не о́хай, пройдёт!** stöhne nicht, es wird vorbeigehen!

оха́|ять <-ю, -ешь> *св прх см.* **оха́ивать**

охва́т <-а> *м* Reichweite *f;* *(включе́ние)* Einbeziehung *f*

охва́тыва|ть <-ю, -ешь> *нсв,* **охвати́ть** *св прх* **1.** *(включа́ть)* umfassen **2.** *(о стра́хе и т.п.)* ergreifen, befallen

охладева́|ть <-ю, -ешь> *нсв,* **охладе́ть** *св нпрх (к кому́-л./чему́-л.)* abkühlen gegenüber *+dat,* sich entfremden von *+dat;* **охладе́ть к рабо́те** kein Interesse mehr an der Arbeit finden; **охладе́ть к друзья́м** den Freunden gegenüber gleichgültig werden; **чу́вства охладе́ли** die Gefühle kühlten ab

охлади́тельн|ый <-ая, -ое> *прил* Kühl-; **охлади́тельная смесь** Kühlmittel *nt,* Abkühlungsgemisch *nt*

охла|ди́ть <-жу́, -ди́шь> *св прх см.* **охлажда́ть**

охла|ди́ться <-жу́сь, -ди́шься> *св рефл см.* **охлажда́ться**

охлажда́|ть <-ю, -ешь> *нсв,* **охлади́ть** *св прх* kühlen, abkühlen, kaltstellen

охлажда́|ться <-юсь, -ешься> *нсв,* **охлади́ться** *св рефл и перен* sich abkühlen

охлаждён|ный <-ная, -ное; -, -а́, -о́> *прил* gekühlt

охламо́н <-а> *м разг* Schwachkopf *m*

о́хн|уть <-у, -ешь> *св нпрх см.* **о́хать**

охо́т|а <-ы> *ж* Jagd *f;* *(жела́ние)* Lust *f;* **~ на ведьм** *перен* Hexenjagd *f;* **отбива́ть у кого́-л. охо́ту к чему́-л.** jdm etw verleiden

охо́|титься <-чусь, -тишься> *нсв рефл и перен* jagen, nachjagen *+dat*

охо́тник <-а> *м* Jäger *m;* **~ „за мозга́ми"** Headhunter *m*

охо́тнич|ий <-ья, -ье> *прил* Jagd-; **охо́тничье ружьё** Jagdgewehr *nt;* **охо́тничья соба́ка** Jagdhund *m*

охо́тно *нрч* gerne, sehr gern; *(с гото́вностью)* bereitwillig

о́хр|а <-ы> *ж* Ocker *m*

охра́н|а <-ы> *ж* Bewachung *f,* Schutz *m,* Wache *f;* **внутризаводска́я ~** Werkschutz *m;* **~ грани́цы** Grenzschutz *m;* **~ конститу́ции** Verfassungsschutz *m;* **~ окружа́ющей среды́** Umweltschutz *m;* **~ па́мятников** Denkmalschutz *m;* **~ приро́ды** Naturschutz *m;* **~ живо́й приро́ды** Artenschutz *m;* **~ а́вторских прав** Urheberrechtsschutz *m;* **~ возду́шной среды** Luftreinhaltung *f;* **~ интере́сов потреби́телей** Konsumentenschutz *m;* **~ матери́нства** Mutterschutz *m;* **~ това́рного зна́ка** Markenschutz *m;* **~ труда́** Arbeitsschutz *m*

охран|и́ть <-ю́, -и́шь> *св прх см.* **охраня́ть**

охра́нник <-а> *м* Schutzmann *m*

охраня́|ть <-ю, -ешь> *нсв,* **охрани́ть** *св прх* (be)schützen, bewachen; **~ иму́щество** den Besitz bewachen; **~ интере́сы госуда́рства** die Staatsinteressen wahren; **~ грани́цу** die Grenze schützen

охри́пн|уть <-у, -ешь> *св нпрх* heiser werden; **~ от кри́ка** sich heiser schreien, sich die Kehle aus dem Hals schreien; **у меня́ го́лос охри́п от просту́ды** meine Stimme wurde heiser von der Erkältung

охри́пш|ий <-ая, -ее> *прил* heiser

оцара́па|ть <-ю, -ешь> *св прх см.* **цара́пать**

оцвети́ть <оцвети́т> *св прх 1 л не употр* färben

оце́нива|ть <-ю, -ешь> *нсв,* **оцени́ть** *св прх* **1.** *перен (ка́чество рабо́ты, обстано́вку, челове́ка)* einschätzen, beurteilen; **~ ситуа́цию** die Situation einschätzen; **оцени́ть по досто́инству** gebührend würdigen; **~ зна́ния студе́нта** die Kenntnisse des Studenten einschätzen **2.** *(сто́имость и т.п.)* bewerten; **~ карти́ну** ein Bild bewerten; **~ иму́щество** den Besitz schätzen **3.** *(на глаз)* abwägen, abschätzen

оце́нк|а <-и> *ж* **1.** *перен (сужде́ние)* Einschätzung *f,* Schätzung *f,* Beurteilung *f* **2.** *(де́йствие)* Wertung *f,* Bewertung *f,* Auswertung *f,* Beurteilung *f* **3.** *(балл)* Note *f,* Zensur *f;* **выставля́ть оце́нку** benoten; **~ де́ятельности персона́ла** Mitarbeiterbeurteilung *f;* **~ долго́в** Schuldenbewertung *f,* Verbindlichkeitsbewertung *f;* **~ иму́щественного состоя́ния** Vermögensbewertung *f;* **~ ни́же сто́имости** Unterbewertung *f;* **~ обстано́вки** Lagebeurteilung *f;* **~ обяза́тельств** Verbindlichkeitsbewertung *f;* **~ персона́ла** Personalbeurteilung *f;* **~ поле́зности** Nutzwertanalyse *f;* **~ предприя́тия** Unternehmensbewertung *f;* **~ складски́х запа́сов** Lagerbestandsbewertung *f;* **~ состоя́ния иму́щества** Vermögensbewertung *f;* **~ состоя́ния ры́нка** Marktanalyse *f;* **~ ос-**

тáтков Bestandsbewertung *f*

i Land & Leute

Das System der **Noten zur Bewertung schulischer Leistungen** umfasst in Russland fünf Noten und gilt umgekehrt: die Fünf ist die beste Note, die Eins die schlechteste, wobei die letztere nur in Ausnahmefällen gegeben wird. Schon wenn ein Schüler im Schnitt eine Drei hat, spricht man von einer Leistungsschwäche. Hat jemand im Schnitt nur eine Zwei erreicht, so muss er sitzen bleiben.
Ein „Rausschmiss" ist nur bei gleichzeitigem schlechtem Benehmen zugelassen. Zu einer Schulklasse gehört häufig ein „**круглый отличник**" – bester Schüler, der in allen Fächern eine Fünf hat.

оцéночн|ый <-ая, -ое> *прил* Bewertungs-, Taxierungs-, Abschätzungs-; **оцéночная стóимость** Taxwert *m;* **оцéночная комиссия** Schätzungskommission *f*

оцéнщик <-а> *м,* **оцéнщиц|а** <-ы> *ж* Taxator *m,* Schätzer *m*

оцепенéл|ый <-ая, -ое> *прил* starr, erstarrt, perplex; **~ вид** benommenes Aussehen *nt;* **оцепенéлое состояние** erstarrter Zustand *m*

оцепенéни|е <-я> *ср* Starrheit *f;* **находиться в состоянии оцепенéния** benommen sein; **выйти из оцепенéния** aus der Erstarrung erwachen

оцепенé|ть <-ю, -ешь> *св нпрх см.* **цепенéть**

оцеплéни|е <-я> *ср* *(преграждéние)* Absperrung *f*

оцинкóвыва|ть <-ю, -ешь> *нсв,* **оцинковáть** *св прх* ТЕХ verzinken; **~ металл** Metall *nt* verzinken

оцифровáни|е <-я> *ср* Digitalisierung *f*

оцифрóванн|ый <-ая, -ое> *прил* digitalisiert

очáг <-а> *м и перен* Herd *m;* **~ инфекции** Krankheitsherd *m;* **~ напряжённости** Spannungsherd *m,* Konfliktherd *m*

очаровáни|е <-я> *ср* Zauber *m,* Charme *m;* *(притягáтельная сила)* Anziehungskraft *f*

очарóван|ный <-ная, -ное; -, -а, -о> *прил* hingerissen, verzaubert; **быть очарóванным кем-л.** in jds Bann stehen

очаровáте|льный <-льная, -льное; -лен, -льна, -льно> *прил* charmant, anmutig, zauberhaft

очарóвыва|ть <-ю, -ешь> *нсв,* **очаровáть** *св прх* faszinieren, bezaubern; *перен* verhexen, in seinen Bann schlagen

очевид|ец <-ца> *м* Augenzeuge *m;* **явиться очевидцем чегó-л.** miterleben, Zeuge sein von *+dat*

очевидно *нрч* **1.** *(ясно)* offensichtlich, offenkundig, offenbar; **для всех ~ егó трудолюбие** sein Fleiß ist für alle offenkundig **2.** *(по-видимому)* offenbar, augenscheinlich, klar; **он ~ ничегó не знáет об этом** offensichtlich weiß er nichts davon; **~ онá ужé не придёт** offenbar wird sie nicht mehr kommen

очевиднос|ть <-ти> *ж* **1.** *(совершéнная ясность)* Offensichtlichkeit *f* **2.** *(достовéрность)* Evidenz *f*

очевид|ный <-ная, -ное; -ен, -на, -но> *прил* offenkundig, offensichtlich

óчень *част* sehr, überaus

очередн|óй <-áя, -óе> *прил* **1.** *(слéдующий)* nächste(r, s) **2.** *(о заседáнии и т.п.)* regulär, ordentlich; **в ~ раз** erneut, abermals

очерёднос|ть <-ти> *ж* Reihenfolge *f,* Abfolge *f*

óчере|дь <-ди> *ж* Warteschlange *f;* **тепéрь твоя ~** jetzt bist du an der Reihe; **чья ~?** wer ist dran?; **быть на óчереди** an der Reihe sein; **в своK ~** seinerseits, im Gegenzug; **занимáть ~** sich anstellen; **лезть без óчереди** sich vordrängeln; **стоять в óчереди** Schlange *f* stehen

óчерк <-а> *м* **1.** *(крáткий курс)* Aufriss *m,* Grundriss *m* **2.** ЛИТ Essay *m*

очерн|ить <-ю, -ишь> *св прх см.* **очернять, чернить**

очерня|ть <-ю, -ешь> *нсв,* **очернить** *св прх* schwärzen, schwarz machen; *перен* anschwärzen, verleumden

очерствé|ть <-ю, -ешь> *св прх см.* **черствéть**

очертáни|е <-я> *ср* Umriss *m,* Kontur *f*

очéрчива|ть <-ю, -ешь> *нсв,* **очертить** *св прх* beschreiben; **~ ход событий** die Entwicklung der Ereignisse beschreiben; **~ вкрáтце ситуáцию** die Situation kurz beschreiben; **~ кóнтур карандашóм** die Umrisse mit Bleistift betonen

очистите|ль <-ля> *ж* ХИМ Reiniger *m,* Klärmittel *nt*

очи|стить <-щу, -стишь> *св нпрх см.* **очищáть**

очи|ститься <-щусь, -стишься> *св рефл см.* **очищáться**

очистк|а <-и> *ж* Reinigung *f;* *(помещéния)* Räumung *f;* **~ от тамóженных формáльностей** Abfertigung *f;* **~ стóчных вод** Abwasserreinigung *f*

очистн|óй <-áя, -óе> *прил* Reinigungs-; **очистнóе сооружéние** Kläranlage *f*

очищá|ть <-ю, -ешь> *нсв,* **очистить** *св прх* säubern, reinigen; *(помещéния)* freimachen, räumen; **~ от хлáма** entrümpeln; **~ кишéчник** den Darm entleeren; **~ от тамóженных формáльностей** abfertigen

очищá|ться <-юсь, -ешься> *нсв,* **очи-**

ститься *св рефл* sich reinigen, sich säubern; **~ от примесей** sich von Zusätzen befreien; **~ от грязи** sich vom Dreck säubern; **воздух очистился** die Luft ist rein geworden; **река очистилась ото льда** der Fluss hat sich vom Eis befreit; **небо очистилось и прояснилось** der Himmel hat sich geklärt

очищен|ный <-ная, -ное; -, -а, -о> *прил* gereinigt, raffiniert

очкарик <-а> *м шутл, разг* Brillenträger *m,* Brillenschlange *f*

очк|и <-ов> *мн* Brille *f;* **надевать ~** die Brille aufsetzen

очк|о <-а> *ср* Gewinnpunkt *m,* Punkt *m*

очков|ый <-ая, -ое> *прил* Punkt-; **очковая система** Punktsystem *nt*

очн|ая ставк|а <-ой -и> *ж* Gegenüberstellung *f,* Konfrontation *f*

очн|уться <-усь, -ёшься> *св рефл* **1.** *и перен (пробудиться)* hellwach werden **2.** *(прийти в себя)* zu sich kommen

очн|ый <-ая, -ое> *прил* direkt, unmittelbar

очути|ться <-шься> *св рефл 1 л. не употр.* geraten, gelangen; **~ в трудном положении** in eine schwere Lage geraten; **~ на краю света** ans Ende der Welt gelangen

ошарашен|ный <-ная, -ное; -, -а, -о> *прил разг* verblüfft; **быть ошарашенным** baff sein

ошарашива|ть <-ю, -ешь> *нсв,* **ошарашить** *св прх* verblüffen; **~ по голове** einen überziehen; **~ сообщением** mit einer Mitteilung verblüffen

ошейник <-а> *м* Halsband *nt;* **собачий ~** Hundehalsband *nt*

ошелом|ить <-лю, -ишь> *св прх см.* **ошеломлять**

ошеломлён|ный <-ная, -ное; -, -а, -о> *прил* bestürzt, verblüfft, konsterniert

ошеломля|ть <-ю, -ешь> *нсв,* **ошеломить** *св прх* erschüttern, bestürzen

ошеломляющ|ий <-ая, -ее> *прил* erschütternd, niederschmetternd, verblüffend; **ошеломляющая новость** verblüffende Neuigkeit *f;* **ошеломляющее известие** frappierende Mitteilung *f*

ошиба|ться <-юсь, -ешься> *нсв,* **ошибиться** *св рефл* einen Fehler machen; *(при выборе чего-л.)* sich irren, sich täuschen; **~ в расчётах** sich verkalkulieren

ошибк|а <-и> *ж* Irrtum *m,* Fehler *m,* Versehen *nt;* **арифметическая ~** Rechenfehler *m;* **врачебная ~, ~ специалиста** МЕД Kunstfehler *m;* **логическая ~** Denkfehler *m;* **~ в программе** ИНФОРМ Bug *m,* Programmfehler *m;* **~, сделанная по рассеянности** Flüchtigkeitsfehler *m;* **~ в подсчёте** Fehlkalkulation *f*

ошибоч|ный <-ная, -ное; -ен, -на, -но> *прил* fehlerhaft, irrtümlich; *(ложный)* fälschlich; **ошибочная инвестиция** Fehlinvestition *f;* **ошибочная оценка** Fehleinschätzung *f;* **ошибочная поставка** Falschlieferung *f;* **ошибочное капиталовложение** Fehlinvestition *f*

ошарива|ть <-ю, -ешь> *нсв,* **ошпарить** *св прх* (ab)brühen; **~ руку кипятком** sich die Hand mit heißem Wasser verbrühen

оштраф|овать <-ую, -уешь> *св прх см.* **штрафовать**

оштукатурива|ть <-ю, -ешь> *нсв,* **оштукатурить** *св прх* verputzen; **~ стены** die Wände verputzen

ощен|иться <-юсь, -ишься> *св рефл см.* **щениться**

ощетинива|ться <-юсь, -ешься> *нсв,* **ощетиниться** *св рефл* sich sträuben; **котёнок ощетинился** das Kätzchen hat die Krallen gezeigt; *см.т.* **щетиниться**

ощипыва|ть <-ю, -ешь> *нсв,* **ощипать** *св прх* rupfen

ощупыва|ть <-ю, -ешь> *нсв,* **ощупать** *св прх* befühlen, betasten, abtasten

ощупь *нрч* tastend; **двигаться на ~** sich tastend vorbewegen

ощупью *нрч* tastend, tappend; **~ пробраться в дом** sich ins Haus hereintasten

ощутимо *нрч* bemerkbar, spürbar; **ситуация ~ изменилась к лучшему** die Situation hat sich merklich verbessert; **~ почувствовать утрату** schmerzlich einen Verlust spüren

ощутим|ый <-ая, -ое; -, -а, -о> *прил* spürbar, fühlbar

ощущ|ать <-у, -тишь> *нсв,* **ощутить** *св прх* spüren; *(о чувствах)* empfinden, fühlen

ощущени|е <-я> *ср* Empfindung *f;* **~ удачи** Erfolgserlebnis *nt*

оягн|иться <-юсь, -ишься> *св рефл см.* **ягниться**

П п

П, п <неизм> *ср* *Buchstabe П*

па́блик риле́йшнз <неизм> *м* Public Relations, Öffentlichkeitsarbeit *f*, PR *f*

пабли́сити <неизм> *ср* Publicity *f*

павиа́н <-а> *м* Pavian *m*

павильо́н <-а> *м* Pavillon *m*; **вы́ставочный ~** Messehalle *f*

павли́н <-а> *м* Pfau *m*

павли́н|ий <-ья, -ье> *прил* Pfauen-; **воро́на в павли́ньих пе́рьях** *перен* mit fremden Federn geschmückt

па́вод|ок <-ка> *м* Hochwasser *nt*

па́вш|ий <-его> *м* *(поги́бший)* Gefallener *m*; **~ за Ро́дину** für die Heimat Gefallener

па́год|а <-ы> *ж* *(ку́льтовое сооруже́ние в стра́нах Да́льнего Восто́ка)* Pagode *f*; **кита́йская ~** chinesische Pagode *f*

па́губ|ный <-ная, -ное; -ен, -на, -но> *прил* verderblich, unheilvoll

па́да|ль <-ли> *ж* Kadaver *m*, Aas *nt*

па́да|ть <-ю, -ешь> *нсв*, **пасть, упа́сть** *св нпрх* **1.** *(вниз)* fallen, hinfallen, herunterfallen; **~ в о́бморок** in Ohnmacht fallen **2.** *(пропа́сть)* abstürzen, stürzen **3.** *(понижа́ться)* sinken **4.** *(умира́ть: о зверя́х)* verenden *(von Tieren)*

паде́ж <-а́> *м* ЛИНГВ Kasus *m*, Fall *m*; **вини́тельный ~** Akkusativ *m*; **да́тельный ~** Dativ *m*; **имени́тельный ~** Nominativ *m*; **предло́жный ~** Präpositiv *m*; **роди́тельный ~** Genitiv *m*; **твори́тельный ~** Instrumental *m*

падёж <-а́> *м* Krepieren *nt*, Verenden *nt*; **~ скота́** Viehsterben *nt*

паде́ни|е <-я> *ср* Fall *m*, Absturz *m*, Sturz *m*; ЭКОН, ПОЛ Rückgang *m*, Verfall *m*, Absinken *nt*, Abnahme *f*, Reduktion *f*; **~ Берли́нской стены́** Berliner Mauerfall *m*; **ре́зкое ~ ку́рса а́кций** Aktieneinbruch *m*; **~ интере́са к поли́тике** Politikverdrossenheit *f*; **~ нра́вов** moralischer Verfall *m*; **~ биржевы́х ку́рсов** Baisse *f*; **~ конъюнкту́ры** Konjunkturabschwung *m*; **~ ку́рса** Kursrückgang *m*, Kursverfall *m*; **~ спро́са** Nachfrageinflation *f*; **~ сто́имости** Wertverzehr *m*; **~ цен** Preisverfall *m*

па́д|кий <-кая, -кое; -ок, -ка, -ко> *прил* *(на что́-л.)* erpicht auf *+akk*

паду́ч|ий <-ая, -ее> *прил* *устар* **1.** *(па́дающий)* fallend, stürzend; **паду́чая вода́** fallendes Wasser *nt* **2.** МЕД *(эпиле́псия)* epileptisch; **~ боле́знь** *устар* Epilepsie *f*

па́дчериц|а <-ы> *ж* Stieftochter *f*

паёк <пайка́> *м* Ration *f*

па́дш|ий <-ая, -ее> *прил* *устар* **1.** *(поги́бший)* gefallen, umgefallen; **~ в бою́** im Kampf gefallen **2.** *(безнра́вственный)* verfallen, unsittlich; **па́дшая же́нщина** Dirne *f*

па́дь[1] <па́ди> *ж* *(у́зкая доли́на)* Senke *f*, Mulde *f*; **глубо́кая ~** tiefe Senke *f*

па́дь[2] <па́ди> *ж* БОТ Honigtau *m*; **почу́вствовать ~ на па́льцах** klebrige Finger haben

паж <пажа́> *м* Page *m*

паз <па́за> *м* ТЕХ Fuge *f*; **де́лать ~** aussparen

па́зух|а <-и> *ж* **1.** *разг* Busen *m*, Brust *f* **2.** АНАТ Höhle *f*; **~ но́са** Nasenhöhle *f*; **ло́бная ~** Stirnhöhle *f*

пай <па́я> *м* Beitrag *m*; *(часть)* Anteil *m*; ЭКОН Einlage *f*, Aktienanteil *m*; **~ в предприя́тии** Kapitalanteil *m*

па́йк|а <-и> *ж* ТЕХ Verbindung *f*; **~ прово-до́в** Löten *nt* von Leitungen

па́йщик <-а> *м* Teilhaber *m*, Anteilhaber *m*

пакга́уз <-а> *м* Lagerhalle *f*

паке́т <-а> *м* **1.** *и перен* *(свёрток)* Paket *nt*; **~ с бутербро́дами** Lunchpaket *nt*; **~ а́кций** Aktienpaket *nt*; **~ програ́ммного обеспече́ния** Softwarepaket *nt*; **пришёл ~ из Аме́рики** eine Sendung ist aus Amerika angekommen **2.** *(свя́зка)* Bündel *nt* **3.** *(паке́тик)* Tüte *f*; **полиэтиле́новый ~** Plastiktüte *f*

пакети́р|овать <-ую, -уешь> *(н)св прх* packen; *(завора́чивать)* bündeln

Пакиста́н <-а> *м* Pakistan *nt*

па́кл|я <-и> *ж* Werg *nt*; **уплотня́ть щель па́клей** mit Werg den Riss abdichten

пак|ова́ть <-у́ю, -у́ешь> *нсв*, **упакова́ть** *св прх* packen, einpacken, verpacken

па́костник <-а> *м* *шутл* Schlingel *m*; **присма́тривайте за ним – он у нас ~** passt auf ihn auf, er ist ein Schlingel

па́кост|ный <-ная, -ное; -ен, -на, -но> *прил* *разг* *(отврати́тельный, неприя́тный)* abstoßend, eklig; **па́костное де́ло** schlimme Sache *f*; **~ челове́к** Dreckskerl *m*, Schuft *m*

па́кос|ть <-ти> *ж* *разг* Unfug *m*; **сде́лать ~** Unfug anstellen; **сказа́ть кому́-л. каку́ю-л. ~** jdm eine Gemeinheit sagen

пакт <па́кта> *м* Pakt *m*; **~ о ненападе́нии** Nichtangriffspakt *m*

палан|ки́ <-о́к> *мн* *(носи́лки)* Trage *f*; **нести́ ~** eine Trage tragen

пала́с <-а> *м* Teppich *m*; **пол покры́т пала́сом** der Boden ist mit einem Teppich bedeckt

пала́т|а <-ы> *ж* Kammer *f*; **~ представи́телей** ПОЛ Abgeordnetenhaus *nt*; **торго́во-промы́шленная ~** Industrie- und Handelskammer *f*; **больни́чная ~** Krankenzimmer *nt*; **~ мер и весо́в** Eichamt *nt*; **~ парла́мента** Kammer *f*; **~ суда́ по разбо́ру торго́вых спо́ров** Handelskammer *f*

палáтк|а <-и> *ж* Zelt *nt;* *(ларёк)* Bude *f;* **жить в палáтке** zelten

палáточн|ый <-ая, -ое> *прил* Zelt-; **~ гóрод** [*или* **лáгерь**] Zeltlager *nt*

палáч <-á> *м* Henker *m,* Scharfrichter *m*

палáш <-á> *м* ВОЕН *(меч)* Schwert *nt;* **артиллерúсты вооружены́ палашáми** die Artilleristen sind mit Schwertern bewaffnet

палён|ый <-ая, -ое> *прил* abgesengt; **палёное мя́со** angebranntes Fleisch *nt;* **палёная шерсть** angesengte Wolle *f*

Палестúн|а <-ы> *ж* Palästina *nt*

палестúн|ец <-ца> *м,* **палестúнк|а** <-и> *ж* Palästinenser(in) *m(f)*

пá|лец <-льца> *м* **1.** *(рукú)* Finger *m* **2.** *(ногú)* Zeh *m,* Zehe *f;* **безымя́нный ~** Ringfinger *m;* **большóй ~** *(на рукé)* Daumen *m,* *(на ногé)* Zehe *f;* **срéдний ~** Mittelfinger *m;* **указáтельный ~** Zeigefinger *m;* **знать что-л. как свои пять пáльцев** sich wie in seiner Westentasche auskennen in *+dat;* **пáльцем не трóнуть когó-л.** jdm kein Haar krümmen; **смотрéть сквóзь пáльцы на что-л.** ein Auge zudrücken

палисáдник <-а> *м* **1.** *(забóр)* Zaun *m;* **учáстки бы́ли разделены́ палисáдником** die Parzellen waren durch einen Zaun getrennt **2.** *(сáдик перéд дóмом)* Garten *m;* **онá забóтилась о своём палисáднике** sie kümmerte sich um ihren Garten

палисáндров|ый <-ая, -ое> *прил* aus Palisander; **палисáндровая мéбель** Möbel *pl* aus Palisander

палúтр|а <-ы> *ж* Palette *f;* *перен* Bandbreite *f*

пал|úть <-ю́, -úшь> *нсв,* **опалúть, спалúть** *св прх* **1.** *разг* *(жечь, обжигáть)* absengen, verbrennen; *(уничтóжить огнём)* niederbrennen; **~ селó** das Dorf niederbrennen; **~ простыню́ утюгóм** das Betttuch mit dem Bügeleisen verbrennen; **~ жаркóе** (**в печú**) den Braten (im Ofen) anbrennen lassen; **~ гу́ся** die Gans sengen; **~ лес** einen Waldbrand entfachen **2.** *перен, разг* *(о жарé, о чу́вствах)* brennen; **сóлнце палúт** die Sonne prallt; **жáлость палúт ду́шу** Kummer verbrennt die Seele; **я́ркое сóлнце спалúло урожáй** die heiße Sonne verbrannte die Ernte **3.** *(стреля́ть)* schießen; **~ из ружья́** mit dem Gewehr schießen

пáлк|а <-и> *ж* Stock *m,* Stab *m;* *(трость)* Spazierstock *m,* Wanderstab *m;* **~ о двух концáх** *перен* zweischneidiges Schwert *nt;* **перегибáть пáлку** zu weit treiben, den Bogen überspannen

паллáди|й <-я> *м* ХИМ Palladium *nt*

палóмник <-а> *м,* **палóмниц|а** <-ы> *ж* Pilger(in) *m(f),* Wallfahrer(in) *m(f)*

палóмнича|ть <-ю, -ешь> *нсв нпрх* pilgern

палóмничеств|о <-а> *ср* Wallfahrt *f,* Pilgerfahrt *f;* **совершáть ~** pilgern

пáлочк|а <-и> *ж* **1.** *(мáленькая пáлка)* Stöckchen *nt* **2.** *(в китáйском ресторáне)* Essstäbchen **3.** МУЗ Schlegel *m* **4.** *(вáфельная, шоколáдная и т.п.)* Riegel *m,* Stange *f;* **волшéбная ~** Wünschelrute *f;* **солёная ~** Salzstange *f*

пáлуб|а <-ы> *ж* Deck *nt;* **прогу́лочная ~** Promenadendeck *nt;* **срéдняя ~** Zwischendeck *nt*

пáлубн|ый <-ая, -ое> *прил* Deck-; **~ люк** Deckluke *f*

пáл|ый <-ая, -ое> *прил разг* *(упáвший)* gefallen; *(мёртвый)* tot; **~ скот** Kadaver *m;* **пáлые ли́стья** abgefallenes Laub *nt*

пальб|á <-ы́> *ж* *(стрельбá)* Schießen *nt,* Geknatter *nt,* Knall *m;* **прáздник закóнчился пальбóй в вóздух** das Fest endete mit Luftschüssen

пáльм|а <-ы> *ж* БОТ Palme *f;* **отдáть комý-л. пáльму пéрвенства** СПОРТ jdn favorisieren; **отобрáть у когó-л. пáльму пéрвенства** jdm den Rang ablaufen

пáльмов|ый <-ая, -ое> *прил* Palmen-; **пáльмовая ветвь** Palmenzweig *m;* **пáльмовое мáсло** Palmenöl *n*

пальн|у́ть <-у, -ешь> *св нпрх* schießen, knallen

пальпáци|я <-и> *ж* МЕД Palpation *f,* Betasten *nt;* **применя́ть мéтод пальпáции** das Verfahren der Palpation anwenden

пальтúшк|о <-а> *ср презрит, разг* *(пальтó)* Mäntelchen *nt;* **прохудúвшееся ~** abgetragener Mantel *m*

пальтó <неизм> *ср* Mantel *m*

пáльчик <-а> *м ласк* *(пáлец)* Fingerchen *nt,* Finger *m;* **сосáть ~ пéред сном** den Finger vor dem Einschlafen lutschen

паля́щ|ий <-ая, -ее> *прил* *(жáркий)* heiß, brennend; **паля́щее сóлнце** brennende Sonne *f*

пáмятк|а <-и> *ж* Merkblatt *nt*

пáмятник <-а> *м* Denkmal *nt;* **~ культу́ры** Kulturdenkmal *nt;* **надгрóбный ~** Grabmal *nt;* **открывáть ~** ein Denkmal enthüllen; (**по**)**стáвить ~ комý-л.** jdm ein Denkmal setzen

пáмят|ный <-ная, -ное; -ен, -на, -но> *прил* **1.** *(достóйный воспоминáния)* denkwürdig **2.** *(сдéланный на пáмять)* Gedenk-, Erinnerungs-; **~ подáрок** Erinnerungsstück *nt,* Andenken *nt*

пáмя|ть <-ти> *ж* **1.** *(спосóбность пóмнить)* Gedächtnis *nt,* Merkfähigkeit *f* **2.** *(воспоминáние)* Erinnerung *f,* Andenken *nt,* Gedenken *nt;* **éсли мне не изменя́ет ~** wenn mich mein Gedächtnis nicht täuscht **3.** ИНФОРМ Speicher *m;* **кэш-~** Cachespeicher *m;* **~ прямóго дóступа к дáнным** Direktzugriffsspeicher *m;* **оператúвная ~** Arbeitsspeicher *m,* RAM *nt*

панáм|а[1] <-ы> *ж* **1.** *(лéтняя шля́па)*

Panamahut *m* **2.** *(ткáнь из искýсственного шёлка)* Kunstseide *f;* **плáтье из панáмы** Kleid *nt* aus Panama

панáм|а² <-ы> *ж (крýпное мошéнничество)* Betrug *m,* Affäre *f;* **раскры́ть панáму** einen Betrug aufdecken

панацé|я <-и> *ж* Panazee *f;* **~ от всех бед** Panazee gegen allerlei Unglück

пané|ль <-ли> *ж* **1.** СТР Wandplatte *f* **2.** ЭЛ Tafel *f,* Brett *nt;* **~ инструмéнтов** ИНФОРМ Toolbar *m;* **~ управлéния** ИНФОРМ Taskleiste *f* **3.** *(тротуáр)* Bürgersteig *m;* **идти́ на ~** auf den Strich gehen **4.** АВТО Armaturenbrett *nt* **5.** ЭКОН Panel *nt*

панéльн|ый <-ая, -ое> *прил* **1.** СТР Platten-; **панéльное строи́тельство** Plattenbauweise *f* **2.** ЭКОН Panel-; **панéльное обслéдование** Panelstudie *f*

панибрáтств|о <-а> *ср* Familiarität *f*

пáник|а <-и> *ж* Panik *f;* **возни́кла ~** Panik brach aus

паникади́л|о <-а> *ср* Kronleuchter *m*

паникёр <-а> *м презрит* Panikmacher *m;* **мой брат – ужáсный ~** mein Bruder gerät leicht in Panik

паникёрств|о <-а> *ср* Panikmache *f*

паник|овáть <-ýю, -ýешь> *нсв нпрх* Panik machen, in Panik geraten

панихи́д|а <-ы> *ж* РЕЛИГ Seelenmesse *f,* Totenmesse *f;* **служи́ть панихи́ду** eine Totenmesse abhalten

пани́чески *нрч* panisch; **бежáть ~** in panischer Angst weglaufen

пани́ческ|ий <-ая, -ое> *прил* panisch; **~ страх** panische Angst *f*

панк <пáнка> *м* Punk *m*

панорáм|а <-ы> *ж* Panorama *nt,* Rundblick *m*

пансиóн <-а> *м* **1.** *(учéбное заведéние)* Pensionat *nt* **2.** *(небольшáя гости́ница)* Pension *f;* **пóлный ~** Vollpension *f*

пансионáт <-а> *м* Pension *f; (лéтний дом)* Ferienheim *nt*

панслави́зм <-а> *м* Panslawismus *m*

пантéр|а <-ы> *ж* Panter *m*

пантоми́м|а <-ы> *ж* Pantomime *f*

пáнцирн|ый <-ая, -ое> *прил* **1.** *(покры́тый пáнцирем)* Schild-, Panzer-; **пáнцирные ры́бы** Panzerfische **2.** *(сдéланный из колéц)* Feder-; **пáнцирная кровáть** Federbett *nt*

пáнци|рь <-ря> *м* **1.** *(ри́зница)* Rüstung *f,* Panzer *m;* **~ тáнка** Panzer *m* **2.** *(покрóв живóтных)* Panzer *m;* **~ черепáхи** Schildkrötenpanzer

пáп|а <-ы> *м* Papa *m;* **Ри́мский ~** Papst *m*

папá|йя <-и> *ж* Papaya *f*

папáх|а <-и> *ж (высóкая меховáя шáпка)* hoher Lederhut *m;* **казáчья ~** Kosakenhut *m*

папáш|а <-и> *м ласк, разг (обращéние)* Alter *m;* **~, дай прикури́ть!** Alter, hast du Feuer?

пáпер|ть <-ти> *ж* Kircheneingang *m;* **ни́щие стоя́ли на пáперти** die Bettler standen vor den Stufen des Kircheneingangs

пáпин <-а, -о> *прил* Papas; **~ пиджáк** Papas Jacke *f*

папирóс|а <-ы> *ж* Papirossa *f (Zigarette mit Pappmundstück);* **корóбка папирóс** Schachtel *f* Papirossy

папирóсн|ый <-ая, -ое> *прил* Papirossa-; **~ дым** Papirossaqualm *m;* **~ завóд** Zigarettenfabrik *f;* **папирóсная бумáга** Zigarettenpapier *nt*

пáпк|а <-и> *ж* Briefmappe *f,* Mappe *f; (для бумáг)* Aktendeckel *m,* Pappdeckel *m*

пáпоротник <-а> *м* Farn *m*

папьé-машé <неизм> *ср* Pappmaché *nt*

пар <пáра> *м* Dampf *m;* **водянóй ~** Wasserdampf *m;* **выпускáть ~** Dampf ablassen, dampfen

пáр|а <-ы> *ж* Paar *nt*

парáбол|а <-ы> *ж* МАТ Parabel *f*

параболи́ческ|ий <-ая, -ое> *прил* parabolisch; **параболи́ческая орби́та** parabolische Umlaufbahn *f;* **параболи́ческая антéнна** parabolische Antenne *f*

парáграф <-а> *м* Paragraph *m*

парáд <-а> *м* Parade *f;* **~ шля́геров** Hitparade *f*

парáд|ный <-ная, -ное; -ен, -на, -но> *прил* **1.** *(глáвный)* Haupt- **2.** *(прáздничный)* Parade-, Fest-, Gala-; **~ зал** Festsaal *m;* **~ костю́м** Gala *f*

парадóкс <-а> *м* Paradox(on) *nt*

парадоксá|льный <-льная, -льное; -лен, -льна, -льно> *прил* paradox

парадонтóз <-а> *м* Parodontose *f*

парази́т <-а> *м* **1.** БИОЛ Schmarotzer *m* **2.** *перен (бездéльник)* Parasit *m,* Nichtsnutz *m*

паразити́р|овать <-ую, -уешь> *нсв нпрх* schmarotzen

паразити́ческ|ий <-ая, -ое> *прил* parasitär; **паразити́ческие грибы́** Schmarotzerpilze *mpl*

парализóван|ный <-ная, -ное; -, -а, -о> *прил* gelähmt

парализ|овáть <-ýю, -ýешь> *(н)св прх* **1.** МЕД lähmen **2.** *перен* lähmen, lahm legen

парали́ч <-á> *м* МЕД Lähmung *f*

параллелогрáмм <-а> *м* Parallelogramm *nt*

параллé|ль <-ли> *ж* Parallele *f;* **проводи́ть ~** *перен* eine Parallele ziehen, vergleichen

параллéльно *нрч* parallel, gleichlaufend; **располагáть ~ чемý-л.** parallel zu etw stellen; **производи́ть параллéль с чем-л.** eine Parallele ziehen

параллé|льный <-льная, -льное; -лен, -льна, -льно> *прил* parallel; **~ телефóн** ТЕЛКОМ Zweitanschluss *m;* **параллéльные**

креди́ты Parallelkredite *pl*

пара́метр <-а> *м* Parameter *m;* **~ затра́т** [*или* **изде́ржек**] Kosteneinflussgröße *f*

па́рами *нрч* paarweise

парано́ик <-а> *м* Paranoiker *m;* **наш нача́льник – по́лный ~** unser Chef ist ein echter Paranoiker

парано́|йя <-и> *ж* Paranoia *f;* **его́ охва-ти́ла ~** er war von Paranoia ergriffen

парапе́т <-а> *м* Brüstung *f,* Geländer *nt*

парафи́н <-а> *м* Paraffin *nt;* **свечь из пара-фи́на** Paraffinkerze *f*

парафи́ск <-а> *м* Parafiskus *m*

пара́ш|а <-и> *ж* *Mülleimer (auch für Exkremente) im Kerker;* **выноси́ть пара́шу** den Mülleimer leeren

парашю́т <-а> *м* Fallschirm *m*

парашюти́ст <-а> *м,* **парашюти́стк|а** <-и> *ж* Fallschirmspringer(in) *m(f)*

парашю́тн|ый <-ая, -ое> *прил* Fallschirm-; **~ полк** Fallschirmregiment *nt;* **~ спорт** Fallschirmsport *m*

паре́з <-а> *м* МЕД Paräse *f,* teilweise Lähmung *f;* **у больно́го ~ руки́** der Patient hat eine Handlähmung

парен|ёк <-ька́> *м* *ласк, разг (па́рень)* Bursche *m,* Junge *m;* **краси́вый ~** schöner Junge

па́р|ень <-ня> *м* Bursche *m,* Kerl *m*

пари́ <неизм> *ср* Wette *f;* **держа́ть ~** wetten, eine Wette abschließen

Пари́ж <-а> *м* Paris *nt*

парижа́нин <-а> *м,* **парижа́нк|а** <-и> *ж* Pariser *m,* Pariserin *f;* **парижа́не зна́ют толк в вине́** Pariser verstehen etwas von Wein

пари́жск|ий <-ая, -ое> *прил* Pariser; **пари́жская мо́да** Pariser Mode *f*

пари́к <-а́> *м* Perücke *f*

парикма́хер <-а> *м* Friseur *m*

парикма́херск|ая <-ой> *ж* Friseursalon *m;* **зайти́ в парикма́херскую** zum Friseur gehen

парикма́херск|ий <-ая, -ое> *прил* Friseur-; **парикма́херские но́жницы** Friseurschere *f*

пари́лк|а <-и> *ж (ба́ня)* Dampfbad *nt,* Sauna *f;* **па́риться в пари́лке** ein Dampfbad nehmen

пари́р|овать <-ую, -уешь> *(н)св прх* parieren, kontern, entgegnen

парите́т <-а> *м* Parität *f*

парите́тн|ый <-ая, -ое> *прил* paritätisch; **Парите́тная коми́ссия** Paritätische Kommission *f*

пар|и́ть <-ю́, -и́шь> *нсв нпрх* schweben, gleiten

па́р|ить <-ю, -ишь> *нсв прх* dämpfen, dünsten; **па́рит** es ist schwül

па́р|иться <-юсь, -ишься> *нсв рефл* **1.** *(вари́ться)* über Dampf zubereiten; **о́вощи па́рятся** das Gemüse wird gedämpft **2.** *разг (в ба́не)* ein Dampfbad nehmen **3.** *разг (испы́тывать жару́)* schwitzen; **~ в шу́бе** im Pelzmantel schwitzen; **~ в ко́мнате** im Zimmer ersticken **4.** *перен, разг (рабо́тать)* sich den Kopf zerbrechen; **~ над зада́чей** über einer Aufgabe brüten

парк <па́рка> *м* Park *m,* Depot *nt;* **луна-~** Vergnügungspark *m;* **техно-~** Industriepark *m;* **~ автомаши́н** Wagenpark *m;* **~ тра́нспортных средств** Fuhrpark *m*

парке́т <-а> *м* Parkett *nt*

парке́тн|ый <-ая, -ое> *прил* Parkett-; **~ пол** Parkettboden *m,* Parkett *nt;* **~ лак** Parkettlack *m;* **~ кавале́р** *разг* Parkettlöwe *m*

парк|ова́ться <-у́юсь, -у́ешься> *нсв рефл* parken

парко́вк|а <-и> *ж* Parken *nt;* **запрети́ть парко́вку в це́нтре го́рода** das Parken im Zentrum der Stadt verbieten

па́рков|ый <-ая, -ое> *прил* Park-; **па́рковая алле́я** Parkallee *f*

парку́р <-а> *м* Parcours *m*

парла́мент <-а> *м* Parlament *nt*

парламента́ри|й <-я> *м книжн* Parlamentarier *m*

парламентёр <-а> *м* Parlamentär *m,* Unterhändler *m*

парла́ментск|ий <-ая, -ое> *прил* parlamentarisch

парни́к <-а́> *м* Treibhaus *nt;* **выра́щивать помидо́ры в парнике́** Tomaten im Treibhaus züchten

парнико́в|ый <-ая, -ое> *прил* Treibhaus-; **~ эффе́кт** ЭКОЛ Treibhauseffekt *m*

парни́шк|а <-и> *м уменьш (па́рень)* Junge *m;* **у́мный ~** ein kluger Junge

парн|о́й <-а́я, -о́е> *прил* frisch, unbearbeitet; **парно́е молоко́** frisch gemolkene Milch *f;* **парно́е мя́со** frisches Fleisch *nt*

па́рн|ый <-ая, -ое> *прил* paarig; СПОРТ Paar-; **па́рная игра́** Doppel *nt*

парово́з <-а> *м* Dampflokomotive *f*

парово́зн|ый <-ая, -ое> *прил* Lokomotive-; **~ гудо́к** Lokomotivsirene *f*

паров|о́й <-а́я, -о́е> *прил* Dampf-; **парова́я маши́на** Dampfmaschine *f*

пароди́йн|ый <-ая, -ое> *прил* ЛИТ Parodie-; **~ жанр** Parodiegenre *nt;* **пароди́йное произведе́ние** Parodie *f*

пароди́р|овать <-ую, -уешь> *(н)св прх* parodieren

паро́ди|я <-и> *ж* Parodie *f*

пароксизм <-а> *м* **1.** МЕД Paroxismus *nt,* Anfall *m;* **~ ка́шля** Hustenanfall **2.** ПСИХ *(при́ступ возбужде́ния)* Erregung *f;* **~ сме́ха/восто́рга** Lachanfall *m*/Anfall *m* von Euphorie

паро́|ль <-ли> *м* **1.** ВОЕН Parole *f,* Kennwort *nt* **2.** ИНФОРМ Passwort *nt*

паро́м <-а> *м* Fähre *f*

парохо́д <-а> *м* Dampfer *m*

парохо́дств|о <-а> *ср* Reederei *f*; **владе́лец парохо́дства** Reeder *m*

па́рочк|а <-и> *ж ласк, разг* (Liebes)Paar *nt*; **они́ - прекра́сная ~** sie sind ein wunderschönes Paar

парсе́к <-а> *м* АСТР *(едини́ца измере́ния звёздных расстоя́ний = 3,26 световы́х лет)* Parsec *nt (Maß der Entfernung von (Fix)Sternen = 3,26 Lichtjahre)*; **отстоя́ть на расстоя́нии 100 парсе́ков от Земли́** in einem Abstand von 100 Parsecs von der Erde

па́рт|а <-ы> *ж* Schulbank *f*; **сиде́ть за одно́й па́ртой** gemeinsam die Schulbank drücken

партбиле́т <-а> *м* Parteibuch *nt*

парте́р <-а> *м* Parterre *nt*

партиза́н <-а> *м* Partisan *m*, Widerstandskämpfer *m*

партиза́нск|ий <-ая, -ое> *прил* Partisanen-; **партиза́нская война́** Partisanenkrieg *m*, Guerillakrieg *m*

партиту́р|а <-ы> *ж* Partitur *f*

па́рти|я <-и> *ж* **1.** ПОЛ Partei *f*; **пра́вящая ~** Regierungspartei *f* **2.** СПОРТ Partie *f* **3.** МУЗ Rolle *f*, Partie *f*; **исполня́ть веду́щую па́ртию** die Titelpartie singen **4.** ЭКОН Bezugsgröße *f*, Menge *f*, Fertigungsauftrag *m*; **пе́рвая ~ това́ров** erste Lieferung *f*; **~ гру́за** Transportwarenmenge *f*

партнёр <-а> *м*, **партнёрш|а** <-и> *ж* Partner(in) *m(f)*; СПОРТ Kontrahent(in) *m(f)*, Mitspieler(in) *m(f)*; **торго́вый ~** Handelspartner(in) *m(f)*; **~ по догово́ру** Vertragspartner *m*; **~ коллекти́вного догово́ра** Tarifpartner *m*; **~ по соглаше́нию** Vertragspartner *m*; **~ по торго́вым сде́лкам** Handelspartner *m*; **~ по рабо́те/в игре́** Kollege *m*/Spielkamerad *m*

партнёрск|ий <-ая, -ое> *прил* partnerschaftlich; **партнёрские свя́зи ме́жду города́ми** Städtepartnerschaft *f*

па́рус <-а> *м* Segel *nt*

паруси́н|а <-ы> *ж* Segeltuch *nt*

паруси́нов|ый <-ая, -ое> *прил* Leinwand *f*; **паруси́новая пала́тка** Segeltuchzelt *nt*; **паруси́новые чехлы́** Segeltuchüberzüge *mpl*

па́русник <-а> *м* Segelboot *nt*

па́русн|ый <-ая, -ое> *прил* Segelboot-; **~ кора́бль** Segelschiff *nt*; **~ спорт** Segelsport *m*

парфюме́ри|я <-и> *ж* Parfümerie *f*

парфюме́рн|ый <-ая, -ое> *прил* Parfümerie-; **~ магази́н** Parfümerie; **парфюме́рные това́ры** Parfümerieware *f*

парч|а́ <-и́> *ж* Brokat *m*

парчо́в|ый <-ая, -ое> *прил* Brokat-; **парчо́вые оде́жды** Brokatkleidung *f*

парши́в|ец <-ца> *м разг* Dreckskerl *m*

парши́во *нрч разг* schlecht; **чу́вствовать себя́ ~** sich schlecht fühlen; **мне без тебя́ ~** ohne dich geht es mir dreckig

парши́в|ый <-ая, -ое; -, -а, -о> *прил* **1.** *(шелуди́вый)* schorfig, räudig **2.** *презрит, разг (дрянно́й, проти́вный)* mies, scheußlich

па́р|я <-и> *м ласк, разг (обраще́ние)* Junge *m*; **молоде́ц ты, ~!** bravo, Junge! du hast das super gemacht!

пас <па́са> *м* СПОРТ Pass *m*, Zuspiel *nt*, Ballabgabe *f*; **нето́чный ~** Fehlpass *m*

па́сек|а <-и> *ж* Bienenstand *m*; **отпра́виться на па́секу** zum Bienenstand gehen

па́сечник <-а> *м* Imker *m*; **рабо́тать па́сечником** als Imker arbeiten

паску́д|а <-ы> *м и ж вульг* Dreckskerl *m*; **он отврати́тельный челове́к, жа́лкая ~** er ist ein übler Mensch, ein echter Dreckskerl

паску́д|ный <-ная, -ное; -ен, -на, -но> *прил груб, разг* kläglich; **паску́дная физионо́мия** abstoßendes Gesicht *nt*; **~ челове́к** Schuft *m*

па́смур|ный <-ная, -ное; -ен, -на, -но> *прил* trüb, dunstig; *перен (мра́чный)* finster, mürrisch, düster

пас|ова́ть <-у́ю, -у́ешь> *нсв*, **спасова́ть** *св нпрх* **1.** *(ка́рты)* passen **2.** *перен (сдава́ться)* kapitulieren, aufgeben, resignieren; **~ пе́ред тру́дностями** vor Schwierigkeiten zurückschrecken **3.** СПОРТ passen, den Ball abgeben

па́спорт <-а> *м* **1.** *(докуме́нт)* Pass *m*; **загрaни́чный ~** Reisepass *m* **2.** *(маши́ны и т.п.)* Ausweis *m*; **~ на автомоби́ль** Kraftfahrzeugschein *m*

па́спортн|ый <-ая, -ое> *прил* Pass-; **па́спортные да́нные** Personalien *pl*; **~ контро́ль** Passkontrolle *f*; **~ режи́м** Passzwang *m*; **~ стол** Einwohnermeldeamt *nt*

пасс <па́сса> *м (движе́ния гипнотизёра)* hypnotisierende Bewegungen *fpl*; **де́лать ~** hypnotisieren

passа́ж <-а> *м* Einkaufspassage *f*; МУЗ Passage *f*

пассажи́р <-а> *м*, **пассажи́рк|а** <-и> *ж* Fahrgast *m*, Passagier *m*

пассажи́рск|ий <-ая, -ое> *прил* Passagier-; **пассажи́рские перево́зки** Reiseverkehr *m*, Personenbeförderung *f*, Personenverkehr *m*

пасси́в <-а> *м* **1.** *мн* ЭКОН Passiva *pl*, Passivseite *f* **2.** ЛИНГВ Passiv *nt*

пасси́внос|ть <-ти> *ж* Passivität *f*

пасси́в|ный <-ная, -ное; -ен, -на, -но> *прил* passiv; **пасси́вная статья́ бала́нса** Passivposten *f*; **пасси́вные опера́ции** Passivgeschäft *nt*; **пасси́вные проце́нты** Passivzinsen *pl*; **~ бала́нс** Unterbilanz *f*; **~ бала́нс вне́шней торго́вли** Importüberschuss *m*; **пасси́вное са́льдо** Passivsaldo *m*, Habensaldo *m*

па́ст|а <-ы> *ж (кремообра́зное вещество́)* Paste *f*; **зубна́я ~** Zahnpaste *f*

па́стбищ|е <-а> *ср* Weide *f;* **го́рное ~** Alm *f*

пасте́|ль <-ли> *ж* Pastell *nt*

пастериз|ова́ть <-у́ю, -у́ешь> *(н)св прх* pasteurisieren

пас|ти́ <-у́, -ёшь> *нсв прх* weiden; **~ скот на лугу́** das Vieh auf der Wiese weiden

пас|ти́сь <-у́сь, -сёшься> *нсв рефл (о живо́тных)* weiden, grasen

па́стор <-а> *м* Pastor(in) *m(f)*

пасту́х <-а́> *м* Schäfer(in) *m(f)*

пасту́шеск|ий <-ая, -ое> *прил* Hirten-, Schäfer-; **пасту́шеская па́лка** Hirtenstab *m*

пастуш|о́к <-ка́> *м уменьш (пасту́х)* Schäfer *m,* Hirt *m;* **на поля́не сиде́л ~** auf der Wiese saß ein Schäfer

па́сты|рь <-ря> *м* РЕЛИГ Hirte *m*

пасть¹ <па́сти> *ж* Maul *nt; (хи́щника)* Rachen *m,* Schlund *m*

пасть² <паду́, падёшь> *св нпрх см.* **па́дать**

Па́сх|а <-и> *ж* Ostern *nt*

> **i Land & Leute**
>
> Zu **Ostern** werden auch in Russland Eier gefärbt und ein Osterkuchen gebacken. Seit der Perestroika verbindet man dieses Fest zunehmend wieder mit der orthodoxen Kirche, nach deren Kalender es im Lande gefeiert wird: viele besuchen am Ostersonntag einen Gottesdienst. Der Palmsonntag heißt bei den Russen „Weidensonntag“: zu Ostern beginnt in diesen Breiten die Weide zu blühen – Weidenreiser haben als ein Ostersymbol schon immer exotische Palmenzweige ersetzt.

пасха́льн|ый <-ая, -ое> *прил* Oster-; **пасха́льное яйцо́** Osterei *nt*

па́сын|ок <-ка> *м* Stiefsohn *m*

пасья́нс <-а> *м* Patience *f;* **раскла́дывать ~** eine Patience legen

пат <па́та> *м* **1.** СПОРТ Patt *m;* **довести́ игру́ до па́та** den Spiel zu einem Patt führen **2.** *(вид мармела́да)* getrocknetes Mus *m*

пате́нт <-а> *м* Patent *nt;* **защищённый пате́нтами** patentrechtlich geschützt

пате́нтн|ый <-ая, -ое> *прил* Patent-; **пате́нтное ве́домство** Patentamt *nt;* **пате́нтное пра́во** Patentrecht *nt*

патент|ова́ть <-у́ю, -у́ешь> *(н)св прх* patentieren

пате́тик|а <-и> *ж* Pathetik *f;* **произведе́ние, испо́лненное пате́тики** ein mit Pathos erfülltes Werk

патети́ческ|ий <-ая, -ое> *прил* pathetisch

патефо́н <-а> *м (грамофо́н)* Plattenspieler *m;* **заводи́ть ~** den Plattenspieler anmachen

патефо́нн|ый <-ая, -ое> *прил* Plattenspieler-; **патефо́нная иго́лка** Plattenspielernadel *f;* **патефо́нная пласти́нка** Schallplatte *f*

па́тл|ы <-> *мн разг (дли́ные, непричёсанные во́лосы)* Haarbüschel *nt;* **остри́чь кому́-л. ~** jdm die Haarbüschel abschneiden

патологи́ческ|ий <-ая, -ое> *прил* pathologisch

патоло́ги|я <-и> *ж* Pathologie *f*

патоло́гоанато́м <-а> *м* Patholog(e) *m*

патриа́рх <-а> *м* РЕЛИГ Patriarch *m*

патриарха́|льный <-льная, -льное; -лен, -льна, -льно> *прил* patriarchalisch; **~ род** patriarchalische Familie *f;* **патриарха́льные времена́** patriarchalische Zeiten *fpl;* **патриарха́льные отноше́ния** patriarchalische Beziehungen *fpl;* **патриарха́льная семья́** patriarchalische Familie *f*

патриа́рхи|я <-и> *ж* РЕЛИГ *(церко́вная о́бласть)* Patriarchat *nt;* **Моско́вская ~** Moskauer Patriarchat

патрио́т <-а> *м,* **патрио́тк|а** <-и> *ж* Patriot(in) *m(f)*

патриоти́зм <-а> *м* Patriotismus *m*

патриоти́ческ|ий <-ая, -ое> *прил* patriotisch

патро́н <-а> *м* Patrone *f;* ТЕХ Fassung *f;* **холосто́й ~** Platzpatrone *f*

па́труб|ок <-ка> *м* ТЕХ Abflussrohr *nt,* Ableitrohr *nt;* **вса́сывающий ~** Saugrohr *nt*

патрули́р|овать <-ую, -уешь> *нсв прх* patrouillieren; *(наблюда́ть)* überwachen

патру́|ль <-ли> *м* Patrouille *f,* Streife *f*

па́уз|а <-ы> *ж* Pause *f*

пау́к <-а́> *м* Spinne *f*

паути́н|а <-ы> *ж* Spinn(en)gewebe *nt,* Spinnennetz *nt*

паути́нк|а <-и> *ж уменьш (паути́на)* Spinngewebe *nt;* **то́ненькая ~** hauchdünnes Gewebe *nt*

пауша́льн|ый <-ая, -ое> *прил* pauschal; **пауша́льная оце́нка** Pauschalbewertung *f,* Sammelbewertung *f;* **пауша́льная су́мма** Pauschalbetrag *m;* **пауша́льная цена́** Pauschalpreis *m;* **~ нало́г** Pauschalsteuer *f;* **пауша́льное списа́ние** Pauschalabschreibung *f*

па́фос <-а> *м* Pathos *nt*

па́фосн|ый <-ая, -ое> *прил* pathetisch; **па́фосные стихи́** pathetische Gedichte *ntpl*

пах <па́ха> *м* АНАТ Leiste *f*

па́ха|рь <-ря> *м* Pflüger *m;* **он всю жизнь рабо́тал па́харем** er hat sein ganzes Leben lang als Pflüger gearbeitet

паха́ть <пашу́, па́шешь> *нсв,* **вспаха́ть** *св прх* pflügen

па́хн|уть <-у, -ешь> *нсв нпрх* riechen,

duften nach +*dat; перен* riechen, in der Luft liegen; **пáхнет дождём** es sieht nach Regen aus; **пáхнет бедóй** ein Unglück liegt in der Luft

пáхов|ый <-ая, -ое> *прил* АНАТ Weiche-; **пáховые мы́шцы** Weichenmuskel *mpl*

пáхот|а <-ы> *ж* **1.** *(обрабóтка землú)* Pflügen *nt,* Brache *f;* **начáть весéннюю пáхоту** mit dem Frühlingspflügen anfangen **2.** *(вспáханная землá)* Acker *m;* **по пáхоте éхать невозмóжно** der Acker ist nicht befahrbar

пáхотн|ый <-ая, -ое> *прил (испóльзуемый для пáхоты)* Pflug-; **пáхотная землá** Pflugland *nt,* Brache *f;* **~ инвентáрь** Pfluginventar *nt;* **пáхотное врéмя** Pflugzeit *f;* **~ слой пóчвы** Ackerschicht *f*

пáхт|а <-ы> *ж* Buttermilch *f*

пахýч|ий <-ая, -ее; -, -а, -е> *прил* duftig, aromatisch; **пахýчее мы́ло** duftige Seife *f*

пацáн <-á> *м разг* Junge *m;* **на войнý шли дáже пацаны́** selbst Jungen gingen in den Krieg

пацанён|ок <-ка> *м уменьш, разг (пацáн)* Kind *nt;* **вокрýг нас бéгали пацанята** ringsum liefen Kinder

пациéнт <-а> *м,* **пациéнтк|а** <-и> *ж* Patient(in) *m(f),* Kranke(r) *f(m)*

пацифи́ст <-а> *м,* **пацифи́стк|а** <-и> *ж* Pazifist(in) *m(f)*

пацифи́стск|ий <-ая, -ое> *прил* pazifistisch

пáче *нрч устар (бóльше, чем)* mehr als; **берéчь ~ глаз** wie seinen Augapfel hüten; **тем ~** umso mehr; **~ тогó** umso mehr, dass

пáчк|а <-и> *ж* Packung *f;* **~ сигарéт** Schachtel *f* Zigaretten

пáчка|ть <-ю, -ешь> *нсв,* **запáчкать, испáчкать** *св прх* beschmutzen; *(сажáть пя́тна)* beklecksen

пáчка|ться <-юсь, -ешься> *нсв,* **вы́пачкаться, запáчкаться** *св рефл* sich bekleckern; *(грязни́ться)* sich beschmutzen

пáшн|я <-и> *ж* Acker *m*

паштéт <-а> *м* Pastete *f*

пая́льник <-а> *м* Lötkolben *m*

пая́снича|ть <-ю, -ешь> *нсв нпрх разг* Possen reißen; **чегó ты тут пая́сничаешь?** was spielst du hier den Narren?

пая́|ть <-ю, -ешь> *нсв прх* löten

ПВО *сокр от* **противовоздýшная оборóна** Luftschutz *m*

пев|éц <-цá> *м,* **певи́ц|а** <-ы> *ж* Sänger(in) *m(f)*

певýч|ий <-ая, -ее; -, -а, -е> *прил* **1.** *(спосóбный петь)* Sing-; **певýчие пти́цы** Singvögel *mpl* **2.** *(звóнкий)* klingend; **~ гóлос** helle Stimme *f*

пéвч|ий **I.** <-ая, -ее> *прил (поющий)* singend, klangvoll; **пéвчие пти́цы** Singvögel *mpl;* **~ хор детéй** Kinderchor *m* **II.** <-его> *м (певéц цéрковного хóра)* Sänger *m* im Kirchenchor; **рабóтать пéвчим** als Chorsänger in der Kirche arbeiten

пéг|ий <-ая, -ое; -, -а, -о> *прил* scheckig; **пéгая лóшадь** Schecke *m*

педагóг <-а> *м* Pädagoge *m*

педагóгик|а <-и> *ж* Pädagogik *f*

педагоги́ческ|ий <-ая, -ое> *прил* pädagogisch

педá|ль <-ли> *ж* Pedal *nt*

педáнт <-а> *м,* **педáнтк|а** <-и> *ж* Pedant(in) *m(f)*

педанти́зм <-а> *м* Pedanterie *f*

педанти́ч|ный <-ная, -ное; -ен, -нар -но> *прил* pedantisch, akribisch

педиáтр <-а> *м* Kinderarzt *m*

пединститýт *сокр. от* **педагоги́ческий инститýт** Pädagogisches Institut *nt;* **закáнчивать ~** das Pädagogische Institut absolvieren

педсовéт *сокр. от* **педагоги́ческий совéт** pädagogischer Rat *m;* **выступáть на педсовéте** vor dem pädagogischen Rat auftreten

пéйджер <-а> *м* Pager *m,* Funkrufempfänger *m*

пейзáж <-а> *м* Landschaft *f*

пек <пéка> *м* ТЕХ Pech *nt,* Asphalt *m;* **нефтянóй ~** Petroleumpech *nt*

пекáрн|я <-и> *ж* Bäckerei *f*

пéка|рь <-ря> *м* Bäcker(in) *m(f)*

пекл|евáть <-юю, -юешь> *нсв прх* zermahlen und sieben; **~ мукý** Mehl *nt* zermahlen und sieben

пéкл|о <-а> *ср* **1.** *(огóнь)* Brand *m;* **~ пожáра виднéлось издалекá** der Brand war von weitem sichtbar **2.** *(жарá)* Hitze *f;* **подождём, покá пройдёт обéденное ~** warten wir, bis die Mittagshitze nachlässt **3.** *(центр спóра, би́твы)* **батальóн попáл в сáмое ~ сражéния** das Batallion geriet ins Zentrum der Schlacht **4.** *(ад)* Hölle *f*

пелен|á <-ы́> *ж* **1.** *(сплошнóй покрóв)* Decke *f,* Schleier *m;* **~ тумáна/ды́ма** Nebel-/Rauchschleier **2.** *(пелёнки)* Windel *f;* **завернýть ребёнка в пеленý** das Baby wickeln; **с пелён** von klein auf

пеленá|ть <-ю, -ешь> *нсв,* **запеленáть, спеленáть** *св прх (ребёнка)* wickeln

пеленг|овáть <-ую, -уешь> *нсв,* **запеленговáть** *св прх* orten, anpeilen

пелёнк|а <-и> *ж* Windel *f*

пеликáн <-а> *м* Pelikan *m*

пельмé|ни <-нь> *мн (варёные пирожки́ из тéста с мя́сом)* Pelmeni *mpl (gekochte mit gehacktem Fleisch gefüllte Teigtaschen);* **лепи́ть пельмéни** Pelmeni machen

i Land & Leute

Die Pelmeni – mit gewürztem Fleisch gefüllte Kloßchen – gehören zu den Lieblingsgerichten in Russland. Ursprünglich handelt es sich dabei um

П

ein tatarisches Gericht (wörtlich „Nudelteigohren“). Im Vergleich mit den italienischen Tortellini sind die Pelmeni doppelt so groß und mit reichlich Fleisch gefüllt – als Soße verwendet man Butter oder Schmant. Pelmeni gibt es in Lebensmittelgeschäften seit der Sowjetzeit als ein eisgekühltes Halbfertigerzeugnis zu kaufen. Eine Speisegaststätte, in der Pelmeni als Stammgericht angeboten werden, heißt „пельменная“.

пе́мз|а <-ы> *ж* Bimsstein *m;* **натира́ть пя́тки пе́мзой** die Fersen mir einem Bimsstein reiben

пе́н|а <-ы> *ж* Schaum *m; (бурля́щая)* Gischt *f;* **с пе́ной у рта** wutschäumend

пена́л <-а> *м* Bleistiftskasten *m;* **деревя́нный ~** Holzkasten *m* für Bleistifte

пена́льти <неизм> *ср* Elfmeter *m*

пена́т|ы <-ов> *мн* лит *(родно́й дом)* Vaterhaus *nt,* Geburtshaus *nt;* **верну́ться к родны́м пена́там** ins Vaterhaus zurückkehren

пен|ёк <-ька́> *м уменьш (пень)* Klotz *m;* **присе́сть на ~** sich auf einen Klotz setzen

пенетра́ци|я <-и> *ж* Penetration *f*

пе́ни|е <-я> *ср* Gesang *m*

пе́нис <-а> *м* Penis *m*

пе́нис|тый <-ая, -ое; -, -а, -о> *прил* schaumig

пе́н|иться <-юсь, -ишься> *нсв,* **вспе́ниться** *св рефл* schäumen

пеницилли́н <-а> *м* мед Penicillin *nt*

пе́нк|а[1] <-и> *ж (на молоке́)* Schaum *m;* **снима́ть пе́нку ло́жкой** den Schaum mit einem Löffel abschöpfen

пе́нк|а[2] <-и> *ж (по́ристый материа́л)* Meerschaum *m (leichtes feuerfestes Material aus dem man Pfeifen anfertigt);* **мундшту́к из пе́нки** Zigarettenspitze *f* aus Meerschaum

пенопла́ст <-а> *м* Schaumstoff *m*

пенсионе́р <-а> *м,* **пенсионе́рк|а** <-и> *ж* Rentner(in) *m(f); (получа́ющий пе́нсию до достиже́ния пенсио́нного во́зраста)* Frührentner *m*

пенсио́нн|ый <-ая, -ое> *прил* Renten-; **~ во́зраст** Rentenalter *nt;* **сниже́ние пенсио́нного во́зраста** Herabsetzung *f* des Rentenalters; **пенсио́нная дина́мика** Rentendynamik *f;* **пенсио́нная ка́сса** Pensionskasse *f;* **~ фонд** Pensionsfonds *m*

пе́нси|я <-и> *ж* Rente *f,* Pension *f;* **отправля́ть на пе́нсию** pensionieren; **~ по инвали́дности** Invalidenrente *f*

пенсне́ <неизм> *ср* Kneifer *m;* **золото́е ~** goldener Kneifer *m*

пень <пня> *м* (Baum)Stumpf *m*

пеньк|а́ <-и́> *ж* Werg *nt,* Hanfwerg *nt;* **верёвка из пеньки́** Hanfseil *m*

пе́н|я <-и> *ж* Pönale *f,* Verzugszinsen *pl*

пеня́|ть <-ю, -ешь> *нсв,* **попеня́ть** *св нпрх* **1.** *(за что-л.)* Vorwürfe machen wegen *+gen* **2.** *(обвиня́ть)* die Schuld geben an *+dat;* **пеня́й на себя́!** du bist selbst schuld!

пе́п|ел <-ла> *м* Asche *f*

пепели́щ|е <-а> *ср* **1.** *(ме́сто пожа́ра)* Brandstätte *f;* **на ме́сте до́ма бы́ло огро́мное ~** dort, wo das Haus stand, ist jetzt eine riesige Brandstätte **2.** *(родно́й дом)* Herd *m,* Zuhause *nt;* **броса́ть роди́мое ~** das Vatershaus verlassen

пе́пельниц|а <-ы> *ж* Aschenbecher *m*

пе́пельн|ый <-ая, -ое> *прил* aschgrau; **~ цвет** aschgraue Farbe *f*

перве́йш|ий <-ая, -ее> *прил* allererster, bester; **перве́йшее усло́вие** die wichtigste Bedingung; **перве́йшая обя́занность** erstrangige Verpflichtung *f*

пе́рвен|ец <-ца> *м* **1.** *(о ребёнке)* Erstgeborener *m;* **Ми́ша – наш ~** Mischa ist unser Erstgeborener **2.** *(со́зданный пе́рвым)* erster; **э́тот автомоби́ль – ~ на́шего заво́да** dieses Auto ist das erste, das unser Werk verlassen hat

пе́рвенств|о <-а> *ср* **1.** спорт Meisterschaft *f;* **~ Евро́пы** Europameisterschaft *f;* **~ ми́ра** Weltmeisterschaft *f* **2.** *перен (приорите́т)* Vorrang *m,* Priorität *f*

перви́чн|ый <-ая, -ое> *прил* primär; **перви́чное голосова́ние** Urabstimmung *f;* **перви́чные ви́ды затра́т** [*или* **изде́ржек**] originäre Kostenarten *pl;* **перви́чные де́нежные сре́дства** originäres Geld *nt;* **перви́чные затра́ты** [*или* **изде́ржки**] Primärkosten *pl;* **перви́чные оборо́тные докуме́нты** geborene Orderpapiere *pl;* **~ дохо́д** Primäreinkommen *nt;* **~ взнос** Anzahlung *f*

перво- Erst-, erst-

первобы́тн|ый <-ая, -ое> *прил* Ur-, ursprünglich; **~ челове́к** Urmensch *m;* **первобы́тное о́бщество** Urgesellschaft *f*

первого́д|ок <-ка> *м* Einjährige(r) *f(m);* **медвежо́нок-~** einjähriger Bär *m*

первозда́нн|ый <-ая, -ое> *прил* ursprünglich; **в первозда́нном ви́де** naturbelassen

первоисто́чник <-а> *м* Quelle *f,* Original *m;* **изуча́ть что-л. по первоисто́чнику** etwas aus erster Hand erfahren

первокла́ссник <-а> *м,* **первокла́сcниц|а** <-ы> *ж* Schulanfänger(in) *m(f)*

первокла́сс|ный <-ная, -ное; -ен, -нар -но> *прил* erstklassig; **первокла́ссная боева́я те́хника** modernste Militärtechnik *f*

первонача́льно *нрч* anfangs, von Anfang an, zu Beginn; **~ центр находи́лся здесь** am Anfang befand sich das Zentrum hier

первонача́|льный <-льная, -льное; лен, -льна, -льно> *прил* ursprünglich, anfänglich; *(предвари́тельный)* vorläufig; **первонача́льная по́мощь** Starthilfe *f*

первооткрыва́те|ль <-ля> *м* Entdecker(in) *m(f)*

первоочередн|о́й <-а́я, -о́е> *прил* vorrangig, vordringlich

первоочерёднос|ть <-ти> *ж* Vorrang *m*, Vordringlichkeit *f*

первопричи́н|а <-ы> *ж* ursprünglicher Grund; **~ успе́ха спортсме́на – не его тала́нт, а упо́рный труд** die eigentliche Ursache für den Erfolg eines Sportlers ist nicht Talent, sondern harte Arbeit

первопрохо́д|ец <-ца> *м* **1.** *(открыва́тель)* Entdecker **2.** *перен (пионе́р)* Vorreiter *m*, Wegbereiter *m*, Pionier *m*, Bahnbrecher *m*

перворо́дн|ый <-ая, -ое> *прил* erstgeboren; *(сохрани́вший оригина́льность)* Anfangs-, ursprünglich; **~ сын** erstgeborener Sohn *m;* **~ грех** Erbsünde *f;* **~ цвет** ursprüngliche Farbe *f;* **перворо́дная я́ркость** ursprünglicher Glanz *m*

перворождённ|ый <-ая, -ое> *прил* erstgeboren; **~ ребёнок** erstgeborenes Kind *nt*

первосо́ртн|ый <-ая, -ое> *прил* erstklassig, erster Wahl

первостепе́н|ный <-ная, -ное; -ен, -на, -но> *прил* vorrangig, dringlich; **вопро́с первостепе́нной ва́жности** Frage *f* höchster Bedeutung

первоцве́т <-а> *м* Schlüsselblume *f*

пе́рв|ый <-ая, -ое> *прил* erste(r, s); **~ в ми́ре** welterster; **~ на́званный** erstgenannter; **са́мый ~** allererster; **пе́рвая бу́ква** Anfangsbuchstabe *m;* **пе́рвые ли́ца** hochrangige Personen *fpl;* **пе́рвая полови́на дня** Vormittag *m;* **в пе́рвой полови́не дня** am Vormittag; **пе́рвая по́мощь** erste Hilfe *f;* **~ раз** das erste Mal; **пе́рвая страни́ца** Vorderseite *f*, Titelblatt *nt;* **~ уда́р** Erstschlag *m;* **~ эта́ж** Erdgeschoss *nt;* **пе́рвым де́лом** zuerst; **информа́ция из пе́рвых рук** Information *f* aus erster Hand; **на пе́рвом ме́сте в ми́ре** führend in der Welt; **на пе́рвом пла́не** im Vordergrund; **дово́льствоваться пе́рвым попа́вшимся** mit dem Erstbesten vorlieb nehmen

перга́мент <-а> *м* Pergament *nt; (жиронепроница́емая бума́га)* Butterbrotpapier *nt*

переадресова́ни|е <-я> *ср* Umadressieren *nt*

перебази́ровани|е <-я> *ср* Verlagerung *f;* ВОЕН Umstationieren *nt*

перебази́р|овать <-ую, -уешь> *прх* verlagern; ВОЕН umstationieren

переба́лива|ть <-ю, -ешь> *нсв*, **переболе́ть** *св нпрх* (eine Krankheit) überwinden; **~ гри́ппом** die Grippe hinter sich bringen

переба́рщива|ть <-ю, -ешь> *нсв*, **переборщи́ть** *св нпрх* übertreiben, zu viel des Guten tun

перебега́|ть <-ю, -ешь> *нсв*, **перебежа́ть** *св (н)прх* **1.** *(перемеща́ться)* hinüberlaufen; **~ у́лицу** über die Straße laufen **2.** *перен (пролега́ть)* durch etwas gehen, überqueren, durchqueren **3.** *разг (к проти́внику)* überlaufen; **~ к врагу́** zum Feind überlaufen; **~ в друго́й ла́герь** ins Lager des Feindes desertieren

перебе́жк|а <-и> *ж* **1.** *(перемеще́ние)* Sprung *m;* **передвига́ться бы́стрыми перебе́жками** sprungweise vorgehen **2.** *(в ла́герь проти́вника)* Überlaufen *nt;* **неожи́данная для всех нас ~ поста́вила всех под угро́зу** das unerwartete Überlaufen ins Lager des Feindes hat uns alle in eine bedrohliche Lage gebracht

перебе́жчик <-а> *м*, **перебе́жчиц|а** <-ы> *ж* Überläufer(in) *m(f); перен (преда́тель)* Verräter(in) *m(f)*

переб|еси́ться <-ешу́сь, -е́сишься> *св рефл* **1.** *(взбеси́ться)* aufgeregt werden, in Wut geraten **2.** *разг (остепени́ться)* sich austoben, sich die Hörner abstoßen

перебива́|ть <-ю, -ешь> *нсв*, **переби́ть** *св прх* **1.** *(уби́ть)* umbringen; **~ всё село́** das ganze Dorf ausrotten **2.** *(разби́ть)* zerbrechen, zerschlagen; **~ посу́ду** das Geschirr zerschlagen **3.** *(прерва́ть)* unterbrechen, abbrechen; **~ выступа́ющего** den Redner unterbrechen **4.** *(разби́ть уда́ром)* brechen; **переби́ть но́гу** sich das Bein brechen

перебива́|ться <-юсь, -ешься> *нсв*, **переби́ться** *св рефл* **1.** *(наруша́ться)* sich unterbrechen; **разгово́р переби́лся** das Gespräch wurde unterbrochen; **посу́да переби́лась** das Geschirr wurde zerbrochen **2.** *разг (жить с трудо́м в нищете́)* sich durchschlagen; **~ случа́йными за́работками** sich mit Gelegenheitsjobs durchschlagen **3.** *разг (чередова́ться)* sich abwechseln; **взры́вы перебива́лись со стрельбо́й** die Explosionen wechselten sich mit Schüssen ab

перебира́|ть <-ю, -ешь> *нсв*, **перебра́ть** *св прх* sortieren, auslesen

перебира́|ться <-юсь, -ешься> *нсв*, **перебра́ться** *св рефл* **1.** *разг (переходи́ть че́рез)* überqueren, übergehen; **~ на друго́й бе́рег** auf das andere Ufer wechseln **2.** *(перемести́ться)* übergehen, wechseln; **~ в друго́й ваго́н** in einen anderen Waggon wechseln

переб|и́ть <-ью, -ьешь> *св прх см.* **перебива́ть**

переб|и́ться <-ью́сь, -ьешься> *св рефл см.* **перебива́ться**

перебо́|й <-я> *м* **1.** *(заде́ржка)* Stockung *f* **2.** *(поме́ха)* Störung *f* **3.** *(переры́в)* Unterbrechung *f;* **~ в сбы́те** Absatzflaute *f*

переболе́|ть <-ю, -ешь> *св нпрх см.* **переба́ливать**

П

перебо́р[1] <-а> *м (подёргивание струн)* **в до́ме слы́шался гру́стный ~ скри́пки** im Haus war das Streichen von Geigensaiten zu hören

перебо́р[2] <-а> *м (изли́шек)* Überschuss *m;* **учёт обнару́жил огро́мный ~ распределённых средств** bei der Inventur wurde ein riesiger Missbrauch finanzieller Mittel festgestellt

перебо́рк|а[1] <-и> *ж (подведе́ние ито́гов)* Analyse *f,* Einschätzung *f;* **проводи́ть перебо́рку ма́тча/поведе́ния гру́ппы** eine Analyse des Fußballspieles vornehmen/das Benehmen der Gruppe einschätzen

перебо́рк|а[2] <-и> *ж (то́нкая сте́нка)* dünne Wand *f;* **мы бы́ли отделены́ от сосе́дей карто́нной перебо́ркой** wir wurden durch eine dünne Pappwand von den Nachbarn getrennt

переб|оро́ть <-орю́, -о́решь> *св прх* zu überwinden; **~ уста́лость** die Müdigkeit überwinden

переборщ|и́ть <-у́, -и́шь> *св нпрх см.* **переба́рщивать**

перебра́нк|а <-и> *ж* Gezänke *nt; (перепа́лка)* Geplänkel *nt,* Wortgefecht *nt*

перебра́сыва|ть <-ю, -ешь> *нсв,* **перебро́сить** *св прх* **1.** *(переки́дывать че́рез)* überwerfen; **~ мяч че́рез забо́р** den Ball über den Zaun werfen **2.** *(перемеща́ть)* verlegen, wegstellen; **~ в друго́й отде́л** in eine andere Abteilung versetzen **3.** *разг (свя́зывать)* **~ мост че́рез ре́ку** eine Brücke über den Fluss legen

перебра́сыва|ться <-юсь, -ешься> *нсв,* **перебро́ситься** *св рефл* **1.** *разг (перемеща́ться)* überlaufen; **~ из овра́га в лес** aus der Schlucht in den Wald übergehen **2.** *перен (обменя́ться)* wechseln; **~ двумя́-тремя́ слова́ми** ein paar Worte wechseln

переб|ра́ть <-еру́, -ерёшь> *св прх см.* **перебира́ть**

переб|ра́ться <-еру́сь, -ерёшься> *св рефл см.* **перебира́ться**

перебр|оди́ть[1] <-ожу́, -о́дишь> *св прх разг (обойти́)* durchstreifen; **~ все у́лицы го́рода** alle Straßen der Stadt durchstreifen

перебр|оди́ть[2] <-ожу́, -о́дишь> *св прх разг (вино́)* fermentieren; *(те́сто)* aufgehen; **вино́ переброди́ло** der Wein ist fermentiert; **те́сто переброди́ло** der Teig ist aufgegangen; **вы ещё мо́лоды́ и не переброди́ли** ihr seid noch jung und unerfahren

перебро́|сить <-шу, -сишь> *св прх см.* **перебра́сывать**

перебро́|ситься <-шусь, -ишься> *св рефл см.* **перебра́сываться**

перебро́ск|а <-и> *ж* Versetzung *f; (перераспределе́ние)* Umverteilung *f;* **~ необходи́мых ка́дров в крити́ческую о́бласть** Versetzung des notwendigen Personals in die kritische Zone

перебыва́|ть <-ю, -ешь> *св нпрх* **1.** *(погости́ть где-л.)* jdn besuchen; **~ у всех ро́дственников** allen Verwandten einen Besuch abstatten; **~ во всех столи́цах Евро́пы** alle europäischen Hauptstädte bereisen **2.** *(име́ть в распоряже́нии)* über etw verfügen; **в его́ рука́х перебыва́ло мно́го книг** er hat schon viele Bücher in seiner Hand gehabt

перева́л <-а> *м (го́рный)* Gebirgspass *m*

перева́лива|ть[1] <-ю, -ешь> *нсв,* **перевали́ть** *св прх* **1.** *разг (перемеща́ть)* umladen; **~ мешки́ на теле́гу** Säcke auf einen Karren laden **2.** *(перебра́сывать)* überspringen; **~ че́рез пери́ла** das Geländer überspringen **3.** *(переходи́ть)* durch etw gehen; **~ (че́рез) хре́бет** den Gebirgskamm überqueren **4.** *разг (переходи́ть за како́й-то преде́л)* überschreiten; **ему́ перевали́ло за 80 лет** er hat die 80 überschritten; **су́мма перева́ливает за 5000 рубле́й** der Betrag überschreitet 5000 Rubel

перева́лива|ть[2] <-ю, -ешь> *нсв,* **переваля́ть** *св прх (валя́ть за́ново)* wieder (von neuem) wälzen; **~ шерсть** die Wolle von neuem wälzen

перева́лива|ться <-юсь, -ешься> *нсв,* **перевали́ться** *св рефл* **1.** *(переверну́ться)* sich mühsam wenden; **~ на друго́й бок** sich mühsam auf die andere Seite wenden **2.** *разг (перепры́гнуть)* springen über; **~ че́рез борт** über Bord gehen **3.** *(переходи́ть через)* durch etw gehen; **~ че́рез го́ры** das Gebirge überqueren **4.** *(ходи́ть раска́чиваясь)* schwanken; **гу́си перева́ливались на свои́х ла́пах** die Gänse watschelten

перевал|и́ть <-ю́, -ишь> *св прх см.* **перева́ливать**

перевал|и́ться <-ю́сь, -ишься> *св рефл см.* **перева́ливаться**

перева́лк|а <-и> *ж (гру́за)* Umladen *nt,* Umschlag *f*

перева́лочн|ый <-ая, -ое> *прил* Umlade-; **~ пункт** Platz für Ver- und Umladearbeiten

переваля́|ть <-ю, -ешь> *св прх см.* **перева́ливать**

переваля́|ться <-юсь, -ешься> *св прх см.* **перева́ливаться**

перева́рива|ть <-ю, -ешь> *нсв,* **перевари́ть** *св прх* **1.** *(за́ново)* erneut kochen; **~ варе́нье** Konfitüre wieder kochen **2.** *(сли́шком до́лго)* zu lange kochen; **~ мя́со** das Fleisch zu lange kochen **3.** *(обраба́тывать)* verdauen; **~ пи́щу** das Essen verdauen **4.** *презрит, разг* **не ~ кого́-л.** *(не выноси́ть)* jdn nicht leiden können

перевез|ти́ <-у́, -ёшь> *прх см.* **перевози́ть**

переверн|у́ть <-у́, -ёшь> *св прх см.* **пе-**

реворáчивать

переверн|ýться <-ýсь, -ёшься> *св рефл см.* **переворáчиваться**

перевéс <-а> *м (преимýщество)* Vorteil *m; (излишек в вéсе)* Übergewicht *nt;* **имéть подавля́ющий чи́сленый ~** im Vorteil sein, in der Überzahl sein; **обнарýжился огрóмный ~ э́кспорта над и́мпортом** es wurde ein gewaltiger Exportüberschuss verzeichnet

перевé|сить <-шу, -сишь> *св прх см.* **перевéшивать**

переве|сти́ <-дý, -дёшь> *св прх см.* **переводи́ть**

переве|сти́сь <-дýсь, -дёшься> *св рефл см.* **переводи́ться**

перевéшива|ть <-ю, -ешь> *нсв,* **перевéсить** *св прх* **1.** *(взвéшивать зáново)* neu abwiegen; **~ сáхар** den Zucker abwiegen **2.** *разг (быть тяжелéе чего-л.)* mehr wiegen; **э́тот мешóк перевéшивает другóй** dieser Sack wiegt mehr als der andere

перевивá|ть <-ю, -ешь> *нсв,* **переви́ть** *св прх* neu binden; **~ сви́ток лéнтой** die Rolle mit einem Band umwickeln

перевóд <-а> *м* **1.** *(перемещéние)* Überführung *f* **2.** *(на другóй язы́к)* Übersetzung *f,* Übertragung *f* **3.** *(дéнежный)* Überweisung *f,* Transfer *m;* **~ дóлга** Schuldübernahme *f,* Delegation *f;* **~ имýщества** Vermögenstransfer *m;* **~ инострáнной валю́ты** Devisentransfer *m;* **~ при́были** Gewinntransfer *m*

перев|оди́ть <-ожý, -óдишь> *нсв,* **перевести́** *св прх* **1.** *(на/в другóе мéсто)* verlegen, verlagern, versetzen, umsetzen; **перевести́ больнóго из одногó отделéния в другóе** den Kranken von einer Station auf die andere verlegen **2.** *(переключи́ть, переставить)* umstellen; **~ на самообеспéчение** auf Selbstversorgung umstellen; **~ стрéлки часóв** die Uhr umstellen **3.** *(ýстно)* dolmetschen **4.** *(пи́сьменно)* übersetzen **5.** *(стихи́)* nachdichten **6.** *(ромáн)* übertragen **7.** ЭКОН *(дéнег)* überweisen; **~ дéньги на счёт** Geld auf das Konto überweisen; **8.** *разг (израсхóдовать)* verschwenden; **~ дéньги на ненýжные вéщи** Geld für unnütze Dinge ausgeben

перев|оди́ться <-ожýсь, -óдишься> *нсв,* **перевести́сь** *св рефл* **1.** *(переходи́ть на другýю дóлжность, рабóту)* versetzt werden; **~ на другóй факультéт** in eine andere Fakultät versetzt werden **2.** *разг (исчезáть)* verschwinden; **ры́ба в рекé перевелáсь** im Fluss gibt es keinen Fisch mehr

перевóдн|ый <-ая, -ое> *прил,* **переводн|óй** <-áя, -óе> *прил* **1.** ФИН Überweisungs-; **~ бланк** Überweisungsform *f;* **переводны́е докумéнты** Transferunterlagen *pl* **2.** ЛИТ *(переведённый)* Übersetzungs-; **~ ромáн** übersetzter Roman *f;* **переводнáя литератýра** Übersetzungsliteratur *f* **3.** ТЕХ *(передаю́щий механи́зм)* Gang *m* **4.** *перен* **переводнáя карти́нка** Abziehbild *nt*

перевóдчик <-а> *м,* **перевóдчиц|а** <-ы> *ж* **1.** *(ýстный)* Dolmetscher(in) *m(f)* **2.** *(пи́сьменный)* Übersetzer(in) *m(f)* **3.** *(стихóв)* Nachdichter(in) *m(f);* **~-референт** Referent *m;* **синхрóнный ~** Simultandolmetscher *m;* **~ специáльной литератýры** Fachübersetzer *m*

перев|ози́ть <-ожý, -óзишь> *нсв,* **перевезти́** *св прх* befördern, transportieren, verfrachten

перевóзк|а <-и> *ж* Beförderung *f,* Transport *m;* **~ грýзов на дáльние расстоя́ния** ТРАНСП Güterfernverkehr *m;* **грузовы́е перевóзки** Güterbeförderung *f;* **пассажи́рские перевóзки** Personenbeförderung *f;* **перевóзочные докумéнты** Transportpapiere *pl*

перевóзчик <-а> *м* Fährmann *m;* **~ грýза** Frachtführer *m*

перевооружéни|е <-я> *ср* Wiederbewaffnung *f;* **~ áрмии** die Wiederbewaffnung der Armee

перевоплощéни|е <-я> *ср* Verwandlung *f,* Darstellung *f;* **её ~ в Натáшу Ростóву бы́ло замечáтельным** ihre Darstellung der Natascha Rostowa war außergewöhnlich

переворáчива|ть <-ю, -ешь> *нсв,* **перевернýть** *св прх* umwenden; *(опроки́дывать)* umkippen; **перевернýть весь мир** *перен* die Welt auf den Kopf stellen

переворáчива|ться <-юсь, -ешься> *нсв,* **перевернýться** *св рефл* **1.** *(перекáтываться)* sich überschlagen **2.** *(опроки́дываться)* umstürzen, umkippen

переворóт <-а> *м* Umsturz *m,* Putsch *m;* **госудáрственный ~** Staatsstreich *m;* **производи́ть ~ в чём-л.** etw revolutionieren

перевоспитáни|е <-я> *ср* Umerziehung *f*

перевоспи́тыва|ть <-ю, -ешь> *нсв,* **перевоспитáть** *св прх* umerziehen; **~ ребёнка** das Kind erziehen

перевы́бор|ы <-ов> *мн* Neuwahlen *fpl*

перевыполня́|ть <-ю, -ешь> *нсв,* **перевы́полнить** *св прх* überbieten, übererfüllen; **~ обещáние** mehr für jdn tun als man versprochen hat

перев|язáть <-яжý, -я́жешь> *св прх см.* **перевя́зывать**

перевя́зк|а <-и> *ж* Verband *m;* **больнóй хотéл снять с головы́ перевя́зку** der Verwundete wollte den Kopfverband vom abnehmen

перевя́зочн|ый <-ая, -ое> *прил* Verbands-; **~ материáл** Verbandszeug *nt*

перевя́зыва|ть <-ю, -ешь> *нсв,* **перевязáть** *св прх* verbinden; **~ рáну би́нтом** die Wunde mit einer Binde verbinden; **~ чемодáн ремнём** den Koffer mit Riemen zusammenbinden; **~ все кни́ги верёвкой** alle Bücher zu einem Bündel schnüren

перевя́|зь <-зи> *ж* Verband *m;* **его́ рука́ лежа́ла на перевя́зи** sein Arm lag in einer Schlinge; **~ стя́гивала ему́ грудь** der Verband drückte ihm auf die Brust

перега́р <-а> *м* **1.** *(за́пах от перегора́ния)* Geruch *m* nach Verbranntem; **~ таба́ка** Zigarettengeruch *m* **2.** *(за́пах от спиртно́го)* **от него́ несло́ ви́нным перега́ром** er roch nach Schnapps

переги́б <-а> *м* Knick *m; перен* Überspitzung *f,* Übertreibung *f*

перегиба́|ть <-ю, -ешь> *нсв,* **перегну́ть** *св прх* **1.** *(сгиба́ть)* zusammenfalten, zusammenlegen; **~ лист бума́ги** ein Blatt Papier zusammenfalten **2.** *разг (де́йствовать кра́йне)* übertreiben; **не сто́ит ~ с провини́вшимся** man sollte es mit dem Schuldigen nicht übertrieben; **~ па́лку** *перен* übertreiben

перегиба́|ться <-юсь, -ешься> *нсв,* **перегну́ться** *св рефл* sich beugen, sich neigen

перегля́дыва|ться <-юсь, -ешься> *нсв,* **переглян́уться** *св рефл* sich ansehen, Blicke wechseln; **друзья́ перегля́дывались** die Freunde wechselten Blicke

перег|на́ть <-оню́, -о́нишь> *св прх см.* **перегоня́ть**

перегно́|й <-я> *м* Humus *m*

перегн|у́ть <-у́, -ёшь> *св прх см.* **перегиба́ть**

перегну́ться <-у́сь, -ёшься> *св рефл см.* **перегиба́ться**

перегова́рива|ть <-ю, -ешь> *нсв,* **переговори́ть** *св нпрх* **1.** *(с кем-л.)* ein paar Worte wechseln; **~ с сосе́дом о после́дних собы́тиях** ein paar Worte mit dem Nachbarn über die letzten Ereignissen wechseln **2.** *разг (говори́ть бо́льше, чем кто-л. друго́й)* redselig sein; **~ собесе́дника** seinen Gesprächspartner niederreden

перегова́рива|ться <-юсь, -ешься> *нсв,* **переговори́ться** *св рефл* ein paar Worte wechseln; **лю́ди ти́хо перегова́ривались** die Leute sprachen leise miteinander

переговор|и́ть <-ю́, -и́шь> *св прх см.* **перегова́ривать**

переговор|и́ться <-ю́сь, -и́шься> *св рефл см.* **перегова́риваться**

перегово́рн|ая <-ой> *ж* Besprechungsraum *m,* Konferenzraum *m*

перегово́рн|ый <-ая, -ое> *прил (слу́жащий для разгово́ров)* kommunikativ; **~ пункт междугоро́дной телефо́нной ста́нции** Fernsprächamt *nt*

перегово́р|ы <-ов> *мн* Verhandlungen *fpl,* Gespräche *ntpl,* Beratungen *fpl;* **ми́рные ~** Friedenverhandlungen *pl;* **реши́ть за столо́м перегово́ров** auf dem Verhandlungsweg lösen

перего́н <-а> *м* **1.** *(скота́)* Treiben *nt;* **~ скота́ на ле́тние па́стбища** Viehtrieb *m* auf die Sommerweiden **2.** *(отре́зок между́ ста́нциями)* Wegstrecke *f;* **маши́на слома́лась на после́днем перего́не** das Auto hatte auf der letzten Etappe eine Panne

перего́нк|а <-и> *ж* **1.** *(скота́)* Treiben *nt;* **~ ове́ц на юг** das Schaftreiben nach Süden **2.** *(дистилля́ция)* Destillation *f;* **~ не́фти/эфи́рного ма́сла** Destillation von Petroleum/ätherischem Öl

перегоня́|ть <-ю, -ешь> *нсв,* **перегна́ть** *св прх* **1.** *(на друго́е ме́сто)* treiben; **~ скот** das Vieh treiben **2.** *(опереди́ть)* überholen; **~ маши́ну на доро́ге** unterwegs ein Auto überholen

перегора́жива|ть <-аю, -аешь> *нсв,* **перегороди́ть** *св прх* abtrennen, versperren; **~ помеще́ние сте́нкой** den Raum durch eine Wand abtrennen; **~ доро́гу** den Weg versperren

перегора́|ть <-ю, -ешь> *нсв,* **перегоре́ть** *св нпрх* **1.** *эл* durchbrennen; **ла́мпочка перегоре́ла** die Lampe ist durchgebrannt **2.** *перен, разг (о чу́вствах)* nachlassen; **его́ любо́вь к э́той же́нщине перегоре́ла** seine Liebe zu dieser Frau erlahmte

перегоро|ди́ть <-жу́, -ди́шь> *св прх см.* **перегора́живать**

перегоро́дк|а <-и> *ж* Trennwand *f;* **раздвижна́я ~** Schiebewand *f*

перегре́в <-а> *м* Überhitzung *f;* **~ дви́гателя** Überhitzung *f* des Motors

перегрева́|ться <-юсь, -ешься> *нсв,* **перегре́ться** *св рефл* **1.** *(нагре́ться си́льно)* sich überhitzen; **плита́ перегре́лась** die Kochplatte überhitzte sich **2.** *(на со́лнце)* sich überhitzen; **ма́льчик перегре́лся и ему́ пло́хо** der Junge hat sich überhitzt und ihm ist schlecht

перегружа́|ть <-ю, -ешь> *нсв,* **перегрузи́ть** *св нпрх* **1.** *(перемести́ть, загрузи́ть за́ново)* umladen; **~ я́щики в грузови́к** die Kisten in LKWs umladen **2.** *(нагрузи́ть сли́шком)* überladen; **~ авто́бус** den Bus überladen

перегру́зк|а <-и> *ж* Überlastung *f;* **перегру́зки на рабо́те** berufliche Überlastung *f*

перегруппиро́выва|ть <-ю, -ешь> *нсв,* **перегруппирова́ть** *св прх* umgruppieren

перегрыза́|ть <-ю, -ешь> *нсв,* **перегры́зть** *св прх* zernagen, durchbeißen; **перегры́зть ни́тку** den Faden zernagen; **~ кому́-л. го́рло** jdm die Gurgel durchbeißen

пе́ред *предл* vor *+dat;* **~ э́тим** davor, vorher

переда|ва́ть <-ю́, -ёшь> *нсв,* **переда́ть** *св прх* **1.** *(вручи́ть кому́-л.)* übergeben; **~ письмо́** den Brief überreichen **2.** *(рассказа́ть)* erzählen; **~ подро́бно собы́тия** die Ereignisse in allen Einzelheiten erzählen **3.** *(распространи́ть)* verbreiten; **~ но́вость** die Neuigkeit verbreiten **4.** *(воспроизвести́)* wiedergeben, nachgestalten; **~**

иде́ю произведе́ния die Idee des Werkes wiedergeben; **мне ничего́ не передава́ли?** hat man etw für mich abgegeben?; **~ письмо́** einen Brief überbringen; **~ приве́т кому́-л.** jdm Grüße bestellen, jdn grüßen; **~ по фа́ксу** ein Fax senden, faxen; **~ по те́лексу** fernschreiben; **~ атмосфе́ру** die Atmosphäre wiedergeben [*o* vermitteln]

переда|ва́ться <-ю́сь, -ёшься> *нсв,* **переда́ться** *св рефл* übertragen werden; **боле́знь передала́сь бы́стро** die Krankheit hat sich schnell verbreitet

переда́тчик <-а> *м* Rundfunksender *m*

переда́|ть <-м, -шь> *св прх см.* **передава́ть**

переда́|ться <-мся, -шься> *св рефл см.* **передава́ться**

переда́ч|а <-и> *ж* **1.** *(де́йствие)* Übergabe *f,* Übereignung *f,* Übermittlung *f;* **~ вла́сти** Machtübergabe *f;* **~ да́нных** ИНФОРМ Datenkommunikation *f,* Datenübertragung *f;* **~ мы́слей на расстоя́нии** Gedankenübertragung *f;* **~ но́у-ха́у** Know-how-Transfer *m;* **~ о́пыта** Erfahrungsvermittlung *f* **2.** РАДИО Sendung *f,* Fernsehsendung *f,* Radiosendung *f* **3.** ТЕХ Getriebe *nt* **4.** *(во владе́ние)* Abtretung *f,* Delegation *f;* **~ в зало́г** Beleihung *f;* **~ в ча́стную со́бственность** Privatisierung *f;* **~ зака́зов** Auftragsvergabe *f,* Auftragserteilung *f;* **~ информа́ции** Kommunikation *f;* **~ предложе́ния** Angebotsabgabe *f;* **~ техни́ческих зна́ний** Technologietransfer *m*

передвига́|ть <-ю, -ешь> *нсв,* **передви́нуть** *св прх* **1.** *(ме́бель)* verschieben, verrücken **2.** *(откла́дывать)* verlegen; **~ заседа́ние** die Sitzung verschieben; **~ о́тпуск** den Urlaub verschieben

передвига́|ться <-юсь, -ешься> *нсв,* **передви́нуться** *св рефл* sich bewegen; **~ бы́стро** sich schnell bewegen

передвиже́ни|е <-я> *ср* Bewegung *f;* **~ люде́й и гру́зов** Bewegung von Menschen und Gütern

передвижн|о́й <-а́я, -о́е> *прил* Wander-; *(о дета́лях, приспособле́ниях)* verstellbar, beweglich; **~ цирк** Wanderzirkus *m;* **передвижна́я вы́ставка** Wanderausstellung *f*

передви́н|уть <-у, -ешь> *св прх см.* **передвига́ть**

передви́н|уться <-усь, -ешься> *св рефл см.* **передвига́ться**

переде́л[1] <-а> *м* Neuverteilung *f;* **~ земли́** Neuverteilung der Erde; **времена́ вели́кого переде́ла** Zeit der großen Veränderungen

переде́л[2] <-а> *м (перерабо́тка)* Verarbeitung *f;* **~ ме́ди в про́волоку** die Verarbeitung von Kupfer zu Draht

переде́ла|ть <-ю, -ешь> *св прх см.* **переде́лывать**

переде́лк|а <-и> *ж* Abänderung *f,* Umänderung *f*

переде́лыва|ть <-ю, -ешь> *нсв,* **переде́лать** *св прх (де́лать за́ново)* überarbeiten; **~ маке́т** ein Modell überarbeiten

передёргива|ть <-ю, -ешь> *нсв,* **передёргать, передёрнуть** *св прх* **1.** *(изменя́ть положе́ние)* heranziehen; **~ затво́р ружья́** den Verschluss des Gewehrs zurückschieben **2.** *(де́лать непроизво́льное движе́ние)* einen Tick haben; **~ спино́й** erzittern

передёргива|ться <-юсь, -ешься> *нсв,* **передёрнуться** *св рефл* zucken, zusammenzucken; **его́ лицо́ передёрнулось** ein Zucken lief über sein Gesicht

передéржива|ть <-ю, -ешь> *нсв,* **передержа́ть** *св прх* zu lange halten, zu lange stehen lassen; ФОТ überbelichten

передёрн|уть <-у, -ешь> *св (н)прх см.* **передёргивать**

передёрн|уться <-усь, -ешься> *св рефл см.* **передёргиваться**

пере́дн|ий <-яя, -ее> *прил* vordere(r, s); **пере́днее колесо́** Vorderrad *nt;* **~ план** Vordergrund *m;* **пере́днее сиде́нье** Vordersitz *m;* **пере́дняя сторона́** Vorderseite *f,* Front *f*

пере́дник <-а> *м* Schürze *f;* **на не́й был пёстрый ~** sie trug eine bunte Schürze

пере́дн|яя <-ей> *ж* Flur *m,* Diele *f*

передови́к <-а́> *м* Pionier *m;* **~ произво́дства** Bestarbeiter *m*

передови́ц|а <-ы> *ж* Leitartikel *m*

передов|о́й <-ая, -ое> *прил* **1.** *(находя́щийся впереди́)* Vorder-, vorderer; **передова́я статья́** Leitartikel *m* **2.** *(прогресси́вный)* fortschrittlich; **передовы́е техноло́гии** Hochtechnologien *fpl*

передозиро́вк|а <-и> *ж* МЕД Überdosierung *f;* **умере́ть от передозиро́вки нарко́тиков** an einer Überdosis sterben

перед|о́к <-ка́> *м* **1.** ТЕХ *(пере́дняя ча́сть автомоби́ля)* Vorderteil *m;* **при столкнове́нии слома́лся ~ маши́ны** beim Zusammenstoß ging das Vorderteil des Fahrzeugs kaputt; **е́хать на передоке́** im Vorderteil fahren **2.** *(ве́рхняя пере́дняя часть о́буви)* Schuhkappe *f;* **блестя́щие, начи́щенные передки́ сапо́г** glänzende Stiefelkappen *fpl*

передохн|у́ть <-у́, -ешь> *св нпрх см.* **передыха́ть**

передра́знива|ть <-ю, -ешь> *нсв,* **передразни́ть** *св прх* nachäffen; **~ ребёнка** ein Kind nachäffen

передря́г|а <-и> *ж разг* Unannehmlichkeiten *fpl;* **быва́ть в передря́ге** Unannehmlichkeiten haben; **тяжелая ~** großes Unglück *nt*

переду́мыва|ть <-ю, -ешь> *нсв,* **переду́мать** *св нпрх* **1.** *(измени́ть мне́ние)* seine Meinung ändern **2.** *(мно́го ду́мать)* sich etw durch den Kopf gehen lassen, nach-

П

denken über +*akk*

передыха́|ть <-ю, -ешь> *нсв,* **передохну́ть** *св нпрх разг* Luft holen; ~ **на скаме́йке** sich auf die Bank setzen um Luft zu holen

переды́шк|а <-и> *ж* **1.** *(коро́ткая)* Atempause *f,* Verschnaufpause *f* **2.** *(о́тдых)* Ruhepause *f,* Besinnungspause *f;* **без переды́шки** pausenlos

перееда́ни|е <-я> *ср* Überernährung *f;* **систематичéское ~ приво́дит к ожире́нию** regelmäßige Überernährung führt zu Übergewicht

перее́зд <-а> *м* **1.** *(на но́вое ме́сто)* Umzug *m* **2.** *(железнодоро́жный)* Bahnübergang *m;* **охраня́емый ~** beschränkter Bahnübergang *m*

переезжа́|ть <-ю, -ешь> *нсв,* **перее́хать** *св* **I.** *нпрх* fortziehen, umziehen **II.** *прх* **1.** *(на другу́ю сто́рону чего́-л.)* durchqueren; *(грани́цу)* passieren; ~ **ре́чку на маши́не** mit dem Auto den Fluss durchqueren **2.** *(поменя́ть местожи́тельство)* umziehen; ~ **на но́вую кварти́ру** in eine neue Wohnung umziehen; ~ **в друго́й го́род** in eine andere Stadt umziehen **3.** *разг (раздави́ть)* überfahren; **маши́на перее́хала воробья́** das Auto überfuhr einen Spatzen

пережёвыва|ть <-ю, -ешь> *нсв прх* kauen; *перен (сно́ва повторя́ть)* wiederkäuen

пережд|а́ть <-у́, -ёшь> *св прх см.* **пережида́ть**

пережива́ни|е <-я> *ср* **1.** *(душе́вное состоя́ние)* Gemütsbewegung *f,* Emotion *f,* Gefühl *nt* **2.** *(собы́тие)* Erlebnis *nt*

пережива́|ть <-ю, -ешь> *нсв,* **пережи́ть** *св* **I.** *прх* **1.** *(испы́тывать)* erleben **2.** *(переноси́ть)* durchmachen, erleiden; ~ **кри́зис** eine Krise durchmachen **3.** *(кого-л./что-л.)* überleben; ~ **войну́** den Krieg überleben; **муж пережи́л жену́** der Ehemann hat seine Frau überlebt **4.** *(смири́ться с чем-л.)* hinwegkommen über +*akk* **5.** *(быть свиде́телем)* miterleben; **пережи́ть все собы́тия** alle Ereignisse miterleben **II.** *нпрх (за кого́-л./что-л.)* sich beunruhigen, sich aufregen wegen +*gen*

пережида́|ть <-а́ю, -а́ешь> *нсв,* **пережда́ть** *св прх* abwarten; **пережда́ть си́льный дождь** den starken Regen abwarten

пережи́т|ок <-ка> *м* Überleibsel *m;* ~ **ста́рой мора́ли** Überleibsel alter Sitten

пережи́|ть <-ву́, -вёшь> *св прх см.* **пережива́ть**

перезагру́зк|а <-и> *ж* ИНФОРМ Neustart *m*

переза́пуск <-а> *м* ИНФОРМ Neustart *m*

перезаряжа́|ть <-ю, -ешь> *нсв,* **перезаряди́ть** *св прх* neu laden; ~ **ору́дие** das Geschütz neu laden

перезва́нива|ть <-ю, -ешь> *нсв,* **перезвони́ть** *св нпрх* noch einmal anrufen; *(позвони́ть по про́сьбе)* zurückrufen

перезре́л|ый <-ая, -ое> *прил* überreif; **перезре́лые фру́кты** überreifes Obst *nt;* ~ **де́ва** alte Jungfer *f*

переи́грыва|ть <-ю, -ешь> *нсв,* **переигра́ть** *св прх* **1.** *(игра́ть повто́рно)* wiederholt spielen; ~ **па́ртию** eine Partie Schach nachspielen **2.** *разг* ТЕАТ unnatürlich spielen, *(переборщи́ть)* übertreiben; **актёр переи́грывает** der Schauspieler spielt unecht

переизбира́|ть <-ю, -ешь> *нсв,* **переизбра́ть** *св прх* neu wählen; ~ **на но́вый срок** wiederwählen; ~ **президе́нта** den Präsidenten wiederwählen

переизда|ва́ть <-ю́, -ёшь> *нсв,* **переизда́ть** *св прх* neu auflegen, wieder herausgeben; ~ **рома́н** den Roman neu verlegen

переизда|ва́ться <-ётся> *нсв безл, только 3 л* als Neuauflage erscheinen

переизда́ни|е <-я> *ср* Neuauflage *f*

переизда́|ть <-м, -шь> *св прх см.* **переиздава́ть**

переименова́ни|е <-я> *ср* Umbenennung *f;* **заня́ться переименова́нием у́лиц** eine Umbenennung der Straßen starten

переимено́выва|ть <-ю, -ешь> *нсв,* **переименова́ть** *св прх* umbenennen, rückbenennen; ~ **файл** ИНФОРМ eine Datei umbenennen

переина́чива|ть <-ю, -ешь> *нсв,* **переина́чить** *св прх* ummodeln, verdrehen; ~ **исто́рию** die Geschichte verdrehen

перей|ти́ <-ду́, -дёшь> *св (н)прх см.* **переходи́ть**

перека́пыва|ть <-ю, -ешь> *нсв,* **перекопа́ть** *св прх* umgraben; *(доро́гу и т.п.)* einen Graben ziehen

перека́т <-а> *м* **1.** *(гром, гро́хот)* Dröhnen *nt,* Getöse *nt;* **слы́шались перека́ты ору́дий** man hörte das Dröhnen der Geschütze **2.** *(поро́г реки́)* Schwelle *f;* **здесь река́ образу́ет ~** hier bildet der Fluss eine Schwelle **3.** *(возвыше́ние, переходя́щее в углубле́ние)* Falte *f* einer Landschaft; **с высоты́ видны́ перека́ты предго́рья** vom Hügel aus sieht man die Falten des Vorgebirges

перека|ти́ть <-чу́, -тишь> *св прх см.* **перека́тывать**

перека|ти́ться <-чу́сь, -тишься> *св рефл см.* **перека́тываться**

перека́тыва|ть <-ю, -ешь> *нсв,* **перекати́ть** *св прх* wegrollen; ~ **бо́чку** ein Fass wegrollen

перека́тыва|ться <-юсь, -ешься> *нсв,* **перекати́ться** *св рефл* **1.** *(перемеща́ться, повора́чиваться)* sich wälzen; ~ **с бо́ку на́ бок** sich von einer auf die andere Seite wälzen **2.** *(раздава́ться, усилива́ясь и затиха́я)* widerhallen; **э́хо перека́тывалось по го́рам** das Echo hallte von den Hügeln wider

перека́шива|ть <-ю, -ешь> *нсв,* **перекоси́ть** *св прх* **1.** *(скоси́ть всё)* mähen; **~ траву́** Gras mähen **2.** *разг (уничто́жить всё)* ausrotten; **~ весь взвод** den gesamten Zug auslöschen

перека́шива|ться <-юсь, -ешься> *нсв,* **перекоси́ться** *св рефл* verzerrt/deformiert werden; **его́ лицо́ перекоси́лось от бе́шенства** sein Gesicht verzerrte sich vor Wut

переквалифика́ци|я <-и> *ж* Umschulung *f*

переквалифици́р|оваться <-уюсь, -уешься> *(н)св рефл* sich umschulen lassen

переки́дыва|ть <-ю, -ешь> *нсв,* **переки́нуть** *св прх* **1.** *(перебра́сывать)* umwerfen; **~ полоте́нце че́рез плечо́** ein Handtuch über die Schulter werfen; **~ мост** eine Brücke schlagen **2.** *разг* versetzen; **~ гру́ппу в друго́й отде́л** die Gruppe in eine andere Abteilung versetzen

переки́дыва|ться <-юсь, -ешься> *нсв,* **переки́нуться** *св рефл разг* **1.** *(переходи́ть на сто́рону)* überlaufen; **~ к врагу́** auf die Seite des Feindes überlaufen **2.** *(подава́ть друг дру́гу)* etw wechseln; **~ мячо́м** sich den Ball zuspielen **3.** *(обме́ниваться)* sich austauschen; **~ слова́ми** ein paar Worte wechseln

переки́н|уть <-у, -ешь> *св прх см.* **переки́дывать**

переки́н|уться <-усь, -ешься> *св рефл см.* **переки́дываться**

пе́реки|сь <-си> *ж* ХИМ Peroxyd *m;* **~ водоро́да** Wasserstoffperoxyd

перекла́дин|а <-ы> *ж* Querbalken *m; (у футбо́льных воро́т)* Latte *f,* Reck *nt*

перекла́дыва|ть <-ю, -ешь> *нсв,* **переложи́ть** *св прх* **1.** *(на друго́е ме́сто)* verlegen, an einen anderen Ort legen; **~ в су́мку** in die Tasche stecken **2.** *перен (сва́ливать)* abschieben, abwälzen; **~ отве́тственность на кого́-л.** die Verantwortung auf jdn schieben **3.** *(упако́вывать)* verpacken, einpacken; **~ я́блоки соло́мой** Äpfel in Stroh betten **4.** *перен (излага́ть в друго́й фо́рме)* übertragen; **~ на му́зыку** vertonen

переклика́|ться <-юсь, -ешься> *нсв,* **перекли́кнуться** *св рефл* **1.** *(отзыва́ться)* sich gegenseitig anrufen, von sich hören lassen; **пти́цы переклика́лись в лесу́** die Vögel im Wald übertrafen sich beim Singen **2.** *перен (быть схо́дным)* entsprechen; **э́та иде́я переклика́лась с его́ убежде́ниями** diese Idee entsprach seinen Überzeugungen

перекли́чк|а <-и> *ж* **1.** *(звуково́й конта́кт)* Kommunikation *f;* **вести́ перекли́чку по ра́ции** über Funk kommunizieren **2.** *(вы́зов по фами́лии при прове́рке)* Appell *m;* **вече́рняя ~** Abendappell; **де́лать перекли́чку** alle aufrufen

переключа́те|ль <-ля> *м* ТЕХ Umschalter *m;* **~ ско́ростей** Getriebehebel *m*

переключа́|ть <-ю, -ешь> *нсв,* **переключи́ть** *св прх* **1.** ТЕХ umschalten; **~ телефо́н** das Telefon umstecken; **~ на бли́жний свет** АВТО abblenden **2.** *разг (измени́ть о́бласть примене́ния, рабо́ты)* verändern; **~ цех на друго́е произво́дство** die Produktion der Abteilung verändern

переключа́|ться <-юсь, -ешься> *нсв,* **переключи́ться** *св рефл* sich umstellen, wechseln; **~ на но́вые техноло́гии** sich auf neue Technologien umstellen

переключе́ни|е <-я> *ср* **1.** *перен* Umstellung *f* **2.** АВТО Umschalten *nt;* **~ скоросте́й** АВТО Gangschaltung *f*

переключ|и́ть <-у́, -и́шь> *св прх см.* **переключа́ть**

переключ|и́ться <-у́сь, -и́шься> *св рефл см.* **переключа́ться**

перекопа́|ть <-ю, -ешь> *св прх см.* **перека́пывать**

переко́с <-а> *м* **1.** *(искривле́ние чего́-л.)* Entstellung *f,* Deformation *f;* **рабо́чий зазева́лся и допусти́л ~ ва́жной дета́ли** der Arbeiter war abgelenkt und ließ eine Verformung des Teiles zu **2.** *(криво́е ме́сто)* schiefe Stelle *f,* Deformation *f;* **слегка́ ви́димый ~ две́ри** eine kaum sichtbare Deformation der Tür

переко|си́ть <-шу́, -сишь> *св прх см.* **перека́шивать**

переко|си́ться <-шу́сь, -си́шься> *св рефл см.* **перека́шиваться**

перекочёвыва|ть <-ю, -ешь> *нсв,* **перекочева́ть** *св нпрх разг* umsiedeln; **перекочева́ть в друго́й го́род** in einer anderen Stadt umsiedeln

переко́шен|ный <-ная, -ное; -ен, -на, -но> *прил* verzerrt; **переко́шенное лицо́** Grimasse *f*

перекра́ива|ть <-ю, -ешь> *нсв,* **перекрои́ть** *св прх* neu zuschneiden; **~ пла́тье** das Kleid neu zuschneiden

перекра́шива|ть <-ю, -ешь> *нсв,* **перекра́сить** *св прх* **1.** *(покра́сить за́ново)* umfärben; **~ в друго́й цвет** in einer anderen Farbe streichen **2.** *(покра́сить всё)* alles färben; **~ все две́ри** alle Türen streichen

перекр|ести́ть <-ещу́, -е́стишь> *св прх см.* **перекре́щивать**

перекр|ести́ться <-ещу́сь, -е́стишься> *св рефл см.* **перекре́щиваться**

перекрёстн|ый <-ая, -ое> *прил* Kreuz-; **~ ого́нь** Kreuzfeuer *nt;* **~ ана́лиз** Querschnittsanalyse *f*

перекрёст|ок <-ка> *м* ТРАНСП Kreuzung *f;* **~ доро́г** Wegkreuzung

перекре́щива|ть <-ю, -ешь> *нсв,* **перекрести́ть** *св прх* **1.** *(скрести́ть)* kreuzen, über Kreuz legen **2.** РЕЛИГ bekreuzigen

перекре́щива|ться <-юсь, -ешься> *нсв,* **перекрести́ться** *св рефл* **1.** *(изобра-*

зи́ть крест) sich bekreuzigen; **~ у вхо́да в це́рковь** sich vor der Kirche bekreuzigen **2.** *(крести́ться за́ново)* konvertieren; **~ в правосла́вную ве́ру** zum orthodoxen Christentum konvertieren

перекри́кива|ть <-ю, -ешь> *нсв,* **перекрича́ть** *св прх* überschreien; **~ собесе́дника** seinen Gesprächspartner niederschreien

перекро|и́ть <-ю́, -и́шь> *св прх см.* **перекра́ивать**

перекру́чива|ть <-ю, -ешь> *нсв,* **перекрути́ть** *св прх* verdrehen

перекрыва́|ть <-ю, -ешь> *нсв,* **перекры́ть** *св прх* **1.** *(покрыва́ть за́ново)* überdachen; **~ дом** das Haus neu überdachen **2.** *(покрыва́ть)* verkleiden; **~ кры́шу же́стью** das Dach mit Blech verkleiden **3.** *(покрыва́ть ста́ршей ка́ртой)* stechen; **~ вале́т тузо́м** den Buben mit dem As stechen **4.** *(превосходи́ть)* überlegen sein **5.** *(закрыва́ть, преграждáть)* abschließen, abtrennen, versperren; **~ прохо́д** den Weg versperren

перекры́ти|е <-я> *ср* СТР Überdeckung *f,* Querdecke *f*

перекр|ы́ть <-о́ю, -о́ешь> *св прх см.* **перекрыва́ть**

переку́пщик <-а> *м* Zwischenhändler *m*

переку́р <-а> *м* **1.** *разг* Zigarettenpause *f* **2.** *(переры́в)* Arbeitspause *f*

переку́рива|ть <-ю, -ешь> *нсв,* **перекури́ть** *св прх* aufrauchen; **~ все сигаре́ты** alle Zigaretten aufrauchen; **~ мину́т на де́сять** sich für ein paar Minuten ausruhen, um eine Zigarette zu rauchen

переку́сыва|ть <-ю, -ешь> *нсв,* **перекуси́ть** *св прх* essen; *(ни́тку)* zerbeißen; **легко́ перекуси́ть** ein wenig essen

перела́мыва|ть <-ю, -ешь> *нсв,* **переломи́ть** *св прх* zerbrechen; *перен (меня́ть, преодолева́ть)* überwinden

перелеза́|ть <-ю, -ешь> *нсв,* **переле́зть** *св (н)прх* übersteigen; **~ че́рез забо́р** den Zaun übersteigen

переле́с|ок <-ка> *м* Wäldchen *nt;* **войти́ в ~** in das Wäldchen gehen

перелёт <-а> *м* **1.** *(перемеще́ние по во́здуху из одного́ ме́ста в друго́е)* Überflug *m,* Überfliegen *nt;* **~ че́рез океа́н** Überflug *m* über den Ozean **2.** *(непопада́ние в цель)* das Ziel überfliegen; **стреля́ть с перелётом** über das Ziel hinaus schießen

перелета́|ть <-ю, -ешь> *нсв,* **перелете́ть** *св прх* **1.** *(перемеща́ться)* ziehen; **~ с се́вера на юг** vom Norden nach Süden ziehen **2.** *(улете́ть сли́шком далеко́)* überfliegen; **снаря́д перелете́л цель** die Granate flog über das Ziel hinaus

перелётн|ый <-ая, -ое> *прил* Zug-; **перелётные пти́цы** Zugvögel *mpl*

перели́в <-а> *м* **1.** *(перелива́ние из чего́-л. во что-л.)* Umfüllen *nt;* **~ не́фти в цисте́рны** Umfüllen von Rohöl in Tankwagen **2.** *(перелива́ние цвето́в, отте́нков)* Schillern *nt;* **кра́сное пла́тье с перели́вом** rot schillerndes Kleid *nt*

перелива́ни|е <-я> *ср* Umfüllen *nt,* Umgießen *nt;* **~ кро́ви** Bluttransfusion *f*

перелива́|ть <-ю, -ешь> *нсв,* **перели́ть** *св прх* **1.** *(перемеща́ть)* umgießen **2.** *(перепо́лнить)* verschütten **3.** *(отли́ть за́ново)* nachgießen

перелива́|ться <-юсь, -ешься> *нсв,* **перели́ться** *св рефл* **1.** *(че́рез край)* überlaufen **2.** *(о цве́те)* zerfließen

перели́вчат|ый <-ая, -ое> *прил* schillernd; **~ ткань** schillernder Stoff *m;* **~ го́лос** schillernde Stimme *f*

перели́стыва|ть <-ю, -ешь> *нсв,* **перелиста́ть** *св прх* durchblättern; *(на сле́дующую страни́цу)* umblättern

перел|и́ть <-лью́, -льёшь> *св прх см.* **перелива́ть**

перел|и́ться <-лью́сь, -льёшься> *св рефл см.* **перелива́ться**

перел|ожи́ть <-ожу́, -о́жишь> *св прх см.* **перекла́дывать**

перело́м <-а> *м* **1.** МЕД Fraktur *f,* Knochenbruch *m* **2.** *перен (поворо́т в разви́тии)* Umbruch *m,* Umschwung *m,* Wende *f,* Umwälzung *f*

перел|оми́ть <-омлю́, -о́мишь> *св прх см.* **перела́мывать**

перело́мн|ый <-ая, -ое> *прил* Wende-; **~ моме́нт в исто́рии** der Wendepunkt der Geschichte

перема́лыва|ть <-ю, -ешь> *нсв,* **перемоло́ть** *св прх* mahlen

перема́нивани|е <-я> *ср* Abwerbung *f;* **~ покупа́телей** Abwerbung *f* von Käufern

перема́нива|ть <-ю, -ешь> *нсв,* **перемани́ть** *св прх* abwerben

перема́хива|ть <-ю, -ешь> *нсв,* **перемахну́ть** *св (н)прх разг* überspringen; **~ че́рез забо́р** über den Zaun springen

перемежа́|ть <-ю, -ешь> *нсв,* **переме́жить** *св прх* abwechseln; **~ рабо́ту с о́тдыхом** die Arbeit mit Erholung abwechseln

перемежа́|ться <-ется> *нсв,* **переме́житься** *св безл, только 3 л* **1.** *(чередова́ться)* sich abwechseln; **кри́ки перемежа́лись с пе́нием** die Schreie wechselten sich mit Liedern ab **2.** *устар (прекраща́ться)* anhalten; **пропага́нда не перемежа́лась** die Propaganda hielt nicht an

переме́ж|ить <-у́, -и́шь> *св прх см.* **перемежа́ть**

переме́жи|ться <-тся> *св безл см.* **перемежа́ться**

переме́н|а <-ы> *ж* **1.** *(в шко́ле)* Pause *f* **2.** *(измене́ние)* Veränderung *f,* Wandel *m* **3.** *(сме́на)* Wechsel *m;* **~ ме́ста жи́тельст-**

ва Wohnortwechsel *m;* **~ пого́ды** Wetterumschwung *m;* **переме́ны в Восто́чной Евро́пе** Veränderungen in Osteuropa; **полити́ческие переме́ны** politischer Wandel *m,* politische Wende *f*

перем|ени́ть <-еню́, -е́нишь> *св прх см.* **переменя́ть**

переме́нн|ая <-ой> *ж* Variable *f*

переме́нн|ый <-ая, -ое> *прил* variabel, veränderbar, wechselnd; **~ ток** Wechselstrom *m;* **с переме́нным успе́хом** mit wechselndem Erfolg

переме́нчив|ый <-ая, -ое> *прил* wechselhaft; **сча́стье переме́нчиво** das Glück ist launisch

переменя́|ть <-ю, -ешь> *нсв,* **перемени́ть** *св прх* wechseln, tauschen; **жизнь его́ си́льно перемени́ла** sein Leben hat ihn sehr verändert; **~ повя́зку** den Verband wechseln

перем|еси́ть <-ешу́, -е́сишь> *св прх см.* **переме́шивать**[1]

переме|сти́ть <-щу́, -сти́шь> *св прх см.* **перемеща́ть**

переме|сти́ться <-щу́сь, -сти́шься> *св рефл см.* **перемеща́ться**

перемёт <-а> *м* **1.** *(рыболо́вная сна́сть)* Angelschnur *f,* Fischreuse *f;* **ста́вить ~ попере́к реки́** eine Reuse im Fluss platzieren **2.** *(сне́жный сугро́б)* Schneewehe *f;* **доро́гу завали́ло перемётом** der Weg war mit Schnee überhäuft

перемеша́|ть <-ю, -ешь> *св прх см.* **переме́шивать**[2]

перемеша́|ться <-юсь, -ешься> *св рефл см.* **переме́шиваться**

переме́шива|ть[1] <-ю, -ешь> *нсв,* **перемеси́ть** *св прх* mischen, kneten; **~ те́сто** den Teig kneten; **~ гли́ну с водо́й** Ton mit Wasser mischen

переме́шива|ть[2] <-ю, -ешь> *нсв,* **перемеша́ть** *св прх* **1.** *(меша́ть/превраща́ть в одноро́дную ма́ссу)* mischen; **~ цеме́нт с песко́м** Zement mit Sand mischen **2.** *(сме́шивать)* durcheinanderbringen; **~ журна́лы и газе́ты** die Zeitungen und Zeitschriften durcheinanderbringen

переме́шива|ться <-юсь, -ешься> *нсв,* **перемеша́ться** *св рефл* **1.** *(перепу́тываться)* durcheinander geraten, verwechseln; **у него́ в голове́ все перемеша́лось** in seinem Kopf ging alles durcheinander **2.** *(соединя́ться)* vermischen; **за́пах табака́ перемеша́лся с за́пахом во́дки** der Zigarettengeruch vermischte sich mit dem Wodkageruch; **о́бе коло́нны перемеша́лись** beide Reihen gingen durcheinander

перемеща́|ть <-ю, -ешь> *нсв,* **перемести́ть** *св прх* verlagern, verlegen; ТЕХ verfahren

перемеща́|ться <-юсь, -ешься> *нсв,* **перемести́ться** *св рефл* versetzt werden; **управле́ние перемести́лось в друго́й райо́н** die Leitung wurde in einen anderen Bezirk verlegt

перемеще́ни|е <-я> *ср* Verschiebung *f,* Verlagerung *f; (по слу́жбе)* Versetzung *f;* **~ в атмосфе́ре** Verschiebung in der Atmosphäre

перемина́|ться <-юсь, -ешься> *нсв рефл* **~ с ноги́ на́ ногу** von einem Fuß auf den anderen treten

переми́ри|е <-я> *ср* Waffenstillstand *m*

перемножа́|ть <-ю, -ешь> *нсв,* **перемно́жить** *св прх* multiplizieren

перем|оло́ть <-елю́, -е́лешь> *св прх см.* **перема́лывать**

перемо́тк|а <-и> *ж* Umspulen *nt*

перенапряга́|ться <-юсь, -ешься> *нсв,* **перенапря́чься** *св прх* sich überanstrengen, sich übernehmen

перенапряже́ни|е <-я> *ср* Überspannung *f;* **~ сил** Übermüdung *f;* **у́мственное ~** geistige Überspannung *f*

перенапря́|чься <-гу́сь, -жешься> *св прх см.* **перенапряга́ться**

перенаселённос|ть <-ти> *ж* Überbevölkerung *f; (кварти́р)* Überbelegung *f*

перенаселён|ный <-ная, -ное; -, -á, -ó> *прил* überbevölkert; **перенаселённая страна́** überbevölkertes Land *nt;* **~ го́род** überbevölkerte Stadt *f*

перенасыще́ни|е <-я> *ср* Übersättigung *f*

перенесе́ни|е <-я> *ср* **1.** *(чего́-л.)* Übertragung *f* **2.** *(откла́дывание)* Vertagung *f* **3.** *(откла́дывание делово́й встре́чи)* Terminverschiebung *f* **4.** *(сдвиг, отсро́чка)* Verschiebung *f;* **~ на друго́й счёт** Umbuchung *f;* **~ це́нтра тя́жести** Akzentverschiebung *f*

перенес|ти́ <-у́, -ёшь> *св прх см.* **переноси́ть**

перенес|ти́сь <-у́сь, -ешься> *св рефл см.* **перено́ситься**

перенима́|ть <-ю, -ешь> *нсв,* **переня́ть** *св прх* übernehmen, sich aneignen; **~ обы́чай** sich die Sitte aneignen; **~ его́ иде́и** seine Ideen übernehmen

перено́с <-а> *м* **1.** *(на друго́й срок)* Aufschub *m* **2.** ЛИНГВ Silbentrennung *f* **3.** *(перенесе́ние)* Übertragung *f,* Übertrag *m* **4.** *(переставле́ние)* Verlagerung *f* **5.** *(перемеще́ние)* Versetzung *f;* **~ изде́ржек** Kostenüberleitung *f;* **~ и́миджа** Imagetransfer *m;* **~ при́были на но́вый счёт** Gewinnvortrag *m;* **~ убы́тков на счёт бу́дущего пери́ода** Verlustvortrag *m;* **~ убы́тков на счёт проше́дшего пери́ода** Verlustrücktrag *m*

перен|оси́ть <-ошу́, -о́сишь> *нсв,* **перенести́** *св прх* übertragen; *(на друго́й срок)* verlegen, vertagen, verschieben; *(заседа́ние и т.п.)* vertragen, ertragen; **~ на бо́лее ра́нний срок** vorverlegen; **он пло́хо перено́сит алкого́ль** er verträgt keinen Alkohol;

~ **му́ки** Qualen ausstehen; **больно́й хорошо́ перенёс опера́цию** der Kranke hat die Operation gut überstanden

перено́|ситься <-сишься, -шу́сь> *нсв,* **перенести́сь** *св рефл разг* umsiedeln, umziehen; **вы́ставка перенесла́сь в друго́й го́род** die Ausstellung zog in eine andere Stadt; **де́вушка мы́сленно перенесла́сь к свои́м родны́м** in seinen Gedanken wanderte das Mädchen zu seinen Verwandten

перено́сиц|а <-ы> *ж* АНАТ Nasenwurzel *m;* **очки́ висе́ли у неё на переносице** die Brille saß bei ihr auf der Nasenwurzel

переносн|о́й <-а́я, -о́е> *прил* tragbar; ~ **компью́тер** Portable *nt*

перено́сн|ый <-ая, -ое> *прил* übertragen; **в перено́сном смы́сле** im übertragenen Sinne

переночёвыва|ть <-ю, -ешь> *нсв,* **переночева́ть** *св нпрх* übernachten

пере|ня́ть <-йму́, -ймёшь> *св прх см.* **перенима́ть**

переобору́д|овать <-ую, -уешь> *(н)св прх* neu gestalten, umrüsten; *(подо что-л.)* umfunktionieren

переобуче́ни|е <-я> *ср* Umschulung *f*

переодева́|ть <-ю, -ешь> *нсв,* **переоде́ть** *св прх* umkleiden; *(костюми́ровать)* kostümieren; ~ **костю́м** den Anzug wechseln

переодева́|ться <-юсь, -ешься> *нсв,* **переоде́ться** *св рефл* sich umziehen; *(кем-л., в кого́-л.)* sich verkleiden, sich vermummen, sich maskieren

переоде́|ть <-ну, -нешь> *св прх см.* **переодева́ть**

переоде́|ться <-нусь, -нешься> *св рефл см.* **переодева́ться**

переориента́ци|я <-и> *ж* Neuorientierung *f; (переквалифика́ция)* Umschulung *f*

переосмы́слива|ть <-ю, -ешь> *нсв,* **переосмы́слить** *св прх* **1.** *(меня́ть взгля́ды)* umdenken **2.** *(проду́мывать за́ново)* neu durchdenken

переохлажде́ни|е <-я> *ср* Unterkühlung *f*

переоце́нива|ть <-ю, -ешь> *нсв,* **переоцени́ть** *св прх* **1.** *(оце́нивать за́ново)* neu bewerten **2.** *(дава́ть сли́шком высо́кую оце́нку)* überbewerten; ~ **свои́ возмо́жности** sich überschätzen

переоце́нк|а <-и> *ж* Überbewertung *f; (но́вая оце́нка)* Neubewertung *f;* ~ **це́нностей** Wertewandel *m*

перепа́д <-а> *м* Unterschied *m,* Gefälle *nt;* ~ **высо́т** Höhenunterschied *m*

перепада́|ть <-ю, -ешь> *нсв,* **перепа́сть** *св прх* entfallen auf +*akk;* **мо́жет быть, и мне что́-то перепадёт** vielleicht fällt auch für mich etw ab; **он бои́тся, что мне что́-то перепадёт** er hat Angst, dass ich etw davon abbekomme; **тебе́ то́же ко́е-что перепадёт** für dicht fällt auch etw ab

перепа́лк|а <-и> *ж разг (крикли́вый спор)* Zank *m,* Streit *m;* **слове́сная** ~ Wortgefecht *nt*

перепа́|сть <-ду́, -дешь> *св нпрх см.* **перепада́ть**

перепа́чка|ть <-ю, -ешь> *нсв прх* an vielen Stellen schmutzig machen

пе́репел <-а> *м* ЗООЛ Wachtel *f*

перепеча́та|ть <-ю, -ешь> *св прх см.* **перепеча́тывать**

перепеча́тк|а <-и> *ж* Abdruck *m; (переизда́ние)* Nachdruck *m*

перепеча́тыва|ть <-ю, -ешь> *нсв,* **перепеча́тать** *св прх* **1.** *(за́ново)* abdrucken **2.** *(переиздава́ть)* nachdrucken

переп|иса́ть <-ишу́, -и́шешь> *св прх см.* **перепи́сывать**

перепи́ск|а <-и> *ж* **1.** *(како́го-л. те́кста)* Abschrift *f* **2.** *(корреспонде́нция)* Korrespondenz *f,* Briefwechsel *m;* **друг по перепи́ске** Brieffreund *m;* **состоя́ть в перепи́ске** in Briefwechsel stehen

перепи́сыва|ть <-ю, -ешь> *нсв,* **переписа́ть** *св прх* abschreiben; *(соста́вить спи́сок)* aufstellen; ~ **стихотворе́ние** das Gedicht abschreiben; ~ **текст на́чисто** den Text ins Reine schreiben; ~ **без еди́ной оши́бки** fehlerlos abschreiben

перепи́сыва|ться <-юсь, -ешься> *нсв рефл* **1.** *(запи́сываться в друго́е ме́сто)* sich irgendwo anders eintragen; ~ **в другу́ю гру́ппу** sich in eine andere Gruppe einschreiben **2.** *(вести́ корреспонде́нцию)* mit jdm korrespondieren; **сын перепи́сывается с дру́гом из Росси́и** der Sohn ist mit einem russischen Freund in Briefwechsel

пе́репи|сь <-си> *ж* Erhebung *f;* ~ **населе́ния** Volkszählung *f*

переплёт <-а> *м* **1.** *(обло́жка)* Einband *m,* Umschlag *m;* **кни́ги в переплёте** gebundene Bücher *ntpl* **2.** *перен (затрудни́тельное положе́ние)* Ausweglosigkeit *f;* **попа́сть в** ~ in die Klemme geraten

переплета́|ть <-ю, -ешь> *нсв,* **переплести́** *св прх (кни́гу)* einbinden

переплете́ни|е <-я> *ср* Verflechtung *f;* ~ **доле́й уча́стия** ЭКОН Schachtelbeteiligung *f*

переплётчик <-а> *м* Buchbinder *m*

переплыва́|ть <-ю, -ешь> *нсв,* **переплы́ть** *св прх* schwimmend überqueren; ~ **ре́ку** den Fluss durchschwimmen

переплёвыва|ть <-ю, -ешь> *нсв,* **переплю́нуть** *св прх прост (превзойти́ кого́-л.)* übertreffen; **он всех переплю́нул** er hat alle übertroffen

переподгото́вк|а <-и> *ж* Weiterbildung *f,* Qualifizierung *f* des Personals

переполза́|ть <-ю, -ешь> *нсв,* **переползти́** *св прх (перемеща́ться ползко́м)* kriechend durchqueren

переполня́|ть <-ю, -ешь> *нсв,* **перепо́л-**

нить *св прх* überfüllen

переполо́х <-а> *м (о́бщий испу́г, волне́ние)* Aufregung *f,* Panik *f;* **подня́ть ~** in Aufruhr versetzen; **устро́ить ~** für Panik sorgen

перепо́нк|а <-и> *ж* АНАТ *(бараба́нная)* Trommelfell *nt*

перепра́в|а <-ы> *ж (че́рез ре́ку)* Überfahrt *f*

переправля́|ть <-ю, -ешь> *нсв,* **перепра́вить** *св прх* **1.** *(перевози́ть че́рез препя́тствие)* hinüberfahren; **~ через ре́ку** über den Fluss setzen **2.** *(пересыла́ть)* weitergeben; **~ да́льше** weiterleiten; **~ посы́лку в друго́й го́род** ein Paket in eine andere Stadt versenden

перепродав|е́ц <-ца́> *м* Wiederverkäufer *m*

перепрода́ж|а <-и> *ж* Weiterveräußerung *f*

перепры́гива|ть <-ю, -ешь> *нсв,* **перепры́гнуть** *св (н)прх* überspringen; **~ че́рез забо́р** über den Zaun springen

перепу́г <-а> *м* Schreck *m*

перепуга́|ть <-ю, -ешь> *св прх* erschrecken; **~ до сме́рти** zur Tode erschrecken

перепуга́|ться <-юсь, -ешься> *св рефл* sich erschrecken; **ребёнок перепуга́лся** das Kind erschrak

перепу́та|ть <-ю, -ешь> *св прх см.* **перепу́тывать**

перепу́та|ться <-юсь, -ешься> *св рефл см.* **перепу́тываться**

перепу́тыва|ть <-ю, -ешь> *нсв,* **перепу́тать** *св прх* durcheinander bringen, verwirren; *(спу́тать с чем-л.)* verwechseln; **перепу́тать но́мер ко́мнаты** sich in der Zimmernummer irren

перепу́тыва|ться <-юсь, -ешься> *нсв,* **перепу́таться** *св рефл* sich vermischen, durcheinander geraten; **всё бы́стро перепу́талось** alles geriet durcheinander

перераба́тыва|ть <-ю, -ешь> *нсв,* **перерабо́тать** *св прх* **1.** *(сырьё)* verarbeiten, veredeln **2.** *(переде́лывать)* überarbeiten **3.** *(рабо́тать сверх но́рмы)* Überstunden machen

перерабо́тк|а <-и> *ж* **1.** *(сырья́)* Verarbeitung *f,* Veredelung *f* **2.** *(рабо́та сверх но́рмы)* Überstunden *fpl*

перераспределе́ни|е <-я> *ср* Neuverteilung *f,* Umverteilung *f; (средств)* Umschichtung *f;* **~ дохо́дов** Einkommensumverteilung *f*

перераста́|ть <-ю, -ешь> *нсв,* **перерасти́** *св прх* übertreffen; *(превраща́ться во что-л.)* übergehen; **мла́дший сын перерос ста́ршего** der kleine Sohn wurde größer als der ältere; **конфли́кт переро́с в войну́** der Streit entwickelte sich zu einem Krieg; **~ в сканда́л** sich zu einem Skandal auswachsen

перерасхо́д <-а> *м* Mehrverbrauch *m,* Mehrausgabe *f; (креди́тов)* Überziehung *f;* **~ фо́нда за́работной пла́ты** Lohnfondüberziehung *f*

перереза́|ть <-ю, -ешь> *нсв,* **переpе́зать** *св прх* durchschneiden, kappen

переры́в <-а> *м* Pause *f;* **обе́денный ~** Mittagspause *f;* **~ ме́жду суде́бными заседа́ниями** Verhandlungspause *f*

перерыва́|ть <-ю, -ешь> *нсв,* **переры́ть** *св прх* umgraben; *перен (вверх дном)* durchstöbern, absuchen

перес|ади́ть <-ажу́, -а́дишь> *св прх см.* **переса́живать**

переса́дк|а <-и> *ж* Umsteigen *nt;* МЕД Transplantation *f,* Verpflanzung *f;* **де́лать переса́дку** umsteigen; **~ ко́стного мо́зга** Knochenmarkübertragung *f;* **~ се́рдца** Herztransplantation *f*

переса́жива|ть <-ю, -ешь> *нсв,* **пересади́ть** *св прх* umpflanzen, umsetzen; МЕД verpflanzen, transplantieren

переса́живаться *нсв,* **пересе́сть** *св рефл* **1.** *(сесть на друго́е ме́сто)* sich umsetzen; **она́ пересе́ла со сту́ла на дива́н** sie setzte sich vom Lehnstuhl auf das Sofa **2.** *(на друго́й тра́нспорт)* umsteigen; **~ с самолёта на по́езд** vom Flugzeug in den Zug umsteigen

переса́лива|ть <-ю, -ешь> *нсв,* **пересоли́ть** *св прх* versalzen; *перен, разг (преувели́чивать)* übertreiben

пересека́|ть <-ю, -ешь> *нсв,* **пересе́чь** *св прх* durchqueren, überqueren, durchziehen, durchschneiden; *(чью-л. доро́гу)* kreuzen

пересека́|ться <-юсь, -ешься> *нсв,* **пересе́чься** *св рефл* **1.** *(скре́щиваться)* sich überschneiden; **у́лицы пересека́ются** die Straßen kreuzen **2.** *разг (прекраща́ться)* unterbrechen, abschalten; **разгово́р пересёкся** das Gespräch wurde unterbrochen

переселе́н|ец <-ца> *м,* **переселе́нк|а** <-и> *ж* **1.** *(иммигра́нт)* Einwanderer(in) *m(f)* **2.** *(вы́нужденный)* Übersiedler(in) *m(f),* Aussiedler(in) *m(f)*

переселе́ни|е <-я> *ср* Übersiedelung *f;* **~ наро́дов** Völkerwanderung *f*

пересел|и́ть <-ю́, -и́шь> *св прх см.* **переселя́ть**

пересел|и́ться <-ю́сь, -и́шься> *св рефл см.* **переселя́ться**

переселя́|ть <-ю, -ешь> *нсв,* **пересели́ть** *св прх* umsiedeln; *(наси́льственно)* verschleppen

переселя́|ться <-юсь, -ешься> *нсв,* **пересели́ться** *св рефл* umsiedeln; *(на другу́ю кварти́ру)* umziehen; **крестья́не переселя́ются в города́** die Bauern siedeln in die Stadt um; **пересели́ться в лу́чший/ино́й мир** ins Jenseits kommen; **~ в другу́ю ме́стность** fortziehen

перес|е́сть <-я́ду, -я́дешь> *св нпрх см.*

П

переса́живать(ся)

пересече́ни|е <-я> *ср* Kreuzung *f;* **э́та ста́нция – ~ всех ли́ний метрополите́на** diese Haltestelle bildet eine Kreuzung für alle U-Bahnlinien

пересе́|чь <-ку́, -чёшь> *св прх см.* **пересека́ть**

пересе́|чься <-ку́сь, -чешься> *св рефл см.* **пересека́ться**

переси́лива|ть <-ю, -ешь> *нсв,* **переси́лить** *св прх* überwinden; **~ себя́** sich überwinden

переска́з <-а> *м* **1.** *(повествова́ние)* Nacherzählung *f* **2.** *(изложе́ние)* Wiedergabe *f*

переска́зыва|ть <-ю, -ешь> *нсв,* **пересказа́ть** *св прх* nacherzählen; **не ну́жно ~ фильм** es ist nicht nötig, den Film nachzuerzählen

переска́кива|ть <-ю, -ешь> *нсв,* **перескочи́ть** *св (н)прх* **1.** *(перепры́гивать что-л. или че́рез что-л.)* etw überspringen; **~ ров** über einen Graben springen; *перен* dem Tod von der Schippe springen; **~ че́рез класс** eine Klasse überspringen **2.** *перен, разг (меня́ть те́му)* das Thema wechseln; **~ с одно́й те́мы на другу́ю** von Thema zu Thema springen

пересма́трива|ть <-ю, -ешь> *нсв,* **пересмотре́ть** *св прх* überprüfen, revidieren; **~ догово́р** den Vertrag überprüfen

пересме́нк|а <-и> *ж* Schichtwechsel *m*

пересмо́тр <-а> *м* **1.** *(урегули́рование на но́вой осно́ве)* Neuregelung *f* **2.** *(де́ла, пригово́ра)* Revision *f;* **~ грани́ц** Grenzverschiebung *f;* **~ де́ла** Überprüfung *f;* **~ цен** Neuordnung *f* der Preise

пересм|отре́ть <-отрю́, -о́тришь> *св прх см.* **пересма́тривать**

пересол|и́ть <-ю́, -и́шь> *св прх см.* **переса́ливать**

пересо́хн|уть <-у, -ешь> *св нпрх см.* **пересыха́ть**

пересп|а́ть <-лю́, -и́шь> *св нпрх см.* **пересыпа́ть**

переспра́шива|ть <-ю, -ешь> *нсв,* **переспроси́ть** *св прх* die Frage wiederholen, nachfragen

переста|ва́ть <-ю́, -стаёшь> *нсв,* **переста́ть** *св нпрх* aufhören; **дождь лил не перестава́я** es regnete ohne Unterlass; **переста́ть выпи́сывать газе́ту** eine Zeitung abbestellen; **переста́ть пить** vom Alkohol loskommen; **ребёнок переста́л пла́кать** das Kind hörte auf zu weinen; **дождь переста́л** der Regen hörte auf

переставля́|ть <-ю, -ешь> *нсв,* **переста́вить** *св прх* rücken, versetzen, verstellen; *(ме́бель)* umstellen; **~ часы** die Uhr verstellen; **~ стул** den Stuhl rücken

перестано́вк|а <-и> *ж* **1.** *(ме́бели)* Umstellung *f* **2.** *(измене́ние структу́ры)* Umstrukturierung *f;* **ка́дровые перестано́вки** personelle Veränderungen *pl,* Umbesetzungen *fpl*

перестара́|ться <-юсь, -ешься> *св рефл разг* zu viel des Guten tun

переста́|ть <-ну, -нешь> *св нпрх см.* **перестава́ть**

перестра́ива|ть <-ю, -ешь> *нсв,* **перестро́ить** *св прх* **1.** *(реорганизова́ть)* umbauen, umgestalten **2.** *(постро́ить за́ново)* rekonstruieren **3.** *(переде́лать)* umstellen

перестра́ива|ться <-юсь, -ешься> *нсв,* **перестро́иться** *св рефл (изменя́ть взгля́ды)* umdenken, sich umstellen; **~ в пра́вый ряд** sich nach rechts einordnen

перестрахова́ни|е <-я> *ср* Rückversicherung *f*

перестре́лива|ть <-ю, -ешь> *нсв,* **перестреля́ть** *св прх* **1.** *(уби́ть всех)* erschießen; **охо́тники перестреля́ли всех волко́в** die Jäger haben alle Wölfe geschossen **2.** *разг (израсхо́довать все боеприпа́сы)* verpulvern; **~ патро́ны** alle Patronen verpulvern

перестре́лк|а <-и> *ж* Feuergefecht *nt,* Schusswechsel *m,* Schießerei *f*

перестреля́|ть <-ю, -ешь> *св, нсв прх см.* **перестре́ливать**

перестро́|ить <-ю, -ишь> *св прх см.* **перестра́ивать**

перестро́|иться <-юсь, -ишься> *св рефл см.* **перестра́иваться**

перестро́йк|а <-и> *ж* **1.** *(в СССР)* Perestrojka *f,* Umgestaltung *f,* Wende *f,* Reformpolitik *f* **2.** *(реорганиза́ция)* Umbau *m,* Reorganisation *f,* Umstellung *f,* Neuorientierung *f,* Erneuerung *f;* **~ эконо́мики** Umstrukturierung *f;* **структу́рная ~** Strukturwandel *m;* **~ произво́дства** Produktionsumstellung *f*

переступа́|ть <-ю, -ешь> *нсв,* **переступи́ть** *св прх и перен* überschreiten; *(нару́шить)* verletzen

пересу́д|ы <-ов> *мн разг* Klatsch *m,* Gerede *nt*

пересчёт <-а> *м* Umrechnung *f;* **~ цен** Preisbereinigung *f*

пересчи́тыва|ть <-ю, -ешь> *нсв,* **пересчита́ть** *св прх* **1.** *(счита́ть)* zählen; **~ де́ньги** Geld zählen; **~ копе́йки три ра́за** *перен* jeden Cent zählen **2.** *(представля́ть в други́х едини́цах)* umrechnen; **~ цену́ в рубля́х** den Preis in Rubel umrechnen

пересыпа́|ть[1] <-ю, -ешь> *нсв,* **переспа́ть** *св прх (провести́ ночь)* (irgendwo) die Nacht verbringen, übernachten; *перен (име́ть полово́е сноше́ние)* Geschlechtsverkehr haben

пересыпа́|ть[2] <-ю, -ешь> *нсв,* **пересы́пать** *св прх* **1.** *(насыпа́ть в друго́е ме́сто)* umfüllen; **~ соль в ба́нку** das

Salz in eine Schachtel umfüllen **2.** *разг (насыпа́ть сли́шком мно́го)* zu viel hineinfüllen **3.** *(обсыпа́ть со всех сторо́н)* bestreuen

пересыха́|ть <-ю, -ешь> *нсв,* **пересо́хнуть** *св нпрх* austrocknen, ausdörren, vertrocknen

перета́скива|ть <-ю, -ешь> *нсв,* **перетаска́ть** *св прх разг* schleppen; **~ мешки́ с муко́й** Mehlsäcke schleppen

перетащ|и́ть <-у́, -ишь> *св прх см.* **перета́скивать**

перет|ерпе́ть <-ерплю́, -е́рпишь> *св прх (перенести́)* erdulden, erleiden; *(преодоле́ть)* aushalten; **~ жа́жду** den Durst aushalten

пере́ть <пру, прёшь> *нсв нпрх прост* **1.** *(идти́ че́рез препя́тствия)* durchdringen; **~ как танк** wie ein Panzer nach vorn drängen **2.** *(тащи́ть)* schleppen; **~ доски́ на спине́** Bretter auf dem Rücken schleppen **3.** *(ворова́ть)* stehlen

пер|е́ться <-у́сь, -ёшься> *нсв рефл прост (идти́ че́рез препя́тствия)* sich stemmen, drängen; **и куда́ они́ все вдруг пру́тся?** und wohin drängeln sich alle so plötzlich?

перетя́гивани|е <-я> *ср* Hin- und Herziehen *nt;* **~ кана́та** СПОРТ Tauziehen *nt*

перетя́гива|ть <-ю, -ешь> *нсв,* **перетяну́ть** *св прх* **1.** *и перен* ziehen; **~ ло́дку на друго́й бе́рег** das Boot ans andere Ufer ziehen; **~ кого́-л. на свою́ сто́рону** jdn auf seine Seite ziehen **2.** *(стя́гивать си́льно)* straffen; **~ та́лию** die Taille einschüren **3.** *(затя́гивать сли́шком си́льно)* anziehen; **~ струну́** die Saite spannen **4.** *(превосходи́ть в ве́се)* mehr wiegen; **ле́вая ча́ша весо́в перетя́гивала** die linke Schale der Waage wog schwerer **5.** *(ока́зываться сильне́е)* übertreffen; **кто кого́ перетя́нет?** wer wird den anderen übertreffen?

переубежда́|ть <-ю, -ешь> *нсв,* **переубеди́ть** *св прх* umstimmen, von seiner Meinung abbringen

переу́л|ок <-ка> *м* **1.** *(в ста́ром го́роде)* Gasse *f* **2.** *(у́лочка)* Seitenstraße *f*

переустро́йств|о <-а> *ср* Neugestaltung *f,* Neuordnung *f*

переутом|и́ться <-лю́сь, -и́шься> *св рефл см.* **переутомля́ться**

переутомле́ни|е <-я> *ср* Übermüdung *f,* Überanstrengung *f*

переутомля́|ться <-юсь, -ешься> *нсв,* **переутоми́ться** *нсв рефл* sich abarbeiten, sich überarbeiten, sich überanstrengen

переучёт <-а> *м* **1.** *(това́ров)* Inventur *f* **2.** ЭКОН Rediskont *m*

переу́чива|ть <-ю, -ешь> *нсв,* **переучи́ть** *св прх* umschulen

переу́чива|ться <-юсь, -ешься> *нсв,* **переучи́ться** *св рефл (на кого́-л.)* umschulen, umlernen

пере|учи́ть <-учу́, -у́чишь> *св прх см.* **переу́чивать**

пере|учи́ться <-учу́сь, -у́чишься> *св рефл см.* **переу́чиваться**

перефрази́р|овать <-ую, -уешь> *(н)св прх* abwandeln, umschreiben, mit anderen Worten wiedergeben

перехва́тыва|ть <-ю, -ешь> *нсв,* **перехвати́ть** *св прх* **1.** *(схва́тывать)* auffangen; *(пи́сьма, све́дения и т.п.)* abfangen **2.** *(перенима́ть)* abjagen; **~ инициати́ву** die Initiative ergreifen **3.** *(на́скоро пое́сть)* schnell einen Bissen zu sich nehmen

перехитря́|ть <-ю, -ешь> *нсв,* **перехитри́ть** *св прх* austricksen, überlisten

перехлёстыва|ться <-юсь, -ешься> *нсв,* **перехлестну́ться** *св рефл* sich überlappen, sich überschneiden

перехо́д <-а> *м* ТРАНСП Übergang *m;* **пограни́чный ~** Grenzübergang *m;* **пешехо́дный ~** Fußgängerüberweg *m;* **подзе́мный ~** Unterführung *f;* **~ владе́ния** Besitzwechsel *m;* **~ на произво́дство но́вых ви́дов проду́кции** Produktionsumstellung *f;* **~ ри́ска** Gefahrübergang *m;* **~ на ле́тнее вре́мя** Übergang *m* zur Sommerzeit

перех|оди́ть <-ожу́, -о́дишь> *нсв,* **перейти́** *св нпрх* **1.** *(на другу́ю сто́рону и т.п.)* überqueren, überschreiten; **~ ре́ку вброд** einen Fluss durchwaten; **~ Рубико́н** *перен* den Rubikon überschreiten; **~ че́рез доро́гу** die Straße überqueren **2.** *перен* übergehen, überwechseln zu *+dat;* **~ в другу́ю ко́мнату** ins andere Zimmer gehen; **~ в наступле́ние** zum Angriff übergehen; **~ в сле́дующий класс** in die nächste Klasse aufrücken; **~ из рук в ру́ки** in andere Hände übergehen, den Besitzer wechseln; **~ к де́лу** zur Sache kommen; **~ к сле́дующей те́ме** das nächste Thema anschneiden; **~ на другу́ю сто́рону** auf die andere Seite gehen; **~ на ты** zum Du übergehen; **~ по насле́дству к кому́-л.** vererbt werden

перехо́дн|ый <-ая, -ое> *прил* Übergangs-; ЛИНГВ transitiv; **~ во́зраст** Flegeljahre *pl;* **~ пери́од** Übergangszeit *f;* **перехо́дное регули́рование** Übergangsregelung *f*

пе́р|ец <-ца> *м* Pfeffer *m;* **кра́сный ~** Paprika *f;* **сла́дкий ~** süßer Paprika *f*

пе́реч|ень <-ня> *м* Liste *f,* Verzeichnis *nt,* Register *nt;* **~ мероприя́тий** Maßnahmenkatalog *m;* **~ и́мпортных това́ров** Einfuhrliste *f;* **~ материа́лов** Materialstückliste *f;* **~ сою́зов** Vereinsregister *nt*

перечёркива|ть <-ю, -ешь> *нсв,* **перечеркну́ть** *св прх* ausstreichen; durchstreichen

переч|е́сть <-ту́, -тёшь> *св прх* zählen, lesen

П

перечисле́ни|е <-я> *ср* Aufzählung *f,* Auflistung *f;* ЭКОН Überweisung *f;* *(оши́бочное вычисле́ние)* Verrechnung *f;* **~ иностра́нной валю́ты** Devisentransfer *m;* **~ убы́тков** Verlustzuweisung *f;* **~ на друго́й счёт** Umbuchung *f*

перечисля́|ть <-ю, -ешь> *нсв,* **перечи́слить** *св прх* **1.** *(называ́ть по о́череди)* aufzählen; **~ всех прису́тствующих** alle Anwesenden durchzählen **2.** *(в друго́е ме́сто, гру́ппу)* versetzen; **~ в друго́й отде́л** in eine andere Abteilung versetzen **3.** *(переводи́ть де́ньги)* überweisen; **~ 1000 рубле́й на счёт факульте́та** 1000 Rubel auf das Konto der Fakultät überweisen

перечита́|ть <-ю, -ешь> *св,* **перечи́тывать** *нсв прх* erneut zählen

перечи́тыва|ть <-ю, -ешь> *нсв,* **перечита́ть** *св прх* **1.** *(чита́ть за́ново)* erneut lesen; **~ кни́гу с интере́сом** das Buch mit Interesse noch einmal lesen **2.** *(чита́ть все подря́д)* durchlesen; **~ все кни́ги в библиоте́ке** alle Bücher in der Bibliothek lesen

пере́ч|ить <-у, -ишь> *нсв нпрх разг* *(возража́ть)* widersprechen; **не смей ему́ ~!** du sollst ihm nicht widersprechen!

переша́гива|ть <-ю, -ешь> *нсв,* **перешагну́ть** *св (н)прх* überschreiten; **перешагну́ть за ра́мки** übertreiben; **перешагну́ть препя́тствие** das Hindernis überschreiten

перешé|ек <-йка> *м* ГЕОГ Stück *nt*/Streifen *m* Land; **у́зкий ~** enger Landstreifen *m*

перешёптыва|ться <-юсь, -ешься> *нсв рефл* **1.** *(говори́ть тайко́м)* munkeln **2.** *(шушу́каться)* tuscheln

перешиба́|ть <-ю, -ешь> *нсв,* **перешиби́ть** *св прх* **1.** *разг* *(переломи́ть)* zerbrechen; **~ но́гу/ве́тку** sich den Fuß/einen Zweig brechen **2.** *прост* *(заглуши́ть)* ersticken, mildern; **~ ки́слый сок са́харом** den sauren Saft mit Zucker versüßen

пери́л|а <-> *мн* Geländer *nt*

пери́метр <-а> *м* МАТ Umfang *m*

пери́н|а <-ы> *ж* Federbett *nt*

пери́од <-а> *м* Periode *f;* *(отре́зок)* Abschnitt *m;* *(продолжи́тельность)* Dauer *f;* **~ вре́мени** Zeitraum *m;* **~ дожде́й** Regenzeit *m;* **~ расцве́та** Blütezeit *f;* **легислату́рный ~** Legislaturperiode *f;* **леднико́вый ~** Eiszeit *f;* **перехо́дный ~** Übergangsphase *f;* **~ де́йствия страхова́ния** Versicherungszeiten *pl;* **~ упла́ты страховы́х взно́сов** Beitragszeiten *pl;* **~ ухо́да в о́тпуск всего́ коллекти́ва** Betriebsferien *pl*

перио́дик|а <-и> *ж* periodische Presse *f;* **подпи́сываться на перио́дику** ein Periodikum abonnieren

периоди́чески *нрч* periodisch, regelmäßig; **заходи́ть ~** regelmäßig kommen; **~ занима́ться спо́ртом** regelmäßig Sport treiben

периоди́ческ|ий <-ая, -ое> *прил* periodisch; **периоди́ческие изда́ния** Periodika *pl*

периоди́чнос|ть <-ти> *ж* Regelmäßigkeit *f*

перипети́|я <-и> *ж* jähe Wendung *f,* Peripetie *f;* **жи́зненные перипети́и** Wendepunkte *mpl* im Leben

периско́п <-а> *м* Periskop *m;* **~ подво́дной ло́дки** Periskop eines U-Bootes

перитони́т <-а> *м* МЕД Bauchfellentzündung *f*

перифери́йн|ый <-ая, -ое> *прил* peripher; **~ райо́н** Außenbezirk *m;* **перифери́йное обору́дование** ИНФОРМ Peripheriegeräte *pl*

перифери́ческ|ий <-ая, -ое> *прил* Peripherie-; **перифери́ческая не́рвная систе́ма** peripheres Nervensystem *nt*

перифери́|я <-и> *ж* Peripherie *f,* Randgebiet *nt*

перл <пе́рла> *м и перен* Perle *f;* **стилисти́ческий ~** Stilblüte *f*

перламу́тр <-а> *м* Perlmutt *nt*

перламу́тров|ый <-ая, -ое> *прил* Perlmutt-; **~ брасле́т** Perlmuttarmband *nt;* **перламу́тровые пу́говицы** Perlmuttknöpfe *mpl*

перло́вк|а <-и> *ж* Gerstengrütze *f;* **ка́ша из перло́вки** gekochte Gerstengrütze *f*

перло́в|ый <-ая, -ое> *прил* **перло́вая крупа́** Perlgraupen *pl*

перманга́на́т <-а> *м* ХИМ Permanganat *m;* **нама́зать ра́ну перманганáтом** die Wunde mit Permanganat ausspülen

пермане́нт <-а> *м* Dauerwelle *f*

пермане́нт|ный <-ная, -ное; -ен, -на, -но> *прил* permanent, dauernd; **пермане́нтное состоя́ние** Dauerzustand *m;* **пермане́нтная инвентариза́ция** permanente Inventur *f*

перна́т|ый **I.** <-ая, -ое> *прил* gefedert **II.** <-ого> *м* ЗООЛ **перна́тые** Vögel *pl,* die Klasse der Vögel; **завести́ до́ма перна́тых** Vögel züchten

пер|о́ <-á> *ср* Feder *f*

перочи́нн|ый <-ая, -ое> *прил* **~ нож** Taschenmesser *nt*

перпендикуля́р <-а> *м* Lot *nt;* МАТ Senkrechte *f*

перро́н <-а> *м* Bahnsteig *m*

перс <пе́рса> *м* Perser *m;* **культу́ра пе́рсов** persische Kultur *f*

перси́дск|ий <-ая, -ое> *прил* persisch, Perser-; **~ ковёр** Perserteppich *m;* **~ язы́к** Persisch *nt*

пе́рсик <-а> *м* **1.** *(плод)* Pfirsich *m* **2.** *(де́рево)* Pfirsichbaum *m;* **~-нектари́н** Nektarine *f*

пе́рсиков|ый <-ая, -ое> *прил* Pfirsich-; **~ вкус** Pfirsichgeschmack *m;* **~ цвет** Pfirsichblüte *f*

персо́н|а <-ы> *ж* *книжн* Person *f,* Persönlichkeit *f;* **со́бственной персо́ной** höchstpersönlich

персона́ж <-а> *м* Gestalt *f,* Figur *f;* **люби́мый ска́зочный ~ дете́й** die Lieblingsgestalt aus den Kindermärchen

персона́л <-а> *м* Personal *nt,* Belegschaft *f;* **обслу́живающий ~** Bedienungspersonal *nt;* **подгото́вленный ~** geschultes Personal *nt;* **~ предприя́тия** Betriebsangehörige *pl*

персона́л-ме́неджмент <-а> Personalwesen *nt*

персона́льно *нрч* personell; **~ отве́тственный за что-л.** persönlich verantwortlich für etw

персона́льн|ый <-ая, -ое> *прил* **1.** *(ка́дровый)* personell **2.** *(ли́чный)* persönlich; **персона́льная вы́ставка** Einzelausstellung *f;* **~ компью́тер** Personalcomputer *m,* PC *m;* **~ счёт** Privatkonto *nt*

перспекти́в|а <-ы> *ж и перен* Aussicht *f,* Ausblick *m,* Perspektive *f;* **в перспекти́ве** langfristig, auf lange Sicht

перспекти́в|ный <-ная, -ное; -ен, -на, -но> *прил* perspektivisch; *(многообеща́ющий)* erfolgversprechend; *(ориенти́рованный на бу́дущее)* zukunftsorientiert; **перспекти́вная рабо́та** ausbaufähige Stellung *f*

перст <перста́> *м устар (па́лец)* Finger *m;* **ука́зывать на кого́-л. персто́м** auf jdn mit dem (Zeige)Finger zeigen

пе́рст|ень <-ня> *м* Ring *m* mit Edelsteinen; **ца́рский ~** königlicher Ring *m*

перфе́кт <-а> *м* лингв Perfekt *nt*

перфекциони́зм <-а> *м* Perfektionismus *m*

перфекциони́ст <-а> *м* Perfektionist *m*

перфора́тор <-а> *м* **1.** тех Perforator *m,* Stanzer *m,* Locher *m* **2.** *(бури́льный моло-то́к)* Bohrhammer *m*

перфора́ци|я <-и> *ж* **1.** мед *(прока́лывание)* Perforation *f* **2.** *(систе́ма проби́тых отве́рстий)* Bohrungssystem *nt*

пе́рхо|ть <-ти> *ж то́лько ед* (Kopf)-Schuppen *pl*

перцо́в|ый <-ая, -ое> *прил* Pfeffer-

перча́тк|а <-и> *м* Handschuh *m;* **боксёрские перча́тки** Boxhandschuhe *mpl*

пе́рчик <-а> *м уменьш, разг (пе́рец)* Schote *f,* Paprikaschote *f;* **блю́до с пе́рчиком** Gericht *nt* mit Paprika

пе́рч|ить <-у, -ишь> *нсв,* **напе́рчить, поперчи́ть** *св прх* pfeffern

перши́|ть <-и́т> *нсв безл, только 3 л* kitzeln; **у меня́ перши́т в го́рле** es kratzt mir im Halse

пёрышк|о <-а> *ср уменьш (перо)* Feder *f;* **лёгкий, как ~** federleicht

пёс <пса> *м* Hund *m,* Köter *m*

пе́сенк|а <-и> *ж* (kleines) Lied *nt;* **его́ ~ спе́та** *перен* er hat ausgespielt

пе́сенник <-а> *м* Gesangbuch *nt,* Liederbuch *nt*

пе́сенн|ый <-ая, -ое> *прил* Lieder-; **пе́сенные тради́ции** Liedertraditionen *fpl;* **пе́сенная поэ́зия** Liederpoesie *f*

пес|е́ц <-ца́> *м* зоол Polarfuchs *m;* **воротни́к из песца́** Kragen *m* aus Polarfuchs

пескостру́йн|ый <-ая, -ое> *прил* Sandstrahl-

пе́сн|я <-и> *ж* Lied *nt;* **лири́ческая ~** lyrisches Lied *nt;* **заводи́ть пе́сню** ein Lied zu singen beginnen

пес|о́к <-ка́> *м* Sand *m;* *(са́харный)* Feinzucker *m*

песо́чниц|а <-ы> *ж* Sandkasten *m*

песо́чн|ый <-ая, -ое> *прил* Sand-; *(расс́ыпчатый, сухо́й)* körnig, trocken, bröckelig; **~ ка́мень** Sandstein *m;* **песо́чная тропи́нка** Sandpfad *m;* **~ я́щик** Sandkiste *f;* **песо́чное те́сто** Mürbeteig *m;* **песо́чные часы́** Sanduhr *f*

пессими́зм <-а> *м* Pessimismus *m,* Schwarzmalerei *f*

пессими́ст <-а> *м,* **пессими́стк|а** <-и> *ж* Pessimist(in) *m(f);* **быть пессими́стом/пессими́сткой** schwarzsehen

пессимисти́ч|ный <-ная, -ное; -ен, -на, -но> *прил* pessimistisch

пе́стик <-а> *м* **1.** *(пест)* Stößel *m* **2.** бот Stempel *m;* **пчела́ се́ла на ~** die Biene ließ sich auf dem Stempel der Blume nieder

пестици́д <-а> *м* Pestizid *nt,* Pflanzenschutzmittel *nt*

пе́ст|овать <-ую, -уешь> *нсв прх устар (расти́ть с любо́вью)* mit Liebe großziehen; **~ молоды́е тала́нты** junge Talente fördern

пестре́|ть <-ю, -ешь> *нсв нпрх* **1.** *(быть пёстрым)* bunt leuchten; **цветы́ пестре́ют в по́ле** die Blumen leuchten bunt auf der Wiese **2.** *(станови́ться пёстрым)* **не́бо пестре́ло у нас на глаза́х** vor unseren Augen leuchtete der Himmel

пёстро *нрч* bunt; **~ окра́шенная ко́мната** bunt gestrichenes Zimmer *nt*

пестрот|а́ <-ы́> *ж* Buntheit *f,* Vielfarbigkeit *f;* **~ тка́ней** Vielfarbigkeit der Stoffe

пёстр|ый <-ая, -ое; -, -а́, -о *или* -о́> *прил* bunt; *(пятни́стый)* scheckig, gefleckt; *перен* heterogen, bunt gemischt; **~ ковёр** bunter Teppich *m;* **~ плато́к** buntes Tuch *nt;* **пёстрая компа́ния** bunte Gesellschaft *f*

песча́ник <-а> *м* Sandstein *m*

песча́н|ый <-ая, -ое> *прил* sandig, Sand-

песчи́нк|а <-и> *ж уменьш* Körnchen *nt;* **ме́лкие ~** Sandkörnchen *ntpl*

пета́рд|а <-ы> *ж (разрывно́й снаря́д или фейерве́рк)* Feuerwerkskörper *m,* Sprengkapsel *f*

пе́тельк|а <-и> *ж уменьш (петля́)* Masche *f;* **вы́шитые зо́лотом пе́тельки** goldgeränderte Knopflöcher *ntpl*

петербу́ргск|ий <-ая, -ое> *прил* Petersburger

петици|я <-и> *ж* Petition *f;* **идти́ к кому́-л. с пети́цией** zu jdm mit einer Petition gehen; **писа́ть пети́цию** eine Petition schreiben

петли́ц|а <-ы> *ж* **1.** *(петля́ на ла́цкане мужско́го пиджака́, фра́ка)* Kragenspiegel *m;* **значо́к в петли́це** Abzeichen am Kragenspiegel **2.** *(наши́вка, знак разли́чия)* Litze *f,* Abzeichen *nt;* **генера́льские петли́цы** Generalskragenspiegel *m*

петл|я́ <-и́> *ж и перен* Schlinge *f;* **спусти́вшаяся ~** Laufmasche *f;* **~ для пу́говицы** Knopfloch *nt*

петля́|ть <-ю, -ешь> *нсв нпрх* **1.** *(идти́ не по прямо́й ли́нии)* sich windeln, sich schlängeln **2.** *перен, разг (говори́ть укло́нчиво)* herumreden; **студе́нт петля́л и не дава́л отве́та** der Student redete herum, antwortete aber nicht

петру́шк|а <-и> *ж* Petersilie *f*

i Land & Leute

Der deutsche Kasper hat einen russischen Zwillingsbruder: er heißt **Petruschka.** Im alten Russland war eine Puppenbühne mit Petruschka als Hauptfigur ein nicht wegzudenkender Bestandteil jedes Jahrmarktes. Vor der Oktoberrevolution benutzten die Bolschewiken diese Puppe oft für ihre Propaganda-Zwecke. Heute gehört ein „Petruschka-Theater“ zu jedem Kinder- und Jugendzentrum – Schulkinder lernen Handpuppen bedienen und führen Puppenspiele für ihre Altersgenossen auf.

Петру́шк|а <-и> *м (ку́кла-марионе́тка)* Kasperle *nt*

пету́х <-а́> *м* Hahn *m;* **встава́ть с петуха́ми** mit den Hühnern aufstehen

петуши́н|ый <-ая, -ое> *прил* **1.** ЗООЛ Hahn-; **петуши́ные пе́рья** Hahnenfedern *fpl* **2.** *разг (ре́зкий, вспы́льчивый)* aufbrausend, jähzornig; **~ хара́ктер** aufbrausender Charakter *m;* **~ го́лос** klangvolle Stimme *f*

петуш|о́к <-ка́> *м* **1.** *уменьш (пету́х)* Hahn *m;* **во дворе́ бе́гал ~** auf den Hof lief ein Hahn herum **2.** *презрит, разг* **он шёл за генера́лом петушко́м** er stelzte hinter dem General her; **ходи́ть петушко́м** sich überheblich benehmen

петь <пою́, поёшь> *нсв,* **пропе́ть, спеть** *св (н)прх* singen; **пе́сенка спе́та** *перен* das Spiel ist aus

пехо́т|а <-ы> *ж* Infanterie *f;* **служи́ть в пехоте** in der Infanterie dienen

пехоти́н|ец <-ца> *м (бое́ц пехо́ты)* Infanteriesoldat *m*

пехо́тн|ый <-ая, -ое> *прил* ВОЕН Infanterie-; **пехо́тная диви́зия** Infanteriedivision *f;* **пехо́тное обмундирова́ние** Infanterieuniform *f*

печа́л|иться <-юсь, -ишься> *нсв,* **опеча́литься** *св рефл* traurig sein, bedrückt sein; **не печа́лься, всё бу́дет хорошо́!** sei ruhig [*o* mach dir keine Sorgen], alles wird gut!

печа́|ль <-ли> *ж* Traurigkeit *f*

печа́льно *нрч* traurig; **её судьба́ сложи́лась ~** ihr Schicksal endete traurig; **э́то о́чень ~** das ist sehr traurig

печа́|льный <-льная, -льное; -лен, -льна, -льно> *прил* traurig

печа́тани|е <-я> *ср* Druck *m*

печа́та|ть <-ю, -ешь> *нсв,* **напеча́тать, отпеча́тать** *св прх* **1.** ТИП drucken **2.** *(на маши́нке)* Maschine schreiben, tippen **3.** *перен (издава́ть)* herausgeben

печа́та|ться <-юсь, -ешься> *нсв,* **напеча́таться** *св рефл* veröffentlichen; **его́ произведе́ния до́лго не печа́тались** seine Werke wurden sehr lange nicht veröffentlicht

печа́тник <-а> *м* Drucker *m (Beruf)*

печа́тн|ый <-ая, -ое> *прил* Druck-; **печа́тная бу́ква** Druckbuchstabe *m;* **печа́тная маши́на** Druckmaschine *f;* **~ материа́л** Drucksache *m;* **~ ста́нок** Notenpresse *f;* **~ шрифт** Blockschrift *f,* Druckschrift *f;* **печа́тные сре́дства информа́ции** Printmedien *pl*

печа́|ть <-ти> *ж* **1.** *(печа́тание)* Buchdruck *m,* Druck *m* **2.** *(пре́сса)* Presse *f* **3.** *(сургу́чная печа́тка)* Siegel *nt;* **скрепля́ть печа́тью** besiegeln

печёнк|а <-и> *ж* АНАТ Leber *f;* **сиде́ть у кого́-л. в печёнках** *разг* jdm im Magen liegen; **жа́рить печёнку** Leber braten; **у меня́ ~ боли́т** ich habe Leberschmerzen

печеночн|ый <-ая, -ое> *прил* Leber-; **печёночные кле́тки** Leberzellen *pl;* **~ больно́й** Patient mit kranker Leber; **~ паште́т** Leberkäse *m*

печён|ый <-ая, -ое> *прил* Back-; **~ хлеб** gebackenes Brot *nt;* **~ пиро́г** gebackener Kuchen *m*

пе́че|нь <-ни> *ж* АНАТ Leber *f*

пече́нь|е <-я> *ср (сухо́е)* Kekse *mpl,* Gebäck *nt*

пе́чк|а <-и> *ж* Ofen *m;* **танцева́ть от пе́чки** routinemäßig erledigen

печни́к <-а́> *м* Kachelofenmaurer *m;* **позови́те ста́рого печника́ – он сра́зу всё почи́нит** holen Sie den alten Kachelofenmaurer, er wird gleich alles reparieren

печу́рк|а <-и> *ж* **1.** *ласк, разг (ма́ленькая вре́менная пе́чка)* kleiner Herd *m* **2.** *(углубле́ние в стене́ печи́ для спи́чек и ме́лочи)* Ofennische *f;* **положи́ть спи́чки в печу́рку** ein Streichholz in die Ofennische legen

печь[1] <пе́чи> *ж* Ofen *m,* Herd *m;* **ка́фельная ~** Kachelofen *m;* **микроволно́вая ~** Mikrowellenherd *m*

печь[2] <пеку́, печёшь> *нсв,* **испечь, спечь** *св прх* backen

пе́|чься <-ку́сь, -чёшься> *нсв,* **испе́чься, спе́чься** *св нпрх* backen, gebacken werden; *разг (на со́лнце)* in der Sonne schmoren; *(о ком-л./чём-л.)* sich sorgen um +*akk;* **~ о своём бла́ге** auf sein eigenes Wohl bedacht sein

пешехо́д <-а> *м* Fußgänger(in) *m(f)*

пешехо́дн|ый <-ая, -ое> *прил* Fußgänger-; **пешехо́дная доро́жка** Fußweg *m,* Gehweg *m;* **пешехо́дная зо́на** Fußgängerzone *f;* **~ перехо́д** Fußgängerüberweg *m*

пе́ш|ий <-ая, -ее; -, -а, -е> *прил* Fuß-, zu Fuß gehend; **~ перехо́д** Fußmarsch *m*

пе́шк|а <-и> *ж (в ша́хматах)* Bauer *m;* **быть пе́шкой** *перен* eine untergeordnete Rolle spielen

пешко́м *нрч* zu Fuß

пешн|я́ <-и́> *ж (тяжёлый лом)* Brechstange *f,* Hebel *m;* **долби́ть лёд пешнёй** mit einer Stange ein Loch ins Eis bohren

пеще́р|а <-ы> *ж* Höhle *f*

пеще́рн|ый <-ая, -ое> *прил* Höhlen-; **~ ход** Höhleneingang *m;* **~ свод** Höhlengewölbe; **пеще́рные ры́бы** Höhlenfische *pl;* **пеще́рные обита́тели** Höhlenmenschen *pl;* **пеще́рные отноше́ния** urgemeinschaftliche Beziehungen; **~ челове́к** Urmensch *m*

пиани́но <неизм> *ср* Klavier *nt,* Piano *nt*

пиани́ст <-а> *м,* **пиани́стк|а** <-и> *ж* Pianist(in) *m(f)*

пивн|а́я <-о́й> *ж* Kneipe *f;* **~ на откры́том во́здухе** Biergarten *m*

пивн|о́й <-а́я, -о́е> *прил* Bier-; **пивна́я буты́лка** Bierflasche *f;* **пивна́я кру́жка** Bierkrug *m;* **пивна́я пала́тка** Bierzelt *nt*

пи́в|о <-а> *ср* Bier *nt;* **ба́ночное ~** Dosenbier *nt;* **безалкого́льное ~** alkoholfreies Bier *nt;* **бо́чковое ~** Fassbier *nt;* **буты́лочное ~** Flaschenbier *nt;* **вы́дохшееся ~** Altbier *nt*

пивова́ренн|ый <-ая, -ое> *прил* **~ заво́д** Brauerei *f*

пигме́нт <-а> *м* Pigment *nt*

пигмента́ци|я <-и> *ж* Färbung *f*

пиджа́к <-а́> *м* Sakko *nt*

пижа́м|а <-ы> *ж* Pyjama *m,* Schlafanzug *m*

пижо́н <-а> *м презрит* Stutzer *m*

пик <пи́ка> *м* Höhepunkt *m,* Spitze *f;* **часы́ ~** Hauptverkehrszeit *f*

пи́к|а <-и> *ж* Lanze *f*

пика́нт|ный <-ная, -ное; -ен, -на, -но> *прил и перен* pikant

пика́п <-а> *м* Halblastwagen *m;* *(„универса́л“)* Kombiwagen *m*

пи́ка|ть <-ю, -ешь> *нсв,* **пи́кнуть** *св нпрх* piepsen; *перен* mucksen; **не пи́кнуть** keinen Muchs von sich geben

пике́[1] <неизм> *ср (ткань с рельефным узо́ром)* Pikee *m;* **пла́тье из ~** Pikeekleid n

пике́[2] <неизм> *ср* ВОЕН *(сниже́ние на большо́й ско́рости)* Sturzflug *m;* **войти́ в ~** in den Sturzflug übergehen

пике́т <-а> *м* Streikposten *m;* **~ забасто́вщиков** Streikposten *m*

пики́ровани|е <-я> *ср* **1.** АГР Pikieren *nt* **2.** *(пике́)* Sturzflug *m*

пики́р|овать <-ую, -уешь> *(н)св,* **спики́ровать** *св нпрх* ВОЕН *(ре́зко снижа́ться)* in den Sturzflug übergehen; **бомбарди́ровщики пики́ровали над го́родом** die Bomber gingen im Sturzflug über die Stadt nieder

пики́рующ|ий <-ая, -ее> *прил* ВОЕН Sturzkampf-; **~ бомбардиро́вщик** Sturzkampfbomber *m*

пикни́к <-а> *м* Picknick *nt*

пи́кн|уть <-у, -ешь> *св нпрх см.* **пи́кать**

пи́ков|ый <-ая, -ое> *прил* Spitzen-; **пи́ковая загру́зка** Spitzenbelastung *f*

пиксе́|ль <-ля> *м* ИНФОРМ Pixel *nt*

пиктогра́мм|а <-ы> *ж* Piktogramm *nt*

пил|а́ <-ы́> *ж* Säge *f;* **циркуля́рная** [*или* **ди́сковая**] **~** Kreissäge *f;* **лучко́вая ~** Bogensäge *f*

пили́ка|ть <-ю, -ешь> *нсв,* **пропили́кать** *св нпрх* **1.** *разг (издава́ть пискли́вые звуки)* fiedeln, quietschen; **за окно́м пили́кал како́й-то инструме́нт** draußen quietschte irgendein Instrument **2.** *ирон, разг (игра́ть пло́хо на смычко́вом инструме́нте)* quietschen, kratzen; **~ на скри́пке** auf der Geige kratzen

пили́ть <пилю́, пи́лишь> *нсв* **I.** *прх* sägen; *перен, разг* nörgeln **II.** *нпрх* sägen

пи́лк|а <-и> *ж* Handsäge *f;* **~ для ногте́й** Nagelfeile *f*

пилора́м|а <-ы> *ж* Sägewerk *nt*

пило́т <-а> *м* Pilot(in) *m(f)*

пило́тк|а <-и> *ж* Barett *nt;* **снять пило́тку** das Barett abnehmen

пило́тн|ый <-ая, -ое> *прил* Pilot-; **~ прое́кт** Pilotprojekt *nt;* **пило́тное о́пытное иссле́дование** Pilotstudie *f*

пилю́л|я <-и> *ж* Pille *f;* **глота́ть го́рькую пилю́лю** *перен* eine bittere Pille schlucken

пина́|ть <-ю, -ешь> *нсв,* **пнуть** *св прх* mit dem Fuß treten, einen Tritt versetzen, kicken

пингви́н <-а> *м* Pinguin *m*

пинг-понг <пинг-по́нга> *м* Tischtennis *nt*

пине́т|ки <-ок> *мн* Babyschuhe *pl*

пи́ни|я <-и> *ж* Pinie *f*

пин|о́к <-ка́> *м разг* Tritt *m,* Fußtritt *m*

пинце́т <-а> *м* Pinzette *f*

пио́н <-а> *м* Pfingstrose *f*

пионе́р <-а> *м,* **пионе́рк|а** <-и> *ж перен (первооткрыва́тель)* Pionier(in) *m(f),* Wegbereiter(in) *m(f)*

пипе́тк|а <-и> *ж* Pipette *f;* **~ с одно́й ме́ткой** Vollpipette *f;* **буты́лочка** [*или* **пузы-**

рёк] **с пипе́ткой** Pipettflasche *f*

пир <пи́ра> *м* Gastmahl *nt*, Gelage *f*

пирами́д|а <-ы> *ж* Pyramide *f*

пира́т <-а> *м* Pirat *m*, Seeräuber *m*

пира́тск|ий <-ая, -ое> *прил* Piraten-, Raub-; **пира́тское изда́ние, пира́тская ко́пия** Raubkopie *f*

пир|ова́ть <-у́ю, -у́ешь> *нсв нпрх* schlemmen, zechen; *(прожига́ть жизнь)* prassen

пиро́г <-а́> *м* Kuchen *m*; **я́блочный ~** Apfelstrudel *m*, Apfelkuchen *m*

пиро́жно|е <-го> *ср* Törtchen *nt*, Kuchen *m*; **песо́чное ~** Sandkuchen *m*

пирож|о́к <-ка́> *м* Pastete *f*

i Land & Leute

Kleine **Piroggen** – eine Art Pasteten aus Hefeteig, die mit Fleisch, gedünstetem Weißkohl oder Marmelade gefüllt sind, – kennt man in Russland von jeher. Sie werden entweder in Fett gebraten oder, bestrichen mit Eigelb, im Ofen gebacken. Salzige Piroggen werden traditionell u.a. als Suppenbeilage serviert. Früher wurden verschiedene Piroggensorten auch vom Tragbrett verkauft. Im Straßenverkauf kann man diese Backware gewissermaßen mit kleineren Pizza-Spezialitäten in Westeuropa vergleichen: bei längeren Spaziergängen kauft man sie als eine Ersatzmahlzeit besonders gern.

пиро́метр <-а> *м* Pyrometer *nt*, Hochtemperaturmesser *m*

пироте́хник <-а> *м* Pyrotechniker(in) *m(f)*

пироте́хник|а <-и> *ж* Pyrotechnik *f*

пирс <пи́рса> *м* мор Kai *m*; **прича́лить к пи́рсу** am Kai anlegen

пиру́шк|а <-и> *ж разг (небольшо́й пир в инти́мном кругу́)* Festmahl *m*; **устро́ить пиру́шку** ein Festmahl organisieren; **студе́нческая ~** Studentenfest *nt*

писани́н|а <-ы> *ж презрит, разг* Gekritzel *nt*, Schmiererei *f*; **не бу́ду я чита́ть твою́ писани́ну** dein Gekritzel will ich nicht lesen

пи́сан|ый <-ая, -ое> *прил* **1.** *(напи́санный от руки́)* handgeschrieben **2.** *(нарисо́ванный)* bemalt; **пи́саная краса́вица** bildschöne Frau *f*; **носи́ться с кем-л., как с пи́саной то́рбой** *перен* jdn mit Samthandschuhen anfassen

пи́са|рь <-ря> *м* Schreiber(in) *m(f)*

писа́те|ль <-ля> *м*, **писа́тельниц|а** <-ы> *ж* Schriftsteller(in) *m(f)*, Literat(in) *m(f)*

писа́ть <пишу́, пи́шешь> *нсв*, **написа́ть** *св прх* **1.** *(на чем-л.)* schreiben; **~ кому́-л.** jdn anschreiben; **~ кара́кулями** kritzeln; **~ неразбо́рчиво** unleserlich schreiben, kritzeln; **~ по́лностью** ausschreiben; **~ разде́льно** getrennt schreiben; **~ сли́тно** zusammenschreiben; **~ че́рез дефи́с** mit Bindestrich schreiben; **не лю́бящий ~** schreibfaul **2.** *(опи́сывать)* beschreiben **3.** *(расска́зывать)* berichten über *+akk*; **бро́сить ~** die Schriftstellerei aufgeben **4.** *(карти́ны)* malen; **~ ма́слом** in Öl malen; **~ с нату́ры** *(карти́ну)* nach der Natur malen

писа́ться <пишу́сь, пи́шешься> *нсв рефл* geschrieben werden; **э́то сло́во пи́шется через два „л“** dieses Wort wird mit Doppel-l geschrieben

писк <пи́ска> *м* Piepsen *nt*; **в кро́не де́рева послы́шался ~** aus der Baumkrone kam ein Piepsen; **~ птенцо́в** das Piepen der Vogeljungen

пискля́в|ый <-ая, -ое; -, -а, -о> *прил разг* piepend; **~ го́лос** piepende Stimme *f*; **пискля́вая скри́пка** quietschende Geige *f*

пи́скн|уть <-у, -ешь> *св нпрх* piepsen, quieken, quäken

писку́н <-а́> *м* Schreihals *m*; **мой ~ не спал всю ночь** mein Schreihals schlief die ganze Nacht nicht

пистоле́т <-а> *м* Pistole *f*

пи́сьменнос|ть <-ти> *ж* **1.** *(письмо́)* Schriftsystem *nt* **2.** *(литерату́ра)* Schrifttum *nt*

пи́сьменн|ый <-ая, -ое> *прил* schriftlich, brieflich; **пи́сьменные принадле́жности** Schreibzeug *nt*; **~ стол** Schreibtisch *m*; **~ догово́р на сро́чную сде́лку с пре́мией** Prämienbrief *m*; **пи́сьменное напомина́ние** Mahnschreiben *nt*; **пи́сьменное подтвержде́ние** schriftliche Bestätigung *f*

письм|о́ <-а́> *ср* Brief *m*; *(официа́льное)* Schreiben *nt*; *(пи́сьменность)* Schrift *f*; *(по́черк)* Schreibweise *f*; **заказно́е ~** Einschreiben *nt*; **пи́сьма чита́телей** Leserzuschriften *fpl*; **откры́тое ~** offener Brief *m*; **рекоменда́тельное ~** Empfehlungsschreiben *nt*; **спе́шное ~** Eilbrief *m*; **~ с це́лью шантажа́** Erpresserbrief *m*; **бу́квенное ~** Buchstabenschrift *f*; **учи́ться чте́нию и письму́** Lesen und Schreiben lernen

письмоно́с|ец <-ца> *м (почтальо́н)* Postbote *m*, Postbotin *f*

пита́ни|е <-я> *ср* **1.** *(еда́)* Kost *f*, Speise *f*, Ernährung *f*; **де́тское ~** Babynahrung *f*; **иску́сственное ~** künstliche Ernährung *f*; **обще́ственное ~** Gastronomie *f* **2.** *эл* Stromversorgung *f*, Stromzuführung *f*

пита́тельнос|ть <-ти> *ж* Nährwert *m*

пита́те|льный <-льная, -льное; -лен, -льна, -льно> *прил* nahrhaft

пита́|ть <-ю, -ешь> *нсв прх* ernähren, verpflegen; *перен (наде́жду)* nähren, hegen;

~ **симпа́тию к кому́-л.** Sympathie hegen für *+akk*

пита́|ться <-юсь, -ешься> *нсв рефл* sich ernähren; **ла́сточки пита́ются насеко́мыми** die Schwalben ernähren sich von Insekten; **компью́тер пита́ется от батаре́йки** der Computer wird durch eine Batterien betrieben

пите́йн|ый <-ая, -ое> *прил* Getränke-; ~ **магази́н** Getränkehandel *m*

пито́м|ец <-ца> *м*, **пито́миц|а** <-ы> *ж* Zögling *m*

пито́мник <-а> *м* **1.** БОТ Pflanzenschule *f*, Baumschule *f* **2.** ЗООЛ Zuchtstätte *f*

пито́н <-а> *м* Python *f*

пить <пью, пьёшь> *нсв*, **вы́пить** *св* **I.** *прх* trinken; **мне хо́чется** ~ ich habe Durst; ~ **до дна** austrinken **II.** *нпрх* **1.** *(алкого́ль)* trinken; ~ **для хра́брости** sich Mut antrinken; ~ **за чьё-л. здоро́вье** auf jds Wohl trinken; ~ **ли́шнее** eins über den Durst trinken **2.** *(быть пья́ницей)* saufen, ein Trinker sein

питьев|о́й <-а́я, -о́е> *прил* Trink-; **питьева́я вода́** Trinkwasser *nt;* **питьева́я со́да** Natron *nt*

пиха́|ть <-ю, -ешь> *нсв*, **пихну́ть** *св прх* **1.** *прост (устраня́ть)* wegstoßen; ~ **ло́ктем** mit dem Ellenbogen stoßen **2.** *прост (засо́вывать тороплИ́во и беспоря́дочно)* quetschen, stecken; ~ **ве́щи в чемода́н** die Kleidung in den Koffer stopfen

пи́хт|а <-ы> *ж* БОТ Tanne *f;* **смола́ пи́хты** Tannenharz *nt*

пи́цц|а <-ы> *ж* Pizza *f*

пи́чка|ть <-ю, -ешь> *нсв*, **напи́чкать** *св прх разг* **1.** *(напо́лнить)* voll stopfen **2.** *(снабди́ть)* versorgen; ~ **зна́ниями** mit Wissen voll stopfen

пи́шущ|ий <-ая, -ее> *прил* **пи́шущая маши́нка** Schreibmaschine *f*

пи́щ|а <-и> *ж* Nahrung *f*, Kost *f;* **гру́бая** ~ Rohkost *f;* **духо́вная** ~ geistige Nahrung *f;* **дава́ть пи́щу для разгово́ров** Gesprächsstoff liefern; **дава́ть пи́щу для размышле́ний** Denkanstöße geben

пищ|а́ть <-у́, -и́шь> *нсв*, **пропища́ть** *св нпрх* piepsen, quieken

пищеваре́ни|е <-я> *ср* Verdauung *f*

пищевари́тельн|ый <-ая, -ое> *прил* Verdauungs-; ~ **сок** Verdauungssaft *m;* **пищевари́тельная систе́ма** Verdauungssystem *nt*

пищево́д <-а> *м* АНАТ Speiseröhre *f*

пищев|о́й <-а́я, -о́е> *прил* Nahrungs-; ~ **проду́кт** Nahrungsmittel *nt;* ~ **отхо́д** Nahrungsabfall *m;* **пищева́я промы́шленность** Nahrungsmittelindustrie *f;* ~ **блок** Nahrungsblock *m*

ПК *сокр от* **персона́льный компью́тер** PC *m*

плав <пла́ва> *м только в сочет.* **держа́ться на плаву́** sich auf dem Wasser halten

пла́вани|е <-я> *ср* Schwimmen *nt*, Schwimmsport *m; (о корабле́)* Fahrt *f;* ~ **кро́лем** Kraulstil *m;* ~ **на спине́** Rückenschwimmen *nt*

пла́вательн|ый <-ая, -ое> *прил* Schwimm-; ~ **бассе́йн** Schwimmbecken *nt*

пла́ва|ть <-ю, -ешь> *нсв нпрх* schwimmen; ~ **кро́лем** kraulen; **не уме́ющий** ~ Nichtschwimmer *m*

пла́в|ить <-лю, -ишь> *нсв прх* ТЕХ schmelzen

пла́вк|а <-и> *ж* **1.** *(произво́дство мета́лла путём плавле́ния)* Schmelzen *nt;* ~ **ста́ли** Stahlschmelze *f* **2.** *(проду́кт плавле́ния)* Schmelzprodukt *nt;* **вы́пуск пе́рвой пла́вки состои́тся сего́дня** das erste Gießen wird heute stattfinden

пла́в|ки <-ок> *мн* Badehose *f*

пла́влен|ый[1] <-ая, -ое> *прил (превращённый в жи́дкое состоя́ние)* Schmelz-; ~ **мета́лл** geschmolzenes Metall *nt;* ~ **сыр** Schmelzkäse *m*

пла́влен|ый[2] <-ая, -ое> *прил (спуска́емый вплавь по реке́)* ~ **лес** zum Flößen herangeschlepptes Holz *nt*

плавни́к <-а> *м* Flosse *f*

пла́вно *нрч* allmählich, fließend; **спуска́ться** ~ **вниз** allmählich heruntersteigen; **повыша́ть** ~ **це́ны** allmählich die Preise steigern

пла́в|ный <-ная, -ное; -ен, -на, -но> *прил* fließend; ~ **перехо́д** fließender Übergang *m*

плаву́ч|ий <-ая, -ее> *прил* schwimmend; **плаву́чая при́стань** schwimmender Kai *m;* **плаву́чая ба́за** schwimmende Rampe *f;* ~ **материа́л** schwimmendes Material *nt*

плагиа́т <-а> *м* Plagiat *nt*

пла́зм|а <-ы> *ж* Plasma *nt*

плака́т <-а> *м* Plakat *nt*, Poster *nt*

пла́|кать <-чу, -чешь> *нсв нпрх* weinen; **пла́кали мои́ де́нежки** mein Geld ging flöten

пла́|каться <-чусь, -чешься> *нсв*, **попла́каться** *св рефл разг* klagen, quengeln; **пла́каться в жиле́тку кому́-л.** *разг* jdm etw vorjammern

пла́кс|а <-ы> *м и ж* Heulpeter *m*, Heulsuse *f*

плакси́в|ый <-ая, -ое> *прил разг (о ребёнке)* weinerlich, quengelig

пла́менно *нрч* brennend, leidenschaftlich; ~ **защища́ть кого́-л.** jdn leidenschaftlich verteidigen; ~ **выступа́ть** sich leidenschaftlich äußern

пла́мен|ный <-ная, -ное; -ен, -на, -но> *прил* **1.** *(жа́ркий, горя́чий)* brennend, leidenschaftlich; **пла́менная щека́** brennende Wange *f;* **пла́менное дыха́ние** heißer Atem *m* **2.** *(стра́стный, пы́лкий)* leidenschaftlich; ~ **взгля́д** leidenschaftlicher Blick *m;* **пла́менная речь** leidenschaftliche Rede *f*

пла́ме|нь <-ня> *м (пла́мя)* Flamme *f;* **я́ркий**

~ grelle Flamme *f*

пла́м|я <-ени> *ср* Flamme *f*

план <пла́на> *м* Plan *m*, Grundriss *m*; *(конце́пция)* Konzept *nt*; **~ го́рода** Stadtplan *m*; **~ культу́рных мероприя́тий** Veranstaltungskalender *m*; **~ реконстру́кции** Sanierungsplan *m*; **генера́льный ~ сраже́ния** Schlachtplan *m*; **строи́тельный ~** Bauplan *m*; **съёмка кру́пным пла́ном** Großaufnahme *f*; **~ застро́йки** Flächennutzungsplan *m*; **~ испо́льзования пло́щади** Flächennutzungsplan *m*; **~ испо́льзования средств рекла́мы** Mediaplan *m*; **~ капиталовложе́ний** Investitionsplan *m*; **~ распростране́ния рекла́мных материа́лов** Streuplan *m*; **~ сбы́та** Absatzplan *m*; **~ социа́льного разви́тия** Sozialplan *m*; **~ счето́в бухга́лтерского учёта** Kontenplan *m*

планёрк|а <-и> *ж разг* Produktionsberatung *f*; **перенести́ планёрку** die Produktionsberatung verlegen

плане́т|а <-ы> *ж* Planet *m*

планета́ри|й <-я> *м* Planetarium *nt*

плани́ровани|е <-я> *ср* Planung *f*; **~ разме́ров семьи́, семе́йное ~** Familienplanung *f*; **~ затра́т** [*или* **изде́ржек**] Kostenplanung *f*; **~ капиталовложе́ний** Investitionsplanung *f*; **~ по изде́лию** Produktplanung *f*; **~ по проду́кту** Produktplanung *f*; **~ по това́ру** Produktplanung *f*; **~ предприя́тия** Unternehmensplanung *f*; **~ произво́дства** Produktionsplanung *f*; **~ рекла́мных мероприя́тий** Werbeplanung *f*; **~ сбы́та** Absatzplanung *f*; **~ с учётом у́зких мест** Engpassplanung *f*

плани́р|овать <-ую, -уешь> *нсв*, **сплани́ровать** *св прх* planen, einplanen; *(террито́рию)* planieren, einebnen

планиро́вк|а <-и> *ж* *(расположе́ние каки́х-л. архитекту́рных объе́ктов)* Planen *nt*, Planung *f*; **~ го́рода** Stadtplan *m*

пла́нк|а <-и> *ж* Latte *f*, Leiste *f*, Planke *f*

планкто́н <-а> *м* Plankton *nt*

пла́нов|ый <-ая, -ое> *прил* Plan-, planmäßig; **пла́новая прове́рка** Routineuntersuchung *f*; **пла́новая эконо́мика** Planwirtschaft *f*; **пла́новое хозя́йство** Planwirtschaft *f*; **пла́новые изде́ржки** Standardkosten *pl*, Plankosten *pl*; **пла́новые затра́ты** Plankosten *pl*; **пла́новая за́нятость** Planbeschäftigung *f*; **пла́новая загру́зка** Planbeschäftigung *f*; **пла́новая цена́** Planpreis *m*; **пла́новые нало́ги** Sollsteuern *pl*; **пла́новые расхо́ды** Vorgabekosten *pl*, Plankosten *pl*; **~ объём** Planmenge *f*; **~ пери́од** Planungszeitraum *m*; **пла́новое зада́ние** Plangröße *f*; **пла́новое коли́чество** Planmenge *f*

планоме́рно *нрч* planmäßig; **развива́ться ~** sich planmäßig entwickeln

планоме́р|ный <-ная, -ное; -ен, -на, -но> *прил* planmäßig

планта́ци|я <-и> *ж* Plantage *f*

планше́т <-а> *м* **1.** *(доска́ для нанесе́ния пла́на ме́стности при съёмке)* Planschette *f*; **наноси́ть дета́ли ме́стности на ~** Landschaftsdetails auf der Planschette eintragen **2.** ГЕОГ *(план геодези́ческой съёмки)* Plan *m*; **составля́ть ~ морско́го дна** einen Plan des Meeresbodens erstellen **3.** ВОЕН *(пло́ская су́мка с прозра́чной стороно́й для ноше́ния карт)* Kartentasche *f*; **лейтена́нт с планше́том через плечо́** der Leutnant mit einer Kartentasche um die Schulter

пласт <пла́ста> *м* Schicht *f*

пла́стик <-а> *м* Plastik *nt*

пла́стиков|ый <-ая, -ое> *прил* Kunststoff-; **пла́стиковая плёнка** Zelluloidfilm *m*; **пла́стиковая су́мка** Kunststofftasche *f*

пластили́н <-а> *м* Plastilin *nt*, Knetmasse *f*

пласти́н|а <-ы> *ж* Platte *f*

пласти́нк|а <-и> *ж* Schallplatte *f*; ТЕХ Lamelle *f*; **долгоигра́ющая ~** Langspielplatte *f*

пластифика́тор <-а> *м* Weichmacher *m*

пласти́ческ|ий <-ая, -ое> *прил* plastisch

пластма́сс|а <-ы> *ж* Kunststoff *m*, Plastik *nt*

пластма́ссов|ый <-ая, -ое> *прил* Kunststoff-, Plastik-; **пластма́ссовые де́ньги** Plastikgeld *nt*

пласту́н <-а́> *м* *(разве́дчик в каза́чьих войска́х)* Kundschafter *m* der kosakischen Infanterie

пла́сты|рь <-ря> *м* МЕД Pflaster *nt*, Wundschutz *m*; **кле́йкий** [*или* **ли́пкий**] **~** Heftpflaster *nt*

пла́т|а <-ы> *ж* **1.** *(упла́та)* Gebühr *f*, Abgabe *f*; *(за по́льзование)* Benutzungsgebühr *f*; **~ за аре́нду помеще́ний** Miete *f*; **~ за вход** Eintrittsgeld *nt*; **~ за прока́т** Leihgebühr *f*; **~ в зачёт** Anzahlung *f*; **~ за аре́нду** Pacht *f*; **~ за выполне́ние подря́дного зака́за** Werklohn *m*; **~ за коммуна́льные услу́ги** Kommunalabgaben *pl*; **~ за обрабо́тку** Bearbeitungsgebühr *f*; **~ за перево́зку гру́зов** Fracht *f*; **~ за по́льзование доро́ги** Maut *f*; **~ за посре́днические услу́ги** Maklergebühr *f*; **~ за прово́з гру́зов** Fracht *f*; **~ за прое́зд** Fahrtspesen *pl*; **~ за просто́й** Leerkostenerstattung *f*; **~ за стенд** Standgeld *nt*; **~ за телефо́н** Fernsprechgebühr *f*; **~ за хране́ние це́нных бума́г** Depotgebühr *f* **2.** *(вознагражде́ние)* Entgelt *nt*, Entlohnung *f*; **~ за труд** Arbeitsentgelt *nt*

плата́н <-а> *м* Platane *f*

платёж <-а́> *м* Zahlung *f*, Einzahlung *f*; **~ в рассро́чку** Abschlagszahlung *f*, Abzahlung *f*; **~ нали́чными** Barzahlung *f*; **~ нали́чными про́тив докуме́нтов** cash against documents, Zahlung *f* gegen Dokumente; **~ нало́гов** Steuerzahlung *f*; **долг платежо́м кра́сен** *посло́вица* eine Liebe ist die andere wert; **кру́пные платежи́** große Zahlungen *fpl*

платежеспосо́бнос|ть <-ти> *ж* Zahlungsfähigkeit *f,* Bonität *f,* Solvenz *f*

платёжн|ый <-ая, -ое> *прил* Zahlungs-; **платёжная ве́домость** Lohnabrechnung *f,* Lohnliste *f;* **платёжная гото́вность** Zahlungsbereitschaft *f;* **платёжная карто́чка** Wertkarte *f;* **~ бала́нс** Zahlungsbilanz *f,* Exportbilanz *f,* Außenhandelsbilanz *f;* **~ бала́нс по теку́щим опера́циям** Leistungsbilanz *f;* **~ день** Abrechnungsdatum *nt;* **~ оборо́т** Zahlungsverkehr *m;* **~ оборо́т по почто́вым опера́циям** Postzahlungsverkehr *m;* **платёжное извеще́ние нало́гового орга́на** Steuerbescheid *m;* **платёжное обяза́тельство** Zahlungsverpflichtung *f;* **платёжное поруче́ние** Zahlungsanweisung *f;* **платёжное соглаше́ние** Zahlungsabkommen *nt;* **платёжное сре́дство** Zahlungsmittel *nt;* **платёжное тре́бование** Zahlungsaufforderung *f;* **платёжное указа́ние** Zahlungsauftrag *m;* **~ срок** Zahlungsfrist *f;* **~ догово́р** Zahlungsvertrag *m*

платёжеспосо́б|ный <-ная, -ное; -ен, -на, -но> *прил* zahlungsfähig

плате́льщик <-а> *м* Zahlungspflichtige(r) *m o f,* Zahler *m;* **~ по переводно́му ве́кселю** (Wechsel)Adressat *m,* Bezogener *m*

пла́тин|а <-ы> *ж* Platin *nt*

пла́тинов|ый <-ая, -ое> *прил* Platin-; **~ куло́н** Platinmedaillon *nt;* **пла́тиновое кольцо́** Platinring *m*

плати́ть <плачу́, пла́тишь> *нсв,* **заплати́ть** *св* **I.** *прх* bezahlen **II.** *нпрх* zahlen; **~ в рассро́чку** abzahlen, in Raten zahlen; **~ за кого́-л.** jdn freihalten; **~ за свет** die Stromrechnung bezahlen; **~ кому́-л. за молча́ние** Schweigegeld zahlen

плати́ться <плачу́сь, пла́тишься> *нсв,* **поплати́ться** *св рефл перен (чем-л./за что-л.)* bezahlen, büßen für *+akk*

пла́т|ный <-ная, -ное; -ен, -на, -но> *прил* entgeltlich, gebührenpflichtig

плат|о́к <-ка́> *м* Kopftuch *nt;* **носово́й ~** Taschentuch *nt*

платони́ческ|ий <-ая, -ое> *прил* platonisch; **платони́ческая любо́вь** platonische Liebe *f*

платфо́рм|а <-ы> *ж* Bahnsteig *m;* ПОЛ, ТЕХ Plattform *f;* **нефтяна́я ~** Bohrinsel *f*

пла́ть|е <-я> *ср* Kleid *nt;* **~-костю́м** Hosenanzug *m;* **вече́рнее ~** Abendkleid *nt;* **закры́тое ~** hochgeschlossenes Kleid *nt;* **облега́ющее ~** hautenges Kleid *nt;* **подвене́чное ~** Brautkleid *nt;* **стро́гое ~** offizielles Kleid *nt*

платян|о́й <-а́я, -о́е> *прил* Kleider-; **~ шкаф** Kleiderschrank *m;* **платяна́я щётка** Kleiderbürste *f*

пла́х|а <-и> *ж* Klotz *m*

плацка́рт|а <-ы> *ж* Platzkarte *f*

плацка́ртн|ый <-ая, -ое> *прил* Platzkarten-; **~ ваго́н** Platzkartenwaggon *m;* **~ биле́т** Platzkarte *f*

плач <пла́ча> *м* Weinen *nt*

плаче́в|ный <-ная, -ное; -ен, -на, -но> *прил* jämmerlich, erbärmlich, schlimm, katastrophal; **в плаче́вном состоя́нии** in jämmerlichem Zustand

плашмя́ *нрч* flachseitig, breitseitig; **лежа́ть ~** auf dem Rücken liegen; **упа́сть ~** auf den Rücken fallen

плащ <плаща́> *м* Regenmantel *m*

пл|ева́ть <-юю́, -юёшь> *нсв,* **плю́нуть** *св нпрх* spucken

пл|ева́ться <-юю́сь, -юешься> *нсв,* **плю́нуться** *св рефл* **1.** *разг (плева́ть)* spucken **2.** *перен, разг (выража́ть о́строе недово́льство)* schimpfen, beschimpfen; **переста́нь ~, они́ не винова́ты** hör auf zu schimpfen, sie haben keine Schuld

плёв|ый <-ая, -ое> *прил* **1.** *жарг (плохо́й, неприя́тный)* schlecht, böse, übel; **плёвая пого́да** schlechtes Wetter *nt;* **плёвая ткань** schlechter Stoff *m* **2.** *разг (незначи́тельный)* unbeutend; **плёвое расстоя́ние** ein Stück weit entfernt; **за плёвые де́ньги** spottbillig

плед <пле́да> *м* Poncho *m*

плейбо́|й <-я> *м* Playboy *m*

пле́йер <-а> *м* CD-Spieler *m*

плексигла́с <-а> *м* Plexiglas *nt*

племенн|о́й <-а́я, -о́е> *прил* Stammes-; **~ язы́к** Stammessprache *f;* **племенно́е родство́** Stammesverwandtschaft *f;* **племенны́е отноше́ния** Stammesbeziehungen *pl;* **~ бык** Zuchtbulle *m;* **племенно́е животново́дство** Viehzucht *f*

пле́м|я <-ени> *ср* Stamm *nt,* Sippe *f*

племя́нник <-а> *м,* **племя́нниц|а** <-ы> *ж* Neffe *m,* Nichte *f*

плен <пле́на> *м* Gefangenschaft *f;* *(во вре́мя войны́)* Kriegsgefangenschaft *f;* **брать в ~** gefangen nehmen; **попа́сть в ~** in Gefangenschaft geraten

плени́те|льный <-льная, -льное; -лен, -льна, -льно> *прил* bezaubernd; **плени́тельная де́вушка** bezauberndes Mädchen *nt;* **~ вид** bezaubernde Aussicht *f*

плёнк|а <-и> *ж* **1.** *(то́нкий слой)* Schicht *f,* Folie *f* **2.** *(чувстви́тельная ле́нта)* Film *m,* Band *nt;* **магнитофо́нная ~** Magnetband *m;* **цветна́я фи́льмовая ~** Farbfilm *m;* **у́зкая ~** Schmalfilm *m*

плен|и́ть <-ю́, -и́шь> *св прх см.* **пленя́ть**

пле́нник <-а> *м,* **пле́нниц|а** <-ы> *ж* Gefangene(r) *f(m);* **за победи́телем шли отча́янные пле́нники** hinter dem Sieger folgten die verzweifelten Gefangenen

пле́нн|ый <-ого> *м* Gefangene(r) *m*

пле́нум <-а> *м* Plenum *nt*

пленя́|ть <-ю, -ешь> *нсв,* **плени́ть** *св прх* **1.** *(брать в плен)* gefangen nehmen; **~ тата́р бы́ло не про́сто, они́ сра́жались**

до конца́ es war keine leichte Aufgabe, die Tataren gefangen zu nehmen, sie kämpften bis zum Schluss **2.** *перен (очаро́вывать)* bezaubern; **она́ пленя́ла всех свое́й улы́бкой** sie bezauberte alle mit ihrem Lächeln

плёс <плёса> *м* **1.** *(уча́сток реки́ от одно́го изги́ба до друго́го)* Flussstrecke *f;* **преодоле́ть не́сколько поворо́тов и плёсов между ни́ми** ein paar Biegungen und die Flussstrecken dazwischen überwinden **2.** *(уча́сток реки́ от одного́ перека́та до друго́го)* Fahrrinne *f* zwischen zwei Sandbänken; **э́то был после́дний пла́вальный ~** das war der letzte schiffbare Abschnitt **3.** *устар (часть ры́бы, переходя́щая в хвост)* Teil des Fisches in der Nähe des Schwanzes; **кот таска́л по́ двору обгло́данный ~** der Kater schleppte einen abgenagten Fischschwanz über den Hof

пле́се|нь <-ни> *ж* БОТ Schimmel *m*

плеск <пле́ска> *м* Plätschern n; **послы́шался ~ вёсел** das Plätschern der Ruder war zu hören

плеска́ться <плещу́сь, пле́щешься> *нсв рефл* **1.** *(о воде́)* plätschern **2.** *(шлёпать по воде́)* platschen, planschen

пле́сневе|ть <-ю, -ешь> *нсв,* **запле́сневеть** *св нпрх* schimmeln, verschimmeln, verderben

пле|сти́ <-ту́, -тёшь> *нсв прх* flechten; *презрит* schwätzen

пле|сти́сь <-ту́сь, -тешься> *нсв рефл прост* sich schleppen, langsam gehen; **де́ти плели́сь в хвосте́** die Kinder trotteten hinterher

плетён|ый <-ая, -ое> *прил* geflochten; **плетёное кре́сло** Korbsessel *m;* **плетёные ту́фли** geflochtene Schuhe *mpl*

плётк|а <-и> *ж уменьш (плеть)* Peitsche *f;* **пома́хивать плёткой** die Peitsche schwingen

плет|е́нь <-ня́> *м* Zaun *m;* **перескочи́ть через ~** über den Zaun springen

плетнёв|ый <-ая, -ое> *прил* **1.** *(относя́щийся к пле́тню)* Zaun-; **плетнёвые столбы́** Zaunmäste *pl;* **плетнёвая подпо́рка** Zaunpfeiler *m* **2.** *(сде́ланный из пру́тьев)* Ruten-; **~ мост** Knüppelbrücke *f;* **~ дом** Haus *nt* aus Flechtwerk; **~ забо́р** Flechtzaun *m*

плеть <пле́ти> *ж* **1.** *(кнут из переви́тых ремне́й)* Peitsche *f,* Geißel *f;* **уда́р пле́тью** Peitschenschlag *m;* **нака́зывать кого́-л. пле́тью** jdn auspeitschen **2.** *(сте́бель вью́щегося расте́ния)* Ranke *f;* **~ лиа́н** Lianenstämme *pl*

плечев|о́й <-а́я, -о́е> *прил* АНАТ Schulter-; **плечева́я кость** Schulterknochen *m;* **~ по́яс** Schulter; **плечева́я ра́на** Schulterwunde *f;* **плечево́е ране́ние** Schädigung *f* der Schulter

пле́чик|о <-а> *ср* **1.** *ласк, разг (плечо́)* Schulter *f;* **де́тское ~** Kinderschulter *f* **2.** *(поло́ска через плечо́)* Träger *m;* **из-под воротничка́ пла́тья выступа́ло ~ её ли́фчика** unter dem Kragen ihres Kleides war der Träger ihres BHs zu sehen **3.** *только мн (ве́шалка для ве́рхней оде́жды)* Kleiderbügel *m;* **пове́сить пиджа́к на ~ в шкафу́** das Jackett auf den Kleiderbügel in den Schrank hängen **4.** *только мн (подкла́дка на пла́тье, пальто́)* Polster *nt,* Polsterwatte *f;* **пла́тье с пле́чиками** Kleid mit Schulterpolstern

плечи́ст|ый <-ая, -ое; -, -а, -о> *прил* breitschultrig; **~ мужчи́на** breitschultriger Mann *m*

плеч|о́ <-а́> *ср* Schulter *f,* Achsel *f;* **э́та зада́ча ему́ по плечу́** er ist dieser Aufgabe gewachsen; **име́ть что-л. за плеча́ми** etw hinter sich haben

плеши́в|ый <-ая, -ое; -, -а, -о> *прил* kahlköpfig, glatzköpfig; **плеши́вая голова́** Kahlkopf *m,* Glatzkopf *m;* **~ заты́лок** Glatze *f;* **~ го́ры** kahle Berge *mpl*

плешь <пле́ши> *ж (го́лое ме́сто)* Kahlheit *f;* **челове́к с пле́шью на голове́** ein Mensch mit Glatze; **под верши́ной горы́ образова́лась ~** unter dem Gipfel hat sich eine kahle Stelle gebildet

пли *межд (кома́нда)* Feuer!; **~! – скома́ндовал команди́р батаре́и** Feuer! – befahl der Batteriekommandeur

плит|а́ <-ы́> *ж* Platte *f;* *(ку́хонная)* Herdplatte *f;* **га́зовая ~** Gasherd *m*

пли́тк|а <-и> *ж* kleine Platte *f,* Fliese *f,* Kachel *f;* *разг (электри́ческая)* Elektrokocher *m;* **~ шокола́да** Tafel Schokolade *f*

плов <пло́ва> *м (восто́чное блю́до из ри́са с бара́ниной)* Butterreis *m;* **жи́рный ~ едя́т па́льцами** der fette Butterreis wird mit Fingern gegessen

плов|е́ц <-ца́> *м,* **пловчи́х|а** <-и> *ж* Schwimmer(in) *m(f)*

плод <плода́> *м* **1.** БОТ Frucht *f;* **ко́сточковые плоды́** Steinobst *nt* **2.** *(заро́дыш)* Leibesfrucht *f* **3.** *перен (результа́т)* Ergebnis *nt;* **пожина́ть плоды́ своего́ труда́** die Früchte seiner Arbeit ernten; **приноси́ть хоро́шие плоды́** seine Wirkung zeigen, sich auszahlen

пло|ди́ть <-жу́, -ди́шь> *нсв прх* **1.** *(о живо́тных)* züchten, ziehen **2.** *перен (порожда́ть)* erzeugen, hervorbringen

пло|ди́ться <-жу́сь, -ди́шься> *нсв рефл разг (размножа́ться)* sich vermehren

пло́дн|ый <-ан, -ое> *прил* **1.** *(оплождённый)* befruchtet; **пло́дное яйцо́** befruchtetes Ei *nt* **2.** *(спосо́бный дава́ть плоды́)* Frucht-; **пло́дное де́рево** Fruchtbaum *m*

плодо́в|ый <-ая, -ое> *прил* Frucht-; **плодо́вые консе́рвы** Fruchtkonserven *pl;* **пло-**

дóвая оболóчка Fruchtschale *f;* **плодóвые дерéвья** Fruchtbäume *mpl*

плодон|оси́ть <-óсит> *нсв безл, только 3 л* fruchten, Früchte tragen

плодорóднос|ть <-ти> *ж* Fruchtbarkeit *f*

плодорóд|ный <-ная, -ное; -ен, -на, -но> *прил* fruchtbar

плодотвóр|ный <-ная, -ное; -ен, -на, -но> *прил* fruchtbringend, produktiv

плóмб|а <-ы> *ж* Plombe *f;* МЕД Zahnfüllung *f*

пломби́р[1] <-а> *м (морóженое из сли́вок)* Sahneeis *nt;* **вáфельный стакáнчик пломби́ра** Sahneeis mit Waffel

пломби́р[2] <-а> *м (прибóр для устанóвки пломб)* Plombenzange *f;* **запечáтать вагóн пломби́ром** dem Waggon plombieren

пломбир|овáть <-ýю, -ýешь> *нсв,* **запломбировáть** *св прх* plombieren

плóс|кий <-кая, -кое; -ок, -кá, -ко> *прил* **1.** *(рóвный)* eben, flach; **плóская кры́ша** Flachdach *nt* **2.** *перен (безвкýсный)* fad, platt, abgeschmackt; **плóская шýтка** platter Witz *m*

плоскогóрь|е <-я> *ср* Hochland *nt*

плоскогýбц|ы <-ев> *мн* Flachzange *f*

плоскостóпи|е <-я> *ср* Plattfuß *m*

плóскос|ть <-ти> *ж* **1.** МАТ Fläche *f,* Ebene *f* **2.** *перен* Ebene *f*

плот <плотá> *м* Floß *nt*

плоти́н|а <-ы> *ж* Deich *m;* **водоподъёмная ~** Staudamm *m*

плóтник <-а> *м* Zimmermann *m*

плóтницк|ая <-ой> *ж* Tischlerei *f*

плóтницк|ий <-ая, -ое> *прил* Tischler-; **плóтницкая мастерскáя** Tischlerei *f*

плóтнича|ть <-ю, -ешь> *нсв нпрх* als Zimmermann arbeiten

плóтно *нрч* dicht, nahe; **постáвить что-л. ~ к чемý-л.** etw dicht an etw stellen; **подсéсть ~ к комý-л.** sich dicht neben jdn setzen; **поéсть ~** reichlich essen; **плóтно закрывáть** dichtmachen

плóтнос|ть <-ти> *ж* **1.** *(устóйчивость)* Festigkeit *f,* Stärke *f* **2.** *(густотá)* Dichte *f;* **~ населéния** Bevölkerungsdichte *f*

плóт|ный <-ная, -ное; -ен, -нá, -но> *прил* **1.** *(о сложéнии)* stämmig, fest **2.** ФИЗ dicht

плотоя́д|ный <-ная, -ное; -ен, -на, -но> *прил* fleischfressend

плóтск|ий <-ая, -ое> *прил* sinnlich; **плóтская любóвь** sinnliche Liebe *f;* **плóтское удовóльствия** sinnliches Vergnügen *nt*

плоть <плóти> *ж книжн* Leib *m,* Fleisch *nt;* **войти́ комý-л. в ~ и кровь** jdm in Fleisch und Blut übergehen; **от своéй плóти** sein eigen Fleisch und Blut

плóхо *нрч* schlecht; **плани́ровать ~** schlecht planen

плоховáто *нрч* schlimm, übel; **спрáвиться ~** schlecht machen

плох|óй <-áя, -óе; -, -á, -о> *прил* schlecht, schlimm

плóшк|а <-и> *ж* **1.** *прост (ми́ска)* Schale *f;* **есть из плóшки** aus der Schale essen **2.** *(сосýд с нали́тым сáлом для освещéния)* Talglicht *nt;* **~ плóхо освещáла задымлённое помещéние** das Talglicht vermochte kaum den verrauchten Raum zu erleuchten

площáдк|а <-и> *ж* Platz *m;* **~ для игры́ в гóльф** Golfplatz *m;* **дéтская ~** Kinderspielplatz *m;* **строи́тельная ~** Baustelle *f*

плóща|дь <-ди> *ж* Platz *m;* МАТ Fläche *f;* **~ сечéния** Schnittfläche *f;* **привокзáльная ~** Bahnhofsvorplatz *m;* **я́рмарочная ~** Rummelplatz *m*

плуг <плýга> *м* Pflug *m*

плут <плýта> *м* Schelm *m,* Spitzbube *m*

плутá|ть <-ю, -ешь> *нсв нпрх разг* umherirren, umherschweifen; **~ по лéсу без дорóги** durch den Wald irren

плутовск|óй <-áя, -óе> *прил* schelmisch, spitzbübisch

плутóни|й <-я> *м* Plutonium *nt*

плыть <плывý, плывёшь> *св нпрх* schwimmen; **~ по течéнию** *перен* mit dem Strom schwimmen; **~ прóтив течéния** *перен* gegen den Strom schwimmen

плюгáв|ый <-ая, -ое; -, -а, -о> *прил разг* kläglich, schwächlich; **~ человéчек** schwächlicher Mensch *m*

плюн|уть <-у, -ешь> *св нпрх см.* **плевáть**

плюн|уться <-усь, -ешься> *св рефл см.* **плевáться**

плюрали́зм <-а> *м* Pluralismus *m;* **~ мнéний** Meinungsvielfalt *f*

плюралисти́ческ|ий <-ая, -ое> *прил* pluralistisch

плюс **I.** <плюса> *м* Pluszeichen *nt; перен, разг (положи́тельный момéнт)* Plus *nt,* Vorteil *m;* **со всéми плю́сами и ми́нусами** mit allen Vor- und Nachteilen **II.** *част* МАТ plus; **два ~ пять бýдет семь** zwei plus fünf ist sieben

плюсн|á <-ы́> *ж* АНАТ Mittelfuß *m*

плю́х|а <-и> *ж прост (пощёчина)* Ohrfeige *f;* **залепи́ть комý-л. плю́ху** jdn ohrfeigen

плю́ха|ться <-юсь, -ешься> *нсв,* **плю́хнуться** *св рефл* plumpsen, sich fallen lassen; **плю́хнуться на ди́ван** sich auf das Sofa plumpsen lassen; **плю́хнуться в вóду** ins Wasser plumpsen

плюш <плю́ша> *м* Plüsch *m*

плю́шев|ый <-ая, -ое> *прил* Plüsch-; **плю́шевая игрýшка** Plüschspielzeug *nt;* **~ медвежóнок** Plüschbär *m*

плю́шк|а <-и> *ж* **1.** КУЛ Milchbrötchen *nt* **2.** ИНФОРМ Cookie *nt*

плющ <плющá> *м* Efeu *nt*

пляж <пля́жа> *м* Strand *m,* Strandbad *nt;* **гáлечный ~** Kiesstrand *m;* **песчáный ~**

П

Sandstrand *m*

пля́жн|ый <-ая, -ое> *прил* Bade-; **~ костю́м** Badeanzug *m;* **~ зонт** Sonnenschirm *m*

плясáть <пляшу́, пля́шешь> *нсв,* **сплясáть** *св нпрх* tanzen; **дéти плясáли под му́зыку** die Kinder tanzten nach der Musik

пля́ск|а <-и> *ж (тáнец)* Tanz *m;* **заигрáть пля́ску** zu tanzen beginnen

плясу́н <-á> *м* Tänzer *m;* **он был замечáтельный ~** er war ein sehr guter Tänzer

пневмати́ческ|ий <-ая, -ое> *прил* pneumatisch; **~ молото́к** Presslufthammer *m*

пневмопистолéт <-а> *м* Tacker *m;* **скобозабивно́й мéбельный ~** Drucklufttacker *m*

пневмоподу́шк|а <-и> *ж* Airbag *m*

пнуть <пну, пнёшь> *св прх см.* **пинáть**

по *предл* über *+akk,* an *+dat,* durch *+akk;* bis *+dat; (вдоль)* entlang *+gen; (соглáсно)* nach, gemäß, laut; **éхать ~ мóрю** übers Meer fahren; **идти́ ~ лéсу** durch den Wald gehen; **~ у́лице** entlang der Straße; **~ втóрникам** dienstags; **~ мне** meinetwegen; **~-мóему** meines Erachtens; **~-другóму** anders; **~-хорóшему** gütlich; **~-лéтнему** sommerlich; **~ вы́годной ценé** preisgünstig; **~ высóким процéнтам** hochverzinslich; **~ делáм** geschäftlich; **~ дóброй вéре** bona fide; **~ довéренности** per prokura; **~ договóру** vertraglich; **~ закáзу** auftragsgemäß; **~ коли́честву** mengenmäßig; **~ номинáлу** al pari; **~ номинáльной стóимости** al pari; **~ основнóй профéссии** [*или* **специáльности**] hauptberuflich; **~ паритéту** al pari; **~ полномóчию** per prokura; **~ поручéнию** im Auftrag; **~ совмести́тельству** nebenberuflich; **~ уполномóчию** im Auftrag; **~ физи́ческому объёму** mengenmäßig; **~ май** bis zum Mai; **стоя́ть ~ колéно в водé** bis zum Knie im Wasser stehen; **зáнят ~ гóрло** bis zum Hals in Arbeit stecken; **~ истечéнии срóка** nach Ablauf der Frist; **~ смéрти** nach dem Tode

побагровé|ть <-ю, -ешь> *св нпрх см.* **багровéть**

побáива|ться <-юсь, -ешься> *нсв рефл* beunruhigt sein, ein wenig Angst haben; **дéвочка побáивалась собáки** das Mädchen hatte ein wenig Angst vor dem Hund

побáлива|ть <-ю, -ешь> *нсв нпрх разг* wehtun; **рукá побáливает** meine Hand tut weh

побáл|овать <-ую, -уешь> *св прх* verwöhnen; **~ роди́телей** seine Eltern verwöhnen

побáл|оваться <-уюсь, -уешься> *св рефл* sich verwöhnen; **~ шоколáдом** sich Schokolade gönnen

побéг[1] <-а> *м* Ausbruch *m,* Flucht *f;* **совершáть ~** ausbrechen

побéг[2] <-а> *м* БОТ Trieb *m,* Sprössling *m*

побегу́ш|ки <-ек> *мн в сочет.* **быть у когó-л. на побегу́шках** Laufbursche sein

побéд|а <-ы> *ж* Sieg *m;* **~ на вы́борах** Wahlsieg *m;* **~ на этáпе** Etappensieg *m;* **~ по очкáм** Punktsieg *m*

победи́те|ль <-ля> *м,* **победи́тельниц|а** <-ы> *ж* Sieger(in) *m(f),* Gewinner(in) *m(f)*

победи́|ть <-шь> *св (н)прх 1 л. не употр. см.* **побеждáть**

победонóс|ный <-ная, -ное; -ен, -на, -но> *прил* siegreich

побеждá|ть <-ю, -ешь> *нсв,* **победи́ть** *св прх* besiegen; **~ проти́вника** den Gegner besiegen; **~ в игрé** im Spiel siegen

побеждён|ный I. <-ная, -ное; -, -нáр -нó> *прил* besiegt, geschlagen II. <-ного> *м* Besiegte(r) *f(m)*

побелé|ть <-ю, -ешь> *св нпрх см.* **белéть**

поб|ели́ть <-елю́, -éлишь> *св прх см.* **бели́ть**

поберéжь|е <-я> *ср* Küste *f*

побесéд|овать <-ую, -уешь> *св нпрх см.* **бесéдовать**

побеспокó|ить <-ю, -ишь> *св прх (потревóжить)* beunruhigen, stören

побирá|ться <-юсь, ешься> *нсв рефл* betteln

побиру́шк|а <-и> *м и ж прост (ни́щий)* Bettler *m;* **побиру́шки стоя́ли у вхóда в цéрковь** die Bettler standen vor dem Kircheneingang

поби́ть <побью́, побьёшь> *св прх см.* **бить**

поблагодар|и́ть <-ю́, -и́шь> *нсв прх см.* **благодари́ть**

поблáжк|а <-и> *ж разг* Kompromiss *m;* **не допускáть поблáжек в воспитáнии ребёнка** keine Nachsicht bei der Kindeserziehung zulassen

поблéднé|ть <-ю, -ешь> *св нпрх см.* **бледнéть**

поблёкн|уть <-у, -ешь> *св нпрх см.* **блёкнуть**

поблёскива|ть <-ю, -ешь> *нсв нпрх* blinzeln

побли́зости *нрч* in der Nähe; **жить ~** in der Nähe wohnen; **находи́ться ~** sich in der Nähe befinden

побож|и́ться <-у́сь, -и́шься> *св рефл см.* **божи́ться**

побó|и <-ев> *мн* Prügel *pl,* Schläge *pl*

пóбоку *нрч разг* **всех вори́шек нáдо ~** man muss alle Diebe bestrafen

поболтá|ть <-ю, -ешь> *св прх* **1.** *(взболтáть)* rühren, umrühren, schütteln **2.** *(ногáми)* baumeln, schlenkern **3.** *перен (языкóм)* plaudern, schwatzen

побóрник <-а> *м,* **побóрниц|а** <-ы> *ж книжн* Verfechter(in) *m(f)*

поб|орóть <-орю́, -óрешь> *св прх см.* **борóть**

побор|о́ться <-ю́сь, -ешься> *св рефл см.* **боро́ться**

побо́чн|ый <-ая, -ое> *прил* Neben-; **побо́чное де́йствие** [*или* **эффе́кт**] Nebenwirkung *f;* **побо́чные расхо́ды** Nebenkosten *pl;* **~ проду́кт** Nebenprodukt *nt;* **~ за́работок** Nebenverdienst *m;* **побо́чная проду́кция** Kuppelproduktion *f;* **побо́чная профе́ссия** Nebenberuf *m;* **побо́чная рекла́ма** Schleichwerbung *f;* **побо́чная сде́лка** Nebengeschäft *nt;* **побо́чная специа́льность** Nebenberuf *m;* **побо́чные затра́ты** [*или* **изде́ржки**] Nebenkosten *pl;* **~ би́знес** Nebengeschäft *nt;* **~ дохо́д** Nebenverdienst *m,* Nebenerwerb *m;* **~ нало́г** Nebenabgabe *f;* **~ сбор** Nebenabgabe *f*

побран|и́ть <-ю́, -и́шь> *св прх см.* **брани́ть**

побран|и́ться <-ю́сь, -и́шься> *св рефл см.* **брани́ться**

поб|ра́ть <-еру́, -ерёшь> *св прх прост* nehmen; **чёрт его́ побери́!** zum Teufel mit ihm!

побре́зга|ть <-ю, -ешь> *св нпрх см.* **бре́згать**

побре|сти́ <-ду́, -дёшь> *св нпрх разг* sich schleppen; **пу́блика побрела́ к вы́ходу** das Publikum schlenderte Richtung Ausgang

побр|и́ть <-е́ю, -е́ешь> *св прх см.* **брить**

побр|и́ться <-е́юсь, -е́ешься> *св рефл см.* **бри́ться**

побужда́|ть <-ю, -ешь> *нсв,* **побуди́ть** *св прх (склоня́ть к чему́-л.)* anregen, antreiben; **провока́торы побужда́ют к наси́лию** die Provokateure stiften zu Gewalttaten an

побужде́ни|е <-я> *ср* **1.** *(вну́тренний толчо́к, и́мпульс)* Regung *f,* Antrieb *m,* Beweggrund *m* **2.** *(сти́мул, поощре́ние)* Anreiz *m*

побыва́|ть <-ю, -ешь> *св нпрх* herumreisen, sich umsehen; *(у кого́-л.)* besuchen

поб|ы́ть <-у́ду, -у́дешь> *св нпрх разг* für kurze Zeit [*o* vorübergehend] bleiben; **~ за грани́цей** im Ausland sein

пова́|диться <-жусь, -дишься> *св рефл неодобр* zur Gewohnheit werden; **они́ пова́дились спи́сывать у меня́ зада́чи** sie haben sich zur Gewohnheit gemacht, die Aufgaben von mir abzuschreiben; **что, твой друг опя́ть пова́дился?** ist dein Freund wiedergekommen?

пова́дк|а <-и> *ж разг (привы́чка)* Gewohnheit *f,* Manier *f;* **ба́рские пова́дки** herrische Manieren *fpl*

повал|и́ть[1] <-ю́, -ишь> *св прх (заста́вить упа́сть)* umwerfen; *(кого́-л.)* niederschlagen; **во́ин повали́л врага́ на зе́млю** der Soldat warf den Gegner zu Boden

повали́|ть[2] <-шь> *св безл см.* **вали́ть**[2]

пов|али́ться <-алю́сь, -а́лишься> *св рефл см.* **вали́ться**

пова́льн|ый <-ая, -ое> *прил* total, umfassend; **пова́льные прове́рки** umfassende Überprüfungen *fpl*

повaля́|ться <-юсь, -ешься> *св рефл разг* herumliegen; **~ в посте́ли** im Bett herumliegen

по́вар <-а> *м* Koch *m*

пова́ренн|ый <-ая, -ое> *прил* Koch-; **пова́ренная кни́га** Kochbuch *nt;* **пова́ренная со́ль** Kochsalz *nt*

поварёшк|а <-и> *ж* Kochlöffel *m;* *(больша́я)* Schöpfkelle *f*

повари́х|а <-и> *ж разг* Köchin *f*

поварск|о́й <-а́я, -о́е> *прил* Koch-; **~ нож** Kochmesser *m;* **поварска́я ша́пка** Kochmütze *f;* **поварско́е иску́сство** Kochkunst *f*

пове́да|ть <-ю, -ешь> *св прх см.* **пове́дывать**

поведе́ни|е <-я> *ср* Benehmen *nt,* Betragen *nt,* Verhalten *nt;* **~ покупа́телей** Käuferverhalten *nt;* **~ ры́нка** Marktverhalten *nt*

поведе́нческ|ий <-ая, -ое> *прил* псих Benehmens-; **поведе́нческое описа́ние** Verhaltensbeschreibung *f;* **поведе́нческая реа́кция** Verhaltensreaktion *f*

пове́дыва|ть <-ю, -ешь> *нсв,* **пове́дать** *св прх устар* sagen, mitteilen; **~ секре́т** ein Geheimnis verraten

повез|ти́ <у́, -ёшь> *св прх см.* **везти́**

повелева́|ть <-ю, -ешь> *нсв прх* **1.** *книжн (распоряжа́ться)* befehlen, gebieten, verfügen über *+akk* **2.** *книжн (вла́ствовать)* herrschen, Macht ausüben

повел|е́ть <-ю́, -и́шь> *св нпрх* befehlen

повели́те|ль <-ля> *м,* **повели́тельниц|а** <-ы> *ж* Gebieter(in) *m(f);* *(власте́ли́н)* Herr *m,* Herrin *f;* **быть повели́телем свое́й судьбы́** Herr seines Schicksals sein

повели́те|льный <-льная, -льное; -лен, -льна, -льно> *прил* herrisch, gebieterisch; **повели́тельное наклоне́ние** лингв Imperativ *m*

поверга́|ть <-ю, -ешь> *нсв,* **пове́ргнуть** *св прх (вали́ть на зе́млю)* zu Fall bringen; **защи́тники кре́пости пове́ргли врага́** die Verteidiger der Festung schlugen den Feind zurück; **~ в бе́гство** jdn in die Flucht schlagen; **~ в отча́яние** zur Verzweiflung bringen

пове́ренн|ый <-ого> *м* **1.** *(адвока́т)* Anwalt *m* **2.** *(с поруче́нием)* Beauftragter *m* **3.** *(уполномо́ченный)* Sachwalter *m,* Bevollmächtigter *m;* **~ торго́вой фи́рмы** Handelsvertreter *m*

пове́ржен|ный <-ная, -ное; -, -а, -о> *прил* gestürzt, zu Fall gebracht; **пове́рженное состоя́ние** Niedergeschlagenheit *f;* **~ во прах** *книж* vernichtet

пове́р|ить <-ю, -ишь> *св нпрх см.* **ве́рить, поверя́ть**

П

пове́рк|а <-и> *ж* Überprüfung *f,* Kontrolle *f;* **на пове́рку** bei näherer Betrachtung

поверн|у́ть <-у́, -ёшь> *св прх см.* **повора́чивать**

поверн|у́ться <-у́сь, -ёшься> *св рефл см.* **повора́чиваться**

пов|ерте́ть <-ерчу́, -е́ртишь> *св прх* umdrehen; **учи́тель поверте́л голово́й** der Lehrer drehte den Kopf

пов|ерте́ться <-ерчу́сь, -е́ртишься> *св рефл разг* umherlaufen; **он поверте́лся и ушёл** er lief einige Zeit herum, dann ging er

пове́рх I. *предл* über +*dat,* auf +*dat* II. *нрч* darüber

пове́рхност|ный <-ная, -ное; -ен, -на, -но> *прил и перен* Oberflächen-, oberflächlich, flüchtig

пове́рхнос|ть <-ти> *ж* Oberfläche *f;* **~ земли́** Erdoberfläche *f;* **~ ожо́говая** Verbrennungsfläche *f;* **рабо́чая ~** Arbeitsfläche *f*

пове́рь|е <-я> *ср разг* Aberglaube *m;* **существу́ет ~ о том, что** es besteht der Aberglaube, dass; **по наро́дному пове́рью** nach Volksglauben

поверя́|ть <-ю, -ешь> *нсв,* **пове́рить** *св прх* anvertrauen; **ему́ пове́рили но́вый кора́бль** ihm wurde ein neues Schiff anvertraut

повеселе́|ть <-ю, -ешь> *св нпрх см.* **веселе́ть**

повесел|и́ться <-ю́сь, -и́шься> *св рефл* sich freuen, fröhlich sein, sich amüsieren, sich vergnügen

пове́|сить <-шу, -сишь> *св прх см.* **ве́шать**

пове́|ситься <-шусь, -сишься> *св рефл см.* **ве́шаться**

пове|сти́ <-ду́, -дёшь> *нсв,* **вести́** *св прх* führen; *(управля́ть)* lenken; *(проводи́ть)* geleiten

пове|сти́сь <-ду́сь, -дёшься> *св рефл см.* **вести́сь**

пове́стк|а <-и> *ж* 1. *и перен (дня)* Tagesordnung *f* 2. *(извеще́ние)* Vorladung *f,* Benachrichtigung *f;* **~ о вы́зове в суд** Gerichtsvorladung *f;* **избира́тельная ~** Wahlbenachrichtigung *f* 3. ВОЕН Einberufungsbefehl *m*

по́вес|ть <-ти> *ж* Erzählung *f,* Novelle *f*

пове́три|е <-я> *ср* 1. *разг (бы́стро распространя́ющаяся эпиде́мия)* Epidemie *f;* **~ охвати́ло го́род** die Epidemie erfasste die Stadt 2. *перен, разг (широко́ распространя́ющееся явле́ние)* Massenerscheinung *f;* **в стране́ ~ на фальши́вую валю́ту** die Geldfälschung ist im Land eine Massenerscheinung

пове́шени|е <-я> *ср* (Er)Hängen *nt;* **казнь через ~** Tod durch Erhängen; **приговори́ть к пове́шению** zum Tode durch den Strang verurteilen

пове́шен|ный I. <-ная, -ное; -, -а, -о> *прил* erhängt; **~ престу́пник** erhängter Verbrecher II. <-ного> *м* Erhängte(r) *f(m);* **~ до́лго висе́л на ви́селице** der Hingerichtete hing lange am Galgen

пове́|ять <-ю, -ешь> *св нпрх см.* **ве́ять**

повздо́р|ить <-ю, -ишь> *св нпрх см.* **вздо́рить**

повзросле́|ть <-ю, -ешь> *св нпрх см.* **взросле́ть**

повида́|ться <-юсь, -ешься> *св рефл см.* **вида́ться**

пови́дл|о <-а> *ср* Marmelade *f;* **я́блочное ~** Apfelmarmelade *f*

пови́ннос|ть <-ти> *ж* Pflicht *f;* **во́инская ~** Wehrpflicht *f;* **трудова́я ~** Arbeitspflicht *f*

пови́н|ный <-ная, -ное; -ен, -на, -но> *прил* schuldig; **ни в чём не пови́нные лю́ди** unschuldige Menschen *mpl;* **пови́нный в чём-л.** schuldig an etw; **пови́нная голова́** Schuldbewusstsein *nt,* schlechtes Gewissen *nt;* **прийти́ с пови́нной** mit schlechtem Gewissen [*o* gesenktem Kopf] kommen

повин|ова́ться <-у́юсь, -у́ешься> *нсв рефл + dat* gehorchen

повинове́ни|е <-я> *ср* Gehorsam *m;* **держа́ть кого́-л. в повинове́нии** jdn in Zucht und Ordnung halten

повиса́|ть <-ю, -ешь> *нсв,* **пови́снуть** *св нпрх* 1. *(висе́ть)* hängen bleiben; *(свиса́ть)* herunterhängen; **~ у кого́-л. на ше́е** *перен* an jdm hängen; **ве́тка слома́лась и пови́сла на де́реве** der Zweig brach und hing vom Baum herunter; **флаг пови́с на ма́чте** die Flagge hing am Mast 2. *(быть неподви́жным)* erstarren; **орёл пови́с над овра́гом** der Adler schwebte über der Schlucht

повиту́х|а <-и> *ж устар* Hebamme *f;* **позва́ли повиту́ху, ка́к только ро́ды начали́сь** als die Wehen einsetzten, holte man sofort eine Hebamme

повле́|чь <-ку́, -чёшь> *св прх см.* **влечь**

повлия́|ть <-ю, -ешь> *св нпрх см.* **влия́ть**

по́вод[1] <-а> *м (слу́чай)* Anlass *m,* Veranlassung *f;* **по по́воду** anlässlich

по́вод[2] <-а> *м* Zügel *m;* **натя́гивать пово́дья** *перен* die Zügel anziehen; **отпуска́ть пово́дья** die Zügel lockern; **быть у кого́-л. на поводу́** am Gängelband geführt werden

повод|о́к <-ка́> *м* Hundeleine *f;* **держа́ть на коро́тком поводке́** *перен* an der kurzen Leine halten

пово́зк|а <-и> *ж (экипа́ж)* Kutsche *f,* Fuhrwerk *nt*

Пово́лжь|е <-я> *ср* Wolgaregion *f,* Wolgagebiet *nt*

поволо́|чь <-ку́, -чёшь> *св прх разг* schleppen; **крестья́нин поволо́к теле́гу в сара́й** der Bauer zog den Pferdewagen in den Schuppen

повора́чива|ть <-ю, -ешь> *нсв,* **поверну́ть** *св прх* umdrehen, wenden; **~ го́лову**

den Kopf drehen; **~ налéво** nach links abbiegen; **~ обрáтно** kehrtmachen; **~ истóрию вспять** das Rad der Geschichte zurückdrehen

поворáчива|ться <-юсь, -ешься> *нсв*, **повернýться** *св рефл* sich drehen, sich wenden; **~ спинóй** den Rücken zudrehen; **у негó язы́к éле поворáчивается** er hat eine schwere Zunge; **повернýться нéгде** es ist kein Platz, sich umzudrehen

поворóт <-а> *м и перен* Wende *f*, Wendung *f*, Umschwung *m*; *(дорóги)* Kurve *f*; **~ дорóги вправо** Rechtskurve *f*; **крутóй ~ дорóги** Haarnadelkurve *f*; **~ в упóре** СПОРТ Stemmbogen *m*; **давáть комý-л. от ворóт ~** jdn abblitzen lassen, jdm einen Korb geben

поворóтн|ый <-ая, -ое> *прил* Wende-; **~ момéнт** Wendepunkt *m*

поврежда́|ть <-ю, -ешь> *нсв*, **повреди́ть** *св (н)прх* beschädigen, verletzen +*akk*, schaden +*dat*; **повреди́ть механи́зм** den Mechanismus beschädigen; **повреди́ть нóгу** sich das Bein verletzen; **э́то мóжет емý повреди́ть** das könnte ihm schaden

повреждéни|е <-я> *ср* **1.** *(пóрча)* Beschädigung *f* **2.** *(мéсто повреждéния)* Schaden *m* **3.** *(помéха)* Störung *f* **4.** МЕД Verletzung *f*

повремен|и́ть <-ю́, -и́шь> *св нпрх разг* abwarten; **~, покá придёт дирéктор** abwarten, bis der Direktor kommt; **~ минýту** ein wenig abwarten

повседнéвнос|ть <-ти> *ж* Alltag *m*

повседнéв|ный <-ная, -ное; -ен, -на, -но> *прил* alltäglich

повсемéстно *нрч* überall; **распространя́ть ~** überall verbreiten

повсемéст|ный <-ная, -ное; -ен, -на, -но> *прил* allgegenwärtig

повстáн|ец <-ца> *м* Aufständische(r) *f(m)*

повстречá|ть <-ю, -ешь> *св прх* treffen

повстречá|ться <-юсь, -ешься> *св рефл* *(с кем-л.)* sich treffen mit +*dat*, begegnen

повсю́ду *нрч* überall

повтóр <-а> *м* Wiederholung *f*; **~ неудáчи** Wiederholung eines Misserfolges; **звуковóй ~** Klangwiederholung *f*

повторéни|е <-я> *ср* Wiederholung *f*

повтор|и́ть <-ю́, -и́шь> *св прх см.* **повторя́ть**

повтор|и́ться <-ю́сь, -и́шься> *св рефл см.* **повторя́ться**

повтóрно *нрч* wiederholt, erneut; **сказáть ~** wiederholen

повтóрн|ый <-ая, -ое> *прил* rückfällig; *(втори́чный)* erneut, nochmalig; **повтóрное обслéдование** Nachuntersuchung *f*; **повтóрное испóльзование** Recycling *nt*

повторя́|ть <-ю, -ешь> *нсв*, **повтори́ть** *св прх* **1.** *(сказáть/сдéлать ещё раз)* wiederholen, noch einmal sagen; **~ трéбование** die Forderung wiederholen **2.** *(скопи́ровать)* wiedergeben; **~ архитектýру бы́вшей эпóхи** die Architektur einer früheren Epoche wieder beleben

повторя́|ться <-юсь, -ешься> *нсв*, **повтори́ться** *св рефл* sich wiederholen; **собы́тие повторя́ется** das Ereignis wiederholt sich; **истóрия повтори́лась, но ужé чéрез мнóго лет** die Geschichte wiederholte sich, jedoch nach vielen Jahren

повы́|сить <-шу, -сишь> *св прх см.* **повышáть**

повы́|ситься <-шусь, -сишься> *св рефл см.* **повышáться**

повышá|ть <-ю, -ешь> *нсв*, **повы́сить** *св прх* erhöhen, heben; *(в дóлжности)* befördern; *(зарплáту)* aufbessern; *(цéны)* anheben; **~ ýровень образовáния** das Ausbildungsniveau erhöhen; **~ гóлос** die Stimme heben; **~ тéмпы рабóты** das Arbeitstempo erhöhen; **~ квалификáцию** sich fortbilden, sich (weiter)qualifizieren

повышá|ться <-юсь, -ешься> *нсв*, **повы́ситься** *св рефл* sich erhöhen, sich steigern; **ýровень воды́ повышáется** der Wasserspiegel steigt; **интерéс к откры́тию повышáется** das Interesse an die Erfindung steigt

повышéни|е <-я> *ср* Erhöhung *f*, Anhebung *f*, Steigerung *f*; **~ квалификáции** Weiterbildung *f*, Fortbildung *f*; **~ налóгов** Steuererhöhung *f*; **~ оклáдов** Gehaltserhöhung *f*; **~ цен** Preissteigerung *f*; **~ балáнсовой стóимости** Zuschreibung *f*; **~ биржевы́х кýрсов** Hausse *f*; **~ вы́пуска продýкции** Produktionssteigerung *f*; **~ в дóлжности** Beförderung *f*; **~ зарплáты** Gehaltserhöhung *f*; **~ конъюнктýры** Konjunkturaufschwung *m*; **~ кýрса** Kursanstieg *m*; **~ номинáла** Aufwertung *f*; **~ номинáльной стóимости** Aufwertung *f*; **~ производи́тельности** Produktivitätssteigerung *f*; **~ производи́тельности трудá** Leistungssteigerung *f*; **~ произвóдства** Produktionssteigerung *f*; **~ спрóса** Nachfragesteigerung *f*; **получáть ~** aufrücken

повы́шен|ный <-ная, -ное; -, -а, -о> *прил* gesteigert, erhöht; **повы́шенное давлéние** Bluthochdruck *m*; **повы́шенный интерéс** gesteigertes Interesse *nt*

пов|язáть <-яжý, -я́жешь> *св прх см.* **повя́зывать**

повя́зк|а <-и> *ж* Binde *f*; **ги́псовая ~** Gipsverband *m*; **тугáя ~** Bandage *f*

повя́зыва|ть <-ю, -ешь> *нсв*, **повязáть** *св прх* umbinden; **~ косы́нку на гóлову** sich ein Kopftuch umbinden

погадá|ть <-ю, -ешь> *св нпрх см.* **гадáть**

погáн|ый <-ая, -ое> *прил* **1.** *(несъедóбный)* ungenießbar **2.** *(отврати́тельный)* schlecht, ekelhaft **3.** *презрит* unrein, heidnisch

пог|аси́ть <-ашý, -áсишь> *св прх см.*

П

гаси́ть, погаша́ть

пога́сн|уть <-у, -ешь> *св прх см.* **га́снуть, погаса́ть**

погаша́|ть <-ю, -ешь> *нсв,* **погаси́ть** *св прх* **1.** *(долг)* tilgen **2.** *(заплати́ть)* begleichen, bezahlen **3.** *(покры́ть)* decken

погаше́ни|е <-я> *ср* **1.** *(долго́в и т.п.)* Tilgung *f,* Begleichung *f* **2.** *(вы́плата)* Ablösung *m,* Einlösung *f,* Abzahlung *f,* Deckung *f;* **~ долго́в** Schuldentilgung *f;* **~ за́йма** Anleihenrückzahlung *f;* **~ платеже́й** Zahlungsausgleich *m*

погиба́|ть <-ю, -ешь> *нсв,* **поги́бнуть** *св нпрх* umkommen, ums Leben kommen; *(на войне́)* fallen; *(о расте́ниях, живо́тных)* eingehen

поги́бе|ль <-ли> *ж* Verderben *nt,* Untergang *m*

поги́бн|уть <-ну, -нешь> *св нпрх см.* **ги́бнуть, погиба́ть**

погла́|дить <-жу, -дишь> *св прх см.* **гла́дить**

поглоща́|ть <-ю, -ешь> *нсв,* **поглоти́ть** *св прх* **1.** ТЕХ absorbieren **2.** ПОЛ vereinnahmen, sich einverleiben **3.** *и перен* verschlingen; **~ кого́-л. целико́м** jdn voll und ganz beanspruchen; **мо́ре поглоти́ло кора́бль** das Schiff wurde vom Meer verschlungen; **забо́ты поглоти́ли всё её внима́ние** die Sorgen beanspruchten ihre gesammte Aufmerksamkeit; **ремо́нт поглоти́л мно́го уси́лий и де́нег** die Reparatur hat viel Mühe und Geld gekostet

поглоще́ни|е <-я> *ср* **1.** *(приня́тие пи́щи)* Verschlucken *nt,* Verschlingen *nt;* **системати́ческое ~ огро́мных коли́честв пи́щи приво́дит к заболева́ниям кише́чника** das regelmäßige Verschlingen großer Mengen Speise führt zu Darmerkrankungen **2.** ФИЗ *(абсорби́рование)* Absorption *f;* **этот изоляцио́нный материа́л облада́ет высо́кой сте́пенью поглоще́ния зву́ка** dieses Isolationsmaterial weist eine gute Schallisolierung auf **3.** ЭКОН Übernahme *f;* **в результа́те поглоще́ния, а́кции компа́нии подорожа́ли** als Ergebnis der Übernahme stiegen die Aktien der Firma

поглум|и́ться <-лю́сь, -и́шься> *св нпрх см.* **глуми́ться**

поглупе́|ть <-ю, -ешь> *св нпрх см.* **глупе́ть**

погля|де́ть <-жу́, -ди́шь> *св нпрх см.* **гляде́ть**

погля́дыва|ть <-ю, -ешь> *нсв нпрх* anschauen, anblicken; **ребёнок погля́дывал испу́ганно на соба́ку** das Kind blickte verängstigt den Hund an

пог|на́ть <-оню́, -о́нишь> *св прх см.* **гна́ть**

по|гна́ться <-гоню́сь, -го́нишься> *св рефл см.* **гна́ться**

по́гнут|ый <-ая, -ое> *прил* gebogen

погнуша́|ться <-юсь, -ешься> *св рефл см.* **гнуша́ться**

погова́рива|ть <-ю, -ешь> *нсв нпрх* **1.** *(о ком-л./чём-л.)* immer wieder reden über *+akk* **2.** *(о слу́хах)* munkeln über *+akk*

поговор|и́ть <-ю́, -и́шь> *нсв нпрх (с кем-л.)* eine Weile sprechen mit *+dat*

погово́рк|а <-и> *ж* Sprichwort *nt;* **употребля́ть погово́рки в ре́чи** Sprichwörter einfließen lassen

пого́д|а <-ы> *ж* Wetter *nt;* **апре́льская ~** Aprilwetter *nt;* **дождли́вая ~** Regenwetter *nt;* **в любу́ю пого́ду** bei jedem Wetter; **де́лать пого́ду** *перен* das Geschehen bestimmen

пого|ди́ть <-жу́, -ди́шь> *св нпрх разг* warten; **на́до ~ с расска́зом, пока́ она придёт** warten wir mit der Erzählung ab, bis sie kommt; **погоди́ ещё мину́тку** warte noch ein wenig; **немно́го погодя́** bald, nach einiger Zeit; **ты погоди́ у меня́!** warte, wenn ich dich kriege!

пого́дн|ый[1] <-ая, -ое> *прил (реализу́емый ка́ждый год)* alljährlich; **~ альмана́х** Jahrbuch *nt*

пого́дн|ый[2] <-ая, -ое> *прил (свя́занный с пого́дой)* Klima-, Atmosphäre-; **пого́дные усло́вия** klimatische Bedingungen *fpl*

пого́д|ок <-ка> *м (брат или сестра́ с ра́зницей в во́зрасте 1 год)* Bruder oder Schwester mit einem Jahr Altersunterschied; **они́ с сестро́й пого́дки** zwischen mir und meiner Schwester liegt ein Jahr Altersunterschied

пого́ж|ий <-ая, -ее> *прил* schön; **~ день** schöner Tag *m*

поголо́вно *нрч* allesamt, ohne Ausnahme; **вы́звать всех ~** alle aufrufen; **переда́ть всем ~** die Nachricht an alle weitergeben

поголо́вн|ый <-ая, -ое> *прил* allgemein; **поголо́вная мобилиза́ция** Generalmobilmachung *f;* **~ счёт** Kopfzählung *f;* **поголо́вная пе́репись** Volkszählung *f*

поголо́вь|е <-я> *ср* totale Anzahl *f;* **вы́числить ~ скота́ в райо́не** den gesamten Viehbestand im Bezirk berechnen

пого́н <-а> *м* ВОЕН Schulterstück *nt;* **приши́ть но́вые пого́ны к ки́телю** neue Schulterstücke an die Uniformjacke nähen; **офице́рские пого́ны** Offiziersschulterstücke *pl*

пого́н|я <-и> *ж* Verfolgungsjagd *f;* **~ за дешёвыми эффе́ктами** billige Effekthascherei *f*

погоня́|ть <-ю, -ешь> *нсв прх* antreiben; **~ ло́шадь кнуто́м** das Pferd mit der Peitsche antreiben

погора́|ть <-ю, -ешь> *нсв,* **погоре́ть** *св нпрх* **1.** *разг (сгоре́ть целико́м)* verbrennen; **всё село́ дотла́ погоре́ло** das ganze Dorf brannte bis auf die Grundmauern nieder **2.** *перен, разг (терпе́ть убы́тки)*

Verluste erleiden

погор|евáть <-ю́ю, -ю́ешь> *св нпрх см.* **горевáть**

погор|éть <-рю́, -и́шь> *св нпрх см.* **погорáть**

погоряч|и́ться <-у́сь, -и́шься> *св рефл* sich aufregen; **~ из-за слов выступáющего** sich wegen der Worte des Redners aufregen

погóст <-а> *м (сéльское клáдбище)* Dorffriedhof *m;* **отвезти́ поко́йника на ~** die Leiche des Verstorbenen auf den Dorffriedhof fahren

пого|сти́ть <-щу́, -сти́шь> *св нпрх см.* **гости́ть**

пограни́чник <-а> *м* Grenzsoldat *m,* Grenzschützer *m*

пограни́чн|ый <-ая, -ое> *прил* Grenz-; (**Федерáльная**) **пограни́чная охрáна** (Bundes)Grenzschutz *m;* **~ райóн** Grenzgebiet *nt*

пóгреб <-а> *м* Keller *m*

погребáльн|ый <-ая, -ое> *прил* Begräbnis-, Trauer-; **погребáльная процéссия** Trauerzug *m,* Leichenzug *m*

погребá|ть <-ю, -ешь> *нсв,* **погрести́** *св прх книжн* beerdigen, beisetzen

погребéни|е <-я> *ср* Beerdigung *f,* Beisetzung *f,* Bestattung *f*

погребн|óй <-áя, -óе> *прил* Keller-; **~ зáпах** Kellergeruch *nt;* **погребнáя сы́рость** Kellerfeuchtigkeit *f*

погреб|óк <-кá> *м (ви́нный)* Kellerei *f*

погремýшк|а <-и> *ж* Rassel *f*

погре|сти́ <-бу́, -бёшь> *св прх см.* **погребáть**

погрé|ть <-ю, -ешь> *св прх* erwärmen; **сóлнышко погрéет и всё вы́сушит** die Sonne wird sich zeigen und alles trocknen; **~ рýки на чём-л.** *перен* aus etw Nutzen ziehen

погрé|ться <-юсь, -ешься> *св рефл* sich erwärmen; **заходи́те к нам ~** kommen Sie herein, um sich aufzuwärmen

погрéшнос|ть <-ти> *ж* **1.** *(оши́бка)* Fehler *m* **2.** ТЕХ Toleranz *f*

погро|зи́ть <-жу́, -зи́шь> *св нпрх см.* **грози́ть**

погрóм <-а> *м* Pogrom *m o nt*

погружá|ть <-ю, -ешь> *нсв,* **погрузи́ть** *св прх* verladen; *(в вóду)* eintauchen

погружá|ться <-юсь, -ешься> *нсв,* **погрузи́ться** *св рефл* einsinken

погружéни|е <-я> *ср* Eintauchen *nt*

погру|зи́ть <-жу́, -зишь> *св прх см.* **погружáть, грузи́ть**

погру|зи́ться <-жу́сь, -зи́шься> *св рефл см.* **грузи́ться, погружáться**

погрýзк|а <-и> *ж* Ladung *f,* Verladung *f;* **~ на борт сýдна и разгрýзка с бóрта сýдна оплáчиваются фрахтовáтелем** frei an und von Bord; **погрýзо-разгрýзочные рабóты** Verlagerung *f;* **погрýзочная накладнáя** Verladepapier *nt*

погрýзчик <-а> *м* Lader *m;* **ви́лочный ~** Gabelstapler *m*

погрустнé|ть <-ю, -ешь> *св нпрх* traurig werden; **ребёнок срáзу погрустнéл** das Kind wurde sogleich traurig

погрязá|ть <-ю, -ешь> *нсв,* **погря́знуть** *св нпрх* versinken; **~ в болóте** im Sumpf versinken; **~ в долгáх** in Schulden stecken

погуб|и́ть <-лю́, -и́шь> *св прх см.* **губи́ть**

погуля́|ть <-ю, -ешь> *св нпрх см.* **гуля́ть**

под *предл* unter +*dat,* bei +*dat;* **~ гитáру** unter Gitarrenbegleitung; **~ Москвóй** bei Moskau; **~ ним** darunter; **~ столóм** unter dem Tisch; **что слéдует ~ э́тим понимáть?** was ist darunter zu verstehen?; **~ вéчер** gegen Abend; **~ стол** unter den Tisch

пода|вáть <-ю́, -ёшь> *нсв,* **подáть** *св прх* **1.** *(давáть)* reichen, geben **2.** *(заявля́ть)* einreichen; **~ зая́вку** anmelden; **~ заявлéние** einen Antrag stellen; **~ заявлéние об ухóде с рабóты** die Kündigung einreichen; **~ в суд** eine Klage erheben **3.** *(представля́ть)* vorlegen; **~ дурнóй примéр** ein schlechtes Beispiel abgeben; **~ надéжду** Hoffnung wecken **4.** *(блю́да)* auftragen **5.** ТЕХ zuführen **6.** СПОРТ anstoßen

пода|вáться <-ю́сь, -ёшься> *нсв,* **подáться** *св рефл* **1.** *разг (уступи́ть)* nachgeben, weichen **2.** *(вперёд)* vorrücken; *(назáд)* zurückrücken **3.** *(перевести́сь)* versetzt werden; **~ на другóе отделéние** in eine andere Abteilung versetzt werden; **~ на завóд** ins Werk versetzt werden

под|ави́ть <-авлю́, -áвишь> *св прх см.* **подавля́ть**

под|ави́ться <-авлю́сь, -áвишься> *св рефл* sich verschlucken

подавлéни|е <-я> *ср* Unterdrückung *f,* Niederschlagung *f*

подáвленнос|ть <-ти> *ж* Niedergeschlagenheit *f,* Bedrücktheit *f;* МЕД Depression *f*

подáвлен|ный <-ная, -ное; -, -а, -о> *прил* niedergeschlagen, deprimiert

подавля́|ть <-ю, -ешь> *нсв,* **подави́ть** *св прх* **1.** *(класть конéц какóму-н. движéнию вооружённой си́лой)* niederschlagen; **~ мятéж** einen Aufstand niederwerfen **2.** *(преодолéть что-то)* überwinden, unterdrücken; **~ улы́бку** das Lächeln unterdrücken; **~ страх** die Angst unterrücken **3.** *(превосходи́ть чи́сленностью, авторитéтом)* übertreffen, dominieren; **монгóлы подавля́ли любóе сопротивлéние** die Mongolen unterdrückten jeden Widerstand

подáвно *нрч разг* geschweige denn; **умá нет, а смéлости ~** ihm fehlt der Verstand, von der Tapferkeit ganz zu schweigen

подáгр|а <-ы> *ж* Gicht *f*

подар|и́ть <-ю́, -и́шь> *св прх см.* **дари́ть**

П

подáр|ок <-ка> *м* Geschenk *nt;* **~ на пáмять, пáмятный ~** Andenken *nt;* **цéнный ~** wertvolles Geschenk

подáрочн|ый <-ая, -ое> *прил* Geschenk-; **~ комплéкт** Geschenksatz *m;* **подáрочная корóбка конфéт** eine Geschenkpackung Pralinen

подáтлив|ый <-ая, -ое; -, -а, -о> *прил* gefügig, nachgiebig

подá|ть <-м, -шь> *св прх см.* **подавáть**

пóда|ть <-ти> *ж* Steuer *f,* Abgabe *f*

подá|ться <-мся, -шься> *св рефл см.* **подавáться**

подáч|а <-и> *ж* **1.** *(снабжéние)* Zufuhr *f* **2.** *(возложéние)* Servieren *nt* **3.** *(заявлéния и т.п.)* Einreichung *f;* **~ предложéния** Angebotsabgabe *f* **4.** СПОРТ Aufschlag *m*

подáчк|а <-и> *ж презрит* Almosen *nt*

подаяни|е <-я> *ср* Almosen *nt*

подбáдрива|ть <-ю, -ешь> *нсв,* **подбодрúть** *св прх* ermuntern, animieren

подбегá|ть <-ю, -ешь> *нсв,* **подбежáть** *св нпрх* herbeilaufen; **~ к дóму** zum Haus laufen

подбивá|ть <-ю, -ешь> *нсв,* **подбúть** *св прх* **1.** *(на что-л.)* verleiten, anstiften zu +*dat* **2.** *(танк, самолёт)* abschießen

подбирá|ть <-ю, -ешь> *нсв,* **подобрáть** *св прх* aufheben, aufsammeln; *(выбирáть)* aussuchen; **~ подáрок** ein Geschenk aussuchen; **~ ключ** den passenden Schlüssel finden

подбирá|ться <-юсь, -ешься> *нсв,* **подобрáться** *св рефл* **1.** *(подходúть незамéтно)* sich einschleichen; **~ тúхо к забóру** sich zum Zaun schleichen **2.** *(забирáться под что-л.)* sich verkriechen; **~ под одеяло** sich unter der Decke verkriechen **3.** *(подтягиваться)* die Brust herausstrecken; **генерáл встал, подобрáлся и заговорúл** der General erhob sich, streckte die Brust heraus und begann zu reden **4.** *разг (исчéрпываться)* sich erschöpfen, zu Ende sein

подб|úть <-ью, -ьёшь> *св прх см.* **подбивáть**

подбодр|úть <-ю, -úшь> *св прх см.* **подбáдривать**

подбóр <-а> *м* Zusammenstellung *f;* **~ кáдров** [*или* **персонáла**] Personalauswahl *f*

подбóр|а <-ы> *ж* Seil *nt* am Fischnetz; **обтя́нутая ~** straffgezogenes Seil *nt;* **натянýть подбóру** das Seil straffen

подбóрк|а <-и> *ж* **1.** *(процéсс подбóра)* Auswahl *f;* **~ подходя́щих кандидáтов** Auswahl passender Kandidaten **2.** ГАЗЕТ *(набóр материáлов, посвящённых однóй тéме)* Materialienauswahl *f;* **он отвечáл за подбóрку о войнé в залúве** er war für die Materialienauswahl zum Golfkrieg zuständig

подборóд|ок <-ка> *м* Kinn *nt*

подбочéнива|ться <-юсь, -ешься> *нсв,* **подбочéниться** *св рефл разг* die Arme in die Seiten [*o* Hüfte] stemmen; **хозя́йка подбочéнилась и стáла смотрéть на них угрожáюще** die Arme in die Hüften gestemmt sah die Wirtin sie drohend an

подбрáсыва|ть <-ю, -ешь> *нсв,* **подбрóсить** *св прх* werfen; **~ монéту** eine Münze werfen; **~ мяч** den Ball werfen; **~ дров в пéчку** Brennholz in den Ofen werfen; **~ знакóмого в гóрод** einen Bekannten in die Stadt fahren

подвáл <-а> *м* Keller *m*

подвал|úть <-ю, -úшь> *св прх* **1.** *(навалúть плóтно к чемý-то)* hinwälzen; **~ землú к стенé** Erde an der Wand anhäufen; **к нам подвалúло подкреплéние** wir erhielten Verstärkung; **к гóрлу подвалúло что-то тяжёлое** etw schnürt den Hals zu; **боль подвалúла под сéрдце** das Herz wurde schwer **2.** *(дать дополнúтельно)* hinzugeben; **~ ещё два задáния** zusätzlich noch zwei Aufgaben stellen

подвáльн|ый <-ая, -ое> *прил* Keller-; **подвáлное помещéние** Keller *m;* **~ зáпах** Kellergeruch *m;* **подвáльная статья́** ГАЗЕТ Artikel *m* unter dem Strich

подведéни|е <-я> *ср* Zusammenfassung *f;* **~ итóгов** Zusammenfassung der Ergebnisse; **~ фундáмента** Grundlegung *f*

подвез|тú <-ý, -ёшь> *св прх см.* **подвозúть**

подвенéчн|ый <-ая, -ое> *прил* Braut-; **подвенéчная фатá** Brautschleier *m;* **подвенéчное плáтье** Brautkleid *nt*

подвергá|ть <-ю, -ешь> *нсв,* **подвéргнуть** *св прх* unterziehen, aussetzen; **~ опáсности** in Gefahr bringen, gefährden; **~ осмóтру** begutachten

подвергá|ться <-юсь, -ешься> *нсв,* **подвéргнуться** *св рефл* sich unterziehen; **~ постоя́нному давлéнию** einem ununterbrochenen Druck ausgesetzt sein

подвéргн|уть <-у, -ешь> *св прх см.* **подвергáть**

подвéргн|уться <-усь, -ешься> *св рефл см.* **подвергáться**

подвéржен|ный <-ная, -ное; -, -на, -но> *прил* anfällig; **~ насúлию** zur Gewalt neigend; **~ порóкам** zu Lastern neigend; **~ искушéниям** für Versuchungen anfällig sein

подверн|ýть <-ý, -ёшь> *св прх см.* **подвёртывать**

подверн|ýться <-ýсь, -ёшься> *св рефл см.* **подвёртываться**

подвёртыва|ть <-ю, -ешь> *нсв,* **подвернýть** *св прх* **1.** *(сдéлать корóче)* säumen, knicken; **подвернýть плáтье** das Kleid säumen **2.** *(ступúв крúво, повредúть)* verrenken; **подвернýть нóгу на ступéньке** sich das Bein auf der Treppe verrenken

подвёртыва|ться <-юсь, -ешься> *нсв,*

подверну́ться *св рефл* **1.** *(загну́ться)* sich umschlagen; **подо́л пальто́ подверну́лся** der Mantelsaum hatte sich umgeschlagen **2.** *(подогну́ться от непра́вильного движе́ния)* sich verrenken; **нога́ подверну́лась** ich habe mir das Bein verrenkt **3.** *разг (оказа́ться случа́йно)* erhalten; **ему́ подверну́лась невероя́тная возмо́жность** es eröffnete sich ihm eine unglaubliche Möglichkeit

подве́|сить <-шу, -сишь> *св прх см.* **подве́шивать**

подвесн|о́й <-ая, -ое> *прил* hängend; **подвесна́я ла́мпа;** Hängelampe *f;* **подвесна́я крова́ть** Hängebett *nt;* **подвесна́я доро́га** ТЕХ Aufzug *m*

подве|сти́ <-ду́, -дёшь> *св прх см.* **подводи́ть**

подве́тренн|ый <-ая, -ое> *прил* windabgewandt; **подве́тренная сторона́** МОР Lee *f*

подве́шенн|ый <-ая, -ое> *прил* aufgehängt; **находи́ться в подве́шенном положе́нии** in der Schwebe sein; **име́ть хорошо́ ~ язы́к** *перен* ein loses Mundwerk haben

подве́шива|ть <-ю, -ешь> *нсв,* **подве́сить** *св прх* aufhängen

подвига́|ть <-ю, -ешь> *нсв,* **подви́нуть** *св прх* **1.** *(перемеща́ть слегка́)* schieben; **подви́нуть стул к дива́ну** den Stuhl zum Sofa rücken **2.** *перен, разг (приближа́ть к концу́)* vorangehen; **за два дня брига́да бы́стро подви́нула стро́йку** innerhalb zwei Tagen hat die Brigade den Bau schnell voran gebracht

подвига́|ться <-юсь, -ешься> *нсв,* **подви́нуться** *св рефл* **1.** *(слегка́ перемести́ться)* zur Seite rücken; **подви́ньтесь, пожа́луйста, немно́го вперёд!** rücken Sie, bitte, etwas nach vorn! **2.** *перен (пойти́ вперёд, разви́ться)* sich entwickeln; **де́ло вдруг ре́зко подви́нулось** alles entwickelte sich auf einmal sehr schnell

подви́жник <-а> *м* Mann *m* der Tat, Streiter *m;* **~ иску́сства** ein Streiter für die Kunst

подви́жнос|ть <-ти> *ж* Beweglichkeit *f,* Mobilität *f;* **~ де́нежных средств** ЭКОН Volatilität *f*

подви́ж|ный <-ная, -ное; -ен, -на, -но> *прил,* **подвижн|о́й** <-а́я, -о́е> *прил* beweglich; ЭКОН mobil; **~ ма́льчик** schneller Junge *m;* **~ ум** flinker Verstand *m;* **подви́жное ударе́ние** sich ändernde Betonung *f*

подвиза́|ться <-юсь, -ешься> *нсв рефл неодобр, книжн* tätig sein; **она́ давно́ подвиза́ется у нас на фи́рме, но не зна́ю, чем она́ занима́ется** sie ist seit langem in unserer Firma tätig, ich weiß jedoch nicht, womit sie sich beschäftigt

подви́н|уть <-у, -ешь> *св прх см.* **подвига́ть**

подви́н|уться <-усь, -ешься> *св рефл см.* **подвига́ться**

подвла́ст|ный <-ная, -ное; -ен, -на, -но> *прил* unterstellt, untergeben; **подвла́стные завоева́телю страны́** dem Eroberer unterstellte Länder

подво́д|а <-ы> *ж (теле́га)* Pferdewagen *m;* **крестья́нская ~** Bauernwagen *m*

подв|оди́ть <-ожу́, -о́дишь> *нсв,* **подвести́** *св прх* heranführen, heranbringen; *(ста́вить в неприя́тное положе́ние)* im Stich lassen, hängenlassen; *и перен* bilanzieren, abrechnen, abschließen; **~ ито́ги** Ergebnisse zusammenfassen; **~ черту́ под про́шлым** einen Strich unter die Vergangenheit ziehen; **~ бала́нс** Bilanz ziehen

подво́дн|ый <-ая, -ое> *прил* Unterwasser-; **подво́дная ло́дка** U-Boot *nt*

подво́з <-а> *м* Zufuhr *f;* ВОЕН Nachschub *nt*

подв|ози́ть <-ожу́, -о́зишь> *нсв,* **подвезти́** *св прх* (im Wagen) mitnehmen; **~ до чего́-л.** absetzen vor *+dat*

подворо́тн|я <-и> *ж* Torbogen *m,* Torweg *m;* **из-под подворо́тни ла́ял пёс** hinter dem Torbogen bellte ein Köter; **заверну́ть в подворо́тню** durch den Torbogen gehen

подво́х <-а> *м разг* Provokation *f;* **не ви́деть подво́ха в чьём-л. посту́пке** in jds Benehmen nichts Hinterlistiges bemerken

подвы́пивш|ий <-ая, -ее> *прил* angetrunken, beschwipst

подгиба́|ть <-ю, -ешь> *нсв,* **подогну́ть** *св прх* knicken, falten; **~ у́гол листа́** die Ecke des Blattes knicken; **она люби́ла ~ но́ги** sie schlug gern die Beine unter

подгиба́|ться <-юсь, -ешься> *нсв,* **подогну́ться** *св рефл* **1.** *(подвора́чиваться)* knicken, falten; **лист подгиба́ется** das Blatt wird geknickt **2.** *(сгиба́ться непроизво́льно)* sich biegen; **он так слаб, что у него́ но́ги подгиба́ются** er ist so schwach, dass er sich kaum auf den Beinen halten kann

подгля́дыва|ть <-ю, -ешь> *нсв,* **подгляде́ть** *св (н)прх* belauern, heimlich zusehen; **~ из-за две́ри** hinter der Tür heimlich zusehen

подголо́вник <-а> *м* Kopfstütze *f*

подгоня́|ть <-ю, -ешь> *нсв,* **подогна́ть** *св прх* antreiben, Dampf *m* machen

подгора́|ть <-ю, -ешь> *нсв,* **подгоре́ть** *св нпрх* anbrennen

подгота́влива|ть <-ю, -ешь> *нсв,* **подгото́вить** *св прх* **1.** *(предвари́тельно обраба́тывать, проду́мывать)* vorbereiten; **~ ле́кцию** eine Vorlesung vorbereiten; **~ роди́телей к но́вости** die Eltern auf die Neuigkeit vorbereiten **2.** *(обуча́ть)* schulen; **~ кого́-л. к экза́менам** jdn für die Prüfungen vorbereiten

подгота́влива|ться <-юсь, -ешься> *нсв,* **подгото́виться** *св рефл* sich vorbereiten;

П

~ к экза́менам sich auf die Prüfungen vorbereiten; **~ к спекта́клю** sich auf die Theatervorstellung vorbereiten

подготови́те|льный <-льная, -льное; -лен, -льна, -льно> *прил* **подготови́тельные рабо́ты** Vorbereitungsarbeiten *pl;* **подготови́тельные ку́рсы** Vorbereitungskurse *pl*

подгото́в|ить <-лю, -ишь> *св прх см.* **подгота́вливать**

подгото́в|иться <-люсь, -ишься> *св рефл см.* **подгота́вливаться**

подгото́вк|а <-и> *ж* **1.** *(к чему́-л.)* Vorbereitung auf *+akk;* **~ произво́дства** Produktionsvorbereitung *f* **2.** *(обуче́ние)* Ausbildung *f;* **безо вся́кой подгото́вки** auf Anhieb; **~ ка́дров** Fachkräfteausbildung *f;* **полити́ческая ~** politische Schulung *f;* **предвари́тельная ~** Vorbildung *f;* **профессиона́льная ~** Berufsausbildung *f*

подгреба́|ть <-ю, -ешь> *нсв,* **подгрести́** *св прх* **1.** *(собира́ть в одно́ ме́сто)* sammeln; **~ се́но к сара́ю** das Heu im Schuppen sammeln **2.** *(прича́ливать гребя́)* rudern; **~ к бе́регу** zum Ufer rudern

подда|ва́ть <-аю́, -аёшь> *нсв,* **подда́ть** *св прх* **1.** *(подбра́сывать вверх уда́ром сни́зу)* hochwerfen, hochschleudern; **~ ного́й шля́пу** den Hut mit dem Fuß hochwirbeln **2.** *прост (ударя́ть сни́зу вверх)* von unten nach oben schlagen; **~ кому́-л. ного́й в нос** jdm mit dem Fuß in die Nase treten **3.** *разг (уси́ливать: пар, давле́ние)* steigern, erhöhen; **~ га́зу** den Gasdruck erhöhen **4.** *прост (выпива́ть спиртно́го)* hinunterkippen; **~ 300 гра́ммов во́дки** 300 Gramm Wodka hinunterkippen **5.** *разг (отдава́ть преднаме́ренно фигу́ру)* opfern; **игро́к подда́л фе́рзя и тут же вы́играл** der Spieler opferte die Königin und gewann sogleich

подда|ва́ться <-аю́сь, -аёшься> *нсв,* **подда́ться** *св рефл* **1.** *(уступи́ть како́му-л. де́йствию, влия́нию)* nachgeben, erliegen; **~ де́йствию приро́дных сил** dem Einfluss der Naturkräfte erliegen; **поддаётся влия́нию** jds Einfluss nachgeben **2.** *(подверга́ться)* unterliegen; **зо́лото не поддаётся окисле́нию** Gold unterliegt keiner Oxidation

подда́кива|ть <-ю, -ешь> *нсв,* **подда́кнуть** *св нпрх неодобр* sich schnell einverstanden erklären; **~ руководи́телю** sich mit allem einverstanden erklären, was der Vorgesetzte sagt

по́дданн|ая <-ой> *ж* Bürgerin *f*

по́дданн|ый <-ого> *м* Staatsangehörige(r) *f(m); (верноподданный)* Untertan *m*

по́дданств|о <-а> *ср* Staatsangehörigkeit *f*

подда́|ть <-ам, -ашь> *св (н)прх см.* **поддава́ть**

подда́|ться <-мся, -шься> *св рефл см.* **поддава́ться**

поддева́|ть <-ю, -ешь> *нсв,* **подде́ть** *св прх* anstechen; *перен* hänseln, necken

подде́ла|ть <-ю, -ешь> *св прх см.* **подде́лывать**

подде́лк|а <-и> *ж* Imitation *f,* Fälschung *f;* **~ докуме́нтов** Urkundenfälschung *f*

подде́льн|ый <-ая, -ое> *прил* gefälscht; **~ това́р** Piratenware *f*

подде́лыва|ть <-ю, -ешь> *нсв,* **подде́лать** *св прх* nachmachen, fälschen

поддержа́ни|е <-я> *ср* Aufrechterhaltung *f;* **~ и́миджа** Imagepflege *f;* **~ в испра́вном состоя́нии** Instandhaltung *f*

подде́ржива|ть <-ю, -ешь> *нсв,* **поддержа́ть** *св прх* **1.** СТР *(подпира́ть)* stützen **2.** *(помога́ть)* unterstützen, befürworten **3.** *(заступа́ться)* beistehen, den Rücken stärken **4.** *(дру́жбу, знако́мство)* aufrecht erhalten; **~ прямы́е конта́кты** direkte Kontakte unterhalten

подде́ржк|а <-и> *ж* Unterstützung *f,* Rückhalt *m;* **госуда́рственная ~** staatliche Förderung *f;* **мора́льная ~** moralische Unterstützung *f*

подде́|ть <-ну, -нешь> *св прх см.* **поддева́ть**

поддо́н <-а> *м* ТЕХ Untersatz *m,* Palette *f*

поде́йств|овать <-ую, -уешь> *св нпрх см.* **де́йствовать**

поде́ла|ть <-ю, -ешь> *св прх* tun, machen; **ничего́ не поде́лаешь** da kann man nichts tun [*o* machen]

подел|и́ть <-ю́, -и́шь> *св прх см.* **дели́ть**

подел|и́ться <-ю́сь, -и́шься> *св рефл см.* **дели́ться**

поде́лк|а <-и> *ж* Bastelarbeit *f; презрит* Machwerk *nt*

поделóм *нрч разг (справедли́во, заслу́женно)* **наказа́ть кого́-л. ~** jdn mit Grund bestrafen; **~ ему́, так ему́ и на́до, е́сли он э́то сде́лал!** das geschieht ihm recht, wenn er das getan hat!

подёргива|ть <-ю, -ешь> *нсв,* **подёрнуть** *св прх* **1.** *прост (дёрнуть слегка́)* ziehen; **подёрнуть пла́тье** das Kleid nach unten ziehen **2.** *(покоро́бить)* zusammenzucken, erschauern; **при ви́де мёртвого его́ подёрнуло** als er den Verstorbenen sah, erschauerte er

подёргива|ться <-юсь, -ешься> *нсв,* **подёрнуться** *св рефл* mit einer dünnen Schickt bedeckt sein; **луга́ подёрнулись тума́ном** auf der Wiese lag Nebel

подёржан|ный <-ная, -ное; -, -а, -о> *прил* Gebraucht-, Secondhand-; *(о челове́ке)* verbraucht, verlebt; **подёржанная вещь** Gebrauchtware *f;* **~ автомоби́ль** Gebrauchtwagen *m*

подёрн|уть <-у, -ешь> *св прх см.* **подёргивать**

подёрн|уться <-усь, -ешься> *св рефл см.* **подёргиваться**

подешеве́|ть <-ю, -ешь> *св нпрх см.* **дешеве́ть**

поджа́рива|ть <-ю, -ешь> *нсв,* **поджа́рить** *св прх* anbraten, rösten; *см.* **жа́рить**

поджа́р|ый <-ая, -ое; -, -а, -о> *прил* eingefallen, dürr, mager; **~ живо́т** eingefallener Bauch *m;* **поджа́рые бока́** magere Hüften *fpl*

под|жа́ть <-ожму́, -ожмешь> *св прх см.* **поджима́ть**

под|же́чь <-ожгу́, -ожжёшь> *св прх см.* **поджига́ть**

поджига́те|ль <-ля> *м,* **поджига́тельниц|а** <-ы> *ж* Brandstifter(in) *m(f)*

поджига́|ть <-ю, -ешь> *нсв,* **подже́чь** *св прх* anzünden; **~ дом** ein Haus anzünden

поджида́|ть <-ю, -ешь> *нсв нпрх* erwarten

поджима́|ть <-ю, -ешь> *нсв,* **поджа́ть** *св прх* unterschlagen; **~ но́ги** die Beine unterschlagen; **~ хвост** den Schwanz einziehen; **сро́ки поджима́ют** die Zeit drängt

поджо́г <-а> *м* Brandstiftung *f*

подзаголо́в|ок <-ка> *м* Untertitel *m*

подзадо́рива|ть <-ю, -ешь> *нсв,* **подзадо́рить** *св прх* animieren, aufmuntern

подзаты́льник <-а> *м* Schlag *m* in den Nacken; **дать кому́-л. ~** jdm eine Kopfnuss geben

подзащи́тн|ый <-ого> *м* ЮР Klient *m,* Mandant *m;* **мой ~ не вино́вен** mein Klient ist unschuldig

подземе́ль|е <-я> *ср* Kellergeschoss *m*

подзе́мн|ый <-ая, -ое> *прил* unterirdisch

подзыва́|ть <-ю, -ешь> *нсв,* **подозва́ть** *св прх* rufen; **~ шко́льника побли́же** einen Schüler zu sich rufen

поди́ *част разг* sicher; **ты, ~, уста́ла** du bist sicher müde; **е́сли плоти́ну прорвёт, ~ удержи́ огро́мную ма́ссу воды́!** wenn die Staumauer bricht, soll nur jd versuchen die ungeheure Wassermenge zu halten!

подив|и́ться <-лю́сь, -и́шься> *св рефл см.* **диви́ться**

подич|и́ться <-у́сь, -и́шься> *св рефл см.* **дичи́ться**

подкаблу́чник <-а> *м* Pantoffelheld *m*

подкарау́лива|ть <-ю, -ешь> *нсв,* **подкарау́лить** *св прх* auflauern; **~ дру́га в коридо́ре** dem Freund im Korridor auflauern

подка́рмлива|ть <-ю, -ешь> *нсв,* **подкорми́ть** *св прх* besser ernähren; **~ рабо́чих** die Arbeiter besser ernähren; **~ худо́го ребёнка** das magere Kind mit Nahrung stärken

подкаса́тельн|ая <-ой> *ж* Subtangente *f*

подк|ати́ть <-ачу́, -а́тишь> *св (н)прх см.* **подка́тывать**

подк|ати́ться <-ачу́сь, -а́тишься> *св рефл см.* **подка́тываться**

подка́тыва|ть <-ю, -ешь> *нсв,* **подкати́ть** *св прх* **1.** *(катя́, приближа́ть что-л.)* wälzen, rollen; **~ бо́чку к стене́** ein Fass zur Wand rollen **2.** *разг (подъезжа́ть бы́стро)* anrollen; **~ к до́му** zum Haus rollen **3.** *разг (подступа́ть к чему́-л.)* erfassen; **чу́вство оби́ды подка́тывало к го́рлу** ein Gefühl der Kränkung wuchs in der Brust; **тя́жесть подка́тывала к се́рдцу** eine schwere Last legte sich auf das Herz **4.** *прост (приближа́ться)* sich nähern, näher kommen; **пора́ подка́тывала** der Zeitpunkt rükcte näher

подка́тыва|ться <-юсь, -ешься> *нсв,* **подкати́ться** *св рефл* heranrollen; **мяч подкати́лся к забо́ру** der Ball rollte zum Zaun; **маши́на подкати́лась к подъе́зду** das Auto rollte zum Eingang; **чу́вство го́речи подкати́лось к го́рлу** es kam Bitterkeit auf; **страх подкати́лся к се́рдцу** die Angst ergriff das Herz

подка́чива|ть <-ю, -ешь> *нсв,* **подкача́ть** *св нпрх* **1.** *(доба́вить)* nachpumpen; **~ воды́** Wasser nachpumpen **2.** *(подвести́)* hängenlassen; **подкача́ть с выполне́нием пла́на** bei der Ausführung des Plans versagen

подка́шива|ть <-ю, -ешь> *нсв,* **подкоси́ть** *св прх* **1.** *(подреза́ть косо́й)* schneiden; **слегка́ ~ траву́** das Gras schneiden **2.** *перен, разг (вали́ть с ног)* umfallen; **уста́лость подка́шивала всем но́ги** allen versagten die Beine vor Müdigkeit

подка́шива|ться <-юсь, -ешься> *нсв,* **подкоси́ться** *св рефл* umfallen; **у неё но́ги подка́шивались** ihre Beine versagten

подки́дыва|ть <-ю, -ешь> *нсв,* **подки́нуть** *св прх* **1.** *(броса́ть наве́рх)* werfen; **~ мяч в во́здух** den Ball in die Luft werfen **2.** *(добавля́ть)* hinzulegen; **~ дров в печь** Brennholz im Ofen nachlegen **3.** *(подкла́дывать тайко́м)* unterschieben; **~ доказа́тельства** Beweise unterschieben **4.** *(довози́ть до)* fahren; **сосе́дка ка́ждый день подки́дывала нас в го́род** die Nachbarin fuhr uns jeden Tag in die Stadt

подки́дыш <-а> *м* Findling *m*

подки́н|уть <-у, -ешь> *св прх см.* **подки́дывать**

подкла́дк|а <-и> *ж (у оде́жды)* Futter *nt;* ТЕХ Unterlage *f*

подкла́дыва|ть <-ю, -ешь> *нсв,* **подложи́ть** *св прх* **1.** *(положи́ть под)* unterlegen; **~ доску́ под горя́чую таре́лку** ein Brettchen unter den heißen Teller stellen **2.** *разг (добавля́ть)* hinzugeben, hinzulegen; **~ ка́ши/мя́са** noch etwas Brei/Fleisch hinzugeben

подключа́|ть <-ю, -ешь> *нсв,* **подключи́ть** *св прх* anschließen; *перен* einschalten, miteinbeziehen; **~ телефо́н** das Telefon anschließen

П

подключа́|ться <-юсь, -ешься> *нсв,* **подключи́ться** *св рефл* sich anschließen; **~ к гру́ппе** sich der Gruppe anschließen; **~ к газопрово́ду** an die Gasleitung angeschlossen werden

подключе́ни|е <-я> *ср* Anschluss *m,* Anschließen *nt;* **~ при́нтера** ИНФОРМ Druckeranschluss *m;* **~ к сети́** Vernetzung *f*

подключ|и́ть <-у́, -и́шь> *св прх см.* **подключа́ть**

подключ|и́ться <-у́сь, -и́шься> *св рефл см.* **подключа́ться**

подко́в|а <-ы> *ж* Hufeisen *nt,* Beschlag *m*

подко́ванн|ый <-ая, -ое> *прил перен, разг* sattelfest, beschlagen

подко́выва|ть <-ю, -ешь> *нсв,* **подкова́ть** *св прх* **1.** *(приби́ть подко́ву)* beschlagen; **~ коня́** das Pferd beschlagen **2.** *перен, разг (подгото́вить соли́дно)* jdn vorbereiten; **подкова́ть студе́нта к экза́мену** den Studenten für eine Prüfung vorbereiten **3.** *прост (обману́ть)* betrügen; **~ клие́нта** einen Kunden betrügen

подк|орми́ть <-ормлю́, -о́рмишь> *св прх см.* **подка́рмливать**

подк|оси́ть <-ошу́, -о́сишь> *св прх см.* **подка́шивать**

подко|си́ться <-шусь, -сишься> *св рефл см.* **подка́шиваться**

подкра́дыва|ться <-юсь, -ешься> *нсв,* **подкра́сться** *св рефл* sich anschleichen; **тигр подкра́дывался к же́ртве** der Tiger schlich sich an sein Opfer an

подкра́|сить <-шу, -сишь> *св прх см.* **подкра́шивать**

подкра́|сться <-у́сь, -ёшься> *св рефл см.* **подкра́дываться**

подкра́шива|ть <-у, -ешь> *нсв,* **подкра́сить** *св прх* färben; *(глаза́)* schminken

подкреп|и́ть <-лю́, -и́шь> *св прх см.* **подкрепля́ть**

подкреп|и́ться <-лю́сь, -и́шься> *св рефл см.* **подкрепля́ться**

подкрепле́ни|е <-я> *ср* **1.** ВОЕН Verstärkung *f* **2.** *(укрепле́ние)* Befestigung *f* **3.** *(напи́тками)* Erfrischung *f*

подкрепля́|ть <-ю, -ешь> *нсв,* **подкрепи́ть** *св прх* **1.** *(укрепля́ть для про́чности)* verstärken, befestigen; **~ сте́нку подпо́ркой** die Mauer mit einer Stütze befestigen **2.** *перен* unterstützen; *(подтверди́ть)* untermauern, erhärten; **~ слова́ конкре́тными дела́ми** den Worten konkrete Taten folgen lassen; **~ ци́фрами** mit Zahlen erhärten; **подкрепи́ть колле́гу на собра́нии** den Kollegen auf der Versammlung unterstützen **3.** *(прида́ть си́лы)* stärken, erfrischen

подкрепля́|ться <-юсь, -ешься> *нсв,* **подкрепи́ться** *св рефл* sich stärken; **тури́сты подкрепля́лись бутербро́дами и ко́фе и шли да́льше** die Touristen stärkten sich mit belegten Broten und Kaffee und gingen weiter

подкру́чива|ть <-ю, -ешь> *нсв,* **подкрути́ть** *св прх* festziehen; **~ винт** eine Schraube festziehen

по́дкуп <-а> *м* Bestechung *f*

подкупа́|ть <-ю, -ешь> *нсв,* **подкупи́ть** *св прх* **1.** *(склони́ть пода́рками или обеща́ниями)* bestechen; **~ судью́** den Richter bestechen **2.** *разг (докупи́ть чего́-л.)* einkaufen; **подкупи́ть ещё каранда́шей** noch Bleistifte einkaufen

подла́|живаться <-жусь, -дишься> *нсв,* **подла́диться** *св рефл презрит, разг* sich anpassen; *перен* sich einschmeicheln; **я не люблю́ ~ к лю́дям** ich passe mich nicht gern anderen an

подла́мыва|ться <-юсь, -ешься> *нсв,* **подломи́ться** *св рефл* **1.** *(подогну́ться и слома́ться)* brechen, zerbrechen; **у стола́ подломи́лась но́жка** der Fuß des Tisches ist abgebrochen **2.** *перен, разг (подкоси́ться)* zusammenbrechen; **у стару́хи подломи́лись но́ги** der alten Frau versagten die Beine

по́дле *нрч разг* bei, nahe; **сиде́ть ~ кого́-л.** bei jdm sitzen

подлеж|а́ть <-у́, -и́шь> *нсв нпрх* unterliegen *+dat*

подлежа́ще|е <-го> *ср* ЛИНГВ Subjekt *nt*

подлежа́щий *нрч* fällig, zahlbar; **~ амортиза́ции** abnutzbar; **~ регистра́ции** anmeldepflichtig; **~ зачёту** anrechenbar; **~ конфиска́ции** pfändbar; **~ наложе́нию аре́ста** pfändbar; **~ обложе́нию нало́гом** abgabenpflichtig; **~ обложе́нию сбо́рами** gebührenpflichtig; **~ обяза́тельному страхова́нию** versicherungspflichtig; **~ опла́те** [*или* **упла́те**] zahlungspflichtig, fällig, zahlbar; **~ поста́вке** lieferbar; **~ учёту** abrechenbar

подле́с|ок <-ка> *м* Dickicht *nt;* **они́ спря́тались в густо́м подле́ске** sie versteckten sich im dichten Gestrüpp

подлета́|ть <-ю, -ешь> *нсв,* **подлете́ть** *св нпрх* anfliegen

подле́ц <-а́> *м презрит* Schuft *m*

подле́чива|ть <-ю, -ешь> *нсв,* **подлечи́ть** *св прх разг* heilen, behandeln; **его́ подлечи́ли в селе́ и отпра́вили в больни́цу в го́род** er wurde im Dorf behandelt und dann ins Krankenhaus in die Stadt geschickt

подле́чива|ться <-юсь, -ешься> *нсв,* **подлечи́ться** *св рефл разг* ein wenig (medizinisch) behandeln; **не спеши́, вот подлечи́шься и пое́дешь домо́й** hab es nicht so eilig, du wirst behandelt und fährst nach Hause zurück

подлеч|и́ть <-у́, -ишь> *св прх см.* **подле́чивать**

подлеч|и́ться <-у́сь, -ишься> *св рефл см.* **подле́чиваться**

подле́щик <-а> *м* ЗООЛ Blei *m,* Brasse *f;*

ловúть подлéщиков eine Brasse fangen

подливá|ть <-ю, -ешь> *нсв,* **подлúть** *св прх разг* nachgießen, nachschenken; **~ сýпа гостя́м** den Gästen Suppe nachschenken

подлúзыва|ться <-юсь, -ешься> *нсв,* **подлизáться** *св рефл неодобр, разг* sich einschmeicheln; **недостóйные лю́ди ко всем подлúзываются** Menschen ohne Ehrgefühl schmeicheln sich überall ein

пóдлинник <-а> *м* Original *nt;* **~ вéдомости** [*или* **счёта**] Originalrechnung *f*

пóдлинно[1] *нрч* echt, authentisch; **~ наýчное открьíтие** eine echte wissenschaftliche Entdeckung

пóдлинно[2] *нрч (действúтельно)* wirklich, wahr(haftig); **~, емý не спрáвиться с э́той задáчей** er kann diese Aufgabe wirklich nicht bewältigen

пóдлиннос|ть <-ти> *ж (докумéнта)* Echtheit *f*

пóдлин|ный <-ная, -ное; -ен, -на, -но> *прил* echt

под|лúть <-олью́, -ольёшь> *св прх см.* **подливáть**

пóдло *нрч* gemein; **поступúть ~** gemein handeln

подлóг <-а> *м* Fälschung *f,* Urkundenfälschung *f;* **~ в áвторстве** Plagiat *nt*

подлóдк|а <-и> *ж* U-Boot *nt;* **~ всплылá на повéрхность** das U-Boot tauchte auf

подл|ожúть <-ожý, -óжишь> *св прх см.* **подклáдывать**

подлóж|ный <-ная, -ное; -ен, -на, -но> *прил* falsch, gefälscht; **подлóжные докумéнты** gefälschte Unterlagen *pl*

подлокóтник <-а> *м* Lehne *f;* **онá сидéла, положúв рýки на подлокóтники крéсла** sie saß mit den Armen auf die Sessellehnen gestützt

подл|омúться <-омлю́сь, -óмишься> *св рефл см.* **подлáмываться**

пóдлос|ть <-ти> *ж* Gemeinheit *f,* Niederträchtigkeit *f*

пóдл|ый <-ая, -ое; -, -á, -о> *прил* gemein, niederträchtig

подмá|зать <-жу, -жешь> *св прх см.* **подмáзывать**

подмá|заться <-жусь, -жешься> *св рефл см.* **подмáзываться**

подмáзыва|ть <-ю, -ешь> *нсв,* **подмáзать** *св прх* 1. *(смáзать)* schmieren; **нáдо подмáзать колёса у телéги** ich muss die Wagenräder schmieren 2. *прост (дать взя́тку)* Schmiergeld zahlen; **не подмáзав, не поéдешь** kein Geld, keine Fahrt

подмáзыва|ться <-юсь, -ешься> *нсв,* **подмáзаться** *св рефл (к комý-л.)* sich einschmeicheln bei *+dat*

подмастéрь|е <-я> *м* Lehrling *m,* Gehilfe *m;* **~ ýчится ремеслý у мáстера** der Lehrling erlernt vom Meister das Handwerk

подменя́|ть <-ю, -ешь> *нсв,* **подменúть** *св прх* 1. *(когó-л.)* einspringen für *+akk* 2. *(заменúть, подсýнуть)* unterschieben, austauschen

подметá|ть <-ю, -ешь> *нсв,* **подместú** *св прх* kehren, fegen; **~ двор** den Hof fegen; **~ кóмнату** das Zimmer fegen

подмé|тить <-чý, -тишь> *св прх см.* **подмечáть**

подмётк|а <-и> *ж* Sohle *f;* **протерéть подмётки** die Sohlen abtreten; **в подмётки не годúться** nichts mehr wert sein; **подбивáть подмётки** besohlen

подмечá|ть <-ю, -ешь> *нсв,* **подмéтить** *св прх* 1. *(замечáть)* (be)merken; **все подмечáли в нём нездéшние манéры** alle bemerkten, seine fremden Manieren 2. *(отмечáть)* kennzeichnen; **~ мéсто, где зарьíто сокрóвище** die Stelle kennzeichnen, wo der Schatz vergraben ist

подмúгива|ть <-ю, -ешь> *нсв,* **подмигнýть** *св нпрх* blinzeln

подминá|ть <-ю, -ешь> *нсв,* **подмя́ть** *св прх* 1. *(давúть под себя́)* (zer)drücken, bahnen; **катóк подминáл под себя́ асфáльт** die Walze drückte den Asphalt fest 2. *разг (подчиня́ть себé)* unter Druck setzen; **их покá никтó ни подминáл** bis jetzt hat sie keiner unter Druck gesetzt

подмóг|а <-и> *ж разг* Hilfe *f;* **пришлá ~** die Hilfe kam

Подмоскóвь|е <-я> *ср* Großraum Moskau *m,* Moskauer Umgebung *f*

подмóстк|и <-ов> *мн* Gerüst *nt;* ТЕАТ Bühne *f*

подмывá|ть <-ю, -ешь> *нсв,* **подмьíть** *св прх* 1. *(мыть нúжние чáсти тéла)* waschen, abwaschen; **~ ребёнка** das Baby waschen 2. *(эрозúровать что-л.)* erodieren, unterspülen; **водá подмывáла оснoвáния дóма** das Wasser unterspülte die Grundmauer des Hauses

подмьíшк|а <-и> *ж* Achselhöhle *f*

под|мя́ть <-омнý, -омнёшь> *св прх см.* **подминáть**

подн|аём <-áйма> *м* Untermiete *f*

поднажимá|ть <-ю, -ешь> *нсв,* **поднажáть** *св нпрх прост* 1. *(оказáть давлéние на что-л.)* leicht drücken; **~ на дверь** gegen die Tür drücken 2. *(взя́ться за дéло с бóльшим усéрдием)* sich an die Arbeit machen; **нáдо поднажáть, éсли хотúм закóнчить к обéду** wenn wir bis zum Mittag fertig sein wollen, müssen wir uns an die Arbeit machen

поднанимáте|ль <-ля> *м* Untermieter *m*

поднаторé|ть <-ю, -ешь> *св нпрх прост* Erfahrung sammeln; **он поднаторéл в э́тих делáх за два мéсяца** er hat in zwei Monaten bei dieser Arbeit Erfahrungen gesammelt

поднатýж|иться <-усь, -ишься> *св рефл*

П

разг sich anstrengen, sich Mühe geben; **поднату́жимся и перека́тим э́ту глы́бу пода́льше** wir strengen uns an und rücken den Stein weg; **чтобы сдать экза́мен, на́до ~** um die Prüfung zu bestehen, muss man sich etwas Mühe geben

подна́чивани|е <-я> *ср разг* Stichelei *f*

подна́чива|ть <-ю, -ешь> *нсв*, **подна́чить** *св прх разг* sticheln

поднес|ти́ <-у́, -ёшь> *св прх см.* **подноси́ть**

поднима́|ть <-ю, -ешь> *нсв*, **подня́ть** *св прх* **1.** *(что-л.)* heben **2.** *(вопро́с)* aufwerfen, aufrollen **3.** *(го́лос)* erheben **4.** *(пыль)* aufwirbeln **5.** *(флаг)* hissen **6.** *(це́ны)* anheben **7.** *(с посте́ли)* wecken; **~ на рога́** aufspießen; **~ на́ смех** auslachen; **~ настрое́ние** die Stimmung heben; **~ ру́ку на кого́-л.** sich an jdm vergreifen; **~ шум** Lärm schlagen; **не ~ но́ги** schlurfen

поднима́|ться <-юсь, -ешься> *нсв*, **подня́ться** *св рефл* **1.** *(встать)* sich erheben, aufstehen **2.** *(наве́рх)* hinaufsteigen, aufsteigen; **~ на го́ру** einen Berg besteigen; **~ на пьедеста́л почёта** auf das Siegertreppchen steigen; **подня́ться со своего́ ме́ста** aufstehen, sich von seinem Platz erheben

подновля́|ть <-ю, -ешь> *нсв*, **поднови́ть** *св прх* aufarbeiten, erneuern

подного́тн|ая <-ой> *ж разг* **узна́ть всю подного́тную** alle Geheimnisse erfahren

подно́жи|е <-я> *ср* Fuß *m*; **~ горы́/хра́ма** im Fuß des Berges/am Eingang des Tempels

подно́жк|а <-и> *ж* Trittbrett *nt*; **поста́вить подно́жку кому́-л.** jdm ein Bein stellen

подно́с <-а> *м* Tablett *nt*

подн|оси́ть <-ошу́, -о́сишь> *нсв*, **поднести́** *св прх* herantragen, heranführen; *(пода́рок, угоще́ние)* überreichen, darbieten; **поднести́ кру́жку к губа́м** den Becher ansetzen

подн|я́ть <-иму́, -и́мешь> *св прх см.* **поднима́ть**

подн|я́ться <-иму́сь, -и́мешься> *св рефл см.* **поднима́ться**

подо *см.* **под**

подоба́|ть <-ет> *нсв безл, то́лько 3 л* sich gehören

подоба́ющ|ий <-ая, -ее> *прил* passend, gebührend; **~ приём** gebührender Empfang *m*; **подоба́ющее отноше́ние** gebührliches Betragen *nt*

подо́би|е <-я> *ср* Ähnlichkeit *f*; **жа́лкое ~** Abklatsch *m*

подо́б|ный <-ная, -ное; -ен, -на, -но> *прил* **1.** *(похо́жий)* ähnlich **2.** *(тако́й)* derartig, dergleichen; **~ вам** euresgleichen; **~ мне** meinesgleichen

подобостра́ст|ный <-ная, -ное; -ен, -на, -но> *прил* unterwürfig, liebedienerisch; **подобостра́стная улы́бка** liebedienerisches Lächeln *nt*

под|обра́ть <-беру́, -берёшь> *св прх см.* **подбира́ть**

под|обра́ться <-беру́сь, -берёшься> *св рефл см.* **подбира́ться**

подобре́|ть <-ю, -ешь> *св нпрх см.* **добре́ть**

подогна́ть <подгоню́, подго́нишь> *св прх см.* **подгоня́ть**

подогн|у́ть <-у́, -ёшь> *св прх см.* **подгиба́ть**

подогн|у́ться <-у́сь, -ёшься> *св рефл см.* **подгиба́ться**

подогрева́|ть <-ю, -ешь> *нсв*, **подогре́ть** *св прх* anwärmen, aufwärmen; *перен* anfeuern; **~ стра́сти** den Konflikt schüren; **подогре́йте во́ду, но не кипяти́те её** wärmt das Wasser auf, aber lasst es nicht kochen

пододвига́|ть <-ю, -ешь> *нсв*, **пододви́нуть** *св прх* näher stellen; **~ кре́сло** den Sessel heranrücken

пододея́льник <-а> *м* Bettbezug *m*

подожд|а́ть <-у́, -ёшь> *св прх* abwarten; **подожди́те 5 мину́т, он сейча́с придёт** warten Sie 5 Minuten, er kommt gleich; **подожди́те с ва́шим отве́том** warten Sie mit der Antwort ein bisschen; **подожди́те, не уходи́те!** warten Sie, gehen Sie nicht weg!; **ты у меня́ подожди́!** warte nur, wenn ich dich (in die Finger) kriege!

под|озва́ть <-зову́, -зовёшь> *св прх см.* **подзыва́ть**

подозрева́ем|ый **I.** <-ая, -ое> *прил* verdächtigt **II.** <-ого> *м* Verdächtigte(r) *f(m)*; **мили́ция арестова́ла подозрева́емого** die Polizei hat den Verdächtigten verhaftet

подозрева́|ть <-ю, -ешь> *нсв прх* verdächtigen; *(предполага́ть)* vermuten

подозре́ни|е <-я> *ср* Verdacht *m*, Vermutung *f*; **~ в уби́йстве** Mordverdacht *m*; **закра́лось ~** ein Verdacht kam auf

подозри́тельно *нрч* verdächtig; **относи́ться ~** misstrauisch sein; **вы́глядеть ~** verdächtig aussehen

подозри́тельнос|ть <-ти> *ж* **1.** *(основа́ние для подозре́ния)* Verdächtigkeit *f* **2.** *(недове́рчивость)* Misstrauen *nt*, Argwohn *m*

подозри́те|льный <-льная, -льное; -лен, -льна, -льно> *прил* **1.** *(недове́рчивый)* argwöhnisch **2.** *(вызыва́ющий подозре́ние)* verdächtig

подо|и́ть <-ю́, -ишь> *св прх см.* **дои́ть**

подой|ти́ <-ду́, -дёшь> *св нпрх см.* **подходи́ть**

подоко́нник <-а> *м* Fensterbank *f*

подо́л[1] <-а> *м (ни́жний край пла́тья)* (Rock)Saum *m*; **ма́льчик держа́лся за ~ ма́тери** der Junge hing am Rockzipfel der Mutter

подо́л[2] <-а> *м (равни́на под горо́й)* Ebene

f; **дорóга шла с подóла навéрх** der Weg führte von der Ebene aufwärts

подóлгу *нрч разг* lange, andauernd

подóн|ок <-ка> *м* **1.** *презрит, разг (мéрзкий человéк)* Dreckskerl *m;* **не могý доверя́ть э́тому подóнку** ich kann diesem Dreckskerl nicht vertrauen **2.** *(остáтки жи́дкости на дне)* Ablagerung *f,* Rest *m;* **допи́ть послéдние подóнки** den Rest austrinken

подопéчн|ый <-ого> *м* Schützling *m*

подоплёк|а <-и> *ж* **1.** *(подклáдка крестья́нской рубáхи)* Futter *nt;* **плóтная ~** dichtes Futter **2.** *(скры́тая причи́на чегó-л.)* Kehrseite *f;* **обнарýжить тáйную подоплёку** die Kehrseite der Medaille erkennen

подóпытн|ый <-ая, -ое> *прил* Versuchs-; **~ крóлик** Versuchskaninchen *nt;* **подóпытное пóле** Versuchsfeld *nt*

подóрван|ный <-ная, -ное; -, -а, -о> *прил* verbraucht; **подóрванное здорóвье** zerrüttete Gesundheit *f*

подорв|áть <-ý, -ёшь> *св прх см.* **подрывáть**

подорв|áться <-ýсь, -вёшься> *св рефл см.* **подрывáться**

подорожáни|е <-я> *ср* Teuerung *f*

подорожá|ть <-ю, -ешь> *св нпрх* teuer werden; **бензи́н подорожáл** das Benzin ist teurer geworden

подоси́новик <-а> *м* БОТ Birkensteinpilz *m;* **на опýшке росли́ подоси́новики** am Waldrand wuchsen Birkensteinpilze

подо|слáть <-шлю́, -шлёшь> *св прх см.* **подсылáть**

подоспé|ть <-ю, -ешь> *св нпрх* rechtzeitig ankommen; **пóмощь подоспéла и защи́тники удержáли высотý** die Hilfe kam rechtzeitig und die Verteidiger konnten den Hügel halten; **подоспéла порá уезжáть в гóрод** die Zeit kam, in die Stadt zurückzukehren; **подоспéла пшени́ца** das Getreide ist gereift

подотдéл <-а> *м* Unterabteilung *f*

подóхн|уть <-у, -ешь> *св нпрх см.* **подыхáть**

подóшв|а <-ы> *ж* Schuhsohle *f*

подпирá|ть <-ю, -ешь> *нсв,* **подперéть** *св прх* **1.** *(стáвить опóру)* abstützen; **~ стéнку бáлкой** die Wand mit einem Balken abstützen **2.** *(быть опóрой чегó-л.)* (unter)stützen; **колóнна подпирáла потолóк** die Säule stützte das Dach

подписáни|е <-я> *ср* Zeichnung *f,* Unterzeichnung *f;* **~ договóра** Vertragsabschluss *m*

подп|исáть <-ишý, -и́шешь> *св прх см.* **подпи́сывать**

подп|исáться <-ишýсь, -и́шешься> *св рефл см.* **подпи́сываться**

подпи́ск|а <-и> *ж* Abonnement *nt; (на заём)* Zeichnung *f;* **годовáя ~** Jahresabonnement *nt;* **~ о невы́езде** schriftliche Erklärung *f,* den Aufenthaltsort nicht zu verlassen; **~ на цéнные бумáги** ЭКОН Subskription *f*

подпи́счик <-а> *м* Abonnent *m;* **ски́дка всем постоя́нным подпи́счикам** Nachlass *m* für regelmäßige Abonnenten

подпи́сыва|ть <-ю, -ешь> *нсв,* **подписáть** *св прх* **1.** *(стáвить пóдпись)* unterschreiben, unterzeichnen; **~ докумéнт** ein Papier unterschreiben **2.** *(включи́ть в числó подпи́счиков)* abonnieren; **~ на журнáл** eine Zeitschrift abonnieren

подпи́сыва|ться <-юсь, -ешься> *нсв,* **подписáться** *св рефл* **1.** *(стáвить пóдпись)* unterschreiben, unterzeichnen; **~ под довéренностью** die Vollmacht unterzeichnen **2.** *(станови́ться подпи́счиком чегó-л.)* abonnieren

пóдпи|сь <-си> *ж* Unterschrift *f,* Unterzeichnung *f,* Zeichnung *f;* **сбор пóдписей** Unterschriftensammlung *f*

подплывá|ть <-ю, -ешь> *нсв,* **подплы́ть** *св нпрх* **1.** *(плывя́, приближáться)* schwimmend näher kommen; **к нам подплывáла лóдка** ein Boot kam uns entgegen **2.** *(плыть под что-л.)* unter etwas hindurchschwimmen; **мáльчик подплывáл под мост** der Junge schwamm unter der Brücke hindurch **3.** *прост (заливáть сни́зу)* nass werden, unter Wasser stehen; **телéга подплывáла водóй** der Pferdewagen wurde durchnässt

подползá|ть <-ю, -ешь> *нсв,* **подползти́** *св нпрх* kriechen; **крокоди́л подползáл к жéртве** das Krokodil kroch an sein Opfer heran

подпóль|е <-я> *ср* **1.** *(помещéние под полóм)* Keller *m;* **спря́таться в ~** sich im Keller verstecken **2.** *(тáйная дéятельность)* Illegalität *f;* **быть в ~** in der Illegalität leben; **уйти́ в ~** in die Illegalität gehen

подпóльн|ый <-ая, -ое> *прил* Untergrund-; **подпóльное движéние** Untergrundbewegung *f;* **~ ры́нок** Schwarzmarkt *m*

подпóрк|а <-и> *ж* Strebe *f,* Pfeiler *m,* Stütze *f*

подправля́|ть <-ю, -ешь> *нсв,* **подпрáвить** *св прх* korrigieren; **парикмáхер подправля́л мне вóлосы раз в две недéли** der Friseur richtete alle zwei Wochen meine Frisur

подпры́гива|ть <-ю, -ешь> *нсв,* **подпры́гнуть** *св нпрх* aufspringen, hopsen

подпускá|ть <-ю, -ешь> *нсв,* **подпусти́ть** *св прх* **1.** *(давáть подойти́ побли́же)* näher kommen lassen; **корóва не подпускáла никогó к телёнку** die Kuh ließ niemanden an das Kalb heran **2.** *устар (добавля́ть что-л.)* hinzugeben; **~ мáсла в кáшу** Butter in den Brei hinzugeben **3.** *разг (придавáть дополни́тельный оттéнок*

П

ре́чи) **расска́зчик подпуска́л таи́нственности, когда́ на́чало смерка́ться** als es zu dämmern begann, verlieh der Erzähler der Geschichte etwas Geheimnisvolles

подраба́тыва|ть <-ю, -ешь> *нсв,* **подрабо́тать** *св нпрх* dazuverdienen

подража́ни|е <-я> *ср* Nachahmung *f;* **жа́лкое ~** billiger Abklatsch *m*

подража́|ть <-ю, -ешь> *нсв нпрх* nachahmen, kopieren; *(равня́ться по кому́-л., на кого́-л.)* nacheifern, es jdm gleichtun

подразделе́ни|е <-я> *ср* Abteilung *f*

подраздел|и́ть <-ю́, -и́шь> *св прх см.* **подразделя́ть**

подраздел|и́ться <-ю́сь, -и́шься> *св рефл см.* **подразделя́ться**

подразделя́|ть <-ю, -ешь> *нсв,* **подраздели́ть** *св прх* unterteilen, einteilen

подразделя́|ться <-юсь, -ешься> *нсв,* **подраздели́ться** *св рефл* sich teilen, sich unterteilen; **сона́та подразделя́ется на три или четы́ре ча́сти** die Sonate gliedert sich in drei oder vier Teile

подр|азни́ть <-азню́, -а́знишь> *св прх* ärgern, reizen; **ма́льчик подразни́л соба́ку и ушёл** der Junge reizte den Hund und ging weg

подразумева́|ть <-ю, -ешь> *нсв прх* etwas darunter verstehen; **никто́ так и не по́нял, что он подразумева́л под э́тими слова́ми** Niemand verstand was er mit diesen Worten sagen wollte

подразумева́|ться <-ется> *нсв безл, то́лько 3 л* gemeint sein; **что под э́тим подразумева́ется?** was soll man darunter verstehen?

подраста́|ть <-ю, -ешь> *нсв,* **подрасти́** *св нпрх* heranwachsen

под|ра́ться <-еру́сь, -ерёшься> *св рефл см.* **дра́ться**

подреза́|ть <-ю, -ешь> *нсв,* **подре́зать** *св прх* stutzen; *(отре́зать)* abschneiden

подро́бнос|ть <-ти> *ж* Einzelheit *f,* Detail *nt*

подро́б|ный <-ная, -ное; -ен, -на, -но> *прил* ausführlich, detailliert

подро́ст|ок <-ка> *м* Jugendliche(r) *m,* Halbwüchsige(r) *m,* Teenager *m;* **де́вочка-~** junges Mädchen *nt*

подру́г|а <-и> *ж* Freundin *f*

подруж|и́ть <-у́, -и́шь> *св нпрх см.* **дружи́ть**

подруж|и́ться <-у́сь, -и́шься> *св рефл* sich anfreunden

подру́жк|а <-и> *ж* Freundin *f;* **~ неве́сты** *(на сва́дьбе)* Brautjungfer *f*

подру́чн|ый <-ая, -ое> *м* Gehilfe *m*

подрыва́|ть <-ю, -ешь> *нсв,* **подры́ть** *св прх* **1.** *и перен* untergraben **2.** *(здоро́вье)* schwächen, unterminieren, torpedieren; **~ безопа́сность** die Sicherheit gefährden; **~ уси́лия** Anstrengungen zunichte machen; **~ эконо́мику** die Wirtschaft ruinieren; **~ здоро́вье** die Gesundheit ruinieren

подрыва́|ться <-юсь, -ешься> *нсв,* **подорва́ться** *св рефл* **1.** *(поги́бнуть или разру́шиться от взры́ва)* in die Luft fliegen; **маши́на подорвала́сь на ми́не** das Auto stieß auf eine Mine und flog in die Luft **2.** *перен, разг (повреди́ться)* untergraben werden, zunichte gehen; **его́ авторите́т подорва́лся** seine Authorität wurde untergraben

подрывни́к <-а> *м* воен Sprengpionier *m;* **в ша́хту спусти́лись подрывники́** die Sprengmeister stiegen in die Grube hinab

подрывн|о́й <-а́я, -о́е> *прил* subversiv; **подрывна́я де́ятельность** subversive Tätigkeit *f,* Störpolitik *f*

подря́д <-а> *м* Kontrakt *m,* Vertrag *m*

подря|ди́ться <-жу́сь, -ди́шься> *св рефл см.* **подряжа́ться**

подря́дчик <-а> *м* Auftragnehmer *m; (фи́рма-подря́дчик)* Vertragsfirma *f;* **генера́льный ~** Hauptauftragnehmer *m*

подряжа́|ться <-юсь, -ешься> *нсв,* **подряди́ться** *св рефл разг* als Lohnarbeiter arbeiten; **иммигра́нты подряди́лись собира́ть пе́рсики** die Einwanderer arbeiteten als Pfirsichpflücker

подса́жива|ть <-ю, -ешь> *нсв,* **подсади́ть** *св прх* hinaufhelfen; **слуга́ подса́живал госте́й в коля́ски** der Diener half den Gästen in die Kutschen; **к нам постоя́нно подса́живали пассажи́ров** zu uns kamen ununterbrochen weitere Reisende

подса́жива|ться <-юсь, -ешься> *нсв,* **подсе́сть** *св рефл разг* sich neben jdn setzen; **подса́живайтесь побли́же к нам!** setzen Sie sich zu uns!

подсв|ети́ть <-ечу́, -е́тишь> *св прх см.* **подсе́чивать**

подсве́тк|а <-и> *ж* **1.** *(освеще́ние чего́-л. сни́зу вверх)* Beleuchtung *f;* **~ па́мятника** Beleuchtung des Denkmals **2.** *(подсве́чивающее устро́йство)* Beleuchtungsanlage; **перегоре́ла ~** die Beleuchtung brannte durch

подсве́чива|ть <-ю, -ешь> *нсв,* **подсвети́ть** *св прх* beleuchten

подсве́чник <-а> *м* Kerzenständer *m*

подсека́|ть <-ю, -ешь> *нсв,* **подсе́чь** *св прх* **1.** *(сечь)* fällen, abholzen; **вы́брать то́лстые дере́вья и ~ их** dicke Bäume auswählen und abholzen **2.** *(уда́ром заставля́ть кого́-л. упа́сть)* stoßen; **~ игрока́ сза́ди** den Spieler von hinten stoßen **3.** *перен, разг (приводи́ть в замеша́тельство)* beunruhigen, verwirren, erschrecken; **свои́м взгля́дом он буква́льно подсека́л её** er verwirrte sie mit seinem Blick **4.** *(дёргать у́дочку, когда́ ры́ба клюёт)* anziehen; **он подсека́л сли́шком ре́зко и никогда́ ничего́ не лови́л** er zog zu heftig an der

Angel und fing nichts

подселя́|ть <-ю, -ешь> *нсв,* **подсели́ть** *св прх* jdn zusätzlich unterbringen, einquartieren; **к нам подсели́ли двух де́вушек** zu uns hat man noch zwei Mädchen einquartiert

подс|е́сть <-я́ду, -я́дешь> *св рефл см.* **подса́живаться**

подсе́|чь <-ку́, -чёшь> *св (н)прх см.* **подсека́ть**

подск|аза́ть <-ажу́, -а́жешь> *св прх см.* **подска́зывать**

подска́зк|а <-и> *ж* Hinweis *m,* Tipp *m;* *(мнемони́ческий приём)* Eselsbrücke *f,* Gedächtnisstütze *f*

подска́зыва|ть <-ю, -ешь> *нсв,* **подсказа́ть** *св прх* **1.** *(шепну́ть)* zuflüstern **2.** *(дать сове́т, внуши́ть)* einen Tipp geben, nahelegen; **мой однокла́ссник всегда́ подска́зывал мне на экза́менах** mein Klassenfreund sagte mit immer bei den Prüfungen vor; **что-то подска́зывало ему́, что он до́лжен был согласи́ться с её предложе́нием** etwas in ihm sagte ihm, dass er ihren Vorschlag annehmen sollte

подска́кива|ть <-ю, -ешь> *нсв,* **подскочи́ть** *св нпрх* springen; **де́вочка подска́кивала на одно́й ноге́** das Mädchen sprang auf einem Bein

подсла́щива|ть <-ю, -ешь> *нсв,* **подсласти́ть** *св прх* süßen, versüßen

подсле́дственн|ый **I.** <-ая, -ое> *прил* Untersuchungs- **II.** <-ого> *м* Untersuchungshäftling *m;* **к подсле́дственному никого́ не пуска́ли** zu dem Untersuchungshäftling wurde niemand gelassen

подслепова́т|ый <-ая, -ое> *прил* **1.** *(пло́хо ви́дящий)* sehr kurzsichtig; **~ стари́к** ein sehbehinderter Alter *m* **2.** *(пло́хо светя́щийся)* matt, trübe, glimmend; **~ фона́рь** glimmende Laterne *f;* **подслепова́тая ла́мпа** glimmende Lampe *f* **3.** *(нечёткий)* verschmiert; **~ шрифт** verschmierte Schrift *f;* **~ бу́квы** verschmierte Buchstaben *mpl*

подслу́ша|ть <-ю, -ешь> *св прх см.* **подслу́шивать**

подслу́шивани|е <-я> *ср* Abhören *nt,* Lauschangriff *m*

подслу́шива|ть <-ю, -ешь> *нсв,* **подслу́шать** *св прх* belauschen, abhören; **ребёнок тайко́м подслу́шивал свои́х роди́телей** das Kind belauschte heimlich seine Eltern

подслу́шивающе|е устро́йств|о <-го -а> *ср* Abhörvorrichtung *f,* Abhörgerät *nt*

подсма́трива|ть <-ю, -ешь> *нсв,* **подсмотре́ть** *св нпрх* heimlich beobachten; **сосе́д всегда́ за мной подсма́тривал** der Nachbar beobachtete mich ständig

подсме́ива|ться <-юсь, -ешься> *нсв рефл ирон* spotten, verspotten, verhöhnen; **над ним все де́вочки в кла́ссе подсме́ивались** alle Mädchen in der Klasse verhöhnten ihn

подсм|отре́ть <-отрю́, -о́тришь> *св нпрх см.* **подсма́тривать**

подсне́жник <-а> *м* БОТ Schneeglöckchen *nt*

подсоб|и́ть <-лю́, -и́шь> *св нпрх см.* **подсобля́ть**

подсо́бк|а <-и> *ж разг* Keller *m;* **инструме́нты лежа́ли в подсо́бке** das Werkzeug lag im Keller

подсобля́|ть <-ю, -ешь> *нсв,* **подсоби́ть** *св нпрх прост* helfen; **идти́ ~ отцу́ дров наруби́ть** dem Vater beim Abholzen helfen gehen

подсо́бн|ый <-ая, -ое> *прил* Neben-, Hilfs-; **~ рабо́тник** Hilfsarbeiter *m*

подсо́выва|ть <-ю, -ешь> *нсв,* **подсу́нуть** *св прх* **1.** *(класть под что-л.)* unterlegen, unterschieben; **~ кни́гу под уче́бник** ein Buch unter das Lehrbuch legen **2.** *разг (добавля́ть)* hinzugeben; **сиди́ у костра́, да дров подсо́вывай** setz dich ans Feuer und leg Brennholz nach **3.** *разг (дава́ть кому́-л. что-л. неожи́данно)* unterjubeln; **он прие́дет, а ты ему́ своё предложе́ние сра́зу и подсу́нешь** wenn er kommt, wirst du ihm deinen Vorschlag gleich unterjubeln

подсоедине́ни|е <-я> *ср* Anschließen *nt;* ТЕХ, ЭЛ Anschluss *m*

подсозна́ни|е <-я> *ср* Unterbewusstsein *nt*

подсозна́те|льный <-льная, -льное; -лен, -льна, -льно> *прил* unbewusst; **~ мир** die Welt des Unbewussten; **~ страх** unbewusste Angst *f*

подсо́лнечник <-а> *м* Sonnenblume *f*

подсо́лнечн|ый <-ая, -ое> *прил* Sonnenblumen-; **подсо́лнечное ма́сло** Sonnenblumenöl *nt*

подсо́лнух <-а> *м разг* Sonnenblume *f;* **пти́цы клева́ли се́мечки подсо́лнуха** die Vögel pickten die Samen aus den Sonnenblumen

подсо́хн|уть <-у, -ешь> *св нпрх см.* **подсыха́ть**

подсо́чк|а <-и> *ж (лес)* Anzapfung *f;* **де́лать подсо́чку у дере́вьев** Bäume anzapfen

подспо́рь|е <-я> *ср* Hilfsmittel *nt,* Behelf *m*

подспу́дн|ый <-ая, -ое> *прил* unterschwellig, verborgen

подста́в|ить <-лю, -ишь> *св прх см.* **подставля́ть**

подста́вк|а <-и> *ж* Unterlage *f,* Halter *m;* **~ для книг** Bücherständer *m;* **~ для пивно́й кру́жки** Bierdeckel *m*

подставля́|ть <-ю, -ешь> *нсв,* **подста́вить** *св прх* **1.** *(ста́вить под)* unterstellen; **~ стака́н к кра́ну** das Glas unter den Wasserhahn stellen; **~ но́жку кому́-л.** jdn einen Bein stellen **2.** *(ста́вить ря́дом с чем-л.)* neben etw legen/stellen; **~ табуре́т**

П

к столу́ den Hocker zum Tisch rücken **3.** *(щёку)* hinhalten **4.** мат substituieren

подставля́|ться <-юсь, -ешься> *нсв рефл разг* sich unterwerfen, sich unterziehen; **кора́бль поверну́л нале́во и подста́вился под торпе́до** das Schiff bog nach links und setzte sich dem Torpedo aus

подставн|о́й <-а́я, -о́е> *прил* untergeschoben; **подставно́е лицо́** Strohmann *m;* **подставна́я фи́рма** Briefkastenfirma *f*

подстака́нник <-а> *м* Gestell *nt* für Teetassen; **сере́бряные подстака́нники** Silbergestell *nt*

подстёгива|ть <-ю, -ешь> *нсв,* **подстегну́ть** *св прх* **1.** *и перен* antreiben **2.** *(форси́ровать)* forcieren

подст|ели́ть <-елю́, -е́лишь> *св прх* ausbreiten, unterlegen; **подстели́ под себя́ пальто́ и ложи́сь** breite deinen Mantel aus und lege dich darauf

подстерега́|ть <-ю, -ешь> *нсв,* **подстере́чь** *св прх* auflauern

подсти́лк|а <-и> *ж* Unterlage *f*

подстра́ива|ть <-ю, -ешь> *нсв,* **подстро́ить** *св прх* **1.** *(стро́ить ря́дом, вплотну́ю)* anbauen; **~ сара́й к до́му** einen Schuppen anbauen **2.** *(выстра́ивать в оди́н ряд)* anreihen; **~ офице́ров к оста́льны́м вое́нным** die Offiziere den übrigen Soldaten zuordnen **3.** муз einstimmen; **~ скри́пку под пиани́но** die Geige nach dem Klavier stimmen **4.** *перен (де́лать что-л. неприя́тное кому́-л.)* zufügen; **~ па́кость кому́-л.** jdm einen Streich spielen

подстрах|ова́ть <-у́ю, -у́ешь> *св прх см.* **подстрахо́вывать**

подстрахо́вк|а <-и> *ж* Rückendeckung *f,* Schützenhilfe *f*

подстрахо́выва|ть <-ю, -ешь> *нсв,* **подстрахова́ть** *св прх* versichern, sicher stellen; **пе́рвый альпини́ст подстрахова́л сле́дующих** der erste Alpinist sicherte die anderen

подстрека́те|ль <-ля> *м* Anstifter *m*

подстрека́тельств|о <-а> *ср* Anstiftung *f*

подстрека́|ть <-ю, -ешь> *нсв,* **подстрекну́ть** *св прх* **1.** *(возбужда́ть)* wecken, hervorrufen; **~ чьё-л. любопы́тство** jds Neugier wecken **2.** *(кого́-л. к чему́-л.)* jdn anstiften, aufwiegeln, anstacheln zu *+dat*

подстре́лива|ть <-ю, -ешь> *нсв,* **подстрели́ть** *св прх* treffen; **охо́тник подстрели́л у́тку** der Jäger schoss eine Gans

подстрига́|ть <-ю, -ешь> *нсв,* **подстри́чь** *св прх* **1.** *(кусты́, дере́вья, бо́роду)* stutzen, abschneiden **2.** *(кого́-л.)* die Haare schneiden

подстро́|ить <-ю, -ишь> *св прх см.* **подстра́ивать**

по́дступ <-а> *м* Herangehen *nt,* Zugang *m;* **по́дступы к дворцу́ бы́ли перекры́ты** die Wege zum Schloss waren versperrt; **би́тва разыгра́лась на по́дступах к Москве́** die Schlacht spielte sich bei Moskau ab

подступа́|ть <-ю, -ешь> *нсв,* **подступи́ть** *св нпрх* **1.** *(подходи́ть побли́же)* näher kommen; **~ к две́ри** zur Tür gehen **2.** *разг (настава́ть)* sich nähern; **подступа́ла пора́ уезжа́ть** es näherte sich die Zeit abzureisen **3.** *разг (быть ря́дом с чем-л.)* sich in der Nähe befinden; **забо́р подступа́л пло́тно к до́му** der Zaun stand ganz dicht am Haus **4.** *разг (подка́тываться к го́рлу, се́рдцу)* dringen, aufkommen; **боль подступа́ла к се́рдцу** der Schmerz drang zum Herzen

подступа́|ться <-юсь, -ешься> *нсв,* **подступи́ться** *св рефл (прибли́зиться к чему́-л.)* nahe kommen; **к нему́ не подсту́пишься** ihm ist nicht beizukommen; **к горя́щему сара́ю нельзя́ бы́ло подступи́ться** man konnte sich dem brennenden Schuppen nicht nähern

подступ|и́ть <-лю́, -ишь> *св нпрх см.* **подступа́ть**

подступ|и́ться <-лю́сь, -ишься> *св рефл см.* **подступа́ться**

подсуди́м|ый <-ого> *м* Angeklagte(r) *f(m)*

подсу́днос|ть <-ти> *ж (юрисди́кция)* Gerichtsbarkeit *f,* Gerichtsstand *m*

подсу́н|уть <-у, -ешь> *св прх см.* **подсо́вывать**

подсу́шива|ть <-ю, -ешь> *нсв,* **подсуши́ть** *св прх* trocknen; **~ во́лосы полоте́нцем** die Haare mit einem Tuch trocknen

подсчёт <-а> *м* **1.** *(процеду́ра по подсчи́тыванию)* Zählung *f;* **идёт ~ полу́ченных средств** es wird eine Berechnung des Einkommens durchgeführt **2.** *(результа́ты процеду́ры подсчи́тывания)* Auszählung *f;* **по подсчётам он победи́л на вы́борах** laut Auszählung hat er bei den Wahlen gewonnen; **~ голосо́в** Auszählen *nt* der Stimmen; **~ затра́т** [*или* **изде́ржек**] Kostenerfassung *f;* **~ при́былей и убы́тков** Erfolgsrechnung *f*

подсчи́тыва|ть <-ю, -ешь> *нсв,* **подсчита́ть** *св прх* ausrechnen, errechnen, kalkulieren; *(голоса́ на вы́борах)* auszählen; **~ ученико́в в кла́ссе** die Schüler in der Klasse zählen

подсыла́|ть <-ю, -ешь> *нсв,* **подосла́ть** *св прх* schicken; **~ наблюда́теля к грани́це** jdn zur Grenzüberwachung schicken; **~ помо́щника к клие́нту** dem Kunden einen Assistenten schicken

подсыпа́|ть <-ю, -ешь> *нсв,* **подсы́пать** *св прх разг* **1.** *(добавля́ть)* nachgießen; **~ муки́** Mehl zugeben **2.** *(де́лать вы́ше)* aufstocken

подсыха́|ть <-ю, -ешь> *нсв,* **подсо́хнуть** *св нпрх* (langsam) trocknen, trocken werden

подта́ива|ть <-ю, -ешь> *нсв,* **подта́ять**

св нпрх auftauen; **снег подта́ял на места́х** hier und da taute das Eis auf

подта́лкива|ть <-ю, -ешь> *нсв,* **подтолкну́ть** *св прх* anschieben; *перен* antreiben; *(побужда́ть)* bewegen, veranlassen

подта́скива|ть <-ю, -ешь> *нсв, св прх* schleppen; **~ су́мки бли́же к стоя́нке такси́** seine Taschen zum Taxistand schleppen

подтасо́вк|а <-и> *ж перен* Unterstellung *f*

подта́чивать <-у́, -ишь> *нсв,* **подточи́ть** *св прх* **1.** *(сде́лать остре́е)* schärfen; **~ каранда́ш** den Bleistift anspitzen **2.** *перен, разг (ослабить)* erschüttern; **боле́знь подточи́ла её си́лы** die Krankheit hat ihre Kräfte geschwächt

подтащ|и́ть <-у́, -ишь> *св прх см.* **подта́скивать**

подтвер|ди́ть <-жу́, -ди́шь> *св прх см.* **подтвержда́ть**

подтверди́|ться <-тся> *св безл см.* **подтвержда́ться**

подтвержда́|ть <-ю, -ешь> *нсв,* **подтверди́ть** *св прх* bestätigen, belegen; **~ документа́льно** beurkunden; **~ докуме́нтом** verbriefen

подтвержда́|ться <-ется> *нсв,* **подтверди́ться** *св безл только 3 л* bestätigt werden, sich als richtig erweisen; **на́ша гипо́теза подтвержда́ется** unsere Hypothese bestätigt sich [*o* hat sich als richtig erwiesen]

подтвержде́ни|е <-я> *ср* Bestätigung *f*; *(документа́льное)* Nachweis *m*; *(доказа́тельство)* Beweis *m*; **~ об опла́те** Zahlungsbestätigung *f*; **~ зака́за** Auftragsbestätigung *f*; **~ о поступле́нии това́ра** Wareneingangsbestätigung *f*; **~ получе́ния** Empfangsbestätigung *f*; **~ получе́ния компенса́ции** Abfindungserklärung *f*; **~ владе́ния** Besitznachweis *m*

подтёк <-а> *м* nasser Fleck *m*; *(от уда́ра)* Schwellung *f*; **после дра́ки его́ лицо́ бы́ло в подтёках** nach dem Prügeln war sein Gesicht voller Schwellungen

подтека́|ть <-ю, -ешь> *нсв,* **подте́чь** *св нпрх* unter etwas hindurchfließen; *(дава́ть течь)* auslaufen, lecken

подте́кст <-а> *м* Sinn *m*, Hintersinn *m*; **скры́тый ~ выступле́ния** der versteckte Sinn der Aussage

подте́|чь <-ку́, -чёшь> *св нпрх см.* **подтека́ть**

подтолкн|у́ть <-у, -ёшь> *св прх см.* **подта́лкивать**

подт|очи́ть <-очу́, -о́чишь> *св прх см.* **подта́чивать**

подтру́нивани|е <-я> *ср* Frotzelei *f*, Hänselei *f*

подтру́нива|ть <-ю, -ешь> *нсв,* **подтруни́ть** *св нпрх (над кем-л.)* flachsen, hänseln, necken

подтя́гивани|е <-я> *ср* Ziehen *nt*; воен Konzentrieren *nt*; спорт Klimmzug *m*

подтя́гива|ть <-ю, -ешь> *нсв,* **подтяну́ть** *св прх* **1.** *(перемеща́ть побли́же, таща́)* ziehen; **~ ло́дку на бе́рег** das Boot ans Ufer ziehen **2.** *(перемеща́ть под что-л.)* hereinschieben; **~ мешки́ под наве́с** die Säcke unter den Schuppen schieben **3.** *(затя́гивать покре́пче)* festziehen, straff ziehen; **~ реме́нь брюк** den Gürtel der Hose festziehen **4.** *перен, разг (заставля́ть кого́-л. де́лать что-л. лу́чше)* disziplinieren; **~ свои́х игроко́в к сле́дующей встре́че** die Spieler für das nächste Spiel vorbereiten **5.** *разг (пря́тать, убира́ть)* sammeln, einräumen; **~ живо́т** den Bauch einziehen

подтя́гива|ться <-юсь, -ешься> *нсв,* **подтяну́ться** *св рефл* **1.** *(держа́сь за что-л., поднима́ть те́ло вверх)* sich hochziehen; **он подтя́гивался по утра́м** morgens zog er sich an den Händen hoch **2.** *(сконцентри́роваться)* sich konzentrieren; **резе́рвы подтя́гивались к Москве́** die Reserven konzentrierten sich auf Moskau **3.** *(затя́гивать покре́пче что-л. на себе́)* straff ziehen; **~ ремнём** den Gürtel anziehen **4.** *перен, разг (начина́ть рабо́тать лу́чше)* hart arbeiten; **мой класс подтя́гивался в конце́ го́да** meine Klasse hat Ende des Jahres hart gearbeitet **5.** *разг (пря́таться, убира́ться)* zusammenziehen; **от го́лода у нас подтя́гивались животы́** vor Hunger haben sich unsere Mägen zusammengezogen

подтя́ж|ки <-ек> *мн* Hosenträger *m*; **он был без пиджака́, в руба́шке с подтя́жками** er war ohne Jackett, nur mit Hemd und Hosenträgern bekleidet

подтя́нут|ый <-ая, -ое> *прил* stramm, straff; *(дисциплини́рованный)* diszipliniert

подтян|у́ть <-у́, -ешь> *св прх см.* **подтя́гивать**

подтян|у́ться <-у́, -ешься> *св рефл см.* **подтя́гиваться**

поду́ма|ть <-ю, -ешь> *св нпрх см.* **ду́мать**

поду́ма|ться <-ется> *св безл, только 3 л разг* durch den Kopf gehen; **мне поду́малось, что он наконе́ц убеди́т его́** ich dachte, er würde ihn endlich überzeugen

поду́мыва|ть <-ю, -ешь> *нсв нпрх разг* denken, vorhaben; **он поду́мывал заня́ться спо́ртом** er hatte vor, Sport zu treiben

поду́|ть <-ю, -ешь> *св нпрх см.* **дуть**

поду́чива|ть <-ю, -ешь> *нсв,* **подучи́ть** *св прх* **1.** *разг (немно́го обучи́ть)* jdn etwas lehren, jdm etw beibringen; **его немно́го подучи́ли неме́цкому, и он уе́хал в Берли́н** man brachte ihm ein wenig Deutsch bei, und er fuhr nach Berlin **2.** *разг (подговори́ть сде́лать что-то)* anstiften; **брат подучи́л его зайти́ во двор**

П

незамéченным sein Bruder stiftete ihn dazu an, sich in den Hof zu schleichen

подýшк|а <-и> *ж* Kissen *nt*, Kopfkissen *nt*; *(мéбельная)* Polster *nt*; **воздýшная ~** Luftpolster *nt*; **штéмпельная ~** Stempelkissen *nt*; **~ безопáсности** АВТО Airbag *m*

подфáрник <-а> *м* Außenabmessung *f*, Scheinwerfer *pl*; **разбúть ~** einen Scheinwerfer zerschlagen; **включúть подфáрники** die Scheinwerfer einschalten

подхалúм <-а> *м презрит* Kriecher *m*

подхв|атúть <-ачý, -áтишь> *св прх см.* **подхвáтывать**

подхва|тúться <-чýсь, -тúшься> *св рефл см.* **подхвáтываться**

подхвáтыва|ть <-ю, -ешь> *нсв*, **подхватúть** *св прх* **1.** *(поднимáть, поймáв снúзу)* halten; **подхватúть когó-л. зá руки** jdn an den Händen fassen **2.** *(ловúть на летý)* fangen; **игрóк подхватúл мяч под корзúной** der Spieler fing den Ball unter dem Korb **3.** *прост (болéзнь)* erkranken; **~ грипп** an einer Grippe erkranken **4.** *(рвáться рéзко)* sich stürzen; **кáк только он пускáл вóжжи, кóни подхвáтывались** als er die Zügel lockerte, galoppierten die Pferde los **5.** *разг (быстро воспринимáть)* begreifen; **онá быстро всё подхвáтывала без дополнúтельных объяснéний** sie begriff alles ohne zusätzliche Erklärungen; **~ чью-л. мысль** jds Überlegung aufgreifen **6.** *(присоединя́ться к пéсне, расскáзу)* zu singen/erzählen beginnen; **вошéдшие подхватúли песнЮ** die Angekommenen begannen ein Lied zu singen

подхвáтыва|ться <-юсь, -ешься> *нсв*, **подхватúться** *св рефл прост* springen, aufspringen; **мы подхватúлись при пéрвом сигнáле** nach dem ersten Signal sprangen wir auf

подхлёстыва|ть <-ю, -ешь> *нсв*, **подхлестнýть** *св прх* antreiben, anspornen; **~ лóшадь** das Pferd anspornen

подхóд <-а> *м* **1.** *(дóступ)* Zugang *m*, Zugangsweg *m* **2.** *(приближéние)* Herantreten *nt* **3.** ВОЕН Anmarsch *m* **4.** *перен (тóчка зрéния)* Haltung *f*, Einstellung *f* **5.** *(мéтод)* Vorgehensweise *f*; **ответственный ~** Verantwortungsbewusstsein *nt*; **твóрческий ~** Kreativität *f*

подх|одúть <-ожý, -óдишь> *нсв*, **подойтú** *св нпрх* **1.** *(блúже)* herankommen, herantreten **2.** *(по направлéнию)* herkommen; **~ к перрóну** *(о пóезде)* einfahren, ankommen; **~ к решéнию проблéмы с другóй стороны́** das Problem von einer anderen Seite angehen **3.** *(быть подходя́щим)* passen, sich eignen; **онú совсéм не подхóдят друг к дрýгу** sie passen nicht zueinander

подходя́щ|ий <-ая, -ее> *прил* passend; **~ момéнт** passender Augenblick/Moment *m*; **~ человéк** passender Mensch *m*; **подходя́щее мéсто** passende Stelle *f*

подцепля́|ть <-ю, -ешь> *нсв*, **подцепúть** *св прх* **1.** *разг (жéнщину, женихá и т.п.)* erbeuten, aufreißen, anbaggern **2.** *разг (схватúть)* sich zuziehen, sich einfangen; **подцепúть простýду** sich eine Erkältung zuziehen

подчáс *нрч* mitunter

подчёркивани|е <-я> *ср* Unterstreichen *nt*; *перен* Hervorhebung *f*

подчёркива|ть <-ю, -ешь> *нсв*, **подчеркнýть** *св прх* unterstreichen, betonen, hervorheben; **~ пассáж из кнúги** eine Passage im Buch unterstreichen; **выступáющий подчёркивал необходúмость перемéн** der Redner wies auf die Notwendigkeit von Veränderungen hin

подчёркива|ться <-ется> *нсв безл*, *только 3 л книжн* sich abzeichnen, deutlich werden; **в статьé подчёркивалось значéние энергéтики** im Artikel wurde die Bedeutung der Energetik hervorgehoben

подчеркн|ýть <-ý, -ёшь> *св прх см.* **подчёркивать**

подчеркн|ýться <-ýсь, -ёшься> *св рефл см.* **подчёркиваться**

подчинéни|е <-я> *ср* **1.** *(выполнéние вóли когó-л.)* Unterordnung *f*, Unterstellung *f*; **трéбовать пóлного подчинéния от когó-л.** volle Unterwerfung verlangen; **держáть когó-л. в подчинéнии** jdn in unterstellter Position halten **2.** ЛИНГВ Hypotaxe *f*; **~ выражáется специáльным союзом** die Hypotaxe im Satz wird durch eine spezielle Konjunktion ausgedrückt

подчинён|ный **I.** <-ная, -ное; -, -á, -ó> *прил* untergeordnet, gehorsam; **подчинённые отношéния** untergeordnete Verhältnisse *ntpl* **II.** <-ого> *м* Untergebene(r) *f(m)*; **повы́сить зарплáту подчинённым** das Gehalt der Untergebenen erhöhen

подчин|úть <-ю́, -úшь> *св прх см.* **подчиня́ть**

подчин|úться <-ю́сь, -úшься> *св рефл см.* **подчиня́ться**

подчиня́|ть <-ю, -ешь> *нсв*, **подчинúть** *св прх* unterwerfen; **родúтели подчиня́ют свою́ жизнь забóте о дéтях** die Eltern ordnen ihr eigenes Leben der Sorge für die Kinder unter; **Рим подчиня́л своемý влия́нию мнóгие племенá** Rom unterwarf seinem Einfluss viele Stämme

подчиня́|ться <-юсь, -ешься> *нсв*, **подчинúться** *св рефл* sich unterordnen; **все подчиня́ются вождю́ плéмени** alle ordneten sich dem Stammesführer unter

подчú|стить <-щу, -стишь> *св прх см.* **подчищáть**

подчúстк|а <-и> *ж* Ausradieren *nt*; **~ ба-**

ла́нса Bilanzfrisur *f*

подчисту́ю *нрч разг* bis zum letzten; **обобра́ть кого́-л. ~** jdn bis zum letzten ausrauben

подчища́|ть <-ю, -ешь> *нсв,* **подчи́стить** *св прх* reinigen, putzen; *перен* ausradieren

подше́фн|ый I. <-ая, -ое> *прил* untergeordnet II. <-ого> *м* Untergebene(r) *f(m)*; **наш ~ звони́л сего́дня** heute hat unser Untergebener angerufen

подшива́|ть <-ю, -ешь> *нсв,* **подши́ть** *св прх (в де́ло)* abheften, ablegen

подши́вк|а <-и> *ж разг* verschnürter Satz Zeitungen oder Unterlagen; **просмотре́ть подши́вку** alte Zeitungen durchblättern

подши́пник <-а> *м* ТЕХ *(ша́риковый)* Kugellager *nt*

под|ши́ть <-ошью́, -ошьёшь> *св прх см.* **подшива́ть**

подшта́нник|и <-ов> *м разг* Unterhose *f*; **они́ вы́бежали в подшта́нниках** sie liefen in Unterhosen heraus

подш|ути́ть <-учу́, -у́тишь> *св нпрх см.* **подшу́чивать**

подшу́чивани|е <-я> *ср* Hänselei *f*, Neckerei *f*

подшу́чива|ть <-ю, -ешь> *нсв,* **подшути́ть** *св нпрх* verspotten; **все подшу́чивали над его́ стиха́ми** alle spotteten über seine Gedichte

подъе́зд <-а> *м* Hauseingang *m*; АВТО Zufahrt *f*, Auffahrt *f*

подъезжа́|ть <-ю, -ешь> *нсв,* **подъе́хать** *св нпрх* **1.** *(приближа́ться)* anreisen; **мы подъезжа́ли к го́роду** wir näherten uns der Stadt **2.** *прост (добива́ться чего́-л. хи́тростью)* sich einschmeicheln; **к нему́ ~ не сто́ит, говори́ пря́мо** Schmeichele ihm nicht, sondern sprich direkt zu ihm

подъём <-а> *м* **1.** *(воодушевле́ние)* Aufschwung *m*, Begeisterung *f*, Elan *m*; **духо́вный ~** geistiger Aufschwung **2.** *(склон)* Steigung *f*, Gefälle *nt* **3.** *(в го́ру)* Aufstieg *m*; **~ эконо́мики** Wirtschaftsaufschwung *m*; **быть на подъёме** im Aufwind sein; **застря́ть на подъёме** stecken bleiben **4.** *(возвыше́ние ступни́)* Gewölbe *nt*; **высо́кий ~** hohes Gewölbe **5.** *(сигна́л)* Signal *nt* zum Aufstehen

подъёмник <-а> *м* Aufzug *m*, Lift *m*; **лы́жный ~** Skilift *m*; **~ слома́лся и пришло́сь поднима́ться пешко́м** der Fahrstuhl lief nicht und wir mussten zu Fuß nach oben gehen

подъёмн|ый <-ая, -ое> *прил* Hebe-; **подъёмная грузова́я платфо́рма** Hebebühne *f*; **подъёмные рабо́ты** Hebearbeiten *pl*; **~ кран** Hebekran *m*; **подъёмные де́ньги** *(за перее́зд к ме́сту рабо́ты)* Fahrgeld *nt*; **~ мост** Hebebrücke *f*; **подъёмное крыло́** Auftriebsflügel *m*

подъе́|хать <-ду, -дешь> *св нпрх см.* **подъезжа́ть**

поды́грыва|ть <-ю, -ешь> *нсв,* **подыгра́ть** *св нпрх* **1.** *разг (аккомпани́ровать)* begleiten; **мужчи́на поды́грывал певи́це на гита́ре** der Mann begleitete die Sängerin auf der Gitarre **2.** *разг (помога́ть друго́му свое́й игро́й)* zuwerfen; **он поды́грывал мне постоя́нно, и мы вы́играли** er spielte mir ständig gute Karten zu und wir haben das Spiel gewonnen

подыма́|ть <-ю, -ешь> *нсв прх* heben

подыма́|ться <-юсь, -ешься> *нсв рефл разг* hinaufsteigen

поды́скива|ть <-ю, -ешь> *нсв,* **подыска́ть** *св прх* suchen, sich umschauen; **~ рабо́ту** auf Arbeitssuche sein; **~ себе́ хоро́шую рабо́ту** eine gute Arbeit suchen

подыто́жива|ть <-ю, -ешь> *нсв,* **подыто́жить** *св прх* **1.** *(подвести́ ито́г чему́-л.)* berechnen; **~ расхо́ды** die Kosten berechnen **2.** *(сде́лать вы́вод из чего́-л.)* zusammenfassen; **~ результа́ты наблюде́ний** die Ergebnisse der Beobachtung zusammenfassen

подыха́|ть <-ю, -ешь> *нсв,* **подо́хнуть** *св нпрх разг* sterben; **во вре́мя за́сухи скот подыха́ет от го́лода** in der Dürreperiode verendet das Vieh vor Hunger

поеда́|ть <-ю, -ешь> *нсв, св прх* essen; **де́ти с удово́льствием поеда́ли шокола́д** die Kinder aßen mit Genuss Schokolade

поеди́н|ок <-ка> *м* Duell *nt*

по́езд <-а> *м* Zug *m*; **грузово́й** [*или* **това́рный**] ~ Güterzug *m*; **пассажи́рский ~** Personenzug *m*; **ско́рый ~** Eilzug *m*; **при́городный ~** Nahverkehrszug *m*

пое́з|дить <-жу, -дишь> *св нпрх* fahren; **~ верхо́м на ло́шади** auf dem Pferd reiten

пое́здк|а <-и> *ж* Reise *f*, Fahrt *f*; **~ в оди́н коне́ц** Hinfahrt *f*; **служе́бная ~** Dienstreise *f*; **туристи́ческая ~** Urlaubsreise *f*

пое́|сть <-м, -шь> *св прх см.* **поеда́ть**

пое́|хать <-ду, -дешь> *св нпрх* hinfahren, losfahren

пожале́|ть <-ю, -ешь> *св см.* **жале́ть**

пожа́л|овать <-ую, -уешь> *св прх см.* **жа́ловать**

пожа́л|оваться <-уюсь, -уешься> *св рефл см.* **жа́ловаться**

пожа́луй *част* wohl

пожа́луйста *част* bitte!; *(в отве́т)* bitte schön!

пожа́р <-а> *м* Brand *m*, Feuer *nt*

пожа́р|ить <-ю, -ишь> *св прх* braten, grillen; *(горе́ть)* sengen, brennen

пожа́рищ|е <-а> *ср* Brand *m*; **лесно́е ~** Waldbrand *m*

пожа́рник <-а> *м* Feuerwehrmann *m*

пожа́рн|ый I. <-ого> *м* Feuerwehrmann *m* II. <-ая, -ое> *прил* Feuer-; **~ извеща́тель** Feuermelder *m*; **пожа́рная кома́нда** Feuerwehr *f*; **пожа́рная ле́стница** Feuerleiter *f*;

П

пожа́рная маши́на Löschfahrzeug *nt;* **пожа́рная трево́га** Feueralarm *m*

пожаробезопа́сн|ый <-ая, -ое> *прил* feuersicher

пожароопа́сн|ый <-ая, -ое> *прил* feuergefährlich

пожа́ти|е <-я> *ср* Drücken *nt;* **~ руки́** Händedruck *m;* **~ плеча́ми** Achselzucken *nt*

пож|а́ть[1] <-му́, -мёшь> *св прх см.* **пожима́ть**

пож|а́ть[2] <-ну́, -нёшь> *св прх см.* **пожина́ть**

пожёвыва|ть <-ю, -ешь> *нсв,* **пожева́ть** *св прх* **1.** *(жева́ть не́которое вре́мя)* kauen; **~ кусо́к мя́са** ein Stück Fleisch kauen **2.** *(пое́сть немно́го)* etwas essen, probieren; **ма́льчик пожева́л ры́бы, но так и не съе́л её** der Junge hat den Fisch probiert, ihn aber nicht aufgegessen

пожела́ни|е <-я> *ср* Wunsch *m; (сча́стья)* Glückwunsch *m*

пожела́|ть <-ю, -ешь> *св нпрх см.* **жела́ть**

пожелте́|ть <-ю, -ешь> *св нпрх см.* **желте́ть**

пож|ени́ть <-еню́, -е́нишь> *св прх см.* **жени́ть**

пожени́|ться <-мся> *св рефл 1 л не употр* heiraten

поже́ртвовани|е <-я> *ср* Opfer *nt; (ми́лостыня)* Spende *f*

поже́ртв|овать <-ую, -уешь> *св прх см.* **же́ртвовать**

пожива́|ть <-ю, -ешь> *нсв нпрх* gut leben; **как пожива́ешь?** wie geht es dir?

пожив|и́ться <-лю́сь, -и́шься> *св рефл* aus einer Sache Profit ziehen; **~ чужи́м добро́м** auf fremde Kosten leben

пожи́зненно *нрч* lebenslänglich; **дать льго́ты ~** auf Lebenszeit Privilegien geben; **присуди́ть зва́ние ~** einen Titel auf Lebenszeit verleihen

пожи́знен|ный <-ная, -ное; -, -на, -но> *прил* lebenslänglich

пожил|о́й **I.** <-ая, -ое> *прил* alt; **~ челове́к** alter Mann *m* **II.** <-ого> *м* alter Mann *m;* **уступи́ть ме́сто пожило́му челове́ку** dem alten Mann Platz machen

пожима́|ть <-ю, -ешь> *нсв,* **пожа́ть** *св прх* drücken; **~ ру́ку кому́-л.** jdm die Hand reichen; **пожима́ть плеча́ми** mit den Schultern zucken

пожина́|ть <-ю, -ешь> *нсв,* **пожа́ть** *св прх и перен* ernten; **~ плоды́ успе́ха** die Früchte seines Erfolgs ernten; **что посе́ешь, то и пожнёшь** *пословица* wie die Saat, so die Ernte

пожира́|ть <-ю, -ешь> *нсв,* **пожра́ть** *св прх* **1.** *прост (есть что-л. жа́дно и бы́стро)* verschlingen, essen; **~ ка́шу** den Brei verschlingen; **пожира́ть глаза́ми** mit den Augen verschlingen **2.** *перен (уничтожа́ть)* vernichten, niederbrennen; **ого́нь пожра́л всю дома́шнюю у́тварь** das Feuer hat den gesamten Hausrat vernichtet

пожи́тк|и <-ов> *мн* Kram *m,* Habe *f*

пожр|а́ть <-у́, -ёшь> *св прх см.* **пожира́ть**

пожур|и́ть <-ю́, -и́шь> *св прх см.* **жури́ть**

пожу́хл|ый <-ая, -ое> *прил разг* verwelkt; **пожу́хлые ли́стья** verwelkte Blätter *mpl;* **пожу́хлые кра́ски** verblasste Farben *fpl*

по́з|а <-ы> *ж* Körperhaltung *f,* Stellung *f; (позёрство)* Pose *f,* Positur *f;* **станови́ться в по́зу** sich in Positur stellen

позабо́|титься <-чусь, -тишься> *св рефл см.* **забо́титься**

позабыва́|ть <-ю, -ешь> *нсв,* **позабы́ть** *св прх разг* vergessen; **позабы́ть кни́гу до́ма** das Buch zu Hause vergessen

позави́д|овать <-ую, -уешь> *св прх см.* **зави́довать**

поза́втрака|ть <-ю, -ешь> *св нпрх см.* **за́втракать**

позавчера́ *нрч* vorgestern

позавчера́шн|ий <-яя, -ее> *прил* vorgestrig; **позавчера́шняя газе́та** die vorgestrige Zeitung; **позавчера́шняя но́вость** die vorgestrige Neuigkeit

позагора́|ть <-ю, -ешь> *св нпрх* sich bräunen lassen; **~ на пля́же** sich am Strand sonnen

позади́ **I.** *нрч* hinter *(lokal),* vorbei *(temporal);* **са́мое тяжёлое позади́** das Schwerste haben wir hinter uns **II.** *предл* hinter *+dat*

позаимств|овать <-ую, -уешь> *св прх* übernehmen, entlehnen

позанима́|ться <-юсь, -ешься> *св рефл см.* **занима́ться**

позапро́шл|ый <-ая, -ое> *прил* vorvergangen; **в ~ году** vor zwei Jahren; **в ~ прие́зд** vorletztes Mal

позаре́з *нрч* unbedingt; **ей де́ньги нужны́ ~** sie braucht das Geld unbedingt

поза́р|иться <-юсь, -ишься> *св рефл см.* **за́риться**

позва́нива|ть <-ю, -ешь> *нсв нпрх* ab und zu klingeln

поз|ва́ть <-ову́, -овёшь> *св прх см.* **звать**

позволе́ни|е <-я> *ср* Erlaubnis *f;* **получи́ть ~** die Erlaubnis bekommen; **с ва́шего позволе́ния** mit Ihrer Erlaubnis, wenn Sie erlauben

позволи́тельн|ый <-ая, -ое> *прил* Erlaubnis-

позволя́|ть <-ю, -ешь> *нсв,* **позво́лить** *св прх* **1.** *(разреша́ть что-л. или де́лать что-л.)* zulassen, erlauben; **~ смотре́ть телеви́зор** das Fernsehen erlauben; **ты сли́шком мно́го себе́ позволя́ешь** du nimmst dir zuviel heraus **2.** *(предоставля́ть возмо́жность)* die Möglichkeit geben, ermöglichen, befähigen; **его́ пози́ция позволя́ла ему́ ви́деть всё, что происхо́дит**

в до́ме seine Position erlaubte ihm zu sehen, was im Haus geschieht; **он не мо́жет себе́ э́того позво́лить** das kann er sich nicht leisten **3.** *(ве́жливое обраще́ние)* erlauben; **позво́льте заме́тить, что ...** erlauben Sie die Bemerkung, dass ...

позвон|и́ть <-ю́, -и́шь> *св нпрх см.* **звони́ть**

позвон|о́к <-ка́> *м* АНАТ Wirbel *m;* **перело́м позвонка́** Wirbelfraktur *f,* Wirbelbruch *m*

позвоно́чник <-а> *м* АНАТ Wirbelsäule *f,* Rückgrat *nt*

позвоно́чн|ый <-ая, -ое> *прил* АНАТ Wirbel-

позвя́кивани|е <-я> *ср* Klingeln *nt,* Klirren *nt;* **~ шпор** Klirren von Spornen

позвя́кива|ть <-ю, -ешь> *нсв нпрх* klingeln, klirren; **кавалери́ст позвя́кивал шпо́рами** der Kavalerist klirrte mit den Sporen

по́здн|ий <-яя, -ее> *прил* spät; **са́мое поздне́е** allerspätestens

по́здно *нрч* spät; **лу́чше ~ чем никогда́** besser spät als nie

поздоро́ва|ться <-юсь, -ешься> *св рефл см.* **здоро́ваться**

поздоро́ви|ться <-тся> *св безл, только 3 л* **тебе́ за э́то не ~** das wirst du bezahlen

поздравите|ль <-ля> *м* Gratulant(in) *m(f)*

поздрави́тельн|ый <-ая, -ое> *прил* Glückwunsch-; **поздрави́тельная телегра́мма** Glückwunschtelegramm *nt;* **поздрави́тельное письмо́** Glückwunschschreiben *nt*

поздра́в|ить <-лю, -ишь> *св прх см.* **поздравля́ть**

поздравле́ни|е <-я> *ср* Glückwunsch *m,* Gratulation *f*

поздравля́|ть <-ю, -ешь> *нсв,* **поздра́вить** *св прх* gratulieren; **~ роди́телей с пра́здником/с днём рожде́ния** den Eltern zum Feiertag/zum Geburtstag gratulieren

позёвыва|ть <-ю, -ешь> *нсв нпрх разг* (ab und zu) gähnen; **води́тель сиде́л в маши́не и позёвывал** der Fahrer saß im Auto und gähnte

позёмк|а <-и> *ж разг* Wirbelschnee *m;* **метёт ~ и замета́ет следы́ маши́н** der Wirbelschnee verweht die Autospuren

позелене́|ть <-ю, -ешь> *св нпрх см.* **зелене́ть**

пози́р|овать <-ую, -уешь> *нсв нпрх* **1.** *(служи́ть нату́рой кому́-л.)* Modell stehen; **~ худо́жнику/фото́графу** dem Maler/Fotograf Modell stehen **2.** *неодобр, разг (вести́ себя́ фальши́во)* sich in Positur werfen; **он сли́шком мно́го пози́ровал перед нача́льством** er warf sich zu viel vor den Chefs in Positur

позити́в|ный <-ная, -ное; -ен, -на, -но> *прил* positiv; **позити́вное изображе́ние** ФОТ Abzug *m;* **позити́вный отпеча́ток** Abzugsabdruck *m;* **позити́вное отноше́ние** positives Verhältnis *nt;* **позити́вная сторона́** positive Seite *f;* **позити́вное реше́ние** positive Lösung *f*

пози́ци|я <-и> *ж* Haltung *f,* Einstellung *f,* Position *f,* Stellung *f;* ВОЕН Stellung *f;* **име́ть вы́игрышную пози́цию** im Vorteil sein; **~ на ры́нке** Marktposition *f*

познава́те|льный <-льная, -льное; -лен, -льна, -льно> *прил* ФИЛОС Erkenntnis-; **познава́тельная спосо́бность** Erkenntnisfähigkeit *f;* **~ проце́сс** Erkenntnisprozess *m*

позна|ва́ть <-ю́, -ёшь> *нсв,* **позна́ть** *св прх* erfahren, erleben, erkennen; **позна́й самого́ себя́!** erkenne dich selbst!

позна|ва́ться <-ю́сь, -ёшься> *нсв рефл* sich erkennen, sich eröffnen; **и́стина позна-ётся в спо́ре** die Wahrheit kommt im Streit ans Licht

познако́м|ить <-лю, -ишь> *св прх см.* **знако́мить**

познако́м|иться <-люсь, -ишься> *св рефл см.* **знако́миться**

позна́ни|е <-я> *ср* Erkenntnis *f*

позна́|ть <-ю, -ешь> *св прх см.* **познава́ть**

позоло́т|а <-ы> *ж* Blattgold *nt;* **покрыва́ть позоло́той** vergolden

позоло|ти́ть <-чу́, -ти́шь> *св прх см.* **золоти́ть**

позоло́чен|ный <-ная, -ное; -, -а, -о> *прил* vergoldet

позо́р <-а> *м* Blamage *f,* Schande *f*

позо́р|ить <-ю, -ишь> *нсв,* **опозо́рить** *св прх* blamieren, entehren, schänden

позо́р|иться <-юсь, -ишься> *нсв,* **опозо́риться** *св рефл* sich blamieren, sich eine Blöße geben

позо́рищ|е <-а> *ср презрит, разг* Schande *f;* **его́ рабо́та - одно́ ~** seine Arbeit ist eine richtige Schande

позо́рно *нрч* schändlich; **проигра́ть матч – ~** das Spiel zu verlieren ist eine Schande

позо́р|ный <-ная, -ное; -ен, -на, -но> *прил* **1.** *(сканда́льный)* blamabel **2.** *(посты́дный)* schändlich; **позо́рное пятно́** Schandfleck *m;* **пригвозди́ть к позо́рному столбу́** *перен* jdn an den Pranger stellen

позывн|о́й I. <-а́я, -о́е> *прил* Aufruf *m;* **позывна́я раке́та** Signalrakete *f;* **~ сигна́л** Aufrufsignal *nt* II. <-ого> *м* Sendesignale *ntpl,* Rufzeichen *ntpl;* **позивны́е тону́щего корабля́** Rufsignale eines sinkenden Schiffes

поигра́|ть <-ю, -ешь> *св (н)прх см.* **игра́ть**

поимённ|ый <-ая, -ое> *прил* namentlich

поимк|а <-и> *ж* Fangen *nt,* Einfangen *nt;* **приня́ть уча́стие в поимке** am Fangen teilnehmen

поинтерес|ова́ться <-у́юсь, -у́ешься> *св*

рефл см. **интересоваться**

поиск <-а> *м* 1. *мн* Suche *f* 2. ИНФОРМ Recherche *f;* **~ истины** Wahrheitsfindung *f;* **~ компромисса** Kompromisssuche *f;* **~ ошибок** ИНФОРМ Fehlersuche *f;* **~ работы** Arbeitssuche *f;* **~ счастья** Glückssuche *f;* **~ рабочего места** Stellensuche *f*

по|искать <-ищу, -ищешь> *св прх см.* **искать**

поисков|ый <-ая, -ое> *прил* Such-; **поисковая система** [*или* **машина**] ИНФОРМ Suchmaschine *f*

поистине *нрч книжн* wirklich; **~ очаровательно** wirklich bezaubernd

поить <пою, поишь> *нсв,* **напоить** *св прх* tränken; **~ лошадь водой** das Pferd mit Wasser tränken

пойл|о <-а> *ср* 1. *(для скота)* Tränke *f;* **кормить свиней пойлом** die Schweine mit Spülicht füttern 2. *(неприятный напиток)* Gesöff *nt;* **поить кого-л. жутким пойлом** jdm ein furchtbares Gesöff einflößen

пойм|а <-ы> *ж (заливной луг)* überschwemmte Wiese *f*

поймá|ть <-ю, -ешь> *св прх см.* **ловить**

пой|ти <-ду, -дёшь> *св нпрх* losgehen, losfahren; *(за кем-л.)* folgen; *(за кого-л.)* heiraten *(nur für Frauen)*; *(за что-л.)* eingehen auf *+akk,* sich einlassen auf *+akk;* **не ~ на собрание** einer Versammlung fernbleiben

пока I. *нрч* vorläufig, einstweilen II. *сз* während, solange, bis III. *част разг* tschüss!, bis dann!

показ <-а> *м* Darstellung *f;* **~ мод** Modenschau *f*

показани|е <-я> *ср* 1. ЮР Aussage *f;* **ложное ~** Falschaussage *f* 2. МЕД Indikation *f*

показате|ль <-ля> *м* Kennzahl *f,* Index *m,* Kennziffer *f; перен* Zeichen *nt,* Kennzeichen *nt;* **~ отраслевой производительности** ЭКОН Branchenkennziffer *f;* **~ степени** МАТ Exponent *m;* **~ финансового положения** ЭКОН Finanzierungskennzahl *f*

показате|льный <-льная, -льное; -лен, -льна, -льно> *прил* 1. *(характерный)* bezeichnend, typisch 2. *(отличный)* ausgezeichnet, mustergültig 3. *(публичный)* öffentlich, Schau-; **устроить ~ процесс** einen Schauprozess inszenieren

пок|азать <-ажу, -áжешь> *св прх см.* **показывать**

пок|азаться <-ажусь, -áжешься> *св рефл см.* **казаться, показываться**

показн|óй <-áя, -óе> *прил* zur Schau getragen, ostentativ

показух|а <-и> *ж презрит, разг* Demonstration *f;* **устроить показуху при посещении министра** beim Besuch des Ministers etw vorführen

показыва|ть <-ю, -ешь> *нсв,* **показать** *св прх* 1. *(указывать на что-л.)* zeigen, vorführen; **~ новое платье** das neue Kleid zeigen; **~ на новое здание** auf das neue Gebäude zeigen; **~ на дверь кому-л.** jdm die Tür weisen 2. *(изображать, копировать)* nachahmen; **~ страдания беженцев** die Leiden der Flüchtlinge zeigen 3. *(разъяснять)* erklären; **~ принцип работы механизма** das Arbeitsprinzip des Mechanismus erklären 4. *(делать очевидным)* zeigen, sich auszeichnen; **материал показывает свою крепость** der Stoff zeichnet sich durch Festigkeit aus; **~ себя** sich bewähren, sich beweisen; **~ кому-л. город** jdm die Stadt zeigen

показыва|ться <-юсь, -ешься> *нсв,* **показаться** *св рефл* sich zeigen; **она больше не показывалась в публичных местах** sie zeigte sich nicht mehr in der Öffentlichkeit

покака|ть <-ю, -ешь> *св нпрх см.* **какать**

покалеч|ить <-у, -ишь> *св прх разг* verkrüppeln

покалыва|ть <-ю, -ешь> *нсв,* **поколоть** *св прх разг* stechen; **снежинки покалывали лицо** die Schneeflocken stachen mir ins Gesicht

покара|ть <-ю, -ешь> *св прх см.* **карать**

поката|ть <-ю, -ешь> *св прх см.* **катать**

поката|ться <-юсь, -ешься> *св рефл см.* **кататься**

пока|тить <-чу, -тишь> *св прх см.* **катить**

пока|титься <-чусь, -тишься> *св рефл см.* **катиться**

покатыва|ться <-юсь, -ешься> *нсв,* **покатиться** *св рефл* **покатиться со смеху** sich schief lachen

покат|ый <-ая, -ое; -, -а, -о> *прил* **покатая крыша** schiefes Dach *nt;* **покатые плечи** schiefe Schultern *fpl*

покача|ть <-ю, -ешь> *св прх* schaukeln, wiegen

покача|ться <-юсь, -ешься> *св рефл* sich schaukeln, sich wiegen

покачивани|е <-я> *ср* Schaukeln *nt,* Wiegen *nt;* **~ маятника** Schwingen *nt* des Pendels, Pendeln *nt*

покачива|ть <-ю, -ешь> *нсв прх* schaukeln, wiegen; **~ ребёнка** ein Baby wiegen; **покачивать головой** den Kopf schütteln

покачива|ться <-юсь, -ешься> *нсв рефл* wanken, schwanken; **качели покачивались на ветру** die Schaukel schwankte im Wind

покачн|уться <-усь, -ёшься> *св рефл* 1. *(слегка качнуться)* schaukeln; **лодка покачнулась** das Boot schaukelte 2. *(наклониться)* schwanken, schaukeln; **крыша дома слегка покачнулась** der Dach des Hauses schwankte leicht

покашливани|е <-я> *ср* Husten *nt,* Räuspern *nt;* **за стеной послышалось ~** hinter der Wand war ein leises Husten zu hören

покашлива|ть <-ю, -ешь> *нсв нпрх* sich

räuspern

покáшля|ть <-ю, -ешь> *св нпрх см.* **кáшлять**

покаяни|е <-я> *ср* **1.** *(раскáяние)* Reue *f* **2.** РЕЛИГ Buße *f*

покáянн|ый <-ая, -ое> *прил* reumütig; **покáянная речь** Worte *pl* der Reue; **~ взгляд** reumütiger Blick *m*

покá|яться <-юсь, -ешься> *св рефл см.* **кáяться**

покидá|ть <-ю, -ешь> *нсв,* **покúнуть** *св прх* verlassen; **меня не покидáет мысль, что ...** ich werde den Gedanken nicht los, dass ...; **~ рóдину** die Heimat verlassen, auswandern

поклáдист|ый <-ая, -ое; -, -а, -о> *прил* verträglich; **~ мужúк** verträglicher Mensch *m;* **~ харáктер** verträglicher [*o* gutmütiger] Charakter *m*

поклáж|а <-и> *ж разг* Gepäck *nt;* **сидéть с поклáжей на перрóне в ожидáнии пóезда** mit dem Gepäck auf dem Bahnsteig sitzen und auf den Zug warten

поклóн <-а> *м* Verbeugung *f*

поклонéни|е <-я> *ср* Anbentung *f,* Verehrung *f;* **~ úдолам** Götzenanbetung *f*

покл|онúться <-онюсь, -óнишься> *св рефл см.* **клáняться**

поклóнник <-а> *м,* **поклóнниц|а** <-ы> *ж* **1.** *(почитáтель)* Verehrer *m,* Fan *m;* **~ искýсства** Kunstliebhaber *m* **2.** *(ухажóр)* Verehrer *m;* **у дéвушки былá áрмия поклóнников** das Mädchen hatte eine ganze Armee von Verehrern

покловя|ться <-юсь, -ешься> *нсв рефл* **1.** *(вéрить в вы́сшую сúлу, богóв)* sich verbeugen; **~ язы́ческим богáм** heidnische Götter verehren **2.** *(восхищáться)* bewundern; **~ талáнту писáтеля** das Talent des Schriftstellers bewundern

поклá|сться <-нусь, -нёшься> *св рефл см.* **клáсться**

поковыря|ть <-ю, -ешь> *св нпрх разг см.* **ковырять**

покó|иться <-юсь, -ишься> *нсв рефл* **1.** *и перен* ruhen **2.** *(на чём-л.)* beruhen auf *+dat*

покó|й <-я> *м* Ruhe *f;* **душéвный ~** Seelenfrieden *m;* **оставлять в покóе** in Ruhe lassen

покóйник <-а> *м,* **покóйниц|а** <-ы> *ж* Verstorbene(r) *f(m);* **проводúть покóйника на клáдбище** dem Verstorbenen das letzte Geleit geben

покóйн|ый <-ого> *м* Verstorbene(r) *f(m)*

поколеб|áть <-лю, -лешь> *св прх см.* **колебáть**

поколеб|áться <-люсь, -лешься> *св рефл см.* **колебáться**

поколéни|е <-я> *ср* Generation *f*

покол|отúть <-очу, -óтишь> *св прх см.* **колотúть**

покóнч|ить <-у, -ишь> *св нпрх (с кем-л./чем-л.)* beenden, Schluss machen mit *+dat;* **~ с собóй** Selbstmord begehen, sich umbringen

покорéни|е <-я> *ср (подчинéние)* Unterwerfung *f;* **~ сосéдних стран** Unterwerfung von Nachbarländern

покорúте|ль <-ля> *м* Unterwerfer *m*

покор|úть <-ю, -úшь> *св прх см.* **покорять**

покор|úться <-юсь, -úшься> *св рефл см.* **покоряться**

пок|ормúть <-ормлю, -óрмишь> *св прх см.* **кормúть**

покóрно *нрч* gehorsam; **слýшать ~** gehorsam zuhören

покóрнос|ть <-ти> *ж* Demut *f,* Unterwürfigkeit *f*

покóр|ный <-ная, -ное; -ен, -на, -но> *прил* demütig, unterwürfig

покорóб|ить <-лю, -ишь> *св прх см.* **корóбить**

покороб|úться <-люсь, -úшься> *св рефл см.* **корóбиться**

покор|я́ть <-ю, -úшь> *нсв,* **покорúть** *св прх* unterwerfen; **~ прирóду** die Natur bezwingen; **~ вершúну** den Gipfel bezwingen

покор|я́ться <-юсь, -úшься> *нсв,* **покорúться** *св рефл* sich unterwerfen

покóс <-а> *м* **1.** *(косьбá)* Mahd *f,* Heuernte *f;* **начался́ ~** die Heuernte begann **2.** *(пóле, предназнáченное для косьбы́)* Wiese *f;* **вокрýг нас лежáли покóсы** ringsherum waren Wiesen

пок|осúться <-ошусь, -óсишься> *св рефл см.* **косúться**

покрá|сить <-шу, -сишь> *св прх см.* **крáсить**

покрá|сится <-шусь, -сишься> *св рефл см.* **красúться**

покрáск|а <-и> *ж* Färbung *f; (дверéй, стен)* Anstrich *m*

покраснé|ть <-ю, -ешь> *св нпрх см.* **краснéть**

покрéпче *нрч* fester; **держáть ~** fest halten; **привязáть ~** fester ziehen

покрив|úться <-люсь, -úшься> *св рефл см.* **кривúться**

покрúкива|ть <-ю, -ешь> *нсв нпрх* schreien; **мать покрúкивала на свою́ дочь** die Mutter schrie ihre Tochter an

покрóв <-а> *м* Deckmantel *m;* **волосянóй ~** Behaarung *f;* **ледянóй ~** Eisdecke *f;* **снéжный ~** Schneedecke *f*

покровúте|ль <-ля> *м* Schirmherr *m,* Schutzherr *m*

покровúтельственн|ый <-ая, -ое> *прил* gönnerhaft; ЭКОН Schutz-

покровúтельств|о <-а> *ср* **1.** *(шéфство)* Schirmherrschaft *f* **2.** *(защúта, попечéние)* Schutz *m,* Obhut *f*

покровúтельств|овать <-ую, -уешь> *нсв*

нпрх begünstigen, protegieren

покро́|й <-я> *м (оде́жды)* Schnitt *m*

покр|ужи́ться <-ужу́сь, -у́жишься> *св рефл см.* **кружи́ться**

покр|ути́ть <-учу́, -у́тишь> *св прх см.* **крути́ть**

покр|ути́ться <-учу́сь, -у́тишься> *св рефл см.* **крути́ться**

покрыва́л|о <-а> *ср* Decke *f,* Bettdecke *f,* Tagesdecke *f*

покрыва́|ть <-ю, -ешь> *нсв,* **покры́ть** *св прх и перен* abdecken, bedecken, decken; **~ за день 50 км** 50 km am Tag zurücklegen

покрыва́|ться <-юсь, -ешься> *нсв,* **покры́ться** *св рефл* **1.** *(накрыва́ть себя́ чем-л.)* sich zudecken; **покры́ться одея́лом** sich mit einer Decke zudecken **2.** *(станови́ться покры́тым чем-л.)* sich bedecken; **по́ле покры́лось сне́гом** das Feld wurde mit Schnee bedeckt

покры́ти|е <-я> *ср* **1.** ЭКОН *(обеспе́чение)* Deckung *f* **2.** ТЕХ, СТР Belag *m;* **~ с ты́ла** Rückendeckung *f;* **~ до́лгов** Schuldendeckung *f;* **~ изде́ржек** Kostendeckung *f;* **~ капита́ла** Kapitaldecke *f;* **~ расхо́дов** Kostendeckung *f;* **~ це́нными бума́гами** Securitization *f*

покры́т|ый <-ая, -ое; -, -а, -о> *прил* bedeckt

покр|ы́ть <-о́ю, -о́ешь> *св прх см.* **покрыва́ть**

покр|ы́ться <-о́юсь, -о́ешься> *св рефл см.* **покрыва́ться**

покры́шк|а <-и> *ж* Bezug *m;* **автомоби́льная ~** АВТО Reifenmantel *m*

покрях|те́ть <-чу́, -ти́шь> *св нпрх см.* **кряхте́ть**

поку́да[1] *нрч разг* vorläufig; **~ невозмо́жное реше́ние** eine vorläufig unmögliche Lösung *f*

поку́да[2] *сз разг (пока́)* bis; **порабо́тай, ~ светло́** arbeite weiter, solange es draußen noch hell ist

покупа́те|ль <-ля> *м,* **покупа́тельниц|а** <-ы> *ж* Käufer(in) *m(f); (клие́нт)* Kunde *m,* Kundin *f;* ЭКОН Abnehmer *m;* **случа́йные покупа́тели** Laufkundschaft *f*

покупа́тельн|ый <-ая, -ое> *прил* Käufer-, Kauf-; **покупа́тельная спосо́бность** [*или* **си́ла де́нег**] Kaufkraft *f;* **покупа́тельная спосо́бность де́нег на вну́треннем ры́нке** Binnenwert *m;* **~ спрос** Nachfrage *f*

покупа́|ть <-ю, -ешь> *нсв,* **купи́ть** *св прх* kaufen, erwerben; **~ у кого́-л.** jdm etw abkaufen; **~ на торга́х** ersteigern

поку́пк|а <-и> *ж* Einkauf *m,* Kauf *m,* Anschaffung *f;* **~ в рассро́чку** Ratenkauf *m;* **~ а́кций** Aktienkauf *m;* **~ векселе́й** Diskontierung *f;* **~ в креди́т** Ratenkauf *m;* **~ в целя́х поддержа́ния существу́ющего ку́рса и у́ровня цен** Stützungskauf *m;* **~ за нали́чные** Barkauf *m;* **~ на про́бу** Probekauf *m;* **~ минима́льного коли́чества** Mindestabnahme *f;* **~ на срок** Zielkauf *m;* **~ по образца́м** Kauf *m* nach Muster; **~ предприя́тия за счёт приобрете́ния а́кций на привлечённые со стороны́ сре́дства** fremdkapitalfinanzierte Unternehmensübernahme *f;* **~ прете́нзии тре́тьего лица́** Forderungskauf *m;* **~ с после́дующим уточне́нием специфика́ции** Spezifikationskauf *m;* **~ с поста́вкой по востре́бованию** Kauf *m* auf Abruf; **~ по слу́чаю** Gelegenheitskauf *m;* **~ по телефо́ну** Teleshopping *nt*

покупн|о́й <-а́я, -о́е> *прил* Kauf-; **покупна́я сто́имость** Einstandswert *m;* **покупна́я цена́** Bezugspreis *m*

поку|си́ться <-шу́сь, -си́шься> *св рефл см.* **покуша́ться**

поку́ша|ть <-ю, -ешь> *св прх (пое́сть) см.* **ку́шать**

покуша́|ться <-юсь, -ешься> *нсв,* **покуси́ться** *св рефл* versuchen etw Unerlaubtes zu tun; **~ на чужо́е добро́** versuchen, fremdes Eigentum an sich zu reißen

покуше́ни|е <-я> *ср и перен* Anschlag *m,* Attentat *nt*

пол[1] <по́ла> *м* Fußboden *m*

пол[2] <по́ла> *м* БИОЛ Geschlecht *nt*

полага́|ть <-ю, -ешь> *нсв прх* **1.** *книжн (счита́ть)* meinen, glauben **2.** *(предполага́ть)* annehmen; **есть все основа́ния ~, что ...** es gibt allen Grund anzunehmen, dass ...

полага́|ться <-юсь, -ешься> *нсв,* **положи́ться** *св рефл* **1.** *(на кого́-л.)* sich verlassen auf +*akk;* **на него́ нельзя́ ~** auf ihn ist kein Verlass **2.** *(подоба́ть)* (sich) gehören, (sich) gebühren **3.** *(причита́ться)* zustehen

пола́|дить <-жу, -ишь> *св нпрх* klarkommen; *(быть в хоро́ших отноше́ниях)* sich verstehen

пола́ком|иться <-люсь, -ишься> *св рефл см.* **ла́комиться**

пола́т|и <-ей> *мн* **1.** *(насти́л из до́сок для спанья́)* Holzpritsche *f;* **устро́иться на пола́тях** auf der Holzpritsche schlafen **2.** *(деревя́нный наблюда́тельный пункт на де́реве)* Hochstand *m;* **сколоти́ть ~ на де́реве** einen Hochstand am Baum bauen

полго́да <неизм> ein halbes Jahr; **прожи́ть у кого́-л. ~** bei jdm ein halbes Jahr lang leben

по́лд|ень <-ня> *м* Mittag *m;* **сего́дня в ~** heute Mittag

по́лдник <-а> *м* Brotzeit *f,* kleine Mahlzeit *f*

полдня́ *нрч* halbtags

по́л|е <-я> *ср* Feld *nt;* СПОРТ Spielfeld *nt;* *(зре́ния)* Blickfeld *nt; мн* Gefilde *nt;* **~ бо́я** Schlachtfeld *nt;* **лётное ~** Rollfeld *nt;* **футбо́льное ~** Fußballfeld *nt;* **остава́ться вне по́ля зре́ния** unbeachtet bleiben

полев|о́й <-а́я, -о́е> *прил* Feld-; **~ игро́к**

Feldspieler *m;* **~ бино́кль** Feldstecher *m,* Fernglas *nt;* **полева́я фо́рма оде́жды** Kampfanzug *m*

полёгл|ый <-ая, -ое> *прил* geneigt; **полёглые хлеба́** Lagergetreide *pl;* **полёглая рожь** Lagerroggen *m*

полегча́|ть <-ет> *св безл, только 3 л* erleichtert werden; **ему́ полегча́ло** er war erleichtert

поле́знос|ть <-ти> *ж* Nutzen *m*

поле́з|ный <-ная, -ное; -ен, -на, -но> *прил* nützlich, sinnvoll; **обще́ственно ~** gemeinnützig; **поле́зные сове́ты** nützliche Hinweise *mpl;* **поле́зные изде́ржки** Nutzkosten *pl;* **~ для здо́ровья** gesund; **поле́зные ископа́емые** Bodenschätze *mpl*

поле́з|ть <-у, -ешь> *св нпрх см.* **ле́зть**

поле́мик|а <-и> *ж* Polemik *f*

полеми́ческ|ий <-ая, -ое> *прил* polemisch

пол|ени́ться <-еню́сь, -е́нишься> *св рефл см.* **лени́ться**

поле́нниц|а <-ы> *ж* Holzstapel *m;* **сбе́гать к поле́ннице** zum Holzstoß laufen; **дрова́ в поле́ннице** gestapeltes Brennholz *nt*

поле́н|о <-а> *ср* Holzscheit *m*

полёт <-а> *м* **1.** *(перемеще́ние по во́здуху)* Flug *m;* **~ пти́цы** Flug eines Vogels; **дли́тельный ~** Langstreckenflug *m;* **брéющий ~** Tiefflug *m* **2.** *перен (поры́в)* Aufschwung *m;* **~ мы́сли/фанта́зии** Gedankenflug *m*/Fantasieflug *m*

поле|те́ть <-чу́, -ти́шь> *св нпрх* **1.** *(лете́ть)* abfliegen, wegfliegen; **~ самолётом** mit dem Flugzeug fliegen; **~ в Москву́** nach Moskau fliegen **2.** *перен, разг (лиши́ться поста́, зва́ния)* rausgeschmissen werden; **из-за сокраще́ний он полете́л с рабо́ты** er wurde wegen Kürzung der Arbeitsplätze gefeuert **3.** *перен, разг (не осуществи́ться)* abstürzen, scheitern; **из-за неё полете́ла вся програ́мма конфере́нции** ihretwegen scheiterte das ganze Programm der Konferenz

пол|е́чь <-я́гу, -я́жешь> *св нпрх* **1.** *(поги́бнуть)* fallen; **мно́го солда́т полегло́ в э́том бою́** viele Soldaten sind in dieser Schlacht gefallen **2.** *(пригну́ться к земле́)* sich hinlegen, sich neigen; **трава́ полегла́ от ве́тра** das Gras wurde vom Wind umgeschlagen

по́лза|ть <-ю, -ешь> *нсв нпрх* **1.** *(дви́гаться ползко́м)* kriechen; **~ по полу́** am Boden kriechen **2.** *перен, разг (унижа́ться)* sich demütigen, sich erniedrigen; **не ста́ну я перед ним ~** ich werde mich vor ihm nicht demütigen lassen; **по́лзать на брю́хе перед кем-л.** vor jdm kriechen

полз|ти́ <-у́, -ёшь> *нсв нпрх* kriechen, krabbeln, rutschen

ползун|о́к <-ка́> *м* **1.** *(младе́нец)* Kind *nt* **2.** *мн* Strampelanzug *m,* Strampelhose *f*

ползу́ч|ий <-ая, -ее> *прил* kriechend; **ползу́чая инфля́ция** schleichende Inflation *f*

полиами́д <-а> *м* Polyamid *nt*

полива́|ть <-ю, -ешь> *нсв,* **поли́ть** *св прх* begießen

полива́|ться <-ю́сь, -ешься> *нсв,* **поли́ться** *св рефл* **1.** *(поли́ть себя́)* etw auf sich gießen, sich begießen; **~ из ведра́** sich mit Wasser aus einem Eimer begießen **2.** *(нача́ть идти́: дождь)* regnen; **поли́лся дождь** der Regen ergoss sich

полига́ми|я <-и> *ж* Polygamie *f,* Vielehe *f*

полиго́н <-а> *м* Versuchsstrecke *f; (испыта́тельный)* Testgebiet *nt; (для стрельбы́)* Schießplatz *m*

поликли́ник|а <-и> *ж* die Poliklinik *f;* **сходи́ть в поликли́нику** in die Poliklinik gehen

полиня́|ть <-ю, -ешь> *св нпрх см.* **линя́ть**

полипо́ли|я <-и> *ж* Polypol *nt*

полир|ова́ть <-у́ю, -у́ешь> *нсв,* **отполирова́ть** *св прх* polieren

полиро́вк|а <-и> *ж* Politur *f*

по́лис <-а> *м* **1.** фин Police *f;* **страхово́й ~** Versicherungspolice *f* **2.** истор Polis *f,* Stadtstaat *m*

полисодержа́те|ль <-ля> *м* Policeinhaber *m*

поли́тик <-а> *м* Politiker(in) *m(f)*

поли́тик|а <-и> *ж* Politik *f;* **~ в о́бласти образова́ния** Bildungspolitik *f;* **~ разря́дки** Entspannungspolitik *f;* **~ рефо́рм** Reformpolitik *f;* **больша́я ~** hohe Politik *f;* **вне́шняя ~** Außenpolitik *f;* **вну́тренняя ~** Innenpolitik *f;* **мирова́я ~** Weltpolitik *f;* **недальнови́дная ~** kurzsichtige Politik *f;* **оши́бочная ~** verfehlte Politik *f;* **природоохра́нная ~** Umweltschutzpolitik *f;* **социа́льная ~** Sozialpolitik *f;* **проводи́ть поли́тику** Politik betreiben; **приде́рживаться поли́тики** an einer Politik festhalten; **~ высо́ких проце́нтных ста́вок** Hochzinspolitik *f;* **~ вы́платы долго́в** Schuldenpolitik *f;* **~ высо́ких цен** Hochpreispolitik *f;* **~ в о́бласти дивиде́ндов** Dividendenpolitik *f;* **~ в о́бласти дохо́дов** Einkommenspolitik *f;* **~ в о́бласти за́работной пла́ты** Lohnpolitik *f;* **~ в о́бласти ме́лкого и сре́днего предпринима́тельства** Mittelstandspolitik *f;* **~ в о́бласти нау́ки и иссле́дований** Forschungspolitik *f;* **~ в о́бласти оказа́ния по́мощи развива́ющимся стра́нам** Entwicklungspolitik *f;* **~ в о́бласти сбы́та** Absatzpolitik *f;* **~ в отноше́нии проду́кта** Produktpolitik *f;* **~ за́нятости** Arbeitsbeschaffungspolitik *f;* **~ минима́льных резе́рвов** Mindestreservenpolitik *f;* **~ обеспе́чения за́нятости** Beschäftigungspolitik *f;* **~ откры́того ры́нка** Offenmarktpolitik *f;* **~ охра́ны окружа́ющей среды́** Umweltpolitik *f;* **~ по́лной за́нятости** Vollbeschäftigungspolitik *f;* **~ разоруже́-**

ния Abrüstungspolitik *f;* ~ **регули́рования ба́нковского проце́нта** Zinspolitik *f;* ~ **регули́рования проце́сса** Ablaufpolitik *f;* ~ **рефо́рм** Reformpolitik *f;* ~ **урегули́рования госуда́рственного до́лга** Debt-Management *nt;* ~ **формирова́ния хозя́йственного строя** Ordnungspolitik *f;* ~ **цен** Preispolitik *f;* ~ **стабилиза́ции** Stabilitätspolitik *f;* ~ **жёсткой эконо́мии** Austeritypolitik *f*

полити́ческ|ий <-ая, -ое> *прил* politisch

политоло́ги|я <-и> *ж* Politikwissenschaft *f*

политу́р|а <-ы> *ж* Politur *f*

пол|и́ть <-ью́, -ьёшь> *св прх см.* **полива́ть**

пол|и́ться <-ью́сь, -ьёшься> *св рефл см.* **полива́ться**

полице́йск|ий I. <-ая, -ое> *прил* polizeilich, Polizei-; **гла́вное полице́йское управле́ние** Polizeipräsidium *nt* II. <-ого> *м* Polizist *m; разг* Bulle *m*

поли́ци|я <-и> *ж* Polizei *f;* ~ **нра́вов** Sittenpolizei *f;* **железнодоро́жная** ~ Bahnpolizei *f;* **нало́говая** ~ Steuerfahndung *f;* **уголо́вная** ~ Kriminalpolizei *f;* **экологи́ческая** ~ Umweltpolizei *f*

поли́чно|е <-го> *ср (ули́ка)* Indiz *nt;* **пойма́ть кого́-л. с поли́чным** jdn anhand Indizien überführen

полиэ́стр <-а> *м* Polyester *nt*

полиэтиле́нов|ый <-ая, -ое> *прил* aus Polyethylen, Polyethylen-; ~ **паке́т** Polyethylentüte *f;* **полиэтиле́новая труба́** Polyethylenrohr *f*

полк <полка́> *м* Regiment *nt*

по́лк|а <-и> *ж* Regal *nt;* **кни́жная** ~ Bücherregal *nt*

полко́вник <-а> *м* Oberst *m*

полково́д|ец <-ца> *м* Feldherr *m,* Heerführer *m*

поллитро́вк|а <-и> *ж разг* Halbliterflasche *f;* ~ **во́дки** Halbliterflasche *f* Wodka

полне́|ть <-ю, -ешь> *нсв,* **располне́ть** *св нпрх* zunehmen; **от те́ста и шокола́да я полне́ю** von Backwaren und Schokolade nehme ich zu

по́лни|ться <-тся> *нсв* **напо́лниться** *св безл, только 3 л* sich füllen; **ва́нна по́лнится водо́й** die Badewanne füllt sich mit Wasser

полнове́с|ный <-ная, -ное; -ен, -на, -но> *прил* 1. *(име́ющий норма́льный вес)* mit vollem Gewicht; **полнове́сные зёрна пшени́цы** Getreidekörner mit vollem Gewicht; **полнове́сная упако́вка** Verpackung mit vollem Gewicht 2. *(име́ющий бо́льше обы́чного ве́са)* groß; ~ **поросёнок** großes Schwein *nt,* Ferkel *nt* 3. *(име́ющий большу́ю си́лу)* kräftig, fest; ~ **уда́р** voller Schlag *m;* ~ **го́лос** starke Stimme *f* 4. *(суще́ственный)* ausführlich; ~ **репорта́ж** ausführliche Reportage *f;* **полнове́сные свя́зи** feste Beziehungen *fpl*

полново́д|ный <-ная, -ное; -ен, -на, -но> *прил* wasserreich; **полново́дная река́** wasserreicher Fluss *m;* **полново́дное о́зеро** wasserreicher Teich *m*

полнокро́в|ный <-ная, -ное; -ен, -на, -но> *прил* vollblütig; *(здоро́вый, кре́пкий)* gesund, kräftig; *(насы́щенный, настоя́щий)* inhaltsvoll; **полнокро́вное те́ло** vollblütiger Körper *m;* **полнокро́вная же́нщина** eine echte Frau *f;* ~ **ребёнок** kräftiges Baby *nt;* ~ **рома́н** inhaltsvoller Roman *m*

полнолу́ни|е <-я> *ср* Vollmond *m*

полнометра́жн|ый <-ая, -ое> *прил* abendfüllend

полномо́чи|е <-я> *ср* Befugnis *f,* Vollmacht *f; (уполнома́чивание)* Ermächtigung *f;* ЭКОН Prokura *f;* **служе́бное полномо́чие** Amtsbefugnis *f;* **превыша́ть свой полномо́чия** die Grenzen seiner Macht überschreiten; **проси́ть предоставле́ния осо́бых полномо́чий** um Sondervollmacht bitten; **сложи́ть свои́ полномо́чия** sein Amt niederlegen; ~ **на веде́ние торго́вых опера́ций** Handlungsvollmacht *f;* ~ **на веде́ние торго́вых сде́лок** Handlungsvollmacht *f;* ~ **на заключе́ние догово́ра** [*или* **сде́лки**] Abschlussvollmacht *f;* ~ **на поку́пку** Ankaufsermächtigung *f;* ~ **на соверше́ние юриди́чески зна́чимых де́йствий** Handlungsvollmacht *f;* ~ **в приня́тии реше́ний** Entscheidungsbefugnis *f*

полномо́ч|ный <-ная, -ное; -ен, -на, -но> *прил* befugt, bevollmächtigt

полнопра́в|ный <-ная, -ное; -ен, -на, -но> *прил* vollberechtigt; ~ **граждани́н** vollberechtigter Bürger *m;* ~ **член гру́ппы** vollberechtigtes Gruppenmitglied *nt*

по́лностью *нрч* völlig, vollständig; ~ **автоматизи́рованный** vollautomatisch

полнот|а́ <-ы́> *ж* 1. *(упи́танность)* Beleibtheit *f,* Korpulenz *f* 2. *(по́лность)* Fülle *f;* ~ **ассортиме́нта** ЭКОН Sortimentstiefe *f*

полноце́н|ный <-ная, -ное; -ен, -на, -но> *прил* vollwertig; ~ **вклад** vollwertiger Beitrag *m;* **полноце́нное уча́стие** vollwertige Teilnahme *f*

по́лно|чь <-чи> *ж* Mitternacht *f*

по́л|ный <-ная, -ное; -он, -на́, -но́> *прил* 1. *(чем-л.)* voll 2. *(соверше́нный)* vollständig, lückenlos, komplett 3. *(о челове́ке)* mollig, vollschlank, korpulent; ~ **запре́т хими́ческого ору́жия** globales Verbot *nt* von Chemiewaffen; **в по́лном соста́ве** vollzählig; **идти́ по́лным хо́дом** auf Hochtouren laufen; **по́лная дееспосо́бность** volle Geschäftsfähigkeit *f;* **по́лное това́рищество** offene Handelsgesellschaft *f;* **по́лное страхова́ние ка́ско** Vollkaskoversicherung *f;* **по́лное обслу́живание по-**

купа́телей Full Service *nt;* **по́лная за́нятость** Vollbeschäftigung *f;* **по́лные затра́ты** Gesamtkosten *pl;* **~ цикл услу́г** Full Service *m;* **по́лная конкуре́нция** vollkommene Konkurrenz *f*

полови́к <-а́> *м* Schuhabtreter *m,* Fußmatte *f;* **вытира́ть но́ги о полови́к** die Schuhe an der Fußmatte abtreten

полови́н|а <-ы> *ж* Hälfte *f;* **в полови́не пя́того** um halb fünf; **пе́рвая ~ игры́** erste Halbzeit *f;* **в пе́рвой полови́не го́да** im ersten Halbjahr; **в пе́рвой полови́не дня** am Vormittag; **во второ́й полови́не дня** am Nachmittag; **во второ́й полови́не 60-ых годо́в** in den späten 60er Jahren

полови́нчат|ый <-ая, -ое; -, -а, -о> *прил* inkonsequent, halbherzig

полови́ц|а <-ы> *ж* Dielenbrett *nt*

поло́вник <-а> *м* Schöpfkelle *f;* **съесть три поло́вника су́па** drei Schöpfkellen Suppe essen

полово́дь|е <-я> *ср* Wasserreichtum *nt;* **во вре́мя полово́дья залива́ет э́тот луг** bei Wasserreichtum steht diese Wiese unter Wasser

полов|о́й[1] <-а́я, -о́е> *прил (для по́ла)* Fußboden-, Boden-; **полова́я тря́пка** Scheuerlappen *m*

полов|о́й[2] <-а́я, -о́е> *прил* geschlechtlich, Geschlechts-; **~ акт** Geschlechtsverkehr *m;* **~ гормо́н** Geschlechtshormon *nt;* **половы́е о́рганы** Geschlechtsorgane *ntpl;* **полово́е сноше́ние** Geschlechtsverkehr *m*

по́лог <-а> *м* Vorhang *m;* **задёрнуть ~** den Vorhang zuziehen

поло́г|ий <-ая, -ое; -, -а, -о> *прил* schief, geneigt; **~ бе́рег** schräges Ufer *nt;* **поло́гая ле́стница** schräge Leiter *f*

положе́ни|е <-я> *ср* **1.** *(зако́н, предписа́ние)* Bestimmung *f,* Regelung *f,* Vorschrift *f,* Richtlinie *f;* **~ о гара́нтии** Garantiebestimmung *f;* **~ о ко́нкурсном произво́дстве** Konkursordnung *f;* **~ о про́мыслах и ремёслах** Gewerbeordnung *f;* **положе́ния об охра́не труда́** Arbeitsschutzbestimmungen *pl;* **положе́ния о поря́дке составле́ния бала́нса** Bilanzierungsvorschriften *pl;* **положе́ния догово́ра** Vertragsbestimmungen *pl;* **положе́ния законода́тельства** gesetzliche Bestimmungen *pl* **2.** *(ситуа́ция)* Lage *f,* Situation *f;* **~ на ры́нке** Marktlage *f;* **~ веще́й** Sachlage *f;* **~ звёзд** АСТР Konstellation *f;* **быть в положе́нии** in anderen Umständen sein

положи́те|льный <-льная, -льное; -лен, -льна, -льно> *прил* positiv; **дава́ть ~ отве́т** bejahen

пол|ожи́ть <-ожу́, -о́жишь> *св прх см.* **класть**

пол|ожи́ться <-ожу́сь, -о́жишься> *св рефл см.* **полага́ться**

по́лоз <-а> *м* Kufe *f*

полома́|ть <-ю, -ешь> *св прх см.* **лома́ть**

полома́|ться <-юсь, -ешься> *св рефл см.* **лома́ться**

поло́ни|й <-я> *м* Polonium *nt*

полос|а́ <-ы́> *ж* **1.** *(поло́ска)* Streifen *m;* **~ зелёных насажде́ний** Grünstreifen *m;* **~ прокру́тки** ИНФОРМ Bildlaufleiste *f,* Scrollbar *m* **2.** *перен (пери́од жи́зни)* **~ неуда́ч** Pechsträhne *f;* **~ уда́ч** [*или* **везе́ния**] Glückssträhne *f* **3.** ТРАНСП Spur *f,* Bahn *f;* **взлётная ~** Startbahn *f;* **взлётно-поса́дочная ~** Landebahn *f;* **~ для обго́на** Überholspur *f;* **~ для поворо́та** Abbiegespur *f* **4.** ГАЗЕТ Kolumne *f* **5.** *(ко́жаная)* Striemen *m*

полоса́т|ый <-ая, -ое> *прил* gestreift

поло́ск|а <-и> *ж (полоса́)* Streifen *m;* **~ тка́ни** Stoffstreifen *m;* **пла́тье в поло́ску** Kleid *nt* mit Streifen

полоска́ни|е <-я> *ср* Spülen *nt,* Spülung *f;* **~ рта** Gurgeln *nt*

пол|оска́ть <-ощу́, -о́щешь> *нсв прх* ausspülen, gurgeln

пол|оска́ться <-ощу́сь, -о́щешься> *нсв рефл* **1.** *(купа́ться)* plantschen; **~ в воде́** im Wasser plantschen **2.** *(колеба́ться от ве́тра)* klatschen, flattern; **па́руса полоска́лись на ветру́** die Segel flatterten im Wind

полосн|у́ть <-у́, -ёшь> *св прх* jdn mit einem Messer verwunden

полос|ова́ть <-у́ю, -у́ешь> *нсв прх* **1.** *разг (оставля́ть следы́)* Spuren hinterlassen **2.** *разг (бить)* auspeitschen; **~ пле́нного нага́йкой** den Gefangenen auspeitschen **3.** *(разреза́ть на по́лосы)* in Streifen zerschneiden; **~ желе́зо** das Blech in Streifen schneiden

по́лос|ть <-ти> *ж* Höhle *f;* **брюшна́я ~** Magenhöhle *f;* **~ рта** Mundhöhle *f;* **~ пеще́ры** Grottenhöhle *f*

полотёр <-а> *м* Parkettpoliermaschine *f;* **включи́ть ~** die Parkettpoliermaschine einschalten

полоте́нц|е <-а> *ср* Handtuch *nt;* **махро́вое ~** Badetuch *nt;* **посу́дное ~** Geschirrtuch *nt*

поло́тнищ|е <-а> *ср* **1.** *(кусо́к тка́ни)* Stoffbahn *f;* **вход прикрыва́ло ~** der Eingang war mit einer Plane verhängt **2.** ТЕХ Blatt *nt,* Fläche *f;* **пере́днее ~** Vorderbahn *f*

полотн|о́ <-а́> *м* **1.** *(ткань)* Leinen *nt,* Leinwand *f,* Tuch *nt* **2.** БОТ Gewebe *nt* **3.** *(железнодоро́жное)* Bahndamm *m* **4.** *(карти́на)* Gemälde *nt* **5.** ТЕХ Band *nt*

полотня́н|ый <-ая, -ое> *прил* Stoff-; **полотня́ное полоте́нце** Stofftuch *nt;* **~ заво́д** Stofffabrik *f*

поло́ть <полю́, по́лешь> *нсв прх* jäten; **~гря́дки** die Beete jäten

полоу́м|ный <-ная, -ное; -ен, -на, -но> *прил* **1.** *разг (страда́ющий психи́чес-*

П

ким расстро́йством) geistesgestört; ~ **челове́к** geistesgestörter Mensch *m* **2.** *ирон, разг (неуравнове́шенный)* dumm, schwachsinnig, blöd; ~ **реше́ние** dumme Entscheidung *f*

полпре́д *сокр от* **полномо́чный представи́тель** bevollmächtigter Vertreter *m;* ~ **генера́льного дире́ктора** bevollmächtigter Vertreter des Generaldirektors

полтор|а́ <полу́тора> *числ колич.* eineinhalb, anderthalb; **ни два ни ~** nichts Halbes *nt*

полу- Halb-

полуботи́н|ки <-ок> *мн* Halbschuhe *mpl*

полуго́ди|е <-я> *ср* Halbjahr *nt*

полугодов|о́й <-а́я, -о́е> *прил* halbjährig; ~ **платёж** Halbjahreszahlung *f*

полукру́г <-а> *м* Halbkreis *m*

полуме́сяц <-а> *м* Halbmond *m*

полумра́к <-а> *м* Dämmerung *f;* **не заме́тить кого́-л. в полумра́ке** jdn in der Dämmerung nicht bemerken; **на у́лице был ~** draußen dämmerte es

полуно́чн|ый <-ая, -ое> *прил* Mitternachts-; ~ **час** Mitternachtsstunde *f*

полуо́стров <-а> *м* Halbinsel *f*

полупроводни́к <-а> *м* ТЕХ Halbleiter *m*

полураспа́д <-а> *м* ФИЗ Zerfall *m;* **пери́од полураспа́да** Halbwertszeit *f*

полусве́т <-а> *м* Halbdunkel *nt,* Dämmerlicht *nt*

полусло́в|о <-а> *ср (недоговорённая, нея́сная речь)* Andeutung *f;* **поня́ть кого́-л. с полусло́ва** jdn ohne Worte verstehen

полус|о́н <-на́> *м* Halbschlaf *m*

полу́тор|ка <-ок> *ж разг (грузови́к с грузоподъёмностью 1,5 т)* 1,5-Tonnen-LKW *m;* **гру́женная до краёв ~** vollgeladener 1,5-Tonnen-LKW

полутьм|а́ <-ы́> *ж* Dämmerung *f;* **не разгля́деть кого́-л. в полутьме́** jdn in der Dämmerung nicht erkennen

полуфабрика́т <-а> *м* ЭКОН Halbfabrikat *nt,* Vorprodukt *nt*

полуфина́л <-а> *м* СПОРТ Halbfinale *nt*

получасов|о́й <-а́я, -о́е> *прил* halbstündig

получа́те|ль <-ля> *м* Empfänger *m,* Bezieher *m;* ~ **окла́да, ~ за́работной пла́ты** Gehaltsempfänger *m,* Lohnempfänger *m;* ~ **платежа́** Zahlungsempfänger *m;* ~ **ве́кселя** Wechselempfänger *m;* ~ **дохо́дов** Einkommensbezieher *m;* ~ **переводно́го ве́кселя** Begünstigter *m,* Remittent *m*

получа́|ть <-ю, -ешь> *нсв,* **получи́ть** *св прх* bekommen, erhalten; *(това́р, газе́ту)* beziehen; *(взима́ть)* kassieren, einnehmen; ~ **при́быль** Gewinn erwirtschaften; ~ **свою́ до́лю** seinen Anteil erhalten; ~ **удово́льствие** sich vergnügen, auf seine Kosten kommen; ~ **консульта́цию** beraten; ~ **по́льзу** profitieren; ~ **сове́т** jemandes Rat holen, sich beraten lassen

получа́|ться <-юсь, -ешься> *нсв,* **получи́ться** *св рефл* gelingen, klappen; **не ~** schieflaufen, nicht klappen

получе́ни|е <-я> *ср* Erhalt *m,* Beschaffung *f;* *(това́ра, газе́ты)* Bezug *m;* *(по́чты и т.п.)* Empfang *m;* ~ **информа́ции** Informationsgewinnung *f;* ~ **капита́ла** Kapitalaufnahme *f;* ~ **креди́та** Kreditaufnahme *f;* ~ **материа́лов** Materialbeschaffung *f;* ~ **от торго́вли** Handelsüberschuss *m*

пол|учи́ть <-учу́, -у́чишь> *св, нсв прх см.* **получа́ть**

пол|учи́ться <-у́чится> *св безл, только 3 л см.* **получа́ться**

полу́чк|а <-и> *ж* **1.** *разг* Lohn *m* **2.** *(вы́плата зарпла́ты)* Lohnauszahlung *f* **3.** *(день вы́платы зарпла́ты)* Lohntag *m,* Zahltag *m*

полуша́ри|е <-я> *ср* Halbkugel *f,* Hemisphäre *f*

полушу́б|ок <-ка> *м* Joppe *f;* **бара́ний ~** Joppe aus Schafspelz

полчаса́ <неизм> *м* eine halbe Stunde *f;* **опозда́ть на ~** sich um eine halbe Stunde verspäten

по́лчищ|е <-а> *ср* **1.** *(огро́мное неприя́тельское во́йско)* Horde *f;* **напро́тив стоя́ли по́лчища тата́р** drüben stand eine Tatarenhorde **2.** *разг (несме́тное коли́чество кого́-л.)* Horde *f,* Schwarm *m;* ~ **мух/птиц** Schwarm Insekten/Vögel

по́л|ый <-ая, -ое> *прил* hohl

полы́|нь <-ни> *ж* БОТ Wermut *m;* **пе́ристые ли́стья полы́ни** gefiederte Wermutblätter *ntpl*

полынь|я́ <-и́> *ж* eisfreier Teil der Wasseroberfläche; **в полынье́ пла́вают пти́цы** An der vom Eis unbedeckten Wasseroberfläche schwimmen Vögel

полыха́|ть <-ет> *нсв безл, только 3 л* lichterloh brennen; *перен* glühen

полыхн|у́ть <-у́, -ёшь> *св нпрх* brennen, glühen; *прост (уда́рить с си́лой чем-то ре́жущим)* durchstechen; ~ **штыко́м** mit dem Bajonett aufspießen

по́льз|а <-ы> *ж* Nutzen *m,* Gewinn *m;* *(вы́года)* Vorteil *m;* **идти́ на по́льзу** nützen; **в по́льзу кого́-л.** zugunsten *+gen;* **приноси́ть по́льзу** nützen, fruchten; ~ **для о́бщества** gesellschaftlicher Nutzen *m*

по́льзовани|е <-я> *ср* Gebrauch *m,* Nutzung *f*

по́льзовате|ль <-ля> *м* **1.** *(испо́льзователь)* Anwender(in) *m(f),* Benutzer(in) *m(f),* Betreiber(in) *m(f),* Kunde *m,* Kundin *f* **2.** ИНФОРМ Anwender *m,* User *m*

по́льзовательск|ий <-ая, -ое> *прил* Benutzer-, Anwender-, User-; ~ **интерфе́йс** ИНФОРМ Benutzerschnittstelle *f*

по́льз|оваться <-уюсь, -уешься> *нсв,*

воспо́льзоваться *св рефл* anwenden, benutzen, gebrauchen; *(услу́гами, по́мощью)* in Anspruch nehmen; **~ авторите́том** Ansehen *nt* genießen; **~ городски́м тра́нспортом** öffentliche Verkehrsmittel benutzen; **~ нало́говыми льго́тами** Anspruch auf Steuervergünstigungen haben; **~ свои́м служе́бным положе́нием** seine dienstliche Stellung ausnutzen; **~ чьи́ми-то сове́тами** sich beraten lassen von *+dat;* **~ чьей-то по́мощью** jds Hilfe beanspruchen; **~ слу́чаем** die Gelegenheit ergreifen [*o* nutzen]; **~ услу́гами це́нтра** die Dienste des Zentrums nutzen

по́льк| а <-и> *ж* Polin *f*; *(та́нец)* Polka *f*

по́льск| ий <-ая, -ое> *прил* polnisch

поль| сти́ть <-щу́, -сти́шь> *св (н)прх см.* **льсти́ть**

поль| сти́ться <-щу́сь, -сти́шься> *св рефл см.* **льсти́ться**

По́льш| а <-и> *ж* Polen *nt*

пол| юби́ть <-юблю́, -ю́бишь> *нсв прх* lieb gewinnen

пол| юби́ться <-юблю́сь, -ю́бишься> *св рефл разг* gefallen; **мне полюби́лось э́то выраже́ние** dieser Ausdruck gefällt mir

полюб| ова́ться <-у́юсь, -у́ешься> *св рефл см.* **любова́ться**

полюбопы́тств| овать <-ую, -уешь> *св нпрх* neugierig sein

по́люс <-а> *м* Pol *m;* **отрица́тельный ~** Minuspol *m;* **положи́тельный ~** Pluspol *m;* **Се́верный ~** Nordpol *m*

поля́к <-а> *м* Pole *m*

поля́н| а <-ы> *ж* Lichtung *f*

поля́рник <-а> *м* Polarforscher *m*

поля́р| ный <-ная, -ное; -ен, -на, -но> *прил* polar, Polar-; **~ круг** Polarkreis *m*

поля́чк| а <-и> *ж устар* Polin *f*

пома́д| а <-ы> *ж* Pomade *f;* **губна́я ~** Lippenstift *m*

пома́| зать <-жу, -жешь> *св прх см.* **ма́зать**

помаз| о́к <-ка́> *м* Rasierpinsel *m*

помале́ньку *нрч разг* ein wenig; **рабо́тать ~** gemächlich arbeiten

пома́лкива| ть <-ю, -ешь> *нсв нпрх разг* schweigen, sich nicht melden, kein Wort sagen; **он сиде́л и пома́лкивал** er saß und sagte kein Wort

пом| ани́ть <-аню́, -а́нишь> *св прх см.* **мани́ть**

пома́ргива| ть <-ю, -ешь> *нсв нпрх разг* blinzeln; **ма́льчик ча́сто пома́ргивал** der Junge blinzelte oft

пом| аха́ть <-ашу́, -а́шешь> *св нпрх* winken; **~ руко́й** mit der Hand winken

поме́дл| ить <-ю, -ишь> *св нпрх см.* **ме́длить**

помел| о́ <-а́> *ср* Besen *m;* **трубочи́ст с помело́м** Schornsteinfeger mit Besen

поменя́| ть <-ю, -ешь> *св прх см.* **меня́ть**

поменя́| ться <-юсь, -ешься> *св рефл см.* **меня́ться**

помера́н| ец <-ца> *м* **1.** БОТ *(вечнозелёное ци́трусовое де́рево)* Apfelsine *f,* Orange *f;* **во дворе́ рос ~** auf dem Hof wuchs ein Apfelsinenbaum **2.** *(в конди́терском де́ле)* Apfelsine *f;* **кекс с помера́нцем** Apfelsinenkuchen *m*

пом| ере́ть <-ру́, -рёшь> *св нпрх см.* **помира́ть**

помере́щ| иться <-усь, -ишься> *св рефл см.* **мере́щиться**

поме́ркн| уть <-у, -ешь> *св нпрх см.* **ме́ркнуть**

поме| сти́ть <-щу́, -сти́шь> *св прх* unterbringen

поме| сти́ться <-щу́сь, -сти́шься> *св рефл см.* **помеща́ться**

поме́сть| е <-я> *ср* Domäne *m* mit Herrenhaus; **дворя́нское ~** Domäne eines russischen Adligen

по́ме| сь <-си> *ж* **1.** *(поро́да, полу́ченная от скре́щивания)* Kreuzung *f;* **~ овча́рки с доберма́ном** Kreuzung eines Schäferhundes mit einem Dobermann **2.** *ирон, разг (смесь чего́-л. с чем-л.)* Mischung *f;* **~ любви́ и опеку́нства** Mischung aus Liebe und Bevormundung

помёт <-а> *м* Mist *m*

помe̍т| а <-ы> *ж* Zeichen *nt,* Anmerkung *f;* **~ в словаре́** Anmerkung im Wörterbuch

поме́| тить <-чу, -тишь> *св прх см.* **помеча́ть**

поме́тк| а <-и> *ж* Vermerk *m,* Notiz *f;* **~ к ку́рсу** ЭКОН Kurszusatz *m*

поме́х| а <-и> *ж* Hindernis *nt,* Störung *f;* **устраня́ть поме́хи** РАДИО die Störungen beseitigen

помеча́| ть <-ю, -ешь> *нсв,* **поме́тить** *св прх* markieren, kennzeichnen; **~ за́дним число́м** nachdatieren

поме́шанн| ый <-ая, -ое> *прил* verrückt, geistesgestört, wahnsinnig, irrsinnig; **~ челове́к** verrückter Mensch *m;* **~ на том, что ...** verrückt darauf sein zu...; **~ на те́му „оде́жда“** beim Thema „Kleidung“ verrückt sein

помеша́тельств| о <-а> *ср* **1.** *(поте́ря рассу́дка)* Wahnsinn *m,* Geistesstörung *f;* **припа́док бу́йного помеша́тельства** Tobsuchtsanfall *m* **2.** *разг (си́льная увлечённость.)* Wahnsinn *m;* **но́вый стиль в мо́де привёл всех к по́лному помеша́тельству** der neue Modestil trieb alle in den Wahnsinn

помеша́| ть <-ю, -ешь> *нсв прх см.* **меша́ть**

помеша́| ться <-юсь, -ешься> *св рефл см.* **меша́ться**

поме́шива| ть <-ю, -ешь> *нсв прх* (ab und zu) umrühren; **~ еду́** das Essen ab und zu umrühren

помеща́|ть <-ю, -ешь> *нсв прх* unterbringen; ЭКОН anlegen, deponieren, platzieren, einlegen; **~ капита́л** investieren; **~ объявле́ние** inserieren; **~ на склад** einlagern

помеща́|ться <-юсь, -ешься> *нсв,* **помести́ться** *св рефл* **1.** *(находи́ть доста́точно ме́ста)* Platz finden, hineingehen; **в су́мке помеща́ются все мои ве́щи** alle meine Sachen finden Platz in der Tasche **2.** *(находи́ться)* sich befinden; **в э́том до́ме помеща́ется реда́кция** in diesem Haus befindet sich die Redaktion

помеще́ни|е <-я> *ср* Raum *m;* ЭКОН Anlage *f;* **~ для пока́за това́рных образцо́в** Schauraum *m;* **~ капита́ла** Investition *f,* Kapitalanlage *f*

поме́щик <-а> *м,* **поме́щиц|а** <-ы> *ж* Gutsherr(in) *m(f)*

поме́щич|ий <-ья, -ье> *прил* **поме́щичья уса́дьба** Herrenhaus *nt* des Gutsbesitzers

помидо́р <-а> *м* Tomate *f;* **сала́т из помидо́ров** Tomatensalat *m*

поми́ловани|е <-я> *ср* Begnadigung *f;* **проше́ние о поми́ловании** Gnadengesuch *nt*

поми́л|овать <-ую, -уешь> *нсв прх* begnadigen

поми́мо *нрч* **1.** *разг (за исключе́нием)* abgesehen, außer; **не встреча́ться ни с кем ~ свои́х ближа́йших друзе́й** sich mit keinem abgesehen von den engsten Freunden treffen **2.** *разг (вдоба́вок)* außer, neben; **сего́дня у меня́ ~ свои́х ещё мно́го други́х дел** heute muss ich außer meinen eigenen Dingen noch viel anderes erledigen

помина́льн|ый <-ая, -ое> *прил* Gedenk-; **~ обед** Gedenkmittagessen *nt;* **помина́льные дни** Gedenktage *pl*

помина́|ть <-ю, -ешь> *нсв,* **помяну́ть** *св прх* **1.** *(вспомина́ть)* gedenken, sich erinnern; **~ усо́пшего** des Toten gedenken; **не помина́й ли́хом!** denk nicht schlecht über mich!; **помяни́те моё сло́во** denkt an meine Worte **2.** РЕЛИГ *(моли́ться в це́ркви о живо́м или мёртвом)* für jdn beten; **~ кого́-л. в моли́тве** jdn im Gebet erwähnen **3.** *(уча́ствовать в поми́нках)* an einer Gedenkfeier teilnehmen; **~ поко́йников на кла́дбище** eine Gedenkfeier auf dem Friedhof abhalten

поми́н|ки <-ок> *мн* Gedenkfeier *f; разг* Leichenschmaus *m*

помину́тно *нрч* immerzu; **~ смотре́ть в окно́** immerzu aus dem Fenster schauen

помира́|ть <-ю, -ешь> *нсв,* **помере́ть** *св нпрх* sterben; **помирать со́ смеху** sich totlachen; **стари́к по́мер ра́но у́тром** der alte Mann starb im Morgengrauen

помир|и́ть <-ю́, -и́шь> *св нпрх см.* **мири́ть**

помир|и́ться <-ю́сь, -и́шься> *св рефл см.* **мири́ться**

по́мн|ить <-ю, -ишь> *нсв прх* sich erinnern, denken an *+akk*

по́мни|ться <-тся> *нсв безл* sich erinnern, etw im Sinn behalten; **ему́ хорошо́ по́мнится де́вушка, жи́вшая ря́дом с ним** er erinnert sich gut an das Mädchen, das nebenan wohnte

помно́гу *нрч разг* viel; **брать ~ из таре́лки** sich große Bissen vom Teller nehmen

помножа́|ть <-ю, -ешь> *нсв,* **помно́жить** *св прх* multiplizieren

помога́|ть <-ю, -ешь> *нсв,* **помо́чь** *св прх* helfen, behilflich sein, aushelfen; **~ заполучи́ть что-л.** verhelfen zu *+dat;* **~ наде́ть пальто́** jdm in den Mantel helfen; **~ снять пальто́** jdm aus dem Mantel helfen

помо́|и <-ев> *мн (гря́зная вода́)* Abwasser *nt;* **не́ было канализа́ции, ~ текли́ по кана́вкам на улица́х** es gab keine Kanalisation, das Abwasser floss durch die Straßengräben; **обли́ть помо́ями** *перен* jdn verleumden

помо́йк|а <-и> *ж* Müllgrube *f,* Abfallgrube *f;* **вы́бросить на помо́йку** auf den Müll werfen

помо́йн|ый <-ая, -ое> *прил* **помо́йная я́ма** Müllgrube *f*

помо́л <-а> *м* **1.** *(превраще́ние зерна́ в муку́)* Mahlen *nt;* **то́нкий/кру́пный ~** fein/grob gemahlenes Korn **2.** *(смо́лотые зёрна)* gemahlene Körner; **напо́лнить мешо́к помо́лом** einen Sack mit gemahlenen Körnern füllen

помо́лвк|а <-и> *ж* Verlobung *f*

пом|оли́ться <-олю́сь, -о́лишься> *св рефл см.* **моли́ться**

помолоде́|ть <-ю, -ешь> *св нпрх см.* **молоде́ть**

пом|оло́ть <-елю́, -е́лешь> *св прх* mahlen

помолч|а́ть <-у́, -и́шь> *св нпрх* eine Weile schweigen; **друзья́ посиде́ли и помолча́ли** die Freunde saßen und schwiegen eine Weile

помор|и́ть <-ю́, -и́шь> *св прх см.* **мори́ть**

помо́рщ|иться <-юсь, -ишься> *св рефл* (die Stirn) runzeln, ein finsteres Gesicht machen; **ма́льчик помо́рщился и протяну́л мне ру́ку** der Junge machte ein finsteres Gesicht und reichte mir die Hand; **он снача́ла помо́рщился, но пото́м вдруг улыбну́лся** zuerst verzog er das Gesicht, dann aber lächelte er plötzlich

помо́ст <-а> *м* Podest *nt,* Podium *nt;* СТР Gerüst *nt; (для демонстра́ции мод)* Laufsteg *m*

пом|очи́ться <-очу́сь, -о́чишься> *св рефл см.* **мочи́ться**

по|мо́чь <-могу́, -мо́жешь> *св прх см.* **помога́ть**

помо́щник <-а> *м* **1.** Helfer *m,* Gehilfe *m,* Gehilfin *f,* Hilfskraft *f* **2.** *(у поли́тика)* persönlicher Referent *m,* Berater *m;* **времен-**

ный ~ Aushilfskraft *f;* **~ режиссёра** Regieassistent *m;* **~ должника́ при исполне́нии обяза́тельства** Erfüllungsgehilfe *m*

помóщниц|а <-ы> *ж* Helferin *f*

пóмо|щь <-щи> *ж* Hilfe *f,* Hilfeleistung *f,* Hilfsmaßnahme *f;* *(подде́ржка, соде́йствие)* Unterstützung *f,* Beistand *m;* *(в беде́)* Abhilfe *f,* Mithilfe *f;* **~ развива́ющимся стра́нам** Entwicklungshilfe *f;* **~ социа́льно незащищённым** Sozialhilfe *f;* **оказа́ть материа́льную ~** jdn bezuschussen; **~ на нача́льном эта́пе** Starthilfe *f*

пóмп|а <-ы> *ж* Pomp *m,* Prunk *m*

помпе́з|ный <-ная, -ное; -ен, -на, -но> *прил* pompös, prunkvoll

помраче́ни|е <-я> *ср* *(вре́менная поте́ря рассу́дка)* geistige Umnachtung, Wahnsinn *m;* **он э́то сде́лал в состоя́нии помраче́ния ума́** er hat das in einem Anfall von Wahnsinn getan

помрачне́|ть <-ю, -ешь> *св нпрх см.* **мрачне́ть**

пому́сол|ить <-ю, -ишь> *св прх разг* *(смочи́ть слюно́й)* mit Speichel benetzen; **~ каранда́ш** den Bleistift anlecken

помути́|ться <-тся> *св безл, только 3 л см.* **мути́ться**

помутне́ни|е <-я> *ср* Trübung *f,* Unklarheit *f,* Undurchsichtigkeit *f;* **~ раство́ра** Trübung der Lösung; **~ рогови́цы** Hornhauttrübung *f*

помутне́|ть <-ю, -ешь> *св нпрх см.* **мутне́ть**

пому́ч|ить <-у, -ишь> *св прх см.* **му́чить**

пому́ч|иться <-усь, -ишься> *св рефл см.* **му́читься**

помч|а́ться <-у́сь, -и́шься> *св рефл см.* **мча́ться**

помыка́|ть <-ю, -ешь> *нсв нпрх разг* über jdn verfügen; **он помыка́ет свои́м сы́ном как рабо́м** er verfügt über seinen Sohn wie über einen Sklaven

пóмысл|ел <-ла> *м* Gedanke *m,* Vorhaben *nt,* Absicht *f;* **сде́лать добро́ без вся́ких за́дних пóмыслов** etw Gutes ohne jeglichen Hintergedanken tun

помы́сл|ить <-ю, -ишь> *св (н)прх см.* **помышля́ть**

пом|ы́ть <-о́ю, -о́ешь> *св прх см.* **мыть**

пом|ы́ться <-о́юсь, -о́ешься> *св рефл см.* **мы́ться**

помышля́|ть <-ю, -ешь> *нсв,* **помы́слить** *св (н)прх* denken, planen; **он помышля́л о бе́гстве** er dachte an Flucht; **не могу́ помы́слить о том, что э́то могло́ случи́ться** ich kann es mir nicht vorstellen, dass dies geschehen konnte; **не могу́ помы́слить себя́ без бли́зких и семьи́** ich kann mir mein Leben ohne meine Nächsten und die Familie nicht vorstellen

пом|яну́ть <-яну́, -я́нешь> *св прх см.* **помина́ть**

помя́т|ый <-ая, -ое; -, -а, -о> *прил* zerknittert; **помя́тое пла́тье** zerknittertes Kleid *nt;* **помя́тая шля́па** zerdrückter Hut *m;* **помя́тое лицо́** zerknittertes Gesicht *nt;* **~ вид** zerknittertes Aussehen *nt*

пом|я́ть <-ну́, -нёшь> *св прх разг* zerknittern, zerdrücken, zerknüllen; **~ костю́м** den Anzug zerknittern

пом|я́ться <-ну́сь, -нёшься> *св рефл* zerknittert werden, zerknüllt werden

понаде́|яться <-юсь, -ешься> *св рефл см.* **наде́яться**

пона́доб|иться <-люсь, -ишься> *св рефл см.* **на́добиться**

понае́|хать <-ду, -дешь> *св нпрх разг* zusammenkommen; **понае́хало мно́го наро́ду** viele Leute kamen zusammen

понапра́сну *нрч* **1.** *разг* umsonst; **~ тра́тить вре́мя** die Zeit umsonst verschwenden **2.** *разг* *(беспричи́нно)* grundlos; **~ обвини́ть кого́-л.** jdn grundlos beschuldigen

понаро́шку *нрч разг* zum Spaß; **сде́лать что-л. ~** etw zum Spaß machen

понаслы́шке *нрч* vom Hörensagen

понастро́|ить <-ю, -ишь> *св прх см.* **стро́ить**

поначáлу *нрч разг* zuerst, am Anfang, zu Beginn; **~ помога́ли, а пото́м переста́ли** zuerst halfen sie, dann ließen sie es

понево́ле *нрч* notgedrungen, gezwungenermaßen; **де́лать что-л. ~** gezwungen sein etw zu tun

понеде́льник <-а> *м* Montag *m;* **после́дний ~ ма́сленицы** Rosenmontag *m;* **уви́димся в сле́дующий ~** wir sehen uns am nächsten Montag

понеде́льн|ый <-ая, -ое> *прил* Wochen-; **понеде́льная за́работная пла́та** Wochenlohn *m*

понемно́гу *нрч разг* ein bisschen; **занима́ться ~** sich ein bisschen mit etw beschäftigen

понес|ти́сь <-у́сь, -ёшься> *св рефл см.* **нести́сь**

по́ни <неизм> *ср* Pony *nt*

понижа́те|ль <-ля> *м* экон Bear *m*

понижа́|ть <-ю, -ешь> *нсв,* **пони́зить** *св прх и перен* senken, herabsetzen; **~ в зва́нии** degradieren; **~ го́лос** die Stimme dämpfen

понижа́|ться <-юсь, -ешься> *нсв,* **пони́зиться** *св рефл* **1.** *и перен* sinken **2.** *(уменьша́ться)* sich verringern **3.** *(ухудша́ться)* schlechter werden

пониже́ни|е <-я> *ср* Verringerung *f,* Abnahme *f;* экон Ermäßigung *f,* Herabsetzung *f,* Minderung *f;* **~ цен** Preissenkung *f;* **~ биржевы́х ку́рсов** Baisse *f;* **~ ку́рса** Kursrückgang *m;* **~ ку́рса а́кций за счёт предполага́емого дивиде́нда** Dividendenabschlag *m;* **~ ку́рса це́нных бума́г** Abschlag *m;* **~ проце́нтной ста́вки** Zinssenkung *f*

П

пони́жен|ный <-ная, -ное; -, -а, -о> *прил* **1.** *(ни́же норма́льного)* gesenkt; **пони́женная температу́ра** gesenktes Fieber *nt* **2.** *(пода́вленный)* gedämpft; **пони́женное настрое́ние** gedämpfte Stimmung *f*

пони́|зить <-жу, -зишь> *св прх см.* **понижа́ть**

пони́|зиться <-жусь, -зишься> *св рефл см.* **понижа́ться**

по́низу *нрч* tief; **лете́ть ~** tief fliegen

пони́кн|уть <-у, -ешь> *св прх см.* **ни́кнуть**

понима́ни|е <-я> *ср* Verstehen *nt,* Begreifen *nt;* *(сочу́вствие, осозна́ние)* Verständnis *f,* Einsicht *f;* **в моём понима́нии** nach meinem Verständnis; **э́то вы́ше его́ понима́ния** das übersteigt sein Fassungsvermögen; **относи́ться к чему́-л. с понима́нием** Verständnis aufbringen für *+akk*

понима́|ть <-ю, -ешь> *нсв,* **поня́ть** *св прх* verstehen, begreifen; *(осозна́ть)* einsehen, erkennen; **мно́го ты понима́ешь!** du hast vielleicht eine Ahnung!; **неве́рно ~** missverstehen

понима́юще *нрч* verständnisvoll; **посмотре́ть ~** verständnisvoll blicken

понима́ющ|ий <-ая, -ее> *прил* einfühlsam, verständnisvoll

понома́|рь <-ря> *м* Küster *m*

поно́с <-а> *м разг* Durchfall *m*

пон|оси́ть <-ошу́, -о́сишь> *нсв прх* schlechtmachen

поно́шен|ный <-ная, -ное; -ен, -ена, -ено> *прил* abgetragen; **поно́шенный пиджа́к** abgetragene Jacke *f;* **поно́шенное пальто́** abgetragener Mantel *m;* **поно́шенное лицо́** gealtertes Gesicht *nt;* **поно́шенный вид** schlampiges Aussehen *nt*

понра́в|иться <-люсь, -ишься> *св рефл см.* **нра́виться**

понука́|ть <-ю, -ешь> *нсв прх* anspornen; **ямщи́к понука́л лошаде́й** der Kutscher trieb die Pferde an

поню́рить *св прх в сочет.* **~ го́лову** den Kopf zu Boden senken

пону́ро *нрч* **~ опусти́ть го́лову** den Kopf hängen lassen

пону́р|ый <-ая, -ое> *прил* *(уны́лый, опу́щенный)* niedergeschlagen, verzagt; **пону́рая по́за** niedergeschlagene Pose *f;* **пону́рая спина́** herabhängender Rücken *m;* **пону́рое настрое́ние** niedergeschlagene Stimmung *f*

по́нчик <-а> *м* Pfannkuchen *m*

поны́не *нрч* bis jetzt; **пылесо́с и ~ рабо́тает** der Staubsauger läuft bis jetzt

поню́ха|ть <-ю, -ешь> *св прх см.* **ню́хать**

поня́ти|е <-я> *ср* Begriff *m;* **он не име́ет об э́том ни мале́йшего поня́тия** er hat nicht die geringste Ahnung davon; **э́то ~ растяжи́мое** das ist ein dehnbarer Begriff

поняти́йн|ый <-ая, -ое> *прил* ФИЛОС Begriffs-; **~ аппара́т** Begriffsapparat *m;* **поняти́йное мышле́ние** Begriffsdenken *nt*

поня́тливос|ть <-ти> *ж* Auffassungsgabe *f*

поня́тлив|ый <-ая, -ое; -, -а, -о> *прил* mit rascher Auffassungsgabe; **~ ребёнок** Kind *nt* mit rascher Auffassungsgabe; **~ класс** schnell begreifende Klasse *f*

поня́тно *нрч* klar; **всем ~** es ist allen klar, alle haben es verstanden

поня́т|ный <-ная, -ное; -ен, -на, -но> *прил* verständlich, begreiflich, plausibel

понят|о́й <-о́го> *м* *(свиде́тель при о́быске)* Durchsuchungszeuge *m;* **привести́ поня́то́го в дом** einen Durchsuchungszeugen mit ins Haus bringen

поня́ть <пойму́, поймёшь> *св прх см.* **понима́ть**

пообе́да|ть <-ю, -ешь> *нсв,* **обе́дать** *св нпрх* zu Mittag essen

пообеща́|ть <-ю, -ешь> *св нпрх см.* **обеща́ть**

пообща́|ться <-юсь, -ешься> *св рефл см.* **обща́ться**

по́одаль *нрч устар* fern, entfernt; **стоя́ть ~** seitlich stehen

поодино́чке *нрч* einzeln; **приходи́ть ~** einzeln kommen

поочерёдно *нрч* einer nach dem anderen, der Reihe nach; **входи́ть в кабине́т ~** einzeln das Behandlungszimmer betreten

поощре́ни|е <-я> *ср* Förderung *f;* *(благоприя́тствование)* Begünstigung *f;* **~ э́кспорта** Exportförderung *f;* **материа́льное поощре́ние** Prämie *f*

поощри́те|льный <-льная, -льное; -лен, -льна, -льно> *прил* Förder-; **поощри́тельная награ́да** Förderpreis *m;* **поощри́тельное письмо́** Förderbrief *m*

поощря́|ть <-ю, -ешь> *нсв,* **поощри́ть** *св прх* fördern

поощря́|ться <-юсь, -ешься> *нсв рефл* gefördert werden; **рожда́емость поощря́ется госуда́рством** die Geburtenzahl wird vom Staat gefördert

поп <попа́> *м* Pope *m*

по́п|а <-ы> *ж разг* Popo *m*

попада́ни|е <-я> *ср* Treffer *m;* **танк загоре́лся от прямо́го попада́ния** durch einen direkten Treffer geriet der Panzer in Brand

попада́|ть <-ю, -ешь> *нсв,* **попа́сть** *св нпрх* **1.** *(во что-л.)* gelangen, hineingeraten **2.** *(па́дать)* fallen; **как попа́ло** aufs Geratewohl; **~ впроса́к** *разг* hereinfallen, sich blamieren; **~ под маши́ну** von einem Auto überfahren werden; **не попа́сть в цель** nicht treffen, danebengehen; **попа́сть в са́мую то́чку** *перен* ins Schwarze treffen

попада́|ться <-юсь, -ешься> *нсв,* **попа́сться** *св рефл* hineingeraten; *разг* *(быть уличенным в чем-л.)* sich erwischen lassen; **~ на глаза́ кому́-л.** jdm unter die Augen kommen

попа́рно *нрч* paarweise; **дежу́рить ~** paarweise Wache halten

попа́|сть <-ду́, -дёшь> *св нпрх см.* **попада́ть**

попа́|сться <-ду́сь, -дёшься> *св рефл см.* **попада́ться**

попа́хива|ть <-ю, -ешь> *нсв прх разг* riechen; **из-за две́ри попа́хивало спи́ртом и ры́бой** aus der Tür kam ein Geruch nach Fisch und Spiritus

поперёк *нрч* quer; **лежа́ть ~** quer liegen; **сказа́ть что-л. ~** einen Einwand machen; **вдоль и ~** drunter und drüber; **стоя́ть ~ доро́ги** quer auf dem Weg stehen; **стать ~ го́рла** im Hals stecken bleiben

попереме́нно *нрч* abwechselnd; **~ чита́ть** abwechselnd lesen

попер|е́ть <-у́, -ёшь> *св прх* **1.** *прост (понести́ что-л. куда́-л.)* schleppen; **~ кни́ги на черда́к** Bücher auf den Dachboden schleppen **2.** *прост (пойти́ без огля́дки)* geradewegs gehen; **они́ попёрли пья́ными на вокза́л** in betrunkenem Zustand gingen sie geradewegs zum Bahnhof **3.** *прост (вы́гнать)* jdn entlassen; **его́ попёрли с рабо́ты** er wurde entlassen

попере́чник <-а> *м* **1.** *(ширина́ како́го-л. объе́кта)* Breite *f;* **о́зеро бы́ло 12 км в попере́чнике** der See war 12 km breit **2.** *презрит, разг (ве́чно возража́ющий челове́к)* Querulant *m;* **заче́м пригласи́ли э́того попере́чника?** warum habt ihr diesen Querulanten eingeladen?

попере́чн|ый <-ая, -ое> *прил* quer, Quer-; **попере́чное сече́ние** Querschnitt *m;* **~ ана́лиз** Querschnittsanalyse *f*

поперхн|у́ться <-у́сь, -ёшься> *св рефл* sich verschlucken

попе́рч|ить <-у, -ишь> *св прх см.* **пе́рчить**

попече́ни|е <-я> *ср* Fürsorge *f,* Obhut *f*

попечи́те|ль <-ля> *м* **1.** *(осуществля́ющий забо́ту и контро́ль над несовершенноле́тним)* Vormund *m;* **до достиже́ния совершенноле́тия у неё бы́ло три попечи́теля** bis zu ihrer Volljährigkeit hatte sie drei Vormünder **2.** ИСТОР *(руководи́тель учрежде́ния в дореволюцио́нной Росси́и)* Kurator *m;* **~ гимна́зии** Kurator eines Gymnasiums

поп-звезд|а́ <-ы́> *ж* Popstar *m*

попира́|ть <-ю, -ешь> *нсв,* **попра́ть** *св прх* **1.** *книжн (топта́ть)* zertreten, zertrampeln; **~ нога́ми** mit Füßen treten **2.** *перен (наруша́ть зако́ны)* jdn erniedrigen; **~ права́ кого́-л.** jds Rechte mit Füßen treten

попи́сыва|ть <-ю, -ешь> *нсв прх разг* schreiben; **он попи́сывал поэ́зию** hin und wieder schrieb er Gedichte

по́пк|а <-и> *ж шутл, разг* Po *m;* **сиде́ть на по́пке** auf dem Hintern sitzen

popла́ва|ть <-ю, -ешь> *св нпрх см.* **пла́вать**

поплав|о́к <-ка́> *м* **1.** *(кусо́к про́бки на леске́ у́дочки)* Schwimmer *m;* **ры́ба заклева́ла и ~ стал слегка́ погружа́ться в во́ду** der Fisch biss an und der Schwimmer versank kurz; **мост на поплавка́х** Schwimmbrücke *f* **2.** *разг (рестора́н на воде́)* Seerestaurant *nt;* **мы пообе́дали на поплавке́** wir aßen im Seerestaurant zu Mittag

попла́|кать <-чу, -чешь> *св нпрх см.* **пла́кать**

попла́|каться <-чусь, -чешься> *св рефл см.* **пла́каться**

попле|сти́сь <-ту́сь, -тёшься> *св рефл разг см.* **плести́сь**

поплы́|ть <-ву, -вёшь> *св нпрх см.* **плыть**

попля|са́ть <-шу́, -шешь> *св нпрх см.* **пляса́ть**

поп-му́зык|а <-и> *ж* Popmusik *f*

попо́вск|ий <-ая, -ое> *прил* Popen-; **~ дом** Popenhaus *nt*

попо́йк|а <-и> *ж разг* Saufgelage *nt;* **устро́ить попо́йку** ein Saufgelage veranstalten

попола́м *нрч* **1.** *(на́двое)* entzwei **2.** *(наполови́ну)* zur Hälfte, in zwei Hälften

поползнове́ни|е <-я> *ср* Anspruch *m;* **на́до пресе́чь их ~ к вла́сти** ihr Machtanspruch muss unterbunden werden

пополне́ни|е <-я> *ср* **1.** *(увеличе́ние, расшире́ние)* Aufstockung *f,* Ergänzung *f* **2.** *(усиле́ние)* Verstärkung *f* **3.** *(сме́на)* Nachwuchs *m*

попо́лн|ить <-ю, -ишь> *св прх см.* **пополня́ть**

попо́лни|ться <-тся> *св безл см.* **пополня́ться**

пополня́|ть <-ю, -ешь> *нсв,* **попо́лнить** *св прх* ergänzen, auffüllen; **~ резе́рвы** die Vorräte ergänzen

пополня́|ться <-ется> *нсв,* **попо́лниться** *св безл, только 3 л* ergänzen; **колле́кция попо́лнилась но́вым экземпля́ром** die Sammlung wurde durch ein neues Exemplar ergänzt

пополу́дни *нрч (по́сле 12 часо́в дня)* nachmittags; **3 часа́ ~** 3 Uhr nachmittags

попо́мн|ить <-ю, -ишь> *св прх разг* sich merken, sich einprägen; **~ нака́з отца́** sich den Auftrag des Vaters merken; **попо́мните моё сло́во** merkt euch meine Worte

попо́н|а <-ы> *ж* Pferdedecke *f;* **наки́нуть попо́ну на вспоте́вшую ло́шадь** eine Pferdedecke auf das verschwitzte Pferd werfen

попо́р|тить <-чу, -тишь> *св прх* **1.** *разг (немно́го испо́ртить)* beschädigen **2.** *разг (всё испо́ртить)* verderben; **он попо́ртил всем настрое́ние** er hat allen die Laune

П

verdorben

поправи́м|ый <-ая, -ое; -, -а, -о> *прил* **э́то поправи́мая беда́** der Schaden lässt sich wieder gutmachen; **э́то поправи́мое де́ло** diese Tat kann man wieder gutmachen

попра́в|ить <-лю, -ишь> *св прх см.* **поправля́ть**

попра́в|иться <-люсь, -ишься> *св рефл см.* **поправля́ться**

попра́вк|а <-и> *ж* **1.** *(поправле́ние)* Korrektur *f,* Verbesserung *f* **2.** *(уточне́ние, опроверже́ние)* Richtigstellung *f,* Berichtigung *f* **3.** *(переправле́ние)* Abänderung *f* **4.** ЮР Klausel *f* **5.** МЕД Besserung *f;* **больно́й идёт на попра́вку** der Kranke ist auf dem Weg der Besserung; **~ к ку́рсу** ЭКОН Kurszusatz *m*

поправля́|ть <-ю, -ешь> *нсв,* **попра́вить** *св прх* **1.** *(устраня́ть неиспра́вность, недоста́тки)* beseitigen, korrigieren; **~ маши́ну** die Mängel an der Maschine beseitigen; **~ рису́нок** die Zeichnung korrigieren **2.** *(приводи́ть в поря́док)* in Ordnung bringen; **~ причёску** die Haare in Ordnung bringen **3.** *перен (улучша́ть)* verbessern; **~ здоро́вье** Gesundheit verbessern

поправля́|ться <-юсь, -ешься> *нсв,* **попра́виться** *св рефл* **1.** *(исправля́ть оши́бку)* sich korrigieren; **он оши́бся, но бы́стро попра́вился** er machte einen Fehler, korrigierte sich aber schnell **2.** *перен (улучша́ть здоро́вье)* genesen; **тру́дно ~ по́сле гриппа** nach einer Grippe mühsam genesen **3.** *разг (полне́ть)* zunehmen; **по́сле кани́кул она́ си́льно попра́вилась** nach den Ferien nahm sie stark zu; **~ на два килогра́мма** zwei Kilo zunehmen

попрёк <-а> *м разг* Vorwurf *m;* **мне надое́ли их попрёки** ich habe ihre Vorwürfe satt

попр|а́ть <-у́, -ёшь> *св прх см.* **попира́ть**

попрека́|ть <-ю, -ешь> *нсв,* **попрекну́ть** *св прх разг* tadeln, Vorwürfe machen; **мать попрека́ет сы́на** die Mutter macht dem Sohn Vorwürfe

поприве́тств|овать <-ую, -уешь> *св прх (приве́тствовать немно́го)* begrüßen; **~ прише́дших** die Angekommenen begrüßen

по́прищ|е <-а> *ср* **1.** *(сфе́ра де́ятельности)* Gebiet *n,* Bereich *m;* **я на э́том ~ уже́ 10 лет рабо́таю** ich arbeite schon zehn Jahren auf diesem Gebiet **2.** *книжн (жизнь)* Lebensweg *m;* **в конце́ жи́зненного по́прища** am Ende seines Lebensweges

попро́б|овать <-ую, -уешь> *св прх см.* **про́бовать**

попр|оси́ть <-ошу́, -о́сишь> *св нпрх см.* **проси́ть**

попр|оси́ться <-ошу́сь, -о́сишься> *св рефл* bitten; *см.* **проси́ться**

по́просту *нрч* **1.** *разг (про́сто, неофициа́льно)* einfach, inoffiziell; **разгова́ривать с кем-л. ~** mit jdm inoffiziell reden **2.** *разг (не церемо́нясь)* ungeniert; **его́ ~ вы́бросили за дверь** man warf ihn einfach hinaus

попроша́йк|а <-и> *м и ж* Schnorrer(in) *m(f),* Bettler(in) *m(f)*

попроша́йничань|е <-я> *ср* Bettelei *f*

попроша́йнича|ть <-ю, -ешь> *нсв нпрх* betteln; **у вхо́да попроша́йничали ни́щие** am Eingang standen Bettler

попроща́|ться <-юсь, -ешься> *св рефл см.* **проща́ться**

попря́|таться <-чусь, -чешься> *св рефл* sich verstecken

попуга́|й <-я> *м* Papagei *m;* **волни́стый ~** Wellensittich *m*

попуга́|ть <-ю, -ешь> *св прх разг* jdn erschrecken

попули́зм <-а> *м* Populismus *m*

популя́рно *нрч* **объясня́ть ~** verständlich erklären

популя́рнос|ть <-ти> *ж* Popularität *f,* Beliebtheit *f*

популя́р|ный <-ная, -ное; -ен, -на, -но> *прил* populär, beliebt

попусти́тельств|о <-а> *ср* Nichteinhaltung *f,* Nichtbeachtung *f;* **ава́рия произошла́ из-за попусти́тельства нача́льства к ме́рам предосторо́жности** der Unfall geschah, weil die Vorgesetzten die Sicherheitsmaßnahmen nicht beachteten

попусти́тельств|овать <-ую, -уешь> *нсв нпрх* ein Auge zudrücken, zulassen

по́пусту *нрч разг* umsonst; **~ тра́тить вре́мя** die Zeit umsonst verschwenden

попу́та|ть <-ю, -ешь> *св прх разг* in Versuchung bringen, verführen; **кто тебя́ попу́тал?** wer brachte dich in Versuchung?

попу́тно *нрч* **1.** *(по пути́)* vorbei; **зае́хать куда́-нибу́дь ~** bei jdm vorbeifahren **2.** *(одновре́менно с друго́й де́ятельностью)* gleichzeitig, parallel

попу́тн|ый <-ая, -ое> *прил* **1.** *(в одно́м направле́нии)* die gleiche Richtung habend; **~ ве́тер** günstiger Wind **2.** *(находя́щийся на пути́)* sich auf dem Weg befindend; **попу́тная остано́вка** Zwischenaufenthalt *m;* **попу́тная ста́нция** Zwischenstation *f*

попу́тчик <-а> *м* Reisegefährte *m; мн* Reisegesellschaft *f;* ПОЛ Mitläufer *m*

попыта́|ться <-юсь, -ешься> *св рефл* versuchen; *см.* **пыта́ться**

попы́тк|а <-и> *ж* Versuch *m;* **~ сближе́ния** Annährungsversuch *m*

попы́хива|ть <-ю, -ешь> *нсв нпрх разг* paffen; **~ из сигаре́ты** mit der Zigarette paffen

попя́|титься <-чусь, -тишься> *св рефл см.* **пя́титься**

попя́тн|ый <-ая, -ое> *прил* Rückwärts-; **попя́тное движе́ние** Rückwärtsbewegung *f;* **идти́ на попя́тную** einen Rückzieher machen

пор|а́ <-ы> *ж* **1.** *(пери́од)* Zeit *f,* Saison *f;* **на**

пе́рвых пора́х zunächst, anfangs **2.** *(пришло́ вре́мя)* es wird Zeit; **давно́ ~** es ist höchste Zeit

по́р|а <-ы> *ж* БИОЛ Pore *f*

порабоща́|ть <-ю, -ешь> *нсв,* **поработи́ть** *св прх* versklaven, unterwerfen; **~ сосе́дние племена́** die Nachbarstämme unterwerfen

поравня́|ться <-юсь, -ешься> *св рефл* einholen

пора́д|овать <-ую, -уешь> *св прх см.* **ра́довать**

пора́д|оваться <-уюсь, -уешься> *св рефл см.* **ра́доваться**

поража́ть *нсв,* **порази́ть** *св прх* **1.** *(попада́ть в цель, уничтожа́ть)* treffen, vernichten **2.** *(о боле́зни и т.п.)* befallen, heimsuchen **3.** *(удиви́ть, ошеломи́ть)* überraschen, bestürzen; **неприя́тно порази́ть** jdn unangenehm überraschen

поража́|ться <-юсь, -ешься> *нсв рефл* verblüfft werden; **~ результа́тами разви́тия** von den Entwicklungsergebnissen verblüfft sein

поража́ющ|ий <-ая, -ее> *прил* beeindruckend; **поража́ющая речь** beeindruckende Rede *f;* **поража́ющее выступле́ние** beeindruckender Auftritt *m*

пораже́ни|е <-я> *ср* ВОЕН, СПОРТ Niederlage *f;* **~ на вы́борах** Wahlniederlage *f;* **потерпе́ть ~** unterliegen

порази́тельно *нрч* verblüffend; **~ похо́ж на кого́-л.** jdm verblüffend ähnlich sein

порази́те|льный <-льная, -льное; -лен, -льна, -льно> *прил* beeindruckend; **произвести́ порази́тельное впечатле́ние на кого́-л.** auf jdn einen tiefen Eindruck machen; **порази́тельные уме́ния** erstaunliche Fertigkeiten *fpl*

пора|зи́ть <-жу́, -зи́шь> *св прх см.* **поража́ть**

пора|зи́ться <-жу́сь, -зи́шься> *св рефл см.* **поража́ться**

поразмы́сл|ить <-ю, -ишь> *св нпрх разг* nachdenken, überlegen; **~ над посту́пком** über die Tat nachdenken

поразмышля́|ть <-ю, -ешь> *св нпрх* nachdenken, überlegen; **~ над собы́тиями** über die Ereignisse nachdenken

пора́н|ить <-ю, -ишь> *св прх* sich leicht verletzen; **~ ру́ку** sich die Hand verletzen

пораски́н|уть <-у, -ешь> *св нпрх прост* nachdenken; **пораски́нуть умо́м** scharf nachdenken

порв|а́ть <-у́, -ёшь> *св прх см.* **порыва́ть**

порв|а́ться <-у́сь, -ёшься> *св рефл см.* **порыва́ться**

поре́де́ть <-ет> *св безл см.* **реде́ть**

поре́з <-а> *м* Schnittwunde *f*

поре́|зать <-жу, -жешь> *св прх* **1.** *(ра́нить ле́звием)* sich schneiden; **~ па́лец** sich in den Finger schneiden **2.** *разг (убива́ть, заре́зать всех)* töten, abschlachten

порекоменд|ова́ть <-ую, -уешь> *св прх см.* **рекомендова́ть**

пореш|и́ть <-у́, -и́шь> *св прх прост* **1.** *(приня́ть како́е-л. реше́ние)* sich zu etw entschließen, einen Entschluss fassen; **пореши́ли оста́вить его́ одного́ до́ма** man beschloss, ihn allein zu Hause zu lassen **2.** *(уби́ть)* umbringen, ermorden; **мужи́к пореши́л сосе́да топоро́м** der Bauer ermordete seinen Nachbarn mit einer Axt

по́рист|ый <-ая, -ое; -, -а, -о> *прил* porös

порица́ни|е <-я> *ср* Rüge *f*

порица́|ть <-ю, -ешь> *нсв прх книжн* rügen

по́рк|а <-и> *ж* Auspeitschen *nt;* **~ дете́й в шко́ле запрещена́** die Züchtigung der Kinder in der Schule ist verboten

порногра́фи|я <-и> *ж* Pornographie *f*

по́ровну *нрч* gleich viel; **раздели́ть ~** in gleiche Teile teilen

поро́г <-а> *м* **1.** *и перен* Schwelle *f,* Türschwelle *f* **2.** ЭЛ Energieschwelle *f;* **страна́ на поро́ге промы́шленного разви́тия** Schwellenland *nt;* **поро́говые це́ны** Schwellenpreise *pl;* **~ бе́дности** Armutsgrenze *f;* **~ при́были** Gewinnschwelle *f*

поро́д|а <-ы> *ж* **1.** *(живо́тных)* Rasse *f* **2.** *перен (люде́й)* Art *f,* Schlag *m* **3.** ГЕОЛ Gestein *nt*

поро́дист|ый <-ая, -ое; -, -а, -о> *прил* reinrassig

порожда́|ть <-ю, -ешь> *нсв,* **породи́ть** *св прх перен (вызыва́ть чу́вство, реа́кцию)* hervorrufen; **их любо́вь порожда́ет восхи́щение** ihre Liebe ruft Begeisterung hervor

порожде́ни|е <-я> *ср* Realisierung *f*

поро́жн|ий <-яя, -ее> *прил* leer; **поро́жняя та́ра** Leergut *nt*

порожня́к <-а́> *м разг* leerer Güterzug *m;* **через село́ прогрохота́л ~** ein leerer Güterzug fuhr dröhnend durch das Dorf

по́рознь *нрч* getrennt, einzeln; **приезжа́ть ~** einzeln ankommen; **жить ~** getrennt leben

порозове́|ть <-ю, -ешь> *св нпрх см.* **розове́ть**

поро́й *нрч* mitunter, manchmal

поро́к <-а> *м* Laster *nt; (недоста́ток)* Fehler *m;* **~ се́рдца** МЕД Herzfehler *m;* **быть во вла́сти поро́ка** einem Laster frönen

пороло́н <-а> *м разг* Schaumgummi *m,* Schaumstoff *m*

пороло́нов|ый <-ая, -ое> *прил* Schaumgummi-

поросён|ок <-ка> *м* **1.** ЗООЛ Ferkel *nt;* **по́ двору бе́гали ро́зовые порося́та** rosafarbene Ferkel liefen im Hof herum; **моло́чный ~** Spanferkel *nt* **2.** *шутл, разг (неря́ха)* Ferkel *nt,* Schmutzfink *m;* **где ты**

так запа́чкался, посмотри́, како́й ты ~! wo hast du dich so schmutzig gemacht, sieh was für ein Schmutzfink du bist!

по́рос| ль <-ля> *ж* **1.** *(побе́ги)* Trieb *m,* Spross *m;* **~ клёна у пней сру́бленных дере́вьев** Ahorntriebe an den Stümpfen gefällter Bäume **2.** *(молодо́й лес)* junger Wald *m;* **густа́я ~** Dickicht *nt* **3.** *разг (волосяно́й покро́в у челове́ка)* Behaarung *f;* **густа́я ~ на груди́ у мужчи́ны** dichte Brustbehaarung beim Mann

порося́ч| ий <-ья, -ье> *прил* Ferkel-; **~ визг** Ferkelquieken *nt;* **порося́чье ры́льце** Ferkelschnauze *f*

поро́ть <порю́, по́решь> *нсв,* **вы́пороть** *св прх* **1.** *разг (бить)* schlagen, verhauen; **~ дете́й в шко́ле запреща́ется** es ist verboten, die Kinder in der Schule zu schlagen **2.** *прост (говори́ть глу́пости)* plappern; **~ вздор** [*или* **чепуху́**] Unsinn plappern; **~ пла́тье** das Kleid auftrennen; **~ шку́ры** die Felle aufschlitzen

по́рох <-а> *м* Schießpulver *nt*

порохов| о́й <-а́я, -о́е> *прил* Pulver-; **порохова́я бо́чка** Pulverfass *nt;* **сиде́ть на порохово́й бо́чке** *перен* auf einem Pulverfass sitzen

поро́ч| ить <-у, -ишь> *нсв,* **опоро́чить** *св прх* in Verruf bringen, verleumden

поро́ч| ный <-ная, -ное; -ен, -на, -но> *прил* **1.** *(безнра́вственный)* lasterhaft **2.** *(оши́бочный)* fehlerhaft; **поро́чная пра́ктика** Unwesen *nt,* Unart *f*

порош| и́ть <-у́, -и́шь> *нсв,* **напороши́ть** *св прх* schneien; **напороши́ло сне́гу** es hat etwas geschneit

порошкообра́зн| ый <-ая, -ое> *прил* pulverig

порош| о́к <-ка́> *м* Pulver *nt*

порт <по́рта> *м* **1.** МОР Hafen *m;* **морско́й ~** Seehafen *m;* **речно́й ~** Binnenhafen *m* **2.** *(аэропо́рт, возду́шный)* Flughafen *m* **3.** ИНФОРМ Port *m;* **паралле́льный ~** Parallelport *m;* **после́довательный ~** serieller Port *m*

порта́л <-а> *м* Portal *nt*

порта́льн| ый <-ая, -ое> *прил* **1.** СТР *(часть порта́ла)* Portal-; **порта́льные коло́нны** Portalsäulen *fpl* **2.** ТЕХ *(снабжённый порта́лом)* mit viereckigem Rahmen; **~ стано́к** ein Gestell mit viereckigem Rahmen; **~ кран** ein Kran mit viereckigem Rahmen

портати́в| ный <-ная, -ное; -ен, -на, -но> *прил* tragbar; **~ компью́тер** Laptop *m*

порта́ч| ить <-у, -ишь> *нсв,* **напорта́чить** *св нпрх разг* alles durcheinander bringen; **ну и напорта́чил, тепе́рь не расхлеба́ть!** du hast es eingebrockt, jetzt musst du es auslöffeln!

портве́йн <-а> *м* Portwein *m*

по́ртик <-а> *м* Säulengang *m,* Säulenhalle *f;* **~ в саду́ для вы́ставки карти́н** Säulengang im Garten zur Ausstellung von Bildern

по́р| тить <-чу, -тишь> *нсв,* **испо́ртить** *св прх* verderben, beschädigen; **~ отноше́ния с кем-л.** es (sich) mit jdm verderben; **~ себе́ здоро́вье** seine Gesundheit ruinieren

по́р| титься <-чусь, -тишься> *нсв,* **испо́ртиться** *св рефл* verderben, verschimmeln

порт| ки́ <-о́к> *мн разг (штаны́)* Hose *f;* **обо́дранные ~** zerlumpte Hose *f*

портмоне́ <незим> *ср* Geldbörse *f,* Portmonee *nt;* **потеря́ть ~** die Geldbörse verlieren

портни́х| а <-и> *ж разг* Schneiderin *f*

портно́| й <-го> *м* Schneider *m*

порто́в| ый <-ая, -ое> *прил* Hafen-; **~ го́род** Hafenstadt *f;* **~ рабо́чий** Hafenarbeiter *m;* **порто́вые сбо́ры** Hafengebühren *fpl*

порто-франко <неизм> *ср* Freihafen *m*

портре́т <-а> *м* Porträt *nt,* Bildnis *nt;* **рисова́ть чей-л. ~** jdn porträtieren

портре́тн| ый <-ая, -ое> *прил* ИСК Porträt-; **портре́тная жи́вопись** Porträtmalerei *f;* **портре́тное иску́сство** Porträtkunst *f*

портсига́р <-а> *м* Zigarettenetui *nt;* **серебря́ный ~** Zigarettenetui aus Silber

португа́л| ец <-ьца> *м* Portugiese *m*

Португа́ли| я <-и> *ж* Portugal *nt*

португа́лк| а <-и> *ж* Portugiesin *f*

португа́льск| ий <-ая, -ое> *прил* portugiesisch

портупе́| я <-и> *ж* Portepee *nt;* **шпа́га в портупе́е** Degen *m* mit Portepee

портфе́| ль <-ля> *м* **1.** *(для докуме́нтов)* Aktentasche *f* **2.** *(шко́льный)* Schulmappe *f* **3.** ЭКОН Portfolio *nt,* Bestand *m;* **~ це́нных бума́г** Wertpapierbestand *m;* **~ а́кций** Aktienportefeuille *nt;* **~ зака́зов** Auftragsbestand *m*

портфо́лио-ме́неджмент <-а> *м* Portfoliomanagement *nt*

портье́ <неизм> *м* Portier *m*

портье́р| а <-ы> *ж* schwerer Vorhang *m;* **ба́рхатные портье́ры** Barchentvorhänge *mpl*

портя́нк| а <-и> *ж* Fußlappen *m;* **оберну́ть портя́нки вокруг ног** Fußlappen um die Füße wickeln

пору́бк| а <-и> *ж* Einschlaggebiet *nt*

пору́ган| ный <-ная, -ное; -, -а, -о> *прил* geschändet; **пору́ганная честь** geschändete Ehre *f*

поруга́| ть <-ю, -ешь> *св прх* beschimpfen; **~ честь** entehren

поруга́| ться <-юсь, -ешься> *нсв рефл* schimpfen, zanken

пору́к| а <-и> *ж* Bürgschaft *f;* **взять кого́-л. на пору́ки** für jdn Verantwortung übernehmen

поруча́| ть <-ю, -ешь> *нсв,* **поручи́ть** *св прх* beauftragen

поруча́| ться <-юсь, -ешься> <> *нсв,* **поручи́ться** *св рефл* **1.** *(за кого́-л.)* für jdn bürgen **2.** *(за что-л.)* gewährleisten

поруче́ни|е <-я> *ср* **1.** *(зада́ча)* Aufgabe *f,* Auftrag *m* **2.** экон Order *f;* **~ на прода́жу** Verkaufsauftrag *m;* **~ перево́да** Überweisungsauftrag *m;* **~ о списа́нии сумм со счёта** Abbuchungsauftrag *m;* **поруче́ния вы́полнены лишь части́чно** фин die Aufträge wurden repartiert

пору́чик <-а> *м* Oberleutnant *m;* **его́ произвели́ в пору́чики** er wurde zum Oberleutnant befördert

поручи́те|ль <-ля> *м* Bürge *m*

поручи́тельств|о <-а> *ср* Bürgschaft *f; (зало́г)* Kaution *f;* **~ госуда́рства** staatliche Bürgschaft *f;* **~ по ве́кселю** Aval *nt;* **~ по че́ку** Scheckbürgschaft *f*

пор|учи́ть <-учу́, -у́чишь> *св прх см.* **поруча́ть**

пор|учи́ться <-учу́сь, -у́чишься> *св рефл см.* **поруча́ться**

по́ручн|и <-ей> *ммн* Reling *f;* **на эскала́торе в метро́ держи́тесь за по́ручни** halten Sie sich auf der Rolltreppe in der U-Bahn am Geländer fest

порха́|ть <-ю, -ешь> *нсв,* **порхну́ть** *св нпрх* **1.** *(перелета́ть с ме́ста на ме́сто)* flattern; **~ с ве́тки на ве́тку** von Zweig zu Zweig flattern **2.** *ирон, разг (вести́ беспе́чную жизнь)* ein sorgenfreies Leben führen; **~ по рестора́нам** von einem Restaurant zum nächsten gehen

по́рци|я <-и> *ж* Portion *f*

по́рч|а <-и> *ж* **1.** *(поврежде́ние)* Beschädigung *f;* **~ механи́зма** Beschädigung des Mechanismus **2.** *(вред, уще́рб)* Schaden *m*

по́рш|ень <-ня> *м* тех Kolben *m;* **пригна́ть ~** einen Kolben einpassen

поры́в <-а> *м* Stoß *m; перен* Regung *f,* Drang *m;* **~ ве́тра** Windstoß *m*

порыва́|ть <-ю, -ешь> *нсв,* **порва́ть** *св прх* zerreißen; *перен* abbrechen

порыва́|ться <-юсь, -ешься> *нсв,* **порва́ться** *св рефл* **1.** *(что-л. сде́лать)* drängen; **~ воева́ть** einen Krieg anzetteln **2.** *(разорва́ться)* zerreißen, abreißen; **ни́тка порвала́сь** der Faden ist gerissen **3.** *(прекрати́ться)* abbrechen, sich trennen; **у нас с ни́ми порвали́сь все свя́зи** wir haben jegliche Beziehungen zu ihnen abgebrochen

поры́висто *нрч* stürmisch; **ве́тер ду́ет ~** der Wind weht stürmisch [*o* böig]

поры́вист|ый <-ая, -ое> *прил* **1.** *(о движе́нии)* ruckartig **2.** *(о ве́тре)* böig

поря́д|ок <-ка> *м* Ordnung *f; (ряд)* Regelung *f,* Vorgehensweise *f;* **~ рабо́ты** Ablauf *m;* **~ слов** лингв Wortfolge *f;* **в поря́дке экспериме́нта** versuchsweise; **для поря́дка** der Ordnung halber; **наводи́ть ~** Ordnung schaffen, aufräumen; **приводи́ть в ~** *и перен* in Ordnung bringen; **~ ко́нкурсного произво́дства** Konkursordnung *f;* **~ осуществле́ния и́мпортных опера́ций** Einfuhrverfahren *nt;* **~ получе́ния разреше́ний** Genehmigungsverfahren *nt*

поря́дочно *нрч* ordentlich, tüchtig, anständig

поря́дочнос|ть <-ти> *ж* Anständigkeit *f*

поря́доч|ный <-ная, -ное; -ен, -на, -но> *прил* anständig, rechtschaffen; *разг* gehörig, ordentlich; **глубоко́ ~** hochanständig; **поря́дочная су́мма де́нег** eine hübsche Summe *f*

поса́д <-а> *м* **1.** *(торго́вая часть го́рода)* ист Marktplatz *m* außerhalb der Festungsmauern; **у подно́жия кре́пости расположи́лся ~** der Markt richtete sich vor den Stadtmauern ein **2.** *(при́город)* Vorort *m* einer Stadt; **реме́сленники жи́ли в за́падном поса́де** die Handwerker lebten im westlichen Vorort

пос|ади́ть <-ажу́, -а́дишь> *св прх см.* **сажа́ть, сади́ть**

поса́дк|а <-и> *ж* **1.** *(приземле́ние)* Landung *f;* **вы́нужденная ~** Notlandung *f;* **заходи́ть на поса́дку** zur Landung ansetzen; **соверша́ть поса́дку** landen **2.** агр Pflanzung *f* **3.** трансп Einsteigen *nt* **4.** *(оса́нка)* Sitz *m,* Haltung *f*

поса́дочн|ый[1] <-ая, -ое> *прил* агр Pflanz-; **поса́дочные рабо́ты** Pflanzarbeiten *fpl;* **поса́дочный карто́фель** Setzkartoffel *m;* **поса́дочные маши́ны** Setzmaschinen *fpl;* **поса́дочное обору́дование** Pflanzausrüstung *fpl*

поса́дочн|ый[2] <-ая, -ое> *прил* трансп **~ трап** Schiffstreppe *nt;* **поса́дочная полоса́** Landebahn *f*

поса́пыва|ть <-ю, -ешь> *нсв нпрх разг* schnaufen; **он сиде́л в углу́ и поса́пывал** er saß in der Ecke und schnaufte ab und zu

посвеже́|ть <-ю, -ешь> *св нпрх см.* **свеже́ть**

посв|ети́ть <-ечу́, -е́тишь> *св нпрх см.* **свети́ть**

посветле́|ть <-ю, -ешь> *св нпрх см.* **светле́ть**

посви́стыва|ть <-ю, -ешь> *нсв нпрх разг* pfeifen; **рабо́чий шёл по це́ху и посви́стывал** der Arbeiter ging durch die Halle und pfiff vor sich hin

посвяща́|ть <-ю, -ешь> *нсв,* **посвяти́ть** *св прх* **1.** *(осведомля́ть о чем-л.)* einweihen; **~ кого́-л. в та́йну семьи́** jdn in ein Familiengeheimnis einweihen **2.** *(предназнача́ть для кого́-л.)* widmen; **посвяти́ть кни́гу жене́** das Buch der Ehefrau widmen **3.** *(возводи́ть в сан)* **посвяти́ть в ры́цари** jdn zum Ritter schlagen

посвяще́ни|е <-я> *ср* **1.** *(кому́-л.)* Widmung *f* **2.** *(кого́-л. во что-л.)* Einweihung *f;* **~ подро́стков в ю́ношество** Jugendweihe *f*

посвящённ|ый <-ого> *м* Eingeweihte(r) *m,* Mitwisser *m*

П

посе́в <-а> *м* Saat *f*

посевн|о́й <-а́я, -о́е> *прил* Saat-; **посевно́й материа́л** Saatgut *nt*

поседе́|ть <-ю, -ешь> *св нпрх см.* **седе́ть**

поселе́н|ец <-ца> *м* Siedler *m*

поселе́ни|е <-я> *ср* **1.** *(населённый пункт)* Ortschaft *f;* **ста́рое ~** alte Ansiedlung *f* **2.** *(принуди́тельное водворе́ние куда́-л.)* Aussiedlung *f;* **сосла́ть на ~ куда́-л.** irgendwohin aussiedeln

посел|и́ть <-ю́, -и́шь> *св прх см.* **сели́ть**

посел|и́ться <-ю́сь, -и́шься> *св рефл см.* **сели́ться, поселя́ться**

посёлковый *прил* Dorf-; **посёлковый сове́т** Dorfrat *m;* **посёлковая больни́ца** Dorfkrankenhaus *nt*

посёл|ок <-ка> *м* Dorf *nt,* Siedlung *f*

поселя́|ться <-юсь, -ешься> *нсв,* **посели́ться** *св рефл* sich ansiedeln; **~ в но́вом до́ме** in ein neues Haus einziehen

посему́ *нрч* deshalb

посеребрённ|ый <-ая, -ое> *прил* versilbert; **~ серви́з** versilbertes Service *nt;* **посеребрённая посу́да** versilbertes Geschirr *nt*

посереди́не *нрч* mitten drin; *(в середи́не)* in der Mitte

посере́|ть <-ю, -ешь> *св нпрх см.* **сере́ть**

посети́те|ль <-ля> *м,* **посети́тельниц|а** <-ы> *ж* Besucher(in) *m(f)*

посе|ти́ть <-щу́, -ти́шь> *св прх см.* **посеща́ть**

посе́т|овать <-ую, -уешь> *св прх см.* **се́товать**

посе́|чь <-ку́, -чёшь> *св прх см.* **се́чь**

посеща́|ть <-ю, -ешь> *нсв,* **посети́ть** *св прх* besuchen; **~ регуля́рно заня́тия** regelmäßig den Unterricht besuchen

посеще́ни|е <-я> *ср* Besuch *m;* **~ на дому́** Hausbesuch *m;* **~ официа́льного учрежде́ния для ула́живания дел** Behördenweg *m*

посе́|ять <-ю, -ешь> *св прх см.* **се́ять**

посиде́л|ки <-ок> *мн* *(деревéнская вечери́нка)* Spinnstubenabend *m;* **встре́титься на посиде́лках** sich beim Spinnstubenabend treffen

поси|де́ть <-жу́, -ди́шь> *св нпрх см.* **сиде́ть**

поси́|льный <-льная, -льное; -лен, -льна,-льно> *прил* **~ труд** den Kräften entsprechende Arbeit *f;* **поси́льная рабо́та** angemessene Arbeit *f*

посине́|ть <-ю, -ешь> *св нпрх см.* **сине́ть**

поск|ака́ть <-ачу́, -а́чешь> *св нпрх см.* **скака́ть**

поска́льзыва|ться <-юсь, -ешься> *нсв,* **поскользну́ться** *св рефл* ausrutschen

поско́льку *сз* insofern; *(так как)* da

поскре|сти́ <-бу́, -бёшь> *св прх см.* **скрести́**

поскри́пыва|ть <-ю, -ешь> *нсв нпрх* knarren; **крова́ть поскри́пывает** das Bett knarrt

поскуп|и́ться <-лю́сь, -и́шься> *св рефл см.* **скупи́ться**

послабле́ни|е <-я> *ср разг* Nachsicht *f;* **де́лать кому́-л. ~** Nachsicht mit jdm üben; **недопусти́мые послабле́ния** sträfliche Nachsicht

посла́н|ец <-ца> *м* Bote *m;* **~ до́брой во́ли** Botschafter des guten Willens

посла́ни|е <-я> *ср* Botschaft *f,* Nachricht *f*

посла́нник <-а> *м* Gesandter *m,* Bote *m*

по|сла́ть <-шлю́, -шлёшь> *св прх см.* **посыла́ть**

по́сле *предл* nach *+dat;* **~ э́того** danach, daraufhin; **сра́зу ~ э́того** anschließend, im Anschluss daran

послевое́нн|ый <-ая, -ое> *прил* Nachkriegs-; **~ пери́од** Nachkriegszeit *f;* **послевое́нное поколе́ние** Nachkriegsgeneration *f*

после́д <-а> *м* *(плаце́нта)* Mutterkuchen *m;* **за плодо́м вы́шел ~** auf die Leibesfrucht folgte der Mutterkuchen

после́дн|ий <-яя, -ее> *прил* letzte(r, s); **на́званный после́дним** letzterer; **са́мый ~** der Allerletzte; **в после́днее вре́мя** neuerdings, in jüngster Zeit; **после́днее напомина́ние** [*или* **предупрежде́ние**] letzte Mahnung *f;* **~ срок** Stichtag *m*

после́довате|ль <-ля> *м,* **после́довательниц|а** <-ы> *ж* Nachfolger(in) *m(f)*

после́довательно *нрч* nacheinander; **рассма́тривать карти́нки ~** die Bilder nacheinander ansehen

после́довательнос|ть <-ти> *ж* **1.** *(логи́чность)* Konsequenz *f,* Folgerichtigkeit *f* **2.** *(поря́док)* Abfolge *f,* Reihenfolge *f* **3.** *(ход)* Ablauf *m*

после́довате|льный <-льная, -льное; -лен, -льна, -льно> *прил* **1.** *(логичный)* folgerichtig, konsequent **2.** *(доказа́тельный)* schlüssig; **~ перево́д** Konsekutivdolmetschen *nt*

после́д|овать <-ую, -уешь> *св нпрх см.* **сле́довать**

после́дстви|е <-я> *ср* Folge *f;* *(явле́ние)* Folgeerscheinung *f,* Nachwirkung *f*

после́дующ|ий <-ая, -ее> *прил* anschließend, nachfolgend, folgend; **после́дующие затра́ты** Folgekosten *pl;* **~ взнос** Nachschuss *m*

послеза́втра *нрч* übermorgen

послеобе́денн|ый <-ая, -ое> *прил* Nachmittags-; **послеобе́денное вре́мя** Nachmittag *m;* **в послеобе́денное вре́мя** nachmittags, am Nachmittag

послеродов|óй <-áя, -óе> *прил* **~ перúод** postnatale Periode; **послеродовы́е забóты** nachgeburtliche Pflege

послеслóви|е <-я> *ср* Nachwort *nt*

послóвиц|а <-ы> *ж* Sprichwort *nt;* **вошéдший в послóвицу** sprichwörtlich

послуж|úть <-ý, -ишь> *св нпрх см.* **служúть**

послужн|óй <-áя, -óе> *прил устар* АДМ *(прослéживающий профессионáльную биогрáфию)* **~ спúсок** Liste *f* der Beschäftigungsverhältnisse

послушáни|е <-я> *ср* Gehorsam *m,* Gehorchen *nt*

послýша|ть <-ю, -ешь> *св прх см.* **слýшать**

послýша|ться <-юсь, -ешься> *св рефл см.* **слýшаться**

послýшно *нрч* artig; **сидéть ~** artig sitzen

послýш|ный <-ная, -ное; -ен, -на, -но> *прил* gehorsam, brav, artig, folgsam

послы́ш|аться <-ится> *св безл, тóлько 3 л* zu hören sein; **на чердакé послы́шался шум** vom Dachboden hörte man ein Geräusch

посмáтрива|ть <-аю, -аешь> *нсв нпрх* schauen; **мáльчик испýганно посмáтривал на отцá** der Junge schaute hin und wieder erschrocken zu seinem Vater

посмéива|ться <-юсь, -ешься> *нсв рефл (над кем-л.)* belächeln, sich ein wenig lustig machen über *+akk*

посмéртно *нрч* postum; **наградúть ~** postum auszeichnen

посмéртн|ый <-ая, -ое> *прил* **посмéртное издáние** postume Veröffentlichung *f;* **посмéртное признáние** postume Anerkennung *f*

посмé|ть <-ю, -ешь> *св нпрх см.* **сметь**

посмéшищ|е <-а> *ср* Gespött *nt;* **дéлать ~ из когó-л.** jdn zum Gespött machen; **станóвиться посмéшищем** sich lächerlich machen; **быть всеóбщим посмéшищем** Gegenstand öffentlichen Spotts sein; **выставля́ть себя́ на ~** zum Gespött der Leute werden

посме|я́ться <-ю́сь, -ешься> *св рефл см.* **посмéиваться**

посм|отрéть <-отрю́, -óтришь> *св прх см.* **смотрéть**

посм|отрéться <-отрю́сь, -óтришься> *св рефл см.* **смотрéться**

посóби|е <-я> *ср* Beihilfe *f,* finanzielle Unterstützung *f,* Zuwendung *f; (учéбное)* Lehrbuch *nt,* Handbuch *nt,* Lehrmittel *pl,* Hilfsmittel *ntpl;* **~ по безрабóтице** Arbeitslosenunterstützung *f,* Arbeitslosengeld *nt;* **~ на детéй** Kindergeld *nt;* **~ по врéменной нетрудоспосóбности** Krankengeld *nt;* **~ по инвалúдности** Invalidenrente *f;* **единоврéменное ~** einmalige Unterstützung *f;* **~ по лúнии социáльного обеспéчения** Sozialfürsorge *f;* **посóбия за многодéтность** Familienlastenausgleich *m;* **посóбия и услýги социáльного харáктера** Sozialleistungen *fpl*

пособ|úть <-лю́, -úшь> *св нпрх прост* helfen, aushelfen; **~ комý-л. деньгáми** jdm mit Geld aushelfen

посóбник <-а> *м* Gehilfe *m,* Handlanger *m;* ЮР Mittäter *m*

посóбничеств|о <-а> *ср* ЮР Beihilfe *f,* Mittäterschaft *f*

посовéт|овать <-ую, -уешь> *св прх см.* **совéтовать**

посовéт|оваться <-уюсь, -уешься> *св рефл см.* **совéтоваться**

посовещá|ться <-юсь, -ешься> *св рефл см.* **совещáться**

посодéйств|овать <-ую, -уешь> *св нпрх см.* **содéйствовать**

пос|óл <-лá> *м* Botschafter(in) *m(f)*

пос|олúть <-олю́, -óлишь> *св прх см.* **солúть**

посóльск|ий <-ая, -ое> *прил* Botschafts-; **посóльская шкóла** Schule *f* an der Botschaft; **~ городóк** Botschaftssiedlung *f*

посóльств|о <-а> *ср* Botschaft *f*

пóсох <-а> *м* Stab *m;* **опирáться на ~** sich auf einen Stock stützen; **патриáрший ~** Bischofsstab *m*

посочýвств|овать <-ую, -уешь> *св нпрх см.* **сочýвствовать**

посош|óк <-кá> *м* **1.** *уменьш (пóсох)* Stab *m* **2.** *разг (послéдняя рю́мка перед ухóдом)* Abschiedstrunk *m;* **вы́пить на посошóк** einen Abschiedstrunk leeren

посп|áть <-лю́, -úшь> *св нпрх см.* **спать**

поспевá|ть[1] <-ю, -ешь> *нсв,* **поспéть** *св нпрх* **1.** *(станóвиться)* reifen; **фрýкты в э́том районé поспевáют рáно** das Obst in dieser Gegend reift früh **2.** *прост (станóвиться готóвым)* fertig werden; **к чáсу дня поспéл обéд** gegen 1 Uhr mittags war das Mittagessen fertig

поспевá|ть[2] <-ю, -ешь> *нсв,* **поспéть** *св нпрх разг (дéлать что-л. в срок)* rechtzeitig erledigen; *(прибывáть в срок)* rechtzeitig ankommen; **~ на лéкции** rechtzeitig zur Vorlesung kommen

поспеш|úть <-ý, -úшь> *св нпрх см.* **спешúть**

поспéшно *нрч* schnell; **уéхать ~** schnell abreisen

поспéш|ный <-ная, -ное; -ен, -на, -но> *прил* hastig, eilig

поспóр|ить <-ю, -ишь> *св нпрх см.* **спóрить**

поспосóбств|овать <-ую, -уешь> *св нпрх см.* **способствовать**

посрам|úть <-лю́, -úшь> *св прх см.* **срамúть**

посреди́[1] *нрч (в середи́не)* in der Mitte; **тро́е лежа́ло ~** in der Mitte lagen drei

посреди́[2] *предл* inmitten; **~ ко́мнаты** inmitten des Zimmers

посреди́не[1] *нрч* mittendrin; **все бы́ли ~** alle waren mittendrin

посреди́не[2] *предл (в середи́не чего́-л.)* mitten in/auf; **~ доро́ги** mitten auf der Straße

посре́дник <-а> *м* Vermittler(in) *m(f);* ЭКОН Zwischenhändler(in) *m(f),* Agent *m,* Makler *m;* **~ по сбы́ту** Absatzmittler *m*

посре́днича|ть <-ю, -ешь> *нсв нпрх* vermitteln

посре́дническ|ий <-ая, -ое> *прил* Vermittlungs-; **посре́дническая торго́вля** Zwischenhandel *m;* **посре́дническая фи́рма** Vermittlerfirma *f*

посре́дничеств|о <-а> *ср* Vermittlung *f*

посредственнос|ть <-ти> *ж* **1.** *(отсу́тствие исключи́тельных ка́честв)* Mittelmäßigkeit *f;* **его́ основно́й характери́стикой была́ его́ ~** sein Hauptmerkmal war seine Mittelmäßigkeit **2.** *презрит (ниче́м не выдаю́щийся челове́к)* Durchschnittsmensch *m;* **~ всегда́ претенду́ет на исключи́тельность** Durchschnittsmenschen erheben immer Anspruch auf Außergewöhnlichkeit

посре́дствен|ный <-ная, -ное; -, -на, -но> *прил* mittelmäßig, durchschnittlich

посре́дством *предл* mittels *+gen,* mit Hilfe *+gen*

поссо́р|ить <-ю, -ишь> *св прх см.* **ссо́рить**

поссо́р|иться <-юсь, -ишься> *св рефл см.* **ссо́риться**

пост <поста́> *м* **1.** ВОЕН Posten *m;* **стоя́ть на посту́** Wache stehen **2.** АДМ Posten *m,* Amt *nt;* **~ ка́нцлера** Kanzleramt *nt* **3.** РЕЛИГ Fastenzeit *f,* Fasten *nt*

поста́в|ить <-лю, -ишь> *св прх см.* **ста́вить**

поста́вк|а <-и> *ж* Lieferung *f;* **~ ино́го това́ра взаме́н зака́занного** Aliud-Lieferung *f;* **~ с це́лью заме́ны некондицио́нного това́ра** Ersatzlieferung *f;* **~ това́ра в назна́ченное ме́сто в распоряже́ние экспеди́тора покупа́теля** frei Frachtführer; **~ това́ров** Warenlieferung *f;* **~ фоб** fob-Lieferung *f;* **поста́вки други́х предприя́тий** [*или* **со стороны́**] Fremdbezug *m*

поставл|я́ть <-ю, -ишь> *нсв,* **поста́вить** *св прх* ausliefern, beliefern, liefern

поставщи́к <-а> *м* Lieferant *m; (исполни́тель)* Auftragnehmer *m;* **~ комплекту́ющих изде́лий** Zulieferer *m;* **~ (услу́г)** ИНФОРМ Provider *m*

постана́влива|ть <-ю, -ешь> *нсв,* **постанови́ть** *св прх* verordnen, beschließen; **суд постанови́л, что он винова́т** das Gericht erklärte ihn für schuldig

постан|ови́ть <овлю́, -о́вишь> *св прх см.* **постановля́ть**

постано́вк|а <-и> *ж* **1.** *(постановле́ние)* Aufstellung *f;* **~ вопро́са** Fragestellung *f;* **~ це́ли** Zielsetzung *f,* Vorgabe *f* **2.** ТЕАТ Aufführung *f*

постановле́ни|е <-я> *ср* **1.** *(реше́ние)* Beschluss *m,* Entscheidung *f* **2.** *(распоряже́ние)* Verordnung *f,* Bestimmung *f,* Erlass *m;* **~ суда́** gerichtliche Verfügung *f*

постановля́|ть <-ю, -ешь> *нсв,* **постанови́ть** *св прх* verordnen; *(реша́ть)* beschließen

постано́вщик <-а> *м* Regisseur *m;* **~ выбира́ет актёров и распределя́ет ро́ли** der Regisseur wählt die Schauspieler aus und verteilt die Rollen

постара́|ться <-юсь, -ешься> *св рефл см.* **стара́ться**

постаре́|ть <-ю, -ешь> *св нпрх см.* **старе́ть**

пост|ели́ть <-елю́, -е́лешь> *св прх см.* **стели́ть**

посте́|ль <-ли> *ж* Bett *nt*

посте́льн|ый <-ая, -ое> *прил* Bett-; **посте́льное бельё** Bezug *m,* Bettwäsche *f;* **~ режи́м** Bettruhe *f*

постепе́нно *нрч* allmählich; **развива́ться ~** sich langsam entwickeln

постепе́н|ный <-ная, -ное; -ен, -на, -но> *прил* allmählich, schrittweise; **~ перехо́д** nahtloser Übergang *m*

постесня́|ться <-я́юсь, -я́ешься> *св рефл см.* **стесня́ться**

постига́|ть <-ю, -ешь> *нсв,* **пости́гнуть** *св прх* **1.** *(понима́ть)* erfassen, begreifen **2.** *(о несча́стье и т.п.)* befallen, heimsuchen

постиже́ни|е <-я> *ср* Begreifen *nt;* **~ глубо́кого смы́сла жи́зни** den tiefen Sinn des Lebens erkennen

постира́|ть <-ю, -ешь> *св прх см.* **стира́ть**

пости́ться <пощу́сь, пости́шься> *нсв рефл* РЕЛИГ fasten

пости́|чь <-гну, -гнешь> *св прх см.* **постига́ть**

пост|ла́ть <-елю́, -е́лешь> *св прх см.* **стлать**

по́ст|ный <-ная, -ноец -ен, -на́, -но> *прил (мя́со)* mager

постов|о́й <-а́я, -о́е> *м* Posten *m,* Wache *f (Person)*

посто́|й <-я> *м* ВОЕН *(расквартирова́ние военнослу́жащих)* Einquartieren *nt;* **вести́ солда́т на ~** die Soldaten einquartieren

посто́льку *сз* soweit; **он свя́зан с ним ~, поско́льку они́ учи́лись в одно́м кла́ссе** er hat eine Beziehung zu ihm, weil sie in derselben Klasse waren

посторон|и́ться <-ю́сь, -и́шься> *св рефл см.* **сторони́ться**

посторо́нн|ий **I.** <-яя, -ее> *прил* fremd;

посторо́ннее те́ло Fremdkörper *m* **II.** <-его> *м* Fremde(r) *m o f,* Unbefugte(r) *m o f*

постоя́|лец <-льца> *м* Bewohner *m,* Mieter *m*

постоя́л|ый <-ая, -ое> *прил устар* **~ двор** Herberge *f*

постоя́нно *нрч* ständig; **забо́титься ~** sich ständig sorgen

постоя́н|ный <-ная, -ное; -ен, -на, -но> *прил* **1.** *(непрекраща́ющийся)* beständig, kontinuierlich **2.** мат konstant **3.** экон fix; **постоя́нная клиенту́ра** Stammkundschaft *f;* **~ клие́нт** Stammkunde *m;* **~ посети́тель** Stammgast *m;* **~ круг покупа́телей** Kundenstamm *m;* **постоя́нное запомина́ющее устро́йство** информ Read Only Memory *nt,* ROM *nt*

постоя́нств|о <-а> *ср* Beständigkeit *f,* Stabilität *f;* **~ цен** Preisstabilität *f*

посто|я́ть <-ю, -ишь> *св нпрх см.* **стоя́ть**

пострада́вш|ий <-его> *м* Geschädigte(r) *m,* Betroffene(r) *m,* Opfer *nt*

пострада́|ть <-ю, -ешь> *св нпрх (быть ра́неным)* verletzt werden

постре́л <-а> *м разг* Lausbub *m*

постри́|чь <-гу́, -жёшь> *св прх* **1.** *(укора́чивать во́лосы кому́-л.)* die Haare schneiden; **~ ма́льчика на ле́то** dem Jungen die Haare für den Sommer schneiden **2.** религ *(церко́вный обря́д)* weihen; **~ кого́-л. в мона́хи** jdn zum Mönch weihen

постри́|чься <-гу́сь, -жёшься> *св рефл* sich die Haare schneiden lassen; **постри́чься ко́ротко** sich die Haare kurz schneiden lassen

построе́ни|е <-я> *ср* **1.** стр Aufbau *m* **2.** *книжн (тео́рия)* Theorie *f,* Lehre *f* **3.** воен Aufstellung *f,* Aufmarsch *m*

постро́|ить <-ю, -ишь> *св прх см.* **стро́ить**

постро́|иться <-юсь, -ишься> *св рефл см.* **стро́иться**

постро́йк|а <-и> *ж* Bau *m;* **неотде́ланная ~** Rohbau *m*

постскри́птум <-а> *м* Postskriptum *nt*

посту́кивани|е <-я> *ср* Klopfen *nt;* **~ ма́ятника** Ticken *nt* des Uhrpendels

посту́кива|ть <-ю, -ешь> *нсв,* **постуча́ть** *св нпрх* klopfen; **сапо́жник посту́кивал молотко́м** der Schuhmacher klopfte mit dem Hammer

поступа́те|льный <-льная, -льное; -лен, -льна, -льно> *прил* fortschreitend, vorwärtsgerichtet

поступа́|ть <-ю, -ешь> *нсв,* **поступи́ть** *св нпрх* handeln, verfahren, vorgehen; *(о письме́, де́ньгах и т.п.)* eingehen, einlaufen, eintreffen; *(быть при́нятым)* Mitglied werden; **поступи́ть в университе́т** sich an der Universität einschreiben [*o* immatrikulieren]

поступа́|ться <-юсь, -ешься> *нсв,* **поступи́ться** *св рефл* aufgeben, preisgeben; **~ при́нципами** seine Prinzipien aufgeben [*o* preisgeben]

пост|упи́ть <-уплю́, у́пишь> *св нпрх см.* **поступа́ть**

пост|упи́ться <-уплю́сь, -у́пишься> *св рефл см.* **поступа́ться**

поступле́ни|е <-я> *ср* **1.** *(бума́г, де́нег)* Eingang *m;* **~ това́ра** Wareneingang *m;* **~ тре́бования** Forderungseingang *f* **2.** *(в институ́т)* Immatrikulation *f* **3.** фин Einnahme *f;* **~ в бюдже́т госуда́рства** Staatseinnahmen *pl;* **~ с иму́щества** Vermögenseinkommen *nt;* **~ платежа́** Zahlungseingang *m;* **~ на рабо́ту** Dienstantritt *m;* **~ счето́в** Rechnungseingang *m* **4.** *(кого́-л., куда́-л.)* Eintritt *m*

посту́п|ок <-ка> *м* Handlung *f,* Tat *f*

по́сту|пь <-пи> *ж* **1.** *(похо́дка)* Gang *m;* **пла́вная ~** leichter Gang **2.** *книжн (движе́ние вперёд)* Fortbewegung *f;* **~ исто́рии** Lauf *m* der Geschichte

постуч|а́ть <-у́, -и́шь> *св рефл см.* **стуча́ть**

постуч|а́ться <-у́сь, -и́шься> *св рефл см.* **стуча́ться**

посты|ди́ться <-жу́сь, -ди́шься> *св рефл см.* **стыди́ться**

посты́дно *нрч* **~ бежа́ть от врага́** es ist eine Schande, vorm Feind wegzulaufen

посты́д|ный <-ная, -ное; -ен, -на, -но> *прил* peinlich, beschämend

посты́л|ый <-ая, -ое> *прил презрит, разг* verhasst; **посты́лая жена́** verhasste Ehefrau *f;* **посты́лая рабо́та** verhasste Arbeit *f*

посу́д|а <-ы> *ж* Geschirr *nt*

посу́дин|а <-ы> *ж презрит, прост* Gefäß *nt;* **пода́й мне каку́ю-нибу́дь ~** gib mir irgendein Gefäß

посудомо́ечн|ый <-ая, -ое> *прил* Geschirrspül-; **посудомо́ечная маши́на** Geschirrspülmaschine *f*

посул|и́ть <-ю́, -и́шь> *св прх см.* **сули́ть**

посчастли́ви|ться <-тся> *св безл, то́лько 3 л* Glück haben; **мне посчастли́вилось побыва́ть в столи́це** ich hatte die Möglichkeit die Hauptstadt zu sehen

посчита́|ть <-ю, -ешь> *св прх см.* **счита́ть**

посчита́|ться <-юсь, -ешься> *св рефл см.* **счита́ться**

посыла́|ть <-ю, -ешь> *нсв,* **посла́ть** *св прх* schicken, senden; *(направля́ть)* entsenden, delegieren; *(за кем-л./чем-л.)* jdn/etw abholen lassen; **~ факс** faxen

посы́лк|а <-и> *ж* Paket *nt,* Päckchen *nt; (посыла́ние)* Versand *m;* **~ с гуманита́рной по́мощью** Hilfslieferung *f*

посы́лочн|ый <-ая, -ое> *прил* **посы́лочная торго́вля** Versandhandel *m*

посы́льн|ый <-ая, -ое> *м* Bote *m*

П

посыпа́|ть <-ю, -ешь> *нсв,* **посы́пать** *св прх* bestreuen

посы́п|аться <-люсь, -ешься> *св рефл см.* **сы́паться**

посяга́тельств|о <-а> *ср и перен, книжн* Angriff *m,* Anschlag *m*

посяга́|ть <-ю, -ешь> *нсв,* **посягну́ть** *св нпрх* **1.** *(на кого́-л./на что-л.)* sich vergreifen an *+akk* **2.** ЮР einen Anschlag verüben auf *+akk;* **~ на права́** in jds Rechte eingreifen

пот <по́та> *м* Schweiß *m;* **облива́ться по́том** schweißüberströmt sein

потайн|о́й <-а́я, -о́е> *прил* Geheim-; **~ ход** Geheimgang *m;* **~ карма́н** Geheimtasche *f*

потака́|ть <-ю, -ешь> *нсв нпрх разг* Nachsicht mit jdm haben; **~ капри́зам ребёнка** Nachsicht mit dem launenhaften Kind haben

потасо́вк|а <-и> *ж разг* Prügelei *f,* Rauferei *f*

пот|ащи́ть <-ащу́, -а́щишь> *св прх см.* **тащи́ть**

пот|ащи́ться <-ащу́сь, -а́щишься> *св рефл разг см.* **потащи́ться**

потво́рств|овать <-ую, -уешь> *нсв нпрх* nachsichtig sein

потёк <-а> *м* Spur *f* einer Flüssigkeit; **ржа́вые потёки из труб** rostfarbene Spuren aus den Dachrinnen

потёмк|и <-ок> *мн (темнота́)* Dunkel *nt;* **в потёмках ничего́ не ви́дно** im Dunkeln kann man nichts erkennen

потемне́|ть <-ю, -ешь> *св нпрх см.* **темне́ть**

потенциа́л <-а> *м* Potenzial *nt,* Leistungsvermögen *nt*

потенциа́|льный <-льная, -льное; -лен, -льна, -льно> *прил книжн* potenziell, denkbar, möglich

поте́нци|я <-и> *ж* Potenz *f*

потепле́ни|е <-я> *ср* Erwärmung *f;* **парнико́вый эффе́кт приво́дит к всеми́рному потепле́нию** der Treibhauseffekt führt zu einer globalen Erwärmung

потепле́|ть <-ю, -ешь> *св нпрх см.* **тепле́ть**

потерпе́вш|ий **I.** <-ая, -ее> *прил* geschädigt; **потерпе́вшая сторона́** die geschädigte Seite **II.** <-его> *м* Geschädigte(r) *f(m);* **поиск потерпе́вшего кораблекруше́ние** Suche nach dem Schiffsbrüchigen

пот|ерпе́ть <-ерплю́, -е́рпишь> *св прх см.* **терпе́ть**

потёрт|ый <-ая, -ое> *прил* abgetragen, schäbig; *перен (о ви́де)* müde, abgespannt; **~ ковёр** alter Teppich *m;* **потёртая ку́ртка** abgetragene Jacke *f;* **~ вид** abgespanntes Aussehen *nt;* **потёртое лицо́** müdes Gesicht *nt*

поте́р|я <-и> *ж* Verlust *m,* Schaden *m,* Einbuße *f,* Schwund *m;* **поте́ри рабо́чего вре́мени** Arbeitsausfallzeiten *pl;* **~ при́были** Gewinneinbuße *f;* **~ спро́са** Nachfrageausfall *m*

поте́рянно *нрч* verwirrt

поте́рян|ный <-ная, -ное; -, -а, -о> *прил* verloren; **у него́ был ~ вид** er sah völlig ratlos aus

потеря́|ть <-ю, -ешь> *св прх см.* **теря́ть**

потеря́|ться <-юсь, -ешься> *св рефл см.* **теря́ться**

потесн|и́ть <-ю́, -и́шь> *св прх см.* **тесни́ть**

потесн|и́ться <-ю́сь, -и́шься> *св рефл см.* **тесни́ться**

поте́|ть <-ю, -ешь> *нсв,* **вспоте́ть** *св нпрх* schwitzen; *(о стекле́)* anlaufen, sich beschlagen

потéх|а <-и> *ж разг* Scherz *m,* Spaß *m;* **по́мнить поте́хи молоды́х лет** sich an die Scherze aus der Jugend erinnern; **вот ~!** was für ein Spaß!

потеша́|ть <-ю, -ешь> *нсв прх* unterhalten; **кло́ун потеша́л всех свои́ми шу́тками** der Clown unterhielt alle mit seinen Scherzen

потеша́|ться <-юсь, -ешься> *нсв рефл (над кем-л./чем-л.)* belächeln, sich lustig machen über *+akk*

поте́ш|ить <-у, -ишь> *св прх см.* **те́шить**

поте́ш|ный <-ная, -ное; -ен, -на, -но> *прил* **1.** *(смешно́й)* drollig, possierlich **2.** *(игри́вый)* Spiel-, Spielzeug-

потихо́ньку *нрч разг* leise, heimlich; **зайти́ в дом ~** heimlich ein Haus betreten

по́т|ный <-ная, -ное; -ен, -на́, -но> *прил* verschwitzt, schweißbedeckt; **~ лоб** schweißbedeckte Stirn *f;* **по́тная руба́шка** verschwitztes Hemd *nt;* **по́тная спина́** schweißnasser Rücken *nt;* **по́тные сте́ны** feuchte Wände *fpl;* **по́тные о́кна** beschlagene Fenster *ntpl*

потов|о́й <-а́я, -о́е> *прил* АНАТ Schweiß-; **потова́я железа́** Schweißdrüse *f*

потого́нн|ый <-ая, -ое> *прил и перен* schweißtreibend

пото́к <-а> *м* Strom *m (großer Fluss); (протека́ние)* Ablauf *m;* **~ бе́женцев** Flüchtlingsstrom *m;* **ста́вить что-л. на ~** massenweise produzieren; **~ нали́чных де́нег** Cash Flow *m*

потолк|ова́ть <-у́ю, -у́ешь> *св нпрх см.* **толкова́ть**

потол|о́к <-ка́> *м* Zimmerdecke *f;* ЭКОН Plafond *m;* **взя́то с потолка́** *перен* aus der Luft gegriffen

потоло́чн|ый <-ая, -ое> *прил* Decken-; **~ свод** Deckengewölbe *nt;* **потоло́чная ба́лка** Deckenbalken *m;* **потоло́чные розе́тки** Deckenrosetten *pl*

потолсте́|ть <-ю, -ешь> *св нпрх см.* **толсте́ть**

пото́м *нрч* später, danach; **откла́дывать на ~** auf später verschieben

пото́м|ок <-ка> *м* Nachkomme *m*

потóмственн|ый <-ая, -ое> *прил* Erb-, erblich; **~ дом** Familienhaus *nt;* **потóмственное имéние** Familienlandgut *nt;* **~ дворянúн** Erbadliger *m;* **~ кузнéц** angestammter Schmied *m*

потóмств|о <-а> *ср* Nachkommenschaft *f*

потомý I. *нрч* deshalb, daher II. *сз (что)* weil, da

потонýть <-онý, -óнешь> *св нпрх см.* **тонýть**

потóп <-а> *м* Überschwemmung *f;* **всемúрный ~** Sintflut *f*

пот|опúть <-оплю́, -óпишь> *св прх см.* **топúть**

потоптáться <потопчу́сь, потóпчешься> *св рефл см.* **топтáться**

поторáплива|ться <-юсь, -ешься> *нсв,* **поторопúться** *св рефл разг* sich beeilen; **нáдо ~, чтóбы успéть на пóезд** wir müssen uns beeilen, um den Zug zu erreichen

потор|опúть <-оплю́, -óпишь> *св прх см.* **торопúть**

потор|опúться <-оплю́сь, -óпишься> *св рефл см.* **торопúться**

потóчн|ый <-ая, -ое> *прил* Fließ-; **потóчная лúния** Fließband *nt;* **потóчное произвóдство** Fließbandproduktion *f*

потрáв|а <-ы> *ж* Flurschaden *m,* Wildschaden *m*

потрá|тить <-чу, -тишь> *св прх см.* **трáтить**

потрá|титься <-чусь, -тишься> *св рефл см.* **трáтиться**

потребúте|ль <-ля> *м,* **потребúтельниц|а** <-ы> *ж* Verbraucher(in) *m(f),* Konsument(in) *m(f),* Abnehmer *m;* **конéчный ~** Endverbraucher *m*

потребúтельск|ий <-ая, -ое> *прил* Verbraucher-, Konsum-, Konsumenten-; **потребúтельская квóта** Konsumquote *f;* **потребúтельская кооперáция** Konsumgenossenschaft *f;* **потребúтельская монопóлия** ЭКОН Monopson *nt;* **потребúтельская ценá** Verbraucherpreis *m;* **потребúтельские товáры** Konsumgut *nt;* **потребúтельский кредúт** Bestellerkredit *m,* Konsumentenkredit *m,* Kundenkredit *m*

потреб|úть <-лю́, -úшь> *св прх см.* **потребля́ть**

потреблéни|е <-я> *ср* 1. *(чегó-л.)* Verbrauch *m,* Konsum *m* 2. *(пúщи)* Genuss *m* 3. *(расхóд)* Aufwand *m;* **~ на дýшу населéния** Prokopfverbrauch *m;* **~ для сóбственных нужд** Eigenverbrauch *m*

потребля́|ть <-ю, -ешь> *нсв,* **потребúть** *св прх* 1. *(испóльзовать, расхóдовать)* verbrauchen; **~ горю́чее** Treibstoff verbrauchen 2. *(принимáть в пúщу, для питья́)* aufnehmen; **~ спирт** Alkohol konsumieren

потрéбнос|ть <-ти> *ж* 1. *(в товáрах)* Bedarf *m* 2. *(желáние)* Bedürfnis *nt;* **сóбственная ~** Eigenbedarf *m;* **~ в финáнсах** Finanzbedarf *m;* **~ в финáнсовых срéдствах** Finanzbedarf *m;* **~ в кáдрах** Personalbedarf *m;* **~ в капитáле** Kapitalbedarf *m;* **~ в кредúте** Kreditbedarf *m;* **~ в ликвúдных срéдствах** Liquiditätsbedarf *m;* **~ в материáлах** Materialbedarf *m;* **~ в энéргии** Energiebedarf *m*

потрéб|овать <-ую, -уешь> *св прх см.* **трéбовать**

потрéб|оваться <-уюсь, -уешься> *св рефл см.* **трéбоваться**

потревóж|ить <-у, -ишь> *св прх см.* **тревóжить**

потр|епáть <-еплю́, -éплешь> *св прх см.* **трепáть**

потр|епáться <-еплю́сь, -éплешься> *св рефл см.* **трепáться**

потрéска|ться <-юсь, -ешься> *св рефл см.* **трéскаться**

потрéскива|ть <-ю, -ешь> *нсв нпрх* knistern, prasseln

потрóга|ть <-ю, -ешь> *св прх см.* **трóгать**

потрох|á <-óв> *мн разг* Eingeweide *pl;* **со всéми потрохáми** mit allem Drum und Dran

потрош|úть <-ý, -úшь> *нсв,* **вы́потрошить** *св прх* die Eingeweide entfernen, ausweiden; *и перен* ausnehmen

потр|удúться <-ужу́сь, -ýдишься> *св рефл см.* **трудúться**

потрясá|ть <-ю, -ешь> *нсв,* **потрястú** *св прх перен (взволновáть)* erschüttern; **меня́ потряслó егó выступлéние** sein Auftritt hat mich erschüttert

потрясáюще *нрч разг* umwerfend; **вы́глядеть ~** umwerfend gut aussehen

потрясáющ|ий <-ая, -ее> *прил* erschütternd; **~ успéх** durchschlagender Erfolg *m*

потрясéни|е <-я> *ср* Erschütterung *f*

потря́сн|ый <-ая, -ое> *прил разг* umwerfend; **~ костю́м** umwerfender Anzug *m*

потряс|тú <-ý, -ёшь> *св (н)прх см.* **потрясáть**

потря́хива|ть <-ю, -ешь> *нсв нпрх разг* hin und wieder schütteln; **~ головóй** den Kopf schütteln

потýг|а <-и> *ж* 1. *(напряжéние мы́шц)* Kontraktion *f;* **рóдовые потýги** Geburtswehen *fpl;* **рвóтные потýги** Brechanfall *m* 2. *(бесплóдные усúлия)* Anstrengung *f;* **рабóтать с потýгой** mit Hochdruck arbeiten

потýп|ить <-лю, -ишь> *св прх* senken; **~ взгляд** die Augen senken

потýп|иться <-люсь, -ишься> *св рефл* den Kopf senken; **мáльчик потýпился, он знал, что виновáт** der Junge senkte den Kopf, er wusste, dass er schuldig war

потускнé|ть <-ю, -ешь> *св нпрх см.* **тускнéть**

П

потусторо́нн|ий <-яя, -ее> *прил* jenseitig; **~ мир** Jenseits *nt*

потуха́|ть <-ю, -ешь> *нсв*, **поту́хнуть** *св нпрх* erlöschen; **костёр потуха́л** das Feuer erlosch; **его́ жизнь потуха́ла ме́дленно** sein Leben erlosch langsam

поту́хш|ий <-ая, -ее> *прил* erloschen

потуш|и́ть <-у́, -ишь> *св прх см.* **туши́ть**

по́тч|евать <-ую, -уешь> *нсв прх разг* bewirten; **~ кого́-л. ча́ем** jdn mit Tee bewirten

потяга́|ться <-юсь, -ешься> *св рефл см.* **тяга́ться**

потя́гива|ть <-ю, -ешь> *нсв прх* **1.** *(вино́)* nippen **2.** *(кури́ть)* von Zeit zu Zeit beim Rauchen einen Zug machen, rauchen

потя́гива|ться <-юсь, -ешься> *нсв*, **потяну́ться** *св рефл* sich rekeln, sich strecken, sich dehnen

потян|у́ть <-у́, -ешь> *св прх см.* **тяну́ть**

потян|у́ться <-у́сь, -ешься> *св рефл см.* **тяну́ться**

поуба́ви|ться <-тся> *св безл, только 3 л* weniger werden; **воды́ за после́дние го́ды в о́зере поуба́вилось** während der letzten Jahre wurde das Wasser im See weniger

поу́жина|ть <-ю, -ешь> *св нпрх см.* **у́жинать**

поумне́|ть <-ю, -ешь> *св нпрх см.* **умне́ть**

поупражня́|ться <-юсь, -ешься> *св рефл см.* **упражня́ться**

поуча́|ть <-ю, -ешь> *нсв прх* belehren

поуче́ни|е <-я> *ср* Belehrung *f*; *(мора́льная про́поведь)* Moralpredigt *f*

поучи́те|льный <-льная, -льное; -лен, -льна, -льно> *прил* lehrreich

поха́б|ный <-ная, -ное; -ен, -на, -но> *прил груб, жарг* unanständig, grob; **поха́бные слова́** grobe Worte *ntpl*; **~ анекдо́т** anzüglicher Witz *m*

похвал|а́ <-ы́> *ж* Lob *nt*

похв|али́ть <-алю́, -а́лишь> *св прх см.* **хвали́ть**

похв|али́ться <-алю́сь, -а́лишься> *св рефл см.* **хвали́ться**

похва́льно *нрч* **отозва́ться ~** mit Lob über jdn sprechen

похва́|льный <-льная, -льное; -лен, -льна, -льно> *прил* **1.** *(досто́йный похвалы́)* lobenswert **2.** *(разу́мный)* begrüßenswert

похва́ста|ть <-ю, -ешь> *св нпрх см.* **хва́стать**

похва́ста|ться <-юсь, -ешься> *св рефл см.* **хва́статься**

похити́те|ль <-ля> *м* Entführer *m*, Kidnapper *m*

похища́|ть <-ю, -ешь> *нсв*, **похи́тить** *св прх* entführen; **похи́тить самолёт** ein Flugzeug entführen; **похи́тить дочь президе́нта** die Tochter des Präsidenten entführen

похище́ни|е <-я> *ср* **1.** *(чего́-л.)* Raub *m*, Entwendung *f* **2.** *(кого́-л.)* Entführung *f*, Kidnapping *nt*

похлёбк|а <-и> *ж разг* Suppe *f*; **мучна́я ~** mit Mehl angedickte Suppe

похло́па|ть <-ю, -ешь> *св прх см.* **хло́пать**

похлопо|та́ть <-чу́ -чешь> *св нпрх см.* **хлопота́ть**

похме́ль|е <-я> *ср* Kater *m*; **голова́ треща́ла от похме́лья** der Kopf brummte vom Kater; **жажда с похме́лья** Nachdurst *m*

похме́|льный <-льная, -льное; -лен, -льна, -льно> *прил* **похме́льная головна́я боль** Kopfschmerzen wegen eines Katers; **похме́льная жа́жда** Nachdurst *m* wegen eines Katers; **~ дух** betrunkener Geist

похо́д <-а> *м* Wanderung *f*; воен Feldzug *m*; **кресто́вый ~** Kreuzzug *m*

похода́тайств|овать <-ую, -уешь> *св нпрх см.* **хода́тайствовать**

походи́ть <похожу́, похо́дишь> *нсв нпрх* *(на кого́-л./что-л.)* ähneln, gleich sehen

похо́дк|а <-и> *ж* Gang *m*, Gangart *f*

похо́дн|ый <-ая, -ое> *прил* Wander-, Feld-; **похо́дная крова́ть** Feldbett *nt*

по́ходя *нрч разг* unterwegs; **за́втракать ~** unterwegs frühstücken

похо́ж|ий <-ая, -ее; -, -а, -е> *прил* ähnlich; **э́то на него́ не похо́же** das ist nicht seine Art; **э́то на него́ похо́же** das sieht ihm ähnlich; **быть похо́жим на кого́-л.** jdm ähneln

похолода́ни|е <-я> *ср* Temperaturrückgang *m*; **ре́зкое ~** Kälteeinbruch *m*

похолода́|ть <-ет> *св безл, только 3 л* kälter werden; **на у́лице похолода́ло** draußen wurde es kälter

похолоде́|ть <-ю, -ешь> *св нпрх см.* **холоде́ть**

похор|они́ть <-оню́, -о́нишь> *св прх см.* **хорони́ть**

похоро́нк|а <-и> *ж* Nachricht über den Tod eines Soldaten; **пришла́ ~** es traf die Nachricht vom Tod eines Soldaten ein

похоро́нн|ый <-ая, -ое> *прил* **1.** *(свя́занный с похорона́ми)* Beerdigungs-; **похоро́нная проце́ссия** Beerdigungszug *m* **2.** *(ско́рбный, мра́чный)* traurig, gramvoll, düster; **~ вид** düsteres Aussehen *nt*

по́хорон|ы <-> *мн* Begräbnis *nt*

похороше́|ть <-ю, -ешь> *св нпрх см.* **хороше́ть**

похотли́в|ый <-ая, -ое; -, -а, -о> *прил* wollüstig, geil

по́хо|ть <-ти> *ж* Lust *f*, Begierde *f*

похра́пыва|ть <-ю, -ешь> *нсв нпрх разг* schnarchen

похуда́ни|е <-я> *ср* Gewichtsabnahme *f*; **заме́тное ~** sichtliche Gewichtsabnahme *f*

похуде́ть <-ю, -ешь> *св нпрх см.* **худе́ть**

поцара́па|ть <-ю, -ешь> *св прх см.* **цара́пать**
поцел|ова́ть <-у́ю, -у́ешь> *св прх см.* **целова́ть**
поцел|ова́ться <-у́юсь, -у́ешься> *св рефл см.* **целова́ться**
поцелу́|й <-я> *м* Kuss *m*
поча́т|ок <-ка> *м* Kolben *m;* **кукуру́зный ~** Maiskolben *m*
по́чв|а <-ы> *ж* **1.** *(земля́)* Boden *m,* Erdboden *m,* Erdreich *nt* **2.** *перен (осно́ва)* Basis *f,* Grundlage *f;* **пита́тельная ~** Nährboden *m*
почему́ *нрч* warum, weshalb
по́черк <-а> *м* Handschrift *f*
почерне́|ть <-ю, -ешь> *св нпрх см.* **черне́ть**
поч|еса́ть <-ешу́, -е́шешь> *св прх см.* **чеса́ть**
поч|еса́ться <-ешу́сь, -е́шешься> *св прх см.* **чеса́ться**
почёсыва|ть <-ю, -ешь> *нсв прх разг* kratzen; **~ бо́роду** sich den Bart kratzen
почёсыва|ться <-юсь, -ешься> *нсв рефл* sich kratzen; **~ по спине́** sich den Rücken kratzen
почёт <-а> *м* Hochachtung *f,* Verehrung *f;* **отнести́сь с почётом к геро́ям войны́** den Kriegshelden Achtung entgegenbringen
почёт|ный <-ная, -ное; -ен, -на, -но> *прил* Ehren-; **~ гость** Ehrengast *m;* **~ карау́л** Ehrenwache *f*
поч|еса́ться <-ешу́сь, -е́шешься> *св рефл см.* **чеса́ться**
по́чечн|ый <-ая, -ое> *прил* мед Nieren-; **по́чечная боле́знь** Nierenkrankheit *f*
почи́н <-а> *м* Initiative *f,* Antrieb *m,* Anregung *f*
почин|и́ть <-ю́, -ишь> *св прх см.* **чини́ть**
почи́нк|а <-и> *ж* Reparatur *f,* Ausbesserung *f*
почи́|стить <-щу, -стишь> *св прх см.* **чи́стить**
почита́те|ль <-ля> *м,* **почита́тельниц|а** <-ы> *ж* Bewunderer *m,* Verehrer(in) *m(f)*
почита́|ть <-ю, -ешь> *нсв прх* bewundern, verehren
по́чк|а <-и> *ж* **1.** бот Knospe *f* **2.** анат Niere *f*
по́чт|а <-ы> *ж* Post *f;* **возду́шная ~** Luftpost *f;* **с обра́тной по́чтой** postwendend; **электро́нная ~** информ E-Mail *f*
почтальо́н <-а> *м* Briefträger(in) *m(f)*
почта́мт <-а> *м* Postamt *nt*
почте́ни|е <-я> *ср* **1.** *(почита́ние)* Verehrung *f* **2.** *(уваже́ние)* Respekt *m*
почте́н|ный <-ная, -ное; -ен, -на, -но> *прил* ehrwürdig, achtbar
почти́ *нрч* fast, beinahe
почти́те|льный <-льная, -льное; -лен, -льна, -льно> *прил* **1.** *(относя́щийся с уваже́нием)* respektvoll, achtungsvoll; **почти́тельное письмо́** respektvoller Brief *m;* **почти́тельное отноше́ние** respektvolle Beziehung *f* **2.** *(значи́тельный)* beachtlich; **на почти́тельном расстоя́нии** in beachtlichem Abstand
почт|и́ть <-у́, -и́шь> *св прх см.* **чтить**
почто́в|ый <-ая, -ое> *прил* Post-; **опла́чивать ~ сбор** frankieren; **~ и́ндекс** Postleitzahl *f;* **~ се́рвер** информ Mailserver *m;* **~ ште́мпель** Poststempel *m;* **~ я́щик** Briefkasten *m;* **абонеме́нтный ~ я́щик** Postfach *nt;* **~ платёжный оборо́т** Postzahlungsverkehr *m;* **~ перево́д** Postanweisung *f;* **почто́вая програ́мма** информ Mailprogramm *nt;* **почто́вое отправле́ние нало́женным платежо́м** Nachnahme *f*
почу́вств|овать <-ую, -уешь> *св прх см.* **чу́вствовать**
почу́вствоваться *св безл см.* **чу́вствоваться**
почу́|ять <-ю, -ешь> *св прх см.* **чу́ять**
поша́тыва|ться <-юсь, -ешься> *нсв,* **пошатну́ться** *св рефл* wackeln; *(нетвёрдо стоя́ть)* taumeln, wanken
пошеве́лива|ть <-ю, -ешь> *нсв,* **пошевели́ть** *св нпрх* bewegen, rühren; **~ па́льцами** die Finger bewegen
пошеве́лива|ться <-юсь, -ешься> *нсв,* **пошевели́ться** *св рефл* sich bewegen, sich rühren; **ну, пошеве́ливайтесь!** los, bewegt euch!
пошевел|и́ть <-ю́, -и́шь> *св прх см.* **шевели́ть**
пошевел|и́ться <-ю́сь, -и́шься> *св нпрх см.* **шевели́ться**
поши́б <-а> *м прост* **выража́ться языко́м наро́дного поши́ба** sich in der Sprache des Volkes ausdrücken; **оба кандида́та – одного́ поши́ба** die beiden Kandidaten sind vom gleichen Schlag
по́шлин|а <-ы> *ж* Zoll *m,* Abgabe *f,* Gebühr *f;* **облага́емый по́шлиной** zollpflichtig; **не облага́емый по́шлиной** zollfrei; **~ на коли́чество** Mengenzoll *m;* **~ на сельскохозя́йственные проду́кты** Agrarzoll *m;* **адвало́рная ~** Wertzoll *m;* **загради́тельная ~** Abwehrzoll *m;* **комбини́рованная ~** Mischzoll *m*
по́шлос|ть <-ти> *ж* **1.** *(безвку́сица)* Abgeschmacktheit *f* **2.** *(бана́льность)* Banalität *f*
по́шл|ый <-ая, -ое; -, -а́, -о> *прил* fade, abgeschmackt, platt
пошту́чно *нрч* stückweise
пош|ути́ть <-учу́, -у́тишь> *св нпрх см.* **шути́ть**
поща́д|а <-ы> *ж* Gnade *f,* Schonung *f*
поща|ди́ть <-жу́, -ди́шь> *св прх см.* **щади́ть**
пощеко|та́ть <-чу́, -чешь> *св прх см.* **щекота́ть**
пощёчин|а <-ы> *ж* **1.** *разг (уда́р)* Ohrfeige

П

f; **дать кому́-л. пощёчину** jdm eine Ohrfeige geben, jdn ohrfeigen **2.** *перен, разг (оскорбле́ние)* Beleidigung *f;* **своим отка́зом ты дал ему́ си́льную пощёчину** deine Absage war wie eine Ohrfeige für ihn

пощи́пыва|ть <-ю, -ешь> *нсв прх разг* zwicken, kneifen

пощу́па|ть <-ю, -ешь> *св см.* **щу́пать**

поэ́зи|я <-и> *ж* Poesie *f,* Lyrik *f,* Dichtung *f*

поэ́т <-а> *м,* **поэте́сс|а** <-ы> *ж* Dichter(in) *m(f),* Lyriker(in) *m(f)*

поэти́ческ|ий <-ая, -ое> *прил* poetisch, lyrisch, dichterisch

поэ́тому *нрч* darum, deshalb, deswegen

появи́ться <появлю́сь, поя́вишься> *св рефл см.* **появля́ться**

появле́ни|е <-я> *ср* Erscheinung *f;* *(внеза́пное)* Eintreffen *nt,* Auftauchen *nt*

появля́|ться <-юсь, -ешься> *нсв,* **появи́ться** *св рефл* erscheinen, sich zeigen; **по́езд появи́лся в конце́ тонне́ля** der Zug erschien am Ende des Tunnels; **в спине́ появи́лась боль** im Rücken traten Schmerzen auf

по́яс <-а> *м* **1.** *(реме́нь)* Gürtel *m* **2.** АНАТ Taille *f,* Gürtellinie *f;* **разде́ньтесь до по́яса!** den Oberkörper bitte freimachen! **3.** ГЕОГ Zone *f;* **часово́й ~** Zeitzone *f*

поясне́ни|е <-я> *ср* Erläuterung *f*

поясн|и́ть <-ю́, -и́шь> *св прх см.* **поясня́ть**

поясни́ц|а <-ы> *ж* Lende *f*

поясни́чн|ый <-ая, -ое> *прил* АНАТ **поясни́чные позвонки́** Lendenwirbel *m*

поясн|о́й <-а́я, -о́е> *прил* Gürtel-; **~ реме́нь** Gürtelriemen *m;* **поясна́я фля́жка** Gürtelfeldflasche *f;* **~ покло́н** tiefe Verbeugung; **~ це́ны** Gürtelpreise *pl;* **поясно́е вре́мя** Zeitzone *f*

поясня́|ть <-ю, -ешь> *нсв,* **поясни́ть** *св прх* erläutern, deutlich machen, erklären; **~ тре́бования** die Forderungen erläutern

ПР *сокр от* **па́блик риле́йшнз** Public Relations *pl,* Öffentlichkeitsarbeit *f*

праба́бушк|а <-и> *ж* Urgroßmutter *f*

пра́вд|а **I.** <-ы> *ж* **1.** *(и́стина)* Wahrheit *f;* **э́то пра́вда?** stimmt das? **2.** *(справедли́вость)* Gerechtigkeit *f* **II.** *част* wirklich, tatsächlich

правди́в|ый <-ая, -ое; -, -а, -о> *прил* **1.** *(и́стинный)* rechtschaffen, wahrhaftig **2.** *(настоя́щий)* wahr, wahrheitsgetreu; **правди́вая карти́на** wahrheitsgemäßes Bild *nt*

правдоподо́б|ный <-ная, -ное; -ен, -на, -но> *прил* glaubwürdig; **правдоподо́бная ве́рсия** glaubwürdige Version *f*

пра́вед|ный <-ная, -ное; -ен, -на, -но> *прил* gerecht; **пра́ведная жизнь** rechtschaffenes Leben *nt*

пра́вил|о <-а> *ср* **1.** *(предписа́ние)* Regel *f,* Vorschrift *f* **2.** *(но́рма)* Norm *f;* **о́бщее ~** Faustregel *f;* **брать за ~** zur Regel machen; **пра́вила вну́треннего распоря́дка** Hausordnung *f,* Betriebsordnung *f;* **пра́вила доро́жного движе́ния** Straßenverkehrsordnung *f;* **пра́вила игры́** Spielregeln *pl;* **пра́вила хоро́шего то́на** Umgangsformen *pl;* **противоре́чащий пра́вилам у́личного движе́ния** verkehrswidrig; **пра́вила веде́ния дел** Geschäftsbedingungen *pl;* **пра́вила те́хники безопа́сности** Arbeitsschutzvorschriften *pl;* **пра́вила ко́нкурса** Wettbewerbsregeln *pl*

пра́вильнос|ть <-ти> *ж* Richtigkeit *f*

пра́ви|льный <-льная, -льное; -лен, -льна, -льно> *прил* richtig; *(без оши́бок)* fehlerfrei; *(корре́ктный)* korrekt, den Regeln entsprechend

прави́тельств|о <-а> *ср* Regierung *f*

пра́в|ить <-лю, -ишь> *нсв* **I.** *прх* korrigieren **II.** *прх* **1.** *(страно́й)* regieren **2.** *(управля́ть)* lenken, steuern

пра́вк|а <-и> *ж* *(исправле́ния)* Berichtigung *f,* Korrektur *f*

правле́ни|е <-я> *ср* Amts-/Regierungszeit *f;* *(о́рган)* Vorstand *m;* *(дире́кция, управле́ние)* Direktion *f,* Verwaltung *f*

пра́внук <-а> *м,* **пра́внучк|а** <-и> *ж* Urenkel(in) *m(f)*

пра́в|о <-а> *ср* Recht *nt;* *(прете́нзия)* Anspruch *m;* *(правомо́чие)* Berechtigung *f;* **~ го́лоса** Stimmrecht *nt;* **междунаро́дное ~** Völkerrecht *nt;* **~ на существова́ние** Existenzberechtigung *f;* **~ убе́жища** Asylrecht *nt;* **~ преиму́щественного прое́зда** Vorfahrt *f;* **обы́чное ~** Gewohnheitsrecht *nt;* **дава́ть ~ на что-л.** jdn berechtigen zu *+dat;* **води́тельские права́** Führerschein *m;* **права́ акционе́ров** Aktionärsrechte *pl;* **права́ челове́ка** Menschenrechte *pl;* **гражда́нские права́** Bürgerrechte *pl;* **~ вы́купа** Ablösungsrecht *nt;* **~ да́чи распоряже́ний** Weisungsrecht *nt;* **~ да́чи указа́ний** Weisungsrecht *nt;* **~ заключа́ть сде́лки за свой счёт** Selbsteintritt *m;* **~ занима́ться про́мыслом** Gewerbeberechtigung *f;* **~ изда́ния** Uhrheberrecht *nt;* **~ меньшинства́** Minderheitenrecht *nt;* **~ на обра́тное приобрете́ние** Wiederkaufsrecht *nt;* **~ на о́тпуск** Urlaubsanspruch *m;* **~ на получе́ние** Bezugsrecht *nt;* **~ на получе́ние за́работной пла́ты** Gehaltsanspruch *m;* **~ по́льзования** Genussrecht *nt,* Nutzungsrecht *nt;* **~ сбо́ра нало́гов и испо́льзования нало́говых средств** Ertragshoheit *f;* **~ самостоя́тельного приня́тия реше́ний** Entscheidungsbefugnis *f;* **~ со́бственности** Eigentumsrecht *nt;* **~ удержа́ния** Zurückbehaltungsrecht *nt;* **~ на получе́ние опла́ты** Zahlungsanspruch *m;* **акционе́рное пра́во** Aktienrecht *nt*

правове́р|ный <-ная, -ное; -ен, -на, -но>

прил strenggläubig

правов|о́й <-а́я, -о́е> *прил* rechtlich, Rechts-; **правова́я фо́рма** Rechtsform *f;* **правова́я по́мощь** Rechtsbeistand *m;* **правово́е положе́ние** Status *m;* **правовы́е предписа́ния по торго́вле** handelsrechtliche Vorschriften *pl*

правозащи́тник <-а> *м* Bürgerrechtler *m*

правозащи́тн|ый <-ая, -ое> *прил* Rechtsschutz-; **правозащи́тная организа́ция** Rechtsschutzorganisation *f*

правоме́р|ный <-ная, -ное; -ен, -на, -но> *прил* **1.** *(обосно́ванный)* berechtigt **2.** *(зако́нный)* rechtmäßig

правомо́чнос|ть <-ти> *ж* Beschlussfähigkeit *f*

правонаруше́ни|е <-я> *ср* Rechtsbruch *m;* *(преступле́ние)* Delikt *nt*

правоотноше́ни|е <-я> *ср* Rechtsverhältnis *nt*

правоохрани́тельн|ый <-ая, -ое> *прил* АДМ rechtswahrend; **правоохрани́тельные о́рганы** rechtswahrende Organe *pl*

правопоря́д|ок <-ка> *м* *(правово́й поря́док, зако́нность)* Rechtsordnung *f,* Gesetzlichkeit *f;* **сохране́ние правопоря́дка вхо́дит в обя́занности мили́ции** die Wahrung der Gesetzlichkeit obliegt der Polizei

правосла́ви|е <-я> *ср* Orthodoxie *f;* **си́мволы правосла́вия** orthodoxe Symbole *ntpl*

правосла́в|ный <-ная, -ное;-ен, -на, -но> *прил* РЕЛИГ rechtsgläubig, orthodox

правосу́ди|е <-я> *ср* Rechtsprechung *f*

правот|а́ <-ы́> *ж* Richtigkeit *f;* **подтверди́ть правоту́ кого́-л.** jds Rechtsanspruch bestätigen

правш|а́ <-и> *м и ж* Rechtshänder(in) *m(f)*

пра́в|ый <-ая, -ое; -, -а́, -о> *прил* rechte(r, s); ПОЛ konservativ; *(в пра́ве)* Recht haben; **вы правы́!** Sie haben Recht!; **оказа́ться пра́вым** Recht behalten

пра́вящ|ий <-ая, -ее> *прил* regierend; **~ класс** regierende [*o* herrschende] Klasse *f*

прагма́тик <-а> *м* Pragmatiker(in) *m(f)*

прагмати́ческ|ий <-ая, -ое> *прил* pragmatisch

пра́дед <-а> *м* *(праде́душка)* Urgroßvater *m*

пра́зднеств|о <-а> *ср* **1.** *(пра́здник)* Feier *f* **2.** *(торжество́)* Feierlichkeit *f,* Festlichkeit *f*

пра́здник <-а> *м* Fest *nt,* Feier *f;* *(пра́здничный день)* Feiertag *m;* **~ всех святы́х** Allerheiligen *pl;* **~ те́ла Христо́ва** Fronleichnam *m;* **~ урожа́я** Erntedankfest *nt*

пра́зднич|ный <-ная, -ное; -ен, -на, -но> *прил* festlich, feierlich

пра́здно *нрч книжн* leer; **смотре́ть ~** einen leeren Blick haben

пра́здновани|е <-я> *ср* Feiern *nt;* **~ годовщи́ны** Jubiläumsfeier *f*

пра́здн|овать <-ую, -уешь> *нсв,* **отпра́здновать** *св прх* feiern, feierlich begehen

пра́зд|ный <-ная, -ное; -ен, -на, -но> *прил* untätig, faul, müßig; **пра́здное любопы́тство** die blanke Neugierde *f;* **пра́здное времяпровожде́ние** Müßiggang *m;* **~ вопро́с** müßige Frage *f*

празеоди́м <-а> *м* ХИМ Praseodym *nt*

прайс-лист <прайс-ли́ста> *м* Preisliste *f*

пра́ктик|а <-и> *ж* Praxis *f;* *(у студе́нтов)* Praktikum *nt;* **обще́ственная ~** Gemeinschaftspraxis *f;* **приближённый к пра́ктике** praxisnah

практика́нт <-а> *м,* **практика́нтк|а** <-и> *ж* Praktikant(in) *m(f)*

практик|ова́ть <-у́ю, -у́ешь> *нсв прх* praktizieren

практик|ова́ться <-у́ется> *нсв безл, только 3 л* **1.** *(применя́ться)* praktiziert werden; **это лече́ние до́лго практику́ется в на́ших больни́цах** diese Behandlung wird seit langem in unseren Krankenhäusern praktiziert **2.** *(упражня́ться в чём-л.)* sich in etw üben; **~ в стрельбе́ из лу́ка** sich im Bogenschießen üben

практи́ческ|ий <-ая, -ое> *прил* praktisch; **име́ющий практи́ческую це́нность** praxistauglich, praxisreif; **практи́ческое обуче́ние на рабо́чем ме́сте** Training-on-the-job *nt*

практи́ч|ный <-ная, -ное; -ен, -на, -но> *прил* praktisch; **~ челове́к** praktischer Mensch *m;* **практи́чное реше́ние** praktische Lösung *f*

пра́порщик <-а> *м* *устар* ВОЕН Fähnrich *m*

прах <пра́ха> *м* **1.** *книжн* Vergängliches *nt* **2.** *перен* Asche *f,* Staub *m;* **мир пра́ху твоему́!** Friede deiner Asche!

пра́чечн|ая <-ой> *ж* Wäscherei *f;* **отнести́ бельё в пра́чечную** die Wäsche in die Wäscherei bringen

пра́чечн|ый <-ая, -ое> *прил* Wasch-; **пра́чечная маши́на** Waschmaschine *f*

пра́чк|а <-и> *ж* Wäscherin *f;* **идти́ к пра́чке** zur Wäscherin gehen

пращ|а́ <-и́> *ж* Schleuder *f*

пра́щур <-а> *м* Urahn *m*

пребыва́ни|е <-я> *ср* Aufenthalt *m*

пребыва́|ть <-ю, -ешь> *нсв нпрх* sich aufhalten, (ver)weilen; **~ до́лго за грани́цей** sich lange im Ausland aufhalten; **~ в неве́дении** in Unkenntnis sein

превали́р|овать <-ую, -уешь> *нсв нпрх книжн* die Oberhand haben; **э́то мне́ние до́лго превали́рует** diese Meinung ist lange vorherrschend

превенти́вн|ый <-ая, -ое> *прил* vorsorglich, präventiv; **превенти́вная ме́ра** Präventivmaßnahme *f*

превзой|ти́ <-ду́, -дёшь> *св прх см.* **превосходи́ть**

превозмога́|ть <-ю, -ешь> *нсв,* **превозмо́чь** *св прх книжн* überwinden, bezwingen; **~ боль** den Schmerz verdrängen; **~ уста́лость** gegen die Müdigkeit ankämpfen

превозн|оси́ть <-ошу́, -о́сишь> *нсв,* **превознести́** *св прх книжн* hoch schätzen, lobpreisen

превосходи́тельств|о <-а> *ср* (Eure) Exzellenz *f*

превосх|оди́ть <-ожу́, -о́дишь> *нсв,* **превзойти́** *св прх* überbieten, übertreffen, überlegen sein; СПОРТ ausstechen; **превзойти́ самого́ себя́** sich selbst übertreffen

превосхо́д|ный <-ная, -ное; -ен, -на, -но> *прил* großartig, famos, exzellent

превосхо́дств|о <-а> *ср* Überlegenheit *f*; **чи́сленное ~** Übermacht *f*

превосходя́щ|ий <-ая, -ее> *прил* überlegen

превра|ти́ть <-щу́, -ти́шь> *св прх см.* **превраща́ть**

превра|ти́ться <-щу́сь, -ти́шься> *св рефл см.* **превраща́ться**

превра́тнос|ть <-ти> *ж* Wechselhaftigkeit *f*, Unbeständigkeit *f*; **превра́тности су́дьбы** die Launen des Schicksals

превраща́|ть <-ю, -ешь> *нсв прх (в кого́-л./во что-л.)* verwandeln, umwandeln; **~ сла́бость в преиму́щество** die Schwäche in einen Vorteil verwandeln

превраща́|ться <-юсь, -ешься> *нсв,* **преврати́ться** *св рефл* **1.** *(трансформи́роваться)* sich verwandeln; **лягу́шка преврати́лась в царе́вну** der Frosch verwandelte sich in eine Prinzessin **2.** *(отдава́ться како́му-то состоя́нию)* sich ganz einem bestimmten Zustand hingeben; **преврати́ться в слух** gespannt zuhören

превраще́ни|е <-я> *ср* Verwandlung *f*

превыша́|ть <-ю, -ешь> *нсв,* **превы́сить** *св прх* **1.** *(де́лать бо́льше ожида́емого)* überbieten, übertreffen; **~ но́рму** die Norm treffen **2.** *(злоупотребля́ть)* überschreiten; **~ вла́сть** die Macht missbrauchen; **~ полномо́чия** seine Befugnisse überschreiten **3.** *(превосходи́ть)* jdm überlegen sein; **~ всех конкуре́нтов** allen Konkurrenten überlegen sein

превы́ше *нрч книжн в сочет.* **~ всего́** über alles

превыше́ни|е <-я> *ср* Überschreitung *f*; ФИН Überziehung *f*; **~ до́зы** Überdosis *f*; **~ предложе́ния над спро́сом** Überangebot *nt*; **~ дохо́дов над расхо́дами** Einnahmeüberschuss *m*, Budgetüberschuss *m*; **~ и́мпорта над э́кспортом** Importüberschuss *m*; **~ лими́та подпи́ски** Überzeichnung *f*; **~ пасси́вов над акти́вами** Unterbilanz *f*; **~ спро́са** Nachfrageüberhang *m*, Überangebot *nt*; **~ э́кспорта над и́мпортом** Exportüberschuss *m*; **~ креди́та** Kontoüberziehung *f*

прегра́д|а <-ы> *ж* Hindernis *nt*

прегражда́|ть <-ю, -ешь> *нсв,* **прегради́ть** *св прх* versperren; **~ доро́гу** den Weg versperren

преда|ва́ть <-ю́, -ёшь> *нсв,* **преда́ть** *св прх* verraten; *книж* übergeben, überantworten; **~ суду́** vor Gericht stellen

преда|ва́ться <-ю́сь, -ёшься> *нсв,* **преда́ться** *св рефл* sich hingeben; **~ воспомина́ниям** in Erinnerungen schwelgen

преда́ни|е <-я> *ср* Überlieferung *f*

пре́даннос|ть <-ти> *ж* Treue *f*, Ergebenheit *f*; *(самоотве́рженность)* Hingabe *f*

пре́дан|ный <-ная, -ное; -, -а, -о> *прил* ergeben, treu; **пре́данная дру́жба** ergebene Freundschaft *f*; **пре́данный друг** *(ве́рный)* treuer Freund *m*

преда́те|ль <-ля> *м* Verräter *m*

преда́тельск|ий <-ая, -ое> *прил* verräterisch

преда́тельств|о <-а> *ср* Verrat *m*; **соверши́ть ~** Verrat begehen

преда́|ть <-м, -шь> *св прх см.* **предава́ть**

преда́|ться <-мся, -шься> *св рефл см.* **предава́ться**

предба́нник <-а> *м* Vorraum *m* in der Sauna; **раздева́ться в предба́ннике** sich im Vorraum ausziehen

предвари́тельно *нрч* vorläufig, vorher; **прие́хать ~** vorher ankommen

предвари́те|льный <-льная, -льное; -лен, -льна, -льно> *прил* vorzeitig; *(предше́ствующий)* vorhergehend; *(неоконча́тельный)* vorläufig; **предвари́тельная прода́жа биле́тов** Kartenvorverkauf *m*; **предвари́тельная за́пись** Vormerkung *f*; **предвари́тельная зая́вка** Voranmeldung *f*; **предвари́тельная калькуля́ция** Zwischenkalkulation *f*; **предвари́тельная опла́та** Vorauszahlung *f*; **предвари́тельная прове́рка** Pretest *m*; **предвари́тельная регистра́ция** Vormerkung *f*; **предвари́тельная сме́та** Voranschlag *m*, Vorkalkulation *f*, Kostenrechnung *f*; **~ бала́нс** Rohbilanz *f*, Zwischenbilanz *f*; **~ догово́р** Vorvertrag *m*; **~ взнос** Abschlag *m*, Abschlagszahlung *f*, Vorschuss *m*; **~ заде́л** Vorleistung *f*; **~ план** Grobplanung *f*; **~ показа́тель** Vorleistung *f*; **~ расчёт** Vorkalkulation *f*; **~ тест** Pretest *m*; **предвари́тельное голосова́ние** Urabstimmung *f*; **предвари́телное достиже́ние** Vorleistung *f*; **предвари́телное реше́ние** Vorentscheidung *f*; **предвари́телное уведомле́ние** Voranmeldung *f*; **предвари́тельное усло́вие** Voraussetzung *f*, Vorbedingung *f*

предваря́|ть <-ю, -ешь> *нсв,* **предвари́ть** *св прх* zuvorkommen; **~ выступле́ние замеча́нием** dem Auftritt mit einer Bemerkung zuvorkommen

предве́стник <-а> *м* Vorbote *m;* **э́ти рабо́ты бы́ли предве́стником Возрожде́ния** diese Werke waren Vorboten der Renaissance

предвеща́|ть <-ю, -ешь> *нсв прх* ankündigen, hindeuten auf *+akk*

предви́дени|е <-я> *ср* Voraussicht *f*

предви́|деть <-жу, -дишь> *нсв прх* voraussehen, vorhersagen

предви́д|еться <-ится> *нсв безл, только 3 л* vorgesehen, vorausgesagt werden; **предви́дится о́чень тёплая пого́да** es wird sehr warmes Wetter vorausgesagt

предвкуша́|ть <-ю, -ешь> *нсв прх* im Voraus genießen, sich im Voraus freuen; **~ удово́льствие от пое́здки** sich im Voraus über die Reise freuen

предвкуше́ни|е <-я> *ср* Vorfreude *f;* Vorgeschmack *m, (предчу́вствие)* Ahnung *f*

предводи́те|ль <-ля> *м* Anführer *m*

предвы́борн|ый <-ая, -ое> *прил* der Wahl vorausgehend, Wahl-; **предвы́борная борьба́** Wahlkampf *m*

предго́рь|е <-я> *ср* Gebirgsvorland *nt;* **предго́рья Альп** Alpenvorland *nt*

преддве́ри|е <-я> *ср перен* Vorabend *m,* Vorfeld *nt;* **в преддве́рии встре́чи на вы́сшем у́ровне** am Vorabend des Gipfeltreffens; **в преддве́рии съе́зда** im Vorfeld des Parteitages

преде́л <-а> *м* **1.** *(грани́ца)* Grenze *f;* **всему́ есть ~** alles hat seine Grenzen **2.** *(ограниче́ние)* Limit *nt;* **за преде́лами** außerhalb; **~ дохо́да** Einkommensgrenze *f;* **~ кредитова́ния** Kreditplafond *m;* **~ ро́ста** Wachstumsgrenze *f;* **~ цен** Preisgrenze *f;* **~ задо́лженности** Verschuldensgrenze *f;* **~ при́были** Gewinnschwelle *f;* **~ произво́дственных мо́щностей** Kapazitätsgrenze *f*

преде́льн|ый <-ая, -ое> *прил* Grenz-, marginal; **преде́льное значе́ние** МАТ Grenzwert *m;* **преде́льная вы́ручка** Grenzerlös *m;* **преде́льная нало́говая ста́вка** Grenzsteuersatz *m;* **преде́льная но́рма замеще́ния** Grenzrate *f;* **преде́льная пла́новая сме́та расхо́дов** Grenzplankostenrechnung *f;* **преде́льная цена́** Limitpreis *m;* **преде́льные затра́ты** Grenzkosten *pl;* **преде́льная су́мма креди́та** Kreditplafond *m;* **преде́льная производи́тельность труда́** Grenzproduktivität *f;* **преде́льная поле́зность** Grenznutzen *m;* **преде́льная при́быль** Grenzgewinn *m;* **преде́льные изде́ржки** Grenzkosten *pl;* **преде́льные расхо́ды** Grenzkosten *pl;* **~ дохо́д** Grenzerlös *m;* **~ проду́кт** Grenzprodukt *nt*

предзнаменова́ни|е <-я> *ср* Omen *nt,* Vorzeichen *nt*

предисло́ви|е <-я> *ср* Vorwort *n;* **прочита́ть ~** das Vorwort lesen

предлага́|ть <-ю, -ешь> *нсв,* **предложи́ть** *св прх* **1.** *(предоставля́ть)* anbieten, vorschlagen; ТОРГ offerieren; **~ тост в честь кого́-л.** einen Toast auf jdn ausbringen; **~ бо́лее высо́кую це́ну** überbieten **2.** *(предоста́вить в распоряже́ние)* zur Verfügung stellen, vorsetzen; **~ свои́ услу́ги** seine Dienste anbieten **3.** *(рекомендова́ть)* empfehlen **4.** *(вы́ставить кандидату́ру)* vorschlagen, aufstellen; **~ в прези́диум** ins Präsidium vorschlagen

предлага́|ться <-ется> *нсв безл, только 3 л* angeboten werden; **в рестора́не предлага́ется уника́льное вино́** im Restaurant wird ein einzigartiger Wein angeboten

предло́г <-а> *м* Vorwand *m;* ЛИНГВ Präposition *f*

предложе́ни|е <-я> *ср* Vorschlag *m;* ЭКОН Angebot *nt,* Offerte *f;* ЛИНГВ Satz *m; (сва́дебное)* Heiratsantrag *m;* **~ вака́нтных должносте́й** Stellenangebot *nt;* **~ подпи́ски на це́нные бума́ги** Zeichnungsangebot *nt;* **~ рабо́ты** Stellenangebot *nt;* **~ рабо́чих мест** Stellenangebot *nt;* **~ са́мой высо́кой цены́** Meistgebot *nt;* **~ това́ров** Güterangebot *nt,* Warenangebot *nt;* **~ труда́** Arbeitsangebot *nt;* **~ цен** Angebotsabgabe *f;* **~ це́нных бума́г** Wertpapierangebot *nt;* **вопроси́тельное ~** Fragesatz *m*

предл|ожи́ть <-ожу́, -о́жишь> *св прх см.* **предлага́ть**

предме́сть|е <-я> *ср* Vorort *m;* **купи́ть да́чу в дорого́м ~** eine Villa in einem teuren Vorort kaufen

предме́т <-а> *м* Gegenstand *m; (уче́бный)* Fach *nt;* **~ оде́жды** Kleidungsstück *nt;* **~ потребле́ния** Gebrauchsgegenstand *m;* **~ разгово́ров** Gesprächsstoff *m;* **~ догово́ра** Vertragsgegenstand *m;* **~ ли́чного по́льзования** Gebrauchsgut *nt;* **~ ли́чного потребле́ния** Verbrauchsgut *nt;* **~ ро́скоши** Luxusartikel *m*

предме́т|ный <-ная, -ное; -ен, -на, -но> *прил* Sach-, sachlich; **~ указа́тель** Sachregister *nt;* **~ урок** Unterrichtsstunde *f* mit Anschauungsmaterial

предназнача́|ть <-ю, -ешь> *нсв,* **предназна́чить** *св прх* **1.** *(определя́ть для како́й-л. де́ятельности)* für etw vorsehen, im voraus festlegen **2.** *(выделя́ть)* zu etw bestimmt sein

предназнача́|ться <-ется> *нсв безл, только 3 л* vorgesehen sein; **этот автомоби́ль предназнача́ется на слом** dieses Auto ist zur Verschrottung vorgesehen

предназначе́ни|е <-я> *ср* Zweck *m,* Bestimmung *f;* **каково́ ~ э́того докуме́нта?** was ist der Zweck dieser Urkunde?

предназна́ч|ить <-у, -ишь> *св прх см.* **предназнача́ть**

преднаме́рен|ный <-ная, -ное; -, -на, -но> *прил* vorsätzlich, absichtlich, mutwillig; **~ посту́пок** vorsätzliche Tat *f*

П

пре́д|ок <-ка> *м* Vorfahr(in) *m(f)*

предопла́т|а <-ы> *ж* **1.** *(зада́ток)* Anzahlung *f* **2.** *(опла́та вперёд)* Vorauszahlung *f;* **де́лать предопла́ту** anzahlen, vorausbezahlen

предопределённ|ый <-ая, -ое> *прил* prädestiniert

предопределя́|ть <-ю, -ешь> *нсв,* **предопредели́ть** *св прх* **1.** *(определя́ть зара́нее)* vorbestimmen; **~ исхо́д собы́тий** den Ausgang der Dinge vorbestimmen **2.** *(обусла́вливать)* bedingen; **э́то реше́ние предопредели́ло их реа́кцию** dieser Beschluss bedingte ihre Reaktion

предоста́в|ить <-лю, -ишь> *св прх см.* **предоставля́ть**

предоставле́ни|е <-я> *ср* Bewilligung *f;* **~ гара́нтии** Sicherheitsleistung *f;* **~ краткосро́чного креди́та** Vorfinanzierung *f;* **~ поручи́тельства** Sicherheitsleistung *f;* **~ средств** Dotierung *f;* **~ компенса́ции** Abfindungszahlung *f*

предоставля́|ть <-ю, -ешь> *нсв,* **предоста́вить** *св прх* bereitstellen, zur Verfügung stellen; *(распредели́ть)* zuteilen; **~ дота́цию** dotieren; **~ до́лю** beteiligen; **~ креди́т** akkreditieren; **~ ски́дку** Preisnachlass gewähren; **~ сре́дства** Mittel bereitstellen; **~ кого́-л. самому́ себе́** jdn sich selbst überlassen; **~ кому́-л. сло́во** jdm das Wort erteilen; **~ возмо́жность** die Möglichkeit geben

предостерега́|ть <-ю, -ешь> *нсв,* **предостере́чь** *св прх* schützen; **~ дете́й от вре́дных влия́ний** die Kinder vor schädlichen Einflüssen schützen

предостереже́ни|е <-я> *ср* **1.** *(предупрежде́ние)* Verwarnung *f* **2.** *(от чего́-л./кого́-л.)* Abmahnung *f*

предостере́|чь <-гу́, -жёшь> *св прх см.* **предостерега́ть**

предосторо́жнос|ть <-ти> *ж* **1.** *(предусмотри́тельность)* Sicherheit *f;* **туда́ никого́ не пуска́ли из предосторо́жности** aus Sicherheitsgründen wurde niemand hineingelassen **2.** *(ме́ра предосторо́жности)* Sicherheitsmaßnahme *f;* **приня́ть все́ необходи́мые ме́ры предосторо́жности** alle notwendigen Sicherheitsmaßnahmen treffen

предосуди́те|льный <-льная, -льное; -лен, -льна, -льно> *прил* tadelnswert, verurteilungswürdig; **~ посту́пок** tadelnswerte Tat *f*

предотвраща́|ть <-ю, -ешь> *нсв,* **предотврати́ть** *св прх* abwenden; **~ распростране́ние эпиде́мии** die Ausbreitung einer Epidemie abwenden

предотвраще́ни|е <-я> *ср* Verhütung *f*

предохрани́те|ль <-ля> *м* эл Sicherung *f;* **снима́ть с предохрани́теля** (Waffe) entsichern

предохрани́тельн|ый <-ая, -ое> *прил* Sicherheits-; **предохрани́тельные ме́ры** Sicherheitsvorkehrungen *fpl;* **~ крючо́к** Sicherheitshaken *m*

предохраня́|ть <-ю, -ешь> *нсв,* **предохрани́ть** *св прх* *(от чего́-л.)* behüten, bewahren vor *+dat,* vorbeugen; **~ от заболева́ния** einer Erkrankung vorbeugen

предписа́ни|е <-я> *ср* **1.** *(постановле́ние)* Verordnung *f,* Vorschrift *f;* **~ зако́на** gesetzliche Vorschrift *f;* **~ о прекраще́нии де́ятельности предприя́тия** Betriebsuntersagung *f* **2.** *(предопределе́ние)* Bestimmung *f*

предпи́сыва|ть <-ю, -ешь> *нсв,* **предписа́ть** *св прх* **1.** *(прика́зывать)* anordnen, vorschreiben; **~ рабо́чим отдыха́ть че́рез ка́ждые 45 мин.** den Arbeitern vorschreiben, alle 45 Minuten eine Pause zu machen **2.** *(рекомендова́ть)* empfehlen; **э́ту процеду́ру предпи́сывает указа́ние для по́льзования прибо́ром** dieses Verfahren wurde in der Bedienungsanleitung des Geräts empfohlen

предпле́чь|е <-я> *ср* Unterarm *m*

предполага́|ть <-ю, -ешь> *нсв,* **предположи́ть** *св прх* annehmen, vermuten; *(име́ть предпосы́лкой)* voraussetzen

предполага́|ться <-ется> *нсв безл, только 3 л* annehmen, vermuten, voraussetzen; **от прода́жи предполага́ется получи́ть 100 млн. рубле́й** man nahm an, einen Verkaufserlös in Höhe von 100 Mio. Rubel zu erzielen

предположе́ни|е <-я> *ср* Annahme *f,* Vermutung *f*

предположи́тельно *нрч* auf Annahmebasis; **суди́ть ~** auf Annahmebasis urteilen

предположи́те|льный <-льная, -льное; -лен, -льна, -льно> *прил* mutmaßlich; *(вероя́тный)* voraussichtlich

предпол|ожи́ть <-ожу́, -о́жишь> *св прх см.* **предполага́ть**

предпосле́дн|ий <-яя, -ее> *прил* vorletzte(r, s)

предпосы́лк|а <-и> *ж* Voraussetzung *f*

предпочита́|ть <-ю, -ешь> *нсв,* **предпоче́сть** *св прх* bevorzugen, vorziehen; **~ одно́ друго́му** das eine dem anderen vorziehen

предпочте́ни|е <-я> *ср* Bevorzugung *f,* Vorrang *m,* Präferenz *f;* **отдава́ть чему́-л. ~** bevorzugen

предпочти́тельно *нрч* **1.** *(с преиму́ществом)* mit Vorrecht; **э́ти зака́зы выполня́ются ~ пе́ред все́ми остальны́ми** diese Bestellungen genießen ein Vorrecht vor allen übrigen **2.** *(лу́чше)* besser, lieber; **ему́ ~ вы́пить ко́фе, что́бы не усну́ть** er sollte besser Kaffee trinken, um nicht einzuschlafen

предпочти́те|льный <-льная, -льное; -лен, -льна, -льно> *прил* bevorzugt; **~ исхо́д** bevorzugter Ausgang *m;* **~ срок** bevorzugte Frist *f*

предприимчивос|ть <-ти> *ж* Unternehmungslust *f;* **всех поражала его ~** seine Unternehmungslust verblüffte alle

предприимчив|ый <-ая, -ое> *прил* **1.** *(деловой, находчивый)* geschäftstüchtig, findig **2.** *(склонный к предпринимательству)* unternehmungslustig

предпринимате|ль <-ля> *м* Unternehmer *m*

предпринимательск|ий <-ая, -ое> *прил* Unternehmer-; **предпринимательский взнос** Arbeitgeberanteil *m;* **предпринимательский доход** Residualeinkommen *nt;* **предпринимательский риск** Unternehmerrisiko *nt,* Unternehmerwagnis *nt*

предпринимательств|о <-а> *ср* Unternehmen *nt;* **коммерческое ~** Handelsunternehmen *nt*

предпринима|ть <-ю, -ешь> *нсв,* **предпринять** *св прх* unternehmen; **~ интервенцию** intervenieren

предпринима|ться <-ется> *нсв безл, толцко 3 л* durchgeführt werden; **предпринимаются меры по захвату террористов** es werden Maßnahmen zur Ergreifung der Terroristen ergriffen

предпр|инять <-иму, -имешь> *св прх см.* **предпринимать**

предприяти|е <-я> *ср* **1.** *(фирма)* Betrieb *m,* Unternehmen *nt* **2.** *(магазин)* Geschäft *nt* **3.** *(завод)* Werk *nt* **4.** *(намерение)* Vorhaben *nt,* Unterfangen *nt;* **~-поставщик** zulieferndes Unternehmen *nt;* **индивидуальное ~** Einmannbetrieb *m;* **крупное ~** Großbetrieb *m;* **малое ~** Kleinunternehmen *nt;* **~-изготовитель промышленных объектов** Anlagenbau *m;* **~ розничной торговли, обслуживающее клиентов прямо в автомобилях** Drive-in-Unternehmen *nt;* **~ бытового обслуживания** Dienstleistungsunternehmen *nt;* **~ коммунально-бытового хозяйства** Kommunalbetrieb *m;* **~, на котором работают преимущественно женщины** Frauenbetrieb *m;* **~ по обслуживанию населения** Versorgungsbetrieb *m;* **~ с многосменным режимом работы** Mehrschichtbetrieb *m;* **~-покупатель** Abnehmerbetrieb *m;* **предприятия-субпоставщики** Zulieferindustrie *f;* **предприятия концерна** Konzernunternehmen *nt*

предраспологаа|ть <-ю, -ешь> *нсв прх* verleiten, anregen, gewinnen; **~ к себе кого-л.** jdn für sich gewinnen

предрасположеннос|ть <-ти> *ж* Veranlagung *f*

предрасположен|ный <-ная, -ное; -, -а, -о> *прил* **1.** *(к чему-л.)* veranlagt zu +*dat* **2.** МЕД anfällig für +*akk*

предрассветн|ый <-ая, -ое> *прил* **~ туман** Nebel *m* im Morgengrauen

предрассуд|ок <-ка> *м* Vorurteil *nt;* **наложить запрет на аборты – это религиозный ~** das Verbot von Abtreibungen ist ein religiöses Vorurteil

предрека|ть <-ю, -ешь> *нсв прх* voraussagen, prophezeien; **~ крах коммунистической системы** den Zusammenbruch des kommunistischen Systems voraussagen

предреш|ить <-у, -ишь> *св прх* im voraus entscheiden; **эта картина предрешила дальнейшую судьбу актёра** dieser Film hat über das weitere Schicksal des Schauspielers vorausbestimmt

председате|ль <-ля> *м* Vorsitzender *m;* **~ партии** Parteivorsitzender *m*

председательск|ий <-ая, -ое> *прил* Präsidenten-; **председательское место за столом** der Vorsitz am Tisch

председательств|о <-а> *ср* Vorsitz *m*

председательств|овать <-ую, -уешь> *нсв нпрх* den Vorsitz führen, leiten; **~ на собрании** die Versammlung leiten

председательствующ|ий <-ая, -ее> *м* Vorsitzende(r) *f(m);* **~ открыл заседание** der Vorsitzende eröffnete die Sitzung

предсерди|е <-я> *ср* АНАТ Herzkammer *f;* **левое ~** linke Herzkammer

предсказани|е <-я> *ср* Vorhersage *f,* Prophezeiung *f*

предсказате|ль <-ля> *м* Prophet *m*

предска|зать <-жу, -жешь> *св прх см.* **предсказывать**

предсказуем|ый <-ая, -ое> *прил* voraussagbar; **предсказуемая реакция** voraussagbare Reaktion *f*

предсказыва|ть <-ю, -ешь> *нсв,* **предсказать** *св прх* voraussagen, vorhersagen, prophezeien; **~ с точностью развитие войны** den Kriegsverlauf genau voraussagen

предсмертн|ый <-ая, -ое> *прил* **предсмертное желание** der letzte Wille

предста|вать <-ю, -ёшь> *нсв,* **предстать** *св нпрх* erscheinen, vor die Augen treten; **перед ними представали пейзажи невероятной красоты** unbeschreiblich schöne Landschaften traten vor ihre Augen

представите|ль <-ля> *м,* **представительниц|а** <-ы> *ж* Vertreter(in) *m(f),* Repräsentant(in) *m(f); (выразитель чьих-л. взглядов)* Wortführer *m;* **~ правительства** Regierungssprecher(in) *m(f);* **~ прессы** Pressesprecher(in) *m(f);* **~ торговой фирмы** Handelsvertreter(in) *m(f);* **~ коммерческого предприятия** Agent *m;* **~ страхового общества** Versicherungsvertreter *m;* **~ рабочих и служащих** Betriebsrat *m,* Arbeitnehmervertreter *m,* Personalvertreter *m*

представите|льный <-льная, -льное; -лен, -льна, -льно> *прил* **1.** *(статный)* ansehnlich, stattlich **2.** *(выборочный)* repräsentativ; **~ опрос** Repräsentativumfrage *f*

представи́тельств|о <-а> *ср* Vertretung *f*, Repräsentanz *f*

предста́в|ить <-лю, -ишь> *св прх см.* **представля́ть**

предста́в|иться <-люсь, -ишься> *св рефл см.* **представля́ться**

представле́ни|е <-я> *ср* Vorstellung *f*; *(описа́ние)* Darstellung *f*; **~ о ми́ре** Weltbild *nt*; **дать ~ о чём-л.** Aufschluss geben; **не име́ть ни мале́йшего представле́ния о чём-л.** nicht die geringste Ahnung haben von *+dat*; **соста́вить себе́ ~ о ком-л./чём-л.** sich ein Bild machen von *+dat*; **~ документа́льных да́нных** Offenlegung *f*; **~ докуме́нтов** Vorlage *f*

представля́|ть <-ю, -ешь> *нсв*, **предста́вить** *св прх* **1.** *(предоста́вить)* einreichen, vorlegen; **~ в цифрово́й фо́рме** digitalisieren **2.** *(себе́)* sich vorstellen, sich vergegenwärtigen

представля́|ться <-юсь, -ешься> *нсв*, **предста́виться** *св рефл* **1.** *(знако́миться)* sich vorstellen; **прие́зжие заходи́ли и представля́лись оди́н за други́м** die Angekommenen traten herein und stellten sich einer nach dem anderen vor **2.** *(возника́ть)* entstehen, sich ergeben; **представля́ется возмо́жность побыва́ть в Оде́ссе** es eröffnet sich die Möglichkeit, nach Odessa zu fahren **3.** *разг (прики́дываться)* sich verstellen, sich für etw ausgeben; **~ больно́й** sich krank stellen **4.** *(показа́ться)* scheinen; **ему́ предста́вилось, что ...** es schien ihm, als ob ...

предста́тельн|ый <-ая, -ое> *прил* АНАТ Prostata-, Vorsteher-; **предста́тельная железа́** Vorsteherdrüse *f*

предста́|ть <-ну, -нешь> *св нпрх см.* **представа́ть**

предсто|я́ть <-и́т> *нсв безл, то́лько 3 л* bevorstehen

предстоя́щ|ий <-ая, -ее> *прил* bevorstehend, kommend

предте́ч|а <-и> *м* Vorläufer *m*, Vorbote *m*; **радиола́мпы – ~ транзи́сторов** die Radioröhren sind die Vorläufer der Transistoren

предубежде́ни|е <-я> *ср* Vorurteil *nt*, Voreingenommenheit *f*

предуга́дыва|ть <-ю, -ешь> *нсв*, **предугада́ть** *св прх* ahnen, voraussehen; **~ мы́сль проти́вника** den Gedanken des Gegners voraussehen

предупреди́тельнос|ть <-ти> *ж* Zuvorkommenheit *f*; *(любе́зность)* Entgegenkommen *nt*; ЭКОН Kulanz *f*

предупреди́те|льный <-льная, -льное; -лен, -льна, -льно> *прил* **1.** *(любе́зный)* rücksichtsvoll, zuvorkommend **2.** *(превенти́вный)* vorbeugend, prophylaktisch; **предупреди́тельная забасто́вка** Warnstreik *m*

предупрежда́|ть <-ю, -ешь> *нсв*, **предупреди́ть** *св прх* **1.** *(о ком-л./чём-л.)* warnen, mahnen **2.** *(предотврати́ть)* vorbeugen

предупрежде́ни|е <-я> *ср* Warnung *f*, Mahnung *f*; *(предотвраще́ние, профила́ктика)* Vorbeugung *f*; **~ ра́ковых заболева́ний** Krebsvorsorge *f*; **ра́ннее ~** Frühwarnung *f*; **~ должника́** Mahnung *f*; **~ должника́ че́рез суд** Mahnverfahren *nt*; **штормово́е ~** Sturmwarnung *f*; **без предупрежде́ния** unangemeldet

предусма́трива|ть <-ю, -ешь> *нсв*, **предусмотре́ть** *св прх* vor(her)sehen

предусма́трива|ться <-ется> *нсв безл, то́лько 3 л* vorgesehen sein; **предусма́тривается организова́ть 3 коми́ссии** es ist vorgesehen, 3 Kommissionen zu bilden; **предусма́тривается не́сколько вариа́нтов** es sind mehrere Varianten vorgesehen

предусмо́трен|ный <-ная, -ное; -, -а, -о> *прил* vorgesehen; **предусмо́тренный програ́ммой** vom Programm vorgesehen

предусм|отре́ть <-отрю́, -о́тришь> *св прх см.* **предусма́тривать**

предусмотри́тельнос|ть <-ти> *ж* Vorsorglichkeit *f*, Umsicht *f*

предусмотри́те|льный <-льная, -льное; -лен, -льна, -льно> *прил* vorsorglich; **~ челове́к** vorsorglicher Mensch *m*; **~ посту́пок** vorsorgliche Tat *f*

преду́тренн|ий <-яя, -ее> *прил* vor Tagesanbruch; **преду́тренняя тишина́** Stille *f* im Morgengrauen

предчу́встви|е <-я> *ср* Vorgefühl *nt*, Vorahnung *f*

предчу́вств|овать <-ую, -уешь> *нсв прх* ahnen, ein Vorgefühl haben

предше́ственник <-а> *м*, **предше́ственниц|а** <-ы> *ж* Vorgänger(in) *m(f)*; **~ на посту́** Amtsvorgänger *m*

предше́ств|овать <-ую, -уешь> *нсв нпрх* vorausgehen; **си́льный ве́тер обы́чно предше́ствует грозе́** gewöhnlich geht einem Gewitter starker Wind voraus

предше́ствующ|ий <-ая, -ее> *прил* vorherig, vorhergehend; **~ пери́од** Vorperiode *f*

предъяви́те|ль <-ля> *м* Überbringer *m*; ЭКОН Inhaber *m*, Präsentant *m*; **на предъяви́теля** auf den Inhaber (ausgestellt), bei Vorlage fällig

предъяви́тельск|ий <-ая, -ое> *прил* Inhaber-; **предъяви́тельская а́кция** Inhaberaktie *f*; **предъяви́тельская це́нная бума́га** Inhaberpapier *nt*; **~ чек** Inhaberscheck *m*

предъ|яви́ть <-явлю́, -я́вишь> *св прх см.* **предъявля́ть**

предъявле́ни|е <-я> *ср* Vorstellung *f*, Präsentation *f*; **~ това́ров для выполне́ния тамо́женных форма́льностей** Gestellung *f*

предъявля́|ть <-ю, -ешь> *нсв*, **предъяви́ть** *св прх* **1.** *(пока́зывать)* vorzeigen, vorweisen; **~ па́спорт** den Pass vorzeigen **2.** *(выдвига́ть: тре́бование)* erheben, stellen; **~ суде́бный иск** eine Klage erheben; **~ прете́нзии** Ansprüche geltend machen; **~ обвине́ние** ЮР die Beschuldigung (dem Beschuldigten) bekannt geben

предыду́щ|ий <-ая, -ее> *прил* vorig, vorhergehend

предысто́ри|я <-и> *ж* Vorgeschichte *f*

пре́емник <-а> *м* Nachfolger(in) *m(f)*; **~ на посту́** Amtsnachfolger *m*

пре́емственнос|ть <-ти> *ж* Kontinuität *f*

пре́жде **I.** *нрч* früher; *(снача́ла)* zuerst; **~ всего́** vor allem **II.** *предл* früher als, vor *+dat*

преждевре́менно *нрч* vorzeitig; **уе́хать ~** vorzeitig abfahren

преждевре́мен|ный <-ная, -ное; -ен, -на, -но> *прил* frühzeitig, verfrüht

пре́жн|ий <-яя, -ее> *прил* frühere(r, s), bisherige(r, s), ehemalige(r, s), Ex-

презента́ци|я <-и> *ж* Präsentation *f*; ЭКОН Promotion *f*

презервати́в <-а> *м* Präservativ *nt*, Kondom *nt*

президе́нств|о <-а> *ср* Präsidentschaft *f*

президе́нт <-а> *м* Präsident(in) *m(f)*

i Land & Leute

Dass Russland wegen seiner Größe auf eine starke zentrale Macht angewiesen ist, daran zweifeln nicht einmal die „Demokraten" im Lande. Mit der Perestrojka bot sich **das Institut des Präsidenten** als eine zeitgemäße Alternative zum Amt des allmächtigen Generalsekretärs der KPdSU: Gorbatschow wurde der erste und der letzte frei gewählte Präsident der Sowjetunion. Jelzin, Präsident der 1991 neu gegründeten Russischen Föderation, sorgte angesichts „separatistischer Tendenzen" von Seiten einzelner „Subjekte" für die Stärkung seiner Vollmachten – trotzdem hat die Republik Tatarstan bald ihren eigenen Präsidenten gewählt. Heute betrachtet man den Präsidenten in Russland als den Hauptgaranten für die territoriale Integrität des Landes. Seine Wahl ist dabei nicht an das bestehende Parteisystem gekoppelt – die Russen wählen ihren Präsidenten für fünf Jahre in einer Direktwahl.

прези́диум <-а> *м* Präsidium *nt*, Vorstand *m*

презира́|ть <-ю, -ешь> *нсв*, **презре́ть** *св прх* verachten; **презре́ть опа́сность** die Gefahr verachten

презре́ни|е <-я> *ср* Verachtung *f*

презре́н|ный <-ная, -ное; -, -на, -но> *прил* verachtenswürdig, elend; **презре́нное существо́** elende Kreatur *f*

презр|е́ть <-ю́, -и́шь> *св прх см.* **презира́ть**

презри́те|льный <-льная, -льное; -лен, -льна, -льно> *прил* verächtlich

презу́мпци|я <-и> *ж* Präsumtion *f*; **по презу́мпции подорожа́ние не́фти повлечёт за собо́й но́вый вито́к инфля́ции** nach der Präsumtion wird die Verteuerung des Erdöls zu einem neuen Inflationssprung führen; **~ невино́вности** ЮР Präsumtion der Unschuld, Unschuldsvermutung *f*

преиму́щественно *нрч* vorwiegend, vor allem; **они́ экспорти́ровали ~ нефть и газ** sie exportierten hauptsächlich Erdöl und Erdgas

преиму́щественн|ый <-ая, -ое> *нрч* überwiegend, vorherrschend, hauptsächlich, vornehmlich; **преиму́щественное пра́во** Vorrecht *nt*, Vorzugsrecht *nt*, Priorität *f*, Vorrang *m*; **преиму́щественное пра́во акционе́ра** Aktienoption *f*; **преиму́щественное пра́во на поку́пки** Voranwartschaft *f*, Bezugsrecht *nt*, Vorkaufsrecht *nt*

преиму́ществ|о <-а> *ср* Vorteil *m*, Priorität *f*, Vorrang *m*; *(привиле́гия)* Privileg *nt*, Präferenz *f*; **~ в конкуре́нтной борьбе́** Wettbewerbsvorteil *m*; **преиму́щества в изде́ржках произво́дства** Kostenvorteil *m*

преиспо́дн|яя <-ей> *ж* Hölle *f*, Unterwelt *f*

преиспо́лнен|ный <-ная, -ное; -, -а, -о> *прил* voll; **~ опа́сности** voller Gefahr; **~ до́брых чу́вств** voller guter Gefühle sein

прейскура́нт <-а> *м* Preisliste *f*; **прейскура́нтная цена́** Listenpreis *m*

преклоне́ни|е <-я> *ср* *(перед кем-л.)* Verehrung *f*, Huldigung *f*

прекло́нн|ый <-ая, -ое> *прил* hoch; **~ во́зраст** hohes Alter *nt*

преклоня́|ться <-юсь, -ешься> *нсв*, **преклони́ться** *св рефл* verehren, huldigen

прекра́с|ный <-ная, -ное; -ен, -на, -но> *прил* wunderschön, wundervoll, herrlich, großartig; *(замеча́тельный)* wunderbar, hervorragend, ausgezeichnet; **прекра́сная возмо́жность** großartige Gelegenheit *f*

прекра|ти́ть <-щу́, -ти́шь> *св прх см.* **прекраща́ть**

прекра|ти́ться <-щу́сь, -ти́шься> *св рефл см.* **прекраща́ться**

прекраща́ть *нсв*, **прекрати́ть** *св прх* einstellen, beenden

прекраща́|ться <-юсь, -ешься> *нсв*, **прекрати́ться** *св рефл* aufhören; *(за-*

ти́хнуть) abklingen; **строи́тельные ра-бо́ты прекраща́ются из-за нехва́тки ресу́рсов** die Bauarbeiten wurden mangels Ressourcen unterbrochen

прекраще́ни|е <-я> *ср* Einstellung *f,* Beendigung *f,* Abbruch *m; (затиха́ние)* Erlöschen *nt;* **~ огня́** Waffenstillstand *m,* Waffenruhe *f;* **~ платеже́й** Zahlungseinstellung *f;* **~ де́ятельности предприя́тия** Betriebsaufgabe *f;* **~ произво́дства** Betriebsstilllegung *f*

преле́ст|ный <-ная, -ное; -ен, -на, -но> *прил* reizend, anmutig

пре́лес|ть <-ти> *ж* Liebreiz *m,* Anmut *f; (что-л. ми́лое)* Niedliches *nt*

пре́л|ый <-ая, -ое> *прил* **пре́лые до́ски** morsche Bretter *ntpl;* **~ во́здух** stickige Luft *f*

прель <пре́ли> *ж* **1.** *разг (что-л. гнило́е)* Verfaultes *nt;* **бы́ло ду́шно, и везде́ стоя́л за́пах пре́ли** es war schwül und überall roch es nach Fäulnis **2.** *(боле́знь у расте́ний)* Anthraknose *f;* **о́вощи, тро́нутые пре́лью** von Anthraknose befallenes Obst

прельща́|ть <-ю, -ешь> *нсв,* **прельсти́ть** *св прх* verführen, verlocken; **~ кого́-л. свои́ми мане́рами** jdn mit seinen Umgangsformen verführen

прелю́ди|я <-и> *ж* муз *(нача́ло)* Präludium *nt,* Vorspiel *nt;* **~ к о́пере** das Vorspiel zur Oper

премиа́льн|ый <-ая, -ое> *прил* Prämien-; **~ заём** Prämienanleihe *f;* **премиа́льные систе́мы дополни́тельно к опла́те труда́** ЭКОН Anreiz *m*

преми́н|уть <-у, -ешь> *св нпрх* unterlassen, versäumen

премир|ова́ть <-у́ю, -у́ешь> *(н)св прх* prämieren

пре́ми|я <-и> *ж* **1.** *(награ́да)* Prämie *f,* Preis *m* **2.** *(поощре́ние)* Bonus *m,* Gratifikation *f;* **Но́белевская ~** Nobelpreis *m;* **~ в би́рже-вых сде́лках** Bonus *m;* **~ за пои́мку магази́нных воро́в** Fangprämie *f;* **~ за риск** Risikoprämie *f;* **~ за сбереже́ния** Sparprämie *f;* **~ на ко́нкурсе** Ausschreibungspreis *m*

прему́дрос|ть <-ти> *ж* höchste Weisheit *f;* **~ ста́рших поколе́ний** die Weisheit älterer Generationen

прему́др|ый <-ая, -ое-, -а, -о> *прил* **1.** *(о́чень у́мный)* sehr weise; **~ стари́к** sehr weiser Greis *m* **2.** *ирон, разг (тру́дный для понима́ния)* schwer zugänglich; **~ рома́н** schwer zugänglicher Roman *m*

премье́р <-а> *м* Ministerpräsident *m;* **вы́брать премье́ра** den Ministerpräsidenten wählen

премье́р|а <-ы> *ж* Premiere *f;* ТЕАТ Erstaufführung *f,* Uraufführung *f*

премье́р-мини́стр <-а> *м* Premierminister(in) *m(f),* Ministerpräsident(in) *m(f)*

пренебрега́|ть <-ю, -ешь> *нсв,* **пренебре́чь** *св прх* geringschätzen, verachten

пренебреже́ни|е <-я> *ср* Geringschätzung *f,* Verachtung *f*

пренебрежи́те|льный <-льная, -льное; -лен, -льна, -льно> *прил* geringschätzig, abfällig, verächtlich

пренебре́|чь <-гу́, -жёшь> *св нпрх см.* **пренебрега́ть**

пре́ни|я <-й> *мн* Debatte *f,* Diskussion *f; (обме́н мне́ниями)* Meinungsaustausch *m;* **парламента́рные пре́ния** Parlamentsdebatten; **вы́ступить в пре́ниях** an der Debatte teilnehmen

преоблада́ни|е <-я> *ср* Dominieren *nt;* **~ э́кспорта над и́мпортом** Exportüberschuss *m*

преоблада́|ть <-ю, -ешь> *нсв нпрх (над кем-л./чем-л.)* vorherrschen, dominieren

преоблада́ющ|ий <-ая, -ее> *прил* vorherrschend

преобража́|ть <-ю, -ешь> *нсв прх* verändern, verwandeln, transformieren; **~ пейза́ж** die Landschaft verwandeln

преобража́|ться <-юсь, -ешься> *нсв,* **преобрази́ться** *св рефл* sich verwandeln; **~ в чу́довище** sich in ein Ungeheuer verwandeln

преображе́ни|е <-я> *ср* **1.** *(метамо́рфоза)* Verwandlung *f,* Metamorphose *f;* **просле́дить все преображе́ния актёра** alle Verwandlungen des Schauspielers verfolgen **2.** *(церко́вный пра́здник)* Verklärung *f* Christi; **они встре́тились на Преображе́нии** sie trafen sich am Tag der Verklärung Christi

преобра|зи́ть <-жу́, -зи́шь> *св прх см.* **преобража́ть**

преобра|зи́ться <-жу́сь, -зи́шься> *св рефл см.* **преобража́ться**

преобразова́ни|е <-я> *ср* Umwandlung *f,* Umgestaltung *f,* Neugestaltung *f;* **~ да́нных** ИНФОРМ Datenkonvertierung *f*

преобразова́те|ль <-ля> *м* Reformator *m;* ЭЛ Wandler *m,* Transformator *m*

преобразо́выва|ть <-ю, -ешь> *нсв,* **преобразова́ть** *св прх* umwandeln, umformen, umbilden; **~ в цифрову́ю фо́рму** digitalisieren

преодолева́|ть <-ю, -ешь> *нсв,* **преодоле́ть** *св прх* überwinden, fertig werden mit *+dat*

преодоле́ни|е <-я> *ср* Überwindung *f;* **~ препя́тствия** Bewältigung *f* aller Hindernisse

преодоле́|ть <-ю, -ешь> *св прх см.* **преодолева́ть**

преосвяще́нств|о <-а> *ср* Eminenz *f;* **ва́ше ~** Eure Eminenz

препара́т <-а> *м* Präparat *nt*

препари́р|овать <-ую, -уешь> *св прх* präparieren; **~ оле́ня** einen Hirsch präparieren

препина́ни|е <-я> *ср* лингв **зна́ки препина́ния** Interpunktionszeichen *mpl;* **ста́вить зна́ки препина́ния** Interpunktionszeichen setzen

препира́|ться <-юсь, -ешься> *нсв рефл* sich streiten; **игроки́ до́лго препира́лись** die Spieler stritten sich lange

преподава́те|ль <-ля> *м,* **преподава́тельниц|а** <-ы> *ж* Hochschullehrer(in) *m(f),* Dozent(in) *m(f),* Lektor(in) *m(f)*

препода|ва́ть <-ю, -ёшь> *нсв,* **препода́ть** *св прх* lehren, unterrichten

преподн|оси́ть <-ошу́, -о́сишь> *нсв,* **преподнести́** *св прх* **1.** *(торже́ственно подноси́ть)* überreichen; **~ цветы́ геро́ю** dem Helden feierlich Blumen überreichen; **~ сюрпри́з** jdn überraschen **2.** *перен, разг (сообща́ть)* berichten, mitteilen; **~ неприя́тную но́вость** eine unangenehme Nachricht mitteilen

преподо́бн|ый <-ая, -ое> *прил книжн* hoch(ehr)würdig; **~ оте́ц** ehrwürdiger Vater *m*

препя́тстви|е <-я> *ср* Hindernis *nt,* Hinderungsgrund *m;* **~ в торго́вле** Handelshemmnis *nt*

препя́тств|овать <-ую, -уешь> *нсв,* **воспрепя́тствовать** *св нпрх* behindern bei +*akk,* verhindern; **~ чьим-то наме́рениям** jdn an seinen Absichten hindern

прерв|а́ть <-у́, -ёшь> *св прх см.* **прерыва́ть**

прерв|а́ться <-у́сь, -ёшься> *св рефл см.* **прерыва́ться**

пререка́ни|е <-я> *ср* Streitigkeit *f,* Wortwechsel *m;* **вступи́ть в ~** einen Streit anfangen

пререка́|ться <-юсь, -ешься> *нсв рефл* streiten; **води́тель пререка́лся с пассажи́ром** der Fahrer stritt mit dem Fahrgast

прерогати́в|а <-ы> *ж книжн* Prärogativ *nt,* Vorrecht *nt;* **вне́шняя поли́тика страны́ – ~ Министе́рства иностра́нных дел** die Außenpolitik des Landes ist ein Vorrecht des Außenministeriums

прерыва́ни|е <-я> *ср* Unterbrechung *f,* Beendigung *f;* **~ бере́менности** Schwangerschaftsabbruch *m*

прерыва́|ть <-ю, -ешь> *нсв,* **прерва́ть** *св прх* unterbrechen; *(обрыва́ть)* abbrechen

прерыва́|ться <-юсь, -ешься> *нсв,* **прерва́ться** *св рефл* abbrechen, aufhören

преры́вист|ый <-ая, -ое; -, -а, -о> *прил* stockend, unterbrochen; **преры́вистое дыха́ние** stockender [*o* stoßender] Atem *m;* **преры́вистая ли́ния** unterbrochene Linie *f*

пресека́|ть <-ю, -ешь> *нсв,* **пресе́чь** *св прх* unterbinden, abstellen; **~ зло в ко́рне** das Übel an der Wurzel fassen [*o* packen]

пресека́|ться <-ется> *нсв безл, только 3 л* sich unterbrochen werden; **наш разгово́р пресека́лся при ка́ждом звонке́** unser Gespräch wurde bei jedem Klingeln unterbrochen

пресе́|чь <-ку́, -чёшь> *св прх см.* **пресека́ть**

пресле́довани|е <-я> *ср* Verfolgung *f*

пресле́довате|ль <-ля> *м* Verfolger *m*

пресле́д|овать <-ую, -уешь> *нсв прх* verfolgen

пресле́д|оваться <-уется> *нсв безл, только 3 л* verfolgt werden; **э́то дея́ние пресле́дуется зако́ном** diese Tat wird gesetzlich verfolgt

пресловýт|ый <-ая, -ое> *прил* berüchtigt

пресмыка́|ться <-юсь, -ешься> *нсв рефл* **1.** *устар (по́лзать)* kriechen; **я́щерицы пресмыка́ются по земле́** die Eidechsen kriechen auf der Erde **2.** *перен, разг (влачи́ть жа́лкое существова́ние)* elende Existenz fristen **3.** *перен, разг (раболе́пствовать)* liebedienern, kriechen; **~ пе́ред нача́льством** vor seinen Vorgesetzten liebedienern

пресмыкающе|еся <-гося> *ср* Reptil *nt*

пре́с|ный <-ная, -ное; -ен, -на́, -но> *прил* fade, schal

пресс <пре́сса> *м* **1.** тех Presse *f* **2.** *перен* Druck *m;* **нало́говый ~** Steuerschraube *f*

пре́сс|а <-ы> *ж* Presse *f;* **бульва́рная ~** Boulevardpresse *f;* **жёлтая ~** Regenbogenpresse *f*

пресс-конфере́нци|я <-и> *ж* Pressekonferenz *f*

пресс|ова́ть <-у́ю, -у́ешь> *нсв,* **отпрессова́ть, спрессова́ть** *св прх* тех pressen

пресс-папье́ <неизм> *ср* Briefbeschwerer *m*

пресс-слу́жб|а <-ы> *ж* Pressedienst *m*

преста́в|иться <-люсь, -ишься> *св рефл устар (умере́ть)* sterben; **царь под у́тро преста́вился** der Zar verschied im Morgengrauen

престаре́л|ый <-ая, -ое> *прил* betagt, sehr alt

прести́ж <-а> *м* Prestige *nt,* Renommee *nt; (авторите́т)* Autorität *f;* **~ фи́рмы** Firmenansehen *nt*

прести́ж|ный <-ная, -ное; -ен, -на, -но> *прил* angesehen, renommiert

престо́л <-а> *м* Thron *m*

престолонасле́дник <-а> *м* Thronfolger *m*

преступле́ни|е <-я> *ср* Verbrechen *nt;* юр Delikt *nt;* **вое́нное ~** Kriegsverbrechen *nt;* **осо́бо тя́жкое ~** Kapitalverbrechen *nt;* **тра́нспортное ~** Verkehrsdelikt *nt*

престу́пник <-а> *м,* **престу́пниц|а** <-ы> *ж* Verbrecher(in) *m(f),* Straftäter(in) *m(f);* **вое́нный ~** Kriegsverbrecher *m*

престу́пнос|ть <-ти> *ж* Kriminalität *f;* **организо́ванная ~** organisiertes Verbrechen *nt;* **экономи́ческая ~** Wirtschaftkriminalität *f*

престу́п|ный <-ная, -ное; -ен, -на, -но>

прил kriminell, verbrecherisch; **престу́пное легкомы́слие** sträflicher Leichtsinn *m*

пресыще́ни|е <-я> *ср* Überdruss *m*

пресы́щеннос|ть <-ти> *ж* Verdrossenheit *f;* **~ жи́знью** Lebensüberdruss *m;* **~ поли́тикой** Politikverdrossenheit *f*

пресы́щен|ный <-ная, -ное; -, -а, -о> *прил* überdrüssig, übersättigt

претенде́нт <-а> *м* **1.** *(кандида́т)* Anwärter(in) *m(f)* **2.** *(на до́лжность)* Bewerber *m*

претенд|ова́ть <-у́ю, -у́ешь> *нсв нпрх (на что-л.)* beanspruchen, Anspruch erheben auf +*akk;* *(на до́лжность)* sich bewerben um +*akk*

прете́нзи|я <-и> *ж* Anspruch *m,* Anmaßung *f;* ЭКОН Beanstandung *f,* Reklamation *f;* *(взыска́ние)* Forderung *f;* **предъявля́ть прете́нзии** Ansprüche geltend machen; **без прете́нзий** anspruchslos; **~ на ко́нкурсную ма́ссу** Masseanspruch *m;* **~ на получе́ние како́го-л. пра́ва** Anwartschaft *f;* **~ о недоста́че** Mengenreklamation *f;* **~ по гара́нтии** Gewährleistungsanspruch *m;* **~ по да́нной гара́нтии** Garantieanspruch *m*

претенцио́зн|ый <-ая, -ое> *прил* anspruchsvoll; **претенцио́зное назва́ние** anspruchsvoller Name *m*

прете́рит <-а> *м* ЛИНГВ Präteritum *nt*

претерпева́|ть <-ю, -ешь> *нсв,* **претерпе́ть** *св прх* **1.** *(пережива́ть что-л. неприя́тное)* erleiden, erdulden; **~ бе́дствие** Unglück erleiden **2.** *(подверга́ться измене́нию)* erfahren; **~ деформа́цию** deformiert werden

прет|и́ть <-и́т> *нсв безл, только 3 л* **1.** *устар (запреща́ть)* verbieten, untersagen; **его́ ранг пре́тил ему́ впусти́ться в э́то начина́ние** sein Rang verbot es ihm, an diesem Unternehmen teilzunehmen **2.** *(отвраща́ть кого́-л.)* sich ekeln; **неприя́тная рабо́та прети́ла ему́** er ekelte sich vor der unangenehmen Arbeit

преткнове́ни|е <-я> *то́лько в сочет.* **ка́мень преткнове́ния** Stein *m* des Anstoßes, Streitfrage *f*

преть <пре́ю, пре́ешь> *нсв,* **сопре́ть** *св нпрх* faulen

преувеличе́ни|е <-я> *ср* Übertreibung *f*

преувели́чен|ный <-ная, -ное; -, -а, -о> *прил* übertrieben; *(чрезме́рный)* exzessiv

преувели́чива|ть <-ю, -ешь> *нсв,* **преувели́чить** *св прх* übertreiben; *(раздува́ть)* aufbauschen

преуменьша́|ть <-ю, -ешь> *нсв,* **преуме́ньшить** *св прх* untertreiben, bagatellisieren; *(серьёзность, опа́сность)* verharmlosen

преуспева́|ть <-ю, -ешь> *нсв,* **преуспе́ть** *св нпрх* erfolgreich sein

преуспева́ющ|ий <-ая, -ое> *прил* gedeihend; **~ би́знес** blühendes Geschäft *nt*

преуспе́|ть <-ю, -ешь> *св нпрх см.* **преуспева́ть**

префекту́р|а <-ы> *ж* АДМ Präfektur *f*

префера́нс <-а> *м (ка́рточная игра́)* Preference *f;* **игра́ть в ~** Preference spielen

преференциа́льн|ый <-ая, -ое> *прил* Vorzugs-; **преференциа́льная по́шлина** Vorzugszoll *m;* **преференциа́льная цена́** Vorzugspreis *m*

префере́нци|я <-и> *ср* Begünstigung *f,* Präferenz *f*

преходя́щ|ий <-ая, -ее> *прил* vergänglich

прецеде́нт <-а> *м* Präzedenzfall *m,* Grundsatzurteil *nt;* **создава́ть ~** einen Präzedenzfall schaffen

преюди́ци|я <-и> *ж* ЮР Vorentscheidung *f*

при *предл* bei +*dat;* **я тут не́ ~ чём** ich habe damit nichts zu tun; **~ э́том** dabei, hierbei; **~ всех тру́дностях** trotz aller Schwierigkeiten; **~ капитали́зме** im Kapitalismus; **~ тепе́решнем у́ровне зна́ний** nach dem [*o* beim] heutigen Wissensstand; **име́ть ~ себе́** bei sich haben; **оста́ться ~ свои́х интере́сах** leer ausgehen

приба́в|ить <-лю, -ишь> *св нпрх см.* **прибавля́ть**

приба́в|иться <-люсь, -ишься> *св рефл см.* **прибавля́ться**

приба́вк|а <-и> *ж (прибавле́ние)* Zulage *f,* Zuschlag *m,* Zuschuss *m*

прибавле́ни|е <-я> *ср* Zurechnung *f;* *(увеличе́ние)* Zunahme *f;* *(дополне́ние)* Zusatz *m;* *(приро́ст)* Zuwachs *m;* **~ семе́йства** *разг* Familienzuwachs *m*

прибавля́|ть <-ю, -ешь> *нсв,* **приба́вить** *св прх* hinzurechnen, zurechnen; *u* МАТ addieren, hinzufügen

прибавля́|ться <-юсь, -ешься> *нсв,* **приба́виться** *св рефл* hinzukommen; **к э́тому приба́вились и дополни́тельные неприя́тности** dazu kamen weitere Unannehmlichkeiten

приба́вочн|ый <-ая, -ое> *прил* **1.** *(дополни́тельный)* Zuschlag-, Ergänzungs- **2.** ЭКОН zusätzlich; **~ проду́кт** Zusatzprodukt *n;* **приба́вочная сто́имость** Mehrwert *m*

приба́лт <-а> *м,* **приба́лтк|а** <-и> *ж* Balte *m,* Baltin *f*

прибалти́йск|ий <-ая, -ое> *прил* baltisch

Приба́лтик|а <-и> *ж* Baltikum *nt;* **жи́тель Приба́лтики** Ostseeanwohner *m*

прибау́тк|а <-и> *ж (погово́рка)* Wortspiel *nt;* **говори́ть с прибау́тками** in Wortspielen sprechen

прибега́|ть[1] <-ю, -ешь> *нсв,* **прибежа́ть** *св нпрх* herlaufen, angerannt kommen

прибега́|ть[2] <-ю, -ешь> *нсв,* **прибе́гнуть** *св нпрх (к чему́-л.)* zu +*dat* greifen

прибедня́|ться <-юсь, -ешься> *нсв,* **прибедни́ться** *св рефл разг* sich arm stellen, den Bemitleidenswerten spielen

прибе|жа́ть <-гу́, -жи́шь> *св,* **прибега́ть** *нсв нпрх* angelaufen kommen

прибе́жищ|е <-а> *ср (укры́тие)* Versteck *nt;* **найти́ ~ во вре́мя бу́ри** einen Unterschlupf vor dem Unwetter finden

приберега́|ть <-ю, -ешь> *нсв,* **приберéчь** *св прх* zurücklegen, beiseite legen

прибива́|ть <-ю, -ешь> *нсв,* **приби́ть** *св прх* **1.** *(гвоздя́ми)* festnageln **2.** *(выбра́сывать)* anspülen; **~ к бе́регу** ans Ufer treiben

прибира́|ть <-ю, -ешь> *нсв,* **прибра́ть** *св прх* **1.** *разг (приводи́ть в поря́док)* in Ordnung bringen; **~ ко́мнату** das Zimmer in Ordnung bringen **2.** *разг (пря́тать)* verstecken; **прибра́ть буты́лку в шкаф** die Flasche im Schrank verstecken **3.** *прост (присва́ивать)* sich etw aneignen; **~ нема́лую часть при́были** sich einen großen Teil des Gewinns aneignen; **прибра́ть к рука́м** sich etw aneignen

прибира́|ться <-юсь, -ешься> *нсв,* **прибра́ться** *св рефл разг* **1.** *(навести́ поря́док)* Ordnung schaffen; **в до́ме беспоря́док, на́до прибра́ться** im Haus herrscht Durcheinander, es muss aufgeräumt werden **2.** *(привести́ себя́ в поря́док)* sich in Ordnung bringen; **иди́ в ва́нную, прибери́сь!** geh ins Bad und bring dich in Ordnung!

при|би́ть <-бью́, -бьёшь> *св прх см.* **прибива́ть**

при|би́ться <-бью́сь, -бьёшься> *св рефл* **1.** *(прикрепи́ться к чему́-л. гвоздём)* angenagelt [*o* angeschlagen] werden; **табли́чка легко́ приби́лась гвоздём к двери́** das Schild war leicht an der Tür festzunageln **2.** *(прижима́ться книзу)* niedergedrückt werden; **от дождя́ трава́ приби́лась к земле́** vom Regen wurde das Gras niedergedrückt **3.** *прост (прижима́ться вплотну́ю, пристава́ть)* angespült werden; **брёвна приби́лись к бе́регу** die Balken wurden an das Ufer gespült; **она́ хоте́ла ~ к гру́ппе** sie wollte zu der Gruppe hinzustoßen

приближа́|ть <-ю, -ешь> *нсв,* **прибли́зить** *св прх* näher bringen, heranbringen; **~ стул** den Stuhl näher rücken; **свои́м поведе́нием оте́ц прибли́зил к себе́ сы́на** durch sein Verhalten wurde die Beziehung des Vaters zum Sohn enger

приближа́|ться <-юсь, -ешься> *нсв,* **прибли́зиться** *св рефл* sich (an)nähern, näher kommen; **приближа́ется кри́зис** es kriselt

приближе́ни|е <-я> *ср* Annährung *f*

приближён|ный **I.** <-ная, -ное; -, -на, -но> *прил* ungefähr; **приближённое значе́ние** Näherungswert *m* **II.** <-ного> *м* Vertrauensmann *m;* **приближённые** *мн* Vertraute *pl* eines Herrschers

приблизи́тельно *нрч* annährend, schätzungsweise

приблизи́те|льный <-льная, -льное; -лен, -льна, -льно> *прил* ungefähr; **~ подсчёт** annähernde Berechnung *f*

прибли́|зить <-жу, -зишь> *св прх см.* **приближа́ть**

прибли́|зиться <-жусь, -зишься> *св рефл см.* **приближа́ться**

прибо́|й <-я> *м* Brandung *f*

приболе́|ть <-ю, -ешь> *св нпрх прост* krank werden; **услы́шав но́вость, она́ приболе́ла** nachdem sie die Nachricht gehört hatte, wurde sie krank

прибо́р <-а> *м* Gerät *nt; (для еды́)* Besteck *nt,* Gedeck *nt*

при|бра́ть <-беру́, -берёшь> *св прх см.* **прибира́ть**

при|бра́ться <-беру́сь, -берёшься> *св рефл см.* **прибира́ться**

прибре́жн|ый <-ая, -ое> *прил* Ufer-; **~ песо́к** Ufersand *m*

прибыва́|ть <-ю, -ешь> *нсв,* **прибы́ть** *св нпрх* ankommen, eintreffen

при́бы|ль <-ли> *ж* **1.** *экон* Ertrag *m,* Gewinn *m* **2.** *(успе́х)* Erfolg *m* **3.** *(по́льза)* Nutzen *m;* **~ бру́тто** Bruttogewinn *m;* **~ не́тто** Reingewinn *m;* **~ за год** Jahresgewinn *m;* **~ за отчётный пери́од** Periodenerfolg *m;* **~, отража́емая в бала́нсе и счёте при́былей и убы́тков** Buchgewinn *m;* **~ от прода́жи предприя́тия** Betriebsveräußerungsgewinn *m;* **~ э́кспортно-и́мпортного бала́нса** Leistungsbilanzüberschuss *m;* **чи́стая ~** Reingewinn *m*

при́быльнос|ть <-ти> *ж* Ertragskraft *f,* Rentabilität *f*

при́бы|льный <-льная, -льное; -лен, -льна, -льно> *прил* gewinnbringend, lukrativ, profitabel

прибы́ти|е <-я> *ср* Ankunft *f,* Anreise *f*

приб|ы́ть <-у́ду, -у́дешь> *св нпрх см.* **прибыва́ть**

прива́жива|ть <-ю, -ешь> *нсв,* **прива́дить** *св прх и перен* ködern, (an)locken

прива́л <-а> *м* Halt *m,* Rast *f;* **де́лать ~** rasten

прива́лива|ть <-ю, -ешь> *нсв,* **привали́ть** *св (н)прх* **1.** *(прислони́ть)* pressen, drücken **2.** *(приста́ть, прича́лить)* anlegen; **привали́ть к бе́регу** am Ufer anlegen **3.** *разг (прибы́ть)* ankommen; **мно́го наро́ду привали́ло** es kamen viele Leute

прива́лива|ться <-юсь, -ешься> *св,* **привали́ться** *св рефл разг (прислони́ться)* sich (an)lehnen; **привали́ться к стене́** sich an die Wand lehnen

привал|и́ть <-ю́, -ишь> *св (н)прх см.*

прива́ливать
привал|и́ться <-ю́сь, -и́шься> *св нпрх см.* **прива́ливаться**
прива́рива|ть <-ю, -ешь> *нсв,* **при-вари́ть** *св прх* ТЕХ anschweißen, einschweißen
прива́т-доце́нт <-а> *м* Privatdozent *m*
приватиза́ци|я <-и> *ж* Privatisierung *f*
приватизи́р|овать <-ую, -уешь> *(н)св прх* privatisieren
прива́тн|ый <-ая, -ое> *прил* Privat-; **прива́тное лицо́** Privatperson *f;* **прива́тные разгово́ры** Privatgespräche *ntpl;* **~ сало́н** Privatsalon *m*
привез|ти́ <-у́, -ёшь> *св прх см.* **при-вози́ть**
привере́длив|ый <-ая, -ое; -, -а, -о> *прил* wählerisch, launisch
привере́днича́|ть <-ю, -ешь> *нсв нпрх разг* herummäkeln, nörgeln
приве́ржен|ец <-ца> *м* Anhänger *m;* **~ интере́сных иде́й** Anhänger interessanter Ideen
приве́рженнос|ть <-ти> *ж* Ergebenheit *f;* **~ ма́рке** ЭКОН Markentreue *f*
приве́ржен|ный <-ная, -ное; -, -а, -о> *прил* ergeben
приве́|сить <-шу, -сишь> *св прх (при-крепи́ть)* befestigen; **~ ла́мпу к потолку́** die Lampe an der Decke aufhängen
приве|сти́ <-ду́, -дёшь> *св прх см.* **при-води́ть**
приве|сти́сь <-ду́сь, -дёшься> *св рефл см.* **приводи́ться**
приве́т <-а> *м* Gruß *m;* **передава́ть ~** Grüße bestellen; **быть с приве́том** *перен* eine Meise [*o* einen Vogel] haben
приве́тливо *нрч* freundlich; **встреча́ть кого́-л. ~** jdn freundlich empfangen
приве́тливос|ть <-ти> *ж* Freundlichkeit *f*
приве́тлив|ый <-ая, -ое; -, -а, -о> *прил* freundlich
приве́тственн|ый <-ая, -ое> *прил* Gruß-; **приве́тственное сло́во** Grußwort *nt,* Begrüßung *f*
приве́тстви|е <-я> *ср* Gruß *m,* Begrüßung *f*
приве́тств|овать <-ую, -уешь> *нсв,* **по-приве́тствовать** *св прх* begrüßen, willkommen heißen; *(одобря́ть)* begrüßen, gutheißen
привива́|ть <-ю, -ешь> *нсв,* **приви́ть** *св прх* **1.** *перен* beibringen, anerziehen **2.** АГР pfropfen, okulieren **3.** МЕД impfen
приви́вк|а <-и> *ж* Impfung *f;* **~ от столбняка́** Tetanusimpfung *f;* **профилакти́ческая ~** Schutzimpfung *f*
привиде́ни|е <-я> *ср* Gespenst *nt;* **ви́деть ~ во сне** im Traum Gespenster sehen
приви́|деться <-жусь, -дишься> *нсв рефл (показа́ться)* erscheinen; **~ во сне** im Schlaf erscheinen
привилегиро́ван|ный <-ная, -ное; -, -на, -но> *прил* privilegiert; **привилегиро́ванная а́кция** Genussaktie *f,* Vorzugsaktie *f;* **привилегиро́ванные це́нные бума́ги** Favoriten *pl*
привиле́ги|я <-и> *ж* Privileg *nt,* Vorrecht *nt;* **пользоваться привиле́гиями** Privilegien genießen
приви́нчива|ть <-ю, -ешь> *нсв,* **при-винти́ть** *св прх* festschrauben, anschrauben; **~ тру́бку к шасси́** das Rohr am Fahrgestell festschrauben
прив|и́ть <-ью́, -ьёшь> *св прх см.* **при-вива́ть**
при́вкус <-а> *м и перен* Nachgeschmack *m,* Beigeschmack *m*
привлека́те|льный <-льная, -льное; -лен, -льна, -льно> *прил* reizvoll, attraktiv, apart
привлека́|ть <-ю, -ешь> *нсв,* **привле́чь** *св прх* heranziehen, einbeziehen, hinzuziehen; **~ внима́ние** die Aufmerksamkeit auf sich ziehen; **~ к уголо́вной отве́тственности** strafrechtlich belangen; **~ клие́нтов** [*или* **покупа́телей**] akquirieren, Kunden gewinnen
привлече́ни|е <-я> *ср* Einbeziehung *f;* ЭКОН Beschaffung *f,* Werbung *f,* Akquisition *f;* **~ капита́ла** Kapitalbeschaffung *f;* **~ клие́нтов** Kundenwerbung *f,* Akquisition *f,* Akquise *f;* **~ но́вых покупа́телей** Neuakquisition *f;* **~ ка́дров** Personalbeschaffung *f;* **~ рабо́чей си́лы** Personalbeschaffung *f*
привле́|чь <-ку́, -чёшь> *св прх см.* **при-влека́ть**
приво́д[1] <-а> *м* ЮР Vorführung *f*
приво́д[2] <-а> *м* АВТО Antrieb *m;* **~ на все колёса** Allradantrieb *m;* **~ на за́дние колёса** Hinterradantrieb *m;* **пере́дний ~** Vorderradantrieb *m*
прив|оди́ть <-ожу́, -о́дишь> *нсв,* **при-вести́** *св прх* **1.** *(куда́-л.)* mitbringen, holen **2.** *(к чему́-л.)* bewirken, erbringen, führen zu +*dat;* **~ в восто́рг** begeistern **3.** *(ука́зывать, цити́ровать)* angeben, aufführen; **~ приме́р** ein Beispiel anführen
прив|оди́ться <-о́дится> *нсв,* **при-вести́сь** *св безл, то́лько 3 л разг (вы́пасть на до́лю кого́-л.)* sich für jdn ergeben; **чего́ то́лько им не привело́сь уви́деть во вре́мя э́той пое́здки** was haben sie auf dieser Reise nicht alles gesehen
приводн|о́й <-а́я, -о́е> *прил* Antriebs-; **~ механи́зм** Triebwerk *nt*
приво́з <-а> *м* **1.** *(поста́вка)* Lieferung *f;* **~ това́ров из сосе́дних стран** Lieferung von Waren aus anderen Ländern **2.** *устар (привезённый това́р)* gelieferte Ware *f;* **обознача́ть происхожде́ние приво́за** die Herkunft der gelieferten Ware kennzeichnen
приво|зи́ть <-жу́, -зишь> *нсв,* **привезти́** *св прх* **1.** *(везя́, доставля́ть что-л.*

куда-л.) anfahren, bringen, liefern; **~ това́ры** die Waren liefern **2.** *(привози́ть что-л. отку́да-л.)* bringen; **~ пода́рки/но́вость** Geschenke *ntpl*/Neuigkeiten *fpl* bringen

привокза́льн|ый <-ая, -ое> *прил* Bahnhofs-; **привокза́льная пло́щадь** Bahnhofsvorplatz *m*

приволо́|чь <-ку́, -чёшь> *св прх разг* schleppen; **~ чемода́ны к скаме́йке** die Koffer zur Sitzbank schleppen; **~ дру́га на торжество́** den Freund zu einer Feier schleppen

привра́тник <-а> *м*, **привра́тниц|а** <-ы> *ж* Pförtner(in) *m(f)*

привста|ва́ть <-ю́, -ёшь> *нсв*, **привста́ть** *св нпрх* sich aufrichten; **он бы́ло привста́л со сту́ла, но пото́м сел обра́тно** zuerst richtete er sich auf, setzte sich dann aber wieder auf den Stuhl

привыка́ни|е <-я> *ср* Gewöhnung *f*

привыка́|ть <-ю, -ешь> *нсв*, **привы́кнуть** *св нпрх (к чему́-л.)* sich gewöhnen an *+akk*

привы́чк|а <-и> *ж* Gewohnheit *f*, Angewohnheit *f*; **жи́зненные привы́чки** Lebensart *f*

привы́чно *нрч* gewöhnt

привы́ч|ный <-ная, -ное; -ен, -на, -но> *прил* gewohnt; **де́ло привы́чное** Routineangelegenheit *f*

привя́заннос|ть <-ти> *ж* Bindung *f*; *(к кому́-л.)* Anhänglichkeit *f*

прив|яза́ть <-яжу́, -я́жешь> *св прх см.* **привя́зывать**

прив|яза́ться <-яжу́сь, -я́жешься> *св рефл см.* **привя́зываться**

привя́зк|а <-и> *ж* Zuneigung *f*

привя́зчивос|ть <-ти> *ж* **1.** *(пре́данность)* Anhänglichkeit *f* **2.** *(назо́йливость)* Aufdringlichkeit *f*

привя́зчив|ый <-ая, -ое; -, -а, -о> *прил разг* anhänglich, anschmiegsam

привя́зыва|ть <-ю, -ешь> *нсв*, **привяза́ть** *св прх* anbinden, festbinden

привя́зыва|ться <-юсь, -ешься> *нсв*, **привяза́ться** *св рефл* **1.** *(прикрепля́ться чем-л. к чему́-л.)* sich festbinden; **~ верёвкой к ма́чте** sich mit einem Seil an den Mast binden **2.** *перен (станови́ться бли́зким с кем-л.)* lieb gewinnen, hängen an; **щенки́ бы́стро привя́зываются к лю́дям** Welpen gewöhnen sich schnell an Menschen **3.** *презрит, разг (надоеда́ть)* belästigen, langweilen; **~ к кому́-л. с вопро́сами** jdn mit Fragen belästigen **4.** *прост (придира́ться)* mäkeln; **старшина́ всегда́ ~ к солда́там** der Feldwebel nörgelt immer über die Soldaten **5.** ГЕОГ sich orientieren; **~ к ближа́йшей высо́тке** sich nach der nächstliegenden Anhöhe orientieren

при́вя|зь <-зи> *ж* **1.** *(верёвка, реме́нь для привя́зывания)* Leine *f*; **посади́ть соба́к на ~** die Hunde an die Leine nehmen; **спусти́ть соба́к с при́вязи** die Hunde von der Leine lassen; **держа́ть на при́вязи** angebunden halten **2.** *(ме́сто, где привя́зывают)* Anbindestelle *f*; **за угло́м была́ ~** um die Ecke war eine Anbindestelle

пригвоз|ди́ть <-жу́, -ди́шь> *св прх разг* **1.** *(прикрепи́ть гвоздём)* festnageln **2.** *разг (пронзи́ть)* festnageln, einrammen; **~ кого́-л. копьём** jdn mit dem Speer aufspießen; **~ взгля́дом** jdn mit Blicken töten

пригиба́|ть <-ю, -ешь> *нсв прх* knicken, beugen

пригиба́|ться <-юсь, -ешься> *нсв*, **пригну́ться** *св рефл* sich ducken, sich neigen

пригла́жива|ть <-ю, -ешь> *нсв*, **пригла́дить** *св прх* glätten; **~ во́лосы** die Haare glätten; **~ стиль выступле́ния** den Auftrittsstil glätten

пригласи́тельн|ый <-ая, -ое> *прил* Einladungs-; **~ биле́т** Einladungskarte *f*

приглаша́|ть <-ю, -ешь> *нсв*, **пригласи́ть** *св прх* einladen; **~ на торжество́/рабо́ту** zu einer Feier einladen/einstellen

приглаша́|ться <-ется> *нсв безл, только 3 л* eingeladen werden; **на сце́ну приглаша́ется сле́дующий исполни́тель** der nächste Sänger wird auf die Bühne gebeten

приглаше́ни|е <-я> *ср* Einladung *f*; ИНФОРМ Eingabeaufforderung *f*, Prompt *m*; **~ на та́нец** Aufforderung *f* zum Tanz; **ча́стное ~** persönliche Einladung *f*; **~ на рабо́ту** Engagement *nt*

приглуша́|ть <-ю, -ешь> *нсв*, **приглуши́ть** *св прх* **1.** *(осла́бить)* dämpfen, ersticken; **~ мото́р** das Motorgeräusch dämpfen; **~ тоску́** die Trauer ersticken **2.** *перен, разг (потуши́ть)* löschen; **~ угли́** Kohlen löschen

пригля|де́ть <-жу́, -ди́шь> *св прх см.* **пригля́дывать**

пригля|де́ться <-жу́сь, -ди́шься> *св рефл см.* **пригля́дываться**

пригля́дыва|ть <-ю, -ешь> *нсв нпрх разг* **1.** *(присма́тривать за кем-л.)* nach jdm sehen; **~ за детьми́** nach den Kindern sehen **2.** *(выбира́ть)* wählen; **~ ме́сто для но́вого до́ма** einen Platz für das neue Haus wählen

пригля́дыва|ться <-юсь, -ешься> *нсв рефл* **1.** *(присма́триваться)* mustern; **сто́рож пригля́дывался к подъезжа́ющей маши́не** der Wächter musterte genau das heranfahrende Auto **2.** *(привыка́ть)* sich gewöhnen; **прие́зжие ме́дленно пригля́дывались к но́вым усло́виям** die Neuankömmlinge gewöhnten sich langsam an die neuen Bedingungen **3.** *разг (надоеда́ть)* überdrüssig werden; **им пригляде́лись и дороги́е пое́здки, и шика́рные пла́тья – они́ спеши́ли домо́й** sie wurden der teuren

Reisen und luxuriösen Kleider überdrüssig und sie eilten nach Hause

пригля́н|уться <-у́сь, -ёшься> *св рефл разг* gefallen; **ему́ пригляну́лась де́вушка из сосе́днего подъе́зда** ihm gefiel das Mädchen aus dem benachbarten Eingang nebenan

приг|на́ть <-оню́, -о́нишь> *св прх см.* **пригоня́ть**

пригн|у́ть <-у́, -ёшь> *св прх см.* **пригиба́ть**

пригну́ться *св рефл см.* **пригиба́ться**

пригова́рива|ть <-ю, -ешь> *нсв,* **приговори́ть** *св* **I.** *прх* verurteilen; **~ к сме́ртной ка́зни** zum Tode verurteilen **II.** *нпрх нсв* (bei einer Handlung) vor sich hin sprechen

пригово́р <-а> *м* Urteil *nt,* Urteilsspruch *m;* **вынесе́ние пригово́ра** Urteilsfällung *f,* Urteilsverkündung *f;* **оправда́тельный ~** Freispruch *m;* **~ трете́йского суда́** Schiedsspruch *m*

приговор|и́ть <-ю́, -и́шь> *св прх см.* **пригова́ривать**

приго|ди́ться <-жу́сь, -ди́шься> *св рефл* verwendbar sein; **сохрани́ па́пку, мо́жет по́зже ~** heb die Mappe auf, vielleicht brauchen wir sie später

приго́днос|ть <-ти> *ж* Eignung *f,* Tauglichkeit *f,* Befähigung *f*

приго́д|ный <-ная, -ное; -ен, -на, -но> *прил* tauglich

приго́ж|ий <-ая, -ее; -, -а, -е> *прил* hübsch, schön

пригоня́|ть <-ю, -ешь> *нсв,* **пригна́ть** *св прх* **1.** *(гоня́, привести́ или привезти́)* bringen, heranfahren; **~ скот** Vieh hertreiben; **~ маши́ну** das Auto heranfahren; **тече́ние пригна́ло ве́тки** die Strömung trieb Zweige mit **2.** *прост (примча́ться)* angelaufen kommen; **дежу́рный пригна́л из сосе́днего ко́рпуса** der Dienst habende Offizier kam aus dem Nachbargebäude angelaufen **3.** *(прила́дить)* anpassen

пригора́|ть <-ет> *нсв,* **пригоре́ть** *св безл, только 3 л* anbrennen

при́город <-а> *м* Vorort *m;* **жить в при́городе** in einem Vorort leben

при́городн|ый <-ая, -ое> *прил* **1.** *(бли́зкий к го́роду)* Vorort-; **при́городная зо́на** Vorortzone *f* **2.** *(о тра́нспорте)* Regional-; **~ по́езд** Regionalzug *m*

приго́р|ок <-ка> *м* Anhöhe *f*

приго́ршн|я <-и> *ж* Handvoll *f;* **~ зерна́** eine Handvoll Körner

пригорю́н|иться <-нюсь, -ишься> *св рефл разг* traurig werden, betrübt werden; **дочь моя́ пригорю́нилась** meine Tochter wurde traurig

пригото́в|ить <-лю, -ишь> *св прх см.* **гото́вить**

пригото́в|иться <-люсь, -ишься> *св рефл см.* **гото́виться**

приготовле́ни|е <-я> *ср* Vorbereitung *f,* Vorkehrung *f;* **де́лать приготовле́ния** Vorbereitungen treffen

приготовля́|ть <-ю, -ешь> *нсв прх* vorbereiten

приготовля́|ться <-юсь, -ешься> *нсв рефл* sich vorbereiten

пограни́чн|ый <-ая, -ое> *прил* Grenz-; **~ райо́н** Grenzgebiet *nt;* **~ бой** Grenzkampf *m*

пригрева́|ть <-ю, -ешь> *нсв,* **пригре́ть** *св прх* **1.** *(немно́го греть)* wärmen, anwärmen; **со́лнце пригрева́ет** die Sonne scheint **2.** *перен, разг (приласка́ть, приюти́ть кого́-л.)* liebkosen, freundlich behandeln; **пригре́ть сироту́** die Waise umhegen

пригре́|зиться <-жусь, -зишься> *св рефл см.* **гре́зиться**

пригре́|ть <-ю, -ешь> *св прх см.* **пригрева́ть**

пригро|зи́ть <-жу́, -зи́шь> *св нпрх см.* **грози́ть**

пригу́блива|ть <-ю, -ешь> *нсв,* **пригу́бить** *св прх* nippen; **он едва́ пригу́бил рю́мку** er hat kaum an seinem Glas genippt

прида|ва́ть <-ю́, -ёшь> *нсв,* **прида́ть** *св прх* **1.** *(прибавля́ть)* hinzufügen **2.** *(сво́йство и т.п.)* beimessen, verleihen; **~ значе́ние** Bedeutung beimessen; **~ си́лу** Kraft verleihen

прида́влива|ть <-ю, -ешь> *нсв,* **придави́ть** *св прх (прижима́ть)* drücken; **придави́ть па́лец две́рью** sich den Finger in der Tür einklemmen; **~ ка́мнем** mit einem Stein festdrücken

прида́ни|е <-я> *ср* Verleihung *f,* Hinzufügen *nt;* **для прида́ния сил** zur Ermutigung

прида́но|е <-го> *ср* Aussteuer *f,* Mitgift *f*

прида́т|ок <-ка> *м* Anhängsel *nt*

прида́точн|ый <-ая, -ое> *прил* angehängt; **прида́точное предложе́ние** *лингв* Nebensatz *m*

прида́|ть <-м, -шь> *св прх см.* **придава́ть**

прида́ч|а <-и> *ж* Zugabe *f,* Zulage *f;* **в прида́чу** überdies

придвига́|ть <-ю, -ешь> *нсв,* **придви́нуть** *св прх* vorrücken, näher rücken; **придви́нуть стул побли́же** den Stuhl näher rücken

придвига́|ться <-юсь, -ешься> *нсв,* **придви́нуться** *св рефл* sich nähern, vorrücken; **придви́нуться к костру́** zum Lagerfeuer rücken

придви́н|уть <-у, -ешь> *св прх см.* **придвига́ть**

придви́н|уться <-усь, -ешься> *св рефл см.* **придвига́ться**

приде́лыва|ть <-ю, -ешь> *нсв,* **приде́лать** *св прх* anbringen, anmachen, ansetzen, befestigen

приде́ржива|ть <-ю, -ешь> *нсв,* **при-**

держáть *св прх* halten, stützen; **~ лóшадь** das Pferd halten; **придéрживать язы́к** die Zunge zügeln; **~ товáр** Ware zurückhalten

придéржива|ться <-юсь, -ешься> *нсв рефл* **1.** *(за что-л.)* sich festhalten an *+dat* **2.** *(чегó-л.)* befolgen, einhalten, sich halten an *+akk*

приди́р|а <-ы> *м и ж* Nörgler(in) *m(f)*

придирá|ться <-юсь, -ешься> *нсв*, **придрáться** *св рефл* herummäkeln, nörgeln; *разг (к комý-л.)* anmeckern; **мне дáже нé к чему придрáться** ich habe überhaupt nichts daran auszusetzen

приди́рк|а <-и> *ж* **1.** *(издевáтельство)* Schikane *f* **2.** *(недовóльство)* Nörgelei *f*

приди́рчив|ый <-ая, -ое; -, -а, -о> *прил* mäkelsüchtig, nörglerisch

при́дорожн|ый <-ая, -ое> *прил* Straßen-; **при́дорожные столбы́** Straßenpfeiler

прид|рáться <-ерýсь, -ерёшься> *св рефл см.* **придирáться**

придýмыва|ть <-ю, -ешь> *нсв*, **придýмать** *св прх* **1.** *(догáдываться, соображáть)* sich etw ausdenken; **придýмать решéние задáчи** die Lösung der Aufgabe ersinnen **2.** *(изобретáть)* erfinden; **придýмать нóвую систéму распределéния нагрýзки** neues System der Belastungsverteilung erfinden

придýрива|ться <-юсь, -ешься> *нсв рефл разг* herumalbern, blödeln

придурковáт|ый <-ая, -ое; -, -а, -о> *прил* albern, dämlich

придýр|ок <-ка> *м ирон, разг* Tor *m*, Narr *m*; **обижáть придýрка** den Narren beleidigen

прид|уши́ть <-ушý, -ýшишь> *св прх прост* ersticken; **~ когó-л. подýшкой** jdn mit einem Kissen ersticken

придыхáни|е <-я> *ср лингв* Aspiration *f*; **говори́ть с ударéниями и придыхáнием** mit Betonungen und Aspiration sprechen; **си́льное и слáбое ~ в древнегрéческом языкé** starke und schwache Aspiration im Altgriechischen

приéзд <-а> *м* Ankunft *f*

приезжá|ть <-ю, -ешь> *нсв*, **приéхать** *св нпрх* ankommen

приéзж|ий I. <-ая, -ее> *прил* ortsfremd, zugereist II. <-его> *м* Fremde(r) *f(m)*

приём <-а> *м* **1.** *(переними́ние)* Übernahme *f* **2.** *(в пáртию, в организáцию)* Aufnahme *f*; **~ на рабóту** Einstellung *f* **3.** *(гостéй)* Empfang *m*; **устрáивать ~** einen Empfang geben **4.** *(товáра)* Abnahme *f* **5.** радио Empfang *m* **6.** *(ухвáтка)* Handgriff *m* **7.** *(спóсоб, худóжественный приём)* Kunstgriff *m*; **~ докумéнтов** Annahme von Dokumenten; **~ в посóльстве по слýчаю национáльного прáздника** Empfang in der Botschaft anlässlich des nationalen Feiertages; **тёплый ~** warmer Empfang; **реши́ть задáчу в оди́н ~** die Aufgabe sofort lösen; **литератýрный/худóжественный ~** literarische/künstlerische Methode *f*; **~ борьбы́ вóльного сти́ля** ein Griff des Freistilringens

приёмк|а <-и> *ж (товáра)* Abnahme *f*

приéмлемос|ть <-ти> *ж* Akzeptanz *f*, Annehmbarkeit *f*; *(допусти́мость)* Zulässigkeit *f*

приéмлем|ый <-ая, -ое> *прил* akzeptabel, annehmbar; *(допусти́мый)* zulässig

приёмн|ая <-ой> *ж* Empfangsraum *nt*, Sprechzimmer *nt*; *(для ожидáния)* Wartezimmer *nt*

приёмник <-а> *м* **1.** радио, тв Empfänger *m*; **телевизиóнный ~** Fernsehapparat *m* **2.** *(учреждéние)* Sammelstelle *f*; **рáненых привози́ли в ~ и потóм развози́ли по гóспиталям** man brachte die Verwundeten zur Sammelstelle und verteilte sie dann auf die Krankenhäuser

приёмн|ый <-ая, -ое> *прил* **1.** *(для приёма)* Empfangs-, Sprech-; **~ день** Sprechtag *m*; **~ пункт** Annahme *f*; **приёмные часы́** Sprechstunde *f* **2.** *(при усыновлéнии, удочерéнии)* Adoptiv-; **~ ребёнок** Adoptivkind *nt*; **приёмные роди́тели** Adoptiveltern *pl*

приёмщик <-а> *м* Abnehmer *m*, Empfänger *m*

приёмыш <-а> *м разг* Adoptivkind *nt*, Pflegekind *nt*

приé|хать <-ду, -дешь> *св нпрх см.* **приезжáть**

приж|áть <-мý, -мёшь> *св прх см.* **прижимáть**

приж|áться <-мýсь, -мёшься> *св рефл см.* **прижимáться**

приж|éчь <-гу, -жёшь> *св нпрх см.* **прижигáть**

прижигáни|е <-я> *ср* Ätzen *nt*

прижигá|ть <-ю, -ешь> *нсв*, **прижéчь** *св прх* **1.** *разг (слегкá рáнить горя́чим предмéтом)* verbrennen, verbrühen; **прижéчь пáлец утюгóм** sich den Finger am Bügeleisen verbrennen **2.** *(мáзать чем-л. жгýчим)* desinfizieren; **прижéчь рáну йóдом** die Wunde mit Jod desinfizieren **3.** *прост (давáть слегкá пригорéть)* leicht anbrennen; **прижéчь пирóг** die Pirogge leicht anbrennen lassen

прижи́зненн|ый <-ая, -ое> *прил* zu Lebzeiten erfolgt; **прижи́зненное издáние сочинéний** zu Lebzeiten veröffentlichte Werke

прижимá|ть <-ю, -ешь> *нсв*, **прижáть** *св прх* **1.** *(придáвливать, прислоня́ть)* drücken; **~ когó-л. к землé** jdn zu Boden drücken; **~ подýшку к лицý** ein Kissen gegen das Gesicht drücken **2.** *перен, разг (ограни́чивать чьё-л. прострáнство, влия́ние, притесня́ть)* bedrängen; **~ когó-л. трýдными вопрóсами** jdn mit schwierigen Fragen bedrängen; **прижимáть**

в у́гол in die Ecke drängen; **~ защи́тников к воро́там** die Verteidiger zum Tor drängen

прижима́|ться <-юсь, -ешься> *нсв,* **прижа́ться** *св рефл* sich drücken; **~ к земле́** sich an den Boden drücken

прижи́мист|ый <-ая, -ое; -, -а, -о> *прил* **~ челове́к** Geizhals *m,* Geizkragen *m*

прижи́|ться <-ву́сь, -вёшься> *св рефл* 1. *(приспосо́биться)* sich anpassen; **э́то расте́ние прижило́сь на се́вере** diese Pflanze hat sich dem nördlichen Klima angepasst 2. *перен (войти́ в обихо́д)* Gebrauch machen; **ба́нковские ка́рточки бы́стро прижи́лись в больши́х города́х** in Großstädten wurden Bankkarten schnell gebräuchlich

приз <при́за> *м* Preis *m*

призаду́ма|ться <-юсь, -ешься> *св рефл (серьёзно заду́маться)* nachdenken, in Gedanken versinken; **никто́ да́же не призаду́мался, как реши́ть э́тот вопро́с** niemand hat sich auch nur Gedanken gemacht, wie diese Frage zu lösen ist

призва́ни|е <-я> *ср* Berufung *f*

при́зван|ный <-ная, -ное; -, -а, -о> *прил* berufen

при|зва́ть <-зову́, -зовёшь> *св прх см.* **призыва́ть**

при|зва́ться <-зову́сь, -зовёшься> *нсв рефл см.* **призыва́ться**

призе́мист|ый <-ая, -ое; -, -а, -о> *прил* stämmig, untersetzt; *(ни́зкий)* niedrig

приземле́ни|е <-я> *ср* Landung *f;* **~ самоле́та/парашюти́стов** Landung des Flugzeugs/der Fallschirmspringer

приземля́|ть <-ю, -ешь> *нсв,* **приземли́ть** *св прх* landen; **~ самолёт** das Flugzeug landen

приземля́|ться <-юсь, -ешься> *нсв,* **приземли́ться** *св рефл* 1. *(соверша́ть поса́дку)* landen; **самолёт приземля́ется** das Flugzeug landet 2. *перен (лиша́ться иллю́зий)* auf den Boden kommen; **после встреч с ним я всегда́ бы́стро приземля́юсь** nach jeder Begegnung mit ihm komme ich immer schnell auf den Boden zurück

при́зм|а <-ы> *ж* Prisma *nt*

призна|ва́ть <-ю, -ешь> *нсв,* **призна́ть** *св прх* 1. *(соглаша́ться, сознава́ться)* zugeben, gestehen 2. *(себя́)* sich bekennen zu *+dat* 3. *(пра́во и т.п.)* anerkennen; **~ за кем-л. пра́во** jdm ein Recht einräumen

призна|ва́ться <-ю́сь, -ёшься> *нсв,* **призна́ться** *св рефл (в чём-л.)* eingestehen, zugeben

при́знак <-а> *м* Merkmal *nt,* Anzeichen *nt;* **отличи́тельный ~** Kennzeichen *nt;* **не подава́ть при́знаков жи́зни** kein Lebenszeichen von sich geben

призна́ни|е <-я> *ср* 1. ЮР Anerkennung *f;* **~ вино́вным** Schuldspruch *m;* **~ в любви́** Liebeserklärung *f;* **~ де-фа́кто** De-facto-Anerkennung *f;* **~ де-ю́ре** De-jure-Anerkennung *f;* **~ недействи́тельным** Nichtigkeitserklärung *f* 2. *(в чём-л.)* Bekenntnis *nt,* Geständnis *nt*

при́знан|ный <-ная, -ное; -, -а, -о> *прил* anerkannt, renommiert

призна́тельнос|ть <-ти> *ж* Dankbarkeit *f;* **вы́разить свою́ ~** sich erkenntlich zeigen

призна́те|льный <-льная, -льное; -лен, -льна, -льно> *прил* erkenntlich, dankbar

призна́|ть <-ю, -ешь> *св прх см.* **признава́ть**

призна́|ться <-юсь, -ешься> *св рефл см.* **признава́ться**

призов|о́й <-а́я, -о́е> *прил* 1. *(на соре́внованиях)* Sieger-; **призова́я меда́ль** Siegermedaille *f;* **призово́е ме́сто** Platz *m* auf dem Siegertreppchen *m* 2. *(трофе́йный, захва́ченный)* Trophäen-; **~ кора́бль** Trophäenschiff *nt*

при́зрак <-а> *м* Gespenst *nt,* Spuk *m,* Geist *m;* **броди́ть как ~** herumgeistern

при́зрач|ный <-ная, -ное; -ен, -на, -но> *прил* geisterhaft, gespenstisch; *перен* illusorisch

призы́в <-а> *м* Appell *m,* Aufruf *m,* Aufforderung *f;* ВОЕН Einberufung *f*

призыва́|ть <-ю, -ешь> *нсв,* **призва́ть** *св прх* 1. *(к чему́-л.)* aufrufen, appellieren an *+akk* 2. ВОЕН einberufen; **~ в а́рмию** zum Wehrdienst einberufen

призыва́|ться <-юсь, -ешься> *нсв рефл* ВОЕН einberufen werden; **в те го́ды призыва́лись все от 18 до 60 лет** in jenen Jahren wurden alle im Alter von 18 bis 60 Jahren einberufen

призывни́к <-а> *м* ВОЕН Rekrut *m*

призывн|о́й <-а́я, -о́е> *прил* ВОЕН **призывна́я коми́ссия** Musterungskommission *f*

при́иск <-а> *м* ГЕОЛ Fundgrube *f;* **золоты́е при́иски** Goldgrube *f*

при|йти́ <-ду́, -дёшь> *св нпрх см.* **приходи́ть**

при|йти́сь <-ду́сь, -дёшься> *св нпрх см.* **приходи́ться**

прика́з <-а> *м* Befehl *m,* Order *f; (распоряже́ние)* Anordnung *f*

приказа́ни|е <-я> *ср* Befehl *m,* Anordnung *f;* **выполня́ть ~ нача́льства** die Befehle der Vorgesetzten ausführen

прик|аза́ть <-ажу́, -а́жешь> *св прх см.* **прика́зывать**

прика́зчик <-а> *м* leitender Angestellter *m;* **владе́лец ему́ си́льно доверя́л и назна́чил его́ прика́зчиком** der Eigentümer setzte großes Vertrauen in ihn und machte ihn zum leitenden Angestellten

прика́зыва|ть <-ю, -ешь> *нсв,* **приказа́ть** *св прх (отдава́ть прика́з)* befehlen, anordnen; **~ отступа́ть** den Rückzug anordnen; **приказа́ть до́лго жить** *перен* das Zeitliche segnen

прика́лыва|ть <-ю, -ешь> *нсв,* **приколо́ть** *св прх* **1.** *(прикрепи́ть иго́лкой, була́вкой)* befestigen, anheften; **приколо́ть значо́к к груди́** das Abzeichen an die Brust heften **2.** *прост (уби́ть чем-л. о́стрым)* erstechen; **приколо́ть кого́-л. штыко́м** jdn mit dem Bajonett durchbohren

прика́нчива|ть <-ю, -ешь> *нсв,* **прико́нчить** *св прх* **1.** *разг (зако́нчить, прекрати́ть)* beenden, einstellen, unterbrechen **2.** *разг (доби́ть)* den Rest geben; **прико́нчить зве́ря вы́стрелом** er hat dem Tier mit einem Schuss den Rest gegeben

прикарма́нива|ть <-ю, -ешь> *нсв,* **прикарма́нить** *св прх разг* klauen, mitgehen lassen

прикаса́|ться <-юсь, -ешься> *нсв,* **прикосну́ться** *св рефл (к кому́-л.)* berühren

прик|ати́ть <-ачу́, -а́тишь> *св прх* **1.** *(перемести́ть побли́же)* heranfahren, bringen; **~ теле́гу** den Pferdewagen heranfahren **2.** *прост (прие́хать бы́стро и неожи́данно)* unerwartet ankommen; **ко мне ро́дственники прикати́ли** bei mir sind unerwartet Verwandte eingetroffen

прики́дк|а <-и> *ж разг* Überschlag *m,* Schätzung *f*

прики́дыва|ть <-ю, -ешь> *нсв,* **прики́нуть** *св нпрх* veranschlagen; *разг* überschlagen

прики́дыва|ться <-юсь, -ешься> *нсв,* **прики́нуться** *св рефл* vorgeben, vortäuschen

прики́н|уть <-у, -ешь> *св прх см.* **прики́дывать**

прики́н|уться <-усь, -ешься> *св рефл см.* **прики́дываться**

прикла́д <-а> *м* Gewehrkolben *m*

прикладн|о́й <-а́я, -о́е> *прил* angewandt; **прикладны́е нау́ки** angewandte Wissenschaften *fpl;* **прикла́дное програ́ммное обеспе́чение** ИНФОРМ Anwendersoftware *f*

прикла́дыва|ть <-ю, -ешь> *нсв,* **приложи́ть** *св прх* beilegen; *(применя́ть)* anwenden; **~ все уси́лия** sich alle Mühe geben

прикла́дыва|ться <-юсь, -ешься> *нсв,* **приложи́ться** *св рефл* **1.** *(приближа́ться вплотну́ю)* sich gegen etw drücken; **приложи́ться у́хом к две́ри** an der Tür horchen; **~ щеко́й к прикла́ду** die Wange an den Kolben drücken **2.** *(целова́ть почти́тельно)* ehrerbietig küssen; **~ к ико́не** die Ikone ehrerbietig küssen **3.** *прост (отпива́ть немно́го)* am Glas nippen

прикле́ива|ть <-ю, -ешь> *нсв,* **прикле́ить** *св прх* ankleben

прикле́ива|ться <-ется> *нсв,* **прикле́иться** *св безл, то́лько 3 л* **1.** *(прикрепи́ться клеем или чем-л. кле́йким)* ankleben, kleben bleiben; **лист прикле́ился к тетра́ди** das Blatt klebte am Heft fest **2.** *(закрепи́ться)* hängen bleiben; **за ним прикле́илось стра́нное про́звище** ein seltsamer Spitzname blieb an ihm hängen

приключе́ни|е <-я> *ср* Abenteuer *nt;* **пое́здка с приключе́ниями** abenteuerliche Fahrt *f;* **по́лный приключе́ний** abenteuerlich

приключе́нческ|ий <-ая, -ое> *прил* abenteuerlich, Abenteuer-

приключи́|ться <-тся> *св рефл разг* geschehen, passieren; **с ним приключи́лось большо́е несча́стье** ihm ist ein großes Unglück passiert

прико́выва|ть <-ю, -ешь> *нсв,* **прикова́ть** *св прх* **1.** *(прибива́ть что-л. к чему́-л.)* annageln, festnageln; **~ до́ски к по́лу** die Bretter am Fußboden festnageln **2.** *(остава́ться на ме́сте)* fesseln; **прикова́ть кого́-л. к посте́ли** jdn an sein Bett fesseln; **прикова́ть внима́ние кого́-л. к како́му-л. собы́тию** jds Aufmerksamkeit mit etw fesseln

прико́л <-а> *м* Pfahl *m;* **ло́дки стоя́ли на прико́ле** die Boote waren am Pfahl angebunden

прикола́чива|ть <-ю, -ешь> *нсв,* **приколоти́ть** *св прх* festnageln, annageln

прик|оло́ть <-олю́, -о́лешь> *св прх см.* **прика́лывать**

прико́льн|ый <-ая, -ое> *прил разг (заба́вный)* lustig; **прико́льная карти́нка** lustiges Bild *nt*

прикомандиро́выва|ть <-ю, -ешь> *нсв,* **прикомандирова́ть** *св прх* abkommandieren

прико́нч|ить <-у, -ишь> *св прх см.* **прика́нчивать**

прикорн|у́ть <-у́, -ёшь> *св нпрх разг* sich hinlegen; **~ на скаме́йке** sich auf eine Bank hinlegen

прикоснове́ни|е <-я> *ср* Berührung *f*

прикосну́ться *св рефл см.* **прикаса́ться**

прикрепля́|ть <-ю, -ешь> *нсв,* **прикрепи́ть** *св прх* **1.** *(приде́лывать про́чно)* befestigen; **~ пого́ны к плеча́м** die Schulterstücke an den Schultern befestigen **2.** *перен, разг (отдава́ть в чьё-л. распоряже́ние)* zuordnen; **журнали́ста прикрепи́ли к секретариа́ту** den Journalisten hat man dem Sekretariat zugeordnet **3.** *перен, разг (регистри́ровать)* registrieren; **~ кого́-л. к поликли́нике** jdn in die Poliklinik überweisen

прикрепля́|ться <-юсь, -ешься> *нсв,* **прикрепи́ться** *св рефл* **1.** *(приде́лываться про́чно)* befestigt werden; **пла́нка прикрепи́лась к крылу́ с по́мощью болта́** die Planke wurde an der Tragfläche mit Hilfe eines Bolzens befestigt **2.** *перен, разг*

П

(регистрироваться для обслуживания) sich anmelden; **~ к поликлинике** sich in der Klinik anmelden

прикрикива|ть <-ю, -ешь> *нсв,* **прикрикнуть** *св нпрх* anschreien; **~ на собак** die Hunde anschreien

прикроватн|ый <-ая, -ое> *прил* Bett-; **~ коврик** Bettvorleger *m*

прикручива|ть <-ю, -ешь> *нсв,* **прикрутить** *св прх* **1.** *(закручивая, прикреплять)* festschrauben, anschrauben; **~ ручку к чайнику** den Henkel an die Teekanne anschrauben **2.** *(уменьшить поток жидкости, газа)* schließen; **~ кран с горячей водой** den Heißwasserhahn schließen

прикрыва|ть <-ю, -ешь> *нсв,* **прикрыть** *св прх* verdecken; *(защищать)* schützen; СПОРТ decken

прикрыва|ться <-юсь, -ешься> *нсв,* **прикрыться** *св рефл* **1.** *(покрываться, чтобы спрятаться от чего-л.)* sich bedecken, sich verhüllen; **~ платком от ветра** sich mit einem Tuch gegen den Wind schützen **2.** *перен (скрыть свои намерения за)* seine Absichten verbergen; **~ законом** sich hinter dem Gesetz verstecken

прикрыти|е <-я> *ср* **1.** СТР Belag *m* **2.** ТЕХ Überzug *m* **3.** ВОЕН Deckung *f,* Schutz *m* **4.** ЭКОН Deckung *f;* **~ издержек производства** Deckung *f*

прикр|ыть <-ою, -оешь> *св прх см.* **прикрывать**

прикр|ыться <-оюсь, -оешься> *св рефл см.* **прикрываться**

прикупа|ть <-ю, -ешь> *нсв,* **прикупить** *св нпрх разг* zusätzlich kaufen; **~ колбасы** zusätzlich Wurst kaufen

прикурива|ть <-ю, -ешь> *нсв,* **прикурить** *св прх (сигарету)* anzünden; **дать кому-л. прикурить** jdm Feuer geben; **сосед попросил прикурить** der Nachbar bat um eine Zigarette

прикусыва|ть <-ю, -ешь> *нсв,* **прикусить** *св прх* sich beißen; **прикусить язык** sich auf die Zunge beißen

прилав|ок <-ка> *м* Ladentisch *m*

прилагательно|е <-го> *ср* ЛИНГВ Adjektiv *nt*

прилага|ть <-ю, -ешь> *нсв,* **приложить** *св прх* beilegen; *(применять)* anwenden; **~ старание** sich Mühe geben

прилага|ться <-ется> *нсв рефл* **1.** *(прибавляться)* hinzufügen; **в качестве подарка, к сотовому телефону прилагался кожаный чехол** zum Handy wurde ein Lederetui als Geschenk hinzugefügt **2.** *(применяться)* verwenden, ergreifen; **в настоящий момент прилагаются все необходимые усилия для разрешения конфликта** zum gegenwärtigen Zeitpunkt wird große Mühe auf die Lösung des Konfliktes verwendet

прилажива|ть <-ю, -ешь> *нсв,* **приладить** *св прх* anbringen; **~ кровать к стене** das Bett an der Wand befestigen

приласка|ть <-ю, -ешь> *св прх* liebkosen; **~ испуганного щенка** den erschrockenen Welpen streicheln

прилега|ть[1] <-ет> *нсв безл, только 3 л* **1.** *(одежда)* anliegen, sich anschmiegen **2.** *(лечь вплотную к чему-л.)* angrenzen, anstoßen

прил|егать[2] <-ягу, -яжешь> *нсв,* **прилечь** *св нпрх* **1.** *(лечь ненадолго)* sich kurz hinlegen; **~ на диван** sich kurz auf das Sofa hinlegen **2.** *(прикрыться, ложась)* sich verstecken; **~ за камень** sich hinter einem Stein verstecken **3.** *(прижаться к земле)* niederlegen; **злаки прилегли к земле** das Getreide legte sich zu Boden

прилежани|е <-я> *ср* Fleiß *m,* Eifer *m*

прилежно *нрч* fleißig; **писать ~ в тетради** fleißig im Heft schreiben

прилеж|ный <-ная, -ное; -ен, -на, -но> *прил* fleißig, eifrig; **~ в учёбе** lerneifrig

прил|епить <-еплю, -епишь> *св прх см.* **прилеплять**

прил|епиться <-еплюсь, -епишься> *св рефл см.* **прилепляться**

прилепля|ть <-ю, -ешь> *нсв,* **прилепить** *св прх* ankleben, kleben; **~ объявление** eine Anzeige ankleben; **~ пластырь** ein Pflaster kleben

прилепля|ться <-юсь, -ешься> *нсв,* **прилепиться** *св рефл* **1.** *(прилипать)* sich heften an **2.** *перен, разг (привязываться к кому-л. или чему-л.)* hängen; **~ как банный лист** wie eine Klette an jdm kleben

прилёт <-а> *м* Anflug *m;* **~ птиц обозначает начало весны** der Anflug der Vögel markiert den Frühlingsanfang

прилета|ть <-ю, -ешь> *нсв,* **прилететь** *св нпрх* anfliegen

прил|ечь <-ягу, -яжешь> *св нпрх см.* **прилегать**

прилив <-а> *м* **1.** *(моря)* Flut *f;* **приливы и отливы** Gezeiten *pl* **2.** МЕД Blutandrang *m* **3.** *и перен (приток)* Zufluss *m*

прилива|ть <-ю, -ешь> *нсв,* **прилить** *св нпрх* herbeiströmen; **кровь прилила ему к лицу** das Blut schoss ihm in den Kopf

приливн|ой <-ая, -ое> *прил* Flut-; **приливная ГЭС** Gezeitenkraftwerk *nt*

прил|изать <-ижу, -ижешь> *св прх* glatt kämmen, lecken; **~ шерсть языком** das Fell mit der Zunge lecken; **~ причёску** die Frisur glatt kämmen

прилипа|ть <-ю, -ешь> *нсв,* **прилипнуть** *св нпрх* kleben, anschmiegen; **юбка прилипала к ногам** der Rock schmiegte sich eng an die Beine; **дети прилипли к клоуну** die Kinder klebten an dem Clown

приличеств|овать <-ует> *нсв безл, только 3 л* sich gehören; **такой тон не приличествует вашему сану** ein solcher Ton geziemt sich nicht für ihren Rang

приличи|е <-я> *ср* Anstand *m*

прилично *нрч* angemessen; **одеваться ~** sich angemessen kleiden; **зарабатывать ~** angemessen verdienen; **веди себя прилично!** benimm dich!

прилич|ный <-ная, -ное; -ен, -на, -но> *прил* ordentlich, anständig, manierlich; **~ перевод** gute Übersetzung *f*

приложени|е <-я> *ср* Anlage *f*, Beilage *f*, Anhang *m*; ИНФОРМ Anwendung *f*; ЛИНГВ Apposition *f*; **с приложением необходимых документов** unter Beifügung der notwendigen Unterlagen

прил|ожить <-ожу, -ожишь> *св прх см.* **прикладывать, прилагать**

прил|ожиться <-ожусь, -ожишься> *св рефл см.* **прикладываться**

прилунени|е <-я> *ср* Mondlandung *f*

прильн|уть <-у, -ёшь> *нсв нпрх (к кому-л./чему-л.)* sich anschmiegen an +*akk*

примадонн|а <-ы> *ж* Primadonna *f*; **она была примадонной во всех оперных театрах мира** sie war die Primadonna aller Opernhäuser in dieser Welt

примазыва|ться <-юсь, -ешься> *нсв*, **примазаться** *св рефл разг* sich anbiedern

примак <-а> *м* eingeheirateter Schwiegersohn *m*; **я всю жизнь прожил как ~ и не жалуюсь** ich habe mein ganzes Leben als eingeheirateter Schwiegersohn verbracht und klage nicht darüber

приманива|ть <-ю, -ешь> *нсв*, **приманить** *св прх* anlocken, ködern

приманк|а <-и> *ж* Köder *m*; *перен* Lockvogel *m*

примат <-а> *м книжн* ФИЛОС Primat *nt*; **~ воли над разумом** das Primat des Willens über den Verstand

примелька|ться <-юсь, -ешься> *нсв рефл* bekannt sein; **эти формы уже давно примелькались архитектору** diese Formen sind dem Architekten seit langem vertraut

применени|е <-я> *ср* Anwendung *f*, Einsatz *m*; **~ силы** Gewaltanwendung *f*

применим|ый <-ая, -ое> *прил* anwendbar

применительно *нрч книжн* bezüglich; **термин употребляется ~ к современной живописи** der Terminus wird im Zusammenhang mit der modernen Malerei verwendet

применя|ть <-ю, -ешь> *нсв*, **применить** *св прх* anwenden; *(использовать)* einsetzen; **~ санкции** Sanktionen verhängen

применя|ться <-юсь, -ешься> *нсв рефл* zur Anwendung kommen; **гибко ~** flexibel gehandhabt werden

пример <-а> *м* Beispiel *nt*, Exempel *nt*; **этот ~ может оказаться заразительным** dieses Beispiel dürfte Schule machen; **наглядный ~** anschauliches Beispiel *nt*; **брать с кого-л. ~** sich an jdm ein Beispiel nehmen; **приводить ~** ein Beispiel anführen; **ставить кого-л. в ~** jdn zum Vorbild machen

примерза|ть <-ю, -ешь> *нсв*, **примёрзнуть** *св нпрх* anfrieren; **сани примёрзли к земле** die Schlitten froren am Boden fest

пример|ить <-ю, -ишь> *св прх см.* **примерять**

пример|иться <-юсь, -ишься> *св рефл см.* **примеряться**

примерк|а <-и> *ж* Anprobe *f*

примерно *нрч* **1.** *(отлично)* musterhaft, beispielhaft **2.** *(приблизительно)* ungefähr, zirka; **~ год назад** vor etwa einem Jahr

пример|ный <-ная, -ное; -ен, -на, -но> *прил* musterhaft, vorbildlich; *(приблизительный)* ungefähr

примеря|ть <-ю, -ешь> *нсв*, **примерить** *св прх* anprobieren, testen; **~ обувь** die Schuhe anprobieren

примеря|ться <-юсь, -ешься> *нсв*, **примериться** *св рефл* anprobieren

приме|сь <-си> *ж* Zusatz *m*; **чувствуется ~ корицы в тесте** man spürt den Zusatz von Zimt im Teig

примет|а <-ы> *ж* Kennzeichen *nt*, Merkmal *nt*; *(предзнаменование)* Vorzeichen *nt*; **народная ~** Bauernregel *f*

приме|тить <-чу, -тишь> *св прх см.* **примечать**

примет|ный <-ная, -ное; -ен, -на, -но> *прил* **1.** *(заметный)* sichtbar; **~ шрам** sichtbare Narbe *f* **2.** *(отличающийся)* bemerkenswert; **~ юноша** bemerkenswerter Jüngling *m* **3.** *(служащий приметой)* Erkennungs-; **~ знак** Erkennungszeichen *nt*

примечани|е <-я> *ср* Bemerkung *f*, Anmerkung *f*; *(пометка)* Vermerk *m*; **~ с уведомлением** Avis-Klausel *f*

примечательно *нрч* bemerkenswert; **обрисовать что-л. ~ точно** etw bemerkenswert genau beschreiben

примечате|льный <-льная, -льное; -лен, -льна, -льно> *прил* bemerkenswert

примеча|ть <-ю, -ешь> *нсв*, **приметить** *св прх разг* sich merken, kennzeichnen; **~ грибное местечко** sich die Pilzstelle merken

примешива|ть <-ю, -ешь> *нсв*, **примешать** *св прх* beimischen, beimengen

примешива|ться <-ется> *нсв рефл* beimischen; **к запаху кофе примешивается запах шоколада** dem Kaffeeduft mischt sich Schokoladenduft bei

примина|ть <-ю, -ешь> *нсв*, **примять** *св прх разг* zerdrücken, zertreten; **~ траву** Gras zertreten

примирени|е <-я> *ср* Versöhnung *f*, Aussöhnung *f*

П

примири́те|льный <-льная, -льное; -лен, -льна, -льно> *прил* versöhnlich; **~ проце́сс** Vergleichsverfahren *nt*

примиря́|ть <-ю, -ешь> *нсв,* **примири́ть** *св прх* versöhnen

примиря́|ться <-юсь, -ешься> *нсв,* **примири́ться** *св рефл* **1.** *(с кем-л./чем-л.)* sich versöhnen mit *+dat* **2.** *(дово́льствоваться)* sich zufrieden geben, sich abfinden mit *+dat*

примити́вно *нрч* primitiv; **рассужда́ть ~** primitiv denken

примити́в|ный <-ная, -ное; -ен, -на, -но> *прил* primitiv

примкн|у́ть <-у́, -ёшь> *св нпрх см.* **примыка́ть**

примолка́|ть <-ю, -ешь> *нсв,* **примо́лкнуть** *св нпрх разг* verstummen; **де́вочка прислони́лась к окну́ и примо́лкла** das Mädchen lehnte sich ans Fenster und verstummte

примо́рск|ий <-ая, -ое> *прил* See-; **~ го́род** Küstenstadt *f*

примо́рь|е <-я> *ср* Küstengebiet *nt*

Примо́рь|е <-я> *ср Küstenregion im Fernosten Russlands*

примо|сти́ться <-щу́сь, -сти́шься> *св рефл разг* sich irgendwie platzieren; **~ к окну́** sich am Fenster platzieren

примо́чк|а <-и> *ж* МЕД *(ва́та с раство́ром)* Umschlag *m,* Kompresse *f;* **~ ра́ны** eine Kompresse auf die Wunde auflegen; **свинцо́вая ~** Bleiwasserumschlag *m*

при́мул|а <-ы> *ж* Primel *f*

при́мус <-а> *м* Petroleumkocher *m*

примч|а́ться <-у́сь, -и́шься> *св рефл* angelaufen kommen, sehr schnell ankommen; **такси́ примча́лось за 5 мину́т** das Taxi kam in 5 Minuten an

примыка́|ть <-ю, -ешь> *нсв,* **примкну́ть** *св нпрх* sich einreihen, sich anschließen an *+akk*

при|мя́ть <-мну́, -мнёшь> *св прх см.* **примина́ть**

принадлеж|а́ть <-у́, -и́шь> *нсв нпрх* gehören; **он не принадлежи́т себе́** er ist nicht sein eigener Herr

принадле́жнос|ть <-ти> *ж* Zugehörigkeit *f; мн* Zubehör *nt;* **~ к о́трасли** Branchenzugehörigkeit *f;* **канцеля́рские принадле́жности** Büromaterial *nt;* **купа́льные принадле́жности** Badezeug *nt;* **пи́сьменные принадле́жности** Schreibzeug *nt*

принес|ти́ <-у́, -ёшь> *св прх см.* **приноси́ть**

принижа́|ть <-ю, -ешь> *нсв,* **прини́зить** *св прх* **1.** *(унижа́ть)* erniedrigen **2.** *(значе́ние)* herunterspielen, abwerten

приника́|ть <-ю, -ешь> *нсв,* **прини́кнуть** *св нпрх (прижима́ться к чему́-л.)* sich an etw drücken, pressen; **~ к забо́ру** sich an den Zaun pressen; **~ ухом к двери** *перен* an der Tür lauschen

принима́|ть <-ю, -ешь> *нсв,* **приня́ть** *св прх* **1.** *(брать)* übernehmen, entgegennehmen; **~ де́ньги в ка́ссу** kassieren **2.** *(признава́ть)* annehmen, akzeptieren; **~ пода́рок** ein Geschenk annehmen; **~ к све́дению** zur Kenntnis nehmen; **~ что-л. за чи́стую моне́ту** etw für bare Münze nehmen **3.** *(това́р)* abnehmen **4.** *(встреча́ть, зачисля́ть)* aufnehmen; **~ бе́женцев** Flüchtlinge aufnehmen; **~ на рабо́ту** anstellen, einstellen **5.** *(госте́й)* in Empfang nehmen, empfangen; **~ у себя́ кого́-л.** jdn beherbergen **6.** *(зако́н, резолю́цию)* beschließen, verabschieden; **~ ме́ры** Maßnahmen treffen; **~ реше́ние за кого́-л.** jdm die Entscheidung abnehmen; **~ уча́стие** teilnehmen **7.** *(одобря́ть)* befürworten; **~ поли́тику рефо́рм** die Reformpolitik befürworten **8.** *(лека́рство)* einnehmen; **~ в расчёт** einkalkulieren

принима́|ться <-юсь, -ешься> *нсв,* **приня́ться** *св рефл* sich vornehmen, sich machen an *+akk; (за кого́-л.)* sich halten für *+akk; (пуска́ть ко́рни)* Wurzeln schlagen

принора́влива|ться <-юсь, -ешься> *нсв,* **приноровиться** *св рефл разг* sich anpassen; *(приспосо́биться)* sich gewöhnen; *(приобрести́ уме́ние)* lernen; **~ лови́ть ры́бу рука́ми** lernen mit den Händen zu fischen

прин|оси́ть <-ошу́, -о́сишь> *нсв,* **принести́** *св прх* bringen, herbeibringen, mitbringen; *перен* bringen, einbringen, eintragen, abwerfen, verursachen; **~ кому́-л. свои́ извине́ния** sich entschuldigen bei *+dat;* **~ высо́кие проце́нты** hohe Erträge bringen; **~ вред де́лу** geschäftsschädigend sein

при́нтер <-а> *м* ИНФОРМ Drucker *m;* **иго́льчатый ~** Nadeldrucker *m;* **ла́зерный ~** Laserdrucker *m;* **ма́тричный ~** Matrixdrucker *m;* **бума́га для при́нтера** Druckerpapier *nt;* **ка́бель для подключе́ния при́нтера** Druckerkabel *nt;* **станда́ртный ~** Standarddrucker *m;* **стру́йный ~** Tintenstrahldrucker *m*

принуди́те|льный <-льная, -льное; -лен, -льна, -льно> *прил* Zwangs-; **принуди́тельная ликвида́ция** Zwangsvollstreckung *f;* **принуди́тельные ме́ры** Zwangsmaßnahmen *pl;* **~ аукцио́н** Zwangsversteigerung *f;* **принуди́тельное чле́нство** Zwangsmitgliedschaft *f;* **~ сбор** Zwangsabgabe *f;* **принуди́тельное взыска́ние** [*или* **исполне́ние**] Zwangsvollstreckung *f;* **принуди́тельное разреше́ние спо́ров** Zwangsvergleich *m*

принужда́|ть <-ю, -ешь> *нсв,* **прину́дить** *св прх* zwingen; **~ себя́** sich Zwang antun; **бе́дность принужда́ет его́ продава́ть все карти́ны за бесце́нок** die Armut zwang ihn, alle Bilder zu einem Spottpreis zu verkaufen

принуждéни|е <-я> *ср* Zwang *m,* Druck *m;* **рабóтать по принуждéнию** unter Zwang arbeiten

принц <при́нца> *м,* **принцесс|а** <-ы> *ж* Prinz *m,* Prinzessin *f;* **наслéдный принц** Kronprinz *m;* **наслéдная принцесса** Kronprinzessin *f*

при́нцип <-а> *м* Grundsatz *m,* Prinzip *nt;* **вы́сший ~** oberstes Gebot *nt;* **в при́нципе** im Grunde; **~ дéйствия** Funktionsweise *f;* **идти́ на ~** seinem Prinzip folgen; **из при́нципа** aus Prinzip; **~ максимиза́ции** Maximalprinzip *nt;* **~ минима́льных затра́т** Minimalprinzip *nt;* **~ нало́говой соразмéрности** Maßgeblichkeitsprinzip *nt;* **~ номина́льной сто́имости** Nominalwertprinzip *nt;* **~ оказа́ния по́мощи „в песо́к"** Gießkannenprinzip *nt;* **~ оцéнки акти́вов предприя́тия не вы́ше предéльного стоимостнóго лими́та** Höchstwertprinzip *nt;* **~ причи́нной свя́зи** Kausalprinzip *nt;* **~ ра́венства** Gleichheitsgrundsatz *m;* **~ сни́женной сто́имости** Niederstwertprinzip *nt;* **~ то́ждества** Gleichheitsgrundsatz *m;* **~ формирова́ния затра́т по определя́ющим фа́кторам** Kostenverursachungsprinzip *nt*

принципиа́льно *нрч* prinzipiell; **рассужда́ть ~** prinzipielle Überlegung anstellen

принципиа́льнос|ть <-ти> *ж* Prinzipientreue *f;* **руководи́тель облада́л невероя́тной принципиа́льностью** der Leiter verfügte über eine außerordentliche Prinzipientreue

принципа́|льный <-льная, -льное; -лен, -льна, -льно> *прил* grundsätzlich, prinzipiell; *(вéрный при́нципам)* prinzipientreu; **принципа́льное разногла́сие** grundsätzliche Meinungsverschiedenheit *f;* **принципиа́льное решéние** prinzipielle Entscheidung *f;* **принципиа́льная поли́тика** prinzipielle Politik *f*

приню́хива|ться <-юсь, -ешься> *нсв,* **приню́хаться** *св рефл разг* **1.** *(привыка́ть к како́му-л. за́паху)* sich an einen Geruch gewöhnen; **~ к сигарéтному ды́му** sich an Zigarettenrauch gewöhnen **2.** *(распознава́ть за́пах)* beschnüffeln, beschnuppern; **соба́ка приню́хивалась** der Hund schnüffelte herum

приня́ти|е <-я> *ср* Aufnahme *f;* *(решéния, постановлéния и т.п.)* Beschließung *f,* Verabschiedung *f;* **~ мер** Einleitung *f* von Maßnahmen; **~ решéний** Entscheidungsfindung *f;* **~ вéкселя к платежу́** Wechselakzept *nt;* **~ капита́ла** Kapitalaufnahme *f;* **~ к опла́те** Akzept *nt,* Annahme *f;* **~ на себя́ до́лга другóго лица́** Schuldübernahme *f;* **~ на себя́ поручи́тельства** Bürgschaftserklärung *f;* **~ на себя́ отвéтственности** Haftungsübernahme *f;* **~ ри́ска** Risikoübernahme *f*

при́нято *нрч* üblich; **~ в да́нной странé** landesüblich; **как ~** wie üblich

при́нят|ый <-ая, -ое; -, -а, -о> *прил* aufgenommen; *(о решéнии и т.п.)* beschlossen; *(общепри́нятый)* üblich; **при́нятые мéры** getroffene Maßnahmen *fpl;* **при́нятое постановлéние** verabschiedeter Beschluss *m*

приня́ть <приму́, при́мешь> *св прх см.* **принима́ть**

приня́ться <приму́сь, при́мешься> *св рефл см.* **принима́ться**

приободря́|ться <-юсь, -ешься> *нсв,* **приободри́ться** *св рефл разг* sich erfrischen; **солда́ты вы́пили и приободри́лись** die Soldaten tranken ein bisschen und erfrischten sich

приобрета́|ть <-ю, -ешь> *нсв,* **приобрести́** *св прх* erlangen, erwerben, erstehen; *(купи́ть, доста́ть)* anschaffen, beschaffen; **~ зна́ния** Kenntnisse *fpl* erlangen; **~ о́пыт** Erfahrungen *fpl* sammeln

приобрета́|ться <-ется> *нсв безл, только 3 л* **1.** *(покупа́ться)* erworben werden; **билéты в теа́тр приобрета́ются в кио́сках** die Theaterkarten werden an Zeitungskiosken erworben **2.** *(усва́иваться)* erlernen; **основны́е зна́ния приобрета́ются в шко́ле** die Grundkenntnisse werden in der Schule erworben

приобретéни|е <-я> *ср* Kauf *m,* Ankauf *m,* Erwerb *m,* Anschaffung *f;* *(по́льза)* Nutzen *m,* Gewinn *m;* **~ а́кций** Aktienkauf *m;* **~ вéкселя** Wechselankauf *m;* **~ в со́бственность** Eigentumserwerb *m;* **~ материа́лов** Materialbeschaffung *f;* **~ пра́ва со́бственности** Eigentumserwerb *m;* **~ пра́ва со́бственности по да́вности владéния** Ersitzung *f;* **~ предприя́тия** Unternehmenskauf *m,* Takeover *m;* **~ предприя́тия гру́ппой мéнеджеров** Aufkauf *m* durch eigenes Management, Management-buyout *m;* **~ предприя́тия руководя́щим соста́вом** Management-buyout *m*

приобща́|ть <-ю, -ешь> *нсв,* **приобщи́ть** *св прх* **1.** *(дéлать сторо́нником чегó-л.)* jdn an etw heranführen; **отéц приобщи́л меня́ к литерату́ре с дéтства** mein Vater führte mich seit der Kindheit an die Literatur heran **2.** *(присоединя́ть)* hinzufügen; **~ докумéнты к дéлу** die Dokumente der Akte hinzufügen

приобща́|ться <-юсь, -ешься> *нсв,* **приобщи́ться** *св рефл* sich etw anschließen; **~ к эстети́ческому вку́су совремéнного поколéния** sich dem ästhetischen Geschmack der modernen Generation anschließen

приобщéни|е <-я> *ср* Anschluss *m;* **~ к иску́сству** Heranführen *nt* an die Kunst

приоб|щи́ть <-щу́, -щи́шь> *св прх см.* **приобща́ть**

приоб|щи́ться <-щу́сь, -щи́шься> *св*

рефл см. **приобщáться**

приоритéт <-а> *м* Vorrang *m,* Priorität *f;* *(предпочтéние)* Präferenz *f;* **определя́ть приоритéты** Prioritäten setzen; **отдавáть ~ комý-л./чемý-л.** jdm/etw Vorrang einräumen

приоритéтн|ый <-ая, -ое> *прил* vorrangig; **приоритéтная задáча** vorrangige Aufgabe *f*

приосáнива|ться <-юсь, -ешься> *нсв,* **приосáниться** *св рефл разг* sich recken

приостанáвлива|ть <-ю, -ешь> *нсв,* **приостанови́ть** *св прх* einstellen; **переговóры приостанóвлены** die Verhandlungen ruhen; **~ дéйствие закóна** ein Gesetz vorübergehend außer Kraft setzen

приостанáвлива|ться <-юсь, -ешься> *нсв,* **приостанови́ться** *св рефл* anhalten, zum Stillstand kommen; **от стрáха сéрдце у неё приостанови́лось** vor Schreck blieb ihr das Herz stehen

приостан|ови́ть <-овлю́, -óвишь> *св прх см.* **приостанáвливать**

приостан|ови́ться <-овлю́сь, -óвишься> *св рефл см.* **приостанáвливаться**

приостанóвк|а <-и> *ж* Einstellung *f*

приостановлéни|е <-я> *ср* Einstellung *f*

приоткрывá|ть <-ю, -ешь> *нсв,* **приоткры́ть** *св прх* ein wenig öffnen; **~ окнó** das Fenster ein wenig öffnen

приоткрывá|ться <-ется> *нсв,* **приоткры́ться** *св безл, только 3 л* sich öffnen; **дверь приоткры́лась** die Tür öffnete sich leicht

приоткры́т|ый <-ая, -ое> *прил* halboffen

приоткр|ы́ть <-óю, -óешь> *св прх см.* **приоткрывáть**

приоткр|ы́ться <-óюсь, -óешься> *св рефл см.* **приоткрывáться**

припадá|ть <-ю, -ешь> *нсв,* **припáсть** *св нпрх разг* **1.** *(опускáться)* sich niederwerfen, sich zu Boden werfen; **припадáть к ногáм когó-л.** sich zu jds Füßen werfen **2.** *(прижимáться к чемý-л.)* sich an schmiegen; **~ к груди́** sich an jds Brust anschmiegen **3.** *(хромáть)* lahmen, hinken

припáд|ок <-ка> *м* Anfall *m*

припáдочн|ый <-ая, -ое> *прил* Ohnmachts-; **припáдочное состоя́ние** Ohnmachtszustand *m;* **припáдочный больнóй** an Anfällen leidender Kranker

припáива|ть <-ю, -ешь> *нсв,* **припая́ть** *св прх* **1.** *(присоедини́ть посрéдством пáйки)* zusammenlöten, löten **2.** *прост (обвини́ть в чём-л.)* jdm die Schuld in die Schuhe schieben; **емý припая́ли крáжу в магази́не** man schob ihm einen Ladendiebstahl in die Schuhe

припá|й <-я> *м* Ufereis *nt;* **полосá припáя вдоль бéрега** Eisstreifen entlang des Ufers

припарк|овáться <-ýюсь, -ýешься> *св рефл см.* **паркoвáться**

припас|ти́ <-ý, -ёшь> *св прх разг* beiseite legen; **~ дéнег на свáдьбу** Geld für die Hochzeit beiseite legen

припá|сть <-дý, -дёшь> *св нпрх см.* **припадáть**

припáс|ы <-ов> *мн* Vorräte *mpl;* **съестны́е ~** Proviant *m*

припая́|ть <-ю, -ешь> *св прх см.* **припáивать**

припéв <-а> *м муз (рефрéн)* Refrain *m,* Kehrreim *m*

припекá|ть <-ю, -ешь> *нсв нпрх* **1.** *разг (прижигáть слегкá, немнóго)* anbrennen; **~ хлеб** das Brot scharf backen **2.** *(пригревáть)* scheinen; **солнцé припекáет** die Sonne brennt

при|перéть <-прý, -прёшь> *св прх см.* **припирáть**

при|перéться <-прýсь, -прёшься> *св рефл см.* **припирáться**

припé|чь <-кý, -чёшь> *св прх см.* **припекáть**

припирá|ть <-ю, -ешь> *нсв,* **приперéть** *св прх разг* **1.** *(плóтно прижáть)* verrammeln, zusperren; **~ дверь дивáном** die Tür mit dem Sofa verrammeln **2.** *прост (притащи́ть, привести́)* herbeischleppen, mitbringen; **он сам опоздáл да и припёр с собóй ещё дéсять человéк** er verspätete sich und brachte dazu noch 10 Leute mit **3.** *прост (прийти́)* **зачéм ты так рáно сюдá припёр?** wieso hast du dich so früh hierher geschleppt?

припирá|ться <-юсь, -ешься> *нсв,* **приперéться** *св рефл прост* **егó не приглашáли, но он всё равнó припёрся** er war nicht eingeladen, kam aber trotzdem

прип|исáть <-ишý, -и́шешь> *св прх см.* **припи́сывать**

припи́ск|а <-и> *ж* Postskriptum *nt*

припи́сыва|ть <-ю, -ешь> *нсв,* **приписáть** *св прх* **1.** *(допи́сывать)* hinzuschreiben; **~ абзáц к ужé напи́санному** noch einen Absatz zum bereits Geschriebenen hinzuschreiben **2.** *(причисля́ть к чемý-л.)* hinzuzählen; **~ крепостны́х крестья́н к имéнию помéщика** die Leibeigenen zum Gut des Großgrundbesitzers zählen **3.** *(дать в наслéдство)* überschreiben; **вдовá приписáла рóдственникам своí богáтства** die Witwe überschrieb Verwandten ihr Vermögen **4.** *разг (объясни́ть чем-л. какóе-то собы́тие)* zuschreiben; **поли́ция приписáла происшéствия мóкрой дорóге** die Polizei hat die Unfälle der nassen Fahrbahn zugeschrieben

приплáт|а <-ы> *ж* Zuzahlung *f*

приплывá|ть <-ю, -ешь> *нсв,* **приплы́ть** *св нпрх* mit einem Schiff ankommen, schwimmend erreichen; **корáбль приплы́л вчерá** das Schiff ist gestern angekommen;

ма́льчик приплы́л к нам с друго́го бе́рега der Junge schwamm vom anderen Ufer zu uns herüber

приплю́щива|ть <-ю, -ешь> *нсв,* **приплю́снуть** *св прх* platt drücken, platt schlagen

припля́сыва|ть <-ю, -ешь> *нсв нпрх* hüpfen; **от ра́дости сту́дент припля́сывал в коридо́ре** der Student hüpfte vor Freude im Korridor

приподнима́|ть <-ю, -ешь> *нсв,* **приподня́ть** *св прх* anheben, lüften

приподнима́|ться <-юсь, -ешься> *св,* **приподня́ться** *св рефл* sich kurz aufrichten, kurz aufstehen; **из уваже́ния все приподняли́сь со сту́льев** aus Achtung erhoben sich alle kurz von ihren Stühlen

припо́днят|ый <-ая, -ое; -, -а́, -о> *прил* gehoben; **быть в припо́днятом настрое́нии** guter Laune sein

приподн|я́ть <-иму́, -и́мешь> *св прх см.* **приподнима́ть**

приподн|я́ться <-иму́сь, -и́мешься> *св рефл см.* **приподнима́ться**

приподыма́|ть <-ю, -ешь> *нсв прх* aufheben

припо́|й <-я> *м* Lötzinn *m*

приполза́|ть <-ю, -ешь> *нсв,* **приползти́** *св нпрх* **1.** *(добра́ться ползко́м)* kriechend erreichen **2.** *перен, разг (добра́ться ме́дленно)* kriechen; **грузови́к с трудо́м припо́лз в дере́вню** der Lkw kroch mühsam bis zum Dorf

припомина́|ть <-ю, -ешь> *нсв,* **припо́мнить** *св прх* sich besinnen auf +*akk;* *(кому́-л.)* ankreiden, nachtragen; **э́то я тебе́ припо́мню** das vergesse ich dir nie

припомина́|ться <-юсь, -ешься> *нсв,* **припо́мниться** *св рефл* sich erinnern, sich ins Gedächtnis zurückrufen; **ему́ припо́мнилась де́тская пора́** er erinnerte sich an seine Kindheit

припорош|и́ть <-у́, -и́шь> *св прх разг* leicht bedecken; **снег припороши́л доро́гу** der Schnee bedeckte leicht die Straße

припра́в|а <-ы> *ж* Gewürz *nt*

приправля́|ть <-ю, -ешь> *нсв,* **припра́вить** *св прх* **1.** *(доба́вить спе́ций в блю́до)* würzen; **~ суп пе́рцем** die Suppe mit Pfeffer würzen **2.** ТИП regulieren; **~ стано́к** die Druckpresse einstellen

припря́тыва|ть <-ю, -ешь> *нсв,* **припря́тать** *св прх разг* aufbewahren; **припря́тать кое-каки́е запа́сы** bestimmte Vorräte aufbewahren

припу́гива|ть <-ю, -ешь> *св,* **припугну́ть** *св прх разг* leicht erschrecken; **припугну́ть ребя́т** die Kinder leicht erschrecken

припуска́|ть <-ю, -ешь> *нсв,* **припусти́ть** *св прх* **1.** *прост (разреши́ть подойти́)* (heran)lassen; **припусти́ть коне́й к овсу́** die Pferde zum Hafer lassen **2.** *разг (заста́вить бежа́ть быстре́е)* anspornen; **припусти́ть лошаде́й** die Pferde anspornen **3.** ТЕХ *(увели́чить разме́р)* vergrößern **4.** КУЛ dünsten; **~ ры́бу** den Fisch dünsten

припуха́|ть <-ет> *нсв,* **припу́хнуть** *св безл, только 3 л разг* leicht anschwellen; **щека́ припухла́** die Wange ist leicht angeschwollen

припу́хлос|ть <-ти> *ж* leichte Schwellung *f*

прираба́тыва|ть <-ю, -ешь> *нсв,* **прирабо́тать** *св прх* **1.** *разг (зараба́тывать дополни́тельно)* hinzuverdienen; **~ немно́го** ein bisschen hinzuverdienen **2.** *(настра́ивать механи́зм в проце́ссе рабо́ты)* einstellen; **~ цили́ндр дви́гателя** den Motorzylinder einstellen

при́работ|ок <-ка> *м* Nebenverdienst *m,* Nebenerwerb *m*

прира́внивани|е <-я> *ср* Gleichstellung *f*

прира́внива|ть <-ю, -ешь> *нсв,* **приравня́ть** *св прх* gleichstellen, gleichsetzen; **~ тру́сость к изме́не** die Feigheit dem Verrat gleichsetzen

прира́внива|ться <-юсь, -ешься> *нсв рефл* sich angleichen; **мы не мо́жем прира́вниваться к возмо́жностям бога́тых** wir können uns den Möglichkeiten der Reichen nicht angleichen

приравня́|ть <-ю, -ешь> *нсв прх см.* **прира́внивать**

прираста́|ть <-ю, -ешь> *нсв,* **прирасти́** *св нпрх* **1.** *(соединя́ться пло́тно с кем-л. или чем-л.)* anwachsen **2.** *(прибавля́ться)* sich vermehren, Zuwachs erhalten

прире́за́|ть <-ю, -ешь> *нсв,* **прире́зать** *св прх* **1.** *разг (доби́ть)* den Rest geben **2.** *(приба́вить)* zuteilen; **~ уча́сток земли́** ein Stück Land zuteilen

пририсовыва́|ть <-ю, -ешь> *нсв,* **пририсова́ть** *св прх* zusätzlich malen

приро́д|а <-ы> *ж* Natur *f; перен* Wesen *nt,* Beschaffenheit *f*

приро́дн|ый <-ая, -ое> *прил* Natur-; **приро́дные воло́кна** Naturfaser *f*

прирождён|ный <-ная, -ное; -, -на, -но> *прил* angeboren; **прирождённое чу́вство справедли́вости** angeborener Gerechtigkeitssinn; **~ худо́жник/страте́г** zum Künstler/Strategen geboren sein

приро́ст <-а> *м* Zuwachs *m,* Zunahme *f;* **~ дохо́дов** Ertragssteigerung *f;* **~ иму́щества** [*или* **состоя́ния**] Vermögenszuwachs *m*

прируча́|ть <-ю, -ешь> *нсв,* **приручи́ть** *св прх* zähmen, bändigen; **~ оле́ня** einen Hirsch zähmen; **~ непослу́шного ребёнка** das unartige Kind zähmen

приса́дк|а <-и> *ж* ТЕХ Zusatz *m,* Zusatzstoff *m*

приса́жива|ться <-юсь, -ешься> *нсв,* **присе́сть** *св рефл диал* sich kurz hinsetzen;

П

нéкогда ~, порá идти́ keine Zeit sich hinzusetzen, wir müssen los; **присáживайтесь!** nehmen Sie Platz!, setzen Sie sich!

присáсыва|ться <-юсь, -ешься> *нсв,* **присосáться** *св рефл презрит, разг* sich festsaugen; **~ к истóчникам богáтства** sich an den Quellen des Reichtums festsaugen

присвáива|ть <-ю, -ешь> *нсв,* **присвóить** *св прх* sich aneignen, sich anmaßen; *разг* einstecken, mitgehen lassen; *(казённые дéньги и т.п.)* veruntreuen; **~ звáние** einen Titel verleihen

присвáива|ться <-ется> *нсв безл, только 3 л* verleihen werden; **лётчику неоднокрáтно присвáивалось звáние герóя** dem Flieger wurde mehrfach der Heldentitel verliehen

при́свист <-а> *м* **1.** *(свист)* Pfeifen *nt* **2.** *(свистя́щий при́звук)* zischende Aussprache *f;* **говори́ть без при́свиста** ohne Zischen sprechen

присви́стн|уть <-у, -ешь> *св нпрх разг* pfeifen; **от удивлéния он дáже присви́стнул** vor Verwunderung pfiff er sogar

присвоéни|е <-я> *ср* **1.** *(звáния, стéпени и т.п.)* Verleihung *f,* Zuerkennung *f* **2.** *(чегó-л. чужóго)* Aneignung *f,* Besitzergreifung *f*

присвó|ить <-ю, -ишь> *св прх см.* **присвáивать**

приседáни|е <-я> *ср* Kniebeuge *f*

приседá|ть <-ю, -ешь> *нсв,* **присéсть** *св нпрх* **1.** *(сади́ться)* sich niederkauern, sich niederhocken; **присéсть на кóрточки** niederhocken **2.** *(при хóдьбе)* mit gebeugten Knien gehen

присéст <-а> *м разг* **в оди́н ~** auf einmal

прис|éсть <-я́ду, -я́дешь> *св нпрх см.* **приседáть**

при́сказк|а <-и> *ж разг* scherzhafter Märchenanfang oder -ende; **э́то тóлько ~, а скáзка впереди́** das ist nur der Anfang, das Märchen kommt noch

приск|акáть <-ачу́, -áчешь> *св нпрх* **1.** *разг (прибежáть)* angelaufen kommen; **узнáв о подáрках, дéти срáзу прискакáли** sobald die Kinder von den Geschenken erfuhren, kamen sie sofort angelaufen **2.** *(на лóшади)* angeritten kommen; **эскадрóн прискакáл чéрез час** die Schwadron kam in einer Stunde angeritten

прискóрб|ный <-ная, -ное; -ен, -на, -но> *прил книжн* bedauerlich; **~ факт** bedauerliche Tatsache *f*

при|слáть <-шлю́, -шлёшь> *св прх см.* **присылáть**

прислон|и́ть <-ю́, -и́шь> *св прх см.* **прислоня́ть**

прислон|и́ться <-ю́сь, -и́шься> *св рефл см.* **прислоня́ться**

прислоня́|ть <-ю, -ешь> *св,* **прислони́ть** *св прх* anlehnen an *+akk*

прислоня́|ться <-юсь, -ешься> *нсв,* **прислони́ться** *св рефл* sich anlehnen

прислу́г|а <-и> *ж* Dienerschaft *f;* **у них нé было прислу́ги** sie hatten keine Dienerschaft

прислу́жива|ть <-ю, -ешь> *нсв нпрх* bedienen; **~ хозя́евам** die Hausherren bedienen

прислу́жниц|а <-ы> *ж* Dienstmädchen *nt;* **она́ была́ прислу́жницей в богáтой семьé адвокáта** sie war Dienstmädchen bei einer reichen Anwaltsfamilie

прислу́шива|ться <-юсь, -ешься> *нсв,* **прислу́шаться** *св рефл* **1.** *(напрягáть слух)* lauschen, belauschen; **~ к шу́му дви́гателей** dem Motorengeräusch lauschen **2.** *(принимáть во внимáние, учи́тывать)* auf jdn hören; **~ к мнéнию когó-л.** auf jdn hören

присмáтрива|ть <-ю, -ешь> *нсв,* **присмотрéть** *св* **I.** *прх* Ausschau halten, sich umsehen; **~ себé рабóту** sich nach Arbeit umsehen **II.** *нпрх (за кем-л.)* aufpassen auf *+akk*

присмáтрива|ться <-юсь, -ешься> *нсв,* **присмотрéться** *св рефл* genau betrachten, untersuchen; **присмотрéвшись** bei genauerer Betrachtung

присмóтр <-а> *м* Aufsicht *f,* Kontrolle *f;* **оставля́ть детéй без присмóтра** die Kinder unbeaufsichtigt lassen

присм|отрéть <-отрю́, -óтришь> *св прх см.* **присмáтривать**

присм|отрéться <-отрю́сь, -óтришься> *св рефл см.* **присмáтриваться**

присн|и́ться <-ю́сь, -и́шься> *св рефл см.* **сни́ться**

присобáчива|ть <-ю, -ешь> *нсв,* **присобáчить** *св прх прост* anbringen; **~ дверь кали́тки** das Hoftor befestigen

присовéт|овать <-ую, -уешь> *св прх разг* beraten, einen Rat geben

присовокупля́|ть <-ю, -ешь> *нсв,* **присовокупи́ть** *св прх* hinzurechnen; **к штрáфу они́ присовокупи́ли ещё и процéнт за просрóченный долг** zu der Strafe schlugen sie noch ein Prozent für den Schuldverzug auf

присоединéни|е <-я> *ср* **1.** *(вступлéние)* Beitritt *m,* Eintritt *m* **2.** пол Anschluss *m,* Angliederung *f,* Einverleibung *f* **3.** тех Anschluss *m*

присоедин|и́ть <-ю́, -и́шь> *св прх см.* **присоединя́ть**

присоедин|и́ться <-ю́сь, -и́шься> *св рефл см.* **присоединя́ться**

присоединя́|ть <-ю, -ешь> *нсв,* **присоедини́ть** *св прх* **1.** *(ввести́ в состáв)* anschließen, eingliedern **2.** тех anschließen

присоединя́|ться <-юсь, -ешься> *нсв,* **присоедини́ться** *св рефл* sich anschließen;

~ к па́ртии зелёных sich der Partei der Grünen anschließen; **~ к соглаше́нию** einem Abkommen beitreten

присос|а́ться <-у́сь, -ёшься> *св рефл см.* **приса́сываться**

присо́с|ок <-ка> *м* Saugnapf *m;* **~ осьмино́га** Saugnapf des Kraken

присо́хн|уть <-у, -ешь> *св нпрх* antrocknen; **грязь присо́хла к боти́нкам** der Schmutz blieb an den Schuhen kleben

приспе́шник <-а> *м* **1.** *устар (помо́щник)* Helfer *m;* **он не ~, а основна́я фигу́ра** er ist kein Helfer, sondern die Hauptfigur **2.** *презрит (соуча́стник)* Komplize *m;* **кли́ка разбо́йников с их приспе́шниками** die Räuberbande und ihre Komplizen

приспи́ч|ить <-ит> *св безл, только 3 л прост* dringend brauchen, dringend müssen; **ему́ вдруг приспи́чило звони́ть по телефо́ну** auf einmal musste er dringend telefonieren

приспоса́блива|ть <-ю, -ешь> *нсв,* **присосо́бить** *св прх* einrichten, einstellen, verwenden für + *akk*

приспоса́блива|ться <-юсь, -ешься> *нсв,* **присосо́биться** *св рефл (к чему́-л.)* sich einstellen, sich anpassen an +*akk;* **уме́ющий ~** anpassungsfähige Person *f*

приспосо́б|ить <-лю, -ишь> *св прх см.* **приспоса́бливать**

приспосо́б|иться <-люсь, -ишься> *св рефл см.* **приспоса́бливаться**

приспособле́н|ец <-ца> *м презрит* Anpasser *m,* Konjunkturritter *m,* Wendehals *m*

приспособле́ни|е <-я> *ср* Anpassung *f;* *(устро́йство)* Vorrichtung *f,* Hilfsmittel *nt;* **~ произво́дственных мо́щностей** Kapazitätsanpassung *f*

приспосо́блен|ный <-ная, -ное; -, -а, -о> *прил* angepasst; *(к чему́-л.)* geeignet für +*akk*

приспу́щен|ный <-ная, -ное; -, -а, -о> *прил* heruntergelassen

при́став <-а> *м* АДМ *(нача́льник ме́стной поли́ции в до́революционной Росси́и) Chef der örtlichen Polizei im vorrevolutionären Russland;* **участко́вый ~** Polizeireviervorsteher *m*

пристава́л|а <-ы> *м и ж презрит, разг* lästiger Mensch *m*

приста|ва́ть <-ю́, -ёшь> *нсв,* **приста́ть** *св нпрх* **1.** *(к бе́регу)* anlegen **2.** *(прилипа́ть)* anhaften an +*dat* **3.** *(присоединя́ться)* sich (einer Gruppe) anschließen **4.** *разг (надоеда́ть, заи́грывать)* belästigen, anmachen; **ну что ты ко мне приста́л?** lass mich gefälligst in Ruhe!; **~ к же́нщине** sich an eine Frau heranmachen **5.** *безл* sich gebühren; **тебе́ не приста́ло** es schickt sich nicht für dich

приста́в|ить <-лю, -ишь> *св прх см.* **приставля́ть**

приста́вк|а <-и> *ж* **1.** ТЕХ Zusatzgerät *nt* **2.** ЛИНГВ Präfix *nt,* Vorsilbe *f*

приставля́|ть <-ю, -ешь> *нсв,* **приста́вить** *св прх* **1.** *(перемеща́ть побли́же)* näher rücken, vorrücken; **приста́вить стул к окну́** den Stuhl näher an das Fenster rücken **2.** *(пристра́ивать)* anbauen; **~ фли́гель к забо́ру** ein Seitengebäude neben dem Zaun anbauen **3.** *разг (назна́чить для ухо́да, надзо́ра)* jdn zuordnen; **к нему́ приста́вили незави́симых наблюда́телей** man hat ihm unabhängige Beobachter zugeordnet

приставн|о́й <-а́я, -о́е> *прил* Steh-; **приставна́я ле́стница** Stehleiter *f*

при́стально *нрч* aufmerksam; **смотре́ть на кого́-л. ~** auf jdn aufmerksam [*o* unverwandt] schauen

при́ста|льный <-льная, -льное; -лен, -льна, -льно> *прил (о взгля́де)* unverwandt, durchdringend; **при́стальное внима́ние** verstärkte Aufmerksamkeit *f*

приста́нищ|е <-а> *ср* **1.** *(кры́ша)* Unterkunft *f,* Obdach *nt* **2.** *книжн* Domizil *nt,* Bleibe *f*

при́ста|нь <-ни> *ж* **1.** *(ме́сто для прича́ла)* Anlegeplatz *m,* Hafen *m;* **на при́стани мно́го корабле́й** im Hafen liegen viele Schiffe; **пое́хать на ~** zum Hafen fahren **2.** *(убе́жище)* Zufluchtsort *m,* Zuflucht *f;* **найти́ себе́ ~** Zuflucht finden

приста́|ть <-ну, -нешь> *св нпрх см.* **пристава́ть**

пристёгива|ть <-ю, -ешь> *нсв,* **пристегну́ть** *св прх* zuknöpfen; *(реме́нь)* festschnallen; *перен* anheften; **~ ло́шадь к каре́те** ein zusätzliches Pferd in die Kutsche einspannen

присто́йно *нрч* anständig; **вести́ себя́ ~** sich anständig benehmen

присто́|йный <-йная, -йное; -ен, -йна, -йно> *прил* anständig, gefällig

пристра́ива|ть <-ю, -ешь> *нсв,* **пристро́ить** *св прх* **1.** *перен (размеща́ть)* unterbringen **2.** СТР anbauen

пристра́ива|ться <-юсь, -ешься> *нсв,* **пристро́иться** *св рефл разг* es sich bequem machen; **~ на за́днем сиде́нии** es sich auf dem Rücksitz bequem machen; **~ в хоро́шем ме́сте** *(о рабо́те)* einen guten Arbeitsplatz finden

пристра́сти|е <-я> *ср* Vorliebe *f*

пристра|сти́ться <-щу́сь, -сти́шься> *св рефл* süchtig werden; **~ к во́дке** sich dem Wodka ergeben

пристра́стнос|ть <-ти> *ж* Parteilichkeit *f,* Befangenheit *f,* Voreingenommenheit *f*

пристра́ст|ный <-ная, -ное; -ен, -на, -но> *прил* parteiisch, befangen

пристрел|и́ть <-ю́, -и́шь> *св прх* erlegen, schießen; **~ ди́кую у́тку** eine Wildente schießen

П

пристреля́|ть <-ю, -ешь> *св прх* ВОЕН einschießen; **~ винто́вку** das Gewehr einschießen

пристро́енн|ый <-ая, -ое> *прил* angebaut; **пристро́енная ко́мната** angebautes Zimmer *nt*

пристро́|ить <-ю, -ишь> *св прх см.* **пристра́ивать**

пристро́|иться <-юсь, -ишься> *св рефл см.* **пристра́иваться**

пристро́йк|а <-и> *ж* Anbau *m*

присту́кива|ть <-ю, -ешь> *нсв,* **присту́кнуть** *св нпрх* **1.** *(сту́кнуть чем-л.)* zusammenschlagen; **~ каблука́ми** die Hacken zusammenschlagen **2.** *разг (уби́ть уда́ром)* erschlagen, töten; **~ му́ху газе́той** die Fliege mit einer Zeitung erschlagen

при́ступ <-а> *м* **1.** ВОЕН Sturm *m,* Attacke *f* **2.** МЕД Anfall *m;* **серде́чный ~** Herzanfall *m;* **~ ка́шля** Hustenanfall *m*

приступа́|ть <-ю, -ешь> *нсв,* **приступи́ть** *св нпрх* **1.** *(подступа́ть)* herantreten **2.** *перен* beginnen, in Angriff nehmen; **~ к рабо́те** die Arbeit aufnehmen

присту́п|ок <-ка> *м* Trittbrett *nt,* Stufe *f;* **ваго́нный ~** Trittbrett des Waggons

присты|ди́ть <-жу́, -ди́шь> *св прх см.* **стыди́ть**

посты|ди́ться <-жу́сь, -ди́шься> *св рефл см.* **стыди́ться**

присужда́|ть <-ю, -ешь> *нсв,* **присуди́ть** *св прх* **1.** ЮР verurteilen **2.** *(приз)* verleihen, zuerkennen

присужде́ни|е <-я> *ср* **1.** ЮР Verurteilung *f* **2.** *(при́за)* Verleihung *f;* **~ учёной сте́пени до́ктора** Verleihung *f* des Doktortitels

прису́тстви|е <-я> *ср* Anwesenheit *f,* Gegenwart *f,* Präsenz *f;* **~ ду́ха** Geistesgegenwart *f;* **вое́нное ~** militärische Präsenz *f;* **в прису́тствии** im Beisein, in Gegenwart *+gen;* **всегда́ сохраня́ть ~ ду́ха** stets die Selbstbeherrschung bewahren

прису́тств|овать <-ую, -уешь> *нсв нпрх* zugegen sein, anwesend sein

прису́тствующ|ий **I.** <-ая, -ее> *прил* anwesend **II.** <-его> *м* Anwesende(r) *f(m);* **спи́сок прису́тствующих** Anwesenheitsliste *f*

прису́щ|ий <-ая, -ее; -, -а, -е> *прил* typisch; **~ кому́-л.** für jdn typisch

присыла́|ть <-ю, -ешь> *нсв,* **присла́ть** *св прх* (zu)schicken; **пришли́те кого́-нибу́дь за ве́щами** schicken Sie jemanden die Sachen abzuholen

присыпа́|ть <-ю, -ешь> *нсв,* **присы́пать** *св прх* **1.** *разг (доба́вить)* dazuschütten; **~ муки́** Mehl zugeben **2.** *(припора́шивать)* leicht bedecken; **снег присы́пал берега́ реки́** der Schnee bedeckte dünn die Flussufer

присы́пк|а <-и> *ж* Pulver *nt;* **класть присы́пку на ра́ну** Puder auf die Wunde streuen

прися́г|а <-и> *ж* Eid *m;* **приводи́ть к прися́ге** vereidigen; **под прися́гой** unter Eid

прися́жн|ый **I.** <-ого> *м* ЮР Geschworene(r) *m,* Schöffe *m* **II.** *прил* <-ая, -ое> vereidigt

прита|и́ться <-ю́сь, -и́шься> *св рефл* sich verstecken; **враг прита́ился за горо́й** der Feind verbarg sich hinter dem Hügel

пританцо́выва|ть <-ю, -ешь> *нсв нпрх разг* herumtanzen; **от ра́дости они́ пританцо́вывали** sie tanzten vor Freude herum

прит|ащи́ть <-ащу́, -а́щишь> *св прх см.* **тащи́ть**

прит|ащи́ться <-ащу́сь, -а́щишься> *св рефл см.* **тащи́ться**

притвор|и́ть <-ю́, -и́шь> *св прх см.* **притворя́ть**

притвор|и́ться <-ю́сь, -и́шься> *св рефл см.* **притворя́ться**

притво́рно *нрч* verstellt; **улыба́ться ~** falsch lächeln

притво́р|ный <-ная, -ное; -ен, -на, -но> *прил* **притво́рная улы́бка** falsches Lächeln *nt*

притво́рств|о <-а> *ср* Verstellung *f;* **никто́ не люби́л его́ из-за его́ ве́чного притво́рства** niemand mochte ihn, weil er sich immer verstellte

притворя́|ть <-ю, -ешь> *св,* **притвори́ть** *св прх* leicht schließen; **~ окно́** das Fenster leicht schließen

притворя́|ться[1] <-юсь, -ешься> *нсв,* **притвори́ться** *св рефл* sich verstellen, vortäuschen, so tun als ob; **он притворя́лся спя́щим** er stellte sich schlafend; **он притворя́ется, что рабо́тает, на са́мом де́ле спит** er tut so, als ob er arbeitet, aber in Wirklichkeit schläft er

притворя́|ться[2] <-ется> *нсв безл, то́лько 3 л (непло́тно, слегка́ закрыва́ться)* sich leicht schließen; **дверь притворя́ется, но не закрыва́ется** die Tür lässt sich anlehnen, aber nicht schließen

при|тере́ться <-тру́сь, -трёшься> *св рефл прост* **1.** *(подойти́ вплотну́ю)* dicht an jdn herantreten; **~ к гру́ппе люде́й** dicht an eine Menschengruppe herantreten **2.** *(приспосо́биться)* sich anpassen; **~ друг к дру́гу** sich aneinander anpassen

притерп|е́ться <-ю́сь, -ишься> *св рефл разг* sich gewöhnen; **~ к оби́дам** sich an die Beleidigungen gewöhnen

притесне́ни|е <-я> *ср* Unterdrückung *f*

притесня́|ть <-ю, -ешь> *нсв,* **притесни́ть** *св прх* bedrängen, bedrücken, drangsalieren, unterdrücken

прити́сн|уть <-у, -ешь> *св прх* **1.** *(прижа́ть, придави́ть)* drücken; **~ письмо́ к груди́** den Brief an die Brust drücken **2.** *перен, разг (поста́вить в затрудни́тельное положе́ние)* in die Enge treiben; **обстоя-**

тельства прити́снули его́ die Umstände trieben ihn in die Enge

притиха́|ть <-ю, -ешь> *нсв,* **прити́хнуть** *св нпрх* verstummen; **ребёнок прити́х** das Kind verstummte

приткн|у́ть <-у, -ёшь> *св прх разг* **1.** *(приколо́ть)* stecken; **~ бант к косе́** sich eine Schleife ins Haar stecken **2.** *(поста́вить вплотну́ю к чему́-л.)* dicht an etw stellen; **~ скаме́йку к забо́ру** die Bank dicht an den Zaun stellen **3.** *(устро́ить кого́-л. кое-как)* jdn irgendwohin stecken; **она́ хоте́ла ~ ребёнка куда́-нибу́дь, пока́ была́ на рабо́те** sie wollte das Kind irgendwo unterbringen, solange sie arbeitete

приткн|у́ться <-у́сь, -ёшься> *св рефл разг* unterkommen

прито́к <-а> *м* Nebenfluss *m; перен* Zufluss *m,* Zustrom *m;* **~ де́нег** Geldzufluss *m;* **~ покупа́телей** Käuferandrang *m*

при́толок|а <-и> *ж* Türrahmen *m;* **сту́каться голово́й о при́толоку** sich den Kopf am Türrahmen stoßen

прито́м *нрч* überdies, darüber hinaus

прито́н <-а> *м* Spelunke *f,* Räuberhöhle *f;* **воровско́й ~** Diebesnest *nt*

притонодержа́те|ль <-ля> *м* Spelunkenwirt *m*

притορма́жива|ть <-ю, -ешь> *нсв,* **притормози́ть** *св прх разг* bremsen; **грузови́к притормози́л** der LKW bremste; **притормози́ть работу** die Arbeit verzögern

при́тор|ный <-ная, -ное; -ен, -на, -но> *прил* übermäßig süß [*o* fett]; *перен* zuckersüß

притороч|и́ть <-у́, -и́шь> *св прх* anschnallen **~ к бага́жнику автомоби́ля** am Gepäckträger eines Autos befestigen

притра́гива|ться <-юсь, -ешься> *нсв,* **притро́нуться** *св рефл* berühren; **не притро́нуться к пи́ще** das Essen nicht anrühren

притул|и́ться <-ю́сь, -и́шься> *св рефл прост* es sich bequem machen; **~ ря́дом с пе́чью** es sich neben dem Ofen bequem machen

прит|упи́ть <-уплю́, -у́пишь> *св прх см.* **притупля́ть**

притуп|и́ться <-и́тся> *св рефл см.* **притупля́ться**

приту́плен|ный <-ная, -ное; -, -а, -о> *прил* abgestumpft; **приту́пленное восприя́тие** abgestumpftes Wahrnehmungsvermögen *nt*

притупля́|ть <-ю, -ешь> *нсв,* **притупи́ть** *св прх* **1.** *(сде́лать тупе́е)* stumpf machen; **~ топо́р** die Axt stumpf machen **2.** *перен (сде́лать слабе́е)* betäuben; **~ боль** die Schmerzen betäuben

притупля́|ться <-ется> *св,* **притупи́ться** *св безл, только 3 л* **1.** *(стать тупы́м)* stumpf werden; **нож притупи́лся** das Messer wurde stumpf **2.** *перен (стать слабе́е)* schwächer werden; **его́ слух притупи́лся** sein Gehör wurde schwächer

прит|уши́ть <-ушу́, -у́шишь> *св прх разг* **1.** *(потуши́ть)* löschen; **~ ого́нь** das Feuer löschen **2.** *(сде́лать ме́нее си́льным)* dämpfen; **~ свет в ко́мнате** das Licht im Zimmer dämpfen

при́тч|а <-и> *ж* Gleichnis *nt,* Parabel *f*

притяга́тельнос|ть <-ти> *ж* Anziehungskraft *f;* **~ магни́та** Magnetanziehungskraft *f*

притяга́те|льный <-льная, -льное; -лен, -льна, -льно> *прил* anziehend; **притяга́тельная си́ла** Anziehungskraft *f,* Ausstrahlung(skraft) *f*

притя́гива|ть <-ю, -ешь> *нсв,* **притяну́ть** *св прх* anziehen; **~ как магни́т** wie ein Magnet anziehen

притяже́ни|е <-я> *ср* **1.** физ Anziehung *f* **2.** *перен (привлека́тельность)* Anziehungskraft *f*

притяза́ни|е <-я> *ср* Anspruch *m;* **территориа́льные притяза́ния** Gebietsansprüche *pl;* **~ на получе́ние како́го-л. пра́ва** Anwartschaft *f;* **~ на предоставле́ние гара́нтии** Gewährleistungsanspruch *m*

прит|яну́ть <-яну́, -я́нешь> *св прх см.* **притя́гивать**

приукра́шива|ть <-ю, -ешь> *нсв,* **приукра́сить** *св прх* ausschmücken; **~ состоя́ние фи́рмы** den Zustand der Firma beschönigen

приумножа́|ть <-ю, -ешь> *нсв,* **приумно́жить** *св прх книжн* mehren

приумноже́ни|е <-я> *ср книжн* Mehrung *f*

приумолка́|ть <-ю, -ешь> *нсв,* **приумо́лкнуть** *св нпрх* für kurze Zeit verstummen; **де́ти приумо́лкли** die Kinder verstummten für kurze Zeit

приуны́ть *св нпрх разг то́лько прош.* traurig werden; **услы́шав о результа́те экза́мена, он приуны́л** als er die Prüfungsergebnisse erfuhr, wurde er traurig

приуро́чива|ть <-ю, -ешь> *нсв,* **приуро́чить** *св прх (к чему́-л.)* anberaumen, terminlich abstimmen, festlegen auf +*akk*

приуса́дебн|ый <-ая, -ое> *прил* **уча́сток** Hofland *nt*

приуча́|ть <-ю, -ешь> *нсв,* **приучи́ть** *св прх* angewöhnen, anerziehen, beibringen; **~ к рабо́те** einarbeiten

приуча́|ться <-юсь, -ешься> *нсв,* **приучи́ться** *св рефл* sich an etw gewöhnen; **они́ сра́зу приучи́лись к поря́дку** sie gewöhnten sich sofort an Ordnung

при|учи́ть <-учу́, -у́чишь> *св прх см.* **приуча́ть**

при|учи́ться <-учу́сь, -у́чишься> *св прх см.* **приуча́ться**

прихватиза́ци|я <-я> *ж* ирон Aneignung *f (Privatisierung im Sinne der Nomenklatur)*

прихва́тыва|ть <-ю, -ешь> *нсв*, **прихвати́ть** *св прх* **1.** *(держа́ть кого́-л. кре́пко за что-л.)* auffangen, festhalten; **~ кого́-л. за ше́ю** jdn fest im Griff haben **2.** *разг (брать с собо́й)* mitnehmen; *(без разреше́ния)* mitgehen lassen; **~ еду́ в похо́д** Essen mit auf den Weg nehmen **3.** *разг (слегка́ замора́живать)* leicht gefrieren lassen; **в ту зи́му моро́з прихва́тывал ре́чку льдо́м** in jenem Winter ließ der Frost das Flüsschen leicht gefrieren **4.** *разг (застава́ть)* einholen; **нас ча́сто прихва́тывал дождь, когда́ мы ходи́ли на о́зеро** es regnete oft, als wir zum See gingen

прихлёбыва|ть <-ю, -ешь> *нсв*, **прихлебну́ть** *св прх разг* in kleinen Schlucken trinken; **~ горя́чий суп** die heiße Suppe schluckweise trinken

прихлопыва́|ть <-ю, -ешь> *св*, **прихло́пнуть** *св прх* **1.** *(уби́ть)* draufschlagen; **прихло́пнуть осу́ газе́той** mit der Zeitung auf die Wespe schlagen **2.** *(закры́ть со сту́ком)* zuklappen; **прихло́пнуть дверь** die Tür ins Schloss werfen **3.** *(прищеми́ть)* einklemmen; **прихло́пнуть па́лец две́рью** sich den Finger in der Tür einklemmen

прихо́д <-а> *м* **1.** *(прибы́тие)* Kommen *nt*, Ankunft *f*; **~ к вла́сти** Machtantritt *m*, Machtübernahme *f* **2.** ЭКОН Einnahme *f*, Eingang *m*, Haben *nt* **3.** РЕЛИГ Gemeinde *f*, Pfarrei *f*

прих|оди́ть <-ожу́, -о́дишь> *нсв*, **прийти́** *св нпрх* herkommen, kommen; **~ в себя́** zur Besinnung [*o* zu sich] kommen; **~ к вла́сти** an die Macht kommen; **~ к понима́нию чего́-л.** sich zu einer Erkenntnis durchringen

прих|оди́ться <-ожу́сь, -о́дишься> *нсв*, **прийти́сь** *св рефл* **1.** *(нра́виться)* zusagen, gefallen **2.** *разг* müssen; **мне прихо́дится призна́ть, что** ich muss zugeben, dass **3.** *(быть ро́дственником)* verwandt sein; **кем он тебе́ прихо́дится?** wie ist er mit dir verwandt?

прихо́д|овать <-ую, -уешь> *нсв*, **оприхо́довать** *(н)св прх* verbuchen

прихо́дск|ий <-ая, -ое> *прил устар* Gemeinde-; **прихо́дская це́рковь** Gemeindekirche *f*; **прихо́дская шко́ла** Gemeindeschule *f*

приходя́щ|ий <-ая, -ее> *прил* auswärtig; **~ учени́к** Tagesschüler *m*; **приходя́щая медсестра́** auswärtige Krankenschwester *f*

прихожа́нин <-а> *м* РЕЛИГ *(член религио́зной общи́ны при христиа́нской це́ркви)* Mitglied *nt* einer Kirchengemeinde; **собира́лись прихожа́не** die Mitglieder der Kirchengemeinde versammelten sich

прихо́ж|ая <-ей> *ж* Flur *m*, Hausflur *m*; *(пере́дняя)* Diele *f*

прихора́шива|ться <-юсь, -ешься> *нсв рефл* sich schön machen; **~ пе́ред зе́ркалом** sich vor dem Spiegel schön machen

прихотли́вос|ть <-ти> *ж* Launenhaftigkeit *f*, Verwöhntheit *f*; *(стра́нность)* Merkwürdigkeit *f*

прихотли́в|ый <-ая, -ое; -, -а, -о> *прил* launenhaft, wählerisch; *(стра́нный)* seltsam

при́хо|ть <-ти> *ж* **1.** *(причу́да, капри́з)* Schrulle *f* **2.** *(настрое́ние)* Grille *f*, Laune *f*

прихра́мыва|ть <-ю, -ешь> *нсв нпрх* hinken

прице́л <-а> *м* **1.** *(прибо́р для наво́дки огня́)* Visier *nt*; **опти́ческий ~** optisches Visier; **взять кого́-л. на прице́л** jdn anvisieren **2.** *(регулиро́вка прибо́ра)* Visiereinstellung *f*; **~ сто со́рок! Ого́нь!** Visier auf 140! Feuer!

прице́лива|ться <-юсь, -ешься> *нсв рефл* **1.** *(гото́виться к стрельбе́)* zielen auf; **~ в зве́ря** auf das wilde Tier zielen **2.** *перен, разг (намерева́ться доби́ться)* etw im Visier haben; **он прице́ливался в бо́лее высо́кие до́лжности, но его́ назна́чили в ма́ленький го́род** er hatte höhere Posten im Visier, aber man stellte ihn in einer kleinen Stadt ein

прице́лива|ться <-юсь, -ешься> *нсв*, **прице́литься** *св рефл* zielen auf

прице́льн|ый <-ая, -ое> *прил* **1.** ТЕХ *(слу́жащий для прице́ла)* Visier-; **прице́льное приспособле́ние** Visiervorrichtung *f* **2.** ВОЕН *(производи́мый с прице́ливанием)* Ziel-; **~ ого́нь** Zielfeuer *nt*

прице́нива|ться <-юсь, -ешься> *нсв рефл разг* nach dem Preis fragen; **пе́ред тем как покупа́ть, он всегда́ прице́нивается** vor dem Kauf fragt er immer nach dem Preis

прице́п <-а> *м* Anhänger *m*; **грузови́к с прице́пом** Lastzug *m*

приц|епи́ть <-еплю́, -е́пишь> *св прх см.* **прицепля́ть**

приц|епи́ться <-еплю́сь, -е́пишься> *св рефл см.* **прицепля́ться**

прицепля́|ть <-ю, -ешь> *нсв*, **прицепи́ть** *св прх (ваго́н)* anhängen, kuppeln

прицепля́|ться <-юсь, -ешься> *нсв*, **прицепи́ться** *св рефл* **1.** *(присоедини́ться к чему́-л.)* hängen bleiben; **ве́тка прицепи́лась к колёсам грузовика́** der Zweig blieb an den Rädern des LKW hängen; **он прицепи́лся к гру́ппе** er schloss sich der Gruppe an **2.** *презрит, разг (надоеда́ть)* sich aufdrängen; **он вчера́ к нам прицепи́лся – ника́к не отде́лаемся от него́** gestern hat er sich an uns rangehängt, wir können ihn nicht loswerden

прича́л <-а> *м* Anlegesteg *m*

прича́лива|ть <-ю, -ешь> *нсв*, **прича́лить** *св* **I.** *прх* anbinden, vertäuen **II.** *нпрх* anlegen; **кора́бль прича́лил** das Schiff legte an

причáльн|ый <-ая, -ое> *прил* Anlege-; **~ канáт** Anlegetau *nt;* **~ столб** Poller *m*

причáсти|е <-я> *ср* **1.** РЕЛИГ Kommunion *f;* **пéрвое ~** Erstkommunion *f;* **святóе ~** Heiliges Abendmahl *nt* **2.** ЛИНГВ Partizip *nt*

прича|сти́ть <-щý, -сти́шь> *св прх см.* **причащáть**

прича|сти́ться <-щýсь, -сти́шься> *св рефл см.* **причащáться**

причáстнос|ть <-ти> *ж* Beteiligung *f;* **у негó нет никакóй причáстности к э́тому собы́тию** er hat mit diesem Ereignis nichts zu tun

причáст|ный <-ная, -ное; -ен, -на, -но> *прил* **1.** *(к чемý-л.)* teilhaftig, zugehörig **2.** *(винóвный)* mitschuldig; **~ к уби́йству** des Mordes mitschuldig

причащá|ть <-ю, -ешь> *нсв,* **причасти́ть** *св прх* РЕЛИГ die Kommunion austeilen

причащá|ться <-юсь, -ешься> *нсв,* **причасти́ться** *св рефл* РЕЛИГ das Heilige Abendmahl empfangen

причём **I.** *сз (при э́том)* dabei; **~ я об э́том ничегó не знал!** dabei wusste ich nichts davon! **II.** *нрч (по какóй причи́не?; в связи́ с чем?)* weswegen; **~ тут он?** was hat er damit zu tun?

прич|есáть <-ешý, -éшешь> *св прх см.* **причёсывать**

прич|есáться <-ешýсь, -éшешься> *св рефл см.* **причёсываться**

причёск|а <-и> *ж* Haarschnitt *m,* Frisur *f;* **корóткая ~** kurze Frisur *f*

причёсыва|ть <-ю, -ешь> *нсв,* **причесáть** *св прх* kämmen, bürsten; **мать причёсывала дочь** die Mutter kämmte die Tochter

причёсыва|ться <-юсь, -ешься> *нсв,* **причесáться** *св рефл* sich kämmen, sich bürsten; **~ у зéркала** sich vor dem Spiegel kämmen

причи́н|а <-ы> *ж* Grund *m,* Ursache *f;* **без причи́ны** grundlos; **~ для оправдáния** Entschuldigungsgrund *m;* **без уважи́тельной причи́ны** unentschuldigt

причин|и́ть <-ю́, -и́шь> *св прх см.* **причиня́ть**

причи́нн|ый <-ая, -ое> *прил книжн* ursächlich, kausal

причиня́|ть <-ю, -ешь> *нсв,* **причини́ть** *св прх* verursachen

причислéни|е <-я> *ср* Hinzuzählung *f*

причисля́|ть <-ю, -ешь> *нсв,* **причи́слить** *св прх* hinzurechnen; *(отнести́ к числý когó-л.)* einreihen unter *+akk,* zuordnen

причитáни|е <-я> *ср* Wehklagen *nt; (жáлобная пéсня)* Klagelied *nt;* **бесконéчные причитáния** Litanei *f*

причитá|ть[1] <-ю, -ешь> *нсв нпрх (плáкать, приговáривая)* weinen, klagen; **вдовá причитáла у моги́лы мýжа** die Witwe weinte und klagte am Grab ihres Mannes

причитá|ть[2] <-ю, -ешь> *нсв прх прост (добавля́ть при подсчёте)* hinzufügen; **продавéц всегдá незакóнно причитáл нéсколько грáммов к вéсу продýктов** der Verkäufer rechnete immer gesetzwidrig ein paar Gramm zum Gewicht der Lebensmittel hinzu

причитá|ться <-ется> *нсв безл, только 3 л* schulden, schuldig sein; **за услýгу с вас причитáется 100 рублéй** für die Dienstleistung schulden Sie uns 100 Rubel

причмóкива|ть <-ю, -ешь> *нсв,* **причмóкнуть** *св нпрх* leicht schmatzen, schnalzen; **ребёнок ел и причмóкивал** das Kind aß und schmatzte leicht

причýд|а <-ы> *ж* Marotte *f,* Schrulle *f;* **у кáждого свои́ причýды** jeder hat seine Schrullen

причýдлив|ый <-ая, -ое; -, -а, -о> *прил* wunderlich, seltsam

пришварт|овáть <-ýю, -ýешь> *св прх см.* **швартовáть**

пришварт|овáться <-ýюсь, -ýешься> *св рефл см.* **швартовáться**

пришéл|ец <-ьца> *м* Zuwanderer *m,* Ankömmling *m;* **пришéльцы из рáзных стран приживáются бы́стро** die Zuwanderer aus verschiedenen Ländern gewöhnen sich schnell an die Lebensbedingungen

пришéстви|е <-я> *ср* Ankunft *f,* Erscheinen *nt;* **~ нарóда к влáсти** die Machtergreifung durch das Volk

пришиб|и́ть <-ý, -ёшь> *св прх* **1.** *(сбить ударóм)* niederschlagen, niederwerfen; **егó приши́бла бáлка с кры́ши** er wurde von einem Dachbalken niedergeschlagen **2.** *перен, разг (привести́ в угнетённое положéние)* deprimieren, bedrücken; **шахтёров приши́бло гóре** Trauer bedrückte die Bergleute

пришивá|ть <-ю, -ешь> *нсв,* **приши́ть** *св прх* **1.** *(прикрепи́ть)* annähen; **~ кармáн к брю́кам** eine Tasche an die Hose annähen **2.** *перен (лóжно приписáть)* jdm etw anhängen; **емý приши́ли дéло об уби́йстве** man hängte ihm einen Mord an **3.** *прост (уби́ть)* umlegen; **я тебя́ пришью́!** ich lege dich um!

при́шл|ый <-ая, -ое> *прил разг* zugewandert; **при́шлая старýха** nicht einheimische Alte *f*

пришпи́лива|ть <-ю, -ешь> *нсв,* **пришпи́лить** *св прх* mit einer Nadel befestigen; **пришпи́лить цветóк к пиджакý** eine Blume mit einer Nadel am Anzug befestigen

пришпóрива|ть <-ю, -ешь> *нсв,* **пришпóрить** *св прх* **1.** *(удáрить шпóрами лóшадь)* die Sporen geben; **~ коня́** dem Pferd die Sporen geben **2.** *перен, разг (застявля́ть рабóтать)* anspornen; **он пришпóрил всех подчинённых** er spornte alle

П

Untergebenen an

прищёлкива|ть <-ю, -ешь> *нсв,* **прищёлкнуть** *св нпрх* schnalzen

прищемля́|ть <-ю, -ешь> *нсв,* **прищеми́ть** *св прх* einklemmen; **прищеми́ть па́лец две́рью** sich den Finger in der Tür einklemmen

прище́п <-а> *м* БОТ **1.** *(часть стебля)* Pfropfstelle *f;* **подгото́вить ~** die Pfropfstelle vorbereiten **2.** *(приви́тое расте́ние)* gepfropfte Pflanze *f;* **э́та я́блоня – ~, она́ растёт на стволе́ друго́го де́рева** dieser Apfelbaum ist gepfropft, er wächst am Stamm eines anderen Baumes

прище́пк|а <-и> *ж* Wäscheklammer *f*

прищу́рива|ть <-ю, -ешь> *нсв,* **прищу́рить** *св прх (глаза́)* zusammenkneifen

прищу́рива|ться <-юсь, -ишься> *нсв,* **прищу́риться** *св рефл* die Augen zusammenkneifen

прищу́р|ить <-ю, -ишь> *св прх см.* **прищу́ривать**

прищу́р|иться <-юсь, -ишься> *св рефл см.* **прищу́риваться**

прию́т <-а> *м* **1.** *(приста́нище)* Obdach *nt* **2.** *(убе́жище)* Asyl *nt* **3.** *(резиде́нция)* Domizil *nt;* **дава́ть ~ кому́-л.** jdn beherbergen **4.** *(учрежде́ние)* Heim *nt;* **детский ~** Kinderheim *nt;* **~ для бездо́мных живо́тных** Tierheim *nt*

прию|ти́ть <-чу́, -ти́шь> *св прх* beherbergen, Asyl gewähren

прию|ти́ться <-чу́сь, -ти́шься> *св рефл* unterkommen, Unterkunft finden

прия́з|нь <-ни> *ж* freundliches Verhältnis *nt;* **проявля́ть ~ к подсуди́мому** dem Angeklagten gegenüber Wohlwollen zeigen

прия́те|ль <-ля> *м* Freund *m,* Kumpel *m*

прия́тельск|ий <-ая, -ое> *прил* freundschaftlich, freundlich; **~ приве́т** freundlicher Gruß *m*

прия́тно *нрч* **~ удивлён** angenehm überrascht; **кому́-л. ~** jemand fühlt sich angenehm

прия́т|ный <-ная, -ное; -ен, -на, -но> *прил* angenehm, nett; **прия́тная неожи́данность** angenehme Überraschung *f;* **прия́тное чу́вство** Behagen *nt*

про *предл* über *+akk;* **~ него́** über ihn; **ду́мать ~ себя́** bei sich etw denken

проанализи́р|овать <-ую, -уешь> *св прх см.* **анализи́ровать**

проанестези́р|овать <-ую, -уешь> *св прх см.* **анестези́ровать**

про́б|а <-ы> *ж* Probe *f;* **~ сил** Machtprobe *f,* Kraftprobe *f;* **для про́бы** probeweise; **снима́ть про́бу с чего́-л.** eine Probe nehmen

пробе́г <-а> *м* **1.** АВТО Kilometerstand *m* **2.** СПОРТ Lauf *m,* Rennen *nt*

пробега́|ть <-ю, -ешь> *нсв,* **пробежа́ть** *св нпрх* durchlaufen; *(ми́мо)* vorbeilaufen; *перен (глаза́ми)* durchsehen, überfliegen; **они́ пробежа́ли ми́мо нас** sie liefen an uns vorbei; **вре́мя пробежа́ло незаме́тно** die Zeit verflog unbemerklich; **слеза́ пробежа́ла по её щеке́** die Tränen liefen über ihre Wange

пробе|жа́ться <-гу́сь, -жи́шься> *св рефл* **1.** *(бы́стро пройти́)* schnell eine Strecke zurücklegen; **самолёт пробежа́лся по полосе́ и взлете́л** das Flugzeug fuhr schnell über die Startbahn zurück und flog ab **2.** *перен, разг (провести́ руко́й)* gleiten; **его́ рука́ пробежа́ла по её спине́** seine Hand glitt über ihren Rücken

пробе́жк|а <-и> *ж (разго́н)* Anlauf *m;* **коро́ткая ~ пе́ред взлётом** kurzer Anlauf vor dem Abflug

пробе́л <-а> *м* Lücke *f,* Bildungslücke *f; (при печа́тании)* Leerzeichen *nt,* Leertaste *f;* **восполня́ть ~** eine Lücke schließen; **~ в зако́не** Gesetzeslücke *f*

пробива́|ть <-ю, -ешь> *нсв,* **проби́ть** *св прх* **1.** *(дыру́)* durchschlagen **2.** *(о часа́х)* schlagen **3.** *перен (добива́ться)* durchsetzen **4.** *(прокомпости́ровать)* entwerten; **~ себе́ доро́гу** *перен* sich Bahn brechen

пробива́|ться <-юсь, -ешься> *нсв,* **проби́ться** *св рефл* **1.** *(в жи́зни и т.п.)* sich durchschlagen, durchkommen **2.** *(о воде́, цвета́х)* quellen, hervorsprießen

пробивн|о́й <-а́я, -о́е> *прил* Durchsetzungs-; ТЕХ, ВОЕН Durchschlags-; **пробивны́е спосо́бности** Durchsetzungsvermögen *nt*

пробира́|ть <-ю, -ешь> *нсв,* **пробра́ть** *св прх* **1.** *разг (проня́ть кого́-л. или что-л.)* durchfahren; **нас пробира́л вла́жный во́здух океа́на, и нам пришло́сь наде́ть пальто́** die feuchte Ozeanluft durchfuhr uns und wir mussten unsere Mäntel anziehen **2.** *разг (де́лать вы́говор)* tadeln, rügen; **нача́льник пробира́л опозда́вших на рабо́ту** der Vorgesetzte tadelte die verspätet zur Arbeit Erschienenen **3.** *(прочища́ть расте́ния от сорняка́)* jäten; **~ гря́дки с клубни́кой** die Erdbeerbeete jäten

пробира́|ться <-юсь, -ешься> *нсв,* **пробра́ться** *св рефл* **1.** *(идти́ куда́-л. с трудо́м)* sich durchschlängeln; **~ че́рез густо́й лес** sich durch den dichten Wald schlängeln [o schlagen] **2.** *(добира́ться куда́-л. тайко́м)* sich einschleichen; **~ незаме́ченным до самого́ забо́ра** sich unbemerkt bis zum Zaun schleichen

проби́рк|а <-и> *ж* Reagenzglas *nt*

проб|и́ть <-ью́, -ьёшь> *св прх см.* **пробива́ть**

проб|и́ться <-ью́сь, -ьёшься> *св рефл см.* **пробива́ться**

про́бк|а <-и> *ж* **1.** *(заты́чка)* Pfropfen *m,* Kork *m* **2.** *(сбой в рабо́те)* Stockung *f* **3.** *(зато́р)* Stau *m* **4.** АВТО Verkehrsstau *m*

про́бков|ый <-ая, -ое> *прил* Kork-; **про́б-**

ковая корá Korkrinde *f;* ~ **дуб** Korkeiche *f*

проблéм|а <-ы> *ж* Problem *nt;* **без проблéмы** problemlos

проблемáтик|а <-и> *ж* Problematik *f,* Problemkreis *m*

проблематúч|ный <-ная, -ное; -ен, -на, -но> *прил* problematisch

проблéмн|ый <-ая, -ое> *прил* schwierig; **проблéмная статья́** heikler Artikel *m*

прóблеск <-а> *м* Aufleuchten *nt,* Lichtstrahl *m; перен* Schimmer *m;* ~ **надéжды** Hoffnungsschimmer *m*

прóбн|ый <-ая, -ое> *прил* Probe-, Prüf-; ~ **кáмень** Prüfstein *m;* ~ **материáл** Materialprobe *f,* Arbeitsprobe *f;* ~ **шар** Versuchsballon *m;* **прóбная покýпка** Vorbehaltskauf *m;* ~ **ры́нок** Testmarkt *m;* ~ **экземпля́р** Muster *nt*

прóб|овать <-ую, -уешь> *нсв,* **попрóбовать** *св прх* ausprobieren; *(одéжду)* anprobieren; *(едý при вáрке)* abschmecken, kosten

прободéни|е <-я> *ср* мед Perforation *f;* ~ **кишéчника** Perforation des Darms

прóбоин|а <-ы> *ж (отвéрстие от ударá)* Loch *nt;* мор Leck *nt;* **в кóрпусе корабля́ обнарýжили мнóго прóбоин** im Schiffsrumpf entdeckte man viele Lecks

прóбо|й <-я> *м* **1.** эл Durchbruch *m;* ~ **систéмы** das System ist durchgebrannt **2.** *(для замкá)* Schließring *m;* **кто-то сломáл ~ и тепéрь невозмóжно заперéть дверь** jemand hat den Schließring gebrochen und jetzt ist es unmöglich die Tür abzusperren

проболтá|ться[1] <-юсь, -ешься> *св рефл (провестú где-л. какóе-л. врéмя бесцéльно)* herumschlendern, Zeit vergeuden; ~ **3 часá в гóроде** 3 Stunden in der Stadt herumschlendern

проболтá|ться[2] <-юсь, -ешься> *св рефл разг (вы́дать какóй-л. секрéт)* sich verplappern; **емý нельзя́ ничегó расскáзывать – он обязáтельно проболтáется** man darf ihm nichts erzählen – er verplappert sich auf jeden Fall

прóбор <-а> *м* Scheitel *m*

проборм|отáть <-очý, -óчешь> *св прх см.* **бормотáть**

проб|рáться <-ерýсь, -ерёшься> *св рефл см.* **пробирáться**

пробубн|úть <-ю́, -úшь> *св прх разг см.* **бубнúть**

проб|удúть <-ужý, -ýдишь> *св прх см.* **пробуждáть, будúть**

проб|удúться <-ужýсь, -ýдишься> *св рефл см.* **пробуждáться**

пробуждá|ть <-ю, -ешь> *нсв,* **пробудúть** *св прх* **1.** *(будúть)* wecken; **по утрáм нас пробуждáл звон ручья́ под окнóм** morgens weckte uns das Plätschern des Bachs unter dem Fenster **2.** *перен (возбуждать интерес)* das Interesse wecken; **учитель пробуждáл у нас интерес к биологии** der Lehrer weckte in uns Interesse zur Biologie

пробуждá|ться <-юсь, -ешься> *нсв,* **пробудúться** *св рефл* **1.** *(просыпáться)* aufwachen; **онú пробудúлись рáно ýтром** sie wachten früh am Morgen auf **2.** *перен (появля́ться)* erwecken; **у них пробудúлось стремлéние к знáниям** in ihnen erwachte ein Streben nach Wissen

пробуждéни|е <-я> *ср* Erwachen *nt;* **прия́тно смотрéть на ~ ребёнка** es ist angenehm, das Erwachen eines Kindes zu beobachten

пробурáв|ить <-лю, -лишь> *св прх см.* **бурáвить**

пробурч|áть <-ý, -úшь> *св нпрх см.* **бурчáть**

проб|ы́ть <-ýду, -ýдешь> *св нпрх* verbringen; **онú пробы́ли в пáрке весь день** sie verbrachten den ganzen Tag im Park

провáйдер <-а> *м* информ Provider *m*

провáл <-а> *м* Bruchstelle *f,* Loch *nt; (неудáча)* Fehlschlag *m,* Fiasko *nt,* Rückschlag *m,* Flop *m,* Misserfolg *m;* ~ **в пáмяти** Gedächtnislücke *f*

провáлива|ть <-ю, -ешь> *нсв,* **провалúть** *св прх* durchbrechen; *перен* zu Fall bringen, scheitern lassen

провáлива|ться <-юсь, -ешься> *нсв,* **провалúться** *св нпрх* **1.** *(кудá-л.)* fallen, stürzen; **от сты́да я готóв был провалúться сквóзь зéмлю** ich wäre vor Scham am liebsten im Boden versunken **2.** *(терпéть неудáчу)* scheitern **3.** *(на экзáмене)* durchfallen

пров|алúть <-алю́, -áлишь> *св прх см.* **провáливать**

пров|алúться <-алю́сь, -áлишься> *св рефл см.* **провáливаться**

провéда|ть <-ю, -ешь> *св прх* **1.** *(узнáть)* erfahren **2.** *(посетúть)* besuchen; ~ **больнóго** einen Kranken besuchen

проведéни|е <-я> *ср* Durchführung *f*

провез|тú <-ý, -ёшь> *св прх см.* **провозúть**

провентилúр|овать <-ую, -уешь> *св прх см.* **вентилúровать**

провéр|ить <-ю, -ишь> *св прх см.* **проверя́ть**

провéр|иться <-юсь, -ишься> *св рефл см.* **проверя́ться**

провéрк|а <-и> *ж* **1.** *(контрóль)* Überprüfung *f,* Kontrolle *f,* Probe *f,* Durchsicht *f,* Prüfung *f,* Revision *f,* Inspektion *f;* ~ **на СПИД** Aidstest *m;* ~ **паспортóв** Passkontrolle *f;* ~ **заключúтельного балáнса** Jahresabschlussprüfung *f;* ~ **прибóра** Geräteüberprüfung *f;* ~ **профессионáльной пригóдности** Eignungstest *m;* ~ **содержáния в организме алкогóля** Alkoholtest *m;* ~ **упа-**

П

ко́вки экон Verpackungstest *m;* **вы́держать прове́рку** die Bewährungsprobe bestehen; **устра́ивать кому́-л. прове́рку** jdn auf die Probe stellen **2.** *(пи́сьменных рабо́т)* Korrektur *f,* Verbesserung *f* **3.** пол Verifizierung *f*

проверн|у́ть <-у́, -ешь> *св прх см.* **провора́чивать**

проверя́|ть <-ю, -ешь> *нсв,* **прове́рить** *св прх* überprüfen; *(подве́ргнуть те́сту)* testen; *(пи́сьменную рабо́ту)* korrigieren

проверя́|ться <-юсь, -ешься> *нсв,* **прове́риться** *св рефл разг* **1.** *(обсле́доваться)* sich untersuchen lassen; **~ у врача́ на како́е-л. заболева́ние** sich vom Arzt auf eine Erkrankung hin untersuchen lassen **2.** *(проверя́ть све́дения о себе́)* überprüfen; **~ в избира́тельных спи́сках** in den Wahllisten seine persönlichen Daten checken

прове|сти́ <-ду́, -дёшь> *св прх см.* **проводи́ть**

прове́тривани|е <-я> *ср* Lüftung *f*

прове́трива|ть <-ю, -ешь> *нсв,* **прове́трить** *св прх* lüften, entlüften

прове́трива|ться <-юсь, -ешься> *нсв,* **прове́триться** *св рефл* **1.** *(освежи́ться)* lüften; **э́та ко́мната прове́тривается по утра́м** dieses Zimmer wird morgens gelüftet **2.** *разг (побы́ть на све́жем во́здухе)* sich erfrischen; **погуля́йте, прове́тритесь!** geht ein bisschen spazieren, erfrischt euch! **3.** *разг (развле́чься)* sich unterhalten; **пойти́ в клуб, потанцева́ть, прове́триться** in einen Club gehen, tanzen, sich unterhalten

провеща́|ть <-ю, -ешь> *св (н)прх см.* **веща́ть**

провиа́нт <-а> *м* Proviant *m*

провиде́ни|е <-я> *ср* религ Vorsehung *f*

прови́д|ец <-ца> *м разг* Hellseher *m,* Prophet *m;* **~ бу́дущих собы́тий** Prophet zukünftiger Ereignisse

прови́зи|я <-и> *ж* Proviant *m;* **в кре́пости не оста́лось прови́зии** in der Festung blieb kein Proviant mehr übrig

прови́зор <-а> *м* Pharmazeut *m;* **она́ рабо́тала прови́зором** sie arbeitete als Pharmazeutin

провин|и́ться <-ю́сь, -и́шься> *св рефл* schuldig sein; **сын провини́лся пе́ред отцо́м** der Sohn hatte sich gegenüber dem Vater schuldig gemacht

прови́ннос|ть <-ти> *ж* Vergehen *nt,* Verstoß *m;* **за каки́е прови́нности посади́ли его́?** für welche Vergehen wurde er eingesperrt?

провинциа́л <-а> *м,* **провинциа́лк|а** <-и> *ж* Provinzler(in) *m(f)*

провинциа́|льный <-льная, -льное; -лен, -льна, -льно> *прил* provinziell, Provinz-

прови́нци|я <-и> *ж* Provinz *f*

провиса́|ть <-ю, -ешь> *нсв,* **прови́снуть** *св нпрх* durchhängen

про́вод <-а> *м* Draht *m;* эл Leitung *f;* *(ка́бель, шнур)* Kabel *nt*

проводи́мос|ть <-ти> *ж* эл Leitfähigkeit *f*

пров|оди́ть <-ожу́, -о́дишь> *нсв,* **провести́** *св прх* **1.** *(осуществля́ть)* durchführen, ausrichten, veranstalten; **~ голосова́ние** abstimmen; **~ рефо́рму** eine Reform durchführen **2.** *(семина́р, собра́ние)* abhalten; **~ соревнова́ния** спорт Wettkämpfe austragen **3.** *(вре́мя)* verbringen; **о́тпуск ~** den Urlaub verbringen **4.** *(добива́ться)* durchsetzen, umsetzen; **~ зако́н через парла́мент** das Gesetz im Parlament durchbringen; **~ в жи́знь** in die Wirklichkeit umsetzen; **~ поли́тику** Politik betreiben **5.** *и перен (о су́дне, самолёте)* lotsen **6.** *(кого́-л., куда́-л.)* begleiten, bringen **7.** *(попроща́ться)* verabschieden

пров|оди́ться <-о́дится> *нсв безл то́лько 3 л* stattfinden; **заня́тия прово́дятся по пя́тницам** der Unterricht findet freitags statt

прово́дк|а <-и> *ж* **1.** эл Installation *f,* Leitungen *pl* **2.** *(судо́в)* Lotsen *nt* **3.** *(в бухгалте́рии)* Buchung *f*

проводни́к <-а́> *м* **1.** *(сопровожда́ющий)* Zugführer *m,* Begleiter *m* **2.** *(в гора́х)* Bergführer *m* **3.** эл Leiter *m* **4.** *перен* Wortführer *m,* Vorreiter *m*

проводни́ц|а <-ы> *ж* Schaffnerin *f*

про́вод|ы <-ов> *мн* Verabschiedung *f,* Verabschiedungsfeier *f;* **~ зимы́** Vertreibung *f* des Winters

провожа́т|ый <-ого> *м* Begleiter *m*

провожа́|ть <-ю, -ешь> *нсв,* **проводи́ть** *св прх* **1.** *(сопровожда́ть)* begleiten, geleiten, bringen; **~ до до́ма** [*или* **домо́й**] nach Hause bringen; **~ в аэропо́рт** zum Flughafen bringen; **~ на вокза́л** zum Bahnhof bringen; **~ на пе́нсию** pensionieren **2.** *(проща́ться)* verabschieden; **~ го́стя** einen Gast verabschieden **3.** *(глаза́ми)* verfolgen, nachblicken

прово́з <-а> *м* Transfer *m,* Beförderung *f,* Transport *m*

провозглаша́|ть <-ю, -ешь> *нсв,* **провозгласи́ть** *св прх* **1.** *(обнаро́довать)* ausrufen, feierlich ankündigen; **~ предстоя́щую сва́дьбу** die bevorstehende Hochzeit feierlich ankündigen; **~ то́ст в честь кого́-л.** jdn hochleben lassen, ein Hoch auf jdn ausbringen **2.** *(объявля́ть кого́-л. кем-л.)* ausrufen; **~ писа́теля кла́ссиком литерату́ры** einen Schriftsteller zum Klassiker ausrufen; **~ победи́телем** jdn zum Sieger erklären

провозглаше́ни|е <-я> *ср* Ausrufung *f;* **~ респу́блики** Ausrufung der Republik

пров|ози́ть <-ожу́, -о́зишь> *нсв,* **провезти́** *св прх* **1.** *(перевози́ть)* hinfahren, hinschaffen; **контрабанд́но ~** schmuggeln

2. *(с собо́й)* mit sich führen

пров|ози́ться <-ожу́сь, -о́зишься> *св рефл разг* sich abmühen mit *+dat;* **~ с докла́дом весь день** sich den ganzen Tag mit dem Vortrag abmühen

провока́тор <-а> *м* **1.** *(та́йный аге́нт)* Provokateur *m;* **нас вы́дал ~** ein Provokateur verriet uns **2.** *(подстрека́тель)* Anstifter *m;* **среди́ ми́рных демонстра́нтов бы́ло нема́ло провока́торов наси́лия** unter den Demonstrierenden gab es nicht wenige Anstifter zur Gewalt

провокацио́нн|ый <-ая, -ое> *прил* provokativ; **провокацио́нное выступле́ние** provokativer Auftritt *m;* **провокацио́нное реше́ние** provokative Entscheidung *f;* **провокацио́нная реа́кция** provozierte Reaktion *f*

провока́ци|я <-и> *ж* Provokation *f*

про́волок|а <-и> *ж* Draht *m;* **колю́чая ~** Stacheldraht *m*

проволоч|и́ть <-у́, -и́шь> *св прх см.* **волочи́ть**

проволо́чк|а <-и> *ж* bürokratische Verzögerung *f*

про́волочн|ый <-ая, -ое> *прил* Stacheldraht-; **про́волочное загражде́ние** Stacheldrahtverhau *m*

провоня́|ть <-ю, -ешь> *св нпрх см.* **воня́ть**

провора́чива|ть <-ю, -ешь> *нсв,* **проверну́ть** *св прх* **1.** *(отве́рстие)* durchbohren **2.** *(че́рез мясору́бку)* (Fleisch) durchdrehen; **~ де́ло** *перен* die Sache deichseln

прово́рно *нрч* geschickt, gewandt; **зале́зть ~** geschickt hinaufklettern

прово́р|ный <-ная, -ное; -ен, -на, -но> *прил* schnell, geschwind, flink

провор|ова́ться <-у́юсь, -у́ешься> *св рефл разг* zum Dieb werden; **кладовщи́к наконе́ц проворова́лся** der Lagerarbeiter wurde schließlich zum Dieb

прово́рств|о <-а> *ср* Geschick *nt,* Gewandtheit *f;* **все зави́довали его́ прово́рству в торго́вых дела́х** alle beneideten ihn um sein Geschick in geschäftlichen Dingen

проворч|а́ть <-у́, -и́шь> *св прх* murmeln; **недово́льные проворча́ли что́-то в отве́т** die Unzufriedenen murmelten etwas als Antwort

провоци́р|овать <-ую, -уешь> *нсв,* **спровоци́ровать** *св прх* provozieren; *(подстрека́ть)* anstiften

провя́л|ить <-ю, -ишь> *св прх см.* **вя́лить**

прога́лин|а <-ы> *ж разг* Lichtung *f*

прогиба́ни|е <-я> *ср* Durchbiegen *nt*

прогла́тыва|ть <-ю, -ешь> *нсв,* **проглоти́ть** *св прх* **1.** *(глота́ть)* verschlucken, hinunterschlucken **2.** *перен* schlucken, einstecken **3.** *(кни́ги)* schmökern

прогля́дыва|ть[1] <-ю, -ешь> *нсв,* **прогляде́ть** *св прх* **1.** *(просма́тривать)* durchsehen, durchblättern; **~ журна́л** das Magazin durchblättern **2.** *разг (не уви́деть)* übersehen, nicht beachten **3.** *(рассма́тривать)* eine Weile betrachten

прогля́дывать[2] <-ю, -ешь> *нсв,* **прогляну́ть** *св нпрх* **1.** *(посма́тривать, отрыва́я глаза́)* ab und zu die Augen aufmachen; **спя́щий и́зредка прогля́дывал и сно́ва засыпа́л** der Schlafende machte ab und zu die Augen auf und schlief dann wieder ein **2.** *(пока́зываться)* hervorschauen; **со́лнышко иногда́ прогля́дывало сквозь тума́н** manchmal schaute die Sonne durch den Nebel hervor

прогля́дыва|ться <-юсь, -ешься> *нсв рефл (быть ви́димым)* sichtbar werden; **по́ле с ре́чкой хорошо́ прогля́дывались с высоты́** das Feld und der Fluss waren gut aus der Höhe zu sehen

проглян|у́ть <-у́, -ёшь> *св нпрх см.* **прогля́дывать**

прог|на́ть <-оню́, -о́нишь> *св прх см.* **прогоня́ть**

прогнев|и́ть <-лю́, -и́шь> *св перех см.* **гневи́ть**

прогни́вш|ий <-ая, -ее> *прил* **1.** *(гнило́й)* morsch **2.** *(истле́вший)* vermodert

прогни́|ть <-ёт> *св нпрх* verfaulen; **до́мик по́лностью прогни́л** das Häuschen war völlig morsch geworden

прогно́з <-а> *м* Prognose *f,* Vorhersage *f;* **~ не подтверди́лся** die Prognose hat sich nicht bewahrheitet; **~ пого́ды** Wetterbericht *m;* **~ сбы́та** Absatzprognose *f;* **~ конъюнкту́ры ры́нка** Marktprognose *f*

прогнози́ровани|е <-я> *ср* Prognostizierung *f*

прогнози́р|овать <-ую, -уешь> *(н)св прх* prognostizieren, vorhersagen

прогова́рива|ться <-юсь, -ешься> *нсв,* **проговори́ться** *св рефл разг* sich verplappern; **смотри́ не проговори́сь кому́-л. об э́том** sieh zu, dass du dich nicht bei jemandem darüber verplapperst

проголода́|ться <-юсь, -ешься> *св рефл* hungrig werden; **тури́сты си́льно проголода́лись** die Touristen bekamen großen Hunger

проголос|ова́ть <-у́ю, -у́ешь> *св прх см.* **голосова́ть**

прогоня́|ть <-ю, -ешь> *нсв,* **прогна́ть** *св прх* fortjagen, verscheuchen, vertreiben; ТЕХ durchlaufen lassen

прогора́|ть <-ю, -ешь> *нсв,* **прогоре́ть** *св прх* abbrennen; *перен, разг* abbrennen, Pleite gehen

прого́ркл|ый <-ая, -ое> *прил (о ма́сле)* ranzig

програ́мм|а <-ы> *ж* ИНФОРМ Programm *nt;* **антикри́зисная ~** Krisenkonzept *nt;* **ба́зо-**

П

вая ~ Basisprogramm *nt;* **~ капиталовложе́ний** ЭКОН Investitionsprogramm *nt;* **культу́рная ~** Kulturprogramm *nt;* **~ за́нятости** Arbeitsbeschaffungspolitik *f;* **~ пребыва́ния** Besuchsprogramm *nt;* **произво́льная ~** Kür *f;* **~ образова́ния** [*или* **обуче́ния**] Ausbildungsprogramm *nt;* **антиви́русная ~** Antivirenprogramm *nt;* **обуча́ющая ~** Lernprogramm *nt;* **прикладна́я ~** Anwendung *f,* Applikation *f*

программи́ровани|е <-я> *ср* **1.** *(составле́ние пла́нов)* Kalkulation *f;* **~ расхо́дов** Kalkulation der Ausgaben **2.** ИНФОРМ Programmierung *f;* **объектно-ориентированное ~** objektorientierte Programmierung *f*

программи́р|овать <-ую, -уешь> *нсв,* **запрограмми́ровать** *св прх* **1.** ИНФОРМ programmieren **2.** *перен* vorprogrammieren

программи́ст <-а> *м,* **программи́стк|а** <-и> *ж* Programmierer(in) *m(f)*

програ́ммн|ый <-ая, -ое> *прил* programmatisch; ИНФОРМ Programm-; **програ́ммная речь** programmatische Rede *f;* **програ́ммное обеспе́чение** Software *f;* **програ́ммное обеспе́чение по́льзователя** Anwendersoftware *f*

прогрева́|ть <-ю, -ешь> *нсв,* **прогре́ть** *св прх* durchheizen; **~ печь пе́ред испо́льзованием** den Ofen vor dem Betrieb anheizen

прогрем|е́ть <-лю́, -и́шь> *св нпрх* **1.** *(изда́ть гро́мкие зву́ки)* donnern; **по́езд прогреме́л, проезжа́я ми́мо дере́вни** der Zug donnerte, während er am Dorf vorbei fuhr **2.** *разг (стать изве́стным)* berühmt werden; **сла́ва фло́та прогреме́ла на весь мир** die Marine wurde in der ganzen Welt berühmt **3.** *разг (гро́мко сказа́ть что-л.)* poltern; **офице́р прогреме́л, что не допу́стит неподчине́ния в своём полку́** der Offizier polterte, dass er keinen Ungehorsam in seinem Regiment dulden wird

прогре́сс <-а> *м* Fortschritt *m;* **ве́рящий в ~** fortschrittsgläubig

прогресси́в|ный <-ная, -ное; -ен, -на, -но> *прил* fortschrittlich, progressiv; МАТ progressiv; **~ рост изде́ржек** ЭКОН Kostenprogression *f*

прогресси́р|овать <-ую, -уешь> *нсв нпрх* fortschreiten, voranschreiten, Fortschritte machen

прогре́сси|я <-и> *ж* Progression *f*

прогре́|ть <-ю, -ешь> *св прх см.* **прогрева́ть**

прогрохо|та́ть <-чу́, -чешь> *св нпрх см.* **грохота́ть**

прогу|де́ть <-жу́, -ди́шь> *св нпрх* **1.** *(изда́ть гуде́ние)* heulen, hupen, pfeifen; **парохо́д прогуде́л** der Dampfer ließ die Schiffssirene ertönen **2.** *разг (сказа́ть что-л. протя́жным го́лосом)* etw mit gedehnter Stimme sagen; **~ извине́ния кому́-л.** sich mit gedehnter Stimme bei jdm entschuldigen; **прогуде́ть у́ши кому́-л.** jdm mit etw in den Ohren liegen

прогу́л <-а> *м разг* Arbeitsbummelei *f;* **уво́лить кого́-л. за ~** jdn wegen Arbeitsbummelei entlassen

прогу́лива|ть <-ю, -ешь> *нсв,* **прогуля́ть** *св* **I.** *прх* spazieren führen **II.** *нпрх то́лько нсв, разг* verbummeln; **~ рабо́ту** blau machen; **~ уро́ки** die Schule schwänzen

прогу́лива|ться <-юсь, -ешься> *нсв,* **прогуля́ться** *св рефл* spazieren gehen; *то́лько нсв* bummeln, schlendern

прогу́лк|а <-и> *ж* Spaziergang *f;* **~ по ле́су** Waldspaziergang *m;* **~ по магази́нам** Einkaufsbummel *m*

прогу́льн|ый <-ая, -ое> *прил* geschwänzt

прогуля́|ть <-ю, -ешь> *св прх см.* **прогу́ливать**

прогуля́|ться <-юсь, -ешься> *св рефл см.* **прогу́ливаться**

прода|ва́ть <-ю́, -ёшь> *нсв,* **прода́ть** *св прх* verkaufen, vermarkten, zum Verkauf anbieten; **все биле́ты про́даны** alle Karten sind ausverkauft; **~ с аукцио́на** versteigern; **~ с торго́в** ausbieten

прода|ва́ться <-аю́сь, -ёшься> *нсв,* **прода́ться** *св рефл* sich verkaufen; **~ конкуре́нтам** zur Konkurrenz überlaufen

продав|е́ц <-ца́> *м,* **продавщи́ц|а** <-ы> *ж* Verkäufer(in) *m(f);* ЭКОН Anbieter *m;* **~-консульта́нт** Kundenberater *m*

прода́влива|ть <-ю, -ешь> *нсв,* **продави́ть** *св прх (продоми́ть, проби́ть)* durchbohren, durchbrechen; **упа́вший мост продави́л кры́шу ваго́на** die eingestürzte Brücke hat das Dach des Waggons durchgebrochen

прода́ж|а <-и> *ж* Verkauf *m; (торго́вля)* Handel *m;* **име́ющийся в прода́же** lieferbar; **~ а́кций** Aktienverkauf *m;* **~ това́ров** Warenverkauf *m;* **~ фью́черсного контра́кта** Baisse-Engagenment *nt;* **~ це́нных бума́г** Wertpapierverkauf *m*

прода́жнос|ть <-ти> *ж* Käuflichkeit *f,* Bestechlichkeit *f*

прода́ж|ный <-ная, -ное; -ен, -на, -но> *прил* **1.** ЭКОН verkäuflich, zum Verkauf stehend, erhältlich; **~ цена́** Verkaufspreis *m,* Veräußerungswert *m;* **прода́жная цена́ бру́тто** Bruttoverkaufspreis *m;* **прода́жная цена́ не́тто** Nettoverkaufspreis *m;* **прода́жная сто́имость** Verkaufswert *m* **2.** *презрит (подку́пный)* bestechlich, käuflich, korrupt

прода́|ть <-м, -шь> *св прх см.* **продава́ть**

прода́|ться <-мся, -шься> *св рефл см.* **продава́ться**

продаю́щ|ийся <-аяся, -ееся> *прил* verkäuflich, käuflich

продвигá|ть <-ю, -ешь> *нсв,* **продвинýть** *св прх* **1.** *(перемещáть вперёд, развивáть)* vorrücken, näher rücken; **~ вперёд развитие госудáрства** die Entwicklung des Landes vorantreiben **2.** *разг (повышáть когó-л.)* jdn befördern; **егó продвигáют по партийной линии** er wurde nach der Parteilinie befördert; **~ по слýжбе** befördern

продвигá|ться <-юсь, -ешься> *нсв,* **продвинуться** *св рефл* vorrücken, nachrücken; **~ вперёд** fortschreiten, vorankommen; **~ по слýжбе** befördert werden

продвижéни|е <-я> *ср* Fortbewegung *f; (закóна)* Durchsetzung *f;* экон Einführung *f;* **~ вперёд** Vorankommen *nt;* **~ по слýжбе** Aufstieg *m*

продвин|уть <-у, -ешь> *св прх см.* **продвигáть**

продвинуться *св рефл см.* **продвигáться**

продебатир|овать <-ую, -уешь> *св прх см.* **дебатировать**

продевá|ть <-ю, -ешь> *нсв,* **продéть** *св прх* durchziehen, einfädeln

продекламир|овать <-ую, -уешь> *св прх см.* **декламировать**

продéла|ть <-ю, -ешь> *св прх см.* **продéлывать**

продéлк|а <-и> *ж* Streich *m*

продéлыва|ть <-ю, -ешь> *нсв,* **продéлать** *св прх* **1.** *(пробивáть отвéрстие)* durchbrechen; **~ окнó во двор** ein Fenster zum Hof durchbrechen **2.** *(выполнять)* ausführen; **они старáтельно продéлывали все указáния** sie führten eifrig alle Anweisungen aus

продемонстрир|овать <-ую, -уешь> *св прх см.* **демонстрировать**

продёргива|ть <-ю, -ешь> *нсв,* **продёрнуть** *св прх* durchziehen, einfädeln; *разг* schlecht machen, kritisieren

прод|ержáть <-ержý, -éржишь> *св прх разг* halten; **~ когó-л. в тюрьмé** jdn im Gefängnis festhalten

прод|ержáться <-ержýсь, -éржишься> *св рефл* durchhalten; **~ до прихóда подкреплéния** bis zum Eintreffen der Verstärkung durchhalten

продé|ть <-ну, -нешь> *св прх см.* **продевáть**

продефилир|овать <-ую, -уешь> *св нпрх см.* **дефилировать**

продикт|овáть <-ýю, -ýешь> *св прх см.* **диктовáть**

продирá|ть <-ю, -ешь> *нсв,* **продрáть** *св прх* **1.** *разг (изнáшивать до дыр)* durchscheuern; **продрáть пиджáк** die Jacke durchscheuern **2.** *прост (дéлать выговор комý-л.)* tadeln, rügen; **~ подчинённых** die Untergebenen tadeln

продирá|ться <-юсь, -ешься> *нсв,* **продрáться** *св рефл* **1.** *разг (изнáшиваться до дыр)* sich durchwetzen, sich durchreiben **2.** *(пробивáться с трудóм)* sich durchzwängen; **мы с трудóм продирáлись сквозь толпý** mühsam zwängten wir uns durch die Menge

продлевá|ть <-ю, -ешь> *нсв,* **продлить** *св прх* экон prolongieren, verlängern

продлéни|е <-я> *ср* Verlängerung *f;* экон Prolongation *f;* **~ срóка** Aufschub *m;* **~ срóка дéйствия вéкселя** Wechselprolongation *f;* **~ срóка ссýды** Darlehensverlängerung *f*

продлёнк|а <-и> *ж разг* Kinderhort *m*

продлён|ный <-ная, -ное; -, -á, -ó> *прил* verlängert; **грýппа продлённого дня** Kinderhort *m,* Kindertagesstätte *f*

продл|ить <-ю, -ишь> *св прх см.* **продлевáть**

продл|иться <-ю́сь, -и́шься> *св рефл см.* **длиться**

продовóльственн|ый <-ая, -ое> *прил* Lebensmittel-; **~ магазин** Lebensmittelladen *m;* **~ кризис** Lebensmittelkrise *f*

продовóльстви|е <-я> *ср (продýкты питáния)* Lebensmittel *pl;* **семéйные расхóды на продовóльствие в странé составляют 17%** die Ausgaben für Lebensmittel pro Familie im Land betragen 17 %

продолговáт|ый <-ая, -ое> *прил* länglich

продолжáте|ль <-ля> *м* Fortsetzer *m,* Fortführer *m;* **~ рóда** Stammhalter *m*

продолжá|ть <-ю, -ешь> *нсв,* **продóлжить** *св прх* fortsetzen, fortführen, weiterführen

продолжá|ться <-ется> *нсв,* **продóлжиться** *св безл, только 3 л* dauern, andauern, fortgesetzt werden

продолжáющ|ийся <-аяся, -ееся> *прил* anhaltend, fortwährend

продолжéни|е <-я> *ср* Fortsetzung *f,* Fortführung *f*

продолжительнос|ть <-ти> *ж* Dauer *f,* Länge *f;* **~ жизни** Lebenserwartung *f;* **~ существовáния продýкта** Produktlebensdauer *f;* **~ оборóта** Umschlagsdauer *f*

продолжите|льный <-рьная, -льное; -лен, -льна, -льно> *прил* langandauernd, langwierig, fortwährend; **продолжительное врéмя** seit geraumer Zeit

продóлж|ить <-у, -ишь> *св прх см.* **продолжáть**

продóлж|иться <-ится> *св рефл см.* **продолжáться**

продóльн|ый <-ая, -ое> *прил* **~ разрéз** Längsschnitt *m;* **продóльная пилá** Säge *f* für Längsschnitte

продохн|ýть <-ý, -ёшь> *св нпрх разг* tief atmen; **там так накýрено, что невозмóжно ~** dort ist es so verraucht, dass man nicht atmen kann

прод|рáть <-ерý, -ерёшь> *св прх см.* **про-**

дирáть

прод|рáться <-ерýсь, -ерёшься> *св рефл см.* **продирáться**

продрóгн|уть <-у, -ешь> *св нпрх* durchfroren sein

подруж|и́ть <-ý, -и́шь> *св нпрх см.* **дружи́ть**

продувá|ть <-ю, -ешь> *нсв,* **продýть** *св прх* **1.** *(прочищáть путём продувания)* durchblasen; **~ самовáр** den Samowar durchblasen **2.** *(простывáть)* sich erkälten; **егó кáждый раз продувáло на парохóде** jedes Mal erkältete er sich vom Wind auf dem Schiff **3.** *прост (проигрывать)* verspielen; **по вечерáм они́ продувáли всю дневнýю при́быль** abends verspielten sie den ganzen Tagesverdienst

продувн|óй <-áя, -óе> *прил разг* durchtrieben, gewieft

продýкт <-а> *м* Produkt *nt,* Erzeugnis *nt;* **валовóй национáльный ~** Bruttosozialprodukt *nt;* **продýкты питáния** Lebensmittel *ntpl;* **основны́е продýкты питáния** Grundnahrungsmittel *ntpl;* **~-микс** Produkt-Mix *m*

продукти́внос|ть <-ти> *ж* Leistungsvermögen *nt,* Produktivität *f*

продукти́в|ный <-ная, -ное; -ен, -на, -но> *прил* produktiv, fruchtbar

продуктóв|ый <-ая, -ое> *прил* Lebensmittel-; **продуктóвая грýппа** Division *f,* Sparte *f;* **продуктóвая оргструктýра** Divisionalisierung *f,* Spartenorganisation *f;* **~ магази́н** Lebensmittelgeschäft *nt*

продýкци|я <-и> *ж* Produktion *f,* Herstellung *f,* Erzeugung *f;* **~ сéльского хозя́йства** Agrarproduktion *f*

продýмыва|ть <-ю, -ешь> *нсв,* **продýмать** *св прх* überdenken, durchdenken

продý|ть <-ю, -ешь> *св прх см.* **продувáть**

продыря́влива|ть <-ю, -ешь> *нсв,* **продыря́вить** *св прх* durchlöchern

продю́сер <-а> *м* КИНО Produzent *m;* **~ не одóбрит дополни́тельные расхóды** der Produzent wird die zusätzlichen Ausgaben nicht billigen

проéзд <-а> *м* Durchreise *f,* Durchfahrt *f*

проéз|дить <-жу, -дишь> *св прх* fahren, reisen; **он проéздил всю недéлю** er war eine ganze Woche unterwegs

проездн|óй <-áя, -óе> *прил* Reise-, Fahr-; **мéсячный ~ билéт** Monatsfahrkarte *f*

проéздом *нрч* auf der Durchreise

проезжá|ть <-ю, -ешь> *нсв,* **проéхать** *св прх* durchfahren, vorbeifahren

проéзж|ий <-ая, -ее> *прил* befahrbar; **проéзжая чáсть (ýлицы)** Fahrbahn *f*

проéкт <-а> *м* Projekt *nt,* Entwurf *m,* Vorhaben *nt; (предложéние)* Vorschlag *m;* **~ договóра** [*или* **соглашéния**] Vorvertrag *m*

проекти́ровани|е <-я> *ср* Planung *f; (проéкта)* Projektplanung *f*

проекти́р|овать <-ую, -уешь> *нсв,* **спроекти́ровать** *св прх* entwerfen, projektieren, planen

проектирóвщик <-а> *м* Projektant *m;* **проектирóвщики набросáли план пристрóйки** die Projektanten entwarfen einen Plan für den Anbau

проéктн|ый <-ая, -ое> *прил* Projekt-; **проéктная грýппа** Projektgruppe *f;* **проéктная организáция** Projektorganisation *f;* **проéктная расхóдная смéта** Plankostenrechnung *f;* **проéктные затрáты** Projektkosten *pl;* **проéктный мéнеджмент** Projektmanagement *nt*

проéктор <-а> *м* Projektor *m; (с уси́ливающим экрáном)* Overheadprojektor *m*

проéкци|я <-и> *ж* Projektion *f;* **горизонтáльная ~** Grundriss *m*

проём <-а> *м* Wandöffnung *f;* **~ двéри** Türöffnung *f*

проé|сть <-м, -шь> *св прх* **1.** *(прогры́зть)* zerfressen; **чéрви проéли я́блоню** die Würmer zerfraßen den Apfelbaum; **проéсть зýбы на чём-л.** sich an etw die Zähne ausbeißen **2.** *(разъéсть кислотóй)* zerfressen; **ржáвчина проéла борт корабля́** der Rost zerfraß die Schiffswand **3.** *разг (истрáтить на едý)* etw für den Kauf von Lebensmitteln ausgeben; **~ все дéньги** das ganze Geld verfressen

проé|хать <-ду, -дешь> *св прх см.* **проезжáть**

проé|хаться <-дусь, -дешься> *св рефл разг* eine Spritztour machen; **проéхаться на маши́не зá город** einen kurzen Ausflug mit dem Auto außerhalb der Stadt machen

проеци́р|овать <-ую, -уешь> *нсв,* **спроеци́ровать** *св прх* projizieren

прожд|áть <-ý, -ёшь> *св прх* lange warten; **~ три часá, покá поя́вится дежýрный** 3 Stunden warten, bis der Diensthabende erscheint

прожёвыва|ть <-ю, -ешь> *св,* **прожевáть** *нсв прх* zerkauen

прожéкт <-а> *м презрит, разг* unrealisierbares Projekt *nt;* **ну и комý ты собирáешься предложи́ть свой ~?** und wem willst du dieses unrealisierbare Projekt vorschlagen?

прожéктор <-а> *м* Scheinwerfer *m*

прожéкторн|ый <-ая, -ое> *прил* **~ луч** Scheinwerferlicht *nt;* **прожéкторные лáмпы** Scheinwerferlampen *fpl*

прож|éчь <-гý, -жёшь> *св прх см.* **прожигáть**

прожжён|ный <-ная, -ное; -, -á, -ó> *прил разг* **1.** *(с ды́ркой)* durchgebrannt; **прожжённое одея́ло** durchgebrannte Decke *f* **2.** *(óчень óпытный, отъя́вленный)* erfahren; **~ плут/вор** erfahrener Gauner/Dieb *m*

проживáни|е <-я> *ср* Aufenthalt *m;* **за ~ в гостѝнице мы уплатѝли трѝста рублéй** für den Aufenthalt im Hotel bezahlten wir 300 Rubel

проживá|ть <-ю, -ешь> *нсв,* **прожѝть** *св* **I.** *нпрх* wohnen, seinen Wohnsitz haben, leben; **~ в цéнтре гóрода** im Stadtzentrum [*o* in der Innenstadt] wohnen; **прожѝть раздéльно** getrennt leben; **~ нéсколько лет за гранѝцей** einige Jahre im Ausland verbringen; **прожѝть сто лет** hundert Jahre leben **II.** *прх* verleben; **прожѝть все дéньги/состоя́ние** sein ganzes Geld/Vermögen ausgeben

проживáющ|ий <-ая, -ее> *прил* wohnhaft

прожигá|ть <-ю, -ешь> *нсв,* **прожéчь** *св прх* durchbrennen; **~ жизнь** in Saus und Braus leben

прожѝлк|а <-и> *ж* геол Gesteinsader *f;* **геóлоги нашлѝ и другѝе прожѝлки** die Geologen fanden auch andere Gesteinsader

прожѝточн|ый <-ая, -ое> *прил* социол Existenz-; **~ мѝнимум** Existenzminimum *nt*

прожи|ть <-вý, -вёшь> *св нпрх см.* **проживáть**

прожóрлив|ый <-ая, -ое; -, -а, -о> *прил* gefräßig

прожужж|áть <-ý, -ѝшь> *св нпрх см.* **жужжáть**

прóз|а <-ы> *ж* Prosa *f;* **~ жѝзни** der Ernst *m* des Lebens

прозаѝческ|ий <-ая, -ое> *прил* Prosa-; *(прозаѝчный)* prosaisch, nüchtern

прозвáни|е <-я> *ср разг* Spitzname *m,* **по прозвáнию** genannt

проз|вáть <-овý, -овёшь> *св прх см.* **прозывáть**

прозвен|éть <-ѝт> *св безл, только 3 л* erklingen; **звонóк прозвенéл** die Klingel läutete

прóзвищ|е <-а> *ср* Beiname *m,* Spitzname *m;* **дать ~** einen Spitznamen geben

прозвуч|áть <-ý, -ѝшь> *св нпрх см.* **звучáть**

прозевá|ть <-ю, -ешь> *св прх разг* verpassen; **как ты мог ~ такýю возмóжность?** wie konntest du eine solche Gelegenheit verpassen?

прозéктор <-а> *м* Prosektor *m,* Leiter *m*

прозéкторск|ая <-ой> *ж* мед Obduktionsraum *m;* **совéт собрáлся в прозéкторской** die Sitzung des Rates wurde im Obduktionsraum abgehalten

прозéкторск|ий <-ая, -ое> *прил* мед **~ нож** Autopsiemesser *nt*

прозим|овáть <-ýю, -ýешь> *св нпрх см.* **зимовáть**

прознá|ть <-ю, -ешь> *св прх прост* erfahren; **~ всё о ком-л.** alles über jdn erfahren

прозорлѝвос|ть <-ти> *ж* Scharfblick *m,* Scharfsinn *m*

прозрáчно *нрч* durchsichtig, offen; **дéйствовать ~** offen handeln

прозрáчнос|ть <-ти> *ж* Durchsichtigkeit *f,* Transparenz *f;* **~ ры́нка** Markttransparenz *f*

прозрáч|ный <-ная, -ное; -ен, -на, -но> *прил* durchsichtig, durchscheinend, transparent; **прозрáчная водá** klares Wasser *nt;* **~ вóздух** klare Luft *f;* **~ намёк** Wink *m;* **прозрáчное плáтье** durchsichtiges Kleid *nt;* **прозрáчная плёнка** Klarsichtfolie *f*

прозревá|ть <-ю, -ешь> *нсв,* **прозрéть** *св (н)прх* **1.** *(становѝться зря́чим)* wieder sehen können; **слепы́е прозрéли пóсле оперáции** die Blinden konnten nach der Operation wieder sehen **2.** *(понимáть, разгáдывать)* klar sehen, begreifen; **~ талáнт писáтеля** das Talent des Schriftstellers erkennen

прозрéни|е <-я> *ср* Erleuchtung *f;* **у негó наступѝло невероя́тное ~** ihm kam eine unglaubliche Erleuchtung

прозр|éть <-ю́, -ѝшь> *св (н)прх см.* **прозревáть**

прозывá|ть <-ю, -ешь> *нсв,* **прозвáть** *св прх* jdm einen Spitznamen geben; **собáку прозвáли Шáриком** man nannte den Hund Scharik

прозывá|ться <-юсь, -ешься> *нсв,* **прозвáться** *св рефл прост* sich nennen; **мáльчик прозвáлся Ивáном** der Junge nannte sich Ivan

прозябá|ть <-ю, -ешь> *нсв нпрх* dahinvegetieren

проигнорѝр|овать <-ую, -уешь> *св прх см.* **игнорѝровать**

проигрá|ть <-ю, -ешь> *св прх см.* **проѝгрывать**

проигрá|ться <-юсь, -ешься> *св рефл см.* **проѝгрываться**

проѝгрывате|ль <-ля> *м* Plattenspieler *m;* **лáзерный ~** CD-Spieler *m*

проѝгрыва|ть <-ю, -ешь> *нсв,* **проигрáть** *св прх* **1.** *(лишѝться чегó-л.)* verspielen **2.** *(потерпéть поражéние)* verlieren; **~ сѝльному игрокý** gegen einen starken Spieler verlieren **3.** *разг (утрáчивать преимýщество)* den Vorteil verlieren; **вáше предложéние проѝгрывает в ценé** Ihr Verhalten wirkt sich nachteilig auf den Preis aus

проѝгрыва|ться <-юсь, -ешься> *нсв,* **проигрáться** *св рефл разг* alles verspielen; **он наконéц проигрáлся** am Ende verspielte er alles

прóигрыш <-а> *м* Verlust *m;* *(поражéние)* Niederlage *f;* **э́тот ~ привёл к егó банкрóтству** nach diesem Verlust ging er bankrott; **остáться в чѝстом прóигрыше пóсле финáнсовой оперáции** nach dem Finanzgeschäft im deutlichen Minus sein

произведéни|е <-я> *ср* Werk *nt;* **~ искýсства** Kunstwerk *nt*

произве|стѝ <-дý, -дёшь> *св прх см.* **про-**

П

изводи́ть

производи́те|ль <-ля> *м* Produzent *m*, Hersteller *m;* АГР Erzeuger *m*

производи́тельнос|ть <-ти> *ж* Leistung *f*, Produktivität *f;* **~ труда́** Arbeitsproduktivität *f*

производи́те|льный <-льная, -льное; -лен, -льна, -льно> *прил* produktiv, leistungsfähig; **~ труд** produktive Arbeit *f*

произв|оди́ть <-ожу́, -о́дишь> *нсв*, **произвести́** *св прх* **1.** *(выраба́тывать)* erzeugen, herstellen, produzieren; **~ девальва́цию** abwerten; **~ расчёт** abrechnen, verrechnen; **~ рефо́рму** eine Reform durchführen **2.** *(вызыва́ть)* auslösen, hervorrufen; **~ благоприя́тное впечатле́ние** einen guten Eindruck machen **3.** *(повыша́ть в до́лжности)* befördern; **он произведён в майо́ры** er ist zum Major befördert worden

произв|оди́ться <-о́дится> *нсв безл, только 3 л* realisiert werden, durchgeführt werden; **счёт бюллете́ней произво́дится коми́ссией** die Zählung der Stimmzettel wird von einer Kommission durchgeführt

произво́д|ный <-ная, -ное; -ен, -на, -но> *прил* derivativ, abgeleitet; **произво́дное пра́во** ЮР akzessorisches Recht *nt*, abgeleitetes Recht *nt*

произво́дственно-экономи́ческ|ий <-ая, -ое> *прил* betriebswirtschaftlich; **произво́дственно-экономи́ческая нау́ка** Betriebswirtschaftslehre *f*

произво́дственн|ый <-ая, -ое> *прил* Produktions-; **произво́дственное предприя́тие** Produktionsbetrieb *m;* **~ учёт** Betriebsabrechnung *f;* **~ фа́ктор** Produktionsfaktor *m;* **~ расхо́д** Betriebsaufwand *m;* **~ проце́сс** Arbeitsablauf *m*, Produktionsprozess *m;* **~ потенциа́л** Produktionspotential *nt;* **~ материа́л** Fertigungsmaterial *nt;* **~ инвента́рь** Betriebsausstattung *f;* **~ зака́з** Fertigungsauftrag *m;* **~ дефе́кт** Produktionsfehler *m;* **произво́дственные мо́щности** Produktionspotential *nt;* **произво́дственная гото́вность** Betriebsbereitschaft *f;* **произво́дственная иера́рхия** Unternehmenshierarchie *f;* **произво́дственная програ́мма** Produktionsprogramm *nt;* **произво́дственная себесто́имость** Herstellungskosten *pl;* **произво́дственная тра́вма** Arbeitsunfall *m;* **произво́дственные изде́ржки** Betriebskosten *pl*, Fertigungskosten *pl;* **произво́дственное обору́дование** Produktionsanlage *f;* **произво́дственные отхо́ды** Produktionsrückstände *pl;* **произво́дственные показа́тели** Produktionszahlen *pl;* **произво́дственные поте́ри** Betriebsverlust *m;* **~ результа́т** Produktionsergebnis *nt;* **произво́дственное зада́ние** Betriebsaufgabe *f;* **произво́дственное оснаще́ние** Betriebsausstattung *f;* **произво́дственное плани́рование** Produktionsplanung *f*

произво́дств|о <-а> *ср* **1.** *(изготовле́ние)* Produktion *f*, Fertigung *f*, Erzeugung *f* **2.** *(предприя́тие)* Produktionsstätte *f*, Betrieb *m;* **~ на склад** Lagerfertigung *f;* **~ по зака́зу** Auftragsfertigung *f;* **~ по конфиска́ции** Einziehungsverfahren *nt;* **~ по лице́нзии** Lizenzfertigung *f;* **~ промы́шленного обору́дования** Anlagenbau *m;* **~ с це́лью созда́ния складски́х запа́сов** Lagerproduktion *f;* **~ сельскохозя́йственной проду́кции** Agrarproduktion *f;* **~ това́ров и предоставле́ние услу́г для ры́нка** Marktleistung *f* **3.** ЮР Verfahren *nt;* **~ по дела́м несостоя́тельного должника́** Konkursverfahren *nt*

произво́л <-а> *м* **1.** *(со́бственный вы́бор)* Ermessen *nt;* **реша́ть что-л. по произво́лу** nach eigenem Ermessen handeln; **оста́вить кого́-л. на ~ судьбы́** jdn dem Schicksal überlassen **2.** *(своево́лие, деспоти́зм)* Willkür *f;* **пора́ положи́ть коне́ц э́тому произво́лу** es ist an der Zeit, dieser Willkür ein Ende zu setzen **3.** *(необосно́ванность)* Unbegründetheit *f*, Haltlosigkeit *f;* **~ в сужде́ниях** nicht stichhaltige Urteile

произво́льно *нрч* willkürlich; **реша́ть ~** willkürlich entscheiden

произво́|льный <-льная, -льное; -лен, -льна, -льно> *прил* willkürlich; **произво́льная програ́мма** СПОРТ Kür *f;* **произво́льная заме́на това́ра други́м това́ром при поста́вке** Falschlieferung *f*

произнесе́ни|е <-я> *ср* ЛИНГВ Aussprache *f;* **~ пригово́ра** Urteilsverkündung *f*

произн|оси́ть <-ошу́, -о́сишь> *нсв*, **произнести́** *св прх* **1.** *(говори́ть)* aussprechen; **~ речь** eine Rede halten; **~ тост** einen Trinkspruch ausbringen **2.** *(объявля́ть)* verkünden; **~ пригово́р** das Urteil sprechen

произн|оси́ться <-о́сится> *нсв безл, то́лько 3 л* artikuliert werden; **э́тот гла́сный звук произно́сится до́лго** dieser Vokal wird lang artikuliert

произноше́ни|е <-я> *ср* Aussprache *f*; *(артикуля́ция)* Artikulation *f*

произой|ти́ <-ду́, -дёшь> *св нпрх см.* **происходи́ть**

произраст|а́ть <-а́ю, -а́ешь> *нсв*, **произрасти́** *св нпрх* wachsen; **успе́шно ~** gut wachsen

проиллюстри́р|овать <-ую, -уешь> *св прх см.* **иллюстри́ровать**

проинструкти́р|овать <-ую, -уешь> *св прх см.* **инструкти́ровать**

проинформи́р|овать <-ую, -уешь> *св прх см.* **информи́ровать**

про́иск|и <-ов> *мн (скры́тые де́йствия для достиже́ния це́лей)* Ränke *pl*, Umtriebe *pl;* **~ вра́жеской стороны́** das Ränkespiel der gegnerischen Seite

проистек|а́ть <-а́ю, -а́ешь> *нсв,* **проистéчь** *св нпрх* herrühren, sich ergeben; **из их решéния проистека́ют тяжёлые послéдствия для компа́нии** aus ihrem Entschluss ergeben sich schwerwiegende Folgen für die Gesellschaft

происх|оди́ть <-ожу́, -óдишь> *нсв,* **произойти́** *св нпрх* **1.** *(из чегó-л.)* abstammen von +*dat* **2.** *(возника́ть)* entspringen, entstehen aus +*dat* **3.** *(получа́ться)* herrühren von +*dat;* **э́то происхóдит от тогó, что** das rührt daher, dass **4.** *(откýда-л.)* herkommen aus +*dat* **5.** *(случа́ться)* passieren, sich ereignen, erfolgen; **э́то произошлó у меня́ на глаза́х** das geschah vor meinen Augen

происхождéни|е <-я> *ср* Herkunft *f,* Ursprung *m;* **~ средств** Mittelherkunft *f*

происшéстви|е <-я> *ср* Vorfall *m,* Vorkommnis *nt;* **дорóжно-тра́нспортное ~** Verkehrsunfall *m*

прóйд|а <-ы> *м и ж разг* Gauner *m;* **наш нача́льник – настоя́щий ~** unser Vorgesetzter ist ein echter Gauner

пройдóх|а <-и> *м и ж разг* Gauner *m,* durchtriebener Mensch *m*

прой|ти́ <-дý, -дёшь> *св прх см.* **проходи́ть**

прой|ти́сь <-дýсь, -дёшься> *св нпрх см.* **проха́живаться**

прок <прóка> *м разг* Nutzen *m,* Vorteil *m;* **нет прóку в э́том дéле** wozu soll das gut sein?; **знать прок в чём-л.** den Vorteil einer Sache kennen

прока́з|а <-ы> *ж* Streich *m,* Schabernack *m,* Ulk *m;* мед Lepra *f*

прока́|зить <жу, -зишь> *нсв нпрх разг* ausgelassen sein, unartig sein; **ребёнок прока́зит** das Kind ist unartig

прока́зник <-а> *м* Schalk *m,* Spaßvogel *m,* Schelm *m*

прока́лыва|ть <-ю, -ешь> *нсв,* **проколóть** *св прх* durchstechen, durchlöchern

прока́т <-а> *м* Verleih *m,* Ausleihe *f;* **брать на ~** ausleihen; **~ фи́льмов** Filmverleih *m*

про|кати́ть <-качý, -ка́тишь> *св прх разг* **1.** *(провезти́ для развлечéния)* spazieren fahren; **~ на коля́ске по гóроду** jdn mit der Kutsche ein Stückchen durch die Stadt fahren **2.** *перен (не вы́брать когó-л. на вы́борах)* nicht wählen; **~ недостóйного кандида́та** den unwürdigen Kandidaten nicht wählen **3.** *перен (раскритиковáть)* kritisieren; **егó прокати́ли на собра́нии** er wurde auf der Versammlung kritisiert **4.** *(проéхать бы́стро)* schnell vorbeifahren; **он прокати́л ми́мо нас на дорогóй маши́не** er fuhr in einem teuren Wagen an uns vorbei

про|кати́ться <-качýсь, -ка́тишься> *св рефл* **1.** *(перемести́ться, катя́сь)* rollen; **телéга прокати́лась по ýлице** der Pferdewagen rollte über die Straße **2.** *(распростани́ться)* sich ausbreiten; **сла́ва о них прокати́лись по всей Еврóпе** ihr Ruhm verbreitete sich in ganz Europa **3.** *(поката́ться на небольшóм расстоя́нии)* eine kurze Fahrt machen; **~ на мотоци́кле** eine kurze Motorradfahrt machen; **прокати́ться за счёт когó-л.** *перен* über jdn lästern

прока́шл|яться <-яюсь, -яешься> *св рефл* sich räuspern; **ди́ктор прока́шлялся и извини́лся** der Sprecher räusperte sich und entschuldigte sich dann

прокипя|ти́ть <-чý, -ти́шь> *св прх см.* **кипяти́ть**

прокиса́|ть <-ет> *нсв,* **проки́снуть** *св безл, только 3 л* sauer werden; **молокó проки́сло** die Milch wurde sauer

прокла́дк|а <-и> *ж* **1.** *(проложéние чегó-л.)* Verlegung *f;* **~ труб газопровóда** Gasleitungsrohre legen **2.** *(промежýточный слой)* Zwischenschicht *f;* **рези́новая ~ в подóшве** Gummizwischenschicht in der Fußsohle **3.** трансп *(начéрченный на ка́рте путь сýдна, самолёта)* Wegmarkierung *f;* **дви́гаться по прокла́дке** sich nach der Wegmarkierung bewegen **4.** *(да́мские прокла́дки)* Damenbinde *f*

прокла́дыва|ть <-ю, -ешь> *нсв,* **проложи́ть** *св прх* **1.** *(дорóгу и т.п.)* anlegen, verlegen, bauen **2.** *и перен (путь)* bahnen

проклама́ци|я <-и> *ж* Proklamation *f*

проклина́|ть <-ю, -ешь> *нсв,* **прокля́сть** *св прх* verdammen, verfluchen

проклю́н|уться <-усь, -ешься> *св рефл разг* **1.** *(проби́ться сквозь скорлупý)* die Eierschale durchbrechen; **птенцы́ проклю́нулись** die Vögelchen durchbrachen die Eierschale **2.** *(прорасти́)* herauswachsen; **пéрвые подснéжники проклю́нулись** die ersten Schneeglöckchen sind erschienen **3.** *перен (появи́ться)* entstehen, aufkommen; **неожи́данно у них проклю́нулись невероя́тные нóвые идéи** plötzlich kamen bei ihnen unglaubliche neue Ideen auf

прокля́|сть <-нý, -нёшь> *св прх см.* **проклина́ть**

прокля́ти|е <-я> *ср* Fluch *m;* **учáстие в э́той войнé ужа́сное ~ для страны́** die Teilnahme an diesem Krieg ist ein schrecklicher Fluch für das Land; **мужи́к брани́лся и произноси́л однó ~ за други́м** der Mann schimpfte und stieß einen Fluch nach dem anderen aus

проклятýщ|ий <-ая, -ее> *прил разг* verflucht; **~ морóз** verfluchte Kälte *f*

прокля́т|ый <-ая, -ое> *прил разг* verdammt, verflucht

прокóл <-а> *м* Loch *nt,* Durchstechen *nt;* *перен* Blamage *f,* Missgeschick *nt*

про|коло́ть <-колю́, -ко́лешь> *св прх см.* **прока́лывать**

прокомпости́р|овать <-ую, -уешь> *св прх см.* **компости́ровать**

проконсульти́р|овать <-ую, -уешь> *св прх см.* **консульти́ровать**

проконсульти́р|оваться <-уюсь, -уешься> *св рефл см.* **консульти́роваться**

проконтроли́р|овать <-ую, -уешь> *св прх см.* **контроли́ровать**

прокоп|ти́ть <-чу́, -ти́шь> *св прх см.* **копти́ть**

проко́рм <-а> *м* Lebensunterhalt *m;* **не хвата́ет де́нег на ~ семьи́** das Geld reicht nicht für den Lebensunterhalt der Familie aus

прок|орми́ть <-ормлю́, -о́рмишь> *св прх см.* **корми́ть**

прок|орми́ться <-ормлю́сь, -о́рмишься> *св рефл см.* **корми́ться**

прокра́дыва|ться <-юсь, -ешься> *нсв,* **прокра́сться** *св рефл см.* **кра́сться**

прокрич|а́ть <-у́, -и́шь> *св нпрх см.* **крича́ть**

прокру́чив|ать <-аю, -аешь> *нсв,* **прокрути́ть** *св прх разг* **1.** *(заставля́ть крути́ться)* rollen, kreisen lassen; **~ капита́лы/де́ньги** *перен* Kapital/Geld in Umlauf bringen **2.** *(пока́зывать, прослу́шивать каку́ю-л. за́пись)* eine Aufnahme zeigen, sich anhören; **~ пе́сни/фильм** sich ein Lied anhören/einen Film zeigen

про́кси-се́рвер <-а> *м* ИНФОРМ Proxy-Server *m*

проку́р|а <-ы> *ж* Prokura *f;* **~ на веде́ние дел филиа́ла** Filialprokura *f*

прокура́тор <-а> *м* АДМ Prokurator *m;* **Пила́т – ~ Иуде́и** Pilatus war Statthalter von Jüdäa

прокурату́р|а <-ы> *ж* ЮР Staatsanwaltschaft *f;* **внести́ де́ло в прокурату́ру** bei der Staatsanwaltschaft ein Verfahren gegen jdn einleiten

проку́рен|ный <-ная, -ное; -, -а, -о> *прил* rauchig, verraucht

прокуро́р <-а> *м* Staatsanwalt *m*

проку́сыва|ть <-ю, -ешь> *нсв,* **прокуси́ть** *св прх* durchbeißen

прок|ути́ть <-учу́, -у́тишь> *св прх* **1.** *(не́которое вре́мя)* (eine Zeitlang) schlemmen **2.** *(истра́тить)* verprassen, verzechen, verjubeln

прола́мыва|ть <-ю, -ешь> *нсв,* **проломи́ть** *св прх* durchbrechen

пролега́|ть <-ю, -ешь> *нсв,* **проле́чь** *св нпрх* durch etw verlaufen; **желе́зная доро́га пролега́ет че́рез доли́ну** die Eisenbahnlinie verläuft durch das Tal

пролеж|а́ть <-у́, -и́шь> *св нпрх см.* **лежа́ть**

про́леж|ень <-ня> *м* МЕД Wundliegen *nt,* wundgelegene Stelle *f*

пролеза́|ть <-ю, -ешь> *нсв,* **проле́зть** *св нпрх* hineingehen, eindringen; **~ че́рез отве́рстие** durch die Öffnung eindringen

проле|пета́ть <-печу́, -пе́чешь> *св нпрх см.* **лепета́ть**

пролёт[1] <-а> *м (птиц)* Flug *m*

пролёт[2] <-а> *м (расстоя́ние)* Abstand *m,* Zwischenraum *m,* Zwischenzeit *f*

пролетариа́т <-а> *м* Proletariat *nt*

пролета́ри|й <-я> *м* Proletarier *m*

пролета́рск|ий <-ая, -ое> *прил* **~ класс** proletarische Klasse *f;* **~ поэ́т** proletarischer Dichter *m*

пролета́|ть <-ю, -ешь> *нсв,* **пролете́ть** *св нпрх* fliegen; *(ми́мо)* durchfliegen, vorbeifliegen; *перен (о вре́мени)* fliegen, verfliegen

пролётк|а <-и> *ж* (einspännige) Droschke *f;* **сосе́ди прие́хали на но́вой двухме́стной пролётке** die Nachbarn trafen mit einer neuen zweisitzigen Equipage ein

проле|те́ть <-чу́, -ти́шь> *св (н)прх см.* **пролета́ть**

прол|е́чь <-я́гу, -я́жешь> *св нпрх см.* **пролега́ть**

проли́в <-а> *м* Meerenge *f*

пролива́|ть <-ю, -ешь> *нсв,* **проли́ть** *св прх* verschütten; *книжн* vergießen; **~ кровь** Blut *nt* vergießen

пролива́|ться <-юсь, -ешься> *нсв,* **проли́ться** *св рефл* **1.** *(за край чего́-л.)* verschüttet werden; **вода́ пролила́сь на плиту́** auf der Herdplatte wurde Wasser verschüttet **2.** *разг (идти́ о́чень си́льно: дождь)* sich ergießen

проливн|о́й <-ая, -ое> *прил* **~ дождь** heftiger Regen *m*

про|ли́ть <-лью́, -льёшь> *св прх см.* **пролива́ть**

про|ли́ться <-лью́сь, -льешься> *св рефл см.* **пролива́ться**

проло́г <-а> *м* Prolog *m*

прол|ожи́ть <-ожу́, -о́жишь> *св прх см.* **прокла́дывать**

проло́м <-а> *м* Durchbruch *m;* **~ в стене́** Durchbruch in der Wand

прол|оми́ть <-омлю́, -о́мишь> *св прх см.* **прола́мывать**

пролонга́ци|я <-и> *ж* Verlängerung *f;* ЭКОН Prolongation *f;* **~ платежа́** Stundung *f;* **~ ве́кселя** Wechselprolongation *f;* **~ за́йма** Darlehensverlängerung *f;* **~ сро́ка** Nachfrist *f;* **~ долго́в** Schuldenstundung *f*

пролонги́р|овать <-ую, -уешь> *(н)св прх* verlängern; ЭКОН prolongieren

прома́|зывать <-жу, -жешь> *нсв,* **прома́зать** *св прх* schmieren, ölen; *перен, разг (промахну́ться)* das Ziel verfehlen, nicht treffen

прома́сл|ить <-ю, -ишь> *св прх* einölen; ~

брезе́нт die Plane imprägnieren

прома́тыва|ть <-ю, -ешь> *нсв,* **промота́ть** *св прх разг* vergeuden, verschwenden

про́мах <-а> *м* Fehlschuss *m,* Fehlschlag *m; перен* Fehltritt *m,* Fehlgriff *m; (прова́л)* Reinfall *m,* Blamage *f;* **дать ~** einen Bock schießen

прома́хива|ться <-юсь, -ешься> *нсв,* **промахну́ться** *св рефл* das Ziel verfehlen, vorbeischießen; *перен* einen Fehler machen

прома́чива|ть <-ю, -ешь> *нсв,* **промочи́ть** *св прх* durchnässen, nass machen; **~ но́ги** nasse Füße bekommen

прома́шк|а <-и> *ж* Fehltritt *m,* Fehlschlag *m; (прова́л)* Blamage *f,* Blöße *f;* **дать прома́шку** eine Blöße geben

промедле́ни|е <-я> *ср* Verzögerung *f*

проме́длить *св нпрх см.* **ме́длить**

проме́ж *предл (ме́жду)* zwischen; **ма́льчик пробира́лся ~ маши́н** der Junge zwängte sich zwischen den Autos durch

проме́жнос|ть <-ти> *ж* АНАТ Damm *m*

промежу́т|ок <-ка> *м* **1.** *(расстоя́ние)* Abstand *m* **2.** *(вре́мени)* Zwischenzeit *f,* Intervall *nt,* Pause *f;* **~ между поезда́ми метро́** Intervall zwischen U-Bahn-Zügen; **уйти́ в ~ ме́жду двумя́ выступле́ниями** in der Pause zwischen zwei Auftritten gehen

промежу́точн|ый <-ая, -ое> *прил* Übergangs-, Zwischen-; **~ ито́г** Zwischenbilanz *f;* **~ склад** Zwischenlager *nt;* **~ счёт** Interimskonto *nt;* **промежу́точное финанси́рование** [*или* **кредитова́ние**] Zwischenfinanzierung *f*

промелькн|у́ть <-у́, -ёшь> *св нпрх см.* **мелька́ть**

промена́д <-а> *м* Promenade *f*

промёрзн|уть <-у, -ешь> *св нпрх см.* **мёрзнуть**

промёрзший *прил* durchgefroren

променя́|ть <-ю, -ешь> *св прх разг см.* **меня́ть**

проме́сс|а <-ы> *ж* ЭКОН Promesse *f*

проме́ти|й <-я> *м* Promethium *nt*

промо́згл|ый <-ая, -ое> *прил* nasskalt

промо́ин|а <-ы> *ж* Rinne *f;* **доро́га в промо́инах** der Weg ist voller Rinnen

промока́|ть <-ю, -ешь> *нсв,* **промо́кнуть** *св нпрх* durchweichen, nass werden

промока́шк|а <-и> *ж* Löschpapier *nt*

промокн|у́ть <-у́, -ёшь> *св нпрх см.* **промока́ть**

промо́лв|ить <-лю, -ишь> *св прх* hervorbringen; **от уста́лости он не мог ~ ни одно́го сло́ва** vor Müdigkeit konnte er kein Wort hervorbringen

промолч|а́ть <-у́, -и́шь> *св нпрх* **1.** *(не отве́тить)* schweigen; **ма́льчик промолча́л, он чу́вствовал себя́ винова́тым** der Junge schwieg, er fühlte sich schuldig **2.** *(не вы́разить своего мне́ния)* schweigen; **он прису́тствовал на диску́ссии, но промолча́л, когда́ все ста́ли критикова́ть нача́льство** er war bei der Diskussion anwesend, schwieg aber, als alle die Leitung zu kritisieren begannen

проморга́|ть <-ю, -ешь> *св прх разг (упусти́ть возмо́жность)* verpassen **~ ски́дку на телеви́зоры в магази́не** die Rabattaktion auf Fernseher im Geschäft verpassen

промота́|ть <-ю, -ешь> *св прх см.* **мота́ть, прома́тывать**

пром|очи́ть <-очу́, -о́чишь> *св прх см.* **мочи́ть**

промтова́ры *сокр от* **промы́шленные това́ры** Industriewaren *pl;* **магази́н промтова́ров** Industriewarengeschäft *nt*

промурлы́ка|ть <-ю, -ешь> *св нпрх см.* **мурлы́кать**

прому́ч|иться <-усь, -ишься> *св рефл см.* **му́читься**

промч|а́ться <-у́сь, -и́шься> *св рефл см.* **мча́ться**

промыва́ни|е <-я> *ср* Waschen *nt,* Spülung *f;* **~ мозго́в** Gehirnwäsche *f*

промыва́|ть <-ю, -ешь> *нсв,* **промы́ть** *св прх* spülen, ausspülen

промы́вк|а <-и> *ж разг* Spülung *f;* **~ желу́дка** Magenspülung *f;* **~ резервуа́ра** Tankspülung *f*

про́мыс|ел <-ла> *м* **1.** *(ремесло́)* Handwerk *nt,* Gewerbe *nt;* **гонча́рный ~** Töpferhandwerk *nt;* **куста́рный ~** Heimarbeit *f* **2.** *(добы́ча охо́той)* Jagdbeute *f;* **~ тюле́ня** Robbenjagd *f;* **~ оле́ня** Hirschjagd *f* **3.** *(предприя́тия добыва́ющей промы́шленности)* **э́то райо́н нефтя́ных про́мыслов** das ist ein Erdölförderungsgebiet; **занима́ющийся промы́слом** gewerbetreibend

про́мысл <-а> *м (провиде́ние)* Vorsehung *f;* **~ бо́жий** göttliche Vorsehung

промысло́в|ый <-ая, -ое> *прил* gewerblich; **~ дохо́д** Gewerbeertrag *m;* **~ надзо́р** Gewerbeaufsicht *f;* **~ нало́г** Gewerbesteuer *f;* **~ нало́г на капита́л компа́нии** Gewerbekapitalsteuer *f;* **промысло́вое пра́во** Gewerberecht *nt;* **~ уста́в** Gewerbeordnung *f;* **промысло́вое предприя́тие** Gewerbebetrieb *m;* **промысло́вое свиде́тельство** Gewerbeschein *m*

пром|ы́ть <-о́ю, -о́ешь> *св прх см.* **промыва́ть**

промыч|а́ть <-у́, -и́шь> *св нпрх см.* **мыча́ть**

промы́шленнос|ть <-ти> *ж* Industrie *f;* **лёгкая ~** Leichtindustrie *f;* **оборо́нная ~** Rüstungsindustrie *f;* **~ ориенти́рующаяся на ну́жды организа́ции досу́га** Freizeitindustrie *f;* **~ потреби́тельских това́ров** Konsumgüterindustrie *f;* **~ по перерабо́тке**

П

ути́ля Abfallwirtschaft *f;* **тяжёлая ~** Schwerindustrie *f;* **~ това́ров наро́дного** [*или* **широ́кого**] **потребле́ния** Konsumgüterindustrie *f*

промы́шленн|ый <-ая, -ое> *прил* Industrie-, industriell; **промы́шленная зо́на** Industriegebiet *nt,* Gewerbegebiet *nt;* **промы́шленная инспе́кция** Gewerbeaufsicht *f;* **промы́шленная устано́вка** Produktionsanlage *f;* **~ надзо́р** Gewerbeaufsicht *f;* **~ станда́рт ФРГ** Deutsche Industrienorm *f,* DIN; **~ това́р** Industriegut *nt;* **~ шпиона́ж** Werksspionage *f;* **промы́шленное предприя́тие** Produktionsbetrieb *m,* Gewerbebetrieb *m,* Industriebetrieb *m*

пронес|ти́сь <-у́сь, -ёшься> *св рефл см.* **проноси́ться**

прониза́|ть <-ю, -ешь> *нсв,* **прониза́ть** *св нпрх и перен* durchstechen, durchbohren; **~ насквозь** (**до мо́зга косте́й**) durch Mark und Bein gehen

пронзи́те|льный <-льная, -льное; -лен, -льна, -льно> *прил* durchdringend, schrill

проника́|ть <-ю, -ешь> *нсв,* **прони́кнуть** *св прх* durchdringen, eindringen

проникнове́ни|е <-я> *ср* Eindringen *nt;* **~ на ры́нок** Marktdurchdringung *f,* Penetration *f*

проница́ем|ый <-ая, -ое; -, -а, -о> *прил* durchlässig

проница́тельнос|ть <-ти> *ж* Scharfblick *m,* Scharfsichtigkeit *f*

проница́те|льный <-льная, -льное; -лен, -льна, -льно> *прил* scharfsinnig

прон|оси́ться <-ошу́сь, -о́сишься> *нсв,* **пронести́сь** *св рефл* vorbeijagen, vorbeirauschen; *(вре́мя)* verfliegen; *(слух)* um sich greifen, sich ausbreiten

пронумер|ова́ть <-ую, -уешь> *св прх см.* **нумерова́ть**

пронюхива|ть <-ю, -ешь> *нсв,* **пронюхать** *св прх* Wind bekommen von +*dat*

пропага́нд|а <-ы> *ж* Propaganda *f;* *(распростране́ние)* Propagierung *f,* Verbreitung *f*

пропаганди́р|овать <-ую, -уешь> *нсв прх* propagandieren

пропад|а́ть <-у, -ешь> *нсв,* **пропа́сть** *св нпрх* abhanden kommen, verloren gehen, verschwinden; **куда́ ты пропа́л?** *разг* wo hast du gesteckt?; **пропа́сть без вести** verschollen sein

пропа́ж|а <-и> *ж* Untergang *m*

пропа́н <-а> *м* Propangas *nt*

проп|а́сть <-аду́, -адёшь> *св нпрх см.* **пропада́ть**

про́пас|ть <-ти> *ж* Abgrund *m,* Kluft *f;* *перен* Kluft *f,* Unterschied *m*

пропе́ллер <-а> *м* Propeller *m*

проп|иса́ть <-ишу́, -и́шешь> *св прх см.* **пропи́сывать**

пропи́ск|а <-и> *ж* polizeiliche Anmeldung *f,* Wohngenehmigung *f;* **обяза́тельная ~** Meldepflicht *f*

пропи́сыва|ть <-ю, -ешь> *нсв,* **прописа́ть** *св прх* polizeilich registrieren, Wohngenehmigung erteilen; *(лека́рство)* verschreiben

пропи́сыва|ться <-юсь, -ешься> *нсв,* **прописа́ться** *св рефл* sich polizeilich [*o* behördlich] anmelden

пропи́тк|а <-и> *ж* Imprägnierung *f;* *(сре́дство)* Imprägnierungsmittel *nt*

пропи́тывани|е <-я> *ср* Durchtränkung *f,* Imprägnierung *f;* **~ литья́** Gussimprägnierung *f*

пропове́дник <-а> *м* Prediger *m*

пропове́д|овать <-ую, -уешь> *нсв прх и перен* predigen

про́пове|дь <-ди> *ж* Predigt *f*

пропорциона́льно *нрч* proportional

пропорциона́|льный <-льная, -льное; -лен, -льна, -льно> *прил* proportional, verhältnismäßig; *(соразме́ренный)* anteilig; **пропорциона́льно понижа́ющийся** МАТ degressiv

пропо́рци|я <-и> *ж* Proportion *f,* Relation *f,* Verhältnis *nt*

про́пуск <-а> *м* **1.** *(прогу́л)* Versäumen *nt,* Versäumnis *nt* **2.** *(пробе́л)* Auslassung *f,* Ausfall *m,* Lücke *f* **3.** *(впуск)* Einlass *m,* Durchlass *m* **4.** *(докуме́нт)* Passierschein *m* **5.** ВОЕН Kennwort *nt,* Parole *f*

пропуска́|ть <-ю, -ешь> *нсв,* **пропусти́ть** *св прх* durchlassen, passieren lassen; *(опуска́ть)* auslassen, weglassen; *(упуска́ть)* versäumen, verpassen

пропускн|о́й <-а́я, -о́е> *прил* Passier-, Durchlass-; **~ пункт** Übergangsstelle *f;* **пропускна́я спосо́бность** ТЕХ Durchlassfähigkeit *f,* Durchsatz *m,*

пропылесо́|сить <-шу, -сишь> *св прх см.* **пылесо́сить**

прораба́тыва|ть <-ю, -ешь> *нсв,* **прорабо́тать** *св нпрх* durcharbeiten

прораста́|ть <-ю, -ешь> *нсв,* **прорасти́** *св нпрх* hindurchwachsen, keimen

прорв|а́ть <-у́, -ёшь> *св прх см.* **прорыва́ть**

про́ре|зь <-зи> *ж* Einschnitt *m*

проржаве́|ть <-ю, -ешь> *св нпрх см.* **ржаве́ть**

проро́к <-а> *м* Prophet(in) *m(f)*

проро́ческ|ий <-ая, -ое> *прил* prophetisch

проро́честв|о <-а> *ср* Prophezeiung *f;* **мра́чные проро́чества** Unkenrufe *pl*

проро́ч|ить <-у, -ишь> *нсв,* **напроро́чить** *св прх* prophezeien

проруба́|ть <-ю, -ешь> *нсв,* **проруби́ть** *св прх* durchschlagen, durchbrechen

проры́в <-а> *м* Durchbruch *m*

прорыва́|ть <-ю, -ешь> *нсв,* **прорва́ть**

св прх zerreißen, durchbrechen

просáчива|ться <-юсь, -ешься> *нсв,* **просочи́ться** *св рефл* quellen; *и перен* sickern, durchsickern

просверл|и́ть <-ю́, -и́шь> *св прх см.* **сверли́ть**

просвéт <-а> *м* Lichtschimmer *m; перен* Lichtblick *m;* ТЕХ Durchsicht *f,* Lichtloch *nt,* Lichtraum *m,* Lücke *f*

просвéчива|ть <-ю, -ешь> *нсв,* **просвети́ть** *св прх* durchleuchten, röntgen

просвещá|ть <-ю, -ешь> *нсв,* **просвети́ть** *св прх* aufklären, bilden

просвещéни|е <-я> *ср* Aufklärung *f,* Bildung *f*

просвещённ|ый <-ая, -ое> *прил* aufgeklärt

прóсек|а <-и> *ж* Schneise *f*

просигнализи́р|овать <-ую, -уешь> *св нпрх см.* **сигнализи́ровать**

проси́жива|ть <-ю, -ешь> *нсв,* **просидéть** *св нпрх* eine Weile sitzen; *разг* durchsitzen, durchscheuern

проси́те|ль <-ля> *м* ИСТОР Bittsteller *m,* Antragsteller *m*

проси́ть <прошу́, прóсишь> *нсв,* **попроси́ть** *св прх* bitten, ersuchen; **~ у когó-л. дéнег** jdn um Geld bitten; **~ у когó-л. прощéния** jdn um Verzeihung bitten

просия́|ть <-ю, -ешь> *св нпрх см.* **сия́ть**

просклоня́ть *св прх см.* **склоня́ть**[2]

прослáв|ить <-лю, -ишь> *св прх см.* **слáвить**

просле|ди́ть <-жу́, -ди́шь> *св прх см.* **следи́ть**

прослу́шива|ть <-ю, -ешь> *нсв,* **прослу́шать** *св прх (не услы́шать)* überhören

просмáтрива|ть <-ю, -ешь> *нсв,* **просмотрéть** *св прх* sichten, durchsehen; *(не уви́деть)* übersehen

просмóтр <-а> *м* Durchsicht *f*

прóс|о <-а> *ср* Hirse *f*

просочи́|ться <-тся> *св безл, тóлько 3 л см.* **просáчиваться**

просп|áть <-лю́, -и́шь> *св нпрх см.* **просыпáть**

проспéкт <-а> *м* breite Straße *f,* Allee *f,* Avenue *f; (реклáмный, информациóнный)* Prospekt *m,* Werbeschrift *f,* Faltblatt *nt*

проспрягá|ть <-ю, -ешь> *св прх см.* **спрягáть**

просрóченн|ый <-ая, -ое> *прил* abgelaufen; **~ прóпуск** abgelaufener Ausweis *m;* **просрóченные платежи́** rückständige Zahlungsleistungen *fpl*

просрóчива|ть <-ю, -ешь> *нсв,* **просрóчить** *св прх* überschreiten, versäumen; *(упускáть)* verfallen lassen

просрóчк|а <-и> *ж* Fristversäumnis *nt,* Verfall *m,* Verzug *m;* **~ платежá** Leistungsverzug *m,* Zahlungsverzug *m;* **~ кредитóра в приня́тии от должникá исполнéния обязáтельства** Gläubigerverzug *m;* **~ постáвки** Lieferrückstand *m,* Lieferungsverzug *m*

простáива|ть <-ю, -ешь> *нсв,* **простоя́ть** *св нпрх* **1.** *(о маши́не, станкé)* stillstehen, lahm liegen **2.** *(быть неиспóльзованным)* ungenutzt bleiben

простирá|ть[1] <-ю, -ешь> *нсв прх см.* **стирáть**

простирá|ть[2] <-ю, -ешь> *нсв,* **простерéть** *св прх* ausstrecken; *(трéбования)* hochschrauben

прости́те|льный <-льная, -льное; -лен, -льна, -льно> *прил* entschuldbar, verzeihlich

проститу́тк|а <-и> *ж* Prostituierte *f;* **телефóнная ~** Callgirl *nt*

проститу́ци|я <-и> *ж* Prostitution *f*

про|сти́ть <-щу́, -сти́шь> *св прх см.* **прощáть**

про|сти́ться <-щу́сь, -сти́шься> *св рефл см.* **прощáться**

прóсто *нрч* einfach, schlechthin; **прóще простóго** *разг* kinderleicht

простовáт|ый <-ая, -ое> *прил разг* einfältig

простоду́ш|ный <-ная, -ное; -ен, -на, -но> *прил* arglos, gutmütig

прост|óй <-áя, -óе; -, -á, -о> *прил* einfach, unkompliziert; *(о лю́дях)* einfach, schlicht; **простóе óбщество** [*или* **товáрищество**] Gesellschaft *f* bürgerlichen Rechts; **~ вéксель** Eigenwechsel *m,* Solawechsel *m*

простó|й <-го> *м (в рабóте)* Stillstand *m*

простоквáш|а <-и> *ж* Dickmilch *f,* Sauermilch *f*

простонá|ть <-ю, -ешь> *св нпрх см.* **стонáть**

простóр <-а> *м* Weite *f,* Raum *m; перен* Spielraum *m;* **~ для дéйствий** Handlungsspielraum *m*

простóр|ный <-ная, -ное; -ен, -на, -но> *прил* geräumig

простот|á <-ы́> *ж* Einfachheit *f,* Schlichtheit *f*

простофи́л|я <-и> *м и ж разг* Einfaltspinsel *m*

просто|я́ть <-ю, -ишь> *св нпрх см.* **стоя́ть**

простра́н|ный <-ная, -ное; -ен, -на, -но> *прил* weitläufig; *(о рéчи, о письмé)* weitschweifig, langatmig

пространственн|ый <-ая, -ое> *прил* räumlich

простра́нств|о <-а> *ср* Raum *m; перен* Spielraum *m;* **возду́шное ~** Luftraum *m;* **еди́ное экономи́ческое ~** gemeinsamer Wirtschaftsraum *m;* **жи́зненное ~** Lebensraum *m*

прострéл <-а> *м* Hexenschuss *m*

просту́д|а <-ы> *ж* Erkältung *f*

простужá|ться <-юсь, -ешься> *нсв,* **простуди́ться** *св рефл* sich erkälten

П

просту́п|ок <-ка> *м* Delikt *nt*, Verstoß *m*, Vergehen *nt*

простын|я́ <-и́> *ж* Bettlaken *nt*

просуществов|а́ть <-ую, -ешь> *св нпрх см.* **существова́ть**

просфор|а́ <-ы́> *ж* Hostie *f*

просчёт <-а> *м* Fehleinschätzung *f*, Fehlkalkulation *f*

просыпа́|ть[1] <-ю, -ешь> *св нпрх см.* **проспа́ть**

просыпа́|ть[2] <-ю, -ешь> *нсв*, **просы́пать** *св прх* verschütten, verstreuen

про́сьб|а <-ы> *ж* Bitte *f*, Anliegen *nt*, Gesuch *nt*

протакти́ни|й <-я> *м* Protaktinium *nt*

прота́скива|ть <-ю, -ешь> *нсв*, **протащи́ть** *св прх* schleifen, ziehen; *(в пре́ссе)* kritisieren, durchhecheln

протеже́ <незим> *м* Protegé *m*, Schützling *m*

проте́з <-а> *м* Prothese *f*; **зубно́й ~** Zahnersatz *m*

протека́|ть <-ю, -ешь> *нсв*, **проте́чь** *св нпрх* **1.** *(проса́чиваться)* durchsickern **2.** *(го́ды)* verfließen **3.** *(име́ть дыру́)* leck werden

протектора́т <-а> *м* Protektorat *nt*

протекциони́зм <-а> *м* Protektionismus *m*

протекциони́стск|ий <-ая, -ое> *прил* пол Schutz-; **протекциони́стская ме́ра** Schutzmaßnahme *f*; **протекциони́стская по́шлина** Schutzzoll *m*; **протекциони́стская огово́рка** Schutzklausel *f*

проте́кци|я <-и> *ж* Protektion *f*, Schutz *m*; **ока́зывать проте́кцию кому́-л.** jdn protegieren

прот|ере́ть <-ру́, -рёшь> *св прх см.* **протира́ть**

проте́ст <-а> *м* Protest *m*, Auflehnung *f*; юр Einspruch *m*, Einwand *m*; **заявля́ть ~** Einspruch erheben; **~ ве́кселя** Wechselprotest *m*

протеста́нт <-а> *м* Protestant(in) *m(f)*

протеста́нтск|ий <-ая, -ое> *прил* protestantisch

протест|ова́ть <-у́ю, -у́ешь> *нсв нпрх* **1.** *(про́тив чего-л.)* protestieren gegen +*akk* **2.** *(поднима́ться)* sich erheben [*o* auflehnen] gegen +*akk*

проте́|чь <-ку́, -чёшь> *св нпрх см.* **протека́ть**

про́тив *предл* gegen +*akk*; *(напро́тив)* gegenüber, gegen; **он ничего́ не име́ет ~** er hat nichts dagegen; **~ э́того** dagegen; **~ во́ли** wider Willen

про́тив|ень <-ня> *м* Kuchenblech *nt*, Backform *f*

проти́в|иться <-люсь, -ишься> *нсв*, **воспроти́виться** *св рефл* sich widersetzen, Widerstand leisten

проти́вник <-а> *м* Gegner(in) *m(f)*, Kontrahent(in) *m(f)*, Widersacher(in) *m(f)*; **~ режи́ма** Regimegegner *m*; **~ рефо́рм** Reformgegner *m*; **~ строи́тельства и эксплуата́ции АЭС** Kernkraftgegner *m*

проти́в|ный[1] <-ная, -ное; -ен, -на, -но> *прил* ekelhaft, widerlich

проти́в|ный[2] <-ная, -ное; -ен, -на, -но> *прил* gegnerisch; *(противополо́жный)* entgegengesetzt; **проти́вная сторона́** юр Gegenpartei *f*; **в проти́вном слу́чае** ansonsten

противо- gegen-, Gegen-, anti-

противоблокиро́вочн|ый <-ая, -ое> *прил* Antiblockier-; **противоблокиро́вочное устро́йство** авто Antiblockiersystem *nt*, ABS

противобо́рств|о <-а> *ср* **1.** *(столкнове́ние, спор)* Widerstreit *m* **2.** *(сопе́рничество)* Rivalität *f* **3.** *(конфронта́ция)* Konfrontation *f*, Auseinandersetzung *f*

противове́с <-а> *м* Gegengewicht *nt*

противовозду́шн|ый <-ая, -ое> *прил* Luftabwehr-; **противовозду́шная оборо́на** Luftverteidigung *f*, Luftschutz *m*

противовоспали́тельн|ый <-ая, -ое> *прил* entzündungshemmend

противога́з <-а> *м* Gasmaske *f*

противоде́йстви|е <-я> *ср* Gegenwirkung *f*; *(сопротивле́ние)* Gegenwehr *f*, Widerstand *m*

противозако́ннос|ть <-ти> *ж* Rechtswidrigkeit *f*, Illegalität *f*

противозако́н|ный <-ная, -ное; -ен, -на, -но> *прил* ungesetzlich, rechtswidrig, widerrechtlich, illegal, illegitim

противозача́точн|ый <-ая, -ое> *прил* empfängnisverhütend; **противозача́точная табле́тка** Antibabypille *f*

противополо́жнос|ть <-ти> *ж* *(противополо́жное, обра́тное)* Gegenteil *nt*; **в ~** im Gegensatz zu +*dat*

противополо́ж|ный <-ная, -ное; -ен, -на, -но> *прил* entgegengesetzt, gegensätzlich; **противополо́жная сторона́** Gegenseite *f*; **противополо́жное утвержде́ние** gegenteilige Behauptung *f*

противопоставля́|ть <-ю, -ешь> *нсв*, **противопоста́вить** *св прх* gegenüberstellen; *(сравни́ть)* entgegensetzen

противопра́внос|ть <-ти> *ж* Rechtswidrigkeit

противопра́в|ный <-ная, -ное; -ен, -на, -но> *прил* widerrechtlich, illegal

противоречи́в|ый <-ая, -ое> *прил* widersprüchlich; *(амбивале́нтный)* zwiespältig

противоре́чи|е <-я> *ср* Widerspruch *m*; *(расхожде́ние, разла́д)* Diskrepanz *f*; **устрани́ть ~** Widersprüche ausräumen

противосто|я́ть <-ю, -ишь> *нсв прх* gegenüberstehen; *(враждова́ть)* sich widersetzen, widerstehen

противоя́ди|е <-я> *ср* Gegengift *nt*

протира́|ть <-ю, -ешь> *нсв,* **протере́ть** *св прх* abwischen, abreiben

проти́рк|а <-и> *ж* Abreibung *f*

проткн|у́ть <-у, -ешь> *св прх см.* **протыка́ть**

протодья́кон <-а> *м* Erzdiakon *m*

протоиере́|й <-я> *м* Erzpriester *m*

протоко́л <-а> *м* Protokoll *nt;* ~ **оши́бок** ИНФОРМ Fehlerprotokoll *nt;* ~ **о наме́рениях** Absichtserklärung *f;* ~ **переда́чи фа́йлов** ИНФОРМ File Transfer Protocol *nt,* FTP; **диплома́тический** ~ diplomatisches Protokoll *nt;* **соста́вить** ~ ein Protokoll aufsetzen

протоколи́ст <-а> *м* Protokollführer(in) *m(f)*

прото́н <-а> *м* Proton *nt*

прототи́п <-а> *м* Urbild *nt,* Vorbild *nt*

прото́ч|ный <-ная, -ное; -ен, -на, -но> *прил* fließend; **прото́чная вода́** fließendes Wasser *nt*

протруб|и́ть <-лю́, -и́шь> *св нпрх см.* **труби́ть**

протуха́|ть <-ю, -ешь> *нсв,* **проту́хнуть** *св нпрх* faulen, verderben; *см. с.* **ту́хнуть**

протыка́|ть <-ю, -ешь> *нсв,* **проткну́ть** *св прх* durchlöchern, durchstechen

протя́гива|ть <-ю, -ешь> *нсв,* **протяну́ть** *св прх* ziehen, spannen, entgegenstrecken, reichen; *(вперёд)* herhalten, hinhalten; ~ **ру́ку** die Hand ausstrecken

про|учи́ть[1] <-учу́, -у́чишь> *св прх (учи́ть)* eine Zeit lang lernen

про|учи́ть[2] <-учу́, -у́чишь> *св прх (наказа́ть)* zurechtweisen, eine Lektion erteilen

профа́н <-а> *м* Laie *m*

профессиона́л <-а> *м разг* Profi *m; (специали́ст)* Fachmann *m*

профессионали́зм <-а> *м* Professionalität *f; (компете́нтность)* Kompetenz *f*

профессиона́|льный <-льная, -льное; -лен, -льна, -льно> *прил* professionell; *(не люби́тельский)* beruflich, Berufs-; *(промысло́вый)* gewerbsmäßig; **профессиона́льное ма́стерство** fachliches Können *nt;* **профессиона́льная подгото́вка** Fachausbildung *f;* ~ **поли́тик** Berufspolitiker *m;* ~ **худо́жник** berufsmäßiger Künstler *m;* **профессиона́льная де́ятельность** Erwerbstätigkeit *f;* ~ **сою́з** Gewerkschaft *f;* **профессиона́льное объедине́ние** Berufsverband *m;* **профессиона́льное объедине́ние реме́сленников** Innung *f;* **профессиона́льно-техни́ческое учи́лище** Berufsschule *f,* Fachschule *f*

профе́сси|я <-и> *ж* Beruf *m;* **име́ть профе́ссию** einen Beruf ausüben

профе́ссор <-а> *м* Professor(in) *m(f)*

профессу́р|а <-ы> *ж* Professur *f*

профила́ктик|а <-и> *ж* Vorbeugung *f,* Prophylaxe *f;* ~ **ра́ка** Krebsvorsorge *f*

профилакти́ческ|ий <-ая, -ое> *прил* prophylaktisch, vorbeugend; **профилакти́ческая ме́ра** Vorbeugungsmaßnahme *f*

про́фи|ль <-ля> *м* Profil *nt; (силуэ́т)* Silhouette *f;* ~ **обуче́ния** Fachbereich *m,* Fachgebiet *nt;* ~ **ри́ска** Risikoprofil *nt*

профориента́ци|я <-и> *ж* Berufsberatung *f*

профсою́з *сокр от* **профессиона́льный сою́з** Gewerkschaft *f; (рабо́чих)* Arbeitnehmerverband *m*

профсою́зн|ый <-ая, -ое> *прил* gewerkschaftlich; **профсою́зное движе́ние** Gewerkschaftsbewegung *f*

теха́жива|ться <-юсь, -ешься> *нсв,* **пройти́сь** *св рефл* schlendern, umhergehen

прохво́ст <-а> *м презрит, разг* Schurke *m*

прохла́д|а <-ы> *ж* Kühle *f*

прохла́д|ный <-ная, -ное; -ен, -на, -но> *прил и перен* kühl

прохо́д <-а> *м* Durchgang *m;* **за́дний** ~ АНАТ After *m*

про|ходи́ть <-хожу́, -хо́дишь> *нсв,* **пройти́** *св нпрх* **1.** *(минова́ть)* passieren, vorbeigehen **2.** *(че́рез что-л.)* durchgehen, durchkommen **3.** *(име́ть ме́сто)* stattfinden **4.** *(протека́ть)* ablaufen, verlaufen **5.** *(о вре́мени)* vergehen, verfliegen; **прошли́ времена́** die Zeiten sind dahin **6.** *(об о́пухоле, о шу́ме)* abschwellen **7.** *(о стра́хе, кри́зисе)* abklingen **8.** *(уче́бный материа́л)* durchnehmen **9.** *(о кандида́те и т.п.)* durchkommen, bestätigt werden **10.** *(шко́лу)* durchlaufen **11.** *(слу́жбу)* ableisten

прохо́ж|ий <-его> *м* Passant(in) *m(f)*

прохрип|е́ть <-лю́, -и́шь> *св нпрх см.* **хрипе́ть**

прохру|сте́ть <-щу́, -сти́шь> *св нпрх см.* **хрусте́ть**

процвета́ни|е <-я> *ср* Prosperität *f;* **пери́од процвета́ния** Blütezeit *f*

процвета́|ть <-ю, -ешь> *нсв,* **процвести́** *св нпрх перен* florieren, gedeihen

проц|еди́ть <-ежу́, -е́дишь> *св прх см.* **проце́живать**

процеду́р|а <-ы> *ж* Prozedur *f,* Verfahren *nt;* ~ **вы́боров** Wahlverfahren *nt,* Wahlmodus *m;* ~ **голосова́ния** Abstimmungsverfahren *nt*

процеду́рн|ый <-ая, -ое> *прил* Prozedur-, Verfahrens-; ~ **кабине́т** *(процеду́рная)* Behandlungszimmer *nt*

проце́жива|ть <-ю, -ешь> *нсв,* **процеди́ть** *св прх* durchseihen, filtern, filtrieren

проце́нт <-а> *м* Prozent *nt; мн* ЭКОН Zinsen *pl,* Rendite *f;* **начисля́ть проце́нты** verzinsen; ~ **госуда́рственных отчисле́ний** Abgabenquote *f;* ~ **от це́нных бума́г** Wertpapierertrag *m;* ~ **безрабо́тных** Arbeitslosenquote *f;* ~ **включе́ний** Einschaltquote *f;* ~ **погаше́ния** Tilgungsrate *f;* ~ **инфля́ции** Inflationsrate *f,* Teuerungsrate *f;* ~ **ро́ста** Zuwachsrate *f*, Wachstumsrate *f*; **проце́нты на со́бственный капита́л** Eigenkapitalzinsen *pl*

проце́нтн|ый <-ая, -ое> *прил* prozentual; ЭКОН Zins-; **проце́нтная ста́вка** Diskontsatz *m*, Zinssatz *m*; **~ механи́зм** Zinsmechanismus *m*; **~ те́ндер** Zinstender *m*; **проце́нтная ста́вка по сберега́тельным вкла́дам** Eckzins *m*; **проце́нтная надба́вка** Zinsaufschlag *m*; **проце́нтная облига́ция** Bond *m*; **проце́нтная облига́ция ме́лкого досто́инства** Kleinschuldverschreibung *f*, Baby Bond *m*; **проце́нтная поли́тика** Zinspolitik *f*; **проце́нтная ста́вка для ба́нков** Interbankrate *f*

проце́сс <-а> *м* Ablauf *m*, Vorgang *m*, Prozess *m*, Verfahren *nt*; ЮР Prozess *m*, Gerichtsverfahren *nt*; **~ приня́тия реше́ний** Entscheidungsfindung *f*, Entscheidungsprozess *m*; **~ сближе́ния** Annährungsprozess *m*; **необрати́мый ~** unumkehrbarer Prozess *m*; **~ произво́дства** Produktionsprozess *m*; **поступа́тельный ~** Aufwärtstrend *m*; **~ пошёл** der Anfang ist gemacht *(geflügeltes Wort Gorbatschows)*; **показа́тельный ~** Schauprozess *m*; **~ интегра́ции** Integrationsprozess *m*

проце́сси|я <-и> *ж* Prozession *f*; **похоро́нная ~** Trauerzug *m*

проце́ссор <-а> *м* ИНФОРМ Prozessor *m*, Rechner *m*

процессуа́льн|ый <-ая, -ое> *прил* ЮР prozessual, Prozess-; **процессуа́льная оши́бка** Verfahrensmangel *m*, Verfahrensfehler *m*

процикли́ческ|ий <-ая, -ое> *прил* prozyklisch; **процикли́ческая экономи́ческая поли́тика** prozyklische Wirtschaftspolitik *f*

процити́р|овать <-ую, -уешь> *св прх см.* **цити́ровать**

про́ч|ий <-ая, -ее> *прил* sonstig, übrig; **про́чие долги́** sonstige Verbindlichkeiten *pl*; **про́чие поступле́ния** sonstige Einkünfte *pl*; **про́чие тре́бования** sonstige Forderungen *pl*; **про́чая дебито́рская задо́лженность** sonstige Verbindlichkeiten *pl*

прочита́|ть <-ю, -ешь> *св прх см.* **чита́ть**

про́чнос|ть <-ти> *ж* Festigkeit *f*; ТЕХ Belastbarkeit *f*

про́ч|ный <-ная, -ное; -ен, -на́, -но> *прил* fest, haltbar, strapazierfähig

прочь *нрч* beiseite, weg, fort; **он не ~ приня́ть моё предложе́ние** er ist nicht abgeneigt, meinen Vorschlag anzunehmen; **~ с доро́ги!** aus dem Wege!; **быть не ~** *разг* nicht abgeneigt sein, nichts dagegen haben

проше́ни|е <-я> *ср* Gesuch *nt*

прош|епта́ть <-епчу́, -е́пчешь> *св прх см.* **шепта́ть**

прошип|е́ть <-лю́, -и́шь> *св нпрх см.* **шипе́ть**

про́шло|е <-го> *ср* Vergangenheit *f*; **в про́шлом** früher

про́шл|ый <-ая, -ое> *прил* vergangen; **~ год** Vorjahr *nt*; **про́шлые заслу́ги** bisherige Verdienste *mpl*; **~ пери́од** Vorperiode *f*

прошмыгн|у́ть <-у, -ешь> *св нпрх разг* vorbeihuschen

проштуди́р|овать <-ую, -уешь> *св прх см.* **штуди́ровать**

проща́ни|е <-я> *ср* Abschied *m*, Verabschiedung *f*

проща́|ть <-ю, -ешь> *нсв*, **прости́ть** *св прх* verzeihen; *(освобожда́ть от чего́-л.)* erlassen; **~ кому́-л. долг** jdm seine Schulden erlassen

проща́|ться <-юсь, -ешься> *нсв*, **прости́ться** *св рефл* **1.** *(с кем-л.)* Abschied nehmen von +*dat* **2.** *(расстава́ться, расходи́ться)* sich trennen von +*dat*

проще́ни|е <-я> *ср* Vergebung *f*, Verzeihung *f*

проэкзамен|ова́ть <-у́ю, -у́ешь> *св прх см.* **экзаменовать**

про|яви́ть <-явлю́, -я́вишь> *св прх см.* **проявля́ть**

про|яви́ться <-явлю́сь, -я́вишься> *св рефл см.* **проявля́ться**

проявле́ни|е <-я> *ср* Ausdruck *m*, Zeichen *nt*; *(фо́рма проявле́ния)* Erscheinungsform *f*; **~ забо́ты** Fürsorge *f*; **~ чу́вства** Regung *f*

проявля́|ть <-ю, -ешь> *нсв*, **прояви́ть** *св прх* **1.** ФОТ entwickeln **2.** *перен* zeigen, bekunden

проявля́|ться <-юсь, -ешься> *нсв*, **прояви́ться** *св рефл* zum Ausdruck kommen, sich offenbaren, erkennbar werden

проясня́|ться <-ется> *нсв*, **проясни́ться** *св безл, только 3 л* **1.** *(пого́да)* sich aufklären, sich aufheitern **2.** *перен* sich aufklären

пруд <пруда́> *м* Teich *m*

пружи́н|ить <-ю, -ишь> *нсв нпрх* federn, schnellen

прут <прута́> *м* Rute *f*

пры́га|ть <-ю, -ешь> *нсв*, **пры́гнуть** *св нпрх* hüpfen

прыгу́н <-а́> *м* СПОРТ Springer *m*

прыж|о́к <-ка́> *м* Sprung *m*; **~ в высоту́** Hochsprung *m*; **~ с парашю́том** Fallschirmsprung *m*

прыщ <прыща́> *м* Pickel *m*

пря́ж|а <-и> *ж* Garn *nt*

пря́жк|а <-и> *ж* Schnalle *f*

прям|а́я <-о́й> *ж* МАТ Gerade *f*

пря́мо *нрч* geradeaus, geradewegs

прям|о́й <-а́я, -о́е; -, -а́, -о> *прил* **1.** *(вертика́льный)* gerade, aufrecht **2.** *(непосре́дственный)* direkt; **~ и́мпорт** Direkteinfuhr *f*; **~ импортёр** Direktimporteur *m*; **прямы́е инвести́ции** Direktinvestition *f*;

прямы́е изде́ржки Materialeinzelkosten *pl,* Fertigungseinzelkosten *pl;* **прямы́е капиталовложе́ния** Direktinvestition *f;* **~ марке́тинг** Direktmarketing *nt;* **~ марке́тинг по телефо́ну** Telefonmarketing *nt;* **~ набо́р** Durchwahl *f;* **прямо́е попада́ние** ВОЕН Volltreffer *m;* **пряма́я субси́дия** Direktsubvention *f;* **пряма́я трансля́ция** Live-Übertragung *f;* **~ э́кспорт** Direktausfuhr *f;* **~ поста́вка** ЭКОН Direktlieferung *f;* **~ почто́вая рекла́ма** Direktwerbung *f*

прямоуго́льник <-а> *м* Rechteck *nt*

прямоуго́|льный <-льная, -льное; -лен, -льна, -льно> *прил* rechteckig, rechtwinklig

пря́ник <-а> *м* Lebkuchen *m*

пря́нос|ть <-ти> *ж* Gewürz *nt*

пря|сть <-ду́, -дёшь> *нсв,* **спря́сть** *св нпрх* spinnen

пря́|тать <-чу, -чешь> *нсв,* **спря́тать** *св прх* verstecken; *(во что-л.)* einstecken

пря́|таться <-чусь, -чешься> *нсв,* **спря́таться** *св рефл (от кого́-л.)* sich verstecken vor *+dat*

пря́тк|и <-ок> *мн* Versteckspiel *nt*

псал|о́м <-ма́> *м* Psalm *m*

псе́вдо- pseudo-

псевдокоммерса́нт <-а> *м* Scheinkaufmann *m*

псевдони́м <-а> *м* Pseudonym *nt,* Deckname *m*

психиа́тр <-а> *м* Psychiater *m*

психиатри́|я <-и> *ж* Psychiatrie *f*

пси́хик|а <-и> *ж* Psyche *f;* **расстро́енная ~** zerrüttete Psyche

психи́ческ|ий <-ая, -ое> *прил* psychisch; **психи́ческие сдви́ги** psychische Störungen *fpl*

психоанали́з <-а> *м* Psychoanalyse *f*

психо́лог <-а> *м* Psychologe *m,* Psychologin *f*

психологи́ческ|ий <-ая, -ое> *прил* psychologisch

психоло́ги|я <-и> *ж* Psychologie *f; (психи́ческий склад)* Psyche *f*

психопа́т <-а> *м* Psychopath(in) *m(f)*

психосомати́ческ|ий <-ая, -ое> *прил* psychosomatisch

психотерапе́вт <-а> *м* Psychotherapeut(in) *m(f)*

пти́ц|а <-ы> *ж* **1.** ЗООЛ Vogel *m;* **пе́вчая ~** Singvogel *m;* **перелётная ~** Zugvogel *m* **2.** КУЛ Geflügel *nt;* **ва́жная ~** *разг* hohes Tier *nt*

птицефа́брик|а <-и> *ж* Legebatterie *f*

ПТУ *сокр от* **профессиона́льно-техни́ческое учи́лище** Betriebsberufsschule *f,* Fachschule *f*

пу́блик|а <-и> *ж* Publikum *nt; (обще́ственность)* Öffentlichkeit *f*

публика́ци|я <-и> *ж* Publikation *f,* Veröffentlichung *f;* **публика́ции пре́ссы** Pressebeiträge

публик|ова́ть <-ую, -ешь> *нсв,* **опубликова́ть** *св прх* veröffentlichen

публици́стик|а <-и> *ж* Publizistik *f*

публи́ч|ный <-ная, -ное; -ен, -на, -но> *прил* öffentlich; **публи́чное выступле́ние** öffentliche Rede *f;* **~ дом** Freudenhaus *nt,* Bordell *nt;* **публи́чная** [*или* **публи́чно-правова́я**] **корпора́ция** Körperschaft *f;* **публи́чные торги́** Auktion *f,* Lizitation *f*

пу́гал|о <-а> *ср* Vogelscheuche *f*

пуга́|ть <-ю, -ешь> *нсв,* **испуга́ть, напуга́ть** *св прх* erschrecken; *(запуга́ть)* einschüchtern

пуга́ч <-а́> *м* Schreckschusspistole *f*

пугли́в|ый <-ая, -ое> *прил* scheu

пу́говиц|а <-ы> *ж* Knopf *m*

пу́де|ль <-ля> *м* Pudel *m*

пу́динг <-а> *м* Pudding *m*

пу́др|а <-ы> *ж* Puder *m*

пу́др|ить <-ю, -ишь> *нсв,* **напу́дрить** *св прх* pudern, einpudern

пузы|рёк <-рька́> *м* Bläschen *nt; (скля́нка)* Fläschchen *nt*

пузы́|рь <-ря́> *м* Luftblase *f;* МЕД Blase *f;* **~ от ожо́га** Brandblase *f;* **мочево́й ~** Harnblase *f*

пул <пу́ла> *м* Pool *m*

пуленепробива́ем|ый <-ая, -ое> *прил* kugelsicher

пульвериза́тор <-а> *м* Zerstäuber *m*

пульс <пу́льса> *м* Puls *m,* Pulsschlag *m*

пульси́р|овать <-ую, -уешь> *нсв нпрх* pulsieren

пульт <пу́льта> *м* Pult *nt;* МУЗ Notenständer *m;* **~ управле́ния** Steuerpult *nt;* **режиссёрский ~** Technikpult *nt* (im Rundfunkstudio)

пу́м|а <-ы> *ж* Puma *m*

пункт <пу́нкта> *м* **1.** *(ме́сто)* Punkt *m,* Stelle *f;* **~ назначе́ния** Bestimmungsort *m,* Destination *f;* **~ поста́вки** Lieferungsort *m;* **~ приёмки** Annahme *f;* **~ прода́жи** Point of Sale *m,* POS **2.** ЮР Klausel *f;* **~ догово́ра о невыполне́нии обяза́тельств** Default-Klausel *f;* **~ о форс-мажо́ре** Force-majeure-Klausel *f* **3.** ЭКОН Artikel *m*

пу́нктик <-а> *м* **1.** *(то́чка)* Pünktchen *nt* **2.** *разг (стра́нность)* Eigenheit *f,* Marotte *f,* Spleen *m*

пункти́р <-а> *м* punktierte Linie *f;* **обознача́ть пункти́ром** punktieren

пункти́рн|ый <-ая, -ое> *прил* punktiert, gestrichelt

пунктуа́льнос|ть <-ти> *ж* Pünktlichkeit *f*

пунктуа́|льный <-льная, -льное; -лен, -льна, -льно> *прил* pünktlich

пунктуа́ци|я <-и> *ж* Interpunktion *f,* Zeichensetzung *f*

пу́нкци|я <-и> *ж* МЕД Punktierung *f;* **брать** [*или* **де́лать**] **пу́нкцию** punktieren

пунш <пу́нша> *м* Punsch *m,* Bowle *f*

пупови́н|а <-ы> *ж* Nabelschnur *f*

П

пуп|о́к <-ка́> *м* Bauchnabel *m*

пу́рпур <-а> *м* Purpur *nt*

пуска́|ть <-ю, -ешь> *нсв*, **пусти́ть** *св прх* **1.** *(впуска́ть)* ein-, hereinlassen **2.** *(выпуска́ть)* frei-, loslassen **3.** *(броса́ть)* werfen; **~ стрелу́** einen Pfeil abschießen **4.** *(приводи́ть в де́йствие)* anlassen; **~ во́ду** den Wasserhahn aufdrehen **5.** *(позволя́ть)* erlauben, lassen

пусков|о́й <-а́я, -о́е> *прил* ТЕХ Anlass-, ВОЕН Abschuss-; **пускова́я устано́вка** Abschussrampe *f*

пуст|о́й <-а́я, -о́е; -, -а́, -о> *прил* **1.** *(⇔ по́лный)* leer **2.** *(neза́нятый)* unbesetzt; **пусто́е ме́сто** Lücke *f* **3.** *(безда́рный, ску́чный)* geistlos, hohl **4.** *(напра́сный)* unnütz, vergeblich

пустот|а́ <-ы́> *ж* Leere *f*

пу́сто|шь <-ши> *ж* Ödland *nt*

пусты́н|ный <-ная, -ное; -ен, -на, -но> *прил* leer, öd(e); *(поки́нутый, безлю́дный)* verlassen, menschenleer

пусты́н|я <-и> *ж* Wüste *f*

пусты́шк|а <-и> *ж* Lutscher *m*; *презрит* nichtiger Mensch *m*, Niete *f*

пустя́к <-а́> *м* Bagatelle *f*, Kleinigkeit *f*, Lappalie *f*; **па́ра пустяко́в** Kinderspiel *nt*

пу́таниц|а <-ы> *ж* Gewirr *nt*

путеводи́те|ль <-ля> *м* Fremdenführer *m*, Reiseführer *m*

путев|о́й <-а́я, -о́е> *прил* Reise-; **путевы́е расхо́ды** Reisekosten *pl*

путеше́ственник <-а> *м* Reisende(r) *f(m)*; *мн* Reisegesellschaft *f*

путеше́стви|е <-я> *ср* Reise *f*; **кругосве́тное ~** Weltreise *f*; **сва́дебное ~** Hochzeitsreise *f*

путеше́ств|овать <-ую, -уешь> *нсв*, **отпутеше́ствовать** *св нпрх* reisen; **в свое́й жи́зни я уже́ отпутеше́ствовал** in meinem Leben bin ich schon genug gereist

пути́н|а <-ы> *ж* Fischfangsaison *f*

путч <пу́тча> *м* Putsch *m*; **устро́ить ~** putschen

путчи́ст <-а> *м* Putschist *m*

путь <пути́> *м* **1.** *(доро́га)* Weg *m*, Bahn *f*, Pfad *m*; **неве́рный ~** *перен* Holzweg *m*; **око́льный ~** Schleichweg *m*; **открыва́ющий но́вые пути́** bahnbrechend; **тормозно́й ~** Bremsspur *f* **2.** *(ре́льсы)* Gleis *nt* **3.** ИНФОРМ Pfad *m* **4.** ЭКОН **~ сбы́та** Absatzweg *m*

пух <пу́ха> *м* Daune *f*; *(у птиц)* Flaum *m*

пу́хленьк|ий <-ая, -ое> *прил* pummelig

пухови́к <-а́> *м* **1.** *(ку́ртка, пальто)* Daunenjacke *f*, Daunenmantel *m* **2.** *(одея́ло)* Daunendecke *f*

пухо́в|ый <-ая, -ое> *прил* Daunen-; **пухо́вое одея́ло** Daunendecke *f*

пу́ч|ить <-у, -ишь> *нсв*, **вы́пучить** *св прх* aufblähen; **~ глаза́ на кого́-л.** *разг* jdn anstarren, anglotzen

пуч|о́к <-ка́> *м* Büschel *nt*; ФИЗ Bündel *nt*; *(причёска)* Haarknoten *m*

пуши́нк|а <-и> *ж* Flöckchen *nt*, Flaumfeder *f*

пуши́ст|ый <-ая, -ое; -, -а, -о> *прил* flauschig, flockig

пу́шк|а <-и> *ж* Kanone *f*

пуш|о́к <-ка́> *м* Flaum *m*

пчел|а́ <-ы> *ж* Biene *f*

пшени́ц|а <-ы> *ж* Weizen *m*; **ози́мая ~** Winterweizen *m*; **ярова́я ~** Sommerweizen *m*

пшени́чн|ый <-ая, -ое> *прил* Weizen-; **пшени́чная мука́** Weizenmehl *nt*

пыж|иться <-усь, -ишься> *нсв*, **напы́житься** *св рефл* **1.** *(напря́чься)* sich anstrengen; **напы́житься до красноты́** sich bis zum Erröten anstrengen **2.** *(приня́ть ва́жный вид)* wichtig tun

пыл <пы́ла> *м* Feuereifer *m*, Leidenschaft *f*; **в пылу́ сраже́ния** im Eifer des Gefechts

пыла́|ть <-ю, -ешь> *нсв нпрх* lodern

пылесо́с <-а> *м* Staubsauger *m*

пылесо́|сить <-шу, -сишь> *нсв*, **пропылесо́сить** *св прх* Staub saugen

пыли́нк|а <-и> *ж* Staubkorn *nt*

пыл|и́ть <-ю́, -и́шь> *нсв*, **запыли́ть, напыли́ть** *св нпрх* Staub aufwirbeln

пы́л|кий <-кая, -кое; -ок, -ка́, -ко> *прил* eifrig, hitzig

пыль <пы́ли> *ж* Staub *m*

пы́|льный <-льная, -льное; -лен, -льна́, -льно> *прил* staubig

пыльц|а́ <-ы́> *ж* Blütenstaub *m*, Pollen *m*

пыта́|ть <-ю, -ешь> *нсв прх* foltern, quälen; *разг* einen Versuch unternehmen; **~ сча́стья** sein Glück versuchen

пыта́|ться <-юсь, -ешься> *нсв*, **попыта́ться** *св рефл* versuchen

пых|те́ть <-чу́, -ти́шь> *нсв нпрх* schnauben, schnaufen, pusten, keuchen

пы́шнос|ть <-ти> *ж* Üppigkeit *f*; *перен* Pracht *f*, Pomp *m*, Prunk *m*

пы́ш|ный <-ная, -ное; -ен, -на́, -но> *прил* üppig; *перен* prächtig, pompös, prunkvoll

пье́с|а <-ы> *ж* Theaterstück *nt*, Bühnenstück *nt*

пья́ниц|а <-ы> *м и ж* Trinker(in) *m(f)*, Säufer(in) *m(f)*

пья́нств|о <-а> *ср* Trinksucht *f*, Alkoholismus *m*

пья́нств|овать <-ую, -уешь> *нсв нпрх* trinken, saufen

пья́н|ый <-ая, -ое; -, -а́, -о> *прил* betrunken, besoffen

ПЭВМ *сокр от* **персона́льная электро́нная вычисли́тельная маши́на** PC *m*, Personalcomputer *m*

пюре́ <незим> *ср* Püree *nt*

пят|а́ <-ы́> *ж* Ferse *f*; **пресле́довать ко-**

го́-л. по пята́м jdm auf den Fersen sein

пятёрк|а <-и> *ж* **1.** *(гру́ппа)* Fünfergruppe *f;* **входи́ть в пятёрку крупне́йших ба́нков** zu den fünf größten Banken gehören **2.** *(ци́фра)* Fünf *f* **3.** *(оце́нка)* Fünf *f (die beste Note im russischen Schulsystem)*

пятидне́вн|ый <-ая, -ое> *прил* Fünftage-; **пятидне́вная рабо́чая неде́ля** Fünftagewoche *f*

пятикра́тн|ый <-ая, -ое> *прил* fünffach

пятиле́тн|ий <-яя, -ее> *прил* fünfjährig; ~ **план** Fünfjahresplan *m*

пя́титься <пя́чусь, пя́тишься> *нсв* **попя́титься** *св прх* zurückweichen, nach hinten treten; **все попя́тились наза́д** alle wichen zurück

пя́тк|а <-и> *ж* Ferse *f*

пятна́дца|ть <-ти> *числ колич.* fünfzehn

пятни́ст|ый <-ая, -ое; -, -а, -о> *прил* fleckig, gescheckt

пя́тниц|а <-ы> *ж* Freitag *m;* **у него́ семь пя́тниц на неде́ле** er ändert alle Tage seine Meinung

пятн|о́ <-а́> *ср* Fleck *m,* Klecks *m; перен* Makel *m;* **роди́мое ~** Leberfleck *m,* Muttermal *nt;* **насажа́ть пя́тен** mit Flecken übersäen; **без пя́тен** fleckenlos

пятновыводи́те|ль <-ля> *м* Fleckenentferner *m*

пя́т|ый <-ая, -ое> *числ порядк.* fünfte(r, s); **пя́тая часть** Fünftel *nt*

пять <пяти́> *числ колич.* fünf; **~ раз** fünfmal

пятьдеся́т <пяти́десяти> *числ колич.* fünfzig; **~ на ~** fifty-fifty

пятьсо́т <пятисо́т> *числ колич.* fünfhundert

Р р

Р, р <неизм> *ср Buchstabe P*

раб <-á> *м* Sklave *m*

рабовладе́льческ|ий <-ая, -ое> *прил* ИСТОР Sklavenhalter-, sklavenhaltend; **~ строй** Sklavenhaltergesellschaft *f*

рабoléпи|е <-я> *ср* Sklavensinn *m*, Unterwürfigkeit *f*

раболе́п|ный <-ная, -ное; -ен, -на, -но> *прил* kriecherisch, liebedienerisch; **раболе́пный по нату́ре** von Natur aus unterwürfig; **раболе́пная про́сьба** unterwürfige Bitte *f*

раболе́пств|овать <-ую, -уешь> *нпрх* vor jdm kriechen; **~ перед нача́льством** vor den Vorgesetzten kriechen

рабо́т|а <-ы> *ж* **1.** *(слу́жба)* Arbeit *f*, Job *m*; **иска́ть рабо́ту** auf Arbeitssuche sein; **потеря́ть рабо́ту** seinen Arbeitsplatz verlieren; **идти́ на рабо́ту** zur Arbeit gehen; **опозда́ть на рабо́ту** zu spät zur Arbeit kommen; **~ с непо́лным рабо́чим днём** Teilzeitarbeit *f*; **~ с обще́ственностью** Öffentlichkeitsarbeit *f*, Public Relations, PR *f*; **нелега́льная ~** Schwarzarbeit *f*; **~ в но́чное вре́мя** Nachtarbeit *f* **2.** *(произведе́ние, творе́ние)* Arbeit *f*, Werk *nt*, Schöpfung *f* **3.** *(конфере́нция)* Beratung *f* **4.** *(заво́д)* Betrieb *m* **5.** Stelle *f* **6.** *(заня́тие)* Beschäftigung *f*; **~ на по́лный рабо́чий день** Full-Time-Job *m*; **~ на сокращённом рабо́чем дне** Teilzeitbeschäftigung *f*; **~ по совмести́тельству** Nebenberuf *m*; **~ при сокращённом наполови́ну рабо́чем дне** Halbtagsbeschäftigung *f*

рабо́та|ть <-ю, -ешь> *нсв нпрх* arbeiten; *(о зако́не и т.п.)* wirksam sein, sich betätigen; **~ врачо́м** als Arzt arbeiten; **~ над собо́й** sich selbst vervollkommnen; **~ над чем-л.** arbeiten an +*dat*; **не ~** *(маши́на, лифт)* außer Betrieb sein

рабо́тающ|ий **I.** <-ая, -ее> *прил* erwerbstätig **II.** <-его> *м* Erwerbstätige(r) *f(m)*

работёнк|а <-и> *ж разг* Arbeit *f*; **подыска́ть себе работёнку** nach Arbeit suchen; **вре́менная ~** zeitweilige Arbeit, Saisonarbeit *f*

рабо́тник <-а> *м*, **рабо́тниц|а** <-ы> *ж* **1.** *(рабо́чая си́ла)* Arbeitnehmer *m*, Arbeitskraft *f* **2.** *(сотру́дник)* Mitarbeiter(in) *m(f)*, Arbeiter(in) *m(f)*; **сего́дня я не ~** heute kann ich nicht viel leisten; **~ предприя́тия** Betriebsangehörige(r) *f(m)*; **нау́чный ~** Wissenschaftler *m*, Wissenschaftlerin *f*; **руководя́щий ~** Leiter *m*, Leiterin *f*, leitender Angestellter *m* **3.** *то́лько м (наёмный рабо́чий у фе́рмера)* Landarbeiter *m*

работого́лик <-а> *м разг* Workaholic *m*

работода́те|ль <-ля> *м* Arbeitgeber *m*

работорго́в|ец <-ца> *м* ИСТОР Sklavenhändler *m*

работоспосо́бнос|ть <-ти> *ж* Leistungsfähigkeit *f*, Leistungsvermögen *nt*; *(объём рабо́ты)* Belastbarkeit *f*

работоспосо́б|ный <-ная, -ное; -ен, -на, -но> *прил* erwerbsfähig; *(трудоспосо́бный)* leistungsfähig, belastbar

рабо́ч|ий **I.** <-ая, -ее> *прил* Arbeits-; **рабо́чая а́кция** Arbeitnehmeraktie *f*; **рабо́чая атмосфе́ра** Arbeitsklima *nt*; **рабо́чее вре́мя** Arbeitszeit *f*; **~ день** Arbeitstag *m*; **рабо́чая гру́ппа** Arbeitsgemeinschaft *f*, Arbeitskreis *m*, Team *nt*; **рабо́чая ло́шадь** *разг* Arbeitstier *nt*; **рабо́чее ме́сто** Arbeitsplatz *m*; **~ коллекти́в** Team *nt*; **~ наря́д** Lohnzettel *m*; **~ пара́метр** Betriebsgröße *f*; **~ проце́сс** Arbeitsablauf *m*; **~ сове́т предприя́тия** Betriebsrat *m*; **рабо́чая си́ла** Arbeitskraft *f*; **II.** <-его> *м* Arbeiter *m*; **иностра́нный ~** Gastarbeiter *m*; **квалифици́рованный ~** Facharbeiter *m*; **подсо́бный ~** Hilfsarbeiter *m*; **рабо́чие и слу́жащие** Arbeiter und Angestellte; **фабри́чный ~** Fabrikarbeiter *m*

рабо́ч|ий-отхо́дник <-его -а> *м* Wanderarbeiter *m*

ра́бск|ий <-ая, -ое> *прил* sklavisch

ра́бств|о <-а> *ср* Sklaverei *f*, Knechtschaft *f*

рабы́н|я <-и> *ж* Sklavin *f*

равви́н <-а> *м* Rabbiner *m*

ра́венств|о <-а> *ср* Gleichheit *f*, Gleichberechtigung *f*; *(равнопра́вие сторо́н, парите́т)* Parität *f*

равне́ни|е <-я> *ср* ВОЕН, СПОРТ (Aus)Richten *nt*; **держа́ть ~** sich nach rechts/links ausrichten

равни́н|а <-ы> *ж* Flachland *nt*, Ebene *f*

равни́нн|ый <-ая, -ое> *прил* Flach-, flach, eben; **~ ландша́фт** ebene Landschaft *f*

равно́ *нрч* gleich, paritätisch; **всё ~** ganz egal, sowieso

равнобе́дренн|ый <-ая, -ое> *прил* МАТ gleichschenk(e)lig; **~ треуго́льник** gleichschenkeliges Dreieck *nt*

равновели́к|ий <-ая, -ое; -, -а, -о> *прил* **1.** МАТ gleichgroß, formengleich, flächengleich; **равновели́кие фигу́ры** gleichgroße Figuren *fpl*; **равновели́кая прое́кция** flächengleiche Projektion *f* **2.** *перен (схо́дные)* ähnlich; **собы́тия равновели́кого значе́ния** Ereignisse mit vergleichbarer Bedeutung

равнове́си|е <-я> *ср и перен* Gleichgewicht *nt*, Balance *f*; **выводи́ть из равнове́сия** aus dem Gleichgewicht bringen; **теря́ть ~** das Gleichgewicht verlieren; **~ ры́нка** Marktgleichgewicht *nt*; **~ спро́са и предложе́ния** Gleichgewichtsmenge *f*

равнове́сн|ый <-ая, -ое> *прил* ФИЗ ausgeglichen, Gleichgewichts-; **~ проце́сс** Prozess *m* im Gleichgewicht; **равнове́сное состоя́ние** ausgeglichener Zustand *m*

равноде́йствующ|ая <-ей> *ж то́лько ед* ФИЗ Resultante *f*

равноде́нстви|е <-я> *ср* АСТР Tagundnachtgleiche *f*, Äquinoktium *m*; **весе́ннее ~** Herbst-Tagundnachtgleiche *f*

равноду́ши|е <-я> *ср* Gleichgültigkeit *f*

равноду́ш|ный <-ная, -ное; -ен, -на, -но> *прил* gleichgültig

равнозна́ч|ный <-ная, -ное; -ен, -на, -но> *прил* gleichbedeutend; *(равноце́нный)* gleichwertig

равноме́р|ный <-ная, -ное; -ен, -на, -но> *прил* gleichmäßig

равнопереме́нн|ый <-ая, -ое> *прил* ФИЗ sich gleichmäßig ändernd; **равнопереме́нное движе́ние** sich gleichmäßig ändernde Bewegung *f*

равнопра́ви|е <-я> *ср* Gleichberechtigung *f*; **~ мужчи́н и же́нщин** Gleichberechtigung *f* (der Geschlechter)

равнопра́в|ный <-ная, -ное; -ен, -на, -но> *прил* gleichberechtigt

равноси́|льный <-льная, -льное; -лен, -льна, -льно> *прил* gleichbedeutend

равносторо́нн|ий <-яя, -ее> *прил* МАТ gleichseitig

равноуго́льн|ый <-ая, -ое> *прил* МАТ gleichwink(e)lig; **~ многоуго́льник** gleichwink(e)liges Vieleck

равноце́н|ный <-ная, -ное; -ен, -на, -но> *прил* gleichwertig, äquivalent, ebenbürtig; **~ това́р** eine Ladung von gleichem Wert; **равноце́нные проти́вники** ebenbürtige Gegner *mpl*

ра́в|ный <-ная, -ное; -ен, -на́, -но́> *прил* gleich; *(по спосо́бностям и т.п.)* ebenbürtig; **в ра́вной сте́пени** gleichermaßen; **ра́вные ша́нсы** Chancengleichheit *f*

равня́|ть <-ю, -ешь> *нсв прх* gleichmachen; *(с кем-л./чем-л.)* gleichstellen

равня́|ться <-юсь, -ешься> *нсв рефл* **1.** *(с кем-л./чем-л.)* gleichen **2.** *(на кого́-л./что-л.)* nacheifern in *+dat*

рагу́ <неизм> *ср* КУЛ Ragout *nt*

рад *нрч* froh, erfreut

рада́р <-а> *м* ТЕХ Radar *m*

рада́рн|ый <-ая, -ое> *прил* Radar-; **~ контро́ль** Radarkontrolle *f*

раде́|ть <-ю, -ешь> *нсв нпрх разг* sich eifrig bemühen; **~ о пра́вде** sich eifrig um die Wahrheit bemühen, nach der Wahrheit streben; **~ о де́ле** sich um die Angelegenheit kümmern

ра́ди *предл* wegen *+gen*, um ... willen; **~ тебя́** dir zuliebe; **~ бо́га** um Gottes willen; **поря́дка ~** der Ordnung halber

радиа́льн|ый <-ая, -ое> *прил* radial, strahlenförmig; **радиа́льная ско́рость** ФИЗ Radialgeschwindigkeit *f*

радиа́н <-а> *м* МАТ Radiant *m*

радиа́тор <-а> *м* **1.** АВТО Kühler *m* **2.** *(бата́рея отопле́ния)* Heizkörper *m*

радиацио́нн|ый <-ая, -ое> *прил* ФИЗ Strahlungs-; **~ по́яс** Strahlungszone *f*; **~ бала́нс** Strahlungsbilanz *f*; **радиацио́нная труба́** Strahlungsrohre *f*; **радиацио́нное давле́ние** Strahlungsdruck *m*; **радиацио́нная защи́та** Strahlungsschutz *m*

радиа́ци|я <-и> *ж* Strahlung *f*, Strahlenbelastung *f*

ра́ди|й <-я> *м* ХИМ Radium *nt*

радика́л <-а> *м* Radikale(r) *f(m)*; МАТ, ХИМ Radikal *nt*

радикали́зм <-а> *м то́лько ед* ПОЛ Radikalismus *m*

радика́|льный <-льная, -льное; -лен, -льна, -льно> *прил* radikal, einschneidend; **сторо́нник радика́льных рефо́рм** Radikalreformer *m*

радикули́т <-а> *м* МЕД Radikulitis *f*, Hexenschuss *m*

ра́дио <неизм> *ср* Radio *nt*, Rundfunk *m*

радиоакти́внос|ть <-ти> *ж* Radioaktivität *f*

радиоакти́в|ный <-ная, -ное; -ен, -на, -но> *прил* radioaktiv

радиоаппарату́р|а <-ы> *ж* Funkanlage *f*, Funkausrüstung *f*; **бортова́я ~** Bordfunkgerät *nt*

радиобу́|й <-я> *м* МОР Funkboje *f*

радиовеща́ни|е <-я> *ср* Rundfunk *m*; **ме́стное ~** lokaler Rundfunk *m*

радиоволн|а́ <-ы́> *ж* ФИЗ Funkwelle *f*, Radiowelle *f*

радиогра́мм|а <-ы> *ж* Funkspruch *m*

радиогра́фи|я <-и> *ж без мн* Radiographie *f*

радиодиало́г <-а> *м* Radiogespräch *nt*; **предста́вить уча́стников радиодиало́га** die Teilnehmer eines Radiogespräches vorstellen

радиожурнали́ст <-а> *м* Rundfunkjournalist *m*

радиоизлуче́ни|е <-я> *ср* Radiostrahlung *f*, Radiofrequenzstrahlung *f*

радиоинтервью́ <неизм> *ср* Rundfunkinterview *nt*; **прослу́шать ~** sich ein Rundfunkinterview anhören

радиокоммента́тор <-а> *м* Rundfunkkommentator *m*

радиоло́ги|я <-и> *ж без мн* МЕД Radiologie *f*

радиолока́ционн|ый <-ая, -ое> *прил* Funkmess-, Ortungs-, Radar-; **радиолока́ционные поме́хи** Radarstörungen *pl*; **радиолока́ционная ста́нция** Radarstation *f*, Funkmessstation *f*

радиолюби́те|ль <-ля> *м* Amateurfunker *m*

радиомая́к <-а> *м* Funkbake *f*, Funkfeuer *nt*,

Funkleitsender *m;* **пеленгóвый ~** Funkpeilstation *f*
радиомéтр <-а> *м* ФИЗ, АСТР Radiometer *nt*
радиометрúческ|ий <-ая, -ое> *прил* radiometrisch; **~ анáлиз** radiometrische Analyse *f*
радиомолчáни|е <-я> *ср* Funkstille *f*
радиопередáтчик <-а> *м* Radiosender *m*
радиопередáч|а <-и> *ж* Rundfunksendung *f,* (Radio)Sendung *f;* **~ для малышéй** Kindersendung *f;* **спортúвная ~** Sportsendung *f*
радиопомéх|и <-> *мн* Radiostörungen *pl;* **устранúть ~** die Radiostörungen beseitigen
радиоприёмник <-а> *м* Rundfunkempfänger *m*
радиопрогрáмм|а <-ы> *м* Rundfunkprogramm *nt;* **изменéния в радиопрогрáмме** Radioprogrammänderungen *pl*
радиопьéс|а <-ы> *ж* Hörspiel *nt*
радиорепортáж <-а> *м* Rundfunkreportage *f,* Radioreportage *f;* **~ о велогóнке** eine Reportage über das Radrennen; **~ с лы́жной трáссы** Reportage von der Skipiste
радиорýбк|а <-и> *ж* МОР Funkkabine *f,* Funkraum *m*
радиосвя́|зь <-зи> *ж* Funkverkehr *m,* Funkverbindung *f*
радиосé|ть <-ти> *ж* Rundfunknetz *nt;* **городскáя ~** Stadtrundfunknetz *nt*
радиослýшате|ль <-ля> *м,* **радиослýшательниц|а** <-ы> *ж* Radiohörer(in) *m(f),* Rundfunkhörer(in) *m(f)*
радиостáнци|я <-и> *ж* Funkstation *f,* Radiostation *f;* **приёмная ~** Radioempfangstation *f,* Empfängerstation *f;* **мóщная передаю́щая ~** starker Sender *m*
радиостýди|я <-и> *ж* Rundfunkstudio *nt*
радиотéхник <-а> *м* Radiotechniker *m*
радиотрансляциóнн|ый <-ая, -ое> *прил* Rundfunkübertragungs-; **радиотрансляциóнная устанóвка** Radioübertragungsanlage *f*
радиоустóйчивос|ть <-ти> *ж* ФИЗ Strahlungsfestigkeit *f*
радиофи́зик|а <-и> *ж* Radiophysik *f*
радиофици́р|овать <-ую, -уешь> *(н)св прх* radiofizieren; **~ райóн** das Gebiet radiofizieren
радиохи́ми|я <-и> *ж* Radiochemie *f*
радиоцéнтр <-а> *м* *(радиостáнция)* Rundfunkanstalt *f*
радиоэлектрóник|а <-и> *ж* Radioelektronik *f*
ради́р|овать <-ую, -уешь> *(н)св нпрх* funken
ради́ст <-а> *м,* **ради́стк|а** <-и> *ж* Funker(in) *m(f)*
рáдиус <-а> *м* Radius *m;* ВОЕН Reichweite *f;* **в рáдиусе 10 километрóв** im Umkreis von 10 Kilometern
рáдиус-вéктор <-а> *м* МАТ Radius-Vektor *m*
рáд|овать <-ую, -уешь> *нсв,* **обрáдовать, порáдовать** *св прх* erfreuen
рáд|оваться <-уюсь, -уешься> *нсв,* **обрáдоваться, порáдоваться** *св рефл* sich freuen; **~ встрéче** sich über das Treffen freuen; **~ приéзду дрýга** über die Ankunft eines Freundes erfreut sein
радóн <-а> *м* Radon *nt*
рáдост|ный <-ная, -ное; -ен, -на, -но> *прил* **1.** *(обрáдованный)* erfreulich **2.** *(весёлый)* fröhlich
рáдос|ть <-ти> *ж* Freude *f,* Lust *f;* **~ жи́зни** Lebensfreude *f;* **к рáдости** erfreulicherweise
рáдуг|а <-и> *ж* Regenbogen *m*
рáдужн|ый <-ая, -ое> *прил* regenbogenfarbig; *перен* rosig, vielversprechend
радýши|е <-и> *ср* Freundlichkeit *f,* Gastlichkeit *f;* **прояви́ть ~** warme Gastfreundschaft zeigen
радýш|ный <-ная, -ное; -ен, -на, -но> *прил* freundlich, herzlich, entgegenkommend; **оказáть ~ приём** einen herzlichen Empfang bereiten; **радýшная встрéча** freundliches Treffen *nt;* **радýшная хозя́йка** gastfreundliche Gastgeberin *f*
раж <рáжа> *м разг* Wut *f,* Rage *f,* Aufregung *f;* **войти́ в ~** in Wut geraten
раз I. <рáза> *м* Mal *nt;* **ни рáзу** nicht ein einziges Mal; **оди́н ~ не считáется** einmal ist keinmal **II.** *сз разг* wenn; **~ ..., то** wenn ..., dann
разассигновывá|ть <-ю, -ешь> *нсв,* **разассигновáть** *св прх* ФИН umverteilen; **~ бюджéтные срéдства** die Mittel umverteilen
разбавитe|ль <-ля> *м* Verdünnungsmittel *nt*
разбáв|ить <-лю, -ишь> *нсв,* **разбавля́ть** *св прх* verdünnen; **~ водóй** mit Wasser verdünnen
разбазáрива|ть <-ю, -ешь> *нсв,* **разбазáрить** *св прх разг* vergeuden, verschleudern
разбал|овáть <-ýю, -ýешь> *св прх* verwöhnen, verziehen, verhätscheln; **~ ребёнка** das Kind verhätscheln
разбáлтыва|ть <-ю, -ешь> *нсв,* **разболтáть** *св прх* vermischen; *(мешáть)* rühren; *перен, разг* ausplaudern
разбáлтыва|ться <-юсь, -ешься> *нсв,* **разболтáться** *св рефл* **1.** *тóлько 3 л* *(размешáться)* sich vermischen **2.** *тóлько 3 л* *(расшатáться)* sich lockern; **подши́пник разболтáлся** das Lager hat sich gelockert **3.** *перен* *(стать непослýшным)* sich gehen lassen; **стáрший класс разболтáлся** die obere Klasse ist unverfroren geworden **4.** *(мнóго говори́ть)* schwatzen; **~ и наговори́ть ли́шнего** schwatzen und zu vieles sagen
разбéг <-а> *м* Anlauf *m*
разбегá|ться <-юсь, -ешься> *нсв,* **раз-**

бежа́ться *св рефл* **1.** СПОРТ Anlauf nehmen, zum Sprung ansetzen **2.** *(в ра́зные сто́роны)* auseinanderlaufen; **у неё глаза́ разбежа́лись** sie wusste nicht, wo sie hinsehen sollte **3.** *разг (разводи́ться)* sich scheiden lassen

разбере|ди́ть <-жу́, -ди́шь> *св прх см.* **береди́ть**

разбива́|ть <-ю, -ешь> *нсв,* **разби́ть** *св прх* **1.** *(лома́ть)* zerschlagen, zerbrechen; **~ пала́тку** ein Zelt aufschlagen; **~ сад** einen Garten anlegen **2.** *(дели́ть)* teilen, aufteilen, verteilen; **~ на гру́ппы** in Gruppen einteilen

разбива́|ться <-юсь, -ешься> *нсв,* **разби́ться** *св рефл* **1.** *(лома́ть)* zerbrechen, entzweigehen, zerschellen **2.** *(па́дать)* stürzen **3.** *(на гру́ппы)* sich einteilen

разби́вк|а <-и> *ж* **1.** *(разделе́ние)* Aufteilung *f,* Aufgliederung *f;* **~ пла́на** Planaufschlüsselung *f;* **~ те́кста на страни́цы** Seitenumbruch *m* **2.** *(поло́мка)* Zerschlagen *nt* **3.** *(са́да и т.п.)* Anlegen *nt*

разбинто́выва|ть <-ю, -ешь> *нсв,* **разбинтова́ть** *св прх* den Verband abnehmen; **~ коле́но** den Verband vom Knie abnehmen

разбира́тельств|о <-а> *ср* ЮР Gerichtsverhandlung *f,* Untersuchung *f;* **закры́тое суде́бное ~** Gerichtsverhandlung *f;* **трете́йское ~** Schiedsverfahren *nt,* Schlichtungsverfahren *nt*

разбира́|ть <-ю, -ешь> *нсв,* **разобра́ть** *св прх* **1.** *(на ча́сти)* auseinandernehmen **2.** *(анализи́ровать)* auswerten, analysieren **3.** *(рассле́довать, проясня́ть)* untersuchen, klären, ergründen **4.** *(това́р)* auskaufen, nichts übrig lassen

разбира́|ться <-юсь, -ешься> *нсв,* **разобра́ться** *св рефл* sich einrichten; *(приводи́ть в поря́док)* seine Sachen in Ordnung bringen; *(в чём-л.)* sich auskennen in *+dat*

разбитн|о́й <-а́я, -о́е> *прил разг* forsch, gewandt; **разбитна́я торго́вка** gewandte Verkäuferin *f;* **~ ма́лый** forscher Kerl *m*

разби́т|ый <-ая, -ое; -, -а, -о> *прил* **1.** *(раско́лотый на куски́)* zerschlagen, zerbrochen; **разби́тое зе́ркало** zerbrochener Spiegel; **поре́заться о разби́тое стекло́** sich an der zerbrochenen Glasscheibe schneiden **2.** *(повреждённый, расстро́енный)* kaputt; **разби́тая доро́га** ausgefahrene Straße *f;* **~ роя́ль** verstimmtes Klavier *nt* **3.** *(побеждённый)* geschlagen; **~ проти́вник** geschlagener Gegner *m* **4.** *(уда́ренный)* zerschlagen; **~ лоб** blutige Stirn **5.** *перен (разру́шенный)* zerstört; **разби́тые мечты́** zerstörte Träume *mpl;* **разби́тая жизнь** verpfuschtes Leben *nt*

разбогате́|ть <-ю, -ешь> *св нпрх см.* **богате́ть**

разбо́|й <-я> *м* Räuberei *f,* Raub *m,* Raubüberfall *m;* **соверша́ть ~** einen Raubüberfall begehen

разбо́йник <-а> *м* Räuber *m*

разбо́йническ|ий <-ая, -ое> *прил* räuberisch, Raub-, Räuber-; **соверши́ть разбо́йническое нападе́ние** einen Raubüberfall begehen; **~ приём** räuberische Manier *f*

разболе́|ться <-юсь, -ешься> *св рефл* **1.** *(о челове́ке)* erkranken, krank werden; **~ гриппо́м** an Grippe erkranken **2.** *то́лько 3 л (об о́ргане)* weh tun, schmerzen; **у меня́ разболе́лся зуб** mir tat ein Zahn weh

разбо́лтан|ный <-ная, -ное; -, -а, -о> *прил* faul; **~ учени́к** fauler Schüler *m;* **разбо́лтанное поведе́ние** undiszipliniertes Benehmen *nt*

разболта́|ть <-ю, -ешь> *нсв прх см.* **разба́лтывать**

разболта́|ться <-юсь, -ешься> *св рефл см.* **разба́лтываться**

разбомб|и́ть <-лю́, -и́шь> *св прх см.* **бомби́ть**

разбо́р <-а> *м* **1.** *(ана́лиз)* Analyse *f* **2.** *(сортиро́вка)* Sortieren *nt* **3.** *(вы́бор)* Auswahl *f,* Auslese *f;* **без разбо́ра** wahllos; **с разбо́ром** wählerisch, anspruchsvoll

разбо́рк|а <-и> *ж* Auseinandernehmen *nt,* Zerlegung *f; разг* Auseinandersetzung *f,* Abrechnung *f;* **~ зда́ния** Demontage *f;* **кримина́льные разбо́рки** Bandenkrieg *m*

разбо́рн|ый <-ая, -ое> *прил* zerlegbar; **~ дом** zerlegbares Haus *nt;* **разбо́рная ме́бель** zerlegbare Möbel *pl*

разбо́рчив|ый <-ая, -ое; -, -а, -о> *прил* **1.** *(челове́к)* wählerisch, anspruchsvoll **2.** *(по́черк)* deutlich, leserlich

разбра́сыва|ть <-ю, -ешь> *нсв,* **разброса́ть** *св прх* streuen, umherstreuen, auseinander werfen; *разг (транжи́рить)* verschwenden

разбреда́|ться <-ется> *нсв,* **разбрести́сь** *св безл, то́лько 3 л* auseinander gehen, auseinander laufen; **разбрести́сь по дома́м** nach Hause gehen; **разбрести́сь по свои́м угла́м** sich in die eigene Ecke verkriechen

разбро́д <-а> *м* Unstimmigkeit *f,* Widerspruch *m,* Diskrepanz *f;* **~ мы́слей** gedanklicher Widerspruch *m;* **иде́йный ~** ideologischer Widerspruch; **вноси́ть ~** einen Widerspruch hineinbringen

разбро́с <-а> *м (мне́ний, результа́тов)* Streuung *f,* Bandbreite *f,* Palette *f*

разбро́сан|ный <-ная, -ное; -, -а, -о> *прил* **1.** *(беспоря́дочный)* auseinander geworfen, verstreut; **разбро́санные мы́сли** verstreute Gedanken *mpl* **2.** *перен (неорганизо́ванный)* zerstreut; **~ челове́к** zerstreuter Mensch *m*

разбросн|о́й <-а́я, -о́е> *прил* АГР Streu-; **~ сев** Streusaat *f*

разбры́згива|ть <-ю, -ешь> *нсв,* **раз-**

Р

брызгать *св прх* verspritzen, zerstäuben; **~ краску пульверизатором** die Farbe mit dem Zerstäuber versprühen

разб|удить <-ужу, -удишь> *св прх см.* **будить**

разбурива|ть <-ю, -ешь> *нсв,* **разбурить** *св прх* (durch)bohren; **~ скалу** den Felsen durchbohren

разбуха|ть <-ю, -ешь> *нсв,* **разбухнуть** *св нпрх* quellen, anschwellen; **почки разбухли** die Knospen sind angeschwollen; **пол от влаги разбух** der Boden quellte durch die Feuchtigkeit auf

разбуш|еваться <-уюсь, -уешься> *св рефл* 1. *только 3 л (разыграться)* (stark) brausen, toben; **море разбушевалось** das Meer brauste **2.** *перен, разг (рассердиться)* in Zorn geraten, aufbrausen

развал <-а> *м* Zerrüttung *f,* Verfall *m;* **~ экономики** Niedergang *m* der Wirtschaft

развалива|ть <-ю, -ешь> *нсв,* **развалить** *св прх* kaputt machen, zerstören; *перен* zerrütten, desorganisieren

развалива|ться <-юсь, -ешься> *нсв,* **развалиться** *св рефл* zusammenbrechen, auseinander fallen; *перен (распадаться)* sich auflösen, zerfallen; *разг (на диване, в кресле)* sich rekeln, sich lümmeln

развалин|а <-ы> *ж* Trümmer *pl; (руина)* Ruine *f;* **старая ~** *(человек)* Wrack *nt*

развалист|ый <-ая, ое; -, -а, -о> *прил разг* **1.** *(просторный, удобный)* bequem, gemütlich; **развалистое кресло** gemütlicher Sessel *m* **2.** *(небрежный)* salopp; **развалистая поза** lässige Pose *f*

разварива|ть <-ю, -ешь> *нсв,* **разварить** *св прх* weich kochen

разварн|ой <-ая, -ое> *прил* zerkocht, weich gekocht; **~ картофель** weich gekochte Kartoffeln *fpl;* **разварная рыба** gar gekochter Fisch *m*

разве I. *част* denn, etwa; **~ он болен?** ist er etwa krank? II. *сз* es sei denn; **непременно приду, ~ только заболею** ich komme bestimmt, es sei denn ich werde krank

развева|ть <-ет> *нсв безл, только 3 л* flattern lassen, wehen lassen; **~ хвост** mit dem Schwanz wedeln; **ветер развевает волосы** der Wind lässt die Haare wehen

развевающ|ийся <-аяся, -ееся> *прил* flatternd; **развевающиеся знамена** flatternde Fahnen *fpl*

разведа|ть <-ю, -ешь> *св прх см.* **разведывать**

разведданные *сокр от* **данные разведки** ВОЕН Informationen der militärischen Aufklärung

разведени|е <-я> *ср* 1. *(выращивание)* Züchtung *f,* Zucht *f,* Aufzucht *f;* **~ овец** Schafzucht *f;* **~ цыплят** Kükenzucht *f;* **~ новых сортов роз** Anbau *m* neuer Rosensorten **2.** *(разбавление)* Verdünnen *nt,* Verdünnung *f,* Auflösen *nt;* **~ клея** Leimverdünnung *f* **3.** *(разъединение)* Auseinanderführen *nt,* Trennen *nt,* Öffnen *nt*

разведён|ный <-ная, ное; -, -а, -о> *прил* geschieden

разведк|а <-и> *ж* Aufklärung *f,* Erkundung *f; (секретная служба)* Geheimdienst *m*

разведочн|ый <-ая, -ое> *прил* Erkundigungs-; **разведочная экспедиция** Erkundungsexpedition *f*

разведчик <-а> *м,* **разведчиц|а** <-ы> *ж* **1.** ВОЕН Aufklärer *m,* Späher *m;* **самолёт-~** Aufklärungsflugzeug *nt,* Aufklärer *m* **2.** *(агент)* Agent *m,* Kundschafter *m;* **иностранный ~** ausländischer Spion *m*

разведшкола *сокр от* **разведывательная школа** Kundschafterschule *f;* **выпускник разведшколы** Absolvent *m* der Kundschafterschule

разведывательн|ый <-ая, -ое> *прил* ВОЕН Aufklärungs-; **разведывательная авиация** Aufklärungsluftflotte *f;* **~ отряд** Aufklärungsabteilung *f;* **разведывательная служба** Nachrichtendienst *m*

разведыва|ть <-ю, -ешь> *нсв,* **разведать** *св прх* auskundschaften, erkunden

развез|ти <-у, -ешь> *св прх см.* **развозить**

развеива|ть <-ю, -ешь> *нсв,* **развеять** *св прх* verwehen; *перен* zerstreuen, vertreiben

развеива|ться <-юсь, -ешься> *нсв,* **развеяться** *св рефл* **1.** *только 3 л (разнестись, исчезнуть)* sich verwehen; **туман развеялся** der Nebel hat sich verzogen **2.** *только 3 л, перен (исчезнуть)* vergehen, verschwinden; **тоска развеялась** die Trauer verging **3.** *перен (развлечься)* sich zerstreuen, sich ablenken; **~ от тяжёлых мыслей** sich von schweren Gedanken ablenken; **~ от забот** sich von den Sorgen ablenken

развенчива|ть <-ю, -ешь> *нсв,* **развенчать** *св прх* entthronen; **~ кумира** dem Abgott den Nimbus nehmen; **~ миф о чём-л.** das Geheimnis um etw lüften

развёрнут|ый <-ая, -ое> *прил* **1.** *(растянутый)* in Linie; **идти развёрнутым строем** in Linie marschieren **2.** *(организованное, масштабное)* breit; **развёрнутое наступление** breiter Angriff *m* **3.** *(подробный)* ausführlich; **~ план работы** ausführlicher Arbeitsplan *m*

разверн|уть <-у, -ёшь> *св прх см.* **разворачивать**

развёрстк|а <-и> *ж* Verteilung *f,* Zuteilung *f;* **продовольственная ~** ИСТОР Pflichtanteil *m* an Nahrung

развёртк|а <-и> *ж* **1.** МАТ Mantelfläche *f;* **~ многогранника** die Mantelfläche eines Polyeders **2.** *(инструмент)* Aufreiber *m,* Reibahle *f* **3.** ТВ Ablenkung *f,* Abtastung *f,*

Zerlegung *f;* **опти́ческая ~** optische Auslenkung *f*

развёртывани|е <-я> *ср* Aufwickeln *nt,* Losdrehen *nt;* ВОЕН Aufmarsch *m; перен (произво́дства и т.п.)* Entfaltung *f,* Entwicklung *f*

развесел|и́ть <-ю́, -и́шь> *св прх см.* **веселить**

разве́сист|ый <-ая, -ое; -, -а, -о> *прил* weit ausgebreitet; **под разве́систым ду́бом** unter der weitverzweigten Eiche *f;* **~ кашта́н** breitastige Kastanie *f*

разве́|сить <-шу, -сишь> *св прх см.* **разве́шивать**

развесн|о́й <-а́я, -о́е> *прил* nach Gewicht verkäuflich; **развесно́е пече́нье** Gebäck *nt* nach Gewicht; **развесно́й са́хар** Zucker *m* nach Gewicht

разве|сти́ <-ду́, -дёшь> *св прх см.* **разводи́ть**

разве|сти́сь <-ду́сь, -дёшься> *св рефл см.* **разводи́ться**

разветвле́ни|е <-я> *ср* Verzweigung *f,* Verästelung *f*

разветвлён|ный <-ная, -ное; -, -а́, -о́> *прил* verzweigt; **разветвлённая сеть тра́нспорта** verzweigtes Verkehrsnetz *nt*

разве́шива|ть <-ю, -ешь> *нсв,* **разве́сить** *св прх* **1.** *(на веса́х)* abwiegen; **~ муку́** Mehl *nt* abwiegen **2.** *(пове́сить в ра́зных места́х)* (auf)hängen; **~ карти́ны** Bilder aufhängen; **~ бельё на верёвке** die Wäsche an der Leine aufhängen **3.** *(раски́нуть)* ausbreiten; **~ ве́тви** die Äste ausbreiten **4.** *перен, ирон, разг (слу́шать увлечённо)* zuhören; **разве́сить у́ши** die Ohren spitzen

разве́|яться <-юсь, -ешься> *св рефл см.* **разве́иваться**

развива́|ть <-ю, -ешь> *нсв,* **разви́ть** *св прх* entwickeln, entfalten; **~ мысль** einen Gedanken weiterführen

разви́лин|а <-ы> *ж* **1.** *(разветвле́ние)* Gab(e)lung *f;* **на разви́лине доро́г** an der Weggabelung **2.** *(де́рева)* Verzweigung *f*

разви́лк|а <-и> *ж* Gabelung *f,* Abzweigung *f*

развин|ти́ть <-чу́, -ти́шь> *св прх см.* **разви́нчивать**

разви́нчен|ный <-ная, -ное; -, -а, -о> *прил разг* **1.** *(несде́ржанный)* seelisch überanstrengt; **разви́нченные не́рвы** zerrüttete Nerven *pl* **2.** *(нетвердый, виля́ющий)* wedelnd; **разви́нченная похо́дка** schwankender Gang *m*

разви́нчива|ть <-ю, -ешь> *нсв,* **развинти́ть** *св прх* losschrauben, abschrauben, lockern; **~ га́йку** eine Mutter lockern; **~ болт** den Bolzen abdrehen

разви́ти|е <-я> *ср* Entwicklung *f; (рост)* Wachstum *nt;* **~ за́работной пла́ты** Lohnentwicklung *f;* **~ конъюнкту́ры** Konjunkturverlauf *m;* **~ ры́нка** Marktentwicklung *f,* Marktwachstum *nt;* **~ цен** Preisentwicklung *f*

развит|о́й <-а́я, -о́е; ра́звит, -а́, -о́> *прил* gut entwickelt

развлека́те|льный <-льная, -ное; -лен, -льна, -льно> *прил* unterhaltsam; **развлека́тельные програ́ммы** Unterhaltungsprogramme *ntpl;* **развлека́тельные заведе́ния** Vergnügungslokale *ntpl*

развлека́|ть <-ю, -ешь> *нсв,* **развле́чь** *св прх* unterhalten, amüsieren, ablenken

развлека́|ться <-юсь, -ешься> *нсв,* **развле́чься** *св рефл* **1.** *(рассе́яться, отвле́чься)* sich zerstreuen, sich ablenken; **~ от гру́стных мы́слей** sich von traurigen Gedanken ablenken **2.** *(повесели́ться)* sich unterhalten, sich amüsieren; **~ по́сле рабо́ты** sich nach der Arbeit amüsieren

развлече́ни|е <-я> *ср* Unterhaltung *f,* Spaß *m;* **он и́щет развлече́ний** er sucht Ablenkung

развле́|чь <-ку́, -чёшь> *св прх см.* **развлека́ть**

развле́|чься <-ку́сь, -чешься> *св рефл см.* **развлека́ться**

разво́д <-а> *м* (Ehe)Scheidung *f; (разделе́ние)* Trennung *f; (выра́щивание)* Aufzucht; **оформля́ть ~** sich scheiden lassen

разв|оди́ть <-ожу́, -о́дишь> *нсв,* **развести́** *св прх* **1.** *(разделя́ть)* trennen, auseinanderbringen **2.** *(расторга́ть брак)* scheiden **3.** *(лес)* aufforsten **4.** *(мост)* hochziehen **5.** *(разбавля́ть)* verdünnen, auflösen **6.** *(разгово́ры)* führen; **~ рука́ми** die Arme ausbreiten

разв|оди́ться <-ожу́сь, -о́дишься> *нсв,* **развести́сь** *св рефл* **1.** *(расто́ргнуть брак)* sich scheiden lassen; **~ с му́жем** sich vom Ehemann scheiden lassen **2.** *то́лько 3 л (размно́житься, появи́ться)* sich vermehren; **развела́сь форе́ль** die Forellen haben sich vermehrt; **развело́сь мно́го нарко́манов** die Drogensüchtigen haben sich vermehrt

разво́д|ы <-ов> *мн* **1.** *(узо́ры)* Muster *nt;* **джи́нсы с разво́дами** Jeans mit Muster; **ска́терть с зелёными разво́дами** grüngemusterte Tischdecke *f* **2.** *разг (пя́тна, подтёки)* Fleck *m;* **черни́льные разво́ды** Tintenflecke; **гря́зные ~ на лице́** Schmutzflecken *mpl* im Gesicht

разводя́щ|ий <-его> *м то́лько ед* ВОЕН Wachhabende(r) *f(m)*

разв|ози́ть <-ожу́, -о́зишь> *нсв,* **развезти́** *св прх* **1.** *(доста́вить по назначе́нию)* zustellen; **~ това́ры по магази́нам** die Waren in die Geschäfte liefern; **~ дете́й по дома́м** die Kinder nach Hause bringen **2.** *то́лько 3 л, разг (сде́лать мо́крым, вя́зким)* schwer passierbar machen; **доро́ги**

Р

развезлó от дождя́ der Weg ist durch den Regen schlammig geworden **3.** *(разморúть)* erschöpfen; **от знóя нас развезлó** wir schmolzen vor Hitze dahin

развóзк|а <-и> *ж* Transport *m,* Versand *m,* Spedition *f;* **~ грýзов** Warenzustelldienst *m;* **грáфик развóзки хлéба** Terminplan *m* für die Brotlieferung

развóзчик <-а> *м,* **развóзчиц|а** <-ы> *ж* Spediteur(in) *m(f)*

разворáчива|ть <-ю, -ешь> *нсв,* **развернýть** *св прх* **1.** *(раскры́ть)* entwickeln, öffnen; **~ газéту** die Zeitung aufschlagen; **~ посы́лку** das Paket öffnen **2.** ВОЕН umgruppieren; **~ эскадрóн** die Schwadron umgruppieren **3.** *перен (проявúть, развúть)* entfalten; **~ свой талáнт** das eigene Talent entfalten; **~ все сúлы** alle Kräfte entfalten **4.** *(организовáть)* organisieren; **~ дискýссию о чём-л.** eine Diskussion über etw auslösen; **~ соревновáние с кем-л.** einen Wettkampf mit jdm organisieren; **~ рабóту среди шкóльников** die Arbeit unter den Schülern verteilen **5.** *(повернýть обрáтно)* wenden; **~ машúну** das Auto wenden

разворош|úть <-ý, -úшь> *св прх* **1.** *(раскидáть)* auseinander werfen; **~ сéно** das Heu auseinander werfen **2.** *(привестú в беспоря́док)* durchstöbern, durchwühlen; **~ докумéнты на столé** die Papiere auf dem Tisch durchwühlen; **~ вéщи в шкафý** die Sachen im Schrank durchwühlen

разворóвыва|ть <-ю, -ешь> *нсв,* **разворовáть** *св прх разг* ausrauben, plündern; **~ заводскóе имýщество** das Betriebseigentum plündern

разворóт <-а> *м* **1.** АВТО, АВИА Kehre *f,* Wende *f,* Wendemanöver *nt;* **дéлать ~** ein Wendemanöver machen; **~ самолёта** Kehrtwende *f* des Flugzeugs **2.** ТИП Seitenpaar *nt*

разворош|úть <-ý, -úшь> *св прх см.* **разворáшивать**

разврáт <-а> *м* Unzucht *f,* Laster *nt*

развра|тúть <-щý, -тúшь> *св прх см.* **развращáть**

разврáтник <-а> *м,* **разврáтниц|а** <-ы> *ж* Wüstling *m,* unzüchtiger Mensch *m,* liederliches Frauenzimmer *nt*

разврáт|ный <-ная, -ное; -ен, -на, -но> *прил* ausschweifend, lasterhaft

развращá|ть <-ю, -ешь> *нсв,* **развратúть** *св прх* **1.** *(соблазнúть)* verführen **2.** *(деморализовáть)* demoralisieren

развращéни|е <-я> *ср* Demoralisierung *f;* **~ малолéтних** Verführung *f* Minderjähriger; **~ нрáвов** Verrohung der Sitten

развью́чива|ть <-ю, -ешь> *нсв,* **развью́чить** *св прх* abladen, ablasten, abpacken *(von Tieren)*

разв|язáть <-яжý, -я́жешь> *нсв прх см.* **развя́зывать**

разв|язáться <-яжýсь, -я́жешься> *св рефл см.* **развя́зываться**

развя́зк|а <-и> *ж* **1.** *(завершéние)* Ende *nt,* Auflösung *f;* **дéло идёт к развя́зке** die Sache geht ihrer Auflösung entgegen; **неожúданная ~** unerwarteter Schluss *m* **2.** *(освобождéние от узлá)* Aufbinden *nt,* Lösen *nt;* **~ мешкóв** Lösen der Säcke **3.** ТРАНСП Entflechtung *f;* **~ ýличного движéния** Verkehrsaufteilung *f;* **обеспéчить железнодорóжную развя́зку** Sicherung eines kreuzungsfreien Eisenbahnverkehrs

развя́з|ный <-ная, -ное; -ен, -на, -но> *прил* vorlaut, flegelhaft; **развя́зные манéры** freche Manieren *pl;* **~ тон** frecher Ton *m;* **развя́зное поведéние** flegelhaftes Benehmen *nt*

развя́зыва|ть <-ю, -ешь> *нсв,* **развязáть** *св прх* losbinden, entfesseln; *(ýзел)* lösen, auflösen; *перен (войнý)* entfesseln, auslösen

развя́зыва|ться <-юсь, -ешься> *нсв,* **развязáться** *св рефл* **1.** *тóлько 3 л (разъединúться)* aufgehen, sich lockern, sich lösen; **шнурóк развязáлся** der Schnürsenkel löste sich **2.** *разг (освободúться)* loswerden; **развязáться с какúм-л. дéлом** eine Sache loswerden **3.** *перен (разговорúться)* **язы́к развязáлся** seine Zunge löste sich

разгадá|ть <-ю, -ешь> *св прх см.* **разгáдывать**

разгáдк|а <-и> *ж* Auflösung *f*

разгáдыва|ть <-ю, -ешь> *нсв,* **разгадáть** *св прх* erraten, enträtseln; *(рéбус, задáчу)* lösen

разгáр <-а> *м* Höhepunkt *m;* **в разгáре** auf dem Höhepunkt, inmitten; **~ сезóна** Hauptsaison *f,* Hochsaison *f;* **быть в сáмом разгáре** auf Hochtouren laufen; **~ лéта** Hochsommer *f*

разгерметизáци|я <-и> *ж* ТЕХ Drucksturz *m;* **~ кабúны** Kabinendrucksturz *m*

разгибáни|е <-я> *ср (выпрямлéние)* Streckung *f*

разгибá|ть <-ю, -ешь> *нсв,* **разогнýть** *св прх* auseinanderbiegen; **~ лист** ein Blatt auseinander falten; **не могý разогнýть спúну** ich kann mich nicht aufrichten

разгильдя́|й <-я> *м* Schlamper *m,* liederlicher Mensch *m*

разгильдя́йств|о <-а> *ср* Liederlichkeit *f;* *(бесхозя́йственность)* Lotterwirtschaft *f*

разглагóльств|овать <-ую, -уешь> *нсв нпрх разг* große Reden schwingen; **часáми ~ о полúтике** stundenlang über Politik schwadronieren

разглáжива|ть <-ю, -ешь> *нсв,* **разглáдить** *св прх* glätten; *(отутю́живать)* bügeln

разглашá|ть <-ю, -ешь> *нсв,* **разгласúть** *св прх* **1.** *(распространúть)* verraten, preisgeben, an die Öffentlichkeit bringen; **~**

служе́бную та́йну Dienstgeheimnisse verraten; **~ чужо́й секре́т** ein fremdes Geheimnis ausplaudern **2.** *(раструби́ть)* ausposaunen, an die große Glocke hängen; **~ о прие́зде госте́й** die Ankunft der Gäste ankünden; **~ о конце́рте рок-гру́ппы** das Konzert der Rock-Gruppe ankünden

разгля|де́ть <-жу́, -ди́шь> *св прх см.* **разгля́дывать**

разгля́дывани|е <-я> *ср* Betrachtung *f;* **~ витри́н** Schaufensterbummel *m*

разгля́дыва|ть <-ю, -ешь> *нсв,* **разгляде́ть** *св прх* erkennen; *(рассма́тривать)* (genau) betrachten; *то́лько св, перен* durchschauen

разгне́ван|ный <-ная, -ное; -, -а, -о> *прил* wütend, zornig; **разгне́ванные но́тки в го́лосе** zornige Noten in der Stimme; **броса́ть разгне́ванные взгля́ды** zornige Blicke werfen

разгне́ва|ть <-ю, -ешь> *св прх* erzürnen, wütend machen, in Wut versetzen; **~ напа́дками журнали́стов** wegen der Beschuldigungen der Journalisten wütend werden; **~ свои́м поведе́нием роди́телей** die Eltern mit seinem Verhalten in Wut bringen; **~ выска́зыванием нача́льство** den Vorgesetzten mit seiner Aussage verärgern

разгнева́|ться <-юсь, -ешься> *св рефл см.* **гне́ваться**

разгова́рива|ть <-ю, -ешь> *нсв нпрх* sich unterhalten, sprechen; **~ по телефо́ну** telefonieren

разговля́|ться <-юсь, -ешься> *нсв,* **разгове́ться** *св рефл* РЕЛИГ zum ersten Mal nach dem Fasten Fleisch essen

разгово́р <-а> *м* Gespräch *nt,* Unterhaltung *f;* **~ тет-а-тéт** Gespräch *nt* unter vier Augen; **междугоро́дный ~** Ferngespräch *nt;* **междунаро́дный ~** Auslandsgespräch *nt;* **мужско́й ~** Gespräch *nt* unter Männern; **служе́бный ~** Dienstgespräch *nt;* **никаки́х разгово́ров** ohne Widerrede

разговор|и́ться <-ю́сь, -ри́шься> *св рефл разг* **1.** *(завяза́ть бесе́ду)* ins Gespräch kommen, ein Gespräch anknüpfen; **~ с сосе́дкой по купе́** mit der Nachbarin im Zugabteil ins Gespräch kommen **2.** *(увле́чься разгово́ром)* gesprächig [*o* redselig] werden; **~ и забы́ть о встре́че** sich in ein Gespräch vertiefen und so die Verabredung vergessen

разгово́рник <-а> *м* Sprachführer *m*

разгово́рн|ый <-ая, -ое> *прил* Konversations-, Gesprächs-; **разгово́рная речь** Umgangssprache *f*

разгово́рчив|ый <-ая, -ое; -, -а, -о> *прил* gesprächig, geschwätzig

разгово́рчик|и <-ов> *мн разг* Gespräch *nt,* Unterhaltung *f;* **к чему́ все э́ти ~?** wozu dieses ganze Gerede?

разго́н <-а> *м* **1.** *(толпы́)* Vertreibung *f,* Auseinanderjagen *nt;* **~ демонстра́нтов** Auseinandertreiben *nt* der Demonstranten; **~ басту́ющих** Vertreiben *nt* der Streikenden **2.** *(разбе́г)* Anlauf *m,* Anfahren *nt;* **вре́заться с разго́ну в де́рево** gegen einen Baum prallen

разгоня́|ть <-ю, -ешь> *нсв,* **разогна́ть** *св прх* **1.** *(гру́ппу люде́й и т.п.)* auseinander treiben **2.** *(демонстра́цию)* gewaltsam auflösen **3.** *(печа́ль, ску́ку, тоску́)* vertreiben **4.** АВТО beschleunigen

разгоня́|ться <-ется> *нсв,* **разогна́ться** *св рефл разг* Anlauf nehmen; **~ на саня́х с горы́** mit dem Schlitten vom Berg abfahren; **~ на велосипе́де** mit dem Fahrrad Fahrt aufnehmen

разгора́|ться <-ется> *нсв,* **разгоре́ться** *св безл, то́лько 3 л* **1.** *(си́льно горе́ть)* entflammen; **костёр разгоре́лся** das Lagerfeuer entbrannte **2.** *перен (дости́чь напряже́ния)* sich entfachen; **спор разгоре́лся** der Streit entfachte sich **3.** *(о си́льном жела́нии)* entflammen; **глаза́ разгоре́лись** die Augen leuchteten auf

разгорячён|ный <-ная, -ное; -, -а́, -о́> *прил* **1.** *(си́льно разогре́вшийся)* erhitzt; **разгорячённые ко́ни** erhitzte Pferde *ntpl;* **разгорячённое лицо́** feuerrotes Gesicht *nt* **2.** *(возбуждённый)* erregt; **разгорячённая толпа́** erregte Menschenmenge *f;* **~ спор** erregte Diskussion *f*

разгоряч|и́ть <-у́, -и́шь> *св прх см.* **горячи́ть**

разгоряч|и́ться <-у́сь, -и́шься> *св рефл см.* **горячи́ться**

разгосударствле́ни|е <-я> *ср* Entstaatlichung *f*

разгра́б|ить <-лю, -ишь> *нсв прх см.* **гра́бить**

разграниче́ни|е <-я> *ср* Abgrenzung *f;* **~ поня́тий** Abgrenzung *f* der Begriffe; **~ обя́занностей** Aufgabenabgrenzung *f;* **проводи́ть ~** eine Aufgabenteilung durchführen

разграни́чива|ть <-ю, -ешь> *нсв,* **разграни́чить** *св прх* abgrenzen

разграфля́|ть <-ю, -ешь> *нсв,* **разграфи́ть** *св прх* linieren; **~ тетра́дь** ein Heft linieren

разгреба́|ть <-ю, -ешь> *нсв,* **разгрести́** *св прх* aufgraben; **~ лопа́той снег** den Schnee wegschaufeln; **~ ли́стья** die Blätter auseinander harken

разгро́м <-а> *м* **1.** *(пораже́ние)* Niederlage *f;* **~ врага́** die Niederlage des Gegners **2.** *(беспоря́док)* Verwüstung *f,* Zerstörung *f;* **устро́ить ~ в кварти́ре** die Wohnung verwüsten

разгром|и́ть <-лю́, -и́шь> *св прх см.* **громи́ть**

разгро́мн|ый <-ая, -ое> *прил* vernichtend

разгружа́|ть <-ю, -ешь> *нсв,* **разгрузи́ть** *св прх* entladen, abladen; *перен* entlasten

Р

разгру́зк|а <-и> *ж* Entladen *nt; перен* Entlastung *f*

разгру́зочн|ый <-ая, -ое> *прил* **1.** *(для освобожде́ния гру́за)* Auslade-; **разгру́зочная площа́дка** Entladeplatz *m;* **разгру́зочная брига́да** Ausladebrigade *f* **2.** МЕД Entlastungs-; **~ день** Fastentag *m;* **разгру́зочная дие́та** Reduktionsdiät *f,* Entschlackungsdiät *f*

разгру́зчик <-а> *м* ТЕХ Entlader *m,* Entladungsgerät *nt,* Ablader *m*

разгруппир|ова́ть <-у́ю, -у́ешь> *св прх* gruppieren, in Gruppen aufteilen; **~ шко́льников по во́зрасту** die Schüler nach Alter gruppieren

разгрыза́|ть <-ю, -ешь> *нсв,* **разгры́зть** *св прх* zerbeißen, knacken; **~ оре́хи** Nüsse knacken; **~ морко́вку** eine Möhre zerbeißen; *см т.* **грызть**

разгу́л <-а> *м* **1.** *(неи́стовство)* Toben *nt,* Rasen *nt;* **~ произво́ла** Zügellosigkeit *f;* **~ страсте́й** Entfesselung *f* der Leidenschaften **2.** *(кутёж)* Schwelgerei *f,* Ausschweifung *f;* **предава́ться разгу́лу** der Schwelgerei frönen

разгу́|льный <-льная, -льное; -лен, -льна, -льно> *прил* ausschweifend, unmäßig, wüst; **вести́ разгу́льную жизнь** ein ausschweifendes Leben führen

разгуля́|ться <-юсь, -ешься> *св рефл* **1.** *(кути́ть)* bummeln, prassen; **есть где ~** es gibt gute Plätze zum Bummeln **2.** *(не хоте́ть спать)* den Schlaf verscheuchen; **малы́ш разгуля́лся** der Junge hat den Schlaf verscheucht **3.** *то́лько 3 л (о пого́де)* sich aufklären, sich aufheitern; **пого́да разгуля́лась** das Wetter hat sich aufgeheitert

разда|ва́ть <-ю́, -ёшь> *нсв,* **разда́ть** *св прх* vergeben, austeilen; **~ нале́во и напра́во обеща́ния** zu viele Versprechen machen

разда|ва́ться <-ю́сь, -ёшься> *нсв,* **разда́ться** *св рефл* ertönen, erklingen; *(вширь)* sich ausweiten, in die Breite gehen

разда́влива|ть <-ю, -ешь> *нсв,* **раздави́ть** *св прх* zerdrücken, zerquetschen, zermalmen; *см.* т. **давить**

разда́рива|ть <-ю, -ешь> *нсв,* **раздари́ть** *св прх* verschenken

разда́точн|ый <-ая, -ое> *прил* Verteilungs-, Ausgabe-; **~ пункт** Ausgabestelle *f,* Verteilungsstelle *f;* **разда́точная ве́домость** Gehaltauszahlungsliste *f;* **разда́точная коро́бка** ТЕХ Verteilerkasten *m*

разда́тчик <-а> *м* Verteiler *m,* Ausgeber *m;* **~ бума́жных полоте́нец** Papierhandtuchspender *m;* **~ кормо́в** Futterverteiler *m*

разда́|ть <-м, -шь> *св прх см.* **раздава́ть**

разда́|ться <-мся, -шься> *св рефл см.* **раздава́ться**

разда́ч|а <-и> *ж* Vergabe *f; (распределе́ние)* Verteilung *f,* Aufteilung *f;* **~ пода́рков** Bescherung *f*

раздвига́|ть <-ю, -ешь> *нсв,* **раздви́нуть** *св прх* **1.** *(разъедини́ть)* auseinanderrücken, auseinanderschieben, auseinanderziehen; **~ што́ры** die Jalousien öffnen; **~ стол** den Tisch ausziehen **2.** *(дать прохо́д)* **~ толпу́ зева́к** die Menge Gaffer verjagen

раздвижн|о́й <-а́я, -о́е> *прил* Auszieh-, ausziehbar; **~ за́навес** verschiebbarer Vorhang *m;* **~ стол** ausziehbarer Tisch *m*

раздви́н|уть <-у, -ешь> *св прх см.* **раздвига́ть**

раздво́еннос|ть <-ти> *ж* Zwiespältigkeit *f,* Spaltung *f*

раздво|и́ть <-ю́, -и́шь> *св прх см.* **двои́ть**

раздева́лк|а <-и> *ж* Garderobe *f; (для спортсме́нов, на произво́дстве и т.п.)* Umkleideraum *m*

раздева́|ть <-ю, -ешь> *нсв,* **разде́ть** *св прх* **1.** *(снять оде́жду)* ausziehen; **~ ребёнка** das Kind ausziehen **2.** *(огра́бить)* ausrauben; **разде́ть в переу́лке** in einer Gasse ausrauben

раздева́|ться <-юсь, -ешься> *нсв,* **разде́ться** *св рефл* sich ausziehen, ablegen

разде́л <-а> *м* **1.** *(разделе́ние)* Teilung *f,* Aufteilung *f;* **~ иму́щества супру́гов** Gütertrennung *f;* **~ предприя́тия** Unternehmensaufspaltung *f* **2.** *(в кни́ге, те́ксте)* Abschnitt *m* **3.** *(в газе́те)* Sparte *f*

разде́ла|ть <-ю, -ешь> *св прх см.* **разде́лывать**

разде́ла|ться <-юсь, -ешься> *св рефл см.* **разде́лываться**

разделе́ни|е <-я> *ср* Einteilung *f,* Aufteilung *f;* **~ власте́й** Gewaltenteilung *f;* **~ полномо́чий** Ämterentflechtung *f;* **~ изде́ржек** Kostenauflösung *f;* **~ рабо́чего ме́ста ме́жду не́сколькими сотру́дниками** Jobsharing *nt;* **~ расхо́дов** Kostenauflösung *f;* **~ ры́нка** [*или* **сбы́та**] Marktaufteilung *f;* **~ труда́** Arbeitsteilung *f*

раздели́тельн|ый <-ая, -ое> *прил* Teilungs-, Trennungs-; **раздели́тельная полоса́** Mittelstreifen *m*

разд|ели́ть <-елю́, -е́лишь> *св прх см.* **разделя́ть**

разде́лыва|ть <-ю, -ешь> *нсв,* **разде́лать** *св прх* **1.** *(обрабо́тать)* herrichten, zurichten; **~ ту́шу** ausschlachten **2.** *разг (отруга́ть)* herunterputzen, ausschimpfen, abkanzeln; **разде́лать под оре́х** sich jdn zur Brust nehmen

разде́лыва|ться <-юсь, -ешься> *нсв,* **разде́латься** *св рефл* erledigen; *(изба́виться)* loswerden; **бы́стро разде́латься с кем-л.** jdn kurz abfertigen; **бы́стро разде́латься с чем-л.** etw schnell erledigen

разде́льн|ый <-ая, -ое> *прил* geteilt, getrennt; *(о произноше́нии)* klar, deutlich; **разде́льное пита́ние** Trennkost *f*

разделя́|ть <-ю, -ешь> *нсв,* **раздели́ть**

св прх teilen, trennen

разде́|ть <-ну, -нешь> *св прх см.* **раздева́ть**

разде́|ться <-нусь, -нешься> *св прх см.* **раздева́ться**

раздира́ющ|ий <-ая, -ее> *прил* herzzerreißend; **~ крик** Mark erschütternder Schrei *m;* **свиде́тель раздира́ющей сце́ны** Zeuge *m* einer herzzerreißenden Szene; **раздира́ющая дра́ма** herz- zerreißendes Drama *nt*

раздобре́|ть <-ю, -ешь> *св нпрх разг* dick werden; **~ на пирога́х** von Piroggen dick werden

раздобыва́|ть <-ю, ешь> *нсв,* **раздобы́ть** *св прх* aufbringen, beschaffen; **раздобы́ть хи́тростью** ergattern

раздо́|й <-я> *м* АГР Melken *nt*

раздо́ль|е <-я> *ср без мн* Weite *f; (свобода)* Freiheit *f*

раздо́льн|ый <-ая, -ое> *прил* sorglos; **раздо́льная жизнь** sorgloses Leben *nt*

раздо́р <-а> *м* Zwietracht *f;* **се́ять ~ ме́жду кем-л.** Zwietracht säen

раздоса́д|овать <-ую, -уешь> *св прх* verärgern; **неуспе́х раздоса́довал нас** der Misserfolg hat uns verärgert

раздража́|ть <-ю, -ешь> *нсв прх* reizen; *перен* reizen, ärgern

раздража́ющ|ий <-ая, -ее> *прил* **1.** ХИМ, ВОЕН Reiz-, Ätz-, ätzend; **раздража́ющие сре́дства** Ätzmittel *ntpl;* **раздража́ющие отравля́ющие вещества́** Reizkampfstoffe *mpl* **2.** *(тревожа́щий)* gereizt; **раздража́ющее беспоко́йство** reizbare Unruhe *f*

раздраже́ни|е <-я> *ср* Reizung *f; перен (гнев, доса́да)* Ärger *m*

раздражённос|ть <-ти> *ж* Gereiztheit *f*

раздражён|ный <-ная, -ное; -, -а́, -о́> *прил* gereizt, verärgert

раздражи́мос|ть <-ти> *ж без мн* Reizbarkeit *f;* **~ не́рва** Reizbarkeit des Nervs; **облада́ть сво́йством раздражи́мости** leicht erregbar sein

раздражи́те|ль <-ля> *м* Reiz *m*

раздражи́тельнос|ть <-ти> *ж* Reizbarkeit *f*

раздражи́те|льный <-льная, -льное; -лен, -льна, -льно> *прил* reizbar, jähzornig; *(ко́лкий)* kratzbürstig

раздразн|и́ть <-ю́, -и́шь> *св прх см.* **дразни́ть**

раздроб|и́ть <-лю́, -и́шь> *св прх см.* **дроби́ть**

раздробле́ни|е <-я> *ср* **1.** *(поврежде́ние)* Zerkleinerung *f,* Zerstück(e)lung *f,* Zersplitterung *f;* **~ кости́** Knochenzersplitterung *f* **2.** МАТ Resolvierung *f;* **~ ме́тров в сантиме́тры** Resolvierung der Meter in Zentimeter

раздро́бленнос|ть <-ти> *ж* Zersplitterung *f,* Zerrissenheit *f;* **~ интере́сов** Interessenzersplitterung *f;* **~ хозя́йств** Wirtschaftszersplitterung *f;* **пери́од феода́льной раздро́бленности** Periode der feudalen Zersplitterung

раздува́ни|е <-я> *ср* **1.** *(разжига́ние)* Entfachen *nt;* **~ огня́** Feuer Machen *nt* **2.** *(увеличе́ние)* Aufblasen *nt* **3.** *(преувеличе́ние)* Aufbauschen *nt,* Übertreibung *f;* **~ бюдже́та** Aufblähung *f* des Budgets

раздува́|ть <-ю, -ешь> *нсв,* **разду́ть** *св прх* **1.** *и перен (надува́ть)* aufbauschen, aufblasen; **~ вое́нные расхо́ды** Rüstungsausgaben in die Höhe treiben **2.** *(костёр, конфли́кт)* entfachen

разду́мыва|ть <-ю, -ешь> *нсв,* **разду́мать** *св нпрх* überlegen; *(приня́ть друго́е реше́ние)* sich besinnen

разду́мь|е <-я> *ср* Nachdenken *nt,* Überlegung *f;* **впасть в глубо́кое ~** tief in Gedanken versinken; **дели́ться разду́мьями** seine Eindrücke mitteilen; **выводи́ть из разду́мья** aus jds Gedanken holen; **наводи́ть на ~** nachdenklich machen

разду́т|ый <-ая, ое; -, -а, -о> *прил* **1.** *(разду́тый ве́тром)* aufgebauscht; **наду́тые паруса́** volle Segel *fpl* **2.** *разг (вспу́хший)* angeschwollen; **разду́тое лицо́** angeschwollenes Gesicht *nt;* **~ живо́т** dicker Bauch *m* **3.** *разг (увели́ченный)* übertrieben, aufgebläht, aufgeschwellt

разду́|ть <-ю, -ешь> *св прх см.* **раздува́ть**

разева́|ть <-ю, -ешь> *нсв,* **рази́нуть** *св прх* weit aufmachen, aufreißen; **рази́нуть широко́ пасть** gaffen; **рази́нуть рот от удивле́ния** vor Staunen den Mund weit aufmachen

разжа́лоб|ить <-лю, -ишь> *св прх* Mitleid erwecken, rühren, erweichen; **~ слеза́ми отца́** den Vater mit Tränen erweichen

разжа́|ловать <-лую, -луешь> *св прх* ВОЕН degradieren; **~ в рядовы́е** zum Soldaten degradieren

разжа́ть <разожму́, разожмёшь> *св прх см.* **разжима́ть**

разжёвыва|ть <-ю, -ешь> *нсв,* **разжева́ть** *св прх* **1.** *(измельчи́ть)* (zer)-kauen; **~ хорошо́ пи́щу** das Essen gut zerkauen **2.** *перен, разг (растолкова́ть)* erklären, durchkauen; **~ уро́к** die Lektion durchkauen; **е́сли ему́ не разжева́ть, он не поймёт** wenn man ihm nicht alles vorkaut, versteht er es nicht

разже́чь <разожгу́, разожжёшь> *св прх см.* **разжига́ть**

разжива́|ться <-юсь, -ешься> *нсв,* **разжи́ться** *св прх разг* **1.** *(разбогате́ть)* reich werden; **~ на поста́вках не́фти** durch Erdöllieferungen zu Geld kommen **2.** *(раздобы́ть)* auftreiben; **~ де́ньгами** Geld auftreiben

разжига́|ть <-ю, -ешь> *нсв,* **разже́чь** *св прх* entfachen, entzünden; *перен (стра́сти)* schüren, aufstacheln

Р

разжима́|ть <-ю, -ешь> *нсв,* **разжа́ть** *св прх* aufmachen, öffnen; **разжа́ть кула́к** die Faust öffnen; **разжа́ть бле́дные гу́бы** die bleichen Lippen öffnen; **~ пружи́ну** eine Feder loslassen

разжире́|ть <-ю, -ешь> *св нпрх см.* **жире́ть**

разжи́|ться <-ву́сь, -вёшься> *св прх см.* **разжива́ться**

раззадо́рива|ть <-ю, -ешь> *нсв,* **раззадо́рить** *св прх* anreizen, anfeuern, anspornen; **раззадо́рить чьё-л. любопы́тство** jds Neugier erwecken; **~ спо́рщиков** die Streitsüchtigen anfeuern

раззоло́чен|ный <-ная, -ное; -, -а, -о> *прил* vergoldet; **раззоло́ченные купола́ церкве́й** die vergoldeten Kirchenkuppeln; **в раззоло́ченной карти́нной ра́ме** im vergoldeten Bilderrahmen

раззя́в|а <-ы> *м и ж разг* Schlamper *m,* Nichtstuer *m;* **обозва́ть раззя́вой** jdn einen Schlamper nennen

рази́н|уть <-у, -ешь> *св прх см.* **разева́ть**

рази́н|я <-и> *м и ж* Schlafmütze *f,* zerstreuter Mensch *m*

разите|льный <-льная, -льное; -лен, -льна, -льно> *прил* überraschend, frappierend; **~ приме́р** krasses Beispiel *nt*

рази́ть <ражу́, рази́шь> *нсв (н)прх* **1.** *книжн (бить, громи́ть)* schlagen, niederhauen, niedermachen; **~ врага́** den Feind zur Strecke bringen; **~ мечо́м** mit einem Schwert niederschlagen **2.** *то́лько 3 л, разг (па́хнуть)* stinken; **из ку́хни рази́т лу́ком** aus der Küche riecht es stark nach Zwiebel; **от него́ рази́т спи́ртом** er stinkt nach Alkohol

разлага́|ть <-ю, -ешь> *нсв,* **разложи́ть** *св прх* zerlegen, zersetzen; *перен* korrumpieren

разлага́|ться <-юсь, -ешься> *нсв,* **разложи́ться** *св рефл* zerfallen, sich zersetzen; *(гнить, тлеть)* verwesen; *перен* moralisch verkommen

разлага́ющ|ий <-ая, -ее> *прил* zersetzend; demoralisierend; **оказа́ть разлага́ющее влия́ние на кого́-л.** auf jdn demoralisierend wirken

разла́д <-а> *м* **1.** *(несогла́сие)* Diskrepanz *f,* Unstimmigkeit *f* **2.** *(ссо́ра, раздо́р)* Zwist *m,* Zwietracht *f*

разла́|дить <-жу, -дишь> *св прх см.* **разла́живать**

разла́жен|ный <-ная, -ное; -, -а, -о> *прил* verdorben; **~ механи́зм** ein kaputtes Getriebe; **разла́женное пиани́но** verstimmtes Klavier *nt*

разла́жива|ть <-ю, -ешь> *нсв,* **разла́дить** *св прх разг* **1.** *(испо́ртить)* verderben; **~ стано́к** eine Drehbank ruinieren **2.** *(расстро́ить)* stören; **~ де́ло** einer Sache in die Quere kommen; **~ сва́дьбу** eine Hochzeit platzen lassen

разла́мыва|ть <-ю, -ешь> *нсв,* **разлома́ть, разломи́ть** *св прх* brechen, zerbrechen; *(дом)* abreißen, zerstören

разла́мыва|ться <-юсь, -ешься> *нсв,* **разлома́ться, разломи́ться** *св рефл* entzweibrechen

разла́|яться <-юсь, -ешься> *св рефл* unaufhörlich bellen, unaufhörlich schimpfen; **соба́ки во дворе́ разла́ялись** die Hunde auf dem Hof bellten unaufhörlich

разлёт <-а> *м* **1.** *(очерта́ние)* Kontur *f,* Umriss *m;* **~ брове́й** die Kontur der Augenbrauen **2.** *(на большо́й ско́рости)* mit hoher Geschwindigkeit; **с разлёта упа́сть** mit hoher Geschwindigkeit (ab)stürzen

разлета́|ться <-юсь, -ешься> *нсв,* **разлете́ться** *св рефл* **1.** *то́лько 3 л (улете́ть в ра́зные сто́роны)* auseinander fliegen, sich zerstreuen; **пти́цы разлете́лись** die Vögel flogen auseinander; **де́ти разлете́лись кто куда́** die Kinder gingen jeder seinen Weg **2.** *то́лько 3 л, разг (разби́ться)* zerspringen, zersplittern; **~ на куски́** in Scherben gehen **3.** *то́лько 3 л, перен (исче́знуть)* verfliegen; **мечты́ разлете́лись как дым** die Träume zerplatzten wie Seifenblasen; **~ пра́хом** zerstieben **4.** *ирон (поспе́шно яви́ться)* angerannt kommen **5.** *(распространи́ться)* sich verbreiten, bekannt werden; **но́вость разлете́лась мгнове́нно** die Neuigkeit hat sich blitzschnell verbreitet

раз|ле́чься <-ля́гусь, -ля́жешься> *св рефл разг* sich ausstrecken; **~ на дива́не** sich auf dem Sofa ausstrecken

разли́в <-а> *м* Überschwemmung *f,* Hochwasser *nt;* *(алкого́льных напи́тков)* Ausschank *m;* **~ не́фти** Ölpest *f*

разлива́тельн|ый <-ая, oe> *прил* **разлива́тельная ло́жка** Kelle *f,* Schöpflöffel *m*

разлива́|ть <-ю, -ешь> *нсв,* **разли́ть** *св прх* **1.** *(в буты́лки)* eingießen, abfüllen **2.** *(пролива́ть)* verschütten, vergießen; **их водо́й не разольёшь** sie halten wie Pech und Schwefel zusammen

разлива́|ться <-ется> *нсв,* **разли́ться** *св безл то́лько 3 л* **1.** *(проли́ться)* vergossen werden; **ко́фе разли́лся** der Kaffee wurde verschüttet; **разли́ться по по́лу** auf dem Boden vergossen werden; **~ реко́й** *перен* in Tränen aufgehen **2.** *(вы́йти из берего́в)* über die Ufer treten; **река́ разлила́сь** der Fluss trat über die Ufer **3.** *(распространи́ться)* sich verbreiten; **румя́нец разли́лся по щека́м** die Röte trat in das Gesicht; **свет разли́лся по ко́мнате** das Licht durchflutete das ganze Zimmer **4.** *ирон (с увлече́нием говори́ть)* viel reden; **~ восто́рженной ре́чью** exaltierte Reden halten **5.** мед sich ergießen; **аппендици́т разли́лся** der Blinddarm platzte

разли́вк|а <-и> *ж* тех Gießen *nt*, Vergießen *nt*; **~ ста́ли** Stahlgießen *nt*

разливн|о́й <-а́я, -о́е> *прил* vom Fass; **разливно́е пи́во** Bier *nt* vom Fass; **разливно́е молоко́** lose Milch *f*

разли́вочн|ый <-ая, -ое> *прил* тех Abfüll-, Gieß-; **~ ковш** Gießkübel *m*; **разли́вочная маши́на** Abfüllmaschine *f*

разлино́выва|ть <-ю, -ешь> *нсв*, **разлинова́ть** *св прх* linieren; **~ лист** ein Blatt linieren; **~ поля́ в тетра́ди** die Felder im Heft linieren

разли́ться <разолью́сь, разольёшься> *св рефл см.* **разлива́ться**

различа́|ть <-ю, -ешь> *нсв*, **различи́ть** *св прх* unterscheiden, auseinanderhalten

разли́чи|е <-я> *ср* Unterschied *m*, Differenz *f*; **~ мне́ний** Meinungsverschiedenheit *f*

различи́м|ый <-ая, -ое> *прил* erkennbar; **различи́мая тропа́** gut erkennbarer Pfad *m*; **хорошо́ ~ звук** gut zu unterscheidender Laut *m*

различи́тельн|ый <-ая, -ое> *прил* unterscheidend, Unterscheidungs-; **~ при́знак** Unterscheidungsmerkmal *m*

разли́ч|ный <-ная, -ное; -ен, -на, -но> *прил* verschieden, unterschiedlich

разложе́ни|е <-я> *ср* **1.** *(распа́д)* Zerfall *m* **2.** *(на ча́сти)* Zerlegung *f* **3.** биол Abbau *m* **4.** *(гние́ние)* Verwesung *f* **5.** *перен* Niedergang *m*, moralische Verkommenheit *f (в о́бществе)* moralischer Verfall *m*

разл|ожи́ть <-ожу́, -о́жишь> *св прх см.* **раскла́дывать**

разло́м <-а> *м* **1.** *(тре́щина)* Bruch *m*, Bruchstelle *f*; **ли́нии разло́ма** Bruchlinien *pl*; **тектони́ческий ~** tektonischer Bruch *m* **2.** *перен (разла́д)* Unstimmigkeit *f*, Streit *m*; **~ в отноше́ниях** Uneinigkeit *f* in den Beziehungen

разлома́|ть <-ю, -ешь> *св прх см.* **разла́мывать**

разлу́к|а <-и> *ж* Trennung *f*, Abschied *m*

разлуча́|ть <-ю, -ешь> *нсв*, **разлучи́ть** *св прх* trennen, scheiden; **судьба́ разлучи́ла друзе́й** das Schicksal hat die Freunde getrennt; **разлучи́ть мать с детьми́** die Mutter von den Kindern trennen

разлу́чник <-а> *м*, **разлу́чниц|а** <-ы> *ж разг* jemand, der Zwietracht sät; **судьба́-разлу́чница** das Schicksal, das Unfrieden gestiftet hat

разл|юби́ть <-юблю́, -ю́бишь> *св прх* aufhören zu lieben, nicht mehr mögen; **~ спорт** für Sport nichts mehr übrig haben

размагни́чива|ться <-юсь, -ешься> *нсв*, **размагни́титься** *св рефл* **1.** физ entmagnetisieren; **сталь размагни́тилась** der Stahl wurde entmagnetisiert **2.** *перен, разг (стать несо́бранным)* zerstreut sein

разма́|зать <-жу, -жешь> *св прх см.* **разма́зывать**

размазн|я́ <-и́> *м и ж разг, перен, презрит* Waschlappen *m*

разма́зыва|ть <-ю, -ешь> *нсв*, **разма́зать** *св прх* **1.** *(разнести́ по пове́рхности)* verstreichen, verschmieren; **~ ма́сло** die Butter verstreichen; **~ слезы по лицу́** die Tränen im Gesicht verwischen; **~ кра́ску на рису́нке** die Farbe auf dem Bild verschmieren **2.** *перен, разг (подро́бно рассказа́ть)* weitschweifig beschreiben; **~ описа́ние на це́лую страни́цу** die Beschreibung über die ganze Seite hinziehen

размалёвыва|ть <-ю, -ешь> *нсв*, **размалева́ть** *св прх разг* anmalen; **~ сте́ны** die Wände anschmieren; **~ кра́ской лицо́** das Gesicht mit Farbe beschmieren

разма́лыва|ть <-ю, -ешь> *нсв*, **размоло́ть** *св прх* (zer)mahlen; **~ пшени́цу** Weizen *m* zermahlen; **~ ко́фе** Kaffee *m* mahlen

разма́рива|ть <-ет> *нсв*, **размори́ть** *св безл, то́лько 3 л* erschöpfen, schlapp machen, entkräften; **меня́ размори́л сон** der Schlaf hat mich übermannt; **жара́ нас размори́ла** die Hitze hat mich ganz schlapp gemacht

разма́тыва|ть <-ю, -ешь> *нсв*, **размота́ть** *св прх* auswickeln, abwickeln

разма́х <-а> *м* **1.** *(си́ла взма́ха)* Wucht *f*; *перен* Schwung *m* **2.** *(кры́льев)* Spannweite *f*

разма́хива|ть <-ю, -ешь> *нсв нпрх* hin und her schwingen, schwenken; **~ рука́ми** gestikulieren

разма́хива|ться <-юсь, -ешься> *нсв*, **размахну́ться** *св рефл* zum Schlag ausholen

разма́шист|ый <-ая, -ое; -, -а, -о> *прил* **1.** *(немно́го небре́жный)* schwungvoll; **~ по́черк** schwungvolle Schrift *f*; **разма́шистая по́дпись** schwungvolle Unterschrift *f* **2.** *(свобо́дный, широ́кий)* weit; **идти́ разма́шистым ша́гом** mit großen Schritten gehen; **~ жест** große Geste *f*; **~ просто́р поле́й** die Weite der Felder

размежева́ни|е <-я> *ср* Abgrenzung *f*, Vermessung *f*; **~ земе́льных уча́стков** Vermessung der Grundstücke

размежёвыва|ть <-ю, -ешь> *нсв*, **размежева́ть** *св прх и перен* Grenzen setzen, abgrenzen; **~ зе́млю** die Parzelle abgrenzen; **~ интере́сы** die Interessen abgrenzen; **~ рабо́ту учрежде́ний** die Arbeit im Betrieb aufteilen

размельч|и́ть <-у́, -и́шь> *св прх* zerkleinern, zerstückeln; **~ оре́хи в сту́пке** Nüsse im Mörser fein mahlen; **~ кусо́к ква́рца** ein Stück Quarz zerstoßen

разме́н <-а> *м* Wechsel *m*, Austausch *m*

разме́нива|ть <-ю, -ешь> *нсв*, **разменя́ть**

Р

св прх einen Tausch machen, austauschen; *(де́ньги)* wechseln

разме́нн|ый <-ая, -ое> *прил* Wechsel-; **разме́нная моне́та** Kleingeld *nt*

разменя́|ть <-ю, -ешь> *св прх см.* **разме́нивать**

разме́р <-а> *м* **1.** *(объём)* Umfang *m* **2.** *(масшта́б)* Ausmaß *nt* **3.** *(су́мма)* Höhe *f*, Betrag *m* **4.** *(оде́жды, о́буви)* Dimension *f*, Größe *f*; **~ вы́платы** Auszahlungsbetrag *m*; **~ изде́ржек** Kostenhöhe *f*; **~ креди́тного обеспе́чения** Besicherungswert *m*; **~ о́буви** Schuhgröße *f*; **~ оде́жды** Konfektionsgröße *f*; **~ окна́** ИНФОРМ Fenstergröße *f*; **~ па́ртии** [*или* **се́рии**] Auflage *f*; **~ проце́нта** Zinsniveau *nt*; **~ зака́за** Auftragshöhe *f*; **~ части́чного взно́са** [*или* **платежа́**] Teilzahlungsbetrag *m*; **~ фа́йла** ИНФОРМ Dateigröße *f*

разме́рен|ный <-ная, -ное; -, -а, -о> *прил* gemessen, gleichmäßig; **~ звон ко́локола** der gleichmäßige Schlag der Glocke; **разме́ренная похо́дка** gleichmäßiger Gang *m*; **разме́ренная жизнь** ruhiges Leben *nt*

разме́р|ить <-ю, -ишь> *св прх см.* **размеря́ть**

разме́рнос|ть <-ти> *ж* ФИЗ, МАТ Dimension *f*, Grundmaß *nt*; **тео́рия разме́рностей** Dimensionstheorie *f*; **ана́лиз разме́рностей** Dimensionsanalyse *f*

размеря́|ть <-ю, -ешь> *нсв*, **разме́рить** *св прх* **1.** *(установи́ть разме́ры)* vermessen, messen, ausmessen; **~ уча́сток для строи́тельства** ein Baugrundstück vermessen **2.** *перен (рассчита́ть)* berechnen; **~ си́лу уда́ра** die Wucht des Schlages berechnen

разм|еси́ть <-ешу́, -е́сишь> *св прх см.* **разме́шивать**

разме|сти́ть <-щу́, -сти́шь> *св прх см.* **размеща́ть**

разме́|тить <-чу, -тишь> *св прх см.* **размеча́ть**

разметк|а <-и> *ж* Markierung *f*; **расширя́емый язы́к разме́тки** ИНФОРМ XML *nt*, Extensible Markup Language

размёточн|ый <-ая, -ое> *прил* Markier-, Anreiß-; **~ инструме́нт** Markierungswerkzeug *nt*; **размёточные рабо́ты** Anreißarbeiten *pl*

размётчик <-а> *м*, **размётчиц|а** <-ы> *ж* Anreißer(in) *m(f)*

размеча́|ть <-ю, -ешь> *нсв*, **разме́тить** *св прх* markieren, kennzeichnen

разме́шива|ть <-ю, -ешь> *нсв*, **размеша́ть, размеси́ть** *св прх* **1.** *(сме́шивать что-л. с чем-л.)* vermischen, durchrühren; **~ ло́жкой кака́о в молоке́** den Kakao in der Milch mit dem Löffel einrühren; **~ стира́льный порошо́к в воде́** das Waschpulver im Wasser auflösen **2.** *(перемеша́ть и размя́ть что-л.)* kneten; **~ те́сто для пирога́** Teig für die Piroggen kneten; **~ гли́ну** Lehm *m* kneten

размеща́|ть <-ю, -ешь> *нсв*, **размести́ть** *св прх* platzieren, unterbringen; **~ файл** ИНФОРМ eine Datei ablegen; ВОЕН einquartieren, stationieren

размеще́ни|е <-я> *ср* Unterbringung *f*; *(распределе́ние)* Verteilung *f*; *(распростране́ние)* Verbreitung *f*; **~ предприя́тий** Ansiedlung *f*; **~ зака́зов** Auftragsvergabe *f*

размина́|ть <-ю, -ешь> *нсв*, **размя́ть** *св прх* **1.** *(те́сто)* kneten; **~ но́ги** sich die Beine vertreten **2.** *(мять, дави́ть)* zerdrücken, zerquetschen

размини́р|овать <-ую, -уешь> *св прх* ВОЕН entminen; **~ ме́стность** die Gegend entminen; **~ доро́ги к го́роду** die Straße zur Stadt entminen

рази́нк|а <-и> *ж* СПОРТ Warmlaufen *nt*, Einlaufen *nt*, Aufwärmen *nt*; **рази́нка перед соревнова́ниями** Warmlaufen vor dem Wettkampf; **~ кома́нд** Einlaufen der Mannschaften

размин|у́ться <-у́сь, -ёшься> *нсв рефл* *(с кем-л.)* sich verfehlen, sich verpassen

размножа́|ть <-ю, -ешь> *нсв*, **размно́жить** *св прх* vervielfältigen; *(мно́жить)* vermehren; БИОЛ anbauen; *(живо́тных)* züchten

размножа́|ться <-юсь, -ешься> *нсв*, **размно́житься** *св рефл* sich vermehren; БИОЛ sich fortpflanzen

размноже́ни|е <-я> *ср* Vervielfältigung *f*; БИОЛ Fortpflanzung *f*, Vermehrung *f*

размозжа́|ть <-ю, -ешь> *нсв*, **размозжи́ть** *св прх разг* zerschmettern, zermalmen, zerquetschen; **размозжи́ть го́лову** sich den Schädel einschlagen; **размозжи́ть кость** den Knochen zermalmen

размо́ин|а <-ы> *ж* Aushöhlung *f*

размо́л <-а> *м* Mahlen *nt*, Ausmahlung *f*; **мука́ ме́лкого размо́ла** mittelfeines Mehl; **~ зерна́** Kornmahlen *nt*

размо́лвк|а <-и> *ж* Verstimmung *f*, Unstimmigkeit *f*

раз|моло́ть <-мелю́, -ме́лешь> *св прх см.* **разма́лывать**

размора́живани|е <-я> *ср* Auftauen *nt*

размора́жива|ть <-ю, -ешь> *нсв*, **разморо́зить** *св прх* auftauen; **~ ры́бу** den Fisch auftauen

размор|и́ть <-ю́, -и́шь> *св прх см.* **разма́ривать**

разморо́|зить <-жу, -зишь> *св прх см.* **размора́живать**

размота́|ть <-ю, -ешь> *св прх см.* **разма́тывать**

размо́тк|а <-и> *ж* Abwickeln *nt*, Abspülen *nt*, Abhaspeln *nt*

размы́в <-а> *м* Unterspülung *f*, Auswaschung *f*; **~ бе́рега** Unterspülung *f* des Ufers; **~ по́чвы** Bodenauswaschung *f*

размыка́ни|е <-я> *ср* **1.** эл Ausschaltung *f,* Öffnen *nt;* ~ **конта́ктов** Kontakttrennung *f* **2.** ж.-д. Entriegelung *f,* Öffnen *nt*

размыка́|ть <-ю, -ешь> *нсв,* **разомкну́ть** *св прх* **1.** *(разъедини́ть)* ausschalten; *(раздви́нуть)* trennen; **разомкну́ть конта́кт** den Kontakt ausschalten **2.** *(раскры́ть)* öffnen; **разомкну́ть воро́та шлю́за** die Schleusentore öffnen; **разомкну́ть гу́бы** die Lippen öffnen; **с трудо́м разомкну́ть ве́ки** mit Mühe die Augenlider öffnen

размы́т|ый <-ая, -ое; -, -а, -о> *прил* unscharf, verschwommen; **размы́тые грани́цы** fließende Grenzen *fpl*

размышле́ни|е <-я> *ср* Überlegung *f;* *(рефле́ксия)* Reflexion *f*

размышля́|ть <-ю, -ешь> *нсв нпрх* überlegen; *(предава́ться мы́слям)* grübeln

размягча́|ть <-ю, -ешь> *нсв,* **размягчи́ть** *св прх* **1.** *(сде́лать мя́гким)* erweichen, aufweichen, weich machen; ~ **воск** Wachs erweichen; ~ **ко́жу** die Haut weich machen **2.** *перен (расположи́ть к себе́)* aufweichen, verweichen; ~ **чьё-л. се́рдце** jds Herz erweichen

размягче́ни|е <-я> *ср* мед Erweichung *f;* ~ **косте́й** Knochenerweichung *f*

размягч|и́ть <-у́, -и́шь> *св прх см.* **размягча́ть**

размяка́|ть <-ю, -ешь> *нсв,* **размя́кнуть** *св нпрх* durchweichen, weich werden

размя́ть <разомну́, разомнёшь> *св прх см.* **размина́ть**

разнаря́дк|а <-и> *ж* Vorgabe *f,* Auflage *f*

разне́жива|ться <-юсь, -ешься> *нсв,* **разне́житься** *св рефл* verweichlichen; **разне́житься в тепле́** in der Wärme weich werden; **разне́житься от ра́достного изве́стия** von der freudigen Nachricht gerührt sein

разнес|ти́ <-у́, -ёшь> *св прх см.* **разноси́ть**

разнес|ти́сь <-у́сь, -ёшься> *св рефл см.* **разноси́ться**

разнима́|ть <-ю, -ешь> *нсв,* **разня́ть** *св прх разг* **1.** *(раздели́ть, разъедини́ть)* auseinander bringen, trennen; **разня́ть ру́ки** die Hände auseinander nehmen; ~ **констру́ктор на ча́сти** die Baukastenkonstruktion auseinander nehmen **2.** *(развести́ си́лой)* auseinander bringen; ~ **драчуно́в** die Raufbolde auseinander bringen

ра́зн|иться <-юсь, -ишься> *нсв рефл* verschieden sein, sich unterscheiden; ~ **во вку́сах и взгля́дах** sich in Geschmack und Ansichten unterscheiden; ~ **по убежде́ниям** verschiedener Meinungen sein

ра́зниц|а <-ы> *ж* Unterschied *m,* Differenz *f;* *(расхожде́ние)* Spanne *f;* ~ **в ку́рсах** Kursdifferenz *f;* ~ **в цене́** Preisunterschied *m;* ~ **ме́жду дохо́дами и расхо́дами** Gewinnspanne *f;* ~ **ме́жду ку́рсами покупа́теля и продавца́** Ecart *m;* ~ **ме́жду са́мой ни́зкой и са́мой высо́кой цено́й** Mehrgebot *nt;* ~ **ме́жду су́ммами** Differenzbetrag *m*

разнобо́|й <-я> *м* Unstimmigkeit *f,* Uneinigkeit *f,* Missklang *m;* **устрани́ть ~ в правописа́нии** die Unstimmigkeiten in der Rechtschreibung ausgleichen; ~ **в рабо́те** Unstimmigkeiten *fpl* in der Arbeit

разнове́с <-а> *м* Gewichtssatz *m*

разнови́днос|ть <-ти> *ж* Abart *f,* Abänderung *f,* Variante *f*

разногла́си|е <-я> *ср* Meinungsverschiedenheit *f;* *(противоре́чие)* Widerspruch *m;* *(расхожде́ние)* Diskrepanz *f;* *(ра́зница)* Differenz *f;* **разногла́сия** Dissens *m*

разноголо́сиц|а <-ы> *ж разг* **1.** *(нестро́йное пе́ние)* Missklang *m,* Misston *m,* Dissonanz *f* **2.** *(несогласо́ванность мне́ний)* Uneinigkeit *f*

разноголо́с|ый <-ая, -ое; -, -а, -о> *прил* **1.** *(нестро́йный)* disharmonisch **2.** *(с ра́зными голоса́ми)* vielstimmig; **разноголо́сые пти́цы** vielstimmige Vögel *mpl;* ~ **шум у́лицы** vielstimmiger Straßenlärm *m;* ~ **хор** mehrstimmiger Chor *m*

ра́зно|е <-го> *ср то́лько ед* Allerlei *nt,* Verschiedenes *nt;* **на пове́стке дня ~** Verschiedenes steht auf der Tagesordnung

разноиме́нн|ый <-ая, -ое> *прил* ungleich; **разноименные электри́ческие заря́ды** ungleiche elektrische Ladungen *fpl*

разнокали́берн|ый <-ая, -ое> *прил* **1.** *(ра́зный по кали́бру)* von verschiedenem Kaliber; **разнокали́берные охо́тничьи ру́жья** Jagdgewehre *ntpl* von verschiedenem Kaliber **2.** *перен (неодноро́дный)* verschieden, verschiedenartig; **разнокали́берные таре́лки** verschiedene Teller *mpl*

разноли́к|ий <-ая, -ое; -, -а, -о> *прил* mannigfaltig, vielgestaltig; **разноли́кая толпа́** vielgestaltige Menschenmenge *f*

разнома́ст|ный <-ная, -ное; -ен, -на, -но> *прил* **1.** *(с ра́зной окра́ской)* verschiedenfarbig *(für Tiere);* **разнома́стные ко́ни** verschiedenfarbige Pferde *ntpl* **2.** *(разнообра́зный)* bunt, verschieden

разнообра́зи|е <-я> *ср* Vielfalt *f;* *(переме́на)* Abwechslung *f*

разнообра́|зить <-жу, -зишь> *св прх* Abwechslung *f* schaffen, verschiedenartig gestalten; ~ **меню́ в рестора́не** Abwechslung in die Speisekarte der Gaststätte bringen; ~ **заня́тия с детьми́** den Unterricht mit den Kindern auflockern

разнообра́з|ный <-ная, -ное; -ен, -на, -но> *прил* **1.** *(ра́зный)* verschieden, verschiedenartig **2.** *(о впечатле́ниях)* abwechslungsreich

разноплеме́нн|ый <-ая, ое> *прил* mit verschiedenen Volksstämmen

Р

разнопо́л|ый <-ая, ое> *прил* биол von verschiedenem Geschlecht, verschiedengeschlechtlich, heterosexuell

разнорабо́ч|ий <-его> *м* Hilfsarbeiter *m*

разноречи́в|ый <-ая, -ое; -, -а, -о> *прил* widersprüchlich; **разноречи́вые чу́вства** widersprüchliche Gefühle *ntpl*

разноро́д|ный <-ная, -ное; -ен, -на, -но> *прил* ungleichartig, heterogen

разно́с <-а> *м* Zustellung *f; перен* Verweis *m,* Rüffel *m,* strenge Zurechtweisung *f;* **продава́ть в ~** hausieren

разн|оси́ть <-ошу́, -о́сишь> *нсв,* **разнести́** *св прх* **1.** *(по́чту)* austragen, zustellen **2.** *разг* zertrümmern; **разнести́ в пух и прах** *перен* Kleinholz machen aus *+dat*

разноси́ться <разно́сится> *нсв,* **разнести́сь** *св безл, то́лько 3 л* sich schnell verbreiten; **весть разнесла́сь по селу́** die Neuigkeit hat sich im Dorf schnell verbreitet; **разнёсся звон** das Geläut ertönte; **за́пах жа́реного разнёсся по до́му** der Geruch von Gebratenem erfüllte das Haus

разносклоня́ем|ый <-ая, -ое> *прил* лингв verschieden deklinierbar; **разносклоня́емые существи́тельные** verschieden deklinierbare Substantive *ntpl*

разно́сн|ый <-ая, -ое> *прил* **1.** *(для регистра́ции)* Liefer-; **разно́сная кни́га** Lieferbuch *nt,* Zustellbuch *nt* **2.** *разг (руга́тельный)* zurechtweisend; **разно́сная статья́** Schmähartikel *m*

разносо́л <-а> *м* mannigfaltige Delikatessen *fpl;* **привы́кнуть к разносо́лу** sich an mannigfaltige Delikatessen gewöhnen

разноспряга́ем|ый <-ая, -ое> *прил* лингв verschieden konjugierbar; **~ глаго́л** verschieden konjugierbares Verb *nt*

разносторо́н|ний <-ная, -ное; -ен, -ня, -не> *прил* **1.** *(многообра́зный)* vielseitig, vielfältig; **разносторо́нняя де́ятельность** vielseitige Tätigkeit *f;* **получи́ть разносторо́ннее образова́ние** eine vielseitige Ausbildung bekommen **2.** мат ungleichseitig; **~ треуго́льник** ungleichseitiges Dreieck *nt*

разносторо́ннос|ть <-ти> *ж* Vielseitigkeit *f;* **~ интере́сов** Vielseitigkeit *f* der Interessen

ра́знос|ть <-ти> *ж* Unterschied *m,* Verschiedenartigkeit *f;* мат Differenz *f*

разно́счик <-а> *м,* **разно́счиц|а** <-ы> *ж* **1.** *(доста́вщик)* Austräger(in) *m(f),* Bote *m,* Laufbursche *m;* **~ газе́т** Zeitungsjunge *m;* **~ посы́лок** Paketbote *m* **2.** *(распространи́тель)* Verbreiter(in) *m(f),* Vertreiber *m; (газе́т)* (Zeitungs)Verkäufer *m;* **~ инфе́кции** Infektionsträger *m*

разноти́п|ный <-ная, -ное; -ен, -на, -но> *прил* verschiedenen Typs, von unterschiedlicher Bauart

разнохара́ктер|ный <-ная, -ное; -ен, -на, -но> *прил* **1.** театр verschiedenen Charakters **2.** *(разнообра́зный)* wesensverschieden, bunt, gemischt

разноцве́т|ный <-ная, -ное; -ен, -на, -но> *прил* vielfarbig, verschiedenfarbig, polychrom; **разноцве́тные ша́рики** bunte Bälle *ntpl;* **разноцве́тные афи́ши** mehrfarbige Plakate *mpl*

разночте́ни|е <-я> *ср* unterschiedliche Lesart *f,* Variante *f;* **ана́лиз разночте́ний** Analyse der unterschiedlichen Lesarten

разношёрст|ный <-ная, -ное; -ен, -на, -но> *прил* verschiedenartig; *перен* gemischt, kunterbunt

разноязы́ч|ный <-ная, -ное; -ен, -на, -но> *прил* mehrsprachig, verschiedensprachig, vielsprachig; **разноязы́чная пу́блика** mehrsprachiges Publikum *nt*

разну́зданнос|ть <-ти> *ж* Zügellosigkeit *f*

разну́здан|ный <-ная, -ное; -, -на, -но> *прил* zügellos, ausschweifend

ра́зн|ый <-ая, -ое> *прил* verschieden, unterschiedlich

разню́хива|ть <-ю, -ешь> *нсв,* **разню́хать** *св прх разг* **1.** *(определи́ть по за́паху)* aufspüren, wittern; **~ за́ячий след** die Hasenspur wittern **2.** *перен (разузна́ть)* dahinter kommen, herauskriegen; **~ о пое́здке** alles über die Reise herauskriegen; **~ все подро́бности** alle Details herauskriegen

разн|я́ть <-иму́, -и́мешь> *св прх см.* **разнима́ть**

разоблача́|ть <-ю, -ешь> *нсв,* **разоблачи́ть** *св прх* **1.** *книжн* entkleiden **2.** *перен* entlarven, aufdecken

разоблачи́тельн|ый <-ая, -ое> *прил* entlarvend, bloßstellend, enthüllend; **разоблачи́тельная пье́са** entlarvendes Theaterstück *nt;* **~ репорта́ж** Enthüllungsreportage *f*

раз|obра́ть <-беру́, -берёшь> *св прх см.* **разбира́ть**

разобща́|ть <-ю, -ешь> *нсв,* **разобщи́ть** *св прх* trennen, entfremden; **поли́тика разобщи́ла нас** die Politik hat uns entfremdet

разобще́ни|е <-я> *ср* Desintegration *f,* Trennung *f*

разобщ|и́ть <-у́, -и́шь> *св прх см.* **разобща́ть**

ра́зов|ый <-ая, -ое> *прил* einmalig; *(однора́зовый)* Einweg-; **~ проездно́й биле́т** Einzelfahrschein *m;* **ра́зовое мероприя́тие** einmalige Aktion *f;* **~ шприц** Einwegspritze *f;* **ра́зовая дове́ренность** Einzelvollmacht *f;* **ра́зовая та́ра** Einwegverpackung *f;* **~ нало́г на иму́щество** Vermögensabgabe *f;* **~ покупа́тель** Laufkunde *m*

раз|огна́ть <-гоню́, -го́нишь> *св прх см.* **разгоня́ть**

раз|огна́ться <-гоню́сь, -го́нишься> *св рефл см.* **разгоня́ться**

разогн|у́ть <-у́, -ёшь> *св прх см.* **раз-**

гиба́ть

разогре́в <-а> *м* ТЕХ Erwärmung *f,* Erhitzen *nt,* Aufheizung *f;* **~ дви́гателя** Motorerhitzung *f;* **~ мазу́та** Ölerhitzung *f*

разогрева́|ть <-ю, -ешь> *нсв,* **разогре́ть** *св прх* **1.** *(подогре́ть)* aufwärmen **2.** *(нагре́ть)* erwärmen, erhitzen

разоде́т|ый <-ая, -ое; -, -а, -о> *кратк. прил* geschniegelt, herausgeputzt

раз|оде́ться <-де́нусь, -де́нешься> *св рефл* sich herausputzen, sich in Schale werfen

разозл|и́ть <-ю́, -и́шь> *св прх см.* **зли́ть**

разозл|и́ться <-ю́сь, -и́шься> *св рефл* aufgebracht sein, wütend werden; **~ на прия́теля** auf den Freund wütend werden

разой|ти́сь <-ду́сь, -дёшься> *св рефл см.* **расходи́ться**

ра́зом *нрч* schlagartig, auf Anhieb, über Nacht

разомкн|у́ть <-у́, -ешь> *св прх см.* **размыка́ть**

разомлева́|ть <-ю, -ешь> *нсв,* **разомле́ть** *св нпрх разг* erschöpft sein, schlapp werden; **~ от жары́** von der Hitze erschöpft sein; **~ от сы́тного обе́да** vom üppigen Mittagessen schlapp werden

разонра́в|иться <-люсь, -ишься> *св рефл* nicht mehr gefallen

разо́рван|ный <-ая, -ое; -, -а, -о> *прил* **1.** *(рва́ный)* zerrissen, zerfetzt; **~ носо́к** zerrissene Socke *f;* **разо́рванная кни́га** zerfetztes Buch *nt* **2.** *(разобщённый, разъединённый)* gebrochen

разорв|а́ть <-у́, -ёшь> *св прх см.* **разрыва́ть**

разорв|а́ться <-у́сь, -ёшься> *св рефл см.* **разрыва́ться**

разоре́ни|е <-я> *ср* Ruin *m,* Zusammenbruch *m*

разори́те|льный <-льная, -льное; -лен, -льна, -льно> *прил* verheerend, zerstörend; **разори́тельные тра́ты** ruinöse Ausgaben *fpl;* **~ суде́бный проце́сс** teurer Gerichtsprozess *nt*

разор|и́ть <-ю́, -и́шь> *св прх см.* **разоря́ть**

разор|и́ться <-ю́сь, -и́шься> *св рефл см.* **разоря́ться**

разоружа́|ть <-ю, -ешь> *нсв,* **разоружи́ть** *св прх и перен* entwaffnen

разоруже́ни|е <-я> *ср* ПОЛ Abrüstung *f,* Entwaffnung *f*

разоря́|ть <-ю, -ешь> *нсв,* **разори́ть** *св прх* ruinieren, zerstören

разоря́|ться <-юсь, -ешься> *нсв,* **разори́ться** *св рефл* **1.** *(обедне́ть)* verarmen, herunterkommen; **разори́ться на тёмных сде́лках** durch dunkle Geschäfte ruiniert werden **2.** *разг (потра́тить де́ньги)* ausgeben, verbrauchen; **разори́ться на такси́** Geld für ein Taxi ausgeben

разо|сла́ть <-шлю́, -шлешь> *св прх см.* **рассыла́ть**

разоткрове́нничa|ться <-юсь, -ешься> *нсв рефл* aus sich herausgehen

разохо́|титься <-чусь, -тишься> *св рефл (на что-л.)* Lust bekommen zu *+dat*

разочарова́ни|е <-я> *ср (разочаро́ванность)* Enttäuschung *f*

разочаро́ван|ный <-ная, -ное; -, -а, -о> *прил* enttäuscht

разочар|ова́ть <-у́ю, -у́ешь> *св прх см.* **разочаро́вывать**

разочар|ова́ться <-у́юсь, -у́ешься> *св рефл см.* **разочаро́вываться**

разочаро́выва|ть <-ю, -ешь> *нсв,* **разочарова́ть** *св прх* enttäuschen

разочаро́выва|ться <-юсь, -ешься> *нсв,* **разочарова́ться** *св рефл* enttäuscht sein; **~ в поли́тиках** von der Politik enttäuscht sein; **~ в друзья́х** von den Freunden enttäuscht sein

разраба́тыва|ть <-ю, -ешь> *нсв,* **разрабо́тать** *св прх (выраба́тывать)* entwickeln, erarbeiten, ausarbeiten, konzipieren; **~ пробле́му** ein Problem herausarbeiten

разрабо́тк|а <-и> *ж* Entwicklung *f,* Erarbeitung *f,* Konzipierung *f; (нау́чная)* Studie *f;* ШАХТ Abbau *f;* **го́рные разрабо́тки** Bergbau *m;* **~ но́вого проду́кта** [*или* **това́ра**] Produktinnovation *f*

разража́|ться <-юсь, -ешься> *нсв,* **разрази́ться** *св рефл* ausbrechen; **разрази́лся ли́вень** ein Regenschauer kam plötzlich auf; **разрази́лась бу́ря** ein Sturm brach aus; **разрази́ться рыда́ниями** in Schluchzen ausbrechen; **разрази́ться бра́нью** fluchen; **разрази́ться дру́жным сме́хом** in gemeinsames Gelächter ausbrechen

разраста́ни|е <-я> *ср* Wucherung *f*

разраста́|ться <-ется> *нсв,* **разрасти́сь** *св безл, то́лько 3 л* **1.** *(о расте́ниях)* üppig wachsen, wuchern; **сад разро́сся** der Garten wucherte; **кусты́ сире́ни гу́сто разросли́сь** die Fliederbüsche wurden dichter **2.** *(распространи́ться)* (an)wachsen; **произво́дство разросло́сь** die Produktion wuchs an; **семья́ разросла́сь** die Familie wurde größer; **конфли́кт разраста́ется** der Konflikt weitet sich aus

разрев|е́ться <-у́сь, -ешься> *св рефл разг* losheulen, losflennen; **~ от оби́ды** vor Kränkung losheulen; **~ от бесси́лия** vor Kraftlosigkeit anfangen zu weinen

разрежа́|ть <-ю, -ешь> *нсв,* **разреди́ть** *св прх* **1.** *(сде́лать ре́же)* lichten; **~ насажде́ния** den Wald lichten **2.** *(уме́ньшить пло́тность)* verdünnen; **~ во́здух** die Luft verdünnen

разрежён|ный <-ная, -ное; -, -а́, -о́> *прил* **1.** *(не густо́й)* gelichtet, licht; **разрежённые поса́дки** lichte Pflanzen *fpl* **2.** *(ме́нее* *пло́тный)* verdünnt; **~ газ** verdünntes Gas *nt*

разре́з <-а> *м* Einschnitt *m*, Riss *m*; *(деколье́)* Ausschnitt *m*

разреза́|ть <-ю, -ешь> *нсв*, **разре́зать** *св прх* schneiden, zerschneiden

разреклами́р|овать <-ую, -уешь> *св прх* Werbung machen für *+akk*

разреша́|ть <-ю, -ешь> *нсв*, **разреши́ть** *св прх* erlauben, genehmigen, bewilligen, zustimmen; *(пробле́му)* lösen

разреша́|ться <-юсь, -ешься> *нсв*, **разреши́ться** *св рефл* sich lösen; **зага́дка разреши́лась** das Rätsel hat sich gelöst; **сомне́ния разреши́лись** die Zweifel haben sich zerstreut; **де́ло разреши́лось положи́тельно** die Sache hat sich positiv geregelt; **вопро́с разреши́лся** die Frage wurde geklärt

разреше́ни|е <-я> *ср* **1.** *(позволе́ние)* Erlaubnis *f*, Genehmigung *f*, Bewilligung *f* **2.** эКОН Lizenz *f*; **~ на взлёт** Starterlaubnis *f*; **~ на ноше́ние ору́жия** Waffenschein *m*; **~ на поса́дку** Landeerlaubnis *f*; **~ на строи́тельство** Baugenehmigung *f* **3.** ИНФОРМ Auflösung *f*; **высо́кое/ни́зкое ~ экра́на** hohe/niedrige Auflösung des Bildschirms **4.** *(вы́ход)* Lösung *f*; **~ конфли́кта** Konfliktlösung *f*; **~ кри́зиса** Lösung [*o* Überwindung] der Krise; **~ на ввоз** Einfuhrgenehmigung *f*, Importlizenz *f*; **~ на до́пуск це́нных бума́г к обраще́нию на би́рже** Börsenzulassung *f*; **~ на заня́тие про́мыслом** Gewerbeberechtigung *f*; **~ на рабо́ту** Arbeitserlaubnis *f*; **~ на пребыва́ние** Aufenthaltsgenehmigung *f*; **~ на прода́жу** Verkaufslizenz *f*; **~ на транзи́т** Durchfuhrgenehmigung *f*, Transitgenehmigung *f*; **~ на э́кспорт** Ausfuhrbewilligung *f*, Exportgenehmigung *f*; **~ на прово́з** Durchfuhrgenehmigung *f*

разреши́м|ый <-ая, -ое; -, -а, -о> *прил* lösbar; **~ вопро́с** lösbare Frage *f*; **разреши́мое противоре́чие** lösbarer Gegensatz *m*

разреш|и́ться <-у́сь, -и́шься> *св рефл см.* **разреша́ться**

разрисо́выва|ть <-ю, -ешь> *нсв*, **разрисова́ть** *св прх* bemalen

разро́знен|ный <-ная, -ное; -, -а, -о> *прил* **1.** *(непо́лный)* unvollständig; **~ серви́з** unvollständiges Service *m o n*; **разро́зненная колле́кция ма́рок** unvollständige Briefmarkensammlung *f* **2.** *(разобщённый)* getrennt, isoliert, einzeln; **разро́зненные отря́ды** abgesonderte Abteilungen *fpl*; **разро́зненные де́йствия** vereinzelte Handlungen *fpl*

разруга́|ться <-юсь, -ешься> *св рефл разг* sich zanken, sich zerstreiten; **~ из-за ерунды́** sich wegen Kleinigkeiten zanken; **~ оконча́тельно с бра́том** sich mit dem Bruder endgültig zerstreiten

разру́х|а <-и> *ж* Ruin *m*, Zerstörung *f*, Verfall *m*

разруша́|ть <-ю, -ешь> *нсв*, **разру́шить** *св прх* zerstören, ruinieren; **~ чьи-л. иллю́зии** jdm seine Illusionen rauben

разруша́|ться <-юсь, -ешься> *нсв*, **разру́шиться** *св рефл* verfallen, zerstört werden

разруше́ни|е <-я> *ср* Zerstörung *f*

разруши́те|ль <-ля> *м*, **разруши́тельниц|а** <-ы> *ж* Zerstörer(in) *m(f)*, Vernichter(in) *m(f)*; **стихи́я-~** vernichtende Naturgewalt *f*

разруши́те|льный <-льная, -льное; -лен, -льна, -льно> *прил* zerstörend, verheerend; **разруши́тельные во́йны** verheerende Kriege *mpl*; **оказать разруши́тельное влия́ние** verheerende Wirkung *f* ausüben; **урага́н разруши́тельной си́лы** Orkan *nt* mit vernichtender Gewalt

разры́в <-а> *м* **1.** *(порва́ние)* Riss *m*; **~ свя́зок** МЕД Bänderriss *m* **2.** *(разло́м)* Bruch *m*, Abbruch *m* **3.** *перен* Kluft *f*; **~ ме́жду сло́вом и де́лом** Diskrepanz *f* zwischen Wort und Tat; **~ дипломати́ческих отноше́ний** Abbruch *m* der diplomatischen Beziehungen; **~ в у́ровне дохо́дов** Einkommensschere *f*; **~ ме́жду опто́вой и ро́зничной це́нами** Distributionsspanne *f* **4.** ВОЕН Explosion *f*

разрыва́|ть[1] <-ю, -ешь> *нсв*, **разорва́ть** *св прх* zerreißen, platzen; *(свя́зи, знако́мство)* abbrechen

разрыва́|ть[2] <-ю, -ешь> *нсв*, **разры́ть** *св прх* **1.** *(раскопа́ть)* aufgraben, aufwühlen; **~ зе́млю** den Boden aufgraben **2.** *разг (раскида́ть)* durcheinanderbringen; **~ бума́ги** Dokumente *ntpl* durchwühlen

разрыва́|ться <-юсь, -ешься> *нсв*, **разорва́ться** *св рефл (порва́ться)* platzen, zerreißen; *(взорва́ться)* explodieren; *(разойти́сь)* auseinandergehen; **у меня́ се́рдце разрыва́ется** mir bricht das Herz

разрывн|о́й <-а́я, -о́е> *прил* **1.** ВОЕН Spreng-, Explosions-; **~ разря́д** Explosionsentladung *f*; **разрывна́я пу́ля** Sprenggeschoss *nt*; **разрывно́е де́йствие** Explosionswirkung *f* **2.** ТЕХ Zerreiß-; **разрывна́я маши́на** Zerreißmaschine *f*

разрыда́|ться <-юсь, -ешься> *св рефл* losschluchzen, in lautes Weinen ausbrechen

разр|ы́ть <-о́ю, -о́ешь> *св прх см.* **разрыва́ть**

разрыхля́|ть <-ю, -ешь> *нсв*, **разрыхли́ть** *св прх* (auf)lockern; **~ по́чву** den Boden auflockern

разря́д <-а> *м* Rang *m*; *(катего́рия)* Klasse *f*, Kategorie *f*; ЭЛ Entladung *f*; **~ за́работной пла́ты** Lohngruppe *f*; **~ налогообложе́ния** Lohnsteuerklasse *f*, Steuerklasse *f*

разря|ди́ть <-жу́, -ди́шь> *св*, **разряжа́ть** *нсв прх* **1.** ЭЛ entladen **2.** ВОЕН entschärfen **3.** *перен* entschärfen; **~ обстано́вку** die

Situation entschärfen

разря́дк|а <-и> *ж* пол *(напряжённости)* Entspannung *f;* **психи́ческая ~** psychische Entlastung *f*

разря́дник <-а> *м* **1.** эл Entlader *m,* Spannungsableiter *m;* **~ ве́нтильный** Ventilentlader *m* **2.** *разг* спорт Leistungssportler(in) *m(f)*

разря́дн|ый <-ая, -ое> *прил* **1.** спорт Leistungs-; **разря́дная но́рма** Leistungsnorm *f* **2.** эл, воен Entladungs-, Entlade-; **разря́дная тру́бка** Entladungsrohr *nt,* Entladungsröhre *f* **3.** истор Rang-; **~ прика́з** Rangorder *f*

разубежда́|ть <-ю, -ешь> *нсв,* **разубеди́ть** *св прх* ausreden; *(в чём-л.)* abbringen von *+dat*

разува́|ть <-ю, -ешь> *нсв,* **разу́ть** *св прх* **1.** *(снять)* (jdm) die Schuhe ausziehen; **~ ребёнка** dem Kind die Schuhe ausziehen; **~ боти́нки** sich die Schuhe ausziehen **2.** *перен, разг* **~ глаза́** die Augen öffnen

разуверя́|ть <-ю, -ешь> *нсв,* **разуве́рить** *св прх* jdn von etw abbringen; **до́лжен вас разуве́рить в э́том** ich sollte Sie darüber aufklären

разузна|ва́ть <-ю́, -ёшь> *нсв,* **разузна́ть** *св прх (о чём-л.)* nachforschen, Erkundigungen anstellen; *(узна́ть)* in Erfahrung bringen

разукра́шива|ть <-ю, -ешь> *нсв,* **разукра́сить** *св прх* schmücken, ausschmücken, verzieren; **~ зал к пра́зднику** den Saal für das Fest schmücken

разукрупне́ни|е <-я> *ср* Entflechtung *f,* Dezentralisierung *f*

разукрупня́|ть <-ю, -ешь> *нсв,* **разукрупни́ть** *св прх* entflechten

ра́зум <-а> *м* Vernunft *f; (рассу́док)* Verstand *m*

разуме́ни|е <-я> *ср разг* Verständnis *nt;* **по со́бственному разуме́нию** nach bestem Wissen und Gewissen; **по моему́ разуме́нию** meiner Ansicht nach, soweit ich es verstehe

разуме́|ться <-ется> *нсв безл, то́лько 3 л* **1.** *(подразумева́ется)* gemeint sein mit *+dat* **2.** *(отве́т)* selbstverständlich, natürlich

разу́мно *нрч* vernünftig, verständig, gescheit; **~ отвеча́ть** klug antworten; **~ себя́ вести́** sich vernünftig verhalten

разу́м|ный <-ная, -ое; -ен, -на, -но> *прил* vernünftig, rational; **челове́к ~** vernünftiger Mensch *m*

разу́|ть <-ю, -ешь> *св прх см.* **разува́ть**

разу́чива|ть <-ю, -ешь> *нсв,* **разучи́ть** *св прх* **1.** *(роль)* einüben, einstudieren **2.** муз einspielen

разу́чива|ться <-юсь, -ешься> *нсв,* **разучи́ться** *св рефл* verlernen, aus der Übung kommen; **разучи́ться игра́ть на гита́ре** das Gitarre spielen *nt* verlernen

разъеда́|ть <-ет> *нсв,* **разъе́сть** *св безл, то́лько 3 л* zerfressen, zersetzen, korrodieren; **ржа́вчина разъе́ла желе́зо** der Rost hat das Eisen zergefressen; **ру́ки разъе́ло кислото́й** die Säure verätzte die Hände

разъедине́ни|е <-я> *ср* **1.** *(разделе́ние)* Trennung *f,* Absonderung *f;* **~ о́бщества** Schichtung *f* der Gesellschaft **2.** тех *(поте́ря свя́зи)* Abschaltung *f,* Unterbrechung *f;* **~ проводо́в** Leitungsunterbrechung *f*

разъедини́те|ль <-ля> *м* эл Abschalter *m,* Unterbrecher *m*

разъединя́|ть <-ю, -ешь> *нсв,* **разъедини́ть** *св прх* trennen; *(прерва́ть)* unterbrechen

разъе́зд <-а> *м* **1.** *(отъе́зд)* Abfahrt *f,* Abreise *f;* **~ делега́тов конгре́сса** Abreise der Kongressabgeordneten **2.** *то́лько мн (пое́здки)* Reisen *nt,* Reise *f;* **быть в постоя́нных разъе́здах** ständig auf Reisen sein **3.** воен *(дозо́р)* Streife *f;* **кавалери́йский ~** Kavalleriepatrouille *f* **4.** ж.-д. Ausweichgleis *nt,* Ausweichstelle *f*

разъезжа́|ть <-ю, -ешь> *нсв нпрх* reisen; **~ по стране́** durch das Land reisen; **~ по дела́м** dienstlich verreisen

разъезжа́|ться <-юсь, -ешься> *нсв,* **разъе́хаться** *св рефл* **1.** *то́лько 3 л (уе́хать, разойти́сь)* abfahren; **го́сти разъе́хались** die Gäste fuhren ab **2.** *(расста́ться)* sich trennen; **супру́ги разъе́хались** die Ehegatten trennten sich **3.** *(размину́ться)* aneinander vorbeifahren; **на у́зкой доро́ге не разъе́хаться** auf der engen Straße kann man nicht aneinander vorbeifahren; **разъе́хаться с дру́гом** den Freund verpassen **4.** *то́лько 3 л (разойти́сь вст́ороны)* auseinander gehen; **лы́жи разъе́хались** die Skier gingen auseinander **5.** *(расползти́сь)* platzen; **~ по швам** an den Nahten platzen

разъём <-а> *м* **1.** тех Zerlegen *nt,* Auseinandernehmen *nt,* Abbau *m;* **~ дета́лей** Detaildemontage *f* **2.** эл Ausschalten *nt*

разъёмн|ый <-ая, -ое> *прил* тех lösbar, trennbar; **разъёмная констру́кция** demontierbare Konstruktion *f*

разъ|е́сть <-е́м, -е́шь> *св прх см.* **разъеда́ть**

разъе́|хаться <-дусь, -дешься> *св рефл см.* **разъезжа́ться**

разъярён|ный <-ная, -ное; -, -а́, -о́> *прил разг* fuchsteufelswild

разъясне́ни|е <-я> *ср* Erklärung *f,* Erläuterung *f*

разъясни́тельн|ый <-ая, -ое> *прил* erklärend, erläuternd; **вести́ разъясни́тельную рабо́ту** Aufklärungsarbeit *f* leisten

разъясня́|ть <-ю, -ешь> *нсв,* **разъясни́ть** *св прх* erläutern, erklären

разы́грыва|ть <-ю, -ешь> *нсв,* **разыгра́ть** *св прх* **1.** *(игра́ть)* spielen, aufführen;

Р

~ **по роля́м** mit verteilten Rollen spielen **2.** *(в лотере́е)* auslosen, verlosen **3.** СПОРТ austragen; ~ **ку́бок** den Pokal austragen **4.** *перен* auf den Arm nehmen **5.** *(притворя́ться)* vortäuschen, mimen

разыска́ни|е <-я> *ср* Recherche *f;* **вести́ разыска́ния** nachforschen

разы́скива|ть <-ю, -ешь> *нсв,* **разыска́ть** *св прх* herausfinden, ausfindig machen

рай <ра́я> *м* Paradies *nt*

ра́йграс <-а> *м* БОТ englisches Raigras *nt*

райздравотде́л *сокр от* **райо́нное отделе́ние здравоохране́ния** Abteilung *f* Gesundheitswesen beim Bezirksrat

райисполко́м *сокр от* **исполни́тельный комите́т райо́нного Сове́та наро́дных депута́тов** Exekutivkomitee *nt* des Bezirksrates der Volksabgeordneten; **по реше́нию райисполко́ма** auf Beschluss des Exekutivkomitees des Bezirksrates der Volksabgeordneten

райо́н <-а> *м* **1.** АДМ Kreis *m,* Stadtbezirk *m* **2.** *(о́бласть)* Landkreis *m,* Gebiet *nt;* ~ **бе́дствия** Katastrophengebiet *nt;* ~ **боевы́х де́йствий** Kampfgebiet *nt;* ~ **конфли́кта, кри́зисный** ~ Krisengebiet *nt* **3.** ЭКОН Gebiet *nt,* ~ **снабже́ния** Einzugsgebiet *nt*

райони́ровани|е <-я> *ср* Einteilung *f;* **экономи́ческое** ~ wirtschaftliche Einteilung *f;* **администрати́вное** ~ Verwaltungseinteilung *f*

райони́р|овать <-ую, -уешь> *(н)св прх* einteilen

райо́нн|ый <-ая, ое> *прил* Bezirks-, Kreis-; ~ **центр** Kreisstadt *f*

ра́йск|ий <-ая, -ое> *прил книжн* paradiesisch, Paradies-; **ра́йская пти́ца** Paradiesvogel *f*

райсове́т *сокр от* **райо́нный Сове́т наро́дных депута́тов** Bezirksrat *m* der Volksabgeordneten

рак <ра́ка> *м* **1.** ЗООЛ Krebs *m;* **~-отше́льник** Einsiedlerkrebs *m* **2.** МЕД Krebs *m;* ~ **груди́** Brustkrebs *m;* ~ **ко́жи** Hautkrebs *m;* ~ **лёгких** Lungenkrebs *m*

ра́к|а <-и> *ж* РЕЛИГ Reliquienschrein *m*

ра́ке|ль <-ля> *м* ТИП Rakel *f*

ракéт|а <-ы> *ж* Rakete *f;* **пиротехни́ческая** ~ Feuerwerkskörper *m;* ~ **сре́дней да́льности** Mittelstreckenrakete *f;* **~-носи́тель** Trägerrakete *f*

ракéтк|а <-и> *ж* СПОРТ Schläger *m;* ~ **для насто́льного те́нниса** Tischtennisschläger *m;* **пе́рвая ~ ми́ра** Weltranglistenerste(r) *f(m)*

ракéтниц|а <-ы> *ж* ВОЕН Leuchtpistole *f*

ракéтн|ый <-ая, -ое> *прил* Raketen-; **раке́тная ба́за** Raketenstützpunkt *m*

ракетодро́м <-а> *м* Raketenstartplatz *m;* **испыта́тельный** ~ Raketenversuchsgelände *nt*

ракетоно́с|ец <-ца> *м* ВОЕН Lenkwaffenschiff *nt*

ракетострое́ни|е <-я> *ср без мн* Raketenbau *m*

раке́тчик <-а> *м* ВОЕН Angehöriger *m* der Raketentruppen

раки́т|а <-ы> *ж* БОТ Salweide *f*

ра́ковин|а <-ы> *ж* **1.** *(ра́кушка)* Muschel *f,* Muschelschale *f* **2.** *(ули́тки)* Schneckenhaus *f;* **ушна́я** ~ АНАТ Ohrmuschel *f* **3.** *(для умыва́ния)* Abfluss *m,* Ausguss *m*

ра́ков|ый <-ая, -ое> *прил* Krebs-; ~ **суп** Krebssuppe *f;* ~ **больно́й** Krebskranke *m;* **ра́ковая о́пухоль** Krebsgeschwulst *f*

ракообра́зны|е <-х> *мн* ЗООЛ Krebstiere *pl,* Krustentiere *pl*

ра́курс <-а> *м* ИСК (perspektivische) Verkürzung *f* [*o* Einstellung *f*]; **в но́вом ра́курсе** in neuer Einstellung; **ви́деть с друго́го ра́курса** von einem anderen Blickwinkel betrachten

раку́шечник <-а> *м* Muschelkalk *m*

раку́шк|а <-и> *ж* kleine Muschel *f;* **съедо́бная** ~ essbare Muschel *f,* Miesmuschel *f*

ра́лли <неизм> *ср* СПОРТ Rallye *f*

ралли́ст <-а> *м* СПОРТ Rallyeteilnehmer *m,* Rallyefahrer *m*

ра́л|о <-а> *ср* ИСТОР Pflug *m*

ра́м|а <-ы> *ж* Rahmen *m;* ~ **для карти́ны** Bilderrahmen *m;* **око́нная** ~ Fensterrahmen *m*

рамаза́н <-а> *м* РЕЛИГ Ramadan *m*

рамбу́рс <-а> *м* Rembours *m*

рамбу́рсн|ый <-ая, -ое> *прил* Rembours-; **рамбу́рсный ве́ксельный регре́сс** Remboursregress *m;* **рамбу́рсный креди́т** Rembourskredit *m*

ра́мк|а <-и> *ж* **1.** *(ра́ма)* kleiner Rahmen *m;* **тра́урная** ~ Trauerrahmen *m* **2.** *(обрамле́ние)* Umrahmung *f,* Kästchen *nt* **3.** *только мн, перен (преде́лы, грани́цы)* Rahmen *m;* **в ра́мках чего́-л.** im Rahmen *+gen;* **в ра́мках зако́на** im Rahmen des Gesetzes; **вы́йти за ра́мки прили́чия** sich unanständig benehmen, aus dem Rahmen fallen; **вти́скивать в ра́мки** Grenzen setzen; **расширя́ть ра́мки сотру́дничества** den Rahmen der Kooperation ausbreiten

ра́мочн|ый <-ая, -ое> *прил* РАДИО, ЛИНГВ Rahmen-; **ра́мочная анте́нна** Rahmenantenne *f;* **ра́мочная констру́кция** Rahmenkonstruktion *f*

ра́мп|а <-ы> *ж* ТЕАТ Rampe *f;* **при све́те ра́мпы** im Rampenlicht

РАН *сокр от* **Росси́йская Акаде́мия нау́к** Russische Akademie *f* der Wissenschaften

ра́н|а <-ы> *ж* Wunde *f;* **зия́ющая** ~ klaffende Wunde *f;* **огнестре́льная** ~ Schusswunde *f;* **ре́занная** ~ Schnittwunde *f*

ранг <ра́нга> *м* ВОЕН Rang *m;* **та́бель о ра́нгах** Rangliste *f*

ранго́ут <-а> *м* МОР Mastwerk *nt*

рандеву́ <неизм> *ср* Rendezvous *nt*

ранев|о́й <-а́я, -о́е> *прил* МЕД Wunden-;

раневáя инфéкция Wundinfektion *f*

рáнее *нрч* früher, eher, bevor; **изучáемые ~ предмéты** die ehemals erlernten Fächer

ранéни|е <-я> *ср* Verwundung *f*, Verletzung *f*; **пулевóе ~** Schusswunde *f*; **лёгкое ~** leichte Verletzung *m*

рáнен|ый I. <-ая, -ое> *прил* verletzt, verwundet II. <-ого> *м* Verwundete(r) *f(m)*, Verletzte(r) *f(m)*

рáн|ец <-ца> *м* Ranzen *m*; **шкóльный ~** Schultasche *f*

ранжи́р <-а> *м* bestimmte Reihenfolge *f*; **по ранжи́ру** der Größe nach

рани́м|ый <-ая, -ое; -, -а, -о> *прил* verletzlich, verwundbar

рáн|ить <-ю, -ишь> *(н)св прх* verwunden, verletzen; **~ в плечó** die Schulter verletzen; **~ оскóлком снаря́да** mit einem Geschosssplitter verwunden; **~ дýшу** die Seele verletzen

рáнн|ий <-яя, -ее> *прил* früh; **рáнняя птáха** Frühaufsteher(in) *m(f)*; **сáмое рáннее** frühestens

рáно *нрч* früh; **~ или пóздно** über kurz oder lang; **проснýться ~** früh aufwachen; **~ ýтром** früh am Morgen; **~ жени́ться** früh heiraten

рант <рáнта> *м* Rand *m*, Kante *f*; **сапоги́ с рáнтом** Stiefel mit Kanten

рантьé <неизм> *м* Rentier *m*

рáнчо <неизм> *ср* Ranch *f*, Viehfarm *f*

рань <рáни> *ж* Frühe *f*; **кудá ты подня́лся в такýю ~?** wo willst du so früh hin?

рáньше *нрч* früher; *(до сих пор)* bisher; *(до э́того)* vorher

РАО *сокр от* **Росси́йское Акционéрное Óбщество** Russische Aktiengesellschaft *f*

рап|á <-ы́> *ж* Salzwasser *nt*

рапи́р|а <-ы> *ж* спорт Rapier *nt*, Florett *nt*, Fechtdegen *m*; **фехтовáть на рапи́рах** mit Floretten fechten

рапири́ст <-а> *м*, **рапири́стк|а** <-и> *ж* спорт Florettfechter(in) *m(f)*

рáпорт <-а> *м* Meldung *f*, Bericht *m*; **отдáть ~** Bericht erstatten

рапорт|овáть <-ýю, -ýешь> *(н)св нпрх* melden, berichten; **~ комáндующему** dem Befehlshaber berichten; **~ о выполнéнии плáна** über die Planerfüllung berichten

рапс <рáпса> *м* Raps *m*

рапсóди|я <-и> *ж* муз Rhapsodie *f*

раритéт <-а> *м* Rarität *f*

рáс|а <-ы> *ж* Rasse *f*

раси́зм <-а> *м* Rassismus *m*

раси́ст <-а> *м* Rassist(in) *m(f)*

раси́стск|ий <-ая, ое> *прил* rassistisch

раскáива|ться <-юсь, -ешься> *нсв*, **раскáяться** *св рефл (в чем-л.)* bereuen; **~ в преступлéнии** seine Verbrechen bereuen

раскалён|ный <-ная, -ное; -, -á, -ó> *прил* glühend, heiß; **раскалённая печь** heißer Ofen *m*; **на раскалённых угля́х** auf glühenden Kohlen; **жечь раскалённым желéзом** mit glühendem Eisen brennen

раскал|и́ть <-ю́, -и́шь> *св прх см.* **раскаля́ть**

раскáлыва|ть <-ю, -ешь> *нсв*, **расколóть** *св прх* entzweibrechen

раскаля́|ть <-ю, -ешь> *нсв*, **раскали́ть** *св прх* zum Glühen bringen, stark erhitzen; **~ желéзо докраснá** das Eisen bis zur Weißglut erhitzen; **~ кáмни** die Steine erhitzen

раскáпыва|ть <-ю, -ешь> *нсв*, **раскопáть** *св прх* ausgraben

раскáрмлива|ть <-ю, -ешь> *нсв*, **раскорми́ть** *св прх* mästen, fett machen; **~ ребёнка** das Kind überernähren

раскáт <-а> *м* 1. *тóлько мн (преры́вистый гул)* Donnern *nt*, Grollen *nt*; **раскáты грóма** das Nachhallen des Donners; **раскáты зали́вистого смéха** schallendes Gelächter *nt*; **раскáты соловья́** das Trillern der Nachtigall 2. *(разгóн)* Anlauf *m*, Anfahren *nt*; **~ маши́ны** Maschinenanlauf *m*

раскатá|ть <-ю, -ешь> *св прх см.* **раскáтывать**

раскáтист|ый <-ая, -ое; -, -а, -о> *прил* rollend, schallend; **~ удáр грóма** rollender Donnerschlag *m*; **~ хóхот** schallendes Gelächter *nt*

раска|ти́ться <-чýсь, -тишься> *св рефл см.* **раскáтываться**

раскáтыва|ть <-ю, -ешь> *нсв*, **раскатáть** *св прх* 1. *(разверну́ть)* aufrollen; **~ коврóвую дорóжку** den Läufer ausrollen; **~ тéсто** den Teig ausrollen 2. *(вы́ровнять)* ausfahren, glätten; **~ дорóгу** die Straße ausfahren

раскáтыва|ться <-юсь, -ешься> *нсв*, **раскати́ться** *св рефл* 1. *(разогнáться)* ins Rollen kommen, in Schwung kommen; **~ на саня́х с горы́** mit dem Schlitten vom Berg herunterfahren 2. *тóлько 3 л (покати́ться в стóроны)* rollen; **я́блоки раскати́лись пó полу** die Äpfel rollten auf den Boden 3. *тóлько 3 л (прозвучáть)* nachhallend erschallen; **э́хо раскати́лось в лесý** das Echo erschallte im Wald

раскачá|ть <-ю, -ешь> *св прх см.* **раскáчивать**

раскачá|ться <-юсь, -ешься> *св рефл см.* **раскáчиваться**

раскáчива|ть <-ю, -ешь> *нсв*, **раскачáть** *св прх* 1. *(привести́ в движéние)* in Schwung bringen; **~ качéли** die Schaukel in Schwung bringen; **~ мáятник** das Pendel anstoßen 2. *разг (расшатáть)* rütteln, lockern; **~ зуб** den Zahn lockern; **~ столб** an einem Pfosten rütteln 3. *разг (расшевели́ть)* aufrütteln, in Bewegung bringen; **егó трýдно раскачáть** er ist schwer in Schwung zu bringen

раскáчива|ться <-юсь, -ешься> *нсв*, **раскачáться** *св рефл* in Schwung kommen;

(кача́ться) pendeln; *перен, разг* sich aufraffen, loslegen

раска́яни|е <-я> *ср* Reue *f*

раска́|яться <-юсь, -ешься> *св рефл см.* **раска́иваться**

расквартиро́выва|ть <-ю, -ешь> *нсв*, **расквартирова́ть** *св прх* ВОЕН einquartieren

расква́шива|ть <-ю, -ешь> *нсв*, **расква́сить** *св прх разг (разби́ть)* platt schlagen, blutig schlagen; **~ нос** jdm auf die Nase schlagen

расквита́|ться <-юсь, -ешься> *нсв рефл (с кем-л. за что-л.)* quitt sein, abrechnen mit *+dat*

раскида́|ть <-ю, -ешь> *св прх см.* **раски́дывать**

раски́дист|ый <-ая, -ое; -, -а, -о> *прил* weit ausgreifend, weit verzweigt; **~ дуб** weit verzweigte Eiche *f*; **раски́дистые рога́** weit verzweigtes Geweih *nt*

раски́дыва|ть[1] <-ю, -ешь> *нсв*, **раски́нуть** *св прх* **1.** *(развести́ в сто́роны)* ausbreiten; **раски́нуть ру́ки** die Hände ausbreiten **2.** *(размести́ть)* aufschlagen, aufstellen; **раски́нуть ла́герь** ein Lager aufschlagen; **раски́нуть шатёр** ein Zelt aufstellen **3.** *(разложи́ть)* auslegen; **~ ковёр** den Teppich auslegen; **~ ка́рты** die Karten verteilen **4.** *перен, разг (поду́мать)* **раски́нуть умо́м** gut überlegen

раски́дыва|ть[2] <-ю, -ешь> *нсв*, **раскида́ть** *св прх (разброса́ть)* auseinander werfen, herumwerfen; **~ свои́ ве́щи** seine Sachen herumliegen lassen

раскиса́|ть <-ю, -ешь> *нсв*, **раски́снуть** *св нпрх* **1.** *то́лько 3 л, разг (разбу́хнуть)* aufgehen; **те́сто раски́сло** der Teig ging auf **2.** *то́лько 3 л, разг (размо́кнуть)* aufweichen **3.** *перен (стать вя́лым)* schlapp werden, schlappmachen; **раски́снуть от жары́** von der Hitze schlappmachen

раскла́д <-а> *м* Verteilung *f*; **~ сил** Kräftekonstellation *f*; **при тако́м раскла́де** unter diesen Umständen

раскла́дк|а <-и> *ж* Umlage *f*; **~ затра́т** [*или* **изде́ржек**] Kostenumlage *f*; **~ накладны́х расхо́дов** Gemeinkostenumlage *f*

раскладн|о́й <-а́я, -о́е> *прил* aufklappbar; **~ сто́лик** aufklappbarer Tisch *m*

раскладу́шк|а <-и> *ж разг* Klappbett *nt*

раскла́дыва|ть <-ю, -ешь> *нсв*, **разложи́ть** *св прх* legen, auslegen, verteilen

раскла́нива|ться <-юсь, -ешься> *нсв*, **раскла́няться** *св рефл* **1.** *(поклони́ться не́сколько раз)* sich verbeugen, eine Verbeugung machen; **~ на сце́не** sich auf der Bühne verbeugen **2.** *(приве́тствовать)* begrüßen; **ве́жливо раскла́няться при встре́че** sich beim Treffen höflich verbeugen

раскле́ива|ть <-ю, -ешь> *нсв*, **раскле́ить** *св прх* **1.** *(прилепи́ть в ра́зных места́х)* (an)kleben; **~ афи́ши** Plakate *ntpl* kleben; **~ объявле́ния** Anzeigen *fpl* ankleben **2.** *(раскры́ть)* öffnen; **~ конве́рт** den Umschlag öffnen; **~ коро́бку** das Kästchen öffnen

раскле́ива|ться <-юсь, -ешься> *нсв*, **раскле́иться** *св рефл* **1.** *то́лько 3 л (распа́сться на ча́сти)* auseinanderfallen; *(отста́ть)* sich lösen; **стул раскле́ился** der Stuhl fiel auseinander **2.** *то́лько 3 л, перен, разг (расстро́иться)* **дела́ раскле́ились** die Geschäfte kamen nicht zustande; **сва́дьба раскле́илась** die Hochzeit kam nicht zustande **3.** *перен, разг (заболе́ть)* erkranken; **прими́ ме́ры, а то совсе́м раскле́ишься** unternimm etwas, sonst wirst du wirklich krank

раскле́|ить <-ю, -ешь> *св прх см.* **раскле́ивать**

раскле́|иться <-юсь, -ешься> *св рефл см.* **раскле́иваться**

раскле́йк|а <-и> *ж* Ankleben *nt*, Aufkleben *nt*, Kleben *nt*; **~ плака́тов** Plakate kleben *nt*

раскле́йщик <-а> *м*, **раскле́йщиц|а** <-ы> *ж* Plakatekleber(in) *m(f)*

раско́ван|ный <-ная, -ное; -, -а, -о> *прил* enthemmt, ungezwungen

раско́выва|ть <-ю, -ешь> *нсв*, **раскова́ть** *св прх* **1.** *(освободи́ть от подко́в)* **~ лошаде́й** den Pferden die Hufeisen abschlagen **2.** *(освободи́ть от око́в)* von den Ketten befreien; **~ у́зника** den Häftling von den Ketten befreien

раско́л <-а> *м* **1.** *(раздробле́ние, расщепле́ние)* Spaltung *f*, Aufspaltung *f*, Zerreißung *f*; **~ в па́ртии** Parteispaltung *f*; **сторо́нник раско́ла** Spalter *m*; **вести́ поли́тику раско́ла** Spaltungspolitik *f* führen; **вноси́ть ~** für Spaltung sorgen; **углубля́ть ~** die Spaltung vertiefen **2.** РЕЛИГ, ИСТОР Schisma *nt*, Kirchenspaltung *f*, Glaubenstrennung *f*

раск|оло́ть <-олю́, -о́лешь> *св*, **коло́ть**, **раска́лывать** *нсв прх и перен* spalten, entzweien

раско́льник <-а> *м*, **раско́льниц|а** <-ы> *ж* **1.** РЕЛИГ *(старообря́дец)* Kirchenspalter(in) *m(f)*, Schismatiker(in) *m(f)* **2.** *перен (уча́стник разла́да)* Spalter *m*, Sektierer *m*

раско́льническ|ий <-ая, -ое> *прил* **1.** РЕЛИГ schismatisch; **раско́льнические се́кты** schismatische Sekten *fpl* **2.** *перен (спосо́бствующий разделе́нию)* die Spaltung unterstützend; **раско́льнические де́йствия** spalterische Tätigkeit *f*; **раско́льническая гру́ппа** Spaltergruppe *f*

раскопа́|ть <-ю, -ешь> *св прх см.* **раска́пывать**

раско́пк|а <-и> *ж* Ausgrabung *f*; **раско́пки** Ausgrabungen *fpl*

раск|орми́ть <-ормлю́, -о́рмишь> *св прх*

см. **раска́рмливать**

раскорчёвк|а <-и> *ж разг* Roden *nt;* ~ **ле́са** Waldrodung *f*

раско́с <-а> *м* ТЕХ Strebe *f,* Spreize *f*

раско́с|ый <-ая, -ое> *прил* schielend; **раско́сые глаза́** schielende Augen *pl*

раскоше́лива|ться <-юсь, -ешься> *нсв,* **раскоше́литься** *св рефл* freigebig sein; *(раздава́ть)* ausgeben; *разг* blechen; **заставля́ть кого́-л.** ~ jdn zur Kasse bitten

раскра́ива|ть <-ю, -ешь> *нсв,* **раскрои́ть** *св прх* **1.** *(разре́зать)* zuschneiden; ~ **ткань на брю́ки** den Stoff für eine Hose zuschneiden; ~ **ко́жу** das Leder zuschneiden **2.** *разг (пора́нить, рассе́чь)* aufschlagen; **раскрои́ть уда́ром бровь** die Augenbraue aufschlagen; **раскрои́ть че́реп** den Schädel einschlagen

раскра́ск|а <-и> *ж* **1.** *(ро́спись кра́ской)* Bemalen *nt,* Färbung *f,* Ausmalung *f;* ~ **шкату́лок** Bemalung *f* der Schatulle **2.** *(расцве́тка)* Färbung *f;* ~ **мра́морных стен** Marmorwandfärbung *f*

раскра́шива|ть <-ю, -ешь> *нсв,* **раскра́сить** *св прх* kolorieren, bemalen, anstreichen

раскрепоща́|ть <-ю, -ешь> *нсв,* **раскрепости́ть** *св прх* **1.** ИСТОР von der Leibeigenschaft befreien; **раскрепости́ть крестья́н** die Bauern von der Leibeigenschaft befreien **2.** *перен (освободи́ть)* (vom Joch) befreien; **раскрепости́ть же́нщину** eine Frau befreien

раскритик|ова́ть <-у́ю, -у́ешь> *св прх* heftig kritisieren

раскро|и́ть <-ю́, -и́шь> *св прх см.* **раскра́ивать**

раскро́|й <-я> *м (фасо́н, вы́кроенная ткань)* Schnitt *m,* Zuschnitt *m*

раскр|оши́ть <-ошу́, -о́шишь> *св прх см.* **кроши́ть**

раскрыва́|ть <-ю, -ешь> *нсв,* **раскры́ть** *св прх* **1.** *(открыва́ть)* öffnen **2.** *(обнару́живать)* aufdecken; ~ **свои́ ка́рты** seine Karten auf den Tisch legen **3.** *(разоблача́ть)* enthüllen; ~ **преступле́ние** ein Verbrechen aufklären **4.** *(проявля́ть)* entfalten; ~ **свои́ тала́нты** seine Talente zur Entfaltung bringen

раскры́ти|е <-я> *ср* **1.** *(установле́ние)* Aufdeckung *f;* ~ **противоре́чий** Feststellung *f* der Gegensätze; ~ **преступле́ния** Aufdeckung *f* eines Verbrechens **2.** МАТ Auflösung *f;* ~ **ско́бок** Auflösung *f* der Klammern

раскупа́|ть <-ю, -ешь> *нсв,* **раскупи́ть** *св прх* aufkaufen; ~ **биле́ты на конце́рт** die Konzertkarten aufkaufen; **рома́н бы́стро раскупи́ли** der Roman war schnell vergriffen

раску́рива|ть <-ю, -ешь> *нсв,* **раскури́ть** *св прх* anrauchen; ~ **тру́бку** die Pfeife anrauchen

раск|уси́ть <-ушу́, -у́сишь> *нсв,* **раску́сывать** *св прх* zerbeißen, knacken; *перен* durchschauen, auf die Schliche kommen

ра́сов|ый <-ая, -ое> *прил* rassisch, Rassen-; **ра́совые беспоря́дки** Rassenunruhen *pl;* **ра́совая дискримина́ция** Rassendiskriminierung *f;* **ра́совая не́нависть** Rassenhass *m;* **ра́совая сегрега́ция** Rassentrennung *f*

распа́д <-а> *м* **1.** БИОЛ Zerfall *m,* Abbau *m* **2.** ПОЛ Zerfall *m,* Zusammenbruch *m,* Ruin *m*

распада́|ться <-ется> *нсв,* **распа́сться** *св безл, то́лько 3 л* **1.** БИОЛ zerfallen **2.** *перен* auseinanderbrechen, auseinanderfallen

распак|ова́ть <-у́ю, -у́ешь> *св прх см.* **распако́вывать**

распако́вк|а <-и> *ж* Auspacken *nt;* ИНФОРМ Entkomprimieren *nt*

распако́выва|ть <-ю, -ешь> *нсв,* **распакова́ть** *св прх* auspacken; ИНФОРМ entkomprimieren

распал|и́ть <-ю́, -и́шь> *св прх см.* **распаля́ть**

распа́лубк|а <-и> *ж* СТР Ausschalung *f,* Entformung *f*

распаля́|ть <-ю, -ешь> *нсв,* **распали́ть** *св прх* **1.** *(разже́чь, раскали́ть)* entfachen; ~ **костёр** das Feuer entfachen **2.** *перен (о чу́вствах)* entflammen, entfachen; ~ **страсть** die Leidenschaft entfachen; ~ **воображе́ние** die Fantasie entfachen

распа́рива|ть <-ю, -ешь> *нсв,* **распа́рить** *св прх* **1.** *(размягчи́ть па́ром)* aufweichen; ~ **ко́сти** ein heißes Dampfbad nehmen **2.** *разг (разогре́ть до по́та)* zum Schwitzen bringen; **его́ распа́рило от ча́я с мали́ной** er ist vom Himbeertee in Schweiß ausgebrochen

распа́рыва|ть <-ю, -ешь> *нсв,* **распоро́ть** *св прх* auftrennen, zertrennen, aufschneiden; ~ **рука́в пла́тья** den Kleiderärmel auftrennen; ~ **стекло́м но́гу** sich den Fuß an einer Glassplitter schneiden; ~ **живо́т** den Bauch aufschneiden

распа́хива|ть <-ю, -ешь> *нсв,* **распахну́ть** *св* **I.** *прх (дверь)* aufstoßen **II.** *прх* (auf)pflügen

распа́шк|а <-и> *ж* АГР Aufpflügen *nt;* ~ **но́вых земе́ль** Aufpflügen *nt* vom Brachland

распашо́нк|а <-и> *ж (для грудны́х дете́й)* Säuglingshemdchen *nt,* Kinderjäckchen *nt*

распе́в <-а> *м* МУЗ Rhythmus *m* im Gesang

распева́|ть <-ю, -ешь> *нсв,* **распе́ть** *св прх* **1.** МУЗ singen; ~ **хо́ром пе́сню** das Lied im Chor singen **2.** *разг (упражня́ться в пе́нии)* einsingen; ~ **го́лос** die Stimme einsingen

распева́|ться <-юсь, -ешься> *нсв,* **распе́ться** *св рефл* **1.** *(войти́ в го́лос)* sich einsingen; ~ **перед нача́лом конце́рта** sich vorm Konzert einsingen **2.** *(увле́чься пе́ни-*

Р

ем) singen; **пти́цы распе́лись в саду́** die Vögel singen ununterbrochen im Park

распека́|ть <-ю, -ешь> *нсв,* **распе́чь** *св прх* mit jdm schimpfen, jdm den Kopf waschen; **~ лени́вого ученика́** den faulen Schüler ausschimpfen

расп|е́ть <-ою́, -оешь> *св прх см.* **распева́ть**

расп|е́ться <-ою́сь, -оешься> *св рефл см.* **распева́ться**

распеча́тыва|ть <-ю, -ешь> *нсв,* **распеча́тать** *св прх* **1.** *(конве́рт, письмо́)* aufmachen **2.** ИНФОРМ ausdrucken

распе́|чь <-ку́, -чешь> *св прх см.* **распека́ть**

распива́|ть <-ю, -ешь> *нсв,* **распи́ть** *св прх* trinken; **~ неспеша́ пи́во** in Ruhe Bier trinken; **~ буты́лку вина́** gemeinsam eine Flasche Wein austrinken

распи́лива|ть <-ю, -ешь> *нсв,* **распили́ть** *св прх* zersägen, durchsägen

распина́|ть <-ю, -ешь> *нсв,* **распя́ть** *св прх* kreuzigen

расписа́ни|е <-я> *ср* Fahrplan *m;* **~ уро́ков** Stundenplan *m;* **по расписа́нию** fahrplanmäßig

расп|иса́ть <-ишу́, -и́шешь> *св прх см.* **распи́сывать**

расп|иса́ться <-ишу́сь, -и́шешься> *св нпрх см.* **распи́сываться**

распи́ск|а <-и> *ж* Beleg *m,* Quittung *f;* **~ в получе́нии** Empfangsbestätigung *f;* **~ в получе́нии де́нег** Auszahlungsbestätigung *f;* **под распи́ску** gegen Quittung

расписн|о́й <-а́я, -о́е> *прил* bemalt, verziert; **расписна́я посу́да** bemaltes Geschirr *nt;* **~ потоло́к** verzierte Zimmerdecke *f*

распи́сыва|ть <-ю, -ешь> *нсв,* **расписа́ть** *св прх* **1.** *(разрисова́ть)* bemalen; **~ сте́ны хра́ма** die Wände des Gotteshauses bemalen **2.** *(распредели́ть, занести́ куда́-л.)* aufschreiben; **~ ци́фры по гра́фам** die Zahlen in die Spalten schreiben; **всё распи́сано по мину́там** alles ist bis auf die Minute aufgeteilt **3.** *разг (подро́бно рассказа́ть)* beschreiben; **~ происше́ствие** den Vorfall in Details beschreiben **4.** *разг (зарегистри́ровать вступле́ние в брак)* eine Ehe registrieren lassen, sich standesamtlich trauen lassen; **расписа́ть молоды́х в за́гсе** das junge Paar standesamtlich trauen lassen

распи́сыва|ться <-юсь, -ешься> *нсв,* **расписа́ться** *св рефл* **1.** *(подписа́ться)* unterschreiben; **~ в получе́нии** quittieren **2.** *разг* sich trauen lassen

распи́ть <разопью́, разопьешь> *нсв прх см.* **распива́ть**

расплавля́|ть <-ю, -ешь> *нсв,* **распла́вить** *св прх* schmelzen

распла́|каться <-чусь, -чешься> *св рефл* in Tränen ausbrechen, losweinen; **~ навзры́д** lauthals schluchzen; **~ от оби́ды** gekränkt in Tränen ausbrechen

распланир|овать <-ую, -уешь> *св прх* planmäßig einteilen; **~ своё вре́мя** seine Zeit verplanen; **~ рабо́ту на год** die Arbeit für das Jahr planen; **~ сро́ки погру́зки това́ра** die Beladungstermine planen

распласта́|ть <-ю, -ешь> *св прх* **1.** *(разде́лать)* herrichten, zurechtmachen; **~ ры́бу** einen Fisch zerlegen **2.** *(пло́тно прижа́ться к пове́рхности)* sich fest andrücken; **~ те́ло на полу́** den Körper an den Boden pressen **3.** *(широко́ раскры́ть)* ausbreiten, ausstrecken; **~ кры́лья** die Flügel ausbreiten

распла́т|а <-ы> *ж и перен* Abrechnung *f,* Auszahlung *f,* Vergeltung *f*

распла́чива|ться <-юсь, -ешься> *нсв,* **расплати́ться** *св рефл (с кем-л.)* bezahlen, abrechnen mit *+dat*

расплёскива|ть <-ю, -ешь> *нсв,* **расплеска́ть** *св прх разг* verschütten; **~ во́ду из ведра́** das Wasser aus dem Eimer verschütten; **расплеска́ть ко́фе по столу́** den Kaffee auf dem Tisch verschütten

расплета́|ть <-ю, -ешь> *нсв,* **расплести́** *св прх* aufflechten; **~ ко́су** die Haare aufflechten; **~ запу́танное де́ло** einen verzwickten Fall lösen

распло́д <-а> *м* АГР Vermehrung *f,* Zucht *f;* **~ скота́** Viehzucht *f*

распло|ди́ть <-жу́, -ди́шь> *св прх* **1.** *(размно́жить)* züchten; **~ порося́т** Ferkel *nt* züchten **2.** *перен, разг (созда́ть усло́вия для появле́ния)* großziehen; **~ лентя́ев** Faulpelze *mpl* heranziehen

расплыва́|ться <-юсь, -ешься> *нсв,* **расплы́ться** *св рефл* zerfließen; **~ в улы́бке** übers ganze Gesicht strahlen

расплы́вчат|ый <-ая, -ое; -, -а, -о> *прил* verschwommen, verwaschen, schattenhaft

распого́д|иться <-ится> *св безл, то́лько 3 л* sich aufheitern

расподобле́ни|е <-я> *ср* ЛИНГВ *(диссимиля́ция)* Dissimilation *f*

распознава́ни|е <-я> *ср* Erkennen *nt,* Unterscheiden *nt; (определе́ние)* Bestimmung *f;* **~ речевы́х сигна́лов** ИНФОРМ Spracherkennung *f*

распозна|ва́ть <-ю́, -ёшь> *нсв,* **распозна́ть** *св прх* erkennen

располага́|ть[1] <-ю, -ешь> *нсв,* **расположи́ть** *св прх* platzieren, anordnen; *перен (вызыва́ть расположе́ние)* Sympathie *f* erwecken, geneigt stimmen; **~ к себе́** jdn für sich einnehmen

располага́|ть[2] <-ю, -ешь> *нсв прх* verfügen über *+akk*

располага́|ться <-юсь, -ешься> *нсв,* **расположи́ться** *св рефл* liegen, sich befinden; *(устра́иваться)* sich einrichten; **~ поудо́бнее** es sich bequem machen

располага́ющ|ий <-ая, -ее> *прил* **1.** *(о челове́ке)* sympathisch, gewinnend **2.** *(об атмосфе́ре)* stimmungsvoll

располза́|ться <-ется> *нсв,* **расползти́сь** *св безл, то́лько 3 л* **1.** *(разойти́сь в ра́зные сто́роны)* auseinander kriechen; **ра́ки расползли́сь** die Krebse krochen auseinander **2.** *разг (расплы́ться)* auseinander fließen; **пятно́ расползло́сь** der Fleck breitete sich aus; **бу́квы расползли́сь от вла́ги** die Buchstaben verschwommen von der Feuchtigkeit **3.** *(разорва́ться, ло́пнуть)* auseinandergehen; **ку́ртка расползла́сь по швам** die Jacke ging aus den Nähten

располне́|ть <-ю, -ешь> *св нпрх разг* dick werden, zunehmen

расположе́ни|е <-я> *ср* **1.** *(симпа́тия)* Gunst *f,* Zuneigung *f;* **завоева́ть чьё-л. ~** jds Gunst erringen; **лиша́ть кого́-л. расположе́ния** jdm die Gunst entziehen **2.** *(местонахожде́ние)* Lage *f* **3.** воен Anordnung *f,* Aufstellung *f;* **территориа́льное ~** Standort *m* **4.** *(ду́ха)* Stimmung *f,* Laune *f;* **в хоро́шем расположе́нии** gutgelaunt

располо́жен|ный <-ная, -ное; -, -а, -о> *прил* **1.** *(благоскло́нный)* zugeneigt, wohlwollend **2.** *(к чему́-л.)* geneigt, aufgelegt zu *+dat* **3.** *(местоположе́ние)* gelegen; **~ к восто́ку от ...** östlich von ... gelegen

распол|ожи́ть <-ожу́, -о́жишь> *св прх см.* **располага́ть**

распол|ожи́ться <-ожу́сь, -о́жишься> *св рефл см.* **располага́ться**

распо́р <-а> *м* стр Schub *m*

распо́рк|а <-и> *ж* тех Spreize *f,* Strebe *f,* Querholz *nt;* **~ для лыж** Skispreize *f*

расп|оро́ть <-орю́, -о́решь> *св прх см.* **распа́рывать**

распоряди́те|ль <-ля> *м* Disponent *m,* Verfügungsberechtigter *m;* *(отве́тственное лицо́)* Verantwortliche(r) *f(m)*

распоряди́те|льный <-льная, -льное; -лен, -льна, -льно> *прил (управля́ющий)* verwaltend, Befehls-; **~ о́рган** Befehlsorgan *nt;* **распоряди́тельная коми́ссия** verwaltender Ausschuss *m*

распоря|ди́ться <-жу́сь, -ди́шься> *св рефл см.* **распоряжа́ться**

распоря́д|ок <-ка> *м* Ordnung *f;* **~ дня** Tagesablauf *m*

распоряжа́|ться <-юсь, -ешься> *нсв,* **распоряди́ться** *св рефл* anordnen, veranlassen; *(заве́довать чем-л.)* disponieren, verfügen

распоряже́ни|е <-я> *ср* **1.** *(постановле́ние)* Verfügung *f,* Anordnung *f,* Verordnung *f* **2.** *(администрати́вного о́ргана)* Bescheid *m* **3.** *(указа́ние)* Anweisung *f,* Weisung *f* **4.** юр Bestimmung *f;* **~ суда́** gerichtliche Verfügung *f*

распоя́сыва|ться <-юсь, -ешься> *нсв,* **распоя́саться** *св рефл* **1.** *(снять по́яс)* den Gürtel ablegen, sich losschnallen **2.** *перен, разг (распусти́ться)* sich gehen lassen, über die Stränge schlagen

распра́в|а <-ы> *ж* Abrechnung *f,* Racheakt *m,* Vergeltung *f;* **крова́вая ~** Blutbad *nt,* Gemetzel *nt;* **учини́ть над ке́м-л. распра́ву** mit jdm blutig abrechnen

распра́в|ить <-лю, -ишь> *св прх см.* **расправля́ть**

распра́в|иться <-люсь, -ишься> *св рефл см.* **расправля́ться**

расправля́|ть <-ю, -ешь> *нсв,* **распра́вить** *св прх* ausbreiten; *(вы́ровнять)* glätten

расправля́|ться <-юсь, -ешься> *нсв,* **распра́виться** *св рефл (с кем-л.)* abrechnen mit *+dat*

распределе́ни|е <-я> *ср* **1.** *(разделе́ние рабо́ты и т.п.)* Verteilung *f,* Einteilung *f;* **~ гуманита́рной по́мощи** Verteilung *f;* **~ мест в парла́менте** Sitzverteilung *f;* **~ роле́й** Rollenverteilung *f,* Besetzung *f* **2.** экон Ausschüttung *f* **3.** *(классифика́ция)* Klassifikation *f;* **~ дохо́дов** Einkommensverteilung *f;* **~ дохо́дов госуда́рственного бюдже́та** Finanzausgleich *m;* **~ затра́т** Kostenumlage *f,* Kostenverrechnung *f;* **~ затра́т по объе́ктам их возникнове́ния** Kostenschlüsselung *f;* **~ изде́ржек** Kostenverrechnung *f,* Kostenumlage *f;* **~ иму́щества** Vermögensverteilung *f;* **~ накладны́х расхо́дов** Gemeinkostenumlage *f;* **~ при́были** Gewinnausschüttung *f,* Gewinnverteilung *f;* **~ ри́ска** Risikostreuung *f*

распредели́те|ль <-ля> *м* Verteiler *m*

распредели́тельн|ый <-ая, -ое> *прил* **1.** *(для распределе́ния)* Verteilungs-; **~ пункт** Verteilungsstelle *f;* **распредели́тельная коми́ссия** Verteilungsausschuss *m* **2.** тех, эл, мат Verteiler-, Umschalt(ungs)-; **~ вал** Nockenwelle *f;* **распредели́тельное устро́йство** Verteileranlage *f;* **~ зако́н** Verteilungsgesetz *nt*

распределя́|ть <-ю, -ешь> *нсв,* **распредели́ть** *св прх* **1.** *(ме́жду кем-л.)* verteilen unter *+dat* **2.** *(испо́льзовать)* einsetzen; **пра́вильно распредели́ть свои́ си́лы** seine Kräfte richtig einteilen

распрода|ва́ть <-ю́, -ёшь> *нсв,* **распрода́ть** *св прх* ausverkaufen, feilhalten, anbieten

распрода́ж|а <-и> *ж* Ausverkauf *m;* **~ в конце́ ле́тнего сезо́на** Sommerschlussverkauf *m;* **~ в конце́ сезо́на** Schlussverkauf *m*

распро́дан|ный <-ная, -ное; -, -а, -о> *прил* vergriffen; *(о биле́тах)* ausverkauft

распрода́|ть <-м, -шь> *св прх см.* **распродава́ть**

распростёрт|ый <-ая, -ое> *прил* **1.** *(раски́нувшийся)* ausgestreckt, ausgebreitet;

Р

распростёртое на земле́ те́ло am Boden ausgestreckter Körper *m* **2.** *перен (раду́шный)* mit offenen Armen; **встре́тить с распростёртыми объя́тиями** jdn mit offenen Armen empfangen

распро|сти́ться <-щу́сь, -сти́шься> *св рефл разг* sich verabschieden, Abschied nehmen; **~ со шко́лой** sich von der Schule verabschieden; **~ с заве́тной мечто́й** den sehnlichsten Traum aufgeben; **~ с друзья́ми** sich von Freunden verabschieden

распростране́ни|е <-я> *ср* **1.** *(пропага́нда)* Verbreitung *f* **2.** *(расшире́ние)* Ausweitung *f*, Erweiterung *f* **3.** ЭКОН Vertrieb *m;* **получи́ть ~** Verbreitung finden

распространён|ный <-ная, -ное; -, -а́, -о́> *прил* verbreitet, gängig

распространи́те|ль <-ля> *м*, **распространи́тельниц|а** <-ы> *ж* Vertreiber(in) *m(f);* **~ газе́т и журна́лов** Vertreiber von Zeitungen und Zeitschriften

распростран|и́ть <-ю́, -и́шь> *св прх см.* **распространя́ть**

распростран|и́ться <-ю́сь, -и́шься> *св рефл см.* **распространя́ться**

распространя́|ть <-ю, -ешь> *нсв*, **распространи́ть** *св прх* verbreiten, vermitteln, weitergeben; *(на что-л.)* ausdehnen auf *+akk;* **~ пре́ссу** Zeitungen und Zeitschriften verkaufen

распространя́|ться <-юсь, -ешься> *нсв*, **распространи́ться** *св рефл* **1.** *(расширя́ться)* um sich greifen, Verbreitung finden **2.** *(об иде́ях)* sich durchsetzen **3.** БИОЛ sich fortpflanzen **4.** *(об эпиде́мии)* grassieren **5.** *перен, разг (на чей-л. счёт)* sich auslassen über *+akk*

распры́ска|ть <-ю, -ешь> *св прх см.* **распры́скивать**

распры́скивате|ль <-ля> *м* Zerstäuber *m*

распры́скива|ть <-ю, -ешь> *нсв*, **распры́скать** *св прх разг* verspritzen; **~ отра́ву для тарака́нов** Schabengift *nt* versprühen; **~ кра́ску** Farbe verspritzen

ра́спр|я <-и> *ж* Streit *m*, Zwietracht *f*, Zwistigkeit *f;* **забы́ть ста́рые ра́спри** die alten Streitigkeiten vergessen

распряга́|ть <-ю, -ешь> *св*, **распря́чь** *нсв прх (лошаде́й)* ausspannen

распрямля́|ть <-ю, -ешь> *нсв*, **распрями́ть** *св прх* aufrichten, (aus)strecken, geradebiegen; **~ спи́ну** den Rücken ausstrecken; **~ про́волоку** den Draht geradebiegen

распря́|чь <-гу́, -жёшь> *св прх см.* **распряга́ть**

распу́гива|ть <-ю, -ешь> *нсв*, **распуга́ть** *св прх* verscheuchen

распуска́|ть <-ю, -ешь> *нсв*, **распусти́ть** *св прх* auflösen; *(во́лосы)* lockern; *(кого́-л.)* verwöhnen, verderben; *перен (что-л.)* ausbreiten; **~ слу́хи** Gerüchte *ntpl* verbreiten

распуска́|ться <-юсь, -ешься> *нсв*, **распусти́ться** *св рефл* sich entfalten, aufgehen; *(о цветке́)* aufblühen; *(разлени́ться)* sich gehenlassen; *(о вя́зке)* aufgehen

расп|усти́ть <-ущу́, -у́стишь> *св прх см.* **распуска́ть**

расп|усти́ться <-ущу́сь, -у́стишься> *св рефл см.* **распуска́ться**

распу́та|ть <-ю, -ешь> *св прх см.* **распу́тывать**

распу́тиц|а <-ы> *ж без мн* **1.** *(непого́да)* Schlammwetter *nt;* **осе́нняя ~** herbstliches Schlammwetter *nt* **2.** *(о доро́гах)* Verschlammtheit *f* der Wege, Unbefahrbarkeit *f*, Unbegehbarkeit *f;* **е́хать по са́мой распу́тице** mitten auf dem unbefahrbarem Weg fahren

распу́тник <-а> *м*, **распу́тниц|а** <-ы> *ж* Wüstling *m*, unzüchtiger Mensch *m*, liederliches Frauenzimmer *nt*

распу́т|ный <-ная, -ное; -ен, -на, -но> *прил* ausschweifend, unsittlich, liederlich

распу́тств|о <-а> *ср* Ausschweifung *f*

распу́тыва|ть <-ю, -ешь> *нсв*, **распу́тать** *св прх (клубо́к)* entwirren

распу́ть|е <-я> *ср* Kreuzweg *m*, Scheideweg *m*, Weggabelung *f;* **быть на ~** *(доро́г)* an der Kreuzung stehen; *(быть в нереши́тельности)* am Scheideweg stehen

распуха́|ть <-ю, -ешь> *нсв*, **распу́хнуть** *св нпрх* **1.** МЕД anschwellen **2.** *(разбуха́ть)* aufquellen

распу́хш|ий <-ая, -ее> *прил* **1.** МЕД angeschwollen **2.** *(разбу́хший)* aufgedunsen

распу́щеннос|ть <-ти> *ж без мн* **1.** *(небре́жность, невы́держанность)* Undiszipliniertheit *f* **2.** *(безнра́вственность)* Unsittlichkeit *f*, Sittenlosigkeit *f;* **~ нра́вов** Lockerung *f* der Moral

распу́щен|ный <-ная, -ное; -, -а, -о> *прил* **1.** *разг (непослу́шный, своево́льный)* flegelhaft; **~ подро́сток** undisziplinierter Jugendlicher *m* **2.** *(развра́тный)* lasterhaft; **вести́ ~ о́браз жи́зни** ein lasterhaftes Leben führen

распы́л <-а> *м разг* Vergeudung *f;* **пусти́ть в ~** vergeuden; **пойти́ на ~** vergeudet werden

распыле́ни|е <-я> *ср* Zerstäubung *f*, Pulverisierung *f*

распыли́те|ль <-ля> *м* Zerstäuber *m*

распыл|и́ть <-ю́, -и́шь> *св прх см.* **распыля́ть**

распыл|и́ться <-ю́сь, -и́шься> *св рефл см.* **распыля́ться**

распыля́|ть <-ю, -ешь> *нсв*, **распыли́ть** *св прх (жи́дкость)* zerstäuben, pulverisieren

распыля́|ться <-юсь, -ешься> *нсв*, **распыли́ться** *св рефл* **1.** *(рассе́яться)* sich zerstäuben **2.** *(рассосредото́читься)* sich zerstreuen; **си́лы распыли́лись** die Kräfte haben sich zersplittern; **не распыля́йся, а сосредото́чься на учёбе** sei nicht so zerstreut, konzentriere dich auf das Studium

распя́ти|е <-я> *ср* **1.** *(изображе́ние)* Kruzifix *nt* **2.** РЕЛИГ Kreuzigung *f*

расп|я́ть <-ну́, -нёшь> *св прх см.* **распина́ть**

расса́д|а <-ы> *ж* АГР Setzlinge *pl,* Pflanzgut *nt*

расс|ади́ть <-ажу́, -а́дишь> *св прх см.* **расса́живать**

расса́дк|а <-и> *ж* Sitzordnung *f*

расса́дник <-а> *м* **1.** АГР *(пито́мник)* Baumschule *f,* Pflanzgarten *m,* Gärtnerei *f;* **семенно́й ~** Samenschule *f* **2.** *перен (исто́чник чего́-л.)* Brutstätte *f,* Herd *m,* Mittelpunkt *m;* **университе́т – ~ просвеще́ния** die Universität ist eine Quelle der Bildung; **~ зара́зы** Seuchenherd *m*

расса́жива|ть <-ю, -ешь> *нсв,* **рассади́ть** *св прх* **1.** *(госте́й по места́м)* Platz anweisen **2.** *(на ра́зные места́)* auseinandersetzen **3.** БОТ pflanzen, verpflanzen **4.** *разг* sich breitmachen, sich lümmeln

расса́сыва|ться <-ется> *нсв,* **рассоса́ться** *св безл, то́лько 3 л* **1.** *(исче́знуть, опа́сть)* zurückgehen; **о́пухоль рассоса́лась** die Geschwulst ist zurückgegangen **2.** *разг (разойти́сь)* sich verkrümeln, verduften; **толпа́ рассоса́лась** die Menschenmenge ging auseinander; **о́чередь в магази́не рассоса́лась** die Schlange im Geschäft wurde kleiner

рассве́рливани|е <-я> *ср* ТЕХ Aufbohren *nt,* Ausbohren *nt*

рассве́т <-а> *м* **1.** *(у́тро)* Morgendämmerung *f,* Morgengrauen *nt,* Tagesanbruch *m;* **верну́ться на рассве́те** bei Tagesanbruch nach Hause kommen; **не ложи́ться до рассве́та** vor Sonnenaufgang nicht ins Bett gehen; **с рассве́том** bei Sonnenaufgang **2.** *(нача́ло чего́-л.)* Anbruch *m;* **на рассве́те жи́зни** in den besten Jahren des Lebens

рассвирепе́вш|ий <-ая, -ее> *прил разг* fuchsteufelswild

рассвирепе́|ть <-ю, -ешь> *св нпрх* in Wut geraten, wütend werden

рассе́в <-а> *м* АГР *(маши́на)* Siebmaschine *f,* Sichter *m*

рассёдлыва|ть <-ю, -ешь> *нсв,* **расседла́ть** *св прх* absatteln; **расседла́ть коне́й** die Pferde absatteln

рассе́ивани|е <-я> *ср* ФИЗ Streuung *f;* **~ ри́ска** ЭКОН Risikostreuung *f*

рассе́ива|ть <-ю, -ешь> *нсв,* **рассе́ять** *св прх* **1.** *(сде́лать посе́в)* aussäen; **~ семена́** die Samen aussäen **2.** *(разогна́ть)* zerstreuen, auseinander treiben; **~ вра́жеский отря́д** die Gegner auseinander jagen **3.** *перен (устрани́ть, разве́ять)* zerstreuen, vertreiben; **~ заблужде́ния кого́-л.** jdn über etw aufklären; **~ иллю́зии насчёт кого́-л.** die Illusionen hinsichtlich etw zerstreuen; **~ трево́гу о чём-л.** die Sorgen um etw vertreiben; **~ подозре́ния о чём-л.** den Verdacht über etw zerstreuen; **~ недове́рие к кому́-л.** das Misstrauen gegenüber jdm zerstreuen; **~ сомне́ния в чём-л.** die Zweifel an etw vertreiben **4.** *(развле́чь)* zerstreuen, ablenken; **~ от гру́стных мы́слей** von traurigen Gedanken ablenken **5.** *(осла́бить)* dämmen; **~ свет** das Licht dämmen; **~ внима́ние** jdn ablenken

рассека́|ть <-ю, -ешь> *нсв,* **рассе́чь** *св прх* **1.** *(разруби́ть)* zerhauen, zerhacken, durchhauen; **~ поле́но** ein Holzscheit zerhauen; **~ ту́шу** das geschlachtete Tier zerteilen **2.** *(пора́нить)* schneiden; **~ губу́** die Lippe spalten; **~ бровь** die Augenbraue aufschlagen; **~ во́йско проти́вника** die feindliche Armee spalten; **кора́блик рассека́л во́лны** das Boot brach die Wellen; **луч проже́ктора рассек тьму** der Scheinwerferstrahl durchbrach die Dunkelheit

рассекре́чива|ть <-ю, -ешь> *нсв,* **рассекрети́ть** *св прх* nicht mehr vertraulich behandeln; **~ де́ло** eine Sache nicht mehr vertraulich behandeln; **~ докуме́нты** Dokumente nicht mehr vertraulich behandeln

рассе́лин|а <-ы> *ж* Felsspalte *f*

расселя́|ть <-ю, -ешь> *нсв,* **рассели́ть** *св прх* unterbringen; **~ жильцо́в по дома́м** die neuen Bewohner unterbringen; **~ по ра́зным ко́мнатам** in verschiedene Zimmer unterbringen

расс|ерди́ть <-ержу́, -е́рдишь> *св прх см.* **серди́ть**

расс|ерди́ться <-ержу́сь, -е́рдишься> *св рефл см.* **серди́ться**

рассе́ржен|ный <-ная, -ное; -, -а, -о> *прил* verärgert, böse; **~ взгля́д** böser Blick

рассе́|чь <-ку́, -чешь> *св прх см.* **рассека́ть**

рассе́яни|е <-я> *ср* Zerstreuung *f*

рассе́яннос|ть <-ти> *ж* Zerstreutheit *f; (отсу́тствие концентра́ции)* Konzentrationsschwäche *f*

рассе́ян|ный <-ная, -ное; -, -а, -о> *прил* zerstreut, fahrig, geistesabwesend; ФИЗ *(свет)* diffus

рассе́|ять <-ю, -ешь> *св прх см.* **рассе́ивать**

расска́з <-а> *м* **1.** *(повествова́ние)* Erzählung *f,* Schilderung *f* **2.** ЛИТ Erzählung *f*

расск|аза́ть <-ажу́, -а́жешь> *св прх см.* **расска́зывать**

расска́зчик <-а> *м* Erzähler(in) *m(f)*

расска́зыва|ть <-ю, -ешь> *св,* **рассказа́ть** *нсв прх* erzählen

рассла́б|ить <-лю, -бишь> *св прх см.* **расслабля́ть**

рассла́б|иться <-люсь, -ишься> *св рефл см.* **расслабля́ться**

рассла́бленнос|ть <-ти> *ж* Schwäche *f;*

Р

быть в состоя́нии рассла́бленности in einem Schwächezustand sein

расслабля́|ть <-ю, -ешь> *нсв,* **рассла́бить** *св прх* schwächen; **~ мы́шцы** die Muskeln schwächen; **~ реме́нь** den Gürtel lockern; **~ чью-л. во́лю** jds Willen schwächen

расслабля́|ться <-юсь, -ешься> *нсв,* **рассла́биться** *св рефл* sich entspannen

рассла́ива|ть <-ю, -ешь> *нсв,* **расслои́ть** *св прх* in Schichten teilen/spalten/trennen; **~ слюду́** den Glimmer in Schichten spalten; **~ те́сто** den Teig in Schichten trennen; **~ о́бщество на бе́дных и бога́тых** die Gesellschaft in Arme und Reiche teilen

рассле́довани|е <-я> *ср* Erhebung *f;* ЮР Ermittlung *f*

рассле́д|овать <-ую, -уешь> *(н)св прх* ЮР untersuchen, ermitteln in *+dat*

расслое́ни|е <-я> *ср* **1.** МЕД Abschilferung *f;* **~ ногте́й** Nägelabschilferung *f* **2.** ЮР, АДМ *(на слои́)* Abschichtung *f* **3.** *(на гру́ппы)* Schichtung *f;* **социа́льное ~** soziale Differenzierung *f*

рассло|и́ть <-ю́, -и́шь> *св прх см.* **рассла́ивать**

расслы́ш|ать <-у, -ишь> *св нпрх* deutlich hören, vernehmen; **не ~** überhören

рассма́трива|ть <-ю, -ешь> *нсв,* **рассмотре́ть** *св прх* betrachten, ansehen; *(выноси́ть сужде́ние)* prüfen, begutachten; *(в ка́честве чего́-л.)* erachten

рассмеш|и́ть <-у́, -и́шь> *св прх* zum Lachen bringen; **~ пу́блику** das Publikum zum Lachen bringen

рассме|я́ться <-ю́сь, -ешься> *св рефл* in Lachen ausbrechen

рассмотре́ни|е <-я> *ср* Betrachtung *f,* Durchsicht *f;* *(эксперти́за)* Prüfung *f;* ЮР Behandlung *f,* Begutachtung *f;* **~ дел в суде́бном поря́дке** Gerichtsweg *m*

рассогласова́ни|е <-я> *ср* Abweichung *f;* **~ систе́мы управле́ния** Fehler *m* der Steuersysteme; **~ прибо́ров** ТЕХ Fehlanpassung *f* der Geräte

рассо́л <-а> *м* **1.** КУЛ Sole *f,* Salzlake *f,* Salzlauge *f;* **капу́стный ~** Sauerkohllake *f;* **огуре́чный ~** Gurkenlake *f* **2.** ХИМ Mutterlauge *f*

рассо́льник <-а> *м без мн* КУЛ *Fleisch- oder Fischsuppe mit sauren Gurken*

рассо́р|ить <-ю, -ишь> *св прх разг* verfeinden, auseinander bringen; **~ оконча́тельно ста́рых друзе́й** die alten Freunde endgültig auseinander bringen

рассортиро́выва|ть <-ю, -ешь> *нсв,* **рассортирова́ть** *св прх* (aus)sortieren; **~ древеси́ну** das Holz sortieren; **~ това́р** die Ladung aussortieren

рассос|а́ться <-у́сь, -ёшься> *св рефл см.* **расса́сываться**

расспра́шива|ть <-ю, -ешь> *нсв,* **расспроси́ть** *св прх* nachfragen; *(выпра́шивать)* erfragen

расспро́с <-а> *м обы́чно мн* Erkundigungen *fpl*

рассредото́чени|е <-я> *ср* **1.** ВОЕН Auseinander ziehen *nt* **2.** *(децентрализа́ция)* Dezentralisation *f*

рассредото́чива|ть <-ю, -ешь> *нсв,* **рассредото́чить** *св прх* **1.** ВОЕН auseinander ziehen **2.** *(децентрализи́ровать)* dezentralisieren

рассро́чива|ть <-ю, -ешь> *нсв,* **рассро́чить** *св прх* stungen; **~ упла́ту до́лга** die Abzahlung der Schuld stungen; **~ вы́плату креди́та** die Auszahlung des Kredits stungen

рассро́чк|а <-и> *ж* Teilzahlung *f,* Ratenzahlung *f;* **в рассро́чку** auf Raten

расста|ва́ться <-ю́сь, -ешься> *нсв,* **расста́ться** *св рефл* **1.** *(переста́ть ви́деться, разойти́сь)* sich trennen, auseinandergehen; **~ с друзья́ми** sich von Freunden trennen; **~ до за́втра** sich bis morgen trennen; **~ с родны́м го́родом** sich von der Geburtsstadt trennen **2.** *(лиши́ться чего́-л., отказа́ться)* eine Angewohnheit ablegen, sich etw abgewöhnen, etw aufgeben; **~ с мечто́й** den Traum aufgeben; **~ с авиа́цией** die Fliegerei aufgeben

расставля́|ть <-ю, -ешь> *нсв,* **расста́вить** *св прх* stellen; *(но́ги)* spreizen; **~ в определённом поря́дке** einordnen; **~ всё на свои́ места́** zurechtrücken

расстано́вк|а <-и> *ж* Aufstellung *f;* *(распределе́ние)* Verteilung *f;* *перен* *(ситуа́ция)* Konstellation *f;* **~ сил** Kräfteverhältnis *nt*

расста́|ться <-нусь, -нешься> *св рефл см.* **расстава́ться**

расстега́|й <-я> *м* КУЛ *(пирожо́к)* Pastete *f;* **~ с мя́сом** Fleischpastete *f*

расстёгива|ть <-ю, -ешь> *нсв,* **расстегну́ть** *св прх* aufknöpfen; **~ пу́говицы** die Knöpfe aufknöpfen; **~ реме́нь** den Gürtel lösen; **~ во́рот руба́шки** den Hemdkragen lockern

расстоя́ни|е <-я> *ср* Entfernung *f,* Abstand *m*

расстра́ива|ть <-ю, -ешь> *нсв,* **расстро́ить** *св прх* **1.** *(вноси́ть замеша́тельство)* verwirren **2.** *(по́ртить настрое́ние)* missmutig machen, die Laune verderben **3.** *(дезорганизо́вывать)* desorganisieren **4.** *(эконо́мику, здоро́вье)* zerrütten **5.** *(пла́ны)* zunichte machen **6.** МУЗ verstimmen **7.** *перен* verstimmen

расстра́ива|ться <-юсь, -ешься> *нсв,* **расстро́иться** *св рефл* **1.** *(стать беспоря́дочным)* durcheinander sein; **шере́нга растро́илась** die Reihe aus der Ordnung bringen **2.** *то́лько 3 л (нару́шиться, расшата́ться)* scheitern, nicht zustande kommen, ins Wasser fallen; **игра́ расстрои-**

лась das Spiel fiel ins Wasser; **дела́ фи́рмы расстро́ились** die Lage der Firma verschlimmerte sich; **здоро́вье расстро́илось** die Gesundheit verschlimmerte sich **3.** *то́лько 3 л (потеря́ть свой строй)* verstimmen; **роя́ль расстро́ился** der Flügel verstimmt; **телеви́зор расстро́ился** das Fernsehgerät wurde verstellt **4.** *(огорчи́ться)* sich die Laune verderben, missmutig werden; **~ из-за пустяка́** sich wegen einer Kleinigkeit die Laune verderben; **~ от неуда́чи** durch den Misserfolg missmutig werden

расстре́л <-а> *м* Erschießung *f*, Erschießen *nt;* **приговори́ть к расстре́лу** jdn zum Tod durch Erschießen verurteilen; **~ зало́жников** die Geiseln erschießen; **~ ми́рных жи́телей** Erschießung *f* friedlicher Bürger

расстре́лива|ть <-ю, -ешь> *нсв,* **расстреля́ть** *св прх* **1.** *(уби́ть вы́стрелами)* erschießen; **~ престу́пника** den Verbrecher erschießen; **~ ми́рных демонстра́нтов** friedliche Demonstranten erschießen; **~ на ме́сте** standrechtlich erschießen **2.** *(подве́ргнуть обстре́лу)* unter Feuer nehmen; **~ вра́жеский кора́бль** ein feindliches Schiff befeuern **3.** *(израсхо́довать)* verschießen

расстри́г|а <-и> *м презрит* РЕЛИГ *seines Amtes enthobener Geistlicher*

расстрига́|ть <-ю, -ешь> *нсв,* **расстри́чь** *св прх* **1.** *разг (разре́зать)* durchschneiden; **~ цветну́ю бума́гу на по́лосы** Buntpapier *nt* in Streifen schneiden **2.** РЕЛИГ jdm die Priesterwürde entziehen

расстро́ен|ный <-ная, -ное; -, -а, -о> *прил* betrübt, missmutig, verstimmt; **расстро́енные фина́нсы** marode Finanzen *fpl*

расстро́|иться <-юсь, -ишься> *св рефл см.* **расстра́иваться**

расстро́йств|о <-а> *ср* **1.** *(замеша́тельство)* Verwirrung *f;* **одно́ ~** nichts als Ärger **2.** *(дезорганиза́ция)* Desorganisation *f* **3.** МЕД Störungen *pl,* Verstimmung *f;* **~ желу́дка** Magenverstimmung *f;* **~ сна** Schlafstörung *f*

расступа́|ться <-ется> *нсв,* **расступи́ться** *св безл, то́лько 3 л* Platz machen, auseinander treten; **толпа́ расступи́лась** die Menschenmenge trat auseinander; **почти́тельно ~ перед геро́ями** den Helden platzen machen

рассуди́тельнос|ть <-ти> *ж* Besonnenheit *f,* Urteilsvermögen *nt*

рассуди́те|льный <-льная, -льное; -лен, -льна, -льно> *прил* besonnen

расс|уди́ть <-ужу́, -у́дишь> *св прх см.* **рассужда́ть**

рассу́д|ок <-ка> *м* Verstand *m;* **лиша́ть рассу́дка** den Verstand rauben

рассужда́|ть <-ю, -ешь> *нсв,* **рассуди́ть** *св прх* **1.** *(вы́нести реше́ние)* entscheiden, urteilen; **~ спо́рящие сто́роны** über die Streitparteien entscheiden **2.** *перен (поду́мать)* überlegen; **можешь ~ и са́м, как поступи́ть** du kannst auch allein entscheiden, wie du weiter handeln wirst

рассужде́ни|е <-я> *ср* **1.** *(размышле́ние)* Überlegung *f,* Erwägung *f* **2.** *(сужде́ние)* Schlussfolgerung *f,* Urteil *nt* **3.** *обы́чно мн* Erörterungen *fpl,* Gerede *nt;* **без рассужде́ний** ohne Widerrede

рассчи́тан|ный <-ная, -ное; -, -а, -о> *прил* absichtlich; **рассчи́танная медли́тельность** absichtliche Verzögerung *f*

рассчита́|ть <-ю, -ешь> *св прх см.* **рассчи́тывать**

рассчита́|ться <-юсь, -ешься> *св рефл см.* **рассчи́тываться**

рассчи́тыва|ть <-ю, -ешь> *нсв,* **рассчита́ть** *св* **I.** *прх (производи́ть расчёт)* berechnen, kalkulieren **II.** *нпрх* **1.** *(на что-л.)* bauen auf *+akk* **2.** *(наде́яться)* hoffen auf *+akk;* **~ на чью-л. по́мощь** mit jds Hilfe rechnen

рассчи́тыва|ться <-юсь, -ешься> *нсв,* **рассчита́ться** *св рефл* abrechnen; **я хоте́л бы рассчита́ться** bitte zahlen!; **по поря́дку номеро́в рассчита́йся!** durchzählen!

рассыла́|ть <-ю, -ешь> *нсв,* **разосла́ть** *св прх* **1.** *(отпра́вить в ра́зные места́)* verschicken, versenden; **~ телегра́ммы** Telegramme verschicken; **~ приглаше́ния на сва́дьбу** Hochzeitseinladungen versenden **2.** *(отпра́вить всех)* alle wegschicken; **~ курье́ров** die Boten wegschicken

рассы́лк|а <-и> *ж* Versendung *f,* Versand *m;* **~ това́ров покупа́телям** Versandgeschäft *nt*

рассы́льн|ый <-ая, -ое> *м* Kurier *m,* Laufbursche *m,* Laufjunge *m;* **суде́бный ~** Gerichtsbote *m*

рассыпа́|ть <-ю, -ешь> *нсв,* **рассы́пать** *св прх* streuen; *(просы́пать)* schütten, verschütten

рассыпа́|ться <-юсь, -ешься> *нсв,* **рассы́паться** *св рефл* **1.** *то́лько 3 л (раскати́ться)* verschüttet werden, sich verstreuen; **я́блоки рассы́пались по по́лу** die Äpfel fielen auf den Boden; **фасо́ль рассы́палась** die Bohnen verstreuten sich **2.** *то́лько 3 л (разойти́сь)* (aus)schwärmen; **стрелки́ рассы́пались** die Schützen schwärmten aus; **шко́льники рассы́пались по́ двору** die Schüler verstreuten sich auf dem Hof **3.** *(наговори́ть любе́зности)* jdn mit Lob überschütten, Süßholz raspeln; **~ в комплиме́нтах** jdm Komplimente machen; **~ в благода́рностях** sich in Dankesbezeugungen ergehen **4.** *(разру́шиться)* zerfallen; **всё рассы́палось пра́хом** alles zerfiel zu Staub **5.** *(послы́шаться, разда́ться)* erklingen, ertönen; **~ весёлым сме́хом** es erklang

Р

fröhliches Lachen

рассыпчат|ый <-ая, -ое; -, -а, -о> *прил* mürbe

расталкива|ть <-ю, -ешь> *нсв*, **растолкать** *св прх* **1.** *(оттолкнуть в стороны)* auseinander stoßen, beiseite drängen; **~ людей** die Leute beiseite drängen **2.** *(разбудить)* aufrütteln, wachrütteln; **~ спящего** den Schlafenden wachrütteln

растаплива|ть <-ю, -ешь> *нсв*, **растопить** *св прх* **1.** *(лёд)* zum Schmelzen bringen **2.** *(топить)* heizen

растаплива|ться <-ется> *нсв*, **растопиться** *св безл, только 3 л* **1.** *(лёд)* schmelzen **2.** *(печь)* heizen

растаптыва|ть <-ю, -ешь> *нсв*, **растоптать** *св прх* zertreten, zerstampfen; **~ обувь** die Schuhe austreten

растачива|ть <-ю, -ешь> *нсв*, **расточить** *св прх* ТЕХ ausbohren; **~ деталь** das Detail ausbohren; **~ отверстие** die Öffnung vertiefen

workpiece

раста|ять <-ю, -ешь> *св нпрх см.* **таять**

раствор <-а> *м* **1.** ХИМ Lösung *f* **2.** СТР Mörtel *m*

растворим|ый <-ая, -ое; -, -а, -о> *прил* löslich

растворите|ль <-ля> *м* Lösungsmittel *nt*

раствор|ить <-ю, -ишь> *св прх см.* **растворять**

раствор|иться <-юсь, -ешься> *св рефл см.* **растворяться**

растворосмесите|ль <-ля> *м* ТЕХ Mörtelmischer *m*

растворя|ть <-ю, -ешь> *нсв*, **растворить** *св прх* **1.** *(порошок)* (auf)lösen; **~ ложку какао в молоке** einen Löffel Kakao in der Milch auflösen **2.** *(замесить)* kneten; **~ тесто** Teig kneten

растворя|ться <-юсь, -ешься> *нсв*, **раствориться** *св рефл* sich auflösen; *(растаять)* zergehen; *(открываться)* sich öffnen

растека|ться <-ется> *нсв*, **растечься** *св безл, только 3 л* zerrinnen; **~ мыслью по древу** drumherum reden

растени|е <-я> *ср* Pflanze *f*, Gewächs *nt*

растениеводств|о <-а> *ср без мн* Pflanzenzüchtung *f*, Pflanzenanbau *m*

растереть <разотру, разотрёшь> *св*, **растирать** *нсв прх* zerreiben; **~ в порошок** pulverisieren; *(тело, кожу)* einreiben, abreiben, massieren

растерзан|ный <-ная, -ное; -, -а, -о> *прил разг* zerrissen, zerfetzt; **~ вид** zerrissenes Aussehen *nt*; **растерзанное сердце** gequältes Herz *nt*

растерзыва|ть <-ю, -ешь> *нсв*, **растерзать** *св прх и перен* zerfleischen, zerreißen

растеря|ть <-ю, -ешь> *св прх* verlieren; **~ друзей** alle Freunde verlieren; **~ дорогой часть вещей** unterwegs einen Teil der Sachen verlieren

растерянос|ть <-ти> *ж без мн* Verwirrung *f*, Fassungslosigkeit *f*; **быть в растерянности** ratlos sein

растерян|ный <-ная, -ное; -, -а, -о> *прил* **1.** *(смущённый)* fassungslos, konfus, verwirrt **2.** *(беспомощный)* ratlos, verunsichert

растеря|ться <-юсь, -ешься> *св рефл см.* **теряться²**

растеря́х|а <-и> *м и ж разг* zerstreuter Mensch *m*

расте|чься <-кусь, -чёшься> *св рефл см.* **растекаться**

раст|и <-у, -ёшь> *нсв*, **вырасти** *св нпрх* wachsen; *(увеличиваться)* zunehmen, ansteigen

растира|ть <-ю, -ешь> *нсв*, **растереть** *св прх* zerreiben; *(натирать)* einreiben, abreiben; *(делать масаж)* massieren; **~ в порошок** pulverisieren

растительнос|ть <-ти> *ж* Vegetation *f*

растительн|ый <-ая, -ое> *прил* pflanzlich; **растительное масло** Pflanzenöl *nt*

растить <ращу, растишь> *нсв*, **вырастить** *св прх* **1.** *(выращивать)* züchten; **~ цветы** Blumen *fpl* züchten **2.** *(воспитывать)* erziehen; **~ детей** Kinder *ntpl* erziehen **3.** *(совершенствовать)* vervollkommnen; **~ талант** ein Talent vervollkommnen

растлени|е <-я> *ср без мн* **1.** *(изнасилование)* Vergewaltigung *f*, Schändung *f*; **~ малолетних** Notzucht *f* mit Minderjährigen **2.** *(развращение)* Sittenverderb *m*, Sittenverfall *m*; **нравственное ~** moralische Verkommenheit *f*

растолка|ть <-ю, -ешь> *св прх см.* **расталкивать**

растолковыва|ть <-ю, -ешь> *нсв*, **растолковать** *св прх* erklären; **~ значение слова** die Bedeutung der Worte erklären; **~ решение задачи** die Aufgabenlösung erklären

растол|очь <-ку, -чёшь> *св прх см.* **толочь**

раст|опиться <-оплюсь, -опишься> *св рефл см.* **растапливаться**

растопк|а <-и> *ж* **1.** *(разведение огня)* Anheizen *nt*, Heizen *nt*; **~ печей** Ofen anheizen *nt* **2.** *разг (щепки и др.)* Anheizmaterial *nt*; **пустить газеты на растопку** Zeitungspapier zum Anheizen verwenden

расторга|ть <-ю, -ешь> *нсв*, **расторгнуть** *св прх* kündigen, auflösen; **~ брак** die Ehe scheiden

расторговыва|ться <-юсь, -ешься> *нсв*, **расторговаться** *св рефл разг* **1.** *(успешно продать)* erfolgreich verkaufen **2.** *(разбогатеть)* durch Handel reich werden

расторжени|е <-я> *ср* Aufhebung *f*, Auflösung *f*; *(договора)* Kündigung *f*

растормош|и́ть <-у́, -и́шь> *св прх разг* **1.** *(разбуди́ть)* wachrütteln, munter machen; **~ дрема́вшего сто́рожа** den schlummernden Wächter wachrütteln **2.** *(привести́ в беспоря́док)* in Unordnung bringen; **~ весь чемода́н** den ganzen Koffer durchwühlen

растороп|ный <-ная, -ное; -ен, -на, -но> *прил* flink; *(ло́вкий)* gewandt

расточа́|ть <-ю, -ешь> *нсв*, **расточи́ть** *св прх* vergeuden; **~ похвалы́** Lob *nt* spenden

расточи́те|ль <-ля> *м*, **расточи́тельниц|а** <-ы> *ж* Verschwender(in) *m(f)*, Vergeuder(in) *m(f)*; **~ де́нег** Geldvergeuder *m*; **~ наро́дного добра́** Verschwender von Volkseigentum

расточи́тельнос|ть <-ти> *ж* Verschwendungssucht *f*

расточи́те|льный <-льная, -льное; -лен, -льна, -льно> *прил* verschwenderisch; **расточи́тельное обраще́ние** Verschwendung *f*

расточи́тельств|о <-а> *ср* Verschwendung *f*

расточ|и́ть <-у́, -и́шь> *св прх см.* **раста́чивать**

расто́чн|ый <-ая, -ое> *прил* Ausbohr-, Bohr-; **~ стано́к** Ausbohrmaschine *f*, Bohrwerk *nt*; **расто́чная голо́вка** Bohrkopf *m*

растр <ра́стра> *м* Raster *m*

растравля́|ть <-ю, -ешь> *нсв*, **растрави́ть** *св прх* **1.** *(вызва́ть боль)* eine Entzündung hervorrufen, zum Eitern bringen; **~ ра́ну** eine Wunde eitern lassen; **~ го́ре** den Kummer wieder wachrufen **2.** *разг (раздразни́ть)* necken, (auf)reizen, aufhetzen; **~ соба́к** die Hunde reizen **3.** тип ätzen; **~ рису́нок** die Zeichnung ätzen

растранжи́р|ить <-ю, -ишь> *св прх см.* **транжи́рить**

растра́т|а <-ы> *ж* Vergeudung *f*; юр Unterschlagung *f*, Veruntreuung *f*, Defraudation *f*

растра́|тить <-чу, -ишь> *св*, **растра́чивать** *нсв прх* vergeuden; юр unterschlagen

растра́тчик <-а> *м*, **растра́тчиц|а** <-ы> *ж* Veruntreuer *m*

растрево́ж|ить <-у, -ишь> *св прх* **1.** *(испуга́ть, обеспоко́ить)* aufschrecken, beunruhigen, stören; **~ сро́чным вы́зовом** durch einen dringenden Aufruf beunruhigen; **~ неприя́тным сообще́нием** durch eine unangenehme Mitteilung in Unruhe versetzen **2.** *(разбереди́ть)* aufreißen; **~ ра́ну** eine Wunde aufreißen; **~ ду́шу** die Seele quälen

растрёп|а <-ы> *м и ж разг* Schlampe(r) *f(m)*, schlampiger Kerl *m*

растрёпан|ный <-ная, -ное; -, -а, -о> *прил* **1.** *(о волоса́х)* wirr **2.** *(о кни́ге)* zerfleddert

растрёпыва|ться <-юсь, -ешься> *нсв*, **растрепа́ться** *св рефл* **1.** *(о волоса́х)* zerzaust sein **2.** *(о кни́ге)* zerlesen sein

ра́стров|ый <-ая, -ое> *прил* Raster-; **~ экра́н** Rasterbildschirm *m*

растро́ган|ный <-ная, -ное; -, -а, -о> *прил* bewegt, gerührt

растро́га|ть <-ю, -ешь> *св прх* bewegen, rühren; **~ до слёз** zu Tränen rühren

растру́б <-а> *м* trichterförmige Öffnung *f*, Trichter *m*; **брю́ки с растру́бом** trichterförmiges Hosenbein *nt*, Charlestonhose *f*; **~ фаго́та** Schalltrichter *m* des Fagotts

раструб|и́ть <-лю́, -и́шь> *св (н)прх разг* ausposaunen, ausplaudern; **~ всем но́вость** allen die Neuigkeit erzählen; **~ о повыше́нии в до́лжности** die Beförderung ausposaunen

растушёвк|а <-и> *ж* **1.** *(нанесе́ние ту́ши, карандаша́)* Abschattieren *nt* mit Tusche; **~ эски́за** Abschattieren des Entwurfs *nt* **2.** *(па́лочка)* Wischer *m*

растя́гива|ть <-ю, -ешь> *нсв*, **растяну́ть** *св прх* dehnen, ausdehnen, recken, strecken

растя́гива|ться <-юсь, -ешься> *нсв*, **растяну́ться** *св рефл* **1.** *разг (лечь во всю длину́)* sich ausstrecken; **растяну́ться на крова́ти** sich auf dem Bett ausstrecken; **растяну́ться на шезло́нге** sich auf dem Liegestuhl ausstrecken **2.** *разг (упа́сть)* alle viere vor sich strecken; **~ на асфа́льте** auf dem Asphalt alle viere vor sich strecken; **растяну́ться во весь рост** sich in ganzer Länge ausstrecken **3.** *то́лько 3 л (потеря́ть упру́гость)* sich ausdehnen, sich ausleiern; **ко́фта растяну́ла́сь** die Jacke ist ausgeleiert; **свя́зки растяну́лись** мед die Sehne ist gezerrt **4.** *то́лько 3 л (продли́ться)* sich in die Länge ziehen, sich hinziehen; **собра́ние растяну́лось** die Versammlung hat sich in die Länge gezogen; **представле́ние растяну́лось** die Aufführung nahm kein Ende **5.** *(расположи́ться)* liegen; **городо́к растяну́лся вдоль реки́** die Stadt ist am Flussufer gelegen

растяже́ни|е <-я> *ср* Dehnen *nt*; мед Zerrung *f*

растяжи́м|ый <-ая, -ое; -, -а, -о> *прил* dehnbar; **растяжи́мое поня́тие** dehnbarer Begriff *m*

растя́жк|а <-и> *ж* **1.** тех Spannseil *nt*, Verspannung *f* **2.** *(удлине́ние)* Strecken *nt*, Recken *nt*; **~ ко́жи** Leder dehnen *nt*

растя́нут|ый <-ая, -ое; -, -а, -о> *прил* ausgedehnt, in die Länge gezogen; **растя́нутое сочине́ние** ausgedehnter Aufsatz *m*

раст|яну́ться <-яну́сь, -я́нешься> *св рефл см.* **растя́гиваться**

растя́п|а <-ы> *м и ж разг* Tollpatsch *m*, Tölpel *m*

расфас|ова́ть <-у́ю, -у́ешь> *св прх* abpacken; **~ конди́терские изде́лия** Süßwaren abpacken

расфасо́вщик <-а> *м*, **расфасо́вщиц|а** <-ы> *ж* Abpacker(in) *m(f)*

расформиро́выва|ть <-ю, -ешь> *нсв*, **расформирова́ть** *св прх* auflösen; ~ **нау́чную лаборато́рию** ein wissenschaftliches Labor auflösen; ~ **батальо́н** das Bataillon auflösen

расфуфы́рива|ться <-юсь, -ешься> *нсв*, **расфуфы́риться** *св рефл разг* sich auftakeln

расха́жива|ть <-ю, -ешь> *нсв нпрх* umhergehen, herumspazieren; ~ **по кабине́ту** im Arbeitszimmer umhergehen; ~ **не́рвно взад и вперёд** nervös herumspazieren

расхва́лива|ть <-ю, -ешь> *нсв*, **расхвали́ть** *св прх* loben; ~ **това́р** die Ware loben; ~ **кома́нду** die Mannschaft loben

расхва́тыва|ть <-ю, -ешь> *нсв*, **расхвата́ть** *св прх разг* sich hermachen über + *akk*; ~ **хо́дкий това́р** die gängige Ware vollständig aufkaufen

расхити́те|ль <-ля> *м*, **расхити́тельниц|а** <-ы> *ж* Plünd(e)rer *m*

расхище́ни|е <-я> *ср* Veruntreuung *f*

расхлёбыва|ть <-ю, -ешь> *нсв*, **расхлеба́ть** *св прх разг* auslöffeln, ausbaden; ~ **ка́шу** etwas ausbaden müssen

расхля́бан|ный <-ная, -ное; -, -а, -о> *прил* **1.** ТЕХ ausgeleiert **2.** *перен* schlampig, unordentlich

расхо́д <-а> *м* **1.** *(потребле́ние)* Verbrauch *m* **2.** *(тра́та, затра́та)* Ausgabe *f*, Aufwand *m* **3.** *мн* Kosten *pl*; **путевы́е расхо́ды** Reisekosten *pl*; **брать на себя́ расхо́ды** die Kosten tragen; **пойти́ на больши́е расхо́ды** sich in Unkosten stürzen; ~ **материа́ла** Materialaufwand *m*; **расхо́ды по забрако́ванному това́ру** Ausschusskosten *pl*; **расхо́ды на рекла́му** Werbekosten *pl*; **расхо́ды на риск** Wagniskosten *pl*; **расхо́ды на социа́льные ну́жды** Sozialausgaben *pl*; **расхо́ды бу́дущих пери́одов** Vorleistung *f*; **расхо́ды на за́работную пла́ту** Lohnkosten *pl*; **расхо́ды по монтажу́** Montagekosten *pl*; **расхо́ды на склади́рование** Lagerkosten *pl*; **расхо́ды на техни́ческое обслу́живание и ремо́нт** Instandhaltungskosten *pl*

расх|оди́ться <-о́дится> *нсв*, **разойти́сь** *св безл, то́лько 3 л* auseinander gehen; *(расстава́ться)* sich trennen; *(развести́сь)* sich scheiden lassen; *(го́сти)* aufbrechen; *(упусти́ть кого́-л.)* sich verpassen; *(ко́нчиться)* ausgehen, zerrinnen; *(о мне́ниях)* differieren, auseinandergehen; **их пути́ разошли́сь** ihre Wege trennten sich

расхо́дн|ый <-ая, -ое> *прил* Ausgaben-; ~ **счёт** Aufwandskonto *nt*; ~ **о́рдер в получе́нии де́нег** Auszahlungsanweisung *f*

расхо́довани|е <-я> *ср* Verbrauch *m*; ~ **средств** Mittelverwertung *f*

расхо́д|овать <-ую, -уешь> *нсв*, **израсхо́довать** *св прх* **1.** *(потреби́ть, изощри́ть)* verbrauchen; *(де́ньги)* ausgeben **2.** *(си́лы)* verausgaben

расхожде́ни|е <-я> *ср* Diskrepanz *f*; *(противоре́чие)* Widerspruch *m*; *(несовмести́мость)* Abweichung *f*; ~ **сло́ва с де́лом** Diskrepanz *f*; **расхожде́ния** Dissens *m*

расхо́ж|ий <-ая, -ее> *прил разг* **1.** *(бы́стро продаю́щийся)* gängig, gefragt; ~ **това́р** schnell gängige Ware *f* **2.** *(постоя́нно испо́льзуемый)* Alltags-; ~ **костю́м** Alltagsanzug *m*

расхола́жива|ть <-ю, -ешь> *нсв*, **расхолоди́ть** *св прх перен* abkühlen, ernüchtern

расх|оте́ть <-очу́, -о́чешь> *св прх разг* die Lust verlieren, nicht mehr mögen; ~ **спать** der Schlaf ist jdm vergangen; ~ **идти́ в кино́** keine Lust mehr haben ins Kino zu gehen

расцве́т <-а> *м* **1.** БОТ Blüte *f* **2.** *перен* Blüte *f*, Blütezeit *f* **3.** ЭКОН Aufschwung *m*

расцвета́|ть <-ю, -ешь> *нсв*, **расцвести́** *св нпрх* aufblühen

расцве́тк|а <-и> *ж* Farbenmuster *m*; **оригина́льная** ~ originelles Farbenmuster *nt*; **ткань я́ркой расцве́тки** Stoff *m* mit leuchtenden Mustern

расцело́выва|ть <-ю, -ешь> *нсв*, **расцелова́ть** *св прх* (ab)küssen; ~ **на ра́достях юбиля́ра** vor Freude den Jubilar abküssen

расце́нива|ть <-ю, -ешь> *нсв*, **расцени́ть** *св прх* **1.** *(установи́ть це́ну)* abschätzen, bewerten; ~ **това́р** den Warenpreis festsetzen **2.** *перен (счита́ть)* beurteilen, einschätzen; ~ **отве́т как неуваже́ние** die Antwort als eine Respektlosigkeit betrachten

расце́нк|а <-и> *ж* **1.** *(цена́)* Preisfestsetzung *f* **2.** *обы́чно мн (труда́)* Tarif *m*

расце́ночн|ый <-ая, -ое> *прил* Abschätzungs-, Tarif-; **расце́ночная ве́домость** Tarifverzeichnis *nt*

расце́нщик <-а> *м* Taxator *m*

расц|епи́ть <-еплю́, -е́пишь> *св прх см.* **расцепля́ть**

расцепле́ни|е <-я> *ср* Loshaken *nt*, Loskopp(e)lung *f*, Spaltung *f*

расцепля́|ть <-ю, -ешь> *нсв*, **расцепи́ть** *св прх* auseinander haken, loshaken, loskuppeln; ~ **това́рные ваго́ны** die Lastwagen loskuppeln; ~ **драчуно́в** die Raufbolde trennen

расче́рчива|ть <-ю, -ешь> *нсв*, **расчерти́ть** *св прх* Linien ziehen; ~ **табли́цу** in die Tabelle Spalten bringen; ~ **до́ску** auf der Tafel Linien ziehen

расчёск|а <-и> *ж разг* Kamm *m*; **причеса́ть во́лосы расчёской** die Haare kämmen

расчёсыва|ть <-ю, -ешь> *нсв*, **расчеса́ть** *св прх* kämmen, durchkämmen; *(расцара́пать)* kratzen

расчёт <-а> *м (пла́та)* Zahlung *f*; *и перен*

Kalkulation *f,* Berechnung *f; (распла́та)* Abrechnung *f,* Verrechnung *f;* **мы в расчёте** wir sind quitt; **принима́ть в ~** in Betracht ziehen, einkalkulieren; **~ затра́т** Kostenrechnung *f,* Kostenverrechnung *f;* **~ проце́нтов** Zinsrechnung *f;* **~ прямы́х затра́т** Direct costing *nt;* **~ по́лных затра́т** Vollkostenrechnung *f;* **~ рента́бельности капиталовложе́ний** Investitionsrechnung *f;* **~ совоку́пных затра́т** Vollkostenrechnung *f;* **~ измене́ния бала́нса** Mehr-Weniger-Rechnung *f;* **~ дохо́дов и расхо́дов** Überschussrechnung *f;* **~ преде́льных затра́т** Grenzkostenrechnung *f;* **получи́ть ~** entlassen werden

расчётлив|ый <-ая, -ое; -, -а, -о> *прил* **1.** *перен* berechnend **2.** *(эконо́мный)* wirtschaftlich, sparsam

расчётн|ый <-ая, -ое> *прил* Rechen-; **~ отде́л бухгалте́рии** Lohnbuchhaltung *f;* **~ лист** Lohnkarte *f;* **расчётная амортиза́ция** kalkulatorische Abschreibung *f;* **расчётная ве́домость** Lohnabrechnung *f;* **расчётная едини́ца** Rechnungseinheit *f,* Verrechnungseinheit *f;* **расчётная за́работная пла́та предпринима́теля** kalkulatorischer Unternehmerlohn *m;* **расчётная ка́рточка** Lohnkarte *f;* **расчётная кни́жка** Lohnbuch *nt;* **расчётная пала́та** Abrechnungsstelle *f;* **расчётная при́быль** kalkulatorischer Gewinn *m;* **расчётная проце́нтная ста́вка** Kalkulationszinsfuss *m;* **расчётная цена́** Verrechnungspreis *m;* **расчётные изде́ржки** kalkulatorische Kosten *pl;* **расчётные опера́ции** Verrechnungsverkehr *m;* **расчётные проце́нты** kalkulatorische Zinsen *pl;* **~ день** Abrechnungsdatum *nt;* **~ курс** Abrechnungskurs *m;* **~ пункт** Abrechnungsstelle *f;* **~ счёт в ба́нке** Bankverbindung *f;* **~ стол** Abrechnungsstelle *f;* **~ чек** Verrechnungsscheck *m;* **по всем расчётам** aller Berechnung nach; **систе́ма взаи́мных расчётов** Clearingsystem *nt*

расчища́|ть <-ю, -ешь> *нсв,* **расчи́стить** *св прх* säubern, räumen; **~ доро́жки от сне́га** den Schnee von den Straßen räumen; **~ сара́й** den Schuppen entrümpeln; **~ путь кому́-л.** den Weg für jdn freilegen

расчленя́|ть <-ю, -ешь> *нсв,* **расчлени́ть** *св прх* zergliedern, zerstückeln

расша́тан|ный <-ная, -ное; -, -а, -о> *прил* **1.** *(непро́чный)* locker, wack(e)lig; **расша́танное пери́ло** wackliges Geländer *nt;* **расша́танная ступе́нька** lockere Stufe *f* **2.** *перен (прише́дший в упа́док)* verfallen; **расша́танное хозя́йство** verfallene Wirtschaft *f* **3.** *(осла́бленный)* zerrüttet, locker; **расша́танное здоро́вье** zerrüttete Gesundheit *f;* **расша́танная дисципли́на** zerrüttete Disziplin *f*

расша́тыва|ть <-ю, -ешь> *нсв,* **расшата́ть** *св прх* **1.** *(сде́лать неусто́йчивым)* lockern, lose machen; **~ зуб** den Zahn wack(e)lig machen **2.** *(расстро́ить)* zerrütten, untergraben, erschüttern; **~ не́рвы** die Nerven ruinieren

расшива́|ть <-ю, -ешь> *нсв,* **расши́ть** *св прх* **1.** *(распоро́ть)* auseinandernehmen; **~ ю́бку** den Rock auseinander trennen **2.** *(вы́шить)* (be)sticken; **~ шёлком блу́зку** die Bluse mit Seide besticken

расшире́ни|е <-я> *ср* Ausweitung *f;* **~ сотру́дничества** Ausweitung *f;* **~ вен** мед Krampfadern *f;* **~ аппара́тных средств** информ Upgrade *nt;* **~ произво́дственных мо́щностей** Kapazitätsausweitung *f*

расшире́н|ный <-ная, -ное; -, -а, -о> *прил* erweitert; **расши́ренная ве́рсия** (**програ́ммы**) информ Update *m*

расши́рить *св прх см.* **расширя́ть**

расши́риться *нсв нпрх см.* **расширя́ться**

расширя́|ть <-ю, -ешь> *нсв,* **расши́рить** *св прх* verbreitern; *и перен (разви́ть)* ausweiten, expandieren; **~ номенклату́ру това́ров** экон diversifizieren

расширя́|ться <-юсь, -ешься> *нсв,* **расши́риться** *св нпрх* expandieren

расши́ть <разошью́, разошьешь> *св прх см.* **расшива́ть**

расшифр|ова́ть <-у́ю, -у́ешь> *св прх см.* **расшифро́вывать**

расшифро́вк|а <-и> *ж* Entziffern *nt,* Entschlüsselung *f,* Dekodierung *f;* **~ затра́т** Kostenschlüssel *m;* **~ накладны́х расхо́дов** Kostenschlüssel *m;* **~ накладны́х расхо́дов по отде́льным ви́дам** Gemeinkostenschlüssel *m*

расшифро́выва|ть <-ю, -ешь> *нсв,* **расшифрова́ть** *св прх* aufschlüsseln, entziffern, dekodieren

расшнуро́выва|ть <-ю, -ешь> *нсв,* **расшнурова́ть** *св прх* aufschnüren, aufbinden; **~ кроссо́вки** die Sportschuhe aufbinden; **~ корсе́т** das Korsett aufschnüren

расще́лин|а <-ы> *ж* Spalte *f,* Riss *m,* Ritze *f;* **~ гле́тчера** Gletscherspalte *f*

расщепле́ни|е <-я> *ср* хим Abbau *m;* **~ я́дер** Kernspaltung *f*

ратифика́ци|я <-и> *ж* Ratifizierung *f*

ратифици́р|овать <-ую, -уешь> *(н)св прх* ratifizieren

ра́тн|ый <-ая, -ое> *прил книжн* kämpferisch, kriegerisch, Streit-; **~ по́двиг** Kriegsheldentat *f;* **ра́тная сла́ва** Schlachtruhm *m*

ра́т|овать <-ую, -уешь> *нсв прх (за кого́-л./что-л.)* eintreten, plädieren für *+akk*

ра́туш|а <-и> *ж* Rathaus *nt*

ра́унд <-а> *м* спорт Runde *f*

рафина́д <-а> *м без мн* Raffinade *f,* Würfelzucker *m*

рафини́рован|ный <-ная, -ное; -, -а, -о> *прил* **1.** тех raffiniert, gereinigt **2.** *перен* verfeinert, erlesen, raffiniert

рафини́р|овать <-ую, -уешь> *(н)св прх (очища́ть)* raffinieren, reinigen

ра́фи|я <-и> *ж* **1.** БОТ Raphia *f* **2.** *(волокно́)* Raphiabast *m*

рахи́т <-а> *м* Rachitis *f*

рацио́н <-а> *м* Ration *f*

рационализа́тор <-а> *м* Rationalisator(in) *m(f)*

рационализа́торск|ий <-ая, -ое> *прил* Rationalisierungs-; **рационализа́торские предложе́ние** Verbesserungsvorschlag *m;* **внести́ рационализа́торское предложе́ние** einen Rationalisierungsvorschlag einbringen

рационализа́торств|о <-а> *ср* Vorschlagswesen *nt*

рационализи́р|овать <-ую, -уешь> *(н)св прх* rationalisieren, verbessern

рационали́зм <-а> *без мн м* ФИЛОС Rationalismus *m*

рационали́ст <-а> *м,* **рационали́стк|а** <-и> *ж* ФИЛОС Rationalist(in) *m(f)*

рациона́|льный <-льная, -льное; -лен, -льна, -льно> *прил* **1.** *(разу́мный)* rational, vernünftig **2.** *(целесообра́зный)* sinnvoll, zweckmäßig

рациони́р|овать <-ую, -уешь> *(н)св прх* rationieren

ра́ци|я <-и> *ж* Funkgerät *nt*

ра́ч|ий <-ья, -ье> *прил* Krebs-; **ра́чья клешня́** Krebsschere *f;* **ра́чьи глаза́** Glotzaugen *pl*

ра́шпи|ль <-ля> *м* ТЕХ Raspel *f*

рван|у́ть <-у́, -ешь> *св прх разг* **1.** *(си́льно дёрнуть)* heftig reißen, ziehen; **~ за во́рот** am Kragen ziehen; **~ на себя́ дверь** die Tür heftig an sich ziehen **2.** *(ре́зко тро́нуться с ме́ста)* sich stürzen, losspringen, losstürmen; **~ со всех ног** sich die Beine ausreißen **3.** *то́лько 3 л, разг (взорва́ть)* sprengen; **рвану́ло где-то ря́дом** es gab irgendwo in der Nähe eine Explosion

рва́н|ый <-ая, -ое> *прил* zerrissen, zerfetzt; **рва́ная оде́жда** zerfetzte Kleidung *f;* **рва́ная ра́на** МЕД Risswunde *f*

рвать <рву, рвёшь> *нсв* **I.** *прх* **1.** *(что-л.)* zerreißen, herausreißen; **~ на себе́ во́лосы** sich die Haare raufen **2.** *(цветы)* pflücken **3.** *(отноше́ния)* abbrechen **II.** *нпрх* МЕД brechen

рва́ться <рву́сь, рвешься> *нсв рефл* **1.** *(стреми́ться куда́-л.)* auf etw brennen, begierig sein; **~ к вла́сти** an die Macht wollen; **~ всем се́рдцем домо́й** aus ganzem Herzen nach Hause wollen; **~ в ата́ку** in den Sturm ziehen **2.** *то́лько 3 л (изна́шиваться)* reißen, zerreißen, verschleißen; **о́бувь бы́стро рвётся** die Schuhe verscheißen schnell **3.** *то́лько 3 л (взрыва́ться)* explodieren, zerspringen; **снаря́ды рву́тся** die Geschosse explodieren

рвач <рвача́> *м разг* Raffer *m*

рве́ни|е <-я> *ср* Eifer *m*

рво́т|а <-ы> *ж* Brechreiz *m*

рдеть <рде́ю, рде́ешь> *нсв безл, то́лько 3 л* sich röten, rot schimmern, glühen; **заря́ рде́ет** der Tagesanbruch schimmert rot; **румя́нец рде́ет на щека́х** Röte glüht auf den Wangen

ре <неизм> *ср* МУЗ D *nt;* **~-дие́з** Dis *nt;* **~ мино́р** d-Moll *nt;* **в ~ мажо́ре** in D-Dur

реабилита́ци|я <-и> *ж* Rehabilitierung *f,* Rehabilitation *f;* **социа́льная ~** Wiedereingliederung *f*

реабилити́р|овать <-ую, -уешь> *(н)св прх* rehabilitieren

реаге́нт <-а> *м* ХИМ Reagens *nt*

реаги́р|овать <-ую, -уешь> *нсв,* **отреаги́ровать, среаги́ровать** *св нпрх* reagieren

реакклиматиза́ци|я <-и> *ж без мн* БИОЛ Reakklimatisation *f*

реакти́в <-а> *м* ХИМ Reagens *nt*

реакти́внос|ть <-ти> *ж без мн* ХИМ, БИОЛ Reaktion *f,* Reaktivität *f,* Reaktanz *f*

реакти́вн|ый <-ая, -ое> *прил* reaktiv, Düsen-, Raketen-; **~ истреби́тель** Düsenjäger *m;* **~ самолёт** Düsenflugzeug *nt*

реа́ктор <-а> *м* Reaktor *m;* **~ на бы́стрых нейтро́нах** schneller Brüter *m;* **термоя́дерный ~** Fusionsreaktor *m*

реакционе́р <-а> *м,* **реакционе́рк|а** <-и> *ж* Reaktionär(in) *m(f)*

реакцио́н|ный <-ная, -ное; -ен, -на, -но> *прил* reaktionär, fortschrittsfeindlich

реа́кци|я <-и> *ж* Reaktion *f,* Echo *nt;* ХИМ Reaktion *f*

реа́л <-а> *м* **1.** ФИН Real *m* **2.** *(тип)* Regal *nt,* Schriftkastenregal *nt*

реализа́ци|я <-и> *ж* **1.** *(осуществле́ние)* Verwirklichung *f,* Umsetzung *f,* Durchführung *f* **2.** *(испо́льзование)* Verwertung *f* **3.** ЭКОН *(сбыт, прода́жа)* Absatz *m,* Veräußerung *f* **4.** ИНФОРМ Implementierung *f;* **~ курсово́й при́были** Gewinnmitnahme *f*

реали́зм <-а> *м* Realismus *m*

реализ|ова́ть <-у́ю, -у́ешь> *(н)св прх* realisieren, verwirklichen; ЭКОН vermarkten, veräußern, absetzen

реализу́емос|ть <-ти> *ж* Liquidität *f;* **~ второ́й сте́пени** Liquidität *f* 2. Grades

реали́ст <-а> *м* Realist *m;* **поли́тик-~** Realpolitiker *m*

реалисти́ч|ный <-ная, -ное; -ен, -на, -но> *прил* realistisch

реа́ли|я <-и> *ж* ЛИНГВ Realie *f*

реа́льно *нрч* wirklich, tatsächlich; **смотре́ть на ве́щи ~** die Dinge so sehen wie sie sind; **~ существу́ющий факт** real existierende Tatsache *f*

реа́льнос|ть <-ти> *ж* Realität *f,* Wirklichkeit *f;* **виртуальная ~** ИНФОРМ Virtual Reality *f*

реа́|льный <-льная, -льное; -лен, -льна,

-льно> *прил* wirklich, real; *(возмо́жный)* machbar; *(эффекти́вный)* effektiv; **реа́льная величина́** Ist-Wert *m;* **реа́льное вре́мя** ИНФОРМ Echtzeit *f;* **реа́льная ры́ночная цена́ иму́щественного объе́кта** Verkehrswert *m;* **реа́льная сто́имость** Sachwert *m,* Substanzwert *m;* **~ дохо́д** Realeinkommen *nt;* **реа́льная це́нность** Sachwert *m;* **~ нало́г** Objektsteuer *f*

реаниматоло́ги|я <-и> *ж* МЕД Reanimatologie *f*

реанимацио́нн|ый <-ая, -ое> *прил* Reanimations-, Wiederbelebungs-; **~ отде́л больни́цы** Intensivstation *f*

реанима́ци|я <-и> *ж* Reanimation *f,* Wiederbelebung *f*

ребён|ок <-ка> *м* Kind *nt*

ребри́ст|ый <-ая, -ое> *прил* gerippt, verrippt; **~ бок** verrippte Seite *f;* **ребри́стая пове́рхность** gerippte Fläche *f*

ребр|о́ <-а́> *ср* Rippe *f*

рёбрышк|о <-а> *ср* Rippchen *nt*

ре́бус <-а> *м* Rebus *m,* Bilderrätsel *nt;* **реша́ть ~** einen Rebus lösen

ребя́т|а <-> *мн* **1.** *(де́ти)* Kinder *pl* **2.** *разг* *(па́рни, ю́ноши)* Jungs *pl,* Burschen *pl,* junge Leute; **отли́чные ~** prima Jungs *mpl*

ребя́честв|о <-а> *ср* Kinderei *f,* kindisches Benehmen *nt*

ребя́ч|ий <-ья, -ье> *прил* kindisch, Kinder-; **~ смех** Kinderlachen *nt;* **ребя́чьи голоса́** Kinderstimmen *pl*

ребя́ч|иться <-усь, -ишься> *нсв рефл разг* sich wie ein Kind benehmen; **переста́нь ~!** sei nicht kindisch!

рёв <рёва> *м* Gebrüll *nt;* *(бушева́ние)* Tosen *nt*

рёв|а <-ы> *м и ж разг* Schreihals *m,* *(для девушек)* Heulsuse *f*

ревакцина́ци|я <-и> *ж* МЕД Wiederholungsimpfung *f*

ревалориза́ци|я <-и> *ж* ЭКОН Revalvation *f,* Geldaufwertung *f*

ревальва́ци|я <-и> *ж* Aufwertung *f,* Revalvation *f*

ревальви́р|овать <-ую, -уешь> *(н)св прх* ЭКОН aufwerten

рева́нш <-а> *м* Revanche *f;* **брать ~** sich revanchieren

реванши́зм <-а> *м без мн* Revanchismus *m*

реве́|нь <-ня> *м* Rhabarber *m*

реveráнс <-а> *м* Knicks *m*

реверберáци|я <-и> *ж* ФИЗ Nachhall *m*

ре́верс <-а> *м* **1.** ТЕХ Umsteuerung *f* **2.** *(оборо́тная сторона́ моне́ты)* Revers *m* **3.** ЭКОН *(обяза́тельство)* Revers *m,* schriftliche Verpflichtung, Garantie *f*

реверси́вн|ый <-ая, -ое> *прил* ТЕХ reversibel, umsteuerbar, umgekehrt; **~ электроприво́д** umkehbarer elektrischer Antrieb *m;* **~ дви́гатель** reversierbarer Motor

реве́рси|я <-и> *ж* БИОЛ Reversion *f,* Umkehrung *f*

рев|е́ть <-у́, -ёшь> *нсв нпрх* brüllen, plärren

ревизиони́зм <-а> *м без мн* ПОЛ Revisionismus *m*

ревизиони́ст <-а> *м,* **ревизиони́стк|а** <-и> *ж* ПОЛ Revisionist(in) *m(f)*

ревизио́нн|ый <-ая, -ое> *прил* Revisions-; **ревизио́нная жа́лоба** ЮР Revision *f*

реви́зи|я <-и> *ж* Inspektion *f,* Prüfung *f,* Revision *f;* **~ ка́ссы** Kassensturz *m;* **~ хозя́йственной де́ятельности** Wirtschaftsprüfung *f*

ревизо́р <-а> *м* Prüfer *m,* Revisor *m;* **~ бала́нса** Bilanzprüfer *m*

ревмати́зм <-а> *м* МЕД Rheumatismus *m,* Rheuma *nt*

ревма́тик <-а> *м разг* Rheumatiker(in) *m(f)*

ревмати́ческ|ий <-ая, -ое> *прил* МЕД rheumatisch; **~ у́зел** rheumatischer Knoten *m;* **ревмати́ческая боль** rheumatischer Schmerz *m*

ревматоло́ги|я <-и> *ж без мн* МЕД Rheumatologie *f*

ревмокарди́т <-а> *м без мн* МЕД rheumatische Herzmuskelentzündung *f,* rheumatische Myokarditis *f*

ревни́в|ец <-ца> *м,* **ревни́виц|а** <-ы> *ж разг* Eifersüchtige(r) *f(m)*

ревни́в|ый <-ая, -ое; -, -а, -о> *прил* eifersüchtig

ревн|ова́ть <-ую, -уешь> *нсв прх* eifersüchtig sein; **ни к кому́ не ~** auf niemanden eifersüchtig sein

ре́вност|ный <-ная, -ное; -ен, -на, -но> *прил* eifrig

ре́внос|ть <-ти> *ж* Eifersucht *f;* *(стара́ние)* Eifer *m*

револьве́р <-а> *м* Revolver *m*

револьве́рн|ый <-ая, -ое> *прил* Revolver-; **~ вы́стрел** Revolverschuss *m;* **револьве́рная кобура́** Revolvertasche *f*

революционе́р <-а> *м* Revolutionär *m*

революцио́н|ный <-ная, -ное; -ен, -на, -но> *прил* revolutionär

револю́ци|я <-и> *ж* Revolution *f*

реву́н <-а́> *м* **1.** ЗООЛ Brüllaffe *m* **2.** *перен* *(пла́кса)* Heuler(in) *m(f),* Heulsuse *f* **3.** МОР *(сире́на)* Sirene *f*

ревю́ <неизм> *ср* Revue *f*

рега́ли|я <-и> *ж* **1.** *то́лько мн* *(зна́к отли́чия)* Insignien *pl,* Regalien *pl;* **быть при всех рега́лиях** mit allen Regalien geschmückt sein **2.** *(монопо́льное пра́во)* Regal *nt*

рега́т|а <-ы> *ж* Regatta *f*

ре́гби <неизм> *ср* Rugby *nt*

регби́ст <-а> *м* СПОРТ Rugbyspieler(in) *m(f)*

регенерати́вн|ый <-ая, -ое> *прил* regenerativ, Rückkopplungs-; **~ цикл** regenerativer Zyklus *m;* **регенерати́вная печь**

ТЕХ Regenerativofen *m;* **регенерати́вная трансля́ция** ТЕЛКОМ Rückkopplungssendung *f*
регенера́тор <-а> *м* ТЕХ Regenerator *m,* Rückkopplungsempfänger *m*
регенера́ци|я <-и> *ж* Regeneration *f;* **~ отхо́дов** Abfallverwertung *f,* Abfallaufbereitung *f*
регенери́р|овать <-ую, -уешь> *(н)св прх* regenerieren
ре́гент <-а> *м* Regent(in) *m(f)*
регио́н <-а> *м* Region *f;* **~ с льго́тным режи́мом налогообложе́ния** Steueroase *f*
регионали́зм <-а> *м* Regionalismus *m*
региона́льн|ый <-ая, -ое> *прил* regional; **региона́льная програ́мма** Regionalprogramm *nt;* **~ банк** Regionalbank *f*
региона́рн|ый <-ая, -ое> *прил* МЕД regionar; **региона́рное кровообраще́ние** regionarer Kreislauf *m*
реги́стр <-а> *м* Register *nt;* *(спи́сок)* Verzeichnis *nt*
регистра́тор <-а> *м* **1.** *(слу́жащий)* Registrator *m* **2.** *(па́пка)* Aktenordner *m*
регистрату́р|а <-ы> *ж* Registratur *f;* *(стол администра́тора)* Empfang *m*
регистрацио́нн|ый <-ая, -ое> *прил* Registrier(ungs)-; **~ но́мер** Registriernummer *f;* **~ сбор** Registriergebühr *f;* **регистрацио́нное бюро́** Registrationsbüro *nt*
регистра́ци|я <-и> *ж* **1.** *(постано́вка на учёт)* Anmeldung *f* **2.** *(запи́сывание)* Eintragung *f,* Registratur *f;* **~ бра́ка** Eheschließung *f;* **~ в када́стре** [*или* **поземе́льной кни́ге**] Grundbucheintragung *f;* **~ да́нных** Datenerfassung *f*
регистри́ровани|е <-я> *ср* Registrieren *nt*
регистри́р|овать <-ую, -уешь> *(н)св,* **зарегистри́ровать** *св прх* **1.** *(вноси́ть)* registrieren, eintragen **2.** *(ста́вить на учёт)* anmelden
регистри́р|оваться <-уюсь, -уешься> *нсв рефл* **1.** *(встать на учёт)* sich registrieren lassen, sich eintragen (lassen) **2.** *(офо́рмить брак)* standesamtlich heiraten, sich standesamtlich trauen lassen
реги́стров|ый <-ая, -ое> *прил* МОР Register-; **реги́стровая вмести́мость** Registertonnengehalt *m;* **~ тонна́ж** Registertonnage *f*
регла́мент <-а> *м* Reglement *nt,* Vorschrift *f;* *(вре́мя на выступле́ние)* Redezeit *f,* Zeitbegrenzung *f;* **~ предприя́тия** Geschäftsordnung *f*
регламента́ци|я <-и> *ж* Regelung *f*
регламенти́ровани|е <-я> *ср* Regelung *f*
регламенти́рован|ный <-ная, -ное; -, -а, -о> *прил* geregelt
регламенти́р|овать <-ую, -уешь> *(н)св прх* regeln, reglementieren, den Vorschriften unterwerfen
регла́н <-а> *м* Raglan *m;* **пальто́ ~** Mantel *m* mit Raglanschnitt
регре́сс <-а> *м* Rückschritt *m;* *(обра́тное разви́тие)* rückläufige Entwicklung *f;* ЮР Rückgriff *m,* Regress *m*
регресси́в|ный <-ная, -ное; -ен, -на, -но> *прил* regressiv
регре́сси|я <-и> *ж* Regression *f*
регта́йм <-а> *м* МУЗ Ragtime *m*
регули́ровани|е <-я> *ср* Regelung *f;* *(упоря́дочение)* Regulierung *f;* **валю́тное ~** Währungregulierung *f*
регули́р|овать <-ую, -уешь> *нсв,* **урегули́ровать** *св прх* **1.** *(упоря́дочивать)* regulieren **2.** ТЕХ einstellen, regulieren
регулиро́вочн|ый <-ая, -ое> *прил* Regulier(ungs)-, Regelungs-; **~ пост** Regulierungsposten *m;* **~ винт** Regulierschraube *f*
регулиро́вщик <-а> *м,* **регулиро́вщиц|а** <-ы> *ж* Verkehrsregler(in) *m(f);* **автомати́ческий ~** automatischer Verkehrsregler *m;* **~ у́личного движе́ния** Verkehrspolizist(in) *m(f)*
регули́руем|ый <-ая, -ое> *прил* einstellbar, verstellbar
регули́рующ|ий <-ая, -ее> *прил* eingreifend; **регули́рующая де́ятельность (госуда́рства)** dirigistische Eingriffe *mpl*
регуля́рно *нрч* regelmäßig; **регуля́рно е́здить из отдалённого ме́ста жи́тельства на рабо́ту и обра́тно** pendeln
регуля́рнос|ть <-ти> *ж* Regelmäßigkeit *f*
регуля́р|ный <-ная, -ное; -ен, -на, -но> *прил* regelmäßig, regulär
регуляти́в|ный <-ная, -ное; -ен, -на, -но> *прил книжн* Regulierungs-; **~ о́рган** Regulierungsbehörde *f*
регуля́тор <-а> *м* Regulator *m,* Regler *m;* **~ гро́мкости** Lautstärkeregler *m*
редакти́р|овать <-ую, -уешь> *нсв,* **отредакти́ровать** *св прх* *(де́лать пра́вку)* korrigieren
реда́ктор <-а> *м* Redakteur(in) *m(f),* Lektor(in) *m(f);* ИНФОРМ Editor *m;* **гла́вный ~** Chefredakteur(in) *m(f);* **те́кстовый ~** Textverarbeitungsprogramm *nt*
реда́кторск|ий <-ая, -ое> *прил* Redaktions-; **реда́кторские обя́занности** Herausgeberverpflichtungen *pl;* **реда́кторское кре́сло** Redakteurssessel *m*
редакцио́нн|ый <-ая, -ое> *прил* Redaktions-, redaktionell; **редакцио́нные попра́вки** redaktionelle Korrekturen *fpl;* **~ сове́т** Redaktionskollegium *nt;* **редакцио́нная статья́** redaktioneller Artikel *m;* **~ отде́л** Redaktionsabteilung *f*
реда́кци|я <-и> *ж* Redaktion *f;* *(отде́л изда́тельства)* Lektorat *nt;* *(редакти́рование)* Korrektur *f,* Redigieren *nt;* *(вариа́нт те́кста)* Fassung *f,* Version *f*
реде́|ть <-ет> *нсв,* **поре́деть** *св безл, то́лько 3 л* an Zahl abnehmen, dünner werden; **лес реде́ет** der Wald lichtet sich;

во́лосы реде́ют das Haar wird schütter
редис <-а> *м без мн* БОТ Radieschen *nt;* **сала́т из реди́са** Radieschensalat *m*
реди́ск|а <-и> *ж* Radieschen *f*
ре́д|кий <-кая, -кое; -ок, -ка́, -ко> *прил* selten; *(ре́дкостный, дефици́тный)* rar
редколле́гия *сокр от* **редакцио́нная колле́гия** Redaktionskollegium *nt;* **по реше́нию редколле́гии** auf Beschluss *m* des Redaktionskollegiums; **вы́бор соста́ва редколле́гии** Wahl *f* der Mitglieder des Redaktionskollegiums
ре́дкост|ный <-ная, -ное; -ен, -на, -но> *прил* selten; **~ дар** seltene Begabung *f;* **ре́дкостная боле́знь** seltene Krankheit *f;* **ре́дкостное явле́ние** seltene Erscheinung *f*
ре́дкос|ть <ти> *ж* Seltenheit *f;* *(ре́дкая вещь)* Rarität *f*
реду́ктор <-а> *м* ТЕХ Getriebe *nt,* Untersetzungsgetriebe *nt,* Reduzierventil *nt*
редукцио́нн|ый <-ая, -ое> *прил* ТЕХ, БИОЛ Reduzier-; **~ стан** Reduzierwalzwerk *nt;* **~ кла́пан** Reduzierventil *nt;* **редукцио́нное деле́ние кле́ток** verminderte Zellteilung *f*
реду́кци|я <-и> *ж* Reduktion *f*
редуплика́ци|я <-и> *ж* ЛИНГВ Reduplikation *f*
редуци́рован|ный <-ная, -ное; -, -а, -о> *прил* reduziert; **~ гла́сный** ЛИНГВ reduzierter Vokal, Murmellaut *m;* **редуци́рованные фотометри́ческие величи́ны** reduzierte photometrische Größen *fpl*
редуци́р|овать <-ую, -уешь> *(н)св нпрх* ТЕХ, БИОЛ reduzieren, herabsetzen; **~ вещества́** Stoffe *mpl* reduzieren
ре́дьк|а <-и> *ж* БОТ Rettich *m;* **надое́л ху́же го́рькой ре́дьки** *перен* jdm zum Halse heraushängen
рее́стр <-а> *м* Verzeichnis *nt,* Register *nt,* Liste *f,* Index *m;* **~ акционе́ров** Aktionärsverzeichnis *nt,* Aktionärsregister *nt;* **~ това́рных зна́ков** Warenzeichenregister *nt;* **торго́вый ~** Handelsregister *nt*
режи́м <-а> *м* **1.** ПОЛ Regime *nt;* **вое́нный ~** Militärdiktatur *f;* **демократи́ческий ~** Demokratie *f* **2.** *(распоря́док дня)* Tagesablauf *m,* Tageseinteilung *f* **3.** *(усло́вия)* Bedingungen *fpl,* Verhältnisse *pl;* **во́дный ~** Wasserhaushalt *m;* **жёсткий ~ эконо́мики** drastische Sparmaßnahmen; **стро́гий посте́льный ~** strenge Bettruhe *f* **4.** ИНФОРМ Modus *m,* Betriebsart *f*
режиссёр <-а> *м* Regisseur *m*
режиссёрск|ий <-ая, -ое> *прил* КИНО, ТЕАТ Regie-, Regisseur(s)-; **режиссёрское иску́сство** Regie *f,* Regisseurskunst *f*
режиссу́р|а <-ы> *ж* Regie *f,* Spielleitung *f*
ре́жущ|ий <-ая, -ее> *прил* **1.** ТЕХ Schneid(e)-; **ре́жущие инструме́нты** Schneidwerkzeug *nt* **2.** *перен* *(о́стрый, ре́зкий)* schneidend, scharf; **ре́жущая боль в животе́** schneidende Bauchschmerzen *mpl;* **~ свет** scharfes Licht *nt*
реза́к <-а́> *м* ТЕХ **1.** *(часть маши́ны)* Schneider *m* **2.** *(большо́й нож)* Messer *nt;* **~ для карто́на** großes Kartonmesser *nt*
ре́зан|ый <-ая, -ое> *прил* *(на куски́)* geschnitten, Schnitt-; **ре́заная бума́га** geschnittenes Papier *nt;* **~ хлеб** Schnittbrot *nt*
ре́|зать[1] <-жу, -жешь> *нсв,* **разре́зать** *св прх* **1.** *(что-л. на куски́)* schneiden **2.** *разг* *(де́лать опера́цию)* operieren
ре́|зать[2] <-жу, -жешь> *нсв,* **заре́зать** *св прх* **1.** *разг* *(уби́ть)* erstechen **2.** *(скот)* (ab)schlachten; **~ овцу́** ein Schaf schlachten **3.** *разг* *(на экза́мене)* durchfallen lassen
ре́|заться <-жусь, -жешься> *рефл* *(зу́бы)* durchkommen; **у ребёнка ре́жутся зу́бы** das Kind zahnt
резв|и́ться <-лю́сь, -и́шься> *нсв рефл* toben, tollen; **~ на спортплоща́дке** auf dem Sportplatz tollen
резву́нь|я <-и> *ж* Wildfang *m*
ре́зв|ый <-ая, -ое; -, -а́, -о> *прил* flink, schnell; *(шаловли́вый)* ausgelassen; *(озорно́й)* mutwillig
резед|а́ <-ы́> *ж* БОТ Reseda *f;* **души́стая ~** duftende Reseda *f*
резе́кци|я <-и> *ж* МЕД Resektion *f*
резе́рв <-а> *м* Reserve *f;* **~ на вы́плату пе́нсий** Pensionsrückstellung *f;* **~ нали́чных средств** Barreserve *f;* **~ произво́дственных мо́щностей** Kapazitätsreserve *f*
резерва́т <-а> *м* Reservat *nt,* Schutzgebiet *nt;* **охра́на резерва́та** Schutzgebietswache *f*
резерва́ци|я <-и> *ж* Reservierung *f,* Buchung *f;* **сде́лать резерва́цию на самолёт** einen Flug buchen
резерви́р|овать <-ую, -уешь> *нсв,* **зарезерви́ровать** *св прх* reservieren, buchen
резе́рвн|ый <-ая, -ое> *прил* Reserve-; **~ запа́с** Sicherheitsbestand *m;* **~ капита́л** Rücklagen *pl;* **~ фонд** Reservefonds *m;* **резе́рвные запа́сы** Reservefonds *m*
резервуа́р <-а> *м* Reservoir *nt,* Sammelbecken *nt*
рез|е́ц <-ца́> *м* Meißel *m*
резиде́нт <-а> *м* Resident *m;* ЭКОН Deviseninländer *m;* ВОЕН *ins Ausland eingeschleuster Leiter eines Agentennetzes*
резиде́нци|я <-и> *ж* Residenz *f;* *(официа́льная)* Amtssitz *m,* Sitz *m;* *книж* Domizil *nt;* **~ епи́скопа** Bischofssitz *m;* **за́городная ~** Sommersitz *m*
рези́н|а <-ы> *ж* Gummi *m;* **пе́нистая ~** Schaumgummi *m*
рези́нк|а <-и> *ж* Radiergummi *m;* **жева́тельная ~** Kaugummi *m*
рези́нов|ый <-ая, -ое> *прил* Gummi-; **рези́новая дуби́нка** Gummiknüppel *m;* **рези́новая ле́нта** Gummiband *nt;* **рези́новые сапоги́** Gummistiefel *mpl*

Р

ре́зк|а <-и> *ж* **1.** *(наре́зание)* Schneiden *nt,* Zuschneiden *nt;* **~ до́сок** Bretterzuschneiden *nt;* **кислоро́дная ~** Sauerstoffbrennschneiden *nt;* **продо́льная ~** Längsschneiden *nt* **2.** АГР Stechen *nt,* Trennen *nt;* *(наре́занная соло́ма)* Häcksel *m*

ре́з|кий <-кая, -кое; -ок, -ка́, -ко> *прил* **1.** *(внеза́пный)* abrupt; **ре́зким то́ном** in schroffem Tonfall; **~ скачо́к спро́са** Nachfrageboom *m;* **ре́зкое паде́ние ку́рсов** Kurssturz *m;* **ре́зкое паде́ние цен** Preiseinbruch *m;* **ре́зкое повыше́ние** Explosion *f* **2.** *(си́льный)* hastig, heftig **3.** *(звук)* schrill, gellend **4.** *(свет)* grell **5.** *(за́пах)* penetrant **6.** *(ко́нтур)* scharf **7.** *перен* scharf, drastisch; **ре́зкая кри́тика** scharfe Kritik *f*

ре́зко *нрч* schlagartig

ре́зкос|ть <-ти> *ж* **1.** *(чёткость)* Heftigkeit *f,* Schärfe *f;* **~ изображе́ния** Bildschärfe *f;* **~ кра́сок** Farbenstärke *f;* **теря́ть ~** die Schärfe verlieren **2.** *(гру́бость)* Grobheit *f,* Schroffheit *f;* **не отвеча́ть на ре́зкости** auf Grobheiten nicht reagieren; **наговори́ть сгоряча́ ре́зкостей** unbedacht jdm Grobheiten sagen

резн|о́й <-а́я, -о́е> *прил* geschnitzt, geschnitten; **резны́е украше́ния** Schnitzverzierungen *fpl;* **шахматы ~ рабо́ты** die Schachfiguren sind eine Schnitzarbeit

резн|я́ <-и́> *ж* Gemetzel *nt*

резолю́ци|я <-и> *ж* Resolution *f,* Entschluss *m,* Beschluss *m*

резо́н <-а> *м разг* Räson *f,* Grund *m,* Beweis *m;* **нет резо́ну с ва́ми спо́рить** es hat keinen Sinn sich mit Ihnen zu streiten; **в ва́ших слова́х есть ~** Ihre Worte sind vernünftig

резона́нс <-а> *м* **1.** ТЕХ Resonanz *f* **2.** *перен* Widerhall *m*

резона́нсн|ый <-ая, -ое> *прил* **1.** ФИЗ Resonanz-; **резона́нсное излуче́ние** Resonanzstrahlung *f;* **резона́нсная ли́ния** Resonanzlinie *f;* **резона́нсные колеба́ния** Resonanzschwingungen *pl* **2.** МУЗ Deckplatte *f (oberste Platte bei Streichinstrumenten);* **резона́нсная де́ка** Resonanzdecke *f*

резона́тор <-а> *м* **1.** ФИЗ Resonator *m;* **акусти́ческий ~** akustischer Resonator *m* **2.** МУЗ Resonanzboden *m*

резо́н|ный <-ная, -ное; -ен, -на, -но> *прил разг* sinnvoll, vernünftig, begründet; **~ вопро́с** sinnvolle Frage *f;* **резо́нные объясне́ния** vernünftige Erklärungen *fpl*

резорци́н <-а> *м* ХИМ Resorcin *nt*

результа́т <-а> *м* Ergebnis *nt,* Resultat *nt;* *(исхо́д, развя́зка)* Ausgang *m;* *(по́льза)* Nutzen *m;* *(постиже́ние)* Leistung *f;* **доби́ться результа́та** ein Ergebnis erzielen; **в результа́те** dadurch, infolgedessen; **результа́ты вы́боров** Wahlergebnis *nt,* Wahlausgang *m;* **~ произво́дственной де́ятельности** Produktionsergebnis *nt;* **результа́ты де́ятельности предприя́тия** Betriebsergebnisse *ntpl;* **~ бру́тто** Bruttoerfolg *m;* **~ отчётного пери́ода** Periodenerfolg *m;* **~ от прода́жи едини́цы проду́кции** Stückerfolg *m;* **~ произво́дства** Produktionsergebnis *nt*

результати́вн|ый <-ая, -ое> *прил* resultativ, Ergebnis-, Erfolgs-; **~ счёт** ЭКОН Erfolgskonto *nt*

ре́зус <-а> *м* МЕД Rhesusfaktor *m,* Rh-Faktor *m;* **~ положи́тельный** Rhesusfaktor positiv; **~ отрица́тельный** Rh-Faktor negativ

ре́зус-фа́ктор *м* МЕД Rhesusfaktor *m*

резцо́в|ый <-ая, -ое> *прил* Meißel-; **резцо́вая гравю́ра** (Meißel)Stich *m*

ре́зчик <-а> *м* **~ по де́реву** Holzschnitzer *m;* **~ по ка́мню** Steinmetz *m;* **~ по ме́ди** Kupferstecher *m;* **~ по мета́ллу** Graveur *m*

резь <ре́зи> *ж* schneidender Schmerz *m;* **почу́вствовать ~ в глаза́х** schneidende Schmerzen in den Augen spüren; **лёгкие ре́зи в животе́** leichtes Bauchgrimmen *nt*

резьб|а́ <-ы́> *ж* **1.** ТЕХ Gewinde *nt* **2.** *(худо́жественный про́мысел)* Schnitzerei *f;* **~ по де́реву** Holzschnitt *m*

резьбов|о́й <-а́я, -о́е> *прил* ТЕХ Gewinde-, Schraub-

резьбонарезн|о́й <-а́я, -о́е> *прил* ТЕХ **~ стано́к** Gewindeschneidemaschine *f,* Gewindestrehlmaschine *f;* **резьбонарезна́я голо́вка** Gewinderollkopf *m*

резюме́ <неизм> *ср* Resümee *nt,* Zusammenfassung *f*

резюми́р|овать <-ую, -уешь> *(н)св прх* resümieren, zusammenfassen

реинвести́ци|я <-и> *ж* Reinvestition *f*

реинфе́кци|я <-и> *ж* МЕД Wiederinfektion *f,* Reinfektion *f*

рейд <ре́йда> *м* **1.** ВОЕН Streifzug *m* **2.** МОР Reede *f* **3.** *перен* *(контро́льная а́кция)* Überprüfung *f*

ре́йк|а <-и> *ж* Latte *f,* Leiste *f*

Рейн <Ре́йна> *м* Rhein *m*

Ре́йнланд-Пфальц <-а> *м* Rheinland-Pfalz *nt*

рейс <ре́йса> *м* Route *f,* Linie *f;* ТРАНСП Linienfahrt *f,* Linienflug *m*

ре́йсов|ый <-ая, -ое> *прил* ТРАНСП Linien-; **~ авто́бус** Linienbus *m*

рейши́н|а <-ы> *ж* Reißschiene *f*

ре́йтинг <-а> *м* Rating *nt;* **~ земе́ль** [*или* **стран**] Länderrating *nt;* **~ ценных бумаг** Anlagenbewertung *f*

рейту́з|ы <-> *мн* Reithose *f;* **де́тские ~** Gamaschenhose *f*

рейх <ре́йха> *м* **Тре́тий ~** das Dritte Reich *nt*

рек|а́ <-и́> *ж* Fluss *m,* Strom *m*

река́мбио <неизм> *ср* ЭКОН Retourwechsel *m,* Rückwechsel *m*

ре́квием <-а> *м* Requiem *nt*

реквизи́т <-а> *м* ТЕАТ Requisit *nt;* **ба́нковские реквизи́ты** Bankverbindung *f*

рекла́м|а <-ы> *ж* Reklame *f,* Werbung *f;* **замаскиро́ванная ~** Schleichwerbung *f;* **~, рассчи́танная на целеву́ю аудито́рию** [*или* **гру́ппу**] Zielgruppenwerbung *f;* **~ ма́рочного** [*или* **фи́рменного**] **това́ра** Markenartikelwerbung *f;* **~, проводи́мая фи́рмой в со́бственных интере́сах** Eigenwerbung *f;* **~, рассчи́танная на подсозна́тельное восприя́тие** unterschwellige Werbung *f*

реклама́ци|я <-и> *ж* Reklamation *f;* **~ по коли́честву** Mengenreklamation *f*

реклами́р|овать <-ую, -уешь> *(н)св прх* **1.** *(де́лать рекла́му)* werben, bewerben, Reklame machen **2.** *(объявля́ть реклама́цию на что-л.)* reklamieren, beanstanden

рекла́мн|ый <-ая, -ое> *прил* Werbe-; **рекла́мная кампа́ния** Werbekampagne *f;* **рекла́мные материа́лы** Werbeschriften *pl;* **рекла́мная вста́вка** Werbeeinschaltung *f;* **рекла́мные мероприя́тия** Werbemaßnahmen *pl;* **рекла́мные расхо́ды** Werbekosten *pl,* Werbungskosten *pl;* **рекла́мные сре́дства** Werbemittel *pl;* **~ образе́ц** Sample *nt;* **~ пода́рок** Werbegeschenk *nt;* **~ текст** Werbetext *m;* **рекла́мное аге́нтство** Werbeagentur *f;* **рекла́мное включе́ние** Werbeeinschaltung *f;* **рекла́мное объявле́ние в пре́ссе** Inserat *nt;* **рекла́мное предложе́ние** verlockendes Angebot *nt*

рекогносци́р|овать <-ую, -уешь> *(н)св прх* ВОЕН aufklären, erkunden

рекоменда́тельн|ый <-ая, -ое> *прил* Empfehlungs-, empfehlend; **рекоменда́тельные пи́сьма** Empfehlungsschreiben *nt;* **~ спи́сок** Auswahlliste *f,* Empfehlungsliste *f;* **рекоменда́тельная библиогра́фия** empfehlende Bibliographie *f*

рекоменда́ци|я <-и> *ж* Empfehlung *f,* Hinweis *m; (пи́сьменный о́тзыв)* Reverenz *f*

рекоменд|ова́ть <-у́ю, -у́ешь> *нсв,* **порекомендова́ть** *св прх* empfehlen

реконструи́р|овать <-ую, -уешь> *(н)св прх* **1.** *(восстанови́ть)* rekonstruieren, wiederaufbauen, sanieren **2.** *перен* rekonstruieren, nachvollziehen

реконстру́кци|я <-и> *ж* Rekonstruktion *f,* Wiederaufbau *m*

реко́рд <-а> *м* Rekord *m,* Rekordleistung *f;* **ли́чный ~** persönliche Bestleistung *f;* **мирово́й ~** Weltrekord *m;* **установи́ть ~** einen Rekord aufstellen; **кни́га реко́рдов Ги́несса** Guinessbuch *nt* der Rekorde

реко́рдер <-а> *м* ТЕХ Rekorder *m*

рекорди́ст <-а> *м,* **рекорди́стк|а** <-и> *ж* **1.** СПОРТ Rekordhalter(in) *m(f),* Spitzensportler(in) *m(f);* **~ лы́жного спо́рта** Rekordhalter im Skisport **2.** АГР Hochleistungs-; **бык-~** Hochleistungsbulle *m,* preisgekrönter Bulle *m*

реко́рдн|ый <-ая, -ое> *прил* Rekord-, Hochleistungs-; **доби́ться реко́рдных результа́тов** Rekordergebnisse *ntpl* erreichen; **реко́рдные ци́фры** Rekordzahlen *pl*

рекордсме́н <-а> *м,* **рекордсме́нк|а** <-и> *ж* СПОРТ Rekordhalter(in) *m(f),* Spitzensportler(in) *m(f);* **~ ми́ра по ша́хматам** Schachweltmeister(in) *m(f)*

ре́крут <-а> *м* АРХ Rekrut *m*

рекрути́р|овать <-ую, -уешь> *(н)св прх* rekrutieren, stellen

ре́ктор <-а> *м* Rektor(in) *m(f)*

ректора́т <-а> *м* Rektorat *nt*

рекультива́ци|я <-и> *ж* АГР Rekultivierung *f;* **~ земе́ль** Bodenrekultivierung *f*

релакса́ци|я <-и> *ж* ТЕХ, МЕД Relaxation *f,* Entspannung *f*

реле́ <неизм> *ср* Relais *nt*

релева́нт|ный <-ная, -ное; -ен, -на, -но> *прил* relevant

религио́з|ный <-ная, -ное; -ен, -на, -но> *прил* religiös; **~ де́ятель** kirchlicher Amtsträger *m;* **~ обря́д** religiöser Brauch *m;* **религио́зные предрассу́дки** Religionsvorurteile *mpl*

рели́ги|я <-и> *ж* Religion *f*

рели́кви|я <-и> *ж* Reliquie *f*

рели́кт <-а> *м* Relikt *m*

релье́ф <-а> *м* Relief *m*

релье́ф|ный <-ная, -ное; -ен, -на, -но> *прил* **1.** *(вы́пуклый)* Relief-, plastisch; **релье́фная ка́рта** reliefartige Karte *f;* **релье́фные обо́и** plastische Tapete *f;* **релье́фная ткань** plastischer Stoff *m* **2.** *перен (чёткий, я́сный)* plastisch, klar hervortretend

рельс <ре́льса> *м* Eisenbahnschiene *f;* **сходи́ть с ре́льсов** entgleisen

ре́льсов|ый <-ая, -ое> *прил* Ж.-Д. Schienen-; **ре́льсовые скрепле́ния** Schienenbefestigung *f,* Schienenbefestigungsmaterial *nt;* **ре́льсовая колея́** Schienenspur *f;* **экскава́тор на ре́льсовом ходу́** Gleisbagger *m;* **ре́льсовая сталь** Schienenstahl *m*

рельсопрока́тн|ый <-ая, -ое> *прил* **~ заво́д** Schienenwalzwerk *nt*

релятиви́зм <-а> *м без мн* ФИЛОС Relativismus *m*

рема́рк|а <-и> *ж* **1.** *(поме́тка)* Bemerkung *f,* Anmerkung *f;* **де́лать рема́рки на поля́х** Randbemerkungen *fpl* **2.** ТЕАТР Bühnenanweisung *f*

ремённ|ый <-ая, -ое> *прил* Riemen-; **ремённая переда́ча** ТЕХ Riemenantrieb *m;* **ремённая пря́жка** Riemenschnalle *f*

рем|е́нь <-ня́> *м* Gurt *m,* Gürtel *m,* Riemen *m;* **~ безопа́сности** АВТО Sicherheitsgurt *m*

реме́сленник <-а> *м* Handwerker *m;* ЮР Gewerbetreibender *m*

реме́сленн|ый <-ая, -ое> *прил* Handwerks-, gewerblich; **реме́сленная пала́та**

Handwerkskammer *f;* **реме́сленная мастерска́я** Gewerbebetrieb *m;* **~ уста́в** Gewerbeordnung *f;* **реме́сленное произво́дство** Handwerk *nt*

ремесл|о́ <-а́> *ср* Handwerk *nt;* *(про́мысел)* Gewerbe *nt;* **худо́жественное ~** Kunsthandwerk *nt*

реми́з <-а> *м* **1.** СПОРТ Remis *nt* *(unentschiedenes Spiel beim Schach)* **2.** ФИН Remise *f*

реминисце́нци|я <-и> *ж без мн* Erinnerung *f,* Reminiszenz *f*

реми́сси|я <-и> *ж* МЕД, ЭКОН Remission *f*

ремите́нт <-а> *м* Remittent *m,* Zahlungsempfänger *m*

ремо́нт <-а> *м* Reparatur *f,* Instandsetzung *f;* *(в кварти́ре и т.п.)* Renovierung *f;* **нужда́ющийся в ремо́нте** reparaturbedürftig, renovierungsbedürftig

ремонти́р|овать <-ую, -уешь> *нсв,* **отремонти́ровать** *св прх* reparieren; *(дом)* renovieren

ремо́нтн|ый <-ая, -ое> *прил* Reparatur-; **ремо́нтная мастерска́я** Reparaturwerkstatt *f*

ренега́т <-а> *м,* **ренега́тк|а** <-и> *ж* Renegat(in) *m(f)*

Ренесса́нс <-а> *м* **1.** *(Возрожде́ние)* Renaissance *f* **2.** *перен* Comeback *nt*

ре́ни|й <-я> *м* Rhenium *nt*

ренова́ци|я <-и> *ж* ЭКОН Erneuerung *f*

реноме́ <неизм> *ср* Ruf *m,* Leumund *m*

ре́нт|а <-ы> *ж* ЭКОН Rente *f;* **~ потреби́теля** Konsumentenrente *f*

рента́бельнос|ть <-ти> *ж* Rentabilität *f,* Wirtschaftlichkeit *f;* **~ а́кции** Kurs-Gewinn-Verhältnis *nt,* Preis-Gewinn-Verhältnis *nt;* **~ в зави́симости от разме́ра предприя́тия** Skaleneffekt *m,* Skalenertrag *m;* **~ капиталовложе́ний** Kapitalrendite *f;* **~ оборо́та** Umsatzrentabilität *f;* **~ со́бственного капита́ла** Eigenkapitalrentabilität *f*

рента́бе|льный <-льная, -льное; -лен, -льна, -льно> *прил* rentabel, gewinnbringend

рентге́н <-а> *м* Röntgen *nt;* **де́лать ~** röntgen

рентге́новск|ий <-ая, -ое> *прил* Röntgen-; **рентге́новские лучи́** Röntgenstrahlen *pl;* **~ сни́мок** Röntgenaufnahme *f*

рентгеногра́мм|а <-ы> *ж* МЕД Röntgenbild *nt;* **плёнка рентгеногра́ммы** Röntgenfilm *m*

рентгеногра́фи|я <-и> *ж без мн* МЕД Röntgenographie *f;* **послойная ~** Tomographie *f*

рентгенодиагно́стик|а <-и> *ж без мн* МЕД Röntgendiagnostik *f*

рентгеноло́ги|я <-и> *ж без мн* МЕД Röntgenologie *f*

рентгеноскопи́|я <-и> *ж без мн* МЕД Röntgenoskopie *f*

рентгенотерапи́|я <-и> *ж без мн* МЕД Röntgenbehandlung *f*

ре́нтн|ый <-ая, -ое> *прил* ЭКОН, ФИН Renten-; **~ дохо́д** Renteneinkommen *nt;* **ре́нтные платежи́** Rentenzahlungen *pl*

реорганиза́ци|я <-и> *ж* Reorganisation *f,* Umstrukturierung *f*

реорганизо́выва|ть <-ю, -ешь> *нсв,* **реорганизова́ть** *св прх* umbilden, umstrukturieren, reorganisieren

реоста́т <-а> *м* ЭЛ Rheostat *m,* Regelwiderstand *m;* **пусково́й ~** Anlasswiderstand *m*

ре́п|а <-ы> *ж* БОТ Rübe *f;* **кормова́я ~** Futterrübe *f;* **про́ще па́реной ре́пы** *(о́чень про́сто)* einfacher geht es nicht

репара́ци|я <-и> *ж* **1.** ЮР Reparation *f,* Wiedergutmachungsleistung *f* **2.** БИОЛ Reparation *f,* Wiederherstellung *f*

репатриа́нт <-а> *м* Heimkehrer *m*

репатриа́ци|я <-и> *ж* Repatrierung *f;* **~ капита́лов** Kapitalrepatrierung *f*

реп|е́й <-ья́> *м* БОТ Klette *f*

репе́йник <-а> *м* Klette *f*

репе́йн|ый <-ая, -ое> *прил* Kletten-; **репе́йные семена́** Klettensamen *pl;* **репе́йное ма́сло** Klettenwurzelöl *nt*

репелле́нт <-а> *м* ХИМ Repellent *nt,* Abschreckungsmittel *nt,* Insektenabwehrstoff *m*

репертуа́р <-а> *м* ТЕАТ Repertoire *nt,* Spielplan *m*

репети́р|овать <-ую, -уешь> *нсв,* **прорепети́ровать, отрепети́ровать** *св прх* proben

репети́тор <-а> *м* Repetitor *m,* Nachhilfelehrer(in) *m(f);* **наня́ть репети́тора** einen Nachhilfelehrer anstellen; **занима́ться с репети́тором** mit dem Repetitor arbeiten

репети́ци|я <-и> *ж* ТЕАТ Probe *f;* **генера́льная ~** Generalprobe *f*

репланта́ци|я <-и> *ж* МЕД Rückpflanzung *f;* **~ зу́ба** Zahnreplantation *f*

ре́плик|а <-и> *ж* Einwurf *m,* Zwischenruf *m;* *(возраже́ние)* Erwiderung *f,* Einwand *m;* *(опроверже́ние)* Gegendarstellung *f;* **вста́вить ре́плику** einwerfen

репози́ци|я <-и> *ж* МЕД Reposition *f*

репорта́ж <-а> *м* Reportage *f*

репортёр <-а> *м* Reporter(in) *m(f)*

репортёрск|ий <-ая, -ое> *прил* Reporter-; **репортёрские заме́тки** Reporterkommentare *pl*

репресса́ли|я <-и> *ж* ЮР Zwangmaßnahme *f;* **экономи́ческие репресса́лии** wirtschaftliche Zwangmaßnahmen *fpl*

репресси́в|ный <-ная, -ное; -ен, -на, -но> *прил* repressiv

репре́сси|я <-и> *ж* Repression *f;* *(репресси́вная ме́ра)* Maßregelung *f;* **полити́ческие репре́ссии** politische Verfolgung *f,* Repressalien *pl*

реприватиза́ци|я <-и> *ж* Reprivatisierung *f*

репри́з|а <-ы> *ж* Reprise *f*

репродукти́вн|ый <-ая, -ое> *прил* ПСИХ, БИОЛ reproduktiv; ~ **проце́сс** Vermehrungsprozess *m;* **репродукти́вные о́рганы** Reproduktionsorgane *pl*
репроду́ктор <-а> *м* РАДИО Lautsprecher *m*
репроду́кци|я <-и> *ж* Reproduktion *f;* **худо́жественная ~** Kunstdruck *m*
репродуци́р|овать <-ую, -уешь> *(н)св прх* ПСИХ, БИОЛ reproduzieren, sich vermehren
репс <ре́пса> *м без мн (ткань)* Rips *m*
репти́ли|я <-и> *ж* Reptil *nt*
репута́ци|я <-и> *ж* Ruf *m,* Leumund *m; (и́мидж)* Image *nt*
ре́пчат|ый <-ая, -ое> *прил* rübenartig, rübenförmig; ~ **лук** Knollenzwiebel *f*
реси́вер <-а> *м* Receiver *m,* Empfänger *m*
ресни́ц|а <-ы> *ж* Wimper *f*
ресни́ч|ки <-ек> *мн* БИОЛ Wimperchen *pl,* Flimmerhaare *pl*
ресоциализа́ци|я <-и> *ж* Resozialisierung *f*
респе́кт <-а> *м* Respekt *m;* **испы́тывать ~** jdn respektieren
респекта́бе|льный <-льная, -льное; -лен, -льна, -льно> *прил* respektabel, achtbar
респира́тор <-а> *м* Atem(schutz)gerät *nt*
респирато́рн|ый <-ая, -ое> *прил* **1.** МЕД respiratorisch; **о́стрые респирато́рное заболева́ние** akute Atemerkrankung *f* **2.** *(для дыха́ния)* Atem-; **респирато́рная ма́ска** Atemmaske *f;* **респирато́рная тру́бка** Atemrohr *nt*
респонде́нт <-а> *м* Befragte(r) *m*
респу́блик|а <-и> *ж* Republik *f*
республика́н|ец <-ца> *м* Republikaner *m*
республика́нск|ий <-ая, -ое> *прил* republikanisch
рессо́р|а <-ы> *ж* ТЕХ Feder *f*
реставра́тор <-а> *м* Restaurator(in) *m(f)*
реставрацио́нн|ый <-ая, -ое> *прил* Restaurierungs-, Restaurations-; **реставрацио́нные рабо́ты** Restaurierungsarbeiten *pl;* **реставрацио́нная мастерска́я** Restaurierungswerkstatt *f*
реставра́ци|я <-и> *ж* Restauration *f,* Restaurierung *f;* ~ **церкве́й** Kirchenrestaurierung *f;* ~ **мона́рхии** ПОЛ Wiederherstellung *f* der Monarchie
реставри́р|овать <-ую, -уешь> *(н)св,* **отреставри́ровать** *св прх* restaurieren, rekonstruieren, wiederherstellen; ~ **карти́ну** ein Bild restaurieren; ~ **ку́пол це́ркви** eine Kirchenkuppel restaurieren
реститу́ци|я <-и> *ж* Rückerstattung *f*
рестора́н <-а> *м* Restaurant *nt;* **доро́жный ~** Autobahnraststätte *f;* **привокза́льный ~** Bahnhofsgaststätte *f;* ~ **фаст-фуд** Fastfood-restaurant *nt*
рестри́кци|я <-и> *ж* Beschränkung *f,* Restriktion *f;* ~ **ввóза** Einfuhrrestriktion *f;* ~ **э́кспорта** Ausfuhrbeschränkung *f*
ресу́рс <-а> *м* Hilfsquelle *f; обы́чно мн* Vorräte *mpl,* Quellen *fpl,* Ressourcen *pl;* ТЕХ Ressource *f;* **приро́дные ресу́рсы** Naturschätze *pl;* **трудовые ресу́рсы** Arbeitskräfte *pl;* **унифици́рованный лока́тор ресу́рсов** ИНФОРМ Uniform Resource Locator *m,* URL *f*
рети́в|ый <-ая, -ое; -, -а, -о> *прил* **1.** *(живо́й)* lebendig, feurig; ~ **конь** feuriges Pferd *nt* **2.** *перен (усердный)* fleißig, (über)eifrig; ~ **рабо́тник** fleißiger Arbeiter *m*
ретикуля́рн|ый <-ая, -ое> *прил* БИОЛ, МЕД Retikular-; **ретикуля́рная форма́ция** Netzsystem *nt,* Retikularissystem *nt,* Retikularsystem *nt;* **ретикуля́рные кле́тки** Retikulumzelle *f*
рети́н|а <-ы> *ж* АНАТ Retina *f,* Netzhaut *f*
ретини́т <-а> *м* МЕД Retinitis *f,* Netzhautentzündung *f*
ретино́л <-а> *м* МЕД Retinöl *nt (Vitamin A1)*
ретир|ова́ться <-у́юсь, -у́ешься> *(н)св рефл разг* sich zurückziehen, abtreten; ~ **незаме́тно** sich unauffällig aus dem Staub machen
рето́рси|я <-и> *ж* ЮР Kampfzoll *m,* Vergeltung *f*
рето́рт|а <-ы> *ж* Retorte *f*
ретрансля́тор <-а> *м* ТЕЛКОМ Relaisstation *f;* **телевизио́нный ~** Fernsehübermittlung *f;* **спу́тник-~** Weltraumrelaisstation *f*
ретрансля́ци|я <-и> *ж* РАДИО, ТВ Weiterübertragung *f;* ~ **радиосигна́лов** Weiterübertragung *f* von Rundfunksendungen; ~ **телепереда́ч** Fernsehübermittlung *f*
ретра́тт|а <-ы> *ж* ЭКОН Retourwechsel *m,* Rückwechsel *m*
ретрогра́д|ный <-ная, ное; -ен, -на, -но> *прил книжн* retrograd, rückschrittlich, rückläufig; **ретрогра́дные взгля́ды** rückschrittliche Ansichten *fpl*
ретро-пока́з <-а> *м* Retrovorführung *f;* ~ **фи́льмов** Vorführung *f* von Retrofilmen
ретро-ро́к <-а> *м без мн* МУЗ Retro-Rock *m*
ретроспекти́в|а <-ы> *ж* Retrospektive *f*
ретроспекти́вно *нрч* rückblickend
ретроспекти́в|ный <-ная, -ное; -ен, -на, -но> *прил* retrospektiv, rückblickend, rückschauend; ~ **по́иск** Nachforschungen *fpl;* **ретроспекти́вная библиогра́фия** retrospektive Bibliographie *f*
ретроспе́кци|я <-и> *ж книжн* Rückblick *m,* Rückschau *f,* Retrospektion *f*
ретро-шля́гер <-а> *м* Retroschlager *m*
ретушёр <-а> *м* Retuscheur(in) *m(f),* Retuschierer(in) *m(f)*
ретуши́р|овать <-ую, -уешь> *(н)св прх* retuschieren; ~ **фотопортре́ты** Fotos *pl* retuschieren
рефа́кци|я <-и> *ж* ЭКОН Refaktie *f*

реферáт <-а> *м* Referat *nt*, Vortrag *m;* **написáть ~ на определённую тéму** einen Vortrag über ein bestimmtes Thema schreiben

рефератúвн|ый <-ая, -ое> *прил* Referat(e)-; **~ журнáл** Referatezeitschrift *f*

референдум <-а> *м* Referendum *nt*, Volksbefragung *f*, Volksentscheid *m*

референт <-а> *м* Referent(in) *m(f)*

референци|я <-и> *ж* Referenz *f*

рéфери <неизм> *м* СПОРТ Kampfrichter *m*

реферúр|овать <-ую, -уешь> *(н)св*, **прореферúровать** *св прх* zusammenfassen, referieren

рефинансúровани|е <-я> *ср* Refinanzierung *f*

рефлéкс <-а> *м* Reflex *m;* **двúгательный** [*или* **моторный**] ~ Reflexbewegung *f*

рефлéкси|я <-и> *ж (размышлéние, самоанáлиз)* Reflexion *f*

рефлектúв|ный <-ная, -ное; -ен, -на, -но> *прил* Reflex-, unwillkürlich; **рефлектúвное движéние** unwillkürliche Bewegung

рефлéктор <-а> *м* Reflektor *m*

рефлектóрн|ый <-ая, -ое> *прил* Reflex-

рефлáци|я <-и> *ж* ЭКОН Reflation *f*

рефóрм|а <-ы> *ж* Reform *f;* **администратúвно-территориáльная ~** Gebietsreform *f;* **дéнежная ~** Währungsreform *f;* **экономúческая ~** Wirtschaftsreform *f*

реформáтор <-а> *м* Reformator *m*

Реформáци|я <-и> *ж* Reformation *f*

реформúр|овать <-ую, -уешь> *(н)св прх* reformieren; *(обновлять)* erneuern

реформúст <-а> *м*, **реформúстк|а** <-и> *ж* Reformist(in) *m(f)*

рефрактомéтр <-а> *м* ФИЗ Refraktometer *nt*

рефрáктор <-а> *м* ФИЗ Refraktor *m*

рефрáкци|я <-и> *ж* ФИЗ Refraktion *f;* **~ звýка** Schallrefraktion *f;* **~ свéта** Lichtrefraktion *f*

рефрéн <-а> *м* ЛИТ, МУЗ Refrain *m*, Kehrreim *m*

рефрижерáтор <-а> *м* Gefriergerät *nt*, Eismaschine *f;* **авто~** Kühlwagen *m;* **пароxóд-~** Kühlschiff *nt*

рехн|ýться <-ýсь, -ёшься> *св рефл разг* überschnappen, verrückt werden; **да ты совсéм рехнýлся!** du bist wohl nicht bei Trost!

рецензéнт <-а> *м* Gutachter *m*

рецензúр|овать <-ую, -уешь> *нсв*, **прорецензúровать, отрецензúровать** *св прх* rezensieren, begutachten

рецéнзи|я <-и> *ж* Rezension *f*

рецéпт <-а> *м* Rezept *nt;* **патентóванный ~** Patentrezept *nt;* **отпускáемый без рецéпта** rezeptfrei; **отпускáемый стрóго (тóлько) по рецéпту** rezeptpflichtig

рецéптор <-а> *м* БИОЛ Rezeptor *m*, Erkennungssensor *m*

рецептýр|а <-ы> *ж* Rezeptur *f;* **изучúть рецептýру крéмов** die Cremerezeptur untersuchen

рецéпци|я <-и> *ж* Rezeption *f*, Aufnahme *f*

рецессúв|ный <-ная, -ное; -ен, -на, -но> *прил* rezessiv; **~ прúзнак** rezessives Merkmal *nt*

рецéсси|я <-и> *ж* Rezession *f*

рецидúв <-а> *м* Rückfall *m*

рецидивúст <-а> *м* ЮР Rückfällige(r) *m o f*, Gewohnheitsverbrecher *m*

рецидúвн|ый <-ая, -ое> *нрч* rückfällig

рециклúровани|е <-я> *ср* Recycling *nt*

рециклúр|овать <-ую, -уешь> *нсв прх* recyceln

реципиéнт <-а> *м* МЕД Empfänger *m*, Rezipient *m*

речев|óй <-áя, -óе> *прил* Sprech-, Rede-, Sprach-; **речевáя дéятельность** Sprechtätigkeit *f;* **речевыé умéния** Sprechfähigkeit *f;* **прáвила речевóго этикéта** die Regeln der Sprachetikette; **в речевóм обихóде** im Sprachgebrauch

речúст|ый <-ая, -ое; -, -а, -о> *прил разг* **1.** *(красноречúвый)* redegewandt; **~ орáтор** redegewandter Sprecher *m* **2.** *(болтлúвый)* redselig, gesprächig; **~ паренёк** geschwätziger Junge *m*

речитатúв <-а> *м* МУЗ Rezitativ *nt*, Sprechgesang *m;* **певýчий ~** wohlklingendes Rezitativ *nt;* **читáть речитатúвом** im Sprechgesang lesen

речн|óй <-áя, -óе> *прил* Fluss-; **~ трáнспорт** Flusstransport *m;* **~ вокзáл** Hafengebäude *nt;* **речнóе судоxóдство** Flussschifffahrt *f*, Binnenschifffahrt *f;* **речнáя рыба** Flussfisch *m*

речь <рéчи> *ж* **1.** *тóлько ед* Sprache *f*, Reden *nt;* **пúсьменная ~** Schriftsprache *f;* **ýстная ~** gesprochene Sprache *f;* **об э́том не мóжет быть рéчи** das kommt nicht in Frage; **он лишúлся дáра рéчи** es verschlug ihm die Sprache **2.** *(выступлéние)* Rede *f*, Ansprache *f;* **~ защúтника** Plädoyer *nt;* **выступáть с рéчью** eine Rede halten

решá|ть <-ю, -ешь> *нсв*, **решúть** *св прх* **1.** *(принимáть решéние)* entscheiden, beschließen; **~ за когó-л.** jdm die Entscheidung abnehmen; **решенó!** abgemacht! **2.** *(задáчи, рéбусы)* knobeln

решá|ться <-юсь, -ешься> *нсв*, **решúться** *св прх* sich entschließen; *(осмелéть)* sich trauen

решáющ|ий <-ая, -ее> *прил* ausschlaggebend, entscheidend; **решáющее воздéйствие** durchschlagende Wirkung *f;* **~ шаг** entscheidender Schritt *m;* **сказáть своё решáющее слóво** ein Machtwort sprechen; **сыгрáть решáющую роль** ausschlaggebend sein

решéни|е <-я> *ср* **1.** *(постановлéние)* Beschluss *m* **2.** *(при налúчии альтер-*

нати́вы) Entscheidung *f* **3.** *(заключе́ние, вы́вод)* Entscheid *m;* **принима́ть ~** eine Entscheidung treffen, einen Entschluss fassen **4.** *(зага́дки, зада́чи)* Lösung *f,* Auflösung *f* **5.** ЮР Verfügung *f;* **~ арбитра́жа** Schiedsspruch *m;* **~ большинства́** Mehrheitsbeschluss *m;* **~ компаньо́нов** Gesellschafterbeschluss *m;* **компроми́ссное ~** Ausweichlösung *f;* **~ о поку́пке** Kaufentscheidung *f;* **~ собра́ния о́бщества** Gesellschafterbeschluss *m;* **~ суда́** Gerichtsbeschluss *m,* Verfügung *f;* **~ трете́йского суда́** Schiedsspruch *m;* **~ чле́нов това́рищества** Gesellschafterbeschluss *m*

решён|ный <-ная, -ное; -, -á, -ó> *прил* entschieden, beschlossen; **~ вопро́с** beschlossene Sache *f*

решётк|а <-и> *ж* Gitter *nt;* ТЕХ Rost *m;* **сиде́ть за решёткой** hinter Gittern sitzen; **посади́ть кого́-л. за решётку** jdn hinter Schloss und Riegel bringen; **деревя́нная ~** Lattenrost *m*

решет|ó <-á> *ср* Sieb *nt;* **просе́ивать муку́ сквозь ~** Mehl durch ein Sieb sieben; **голова́ как ~** *(о плохо́й па́мяти)* ein Gedächtnis *nt* wie ein Sieb; **чудеса́ в решете́!** *(о чём-то необы́чном)* was für ein Wunder!

решётчат|ый <-ая, -ое> *прил* Gitter-, Sieb-; **~ забо́р** Gitterzaun *m;* **за решётчатыми о́кнами** hinter vergitterten Fenstern; **решётчатые констру́кции** СТР Fachwerk *nt,* Gitterkonstruktion *f*

реши́мос|ть <-ти> *ж* Entschlussfreudigkeit *f*

реши́тельно *нрч* **1.** *(твёрдо, непреклóнно)* entschlossen, entschieden, fest; **~ стоя́ть на своём** entschlossen seine Meinung verteidigen; **де́йствовать ~** entschlossen handeln **2.** *(категори́чески)* entschieden; **~ отказа́ть в про́сьбе** jds Bitte entschieden abschlagen **3.** *(совсе́м, абсолю́тно)* ganz und gar, absolut; **он ~ ничего́ не понима́ет** er versteht absolut gar nichts; **мне ~ всё равно́** mir ist es absolut egal

реши́тельнос|ть <-ти> *ж* Entschlossenheit *f*

реши́те|льный <-льная, -льное; -лен, -льна, -льно> *прил* entschlossen; **принима́ть реши́тельные ме́ры** durchgreifen

реш|и́ть <-у́, -и́шь> *св прх см.* **реша́ть**

ре́шк|а <-и> *ж разг* Vorderseite *f* der Münze, Avers *m;* **орёл или ~?** Zahl oder Wappen?

реэвакуа́ци|я <-и> *ж* Wiederansiedlung *f,* Rückführung *f;* **~ населе́ния** Wiederansiedlung *f* der Bevölkerung; **~ заво́да** Werkrückführung *f*

реэ́кспорт <-а> *м* Wiederausfuhr *f;* **~ това́ров, проше́дших облагора́живание** Veredelungsverkehr *m*

ре́|я <-и> *ж* МОР Rahe *f*

ре́|ять <-ет> *нсв безл, то́лько 3 л* **1.** *(пари́ть)* schweben; **орёл ре́ет в вышине́** der Adler schwebt in der Höhe **2.** *(развева́ться)* wehen, flattern; **знамёна ре́ют** die Fahnen flattern

ржа́ве|ть <-ю, -ешь> *нсв,* **заржа́веть, проржаве́ть** *св нпрх* rosten, verrosten

ржа́вчин|а <-ы> *ж* Rost *m;* **очища́ть от ржа́вчины** entrosten

ржа́в|ый <-ая, -ое> *прил* rostig, verrostet

ржа́ни|е <-я> *ср* Gewieher *nt,* Wiehern *nt;* **ко́нское ~** Pferdewiehern *nt*

ржан|о́й <-а́я, -о́е> *прил* Roggen-; **~ хлеб** Roggenbrot *nt;* **ржано́е по́ле** Roggenfeld *nt;* **ржана́я мука́** Roggenmehl *nt*

ржать <ржу, ржёшь> *нсв нпрх* **1.** *(о ло́шади)* wiehern **2.** *перен, разг (гро́мко хохота́ть)* wiehernd lachen

риа́л <-а> *м* ФИН Rial *m (Wahrungseinheit in Iran)*

рибонуклеи́нов|ый <-ая, -ое> *прил* БИОЛ Ribonuklein-; **рибонуклеи́новая кислота́** Ribonukleinsäure *f*

рибосо́м|а <-ы> *ж* БИОЛ Ribosom *nt*

рибофлави́н <-а> *м* МЕД, БИОЛ Ovoflavin *nt*

ри́г|а <-и> *ж* АГР Getreidedarre *f*

ри́ге|ль <-ля> *м* **1.** СТР Träger *m,* Querholz *nt,* Kehlbalken *m* **2.** *(засо́в)* Riegel *m*

ригори́зм <-а> *м книжн* Rigorismus *m*

ригори́ст <-а> *м,* **ригори́стк|а** <-и> *ж* Rigorist(in) *m(f)*

ри́зниц|а <-ы> *ж* Sakristei *f*

рикоше́т <-а> *м* Abpraller *m,* Querschläger *m;* **диста́нция рикоше́та** Abprallweite *f*

рикоше́тн|ый <-ая, -ое> *прил* Abprall-; **~ уда́р** Abprallschlag *m;* **рикоше́тная пу́ля** Querschlägerkugel *f*

рикоше́том *нрч* **отлете́ть ~** abprallen; **ра́нить кого́-л. ~** jdn durch einen Querschläger verletzen

ри́кш|а <-и> *ж* Riksch a *f,* Rikschakuli *m*

Рим <Ри́ма> *м* Rom *nt*

риме́сс|а <-ы> *ж* ЭКОН Besitzwechsel *m*

ри́млянин <-а> *м,* **римля́нк|а** <-и> *ж* Römer(in) *m(f)*

ри́мск|ий <-ая, -ое> *прил* römisch

ри́мско-католи́ческ|ий <-ая, -ое> *прил* römisch-katholisch

ринг <ри́нга> *м* СПОРТ Ring *m*

рини́т <-а> *м без мн* МЕД Rhinitis *f,* Schnupfen *m*

ри́н|уться <-усь, -ешься> *св рефл* (sich) stürzen; **~ в ата́ку** sich in den Angriff stürzen; **~ спаса́ть ребёнка** hinstürzen, um ein Kind zu retten; **~ вперед** nach vorn stürzen

рис <ри́са> *м* Reis *m*

рис. *сокр от* **рису́нок** Abbildung *f*

риск <ри́ска> *м* Risiko *nt,* Wagnis *nt;* **оста́точный ~** Restrisiko *nt;* **идти́ на ~** ein Risiko eingehen; **на свой страх и ~** auf eigene Gefahr; **~ отка́за** Ausfallrisiko *nt;* **~ поте́рь на ку́рсе** Kursrisiko *nt;* **~ при обме́не**

валю́т Wechselkursrisiko *nt;* **~, свя́занный с осуществле́нием э́кспортных опера́ций** Exportrisiko *nt;* **~, свя́занный с делькре́дере** Delkredererisiko *nt;* **~, свя́занный с плани́рованием** Planungsrisiko *nt;* **~, свя́занный с финанси́рованием** Finanzierungsrisiko *nt*

ри́ск|а <-и> *ж* ТЕХ Riss *m,* Strich *m*

риско́ван|ный <-ная, -ное; -, -а, -о> *прил* riskant, gewagt; **весьма́ ~** hochbrisant; **~ капита́л** Venture-Kapital *nt,* Risikokapital *nt;* **риско́ванное предприя́тие** Wagnis *nt*

риск|ова́ть <-у́ю, -у́ешь> *нсв,* **рискну́ть** *св прх* riskieren; **~ подойти́ к кому́-л./чему́-л.** sich heranwagen an *+akk;* **мы риску́ем, что** wir laufen Gefahr, dass

ри́сков|ый <-ая, -ое> *прил* Risiko-; **ри́сковая надба́вка** Risikoprämie *f;* **~ капита́л** Risikokapital *nt;* **~ ме́неджмент** Risikomanagement *nt*

рисова́льн|ый <-ая, -ое> *прил* Zeichen-; **~ альбо́м** Zeichenalbum *nt;* **рисова́льные принадле́жности** Zeichenunterlagen *pl*

рисова́льщик <-а> *м,* **рисова́льщиц|а** <-ы> *ж* Zeichner(in) *m(f)*

рисова́ни|е <-я> *ср* Zeichnen *nt,* Malen *nt;* **уро́к рисова́ния** Zeichenstunde *f;* **увле́чься рисова́нием** sich für Zeichnen begeistern

рис|ова́ть <-у́ю, -у́ешь> *нсв,* **нарисова́ть** *св прх* **1.** *(рису́нок)* zeichnen; *(карти́ну)* malen **2.** *перен (описа́ть)* darstellen, beschreiben

рис|ова́ться <-у́юсь, -у́ешься> *нсв рефл* **1.** *то́лько 3 л (видне́ться)* sich abzeichnen, zu sehen sein, sichtbar sein; **вдали́ рисова́лись верши́ны гор** in der Ferne waren die Berggipfel zu sehen **2.** *то́лько 3 л, перен (представля́ться)* sich ausmalen; **~ в воображе́нии** in der Phantasie erscheinen **3.** *(красова́ться)* geziert auftreten, herumstolzieren; **~ на лю́дях** vor den Leuten herumstolzieren

ри́сов|ый <-ая, -ое> *прил* Reis-; **ри́совая ка́ша** Reisbrei *m,* Milchreis *m;* **ри́совая во́дка** Reiswodka *m*

рису́н|ок <-ка> *м* Zeichnung *f;* *(карти́на)* Bild *nt;* *(отпеча́ток)* Abbildung *f*

рису́нчат|ый <-ая, -ое> *прил* gemustert, Muster-; **рису́нчатая мате́рия** gemusterter Stoff *m*

ритм <ри́тма> *м* Rhythmus *m;* **биологи́ческие ри́тмы** Biorhythmus *m*

ри́тмик|а <-и> *ж* **1.** МУЗ, ЛИТ Rhythmik *f;* **~ стиха́** Versrhythmik *f* **2.** *(гимна́стика)* rhythmische Gymnastik *f;* **обуча́ть ри́тмике и пла́стике** Rhythmik und Plastik unterrichten

ритми́ческ|ий <-ая, -ое> *прил* rhythmisch

ритми́чнос|ть <-ти> *ж без мн* Rhythmik *f,* Rhythmus *m;* **~ произво́дства** Produktionsrhythmus *m;* **~ движе́ний** Bewegungsrhythmik *f*

ри́тор <-а> *м* ИСТОР Rhetor *m*

рито́рик|а <-и> *ж* Rhetorik *f*

ритори́ческ|ий <-ая, -ое> *прил* rhetorisch

ритуа́л <-а> *м* Ritual *m*

ритуа́льн|ый <-ая, -ое> *прил* rituell, Ritual-; **ритуа́льные услу́ги** rituelle Handlungen *f*

ритурне́|ль <-ля> *м* МУЗ Ritornell *nt*

риф <ри́фа> *м* Riff *nt*

ри́ф|ить <-лю, -ишь> *нсв прх* МОР reffen; **~ паруса́** die Segel reffen

рифлён|ый <-ая, -ое> *прил* **1.** ТЕХ gerieft, geriffelt, gekehlt; **рифлёное стекло́** gerilltes Glas *nt;* **рифлёная подо́шва** Riffelsohle *f* **2.** МОР gerefft

ри́фм|а <-ы> *ж* Reim *m*

рифм|ова́ть <-у́ю, -у́ешь> *нсв,* **срифмова́ть** *св прх* reimen

рифмо́вк|а <-и> *ж* ЛИТ Reimen *nt;* **свобо́дная ~** freies Reimen *nt;* **подлежа́ть рифмо́вке** sich reimen

рихт|ова́ть <-у́ю, -у́ешь> *нсв прх* ТЕХ (aus)richten, blank richten, planieren; **~ отли́вку** ein Gusseisenstück richten; **~ про́волоку** einen Draht blank richten

робе́|ть <-ю, -ешь> *нсв,* **оробе́ть** *св нпрх* schüchtern werden; **~ перед незнако́мыми людьми́** vor Unbekannten schüchtern werden

ро́б|кий <-кая, -кое; -ок, -ка, -ко> *прил* **1.** *(нереши́тельный)* zaghaft, unentschlossen **2.** *(смущённый)* verlegen, scheu

ро́бкос|ть <-ти> *ж* Scheu *f,* Zaghaftigkeit *f*

ро́бос|ть <-ти> *ж без мн* Schüchternheit *f;* **испы́тывать ~** Schüchternheit empfinden; **не без ро́бости** nicht ohne Schüchternheit

ро́бот <-а> *м* Roboter *m*

роботиза́ци|я <-и> *ж* Robotisierung *f,* Anwendung *f* von Robotern; **~ произво́дства** Produktionsrobotisierung *f*

робототе́хник|а <-и> *ж* Robotertechnik *f;* **~ в быту́** Robotertechnik *f* im Alltagsleben

ров <рва> *м* Graben *m*

рове́сник <-а> *м* Altersgenosse *m*

ро́вно *нрч* genau, gerade; **~ год** genau ein Jahr

ро́в|ный <-ная, -ное; -ен, -на́, -но> *прил* eben, gerade; *(уравнове́шенный)* gelassen, ausgeglichen

ро́вн|я <-и> *м и ж разг* Gleichgestellte(r) *f(m);* **он тебе́ не ~** er ist dir nicht ebenbürtig; **разгова́ривать как с ро́вней** wie mit Gleichgestelltem sprechen

ровня́|ть <-ю, -ешь> *нсв прх* ebnen, glätten; **~ катко́м доро́жки** die Wege mit einer Walze glätten; **~ с землёй** dem Erdboden gleich machen

рог <ро́га> *м* Horn *nt;* *(у оле́ня)* Geweih *nt;* МУЗ Horn *nt;* **брать быка́ за рога́** den Stier bei den Hörnern packen

рога́лик <-а> *м* *(бу́лочка)* Hörnchen *nt*

рога́тин|а <-ы> *ж* Jagdspieß *m;* **брать зве́ря на рога́тину** das Tier mit dem Spieß erlegen

рога́тк|а <-и> *ж* Schleuder *f; перен (препя́тствие)* Hindernis *nt*

рога́т|ый <-ая, -ое; -, -а, -о> *прил* gehörnt, Horn-; **кру́пный ~ скот** Hornvieh *nt,* Rinder *pl;* **~ ме́сяц** Mondsichel *f;* **~ вене́ц** Hörnerkranz *m;* **~ муж** gehörnter Mann *m*

рога́ч <-á> *м* ЗООЛ Hirschkäfer *m*

рогови́ц|а <-ы> *ж* АНАТ Hornhaut *f;* **помутне́ние рогови́цы** Hornhauttrübung *f;* **переса́дка рогови́цы** Hornhauttransplantation *f*

рогов|о́й <-а́я, о́е> *прил* Horn-, aus Horn; **рогова́я оболо́чка** Hornhaut *f*

рого́ж|а <-и> *ж* Bastmatte *f*

рогоно́с|ец <-ца> *м ирон, разг* Gehörnter *m*

род <ро́да> *м* **1.** *(сорт, вид)* Art *f,* Gattung *f;* **тако́го ро́да** derart; **в не́котором ро́де** gewissermaßen; **~ заня́тий** Metier *nt* **2.** *(поколе́ние, семья́)* Geschlecht *nt,* Stamm *m;* **челове́ческий ~** Menschengeschlecht *nt* **3.** ЛИНГВ Genus *nt*

роддо́м *сокр от* **роди́льный дом** *разг* Entbindungsheim *nt*

ро́ди|й <-я> *м* Rhodium *nt*

роди́льн|ый <-ая, -ое> *прил* Entbindungs-; **~ зал, роди́льная пала́та** Kreißsaal *m;* **роди́льная горя́чка** Kindbettfieber *nt*

роди́м|ый <-ая, -ое> *прил* heimatlich; *(обраще́ние)* Lieber; **роди́мое пятно́** Muttermal *nt*

ро́дин|а <-ы> *ж* Heimat *f,* Vaterland *m;* **втора́я ~** Wahlheimat *f;* **на ро́дину** heimwärts

ро́динк|а <-и> *ж* Muttermal *nt,* Leberfleck *m*

роди́те|ли <-лей> *мн* Eltern *pl;* **приёмные ~** Stiefeltern *pl*

роди́тельн|ый <-ая, -ое> *прил* ЛИНГВ **~ паде́ж** Genitiv *m*

роди́тельск|ий <-ая, -ое> *прил* elterlich, Eltern-

роди́ть <рожу́, роди́шь> *(н)св,* **рож(д)а́ть** *нсв прх* gebären; *перен* hervorbringen

роди́ться <рожу́сь, роди́шься> *(н)св рефл* zur [*o* auf die] Welt kommen; *перен* entstehen, aufkommen

ро́дич <-а> *м разг* Verwandte(r) *f(m);* **да́льние ро́дичи** entfernte Verwandte *pl*

родни́к <-á> *м* Quelle *f*

роднико́в|ый <-ая, -ое> *прил* Quell-; **роднико́вая вода́** Quellwasser *nt*

родн|и́ться <-ю́сь, -и́шься> *нсв рефл* **1.** *(станови́ться ро́дственниками)* verwandt werden, sich verschwägern; **~ с семьёй прия́теля** mit der Familie des Freundes verwandt werden **2.** *(привыка́ть)* sich gewöhnen, sich eingewöhnen; **~ с любо́й обстано́вкой** sich an jede Situation gewöhnen

роднич|о́к <-ка́> *м* АНАТ Fontanelle *f*

родн|о́й I. <-а́я, -о́е> *прил* heimatlich, heimisch; *(сын, дочь)* leiblich; **родны́е де́ти** eigene Kinder *pl;* **родна́я страна́** Heimatland *nt;* **~ язы́к** Muttersprache *f* **II.** <-ого> *м* Angehörige(r) *m,* Verwandte(r) *m*

родн|я́ <-и́> *ж* **1.** *(ро́дственники)* Verwandtschaft *f;* **да́льняя ~** entfernte Verwandtschaft *f;* **у него́ больша́я ~** er hat eine große Verwandtschaft **2.** *разг (ро́дственник)* Verwandte *m o f;* **я ему́ не ~** ich bin kein Verwandter von ihm

родови́т|ый <-ая, -ое; -, -а, -о> *прил* altadelig, hocharistokratisch; **принадлежа́ть к родови́тому семе́йству** einer altadeligen Familie angehören

родов|о́й <-а́я, -о́е> *прил (насле́дственный)* Sippen-, Stamm-, Erb-; ЛИНГВ Genus-

рододендро́н <-а> *м* БОТ Rhododendron *nt*

ро́дом *нрч* gebürtig; **он ~ из Москвы́** er stammt aus Moskau; **отку́да вы ~?** wo sind Sie von Geburt her?; **он ~ из зде́шних мест** er stammt aus dieser Gegend

родонача́льник <-а> *м* Begründer *m,* Stammvater *m*

родосло́вн|ая <-ой> *ж* Stammbaum *m*

ро́дственник <-а> *м,* **ро́дственниц|а** <-ы> *ж* Verwandte(r) *m o f;* **бли́зкие ро́дственники поко́йного** Hinterbliebene *pl*

ро́дствен|ный <-ная, -ное; -, -а, -о> *прил* verwandt

родств|о́ <-á> *ср* Verwandtschaft *f*

ро́ды <родо́в> *мн* Entbindung *f,* Geburt *f;* **преждевре́менные ~** Frühgeburt *f*

ро́ж|а <-и> *ж* Fratze *f;* МЕД Rose *f*

рожа́|ть <-ю, -ешь> *нсв прх см.* **рож(д)а́ть**

рожда́емос|ть <-ти> *ж* Geburtenrate *f;* **с высо́ким у́ровнем рожда́емости** geburtenstark

рож(д)а́|ть <-ю, -ешь> *нсв,* **роди́ть** *св прх* gebären; *перен* hervorbringen

рожда́|ться <-юсь, -ешься> *нсв,* **роди́ться** *св рефл* zur Welt kommen; *перен* entstehen

рожде́ни|е <-я> *ср* Geburt *f;* **день рожде́ния** Geburtstag *m*

рожде́ственск|ий <-ая, -ое> *прил* Weihnachts-

Рождеств|о́ <-á> *ср* Weihnachten *nt*

i Land & Leute

Die orthodoxe Kirche feiert **Weihnachten** und alle anderen christlichen Feste nach dem Julianischen Kalender: der Heilige Abend – „Sotschelnik" – fällt dabei auf den 6. Januar. Da dieses Fest während der Sowjetzeit weitgehend

Р

verdrängt bzw. durch das Neujahrsfest ersetzt wurde, konnte es nach der Perestroika seine einstige Bedeutung nicht wieder gewinnen.
Heute feiern viele Russen Weihnachten zweimal im Jahr: einmal am 25. Dezember als „europäisches Weihnachten“, und einmal, zwei Wochen später, als „russisches Weihnachten“.

роже́ниц|а <-ы> *ж* Gebärende *f*

роже́чник <-а> *м* муз Hornist *m;* **анса́мбль роже́чников** Hornistenensemble *nt*

рожко́в|ый <-ая, -ое> *прил* Gabel-, Hörnchen-, Krallen-; **~ инструме́нт** Kralleninstrument *nt;* **рожко́вое де́рево** бот Johannisbrotbaum *m*

рож|о́к <-ка́> *м* Hörnchen *nt;* муз Horn *nt;* **де́тский ~** Saugflasche *f*, Babyflasche *f;* **полице́йский ~** Martinshorn *nt*

рож|о́н <-на́> *м* **лезть на ~** *(предпринима́ть что́-то риско́ванное)* mit dem Kopf durch die Wand rennen

рожь <ржи> *ж* Roggen *m;* **ози́мая ~** Winterroggen *m;* **цвете́ние ржи** Roggenblüte *f;* **по́ле ржи** Roggenfeld *nt*

ро́з|а <-ы> *ж* Rose *f*

роза́ри|й <-я> *м* Rosengarten *m*, Rosarium *m*

ро́зг|а <-и> *ж* Rute *f*

розгове́нь|е <-я> *ср без мн* религ *der erste Tag nach der Fastenzeit*

розе́тк|а <-и> *ж* **1.** эл Steckdose *f* **2.** *(орна́мент)* Rosette *f*

ро́злив <-а> *м без мн* Gießen *nt;* **~ мета́лла** Metallgießen *nt;* **~ вина́ в буты́лки** Weinabfüllung *f* in Flaschen

розмари́н <-а> *м* бот Rosmarin *m*

ро́зниц|а <-ы> *ж без мн* экон Kleinhandel *m*, Einzelhandel *m;* **торгова́ть в ро́зницу** einzeln/stückweise verkaufen

ро́зничн|ый <-ая, -ое> *прил* Einzel-; **ро́зничная торго́вля** Einzelhandel *m*, Kleinhandel *m;* **ро́зничные це́ны** Einzel(handels)-preise *pl;* **ро́зничные това́ры** Einzelwaren *pl;* **ро́зничная прода́жа** Einzelverkauf *m*, Einzelvertrieb *m*

рознь <ро́зни> *ж* Zwist *m*, Zwietracht *f;* **национа́льная ~** Völkerhass *m*

розове́|ть <-ю, -ешь> *нсв,* **порозове́ть** *св нпрх* sich röten; **щёки розове́ют на моро́зе** die Wangen werden rosig vor Kälte

ро́зов|ый <-ая, -ое; -, -а, -о> *прил* rosa, rosig; **ви́деть что-л. сквозь ро́зовые очки́** etw durch die rosa Brille sehen

розоцве́тны|е <-х> *мн* бот Rosengewächse *pl*, Rosazeen *pl*

ро́зыгрыш <-а> *м* **1.** *(лотере́йный)* Ziehung *f*, Auslosung *f* **2.** спорт unentschiedenes Spiel *nt*

ро́зыск <-а> *м* Fahndung *f;* **производи́ть ро́зыски** recherchieren

розыскн|о́й <-а́я, -о́е> *прил* Ermittlungs-, Such-; **~ пёс** Spürhund *m;* **розыскна́я слу́жба** Untersuchung *f*

рои́ться <ро́ится> *нсв рефл то́лько 3 л* **1.** *(о пчёлах)* ausschwärmen **2.** *перен (толпи́ться)* sich häufen, schwärmen; **вокру́г рои́тся наро́д** ringsherum schwärmen Menschenmassen **3.** *перен (о мы́слях)* schwirren; **но́вые за́мыслы рои́лись в его́ голове́** neue Vorhaben schwirrten in seinem Kopf **4.** *(кружи́ться)* schweben; **в во́здухе рои́лись снежи́нки** Schneeflocken schwebten in der Luft

рой <ро́я> *м* Schwarm *m;* **оси́ный ~** Wespenschwarm *m;* **~ воспомина́ний** Erinnerungsschwarm *m*

рок <ро́ка> *м* Verhängnis *nt; (рок-му́зыка)* Rockmusik *f;* **тяжёлый ~** Hard Rock *m*

рока́д|а <-ы> *ж (ша́хматы)* Rochade *f*

рок-гру́пп|а <-ы> *ж* муз Rockgruppe *f*

рокиро́вк|а <-и> *ж (ша́хматы)* Rochade *f*

рок-конце́рт <-а> *м* муз Rockkonzert *nt*

рок-леге́нд|а <-ы> *ж* Rocklegende *f*

рок-н-ро́лл <-а> *м* муз Rock and Roll *m*, Rock ‘n’ Roll *m*

роков|о́й <-а́я, -о́е> *прил* verhängnisvoll, schicksalshaft; **рокова́я же́нщина** Femme fatale *f*

рококо́ <неизм> *ср* Rokoko *nt*

ро́кот <-а> *м* Getöse *nt*

рокота́ть <роко́чет> *нсв безл, то́лько 3 л* tosen, rauschen

рок-фестива́|ль <-ля> *м* муз Rockfestival *nt*

ро́лик <-а> *м* Rolle *f*; *мн* Rollschuhe *mpl*

ро́ликов|ый <-ая, -ое> *прил* Rollen-; **~ подши́пник** Rollenlager *nt;* **ро́ликовые коньки́** Rollschuhe *pl*

ро́ллер <-а> *м* Roller *m*

роль <ро́ли> *ж* **1.** теат Rolle *f*, Part *m* **2.** *перен* Rolle *f*, Funktion *f*, Bedeutung *f*

рольга́нг <-а> *м* тех Rollbahn *f*, Rollgang *m*

ром <ро́ма> *м* Rum *m*

рома́н <-а> *м* Roman *m; (любо́вная исто́рия)* Romanze *f*, Liaison *f*

романи́ст <-а> *м* Romanschriftsteller(in) *m(f);* лингв Romanist(in) *m(f)*

романи́стик|а <-и> *ж* Romanistik *f*

рома́нс <-а> *м* муз Romanze *f*

рома́нск|ий <-ая, -ое> *прил* romanisch; **~ стиль** Romanik *f;* **рома́нские языки́** romanische Sprachen *fpl*

романти́зм <-а> *м без мн* лит Romantik *f*

рома́нтик <-а> *м* Romantiker(in) *m(f)*

рома́нтик|а <-и> *ж* Romantik *f*

романти́ческ|ий <-ая, -ое> *прил* romantisch

рома́шк|а <-и> *ж* Kamille *f*

ромб <ро́мба> *м* Karo *nt;* мат Rhombus *m*, Raute *f*

ромбови́д|ный <-ная, -ное; -ен, -на, -но> *прил* rautenförmig, rhombisch
ромбо́ид <-а> *м* МАТ Rhomboid *nt*
ромште́кс <-а> *м* КУЛ Rumpsteak *nt*
рондо́ <неизм> *ср* МУЗ Rondo *nt*
роня́|ть <-ю, -ешь> *нсв*, **урони́ть** *св прх* fallen lassen; *перен* sich erniedrigen
ро́пот <-а> *м без мн* Murmeln *nt;* **глухо́й ~** leises Murmeln *nt*
ропта́ть <ропщу́, ро́пщешь> *нсв нпрх* ungehalten sein; **~ на судьбу́** mit dem Schicksal hadern
рос|а́ <-ы́> *ж* Tau *m;* **у́тренняя ~** Morgentau *m;* **то́чка росы́** Taupunkt *m;* **вы́ступила ~** der Tau schlägt sich nieder; **мо́крые от росы́** taunass
роси́ст|ый <-ая, -ое; -, -а, -о> *прил* betaut, voller Tau, taufeucht; **роси́стое у́тро** taufrischer Morgen *m;* **роси́стая трава́** taubedecktes Gras *nt*
роско́шеств|о <-а> *ср* Luxus *m,* Pracht *f,* Prunk *m;* **~ в еде́** Üppigkeit *f* im Essen; **отказа́ться от роско́шества** auf Luxus verzichten
роско́ш|ный <-ная, -ное; -ен, -на, -но> *прил* prunkvoll, luxuriös; *разг (отли́чный)* prächtig
ро́ско|шь <-ши> *ж* Prunk *m,* Luxus *m;* **предме́ты ро́скоши** Luxusartikel *mpl*
ро́сл|ый <-ая, -ое> *прил* hochgewachsen, groß, hochwüchsig; **ро́слые спортсме́ны** Sportler *mpl* von hohem Wuchs
росома́х|а <-и> *ж* ЗООЛ Vielfraß *m*
ро́спи|сь <-си> *ж* **1.** *(декорати́вная жи́вопись)* Malerei *f,* Bemalung *f,* Fresken *pl;* **сте́ны с ро́списью** Wandmalerei *f* **2.** *разг (по́дпись)* Unterschrift *f,* Namenszug *m;* **поста́вить ~ и печа́ть** Unterschrift und Stempel setzen
ро́спуск <-а> *м* Entlassung *f; (парла́мента)* Auflösung *f,* Liquidation *f*
росси́йск|ий <-ая, -ое> *прил* russisch

i Land & Leute

Als „tiefe Provinz“ gilt in Russland eigentlich alles außer Moskau und Sankt Petersburg – in den beiden Hauptstädten hat sich seit vielen Jahrhunderten das gesellschaftspolitische, kulturelle und ökonomische Leben des Landes konzentriert.
Deshalb übersteigt auch das durchschnittliche Lebens- und Bildungsniveau dort das Lebensniveau in anderen russischen Städten und Orten erheblich. Das Gleiche gilt für den Grad der Modernität: während man die beiden Zentren als moderne Metropolen bezeichnen kann, bleibt **die russische Provinz** im Grunde unterentwickelt.
Dafür findet man in der Provinz heute eher jenen außerordentlich warmherzlichen, aufgeschlossenen Menschentypus, für den dieses Land für Außenstehende traditionell bekannt ist.

Росси́|я <-и> *ж* Russland *nt*
россия́нин <-а> *м*, **россия́нк|а** <-и> *ж* Staatsbürger(in) *m(f)* Russlands, Einwohner(in) *m(f)* Russlands
ро́сказн|и <-ей> *мн разг* Geplauder *nt,* Geschwätz *nt;* **не ве́рить ро́сказням** dem Geschwätz keinen Glauben schenken
ро́ссы|пь <-пи> *ж* ГЕОЛ Feld *nt;* **золота́я ~** Goldfeld *nt;* **алма́зные ро́ссыпи** Diamantenfeld *nt*
рост <ро́ста> *м* **1.** *(увеличе́ние)* Anstieg *m;* **~ произво́дства** Produktionswachstum *m;* **профессиона́льный ~** berufliche Entwicklung *f;* **~ дохо́дов** Ertragssteigerung *f;* **~ ры́нка** Marktwachstum *nt;* **~ цен** Preisanstieg *m,* Preiserhöhung *f,* Teuerung *f* **2.** *(проце́сс)* Wachstum *nt;* **экономи́ческий ~** wirtschaftliches Wachstum *nt,* Wirtschaftswachstum *nt* **3.** *(о челове́ке)* Wuchs *m,* Körpergröße *f*
ро́стбиф <-а> *м* КУЛ Roastbeef *nt,* Rostbraten *m*
ростовщи́к <-а́> *м* Wucherer *m,* Kredithai *m*
ростовщи́ческ|ий <-ая, -ое> *прил* Wucher-; **ростовщи́ческая цена́** Wucherpreis *m;* **~ проце́нт** Wucherzins *m*
ростовщи́честв|о <-а> *ср* Wucher *m;* **занима́ться ростовщи́чеством** wuchern
рост|о́к <-ка́> *м* Keim *m; перен* Keim *m,* Ansatz *m*
ро́счерк <-а> *м* Strich *m,* Federstrich *m,* Schnörkel *m;* **по́дпись с ро́счерком** Unterschrift *f* mit Schnörkel; **реши́ть одни́м ро́счерком пера́** *(не вника́я в суть)* mit einem Federstrich entscheiden
روся́нк|а <-и> *ж* БОТ Sonnentau *m*
рот <рта> *м* Mund *m; (у живо́тных)* Maul *nt*
ро́т|а <-ы> *ж* ВОЕН Kompanie *f*
ротапри́нт <-а> *м* ТЕХ Rotaprint *f*
рота́тор <-а> *м* ТЕХ Rotator *m,* Walzenvervielfältigungsapparat *m*
ротацио́нн|ый <-ая, -ое> *прил* rotierend, Rotations-, Rotier-; **ротацио́нная ко́вка** Rotationshämmern *nt;* **ротацио́нная маши́на** Rotationsmaschine *f*
рота́ци|я <-и> *ж* Rotation *f;* **~ персона́ла** ЭКОН Job Rotation *f,* Arbeitsplatzrotation *f*
ротве́йлер <-а> *м* ЗООЛ Rottweiler *m*
ро́тн|ый <-ая, -ое> *прил* ВОЕН Kompanie-; **~ команди́р** Kompanieführer *m*
ротов|о́й <-а́я, -о́е> *прил* АНАТ Mund-, mündlich, oral; **ротова́я по́лость** Mundhöhle *f;* **ротовы́е же́лезы** Munddrüsen *fpl*

ротозе́|й <-я> *м* Schaulustige(r) *f(m),* Gaffer *m*

рото́нд|а <-ы> *ж* **1.** СТР Rondell *nt,* Rotunde *f,* Rundbau *m* **2.** *(оде́жда)* Rotonde *f;* **мехова́я ~** Pelzrotonde *f*

ро́тор <-а> *м* Rotor *m*

ро́хл|я <-и> *м и ж разг* Schlafmütze *f,* Tölpel *m*

ро́щ|а <-и> *ж* Hain *m,* Wäldchen *nt;* **берёзовая ~** Birkenhain *m;* **дубо́вая ~** Eichenwäldchen *nt*

ро́э *сокр от* **реа́кция оседа́ния эритроци́тов** МЕД Senkungsreaktion *f* der roten Blutkörperchen

роялú́зм <-а> *м без мн* Royalismus *m*

роялú́ст <-а> *м* Royalist(in) *m(f)*

роя́|ль <-и> *м* МУЗ Flügel *m,* Klavier *nt;* **сесть за ~** sich an den Flügel setzen; **исполня́ть па́ртию у роя́ля** ein Klavierstück spielen

ртуть <рту́ти> *ж* Quecksilber *nt*

руа́нд|ец <-ца> *м* Ruander *m*

руба́к|а <-и> *м разг* glänzender Fechter *m*

руба́н|ок <-ка> *м* Hobel *m*

руба́х|а <-и> *ж* Hemd *nt;* **нате́льная ~** Unterhemd *nt;* **~-парень** *разг* einfacher Mensch *m*

руба́шк|а <-и> *ж* Hemd *nt,* Oberhemd *nt;* **смири́тельная ~** Zwangsjacke *f*

рубе́ж <-а́> *м* **1.** ВОЕН Linie *f* **2.** *перен* Grenze *f,* Meilenstein *m,* Einschnitt *m;* **за рубежо́м** im Ausland

руб|е́ц <-ца́> *м* Striemen *m*

руби́ди|й <-я> *м* ХИМ Rubidium *nt*

Рубико́н <-а> *м* Rubikon *m;* **перейти́ ~** den Rubikon überschreiten, einen entscheidenden Schritt tun

руби́льник <-а> *м* Kippschalter *m*

руби́н <-а> *м* Rubin *m*

руби́нов|ый <-ая, -ое> *прил* **1.** *(с руби́нами)* Rubin-, aus Rubinen; **~ пе́рстень** Rubinring *m* **2.** *(о цве́те)* rubinrot

руби́ть <рублю́, ру́бишь> *нсв,* **наруби́ть** *св прх (коло́ть)* hacken; **~ с плеча́** unüberlegt handeln

ру́бк|а[1] <-и> *ж* **1.** *(мя́са)* Hacken *nt* **2.** *(дере́вьев)* Holzschlag *m,* Fällen *nt* **3.** *(избы́)* Bauen *nt*

ру́бк|а[2] <-и> *ж* МОР Steuerhaus *nt,* Turm *m*

рублёв|ый <-ая, -ое> *прил* Rubel-; **рублёвая зо́на** Rubelzone *f;* **рублёвые расхо́ды** Ausgaben *fpl* in Rubel

ру́блен|ый <-ая, -ое> *прил* gehackt; **ру́бленое мя́со** Hackfleisch *nt*

ру́б|ль <-ля́> *м* Rubel *m;* **гоня́ться за дли́нным рублём** auf schnelles Geld aus sein

ру́брик|а <-и> *ж* Rubrik *f*

рубц|ева́ться <-у́ется> *нсв безл, то́лько 3 л* vernarben

ру́га|нь <-ни> *ж разг* Schimpfen *nt,* Fluchen *nt;* **набро́ситься с ру́ганью на кого́-л.** auf jdn losschimpfen

руга́тельств|о <-а> *ср* Schimpfwort *m*

руга́|ть <-ю, -ешь> *нсв,* **вы́ругать, обруга́ть, отруга́ть** *св прх* jdn ausschimpfen, mit jdm schimpfen

руга́|ться <-юсь, -ешься> *нсв,* **поруга́ться** *св рефл* **1.** *(на кого́-л.)* schimpfen; **~ ма́том** fluchen **2.** *(ссо́риться)* sich zanken; **~ с кем-л. из-за чего́-л.** sich mit jdm zanken um *+akk*/wegen *+dat*

руд|а́ <-ы> *ж* Erz *nt;* **желе́зная ~** Eisenerz *nt*

рудиме́нт <-а> *м* БИОЛ Rudiment *nt*

рудни́к <-а́> *м* Bergwerk *nt,* Mine *m*

ру́дн|ый <-ая, -ое> *прил* Erz-, erzhaltig; **~ бассе́йн** Erzgebiet *nt;* **ру́дные го́ры** Erzgebirge *nt;* **ру́дная жи́ла** Erzgang *m*

рудоно́с|ный <-ная, -ное; -ен, -на, -но> *прил* erzhaltig

руже́йн|ый <-ая, -ое> *прил* Gewehr-; **~ вы́стрел** Gewehrschuss *m;* **~ ого́нь** Gewehrfeuer *nt;* **~ патро́н** Gewehrkugel *f*

руж|ьё <-ья́> *ср* Gewehr *nt*

руи́н|а <-ы> *ж* Ruine *f*

рук|а́ <-и́> *ж* **1.** *(кисть)* Hand *f* **2.** *(от плеча́ до ки́сти)* Arm *m;* **брать по́д руку** sich einhaken bei *+dat;* **брать на́ руки** auf den Arm nehmen; **брать себя́ в ру́ки** sich zusammennehmen; **быть в надёжных рука́х** in guten Händen sein; **идти́ ~ о́б руку с** einhergehen mit *+dat;* **махну́ть руко́й на кого́-л.** jdn aufgeben; **наложи́ть на себя́ ру́ки** Selbstmord begehen; **нехва́тка рабо́чих рук** Mangel *m* an Arbeitskräften; **поднима́ть ру́ки** die Hände hochhalten, sich ergeben, Handzeichen geben; **пожима́ть ру́ку кому́-л.** jdm die Hand schütteln; **приложи́ть свою ру́ку к чему́-л.** seinen Anteil haben an *+dat;* **протя́гивать кому́-л. ру́ку** jdm die Hand reichen; **под руко́й** griffbereit; **ну, по рука́м!** abgemacht!; **распуска́ть ру́ки** handgreiflich werden; **на ско́ру ру́ку** auf die Schnelle; **своя́ ~ влады́ка** jeder ist sein eigener Herr; **сиде́ть сложа́ ру́ки** die Hände in den Schoß legen; **уда́рить по рука́м** ein Geschäft durch Handschlag besiegeln

рука́в <-а́> *м* Ärmel *m*

рукави́ц|а <-ы> *ж* Fausthandschuh *m*

руководи́те|ль <-я> *м,* **руководи́тельниц|а** <-ы> *ж* Leiter(in) *m(f); (шеф)* Chef(in) *m(f); (ме́неджер)* Manager(in) *m(f);* **~ гру́ппы** Reiseleiter *m;* **~ фи́рмы** Firmenchef *m;* **~ фра́кции** Fraktionschef *m;* **нау́чный ~** Doktorvater *m;* **~ отде́ла** Bereichsleiter *m;* **~ отде́ла сбы́та** Verkaufsleiter *m;* **предприя́тия** Betriebsleiter *m;* **~ прое́кта** Projektleiter *m*

руково|ди́ть <-жу́, -ди́шь> *нсв прх* führen, leiten; *(управля́ть)* lenken, managen

руково́дств|о <-а> *ср* Leitung *f,* Führung *f,* Führungsspitze *f; (инструкта́ж, инстру́кция)* Anleitung *f,* Aufsicht *f; (адми-*

нистрация) Verwaltung *f;* *(книга)* Handbuch *nt;* **~ по эксплуатации** Gebrauchsanweisung *f;* **~ предприятия** Unternehmensführung *f,* Geschäftsführung *f;* **~ кадрами** Personalführung *f;* **~ концерна** Konzernleitung *f;* **~ персоналом** Personalführung *f;* **~ проектом** Projektleitung *f;* **~ торговлей** Verkaufsleitung *f;* **~ фирмы** Geschäftsführung *f*

руководств|оваться <-уюсь, -уешься> *нсв рефл* sich von etw leiten lassen, sich nach etw richten; **~ установленными правилами** sich nach den festgelegten Regeln richten; **~ принципами** sich von Prinzipien leiten lassen

руководящ|ий <-ая, -ее> *прил* leitend; **руководящая роль** Führungsrolle *f;* **руководящая сила** Führungskraft *f;* **руководящая должность** Führungsposition *f;* **руководящая функция** Führungsaufgabe *f;* **~ принцип** Richtsatz *m;* **~ работник** Führungskraft *f*

рукодели|е <-я> *ср* Handarbeit *f*

рукодельн|ый <-ая, -ое> *прил* Handarbeit-; **~ кружок** Handarbeitszirkel *m;* **рукодельные кружева** handgefertigte Spitze *f*

рукомойник <-а> *м* Waschkrug *m,* hängendes Waschbecken *nt* (mit Tülle)

рукопашн|ая <-ой> *ж только ед* ВОЕН Nahkampf *m;* **пойти в рукопашную** in einen Nahkampf treten; **дело кончилось рукопашной** die Sache endete in einem Handgemenge

рукопашн|ый <-ая, -ое> *прил* ВОЕН Nah-; **рукопашная схватка** Nahkampf *m,* Handgemenge *nt,* Faustkampf *m;* **завязался ~ бой** es entbrannte ein Faustkampf

рукописн|ый <-ая, -ое> *прил* handgeschrieben, handschriftlich; **~ текст** handgeschriebener Text *m,* Manuskript *nt;* **сдать в рукописном виде** handschriftlich vorbereiten

рукопи|сь <-си> *ж* Manuskript *nt,* Handschrift *f*

рукопожати|е <-я> *ср* Händedruck *m;* **скрепить рукопожатием** durch Handschlag bekräftigen

рукоприкладств|о <-а> *ср* Handgreiflichkeit *f;* **заниматься рукоприкладством** handgreiflich werden

рукоятк|а <-и> *ж* Schaft *m,* Griff *m;* *(черенок)* Stiel *m*

рулад|а <-ы> *ж* МУЗ Lauf *m,* Koloratur *f*

рулев|ой[1] <-ая, -ое> *прил* Steuer-; **рулевое колесо** Lenkrad *nt,* Steuerrad *nt;* **~ механизм** Steuerung *f;* **рулевое управление** АВТО Lenkung *f;* **~ ракетный двигатель** Steuerung eines Raketentriebwerkes

рулев|ой[2] <-ого> *м только ед* МОР Steuermann *m*

рулет <-а> *м* Roulade *f*

рулетк|а <-и> *ж* **1.** ТЕХ Metermaß *nt* **2.** *(игра)* Roulette *nt*

рул|ить <-ю, -ишь> *нсв нпрх* **1.** *(управлять)* steuern **2.** АВИА (an)rollen; **~ к ангару** zum Hangar rollen

рулон <-а> *м* *(бумаги)* Rolle *f*

руль <руля> *м* Lenkrad *nt,* Steuer *nt;* *перен* Ruder *nt;* **без руля и без ветрил** *перен* völlig orientierungslos

румб <румба> *м* МОР Kompassstrich *m,* nautischer Strich, Windstrich *m*

румын <-а> *м* Rumäne *m*

Румыни|я <-и> *ж* Rumänien *nt*

румынк|а <-и> *ж* Rumänin *f*

румынск|ий <-ая, -ое> *прил* rumänisch

румян|а <-> *мн* Rouge *nt*

румян|ец <-ца> *м* Röte *f*

румян|ить <-ю, -ишь> *нсв,* **подрумянить, нарумянить** *св прх* röten; *(красить)* schminken

румян|ый <-ая, -ое; -, -а, -о> *прил* **1.** *(покрытый румянцем)* rotwangig, rotbäckig; **румяные лица** rotwangiges Gesicht *nt* **2.** *(алый)* rot, purpurrot, scharlachrot; **румяное яблоко** roter Apfel *m* **3.** *(о печёном)* braun gebacken; **запеканка с румяной корочкой** Auflauf *m* mit roter Kruste

рун|о <-а> *ср* **1.** *(шерсть овцы)* Vlies *nt;* **тонкое ~** dünnes Vlies *nt* **2.** *(косяк рыбы)* Fischschwarm *m*

рупи|я <-и> *ж* ФИН Rupie *f*

рупор <-а> *м* Sprachrohr *nt*

Рур <Рура> *м* Ruhrgebiet *nt;* *(река)* Ruhr *f*

русалк|а <-и> *ж* Nixe *f,* Elfe *f,* Nymphe *f* *(Figur der slawischen Mythologie)*

русизм <-а> *м* ЛИНГВ Russizismus *m*

русистик|а <-и> *ж без мн* ЛИНГВ Russistik *f,* russische Philologie *f*

русифицир|овать <-ую, -уешь> *(н)св прх* russifizieren

русл|о <-а> *ср* Flussbett *nt,* Flusslauf *m;* *перен* Weg *m,* Richtung *f;* **в русле** im Sinne, im Geiste *+gen*

русофил <-а> *м* Russophile *m*

русск|ий **I.** <-ая, -ое> *прил* russisch; **~ язык** Russisch *nt* **II.** <-ого> *м* Russe *m*

i Land & Leute

Die Russen sind sehr stolz auf ihre nationale Literatur. Die Namen von Puschkin, Dostojewski oder Tolstoi gelten im Lande beinahe als heilig. Schon in den älteren Schulklassen werden das Lebenswerk und einzelne Werke aller bedeutenden Dichter ausführlich studiert – viele haben dann in ihren älteren Jahren das Bedürfnis, diese Werke aufs Neue zu lesen. **Russische Literaturklassiker** gehören unbedingt zu jeder Hausbibliothek. Fast jeder Russe kennt die wichtigsten

Gedichte von Puschkin auswendig, einzelne Literaturgestalten werden auch im Privaten immer wieder als russische Charaktere zitiert.

i Land & Leute

In der Sowjetunion hat sich in den 60er Jahren die Tradition des sog. „Bardenliedes" entwickelt, die zum Teil von solchen Inhalten gekennzeichnet war, die von den damaligen Parteiideologen nur verpönt wurden: der Name von Wladimir Wysozkij, der in seinen Balladen u.a. den quälenden Gedanken von Straflagerinsassen zum Ausdruck verhalf, war repräsentativ dafür. Dennoch blieben diese Lieder im Volk außergewöhnlich populär. Nach der Perestrojka sind zu den „Barden" beliebte Interpreten hinzugekommen, die nach der Tradition russischer Emigrantensänger vor allem in Restaurants auftraten, – ihre vom Seelenleben des einfachen Menschen handelnden Lieder mit bewegenden lyrischen Melodien werden heute als **„russisches Chanson"** bezeichnet.

ру́с|ый <-ая, -ое; -, -а, -о> *прил* dunkelblond, hellbraun; **ру́сые усы́** hellbrauner Schnurrbart *m;* **ру́сые во́лосы** dunkelblonde Haare *pl*

руте́ни|й <-я> *м* Ruthenium *nt*

рути́н|а <-ы> *ж* Routine *f*

рути́нн|ый <-ая, -ое> *прил* Routine-; **рути́нная прове́рка** Routineüberprüfung *f*

ру́хля|дь <-ди> *ж* Plunder *m,* Schrott *m*

ру́хн|уть <-у, -ешь> *св нпрх* einstürzen, einfallen; *перен* zusammenfallen

руча́тельств|о <-а> *ср* **1.** *(поручи́тельство)* Bürgschaft *f* **2.** *(гара́нтия)* Gewähr *f*

руча́|ться <-юсь, -ешься> *нсв,* **поручи́ться** *св рефл (за кого́-л.)* einstehen, sich verbürgen, garantieren für *+akk*

руче|ёк <-йка́> *м* Rinnsal *nt*

руч|е́й <-ья́> *м* Bach *m*

ру́чк|а <-и> *ж* **1.** *(рука́)* Händchen *nt;* **целова́ть кому́-л. ру́чку** jdm die Hand küssen **2.** *(для письма́)* Federhalter *m* **3.** *(ша́риковая)* Kugelschreiber *m* **4.** *(руко́ятка)* Griff *m,* Henkel *m* **5.** *(две́ри)* Klinke *f,* Knauf *m*

ручн|о́й <-а́я, -о́е> *прил* manuell, Hand-; *(о живо́тном)* zahm; **ручна́я грана́та** Handgranate *f;* **ручна́я кладь** Handgepäck *nt;* **ручна́я сти́рка** Handwäsche *f;* **~ то́рмоз** Handbremse *f;* **ручно́й рабо́ты** handgemacht

ру́ш|ить <-у, -ишь> *нсв прх* **1.** *(лома́ть)* niederreißen; **~ ста́рые дома́** die alten Häuser niederreißen **2.** *(уничтожа́ть)* vernichten, zerstören; **~ всё свои́ми рука́ми** mit den eigenen Händen alles vernichten **3.** АГР *(перераба́тывать зерно́)* hülsen; **~ про́со** die Hirse hülsen

ру́ш|иться <-ится> *нсв безл, то́лько 3 л* **обру́шиться, пору́шиться** *св* zusammenbrechen

РФ *сокр от* **Росси́йская Федера́ция** Russische Föderation *f*

ры́б|а <-ы> *ж* Fisch *m*

рыба́к <-а́> *м* Fischer(in) *m(f)*

рыба́лк|а <-и> *ж* Fischfang *m,* Angeln *nt*

рыба́цк|ий <-ая, -ое> *прил* Fischer-, Fischerei-; **рыба́цкая ло́дка** Fischerboot *nt;* **~ посёлок** Fischerdorf *nt*

рыба́ч|ить <-у, -ишь> *нсв нпрх* Fischfang betreiben

ры́б|ий <-ья, -ье> *прил* **1.** *(добыва́емый из ры́бы)* Fisch-; **~ жир** Fischtran *m,* Lebertran *m;* **~ клей** Fischleim *m* **2.** *перен (холо́дный, бесцве́тный)* fischkalt; **ры́бьи глаза́** fischkalte Augen *pl;* **ры́бья нату́ра** fischkalte Natur *f*

ры́бн|ый <-ая, -ое> *прил* Fisch-; **~ про́мысел** Fischereigewerbe *nt;* **ры́бные консе́рвы** Fischkonserven *pl;* **ры́бное блю́до** Fischgericht *nt;* **~ за́пах** Fischgeruch *m;* **ры́бное хозя́йство** Fischzucht *f*

рыбозаво́д <-а> *м* Fischkonservenfabrik *f;* **плаву́чий ~** Fang- und Verarbeitungsschiff *nt,* schwimmende Fischfabrik

рыболо́в <-а> *м* Angler *m,* Fischer *m*

рыболо́вн|ый <-ая, -ое> *прил* Fisch-, Angel-, Fischfang-; **~ сезо́н** Fischfangsaison *f;* **рыболо́вные сна́сти** Angelgeräte *pl;* **~ флот** Fischereiflotte *f;* **~ надзо́р** Fischfangaufsicht *f*

рыболо́вств|о <-а> *ср* Fischerei *f,* Fischfang *m*

рыбхо́з *сокр от* **рыбово́дное хозя́йство** Fischzucht *f*

рывко́м *нрч* ruckartig

рыв|о́к <-ка́> *м* Ruck *m;* СПОРТ Vorstoß *m;* **~ на фи́нише** Endspurt *m*

рыга́|ть <-ю, -ешь> *нсв,* **рыгну́ть** *св нпрх* rülpsen

рыда́ни|е <-я> *ср* Schluchzen *nt;* **разрази́ться рыда́ниями** in Schluchzen ausbrechen

рыда́|ть <-ю, -ешь> *нсв нпрх* schluchzen

рыжева́т|ый <-ая, -ое> *прил* rotblond

рыжево́лос|ый <-ая, -ое; -, -а, -о> *прил* rothaarig; **~ мужчи́на** rothaariger Mann *m*

рыж|ий <-ая, -ее; -, -а́, -е> *прил* rothaarig, fuchsrot

ры́жик <-а> *м (гриб)* echter Reizker

ры́л|о <-а> *ср* **1.** *(у живо́тного)* Schnauze

f, Maul *nt*, Rüssel *m;* **свино́е ~** Schweinsrüssel *m*, Schweineschnauze *f* **2.** *перен (лицо́)* Schnauze *f*, Fresse *f;* **вороти́ть ~ от кого́-л.** sich vor jdm ekeln; **ры́лом не вы́шел** er ist nicht sehr schön; **он не понима́ет ни у́ха, ни ры́ла** *(ничего́ не понима́ет)* er versteht nur Bahnhof

ры́льц|е <-а> *ср* БОТ Narbe *f;* **име́ть ~ в пушку́** etwas auf dem Kerbholz haben, Dreck am Stecken haben

рым <ры́ма> *м* МОР Schiffshalterung *f*

ры́н|ок <-ка> *м* Markt *m; разг* Marktwirtschaft *f;* **~ а́кций** Aktienmarkt *m;* **~ труда́** Arbeitsmarkt *m;* **блоши́ный ~** Flohmarkt *m;* **вне́шний ~** Auslandsmarkt *m;* **вну́тренний ~** Binnenmarkt *m;* **кры́тый ~** Markthalle *f;* **перехо́д к ры́нку** Markteinzug *m;* **~ долгосро́чных фина́нсовых средств** Kapitalmarkt *m;* **~ евровалю́т** Eurodevisenmarkt *m;* **~ заку́пок** Beschaffungsmarkt *m;* **~ краткосро́чного креди́та** Geldmarkt *m;* **~ потреби́тельских това́ров** Konsumgütermarkt *m;* **~ потреби́теля** Verbrauchermarkt *m;* **~ продавца́** Verkäufermarkt *m;* **~ сбы́та** Absatzmarkt *m;* **~ сбы́та для э́кспортных това́ров** Exportmarkt *m;* **~ сельскохозя́йственной проду́кции** Agrarmarkt *m;* **~ сро́чных сде́лок** Terminmarkt *m;* **~ с неме́дленной поста́вкой това́ра** Spotmarkt *m;* **~ труда́** Arbeitsmarkt *m;* **~ фью́черсных сде́лок** Terminmarkt *m;* **~ це́нных бума́г** Effektenmarkt *m*, Wertpapiermarkt *m;* **~ це́нных бума́г с твёрдым проце́нтом** Rentenmarkt *m;* **~ капита́лов** Kapitalmarkt *m;* **чёрный ~** Schwarzmarkt *m;* **на мирово́м ры́нке** auf dem Weltmarkt

ры́ночник <-а> *м* Befürworter *m* der Marktwirtschaft

ры́ночн|ый <-ая, -ое> *прил* marktwirtschaftlich, Markt-; **ры́ночные отноше́ния** Marktverhältnisse *pl;* **ры́ночная пло́щадь** Marktplatz *m;* **ры́ночная эконо́мика** Marktwirtschaft *f;* **ры́ночная власть** Marktmacht *f;* **ры́ночная до́ля** Marktanteil *m;* **ры́ночная интерве́нция** Marktintervention *f;* **ры́ночная ни́ша** Marktlücke *f;* **ры́ночная сто́имость** Marktwert *m;* **ры́ночная страте́гия** Marktstrategie *f;* **ры́ночная тенде́нция** Markttendenz *f;* **ры́ночная цена́** Marktpreis *m;* **ры́ночные возмо́жности** Marktchancen *pl;* **ры́ночные си́лы** Marktkräfte *pl;* **ры́ночные усло́вия** Marktverhältnisse *pl*, Marktbedingungen *pl;* **~ ли́дер** Marktführer *m;* **~ механи́зм** Marktmechanismus *m;* **~ потенциа́л** Marktpotential *nt;* **~ прогно́з** Marktprognose *f;* **~ проце́нт** Marktzins *m;* **~ сегме́нт** Marktsegment *nt;* **~ спрос** Marktnachfrage *f;* **~ тест** Markttest *m;* **ры́ночное предложе́ние** Marktangebot *nt;* **ры́ночное хозя́йство** Marktwirtschaft *f*

рыса́к <-а́> *м* Traber *m*

ры́скать <ры́щу, ры́щешь> *нсв нпрх* **1.** *(бе́гать в по́исках чего́-л.)* umherlaufen, herumsuchen, stöbern; **~ по́ лесу** im Wald herumlaufen; **~ по све́ту** in der Welt herumreisen **2.** *перен (высма́тривать)* erspähen, auswählen; **~ глаза́ми** mit den Augen suchen **3.** *то́лько 3 л* МОР *(уклоня́ться от ку́рса)* **~ на ку́рсе** gieren

рысцо́й *нрч разг* in leichtem Trab; **е́хать на ло́шади ~** in leichtem Trab das Pferd reiten

рысь <ры́си> *ж* Trab *m;* ЗООЛ Luchs *m;* **бежа́ть ры́сью** traben

ры́твин|а <-ы> *ж* Furche *f*, Rille *f*, Radspur *f;* **глубо́кие ры́твины** tiefe Rillen *fpl;* **прое́зжая доро́га в ры́твинах** Fahrweg *m* mit tiefen Furchen

рыть <ро́ю, ро́ешь> *нсв*, **вы́рыть, отры́ть** *св прх* schaufeln, ausheben

ры́ться <ро́юсь, ро́ешься> *нсв рефл (в чём-л.)* kramen, stöbern

рыхли́те|ль <-ля> *м* АГР Bodenauflockerungsgerät *nt*, Auflockerer *m;* **~ для мёрзлых гру́нтов** Auflockerer für gefrorene Böden

рыхл|и́ть <-ю́, -и́шь> *нсв*, **разрыхли́ть, взрыхли́ть** *св прх* auflockern, locker machen

ры́хл|ый <-ая, -ое; -, -а́, -о> *прил* locker, porös, mürbe; *перен* schwammig

ры́царск|ий <-ая, -ое> *прил и перен* ritterlich

ры́ца|рь <-ря> *м* Ritter *m*

рыча́г <-а́> *м* Hebel *m*

рыча́ни|е <-я> *ср* Knurren *nt*

рыч|а́ть <-у́, -и́шь> *нсв нпрх и перен* knurren

рья́н|ый <-ая, -ое; -, -а, -о> *прил* übereifrig

рэ́кет <-а> *м* Schutzgelderpressung *f*

рэкети́р <-а> *м*, **рэкетёр** *м* Schutzgelderpresser *m*

рюкза́к <-а> *м* Rucksack *m*

рю́мк|а <-и> *ж* Schnapsglas *nt*

рюш <рю́ша> *м* Rüsche *f*, Krause *f;* **блу́зка с кружевны́м рю́шем** eine Bluse mit Spitzenkrause

ряби́н|а <-ы> *ж* Eberesche *f*

ряби́|ть <-т> *нсв безл, то́лько 3 л* flimmern; **у меня́ ряби́т в глаза́х** es flimmert mir vor den Augen

ряб|о́й <-а́я, -о́е; -, -а́, -о́> *прил* **1.** *(от о́спы)* pockennarbig, blätternarbig; **рябо́е лицо́** pockennarbiges Gesicht *nt* **2.** *(пёстрый)* bunt, gefleckt, gesprenkelt; **ряба́я коро́ва** scheckige Kuh *f*

ря́бчик <-а> *м* ЗООЛ Haselhuhn *nt;* **охо́та на ря́бчиков** Haselhuhnjagd *f*

рябь <ря́би> *ж* **1.** *(во́дная зыбь)* Kräuseln (der Wellen) *nt*, gekräuselte Wasseroberfläche; **на реке́ лёгкая рябь** das Wasser im Fluss ist leicht gekräuselt; **подёрнуться ря́бью** sich kräuseln **2.** *(пестрота́)* Flimmern *nt;* **~ в глаза́х** Flimmern vor den Augen

Р

ря́вка|ть <-ю, -ешь> *нсв,* **ря́вкнуть** *св нпрх* **1.** *(о живо́тных)* aufbrüllen, anschlagen; **лев ря́вкнул** der Löwe brüllte auf **2.** *перен, разг (гру́бо кри́кнуть)* jdn anschreien, jdn grob anfahren; **~ кома́нду** die Mannschaft anschreien; **~ в отве́т** als Antwort jdn anschreien; **что ты ря́вкаешь на люде́й!** wieso schreist du die Leute an!

ряд <ря́да> *м* Reihe *f;* **ста́вить в ~** reihen; **вступа́ть в ряды́** sich einreihen; **ста́вить в оди́н ~** in einem Atemzug nennen; **станови́ться в ~** sich reihen, sich eingliedern

рядко́м *нрч разг* **1.** *(в оди́н ряд)* in einer Reihe; **дома́ стоя́т рядко́м** die Häuser stehen in einer Reihe **2.** *(вме́сте)* nebeneinander; **ся́дем рядко́м, поговори́м ладко́м** setzen wir uns in Ruhe hin und reden

рядов|о́й **I.** <-а́я, -о́е> *прил* normal, durchschnittlich; **~ член** einfaches Mitglied *nt* **II.** <-ого> *м* воен Soldat *m*

ря́дом *нрч (с кем-л./чем-л.)* neben

ряж <ря́жа> *м* стр Steinkasten *m,* Blockwerk *nt*

ря́женк|а <-и> *ж без мн* кул *(топлёное заква́шенное молоко́)* im Ofen gedämpfte Sauermilch

ря́с|а <-ы> *ж* Kutte *f*

ря́ск|а <-и> *ж* бот Wasserlinse *f,* Entengrütze *f*

Сс

С, с¹ <неизм> *ср Buchstabe C*

с² *предл* **1.** *(вме́сте с)* mit *+dat;* **я пойду ~ тобо́й** ich gehe mit dir **2.** *(начина́я с – о вре́мени)* seit *+dat,* ab *+dat,* von *+dat,* aus *+dat;* **~ за́втрашнего дня** ab morgen; **~ сего́дняшнего дня** seit heute; **~ каки́х пор?** seit wann?; **~ тех пор** seitdem; **~ 18 лет** ab 18 Jahre; **~ ро́дины** aus der Heimat; **~ твое́й стороны́** deinerseits; **~ ю́га** aus dem Süden; **~ отча́яния** aus Verzweiflung **3.** *(приблизи́тельно)* ungefähr, etwa, gegen

Саа́р <-а> *м* Saarland *nt,* Saar *f*

саблезу́б|ый <-ая, -ое> *прил* Säbelzahn-; **~ тигр** Säbelzahntiger *m*

са́бл|я <-и> *ж* Säbel *m*

саботá́ж <-а> *м* Sabotage *f*

саботи́р|овать <-ую, -уешь> *(н)св прх* sabotieren

са́ван <-а> *м* Leichentuch *nt;* **сне́жный ~** schneeweißes Leichentuch *nt*

сава́нн|а <-ы> *ж* Savanne *f;* **сава́нны Ю́жной Аме́рики** die Savannen Südamerikas

са́г|а <-и> *ж* Saga *f;* **скандина́вская ~** skandinavische Saga *f*

са́го <неизм> *ср* Sago *m*

сад <са́да> *м* Garten *m;* **~ на кры́ше** Dachgarten *m;* **ботани́ческий ~** botanischer Garten *m;* **де́тский ~** Kindergarten *m;* **зи́мний ~** Wintergarten *m;* **гуля́ть в саду́** im Garten spazieren gehen

садан|у́ть <-у, -ёшь> *св прх прост* schlagen; **~ по спине́** jdm auf den Rücken schlagen

сади́зм <-а> *м* Sadismus *m*

сади́ст <-а> *м* Sadist *m*

сади́стск|ий <-ая, -ое> *прил* sadistisch; **сади́стские накло́нности** sadistische Neigungen *fpl*

сади́ть <сажу́, са́дишь> *нсв,* **посади́ть** *св прх* säen, pflanzen, anlegen; **~ карто́фель** Kartoffeln pflanzen

сади́ться <сажу́сь, сади́шься> *нсв,* **сесть** *св непр* sich setzen, Platz nehmen; ТРАНСП einsteigen; *(самолет)* landen; *(оде́жда)* einlaufen; *(со́лнце)* untergehen; **сесть в тюрьму́** ins Gefängnis kommen; **~ на кора́бль** sich einschiffen; **сесть на ко́рточки** sich niederkauern

са́дни|ть <-т> *нсв безл, только 3 л* kratzen; **са́днит в го́рле** es kratzt im Hals

садо́вник <-а> *м* Gärtner *m;* **рабо́тать садо́вником** als Gärtner arbeiten

садово́д <-а> *м* Gärtner *m*

садово́дств|о <-а> *ср* Gartenbau *m,* Gärtnerei *f*

садо́в|ый <-ая, -ое> *прил* Garten-; **~ до́мик** Gartenhäuschen *nt;* **~ уча́сток** Schrebergarten *m;* **садо́вые цветы́** Gartenblumen *pl*

сад|о́к <-ка́> *м* Raum *m* für Tierhaltung; **кро́личий ~** Kaninchenstall *m;* **живоры́бный ~** Fischbehälter *m*

са́ж|а <-и> *ж* Ruß *m;* **в са́же** voller Ruß

сажа́лк|а <-и> *ж* Setzmaschine *f;* **ста́рая ~** alte Setzmaschine *f*

сажа́|ть <-ю, -ешь> *нсв,* **посади́ть** *св прх* **1.** *(приглаша́ть сесть)* setzen; **~ за стол** zu Tisch bitten **2.** *(в тюрьму́)* einsperren, festsetzen **3.** *(расте́ние)* pflanzen, einpflanzen, setzen **4.** *(самолёт)* landen

са́жен|ец <-ца> *м* Steckling *m,* Setzling *m;* **са́женцы ду́ба** Eichensetzlinge *pl*

сажён|ки <-ок> *мн* **плыть сажёнками** im Kraulstilschwimmen, kraulen

са́же|нь <-ни> *ж* Klafter *m (Längenmaß = 1,9 m);* **коса́я ~ в плеча́х** *перен* breitschultrig

саза́н <-а> *м* Karpfen *m*

сайга́к <-а> *м* Saigaantilope *f*

сайт <-а> *м* (Web)Site *f,* Homepage *f;* **а́дрес са́йта** Adresse *f* einer Seite, Webadresse *f;* **найти́ информа́цию на са́йте** Informationen auf einer Webseite finden; **~ фи́рмы/организа́ции** Homepage einer Firma/Organisation

сак <са́ка> *м устар* Tasche *f;* **кара́кулевый ~** Persianermantel *m*

саквоя́ж <-а> *м* Reisetasche *f*

сакрамента́|льный <-льная, -льное; лен, -льна, -льно> *прил* sakramental, heilig; **~ вопро́с** sakramentale Frage *f;* **сакрамента́льные чи́сла** sakramentale Zahlen *fpl*

саксау́л <-а> *м* Saxaul *m*

Саксо́ни|я <-и> *ж* Sachsen *nt;* **~-Анха́льт** [*или* **Анга́льт**] Sachsen-Anhalt *nt*

саксофо́н <-а> *м* Saxophon *nt*

саксофони́ст <-а> *м* Saxophonspieler *m;* **изве́стный америка́нский ~** berühmter amerikanischer Saxophonist *m*

сала́з|ки <-ок> *мн* Schlitten *m*

сала́к|а <-и> *ж* Strömling *m,* Sprotte *f;* **филе́ из сала́ки** Strömlingsfilet *nt*

сала́т <-а> *м* **1.** БОТ (Garten)Salat *m* **2.** КУЛ Salat *m;* **карто́фельный ~** Kartoffelsalat *m;* **коча́нный ~** Kopfsalat *m;* **~ из огурцо́в** Gurkensalat *m*

сала́тниц|а <-ы> *ж* Salatschüssel *f;* **хруста́льная ~** Kristallsalatschüssel *f*

салици́лов|ый <-ая, -ое> *прил* Salizyl-; **~ спирт** Salizylalkohol *m;* **салици́ловая кислота́** Salizylsäure *f*

са́л|о <-а> *ср* Speck *m;* **топлёное ~** Schmalz *nt;* **наре́зать ~** den Speck schneiden

сало́н <-а> *м* Salon *m;* **~-парикма́херская** Friseursalon *m;* **худо́жественный ~** Kunsthandlung *f*

салóнн|ый <-ая, -ое> *прил* Gesellschafts-, Salon-; **~ рояль** Salonflügel *m;* **~ разговóр** Salongespräch *nt*

салты́к <-á> *м разг* **на свой ~** *(на свой лад)* auf seine Art

салфéтк|а <-и> *ж* Serviette *f*

сальди́ровани|е <-я> *ср* Saldierung *f*

сальди́р|овать <-ую, -уешь> *(н)св прх* saldieren

сáльдо <неизм> *ср* Saldo *m;* **акти́вное ~** Aktivsaldo *m;* **~ внéшней торгóвли** Außenbeitrag *m*

сáльник <-а> *м* **1.** АНАТ Netz *nt* **2.** ТЕХ Stopfbuchse *f,* Dichtung *f*

сá|льный <-льная, -льное; -лен, -льна, -льно> *прил* fett, fettig, Fett-; *перен* unanständig, zotig; **сáльная свечá** Talglicht *nt;* **сáльная железá** АНАТ Talgdrüse *f*

сáльто <неизм> *ср* Salto *m*

салю́т <-а> *м* Salut *m*

салют|овáть <-у́ю, -у́ешь> *(н)св,* **отсалютовáть** *св нпрх* salutieren

сам <самá, самó> *мест определит.* selber, selbst; **трýдности не исчéзнут сáми собóй** die Schwierigkeiten werden nicht von selbst verschwinden; **сам по себé** von sich aus, von selbst; **самó собóй разумéется** selbstverständlich

Самáр|а <-ы> *ж* ГЕОГ Samara *f*

самáри|й <-я> *м* Samarium *nt*

Самаркáнд <-а> *м* ГЕОГ Samarkand *f*

сáмбо *сокр от* **самооборóна без орýжия** Sambo *m (Kampfsport des russischen Militärs)*

сам|éц <-цá> *м,* **сáмк|а** <-и> *ж (у живóтных)* Männchen *nt,* Weibchen *nt*

сáммит <-а> *м перен* Gipfel *m,* Gipfeltreffen *nt*

самó *см.* **сам**

самоанáлиз <-а> *м* Reflexion *f*

самобрáнк|а <-и> *ж* **скáтерть-~** Tischleindeckdich *nt*

самобы́тнос|ть <-ти> *ж* Eigenständigkeit *f,* Eigenwilligkeit *f; (оригинáльность)* Unverwechselbarkeit *f,* Originalität *f*

самобыт|ный <-ная, -ное; -ен, -на, -но> *прил* urwüchsig, eigenartig, originell; **~ коллекти́в** originelles Kollektiv *nt;* **~ худóжник** eigenständiger Künstler *m*

самовáр <-а> *м* Samowar *m;* **éхать в Тýлу со своим самовáром** Eulen nach Athen tragen

i Land & Leute

Der Samowar bleibt auch als elektrisches Gerät kaum noch ein gewöhnlicher Bestandteil im russischen Haushalt – man benutzt Teekessel und – Kannen, um das beliebte Getränk zuzubereiten. Von jüngeren Russen wird er immer mehr mit dem Alltagsleben im alten Russland in Verbindung gebracht, wo man nachmittags und abends „den Samowar anzuheizen" pflegte, wie man das aus der Literatur weiß. „Die russische Teemaschine" wird heute zu einem bedeutenden Teil im Hinblick auf ausländische Besucher des Landes als Souvenir hergestellt – und manche Russen legen sich einen silbernen oder bemalten Samowar bloß zur Zierde zu.

самовлюблён|ный <-ная, -ное; -, -на, -но> *прил* selbstverliebt; **~ человéк** selbstverliebter Mensch *m*

самовнушéни|е <-я> *ср* Autosuggestion *f*

самовозгорáни|е <-я> *ср* Selbstentzündung *f*

самовó|льный <-льная, -льное; -лен, -льна, -льно> *прил* eigenmächtig

самовоспламенéни|е <-я> *ср* Selbstentzündung *f*

самовоспроизвóдств|о <-а> *ср* Selbstreproduktion *f*

самовосхвалéни|е <-я> *ср* Eigenlob *nt*

самовыражéни|е <-я> *ср* Selbstverwirklichung *f,* Entfaltung *f*

самогóн <-а> *м* Hausbranntwein *m,* selbstgebrannter Schnaps *m;* **гнать ~** Schnaps brennen

самогóнк|а <-и> *ж* selbstgebrannter Schnaps; **пить самогóнку** Selbstgebrannten trinken

самодé|льный <-льная, -льное; -лен, -льна, -льно> *прил* selbst gemacht, selbst gebastelt

самодержáви|е <-я> *ср* Autokratie *f,* Selbstherrschaft *f;* **цáрское ~** zaristische Autokratie *f*

самодéрж|ец <-ца> *м* Autokrat *m,* Selbstherrscher *m*

самодéятельнос|ть <-ти> *ж* **1.** *(самоинициати́вность)* Eigenmächtigkeit *f,* Eigeninitiative *f* **2.** *(худóжественная)* Laienkunst *f;* **учáстник худóжественной самодéятельности** Laienspieler *m,* Amateur *m*

самодéятельн|ый <-ая, -ое> *прил* Laien-; **~ ансáмбль** Laienensemble *nt*

самодовó|льный <-льная, -льное; -лен, -льна, -льно> *прил* selbstgefällig, selbstzufrieden; **самодовóльная улы́бка** selbstgefälliges Lächeln *nt*

самодовóльств|о <-а> *ср* Selbstzufriedenheit *f;* **пóлное ~** volle Selbstzufriedenheit *f*

самодýр <-а> *м неодобр* Starrkopf *m,* Dickschädel *m,* Despot *m*

самоду́рств|о <-а> *ср неодобр* Starrsinn *m*, Verbohrtheit *f*, Despotismus *m*

самоду́рств|овать <-ую, -уешь> *нсв нпрх* starrsinnig sein, verbohrt sein; **прекрати́ ~!** hör auf so starrsinnig zu sein!

самозабве́ни|е <-я> *ср* Selbstvergessenheit *f*, Selbstlosigkeit *f*; **рабо́тать до самозабве́ния** bis zur Selbstvergessenheit arbeiten

самозабве́нн|ый <-ая, -ое> *прил* selbstlos; **самозабве́нное служе́ние госуда́рству** selbstloser Dienst für den Staat

самозаготó в|ки <-ок> *мн* Selbstwerbung *f*; **дома́шние ~** hausgemachte Selbstwerbung *f*

самозахва́т <-а> *м* Inbesitznahme *f*; **~ до́ма** Hausbesetzung *f*; **~ земли́** Landfrevel *m*

самозащи́т|а <-ы> *ж* Selbstverteidigung *f*, Notwehr *f*; **гру́ппа самозащи́ты** Selbstverteidigungsgruppe *f*; **в положе́нии самозащи́ты** юр aus Notwehr

самозва́н|ец <-ца> *м* Usurpator *m*

самозва́нк|а <-и> *ж* Usurpatorin *f*

самоизоля́ци|я <-и> *ж* Abkapselung *f*

самока́т <-а> *м* Roller *m*

самокле́ящ|ийся <-аяся, -ееся> *прил* selbstklebend; **самокле́ящаяся ле́нта** Selbstklebeband *nt*; **самокле́ящаяся плёнка** Klebefolie *f*

самоконтро́|ль <-ли> *м* Selbstkontrolle *f*

самокри́тик|а <-и> *ж* Selbstkritik *f*

самокрити́ч|ный <-ная, -ное; -ен, -на, -но> *прил* selbstkritisch

самокру́тк|а <-и> *ж прост* selbstgedrehte Zigarette *m*

самолёт <-а> *м* Flugzeug *nt*; **боево́й ~** Kampfflugzeug *nt*; **реакти́вный ~** Düsenflugzeug *nt*; **пассажи́рский ~** Passagierflugzeug *nt*, Verkehrsflugzeug *nt*; **лете́ть на самолёте** mit einem Flugzeug fliegen

самолётн|ый <-ая, -ое> *прил* Flugzeug-; **~ дви́гатель** Flugzeugmotor *m*; **~ рейс** Flug *m*; **~ биле́т** Flugticket *m*, Flugkarte *f*

самолётострое́ни|е <-я> *ср* Flugzeugbau *m*

самоли́чно *нрч* persönlich

самолюби́в|ый <-ая, -ое; -, -а, -о> *прил* ehrgeizig

самолю́би|е <-я> *ср* Eigenliebe *f*, Ehrgefühl *nt*; **боле́зненное ~** krankhaftes Ehrgefühl *nt*; **уязвлённое ~** verletztes Ehrgefühl *nt*; **щади́ть чьё-л. ~** jds Eigenliebe schonen

самомне́ни|е <-я> *ср* Einbildung *f*, Eigendünkel *m*; **с больши́м самомне́нием** eingebildet

самонаде́яннос|ть <-ти> *ж* Vermessenheit *f*, Selbstüberzeugtheit *f*

самонаде́ян|ный <-ная, -ное; -, -на, -но> *прил* eingebildet, selbstgefällig; **~ студе́нт** überheblicher Student *m*

самообвине́ни|е <-я> *ср* Selbstbeschuldigung *f*, Selbstanklage *f*

самообеспе́чени|е <-я> *ср* Selbstversorgung *f*

самооблада́ни|е <-я> *ср* Fassung *f*, Selbstbeherrschung *f*; **сохраня́ть ~** die Fassung bewahren; **теря́ть ~** die Beherrschung [*o* die Nerven] verlieren

самообложе́ни|е <-я> *ср* Selbstbesteuerung *f*

самообма́н <-а> *м* Selbstbetrug *m*

самообожа́ни|е <-я> *ср* Selbstbewunderung *f*, Selbstvergötterung *f*

самообольще́ни|е <-я> *ср книж* Selbstbetrug *m*, Selbsttäuschung *f*; **пусто́е ~** eitle Selbsttäuschung *f*

самооборо́н|а <-ы> *ж* Selbstverteidigung *f*; **отря́ды самооборо́ны** Freischärler *pl*

самообразова́ни|е <-я> *ср* Selbstunterricht *m*; **заня́ться самообразова́нием** sich mit Selbstunterricht beschäftigen

самообслу́живани|е <-я> *ср* Selbstbedienung *f*

самоокупа́емос|ть <-ти> *ж* эκон Eigenfinanzierung *f*

самоокупа́ющ|ийся <-аяся, -ееся> *прил* rentabel

самоопределе́ни|е <-я> *ср* Selbstbestimmung *f*

самоопыле́ни|е <-я> *ср* Selbstbestäubung *f*

самоотве́рженнос|ть <-ти> *ж* Selbstaufopferung *f*

самоотве́ржен|ный <-ная, -ное; -, -на, -но> *прил* aufopfernd, selbstlos; **~ во́ин** selbstloser Krieger *m*

самоотво́д <-а> *м книж* Selbstablehnung *f*

самоотрече́ни|е <-я> *ср* Selbstverleugnung *f*

самооце́нк|а <-и> *ж* Selbsteinschätzung *f*; **ни́зкая ~** geringes Selbstwertgefühl *nt*

самопоже́ртвовани|е <-я> *ср* Selbstaufopferung *f*

самопозна́ни|е <-я> *ср* Selbsterkenntnis *f*

самопроизво́|льный <-льная, -льное; -лен, -льна, -льно> *прил* spontan, aus eigenem Antrieb; **самопроизво́льное возгора́ние** spontane Entzündung *f*; **~ або́рт** (*вы́кидыш*) Fehlgeburt *f*

саморазви́ти|е <-я> *ср книж* Selbstentfaltung *f*; **стремле́ние к саморазви́тию** Streben *nt* nach Selbstentfaltung

саморазогре́в <-а> *м* Selbsterwärmung *f*

саморазруше́ни|е <-я> *ср* Selbstzerstörung *f*, Selbstvernichtung *f*; **довести́ до саморазруше́ния** zur Selbstzerstörung bringen

самореализа́ци|я <-и> *ж* Selbstverwirklichung *f*

саморегули́ровани|е <-я> *ср* Selbstregulierung *f*

самоpекла́м|а <-ы> *ж* Selbstdarstellung *f*

саморо́д|ный <-ная, -ное; -ен, -на, -но> *прил* angeboren, Natur-; (*о мета́лле*) gediegen

С

саморо́д|ок <-ка> *м* Edelmetallklumpen *m;* **золото́й ~** Goldklumpen *m;* **изобрета́тель-~** *перен* urwüchsiges Talent *nt,* origineller Erfinder *m*
саморо́спуск <-а> *м (парла́мента)* Selbstauflösung *f*
самоса́д <-а> *м разг* selbst angebauter Tabak *m;* **кури́ть ~** eine Zigarette aus selbst angebautem Tabak rauchen
самосва́л <-а> *м* Kipper *m;* **большо́й ~** Großkipper *m*
самоснабже́ни|е <-я> *м* Selbstversorgung *f*
самосоверше́нствовани|е <-я> *ср* Selbstvervollkommnung *f,* Selbstfortbildung *f*
самосозна́ни|е <-я> *ср* Identität *f; (самоуве́ренность)* Selbstbewusstsein *nt;* **национа́льное ~** Nationalbewusstsein *nt*
самосохране́ни|е <-я> *ср* Selbsterhaltung *f;* **инсти́нкт самосохране́ния** Selbsterhaltungstrieb *m*
самостоя́тельно *нрч* selbstständig, unabhängig, aus eigenem Antrieb; **~ подгото́вить докла́д** den Bericht selbständig vorbereiten
самостоя́тельнос|ть <-ти> *ж* Selbständigkeit *f,* Eigenständigkeit *f*
самостоя́те|льный I. <-льная, -льное; -лен, -льна, -льно> *прил* selbstständig, eigenständig, eigenverantwortlich; **~ бала́нс** Eigenbilanz *f* II. <-льного> *м* Selbstständiger *m*
самостре́л <-а> *м презр* Selbstverstümmlung *f*
самосу́д <-а> *м* Selbstjustiz *f;* **соверши́ть ~** Selbstjustiz üben
самотёк <-а> *м перен* Lauf *m,* Gang *m;* **пуска́ть на ~** seinen Gang gehen [*o* Lauf nehmen] lassen
самоуби́йствен|ный <-ная, -ное; -, -на, -но> *прил* selbstmörderisch
самоуби́йств|о <-а> *ср* Selbstmord *m;* **поко́нчить жизнь самоуби́йством** Selbstmord begehen
самоуби́йц|а <-ы> *м и ж* Selbstmörder(in) *m(f)*
самоуваже́ни|е <-я> *ср* Selbstachtung *f*
самоуве́реннос|ть <-ти> *ж* Selbstbewusstsein *nt;* **нет самоуве́ренности** kein Selbstbewusstsein
самоуве́рен|ный <-ная, -ное; -, -на, -но> *прил* selbstbewusst, selbstsicher, eingebildet; **~ мужчи́на** selbstsicherer Mann *m*
самоудовлетворе́ни|е <-я> *ср* Selbstbefriedigung *f,* Masturbation *f*
самоуправле́ни|е <-я> *ср* Selbstverwaltung *f*
самоупра́вн|ый <-ая, -ое> *прил* eigenmächtig
самоупра́вств|о <-а> *ср* Eigenmächtigkeit *f,* Willkür *f*
самоустране́ни|е <-я> *ср* Abkopp(e)lung *f;* **~ от вла́сти** Selbstentmachtung *f*
самоутвержда́|ться <-юсь, -ешься> *нсв нпрх* sich selbst bestätigen; **~ на рабо́те** sich auf dem Arbeitsplatz bewähren; **~ на междунаро́дном ры́нке** sich auf dem internationalen Markt behaupten
самоутвержде́ни|е <-я> *ср* Selbstbestätigung *f*
самоучи́те|ль <-ля> *м* Selbstlehrbuch *nt;* **~ игры́ на гита́ре** Selbstlehrbuch für Gitarrespielen; **~ неме́цкого языка́** Deutschlehrbuch *nt* zum Selbstunterricht
самоу́чк|а <-и> *м и ж* Autodidakt *m*
самофинанси́ровани|е <-я> *ср* Selbstfinanzierung *f,* Eigenfinanzierung *f*
самохо́дк|а <-и> *ж* Selbstfahrmaschine *f*
самохо́дн|ый <-ая, -ое> *прил* Selbstfahr-; **самохо́дная маши́на** Selbstfahrmaschine *f;* **самохо́дная ба́ржа** Motorkran *m*
самоцве́т <-а> *м* Edelstein *m,* Halbedelstein *m;* **ура́льские самоцве́ты** Halbedelsteine aus dem Ural
самоце́|ль <-ли> *ж* Selbstzweck *m*
самочу́встви|е <-я> *ср* Befinden *nt*
самура́|й <-я> *м* Samurai *m;* **кни́га о самура́ях** Buch *nt* über Samurai
са́м|ый <-ая, -ое> *мест определит.* **1.** *(тот (же), э́тот (же))* derselbe; **в том же са́мом ме́сте** genau an diesem Ort **2.** *(непосре́дственный)* unmittelbar, direkt; **~ большо́й** der Größte; **в са́мом де́ле** tatsächlich; **на са́мом де́ле** in Wirklichkeit; **в са́мом нача́ле/конце́** ganz am Anfang/am Ende
сан <са́на> *м* Würde *f,* Rang *m*
санато́ри|й <-я> *м* Sanatorium *nt; разг* Kur *f,* Kuraufenthalt *m*
санато́рн|ый <-ая, -ое> *прил* Sanatoriums-, Kur-; **санато́рное лече́ние** Kur *f*
сана́ци|я <-и> *ж* Sanierung *f;* **~ убы́точных предприя́тий** Unternehmenssanierung *f*
санда́л <-а> *м* **1.** БОТ Sandel *m* **2.** *(древеси́на)* Sandelholz *nt*
санда́ли|и <-й> *мн* Sandalen *fpl*
са́ндвич <-а> *м* belegtes Brot *nt,* Sandwich *nt;* **вку́сный ~** leckeres Sandwich *nt*
са́н|и <-е́й> *мн* Schlitten *m;* **е́хать на саня́х** mit dem Schlitten fahren; **гото́вь ~ ле́том, а теле́гу зимо́й!** *пословица* vorgebaut ist gut gebaut, der kluge Mann baut vor!
санинстру́ктор *сокр от* **санита́рный инстру́ктор** Sanitätsausbilder *m;* **это рабо́та санинстру́ктора** das ist die Aufgabe des Sanitärausbilders
сани́р|овать <-ую, -уешь> *(н)св прх* sanieren
санита́р <-а> *м,* **санта́рк|а** <-и> *ж* Krankenpfleger(in) *m(f),* Sanitäter(in) *m(f)*
санита́рн|ый <-ая, -ое> *прил* Hygiene-, Sanitäts-, sanitär; **санита́рное обору́дование** sanitäre Einrichtungen *fpl;* **санита́рная маши́на** Krankenwagen *m;* **санита́рная**

су́мка Verbandstasche *f*
са́н|ки <-ок> *мн* Schlitten *m;* **ката́ться на са́нках** rodeln
санкциони́р|овать <-ую, -уешь> *(н)св прх* sanktionieren; *(позво́лить)* erlauben, genehmigen
са́нкци|я <-и> *ж* Sanktion *f; (штраф)* Strafmaßnahme *f; книжн* Einwilligung *f,* Zustimmung *f;* **отме́на** [*или* **сня́тие**] **са́нкций** Strafaufhebung *f;* **примене́ние са́нкций** Verhängung *f* von Sanktionen; **ужесточе́ние са́нкций** Verschärfung *f* der Sanktionen
са́нн|ый <-ая, -ое> *прил* Schlitten-; **~ спорт** Schlittensport *m*
санобрабо́тка *сокр от* **санита́рная обрабо́тка** sanitäre Behandlung *f*
сано́вник <-а> *м* Würdenträger *m;* **ца́рский ~** zaristischer Würdenträger *m*
санте́хник *сокр от* **санита́рный те́хник** Sanitärtechniker *m;* **вы́звать санте́хника** einen Sanitärtechniker holen
санте́хника *сокр от* **санита́рная те́хника** Sanitärtechnik *f*
сантиме́нт|ы <-ов> *мн ирон, разг* Gefühle *pl;* **разводи́ть ~** Gefühle entwickeln
сантиме́тр <-а> *м* Zentimeter *m;* **куби́ческий ~** Kubikzentimeter *m*
сану́зел *сокр от* **санита́рный у́зел** sanitäre Einrichtung *f*
санча́сть *сокр от* **санита́рная часть** Sanitätsstelle *f*
сап <са́па> *м* **1.** МЕД Rotz *m,* Rotzkrankheit *f;* **зарази́ть лошаде́й са́пом** die Pferde mit Rotz anstecken **2.** *разг* Schnarchen *nt;* **раздава́лся ~ спя́щих** man hörte die Schlafenden schnarchen
са́п|а <-ы> *ж* ВОЕН Sappe *f;* **де́йствовать ти́хой са́пой** auf Schleichwegen gehen
сапёр <-а> *м* ВОЕН Pionier *m*
сапёрн|ый <-ая, -ое> *прил* Pionier-; **~ взвод** Pionierbataillion *nt*
сапо́г <-а́> *м* Stiefel *m;* **два сапога́ – па́ра** *пословица* gleich und gleich gesellt sich gern
сапо́жник <-а> *м (ма́стер)* Schuhmacher *m,* Schuster *m*
сапо́жн|ый <-ая, -ое> *прил* Stiefel-, Schuhmacher-; **~ ма́стер** Schuhmachermeister *m;* **сапо́жная ва́кса** Stiefelwichse *f*
сапфи́р <-а> *м* Saphir *m*
сара́|й <-я> *м* Scheune *f,* Schuppen *m;* **~ для дров** Holzschuppen *m;* **~ для се́на** Heuscheune *f*
саранч|а́ <-и́> *ж* Heuschrecke *f*
Сара́тов <-а> *м* ГЕОГ Saratow *nt*
сара́товск|ий <-ая, -ое> *прил* Saratower; **~ университе́т** die Saratower Universitat
сарафа́н <-а> *м* Sarafan *m,* Trägerrock *m;* **кра́сный ~** roter Sarafan *m*
сарде́льк|а <-и> *ж* Bockwurst *f*
сарди́н|а <-ы> *ж* Sardine *f;* **сарди́ны в ма́сле** Ölsardinen *pl*
Сарди́ни|я <-и> *ж* Sardinien *nt*
сарка́зм <-а> *м* Sarkasmus *m*
саркасти́ческ|ий <-ая, -ое> *прил* sarkastisch
саркофа́г <-а> *м* Sarkophag *m*
сатан|а́ <-ы́> *м* Satan *m*
сатани́нск|ий <-ая, -ое> *прил* satanisch, teuflisch; **~ ритуа́л** teuflisches Ritual *nt*
сати́н <-а> *м* Satin *m*
сати́нов|ый <-ая, -ое> *прил* Satin-; **~ хала́т** Satinmorgenrock *m*
сати́р <-а> *м* Satyr *m*
сати́р|а <-ы> *ж* Satire *f*
сати́рик <-а> *м* Satiriker *m;* **знамени́тый ~** berühmter Satiriker *m*
сатири́ческ|ий <-ая, -ое> *прил* satirisch
сатра́п <-а> *м* ИСТОР Satrap *m;* **колониа́льные сатра́пы** Kolonialverwalter *mpl*
Сату́рн <-а> *м* Saturn *m*
Сау́довск|ая Ара́ви|я <-ой -и> *ж* Saudi-Arabien *nt*
сау́довск|ий <-ая, -ое> *прил* saudiarabisch, aus Saudiarabien; **~ шейх** saudischer Scheich *m*
са́ун|а <-ы> *ж* Sauna *f;* **посеща́ть са́уну** saunieren, saunen
сафья́н <-а> *м* Saffian *m,* Saffianleder *nt;* **сапоги́ из сафья́на** Saffianlederstiefel *pl*
сафья́нов|ый <-ая, -ое> *прил* Saffian-, Saffianleder-
Сахали́н <-а> *м* ГЕОГ Sachalin *nt*
сахали́нск|ий <-ая, -ое> *прил* ГЕОГ Sachaliner
са́хар <-а *или* -у> *м* Zucker *m;* **жжёный ~** Karamell *nt;* **крупнокристалли́ческий ~** Kandiszucker *m;* **тростнико́вый ~** Rohrzucker *m*
сахариме́тр <-а> *м* Saccharimeter *m*
сахари́н <-а> *м* Saccharin *nt,* Süßstoff *m*
са́харниц|а <-ы> *ж* Zuckerdose *f*
са́харн|ый <-ая, -ое> *прил* Zucker-; **са́харная пу́дра** Puderzucker *m;* **са́харная свёкла** Zuckerrübe *f;* **~ тростни́к** Zuckerrohr *nt;* **са́харная боле́знь** МЕД Zuckerkrankheit *f,* Diabetes *f*
сач|о́к[1] <-ка́> *м* Fangnetz *nt,* Kescher *m;* **~ для ба́бочек** Schmetterlingsnetz *nt;* **~ для ры́бы** Hamen *m*
сач|о́к[2] <-ка́> *м презрит* Drückeberger *m,* Faulpelz *m*
сбавля́|ть <-ю, -ешь> *нсв,* **сба́вить** *св прх* nachlassen; *(ски́нуть, вы́честь)* vermindern; *(пони́зить)* herabsetzen; **сба́вить це́ны** die Preise senken; **сба́вить вес** das Gewicht vermindern; **~ оборо́ты** kürzer treten; **сба́вить чью-л. спесь** jds Hochmut dämpfen
сбаланси́ровани|е <-я> *ср* Ausgleich *m; (бала́нс)* Bilanzierung *f;* **~ бюдже́та** Budgetausgleich *m*
сбаланси́рованнос|ть <-ти> *ж* Gleich-

С

gewicht *nt,* Ausgeglichenheit *f;* **~ рынка** Marktgleichgewicht *nt*

сбалансиро́ван|ный <-ная, -ное; -, -а, -о> *прил* ausgewogen

сбаланси́р|овать <-ую, -уешь> *св нпрх см.* **баланси́ровать**

сбега́|ть <-ю, -ешь> *нсв,* **сбежа́ть** *св нпрх* weglaufen, ausreißen, ausbrechen; **сбежа́ть с уро́ка** den Unterricht schwänzen; **~ с ле́стницы** die Treppe herunterlaufen; **престу́пник сбежа́л** der Verbrecher ist ausgebrochen

сбе́г|ать <-аю, -аешь> *св нпрх см.* **бе́гать**

сбега́|ться <-юсь, -ешься> *нсв,* **сбежа́ться** *св рефл* zusammenlaufen, herbeilaufen; **наро́д сбега́ется на пло́щадь** das Volk eilt zum Platz; **~ на крик** auf (Auf)Ruf herbeilaufen

сбе|жа́ть <-гу́, -жи́шь> *св нпрх см.* **сбега́ть**

сбе|жа́ться <-гу́сь, -жи́шься> *св рефл см.* **сбега́ться**

сберба́нк <-а> *м* » Sparkasse *f*

сберега́тельн|ый <-ая, -ое> *прил* Spar-; **сберега́тельная кни́жка** Sparbuch *nt;* **~ счёт** Sparkonto *nt;* **сберега́тельная гра́мота** Sparbrief *m;* **сберега́тельная ка́сса** Sparkasse *f;* **сберега́тельная квота** Sparquote *f*

сбереже́ни|е <-я> *ср* Ersparnis *nt;* **сбереже́ния на индивидуа́льное жили́щное строи́тельство** Bausparen *nt;* **сбереже́ния че́рез поку́пку це́нных бума́г** Wertpapiersparen *nt;* **сбереже́ния на чёрный день** Notgroschen *m*

сбере́|чь <-гу́, -жёшь> *св прх см.* **бере́чь**

сберка́сс|а <-ы> *ж* Sparkasse *f;* **~ при почто́вом отделе́нии** Postsparkasse *f*

сберкни́жк|а <-и> *ж* Sparbuch *nt*

сбива́|ть <-ю, -ешь> *нсв,* **сбить** *св прх* **1.** *(общее знач.)* abschlagen, herunterschlagen, umwerfen; **сбить с ног** zu Boden werfen; **сбить я́блоко с де́рева** einen Apfel vom Baum herunterschlagen; **~ спесь с кого́-л.** jdm den Hochmut austreiben; **~ темп** das Tempo drosseln; **~ це́ну** den Preis drücken; **~ всё в ку́чу** alles in einen Topf werfen **2.** *(пу́тать)* verwirren, durcheinander bringen; **сбить с пути́** vom Wege abbringen; **сбить с то́лку** beirren; **сбить тру́дным вопро́сом** durch eine schwierige Frage verwirren **3.** *(сколоти́ть)* zusammenschlagen; **сбить я́щик из до́сок** einen Kasten aus Brettern zusammennageln **4.** *(подстре́ливать)* abschießen; **сбить вра́жеский самолёт** ein feindliches Flugzeug abschießen **5.** *(стопта́ть, скриви́ть)* abtragen; **~ каблуки́** die Hacken schief laufen **6.** КУЛ schlagen; **сбить ма́сло/сли́вки** Butter/Sahne schlagen

сбива́|ться <-юсь, -ешься> *нсв,* **сби́ться** *св рефл* **1.** *(запу́тываться)* in Verwirrung geraten, aus dem Konzept kommen; **сби́ться с пути́** vom Wege abkommen; **сби́ться с ног** *разг* sich die Füße ablaufen; **сби́ться в показа́ниях** bei der Aussage in Verwirrung geraten **2.** *(про́стынь)* sich zusammenballen **3.** *разг (о каблука́х)* abgelaufen sein **4.** *(в ку́чу)* sich zusammendrängen **5.** *(съе́хать)* verrutschen; **шля́па сби́лась на́бок** der Hut rutschte zur Seite; **повя́зка сби́лась** die Binde verrutschte

сби́вчив|ый <-ая, -ое; -, -а, -о> *прил* verwirrt; **сби́вчивые фра́зы** unklare Phrasen *fpl*

сби́т|ень <-ня> *м (горя́чий напи́ток из мёда и пря́ностей)* *heißes Getränk aus Honig und Gewürzen*

сбить <собью́, собьёшь> *св прх см.* **сбива́ть**

сби́ться <собью́сь, собьёшся> *св рефл см.* **сбива́ться**

сблева́ть <сблюю́, сблюёшь> *св нпрх вульг см.* **блева́ть**

сближа́|ть <-ю, -ешь> *нсв,* **сбли́зить** *св прх* nähern, näher bringen; **о́бщая рабо́та сближа́ла их** die gemeinsame Arbeit brachte sie näher

сближа́|ться <-юсь, -ешься> *нсв,* **сбли́зиться** *св рефл* **1.** *(приблйзиться друг к дру́гу)* sich nähern; **проти́вники сбли́зились** die Gegner kamen sich näher **2.** *(вступи́ть в бли́зкие отноше́ния)* einander näherkommen, vertraut werden; **де́ти бы́стро сбли́зились** Kinder befreunden sich schnell

сближе́ни|е <-я> *ср* Annäherung *f*

сбли́|зить <-жу, -зишь> *св прх см.* **сближа́ть**

сбли́|зиться <-жусь, -зишься> *св рефл см.* **сближа́ться**

сбой <сбо́я> *м* ТЕХ Fehler *m,* Störung *f,* Ausfall *m;* **~ в рабо́те обору́дования** ИНФОРМ Hardwarefehler *m;* **~ в произво́дстве** Produktionsstörung *f;* **случа́йный ~** Zufallsfehler *m;* **фата́льный ~** ИНФОРМ Absturz *m*

сбо́ку *нрч* daneben, seitlich, von der Seite; **сесть ~** sich an jds Seite setzen; **смотре́ть ~** von der Seite betrachten

сболтн|у́ть <-у́, -ёшь> *св прх* ausplaudern, sich verplappern; **~ глу́пость** Quatsch reden

сбор <сбо́ра> *м* **1.** *(собра́ние)* Sammeln *nt,* Einsammeln *nt;* **мы все в сбо́ре** wir sind alle da; **~ чле́нских взно́сов** Kassieren *nt;* **~ информа́ции** Datenerhebung *f;* **сезо́нный ~** Kurtaxe *f;* **~ за веде́ние счёта** Buchungsgebühr *f;* **~ за вынесе́ние предупрежде́ния** Mahngebühr *f;* **~ доброво́льных взно́сов** Kollekte *f* **2.** *(нало́г)* Gebühr *f,* Steuer *f* **3.** *(плодо́в)* Pflücken *nt;* *(урожа́я)* Ernten *nt;* **~ виногра́да** Weinlese *f;* **~ фру́ктов** Obsternte *f* **4.** *(за спекта́кль)* Einnahme *f,* Ertrag *m* **5.** *(встре́ча)* Zusammenkunft *f*

6. ВОЕН *kurzfristige Einberufung von Reservisten, Rettungsmannschaften o.ä. zu Übungszwecken*

сбо́рищ|е <-а> *ср* Menschenauflauf *m;* *(собра́ние)* Zusammenkunft *f*

сбо́рк|а <-и> *ж* Montage *f,* Zusammenbau *m;* **оконча́тельная ~** Endfertigung *f*

сбо́рник <-а> *м* Sammelband *m;* ТЕХ Sammelbehälter *m;* **~ стихо́в** Gedichtband *m*

сбо́рн|ая <-ой> *ж разг* СПОРТ Auswahl(mannschaft) *f*

сбо́рн|ый <-ая, -ое> *прил* Sammel-, Versammlungs-; *(встре́чи)* Treff-

сбо́рщик <-а> *м* Monteur *m;* *(собира́тель)* Pflücker *m,* Sammler *m;* **~ нало́гов** Steuereintreiber *m*

сбо́р|ы <-ов> *мн* Vorbereitungen *pl;* **~ в доро́гу** Reisevorbereitungen *pl*

сбра́сывани|е <-я> *ср* Abwurf *m*

сбра́сыва|ть <-ю, -ешь> *нсв,* **сбро́сить** *св прх* **1.** *(бро́сить вниз что-л.)* herunterwerfen, hinunterstürzen; **~ ка́мень с горы́** einen Stein vom Berg hinunterwerfen **2.** *(снять)* abwerfen, ausziehen; **~ с себя́ пальто́** den Mantel ausziehen; **~ с себя́ одея́ло** die Decke von sich (ab)werfen **3.** *(све́ргнуть)* stürzen, abwerfen **4.** ТЕХ (Werte) zurücksetzen; **~ со счето́в** nicht in Betracht ziehen, außer Acht lassen

сбра́сыва|ться <-юсь, -ешься> *нсв,* **сбро́сится** *св рефл* werfen, hinunterwerfen

сбрива́|ть <-ю, -ешь> *нсв,* **сбрить** *св прх* abrasieren

сброд <сбро́да> *м презрит* Pack *nt*

сброс <сбро́са> *м* Ableitung *f,* Ablassen *nt;* **~ камне́й** Verwerfung *f*

сбро́|сить <-шу, -сишь> *св прх см.* **сбра́сывать**

сбро́|сится <-шусь, -сишься> *св рефл см.* **сбра́сываться**

сбру́|я <-и> *ж* Pferdegeschirr *nt*

СБСЕ *сокр от* **Совеща́ние по Безопа́сности и Сотру́дничеству в Евро́пе** KSZE *f*

сбыва́|ть <-ю, -ешь> *нсв,* **сбыть** *св прх* **1.** *(това́р)* absetzen; *(прода́ть)* verkaufen; **сбыть па́ртию древеси́ны** eine Holzladung verkaufen **2.** *(отде́латься)* abschaffen, loswerden; **сбыть това́р** die Ware loswerden; **сбыть что-л. с рук** sich etw vom Halse schaffen **3.** *(навя́зывать)* aufdrängen

сбыва́|ться <-юсь, -ешься> *нсв,* **сбы́ться** *св рефл* sich erfüllen, in Erfüllung gehen, sich verwirklichen; **мечты́ сбыва́ются** die Träume gehen in Erfüllung

сбыт <сбы́та> *м* Absatz *m;* *(прода́жа)* Verkauf *m;* *(распростране́ние)* Vertrieb *m;* *(ры́нок)* Markt *m;* **находи́ть ~** Absatz finden; **~ това́ров** Warenverkauf *m;* **~ це́нных бума́г** Wertpapierverkauf *m;* **~ че́рез посре́дников** indirekter Vertrieb *m*

сбытов|о́й <-а́я, -о́е> *прил* Absatz-, Vertriebs-; **сбытова́я ба́за** Auslieferungslager *nt;* **сбытовы́е изде́ржки** [*или* **расхо́ды**] Absatzkosten *pl;* **сбытова́я конъюнкту́ра** Absatzlage *f;* **~ кооперати́в** Absatzgenossenschaft *f;* **сбытово́е о́бщество** Verkaufsgesellschaft *f;* **сбытова́я организа́ция** Vertriebsorganisation *f,* Verkaufsorganisation *f;* **сбытова́я поли́тика** Absatzpolitik *f;* **сбытова́я сеть** Vertriebsnetz *nt;* **сбытова́я цена́ не́тто** Nettoverkaufspreis *m;* **сбытова́я цепь** Absatzkette *f,* Handelskette *f*

сбытоспосо́бнос|ть <-ти> *ж* Absatzfähigkeit *f,* Absetzbarkeit *f*

сбыть <сбу́ду, сбу́дешь> *св прх см.* **сбыва́ть**

сбы́ться <сбу́дусь, сбу́дешься> *св рефл см.* **сбыва́ться**

сва́дебн|ый <-ая, -ое> *прил* Hochzeits-; **сва́дебное пла́тье** Hochzeitskleid *nt;* **сва́дебное путеше́ствие** Hochzeitsreise *f*

сва́дьб|а <-ы> *ж* Hochzeit *f;* **до́ сва́дьбы заживёт** das wird wieder gut

сва́ливани|е <-я> *ср* Aufhäufen *nt*

сва́лива|ть <-ю, -ешь> *нсв,* **свали́ть** *св прх* abladen, umwerfen, zusammenwerfen; **~ вину́** jdm die Schuld in die Schuhe schieben

сва́лива|ться <-юсь, -ешься> *нсв,* **свали́ться** *св рефл* **1.** *(упа́сть)* herunterfallen **2.** *(соска́льзывать)* rutschen, abrutschen **3.** *разг* *(заболе́ть)* krank werden **4.** *перен* unerwartet auftauchen; **свали́ться как снег на го́лову** wie aus dem Nichts auftauchen; **у меня́ гора́ с плеч свали́лась** mir ist ein Stein vom Herzen gefallen

св|али́ть <-алю́, -а́лишь> *св прх см.* **вали́ть, сва́ливать**

св|али́ться <-алю́сь, -а́лишься> *св рефл см.* **сва́ливаться**

сва́лк|а <-и> *ж* Handgemenge *nt,* Rauferei *f;* *(для му́сора)* Schuttplatz *m,* Mülldeponie *f;* **ста́рые сва́лки отхо́дов** Altlasten *pl*

сваля́|ть <-ю, -ешь> *св прх см.* **валя́ть**

сваля́|ться <-юсь, -ешься> *св рефл* *(шерсть)* sich verfilzen

сва́р|а <-ы> *ж* Gezänk *nt;* **зате́ять сва́ру** ein Gezänk anzetteln

сва́рива|ть <-ю, -ешь> *нсв,* **свари́ть** *св прх* gar kochen; ТЕХ zusammenschweißen; *см. т.* **вари́ть**

свар|и́ться <-ю́сь, сва́ришься> *св рефл см.* **вари́ться**

сва́рк|а <-и> *ж* Schweißen *nt;* **автоге́нная ~** autogenes Schweißen *nt*

сварли́в|ый <-ая, -ое; -, -а, -о> *прил* zänkisch, kratzbürstig

сварн|о́й <-а́я, -о́е> *прил* zusammengeschweißt; **~ шов** Schweißnaht *f*

сва́рочн|ый <-ая, -ое> *прил* ТЕХ Schweiß-; **сва́рочная про́волока** Schweißdraht *m;* **сва́рочное обору́дование** Schweißausrüstung *f*

сва́рщик <-а> *м* Schweißer *m*

сва́стик|а <-и> *ж* Hakenkreuz *nt*

сват <сва́та> *м* Brautwerber(in) *m(f)*; **он мне ни ~, ни брат** er ist mir völlig fremd

сва́та|ть <-ю, -ешь> *нсв,* **сосва́тать** *св прх (проси́ть в жёны)* freiern

сватовств|о́ <-а́> *ср* Brautwerbung *f*

сва́|я <-и> *ж* Pfahl *m*

сведе́ни|е <-я> *ср* **1.** *(подведе́ние ито́га)* Zusammenfassen *nt;* **~ бала́нса** ЭКОН Bilanzausgleich *m;* **~ годово́го бала́нса** Jahresabschlussbuchung *f* **2.** МЕД Zusammenziehung *f,* Kontraktion *f;* **~ му́скулов** Muskelkrampf *m*

све́дени|е <-я> *ср* **1.** *(изве́стие)* Nachricht *f,* Mitteilung *f; мн* Daten *pl;* **све́дения ба́нка** Bankauskunft *f;* **све́дения о ры́нке** Marktdaten *pl;* **све́дения о кредитоспосо́бности** Kreditauskunft *f* **2.** *(зна́ние)* Kenntnis *f;* **довести́ до све́дения кого́-л.** jdn benachrichtigen, jdn in Kenntnis setzen; **принима́ть к све́дению** zur Kenntnis nehmen

све́дущ|ий <-ая, -ее; -, -а, -е> *прил* bewandert, erfahren; *(в чём-л.)* kompetent [o sachkundig] in *+dat*

свежеиспечённ|ый <-ая, -ое> *прил* frisch gebacken; **~ хлеб** frisch gebackenes [*o* ofenfrisches] Brot *nt*

све́жес|ть <-ти> *ж* Frische *f*

свеже́|ть <-ю, -ешь> *нсв,* **посвеже́ть** *св нпрх* sich erfrischen; **у́тром цветы́ посвеже́ли** am Morgen waren die Blumen frisch

све́ж|ий <-ая, -ее; -, -а́, -о́> *прил* frisch; **све́жее молоко́** frische Milch *f;* **све́жая газе́та** aktuelle Zeitung *f;* **све́жие но́вости** die neuesten Neuigkeiten

свежо́ *нрч* frisch; **вы́глядеть ~** frisch aussehen; **~ в па́мяти** frisch in Erinnerung

свез|ти́ <-у́, -ёшь> *св прх см.* **свози́ть**

свёкл|а <-ы> *ж* Rübe *f;* **столо́вая ~** rote Rübe *f,* rote Bete *f;* **са́харная ~** Zuckerrübe *f;* **кормова́я ~** Futterrübe *f*

свеко́льн|ый <-ая, -ое> *прил* Rüben-; **~ суп** Rübensuppe *f*

свёк|ор <-ра> *м (отец му́жа)* Schwiegervater *m*

свекро́|вь <-ви> *ж (мать му́жа)* Schwiegermutter *f*

сверга́|ть <-ю, -ешь> *нсв,* **све́ргнуть** *св прх* stürzen; **~ с вла́сти** jdn entmachten; **~ с престо́ла** entthronen

Свердло́вск <-а> *м* ГЕОГ Swerdlowsk *nt*

сверже́ни|е <-я> *ср* Sturz *m,* Entthronung *f;* **~ самодержа́вия** die Selbstherrschaft stürzen

све́р|ить <-ю, -ишь> *св прх см.* **сверя́ть**

све́р|иться <-юсь, -ишься> *св рефл см.* **сверя́ться**

све́рк|а <-и> *ж* Abgleich *m,* Verifizierung *f*

сверка́ни|е <-я> *ср* Funkeln *nt,* Schein *m;* **~ мо́лнии** Blitzen *nt*

сверка́|ть <-ю, -ешь> *нсв нпрх* glitzern, funkeln, leuchten; **его́ глаза́ сверка́ют** seine Augen sprühen Feuer; **~ чистото́й** vor Sauberkeit blitzen

сверка́ющ|ий <-ая, -ее> *прил* leuchtend, strahlend

сверкн|у́ть <-у́, -ёшь> *св прх* aufblitzen, aufleuchten; **сверкну́ла мо́лния** ein Blitz leuchtete auf; **сверкну́ла мысль** *перен* ein Gedanke durchzuckte mich

сверли́л|о <-а> *ср* Bohrer *m*

сверл|и́ть <-ю́, -и́шь> *нсв,* **просверли́ть** *св прх* bohren, durchbohren

сверл|о́ <-а́> *ср* Bohrer *m*

свёрнут|ый <-ая, -ое; -, -а, -о> *прил* geballt; **показа́ть в свёрнутом ви́де** in Kurzfassung zeigen

сверн|у́ть <-у́, -ёшь> *св (н)прх см.* **свёртывать**

сверн|у́ться <-у́сь, -ёшься> *св рефл см.* **свёртываться**

сверста́|ть <-ю, -ешь> *св прх см.* **верста́ть**

све́рстник <-а> *м* Altersgenosse *m;* **мы с ним све́рстники** wir sind (mit ihm) Altersgenossen

свёрт|ок <-ка> *м* Paket *nt,* Bündel *nt;* **~ с кни́гами** ein Paket Bücher

свёртываемос|ть <-ти> *ж* МЕД Gerinnung *f;* **~ кро́ви** Blutgerinnung *f*

свёртывани|е <-я> *ср* Gerinnung *f; перен* Abbau *m;* **~ кро́ви** Blutgerinnung *f;* **~ произво́дства** Betriebsstilllegung *f*

свёртыва|ть <-ю, -ешь> *нсв,* **сверну́ть** *св прх* **1.** *(ската́ть)* zusammenwickeln, zusammenrollen; *(сложи́ть)* zusammenlegen **2.** *(произво́дство)* schließen, abbauen; *(сократи́ть)* einschränken **3.** *(поверну́ть)* einbiegen; *(в сто́рону)* abbiegen; *(уступи́ть доро́гу)* ausweichen; **сверну́ть с доро́ги** vom Weg abbiegen **4.** *(свихну́ть)* sich *dat* verrenken; **~ ше́ю** *и перен* den Hals umdrehen

свёртыва|ться <-юсь, -ешься> *нсв,* **сверну́ться** *св рефл* **1.** *(клубо́чком)* sich zusammenrollen **2.** *(молоко́, кровь)* gerinnen

сверх *предл род* **1.** *(пове́рх)* über *+akk,* auf *+akk* **2.** *(вы́ше, превосходя́)* über *+akk,* mehr als; **~ ожида́ния** wider Erwarten; **э́то ~ мои́х сил** das übersteigt meine Kräfte **3.** *(кро́ме)* außer; **~ того́** darüber hinaus

сверхбыстроде́йствующ|ий <-ая, -ее> *прил* äußerst flink

сверхдержа́в|а <-ы> *ж* Supermacht *f*

сверхмо́щн|ый <-ая, -ое> *прил* Hochleistungs-; **~ компью́тер** Hochleistungscomputer *m*

сверхсекре́тн|ый <-ая, -ое> *прил* streng geheim, streng vertraulich; **~ докуме́нт** geheime Unterlagen *pl*

сверхсро́чник <-а> *м* Zeitsoldat *m*; **сержа́нт-~** Unteroffizier *m* auf Zeit

све́рху *нрч* **1.** *на вопро́с отку́да?* von oben herab; **~ до́низу** von oben bis unten **2.** *на вопро́с где?* von oben

сверхуро́чны|е <-х> *мн* Überstunden *fpl*

сверхчелове́к <-а> *м* Übermensch *m*, Superman *m*

сверхчелове́ческ|ий <-ая, -ое> *прил* übermenschlich; **сверхчелове́ческие уси́лия** übermenschliche Anstrengungen *fpl*

сверхъесте́ствен|ный <-ная, -ное; -, -на, -но> *прил* übernatürlich, überirdisch, außergewöhnlich

сверч|о́к <-ка́> *м* Grille *f*, Heimchen *nt*

сверша́|ть <-ю, -ешь> *нсв*, **сверши́ть** *св прх* tun, vollenden

сверша́|ться <-юсь, -ешься> *нсв*, **сверши́ться** *св рефл* sich ereignen

сверше́ни|е <-я> *ср* Geschehen *nt;* **год вели́ких сверше́ний** ein Jahr *nt* der großen Ereignisse

сверш|и́ть <-у́, -и́шь> *св прх см.* **сверша́ть**

сверш|и́ться <-у́сь, -и́шься> *св рефл см.* **сверша́ться**

сверя́|ть <-ю, -ешь> *нсв*, **све́рить** *св прх* vergleichen, abstimmen; **~ с по́длинником** mit dem Original vergleichen; **~ часы́** die Uhren vergleichen

сверя́|ться <-юсь, -ешься> *нсв*, **све́риться** *св рефл (сра́внивать)* vergleichen; *(проверя́ть)* sich erkundigen; **~ со словарём** im Wörterbuch nachschlagen

све́|сить <-шу, -сишь> *св прх см.* **све́шивать**

све́|ситься <-шусь, -сишься> *нсв рефл см.* **све́шиваться**

све|сти́ <-ду́, -дёшь> *св прх см.* **своди́ть**[2]

све|сти́сь <-ду́сь, -дёшься> *св рефл см.* **своди́ться**

свет[1] <све́та> *м* Licht *nt*; *(осветле́ние)* Beleuchtung *f*; *разг* эл Strom *m;* **при дневно́м све́те** bei Tageslicht; **при све́те луны́** bei Mondlicht; **~ ра́мпы** Rampenlicht *nt;* **~ свече́й** Kerzenlicht *nt;* **показа́ть что-л. в плохо́м све́те** etw in ungünstigem Licht zeigen; **ни ~, ни заря́** bei [*o* vor] Tagesanbruch

свет[2] <све́та> *м* **1.** *(мир)* Welt *f*, Erde *f;* **на бе́лом све́те** in der weiten Welt; **коне́ц све́та** das Ende der Welt; **бо́льше всего́ на све́те** mehr als alles andere auf der Welt **2.** *(о́бщество)* Gesellschaft *f;* **вы́йти в ~** sich in der Gesellschaft zeigen

света́|ть <-ет> *нсв безл, только 3 л* tagen, Tag werden, dämmern

свети́л|о <-а> *ср* **1.** *(небе́сное)* Himmelskörper *m;* **дневно́е ~** *книжн* Sonne *f* **2.** *перен* Leuchte *f*

свети́льник <-а> *м* Leuchte *f*, Beleuchtungskörper *m;* **насте́нный ~** Wandleuchte *f;* **насто́льный ~** Tischleuchte *f;* **то́чечный ~** Punktstrahler *m*, Spot *m*

св|ети́ть <-ечу́, -е́тишь> *нсв нпрх* leuchten, scheinen; **~ кому́-л.** jdm leuchten

св|ети́ться <-ечу́сь, -е́тишься> *нсв рефл* leuchten, scheinen; *(сия́ть)* glänzen; **их глаза́ свети́лись от ра́дости** das Glück lachte ihnen aus den Augen

светле́йш|ий <-ая, -ее> *прил* истор durchlauchtigst

светле́|ть <-ю, -ешь> *нсв*, **посветле́ть** *св нпрх* heller werden, sich aufklären; **на у́лице светле́ет** auf der Straße wird es hell; **взгля́д светле́ет** der Blick leuchtet auf; **ум светле́ет** der Verstand wird klar

светло́ *нрч* hell, klar; **на дворе́ ~** draußen ist es hell

светловоло́с|ый <-ая, -ое> *прил* mit hellen Haaren; **~ мальчи́шка** Junge *m* mit blondem Haar

све́тло-ры́ж|ий <-ая, -ее> *прил* rotblond

све́тлос|ть <-ти> *ж (Ва́ша ~)* (Eure) Durchlaucht *f*

све́т|лый <-лая, -лое; -ел, -ла́, -ло> *прил* hell; *перен* hell, licht; **све́тлые во́лосы** blondes Haar *nt;* **све́тлое бу́дущее** glänzende Zukunft *f;* **све́тлая ли́чность** strahlende Persönlichkeit *f;* **~ ум** klarer Verstand *m*

светля́к <-а́> *м* Glühwürmchen *nt*, Leuchtkäfer *m*

светляч|о́к <-ка́> *м* Glühwürmchen *nt*

светобоя́з|нь <-ни> *ж* Heliophobie *f*, Lichtscheue *f;* **страда́ть светобоя́знью** an Heliophobie leiden

светов|о́й <-а́я, -о́е> *прил* Licht-, Leucht-; **~ год** Lichtjahr *nt;* **~ каранда́ш** Lichtstift *m*, Lichtgriffel *m;* **~ курсо́р** информ Leuchtmarke *f;* **светова́я рекла́ма** Leuchtreklame *f*

светодио́д <-а> *м* LED *f*, lichtemittierende Diode *f;* **экра́н на светодио́дах** LED-Bildschirm *m*

светодио́дн|ый <-ая, -ое> *прил* LED-; **~ индика́тор** LED-Anzeige *f*, LED-Display *m*

светопреставле́ни|е <-я> *ср* религ Weltuntergang *m*, Durcheinander *nt*

светофо́р <-а> *м* Ampel *f*

све́точ <-а> *м* Leuchte *f*, Licht *nt*

све́тск|ий <-ая, -ое> *прил* weltlich; **све́тская бесе́да** gepflegte Unterhaltung *f;* **све́тское обраще́ние** feine Art *f;* **~ челове́к** ein Mann *m* von Welt

светя́щ|ийся <-аяся, -ееся> *прил* leuchtend, Leucht-; **~ диск** Leuchtscheibe *f*

свеч|а́ <-и́> *ж* **1.** *(све́чка)* Kerze *f;* **игра́ сто́ит свеч** es lohnt sich; **~ зажига́ния** авто Zündkerze *f* **2.** физ Candela *f* **3.** мед Zäpfchen *nt*

свече́ни|е <-я> *ср* Leuchten *nt*, Glimmen *nt;* **~ в темноте́** Leuchten *nt* in der Dunkelheit

С

свечере́|ть <-ю, -ешь> *св нпрх см.* **вечере́ть**

све́чк|а <-и> *ж разг* Kerze *f;* **зажéчь свéчку** eine Kerze anzünden

свечн|о́й <-а́я, -о́е> *прил* Kerzen-; **~ заво́д** Zündkerzenwerk *nt;* **~ двор** Kerzenhof *m*

све́шива|ть <-ю, -ешь> *нсв,* **све́сить** *св прх* (herunter)hängen lassen, herabhängen lassen, baumeln lassen; **сиде́ть, све́сив но́ги** sitzen und mit den Beinen baumeln

све́шива|ться <-юсь, -ешься> *нсв,* **све́ситься** *св рефл* herabhängen, herunterhängen; **~ чéрез пери́ла** sich über das Geländer beugen

свида́ни|е <-я> *ср* Verabredung *f,* Rendezvous *nt; (встре́ча)* Wiedersehen *nt;* **до свида́ния!** Auf Wiedersehen!; **до ско́рого свида́ния!** bis bald!; **пойти́ на ~** zu einer Verabredung gehen; **назна́чить ~** eine Verabredung ausmachen

свиде́те|ль <-ля> *м,* **свиде́тельниц|а** <-ы> *ж* **1.** ЮР Zeuge *m,* Zeugin *f;* **~ защи́ты** Entlastungszeuge *m;* **гла́вный ~ обвине́ния** Kronzeuge *m* **2.** *(местопроисше́ствия)* Augenzeuge *m* **3.** *(бра́чный)* Trauzeuge *m*

свиде́тельск|ий <-ая, -ое> *прил* Zeugen-; **свиде́тельские показа́ния** Zeugenaussage *f*

свиде́тельств|о <-а> *ср* Attest *nt; (дипло́м)* Zeugnis *nt,* Zertifikat *nt; (удостовере́ние)* Bescheinigung *f;* **~ о бра́ке** Trauschein *m;* **~ ме́ста рабо́ты** Arbeitsbescheinigung; **~ о недоста́че** Verlustausweis *m;* **~ о поступле́нии това́ра** Wareneingangsbescheinigung *f;* **~ о происхожде́нии** Waren-Ursprungszeugnis *nt,* Ursprungsbescheinigung *f;* **~ о рожде́нии** Geburtsurkunde *f;* **~ о сме́рти** Sterbeurkunde *f,* Totenschein *m*

свиде́тельств|овать <-ую, -уешь> *нсв,* **засвиде́тельствовать** *св прх* **1.** *(подтверди́ть)* bezeugen, bescheinigen **2.** *(удостове́рить)* beglaubigen, beurkunden

свина́рник <-а> *м* Schweinestall *m; перен* Saustall *m*

свин|е́ц <-ца́> *м* Blei *nt*

свини́н|а <-ы> *ж* Schweinefleisch *nt*

сви́нк|а <-и> *ж* **1.** ЗООЛ Schweinchen *nt;* **морска́я ~** Meerschweinchen *nt* **2.** МЕД Mumps *m*

свин|о́й <-а́я, -о́е> *прил* Schweine-; **свино́е са́ло** Schweinespeck *m;* **свина́я котле́та** *(отбивна́я)* Schweinekotelett *nt;* **свина́я ко́жа** Schweinsleder *nt*

сви́нск|ий <-ая, -ое> *прил разг, пренебр* Schweine-; **~ посту́пок** Schweinerei *f*

сви́нств|о <-а> *ср презрит* Sauerei *f,* Schweinerei *f*

свинцо́в|ый <-ая, -ое> *прил* bleiern, aus Blei

свинь|я́ <-и́> *ж* **1.** ЗООЛ Schwein *nt,* Sau *f* **2.** *перен* Schwein *nt;* **гря́зная ~** *вульг* Dreckschwein *nt;* **подложи́ть свинью́ (кому́-л.)** *перен* jdm ein Bein stellen

свиня́ч|ий <-ья, -ье> *прил разг, пренебр* Schweine-; **свиня́чья мо́рда** Schweineschnauze *f*

свире́|ль <-ли> *ж* Schalmei *f,* Rohrpfeife *f*

свирепе́|ть <-ю, -ешь> *нсв,* **освирепе́ть** *св нпрх* wütend werden, in Wut geraten, toben; **~ от го́лода** vor Hunger rasend werden

свире́по *нрч* wütend, grausam; **посмотре́ть на кого́-л. ~** jdn wütend ansehen

свире́пос|ть <-ти> *ж* Wut *f,* Grausamkeit *f;* **челове́ческая ~** menschliche Grausamkeit *f*

свире́пств|овать <-ую, -уешь> *нсв нпрх* wüten, toben, grassieren

свире́п|ый <-ая, -ое; -, -а, -о> *прил* aggressiv, bissig; *(злой)* grimmig, wütend, rabiat

свиса́|ть <-ю, -ешь> *нсв,* **сви́снуть** *св нпрх* herabhängen, herunterhängen

свист <сви́ста> *м* Pfeifen *nt,* Pfiff *m;* **услы́шать ~** ein Pfeifen hören

св|иста́ть <-ищу́, -и́щешь> *нсв прх* pfeifen; **сви́щет солове́й** die Nachtigall pfeift

св|исте́ть <-ищу́, -и́щешь> *нсв прх* **1.** *(о звуке)* pfeifen **2.** *разг (укра́сть)* wegstibitzen

свист|о́к <-ка́> *м* Pfiff *m; (в нача́ле игры́)* Anpfiff *m*

свисту́льк|а <-и> *ж разг* Pfeife *f;* **подари́ть ребёнку свисту́льку** dem Kind eine Pfeife schenken

свисту́н <-а́> *м разг* Pfeifer *m*

свистя́щ|ий <-ая, -ее> *прил* zischend; **свистя́щая пу́ля** zischende Kugel *f;* **~ звук** zischendes Geräusch *nt*

сви́т|а <-ы> *ж* Suite *f,* Gefolge *nt*

сви́тер <-а> *м* Pullover *m,* Sweater *m*

сви́т|ок <-ка> *м* Rolle *f,* Papierrolle *f;* **папи́русный ~** Papyrusrolle *f*

свить <совью́, совьёшь> *св прх см.* **вить**

свихн|у́ться <-у́сь, -ёшься> *св нпрх* **1.** *(помеша́ться)* verrückt werden, überschnappen; **он оконча́тельно свихну́лся** er ist übergeschnappt **2.** *(сби́ться с пра́вильного пути́)* auf Abwege geraten

свищ <свища́> *м* **1.** МЕД Fistel *f* **2.** *(в де́реве)* Astloch *nt* **3.** *(в мета́лле)* Galle *f*

свобо́д|а <-ы> *ж* Freiheit *f;* **~ де́йствий** Handlungsspielraum *m;* **~ передвиже́ния** Reisefreiheit *f,* Freizügigkeit *f;* **~ пре́ссы** Pressefreiheit *f;* **~ со́вести** Gewissensfreiheit *f;* **~ вы́бора** Wahlmöglichkeit *f;* **~ вы́бора фо́рмы** Gestaltungsfreiheit *f;* **выпуска́ть на свобо́ду** aus der Haft entlassen, freilassen

свобо́дно *нрч* frei, ungehindert, ungezwungen; **~ де́йствовать** frei handeln; **~ ду́мать** ungezwungen denken

свобо́д|ный <-ная, -ное; -ен, -на, -но> *прил* frei, freiheitlich; *(беспла́тный)* frei, kostenlos; **свобо́дное волеизъявле́ние** freie Willensäußerung *f;* **~ мир** freie Welt *f;*

свобо́дные нра́вы freie Sitten *fpl;* **свобо́дное паде́ние** freier Fall *m;* **~ полузащи́тник** спорт Libero *m;* **свобо́дная пре́сса** freie Presse *f;* **лю́ди свобо́дных профе́ссий** Freischaffende *pl;* **челове́к свобо́дной профе́ссии** Freiberufler *m;* **свобо́дное вре́мя** Freizeit *f;* **свобо́дное ме́сто** freier Platz *m;* **свобо́дное такси́** freies Taxi *nt;* **свобо́дная конкуре́нция** Konkurrenzfreiheit *f;* **свобо́дная торго́вля** Freihandel *m;* **свобо́дная фо́рма догово́ра** Vertragsfreiheit *f;* **~ бала́нс конце́рна** Konzernabschluss *m;* **~ догово́р** Vertrag *m* sui generis; **~ от нало́гов** abgabenfrei; **~ от упла́ты нало́га** gebührenfrei; **~ порт** Freihafen *m;* **~ склад** Freilager *nt;* **~ това́рный знак** Freizeichen *nt;* **~ вход** Eintritt frei

свободолюби́в|ый <-ая, -ое; -, -а, -о> *прил* freiheitsliebend; **~ наро́д** freiheitsliebendes Volk *nt*

свод[1] <сво́да> *м (собра́ние докуме́нтов и т.п.)* Zusammenführung *f,* Sammlung *f;* **~ зако́нов** Gesetzessammlung *f*

свод[2] <сво́да> *м* арх Gewölbe *nt,* Bogen *m,* Wölbung *f;* **небе́сный ~** Firmament *nt,* Himmelsgewölbe *nt*

св|оди́ть[1] <-ожу́, -о́дишь> *св прх см.* **води́ть**

св|оди́ть[2] <-ожу́, -о́дишь> *нсв,* **свести́** *св прх* **1.** *(спусти́ть)* herabführen, hinabführen; **~ с ле́стницы** jdn die Treppe hinabführen **2.** *(соедини́ть)* zusammenführen, zusammenbringen; **судьба́ свела́ нас** das Schicksal hat uns zusammengeführt **3.** *безл (о су́дорогах)* **су́дорогой свело́ но́гу** das Bein verkrampfte sich **4.** *(удали́ть)* entfernen; **~ пятно́** den Fleck entfernen; **~ с ума́ кого́-л.** *перен* jdn verrückt machen

св|оди́ться <-ожу́сь, -о́дишься> *нсв,* **свести́сь** *св рефл* hinauslaufen, hinauskommen; **де́ло свело́сь к пустяка́м** die Sache lief auf Kleinigkeiten hinaus; **э́то сво́дится к тому́ же** das kommt aufs Gleiche hinaus

сво́дк|а <-и> *ж* Zusammenfassung *f,* Bericht *m,* Zusammenstellung *f,* Übersicht *f;* **~ пого́ды** Wetterbericht *m;* **~ произведённых рабо́т** Leistungsnachweis *m*

сво́дник <-а> *м,* **сво́дниц|а** <-ы> *ж* Kuppler(in) *m(f)*

сво́дничеств|о <-а> *ср* Kuppelei *f;* **занима́ться сво́дничеством** kuppeln

своё *см.* **свой**

сво́дн|ый <-ая, -ое> *прил* **1.** *(сумма́рный)* zusammengestellt, zusammengefasst; **сво́дная информа́ция** zusammengefasste Information *f;* **сво́дные табли́цы** zusammengestellte Tabellen *fpl* **2.** *(о бра́те, сестре́)* Stief-

сво́дчат|ый <-ая, -ое; -, -а, -о> *прил* gewölbt, Gewölbe-; **~ потоло́к** Gewölbedecke *f*

своево́ли|е <-я> *ср* Eigenwille *m,* Eigensinn *m,* Starrsinn *m;* **прояви́ть ~** starrsinnig sein

своево́|льный <-льная, -льное; -лен, -льна, -льно> *прил* eigenwillig, eigensinnig, starrsinnig; **~ посту́пок** eigenwillige Tat *f*

своевре́менно *нрч* rechtzeitig, termingemäß; **~ отреаги́ровать** rechtzeitig reagieren; **~ предупреди́ть** rechtzeitig warnen

своевре́мен|ный <-ная, -ное; -ен *или* -, -на, -но> *прил* rechtzeitig; *(в срок)* fristgerecht; **своевре́менное распознава́ние** Früherkennung *f;* **своевре́менная по́мощь** rechtzeitige Hilfe *f*

своенра́внос|ть <-ти> *ж* Eigensinn *m*

своенра́в|ный <-ная, -ное; -ен, -на, -но> *прил* launenhaft, eigensinnig

своеобра́зи|е <-я> *ср* Eigentümlichkeit *f,* Eigenart *f*

своеобра́з|ный <-ная, -ное; -ен, -на, -но> *прил* eigenartig, eigentümlich; *(оригина́льный)* einzigartig, originell

св|ози́ть <-ожу́, -о́зишь> *нсв,* **свезти́** *св прх* (hin)bringen, (hin)fahren; **свезти́ бага́ж на ста́нцию** das Gepäck zum Bahnhof bringen; **~ больно́го в больни́цу** den Kranken ins Krankenhaus bringen

свой <своего́> *мест притяжат.* mein, dein, sein, ihr, unser, euer, ihr *pl*

сво́йск|ий <-ая, -ое> *прил* familiär, vertraut

сво́йствен|ный <-ная, -ное; - *или* -ен, -на, -но> *прил* eigen, charakteristisch

свойств|о́ <-а́> *ср* Schwägerschaft *f,* Verwandtschaft *f*

сво́йств|о <-а> *ср* Eigenschaft *f,* Attribut *nt;* *(ка́чество)* Beschaffenheit *f,* Qualität *f;* **сво́йства това́ра** Güterbeschaffenheit *f;* **сво́йства проду́кта** Produkteigenschaften *pl*

сволочн|о́й <-а́я, -о́е> *прил разг, пренебр* Pöbels-, Gesindel-; **сволочно́е де́ло** gemeine Sache *f*

сво́ло|чь <-чи> *ж презрит* Lump *m,* Luder *nt,* Pack *nt*

своп <сво́па> *м* экон Swap *m*

сво́р|а <-ы> *ж* Meute *f; перен* Meute *f,* Bande *f*

свора́чива|ть <-ю, -ешь> *нсв,* **свороти́ть** *св (н)прх* **1.** *(ска́тывать)* zusammenrollen, zusammenwickeln **2.** *(произво́дство)* schließen **3.** *(в сто́рону)* einbiegen; **~ за у́гол** um die Ecke biegen; **~ напра́во** nach rechts abbiegen; **~ ло́шадь** das Pferd wenden **4.** *разг (свихну́ть)* sich etw verstauchen; **~ большо́й ка́мень** einen großen Stein wegschieben; **~ мешо́к с во́за** einen Sack vom Wagen herunterwälzen

свор|ова́ть <-у́ю, -у́ешь> *св прх см.* **ворова́ть**

свор|оти́ть <-очу́, -о́тишь> *св прх см.* **свора́чивать**

своя́ *см.* **свой**

своя́к <-а́> *м (муж сестры́ жены́)* Schwa-

С

ger *m*

своя́чениц|а <-ы> *ж (сестра́ жены́)* Schwägerin *f*

свыка́|ться <-юсь, -ешься> *нсв*, **свы́кнуться** *св рефл* sich an etw gewöhnen; **~ с обстано́вкой** sich an die Umgebung gewöhnen

свысока́ *нрч* herunter, herab; **смотре́ть на кого́-л. ~** herabsehen auf +*akk*; **обраща́ться с кем-л. ~** jdn von oben herab behandeln

свя́заннос|ть <-ти> *ж* Gebundenheit *f*, Befangenheit *f*

свя́зан|ный <-ная, -ное; -, -а, -о> *прил* **1.** *и перен* verbunden, zusammengebunden; **~ да́нным обеща́нием** durch ein gegebenes Versprechen gebunden; **2.** ФИЗ kohärent

св|яза́ть <-яжу́, -я́жешь> *св прх см.* **вяза́ть, свя́зывать**

св|яза́ться <-яжу́сь, -я́жешься> *св рефл см.* **свя́зываться**

связи́ст <-а> *м* Angehöriger *m* der Fernmeldetruppe, Angestellter *m* im Fernmeldewesen; **он ~ в а́рмии** er ist ein Nachrichtensoldat

свя́зк|а <-и> *ж* Bündel *nt*, Pack(en) *m;* АНАТ Band *nt;* **~ ключе́й** Schlüsselbund *m;* **голосовы́е свя́зки** Stimmbänder *pl*

свя́зно *нрч* zusammenhängend, folgerichtig; **~ выража́ть мы́сли** die Gedanken zusammenhängend ausdrücken

связно́|й <-го> *м* ВОЕН Melder *m*

свя́з|ный <-ная, -ное; -ен, -на, -но> *прил* zusammenhängend; *(логи́чный)* folgerichtig; **~ расска́з** zusammenhängende Erzählung *f*

связу́ющ|ий <-ая, -ее> *прил* Verbindungs-, verbindend; **~ элеме́нт** Verbindungselement *nt*

свя́зывани|е <-я> *ср* Kopplung *f*, Verbindung *f;* **~ капита́ла** Kapitalbindung *f*

свя́зыва|ть <-ю, -ешь> *нсв*, **связа́ть** *св прх* binden, zusammenbinden; *(кре́пко)* festbinden, fesseln; **~ в у́зел** zu einem Bündel zusammenbinden; **связа́ть че́стным сло́вом** jdn durch sein Ehrenwort binden

свя́зыва|ться <-юсь, -ешься> *нсв*, **связа́ться** *св рефл* sich einlassen mit +*dat; (вступи́ть в конта́кт)* Kontakt aufnehmen mit +*dat*

связь <свя́зи> *ж* Verbindung *f*, Zusammenhang *m; (конта́кт)* Verbindung *f*, Kontakt *m*, Beziehung *f;* ТЕЛКОМ Verbindung *f;* **в свя́зи с чем-л.** im Hinblick auf +*akk;* **в свя́зи с э́тим** im Hinblick darauf, in Zusammenhang damit; **междугоро́дняя телефо́нная ~** Fernsprechverbindung *f;* **радиотелефо́нная ~** Funkverbindung *f;* **~ с обще́ственностью** Öffentlichkeitsarbeit *f*, Public Relations, PR; **спу́тниковая ~** Satellitenverbindung *f;* **факсими́льная ~** Telefaxverbindung *f*

святе́йшеств|о <-а> *ср (обраще́ние)* Heiligkeit *f;* **Ва́ше ~** Eure Heiligkeit

святе́йш|ий <-ая, -ее> *прил* heilig; **~ Патриа́рх** der heilige Patriarch

святи́лищ|е <-а> *ср* Tempel *m;* **стари́нное ~** antiker Tempel *m;* **~ нау́ки** Tempel *m* der Wissenschaft

свя́т|ки <-ок> *мн* Dreikönigsfest *nt*

свят|о́й I. <-а́я, -о́е; -, -а́, -о> *прил* heilig; **Свято́е Писа́ние** Heilige Schrift *f*, Bibel *f* **II.** <-ого> *м* Heilige(r) *f(m)*

свя́тос|ть <-ти> *ж* Heiligkeit *f;* **~ любви́** Heiligkeit *f* der Liebe

святота́тств|о <-а> *ср* Frevel *m*, Gotteslästerung *f*

святы́н|я <-и> *ж* Heiligtum *nt*

свяще́нник <-а> *м* Geistlicher *m*, Priester *m*, Pfarrer *m*

священнослужи́те|ль <-ля> *м* Geistliche(r) *f(m)*, Priester *m*

свяще́н|ный <-ная, -ное; -, -на, -но> *прил* heilig; **~ долг** heilige Pflicht *f;* **~ сою́з** Heilige Allianz *f;* **Свяще́нное писа́ние** die Heilige Schrift

сгиб <сги́ба> *м* Biegung *f*, Knick *m*, Gelenk *nt;* **~ ло́ктя** Ellengelenk *nt;* **пла́нка ло́пнула на сги́бе** die Latte riss in der Krümmung

сгиба́ни|е <-я> *ср* Beugen *nt;* Verdrehen *nt*

сгиба́|ть <-ю, -ешь> *нсв*, **согну́ть** *св прх* krümmen, biegen, beugen; **согну́ть коле́ни** die Knie beugen

сгиба́|ться <-юсь, -ешься> *нсв*, **согну́ться** *св рефл* sich biegen, sich beugen; **~ от рабо́ты** vor Arbeit krumm werden

сги́н|уть <-у, -ешь> *св нпрх* verschwinden; **бессле́дно ~** spurlos verschwinden

сгла́жива|ть <-ю, -ешь> *нсв*, **сгла́дить** *св прх* glätten; **~ неро́вности** die Unebenheiten glätten; **~ отноше́ния** die Beziehungen glätten

сгла́жива|ться <-юсь, -ешься> *нсв*, **сгла́диться** *св рефл* glatt werden

сглаз <сгла́за> *м* böser Blick *m;* **амуле́т про́тив сгла́за** Amulett *nt* gegen böse Augen

сгла́|зить <-жу, -зишь> *св прх* jdn durch einen bösen Blick behexen

сгла́тыва|ть <-ю, -ешь> *нсв*, **сглотну́ть** *св прх* schlucken

сглуп|и́ть <-лю́, -и́шь> *св нпрх см.* **глупи́ть**

сгнить <сгнию́, сгниёшь> *св нпрх см.* **гнить**

сгно|и́ть <-ю́, -и́шь> *св прх см.* **гно́ить**

сгова́рива|ться <-юсь, -ешься> *нсв*, **сговори́ться** *св рефл* sich verabreden; *(усло́виться)* abmachen; **~ о встре́че** ein Treffen ausmachen

сго́вор <-а> *м* Abmachung *f*

сговор|и́ться <-ю́сь, -и́шься> *св рефл см.* **сгова́риваться**

сгово́рчив|ый <-ая, -ое; -, -а, -о> *прил* nachgiebig; **~ челове́к** nachgiebiger Mensch *m*

сгоня́|ть <-ю, -ешь> *нсв*, **согна́ть** *св прх*

verjagen, verscheuchen, wegtreiben; ~ **скот** das Vieh zusammentreiben

сгора́ни|е <-я> *ср* Verbrennung *f*, Verbrennen *nt;* **дви́гатель вну́треннего сгора́ния** Verbrennungsmotor *m;* **ка́мера сгора́ния** Verbrennungskammer *f;* **проду́кты сгора́ния** Verbrennungsprodukte *pl*

сгора́|ть <-ю, -ешь> *нсв,* **сгоре́ть** *св нпрх* brennen; ~ **от любопы́тства** vor Neugier brennen

сго́рб|ить <-лю, -ишь> *св прх см.* **го́рбить**

сго́рб|иться <-люсь, -ишься> *св рефл см.* **го́рбиться**

сгоре́вший *прил* abgebrannt

сгор|е́ть <-ю́, -и́шь> *св нпрх см.* **горе́ть, сгора́ть**

сгоряча́ *нрч* im Eifer, unbedacht; **оби́деть кого́-л.** ~ jdn unbedacht beleidigen; **сказа́ть что-л.** ~ im Eifer etw sagen

сгото́в|ить <-лю, -ишь> *св прх см.* **гото́вить**

сгреба́|ть <-ю, -ешь> *нсв,* **сгрести́** *св (н)прх* **1.** *(в одно́ ме́сто)* zusammenharken; *(лопа́той)* zusammenschaufeln; *(гра́блями)* zusammenrechen **2.** *(сбро́сить)* hinunterschaufeln **3.** *(в оха́пку)* packen

сгру|ди́ться <-жу́сь, -ди́шься> *св рефл см.* **сгружа́ться**

сгружа́|ть <-ю, -ешь> *нсв,* **сгрузи́ть** *св прх* abladen

сгружа́|ться <-юсь, -ешься> *нсв,* **сгруди́ться** *св рефл* sich versammeln; ~ **у вхо́да** sich am Eingang versammeln

сгру|зи́ть <-жу́, -зи́шь> *св прх см.* **сгружа́ть**

сгруппир|ова́ться <-у́юсь, -у́ешься> *св рефл см.* **группирова́ться**

сг|уби́ть <-ублю́, -у́бишь> *св прх см.* **губи́ть**

сгу|сти́ть <-щу́,-сти́шь> *св прх см.* **сгуща́ть**

сгу|сти́ться <-щу́сь, -сти́шься> *св рефл см.* **густе́ть, сгуща́ться**

сгу́ст|ок <-ка> *м* Klumpen *m,* Gerinnsel *nt,* Konzentrat *nt;* ~ **кро́ви** Blutgerinnsel *nt*

сгущёнк|а <-и> *ж разг* Kondensmilch *m*

сгуща́|ть <-ю, -ешь> *нсв,* **сгусти́ть** *св прх* verdichten, verdicken; ~ **кра́ски** Farben dick auftragen

сгуща́|ться <-юсь, -ешься> *нсв,* **сгусти́ться** *св рефл* dick werden, sich verdicken

сда|ва́ть <-ю́, -ёшь> *нсв,* **сдать** *св прх* abgeben; *(переда́ть)* übergeben; *(кварти́ру)* vermieten; *(вы́дать)* preisgeben; *(не́рвы)* versagen; *(ослабе́ть)* nachlassen; **сдать экза́мен** eine Prüfung bestehen; ~ **това́р зака́зчику** die Ware dem Besteller übergeben; ~ **в архи́в** ins Archiv geben; ~ **пози́цию** die Position aufgeben; **у него́ сда́ли не́рвы** die Nerven gingen ihm durch

сда|ва́ться[1] <-ю́сь, -ёшься> *нсв,* **сда́ться** *св рефл* sich ergeben, kapitulieren; ~ **властя́м** sich den Behörden stellen

сда|ва́ться[2] <-ётся> *нсв,* **сда́ться** *св безл, только 3 л (каза́ться)* scheinen, vorkommen; **сдаётся, что он прав** es scheint, dass er Recht hat

сд|ави́ть <-авлю́, -а́вишь> *св прх см.* **сда́вливать**

сдавле́ни|е <-я> *ср* Kompression *f,* (Zusammen)Pressen *nt*

сда́вленно *нрч* zerdrückt, zusammengepresst, unterdrückt; ~ **отвеча́ть** bedrückt antworten

сда́влен|ный <-ная, -ное; -, -а, -о> *прил* zerdrückt, zusammengepresst; **сда́вленные чу́вства** unterdrückte Gefühle *ntpl*

сда́влива|ть <-ю, -ешь> *нсв,* **сдави́ть** *св прх* zusammendrücken, zusammenpressen; ~ **го́рло** die Kehle zusammendrücken

сдать <сдам, сдашь> *св прх см.* **сдава́ть**

сда́|ться <-мся, -шься> *св рефл см.* **сдава́ться**

сда́ч|а <-и> *ж* **1.** *(де́йствие)* Abgabe *f,* Ablieferung *f; (переда́ча)* Übergabe *f* **2.** *(внаём)* Vermietung *f* **3.** *(кре́пости)* Kapitulation *f* **4.** *(де́ньги)* Rest *m,* Wechselgeld *nt;* ~ **ору́жия** Entwaffnung *f;* ~ **рабо́ты** Abgabe *f* einer Arbeit; **дава́ть сда́чи** *разг* zurückschlagen; **акт сда́чи приёмки** Übergabe *f;* ~ **в аре́нду** Verpachtung *f,* Vermietung *f;* ~ **подря́дов** Auftragsvergabe *f*

сдвиг <сдви́га> *м* Verschiebung *f; обы́чно мн* Wandlung *f,* Veränderung *f;* ~ **вле́во** Linkstrend *m*

сдвига́|ть <-ю, -ешь> *нсв,* **сдви́нуть** *св прх* verschieben, verrücken, umstellen; *(сбли́зить)* zusammenrücken; ~ **столы́** die Tische zusammenrücken; ~ **стул с ме́ста** den Stuhl von der Stelle rücken; **сдви́нуть бро́ви** die Brauen zusammenziehen

сдвига́|ться <-юсь, -ешься> *нсв,* **сдви́нуться** *св рефл* sich in Bewegung setzen; *(сближа́ться)* zusammenrücken; ~ **с мёртвой то́чки** über den toten Punkt hinwegkommen; **не сдви́нуться с ме́ста** nicht von der Stelle kommen

сдви́н|уть <-у, -ешь> *св прх см.* **сдвига́ть**

сдви́н|уться <-усь, -ешься> *св рефл см.* **сдвига́ться**

сде́ла|ть <-ю, -ешь> *св прх см.* **де́лать**

сде́ла|ться <-ется> *св безл см.* **де́латься**

сде́лк|а <-и> *ж* Geschäft *nt; (догово́р)* Abmachung *f;* юр, фин Rechtsgeschäft *nt,* Transaktion *f;* **заключа́ть вы́годную/невы́годную сде́лку** ein vorteilhaftes/unvorteilhaftes Abkommen treffen; **~, заключа́емая на осно́ве информа́ции от инса́йдеров** Insidergeschäft *nt;* **~, заключа́емая с сами́м собо́й** Insichgeschäft *nt;* ~ **за свой счёт** Selbsteintritt *m,* Eigengeschäft *nt;* ~

С

ме́жду ба́нками Interbankengeschäft *nt;* **~ на ме́дио** Mediogeschäft *nt;* **~ на нали́чные** Bargeschäft *nt;* **~ на нали́чный това́р** Promptgeschäft *nt,* Kassageschäft *nt;* **~ на срок** Termingeschäft *nt;* **~ на реа́льный това́р** Effektivgeschäft *nt;* **~ на срок с пре́мией** Prämiengeschäft *nt;* **~ на у́льтимо** Ultimogeschäft *nt;* **~ свич** Parallelgeschäft *nt;* **~-спот** Spotgeschäft *nt;* **~ страхова́ния** Hedgegeschäft *nt;* **~ с восточноевропе́йским партнёром** Ostgeschäft *nt;* **~ с неме́дленной поста́вкой** Spotgeschäft *nt;* **~ с опцио́ном** Optionsgeschäft *nt;* **~ с пролонга́цией** Verlängerungsgeschäft *nt;* **~ с рассро́чкой платежа́** Abzahlungsgeschäft *nt*

сде́льн|ый <-ая, -ое> *прил* Stücklohn-, Akkord-; **сде́льная рабо́та** Akkordarbeit *f;* **сде́льная опла́та** Leistungslohn *m,* Akkordlohn *m*

сде́льщин|а <-ы> *ж* Akkordarbeit *f;* **быть на сде́льщине** im Akkord arbeiten

сдёргива|ть <-ю, -ешь> *нсв,* **сдёрнуть** *св прх* herunterreißen, abziehen; **сдёрнуть одея́ло с кого́-л.** die Decke von jdm herunterreißen

сде́ржанно *нрч* zurückhaltend; **вести́ себя́ ~** sich zurückhaltend verhalten

сде́ржаннос|ть <-ти> *ж* Zurückhaltung *f,* Steifheit *f;* **проявля́ть ~** zurückhaltend sein

сде́ржан|ный <-ная, -ное; -, -а, -о> *прил* zurückhaltend, reserviert; *(владе́ющий собо́й)* beherrscht; **~ смех** unterdrücktes Lachen *nt;* **~ тон** zurückhaltender Ton *m*

сд|ержа́ть <-ержу́, -е́ржишь> *св прх см.* **сде́рживать**

сд|ержа́ться <-ержу́сь, -е́ржишься> *св рефл см.* **сде́рживаться**

сде́рживани|е <-я> *ср* Zurückhaltung *f;* **я́дерное ~** nukleare Abschreckung *f*

сде́ржива|ть <-ю, -ешь> *нсв,* **сдержа́ть** *св прх и перен* festhalten, zurückhalten; **~ смех** das Lachen unterdrücken; **~ да́нное сло́во** sein Wort halten; **~ обеща́ние** sein Versprechen einlösen; **~ слёзы** die Tränen zurückhalten

сде́ржива|ться <-юсь, -ешься> *нсв,* **сдержа́ться** *св рефл* sich zurückhalten, sich beherrschen; **~ и промолча́ть** sich beherrschen und schweigen

сде́рживающ|ий <-ая, -ее> *прил* zurückhaltend, hemmend; **~ фа́ктор** hemmender Faktor *m*

сдёрн|уть <-у, -ешь> *св прх см.* **сдёргивать**

сдира́|ть <-ю, -ешь> *нсв,* **содра́ть** *св прх* **1.** *(снима́ть)* abziehen; **содра́ть кору́** abrinden; **содра́ть шку́ру** das Fell abziehen **2.** *перен* schröpfen; **он содра́л с меня́ кру́пную су́мму** er hat mir eine gewaltige Summe abgeknöpft

сдо́б|ный <-ная, -ное; -, ен, -на́, -но> *прил* Butter-; **сдо́бные бу́лки** Milchbrötchen *ntpl*

сдо́хн|уть <-у, -ешь> *св нпрх* verrecken; **соба́ка сдо́хла** der Hund verendete

сдружа́|ться <-юсь, -ешься> *нсв,* **сдружи́ться** *св рефл* sich befreunden; **~ с компа́нией** sich mit einer Clique anfreunden

сдува́|ть <-ю, -ешь> *нсв,* **сдуть** *св прх* fortpusten, wegpusten, wegblasen, fortblasen; **~ пыли́нки** die Staubkörner wegpusten

сдур|и́ть <-ю́, -и́шь> *св нпрх* den Kopf verlieren, überschnappen

сду́ру *нрч* vor (lauter) Dummheit, törichterweise, unüberlegt; **~ наде́лать глу́постей** unüberlegt Dummheiten tun

сдуть <сду́ю, сду́ешь> *св прх см.* **сдува́ть**

сеа́нс <-а> *м* **1.** *(кино́)* Vorstellung *f* **2.** МЕД Behandlung *f;* **~ одновре́менной игры́** *(в ша́хматах)* Simultanpartie *f*

себесто́имос|ть <-ти> *ж* Selbstkosten *pl,* Herstellungskosten *pl*

себя́ <себе́, себя́, собо́й/собо́ю, о себе́> *мест возвр. при подлежа́щем в 3 л.* sich; *при подлежа́щем в 1 л.* mich, mir, uns; *при подлежа́щем во 2 л.* dich, dir, euch; **вини́ть ~** sich selbst beschuldigen; **чита́ть про ~** für sich [*o* leise] lesen; **прийти́ в ~** zu sich kommen

сев <се́ва> *м* Saat *f,* Aussaat *f,* Saatzeit *f;* **рабо́тать на се́ве** bei der Aussaat beschäftigt sein; **~ ко́лосовых** Getreidesaat *f*

Севасто́по|ль <-ля> *м* ГЕОГ Sewastopol *nt*

севасто́польск|ий <-ая, -ое> *прил* Sewastopoler

се́вер <-а> *м* Norden *m;* **на се́вере** im Norden; **с се́вера** aus dem Norden

се́верн|ый <-ая, -ое> *прил* nördlich; **се́верное сия́ние** Nordlicht *nt,* Polarlicht *nt;* **Се́верная Аме́рика** Nordamerika *nt;* **Се́верная Ирла́ндия** Nordirland *nt;* **Се́верное мо́ре** Nordsee *f;* **~ по́люс** Nordpol *m;* **Се́верный Рейн-Вестфа́лия** Nordrhein-Westfalen *nt;* **жи́тель Се́верной Евро́пы** Nordeuropäer *m*

се́веро- Nord-; **~кавка́зский регио́н** das Nord-Kaukasische Gebiet

се́веро-восто́к <-а> *м* Nordosten *m*

се́веро-за́пад <-а> *м* Nordwesten *m*

северокоре́йск|ий <-ая, -ое> *прил* nordkoreanisch, Nordkorea-; **~ вопро́с** die nordkoreanische Frage

северонеме́цк|ий <-ая, -ое> *прил* norddeutsch

сегме́нт <-а> *м* Segment *nt*

сегмента́ци|я <-и> *ж* Segmentierung *f;* **~ ры́нка** Marktsegmentierung *f*

сегменти́ровани|е <-я> *м* Aufteilung *f*

сего́дня *нрч* heute; *(в э́ти времена́)* heutzutage; **~ у́тром/ве́чером** heute Morgen/Abend

сего́дняшн|ий <-яя, -ее> *прил* heutig

сегрегáци|я <-и> *ж* Segregation *f;* **рáсовая ~** Rassentrennung *f*

седатúвн|ый <-ая, -ое> *прил* МЕД sedativ, beruhigend; **~ эффéкт** sedativer Effekt *m*

седéльн|ый <-ая, -ое> *прил* ТЕХ Sattel-; **~ тягáч** Sattelzugmaschine *f;* **~ мáстер** Sattler *m*

седé|ть <-ю, -ешь> *нсв,* **поседéть** *св нпрх* grau werden, graue Haare bekommen; **вóлосы седéют** die Haare werden grau

седин|á <-ы́> *ж* graues Haar *nt*

седлá|ть <-ю, -ешь> *нсв,* **оседлáть** *св прх* satteln

седл|ó <-á> *ср* Sattel *m;* **увéренно держáщийся в седлé** sattelfest

седловúн|а <-ы> *ж* Sattel *m,* ГЕОГ Gebirgssattel *m*

седлóвк|а <-и> *ж* Sattelung *f*

седовáт|ый <-ая, -ое> *прил* grau; **~ старичóк** ergrauter Alter *m*

седовлáс|ый <-ая, -ое> *прил* grauhaarig; **~ дед** grauhaariger Opa *m*

седоволóс|ый <-ая, -ое; -, -а, -о> *прил* grauhaarig

сед|óй <-áя, -óе> *прил* grau, weiß; **~ мужчúна** grauhaariger Mann *m*

седóк <-á> *м устар* Fahrgast *m,* Insasse *m,* Reiter *m*

седоýс|ый <-ая, -ое; -, -а, -о> *прил* mit grauem Schurbart; **~ морж** graubärtiges Walross *nt*

седьм|óй <-áя, -óе> *числ. порядк. к семь* siebte(r, s); **седьмáя часть** Siebtel *nt;* **половúна седьмóго** halb Sieben; **быть на седьмóм нéбе** im siebten Himmel sein

сезóн <-а> *м* Jahreszeit *f,* Saison *f;* **турúстский** [*или* **туристúческий**] **~** Reisezeit *f;* **театрáльный ~** Theatersaison *f;* **перúод до начáла сезóна** Vorsaison *f;* **перúод пóсле закры́тия сезóна** Nachsaison *f;* **разгáр сезóна** Hochsaison *f*

сезóнник <-а> *м* Saisonarbeiter *m;* **~ на фáбрике** Fabriksaisonarbeiter *m*

сезóнн|ый <-ая, -ое> *прил* Saison-; **~ рабóчий** Saisonarbeiter *m;* **~ тарúф** Saisontarif *m;* **сезóнная безрабóтица** saisonale Arbeitslosigkeit *f;* **сезóнная распродáжа** Schlussverkauf *m;* **~ кредúт** Saisonkredit *m;* **сезóнное предприя́тие** Saisonbetrieb *m;* **~ билéт** Zeitkarte *f*

сейсмóграф <-а> *м* Seismograph *m*

сейф <-а> *м* Safe *m,* Tresor *m,* Panzerschrank *m;* *(шкаф)* Schließfach *nt;* **тáйный ~** Geheimsafe *m*

сейчáс *нрч* **1.** *(тепéрь)* jetzt **2.** *(срáзу)* sofort, augenblicklich; **~ же!** augenblicklich!

сек *сокр от* **секýнда** Sekunde *f*

секáтор <-а> *м* Heckenschere *f*

секвéстр <-а> *м* **1.** ЮР Sequestration *f,* Zwangsverwaltung *f;* **наложúть ~** unter Sequestration stellen **2.** МЕД Sequester *m*

секúр|а <-ы> *ж* Axt *f*

секрéт <-а> *м* **1.** *(тáйна)* Geheimnis *nt;* **раскры́ть ~** ein Geheimnis lüften; **секрéты красоты́** Schönheitstipps *pl;* **держáть что-л. в секрéте** etw geheim halten **2.** ВОЕН Horchposten *m* **3.** БИОЛ Sekret *nt*

секретариáт <-а> *м* Sekretariat *nt*

секретáрш|а <-и> *ж разг* Sekretärin *f*

секретá|рь <-ря́> *м* Sekretär *m;* *(собрáния)* Protokollführer *m;* **~ со знáнием инострáнных языкóв** Fremdsprachenkorrespondentin *f;* **Генерáльный ~** Generalsekretär *m*

секретéр <-а> *м* Sekretär *m;* **старúнный ~** antiker Sekretär; **деревя́нный ~** hölzerner Sekretär

секрéтничань|е <-я> *ср* Geheimniskrämerei *f*

секрéтно *нрч* geheim, vertraulich; **под грúфом „стрóго-~"** mit dem Vermerk „streng vertraulich"

секрéтнос|ть <-ти> *ж* Vertraulichkeit *f,* Geheimhaltung *f;* **необходúмо учúтывать ~ информáции** es ist notwendig den Geheimhaltungsgrad der Information in Betracht zu ziehen

секрéт|ный <-ная, -ное; -ен, -на, -но> *прил* geheim, vertraulich; *(тáйный)* heimlich

секрéци|я <-и> *ж* МЕД Absonderung *f,* Ausscheidung *f,* Sekretbildung *f;* **внýтренняя ~** innere Sekretion *f*

секс <сéкса> *м* Sex *m*

сексúст <-а> *м* Sexist *m*

сексúстск|ий <-ая, -ое> *прил* sexistisch

секстéт <-а> *м* Sextett *m*

сексуáльнос|ть <-ти> *ж* Sexualität *f*

сексуá|льный <-льная, -льное; -лен, -льна, -льно> *прил* sexuell; **сексуáльная жúзнь** Sexualleben *nt;* **сексуáльное преслéдование** sexuelle Belästigung *f*

сéкт|а <-ы> *ж* Sekte *f*

сектáнт <-а> *м* Sektierer *m*

сéктор <-а> *м* **1.** МАТ, ЭКОН Sektor *m;* **общéственный ~** gesellschaftlicher Sektor; **чáстный ~** privater Sektor **2.** *(учреждéние)* Abteilung *f* **3.** ВОЕН Abschnitt *m*

секýнд|а <-ы> *ж* Sekunde *f;* **ни секýнды не колебáться** keine Sekunde zögern; **сию́ секýнду!** sofort!; **подождúте секýндочку!** warten Sie einen Moment!

секундáнт <-а> *м* Sekundant *m;* **быть чьим-л. секундáнтом** als jds Sekundant auftreten

секýндн|ый <-ая, -ое> *прил* Sekunden-

секундомéр <-а> *м* Stoppuhr *f*

сéкци|я <-и> *ж* Sektion *f,* Abteilung *f,* Arbeitskreis *m;* СПОРТ Sportgemeinschaft *f*

селёдк|а <-и> *ж* (Salz)Hering *m*

селезёнк|а <-и> *ж* Milz *f*

селектúвн|ый <-ая, -ое> *прил* selektiv, auswählend

селéктор <-а> *м* Wähler *m*

селекционéр <-а> *м* Selektionär *m;* **~ футбóльной комáнды** der Selektionär der Fußballmannschaft
селéкци|я <-и> *ж* Selektion *f,* Auswahl *f*
селéн <-а> *м* хим Selen *nt*
селéни|е <-я> *ср* Siedlung *f,* Ansiedlung *f*
селúтр|а <-ы> *ж* Salpeter *m*
сел|úть <-ю́, -úшь> *нсв,* **поселúть** *св прх* **1.** *(поместúть на жúтельство)* ansiedeln **2.** *перен (вы́звать: чу́вство)* hervorrufen; **расскáзы поселúли в нём чу́вство стрáха** die Erzählungen riefen ein banges Gefühl in ihm hervor
сел|úться <-ю́сь, -úшься> *нсв,* **поселúться** *св рефл* sich ansiedeln, sich niederlassen; **поселúться в нóвую квартúру** in eine neue Wohnung ziehen
селúщ|е <-а> *ср* Gemeinde *f,* Ort *m,* Ortschaft *f;* **истори́ческое ~** historischer Ort *m*
сел|ó <-á> *ср* Dorf *nt,* Ortschaft *f;* **ни к селу́, ни к гóроду** *перен* unpassend
сельдерé|й <-я> *м* Sellerie *m;* **посадúть ~** Sellerie säen
сельдь <сéльди> *ж* Hering *m;* **как сéльди в бóчке** wie die Ölsardinen
сельмáг *сокр от* **сéльский магазúн** Dorfgeschäft *nt*
сéльск|ий <-ая, -ое> *прил* ländlich; **сéльское населéние** Landbevölkerung *f;* **сéльское хозя́йство** Landwirtschaft *f*
сельскохозя́йственн|ый <-ая, -ое> *прил* landwirtschaftlich; **сельскохозя́йственная продýкция** Agrarprodukte *pl,* landwirtschaftliche Erzeugnisse *pl;* **~ предпринимáтель** Agrarier *m;* **сельскохозя́йственное предприя́тие** landwirtschaftlicher Betrieb *m;* **сельскохозя́йственное произвóдство** Agrarproduktion *f*
сельсовéт *сокр от* **сéльский совéт** Dorfsowjet *m*
селянúн <-а> *м* Bauer *m*
семáфор <-а> *м* Signalvorrichtung *f,* Signalmast *m;* **железнодорóжный ~** Eisenbahnsignal *nt;* **~ откры́т** das Eisenbahnsignal gibt freie Fahrt
сёмг|а <-и> *ж* Lachs *m,* Salm *m;* **лов сёмги** Lachsfischerei *f*
семéйн|ый <-ая, -ое> *прил* familiär, Familien-, häuslich; **в семéйном кругý** im Familienkreis; **семéйная фúрма** Familienbetrieb *m;* **семéйное положéние** Familienstand *m;* **~ совéт** Familienrat *m;* **семéйное торжествó** Familienfeier *f;* **семéйное предприя́тие** Familienbetrieb *m*
семéйств|о <-а> *ср* Familie *f*
семен|úть <-ю́, -úшь> *нсв нпрх* trippeln
семенн|óй <-áя, -óе> *прил* Samen-, Saat-, Saatgut-; **~ материáл** Saatgutmaterial *nt;* **~ фонд** Samenbank *f*
семёрк|а <-и> *ж* Sieben *f*
сéмер|о <-ых> *числ собир.* sieben; **~ одногó не ждут** *послóвица* sieben sollen nicht harren auf einen Narren; **~ брáтьев** sieben Brüder
семéстр <-а> *м* Semester *nt*
сéмечк|о <-а> *ср уменьш* Samenkorn *nt,* Körnchen *nt;* **засадúть ~** ein Samenkorn einpflanzen; **~ подсóлнуха** Sonnenblumenkern *nt*
семидеся́т|ый <-ая, -ое> *числ порядк.* der siebzigste; **емý пошёл ~ год** er geht auf die siebzig zu
семикрáтн|ый <-ая, -ое> *прил* siebenfach
семилéтк|а <-и> *ж* **1.** *(перúод)* Siebenjahresperiode *f;* **пéрвая ~** die erste Siebenjahresperiode **2.** *(шкóла)* Siebenklassenschule *f*
семилéтн|ий <-яя, -ее> *прил* siebenjährig
семинáр <-а> *м* Seminar *nt*
семинáри|й <-я> *м* Seminar *nt*
семинарúст <-а> *м* Seminarist *m*
семинáри|я <-и> *ж* Seminar *nt;* **духóвная ~** Priesterseminar *nt;* **учúтельская ~** Lehrerseminar *nt*
семнадцатилéтн|ий <-яя, -ее> *прил* siebzehnjährig; **~ пáрень** siebzehnjähriger Junge *m*
семнáдцат|ый <-ая, -ое> *числ порядк.* siebzehnter
семнáдца|ть <-ти> *числ колич.* siebzehn
семь <семú> *числ колич.* sieben; **~ раз** siebenmal
сéмьдесят <семúдесяти> *числ колич.* siebzig
семьсóт <семисóт> *числ колич.* siebenhundert
семь|я́ <-ú> *ж* Familie *f;* зоол Geschlecht *nt,* Stamm *m;* **бездéтная ~** kinderlose Ehe *f;* **обзаводúться семьёй** eine Familie gründen; **член семьú** Familienangehöriger *m;* **в семьé не без урóда** in jeder Familie findet sich ein schwarzes Schaf
семьянúн <-а> *м* Familienvater *m;* **хорóший ~** ein guter Familienvater
сéм|я <-ени> *ср* Samen *m*
Сéн|а <-ы> *ж* геог Seine *f;* **плыть по Сéне** auf der Seine schwimmen
сенáт <-а> *м* Senat *m*
сенáтор <-а> *м* Senator *m;* **штáтский ~** Senator *m* der USA
сенáтск|ий <-ая, -ое> *прил* Senatoren-; **сенáтская плóщадь** Senatorensitz *m*
сенбернáр <-а> *м* Bernhardiner *m*
сéн|и <-éй> *мн* Flur *m,* Diele *f*
сенн|óй <-áя, -óе> *прил* Heu-; **сеннáя лихорáдка** Heuschnupfen *m*
сéн|о <-а> *ср* Heu *nt;* **стог сéна** Heuhaufen *m*
сеновáл <-а> *м* Heuboden *m*
сенокóс <-а> *м* **1.** *(косьбá)* Heuernte *f,* Mahd *f* **2.** *(врéмя косьбы́)* Heuerntezeit *f* **3.** *(луг)* Heuwiese *f;* **пойтú на ~** zur Mähwiese gehen

сенсацио́н|ный <-ная, -ное; -ен, -на, -но> *прил* sensationell, aufsehenerregend; ~ **заголо́вок** Aufmacher *m*, Schlagzeile *f*; **сенсацио́нная но́вость** sensationelle Neuigkeit *f*

сенса́ци|я <-и> *ж* Sensation *f*, Aufsehen *nt*; **вы́звать сенса́цию** Aufsehen erregen, für Schlagzeilen sorgen

се́нсорн|ый <-ая, -ое> *прил* Sensoren-; **се́нсорные систе́мы** Sensorensysteme *pl*

сенте́нци|я <-и> *ж* Sentenz *f*, Spruch *m*; **изрека́ть сенте́нции** Sinnsprüche von sich geben

сентимента́льнос|ть <-ти> *ж* Sentimentalität *f*; **без сантимента́льностей!** ohne Gefühlsduseleien!

сентимента́|льный <-льная, -льное; -лен, -льна, -льно> *прил* sentimental, rührselig; ~ **расска́з** sentimentale Erzählung *f*

сентя́б|рь <-ря́> *м* September *m*

сентя́брьск|ий <-ая, -ое> *прил* September-; ~ **вы́пуск журна́ла** die Septemberausgabe der Zeitschrift; **него́жий ~ ве́чер** ein kalter Septemberabend

сень <се́ни> *ж* Schatten *m*; **под се́нью дере́вьев** im Schatten der Bäume; **под се́нью зако́на** *перен* im Schutz des Gesetzes

сеньо́р <-а> *м* Senior *m*, Grundherr *m*

сепарати́зм <-а> *м* Separatismus *m*

сепарати́ст <-а> *м* Separatist(in) *m(f)*; **я́рый ~** eifriger Separatist *m*

сепара́тор <-а> *м* Separator *m*, Trenner *m*; **~ сли́вок из це́льного молока́** Entrahmer *m* für Vollmilch

се́псис <-а> *м* МЕД Sepsis *f*, Blutvergiftung *f*

септи́ческ|ий <-ая, -ое> *прил* МЕД septisch; **септи́ческая ра́на** septische Wunde *f*

се́р|а <-ы> *ж* Schwefel *m*

серб <се́рба> *м*, **се́рбк|а** <-и> *ж* Serbe *m*, Serbin *f*

Се́рби|я <-и> *ж* Serbien *nt*

се́рбск|ий <-ая, -ое> *прил* serbisch

серва́нт <-а> *м* Anrichte *f*, Geschirrschrank *m*

се́рвер <-а> *м* Server *m*; **фи́рменный ~** Firmenserver *m*

серви́з <-а> *м* Service *nt*; **кофе́йный ~** Kaffeeservice *nt*; **столо́вый ~** Tafelservice *nt*; **фарфо́ровый ~** Porzellantafelgeschirr *nt*

сервили́зм <-а> *м* Kriecherei *f*, Unterwürfigkeit *f*, Servilität *f*

сервир|ова́ть <-у́ю, -у́ешь> *(н)св прх* servieren; **~ стол** den Tisch decken

сервиро́вк|а <-и> *ж* Servierung *f*

се́рвис <-а> *м* Service *m*, Betreuung *f*, Kundendienst *m*

се́рвисн|ый <-ая, -ое> *прил* Service-, Kunden-; **се́рвисная програ́мма** ИНФОРМ Dienstprogramm *nt*, Hilfsprogramm *nt*, Utility *nt*; **се́рвисная слу́жба** Kundendienst *m*

серде́чник <-а> *м разг* **1.** ТЕХ Kern *m* **2.** *(врач)* Kardiologe *m*, Arzt *m* für Herzkrankheiten; **больно́й - ~** Herzkranke(r) *m(f)*

серде́чно *нрч* herzlich, von Herzen, innig; **~ поздра́вить с пра́здником** herzlich zum Feiertag gratulieren

серде́чнос|ть <-ти> *ж* Herzlichkeit *f*

серде́ч|ный <-ная, -ное; -ен, -на, -но> *прил* herzlich; *(чу́вственный)* gefühlvoll; МЕД Herz-; **оказа́ть кому́-л. ~ приём** jdm einen herzlichen Empfang bereiten; **~ при́ступ** Herzanfall *m*

серди́то *нрч* verärgert, zornig, böse; **смотре́ть ~** böse (drein)schauen

серди́т|ый <-ая, -ое; -, -а, -о> *прил* böse, zornig, verärgert; **~ друг** zorniger Freund *m*

серди́ть <сержу́, се́рдишь> *нсв*, **рассерди́ть** *св прх* ärgern, verärgern, reizen

серди́ться <сержу́сь, се́рдишься> *нсв*, **рассерди́ться** *св рефл* sich ärgern; *(на кого́-л.)* jdm böse sein; **~ на дру́га** dem Freund böse sein

сердобо́|льный <-льная, -льное; -лен, -льна, -льно> *прил* mitleidig, barmherzig; **сердобо́льная же́нщина** barmherzige Frau *f*

сердоли́к <-а> *м* Sarder *m*; **кра́сный ~** roter Sarder *m*

се́рдц|е <-а> *ср* Herz *nt*

сердцебие́ни|е <-и> *ср* Herzklopfen *nt*

сердцеве́д <-а> *м шутл*, Seelenklempner *m*

сердцеви́н|а <-ы> *ж* **1.** БОТ Kerngehäuse *nt* **2.** *перен* Kern *m*, Herzstück *nt*

сердцее́д <-а> *м шутл, разг* Herzensbrecher *m*

серебри́ст|ый <-ая, -ое; -, -а, -о> *прил* **1.** *(цвет)* Silber-, silbern; **~ то́поль** БОТ Silberpappel *f* **2.** *(звук)* helltönend; **~ смех** klingendes Lachen *nt*

серебр|и́ться <-ю́сь, -и́шься> *нсв рефл* silbern schimmern; **~ от сне́га** von dem Schnee silbern schimmern

серебр|о́ <-а́> *ср* Silber *nt*

серебрян|ый <-ая, -ое> *прил* silbern; **в сере́бряной опра́ве** silbergefasst; **~ брасле́т** silbernes Armband *nt*

середи́н|а <-ы> *ж* Mitte *f*; **~ по́ля** СПОРТ Mittelfeld *nt*; **в са́мой середи́не** im Mittelpunkt

середня́к <-а́> *м* Einzelbauer *m*, Mittelbauer *m*; *разг* Durchschnittsmensch *m*

серёжк|а <-и> *ж* Ohrring *m*; БОТ Weidenkätzchen *nt*

серена́д|а <-ы> *ж* Serenade *f*, Ständchen *nt*

сере́|ть <-ю, -ешь> *нсв*, **посере́ть** *св нпрх* grauen, grau schimmern; **ю́бка сере́ет** der Rock schimmert grau

сержа́нт <-а> *м* Sergeant *m*; **~ мили́ции** Polizeisergeant *m*

сержа́нтск|ий <-ая, -ое> *прил* Sergeanten-; **сержа́нтские погоны** Sergeantenschulter-

С

klappen *pl*

сериáл <-а> *м* Fernsehserie *f*

серийн|ый <-ая, -ое> *прил* Serien-, serienmäßig; **серийное произвóдство** Serienproduktion *f*

сéри|я <-и> *ж* Serie *f*; *разг* Serienproduktion *f*; КИНО Teil *m*; **~ книг** Buchreihe *f*; **~ экспериментов** Versuchsreihe *f*

сéрн|а <-ы> *ж* Gämse *f*

сернúст|ый <-ая, -ое> *прил* ХИМ schwefelhaltig, schweflig; **сéрнистые хлорúды** Schwefelchlorid *nt*

сéрн|ый <-ая, -ое> *прил* Schwefel-, schwefelhaltig; **~ зáпах** Schwefelgeruch *m*

сéро *нрч* schiefergrau

серовáто *нрч* bleigrau; **~-голубáя юбка** bleigrauer Rock *m*

серовáт|ый <-ая, -ое> *прил* gräulich; **~ цвет** gräuliche Farbe *f*

сероводорóд <-а> *м* ХИМ Schwefelwasserstoff *m*; **зáпах сероводорóда** Schwefelwasserstoffgeruch *m*

сероводорóдн|ый <-ая, -ое> *прил* Schwefelwasserstoff-

сероглáз|ый <-ая, -ое; -, -а, -о> *прил* grauäugig; **~ мáльчик** grauäugiger Junge *m*

серологúческ|ий <-ая, -ое> *прил* serologisch

сéрос|ть <-ти> *ж* Bildungsmangel *m*, Unwissenheit *f*, Niveaulosigkeit *f*; **~ существовáния** armselige/triste Existenz *f*

сероуглерóд <-а> *м* ХИМ Kohlendisulfid *m*, Schwefelkohlenstoff *m*; **смесь сероуглерóда** Schwefelkohlenstoffgemisch *nt*

сероуглерóдн|ый <-ая, -ое> *прил* Schwefelkohlenstoff-

серп <серпá> *м* Sichel *f*

серпантúн <-а> *м* Serpentine *f*

сертификáт <-а> *м* Zertifikat *nt*, Zeugnis *nt*; **~ долевóго учáстия** Partizipationsschein *m*; **~ кáчества** Qualitätszertifikat *nt*; **~ о происхождéнии товáра** Ursprungszeugnis *nt*

сертификáци|я <-и> *ж* Zertifizierung *f*, Bescheinigung *f*

сéр|ый <-ая, -ое; -, -á, -о> *прил* grau; *перен* grau, langweilig, trist; **сéрые бýдни** grauer Alltag *m*

серьг|á <-ú> *ж* Ohrring *m*

серьёзно *нрч* ernst; **говорúть ~** etw ernst meinen; **~ подýмать** ernsthaft nachdenken

серьёзнос|ть <-ти> *ж* Seriosität *f*, Ernst *m*

серьёз|ный <-ная, -ное; -ен, -на, -но> *прил* ernst, ernsthaft

сéсси|я <-и> *ж* Sitzung *f*, Tagung *f*; **экзаменациóнная ~** Prüfungsperiode *f*

сестр|á <-ы́> *ж* Schwester *f*; **двоюрóдная ~** Cousine *f*, Base *f*; **медицúнская ~** Krankenschwester *f*; **свóдная ~** Stiefschwester *f*, Halbschwester *f*

сéстринск|ий <-ая, -ое> *прил* schwesterlich-, Schwestern-

сесть <сяду, сядешь> *св нпрх см.* **садúться**

сет <сéта> *м* СПОРТ Satz *m*

сетев|óй <-áя, -óе> *прил* Netz-; **сетевáя модéль** Netzwerkmodel *nt*; **~ грáфик** Netzplan *m*

сéтк|а <-и> *ж* Netz *nt*; *(продуктóвая)* Einkaufsnetz *nt*; **прóволочная ~** Maschendraht *m*

сéтовани|е <-я> *ср* Wehklage *f*

сéт|овать <-ую, -уешь> *нсв*, **посéтовать** *св нпрх (на когó-л./что-л.)* wehklagen, lamentieren über *+akk*; **~ на невзгóды** über das Unglück klagen

сéттер <-а> *м* Setter *m*; **охóтничий ~** irischer Setter *m*

сетчáтк|а <-и> *ж* МЕД Netzhaut *f*

сéтчат|ый <-ая, -ое> *прил* Netzhaut-; **сéтчатые фúльтры** Netzhautfilter *pl*

сеть <сéти> *ж* Fangnetz *nt*; *и перен* Netz *nt*; **дúлерская ~** Vertriebsnetz *nt*; **~ филиáлов** Filialnetz *nt*; **торгóвая ~** Handelskette *f*; **прибóр, рабóтающий от сетú** ЭЛ Netzgerät *nt*; **~ распространéния** Vertriebsnetz *m*; **~ средств мáссовой информáции** Medienverbund *m*; **~ торгóвцев** Händlernetz *nt*; **попáсть в сéти** ins Netz fallen; **~ для головы́** Kopfnetz *nt*

Сеул <-а> *м* ГЕОГ Seoul *nt*

сеýльск|ий <-ая, -ое> *прил* Seouler

сечéни|е <-я> *ср* Schnitt *m*; **кéсарево ~** Kaiserschnitt *m*

сечь <секý, сечёшь> *нсв*, **вы́сечь** *св прх* peitschen; **~ рóзгами** mit Ruten auspeitschen; **~ мечóм** mit dem Schwert zerschneiden

сéялк|а <-и> *ж* Sämaschine *f*; **трáкторная ~** Traktorensämaschine *f*

сéяте|ль <-ля> *м* Säer *m*; **~ знáний** Verbreiter *m* von Wissen

сé|ять <-ю, -ешь> *нсв*, **посéять** *св прх и перен* säen; **~ сомнéния** Zweifel erregen; **что посéешь, то и пожнёшь** *пословица* wie man sich bettet, so liegt man

сжáл|иться <-юсь, -ишься> *св рефл (над кем-л./чем-л.)* sich erbarmen *+gen*

сжáти|е <-я> *ср* ТЕХ Kompression *f*, Komprimierung *f*; **~ дáнных** ИНФОРМ Datenkomprimierung *f*

сжáто *нрч* kurzgefasst, knapp; **~ рассказáть истóрию** die Geschichte in wenigen Worten erzählen

сжáт|ый <-ая, -ое; -, -а, -о> *прил* knapp, zusammengepresst; **~ вóздух** Druckluft *f*

сжать <сожмý, сожмёшь> *св прх см.* **сжимáть, жать**

сжáться <сожмýсь, сожмёшься> *св нпрх см.* **сжимáться**

сж|евáть <-ую, -уешь> *св прх см.* **жевáть**

сжечь <сожгý, сожжёшь> *св (н)прх см.* **жечь, сжигáть**

сжив|áть <-ý, -ёшь> *нсв*, **сжить** *св прх*

(прогнáть) verjagen; **сжить когó-л. с бéла свéта** jdn unter die Erde [*o* ins Grab] bringen; **~ с квартúры** aus der Wohnung verjagen

сжигáни|е <-я> *ср* Verbrennung *f;* **~ мýсора** Müllverbrennung *f;* **многоступéнчатое ~** mehrstufige Verbrennung *f*

сжигá|ть <-ю, -ешь> *нсв*, **сжечь** *св прх* verbrennen; **~ бумáги** Papiere verbrennen; **~ за собóй все мостú** alle Brücken hinter sich abbrechen; **сжечь дотлá** niederbrennen

сжимá|ть <-ю, -ешь> *нсв*, **сжать** *св прх* ballen, drücken, zusammendrücken

сжимá|ться <-сь, -ешься> *нсв*, **сжáться** *св рефл* zusammenschrumpfen; **~ от хóлода** vor Kälte zusammenkauern

сжить <сживý, сживёшь> *св прх см.* **сживáть**

сзáди *нрч* hinten, dahinter, rücklings; **толкáть ~** von hinten schubsen

си <неизм> *ср* МУЗ H *nt;* **~ мажóр** H Dur

сиáмск|ий <-ая, -ое> *прил* siamesisch; **сиáмские близнецú** siamesische Zwillinge *pl*

сибарúт <-а> *м книжн* Schwelger *m*

сибúрск|ий <-ая, -ое> *прил* sibirisch

Сибú|рь <-ри> *ж* Sibirien *nt*

сибиря́к <-а> *м* Sibirier *m*

i Land & Leute

Beim Wort **Sibirier** geht es in Russland um einen ganz besonderen Menschenschlag: schlicht, rein und abgehärtet. Die harten Lebensbedingungen, das raue Klima und unübersichtliche Wildnisse haben zu diesen Charakterzügen der Sibirier beigetragen. Seit das Land hinter dem Ural im Mittelalter in seinen bis dahin unbesiedelten Teilen von den Russen erschlossen wurde, teilen sie es mit verschiedenen Turkvölkern, die noch immer gern als Naturvölker leben. Obwohl in Sibirien während der Sowjetzeit – ursprünglich auch durch die Zwangsarbeit von Straflagerhäftlingen – große Industriezentren, Kraftwerke und Eisenbahnen entstanden sind, bleibt es im russischen Bewusstsein nach wie vor ein von der „Zivilisation" unberührtes Land.

сивýх|а <-и> *ж* Fusel *m*

сивýшн|ый <-ая, -ое> *прил* Fusel-; **сивýшные маслá** Fuselöle *ntpl*

сúв|ый <-ая, -ое; -, -á -о> *прил* grauschwarz, aschgrau; **сúвая кобúла** grauschwarze Stute *f*

сиг <сигá> *м* ЗООЛ Renke *f*

сиган|ýть <-у, -ёшь> *св нпрх* springen; **~ с бéрега в вóду** vom Ufer ins Wasser springen

сигáр|а <-ы> *ж* Zigarre *f*

сигарéт|а <-ы> *ж* Zigarette *f;* **~ с фúльтром** Filterzigarette *f*

сигарéтн|ый <-ая, -ое> *прил* Zigaretten-; **~ дым** Zigarettenrauch *m*

сигнáл <-а> *м* Signal *nt;* **звуковóй ~** Signalton *m,* Hupen *nt;* **подавáть звуковóй ~** hupen; **~ готóвности к набóру** Freizeichen *nt;* **~ бéдствия** Notruf *m;* **по сигнáлу** auf Signal

сигнализáтор <-а> *м* ТЕХ Anzeige *f,* Informationsgeber *m,* Kontrollleuchte *f;* **~ в неисправности** die Anzeige ist defekt

сигнализáци|я <-и> *ж* Signalisieren *nt; (устрóйство)* Signalanlage *f;* **противоугóнная ~** АВТО Einbruch-Dieb-Alarmanlage *f*

сигнализúр|овать <-ую, -уешь> *(н)св*, **просигнализúровать** *св нпрх* signalisieren

сигнáл|ить <-ю, -ишь> *нсв нпрх* signalisieren, hupen; **~ водúтелям** die Fahrer anhupen

сигнáльн|ый <-ая, -ое> *прил* Signal-; **сигнáльная установка** Alarmanlage *f,* Warnanlage *f*

сигнáльщик <-а> *м* Signalgeber *m;* **матрóс-~** Signalgast *m*

сигнатýр|а <-ы> *ж* ТЕХ Signatur *f*

сидéлк|а <-и> *ж* Krankenpflegerin *f*

сидéнь|е <-я> *ср* Sitz *m;* **зáднее ~** Rücksitz *m;* **катапультúруемое ~** Schleudersitz *m;* **перéднее ~** Vordersitz *m;* **~ с откиднóй спúнкой** Klappstuhl *m*

си|дéть <-жý, -дúшь> *нсв нпрх* sitzen; *(на яйцах)* brüten; **остáться ~** sitzen bleiben; **~ на кóрточках** hocken, kauern; **плáтье сидúт хорошó** das Kleid sitzt gut; **~, сложá рýки** *перен* Däumchen drehen, herumsitzen; **~ с ребёнком** *разг* auf ein Kind aufpassen; **~ в тюрмé** hinter Gitter sitzen; **емý не сидúтся на мéсте** er hat kein Sitzfleisch

сид|éться <-úтся> *нсв безл, только 3 л* **не сидúтся на мéсте** ich kann nicht ruhig sitzen

сидр <сúдра> *м* Apfelwein *m,* Cidre *m*

сидя́ч|ий <-ая, -ее> *прил* sitzend, Sitz-; **сидя́чее мéсто** Sitzplatz *m*

Сизúф <-а> *м* Sisyphus *m;* **Сизúфов труд** Sisyphusarbeit *f*

сúз|ый <-ая, -ое; -, -á, -о> *прил* graublau, taubengrau; **~ гóлубь** graublaue Taube *f;* **~ цвет** Taubengrau *nt*

сикстúнск|ий <-ая, -ое> *прил* Sixtinisch

сúл|а <-ы> *ж* **1.** *(óбщее знач.)* Kraft *f,* Stärke *f,* Wucht *f;* **~ вóли** Willensstärke *f;* **~ убеждéния** Überzeugungskraft *f;* **в сúлу** kraft +*gen;* **быть пóлным сил** kraftstrotzend sein; **в**

С

си́лу ра́зных причи́н aus verschiedenen Gründen; **в по́лную си́лу** mit vollem Einsatz; **отдава́ть все свои́ си́лы** seine ganze Kraft einsetzen; **ремо́нт свои́ми си́лами** Eigenreparatur *f;* **не щади́ть сил** keine Mühe scheuen; **изо всех сил** aus aller Kraft **2.** ТЕХ Kraft *f;* **~ ве́тра** Windstärke *f;* **~ тя́жести** Schwerkraft *f* **3.** ПОЛ Macht *f,* Stärke *f* **4.** ЮР Kraft *f,* Rechtsgültigkeit *f;* **остава́ться в си́ле** seine Gültigkeit behalten **5.** *перен* Stärke *f,* Macht *f;* **зна́ние – ~** Wissen ist Macht **6.** *обы́чно мн* ВОЕН Truppen *pl;* **вооружённые си́лы** Militär *nt,* Streitkräfte *pl;* **~ бы́строго реаги́рования** mobile Eingreiftruppen *fpl;* **~ ООН по поддержа́нию ми́ра** *(голубы́е ка́ски)* UN-Friedenstruppen *pl*

сила́ч <-а́> *м* Athlet *m,* Kraftmensch *m;* **соревнова́ние силаче́й** athletischer Wettkampf *m*

силика́т <-а> *м* Silikat *nt*

си́л|иться <-юсь, -ишься> *нсв рефл* sich anstrengen, sich bemühen; **~ сде́лать что-л.** sich bemühen etw zu tun

силлоги́зм <-а> *м* Syllogismus *m*

силлоги́стик|а <-и> *ж* Syllogistik *f*

силов|о́й <-а́я, -о́е> *прил* Kraft-; **~ вид спо́рта** Kraftsportart *f;* **~ ка́бель** Starkstromkabel *nt*

си́лой *нрч* mit Gewalt; **доби́ться ~** mit Gewalt erreichen [*o* durchsetzen]; **взять ~** mit Gewalt nehmen

сил|о́к <-ка́> *м* Fangschlinge *f*

силоме́р <-а> *м* Kraftmesser *m;* **прове́риться на силоме́ре** mit dem Kraftmesser prüfen

си́лос <-а> *м* **1.** *(корм для скота́)* Silofutter *nt,* Garfutter *nt* **2.** *(сооруже́ние для хране́ния кормо́в)* Silo *m*

силуэ́т <-а> *м* Silhouette *f,* Profil *nt*

си́льно *нрч* stark, heftig, mächtig; **~ люби́ть** stark lieben; **жела́ть что-л. ~** sich etw stark wünschen

сильноде́йствующ|ий <-ая, -ее> *прил* stark wirkend; **сильноде́йствующее лека́рство** stark wirkendes Medikament *nt;* **~ нарко́тик** starke Droge *f*

си́|льный <-льная, -льное; -лён, -льна́, -льно> *прил* **1.** *(о́бщее знач.)* kräftig, stark; **~ го́лос** kräftige Stimme *f;* **си́льная во́ля** starker Wille *m;* **побежда́ет то́лько са́мый ~** nur der Stärkste gewinnt; **си́льная просту́да** starke Erkältung *f* **2.** *(све́дущий)* stark, gewandt; **я в э́том не силён** das ist nicht meine Stärke

симбио́з <-а> *м* Symbiose *f*

Симби́рск <-а> *м* ГЕОГ Simbirsk *nt*

си́мвол <-а> *м* Symbol *nt;* *(знак)* Wahrzeichen *nt,* Erkennungszeichen *nt*

символизи́р|овать <-ую, -уешь> *(н)св прх книжн* symbolisieren

симво́лик|а <-и> *ж* Symbolik *f;* **~ цвето́в** Farbensymbolik *f*

символи́ст <-а> *м* ЛИТ Symbolist *m*

символи́ческ|ий <-ая, -ое> *прил* symbolisch; **символи́ческая фигу́ра** Symbolfigur *f*

символи́ч|ный <-ная, -ное; -ен, -на, -но> *прил* symbolisch, sinnbildlich; **~ пода́рок** symbolisches Geschenk *nt*

симметри́ч|ный <-ная, -ное; -ен, -на, -но> *прил* symmetrisch

симметри́|я <-и> *ж* Symmetrie *f*

симпатизи́р|овать <-ую, -уешь> *нсв прх* sympathisieren mit *+dat*

симпати́чно *нрч* sympathisch, angenehm

симпати́ч|ный <-ная, -ное; -ен, -на, -но> *прил* sympathisch

симпа́ти|я <-и> *ж* Sympathie *f;* **пита́ть симпа́тию к ко́му-л.** Sympathie hegen für *+akk*

симпо́зиум <-а> *м* Symposium *nt*

симпто́м <-а> *м* Symptom *nt*

симптома́тик|а <-и> *ж* Symptomatik *f*

симптомати́ческ|ий <-ая, -ое> *прил* symptomatisch

симули́р|овать <-ую, -уешь> *(н)св прх* simulieren

симуля́нт <-а> *м* Simulant(in) *m(f)*

симуляци|я <-и> *ж* Simulation *f*

Симферо́по|ль <-ля> *м* ГЕОГ Simferopol *nt*

симфони́ческ|ий <-ая, -ое> *прил* symphonisch, Symphonie-; **~ орке́стр** Symphonieorchester *nt*

симфо́ни|я <-и> *ж* Symphonie *f*

синаго́г|а <-и> *ж* Synagoge *f*

Сина́|й <-я> *м* ГЕОГ Sinai *nt*

Сингапу́р <-а> *м* Singapur *nt*

синдикали́зм <-а> *м* Syndikalismus *m*

синдика́т <-а> *м* Syndikat *nt;* **~ предпринима́телей** Unternehmervereinigung *f;* **синдика́тная сде́лка** Syndikatsgeschäft *nt*

синдро́м <-а> *м* Syndrom *nt*

синев|а́ <-ы́> *ж* Blau *nt,* Bläue *f*

синева́т|ый <-ая, -ое> *прил* bläulich; **~ отте́нок** bläulicher Farbton *m*

синегла́з|ый <-ая, -ое; -, -а, -о> *прил* blauäugig

сине́кдох|а <-и> *ж* ЛИТ Synekdoche *f*

сине́|ль <-ли> *ж* Chenille *f,* Raupengarn *nt*

сине́рги|я <-и> *ж* Synergie *f*

сине́|ть <-ю, -ешь> *нсв,* **посине́ть** *св нпрх* blau werden; **~ от хо́лода** vor Kälte blau werden; **ру́ки посине́ли от холо́дной воды́** die Hände wurden blau vom kalten Wasser

си́ний <си́няя, си́нее; синь, синя́, си́не> *прил* blau; **~ цвет** Blau *nt*

сини́ц|а <-ы> *ж* Meise *f;* **лу́чше ~ в рука́х, чем жура́вль в не́бе** *посло́вица* besser ein Spatz in der Hand als eine Taube auf dem Dach; **больша́я ~** Kohlmeise *f*

сино́д <-а> *м* Synod *m* *(in der orthodoxen*

Kirche), Synode *f (in der protestantischen Kirche);* **святóй ~** heiliger Synod *m*

синóним <-а> *м* Synonym *nt*

синонимúч|ный <-ная, -ное; -ен, -на, -но> *прил* synonym

синонимú|я <-и> *ж* лингв Synonymie *f*

синóптик <-а> *м* Meteorologe *m;* **прогнóз синóптика** Vorhersage *f* des Meteorologen

синóптик|а <-и> *ж* Synoptik *f*

сúнтаксис <-а> *м* Syntax *f,* Satzbau *m*

синтаксúческ|ий <-ая, -ое> *прил* syntaktisch, Syntax-; **~ анáлиз** syntaktische Analyse *f;* **синтаксúческая ошúбка** Syntaxfehler *m*

сúнтез <-а> *м* Synthese *f*

синтезáтор <-а> *м* муз Synthesizer *m*

синтезúр|овать <-ую, -уешь> *(н)св прх* synthetisieren

синтéтик <-а> *м* Synthetiker *m*

синтéтик|а <-и> *ж* Synthetik *f*

синтетúческ|ий <-ая, -ое> *прил* synthetisch; **синтетúческие ткáни** synthetisches Gewebe *nt*

сúнус <-а> *м* Sinus *m*

синхронизáци|я <-и> *ж* Synchronisation *f;* **~ механúзмов** Synchronisierung *f* der Mechanismen

синхронизúр|овать <-ую, -уешь> *(н)св прх* synchronisieren

синхрóнно *нрч* synchron; **рабóтать ~** synchron arbeiten; **~ переводúть** synchron dolmetschen

синхрóн|ный <-ная, -ное; -ен, -на, -но> *прил* synchron, gleichzeitig; **синхрóнное плáвание** Synchronschwimmen *nt,* Kunstschwimmen *nt;* **~ перевóд** Simultandolmetschen *nt*

синь <сúни> *ж* Blau *nt,* Blaue *f*

сúньк|а <-и> *ж* Blaupause *nt*

синьóр <-а> *м* Signor(e) *m,* Herr *m*

синюшнос|ть <-ти> *ж* мед Zyanose *f*

синя́к <-á> *ж* blauer Fleck *m;* **~ под глáзом** Augenring *m*

сионúзм <-а> *м* Zionismus *m;* **послéдователь сионúзма** Zionismusanhänger *m*

сионúст <-а> *м* Zionist *m*

сионúстск|ий <-ая, -ое> *прил* zionistisch; **~ конгрéсс** Zionistenkongress *m*

сип|éть <-лю́, -úшь> *нсв нпрх* heiser sprechen, krächzen; **в гóрле сипúт** mir kratzt der Hals

сúпл|ый <-ая, -ое; -, -á, -о> *прил* heiser; **~ гóлос** heisere Stimme *f*

сирéн|а <-ы> *ж* Sirene *f,* Hupe *f*

сирéнев|ый <-ая, -ое> *прил* Flieder-, lila, fliederfarben; **~ костю́м** fliederfarbener Anzug *m*

сирé|нь <-ни> *ж* Flieder *m;* **кусты́ сирéни** Fliederbüsche *mpl;* **зáпах сирéни** Fliederaroma *nt*

сúречь *сз устар* das heißt

Сúриус <-а> *м* астр Sirius *m,* Hundsstern *m*

Сúри|я <-и> *ж* Syrien *nt*

Сирóкко <неизм> *м* геог Schirokko *m*

сирóп <-а> *м* Sirup *m;* **сáхарный ~** Zuckersirup *m*

сирот|á <-ы́> *м и ж* Waise *f,* Waisenkind *nt;* **крýглый ~** Vollwaise *f*

сиротé|ть <-ю, -ешь> *нсв,* **осиротéть** *св нпрх* verwaisen, zur Waise werden; **пóсле отъéзда хозя́ина дом осиротéл** nach der Abreise des Hausherrn verödete das Haus

сирóтлив|ый <-ая, -ое; -, -а, -о> *прил* verlassen, verwaist

сирóтск|ий <-ая, -ое> *прил* Waisen-; **~ прию́т** Waisenhaus *nt*

сирóтств|о <-а> *ср* Waisenstand *m,* Verwaistheit *f,* Verlassenheit *f*

систéм|а <-ы> *ж* System *nt;* **нéрвная ~** Nervensystem *nt;* **сóлнечная ~** Sonnensystem *nt;* **~ архивúрования** Ablagesystem *nt;* **~ взгля́дов** Anschauungen *pl;* **~ дéнежного обращéния** Geldwesen *nt;* **~ информáции внутрú предприятия** innerbetriebliches Informationssystem *nt;* **~ квот** Quotensystem *nt;* **~ координáт** Koordinatensystem *nt;* **~ образовáния** Bildungswesen *nt;* **~ обслýживания покупáтелей** Kundendienst *m;* **операциóнная ~** информ Betriebssystem *nt;* **~ проектúрования** информ CAD-Programm *nt;* **~ противоракéтной оборóны** Raketenabwehrsystem *nt;* **~ рáннего оповещéния** Frühwarnsystem *nt;* **рабóтающая ~** funktionierendes System *nt;* **~ регулúрования рыночных отношéний** Marktordnung *f;* **~ закáзов** Bestellwesen *nt;* **~ расчётов** Zahlungsverkehr *m;* **~ распространéния** Vertriebssystem *nt;* **экспéртная ~** информ Expertensystem *nt*

систематизúр|овать <-ую, -уешь> *(н)св прх* systematisieren

системáтик <-а> *м* Systematiker *m*

системáтик|а <-и> *ж* Systematik *f*

систематúчески *нрч* ständig, systematisch, regelmäßig; **~ нарушáть прáвила** systematisch die Regeln verletzen; **~ опáздывать на лéкции** sich regelmäßig zu den Vorlesungen verspäten

систематúческ|ий <-ая, -ое> *прил* systematisch; *(постоя́нный)* fortwährend, regelmäßig; **систематúческое обучéние** Training *nt*

систéмнос|ть <-ти> *ж* Systemcharakter *m*

систéм|ный <-ная, -ное; -ен, -на, -но> *прил* System-, systematisch; **~ администрáтор** информ Systemadministrator *m;* **~ блок** информ Systemeinheit *f;* **систéмная дискéта** информ Bootdiskette *f;* **~ файл** информ Systemdatei *f;* **~ подхóд** systematisches Herangehen *nt*

сúт|ец <-ца> *м* Kattun *m;* **сдéланный из сúтца** aus Kattun

С

си́ти <неизм> *ср* City *f*, Stadtzentrum *nt*; *(кварта́л)* Geschäftsviertel *nt*

си́тник <-а> *м разг* Brot *nt* aus gesiebtem Mehl

сит|о <-а> *ср* Sieb *nt*; *(фильтр)* Filter *m*

ситро́ <неизм> *ср* Limonade *f*, Erfrischungsgetränk *nt*

ситуа́ци|я <-и> *ж* Situation *f*, Lage *f*; **правова́я ~** Rechtslage *f*

си́тцев|ый <-ая, -ое> *прил* Kattun-; **си́тцевое пла́тье** Kattunkleid *nt*

си́филис <-а> *м* Syphilis *f*

Сици́ли|я <-и> *ж* Sizilien *nt*

сиюмину́тн|ый <-ая, -ое> *прил* augenblicklich

сия́ни|е <-я> *ср* Schein *m*, Glanz *m*, Leuchten *nt*; **се́верное ~** Nordlicht *nt*, Polarlicht *nt*; **~ звёзд** Sternenleuchten *nt*; **в сия́нии** *перен* im Glanz

сия́|ть <-ю, -ешь> *нсв*, **засия́ть** *св нпрх* strahlen, leuchten; **~ от ра́дости** vor Freude strahlen; **я́рко ~** stark leuchten

сия́ющ|ий <-ая, -ее> *прил* strahlend; **~ вид** strahlendes Aussehen *nt*; **сия́ющая улы́бка** strahlendes Lächeln *nt*; **смотре́ть на что-л. сия́ющими глаза́ми** etw mit glänzenden Augen anschauen

скабрёзнос|ть <-ти> *ж* Obszönität *f*

скабрёз|ный <-ная, -ное; -ен, -на, -но> *прил* obszön

сказ <ска́за> *м* Sage *f*, Legende *f*; **вот тебе́ и весь ~** das ist die ganze Geschichte

сказа́ни|е <-я> *ср* Sage *f*

ск|аза́ть <-ажу́, -а́жешь> *св прх см.* **говори́ть**

ск|аза́ться <-ажу́сь, -а́жешься> *св рефл см.* **ска́зываться**

сказите|ль <-ля> *м* Märchenerzähler(in) *m(f)*, Sagenerzähler(in) *m(f)*; **наро́дный ~** Volksmärchenerzähler *m*

ска́зк|а <-и> *ж* Märchen *nt*; **расска́зывать ска́зки кому́-л.** *перен* jdm einen Bären aufbinden

ска́зочник <-а> *м* Märchenerzähler *m*, Märchendichter *m*; **хоро́ший ~** ein guter Märchenerzähler

ска́зочно *нрч* märchenhaft, sagenhaft, unglaublich

ска́зоч|ный <-ная, -ное; -ен, -на, -но> *прил* märchenhaft, fabelhaft, sagenhaft, traumhaft; **~ принц** Märchenprinz *m*; **ска́зочная страна́** Schlaraffenland *nt*; **ска́зочное бога́тство** sagenhafter Reichtum *m*

сказу́емо|е <-го> *ср* лингв Prädikat *nt*

ска́зыва|ться <-юсь, -ешься> *нсв*, **сказа́ться** *св рефл* **1.** *(обнару́житься)* sich zeigen, zum Ausdruck kommen; *(повлия́ть)* sich auswirken; **сказа́ться на чем-л.** sich auf etw auswirken **2.** *(представля́ться за кого́-л.)* sich ausgeben für +*akk*

скака́лк|а <-и> *ж* Springseil *nt*, Sprungseil *nt*; **де́тская ~** Kindersprungseil *nt*

ск|ака́ть <-ачу́, -а́чешь> *нсв нпрх* hüpfen, springen; *(конь)* galoppieren; **~ на одно́й ноге́** auf einem Bein hüpfen; **~ во весь дух** mit verhängtem Zügel galoppieren

скаку́н <-а́> *м* Rennpferd *nt*

скал|а́ <-ы> *ж* Fels *m*; **отве́сная ~** Felswand *f*

скали́ст|ый <-ая, -ое; -, -а, -о> *прил* felsig

ска́л|ить <-ю, -ишь> *нсв*, **оска́лить** *св прх* **1.** *(зу́бы)* fletschen **2.** *разг* lachen, grinsen

ска́л|иться <-юсь, -ишься> *нсв*, **оска́литься** *св рефл* die Zähne zeigen, grinsen

ска́лк|а <-и> *ж* Rolle *f*, Mangel *f*; **раската́ть те́сто ска́лкой** den Teig mit der Teigrolle ausrollen

скалола́з <-а> *м* Kletterer *m*, Bergsteiger *m*

скалькули́р|овать <-ую, -уешь> *св прх см.* **калькули́ровать**

ска́льн|ый <-ая, -ое> *прил* Fels-; **~ райо́н** Felsgebiet *nt*; **ска́льные поро́ды** Felsgestein *nt*

скальп <ска́льпа> *м* Skalp *m*

ска́льпе|ль <-ля> *м* Skalpell *nt*

скаме́йк|а <-и> *ж* Bank *f*; **~ запасны́х** спорт Auswechselbank *f*; **садо́вая ~** Gartenbank *f*; **~ для ног** Fußschemel *m*

скамь|я́ <-и́> *ж* Bank *f*; **~ подсуди́мых** Anklagebank *f*; **со шко́льной скамьи́** von der Schulbank

сканда́л <-а> *м* Skandal *m*, Auseinandersetzung *f*; **гро́мкий ~** gewaltiger Skandal *m*; **вы́звать ~** öffentliches Ärgernis erregen

скандали́ст <-а> *м* Radaumacher *m*, Randalierer *m*

сканда́л|ить <-ю, -ишь> *нсв*, **насканда́лить** *св* **I.** *нпрх* streiten, Krach [*o* Radau] machen **II.** *прх* bloßstellen, in eine peinliche Lage bringen

сканда́|льный <-льная, -льное; -лен, -льна, -льно> *прил* skandalös, peinlich-; **сканда́льное раскры́тие** peinliche Entdeckung *f*

ска́нди|й <-я> *м* хим Skandium *nt*

скандина́в <-а> *м*, **скандина́вк|а** <-и> *ж* Skandinavier(in) *m(f)*; **дружи́ть со скандина́вами** mit Skandinaviern befreundet sein

Скандина́ви|я <-и> *ж* Skandinavien *nt*

скандина́вск|ий <-ая, -ое> *прил* skandinavisch, nordisch; **скандина́вская са́га** skandinavische Saga *f*

ска́нер <-а> *м* Scanner *m*

скани́ровани|е <-я> *ср* Scanning *nt*, Scannen *nt*; **~ докуме́нтов** Scannen *nt* von Dokumenten

скани́р|овать <-ую, -уешь> *(н)св прх* scannen

ска́плива|ться <-ю, -ешь> *нсв*, **скопи́ться** *св рефл* sich ansammeln, sich anhäufen, sich stauen

скарб <скра́ба> *м разг* Hausrat *m;* **со всем ска́рбом** mit Sack und Pack

ска́ред|ный <-ная, -ное; -ен, -на, -но> *прил* knauserig

скарлати́н|а <-ы> *ж* Scharlach *m*

ска́рмлива|ть <-ю, -ешь> *нсв,* **скорми́ть** *св прх* verfüttern

скат[1] <ска́та> *м* **1.** *(склон)* Abhang *m* **2.** *(колёсный)* Radsatz *m*

скат[2] <ска́та> *м* зоол Rochen *m*

скат[3] <ска́та> *м (ка́рты)* Skat *m;* **игра́ть в ~** Skat spielen

ската́|ть <-ю, -ешь> *св прх см.* **ска́тывать**

ска́тер|ть <-ти> *ж* Tischdecke *f;* **ска́тертью доро́га!** scher dich weg!, ab durch die Mitte!

ск|ати́ть <-ачу́, -а́тишь> *св прх см.* **ска́тывать**

ск|ати́ться <-ачу́сь, -а́тишься> *св рефл см.* **ска́тываться**

ска́тк|а <-и> *ж* Abrollen *nt*

ска́тыва|ть <-ю, -ешь> *нсв,* **ската́ть, скати́ть** *св прх* rollen, zusammenrollen; **~ бума́гу в тру́бку** das Papier zu einer Rolle zusammenrollen

ска́тыва|ться <-юсь, -ешься> *нсв,* **скати́ться** *св рефл* hinabrollen, schlittern; *перен* abgleiten; **~ с горы́ на са́нках** vom Berg mit einem Schlitten herunterfahren

ска́ут <-а> *м* Pfadfinder *m;* **руководи́тель ска́утов** Pfadfinderführer *m*

ска́утск|ий <-ая, -ое> *прил* Pfadfinder-; **~ ла́герь** Pfadfinderlager *nt*

скафа́ндр <-а> *м (водола́за)* Taucheranzug *m; (космона́вта)* Weltraumanzug *m,* Raumanzug *m*

ска́чива|ть <-ю, -ешь> *нсв,* **скача́ть** *св прх разг* herunterladen; **~ из интерне́та** aus dem Internet herunterladen

ска́чк|а <-и> *ж* Galoppieren *nt,* Rennen *nt*

ска́чки *мн* Pferderennen *nt;* **~ с препя́тствиями** Hindernisrennen *nt*

скач|о́к <-ка́> *м* Sprung *m;* **~ ло́шади** Pferdesprung *m;* **сде́лать ~** einen Sprung machen

ска́шива|ть[1] <-ю, -ешь> *нсв,* **скоси́ть** *св прх* **1.** агр mähen **2.** *перен (уничто́жить)* töten

ска́шива|ть[2] <-ю, -ешь> *нсв,* **скоси́ть** *св прх (сде́лать косы́м)* abschrägen; **скоси́ть глаза́** schielen

СКВ *сокр от* **свобо́дно конверти́руемая валю́та** frei konvertierbare Währung *f*

сква́жин|а <-ы> *ж* Spalte *f,* Sonde *f;* **замо́чная ~** Schlüsselloch *nt;* **нефтяна́я ~** Ölbohrung *f*

сквер <скве́ра> *м* Grünanlage *f*

скве́рн|а <-ы> *ж* ekelhaftes Gefühl *nt;* **очи́ститься от скве́рны** ein ekelhaftes Gefühl abschütteln

скве́рно *нрч* schlecht, schlimm, übel; **~ на душе́** sich elend fühlen; **жить ~** schlecht leben

скверносло́ви|е <-я> *ср* Fluchen *nt*

скве́р|ный <-ная, -ное; -ен, -на́, -но> *прил* abscheulich, widerwärtig; **скве́рная пого́да** Sauwetter *nt*

сквози́ть *нсв (н)прх* **1.** *безл* ziehen; **здесь сквози́т** hier zieht es **2.** *(проника́ть, просве́чивать)* durchscheinen; **свет сквози́т че́рез щель** das Licht scheint durch die Spalte **3.** *перен* durchblicken lassen

сквозн|о́й <-а́я, -о́е> *прил* Durchgangs-; **~ прое́зд** Durchgangsverkehr *m;* **~ набо́р** Durchwahl *f;* **~ опро́с** Omnibusbefragung *f*

сквозня́к <-а́> *м* Luftzug *m*

сквозь *предл* durch +*akk;* **~ дыру́** durch das Loch; **говори́ть ~ зу́бы** durch die Zähne sprechen; **как ~ зе́млю провали́лся** *перен* wie vom Erdboden verschluckt

сквор|е́ц <-ца́> *м* зоол Star *m*

скворе́чник <-а> *м* Nistkasten *m*

скеле́т <-а> *м* Skelett *nt*

ске́псис <-а> *м* Skepsis *f*

ске́птик <-а> *м* Skeptiker *m,* Zweifler *m*

скептици́зм <-а> *м* Skeptizismus *m;* **пропи́тый скептици́змом** mit Skeptizismus durchtränkt

скепти́чески *нрч* skeptisch; **~ относи́ться к пробле́ме** skeptisch an das Problem herangehen

скепти́ческ|ий <-ая, -ое> *прил* skeptisch

ски́дк|а <-и> *ж* Abschlag *m,* Ermäßigung *f,* Rabatt *m,* Abzug *m;* **опто́вая ~** Mengenrabatt *m;* **~ со страхово́й пре́мии** Bonus *m;* **~ с цены́** Preisnachlass *m;* **~ с цены́ за коли́чество** Umsatzrabatt *m;* **~ на объём зака́за** Staffelrabatt *m;* **сде́лать ски́дку** vom Preis nachlassen; **со ски́дкой** mit Abzug

ски́дыва|ть <-ю, -ешь> *нсв,* **ски́нуть** *св прх* hinunterwerfen, herunterwerfen; *разг (оде́жду)* ausziehen; *(с цены́)* (vom Preis) ablassen, nachlassen; **ски́нуть с себя́ оде́жду** sich ausziehen; **~ снег с кры́ши** den Schnee vom Dach herunterwerfen

ски́петр <-а> *м* Zepter *nt*

скипида́р <-а> *м* Terpentin *m*

скирд <скирда́> *м* Schober *m*

ски́рд|а <-ы> *ж* Schober *m*

скиса́|ть <-ю, -ешь> *нсв,* **ски́снуть** *св нпрх* sauer werden; **молоко́ ски́сло** die Milch wurde sauer

скит <ски́та> *м* Einsiedelei *f*

скита́л|ец <-ьца> *м* rastloser Wanderer *m,* Heimatloser *m*

скита́ни|е <-я> *ср* Umherirren *nt,* Wandern *nt;* **~ по све́ту** in der Welt herumirren

скита́|ться <-юсь, -ешься> *нсв нпрх* herumwandern, umherirren; **~ по бе́лу све́ту** sich in der Welt herumtreiben

скиф <ски́фа> *м* Skiff *nt*

С

склад[1] <скла́да> *м* Vorrat *m;* *(помеще́ние)* Lager *nt,* Lagerraum *m,* Depot *nt,* Lagerhaus *nt,* Speicher *m;* **~ боеприпа́сов** Munitionslager *nt;* **~ ору́жия** Waffenlager *nt;* **това́рный ~** Warenlager *nt*

склад[2] <скла́да> *м* ФИЛОС Geistesverfassung *f,* Mentalität *f;* *(гармо́ния)* Harmonie *f,* Einklang *m;* **~ хара́ктера** Charakterbeschaffenheit *f*

складиро́вани|е <-я> *ср* Lagerung *f,* Lagerhaltung *f*

склади́р|овать <-ую, -ешь> *(н)св прх* lagern, einlagern, deponieren

скла́дк|а <-и> *ж* Runzel *f,* Falte *f*

скла́дно *нрч* gewandt, fließend; **орке́стр игра́ет о́чень ~** das Orchester spielt sehr gewandt

складн|о́й <-а́я, -о́е> *прил* Klapp-; **~ нож** Klappmesser *nt;* **~ стул** Klappstuhl *m*

складск|о́й <-а́я, -о́е> *прил* Lager-; **складска́я распи́ска** Lagerschein *m;* **складски́е расхо́ды** Lagerkosten *pl;* **складско́е ме́сто** Stapel *m;* **складско́е помеще́ние** Lagerhaus *nt;* **~ запа́с** Lagerbestand *m;* **~ учёт** Lagerbuchhaltung *f;* **~ учёт по мето́ду ФИФО** FIFO-Verfahren *nt*

скла́дчат|ый <-ая, -ое; -, -а, -о> *прил* faltig

скла́дчин|а <-ы> *ж Zusammenlegen von Geldmitteln zu bestimmten Zwecken;* **в скла́дчину** auf gemeinsame Kosten

скла́дыва|ть <-ю, -ешь> *нсв,* **сложи́ть** *св прх* **1.** *(снима́ть)* ablegen; *(сгрузи́ть)* abladen; **~ ору́жие** die Waffen strecken **2.** *(уложи́ть в поря́дке)* zusammenlegen **3.** *(сочини́ть)* verfassen **4.** МАТ addieren **5.** *(согну́ть)* zusammenfalten

скла́дыва|ться <-юсь, -ешься> *нсв,* **сложи́ться** *св рефл* sich bilden, sich formieren, entstehen; *(стул)* sich zusammenklappen; **у меня́ скла́дывается тако́е впечатле́ние, что** ich habe den Eindruck gewonnen, dass

скле́ива|ть <-ю, -ешь> *нсв,* **скле́ить** *св прх* zusammenkleben

склеп <скле́па> *м* Gruft *f*

скле́р|а <-ы> *ж* АНАТ Lederhaut *f,* Sklera *f;* **~ защища́ет глаз от поврежде́ния** die Lederhaut schützt das Auge vor Verletzung

склеро́з <-а> *м* МЕД Sklerose *f,* Verkalkung *f;* **рассе́янный ~** multiple Sklerose *f;* **возрастно́й ~** Alterssklerose *f*

склóк|а <-и> *ж* Intrigen *pl;* *(ра́спри)* Zank *m;* *(сплéтни)* Klatsch *m;* **затéять склóку** tratschen

склон <склóна> *м* Abhang *m;* **крутóй ~** steiler Abhang *m*

склонéни|е <-я> *ср* Beugung *f;* ЛИНГВ Deklination *f*

скл|они́ть <-оню́, -о́нишь> *св прх см.* **склоня́ть**

скл|они́ться <-оню́сь, -о́нишься> *св рефл см.* **склоня́ться**

склóннос|ть <-ти> *ж* **1.** *(располóженность к какой-л. дéятельности)* Neigung *f,* Veranlagung *f;* **~ к му́зыке** einen Hang zur Musik haben **2.** *ирон (пристрáстие)* Vorliebe *f;* **~ к вóдке** eine Vorliebe zum Wodka haben

склóн|ный <-ная, -ное; -ен, -на, -но> *прил* geneigt, veranlagt

склоня|ть[1] <-ю, -ешь> *нсв,* **склони́ть** *св прх* **1.** *(опусти́ть)* neigen, niederbeugen; **склони́ть гóлову** den Kopf senken; **~ знамёна** die Fahnen senken **2.** *перен (привлекáть)* gewinnen; **~ когó-л. на свою́ стóрону** jdn für sich gewinnen **3.** *перен (убеждáть)* überreden; **склони́ть к мы́сли о том, что ...** zu dem Gedanken verleiten, dass ...; **склони́ть к побéгу** zu einem Ausbruch überreden **4.** ЛИНГВ deklinieren; **~ существи́тельное** das Substantiv deklinieren **5.** *перен (повторя́ть постоя́нно)* ständig wiederholen

склоня|ть[2] <-ю, -ешь> *нсв,* **просклоня́ть** *св прх* ЛИНГВ deklinieren; **~ существи́тельное** das Substantiv deklinieren

склоня́|ться <-юсь, -ешься> *нсв,* **склони́ться** *св прх* **1.** *(нагну́ться)* sich neigen, sich (nieder)beugen; **сóлнце склони́лось к закáту** die Sonne neigte sich gegen Westen **2.** ЛИНГВ dekliniert werden; **э́то существи́тельное не склоня́ется** dieses Substantiv lässt sich nicht deklinieren

склóчник <-а> *м,* **склóчниц|а** <-ы> *ж* Querulant(in) *m(f)*

склóч|ный <-ная, -ное; -ен, -на, -но> *прил разг* zänkisch, streitsüchtig; **склóчные отношéния** zänkische Beziehungen *fpl;* **~ человéк** streitsüchtiger Mensch *m*

скля́нк|а <-и> *ж* Gläschen *nt,* Fläschchen *nt;* МОР Glas *nt;* **бить скля́нки** glasen

скóб|а <-ы> *ж* Klammer *f,* Bügel *m;* МОР Schäkel *m*

скóбк|а <-и> *ж* ЛИНГВ Klammer *f;* **в скóбках** in Klammern; **постáвить что-л. в скóбки** etw in Klammern setzen; **откры́ть скóбки** die Klammern auflösen; **скажу́ в скóбках** nebenbei gesagt; **выноси́ть за скóбки** aus der Klammer nehmen, ausklammern

скобл|и́ть <-ю́, -и́шь> *нсв прх* schaben

скобян|óй <-áя, -óе> *прил* **~ завóд** Eisenwarenfabrik *f*

скóваннос|ть <-ти> *ж* Befangenheit *f,* Spannung *f;* **в егó движéниях чу́вствовалась какáя-то ~** in seinen Bewegungen spürte man eine gewisse Spannung

скóван|ный <-ная, -ное; -, -а, -о> *прил перен* gehemmt, befangen; **скóванная похóдка** starrer Gang *m*

сковáть <скую́, скуёшь> *св прх см.* **скó-**

выва́ть

сковород|а́ <-ы> *ж* (Brat)Pfanne *f;* **жа́рить на сковороде́** in der Bratpfanne braten; **~ с ру́чкой** Stielpfanne *f*

ско́выва|ть <-ю, -ешь> *нсв*, **скова́ть** *св прх* **1.** *(соединя́ть посре́дством ко́вки)* zusammenschmieden, schmieden; **~ звенья цепи́** ketten **2.** *(надева́ть це́пи)* binden, fesseln; **скова́ть престу́пника по рука́м и по нога́м** den Verbrecher an Händen und Füßen fesseln **3.** *перен (ограни́чивать возмо́жность дви́гаться)* erstarren, lähmen; **он скова́л нас взгля́дом** er hat uns mit seinem Blick gelähmt; **моро́з скова́л доли́ну** das Tal war vom Frost erstarrt

скола́чива|ть <-ю, -ешь> *нсв*, **сколоти́ть** *св прх* **1.** *(соединя́ть, прибива́я)* zusammenschlagen; **~ скаме́йку из до́сок** eine Bank aus Brettern zusammenschlagen **2.** *разг (собира́ть, организова́ть)* sammeln, zusammenbringen; **сколоти́ть компа́нию** eine Räuberbande versammeln **3.** *прост (копи́ть)* sparen; **сколоти́ть кру́пное состоя́ние** ein beträchtliches Vermögen ansammeln

скольже́ни|е <-я> *ср* Gleiten *nt*, Rutschen *nt;* **~ по мо́крой пове́рхности** Aquaplaning *nt*

сколь|зи́ть <-жу́, -зи́шь> *нсв*, **скользну́ть** *св нпрх* rutschen; **~ по пове́рхности** *перен* an der Oberfläche bleiben

ско́льз|кий <-кая, -кое; -ок, -ка́, -ко> *прил* rutschig, glitschig; *(щекотли́вый)* heikel

ско́льзко *нрч* glatt, rutschig; **здесь о́чень ~** hier ist es sehr rutschig

скользн|у́ть <-у́, -ёшь> *св нпрх см.* **скользи́ть**

скользя́щ|ий <-ая, -ее> *прил* rutschend, gleitend; **~ гра́фик** gleitende Arbeitszeit *f*

ско́лько *мест* **1.** *вопр.* wie viel; **~ тебе́ лет?** wie alt bist du?; **~ раз?** wie oft? **2.** *относит.* wie viel, soviel; **ско́лько люде́й!** so viele Menschen!; **~ я живу́** mein Leben lang

скома́нд|овать <-ую, -уешь> *св прх см.* **кома́ндовать**

скомбини́р|овать <-ую, -уешь> *св прх см.* **комбини́ровать**

ско́мка|ть <-ю, -ешь> *св прх см.* **ко́мкать**

скомплект|ова́ть <-у́ю, -у́ешь> *св прх см.* **комплектова́ть**

скомпон|ова́ть <-у́ю, -у́ешь> *св прх см.* **компонова́ть**

скомпромети́р|овать <-ую, -уешь> *св прх см.* **компромети́ровать**

сконструи́р|овать <-ую, -уешь> *св прх см.* **конструи́ровать**

ско́нто <неизм> *ср* Skonto *m*

сконфу́жен|ный <-ная, -ное; -, -а, -о> *прил* konfus, wirr, verwirrt

сконфу́|зить <-жу, -зишь> *св прх см.* **конфу́зить**

сконфу́|зиться <-жусь, -зишься> *св рефл см.* **конфу́зиться**

сконцентри́р|овать <-ую, -уешь> *св прх см.* **концентри́ровать**

сконцентри́р|оваться <-уюсь, -уешься> *св рефл см.* **концентри́роваться**

сконча́|ться <-юсь, -ешься> *св рефл* sterben, verscheiden; **вчера́ сконча́лась его́ мать** gestern verstarb seine Mutter

скопидо́мств|о <-а> *ср* Geiz *m*, Knauserigkeit *f*

скопи́р|овать <-ую, -уешь> *св прх см.* **копи́ровать**

ск|опи́ть[1] <-оплю́, -о́пишь> *св прх см.* **копи́ть**

ск|опи́ть[2] <-оплю́, -о́пишь> *св прх (кастри́ровать)* kastrieren; **~ свинью́** das Schwein kastrieren

ск|опи́ться <-о́пится> *св безл, только 3 л см.* **копи́ться, ска́пливаться**

ско́пищ|е <-а> *ср разг (скопле́ние, сбо́рище)* Ansammlung *f;* **~ люде́й** Menschenansammlung *f*

скопле́ни|е <-я> *ср* Anhäufung *f; (наро́да)* Ansammlung *f*, Anlauf *m;* **~ пассажи́ров** Andrang von Fahrgästen

ско́р|ая <-ой> *ж разг (ско́рая по́мощь)* Rettungswagen *m;* **вы́звать ско́рую** einen Rettungswagen rufen

скорб|е́ть <-лю́, -и́шь> *нсв нпрх (о ком-л./чём-л.)* trauern um *+akk*

ско́рб|ный <-ная, -ное; -ен, -на, -но> *прил (гру́стный)* traurig; **~ го́лос** traurige Stimme *f;* **ско́рбная весть** traurige Neuigkeit *f*

скорбь <ско́рби> *ж (грусть)* Trauer *f;* **глубо́кая ~ охвати́ла его́** tiefer Kummer ergriff ihn; **предава́ться ско́рби** trauern

скоре́е, скоре́й I. *прил сравнит.* schneller; *(ра́ньше)* früher, eher; **как мо́жно ~** so schnell wie möglich, schleunigst; **приходи́ скоре́е!** komm schneller! **II.** *нрч (лу́чше)* eher, lieber; *(верне́е)* vielmehr; **~ всего́** aller Wahrscheinlichkeit nach

скоре́йш|ий <-ая, -ее> *прил* der Schnellste; **пожела́ть скоре́йшего выздоровле́ния** eine gute Besserung wünschen

скорлуп|а́ <-ы> *ж* Schale *f;* **~ яйца́** Eierschale *f;* **очища́ть от скорлупы́** schälen

ск|орми́ть <-ормлю́, -о́рмишь> *св прх см.* **ска́рмливать**

скорня́к <-а́> *м* Kürschner *m*

ско́ро *нрч* **1.** *(бы́стро)* schnell **2.** *(вско́ре)* bald, demnächst; **она́ ~ вернётся** sie kommt bald zurück

скорова́рк|а <-и> *ж* Schnellkochtopf *m*

скорогово́рк|а <-и> *ж* Zungenbrecher *m*

скоропали́те|льный <-льная, -льное;

-лен, -льна, -льно> *прил разг (ско́рый, поспе́шный)* übereilt, unüberlegt, unbedacht; **~ отъе́зд** übereilte Abreise

скоропости́ж|ный <-ная, -ное; -ен, -на, -но> *прил (неожи́данный)* plötzlich; **скоропости́жная смерть актёра** der plötzliche Tod des Schauspielers

скоро́спе́лк|а <-и> *ж* frühreifende Frucht *f*; *перен* frühreife Person *f*

скоростн|о́й <-а́я, -о́е> *прил* Schnell-; **скоростна́я магистра́ль** Schnellstraße *f*

ско́рос|ть <-ти> *ж* Geschwindigkeit *f*, Tempo *nt*; *(быстрота́)* Schnelligkeit *f*; АВТО Gang *m*; **~ зву́ка** Schallgeschwindigkeit *f*; **максима́льная ~** Höchstgeschwindigkeit *f*; **~ све́та** Lichtgeschwindigkeit *f*; **сверхзвукова́я ~** Überschallgeschwindigkeit *f*; **е́хать на пе́рвой ско́рости** im ersten Gang fahren; **~ обраще́ния** Umlaufgeschwindigkeit *f*; **за́дняя ~** Rückwärtsgang *m*; **набира́ть ~** die Geschwindigkeit erhöhen

скоросшива́те|ль <-ля> *м* Schnellhefter *m*

скорота́|ть <-ю, -ешь> *св прх см.* **корота́ть**

скороте́ч|ный <-ная, -ное; -ен, -на, -но> *прил (бы́стро проходя́щий)* schnell verlaufend, flüchtig; **~ грипп** schnell verlaufende Grippe *f*

скорохо́д <-а> *м разг* Läufer(in) *m(f)*, Schnellläufer(in) *m(f)*; **он у нас ~, за ним не угна́ться** er ist unser bester Läufer, man kann ihn nicht einholen

скорпио́н <-а> *м* ЗООЛ Skorpion *m*

скорректи́р|овать <-ую, -уешь> *св прх см.* **корректи́ровать**

ско́рч|ить <-у, -ишь> *св прх см.* **ко́рчить**

ско́рч|иться <-усь, -ишься> *св рефл см.* **ко́рчиться**

ско́р|ый <-ая, -ое; -, -а́, -о> *прил* schnell, rasch; *(бы́стрый)* baldig; **в ско́ром вре́мени** bald, demnächst; **~ по́езд** Schnellzug *m*; **ско́рая по́мощь** erste Hilfe *f*; **до ско́рой встре́чи!** bis bald!; **бо́льно ты ~!** *разг* sachte, sachte!

ск|оси́ть[1] <-ошу́, -о́сишь> *св прх см.* **коси́ть, ска́шивать**

ск|оси́ть[2] <-ошу́, -о́сишь> *св прх см.* **ска́шивать**

ско|си́ться <-шу́сь, -си́шься> *св рефл см.* **коси́ться**

скот <скота́> *м* ЗООЛ Vieh *nt*; **кру́пный рога́тый ~** Rindvieh *nt*; **убо́йный ~** Schlachtvieh *nt*; **моло́чный ~** Milchkühe *pl*; **мясно́й ~** Fleischvieh *nt*

скоти́н|а <-ы> *ж* **1.** *(скот)* Vieh *nt*, Rindvieh *nt*; **пасти́ скоти́ну** das Vieh weiden **2.** *презрит, разг (ме́рзкий челове́к)* Ekel *nt*; **не доверя́й ему́, он така́я ~** traue ihm nicht, er ist ein echtes Ekel

ско́тн|ый <-ая, -ое> *прил* Vieh-; **~ двор** Viehhof *m*

скотобо́йн|я <-и> *ж* Schlachthof *m*

скотокра́дств|о <-а> *ср* Viehraub *m*, Viehdiebstahl *m*

ското́м|а <-ы> *ж* МЕД Gesichtsfeldausfall *m*, Skotom *nt*

скотомоги́льник <-а> *м* Verscharrungsplatz *m*, Aasanger *m*

ско́тск|ий <-ая, -ое> *прил* **1.** *(предназна́ченный для скота́)* Vieh-; **~ заго́н** Viehkoppel *f* **2.** *перен, разг* schlecht; **ско́тские усло́вия жи́зни** schlechte Lebensbedingungen *fpl*

скотч <ско́тча> *м* Scotch *m*; **12-ле́тний ~** 12 Jahre alter Scotch

скра́дыва|ть <-ю, -ешь> *нсв*, **скрасть** *св прх (ута́ивать, скрыва́ть)* verhüllen; **тума́н скра́дывал ко́нтуры о́зера** der Nebel verhüllte die Umrisse des Sees; **лес скра́дывает мале́йшие зву́ки маши́н** der Wald schluckt auch die geringsten Autogeräusche

скра́шива|ть <-ю, -ешь> *нсв*, **скра́сить** *св прх* verschönern; **хорошо́ сши́тое пла́тье скра́шивает её по́лную фигу́ру** der gut geschnittene Mantel verschönert ihre volle Figur; **~ жизнь** sich das Leben verschönern

скреб|о́к <-ка́> *м* Schaber *m*, Schabeisen *nt*

скре́жет <-а> *м* Knirschen *nt*; **~ колёс трамва́я** das Knirschen der Straßenbahnräder

скреж|ета́ть <-ещу́, -е́щешь> *нсв нпрх* knirschen; **~ зуба́ми** mit den Zähnen knirschen

скреп|и́ть <-лю́, -и́шь> *св прх см.* **скрепля́ть**

скре́пк|а <-и> *ж* Büroklammer *f*, Heftklammer *f*

скрепле́ни|е <-я> *ср* Befestigung *f*; ЮР Beglaubigung *f*, Besiegelung *f*, Bestätigung *f*; ТЕХ Verbindung *f*; **~ печа́тью** Besiegelung *f*; **~ по́дписью** Gegenzeichnung *f*; **болтово́е ~** Bolzenverbindung *f*

скрепля́|ть <-ю, -ешь> *нсв*, **скрепи́ть** *св прх* **1.** *(соединя́ть)* verbinden, befestigen; *(листы́ бума́ги)* zusammenheften; **~ груз кана́том** die Ladung mit einem Seil befestigen **2.** *(укрепи́ть)* festigen, stärken; **~ сою́з короле́вств династи́ческим бра́ком** den Bund der Königsfamilien durch eine dynastische Ehe festigen; **~ рукопожа́тием** durch einen Handschlag besiegeln **3.** *(удостове́рить)* bestätigen, beglaubigen, bescheinigen; **~ письмо́ печа́тью** den Brief durch einen Stempel besiegeln **4.** *(зако́нчить выступле́ние)* beenden, abschließen, vollenden; **вот и всё! – скрепи́л председа́тельствующий** das wäre alles! – schluss der Vorsitzende; **скрепя́ се́рдце** ungern, schweren Herzens

скре|сти́ <-бу́, -бёшь> *нсв нпрх* kratzen, schaben

скре|сти́сь <-бу́сь, -бёшься> *нсв рефл* knabbern, nagen; **в подва́ле скребли́сь**

мы́ши im Keller knabberten die Mäuse

скре|сти́ть <-щу́, -сти́шь> *св прх см.* **скре́щивать**

скре|сти́ться <-щу́сь, -сти́шься> *св рефл см.* **скре́щиваться**

скре́щива|ть <-ю, -ешь> *нсв,* **скрести́ть** *св прх* kreuzen; **скрести́ть ру́ки на груди́** die Arme über der Brust kreuzen; **скрести́ть шпа́ги/взгля́ды** die Degen/Ansichten kreuzen; **~ ло́шадь с ослóм** ein Pferd mit einem Esel kreuzen

скре́щива|ться <-юсь, -ешься> *нсв,* **скрести́ться** *св рефл* sich kreuzen; *перен* in die Quere kommen

скрив|и́ть <-лю́, -и́шь> *св прх см.* **криви́ть**

скрив|и́ться <-лю́сь, -и́шься> *св рефл см.* **криви́ться**

скрип <скри́па> *м* Knarren *nt;* *(сне́га)* Knirschen *nt;* *(пера́)* Kratzen *nt;* **~ открыва́ющейся две́ри** das Geknarre der sich öffnenden Tür

скрипа́ч <-а́> *м* Geiger(in) *m(f);* **изве́стный ~** berühmter Geiger *m*

скрип|е́ть <-лю́, -и́шь> *нсв,* **скри́пнуть** *св нпрх* ächzen, knarren, knirschen; **~ зуба́ми** mit den Zähnen knirschen

скрипи́чн|ый <-ая, -ое> *прил* Violin-, Geigen-; **~ конце́рт** Violinkonzert *nt;* **~ ключ** Violinschlüssel *m*

скри́пк|а <-и> *ж* Geige *f;* **игра́ть пе́рвую скри́пку** *и перен* die erste Geige spielen

скри́пн|уть <-у, -ешь> *св нпрх см.* **скрипе́ть**

скрипу́ч|ий <-ая, -ее> *прил* knarrend; **скрипу́чая дверь** knarrende Tür *f*

скро|и́ть <-ю́, -и́шь> *св прх см.* **кро́ить**

скроллба́р <-а> *м* ИНФОРМ Bildlaufleiste *f,* Rollbalken *m,* Scrollbar *m*

скро́мнича|ть <-ю, -ешь> *нсв нпрх* bescheiden tun; **не на́до ~, ты заслужи́л э́ту награ́ду!** tu nicht so bescheiden, diesen Preis hast du verdient!

скро́мно *нрч* bescheiden, einfach; **э́та де́вушка одева́ется о́чень ~** dieses Mädchen zieht sich sehr bescheiden an

скро́мнос|ть <-ти> *ж* Bescheidenheit *f;* **ло́жная ~** falsche Bescheidenheit *f*

скро́м|ный <-ная, -ное; -ен, -на́, -но> *прил* bescheiden; *(просто́й)* schlicht; **скро́мная де́вушка** einfaches Mädchen *nt;* **жить скро́мно** in bescheidenen Verhältnissen leben

скрупулёзно *нрч* skrupulös, gewissenhaft, peinlich genau; **коми́ссия ~ проверя́ла отчёт ба́нка** der Ausschuss untersucht den Bankbericht peinlich genau

скрупулёз|ный <-ная, -ное; -ен, -на, -но> *прил* skrupulös, gewissenhaft, peinlich genau; **скрупулёзная прове́рка** peinlich genaue Prüfung *f*

скру́чива|ть <-ю, -ешь> *нсв,* **скрути́ть** *св прх* **1.** *(ни́тку, папиро́су)* zusammendrehen; **~ во́лосы в туγу́ю ко́су** die Haare zu einem straffen Zopf zusammenbinden **2.** *(ту́го связа́ть)* zusammenbinden; **скрути́ть кого́-л. верёвкой** jdn mit einem Seil zusammenbinden; **скрути́ть кому́-л. ру́ки** jdm die Hände zusammenbinden **3.** *перен, разг* mitnehmen; **боле́знь скрути́ла его́** die Krankheit hat ihn sehr mitgenommen

скрыва́|ть <-ю, -ешь> *нсв,* **скрыть** *св прх* verstecken, verbergen; *(ута́ивать)* geheim halten; **не ~ чего́-л.** aus etw kein Geheimnis machen; **~ и́стину** die Wahrheit verheimlichen

скрыва́|ться <-юсь, -ешься> *нсв,* **скры́ться** *св рефл* sich verstecken, sich verbergen; *(убежа́ть)* fliehen, sich aus dem Staub machen; *(исче́знуть)* verschwinden; *(стоя́ть за чем-л.)* dahinter stecken; **~ из ви́ду** von der Bildfläche verschwinden; **за э́тим что-то скрыва́ется** da steckt etw dahinter; **~ от мили́ции** sich vor der Polizei verstecken

скры́тно *нрч* heimlich; **~ продвига́ться** sich heimlich fortbewegen

скры́тнос|ть <-ти> *ж* Verschlossenheit *f,* Zurückhaltung *f;* **не нра́вится мне его́ ~** mit gefällt seine Verschlossenheit nicht; **всё происходи́ло в по́лной скры́тности** alles verlief unter voller Geheimhaltung

скры́т|ный <-ная, -ное; -ен, -на, -но> *прил* verschlossen, zurückhaltend; **~ челове́к** verschlossener Mensch *m*

скры́т|ый <-ая, -ое; -, -а, -о> *прил* verborgen, versteckt; *(та́йный)* heimlich; **скры́тая нехва́тка, ~ недоста́ток** verborgener Mangel *m;* **скры́тая угро́за** heimliche Bedrohung *f;* **скры́тая безрабо́тица** latente Arbeitslosigkeit *f;* **скры́тая потре́бность** latenter Bedarf *m;* **~ резе́рв** stille Reserve *f;* **скры́тое распределе́ние при́были** verdeckte Gewinnausschüttung *f*

скрыть <скро́ю, скро́ешь> *св прх см.* **скрыва́ть**

скр|ы́ться <-о́юсь, -о́ешься> *св рефл см.* **скрыва́ться**

скрю́чива|ть <-ю, -ешь> *нсв,* **скрю́чить** *св прх* krümmen, biegen; **его́ скрю́чило от бо́ли** er krümmte sich vor Schmerzen

скрю́чива|ться <-юсь, -ешься> *нсв,* **скрю́читься** *св рефл* krumm werden, sich verbiegen

скрю́ч|ить <-у, -ишь> *св прх см.* **скрю́чивать**

скрю́ч|иться <-усь, -ишься> *св рефл см.* **крю́читься, скрю́чиваться**

скря́г|а <-и> *м и ж* Geizhals *m,* Geizkragen *m;* **не быть скря́гой** sich nicht lumpen lassen; **ста́рый ~** alter Geizhals *m*

ску́дно *нрч* **1.** *(немно́го)* karg, kärglich,

С

dürftig; **лáмпа ~ освещáла двор** die Lampe beleuchtete schwach den Hof **2.** *разг (недостáточно)* knapp, dürftig; **с компетéнтными кáдрами у нас óчень ~** mit kompetentem Personal ist es ziemlich knapp bei uns **3.** *разг (бéдно)* arm; **жи́ли они́ ~** sie lebten ärmlich

скýд|ный <-ная, -ное; -ен, -нá, -но> *прил* karg, mager, armselig; **~ зáвтрак** karges Frühstück *nt;* **скýдные срéдства** kärgliche Mittel *pl*

скýк|а <-и> *ж* Langeweile *f,* Überdruss *m;* **навевáть скýку на когó-л.** jdn langweilen, anöden; **разгоня́ть скýку** die Langeweile vertreiben; **э́то ужáсная ~!** das ist so langweilig!

скýл|а <-ы> *ж* АНАТ Backenknochen *m,* Jochbein *nt,* Wangenbein *nt;* **широ́кие скýлы** breite Wangenknochen *mpl*

скулáст|ый <-ая, -ое; -, -а, -о> *прил* mit hervorstehenden Wangenknochen *ntpl*

скулéни|е <-я> *ср* Winseln *nt,* Wimmern *nt*

скул|и́ть <-ю́, -и́шь> *нсв нпрх* **1.** *(ти́хо выть: собáка)* winseln; **щено́к скули́л от стрáха и хóлода** der Welpe winselte vor Angst und Kälte **2.** *презрит, разг (надоедáть жáлобами)* flennen, jammern; **перестáнь ~ и возьми́ себя́ в рýки** hör auf zu jammern und nimm dich zusammen

скýльптор <-а> *м* Bildhauer *m*

скульптýр|а <-ы> *ж* Skulptur *f*

скульптýр|ный <-ная, -ное; -ен, -на, -но> *прил* Bildhauer-; **скульптýрная компози́ция** Bildhauerkomposition *f*

скýмбри|я <-и> *ж* ЗООЛ Makrele *f*

скупá|ть <-ю, -ешь> *нсв,* **скупи́ть** *св прх* aufkaufen, abkaufen; **~ товáры** die Ware abkaufen

скуп|éц <цá> *м* Geizhals *m,* Geizkragen *m*

ск|упи́ть <-уплю́, -ýпишь> *св прх см.* **скупáть**

скуп|и́ться <-лю́сь, -и́шься> *нсв,* **поскупи́ться** *св рефл* geizen, kargen; **не ~ на похвалы́** mit Lobeserhebungen nicht geizen; **покупи́ться на нéсколько рублéй** mit ein paar Rubeln geizen; **~ на подáрки** mit Geschenken geizen

скýпк|а <-и> *ж* Ankauf *m,* Aufkauf *m;* **~ вéкселя** Wechselankauf *m*

скýпо *нрч* geizig, knauserig

скуп|óй I. <-ая, -ое; -, -á, -о> *прил* geizig, knauserig; *перен* sparsam; **он скуп на словá** er ist wortkarg; **~ человéк** geiziger Mensch *m* **II.** <-óго> *м* Geizhals *m*

скýпос|ть <-ти> *ж* Geiz *m*

скýпщик <-а> *м* Einkäufer *m,* Aufkäufer *m*

скучá|ть <-ю, -ешь> *нсв нпрх* sich langweilen; **мне нéкогда ~, у меня́ всегдá мнóго дел** ich langweile mich nie, ich habe immer viel zu tun

скучáющ|ий <-ая, -ее> *прил* gelangweilt, überdrüssig; **скучáющая пýблика** gelangweiltes Publikum *nt*

скýчен|ный <-ная, -ное; -, -а, -о> *прил разг* (zusammen)gedrängt

скучнéйш|ий <-ая, -ее> *прил* der langweiligste; **он ~ человéк** er ist ein unglaublich langweiliger Mensch

скýчно *нрч* langweilig; **мне ~** mir ist langweilig; **одни́м им бы́ло óчень ~** allein war es ihnen sehr langweilig

скучновáт|ый <-ая, -ое; -, -а, -о> *прил разг* ziemlich/etwas langweilig; **разговóр с ней был скучновáтым** das Gespräch mit ihr war ziemlich langweilig; **скучновáтая пьéса** ziemlich langweiliges Stück *nt*

скýч|ный <-ная, -ное; -ен, -нá, -но> *прил* langweilig, fade; **~ вéчер** langweiliger Abend *m*

скýша|ть <-ю, -ешь> *св нпрх см.* **кýшать**

слабáк <-á> *м ирон, разг* Schwächling *m,* Waschlappen *m*

слáбен|ький <-ькая, -ькое; -ек, -ька, -ько> *прил (слáбый)* schwächlich; **~ мáльчик** schwächlicher Junge *m*

слабé|ть <-ю, -ешь> *нсв,* **ослабéть** *св нпрх* schwach werden

слабин|á <-ы́> *ж* Schwachstelle *f*

слаби́тельно|е <-го> *ср* МЕД Abführmittel *nt*

слаби́тельн|ый <-ая, -ое> *прил* Abführ-; **слаби́тельное срéдство** Abführmittel *nt,* Laxativ *nt,* Purgativum *nt*

слабовó|льный <-льная, -льное; -лен, -льна, -льно> *прил* willensschwach

слабонéрв|ный <-ная, -ное; -ен, -на, -но> *прил разг* mit schwachen Nerven; **не для слабонéрвных** nichts für Leute mit schwachen Nerven

слаборáзвит|ый <-ая, -ое> *прил* unterentwickelt; **~ райóн** unterentwickeltes Gebiet *nt*

слабоси́|льный <-льная, -льное; -лен, -льна, -льно> *прил ирон, разг* kraftlos, schwach

слáбос|ть <-ти> *ж* Schwäche *f; (склóнность)* Vorliebe *f;* **имéть** [*или* **питáть**] **к чемý-л.** eine Schwäche für etw *akk* haben; **от слáбости** vor Schwäche

слабоýми|е <-я> *ср* Blödheit *f,* Schwachsinn *m*

слабоýм|ный <-ная, -ное; -ен, -на, -но> *прил* blödsinnig, schwachsinnig

слабохарáктернос|ть <-ти> *ж* Charakterschwäche *f*

слабохарáктер|ный <-ная, -ное; -ен, -на, -но> *прил* charakterlos; **~ человек** charakterloser Mensch *m*

слáб|ый <-ая, -ое; -, -á, -о> *прил* schwach, erschöpft, matt; *(опущéнный)* schlapp, schlaff; **слáбое мéсто** Schwachstelle *f;* **слáбая надéжда** eine schwache Hoffnung *f;* **слáбые**

нéрвы schwache Nerven *pl;* **слáбое утешéние** schwacher Trost *m;* **слáбая валю́та** weiche Währung *f;* **слáбая попы́тка** schwacher Versuch *m*

слáв|а <-ы> *ж* **1.** *(извéстность)* Ruhm *m;* **всеми́рная ~** Weltruhm *m;* **дости́гнуть слáвы** Ruhm ernten; **жáждать слáвы** nach Ruhm streben **2.** *(репутáция)* Ruf *m;* **пóльзоваться дурнóй слáвой** einen schlechten Ruf haben; **~ бóгу!** Gott sei Dank!

слави́ст <-а> *м* Slawist *m*

слави́стик|а <-и> *ж* Slawistik *f*

слáв|ить <-лю, -ишь> *нсв,* **прослáвить** *св прх* rühmen, preisen

слáв|иться <-люсь, -ишься> *нсв рефл* **1.** *(быть извéстным чем-л.)* berühmt sein, bekannt sein; **~ щéдростью** für seine Freigebigkeit bekannt sein; **э́тот райóн слáвится свои́ми ви́нами** dieses Gebiet ist durch seine Weine sehr berühmt **2.** *(быть восхваля́емым)* geehrt werden; **слáвься, Москвá!** sei geehrt, Moskau!

слáвк|а <-и> *ж* зоол Grasmücke *f*

слáвно *нрч* toll; **мы ~ провели́ кани́кулы** wir haben tolle Ferien verbracht

слáв|ный <-ная, -ное; -ен, -нá, -но> *прил* ruhmreich, glorreich; *разг (хорóший)* gut, nett; **~ мáлый** netter Kerl *m*

славословú|е <-я> *ср* Lobpreisung *f;* **читáть ~ руковóдству страны́** der Landesführung Lobeslieder singen

славяни́н <-а> *м,* **славя́нк|а** <-и> *ж* Slawe *m,* Slawin *f*

славя́нск|ий <-ая, -ое> *прил* slawisch

слагáемо|е <-го> *ср* мат Summand *m*

слагá|ть <-ю, -ешь> *нсв,* **сложи́ть** *св прх* **1.** *(положи́ть)* niederlegen; **сложи́ть с себя́ отвéтственность** sich der Verantwortung entledigen [*o* entziehen] **2.** *(сочиня́ть)* verfassen, komponieren; *(стихи́)* dichten

слагá|ться <-юсь, -ешься> *нсв,* **сложи́ться** *св рефл* sich zusammensetzen; **ценá продýкта слагáется из пяти́ компонéнтов** der Warenpreis setzt sich aus fünf Komponenten zusammen

слáден|ький <-ькая, -ькое; -ек, -ька, -ько> *прил уменьш, разг* **1.** *(немнóго слáдкий)* etwas süß, süßlich, gesüßt; **~ чай** süßlicher Tee *m* **2.** *ирон, разг* süßlich; **слáденькая улы́бка** süßliches Lächeln *nt*

слá|дить <-жу, -дишь> *св прх см.* **слáживать**

слáд|кий <-кая, -кое; -ок, -кá, -ко> *прил* süß; **слáдкое блю́до** Süßspeise *f;* **ки́сло-~** süß-sauer; **спать слáдким сном** tief schlafen

слáдко *нрч* süß; *(прия́тно)* angenehm; **от конфéт у негó стáло ~ во рту** von den Pralinen wurde ihm süß im Mund; **на душé у негó ~** ihm war warm ums Herz; **~ спать** tief schlafen

сладковáт|ый <-ая, -ое; -, -а, -о> *прил* süßlich; **~ при́вкус** süßlicher Geschmack *m*

слáдостно *нрч* angenehm; **на душé ~** ihm ist leicht ums Herz

слáдост|ный <-ная, -ное; -ен, -на, -но> *прил* wonnig, wonnevoll; **слáдостные мечты́** wonnige Träume *mpl*

сладострáсти|е <-я> *ср* Lust *f,* Wollust *f*

сладострáст|ный <-ная, -ное; -ен, -на, -но> *прил* wollüstig, geil, lüstern

слáдос|ть <-ти> *ж* **1.** *(слáдкий вкус, конди́терские издéлия)* Süße *f,* Süßigkeit *f;* **~ я́год** Beerensüße *f;* **угощáть когó-л. слáдостью** jdn mit Süßigkeiten bewirten **2.** *перен (удовóльствие)* Wonne *f;* **чýвствовать ~ жи́зни** die Wonne des Lebens spüren

слáженно *нрч разг* abgestimmt; **рабóтать ~** abgestimmt arbeiten

слáжен|ный <-ная, -ное; -, -а, -о> *прил разг (отрабóтанный)* gut abgestimmt; **хорошó ~ механи́зм** gut eingestellter Mechanismus *m*

слáжива|ть <-ю, -ешь> *нсв,* **слáдить** *св прх* **1.** *прост (устрóить)* einrichten, in Ordnung bringen **2.** *(спрáвиться)* fertig werden; **ты не смóжешь с ним ~, он сильнéе тебя́** du kannst mit ihm nicht fertig werden, er ist stärker als du

слá|зить <-жу, -зишь> *св нпрх см.* **лáзить**

слайд <-а> *м* Dia *nt;* **покáзывать ~ на экрáне** Dia zeigen

слáлом <-а> *м* Slalom *m;* **~-гигáнт** Riesenslalom *m*

слáмыва|ть <-ю, -ешь> *нсв,* **сломи́ть** *св прх и перен* brechen; **~ сопротивлéние** den Widerstand brechen

слáн|ец <-ца> *м* Schiefer *m*

слáст|и <-éй> *мн* Süßigkeiten *pl*

слать <шлю, шлёшь> *нсв прх (отправля́ть)* schicken, senden

слащáв|ый <-ая, -ое; -, -а, -о> *прил* süßlich

слéва *нрч* links

слег|á <-и́> *ж* lange Stange *f*

слегкá *нрч разг* etwas, leicht, ein wenig; **мáстер ~ хромáл** der Meister hinkte ein bisschen; **~ коснýться** *(в разговóре)* leicht berühren

след <следá> *м* Spur *f; (на охóте)* Fährte *f;* **~ ноги́** Fußspur *f;* **инверсиóнный ~** Kondensstreifen *m;* **оставля́ть следы́** Spuren hinterlassen; **напáсть на ~** die Fährte aufnehmen; **идти́ по следáм когó-л.** in jds Fußstapfen treten; **напрáвить по лóжному слéду** auf die falsche Fährte führen; **пропáсть без слéда** spurlos verschwinden; **егó и ~ просты́л** er ist auf und davon

сле|ди́ть <-жý, -ди́шь> *нсв,* **проследи́ть** *св нпрх* folgen; *(за кем-л.)* verfolgen; *(наблюдáть)* beobachten; *(выслéживать)* beschatten, bespitzeln; **~ за мóдой** der Mode folgen; **~ за собóй** auf sein Äußeres achten; **~ за хóдом чьих-л. мы́слей** mitdenken

С

следовани|е <-я> *ср (подражание)* Folgen *nt,* Nacheifern *nt*

следовате|ль <-ля> *м* Untersuchungsrichter *m;* **~ по делу о чем-л.** der Untersuchungsrichter in dem Fall ...

следовательно *сз* folglich, also; **~, я прав?** also habe ich Recht?

след|овать <-ую, -уешь> *нсв,* **последовать** *св нпрх* folgen, befolgen; *(полагаться)* (sich) gebühren, (sich) ziemen; **непосредственно ~ за чем-л.** sich reihen an *+akk;* **~ чьему-л. примеру** jds Beispiel folgen; **не следует так поступать** solches Benehmen gehört sich nicht

следопыт <-а> *м* Spurenleser *m,* Fährtensucher *m,* Pfadfinder *m;* **опытный ~** erfahrener Spurenleser *m*

следственн|ый <-ая, -ое> *прил* Untersuchungs-; **следственные органы** Untersuchungsorgane *pl*

следстви|е <-я> *ср* Folge *f,* Folgerung *f;* ЮР Untersuchung *f;* **как ~** infolge; **судебное ~** Beweisaufnahme *f*

следующ|ий I. <-ая, -ее> *прил* nächste(r, s), kommende(r, s); **на следующей неделе** nächste Woche; **следующим образом** folgendermaßen **II.** <-его> *м* Nächste(r) *f(m);* **кто ~?** wer ist der Nächste?

слеж|аться <-усь, -ишься> *св рефл см.* **слёживаться**

слежени|е <-я> *ср* Überwachung *f;* **~ за войсками противника** Überwachung der gegnerischen Truppen

слёжива|ться <-юсь, -ешься> *нсв,* **слежаться** *св рефл* (vom Liegen) zusammensacken

слежк|а <-и> *ж разг* Beobachtung *f,* Bespitzelung *f,* Beschattung *f;* **установить слежку за кем-л.** jdn unter Beschattung stellen

слез|а <-ы> *ж* Träne *f;* **крокодиловы слёзы** Krokodilstränen *pl;* **заливаться слезами** in Tränen zerfließen; **до слёз** *(обидно)* zum Heulen

слеза|ть <-ю, -ешь> *нсв,* **слезть** *св нпрх* **1.** *(спускаться)* hinunterklettern, hinuntersteigen; *(с лошади)* absitzen; **~ с дерева** vom Baum herunterklettern **2.** *(сниматься)* abgehen **3.** *(пассажир)* absteigen

слези|ться <-тся> *нсв рефл 1 л не употр.* **1.** *(наполняться слезами)* tränen; **у меня глаза слезятся от дыма** meine Augen tränen vom Rauch **2.** *(источать сок)* austreten; **берёзовый сок слезится по стволам деревьев** der Birkensaft tritt aus den Bäumen aus

слезлив|ый <-ая, -ое; -, -а, -о> *прил* **1.** *шутл, разг (плаксивый)* weinerlich **2.** *ирон, разг (сентиментальный, поверхностный)* sentimental, empfindsam, rührselig; **~ роман** sentimentaler Roman *m*

слёзн|ый <-ая, -ое> *прил* **1.** АНАТ *(выделяющий слёзы)* Tränen-; **слёзные железы** Tränendrüse *ntpl* **2.** *(полный слёз)* tränenvoll **3.** *(вызывающий сочувствие)* flehentlich, kläglich; **слёзное письмо** flehentlicher Brief *m;* **слёзная просьба** flehentliche Bitte *f*

слезотечени|е <-я> *ср* МЕД Tränenfluss *m;* **вызывающий ~** tränenerregend

слезоточив|ый <-ая, -ое; -, -а, -о> *прил* tränend, Tränen-; **~ газ** Tränengas *nt*

слезть <слезу, слезешь> *св нпрх см.* **слезать**

сленг <сленга> *м* ЛИНГВ Slang *m,* Jargon *m*

слепе|нь <-ни> *м* ЗООЛ Bremse *f*

слеп|ец <-ца> *м* Blinde(r) *f(m)*

сл|епить[1] <-еплю, -епишь> *св прх см.* **лепить**

сл|епить[2] <-еплю, -епишь> *нсв* **ослепить** *св прх* blenden

слепн|уть <-у, -ешь> *нсв,* **ослепнуть** *св нпрх* blind werden, erblinden; **он постепенно слепнет** er wird nach und nach blind; **ослепнуть на один глаз** auf einem Auge blind werden; **ты что, ослеп?** hast du keine Augen im Kopf?

слепо *нрч* blindlings, blind; **~ верить** blind vertrauen

слеп|ой I. <-ая, -ое; -, -а, -о> *прил* blind; **слепая вера** blindes Vertrauen *nt;* **~ на один глаз** auf einem Auge blind; **слепая кишка** АНАТ Blinddarm *m* **II.** <-ого> *м* Blinde(r) *f(m)*

слеп|ок <-ка> *м* Abdruck *m;* **делать ~ с ...** einen Abdruck machen von ...

слепот|а <-ы> *ж* Blindheit *f*

слесарн|ый <-ая, -ое> *прил* Schlosser-; **слесарное дело** Schlosserhandwerk *nt;* **слесарная мастерская** Schlosserei *f*

слеса|рь <-ря> *м* Schlosser *m;* **~-ремонтник** Maschinenschlosser *m*

слёт <слёта> *м (съезд, собрание)* Treffen *nt,* Kongress *m;* **~ молодых учёных** Treffen junger Wissenschaftler

слета|ть[1] <-ю, -ешь> *св нпрх* **1.** *разг (поехать и вернуться)* hin- und zurückfliegen; **~ в Москву** nach Moskau und zurück fliegen **2.** *перен, разг (очень быстро пойти и вернуться)* hinlaufen, hinflitzen; **~ в магазин** kurz ins Geschäft und laufen

слета|ть[2] <-ю, -ешь> *нсв,* **слететь** *св нпрх (падать вниз)* abfallen; **с деревьев слетают листья** die Blätter fallen von den Bäumen ab; **слететь с лошади** vom Pferd fallen

слета|ться <-юсь, -ешься> *нсв,* **слететься** *св рефл разг (собираться в одном месте)* zusammenfliegen, herbeifliegen

сле|теть <-чу, -тишь> *св нпрх см.* **слетать**[2]

сле|теться <-чусь, -тишься> *св рефл см.*

слетáться

слив <сли́ва> *м* **1.** *(вылива́ние)* Abfluss *m*, Abstechen *nt*, Ablass *m*; **~ горю́чего** Treibstoff *nt* ablassen **2.** *(устро́йство для стóка воды́)* Ablauf *m*, Auslauf *m*, Rücklauf *m*; **глубóкий ~** tiefer Ablauf *m*

сли́в|а <-ы> *ж* **1.** *(плод)* Pflaume *f* **2.** *(дéрево)* Pflaumenbaum *m*

сливá|ть <-ю, -ешь> *нсв*, **слить** *св прх* abgießen, ausgießen; *перен* vereinigen

сливá|ться <-юсь, -ешься> *нсв*, **сли́ться** *св рефл* zusammenfließen, sich vermischen; *перен* verschmelzen; *(соединя́ться)* fusionieren, sich vereinigen

сли́вк|а <-и> *ж* Zusammengießen *nt*, Abgießen *nt*

сли́в|ки <-ок> *мн* Sahne *f*, Rahm *m*; **взби́тые ~** Schlagsahne *f*; **снимáть ~** *и перен* den Rahm abschöpfen; **~ óбщества** *перен* Prominenz *f*, Crème de la crème *f*

сливн|óй <-áя, -óе> *прил* **1.** *(сли́тый из рáзных сосýдов)* gemischt; **сливнóе молокó** *(от рáзных корóв)* gemischte Milch *f* **2.** *(предназнáченный для сли́ва)* Ablauf-; **сливная я́ма** Ablaufgrube *f*

сли́вов|ый <-ая, -ое> *прил* Pflaumen-; **~ компóт** Pflaumenkompott *nt*

сли́вочн|ый <-ая, -ое> *прил* Sahne-, Rahm-; **~ крем** Sahnecreme *f*; **сли́вочное мáсло** Butter *f*

сли́зист|ый <-ая, -ое; -, -а, -о> *прил* schleimig; **сли́зистая оболóчка** Schleimhaut *f*

слизн|ýть <-у, -ёшь> *св прх см.* **сли́зывать**

слизня́к <-á> *м* **1.** ЗООЛ Egelschnecke *f* **2.** *презрит, разг* charakterloser Mensch, Schleimer *m*

сли́зыва|ть <-ю, -ешь> *нсв*, **слизнýть** *св прх* ablecken

слизь <сли́зи> *ж* Schleim *m*

слиня́|ть <-ю, -ешь> *св нпрх см.* **линя́ть**

слипá|ться <-юсь, -ешься> *нсв*, **сли́пнуться** *св рефл* zusammenkleben; *(о глазáх)* zufallen

сли́тн|ый <-ая, -ое> *прил* verbunden; **сли́тное написáние слов** Zusammenschreibung *f* der Wörter

сли́т|ок <-ка> *м* *(зóлота)* Barren *m*

слить <солью́, сольёшь> *св с прх см.* **сливáть**

сли́ться <солью́сь, сольёшься> *св с рефл см.* **сливáться**

сли́шком *нрч* zu, zu viel, zu sehr; **~ дóрого** zu teuer; **э́то ужé ~** das ist zu viel; **зайти́ ~ далекó** zu weit gehen

слия́ни|е <-я> *ср* Verschmelzung *f*, Integration *f*; **~ предприя́тий** Betriebszusammenschluss *m*, Unternehmensverschmelzung *f*

слобод|á <-ы́> *ж* *(посёлок)* Siedlung *f*, Kolonie *f*; **вдоль реки́ тя́нутся слóбоды** die Siedlungen ziehen sich dem Fluss entlang

Словáки|я <-и> *ж* Slowakei *f*

словáрн|ый <-ая, -ое> *прил* Wörterbuch-, Wort-; **~ запáс** Wortschatz *m*

словá|рь <-ря́> *м* Wörterbuch *nt*; ЛИНГВ Wortschatz *m*; **энциклопеди́ческий ~** Lexikon *nt*; **иллюстри́рованный ~** Bildwörterbuch *nt*

словáцк|ий <-ая, -ое> *прил* slowakisch

Словéни|я <-и> *ж* Slowenien *nt*

словéснос|ть <-ти> *ж* Schrifttum *nt*; **истóрия словéсности** Literaturgeschichte *f*; **изучáть ~ Дрéвней Руси́** das Schrifttum des alten Rus, studieren

словéсн|ый <-ая, -ое> *прил* verbal; **словéсная дуэ́ль** Wortgefecht *nt*; **словéсная игрá** Wortspiel *nt*

словéчк|о <-а> *ср* *(слóво)* Wort *nt*; **люби́мое ~** Lieblingswort *nt*; **замóлвить ~ за когó-л.** ein gutes Wort für jdn einlegen

сл|ови́ть <-овлю́, -óвишь> *св прх прост* fangen, erwischen

слóвник <-а> *м* Wörterliste *f*, Stichwortverzeichnis *nt*

слóвно *сз* *(как)* wie; *(бýдто)* als ob

слóв|о <-а> *ср* Wort *nt*; **заглáвное ~** *(в словарé)* Stichwort *nt*; **привéтственное ~** Begrüßung *f*, Grußwort *nt*; **брать ~** das Wort ergreifen; **брать ~ с когó-л.** jdm ein Versprechen abnehmen; **давáть ~** sein Wort geben; **держáть дáнное ~** sein Wort halten; **поймáть на слóве когó-л.** jdn beim Wort nehmen; **он за слóвом в кармáн не полéзет** er ist nicht auf den Mund gefallen; **без слов** wortlos; **~ в ~** *(дословно)* wortwörtlich; **други́ми словáми** mit anderen Worten

словоохóтлив|ый <-ая, -ое; -, -а, -о> *прил* redselig

словосочетáни|е <-я> *ср* ЛИНГВ Wortverbindung *f*, Wortgefüge *nt*; **устóйчивое ~** feste Wortverbindung *f*

слог <слóга> *м* **1.** *(часть слóва)* Silbe *f* **2.** *(стиль)* Stil *m*; **высóким слóгом** in hohem Stil

слóган <-а> *м* Slogan *m*

слоён|ый <-ая, -ое> *прил* Blätterteig-; **~ пирóг** Blätterteiggebäck *nt*; **слоёное тéсто** Blätterteig *m*

сложéни|е <-я> *ср* **1.** МАТ Addition *f* **2.** *(сочинéние)* Verfassen *nt*, Komponieren *nt* **3.** *(полномóчий)* Niederlegung *f*

слóжен|ный <-ная, -ное; -, -а, -о> *прил* *разг* (gut) gebaut; **хорошó слóженная дéвушка** ein gut gebautes Mädchen

сложи́вш|ийся <-аяся, -ееся> *прил* *(истори́чески)* gewachsen, entstanden

сл|ожи́ть <-ожý, -óжишь> *св прх см.* **склáдывать, слагáть**

сл|ожи́ться <-ожýсь, -óжишься> *св рефл см.* **склáдываться, слагáться**

сложнéйш|ий <-ая, -ее> *прил* der schwie-

С

rigste; ~ **механи́зм** ein überaus komplizierter Mechanismus

слóжно *нрч* 1. *(трýдно)* kompliziert, verwickelt, schwierig; **э́ту задáчу реши́ть ~** diese Aufgabe ist schwierig zu lösen 2. *(из мнóгих частéй)* zusammengesetzt; **э́тот механи́зм устрóен ~** dieser Mechanismus besteht aus vielen zusammengesetzten Teilen

слóжнос|ть <-ти> *ж* Schwierigkeit *f*, Kompliziertheit *f*; **в óбщей слóжности** alles in allem, summa summarum

слóж|ный <-ная, -ное; -ен, -нá, -но> *прил* 1. *(составнóй)* zusammengesetzt; **слóжное слóво** лингв Kompositum *nt* 2. *(не простóй)* kompliziert; *(запýтанный)* verwickelt; **у негó ~ харáктер** er hat einen schwierigen Charakter

слоист|ый <-ая, -ое; -, -а, -о> *прил* Schicht(en)-, geschichtet; **слоистые облакá** geschichtete Wolken *fpl*

сло|й <-я> *м* 1. *(пласт)* Schicht *f*, Lage *f*; ~ **крáски** eine Schicht Farbe 2. *(óбщества)* Schicht *f*; **социáльный ~** Gesellschaftsschicht *f*

слом <слóма> *м* Verschrotten *nt*, Wiedereinschmelzen *nt*, Abbruch *m*, Abriss *m*; *(слóманное мéсто)* Bruch *m*, Riss *m*; **стáрые автомоби́ли идýт на ~** die alten Wagen gehen in die Verschrottung; **мéсто слóма обнарýжить нельзя́** man kann die Bruchstelle nicht genau bestimmen

слóман|ный <-ная, -ное; -, -а, -о> *прил* kaputt, zerbrochen, abgebrochen

сломá|ть <-ю, -ешь> *св прх см.* **ломáть**

сломá|ться <-юсь -ешься> *св рефл см.* **ломáться**

сл|оми́ть <-омлю́, -óмишь> *св прх см.* **слáмывать**

слóмлен|ный <-ная, -ное; -, -а, -о> *прил* gebrochen; *и перен* niedergeschlagen

сломя́ *нрч разг* **бежáть ~ гóлову** Hals über Kopf wegrennen

слон <слонá> *м*, **слони́ха** *ж* Elefant *m*, Elefantenkuh *f*

слонён|ок <-ка> *м* Elefantenjunge *m*

слонóв|ый <-ая, -ое> *прил* Elfenbein-; зоол Elefanten-; **бáшня из слонóвой кóсти** *перен* Elfenbeinturm *m*; **слонóвая кость** Elfenbein *nt*; **слонóвая болéзнь** мед Elefantiasis *f*

слоня́|ться <-юсь, -ешься> *нсв рефл разг* (umher)schlendern, sich herumtreiben, herumlungern; ~ **без дéла** untätig sein

слóпа|ть <-ю, -ешь> *св прх см.* **лóпать**

слуг|á <-и́> *м*, **служáнк|а** <-и> *ж и перен* Diener(in) *m(f)*

служáк|а <-и> *ж разг (воéнный)* Militärperson *f*

слýжащ|ий <-его> *м* Angestellte(r) *f(m)*; **контóрский ~** Büroangestellte(r) *f(m)*; **госудáрственный ~** Staatsbeamte(r) *f(m)*

слýжб|а <-ы> *ж* 1. *(отделéние)* Abteilung *f*; ~ **мáркетинга** Marketingabteilung *f*; ~ **материáльно-техни́ческого снабжéния** Einkauf *m*; ~ **портьé** Empfang *m* 2. адм Dienst *m*, Amt *m*; ~ **госбезопáсности** Staatssicherheitsdienst *m*; ~ **знакóмств** Heiratsvermittlung *f*; ~ **информáции** Nachrichtendienst *m*; **альтернати́вная ~** Zivildienst *m*; **госудáрственная ~** Staatsdienst *m*; **действи́тельная ~** Grundwehrdienst *m*; **не в слýжбу, а в дрýжбу** als kleiner Freundschaftsdienst; ~ **зáнятости** Arbeitsamt *nt*; ~ **контрóля над цéнами** Preisbehörde *f*; ~ **услýг населéнию** Bürgerservice *m*; **приня́ть на слýжбу** anstellen 3. религ Gottesdienst *m*, Messe *f*

служéбн|ый <-ая, -ое> *прил* dienstlich, Dienst-; **служéбная инстрýкция** Dienstanweisung *f*; **служéбная кварти́ра** Dienstwohnung *f*; **служéбная командирóвка** Dienstreise *f*; **служéбная маши́на** Dienstwagen *m*; **служéбное мéсто** Dienststelle *f*; **служéбное положéние** Dienststellung *f*; ~ **порядок** Dienstweg *m*; **служéбная запи́ска** Aktennotiz *f*; **служéбная тáйна** Dienstgeheimnis *nt*; **служéбная характери́стика** Personalbeurteilung *f*; **служéбное слóво** лингв Hilfswort *nt*; **служéбные обя́занности** Amtspflicht *f*; **исполнéние служéбных обя́занностей** Amtsführung *f*; **сложéние с себя́ служéбных обя́занностей** Amtsniederlegung *f*

служéни|е <-я> *ср* Dienst *m*; ~ **наýке/рóдине** Dienst an der Wissenschaft/Heimat

служи́те|ль <-ля> *м* 1. *(слугá)* Diener *m*; ~ **тракти́ра** истор Wirtshausdiener *m* 2. *(слýжащий в организáции или учреждéнии)* Wärter *m*; ~ **музéя** Museumswärter *m*

служ|и́ть <-ý, -ишь> *нсв*, **послужи́ть** *св нпрх* 1. *(в чём-л.)* dienen; ~ **в áрмии** seinen Wehrdienst ableisten 2. *книжн (комý-л./чемý-л.)* dienen, zu Diensten stehen 3. *(чем-л.)* dienen als *+пот*; ~ **доказáтельством** als Beweis dienen

слýжк|а <-и> *ж* религ Diener *m*

слукáв|ить <-лю, -ишь> *св нпрх см.* **лукáвить**

слух <слýха> *м* 1. анат Gehör *nt*; **обладáющий тóнким слýхом** mit einem feinen Gehör 2. *перен* Gerücht *nt*; **опровергáть слýхи** Gerüchte dementieren; **пускáть ~** ein Gerücht verbreiten; **распространя́ть слýхи** Gerüchte in die Welt setzen [*o* verbreiten]

слухов|óй <-áя, -óе> *прил* Gehör-, Hör-; ~ **аппарáт** Hörgerät *nt*

слýча|й <-я> *м* 1. *(случáйность)* Zufall *m*; **по счастли́вому слýчаю** durch einen glücklichen Zufall 2. *(пóвод)* Anlass *m* 3. *(возмóжность)* Gelegenheit *f*; **воспóльзоваться удóбным слýчаем** die günstige

Gelegenheit nutzen; **для э́того мне до сих пор не предста́вился ~** dazu habe ich noch keine Gelegenheit gehabt **4.** *(собы́тие, происше́ствие)* Begebenheit *f;* **несча́стный ~** Unglück *nt;* *(катастро́фа)* Unfall *m;* **в любо́м слу́чае** auf jeden Fall, auf alle Fälle; **в слу́чае, е́сли** falls, wenn; **во́лей слу́чая** durch (reinen) Zufall; **на вся́кий ~** vorsichtshalber, für alle Fälle; **на тот ~, что** für den Fall, dass; **от слу́чая к слу́чаю** gelegentlich, ab und zu; **по слу́чаю** anlässlich

случа́йно *нрч* zufällig, zufälligerweise, durch Zufall; **узна́ть о чем-л. ~** durch Zufall etw erfahren; **~ встре́титься** sich zufällig treffen

случа́йнос|ть <-ти> *ж* Zufall *m*

случа́|йный <-йная, -йное; -ен, -йна, -йно> *прил* zufällig; *(при слу́чае)* gelegentlich; **случа́йное знако́мство** Zufallsbekanntschaft *f;* **случа́йная поку́пка** Gelegenheitskauf *m;* **~ покупа́тель** Laufkunde *m;* **случа́йная рабо́та** Gelegenheitsarbeit *f;* **случа́йная сде́лка** Gelegenheitsgeschäft *nt*

случа́|ться <-юсь, -ешься> *нсв,* **случи́ться** *св рефл* geschehen, passieren; **что случи́лось?** was ist los?

слу́шани|е <-я> *ср* ЮР Anhörung *f*

слу́шате|ль <-ля> *м,* **слу́шательниц|а** <-ы> *ж* Zuhörer(in) *m(f); мн* Zuhörerschaft *f*

слу́ша|ть <-ю, -ешь> *нсв,* **послу́шать** *св прх* hören; *(внима́тельно)* zuhören; МЕД abhorchen; *(радиоста́нцию)* empfangen; *(сове́та)* folgen, befolgen; *(слу́шаться)* gehorchen; **~ сона́ту** eine Sonate hören; **послу́шай(те)!** hören Sie zu!

слу́ша|ться <-юсь, -ешься> *нсв,* **послу́шаться** *св рефл* **1.** *(подчиня́ться)* gehorchen; **~ роди́телей** auf die Eltern hören **2.** *то́лько в 1 л ед (отве́т на прика́з)* **слу́шаюсь!** zu Befehl!

слыть <слыву́, слывёшь> *нсв нпрх* gelten, den Ruf haben; **они́ слы́ли лу́чшими специали́стами в э́тих дела́х** sie galten als die besten Spezialisten in diesen Dingen

слыха́ть *нсв,* **услы́хать** *св нпрх наст. вр. не употр.* **1.** *(знать, быть в ку́рсе)* hören, informiert sein; **мы об э́том ничего́ не слыха́ли** darüber haben wir nichts gehört **2.** *(слы́шно)* zu hören sein; **о но́вом прое́кте пока́ ничего́ не ~** von dem neuen Projekt haben wir noch nichts gehört

слы́ш|ать <-у, -ишь> *нсв,* **услы́шать** *св прх* hören, vernehmen; **стари́к о́чень пло́хо слы́шит** der Alte ist schwerhörig; **вы слы́шали о но́вых спо́собах лече́ния?** haben Sie von den neuen Behandlungsmethoden gehört?; **слы́шите, что я вам говорю́?** hört ihr, was ich euch sage?; **где э́то слы́хано, чтоб ...?** wo gibt's denn so was, dass ...?

слы́ш|аться <-ится> *нсв,* **послу́шаться** *св безл, то́лько 3 л (раздава́ться)* ertönen, erschallen; **из маши́ны слы́шится гро́мкая му́зыка** aus dem Wagen ist laute Musik zu hören

слы́шимос|ть <-ти> *ж* Hörbarkeit *f;* *(ра́дио)* Empfang *m,* Tonqualität *f*

слы́шим|ый <-ая, -ое; -, -а, -о> *прил* hörbar

слы́шно *нрч* zu hören sein; **в за́ле ничего́ не́ было ~** im Saal konnte man nichts hören; **о ней ничего́ не ~** von ihr hat man nichts gehört; **стук был слы́шен о́чень отчётливо** das Klopfen war sehr deutlich zu hören

слы́ш|ный <-ная, -ное; -ен, -на́ -но> *прил* hörbar

слэнг <слэ́нга> *м* Slang *m*

слюд|а́ <-ы́> *ж* Glimmer *m*

слюдян|о́й <-а́я, -о́е> *прил* Glimmer-; **слюдяна́я чешуя́** Glimmerschuppe *f;* **~ сла́нец** Glimmerschiefer *f*

слюн|а́ <-ы́> *ж* Spucke *f,* Speichel *m;* **бры́згать слюно́й** geifern; **пуска́ть слю́ни** sabbern; **распусти́ть слю́ни** (be)sabbern; **у него́ потекли́ слю́ни** ihm lief das Wasser im Munde zusammen

слю́нн|ый <-ая, -ое> *прил* Speichel-; **слю́нные желёзы** Speicheldrüsen *pl*

слюнотече́ни|е <-я> *ср* Speichelfluss *m*

слюнтя́|й <-я> *м презрит* Schlappschwanz *m,* Schwächling *m*

слюня́в|ый <-ая, -ое; -, -а, -о> *прил разг* sabbernd; **~ ребёнок** sabberndes Kind *nt*

сля́кот|ный <-ная, -ное; -ен, -на, -но> *прил разг* matschig

сля́ко|ть <-ти> *ж* Matsch *m*

СМ *сокр от* **Сове́т Мини́стров** Ministerrat *m*

сма́|зать <-жу, -жешь> *св прх см.* **сма́зывать**

сма́зк|а <-и> *ж* **1.** *(де́йствие)* Schmieren *nt,* Schmierung *f;* *(жи́ром)* Einfetten *nt;* *(ма́слом)* Einölen *nt* **2.** *(вещество́)* Schmiermittel *nt*

смазли́в|ый <-ая, -ое; -, -а, -о> *прил ирон, разг (милови́дный, хоро́шенький)* niedlich, hübsch; **смазли́вое лицо́** niedliches Gesicht *nt*

сма́зывани|е <-я> *ср* ТЕХ (Ab)schmieren *nt,* Schmierung *f;* **~ осе́й автомоби́ля** Schmieren *nt* der Wagenachsen

сма́зыва|ть <-ю, -ешь> *нсв,* **сма́зать** *св прх* **1.** *(покрыва́ть сма́зкой)* (ein)schmieren; **~ жи́ром** (ein)fetten; **~ две́ри** die Tür ölen **2.** *(стере́ть)* abwischen, verschmieren **3.** *перен, разг (вопро́с)* verwischen, vertuschen; **~ ко́нтуры фотогра́фии** die Bildumrisse verwischen **4.** *(дать взя́тку)* bestechen

смак <сма́ка> *м* Geschmack *m;* **со сма́ком** mit Genuss, mit Geschmack

смак|ова́ть <-у́ю, -у́ешь> *нсв прх* mit Genuss kosten; *перен* genießen

сма́нива|ть <-ю, -ешь> *нсв,* **смани́ть** *св*

С

прх разг (привле́чь, соблазни́ть) (weg)locken; **~ у кого́-л. клие́нтов** jdm die Kunden weglocken

смара́гд <-а> *м* Smaragd *m*

смастер|и́ть <-ю́, -и́шь> *св прх см.* **мастери́ть**

сма́тыва|ть <-ю, -ешь> *нсв*, **смота́ть** *св прх* (auf)wickeln, (ab)wickeln; **~ про́волоку** den Draht aufwickeln; **~ у́дочки** verduften, sich aus dem Staub machen

сма́тыва|ться <-юсь, -ешься> *нсв*, **смота́ться** *св рефл* **1.** *(свива́ться в клубо́к)* sich zusammenkauern **2.** *перен (уходи́ть)* schnell verschwinden; **ну́жно бы́стро ~** wir müssen schnell verschwinden **3.** *перен, разг (сходи́ть)* **~ в го́род за поку́пками** in die Stadt bummeln gehen

сма́хива|ть[1] <-ю, -ешь> *нсв*, **смахну́ть** *св прх* abwerfen, abschütteln; *(пыль)* abstauben; **смахну́ть слезу́** eine Träne abwischen; **~ кро́шки со стола́** die Krümel vom Tisch abwischen

сма́хива|ть[2] <-ю, -ешь> *нсв нпрх разг (быть похо́жим на кого́-л.)* ähnlich sehen, ähneln; *(на кого́-л.)* erinnern an *+dat;* **он сма́хивает на отца́** er sieht seinem Vater ähnlich

смахн|у́ть <-у, -ешь> *св прх см.* **сма́хивать**[1]

сма́чива|ть <-ю, -ешь> *нсв*, **смочи́ть** *св прх* anfeuchten

сма́чно *нрч* **1.** *разг (с аппети́том)* mit Geschmack; **он ~ ел пирожки́** er aß mit Genuss Gebäck **2.** *разг (с удово́льствием)* gern; **~ расска́зывать о како́м-л. собы́тии** gern von einem Ereignis erzählen

сма́ч|ный <-ная, -ное; -ен, -на, -но> *прил разг (со́чный)* saftig, saftvoll; **сма́чная ка́ша (с ма́слом)** saftiger Brei (mit Butter); **сма́чное словцо́** schöne Worte

сме́жа|ть <-ю, -ешь> *нсв*, **смежи́ть** *св прх (сомкну́ть)* schließen; **смежи́ть глаза́** die Augen(lider) schließen

сме́жник <-а> *м* Zulieferer *m*, Zulieferbetrieb *m*

сме́ж|ный <-ная, -ное; -ен, -на, -но> *прил (прилега́ющий)* angrenzend, anliegend; *(сосе́дний)* benachbart; **сме́жная ко́мната** Nebenzimmer *nt;* **сме́жное предприя́тие** kooperierender Betrieb; **сме́жные углы́** МАТ Nebenwinkel *pl*

смека́лист|ый <-ая, -ое; -, -а, -о> *прил разг (сообрази́тельный)* schnell von Begriff, aufgeweckt; **~ игро́к** findiger Spieler *m*

смека́лк|а <-и> *ж разг* Grips *m*, Auffassungsgabe *f*

смека́|ть <-ю, -ешь> *нсв*, **смекну́ть** *св прх разг (понима́ть)* begreifen, kapieren; **смекну́ть, в чём де́ло** den Braten riechen

смеле́|ть <-ю, -ешь> *нсв*, **осмеле́ть** *св прх* Mut fassen, sich ein Herz fassen

сме́ло *нрч* kühn, tapfer, mutig; **бро́ситься ~ на по́мощь** furchtlos zur Hilfe eilen

сме́лос|ть <-ти> *ж* Mut *m*, Kühnheit *f;* **~ в приня́тии реше́ний** Entschlussfreudigkeit *f;* **брать на себя́ ~** Mut fassen

сме́л|ый <-ая, -ое; -, -а́, -о> *прил* mutig, kühn

смельча́к <-а́> *м (сме́лый челове́к)* Kühne(r) *f(m)*, Waghals *m*

сме́н|а <-ы> *ж* **1.** *(заме́на)* Wechsel *m;* *(дежу́рных)* Ablösung *f;* **~ вла́сти** Machtwechsel *m;* **~ владе́льца** Besitzwechsel *m;* **~ впечатле́ний** Tapetenwechsel *m*, Abwechslung *f;* **~ вы́вески** Etikettenschwindel *m;* **~ карау́ла** Wachablösung *f;* **~ кли́мата** Klimawechsel *m;* **~ ма́сла** АВТО Ölwechsel *m;* **~ прави́тельства** Regierungswechsel *m;* **~ роле́й** Rollentausch *m;* **~ убежде́ний** Gesinnungswandel *m* **2.** *(на заво́де)* Schicht *f;* **пе́рвая ~** Frühschicht *f;* **дневна́я ~** Tagesschicht *f;* **учи́ться в пе́рвую сме́ну** vormittags Unterricht haben; **отраба́тывать сме́ну** die Schicht machen **3.** *(поколе́ние)* Nachwuchs *m*

см|ени́ть <-еню́, -е́нишь> *св прх см.* **сменя́ть**

см|ени́ться <-еню́сь, -е́нишься> *св рефл см.* **сменя́ться**

сме́нн|ый <-ая, -ое> *прил* austauschbar, Schicht-; **сме́нная рабо́та** Schichtarbeit *f*

сме́нщик <-а> *м* Ablösung *f;* **мой ~ прихо́дит к десяти́** meine Ablösung kommt gegen Zehn; **рабо́тать сме́нщиком у кого́-л.** mit jdm in Schichtwechsel arbeiten

сменя́|ть <-ю, -ешь> *нсв*, **смени́ть** *св прх* **1.** *(переменя́ть)* (aus)wechseln, umtauschen; **смени́ть профе́ссию** den Beruf wechseln; **смени́ть те́му** das Thema wechseln **2.** *(замени́ть собо́й)* ersetzen, ablösen; **смени́ть карау́л** die Wache ablösen; **смени́ть колле́гу** den Kollegen ablösen

сменя́|ться <-юсь, -ешься> *нсв*, **смени́ться** *св рефл* wechseln; *(на посту́)* abgelöst werden; **испу́г смени́лся ра́достью** der Schreck wandelte sich in Freude

смер|де́ть <-жу́, -ди́шь> *нсв нпрх* stinken

смерза́|ться <-юсь, -ешься> *нсв*, **смёрзнуться** *св рефл* zusammenfrieren; **земля́ смерзлась как ка́мень** die Erde gefror zu Stein

сме́р|ить <-ю, -ишь> *св прх см.* **ме́рить**

смерка́|ться <-ется> *нсв безл, только 3 л* es dämmert

смерте́льно *нрч* tödlich; **смерте́льно больно́й** todkrank; **смерте́льно уста́лый** todmüde; **~ ненави́деть** tödlich hassen

смерте́|льный <-льная, -льное; -лен, -льна, -льно> *прил* tödlich; **~ враг** tödlicher Feind *m;* **смерте́льная ра́на** tödliche Wunde *f*

сме́ртник <-а> *м (осуждённый на ка́знь)*

zum Tode Verurteilte(r) *f(m)*; **кáмера смéртника** Todeszelle *f*

смéртнос|ть <-ти> *ж* Sterblichkeitsrate *f*

смéрт|ный I. <-ная, -ное; -ен, -на, -но> *прил* sterblich; **смéртная казнь** Todesstrafe *f*; **на смéртном одрé** auf dem Totenbett; **~ приговóр** Todesurteil *nt* II. <-ного> *м* Sterbliche(r) *m*

смертонóс|ный <-ная, -ное; -ен, -на, -но> *прил (причиня́ющий смерть)* tödlich; **смертонóсное орýжие** tödliche Waffe *f*; **смертонóсный удáр** Todesschlag *m*

смерть <смéрти> *ж* Tod *m*; **я устáл до смéрти** ich bin todmüde; **напугáть когó-л. до смéрти** jdm eine Todesangst einjagen; **спасти́ от смéрти** vor dem Tod retten

смерч <смéрча> *м* Windhose *f*, Wirbelsturm *m*, Tornado *m*; **песчáный ~** Sandhose *f*

см|еси́ть <-ешý, -éсишь> *св прх см.* **меси́ть**

см|ести́ <-етý, -етёшь> *св прх см.* **сметáть**

см|ести́ть <-ещý, -éстишь> *св прх см.* **смещáть**

см|ести́ться <-ещýсь, -éстишься> *св рефл см.* **смещáться**

смесь <смéси> *ж* Gemisch *nt*, Mischung *f*

смéт|а <-ы> *ж* экон Finanzplan *m*, Voranschlag *m*, Kostenvoranschlag *m*; **состáвить смéту** einen Kostenvoranschlag machen; **внести́ в смéту** in Anschlag bringen

сметáн|а <-ы> *ж* saure Sahne *f*; **борщ со сметáной** Borschtsch *m* mit saurer Sahne

сметá|ть <-ю, -ешь> *нсв*, **смести́** *св прх* wegfegen, abfegen; **смести́ с лицá земли́** dem Erdboden gleichmachen

смéтк|а <-и> *ж* Auffassungsgabe *f*

смéтн|ый <-ая, -ое> *прил* экон Kostenvoranschlags-, Planungs-; **смéтная при́быль** kalkulatorischer Gewinn *m*; **смéтная стóимость** Plankosten *pl*, Preis laut Kostenvoranschlag; **смéтные затрáты** Sollkosten *pl*; **смéтные издéржки** Standardkosten *pl*, Sollkosten *pl*; **смéтные расхóды** Vorgabekosten *pl*

сметь <смéю, смéешь> *нсв*, **посмéть** *св нпрх* wagen, sich trauen; *(быть позвóленным)* dürfen; **не смей!** das darfst du nicht!

смех <смéха> *м* Lachen *nt*, Gelächter *nt*; **тогдá емý бýдет не до смéха** dann wird ihm das Lachen vergehen; **поднимáть когó-л. на ~** jdn zum Gespött machen; **смéха рáди** spaßeshalber, zum Spaß

смехотвóрнос|ть <-ти> *ж* Lächerlichkeit *f*

смехотвóр|ный <-ная, -ное; -ен, -на, -но> *прил* lächerlich, lachhaft

смéшан|ный <-ная, -ное; -, -а, -о> *прил* gemischt; **~ брак** Mischehe *f*; **~ концéрн** Mischkonzern *m*; **~ маркéтинг** Marketing-Mix *m*; **смéшанная дéятельность** gemischte Tätigkeit *f*; **смéшанная компáния** Doppelgesellschaft *f*; **~ лес** Mischwald *m*; **смéшанная пóшлина** Mischzoll *m*; **смéшанная фи́рма** gemischte Firma *f*; **смéшанные чýвства** gemischte Gefühle *ntpl*

смешá|ть <-ю, -ешь> *св прх см.* **смéшивать**

смешá|ться <-юсь, -ешься> *св рефл см.* **смéшиваться**

смешéни|е <-я> *ср (смесь)* (Ver)Mischen *nt*, Verwirrung *f*, Verwechslung *f*; **всех поражáло ~ сти́лей в архитектýре э́того гóрода** der Stilwirrwarr in der Architektur dieser Stadt verblüffte alle

смéшива|ть <-ю, -ешь> *нсв*, **смешáть** *св прх* 1. *(для получéния смéси)* (ver)mischen, vermengen; **~ два цвéта крáски** zwei Farben vermischen; **~ колóду карт** ein Spiel Karten mischen; **~ раствóр** хим eine Lösung ansetzen; **не ~** auseinander halten 2. *(привести́ в беспоря́док)* vermischen, verwirren 3. *(перепýтать)* verwechseln, durcheinander bringen; **~ бли́зкие поня́тия** ähnliche Begriffe verwechseln

смéшива|ться <-юсь, -ешься> *нсв*, **смешáться** *св рефл* 1. *(сли́ться вмéсте)* sich vermischen; **óба зáпаха смешáлись в оди́н** die zwei Düfte haben sich zu einem vermischt; **смешáться с толпóй** in der Menge verschwinden; **тóлпы нарóда смешáлись на плóщади** die Menschenmengen vermischten sich auf dem Platz 2. *(прийти́ в беспоря́док)* in Unordnung geraten 3. *(смути́ться)* in Verwirrung geraten

смеш|и́ть <-ý, -и́шь> *нсв*, **насмеши́ть** *св прх* zum Lachen bringen; **шут смеши́т короля́** der Hofnarr bringt den König zum Lachen

смешли́в|ый <-ая, -ое; -, -а, -о> *прил* lachlustig; **~ человéк** lustiger Mensch *m*

смешнó *нрч* komisch; **нам бы́ло óчень ~** für uns war es sehr komisch; **э́то вóвсе не ~!** das ist überhaupt nicht komisch!

смешн|óй <-áя, -óе; -óн, -á, -ó> *прил* komisch, lustig; *перен (вызывáющий насмéшку)* lächerlich, lachhaft; **смешнáя ситуáция** komische Situation *f*; **ничегó смешнóго в э́том нет!** das ist überhaupt nicht komisch!

смеш|óк <-кá> *м* 1. *уменьш, разг (корóткий смех)* Lachen *nt*; **послы́шались смешки́** man hörte ein kurzes Lachen 2. *мн, разг (насмéшки)* Spott *m*, Spötterei *f*, Hohn *m*; **пýблика отправля́ла емý свои́ ~** das Publikum verspottete ihn

см|ещáть <-ещý, -éстишь> *нсв*, **смести́ть** *св прх* 1. *(измени́ть, нарýшить местоположéние или направлéние)* verschieben, verrücken; **~ направлéние лáзерного лучá** die Richtung des Laserstrahles verschieben 2. *перен, разг (увóлить)* absetzen, des Amtes entheben; **смести́ть с председа́тельского ме́ста** als Vorsitzenden absetzen

смеща́|ться <-юсь, -ешься> *нсв*, **смести́ться** *св рефл* sich verschieben

смеще́ни|е <-я> *ср* **1.** *(с до́лжности)* Absetzung *f* **2.** *(пласто́в)* Verschiebung *f*

сме|я́ться <-ю́сь, -ёшься> *нсв*, **посмея́ться** *св рефл* lachen; **~ в лицо́ кому́-л.** jdn anlachen; **~ до слёз** Tränen lachen; **~ до упа́да** sich kaputtlachen; **~ от души́** herzhaft lachen; **~ над кем-л./чем-л.** sich über jdn/etw lustig machen; **глу́по ~** dumm lachen

СМИ *сокр. от* **сре́дства ма́ссовой информа́ции** Massenmedien *pl*, Medien *pl*; **распространя́ть в ~** in den Medien veröffentlichen

сми́лостив|иться <-люсь, -ишься> *св рефл* sich erbarmen, Gnade walten lassen

смина́|ть <-ю, -ешь> *нсв*, **смять** *св прх* zerknittern, zerknüllen; ТЕХ quetschen, zusammenpressen, erdrücken, zermalmen; **~ проти́вника** den Widerstand des Feindes brechen

смире́ни|е <-я> *ср* Demut *f*

смире́нно *нрч* fromm; **~ проси́ть** fromm bitten; **вести́ себя́ ~** sich fromm verhalten

смире́н|ный <-ная, -ное; -, -на, -но> *прил* demütig, unterwürfig

смири́тельн|ый <-ая, -ое> *прил* Zwangs-; **смири́тельная руба́шка** Zwangsjacke *f*

смир|и́ть <-ю́, -и́шь> *св прх см.* **смиря́ть**

смир|и́ться <-ю́сь, -и́шься> *св рефл см.* **смиря́ться**

сми́рно *нрч* still, ruhig, leise; **солда́ты стоя́ли ~** die Soldaten standen still; **ребёнок сиде́л ~** das Kind saß still; **~!** ВОЕН still gestanden!; **встать по сто́йке ~** still stehen

сми́р|ный <-ная, -ное; -ен *или* -ён, -на́, -но> *прил* still, ruhig, sanft; **~ ребёнок** artiges Kind *nt*

смиря́|ть <-ю, -ешь> *нсв*, **смири́ть** *св прх* bändigen, bezwingen, unterwerfen; **~ волне́ние** die Aufregung bändigen

смиря́|ться <-юсь, -ешься> *нсв*, **смири́ться** *св рефл* **1.** *(покоря́ться)* sich unterwerfen, klein beigeben, sich ergeben **2.** *(примиря́ться)* sich abfinden, sich gewöhnen; **~ с како́й-л. мы́слью** sich mit dem Gedanken abfinden; **он до́лго не хоте́л ~ с но́вым поря́дком** er wollte sich lange mit der neuen Ordnung nicht abfinden; **смири́ться с мы́слью** sich mit dem Gedanken anfreunden; **смири́ться с судьбо́й** sich in sein Schicksal fügen

смог <смо́га> *м* Smog *m*

смодели́р|овать <-ую, -уешь> *св прх см.* **модели́ровать**

смо́кинг <-а> *м* Smoking *m*

смоко́вниц|а <-ы> *ж* БОТ *(инжи́р)* Feigenbaum *m*; **во дворе́ у нас растёт ~** auf dem Hof wächst ein Feigenbaum

смол|а́ <-ы́> *ж* Harz *nt*

смоли́ст|ый <-ая, -ое; -, -а, -о>, **смо́льн|ый** <-ая, -ое> *прил* **1.** *(содержа́щий смолу́)* harzig; **смо́льная сосна́** harzige Kiefer *f* **2.** *перен (чёрный и блестя́щий)* schwarz; **смоли́стые во́лосы** schwarze Haare *pl*

смол|и́ть <-ю́, -и́шь> *нсв*, **вы́смолить** *св прх* teeren; *разг* rauchen

смолка́|ть <-ю, -ешь> *нсв*, **смо́лкнуть** *св нпрх (звук, шум)* still werden, verstummen

смо́лоду *нрч разг* von klein auf; **мы привы́кли ещё ~ е́здить в го́ры** von klein auf sind wir gewohnt in die Berge zu fahren

смол|оти́ть <-очу́, -о́тишь> *св нпрх см.* **молоти́ть**

см|оло́ть <-елю́, -е́лешь> *св прх см.* **моло́ть**

смолч|а́ть <-у́, -и́шь> *св нпрх разг* schweigen

смоль *то́лько в сочет.* **чёрный, как ~** pechschwarz, rabenschwarz

смолян|о́й <-а́я, -о́е> *прил* **1.** *(получа́емый из смолы́)* Harz-, harzig; **смоляно́е ма́сло** Harzöl *nt* **2.** *(содержа́щий смолу́)* harzhaltig; **смоляна́я кислота́** Harzsäure *f*

смонти́р|овать <-ую, -уешь> *св прх см.* **монти́ровать**

смор|и́ть <-ю́, -и́шь> *св прх прост* erschöpfen, überwinden; **сон смори́л меня́ за мину́ту** der Schlaf überwältigte mich blitzschnell

сморка́|ться <-юсь, -ешься> *нсв*, **вы́сморкаться** *св рефл* sich schnäuzen, die Nase schnäuzen

сморо́дин|а <-ы> *ж* **1.** *(куста́рник)* Johannisbeerstrauch *m* **2.** *(плоды́)* Johannisbeere *f*; **кра́сная/чёрная ~** rote/schwarze Johannisbeere

сморо́динн|ый <-ая, -ое> *прил* Johannisbeer(en); **я́блочно-сморо́диное желе́** Apfeljohannisbeergelee *nt*; **сморо́диная нали́вка** Johannisbeerlikör *m*

сморо́|зить <-жу, -зишь> *св прх прост* *(глу́пость)* etwas Dummes sagen

сморч|о́к <-ка́> *м* **1.** *(гриб)* Morchel *f*; **на поля́не росли́ сморчки́** auf der Wiese wuchsen keine Morcheln **2.** *презрит, разг* Schwächling *m*; **посмотри́ ты на э́того сморчка́!** seht euch diesen Winzling an!

смо́рщен|ный <-ная, -ное; -, -а, -о> *прил* runzlig, hutzelig; *(ссо́хшийся)* vertrocknet; **смо́рщенное лицо́** runzeliges Gesicht *nt*

смо́рщ|ить <-у́, -и́шь> *св прх см.* **мо́рщить**

смо́рщ|иться <-усь, -ишься> *св рефл см.* **мо́рщиться**

смота́|ть <-ю, -ешь> *св прх прост см.* **сма́тывать**

смота́|ться <-юсь, -ешься> *св рефл см.* **сма́тываться**

смотр <смо́тра> *м* Schau *f;* ВОЕН Truppenschau *f,* Parade *f;* **производи́ть ~ войска́м** die Truppen besichtigen; **~ худо́жественной самоде́ятельности** Laienkunstfestival *nt*

см|отре́ть <-отрю́, -о́тришь> *нсв,* **посмотре́ть** *св прх* **1.** *(на что-л.)* sehen, schauen; **~ вверх** aufblicken; **~ в зе́ркало** in den Spiegel blicken; **~ сквозь па́льцы** über etw hinwegsehen; **~ телеви́зор** fernsehen; **~ фильм** sich einen Film anschauen; **све́рху вниз на кого́-л.** herabsehen, herunterblicken auf *+akk;* **~ на что-л. крити́чески** etw kritisch betrachten; **о́кна смо́трят на двор** die Fenster gehen auf den Hof (hinaus); **~ на кого́-л. и́скоса** jdn schief ansehen **2.** *(присма́тривать)* aufpassen, beaufsichtigen; *(за больны́м)* pflegen **3.** *(ве́село, хму́ро)* dreinblicken

см|отре́ться <-отрю́сь, -о́тришься> *нсв,* **посмотре́ться** *св рефл* **1.** *(смотре́ть на себя́)* sich besehen, sich betrachten; **~ в зе́ркало** sich im Spiegel betrachten **2.** *разг (име́ть досто́инства)* sehen; **фильм смо́трится с интере́сом** es ist ein spannender Film

смотри́н|ы <-> *мн устар* Brautschau *f*

смотри́те|ль <-ля> *м* Aufseher *m;* **~ маяка́** Leuchtturmwärter *m;* **тюре́мный ~** Gefängnisaufseher *m,* Gefängniswärter *m*

смотров|о́й <-а́я, -о́е> *прил* Seh-, Schau-; **смотрова́я щель** Sehschlitz *m*

см|очи́ть <-очу́, -о́чишь> *св прх см.* **сма́чивать**

смочь <смогу́, смо́жешь> *св нпрх см.* **мочь**

смоше́ннича|ть <-ю, -ешь> *св нпрх см.* **моше́нничать**

смрад <смра́да> *м* Gestank *m*

смра́д|ный <-ная, -ное; -, -ен, -на, -но> *прил разг* stinkend

смугл|ый <-ая, -ое; -, -а́, -о> *прил* dunkelhäutig; **~ паренёк** sonnengebräunter Junge *m*

сму́т|а <-ы> *ж* Unruhe *f,* Aufruhr *m;* **се́ять сму́ту** Zwist stiften, für Unruhe sorgen

сму|ти́ть <-щу́, -ти́шь> *св прх см.* **смуща́ть**

сму|ти́ться <-щу́сь, -ти́шься> *св рефл см.* **смуща́ться**

сму́тно *нрч (нея́сно)* unklar, trüb, dunkel; **я ~ по́мню подро́бности э́тих собы́тий** an die Details dieser Ereignisse kann ich mich nur wage erinnern

сму́т|ный <-ная, -ное; -ен, -на́, -но> *прил* vage, schattenhaft

смутья́н <-а> *м* Störenfried *m,* Unruhestifter *m*

смуща́|ть <-ю, -ешь> *нсв,* **смути́ть** *св прх* **1.** *(встрево́жить)* beunruhigen **2.** *(привести́ в замеша́тельство)* verwirren, in Verlegenheit bringen; **его́ нелегко́ смути́ть** es ist nicht leicht ihn aus der Fassung zu bringen

смуща́|ться <-юсь, -ешься> *нсв,* **смути́ться** *св рефл* in Verwirrung geraten, verlegen werden; **он я́вно смути́лся** es war offensichtlich, dass er verlegen wurde

смуще́ни|е <-я> *ср* Befangenheit *f,* Verlegenheit *f;* **пове́ргнуть в ~** in Verlegenheit bringen; **скрыть ~** die Verlegenheit verbergen

смущён|ный <-ная, -ное; -, -а́, -о> *прил* verlegen, konfus, bestürzt

смущённо *нрч* verlegen; **де́вушка ~ улыбну́лась** das Mädchen lächelte verlegen

смыва́|ть <-ю, -ешь> *нсв,* **смыть** *св прх* **1.** *(удаля́ть)* abwaschen, abspülen; **~ грязь с рук** sich den Schmutz von den Händen abwaschen **2.** *(уноси́ть водо́й)* wegschwemmen, fortschwemmen; **как водо́й смы́ло** wie weggeblasen

смыва́|ться <-юсь, -ешься> *нсв,* **смы́ться** *св рефл* **1.** *(при мытье́)* abwaschbar sein **2.** *разг (улизну́ть)* verduften, sich aus dem Staub machen

смыка́|ть <-ю, -ешь> *нсв,* **сомкну́ть** *св прх* zumachen, schließen; **сомкну́ть глаза́** die Augen schließen; **не сомкну́ть глаз** kein Auge zutun

смыка́|ться <-юсь, -ешься> *нсв,* **сомкну́ться** *св рефл* **1.** *(соединя́ться конца́ми)* sich schließen, sich zusammenschließen **2.** *(закрыва́ться)* sich schließen; **от уста́лости у неё смыка́ются глаза́** ihr fallen vor Müdigkeit die Augen zu

смысл <смы́сла> *м* Sinn *m; (значе́ние)* Bedeutung *f;* **~ жи́зни** der Sinn des Lebens; **по смы́слу** sinngemäß; **прямо́й ~** der eigentliche Sinn; **в перено́сном смы́сле** im übertragenen Sinne; **здра́вый ~** der gesunde Menschenverstand; **лишённый смы́сла** sinnlos; **име́ть ~** einen Sinn haben

смы́сл|ить <-ю, -ишь> *нсв нпрх разг* **1.** *(понима́ть)* verstehen; **он ма́ло смы́слит в э́том вопро́се** er hat wenig Ahnung von der Sache **2.** *(разбира́ться)* sich zurechtfinden, sich auskennen, klarkommen; **он в матема́тике ничего́ не смы́слит** er kennt sich in Mathematik überhaupt nicht aus

смыслов|о́й <-а́я, -о́е> *прил* Sinn(es)-, Bedeutungs-

смыть <смо́ю, смо́ешь> *св прх см.* **смыва́ть**

см|ы́ться <-о́юсь, -о́ешься> *св рефл см.* **смыва́ться**

смыч|о́к <-ка́> *м* МУЗ Bogen *m;* **дотро́нуться смычко́м до струн** mit dem Bogen die Saiten berühren

смышлён|ый <-ая, -ое; -, -а, -о> *прил*

С

aufgeweckt, gescheit; **~ учени́к** aufgeweckter Schüler *m*

смышлёнос|ть <-ти> *ж* Auffassungsgabe *f*

смягчá|ть <-ю, -ешь> *нсв*, **смягчи́ть** *св прх* **1.** *(сдéлать мя́гким)* weich machen, erweichen **2.** *перен* mildern, lindern; **смягчи́ть наказáние** die Strafe mildern **3.** *(когó-л.)* erweichen, milder stimmen **4.** лингв *(звук)* palatalisieren

смягчá|ться <-юсь, -ешься> *нсв*, **смягчи́ться** *св рефл* weich werden; *перен* sich mildern, nachlassen; *(о ком-л.)* sich erweichen lassen

смягчáющ|ий <-ая, -ее> *прил* mildernd, lindernd; **смегчáющие вину́ обстоя́тельства** mildernde Umstände *pl*

смягчéни|е <-я> *ср* Erweichung *f*; *(воды́)* Enthärtung *f*; *перен* Milderung *f*, Linderung *f*; *(удáра)* Dämpfung *f*

смягчён|ный <-ная, -ное; -, -á, -ó> *прил* milder

смягч|и́ть <-у́, -и́шь> *св прх см.* **смягчáть**

смягч|и́ться <-у́сь, -и́шься> *св рефл см.* **смягчáться**

смятéни|е <-я> *ср* Verwirrung *f*, Bestürzung *f*

смять <сомну́, сомнёшь> *св прх см.* **снимáть**

снабжá|ть <-ю, -ешь> *нсв*, **снабди́ть** *св прх* **1.** *(поставля́ть)* versorgen; **~ продýктами** mit Produkten beliefern **2.** *(обору́довать чем-л.)* ausrüsten, ausstatten; **~ автомоби́ль специáльной систéмой тормозóв** den Wagen mit einem Spezialbremssystem ausrüsten

снабжéн|ец <-ца> *м* Lieferant *m*; **егó отéц рабóтал снабжéнцем** sein Vater arbeitete als Lieferant

снабжéни|е <-я> *ср* Versorgung *f*, Ausstattung *f*; **~ товáрами** Güterversorgung *f*; **истóчник снабжéния** Versorgungsquelle *f*

снáдобь|е <-я> *ср* Kräutermedizin *f*

снáйпер <-а> *м* Scharfschütze *m*

снáйперск|ий <-ая, -ое> *прил* Scharfschützen-; **снáйперское попадéние** Scharfschützentreffer *m*

снару́жи *нрч* von außen

снаря́д <-а> *м* **1.** воен Geschoss *nt*, Granate *f*; **бронебóйный ~** Panzergranate *f* **2.** спорт Gerät *nt*; **гимнасти́ческий ~** Turngerät *nt*

снаря|ди́ть <-жу́, -ди́шь> *св прх см.* **снаряжáть**

снаря́дн|ый <-ая, -ое> *прил* Geschoss-; **снаря́дная ги́льза** Geschosshülse *f*

снаряжá|ть <-ю, -ешь> *нсв*, **снаряди́ть** *св прх* ausrüsten, ausstatten; **~ корáбль локациóнной систéмой** das Schiff mit einem Ortungssystem ausrüsten; **~ альпини́стов в экспеди́цию** die Bergsteiger für die Expedition ausstatten; **~ поля́рную экспеди́цию** eine Polarexpedition ausstatten

снаряжéни|е <-я> *ср* Ausrüstung *f*, Ausstattung *f*; **~ экспеди́ции** Expeditionsausstattung *f*; **в пóлном боевóм снаряжéнии** in voller Ausrüstung

снасть <снáсти> *ж* **1.** *(прибóры, инструмéнты)* Gerätschaften *pl*, Ausrüstung *f*; **рыболóвные снáсти** Angelgerät *nt*, Fischfanggerät *nt* **2.** мор Tau *nt*, Takelwerk *nt*; **натя́гивать ~** die Takelage aufrichten

сначáла *нрч* **1.** *(сперва́)* zuerst, zunächst, von vorn, von Anfang an **2.** *(ещё раз)* noch einmal

снáшивани|е <-я> *ср* Abnutzung *f*, Verschleiß *m*

снáшива|ться <-юсь, -ешься> *нсв*, **снос́иться** *св рефл прост* sich abtragen, sich abnutzen; **пальтó ужé совсéм снос́илось** der Mantel ist ganz abgetragen

СНГ *сокр от* **Содру́жество Незави́симых Госудáрств** GUS *f*, Gemeinschaft *f* Unabhängiger Staaten

снег <снéга> *м* Schnee *m*; **идёт ~** es schneit; **ры́хлый ~** Pulverschnee *m*; **свáливаться как ~ на гóлову** *перен, разг* hereinschneien

снеги́|рь <-ря́> *м* Dompfaff *m*

снегови́к <-á> *м* Schneemann *m*

снегов|óй <-áя, -óе> *прил* Schnee-; **снеговы́е облакá** Schneewolken *fpl*; **~ покрóв** Schneedecke *f*

снегоочисти́те|ль <-ля> *м* Schneepflug *m*

снегопáд <-а> *м* Schneefall *m*; **си́льный ~** starker Schneefall

снеготáялк|а <-и> *ж* Schneeschmelze *f*

снегохóд <-а> *м* schneegängiges Fahrzeug *nt*; **в тайгé зимóй мóжно проéхать тóлько на снегохóде** in der Taiga kann man im Winter nur mit einem schneegängigen Fahrzeug durchkommen

Снегу́рочк|а <-и> *ж* Schneewittchen *nt*

снедь <снéди> *ж* *(пи́ща)* Essen *nt*; **прáздничная ~** Festessen *nt*, Festmahl *nt*

снежи́нк|а <-и> *ж* Schneeflocke *f*

снéжно *нрч* verschneit; **в прóшлом году́ бы́ло óчень ~** im letzten Jahr gab es sehr viel Schnee

снéж|ный <-ная, -ное; -ен, -на, -но> *прил* Schnee-; **~ бурáн** Schneegestöber *nt*; **~ человéк** Schneemann *m*

снеж|óк <-кá> *м* Schneeball *m*; **игрáть в снежки́** eine Schneeballschlacht machen

снес|ти́ <-у́, -ёшь> *свб прх см.* **сноси́ть**

снижá|ть <-ю, -ешь> *нсв*, **сни́зить** *св прх* herabsetzen, senken; *(сокращáть)* kürzen; **~ цéну** den Preis senken [*o* herabsetzen]; **сни́зить скóрость** die Geschwindigkeit senken

снижá|ться <-юсь, -ешься> *нсв*, **сни́зиться** *св рефл* sinken; **температу́ра сни́зилась** die Temperatur sinkt; **самолёт постепéнно снижáлся** das Flugzeug same langsam

сниже́ни|е <-я> *ср* Rückgang *m,* Abnahme *f;* *(пониже́ние)* Senkung *f,* Reduzierung *f;* *(регре́сс)* rückläufige Entwicklung *f;* ТЕХ Landeanflug *m;* **~ биржевы́х ку́рсов** Baisse *f;* **~ внима́ния** Konzentrationsschwäche *f;* **~ вы́ручки** Erlösschmälerung *f;* **~ за́работной пла́ты** Lohnabbau *m;* **~ нало́гов** Steuerermäßigung *f;* **~ о́бщего у́ровня проце́нта** Zinssenkung *f;* **~ сто́имости** Entwertung *f;* **~ у́ровня тра́нспортного шу́ма** Verkehrsberuhigung *f;* **~ це́нности** Wertminderung *f;* **~ цены́** Preisminderung *f;* **идти́ на ~** *(поса́дку)* zur Landung ansetzen

сни́|зить <-жу, -зишь> *св прх см.* **снижа́ть**

сни́|зиться <-жусь, -зишься> *св рефл см.* **снижа́ться**

снизой|ти́ <-ду́, -дёшь> *св нпрх см.* **снисходи́ть**

сни́зу *нрч* *(внизу́)* unten; *(о направле́нии)* von unten; **смотре́ть на па́мятник ~** von unten auf das Denkmal sehen; **~ вверх** von unten nach oben

сника́|ть <-ю, -ешь> *нсв,* **сни́кнуть** *св нпрх* **1.** *(увяда́ть)* welken, herabsinken, herunterkommen; **после моро́за трава́ сразу сни́кла** nach der Kälte neigte sich das Gras **2.** *разг* *(стать пода́вленным)* niedergeschlagen werden

снима́|ть <-ю, -ешь> *нсв,* **снять** *св прх* abnehmen, abmachen; *(отстраня́ть)* entfernen, wegnehmen; *(кры́шу)* abdecken; *(оде́жду)* ausziehen; *(пала́тку)* abbrechen; *(сли́вки)* abschöpfen; КИНО filmen, einen Film drehen; ФОТ fotografieren, aufnehmen; **~ грим** abschminken; **~ с рабо́ты** entlassen, feuern; **~ де́ньги со счёта** Geld vom Konto abheben; **~ телефо́нную тру́бку** den Hörer abnehmen; **~ обвине́ние с кого́-л.** *перен* jdn entlasten; **~ с пове́стки дня** von der Tagesordnung absetzen; **~ с учёта** abmelden; **~ кварти́ру** eine Wohnung mieten; **~ ма́ску** die Maske abnehmen; **~ урожа́й** die Ernte bergen [*o* einbringen]; **~ ме́рку с кого́-л.** von jdm Maß nehmen; **снять со стены́ все карти́ны** alle Bilder von den Wänden herunternehmen

снима́|ться <-юсь, -ешься> *нсв,* **сня́ться** *св рефл* abgehen, sich loslösen; **~ с я́коря** den Anker lichten; ФОТ sich photographieren lassen; **~ в фи́льме** in einem Film mitspielen; **~ с учёта** sich abmelden

сни́м|ок <-ка> *м* Aufnahme *f,* Bild *nt;* **momента́льный ~** Momentaufnahme *f,* Schnappschuss *m;* **рентге́новский ~** Röntgenbild *nt;* **~ со спу́тника** Satellitenaufnahme *f*

сни́скива|ть <-ю, -ешь> *нсв,* **сниска́ть** *св прх книжн* *(заслужи́ть, приобрести́)* erwerben; **сниска́ть себе́ уваже́ние това́рищей** das Vertrauen der Kameraden für sich gewinnen

снисходи́тельнос|ть <-ти> *ж* **1.** *(терпи́мость)* Nachsicht *f;* **проявля́ть ~** nachsichtig sein **2.** *(высокоме́рие)* Herablassung *f*

снисходи́те|льный <-льная, -льное; -лен, -льна, -льно> *прил* nachsichtig, herablassend; **снисходи́тельное отноше́ние** herablassende Haltung *f*

снисх|оди́ть <-ожу́, -о́дишь> *нсв,* **снизойти́** *св нпрх (до чего́-л.)* sich herablassen zu *+dat;* **~ к про́сьбе** sich zu einer Bitte herablassen

снисхожде́ни|е <-я> *ср* **1.** *(терпи́мость)* Nachsicht *f;* **проявля́ть ~** Nachsicht zeigen **2.** *(высокоме́рие)* Herablassung *f*

сн|и́ться <-ю́сь, -и́шься> *нсв,* **присни́ться** *св рефл* träumen; **мне сни́лось, что ...** ich hatte einen Traum, dass ...; **ему́ э́то и во сне не сни́лось** davon hätte er nicht mal zu träumen gewagt; **мне сни́лся стра́шный сон** ich hatte einen Albtraum

сноб <сно́ба> *м* **1.** *книжн* Snob *m* **2.** *мн* Schickeria *f*

снобі́зм <-а> *м* Snobismus *m*

сно́ва *нрч* erneut, wieder; **начина́ть ~** erneut beginnen

снова́ть <сную́, снуёшь> *нсв нпрх* hin und her laufen; **де́ти снова́ли из ко́мнаты в ко́мнату** die Kinder rennten im Zimmer herum

сновиде́ни|е <-я> *ср* Traum *m;* **он попыта́лся вспо́мнить э́то ~, но ему́ ника́к не удава́лось** er versuchte, sich an seinen Traum zu erinnern, doch es gelang ihm nicht

сногсшиба́те|льный <-льная, -льное; -лен, -льна, -льно> *прил перен, разг* verblüffend, umwerfend, toll; **сногсшиба́тельная но́вость** tolle Neuigkeit *f*

сноп <снопа́> *м* Garbe *f,* Bündel *nt*

сноро́вист|ый <-ая, -ое; -, -а, -о> *прил разг* *(ло́вкий)* geschickt, gewandt, pfiffig; **~ торго́вец** geriebener Händler *m*

сноро́вк|а <-и> *ж* Gewandtheit *f,* Übung *f;* **име́ть сноро́вку в чём-л.** Erfahrung in etw haben

снос <сно́са> *м* Abbruch *m,* Abriss *m;* **дом идёт на ~** das Haus steht vor dem Abbruch

сн|оси́ть <-ошу́, -о́сишь> *нсв,* **снести́** *св прх* **1.** *(разруша́ть)* abreißen, abbrechen; **~ дом** ein Haus abreißen **2.** *(одежду)* einreißen, abtragen **3.** *разг* *(терпе́ть)* einstecken, sich abfinden mit *+dat;* **мо́лча ~** schweigend über sich ergehen lassen **4.** *(в одно́ ме́сто)* forttragen, fortbringen **5.** *(ве́тром)* fortwehen, fortreißen; *(водо́й)* fortschwemmen **6.** *(куда́-л. вниз)* hinuntertragen, hinunterbringen

сн|оси́ться <-ошу́сь, -о́сишься> *св рефл см.* **сна́шиваться**

сно́ск|а <-и> *ж* Fußnote *f*

сно́сно *нрч разг* erträglich; **им плати́ли не о́чень мно́го, но сно́сно** man bezahlte sie nicht übertrieben gut, aber hinreichend

С

сно́с|ный <-ная, -ное; -ен, -на, -но> *прил разг* erträglich, leidlich, passabel

снотво́рно|е <-го> *ср* Schlafmittel *nt*

снотво́р|ный <-ная, -ное; -ен, -на, -но> *прил* einschläfernd, Schlaf-; **снотво́рная табле́тка** Schlaftablette *f*

сно́уборд <-а> *м* Snowboard *nt*

снох|а́ <-и́> *ж* Schwiegertochter *f*

сноше́ни|е <-я> *ср* Verbindung *f*, Beziehung *f*; *(полово́е)* Geschlechtsverkehr *m*; **дипломати́ческие сноше́ния** diplomatische Beziehungen *pl*; **дру́жеские сноше́ния** Freundschaftsbeziehungen *pl*

сня́ти|е <-я> *ср* Aufhebung *f*; **~ с ба́нковского счёта** Abhebung *f*; **~ с занима́емой до́лжности** Amtsenthebung *f*; **~ с котиро́вки** Außerkurssetzung *f*; **~ с креста́** РЕЛИГ Kreuzabnahme *f*; **~ с учёта** Abmeldung *f*

снят|о́й <-а́я, -о́е> *прил (обезжи́ренный)* fettarm; **сня́то́е молоко́** fettarme Milch *f*

снять <сниму́, сни́мешь> *св прх см.* **снима́ть**

сн|я́ться <-иму́сь, -и́мешься> *св рефл см.* **снима́ться**

соа́втор <-а> *м* Mitautor *m*, Mitverfasser *m*; **предста́вить соа́втора кни́ги** den Mitverfasser des Buchs vorstellen

соа́вторств|о <-а> *ср* Mitautorenschaft *f*; **писа́ть рома́н в соа́вторстве** einen Roman unter Mitwirkung anderer schreiben

соба́к|а <-и> *ж* Hund *m*; **беспризо́рная ~** herrenloser Hund *m*; **бе́шеная ~** tollwütiger Hund *m*; **бродя́чая ~** streunender Hund *m*; **зла́я ~** bissiger Hund *m*; **~-поводы́рь** Blindenhund *m*; **выгу́ливать соба́ку** seinen Hund spazieren führen; **владе́лец соба́к** Hundehalter *m*

соба́ч|ий <-ья, -ье> *прил* Hunde-; **соба́чья бу́дка** Hundehütte *f*; **соба́чья жизнь** *разг* Hundeleben *nt*; **соба́чьи консе́рвы** Hundefutter *nt*

соба́чк|а <-и> *ж* **1.** *уменьш (соба́ка)* Hündchen *nt*; **~ бежа́ла на поводке́** das Hündchen rannte ihm an der Leine nach **2.** ТЕХ *(защёлка)* Klinke *f*, Sperrhaken *m*

соба́чник <-а> *м* **1.** *(люби́тель соба́к)* Hundeliebhaber *m* **2.** *(кто ло́вит соба́к)* Hundefänger *m*

собе́с <-а> *м (учрежде́ние, занима́ющееся социа́льным обеспе́чением)* Sozialamt *m*; **сдать в ~ докуме́нты на пе́нсию** die Papiere für die Pensionierung beim Sozialamt einreichen

собесе́дник <-а> *м*, **собесе́дниц|а** <-ы> *ж* Gesprächspartner(in) *m(f)*

собесе́довани|е <-я> *ср* Gespräch *nt*; *(совеща́ние)* Besprechung *f*; **~ при приёме на рабо́ту** Einstellungsgespräch *nt*, Vorstellungsgespräch *nt*

собира́ни|е <-я> *ср* Sammeln *nt*; **~ грибо́в** Pilzsammeln *nt*

собира́те|ль <-ля> *м* Sammler *m*; ТЕХ Aufsammler *m*; **~ карти́н** Kunstsammler *m*

собира́те|льный <-льная, -льное; -лен, -льна, -льно> *прил* Sammel-; **~ о́браз** Sammelfigur *f*; **собира́тельное и́мя существи́тельное** Kollektivum *nt*

собира́тельств|о <-а> *ср* **1.** *(коллекциони́рование)* Sammelleidenschaft *f*; **не́зачем занима́ться таки́м собира́тельством** du solltest dich mit dieser Sammlertätigkeit nicht beschäftigen **2.** *(сбор чего́-л.)* Sammeln *nt*, Einsammeln *nt*; **~ я́год** Erdbeerernte *f*

собира́|ть <-ю, -ешь> *нсв*, **собра́ть** *св прх* sammeln, einsammeln; *(плоды)* pflücken, lesen; *(монти́ровать)* montieren, zusammenbauen; **~ я́годы/цветы́** Beeren/Blumen pflücken; **~ свои́ ве́щи** seine Sachen packen; **собра́ть всё своё му́жество** sich zusammenreißen, Mut fassen; **~ чле́нские взно́сы** Mitgliedsbeiträge kassieren; **~ де́ньги** kassieren

собира́|ться <-юсь, -ешься> *нсв*, **собра́ться** *св рефл* **1.** *(намерева́ться)* beabsichtigen, vorhaben; **я как раз собира́юсь э́то сде́лать** ich wollte damit gerade beginnen **2.** *(в одно́ ме́сто)* zusammenkommen, tagen **3.** *(гро́за)* aufziehen **4.** *(гото́виться)* sich bereit machen, sich fertig machen; **~ в доро́гу** sich zur Reise rüsten; **~ с ду́хом** sich aufraffen; **~ с мы́слями** sich konzentrieren; **~ с си́лами** Kräfte sammeln

соблаговол|и́ть <-ю́, -и́шь> *св нпрх* geruhen; **~ сде́лать что-л.** geruhen zu tun

собла́зн <-а> *м* Verlockung *f*, Versuchung *f*; *(жела́ние)* Lust *f*, Reiz *m*, Kitzel *m*

соблазни́те|льный <-льная, -льное; -лен, -льна, -льно> *прил* verlockend, verführerisch; **соблазни́тельное предложе́ние** verlockendes Angebot *nt*

соблазн|и́ть <-ю́, -и́шь> *св прх см.* **соблазня́ть**

соблазн|и́ться <-ю́сь, -и́шься> *св рефл см.* **соблазня́ться**

соблазня́|ть <-ю, -ешь> *нсв*, **соблазни́ть** *св прх* verführen, verleiten, verlocken, in Versuchung führen; **его́ соблазня́ли и пода́рками, и деньга́ми, но он не подда́лся собла́зну** man lockte ihn mit Geschenken und Geld, doch er ließ sich nicht verführen; **~ де́вушку** ein Mädchen verführen

соблазня́|ться <-юсь, -ешься> *нсв*, **соблазни́ться** *св рефл* in Versuchung geraten, sich verleiten lassen; **как же не соблазни́ться таки́м предложе́нием** wie kann man einem solchen Vorschlag widerstehen

соблюда́|ть <-ю, -ешь> *нсв*, **соблюсти́** *св прх* einhalten, befolgen, erfüllen; **~ дие́ту** Diät einhalten; **~ диста́нцию** Abstand halten; **~ пра́вила доро́жного движе́ния** die Verkehrsregeln einhalten; **~ прили́чие** die Anstandsregeln befolgen; **~ споко́йствие** Ruhe bewahren; **~ тишину́** Ruhe halten, sich ruhig verhalten; **~ сро́ки** die Termine einhalten

соблюда́|ться <-ется> *нсв безл, то́лько 3 л (приде́рживаться чего́-л.)* befolgen, einhalten; **в пала́те соблюда́ется абсолю́тная чистота́** im Krankenzimmer herrscht absolute Sauberkeit

соблюде́ни|е <-я> *ср* Einhaltung *f*, Erfüllung *f*

соблю|сти́ <-ду́, -дёшь> *св прх см.* **блюсти́, соблюда́ть**

соболе́зновани|е <-я> *ср* Beileid *nt*, Kondolenz *f*; **выража́ть ~** kondolieren

собо́л|ий <-ья, -ье> *прил*, **соболи́н|ый** <-ая, -ое> *прил* Zobel-; **собо́лье пальто́** Zobelmantel *m*; **собо́лий воротни́к** Zobelkragen *m*

со́бо|ль <-ля> *м* Zobel *m*

собо́р <-а> *м* Dom *m*; РЕЛИГ Konzil *nt*, Versammlung *f*; **Вселе́нский ~** Ökumenisches Konzil *nt*

собо́рн|ый <-ая, -ое> *прил* Dom-; **собо́рная пло́щадь** Domplatz *m*

собра́ни|е <-я> *ср* **1.** *(сбор)* Versammlung *f*; **~ акционе́ров** Aktionärsversammlung *f*; **конституцио́нное ~** verfassungsgebende Versammlung *f*; **о́бщее ~** Vollversammlung *f*, Generalversammlung *f*; **~ коллекти́ва предприя́тия** Betriebsversammlung *f*; **~ уча́стников о́бщества** Gesellschafterversammlung *f*; **~ чле́нов** Mitgliederversammlung *f*; **проводи́ть ~** eine Versammlung abhalten **2.** *(колле́кция)* Sammlung *f*; **по́лное ~ сочине́ний** ЛИТ Gesamtausgabe *f*

со́бран|ный <-ная, -ное; -, -а́, -о> *прил разг* ordentlich, konzentriert; **~ челове́к** gesammelter Mensch *m*

собра́т <-а> *м* Mitmensch *m*; *книжн* Mitstreiter *m*; *(колле́га)* Kollege *m*; **собра́тья по перу́** Schriftstellerkollegen; **~ по несча́стью** Mitleidende(r) *f(m)*

соб|ра́ть <-еру́, -ерёшь> *св прх см.* **собира́ть**

соб|ра́ться <-еру́сь, -ерёшься> *св рефл см.* **собира́ться**

со́бственник <-а> *м* Eigentümer *m*, Besitzer *m*, Inhaber *m*; **единоли́чный ~** Alleineigentümer *m*; **земе́льный ~** Grundbesitzer *m*; **ме́лкий ~** Kleineigentümer *m*

со́бственно **I.** *вводн. сл.* eigentlich; *(в конце́ концо́в)* letzten Endes; **~ говоря́** im Grunde genommen **II.** *част (в со́бственном смы́сле)* im eigentlichen Sinne

собственнору́чно *нрч* eigenhändig; **он ~ расписа́лся в докуме́нтах** er hat die Papiere eigenhändig unterzeichnet

собственнору́чн|ый <-ая, -ое> *прил* eigenhändig

со́бственнос|ть <-ти> *ж* Eigentum *nt*; **земе́льная ~** Grundbesitz *m*; **госуда́рственная/ча́стная со́бственность** Staats-/Privateigentum *m*; **дви́жимая ~** Mobilien *pl*; **недви́жимая ~** Immobilien *pl*; **пра́во на ~** Eigentumsrecht *nt*

со́бственн|ый <-ая, -ое> *прил* eigene(r, s), Eigen-; **со́бственная вы́работка** Eigenleistung *f*; **~ вес** Eigengewicht *nt*; **~ капита́л** Eigenkapital *nt*; **со́бственные сре́дства** Eigenmittel *pl*; **~ дом** Eigenheim *nt*; **со́бственной персо́ной** höchstpersönlich; **и́мя со́бственное** ЛИНГВ Eigenname *m*; **в его́ со́бственные ру́ки** in seine eigenen Hände

собуты́льник <-а> *м разг* Saufkumpan *m*

собы́ти|е <-я> *ср* Ereignis *nt*; **гла́вное ~** Höhepunkt *m*

сов|а́ <-ы> *ж* Eule *f*; **бе́лая ~** Schneeeule *f*

сова́ть <сую́, суёшь> *нсв*, **су́нуть** *св прх* hineinstecken, hineinstopfen; **~ в карма́н** in die Tasche stecken; **~ нос не в свои́ дела́** *перен* seine Nase in fremde Angelegenheiten stecken

сова́ться <сую́сь, суёшься> *нсв*, **су́нуться** *св рефл* sich einmischen; **не су́йся в мои́ дела́!** misch dich nicht in meine Angelegenheiten!

соверша́|ть <-ю, -ешь> *нсв*, **соверши́ть** *св прх* vollbringen, bewerkstelligen; *(де́йствие)* begehen, tätigen, verüben; **~ сде́лку** ein Geschäft abschließen; **~ оши́бку** einen Fehler begehen; **~ преступле́ние** ein Verbrechen begehen; **~ путеше́ствие** eine Reise unternehmen

соверша́|ться <-ется> *нсв*, **соверши́ться** *св безл, то́лько 3 л (происходи́ть)* geschehen, sich vollziehen; **посмотри́те, кака́я здесь несправедли́вость соверша́ется!** seht mal, was für eine Ungerechtigkeit hier geschieht!

соверше́ни|е <-я> *ср* Ausführung *f*, Verübung *f*; **~ сде́лки** Abschluss *m* eines Geschäftes; **~ преступле́ния** die Verübung eines Verbrechens

соверше́нно *нрч* vollkommen, völlig, ganz, total, absolut; *(безусло́вно)* durchaus; **соверше́нно ве́рно** vollkommen richtig; **вы ~ не пра́вы** Sie liegen absolut falsch

совершенноле́ти|е <-я> *ср* Volljährigkeit *f*; **до наступле́ния совершенноле́тия им запреща́ли е́здить в го́ры одни́м** bis zur Volljährigkeit verbot man ihnen, allein in die Berge zu fahren

совершенноле́тн|ий <-яя, -ее> *прил* volljährig

соверше́н|ный <-ная, -ное; -ен, -на, -но> *прил* **1.** *(безу́пречный)* vollkommen, vollendet **2.** *(абсолю́тный, по́лный)* vollkommen, ganz; **соверше́нная пра́вда** die ganze Wahrheit **3.** ЛИНГВ **~ вид** der perfektive [o vollkommene] Aspekt

соверше́нств|о <-а> *ср* Perfektion *f*, Vollkommenheit *f*; **владе́ть чем-л. в соверше́нстве** etw aus dem Effeff beherrschen;

достúгнуть совершéнства eine Perfektion erreichen

совершéнствовани|е <-я> *ср* Vervollkommnung *f;* ~ **языковы́х умéний** Vervollkommnung *f* der Sprachkenntnisse

совершéнств|овать <-ую, -уешь> *нсв,* **усовершéнствовать** *св прх* vervollkommnen, perfektionieren; **усовершéнствовать свои́ знáния англи́йского языкá** seine Englischkenntnisse verbessern

совершéнств|оваться <-уюсь, -уешься> *нсв рефл* sich vervollkommnen, sich fortbilden; ~ **в стрельбé из лу́ка** sich im Bogenschießen vervollkommnen

соверш|и́ть <-у́, -и́шь> *св прх см.* **совершáть**

соверши́т|ься <-ся> *св безл см.* **совершáться**

сóвест|ный <-ная, -ное; -ен, -на, -на> *прил,* **сóвестлив|ый** <-ая, -ое; -, -а, -о> *прил* gewissenhaft, mit ausgeprägtem Verantwortungsgefühl; ~ **ребёнок** gewissenhaftes Kind *nt;* ~ **руководи́тель** gewissenhafter Leiter *m*

сóвес|ть <-ти> *ж* Gewissen *nt;* **имéть что-л. на сóвести** etw auf dem Gewissen haben; **угрызéния сóвести** Gewissensbisse *pl;* **чи́стая** ~ reines Gewissen *nt;* **поступáть по сóвести** gewissenhaft handeln; **рабóтать на** ~ gewissenhaft arbeiten; **успокóить свою́** ~ sein Gewissen beruhigen

совéт <-а> *м* **1.** *(наставлéние)* Rat(schlag) *m;* **давáть** ~ einen Rat geben; **проси́ть совéта** um Rat bitten; **послу́шаться совéта** einen Ratschlag beherzigen **2.** *(совещáние)* Rat *m;* **семéйный** ~ Familienrat *m;* **воéнный** ~ Kriegsrat *m* **3.** *(коллегиáльный óрган)* Rat *m;* ~ **безопáсности** Sicherheitsrat *m;* ~ **инсáйдера** Insider-Tipp *m;* ~ **мини́стров** Ministerrat *m;* ~ **мини́стров Европéйского сообщества** Europäischer Ministerrat *m;* ~ **общи́ны** Gemeinderat *m;* ~ **предприя́тия** Betriebsrat *m;* ~ **управля́ющих** Verwaltungsrat *m;* **наблюдáтельный** ~ Aufsichtsrat *m;* **Совéт экономи́ческой взаимопóмощи, СЭВ** ИСТОР Rat *m* für gegenseitige Wirtschaftshilfe

советизáци|я <-и> *ж* ИСТОР Sowjetisierung *f;* ~ **захвáченных террито́рий** Sowjetisierung *f* der eroberten Territorien

совéтник <-а> *м* Berater *m,* Ratgeber *m;* *(дóлжность)* Rat *m,* Berater *m;* **экономи́ческий** ~ Wirtschaftsberater *m*

совéт|овать <-ую, -уешь> *нсв,* **посовéтовать** *св нпрх* raten, nahelegen; **я тебé не совéтую э́то дéлать** ich rate dir davon ab

совéт|оваться <-уюсь, -уешься> *нсв,* **посовéтоваться** *св рефл* *(спрáшивать совéта)* um Rat bitten; *(с кем-л.)* sich Rat holen, sich beraten

совéтск|ий <-ая, -ое> *прил* sowjetisch; ~ **óбраз жи́зни** sowjetische Lebensweise *f*

i Land & Leute

Etwa seit Mitte der 50er Jahre erschienen in der Sowjetunion immer neue Spielfilme „über das Leben“, in denen die offizielle Ideologie nur eine untergeordnete Rolle spielte und in den weiteren Jahrzehnten oft sogar völlig ausblieb. Die beiden Hauptstudios des Landes „Mosfilm“ und „Lenfilm“ haben schon seit den 30er Jahren Generationen begabter Regisseure und Schauspieler hervorgebracht, die zu echten „Stars“ im Lande avanciert sind. Das 1958 zum ersten Mal in Moskau veranstaltete internationale Filmfestival war ein markantes Zeichen für das nach Stalins Tod eingetretene „Tauwetter“ – internationale Stars des Kalibers von Sofia Loren oder Marcello Mastroiani kommen seitdem immer wieder dazu. Zahlreiche **sowjetische Kino- und Fernsehfilme** – auch Lustspielfilme, historische Filme und Verfilmungen – haben Generationen von Zuschauern im Lande fasziniert und wecken heute, angesichts der zunehmenden „Kommerzialisierung“ der einheimischen Filmindustrie, starke nostalgische Gefühle.

Совéтск|ий Сою́з <-ого -а> *м* Sowjetunion *f*

совéтчик <-а> *м* Ratgeber *m*

совещáни|е <-я> *ср* Beratung *f,* Besprechung *f,* Konferenz *f;* **тáйное** ~ Geheimbesprechung *f*

совещáтельн|ый <-ая, -ое> *прил* beratend, Beratungs-; ~ **гóлос** Beratungsstimme *f*

совещá|ться <-юсь, -ешься> *нсв рефл* (sich) beraten; **офицéры посовещáлись и поскакáли** die Offiziere berieten sich und ritten weiter

сови́н|ый <-ая, -ое> *прил* Eulen-, eulenhaft

совладá|ть <-ю, -ешь> *св нпрх книжн* bewältigen; **ему́ не** ~ **с тру́дностями поéздки** er kommt mit den Schwierigkeiten der Reise nicht zurecht; **онá не моглá** ~ **со свои́м нетерпéнием** sie konnte ihre Ungeduld nicht unterdrücken

совладéл|ец <-ьца> *м* Teilhaber *m,* Miteigentümer *m*

совладéни|е <-я> *ср* Mitbesitz *m,* Miteigentum *m*

совмести́мос|ть <-ти> *ж* Vereinbarkeit *f,* Kompatibilität *f;* ~ **цéлей** Zielkompatibilität *f*

совместúм|ый <-ая, -ое; -, -а, -о> *прил книжн* kompatibel, miteinander vereinbar; **~ с** kompatibel mit

совместúтельств|о <-а> *ср gleichzeitige Tätigkeit auf zwei oder mehreren Planstellen;* **по совместúтельству** im Nebenberuf, nebenamtlich; **рабóта по совместúтельству** Nebenberuf *m,* Nebenbeschäftigung *f*

совме|стúть <-щý, -стúшь> *св прх см.* **совмещáть**

совме|стúться <-щýсь, -стúшься> *св рефл см.* **совмещáться**

совмéст|ный <-ная, -ное; -ен, -на, -но> *прил* zusammen, gemeinsam; **совмéстные усúлия** gemeinsame Bemühungen; **совмéстное владéние** Mitbesitz *m;* **совмéстное заявлéние** gemeinsame Erklärung *f;* **совмéстная хозя́йственная дéятельность** Verbundwirtschaft *f;* **совмéстное хранéние на склáде** Sammellagerung *f;* **совмéстное хранéние цéнных бумáг** Sammeldepot *nt;* **совмéстное поручúтельство** Mitbürgschaft *f;* **совмéстное предприя́тие** Joint-Venture *nt,* Gemeinschaftsunternehmen *nt;* **совмéстная рабóта** Gemeinschaftsarbeit *f,* Teamarbeit *f;* **~ прoéкт** Gemeinschaftsprojekt *nt*

совмещá|ть <-ю, -ешь> *нсв,* **совместúть** *св прх* vereinbaren, vereinigen; МАТ übereinanderlegen; **~ две дóлжности** zwei Posten vereinigen; **~ рабóту с учёбой** die Arbeit mit der Ausbildung kombinieren

совмещá|ться <-юсь, -ешься> *нсв,* **совместúться** *св рефл* **1.** *(сочетáться)* sich vereinigen; **егó талáнт совмещáется с любознáтельностью** sein Talent vereinigt sich mit seinem Wissensdrang **2.** МАТ *(совпадáть всéми тóчками)* sich decken; **симметрúческие фигýры совмещáются** die symmetrischen Figuren decken sich

совмещéни|е <-я> *ср* Vereinigung *f;* МАТ Deckung *f,* Kongruenz *f*

совмúн *сокр от* **совéт минúстров** Ministerrat *m*

совнаркóм *сокр от* **совéт нарóдных комиссáров** Rat *m* der Volkskommissare *m*

сов|óк <-кá> *м* Handschaufel *f;* *(для мýсора)* Kehrschaufel *f*

совокуп|úться <-лю́сь, -úшься> *св рефл см.* **совокупля́ться**

совокуплéни|е <-я> *ср* Vereinigung *f*

совокупля́|ться <-юсь, -ешься> *нсв,* **совокупúться** *св рефл* koitieren, Geschlechtsverkehr ausüben; **~ с кем-л.** mit jdm koitieren

совокýпнос|ть <-ти> *ж* Gesamtheit *f;* **в совокýпности** in seiner Gesamtheit

совокýпн|ый <-ая, -ое> *прил* gesamt, vereinigt; **совокýпное имýщество** Gesamtvermögen *nt;* **совокýпные расхóды** Vollkosten *pl;* **совокýпные правá акционéрной компáнии на учáстие** Firmenmantel *m;* **~ капитáл** Kapitalwert *m*

совпадá|ть <-ю, -ешь> *нсв,* **совпáсть** *св нпрх* zusammenfallen; *(соотвéтствовать)* übereinstimmen; МАТ kongruieren; **их плáны совпадáют** ihre Pläne fallen zusammen; **нáши мнéния совпадáют** unsere Pläne stimmen überein

совпадáющ|ий <-ая, -ее> *прил* übereinstimmend, deckungsgleich; МАТ kongruent

совпадéни|е <-я> *ср* **1.** *(одновремéнность)* Zusammenfallen *nt;* **~ обстоя́тельств** ein Zusammentreffen der Umstände **2.** *(схóдство)* Übereinstimmung *f,* Ähnlichkeit *f;* **~ интерéсов** Interessenübereinstimmung *f;* **какóе удивúтельное ~!** was für eine verblüffende Ähnlichkeit! **3.** МАТ Kongruenz *f*

совпá|сть <-ду, -ёшь> *св нпрх см.* **совпадáть**

совра|тúть <-щý, -тúшь> *св прх см.* **совращáть**

совр|áть <-ý, -ёшь> *св нпрх см.* **врать**

совращá|ть <-ю, -ешь> *нсв,* **совратúть** *св прх* verleiten; *(соблазнúть)* verführen; **~ с путú úстинного** vom rechten Weg abbringen

совращéни|е <-я> *ср* Verführung *f*

совремéнник <-а> *м,* **совремéнниц|а** <-ы> *ж* Zeitgenosse *m,* Zeitgenossin *f*

совремéннос|ть <-ти> *ж* **1.** *(настоя́щее)* Gegenwart *f* **2.** *(актуáльность)* Modernität *f*

совремéн|ный <-ная, -ное; -ен, -на, -но> *прил* **1.** *(настоя́щий)* gegenwärtig, heutig, zeitgemäß **2.** *(момéнтный)* augenblicklich, jetzig **3.** *(нóвый)* modern, neuartig; **совремéнное искýсство** moderne Kunst *f;* **совремéнная литератýра** Gegenwartsliteratur *f;* **совремéнные технолóгии** Spitzentechnologie *f*

совсéм *нрч* ganz, überhaupt; **э́то ~ не то** das ist gar nicht so; **ты ~ не изменúлся** du hast dich überhaupt nicht verändert; **не ~** nicht ganz

совхóз *сокр от* **совéтское хозя́йство** Sowchos *m (sowjetisches Staatsgut)*

совхóзн|ый <-ая, -ое> *прил* Sowchos (en)-; **совхóзное земледéлие** Sowchosenlandwirtschaft *f*

согбéн|ный <-ная, -ное; -, на, -но> *прил устар* gebeugt

соглáси|е <-я> *ср* **1.** *(соглашéние)* Zusage *f,* Zustimmung *f,* Einwilligung *f;* **дать своё ~ на что-л.** seine Zustimmung erteilen zu +*dat;* **~ на предоставлéние кредúта** Kreditzusage *f* **2.** *(понимáние)* Einvernehmen *nt,* Eintracht *f,* Einverständnis *nt;* **жить в соглáсии** in gutem Einvernehmen leben **3.** ЮР Konsens *m;* **граждáнское ~** Burgfrieden *m;* **национáльное ~** nationaler Konsens *m*

согла|сúться <-шýсь, -сúшься> *св рефл см.* **соглашáться**

С

согла́сно I. *нрч* einträchtig, harmonisch; **жить ~** in Harmonie leben II. *предл дат* zufolge, laut, gemäß; **~ зако́ну** laut Gesetz; **~ зака́зу** auftragsgemäß; **~ положе́нию** vorschriftsmäßig

согла́с|ный[1] <-ная, -ное; -ен, -на, -но> *прил* 1. *(на что-л.)* willens; *(гото́вый)* bereit 2. *(с кем-л./чем-л.)* einverstanden; **вы со мной согла́сны?** sind Sie mit mir einverstanden? 3. *(гармони́чный)* im Einvernehmen, harmonisch

согла́сн|ый[2] <-ого> *м* лингв Konsonant *m*

согласова́ни|е <-я> *ср* 1. *(координи́рование)* Abstimmung *f;* **~ за́работной пла́ты** Lohnvereinbarung *f;* **~ це́лей** Zielvereinbarung *f,* Zielabstimmung *f;* **~ цен** Preisabsprache *f* 2. лингв Kongruenz *f*

согласо́ванност|ь <-ти> *ж* Einklang *m,* Übereinstimmung *f*

согласо́ван|ный <-ная, -ное; -, -а, -о> *прил* abgestimmt, koordiniert; лингв kongruent

соглас|ова́ть <-у́, -у́ешь> *св прх см.* **согласо́вывать**

соглас|ова́ться <-у́юсь, -у́ешься> *нсв рефл* 1. *(быть в соотве́тствии)* übereinstimmen, in Einklang stehen; **это реше́ние согласу́ется с предыду́щими** diese Entscheidung harmoniert mit der früheren 2. лингв kongruieren, übereinstimmen; **прилага́тельные согласу́ются с существи́тельными** die Adjektive kongruieren mit den Substantiven

согласо́выва|ть <-ю, -ешь> *нсв,* **согласова́ть** *св прх* 1. *(приводи́ть в соотве́тствие)* abstimmen, vereinbaren, koordinieren; **~ де́йствия обе́их групп** die Handlungen der beiden Gruppen in Einklang bringen 2. *(выраба́тывать еди́ное мне́ние)* absprechen; **~ реше́ние с руково́дством** den Beschluss mit der Leitung absprechen

соглаша́|ться <-юсь, -ешься> *нсв,* **согласи́ться** *св рефл* 1. *(на что-л.)* zustimmen, einverstanden sein, einwilligen in *+akk* 2. *(с чем-л.)* befürworten, gutheißen, eingehen auf *+akk*

соглаше́ни|е <-я> *ср* 1. *(согла́сие)* Vereinbarung *f,* Übereinkunft *f;* *(сго́вор)* Abmachung *f;* **прийти́ к соглаше́нию** zu einer Vereinbarung kommen 2. юр Abkommen *nt,* Vertrag *m;* **внедогово́рное ~** Vertragsnebenabrede *f;* **внесуде́бное мирово́е ~** außergerichtlicher Vergleich *m;* **долгосро́чное ~** langfristiges Abkommen *nt;* **трудово́е ~** Werkvertrag *m;* **Маастре́хтские соглаше́ния** Maastrichter Verträge *pl;* **заключа́ть ~** eine Abmachung treffen; **~ о морато́рии** [*или* **перенесе́нии сро́ка**] Stillhalteabkommen *nt;* **~ о проце́нтах по креди́ту** Zinsabkommen *nt;* **~ о це́нах** Preisabsprache *f;* **~ по дела́м предприя́тия** Betriebsvereinbarung *f*

согляда́та|й <-я> *м* Agent *m;* **сле́дом шёл ~** ein Agent verfolgte ihn

согна́ть <сгоню́, сго́нишь> *св прх см.* **сгоня́ть**

со́гнут|ый <-ая, -ое; -, -а, -о> *прил* 1. *(сго́рбленный)* gekrümmt, bucklig; **со́гнутая стару́шка** bucklige Alte *f* 2. *(сведённый под угло́м)* gekrümmt

согн|у́ть <-у́, -ёшь> *св прх см.* **гнуть, сгиба́ть**

согн|у́ться <-у́сь, -ёшься> *св рефл см.* **сгиба́ться**

согра́ждан|е <-> *мн* Mitbürger *mpl*

сограждани́н <-а> *м* Mitbürger *m;* **обраще́ние к сограждани́ну** Appell *m* an die Mitbürger

согрева́|ть <-ю, -ешь> *нсв,* **согре́ть** *св прх* aufwärmen, erwärmen; **~ ру́ки/но́ги** seine Hände/Beine aufwärmen; **молоко́ ~** die Milch aufwärmen

согрева́|ться <-юсь, -ешься> *нсв,* **согре́ться** *св рефл* 1. *(станови́ться тёплым)* warm werden, sich erwärmen 2. *(согрева́ть своё те́ло)* sich aufwärmen; **~ горя́чим ду́шем** sich mit einer heißen Dusche aufwärmen

согре́|ть <-ю, -ешь> *св прх см.* **согрева́ть**

согре́|ться <-юсь, -ешься> *св рефл см.* **согрева́ться**

согреш|и́ть <-у́, -и́шь> *св нпрх см.* **греши́ть**

со́д|а <-ы> *ж* Soda *nt*

соде́йстви|е <-я> *ср* Beistand *m,* Mithilfe *f;* *(подде́ржка)* Unterstützung *f;* *(уча́стие)* Mitwirkung *f;* **~ разви́тию эконо́мики** Wirtschaftsförderung *f;* **ока́зывать кому́-л. ~** jdn unterstützen

соде́йств|овать <-ую, -уешь> *(н)св,* **посоде́йствовать** *св нпрх* *(чему́-л.)* beitragen zu *+dat,* fördern; *(подде́рживать)* unterstützen; **~ кому́-л. в чем-л.** jdn bei etw unterstützen

содержа́ни|е <-я> *ср* Inhalt *m;* *(в кни́ге)* Inhaltsverzeichnis *nt;* *(соста́ва)* Gehalt *m,* Konzentration *f;* экон Bezug *m;* фин Gehalt *nt,* Unterhalt *m;* **основно́е ~** Hauptinhalt *m;* **~ вре́дных веще́ств** Schadstoffbelastung *f;* **~ жи́ра** Fettgehalt *m;* **~ в испра́вности** Instandhaltung *f;* **о́тпуск с сохране́нием содержа́ния** bezahlter Urlaub *m*

содержа́те|льный <-льная, -льное; -лен, -льна, -льно> *прил* inhaltlich; **содержа́тельная ле́кция** aufschlussreiche Lektion *f*

сод|ержа́ть <-ержу́, -е́ржишь> *нсв прх* 1. *(держа́ть)* halten, erhalten; *(в испра́вности)* in Stand halten 2. *(подде́рживать)* unterhalten, unterstützen 3. *(вмеща́ть)* enthalten, einschließen; *(включа́ть)* beinhalten; **~ витами́ны** Vitamine enthalten 4. фин finanzieren; **~ семью́** für den Lebensunterhalt seiner Familie sorgen

сод|ержа́ться <-ержу́сь, -е́ржишься> *нсв рефл* **1.** *(быть на чьём л. обеспе́чении)* unterhalten, den Unterhalt bestreiten; **поли́ция соде́ржится за счёт нало́гов** die Polizei wird mit Steuergeldern unterhalten **2.** *(входи́ть в соста́в чего́-л.)* enthalten, fassen; **в 1 ме́тре соде́ржится 100 сантиме́тров** ein Meter enthält 100 Zentimeter; **в докла́де соде́ржится нема́ло информа́ции** der Bericht enthält ziemlich viel Informationen

содержи́мо|е <-го> *ср* Inhalt *m;* **~ су́мки** Tascheninhalt *m*

со́дов|ая <-ой> *ж (газиро́ванная вода́)* kohlensäurehaltiges Wasser *nt,* Soda(wasser) *nt,* Sprudelwasser *nt;* **стака́н ви́ски с со́довой** ein Glas Whisky mit Soda

со́дов|ый <-ая, -ое> *прил (к со́де)* Soda-; **~ раство́р** Sodalösung *f*

содолжни́к <-а́> *м* Mitschuldner *m*

содра́ть <сдеру́, сдерёшь> *св прх см.* **сдира́ть**

содрога́ни|е <-я> *ср* Schauder *m;* **привести́ в ~** in Schaudern versetzen; **он расска́зывал о пережи́том у́жасе с содрога́нием** er erzählte mit Schaudern von dem schrecklichen Erlebnis

содрога́т|ься <-юсь, -ешься> *нсв,* **содрогну́ться** *св рефл* **1.** *(земля́)* erbeben **2.** *(дрожа́ть)* schaudern, erzittern; **я содрога́юсь при мы́сли о чём-л.** ich erzittere bei dem Gedanken an etw

содру́жеств|о <-а> *ср* Gemeinschaft *f;* **~ Незави́симых Госуда́рств** Gemeinschaft *f,* GUS *f*

со́ев|ый <-ая, -ое> *прил* Soja-; **со́евые бобы́** Sojabohnen *pl;* **со́евая мука́** Sojamehl *nt*

соедине́ни|е <-я> *ср* **1.** *(сою́з)* Vereinigung *f,* Verbund *m* **2.** ТЕХ Verbindung *f,* Kopplung *f;* **~ с Интерне́том** Internetverbindung *f* **3.** ХИМ Verbindung *f* **4.** ЭЛ Schaltung *f;* ВОЕН Verband *m;* **войсково́е ~** Truppenverband *m*

Соединённы|е Шта́т|ы Аме́рики <-х -ов> *м* Vereinigte Staaten von Amerika *pl,* USA *f*

соедини́тельн|ый <-ая, -ое> *прил* verbindend, Binde-; **соедини́тельная ткань** АНАТ Bindegewebe *nt;* **~ сою́з** ЛИНГВ kopulative Konjunktion *f*

соедин|и́ть <-ю́, -и́шь> *св прх см.* **соединя́ть**

соедин|и́ться <-ю́сь, -и́шься> *св рефл см.* **соединя́ться**

соединя́|ть <-ю, -ешь> *нсв,* **соедини́ть** *св прх* verbinden, vereinigen; *(объедини́ть)* vereinen; *(помести́ть вме́сте)* zusammenlegen; ХИМ sich verbinden; **вас непра́вильно соедини́ли!** Sie sind falsch verbunden!; **соедини́ть у́зами бра́ка** den heiligen Bund der Ehe eingehen

соединя́|ться <-юсь, -ешься> *нсв,* **соедини́ться** *св рефл* sich verbinden; **доро́га соединя́ется с гла́вной магистра́лью** die Straße vereinigt sich mit der Hauptstraße

сожале́ни|е <-я> *ср* Reue *f,* Bedauern *nt;* *(жа́лость)* Mitleid *nt;* **из жа́лости** aus Mitleid; **досто́йный сожале́ния** bedauernswert, bemitleidenswert; **к сожале́нию** leider, bedauerlicherweise; **выража́ть ~** Reue zeigen

сожале́|ть <-ю, -ешь> *нсв (н)прх (о чём-л.)* bedauern; **я и́скренне сожале́ю об э́том** das tut mir aufrichtig Leid

сожже́ни|е <-я> *ср* Verbrennen *nt,* Verbrennung *f,* Einäscherung *f;* **преда́ть что-л. сожже́нию** etw zum Verbrennen abgeben

сожи́те|ль <-ля> *м,* **сожи́тельниц|а** <-ы> *ж* **1.** *(живу́щий в одно́й ко́мнате с кем-л.)* Mitbewohner(in) *m(f);* **мы дели́ли наём с мои́м сожи́телем** wir haben uns die Miete mit meinem Mitbewohner geteilt **2.** *разг* Lebensgefährte *m,* Lebensgefährtin *f* *(любо́вник)* Liebhaber(in) *m(f);* **ей не нра́вился ~ её до́чери** ihr gefiel der Liebhaber ihrer Tochter nicht

сожи́тельств|о <-а> *ср* **1.** *(совме́стная жизнь)* Zusammenleben *nt,* Wohngemeinschaft *f;* **э́та иде́я родила́сь во вре́мя на́шего сожи́тельства** diese Idee wurde während unseres Zusammenlebens geboren **2.** *разг (связь)* Verhältnis *nt;* **их ~ так и не переросло́ в брак** ihr Verhältnis ist nicht in eine Ehe übergegangen

сожр|а́ть <-у́, -ёшь> *св прх см.* **жрать**

созва́нива|ться <-юсь, -ешься> *нсв,* **созвони́ться** *св рефл* sich telefonisch in Verbindung setzen; **мы не смогли́ вчера́ созвони́ться** gestern konnten wir uns telefonisch nicht erreichen

соз|ва́ть <-ову́, -овёшь> *св прх см.* **созыва́ть**

созве́зди|е <-я> *ср* Gestirn *nt,* Sternbild *nt*

созвон|и́ться <-ю́сь, -и́шься> *св рефл см.* **созва́ниваться**

созву́чи|е <-я> *ср* Gleichklang *m,* Harmonie *f;* **по́лное ~ в приро́де** voller Harmonie mit der Natur; **вспо́мнить сло́во благодаря́ его́ созву́чию с други́м** sich an das Wort wegen des ähnliches Klanges mit einem anderen erinnern

созву́ч|ный <-ная, -ное; -ен, -на, -но> *прил* gleichklingend, gleichlautend, harmonisch

созда|ва́ть <-ю́, -ёшь> *нсв,* **созда́ть** *св прх* schaffen; *(учреди́ть)* stiften; *(основа́ть)* gründen; *(организа́цию)* aufbauen; **~ настрое́ние** eine Stimmung schaffen; **~ усло́вия для рабо́ты** Arbeitsbedingungen schaffen

созда|ва́ться <-ётся> *нсв,* **созда́ться** *св безл, только 3 л (возника́ть)* entstehen; **нере́дко из-за него́ создава́лась не-**

С

приятная атмосфéра seinetwegen entstand oft eine unangenehme Atmosphäre

создáни|е <-я> *ср* Schaffen *nt;* *(творéние)* Schöpfung *f,* Erschaffung *f;* *(живóе)* Geschöpf *nt;* **дата создáния** ИНФОРМ Erstellungsdatum *nt;* **~ дéнег** Geldschöpfung *f;* **~ стóимости** Wertschöpfung *f*

создáте|ль <-ля> *м* **1.** *(áвтор чегó-л.)* Schöpfer *m,* Begründer *m;* **~ автомобиля** der Erfinder des Automobils **2.** *(Бог как творéц мира)* Schöpfer *m;* **вéрить в Создáтеля** an den Schöpfer glauben

создá|ть <-м, -шь> *св прх см.* **создавáть**

создá|ться <-мся, -áшься> *св рефл см.* **создавáться**

созерцáни|е <-я> *ср* Betrachtung *f,* Anschauung *f;* **уединённое ~** stille Betrachtung *f*

созерцá|ть <-ю, -ешь> *нсв прх книжн* betrachten, anschauen

созидáни|е <-я> *ср* *(твóрчество, создáние чегó-л.)* Schaffung *f,* Errichtung *f,* schöpferische Arbeit *f*

созидáте|льный <-льная, -льное; -лен, -льна, -льно> *прил* *(твóрческий)* schöpferisch, Schaffens-, kreativ; **созидáтельная сила** schöpferische Kraft *f*

созидá|ть <-ю, -ешь> *нсв прх* schöpfen, kreieren

созна|вáть <-ю́, -ёшь> *нсв,* **сознáть** *св прх* einsehen, anerkennen, sich *dat* bewusst werden; **~ своѝ ошибку** seinen Fehler einsehen; **~ опáсность** sich der Gefahr bewusst sein; **он сознавáл своё превосхóдство** er war sich seiner Überlegenheit bewusst; **больнóй ничегó не сознавáл** der Kranke nahm um sich herum nichts wahr

созна|вáться <-ю́сь, -ёшься> *нсв,* **сознáться** *св рефл* (ein)gestehen, zugeben; **престýпник во всём сознáлся** der Verbrecher hat alles gestanden

сознáни|е <-я> *ср* Bewusstsein *nt;* **общéственное** [*или* **мáссовое**] **~** öffentliches Bewusstsein *nt;* **без сознáния** bewusstlos, besinnungslos; **терять ~** das Bewusstsein verlieren; **приходить в ~** zu Bewusstsein kommen

сознáтельно *нрч* bewusst, absichtlich; **мы решили сдéлать э́то вполнé ~** wir haben das alles absichtlich getan

сознáтельнос|ть <-ти> *ж* Bewusstsein *nt;* **рабóтать с большóй сознáтельностью** mit großem Pflichtbewusstsein arbeiten

сознáте|льный <-льная, -льное; -лен, -льна, -льно> *прил* bewusst, pflichtbewusst; *(намéренный)* absichtlich

сознá|ть <-ю, -ешь> *св (н)прх см.* **сознавáть**

сознá|ться <-ю́сь, -ёшься> *св рефл см.* **сознавáться**

созревáни|е <-я> *ср* Reifen *nt,* Ausreifen *nt,* Heranreifen *nt;* **~ плодóв/сознáния** das Reifen der Früchte/des Bewusstseins

созревá|ть <-ю, -ешь> *нсв,* **созрéть** *св нпрх и перен* reifen

созрéвш|ий <-ая, -ее> *прил* reif

созрé|ть <-ю, -ешь> *св нпрх см.* **созревáть, зреть**

созы́в <-а> *м* Einberufung *f*

созывá|ть <-ю, -ешь> *нсв,* **созвáть** *св прх* (herbei)rufen, zusammenrufen; *разг* zusammentrommeln; *(пригласить)* versammeln, einladen; *(собрáние)* einberufen

соизволя́|ть <-ю, -ешь> *нсв,* **соизвóлить** *св нпрх* geruhen, sich herablassen

соискáте|ль <-ля> *м* Antragsteller *m*

сóйк|а <-и> *ж* Eichelhäher *m*

сой|ти́ <-ду́, -дёшь> *св нпрх см.* **сходить**

сой|ти́сь <-ду́сь, -дёшься> *св рефл см.* **сходиться**

сок <сóка> *м* Saft *m;* **фруктóвый ~** Fruchtsaft *m;* **я́блочный ~** Apfelsaft *m;* **выжимáть из когó-л. все сóки** *перен* jdn gewissenlos ausbeuten

сокáмерник <-а> *м* Zellengenosse *m;* **он совершил преступлéние с бы́вшим сокáмерником** er begang ein Verbrechen mit seinem ehemaligen Zellengenossen

соковыжимáлк|а <-и> *ж* Entsafter *m*

сóкол <-а> *м* Falke *m*

соколи́н|ый <-ая, -ое> *прил* ЗООЛ Falken-; **соколи́ная охóта** Falkenjagd *f;* **с соколи́ным взóром** mit Falkenblick

сокóльник <-а> *м* *(дрессирóвщик)* Falkner *m;* **на рукави́цах сокóльника сидéли сóколы** auf den Handschuhen des Falkners saßen Falken

сократи́тельн|ый <-ая, -ое> *прил* **сократи́тельная мы́шца** АНАТ Retraktionsmuskel *m*

сокра|ти́ть <-щу́, -ти́шь> *св прх см.* **сокращáть**

сокра|ти́ться <-щу́сь, -ти́шься> *св рефл см.* **сокращáться**

сокращá|ть <-ю, -ешь> *нсв,* **сократи́ть** *св прх* **1.** *(укорáчивать)* (ab)kürzen, verkürzen; **~ путь** den Weg abkürzen; **~ словá** Wörter abkürzen **2.** *(умéньшить)* verringern, reduzieren, senken; **~ воéнные расхóды** die Militärausgaben senken; **~ произвóдство** die Produktion drosseln; **~ штáты** Personal abbauen **3.** *(увольня́ть с рабóты)* entlassen, kündigen; **мáть сократи́ли с рабóты** man hat meine Mutter entlassen **4.** МАТ kürzen; **~ дробь** einen Bruch kürzen

сокращá|ться <-юсь, -ешься> *нсв,* **сократи́ться** *св рефл* **1.** *(уменьшáться, укорáчиваться)* kleiner werden, sich verringern, sich verkürzen; **расстоя́ние сокращáется** die Entfernung verkürzt sich **2.** *(сжимáться в объёме)* schrumpfen; **мы́шцы сокращáются** die Muskel schrumpfen **3.** МАТ kürzen

сокраще́ни|е <-я> *ср* **1.** *(укороче́ние чего́-л.)* (Ab)Kürzung *f* **2.** *(уменьше́ние)* Senkung *f*, Kürzung *f*, Abbau *m*, Einschränkung *f* **3.** ИНФОРМ Shortcut *m*; **~ ассигнова́ний** Kürzung *f*; **~ бюдже́та** Abstrich *m*; **~ вооруже́ний** Abrüstung *f*; **~ зарпла́ты** Gehaltskürzung *f*; **~ капита́ла** Kapitalherabsetzung *f*; **~ капиталовложе́ний и оборо́тных средств** Bestandsverringerung *f*; **~ оборо́та** Umsatzminderung *f*; **~ персона́ла** [*или* **шта́тов**] Personalabbau *m*; **~ продолжи́тельности рабо́чего вре́мени** Arbeitszeitverkürzung *f*; **~ произво́дства** Produktionsrückgang *m*; **~ скла́дских запа́сов** Lagerabbau *m*, Bestandsverringerung *f*; **~ спро́са** Nachfragerückgang *m* **4.** ЛИНГВ Abkürzung *f*

сокращённо *нрч* (ab)gekürzt, verkürzt, kurz; **~ его́ зва́ли То́лей** man nannte ihn kurz Tolja

сокращён|ный <-ная, -ное; -, -на́, -но́> *прил* abgekürzt, gesenkt; **~ рабо́чий день, сокращённая рабо́чая неде́ля** Kurzarbeit *f*

сокрове́н|ный <-ная, -ное; -, на, -но> *прил* geheim, heimlich; **сокрове́нные мы́сли/чу́вства** verborgene Gedanken *mpl*/Gefühle *ntpl*

сокро́вищ|е <-а> *ср* Schatz *m*; *перен* Schatz *m*, Goldstück *nt*, Juwel *nt*

сокро́вищниц|а <-ы> *ж* Schatzkammer *f*; **на́ши музе́и – ~ истори́ческого насле́дия** unsere Museen sind ein Hort des historischen Erbes

сокруша́|ть <-ю, -ешь> *нсв*, **сокруши́ть** *св прх* **1.** *(разруша́ть, побежда́ть)* niederwerfen, zerschmettern, zerstören; **~ наде́жды** die Hoffnung zerstören; **~ непри́ятеля** den Feind niederwerfen **2.** *перен* *(огорча́ть)* betrüben; **но́вость его́ сокруши́ла** die Neuigkeit hat ihn betrübt

сокруша́|ться <-юсь, -ешься> *нсв*, **сокруши́ться** *св рефл разг* betrübt sein; **он сокруша́ется из-за убы́тков** er grämte sich wegen der Verluste

сокруши́те|льный <-льная, -льное; -лен, -льна, -льно> *прил* vernichtend, zerstörend, zerschmetternd; **~ уда́р** vernichtender Schlag *m*

сокруш|и́ть <-у́, -и́шь> *св прх см.* **сокруша́ть**

сокруш|и́ться <-у́сь, -и́шься> *св рефл см.* **сокруша́ться**

сокры́ти|е <-я> *ср* Verheimlichung *f*, Geheimhaltung *f*

сокры́т|ый <-ая, -ое; -, -а, -о> *прил* verborgen, versteckt, geheim; **~ смысл** geheime Bedeutung *f*

соку́рсник <-а> *м* Studienkollege *m*; **мой ~ не сдал экза́мен** mein Kommilitone ist durch die Prüfung gefallen

сол|га́ть <-гу́, -жёшь> *св нпрх см.* **лгать**

солда́т <-а> *м* Soldat *m*

солда́тик <-а> *м* **1.** *уменьш, разг (солда́т)* Soldat *m*; **уста́лые солда́тики шли по доро́ге** die müden Soldaten gingen die Straße entlang **2.** *(игру́шка)* Spielzeugsoldat *m*; **оловя́нный ~** Zinnsoldat *m*; **стоя́ть солда́тиком** wie ein Zinnsoldat stehen

солда́тк|а <-и> *ж* Soldatenfrau *f*; **мно́гие солда́тки оста́лись вдо́вами** viele Soldatenfrauen sind zu Witwen geworden

солдатн|я́ <-и́> *ж ирон, разг* große Gruppe von Soldaten; **в го́роде гуля́ла ~ в о́тпуске** eine große Gruppe Soldaten im Urlaub schlenderte durch die Stadt

солда́тск|ий <-ая, -ое> *прил* Soldaten-, soldatisch; **~ паёк** Verpflegungsration *f*

солдафо́н <-а> *м презрит, разг (гру́бый и ограни́ченный вое́нный)* Kommisshengst *m*

солева́рн|я <-и> *ж* Saline *f*

солев|о́й <-а́я, -о́е> *прил* Salz-; **~ раство́р** Salzlösung *f*

солён|ый <-ая, -ое> *прил* **1.** *(име́ющий вкус со́ли)* gesalzen, salzig; **солёная вода́** Salzwasser *nt*; **~ вкус** salziger Geschmack, Salzgeschmack *m* **2.** *(посо́ленный)* salzig, gesalzen; **солёная ры́ба** gesalzener Fisch *m*; **солёные огурцы́** Salzgurken *pl*, gesalzene Gurken *pl* **3.** *перен, разг (грубова́тый)* grob; **~ анекдо́т** grober Witz *m*

солида́рнос|ть <-ти> *ж* Solidarität *f*; **проявля́ть ~ с кем-л.** sich solidarisieren mit +*dat*; **в знак солида́рности** als Zeichen der Solidarität

солида́р|ный <-ная, -ное; -ен, -на, -но> *прил* solidarisch; **солида́рная отве́тственность** Solidarhaftung *f*

соли́дно *нрч* solide; **э́тот дом стро́или о́чень ~** dieses Haus hat man sehr stabil gebaut

соли́днос|ть <-ти> *ж* **1.** *(про́чность)* Solidität *f*, Haltbarkeit *f*; *(основа́тельность)* Bonität *f*; **~ фи́рмы** Firmenansehen *nt* **2.** *(о челове́ке)* Solidität *f*

соли́д|ный <-ная, -ное; -ен, -на, -но> *прил* **1.** *(про́чный)* solide; *(основа́тельный)* gründlich; **соли́дные зна́ния** solides Wissen *nt*; **соли́дная постро́йка** solider Bau *m*; **~ журна́л** angesehene Zeitschrift *f* **2.** *(о челове́ке)* solide, echt

солидо́л <-а> *м* ТЕХ Schmierfett *nt*

соли́ст <-а> *м*, **соли́стк|а** <-и> *ж* Solist(in) *m(f)*

сол|и́ть <-ю́, -и́шь> *нсв*, **засоли́ть, посоли́ть** *св прх* salzen; *(мариновáть)* einlegen; *(мя́со)* pökeln

со́лнечно *нрч* sonnig; **на мо́ре ле́том всегда́ ~** am Meer ist es im Sommer immer sonnig

со́лнеч|ный <-ная, -ное; -ен, -на, -но> *прил* sonnig, Sonnen-; **со́лнечная батаре́й-**

С

ка Solarbatterie *f;* **со́лнечное затме́ние** Sonnenfinsternis *f;* **~ зо́нтик** Sonnenschirm *m;* **со́лнечные очки́** Sonnenbrille *f;* **со́лнечные часы́** Sonnenuhr *f;* **со́лнечная эне́ргия** Sonnenenergie *f;* **со́лнечное сплете́ние** АНАТ Sonnengeflecht *nt;* **~ уда́р** Sonnenstich *m*

со́лнц|е <-а> *ср* Sonne *f;* **захо́д со́лнца** Sonnenuntergang *m;* **восхо́д со́лнца** Sonnenaufgang *m;* **ме́сто под со́лнцем** ein Platz unter der Sonne

солнцепёк <-а> *м* Sonnenglut *f;* **на солнцепёке** in der prallen Sonne

со́лнышк|о <-а> *ср ласк (обраще́ние)* **моё ~!** mein Liebling/Schatz!

со́ло[1] <неизм> *ср* МУЗ Solo *nt;* **~ для скри́пки** Geigensolo *nt*

со́ло[2] *нрч* solo, allein; **петь ~** solo singen

солов|е́й <-ья́> *м* Nachtigall *f*

соло-ве́ксель Eigenwechsel *m,* Solawechsel *m*

соло́в|ый <-ая, -ое> *прил разг (о ло́шади)* isabellfarben

со́лод <-а> *м* Malz *nt*

солодо́вник <-а> *м (производи́тель со́лода)* Mälzer *m;* **о́пытный ~** erfahrener Mälzer *m*

соло́м|а <-ы> *ж* Stroh *nt*

соло́менн|ый <-ая, -ое> *прил* Stroh-; **соло́менная вдова́** Strohwitwe *f;* **соло́менная шля́па** Strohhut *m;* **соло́менная кры́ша** Strohdach *nt*

соло́минк|а <-и> *ж* Strohhalm *m; (для питья́)* Trinkhalm *m;* **хвата́ться за соло́минку** *перен* sich an einen Strohhalm klammern

соло́мк|а <-и> *ж* **1.** *уменьш (соло́ма)* Stroh *nt;* **шля́па из соло́мки** Strohhut *m* **2.** *(вид пече́нья)* Gebäckstangen *pl;* **угости́ть кого́-л. соло́мкой** jdm Gebäck anbieten; **солёная ~** Salzstangen *pl*

соломо́нов <-а, -о> *прил (справедли́вый)* salomonisch; **соломо́ново реше́ние** salomonische Entscheidung *f*

соло́нк|а <-и> *ж* Salzstreuer *m*

солонова́т|ый <-ая, -ое; -, -а, -о> *прил разг* zu salzig; **солонова́тая вода́** Brackwasser *nt*

солонча́к <-а́> *м* ГЕОЛ Salzboden *m*

соль[1] <неизм> *м* МУЗ G *nt;* **~-дие́з** Gis *nt;* **~ мино́р** g-Moll *nt*

соль[2] <со́ли> *ж* Salz *nt;* **пова́ренная ~** Kochsalz *nt;* **морска́я ~** Seesalz *nt;* **доба́вить ~** Salz zugeben

со́льн|ый <-ая, -ое> *прил* Solo-, solo; **со́льное выступле́ние** Soloauftritt *m*

соля́нк|а[1] <-и> *ж (тра́вы, расту́щие на засо́ленных по́чвах) Gras, das auf salzigem Boden wächst*

соля́нк|а[2] <-и> *ж* КУЛ Soljanka *f (dicke Suppe aus Fisch oder Fleisch mit Gewürzen oder Eintopf aus gedämpftem Kohl mit Fleisch, Fisch oder Pilzen);* **сбо́рная ~** gemischte Soljanka; **накорми́ть кого́-л. соля́нкой** jdm Soljanka zu essen geben

соля́н|ый <-ая, -ое> *прил* ХИМ Salz-; **соля́ная кислота́** Salzsäure *f*

соля́ри|й <-я> *м* Solarium *nt*

соля́рк|а <-и> *ж разг* Dieselöl *nt*

сом <сома́> *м* ЗООЛ Wels *m;* **морско́й ~** Seewels *m;* **из реки́ вы́тащили огро́много сома́** aus dem Fluss hollte man einen Riesenwels

сомати́ческ|ий <-ая, -ое> *прил* МЕД somatisch; **сомати́ческое заболева́ние** МЕД somatische Erkrankung *f*

сомбре́ро <неизм> *ср* Sombrero *m*

со́мкнут|ый <-ая, -ое; -, -а, -о> *прил* geschlossen; **со́мкнутые ру́ки** geschlossene [o gefaltene] Hände *fpl;* **со́мкнутые ряды́ солда́т** Soldaten *mpl* in geschlossenen Reihen

сомкн|у́ть <-у, -ёшь> *св прх см.* **смыка́ть**

сомкн|у́ться <-у́сь, -ёшься> *св рефл см.* **смыка́ться**

сомле́|ть <-ю, -ешь> *св нпрх разг* **1.** *(обесси́леть)* kraftlos werden; **она́ сомле́ла от поцелу́я** sie wurde schwach vom Kuss **2.** *(упа́сть в о́бморок)* in Ohnmacht fallen, ohnmächtig werden; **больно́й сомле́л** der Kranke bekam einen Ohnmachtsanfall

сомнамбу́л <-а> *м* Schlafwandler *m*

сомнева́|ться <-юсь, -ешься> *нсв рефл (в ком-л./чём-л.)* zweifeln an *+dat;* **~ в и́стинности** an der Wahrheit zweifeln; **не сомнева́йтесь в э́том** zweifeln Sie nicht daran; **я не сомнева́юсь, что ...** ich bin mir sicher, dass ...

сомне́ни|е <-я> *ср* Zweifel *m,* Bedenken *pl;* **ста́вить под ~** in Frage stellen, bezweifeln; **что́бы не допуска́ть никаки́х сомне́ний** um keine Zweifel aufkommen zu lassen; **испы́тывать не́которое ~ в чём-л.** etw bezweifeln, an etw zweifeln; **что-л. не подлежи́т сомне́нию** an etw gibt es keinen Zweifel; **вне вся́ких сомне́ний** außer Zweifel

сомни́те|льный <-льная, -льное; -лен, -льна, -льно> *прил* **1.** *(нея́сный)* zweifelhaft, fragwürdig **2.** *(подозри́тельный)* verdächtig, fragwürdig; **сомни́тельное де́ло** verdächtige Angelegenheit *f*

со́мов|ый <-ая, -ое> *прил* Wels-; **~ хвост** Welsflosse *f*

сон <сна> *м* Schlaf *m; (сновиде́ние)* Traum *m;* **ужа́сный ~** Alptraum *m;* **перед сно́м** vor dem Schlafengehen

сона́т|а <-ы> *ж* Sonate *f*

соне́т <-а> *м* Sonett *nt*

сонли́вос|ть <-ти> *ж* Schläfrigkeit *f;* **почу́вствовать не́которую ~** sich schläfrig fühlen

сонли́в|ый <-ая, -ое; -, -а, -о> *прил*

schläfrig, verschlafen; **~ вид** verschlafenes Aussehen *nt*

сонм <со́нма> *м (мно́жество, собра́ние)* Haufen *m;* **~ светя́щихся звёзд** Sternhaufen *m*

со́нник <-а> *м (кни́га с толкова́нием снов)* Traumdeutungsbuch *nt;* **популя́рность э́того со́нника была́ невероя́тной** der Erfolg dieses Traumdeutungsbuches war unglaublich

со́нно *нрч* schläfrig, verschlafen, schlaftrunken; **по утра́м все чу́вствовали себя́ ~** morgens haben sich alle verschlafen gefühlt

со́н|ный <-ная, -ное; -ен, -на, -но> *прил* schläfrig, schlaftrunken; **~ взгляд** schlaftrunkener Blick *m;* **со́нная арте́рия** АНАТ Kopfschlagader *f*

со́н|я <-и> *м и ж* **1.** *разг* Schlafmütze *f,* Langschläfer(in) *m(f)* **2.** ЗООЛ Haselmaus *f*

соображá|ть <-ю, -ешь> *нсв,* **сообрази́ть** *св нпрх разг* **1.** *(обду́мывать)* überlegen, erwägen **2.** *(понима́ть)* verstehen, fassen; *разг* kapieren; **ме́дленно/ту́го/пло́хо ~** langsam/schwer/schlecht begreifen

соображе́ни|е <-я> *ср* **1.** *(понима́ние чего́-л.)* Verstand *m* **2.** *(размышле́ние)* Überlegung *f,* Erwägung *f* **3.** *(моти́в)* (Beweg)Grund *m;* **по фина́нсовым соображе́ниям** aus finanziellen Gründen

сообрази́тельнос|ть <-ти> *ж* Aufnahmefähigkeit *f,* Auffassungsgabe *f*

сообрази́те|льный <-льная, -льное; -лен, -льна, -льно> *прил* aufgeweckt, findig; **~ учени́к** pfiffiger Schüler *m*

сообра|зи́ть <-жу́, -зи́шь> *св (н)прх см.* **соображáть**

сообра́зно I. *нрч (ну́жно, необходи́мо)* nötig, passend; **мы не счита́ем, что ~ стро́ить в э́том райо́не** wir glauben nicht, dass es sinnvoll ist, in dieser Gegend zu bauen **II.** *предл (в соотве́тствии с)* gemäß, entsprechend; **все бы́ло проведено́ ~ зако́нам** alles erfolgte gesetzmäßig

сообща́ *нрч* gemeinsam, miteinander; **де́йствовать ~** an einem Strang ziehen

сообща́|ть <-ю, -ешь> *нсв,* **сообщи́ть** *св прх* mitteilen, melden; *(в мили́цию)* anzeigen; **как сообща́ют** wie verlautet

сообща́|ться <-юсь, -ешься> *нсв,* **сообщи́ться** *нсв рефл* mitgeteilt werden; *(с кем-л.)* verkehren, in Verbindung stehen; **сообща́ющиеся сосу́ды** ФИЗ kommunizierende Röhren *ntpl*

сообще́ни|е <-я> *ср* **1.** *(де́йствие)* Mitteilung *f,* Benachrichtigung *f* **2.** *(изве́стие)* Mitteilung *f,* Nachricht *f;* **~ об оши́бке** ИНФОРМ Fehlermeldung *f;* **~ о поступле́нии** Eingangsbestätigung *f;* **возду́шное ~** Flugverkehr *m* **3.** *(связь)* Verkehr *nt,* Verbindung *f;* **ме́стное ~** Nahverkehr *m;* **регуля́рное ~** Linienverkehr *m*

соо́бществ|о <-а> *ср* Gemeinschaft *f;* **Европе́йское ~** Europäische Gemeinschaft *f,* EU *f;* **мирово́е ~** Völkergemeinschaft *f*

сообщ|и́ть <-у́, -и́шь> *св прх см.* **сообща́ть**

сообщи́т|ься <-ся> *св безл см.* **сообща́ться**

соо́бщник <-а> *м,* **соо́бщниц|а** <-ы> *ж* Komplize *m,* Komplizin *f*

сооружá|ть <-ю, -ешь> *нсв,* **сооруди́ть** *св прх* aufbauen, erbauen; **в ка́ждом райо́не сооружа́ют по три эксперимента́льных ба́зы** in jedem Bezirk werden je drei Einrichtungen zu Versuchszwecken erbaut

сооруже́ни|е <-я> *ср* Errichtung *f,* Bau *m;* *(постро́йка)* Bauwerk *nt,* Anlage *f;* **спорти́вные сооруже́ния** Sportanlage *f*

соотве́тственно *нрч* entsprechend *+dat,* gemäß *+dat,* beziehungsweise

соотве́тствен|ный <-ная, -ное; -, -на, -но> *прил* entsprechend; *(сообра́зный)* angemessen

соотве́тстви|е <-я> *ср* Übereinstimmung *f;* **перево́дческое ~** übersetzerische Übereinstimmung *f,* Äquivalenz *f;* **в соотве́тствии с** in Übereinstimmung mit

соотве́тств|овать <-ую, -уешь> *нсв прх* jdm/etw entsprechen, übereinstimmen mit *+dat;* **~ тре́бованиям** den Forderungen entsprechend

соотве́тствующ|ий <-ая, -ее> *прил* entsprechend, betreffend, jeweilig; *(подоба́ющий)* angemessen; **соотве́тствующие зако́ну полномо́чия** gesetzliche Vollmacht *f;* **соотве́тствующий предписа́нию** vorschriftsmäßig; **соотве́тствующий спро́су** [*или* **тре́бованиям ры́нка**] marktgerecht

С

соотéчественник <-а> *м* Landsmann *m*

соотн|оси́ть <-ошу́, -о́сишь> *нсв,* **соотнести́** *св прх* gegenüberstellen, vergleichen; **~ результа́ты обо́их иссле́дований** die Ergebnisse beider Untersuchungen gegenüberstellen

соотн|оси́ться <-ошу́сь, -о́сишься> *нсв рефл* entsprechen; **увеличе́ние при́были соотно́сится с проце́нтом инвести́ций** die Gewinnsteigerung entspricht dem Investitionssatz

соотноше́ни|е <-я> *ср* Relation *f,* Verhältnis *nt,* Proportion *f;* **~ ме́жду ку́рсом и при́былью** Kurs-Gewinn-Verhältnis *nt;* **~ сто́имости и ка́чества** Preis-Leistungs-Verhältnis *nt*

сопе́ни|е <-я> *ср* Schnaufen *nt;* **уста́лое ~ ло́шади** das müde Schnaufen des Pferdes

сопе́рник <-а> *м,* **сопе́рниц|а** <-ы> *ж* Rivale *m,* Rivalin *f,* Kontrahent(in) *m(f),* Gegner(in) *m(f),* Mitbewerber(in) *m(f);* **быть досто́йным сопе́рником для кого́-л.** es aufnehmen können mit *+dat*

сопе́рнича|ть <-ю, -ешь> *нсв нпрх (с кем-л.)* wetteifern, rivalisieren, konkurrieren mit +*dat*

сопе́рничеств|о <-а> *ср* Rivalität *f;* **~ в о́бласти цен** Preiskampf *m*

соп|е́ть <-лю́, -и́шь> *нсв нпрх* schnauben, schnaufen

со́пк|а <-и> *ж* Hügel *m,* Kuppe *f;* **со́лнце спря́талось за со́пку** die Sonne versteckte sich hinter der Bergkuppe

соплеме́нник <-а> *м* Stammesbruder *m;* **вокру́г стоя́ли его́ соплеме́нники** ringsherum standen seine Stammesbrüder

со́пл|и <-е́й> *мн разг* Rotz *m*

сопли́в|ый <-ая, -ое; -, -а, -о> *прил* 1. *ирон, разг (с теку́щими сопля́ми)* rotzig, rotznasig; **~ паца́н** rotznasiger Bengel *m* **2.** *груб, разг (о́чень моло́дой, незре́лый)* unreif, rotznasig; **~ лейтена́нт** rotznasiger Leutnant *m*

сопл|о́ <-а *или* -а́> *ср* Düse *f*

сопл|я́ <-и́> *ж* **1.** *разг (слизь)* Rotz *m,* Nasenschleim *m;* **ребёнок в сопля́х** rotziges Kind *nt* **2.** *перен, разг (малы́ш)* Milchbart *m,* Grünschnabel *m;* **он ещё ~, нельзя́ его́ пуска́ть одного́** er ist noch ein Milchbart, man darf ihn nicht allein lassen **3.** *презрит, вульг (ничто́жный, сла́бый челове́к)* Rotznase *m;* **распуска́ть со́пли** Rotz und Wasser heulen

сопля́к <-а́> *м* **1.** *презрит, разг (сопли́вый ребёнок)* Rotznase *f;* **пойди́ вы́три нос, ~!** putze dir erst mal die Nase, Rotznase! **2.** *шутл, разг (ребёнок, малы́ш)* Kleiner *m,* Knirps *m;* **я тогда́ был ещё ~** da war ich noch ein Knirps

сопостави́м|ый <-ая, -ое; -, -а, -о> *прил* vergleichbar

сопостави́тельн|ый <-ая, -ое> *прил* vergleichend; **сопостави́тельная рекла́ма** vergleichende Werbung *f;* **сопостави́тельный ана́лиз де́ятельности однoти́пных предприя́тий** Betriebsvergleich *m*

сопоста́в|ить <-лю, -ишь> *св прх см.* **сопоставля́ть**

сопоставле́ни|е <-я> *ср* Gegenüberstellung *f; (сравне́ние)* Vergleich *m;* **~ бала́нсов** Bilanzvergleich *m;* **~ затра́т** Kostenvergleich *m;* **~ цен** Preisvergleich *m*

сопоставля́|ть <-ю, -ешь> *нсв,* **сопоста́вить** *св прх* gegenüberstellen, vergleichen; **~ це́ны проду́ктов** die Produktpreise vergleichen

сопра́но <неизм> *ср* Sopran *m; (певе́ц)* Sopranistin *f*

сопреде́|льный <-льная, -льное; -лен, -льна, -льно> *прил (пограни́чный)* Grenz-, angrenzend, benachbart; **сопреде́льная о́бласть нау́ки** angrenzendes Wissenschaftsgebiet *nt*

соприкаса́|ться <-юсь, -ешься> *нсв,* **соприкосну́ться** *св рефл* **1.** *(быть сме́жным, бли́зким)* sich berühren, sich streifen **2.** *перен (с кем-л./чем-л.)* in Berührung kommen (mit +*dat*)

соприкоснове́ни|е <-я> *ср* Berührung *f,* Kontakt *m;* **войти́ в ~** in Kontakt kommen; **э́то вещество́ воспламеня́ется при соприкоснове́нии с во́здухом** dieser Stoff entflammt sich bei Luftkontakt

соприкосн|у́ться <-у́сь, -ешься> *св рефл см.* **соприкаса́ться**

сопроводи́тельн|ый <-ая, -ое> *прил* begleitend; **сопроводи́тельное письмо́** Begleitschreiben *nt;* **сопроводи́тельные докуме́нты** Begleitpapiere *pl*

сопровожда́|ть <-ю, -ешь> *нсв прх* **1.** *(провожа́ть)* begleiten; **~ госте́й до гости́ницы** die Gäste zum Hotel begleiten **2.** *(сочета́ть с чем-л.)* versehen mit + *dat;* **~ речь же́стами** seine Rede mit Gesten begleiten

сопровожда́|ться <-юсь, -ешься> *нсв рефл* begleitet werden, nach sich ziehen, zur Folge haben; **на́ши пробле́мы сопровожда́ются дополни́тельными осложне́ниями** unsere Probleme ziehen zusätzliche Schwierigkeiten nach sich

сопровожда́ющ|ий **I.** <-его> *м* Begleiter(in) *m(f),* Begleitperson *f; (в пути́)* Reiseleiter(in) *m(f),* Reisebegleiter(in) *m(f),* Betreuer(in) *m(f);* **сопровожда́ющие ли́ца** Begleitpersonen *fpl,* Begleitung *f* **II.** <-ая, -ее> *прил* begleitend

сопровожде́ни|е <-я> *ср* Begleitung *f;* ВОЕН Geleit *nt,* Geleitschutz *m;* МУЗ Begleitung *f*

сопрома́т <-а> *м* ТЕХ Festigkeitslehre *f,* Spannungslehre *f*

сопротивле́ни|е <-я> *ср* Widerstand *m;* **~ во́здуха** Luftwiderstand *m;* **оказа́ть ~** Widerstand leisten; **подави́ть ~** den Widerstand unterdrücken

сопротивля́емос|ть <-ти> *ж* Widerstandsfähigkeit *f,* Resistenz *f;* **~ органи́зма боле́зням** Resistenz *f* des Organismus gegen Krankheiten

сопротивля́|ться <-юсь, -ешься> *нсв рефл* Widerstand leisten, sich widersetzen, sich wehren gegen +*akk*

сопроце́ссор <-а> *м* ИНФОРМ Co-Prozessor *m*

сопряга́|ть <-ю, -ешь> *нсв,* **сопря́чь** *св (н)прх* ТЕХ *(свя́зывать, соединя́ть)* verbinden, verknüpfen; **~ дета́ли** die Details verknüpfen

сопу́тств|овать <-ую, -уешь> *нсв прх* begleiten, einhergehen mit +*dat;* **ему́ сопу́тствует успе́х** er wird von Erfolg begleitet; **их пла́нам сопу́тствует уда́ча** ihre Pläne werden vom Glück begünstigt

сопу́тствующ|ий <-ая, -ее> *прил* Begleit-, begleitend; **сопу́тствующие обстоя́тельства** Begleiterscheinungen *pl*

сор <со́ра> *м (му́сор)* Müll *m;* **не выноси́**

сор из избы́ *пословица* man wäscht nicht seine schmutzige Wäsche vor anderen Leuten
соразме́р|ный <-нал, -ное; -ен, -на, -но> *прил* entsprechend, angemessen, anteilmäßig
сора́тник <-а> *м* Mitkämpfer *m,* Kampfgefährte *m*
сорван|е́ц <-ца́> *м разг* Schlingel *m,* Bengel *m*
сорв|а́ть <-у́, -ёшь> *св прх см.* **срыва́ть**
сорв|а́ться <-у́сь, -ёшься> *св рефл см.* **срыва́ться**
соревнова́ни|е <-я> *ср* Wettbewerb *m;* СПОРТ Wettkampf *m*
соревн|ова́ться <-у́юсь, -у́ешься> *нсв рефл* im Wettbewerb stehen, wetteifern; **~ в бе́ге** um die Wette rennen
сориенти́р|оваться <-уюсь, -уешься> *св рефл см.* **ориенти́роваться**
сори́нк|а <-и> *ж* Staubkorn *nt;* **~ в глазу́** Staubkorn *nt* im Auge
сор|и́ть <-ю́, -и́шь> *нсв нпрх* **1.** *(загрязня́ть)* verschmutzen; **~ на ковёр пе́плом от сигаре́ты** Zigarettenasche auf den Teppich streuen **2.** *перен, разг (тра́тить безрассу́дно)* vergeunden, verschwenden; **~ деньга́ми** das Geld vergeuden
со́рн|ый <-ая, -ое> *прил* **1.** *(слу́жащий для со́ра)* Müll-, Abfall-; **со́рная я́ма** Müllgrube *f* **2.** *(засоря́ющий)* **со́рная трава́** Unkraut *nt*
сорня́к <-а́> *м* Unkraut *nt*
соро́дич <-а> *м* **1.** *(ро́дственник)* Verwandte(r) *f(m),* Angehörige(r) *f(m)* **2.** *(принадлежа́щий одно́й наро́дности)* Landsmann *m;* **~ семи́тских племён** Angehöriger der semitischen Stämme
со́рок <-а́> *числ колич.* vierzig; **в ~ раз бо́льше** vierzig Mal mehr; **ему́ ~ с ли́шним** er ist in den Vierzigern
соро́к|а <-и> *ж* Elster *f;* **~-воро́вка** *и перен* diebische Elster *f;* **быть болтли́вым как ~** wie eine Elster plappern
сороков|о́й <-а́я, -о́е> *числ порядк.* der vierzigste; **сорокова́я годовщи́на** der vierzigste Jahrestag
соро́ч|ий <-ья, -ье> *прил* Elster-; **соро́чье гнездо́** Elsternest *nt*
соро́чк|а <-и> *ж* Hemd *nt;* **ночна́я ~** Nachthemd *nt;* **он в соро́чке роди́лся** *перен* er ist ein Sonntagskind
сорт <со́рта> *м* **1.** *(ка́чество чего́-л.)* Sorte *f,* Qualität *f;* **пе́рвый ~** erste Sorte *f* **2.** *(вид)* Sorte *f* **3.** *разг (о лю́дях)* Schlag *m;* **тако́го же со́рта** von ähnlichem Schlag
сортиме́нт <-а> *м* Sortiment *nt*
сорти́р <-а> *м разг (убо́рная, туале́т)* Toilette *f,* Klosett *nt;* **сиде́ть в сорти́ре** auf der Toilette sitzen
сортир|ова́ть <-у́ю, -у́ешь> *нсв прх* sortieren
сортиро́вк|а <-и> *ж* **1.** *(распределе́ние чего́-л. по како́му-л. сво́йству)* Sortierung *f,* Sortieren *nt,* Rangieren *nt;* **~ яи́ц по разме́ру** Eiersortierung nach der Größe **2.** ТЕХ *(механи́зм для сортиро́вки)* Sortiermaschine *f;* **карто́фельная ~** Kartoffelsortiermaschine *f*
сос|а́ть <-у́, -ёшь> *нсв прх* lutschen, saugen an *+dat*
сосва́та|ть <-ю, -ешь> *св прх см.* **сва́тать**
сосе́д <-а> *м,* **сосе́дк|а** <-и> *ж* Nachbar(in) *m(f)*
сосе́дн|ий <-яя, -ее> *прил* benachbart, Nachbar-; **~ дом** Nachbarhaus *nt;* **сосе́дняя ко́мната** Nachbarzimmer *nt*
сосе́дск|ий <-ая, -ое> *прил* nachbarlich; **сосе́дские отноше́ния** nachbarliche Beziehungen *pl*
сосе́дств|о <-а> *ср* Nachbarschaft *f;* **жить по сосе́дству** in der Nachbarschaft [*o* nebenan] wohnen; **в сосе́дстве с** in der Nähe von
сосе́дств|овать <-ую, -ешь> *нсв нпрх разг* (an)grenzen; **о́ба сти́ля сосе́дствуют в архитекту́ре э́того зда́ния** beide Stile berühren sich in der Architektur dieses Gebäudes
соси́ск|а <-и> *ж* Bockwurst *f,* Würstchen *nt*
со́ск|а <-и> *ж* Schnuller *m*
соска́блива|ть <-ю, -ешь> *нсв,* **соскобли́ть** *св прх* abkratzen, abreiben, rubbeln
соска́кива|ть <-ю, -ешь> *нсв,* **соскочи́ть** *св нпрх* abspringen; **соскочи́ть с пе́тель** aus den Angeln gehen
соска́льзыва|ть <-ю, -ешь> *нсв,* **соскользну́ть** *св нпрх* abrutschen, hinuntergleiten
соскобл|и́ть <-ю́, -и́шь> *св прх см.* **соска́бливать**
соско́к <-а> *м* Absprung *m*
соскользн|у́ть <-у́, -ёшь> *св нпрх см.* **соска́льзывать**
соск|очи́ть <-очу́, -о́чишь> *св нпрх см.* **соска́кивать**
соскреба́|ть <-ю, -ешь> *нсв,* **соскрести́** *св прх* abkratzen, abschaben
соску́ч|иться <-усь, -ишься> *св рефл* **1.** *(почу́вствовать ску́ку)* sich langweilen; **в гора́х бы́ло неинтере́сно, и мы си́льно соску́чились** im Gebirge war es uninteressant und wir haben uns sehr gelangweilt **2.** *(затосковать)* sich sehnen nach *+ dat*
со́слан|ный <-ная, -ное; -, -а, -о> *прил* verbannt
со|сла́ть <-шлю́, -шлёшь> *св прх см.* **ссыла́ть**
со|сла́ться <-шлю́сь, -шлёшься> *св рефл см.* **ссыла́ться**
сосло́ви|е <-я> *ср* Stand *m;* **дворя́нское ~** Adelsstand *m;* **~ адвока́тов** Anwaltsstand *m*
сосло́вн|ый <-ая, -ое> *прил* Standes-; **сосло́вные привиле́гии** Standesprivilegien *pl;* **~ дух** Standesgeist *m;* **сосло́вное го-**

С

суда́рство Ständestaat *m*

сослужи́в|ец <-ца> *м* Kollege *m,* Arbeitskollege *m,* Kamerad *m;* **пригласи́ть бы́вшего сослужи́вца домо́й** einen ehemaligen Kollegen nach Hause einladen

сосл|ужи́ть <-ужу́, -у́жишь> *св прх разг то́лько в сочет.* **сослужи́ть слу́жбу** jdm einen Dienst erweisen

сосн|а́ <-ы́> *ж* БОТ Kiefer *f;* **обыкнове́нная ~** Föhre *f*

сосно́в|ый <-ая, -ое> *прил* Kiefern-; **~ лес** Kiefernwald *m;* **~ стол** Kiefernholztisch *m;* **сосно́вая ши́шка** Kienapfel *m*

сосн|у́ть <-у́, -ёшь> *св нпрх прост* einnicken, etwas schlafen, ein Nickerchen machen; **ребёнок сосну́л часо́к** das Kind hat eine Stunde lang geschlafen

сосня́к <-а́> *м* **1.** *(сосно́вый лес)* Kiefernwald *m;* **гуля́ть в сосняке́** im Kiefernwald spazieren gehen **2.** *(сосно́вые до́ски, брёвна)* Kieferngehölz *nt;* **изба́ из сосняка́** ein Bauernhaus aus Kiefernholz

сос|о́к <-ка́> *м* Brustwarze *f*

сосредоточе́ни|е <-я> *ср* Konzentration *f;* *(собра́ние)* Ansammlung *f;* ВОЕН Aufmarsch *m*

сосредото́ченнос|ть <-ти> *ж* Konzentration *f,* Konzentriertheit *f*

сосредото́чива|ть <-ю, -ешь> *нсв,* **сосредото́чить** *св прх* konzentrieren; **~ своё внима́ние на чём-л.** sich konzentrieren auf *+akk*

сосредото́чива|ться <-юсь, -ешься> *нсв,* **сосредото́читься** *св рефл* **1.** *(соединя́ться в одно́м ме́сте)* sich anhäufen, sich ballen, sich konzentrieren; **ча́сти а́рмии сосредото́чиваются в райо́не перепра́вы** Teile der Armee haben sich im Übergangsgebiet gesammelt **2.** *(собира́ть мы́сли)* sich sammeln, sich konzentrieren; **сосредото́читься над реше́нием зада́чи** sich auf die Lösung der Aufgabe konzentrieren **3.** *(погружа́ться в душе́вный мир)* sich vertiefen, seine Aufmerksamkeit richten; **~ в себе́** sich in sich selbst vertiefen

сосредото́ч|ить <-у, -ишь> *св прх см.* **сосредото́чивать**

сосредото́ч|иться <-усь, -ишься> *св рефл см.* **сосредото́чиваться**

соста́в <-а> *м* **1.** *(содержа́ние)* Zusammensetzung *f,* Bestand *m;* **~ правле́ния** Zusammensetzung *f* der Regierung; **~ иму́щества** [*или* **состоя́ния**] Vermögensaufstellung *f;* **социа́льный ~ о́бщества** Sozialstruktur *f;* **хими́ческий ~** chemische Zusammensetzung *f* **2.** ТЕАТР Besetzung *f;* **объя́вленный ~ уча́стников** СПОРТ nominiertes Aufgebot *nt;* **ли́чный ~** ВОЕН Personalbestand *m*

составл́те|ль <-ля> *м* **1.** *(а́втор сбо́рника, компиля́ции чего́-л.)* Herausgeber *m,* Verfasser *m;* **~ сбо́рника** Verfasser *m* eines Sammelbandes **2.** *(специали́ст по составле́нию по́езда)* Rangiermeister *m;* **~ прицепи́л ваго́н к соста́ву** der Rangiermeister hat den Waggon an den Zug angehängt

соста́в|ить <-лю, -ишь> *св прх см.* **составля́ть**

составле́ни|е <-я> *ср* Erstellen *nt,* Zusammenstellung *f;* **~ бала́нса** Abschluss *m,* Bilanzierung *f;* **~ бюдже́та** Budgetierung *f;* **~ докуме́нта** Beurkundung *f;* **~ завеща́ния** ein Testament aufsetzen; **~ пла́на** Planaufstellung *f;* **~ прово́док** Kontierung *f;* **~ програ́ммы** ИНФОРМ Programmerstellung *f;* **~ протоко́ла** Protokollaufnahme *f;* **~ шта́тного расписа́ния** Personalplanung *f*

составля́|ть <-ю, -ешь> *нсв,* **соста́вить** *св прх* **1.** *(образо́вывать, объединя́ть гру́ппу чего́-л.)* zusammenstellen, zusammensetzen, bilden; **~ кома́нду** eine Mannschaft bilden **2.** *(сочиня́ть)* verfassen, abfassen **3.** *(дава́ть в результа́те)* bilden, ausmachen; **соста́вить себе́ мне́ние о чём-л.** sich eine Meinung über etw bilden; **коли́чество специали́стов на фи́рме составля́ет 80%** die Fachleute in der Firma bilden 80% des Personals; **э́то не соста́вит тебе́ осо́бого труда́** das wird dir keine besondere Mühe bereiten; **~ большинство́** die Mehrheit bilden; **~ компа́нию кому́-л.** jdm Gesellschaft leisten

составля́|ться <-юсь, -ешься> *нсв рефл* sich bilden, entstehen; **па́ртия соста́вилась спонта́нно** die Partei entstand spontan

составн|о́й <-а́я, -о́е> *прил* **1.** *(составля́ющий)* Bestand-; **составна́я часть** Bestandteil *m* **2.** *(соста́вленный)* zusammengesetzt; **составно́е сказу́емое** ЛИНГВ zusammengesetztes Prädikat *nt*

состар|и́ть <-ю́, -и́шь> *св прх см.* **ста́рить**

сост|а́риться <-арю́сь, -а́ришься> *св рефл* **1.** *(постаре́ть)* altern, alt werden; **мать соста́рилась от забо́т** die Mutter ist vor Sorgen gealtert **2.** *(устаре́ть)* veralten, überholt sein

состоя́ни|е <-я> *ср* **1.** *(положе́ние)* Zustand *m,* Verfassung *f,* Beschaffenheit *f;* **~ ду́ха** Geisteszustand *m;* **~ здоро́вья** Gesundheitszustand *m;* **не в состоя́нии** außerstande; **в состоя́нии алкого́льного опьяне́ния** unter Alkoholeinfluss; **~ иму́щества** Vermögenslage *f;* **~ счёта** Kontostand *m;* **~ това́ра** Güterbeschaffenheit *f;* **в хоро́шем/плохо́м состоя́нии** in gutem/schlechtem Zustand; **быть в состоя́нии** im Zustand sein **2.** *(иму́щество)* Vermögen *nt,* Besitz *m;* **завеща́ть кому́-л. всё своё ~** jdm sein ganzes Vermögen hinterlassen

состоя́тельнос|ть <-ти> *ж (бога́тство)* Wohlstand *m;* ЭКОН Zahlungsfähigkeit *f,* Solvenz *f*

состоя́те|льный <-льная, -льное; -лен, -льна, -льно> *прил* vermögend, wohlhabend, begütert; *(аргуме́нт)* stichhaltig, begründet

состо|я́ть <-ю́, -и́шь> *нсв нпрх* **1.** *(из чего́-л.)* bestehen aus *+dat* **2.** *(в чём-л.)* bestehen in *+dat* **3.** *(в определённом состоя́нии)* in einem bestimmten Zustand sein; **~ в бра́ке** verheiratet sein; **~ на слу́жбе** angestellt sein; **~ на учёте** angemeldet sein

состо|я́ться <-ю́сь, -и́шься> *св рефл* stattfinden; *(как кто-л.)* bestehen, anerkannt werden als *+nom*

сострада́ни|е <-я> *ср* Erbarmen *nt*

сострада́те|льный <-льная, -льное; -лен, -льна, -льно> *прил* mitfühlend; **~ челове́к** mitfühlender Mensch *m*

сострада́|ть <-ю, -ешь> *нсв нпрх* mitfühlen, Anteil nehmen; **все мне сострада́ют по по́воду сме́рти ро́дственника** alle nehmen Anteil am Tod meines Verwandten

состр|и́ть <-ю́, -и́шь> *св нпрх см.* **остри́ть**

состро́|ить <-ю, -ишь> *св прх разг* ein Gesicht ziehen, Grimassen schneiden; **~ оби́женную ро́жу** eine beleidigte Miene schneiden

состря́па|ть <-ю, -ешь> *св прх см.* **стря́пать**

состяза́ни|е <-я> *ср* Wettkampf *m*, Wettbewerb *m*; **~ в бе́ге** Wettlauf *m*; **~ в пла́вании** Wettschwimmen *nt*

состяза́|ться <-юсь, -ешься> *нсв рефл* konkurrieren, sich messen, wetteifern; **~ в прыжке́ в высоту́** um die Wette hochspringen

сосу́д <-а> *м* Gefäß *nt*, Behälter *m*; **гли́няный ~** Tongefäß *nt*; **кровено́сный ~** АНАТ Blutgefäß *nt*

сосу́дист|ый <-ая, -ое> *прил* Gefäß-; **сосу́дистая систе́ма челове́ка** Gefäßsystem *nt* des Menschen

сосу́льк|а <-и> *ж (ледяна́я)* Eiszapfen *m*

сосун|о́к <-ка́> *м* **1.** *разг (грудно́й ребёнок или детёныш у живо́тных)* Säugling *m*; **мать прижима́ла к груди́ сосу́нка** die Mutter drückte den Säugling an die Brust **2.** *презрит, разг (молодо́й, нео́пытный челове́к)* Grünschnabel *m*; **не рассчи́тывай на э́того сосу́нка** auf diesen Grünschnabel darfst du dich nicht verlassen

сосуществова́ни|е <-я> *ср* Koexistenz *f*; **ми́рное ~** friedliche Koexistenz *f*

сосуществ|ова́ть <-у́ю, -у́ешь> *нсв нпрх* koexistieren; **в не́которых стра́нах сосуществу́ет не́сколько официа́льных языко́в** in einigen Ländern existieren mehrere offizielle Sprachen nebeneinander

сосчита́|ть <-ю, -ешь> *св прх см.* **счита́ть**

сотворе́ни|е <-я> *ср* Erschaffung *f*, Schöpfung *f*; **~ ми́ра** die Erschaffung der Welt

сотвор|и́ть <-ю́, -и́шь> *св прх см.* **твори́ть**

сотвор|и́ться <-ю́сь, -и́шься> *св рефл см.* **твори́ться**

со́тенн|ый[1] <-ая, -ое> *прил (досто́инством в 100 рубле́й)* im Wert von hundert Rubeln; **~ биле́т** Hunderter *m*, Hundertrubelschein *m*

со́тенн|ый[2] <-ая, -ое> *прил (команди́р со́тни)* Anführer *m* einer Hundertschaft; **~ атама́н** Häuptling *m* einer Hundertschaft

со́тк|а <-и> *ж (одна́ со́тая часть како́й-л. едини́цы ме́ры)* **земе́льный уча́сток в три со́тки** eine Parzelle *f* von drei Hundertstel Hektar

сот|ка́ть <-ку́, -кёшь> *св прх см.* **ткать**

со́тник <-а> *м* **1.** *(нача́льник ста во́инов в дре́вней Руси́)* Anführer *m* einer Hundertschaft im alten Russland; **вы́звать всех со́тников** alle Anführer von Hundertschaften sammeln **2.** ВОЕН *(вое́нный чин в каза́чьих войска́х)* *Offiziersrang in der Kosakenarmee;* **он служи́л со́тником** er diente als Anführer einer Hundertschaft

со́тн|я <-и> *ж* Hundert *nt*

сотова́рищ <-а> *м* Beschäftigungsgenosse *m*; **мы с ним сотова́рищи по лы́жному спо́рту** wir sind mit ihm Sportsfreunde im Skifahren

со́тов|ый <-ая, -ое> *прил* **1.** *(пчели́ный)* Scheiben-, Waben-; **~ мёд** Wabenhonig *m* **2.** *перен (сре́дство коммуника́ции)* Mobil-; **~ телефо́н** Mobiltelefon *nt*, Handy *nt*; **со́товая свя́зь** mobile Kommunikation *f*

сотрапе́зник <-а> *м* Tischgenosse *nt*; **сотрапе́зники припомина́ли про́шлое** die Tischgenossen haben sich an die Vergangenheit erinnert

сотру́дник <-а> *м*, **сотру́дниц|а** <-ы> *ж* Mitarbeiter(in) *m(f)*; *(слу́жащий)* Angestellte(r) *f(m)*; **~ уголо́вной поли́ции** Kriminalbeamte *m*, Kriminalbeamtin *f*; **~ вне́шней слу́жбы** Außendienstmitarbeiter *m*; **нау́чный ~** wissenschaftlicher Mitarbeiter *m*

сотру́днича|ть <-ю, -ешь> *нсв нпрх* zusammenarbeiten; *(в чём-л.)* mitarbeiten, mitwirken

сотру́дничеств|о <-а> *ср* Zusammenarbeit *f*, Kooperation *f*; *(в чём-л.)* Mitarbeit *f*

сотряса́|ть <-ю, -ешь> *нсв*, **сотрясти́** *св прх* erschüttern; **сотряса́емая кри́зисом отра́сль** krisengeschüttelte Branche *f*

сотряса́|ться <-юсь, -ешься> *нсв*, **сотрясти́сь** *св рефл (трясти́сь)* erbeben; *(дрожа́ть)* erzittern; **земля́ сотряса́лась от взры́вов** die Erde bebte von den Explosionen

сотрясе́ни|е <-я> *ср* Erschütterung *f*; **~ мо́зга** МЕД Gehirnerschütterung *f*

сотряс|ти́ <-у́, -ёшь> *св прх см.* **сотряса́ть**

сотряс|ти́сь <-у́сь, -ёшься> *св рефл см.*

С

сотряса́ться

со́т|ы <-ов> *мн (пчели́ные)* Bienenwaben *fpl*

со́т|ый <-ая, -ое> *числ порядк.* hundertste(r, s); **одна́ со́тая** Hundertstel *nt*

со́ус <-а> *м* Sauce *f*

соуча́сти|е <-я> *ср* Teilnahme *f,* Mittäterschaft *f*

соуча́стник <-а> *м,* **соуча́стниц|а** <-ы> *ж* Mittäter(in) *m(f),* Gehilfe *m,* Gehilfin *f*

соучени́к <-а́> *м,* **соучени́ц|а** <-ы> *ж* Mitschüler(in) *m(f)*

соф|а́ <-ы́> *ж (ни́зкий дива́н)* Sofa *nt;* **лежа́ть на софе́** auf dem Sofa liegen

софи́т <-а> *м* **1.** *(обращённая кни́зу пове́рхность потоло́чной ба́лки)* Soffitte *f;* **я́рко кра́шенный ~** grell gestrichene Soffitte **2.** *(свети́льник для сце́ны, аре́ны)* Scheinwerfer *m;* **сце́ну освеща́л ~** die Bühne wurde mit Scheinwerfern beleuchtet

со́фтвер <-а> *м* ИНФОРМ Software *f*

сох|а́ <-и́> *ж* Hakenpflug *m*

со́хн|уть <-у, -ешь> *нсв нпрх* **1.** *(станови́ться сухи́м)* dürr werden, trocknen; **полоте́нце со́хнет на верёвке** das Tuch trocknet auf der Leine **2.** *(вя́нуть)* welken, verwelken; **цвето́к со́хнет на со́лнце** die Blume verwelkt in der Sonne **3.** *перен, разг (худе́ть)* abmagern, dahinsiechen; **она́ постепе́нно со́хнет от боле́зни** sie siecht durch die Krankheit allmählich dahin

сохране́ни|е <-я> *ср* Erhalt *m,* Beibehaltung *f,* Bewahrung *f; (це́нностей и т.п.)* Aufbewahrung *f,* Aufheben *nt;* **~ и созда́ние рабо́чих мест** Erhalt *m* und Schaffung *f* von Arbeitsplätzen; **~ субста́нции капита́ла** Substanzerhaltung *f;* **~ чистоты́ во́здуха** Luftreinhaltung *f;* **дава́ть на ~** in Aufbewahrung geben

сохран|и́ть <-ю́, -и́шь> *св прх см.* **сохраня́ть**

сохран|и́ться <-ю́сь, -и́шься> *св рефл см.* **сохраня́ться**

сохра́ннос|ть <-ти> *ж* Unversehrtheit *f;* **в це́лости и сохра́нности** unversehrt, heil und ganz; **по́лная ~** volle Unversehrtheit

сохра́н|ный <-ная, -ное; -ен, -на, -но> *прил* unversehrt

сохраня́|ть <-ю, -ешь> *нсв,* **сохрани́ть** *св прх* aufbewahren, beibehalten, erhalten; **~ здоро́вье** die Gesundheit schonen; **~ воспомина́ние о ком-л.** jdn im Gedächtnis behalten; **~ ве́рность кому́-л.** jdm die Treue halten; **~ в та́йне** geheim halten; **~ приложе́ние как файл** ИНФОРМ eine Anlage als Datei speichern; **~ споко́йствие** Ruhe bewahren; **сохрани́ть власть** die Macht behalten; **сохрани́ть за собо́й пра́во** sich *dat* das Recht vorbehalten

сохраня́|ться <-юсь, -ешься> *нсв,* **сохрани́ться** *св рефл* sich erhalten, erhalten bleiben, sich bewahren; **ста́рые обы́чаи сохраня́ются в дере́вне** die alten Sitten haben sich im Dorf erhalten

социа́л-демокра́т <-а> *м* Sozialdemokrat *m*

социализа́ци|я <-и> *ж* **1.** *(национализа́ция)* Nationalisierung *f;* **~ земли́** Bodennationalisierung *f* **2.** *(приобще́ние)* Sozialisierung *f,* Sozialisation *f;* **проце́сс социализа́ции прохо́дит тру́дно у бро́шенных дете́й** der Sozialisierungsprozess verläuft bei verlassenen Kindern schwer

социали́зм <-а> *м* Sozialismus *m*

солциали́ст <-а> *м* Sozialist *m*

социалисти́ческ|ий <-ая, -ое> *прил* sozialistisch

социа́льно *нрч книжн* sozial, Sozial-; **э́то реше́ние ~ ориенти́ровано** diese Lösung ist sozial orientiert

социа́льн|ый <-ая, -ое> *прил* sozial, Sozial-; **социа́льные вы́платы** Sozialleistungen *pl;* **социа́льное госуда́рство** Sozialstaat *m;* **социа́льные затра́ты** Sozialausgaben *pl;* **социа́льная защи́та** soziale Absicherung *f;* **социа́льные нау́ки** Sozialwissenschaften *pl;* **~ обще́ственный проду́кт** Sozialprodukt *nt;* **~ партнёр** Sozialpartner *m;* **социа́льная поли́тика** Sozialpolitik *f;* **социа́льная по́мощь** Sozialhilfe *f,* Fürsorge *f;* **социа́лное обеспе́чение** Fürsorge *f;* **~ рабо́тник** Sozialarbeiter *m;* **социа́льная ры́ночная эконо́мика** soziale Marktwirtschaft *f;* **социа́льное страхова́ние** Sozialversicherung *f;* **социа́льная защищённость** soziale Sicherheit *f*

социокульту́рн|ый <-ая, -ое> *прил* soziokulturell

социо́лог <-а> *м* Soziologe *m*

социологи́ческ|ий <-ая, -ое> *прил* soziologisch; **~ опро́с** Meinungsumfrage *f*

социоло́ги|я <-и> *ж* Soziologie *f*

со́циум <-а> *м книжн* СОЦИОЛ Gesellschaft *f*

соче́льник <-а> *м* Heiligabend *m,* Heiliger Abend *m*

сочета́емос|ть <-ти> *ж* Kombinierbarkeit *f;* ЛИНГВ Valenz *f*

сочета́ни|е <-я> *ср* Verbindung *f,* Kombination *f;* **~ цвето́в** Farbenkombination *f;* **в сочета́нии с** in Verbindung mit

сочета́|ть <-ю, -ешь> *(н)св прх* verbinden, kombinieren, vereinigen; **~ рабо́ту и развлече́ния** die Arbeit mit dem Vergnügen kombinieren

сочета́|ться <-юсь, -ешься> *(н)св рефл* sich verbinden, sich vereinigen; *(гармони́ровать)* harmonieren

сочине́ни|е <-я> *ср* **1.** *(де́йствие)* Verfassen *nt; (стихо́в)* Dichten *nt* **2.** *(произведе́ние)* Werk *nt;* **шко́льное ~** Aufsatz *m* **3.** ЛИНГВ Verbindung *f*

сочини́те|ль <-ля> *м* Autor(in) *m(f),* Schriftsteller(in) *m(f),* Schöpfer(in) *m(f);* **~ музыка́льного произведе́ния** der Autor des Musikstückes

сочини́тельств|о <-а> *ср* **1.** *(а́вторство)* Autorschaft *f,* Urheberschaft *f;* **литерату́рное ~** literarische Urheberschaft *f* **2.** *(вы́думка)* Erfindung *f;* *(ложь)* Lüge *f*

сочиня́|ть <-ю, -ешь> *нсв,* **сочини́ть** *св прх* **1.** *(создава́ть произведе́ние)* dichten, verfassen; *(му́зыку)* komponieren; **~ пье́су** ein Theaterstück schreiben **2.** *перен, разг (приду́мывать)* erfinden, sich ausdenken; **кто сочини́л э́ту исто́рию?** wer hat diese Geschichte erfunden?

соч|и́ть <-у́, -и́шь> *нсв нпрх* sickern; **ве́тки соча́т смолу́** aus den Ästen sickert Harz

соч|и́ться <-у́сь, -и́шься> *нсв рефл* sickern; **вода́ сочи́тся по холо́дной стене́** Wasser sickert durch die kalte Wand; **~ кро́вью** bluten

со́чно *нрч разг* kräftig, emotional

со́ч|ный <-ная, -ное; -ен, -на́, -но> *прил* saftig; **со́чные кра́ски** satte [*o* kräftige] Farben *fpl*

сочу́вственно *нрч* mitfühlend, teilnahmsvoll; **все относи́лись к ней ~** alle verhielten sich sehr teilnahmsvoll zu ihr

сочу́вствен|ный <-ная, -ное; -, -на, -но> *прил* mitleidig, mitfühlend

сочу́встви|е <-я> *ср* Mitgefühl *nt,* Mitleid *nt;* *(симпа́тия)* Sympathie *f*

сочу́вств|овать <-ую, -уешь> *нсв нпрх* mitfühlen, nachempfinden; *(понима́ть)* verstehen; **я вам и́скренне сочу́вствую** ich fühle mit Ihnen

сочу́вствующ|ий <-его> *м* Sympathisant *m*

со́шк|а <-и> *ж* Gewehrständer *m;* **ме́лкая со́шка** *перен, разг* kleine Fische *mpl*

сошни́к <-а́> *м* Pflugeisen *nt;* *(в се́ялке)* Drillschar *f*

сощу́р|ить <-ю, -ишь> *св прх см.* **щу́рить**

сощу́р|иться <-юсь, -шься> *св рефл см.* **щу́риться**

сою́з <-а> *м* **1.** *(едине́ние)* Bund *m,* Bündnis *nt* **2.** *(госуда́рственное объедине́ние)* Bund *m,* Union *f* **3.** *(дру́жественное объедине́ние)* Bündnis *nt,* Allianz *f* **4.** *(организа́ция, объедине́ние)* Verein *m,* Verband *m* **5.** ЛИНГВ Konjunktion *f,* Bindewort *nt;* **~ потреби́телей** Verbraucherverband *m;* **~ предпринима́телей** Unternehmerverband *m;* **~ рабо́чих и слу́жащих** Arbeitnehmerverband *m;* **~ реме́сленников** Innung *f;* **зарегистри́рованный ~** eingetragener Verein *m;* **тво́рческий ~** Künstlerverband *m;* **Сою́з Сове́тских Социалисти́ческих Респу́блик** Union der Sozialistischen Sowjetrepubliken, UdSSR *f*

сою́зник <-а> *м* Verbündeter *m,* Alliierter *m*

сою́зн|ый <-ая, -ое> *прил* Bundes-, Verbands-, Unions-; **сою́зная страна́** Bundesland *nt;* **сою́зная держа́ва** die verbündeter Staat *m*

со́|я <-и> *ж* **1.** БОТ Soja *f;* **засе́ять по́ле со́ей** das Feld mit Soja anpflanzen **2.** КУЛ *(со́ус)* Sojasoße *f;* **поли́ть мя́со со́ей** das Fleisch mit Sojasoße begießen

СП[1] *сокр от* **совме́стное предприя́тие** Jointventure *nt,* Gemeinschaftsunternehmen *nt*

СП[2] *сокр от* **Сою́з Писа́телей** Schriftstellerverband *m*

спад <спа́да> *м* Rückgang *m,* Abnahme *f;* **~ произво́дства** rückläufige Produktion *f;* **~ конъюнкту́ры** (Konjunktur)Abschwung *m;* **экономи́ческий ~** Rezession *f,* Talfahrt *f;* **~ спро́са** Nachfrageinflation *f*

спада́|ть <-ю, -ешь> *нсв,* **спасть** *св нпрх* **1.** *(понижа́ться)* (herab)sinken, fallen; *(ве́тер)* nachlassen; **температу́ра спада́ет** die Temperatur sinkt **2.** *(па́дать)* abfallen, herunterfallen; **ве́тки сосны́ спада́ют вниз** die Kieferäste fallen herunter

спазм <спа́зма> *м* Krampf *m;* **~ желу́дка** Magenkrampf *m;* **~ сжа́л мне го́рло** der Krampf drückte mir die Kehle zu

спазмоли́тик <-а> *м* *(спазмолити́ческий препара́т)* krampflösendes Mittel, Krampfmittel *nt,* Spasmolytikum *nt*

спа́ива|ть[1] <-ю, -ешь> *нсв,* **спои́ть** *св прх* **1.** *разг (дать вы́пить)* zum Trinken geben; **~ коро́ве ведро́ воды́** der Kuh einen Eimer Wasser zum Trinken geben **2.** *прост (напои́ть до́пьяна́ кого́-л.)* betrunken machen; **отсу́тствие перспекти́вы спа́ивает люде́й** das Fehlen einer Perspektive macht die Leute zu Trinkern

спа́ива|ть[2] <-ю, -ешь> *нсв,* **спая́ть** *св прх* *(запа́ивать)* (zusammen)löten; **~ концы́ про́вода** die Kabelenden zusammenlöten

спа́йк|а <-и> *ж* **1.** ТЕХ Lötung *f;* **~ проводо́в** Verlöten *nt* von Leitungen **2.** *перен (те́сная связь)* Verbundenheit *f* **3.** МЕД Verwachsung *f*

спал|и́ть <-ю́, -и́шь> *св прх см.* **пал|и́ть**

спа́льн|ый <-ая, -ое> *прил* Schlaf-; **~ ваго́н** Schlafwagen *m;* **~ мешо́к** Schlafsack *m;* **спа́льное ме́сто** Schlafplatz *m*

спа́льн|я <-и> *ж* Schlafzimmer *nt*

спа́рен|ный <-ная, -ное; -, -а, -о> *прил* gepaart, gekoppelt, Doppel-; **~ пулемёт** Zwillings-MG *nt;* **~ телефо́н** Doppelanschluss *m;* **спа́ренное окно́** Doppelfenster *nt*

спа́рж|а <-и> *ж* Spargel *m*

спа́ривани|е <-я> *ср* Begattung *f,* Paarung *f*

спа́рива|ть <-ю, -ешь> *нсв,* **спа́рить** *св прх* **1.** *(объедини́ть в па́ру)* vereinigen, zusammenschließen **2.** *(о живо́тных)* paaren

спарта́н|ец <-ца> *м* Spartaner *m;* **жить, как ~** wie ein Spartaner leben

спарта́нск|ий <-ая, -ое> *прил* spartanisch; **вести́ ~ о́браз жи́зни** spartanisch leben

спа́рыва|ть <-ю, -ешь> *нсв*, **споро́ть** *св прх разг* abtrennen, lostrennen; **~ карма́ны у пальто́** die Manteltaschen abtrennen

Спас <Спа́са> *м* Heiland *m*

спаса́тельн|ый <-ая, -ое> *прил* Rettungs-, Bergungs-; **~ круг** Rettungsring *m;* **спаса́тельные рабо́ты** Bergungsarbeiten *fpl;* **спаса́тельная шлю́пка** Rettungsboot *nt;* **~ жиле́т** Rettungsweste *f*

спаса́|ть <-ю, -ешь> *нсв*, **спасти́** *св прх* retten; **~ свою́ шку́ру** die eigene Haut retten; **спасти́ положе́ние** die Lage retten

спаса́|ться <-юсь, -ешься> *нсв*, **спасти́сь** *св рефл* sich retten; **~ от пого́ни** sich vor der Verfolgung retten

спасе́ни|е <-я> *ср* Rettung *f;* *(де́йствие)* Retten *nt,* Bergen *nt*

спаси́бо I. *част* danke!; **~, не на́до!** nein, danke! II. <неизм> *ср* Dank *m;* **большо́е ~!** vielen Dank!; **~ за по́мощь!** danke für die Hilfe!

спаси́те|ль <-ля> *м* Retter *m;* РЕЛИГ Messias *m,* Erlöser *m*

спасите́|льный <-льная, -льное; -лен, -льна, -льно> *прил* Rettungs-, rettend; **~ сове́т** rettender Ratschlag *m*

спас|ова́ть <-у́ю, -у́ешь> *св нпрх см.* **пасова́ть**

спас|ти́ <-у́, -ёшь> *св прх см.* **спаса́ть**

спас|ти́сь <-у́сь, -ёшься> *св рефл см.* **спаса́ться**

спасть <спаду́, спадёшь> *св нпрх см.* **спада́ть**

спать <сплю, спишь> *нсв нпрх* schlafen; **ложи́ться ~** zu [*o* ins] Bett gehen; **кре́пко ~** tief schlafen; **не дава́ть кому́-л. спать** jdn nicht schlafen lassen

спа́ться <спи́тся> *нсв безл, только 3 л разг* **ему́ не спи́тся** er möchte nicht schlafen

спа́яннос|ть <-ти> *ж* Einigkeit *f,* Verbundenheit *f*

спа́ян|ный <-ная, -ное; -, -а, -о> *прил перен* verbunden, einig, geschlossen; **спа́янная семья́** geschlossene Familie *f*

спая́|ть <-ю, -ешь> *св прх см.* **спа́ивать**[2]

спе́вк|а <-и> *ж* Chorprobe *f,* Einsingen *nt;* **ходи́ть на спе́вку** zur Chorprobe gehen

спекта́к|ль <-ля> *м* Aufführung *f;* *перен* Spektakel *nt,* Theater *nt*

спектр <спе́ктра> *м* Spektrum *nt*

спекули́р|овать <-ую, -уешь> *нсв нпрх* schieben, spekulieren; *перен (на чем-л.)* spekulieren, rechnen auf *+akk*

спекуля́нт <-а> *м* Schwarzhändler *m,* Spekulant *m;* **биржево́й ~** Börsenspekulant *m*

спекуляти́вн|ый[1] <-ая, -ое> *прил* ФИЛОС spekulativ

спекуляти́вн|ый[2] <-ая, -ое> *прил* ЭКОН spekulativ, Spekulations-; **спекуляти́вная опера́ция** [*или* **сде́лка**] Spekulationsgeschäft *nt*

спекуля́ци|я <-и> *ж* Schwarzhandel *m,* Schiebung *f;* *перен* Spekulation *f,* Mutmaßung *f;* **~ на колеба́нии ку́рсов** Kursspekulation *f*

спелена́|ть <-ю, -ешь> *св прх см.* **пелена́ть**

спе́л|ый <-ая, -ое; -, -а́, -о> *прил* reif, gereift; **~ виногра́д** reife Weinrebe *f*

сперва́ *нрч разг* anfangs, zuerst, zunächst

спе́реди *нрч* vorn

спере́ть <сопру́, сопрёшь> *св* I. *прх разг (укра́сть)* klauen, stibitzen II. *безл* **у меня́ дыха́ние спёрло** es verschlug mir den Atem [*o* die Luft]

спе́рм|а <-ы> *ж* Sperma *nt*

сперматозо́ид <-а> *м* АНАТ Spermatozoon *nt*

спёрт|ый <-ая, -ое; -, -а, -о> *прил разг* dumpf, stickig; **~ во́здух** muffige Luft *f*

спеси́в|ый <-ая, -ое; -, -а, -о> *прил* hochmütig

спесь <спе́си> *ж* Hochmut *m,* Hochnäsigkeit *f;* **сбить ~ с кого́-л.** jds Hochmut austreiben

спеть[1] <спою́, споёшь> *св прх см.* **петь**

спеть[2] <спе́ю, спе́ешь> *нсв*, **поспе́ть** *св прх (плоды́)* reifen

спех <спе́ха> *м* Eile *f,* Hektik *f,* Hetze *f;* **забы́ть что-л. в спе́хе** in der Hast etwas vergessen; **не к спе́ху** das hat keine Eile, das hat Zeit

спец <спе́ца> *м (специали́ст)* Spezialist *m,* Fachmann *m,* Experte *m;* **он ~ в компью́терах** er ist ein Computerexperte

специализа́ци|я <-и> *ж* Spezialisierung *f;* **я е́ду на специализа́цию за грани́цу** ich fahre ins Ausland zur Spezialisierung

специализи́рован|ный <-ная, -ное; -, -а, -о> *прил* spezialisiert; **специализи́рованные ка́дры** Fachkräfte *pl;* **~ магази́н** Fachgeschäft *nt*

специализи́р|оваться <-уюсь, -ешься> *(н)св рефл* sich spezialisieren; **~ по исто́рии** sich in Geschichte spezialisieren

специали́ст <-а> *м* Spezialist *m,* Fachmann *m,* Experte *m;* *разг* Könner *m,* Meister *m;* МЕД Facharzt *m;* **молодо́й ~** Hochschulabgänger *m;* **~ в о́бласти наро́дного хозя́йства** Volkswirt *m;* **~ по вне́шней торго́вли** Außenhandelskaufmann *m;* **~ по вопро́сам эконо́мики предприя́тия** Betriebswirt *m;* **~ по экономи́ческим вопро́сам** Wirtschaftsfachmann *m;* **у́зкий ~** Experte *m*

специа́льно *нрч* eigens, speziell, extra; *(наро́чно)* absichtlich, vorsätzlich

специа́льнос|ть <-ти> *ж* Fachbereich *m*

специа́|льный <-льная, -льное; -лен, -льна, -льно> *прил* Spezial-, Sonder-, Fach-; **специа́льная дове́ренность** Sondervollmacht *f;* **специа́льная литерату́ра**

Fachliteratur *f;* **специа́льная о́бласть зна́ний** Fachbereich *m;* **специа́льная подгото́вка** fachliche Ausbildung *f;* **специа́льная организа́ция ООН** UNO-Sonderorganisation *f;* **~ язы́к** Fachsprache *f;* **специа́льное выраже́ние** Fachausdruck *m;* **специа́льное вы́сшее учёбное заведе́ние** Fachhochschule *f;* **специа́льное разреше́ние** Ausnahmegenehmigung *f;* **специа́льное профессиона́льное учёбное заведе́ние** Fachschule *f;* **~ си́мвол** ИНФОРМ Sonderzeichen *nt;* **специа́льные зна́ния** Fachkenntnisse *pl;* **специа́льные расхо́ды** Sonderausgaben *pl;* **специа́льные сбо́ры** Sonderabgaben *pl;* **~ слу́чай** Sonderfall *m;* **со специа́льной це́лью** mit einem speziellen Ziel

специ́фик|а <-и> *ж* Besonderheit *f,* Eigenart *f;* **~ де́тского разви́тия** die Besonderheiten der kindlichen Entwicklung; **~ языка́** Sprachenbesonderheit *f*

специфика́ци|я <-и> *ж* Spezifikation *f*

специфи́ческ|ий <-ая, -ое> *прил* spezifisch

специфи́ч|ный <-ная, -ное; -ен, -на, -но> *прил* spezifisch, typisch, charakteristisch; **специфи́чные приме́ты** spezifische Kennzeichen *ntpl*

спе́ци|я <-и> *ж (припра́ва)* Speisewürze *f,* Gewürz *nt;* **грибы́ со спе́циями** Pilze mit Gewürzen

спецку́рс <-а> *м* spezieller Vorlesungszyklus *m*

спецо́вк|а <-и> *ж разг (специа́льная оде́жда для како́го-л. произво́дства)* Berufsbekleidung *f,* Arbeitskleidungl *f;* **рабо́чие бы́ли в спецо́вке** die Arbeiter trugen Arbeitskleidung

спецоде́жда *сокр от* **специа́льная оде́жда** Berufsbekleidung *f,* Arbeitskleidung *f;* **сшить спецоде́жду для рабо́чих в це́хе** Berufsbekleidung *f* für die Arbeiter der Abteilung nähen lassen

спецподразделе́ние *сокр от* **подразделе́ние со специа́льным предназначе́нием** Spezialeinheit *f;* **дом окружи́ли спецподразделе́ния поли́ции** das Haus wurde von einer Spezialeinheit umzingelt

спецслу́жба *сокр от* **специа́льная слу́жба** Geheimdienst *m*

спецшко́л|а <-ы> *ж* **1.** *(шко́ла для дете́й с неду́гами)* Sonderschule *f;* **несмотря́ на свою́ слепоту́, ему́ удало́сь зако́нчить спецшко́лу** trotz seiner Blindheit hat er erfolgreich die Sonderschule absolviert **2.** *(учрежде́ния для специализи́рованной подгото́вки)* spezialisierte Lehranstalt; **~ КГБ** die Lehranstalt der Staatssicherheit

спечь <спеку́, спечёшь> *св прх см.* **печь**

спе́|чься <-ку́сь, -чёшься> *св рефл см.* **пе́чься**

спе́шива|ться <-юсь, -ешься> *нсв,* **спе́шиться** *св рефл (слезть с ло́шади)* absitzen, aus dem Sattel springen; **кавалери́ст спе́шился** der Reiter stieg vom Pferd

спеш|и́ть <-у́, -и́шь> *нсв,* **поспеши́ть** *св нпрх* eilen, sich beeilen; **мне не́куда ~** ich habe es nicht eilig; **поспеши́шь – люде́й насмеши́шь!** *пословица* eile mit Weile!; **не ~ с чём-л.** sich Zeit nehmen für *+akk;* **~ на по́мощь** zur Hilfe eilen; **лю́ди поспеши́ли к сце́не** die Leute eilten zur Bühne

спе́ш|иться <-усь, -ишься> *св рефл см.* **спе́шиваться**

спе́шк|а <-и> *ж* Eile *f,* Hast *f;* **в спе́шке** in der Eile

спе́шно *нрч разг* dringend; **ему́ ~ потре́бовались де́ньги** er brauchte dringend Geld

спе́ш|ный <-ная, -ное; -ен, -на, -но> *прил* eilig, hastig, dringlich; **в спе́шном поря́дке** im Eilverfahren

спива́|ться <-юсь, -ешься> *нсв,* **спи́ться** *св рефл презрит, разг (станови́ться пья́ницей)* zum Trinker/Säufer werden, herunterkommen; **в э́том захолу́стье все спива́лись за 2 ме́сяца** in diesem Krähwinkel wurden alle in 2 Monaten zu Säufern

СПИД *сокр от* **синдро́м приобретённого иммунодефици́та** Aids *nt,* AIDS, Immunschwächekrankheit *f;* **заболе́ть спи́дом** an AIDS erkranken

спидо́метр <-а> *м* Kilometerzähler *m*

спи́кер <-а> *м* Parlamentssprecher *m*

спики́р|овать <-ую, -уешь> *св нпрх см.* **пики́ровать**

спи́лива|ть <-ю, -ешь> *нсв,* **спили́ть** *св прх* sägen

спин|а́ <-ы́> *ж* Rücken *m;* **за чьей-л. спино́й** hinter jds Rücken; **говори́ть что-л. о ком-л. за его́ спино́й** jdm etw nachsagen; **в спи́ну** hinterrücks; **гнуть спи́ну пе́ред кем-л.** katzbuckeln vor *+dat*

спи́нк|а <-и> *ж (дива́на, сту́ла)* Rückenlehne *f*

спи́ннинг <-а> *м (рыболо́вная снасть)* Spinnangel *f;* **~ – складна́я дли́нная у́дочка** die Spinnangel ist eine zusammenklappbare lange Angel

спинн|о́й <-а́я, -о́е> *прил* Rücken-; **спинно́й мозг** Rückenmark *nt*

спинномозгов|о́й <-а́я, -о́е> *прил* Rückenmark(s)-; **спинномозговы́е рефле́ксы** Rückenmarkreflex *m*

спира́|ль <-ли> *ж* Spirale *f;* *(противозача́точная)* Verhütungsspirale *f;* *(космети́ческая)* Mascara *f,* Wimpernspirale *f;* эл Wendel *f;* **~ инфля́ции** Inflationsspirale *f;* **~ цен и за́работной пла́ты** Lohn-Preis-Spirale *f*

спирт <спи́рта> *м* Spiritus *m;* **нашаты́рный ~** Franzbranntwein *m;* **сухо́й ~** Brennspiritus *m*

спиртно́|е <-го> *ср (алкого́льный напи́ток)* Spirituosen *pl;* **употребля́ть спиртно́е** Spirituosen trinken

спиртн|о́й <-а́я, -о́е> *прил (соде́ржащий спирт)* alkoholisch; **~ напи́ток** alkoholisches Getränk *nt*

спирто́вк|а <-и> *ж* Spirituskocher *m*

спиртов|о́й <-а́я, -о́е> *прил* alkoholhaltig; **спиртовы́е пары́** Alkoholdämpfe *pl*

списа́ни|е <-я> *ср* Abschreibung *f;* **~ со счёта** Abbuchung *f;* **пла́новое ~** planmäßige Abschreibung *f;* **произво́дственные списа́ния** durch die Fertigung veranlasste Abschreibung *f*

сп|иса́ть <-ишу́, -и́шешь> *св прх см.* **спи́сывать**

сп|иса́ться <-ишу́сь, -и́шешься> *св рефл см.* **спи́сываться**

спи́с|ок <-ка> *м* Liste *f,* Aufstellung *f,* Verzeichnis *nt,* Register *nt,* Index *m;* **~ адресо́в** Adressenliste *f;* **~ гру́зов** Lastenheft *nt;* **~ и́мпортных това́ров** Einfuhrliste *f;* **~ литерату́ры** Literaturverzeichnis *nt;* **~ материа́лов** Materialstückliste *f;* **~ очередников** Warteliste *f;* **~ разы́скиваемых** Fahndungsliste *f;* **~ сокраще́ний** Abkürzungsverzeichnis *nt*

спи́сыва|ть <-ю, -ешь> *нсв,* **списа́ть** *св прх* **1.** *(копи́ровать)* abschreiben; **~ усло́вие зада́чи с доски́** die Aufgabenstellung von der Tafel abschreiben; **на экза́мене он спи́сывал реше́ние у сосе́да** bei der Prüfung hat er die Lösung von seinem Nachbar abgeschrieben; **списа́ть тайко́м** heimlich abschreiben **2.** *(за него́дностью)* abschreiben; **~ ста́рое обору́дование** die alte Ausrüstung abschreiben **3.** *(отчисля́ть)* ausschließen; **~ с корабля́** jdn abmustern; **~ со счёта** abbuchen; МОР abmustern

спи́сыва|ться <-юсь, -ешься> *нсв,* **списа́ться** *св рефл* **1.** *разг (перепи́сываться)* sich schriftlich in Verbindung setzen; **она́ спи́сывалась с незнако́мцем из друго́й страны́** sie war im Schriftverkehr mit einem Unbekannten im Ausland **2.** *(отчисля́ться)* abgeschrieben werden

спи́ться <сопью́сь, сопьёшься> *св рефл см.* **спива́ться**

спи́хива|ть <-ю, -ешь> *нсв,* **спихну́ть** *св прх разг* herunterstoßen, herunterdrängen, hinabstoßen; **~ генера́льного руководи́теля с занима́емого им поста́** den Generaldirektor von seinem Posten verdrängen; **спихну́ть с рук** etw herunterstoßen

спи́ц|а <-ы> *ж (для вяза́ния)* Stricknadel *f;* *(колеса́)* (Rad)Speiche *f;* **пя́тая ~ в колесни́це** *перен* das fünfte Rad am Wagen

спи́чечн|ый <-ая, -ое> *прил* Streichholz-, Zündholz-; **спи́чечная коро́бка** Streichholzschachtel *f*

спи́чк|а <-и> *ж* Streichholz *nt,* Zündholz *nt*

сплав[1] <спла́ва> *м (ле́са)* Flößen *nt*

сплав[2] <спла́ва> *м (мета́ллов)* Legierung *f;* **лёгкий ~** Leichtmetalllegierung *f*

сплавля́|ть[1] <-ю, -ешь> *нсв,* **спла́вить** *св прх* **1.** *(о ле́се)* (ab)flößen; **~ ты́сячи кубоме́тров ле́са** Tausende von Kubikmetern Holz abflößen **2.** *шутл, разг (изба́виться)* loswerden, abschieben; **~ кни́ги о́чень вы́годно** einige Bücher sehr günstig abstoßen; **спла́вили, сла́ва бо́гу!** wir sind es los, Gott sei dank!

сплавля́|ть[2] <-ю, -ешь> *нсв,* **спла́вить** *св прх (о мета́ллах)* zusammenschmelzen, legieren

спла́вщик <-а> *м (ле́са)* Flößer *m*

сплани́р|овать <-ую, -уешь> *св прх см.* **плани́ровать**

сплёвыва|ть <-ю, -ешь> *нсв,* **сплю́нуть** *св прх* ausspucken

сплe|сти́ <-ту́, -тёшь> *св прх см.* **сплета́ть**

сплe|сти́сь <-ту́сь, -тёшься> *св рефл см.* **сплета́ться**

сплета́|ть <-ю, -ешь> *нсв прх* zusammenflechten; *(кру́жево)* klöppeln; *(вено́к)* winden

сплета́|ться <-юсь, -ешься> *нсв,* **сплести́сь** *св рефл* sich verschlingen, sich verflechten

сплете́ни|е <-я> *ср* Verflechtung *f;* АНАТ Sonnengeflecht *nt*

сплётник <-а> *м,* **спле́тниц|а** <-ы> *ж* Klatschbase *f*

спле́тнича|ть <-ю, -ешь> *нсв нпрх* klatschen, tratschen

спле́тн|я <-и> *ж* Klatsch *m,* Getratsche *nt,* Gerede *nt;* **распространя́ть спле́тни** Gerede verbreiten; **дава́ть по́вод спле́тням** einen Grund für Klatsch geben; **ве́рить спле́тням** dem Tratsch glauben

спло|ти́ть <-чу́, -ти́шь> *св прх* vereinigen, zusammenschließen; **сплоти́ть страну́** das Land einigen; **беда́ сплоти́ла семью́** das Unglück vereinigte die Familie

спло|ти́ться <-чу́сь, -ти́шься> *св рефл* sich vereinigen, sich zusammenschließen; **сплоти́ться про́тив** sich gegen +*akk* vereinigen

сплох|ова́ть <-у́ю, -у́ешь> *св нпрх* sich eine Blöße geben, einen Fehler machen

сплоче́ни|е <-я> *ср* Zusammenhalten *nt*

сплочён|ный <-ная, -ное; -, -а́, -о́> *прил* geschlossen, einmütig; **~ коллекти́в** geschlossene Belegschaft *f*

сплошн|о́й <-а́я, -о́е> *прил* dicht, geschlossen; **сплошна́я ма́сса** kompakte Masse *f;* **сплошна́я ложь** komplette Lüge *f*

сплошь *нрч* **1.** *(по́лностью)* gänzlich, völlig **2.** *(ничего́ кро́ме)* lauter, nichts als; **э́то встреча́ется ~ и ря́дом** das ist gang und gäbe

сплыва́|ть <-ю, -ешь> *нсв,* **сплыть** *св*

нпрх **было да сплы́ло** *разг* wie gewonnen, so zerronnen

сплю́н|уть <-у, -ешь> *св прх см.* **сплёвывать**

сплю́снут|ый <-ая, -ое; -, -а, -о> *прил,* **сплю́щен|ный** <-ная, -ное; -, -а, -о> *прил (пло́ский)* abgeplattet, platt gedrückt, platt gequetscht

сплю́щива|ть <-ю, -ешь> *нсв,* **сплю́щить** *св прх* abplatten, platt drücken; **~ коро́бку** eine Schachtel platt drücken

спля|са́ть <-шу́, -шешь> *св прх см.* **пляса́ть**

сподви́жник <-а> *м* Mitkämpfer(in) *m(f),* Mitstreiter(in) *m(f)*

сподру́ч|ный <-ная, -ное; -ен, -на, -но> *прил* angebracht, passend

спозара́нку *нрч разг* früh, frühmorgens, in aller Frühe; **я ~ на нога́х** ich bin seit aller Frühe auf den Beinen

спо|и́ть <-ю́, -и́шь> *св прх см.* **спа́ивать**[1]

спо́йлер <-а> *м* Spoiler *m*

споко́йно *нрч* ruhig, still, gelassen; **относи́ться ~** sich ruhig verhalten; **все сиде́ли ~ на свои́х места́х** alle saßen ruhig auf ihren Plätzen; **бу́дьте споко́йны!** bleiben Sie ruhig!

споко́|йный <-йная, -йное; -ен, -йна, -йно> *прил* ruhig, geruhsam; *(уравнове́шенный)* gelassen; *(ми́рный)* friedlich; **споко́йная со́весть** ruhiges Gewissen *nt;* **~ челове́к** ruhiger Mensch *m;* **споко́йное мо́ре** ruhiges Meer *nt;* **споко́йной но́чи!** gute Nacht!

споко́йстви|е <-я> *ср* Ruhe *f;* **сохраня́ть ~** Ruhe bewahren

спола́скива|ть <-ю, -ешь> *нсв,* **сполосну́ть** *св прх* abspülen; **сполосну́ть клубни́ку водо́й** die Erdbeeren mit Wasser abspülen

сполза́|ть <-ю, -ешь> *нсв,* **сползти́** *св нпрх (слеза́ть)* hinunterkriechen, abrutschen, abgleiten; **ша́пка сползла́ на заты́лок** die Mütze rutschte auf den Hinterkopf

сполна́ *нрч разг* völlig, ganz; **э́тих матери́алов хва́тит ~** diese Materialien reichen völlig aus

сполосн|у́ть <-у́, -ёшь> *св прх см.* **спола́скивать**

споло́х[1] <-а> *м (переполо́х)* Tumult *m,* (allgemeine) Verwirrung *f;* **подня́лся ~** es entstand allgemeine Verwirrung

споло́х[2] <-а> *м (сия́ние, вспы́шка)* Schein *m,* Glanz *m,* Leuchten *nt;* **споло́хи озаря́ли не́бо** ein Schein erhellte den Himmel

спонси́р|овать <-ую, -уешь> *(н)св прх* sponsern, fördern

спо́нсор <-а> *м* Sponsor *m,* Geldgeber *m*

спо́нсорств|о <-а> *ср* Sponsoring *nt*

спонта́нно *нрч* spontan

спонта́ннос|ть <-ти> *ж* Spontaneität *f*

спонта́н|ный <-ная, -ное; -ен, -на, -но> *прил* spontan; **~ або́рт** МЕД Fehlgeburt *f*

спор <спо́ра> *м* Streit *m,* Auseinandersetzung *f;* ЮР Streitfall *m,* Rechtsstreit *m;* **вести́ ~** einen Streit führen; **спо́ру нет** keine Frage

спо́р|а <-ы> *ж* БОТ Spore *f*

спо́р|ить <-ю, -ишь> *нсв,* **поспо́рить** *св нпрх* streiten; *(держа́ть пари́)* wetten; **~ с кем-л. о чём-л.** sich mit jdm wegen etw streiten; **они́ поспо́рили, но пото́м договори́лись** zuerst stritten sie, dann aber kamen sie zu einer Vereinbarung

спори́|ться <-тся> *нсв безл, только 3 л (о рабо́те)* gut vorangehen

спо́р|ный <-ная, -ное; -ен, -на, -но> *прил* strittig, kontrovers, umstritten; **~ вопро́с** Streitfrage *f*

спо́ро *нрч разг* ergiebig; **все рабо́тали бы́стро и ~** alle haben schnell und ergiebig gearbeitet

спор|о́ть <-ю́, -ешь> *св прх см.* **спа́рывать**

спорт <спо́рта> *м* Sport *m;* **ма́ссовый ~** Breitensport *m;* **па́русный ~** Segelsport *m;* **~ высо́ких достиже́ний** Leistungssport *m*

спортза́л <-а> *м* Turnhalle *f*

спорти́в|ный <-ная, -ное; -ен, -на, -но> *прил* Sport-, sportlich; **~ костю́м** Trainingsanzug *m*

спортплоща́дк|а <-и> *ж* Sportplatz *m*

спортсме́н <-а> *м,* **спортсме́нк|а** <-и> *ж* Sportler(in) *m(f),* Athlet(in) *m(f)*

спо́рщик <-а> *м,* **спо́рщиц|а** <-ы> *ж разг* Streithammel *m;* **он - зая́длый ~** er ist ein ausgemachter Streithammel

спо́р|ый <-ая, -ое; -, -á, -о> *прил разг* **1.** *(бы́стрый, успе́шный)* ergiebig, effektiv; **спо́рая рабо́та** ergiebige Arbeit *f* **2.** *(ло́вкий)* geschickt, gewandt, gerieben; **~ рабо́тник** geschickter Arbeiter *m*

спо́соб <-а> *м* Art und Weise *f,* Methode *f,* Verfahren *nt;* ЛИНГВ Modus *m;* **~ инкасса́ции** Einziehungsverfahren *nt;* **~ испыта́ния** Prüfverfahren *nt;* **~ оптимиза́ции** Optimierungsverfahren *nt;* **~ произво́дства** Produktionsverfahren *nt;* **таки́м спо́собом** auf diese Weise; **испро́бовать все спо́собы** alles versuchen

спосо́бнос|ть <-ти> *ж* Fähigkeit *f,* Befähigung *f;* *(тала́нт)* Neigung *f,* Talent *nt;* **~ к де́йствиям** Handlungsfähigkeit *f*

спосо́б|ный <-ная, -ное; -ен, -на, -но> *прил* fähig; *(тала́нтливый)* begabt; **быть спосо́бным на что-л.** fähig sein zu +*dat;* **~ к диалогу** dialogfähig; **~ к обраще́нию** negoziabel, handelsfähig; **~ к совме́стной рабо́те в коллекти́ве** teamfähig; **~ на обма́н** zu einer Lüge fähig

спосо́бств|овать <-ую, -уешь> *нсв,* **поспосо́бствовать** *св нпрх* beitragen; *(благоприя́тствовать)* fördern, begünstigen

спот <спо́рта> *м* Spot *m*

спотыка́|ться <-юсь, -ешься> *нсв*, **споткну́ться** *св рефл (обо что-л.)* stolpern

спохва́тыва|ться <-юсь, -ешься> *нсв*, **спохвати́ться** *св рефл разг* sich besinnen, plötzlich merken

спра́ва *нрч* rechts; **~ от** rechts von

справедли́во *нрч* gerecht, mit Recht, begründet; **э́тот писа́тель ~ счита́ется о́чень тала́нтливым** diesen Schriftsteller hält man mit Recht für sehr begabt

справедли́вос|ть <-ти> *ж* Gerechtigkeit *f*; **справедли́вости ра́ди** der Gerechtigkeit wegen

справедли́в|ый <-ая, -ое; -, -а, -о> *прил* gerecht, gerechtfertigt; *(пра́вильный)* wahr, richtig, begründet

спра́в|ить <-лю, -ишь> *св прх см.* **справля́ть**

спра́в|иться <-люсь, -ишься> *св рефл см.* **справля́ться**

спра́вк|а <-и> *ж* Auskunft *f*, Bescheid *m*; *(удостовере́ние, докуме́нт)* Bescheinigung *f*; **дать спра́вку** Auskunft erteilen, Bescheid geben; **навести́ спра́вки** Auskünfte einholen; **обраща́ться за спра́вкой к кому́-л.** Auskunft einholen bei *+dat*; **~ с ме́ста рабо́ты** Arbeitsbescheinigung *f*; **~ о дохо́де** Einkommensnachweis *m*; **~ о нало́гах на за́работную пла́ту** Einkommenssteuerbescheinigung *f*; **~ о поступле́нии зая́вки** Eingangsbescheinigung *f*

справля́|ть <-ю, -ешь> *нсв*, **спра́вить** *св прх разг* feiern; **~ сва́дьбу** eine Hochzeit feiern; **~ день рожде́ния** den Geburtstag feiern

справля́|ться <-юсь, -ешься> *нсв*, **спра́виться** *св рефл* **1.** *(осведоми́ться)* sich erkundigen, nachforschen; **~ о чьём-л. здоро́вье** sich nach jds Gesundheit erkundigen **2.** *(с кем-л.: одоле́ть)* fertig werden, klein kriegen; **~ с проти́вником** mit dem Feind fertig werden **3.** *(с чем-л.)* fertig werden, zurechtkommen; **~ с рабо́той** mit der Arbeit zurechtkommen; **па́рень справля́лся непло́хо с вожде́нием грузовика́** der Junge meisterte das Fahren des LKW nicht schlecht

спра́вочник <-а> *м* Nachschlagewerk *nt*

спра́вочн|ый <-ая, -ое> *прил* Auskunfts-, Informations-; **~ отде́л** Auskunftsabteilung *f*; **спра́вочное бюро́** Auskunftsbüro *nt*

спра́шива|ть <-ю, -ешь> *нсв*, **спроси́ть** *св прх* fragen; *(расспра́шивать)* ausfragen; *(о позволе́нии)* um Erlaubnis bitten; **~ с кого́-л.** jdn zur Rede stellen; **~ ученика́** den Schüler abfragen; **кто его́ спра́шивает?** *(по телефо́ну)* wer ist dran (am Telefon)?

спра́шива|ться <-ться> *нсв, безл то́лько 3 л* **спра́шивается, где нам найти́ материа́лы?** darf ich fragen, wo wir die Materialien finden können?

спресс|ова́ть <-у́ю, -у́ешь> *св прх см.* **прессова́ть**

спринт <спри́нта> *м* СПОРТ Sprint *m*, Kurzstreckenlauf *m*

спринтёр <-а> *м* Sprinter(in) *m(f)*, Kurzstreckenläufer(in) *m(f)*; **побе́да спринтёра в забе́ге на 100 м** der Sieg des Sprinters im 100-Meter-Lauf

спринцева́ни|е <-я> *ср* Spülung *f*; **~ по́лости рта** Spülung der Mundhöhle

спринцо́вк|а <-и> *ж* МЕД **1.** *(промыва́ние)* Spülung *f* **2.** *(прибо́р)* Spritze *f*, Spritzflasche *f*

спрова́жива|ть <-ю, -ешь> *нсв*, **спрова́дить** *св прх разг* hinauskomplimentieren; *(бы́стро)* kurz abfertigen; **я спрова́дил его́** ich habe ihn hinauskomplimentiert

спроекти́р|овать <-ую, -уешь> *св прх см.* **проекти́ровать**

спроеци́р|овать <-ую, -уешь> *св прх см.* **проеци́ровать**

спрос <спро́са> *м* ЭКОН Nachfrage *f*, Bedarf *m*; **по́льзующийся спро́сом** gefragt; **~ иностра́нных клие́нтов** Auslandsnachfrage *f*; **~ на де́ньги** Geldnachfrage *f*; **~ на капита́л** Kapitalbedarf *m*; **~ на креди́т** Kreditbedarf *m*; **~ на ры́нке** Marktnachfrage *f*; **~ на потреби́тельские това́ры** Konsumgüternachfrage *f*; **~ на це́нные бума́ги** Wertpapiernachfrage *f*; **без спро́са** ohne Erlaubnis

спр|оси́ть <-ошу́, -о́сишь> *св прх см.* **спра́шивать**

спросо́нок, **спросо́нья** *нрч разг* schlaftrunken, verschlafen; **~ она́ отвеча́ла как попа́ло** sie antwortete verschlafen

спроста́ *нрч разг* arglos, nicht böswillig; *(без за́дней мы́сли)* ohne Hintergedanken

спрут <спру́та> *м* ЗООЛ Krake *m*; **суп из спру́та** Krakensuppe *f*

спры́гива|ть <-ю, -ешь> *нсв*, **спры́гнуть** *св нпрх* abspringen, hinunterspringen

спры́скива|ть <-ю, -ешь> *нсв*, **спры́снуть** *св (н)прх* bespritzen, befeuchten; *разг (вы́пить по слу́чаю чего́-л.)* begießen, feiern

спряга́|ть <-ю, -ешь> *нсв*, **проспряга́ть** *св прх* ЛИНГВ konjugieren

спряже́ни|е <-я> *ср* ЛИНГВ Konjugation *f*

спря́|тать <-чу, -чешь> *св прх см.* **пря́тать**

спря́|таться <-чусь, -чешься> *св рефл см.* **пря́таться**

спу́гива|ть <-ю, -ешь> *нсв*, **спугну́ть** *св прх* verscheuchen; **спугну́ть лошаде́й** die Pferde verscheuchen

спу́линг <-а> *м* ИНФОРМ Spooling *nt*, Spool-Betrieb *m*; **програ́мма спу́линга, подка́чки/отка́чки да́нных** Spooler *m*, Spool-Programm *nt*; **систе́ма подде́ржки спу́линга** Spoolsystem *nt*

спурт <спу́рта> *м* Spurt *m;* **фи́нишный ~** Endspurt *m*

спуск <спу́ска> *м* **1.** *(склон)* Abhang *m;* **опа́сный ~** gefährlicher Abhang *m* **2.** *(с горы́)* Abstieg *m;* **скоростно́й ~** СПОРТ Abfahrtslauf *m* **3.** *(накло́нная пло́скость)* Bahn *f,* Rutsche *f* **4.** *(в ору́жии)* Abzug *m* **5.** ФОТ Auslöser *m*

спуска́|ть <-ю, -ешь> *нсв,* **спусти́ть** *св прх* **1.** *(вниз)* herablassen, hinunterlassen, herunterlassen; **~ груз в трюм** die Ladung in den Laderaum hinunterlassen; **~ ло́дку на во́ду** das Boot zu Wasser lassen; **спусти́ть кого́-л. с ле́стницы** jdn hinauswerfen [*o* vor die Tür setzen]; **~ во́ду из ва́нны** das Badewasser ablassen; **~ на верёвке** sich abseilen **2.** *(освобожда́ть от при́вязи)* (los)lassen; **~ соба́к с цепе́й** die Hunde loslassen **3.** *(выпуска́ть газ, во́ду)* ablassen; **~ во́ду из резервуа́ра** das Wasser aus dem Behälter ablassen **4.** *разг (понижа́ть у́ровень, вес, цену́)* senken, herabsetzen, ermäßigen; **~ це́ны на това́р** die Warenpreise reduzieren

спуска́|ться <-юсь, -ешься> *нсв,* **спусти́ться** *св рефл* ablassen, herablassen, hinunterlassen; **мы спусти́лись в подва́л до́ма** wir gingen in den Keller des Hauses hinunter; **~ по кана́ту** sich abseilen; **~ с не́ба на гре́шную зе́млю** auf den Boden der Realität zurückkehren

спусков|о́й <-а́я, -о́е> *прил* Abfluss-, Abzug-; **~ крючо́к** Abzug *m*

сп|усти́ть <-ущу́, -у́стишь> *св прх см.* **спуска́ть**

сп|усти́ться <-ущу́сь, -у́стишься> *св рефл см.* **спуска́ться**

спустя́ *предл* nach *+dat;* **~ год** nach einem Jahr, ein Jahr später; **~ немно́го вре́мени** nach einer Weile

спу́танно *нрч* verwickelt, verworren

спу́та|ть <-ю, -ешь> *св прх см.* **спу́тывать**

спу́та|ться <-юсь, -ешься> *св рефл разг см.* **спу́тываться**

спу́тник[1] <-а> *м,* **спу́тниц|а** <-ы> *ж* Gefährte *m,* Gefährtin *f,* Reisegefährte *m,* Reisegefährtin *f,* Begleiter(in) *m(f);* **~ жи́зни** Lebensgefährte *m,* Lebensgefährtin *f*

спу́тник[2] <-а> *м* АСТР *(сатели́т)* Satellit *m;* **иску́сственный ~** künstlicher Satellit *m*

спу́тников|ый <-ая, -ое> *прил* Satelliten-; **спу́тниковая систе́ма свя́зи** Satellitenverbindung *f*

спу́тыва|ть <-ю, -ешь> *нсв,* **спу́тать** *св нпрх* **1.** *(ни́тки, во́лосы)* verwickeln, verwirren **2.** *(при́нять за друго́го)* verwechseln **3.** *(сбить с то́лку)* irremachen; **спу́тать ка́рты** die Karten durcheinander werfen; *перен* jdm einen Strich durch die Rechnung machen

спу́тыва|ться <-юсь, -ешься> *нсв,* **спу́таться** *св рефл* **1.** *(ни́тки, во́лосы)* sich verwickeln, sich verfilzen **2.** *(мы́сли)* sich verwirren **3.** *разг (сби́ться в ре́чи)* aus dem Konzept kommen [*o* geraten] **4.** *разг (связа́ться)* sich einlassen

спья́ну *нрч разг* im Rausch, im betrunkenen Zustand; **~ он вре́зался в де́рево у доро́ги** in betrunkenem Zustand knallte er gegen einen Baum am Straßenrand

спя́|тить <-чу, -тишь> *св нпрх разг* den Verstand verlieren, verrückt werden; **ты совсе́м спя́тил** du bist total übergeschnappt

спя́чк|а <-и> *ж* Schlaf *m;* **зи́мняя ~** ЗООЛ Winterschlaf *m;* **ле́тняя ~** ЗООЛ Sommerschlaf *m*

спя́щ|ий <-ая, -ее> *прил* schlafend; **Спя́щая Краса́вица** Dornröschen *nt*

сраба́тывани|е <-я> *ср* Ablauf *m;* **~ проце́сса охлажде́ния** Ablauf *m* des Kühlungsprozesses

сраба́тыва|ть <-ю, -ешь> *нсв,* **срабо́тать** *св нпрх* anfertigen, ausführen; *(о прибо́ре)* auf etw ansprechen

сраба́тыва|ться[1] <-юсь, -ешься> *нсв,* **срабо́таться** *св рефл (с кем-л.)* sich aufeinander einarbeiten, sich bei der Arbeit aufeinander einstellen

сраба́тыва|ться[2] <-юсь, -ешься> *нсв,* **срабо́таться** *св рефл (изнoси́ться: инструме́нт, механи́зм)* sich abnutzen, verschleißen

сравне́ни|е <-я> *ср* Vergleich *m;* **всё позна́ется в сравне́нии** es kommt auf den Vergleich an; **по сравне́нию с кем-л./чем-л.** im Vergleich zu *+dat*

сра́внива|ть[1] <-ю, -ешь> *нсв,* **сравни́ть** *св прх (с кем-л./чем-л.)* vergleichen mit *+dat*

сра́внива|ть[2] <-ю, -ешь> *нсв,* **сровня́ть** *св прх (де́лать ра́вным)* ausgleichen, gleich machen

сравни́м|ый <-ая, -ое; -, -а, -о> *прил* vergleichbar

сравни́тельно *нрч* vergleichsweise, vergleichsmäßig, relativ

сравни́тельн|ый <-ая, -ое> *прил* vergleichen, Vergleichs-; **сравни́тельная величина́** Vergleichswert *m;* **сравни́тельная оце́нка** Vergleichswert *m;* **сравни́тельная оце́нка иму́щества** Vermögensvergleich *m;* **сравни́тельная рекла́ма** vergleichende Werbung *f;* **сравни́тельные да́нные** Vergleichszahl *f;* **сравни́тельные преиму́щества в изде́ржках произво́дства** komparative Kostenvorteile *pl;* **~ ана́лиз де́ятельности однoти́пных предприя́тий** Betriebsvergleich *m;* **~ ана́лиз де́ятельности ра́зных о́траслей** Branchenvergleich *m;* **сравни́тельная сте́пень** ЛИНГВ Komparativ *m*

сравн|и́ть <-ю́, -и́шь> *св прх см.* **сра́внива-**

С

вать[1]

сравн|и́ться <-ю́сь, -и́шься> *св рефл* sich messen, sich vergleichen; **никто́ не мо́жет ~ с ним** niemand kann sich mit ihm messen

сравня́|ться <-юсь, -ешься> *св рефл* gleichsetzen, gleichstellen

сража́|ть <-ю, -ешь> *нсв*, **срази́ть** *св прх* niederstrecken, tödlich treffen; **~ кого́-л. уда́ром** jdn mit einem Schlag niederschmettern

сража́|ться <-юсь, -ешься> *нсв*, **срази́ться** *св рефл* ВОЕН kämpfen, sich schlagen, sich messen

сраже́ни|е <-я> *ср* Schlacht *f*

сра|зи́ть <-жу́, -зи́шь> *св прх см.* **сража́ть**

сра|зи́ться <-жу́сь, -зи́шься> *св рефл см.* **сража́ться**

сра́зу *нрч (момента́льно)* sofort, im Augenblick; *(неме́дленно)* unverzüglich; *(одновреме́нно)* gleichzeitig

срам <сра́ма> *м* Scham *f*, Schande *f*, Schmach *f*; **покрасне́ть от сра́ма** vor Scham rot werden; **како́й срам!** was für eine Schande!

срам|и́ть <-лю́, -и́шь> *нсв*, **посрами́ть** *св прх* Schande bereiten; **~ семью́** der Familie Schande bereiten

срамн|о́й <-а́я, -о́е> *прил устар* Scham-, schamlos, unanständig; **срамны́е пе́сни** unanständige Lieder *ntpl*

среста́|ться <-юсь, -ешься> *нсв*, **срасти́сь** *св рефл* zusammenwachsen, ausheilen; *(ра́на)* vernarben

сра́щивани|е <-я> *м* Verschmelzung *f*

среаги́р|овать <-ую, -уешь> *св нпрх см.* **реаги́ровать**

сред|а́[1] <-ы́> *ж* **1.** *(вещество́, тела́)* Medium *nt* **2.** *(приро́дная)* Umwelt *f*; **~ обита́ния** Lebensraum *m*; **окружа́ющая ~** Umwelt *f*; **охра́на окружа́ющей среды́** Umweltschutz *m* **3.** *(социа́льно-бытовы́е усло́вия)* Milieu *nt*, Umgebung *f*; **конкуре́нтная ~** ЭКОН Wettbewerbsbedingungen *pl*

сред|а́[2] <-ы́> *ж* Mittwoch *m*; **по среда́м** mittwochs; **~ на пе́рвой неде́ле вели́кого поста́** Aschermittwoch *m*

среди́ *предл* unter, mitten in; **~ нас нет преда́телей** unter uns gibt es keine Verräter

Средизе́мно|е мо́р|е <-го -я> *ср* Mittelmeer *nt*

Средиземномо́рь|е <-я> *ср* Mittelmeerraum *m*

сре́дне *нрч разг (ниче́м не отлича́ясь)* mittelmäßig, mäßig, durchschnittlich; **справля́лся он с зада́ниями ~** die Aufgaben bewältigte er mittelmäßig

среднеазиа́тск|ий <-ая, -ое> *прил* mittelasiatisch

средневеко́в|ый <-ая, -ое> *прил* mittelalterlich

средневеко́вь|е <-я> *ср* Mittelalter *nt*; **пери́од средневеко́вья** die Zeit des Mittelalters

среднегодов|о́й <-а́я, -о́е> *прил* Jahresdurchschnitts-

сре́дне|е <-го> *ср* МАТ Durchschnitt *m*; **в сре́днем** durchschnittlich, im Durchschnitt; **вы́ше сре́днего** überdurchschnittlich; **~ арифмети́ческое** МАТ arithmetisches Mittel *nt*

среднесро́чн|ый <-ая, -ое> *прил* mittelfristig

среднестатисти́ческ|ий <-ая, -ое> *прил* *(обы́денный, зауря́дный)* alltäglich, gewöhnlich; **~ граждани́н** Durchschnittsbürger *m*

сре́дн|ий <-яя, -ее> *прил* Mittel-, mittlerer; *(взя́тый в сре́днем)* Mittel-, Durchschnitts-, durchschnittlich, mittlere(r, s); *разг (посре́дственный)* mittelmäßig, mäßig; **сре́дние века́** Mittelalter *nt*; **сре́дние кла́ссы** Mittelstufe *f*; **~ дохо́д** Durchschnittseinkommen *nt*; **~ за́работок** Durchschnittsverdienst *m*; **~ курс** Mittelkurs *m*, Durchschnittskurs *m*; **~ курс к моме́нту закры́тия би́ржи** Mittelschlusskurs *m*; **~ показа́тель** Mittel *nt*; **~ потреби́тель** Normalverbraucher *m*; **~ разме́р** Durchschnittsbestand *m*; **~ тари́ф** Durchschnittstarif *m*; **~ у́ровень** Durchschnitt(sbestand) *m*; **~ у́ровень складски́х запа́сов** mittlerer Lagerbestand *m*; **~ род** ЛИНГВ Neutrum *nt*; **сре́днего ро́да** ЛИНГВ sächlich; **сре́дняя загру́зка** Normalbeschäftigung *f*; **сре́дняя цена́** Durchschnittspreis *m*; **сре́дняя ско́рость** Durchschnittsgeschwindigkeit *f*; **сре́дняя температу́ра** Durchschnittstemperatur *f*; **сре́днее значе́ние** Durchschnittswert *m*; **~ учени́к** *(посре́дственный)* mittelmäßiger Schüler *m*

i Land & Leute

Die Mittelschule ist seit der Sowjetzeit die schulische Haupeinrichtung in Russland. Sie umfasst elf Klassen: vier Klassen der Grundschule und sieben Klassen der allgemeinbildenden Schule. Die Mittelschulbildung ohne Hochschulreife erreicht man bereits nach den bestandenen Prüfungen im Anschluss an die neunte Klasse – die Hochschulzugangsberechtigung gibt es erst nach dem bestandenen Abitur. Die Mittelschulbildung in ihren beiden ersten Stufen ist für alle Kinder und Jugendliche eine Pflicht. Seit den 90er Jahren werden als Alternativen zur Mittelschule

gebührenpflichtige „Gymnasien“ bzw. „Lyzeen“ gegründet:
sie unterscheiden sich vor allem durch ein breiter gefächertes Schulfachangebot und bessere Spezialisierungsmöglichkeiten.

средото́чи|е <-я> *ср* Mittelpunkt *m,* Zentrum *nt;* **э́тот институ́т был средото́чием диссиде́нтов** dieses Institut war ein Zentrum der Dessidenten

сре́дств|о <-а> *ср* **1.** *(приём)* Mittel *nt,* Weg *m;* **~ для борьбы́ с вреди́телями** Schädlingsbekämpfungsmittel *nt;* **~ для удале́ния воло́с** Enthaarungsmittel *nt;* **~ для ухо́да за волоса́ми** Haarpflegemittel *nt;* **~ защи́ты расте́ний** Pflanzenschutzmittel *nt;* **~ нажи́ма** Druckmittel *nt;* **аппара́тные сре́дства** Hardware *f;* **апроби́рованное ~** bewährtes Mittel *nt;* **возбужда́ющее ~** Aufputschmittel *nt;* **вспомога́тельное ~** Hilfsmittel *nt;* **изобрази́тельное ~** Gestaltungsmittel *nt;* **кра́йнее ~** letztes Mittel *nt;* **~ платежа́** Zahlungsmittel *nt;* **~ марке́тинга** Marketinginstrument *nt;* **мо́ющее ~** Waschmittel *nt;* **програ́ммные сре́дства** Software *f;* **чи́стящее ~** Putzmittel *nt;* **фина́нсовые сре́дства** Finanzen *pl;* **сре́дства к существова́нию** Existenzmittel *pl;* **сре́дства произво́дства** Produktionsmittel *pl,* Betriebsmittel *pl;* **пусти́ть в ход все сре́дства** alle Hebel in Bewegung setzen **2.** *мн (предме́ты, приспособле́ния)* Mittel *pl;* **сре́дства ма́ссовой информа́ции** Massenmedien *pl* **3.** МЕД Mittel *nt;* **болеутоля́ющее ~** Schmerzmittel *nt;* **эффекти́вное ~** wirksames Mittel *nt;* **~ от со́лнечных ожо́гов** Sonnenschutzmittel *nt;* **анаболи́ческое ~** Anabolikum *nt*

срез <сре́за> *м* **1.** *(де́йствие)* Schneiden *nt,* Schnitt *m* **2.** *(ме́сто)* Schnittstelle *f,* Schnitt *m* **3.** МЕД Schnittpräparat *nt*

среза́|ть <-ю, -ешь> *нсв,* **сре́зать** *св прх* abschneiden; *(на экза́мене)* durchfallen lassen

срисо́выва|ть <-ю, -ешь> *нсв,* **срисова́ть** *св прх* abmalen, abzeichnen; *перен* nachzeichnen

сровня́|ть <-ю, -ешь> *св прх см.* **сра́внивать**[2]

сро́дни *нрч разг* verwandt; **они́ доводи́лись ~ на́шей семье́** sie waren mit unserer Familie verwandt

сро́ду *нрч разг* nie im Leben; **он ~ не про́бовал тако́го вина́** er hat noch nie in seinem Leben einen solchen Wein getrunken

срок <сро́ка> *м* Termin *m,* Frist *f;* *(промежу́ток вре́мени)* Zeitpunkt *m,* Zeitdauer *f;* **~ возвра́та** Rückgabefrist *f;* **~ го́дности** Haltbarkeitsdauer *f;* **уложи́ться в ~** die Frist einhalten; **устано́вленный ~** festgesetzte Frist *f;* **~ опла́ты** Fälligkeit *f;* **~ пода́чи** [*или* **пропи́ски**] Meldefrist *f;* **~ пода́чи проте́ста** Einspruchsfrist *f;* **~ подпи́ски** Zeichnungsfrist *f;* **кра́йний ~** Deadline *f;* **~ поми́лования** Gnadenfrist *f;* **~ поручи́тельства** Gewährleistungsfrist *f;* **~ поста́вки** Lieferfrist *f;* **~ предупрежде́ния** Kündigungsfrist *f;* **~ расторже́ния догово́ра** Kündigungsfrist *f;* **назна́чить** [*или* **определи́ть**] **~** befristen; **кра́йний ~ присы́лки** Einsendeschluss *m;* **~ ве́ксельных платеже́й** Wechselfälligkeit *f;* **~ для расторже́ния догово́ра** Kündigungsfrist *f;* **~ исполне́ния обяза́тельства** Fälligkeit *f;* **~ переда́чи** Abgabetermin *m;* **~ платежа́** Zahlungsziel *nt;* **~ упла́ты** Stichtag *m;* **~ амортиза́ции** Amortisationsdauer *f;* **~ внесе́ния обяза́тельных нало́гов** Veranlagungszeitraum *m;* **~ да́вности** Verjährung *f;* **~ де́йствия** Geltungsdauer *f,* Gültigkeitsdauer *f,* Laufzeit *f;* **~ де́йствия догово́ра** Vertragsgültigkeit *f;* **~ гара́нтии** Garantiedauer *f;* **~ де́йствия креди́та** Kreditlaufzeit *f;* **~ испо́льзования** Nutzungsdauer *f;* **~ окупа́емости** Rückflussdauer *f,* Amortisationsdauer *f;* **~ окупа́емости капиталовложе́ний** Pay-off-Periode *f;* **~ полномо́чий** Amtszeit *f;* **~ проведе́ния сравни́тельного ана́лиза** Vergleichszeitraum *m;* **~ хране́ния** Haltbarkeitsdauer *f;* **~ эксплуата́ции** [*или* **слу́жбы**] Nutzungsdauer *f;* **~ сда́чи** Abgabetermin *m;* **~ существова́ния проду́кта** Produktlebensdauer *f*

сро́чно *нрч* schleunigst, eilends; **э́то не ~** das hat keine Eile; **~!** es eilt!; **~ приня́ть ме́ры** schleunigst Maßnahmen treffen

сро́чнос|ть <-ти> *ж* Dringlichkeit *f*

сро́ч|ный <-ная, -ное; -ен, -на́, -но> *прил* eilig, dringend; *(на срок)* befristet, Termin-; **сро́чная поста́вка** Sofortlieferung *f;* **сро́чная би́ржа** Terminbörse *f;* **сро́чная сде́лка** Termingeschäft *nt;* **сро́чная това́рная сде́лка** Warentermingeschäft *nt;* **сро́чная телегра́ма** Eiltelegramm *nt*

сруб <сру́ба> *м* **1.** *(сру́бленное ме́сто)* Einschnitt *m;* **пень со све́жими сру́бами** ein Klotz mit frischen Einschnitten **2.** *(четырёхуго́льное деревя́нное сооруже́ние)* Blockhaus *nt;* **~ избы́** Balkengebinde *nt* eines Holzhauses; **~ коло́дца** Brunnenkasten *m*

сруба́|ть <-ю, -ешь> *нсв,* **сруби́ть** *св прх* **1.** *(де́рево)* fällen **2.** *(го́лову)* abschlagen

срыв <сры́ва> *м* **1.** *(поме́ха)* Verhinderung *f,* Vereitelung *f,* Sabotierung *f* **2.** *(до́ма)* Abriss *m* **3.** ТЕХ Ablösung *f,* Abreißen *nt;* **вы́звать ~** eine Ablösung verursachen **4.** *(неисполне́ние)* Nichterfüllung *f,* Nichteinhaltung *f;* **не́рвный ~** Nervenzusammenbruch *m*

срыва́|ть <-ю, -ешь> *нсв,* **сорва́ть** *св прх* abreißen, herunterreißen; *(цвето́к)* pflücken; *(пла́ны)* vereiteln, zum Scheitern bringen; *(гнев)* auslassen an *+dat;* **~ на ком-л. пло-**

С

хо́е настрое́ние seine schlechte Laune an jdm auslassen

срыва́|ться <-юсь, -ешься> *нсв*, **сорва́ться** *св рефл* **1.** *(упа́сть)* sich losreißen, abstürzen; *(о сло́ве и т.п.)* entschlüpfen, entfahren; **э́то сло́во сорва́лось у меня́ с языка́** das ist mir so herausgerutscht **2.** *разг (потерпе́ть неуда́чу)* missglücken, ins Wasser fallen

сса́дин|а <-ы> *ж* мед Abschürfung *f*

сса́жива|ть[1] <-ю, -ешь> *нсв*, **ссади́ть** *св прх* трансп absetzen; *(заста́вить сойти́)* jdn veranlassen auszusteigen; *(помо́чь сойти́)* jdm beim Aussteigen helfen; **контролёр ссади́л наруши́теля** der Kontrolleur veranlasste den Schwarzfahrer auszusteigen

сса́жива|ть[2] <-ю, -ешь> *нсв*, **ссади́ть** *св прх (ко́жу)* schürfen, schrammen

ссо́р|а <-ы> *ж* Streit *m*, Zank *nt*; **семе́йная ~** Ehekrach *m*; **шу́мная ~** Donnerwetter *nt*; **затева́ть ссо́ру** einen Streit anfangen

ссо́р|ить <-ю, -ишь> *нсв*, **поссо́рить** *св прх* verfeinden, entzweien

ссо́р|иться <-юсь, -ишься> *нсв*, **поссо́риться** *св рефл* sich zanken, sich streiten; **поссо́риться с кем-л. из-за чего́-л.** sich mit jdm wegen etw zanken

ссо́хн|уться <-усь, -ешься> *св рефл см.* **ссыха́ться**

СССР истор *сокр от* **Сою́з Сове́тских Социалисти́ческих Респу́блик** UdSSR *f*, Union der Sozialistischen Sowjetrepubliken

ссу́д|а <-ы> *ж* Darlehen *nt*, Anleihe *f*; **~ под зало́г** Beleihung *f*

ссудода́те|ль <-ля> *м* Darlehensgeber *m*

ссудополуча́те|ль <-ля> *м* Darlehensnehmer *m*

ссуту́л|ить <-ю, -ишь> *св прх см.* **суту́лить**

ссуту́л|иться <-юсь, -ишься> *св рефл см.* **суту́литься**

ссуч|и́ть <-у́, -и́шь> *св прх см.* **сучи́ть**

ссыла́|ть <-ю, -ешь> *нсв*, **сосла́ть** *св прх* verbannen

ссыла́|ться <-юсь, -ешься> *нсв*, **сосла́ться** *св рефл (на что-л.)* sich berufen auf, hinweisen auf *+akk*

ссы́лк|а[1] <-и> *ж* **1.** *(де́йствие)* Ausweisung *f*, Verbannung *f* **2.** *(состоя́ние)* Verbannung *f*, Exil *nt*

ссы́лк|а[2] <-и> *ж (указа́ние)* Hinweis *m*, Verweisung *f*; информ Link *m*; **перекрёстная ~** Querverweis *m*

ссы́льн|ый <-ого> *м* Verbannte *m*, Ausgewiesene *m*

ссыпа́|ть <-ю, -ешь> *нсв*, **ссы́пать** *св прх разг* (zusammen)schütten, abschütten; *(на склад)* speichern; **ве́тер ссы́пал снег с ве́ток** der Wind blies den Schnee von den Ästen ab

ссыпа́|ться <-юсь, -ешься> *нсв рефл разг* aufgeschüttet werden, herunterrieseln, abstürzen

ссыха́|ться <-юсь, -ешься> *нсв*, **ссо́хнуться** *св рефл* austrocknen, zusammenschrumpfen

стабилиза́тор <-а> *м* тех Stabilisator *m*; **~ самолёта** Flugzeugsstabilisator *m*; **~ частоты́ колеба́ний** Frequenzschwingungenstabilisator *m*

стабилиза́ци|я <-и> *ж* Stabilisierung *f*

стабилизи́р|овать <-ую, -уешь> *(н)св прх* stabilisieren

стабилизи́р|оваться <-уюсь, -уешься> *(н)св рефл* sich stabilisieren; **це́ны на нефть постепе́нно стабилизи́ровались** die Ölpreise stabilisieren sich allmählich; **ры́нок стабилизи́ровался** der Markt hat sich stabilisiert

стаби́льно *нрч* stabil, beständig, haltbar; **страна́ развива́ется ~** das Land entwickelt sich stabil

стаби́льнос|ть <-ти> *ж* Stabilität *f*; **~ капита́ла** Kapitalstabilität *f*

стаби́|льный <-льная, -льное; -лен, -льна, -льно> *прил* stabil; **стаби́льные це́ны** stabile Preise *mpl*

ста́в|ень <-ня> *м* Fensterladen *m*

ста́в|ить <-лю, -ишь> *нсв*, **поста́вить** *св прх* hinstellen; *(в игре́)* setzen; *(проводи́ть)* durchführen; *перен (на что-л.)* setzen auf *+akk*; театр aufführen; *(кни́гу)* zurückstellen, einordnen; *(маши́ну)* parken; **~ стака́н на стол** das Glas auf den Tisch stellen; **~ в холоди́льник** in den Kühlschrank tun; **~ о́пыты на живо́тных** Tierversuche machen; **~ всё на ка́рту** alles auf eine Karte setzen; **~ себя́ на чьё-л. ме́сто** sich hineinversetzen in *+akk*; **~ буты́лку кому́-л.** *разг* jdm eine Flasche Wodka spendieren; **~ в вину́ кому́-л.** jdm zur Last legen; **~ в заслу́гу кому́-л.** als jds Verdienst herausstellen; **~ засло́н кому́-л.** jdm einen Riegel vorschieben; **~ оце́нку кому́-л.** jdm eine Zensur [*o* Note] geben; **~ па́лки в колёса кому́-л.** *перен* jdm Steine in den Weg legen; **~ усло́вия кому́-л.** jdm Bedingungen stellen; **~ в ряд** einreihen; **~ кни́гу на по́лку** das Buch in das Regal stellen; **~ на голосова́ние** abstimmen lassen; **~ усло́вия** Bedingungen stellen; **~ свое́й це́лью** sich als Ziel setzen; **~ в изве́стность** informieren; **~ всё на ка́рту** alles auf eine Karte setzen

ста́в|иться <-тся> *нсв безл, только 3 л* gestellt werden, gesetzt werden; **в э́том сло́ве ударе́ние ста́вится на пе́рвом сло́ге** in diesem Wort fällt die Betonung auf die erste Silbe; **на обсужде́ние ста́вятся сле́дующие вопро́сы** folgende Fragen stehen zur Debatte

ста́вк|а <-и> *ж* **1.** *(в игре́)* Einsatz *m* **2.** *(тари́фа)* Satz *m*, Rate *f*; **наивы́сшая ~**

Höchstsatz *m;* **~ за́работной пла́ты** Lohnsatz *m;* **~ налогообложе́ния** Steuersatz *m;* **~ переучёта векселе́й** Rediskontsatz *m;* **~ тамо́женной по́шлины** Zollsatz *m;* **~ учётного проце́нта** Diskontsatz *m;* **~ центра́льного ба́нка** Leitzins *m*

ста́вленник <-а> *м* Protegé *m,* Günstling *m;* **~ короля́** Günstling des Königs

ставри́д|а <-ы> *ж* зоол Stocker *m*

стагна́ци|я <-и> *ж* Stagnation *f*

стагфля́ци|я <-и> *ж* Stagflation *f*

стадио́н <-а> *м* Stadion *nt*

ста́ди|я <-и> *ж* Stadium *nt;* **в ста́дии подгото́вки** in Vorbereitung; **~ произво́дственного проце́сса** Produktionsstufe *f*

ста́дн|ый <-ая, -ое> *прил* Herden-; **ста́дное чу́вство** Herdentrieb *m*

ста́д|о <-а> *ср* Herde *f*

стаж <ста́жа> *м* Dauer *f* einer Tätigkeit, Dienstalter *nt;* **произво́дственный ~** Berufspraxis *f,* Berufserfahrung *f;* **трудово́й ~** Dienstalter *nt,* Berufsjahre *pl*

стажёр <-а> *м* Praktikant(in) *m(f),* Volontär(in) *m(f),* Referendar(in) *m(f);* **~ на фи́рме** Trainee *m;* **у нас в лаборато́рии но́вый ~** wir haben im Labor einen neuen Praktikanten

стажир|ова́ть <-у́ю, -у́ешь> *нсв прх* die Probezeit durchmachen

стажиро́вк|а <-и> *ж* Praktikum *nt;* **языкова́я ~** Sprachaufenthalt *m* (im Ausland)

стака́н <-а> *м* Glas *nt;* тех Hülse *f,* Hülle *f;* **пить из стака́на** aus dem Glas trinken

стака́нчик <-а> *м* Becher *m*

сталагми́т <-а> *м* Stalagmit *m*

сталакти́т <-а> *м* Stalaktit *m*

сталебето́н <-а> *м* Stahlbeton *m*

сталева́р <-а> *м* Stahlwerker *m*

ста́лкива|ть <-ю, -ешь> *нсв,* **столкну́ть** *св прх* **1.** *(сбро́сить, сдви́нуть)* herunterstoßen, hinabstoßen; **столкну́ть с ле́стницы** von der Treppe stoßen **2.** *(вме́сте)* zusammenstoßen

ста́лкива|ться <-юсь, -ешься> *нсв,* **столкну́ться** *св рефл* **1.** *(с кем-л.)* zusammenstoßen, zusammenprallen **2.** *(встре́титься)* aufeinander stoßen **3.** *перен* aneinander geraten

сталь <ста́ли> *ж* Stahl *m;* **высокока́чественная ~** Edelstahl *m*

стальн|о́й <-а́я, -о́е> *прил (сде́ланный из ста́ли)* Stahl-, aus Stahl; **~ меч** Stahlschwert *nt;* **~ цвет** stahlfarben

стаме́ск|а <-и> *ж* Stechbeitel *m,* Stemmeisen *nt*

стан[1] <ста́на> *м (те́ло челове́ка)* Gestalt *f,* Statur *f;* **у неё был то́нкий ~** sie hatte eine schmale Statur

стан[2] <ста́на> *м* **1.** *(ла́герь)* Lager *nt;* **в лесу́ был ~ повста́нцев** im Wald war ein Lager der Aufständischen **2.** *(во́йско)* Heer *nt,* Truppen *pl;* **вра́жеский ~** gegnerische Truppen *pl*

стан[3] <ста́на> *м* тех Werk *nt;* **прока́тный ~** Walzstraße *f,* Walzwerk *nt*

станда́рт <-а> *м* Standard *m;* *(но́рма)* Norm *f;* *перен* Maßstab *m,* Kriterium *nt;* **высо́кий ~ жи́зни** hoher Lebensstandard *m*

стандартиза́ци|я <-и> *ж* Standardisierung *f,* Normung *f*

станда́рт|ный <-ная, -ное; -ен, -на, -но> *прил* Standard-, standardisiert, genormt; *(регуля́рный)* einheitlich, handelsüblich, regulär; *(типи́чный)* typisch, schablonenhaft; **станда́ртная програ́мма** Routine *f;* **станда́ртные ба́нковские опера́ции** Massengeschäft *nt;* **станда́ртное письмо́** Serienbrief *m*

стани́н|а <-ы> *ж* тех **1.** *(неподви́жная часть маши́ны)* Rahmen *m,* Gestell *nt;* **~ тка́цкого станка́** der Rahmen *m* eines Webstuhls **2.** *(лафе́т, основа́ние)* Lafette *f;* **~ пулемёта** Maschinengewehrlafette *f*

станио́|ль <-ля> *м* тех Stanniol *nt*

стани́ц|а <-ы> *ж (каза́чье селе́ние на Дону́)* Staniza *f (Kosakensiedlung am Fluss Don);* **после бо́я пыла́ли стани́цы** nach dem Kampf brannten die Kosakensiedlungen

станко́в|ый <-ая, -ое> *прил* **1.** воен **~ пулемёт** schweres Maschinengewehr *nt* **2.** иск **станко́вая жи́вопись** Tafelmalerei *f*

станкострое́ни|е <-я> *ср* Werkzeugmaschinenbau *m*

стан|ови́ться <-овлю́сь, -о́вишься> *нсв,* **ста́ть** *св рефл* **1.** *(сде́латься)* werden; **ста́ло хо́лодно** es ist kalt geworden; **никто́ не зна́ет, что с ней ста́лось** niemand weiß, was mit ihr geschehen ist **2.** *(начина́ть)* anfangen, beginnen; **ста́ло света́ть** es begann zu dämmern **3.** *(останови́ться)* stehen bleiben; **часы́ ста́ли** die Uhr ist stehen geblieben **4.** *(встать, заня́ть ме́сто)* Platz nehmen, sich stellen; **стать ла́герем** lagern

становле́ни|е <-я> *ср* Werden *nt,* Entstehen *nt;* **в проце́ссе становле́ния** im Werden

стан|о́к <-ка́> *м* Werkzeugmaschine *f,* Webank *f;* *(ору́жия)* Lafette *f,* Gestell *nt;* **тка́цкий ~** Webstuhl *m;* **~ уда́рного буре́ния** Schlagbohrmaschine *f;* **печа́тный ~** Druckerpresse *f*

станц|ева́ть <-у́ю, -у́ешь> *св прх см.* **танцева́ть**

станцио́нн|ый <-ая, -ое> *прил* Stations-, Bahnhofs-; **станцио́нная платфо́рма** Bahnhofsrampe *f*

ста́нци|я <-и> *ж* Station *f,* Bahnhof *m;* **я провожу́ вас на ста́нцию** ich werde Sie zur Bahn bringen; **~ метро́** U-Bahnhof *m;* **автомати́ческая ~** (Raum)Sonde *f;* **орбита́льная ~** Raumstation *f;* **метеорологи́ческая ~** Wetterstation *f*

ста́птыва|ть <-ю, -ешь> *нсв,* **стопта́ть** *св прх* abtragen; **стопта́ть каблуки́** die Hacken abtreten

С

стара́ни|е <-я> *ср* Bemühung *f,* Mühe *f;* **все стара́ния оказа́лись напра́сными** alle Mühe war umsonst; **ты до́лжен прилага́ть бо́льше стара́ния** du musst dich mehr anstrengen; **бы́ло бы ~, а уме́ние придёт** *пословица* ohne Fleiß kein Preis

стара́те|ль <-ля> *м (на золоты́х при́исках)* Goldsucher *m,* Goldgräber *m;* **арте́ль стара́телей зо́лота** Genossenschaft *f* der Goldsucher

стара́тельнос|ть <-ти> *ж* Sorgfalt *f,* Fleiß *m,* Eifer *m;* **доби́ться успе́хов благодаря́ свое́й стара́тельности** dank seines Eifers Erfolg erreichen

стара́те|льный <-льная, -льное; -лен, -льна, -льно> *прил* fleißig; *(рабо́та)* sorgfältig, sorgsam

стара́|ться <-юсь, -ешься> *нсв,* **постара́ться** *св рефл* sich Mühe geben, sich anstrengen; *(стреми́ться)* sich bemühen; **он о́чень стара́ется в шко́ле** er ist sehr fleißig in der Schule; **на э́тот раз он постара́лся на сла́ву** diesmal hat er sein Bestes gegeben; **постара́йся не опа́здывать!** versuch bitte, pünktlich zu kommen!; **я стара́юсь не попада́ться ему́ на глаза́** ich versuche ihm möglichst aus dem Weg zu gehen

старе́йш|ий <-ая, -ее> *прил* der älteste; **старе́йшая моде́ль автомоби́ля** das älteste Wagenmodell; **~ член клу́ба** das älteste Klubmitglied

старе́йшин|а <-ы> *ж (глава́ родово́й общи́ны)* Älteste(r) *f(m);* **сове́т старе́йшин** Ältestenrat *m*

старе́ни|е <-я> *ср* Alterung *f;* **~ мета́лла/рези́ны** Alterung des Metalls/Gummis

старе́|ть <-ю, -ешь> *нсв,* **постаре́ть, устаре́ть** *св нпрх* altern, alt werden; *(устарева́ть)* veralten; ТЕХ altern

ста́р|ец <-ца> *м (стари́к)* Greis *m*

стари́к <-а́> *м* Alte *m;* **о́пыт старика́ оказа́лся поле́зным** die Erfahrung der Alten hat sich als nützlich erwiesen

старика́н <-а> *м (стари́к)* alter Mann, Greis *m*

старика́шк|а <-и> *ж ирон, разг (стари́к)* alter Mann, Greis *m;* **почему́ ты бои́шься како́го-то старика́шки?** warum hast du Angst vor einem alten Greis?

старико́вск|ий <-ая, -ое> *прил шутл, разг* greisenhaft; **старико́вские привы́чки** greisenhafte Gewohnheiten *fpl*

старин|а́[1] <-ы́> *ж* **1.** *(вре́мя)* alte Zeiten; **в старину́ де́вушки носи́ли сарафа́ны** in alten Zeiten trugen die Mädchen Bauerngewänder **2.** *(стари́нные ве́щи)* Antiquität *f;* **тряхну́ть старино́й** das Alte auffrischen

старина́[2] <-ы́> *м разг (обраще́ние)* Alterchen *nt,* alter Knabe *m,* altes Haus *nt*

стари́нк|а <-и> *ж разг* alte Zeit; **по стари́нке** nach alter Art

стари́нн|ый <-ая, -ое> *прил* alt, altertümlich; *(да́вний)* alt; **~ обы́чай** alter Brauch *m;* **~ автомоби́ль** Oldtimer *m;* **стари́нные ве́щи** Antiquitäten *pl;* **стари́нная ме́бель** antike Möbel *pl*

ста́р|ить <-ю, -ишь> *нсв,* **соста́рить** *св прх* älter machen; **э́то пальто́ вас стари́т** dieser Mantel lässt Sie älter aussehen

староdáвн|ий <-яя, -ее> *прил* **1.** *устар (давно́ проше́дший)* alt, langjährig, längst vergangen; **стародáвние времена́** längst vergangene Zeiten *fpl* **2.** *устар (стари́нный)* althergebracht; **~ обы́чай** althergebrachte Brauch *m*

старожи́л <-а> *м* Alteingesessene *m;* **всё населе́ние э́того райо́на – старожи́лы, среди́ них нет прие́зжих** die ganze Bevölkerung dieser Gegend besteht aus Alteingesessenen, es gibt keine Neusiedler

старомо́д|ный <-ная, -ное; -ен, -на, -но> *прил* altmodisch

старообря́д|ец <-ца> *м (член се́кты старообря́дчества)* Altgläubige(r) *f(m)*

старорежи́м|ный <-ная, -ное; -ен, -на, -но> *прил* zum alten Regime gehörig

старослу́жащ|ий <-ая, -ее> *прил* altgedient

ста́рост|а <-ы> *ж* **1.** *(гру́ппы, ку́рса)* Älteste *m;* **~ кла́сса** Klassenälteste *m* **2.** *устар* Dorfälteste *m*

ста́рос|ть <-ти> *ж* Alter *nt;* **глубо́кая ~** hohes Alter *nt;* **дожи́ть до ста́рости** ein hohes Alter erreichen

старпо́м МОР *сокр от* **ста́рший помо́щник** erster Schiffsoffizier *m*

старт <ста́рта> *м* Start *m;* **дать ~** das Startzeichen geben; **на ~!** auf die Plätze!; **гото́вый к ста́рту** *(раке́та)* flugbereit

ста́ртер <-а> *м* **1.** СПОРТ Starter *m* **2.** ТЕХ Anlasser *m*

ста́ртерн|ый <-ая, -ое> *прил* ТЕХ Start(er)-; **ста́ртерная аккумуля́торная батаре́я** Startbatterie *f*

старт|ова́ть <-у́ю, -у́ешь> *(н)св прх* starten

ста́ртов|ый <-ая, -ое> *прил* Start-; **~ сигна́л** Startsignal *nt;* **ста́ртовая раке́та** Startrakete *f*

стару́х|а <-и> *ж* Alte *f,* Greisin *f;* **и на стару́ху быва́ет прору́ха** *пословица* Alter schützt vor Torheit nicht

стару́шеч|ий <-ья, -ье> *прил ирон, разг* Altweiber-; **стару́шечье пла́тье** Altweiberkleid *nt*

ста́рческ|ий <-ая, -ое> *прил* altersbedingt, Alters-; **~ мара́зм** Altersschwachsinn *f;* **~ дом** Altersheim *nt*

старшекла́ссник <-а> *м* Schüler *m* der oberen Klassen; **их сын вы́рос, он уже ~** ihr Sohn ist schon groß, er geht in die oberen Klassen

ста́рш|ий I. <-ая, -ее> *прил* **1.** *(по года́м)*

älter; **ста́ршая сестра́** ältere Schwester *f;* **я на год ста́рше вас** ich bin ein Jahr älter als ihr **2.** *(по положе́нию)* Ober-; **~ врач** Oberarzt *m* **3.** *(ученики́)* **ста́ршие кла́ссы** Oberstufe *f* **II.** <-его> *м* **1.** *(по года́м)* Ältere *m* **2.** *(по положе́нию)* Vorgesetze *m*

старшин|а́ <-ы́> *м* ВОЕН **~ ро́ты** Hauptfeldwebel *m*

старшинств|о́ <-а́> *ср* **1.** *(по года́м)* Altersfolge *f;* **по старшинству́** dem Alter nach **2.** *(по слу́жбе)* Rangordnung *f,* Dienstalter *nt*

ста́р|ый <-ая, -ое; -, -а́, -о́ *или* -о> *прил* alt, Alt-; **ста́рое зда́ние** Altbau *m;* **ста́рая часть го́рода** Altstadt *f;* **ста́рая де́ва** alte Jungfer *f*

i Land & Leute

Das Neujahrsfest wird in Russland zwei Mal gefeiert: zum zweiten Mal am 14. Januar, nämlich nach dem julianischen Kalender, der im Lande bis zur Oktoberrevolution von 1917 galt und den die orthodoxe Kirche bis heute benutzt. Während man das offizielle Neujahrsfest in der Nacht vom 31. Dezember auf den 1. Januar vorzugsweise im Familienkreis begeht, ist **„das alte Neue Jahr"** vor allem dazu da, die Jahreswende mit Freunden nachzufeiern.

старь|ё <-я́> *ср презрит, разг* **1.** *(ста́рые предме́ты)* alte Sachen, Plunder *m,* Gerümpel *nt;* **заче́м ты собира́ешь э́то ~?** warum sammelst du dieses Gerümpel? **2.** *(ста́рые лю́ди)* alte Leute; **среди генера́лов одно́ ~** unter den Generälen sind nur alte Männer

ста́скива|ть <-ю, -ешь> *нсв,* **стащи́ть** *св прх* **1.** *(снять, сдви́нуть)* abziehen, wegziehen **2.** *(в одно́ ме́сто)* zusammenschleppen **3.** *разг (укра́сть)* klauen, stibitzen

стас|ова́ть <-у́ю, -у́ешь> *св прх см.* **тасова́ть**

ста́тик|а <-и> *ж* ТЕХ Statik *f*

стати́ст <-а> *м* Statist(in) *m(f)*

стати́стик <-а> *м* Statistiker(in) *m(f)*

стати́стик|а <-и> *ж* Statistik *f;* **~ прода́жи** [*или* **сбы́та**] Verkaufsstatistik *f*

статисти́ческ|ий <-ая, -ое> *прил* statistisch; **статисти́ческие да́нные** statische Angaben *pl* [*o* Daten *pl*]

стати́ческ|ий <-ая, -ое>, **стати́ч|ный** <-ная, -ное; -ен, -на, -но> *прил (неподви́жный)* starr

ста́т|ный <-ная, -ное; -ен, -на́, -но> *прил* stattlich, ansehnlich

ста́тск|ий <-ая, -ое> *прил* Staats-; **ста́тская слу́жба** Staatsdienst *m*

ста́тус <-а> *м* Status *m;* **осо́бый ~** Sonderstatus *m;* **получи́ть ~ бе́женца** als Flüchtling anerkannt werden, Flüchtlingsstatus erhalten; **поте́ря социа́льного ста́туса** sozialer Abstieg *m*

ста́тус-кво <неизм> *м* ЮР Status quo *m*

статуэ́тк|а <-и> *ж* Statuette *f,* Kleinplastik *f;* **анти́чная ~** antike Statuette

ста́ту|я <-и> *ж* Statue *f*

стать[1] <ста́ну, ста́нешь> *св рефл см.* **станови́ться**

стать[2] <ста́ти> *ж* **с како́й ста́ти?** *разг* wieso denn?

ста́ться *св безл см.* **станови́ться**

стать|я́ <-и́> *ж* **1.** ЛИТ Artikel *m,* Aufsatz *m* **2.** ЭКОН, ЮР Artikel *m,* Paragraph *m,* Klausel *f;* **акти́вная ~ бала́нса** Aktivposten *m;* **~ бала́нса** Bilanzposten *m;* **пасси́вная ~ бала́нса** Passivposten *m;* **~-не́тто** Nettoposition *f;* **прихо́дная ~** Einkommensposten *m;* **расхо́дная ~** Ausgabeposten *m;* **написа́ть статью́** einen Artikel verfassen

стафилоко́кк <-а> *м* МЕД Staphylokokkus *m;* **бакте́рии стафилоко́кка** Staphylokokkenbakterien *pl*

стафилоко́кков|ый <-ая, -ое> *прил* МЕД Staphylokokkus-; **стафилоко́кковая реа́кция** Staphylokokkusreaktion *f*

стаха́новск|ий <-ая, -ое> *прил разг* hart; **~ труд** harte Arbeit *f*

стациона́р <-а> *м* Krankenhaus *nt,* stationäre Einrichtung *f;* **лежа́ть в стациона́ре** im Krankenhaus liegen

стациона́рн|ый <-ая, -ое> *прил* stationär; **стациона́рное лече́ние** stationäre Behandlung *f*

стача́|ть <-ю, -ешь> *св прх см.* **тача́ть**

ста́чечн|ый <-ая, -ое> *прил* Streik-; **~ пике́т** Streikposten *m*

ста́чк|а <-и> *ж* Streik *m;* **объяви́ть ста́чку** streiken; **всео́бщая ~** Generalstreik *m*

ст|ащи́ть <-ащу́, -а́щишь> *св прх см.* **ста́скивать**

ста́|я <-и> *ж* Schwarm *m,* Zug *m; (волко́в)* Rudel *nt;* **~ птиц** Vogelschwarm *m*

ствол <ствола́> *м* **1.** БОТ Stamm *m;* **~ де́рева** Baumstamm *m* **2.** *(винто́вки)* Gewehrlauf *m* **3.** ШАХТ Schacht *m*

створ <ство́ра> *м* Flügel *m;* **непло́тные ство́ры две́ри** undichte Torflügel *mpl*

ство́рк|а <-и> *ж (подви́жная, часть чего́-л.)* Flügel *m,* Hälfte *f;* **~ шка́фа** Schrankflügel *m;* **~ зе́ркала** Spiegelklappe *f*

сте́б|ель <-ля> *м* Stiel *m,* Stängel *m,* Halm *m;* **~ гвозди́ки** Nelkenstiel *m*

стёган|ый <-ая, -ое> *прил (с ва́тной прокла́дкой)* Stepp-, gesteppt; **стёганая ку́ртка** Steppjacke *f;* **стёганое одея́ло** Steppdecke *f*

стега́|ть[1] <-ю, -ешь> *нсв,* **вы́стегать** *св прх (одея́ло)* steppen

С

стега́|ть² <-ю, -ешь> *нсв*, **вы́стегать** *св прх (хлеста́ть)* auspeitschen

стеж|о́к <-ка́> *м* Stich *m*, Steppstich *m*; **шить ме́лкими стежка́ми** mit kleinen Stichen nähen

стез|я́ <-и́> *ж книжн (жи́зненный путь, призва́ние)* Lebensweg *m*; **он прошел по вели́кой стезе́ открыва́теля** er hat den Weg des großen Entdeckers eingeschlagen

стека́|ть <-ю, -ешь> *нсв*, **стечь** *св нпрх* abfließen, ablaufen; *(вы́течь)* ausfließen; *(по ка́плям)* abtropfen

стека́|ться <-юсь, -ешься> *нсв*, **сте́чься** *св рефл* zusammenfließen; *(о ре́ках)* sich vereinigen; *перен* zusammenströmen; **на пло́щадь стека́ется наро́д** auf dem Platz haben sich viele Menschen angesammelt

стекл|о́ <-а́> *ср* **1.** *(материа́л)* Glas *nt*; **око́нное ~** Fensterglas *nt* **2.** *(изде́лие)* Glas *nt*, Scheibe *f*; *(в окне́)* Fensterscheibe *f*; **ветрово́е ~** АВТО Windschutzscheibe *f*; **стёкла очко́в** Brillengläser *pl*; **увеличи́тельное ~** Vergrößerungsglas *nt* **3.** *(посу́да)* Glaswaren *pl*

стеклови́д|ный <-ная, -ное; -ен, -на, -но> *прил* glasig; **стеклови́дное те́ло** АНАТ Glaskörper *m*

стекловолокни́ст|ый <-ая, -ое> *прил* Glasfaser-; **~ ка́бель** Glasfaserkabel *nt*

стеклоду́в <-а> *м* Glasbläser(in) *m(f)*

стёклышк|о <-а> *ср уменьш* Glasstück *nt*; **на полу́ лежа́ли разноцве́тные стёклышки** am Boden lagen bunte Glasstücke

стекля́нн|ый <-ая, -ое> *прил* gläsern, Glas-; *перен* glasig, starr

стекля́шк|а <-и> *ж* Glasstück *nt*; **на кольце́ не ка́мень, а кака́я-то ~** am Ring ist kein Stein, sondern ein Stück Glas

стеко́льн|ый <-ая, -ое> *прил* Glas-; **~ заво́д** Glashütte *f*

стеко́льщик <-а> *м* Glaser *m*; **кто-то разби́л стекло́, на́до звать стеко́льщика** jemand hat das Glas zerschlagen, man sollte einen Glaser holen

сте́л|а <-ы> *ж (ка́менная надгро́бная плита́)* steinerne Grabplatte; **во дворе́ музе́я стоя́ли ри́мские сте́лы** auf dem Museumshof lagen römische Grabsteine

ст|ели́ть <-елю́, -е́лешь> *нсв прх* ausbreiten; **~ посте́ль** betten; **~ ска́терть** eine Tischdecke ausbreiten

ст|ели́ться <-елю́сь, -е́лешься> *нсв рефл* sich ausbreiten, sich erstrecken; **~ по земле́** sich über der Erde ausbreiten

стелла́ж <-а *или* -а́> *м* Gestell *nt*, Regal *nt*

сте́льк|а <-и> *ж* Einlegesohle *f*; **быть пья́ным в сте́льку** *перен, разг* stockbesoffen sein

стемне́|ть <-ет> *св безл см.* **темне́ть**

стен|а́ <-ы́> *ж* Mauer *f*, Wand *f*; **городска́я ~** Stadtmauer *f*; **кита́йская ~** die Chinesische Mauer *f*; **припере́ть кого́-л. к стене́** jdn an die Wand drücken

стена́ни|е <-я> *ср* Stöhnen *nt*, Gestöhne *nt*; **больни́чная пала́та была́ испо́лнена стена́нием ра́неных** das Krankenzimmer war erfüllt von dem Gestöhne der Verwundeten

стена́|ть <-ю, -ешь> *нсв нпрх* stöhnen, ächzen; **больно́й ти́хо стена́л** der Kranke stöhnte leise

стенгазе́та *сокр от* **стенна́я газе́та** Wandzeitung *f*

стенд <сте́нда> *м* Stand *m*; **вы́ставочный ~** Messestand *m*; **испыта́тельный ~** ТЕХ Prüfstand *m*

сте́нк|а <-и> *ж* Wand *f*; *(сосу́да)* Wand *f*, Wandung *f*; **толщина́ сте́нки** Wandstärke *f*

стенн|о́й <-а́я, -о́е> *прил* Wand-; **~ шкаф** Wandschrank *m*; **стенна́я ро́спись** Wandmalerei *f*

стеногра́мм|а <-ы> *ж* Stenogramm *nt*

стенографи́р|овать <-ую, -уешь> *(н)св прх* stenographieren

стенографи́стк|а <-и> *ж* Stenotypistin *f*

стенографи́ческ|ий <-ая, -ое> *прил* stenographisch

стеногра́фи|я <-и> *ж* Stenographie *f*

стено́з <-а> *м* МЕД Stenose *f*, Verengung *f*; **~ пищево́да** Speiseröhrenverengung *f*; **~ кла́панов се́рдца** Herzklappenstenose *f*

стенокарди́|я <-и> *ж* МЕД Stenokardie *f*, Herzbeklemmung *f*; **он до́лго страда́л стенокарди́ей** er hat lange an Herzbeklemmungen gelitten

степ <сте́па> *м* Stepptanz *m*; **танцева́ть ~** steppen

степе́нно *нрч разг (го́рдо)* gesetzt, würdevoll; **коро́ль шёл ~ и не огля́дывался** der König schritt würdevoll ohne sich umzusehen

степенн|о́й <-а́я, -о́е> *прил* МАТ Potenz-; **~ ряд** Potenzreihe *f*; **степенна́я фу́нкция** Potenzfunktion *f*

степе́н|ный <-ная, -ное; -ен, -на, -но> *прил разг* gesetzt, würdevoll; **~ мужи́к** gesetzter Mann *m*

сте́пе|нь <-ни> *ж* Grad *m*, Maß *nt*, Stufe *f*; МАТ Potenz *f*; *(учёная)* wissenschaftlicher [o akademischer] Grad *m*; **сте́пени сравне́ния** ЛИНГВ Steigerungsgrade *pl*; **~ ка́чества** Güteklasse *f*; **~ загру́зки** Auslastungsgrad *m*; **~ задо́лженности** Verschuldungsgrad *m*; **~ за́нятости** Beschäftigungsgrad *m*; **~ изве́стности** Bekanntheitsgrad *m*; **~ интенси́вности** Intensitätsgrad *m*; **~ испо́льзования** Auslastungsgrad *m*; **~ ликви́дности** Liquiditätsgrad *m*; **~ обслу́живания** Servicegrad *m*; **~ покры́тия** Deckungsgrad *m*; **~ распределе́ния** Distributionsgrad *m*; **~ распростране́ния** Verbreitungsgrad *m*; **в ещё бо́льшей сте́пени** in noch höherem Maß; **высо́кая ~ разви́тия** hohe Entwicklungsstufe

степн|о́й <-а́я, -о́е> *прил* Steppen-; **степны́е райо́ны** Steppengebiete *pl*

степь <сте́пи> *ж* Steppe *f*

сте́рв|а <-ы> *ж вульг* Luder *nt*

стерве́ц <-а́> *м презрит, разг (негодя́й)* Schuft *m,* Halunke *m;* **я тебе́, ~, покажу́!** du Halunke, dir werde ich es zeigen!

стервя́тник <-а> *м* зоол Geier *m;* **над по́лем лете́л ~** ein Geier flog über das Feld

стереоти́п <-а> *м* Stereotype *m; (клише́)* Klischee *nt;* **~ поведе́ния** Verhaltungsstereotyp *nt*

стереоти́п|ный <-ная, -ное; -ен, -на, -но> *прил* stereotyp; **стереоти́пное изда́ние** stereotype Ausgabe *f*

стереотруб|а́ <-ы́> *ж* тех Scherenfernrohr *nt;* **наблюда́ть что-л. в стереотрубу́** etw mit dem Scherenfernrohr beobachten

стереоустано́вк|а <-и> *ж* Stereoanlage *f*

стереофони́ческ|ий <-ая, -ое> *прил* stereophonisch

стере́ть <сотру́, сотрёшь> *св прх см.* **стира́ть**

стере́ться <сотру́сь, сотрешься> *св рефл см.* **стира́ться**

стере́|чь <-гу́, -жёшь> *нсв прх* **1.** *(охраня́ть)* bewachen; **~ ове́ц в лесу́** die Schafe im Wald hüten **2.** *(подстерега́ть)* auflauern

сте́рж|ень <-ня> *м* **1.** тех Stiel *m,* Stab *m; (армату́ры)* Stange *f; (литья́)* Kern *m* **2.** *(нары́ва)* Eiterstock *m* **3.** *перен* Angelpunkt *m,* Kernpunkt *m*

стержнев|о́й <-а́я, -о́е> *прил* Stiel-, Kern-; *перен* Haupt-, Zentral-

стерилиза́ци|я <-и> *ж* Sterilisierung *f,* Sterilisation *f*

стерилиз|ова́ть <-у́ю, -у́ешь> *(н)св прх* sterilisieren; **~ огурцы́** Gurken sterilisieren

стери́|льный <-льная, -льное; -лен, -льна, -льно> *прил* steril, keimfrei

сте́рлинг <-а> *м* фин Pfund *nt* Sterling; **купи́ть что-л. за три́дцать фу́нтов сте́рлингов** etw für dreißig Pfund Sterling kaufen

сте́рля|дь <-ди> *ж* зоол Sterlet(t) *m;* **промышля́ть стерля́дью** Sterlet fangen

стерн|я́ <-и́> *ж (сжа́тое по́ле)* Stoppelfeld *nt;* **крестья́не зажгли́ стерню́** die Bauer haben das Stoppelfeld in Brand gesteckt

стерп|е́ть <-лю́, -пишь> *св прх см.* **терпе́ть**

стёрт|ый <-ая, -ое; -, -а, -о> *прил* **1.** *(нея́сный)* verwischt, verschwommen; *(на́дпись)* unleserlich **2.** *(моне́та, меда́ль)* abgegriffen, abgenutzt; **оста́тки стёртой на́дписи** Reste einer verwischten Schrift

ст|еса́ть <-ешу́, -е́шешь> *св прх см.* **стесывать**

стесне́ни|е <-я> *ср* Beengung *f,* Bedrängung *f; (притесне́ние)* Bedrückung *f; (ограниче́ние)* Beschränkung *f; (неудо́бство)* Befangenheit *f; (ро́бость)* Schüchternheit *f;* **молодо́й челове́к испы́тывал ~ перед де́вушкой** der junge Mann empfand Schüchternheit vor dem Madchen

стеснён|ный <-ная, -ное; -, -а́, -о́> *прил* beengt, bedrängt; *(смущённый)* befangen; *(ограни́ченный)* beschränkt, eingeschränkt; **~ ряд домо́в** geschlossene Hausreihe *f;* **стеснённое дыха́ние** erschwerte Atmung *f;* **стеснённое положе́ние семьи́** schwierige finanzielle Lage *f* der Familie

стесни́те|льный <-льная, -льное; -лен, -льна, -льно> *прил* verlegen, schüchtern; *(стесня́ющий)* beengend; **о́чень стесни́тельная де́вушка** ein sehr schüchternes Mädchen *nt*

стесн|и́ть <-ю́, -и́шь> *св прх см.* **стесня́ть, тесни́ть**

стесн|и́ться <-ю́сь, -и́шься> *св прх см.* **стесня́ться[1], тесни́ться**

стесня́|ть <-ю, -ешь> *нсв,* **стесни́ть** *св прх* **1.** *(затрудня́ть, ограни́чивать)* beengen, einschränken; **я вас не стесню́?** ich werde doch Ihnen nicht zu Last fallen? **2.** *разг (смуща́ть)* verlegen machen; **~ незнако́мку** die Unbekannte verlegen machen

стесня́|ться[1] <-юсь, -ешься> *нсв,* **стесни́ться** *св рефл (ограни́чивать себя́)* sich einschränken, sich beschränken

стесня́|ться[2] <-юсь, -ешься> *нсв рефл (смуща́ться)* sich genieren, verlegen sein; **не ~ в выраже́ниях** eine lose Zunge haben; **~ спроси́ть** sich genieren zu fragen

стёсыва|ть <-ю, -ешь> *нсв,* **стеса́ть** *св прх* behauen; **~ брёвна** Balken behauen

стетоско́п <-а> *м* Stethoskop *nt;* **прослу́шать пацие́нта стетоско́пом** den Patienten mit dem Stethoskop abhören

стече́ни|е <-я> *ср* Ansammlung *f;* **~ наро́да** Menschenanlauf *m;* **~ обстоя́тельств** Zusammentreffen von Umständen

стечь <стеку́, стечёшь> *св нпрх см.* **стека́ть**

сте́|чься <-ку́сь, -чёшься> *св рефл см.* **стека́ться**

стиле́т <-а> *м (трёхгра́нный кинжа́л)* dreikantiger Dolch *m;* **пронзи́ть кого́-л. стиле́том** jdn mit dem Stilett *nt* durchbohren

стилизо́ван|ный <-ная, -ное; -, -а, -о> *прил* stilisiert; **~ портре́т** stilisiertes Bild *nt*

стили́стик|а <-и> *ж* Stilistik *f;* **чита́ть курс по стили́стике** eine Lehrveranstaltung zur Stilistik abhalten

стилисти́ческ|ий <-ая, -ое> *прил* stilistisch

стиль <сти́ля> *м* Stil *m;* информ Formatvorlage *f;* **витиева́тый ~** blumige Redeweise *f;* **~ предприя́тия** Unternehmensidentität *f;* **~ руково́дства** [*или* **управле́ния**] Führungsstil *m;* **~ жи́зни** Lebensstil *m;* **э́то не в его́ сти́ле** das ist nicht seine Art; **но́вый/ста́рый ~** neue/alte Zeitrechnung *f*

С

сти́|льный <-льная, -льное; -лен, -льна, -льно> *прил* stilvoll; **сти́льная архитекту́ра** stilvolle Architektur *f;* **сти́льная ме́бель** stillvolle Möbel *pl*

стиля́г|а <-и> *ж разг* stilvoller Mensch *m;* **слыть стиля́гой среди́ знако́мых** unter den Bekannten als Mann mit Stil gelten

сти́мул <-а> *м* Anreiz *m,* Ansporn *m,* Verlockung *f,* Impuls *m; (мотива́ция)* Motivation *f*

стимули́ровани|е <-я> *ср* Stimulieren *nt,* Stimulation *f;* **~ капиталовложе́ний** Investitionsanreiz *m;* **~ поку́пки** Kaufanreiz *m;* **~ сберега́тельных вкла́дов** Sparförderung *f;* **~ сбы́та** Absatzförderung *f,* Verkaufsförderung *f,* Promotion *f;* **~ сотру́дников** Mitarbeitermotivation *f;* **~ труда́** Leistungsanreiz *m;* **~ эконо́мики** Wirtschaftsförderung *f;* **~ э́кспорта** Ausfuhrförderung *f,* Exportförderung *f*

стимули́р|овать <-ую, -уешь> *(н)св прх* stimulieren, anregen, motivieren, fördern, ankurbeln

стимуля́тор <-а> *м* Stimulator *m;* **серде́чный ~** МЕД Herzschrittmacher *m*

стимуля́ци|я <-и> *ж* Anregung *f,* Motivierung *f*

стипендиа́т <-а> *м* Stipendienempfänger *m,* Stipendiat *m*

стипе́нди|я <-и> *ж* Stipendium *nt;* **получа́ть стипе́ндию** ein Stipendium bekommen

стира́льн|ый <-ая, -ое> *прил* Wasch-; **~ порошо́к** Waschpulver *nt,* Waschmittel *nt;* **стира́льная маши́на** Waschmaschine *f*

стира́|ть[1] <-ю, -ешь> *нсв,* **стере́ть** *св прх* 1. *(обтере́ть)* abwischen; **~ пыль** den Staub abwischen 2. *(рези́нкой напи́санное)* ausradieren 3. *(ме́лко)* zerreiben 4. ИНФОРМ löschen; **стере́ть кого́-л. в порошо́к** *перен* jdn kleinkriegen; **стере́ть с лица́ земли́** *перен* dem Erdboden gleichmachen

стира́|ть[2] <-ю, -ешь> *нсв,* **вы́стирать, постира́ть** *св прх (бельё)* waschen

стира́|ться[1] <-юсь, -ешься> *нсв,* **стере́ться** *св рефл (снима́ться, сходи́ть при тре́нии)* sich durch Reiben entfernen lassen; **э́ти черни́ла стира́ются рези́нкой** diese Tinte lässt sich mit dem Radiergummi entfernen

стира́|ться[2] <-юсь, -ешься> *нсв,* **вы́стираться, отстира́ться** *св рефл (отсти́рываться)* sich waschen (lassen); **пя́тна от вина́ стира́ются дороги́ми порошка́ми** Weinflecken lassen sich mit teueren Waschmitteln auswaschen

сти́рк|а <-и> *ж* Wäsche *f;* **отда́ть бельё в сти́рку** die Wäsche zum Waschen geben

сти́скива|ть <-ю, -ешь> *нсв,* **сти́снуть** *св прх* zusammendrücken, zusammenpressen; **сти́снуть зу́бы от гне́ва** vor Wut die Zahne zusammenbeißen; **сти́снуть в объя́тиях** jdn stürmisch umarmen

стих <стиха́> *м* 1. *(стро́чка стихотворе́ния)* Vers *m;* **~ из поэ́мы** ein Vers aus einem Poem 2. *(стихотво́рная речь)* Gedicht *nt;* **писа́ть стихи́** Gedichte schreiben, dichten; **стихи́ молодо́го поэ́та** Gedichte *pl* des jungen Dichters

стиха́ни|е <-я> *ср* Verringern *nt,* Abnehmen *nt;* **~ ве́тра** Windstille *f*

стиха́|ть <-ю, -ешь> *нсв,* **сти́хнуть** *св нпрх* 1. *(о слова́х, му́зыке)* verhallen, verklingen 2. *(о бу́ре, шу́ме)* abflauen, abschwellen; **боль стиха́ет** der Schmerz klingt ab

стихи́йно *нрч* spontan; **восста́ние вспы́хнуло ~, без подгото́вки** der Aufstand brach spontan aus, ohne Vorbereitung

стихи́|йный <-йная, -йное; -ен, -йна, -йно> *прил* elementar, spontan; **стихи́йное бе́дствие** Naturkatastrophe *f;* **стихи́йная си́ла** Elementarkraft *f*

стихи́|я <-и> *ж* Element *nt,* Elementarkraft *f,* Naturkraft *f;* **быть в свое́й стихи́и** in seinem Element sein; **~ волн залива́ла бе́рег** die Urgewalt der Wellen überflutete die Küste; **подда́ться стихи́и у́личной толпы́** dem Willen der Masse nachgeben

сти́хн|уть <-у, -ешь> *св нпрх см.* **стиха́ть**

стихотворе́ни|е <-я> *ср* Gedicht *nt;* **вы́учить ~** ein Gedicht lernen

стихотво́рн|ый <-ая, -ое> *прил* 1. *(относя́щийся к стиха́м)* Vers-, Gedicht-; **~ разме́р** Gedichtsform *f* 2. *(напи́санный в стиха́х)* gedichtet; **стихотво́рное произведе́ние** Gedicht *nt*

стлать <стелю́, сте́лешь> *нсв,* **постла́ть** *св прх* ausbreiten, decken; **~ посте́ль** das Bett machen

ст|ла́ться <-е́люсь, -е́лешся> *нсв рефл* 1. *(лежа́ть, простира́ться)* sich ausbreiten, sich ausdehnen; *(расте́ния)* auf der Erde ranken; **дым сте́лется** der Rauch geht nieder; **перед ни́ми стла́лся неко́шеный луг** vor ihnen breitete sich eine ungemähte Wiese aus; **над реко́й стла́лся тума́н** der Nebel legte sich über den Fluss 2. *(стлать посте́ль)* das Bett machen

сто <ста> *числ колич.* (ein)hundert; **~ раз** hundertmal; **на все ~** *разг* prima, ausgezeichnet

стог <сто́га *или* стога́> *м (больша́я копна́ се́на)* Schober *m;* **скла́дывать се́но в стога́** das Heu im Schober sammeln; **~ се́на** Heuschober *m*

сто́ик <-а> *м* ФИЛОС Stoiker *m*

сто́имостн|ый <-ая, -ое> *прил* kostenmäßig, wertmäßig; **сто́имостная фо́рма проду́кта** die kostenmäßige Produktform

сто́имос|ть <-ти> *ж* Wert *m; (цена́)* Preis *m,* Kosten *pl;* **~ входно́го биле́та** Eintrittspreis *m;* **~ жи́зни** Lebenshaltungskosten *pl;* **~**

и́ска Streitwert *m;* **~ и страхова́ние** cost and insurance *(Kosten und Versicherung);* **~ и фрахт** cost and freight *(Kosten und Fracht);* **~ капита́ла** Kapitalwert *m;* **~ материа́ла** Materialwert *m;* **~ монтажа́** Montagekosten *pl;* **~ но́вой ве́щи** Neuwert *m;* **~ пересы́лки** Versandkosten *pl;* **~ по оце́нке** Taxpreis *m;* **~ предприя́тия** Unternehmenswert *m;* **~ проду́кции** Produktionswert *m;* **~ прое́зда** Fahrpreis *m;* **~ репута́ции фи́рмы** Firmenwert *m;* **~ содержа́ния** Unterhaltungskosten *pl;* **~ страховы́х объе́ктов** Versicherungswert *m;* **оце́ночная ~** Schätzwert *m;* **снижа́ть ~** den Wert senken

сто́|ить <-ю, -ишь> *нсв нпрх* kosten; *(заслу́живать)* sich lohnen, sich auszahlen, der Mühe wert sein; **не сто́ит благода́рности!** keine Ursache!; **ско́лько э́то сто́ит?** wie viel kostet das?; **спаси́бо, не сто́ит!** danke, keine Ursache!; **сто́ит то́лько захоте́ть** man muss nur wollen

стоическ|ий <-ая, -ое> *прил* stoisch

сто́йбищ|е <-а> *ср* **1.** *(стан кочёвников)* Nomadensiedlung *f;* **~ монго́лов** Mongolensiedlung *f* **2.** *(осёдлое поселе́ние)* ansässige Siedlung *f;* **цыга́нский та́бор преврати́лся постепе́нно в ~** das Zigeunerlager wurde allmählig zu einer festen Siedlung

сто́йк|а[1] <-и> *ж* **1.** *(буфе́тная)* Tresen *m,* Theke *f* **2.** *(стол или шка́фчик)* Ständer *m;* **~ для зонто́в** Schirmständer *m* **3.** ТЕХ Ständer *m,* Stützbalken *m* **4.** СПОРТ Torpfosten *m* **5.** *(воротни́к)* Stehkragen *m*

сто́йк|а[2] <-и> *ж* **1.** ВОЕН, СПОРТ Stillstehen *nt* **2.** *(в гимна́стике)* Stand *m;* **~ на голове́** Kopfstand *m;* **~ на рука́х** Handstand *m* **3.** *(в охо́те)* Anstand *m*

сто́|йкий <-йкая, -йкое; -ек, -йка́, -йко> *прил* standhaft, zäh; ФИЗ, ХИМ stabil, beständig

сто́йко *нрч* standhaft, fest; **защи́тники держа́лись ~** die Verteidiger haben sich standhaft gehalten

сто́йкос|ть <-ти> *ж* **1.** *(твёрдость)* Standhaftigkeit *f,* Festigkeit *f* **2.** ФИЗ, ХИМ Stabilität *f*

сто́йл|о <-а> *ср* Verschlag *m;* **на ипподро́ме построи́ли ~ для ка́ждого бегуна́** auf der Rennbahn hat man für jedes Rennpferd eine Box gebaut

сток <сто́ка> *м* Abfluss *m,* Ausguss *m*

стокра́т *нрч разг* hundertfach; **я ему́ ~ говори́л не де́лать э́того** ich habe ihm hundertfach geraten, das nicht zu tun

стол <стола́> *м* Tisch *m;* *(еда́)* Kost *f,* Küche *f;* **за столо́м** am Tisch; **накры́ть на стол** den Tisch decken; **пи́сьменный ~** Schreibtisch *m;* **операцио́нный ~** Operationstisch *m;* **~ для завсегда́таев** Stammtisch *m;* **вое́нно-учётный ~** ВОЕН Meldestelle *f;* **а́дресный ~** Adressenbüro *nt;* **верну́ться за ~ перегово́ров** an den Verhandlungstisch zurückkehren

столб <столба́> *м* Säule *f,* Pfosten *m,* Pfahl *m;* *(ма́сса чего́-л.)* Säule *f;* **~ для афи́ш и объявле́ний** Litfasssäule *f;* **позо́рный ~** *и перен* Pranger *m;* **позвоно́чный ~** АНАТ Rückgrat *nt*

столбене́|ть <-ю, -ешь> *нсв,* **остолбене́ть** *св нпрх* erstarren; **~ от неожи́данности** vor Überraschung perplex sein; **~ от у́жаса** starr vor Schreck sein

столб|е́ц <-ца́> *м* ТИП Spalte *f,* Kolumne *f;* **писа́ть в два столбца́** in zwei Kolonnen schreiben; **на столбца́х газе́т** in den Zeitungsspalten

сто́лбик <-а> *м* **1.** *уменьш (сто́пка предме́тов)* Stapel *m;* **~ золоты́х жето́нов** ein Stapel goldene Spielmarken **2.** ХИМ **~ термо́метра** Quecksilbersäule im Thermometer **3.** ТИП Spalte *f;* **текст был располо́жен в три сто́лбика** der Text war in drei Spalten eingeteilt

столбня́к <-а́> *м* МЕД Tetanus *m*

столе́ти|е <-я> *ср* **1.** *(век)* Jahrhundert *nt;* **пятна́дцатое ~** das fünfzehnte Jahrhundert **2.** *(годовщи́на)* Hundertjahrfeier *f,* hundertster Jahrestag *m*

столе́тн|ий <-яя, -ее> *прил* hundertjährig; **~ юбиле́й** hundertjähriges Jubiläum *nt*

столе́шниц|а <-ы> *ж* Tischplatte *f;* **краси́вая дубо́вая ~** schöne Eichentischplatte *f*

сто́лик <-а> *м уменьш (стол)* Tischchen *nt;* **ночно́й ~** Nachttisch *nt;* **в углу́ стоя́л телефо́нный ~** in der Ecke stand das Telefontischchen

столи́ц|а <-ы> *ж* Hauptstadt *f,* Metropole *f*

столи́чн|ый <-ая, -ое> *прил* Hauptstadt-; **~ тра́нспорт** hauptstädtischer Personnennahverkehr *m;* **~ театр** Hauptstadttheater *nt*

столкнове́ни|е <-я> *ср* Zusammenprall *m,* Zusammenstoß *m;* *(спор)* Widerstreit *m,* Kollision *f;* *(сты́чка)* Zusammenstoß *m;* **~ автомаши́н** Karambolage *f;* **~ интере́сов** Interessenkonflikt *m;* **~ мне́ний** Meinungsstreit *m;* **вооружённое ~** bewaffneter Zusammenstoß *m*

столкн|у́ть <-у́, -ёшь> *св прх см.* **ста́лкивать**

столкн|у́ться <-у́сь, -ёшься> *св рефл см.* **ста́лкиваться**

столо́в|ая <-ой> *ж* **1.** *(в кварти́ре)* Esszimmer *nt,* Speisezimmer *nt* **2.** *(зал)* Speisesaal *m,* Speiseraum *m;* **заводска́я ~** Kantine *f;* **студе́нческая ~** Mensa *f*

столо́вк|а <-и> *ж разг (столо́вая)* Speisesaal *m,* Mensa *f*

столо́в|ый <-ая, -ое> *прил* Ess-; **столо́вая ло́жка** Esslöffel *m;* **столо́вое серебро́** Tafelsilber *nt;* **столо́вое вино́** Tischwein *m*

столп <столпа́> *м* **1.** *(коло́нна, столб)* Säule *f,* Pfosten *m,* Pfeiler *m;* **беле́ли столпы́ заста́вы** die weißen Pfeiler des Stadttors waren

С

zu sehen **2.** *(кру́пный де́ятель)* Stütze *f;* **~ о́бщества** Stütze *f* der Gesellschaft; **~ славя́нской культу́ры** Stütze *f* der slawischen Kultur

столп|и́ться <-лю́сь, -и́шься> *св рефл см.* **толпи́ться**

столпотворе́ни|е <-я> *ср* Menschenandrang *m,* Durcheinander *nt;* **вавило́нское ~** der Turmbau zu Babel; **на пло́щади бы́ло ~** auf dem Platz war ein einziges Durcheinander

столь *нрч* so, solch; *(при сравне́нии)* ebenso; **почему́ они́ прие́хали ~ по́здно** wieso sind sie so spät gekommen; **~ же ... ско́лько** ebensoviel wie ...

сто́лько *нрч* soviel; **~ же** ebensoviel; **ей пришло́сь ~ пережи́ть!** sie hat so viel erlebt!

столя́р <-а> *м* Schreiner(in) *m(f),* Tischler(in) *m(f)*

столя́рк|а <-и> *ж разг* Tischlerwerkstatt *f,* Schreinerei *f;* **сосе́д устро́ил столя́рку у себя́ в подва́ле** der Nachbar hat sich im Keller eine Tischlerei eingerichtet

столя́рнича|ть <-ю, -ешь> *нсв нпрх* tischlern

столя́рн|ый <-ая, -ое> *прил* Schreiner-; **столя́рная мастерска́я** Schreinerwerkstatt *f,* Schreinerei *f*

стомати́т <-а> *м* МЕД Stomatitis *f,* Mundschleimhautentzündung *f;* **у него́ обнару́жили ~** bei ihm wurde eine Entzündung im Mund festgestellt

стомато́лог <-а> *м* МЕД Stomatologe *m,* Zahnarzt *m;* **он у́чится на стомато́лога** er studiert Zahnmedizin

стоматоло́ги|я <-и> *ж* МЕД Zahnmedizin *f;* **факульте́т стоматоло́гии** zahnmedizinische Fakultät *f*

стон <сто́на> *м* Stöhnen *nt,* Gestöhne *nt;* **~ умира́ющих** das Stöhnen der Sterbenden

ст|она́ть <-ону́, -о́нешь> *нсв,* **простона́ть** *св нпрх* ächzen, stöhnen; **~ от бо́ли** vor Schmerz stöhnen

стоп *межд* stopp, halt

стоп|а́[1] <-ы́> *ж* **1.** *(книг, газе́т)* Stoß *m,* Stapel *m* **2.** *(бума́ги)* Ries *nt*

стоп|а́[2] <-ы́> *ж* АНАТ Fuß *m;* **пойти́ по чьим-л. стопа́м** in jds Fußstapfen treten

стоп|а́[3] <-ы́> *ж* ЛИТ Versfuß *m*

сто́пк|а <-и> *ж* **1.** *(ку́чка)* Stoß *m,* Häufchen *nt;* **~ книг** Bücherstoß *m* **2.** *(стака́нчик)* Gläschen *nt*

стоп-кран <стоп-кра́на> *м* Notbremse *f*

сто́пор <-а> *м* ТЕХ Sperrbolzen *m;* МОР Stopper *m*

стопроце́нтн|ый <-ая, -ое> *прил* hundertprozentig

стоп-сигна́л <-а> *м* Bremslicht *nt*

ст|опта́ть <-опчу́, -о́пчешь> *св прх см.* **ста́птывать**

сторни́р|овать <-ую, -уешь> *(н)св прх* ЭКОН stornieren

сторг|ова́ться <-у́юсь, -у́ешься> *св рефл см.* **торгова́ться**

сто́рно <неизм> *ср* Storno *m,* Berichtigung *f*

сто́рож <-а> *м* Wächter *m;* **ночно́й ~** Nachtwächter *m*

сторожев|о́й <-а́я, -о́е> *прил* Wach-; **сторожева́я вы́шка** Wachturm *m;* **~ пёс** Wachhund *m*

сторож|и́ть <-жу́, -жи́шь> *нсв прх* bewachen

сторо́жк|а <-и> *ж* Bude *f,* Wächterhäuschen *nt*

сторон|а́ <-ы́> *ж* **1.** *(направле́ние)* Seite *f;* **~ бала́нса** Bilanzseite *f;* **~ све́та** Himmelsrichtung *f;* **обра́тная ~** Rückseite *f;* **пере́дняя ~** Vorderseite *f;* **идти́ в сто́рону чего́-л.** zugehen auf *+akk;* **э́то о́чень любе́зно с Ва́шей стороны́** das ist sehr nett von Ihnen; **шу́тки в сто́рону** Spaß beiseite **2.** *(аспе́кт)* Gesichtspunkt *m,* Aspekt *m;* **ни с како́й стороны́** in keinerlei Hinsicht; **со стороны́ кого́-л.** seitens *+gen;* **с одно́й стороны́** einerseits; **с друго́й стороны́** andererseits; **со свое́й стороны́** meinerseits, seinerseits, ihrerseits **3.** ЮР Partner *m,* Vertragspartner *m,* Partei *f;* **догова́ривающиеся сто́роны** vertragsschließende Seiten *pl,* Vertragsbeteiligte *pl;* **принима́ть чью-л. сто́рону** Partei ergreifen für *+akk;* **моё де́ло ~** das geht mich nichts an; **шу́тки в сто́рону** Spaß beiseite; **в стороне́** abseits, entfernt; **держа́ться в стороне́** weg vom Fenster sein; **откла́дывать в сто́рону** beiseite legen; **уклоня́ться в сто́рону от чего́-л.** abschweifen von *+dat* **4.** *(страна́)* Land *nt;* **родна́я ~** Vaterland *nt*

стор|они́ться <-оню́сь, -о́нишься> *нсв,* **посторони́ться** *св рефл* zur Seite gehen, die Bahn freimachen; *(люде́й)* meiden, aus dem Weg gehen

сторо́нк|а <-и> *ж разг (сторона́)* Seite *f;* **стоя́ть в сторо́нке** abseits stehen

сторо́нн|ий <-яя, -ее> *прил* unbeteiligt, außenstehend; **~ наблюда́тель** unbeteiligter Zuschauer *m*

сторо́нник <-а> *м* Anhänger *m;* **~ жёсткого ку́рса** Hardliner *m;* **~ президе́нта** Parteigänger *m;* **~ рефо́рм** Reformbefürworter *m*

сторублёвк|а <-и> *ж разг (купю́ра в сто рубле́й)* Hundertrubelschein *m*

стоск|ова́ться <-у́юсь, -у́ешься> *св рефл* sich sehnen, Sehnsucht bekommen [*o* haben]

сто́чн|ый <-ая, -ое> *прил* Abfluss-; **сто́чные во́ды** Abwasser *nt;* **сто́чная канализа́ция** Abwasserleitung *f*

стошн|и́ть <-и́т> *св безл, только 3 л см.* **тошни́ть**

сто́я *нрч* stehend; **мы смотре́ли фильм ~** wir haben uns den Film im Stehen angesehen

стояни|е <-я> *ср* Stehplatz *m*

стоянк|а <-и> *ж* Liegeplatz *m,* Anlegestelle *f;* *(флота)* Ankerplatz *m;* *(войск)* Standort *m;* АВТО Parkplatz *m;* *(место пребывания)* Standort *m;* **~ такси** Taxihaltestelle *f*

сто|ять <-ю, -ишь> *нсв,* **простоять** *св нпрх* stehen; *(остановиться)* (an)halten; ВОЕН *(квартировать)* stehen, liegen; *(о транспорте)* parken; *(существовать)* bestehen bleiben, überdauern; *(быть неиспользованным)* stillstehen, ungenutzt bleiben; **он устал ~** er ist zum Stehen zu müde; **~ навытяжку** strammstehen; **~ на стрёме** Schmiere stehen; **~ на часах** Wache stehen; **~ за чем-л.** dahinterstecken; **я буду ~ на своём** ich lasse mich davon nicht abbringen; **работа стоит** die Arbeit bleibt liegen; **стойте!** *(подождите)* warten Sie!; **стоит хорошая погода** es herrscht schönes Wetter; **~ за кого-л.** sich für jdn einsetzen; **~ во главе** anführen; **~ на своём** auf etw bestehen; **постоять за себя** sich behaupten

стояч|ий <-ая, -ее> *прил* **1.** *(вертикальный)* Steh-; **стоячая лампа** Stehlampe *f;* **стоячие места** ТЕАТР Stehplätze *mpl;* **~ воротник** Stehkragen *m* **2.** *перен (неподвижный)* unbeweglich, regungslos, starr; **стоячая вода** stehendes Wasser *nt*

стоящ|ий <-ая, -ее> *прил (ценный)* preiswert; **это стоящая книга, купите себе её** das ist ein preiswertes Buch, sie sollten es sich kaufen

стравлива|ть[1] <-ю, -ешь> *нсв,* **стравить** *св прх* ТЕХ ausätzen, abbeizen

стравлива|ть[2] <-ю, -ешь> *нсв,* **стравить** *св прх (кого-л. с кем-л.)* aufeinander hetzen

страд|а <-ы *или* -ы> *ж* *(напряжённая работа)* angestrengte Arbeit *f;* **летний период – ~ строителей** die Sommerzeit ist die Periode der stärksten Anstrengungen für die Bauarbeiter

страда|лец <-льца> *м* Leidende(r) *f(m);* **этот народ – ~** dieses Volk hat sehr gelitten

страдальчески *нрч* leidend, gequält; **дети ~ смотрели на прохожих** die Kinder sahen leidend die Passanten an

страдальческ|ий <-ая, -ое> *прил* leidend, gequält; **страдальческая улыбка** gequältes Lächeln *nt;* **страдальческое лицо** gequältes Gesicht *nt*

страдани|е <-я> *ср* Leiden *nt,* Qual *f;* **жестокие страдания** schreckliche Qualen *pl;* **пережить много лишений и страданий** viele Entbehrungen und Qualen erleben

страдательн|ый <-ая, -ое> *прил* ЛИНГВ **~ залог** Passiv *m*

страда|ть <-ю, -ешь> *нсв,* **пострадать** *св нпрх* leiden; *(болеть)* kranken; *(быть плохим)* schlecht stehen; **~ астмой** an Asthma leiden; **~ от засухи** von der Dürre heimgesucht werden; **сколько пришлось ~!** wie viel musste ich ertragen!; **у него страдает граматика** mit der Grammatik hapert es bei ihm

страж <стража> *м* **1.** *книжн (хранитель, защитник)* Hüter *m,* Beschützer *m,* Verteidiger *m;* **~ мира на земле** Hüter *m* des Weltfriedens **2.** *(охранник)* Wächter *m,* Wachmann *m;* **у входа в крепость стояли стражи** am Burgeingang standen Wächter

страж|а <-и> *ж* Wache *f;* **ночная ~** Nachtwache *f;* **быть на страже чего-л.** etw bewachen; **взять кого-л. под стражу** jdn verhaften; **под стражей** unter Haft

стражник <-а> *м устар* Wächter *m,* Wachmann *m;* **к нему приставили трёх стражников** ihm wurden drei Wächter zugewiesen

стран|а <-ы> *ж* Land *nt;* **~-донор** kreditgebendes Land *nt;* **~-изготовитель** Herkunftsland nt, Erzeugerland nt; **~-импортёр** Importland *nt,* Einfuhrland *nt;* **~-производитель** Herkunftsland *nt,* Erzeugerland *nt;* **~-участница** Mitgliedsland *nt;* **~-устроитель** Gastgeberland *nt;* **~-экспортёр** Exportland *nt;* **~ назначения** Bestimmungsland *nt;* **~, принимающая иммигрантов** Einwanderungsland *nt;* **~ происхождения** Herkunftsland *nt;* **~ с молочными реками и кисельными берегами** *перен* Schlaraffenland *nt;* **~ туризма** Reiseland *nt,* Urlaubsland *nt;* **страны третьего мира** Dritteweltländer *ntpl;* **промышленно развитые страны** Industrienationen *fpl;* **развивающиеся страны** Entwicklungsländer *ntpl;* **~ с низким уровнем заработной платы** Niedriglohnland *nt;* **~ транзита** Durchfuhrland *nt;* **в нашей стране** hierzulande; **в чужой стране** in einem fremden Land

страниц|а <-ы> *ж* Seite *f;* **интернетовская ~** Internetseite *f;* **страницы истории** Stationen der Geschichte; **на страницах газет** in den Zeitungen; **не сходить с первых страниц газет** die Schlagzeilen beherrschen; **на какой это странице?** auf welcher Seite steht das?

странник <-а> *м* Wanderer *m*

странно *нрч* seltsam, sonderbar, merkwürdig; **он вёл себя ~** er hat sich merkwürdig verhalten; **как ни ~** so seltsam es auch sein mag

странноват|ый <-ая, -ое> *прил разг* etwas seltsam, etwas sonderbar, etwas merkwürdig; **странноватая походка** etwas seltsamer Gang *m*

страннос|ть <-ти> *ж* Seltsamkeit *f,* Sonderbarkeit *f;* **у неё было немало странностей** sie war sehr seltsam

стран|ный <-ная, -ное; -ен, -на, -но> *прил* merkwürdig, seltsam, sonderbar; **странная судьба** seltsames Schicksal *nt*

страноведени|е <-я> *ср* Landeskunde *f*

стра́нстви|е <-я>, **стра́нствовани|е** <-я> *ср устар* Wanderung *f,* Reise *f,* Fahrt *f;* **да́льние стра́нствия** eine weite Reise; **тя́га к стра́нствиям** Fernweh *nt*
стра́нств|овать <-ую, -уешь> *нсв нпрх книжн* wandern, auf Wanderschaft sein
стра́стно *нрч* leidenschaftlich, heftig; **они́ целова́лись ~** sie haben sich leidenschaftlich geküsst
страстн|о́й <-а́я, -о́е> *прил* РЕЛИГ Kar-; **страстна́я неде́ля** Karwoche *f;* **страстна́я пя́тница** Karfreitag *m*
стра́ст|ный <-ная, -ное; -ен, -на́, -но> *прил* **1.** *(челове́к)* leidenschaftlich; *(пы́лкий)* feurig; *(музыка́нт, охо́тник)* begeistert; **стра́стная нату́ра** leidenschaftliche Natur *f* **2.** *(жела́ние)* leidenschaftlich, heiß
стра́с|ть <-ти> *ж* Leidenschaft *f;* **укроща́ть свои́ стра́сти** seine Begierden zähmen
страте́г <-а> *м* Stratege *m;* **вели́кий ~ анти́чности** ein großer Stratege des Altertums
стратеги́чески *нрч* strategisch; **на́до бы́ло реша́ть вопро́с ~** man sollte die Frage strategisch lösen
стратеги́ческ|ий <-ая, -ое> *прил* strategisch; **~ ме́неджмент** strategische Unternehmensführung *f;* **стратеги́ческое плани́рование** strategische Planung *f;* **стратеги́ческое по́ле де́ятельности** strategisches Geschäftsfeld *nt;* **стратеги́ческое руково́дство фи́рмой** strategische Unternehmensführung *f*
страте́ги|я <-и> *ж* Strategie *f,* Politik *f;* **делова́я ~** Geschäftpolitik *f;* **~ ма́ркетинга** Marketingstrategie *f;* **~ ме́неджмента** [*или* **управле́ния**] Managementkonzept *nt;* **~ организацио́нного разви́тия** Organisationsentwicklung *f;* **разрабо́тать страте́гию** eine Strategie ausarbeiten
стратосфе́р|а <-ы> *ж* Stratosphäre *f*
стра́ус <-а> *м* ЗООЛ Strauß *m*
стра́усов|ый <-ая, -ое> *прил* Straußen-; **стра́усовые пе́рья** Straußenfedern *fpl*
страх <стра́ха> *м* Angst *f,* Furcht *f;* **нагна́ть стра́ху на кого́-л.** jdm bange machen; **~ пе́ред экза́меном** Prüfungsangst *f;* **~ пе́ред существова́нием** Existenzangst *f;* **~ сме́рти** Angst *f* vor dem Tod; **смерте́льный ~** Todesangst *f;* **натерпе́ться стра́ху** sich ängstigen; **на со́бственный ~ и риск** auf eigene Gefahr; **дрожа́ть от стра́ха** vor Angst zittern
страхова́ни|е <-я> *ср* Versicherung *f;* **~ автотра́нспортных сре́дств** Kraftfahrzeugversicherung *f;* **~ на дожи́тие** Erlebensfallversicherung *f;* **~ гражда́нской отве́тственности** Haftpflichtversicherung *f;* **~ в це́лях оказа́ния правово́й защи́ты** Rechtsschutzversicherung *f;* **~ дома́шнего иму́щества** Hausratsversicherung *f,* Sachversicherung *f;* **~ жи́зни** Lebensversicherung *f;* **~ ка́ско** Kaskoversicherung *f;* **~ от несча́стных слу́чаев** Unfallversicherung *f;* **медици́нское ~** Krankenversicherung *f;* **пенсио́нное ~** Rentenversicherung *f;* **~ на тра́нспорте** Transportversicherung *f;* **~ от убы́тков** Schadensversicherung *f;* **~ по безрабо́тице** Arbeitslosenversicherung *f;* **~ слу́жащих** Angestelltenversicherung *f;* **социа́льное ~** Sozialversicherung *f*
страхова́те|ль <-ля> *м* Versicherungsnehmer *m*
страх|ова́ть <-у́ю, -у́ешь> *нсв,* **застрахова́ть** *св прх* versichern
страхо́вк|а <-и> *ж* Versicherung *f;* *(гара́нтия)* Sicherstellung *f;* *(су́мма)* Versicherungssumme *f;* **~ иму́щества** Vermögensversicherung *f*
страхов|о́й <-а́я, -о́е> *прил* Versicherungs-; **страхова́я пре́мия** (Versicherungs)Prämie *f;* **страхова́я сто́имость** Versicherungswert *m;* **страхова́я су́мма** Versicherungssumme *f;* **страхова́я франши́за** Selbstbeteiligung *f;* **страхово́е де́ло** Versicherungswesen *nt;* **страхово́е свиде́тельство** Versicherungsausweis *m;* **~ взнос** Prämie *f,* Versicherungsbeitrag *m;* **~ взнос рабо́тающего по на́йму** Arbeitnehmeranteil *m;* **~ запа́с** Sicherheitsbestand *m;* **~ но́мер** Versicherungsnummer *f;* **~ подло́г** Versicherungsbetrug *m;* **~ по́лис** (Versicherungs)Police *f,* Versicherungsausweis *m;* **~ слу́чай** Versicherungsfall *m;* **~ взнос на слу́чай боле́зни** Krankenversicherungsbeitrag *m;* **~ аге́нт** Versicherungsagent *m*
страхо́вщик <-а> *м* Versicherer *m*
страши́л|а <-ы> *ж разг* Ungetüm *nt,* Ungeheuer *nt,* Schreckgespenst *nt*
страши́лищ|е <-а> *ср* Scheusal *nt,* Ungetüm *nt,* Monster *nt;* **како́е ~!** was für ein Scheusal!
страш|и́ть <-у́, -и́шь> *нсв прх разг* erschrecken, Angst machen; **его́ не страша́т никаки́е тру́дности** ihn können keine Schwierigkeiten erschrecken
страш|и́ться <-у́сь, -и́шься> *нсв рефл* sich ängstigen, sich fürchten; **~ тяжёлой рабо́ты** schwere Arbeit fürchten
стра́шно *нрч* furchtbar, schrecklich; **быть ~ дово́льным** sehr zufrieden sein; **мне ~** ich habe Angst; **~ поду́мать, что ...** ich kann es mir gar nicht vorstellen, dass ...
стра́ш|ный <-ная, -ное; -ен, -на́, -но> *прил* schrecklich, furchtbar, schauerlich, schreckenerregend; *(угрожа́ющий)* drohend; *(безобра́зный)* abscheulich; *(си́льный)* gewaltig, ungeheuer; **стра́шная месть** furchtbare Rache *f;* **ничего́ стра́шного** nichts Ernstes
страща́|ть <-ю, -ешь> *нсв прх разг* Angst machen, erschrecken; **~ дете́й** die Kinder erschrecken
стре́ж|ень <-ня> *м* Hauptwasser *nt,* Strom-

strich *m*

стрекоз|а́ <-ы́> *ж* ЗООЛ Libelle *f*

стрёкот <-а> *м*, **стрекота́ни|е** <-я> *ср* Zirpen *nt*, Knistern *nt*; **~ кузне́чиков** Grashüpferzirpen *nt*

стреко|та́ть <-чу́, -чешь> *нсв нпрх* knattern, zirpen; **кузне́чик стреко́чет** der Grashüpfer zirpt

стрел|а́ <-ы́> *ж* Pfeil *m*; ТЕХ Ausleger *m*, Arm *m*; *(назва́ние курье́рских поездо́в) Name eines Schnellzuges*; **лете́ть стрело́й** flitzen; **пуска́ть стрелу́** den Pfeil abschießen

стрел|е́ц <-ьца́> *м* **1.** АСТР Schütze *m* **2.** ИСТОР Strelitze *m*

стре́лк|а <-и> *ж* **1.** *(стрела́)* Pfeil *m* **2.** *(часо́в)* Zeiger *m*; **секу́ндная ~** Sekundenzeiger *m*; **часова́я ~** Stundenzeiger *m*; **по часово́й стре́лке** im Uhrzeigersinn **3.** *(ко́мпаса)* Nadel *f* **4.** *(на брю́ках)* Bügelfalte *f* **5.** Ж.-Д. Weiche *f*; **переводи́ть стре́лки** die Weichen stellen

стрелко́в|ый <-ая, -ое> *прил* **1.** *(относя́щийся к стрелку́)* Schützen-; **~ батальо́н** Schützenbataillon *nt* **2.** *(относя́щийся к стрельбе́)* Schieß-

стрел|о́к <-ка́> *м* Schütze *m*; **отли́чный ~** ausgezeichneter Schütze *m*

стре́лочник <-а> *м* Ж.-Д. Weichensteller *m*; **~ перевёл железнодоро́жные стре́лки** der Weichensteller hat die Weichen umgelegt

стрельб|а́ <-ы́> *ж* Schießen *nt*, Feuern *nt*; **~ из лу́ка** Bogenschießen *nt*; **оруди́йная ~** Geschützfeuer *nt*; **откры́ть стрельбу́** das Feuer eröffnen

стре́льбищ|е <-а> *ср* Schießstand *m*

стрельн|у́ть <-у́, -ёшь> *св нпрх см.* **стреля́ть**

стре́льчат|ый <-ая, -ое> *прил* Spitzbogen-; **стре́льчатые о́кна** Spitzbogenfenster *nt*

стре́лян|ый <-ая, -ое> *прил* kampferfahren; **~ бое́ц** kampferprobter Kämpfer *m*; **стре́ляные ги́льзы** leere Patronenhülsen *fpl*; **стре́ляный воробе́й** *перен* alter Fuchs *m*

стреля́|ть <-ю, -ешь> *нсв*, **стре́льнуть** *св нпрх* schießen, feuern; *(о бо́ли)* zucken, reißen; **~ в кого́-л.** auf jdn schießen; **у меня́ стреля́ет в у́хе** ich habe Ohrensausen; **~ глаза́ми** *(коке́тничать)* Blicke werfen

стреля́|ться <-юсь, -ешься> *нсв рефл* **1.** *разг (стреля́ть с це́лью самоуби́йства)* sich erschießen; **поэ́т стреля́лся, но оста́лся жив** der Dichter schoss auf sich, blieb aber am Leben **2.** *устар (дра́ться на дуэ́ли)* sich duellieren; **Пу́шкин стреля́лся с Данте́сом** Puschkin duellierte sich mit Dantes

стремгла́в *нрч* Hals über Kopf

стреми́тельно *нрч* schnell, heftig; **хокке́ист ~ ки́нулся за ша́йбой** der Hockeyspieler warf sich heftig hinter dem Puck her

стреми́тельнос|ть <-ти> *ж* Schnelligkeit *f*, Heftigkeit *f*; **~ полёта** Flugschnelligkeit *f*

стреми́те|льный <-льная, -льное; -лен, -льна, -льно> *прил* ungestüm, hastig

стрем|и́ться <-лю́сь, -и́шься> *нсв рефл* streben; *(устремля́ться)* zustreben; **~ к бога́тству** nach Reichtum streben

стремле́ни|е <-я> *ср* (Be)Streben *nt*, Drang *m*; **~ к сча́стью** Streben *nt* nach Glück

стремни́н|а <-ы> *ж* Stromschnelle *f*; **ло́дка опроки́нулась на стремни́не** das Boot kippte an der Stromschnelle um

стре́м|я <-ени> *ср* Steigbügel *m*

стремя́нк|а <-и> *ж* Stehleiter *f*

стрептоко́кк <-а> *м* МЕД Streptokokkus *m*; **бакте́рии стрептоко́кка** Streptokokkenbakterien *pl*

стресс <стре́сса> *м* Stress *m*; **в состоя́нии стре́сса** unter Stress; **постоя́нный ~** ständiger Stress

стре́ссов|ый <-ая, -ое> *прил* stressig; **стре́ссовая ситуа́ция** Stresssituation *f*

стриж <стрижа́> *м* ЗООЛ Segler *m*; **над поля́ной пролете́ли стрижи́** Segler flogen über der Waldwiese

стри́жен|ый <-ая, -ое> *прил* geschnitten; *(коро́тко)* geschoren; *(о челове́ке)* mit kurzem Haar

стри́жк|а <-и> *ж* **1.** *(де́йствие)* Haarschneiden *nt* **2.** *(причёска)* Haarschnitt *m*; **~ ёжиком** Bürstenfrisur *f*

стрипти́з <-а> *м* Striptease *nt*; **в ба́ре по вечера́м устра́ивали ~** abends gab es in der Bar Striptease

стричь <стригу́, стрижёшь> *нсв*, **остричь** *св прх* schneiden, scheren; **~ но́гти** die Nägel schneiden; **~ под одну́ гребёнку** über einen Leisten schlagen

стри́|чься <-гу́сь, -жёшься> *нсв рефл* sich die Haare schneiden (lassen); **тепе́рь мо́дно ~ о́чень ко́ротко** jetzt ist es modern, sich die Haare ganz kurz schneiden zu lassen

строга́льщик <-а> *м* Hobler *m*

строга́|ть <-ю, -ешь> *нсв*, **вы́строгать** *св прх* hobeln

стро́г|ий <-ая, -ое; -, -а́, -о> *прил* streng; *(суро́вый)* hart; *(то́чный)* strikt; *(о красоте́)* herb; **стро́гое пла́тье** schlichtes Kleid *nt*; **~ учи́тель** strenger Lehrer *m*; **у нас стро́гие пра́вила** wir haben strenge Regeln

стро́го *нрч* streng; *(то́чно)* genau, exakt; **в де́тстве его́ нака́зывали о́чень ~** in der Kindheit hat man ihn sehr streng bestraft; **~ запреща́ется** streng verboten; **~ говоря́** streng genommen; **~ на́строго** strengstens

стро́гос|ть <-ти> *ж* Strenge *f*, Härte *f*, Schärfe *f*; **~ зако́на** Gesetzesschärfe *f*; **~ учи́теля** Strenge *f* des Lehrers

строев|о́й[1] <-а́я, -о́е> *прил* Truppen-; *(боево́й)* Kampf-; **~ офице́р** Truppenoffizier *m*; **занима́ться строево́й подгото́вкой** ВОЕН exerzieren

С

строев|о́й[2] <-а́я, -о́е> *прил* ~ **лес** Bauholz *nt*

строе́ни|е <-я> *ср* 1. *(структу́ра)* (Auf)Bau *m* 2. *(зда́ние, постро́йка)* Bau *m,* Gebäude *nt*

строи́те|ль <-ля> *м* Bauarbeiter *m; перен* Erbauer *m,* Schöpfer *m*

строи́тельн|ый <-ая, -ое> *прил* baulich, Bau-; **строи́тельные рабо́ты** Bauarbeiten *pl*

строи́тельств|о <-а> *ср* Bau *m,* Errichtung *f; (строи́тельная о́трасль)* Baugewerbe *nt,* Baubranche *f; перен* Aufbau *m,* Organisation *f;* ~ **из сбо́рных элеме́нтов** Fertigbauweise *f*

стро́|ить <-ю, -ишь> *нсв,* **постро́ить** *св прх* bauen, errichten; *перен* aufbauen, gestalten; *(ста́вить в строй)* antreten lassen; ~ **иллю́зии** sich Illusionen hingeben; ~ **пла́ны** Pläne schmieden; ~ **семью́** eine Familie gründen

стро́|иться <-юсь, -ишься> *нсв,* **постро́иться** *св рефл* 1. *(станови́ться в строй)* antreten, sich anstellen 2. *(стро́ить себе́ дом)* bauen; **в э́том райо́не стро́ится мно́го но́вых зда́ний** in diesem Bezirk werden viele neue Gebäude gebaut

стро́|й <-я> *м* 1. *(систе́ма)* Bau *m,* Struktur *f;* **обще́ственный** ~ Gesellschaftsordnung *f;* **граммати́ческий** ~ **языка́** die grammatische Struktur der Sprache 2. ВОЕН Front *f;* **вводи́ть в** ~ in Betrieb nehmen; **выводи́ть из стро́я** außer Gefecht setzen, unbrauchbar machen

стройба́т *сокр от* **строи́тельный батальо́н** Baubataillon *nt;* **его́ зачи́слили в** ~ er wurde ins Baubataillon aufgenommen

стро́йк|а <-и> *ж* Erbauung *f,* Errichtung *f; (ме́сто строе́ния)* Baustelle *f*

стройматериа́л *сокр от* **строи́тельный материа́л** Baumaterial *nt;* **склад стройматериа́ла** Baumateriallager *nt*

стро́йно *нрч* geordnet, im Takt, harmonisch; **ряды́ солда́т дви́гались о́чень** ~ die Soldatenreihen bewegten sich genau im Takt

стро́йнос|ть <-ти> *ж* 1. *(о фигу́ре)* Schlankheit *f* 2. *(о зда́нии)* Harmonie *f,* harmonische Gliederung *f* 3. МУЗ Takt *m,* Einklang *m,* Harmonie *f*

стро́|йный <-йная, -йное; -ен, -йна́, -йно> *прил* 1. *(о фигу́ре)* schlank, gut gebaut 2. *(гармони́чный)* harmonisch 3. *(о ре́чи)* logisch

стройотря́д *сокр от* **строи́тельный отря́д** Bauabteilung *f;* **э́тот дом постро́ен стройотря́дом** dieses Haus wurde von der Bauabteilung gebaut

стройплоща́дк|а <-и> *ж* Baustelle *f,* Bauplatz *m*

строк|а́ <-и́> *ж* Zeile *f;* **кра́сная** ~ Absatz *m;* **с но́вой строки́** mit einem Absatz; **чита́ть ме́жду строк** zwischen den Zeilen lesen; **я черкну́л не́сколько строк** ich habe ein paar Zeilen geschrieben

стро́н|уть <-у, -ешь> *св нпрх* 1. *(с ме́ста)* wegrücken, in Bewegung setzen 2. *(вспугну́ть дичь)* aufscheuchen, aufschrecken

стро́нци|й <-я> *м* Strontium *nt*

строп <стро́па> *м* ТЕХ Stropp *m,* Halteleine *f*

стропи́л|о <-а> *ср* Dachsparren *m; мн* Dachstuhl *m*

строптив|ый <-ая, -ое; -, -а, -о> *прил* störrisch, widerspenstig

строф|а́ <-ы́> *ж* Strophe *f*

строч|и́ть <-у́, -и́шь> *нсв,* **застрочи́ть, настрочи́ть** *св (н)прх* 1. *(шить)* steppen 2. *разг (писа́ть)* rasch schreiben 3. *(из автома́та)* knattern

стро́чк|а[1] <-и> *ж* 1. *(шов, вы́шивка)* Steppnaht *f;* **ажу́рная** ~ Ajoursteppnaht *f* 2. *(коро́ткая о́чередь из автома́та)* **пулемётная** ~ Feuerstoß *m*

стро́чк|а[2] <-и> *ж уменьш (строка́)* Zeile *f;* **лист был испи́сан ро́вными стро́чками** das Blatt war mit gleichmäßigen Zeilen beschrieben

строчн|о́й <-а́я, -о́е> *прил* **строчна́я бу́ква** kleiner Buchstabe *m*

строч|о́к <-ка́> *м* БОТ Lorchel *f;* **на поля́не рос** ~ in der Lichtung wuchs eine Lorchel

струг[1] <стру́га> *м* 1. *(инструме́нт)* Hobel *m* 2. *(маши́на)* Bodenhobel *m;* **доро́жный** ~ Straßenhobel *m*

струг[2] <стру́га> *м* ИСТОР *(су́дно)* Barke *f*

стру́жк|а <-и> *ж* Span *m,* Hobelspan *m;* **пол усы́пан стру́жками** der Boden ist mit Spänen bedeckt

струи́|ться <-тся> *нсв безл, только 3 л книжн* rinnen, rieseln

струи́к|а <-и> *ж уменьш (струя́)* Strahl *m;* **из но́са потекла́ то́нкая** ~ **кро́ви** aus der Nase floss ein dünner Blutstrahl

структу́р|а <-ы> *ж* Struktur *f,* Gefüge *nt,* Aufbau *m,* Gliederung *f; (организа́ция)* Organisation *f;* ~ **бала́нса** Bilanzgliederung *f;* ~ **де́ятельности** Geschäftsstruktur *f;* ~ **изде́ржек** Kostenstruktur *f;* ~ **капита́ла** Kapitalstruktur *f;* ~ **приня́тия реше́ний** Entscheidungsbaum *m;* ~ **ры́нка** Marktstruktur *f;* ~ **цен** Preisgefüge *nt;* ~ **а́тома** Atomstruktur *f;* ~ **языка́** die Struktur der Sprache

структури́р|овать <-ую, -уешь> *(н)св прх* strukturieren

структу́рн|ый <-ая, -ое> *прил* strukturell, Struktur-; ~ **кри́зис** Strukturkrise *f;* **структу́рная безрабо́тица** strukturelle Arbeitslosigkeit *f;* **структу́рная организа́ция** Aufbauorganisation *f;* **структу́рная поли́тика** Strukturpolitik *f;* **структу́рное подразделе́ние** Organisationseinheit *f,* Bereich *m;* **структу́рная перестро́йка** [*или* **сдвиг**]

Strukturwandel *m*

струн|а́ <-ы> *ж* Saite *f*

стру́нк|а <-и> *ж (струна́)* Saite *f;* **вы́тянуться в стру́нку** strammstehen; **ходи́ть по стру́нке** jdm Gehorsam leisten; **сла́бая ~** die schwache Stelle

стру́нн|ый <-ая, -ое> *прил* Saiten-, Streich-, Zupf-; **~ орке́стр** Streichorchester *m;* **~ инструме́нт** Saiteninstrument *nt*

струп <стру́па> *м* Schorf *m;* **ра́ну затяну́ло стру́пом** die Wunde verschorfte

стру́|сить <-шу, -сишь> *св,* **струхну́ть** *св нпрх см.* **тру́сить**

стручко́в|ый <-ая, -ое> *прил* БОТ Hülsen-; **стручко́вая фасо́ль** Hülsenbohne *f;* **стручко́вые расте́ния** Hülsenfrüchte *fpl*

струч|о́к <-ка́> *м* БОТ Schote *f;* **~ фасо́ли** Bohnenhülse *f*

стру|я́ <-и́> *ж* Strahl *m; (больша́я)* Strom *m;* **~ све́та** Lichtschein *m;* **си́льная ~ во́здуха** starker Luftstrom *m*

стря́па|ть <-ю, -ешь> *нсв,* **состря́пать** *св прх ирон, разг* **1.** *(гото́вить)* kochen, zubereiten; **~ обе́д** das Mittagessen kochen **2.** *(сочиня́ть, писа́ть)* verfassen, schreiben, dichten; **что э́то он опя́ть состря́пал?** was hat er wieder zusammengereimt?

стряпн|я́ <-и́> *ж* Kochen *nt,* Zubereiten *nt; (ку́шанье)* Essen *nt*

стряс|ти́сь <-ётся> *св безл, только 3 л разг (происходи́ть)* passieren; **несча́стье стрясло́сь вчера́ ве́чером** das Unglück geschah gestern Abend

стря́хива|ть <-ю, -ешь> *нсв,* **стряхну́ть** *св прх* abschütteln, abwerfen; **~ снег с плеч** den Schnee von den Schultern abschütteln

студени́ст|ый <-ая, -ое; -, -а, -о> *прил перен* gallertähnlich, gallertartig; **студени́стое вещество́** gallertartiger Stoff *m*

студе́нт <-а> *м,* **студе́нтк|а** <-и> *ж* Student(in) *m(f)*

студе́нческ|ий <-ая, -ое> *прил* studentisch, Studenten-

студе́нчеств|о <-а> *ср* **1.** *(студе́нты)* Studentenschaft *f,* Studenten *pl* **2.** *(пребыва́ние с вы́сшем учёбном заведе́нии)* Studentenzeit *f,* Studienzeit *f;* **го́ды студе́нчества** Studienjahre *pl*

студён|ый <-ая, -ое; -, -а, -о> *прил разг* eiskalt; **~ ве́тер** eiskalter Wind *m*

сту́д|ень <-ня> *м* Sülze *f*

сту́дийн|ый <-ая, -ое> *прил* Studio-; **сту́дийная за́пись конце́рта** Studioaufnahme *f* des Konzerts

сту́ди|я <-и> *ж* Studio *nt,* Atelier *nt;* **~ изве́стного ску́льптора** das Atelier des berühmten Bildhauers; **театра́льная ~** Theaterschule *f;* **~ звукоза́писи** Tonatelier *nt;* **~ пласти́ческого та́нца** Tonstudio *nt*

стуж|а <-и> *ж* Kälte *f;* **не выходи́ на у́лицу в таку́ю сту́жу** geh bei solcher Kälte nicht raus

стук <сту́ка> *м* Klopfen *nt,* Pochen *nt;* **войти́ без сту́ка** ohne Anklopfen eintreten

сту́ка|ть <-ю, -ешь> *нсв (н)прх* (auf)schlagen; **он ча́сто сту́кал каблука́ми о скаме́йку** er schlug oft mit den Absätzen auf die Bank

сту́ка|ться <-юсь, -ешься> *нсв рефл* schlagen; **яйцо́ сту́кнулось о стака́н и разби́лось** das Ei schlug auf das Glas und zerbrach

стука́ч <-а> *м презрит, разг (доно́счик)* Spitzek *m,* Zuträger *m*

сту́кн|уть <-у, -ешь> *св нпрх см.* **стуча́ть**

сту́кн|уться <-усь, -ешься> *св рефл см.* **сту́каться**

стул <сту́ла> *м* Stuhl *m;* МЕД Stuhlgang *m;* **вращáющийся ~** Drehstuhl *m;* **сиде́ть на двух сту́льях** zwischen zwei Stühlen sitzen

сту́п|а <-ы>, **сту́пк|а** <-и> *ж* Morser *m;* **столо́чь чесно́к в сту́пе** Knoblauch im Morser zerkleinern; **толо́чь во́ду в ступе́** *перен* leeres Stroh dreschen

ступа́|ть <-ю, -ешь> *нсв,* **ступи́ть** *св нпрх (входи́ть)* betreten; *(идти́)* schreiten; *(выступа́ть)* auftreten; **ступа́й отсю́да!** geh!, fort mit dir!

ступе́нчат|ый <-ая, -ое> *прил* stufig, abgestuft

ступе́|нь <-ни> *ж* **1.** *(ле́стницы)* (Treppen)Stufe *f* **2.** *перен (ста́дия)* Stufe *f,* Ebene *f;* **~ управле́ния** Führungsebene *f*

ступе́ньк|а <-и> *ж* (Treppen)Stufe *f*

ст|упи́ть <-уплю́, -у́пишь> *св нпрх см.* **ступа́ть**

ступи́ц|а <-ы> *ж (у колеса́)* Nabe *f*

ступн|я́ <-и́> *ж* Fuß *m,* Fußsohle *f*

стуч|а́ть <-у́, -и́шь> *нсв,* **сту́кнуть, постуча́ть** *св нпрх* klopfen, anklopfen, pochen; **~ на пи́шущей маши́нке** auf der Schreibmaschine klappern; **се́рдце стучи́т** das Herz klopft; **~ на кого́-л.** *разг (доноси́ть)* denunzieren; **постуча́ть в дверь** an die Tür klopfen

стуч|а́ться <-у́сь, -и́шься> *нсв,* **сту́кнуться** *св рефл* klopfen, anklopfen; **стуча́ться в дверь** an die Tür anklopfen

стушёвыва|ться <-юсь, -ешься> *нсв,* **стушева́ться** *св рефл разг* **1.** *(сгла́диться)* sich verwischen **2.** *(оробе́ть)* in Verwirrung geraten **3.** *(исче́знуть)* unbemerkt verschwinden

стыд <стыда́> *м* Scham *f,* Schande *f;* **у него́ ни стыда́, ни со́вести** er ist vollkommen abgebrüht; **к моему́ стыду́** zu meiner Schande; **~ и срам** eine Schande; **покрасне́ть от стыда́** vor Scham rot werden

сты|ди́ть <-жу́, -ди́шь> *нсв,* **пристыди́ть** *св прх* jdn beschämen, jdn ins Gewissen reden

сты|ди́ться <-жу́сь, -ди́шься> *нсв,* **по-**

стыди́ться *св рефл* sich schämen; **э́того не́чего ~** man muss sich deswegen nicht schämen; **~ своего́ посту́пка** sich über seine Tat schämen

стыдли́во *нрч* schamhaft; **мы смея́лись ~** wir haben verschämt gelacht

стыдли́вос|ть <-ти> *ж* Schamhaftigkeit *f;* **де́ти постепе́нно преодолева́ют свою́ ~** die Kinder überwinden allmählich ihre Scham

стыдли́в|ый <-ая, -ое; -, -а, -о> *прил* schamhaft, verschämt

сты́дно *нрч безл* es ist eine Schande; **мне ~** ich schäme mich; **как тебе́ не ~!** schäm dich!

сты́дн|ый <-ая, -ое> *прил* peinlich

стык <сты́ка> *м* Scheide *f,* Grenze *f;* TEX Fuge *f;* **на сты́ке веко́в** um die Jahrhundertwende

сты́н|уть <-у, -ешь> *нсв нпрх* kalt werden, abkühlen; **чай сты́нет** der Tee wird kalt; **у меня́ кровь сты́нет в жи́лах от у́жаса** mir gerinnt das Blut in den Adern vor Entsetzen

сты́чк|а <-и> *ж разг* Wortwechsel *m,* Wortgefecht *nt,* Zusammenstoß *m;* **между на́ми вчера́ произошла́ коро́ткая ~** zwischen uns brach gestern ein Wortgefecht aus

стюа́рд <-а> *м* Steward *m;* **заказа́ть ко́фе стюа́рду** beim Steward einen Kaffee bestellen

стюарде́сс|а <-ы> *ж* Stewardess *f,* Flugbegleiterin *f*

стяг <стя́га> *м книжн (зна́мя)* Fahne *f;* **над ба́шней развева́лся наш ~** über dem Turm wehte unsere Fahne

стя́гива|ть <-ю, -ешь> *нсв,* **стяну́ть** *св прх* **1.** *(перевя́зывать ту́го)* zusammenziehen, binden, zuschnüren; **~ реме́нь** den Riemen festschnüren **2.** *перен (о войска́х)* zusammenziehen; **~ резе́рвы под Москво́й** die Reserven bei Moskau zusammenziehen **3.** *(снять)* herunterziehen; **~ одея́ло с сосе́да** die Decke vom Nachbarn wegziehen **4.** *разг (укра́сть)* stibitzen, klauen

стя́гива|ться <-юсь, -ешься> *нсв,* **стяну́ться** *св рефл* **1.** *(реме́нь, по́яс)* sich zusammenziehen, sich zuziehen; **у́зел стя́гивался о́чень кре́пко** der Knoten zog sich fest zusammen **2.** *перен (сосредота́чиваться)* sich konzentrieren; **все си́лы защи́тников стя́гиваются в э́том райо́не** alle Kräfte der Verteidiger konzentrierten sich in diesem Gebiet

стяжа́те|ль <-ля> *м* habgieriger Mensch *m,* korrupter Mensch *m*

стяжа́тельств|о <-а> *ср* Habgier *f,* Raffsucht *f,* Korruptheit *f*

ст|яну́ть <-яну́, -я́нешь> *св прх см.* **стя́гивать**

ст|яну́ться <-яну́сь, -я́нешься> *св рефл см.* **стя́гиваться**

субаре́нд|а <-ы> *ж* Untermiete *f*

субарендáтор <-а> *м* Unterpächter *m,* Untermieter *m*

суббо́т|а <-ы> *ж* Sonnabend *m,* Samstag *m;* **по суббо́там** sonnabends, samstags

суббо́тник <-а> *м (доброво́льный неопла́чиваемый труд по суббо́там)* Subbotnik *m (freiwilliger Arbeitseinsatz am Samstag);* **уча́ствовать в суббо́тнике** am Samstag freiwillig arbeiten

i Land & Leute

Seit Lenin bald nach der Oktoberrevolution einen **„Subbotnik“** – freiwillige kollektive Arbeit am Sonnabend ohne Entgelt – initiiert hatte, wurde diese „kommunistische“ Arbeitsform zu einer „Tradition“ im Lande – abgesehen von dem jährlichen „Lenin-Subbotnik“ vor dem Geburtstag des Revolutionsführers am 22. April im Unionsmaßstab, fanden rund ums Jahr überall extra verordnete Subbotniks statt. Sie waren u.a. ein effektives Mittel, Städte sauber zu halten, – das hat sich nach der Perestroika mit aller Deutlichkeit gezeigt: nachdem die Subbotniks samt anderen „bolschewistischen“ Traditionen weitgehend abgeschafft wurden, verschlechterte sich das Bild russischer Städte zusehends.

субве́нци|я <-и> *ж* Subvention *f*

сублима́ци|я <-и> *ж* ХИМ Sublimation *f*

субмари́н|а <-ы> *ж разг (подво́дная ло́дка)* U-Boot *nt;* **служи́ть на субмари́не** in einem U-Boot dienen

субордина́ци|я <-и> *ж* Rangordnung *f*

субподря́д <-а> *м* Unterauftrag *m*

субподря́дчик <-а> *м* Subunternehmer *m*

субпоставщи́к <-а> *м* Zulieferer *m*

субсиди́р|овать <-ую, -уешь> *(н)св прх* ФИН subventionieren, finanzieren

субси́ди|я <-и> *ж* Subvention *f;* *(по́мощь)* Zuschuss *m,* Hilfe *f*

субстантиви́р|овать <-ую, -уешь> *(н)св прх* ЛИНГВ substantivieren

субста́нци|я <-и> *ж* Substanz *f*

субститу́ци|я <-и> *ж* Substitution *f*

субстра́т <-а> *м* Substrat *nt*

субтро́пик|и <-ов> *мн* ГЕОГ Subtropen *pl;* **кли́мат субтро́пиков** Subtropenklima *nt*

субтропи́ческ|ий <-ая, -ое> *прил* subtropisch; **~ кли́мат** subtropisches Klima *nt*

субъе́кт <-а> *м* **1.** ФИЛОС, ЛИНГВ Subjekt *nt* **2.** *разг (о челове́ке)* Subjekt *nt,* Kreatur *f;* **~ налогообложе́ния** Steuersubjekt *nt;* **~, принима́ющий реше́ние** Entscheidungsträger *m*

субъекти́вно *нрч* subjektiv; **призы́ рас-**

пределя́ли всегда́ ~ die Preise wurden immer subjektiv vergeben

субъекти́в|ный <-ная, -ное; -ен, -на, -но> *прил* subjektiv; **субъекти́вная поле́зность** Nutzwert *m*

сувени́р <-а> *м* Souvenir *nt,* Andenken *nt;* *(на па́мять)* Erinnerungsstück *nt*

сувени́рн|ый <-ая, -ое> *прил* Souvenir-, Andenken-; **~ нож** Souvenirmesser *nt*

суверените́т <-а> *м* Souveränität *f,* Hoheit *f*

сувере́н|ный <-ая, -ое; -ен, -на, -но> *прил* souverän; **сувере́нная террито́рия** Hoheitsgebiet *nt*

сугро́б <-а> *м* Schneewehe *f*

сугу́бо *нрч (исключи́тельно)* äußerst, höchst, besonders; **э́то ~ ли́чный вопро́с** das ist eine sehr persönliche Frage; **по ~ ли́чным причи́нам** aus sehr persönlichen Gründen

суд <суда́> *м* ЮР **1.** *(учрежде́ние)* Gericht *nt,* Gerichtshof *m;* **~ прися́жных** Schwurgericht *nt,* Schöffengericht *nt;* **арбитра́жный ~** Schiedsgericht *nt;* **подава́ть на кого́-л. в ~** jdn anklagen; **конституцио́нный ~** Verfassungsgericht *nt;* **~ по торго́вым дела́м** Handelsgericht *nt;* **~ Европе́йского Сообщества** Europäischer Gerichtshof *m;* **Стра́шный ~** РЕЛИГ das Jüngste Gericht *nt* **2.** *(сужде́ние)* Urteil *nt;* **верши́ть ~ над кем-л.** Gericht halten über *+akk;* **выноси́ть на ~ обще́ственности** in die Öffentlichkeit tragen; **отда́ть под ~** vor Gericht stellen **3.** *(разбо́р де́ла)* Verhandlung *f*

суда́к <-а́> *м* ЗООЛ Zander *m*

су́да|рь <-ря> *м,* **суда́рын|я** <-и> *ж* *(обраще́ние)* Herr *m;* **изво́льте послу́шать на́ше предложе́ние, ~** würden Sie sich unseren Vorschlag anhören, mein Herr?

суда́ч|ить <-у, -ишь> *нсв нпрх разг* quasseln

суде́бно-медици́нск|ий <-ая, -ое> *прил* gerichtsmedizinisch; **суде́бно-медици́нская эксперти́за** gerichtsmedizinisches Gutachten *nt*

суде́бн|ый <-ая, -ое> *прил* gerichtlich, Gerichts-; **суде́бная о́пись иму́щества должника́** Pfändung *f;* **суде́бные изде́ржки** Gerichtskosten *pl;* **~ исполни́тель** Gerichtsvollzieher *m;* **~ поря́док** Gerichtsweg *m;* **~ платёжный прика́з** Zahlungsbefehl *m;* **суде́бная медици́на** Gerichtsmedizin *f;* **~ поря́док рассмотре́ния де́ла** Rechtsweg *m;* **суде́бная рефо́рма** Gerichtsreform *f;* **суде́бная эксперти́за** gerichtliches Gutachten *nt;* **суде́бное реше́ние** Gerichtsbeschluss *m;* **суде́бная оши́бка** Gerichtsfehler *m*

суде́йск|ий <-ая, -ое> *прил* **1.** ЮР Richter-; **суде́йская колле́гия** Richterkollegium *nt* **2.** СПОРТ Schiedsrichter-

суде́йств|о <-а> *ср* СПОРТ Spielleitung *f*

судёнышк|о <-а> *ср презрит, разг (су́дно)* Schiff *nt;* **ржа́вое ~** verrostetes Schiff *nt*

суди́мос|ть <-ти> *ж* Vorstrafe *f;* **снять ~ с кого́-л.** die Vorstrafe aufheben; **име́ть две суди́мости** zwei Vorstrafen haben

суди́ть <сужу́, су́дишь> *нсв прх* **1.** ЮР richten, über jdn Gericht halten **2.** *перен* beurteilen, urteilen; **наско́лько я могу́ ~** soweit ich beurteilen kann **3.** СПОРТ das Spiel leiten

суди́ться <сужу́сь, су́дишься> *нсв рефл (с кем-л.)* prozessieren gegen *+akk*

су́дн|о[1] <-а> *ср* МОР Schiff *nt;* **грузово́е ~** Frachter *m;* **па́русное ~** Segelschiff *nt*

су́дн|о[2] <-а> *ср (для больно́го)* Bettpfanne *f*

судове́р|фь <-фи> *ж* Schiffswerft *f,* Schiffsbaubetrieb *m*

судовладе́л|ец <-ьца> *м* Reeder *m,* Schiffseigner *m*

судов|о́й <-а́я, -о́е> *прил* Schiffs-; **~ груз** Schiffsladung *f;* **судова́я кома́нда** Besatzung *f,* Schiffsbesatzung *f*

судомо́йк|а <-и> *ж* **1.** *(маши́на для мытья́ посу́ды)* Geschirrspülmaschine *f,* Geschirrspüler *m;* **купи́ть но́вую судомо́йку** eine neue Spülmaschine kaufen **2.** *(рабо́тница, занима́ющаяся мытьём посу́ды)* Tellerwäscherin *f;* **наня́ться судомо́йкой в рестора́не** sich als Tellerwäscherin in einem Restaurant verdingen

судопроизво́дств|о <-а> *ср* Gerichtsverhandlung *f,* Gerichtsverfahren *nt*

су́дорог|а <-и> *ж* Krampf *m;* **мы́шечная ~** Muskelkrampf *m*

су́дорожно *нрч* krampfhaft

су́дорож|ный <-ная, -ное; -ен, -на, -но> *прил* krampfhaft, fieberhaft

судострое́ни|е <-я> *ср* Schiff(s)bau *m*

судострои́тельн|ый <-ая, -ое> *прил* Schiffbau-; **судострои́тельные ве́рфи** Schiffbauwerft *f*

судоустро́йств|о <-а> *ср* ЮР Gerichtsordnung *f*

судохо́д|ный <-ная, -ное; -ен, -на, -но> *прил* schiffbar, befahrbar; **судохо́дная компа́ния** Schifffahrtsgesellschaft *f*

судохо́дств|о <-а> *ср* Schifffahrt *f*

судьб|а́ <-ы́> *ж* Schicksal *nt;* **уда́ры судьбы́** Schicksalsschläge *pl;* **а ты каки́ми судьба́ми?** und was führt dich zu uns?; **во́лею судьбы́** durch die Macht des Schicksals

судьбоно́с|ный <-ная, -ное; -ен, -на, -но> *прил* schicksalhaft, schicksalsträchtig

суд|я́ <-и́> *м* Richter(in) *m(f);* СПОРТ Schiedsrichter *m;* **~ на ри́нге** Ringrichter *m;* **наро́дный ~** Volksrichter *m;* **боково́й ~** Linienrichter *m*

суеве́ри|е <-я> *ср* Aberglaube *m*

суеве́рно *нрч* abergläubisch

суеве́р|ный <-ная, -ное; -ен, -на, -но>

прил abergläubisch

сует|а́ <-ы> *ж* Eile *f*, Hast *f*; **в суете́** in der Hast

суе|ти́ться <-чу́сь, -ти́шься> *нсв рефл* hasten, eilen

суетли́в|ый <-ая, -ое; -, -а, -о> *прил* hastig; **суетли́вое движе́ние** hektische Bewegung *f*; ~ **челове́к** hektischer Mensch *m*

суе́тнос|ть <-ти> *ж* Eitelkeit *f*

суе́т|ный <-ная, -ное; -ен, -на, -но> *прил* eitel, nichtig; **суе́тные жела́ния** eitle Wünsche *pl*; ~ **день** bedeutungsloser Tag *m*

сужа́|ть <-ю, -ешь> *нсв*, **су́зить** *св прх* verengen, einengen

сужа́|ться <-юсь, -ешься> *нсв*, **су́зиться** *св рефл* enger werden, sich verenge(r)n; *(мате́рия)* einlaufen

сужде́ни|е <-я> *ср* Urteil *nt*, Beurteilung *f*; *(мне́ние)* Ansicht *f*, Meinung *f*

суждено́ *нрч разг* **нам не ~ бы́ло встре́титься** uns war es nicht bestimmt, uns zu treffen

суже́ни|е <-я> *ср* **1.** *(уменьше́ние ширины́)* Verengung *f*, Zusammenziehung *f*; **в э́том ме́сте происхо́дит ~ ру́сла реки́** an dieser Stelle verengt sich das Flussbett **2.** *(у́зкое ме́сто)* Engpass *m*; ~ **уще́лья представля́ло опа́сность** der Engpass der Schlucht stellte eine Gefahr dar

су́жен|ый <-ая, -ое; -, -а, -о> *м* ФОЛЬК Bräutigam *m*; **мой ~ обня́л меня́** mein Freier hat mich umarmt

су́|зить <-жу, -зишь> *св прх см.* **сужа́ть**

су́|зиться <-жусь, -зишься> *св рефл см.* **сужа́ться**

сук <сука́> *м* Ast *m*; **руби́ть ~, на кото́ром сиди́шь** am eigenen Ast sägen

су́к|а <-и> *ж* **1.** *(са́мка соба́ки)* Hündin *f*; ~ **родила́ трёх щеня́т** die Hündin hat drei Welpen geboren **2.** *презрит, вульг (оби́дное обраще́ние)* Grünschnabel *m*; **почему́ ты, ~, ничего́ мне об э́том не сказа́л?** wieso hast du, Grünschnabel, mir nichts darüber gesagt?

су́кин <-а, -о> *прил груб, жарг* **су́кин сын** Hundesohn *m*

сукн|о́ <-а́> *ср* Tuch *nt*; **класть что-л. под ~** etw auf die lange Bank schieben

сукова́т|ый <-ая, -ое; -, -а, -о> *прил разг* knorrig; **сукова́тая па́лка** knorriger Stab *m*

суко́нн|ый <-ая, -ое> *прил* Tuch-; **суко́нные брю́ки** Tuchhose *f*

су́кровиц|а <-ы> *ж* МЕД Blutserum *nt*

сулем|а́ <-ы́> *ж* ХИМ Sublimat *nt*

сул|и́ть <-ю́, -и́шь> *нсв*, **посули́ть** *св прх* verheißen, versprechen

султа́н[1] <-а> *м (ти́тул)* Sultan *m*

султа́н[2] <-а> *м (на шля́пе)* Federbusch *m*

сульфа́т <-а> *м* ХИМ Sulfat *nt*; ~ **на́трия** Natriumsulfat *nt*

сум|а́ <-ы́> *ж (су́мка)* Beutel *m*, Sack *m*; **стари́к с сумо́й че́рез плечо́** ein Alter mit einem Bettelsack über der Schulter

сумасбро́д <-а> *м разг* Tollkopf *m*

сумасбро́д|ный <-ная, -ное; -ен, -на, -но> *прил* wahnwitzig, hirnverbrannt

сумасше́дш|ий I. <-ая, -ее> *прил* verrückt, wahnsinnig, geisteskrank **II.** <-его> *м* Verrückte(r) *f(m)*

сумасше́стви|е <-я> *ср* **1.** *(поте́ря рассу́дка)* Wahnsinn *m*, Geistesstörung *f*; **его́ довели́ до сумасше́ствия** man hat ihn in den Wahnsinn getrieben **2.** *(неле́пый посту́пок)* Verrücktheit *f*; **их посту́пок был по́лным сумасше́ствием** ihre Handlung war völliger Wahnsinn

сумато́х|а <-и> *ж* Durcheinander *nt*; **создава́ть сумато́ху** ein Durcheinander verursachen

сумато́ш|ный <-ная, -ное; -ен, -на, -но> *прил* **1.** *(скло́нный к сумато́хе)* leicht in Panik geratend; **сумато́шная же́нщина** eine panische Frau **2.** *(по́лный сумато́хи)* wirr; **сумато́шная жизнь** turbulentes Leben *nt*

сумбу́р <-а> *м* Durcheinander *m*, Wirrwarr *m*

сумбу́р|ный <-ная, -ное; -ен, -на, -но> *прил разг (беспоря́дочный)* ungeordnet, verworren; **сумбу́рные мы́сли** verworrene Gedanken *mpl*

су́мереч|ный <-ная, -ное; -ен, -на, -но> *прил* dämmrig

су́мер|ки <-ек> *мн* Dämmerung *f*; **в су́мерках** in der Dämmerung

суме́|ть <-ю, -ешь> *св нпрх* können; ~ **сохрани́ть споко́йствие** sich im Griff haben, die Ruhe bewahren

су́мк|а <-и> *ж* Tasche *f*, Handtasche *f*; *анат* Kapsel *f*, Beutel *m*; ЗООЛ Beutel *m*; **доро́жная ~** Reisetasche *f*; **хозя́йственная ~** Einkaufstasche *f*

су́мм|а <-ы> *ж* Betrag *m*, Summe *f*; ~ **амортизацио́нных отчисле́ний** Abschreibungsbetrag *m*; ~ **вы́купа** Ablösungssumme *f*; ~ **за́работной пла́ты** Lohnsumme *f*; ~ **и́ска** Streitwert *m*; ~ **нало́га** Steuerbetrag *m*; ~ **не́тто** Nettobetrag *m*; ~ **покры́тия** Deckungssumme *f*; **су́ммы на жиросчёте** Giroguthaben *nt*; **су́ммы на счёте** Guthaben *nt*; **о́бщая ~** Pauschale *f*

сумма́р|ный <-ная, -ное; -ен, -на, -но> *прил* summarisch, pauschal; ~ **бала́нс** Summenbilanz *f*

сумми́р|овать <-ую, -уешь> *(н)св прх* summieren

су́мнича|ть <-ю, -ешь> *св нпрх см.* **у́мничать**

су́мочк|а <-и> *ж* Täschchen *nt*, Handtasche *f*

су́мрак <-а> *м (непо́лная темнота́)* Halbdunkel *nt*; **в су́мраке бы́ло тру́дно разгляде́ть дом** im Halbdunkel war es schwer, sich das Haus anzusehen

сýмрачно *нрч* dunkel; **в кóмнате ~** es ist dunkel im Zimmer

сýмрач|ный <-ная, -ное; -ен, -на, -но> *прил* **1.** *(погружённый в сýмрак)* dunkel; *(пáсмурный)* trüb; **~ день** trüber Tag *m* **2.** *перен (угрюмый)* finster, trüb; **сýмрачные мы́сли** trübe Gedanken *mpl*

сýмчаты|е <-х> *мн* ЗООЛ Beuteltiere *pl*

сумя́тиц|а <-ы> *ж (пýтаница, суматóха)* Verwirrung *f*, Durcheinander *nt*, Wirrwarr *m;* **на ýлице цáрствовала ~** ein Wirrwarr herrschte auf der Straße

сундýк <-á> *м* Truhe *f;* **заперéть ~** die Truhe verschließen

сундуч|óк <-кá> *м уменьш (сундýк)* Kästchen *nt*

сýн|уть <-у, -ешь> *св прх см.* **совáть**

сýн|уться <-усь, -ешься> *св рефл см.* **совáться**

суп <сýпа> *м* Suppe *f*

суперарби́тр <-а> *м* Oberschiedsrichter *m*

суперзвезд|á <-ы> *ж* Star *m;* **в э́той комáнде игрáет брази́льская ~** in dieser Mannschaft spielt ein brasilianischer Star

супермáркет <-а> *м (универсáм)* Supermarkt *m*

суперме́н <-а> *м* Superman *m;* **не строй из себя́ суперме́на** halte dich nicht für einen Superman

суперóблóжк|а <-и> *ж* Schutzumschlag *m*

супостáт <-а> *м* **1.** *разг (враг)* Feind *m*, Gegner *m;* **не сдáмся я э́тим супостáтам** diesen Feinden werde ich mich nicht ergeben **2.** *разг (негодя́й)* Schuft *m*, Halunke *m;* **не вéрьте э́тому супостáту** glaubt diesem Schuft nicht

супрýг <-а> *м*, **супрýг|а** <-и> *ж* Ehemann *m*, Ehefrau *f*, Gatte *m*, Gattin *f*

супрýжеск|ий <-ая, -ое> *прил* Ehe-; **супрýжеская невéрность** Ehebruch *m;* **супрýжеская пáра** Ehepaar *nt*

супрýжеств|о <-а> *ср* Ehe *f*, Eheleben *nt;* **счастли́вое ~** glückliches Eheleben

сургýч <-á> *м* Siegellack *m;* **зали́ть гóрло буты́лки сургучóм** den Flaschenhals mit Siegellack verschließen

сургýчн|ый <-ая, -ое> *прил* Siegellack-; **сургýчная печáть** Siegellackstempel *m*

сýрик <-а> *м (крáсно-орáнжевая крáска)* Mennige *f;* **забóр цвéта сýрика** mennigefarbener Zaun *m*

сурóво *нрч* hart, streng; **их наказáли ~** man hat sie hart bestraft

сурóвос|ть <-ти> *ж* Härte *f*, Strenge *f;* **~ закóна** die Strenge des Gesetzes

сурóв|ый <-ая, -ое; -, -а, -о> *прил* streng, rau, hart; **сурóвые нрáвы** strenge Sitten *fpl;* **~ кли́мат** raues Klima *nt;* **~ приговóр** hartes Urteil *nt*

сурóк <-кá> *м* Murmeltier *nt*

суррогáт <-а> *м* Ersatz *m*, Surrogat *nt*, Austauschstoff *m;* **~ кóфе** Ersatzkaffee *m*

сурьм|á <-ы́> *ж* Antimonium *nt*

сýслик <-а> *м* Zieselmaus *f*

суставá <-а> *м* АНАТ Gelenk *nt*

суставн|óй <-áя, -óе> *прил* АНАТ Gelenk-; **~ ревмати́зм** Gelenkrheuma *nt*

сутенёр <-а> *м* Zuhälter *m;* **~ руководи́т сéтью проститýток** der Zuhälter leitet ein ganzes Netz von Prostituierten

сýт|ки <-ок> *мн* Tag *f* und Nacht *f*, vierundzwanzig Stunden *fpl;* **в любóе врéмя сýток** zu jeder Tages- und Nachtzeit; **крýглые ~** rund um die Uhr

сýтолок|а <-и> *ж* Getümmel *nt*

сýточны|е <-х> *мн* Diäten *pl*

сýточн|ый <-ая, -ое> *прил* **1.** *(рассчи́танный на сýтки)* rund-um-die-Uhr-, Tages-, vierundzwanzigstündig; **~ запáс** Tagesvorrat *m* **2.** *(получáемый за сýтки)* Tages-; **сýточная добы́ча** Tagesertrag *m*

сутýл|ить <-ю, -ишь> *нсв*, **ссутýлить** *св прх* krümmen

сутýл|иться <-юсь, -ишься> *нсв*, **ссутýлиться** *св рефл* sich krümmen

сутуловáт|ый <-ая, -ое; -, -а, -о> *прил разг* gebeugt, mit gebeugtem Rücken; **сутуловáтая фигýра** gebeugte Figur *f*

сутýл|ый <-ая, -ое; -, -а, -о> *прил* gebeugt, mit krümmem Rücken; **сутýлая спинá** gebeugter Rücken *m*

суть <сýти> *ж* Wesen *nt*, Kern *m;* **~ дéла** Hauptsache *f*, der springende Punkt; **по сýти дéла** eigentlich, im Grunde genommen

сутя́г|а <-и> *м и ж* Querulant(in) *m(f)*

сутя́жничеств|о <-а> *ср* Prozesssucht *f*

суфлé <неизм> *ср* Auflauf *m*, Soufflé *nt*

суфлёр <-а> *м* ТЕАТР Souffleur *m*, Souffleuse *f*

суфли́р|овать <-ую, -уешь> *нсв прх* jdm soufflieren

сухá|рь <-ря́> *м* Zwieback *m;* *перен* egoistischer Kerl *m;* ТЕХ Back *f;* **обвáливать в сухаря́х** panieren; **панирóвочные сухари́** Semmelbrösel *pl*

сýхо *нрч* trocken, dürr; *перен* trocken, kalt; **в подвáле ~** im Keller ist es trocken; **нас при́няли ~** der Empfang war kalt

суховáт|ый <-ая, -ое; -, -а, -о> *прил разг* trocken, kalt, herzlos; **~ отвéт** kalte Antwort *f*

суховé|й <-я> *м* Trockenwind *m*

сухогрýз <-а> *м (сухогрýзное сýдно)* Trockenfrachtschiff *nt;* **в гáвань вошёл ~** ein Trockenladungsschiff lief den Hafen an

сухожи́ли|е <-я> *ср* АНАТ Sehne *f;* **порвáть ~** sich eine Sehne reißen; **~ бедрá** Oberschenkelsehne *f*

сух|óй <-áя, -óе; -, -á, -о> *прил* trocken, dürr; *(сухощáвый)* hager, mager; *перен* trocken, humorlos; **~ закóн** Alkoholverbot *nt;* **~ остáток** Trockenmasse *f;* **сухáя штука-**

ту́рка Trockenputz *m;* **~ кли́мат** trockenes Klima *nt;* **вы́йти сухи́м из воды́** mit heiler Haut davonkommen

сухопа́р|ый <-ая, -ое; -, -а, -о> *прил* hager, sehnig

сухопу́тн|ый <-ая, -ое> *прил* Land-; **сухопу́тная грани́ца** Landgrenze *f;* **сухопу́тные войска́** Landstreitkräfte *pl,* Heer *nt*

су́хос|ть <-ти> *ж* **1.** *(засу́шливость)* Trockenheit *f;* **~ во рту** Trockenheit *f* im Mund **2.** *(че́рствость, хо́лодность)* Trockenheit *f,* Kälte *f,* Herzlosigkeit *f;* **~ его́ мане́р отта́лкивала всех** die Kälte in seinem Verhalten hat alle abgestoßen

сухофру́кт|ы <-ов> *мн* Dörrobst *nt*

сухоща́в|ый <-ая, -ое; -, -а, -о> *прил разг* hager, mager; **~ парени́к** magerer Junge *m*

су́ч|ий <-ья, -ье> *прил груб, вульг* **~ сын!** verdammter Hundesohn!

суч|и́ть <-у́, -и́шь> *нсв,* **ссучи́ть** *св прх разг* zwirnen; *(верёвки)* winden; *(те́сто)* ausrollen; **~ кана́т** ein Seil zwirnen

сучкова́т|ый <-ая, -ое; -, -а, -о> *прил* knorrig

суч|о́к <-ка́> *м уменьш (сук)* kleiner Ast, Zweig *m;* **под нога́ми потре́скивали сухи́е сучки́** unter den Füßen knackten trockene Zweige; **без сучка́, без задо́ринки** tadellos, einwandfrei

су́ш|а <-и> *ж* Land *nt,* Festland *nt;* **на су́ше и на мо́ре** zu Land und See

сушён|ый <-ая, -ое> *прил* getrocknet, gedörrt; **сушёная ры́ба** Dörrfisch *m*

суши́лк|а <-и> *ж* **1.** *(прибо́р для су́шки)* Darre *f,* Trockenraum *m;* **бараба́нная ~** Trommeldarre *f* **2.** *(помеще́ние для су́шки)* Trockenraum *m;* **кры́тая ~ для табака́** überdachter Trockenraum für Tabak

суши́льн|ый <-ая, -ое> *прил* Trocken-; **~ аппара́т** Haube *f,* Haartrockner *m;* **~ шкаф** Trockenschrank *m;* **суши́льная ка́мера** Trockenkammer *f*

суши́льн|я <-и> *ж разг* Trockenapparat *m,* Trockenofen *m*

суши́ть <сушу́, су́шишь> *нсв,* **вы́сушить** *св прх* trocknen, dörren; **~ бельё** die Wäsche trocknen

суши́ться <сушу́сь, су́шишься> *нсв,* **вы́сушиться** *св рефл (со́хнуть)* trocknen

су́шк|а[1] <-и> *ж (суше́ние)* Trocknen *nt;* **~ белья́** Wäschetrocknen *nt;* **~ льна** Flachstrocknen *nt*

су́шк|а[2] <-и> *ж разг (ма́ленький бу́блик, бара́нка)* Dörrkringel *m;* **угоща́ть су́шками с ча́ем** Kringel mit Tee anbieten

сушь <су́ши> *ж разг* Dürre *f,* Trockenheit *f;* **~ дли́лась 3 ме́сяца** die Dürre dauerte drei Monate

суще́ственно *нрч* wesentlich; **ка́чество ~ улу́чшилось** die Qualität hat sich wesentlich verbessert

суще́ственнос|ть <-ти> *ж* das Wesentliche *nt*

суще́ствен|ный <-ная, -ное; -, -на, -но> *прил* wesentlich; *(значи́тельный)* bedeutend; **суще́ственное измене́ние** wesentliche Veränderungen *pl*

существи́тельно|е <-го> *ср* ЛИНГВ Substantiv *nt*

существ|о́ <-а́> *ср* **1.** *(живо́й органи́зм)* Wesen *nt;* **живо́е ~** Lebewesen *nt* **2.** *(суть)* Kern *m,* Hauptsache *f;* **по существу́** genau genommen, eigentlich; **~ де́ла** die Hauptsache

существова́ни|е <-я> *ср* Existenz *f;* **дальне́йшее ~** Fortbestand *m;* **за вре́мя существова́ния** seit Bestehen; **совме́стное ~** Koexistenz *f*

существ|ова́ть <-у́ю, -у́ешь> *нсв нпрх* bestehen, existieren; **существу́ют предположе́ния, что ...** es gibt Annahmen, dass ...

су́щ|ий <-ая, -ее> *прил* wahr, richtig; **я говорю́ вам су́щую пра́вду** ich sage euch die reine Wahrheit

су́щнос|ть <-ти> *ж* Wesen *nt,* Kern *m;* **в су́щности** im Grunde genommen

сфальсифици́р|овать <-ую, -уешь> *св прх см.* **фальсифици́ровать**

сфальши́в|ить <-лю, -ишь> *св нпрх см.* **фальши́вить**

сфе́р|а <-ы> *ж* Sphäre *f,* Bereich *m;* МАТ Kugel *f;* **~ влия́ния** Einflussbereich *m,* Wirkungsbereich *m;* **~ де́йствия** Geltungsbereich *m;* **~ де́ятельности** Einzugsbereich *m,* Geschäftsbereich *m,* Ressort *nt,* Geschäftsfeld *nt,* Arbeitsbereich *m;* **~ компете́нции** Kompetenzbereich *m;* **~ обслу́живания** Dienstleistungssektor *m;* **~ эконо́мики** Wirtschaftsbereich *m;* **~ примене́ния** Anwendungsbereich *m,* Geltungsbereich *m;* **небе́сная ~** АСТР Himmelskugel *f*

сфери́ческ|ий <-ая, -ое> *прил* sphärisch, kugelrund

сфинкс <сфи́нкса> *м* Sphinx *f;* **молчали́вый ~** die schweigsame Sphinx; **молча́ть как ~** wie die Sphinx schweigen

сфокуси́р|овать <-ую, -уешь> *св прх см.* **фокуси́ровать**

сформир|ова́ть <-у́ю, -у́ешь> *св прх см.* **формирова́ть**

сформир|ова́ться <-у́юсь, -у́ешься> *св рефл см.* **формирова́ться**

сформ|ова́ть <-у́ю, -у́ешь> *св прх см.* **формова́ть**

сформули́р|овать <-ую, -уешь> *св прх см.* **формули́ровать**

сфотографи́р|овать <-ую, -уешь> *св прх см.* **фотографи́ровать**

сфуг|ова́ть <-у́ю, -у́ешь> *св прх см.* **фугова́ть**

схалту́р|ить <-ю, -ишь> *св нпрх см.* **халту́рить**

схв|ати́ть <-ачу́, -а́тишь> *св прх см.* **хвата́ть, схва́тывать**

схв|ати́ться <-ачу́сь, -а́тишься> *св рефл см.* **хвата́ться**

схва́тк|а <-и> *ж* **1.** *(сты́чка)* Zusammenstoß *m,* Nahkampf *m* **2.** *мн (бо́ли)* Krämpfe *pl; (при ро́дах)* Wehen *pl*

схва́тыва|ть <-ю, -ешь> *нсв,* **схвати́ть** *св прх* packen, fassen, ergreifen; *перен* begreifen; **схвати́ть боле́знь** sich eine Krankheit holen; **схвати́ть кого́-л. сза́ди** jdn von hinten packen

схе́м|а <-ы> *ж* Schema *nt,* Plan *m; (изложе́ние в о́бщих черта́х)* Übersicht *f;* ТЕХ Schaltung *f,* Schaltplan *m;* **~ оргструкту́ры** Organigramm *nt;* **~ после́довательности опера́ций** Ablaufdiagramm *nt*

схемати́ческ|ий <-ая, -ое> *прил,* **схемати́ч|ный** <-ная, -ное; -ен, -на, -но> *прил* schematisch

схитр|и́ть <-ю́, -и́шь> *св нпрх см.* **хитри́ть**

схлоп|ота́ть <-очу́, -о́чешь> *св прх см.* **хлопота́ть**

схлы́н|уть <-у, -ешь> *св нпрх разг* zurückfluten, wegfluten; *перен* nachlassen; **вода́ схлы́нула** das Wasser wich zurück

сход <схо́да> *м* **1.** *(спуск)* Abgang *m,* Niedergang *m,* Abstieg *m* **2.** *(собра́ние)* Versammlung *f,* Zusammenkunft *f*

сх|оди́ть[1] <-ожу́, -о́дишь> *нсв,* **сойти́** *св нпрх* **1.** *(спуска́ться)* hinuntergehen; **~ с ле́стницы** die Treppe hinuntergehen; **~ с по́езда** aus dem Zug steigen; **~ на бе́рег** ans Ufer treten **2.** *(поки́нуть)* verlassen, fortgehen; **сойти́ с доро́ги** den Weg verlassen; **сойти́ с ре́льсов** entgleisen **3.** *(кра́ска)* abgehen **4.** *(быть при́нятым за кого́-л.)* angesehen werden; **~ с ума́** den Verstand verlieren; **сойти́ с рук** *перен* durchgehen

сх|оди́ть[2] <-ожу́, -о́дишь> *св нпрх (привести́ кого́-л., принести́ что-л.)* holen; **~ за врачо́м** einen Arzt holen; **~ за хле́бом** Brot holen

сх|оди́ться <-ожу́сь, -о́дишься> *нсв,* **сойти́сь** *св рефл разг* **1.** *(ста́лкиваться на пути́)* zusammenlaufen; **мы с ним ча́сто сходи́лись в коридо́ре** wir laufen uns oft auf dem Flur über der Weg **2.** *(собира́ться)* zusammenfinden; **все боле́льщики сходи́лись на пло́щади** alle Anhänger haben sich auf dem Platz zusammengefunden **3.** *(срази́ться)* gegeneinander auftreten, in den Kampf gehen; **на турни́ре сходи́лись лу́чшие ры́цари короле́вства** im Turnier traten die besten Ritter des Königreiches gegeneinander an **4.** *(дружи́ть)* zusammenkommen; *(жени́ться)* heiraten; **ещё в мо́лодости они́ сходи́лись и расходи́лись не́сколько раз** noch in ihrer Jugend kamen sie mehrmals zusammen und gingen dann wieder auseinander **5.** *(име́ть о́бщие интере́сы)* gemeinsame Interessen haben; **он ча́сто схо́дится в иде́ях с колле́гами по рабо́те** er stimmt in seinen Ideen oft mit den Arbeitskollegen überein; **~ хара́ктерами** ähnliche Charaktere haben

схо́дк|а <-и> *ж* Zusammenkunft *f,* Versammlung *f*

схо́д|ный <-ная, -ное; -ен, -на́, -но> *прил* **1.** *(похо́жий)* ähnlich **2.** *разг (подходя́щий)* annehmbar, erschwinglich

схо́дств|о <-а> *ср* Ähnlichkeit *f;* **семе́йное ~** Familienähnlichkeit *f*

схо́ж|ий <-ая, -ее; -, -а, -е> *прил* ähnlich; **у нас с ва́ми схо́жие пробле́мы** wir haben ähnliche Probleme

схола́ст <-а> *м* zu scholastischen Gedanken neigend; **наш преподава́тель выдаю́щийся ~** unser Dozent ist ein hervorragender Scholastiker

схор|они́ть <-оню́, -о́нишь> *св прх см.* **хорони́ть**

сца́па|ть <-ю, -ешь> *нсв прх шутл, прост (пойма́ть)* fassen, packen; **~ во́ра у себя́ до́ма** den Dieb zu Hause fassen

сце́н|а <-ы> *ж* **1.** ТЕАТР Szene *f,* Bühne *f* **2.** *(часть де́йствия)* Szene *f,* Auftritt *m* **3.** ЛИТ *(эпизо́д)* Szene *f,* Episode *f;* **устра́ивать сце́ну** eine Szene machen

сцена́ри|й <-я> *м* Drehbuch *nt,* Szenarium *nt*

сценари́ст <-а> *м* Drehbuchautor *m*

сцена́рн|ый <-ая, -ое> *прил* Drehbuch-; **~ материа́л** Drehbuchmaterial *nt*

сцени́ческ|ий <-ая, -ое> *прил* Bühnen-; **сцени́ческая площа́дка** Bühnenplatz *m;* **сцени́ческое иску́сство** Bühnenkunst *f;* **~ о́браз** Bühnengestalt *f*

сце́нк|а <-и> *ж* Szene *f;* **разыгра́ть сце́нку пе́ред пу́бликой** eine Szene vor dem Publikum spielen

сц|епи́ть <-еплю́, -е́пишь> *св прх см.* **сцепля́ть**

сц|епи́ться <-еплю́сь, -е́пишься> *св рефл см.* **сцепля́ться**

сце́пк|а <-и> *ж* Ж.-Д., ТЕХ Kupplung *f*

сцепле́ни|е <-я> *ср* **1.** ТЕХ Kohäsion *f,* Haftung *f;* **уде́льное ~** spezifische Kohäsion *f* **2.** АВТО Kupplung *f;* **ди́сковое ~** Scheibenkupplung *f*

сцепля́|ть <-ю, -ешь> *нсв,* **сцепи́ть** *св прх* ТЕХ kuppeln, anhängen

сцепля́|ться <-ю́сь, -ешься> *нсв,* **сцепи́ться** *св рефл* **1.** *(скрепи́ться, соедини́ться)* sich ineinander verhaken, aneinander kuppeln; **ваго́ны сцепи́лись** die Waggons kuppelten sich aneinander **2.** *разг (вступи́ть в дра́ку, ссо́риться)* aneinander geraten, sich in die Haare geraten

счастли́в|ец <-ца> *м (счастли́вый челове́к)* glücklicher Mensch *m,* Glückspilz *m;*

С

он ~ судьбы́ er ist ein Glückskind des Schicksals

счастли́во *нрч* glücklich; **он ~ улыба́лся** er lächelte glücklich; **~ отде́латься** mit heiler Haut davonkommen

счастли́вчик <-а> *м разг* Glückspilz *m;* **вот ~!** was für ein Glückspilz!

счастли́в|ый <-ая, -ое; -, -а, -о> *прил* glücklich; **счастли́вая случа́йность** Glücksfall *m;* **~ коне́ц** Happyend *nt,* glückliches Ende *nt;* **счастли́вого пути́!** gute Reise!

сча́сть|е <-я> *ср* Glück *nt;* **к сча́стью** glücklicherweise; **вне себя́ от сча́стья** überglücklich; **к на́шему сча́стью** zu unserem Glück

счесть <сочту́, сочтёшь> *св (н)прх см.* **счита́ть**

счёт <счёта> *м* **1.** *(су́мма)* Rechnung *f;* **~ за свет** Stromrechnung *f;* **не уплати́вший по счёту** Zechpreller *m* **2.** *(подсчи́тывание)* Rechnen *nt,* Zählen *nt,* Kalkulieren *nt;* **~ при́былей и убы́тков** Gewinn- und Verlustrechnung *f;* **сби́ться со счёта** sich verrechnen; **вести́ ~** die Rechnung führen **3.** экон Konto *nt;* **~ жи́ро** Girokonto *nt;* **ба́нковский ~** Bankkonto *nt;* **~ в ба́нке** Bankkonto *nt;* **~ в иностра́нной валю́те** Fremdwährungskonto *nt;* **~ за́работной пла́ты** Gehaltskonto *nt,* Lohnkonto *nt;* **~ на дохо́д** Erlöskonto *nt;* **~ пасси́ва** Kapitalkonto *nt,* Passivkonto *nt;* **~, управля́емый фидуциа́рем** Treuhandkonto *nt;* **взять** [*или* **снять**] **со счёта** Geld (vom Konto) abheben **4.** спорт Spielstand *m;* **ро́вный ~** Gleichstand *m;* **быть на плохо́м счету́ у кого́-л.** schlecht angeschrieben sein bei *+dat;* **принима́ть что-л. на сво́й ~** etw auf sich beziehen; **на э́тот ~** diesbezüglich; **за свой ~** auf eigene Kosten; **сверя́ть коли́чество с пре́жним счётом** die Menge mit der früheren Rechnung vergleichen; **сравня́ть ~** спорт das Resultat ausgleichen; **принеси́те, пожа́луйста, ~!** bringen Sie mir, bitte, die Rechnung!; **бухга́лтер ведёт ~ на фи́рме** der Buchhalter führt die Firmenkonten; **теку́щий ~** laufendes Konto; **своди́ть счёты с кем-л.** mit jdm abrechnen

счётн|ый <-ая, -ое> *прил* **1.** *(слу́жащий для счёта)* Rechen-, Buchhaltungs-; **счётная лине́йка** Rechenstab *m;* **счётная маши́нка** Rechenmaschine *f* **2.** *(счетово́дный)* Buchhaltungs-; **~ докуме́нт** Buchhaltungsunterlagen *pl*

счетово́д <-а> *м* Buchhalter *m;* **тре́буется ~** man braucht einen Buchhalter

счетово́дств|о <-а> *ср* Buchführung *f,* Buchhaltung *f,* Rechnungswesen *nt;* **вести́ ~** die Buchhaltung führen

счётчик <-а> *м* **1.** *(лицо́, производя́щее подсчёт)* Zähler *m;* **~ по пе́реписи населе́ния** Zähler bei der Volkszählung **2.** *(прибо́р)* Zähler *m,* Zählapparat *m;* **включи́ть ~ такси́** das Taxameter einschalten **3.** эл Zähler *m;* **~ Ге́йгера** физ Geigerzähler *m*

счёт|ы <-ов> *мн* Rechenbrett *nt;* **счита́ть на счётах** mit dem Rechenbrett rechnen

счи́|стить <-щу, -стишь> *св прх см.* **счища́ть**

счита́|ть[1] <-ю, -ешь> *нсв,* **счесть, сосчита́ть, посчита́ть** *св (н)прх* **1.** *(приня́ть за кого́-л.)* halten für *+akk* **2.** *(сосчита́ть)* zählen, rechnen; **не счита́я (кого́-л./чего́-л.)** exklusive, ausgenommen; **~ в уме́** kopfrechnen; **я счита́ю, что ...** ich denke, dass ...

счита́|ть[2] <-ю, -ешь> *св прх см.* **считыва́ть**

счита́|ться <-юсь, -ешься> *нсв,* **посчита́ться** *св рефл* **1.** *нсв (слыть кем-л./чем-л.)* gelten als *+nom* **2.** *(уважа́ть)* Rücksicht nehmen auf *+akk*

счи́тыва|ть <-ю, -ешь> *нсв,* **счита́ть** *прх (сверя́ть)* kollationieren

счища́|ть <-ю, -ешь> *нсв,* **счи́стить** *св прх* abputzen, reinigen; **~ грязь с о́буви** den Schmutz von den Schuhen putzen

США *сокр от* **Соединённые Шта́ты Аме́рики** USA *pl*

сшиба́|ть <-ю, -ешь> *нсв,* **сшиби́ть** *св прх разг (сбить уда́ром)* umstoßen, umwerfen, über den Haufen rennen; **~ вса́дника копьём** den Reiter mit dem Speer herunterstoßen; **~ кого́-л. с ног** jdn umrennen

сшива́|ть <-ю, -ешь> *нсв,* **сшить** *св прх* nähen; *(сшить вме́сте)* zusammennähen

сшить <сошью́, сошьёшь> *св прх см.* **шить, сшива́ть**

съеда́|ть <-ю, -ешь> *нсв,* **съесть** *св прх* aufessen; *(жа́дно)* verschlingen

съедо́б|ный <-ная, -ное; -ен, -на, -но> *прил* essbar

съёжива|ться <-юсь, -ешься> *нсв,* **съёжиться** *св рефл разг* sich zusammenziehen, zusammenschrumpfen, sich zusammenrollen; **съёжиться от хо́лода** vor Kälte zitterten

съезд[1] <съе́зда> *м (собра́ние)* Kongress *m;* *(прибы́тие)* Ankunft *f;* **~ па́ртии** Parteitag *m*

съезд[2] <съе́зда> *м (спуск)* Abfahrt *f;* **~ с автостра́ды** Autobahnausfahrt *f*

съе́з|дить <-жу, -дишь> *св нпрх разг* fahren; **~ за́ город** aufs Land fahren; **~ ненадо́лго** kurzfristig verreisen

съезжа́|ть <-ю, -ешь> *нсв,* **съе́хать** *св нпрх* **1.** *(спуска́ться вниз)* hinunterfahren **2.** *(с кварти́ры)* ausziehen **3.** *(сполза́ть)* rutschen

съезжа́|ться <-юсь, -ешься> *нсв,* **съе́хаться** *св рефл* zusammenkommen

съём <съёма> *м (сня́тие)* Abnahme *f*

съёмк|а <-и> *ж* Vermessung *f;* фот Aufnehmen *nt,* Fotografieren *nt,* Filmen *nt;* *(фи́ль-*

ма) Dreharbeiten *pl;* **заме́дленная ~** Zeitlupe *f;* **момента́льная ~** Momentaufnahme *f*

съёмочн|ый <-ая, -ое> *прил* Aufnahme-, Dreh-; **съёмочная площа́дка** Drehort *m*

съестн|о́й <-а́я, -о́е> *прил* Ess-, Nahrungs-; **съестны́е запа́сы** Nahrungsvorräte *pl*

съе́сть <съем, съешь> *св прх см.* **съеда́ть**

съе́|хать <-ду, -дешь> *св нпрх см.* **съезжа́ть**

съе́|хаться <-дусь, -дешься> *св рефл см.* **съезжа́ться**

съязв|и́ть <-лю́, -и́шь> *св нпрх см.* **язви́ть**

сы́вороткa|а <-и> *ж* Molke *f;* МЕД Serum *nt*

сы́гран|ный <-ная, -ное; -, -а, -о> *прил* eingespielt; **~ орке́стр** gut eingespieltes Orchester *nt*

сыгра́|ть <-ю, -ешь> *св прх см.* **игра́ть**

сы́грыва|ться <-юсь, -ешься> *нсв,* **сыгра́ться** *св рефл* СПОРТ, МУЗ sich einspielen

сы́змальства *нрч разг* von klein auf

сы́знова *нрч разг* aufs neue, von neuem, wieder; **нача́ть всё ~** von neuem anfangen

сын <сы́на> *м* Sohn *m;* **он ~ своего́ вре́мени** er ist ein Kind seiner Zeit

сыни́шк|а <-и> *ж ласк, разг (сын)* Söhnchen *nt*

сыно́вн|ий <-яя, -ее> *прил* Sohnes-; **сыно́вняя привя́занность** Sohnesanhänglichkeit *f;* **~ долг** Sohnespflicht *f*

сын|о́к <-ка́> *м разг (в обраще́нии)* Sohn *m*

сы́п|ать <-лю, -лешь> *нсв прх и перен* verschütten; **~ вопро́сами** mit Fragen überschütten; **~ остро́тами** Witze reißen

сы́п|аться *нсв* <-ется>, **посы́паться** *св безл, только 3 л* **1.** *(па́дать)* (herab)fallen; **мука́ сы́палась из мешка́** das Mehl rieselte aus dem Sack **2.** *разг (разруша́ться)* auseinanderfallen; **подо́л костю́ма расши́лся и осы́пался** der Saum trennte sich auf und franste aus

сыпн|о́й <-а́я, -о́е> *прил* **~ тиф** МЕД Fleckfieber *nt,* Flecktyphus *m*

сыпу́ч|ий <-ая, -ее; -, -а, -е> *прил* Streu-, Flug-; **сыпу́чие пески́** Streusand *m;* **~ материа́л** Streumaterial *nt;* **~ бе́рег реки́** der Flussufer mit streubarem Grund

сыпь <сы́пи> *ж* МЕД Ausschlag *m*

сыр <сы́ра> *м* Käse *m;* **пла́вленый ~** Schmelzkäse *m*

сыре́|ть <-ю, -ешь> *нсв,* **отсыре́ть** *св нпрх* feucht werden; **дрова́ отсыре́ли** das Holz wurde feucht

сы́рник <-а> *м* КУЛ Quarkpfannkuchen *m*

сы́ро *нрч* feucht; **в пеще́ре о́чень ~** in der Höhle ist es sehr feucht

сырова́т|ый <-ая, -ое; -, -а, -о> *прил разг* **1.** *(вла́жный)* etwas feucht **2.** *(негото́вый)* leicht roh

сырое́жк|а <-и> *ж* БОТ Täubling *m;* **собира́ть сырое́жки** Täublinge sammeln

сыр|о́й <-а́я, -о́е; -, -а́, -о> *прил* feucht; *(неварёный)* roh; **сыро́е мя́со** rohes Fleisch *m*

сыр|о́к <-ка́> *м (пла́вленый)* Schmelzkäse *m;* **коро́бка со сла́дкими сырка́ми** eine Schachtel mit süßem Schmelzkäse

сыромя́тн|ый <-ая, -ое> *прил (из недублёной ко́жи)* aus weißgegerbtem Leder; **~ реме́нь** Nahriemen *m*

сы́рос|ть <-ти> *ж* Nässe *f,* Feuchtigkeit *f*

сырь|ё <-я́> *ср* Rohstoff *m,* Rohmaterial *nt;* **бога́тая сырьём страна́** ein rohstoffreiches Land; **втори́чное ~** Altstoff *m;* **основно́е промы́шленное ~** Grundstoff *m*

сырьев|о́й <-а́я, -о́е> *прил* Rohstoff-; **сырьево́е бога́тство страны́** Rohstoffreichtum *m* des Landes

сыск <сы́ска> *м (ро́зыск престу́пников)* Fahndung *f;* **развита́я систе́ма сы́ска** ein entwickeltes Fahndungssystem

сыска́ть <сыщу́, сы́щешь> *св прх разг (найти́)* finden; **ника́к не сыщу́ свои́ очки́** ich kann meine Brille nicht finden

сыска́ться <сыщу́сь, сы́щешься> *св рефл разг* sich finden

сыскн|о́й <-а́я, -о́е> *прил* Kriminal-, Detektiv-; **сыскно́е отделе́ние** Kriminalabteilung *f*

сы́тно *нрч* satt; **~ пообе́дать** sich satt essen

сы́т|ный <-ная, -ное; -ен, -на́, -но> *прил (насыща́ющий)* sättigend, nahrhaft, reichlich; **сы́тная еда́** nahrhaftes Essen *nt*

сы́то *нрч* satt; **коро́вы мыча́ли ~** die Kühe muhten satt

сы́тос|ть <-ти> *ж* Sättigung *f,* Sattheit *f;* **чу́вствовать прия́тную ~ в желу́дке** ein angenehmes Gefühl der Sättigung im Magen verspüren

сы́т|ый <-ая, -ое; -, -а́, -о> *прил и перен* satt

сыч <сыча́> *м* ЗООЛ Kauz *m;* **в темноте́ крича́л ~** in der Nacht hörte man den Ruf des Kauzes; **смотре́ть как ~** dumm aus der Wäsche gucken

сы́щик <-а> *м* Detektiv *m,* Geheimpolizist *m;* **за ним следи́ли сы́щики** Geheimpolizisten haben ihn verfolgt

сэконо́м|ить <-лю, -ишь> *св прх см.* **эконо́мить**

сэ́ндвич <-а> *м* Sandwich *nt*

сюда́ *нрч* hierher; **иди́ ~!** komm her!

сюже́т <-а> *м* ЛИТ Fabel *f;* **како́й ~ у э́того рома́на?** was für eine Fabel hat dieser Roman?

сюже́тн|ый <-ая, -ое> *прил* **1.** *(основно́й)* Fabel-; **сюже́тная ли́ния рома́на** die Sujetlinie des Romans **2.** *(име́ющий сюже́т)* mit gutem Inhalt, mit gutem Sujet; **~ фильм** ein Film mit gutem Sujet

сюи́т|а <-ы> *ж* Suite *f*

С

сюрпри́з <-а> *м* Überraschung *f*, Bescherung *f*

сюрту́к <-а́> *м устар (мужска́я ве́рхняя оде́жда)* Gehrock *m*; **прогла́дить ла́цканы сюртука́** die Aufschläge des Gehrocks bügeln

сюсю́канье <-я> *ср* Gelispel *nt*

сяк *част* **так, и ~** so und so, auf jede mögliche Weise; **к нему́ пристава́ли и так, и ~** man hat ihn auf jede Art und Weise belästigt

сям *нрч разг* **там и ~** hier und dort, hie und da; **они́ бы́ли везде́ - и там, и ~** sie waren überall - hier und dort

Т т

Т, т <неизм> *ср Buchstabe T*
та *см.* **тот**
таба́к <-а́> *м* Tabak *m;* **де́ло ~!** *перен* schlimme Sache!; **ню́хательный ~** Schnupftabak *m*
табаке́рк|а <-и> *ж* Tabakdose *f*
табаково́дств|о <-а> *ср* Tabak(an)bau *m*
таба́чн|ый <-ая, -ое> *прил* **1.** *(из табака́)* Tabak(s)-; **~ дым** Tabakrauch *m;* **таба́чные изде́лия** Tabakwaren *fpl;* **таба́чное произво́дство** Tabakherstellung *f* **2.** *(цвет)* tabakfarben
та́бе|ль <-ля> *м* **1.** *устар* Rangliste *f* **2.** *(контро́льный лист)* Kontrollliste *f* **3.** *(в шко́ле)* Zeugnis *nt,* Zwischenzeugnis *nt*
та́бельщик <-а> *м,* **та́бельщиц|а** <-ы> *ж* Kontrolleur(in) *m(f),* der eine Kontrolltafel überwacht
табле́тк|а <-и> *ж* Tablette *f;* **~ от головно́й бо́ли** Kopfschmerztablette *f;* **противозача́точная ~** Antibabypille *f;* **снотво́рная ~** Schlaftablette *f*
табли́ц|а <-ы> *ж* Tabelle *f;* **~ умноже́ния** Einmaleins *nt;* **возглавля́ть турни́рную табли́цу** СПОРТ in der Tabelle führen
табли́чк|а <-и> *ж* Schild *nt;* **~ с назва́нием у́лицы** Straßenschild *nt;* **снабжа́ть табли́чкой** beschildern; **заво́дская ~ с обозначе́нием ти́па изде́лия** Typenschild *nt*
табли́чн|ый <-ая, -ое> *прил* Tabellen-, tabellarisch; **табли́чные вычисле́ния** Tabellenkalkulation *f*
табло́ <неизм> *ср (электро́нное)* Anzeigetafel *f*
та́бор <-а> *м (ла́герь, стан)* Lager *nt;* **расположи́ться та́бором** ein Lager aufschlagen; **каза́чий ~** Kosakenlager *nt;* **цыга́нский ~** Zigeunerlager *nt*
табу́ <неизм> *ср* Tabu *nt;* **де́лать ~ из чего́-л.** etw tabuisieren
табуля́тор <-а> *м* Tabulator *m*
табу́н <-а́> *м* **1.** *(ста́до)* Pferdeherde *f;* **~ верблю́дов** Kamelherde *f* **2.** *(толпа́ люде́й)* Menschenmenge *f;* **ходи́ть табуно́м** mit der Herde ziehen; **~ ребяти́шек** Kinderschwarm *m*
табу́нщик <-а> *м* Pferdehirt *m*
табуре́т <-а> *м* Schemel *m,* Hocker *m;* *(в ба́ре)* Barhocker *м*
таве́рн|а <-ы> *м* Taverne *f,* Schenke *f*
таво́т <-а> *м* ТЕХ Staufferfett *nt*
тавр|о́ <-а́> *м* **1.** *(клеймо́)* Brandmal *nt,* Stempel *m;* **накла́дывать ~** brandmarken **2.** *(ору́дие)* Brandstempel *m*
тавро́в|ый <-ая, -ое> *прил* ТЕХ T-förmig; **~ про́филь** T-Profil *nt;* **~ знак** T-Zeichen *nt*
тавтоло́ги|я <-и> *ж* ЛИНГВ, ФИЛОС Tautologie *f*
таджи́к <-а> *м,* **таджи́чк|а** <-и> *ж* Tadschike *m,* Tadschikin *f*
Таджикиста́н <-а> *м* ГЕОГ Tadschikistan *nt*
таёжник <-а> *м,* **таёжниц|а** <-ы> *ж* Taigabewohner(in) *m(f)*
таёжн|ый <-ая, -ое> *прил* Taiga-; **~ посёлок** eine Siedlung in der Taiga; **жи́тель таёжных мест** Bewohner *m* der Taigagebiete
таз <та́за> *м* Waschbecken *nt;* АНАТ Becken *nt*
тазобе́дренн|ый <-ая, -ое> *прил* Hüft-; **~ суста́в** Hüftgelenk *nt*
та́зов|ый <-ая, -ое> *прил* АНАТ Hüft-, Becken-; **та́зовые ко́сти** Hüftbein *nt;* **та́зовая по́лость** Becknbereich *m*
Таила́нд <-а> *м* ГЕОГ Thailand *nt*
таила́нд|ец <-ца> *м,* **таила́ндк|а** <-и> *ж* Thai(länder(in)) *m(f)*
таинствен|ный <-ная, -ное; -, -на, -но> *прил* geheimnisvoll, mysteriös
та́инств|о <-а> *ср* РЕЛИГ Sakrament *nt*
Таи́ти <неизм> *м* Tahiti *nt*
таи́ть <таю́, таи́шь> *нсв прх* geheim halten; *перен* bergen, beinhalten
таитя́н|е <-> *мн* Tahitier(in) *m(f)*
Тайва́|нь <-ня> *м* ГЕОГ Taiwan *nt*
тайва́ньск|ий <-ая, -ое> *прил* taiwanesisch; **~ язы́к** taiwanesische Sprache *f;* **тайва́ньские го́ры** taiwanesische Berge *mpl*
тайг|а́ <-и́> *ж* ГЕОГ Taiga *f (dichtes Waldgebiet in Russland)*
тайко́м *нрч* heimlich; **~ от кого́-л.** heimlich vor jdm; **пробра́ться ~** sich heimlich anschleichen
тайм <-а> *м* СПОРТ Halbzeit *f;* **пе́рвый/второ́й ~** erste/zweite Halbzeit *f*
тайм-аут <тайм-а́ута> *м* СПОРТ Time-out *nt,* Auszeit *f;* **попроси́ть ~** eine Auszeit verlangen
та́ймер <-а> *м* ТЕХ Schaltuhr *f,* Zeitschaltuhr *f*
та́йн|а <-ы> *ж* Geheimnis *nt;* **~ вкла́да** Bankgeheimnis *nt;* **~ и́споведи** Beichtgeheimnis *nt;* **~ перепи́ски** Briefgeheimnis *nt;* **враче́бная ~** ärztliche Schweigepflicht *f;* **госуда́рственная ~** Staatsgeheimnis *nt;* **~ почто́вой перепи́ски** Postgeheimnis *nt;* **произво́дственная ~** Betriebsgeheimnis *nt;* **профессиона́льная ~** Berufsgeheimnis *nt;* **служе́бная ~** Dienstgeheimnis *nt;* **разглаша́ть та́йну** ein Geheimnis lüften; **сохраня́ть в та́йне** geheim halten; **та́йны Мадри́дского двора́** Geheimnistuerei *f*
тайни́к <-а́> *м* Versteck *nt*
та́йн|ый <-ая, -ое> *прил* geheim, heimlich;

Т

та́йная вече́ря РЕЛИГ das Heilige Abendmahl *nt*
тайфу́н <-а> *м* МЕТЕОР Taifun *m*
так I. *нрч (таки́м о́бразом)* so, auf diese Weise; *(насто́лько)* so, dermaßen; **~ де́ло не пойдёт** so geht das nicht; **как бы не ~** nichts dergleichen; **~ ли э́то?** ist das wirklich so?; **~ же** ebenso; **то́чно ~ же** ebenso gut; **~ или ина́че** so oder so; **~ называ́емый** sogenannt; **~ себе́** *разг* nichts Besonderes; **~ сказа́ть** sozusagen; **~ как** da, weil; **~ что** so dass; **~ что́бы** damit, um zu II. *сз* also; **~ ты пойдешь?** also du gehst? III. *част (утверди́тельно)* ja, freilich
така́я *см.* **тако́й**
такела́ж <-а> *м* 1. МОР Takelage *f*, Takelwerk *nt*, Tauwerk *nt;* **бегу́чий ~** laufende Takelung *f* 2. ТЕХ Richtzeug *nt*, Rüstzeug *nt;* **~ для подъёмного кра́на** Tauzeug *nt* für den Hebekran
такела́жник <-а> *м* Takeler *m*
та́кже *нрч* auch, ebenso; **а ~** sowie
та́ки *част разг (одна́ко, тем не ме́нее)* doch, dennoch, schon; **сам-~ сде́лал** er hat alles allein getan; **всё-~ ты не прав!** dennoch bist du im Unrecht!
таков |о́й <-ая, -ое; -, -á, -ó> *мест указ.* dieser, derselbe; **как ~** als solcher
тако́й, така́я, тако́е <тако́го, тако́й, тако́го> *мест* solch, dergleichen; **ну что в э́том тако́го?** was ist schon dabei?; **~ как я** meinesgleichen; **таки́м о́бразом** auf solche Weise, also; **~ же высо́кий** ebenso hoch; **в тако́м слу́чае** in diesem Fall
та́кс |а[1] <-ы> *ж (соба́ка)* Dackel *m*
та́кс |а[2] <-ы> *ж* ФИН Gebühr *f*, Taxe *f*, Tarif *m*
такса́ци |я <-и> *ж* Taxation *f*
такси́ <неизм> *ср* Taxi *nt*
такси́рован |ный <-ная, -ное; -, -а, -о> *прил* ЭКОН taxiert; **такси́рованные суде́бные изде́ржки** taxierte Gerichtskosten *pl*
таксиро́вк |а <-и> *ж* Taxation *f*
такси́ст <-а> *м* Taxifahrer *m*
таксо́метр <-а> *м* Taxameter *m;* **снять показа́ния таксо́метра** die Angaben vom Taxameter übernehmen
таксомото́рн |ый <-ая, -ое> *прил* Taxi-; **~ гара́ж** Taxigarage *f*
таксопа́рк *сокр от* **таксомото́рный па́рк** Taxipark *m;* **маши́на идёт в ~** der Wagen fährt in den Taxipark
такт[1] <та́кта> *м* 1. МУЗ Takt *m;* **~ в три че́тверти** Dreivierteltakt *m;* **в ~** im Takt 2. ТЕХ Takt *m*, Arbeitsgang *m*
такт[2] <та́кта> *м* Takt *m*, Feingefühl *nt;* **отсу́тствие та́кта** kein Taktgefühl
та́ктик <-а> *м* Taktiker *m*
та́ктик |а <-и> *ж* ВОЕН Taktik *f;* **~ проволо́чек** Verzögerungstaktik *f*
такти́льн |ый <-ая, -ое> *прил* БИОЛ taktil; **такти́льная чувстви́тельность** Tastsinn *m*
такти́ческ |ий <-ая, -ое> *прил* taktisch
такти́чнос |ть <-ти> *ж* Taktgefühl *nt*
такти́ч |ный <-ная, -ное; -ен, -на, -но> *прил* taktvoll
тала́нт <-а> *м* Talent *nt*, Begabung *f;* **зарыва́ть свой ~ в зе́млю** seine Begabung verkümmern lassen
тала́нтлив |ый <-ая, -ое; -, -а, -о> *прил* talentiert, begabt
та́лер <-а> *м* Taler *m*
талиба́н <-а> *м* Bewohner(in) *m(f)* Afghanistans, Taliban *m*
талисма́н <-а> *м* Talisman *m*
та́ли |я <-и> *ж* Taille *f;* **обня́ть за та́лию** um die Taille fassen
та́лли |й <-я> *м* Thallium *nt*
талму́д <-а> *м* РЕЛИГ Talmud *m*
тало́н <-а> *м* Bezugsschein *m*, Gutschein *m*, Coupon *m;* **~ купо́нного листа́** Erneuerungsschein *m;* **~ на пита́ние** Essensmarke *f;* **~ на получе́ние багажа́** Gepäckschein *m;* **~ на пра́во получе́ния а́кций** Aktienbezugsschein *m;* **открепи́тельный ~** Wahlschein *m (für Wahlberechtigte, die in einem anderen Wahlkreis wählen wollen);* **поса́дочный ~** *(в самолёте)* Bordkarte *f;* **контро́льный ~** Kontrollabschnitt *m*
та́лреп <-а> *м* МОР Spannschloss *m*
та́л |ый <-ая, -ое> *прил* aufgetaut, geschmolzen; **та́лая вода́** Schmelzwasser *nt;* **~ снег** tauender Schnee *m*
таль <та́ли> *м* ТЕХ Flaschenzug *m*
та́льк <-а> *м без мн* 1. *(минера́л)* Talk *m;* **мо́лотый ~** gemahlener Talk; **за́лежи та́лька** Talkvorkommen *nt* 2. *(порошо́к)* Talkum *nt;* **присы́пать та́льком** mit Talkum bestreuen
тальни́к <-а> *м* БОТ Purpurweide *f*
там I. *нрч* dort, da; **~ посмо́трим** da werden wir weitersehen II. *част* **что́бы там ни́ было** was auch kommen mag
тамад |а́ <-ы́> *м* Tamada *m (Tischmeister beim Festessen);* **вы́брать тамадо́й** einen Tamada auswählen
та́мбур <-а> *м* 1. СТР Windfang *m*, Vorraum *m*, Unterbau *m* 2. Ж.-Д. geschlossene Plattform *f*, Windfang *m* 3. *(вяза́ние)* Tamburierstickerei *f*
тамбури́н <-а> *м* МУЗ Tamburin *nt*
тамо́женник <-а> *м* Zollbeamte(r) *m*
тамо́женн |ый <-ая, -ое> *прил* Zoll-; **тамо́женная деклара́ция** Zollerklärung *f;* **тамо́женная гармониза́ция** Zollharmonisierung *f;* **тамо́женная грани́ца** Zollgrenze *f;* **тамо́женные форма́льности** Zollabfertigung *f;* **тамо́женная по́шлина** Zoll *m;* **тамо́женная процеду́ра** Zollverfahren *nt;* **тамо́женные пра́вила** zollrechtliche Bestim-

mungen *pl;* **таможенная стоимость** Zollwert *m;* **выполнять таможенные формальности** Zollformalitäten erledigen; **таможенные инструкции** Zollvorschriften *fpl;* **~ груз** Zollgut *nt;* **~ режим** Zollverfahren *nt;* **~ сбор** Zoll *m;* **~ союз** Zollunion *f;* **~ тариф** Zolltarif *m;* **~ досмотр** Zollkontrolle *f*

тамо́жн|я <-и> *ж* Zollamt *nt*

та́мошн|ий <-яя, -ее> *прил разг* dortig

тампо́н <-а> *м* Tampon *m;* *(ва́тный)* Wattebausch *m*

тампона́ж <-а> *м* ШАХТ Abdichtung *f,* Zementierung *f*

тампона́ци|я <-и> *ж* МЕД Tamponade *f*

тамта́м <-а> *м* МУЗ Tamtam *nt,* Gong *m*

та́нго <неизм> *ср* Tango *m;* **под зву́ки ~** unter Tangotönen

та́нде́м <-а> *м* Tandem *nt; перен* Gespann *nt*

та́н|ец <-ца> *м* Tanz *m; мн* Tanzveranstaltung *f,* Tanzabend *m;* **~ живота́** Bauchtanz *m;* **пригласи́ть на ~** zum Tanz einladen

танзани́|ец <-йца> *м,* **танзани́йк|а** <-и> *ж* Tansanier(in) *m(f)*

тани́н <-а> *м* МЕД, ТЕХ Tannin *nt*

танк <та́нка> *м* ВОЕН Panzer *m*

та́нкер <-а> *м* МОР Tanker *m*

танке́тк|а <-и> *м* **1.** ВОЕН Kleinkampfwagen *m,* leichter Panzer *m* **2.** *(обувь)* Pumps *pl* mit Keilabsatz; **ту́фли на танке́тке** Keilpantoletten *pl*

танки́ст <-а> *м* ВОЕН Panzersoldat *m*

та́нков|ый <-ая, -ое> *прил* ВОЕН Panzer-; **та́нковая часть** Panzereinheit *f;* **та́нковая диви́зия** Panzerdivision *f;* **~ деса́нт** Panzerlandung *f;* **служи́ть в та́нковых война́х** in den Panzertruppen dienen

танта́л <-а> *м* ХИМ Tantal *nt*

тантье́м|а <-ы> *ж* ЭКОН Tantieme *f*

танцева́|льный <-льная, -льное; -лен, -льна, -льно> *прил* Tanz-, tänzerisch; **~ зал** Tanzsaal *m;* **танцева́льная тру́ппа** Tanztruppe *f;* **~ ве́чер** Tanzabend *m;* **на танцева́льной площа́дке** auf der Tanzfläche

танц|ева́ть <-у́ю, -у́ешь> *нсв,* **потанцева́ть, станцева́ть** *св прх* tanzen

танцо́вщик <-а> *м,* **танцо́вщиц|а** <-ы> *ж* Balletttänzer(in) *m(f)*

танцо́р <-а> *м,* **танцо́рк|а** <-и> *ж* Tänzer(in) *m(f)*

тапи́р <-а> *м* ЗООЛ Tapir *m*

та́поч|ки <-ек> *мн leichte Schuhe ohne Absatz;* **дома́шние ~** Hausschuhe *mpl,* Pantoffeln *mpl;* **спорти́вные ~** Sportschuhe *mpl*

та́р|а <-ы> *ж* Tara *nt; (упако́вка)* Verpackung *f;* **~ ра́зового по́льзования** Einwegverpackung *f;* **многооборо́тная ~** Mehrwegverpackung *f*

тараба́н|ить <-ю, -ишь> *нсв нпрх разг* laut klopfen, hämmern; **~ кулако́м в дверь** mit der Faust laut an die Tür klopfen; **~ по стеклу́** auf dem Glas pochen

тарака́н <-а> *м* ЗООЛ (Küchen)Schabe *f*

тарака́н|ий <-ья, -ье> *прил* Schaben-; **тарака́ньи усы́** Schabenfühler *pl*

тара́н <-а> *м* Mauerbrecher *m,* Ramme *f;* ВОЕН Rammen *nt*

тара́н|ить <-ю, -ишь> *нсв прх* ВОЕН, СТР rammen; **~ оборо́ну врага́** die feindliche Abwehr rammen; **~ проти́вника** den Gegner rammen; **~ сте́ны** die Wände rammen

тара́нтул <-а> *м* ЗООЛ Tarantel *f*

тара́|нь <-ни> *ж* ЗООЛ Zährte *f*

тарара́м <-а> *м без мн* Lärm *m,* Geschrei *nt,* Tumult *m;* **подня́ть ~** Krach *m* machen

тарата́йк|а <-и> *ж и разг* Karre *f,* Kiste *f;* **пора́ смени́ть э́ту тарата́йку** es ist an der Zeit diese klapprige Karre zu tauschen

тарато́р|ить <-ю, -ишь> *нсв нпрх разг* plappern, quasseln

тарато́рк|а <-и> *м и ж разг* Plaudertasche *f,* Plappermaul *nt*

тарах|те́ть <-чу́, -ти́шь> *нсв нпрх разг* **1.** *(шуме́ть)* poltern, holpern; **колёса тарахтя́т** die Räder holpern; **~ на маши́нке** auf der Schreibmaschine klappern **2.** *(бы́стро говори́ть)* schnell reden

тара́щ|ить <-у, -ишь> *нсв прх* glotzen; **~ глаза́ от удивле́ния** die Augen vor Verwunderung aufreißen

таре́лк|а <-и> *ж* Teller *m*

тари́ровани|е <-я> *ср* ЭКОН, ТЕХ Eichung *f,* Tarieren *nt;* **~ весо́в** die Gewichte tarieren

тари́ф <-а> *м* Tarif *m,* Gebühr *f;* **~ налогообложе́ния** Steuertarif *m;* **основно́й ~** Grundgebühr *f*

тари́фн|ый <-ая, -ое> *прил* Tarif-; **~ догово́р** Tarifvertrag *m;* **тари́фная за́работная пла́та** Grundlohn *m;* **тари́фная ста́вка** Lohngruppe *f;* **тари́фное соглаше́ние** Tarifvertrag *m*

тарти́нк|а <-и> *ж* belegtes Brötchen *nt*

таска́|ть <-ю, -ешь> *нсв прх* **1.** *(носи́ть)* schleppen; *(волочи́ть)* schleifen; **~ всю́ду с собо́й** überall mit sich (herum)schleppen; **~ за во́лосы кого́-л.** jdn an den Haaren ziehen **2.** *разг (ворова́ть)* stibitzen, klauen

таска́|ться <-юсь, -ешься> *нсв рефл разг* **1.** *(ходи́ть)* sich herumtreiben; **~ по знако́мым** bei Bekannten herumhängen; **~ без де́ла по у́лицам** sich auf den Straßen herumtreiben; **~ с кни́гами по го́роду** mit Büchern durch die Stadt laufen **2.** *(уха́живать)* den Hof machen; **~ за же́нщинами** den Frauen den Hof machen

Тасма́ни|я <-и> *ж* ГЕОГ Tasmanien *nt*

тас|ова́ть <-у́ю, -у́ешь> *нсв,* **стасова́ть** *св прх* mischen; **~ ка́рты** die Spielkarten mischen

Та́сос <-а> *м* ГЕОГ Thas(s)os *nt*

ТАСС *сокр от* **Телегра́фное аге́нтство Сове́тского Сою́за** die Telegrafenagentur

Т

der UdSSR; **сообщéния ИТÁР ~** Mitteilungen der TASS

татáрин <-а> *м*, **татáрк|а** <-и> *ж* Tatar(in) *m(f)*

татáрск|ий <-ая, -ое> *прил* tatarisch; **татáрские племенá** Tatarenstämme *mpl;* **татáрское и́го** ИСТОР Tatarenherrschaft *f*, Mongolenherrschaft *f;* **~ я́рус** ГЕОЛ die höchste Schicht der permischen Periode

Татарстáн <-а> *м* Tatarstan *nt*

татуирóвк|а <-и> *ж* Tätowierung *f*

тафт|á <-ы́> *ж без мн* Taft *m;* **шёлковая ~** Seidentaft *m*

тахикарди́|я <-и> *ж* МЕД Tachykardie *f*, Herzrhythmusstörung *f*

тахóметр <-а> *м* Tachometer *nt;* АВТО Drehzahlmesser *m*

тахт|á <-ы́> *ж* Liege *f*

тачá|ть <-ю, -ешь> *нсв*, **стачáть** *св прх* zusammennähen, steppen; **~ брю́ки** die Hose zusammennähen

тáчк|а <-и> *ж* Schubkarren *m*

тащи́ть <тащу́, тáщишь> *нсв прх см.* **таскáть**

тащи́ться <тáщится> *нсв безл, тóлько 3 л (волочи́ться)* sich schleppen, kriechen; **~ по пóлу** auf dem Boden kriechen; **~ на поводу́** sich in jds Schlepptau bewegen; **~ в таку́ю даль?** so weit sollen wir gehen/fahren?; **плéнные потащи́лись по дорóге в ущéлье** die Gefangenen schleppten sich auf dem Weg in die Schlucht

тáяни|е <-я> *ср* Tauen *nt*, Schmelzen *nt;* **~ льдов** Eistauen *nt;* **~ вóска** Wachsschmelzen *nt*

тá|ять <-ю, -ешь> *нсв*, **растáять** *св нпрх* **1.** *(снег, лёд и др.)* schmelzen, tauen **2.** *(растворя́ться)* zergehen **3.** *(худéть)* abmagern, abnehmen **4.** *разг (о срéдствах)* (zusammen)schmelzen **5.** *разг (о восхищéнии)* vergehen

тварь <твáри> *ж* **1.** *устар, разг (живóе существó)* Geschöpf *nt;* **бессловéсная ~** stummes Geschöpf *nt;* **земны́е твáри** die Erdgeschöpfe **2.** *вульг (пóдлый человéк)* Luder *nt;* **~ продáжная** käufliches Luder *nt*

твердé|ть <-ю, -ешь> *нсв нпрх* sich verhärten, hart werden; **~ на морóзе** in der Kälte starr werden

твер|ди́ть <-жу́, -ди́шь> *нсв прх* **1.** *(постоя́нно повторя́ть)* wiederholen; **нельзя́ же ~ однó и то же!** du kannst doch nicht ständig dasselbe wiederholen!; **продолжáть ~ своё** immer die alte Leier ziehen **2.** *(зау́чивать)* auswendig lernen; **~ прáвила** die Regeln auswendig lernen; **~ урóк** eine Lektion auswendig lernen

твёрдо *нрч* fest, hart; **~ знать** etw auswendig wissen; **стоя́ть ~ на своём** auf etw beharren; **~ отстáивать пози́ции** beharrlich seine Meinung verteidigen; **~ вéрить** fest glauben; **я ~ знáю, что …** ich weiß genau, dass …

твердокáменн|ый <-ая, -ое> *прил разг (непоколеби́мый)* unbeugsam; **твердокáменное сéрдце** hartherzig

твердолóб|ый <-ая, -ое; -, -а, -о> *прил* halsstarrig, dickköpfig, stur

твёрдос|ть <-ти> *ж без мн* **1.** ФИЗ Härte *f*, Festigkeit *f;* **~ метáллов** Metallfestigkeit *f;* **~ минерáлов** die Härte der Minerale **2.** *перен (непоколеби́мость)* Standhaftigkeit *f;* **~ дýха** die Standhaftigkeit der Seele; **проявля́ть ~** Standhaftigkeit zeigen

твёрд|ый <-ая, -ое; -, -á, -о *или* -ó> *прил* hart, fest; *перен (стóйкий)* fest, standhaft; ЭКОН fest, fixiert, fix; **~ как кáмень** steinhart; **у негó ~ харáктер** er hat Rückgrat; **твёрдая валю́та** Hartwährung *f;* **твёрдая кóпия** ИНФОРМ Ausdruck *m;* **твёрдая часть вознаграждéния** Fixum *nt;* **твёрдая процéнтная стáвка** Festzins *m;* **твёрдая сдéлка** Fixgeschäft *nt;* **твёрдая ценá** Festpreis *m;* **~ оклáд** Fixum *nt;* **~ срок** Fixtermin *m;* **кни́га в твёрдом переплёте** Buch *nt* mit festem Einband; **~ диск** ИНФОРМ (Fest)Platte *f*, Harddisk *f;* **~ знак** Härtezeichen *nt*

тверды́н|я <-и> *ж книжн* **1.** *(крéпость)* Feste *f*, Festung *f;* **непристу́пная ~** unbezwingbare Festung *f* **2.** *(опóра)* Bollwerk *nt*, Hochburg *f;* **семéйная ~** Familienhochburg *f*

твиндéк <-а> *м* МОР Twindeck *nt*

твой, **твоя́**, **твоё** <твоегó, твоéй, твоегó> *мест* dein; **как по-твóему?** wie denkst du?

творéни|е <-я> *ср* **1.** *(дéйствие)* Schaffen *nt* **2.** *(создáние)* Geschöpf *nt* **3.** *(худóжественное произведéние)* Schöpfung *f*, Werk *nt*

твор|éц <-цá> *м книжн* Schöpfer *m*

твори́тельн|ый <-ая, -ое> *прил* ЛИНГВ **~ падéж** Instrumentalis *m*

твор|и́ть <-ю́, -и́шь> *нсв*, **сотвори́ть** *св прх* schöpfen, schaffen; *(соверши́ть)* vollbringen, verwirklichen

твор|и́ться <-и́тся> *нсв*, **сотвори́ться** *св безл, тóлько 3 л* vorgehen, passieren, geschehen; **что твори́тся на свéте!** was geschieht auf der Welt!; **что с тобóй твори́тся?** was geht in dir vor?

твóрóг <-á *или* -а> *м* Quark *m;* **нежи́рный ~** Magerquark *m*

творóжист|ый <-ая, -ое; -, -а, -о> *прил* Käse-

творóжник <-а> *м* Käsekuchen *m*

творóжн|ый <-ая, -ое> *прил* КУЛ Quark-; **~ сырóк** Quarkschmelzkäse *m;* **~ пу́динг** Quarkpudding *m;* **творóжная мáсса** Quarkmasse *f*

твóрчески *нрч* schöpferisch, Schaffens-; **~ мы́слить** schöpferisch denken; **~ подходи́ть к дéлу** schöpferisch an die Sache herangehen

твóрческ|ий <-ая, -ое> *прил* kreativ,

schöpferisch; **твóрческая биогрáфия** Schaffensweg *m;* **твóрческая командирóвка** Studienreise *f;* **~ потенциáл** [*или* **энéргия**] Schaffenskraft *f*

твóрчеств|о <-a> *ср* Schaffen *nt;* *(совокýпность сóзданного)* Werk *nt*

твоя́ *см.* **твой**

т.е. *сокр от* **то есть** d.h., das heißt

теáтр <-a> *м* Theater *nt;* **~ абсýрда** *и перен* absurdes Theater *nt,* Affentheater *nt;* **~ кýкол, кýкольный ~** Kasperletheater *nt,* Puppentheater *nt;* **драмати́ческий ~** Schauspielhaus *nt;* **~ одногó актёра** Ein-Mann-Theater *m;* **óперный ~** Opernhaus *nt;* **~ боевы́х дéйствий** ВОЕН Kriegsschauplatz *m*

театрáл <-a> *м,* **театрáлк|а** <-и> *ж разг* Theaterliebhaber(in) *m(f),* Theaterfreund(in) *m(f)*

театрализóван|ный <-ная, -ное; -, -а, -о> *прил* ИСК für die Bühne bearbeitet; **театрализóванное представлéние** eine für die Bühne bearbeitete Aufführung; **~ ромáн** ein für die Bühne bearbeiteter Roman

театрá|льный <-льная, -льное; -лен, -льна, -льно> *прил и перен* theatralisch, Theater-; **театрáльная пьéса** Theaterstück *nt;* **театрáльная шкóла** Schauspielschule *f;* **~ кácca** Theaterkasse *f*

театровéд <-a> *м* ИСК Theaterwissenschaftler(in) *m(f)*

тебé *мест* dir, dich; *см.т.* **ты**

тебя́ *мест* deiner, dich; *см.т.* **ты**

тевтóн <-a> *м,* **тевтóнк|а** <-и> *ж* ИСТОР Teutone *m*

тевтóнск|ий <-ая, -ое> *прил* ИСТОР teutonisch; **тевтóнские племенá** teutonische Stämme; **~ óрден** Deutscher Orden *m*

Тегерáн <-a> *м* ГЕОГ Teheran *nt*

тéз|а <-ы> *ж* ФИЛОС These *f*

тезаврáци|я <-и> *ж* ЭКОН Thesaurierung *f,* Hortung *f,* Ansammlung *f*

тезáурус <-a> *м* ЛИНГВ Thesaurus *m*

тéзис <-a> *м* These *f*

тёзк|а <-и> *ж разг* Namensvetter *m,* Namensschwester *f*

теи́зм <-a> *м* РЕЛИГ Theismus *m*

теи́н <-a> *м* ХИМ T(h)ein *nt*

теки́н|ец <-ца> *м,* **теки́нк|а** <-и> *ж* Tekinze *m,* Tekinzin *f*

текст <тéкста> *м* Text *m*

тексти́|ль <-ля> *м без мн* Textilwaren *pl,* Textilien *pl*

тексти́льн|ый <-ая, -ое> *прил* Textil-

тексти́льщик <-a> *м,* **тексти́льщиц|а** <-ы> *ж* Textilarbeiter(in) *m(f)*

текстов|óй <-áя, -óе> *прил* ТИП Text-; **~ шрифт** Textschrift *f;* **~ набóр** Textsatz *m;* **текстовáя обрабóтка** Textbearbeitung *f*

текстýр|а <-ы> *ж* Textur *f;* **~ метáлла** Metallzusammenfügung *f;* **магни́тная ~** Magnettextur *f;* **~ гóрных порóд** Gesteinartengefüge *nt*

тектóник|а <-и> *ж без мн* **1.** ГЕОЛ Tektonik *f;* **регионáльная ~** Regionaltektonik *f;* **истори́ческая ~** geschichtliche Tektonik **2.** СТР Architektonik *f*

тектони́ческ|ий <-ая, -ое> *прил* ГЕОЛ tektonisch; **тектони́ческие зóны** tektonische Zonen *fpl;* **тектони́ческие проги́бы** tektonischer Durchhang *m;* **тектони́ческие деформáции** tektonische Deformationen *fpl*

текýчес|ть <-ти> *ж* **1.** ФИЗ Fließbarkeit *f* **2.** *(непостоя́нство)* Fluktuation *f;* **~ рабóчей си́лы** Fluktuation der Arbeitskräfte

текýч|ий <-ая, -ее; -, -а, -е> *прил* dünnflüssig

текýчк|а <-и> *ж разг* kurze Arbeitsbesprechung; **произвóдственная ~** kurze Produktionsbesprechung

текýщ|ий <-ая, -ее> *прил* laufend, regelmäßig; *(настоя́щий)* laufend, gegenwärtig; **текýщая биржевáя торгóвля** Fließhandel *m;* **текýщая инвентаризáция** Fortschreibung *f,* laufende Inventur *f;* **текýщая котирóвка** fortlaufende Notierung *f;* **текýщая стóимость** Zeitwert *m;* **текýщее задáние** laufender Auftrag *m;* **~ дохóд от цéнных бумáг** Umlaufrendite *f;* **~ закáз** laufender Auftrag *m;* **~ ремóнт** Instandhaltung *f;* **~ учёт** laufende Inventur *f;* **~ хозя́йственный год** laufendes Geschäftsjahr *nt;* **~ счёт** Kontokorrent *nt,* laufendes Konto *nt*

телебáнкинг <-a> *м* Homebanking *m*

телебáшн|я <-и> *ж* Fernsehturm *m*

телеви́дени|е <-я> *ср* Fernsehen *nt;* **кáбельное ~** Kabelfernsehen *nt;* **спýтниковое ~** Satellitenfernsehen *nt;* **покáзывать по телеви́дению** im Fernsehen zeigen

телевизиóнн|ый <-ая, -ое> *прил* Fernseh-; **телевизиóнная передáча** Fernsehsendung *f;* **телевизиóнная реклáма** Fernsehwerbung *f*

телевизиóнщик <-a> *м разг* Fernsehmitarbeiter(in) *m(f)*

телеви́зор <-a> *м* Fernsehapparat *m,* Fernseher *m;* **что покáзывают сегóдня по телеви́зору?** was läuft heute im Fernsehen?; **смотрéть ~** fernsehen

телéг|а <-и> *ж* Leiterwagen *m,* Kastenwagen *m,* Fuhrwerk *nt*

телегрáмм|а <-ы> *ж* Telegramm *nt*

телегрáф <-a> *м* Fernmeldeamt *nt*

телеграфи́р|овать <-ую, -уешь> *(н)св (н)прх* telegrafieren, funken; **~ день приéзда** den Ankunftstag telegrafieren; **~ о собы́тии** über die Ereignisse funken

телеграфи́ст <-a> *м,* **телеграфи́стк|а** <-и> *ж* Telegrafist(in) *m(f),* Telegrafenbeamte *m,* Fernschreiber(in) *m(f)*

телегрáфн|ый <-ая, -ое> *прил* Telegrafen-, Fernschreib(er)-, Draht-; **телегрáфная сеть** Fernschreibernetz *nt;* **~ áдрес** Telegramm-

Т

adresse *f;* **телегра́фное сообще́ние** telegrafische Mitteilung; **~ кана́л** Telegrafenkanal *m;* **~ столб** Telegrafenmast *m;* **телегра́фное аге́нство** Telegrafenagentur *f,* Nachrichtenagentur *f*

теледа́тчик <-а> *м* Ferngeber *m*

теле́жк|а <-и> *ж* Handwagen *m,* Karren *m;* *(в магази́не)* Einkaufswagen *m;* **~ для багажа́** Gepäckwagen *m*

телезаста́вк|а <-и> *ж* Fernsehspot *m*

телезри́те|ль <-ля> *м* Fernsehzuschauer *m*

телеигр|а́ <-ы́> *ж* Telespiel *nt*

телеизмере́ни|е <-я> *ср* Fernmessung *f*

телека́мер|а <-ы> *ж* Fernsehkamera *f*

телекоммуника́ци|я <-и> *ж* Telekommunikation *f*

телекомпа́ни|я <-и> *ж* Fernsehanstalt *f,* Fernsehsender *m*

те́лекс <-а> *м* Fernschreiben *nt,* Telex *nt*

телема́ркетинг <-а> *м* Telefonmarketing *nt*

телема́тик|а <-и> *ж* Telematik *f*

телён|ок <-ка> *м* Kalb *nt*

телемо́ст <-а> *м* Fernsehbrücke *f;* **~ Москва́ – Ло́ндон** Fernsehbrücke Moskau – London

телеобъекти́в <-а> *м* ФОТ Teleobjektiv *nt*

телепа́ти|я <-и> *ж* Telepathie *f*

телепереда́ч|а <-и> *ж* Fernsehsendung *f;* **~ для шко́льников** Schülerfernsehen *nt;* **смотре́ть телепереда́чу** eine Fernsehsendung sehen; **~ с ме́ста собы́тия** eine Fernsehübertragung vom Ort des Geschehens/vor Ort

телепри́нтер <-а> *м* Ferndrucker *m*

телес|а́ <теле́с> *мн, ирон* Leibesfülle *f;* **сотряса́ть телеса́ми** die Fettmassen schütteln

телесериа́л <-а> *м* Serie *f;* **нашуме́вший ~** Aufsehen erregende Serie; **уча́ствовать в телесериа́ле** bei einer Serie dabei sein

телесигнализа́ци|я <-и> *ж* Fernmeldung *f*

телеско́п <-а> *м* Teleskop *nt,* Fernrohr *m*

теле́с|ный <-ная, -ное; -ен, -на, -но> *прил* **1.** *(физи́ческий)* körperlich, Körper-, Leibes-; **тя́жкие теле́сные поврежде́ния** schwere Körperverletzungen; **теле́сное наказа́ние** Prügelstrafe *f* **2.** ФИЗ, МАТ Körper-; **~ у́гол** Körperwinkel *m* **3.** *(желтова́то-бе́лый)* fleischfarben, hautfarben; **~ цвет** Hautfarbe *f*

телесту́ди|я <-и> *ж* Fernsehstudio *nt*

телета́йп <-а> *м* Fernschreiber *m*

те́лефакс <-а> *м* Telefax *nt*

телефо́н <-а> *м* Telefon *nt;* **~-автома́т** Münzfernsprecher *m,* Kartentelefon *nt;* **~ дове́рия** Sorgentelefon *nt;* **кто у телефо́на?** wer spricht da?; **позва́ть к телефо́ну** ans Telefon rufen; **сказа́ть по телефо́ну** am Telefon sagen; **со́товый** [*или* **моби́льный**] **~** Handy *nt;* **звони́ть по телефо́ну** jdn anrufen

телефони́стк|а <-и> *ж* Telefonistin *f*

телефо́нн|ый <-ая, -ое> *прил* telefonisch, Telefon-; **телефо́нная бу́дка** Telefonzelle *f;* **~ звоно́к** Telefonanruf *m;* **телефо́нная ка́рточка** Telefonkarte *f;* **телефо́нная кни́га** Telefobuch *nt;* **~ разгово́р** Telefongespräch *nt,* Telefonat *nt;* **~ секрета́рь** Anrufbeantworter *m*

телефонogра́мм|а <-ы> *ж* telefonische Nachricht; **приня́ть телефоногра́мму** ein Telefonat annehmen

тел|е́ц <-ьца́> *м* АСТР Stier *m*

телеце́нтр <-а> *м* Fernsehzentrum *nt,* Fernsehstudio *nt*

телешо́ппинг <-а> *м* Teleshopping *nt*

телеэкра́н <-а> *м* Bildschirm *m;* **вы́йти на телеэкра́ны** im Fernsehen gezeigt werden

те́лик <-а> *м разг* Fernsehgerät *nt;* **что идёт по те́леку?** was lauft im Fernsehen?; **смотре́ть по це́лым дням ~** den ganzen Tag fernsehen

тели́ться <тели́тся *или* те́лится> *нсв,* **оте́литься** *св безл, то́лько 3 л* kalben

теллу́р <-а> *м* Tellur *nt*

теллу́ри|й <-я> *м* АСТР Tellurium *nt*

теллури́ческ|ий <-ая, -ое> *прил* АСТР Tellurium-; **теллури́ческие ли́нии** Tellurilumlinien *pl;* **теллури́ческие то́ки** Telluriumpunkte *pl*

те́л|о <-а> *ср* Körper *m,* Leib *m;* **в здоро́вом те́ле здоро́вый дух** ein gesunder Geist in einem gesunden Körper

телогре́йк|а <-и> *ж* ärmellose Jacke *f,* Wattejacke *f*

телодвиже́ни|е <-я> *ср* Körperbewegung *f;* **пла́вные телодвиже́ния** leichte Körperbewegungen *fpl*

тел|о́к <-ка́> *м,* **тёлк|а** <-и> *ж* Färse *f,* Kalbin *f*

телосложе́ни|е <-я> *ср* Körperbau *m,* Statur *f*

телохрани́те|ль <-ля> *м* Leibwächter *m*

тельня́шк|а <-и> *ж разг* МОР Matrosenhemd *nt;* **полоса́тая ~** gestreiftes Matrosenhemd *nt*

те́льфер <-а> *м* ТЕХ Elektrozugkatze *f,* Hebezug *m*

те́льц|е <-а> *ср* **1.** *уменьш (те́ло)* Körper *m;* **то́нкое ~** dünner Körper *m* **2.** БИОЛ Zelle *f;* **кровяны́е тельца́** Blutkörperchen *pl;* **кле́точные тельца́** Zellkörperchen *pl;* **семенно́е ~** Samentierchen *nt*

теля́тин|а <-ы> *ж* Kalbsfleisch *nt*

теля́тник <-а> *м,* **теля́тниц|а** <-ы> *ж* **1.** АГР *(рабо́тник)* Kälberpfleger(in) *m(f)* **2.** *(хлев)* Kälberstall *m*

теля́ч|ий <-ья, -ье> *прил* **1.** *(из телёнка)* Kalb(s)-; **теля́чья отбивна́я** Kalbskotelett *nt;* **пальто́ из теля́чьей ко́жи** Kalbsledermantel *m* **2.** *перен (глупова́тый)* dumm; **теля́чье выраже́ние лица́** dummer Gesichtsausdruck *m* **3.** *перен (бу́рный, неуме́стный)* toll, übertrieben betont; **~ восто́рг** kindische Freude *f;* **теля́чьи не́жности** übertriebene Zärtlichkeiten *fpl*

тем[1] *сз* ~ **более, что ...** um so mehr dass ..., erst recht weil ...; ~ **не менее** dennoch, trotzdem; ~ **самым** damit; ~ **более!** um so mehr!

тем[2] *см.* **тот**

тем|а <-ы> *ж* Thema *nt;* ~ **разговора** Gesprächsthema *nt*

тематик|а <-и> *ж* Thematik *f*

тематическ|ий <-ая, -ое> *прил* thematisch

тембр <тембра> *м* Timbre *m,* Klangfarbe *f*

Темз|а <-ы> *ж* ГЕОГ Themse *f*

темне|ть <-ет> *нсв,* **потемнеть, стемнеть** *св безл, только 3 л* **1.** *(становиться тёмным)* dunkel werden, sich verdunkeln; **серебро темнеет** das Silber wird schwarz; **в глазах темнеет** jdm wird schwarz vor Augen; **его лицо потемнело** sein Gesicht wurde finster **2.** *(о наступлении сумерек)* dämmern, dunkel werden; ~ **рано** es wird früh dunkel; **небо вдруг потемнело** plötzlich wurde der Himmel dunkel **3.** *(видеться)* sich dunkel abheben; **вдали темнеет лес** in der Ferne war der Wald zu sehen

темн|ить <-ю, -ишь> *нсв нпрх разг* **1.** *(делать тёмным)* verdunkeln; **ты мне темнишь** du verdeckst mir das Licht **2.** *перен (обманывать)* täuschen; **что-то ты темнишь** du erzählst Märchen

темниц|а <-ы> *ж* Kerker *m*

темноволос|ый <-ая, -ое; -, -а, -о> *прил* dunkelhaarig, brünett; ~ **парень** dunkelhaariger Junge *m*

темнокож|ий <-ая, -ее> *прил* mit dunkler Haut

темнот|а <-ы> *ж* **1.** *(мрак)* Dunkelheit *f,* Finsternis *f;* **с наступлением темноты** nach Einbruch der Dunkelheit **2.** *(невежество)* Unwissenheit *f,* Unkenntnis *f* **3.** *(неясность)* Unklarheit *f*

тём|ный <-ная, -ное; -ен, -на, -но> *прил* **1.** *и перен* dunkel, finster; **это дело тёмное** das ist eine dunkle Geschichte; **тёмная комната** Dunkelkammer *f* **2.** *(неясный)* unklar, zweideutig **3.** *(подозрительный)* dunkel, verdächtig

темп <темпа> *м* Tempo *nt;* **темпы роста** Zuwachsrate *f;* **быстрыми темпами** sehr schnell, in Windeseile

темпер|а <-ы> *ж* **1.** *(краска)* Temperafarbe *f* **2.** *(живопись)* Temperamalerei *f*

темперамент <-а> *м* Temperament *nt*

темперамент|ный <-ная, -ное; -ен, -на, -но> *прил* temperamentvoll

температур|а <-ы> *ж* Temperatur *f;* МЕД Fieber *nt;* ~ **кипения** Siedetemperatur *f;* ~ **окружающей среды** Umgebungstemperatur *f;* **мерить температуру** das Fieber messen

температур|ить <-ю, -ишь> *нсв нпрх разг* МЕД fiebern, Fieber haben; ~ **несколько дней** einige Tage fiebern

температурн|ый <-ая, -ое> *прил* Temperatur-; ~ **лист больного** Temperaturblatt *m* des Kranken; **температурная кривая** МЕД Temperaturkurve *f;* ~ **шов** ТЕХ Temperaturnaht *f;* ~ **напор** ФИЗ Temperaturdruck *m;* **температурные шкалы** Temperaturskalen *pl*

температур|а ...

темпераци|я <-и> *ж* МУЗ Stimmung *f*

тем|я <-ени> *ср* АНАТ Scheitelbein *nt*

тенденциоз|ный <-ная, -ное; -ен, -на, -но> *прил* tendenziös

тенденци|я <-и> *ж* Tendenz *f,* Entwicklung *f,* Trend *m;* ~ **к снижению** rückläufige Tendenz *f;* ~ **рынка** Markttendenz *f*

тендер <-а> *м* **1.** Ж.-Д., МОР Tender *m* **2.** АВТО Spannschloss *m*

теневик <-а> *м разг* Geschäftsmann *m* in der Schattenwirtschaft

тенев|ой <-ая, -ое> *прил* Schatten-, schattig; **теневое изображение** Schattenriss *m;* ~ **кабинет** *перен* Schattenkabinett *nt;* **теневая сторона** Schattenseite *f;* **теневая экономика** Schattenwirtschaft *f*

тенелюбив|ый <-ая, -ое> *прил* schattenbedürftig, schattenliebend; **тенелюбивые растения** schattenliebende Pflanzen *fpl*

тенёт|а <-> *мн* Netz *nt,* Garn *nt;* **поймать тенётами** im Netz fangen

тенист|ый <-ая, -ое; -, -а, -о> *прил* schattig

теннис <-а> *м* Tennis *nt;* **настольный** ~ Tischtennis *nt*

теннисист <-а> *м,* **теннисистк|а** <-и> *ж* Tennisspieler(in) *m(f)*

теннisk|а <-и> *ж* Polohemd *nt*

теннисн|ый <-ая, -ое> *прил* Tennis-; ~ **корт** Tennisplatz *m;* **теннисная ракетка** Tennisschläger *m;* ~ **мяч** Tennisball *m*

тенор <-а> *м* МУЗ Tenor *m;* **лирический** ~ lyrischer Tenor *m*

тент <тента> *м* Plane *m*

тень <тени> *ж* **1.** *(неосвещенное место)* Schatten *m;* **в тени** im Schatten; **под тенью** unter dem Schatten; **бросать ~ на кого-л.** einen Schatten auf jdn werfen; **оставаться в чьей-л. тени** in jds Schatten stehen **2.** *(призрак)* Schatten *m,* Geist *m;* **царство теней** Schattenreich *nt* **3.** *(макияж)* Lidschatten *m* **4.** *(след)* Spur *f;* **нет и тени сомнения** es gibt auch nicht die Spur eines Zweifels

теодолит <-а> *м* ГЕОД, АСТР Theodolit *m*

теологи|я <-и> *ж* Theologie *f*

теорем|а <-ы> *ж* МАТ Theorem *nt;* **доказать теорему** ein Theorem beweisen; ~ **квантовой теории поля** das Theorem der Quantentheorie des Feldes

теоретик <-а> *м* Theoretiker(in) *m(f);* **физик-~** theoretischer Physiker *m*

теоретическ|ий <-ая, -ое> *прил* theoretisch

теори|я <-и> *ж* Theorie *f,* Lehre *f;* ~ **игр** МАТ Spieltheorie *f;* ~ **множеств** МАТ Mengenlehre *f;* ~ **налогообложения** Steuerlehre *f;* **~ относи́тельности** физ Relativitätstheorie *f;* **~ позна́ния** филос Erkenntnistheorie *f*

теосо́фи|я <-и> *ж* религ Theosophie *f*

тепе́решн|ий <-яя, -ее> *прил* derzeitig, gegenwärtig

тепе́рь *нрч* jetzt, nun

тёпленьк|ий <-ая, -ое> *прил* lauwarm; **чуть ~** etwas warm

тепле́|ть <-ет> *нсв,* **потепле́ть** *св безл, то́лько 3 л* warm werden; **~ с ка́ждым днём** mit jedem Tag wird es wärmer; **на душе́ тепле́ет** jdm wird es warm ums Herz

те́пл|иться <-ится> *нсв безл, то́лько 3 л* **1.** *(сла́бо свети́ться)* schwach brennen, leuchten, glimmen; **те́плится лампа́да** das Lämpchen vor der Ikone glimmt **2.** *перен (не угаса́ть)* (weiter)leuchten; **наде́жда те́плится** es ist noch ein Funken Hoffnung vorhanden

тепли́ц|а <-ы> *ж* Treibhaus *nt,* Gewächshaus *nt*

тепли́чн|ый <-ая, -ое> *прил* **1.** агр Treibhaus-; **тепли́чное расте́ние** Treibhauspflanze *f;* **расти́ть в тепли́чных усло́виях** unter Treibhausbedingungen aufwachsen **2.** *перен (изне́женный)* verzärtelt, verwöhnt, verhätschelt

тепло́[1] *нрч и перен* warm; **одева́ться ~** sich warm anziehen; **мне здесь ~** mir ist hier warm

тепл|о́[2] <-а́> *ср* Wärme *f;* **поте́ри тепла́** Wärmeverlust *m;* **расхо́д тепла́** Wärmeverbrauch *m;* **два гра́дуса тепла́** zwei Grad über Null

теплоаккумуля́тор <-а> *м* Wärmespeicher *m*

теплово́з <-а> *м* ж.-д. Diesellok(omotive) *f*

теплов|о́й <-а́я, -о́е> *прил* Wärme-, thermisch; **~ пото́к** Wärmestrom *m;* **теплова́я мо́щность** Wärmeleistung *f;* **~ уда́р** Hitzeschlag *m*

теплоёмкос|ть <-ти> *ж* физ Wärmekapazität *f*

теплозащи́т|а <-ы> *ж* Wärmeschutz *m*

теплоизлуче́ни|е <-я> *ср* Wärmestrahlung *f,* thermische Strahlung *f*

теплоизоляцио́нн|ый <-ая, -ое> *прил* Wärmedämm-; **~ материа́л** Wärmedämmstoff *m;* **теплоизоляцио́нные рабо́ты** Wärmedämmarbeiten *pl*

теплоизоля́ци|я <-и> *ж* Wärmedämmung *f*

теплокро́вны|е <-х> *мн* зоол Warmblüter *pl*

теплолече́ни|е <-я> *ср* мед Wärmetherapie *f*

теплолюби́в|ый <-ая, -ое; -, -а, -о> *прил* биол, зоол wärmeliebend; **~ расте́ния** wärmeliebende Pflanzen *fpl;* **~ ры́бы** wärmeliebende Fische *mpl*

тепломе́р <-а> *м* физ Wärmemesser *m,* Kalorimeter *nt,* Wärme(verbrauchs)zähler *m;* **показа́ния тепломе́ра** Wärmezähleranzeigen *pl*

теплоноси́те|ль <-ля> *м* физ Wärmeträger *m;* **~ в я́дерном реа́кторе** Wärmeträger im Kernreaktor

теплообме́н <-а> *м* Wärmeaustausch *m,* Wärmeübertragung *f*

теплообме́нник <-а> *м* Wärmetauscher *m*

теплоотда́ч|а <-и> *ж* Wärmeabgabe *f,* Wärmeabfluss *m*

теплопоглоще́ни|е <-я> *ср* Wärmeaufnahme *f*

теплоподво́д <-а> *м* Wärmezufuhr *f*

теплопроводни́к <-а> *м* Wärmeleiter *m*

теплосе́|ть <-ти> *ж* Heizungsnetz *nt,* Wärmeversorgungsnetz *nt;* **поврежде́ние в теплосети́** Schaden *m* im Heizungsnetz

теплоснабже́ни|е <-я> *ср* Wärmeversorgung *f*

теплосто́|йкий <йкая, -йкое; -ек, -йка, -йко> *прил* thermostabil, wärmebeständig; **теплосто́йкая изоля́ция** wärmebeständige Isolation *f;* **теплосто́йкие спла́вы** thermostabile Legierungen *fpl*

теплот|а́ <-ы́> *ж и перен* Wärme *f,* Herzlichkeit *f*

теплотра́сс|а <-ы> *ж* Heiztrasse *f;* **прокла́дывать теплотра́ссу** eine Heiztrasse verlegen

теплофикацио́нн|ый <-ая, -ое> *прил* Heizungs-; **теплофикацио́нная ста́нция** Wärmekraft- und Fernheizwerk *nt,* Heizkraftwerk *nt;* **теплофикацио́нная систе́ма** Heizungssystem *nt*

теплофика́ци|я <-и> *ж без мн* Fernheizung *f,* Heißwasser-Fernheizung *f,* Dampf-Fernheizung *f;* **~ райо́на** Bezirksfernheizung *f*

теплофици́р|овать <-ую, -уешь> *(н)св прх* Fernheizung verlegen; **~ жилы́е дома́** Wohnhäuser an die Fernheizung anschließen

теплохо́д <-а> *м* Motorschiff *nt*

теплоцентра́|ль <-ли> *ж* Fernheizwerk *nt,* Heizkraftwerk *nt*

теплочувстви́тельнос|ть <-ти> *ж* Wärmeempfindlichkeit *f*

теплоэнерге́тик|а <-и> *ж* Wärmeenergetik *f*

тёп|лый <-лая, -лое; -ел, -ла́, ло́> *прил и перен* warm; **чуть ~** lauwarm; **оказа́ть кому́-л. ~ приём** jdm einen herzlichen Empfang bereiten; **сиде́ть на тёплых месте́чках** auf sicherem Posten sitzen; **тёплые слова́** freundschaftliche Worte *pl*

теплу́шк|а <-и> *ж* стр, ж.-д. (be)heizbarer Güterwagen

тера́кт <-а> *м* Terroranschlag *m;* **предотвраще́ние тера́ктов** Verhinderung von Terroranschlägen; **осуществи́ть ряд тера́ктов** eine Reihe von Anschlägen durchführen

терапе́вт <-а> *м* **1.** *(психотерапе́вт)* Therapeut(in) *m(f)* **2.** *(специали́ст по вну́тренним боле́зням)* Internist *m*

терапевти́ческ|ий <-ая, -ое> *прил* therapeutisch

терапи́|я <-и> *ж* Therapie *f,* Krankenbehandlung *f; (вну́тренняя медици́на)* Innere Medizin *f;* **трудова́я ~** Arbeitstherapie *f,* Ergotherapie *f;* **физи́ческая ~** Physiotherapie *f*

те́рби|й <-я> *м* Terbium *nt*

tереб|и́ть <-лю́, -и́шь> *нсв прх* **1.** АГР raufen; **~ лён** Leinen raufen **2.** *(тро́гать)* zerren; **~ за плечо́** an der Schulter zerren; **~ бо́роду** sich den Bart raufen **3.** *перен (надоеда́ть)* belästigen; **~ кого́-л. вопро́сами** jdn mit Fragen plagen

те́рем <-а> *м* ИСТОР *Wohnraum im oberen Teil eines reichen Hauses im alten Russland*

тере́ть <тру, трёшь> *нсв прх* reiben; **~ глаза́** sich die Augen reiben; **~ до бле́ска** blank putzen

тере́ться <трусь, трёшься> *нсв рефл* **1.** *(тере́ть себя́ чем-л.)* sich (ab)reiben; **~ полоте́нцем** sich mit einem Tuch abreiben; **~ моча́лкой** sich mit einem Bastwisch reiben **2.** *(прижима́ться)* sich anschmiegen; **~ у ног** jdm um den Bart gehen; **~ об огра́ду** sich an den Zaun drücken **3.** *перен, разг (быть во́зле кого́-л.)* verkehren, umgehen; **~ о́коло поли́тиков** mit Politikern verkehren; **~ во́зле знамени́тостей** mit Berühmtheiten verkehren

терза́ни|е <-я> *ср* Qual *f;* **испы́тывать терза́ния** sich quälen; **душе́вные терза́ния** Seelenqualen; **терза́ния ре́вности** Eifersuchtsqualen

терза́|ть <-ю, -ешь> *нсв прх* **1.** *(добы́чу)* zerreißen **2.** *(му́чить)* peinigen, quälen

тёрк|а <-и> *ж* Reibe *f,* Reibeisen *nt*

терма́льн|ый <-ая, -ое> *прил* Thermal-; **терма́льные ва́нны** Thermalbad *nt*

те́рмин <-а> *м* Terminus *m,* Fachausdruck *m*

термина́л <-а> *м* Terminal *nt*

термина́тор <-а> *м* **1.** АСТР Terminator *m* *(Grenzlinie zwischen Licht und Dunkelheit);* **у́тренний ~** Morgenterminator *m* **2.** *(разруши́тель)* Zerstörer *m*

терминоло́ги|я <-и> *ж* Terminologie *f*

терми́т <-а> *м* **1.** ЗООЛ Thermite *f* **2.** ТЕХ Thermit *nt*

терми́тн|ый <-ая, -ое> *прил* ТЕХ Thermit-; **терми́тная смесь** Thermitgemisch *nt;* **терми́тная сва́рка** Thermitschweißen *nt;* **терми́тная бо́мба** Thermitbombe *f*

терми́ческ|ий <-ая, -ое> *прил* ФИЗ, ТЕХ thermisch, Wärme-; **терми́ческая печь** Wärmeofen *m;* **терми́ческое буре́ние** thermische Bohrung; **терми́ческая перерабо́тка то́плива** Wärmebearbeitung von Brennstoffen; **терми́ческая нефтедобы́ча** thermische Erdölförderung; **~ уда́р** Hitzeschlag *m;* **~ эква́тор** ГЕОГ Wärmeäquator *m*

термодина́мик|а <-и> *ж* Thermodynamik *f;* **хими́ческая ~** ХИМ chemische Thermodynamik; **~ неравнове́сных проце́ссов** ФИЗ Thermodynamik *f* der nichtstabilen Prozesse

термодинами́ческ|ий <-ая, -ое> *прил* ФИЗ thermodynamisch; **термодинами́ческое равнове́сие** thermodynamisches Gleichgewicht *nt;* **термодинами́ческое состоя́ние** thermodynamischer Zustand *m*

термоизоля́ци|я <-и> *ж* ФИЗ, ТЕХ Wärmeisolierung *f,* Wärmedämmung *f*

термо́метр <-а> *м* Thermometer *nt,* Fieberthermometer *nt*

терморегуля́тор <-а> *м* Wärmeregler *m;* **утю́г с терморегуля́тором** Bügeleisen *nt* mit Wärmeregler

те́рмос <-а> *м* Thermokanne *f,* Thermosflasche® *f*

термоста́т <-а> *м* Thermostat *nt*

термотерапи́|я <-и> *ж* МЕД Thermotherapie *f*

термоя́дерн|ый <-ая, -ое> *прил* ФИЗ thermonuklear, Kern-; **термоя́дерная реа́кция** gesteuerte thermonukleare Reaktion *f;* **~ раке́тный дви́гатель** thermonuklearer Raketenmotor *m;* **термоя́дерное ору́жие** thermonukleare Waffe *f*

терни́ст|ый <-ая, -ое; -, -а, -о> *прил* dornig; *перен* dornenreich; **~ путь** mühsamer Weg *m*

терно́вник <-а> *м* БОТ Schlehdorn *m,* Schlehe *f*

терно́в|ый <-ая, -ое> *прил* dornig, Dornen-, Schlehen-; **~ куст** Dornenbusch *m;* **~ вене́ц** Dornenkrone *f*

терпели́в|ый <-ая, -ое; -, -а, -о> *прил* geduldig, duldsam; *(выно́сливый, упо́рный)* ausdauernd

терпе́ни|е <-я> *ср* Geduld *f;* **моё ~ ло́пнуло** meine Geduld ist am Ende; **а́нгельское ~** Engelsgeduld *f;* **име́ть ~** Geduld haben; **запасти́сь терпе́нием** sich in Geduld fassen [*o* gedulden]; **проявля́ть ~** Geduld üben; **теря́ть ~** die Geduld verlieren, aus der Haut fahren

терпе́ть <терплю́, те́рпишь> *нсв,* **потерпе́ть** *св прх* **1.** *(боль, хо́лод)* leiden, ertragen **2.** *(запасти́сь терпе́нием)* sich gedulden; *(терпели́во ждать)* sich gedulden **3.** *(допусти́ть)* dulden, leiden; **э́того я не потерплю́** das werde ich nicht dulden **4.** *(уро́н, поте́ри)* erleiden, leiden; **~ пораже́ние** eine Niederlage erleiden **5.** *перен (выноси́ть)* leiden; **я его́ ~ не могу́** ich kann ihn nicht ausstehen; **~ не могу́ опа́здывать** ich kann es nicht leiden mich zu verspäten

терпе́ться <те́рпится> *нсв безл, то́лько*

3 л **мне не те́рпится** es drängt mich zu
терпи́мо *нрч* geduldig, duldsam; **относи́ться ~ к кому́-л.** geduldig mit jdm sein
терпи́мос|ть <-ти> *ж* Toleranz *f*, Duldsamkeit *f*
терпи́м|ый <-ая, -ое; -, -а, -о> *прил* **1.** *(снисходи́тельный)* duldsam, tolerant **2.** *(сно́сный)* erträglich, passabel
те́рп|кий <кая, -кое; -ок, -ка́, -ко> *прил* herb
терпу́г <-а> *м* **1.** ТЕХ *(брусо́к)* Raspel *f*, Kratzfeile *f* **2.** ЗООЛ Barsch *m*; **зуба́стый ~** Meeresbarsch *m*
террако́т|а <-ы> *ж* Terrakotta *f*, Terrakotte *f*; **облицо́вочная ~** Verkleidungsterrakotta *f*; **резна́я ~** geschnitzte Terrakotta *f*
террако́тов|ый <-ая, -ое> *прил* **1.** *(из террако́ты)* Terrakotta-; **террако́товые изде́лия** Terrakottaware *f* **2.** *(цвет)* terrakottafarben; **террако́товое пла́тье** terrakottafarbenes Kleid *nt*
терра́ри|й <-я> *м*, **терра́риум** <-а> *м* Terrarium *nt*; **во́льный ~** Freiterrarium *nt*
терра́с|а <-ы> *ж* Terrasse *f*
террасир|ова́ть <-ую, -уешь> *(н)св прх* ТЕХ terrassieren, stufenförmig anlegen; **~ го́рные скло́ны** die Berghänge stufenförmig anlegen; **~ скло́ны под виногра́дники** die Weinberge terrassieren
террико́н <-а> *м* ШАХТ Halde *f*
территориа́льн|ый <-ая, -ое> *прил* Territorial-, territorial; **территориа́льная це́лостность** territoriale Integrität *f*; **охра́на территориа́льных вод** Bewachung *f* der territorialen Gewässer; **территориа́льные войска́** Territorialtruppen *pl*, Territorialheer *nt*; **территориа́льная неприкоснове́нность** territoriale Unantastbarkeit *f*; **~ диале́кт** territorialer Dialekt *m*
террито́ри|я <-и> *ж* Territorium *nt*, Gebiet *nt*; *(пло́щадь)* Gelände *nt*, Fläche *f*; **~, отведённая под застро́йку** Bauland *nt*, Baugelände *nt*; **~ фа́брики** Fabrikgelände *nt*; **~ ФРГ** Bundesgebiet *nt*; **охраня́емая ~** ЭКОЛ Schutzgebiet *nt*; **пригранична́я тамо́женная ~** Zollgrenzbezirk *m*
терро́р <-а> *м* Terror *m*; **психологи́ческий ~** Psychoterror *m*
терроризи́р|овать <-ую, -уешь> *(н)св прх* terrorisieren
террори́зм <-а> *м* Terrorismus *m*; **специа́льное подразделе́ние для борьбы́ с террори́змом** Antiterroreinheit *f*
террори́ст <-а> *м*, **террори́стк|а** <-и> *ж* Terrorist(in) *m(f)*, Attentäter(in) *m(f)*
террористи́ческ|ий <-ая, -ое> *прил* terroristisch; **~ акт** Terrorakt *m*
тёрт|ый <-ая, -ое; -, -а, -о> *прил* gerieben; *перен* gerissen, durchtrieben; **~ кала́ч** *перен* geriebener Kunde *m*
терце́т <-а> *м* **1.** МУЗ Terzett *nt*; **вока́льный ~** Vokalterzett *nt* **2.** ЛИТ Terzine *f*
те́рци|я <-и> *ж* **1.** МУЗ Terz *f* **2.** ТИП Tertia *f* **3.** МАТ, АСТР Tertije *f*
терье́р <-а> *м* ЗООЛ Terrier *m*
теря́|ть <-ю, -ешь> *нсв*, **потеря́ть** *св прх* verlieren, einbüßen; **~ в ве́се** abnehmen, Gewicht verlieren; **~ равнове́сие** das Gleichgewicht verlieren
теря́|ться[1] <-юсь, -ешься> *нсв*, **потеря́ться** *св рефл* **1.** *(о веща́х)* verloren gehen, abhanden kommen; **мой кошелёк где-то потеря́лся** meine Geldbörse ist mir abhanden gekommen **2.** *(о па́мяти)* nachlassen
теря́|ться[2] <-юсь, -ешься> *нсв*, **растеря́ться** *св рефл* *(о челове́ке)* den Kopf verlieren, in Verwirrung geraten
тёс <тёса> *м* СТР Schnittholz *nt*, dünne Bretter
теса́к <-а́> *м* **1.** ВОЕН Schutzsäbel *m* **2.** *(инструме́нт)* **пло́тничий ~** Axt *f*
тёсан|ый <-ая, -ое> *прил* behauen; **~ грани́т** behauener Granit *m*; **тёсаное бревно́** behauener Klotz *m*
теса́ть <тешу́, те́шешь> *нсв прх* behauen, zuhauen
тесёмк|а <-и> *ж* Litze *f*, schmales Band *nt*, Schnur *f*; **тесёмки рюкзака́** Rucksackschnüre *pl*
тесл|о́ <-а́> *м* ТЕХ Texel *f*, Dechsel *f*, Hohlbeil *nt*
тесн|и́ть <-ю́, -и́шь> *нсв*, **потесни́ть, стесни́ть** *св прх* **1.** *(лиша́ть пози́ций)* drängen, zurückdrängen; **~ проти́вника** den Gegner zurückdrängen; **~ к вы́ходу** zum Ausgang drängen **2.** *то́лько 3 л* *(жать)* drücken; **в плеча́х тесни́т** es drückt in den Schultern **3.** *то́лько 3 л, перен* *(о чу́вствах)* bedrücken, bedrängen, unterdrücken; **тесни́т в груди́** es drückt in der Brust; **мне тесни́т се́рдце** mir drückt das Herz; **тесни́т нея́сное чу́вство** ein unklares Gefühl bedrückt mich
тесн|и́ться <-ю́сь, -и́шься> *нсв*, **потесни́ться, стесни́ться** *св рефл* **1.** *(юти́ться)* sich einengen, eng sitzen, in engen Wohnverhältnissen leben; **~ в двух ко́мнатах** beengt in zwei Zimmern leben; **~ за одни́м сто́ло́м** an einem Tisch dicht zusammensitzen **2.** *то́лько 3 л* *(толпи́ться)* sich drängen, sich zusammendrängen, sich häufen; **~ у вхо́да на фа́брику** sich am Werkeingang drängen **3.** *то́лько 3 л, перен* *(переполня́ть)* drücken; **тесня́тся мы́сли** die Gedanken drängen sich auf
те́сно *нрч* eng, eingeengt; *(бли́зко)* eng, intim; **здесь ~** hier ist es eng; **~ обступи́ть** eng umringen; **~ прижа́ться к кому́-л.** sich eng an jdn drücken
теснот|а́ <-ы́> *ж* Enge *f*, Beengtheit *f*
те́с|ный <-ная, -ное; -ен, -на́, -но> *прил* eng, schmal; *(бли́зкий)* eng, intim; **в те́сном**

кругу́ im Kreis der engsten Freunde

тесо́в|ый <-ая, -ое> *прил* СТР Bretter-; **тесо́вые воро́та** Brettertor *nt*

тесситу́р|а <-ы> *ж* МУЗ Tessitur *f*

тест <те́ста> *м* Test *m*, Probe *f*; **~ на запомина́ние рекла́мы** ЭКОН Impact-Test *m*; **реша́ть ~** einen Test machen [*o* lösen]

те́стер <-а> *м* ЭЛ, РАДИО Tester *m*, Prüfer *m*

тести́р|овать <-ую, -уешь> *(н)св прх* testen; *(опра́шивать)* abfragen

те́ст|о <-а> *ср* **1.** КУЛИН Teig *m*; **дрожжево́е ~** Hefeteig *m*; **сдо́бное ~** Butterteig *m*; **слоёное ~** Blätterteig *m*; **меси́ть ~** den Teig kneten; **они́ из одного́ те́ста** *перен* sie sind aus dem gleichen Holz geschnitzt **2.** *(ма́сса чего́-л.)* (teigige) Masse *f*, Brei *m*

тестомеси́лк|а <-и> *ж* (Teig)Knetmaschine *f*, Teigkneter *m*

тестостеро́н <-а> *м* БИОЛ Testosteron *nt*

тесть <те́стя> *м* Schwiegervater *m*

тесьм|а́ <-ы́> *ж* Borte *f*

тет-а-те́т *нрч* unter vier Augen

те́терев <-а> *м* ЗООЛ Birkhahn *m*

тетеревя́тник <-а> *м* ЗООЛ Habicht *m*

тетёрк|а <-и> *ж* ЗООЛ Birkhenne *f*

тетёр|я <-и> *ж ирон (о нескла́дном челове́ке)* plump, ungeschickt; **со́нная ~** Schlafmütze *f*; **глуха́я ~** tauber Michel *m*

тетив|а́ <-ы́> *ж* **1.** *(лу́ка)* Bogensehne *f*; **натяну́ть тетиву́** die Bogensehne spannen **2.** *(ле́стницы)* Treppenwange *f* **3.** ТЕХ Leine *f*, Kordel *f*; **судова́я ~** Treidelseil *nt*

тетра́дк|а <-и> *ж* Heft *nt*

тетра́дн|ый <-ая, -ое> *прил* Heft-; **разме́ром с ~ лист** in der Größe eines Heftblattes

тетра́|дь <-ди> *ж* Heft *nt*; **чернова́я ~** Schmierheft *nt*; **но́тная ~** Notenheft *nt*; **~ в кле́тку/лине́йку** kariertes/liniertes Heft *nt*; **разъёмная ~** Ringbuch *nt*

тетрало́ги|я <-и> *ж* ЛИТ, МУЗ Tetralogie *f*

тёт|я <-и> *ж* Tante *f*; *(взро́слая же́нщина)* Frau *f*; *(обраще́ние)* Tantchen *nt*

тефло́н <-а> *м* Teflon *nt*

те́фтел|и <-ей> *мн* КУЛ Fleischklöße *pl*; **~ с ри́сом** Fleischklöße mit Reis

техне́ци|й <-я> *м* Technetium *nt*

те́хник <-а> *м* Techniker(in) *m(f)*

те́хник|а <-и> *ж* Technik *f*; *(ме́тод, техноло́гия, спо́соб)* Methode *f*, Verfahren *nt*, Techniken *pl*; **~ свя́зи** Nachrichtentechnik *f*; **вычисли́тельная ~** Rechentechnik *f*; **компью́терная ~** Computertechnik *f*; **о́фисная ~** Bürotechnik *f*; **~ безопа́сности** Arbeitsschutz *m*

те́хникум <-а> *м* Fachschule *f*, Technikum *nt*

техни́ческ|ий <-ая, -ое> *прил* technisch; **~ дире́ктор** Betriebsleiter *m*; **техни́ческое обслу́живание** Wartung *f*; **по техни́ческим причи́нам** aus technischen Gründen

техни́ч|ный <-ная, -ное; -ен, -на, -но> *прил* СПОРТ gewandt, geschickt; **~ игро́к** gewandter Spieler *m*

технови́нка *сокр от* **техни́ческая нови́нка** technische Neuheit *f*

техно́лог <-а> *м* Technologe *m*, Verfahrenstechniker *m*; **инжене́р-~** Ingenieur-Technologe *m*; **~-хи́мик** Chemietechnologe *m*

технологи́ческ|ий <-ая, -ое> *прил* technologisch, verfahrenstechnisch; **~ проце́сс** Arbeitsablauf *m*; **~ разры́в** technologische Lücke *f*; **технологи́ческое оснаще́ние предприя́тия** Betriebsmittel *nt*

техноло́ги|я <-и> *ж* Technologie *f*, Technik *f*, Verfahren *nt*; **высо́кие техноло́гии** Spitzentechnologie *f*, High-Tech *nt*

технопа́рк <-а> *м* Industriepark *m*

технору́к *сокр от* **техни́ческий руководи́тель** technischer Leiter *m*, Betriebsleiter *m*

техобслу́живание *сокр от* **техни́ческое обслу́живание** Wartung *f*

техосмо́тр *сокр от* **техни́ческий осмо́тр** ТЕХ Überholung *f*, Inspektion *f*

техотде́л *сокр от* **техни́ческий отде́л** technische Abteilung *f*

техперсона́л *сокр от* **техни́ческий персона́л** technisches Personal *nt*

техпо́мощь *сокр от* **техни́ческая по́мощь** technische Hilfe *f*; **оказа́ть ~** technische Hilfe leisten

техре́д *сокр от* **техни́ческий реда́ктор** technischer Redakteur *m*; **дать на по́дпись техре́ду** dem technischen Redakteur zur Unterschrift vorlegen

техсекрета́рь *сокр от* **техни́ческий секрета́рь** technischer Sekretär *m*

техухо́д *сокр от* **техни́ческий ухо́д** technische Wartung *f*; **тре́буется ~ за прибо́рами** für die Geräte ist eine technische Wartung notwendig

тече́ни|е <-я> *ср* **1.** *перен (проце́сс, проտека́ние)* Verlauf *m*, Ablauf *m*; **~ боле́зни** Krankheitsverlauf *m*; **~ вре́мени** Lauf *m* der Zeit; **в ~ чего́-л.** binnen +*gen*; **в ~ всей своеи́ жи́зни** sein ganzes Leben (hindurch); **в ~ мно́гих лет** über viele Jahre hinweg; **2.** *(реки́ и т.п.)* Strömung *f*, Strömen *nt*, Fließen *nt*; **вверх по тече́нию** stromaufwärts; **вниз по тече́нию** stromabwärts; **си́льное ~** starke Strömung *f* **3.** *перен (направле́ние)* Strömung *f*; **но́вые литерату́рные тече́ния** neue literarische Strömungen

те́чк|а <-и> *ж* БИОЛ Brunst *f*, Brunft *f*

течь[1] <теку́, течёшь> *нсв нпрх* fließen, strömen; *(вытека́ть)* quellen; *(струи́ться)* rinnen; *перен (проходи́ть)* vergehen, verrinnen

течь[2] <те́чи> *ж* Leck *nt*; **дать ~** leck werden [*o* schlagen]

те́ш|ить <-у, -ишь> *нсв*, **поте́шить** *св прх* **1.** *(развлека́ть)* belustigen, unterhalten; **~ ребя́т** die Kinder belustigen **2.** *(успока́и-*

Т

вать) trösten, beruhigen; ~ **себя́ наде́ждами** sich in der Hoffnung wiegen; ~ **ду́шу** die Seele trösten

тёщ|а <-и> *ж* Schwiegermutter *f*

Тибе́т <-а> *м* ГЕОГ Tibet *nt*

тибе́т|ец <-ца> *м*, **тибе́тк|а** <-и> *ж* Tibeter(in) *m(f)*, Tibetaner(in) *m(f)*

ти́ге|ль <-ля> *м* ТЕХ Tiegel *m*, Schmelztiegel *m*

ти́гельн|ый <-ая, -ое> *прил* **1.** ТЕХ Tiegel *m*, Schmelztiegel *m*; **ти́гельная пла́вка мета́ллов** Tiegelmetallschmelzung *f*; ~ **проце́сс** Tiegelverfahren *nt* **2.** ТИП Tiegel *m*; **ти́гельная печа́тная маши́на** Tiegeldruckmaschine *f*

тигр <ти́гра> *м* Tiger *m*

тигрён|ок <-ка> *м* Tigerjunge(s) *nt*, junger Tiger

тигро́в|ый <-ая, -ое> *прил* Tiger-; **тигро́вая шку́ра** Tigerfell *nt*; ~ **глаз** *(минера́л)* Tigerauge *nt*; ~ **пито́н** ЗООЛ Tigerpython *m*; **тигро́вая ли́лия** БОТ Tigerlilie *f*

тик[1] <ти́ка> *м* МЕД Tick *m*, Zuckung *f*; **не́рвный** ~ nervöse Zuckung *f*

тик[2] <ти́ка> *м* *(ткань)* Zwillich *m*, Zwilch *m*

тик[3] <ти́ка> *м* БОТ Teakbaum *m*

ти́ка|ть <-ю, -ешь> *нсв нпрх* ticken

ти́льд|а <-ы> *ж* ТИП Tilde *f*

тимиа́н <-а> *м* БОТ Thymian *m*

тимо́л <-а> *м* ХИМ Thymol *nt*

тимпа́н <-а> *м* СТР, МУЗ Tympanum *nt*

тимья́н <-а> *м* БОТ Thymian *nt*, Quendel *m*

ти́н|а <-ы> *ж* Schlamm *m*

ти́нист|ый <-ая, -ое; -, -а, -о> *прил* schlammig, verschlammt; **ти́нистое о́зеро** verschlammter See *m*; **ти́нистое дно** schlammiger Boden *m*

тинкту́р|а <-ы> *ж* МЕД Tinktur *f*; ~ **йо́да** Jodtinktur *f*; ~ **валериа́ны** Baldriantinktur *f*

тинэ́йджер <-а> *м* Teenager(in) *m(f)*

тип <ти́па> *м* Typ *m*, Sorte *f*; *разг (челове́к)* Typ *m*

типа́ж <-а> *м без мн* Typenreihe *f*; ~ **самолёта** Flugzeugtyp *m*; **социа́льный** ~ Sozialtyp *m*; **созда́ть я́ркий** ~ einen markanten Typ schaffen

типиза́ци|я <-и> *ж* Einordnung *f*, Typisierung *f*

типи́ч|ный <-ная, -ное; -ен, -на, -но> *прил* typisch, charakteristisch

типов|о́й <-а́я, -о́е> *прил (образцо́вый, станда́ртный)* Typen-, Muster-; ~ **догово́р** Typenvertrag *m*; ~ **прое́кт** Typenprojekt *nt*; **типово́е проекти́рование** Einheitsprojektierung *f*; **типова́я шко́ла** Musterschule *f*

типо́граф <-а> *м* **1.** *(рабо́тник)* Buchdrucker *m*, Typograph *m* **2.** *(маши́на)* Typograph *m*

типогра́фи|я <-и> *ж* Druckerei *f*

типологи́ческ|ий <-ая, -ое> *прил* typologisch; ~ **ме́тод** typologische Methode *f*; **типологи́ческие разли́чия** typologische Unterschiede *mpl*

типоло́ги|я <-и> *ж* Typologie *f*

ти́пчик <-а> *м разг (моло́дчик)* Kerl *m*

тир <ти́ра> *м* Schießstand *m*

тира́д|а <-ы> *ж* Tirade *f*, Wortschwall *m*; **произнести́ обличи́тельную тира́ду** eine entlarvende Rede halten

тира́ж <-а *или* -а́> *м* **1.** ТИП Auflage *f*; ~ **кни́ги** Buchauflage *f*; **ма́ссовый** ~ Massenauflage *f* **2.** *(лотере́и, за́йма)* Verlosung *f*; **очередно́й** ~ **де́нежной лотере́и** die anfallende Verlosung der Geldlotterie; **погаше́ния тиража́** Tilgungsziehung *f*

тиражи́ровани|е <-я> *ср* Vervielfältigung *f*

тиражи́р|овать <-ую, -уешь> *(н)св прх* vervielfältigen

тира́жн|ый <-ая, -ое> *прил* **1.** *(в лотере́е)* Los-; **тира́жная табли́ца** Lostabelle *f* **2.** ТИП Auflagen(n)-; ~ **экземпля́р** ein Auflagenexemplar

тира́н <-а> *м* Tyrann *m*, Despot *m*

тира́н|ить <-ю, -ишь> *нсв прх* tyrannisieren, quälen

тирани́|я <-и> *ж* Tyrannei *f*, Gewaltherrschaft *f*

тире́ <неизм> *ср* Gedankenstrich *m*

тиро́л|ец <-льца> *м* Tiroler(in) *m(f)*

тис <ти́са> *м* БОТ Eibe *f*, Taxus *m*

ти́ска|ть <-ю, -ешь> *нсв прх* **1.** *разг (сжима́ть)* zerquetschen, drücken, pressen; ~ **друг дру́га в объя́тиях** einander in einer Umarmung drücken **2.** ТИП drucken; ~ **на́дпись на обло́жке кни́ги** eine Aufschrift auf den Bucheinband drucken

тиск|и́ <-о́в> *мн* Schraubstock *m*; *перен* Bedrängnis *f*; **зажа́ть в** ~ **(кого́-л.)** jdn in die Zange nehmen

тисне́ни|е <-я> *ср* ТЕХ Druck *m*, Prägung *f*, Druckmuster *nt*; ~ **по ко́же** Lederprägung *f*; ~ **мета́лла** Metallprägung *f*; **релье́фное** ~ Reliefprägung *f*; **украша́ть тисне́нием** mit einer Prägung verziehren

тисни́льн|ый <-ая, -ое> *прил* ТЕХ ausdrückend; ~ **пресс** Prägepresse *f*; ~ **ка**-**ла́ндр** Druckkalander *m*

тисн|и́ть <-ю́, -и́шь> *нсв прх* (ab)drucken, abziehen, prägen; ~ **зо́лотом обло́жки** den Einband mit Gold prägen; ~ **узо́ры** Ornamente abziehen

Ти́сс|а <-ы> *ж* ГЕОГ Theiß *f*

тита́н[1] <-а> *м* **1.** МИФ Titan *m* **2.** *перен* Titan *m*, Riese *m*

тита́н[2] <-а> *м* ХИМ Titan *nt*

титани́ческ|ий <-ая, -ое> *прил* titanisch, kolossal, riesenhaft; ~ **труд** kolossale Arbeit *f*; **положи́ть титани́ческие уси́лия** titanische Bemühungen in etw legen; ~ **ум** kolossaler Geist *m*

титáнов|ый <-ая, -ое> *прил* хим Titan-; **титáновые спла́вы** Titanlegierungen *pl;* **титáновые ру́ды** Titanerz *nt*
титéстер <-а> *м (дегустáтор чáя)* Teeschmecker *m,* Teekoster *m*
ти́тл|о <-а> *ср* лингв Abkürzungszeichen *nt*
титр <ти́тра> *м* **1.** кино Titel *f,* Untertitel *f;* **заглáвные ти́тры** Vorspann *m,* Filmvorspann *m;* **заключи́тельные ти́тры** Abspann *m* **2.** хим Titer *m*
титровáни|е <-я> *ср* хим Titrierung *f,* Titration *f*
ти́тул <-а> *м* **1.** *(заглáвие)* Titel *m,* Überschrift *m* **2.** *(звáние)* Titel *m,* Anrede *f*
ти́тульн|ый <-ая, -ое> *прил* тип Titel-; **~ лист** Titelblatt *nt;* **~ шрифт** Titelschrift *f,* Aufschrift *f*
титуля́рн|ый <-ая, -ое> *прил* истор **~ совéтник** Titularrat *m*
тиф <ти́фа> *м* Typhus *m;* **сыпнóй ~** Flecktyphus *m*
тифóзн|ый <-ая, -ое> *прил* мед Typhus-; **~ больнóй** Typhuskranke *m*
ти́х|ий <-ая, -ое; -, -á, -о> *прил* **1.** *(негрóмкий)* leise; *(приглушённый)* gedämpft; **~ гóлос** leise Stimme *f* **2.** *(спокóйный)* still; *(ми́рный)* friedlich; **~ человéк** friedlicher Mensch *m* **3.** *(мéдленный)* langsam **4.** геог **Ти́хий океáн** Stiller Ozean *m,* Pazifik *m*
ти́хо *нрч* **1.** *(негрóмко)* leise, gedämpft, geräuschlos; **~ разговáривать** leise sprechen **2.** *(спокóйно)* still, ruhig; **сидéть ~** ruhig sitzen
тихомóлком *нрч разг* stillschweigend; **уéхать ~** stillschweigend abreisen
тихóн|я <-и> *м и ж* Duckmäuser *m*
тихоокеáнск|ий <-ая, -ое> *прил* pazifisch, Pazifik-; **~ флот** Pazifikflotte *f;* **тихоокеáнские компáнии** pazifische Gesellschaften *fpl;* **~ лáйнер** Pazifikliner *m*
тихохóдн|ый <-ая, -ое> *прил* mit geringer Geschwindigkeit, langsam laufend; **~ кáтер** langsames Motorboot *nt*
тишин|á <-ы> *ж* Stille *f; (спокóйствие)* Ruhe *f,* Friedlichkeit *f;* **гробовáя ~** Grabesstille *f;* **нарушáть тишинý** die Ruhe stören
тишкóм *нрч разг* heimlich; **сдéлать что-л. ~** etw heimlich tun
тишь <ти́ши> *ж без мн* Stille *f,* Ruhe *f;* **жить в тиши́** in Frieden leben; **ночнáя ~** Nachtstille *f*
ткáнев|ый <-ая, -ое> *прил* **1.** *(из ткáни)* Stoff-, Gewebe-; **~ мешóк** Stoffsack *m* **2.** биол, мед Gewebe-; **ткáневая жи́дкость** Gewebeflüssigkeit *f*
ткáн|ый <-ая, -ое> *прил* Stoff-, Webstoff-, Gewebe-; **~ узóр** Stoffmuster *nt;* **ткáнное покрывáло** Webdecke *f*
ткань <ткáни> *ж* **1.** *(матéрия)* Stoff *m,* Gewebe *nt* **2.** биол Gewebe *nt* **3.** муз, лит Kern *m*
ткать <тку, ткёшь> *нсв,* **соткáть** *св прх* weben; **~ полотнó** eine Leinwand weben; **~ ковёр** einen Teppich weben
ткáцк|ий <-ая, -ое> *прил* Web-, Weber-; **~ цех** Webabteilung *f;* **ткáцкая мастерскáя** Weberei *f;* **~ станóк** Webstuhl *m;* **ткáцкое произвóдство** Webproduktion *f*
ткач <ткачá> *м,* **ткачи́х|а** <-и> *ж* Weber(in) *m(f)*
ткнуть <ткну, ткнёшь> *св прх см.* **ты́кать**
ткн|ýться <-усь, -ёшься> *св рефл см.* **ты́каться**
тлéн|ный <-ная, -ное; -ен, -на, -но> *прил книжн* vergänglich, verweslich; **тлéнные остáнки** sterbliche Überreste *pl;* **тлéнная жизнь** vergängliches Leben *nt*
тлетвóр|ный <-ная, -ное; -ен, -на, -но> *прил* **1.** *(ги́бельный)* Unheil bringend, unheilvoll; **~ дух** Unheil bringender Geist *m* **2.** *перен (разлагáющий)* verderblich; **окáзывать тлетвóрное влия́ние** einen verderblichen Einfluss ausüben
тлеть <тлéет> *нсв безл, тóлько 3 л* **1.** *(гнить)* faulen, verwesen, (ver)modern **2.** *(слáбо горéть)* glimmen, schwellen, glühen; **угольки́ тлéют** die Kohlen glühen
тля <тли> *ж* **1.** зоол Blattlaus *f;* **табáчная ~** Tabakblattlaus *f* **2.** *перен (ничтóжный человéк)* Null *f*
тмин <тми́на> *м* Kümmel *m*
ТНК *сокр от* **транснационáльная корпорáция** multinationaler Konzern *m*
ТНП *сокр от* **товáры нарóдного потреблéния** Konsumgüter *ntpl*
то[1] *см.* **тот**
то[2] *сз* dann; **éсли ... ~ ...** wenn ... dann; **~ ..., ~ ...** mal ..., mal ...; **~ есть** das heißt
товáр <-а> *м* Ware *f,* Artikel *m,* Wirtschaftsgut *nt,* Produkt *nt;* **товáры мáссового** [*или* **широ́кого**] **потреблéния** Konsumgüter *ntpl;* **товáры повседнéвного спрóса** Gebrauchsartikel *mpl;* **потреби́тельские товáры** Konsumgüter *pl;* **дефици́тный ~** Mangelware *f;* **залежáлый ~** Ladenhüter *m;* **~-имитáтор** Piratenware *f,* Me-Too-Produkt *nt;* **~-фавори́т** Verkaufsschlager *m*
товáрищ <-а> *м* Kamerad *m,* Freund *m,* Genosse *m;* **~ по комáнде** Teamkollege *m;* **~ по несчáстью** Leidensgenosse *m;* **шкóльный ~** Schulkamerad *m;* **~ по пáртии** Parteifreund *m,* Parteigenosse *m*
товáрищеск|ий <-ая, -ое> *прил* kameradschaftlich; **товáрищеские отношéния** Kameradschaft *f;* **~ матч** Freundschaftsspiel *nt*
товáриществ|о <-а> *ср* Kameradschaft *f;* экон Gesellschaft *f*
товáрнос|ть <-ти> *ж* экон Warencharakter *m,* Warenertrag *m,* Marktanteil *m;* **~ сéльского хозя́йства** Ergiebigkeit in der Landwirtschaft
товáрн|ый <-ая, -ое> *прил* Waren-;

това́рная би́ржа Warenbörse *f*, Rohstoffbörse *f*; **това́рная гру́ппа** Produktgruppe *f*; **това́рная ма́рка** Marke *f*, Warenzeichen *nt*; **това́рная накла́дная** Warenbegleitpapier *nt*; **това́рная па́ртия** Warenposten *m*; **това́рная про́ба** Warenprobe *f*; **това́рная се́рия** Produktlinie *f*; **това́рные оста́тки** Restposten *m*; **~ аккредити́в** Warenakkreditiv *nt*; **~ ассортиме́нт** Warenauswahl *f*; **~ знак** Warenzeichen *nt*, Marke *f*; **~ креди́т** Warenkredit *m*; **~ но́мер** Artikelnummer *f*; **~ образе́ц** Warenmuster *nt*; **~ счёт** Warenkonto *nt*; **~ по́езд** Güterzug *m*; **~ самолёт** Frachtflieger *m*

товарове́д <-а> *м* Einkäufer(in) *m(f)*, Warenkundler(in) *m(f)*

товарообме́н <-а> *м* Warenaustausch *m*; *(ба́ртер)* Tauschhandel *m*

товарооборо́т <-а> *м* Warenverkehr *m*, Umsatz *m*; **~ че́рез грани́цу** grenzüberschreitender Warenverkehr *m*

товароотправи́те|ль <-ля> *м* Warenabsender(in) *m(f)*, Warenabfertiger(in) *m(f)*

товарополуча́те|ль <-ля> *м* Warenempfänger(in) *m(f)*

товаропроизводи́те|ль <-ля> *м* Warenproduzent(in) *m(f)*; **ме́лкий ~** Warenkleinproduzent(in) *m(f)*

то́г|а <-и> *ж* Toga *f*

тогда́ I. *нрч* damals; **~ же** zur gleichen Zeit II. *сз* **1.** *(по́сле того́)* dann **2.** *(в тако́м слу́чае)* so, dann; **~ как** während

тогда́шн|ий <-яя, -ее> *прил разг* damalig

тожде́ствен|ный <-ная, -ное; -, -на, -но> *прил* identisch, gleich, übereinstimmend; **тожде́ственные усло́вия** gleiche Bedingungen *fpl*; **тожде́ственные явле́ния** identische Erscheinungen *fpl*; **тожде́ственное преобразова́ние** МАТ gleichbedeutende Transformation *f*; **тожде́ственные части́цы** ФИЗ identische Teilchen *ntpl*

то́ждеств|о <-а> *ср* **1.** *(схо́дство)* Identität *f*, Gleichheit *f*; **~ взгля́дов** Ansichtengleichheit *f* **2.** МАТ Identität *f*; **тригонометри́ческие то́ждества** trigonometrische Identität *f*

то́же *нрч* auch, ebenfalls

ток[1] <то́ка> *м* **1.** *(тече́ние)* Strömung *f* **2.** ФИЗ, ЭЛ Strom *m*; **переме́нный ~** Wechselstrom *m*; **постоя́нный ~** Gleichstrom *m*; **си́льный ~** Starkstrom *m*

ток[2] <то́ка> *м* *(в охо́те)* Balz *f*

ток[3] <то́ка> *м* *(площа́дка для молотьбы́)* Tenne *f*, Dreschboden *m*

тока́рн|ый <-ая, -ое> *прил* **1.** *(по мета́ллу)* Dreh- **2.** *(по де́реву)* Drechsel-; **~ стано́к** Drehbank *f*

то́ка|рь <-ря> *м* Dreher *m*

токка́т|а <-ы> *ж* МУЗ Tokkata *f*

токова́ни|е <-я> *ср* Balzen *nt*

токопрово́д <-а> *м* ЭЛ Stromleitung *f*

токосъёмник <-а> *м* ТРАНСП Stromabnehmer *m*; **~ ро́ликового ти́па** Rollenstromabnehmer *m*; **дугово́й ~** Bogenstromabnehmer *m*

токсеми́|я <-и> *ж* МЕД Toxämie *f*

токсико́з <-а> *м* Toxikose *f*

токсикоинфе́кци|я <-и> *ж* Toxiinfektion *f*

токсиколо́ги|я <-и> *ж* Toxikologie *f*

токси́н <-а> *м* Toxin *nt*

токси́ческ|ий <-ая, -ое> *прил* БИОЛ, МЕД toxisch, giftig; **токси́ческие вещества́** Giftstoffe *pl*; **токси́ческое де́йствие** toxische Wirkung *f*

токси́чнос|ть <-ти> *ж* Toxizität *f*, Giftigkeit *f*

токси́ч|ный <-ная, -ное; -ен, -на, -но> *прил* toxisch, giftig

ток-шо́у <неизм> *ср* Talkshow *f*

толера́нтнос|ть <-ти> *ж* **1.** *(терпе́ние)* Toleranz *f*, Geduld *f*; **проявля́ть ~ в обще́нии** Toleranz *f* im Umgang mit Menschen zeigen **2.** БИОЛ Toleranz *f*; **иммунологи́ческая ~** immunologische Toleranz *f*

то́лик|а <-и> *ж разг* *(до́ля, часть чего́-л.)* **ма́лая то́лика** ein wenig; **собра́ть то́лику де́нег** etwas Geld sparen

толк <то́лка> *м* **1.** *(смысл)* Sinn *m*; **знать ~ в чём-л.** sich verstehen auf +*akk*; **сбива́ть с то́лку** verwirren **2.** *разг* *(по́льза)* Nutzen *m*, Vorteil *m*; **бе́з то́лку** *разг* nutzlos

толка́ни|е <-я> *ср* Stoßen *nt*

толка́те|ль <-ля> *м* **1.** ТЕХ Stoßer *m*, Schubvorrichtung *f*; **~ кла́пана** Ventilstoßer *m* **2.** СПОРТ *(спортсме́н)* Werfer(in) *m(f)*; **~ ядра́** Kugelstoßer(in) *m(f)*

толка́|ть <-ю, -ешь> *нсв*, **толкну́ть** *св прх* stoßen, drängen; *(дви́гать вперёд)* vorwärts stoßen; *перен* *(побужда́ть)* anspornen, anstacheln; СПОРТ stoßen

толка́|ться <-юсь, -ешься> *нсв рефл* **1.** *(толка́ть друг дру́га)* sich drängen, drängeln; **~ в толпе́** sich in der Menschenmenge drängen; **переста́ньте ~!** hören Sie auf so zu drängeln!; **~ в тра́нспорте** sich im Verkehrsmittel drängen **2.** *разг* *(без де́ла)* sich herumtreiben; **~ по магази́нам** in den Geschäften herumschlendern **3.** *разг* *(обраща́ться)* **~ в ра́зные инста́нции** durch mehrere Behörden gehen

толка́ч <-а> *м* **1.** Ж.-Д. *(парово́з)* Stoßlokomotive *f* **2.** МОР *(букси́рное су́дно)* Schubschiff *nt* **3.** *перен, разг* *(о челове́ке)* Förderer *m*

толкн|у́ть <-у́, -ёшь> *св прх см.* **толка́ть**

толкова́ни|е <-я> *ср* Auslegung *f*, Interpretation *f*

толкова́те|ль <-ля> *м*, **толкова́тельниц|а** <-ы> *ж* Deuter(in) *m(f)*; **~ снов** Traumdeuter *m*

толк|ова́ть <-у́ю, -у́ешь> *нсв*, **истолкова́ть, потолкова́ть** *св прх* **1.** *(объясни́ть)* erklären, auslegen, deuten; **оши́боч-**

но ~ falsch deuten **2.** *(разгова́ривать)* reden, sprechen; **заходи́ домо́й, посиди́м, потолку́ем** komm nach Hause, wir setzen uns hin und reden ein bisschen

толко́в|ый <-ая, -ое; -, -а, -о> *прил* gescheit, vernünftig; *(я́сный, поня́тный)* klar, verständlich; **~ слова́рь** Bedeutungswörterbuch *nt*

то́лком *нрч* vernünftig

толкотн|я́ <-и́> *ж разг* Gedränge *nt*

толку́чк|а <-и> *ж разг* **1.** *(да́вка)* Gedränge *nt;* **попа́сть в толку́чку** ins Gedränge geraten **2.** *(барахо́лка)* Trödelmarkt *m;* **купи́ть на толку́чке** auf dem Trödelmarkt kaufen

толо́к|а <-и> *ж* АГР Brachacker *m*

толокн|о́ <-а́> *ср без мн* КУЛ Hafermehl *nt*

толокня́нк|а <-и> *ж* БОТ Bärentraube *f*

тол|о́чь <-ку́, -чёшь> *нсв,* **растоло́чь** *св прх* zerstoßen, zerkleinern; **~ во́ду в сту́пе** *поговорка* Wasser mit einem Sieb schöpfen

тол|о́чься <-ку́сь, -чёшься> *нсв рефл разг* herumstehen; *(слоня́ться)* sich herumtreiben; **~ у вхо́да** am Eingang herumstehen; **~ у прила́вка** an der Theke herumstehen

толп|а́ <-ы́> *ж* Menge *f,* Menschenmenge *f*

толп|и́ться <-лю́сь, -и́шься> *нсв рефл* sich scharen

толпо́й *нрч* in Massen, in Scharen; **дви́гаться ~** in Massen gehen

толсте́|ть <-ю, -ешь> *нсв,* **потолсте́ть** *св нпрх* dick werden, fett werden, zunehmen

толстоза́д|ый <-ая, -ое; -, -а, -о> *прил* mit dickem Hintern

толстоко́ж|ий <-ая, -ее; -, -а, -е> *прил* dickhäutig; *перен (о челове́ке)* dickfellig; **быть толстоко́жим** ein dickes Fell haben

толстосте́нн|ый <-ая, -ое> *прил* dickwandig; **толстосте́нные тру́бы** dickwandige Rohre *ntpl;* **толстосте́нный сосу́д** dickwandiges Glas *nt*

толстосу́м <-а> *м разг* Geldsack *m,* Geldprotz *m*

толсту́х|а <-и>, **толсту́шк|а** <-и> *ж* Dicke *f*

то́лст|ый <-ая, -ое; -, -а́, -о> *прил* dick

толстя́к <-а́> *м* Fettwanst *m*

толстяч|о́к <-ка́> *м* Dickerchen *nt*

толчён|ый <-ая, -ое> *прил* zerstoßen, zerkleinert; **~ минда́ль** zerstoßene Mandeln *fpl;* **толчёные оре́хи** zerstoßene Nüsse *fpl;* **~ чесно́к** zerkleinerter Knoblauch *m*

толче|я́ <-и́> *ж разг* Drängelei *f*

толч|о́к <-ка́> *м* Stoß *m,* Ruck *m;* *(подзе́мный)* Erdstoß *m;* *и перен (и́мпульс)* Anstoß *m,* Antrieb *m;* СПОРТ *(шта́нги)* Stoßen *nt;* **дать ~ чему́-л.** den Anstoß geben zu *+dat*

то́лщ|а <-и> *ж без мн* **1.** *(ма́сса вещества́)* Dicke *f;* **~ воды́** Wasserschichtdicke *f* **2.** ГЕОЛ Schicht *f* **3.** *(ма́сса люде́й)* Menschenmenge *f;* **в то́лще наро́да** in der Menschenmenge

толщин|а́ <-ы́> *ж* Dicke *f;* *(стены́)* Stärke *f;* *(в объёме)* Umfang *m*

толь <то́ля> *м* Dachpappe *f*

то́лько **I.** *нрч* nur, allein, bloß; **~ что** soeben; **поду́мать ~!** wer könnte sich das vorstellen!; **не ~ ..., но и ...** nicht nur ..., sondern auch ...; **~ бы ...** wenn nur ... **II.** *сз* kaum, sobald; *(но)* aber, jedoch

том <то́ма> *м* Band *m*

томага́вк <-а> *м* ВОЕН, ИСТОР Tomahawk *m*

томаси́ровани|е <-я> *ср* ТЕХ Thomasprozess *m,* Thomasverfahren *nt*

тома́совск|ий <-ая, -ое> *прил* ТЕХ Thomas-; **тома́совская сталь** Thomasstahl *m;* **~ конве́ртер** Thomaskonverter *m*

томасшла́к <-а> *м* АГР Thomasschlacke *f,* Thomasmehl *nt*

тома́т <-а> *м* БОТ Tomate *f;* **~-пюре́** Tomatenmark *nt;* **ры́ба в тома́тах** Fisch *m* in Tomatensoße

тома́тн|ый <-ая, -ое> *прил* КУЛ Tomaten-; **~ со́ус** Tomatensoße *f;* **тома́тная па́ста** Tomatenpaste *f;* **~ сок** Tomatensaft *m*

томбу́|й <-я> *м* МОР Fassboje *f*

томи́те|льный <-льная, -льное; -лен, -льна, -льно> *прил* quälend, ermüdend, (er)drückend; **~ зной** drückende Hitze *f;* **томи́тельное молча́ние** quälendes Schweigen *nt;* **часы́ томи́тельного ожида́ния** die erdrückenden Stunden der Erwartung; **томи́тельная ску́ка** tödliche Langeweile *f*

том|и́ться <-лю́сь, -и́шься> *нсв,* **истоми́ться** *св рефл* **1.** *(му́читься)* leiden, sich quälen **2.** *(тоскова́ть)* sich sehnen

томле́ни|е <-я> *ср* **1.** *(беспоко́йство)* Unruhe *f;* **испы́тывать ~** unruhig sein **2.** ТЕХ Tempern *nt;* **~ чугуна́** Tempern *nt* des Gusseisens; **~ табака́** Tabakfermentieren *nt*

то́м|ный <-ная, -ное; -ен, -на, -но> *прил* matt, schmachtend; **с то́мным ви́дом** mit träumerischem Blick; **~ вздох** schmachtender Seufzer *m;* **~ го́лос** träumerische Stimme *f*

томогра́фи|я <-и> *ж* Tomographie *f;* **компью́терная ~** МЕД Computertomographie *f*

томпа́к <-а́> *м* ТЕХ *(сплав)* Tombak *m*

тон <то́на> *м* **1.** *(звук)* Ton *m,* Klang *m* **2.** *(отте́нок)* Tönung *f;* **в сде́ржанных тона́х** in gedämpften Tönen **3.** *(в обраще́нии)* Umgangston *m;* **зада́ть ~** den Ton angeben; **дурно́й ~** schlechter Ton; **повы́сить ~** einen schärferen Ton anschlagen

тона́льнос|ть <-ти> *ж* Tonart *f*

тонга́н|ец <-ца> *м* Tonganer(in) *m(f)*

то́нер <-а> *м* ИНФОРМ Toner *m*

тонзилли́т <-а> *м* МЕД Mandelentzündung *f,* Tonsillitis *f*

тонизи́р|овать <-ую, -уешь> *(н)св прх* tonisieren

тонизи́рующ|ий <-ая, -ее> *прил* tonisierend; **~ напи́ток** tonisierendes Getränk *nt;* **тонизи́рующее сре́дство** tonisierendes

Т

Mittel *nt;* **тонизи́рующая ва́нна** tonisierendes Bad *nt*

то́ник|а <-и> *ж* МУЗ Tonika *f,* Grundton *m,* Hauptton *m*

тони́ческ|ий¹ <-ая, -ое> *прил* ЛИТ tonisch, akzentuierend; **тони́ческое стихосложе́ние** akzentuierender Versbau *m*

тони́ческ|ий² <-ая, -ое> *прил* МЕД tonisch, stärkend; **~ сре́дства** tonische Mittel *pl*

то́н|кий <-кая, -кое; -ок, -ка́, -ко> *прил* dünn; *(худоща́вый)* zart, schlank; *(то́нко чу́вствующий)* fein, feinfühlig; *(утончённый)* verfeinert; *(делика́тный)* delikat, subtil; **~ слух** feines [*o* scharfes] Gehör *nt;* **~ намёк** feine Anspielung *f;* **~ поли́тик** schlauer Politiker *m;* **то́нкая рабо́та** feine Arbeit *f;* **то́нкая та́лия** schlanke Taille *f;* **то́нкая кишка́** АНАТ Dünndarm *m*

тонковолокни́ст|ый <-ая, -ое; -, -а, -о> *прил* feinfas(e)rig; **~ хло́пок** feinfaserige Baumwolle *f*

тонкозерни́ст|ый <-ая, -ое; -, -а, -о> *прил* ГЕОЛ feinkörnig; **~ мра́мор** feinkörniger Marmor *m*

тонколистов|о́й <-а́я, -о́е> *прил* ТЕХ Feinblech-; **~ прока́т** Feinblechwalzgut *nt;* **тонколистова́я сталь** Feinblechstahl *m*

тонкору́нн|ый <-ая, -ое> *прил* feinwollig; **тонкору́нное овцево́дство** feinwollige Schafzucht *f*

тонкосте́нн|ый <-ая, -ое> *прил* dünnwandig; **~ сосу́д** dünnwandiger Behälter *m*

то́нкос|ть <-ти> *ж* Feinheit *f;* *(фигу́ры)* Schlankheit *f,* Dünne *f;* *перен* Feinheit *f,* Finesse *f;* **до то́нкости** aufs genauste; **вдава́ться в то́нкости** ins Detail gehen; **стилисти́ческие то́нкости** stilistische Feinheiten; **прояви́ть душе́вную ~** sich feinfühlig zeigen

тонкошёрст(н)|ый <-ая, -ое> *прил* feinwollig; **~ сви́тер** feinwolliger Pullover; **из тонкошёрстной тка́ни** aus feinwolligem Gewebe

тонме́йстер <-а> *м* РАДИО, ТВ Toningenieur *m,* Tonmeister *m*

то́нн|а <-ы> *ж* Tonne *f*

тонна́ж <-а> *м* **1.** МОР Tonnage *f,* Tonnengehalt *m,* Schiffsraum *m* **2.** *(грузоподъёмность)* Ladefähigkeit *f*

тонографи|я <-и> *ж* МЕД Tonographie *f*

то́нус <-а> *м* БИОЛ, МЕД Tonus *m;* **~ не́рвных це́нтров** Tonus *m* der Nervenzentren; **мы́шечный ~** Muskeltonus *m*

тону́ть <тону́, то́нешь> *нсв,* **потону́ть, утону́ть** *св нпрх* sinken, versinken, untergehen; *(о челове́ке)* ertrinken

тонча́йш|ий <-ая, -ее> *прил* hauchdünn; **тонча́йшие нюа́нсы** feinste Nuancen *fpl*

то́н|я <-и> *ж* **1.** *(не́вод с уло́вом)* Fischzug *m;* **вы́нуть то́ню** den Fang einholen; **бога́тая ~** reicher Fischzug **2.** *(ме́сто ло́вли)* Fischerei *f,* Fischfangplatz *m*

ТОО *сокр от* **това́рищество с ограни́ченной отве́тственностью** GmbH *f,* Gesellschaft *f* mit beschränkter Haftung

топ <то́па> *м* МОР Topp *nt*

топа́з <-а> *м* Topas *m;* **се́рьги с топа́зом** Topasohrringe *pl*

то́па|ть <-ю, -ешь> *нсв,* **то́пнуть** *св нпрх* stampfen, trampeln; **~ нога́ми** mit dem Füßen stampfen

топена́нт <-а> *м* МОР Toppnant *f*

топи́ть <топлю́, то́пишь> *нсв,* **потопи́ть, утопи́ть, растопи́ть** *св прх* **1.** *(разводи́ть ого́нь, обогрева́ть)* heizen; **~ печь** den Ofen heizen; **~ ками́н** den Kamin heizen; **~ дом** das Haus heizen; **~ ба́ню** das Dampfbad heizen **2.** *(расплавля́ть)* schmelzen; **~ воск** Wachs schmelzen; **~ о́лово** Blei schmelzen **3.** *(молоко́)* Milch dämpfen [*o* köcheln lassen] **4.** *(отправля́ть на дно)* versenken; **потопи́ть ло́дку** das Boot versenken; **потопи́ть вра́жеский кора́бль** das feindliche Schiff versenken **5.** *(о челове́ке)* ertränken **6.** *(о чу́вствах)* ertränken; **~ го́ре в вине́** den Kummer im Wein ertränken; **~ го́ре** den Kummer ersticken **7.** *(выдава́ть)* verraten; **~ това́рища** den Freund verraten

топи́ться <то́пится> *нсв безл, то́лько 3 л* **1.** *(обогрева́ться)* heizen; **в до́ме не то́пится** das Haus wird nicht geheizt **2.** *(пла́виться)* schmelzen; **смола́ то́пится** das Harz schmelzt **3.** *(лиша́ть себя́ жи́зни)* sich ertränken; **~ в мо́ре** sich im Meer ertränken

то́п|кий <-кая, -кое; -ок, -ка́, -ко> *прил* sumpfig, morastig; **~ бе́рег** sumpfiges Ufer *nt;* **то́пкая ме́стность** morastige Gegend *f*

топлён|ый <-ая, -ое> *прил* КУЛ geschmolzen; **топлёное ма́сло** Butterschmalz *m;* **топлёные сли́вки** geschmolzene Sahne *f;* **топлёное молоко́** im Ofen gedämpfte Milch; **топлёный са́ло** ausgelassenes Fett *nt*

то́пливн|ый <-ая, -ое> *прил* Brennstoff-; **то́пливная промы́шленность** Brennstoffindustrie *f;* **~ насо́с** Kraftstoffpumpe *f;* **~ фильтр** Kraftstofffilter *m;* **то́пливные ресу́рсы** Kraftstoffressourcen *pl*

то́плив|о <-а> *ср* Brennstoff *m,* Heizstoff *m;* **жи́дкое ~** flüssiger Brennstoff *m;* **твёрдое ~** fester Brennstoff *m;* **ди́зельное ~** Dieseltreibstoff *m*

топливозапра́вщик <-а> *м* Brennstofftankwagen *m*

топливопрово́д <-а> *м* Kraftstoffleitung *f*

топ-моде́|ль <-ли> *ж* Topmodel *nt*

то́пн|уть <-у, -ешь> *св нпрх см.* **то́пать**

топо́граф <-а> *м* Topograph *m*

топографи́ческ|ий <-ая, -ое> *прил* topographisch

топогра́фи|я <-и> *ж* Topographie *f;* **~ вое́нная** Militärtopografie *f*

тополо́ги|я <-и> *ж* Topologie *f*

то́по|ль <-ля> *м* бот Pappel *f*

топони́мик|а <-и> *ж* лингв **1.** *(нау́ка)* Toponomastik *f,* Ortsnamenskunde *f* **2.** *(назва́ния ме́стности)* Ortsnamen *pl,* Ortsnamenschatz *m*

топо́р <-а> *м* Axt *f,* Beil *nt*

топо́р|ный <-ная, -ное; -ен, -на, -но> *прил* grob, ungehobelt; **топо́рная рабо́та** *(гру́бая)* grobe Arbeit *f*

топо́рщ|иться <-ится> *нсв безл, то́лько 3 л* **1.** *(торча́ть)* sich sträuben, abstehen; **во́лосы топо́рщатся** die Haare sträuben sich; **~ во все сто́роны** in alle Richtungen abstehen **2.** *(о мате́рии)* abstehen; **пиджа́к топо́рщится** die Jacke bläht sich auf

то́пот <-а> *м* Getrappel *nt,* Stampfen *nt;* **ко́нский ~** Pferdegetrappel *nt;* **~ де́тских ног** Getrappel *nt* von Kinderfüßen

то́псе|ль <-ля> *м* мор Toppsegel *nt*

топта́ть <топчу́, то́пчешь> *нсв прх* **1.** *(мять)* zertreten, stampfen; **~ цветы́** Blumen zertreten; **~ копы́тами** mit Hufen stampfen **2.** *(унижа́ть)* jdn niedermachen

топта́ться <топчу́сь, то́пчешься> *нсв рефл (на ме́сте)* auf der Stelle treten; **~ без де́ла** faulenzen; **там никого́ не́ было, мы потопта́лись и ушли́** dort war niemand, wir traten eine Weile auf der Stelle und gingen weg

топча́н <-а> *м* Liegebett *nt*

топь <то́пи> *ж* Sumpfland *nt,* Morast *m,* Bruch *m*

торг <то́рга> *м* Handel *m; обы́чно мн* Auktion *f,* Versteigerung *f;* **объявля́ть торги́** eine Versteigerung anmelden; **пу́бличные торги́** öffentliche Versteigerung *f* [o Ausschreibung *f*]

торга́ш <-а́> *м разг* **1.** *(ме́лкий торго́вец)* Krämer *m* **2.** *перен (коры́стный челове́к)* Krämerseele *f,* Schacherer *m*

торг|ова́ть <-у́ю, -у́ешь> *нсв нпрх* handeln, Handel betreiben; *(о магази́не)* geöffnet sein; **~ вразно́с** hausieren; **~ о́птом/в ро́зницу** Großhandel/Kleinhandel treiben

торг|ова́ться <-у́юсь, -у́ешься> *нсв,* **сторгова́ться** *св рефл* handeln, feilschen

торго́в|ец <-ца> *м,* **торго́вк|а** <-и> *ж* Händler(in) *m(f),* Kaufmann *m;* **торго́вец нарко́тиками** Drogendealer *m;* **ры́ночная торго́вка** Marktfrau *f;* **база́рная торго́вка** *презрит* Marktweib *nt;* **о́птовый ~** Großhändler *m*

торго́вл|я <-и> *ж* Handel *m,* Handelsgewerbe *nt;* **~ а́кциями** Aktienhandel *m;* **вне́шняя ~** Außenhandel *m;* **~ ме́жду Восто́ком и За́падом** Ost-West-Handel *m;* **~ на комиссио́нных нача́лах** Kommissionshandel *m;* **~ на чёрном ры́нке** Schwarzhandel *m;* **~ на э́кспорт** Exporthandel *m;* **~ ору́жием** Waffenhandel *m;* **биржева́я ~** Börsenhandel *m;* **кру́пная ~** Großmarkt *m;* **междунаро́дная ~** Welthandel *m;* **ро́зничная ~** Einzelhandel *m;* **у́личная ~** Straßenhandel *m;* **~ недви́жимостью** Immobilienhandel *m;* **~ паке́тами а́кций** Pakethandel *m;* **~ с восточноевропе́йскими стра́нами** Osthandel *m;* **~ това́рами** Warenhandel *m;* **~ це́нными бума́гами** Effektenhandel *m,* Wertpapierhandel *m;* **~ че́рез коммивояжёров** Außendienst *m;* **вести́ торго́влю** handeln, Handel treiben; **нелега́льная торго́вля** illegaler Handel *m*

торго́во-промы́шленн|ый <-ая, -ое> *прил* Industrie- und Handels-; **торго́во-промы́шленная пала́та** Industrie und Handelskammer *f;* **~ банк** Industrie und Handelsbank

торго́в|ый <-ая, -ое> *прил* Handels-, kommerziell, geschäftlich; **торго́вое су́дно** Handelsschiff *nt;* **торго́вое аге́нство** Handelsagentur *f;* **торго́вая война́** Handelskrieg *m;* **торго́вая компа́ния** Handelsgesellschaft *f;* **торго́вые отноше́ния** Geschäftsbeziehungen *pl,* Handelsbeziehungen *pl;* **торго́вые показа́тели** Verkaufszahlen *pl;* **торго́вые ряды́** Geschäftsstraße *f;* **торго́вое соглаше́ние** Handelsabkommen *nt;* **гла́вная торго́вая у́лица** Hauptgeschäftsstraße *f;* **торго́вое де́ло** Handelsgeschäft *nt;* **торго́вое изде́лие** Handelsware *f;* **торго́вое наименова́ние (това́ра)** Handelsname *m;* **торго́вое обуче́ние** Verkaufstraining *nt;* **торго́вое о́бщество** Handelsgesellschaft *f;* **торго́вое пра́во** Handelsrecht *nt;* **торго́вое предложе́ние** Verkaufsangebot *nt;* **торго́вое предприя́тие** Handelsunternehmen *nt;* **~ атташе́** Handelsattache *m;* **~ бала́нс** Handelsbilanz *f;* **~ барье́р** Handelshemmnis *nt;* **~ ве́ксель** Handelswechsel *m;* **~ дефици́т** Handelsdefizit *nt;* **~ дире́ктор** Verkaufsleiter *m;* **~ догово́р** Handelsvertrag *m;* **~ дом** Handelshaus *nt,* Firma *f;* **~ ко́декс** Handelsgesetzbuch *nt;* **~ конце́рн** Handelskonzern *m;* **~ обы́чай** Usance *f,* Handelsbrauch *m;* **~ партнёр** Geschäftspartner *m,* Handelspartner *m;* **~ посре́дник** Handelsvertreter *m;* **~ про́мысел** Handelsgewerbe *nt;* **~ реги́стр** Handelsregister *nt;* **~ риск** Absatzrisiko *nt;* **~ слу́жащий** kaufmännischer Angestellter *m;* **~ центр** Einkaufszentrum *nt;* **торго́вая вы́ручка** Verkauferlös *m;* **торго́вая делега́ция** Handelsdelegation *f;* **торго́вая лице́нзия** Verkaufslizenz *f;* **торго́вая ма́рка** Handelsmarke *f;* **торго́вая ма́рка фи́рмы** Firmenmarke *f;* **торго́вая монопо́лия** Handelsmonopol *nt;* **торго́вая наки́дка** [*или* **нац́енка**] (Handels)Spanne *f;* **торго́вая наце́нка на опто́вые това́ры** Großhandelsspanne *f;* **торго́вая опера́ция** Handel *m,* Handelsgeschäft *nt;* **торго́вая организа́ция** Verkaufsorganisation *f;* **торго́вая пала́та** Handelskammer *f;* **торго́вая пло́щадь** Markt

Т

m; **торго́вая сде́лка** Handel *m,* Handelsgeschäft *nt;* **торго́вая ски́дка** Händlerrabatt *m;* **торго́вая стати́стика** Verkaufsstatistik *f;* **торго́вая фи́рма** Handelsfirma *f*

торгпре́дство *сокр от* **торго́вое представи́тельство** Handelsvertretung *f*

тор|е́ц <-ца́> *м* Stirnseite *f,* Kopfende *nt*

торже́ствен|ный <-ная, -ное; -, -на, -но> *прил* feierlich; **торже́ственное обеща́ние** Gelöbnis *nt;* **торже́ственное откры́тие** Eröffnungsfeier *f;* **~ приём** festlicher Empfang *m;* **торже́ственные про́воды** Abschiedsfeier *f;* **~ слу́чай** feierliche Angelegenheit *f*

торжеств|о́ <-а́> *ср* **1.** *(побе́да)* Triumph *m,* Sieg *m* **2.** *(пра́здник)* Fest *nt,* Feier *f;* **семе́йное ~** Familienfest *nt*

торжеств|ова́ть <-у́ю, -у́ешь> *нсв,* **восторжествова́ть** *св нпрх* triumphieren; *(над кем-л./чем-л.)* die Oberhand gewinnen

торжеству́ющ|ий <-ая, -ее> *прил (побе́дный)* triumphierend, siegreich; **~ вид** siegreiches Aussehen *nt;* **торжеству́ющая улы́бка** triumphierendes Lächeln *nt*

то́ри|й <-я> *м* Thorium *nt*

торма́шки *мн разг* **вверх торма́шками** kopfüber

торможе́ни|е <-я> *ср* **1.** ТЕХ *(замедле́ние)* Bremsen *nt,* Bremsung *f,* Hemmung *f;* **авари́йное ~** Notbremsung *f;* **электри́ческое ~** elektrisches Bremsen **2.** БИОЛ Hemmung *f;* **це́нтры торможе́ния** Hemmungszentren *pl;* **~ рефле́ксов** Hemmung *f* der Reflexe

то́рмоз <-а> *м* Bremse *f;* *перен* Hindernis *nt;* **ножно́й ~** Rücktrittbremse *f;* **ручно́й ~** Handbremse *f*

тормо|зи́ть <-жу́, -зи́шь> *нсв,* **затормози́ть** *св прх* bremsen, abbremsen; *перен* bremsen, aufhalten, hindern

тормозн|о́й <-а́я, -о́е> *прил* Brems-; **тормозна́я коло́дка** Bremsbacke *f,* Bremsklotz *m;* **тормозна́я накла́дка** Bremsbelag *m;* **~ путь** Bremsweg *m*

тормош|и́ть <-у́, -и́шь> *нсв прх разг* **1.** *(дёргать)* zupfen, zerren; **~ за рука́в** am Ärmel zerren **2.** *(пристава́ть)* stören

торна́до <неизм> *м* Tornado *m*

то́р|ный <-ная, -ное; -ен, -на, -но> *прил разг* gebahnt, geebnet, ausgetreten; **сверну́ть с то́рной доро́ги** *перен* ausgetretene Pferde verlassen

тор|опи́ть <-оплю́, -о́пишь> *нсв,* **поторопи́ть** *св прх* **1.** *(подстёгивать)* antreiben **2.** *(кого́-л.)* drängen zu + *dat*

тор|опи́ться <-оплю́сь, -о́пишься> *нсв,* **поторопи́ться** *св рефл* eilen, hasten

торопли́в|ый <-ая, -ое; -, -а, -о> *прил* hastig, eilig; **торопли́вые приготовле́ния** eilige Vorbereitungen *pl*

торо́с, то́рос <-а> *м* Packeis *nt,* Eisblock *m*

торпе́д|а <-ы> *ж* Torpedo *m;* **реакти́вная ~** ВОЕН Raketentorpedo *m*

торпеди́р|овать <-ую, -уешь> *(н)св прх* torpedieren; **~ корабли́ проти́вника** die gegnerischen Schiffe torpedieren; **~ сква́жины** die Bohrlöcher sprengen; **~ чьи-л. пла́ны** jds Pläne durchkreuzen

торпеди́ст <-а> *м* ВОЕН Torpedoschütze *m*

торпе́дн|ый <-ая, -ое> *прил* ВОЕН Torpedo-; **~ ка́тер** Torpedoschnellboot *nt*

торпедоно́с|ец <-ца> *м* ВОЕН Torpedoflugzeug *nt*

торс <то́рса> *м* АНАТ, ИСК Rumpf *m,* Torso *m*

торт <то́рта> *м* Torte *f*

торф <то́рфа> *м* Torf *m*

торфова́ни|е <-я> *ср* АГР Torfanreicherung *f*

торфодобы́ч|а <-и> *ж* Torfgewinnung *f*

торфя́ник <-а́> *м* Torflager *nt*

торфян|о́й <-а́я, -о́е> *прил* Torf-; **торфяно́е боло́то** Torfsumpf *m;* **~ брике́т** Torfbrikett *nt;* **торфяны́е по́чвы** Torfboden *m*

торч|а́ть <-у́, -и́шь> *нсв нпрх* abstehen, hervorstehen; *разг (находи́ться)* stecken (in etw)

торчко́м *нрч разг* aufrecht, abstehend; **хвост ~** abstehender Schweif *m*

торше́р <-а> *м* Stehlampe *f*

тоск|а́ <-и́> *ж* Trauer *f,* Wehmut *f;* *(ску́ка)* Langeweile *f;* *(по кому́-л.)* Sehnsucht *f;* **~ по ро́дине** Heimweh *nt;* **смерте́льная ~** tödliche Langeweile *f*

тосkли́в|ый <-ая, -ое; -, -а, -о> *прил* **1.** *(гру́стный)* beklommen, schwermütig, wehmütig; **тоскли́вое настрое́ние** betrübte Laune *f;* **тоскли́вая пе́сня** ein trauriges Lied *nt* **2.** *(ску́чный)* langweilig; **тоскли́вая пора́** traurige Jahreszeit *f*

тоск|ова́ть <-у́ю, -у́ешь> *нсв нпрх* bedrückt sein; *(скуча́ть)* sich langweilen; *(по кому́-л.)* sich sehnen; **~ по до́му** Heimweh haben; **~ о де́тях** sich nach den Kindern sehnen; **~ по друзья́м** nach den Freunden Sehnsucht haben

тост[1] <то́ста> *м* Toast *m,* Trinkspruch *m;* **провозгласи́ть тост в честь ...** einen Toast auf jdn ausbringen

тост[2] <то́ста> *м (хлеб)* Toast *m;* **~ с сы́ром** Toast mit Käse

то́стер <-а> *м* Toaster *m,* Brottoaster *m*

тот <того́> *мест* jene(r, s); **~ же са́мый** derselbe; **и ~ и друго́й** beide; **оди́н и ~ же** ein und derselbe; **с того́ вре́мени** seitdem; **ме́сяц тому́ наза́д** vor einem Monat; **в том до́ме** in jenem Haus

тотализа́тор <-а> *м* СПОРТ Totalisator *m,* Wettschalter *m,* Toto *m*

тоталитари́зм <-а> *м* Totalitarismus *m*

тоталита́р|ный <-ная, -ное; -ен, -на, -но> *прил* totalitär

тота́|льный <-льная, -льное; -лен, -льна,

-льно> *прил* total; **объяви́ть тота́льную войну́** einen Totalkrieg erklären; **тота́льная мобилиза́ция** totale Mobilisation *f;* **тота́льное неподчине́ние** totale Ungehorsamkeit *f*

тоте́м <-а> *м* РЕЛИГ Totem *nt*

тотеми́зм <-а> *м без мн* РЕЛИГ, МИФ Totemismus *m*

то́тчас *нрч* sogleich, sofort

точён|ый <-ая, -ое> *прил* **1.** *(о́стрый)* geschliffen **2.** *(изгото́вленные обто́чкой)* gedrechselt **3.** *перен (то́нкий, изя́щный)* gemeißelt; **~ про́филь** gemeißeltes Profil *nt;* **точёная фигу́ра** gemeißelte Figur *f*

то́чечн|ый <-ая, -ое> *прил* Punkt-, punktförmig; **то́чечная электросва́рка** Punktelektroschweißen *nt;* **~ исто́чник све́та** punktförmige Lichtquelle; **то́чечная корро́зия** punktförmige Korrosion

точи́лк|а <-и> *ж* Schleifstein *m; (для карандаше́й)* Bleistiftspitzer *m*

точи́льн|ый <-ая, -ое> *прил* Schleif-, Wetz-; **~ брусо́к** Schleifstein *m,* Wetzstein *m;* **точи́льная мастерска́я** Wetzerei *f,* Schleiferei *f;* **~ стано́к** Schleifmaschine *f*

точи́льщик <-а> *м* **1.** ТЕХ *(рабо́чий)* Schleifer *m,* Wetzer *m* **2.** ЗООЛ *(жук)* Klopfkäfer *m,* Totenuhr *f*

точи́ть[1] <точу́, то́чишь> *нсв,* **наточи́ть** *св прх* **1.** *(де́лать о́стрым)* schärfen, wetzen, spitzen **2.** *(на тока́рном станке́: мета́лл)* drehen; *(де́рево)* drechseln; **~ зу́бы на кого́-л.** *перен* einen Groll gegen jdn hegen

точи́ть[2] <точу́, то́чишь> *нсв,* **вы́точить** *св прх (прогрыза́ть)* nagen; *(че́рви)* zerfressen

точи́ть[3] <точу́, то́чишь> *нсв,* **отточи́ть** *св прх (источа́ть)* ausscheiden, auslaufen lassen

то́чк|а[1] <-и> *ж* Punkt *m;* **~ замерза́ния** Gefrierpunkt *m;* **~ отсчёта** Bezugspunkt *m;* **~ пересече́ния** Schnittstelle *f;* **~ та́яния** Schmelzpunkt *m;* **~ зре́ния** Gesichtpunkt *m,* Standpunkt *m;* **~ опо́ры** Ansatzpunkt *m;* **~ соприкоснове́ния** Berührungspunkt *m;* **исхо́дная ~** Ausgangspunkt *m;* **попа́сть в са́мую то́чку** ins Schwarze treffen; **поста́вить то́чку** einen Schlussstrich ziehen; **теря́ть то́чку опо́ры** den Halt verlieren; **~ с запято́й** Semikolon *nt*

то́чк|а[2] <-и> *ж* ТЕХ Schleifen *nt,* Schärfen *nt*

точне́е *нрч* genau; **~ говоря́** genaugenommen; **выража́ясь ~** genau gesagt

то́чно[1] *нрч* genau; **~ так же** genauso; **~ в час** genau um Eins; **вести́ себя́ ~ ребёнок** sich genau wie ein Kind benehmen

то́чно[2] *сз* **1.** *(как бу́дто)* als ob **2.** *(подо́бно)* gleichwie, wie, genauso wie; **он ~ поме́шанный** er ist wie verrückt

то́чнос|ть <-ти> *ж* Genauigkeit *f,* Präzision *f; (пунктуа́льность)* Pünktlichkeit *f;* **с большо́й то́чностью** mit großer Präzision; **~ - ве́жливость короле́й** Pünktlichkeit ist die Höflichkeit der Könige

то́ч|ный <-ная, -ное; ен, -на́, -но> *прил* genau, präzise, exakt; **то́чная меха́ника** Feinwerkmechanik *f;* **~ челове́к** pünktlicher Mensch *m;* **то́чное вре́мя** genaue Zeit *f*

точь-в-то́чь *нрч* genau, haargenau; **исполня́ть всё ~** alles haargenau machen

тошн|и́ть <-и́т> *нсв,* **стошни́ть** *св безл, только 3 л* Übelkeit empfinden; **меня́ тошни́т** mir ist übel

тошнот|а́ <-ы́> *ж* Übelkeit *f;* **вызыва́ть тошноту́** Übelkeit erregen

то́щ|ий <-ая, -ее; -, -а́, -е> *прил* **1.** *(худо́й)* mager, dürr **2.** *(пусто́й)* leer; **~ карма́н** *разг* leere Tasche *f*

т.п. *см.* **тому́ подо́бное** und so weiter, usw.

тпру *межд* halt, brr; **ни ~, ни ну!** weder hü noch hott!

трав|а́ <-ы́> *ж* Gras *nt,* Kraut *nt; (газо́н)* Rasen *m;* **лека́рственные тра́вы** Heilkräuter *pl;* **лежа́ть на траве́** im Gras liegen; **кури́ть траву́** Gras rauchen

тра́верз <-а> *м* **1.** МОР, АВИА Traverse *f;* **быть на тра́верзе** vierkant sein; **вы́йти на ~** querab kommen; **на ле́вом тра́верзе** backbord senkrecht zur Fahrtrichtung

тра́верс <-а> *м* **1.** ВОЕН Schulterwehr *f,* Querwand *f,* Traverse *f* **2.** СПОРТ Traverse *f;* **~ го́рного масси́ва** Traverse des Bergmassivs *f* **3.** СТР *(да́мба)* Buhne *f,* Damm *m,* Deich *m* **4.** ТЕХ *(попере́чная ба́лка)* Querbalken *m*

трави́нк|а <-и> *ж* Grashalm *m*

тр|ави́ть <-авлю́, -а́вишь> *нсв прх* **1.** *(уничтожа́ть)* vergiften, ausrotten; **~ мыше́й** die Mäuse ausrotten; **~ себя́ нико-ти́ном** sich mit Nikotin vergiften **2.** ХИМ ätzen, beizen, abbrennen; **~ стекло́** Glas ätzen; **~ узо́ры на тка́ни** Ornamente auf den Stoff ätzen **3.** *(на охо́те)* hetzen; **трави́ть зве́ря го́нчими** die Hunde auf die Wildtiere hetzen **4.** *перен (пресле́довать)* verfolgen; **~ сопе́рника** den Gegner verfolgen **5.** *(по́ле)* abweiden, abgrasen; **~ посе́вы** die Saat abgrasen **6.** МОР *(осла́бить натяже́ние)* nachlassen; **~ кана́т** das Tau nachlassen **7.** *прост (расска́зывать)* erzählen; **~ анекдо́ты** Witze erzählen

тр|ави́ться <-авлю́сь, -а́вишься> *нсв,* **отрави́ться** *св рефл разг* sich vergiften; **отрави́ться я́дом** sich mit Gift vergiften

тра́вл|я <-и> *ж* Hetze *f,* Hetzjagd *f,* Hetzkampagne *f*

тра́вм|а <-ы> *ж* Unfallverletzung *f,* Verletzung *f;* ПСИХ Trauma *nt;* **психи́ческая ~** Trauma *nt,* seelische Erschütterung *f;* **родова́я ~** Geburtsschäden *mpl;* **спорти́вные тра́вмы** Sportverletzungen *pl;* **получи́ть тра́вму** sich eine Verletzung zuziehen

травмати́зм <-а> *м без мн* МЕД Unfallgeschehen *nt;* **бытово́й ~** häuslicher Unfall

Т

m; **спорти́вный ~** Sportunfall *m*

травмати́ческ|ий <-ая, -ое> *прил* traumatisch; **~ шок** traumatischer Schock *m;* **~ невро́з** traumatische Neurose *f*

травматоло́ги|я <-и> *ж* МЕД Traumatologie *f*

травми́р|овать <-ую, -уешь> *(н)св прх* verletzen; **~ не́рвную систе́му** das Nervensystem verletzen; **~ плечо́** sich die Schulter verletzen

травмопу́нкт *сокр от* **травмотологи́ческий пункт** Unfallhilfsstelle *f*

травопо́ль|е <-я> *ср* АГР Grasanbau *m,* Feldgraswirtschaft *f*

травосме́|сь <-си> *ж* АГР Grasgemisch *nt*

травоя́дно|е <-го> *ср* ЗООЛ Blattfresser *m*

травян|о́й <-а́я, -о́е> *прил* **1.** *(из травы́)* Gras-, Kraut-; **травяна́я насто́йка** Grastinktur *f;* **~ насти́л** Grasbelag *m;* **травяна́я мука́** Grasmehl *nt* **2.** *(зелёный)* grasgrün

траге́ди|я <-и> *ж* Tragödie *f,* Unglück *nt;* ТЕАТР Tragödie *f,* Trauerspiel *nt*

траги́зм <-а> *м* Tragik *f*

тра́гик <-а> *м* Tragöde *m*

трагикоми́ческ|ий <-ая, -ое> *прил* tragikomisch

траги́чески *нрч* tragisch; **смотре́ть на всё ~** alles tragisch nehmen; **око́нчиться ~** tragisch enden

траги́ческ|ий <-ая, -ое> *прил* tragisch; **~ жанр** tragisches Genre *nt;* **траги́ческая по́за** tragische Pose *f;* **~ актёр** Tragöde *m;* **траги́ческая катастро́фа** tragischer Unfall *m;* **траги́ческое положе́ние** tragische Lage *f;* **~ слу́чай** tragischer Fall *m;* **изда́ть траги́ческий вопль** tragisches Geschrei ausstoßen; **траги́ческая судьба́** tragisches Schicksal *nt*

траги́ч|ный <-ная, -ное; -ен, -на, -но> *прил* tragisch

традицио́н|ный <-ная, -ное; -ен, -на, -но> *прил* traditionell, herkömmlich; *(общепри́нятый)* konventionell

тради́ци|я <-и> *ж* Tradition *f;* **по тради́ции** traditionsgemäß

траекто́ри|я <-и> *ж* Flugbahn *f*

трак <тра́ка> *м* ТЕХ Kettenglied *nt*

тракт <тра́кта> *м* Straße *f,* Trakt *m;* ИНФОРМ Pfad *m;* **кише́чный ~** АНАТ Darmtrakt *m*

тракта́т <-а> *м книжн* Traktat *m,* Abhandlung *f*

тракти́р <-а> *м* Gastwirtschaft *f*

тракти́рщик <-а> *м,* **тракти́рщиц|а** <-ы> *ж* Gastwirt(in) *m(f)*

тракт|ова́ть <-ую, -уешь> *нсв прх* deuten, auslegen, interpretieren; *книжн* abhandeln, behandeln

тра́ктор <-а> *м* Traktor *m*

трактори́ст <-а> *м,* **трактори́стк|а** <-и> *ж* Traktorist(in) *m(f)*

…рн|ый <-ая, -ое> *прил* Traktoren-; **~ сев** Traktorenbestellung *f;* **~ дви́гатель** Traktorenmotor *m;* **тра́кторная се́ялка** Traktorendrillmaschine *f*

трал <тра́ла> *м* **1.** МОР Trawl *nt,* Schleppnetz *nt;* **рыболо́вный ~** Schleppnetz *nt* **2.** *(гидрографи́ческий прибо́р)* Bagger *m* **3.** ВОЕН **корабе́льный ~** Minenräumgerät *nt;* **авиацио́нный ~** Schleppantenne *f;* **~иска́тель** Minensuchgerät *nt*

тра́л|ить <-ю, -ишь> *нсв прх* **1.** *(для рыболо́ва)* Schleppnetzfischerei *f;* **~ сельдь** Hering mit dem Schleppnetz fischen **2.** ВОЕН Minen suchen; **~ ми́ны** Minen räumen; **~ по́дступы к бу́хте** die Zufahrt in die Bucht von Minen räumen

тра́лов|ый <-ая, -ое> *прил* **1.** МОР Schleppnetz-; **~ лов** Schleppnetzfang *m;* **~ мешо́к** Schleppnetzsack *m* **2.** ВОЕН Minensuch-, Minenräum-; **~ флот** Minensuchflotte *f;* **тра́ловая ба́за** Minenräumschiffsbasis *f*

тра́льщик <-а> *м (ми́нный)* Minensuchboot *nt*

трамбле́р <-а> *м* ТЕХ Stampfer *m,* Rammklotz *m,* Ramme *f*

трамб|ова́ть <-у́ю, -у́ешь> *нсв,* **утрамбова́ть** *св прх* stampfen; **~ зе́млю** den Boden stampfen; **~ мостову́ю катко́м** das Pflaster mit der Walze stampfen

трамбо́вщик <-а> *м,* **трамбо́вщиц|а** <-ы> *ж* Stampfer(in) *m(f)*

трамва́|й <-я> *м* Straßenbahn *f*

трамва́йн|ый <-ая, -ое> *прил* Straßenbahn-; **трамва́йная остано́вка** Straßenbahnhaltestelle *f;* **~ ваго́н** Straßenbahnwaggon *m;* **предъяви́те ~ биле́т** zeigen Sie Ihre Straßenbahnfahrkarte

трампли́н <-а> *м* Trampolin *nt;* *(во́дный)* Sprungbrett *m,* Schanze *f*

транжи́р <-а> *м,* **транжи́рк|а** <-и> *ж разг* Verschwender(in) *m(f)*

транжи́р|ить <-ю, -ишь> *нсв,* **растранжи́рить** *св прх разг* vergeuden, verpulvern, verschwenden; **~ на́житый капита́л** das erworbene Kapital verpulvern; **~ де́ньги** das Geld vergeuden; **~ все сбереже́ния** alle Ersparnisse ausgeben

транзи́стор <-а> *м* **1.** ЭЛ Transistor *m* **2.** *(приёмник)* Kofferradio *nt,* Transistorradio *nt*

транзи́т <-а> *м* Transit *m;* **проезжа́ть транзи́том** Transit reisen

транзити́внос|ть <-ти> *ж* МАТ, ЛИНГВ Transitivität *f*

транзи́тник <-а> *м,* **транзи́тниц|а** <-ы> *ж разг* Transitreisende(r) *f(m)*

транзи́тн|ый <-ая, -ое> *прил* Transit-; **транзи́тная по́шлина** Durchfuhrzoll *m;* **транзи́тная страна́** Durchfuhrland *nt;* **транзи́тная торго́вля** Transithandel *m;* **транзи́тные перево́зки** Transitverkehr *m;* **~ ве́ксель** Transitwechsel *m;* **~ прово́з**

Transit *m,* Durchfuhr *f;* **транзи́тная ви́за** Durchreisevisum *nt*

транквилиза́тор <-а> *м* МЕД Beruhigungsmittel *nt*

транс <тра́нса> *м* МЕД Trance *f;* **впада́ть в ~** in Trance verfallen

транса́кци|я <-и> *ж* Transaktion *f*

трансатланти́ческ|ий <-ая, -ое> *прил* transatlantisch

трансвести́т <-а> *м* Transvestit *m*

трансгре́сси|я <-и> *ж* ГЕОЛ Transgression *f*

транско́дер <-а> *м* Transcoder *m*

транскриби́р|овать <-ую, -уешь> *(н)св прх* ЛИНГВ, МУЗ transkribieren, verschlüsseln

транскри́пци|я <-и> *ж* ЛИНГВ *(фонети́ческая)* Transkription *f*

трансли́р|овать <-ую, -уешь> *(н)св прх (переда́чу)* senden, übertragen

транслитера́ци|я <-и> *ж* ЛИНГВ Transliteration *f*

трансля́ци|я <-и> *ж* Ausstrahlung *f,* Sendung *f,* Übertragung *f;* **пряма́я ~** Direktübertragung *f*

трансмиссио́нн|ый <-ая, -ое> *прил* ТЕХ Transmissions-, Übertragungs-; **~ вал** Getriebewelle *f,* Übertragungswelle *f,* Laufwelle *f;* **трансмиссио́нные масла́** Getriebeöle *ntpl*

трансми́сси|я <-и> *ж* ТЕХ, АВТО Transmission *f,* Triebwerk *nt,* Kraftübertragung *f*

трансми́ттер <-а> *м* ТЕЛКОМ Transmitter *m,* Lochstreifensender *m*

транснациона́льн|ый <-ая, -ое> *прил* multinational

транспара́нт <-а> *м* Transparent *nt*

транспаре́нтнос|ть <-ти> *ж* Transparenz *f;* **~ ры́нка** Markttransparenz *f*

транспланта́ци|я <-и> *ж* МЕД Transplantation *f,* Gewebeverpflanzung *f*

транспози́ци|я <-и> *ж* МУЗ, МАТ Transposition *f*

транспони́р|овать <-ую, -уешь> *(н)св прх* transponieren, übertragen

тра́нспорт <-а> *м* Transport *m; (движе́ние)* Verkehr *m;* **обще́ственный ~** öffentliche Verkehrsmittel *ntpl*

транспорта́бе|льный <-льная, -льное; -лен, -льна, -льно> *прил* transportabel, transportfähig; **~ больно́й** transportfähiger Kranker *m*

транспортёр <-а> *м (конве́йер)* Förderer *m,* Transportband *nt;* **ле́нточный ~** Fließband *nt*

транспорти́р <-а> *м* Transporteur *m*

транспорти́р|овать <-ую, -уешь> *(н)св прх* transportieren, befördern

транспортиро́вк|а <-и> *ж* Transport *m;* **~ гру́зов** Güterbeförderung *f*

тра́нспортник <-а> *м* **1.** *(рабо́тник тра́нспорта)* Transportarbeiter *m,* Angestellter *m* des Verkehrsbetriebes **2.** *разг (самолёт)* Transportflugzeug *nt*

тра́нспортн|ый <-ая, -ое> *прил* Transport-, Verkehrs-; **тра́нспортная накладна́я** Ladeschein *m;* **тра́нспортная фи́рма** Transportunternehmen *nt;* **тра́нспортные докуме́нты** Transportpapiere *pl,* Versandpapiere *pl;* **тра́нспортные изде́ржки** Transportkosten *pl,* Frachtkosten *pl;* **~ аге́нт** Spediteur *m;* **тра́нспортные сре́дства** Transportmittel *nt*

транссиби́рск|ий <-ая, -ое> *прил* transsibirisch; **транссиби́рская магистра́ль** transsibirische Verkehrsstraße *f*

трансура́н|ы <-ов> *мн* ХИМ Transurane *pl*

трансфе́р(т) <-а> *м* Transfer *m*

трансфе́ртн|ый <-ая, -ое> *прил* Transfer-; **трансфе́ртные платежи́** Transferzahlungen *pl;* **~ дохо́д** Transfereinkommen *nt;* **~ риск** Transferrisiko *nt*

трансформа́тор <-а> *м* Transformator *m*

трансформа́ци|я <-и> *ж* Transformation *f,* Umwandlung *f*

трансформи́р|овать <-ую, -уешь> *(н)св прх* umformen, transformieren, umwandeln; **~ шта́тную едини́цу** eine Personalplanstelle umwandeln

трансфу́зи|я <-и> *ж* МЕД Transfusion *f*

трансцендента́|льный <-льная, -льное; -лен, -льна, -льно> *прил* ФИЛОС transzendental; **~ идеали́зм** transzendentaler Idealismus *m;* **трансцендента́льная ло́гика** transzendentale Logik *f*

трансценде́нт|ный <-ная, -ное; -ен, -на, -но> *прил* ФИЛОС, МАТ transzendent, übersinnlich; **трансценде́нтное число́** transzendente Zahl *f;* **трансценде́нтное уравне́ние** transzendente Gleichung *f;* **трансценде́нтные фу́нкции** transzendente Funktionen *pl*

транше́йн|ый <-ая, -ое> *прил* ВОЕН Graben-; **транше́йная артилле́рия** Grabenartillerie *f;* **~ экскава́тор** Grabenbagger *m*

транше́|я <-и> *ж* **1.** СТР Graben *m,* Kanal *m;* **~ для прокла́дки ка́беля** Kanal zur Kabelverlegung **2.** ШАХТ Einschnitt *m*

трап <тра́па> *м* **1.** МОР Fallreep *nt* **2.** *(самолёта)* Gangway *f*

тра́пез|а <-ы> *ж* Mahl *nt,* Tafel *f;* **дели́ть тра́пезу** an einer Tafel [*o* einem Tisch] sitzen

тра́пезн|ая <-ой> *ж только ед* РЕЛИГ Refektorium *nt*

трапе́ци|я <-и> *ж* **1.** МАТ Trapez *nt* **2.** СПОРТ Trapez *nt,* Schaukelreck *nt,* Schwebereck *nt*

тра́сс|а <-ы> *ж* Trasse *f,* Strecke *f,* Route *f;* СПОРТ Piste *f;* **автомоби́льная ~** Verkehrsstrecke *f*

трасса́нт <-а> *м* ЭКОН (Wechsel)Aussteller *m,* Anweisender *m*

трасса́т <-а> *м* ЭКОН Bezogener *m,* Wechseladressat *m*

трасси́р|овать <-ую, -уешь> *(н)св прх* **1.** *(наме́тить тра́ссу)* trassieren, abstecken;

Т

~ водопрово́дную сеть das Wasserversorgungsnetz abstecken; **~ ли́нии электропереда́ч** die Stromübertragungsstrecken trassieren **2.** *то́лько 3 л* ВОЕН spuren

трассиро́вк|а <-и> *ж* **програ́мма трассиро́вки** ИНФОРМ Tracer *m;* **режи́м трассиро́вки** ИНФОРМ Trace-Betrieb *m*

трасси́рующ|ий <-ая, -ее> *прил* Leuchtspur-; **трасси́рующие пу́ли** ВОЕН Leuchtkugel *f*

траст-фо́нд <траст-фо́нда> *м* Trustfonds *m*

тра́т|а <-ы> *ж* Verschwendung *f,* Vergeudung *f;* **пуста́я ~ вре́мени** Zeitverschwendung *f;* **~ де́нег** Geldverschwendung *f*

тра́|тить <-чу, -тишь> *нсв,* **истра́тить, потра́тить** *св прх* **1.** *(извести́)* ausgeben **2.** *(транжи́рить)* verschwenden, vergeuden

тра́|титься <-чусь, -тишься> *нсв,* **потра́титься** *св рефл (на кого́-л./что-л.)* (viel) ausgeben, verschwenden; **она́ потра́тилась на ремо́нт** sie hat für die Reparatur viel Geld ausgegeben

тра́тт|а <-ы> *ж* ЭКОН Tratte *f,* Schuldwechsel *m;* **~ для финанси́рования э́кспорта** Exporttratte *f;* **~ на предъяви́теля** Sichttratte *f*

тра́улер <-а> *м* МОР Trawler *m;* **рыболо́вный ~** Fischtrawler *m*

тра́ур <-а> *м* Trauer *f;* **объяви́ть национа́льный ~** Nationaltrauer anordnen

тра́урн|ый <-ая, -ое> *прил (погреба́льный, печа́льный)* Trauer-; **трау́рное ше́ствие** Trauerprozession *f,* Trauerzug *m;* **трау́рная повя́зка** Trauerflor *m*

трафаре́т <-а> *м* **1.** *(пласти́нка с рису́нком)* Schablone *f* **2.** *перен (шабло́н, штамп)* Schablone *f,* Schema *nt;* **мы́слить по трафаре́ту** nach Schablone denken

тра́фик <-а> *м* ИНФОРМ Datenverkehr *m*

трах *межд* krach!, pardauz!

тра́ха|ть <-ю, -ешь> *нсв,* **тра́хнуть** *св прх разг* **1.** *(уда́рить)* schlagen; **~ по голове́** auf den Kopf schlagen; **~ кулако́м по столу́** mit der Faust auf den Tisch schlagen **2.** *(разби́ть)* zerschlagen; **~ графи́н** eine Karaffe zerschmettern **3.** *то́лько 3 л (изда́ть ре́зкий звук)* knallen; **~ из ружья́** ein Knall aus der Flinte; **тра́хнул взрыв** eine Explosion krachte **4.** *вульг* ficken

трахеи́т <-а> *м* МЕД Tracheitis *f,* Luftröhrenentzündung *f*

трахе́|я <-и> *ж* Luftröhre *f*

тра́хн|уть <-у, -ешь> *св прх см.* **тра́хать**

тре́бовани|е <-я> *ср* **1.** *(изыска́ние)* Forderung *f,* Verlangen *nt* **2.** *мн (запро́сы)* Bedürfnisse *pl* **3.** *(притяза́ния)* Forderung *f,* Anspruch *f;* **по тре́бованию** auf Anforderung; **предъяви́ть жёсткие тре́бования** harte Forderungen stellen; **предъяви́ть чрезме́рные тре́бования к кому́-л.** jdn überfordern; **тре́бования повыше́ния за́работной пла́ты** Lohnforderungen *pl;* **~ по торго́вым кни́гам** ЭКОН Buchschuld *f* **4.** *(докуме́нт)* Bestellzettel *m,* Bestellung *f*

тре́бовате|льный <-льная, -льное; -лен, -льна, -льно> *прил* streng; *(притяза́тельный)* anspruchsvoll

тре́б|овать <-ую, -уешь> *нсв,* **потре́бовать** *св прх* fordern, verlangen; *(нужда́ться в чём-л.)* erfordern, bedürfen; *(вызыва́ть куда́-л.)* bestellen; **~ в суд** vor Gericht laden; **~ вре́мени** Zeit erfordern

тре́б|оваться <-уется> *нсв,* **потре́боваться** *св безл, то́лько 3 л* nötig sein, benötigt werden, verlangt werden; **тре́буются водопрово́дчики** es werden Klempner benötigt; **тре́буется ремо́нт** eine Reparatur ist notwendig; **сро́чно тре́буется продаве́ц** es wird dringend ein Verkäufer gesucht; **е́сли потре́буется, то позовём и специали́ста** wenn nötig, holen wir einen Fachmann

тре́буем|ый <-ая, -ое> *прил* erforderlich, nötig; **тре́буемая квалифика́ция** Anforderungsprofil *nt;* **~ окла́д** Gehaltsanspruch *m*

требух|а́ <-и́> *ж* Eingeweide *pl,* Innereien *pl*

трево́г|а <-и> *ж* **1.** *(беспоко́йство)* Beunruhigung *f;* **вызыва́ющий трево́гу** beängstigend, beunruhigend **2.** *(сигна́л безопа́сности)* Alarm *m;* **возду́шная ~** Fliegeralarm *m;* **ло́жная ~** blinder Alarm *m;* **поднима́ть по трево́ге** alarmieren

трево́ж|ить <-у, -ишь> *нсв,* **встрево́жить** *св прх* **1.** *(беспоко́ить, волнова́ть)* beunruhigen; **~ поведе́нием мать** die Mutter mit seinem Benehmen beunruhigen **2.** *(меша́ть)* stören

трево́ж|иться <-усь, -ишься> *нсв,* **встрево́житься** *св рефл* sich beunruhigen; *(о ком-л.)* sich bemühen

трево́ж|ный <-ная, -ное; -ен, -на, -но> *прил* **1.** *(встрево́женный)* aufgeregt, beunruhigt; **~ го́лос** besorgte Stimme *f* **2.** *(вызыва́ющий опасе́ния)* besorgniserregend **3.** *(обознача́ющий трево́гу)* Alarm-; **~ сигна́л** Alarmsignal *nt*

треволне́ни|е <-я> *ср книжн* Aufregung *f;* **напра́сные треволне́ния** unnötige Aufregung

тре́звенник <-а> *м,* **тре́звенница** *ж* Abstinenzler(in) *m(f),* Antialkoholiker(in) *m(f)*

тре́зво *нрч* nüchtern, vernünftig; **~ рассужда́ть** vernünftig denken; **~ оце́нивать ситуа́цию** die Situation mit klarem Kopf einschätzen; **~ смотре́ть на ве́щи** die Dinge nüchtern sehen

трезво́н <-а> *м* **1.** *(звон колоколо́в)* Geläut *nt,* Glockengeläut *nt;* **пра́здничный ~** feierliches Geläut **2.** *перен, разг (шум, переполо́х)* Gebimmel *nt;* **подня́ть ~** Krach machen

трезво́н|ить <-ю, -ишь> *нсв нпрх* **1.** *(ко-*

локолá) läuten **2.** *разг* *(разглашáть)* verbreiten

трéзвос|ть <-ти> *ж и перен* Nüchternheit *f*

трезвýчи|е <-я> *ср* муз Dreiklang *m*

трéзв|ый <-ая, -ое; -, -á, -о> *прил* **1.** *(не пьяный)* nüchtern **2.** *(не пьющий)* enthaltsam **3.** *(разýмный)* nüchtern, vernünftig; **~ взгляд на вéщи** gesunde Ansichten *fpl*

трек <трéка> *м* спорт Rennbahn *f*

трель <трéли> *ж* муз Triller *m;* **соловьи́ная ~** Nachtigallenschlag *m;* **трéли жáворонка** das Trillern der Lerche; **~ свисткá** Pfeiftriller *m*

трельяж <-а> *м* **1.** *(решётка)* Gitterwerk *nt,* Drahtgitter *nt* **2.** *(зéркало)* Pfeilerspiegel *m,* dreiteiliger Spiegel

тренажёр <-а> *м* Trainingsgerät *nt*

тренд <трéнда> *м* Trend *m*

трéнер <-а> *м* Trainer *m,* Coach *m*

трéни|е <-я> *ср* **1.** тех Reibung *f* **2.** *перен* Reiberei *f,* Auseinandersetzung *f;* **без трéния** reibungslos

трéнинг <-а> *м* Training *nt;* **получи́ть ~** durchtrainiert werden; **~ лошадéй** Pferdetraining *nt*

тренирóван|ный <-ная, -ное; -, -а, -о> *прил* trainiert, geübt

тренир|овáть <-ую *или* -ýю, -уешь *или* -ýешь> *нсв,* **натренировáть** *св прх* trainieren

тренирóвк|а <-и> *ж* Training *nt;* **~ по футбóлу** Fußballtraining *nt;* **~ на физи́ческую вынóсливость** Konditionstraining *nt*

тренирóвочн|ый <-ая, -ое> *прил* Trainings-; **~ костю́м** Trainingsanzug *m*

тренóжник <-а> *м* Dreifuß *m;* **~ киноаппарáта** Kinokamerastativ *nt*

трепанáци|я <-и> *ж* мед Trepanation *f*

трепáнг <-а> *м* зоол Trepang *m,* Seewalze *f,* Seegurke *f*

тр|епáть <-еплю́, -éплешь> *нсв,* **потрепáть** *св прх* **1.** *(теребúть, дёргать)* zerren, ziehen; **~ вóлосы** an den Haaren ziehen; **~ зá уши** an den Ohren ziehen; **~ нéрвы** an den Nerven zerren **2.** тех brechen, schwingen; **~ лён** Leinen brechen **3.** *(изнáшивать)* abtragen, abnutzen; **~ óбувь** die Schuhe abtragen; **~ учéбник** ein Lehrbuch abnutzen; **потрепáть кни́гу** das Buch abnutzen **4.** *(похлóпывать)* klopfen; **потрепáть по плечý** auf die Schulter klopfen **5.** *перен* *(болтáть)* schwatzen **6.** *(ослáбить)* (ab)schwächen; **~ врагá** den Feind schwächen; **~ врáжескую áрмию** die feindliche Armee schwächen

тр|епáться <-еплю́сь, -éплешься> *нсв,* **потрепáться** *св рефл разг* **1.** *(болтáть)* plaudern, schwatzen; **нéчего зря ~** man darf nicht zu viel schwatzen; **он лю́бит ~** er schwatzt gerne **2.** *тóлько 3 л* *(развевáться)* wehen, flattern; **флáги трéплются на ветрý** die Fahnen flattern im Wind **3.** *(изнáшиваться)* sich abtragen

трепáч <-á> *м разг* Schwätzer *m,* Quatschkopf *m,* Aufschneider *m*

трéпет <-а> *м* Zittern *nt,* Beben *nt;* **~ востóрга** Zittern vor Begeisterung; **привести́ в рáдостный ~** in freudiges Zittern versetzen; **наводи́ть ~** in Angst versetzen; **держáть в трéпете** in Angst halten; **испы́тывать ~ перед кем-л.** vor jdm Angst haben

треп|етáть <-ещý, -éщешь> *нсв нпрх книжн* zittern, beben, flattern; *(сéрдце)* stark pochen; *(плáмя)* flackern; *(би́ться)* flattern

трéпет|ный <-ная, -ное; -ен, -на, -но> *прил* **1.** *(испýганный)* scheu, angstvoll **2.** *(вздрáгивающий)* zuckend; *(свет)* flackernd; **трéпетные тéни** flackernde Schatten *mpl;* **~ поцелýй** scheuer Kuss *m;* **с трéпетным ожидáнием** in fieberhafter Erwartung

трёпк|а <-и> *ж* **1.** тех Schwingen *nt* **2.** *разг* *(нагоняй)* Rüffel *m,* Prügel *pl;* **задáть трёпку** jdn tüchtig verhauen

трепыхá|ться <-юсь, -ешься> *нсв рефл разг* zappeln, flattern

треск <трéска> *м* Knall *m,* Krachen *nt;* **~ вы́стрелов** Knattern *nt;* **с трéском провали́ться** *(на экзáмене)* mit Pauken und Trompeten durchfallen

треск|á <-и́> *ж* Dorsch *m,* Kabeljau *m*

трéска|ть <-ю, -ешь> *нсв,* **трéснуть** *св нпрх* *(лóпнуть)* platzen, bersten; *(удáрить)* schlagen

трéска|ться <-ется> *нсв,* **потрéскаться** *св безл, тóлько 3 л* platzen, aufspringen, Risse bekommen, bersten; **потолóк трéскается** die Decke bekommt Risse; **земля́ трéскается от знóя** die Erde bekommt Risse vor Hitze; **трубá потрéскалась** das Rohr ist geborsten

трескотн|я́ <-и́> *ж* Prasseln *nt,* Geprassel *nt;* *(кузнéчиков)* Gezirpe *nt;* *разг* *(болтовня́)* Geschwätz *nt*

трескýч|ий <-ая, -ее; -, -á, -е> *прил* **1.** *(рéзкий)* scharf; **~ гóлос** scharfe Stimme *f* **2.** *перен* *(высокопáрный, грóмкий)* hochtrabend; **трескýчие фрáзы** schwulstige Phrasen *fpl;* **трескýчая реклáма** schwulstige Werbung *f* **3.** *перен* *(си́льный)* prasselnd, knisternd, grimmig; **~ морóз** klirrender Frost *m*

трéсн|уть <-у, -ешь> *св нпрх см.* **трéскать**

трест <трéста> *м* Trust *m*

трести́р|овать <-ую, -уешь> *(н)св прх* экон *(объединя́ть)* vertrusten, zu Trusts vereinigen, fusionieren; **~ предприя́тия** Betriebe vertrusten; **~ бáнки** Banken vereinigen

третéйск|ий <-ая, -ое> *прил* юр Schieds-;

~ суд Schiedsgericht *nt;* **~ судья́** Schiedsrichter *m*

тре́т|ий <-ья, -ье> *числ порядк.* dritte(r, s); **~ ли́шний** der störende Dritte *m;* **стра́ны тре́тьего ми́ра** Dritte Welt *f;* **тре́тье лицо́** dritte Person *f*

трети́р|овать <-ую, -уешь> *нсв прх* malträtieren, schikanieren, quälen

трети́чн|ый <-ая, -ое> *прил* МЕД, ГЕОЛ Tertiär-; **~ пери́од** Tertiärperiode *f;* **трети́чные отложе́ния** Tertiärablagerungen *pl*

треть <тре́ти> *ж* Drittel *nt*

тре́тье I. *см.* **тре́тий II.** <-го> *ср* КУЛ *(десе́рт)* Nachtisch *m*

третьекла́ссник <-а> *м,* **третьекла́ссниц|а** <-ы> *ж* Schüler(in) *m(f)* der dritten Klasse

третьекла́ссн|ый <-ая, -ое> *прил* **1.** *(тре́тьего кла́сса)* drittklassig; **~ ваго́н** Waggon der dritten Klasse **2.** *(посре́дственный)* drittklassig; **~ оте́ль** drittklassiges Hotel *nt*

третьеку́рсник <-а> *м,* **третьеку́рсниц|а** <-ы> *ж* Student(in) *m(f)* im dritten Studienjahr

третьеразря́дн|ый <-ая, -ое> *прил* drittklassig; **~ писа́тель** drittklassiger Schriftsteller *m*

тре́тья *см.* **тре́тий**

треуго́лк|а <-и> *ж* ВОЕН, МОР Dreispitz *m,* Dreimaster *m (Hut)*

треуго́льник <-а> *м* Dreieck *nt;* **Берму́дский ~** Bermuda-Dreieck *nt*

треуго́льн|ый <-ая, -ое> *прил* dreieckig

трефо́в|ый <-ая, -ое> *прил* Treff-, Kreuz-, Eichel-; **~ туз** Treffas *nt;* **трефо́вая масть** Kreuzfarbe *f*

трёхгра́нн|ый <-ая, -ое> *прил* **1.** *(с тремя́ гра́нями)* dreiflächig, dreikantig; **~ напи́льник** Dreikantfeile *f* **2.** МАТ dreiflächig, dreikantig; **~ у́гол** dreiflächiger Winkel *m*

трёхзна́чн|ый <-ая, -ое> *прил* dreistellig; **трёхзна́чное число́** dreistellige Zahl *f*

трёхкра́тн|ый <-ая, -ое> *прил* dreifach; **~ чемпио́н** dreifacher Sieger *m*

трёхле́тн|ий <-яя, -ее> *прил* dreijährig

трёхме́рн|ый <-ая, -ое> *прил* dreidimensional

трёхме́стн|ый <-ая, -ое> *прил* Drei-; **~ но́мер в гости́нице** Dreibettzimmer *nt;* **трёхме́стная каю́та** Dreierkabine *f*

трёхме́сячн|ый <-ая, -ое> *прил (во́зраст, срок)* dreimonatig; **~ ребёнок** dreimonatiges Kind *nt;* **трёхме́сячная командиро́вка** dreimonatige Dienstreise *f;* **~ курс обуче́ния** dreimonatige Ausbildung *f*

трёхпроце́нтн|ый <-ая, -ое> *прил* dreiprozentig; **~ заём** dreiprozentige Anleihe *f;* **~ раство́р** dreiprozentige Lösung *f*

трёхсери́йн|ый <-ая, -ое> *прил (фильм)* dreiteilig

трёхсотле́ти|е <-я> *ср* Dreihundertjahresfeier *f;* **отмеча́ть ~ со дня основа́ния** den dreihundertsten Gründungstag feiern; **~ университе́та** die Dreihundertjahresfeier der Universität

трёхсо́т|ый <-ая, -ое> *числ порядк.* der dreihundertste

трёхство́рчат|ый <-ая, -ое> *прил* dreiflügelig; **~ шкаф** dreiflügeliger Schrank *m;* **трёхство́рчатое окно́** dreiflügeliges Fenster *nt*

трёхсто́пн|ый <-ая, -ое> *прил* ЛИТ dreifüßig; **~ стих** dreifüßiger Vers *m*

трёхсторо́нн|ий <-яя, -ее> *прил* dreiseitig; **~ догово́р** dreiseitiger Vertrag *m;* **трёхсторо́ннее сотру́дничество** dreiseitige Zusammenarbeit *f*

трёхта́ктн|ый <-ая, -ое> *прил* МУЗ, ТЕХ Dreitakt-; **трёхта́ктная па́уза** Dreitaktpause *f*

трёхто́мник <-а> *м* dreibändige Ausgabe; **подари́ть ~ стихо́в** eine dreibändige Ausgabe mit Gedichten schenken

трёхфа́зн|ый <-ая, -ое> *прил* ФИЗ, ЭЛ dreiphasig, Dreiphasen-; **трёхфа́зная цепь** Dreiphasennetz *nt;* **~ трансформа́тор** Dreiphasentransformator *m;* **~ ток** Drehstrom *m*

трёхцве́тн|ый <-ая, -ое> *прил* dreifarbig; **~ флаг** Trikolore *f;* **трёхцве́тная печа́ть** Dreifarbendruck *m;* **трёхцве́тная репроду́кция** dreifarbige Reproduktion *f*

трёхчасов|о́й <-а́я, -о́е> *прил* dreistündig; **~ фильм** dreistündiger Film *m;* **~ полёт** dreistündiger Flug *m;* **сесть на ~ по́езд** den Dreiuhrzug nehmen

трёхчле́н <-а> *м* МАТ Trinom *nt*

трещ|а́ть <-у́, -и́шь> *нсв нпрх* **1.** *(издава́ть треск)* krachen, knacken; *(при сгора́нии)* knistern, prasseln **2.** *(кузне́чики)* zirpen **3.** *разг (болта́ть)* schwatzen

тре́щин|а <-ы> *ж* Riss *m,* Spalt *m; (на посу́де)* Sprung *m; (во льду)* Rinne *f;* МЕД Schrunde *f;* ГЕОЛ Kluft *f*

трещо́тк|а <-и> *ж* Rassel *f; разг* Plappermaul *nt,* Quasselstrippe *f*

три <трёх> *числ колич.* drei; **~ че́тверти** dreiviertel

триа́д|а <-ы> *ж* ФИЛОС Triade *f*

триангуля́ци|я <-и> *ж* **1.** МАТ Triangulation *f,* Triangulierung *f;* **многоме́рная ~** mehrdimensionale Triangulation *f* **2.** ГЕОД Netzlegung *f*

трибу́н <-а> *м* ИСТОР Tribun *m;* **наро́дный ~** Volkstribun *m*

трибу́н|а <-ы> *ж* Tribüne *f; (ора́тора)* Rednerbühne *f*

трибуна́л <-а> *м* Gerichtshof *m,* Tribunal *nt;* **вое́нный ~** Kriegsgericht *nt;* **переда́ть де́ло в ~** den Fall dem Gericht übergeben

тривиа́льнос|ть <-ти> *ж* Trivialität *f,* Banalität *f*

тривиа́|льный <-льная, -льное; -лен, -льна, -льно> *прил* trivial
тригономе́три|я <-и> *ж* Trigonometrie *f*
три́девя|ть <-ти> *числ колич.* **за ~ земе́ль** sehr weit weg, am Ende der Welt
три́дца|ть <-ти> *числ колич.* dreißig
трieди́нств|о <-а> *ср книжн* dreifache Einheit *f;* **драмати́ческое ~** ЛИТ Einheit von Handlung, Zeit und Ort
три́ер <-а> *м* АГР Trieur *m,* Auslesemaschine *f*
три́жды *нрч* dreimal
три́зн|а <-ы> *ж* ИСТОР, РЕЛИГ Totenfeier *f*
трико́ <неизм> *ср* **1.** *(ткань, оде́жда)* Trikot *nt* **2.** *(да́мское бельё)* Schlüpfer *m*
трикота́ж <-а> *м без мн* Trikot *m o nt,* Trikotagen *pl,* Strickwaren *pl;* **спорти́вный ~** Sporttrikot *m/nt;* **блу́зка из шёлкового трикота́жа** Bluse *f* aus Seidentrikotage
трикота́жник <-а> *м,* **трикота́жниц|а** <-ы> *ж* Wirker(in) *m(f)*
трикота́жн|ый <-ая, -ое> *прил* Trikotage-, gewirkt, Strick-; **трикота́жные изде́лия** Wirkwaren *pl,* Trikotagen *pl;* **трикота́жная фа́брика** Strickwarenfabrik *f*
трили́стник <-а> *м* БОТ Dreiblatt *nt,* Klee *m*
три́ллер <-а> *м* Thriller *m*
триллио́н <-а> *м* Billion *f*
трило́ги|я <-и> *ж* ЛИТ Trilogie *f*
трина́дца|ть <-ти> *числ колич.* dreizehn
Тринида́д <-а> *м* ГЕОГ Trinidad *nt;* **~ и Тоба́го** Trinidad und Tobago *nt*
три́о <неизм> *ср* Trio *nt*
трио́|ль <-ли> *ж* МУЗ Triole *f*
три́плекс <-а> *м* Verbundglas *nt*
три́ппер <-а> *м* МЕД Tripper *m,* Gonorrhöe *f*
трипси́н <-а> *м* БИОЛ Thrypsin *nt*
трипти́х <-а> *м* **1.** ИСК Triptychon *nt* **2.** РЕЛИГ Flügelaltar *m*
три́се|ль <-ля> *м* МОР Einmastsegelschiff *nt* mit drei Segeln
три́ста <трёхсот> *числ колич.* dreihundert
трито́н <-а> *м* **1.** ЗООЛ Molch *m* **2.** ФИЗ Triton *nt* **3.** МУЗ Tritonus *m*
триумвира́т <-а> *м* ИСТОР Triumvirat *nt*
триу́мф <-а> *м* Triumph *m*
триумфа́льн|ый <-ая, -ое> *прил* triumphal; **триумфа́льная а́рка** Triumphbogen *m;* **триумфа́льное ше́ствие** Siegeszug *m*
трихинелле́з <-а> *м* МЕД Trichinose *f*
трог <тро́га> *м* ГЕОЛ Trogtal *nt*
тро́гате|льный <-льная, -льное; -лен, -льна, -льно> *прил* rührend
тро́га|ть <-ю, -ешь> *нсв,* **тро́нуть** *св прх* **1.** *(прикосну́ться)* anrühren, berühren, anfassen **2.** *(беспоко́ить)* stören, beunruhigen **3.** *перен (растро́гать)* rühren, bewegen **4.** *(ло́шадь)* losziehen, von der Stelle bewegen
тро́га|ться <-юсь, -ешься> *нсв,* **тро́нуться** *св рефл* **1.** *(дви́нуться)* sich rühren, sich bewegen **2.** *(испы́тывать сочу́вствие)* gerührt werden
троебо́рь|е <-я> *ср* СПОРТ Dreikampf *m*
троекра́тн|ый <-ая, -ое> *прил см.* **трехкра́тный**
тро́ечник <-а> *м,* **тро́ечниц|а** <-ы> *ж* mittelmäßiger Schüler *m,* mittelmäßige Schülerin *f*
тро́иц|а <-ы> *ж* drei Personen; **Тро́ица** Pfingsten *nt;* **Свята́я ~** Trinität *f,* Heilige Dreieinigkeit *f*
тро́йк|а <-и> *ж* **1.** *(лошаде́й)* Troika *f,* Dreigespann *nt* **2.** *(шко́льная оце́нка)* Drei *f* **3.** *(коми́ссия)* Gruppe aus drei Personen, Dreierausschuss *m*
тройни́к <-а́> *м* ТЕХ, ЭЛ T-Stück *nt,* T-Glied *nt,* Abzweigstück *nt*
тройни́чн|ый <-ая, -ое> *прил* АНАТ **~ нерв** Trigeminus *nt,* dreiastiger Nerv *nt*
тройн|о́й <-а́я, -о́е> *прил* dreifach; **~ прыжо́к** Dreisprung *m*
тро́йн|я <-и> *ж* Drillinge *pl;* **роди́ть тройню́** Drillinge bekommen
тролле́йбус <-а> *м* O-Bus *m,* Oberleitungsbus *m*
тромб <тро́мба> *м* МЕД Thrombus *m,* Blutpfropfen *m*
тромбо́з <-а> *м* Thrombose *f*
тромбо́н <-а> *м* Posaune *f*
тромбони́ст <-а> *м* МУЗ Posaunenbläser *m,* Posaunist *m*
тромбофлеби́т <-а> *м без мн* МЕД Trombophlebitis *f,* Venenentzündung *f*
трон <тро́на> *м* Thron *m;* **взойти́ на ~** den Thron besteigen; **све́ргнуть с тро́на** vom Thron stürzen
тро́нн|ый <-ая, -ое> *прил* Thron-; **~ зал** Thronsaal *m;* **тро́нное ме́сто** Thronplatz *m;* **держа́ть тро́нные ре́чи** eine Thronrede halten
тро́нут|ый <-ая, -ое; -, а, -о> *прил* bewegt; *разг* verrückt
тро́н|уть <-у, -ешь> *св прх см.* **тро́гать**
тро́н|уться <-усь, -ешься> *св рефл см.* **тро́гаться**
троп <тро́па> *м* ЛИТ Trope *f,* Tropus *m*
троп|а́ <-ы́> *ж* Pfad *m,* Steg *m*
тро́пик <-а> *м* **1.** ГЕОГ, АСТР Wendekreis *m;* **~ Ра́ка** Wendekreis *m* des Krebses; **~ Козеро́га** Wendekreis *m* des Steinbocks **2.** *то́лько мн* ГЕОГ Tropen *pl;* **в тро́пиках** in den Tropen; **под тро́пиками** unter den Tropen
тропи́ческ|ий <-ая, -ое> *прил* tropisch; **~ по́яс** tropische Zone *f;* **~ кли́мат** tropisches Klima *nt*
тропосфе́р|а <-ы> *ж без мн* МЕТЕОР Troposphäre *f*
трос <тро́са> *м* Seil *nt,* Tau *nt;* **про́волочный ~** Drahtseil *nt*

Т

тростни́к <-а> *м* Schilf *nt;* **са́харный ~** Zuckerrohr *nt*

тростнико́в|ый <-ая, -ое> *прил* Schilf-, Rohr-; **~ са́хар** Rohrzucker *m;* **тростнико́вые за́росли** Röhricht *nt;* **тростнико́вая планта́ция** БОТ Schilf(rohr)plantage *f*

трость <тро́сти> *ж* **1.** *(па́лочка)* Rohrstock *m,* Spazierstock *m;* **опира́ться на ~** sich auf einen Spazierstock stützen **2.** МУЗ Rohr *nt,* Rohrblatt *nt*

троти́л <-а> *м без мн* ВОЕН, ХИМ Trotyl *nt,* Trinitrotoluol *nt,* TNT

тротуа́р <-а> *м* Gehweg *m,* Bürgersteig *m*

трофе́|й <-я> *м* Trophäe *f*

трофе́йн|ый <-ая, -ое> *прил* erbeutet, Beute-; **трофе́йное иску́сство** Beutekunst *f*

тро́фик|а <-и> *ж без мн* БИОЛ Atrophie *f;* **не́рвная ~** Nervenschwund *m*

троюродн|ый <-ая, -ое> *прил* dritten Grades; **~ брат** Vetter *m* dritten Grades; **трою́родная сестра́** Cousine *f* dritten Grades

троя́нск|ий <-ая, -ое> *прил* ИСТОР trojanisch; **Троя́нская война́** der Trojanische Krieg; **~ конь** das Trojanische Pferd

труб|а́ <-ы́> *ж* **1.** ТЕХ Rohr *nt* **2.** *(дымохо́д)* Schornstein *m* **3.** МУЗ Trompete *f*

трубаду́р <-а> *м* ИСТОР, ЛИТ Troubadour *m,* Apostel *m*

труба́ч <-а́> *м* Trompeter(in) *m(f)*

труб|и́ть <-лю́, -и́шь> *нсв,* **протруби́ть** *св нпрх* **1.** *(звуча́ть, подава́ть сигна́л)* posaunen, trompeten, blasen; **~ в ро́жо́к** tuten; **~ в трубу́** trompeten, posaunen; **~ изо всех сил** aus voller Kraft blasen; **~ сбор** zum Sammeln blasen; **~ трево́гу** Alarm schlagen **2.** *разг (распространя́ть)* ausposaunen, an die große Glocke hängen; **~ об успе́хах** die Erfolge an die große Glocke hängen

тру́бк|а <-и> *ж* Röhre *f;* **телефо́нная ~** Telefonhörer *m;* **кури́тельная ~** Pfeife *f*

тру́бн|ый <-ая, -ое> *прил* **1.** ТЕХ Rohr-, Röhren-; **тру́бная резьба́** Rohrgewinde *nt;* **~ заво́д** Rohrfabrik *f* **2.** *перен (пронзи́тельный)* gellend, Posaunen-, Trompeten-; **~ звук** ohrenbetäubender Laut *m;* **~ го́лос** durchdringende Stimme *f*

трубонаре́зчик <-а> *м* Rohrleitungsschlosser *m*

трубопрово́д <-а> *м* Rohrleitung *f;* *(магистра́льный)* Pipeline *f*

трубопрово́дчик <-а> *м* Rohrleger *m*

трубопрока́тчик <-а> *м* Rohrwalzwerker *m*

трубоукла́дчик <-а> *м* **1.** *(рабо́чий)* Rohrleger *m* **2.** *(кран)* Rohrverlegungskran *m,* Rohrlegekran *m*

трубочи́ст <-а> *м* Schornsteinfeger *m,* Kaminfeger *m*

труд <труда́> *м* **1.** *(рабо́та)* Arbeit *f;* **у́мственный ~** Kopfarbeit *f;* **физи́ческий ~** körperliche Arbeit *f* **2.** *(забо́ты)* Mühe *f;* **без труда́** mühelos; **не сто́ит труда́** es ist nicht der Mühe wert **3.** *(нау́чный)* Werk *nt,* Abhandlung *f* **4.** *(шко́льный предме́т)* Werkunterricht *m*

тр|уди́ться <-ужу́сь, -у́дишься> *нсв,* **потруди́ться** *св рефл* arbeiten; *(стара́ться, му́читься)* sich abmühen, sich bemühen; **придётся потруди́ться, что́бы реши́ть зада́чу** man muss sich Mühe geben, um die Aufgabe zu lösen; **она́ не потруди́лась да́же уве́домить его́ об э́том** sie hat sich nicht einmal bemüht, ihn zu benachrichtigen

трудновоспиту́ем|ый <-ая, -ое; -, -а, -о> *прил* schwer erziehbar

труднопроходи́м|ый <-ая, -ое; -, -а, -о> *прил* schwer passierbar; **труднопроходи́мая ме́стность** schwer passierbare Gegend *f*

тру́днос|ть <-ти> *ж* Schwierigkeit *f,* Strapaze *f;* **преодолева́ть тру́дности** die Schwierigkeiten überwinden; **создава́ть кому́-л. тру́дности** jdm Schwierigkeiten machen; **тру́дности финанси́рования** Finanzierungsschwierigkeiten *pl*

тру́д|ный <-ная, -ное; -ен, -на́, -но> *прил* schwierig; *(сло́жный)* kompliziert; **тру́дные времена́** schwierige Zeiten *pl;* **быть в тру́дном положе́нии** in schwieriger Lage stecken

трудов|о́й <-а́я, -о́е> *прил* Arbeits-; **трудова́я атмосфе́ра** Arbeitsklima *nt;* **трудова́я атмосфе́ра на предприя́тии** Betriebsklima *nt;* **трудова́я де́ятельность** Berufsleben *nt;* **трудово́е пра́во** Arbeitsrecht *nt;* **трудово́е соглаше́ние** Dienstvertrag *m;* **~ арбитра́ж** Arbeitsgericht *nt;* **~ де́нь** Arbeitstag *m;* **~ догово́р** Arbeitsvertrag *m;* **~ дохо́д** Arbeitseinkommen *nt;* **~ проце́сс** Arbeitsablauf *m;* **~ за́работок** Erwerbseinkommen *nt;* **трудовы́е затра́ты** Arbeitsaufwand *m;* **трудовы́е отноше́ния** Arbeitsverhältnis *nt;* **трудова́я кни́жка** Arbeitsbuch *nt*

трудоём|кий <-кая, -кое; -ок, -ка, -ко> *прил* aufwändig, arbeitsintensiv

трудого́лик <-а> *м* Arbeitssüchtige(r) *f(m),* Workaholic *m o f;* **преврати́ться в трудого́лика** sich in einen Arbeitssüchtigeren verwandeln

трудод|е́нь <-ня́> *м* Arbeitseinheit *f;* **выраба́тывать трудодни́** Arbeitseinheiten ableisten

трудолюби́в|ый <-ая, -ое; -, -а, -о> *прил* fleißig, tüchtig; **~ учени́к** ein fleißiger Schüler *m*

трудолю́би|е <-я> *ср* Fleiß *m,* Arbeitsamkeit *f*

трудоспосо́бнос|ть <-ти> *ж* Leistungsfähigkeit *f,* Arbeitsfähigkeit *f*

трудоспосо́б|ный <-ная, -ное; -ен, -на, -но> *прил* arbeitsfähig, erwerbsfähig

трудоустро́йств|о <-а> *ср* Arbeitsplatzvermittlung *f,* Arbeitsbeschaffung *f*

трудя́щ|ийся **I.** <-аяся, -ееся> *прил* erwerbstätig **II.** <-его> *м* Werktätige(r) *f(m)*

тру́женик <-а> *м*, **тру́жениц|а** <-ы> *ж* Werktätige(r) *f(m)*, Schaffende(r) *f(m)*; **~ се́льского хозя́йства** Beschäftigte(r) *f(m)* in der Landwirtschaft

трун|и́ть <-ю́, -и́шь> *нсв нпрх разг* sich lustig machen, aufziehen; **~ над това́рищами** die Freunde aufziehen

труп <тру́па> *м* Leiche *f*, Leichnam *m*; **~ живо́тного** Kadaver *m*

тру́пн|ый <-ая, -ое> *прил* Leichen-, Verwesungs-; **~ за́пах** Verwesungsgeruch *m*, Leichengeruch *m*

тру́пп|а <-ы> *ж* Truppe *f*; **бале́тная ~** Ballettruppe *f*; **цирковая́ ~** Zirkustruppe *f*

трус <тру́са> *м* Feigling *m*

тру́|сить <-шу, -сишь> *нсв*, **стру́сить** *св нпрх* feige sein; *(перед кем-л./чем-л.)* Angst haben, sich ängstigen vor *+dat*; **в э́тот моме́нт мы здо́рово стру́сили** in diesem Moment haben wir große Angst bekommen

трусли́в|ый <-ая, -ое; -, -а, -о> *прил* feige(r, s)

тру́сос|ть <-ти> *ж* Feigheit *f*

трусцо́й *нрч разг* im Trab; **е́хать ~** im leichten Trab fahren

трус|ы́ <-о́в> *мн* Unterhose *f*; *(спорти́вные)* Turnhose *f*; *(купа́льные)* Badehose *f*

тру́т|ень <-ня> *м* **1.** зоол Drohn(e) *m* **2.** *перен (живу́щий на чужо́й счёт)* Schmarotzer *m*, Nichtstuer *m*; **жить тру́тнем** wie ein Schmarotzer leben

трутови́к <-а́> *м* бот *(гриб-парази́т)* Baumschwamm *m*

трух|а́ <-и> *ж без мн* **1.** *(оста́тки соло́мы, древеси́ны)* Mulm *m*; **се́нная ~** Heumulm *m* **2.** *перен (бесполе́зное)* Müll *m*, Plunder *m*; **одна́ ~ в голове́** nur Unsinn im Kopf haben

трухля́в|ый <-ая, -ое; -, -а, -о> *прил* mürbe; *(прогни́вший)* verfault, morsch

трущо́б|а <-ы> *ж* Dickicht *nt*; *перен* Slums *pl*

трюи́зм <-а> *м без мн книжн* Binsenweisheit *f*

трюк <трю́ка> *м* Trick *m*, Kunststück *nt*

трюм <трю́ма> *м* мор Laderaum *m*, Schiffsraum *m*; **течь в трю́ме** ein Leck im Kielraum; **запо́лнить отсе́ки трю́ма** die Zellen im Frachtraum füllen

трюмо́ <неизм> *ср без мн* Trumeau *m*, Pfeilerspiegel *m*

трю́фе|ль <-ля> *м* **1.** бот *(гриб)* Trüffel *m* **2.** *(конфе́та)* Trüffel *m*

тряпи́чник <-а> *м разг* Lumpensammler *m*, Lumpenhändler *m*

тря́пк|а <-и> *ж* **1.** *(тряпьё)* Lappen *m*, Lumpen *m*; **~ для стира́ния пы́ли** Staubtuch *nt*; **полова́я ~** Scheuerlappen *m* **2.** *разг* Schlappschwanz *m*, Versager *m*

тряпь|ё <-я́> *ср* Lumpen *pl*

тряси́н|а <-ы> *ж* Morast *m*

трясогу́зк|а <-и> *ж* зоол Bachstelze *f*

тряс|ти́ <-у́, -ёшь> *нсв прх* schütteln, rütteln; *(ковёр и т. п.)* ausklopfen; *(трепета́ть)* zittern; **его́ трясёт от хо́лода** er zittert vor Kälte

тряс|ти́сь <-у́сь, -ёшься> *нсв рефл* sich schütteln, schlottern; *перен (дрожа́ть)* zittern; **~ за свою́ жизнь** um sein Leben beten; **~ над кем-л.** jdn wie seinen Augapfel hüten

ТСО *сокр от* **техни́ческие сре́дства обуче́ния** technische Lehrmittel; **информацио́нные ТСО** informationstechnische Lehrmittel

туале́т <-а> *м* **1.** *(оде́жда)* Toilette *f*, Kleidung *f*; **вече́рний ~** Abendgarderobe *f* **2.** *(убо́рная)* Toilette *f*, Klosett *nt*; **же́нский ~** Damentoilette *f*; **мужско́й ~** Herrentoilette *f*

туале́тн|ый <ая, -ое> *прил* Toiletten-; **туале́тная бума́га** Toilettenpapier *nt*; **туале́тное мы́ло** Feinseife *f*

ту́б|а <-ы> *ж* **1.** муз Tuba *f* **2.** *(тю́бик)* Tube *f*

туберкулёз <-а> *м* Tuberkulose *f*

тугоду́м <-а> *м разг* langsam von Begriff

туг|о́й <-а́я, -о́е; -, -а́, -о> *прил* straff; *(натя́нутый)* stramm gespannt; *(те́сный)* eng; **~ у́зел** fester Knoten *m*; **~ на́ ухо** schwerhörig

тугопла́в|кий <-кая, -кое; -ок, -ка, -ко> *прил* тех schwerflüssig, schwer schmelzbar; **тугопла́вкие мета́ллы** schwer schmelzende Metalle *ntpl*

тугоу́х|ий <-ая, -ое; -, -а, -о> *прил* schwerhörig

туда́ *нрч* dorthin; **~ и обра́тно** hin und zurück; **биле́т ~ и обра́тно** Rückfahrkarte *f*; **расха́живать ~-сюда́** auf- und abgehen

туда́-сюда́ *нрч разг* hin und her

тужи́ть <тужу́, ту́жишь> *нсв нпрх разг* betrübt sein, trauern; **~ о про́шлом** um die Vergangenheit trauern; **не тужи́, все образу́ется** sei nicht betrübt, alles wird gut werden

ту́ж|иться <-усь, -ишься> *нсв рефл разг* sich anstrengen, sich Mühe geben; **как ни ту́жился, ничего́ не приду́мал** bei aller Mühe fiel ihm nichts ein

туз <туза́> *м* As *nt*; *перен* einflussreiche Person *f*

тузе́м|ец <-ца> *м*, **тузе́мк|а** <-и> *ж* Einheimische(r) *f(m)*, Eingeborene(r) *f(m)*

ту́ли|й <-я> *м* Thulium *nt*

ту́ловищ|е <-а> *ср* Rumpf *m*

тулу́п <-а> *м* langer Pelzmantel *m*; **овчи́нный ~** Schafspelz *m*

тума́к <-а́> *м разг* Faustschlag *m*, Puff *m*; **надава́ть тумако́в** jdm Faustschläge versetzen, jdn puffen

тума́н <-а> *м* Nebel *m*; **густо́й ~** dicker Nebel *m*

тума́н|ить <-ю, -ишь> *нсв прх* trüben; **дым тума́нит даль** Rauch trübt die Ferne; **~ глаза́** die Augen trüben; **~ созна́ние** das Bewusstsein trüben; **слёзы тума́нят взор** die Tränen trüben den Blick

тума́ннос|ть <-ти> *ж* **1.** АСТР Nebel *m,* Nebelfleck *m,* Sternnebel *m;* **галакти́ческие тума́нности** galaktischer Nebel *m;* **~ Андроме́ды** der Andromeda-Nebel **2.** *(нея́сность)* Unklarheit *f;* **~ взгля́да** verschwommener Blick *m;* **~ изложе́ния** Unklarheit *f* der Darstellung

тума́н|ный <-ная, -ное; -ен, -на, -но> *прил* neblig, diesig; *(нея́сный)* nebelhaft, unklar

ту́мб|а <-ы> *ж* Prellstein *m;* *(подста́вка)* Sockel *m,* Fuß *m;* **афи́шная ~** Litfasssäule *f*

ту́мбочк|а <-и> *ж* Nachttisch *m*

ту́ндр|а <-ы> *ж без мн* ГЕОГ Tundra *f*

тун|е́ц <-ца́> *м* Tunfisch *m*

тунея́д|ец <-ца> *м* Schmarotzer *m,* Faulenzer *m,* Nichtstuer *m*

туни́к|а <-и> *ж* Tunika *f,* Laufkleid *nt*

Туни́с <-а> *м* Tunesien *nt*

туни́с|ец <-ца> *м,* **туни́ск|а** <-и> *ж* Tunesier(in) *m(f)*

тунне́|ль <-ли> *ж* Tunnel *m,* Stollen *m;* **прокла́дывать ~** einen Tunnel bauen; **ка́бельный ~** Kabelkanal *m;* **~ метрополите́на** U-Bahn-Tunnel *m;* **железнодоро́жный ~** Eisenbahntunnel *m;* **~ для пешехо́дов** Fußgängerunterführung *f*

тупе́|ть <-ю, -ешь> *нсв,* **отупе́ть** *св нпрх и перен* abstumpfen, stumpfsinnig werden

тупи́к <-а́> *м и перен* Sackgasse *f;* Ж.-Д. Abstellgleis *nt;* **завести́ в ~** in eine Sackgasse führen; **зайти́ в ~** *(перегово́ры)* sich festfahren

тупико́в|ый <-ая, -ое> *прил* verfahren, festgefahren, stagnierend

тупи́ться <ту́пится> *нсв безл, то́лько 3 л* stumpf werden, abstumpfen; **но́жницы ту́пятся** die Schere wird stumpf; **каранда́ш ту́пится** der Bleistift wird stumpf

тупи́ц|а <-ы> *м и ж разг* stumpfsinniger Mensch, Dummkopf *m,* Schwachkopf *m*

тупоголо́в|ый <-ая, -ое; -, -а, -о> *прил* stumpfsinnig, borniert, begriffsstutzig

туп|о́й <-а́я, -о́е; -, -а́, -о> *прил* **1.** *(нож и т.п.)* stumpf; **~ ýгол** stumpfer Winkel *m* **2.** *(боль, чу́вство)* dumpf **3.** *(челове́к)* stumpfsinnig, starrköpfig

тупоно́с|ый <-ая, -ое; -, -а, -о> *прил* stumpfnasig; **тупоно́сая ба́ржа** Kahn *m* mit stumpfem Bug; **тупоно́сые ту́фли** runde Schuhe *pl*

тупоуго́льн|ый <-ая, -ое> *прил* stumpfwink(e)lig

тупоу́ми|е <-я> *ср* Blödheit *f,* Stumpfsinn *m*

тупоу́м|ный <-ная, -ное; -ен, -на, -но> *прил* blödsinnig

тур[1] <ту́ра> *м* Tour *f;* *(вы́боров)* Wahldurchgang *m;* СПОРТ Tour *f,* Runde *f*

тур[2] <ту́ра> *м* ВОЕН Schanzkorb *m*

тур[3] <ту́ра> *м* *(вы́мерший бык)* Auerochs *m*

тур|а́ <-ы́> *ж* *(в ша́хматах)* Turm *m*

турба́за *сокр от* **тури́стская ба́за** СПОРТ Touristenheim *nt,* Touristenherberge *f,* Jugendherberge *f*

турби́н|а <-ы> *ж* Turbine *f*

турби́нн|ый <-ая, -ое> *прил* ТЕХ Turbinen-; **турби́нное буре́ние** Turbinenbohren *nt;* **турби́нные масла́** Turbinenöle *pl;* **~ насо́с** Turbopumpe *f*

турбоагрега́т <-а> *м* ТЕХ Turbinenaggregat *nt,* Turbosatz *nt,* Turbinensatz *m*

турбопо́езд <-а> *м* Turbinenzug *m,* ein Zug mit Turboantrieb

турбореакти́вн|ый <-ая, -ое> *прил* ТЕХ Turbodüsen-, Turbinenluftstrahl-; **~ дви́гатель** Turbinen(luft)strahltriebwerk *nt,* TL-Triebwerk *nt*

турбуле́нтнос|ть <-ти> *ж* ФИЗ Turbulenz *f,* Verwirbelung *f;* **~ в атмосфе́ре** Luftturbulenz *f;* **~ воды́** Wasserverwirbelung *f*

турбуле́нтн|ый <-ая, -ое> *прил* turbulent, Wirbel-; **~ пото́к** Wirbelstrom *m;* **турбуле́нтное тече́ние во́здуха** turbulente Luftströmung

турбюро́ <неизм> *ср* Reisebüro *nt*

туре́цк|ий <-ая, -ое> *прил* türkisch

тури́зм <-а> *м* Tourismus *m,* Fremdenverkehr *m,* Fremdenverkehrswesen *nt;* **магази́нный ~** Einkaufstourismus *m*

тури́ст <-а> *м* Tourist(in) *m(f);* *(путеше́ствующий пешко́м)* Wanderer *m;* **делово́й ~** Geschäftsreisende(r) *f(m);* **~-индивидуа́л** Individualreisende(r) *f(m);* **пе́ший ~ с рюкзако́м** Rucksacktourist *m*

туристи́ческ|ий <-ая, -ое> *прил* touristisch, Reise-; **туристи́ческая де́ятельность** Reiseverkehr *m;* **~ класс** Touristenklasse *f;* **туристи́ческое аге́нтство** Reisebüro *nt*

тури́стск|ий <-ая, -ое> *прил* touristisch, Touristen-; **тури́стское снаряже́ние** Touristenausrüstung *f;* **~ рюкза́к** Touristenrucksack *m;* **тури́стские организа́ции** Touristenorganisation *f;* **тури́стская ка́рта** Touristenkarte *f*

туркме́н <-а> *м,* **туркме́нк|а** <-и> *ж* Turkmene *m,* Turkmenin *f*

Туркмениста́н <-а> *м* Turkmenistan *nt*

Туркме́ни|я <-и> *ж* Turkmenien *nt*

турмали́н <-а> *м* Turmalin *nt;* **чёрный ~** schwarzes Turmalin

турне́ <неизм> *ср* Rundreise *f,* Rundfahrt *f;* *(гастро́ли)* Konzertreise *f,* Tournee *f*

турне́пс <-а> *м* БОТ Runkelrübe *f,* Futterrübe *f*

турни́к <-а́> *м* Reck *nt*

турникéт <-а> *м* Drehkreuz *nt*
турни́р <-а> *м* Turnier *nt;* **отбо́рочный ~** Qualifikationsturnier *nt;* **Уимблдо́нский ~** Tennisturnier *nt* in Wimbledon; **ша́хматный ~** Schachturnier *nt*
ту́р|ок <-ка> *м* Türke *m*
туропера́тор <-а> *м* Reiseveranstalter(in) *m(f)*
турпоéздк|а <-и> *ж* Reise *f,* Ausflug *m*
турпохо́д *сокр от* **туристи́ческий похо́д** СПОРТ Wanderung *f*
турфи́рм|а <-ы> *ж* Reiseveranstalter *m*
Ту́рци|я <-и> *ж* Türkei *f*
турча́нк|а <-и> *ж* Türkin *f*
ту́скл|ый <-ая, -ое; -, -á, -о> *прил* trübe, matt; *перен* farblos
тускнé|ть <-ет> *нсв,* **потускнéть** *св безл, то́лько 3 л* sich trüben, trübe werden; *перен* verblassen; **ра́дость тускнéет** die Freude trübt sich; **кра́ски тускнéют** die Farben verblassen; **нéбо потускнéло** der Himmel wurde trüb
тус|ова́ться <-у́юсь, -у́ешься> *нсв рефл* sich treffen, in Gruppen hin- und herschlendern
тусо́вк|а <-и> *ж разг nach bestimmten Interessen organisierte Jugendgruppe*
тут *нрч* **1.** *(о мéсте)* hier; **~ темно́** hier ist es dunkel; **он ~ как ~** er ist schon da; **не ~-то бы́ло** da hast du dich aber verrechnet; **и всё ~** und damit Schluss **2.** *(о врéмени)* **~ же позвони́** rufe sofort an
ту́тов|ый <-ая, -ое> *прил* БОТ Maulbeer-; **ту́товое дéрево** Maulbeerbaum *m;* **~ лист** Maulbeerblatt *nt;* **ту́товые я́годы** Maulbeere *f;* **ту́товый шелкопря́д** ЗООЛ Seidenspinner *m*
туф <ту́фа> *м* ГЕОЛ Tuff *m,* Tuffstein *m;* **известко́вый ~** kalkhaltiger Tuffstein *m;* **вулкани́ческий ~** vulkanischer Tuff *m*
ту́фл|я <-и> *ж* Schuh *m;* **дома́шние ту́фли** Pantoffeln *mpl;* **~ на шпи́льках** Stöckelschuhe *mpl*
ту́хл|ый <-ая, -ое;, -á, -о> *прил* verfault, faul; **ту́хлая ры́ба** verfaulter Fisch *m;* **издава́ть ~ за́пах** einen fauligen Geruch verbreiten
ту́хн|уть¹ <-ет> *нсв,* **проту́хнуть** *св безл, то́лько 3 л (по́ртиться)* verfaulen
ту́хн|уть² <-ет> *нсв,* **поту́хнуть** *св безл, то́лько 3 л (га́снуть)* erlöschen, ausgehen; **свéчи ту́хнут** die Kerzen gehen aus; **костёр ту́хнет** das Feuer ist am Erlöschen
ту́ч|а <-и> *ж* **1.** *(о́блако)* Wolke *f;* **грозова́я ~** Gewitterwolke *f;* **свинцо́вые ту́чи** bleigraue Wolken; **~ пы́ли** Staubwolke *f;* **покрыва́ться ту́чами** sich mit Wolken bedecken, sich bewölken; **~ нави́сла над голово́й** *(о грозя́щей бедé)* über uns zogen Wolken auf; **~ ту́чей** *(о мра́чном человéке)* ein düsterer Mensch **2.** *перен (мно́жество)* Unmenge *f;* **~ стрел** eine Unmenge von Pfeilen; **ту́чи насеко́мых** eine Unmenge von Insekten
ту́ч|ный <-ная, -ное; -ен, -на, -но> *прил* **1.** *(упи́танный)* fett, wohlbeleibt, fettleibig; **~ мужчи́на** wohlbeleibter Mann *m;* **ту́чные стада́ коро́в** fette Kuhherden **2.** *(плодоро́дный)* fruchtbar; **~ чернозём** fruchtbare Schwarzerde; **ту́чные ни́вы** fruchtbare Äcker **3.** *(густо́й, со́чный)* saftig, kornreich; **ту́чные луга́** saftige Wiesen *fpl;* **ту́чные коло́сья** kornreiche Ähren *fpl;* **ту́чное зерно́** kornreiches Getreide *nt*
туш <ту́ша> *м без мн* МУЗ Tusch *m;* **сыгра́ть ~** einen Tusch blasen
ту́ш|а <-и> *ж* **1.** *(освежёванное тéло живо́тного)* ausgeweidetes Tier *nt,* geschlachtetes Tier *nt;* **бара́нья ~** ausgeweideter Hammel *m* **2.** *разг (о ту́чном человéке)* Dickwanst *m,* Fettwanst *m;* **навали́ться всей ту́шей** mit ganzem Körper drücken
тушé <неизм> *ср без мн* **1.** МУЗ Anschlag *m;* **мя́гкое ~** weicher Anschlag **2.** СПОРТ Touche *nt,* Schultersieg *m*
тушёнк|а <-и> *ж разг* Schmorfleisch *nt* in Büchsen; **свина́я ~** Schweinefleisch *nt* in Büchsen; **ба́нка тушёнки** eine Büchse mit geschmortem Fleisch
тушён|ый <-ая, -ое> *прил* gedämpft, geschmort, gedünstet; **тушёная капу́ста** gedünsteter Kohl *m;* **тушёное мя́со** geschmortes Fleisch *nt*
туши́р|овать <-ую, -уешь> *(н)св прх* СПОРТ zu Boden bringen; **~ проти́вника** den Gegner zu Boden bringen
туши́ть <тушу́, ту́шишь> *нсв,* **потуши́ть** *св прх (ого́нь)* löschen; *(мя́со, о́вощи)* schmoren, dämpfen
тушка́нчик <-а> *м* ЗООЛ Springmaus *f*
тушь <ту́ши> *ж* Tusche *f;* **рисова́ть ту́шью** mit Tusche zeichnen
ту́|я <-и> *ж* БОТ Thuja *f,* Lebensbaum *m*
тща́тельнос|ть <-ти> *ж* Sorgfalt *f*
тща́те|льный <-льная, -льное; -лен, -льна, -льно> *прил* sorgfältig, sorgsam
тщеду́ш|ный <-ная, -ное; -ен, -на, -но> *прил* schmächtig, schwächlich
тщесла́ви|е <-я> *ср без мн* Eitelkeit *f;* **пусто́е ~** leere Eitelkeit
тщесла́в|ный <-ная, -ное; -ен, -на, -но> *прил* ehrgeizig, ruhmsüchtig
тщётно *нрч* vergeblich, vergebens, umsonst; **ждать ~** vergebens warten
тщёт|ный <-ная, -ное; -ен, -на, -но> *прил* vergeblich, nutzlos; **тщётные уси́лия** vergebliche Bemühungen *fpl;* **тщётная предосторо́жность** vergebliche Vorsicht *f;* **дéлать тщётные попы́тки** vergebliche Versuche machen
ты <тебя́, тебé, тебя́, тобо́й, о тебé> *мест ли́чное 2 л. ед. ч.* du; **быть на ~ с кем-л.** duzen, per Du sein mit *+dat*
ты́|кать¹ <-чу, -чешь> *нсв,* **ткнуть** *св прх*

einstecken, stoßen; *(в чью-л. сто́рону)* weisen, zeigen; **~ па́льцем в кого́-л.** mit dem Finger zeigen auf +*akk*

ты́ка|ть² <-ю, -ешь> *нсв,* **ты́кнуть** *св прх* *(называ́ть на ты)* duzen

ты́|каться <-чусь, -чешься> *нсв,* **ткну́ться** *св рефл* sich stoßen, anstoßen; *(в ра́зные сто́роны)* hin- und herlaufen; *разг* von Pontius zu Pilatus laufen

ты́кв|а <-ы> *ж* БОТ, КУЛ Kürbis *m;* **ола́дьи из ты́квы** Kürbispfannkuchen *m*

ты́квенн|ый <-ая, -ое> *прил* Kürbis-; **ты́квенные се́мечки** Kürbiskerne *pl;* **~ пу́динг** Kürbispudding *m*

тыл <ты́ла> *м* Rückseite *f,* Rücken *m;* ВОЕН Hinterland *nt; перен* Rückendeckung *f,* bürgerliche Sicherheit *f*

тылови́к <-а́> *м* ВОЕН Angehörige(r) *f(m)* der rückwärtigen Dienste

тылов|о́й <-а́я, -о́е> *прил* ВОЕН rückwärtig, Rück(en)-, Etappen-; **тыловы́е ча́сти** rückwärtige Truppen *fpl*

ты́льн|ый <-ая, -ое> *прил* Rücken-; **ты́льная часть руки́** Handrücken *m;* **зайти́ с ты́льной стороны́** auf die Rückseite gehen

ты́сяч|а <-и> *ж* Tausend *nt*

тысячеле́ти|е <-я> *ср* **1.** *(срок)* Jahrtausend *nt,* Millennium *nt* **2.** *(юбиле́й)* das tausendjährige Jubiäum; **~ го́рода** das tausendjährige Stadtjubiläum

тысячели́стник <-а> *м* БОТ Schafgabe *f*

ты́сячн|ый <-ая, -ое> **I.** *прил* **1.** *(о ча́сти)* tausendste(r); **ты́сячная до́ля секу́нды** Tausendstel *m* Sekunde; **ты́сячная часть** ein Tausendstel **2.** *(из не́скольких ты́сяч)* tausendfach; **ты́сячная толпа́** tausendköpfige Menschenmenge *f* **II.** *числ порядк. к ты́сяча* tausendste(r)

тычи́нк|а <-и> *ж* БОТ Staubfaden *m*

тьма <тьмы> *ж без мн* **1.** *(мрак)* Finsternis *f,* Dunkelheit *f;* **ночна́я ~** Nachtdunkelheit *f;* **погрузи́ться во тьму́** in die Finsternis versinken; **кроме́шная ~** undurchdringliche Finsternis **2.** *разг (мно́жество, у́йма)* Unmenge *f;* **~ наро́ду** eine Unmenge von Leuten; **~-тьму́щая** ungeheure Menge *f*

тьфу *межд разг* pfui!; **~, кака́я га́дость!** pfui, wie ekelhaft!; **~, как всё надое́ло!** pfui, wie ich das alles satt habe!

тю́нер <-а> *м* Tuner *m*

ТЭС *сокр от* **теплоэлектроста́нция** Wärmekraftwerk *nt*

ТЭЦ *сокр от* **теплолэктроцентра́ль** Wärmekraftwerk *nt*

тю́бик <-а> *м* Tube *f;* **~ с кре́мом** eine Tube mit Creme [*o* Krem]

тю́бинг <-а> *м* СТР Tübbing *m,* Tunnelring *m*

тюк <тюка́> *м* Pack *m,* Ballen *m;* **~ хло́пка** ein Ballen Baumwolle; **упакова́ть в тюки́** ballenweise verpacken

тюк|ова́ть <-у́ю, -у́ешь> *нсв прх* АГР in Ballen packen; **~ се́но** Heu *nt* zu Ballen packen; **~ таба́к** Tabak *m* zu Ballen packen

тю́лев|ый <-ая, -ое> *прил* Tüll-; **тю́левые занаве́ски** Tüllgardinen *pl;* **тю́левое произво́дство** Tüllproduktion *f*

тюленён|ок <-ка> *м* Robbenbaby *nt*

тюле́н|ий <-ья, -ье> *прил* Robben-, Seehund-; **~ про́мысел** Robbenfang *m,* Robbenschlag *m;* **~ жир** Robbentran *m,* Seehundtran *m*

тюле́|нь <-ня> *м* **1.** ЗООЛ Robbe *f,* Seehund *m* **2.** *(о неуклю́жем челове́ке)* Tölpel *m*

тюль <тю́ля> *м без мн* Tüll *m*

тюльпа́н <-а> *м* БОТ Tulpe *f*

тюльпа́нн|ый <-ая, -ое> *прил* БОТ Tulpen-; **тюльпа́нная лу́ковица** Tulpenzwiebel *f;* **тюльпа́нное де́рево** Tulpenbaum *m*

тюрба́н <-а> *м* *(восто́чный головно́й убо́р)* Turban *m,* Turbankappe *f*

тюре́мн|ый <-ая, -ое> *прил* Gefängnis-; **отбыва́ть тюре́мное заключе́ние** eine Gefängnisstrafe absitzen; **~ надзира́тель** Gefängnisaufseher(in) *m(f);* **тюре́мная ка́мера** Gefängniszelle *f;* **~ режи́м** Gefängnisordnung *f*

тюре́мщик <-а> *м,* **тюре́мщиц|а** <-ы> *ж разг* Gefängniswärter(in) *m(f)*

Тюри́нги|я <-и> *ж* Thüringen *nt*

тю́р|ки <-ков *или* -ок> *мн* Turkvölker *pl*

тюрколо́ги|я <-и> *ж* Turkologie *f*

тю́ркск|ий <-ая, -ое> *прил* Turk-; **тю́ркские языки́** Turksprachen *pl;* **тю́ркские наро́ды** Turkvölker *pl*

тюрьм|а́ <-ы́> *ж* Gefängnis *nt,* Haftanstalt *f*

тю́тельк|а <-и> *ж без мн разг* *(точь-в-точь)* **в тю́тельку** aufs Haar, haargenau

тю-тю́ *межд* nicht da!, verschwinden!, weg!; **не успе́ли огляну́ться, а он ~** wir haben einen Augenblick lang nicht hingesehen, da war er schon weg

тюфя́к <-а́> *м* **1.** *(матра́ц)* Matratze *f,* Bettsack *m,* Polster *nt;* **соло́менный ~** Strohsack *f* **2.** *перен, разг (о вя́лом челове́ке)* Schlappschwanz *m,* Tollpatsch *m* **3.** СТР Packwerk *nt,* Senkstück *nt;* **хворостяно́й ~** Packwerk *nt* aus Ruten

тя́вка|ть <-ю, -ешь> *нсв,* **тя́вкнуть** *св нпрх* **1.** *(ла́ять)* kläffen, blaffen; **~ на прохо́жих** die Vorbeigehenden ankläffen **2.** *вульг (ря́вкать)* anschreien, jdn grob anfahren; **переста́нь ~** hör auf, die Leute anzuschreien

тя́г|а <-и> *ж* **1.** *(дви́жущая си́ла)* Zug *m,* Zugkraft *f,* Zugförderung *f;* **теплово́зная ~** Dieselantrieb *m,* Dieselbetrieb *m;* **электри́ческая ~** elektrische Zugkraft *f,* elektrischer Fahrbetrieb *m* **2.** ТЕХ *(сте́ржень или брус)* Zugstange *f,* Zugschiene *f;* **тормозна́я ~** Bremsstange *f* **3.** *(движе́ние в тру́бах)* Zug *m,* Abzug *m,* Luftzug *m;* **хоро́шая ~ в печи́** guter Abzug im Ofen; **стоя́ть на тя́ге** im Zug stehen **4.** *(стремле́ние)* Zug *m,* Streben *nt;*

~ к знáниям Wissensdurst *m,* Lerneifer *f;* **~ к культýре** Kulturbeflissenheit *f* **5.** *(охóта)* Lust *f,* Vergnügen *nt*

тягá|ться <-юсь, -ешься> *нсв,* **потягáться** *св рефл разг* sich messen, wetteifern; **~ с сопéрниками в бéге** mit den Gegnern um die Wette laufen; **~ в сúле** die Kräfte messen

тягáч <-á> *м* АГР, ТЕХ Trecker *m,* Zugmaschine *f,* Schlepper *m;* **буксúрный ~** Schubschiff *nt*

тя́гов|ый <-ая, -ое> *прил* ТЕХ Zug-; **тя́говая мóщность** Zugleistung *f;* **тя́говое усúлие** Zugkraft *f;* **~ электродвúгатель** ЭЛ elektrischer Zugantrieb *m;* **тя́говая подстáнция** ЭЛ, Ж.-Д. Bahnunterwerk *nt*

тя́гост|ный <-ная, -ное; -ен, -на, -но> *прил* bedrückend; **тя́гостное молчáние** bedrücktes Schweigen *nt*

тя́гос|ть <-ти> *ж книжн (брéмя)* Bürde *f,* Last *f,* Schwere *f;* **~ налóгов** Steuerbürde *f;* **~ войны́** Kriegslast *f;* **быть в ~** jdm zur Last fallen

тяготéни|е <-я> *ср* **1.** ФИЗ Schwerkraft *f;* **закóн всемúрного тяготéния** Schwerkraftgesetz *nt* **2.** *(влечéние)* Neigung *f,* Hang *m;* **~ к мýзыке** eine Neigung zur Musik; **~ к теáтру** Hang zum Theater

тяготé|ть <-ю, -ешь> *нсв нпрх* **1.** *(имéть влечéние)* sich hingezogen fühlen, eine Neigung haben; **~ к наýкам** eine Neigung zu den Wissenschaften haben **2.** *тóлько 3 л, перен (угрожáть)* lasten; **рок тяготéет над всем рóдом** das Schicksal lastet über der ganzen Familie; **произвóл тяготéет над странóй** Willkür *f* lastet über dem Land

тяго|тúть <-щý, -тúшь> *нсв прх* zur Last fallen, belästigen, bedrücken; **тяготя́т забóты** die Sorgen bedrücken jdn

тя́гот|ы <-> *мн* Belastungen *pl;* **~ путú** Reisebelastungen *pl;* **душéвные ~** seelische Belastungen *pl*

тягýч|ий <-ая, -ее; -, -а, -е> *прил* **1.** *(растя́гивающийся)* dehnbar, zäh; **~ метáлл** zähes Metall *nt;* **тягýчая кóжа** dehnbares Leder *nt* **2.** *(вя́зкий)* dickflüssig, schlammig; **~ мёд** dickflüssiger Honig *m* **3.** *(о звýках)* gedehnt, langgezogen, getragen

тяж <тяжá> *м* **1.** *(ремéнь, трос)* Strang *m;* **крепúть плот тяжáми** das Floß mit einem Strang befestigen **2.** АНАТ *(сухожúлие)* Sehne *f*

тя́жб|а <-ы> *ж устар* Prozess *m,* Rechtsstreit *m;* **вестú тя́жбу с кем-л.** mit jdm einen Prozess führen, prozessieren; **вы́играть тя́жбу** einen Prozess gewinnen

тяжелó *нрч* schwer; *(с трудóм)* mühsam; *(похóдка)* schwerfällig; **ступáть ~** mühsam laufen; **~ дышáть** schwer atmen; **мне здесь ~** ich fühle mich hier nicht wohl

тяжелоатлéт <-а> *м* СПОРТ Schwerathlet *m*

тяжеловéс <-а> *м* СПОРТ Schwergewichtler *m*

тяжеловéс|ный <-ная, -ное; -ен, -на, -но> *прил* schwer, massiv, schwerfällig; **~ спортсмéн** Schwergewichtler *m;* **~ состáв** Schwerlastzug *m;* **~ слог** plumper Stil *m;* **тяжеловéсные фрáзы** schwerfällige Phrasen *fpl*

тяжёл|ый <-ая, -ое; -, -á, -ó> *прил* schwer; *(сурóвый)* schwer, hart; *(трýдный)* schwer, beschwerlich; *(серьёзный)* ernst, schwierig; *(харáктер)* unverträglich; **тяжёлая атлéтика** Gewichtheben *nt;* **тяжёлые временá** harte Zeiten; **тяжёлое машинострoéние** Schwermaschinenbau *m;* **тяжёлая болéзнь** schwere Krankheit *f;* **тяжёлое преступлéние** Schwerverbrechen *nt;* **у негó тяжёлая рукá** er hat eine schwere Faust

тя́жес|ть <-ти> *ж* Gewicht *nt,* Schwere *f;* СПОРТ Gewicht *nt; перен (груз, нóша)* Last *f,* Wucht *f,* Bürde *f;* **сúла тя́жести** Schwerkraft *f;* **центр тя́жести** Schwerpunkt *m;* **поднятие тя́жестей** Gewichtheben *nt;* **рабóтать с тя́жестями** mit Gewichten trainieren; **~ забóт** die Last der Sorgen; **~ трудá** die Last der Arbeit

тя́ж|кий <-кая, -кое; -ек, -кá, -ко> *прил* **1.** *(серьёзный)* schwer, mühsam, ernst; **совершúть тя́жкое преступлéние** ein schweres Verbrechen begehen; **тя́жкое наказáние** harte Strafe *f* **2.** *(мучúтельный)* qualvoll, schwer; **тя́жкое сомнéние** schwerer Zweifel *m;* **тя́жкое предчýвствие** qualvolle Vorahnung *f;* **тя́жкая дóля** schweres Schicksal *nt*

тянýть <тянý, тя́нешь> *нсв,* **потянýть** *св прх* **1.** *и перен* ziehen; *(волочúть)* schleppen, schleifen; **~ за вóлосы** an den Haaren ziehen; **~ жрéбий** das Los ziehen; **~ за рýчку двéри** an der Türklinke rütteln; *(повестú когó-л. прóтив вóли)* zerren; **~ ребёнка в дéтский сад** das Kind gegen seinen Willen in den Kindergarten bringen **2.** *(мéдленно говорúть)* dehnen **3.** *(мéдлить)* zögern, verzögern, in die Länge ziehen; **~ врéмя** Zeit gewinnen **4.** *безл* ziehen; **егó тя́нет на рóдину** ihn zieht es in seine Heimat zurück **5.** *(вéсить)* wiegen; **сýмка потянýла на все 35 кг.** die Tasche wiegt 35 Kilo **6.** *(вымогáть)* erpressen **7.** *разг (быть в состоя́нии спрáвиться)* meistern; **он э́то задáние потянýл** diese Aufgabe hat er gemeistert

тян|ýться <-ýсь, -ешься> *нсв,* **потянýться** *св рефл* sich ausbreiten; *и перен* sich hinziehen, sich schleppen; *(о продолжúтельности)* dauern; *(за чем-л.)* sich strecken, langen nach *+dat;* **онá потянýлась к кнúге** sie langte nach dem Buch

тянýчк|а <-и> *ж разг (конфéта) weiches Sahnebonbon*

Тянь-Шань <Тянь-Шáня> *м* ГЕОГ Tienschan *m*

Т

тя́па|ть <-ю, -ешь> *нсв,* **тя́пнуть** *св прх* **1.** *(уда́рить)* hacken; **~ топоро́м** mit der Axt hacken **2.** *(схвати́ть зуба́ми)* fassen, packen; **~ за па́лец** nach dem Finger schnappen **3.** *перен (украсть)* stehlen, stibitzen; **~ чужо́е** fremdes Eigentum stibitzen

тя́пк|а <-и> *ж* **1.** *(для ру́бки овоще́й, мя́са)* Fleischerbeil *nt* **2.** АГР *(моты́га)* Hacke *f,* Haue *f,* Karst *m*

тяп-ляп *межд* nachlässig, irgendwie, schlampig; **~ и гото́во** etw schlampig tun; **де́лать всё ~** alles schlampig machen

тя́пн|уть <-у, -ешь> *св прх см.* **тя́пать**

У у

У, у[1] <неизм> *ср нескл* *Buchstabe У*

у[2] *предл (во́зле)* an, neben *+dat; (у кого́-л.)* bei *+dat;* **~ микрофо́на** am Mikrophon; **~ роди́телей** bei den Eltern; **~ Шекспи́ра** bei Shakespeare; **~ меня́ есть брат** ich habe einen Bruder; **~ больно́го жар** der Kranke hat Fieber; **она́ живёт ~ сестры́** sie wohnt bei ihrer Schwester; **стоя́ть ~ руля́** am Steuer stehen

убавля́|ть <-ю, -ешь> *нсв,* **уба́вить** *св прх* vermindern, verringern, (ver)kürzen; **~ це́ну** den Preis reduzieren; **~ ша́гу** den Schritt verlangsamen, langsamer gehen; **~ ско́рость** die Geschwindigkeit verringen; **~ пыл** den Eifer bändigen, sich beryhigen; **~ в ве́се** an Gewicht verlieren, abnehmen; **~ в швах** (ein Kleidungsstück) enger machen

убаю́кива|ть <-ю, -ешь> *нсв,* **убаю́кать** *св прх* **1.** *(укача́ть)* in den Schlaf wiegen; **~ ребёнка** das Kind in den Schlaf wiegen **2.** *перен (успоко́ить)* beruhigen, besänftigen; **~ со́весть** das Gewissen beruhigen

убега́|ть <-ю, -ешь> *нсв,* **убежа́ть** *св нпрх* davonlaufen, fortlaufen, ausreißen; *(спасти́сь бе́гством)* flüchten, fliehen; *(от кого́-л./чего́-л.)* entkommen; **молоко́ убежа́ло** die Milch ist übergekocht

убеди́тельнос|ть <-ти> *ж* Überzeugungskraft *f*

убеди́те|льный <-льное; -льная, -лен, -льна, -льно> *прил* überzeugend, schlüssig; *(про́сьба)* nachdrücklich, inständig

убеди́|ть <-шь> *св прх 1 л. ед. ч. не употр., см.* **убежда́ть**

убе|жа́ть <-гу́, -жи́шь> *св нпрх см.* **убега́ть**

убежда́|ть <-ю, -ешь> *нсв,* **убеди́ть** *св прх* überzeugen; *(уговори́ть)* überreden, bewegen

убежде́ни|е <-я> *ср* Überzeugung *f;* **по моему́ убежде́нию** nach meiner Überzeugung; **де́йствовать по убежде́нию** nach seiner Überzeugung handeln

убеждён|ный <-ная, -ное; -, -а́, -о́> *прил (уве́ренный, непоколеби́мый)* überzeugt; **~ в свое́й правоте́** von seinem Recht überzeugt sein; **~ в и́скренности кого́-л.** von jds Aufrichtigkeit überzeugt sein; **~ сторо́нник** überzeugter Anhänger *m*

убе́жищ|е <-а> *ср* Obdach *nt,* Bleibe *f;* пол Asyl *nt;* **лицо́, попроси́вшее ~** Asylant(in) *m(f)*

убелён|ный <-ная, -ное; -, -а́, -о́> *прил* weißhaarig, silberhaarig, silberweiß; **убелённые седино́й виски́** graue Schläfen

уберега́|ть <-ю, -ешь> *нсв,* **убере́чь** *св прх* bewahren, behüten, retten; **~ дете́й от просту́ды** die Kinder vor einer Erkältung schützen; **~ кни́ги от пожа́ра** die Bücher vor den Flammen retten

убива́|ть <-ю, -ешь> *нсв,* **уби́ть** *св прх* umbringen, ermorden; *(на охо́те)* erlegen; *перен* totschlagen; **~ вре́мя** die Zeit totschlagen; **уби́ть сра́зу двух за́йцев** *перен* zwei Fliegen mit einer Klappe schlagen

убива́|ться <-юсь, -ешься> *нсв,* **уби́ться** *св рефл* **1.** *(на́смерть)* tödlich verunglücken, ums Leben kommen; **~ в катастро́фе** bei einem Unfall ums Leben kommen **2.** *прост (уда́риться)* sich verletzen; **не убе́йся на камня́х** verletze dich nicht an den Steinen

уби́йствен|ный <-ная, -ное; -, -на, -но> *прил* tödlich; *(фата́льный)* fatal; *перен* mörderisch

уби́йств|о <-а> *ср* Mord *m,* Ermordung *f;* **~ с це́лью ограбле́ния** Raubmord *m;* **отде́л поли́ции по рассле́дованию дел об уби́йстве** Mordkommission *f;* **умы́шленное ~** Totschlag *m*

уби́йц|а <-ы> *м и ж* Mörder *m;* **наёмный ~** Auftragskiller *m*

убира́|ть <-ю, -ешь> *нсв,* **убра́ть** *св прх* wegbringen, beseitigen; *(со стола́)* abdecken, abräumen; *(ко́мнату)* aufräumen, in Ordnung bringen; *(урожа́й)* ernten

убира́|ться <-юсь, -ешься> *нсв,* **убра́ться** *св рефл* saubermachen, aufräumen; *разг* verschwinden, davonkommen; **убира́йся!** hau ab!; **убира́йся ко всем чертя́м!** scher dich zum Teufel!

уби́т|ый[1] <-ая, -ое; -, -а, -о> *прил* **1.** *(умертвлённый)* getötet, ermordet, erschlagen **2.** *перен (пода́вленный)* niedergeschlagen; **~ го́рем** vom Kummer gebrochen; **с уби́тым ви́дом** mit niedergeschlagenem Aussehen; **молча́ть как ~** wie ein Stein schweigen; **спать как ~** wie ein Murmeltier schlafen

уби́т|ый[2] <-ого> *м и ж* Ermordete(r) *f(m),* Getöteter *m,* Gefallener *m;* **спи́сок ра́неных и уби́тых** die Liste der Verletzten und Toten

уби́ть <убью́, убьёшь> *св прх см.* **убива́ть**

уби́ться <убью́сь, убьёшься> *св рефл см.* **убива́ться**

ублю́д|ок <-ка> *м* **1.** *(нечистокро́вное живо́тное)* Mischling *m* **2.** *вульг, разг (вы́родок)* Bastard *m*

убо́г|ий I. <-ая, -ое; -, -а, -о> *прил* kläglich **II.** <-ого> *м* Krüppel *m*

убо́гос|ть <-ти> *ж* Ärmlichkeit *f,* Dürftigkeit *f*

убо́жеств|о <-а> *ср* **1.** *(нищета́)* Armseligkeit *f;* **~ обстано́вки** die Ärmlichkeit

У

der Einrichtung **2.** *(посре́дственность, ску́дость)* Armut *f;* **~ мы́сли** geistige Armut; **показа́ть ~ взгля́дов** Armseligkeit *f* der Ansichten zeigen

убо́ |й <-я> *м* **1.** АГР Schlachten *nt,* Schlachtung *f,* Abschlachten *nt;* **~ скота́** Viehschlachtung *f;* **посла́ть на ~** auf die Schlachtbank schicken; **вы́нужденный ~** Notschlachtung *f* **2.** *перен (сы́тно корми́ть)* **корми́ть как на убо́й** wie zum Schlachten füttern

убо́йн |ый <-ая, -ое> *прил* **1.** АГР Schlacht-; **~ скот** Schlachtvieh *nt;* **~ пункт** Schlachtstelle *f;* **~ вес** Schlachtgewicht *nt* **2.** ВОЕН *(смертоно́сный)* **убо́йная си́ла ору́жия** Durchschlagskraft *f* der Waffe; **с высо́ким убо́йным де́йствием** mit großer Durchschlagskraft

убо́р <-а> *м уст* Gewand *nt,* Schmuck *m;* **головно́й ~** Kopfbedeckung *f*

убо́рист |ый <-ая, -ое; -, -а, -о> *прил* eng beschrieben, eng bedruckt; **~ по́черк** gedrängte Schrift *f*

убо́рк |а <-и> *ж* **1.** *(наведе́ние поря́дка)* Aufräumen *nt* **2.** *(вла́жная)* Reinigung *f* **3.** АГР Einbringen *nt,* Erntezeit *f;* **~ урожа́я** Ernte *f*

убо́рн |ая <-ой> *ж* **1.** *(туале́т)* Klosett *nt,* Toilette *f* **2.** *(гардеро́б)* Garderobe *f,* Ankleideraum *m;* **артисти́ческая убо́рная** Künstlergarderobe *f*

убо́рочн |ый <-ая, -ое> *прил* Ernte-; **убо́рочная страда́** Ernte *f;* **убо́рочная те́хника** Erntemaschinen *fpl*

убо́рщик <-а> *м* Erntemaschine *f;* **~ зерна́** Mähdrescher *m,* Kombine *f;* **~ стру́жки** Spansammler *m*

убо́рщиц |а <-ы> *ж* Putzfrau *f,* Raumpflegerin *f*

убра́нств |о <-а> *ср* **1.** *(обстано́вка, вне́шний вид)* Ausschmückung *f,* Ausstattung *f,* Schmuck *m;* **~ до́ма** Prunkausstattung *f* des Hauses; **~ стола́** Tischschmuck *m;* **пра́здничное ~ витри́н** festliche Schaufensterausstattung **2.** *устар (наря́д, снаряже́ние)* Gewand *nt,* Tracht *f;* **~ коня́** Pferdegewand *nt;* **зи́мнее ~ ле́са** die Wintertracht des Waldes

уб |ра́ть <-еру́, -ерёшь> *св прх см.* **убира́ть**

уб |ра́ться <-еру́сь, -ерёшься> *св рефл см.* **убира́ться**

убыва́ |ть <-ю, -ешь> *нсв,* **убы́ть** *св нпрх* abnehmen, dahinschwinden; *(уходи́ть, выпада́ть)* ausfallen

у́бы |ль <-ли> *ж* Abnahme *f,* Verringerung *f;* *(выпаде́ние, сокраще́ние)* Ausfall *m,* Schwund *m;* **идти́ на ~** Verluste erleiden

убыстря́ |ть <-ю, -ешь> *нсв,* **убыстри́ть** *св прх* beschleunigen; **~ шаг** die Schritte beschleunigen; **~ проце́сс рабо́ты** den Arbeitsprozess beschleunigen

убы́т |ок <-ка> *м* Verlust *m,* Einbuße *f,* Schaden *m,* Nachteil *m;* **нести́ ~** einen Verlust erleiden; **возмеща́ть убы́тки** Verluste ersetzen; **рабо́тать себе́ в ~** mit Verlust arbeiten, in den roten Zahlen wirtschaften; **уйти́ от убы́тков** aus den roten Zahlen herauskommen; **~, отражённый в бухга́лтерских кни́гах** ЭКОН Buchverlust *m*

убы́точ |ный <-ная, -ное; -ен, -на, -но> *прил* defizitär, unrentabel, verlustbringend; **убы́точная сфе́ра** Verlustzone *f*

уб |ы́ть <-у́ду, -у́дешь> *св нпрх см.* **убыва́ть**

уважа́ем |ый <-ая, -ое; -, -а, -о> *прил* achtbar, respektabel; *(в письме́)* verehrt; **~ челове́к** Respektsperson *f*

уважа́ |ть <-ю, -ешь> *нсв прх* achten, respektieren; *(почита́ть)* verehren

уваже́ни |е <-я> *ср* **1.** *(почита́ние)* Verehrung *f* **2.** *(респе́кт)* Hochachtung *f,* Respekt *m;* **с уваже́нием** hochachtungsvoll; **по́льзоваться уваже́нием** Ansehen *nt* [*o* Respekt *m*] genießen

уважи́те |льный <-льная, -льное; -лен, -льна, -льно> *прил* **1.** *(причи́на)* triftig **2.** *(прони́кнутый уваже́нием)* ehrerbietig, respektvoll

ува́ж |ить <-у, -ишь> *св прх разг* **1.** *(уче́сть что-л.)* berücksichtigen, in Betracht ziehen; **~ про́сьбу о чём-л.** einer Bitte Rechnung tragen; **~ жела́ние** einen Wunsch berücksichtigen **2.** *(оказа́ть уваже́ние)* entgegenkommen; **~ роди́телей** den Eltern entgegenkommen

у́вал |ень <-ьня> *м разг* schwerfälliger Mensch, Tollpatsch *m*

ува́рива |ться <-юсь, -ешься> *нсв,* **свари́ться** *св рефл* gar kochen, einkochen

уведоми́тельн |ый <-ая, -ое> *прил* benachrichtigend; **посла́ть уведоми́тельное письмо́** eine schriftliche Mitteilung schicken

уве́дом |ить <-лю, -ишь> *св прх см.* **уведомля́ть**

уведомле́ни |е <-я> *ср* Benachrichtigung *f,* Mitteilung *f,* Bescheid *m,* Inkenntnissetzung *f*

уведомл |я́ть <-ю, -ешь> *нсв,* **уве́домить** *св прх* benachrichtigen

увекове́чива |ть <-ю, -ешь> *нсв,* **увекове́чить** *св прх* verewigen, ein Denkmal setzen

увеличе́ни |е <-я> *ср* **1.** *(расшире́ние)* Vergrößerung *f,* Erweiterung *f* **2.** *(повыше́ние)* Zunahme *f,* Steigerung *f;* **~ в объёме** Wachstum *nt;* **~ вы́пуска проду́кции** Produktionssteigerung *f;* **~ дохо́дов** Ertragssteigerung *f;* **~ иму́щества** Vermögenszuwachs *m;* **~ мо́щности** Leistungssteigerung *f;* **~ основно́го капита́ла** Kapitalerhöhung *f;* **~ произво́дства** Produktionssteigerung *f;* **~ спро́са** Nachfragesteigerung *f;* **~ сро́ка** Verlängerung *f;* **~ урожа́йности** Ertragssteigerung *f*

увели́чива|ть <-ю, -ешь> *нсв,* **увели́чить** *св прх* vergrößern; *(умно́жить)* vermehren; *(расши́рить)* erweitern; *(повы́сить)* steigern; *(уси́лить)* verstärken

увели́чива|ться <-юсь, -ешься> *нсв,* **увели́читься** *св рефл* zunehmen, wachsen, sich erhöhen

увеличи́тельн|ый <-ая, -ое> *прил* Vergrößerungs-; **увеличи́тельное стекло́** Vergrößerungsglas *nt*

увели́ч|ить <-у, -ишь> *св прх см.* **увели́чивать**

увели́ч|иться <-усь, -ишься> *св рефл см.* **увели́чиваться**

увенча́|ть <-ю, -ешь> *св прх и перен см.* **венча́ть**

увенча́|ться <-ется> *св безл, только 3 л* gut ausgehen, gut enden; **~ успе́хом** erfolgreich enden; **~ побе́дой над кем-л.** mit dem Sieg über jdm krönen

увере́ни|е <-я> *ср* Zusicherung *f*

уве́ренно *нрч* sicher, überzeugt, zuversichtlich; **отвеча́ть на вопро́сы ~** die Fragen sicher beantworten; **чу́вствовать себя́ ~** sich sicher fühlen; **~ идти́ вперёд** zuversichtlich seinen Weg gehen

уве́реннос|ть <-ти> *ж* Gewissheit *f; (оптими́зм)* Zuversicht *f;* **~ в за́втрашнем дне** Zuversichtlichkeit *f;* **~ в себе́** Selbstsicherheit *f;* **вселя́ть ~** ermutigen; **сказа́ть с уве́ренностью** mit Sicherheit sagen

уве́рен|ный <-ная, -ное; -, -а, -о> *прил* zuversichtlich, sicher; **~ в побе́де** siegessicher; **~ в себе́** selbstsicher

увёртк|а <-и> *ж разг* Finte *f,* Trick *m,* Kniff *m*

уве́р|ить <-ю, -ишь> *св прх см.* **уверя́ть**

уверн|у́ться <-у́сь, -ёшься> *св рефл см.* **увёртываться**

уве́р|овать <-ую, -уешь> *св нпрх книжн* fest an jdn/etw glauben; **~ в и́скренность** fest an die Aufrichtigkeit glauben

увёртлив|ый <-ая, -ое; -, -а, -о> *прил* 1. *(ло́вкий)* gewandt 2. *(хи́трый)* schlau; **~ паренёк** schlauer Bursche *m;* **увёртливые отгово́рки** schlaue Ausreden *fpl*

увёртыва|ться <-юсь, -ешься> *нсв,* **увернýться** *св рефл* 1. *(избе́гнуть)* ausweichen, aus dem Weg gehen; **~ от уда́ра** dem Schlag ausweichen 2. *(уклони́ться)* sich herausreden, Ausreden machen; **~ от отве́та** der Antwort ausweichen

увертю́р|а <-ы> *ж муз* Ouvertüre *f;* **о́перная ~** Opernouvertüre *f;* **конце́ртная ~** Konzertouvertüre *f*

уверя́|ть <-ю, -ешь> *нсв,* **уве́рить** *св прх* versichern, beteuern; *(убежда́ть)* überzeugen; **~ в и́скренности наме́рений** von der Aufrichtigkeit der Absichten überzeugen; **~ в своёй правоте́** von der Gerechtigkeit seiner Sache überzeugen; **сме́ю вас уве́рить** ich kann Ihnen versichern

увеселе́ни|е <-я> *ср* Vergnügung *f,* Erheiterung *f*

увесели́тельн|ый <-ая, -ое> *прил* vergnüglich, heiter; **увесели́тельное мероприя́тие** Vergnügung *f*

уве́сист|ый <-ая, -ое; -, -а, -о> *прил* tüchtig, kräftig; *(тяжёлый)* gewichtig, schwer, wuchtig

уве|сти́ <-ду́, -дёшь> *св прх см.* **уводи́ть**

уве́ч|ить <-у, -ишь> *нсв,* **изуве́чить** *св прх* verstümmeln, zum Krüppel machen; **~ самого́ себя́** sich selbst verstümmeln; **~ боксёра на ри́нге** den Boxer im Ring zum Krüppel machen

уве́чь|е <-я> *ср* Verstümmelung *f,* Körperverletzung *f;* **тя́жкое ~** schwere Körperverletzung *f;* **нанести́ ~** schwere Körperverletzungen zufügen

увещева́ни|е <-я> *ср* Ermahnung *f,* Zureden *nt*

увещева́|ть <-ю, -ешь> *нсв прх* ermahnen, ins Gewissen reden

увива́|ть <-ю, -ешь> *нсв,* **уви́ть** *св прх* 1. *(обмота́ть)* umwickeln, umwinden; **~ ше́ю ша́рфом** einen Schal um den Hals wickeln 2. *то́лько 3 л (о расти́тельности)* umranken, umwinden; **~ терра́су плющо́м** die Terrasse mit Efeu umranken

увива́|ться <-юсь, -ешься> *нсв рефл разг* jdm den Hof machen, jdn umschwärmen; **~ за де́вушками** den Mädchen den Hof machen; **~ о́коло дире́ктора** den Direktor umschwärmen

уви́|деть <-жу, -дишь> *св прх см.* **ви́деть**

уви́|деться <-жусь, -дишься> *св рефл см.* **ви́деться**

уви́лива|ть <-ю, -ешь> *нсв,* **увильнýть** *св нпрх* 1. *(ло́вко уклони́ться)* ausweichen; **~ от уда́ра** dem Schlag ausweichen 2. *перен* sich herausreden; **~ от отве́тственности** sich der Verantwortung entziehen; **~ от де́ла** sich vor der Arbeit drücken; **~ от свои́х обя́занностей** von den eigenen Verpflichtungen flüchten

уви́ть <увью́, увьёшь> *св прх см.* **увива́ть**

увлажне́ни|е <-я> *ср* Befeuchtung *f;* **~ по́чвы** Bodenbefeuchtung *f;* **зо́на с недоста́точным увлажне́нием** eine Zone mit ungenügender Befeuchtung

увлажни́те|ль <-ля> *м* Befeuchter *m;* **~ во́здуха** Luftbefeuchter *m*

увлажня́|ть <-ю, -ешь> *нсв,* **увлажни́ть** *св прх* befeuchten, benetzen

увлека́тельно *нрч* spannend, spannungsreich; **~ расска́зывать** spannend erzählen; **преподава́ть ~** fesselnd unterrichten

увлека́|тельный <-льная, -льное; -лен, -льна, -льно> *прил* spannend; **~ расска́з** spannende Erzählung *f*

увлека́|ть <-ю, -ешь> *нсв,* **увле́чь** *св прх*

У

mitreißen, mitnehmen; *перен* mitreißen, begeistern, packen

увлека́|ться <-юсь, -ешься> *нсв,* **увле́чься** *св рефл* **1.** *(чем-л.)* sich hinreißen lassen **2.** *(кем-л.)* sich verlieben

увлека́ющ|ийся <-аяся, -ееся> *прил* mitreißend, enthusiastisch; **увлека́ющаяся нату́ра** eine sich leicht mitreißende Person *f*

увлече́ни|е <-я> *ср* **1.** *(воодушевле́ние)* Begeisterung *f;* **расска́зывать с увлече́нием** begeistert erzählen **2.** *(интере́с)* Begeisterung *f,* Interesse *nt;* **~ му́зыкой** Begeisterung *f* für Musik; **~ рисова́нием** Interesse *nt* am Zeichnen **3.** *(влюблённость)* Leidenschaft *f*

увлечён|ный <-ная, -ное; -, -á, -ó> *прил* begeistert

увле́|чь <-ку́, -чёшь> *св прх см.* **увлека́ть**

увле́|чься <-ку́сь, -чёшься> *св рефл см.* **увлека́ться**

ув|оди́ть <-ожу́, -о́дишь> *нсв,* **увести́** *св прх* abführen, wegführen; *(взять с собо́й)* mitnehmen

ув|ози́ть <-ожу́, -о́зишь> *нсв,* **увезти́** *св прх* fortführen, mitnehmen; *(похи́тить)* entführen

уво́л|ить <-ю, -ишь> *св прх см.* **увольня́ть**

уво́л|иться <-юсь, -ишься> *св рефл см.* **увольня́ться**

увольне́ни|е <-я> *ср* Entlassung *f,* Kündigung *f;* **ма́ссовые увольне́ния** Massenentlassungen *pl;* **~ без предупрежде́ния** fristlose Kündigung *f*

увольни́тельн|ая <-ой> *ж то́лько ед* воен Urlaubsschein *m;* **получи́ть увольни́тельную** den Entlassungsschein ausgehändigt bekommen

увольня́|ть <-ю, -ешь> *нсв,* **уво́лить** *св прх* entlassen, kündigen

увольня́|ться <-юсь, -ешься> *нсв,* **уво́литься** *св рефл* kündigen, sich beurlauben lassen, den Dienst quittieren; **~ с рабо́ты** die Arbeitsstelle kündigen; **~ в запа́с** воен in die Reserve entlassen werden; **~ из а́рмии** aus der Armee entlassen werden; **~ с занима́емой до́лжности** sich vom Dienstposten beurlauben lassen

увуля́рн|ый <-ая, -ое> *прил* лингв uvular; **~ согла́сный** uvularer Laut *m,* Zäpfchenlaut *m*

УВЧ *сокр от* **ультравысокочасто́тный** UHF, Höchstfrequenz-; **УВЧ-терапи́я** мед Ultrakurzwellen *f,* UHF-Therapie *f*

увы́ *межд* leider!; **~, я оши́бся** leider habe ich mich geirrt

увяда́|ть <-ю, -ешь> *нсв,* **увя́нуть** *св нпрх* **1.** *(засо́хнуть)* (ver)welken, verblühen **2.** *перен (побле́кнуть)* welken, verblühen, dahinsiechen; **красота́ увя́нет** die Schönheit verblüht

увя́дш|ий <-ая, -ее> *прил* verwelkt, welk, verblüht; **~ цвето́к** verwelkte Blume *m;* **увя́дшее лицо́** blasses Gesicht *nt*

увя́заннос|ть <-ти> *ж* Interdependenz *f*

ув|яза́ть <-яжу́, -я́жешь> *св прх см.* **увя́зывать**

увя́зк|а <-и> *ж* Verpacken *nt,* Verschnüren *nt; перен* Abstimmung *f*

увя́зыва|ть <-ю, -ешь> *нсв,* **увяза́ть** *св прх* **1.** *(упакова́ть)* zusammenbinden, einpacken; **~ се́но в снопы́** Heu in Bündel zusammenbinden **2.** *перен (согласова́ть)* in Einklang bringen, koordinieren; **~ тео́рию с пра́ктикой** die Theorie mit der Praxis in Einklang bringen; **~ план с но́выми тре́бованиями** den Plan mit den neuen Forderungen koordinieren

увя́н|уть <-у, -ешь> *св нпрх см.* **увяда́ть**

уга́дыва|ть <-ю, -ешь> *нсв,* **угада́ть** *св прх* raten, erraten; **~ чьи-л. мы́сли** jds Gedanken erraten

Уга́нд|а <-ы> *ж* геог Uganda *nt*

угар <уга́ра> *м* **1.** хим Kohlendioxid *nt,* Kohlengas *nt* **2.** *(отравле́ние га́зом)* **смерть от уга́ра** Kohlengasvergiftung *f* **3.** *перен (упое́ние)* Rausch *m,* Taumel *m;* **в уга́ре страсте́й** im Rausch der Leidenschaften **4.** тех Abbrand *m,* Abgang *m,* Abfall *m*

угаса́ни|е <-я> *ср* **1.** *(об огне́)* Erlöschen *nt,* Auslöschen *nt,* Ausgehen *nt;* **~ пла́мени** das Verlöschen der Flammen **2.** *перен (осла́бле́ние, утра́та)* Dahinsiechen *nt;* **~ сил** das Dahinsiechen der Kräfte; **~ жи́зни** das Vergehen des Lebens

углево́д <-а> *м* хим Kohlehydrat *nt*

углеводоро́д <-а> *м* хим Kohlenwasserstoff *m;* **фто́ристые углеводоро́ды** Fluorkohlenwasserstoffe *pl*

углеводоро́дн|ый <-ая, -ое> *прил* хим Kohlenwasserstoff-; **углеводоро́дное соедине́ние** Kohlenwasserstoffverbindung *f*

угледобы́ч|а <-и> *ж* Kohlenförderung *f,* Kohlengewinnung *f*

углеки́сл|ый <-ая, -ое> *прил* хим kohlensauer; **~ газ** Kohlensäuregas *nt;* **углеки́слые со́ли** Karbonate *pl*

углеро́д <-а> *м* хим Kohlenstoff *m*

углеро́дн|ый <-ая, -ое> *прил* хим Kohlenstoff-; **углеро́дная едини́ца** Kohlenstoffeinheit *f;* **углеро́дные воло́кна** Kohlenstofffaser *pl*

углова́т|ый <-ая, -ое; -, -а, -о> *кратк. прил* eckig; *перен* linkisch, ungeschickt

углов|о́й <-а́я, -о́е> *прил* **1.** мат, тех Winkel-; **~ коэффицие́нт** Winkelkoeffizient *m;* **углово́е смеще́ние** Winkelverschiebung *f;* **углова́я ско́рость** Winkelgeschwindigkeit *f;* **углова́я сталь** Winkeleisen *nt;* **углово́е желе́зо** Winkeleisen *nt* **2.** *(на углу́)* Eck-; **~ магази́н** Eckgeschäft *nt;* **углова́я ко́мната** Eckzimmer *nt* **3.** спорт Eck-; **~ уда́р** Eckstoß *m*

угломе́р <-а> *м* ТЕХ Winkelmesser *m,* Teilkreis *m,* Teilring *m;* **опти́ческий ~** optischer Winkelmesser; **го́рный ~** Bergbauwinkelmesser *m*

углуб|и́ть <-лю́, -и́шь> *св прх см.* **углубля́ть**

углуб|и́ться <-лю́сь, -и́шься> *св рефл см.* **углубля́ться**

углубле́ни|е <-я> *ср* Vertiefung *f;* МОР Tiefgang *m*

углублён|ный <-ная, -ное; -, -á, -ó> *прил* **1.** *(серьёзный, основа́тельный)* gründlich, eingehend, ausführlich; **углублённое изуче́ние исто́рии** gründliches Studieren der Geschichte; **чита́ть с углублённым интере́сом** mit großem Interesse lesen **2.** *(преда́вшийся чему́-л.)* vertieft; **~ в своё де́ло** in seine Arbeit vertieft

углубля́|ть <-ю, -ешь> *нсв,* **углуби́ть** *св прх и перен* vertiefen

углубля́|ться <-юсь, -ешься> *нсв,* **углуби́ться** *св рефл* **1.** *то́лько 3 л (стать глу́бже)* sich vertiefen, tiefer werden; **противоре́чия углуби́лись** die Gegensätze haben sich vertieft; **позна́ния в медици́не углуби́лись** die Erkenntnisse in der Medizin haben sich vertieft; **углуби́лись морщи́ны** die Gesichtsfalten wurden tiefer **2.** *(войти́ вглубь)* tiefer eindringen; **~ в ча́щу** tiefer ins Dickicht eindringen **3.** *перен (преда́ться чему-л.)* sich vertiefen; **~ в изуче́ние пла́на ме́стности** sich in das Studium des Geländeplanes vertiefen; **~ в кни́гу** sich in ein Buch vertiefen

уг|на́ть <-оню́, -о́нишь> *св прх см.* **угоня́ть**

уг|на́ться <-оню́сь, -о́нишься> *св рефл* mit jdm Schritt halten; **в рабо́те за ва́ми не ~** in der Arbeit sind Sie nicht einzuholen

угне|сти́ <-ту́, -тёшь> *св прх см.* **угнета́ть**

угнета́те|ль <-ля> *м,* **угнета́тельниц|а** <-ы> *ж* Unterdrücker(in) *m(f),* Bedrücker(in) *m(f)*

угнета́|ть <-ю, -ешь> *нсв,* **угнести́** *св прх* unterdrücken; *(тяготи́ть)* bedrücken, deprimieren

угнета́ющ|ий <-ая, -ее> *прил* bedrückend, niederdrückend; **угнета́ющая обстано́вка** bedrückende Umgebung *f;* **де́йствовать угнета́ющим о́бразом** niederdrückend wirken

угнетён|ный <-ная, -ное; -, -á, -ó> *прил* **1.** *(притесня́емый)* unterdrückt, unterjocht; **~ наро́д** unterjochtes Volk *nt* **2.** *(удручённый)* niedergeschlagen, deprimiert; **быть в угнетённом состоя́нии** deprimiert sein

угова́рива|ть <-ю, -ешь> *нсв,* **уговори́ть** *св прх* überreden, zureden; **дать себя́ ~** sich überzeugen lassen

угова́рива|ться <-юсь, -ешься> *нсв,* **уговори́ться** *св рефл разг* sich verabreden, eine Vereinbarung treffen, vereinbaren; **~ о встре́че** ein Treffen vereinbaren; **~ с бра́том сходи́ть на матч** sich mit dem Bruder zum Fußballspiel verabreden

угово́р <-а> *м* **1.** *(убежде́ние)* Überreden *nt,* Zureden *nt* **2.** *(догово́р)* Verabredung *f,* Absprache *f;* **э́то про́тив угово́ра** das ist gegen die Abmachung; **~ по сде́лке** Nebenabrede *f*

уговор|и́ть <-ю́, -и́шь> *св прх см.* **угова́ривать**

уговор|и́ться <-ю́сь, -и́шься> *св рефл см.* **угова́риваться**

уго́д|а <-ы> *ж* **де́лать в уго́ду кому-л.** jdm zuliebe etw tun; **в уго́ду со́бственному самолю́бию** der Eigenliebe wegen

уго|ди́ть <-жу́, -ди́шь> *св нпрх см.* **угожда́ть**

уго́длив|ый <-ая, -ое; -, -а, -о> *прил* diensteifrig, schmeichlerisch, liebedienerisch; **~ тон** serviler Ton *m;* **уго́дливое поведе́ние** kriecherisches Verhalten *nt*

уго́дник <-а> *м,* **уго́дниц|а** <-ы> *ж* Schmeichler(in) *m(f);* **окружи́ть себя́ уго́дниками** sich mit Schmeichlern umgeben

уго́дничеств|о <-а> *ср без мн* Unterwürfigkeit *f;* **~ перед си́льными** Unterwürfigkeit vor den Starken; **выка́зывать ~** Unterwürfigkeit beweisen

уго́дно **I.** *нрч* gefällig; **е́сли ~** wenn es recht ist; **что вам ~?** was wünschen Sie? **II.** *част* beliebig; **он мог де́лать всё, что ~** er konnte anstellen, was immer er wollte; **ско́лько ~** nach Belieben

уго́д|ный <-ная, -ное; -ен, -на, -но> *прил* angenehm, gefällig

уго́дь|е <-я> *ср* АГР Grundstück *nt,* Gelände *nt;* **охо́тничье ~** Jagdgründe *pl;* **сельскохозя́йственные уго́дья** landwirtschaftliche Nutzfläche; **лесны́е уго́дья** Waldungen *pl,* Forsten *pl*

угожда́|ть <-ю, -ешь> *нсв,* **угоди́ть** *св нпрх* **1.** *(удовлетвори́ть)* gefällig sein; **стара́ться всеми си́лами ~** sich mit allen Kräften bemühen alles richtig zu machen; **всем нельзя́ ~** man kann nicht alle zufrieden stellen; **ей не угоди́шь** man kann ihr nichts recht machen **2.** *разг (оказа́ться)* geraten; **чуть не угоди́ть под колёса маши́ны** beinah wäre ich unter die Wagenräder geraten; **угоди́ть в больни́цу** ins Krankenhaus kommen **3.** *(попа́сть во что-л., уда́рить)* treffen; **угоди́ть мячо́м в стекло́** die Scheibe mit dem Ball treffen; **угоди́ть коле́ном в живо́т** das Knie in den Magen stoßen

у́гол <угла́> *м* Ecke *f;* МАТ Winkel *m;* **за угло́м** um die Ecke; **на углу́** an der Ecke; **одина́ковые углы́** gleiche Winkel; **загоня́ть кого́-л. в ~** jdn in die Enge treiben; **свора́чивать за ~** um die Ecke biegen

уголо́вник <-а> *м,* **уголо́вниц|а** <-ы> *ж*

У

Kriminelle *m,* Verbrecher(in) *m(f)*

уголо́вн|ый <-ая, -ое> *прил* kriminell; *(уголо́вно-пра́вовой)* Kriminal-, Straf-; **~ ко́декс** Strafgesetzbuch *nt;* **уголо́вная поли́ция** Kriminalpolizei *f;* **уголо́вное пра́во** Strafrecht *nt;* **уголо́вное преступле́ние** Straftat *f;* **~ ро́зыск** Kriminalbehörde *f*

уголо́вщин|а <-ы> *ж разг* **1.** *(преступле́ние)* Kriminalität *f,* Verbrechen *nt,* Kriminalfall *m;* **уголо́вщиной попа́хивает** es sieht nach einem Verbrechen aus **2.** *(престу́пники)* Kriminelle *pl,* Verbrecher *pl;* **связа́ться с уголо́вщиной** mit Verbrechern ins Kontakt kommen

угол|о́к <-ка́> *м* **1.** *(у́гол)* Eckchen *nt;* **уголко́м гла́за** aus dem Augenwinkel **2.** *(помеще́ние)* Ecke *f,* Raum *m* **3.** *(уединённое ме́сто)* Eckchen *nt,* Plätzchen *m;* **укро́мный ~** behagliches Eckchen *nt*

у́голь <у́гля> *м* Kohle *f;* **активи́рованный ~** Aktivkohle *f;* **бу́рый ~** Braunkohle *f;* **древе́сный ~** Holzkohle *f;* **ка́менный ~** Steinkohle *f*

уго́льник <-а> *м* **1.** *(инструме́нт)* Zeichenwinkel *m,* Winkel *m;* **чертёжный ~** Dreieck *nt;* **лине́йка-~** Lineal-Dreieck *nt* **2.** *(металли́ческая накла́дка)* Winkeleisen *nt,* Winkelblech *nt;* **уго́льники чемода́на** Kofferecken *pl*

у́гольн|ый <-ая, -ое> *прил* Kohlen-; **~ бассе́йн** Kohlenbecken *nt;* **у́гольная ша́хта** Kohlengrube *f;* **у́гольное месторожде́ние** Kohlenvorkommen *nt;* **~ ангидри́д** ХИМ Kohlenanhydrid *nt;* **~ комба́йн** Kohlenkombine *f*

у́гольщик <-а> *м,* **у́гольщиц|а** <-ы> *ж разг* **1.** *(шахтёр)* Kohlenhauer *m,* Bergmann *m;* **зна́тный ~** angesehner Bergmann **2.** *(углево́з)* Kohle(n)frachter *m*

угомоня́|ться <-юсь, -ешься> *нсв,* **угомони́ться** *св рефл* sich beruhigen; **когда́ ты угомони́шься?** wann gibst du endlich Ruhe?; **ве́тер угомони́лся** der Wind hat sich gelegt; **стра́сти угомоня́тся** die Leidenschaften werden sich legen

уго́н <-а> *м* Vertreibung *f;* *(кра́жа)* Diebstahl *m;* **~ автомоби́ля** Autodiebstahl *m;* **~ самолёта** Flugzeugentführung *f*

уго́нн|ый <-ая, -ое> *прил* zum Verscheuchen; **произвести́ ~ вы́стрел** schießen, um die Tiere zu verscheuchen

уго́нщик <-а> *м* (Fahrzeug)Entführer *m,* Luftpirat *m*

угоня́|ть <-ю, -ешь> *нсв,* **угна́ть** *св прх* **1.** *(увести́)* treiben; **угна́ть скот на па́стбище** das Vieh auf die Weide treiben; **угна́ть табу́н в по́ле** die Pferdeherde auf das Feld treiben **2.** *разг (похи́тить)* verschleppen, rauben, entführen; **угна́ть самолёт** ein Flugzeug entführen; **угна́ть маши́ну** einen Wagen rauben **3.** *прост (отпра́вить)* schicken; **~ на ка́торгу** jdn zur Zwangsarbeit schicken

угора́зди|ть <-т> *св безл, то́лько 3 л, разг* auf eine (unglückliche) Idee bringen; **как тебя́ угора́здило пойти́ туда́?** wie bist du auf die Idee gekommen dahin zu gehen?; **нелёгкая его́ угора́здила** die Notlage hat ihn auf die Idee gebracht; **кто меня́ угора́здил вме́шиваться** wozu habe ich mich eingemischt

угора́|ть <-ю, -ешь> *нсв,* **угоре́ть** *св нпрх* *(отрави́ться)* von Kohlengas vergiftet werden; **~ при пожа́ре** bei einem Brand vom Kohlengas benommen sein

угоре́л|ый <-ая, -ое> *прил разг* wie ein Wahnsinniger, wie ein Besessener, wie verrückt; **нести́сь как ~** wie von Sinnen rennen

угор|е́ть <-ю́, -и́шь> *св нпрх см.* **угора́ть**

у́горь <угря́> *м* **1.** ЗООЛ Aal *m* **2.** МЕД Pickel *m,* Mitesser *m*

угоща́|ть <-ю, -ешь> *нсв,* **угости́ть** *св прх* spendieren

угоща́|ться <-юсь, -ешься> *нсв рефл* naschen; **~ сла́достями** gern Süßigkeiten naschen

угоще́ни|е <-я> *ср* Bewirtung *f;* **устро́ить ~ по слу́чаю вступле́ния в до́лжность** jds Einstand feiern

угрожа́|ть <-ю, -ешь> *нсв нпрх* androhen, bedrohen

угрожа́юще *нрч* drohend, bedrohlich; **смотре́ть ~** drohend blicken; **~ подня́ть ру́ку на кого́-л.** bedrohlich die Hand gegen jdn erheben

угрожа́ющ|ий <-ая, -ее> *прил* bedrohlich

угро́з|а <-ы> *ж* Bedrohung *f;* *(опа́сность)* Gefahr *f,* Gefährdung *f;* *(чья-л.)* Androhung *f;* **приводи́ть в исполне́ние угро́зу** eine Drohung wahrmachen

угро́зыск <-а> *м без мн (уголовный ро́зыск)* Kriminalpolizei *f;* **сотру́дник угро́зыска** Mitarbeiter *m* der Kriminalpolizei

угро-фи́нск|ий <-ая, -ое> *прил* ugro-finnisch; **угро-фи́нские языки́** ugro-finnische Sprachen *fpl*

угро́ха|ть <-ю, -ешь> *св прх разг* **1.** *(уби́ть)* totschlagen **2.** *(истра́тить)* vergeuden, verbrauchen, verpulvern; **~ де́ньги на что-л.** das Geld für etw verpulvern; **~ все сбереже́ния** alle Ersparnisse vergeuden

угрызе́ни|е <-я> *ср* Scham *f,* Reue *f;* **угрызе́ния со́вести** Gewissensbisse *pl*

угрю́м|ый <-ая, -ое; -, -а, -о> *прил* verdrossen, verdrießlich

угу́ *межд разг* Agu *(Babylaut)*

уда́в <-а> *м* ЗООЛ Riesenschlange *f,* Boa *f*

удава́|ться <-юсь, -ешься> *нсв,* **уда́ться** *св рефл* gelingen, glücken; **как тебе́ удаётся?** wie bringst du das fertig?; **не уда́ться** scheitern, misslingen

удав|и́ть <-лю́, -и́шь> *св прх* erwürgen; **~ верёвкой** mit einer Schnur erwürgen; **~ со́бственными рука́ми** mit den eigenen Händen erwürgen

удале́ни|е <-я> *ср* Beseitigung *f,* Entfernung *f;* **~ о́пухоли** Geschwulstentfernung *f;* **~ отхо́дов** Abfallbeseitigung *f*

удалён|ный <-ная, -ное; -, -а́, -о́> *прил* entlegen, abgelegen, entfernt

удал|е́ц <-ьца́> *м разг* kühner/waghalsiger Mensch *m,* Draufgänger *m*

удал|и́ть <-ю́, -и́шь> *св прх см.* **удаля́ть**

удал|и́ться <-ю́сь, -и́шься> *св рефл см.* **удаля́ться**

удал|о́й <-а́я, -о́е; -, -а́, -о́>, **уда́л|ый** <-ая, -ое; -, -а́, -о́> *прил* kühn, draufgängerisch; **~ молоде́ц** draufgängerischer Bursche *m;* **удала́я пля́ска** toller Tanz *m;* **удала́я пе́сня** kühnes Lied *nt;* **мал, да уда́л!** klein, aber fein!

у́да|ль <-ли> *ж без мн* Kühnheit *f,* Verwegenheit *f,* Draufgängertum *nt;* **бу́йная ~** wilder Mut *m* [*o* Schneid *m südd*]

удаля́|ть <-ю, -ешь> *нсв,* **удали́ть** *св прх* *(отосла́ть)* verweisen; *(устрани́ть)* beseitigen, entfernen; мед entfernen; **~ зуб** einen Zahn ziehen; **~ игрока́ с по́ля** спорт einen Spieler des Feldes verweisen

удаля́|ться <-юсь, -ешься> *нсв,* **удали́ться** *св рефл* **1.** *(отойти́, отстрани́ться)* sich entfernen, fortgehen, sich zurückziehen; **~ от ме́ста собы́тия** sich vom Tatort entfernen; **~ от дел** sich von der Arbeit zurückziehen **2.** *(уйти́)* (hin)gehen, weggehen; **удали́ться в свой кабине́т** ins eigene Arbeitszimmer gehen; **удали́ться в глубину́ па́рка** sich in Tiefe des Parks zurückziehen; **удали́ться на поко́й** zur Ruhe gehen **3.** *(уедини́ться)* sich zurückziehen; **удали́ться от о́бщества** sich von der Gesellschaft zurückziehen

уда́р <-а> *м* **1.** *(чем-л.)* Schlag *m,* Stoß *m,* Hieb *m;* **~ судьбы́** Schicksalsschlag *m;* **~ ножо́м** Messerstich *m;* **~ штыко́м** Bajonettstich *m* **2.** спорт Stoß *m,* Schuss *m;* **~ в подборо́док** Kinnhaken *m;* **~ голово́й** Kopfball *m;* **~ от воро́т** Abstoß *m;* **свобо́дный ~** Freistoß *m* **3.** мед Anfall *m;* *(се́рдца)* Schlaganfall *m;* **получи́ть серде́чный ~** einen Schlaganfall bekommen; **теплово́й ~** Hitzschlag *m* **4.** *(мо́лнии)* Einschlag *m;* **отве́тный ~** Vergeltungsschlag *m;* **быть в уда́ре** *перен* gut aufgelegt sein, in Stimmung sein

ударе́ни|е <-я> *ср* Betonung *f;* **~ па́дает на пе́рвый слог** die Betonung fällt auf die erste Silbe

уда́рен|ный <-ная, -ное; -, -а, -о> *прил* лингв betont; **~ гла́сный** betonter Vokal *m;* **~ слог** betonte Silbe *f*

уда́р|ить <-ю, -ишь> *св прх см.* **ударя́ть**

уда́р|иться <-юсь, -ишься> *св рефл см.* **ударя́ться**

уда́рник <-а> *м* Schlagzeug *nt;* муз Schlagzeuger *m;* *(труда́)* Bestarbeiter *m,* Aktivist *m*

уда́рно *нрч* **рабо́тать ~** hart arbeiten

уда́рн|ый <-ая, -ое> *нрч* Schlag-; лингв betont; *перен* intensiv, Schwerpunkt-; **уда́рная си́ла** Schlagkraft *f*

ударя́|ть <-ю, -ешь> *нсв,* **уда́рить** *св прх* schlagen; *(снаря́д)* aufschlagen; *перен* treffen; **~ кого́-л. по лицу́** jdn ins Gesicht schlagen; **уда́рить по рука́м** *(при догово́ре)* mit Handschlag besiegeln; **жи́знь его́ си́льно уда́рила** das Leben hat ihm böse mitgespielt; **бо́льно ~ по чему́-л.** hart aufschlagen; **уда́рить по карма́ну** ins Geld gehen

ударя́|ться <-юсь, -ешься> *нсв,* **уда́риться** *св рефл* aufprallen; *(обо что-л.)* prallen gegen *+akk;* *разг* sich begeistern für *+akk;* **~ голово́й о сте́ну** mit dem Kopf an die Wand schlagen; **~ в поли́тику** *перен* sich der Politik widmen

уда́|ться <-мся, -шься> *св рефл см.* **удава́ться**

уда́ч|а <-и> *ж* Erfolg *m;* *(везе́ние, счастли́вый слу́чай)* Glück *nt,* Glücksfall *m;* **жела́ю уда́чи** viel Glück!

уда́члив|ый <-ая, -ое; -, -а, -о> *прил* glücklich, erfolgreich, vom Erfolg begleitet; **уда́чливая охо́та** gelungene Jagd *f;* **~ предпринима́тель** erfolgreicher Unternehmer *m*

уда́чно *нрч* erfolgreich; **~ заверши́ть на́чатое де́ло** die begonnene Sache mit Erfolg zu Ende bringen; **~ приземли́ться** gut landen; **~ провести́ спорти́вный сезо́н** die Sportsaison erfolgreich durchführen

уда́ч|ный <-ная, -ное; -ен, -на, -но> *прил* erfolgreich, gelungen; **~ приме́р** gutes Beispiel *nt*

У

удва́ива|ть <-ю, -ешь> *нсв,* **удво́ить** *св прх* verdoppeln; **~ бди́тельность** die Wachsamkeit verdoppeln; **~ опла́ту за рабо́ту** den Arbeitslohn verdoppeln

удвое́ни|е <-я> *ср* Verdopplung *f*

удво́ен|ный <-ная, -ное; -, -а, -о> *прил* verdoppelt; **удво́енные си́лы** verdoppelte Kräfte *fpl;* **отнести́сь с удво́енным внима́нием** mit doppelter Aufmerksamkeit behandeln

удво́|ить <-ю, -ишь> *св прх см.* **удва́ивать**

уде́л <уде́ла> *м* **1.** истор Lehen *nt* **2.** *(судьба́)* Los *nt,* Schicksal *nt*

удел|и́ть <-ю́, -и́шь> *св прх см.* **уделя́ть**

уде́льн|ый <-ая, -ое> *прил* **1.** физ spezifisch; **~ вес** spezifisches Gewicht *nt;* **уде́льное сопротивле́ние** spezifischer Widerstand *m;* **уде́льная мо́щность** spezifische Leistung *f;* **~ объём** spezifisches Volumen *nt* **2.** истор Lehns-, Feudal-; **~ князь** Lehnsfürst *m;* **уде́льные зе́мли** die Ländereien der Zarenfamilie; **уде́льные**

крестья́не Lehnsbauer *m*
уделя́|ть <-ю, -ешь> *нсв,* **удели́ть** *св прх* **1.** *(посвяти́ть)* widmen; **~ внима́ние кому-л.** jdm Beachtung schenken; **~ па́ру мину́т** für jdn ein paar Minuten erübrigen **2.** *(предоста́вить)* zuteilen, zur Verfügung stellen; **~ часть де́нег на что-л.** ein Teil des Geldes für etw zuteilen
у́держ <-у> *м без мн разг* **без у́держу** hemmungslos, unaufhaltsam; **не знать у́держу** sich nicht mäßigen können, keine Grenzen kennen
удержа́ни|е <-я> *ср* Einbehaltung *f,* Abzug *m*
уд|ержа́ть <-ержу́, -е́ржишь> *св прх см.* **уде́рживать**
уд|ержа́ться <-ержу́сь, -е́ржишься> *св рефл см.* **уде́рживаться**
уде́ржива|ть <-ю, -ешь> *нсв,* **удержа́ть** *св прх* **1.** *(сохрани́ть)* halten, festhalten; **~ пози́ции** die Stellung halten **2.** *(сдержа́ть)* zurückhalten, bändigen; *(от чего́-л.)* abhalten von +*dat;* **~ рыда́ния** die Tränen unterdrücken **3.** *(вы́честь)* abziehen, einbehalten
уде́ржива|ться <-юсь, -ешься> *нсв,* **удержа́ться** *св рефл* sich halten, sich behaupten; *(от чего́-л.)* verzichten auf +*akk;* *(воздержа́ться)* sich enthalten +*gen;* **с трудо́м ~ от сме́ха** sich mit Mühe das Lachen verkneifen
удешевля́|ть <-ю, -ешь> *нсв,* **удешеви́ть** *св прх* verbilligen, den Preis herabsetzen; **~ строи́тельство** den Bau verbilligen; **~ това́ры** den Warenpreis ermäßigen
удиви́те|льный <-льная, -льное; -лен, -льна, -льно> *прил* erstaunlich, überraschend; *(чуде́сный)* wundervoll, zauberhaft
удив|и́ть <-лю́, -и́шь> *св прх см.* **удивля́ть**
удив|и́ться <-лю́сь, -и́шься> *св рефл см.* **удивля́ться**
удивле́ни|е <-я> *ср* Erstaunen *nt,* Verwunderung *f;* **к моему́ большо́му удивле́нию** zu meinem größten Erstaunen
удивлён|ный <-ная, -ное; -, -а́, -о́> *прил* verwundert, erstaunt, überrascht; **~ взгляд** erstaunter Blick *m;* **удивлённая толпа́** überraschte Menschenmenge *f*
удивля́|ть <-ю, -ешь> *нсв,* **удиви́ть** *св прх* erstaunen, überraschen; **ты меня́ про́сто удиви́л** du machst Sachen; **неприя́тно ~** befremden
удивля́|ться <-юсь, -ешься> *нсв,* **удиви́ться** *св рефл* sich wundern, staunen
удил|а́ <-> *мн* Kandare *f,* Gebiss *nt;* **грызть ~** in die Kandare beißen; **закуси́ть ~** durchgehen *(für Pferde); перен* sich Hals über Kopf in etw stürzen, sich hinreißen lassen
уди́лищ|е <-а> *ср* Angelrute *f*
уди́льщик <-а> *м* Angler *m*
удира́|ть <-ю, -ешь> *нсв,* **удра́ть** *св нпрх разг* abhauen, sich aus dem Staub machen, weglaufen
уди́ть <ужу́, у́дишь> *нсв прх* fischen, angeln
удлиня́|ть <-ю, -ешь> *нсв,* **удлини́ть** *св прх* verlängern, strecken; **~ пла́тье** das Kleid länger machen; **~ срок пребыва́ния** die Aufenthaltsfrist verlängern
удму́рт <-а> *м,* **удму́ртк|а** <-и> *ж* Udmurte *m,* Udmurtin *f*
Удму́рти|я <-и> *ж* ГЕОГ Udmurtien *nt*
удо́бно *нрч* bequem, passend; **устро́иться ~** sich bequem einrichten; **расположи́ться ~ на дива́не** sich auf dem Sofa bequem machen; **когда́ вам ~** wenn Sie Zeit haben, wenn es Ihnen passt; **мне не ~** mir passt es nicht
удо́б|ный <-ная, -ное; -ен, -на, -но> *прил* bequem, angenehm; *(подходя́щий, благоприя́тный)* günstig; **~ до́ступ** leichter Zugang *m;* **~ для по́льзователей** handlich, benutzerfreundlich; **~ по́вод** willkommener Anlass *m*
удобовари́м|ый <-ая, -ое; -, -а, -о> *прил* leicht verdaulich, leicht verständlich; **удобовари́мая пи́ща** leicht verdauliches Essen *nt*
удобре́ни|е <-я> *ср* Dünger *m;* **хими́ческие** [*или* **иску́сственные**] **удобре́ния** Kunstdünger *m*
удобря́|ть <-ю, -ешь> *нсв,* **удо́брить** *св прх* düngen
удо́бств|о <-а> *ср* Bequemlichkeit *f,* Komfort *m;* **~ испо́льзования програ́ммы** Benutzerfreundlichkeit *f;* **кварти́ра со все́ми удо́бствами** komfortable Wohnung *f*
удовлетворе́ни|е <-я> *ср* **1.** *(удово́льствие)* Befriedigung *f,* Genugtuung *f,* Zufriedenheit *f;* **чу́вство удовлетворе́ния** Gefühl *nt* der Befriedigung **2.** *(де́йствие)* Befriedigung *f,* Zufriedenstellung *f;* **~ запро́сов потреби́телей** Marktnähe *f;* **~ кредито́ров** Gläubigerbefriedigung *f* **3.** ЮР *(издéржек)* Deckung *f*
удовлетворённос|ть <-ти> *ж* Zufriedenheit *f,* Befriedigung *f,* Befriedigtsein *nt;* **испы́тывать ~** Zufriedenheit empfinden; **~ самолю́бия** Befriedigung der Eigenliebe
удовлетворён|ный <-ная, -ное; -, -а́, -о́> *прил* **1.** *(дово́льный)* befriedigt, zufrieden; **~ вид** zufriedenes Aussehen *nt* **2.** *(испо́лненный)* zufrieden gestellt, erfüllt; **удовлетворённое жела́ние** erfüllter Wunsch *m*
удовлетвори́тельно *нрч* befriedigend, zufrieden stellend, genügend; **сдать экза́мен на ~** die Prüfung zufrieden stellend ablegen
удовлетвори́те|льный <-льная, -льное; -лен, -льна, -льно> *прил* befriedigend, zufrieden stellend
удовлетвор|и́ть <-ю́, -и́шь> *св прх см.* **удовлетворя́ть**
удовлетвор|и́ться <-ю́сь, -и́шься> *св рефл см.* **удовлетворя́ться**

удовлетворя́|ть <-ю, -ешь> *нсв,* **удовлетвори́ть** *св прх* befriedigen, zufrieden stellen; ЮР abfinden; **~ про́сьбу** einer Bitte nachkommen; **~ расту́щие потре́бности** dem steigenden Bedarf nachkommen; **~ все тре́бования** allen Anforderungen entsprechen

удовлетворя́|ться <-юсь, -ешься> *нсв,* **удовлетвори́ться** *св рефл* sich begnügen, sich zufrieden geben; **~ отве́том** mit der Antwort zufrieden gestellt sein; **~ полу́ченным объясне́нием** sich mit der Erklärung zufrieden geben

удово́льстви|е <-я> *ср* Vergnügen *nt,* Lust *f;* **с удово́льствием** mit Vergnügen, gerne; **жить в своё ~** in Saus und Braus leben; **находи́ть ~ в чём-л.** Geschmack finden an +*dat*

удо́д <удо́да> *м* ЗООЛ Wiedehopf *m*

удо́|й <-я> *м* АГР Milchertrag *m,* Melkertrag *m,* Milchleistung *f;* **дневно́й ~** Tagesertrag *m* an Milch; **повыше́ние удо́ев** Erhöhen des Milchertrages

удоста́ива|ть <-ю, -ешь> *нсв,* **удосто́ить** *св прх* würdigen; *(оказа́ть внима́ние)* beehren; **~ внима́нием кого́-л.** jdm Aufmerksamkeit schenken; **он не удосто́ил меня́ отве́том** er würdigte mich keiner Antwort

удоста́ива|ться <-юсь, -ешься> *нсв,* **удосто́иться** *св рефл* für würdig befunden werden, würdig sein; **~ высо́кого зва́ния** einer hohen Auszeichnung würdig sein; **~ награ́ды** einer Auszeichnung würdig sein; **~ похвалы́** eines Lobes für würdig befunden werden

удостовере́ни|е <-я> *ср* Ausweis *m,* Legitimation *f;* ЮР Beglaubigung *f,* Beurkundung *f,* Verifikation *f;* **~ ли́чности** Personalausweis *m;* **~ о квалифика́ции** Befähigungsnachweis *m;* **вы́дать ~** eine Bescheinigung ausstellen

удостоверя́|ть <-ю, -ешь> *нсв,* **удостове́рить** *св прх* ausweisen, nachweisen; *(идентифици́ровать)* identifizieren; ЮР beglaubigen, beurkunden; **~ свою́ ли́чность** sich ausweisen

удосто́|ить <-ю, -ишь> *св прх см.* **удоста́ивать**

удосто́|иться <-юсь, -ишься> *св рефл см.* **удоста́иваться**

удосу́жива|ться <-юсь, -ешься> *нсв,* **удосу́житься** *св рефл* Zeit finden, sich Zeit nehmen; **он ни ра́зу не удосу́жился позвони́ть** nicht ein einziges Mal hat er Zeit gefunden anzurufen; **не удосу́жился рассказа́ть** er hat sich keine Zeit zum Erzählen genommen

удочере́ни|е <-я> *ср* Adoption *f* einer Tochter

удочеря́|ть <-ю, -ешь> *нсв,* **удочери́ть** *св прх* eine Tochter adoptieren

у́дочк|а <-и> *ж* Angelrute *f;* **попада́ться на чью-л. у́дочку** *перен* jdm auf den Leim gehen

уд|ра́ть <-еру́, -ерёшь> *св нпрх см.* **удира́ть**

удруж|и́ть <-у́, -и́шь> *св нпрх* einen Gefallen tun; **рад вам ~** ich freue mich Ihnen einen Gefallen tun zu dürfen; **вот так удружи́л!** der hat mir einen Bärendienst erwiesen!

удруча́|ть <-ю, -ешь> *нсв,* **удручи́ть** *св прх* beklemmen, deprimieren

удруча́ющ|ий <-ая, -ее> *прил* (be)drückend, niederdrückend, deprimierend; **удруча́ющая обстано́вка** deprimierende Situation *f;* **удруча́ющая тишина́** bedrückende Stille *f*

удручён|ный <-ная, -ное; -, а́, -о́> *прил* niedergedrückt, niedergeschlagen

удруч|и́ть <-у́, -и́шь> *св прх см.* **удруча́ть**

удуша́|ть <-ю, -ешь> *нсв,* **удуши́ть** *св прх* **1.** *(уби́ть)* erwürgen, ersticken **2.** *перен (подави́ть)* unterdrücken, ersticken; **~ демокра́тию** die Demokratie ersticken

уду́шлив|ый <-ая, -ое; -, -а, -о> *прил* **1.** *(отравля́ющий)* erstickend; **~ газ** Stickgas *nt* **2.** *(затрудня́ющий дыха́ние)* stickig, drückend; **~ за́пах** drückender Geruch *m;* **~ ка́шель** Stickhusten *m* **3.** *(зно́йный)* heiß; **~ по́лдень** heißer Mittag *m*

уду́ш|е <-я> *ср* Atemnot *f,* Erstickung *f;* **при́ступ уду́шья** Erstickungsanfall *m;* **умира́ть от уду́шья** an Ersticken sterben

уедине́ни|е <-я> *ср* Zurückgezogenheit *f;* *(одино́чество)* Abgeschiedenheit *f;* **жить в уедине́нии** in Abgeschiedenheit leben

уединён|ный <-ная, -ное; -, -а́, -о́> *прил* zurückgezogen; *(одино́кий)* abgeschieden

уединя́|ться <-юсь, -ешься> *нсв,* **уедини́ться** *св рефл* sich zurückziehen, die menschliche Gesellschaft meiden; **~ для серьёзного разгово́ра** sich für ein ernstes Gespräch zurückziehen; **~ от всех** sich von allen zurückziehen

уезд <уе́зда> *м* ИСТОР Kreis *m,* Landkreis *m*

уе́здн|ый <-ая, -ое> *прил* ИСТОР Kreis-; **~ го́род** Kreisstadt *f;* **~ суд** Kreisgericht *nt*

уезжа́|ть <-ю, -ешь> *нсв,* **уе́хать** *св нпрх* abreisen, abfahren; *(далеко́, на определённый срок)* verreisen, auf Reisen gehen; *(переехать)* wegziehen; *(эмигри́ровать)* auswandern, emigrieren; **~ в го́род** in die Stadt ziehen; **~ на За́пад** in den Westen gehen

уж[1] <ужа́> *м* ЗООЛ Natter *f;* **обыкнове́нный ~** Ringelnatter *f;* **извива́ться как ~** *перен* sich winden wie ein Aal

уж[2] **I.** *нрч см.* **уже́ II.** *част разг (пра́во)* wirklich, in der Tat; **здесь не так ~ пло́хо** hier ist es gar nicht so schlecht

ужа́л|ить <-ю, -ишь> *св прх см.* **жа́лить**

у́жас[1] <-а> *м* Entsetzen *nt,* Grauen *nt;* *(страх)* Schrecken *m;* *(отвраще́ние)* Abscheu *m;* **быть в у́жасе** entsetzt sein; **содрога́ться**

У

от у́жаса vor Angst zittern; **объя́тый у́жасом** voller Entsetzen

у́жас[2] *нрч* schrecklich, furchtbar; **до у́жаса** schrecklich

ужаса́|ть <-ю, -ешь> *нсв,* **ужасну́ть** *св прх* erschrecken, in Schrecken versetzen

ужаса́ющ|ий <-ая, -ее; -, -а, -о> *прил* schauerlich, schauderhaft, grausig

ужа́сно *нрч* schrecklich, entsetzlich; *разг (о́чень)* unheimlich; **~ интере́сно** unheimlich interessant; **э́то ~!** das ist ja schrecklich!

ужасн|у́ть <-у́, -ёшь> *св прх см.* **ужаса́ть**

ужа́с|ный <-ная, -ное; -ен, -на, -но> *прил* furchtbar, entsetzlich, grauenhaft; **ужа́сная пого́да** schreckliches Wetter *nt;* **~ вид** furchtbares Aussehen *nt*

уже́ *нрч* schon, bereits; **хва́тит ~!** es reicht!; **ты ~ не ма́ленький** du bist schon groß; **их ~ там нет** sie sind schon weg; **я ~ жду це́лый час** ich warte schon eine ganze Stunde; **я ~ давно́ э́то забы́л** ich habe das schon längst vergessen; **я ~ второ́й раз перечи́тываю э́тот рома́н** ich lese schon das zweite Mal diesen Roman durch

ужесточа́|ть <-ю, -ешь> *нсв,* **ужесточи́ть** *св прх* verschärfen, erhärten

ужива́|ться <-юсь, -ешься> *нсв,* **ужи́ться** *св рефл* sich einleben, sich eingewöhnen; *(с кем-л.)* gut auskommen mit *+dat*

ужи́вчив|ый <-ая, -ое; -, -а, -о> *прил* verträglich, umgänglich; **~ хара́ктер** verträglicher Charakter *m;* **легко́ с ужи́вчивыми людьми́** es ist einfach mit umgänglichen Leuten

ужи́мк|а <-и> *ж* Grimasse *f;* **говори́ть с ужи́мками** beim Sprechen Grimassen schneiden; **без ужи́мок и кривля́ний** ohne Grimassen und Gebärden

у́жин <-а> *м* Abendessen *nt,* Abendbrot *nt*

ужи́н <-а> *м* АГР Ernte *f;* **~ зерна́** Getreideernte *f*

у́жина|ть <-ю, -ешь> *нсв,* **поу́жинать** *св нпрх* zu Abend essen

ужи́|ться <-ву́сь, -вёшься> *св рефл см.* **ужива́ться**

узаконе́ни|е <-я> *ср* Legitimation *f*

узако́нива|ть <-ю, -ешь> *нсв,* **узако́нить** *св прх* legitimieren

у́занс <-а> *м* ЭКОН Usance *f,* Handelsbrauch *m; (тради́ция)* Sitte *f*

узбе́к <-а> *м,* **узбе́чк|а** <-и> *ж* Usbeke *m,* Usbekin *f*

Узбекиста́н <-а> *м* ГЕОГ Usbekistan *nt*

узд|а́ <-ы́> *ж и перен* Zaum *m;* **держа́ть в узде́ кого́-л.** jdn im Zaum halten

уздц|ы́ <-о́в> *мн* Zaum *m,* Zügel *pl;* **держа́ть коня́ под ~** das Pferd im Zaum halten

у́зел <узла́> *м* **1.** *и перен* Knoten *m;* **~ загру́зки** ИНФОРМ Download-Site *f;* **тра́нспортный ~** Verkehrsknoten *m;* **санита́рный ~** sanitäre Anlagen *pl;* **не́рвные узлы́** Nervenknoten *pl* **2.** Ж.-Д. Knotenpunkt *m,* Anschluss *m;* **железнодоро́жный ~** Eisenbahnknotenpunkt *m* **3.** *(свёрток)* Paket *nt*

у́з|кий <-кая, -кое; -ок, -ка́, -ко́> *прил* schmal; *(те́сный)* eng, knapp; **у́зкое ме́сто** Engpass *m;* **~ специали́ст** Experte *m;* **в у́зком кругу́** im engeren Kreise

узкове́домственн|ый <-ая, -ое> *прил* eng ressortmäßig; **узкове́домственные интере́сы** Ressortinteressen *pl;* **пресле́довать узкове́домственные це́ли** eng ressortmäßige Ziele verfolgen

узкого́рл|ый <-ая, -ое> *прил* enghalsig; **~ кувши́н** enghalsiger Krug *m*

узкоколе́йк|а <-и> *ж разг* Ж.-Д. Schmalspurbahn *f,* Kleinbahn *f*

узколо́б|ый <-ая, -ое; -, -а, -о> *прил перен* engstirnig

узконо́с|ый <-ая, -ое; -, -а, -о> *прил разг* spitz; **узконо́сые ту́фли** spitze Schuhe *pl*

узлова́т|ый <-ая, -ое; -, -а, -о> *прил (неро́вный)* knotig, knorrig; **~ ко́рень** knorrige Wurzel *f;* **узлова́тая пря́жа** knotiges Garn *nt;* **узлова́тые па́льцы** knotige Finger *mpl*

узлов|о́й <-а́я, -о́е> *прил* **1.** Ж.-Д. Knoten-; **узлова́я ста́нция** Knotenpunkt *m* **2.** *перен (основно́й)* wesentlich, Haupt-; **~ вопро́с** Hauptfrage *f;* **узлова́я пробле́ма** Hauptproblem *nt* **3.** ТЕХ Modul-; **узлова́я сбо́рка маши́н** Modulmontage *f* der Maschine

узна|ва́ть <-ю́, -ёшь> *нсв,* **узна́ть** *св прх* **1.** *(но́вости)* erfahren, in Erfahrung bringen; **узна́ть причи́ну** den Grund erfahren **2.** *(знако́мого)* erkennen; **он меня́ не узна́л** er hat mich nicht erkannt **3.** *(знако́миться)* kennen lernen

у́зник <-а> *м,* **у́зниц|а** <-ы> *ж* Gefangene(r) *f(m),* Eingekerkerte(r) *f(m)*

узо́р <-а> *м* Muster *nt,* Ornament *nt,* Stickerei *f;* **узо́ры на тка́ни** Stoffmuster *nt;* **вышива́ть узо́ры** mit Ornamenten besticken; **моро́зный ~ на стекле́** Eisblumen am Fenster; **причу́дливые узо́ры** seltsame Muster *ntpl*

узо́рн|ый <-ая, -ое> *прил* gemustert; **узо́рное полоте́нце** gemustertes Handtuch *nt*

узо́рчат|ый <-ая, -ое; -, -а, -о> *прил* gemustert; **~ ковёр** gemusterte Decke *f;* **узо́рчатая ткань** Musterstoff *m*

у́зос|ть <-ти> *ж* **1.** *(у́зкое ме́сто)* Enge *f,* Knappheit *f,* Schmalheit *f* **2.** *(ограни́ченность)* Beschränktheit *f,* Borniertheit *f,* Engstirnigkeit *f;* **~ взгля́дов** Beschränktheit *f* der Ansichten; **~ сужде́ний** die Beschränktheit der Meinungen

узр|е́ть <-ю́, -и́шь> *св прх см.* **зреть**

узуа́льн|ый <-ая, -ое> *прил* ЮР, ЛИНГВ usuell; **узуа́льное значе́ние** usuelle Bedeutung *f*

узурпа́тор <-а> *м книжн* Usurpator *m*

узурпа́ци|я <-и> *ж* Usurpation *f,* rechtswidrige Aneignung

узурпи́р|овать <-ую, -уешь> *(н)св прх* usurpieren, sich etw widerrechtlich aneignen; **~ власть** die Macht usurpieren

у́зус <-а> *м* ЮР, ЛИНГВ Usus *m*

у́з|ы <-> *мн* Bande *pl,* Fesseln *pl;* **дру́жеские ~** Freundschaftsbande *pl;* **разрыва́ть ~** die Bande brechen

уик-энд <уик-э́нда> *м* Wochenende *nt*

уйгу́р <-а> *м,* **уйгу́рк|а** <-и> *ж* Uigure *m,* Uigurin *f*

у́йм|а <-ы> *ж без мн разг* Unmenge *f;* **~ наро́ду** eine Unmenge von Leuten; **столкну́ться с у́ймой тру́дностей** auf viele Schwierigkeiten stoßen; **у нас ~ вре́мени** wir haben sehr viel Zeit; **знать у́йму исто́рий** eine Unzahl von Geschichten kennen; **у меня́ ~ дел** ich habe alle Hände voll zu tun; **потра́тить у́йму де́нег** Unmengen Geld ausgeben

уй|ти́ <-ду́, -дёшь> *св нпрх см.* **уходи́ть**

ука́з <-а> *м* Erlass *m,* Dekret *nt,* Ukas *m;* **изда́ть ~** einen Erlass verabschieden; **он мне не ~** er hat mir nichts zu befehlen

указа́ни|е <-я> *ср* **1.** *(сове́т)* Weisung *f,* Anweisung *f;* **выполня́ть чьи-л. указа́ния** jds Anweisungen (be)folgen; **дава́ть указа́ния** Anweisungen geben [*o* erteilen] **2.** *(ссы́лка)* Hinweis *m,* Angabe *f; (в кни́ге)* Verzeichnis *nt;* **~ цены́** Preisangabe *f*

ука́зан|ный <-ная, -ное; -, -а, -о> *прил* genannt; *(за́данный)* angegeben

указа́те|ль <-ля> *м* Anzeiger *m,* Index *m; (в кни́ге)* Verzeichnis *nt;* **предме́тный ~** Sachregister *nt;* **доро́жный ~** Wegweiser *m;* **мига́ющий ~ поворо́та** Blinker *m*

указа́тельн|ый <-ая, -ое> *прил* **1.** АНАТ Zeige-, Anzeige-; **~ па́лец** Zeigefinger *m* **2.** ЛИНГВ Demonstrativ-; **указа́тельное местоиме́ние** Demonstrativpronomen *nt*

ук|аза́ть <-ажу́, -а́жешь> *св нпрх см.* **ука́зывать**

ука́зк|а <-и> *ж* **1.** *(па́лочка)* Zeigestab *m,* Zeigestock *m;* **води́ть ука́зкой по ка́рте** mit dem Zeigestock über die Karte fahren **2.** *разг (распоряже́ние)* Vorschrift *f;* **де́лать по ука́зке** nach Vorschrift handeln; **проживу́ без чужо́й ука́зки** sich nicht am Gängelband führen lassen

ука́зчик <-а> *м,* **ука́зчиц|а** <-ы> *ж* Lehrmeister *m;* **ты мне не ~** du hast mit nichts zu sagen

ука́зыва|ть <-ю, -ешь> *нсв,* **указа́ть** *св нпрх* zeigen, angeben; *(на что-л.)* hinweisen auf +*akk; (инструкти́ровать)* belehren; **~ доро́гу** den Weg weisen; **~ кому́-л. на дверь** jdm die Tür weisen

ука́лыва|ть <-ю, -ешь> *нсв,* **уколо́ть** *св прх* **1.** *(пора́нить)* stechen; **уколо́ть па́лец гвоздём** sich den Finger an einem Nagel stechen; **уколо́ть штыко́м** mit dem Bajonett stechen **2.** *перен (уязви́ть)* einen Stich versetzen; **уколо́ть чьё-л. самолю́бие** jds Eigenliebe kitzeln; **уколо́ть замеча́нием** mit einer Bemerkung einen Stich versetzen

уката́|ть <-ю, -ешь> *св нпрх см.* **ука́тывать**

ук|ати́ть <-ачу́, -а́тишь> *св прх см.* **ука́тывать**

ука́тк|а <-и> *ж* Glattwälzen *nt,* Ebnen *nt;* **~ гру́нта** den Grund walzen; **~ доро́г** Straßenebnen *nt*

ука́тыва|ть <-ю, -ешь> *нсв,* **уката́ть, укати́ть** *св прх* **1.** *(сде́лать гла́дким)* glatt walzen, ebnen; **~ доро́гу** die Straße ebnen **2.** *разг (отпра́вить)* schicken; **уката́ть в тюрьму́** ins Gefängnis schicken **3.** *(перемести́ть)* wegrollen, fortrollen; **укати́ть бо́чку в подва́л** das Fass in den Keller rollen **4.** *разг (уе́хать)* wegfahren; **~ за грани́цу** ins Ausland fahren; **~ на да́чу** zum Wochenendhaus fahren; **~ на маши́не** im Wagen abschwirren

ука́чива|ть <-ю, -ешь> *нсв,* **укача́ть** *св прх* **1.** *(вы́звать головокруже́ние)* seekrank werden; **~ в доро́ге** vom langen Fahren schwindelig werden; **~ на корабле́** auf dem Schiff seekrank werden **2.** *(уложи́ть спать)* (ein)wiegen, in den Schlaf wiegen; **~ ребёнка** das Kind in den Schlaf wiegen

УКВ *сокр от* **ультракоро́ткие во́лны** UKW, Ultrakurzwellen *pl;* **~ ста́нция** UKW-Sender *m;* **переда́ча на ~** РАДИО UKW-Sendung *f*

укла́д <-а> *м (поря́док)* Aufbau *m,* Struktur *f;* **~ жи́зни** Lebensweise *f;* **хозя́йственный ~** Wirtschaftssystem *nt;* **патриарха́льный ~** patriarchalische Struktur *f;* **обще́ственно-экономи́ческий ~** gesellschaftlich-ökonomische Formation *f*

укла́дк|а <-и> *ж* **1.** *(упако́вка)* Einpacken *nt,* Verpacken *nt;* **~ веще́й** Einpacken *nt* der Sachen **2.** *(скла́дывание)* Lagerung *f;* **~ дров** Holzlagerung *f;* **~ се́на** Heulagerung *f* **3.** *(прокла́дка)* Verlegen *nt,* Legen *nt;* **~ шпал** Schwellen Legen *nt;* **~ ка́беля** Kabel Legen *nt* **4.** *(приче́ска)* Frisieren *nt;* **~ воло́с** Haare Frisieren *nt*

укла́дчик <-а> *м,* **укла́дчиц|а** <-ы> *ж* Packer *m,* Stapler *m;* **~ парке́та** Parkettleger *m;* **~ това́ров** Warenpacker *m*

укла́дыва|ть <-ю, -ешь> *нсв,* **уложи́ть** *св прх* **1.** *(ребёнка)* hinlegen; **~ спать** ins Bett bringen **2.** *разг (убива́ть)* umlegen, töten; **уложи́ть на ме́сте** auf der Stelle töten **3.** *(упако́вывать)* packen, einpacken; **~ чемода́н** den Koffer packen **4.** *(ка́бель)* legen, verlegen **5.** *(во́лосы)* legen

укла́дыва|ться <-юсь, -ешься> *нсв,* **уле́чься, уложи́ться** *св рефл* sich hinlegen; *(стиха́ть, ослабева́ть)* sich legen, abflauen; **волне́ние улегло́сь** die

У

Aufregung klang ab
уклéйк|а <-и> *ж* ЗООЛ Weißfisch *m*
уклóн <-а> *м* Neigung *f,* Abschrägung *f; (пóчвы)* Abfall *m; (установка)* Einstellung *f,* Richtung *f;* **идти́ под ~** bergab gehen; **крутóй ~** steiler Abfall *m*
уклонéни|е <-я> *ср* Ausweichen *nt; (отклонéние)* Abweichung *f;* **~ от слýжбы** Dienstverweigerung *f;* **~ от уплáты налóгов** Steuerhinterziehung *f,* Steuerflucht *f*
уклон|и́ться <-ю́сь, -и́шься> *св рефл см.* **уклоня́ться**
уклономéр <-а> *м* Neigungsmesser *m*
уклóнчив|ый <-ая, -ое; -, -а, -о> *прил* ausweichend; **~ отвéт** ausweichende Antwort *f;* **уклóнчивая речь** ausweichende Rede *f*
уклоня́|ться <-юсь, -ешься> *нсв,* **уклони́ться** *св рефл* ausweichen; **~ от тéмы** vom Thema abkommen
уклю́чин|а <-ы> *ж* Ruderdolle *f,* Dolle *f,* Rudergabel *f*
укóвк|а <-и> *ж* ТЕХ Schmieden *nt*
укокóш|ить <-у, -ишь> *св прх вульг, разг* umbringen
укóл <-а> *м* Nadelstich *m;* МЕД Spritze *f;* Injektion *f*
ук|олóть <-олю́, -óлешь> *св прх см.* **укáлывать**
укомплектовáни|е <-я> *ср* Ergänzung *f,* Komplettierung *f*
укомплектóвыва|ть <-ю, -ешь> *нсв,* **укомплектовáть** *св прх* **1.** *(набрáть)* anwerben **2.** *(допóлнить)* vervollständigen; **~ библиотéку** die Bibliothek vervollständigen
укóр <-а> *м* Vorwurf *m*
укорáчива|ть <-ю, -ешь> *нсв,* **укороти́ть** *св прх* verkürzen, abkürzen
укореня́|ться <-ется> *нсв,* **укорени́ться** *св безл, тóлько 3 л* **1.** *(прижи́ться)* Wurzeln schlagen; **я́блони укорени́лись** die Apfelbäume haben Wurzeln geschlagen **2.** *перен (войти́ в обы́чай)* Fuß fassen
укори́зн|а <-ы> *ж* Vorwurf *m;* **~ в гóлосе** Vorwurf in der Stimme; **слýшать бесконéчные укори́зны** endlose Vorwürfe hören; **говори́ть с укори́зной** vorwurfsvoll sprechen
укори́зненн|ый <-ая, -ое> *прил* vorwurfsvoll; **~ взгляд** vorwurfsvoller Blick *m;* **~ вид** vorwurfsvolles Aussehen *nt*
укор|и́ть <-ю́, -и́шь> *св прх см.* **укоря́ть**
укоро|ти́ть <-чý, -ти́шь> *св прх см.* **укорáчивать**
укорóчен|ный <-ная, -ное; -, -а, -о> *прил* **1.** *(мéньший по длинé)* gekürzt; **~ силуэ́т** verkürzte Silhouette *f;* **~ плащ** kurzer Regenmantel *m* **2.** *(сокращённый)* verkürzt; **~ рабóчий день** verkürzter Arbeitstag *m*
укоря́|ть <-ю, -ешь> *нсв,* **укори́ть** *св прх* jdm etw vorwerfen, jdm etw zum Vorwurf machen; **~ во лжи** jdn der Lügen bezichtigen; **~ в нейскренности** jdm Unehrlichkeit verhalten
укóс <-а> *м* АГР Heuernte *f,* Heuertrag *m;* **годовóй ~ сéна** jährlicher Heuertrag
укрáдкой *нрч* verstohlen
Украи́н|а <-ы> *ж* Ukraine *f*
украи́н|ец <-ца> *м,* **украи́нк|а** <-и> *ж* Ukrainer(in) *m(f)*
украи́нск|ий <-ая, -ое> *прил* ukrainisch; **~ язы́к** ukrainische Sprache *f;* **украи́нские стéпи** ukrainische Steppen *pl*
укрá|сить <-шу, -сишь> *св прх см.* **украшáть**
укрá|сть <-дý, -дёшь> *св прх см.* **красть**
украшá|ть <-ю, -ешь> *нсв,* **укрáсить** *св прх* schmücken, dekorieren, verzieren
украшéни|е <-я> *ср* **1.** *(декорáция)* Schmuck *m,* Dekoration *f,* Verzierung *f;* **~ витри́н** Schaufensterdekoration *f;* **ёлочные украшéния** Christbaumschmuck *m* **2.** *(орнáмент)* Schmuck *m,* Verzierung *f;* **резны́е украшéния** Schnitzdekoration *f;* **~ рóсписью** Malereischmuck *m* **3.** *перен (о предмéте гóрдости)* Dekorierung *f;* **скрóмность – лýчшее ~ человéка** die Bescheidenheit ist die beste Zierde des Menschen
укрепи́те|ль <-ля> *м* Festiger *m;* **~ волóс** Haarfestiger *m*
укрепи́тельн|ый <-ая, -ое> *прил* СТР Befestigungs-; **укрепи́тельное сооружéние** Befestigungsanlage *f*
укреп|и́ть <-лю́, -и́шь> *св прх см.* **укрепля́ть**
укреплéни|е <-я> *ср* Befestigung *f; перен* Stärkung *f*
укрепля́|ть <-ю, -ешь> *нсв,* **укрепи́ть** *св прх* befestigen; *перен* festigen, bestärken
укрепля́ющ|ий <-ая, -ее> *прил* stärkend, kräftigend; **укрепля́ющее срéдство** МЕД Kräftigungs-, Stärkungs-; **окáзывать укрепля́ющее воздéйствие** stärken, stärkend wirken; **~ сон** stärkender Schlaf *m*
укрóм|ный <-ная, -ное; -ен, -на, -но> *прил* einsam, versteckt; **укрóмное местéчко** lauschiges Plätzchen *nt*
укрóп <-а> *м* БОТ Dill *m*
укроти́те|ль <-ля> *м,* **укроти́тельниц|а** <-ы> *ж* Dompteur *m,* Dompteuse *f*
укрощá|ть <-ю, -ешь> *нсв,* **укроти́ть** *св прх* zähmen, bändigen; *перен (гнев)* bändigen, beherrschen
укрощéни|е <-я> *ср без мн* **1.** *(в ци́рке)* Zähmung *f,* Bändigung *f;* **~ зверéй** Tierzähmung *f* **2.** *перен (успокоéние)* Zügelung *f,* Beschwichtigung *f,* Besänftigung *f;* **~ гнéва** Zornbeschwichtigung *f;* **~ страстéй** Besänftigung *f* der Leidenschaften
укрупнéни|е <-я> *ср* Zusammenlegung *f; (увеличéние, расширéние)* Vergrößerung *f,* Erweiterung *f;* **~ предприя́тий** Betriebszusammenschluss *m*

укрупня́|ть <-ю, -ешь> *нсв*, **укрупни́ть** *св прх* vergrößern, erweitern, zusammenfassen; **~ предприя́тие** den Betrieb erweitern

укр|ути́ть <-учу́, -у́тишь> *св прх* leiser stellen; **~ звук (телеви́зора)** den Fernseher herunterdrehen

укрыва́те|ль <-ля> *м* ЮР Hehler(in) *m(f)*

укрыва́тельств|о <-а> *ср* Hehlerei *f*

укрыва́|ть <-ю, -ешь> *нсв*, **укры́ть** *св прх* decken, schützen; *(пря́тать)* verstecken, verbergen

укрыва́|ться <-юсь, -ешься> *нсв*, **укры́ться** *св рефл* **1.** *(накрыва́ться)* sich zudecken; **~ шу́бой** sich mit einem Pelzmantel zudecken; **~ с голово́й** sich den Kopf zudecken **2.** *(пря́таться)* sich verbergen, Schutz suchen; **~ от пресле́дователей** sich vor den Verfolgern verbergen; **~ от дождя́** sich vorm Regen schützen **3.** *(ускольза́ть)* entgehen; **не ~ от внима́ния кого́-л.** jds Aufmerksamkeit nicht entgehen; **от него́ ничего́ не укро́ется** vor ihm bleibt nichts verborgen

укры́ти|е <-я> *ср* Deckung *f*

укр|ы́ть <-о́ю, -о́ешь> *св прх см.* **укрыва́ть**

укр|ы́ться <-о́юсь, -о́ешься> *св рефл см.* **укрыва́ться**

у́ксус <-а> *м* Essig *m*

у́ксусниц|а <-ы> *ж* Essigflasche *f*

у́ксусн|ый <-ая, -ое> *прил* Essig-, essighaltig; **у́ксусная эссе́нция** Essigessenz *f*; **~ за́пах** Essiggeruch *m*; **у́ксусное де́рево** БОТ Essigbaum *m*; **~ ангидри́д** ХИМ Essiganhydrid *nt*

уку́с <-а> *м* Biss *m*; **~ насеко́мого** Insektenstich *m*; **змеи́ный ~** Schlangenbiss *m*; **комари́ный ~** Mückenstich *m*

ук|уси́ть <-ушу́, -у́сишь> *св прх* beißen; **~ за па́лец** in den Finger beißen; **~ в но́гу** in den Fuß beißen; **кака́я му́ха тебя́ укуси́ла?** welche Laus ist dir denn über die Leber gelaufen?

уку́та|ть <-ю, -ешь> *св прх см.* **уку́тывать**

уку́та|ться <-юсь, -ешься> *св рефл см.* **уку́тываться**

уку́тыва|ть <-ю, -ешь> *нсв*, **уку́тать** *св прх* hüllen, einhüllen

уку́тыва|ться <-юсь, -ешься> *нсв*, **уку́таться** *св рефл* sich einhüllen; **~ в плато́к** sich in einen Schal hüllen; **~ одея́лом** sich in eine Decke hüllen; **~ с голово́й** sich über Kopf zudecken

ула́влива|ть <-ю, -ешь> *нсв*, **улови́ть** *св прх* fangen, einfangen; *перен (заме́тить)* wahrnehmen, erfassen; **~ смысл** den Sinn erfassen; **~ схо́дство** die Ähnlichkeit sehen

ула́|дить <-жу, -дишь> *св прх см.* **ула́живать**

ула́|диться <-жусь, -дишься> *св рефл см.* **ула́живаться**

ула́живани|е <-я> *ср* Schlichtung *f*; *(де́ла)* Erledigung *f*

ула́жива|ть <-ю, -ешь> *нсв*, **ула́дить** *св прх* ins Lot bringen; *(конфли́кт)* beilegen; *(спорт)* schlichten; *(де́ло)* erledigen

ула́жива|ться <-ется> *нсв*, **ула́диться** *св безл, то́лько 3 л* sich regeln, sich legen; **всё постепе́нно ула́дится** alles wird gut; **жизнь ула́дится** das Leben wird schon ins Lot kommen

ула́мыва|ть <-ю, -ешь> *нсв*, **улома́ть** *св прх разг* (mit Mühe) überreden [*o* überzeugen]; **наси́лу улома́ть кого́-л.** mit Mühe und Not jdn überreden; **тру́дно улома́ть упря́мца** ein Sturkopf ist schwer zu überzeugen

ула́н <-а> *м* ИСТОР Ulan *m*; **эскадро́н ~** Ulanenschwadron *f*

Ула́н-Ба́тор <-а> *м* ГЕОГ Ulan-Bator *nt*

Ула́н-Удэ́ <неизм> *м* ГЕОГ Ulan-Ude *nt*

у́ле|й <-я> *м* Bienenkorb *m*, Bienenstock *m*

улета́|ть <-ю, -ешь> *нсв*, **улете́ть** *нсв нпрх* **1.** *(напра́виться куда́-л.)* wegfliegen; **улете́ть в командиро́вку** auf eine Dienstreise wegfliegen **2.** *то́лько 3 л, перен (минова́ть)* verfliegen, vergehen; **наде́жды улете́ли** die Hoffnung ist verflogen; **вре́мя улете́ло** die Zeit ist verflogen; **ю́ность улете́ла** die Jugend ist verflogen

улету́чива|ться <-юсь, -ешься> *нсв*, **улету́читься** *св рефл* **1.** *(о га́зе)* entweichen, sich verflüchtigen **2.** *перен* verschwinden

ул|е́чься <-я́гусь, -я́жешься> *св рефл см.* **укла́дываться**

улизн|у́ть <-у́, ёшь> *св нпрх разг* abhauen

ули́к|а <-и> *ж обы́чно мн* Beweisstück *nt*, Beweismaterial *nt*, Indiz *f*; **за недоста́тком ули́к** aus Mangel an Beweisen; **ко́свенные ули́ки** indirekte Beweise *mpl*

ули́тк|а <-и> *ж* ЗООЛ Schnecke *f*

у́лиц|а <-ы> *ж* Straße *f*; **бокова́я ~** Seitenstraße *f*; **гла́вная ~** Vorfahrtsstraße *f*; **оживлённая ~** belebte Straße *f*; **~ с односторо́нним движе́нием** Einbahnstraße *f*; **на у́лице** draußen; **вы́йти на у́лицы** *перен* auf die Straße gehen, demonstrieren

улича́|ть <-ю, -ешь> *нсв*, **уличи́ть** *св прх (в чём-л.)* überführen *+gen*; **~ во лжи** der Lüge überführen

уличе́ни|е <-я> *ср* Überführung *f*; **~ в кра́же** jdn des Diebstahls beschuldigen; **~ во лжи** jdn beim Lügen ertappen

улич|и́ть <-у́, -и́шь> *св прх см.* **улича́ть**

у́личн|ый <-ая, -ое> *прил* Straßen-; **у́личная торго́вля** Straßenhandel *m*; **у́личное движе́ние** Straßenverkehr *m*

уло́в <-а> *м* Fang *m*, Beute *f*; **бога́тый ~** reiche Beute; **~ ры́бы** Fischfang(ertrag) *m*

улови́м|ый <-ая, -ое; -, -а, -о> *прил* erkennbar, bemerkbar; **едва ~ акце́нт** kaum

У

bemerkbarer Akzent *m;* **чуть ~ шёпот** kaum hörbares Flüstern *nt*

улови́те|ль <-ля> *м* ТЕХ Fänger *m;* **~ пы́ли** Staubfänger *m;* **~ вре́дных вы́бросов** Schadstofffänger *m*

ул|ови́ть <-овлю́, -о́вишь> *св прх см.* **ула́вливать**

уло́вк|а <-и> *ж* Trick *m,* Kniff *m*

ул|ожи́ть <-ожу́, -о́жишь> *св прх см.* **укла́дывать**

ул|ожи́ться <-ожу́сь, -о́жишься> *св рефл см.* **укла́дываться**

улома́|ть <-ю, -ешь> *св прх см.* **ула́мывать**

у́лочк|а <-и> *ж (у́лица)* kleine Straße *f,* Gasse *f;* **у́зкие у́лочки на́бережной** die engen Uferstraßen

улуча́|ть <-ю, -ешь> *нсв,* **улучи́ть** *св прх* treffen; **~ подходя́щий моме́нт** den richtigen Moment treffen; **~ мину́тку для разгово́ра** einen passenden Augenblick zum Gespräch finden

улучша́|ть <-ю, -ешь> *нсв,* **улу́чшить** *св прх* verbessern

улучша́|ться <-юсь, -ешься> *нсв,* **улу́чшиться** *св рефл* sich verbessern, sich bessern

улучше́ни|е <-я> *ср* Verbesserung *f,* Besserung *f;* **~ конъюнкту́ры** Konjunkturaufschwung *m*

улу́чш|ить <-у, -ишь> *св прх см.* **улучша́ть**

улу́чш|иться <-ушь, -ишься> *св рефл см.* **улучша́ться**

улыба́|ться <-юсь, -ешься> *нсв,* **улыбну́ться** *св рефл* lächeln; **~ кому́-л.** jdn anlächeln; **~ чему́-л.** etw belächeln

улы́бк|а <-и> *ж* Lächeln *nt;* **ра́достная ~** freudiges Lächeln; **вы́звать улы́бку** ein Lächeln entlocken; **расплы́ться в улы́бке** übers ganze Gesicht lächeln; **презри́тельная ~** verächtliches Lächeln; **встреча́ть с улы́бкой** mit einem Lächeln empfangen

улыбн|у́ться <-у́сь, -ёшься> *св рефл см.* **улыба́ться**

ультимати́в|ный <-ная, -ное; -ен, -на, -но> *прил* ultimativ; **ультимати́вное тре́бование** ultimative Forderung *f;* **~ тон** ultimativer Ton *m*

ультима́тум <-а> *м* Ultimatum *nt*

ультразву́к <-а> *м* Ultraschall *m*

ультразвуков|о́й <-а́я, -о́е> *прил* Ultraschall-; **~ излуча́тель** Ultraschallstrahler *m;* **ультразвукова́я те́хника** Ultraschalltechnik *f*

ультракоро́тк|ий <ая, -ое> *прил* ultrakurz; **ультракоро́ткая волна́** Ultrakurzwelle *f;* **ультракоро́ткая вы́держка** ultrakurze Belichtungsdauer *f*

ультрамари́н <-а> *м* Ultramarin *nt*

ультрамикроско́п <-а> *м* ФИЗ Ultramikroskop *nt*

ультрамо́дн|ый <-ая, -ое> *прил* supermodern, hypermodern; **ультрамо́дные тенде́нции** hypermodische Trends *mpl*

ультрафиоле́тов|ый <-ая, -ое> *прил* ultraviolett; **ультрафиоле́товые лучи́, УФ-излуче́ние** ultraviolette Strahlung *f,* UV-Strahlung *f*

улюлю́ка|ть <-ю, -ешь> *нсв нпрх* **1.** *(трави́ть зве́ря)* hetzen **2.** *перен (издева́ться)* jdn johlend verspotten; **~ при выступле́нии ора́тора** den Sprecher beim Auftreten johlend verspotten

ум <ума́> *м* Verstand *m; (смека́лка)* Klugheit *f;* **сойти с ума́** den Verstand verlieren; **лу́чшие умы́** die besten Köpfe; **то́нкий ~** Esprit *m;* **счита́ть в уме́** kopfrechnen; **за́дним умо́м** im nachhinein; **быть без ума́ от кого́-л./чего́-л.** entzückt sein von jdm/etw; **бра́ться за ~** sich zusammenreißen; **своди́ть с ума́** um den Verstand bringen; **ума́ не приложу́** ich kann es mir nicht erklären; **быть не в своём уме́** nicht bei Verstand sein

умале́ни|е <-я> *ср* Schmälerung *f,* Bagatellisieren *nt,* Herabminderung *f,* Abwertung *f;* **~ прав** Schmälerung *f*

умал|и́ть <-ю́, -и́шь> *св прх см.* **умаля́ть**

умалишённ|ый <-ая, -ое> *м* (Geistes)gestörte(r) *f(m);* **дом умалишённых** Irrenanstalt *f,* Irrenhaus *nt*

ума́лчива|ть <-ю, -ешь> *нсв,* **умолча́ть** *св нпрх* verschweigen, für sich behalten; **~ о своём про́шлом** die eigene Vergangenheit verschweigen; **~ о са́мом гла́вном** das Wichtigste für sich behalten; **~ о числе́ жертв** über die Anzahl der Opfer schweigen

умаля́|ть <-ю, -ешь> *нсв,* **умали́ть** *св прх* schmälern, herabwürdigen; *(преуменьша́ть значе́ние)* bagatellisieren; **~ чьи-л. заслу́ги** jds Verdienste schmälern

ума́слива|ть <-ю, -ешь> *нсв,* **ума́слить** *св прх разг* jdm Honig ums Maul [*o* um den Bart] schmieren; **чем бы ума́слить нача́льство?** wie kann man den Chef rumkriegen?; **~ пода́рками и обеща́ниями** jdm mit Geschenken und Versprechen gutstimmen

у́мбр|а <-ы> *ж* **1.** *(кра́ска)* Umbra *f,* Umber *m* **2.** ЗООЛ *(ры́ба)* Umber *m*

уме́л|ец <-ьца> *м* **1.** *(ма́стер)* Bastler *m,* Handwerker *m* **2.** *разг* Könner *m*

уме́ло *нрч* geschickt; **де́йствовать ~** geschickt handeln; **всё ~ рассчита́ть** alles geschickt abrechnen

уме́л|ый <-ая, -ое; -, -а, -о> *прил* geschickt, gewandt; *(компете́нтный)* sachkundig

уме́ни|е <-я> *ср* Können *nt; (на́вык)* Fertigkeit *f*

уменьша́емо|е <-го> *ср то́лько ед* МАТ Minuend *m*

уменьша́|ть <-ю, -ешь> *нсв,* **уме́ньшить** *св прх* mindern, vermindern, verringern; **уме́ньшить свет** das Licht dämpfen

уменьше́ни|е <-я> *ср* Verkleinerung *f,* Abnahme *f,* Verminderung *f,* Verringerung *f,* Reduktion *f,* Herabsetzung *f; (сниже́ние)* Rückgang *m;* **~ вы́ручки** Erlösschmälerung *f;* **~ зарпла́ты** Gehaltskürzung *f;* **~ издéржек** Kostendegression *f;* **~ капита́ла** Kapitalherabsetzung *f;* **~ коли́чества** Verknappung *f;* **~ нагру́зки** Entlastung *f;* **~ нало́гов** Steuerermäßigung *f;* **~ объёма зака́зов** Auftragsrückgang *m;* **~ оста́тка** Bestandsverringerung *f;* **~ постоя́нных затра́т** Fixkostendegression *f;* **~ спро́са** Nachfragerückgang *m;* **~ сто́имости** Entwertung *f*

уменьши́тельн|ый <-ая, -ое> *прил* Verkleinerungs-; **уменьши́тельная фо́рма** *лингв* Diminutiv *m*

уме́ньш|ить <-у *или* -у́, -ишь *или* -и́шь> *св прх см.* **уменьша́ть**

уме́реннос|ть <-ти> *ж* Mäßigung *f; (непритяза́тельность)* Genügsamkeit *f,* Anspruchslosigkeit *f*

уме́рен|ный <-ная, -ное; -, -а, -о> *прил* gemäßigt, mäßig, maßvoll; *(в еде́)* enthaltsam, maßvoll; **~ кли́мат** gemäßigtes Klima *nt*

ум|ере́ть <-ру́, -рёшь> *св нпрх см.* **умира́ть**

уме́р|ить <-ю, -ишь> *св прх см.* **умеря́ть**

умер|тви́ть <-щвлю́, -тви́шь> *св прх см.* **умерщвля́ть**

у́мерш|ий <-его> *м,* **у́мерш|ая** <-ей> *ж* Verstorbene(r) *f(m)*

уме́рш|ий <-ая, -ее> *прил* gestorben

умерщвле́ни|е <-я> *ср* Abtötung *f,* Tötung *f;* **~ плода́** Abtreibung *f*

умерщвля́|ть <-ю, -ешь> *нсв,* **умертви́ть** *св прх (уби́ть)* töten, umbringen, totschlagen; **~ зубно́й нерв** den Zahnnerv abtöten

умеря́|ть <-ю, -ешь> *нсв,* **уме́рить** *св прх* beschränken, mäßigen; **~ чей-л. пыл** jds Leidenschaften abkühlen

уме|сти́ться <-щу́сь, -сти́шься> *св рефл см.* **умеща́ться**

уме́ст|ный <-ная, -ное; -ен, -на, -но> *прил* angebracht, passend; **~ вопро́с** angebrachte Frage *f*

уме́|ть <-ю, -ешь> *нсв нпрх* können, verstehen; **она́ уме́ет хорошо́ гото́вить** sie kann gut kochen

умеща́|ться <-юсь, -ешься> *нсв,* **умести́ться** *св рефл* passen, Platz finden; **это не умеща́ется у меня́ в голове́** das kann ich nicht begreifen; **~ на сиде́нии** auf dem Sitz Platz finden; **~ за одни́м столо́м** an einem Tisch Platz finden; **всё не уме́стится в рюкзаке́** alles wird in den Rucksack nicht hineinpassen

уме́ючи *нрч разг* mit Sachkenntnis, mit Sachverständnis, sachverständig; **де́лать ну́жно ~** man sollte sachverständig arbeiten

умиле́ни|е <-я> *ср* Rührung *f*

умили́те|льный <-льная, -льное; -лен, -льна, -льно> *прил* rührend, ergreifend; **умили́тельная карти́на** rührendes Bild *nt;* **прояви́ть умили́тельное внима́ние** rührende Aufmerksamkeit *f* zeigen

умилостивля́|ть <-ю, -ешь> *нсв,* **уми́лостивить** *св прх* gnädig stimmen, besänftigen; **~ всевы́шнего** den lieben Gott barmherzig stimmen; **~ отца́** den Vater besänftigen

умира́|ть <-ю, -ешь> *нсв,* **умере́ть** *св нпрх* sterben; **~ от жа́жды** verdursten; **~ с го́лоду** verhungern; **я умира́ю от ску́ки** ich sterbe vor Langeweile; **~ со́ смеху** vor Lachen platzen, sich totlachen

умира́ющ|ий <-ая, -ее> *м,* **умира́ющая** *ж* Sterbende(r) *f(m);* **стоя́ть у посте́ли умира́ющего** an jds Sterbebett stehen

умиротворе́ни|е <-я> *ср* Beruhigung *f,* Besänftigung *f*

умиротвори́те|ль <-ля> *м,* **умиротвори́тельниц|а** <-ы> *ж* Friedensstifter(in) *m(f)*

умиротворя́|ть <-ю, -ешь> *нсв,* **умиротвори́ть** *св прх* besänftigen, versöhnen

умля́ут <-а> *м лингв* Umlaut *m;* **с умля́утом** mit Umlaut

умне́|ть <-ю, -ешь> *нсв,* **поумне́ть** *св нпрх* klüger werden; **за два ме́сяца соба́чка поумне́ла** innerhalb von zwei Monaten wurde das Hündchen klüger; **его́ не проведёшь, он давно́ уже́ поумне́л** du kannst ihn nicht betrügen, er ist schon längst klüger geworden

у́мниц|а <-ы> *м и ж* gescheiter Mensch *m,* kluger Kopf *m;* **он больша́я ~** er ist ein kluger Kopf; **вот ~!** was für ein schlaues Kind bist du!

у́мнича|ть <-ю, -ешь> *нсв,* **су́мничать** *св нпрх ирон, разг* den Klugen spielen, klug reden; **переста́нь ~ и поуча́ть нас!** hör auf den Klugen zu spielen und uns zu belehren!

у́мно *нрч* schlau

умножа́|ть <-ю, -ешь> *нсв,* **умно́жить** *св прх* vermehren, vergrößern; *мат* multiplizieren; **~ бога́тства** die Reichtümer vermehren

умноже́ни|е <-я> *ср* Vermehrung *f,* Vergrößerung *f; мат* Multiplikation *f;* **табли́ца умноже́ния** Einmaleins *nt;* **знак умноже́ния** Malzeichen *nt*

умно́ж|ить <-у, -ишь> *св прх см.* **умножа́ть**

у́м|ный <-ная, -ное; -ён, -на́, -но́> *прил* klug, gescheit; **~ не по года́м** altklug; **~ отве́т** kluge Antwort *f*

умозаключе́ни|е <-я> *ср* Schlussfolgerung *f,* logischer Schluss *m*

умозре́ни|е <-я> *ср книжн филос* Spekulation *f*

умозри́те|льный <-льная, -льное; -лен, -льна, -льно> *прил филос* spekulativ

умол|и́ть <-ю́, -и́шь> *св прх см.* **умоля́ть**

умолка́|ть <-ю, -ешь> *нсв,* **умо́лкнуть**

У

св нпрх verstummen, stillschweigen

умоло́т <-а> *м* агр Dreschertrag *m,* Drusch *m*

умолч|а́ть <-у́, -и́шь> *св нпрх см.* **ума́лчивать**

умоля́|ть <-ю, -ешь> *нсв, прх* anflehen; **~ о по́мощи** um Hilfe flehen; **я умоля́ю вас поду́мать!** ich flehe Sie an darüber nachzudenken!

умоля́ющ|ий <-ая, -ее> *прил* flehend, flehentlich; **~ взгляд** flehender Blick *m;* **проси́ть умоля́ющим го́лосом** mit flehender Stimme bitten

умонастрое́ни|е <-я> *ср* Geisteshaltung *f,* Geistesrichtung *f*

умопомеша́тельств|о <-а> *ср* Geistesstörung *f,* Umnachtung *f,* geistige Verwirrung *f*

умопомраче́ни|е <-я> *ср* geistige Umnachtung *f,* Geistestrübung *f*

умо́р|а <-ы> *ж без мн разг* **~ да и то́лько!** das ist ja zum Totlachen!

умори́те|льный <-льная, -льное; -лен, -льна, -льно> *прил разг* lustig; **ко́рчить умори́тельные грима́сы** lustige Grimassen schneiden; **~ расска́з** lustige Erzählung *f*

умор|и́ть <-ю́, -и́шь> *св прх разг* **1.** *(погуби́ть)* zu Tode quälen, umbringen; **~ го́лодом** verhungern lassen **2.** *(утоми́ть)* erschöpfen; **пое́здка нас умори́ла** die Reise hat uns erschöpft **3.** *(насмеши́ть)* zum Lachen bringen; **он чуть не умори́л нас со́ смеху** er hat uns zum Totlachen gebracht

у́мственно *нрч* geistig, Geistes-; **~ отста́лый ребёнок** geistig zurückgebliebenes Kind *nt;* **~ ограни́ченный челове́к** geistig beschränkter Mensch *m*

у́мственн|ый <-ая, -ое> *прил* geistig, Geistes-; **у́мственные спосо́бности** geistige Fähigkeiten *fpl,* Intelligenz *f;* **~ труд** geistige Arbeit *f*

умудрён|ный <-ная, -ное; -, -а́, -о́> *прил* weiser; **~ о́пытом** durch die Erfahrung klüger

умудря́|ться <-юсь, -ешься> *нсв,* **умудри́ться** *св рефл ирон, разг* fertig bringen; **умудри́ться нахвата́ть двое́к** es fertig bringen, viele Fünfer zu bekommen; **умудри́ться потеря́ть ключи́** es schaffen die Schlüssel zu verlieren

умфо́рмер <-а> *м* эл Umformer *m*

умч|а́ться <-у́сь, -и́шься> *св рефл* **1.** *(стреми́тельно уе́хать)* davoneilen, davonlaufen, davonjagen; **~ на тро́йке** mit der Troika davonfahren; **~ со ско́ростью ве́тра** in Windeseile davonlaufen **2.** *то́лько 3 л (минова́ть)* verfliegen; **го́ды умча́лись безвозвра́тно** die Jahre verflogen unwiederbringlich

умыва́льник <-а> *м* Waschbecken *nt,* Waschtisch *m,* Waschkommode *f*

умыва́льн|ый <-ая, -ое> *прил* Wasch-; **умыва́льные принадле́жности** Waschzeug *nt;* **умыва́льная ко́мната** Waschraum *m*

умыва́|ть <-ю, -ешь> *нсв,* **умы́ть** *св прх* waschen; **умы́ть лицо́ ребёнку** dem Kind das Gesicht waschen; **~ ру́ки** sich die Hände waschen; *перен* seine Hände in Unschuld waschen

умыва́|ться <-юсь, -ешься> *нсв,* **умы́ться** *св рефл* sich waschen; **где мо́жно умы́ться?** wo kann man sich hier die Hände waschen?; **умы́ться холо́дной водо́й** sich mit kaltem Wasser waschen

у́мыс|ел <-ла> *м* Absicht *f,* Vorhaben *nt;* юр Vorsatz *m;* **зло́стный ~** böswilliger Vorsatz *m,* Arglist *f;* **без у́мысла** ohne Absicht; **с у́мыслом** vorsätzlich

ум|ы́ть <-о́ю, -о́ешь> *св прх см.* **умыва́ть**

ум|ы́ться <-о́юсь, -о́ешься> *св рефл см.* **умыва́ться**

умы́шлен|ный <-ная, -ное; -, -на, -но> *прил* absichtlich, vorsätzlich

унаво́живани|е <-я> *ср* агр Düngen *nt,* Düngung *f;* **повто́рное ~ по́ля** wiederholtes Düngen des Feldes

унасле́д|овать <-ую, -уешь> *св прх см.* **насле́довать**

унес|ти́ <-у́, -ёшь> *св прх см.* **уноси́ть**

униа́т <-а> *м,* **униа́тк|а** <-и> *ж* религ Unierte *m*

универма́г *сокр от* **универса́льный магази́н** Kaufhaus *nt*

универса́л <-а> *м* **1.** *(рабо́тник)* Allzweckarbeiter *m,* universell einsetzbarer Arbeiter *(Arbeiter, der alle Operationen in seinem Beruf beherrscht)* **2.** астр Universalinstrument *nt* *(kleines transportables Messinstrument zum Messen von Höhe und Azimut eines Sterns)*

универса́ли|и <-й> *мн* лингв Universalien *pl;* **~ фонологи́ческие** phonologische Universalien *pl*

универса́|льный <-льная, -льное; -лен, -льна, -льно> *прил* universell; **универса́льное сре́дство** Allzweckmittel *nt;* **~ магази́н** Kaufhaus *nt*

универса́м <-а> *м* Supermarkt *m*

универсиа́д|а <-ы> *ж* спорт Universiade *f,* Studentenolympiade *f*

университе́т <-а> *м* Universität *f;* **учи́ться в университе́те** an der Universität studieren

университе́тск|ий <-ая, -ое> *прил* Universität(s)-; **~ преподава́тель** Universitätsdozent(in) *m(f);* **получи́ть университе́тское образова́ние** eine Universitätsausbildung bekommen, eine akademische Ausbildung bekommen; **~ уста́в** Universitätsstatut *nt,* Universitätsordnung *f*

унижа́|ть <-ю, -ешь> *нсв,* **уни́зить** *св прх* erniedrigen, demütigen

унижа́|ться <-юсь, -ешься> *нсв,* **уни́зиться** *св рефл* sich erniedrigen; **~ до обма́на** zum Betrug gezwungen sein; **~ перед**

проти́вником sich vor dem Gegner erniedrigen

униже́ни|е <-я> *ср* Demütigung *f,* Erniedrigung *f*

уни́женно *нрч* demütig; **~ проси́ть кого́-л.** jdn demütig bitten; **~ кла́няться перед кем-л.** sich demutsvoll vor jdm verneigen

унизи́тельно *нрч* gedemütigt, erniedrigt; **вести́ себя́ ~** sich demütig verhalten

унизи́те|льный <-льная, -льное; -лен, -льна, -льно> *прил* demütigend, erniedrigend, herabsetzend; **попа́сть в унизи́тельное положе́ние** in eine entwürdigende Lage geraten

уни́|зить <-жу, -зишь> *св прх см.* **унижа́ть**

уни́|зиться <-жусь, -зишься> *св рефл см.* **унижа́ться**

уника́|льный <-льная, -льное; -лен, -льна, -льно> *прил* einzigartig, einmalig, selten

у́никум <-а> *м* Unikum *nt,* origineller Mensch *m*

унима́|ть <-ю, -ешь> *нсв,* **уня́ть** *св прх* beschwichtigen, beruhigen, besänftigen

унисо́н <-а> *м без мн* **1.** муз Unisono *nt,* Einklang *m;* **звуча́ть в ~** im Einklang sein; **петь в ~ с кем-л.** mit jdm einstimmig singen **2.** *перен (согласо́вание)* **де́йствовать в ~** mit jdm ins gleiche Horn blasen; **сердца́ бью́тся в ~** die Herzen schlagen im Einklang

унита́з <-а> *м* Kloschüssel *f*

унита́рн|ый <-ая, -ое> *прил книжн* einheitlich, Einheits-; **унита́рное госуда́рство** пол Einheitsstaat *m;* **унита́рное преобразова́ние** einheitliche Umwandlung *f;* **унита́рная ма́трица** мат Einheitsmatrix *f;* **~ патро́н** воен Einheitspatrone *f*

унифика́ци|я <-и> *ж* Vereinheitlichung *f,* Unifizierung *f,* Standardisierung *f;* **~ дета́лей маши́н** тех Typisierung *f* der Maschinenteile; **~ орфогра́фии** лингв Standardisierung *f* der Orthographie; **~ законода́тельства** юр einheitliche Gesetzgebung

унифици́р|овать <-ую, -уешь> *(н)св прх* vereinheitlichen

унифо́рм|а <-ы> *ж* Uniform *f;* **вое́нная ~** Militäruniform *f;* **наде́ть пара́дную унифо́рму** die Paradeuniform anziehen

уничтожа́|ть <-ю, -ешь> *нсв,* **уничто́жить** *св прх* **1.** *(истреби́ть)* vernichten; *(разру́шить)* zerstören; **уничто́жить проти́вника** den Feind vernichten **2.** *(упраздни́ть)* aufheben, abschaffen

уничтожа́ющ|ий <-ая, -ее> *прил* vernichtend; **~ взгляд** vernichtender Blick *m*

уничтоже́ни|е <-я> *ср* Vernichtung *f*

уничто́ж|ить <-у, -ишь> *св прх см.* **уничтожа́ть**

у́ни|я <-и> *ж* Union *f;* **полити́ческая ~** politische Union *f;* **церко́вная ~** kirchliche Union *f*

ун|оси́ть <-ошу́, -о́сишь> *нсв,* **унести́** *св прх* wegtragen, davontragen; *разг* stehlen; *(похища́ть)* entführen

у́нт|а <-ы> *ж (тёплая о́бувь)* Unti *pl (hohe Stiefel mit Futter aus Rentierfell)*

у́нтер <-а> *м* истор, воен **~-офице́р** Unteroffizier *m*

унterто́н <-а> *м* муз Unterton *m*

у́нци|я <-и> *ж* Unze *f*

унывá|ть <-ю, -ешь> *нсв нпрх* den Mut verlieren, den Kopf hängen lassen; **не сто́ит ~!** es lohnt sich nicht, den Kopf hängen zu lassen!

уны́л|ый <-ая, -ое; -, -а, -о> *прил* niedergeschlagen, mutlos, traurig

уны́ни|е <-я> *ср без мн* Niedergeschlagenheit *f,* Mutlosigkeit *f,* Trostlosigkeit *f;* **впада́ть в ~** in Niedergeschlagenheit verfallen; **нагоня́ть на кого́-л. ~** jdn niedergeschlagen stimmen; **поверга́ть в ~** in Trostlosigkeit versetzen; **поддава́ться уны́нию** der Mutlosigkeit nachgeben; **вызыва́ть ~** Niedergeschlagenheit hervorrufen; **приходи́ть в ~** niedergeschlagen sein

уня́ть <уйму́, уймёшь> *св прх см.* **унима́ть**

упа́вш|ий <-ая, -ее> *прил* schwach, geschwächt; **говори́ть упа́вшим го́лосом** mit schwacher Stimme sprechen; **упа́вшее настрое́ние** schlechte Laune *f*

упа́д <-а> *м* **танцева́ть до упа́ду** bis zum Umfallen tanzen; **смея́ться до упа́ду** sich halbtot lachen, sich vor Lachen ausschütten

упа́дническ|ий <-ая, -ое> *прил* dekadent

упа́дничеств|о <-а> *ср* Verfall *m,* Dekadenz *f*

упа́д|ок <-ка> *м* Verfall *m; (ги́бель)* Niedergang *m; (засто́й)* Tiefstand *m;* **~ сил** Kräfteverfall *m;* **приходи́ть в ~** verfallen

упак|ова́ть <-у́ю, -у́ешь> *св прх см.* **пакова́ть**

упако́вк|а <-и> *ж* Verpackung *f;* **~ многора́зового по́льзования** Mehrwegverpackung *f;* **~ однора́зового по́льзования** Einwegverpackung *f;* **в изя́щной упако́вке** in geschmackvoller Aufmachung

упако́вочн|ый <-ая, -ое> *прил* Pack-, Verpackungs-; **~ цех** Verpackungsabteilung *f;* **упако́вочная бума́га** Packpapier *nt*

упако́вщик <-а> *м,* **упако́вщиц|а** <-ы> *ж* Packer(in) *m(f)*

упа́|сть <-ду́, -дёшь> *св нпрх см.* **па́дать**

упека́|ть <-ю, -ешь> *нсв,* **упе́чь** *св прх разг (отпра́вить)* verbannen; **~ в тюрьму́** hinter Gitter schicken; **упе́чь на тот свет** ins Jenseits befördern

упира́|ться <-юсь, -ешься> *нсв,* **упере́ться** *св рефл* sich stützen; *разг (упря́миться)* sich widersetzen; *(встре́тить препя́тствие)* stoßen; **он упёрся как бык** er war störrisch wie ein Esel

упи́тан|ный <-ная, -ное; -, -а, -о> *прил* wohlgenährt, gemästet; **~ скот** gemästetes Vieh *nt;* **упи́танное лицо́** wohlgenährtes Gesicht *nt*

УПК *сокр от* **Уголо́вно-процессуа́льный ко́декс** ЮР Strafprozessordnung *f;* **отме́на статьи́ ~** Aufhebung eines Artikels der Strafprozessordnung

упла́т|а <-ы> *ж* Zahlung *f,* Bezahlung *f;* **~ в рассро́чку** Ratenzahlung *f,* Teilzahlung *f;* **~ нали́чными** Barzahlung *f;* **~ отступно́го** Abfindungszahlung *f;* **~ проце́нтов** Zinszahlung *f;* **в упла́ту за ...** als Zahlung für ...; **опозда́ть с упла́той** sich mit der Zahlung verspäten

упла́чива|ть <-ю, -ешь> *нсв,* **уплати́ть** *св прх* zahlen, bezahlen; **уплати́ть долг** die Schulden bezahlen; **~ по счёту** eine Rechnung bezahlen [*o* begleichen]

уплета́|ть <-ю, -ешь> *нсв,* **уплести́** *св прх ирон, разг* (ver)schlingen, gierig essen, tüchtig reinhauen; **~ с аппети́том пироги́** die Piroggen mit Appetit verzehren; **~ обед за о́бе щёки** das Mittagessen gierig verschlingen

уплотне́ни|е <-я> *ср* **1.** *(заполне́ние)* Verdichtung *f,* Dichtung *f;* **~ рабо́чего дня** rationelle Ausnutzung der Arbeitszeit; **~ гра́фика до отка́за** völlig gedrängeter Terminplan **2.** МЕД Verdichtung *f,* Verhärtung *f;* **~ тка́ней** Gewebeverhärtung *f* **3.** ТЕХ Abdichtung *f,* Dichtung *f;* **~ гру́нтов** Bodenabdichtung *f;* **эласти́чное ~** elastische Dichtung *f*

уплотня́|ть <-ю, -ешь> *нсв,* **уплотни́ть** *св прх* verdichten, dichter machen, (ab)dichten; *перен* auslasten, voll nutzen

уплыва́|ть <-ю, -ешь> *нсв,* **уплы́ть** *св нпрх* **1.** *(отпра́виться куда́-л.: челове́к)* fortschwimmen; *(кора́бль)* fortsegeln; **~ с экспеди́цией на се́вер** mit einer Expedition nach Norden fahren **2.** *то́лько 3 л (исче́знуть, минова́ть)* verschwinden; **наде́жды уплы́ли** die Hoffnungen schwanden; **де́ньги уплы́ли** das Geld ist futsch

упова́|ть <-ю, -ешь> *нсв нпрх книжн* hoffen, vertrauen, auf etw bauen; **~ на успе́х** auf Erfolg hoffen; **~ на по́мощь друзе́й** auf die Hilfe der Freunde bauen; **~ не на что** keine Hoffnung erwarten können

уподо́б|ить <-лю, -ишь> *св прх см.* **уподобля́ть**

уподобле́ни|е <-я> *ср* **1.** ЛИТ Vergleich *m* **2.** ЛИНГВ *(ассимиля́ция)* Assimilation *f,* Angleichung *f*

уподобля́|ть <-ю, -ешь> *нсв,* **уподо́бить** *св прх* vergleichen, gleichstellen; **~ жизнь борьбе́** das Leben einem Kampf gleichstellen

упое́ни|е <-я> *ср (восто́рг)* Taumel *m,* Rausch *m*

упои́те|льный <-льная, -льное; -лен, -льна, -льно> *прил* berauschend, herrlich, entzückend; **~ во́здух гор** berauschende Bergluft *f;* **~ го́лос** entzückende Stimme *f*

упоко́|й <-я> *м* РЕЛИГ Seelenheil *nt;* **за ~ души́** für jds Seelenheil; **помяну́ть кого́-л. за ~** für jds Seelenheil beten

уполномо́ченн|ый <-ого> *м* Bevollmächtigte(r) *f(m)*

уполномо́чива|ть <-ю, -ешь> *нсв,* **уполномо́чить** *св прх* ermächtigen, bevollmächtigen

упомина́ни|е <-я> *ср* Erwähnung *f;* **заслу́живающий упомина́ния** erwähnenswert

упомина́|ть <-ю, -ешь> *нсв,* **упомяну́ть** *св прх* erwähnen; **упомяну́ть вскользь** nebenbei erwähnen

упомя́нут|ый <-ая, -ое; -, -а, -о> *прил* erwähnt, genannt, besagt

упом|яну́ть <-яну́, -я́нешь> *св прх см.* **упомина́ть**

упо́р <упо́ра> *м* Stütze *f;* ТЕХ Prellbock *m;* **де́лать ~ на чём-л.** etw nachdrücklich betonen, besonders hervorheben; **стреля́ть в ~** aus nächster Nähe schießen; **смотре́ть в ~** fixieren

упо́р|ный <-ная, -ное; -ен, -на, -но> *прил* hartnäckig, beharrlich; *(упря́мый)* starrköpfig; **упо́рная борьба́** hartnäckiger Kampf *m*

упо́рств|о <-а> *ср без мн* **1.** *(стремле́ние)* Hartnäckigkeit *f,* Beharrlichkeit *f;* **неутоми́мое ~** unermüdliche Beharrlichkeit *f;* **прояви́ть ~ в борьбе́** Hartnäckigkeit *f* im Kampf zeigen **2.** *(упря́мство)* Trotz *m,* Starrköpfigkeit *f,* Starrsinn *m;* **оста́вь нену́жное ~** lass die unnötige Halsstarrigkeit!

упо́рств|овать <-ую, -уешь> *нсв нпрх* beharren, hartnäckig bestehen, steif und fest behaupten; **~ в свои́х тре́бованиях** auf den eigenen Forderungen beharren

упоря́дочени|е <-я> *ср* Regulierung *f*

упоря́дочен|ный <-ная, -ное; -, -а, -о> *прил* geregelt, geordnet, ordnungsgemäß; **упоря́доченная жизнь** geregeltes Leben *nt;* **упоря́доченная организа́ция труда́** geordnete Arbeitsorganisation *f;* **упоря́доченные мно́жества** МАТ geordnete Mengen *fpl*

упоря́дочива|ть <-ю, -ешь> *нсв,* **упоря́дочить** *св прх* ordnen; **~ о́кна на экра́не** ИНФОРМ Fenster auf dem Bildschirm anordnen

употреби́те|льный <-льная, -льное; -лен, -льна, -льно> *прил* gebräuchlich, geläufig

употреб|и́ть <-лю́, -и́шь> *св прх см.* **употребля́ть**

употребле́ни|е <-я> *ср* Gebrauch *m;* *(примене́ние)* Anwendung *f;* **вы́йти из употребле́ния** aus der Mode kommen; **пе́ред употребле́нием взба́лтывать!** vor Gebrauch schütteln!

употребля́|ть <-ю, -ешь> *нсв,* **употре-**

би́ть *св прх* 1. *(испо́льзовать)* benutzen; **~ иностра́нное сло́во** ein fremdes Wort benutzen; **~ сре́дства на строи́тельство** die Mittel für den Bau benutzen; **~ в ро́ли посре́дника** jdn als Vermittler nutzen 2. *(приложи́ть, примени́ть)* (ge)brauchen, anwenden, benutzen; **не употребля́ть спиртно́го** keinen Alkohol trinken; **~ все уси́лия** alle Bemühungen einsetzen; **~ в де́ло** für eine Sache benutzen; **~ всю си́лу вла́сти** die ganze Macht einsetzen

упра́в|а <-ы> *ж* 1. *разг (ме́ра возде́йствия)* Gerechtigkeit *f;* **иска́ть упра́ву** nach Gerechtigkeit verlangen; **найти́ упра́ву на кого́-л.** Gerechtigkeit bei jdm finden 2. ИСТОР Amt *nt,* Verwaltung *f;* **городска́я ~** Stadtverwaltung *f*

управдела́ми *сокр от* **управля́ющий дела́ми** Geschäftsführer *m*

управдо́м *сокр от* **управля́ющий до́мом** Hausverwalter *m*

упра́в|иться <-люсь, -ишься> *св рефл см.* **управля́ться**

управле́ни|е <-я> *ср* Regierung *f; (ме́неджмент)* Verwaltung *f,* Management *nt;* ТРАНСП Steuerung *f,* Lenkung *f; (дире́кция, администра́ция)* Direktion *f,* Verwaltung *f,* Amt *nt;* **~ в условия́х кри́зиса** Krisenmanagement *nt;* **~ дела́ми** Geschäftsführung *f;* **~ дела́ми би́ржи** Börsenaufsicht *f;* **~ иму́ществом** Vermögensverwaltung *f;* **~ ка́драми** Personalleitung *f;* **~ ка́дровой слу́жбой** Personalmanagement *nt;* **~ материа́льными ресу́рсами** Materialmanagement *nt;* **~ нало́говым де́лом** Steuerverwaltung *f;* **~ па́мятью** ИНФОРМ Speicherverwaltung *f;* **~ предприя́тием** Betriebsleitung *f;* **~ ры́нка труда́** Arbeitsmarktverwaltung *f;* **~ социа́льного обеспе́чения** Fürsorgeamt *nt;* **~ торго́влей** Verkaufsleitung *f;* **~ чужи́м иму́ществом по поруче́нию довери́теля** Treuhandschaft *f*

управля́|ть <-ю, -ешь> *нсв нпрх* 1. *(пра́вить)* verwalten; *(страно́й)* regieren 2. *(маши́ной)* lenken 3. ЛИНГВ regieren

управля́|ться <-юсь, -ешься> *нсв,* **упра́виться** *св рефл разг* 1. *(зако́нчить)* fertig werden, beenden; **~ с убо́ркой урожа́я** mit der Ernteeinbringung fertig werden; **~ с дела́ми** mit den Aufgaben fertig werden 2. *(одоле́ть)* bewältigen, zurechtkommen; **одному́ с детьми́ не упра́виться** allein kann man mit den Kindern nicht zurechtkommen

управля́ющ|ий <-его> *м* Verwalter *m,* Leiter *m; (комме́рческий дире́ктор)* Geschäftsführer *m*

упражне́ни|е <-я> *ср* Übung *f;* **де́лать ~** eine Übung machen; **сбо́рник упражне́ний** Übungsbuch *nt*

упражня́|ть <-ю, -ешь> *нсв прх* üben, trainieren; **~ зри́тельную па́мять** das visuelle Gedächtnis trainieren; **~ мы́шцы рук и ног** die Hände- und Fußmuskeln trainieren

упражня́|ться <-юсь, -ешься> *нсв рефл* üben; **я ма́ло упражня́лся** ich habe wenig geübt; **я упражня́юсь ка́ждый день** ich übe jeden Tag

упраздне́ни|е <-я> *ср* Abschaffung *f,* Aufhebung *f,* Beseitigung *f,* Abbau *m*

упраздня́|ть <-ю, -ешь> *нсв,* **упраздни́ть** *св прх* abschaffen, auflösen, beseitigen

упра́шива|ть <-ю, -ешь> *нсв,* **упроси́ть** *св прх* inständig bitten; **она́ не заста́вила себя́ упра́шивать** sie ließ sich nicht lange bitten

упрёк <-а> *м* Vorwurf *m;* **бро́сить дру́жеский ~** einen gut gemeinten Vorwurf machen; **ста́вить в ~ кому́-л.** jdm etw zum Vorwurf machen; **посмотре́ть с упрёком** jdn vorwurfsvoll ansehen; **осы́пать упрёками** mit Vorwürfen überschütten; **без упрёка** makellos

упрека́|ть <-ю, -ешь> *нсв прх* Vorwürfe machen; **его́ не за что ~** er hat nichts verbrochen

упр|оси́ть <-ошу́, -о́сишь> *св прх см.* **упра́шивать**

упро|сти́ть <-щу́, -сти́шь> *св прх см.* **упроща́ть**

упро́чива|ть <-ю, -ешь> *нсв,* **упро́чить** *св прх (укрепи́ть, утверди́ть)* (be)festigen, konsolidieren, sichern; **упро́чить мир** den Frieden festigen; **~ положе́ние** die Lage sichern; **~ свои зна́ния** seine Kenntnisse konsolidieren; **упро́чить репута́цию** seinen Ruf festigen

упроща́|ть <-ю, -ешь> *нсв,* **упрости́ть** *св прх* vereinfachen; **~ зада́чу** die Aufgabe leichter machen

упроще́ни|е <-я> *ср* Vereinfachung *f*

упрощён|ный <-ная, -ное; -, -а́, -о́> *прил* 1. *(ме́нее сло́жный)* einfach, vereinfacht; **упрощённые зада́чи** vereinfachte Aufgaben *fpl* 2. *(примити́вный)* einfach, primitiv; **~ взгляд на ве́щи** einfacher Blick auf die Dinge; **упрощённые рассужде́ния** einfache Erwägungen *fpl*

упроще́нческ|ий <-ая, -ое> *прил* simplifiziert; **~ подхо́д** simplifiziertes Herantreten *nt*

упру́г|ий <-ая, -ое; -, -а, -о> *прил* 1. *(эласти́чный)* elastisch, biegsam; **~ мяч** elastischer Ball *m* 2. *перен (пла́вный)* geschmeidig; **упру́гая похо́дка** geschmeidiger Gang *m;* **упру́гие движе́ния** geschmeidige Bewegungen *fpl* 3. ТЕХ spannkräftig; **упру́гая му́фта** spannkräftige Muffe *f;* **упру́гое основа́ние** spannkräftige Grundlage *f*

упру́гос|ть <-ти> *ж без мн* ФИЗ Elastizität *f,* Spannkraft *f,* Biegsamkeit *f;* **~ материа́лов** Materialelastizität *f*

у́пря|жь <-жи> *ж* **1.** *(сбру́я)* Gespann *nt,* Joch *nt;* **ко́нская ~** Pferdegespann *nt* **2.** ж.-д. **винтова́я ~** Schraubenquerverbindung *f*

упря́м|ец <-ца> *м* Dickkopf *m*

упря́м|иться <-люсь, -ишься> *нсв рефл* dickköpfig sein, sich stur stellen

упря́мств|о <-а> *ср* Eigensinn *m,* Hartnäckigkeit *f,* Dickköpfigkeit *f;* **сломи́ть ~ кого́-л.** jds Halsstarrigkeit brechen; **проявля́ть ~** starrsinnig sein

упря́м|ый <-ая, -ое; -, -а, -о> *прил* dickköpfig, stur, störrisch, hartnäckig

упуска́|ть <-ю, -ешь> *нсв,* **упусти́ть** *св прх* entwischen lassen; *(пропусти́ть)* versäumen, verpassen; **упусти́ть из ви́ду** aus den Augen verlieren; **упусти́ть возмо́жность** die Gelegenheit verpassen

упуще́ни|е <-я> *ср* Versäumnis *nt,* Unterlassung *f*

упы́|рь <-ря́> *м* Vampir *m*

ура́ *межд* hurra!

уравне́ни|е <-я> *ср* Gleichstellung *f;* МАТ Gleichung *f;* **квадра́тное ~** quadratische Gleichung *f;* **составля́ть ~** eine Gleichung aufstellen

ура́внивани|е <-я> *ср* Ausgleich *m,* Gleichstellung *f*

ура́внива|ть <-ю, -ешь> *нсв,* **уравня́ть** *св прх* gleichmachen, ausgleichen, gleichstellen; **~ игр** das Spiel ausgleichen; **~ мужчи́н и же́нщин в права́х** die Rechte der Männer und Frauen gleichstellen

уравни́ловк|а <-и> *ж разг* Gleichmacherei *f;* **~ в опла́те труда́** Gleichmacherei in der Arbeitsentlohnung

уравни́те|ль <-ля> *м* ТЕХ Ausgleicher *m;* **~ напряже́ния** Spannungsausgleicher *m;* **центробе́жный ~** Zentrifugalausgleicher *m*

уравни́тельн|ый <-ая, -ое> *прил* **1.** ТЕХ Ausgleich(s)-; **~ прибо́р** Ausgleichsgerät *nt;* **~ резервуа́р** Ausgleichsbehälter *m* **2.** *(одина́ковый для всех)* Ausgleich(s)-; **~ нало́г** Ausgleichsteuer *f*

уравнове́|сить <-шу, -сишь> *св прх см.* **уравнове́шивать**

уравнове́шеннос|ть <-ти> *ж* Ausgeglichenheit *f*

уравнове́шен|ный <-ная, -ное; -, -а, -о> *прил* ausgeglichen

уравнове́шива|ть <-ю, -ешь> *нсв,* **уравнове́сить** *св прх* ausgleichen, ins Gleichgewicht bringen; **~ ча́шки весо́в** die Waagschalen ausgleichen; **~ си́лы партнёров** die Kräfte der Partner angleichen; **~ маши́ну** ТЕХ die Maschine auswuchten

уравня́|ть <-ю, -ешь> *св прх см.* **ура́внивать**

урага́н <-а> *м* Sturm *m,* Orkan *m*

Ура́л <-а> *м* ГЕОГ **1.** *(река́)* Ural *m* **2.** *(го́ры)* Uralgebirge *nt*

ура́н[1] <-а> *м* ХИМ Uran *nt*

Ура́н[2] <-а> *м (плане́та)* Uran *m*

уранити́т <-а> *м* ХИМ Uranitit *m*

ура́нов|ый <-ая, -ое> *прил* ХИМ Uran-; **ура́новая руда́** Uranerz *nt*

урбаниза́ци|я <-и> *ж* Urbanisierung *f*

урбани́зм <-а> *м* ИСК Urbanismus *m*

урв|а́ть <-у́, -ёшь> *св прх см.* **урыва́ть**

урду́ <неизм> *м* Urdu *nt;* **язы́к ~** Urdusprache *f*

урегули́ровани|е <-я> *ср* Regelung *f;* **~ конфли́кта** Schlichtung *f,* Beilegung (des Konflikts) *f*

урегули́р|овать <-ую, -уешь> *св прх* regeln, in Ordnung bringen; **~ спор** einen Streit beilegen; **~ фина́нсовые вопро́сы** die Finanzfragen bereinigen

уреза́ни|е <-я> *ср* Kürzung *f,* Verringerung *f*

уреза́|ть <-ю, -ешь> *нсв,* **уре́зать** *св прх см.* **уре́зывать**

урезо́нива|ть <-ю, -ешь> *нсв,* **урезо́нить** *св прх разг* zur Vernunft bringen; **~ проти́вников прое́кта** die Projektgegner zur Vernunft bringen

уре́зыва|ть <-ю, -ешь> *нсв,* **уреза́|ть** <-ю, -ешь> *нсв,* **уреза́ть** *св прх* **1.** *(отре́зать)* abschneiden **2.** *(сократи́ть)* kürzen, verringern; **уре́зать расхо́ды** die Ausgaben kürzen

уреми́|я <-и> *ж* МЕД Urämie *f*

уре́тр|а <-ы> *ж* АНАТ Urethra *f,* Harnröhre *f*

уретри́т <-а> *м* МЕД Urethitis *f*

уретроскопи́|я <-и> *ж* МЕД Urethroskopie *f*

ури́н|а <-ы> *ж без мн* МЕД Urin *m,* Harn *m*

у́рн|а <-ы> *ж* **1.** *(му́сорное ведро́)* Mülleimer *m* **2.** *(для захороне́ния)* Urne *f* **3.** *(избира́тельная)* Wahlurne *f*

у́ров|ень <-ня> *м* **1.** *(чего́-л.)* Stand *m,* Höhe *f;* **~ воды́** Wasserstand *m;* **~ ма́сла** Ölstand *m;* **~ мо́ря** Meeresspiegel *m* **2.** *и перен (станда́рт)* Niveau *nt,* Standard *m;* **~ автоматиза́ции** Automatisierungsgrad *m;* **~ вы́пуска проду́кции** Outputniveau *nt;* **~ дохо́дов** Ertragslage *f,* Einkommensniveau *nt;* **~ загру́зки** Auslastungsgrad *m;* **~ за́нятости** Beschäftigungsgrad *m;* **~ за́нятости же́нщин** Frauenbeschäftigung *f;* **~ за́работной пла́ты** Lohnniveau *nt;* **~ изде́ржек** Kostenniveau *nt;* **~ испо́льзования** Auslastungsgrad *m;* **~ ку́рсов** Kursniveau *nt;* **~ ликви́дности** Liquiditätsgrad *m;* **~ обслу́живания** Servicegrad *m;* **~ производи́тельности труда́** Leistungsniveau *nt;* **~ проце́нта** Zinsniveau *nt;* **~ руково́дства** Chefetage *f;* **~ управле́ния** Führungsebene *f;* **~ жи́зни** Lebensstandard *m;* **~ сме́ртности** Sterblichkeitsrate *f;* **~ цен** Preislage *f* **3.** *перен* Ebene *f;* **встре́ча на вы́сшем у́ровне** Treffen *nt,* Gipfeltreffen *nt,* Gipfel *m*

уровнеме́р <-а> *м* ТЕХ Füllstandsmesser *m;* **~-сигнализа́тор** Füllstandanzeiger *m*
уро́д <-а> *м,* **уро́дк|а** <-и> *ж* Missgeburt *f,* Scheusal *nt,* Ungetüm *nt;* **нра́вственный ~** moralischer Unhold *m;* **счита́ть себя́ уро́дом** sich für ein Scheusal halten
уро|ди́ться <-жу́сь, -ди́шься> *св рефл см.* **урожда́ться**
уро́длив|ый <-ая, -ое; -, -а, -о> *прил* **1.** *(с физи́ческим недоста́тком)* missgestaltet, unförmig, abnorm; **~ горб** Buckeliger *m;* **уро́дливое де́ревце** verkrüppelter Baum *m* **2.** *(некраси́вый)* hässlich, abstoßend; **уро́дливая вне́шность** abstoßendes Aussehen *nt* **3.** *перен (непра́вильный)* verdorben; **~ вкус** verdorbener Geschmack *m;* **уро́дливое воспита́ние** falsche Erziehung *f*
уро́д|овать <-ую, -уешь> *нсв,* **изуро́довать** *св прх* **1.** *(обезобра́живать)* verunstalten, entstellen; **шрам уро́дует лицо́** die Narbe entstellt das Gesicht **2.** *(кале́чить)* verkrüppeln, verstümmeln; **ране́ния уро́дуют люде́й** Verletzungen verstümmeln die Leute; **~ плохи́м воспита́нием** durch schlechte Erziehung verbilden **3.** *(искажа́ть)* verdrehen, entstellen; **~ произведе́ние** den Sinn des Werkes verdrehen
уро́дств|о <-а> *ср* Missbildung *f,* Hässlichkeit *f; перен* Anormalität *f*
урожа́|й <-я> *м* Ernte *f; (со́бранный)* Ertrag *m*
урожа́йнос|ть <-ти> *ж* Ergiebigkeit *f,* Ertragsfähigkeit *f;* **~ с гекта́ра** АГР Hektarertrag *m*
урожа́йн|ый <-ая, -ое> *прил* ertragreich; **~ сорт пшени́цы** ertragreiche Weizensorte *f;* **~ год** fruchtbares Jahr *nt*
урожда́|ться <-юсь, -ешься> *нсв,* **уроди́ться** *св рефл* **1.** *то́лько 3 л* АГР *(созре́ть)* gedeihen; **уроди́лся хоро́ший урожа́й** die Ernte war gut; **уроди́лась пшени́ца** der Weizen steht gut **2.** *(роди́ться в кого́-л.)* nach jdm geraten, jdm ähneln; **~ в отцо́вский род** der Familie des Vaters ähneln
урождён|ный <-ная, -ное; -, -а́, -о́> *прил* gebürtig
уроже́н|ец <-ца> *м,* **уроже́нк|а** <-и> *ж* Einheimische(r) *f(m);* **~ Москвы́** aus Moskau gebürtig; **~ зде́шних мест** aus dieser Gegend Stammender
уро́к <-а> *м* Stunde *f,* Unterrichtsstunde *f; (зада́ние)* Aufgabe *f; перен* Lehre *f;* **у дете́й сего́дня нет уро́ков** die Kinder haben heute frei; **уро́ки англи́йского языка́** Englischunterricht *m;* **ча́стные уро́ки** Nachhilfeunterricht *m,* Privatunterricht *m;* **де́лать уро́ки** seine Hausaufgaben machen; **э́то тебе́ бу́дет уро́ком** das wird dir eine Lehre sein
уро́лог <-а> *м* Urologe *m*
уроло́ги|я <-и> *ж* МЕД Urologie *f*
уро́н <-а> *м* Verlust *m,* Schaden *m;* **нанести́ ~** Abbruch tun, Schaden zufügen
уро́чн|ый <-ая, -ое> *прил* **1.** *(усло́вленный)* bestimmt, festgesetzt, vereinbart; **в ~ день и час** zum bestimmten Zeitpunkt **2.** *(свя́занный с уро́ком)* Lehr-; **опро́с в уро́чное вре́мя** Prüfung *f* während der Lehrstunde
уругва́|ец <-йца> *м,* **уругва́йк|а** <-и> *ж* Uruguayer(in) *m(f)*
Уругва́|й <-я> *м* ГЕОГ Uruguay *nt*
урч|а́ть <-у́, -и́шь> *нсв,* **заурча́ть** *св нпрх* glucksen; **в животе́ урчи́т** der Magen knurrt
урыва́|ть <-ю, -ешь> *нсв,* **урва́ть** *св прх разг* **1.** *(присво́ить)* an sich reißen; **~ свою́ до́лю** sich seinen Teil nehmen; **~ деньжа́т** die Moneten einstecken **2.** *перен (вы́делить вре́мя)* Zeit finden; **~ свобо́дную мину́ту** eine freie Minute finden; **~ вечеро́к** Zeit am Abend finden
уры́вками *нрч разг* ab und zu, manchmal; **ви́деться ~** sich ab und zu sehen; **гото́виться к экза́мену ~** sich mit Unterbrechungen auf die Prüfung vorbereiten
урю́к <-а> *м без мн* Dörraprikosen *fpl*
ус *м* Schnurrbart *m;* **мота́ть себе́ на ~** sich etw hinter die Ohren schreiben
уса́дебн|ый <-ая, -ое> *прил* zum Bauernhof gehörig; **уса́дебная земля́** zum Gutshof gehöriges Land; **за уса́дебной огра́дой** hinter dem Zaun des Bauernhofes
ус|ади́ть <-ажу́, -а́дишь> *св прх см.* **уса́живать**
уса́дьб|а <-ы> *ж* Hof *m;* **музе́й-~ Толсто́го** Museumsgutshof von Tolstoj
уса́жива|ть <-ю, -ешь> *нсв,* **усади́ть** *св прх* **1.** *(заста́вить заня́ться чем-л.)* nötigen; **~ за уро́ки** jdn dazu bringen, seine Aufgaben zu lösen; **~ обе́дать** jdn zum Mittag auffordern **2.** *(посади́ть)* (hin)bringen; **~ в авто́бус** zum Bus bringen **3.** *(заня́ть расте́ниями)* **~ двор цвета́ми** den Hof mit Pflanzen besetzen
уса́жива|ться <-юсь, -ешься> *нсв,* **усе́сться** *св рефл* **1.** *(расположи́ться)* sich (hin)setzen, Platz nehmen; **~ на дива́н** sich aufs Sofa setzen; **~ за стол** hinter dem Tisch Platz nehmen; **~ по места́м** sich auf die Plätze setzen **2.** *(при́няться за что-л.)* sich an etw machen; **~ за рабо́ту** sich an die Arbeit machen
уса́т|ый <-ая, -ое> *прил* schnurrbärtig; **~ мужчи́на** Mann *m* mit Schnurrbart
уса́ч <-а́> *м* **1.** *разг (о мужчи́не)* Schnurrbärtige(r) *m* **2.** *(ры́ба)* Barbe *f* **3.** *(жук)* Holzkäfer *m*
усва́ива|ть <-ю, -ешь> *нсв,* **усво́ить** *св прх* **1.** *(восприня́ть, переня́ть)* auffassen; **~ обы́чаи** Sitten annehmen; **~ хоро́шие мане́ры** sich gute Manieren aneignen **2.** *(вы́учить)* (er)lernen, begreifen; **~ а́збуку** das Alphabet lernen; **~ пра́вила** die Regeln erler-

nen **3.** *(перерабóтать)* assimilieren, verdauen, aufnehmen; **~ лекáрство** ein Arzneimittel aufnehmen

усвоéни|е <-я> *ср* Aneignung *f,* Erlernen *nt;* БИОЛ Assimilation *f;* **~ питáтельных веществ** Nährstoffaufnahme *f*

усвó|ить <-ю, -ишь> *св прх см.* **усвáивать**

усвоя́емос|ть <-ти> *ж* БИОЛ Verdaulichkeit *f;* **~ пи́щи органи́змом** Nahrungsaufnahme *f* durch den Organismus

усéива|ть <-ю, -ешь> *нсв,* **усéять** *св прх* übersäen, bedecken, überstreuen; **нéбо усéяно звёздами** der Himmel ist mit Sternen übersät; **лицó усéяно веснýшками** das Gesicht ist mit Sommersprossen bedeckt

усéрди|е <-я> *ср* Eifer *m; (старáние)* Fleiß *m*

усéрд|ный <-ная, -ное; -ен, -на, -но> *прил* fleißig, strebsam

ус|éсться <-я́дусь, -я́дешься> *св рефл см.* **усáживаться**

усечён|ный <-ная, -ное; -, á, -ó> *прил* abgeschnitten, abgestumpft; **~ кóнус** Kegelstumpf *m*

усé|ять <-ю, -ешь> *св прх см.* **усéивать**

уси|дéть <-жý, -ди́шь> *нпрх см.* **уси́живать**

уси́дчивос|ть <-ти> *ж без мн* Ausdauer *f,* Beharrlichkeit *f;* **обладáть уси́дчивостью** Ausdauer haben; **проявля́ть ~ в рабóте** Ausdauer in der Arbeit zeigen

уси́дчив|ый <-ая, -ое; -, -а, -о> *прил* fleißig, ausdauernd; **быть уси́дчивым** Sitzfleisch haben

уси́жива|ть <-ю, -ешь> *нсв,* **усидéть** *св нпрх* **1.** *(остáться на мéсте)* ruhig sitzen; **я не мог усидéть на собрáнии** ich konnte während der Versammlung nicht ruhig bleiben; **минýты не мóжет усидéть** er kann keine Minute still sitzen **2.** *(удержáться на дóлжности)* seinen Platz behalten, sich halten

ýсик <-а> *м* **1.** *(у рыб)* Bartfaden *m* **2.** *(у насекóмых)* Fühler *m* **3.** *(мáленькие усы)* Schnurrbärtchen *nt*

усилéни|е <-я> *ср* Verstärkung *f; (повышéние)* Steigerung *f;* **~ дéятельности** Aktivierung *f*

уси́ленно *нрч* verstärkt, verschärft; **~ готóвиться к экзáменам** sich intensiv auf die Prüfung vorbereiten; **~ тренировáться** intensiv trainieren

уси́лен|ный <-ная, -ное; -, -а, -о> *прил* verstärkt, verschärft; **уси́ленная подготóвка** intensive Vorbereitungen *fpl;* **уси́ленное питáние** kräftige Nahrung *f;* **уси́ленные прóсьбы** dringende Bitten *fpl;* **уси́ленные старáния** beharrliche Bemühungen *fpl;* **уси́ленная охрáна** verstärkter Schutz *m*

уси́лива|ть <-ю, -ешь> *нсв,* **уси́лить** *св прх* verstärken, verschärfen; **уси́лить наблюдéние** die Beobachtung verstärken

уси́ли|е <-я> *ср* Anstrengung *f,* Einsatz *m,* Bemühung *f;* **дéлать над собóй ~** sich überwinden; **прилагáть уси́лия** sich anstrengen, sich Mühe geben

усили́те|ль <-ля> *м* ТЕХ Verstärker *m*

уси́л|ить <-ю, -ишь> *св прх см.* **уси́ливать**

ускользá|ть <-ю, -ешь> *нсв,* **ускользнýть** *св нпрх* entgleiten; *(скрывáться)* entfliehen, entkommen

ускорéни|е <-я> *ср* Beschleunigung *f*

ускóрен|ный <-ная, -ное; -, -а, -о> *прил* beschleunigt; **~ шаг** beschleunigte Schritte *mpl;* **пройти́ ~ курс подготóвки** einen Schnellkurs machen; **дви́гаться ускóренными тéмпами** sich im Schnelltempo fortbewegen

ускори́те|ль <-ля> *м* Beschleuniger *m*

ускоря́|ть <-ю, -ешь> *нсв,* **ускóрить** *св прх* beschleunigen

услáвлива|ться <-юсь, -ешься> *нсв,* **услóвиться** *св рефл (с кем-л. о чём-л.)* mit jdm übereinkommen über +*akk; (уговáриваться)* sich verabreden mit +*dat*

услéжива|ть <-ю, -ешь> *нсв,* **уследи́ть** *св нпрх* **1.** *(не упусти́ть из ви́ду)* verfolgen; **~ за хóдом мы́сли** den Gedankenlauf verfolgen; **не ~ за периóдикой** die Zeitschriften nicht verfolgen **2.** *(уберéчь)* aufpassen; **уследи́ть за детьми́** auf die Kinder aufpassen

услóви|е <-я> *ср* Bedingung *f; (договорённость)* Konvention *f;* *мн* Konditionen *fpl,* Modalitäten *fpl;* **~ договóра** Vertragsvorbehalt *m;* **~ прерывáния** ИНФОРМ Abbruchbedingung *f;* **при услóвии, что ...** vorausgesetzt [*o* unter der Bedingung], dass ...; **услóвия конкурéнции** Wettbewerbsregeln *pl;* **услóвия платежá** Zahlungsbedingungen *pl;* **услóвия платежá и постáвки** Zahlungs- und Lieferungsbedingungen *pl;* **услóвия постáвки** Lieferbedingungen *pl;* **услóвия продáжи** Verkaufsbedingungen *pl;* **услóвия ры́нка** Marktbedingungen *pl;* **услóвия сдéлки** Geschäftsbedingungen *pl;* **услóвия трудá** Arbeitsbedingungen *pl*

услóв|иться <-люсь, -ишься> *св рефл см.* **услáвливаться**

услóвлен|ный <-ная, -ное; -, -а, -о> *прил* vereibart, abgemacht, verabredet; **в ~ час** zur vereinbarten Zeit; **ждать в услóвленном мéсте** am vereinbarten Ort warten

услóвнос|ть <-ти> *ж* **1.** *(формáльность)* Formalität *f,* Formsache *f;* **~ наказáния** bedingte Verurteilung *f* **2.** *(систéма прáвил)* Bedingtheit *f,* Annahme *f,* Konvention *f;* **проти́вник вся́ких услóвностей** Gegner aller Konventionen; **устрани́ть услóвности** die Konventionen beseitigen

услóв|ный <-ная, -ное; -ен, -на, -но> *прил* bedingt; *(услóвленный)* vereinbart, abgemacht; лингв Konditional-, Bedingungs-; **услóвные обозначéния** *(на кáрте)* Legende *f;* **услóвная покýпка** Vorbehaltskauf *m;* **услóвное наклонéние** Konditional *m;* **~ рефлéкс** bedingter Reflex *m*

усложнён|ный <-ная, -ное; -, á, -ó> *прил* kompliziert, erschwert; **~ вариáнт задáчи** erschwerte Aufgabenvariante *f;* **усложнённая обстанóвка в региóне** angespannte Lage *f* in der Region; **усложнённая прогрáмма** erschwertes Programm *nt*

усложня́|ть <-ю, -ешь> *нсв,* **усложни́ть** *св прх* komplizieren, erschweren; **~ рабóту** die Arbeit komplizieren; **~ отношéния с кем-л.** die Beziehungen zu jdm erschweren; **~ себé жизнь** sich das Leben erschweren

услýг|а <-и> *ж* Dienst *m,* Dienstleistung *f;* *(одолжéние)* Gefallen *m;* **оказáть услýгу комý-л.** jdm einen Dienst erweisen, jdm einen Gefallen tun; **услýги бáнка** Banking *nt;* **к вáшим услýгам** zu Ihren Diensten

услужéни|е <-я> *ср устар, разг* Dienst *m;* **быть в услужéнии у когó-л.** jdm einen Gefallen tun; **идти́ в ~** sich zu Dienst stellen, Dienen gehen

услýжливос|ть <-ти> *ж* Gefälligkeit *f*

услы́хать *св нпрх буд. вр. не употр. см.* **слыхáть**

услы́ш|ать <-у, -ишь> *св прх см.* **слы́шать**

усмáтрива|ть <-ю, -ешь> *нсв,* **усмотрéть** *св (н)прх* **1.** *(замéтить)* bemerken, wahrnehmen; **~ в поведéнии дéрзость** Frechheit im Verhalten bemerken **2.** *(присмотрéть)* aufpassen, Acht geben; **трýдно за всéми усмотрéть** es ist schwer die Augen überall zu haben

усмехá|ться <-юсь, -ешься> *нсв,* **усмехнýться** *св рефл* lächeln, schmunzeln

усмéшк|а <-и> *ж* Spott *m;* **злорáдная ~** schadenfrohes Lächeln; **с усмéшкой посмотрéть на когó-л.** jdn spöttisch ansehen

усмирéни|е <-я> *ср* Zähmung *f;* *(мятéж)* Niederschlagung *f*

усмири́те|ль <-ля> *м* Unterdrücker *m*

усмиря́|ть <-ю, -ешь> *нсв,* **усмири́ть** *св прх* bändigen, zähmen; *(мятéж)* niederschlagen

усмотрéни|е <-я> *ср* Ermessen *nt,* Gutdünken *nt,* Belieben *nt;* **по сóбственному усмотрéнию** nach eigenem Ermessen

усм|отрéть <-отрю́, -óтришь> *св (н)прх см.* **усмáтривать**

усн|ýть <-ý, -ёшь> *св нпрх* **1.** *(заснýть)* einschlafen; **пóздно ~** spät einschlafen **2.** *(умерéть)* sterben; **~ вéчным сном** [*или* **навéки**] für immer einschlafen [*o* die Augen zutun]

усовершéнствовани|е <-я> *ср* Verbesserung *f,* Vervollkommnung *f;* **кýрсы усовершéнствования** Weiterbildungskurs *m*

усовершéнств|овать <-ую, -уешь> *св прх см.* **совершéнствовать**

усомн|и́ться <-ю́сь, -и́шься> *св рефл (в ком-л./чём-л.)* zweifeln an *+dat*

усóхн|уть <-у, -ешь> *св нпрх см.* **усыхáть**

успевáемос|ть <-ти> *ж без мн* Leistungen *f;* **следи́ть за успевáемостью** auf die schulischen Leistungen aufpassen; **высóкая ~** hoher Leistungsstand *m;* **плохáя ~** Zurückbleiben *nt;* **исключи́ть за плохýю ~** wegen schlechter Lernergebnisse ausschließen

успевá|ть <-ю, -ешь> *нсв,* **успéть** *св нпрх* rechtzeitig kommen; *(в шкóле)* Fortschritte machen, mitkommen

Успéни|е <-я> *ср* РЕЛИГ Mariä Himmelfahrt *f*

успé|ть <-ю, -ешь> *св нпрх см.* **успевáть**

успéх <-а> *м* Erfolg *m;* **колоссáльный ~** Riesenerfolg *m;* **пережи́тый ~** Erfolgserlebnis *nt;* **желáть успéха комý-л.** jdm die Daumen drücken; **пóльзующийся успéхом у пýблики** publikumswirksam; **с таки́м же успéхом** ebenso gut; **~ реклáмы** Werbeerfolg *m*

успéшно *нрч* erfolgreich; **~ сдать экзáмены** die Prüfungen erfolgreich ablegen; **~ окóнчить шкóлу** die Schule erfolgreich beenden; **делá идýт ~** die Dinge entwickeln sich günstig

успéш|ный <-ная, -ное; -ен, -на, -но> *прил* erfolgreich

успокáива|ть <-ю, -ешь> *нсв,* **успокóить** *св прх* beruhigen; *(боль)* lindern; **~ сóвесть** sein Gewissen beruhigen

успокáивающ|ий <-ая, -ее> *прил* beruhigend, besänftigend; **принимáть успокáивающие срéдства** МЕД Beruhigungsmittel nehmen; **~ тон** besänftigender Ton *m*

успокоéни|е <-я> *ср* Beruhigung *f,* Ruhe *f*

успокоúте|льный <-льная, -льное; -лен, -льна, -льно> *прил* beruhigend, Beruhigungs-

успокó|ить <-ю, -ишь> *св прх см.* **успокáивать**

уст|á <-> *мн устар* Mund *m;* **передавáть из уст в ~** von Mund zu Mund weitergeben; **узнáть из пéрвых уст** aus erster Quelle erfahren; **быть у всех на устáх** in aller Munde sein

устáв <-а> *м* Satzung *f,* Statut *nt;* *(прáвила)* Reglement *nt;* **~ фи́рмы** Geschäftsordnung *f*

уста|вáть <-ю́, -ёшь> *нсв,* **устáть** *св нпрх* ermüden, müde werden; *(от чегó-л.)* überdrüssig werden *+gen*

уставля́|ть <-ю, -ешь> *нсв,* **устáвить** *св прх* unterbringen, aufstellen

устав|ля́ться <-люсь, -ишься> *нсв,* **устáвиться** *св рефл* **1.** *(помести́ться)* Platz finden **2.** *(смотрéть при́стально)* anstarren; **что ты устáвился?** was starrst du mich so an?

устáива|ть <-ю, -ешь> *нсв,* **устоя́ть** *св нпрх* **1.** *(удержáться)* sich halten, sich festhalten; **~ на ногáх** aufrecht stehen bleiben, das Gleichgewicht bewahren **2.** *перен (не*

У

подда́ться) widerstehen, fest bleiben, standhalten; **~ от искуше́ния** der Versuchung widerstehen; **~ под на́тиском** dem Druck standhalten; **~ перед собла́зном** der Verführung widerstehen; **~ в бою́** einem Kampf standhalten

уста́лос|ть <-ти> *ж* Müdigkeit *f*

уста́л|ый <-ая, -ое; -, -а, -о> *прил* müde, abgespannt

у́ста|ль <-ли> *ж без мн разг* Müdigkeit *f;* **рабо́тать без у́стали** unermüdlich arbeiten; **не знать у́стали** keine Müdigkeit kennen

устана́влива|ть <-ю, -ешь> *нсв,* **установи́ть** *св прх* aufstellen, installieren; ТЕХ einstellen; *перен* festlegen, festsetzen, anberaumen; СПОРТ aufstellen; **~ срок** einen Termin ansetzen; **~ це́ну** den Preis festsetzen; **~ мирово́й реко́рд** einen Weltrekord aufstellen

устано́вк|а <-и> *ж* Anlage *f;* *(монта́ж)* Installation *f;* *перен* Richtlinie *f,* Zielsetzung *f;* **~ для хране́ния и удале́ния отхо́дов** Entsorgungsanlage *f*

установле́ни|е <-я> *ср* **1.** *(введе́ние)* Aufnahme *f,* Herstellung *f;* **~ деловы́х свя́зей** Aufnahme *f* **2.** *(назначе́ние)* Festlegung *f,* Bestimmung *f;* **~ зало́гового пра́ва** Verpfändung *f;* **~ ку́рсов** Kursfestsetzung *f;* **~ пауша́льной су́ммы** Pauschalierung *f;* **~ очерёдности** Ranking *nt;* **~ твёрдых цен** Preisbindung *f;* **~ цен** Preisfestsetzung *f*

устарева́ни|е <-я> *ср* Alterung *f,* Obsolenz *f*

устарева́|ть <-ю, -ешь> *нсв,* **устаре́ть** *св нпрх* veralten, überholt sein

устаре́вш|ий <-ая, -ее> *прил* veraltet, überholt

устаре́|ть <-ю, -ешь> *св нпрх см.* **устарева́ть**

уста́|ть <-ну, -нешь> *св прх см.* **устава́ть**

у́стно *нрч* mündlich; **распоряди́ться ~** mündlich befehlen; **отвеча́ть на вопро́сы ~** die Fragen mündlich beantworten

у́стн|ый <-ая, -ое> *прил* mündlich; **у́стная речь** mündliche Rede *f;* **у́стное сообще́ние** mündliche Nachricht *f*

усто́|й <-я> *м* Pfeiler *m,* Stütze *f;* *мн, перен* Grundsätze *mpl,* Prinzipien *cp pl;* **мора́льные усто́и** moralischer Halt *m*

усто́йчивос|ть <-ти> *ж* Standfestigkeit *f,* Widerstandsfähigkeit *f;* **~ цен** Preisstabilität *f*

усто́йчив|ый <-ая, -ое; -, -а, -о> *прил* standfest, widerstandsfähig; *(взгля́ды)* fest, standhaft; **усто́йчивая опо́ра** feste Stütze *f;* **усто́йчивое словосочета́ние** ЛИНГВ feste Wortverbindung

усто|я́ть <-ю́, -и́шь> *св нпрх см.* **уста́ивать**

устра́ива|ть <-ю, -ешь> *нсв,* **устро́ить** *св прх* **1.** *(организо́вывать)* einrichten, veranstalten; *(основа́ть)* anlegen; **~ заса́ду** einen Hinterhalt legen; **~ пресс-конфе́ренцию** eine Pressekonferenz abhalten; **~ сканда́л** einen Skandal veranstalten **2.** *(приводи́ть в поря́док)* ordnen, in Ordnung bringen **3.** *(кого́-л.)* unterbringen **4.** *(быть подходя́щим)* passen

устра́ива|ться <-юсь, -ешься> *нсв,* **устро́иться** *св рефл* **1.** *(располага́ться)* sich einrichten; **~ поудо́бнее** es sich bequem machen **2.** *(куда́-л.)* sich etablieren; **~ на рабо́ту** Arbeit finden **3.** *(ула́живаться)* sich regeln; **всё устра́ивается как нельзя́ лу́чше** alles fügt sich bestens

устране́ни|е <-я> *ср* Beseitigung *f;* **~ дефе́ктов** Mängelbehebung *f;* **~ отхо́дов** Entsorgung *f;* **~ оши́бок** Fehlerberichtigung *f,* Fehlerbehebung *f*

устраня́|ть <-ю, -ешь> *нсв,* **устрани́ть** *св прх* beseitigen; *(препя́тствие)* abschaffen, abbauen; *(удаля́ть)* entfernen; **~ недоразуме́ние** ein Missverständnis aus der Welt schaffen; **устраня́ть отхо́ды** entsorgen

устраша́ющ|ий <-ая, -ее> *прил* erschreckend, abschreckend, furchterregend; **~ вид** erschreckendes Aussehen *nt;* **устраша́ющее зре́лище** furchterregender Anblick *m*

устраше́ни|е <-я> *ср* Einschüchterung *f;* **для устраше́ния** zur Abschreckung

устрем|и́ть <-лю́, -и́шь> *св прх см.* **устремля́ть**

устремле́ни|е <-я> *ср* Richten *nt,* (Hin)Wenden *nt;* *мн (жела́ния)* (Be)Streben *nt;* **иде́йные устремле́ния** Ideenbestrebungen *pl*

устремля́|ть <-ю, -ешь> *нсв,* **устреми́ть** *св прх* richten, lenken; **~ взгля́д на кого́-л./что-л.** den Blick richten auf *+akk*

у́стриц|а <-ы> *ж* Aster *f*

устро́йте|ль <-ля> *м* *(организа́тор)* Veranstalter *m,* Ausrichter *m,* Gastgeber *m*

устро́|ить <-ю, -ишь> *св прх см.* **устра́ивать**

устро́|иться <-юсь, -ишься> *св рефл см.* **устраиваться**

устро́йств|о <-а> *ср* Vorrichtung *f,* Einrichtung *f,* Anlage *f;* *(строе́ние)* Aufbau *m,* Struktur *f;* **запомина́ющее ~** ИНФОРМ Speicher *m;* **~ обрабо́тки да́нных** Datenverarbeitungsanlage *f;* **~ пода́чи** ИНФОРМ Laufwerk *nt;* **обще́ственное ~** Gesellschaftsordnung *f;* **госуда́рственное ~** ПОЛ Staatsaufbau *m*

усту́п <-а> *м* Abstufung *f,* Stufe *f*

уступа́|ть <-ю, -ешь> *нсв,* **уступи́ть** *св прх* **1.** *(отка́зываться)* abtreten, überlassen; **~ ме́сто** einen Platz freimachen; **уступи́ть кому́-л. доро́гу** jdn durchlassen, jdm den Weg frei machen **2.** *(идти́ на усту́пки)* nachgeben **3.** *(с цены́)* (vom Preis) ablassen

уступи́тельн|ый <-ая, -ое> *прил* konzessiv

уст|упи́ть <-уплю́, -у́пишь> *св прх см.* **уступа́ть**

усту́пк|а <-и> *ж* Zugeständnis *nt,* Konzession *f; (любе́зность)* Entgegenkommen *nt;* экон Nachlass *m;* **~ в цене** Preisnachlass *m;* **идти́ на усту́пки** Konzessionen machen

усту́пчив|ый <-ая, -ое; -, -а, -о> *прил* nachgiebig; **~ хара́ктер** nachgiebiger Charakter *m*

у́сть|е <-я> *ср* Mündung *f*

у́стьиц|е <-а> *ср* бот Pore *f*

усугуб|и́ть <-лю́, -и́шь> *св прх см.* **усугубля́ть**

усугубле́ни|е <-я> *ср* Vergrößerung *f,* Verstärkung *f;* **~ вины́** Schuldvertiefung *f;* **~ наказа́ния** Verschärfung *f* einer Strafe

усугубля́|ть <-ю, -ешь> *нсв,* **усугуби́ть** *св прх* verschlimmern, verschlechtern; *(уси́ливать)* verstärken, verschärfen

усы́ <усо́в> *мн см.* **ус**

усынови́те|ль <-ля> *м,* **усынови́тельниц|а** <-ы> *ж* Adoptivvater *m,* Adoptivmutter *f; (роди́тели)* Adoptiveltern *pl*

усынов|и́ть <-лю́, -и́шь> *св прх см.* **усыновля́ть**

усыновле́ни|е <-я> *ср* Adoption *f*

усыновля́|ть <-ю, -ешь> *нсв,* **усынови́ть** *св прх* einen Sohn adoptieren

усыпа́|ть <-ю, -ешь> *нсв,* **усы́пать** *св прх* überschütten, bestreuen, bedecken; **~ доро́жки песко́м** die Wege mit Sand bestreuen; **~ сце́ну цвета́ми** die Bühne mit Blumen bedecken

усыпля́|ть <-ю, -ешь> *нсв,* **усыпи́ть** *св прх* betäuben; *и перен* einschläfern

усыха́|ть <-ю, -ешь> *нсв,* **усо́хнуть** *св нпрх* eintrocknen

ута́ива|ть <-ю, -ешь> *нсв,* **утаи́ть** *св прх* verheimlichen, geheim halten

ута́йк|а <-и> *ж разг* Verheimlichung *f;* **расска́зывать без ута́йки** offen erzählen

ута́скива|ть <-ю, -ешь> *нсв,* **утащи́ть** *св прх* **1.** *(унести́)* wegschleppen, fortschleppen; **утащи́ть мешки́ в подва́л** Säcke in den Keller schaffen **2.** *(укра́сть)* stehlen

у́тва|рь <-ри> *ж без мн* Gerät *nt;* **дома́шняя ~** Hausrat *m*

утверди́те|льный <-льная, -льное; -лен, -льна, -льно> *прил* bestätigend, zustimmend; **~ отве́т** zustimmende Antwort *f;* **утверди́тельное предложе́ние** Aussagesatz *m;* **утверди́тельная части́ца** Bejahungspartikel *m*

утвержда́|ть <-ю, -ешь> *нсв,* **утверди́ть** *св прх* bestätigen; *(выска́зывать мне́ние)* behaupten; **~ зако́н** ein Gesetz verabschieden

утвержде́ни|е <-я> *ср* Bestätigung *f;* юр Verabschiedung *f; (заявле́ние)* Behauptung *f,* Statement *nt;* **~ отчёта** Entlastung *f*

утека́|ть <-ю, -ешь> *нсв,* **уте́чь** *св нпрх* wegfließen

утён|ок <-ка> *м* зоол Entlein *nt,* Entenküken *nt*

утеплён|ный <-ная, -ное; -, -а́, -о́> *прил* erwärmt, geheizt; **утеплённая о́бувь** erwärmte Schuhe *pl*

утепля́|ть <-ю, -ешь> *нсв,* **утепли́ть** *св прх* winterfest machen; *(изоли́ровать)* isolieren

ут|ере́ть <-ру́, -рёшь> *св прх см.* **утира́ть**

уте́р|я <-и> *ж* Abhandenkommen *nt,* Verlust *m;* **~ докуме́нтов** Abhandenkommen *nt* von Dokumenten; **~ де́нег** Geldverlust *m*

утёс <утёса> *м* Felsen *m,* Klippe *f*

уте́х|а <-и> *ж* **1.** *(заба́ва)* Vergnügen *nt,* Zeitvertreib *m,* Belustigung *f;* **де́тские уте́хи** Kinderfreude *f* **2.** *(утеше́ние)* Trost *m;* **находи́ть уте́ху в чём-л.** in etw Trost finden

уте́чк|а <-и> *ж* Auslaufen *nt,* Ausfluss *m;* **~ де́нег** Geldabfluss *m;* **~ информа́ции** Informationsverlust *m;* **~ капита́ла** Kapitalabfluss *m;* **~ мозго́в** Abwanderung *f* hoch qualifizierter Arbeitskräfte, Braindrain *m*

утеша́|ть <-ю, -ешь> *нсв,* **уте́шить** *св прх* trösten

утеше́ни|е <-я> *ср* Trost *m*

утеши́те|ль <-ля> *м,* **утеши́тельниц|а** <-ы> *ж* Tröster(in) *m(f)*

утеши́те|льный <-льная, -льное; -лен, -льна, -льно> *прил* tröstlich; **~ приз** Trostpreis *m;* **утеши́тельные слова́** tröstliche Worte *pl*

уте́ш|ить <-у, -ишь> *св прх см.* **утеша́ть**

утилиза́ци|я <-и> *ж* экол Nutzbarmachung *f,* Verwertung *f; (перераба́тывание)* Recycling *nt*

утилизи́р|овать <-ую, -уешь> *(н)св прх* ausnutzen, verwerten; **~ отхо́ды произво́дства** Produktionsabfälle verwerten

утили́т|а <-ы> *ж* информ Utility *nt*

утилитари́зм <-а> *м* филос Utilitarismus *m*

утилита́р|ный <-ная, -ное; -ен, -на, -но> *прил* utilitaristisch; **утилита́рные взгля́ды** utilitaristische Ansichten *pl;* **~ подхо́д к де́лу** utilitaristisches Herangehen an die Sache; **утилита́рные зна́ния** Nützlichkeitskenntnisse *pl*

ути́|ль <-ля> *м* Altstoffe *pl;* **сбор ути́ля** Altstoffsammlung *f*

утильзаво́д <-а> *м* Altstoffverarbeitungswerk *nt*

утильотбро́с <-а> *м* Altstoffe *pl,* Sekundärrohstoffe *pl*

утильсырь|ё <-я́> *ср* Altstoffe *pl,* Altmaterial *nt*

ути́льщик <-а> *м,* **ути́льщиц|а** <-ы> *ж* Altstoffhändler(in) *m(f)*

утира́|ть <-ю, -ешь> *нсв,* **утере́ть** *св прх* abwischen, abtrocknen; **~ слёзы** sich die Tränen abwischen; **~ пот со лба** sich den Schweiß von der Stirn (ab)wischen; **~ нос кому-л.** es jdm zeigen

У

утихá|ть <-ю, -ешь> *нсв,* **утúхнуть** *св нпрх* **1.** *(успокáиваться)* sich beruhigen, sich legen **2.** *(прекращáться)* aufhören, verstummen

утихомúрива|ть <-ю, -ешь> *нсв,* **утихомúрить** *св прх* besänftigen, zur Ruhe bringen; **~ стрáсти** die Leidenschaften beschwichten; **~ задúру** den Streithammel besänftigen

ýтк|а <-и> *ж* **1.** *и перен* Ente *f;* **подсáдная ~** Lockvogel *m;* **газéтная ~** Zeitungsente *f,* Falschmeldung *f* **2.** мор Klampe *f*

уткн|ýть <-ý, -ёшь> *св прх см.* **утыкáть**

утконóс <-а> *м* зоол Schnabeltier *nt*

ýтл|ый <-ая, -ое> *прил* zerbrechlich; **ýтлое судёнышко** zerbrechliches Boot *nt*

ут|óк <-кá> *м* тех (Ein)Schuss *m,* Querfaden *m*

утолéни|е <-я> *ср* Milderung *f,* Linderung *f;* **~ бóли** Schmerzlinderung *f;* **~ желáний** die Wünsche befriedigen

утоля́|ть <-ю, -ешь> *нсв,* **утолúть** *св прх* **1.** *(жáжду, гóлод)* stillen **2.** *(боль)* lindern **3.** *(любопы́тство)* befriedigen

утомúте|льный <-льная, -льное; -лен, -льна, -льно> *прил* anstrengend, ermüdend

утом|úть <-лю́, -úшь> *св прх см.* **утомля́ть**

утомлéни|е <-я> *ср* Ermüdung *f;* **прúзнаки утомлéния** Ermüdungserscheinungen *fpl*

утомлён|ный <-ная, -ное; -, á, -ó> *прил* ermüdet; **у тебя́ сегóдня ~ вид** du siehst heute müde aus

утомля́|ть <-ю, -ешь> *нсв,* **утомúть** *св прх* ermüden, anstrengen; **~ глазá** sich die Augen überanstrengen

ут|онýть <-онý, -óнешь> *св нпрх см.* **тонýть, утопáть**

утончённос|ть <-ти> *ж* Verfeinerung *f,* Veredelung *f;* **~ вкýса** Geschmacksveredelung *f;* **~ манéр** feine Manieren *pl*

утончён|ный <-ная, -ное; -, á, -ó> *прил* fein, feinsinnig, subtil

утопá|ть <-ю, -ешь> *нсв,* **утонýть** *св нпрх* versinken, untergehen; **~ в снегý** im Schnee versinken; **~ в слезáх** in Tränen schwimmen; **~ в рóскоши** im Luxus baden; **~ в кровú** verbluten

утопáющ|ий <-ая, -ее> *м* Ertrinkende(r) *f(m);* **спасéние утопáющих** die Rettung der Ertrinkenden

утопúзм <-а> *м без мн* Utopismus *m*

утопúст <-а> *м* Utopist *m*

ут|опúть <-оплю́, -óпишь> *св прх см.* **топúть**

ут|опúться <-оплю́сь, -óпишься> *св рефл см.* **топúться**

утопúческ|ий <-ая, -ое> *прил* utopisch

утóпи|я <-и> *ж* Utopie *f*

утóпленник <-а> *м,* **утóпленниц|а** <-ы> *ж* Ertrunkene(r) *f(m);* **емý везёт как утóпленнику** er ist ein Pechvogel

уточнéни|е <-я> *ср* Präzisierung *f*

уточня́|ть <-ю, -ешь> *нсв,* **уточнúть** *св прх* bestätigen, präzisieren, genauer formulieren; **~ детáли проéкта** die Einzelheiten des Projekts präzisieren; **~ срóки** die Fristen klären; **~ расписáние** den Fahrplan bestätigen

утрáива|ть <-ю, -ешь> *нсв,* **утрóить** *св прх* verdreifachen

утрамб|овáть <-ýю, -ýешь> *св прх см.* **трамбовáть**

утрáт|а <-ы> *ж* Verfall *m;* *(потéря)* Verlust *m,* Einbuße *f;* **~ трéбования** Forderungsausfall *m*

утрáчива|ть <-ю, -ешь> *нсв,* **утрáтить** *св прх* **1.** *(лишáться)* einbüßen **2.** *(терять)* verlieren; **~ сúлу** die Kraft verlieren

ýтренн|ий <-яя, -ее> *прил* Morgen-; **ýтреннее дежýрство** Frühdienst *m;* **~ туалéт** Morgentoilette *f;* **ýтренняя заря́** Morgenröte *f*

ýтренник <-а> *м* **1.** *(представлéние)* Frühveranstaltung *f,* Morgenveranstaltung *f,* Matinee *f;* **дéтский ~** Kindervormittagsvorstellung *f* **2.** *(морóз)* Morgenfrost *m;* **пéрвый ~** der erste Morgenfrost

ýтрен|я <-и> *ж* религ Morgengottesdienst *m;* **пойтú к ýтрене** zum Morgengottesdienst gehen

утрúр|овать <-ую, -уешь> *(н)св прх книжн* übertreiben, überspitzen

ýтр|о <-а> *ср* Morgen *m;* **дóброе ýтро!** guten Morgen!; **~ вéчера мудренéе** *пословица* der Morgen ist klüger als der Abend; **по утрáм** morgens

утрóб|а <-ы> *ж* **1.** *(чрéво мáтери)* Mutterleib *m,* Schoss *m* **2.** *(нутрó)* Innere *nt,* Eingeweide *pl,* Innereien *pl;* **всей утрóбой чýвствовать** mit allen Fibern [*o* am ganzen Leib] spüren

утрóбн|ый <-ая, -ое> *прил* **1.** биол Leibes-, vorgeburtlich; **~ перúод развúтия плóда** die Entwicklungsperiode der Frucht **2.** *(глухóй, нúзкий)* dumpf, hohl; **~ гóлос** dumpfe Stimme *f;* **~ смех** hohles Lachen *nt*

утрó|ить <-ю, -ишь> *св прх см.* **утрáивать**

ýтром *нрч* morgens, am Morgen, früh; **вставáть рáно ~** früh aufstehen; **зáвтра ~** morgen früh

утруждá|ть <-ю, -ешь> *нсв,* **утрудúть** *св прх* zur Last fallen, bemühen; **~ себя́** sich Mühe geben

утрýск|а <-и> *ж* Abgang *m,* Verlust *m*

утрясá|ть <-ю, -ешь> *нсв,* **утрястú** *св прх* zusammenschütten; *разг* erledigen, in Ordnung bringen

утыкá|ть <-ю, -ешь> *нсв,* **уткнýть** *св прх разг* stecken, hineinstecken; **уткнýть нос в учéбник** die Nase ins Lehrbuch stecken; **уткнýть лицó в воротнúк** das Gesicht in den Kragen stecken

утю́г <-á> *м* Bügeleisen *nt;* **~ с пароувлажни́телем** Dampfbügeleisen *nt*

утю́ж|ить <-у, -ишь> *нсв,* **отутю́жить** *св прх* bügeln, plätten

утя́тин|а <-ы> *ж без мн* кул Entenfleisch *nt*

уф *межд* uff!; **~, как тяжело́!** uff, ist das schwer!

ух *межд* ach!; **~ как напуга́л!** ach, hast du mich erschreckt!; **~ ты како́й бы́стрый!** ach, bist du aber schnell!

ух|а́ <-и́> *ж* Fischsuppe *f*

уха́б <-а> *м* Schlagloch *nt*

уха́бист|ый <-ая, -ое; -, -а, -о> *прил разг* holp(e)rig

ухажёр <-а> *м разг* **1.** *(волоки́та)* Frauenheld *m,* Schürzenjäger *m,* Weiberheld *m;* **име́ть сла́ву ухажёра** als Frauenheld berühmt sein **2.** *(покло́нник)* Verehrer *m,* Kavalier *m;* **нет отбо́я от ухажёров** die Verehrer nicht loswerden

уха́жива|ть <-ю, -ешь> *нсв нпрх* **1.** *(за больны́м)* pflegen, sorgen für *+akk* **2.** *(за де́вушкой)* den Hof machen

у́харск|ий <-ая, -ое> *прил разг* verwegen, forsch

ухва́т <-а> *м* Topfgabel *f,* Ofengabel *f*

ухв|ати́ть <-ачу́, -а́тишь> *св прх см.* **ухва́тывать**

ухва́тк|а <-и> *ж разг* **1.** *(мане́ра поведе́ния)* Manier *f,* Umgangsform *f;* **гру́бые ухва́тки** grobe Manieren *fpl* **2.** *(ло́вкость, сноро́вка)* List *f,* Schlauheit *f;* **брать не си́лой, а ухва́ткой** durch List überzeugen

ухва́тыва|ть <-ю, -ешь> *нсв,* **ухвати́ть** *св прх* **1.** *(кре́пко взять)* ergreifen, erfassen, packen; **ухвати́ть за́ руку** an der Hand packen **2.** *(поня́ть)* begreifen, kapieren, aufgreifen; **ухвати́ть мысль** einen Gedanken begreifen

ухитря́|ться <-юсь, -ешься> *нсв,* **ухитри́ться** *св рефл* geschickt sein; **ухитри́ться незаме́тно проскользну́ть** es schaffen, sich unbemerkt anzuschleichen; **он ухитри́лся получи́ть дво́йку** er hat es geschafft, eine Fünf zu kriegen

ухищре́ни|е <-я> *ср* List *f,* Kniff *m,* Schlich *m;* **прибега́ть к ухищре́ниям** allerlei Kniffe und Tricks anwenden

ухмы́лк|а <-и> *ж разг* Schmunzeln *nt,* Grinsen *nt;* **глу́пая ~** blödes Grinsen *nt;* **самодово́льная ~** selbstzufriedenes Schmunzeln *nt*

ухмыля́|ться <-юсь, -ешься> *нсв,* **ухмыльну́ться** *св рефл разг* feixen, grinsen

у́хо <у́ха> *ср* Ohr *nt;* **пропусти́ть ми́мо уше́й** überhören; **воспале́ние сре́днего у́ха** Mittelohrentzündung *f;* **слу́шать кра́ем у́ха** mit halbem Ohr zuhören; **влюби́ться по́ уши** sich bis über beide Ohren verlieben; **разве́сить у́ши** *(заслу́шаться)* die Ohren aufsperren

ухо́д[1] <-а> *м* **1.** *(арти́ста)* Abgang *m* **2.** *(отку́да-л.)* Weggang *m,* Weggehen *nt* **3.** *(поли́тика)* Rücktritt *m;* **~ со слу́жбы** [*или* **рабо́ты**] Personalabgang *m;* **~ с до́лжности** Rücktritt *m* **4.** *(войск)* Rückzug *m;* **~ от действи́тельности** Realitätsflucht *f*

ухо́д[2] <-а> *м (забо́та)* Pflege *f,* Wartung *f,* Sorge *f;* **~ за ко́жей** Hautpflege *f;* **~ за те́лом** Körperpflege *f;* **~ за зуба́ми** Zahnpflege *f;* **не тре́бующий осо́бого ухо́да** pflegeleicht

ух|оди́ть <-ожу́, -о́дишь> *нсв,* **уйти́** *св нпрх* **1.** *(отку́да-л.)* weggehen, davongehen; **у него́ все де́ньги ухо́дят на пита́ние** sein ganzes Geld geht für Essen drauf **2.** *(об актёре)* abgehen **3.** *(о по́езде)* abfahren; **от те́мы** vom Thema abkommen

ухо́жен|ный <-ная, -ное; -, -а, -о> *прил разг* gepflegt, umsorgt

ухудша́|ть <-ю, -ешь> *нсв,* **уху́дшить** *св прх* verschlimmern, verschlechtern

ухудша́|ться <-юсь, -ешься> *нсв,* **уху́дшиться** *св прх* sich verschlimmern, sich verschlechtern

ухудше́ни|е <-я> *ср* Verschlechterung *f;* **~ отноше́ний** Verschlechterung der Beziehungen; **~ конъюнкту́ры** Konjunkturflaute *f*

уху́дш|ить <-у, -ишь> *св прх см.* **ухудша́ть**

уцеле́|ть <-ю, -ешь> *св нпрх* **1.** *(оста́ться в живы́х)* am Leben bleiben; **чу́дом ~ в катастро́фе** wie durch ein Wunder beim Unfall unverletzt bleiben **2.** *(сохрани́ться)* heil bleiben; **музе́й уцеле́л** das Museum blieb unbeschädigt

уценён|ный <-ная, -ное; -, -á, -ó> *прил* verbilligt

уце́нива|ть <-ю, -ешь> *нсв,* **уцени́ть** *св прх* экон den Preis herabsetzen, den Warenwert reduzieren; **~ залежа́вшийся това́р** die Preise der Ladenhüter herabsetzen; **~ вдво́е оде́жду** die Preise für Bekleidung auf die Hälfte reduzieren

уце́нк|а <-и> *ж* (Wert)Minderung *f,* Preisherabsetzung *f*

уц|епи́ться <-еплю́сь, -е́пишься> *св рефл* sich festklammern; **~ рука́ми за по́ручни** sich krampfhaft mit den Händen an der Geländerstange festhalten; **~ за чью-л. мысль** sich an jds Gedanken klammern

уча́ств|овать <-ую, -уешь> *нсв нпрх (в чём-л.)* teilnehmen an *+dat,* mitmachen, sich beteiligen; **~ в управле́нии чем-л.** mitbestimmen

уча́сти|е <-я> *ср* Teilnahme *f,* Beteiligung *f,* Mitwirkung *f;* экон Anteil *m; (сочу́вствие)* Anteilnahme *f;* **~ в вы́борах** Wahlbeteiligung *f;* **~ в управле́нии чем-л.** Mitbestimmung *f;* **акти́вное ~** Engagement *nt;* **~ в капита́ле**

У

Kapitalbeteiligung *f;* **~ в оборо́те** Umsatzbeteiligung *f;* **~ в при́были** Gewinnbeteiligung *f;* **~ в уще́рбе** Verlustbeteiligung *f;* **~ рабо́тников в управле́нии предприя́тием** Mitbestimmung *f;* **минорита́рное уча́стие** Minderheitsbeteiligung *f*

уча|сти́ться <-щу́сь, -сти́шься> *св рефл см.* **учаща́ться**

участко́в|ый[1] <-ого> *м то́лько ед* Abschnittsbevollmächtigter *m;* **вы́звать участко́вого** den Abschnittsbevollmächtigten holen

участко́в|ый[2] <-ая, -ое> *прил* Revier-, Abschnitts-; **~ агроно́м** Abschnittsagronom *m;* **~ врач** Bereichsarzt *m;* **участко́вая избира́тельная коми́ссия** Bezirkswahlausschuss *m*

уча́стлив|ый <-ая, -ое; -, -а, -о> *прил* mitfühlend; **~ взгляд** mitfühlender Blick *m;* **отнести́сь с уча́стливым внима́нием** mitfühlende Aufmerksamkeit *f* zeigen; **уча́стливое отноше́ние** mitfühlende Haltung *f*

уча́стник <-а> *м,* **уча́стниц|а** <-ы> *ж* Teilnehmer(in) *m(f),* Beteiligte(r) *f(m);* **~ автодоро́жного движе́ния** Verkehrsteilnehmer(in) *m(f);* **~ вы́ставки** Aussteller *m;* **~ в со́бственности** Miteigentümer *m;* **~ ма́лого пограни́чного сообще́ния** Grenzgänger *m;* **~ ры́нка** Marktteilnehmer *m*

уча́ст|ок <-ка> *м* **1.** *(часть земли́)* Grundstück *nt,* Parzelle *f;* **раздели́ть на уча́стки** parzellieren **2.** *(часть пове́рхности)* Abschnitt *m,* Strecke *f;* **~ поражённой тка́ни** Bereich des verletzten Gewebes; **~ тра́ссы** Streckenabschnitt *m;* **приуса́дебный ~** Hofgrundstück *nt;* **рабо́та на огоро́дном уча́стке** Arbeit auf dem Gemüsefeld **3.** ВОЕН Abschnitt *m,* Bereich *m;* **~ фро́нта** Frontabschnitt *m;* **~ проры́ва** Durchbruchsabschnitt *m* **4.** *(администрати́вное деле́ние)* Revier *nt,* Strecke *f,* Bezirk *m;* **избира́тельный ~** Wahlbezirk *m;* **враче́бный ~** Arztbezirk *m*

у́час|ть <-ти> *ж* Schicksal *nt,* Geschick *nt,* Los *nt*

учаща́|ться <-юсь, -ешься> *нсв,* **участи́ться** *св рефл* **1.** *(слу́чаи)* sich häufen **2.** *(пульс)* sich beschleunigen

учащён|ный <-ная, -ное; -, -а́, -о́> *прил* beschleunigt; **~ пульс** beschleunigter Puls *m;* **учащённое дыха́ние** beschleunigtes Atmen *nt*

уча́щ|ийся <-аяся, -ееся> *м* Schüler(in) *m(f);* **конце́рт для уча́щихся** Konzert *nt* für Studierende; **уча́щиеся ста́рших кла́ссов** Schüler der oberen Klassen

учёб|а <-ы> *ж* Lernen *nt;* *(уче́ние)* Lehre *f;* *(обуче́ние)* Schulung *f;* *(в ву́зе)* Studium *nt,* Hochschulstudium *nt*

уче́бник <-а> *м* Lehrbuch *nt,* Leitfaden *m;* **шко́льный ~** Schulbuch *nt*

уче́бн|ый <-ая, -ое> *прил* Schul-, Lehr-, Studien-; **~ год** Schuljahr *nt;* **~ курс** Kurs *m,* Lehrgang *m;* **уче́бное посо́бие** Lehrwerk *nt;* **уче́бная програ́мма** Lehrplan *m;* **~ предме́т** Lehrfach *nt;* **уче́бная тропа́** Lehrpfad *m*

уче́ни|е <-я> *ср* Lehre *f;* **~ об эконо́мике предприя́тия** Betriebswirtschaftslehre *f,* BWL *f*

учени́к <-а́> *м,* **учени́ц|а** <-ы> *ж* Schüler(in) *m(f);* *(ма́стера)* Auszubildende(r) *f(m);* *(на произво́дстве)* Lehrling *m*

учени́ческ|ий <-ая, -ое> *прил* Schüler-, Studenten-; **учени́ческое удостовере́ние** Schülerausweis *m*

учени́честв|о <-а> *ср* Lehre *f;* *(вре́мя учени́чества)* Lehrzeit *f*

учёнос|ть <-ти> *ж* Gelehrtheit *f*

учён|ый **I.** <-ая, -ое; -, -а, -о> *прил* gelehrt; **учёная сте́пень до́ктора нау́к** Doktortitel *m* **II.** <-ого> *м* Gelehrte(r) *f(m),* Wissenschaftler *m*

уч|е́сть <-ту́, -тёшь> *св прх см.* **учи́тывать**

учёт <-а> *м* Beachtung *f,* Berücksichtigung *f,* Einkalkulieren *nt;* ЭКОН Erfassung *f,* Berechnung *f,* Registrierung *f;* **~ векселе́й** Diskontierung *f;* **~ дохо́дов и расхо́дов** Einnahmen-Ausgaben-Rechnung *f;* **~ изде́ржек** Kostenerfassung *f,* Kostenrechnung *f;* **~ изде́ржек по ви́дам** Kostenartenrechnung *f;* **~ капиталовложе́ний** Investitionsrechnung *f;* **~ нали́чия** Inventur *f;* **~ складски́х запа́сов** Lagerbestandsbewertung *f;* **~ за́работной пла́ты** Gehaltsabrechnung *f*

учётн|ый <-ая, -ое> *прил* ЭКОН Berechnungs-, Kontroll-; **учётная опера́ция** Diskontgeschäft *nt;* **учётная поли́тика** Diskontpolitik *f;* **учётная ста́вка** Diskontsatz *m;* **учётная ста́вка по це́нным бума́гам** Effektendiskont *m;* **~ проце́нт** Diskont *m,* Bankrate *f;* **~ банк** Diskontbank *f*

учётчик <-а> *м,* **учётчиц|а** <-ы> *ж* Registerführer(in) *m(f),* Registrator(in) *m(f)*

учи́лищ|е <-а> *ср* Lehranstalt *f;* **музыка́льное ~** Musikfachschule *f;* **профессиона́льно-техни́ческое ~** Berufsschule *f;* **реа́льное ~** Realschule *f*

i Land & Leute

Zwischen dem Mittelschulabschluss und dem Hochschulabschluss rangiert in Russland die berufliche Ausbildung, mit der man gewöhnlich nach den bestandenen Prüfungen im Anschluss an die neunte Schulklasse – mit der „Mittelschulbildung ohne Hochschulreife" – beginnt.
Es gibt seit der Sowjetzeit eine Fülle von **Berufsschulen**

verschiedener Art, an denen zugleich ein Beruf und die Mittelschulbildung nachgeholt werden kann. An eine Berufsschule gehen meist Jugendliche, deren Schulleistungen zu wünschen übrig lassen.

учи́лищн|ый <-ая, -ое> *прил* Schul-; **~ сове́т** Schulrat *m;* **учи́лищное нача́льство** Schulvorgesetzte(r) *f(m)*

учи́те|ль <-ля> *м,* **учи́тельниц|а** <-ы> *ж* Lehrer(in) *m(f);* **~ физкульту́ры** Sportlehrer(in) *m(f)*

учи́тельск|ая <-ой> *ж только ед* Lehrerzimmer *nt*

учи́тельск|ий <-ая, -ое> *прил* Lehrer-; **~ коллекти́в** Lehrerkollektiv *nt;* **учи́тельские но́тки в го́лосе** lehrerhafte Stimme *f*

учи́тыва|ть <-ю, -ешь> *нсв,* **уче́сть** *св прх* beachten, berücksichtigen, einkalkulieren, bedenken; **учи́тывая** angesichts; **учи́тываемый ба́нком** bankfähig

учи́ть <учу́, у́чишь> *нсв,* **научи́ть, вы́учить** *св прх* lernen; *(кого́-л. чему́-л.)* lehren; **~ наизу́сть** auswendig lernen

учи́ться <учу́сь, у́чишься> *нсв рефл* lernen, studieren

учпедги́з *сокр от* **учё́бно-педагоги́ческое изда́ние** lehrpädagogische Ausgabe *f*

учреди́те|ль <-ля> *м* Gründer *m,* Stifter *m*

учреди́тельн|ый <-ая, -ое> *прил* Gründungs-, Stiftungs-; **~ сове́т** Gründungsrat *m;* **учреди́тельное собра́ние** Gründungsversammlung *f*

учрежда́|ть <-ю, -ешь> *нсв,* **учреди́ть** *св прх* stiften, gründen; *(ввести́)* einführen

учрежде́ни|е <-я> *ср (де́йствие)* Gründung *f,* Stiften *nt,* Organisation *f; (заведе́ние)* Institution *f,* Einrichtung *f,* Dienststelle *f; (госуда́рственное)* Behörde *f,* Amt *nt;* **медици́нское ~** medizinische Einrichtung *f;* **~ по обслу́живанию населе́ния** Versorgungsbetrieb *m;* **~ предприя́тия** Unternehmensgründung *f;* **~ фи́рмы** Firmengründung *f;* **~ социа́льного назначе́ния** soziale Einrichtung *f*

учти́вос|ть <-ти> *ж* Höflichkeit *f;* **из учти́вости** aus Höflichkeit

учти́в|ый <-ая, -ое; -, -а, -о> *прил* höflich, respektvoll

учу́|ять <-ю, -ешь> *св прх* wittern, spüren, Wind bekommen; **~ опа́сность** eine Gefahr spüren; **~ беду́** ein Unheil wittern

уша́н <-а> *м* ЗООЛ Großohr *nt,* Großohrfledermaus *f*

уша́нк|а <-и> *ж* warme Mütze *f* mit Ohrenklappen

уша́ст|ый <-ая, -ое; -, -а, -о> *прил* langohrig, großohrig; **уша́стая лиси́ца** ЗООЛ langohriger Fuchs *m*

уша́т <-а> *м* Zuber *m,* Kübel *m;* **~ с ква́шеной капу́стой** Sauerkrautkübel *m;* **вы́лить на кого́-л. ~ холо́дной воды́** jdm eine kalte Dusche verabreichen

у́ши <уше́й> *мн* Ohren *pl;* **тебе́ не вида́ть э́того, как со́бственных уше́й** das musst du dir aus dem Kopf schlagen

уши́б <-а> *м* Quetschung *f*

ушиба́|ть <-ю, -ешь> *нсв,* **ушиби́ть** *св прх* stoßen, verletzen; **ушиби́ть себе́ но́гу** sich den Fuß stoßen

у́шко́[1] <-а *или* -а́> *ср* kleines Ohr *nt,* Öhrchen *nt*

ушко́[2] <-а́> *ср (иго́лки)* Öse *f,* Nadelöhr *nt*

ушни́к <-а́> *м разг* Ohrenarzt *m,* Ohrenspezialist *m;* **на приём к ушнику́** zur Untersuchung beim Ohrenarzt

ушн|о́й <-а́я, -о́е> *прил* Ohr-, Ohren-; **ушна́я ра́ковина** АНАТ Ohrmuschel *f;* **ушна́я се́ра** Ohrenschmalz *nt;* **ушно́е зе́ркало** МЕД Ohrenspiegel *m,* Otoskop *nt;* **ушна́я боль** Ohrenschmerzen *pl*

уще́ль|е <-я> *ср* Engpass *m,* Schlucht *f*

ущем|и́ть <-лю́, -и́шь> *св прх см.* **ущемля́ть**

ущемле́ни|е <-я> *ср* Einklemmen *nt; перен* Benachteiligung *f,* Verletzung *f;* **~ интере́сов** Zurücksetzung *f*

ущемля́|ть <-ю, -ешь> *нсв,* **ущеми́ть** *св прх* klemmen, quetschen; *перен* benachteiligen, schmälern

уще́рб <-а> *м* Schaden *m,* Einbuße *f,* Nachteil *m,* Verlust *m;* **~, нанесё́нный окружа́ющей среде́** Umweltschaden *m*

уще́рб|ный <-ная, -ное; -ен, -на, -но> *прил* schwindend; *перен* unvollkommen, abnormal

ущипн|у́ть <-у́, -ёшь> *св прх см.* **щипа́ть**

Уэ́льс <-а> *м* ГЕОГ Wales *nt*

ую́т <-а> *м* Gemütlichkeit *f*

ую́т|ный <-ная, -ное; -ен, -на, -но> *прил* gemütlich, wohnlich, behaglich

уязви́мос|ть <-ти> *ж* **1.** *(предраспло́женность)* Anfälligkeit *f* **2.** *(рани́мость)* Verwundbarkeit *f*

уязви́м|ый <-ая, -ое; -, -а, -о> *прил* **1.** *(предрасполо́женный)* anfällig **2.** *(рани́мый)* verwundbar; **уязви́мое ме́сто** *перен* Schwachstelle *f*

уязвля́|ть <-ю, -ешь> *нсв,* **уязви́ть** *св прх* kränken, verletzen; **~ чьё-л. самолю́бие** jds Ehrgeiz verletzen

уясня́|ть <-ю, -ешь> *нсв,* **уясни́ть** *св прх* erklären, erläutern, verständlich machen; **~ суть де́ла** die Hauptsache erläutern; **~ смысл чего́-л.** den Sinn vom etw erläutern; **~ значе́ние слов** die Bedeutung der Worte verständlich machen

У

Фф

Ф, ф <неизм> *ср* Buchstabe Ф

фабзавко́м истор *сокр от* **фабри́чно-заводско́й комите́т** Betriebsgewerkschaftsleitung *f,* Betriebskomitee *nt* der Gewerkschaft

фа́брик|а <-и> *ж* Fabrik *f*

фа́брика-ку́хн|я <-и> *ж* Großküche *f,* Großküchenbetrieb *m*

фабрика́нт <-а> *м* Fabrikant *m*

фабрика́т <-а> *м* Fabrikat *nt,* Erzeugnis *nt*

фабрик|ова́ть <-у́ю, -у́ешь> *нсв прх перен* fabrizieren

фабри́чн|ый <-ая, -ое> *прил* **1.** *(сде́ланный на фа́брике)* Fabrik-; **фабри́чная ма́рка** Fabrikmarke *f;* **фабри́чное клеймо́** Fabrikstempel *m;* **изде́лия фабри́чного произво́дства** Fabrikware *f* **2.** *(промы́шленный)* Industrie-; **~ райо́н** Industriebezirk *m;* **изгото́вить фабри́чным спо́собом** industriell fertigen

фа́бул|а <-ы> *ж* лит Fabel *f,* Inhalt *m,* Handlung *f*

фавн <фа́вна> *м* миф Faun *m*

фаво́р <-а> *м* Gunst *f;* **быть в фаво́ре** begünstigt werden

фавори́т <-а> *м,* **фавори́тк|а** <-и> *ж* Günstling *m;* *(люби́мец)* Liebling *m;* спорт Favorit(in) *m(f);* **входи́ть в число́ ~ов** zum Favoritenkreis zählen; **счита́ться фавори́том** als Favorit gelten

фаг <фа́га> *м* биол Bakteriophag *m*

фаго́т <-а> *м* муз Fagott *nt*

фаготерапи́|я <-и> *ж* мед Phagotherapie *f*

фаго́тн|ый <-ая, -ое> *прил* Fagott-; **~ кла́пан** Fagottklappe *f*

фагоци́т <-а> *м* биол Phagozyte *f*

фагоцито́з <-а> *м* биол Phagozytose *f*

фа́з|а <-ы> *ж* Phase *f;* *(ста́дия)* Stadium *nt;* **~ внедре́ния проду́кта на ры́нке** Produkteinführungsphase *f;* **~ конъюнкту́рного ци́кла** Konjunkturphase *f;* **~ плани́рования** Planungsphase *f;* **~ зре́лости** Reifezeit *f*

фаза́н <-а> *м* Fasan *m*

фа́зн|ый <-ая, -ое> *прил* эл Phasen-; **~ про́вод** Phasenleiter *m,* Strangleitung *f;* **фа́зная обмо́тка** Phasenwicklung *f*

фа́зов|ый <-ая, -ое> *прил* физ Phasen-; **фа́зовая модуля́ция** Phasenmodulation *f;* **фа́зовое равнове́сие** Phasengleichgewicht *f;* **~ перехо́д** Phasenübergang *m*

фазокомпенса́тор <-а> *м* эл Phasenkompensator *m*

фазоме́тр <-а> *м* эл Phasenmesser *m,* Leistungsfaktormesser *m*

фазорегуля́тор <-а> *м* эл Phasenregler *m*

фазотро́н <-а> *м* физ Phasotron *nt,* Synchrozyklotron *nt*

ФАИ *сокр от* **Междунаро́дная авиацио́нная федера́ция** Weltluftsportverband *m,* FAI

файл <фа́йла> *м* информ Datei *f,* File *m;* **диспе́тчер фа́йлов** Dateimanager *m*

фа́кел <-а> *м* Fackel *f*

фа́кельн|ый <-ая, -ое> *прил* Fackel-; **фа́кельное ше́ствие** Fackelzug *m;* **~ проце́сс** Fackelprozession *f;* **фа́кельная то́пка** тех Fackelfeuerung *f;* **~ разря́д** физ Fackelentladung *f*

фа́кельщик <-а> *м* Fackelträger *m*

факи́р <-а> *м* Fakir *m*

факс <фа́кса> *м* (Tele)Fax *nt;* *(прибо́р)* Telefaxgerät *nt;* **получи́ть ~** einen Fax bekommen; **переда́ть по фа́ксу** faxen

факсимиле́ <неизм> *ср* Faksimile *nt;* **в ви́де ~** als Faksimile; **~ по́дписи** Unterschriftsfaksimile *nt*

факсими́льн|ый <-ая, -ое> *прил* Faksimile-, Fax-; **~ аппара́т** Faxgerät *nt;* **факсими́льная связь** Faxverbindung *f;* **факсими́льная устано́вка** Faxanlage *f*

факт <фа́кта> *м* Tatsache *f,* Fakt *m;* **достове́рный ~** unbeschrittene Tatsache *f;* **счита́ться с фа́ктом** einer Tatsache Rechnung tragen; **сам ~, что ...** die Tatsache, dass ...

факти́чески *нрч* tatsächlich, in der Tat

факти́ческ|ий <-ая, -ое> *прил* tatsächlich, faktisch; *(действи́тельный)* real, effektiv; **факти́ческая сто́имость** Barwert *m;* **факти́ческие изде́ржки** Istkosten *pl;* **факти́ческие поступле́ния** vereinnahmte Entgelte *pl;* **~ дохо́д от проце́нтов** Effektivverzinsung *f;* **факти́ческое владе́ние ве́щью** Gewahrsam; **факти́ческое иму́щество** Reinvermögen *nt;* **факти́ческое призна́ние** De-facto-Anerkennung *f;* **факти́ческое состоя́ние иму́щества** Vermögensbestand *m*

фактографи́ческ|ий <-ая, -ое> *прил* faktografisch; **~ по́иск** faktografische Erforschung *f*

фа́ктор <-а> *м* Faktor *m;* **~ ри́ска** Risikofaktor *m;* **вре́дный ~** Schadfaktor *m;* **~, определя́ющий вы́бор месторасположе́ния** Standortfaktor *m;* **~ произво́дства** Produktionsfaktor *m*

факто́ри|я <-и> *ж* Handelsniederlassung *f*

факту́р|а <-ы> *ж* **1.** экон Rechnung *f;* **изда́ть факту́ру на и́мя кого́-л.** eine Rechnung auf den Namen von jdm ausstellen **2.** иск, муз Eigenart *f,* Beschaffenheit *f;* **откры́тая ~** offene Faktur **3.** тех Sichtfläche *f,* Oberflächenbeschaffenheit *f,* Bearbeitungsart *f;* **~ мра́мора** Marmorsichtfläche *f;* **~ тка́ни** Gewebestruktur *f*

факту́рн|ый <-ая, -ое> *прил* торг Rechnungs-; **факту́рная за́пись** Rechnungsaufzeichnung *f;* **факту́рная маши́на** Rechnungsmaschine *f*

факультати́в|ный <-ная, -ное; -ен, -на, -но> *прил* fakultativ; **факультати́вная огово́рка** Fakultativklausel *f;* **~ предме́т** Wahlfach *nt;* **~ курс** wahlfreier Lehrgang *m;* **факультати́вные заня́тия** fakultativer Unterricht *m*

факульте́т <-а> *м* Fakultät *f;* **юриди́ческий ~** juristische Fakultät *f*

фал <фа́ла> *м* **1.** мор Fall *nt;* **кливер-~** Kluver-Fall *nt;* **сигна́льный ~** Signalfall *nt* **2.** авиа Schleppseil *nt,* Sicherheitsseil *nt*

фала́нг|а <-и> *ж* **1.** истор Phalanx *f* **2.** анат Phalanx *f,* Fingerglied *nt,* Gliederknöchel *m* **3.** зоол Solifuge *f,* Walzenspinne *f*

фа́лд|а <-ы> *ж* Rockschoss *m*

фалери́стик|а <-и> *ж* Abzeichenkunde *f*

фали́|нь <-ня> *м* мор Fangleine *f*

фалре́п <-а> *м* мор Fallreep *nt*

фальсифика́т <-а> *м* Fälschung *f*

фальсифика́ци|я <-и> *ж* Fälschung *f,* Verfälschung *f;* **~ (результа́тов) вы́боров** Wahlbetrug *m;* **~ бала́нса** Bilanzfälschung *f*

фальсифици́р|овать <-ую, -уешь> *(н)св,* **сфальсифици́ровать** *св прх* fälschen, verfälschen

фальста́рт <-а> *м* спорт Fehlstart *m*

фальц <фа́льца> *м* **1.** тех *(шов, паз)* Naht *f,* Fuge *f,* Falz *m* **2.** тип Bruch *m,* Falz *m*

фальцева́льн|ый <-ая, -ое> *прил* Falz-, zum Falzen; **фальцева́льная маши́на** Falzmaschine *f,* Falzer *m;* **~ цех** Falzabteilung *f*

фальц|ева́ть <-у́ю, -у́ешь> *нсв прх* тех, тип falzen; **~ кро́вельное желе́зо** das Dachblech falzen; **~ газе́ту** die Zeitung falzen

фальце́т <-а> *м* муз Falsett *nt;* **петь фальце́том** im Falsett singen

фальцо́вщик <-а> *м,* **фальцо́вщиц|а** <-ы> *ж* Falzer(in) *m(f)*

фальшбо́рт <-а> *м* мор Dollbord *m,* Falschbord *m*

фальши́в|ить <-лю, -ишь> *нсв,* **сфальши́вить** *св нпрх* **1.** муз falsch spielen, patzen **2.** *перен* unaufrichtig sein

фальши́вк|а <-и> *ж разг* Fälschung *f,* Imitation *f*

фальшивомоне́тчик <-а> *м* Falschmünzer *m,* Falschgeldhersteller *m*

фальши́в|ый <-ая, -ое; -, -а, -о> *прил* falsch, gefälscht; *(неи́скренний)* falsch, verlogen, unaufrichtig; *(лицеме́рный)* heuchlerisch; **фальши́вые де́ньги** Falschgeld *nt*

фальшки́|ль <-ля> *м* мор Falschkiel *m*

фальшь <фа́льши> *ж* Unaufrichtigkeit *f,* Betrug *m;* муз falsches Spielen *nt*/Singen *nt*

фами́ли|я <-и> *ж* Familienname *m,* Nachname *m;* *(род)* Geschlecht *nt,* Familie *f;* **де́вичья ~** Mädchenname *m*

фами́льн|ый <-ая, -ое> *прил* Familien-; **фами́льная черта́** Familienzug *m;* **фами́льные це́нности** Familienbesitz *m*

фамилья́рнича|ть <-ю, -ешь> *нсв нпрх разг* sich familiär verhalten; **~ с нача́льством** sich gegenüber der Leitung familiär verhalten

фамилья́р|ный <-ная, -ное; -ен, -на, -но> *прил* familiär

фан <фа́на> *м* Fan *m*

фана́т <-а> *м* Fanatiker(in) *m(f),* Fan *m;* *презрит* Fachidiot *m*

фанати́зм <-а> *м* Fanatismus *m*

фана́тик <-а> *м,* **фанати́чк|а** <-и> *ж* Fanatiker(in) *m(f),* Freak *m*

фанати́чн|ый <-ая, -ое> *прил* fanatisch

фане́р|а <-ы> *ж* Furnier *nt;* **клеёная ~** Sperrholz *nt*

фанер|ова́ть <-у́ю, -ешь> *нсв прх* furnieren

фанеро́вщик <-а> *м,* **фанеро́вщиц|а** <-ы> *ж* Furnierer(in) *m(f)*

фан-клуб <фан-клу́ба> *м* Fanklub *m*

фант <фа́нта> *м* Pfand *nt;* **игра́ в фа́нты** Pfänderspiel *nt*

фантазёр <-а> *м,* **фантазёрк|а** <-и> *ж* Schwärmer(in) *m(f),* Träumer(in) *m(f)*

фантази́р|овать <-ую, -уешь> *нсв нпрх* phantasieren; *(мечта́ть)* träumen; муз improvisieren

фанта́зи|я <-и> *ж* Phantasie *f,* Erfindungsgabe *f;* **с бе́дной фанта́зией** einfallslos, phantasielos

фантасмаго́ри|я <-и> *ж* Phantasmagorie *f,* Scheinbild *nt,* Trugbild *nt*

фанта́ст <-а> *м* **1.** *(фантазёр)* Schwärmer(in) *m(f),* Träumer(in) *m(f)* **2.** *(писа́тель)* Sciencefiction-Autor *m*

фанта́стик|а <-и> *ж* Phantastik *f;* **нау́чная ~** Sciencefiction *f*

фантасти́ческ|ий <-ая, -ое> *прил* phantastisch

фантастро́н <-а> *м* физ Phantastron *nt*

фа́нтик <-а> *м* Bonbonpapier *ntt;* **колле́кция фа́нтиков** Bonbonpapiersammlung *f*

фанто́м <-а> *м книжн* Phantom *nt*

фанто́мн|ый <-ая, -ое> *прил* Phantom-; **фанто́мные ощуще́ния** мед Phantomschmerz *m;* **фанто́мная цепь** эл Duplexleitung *f,* Phantomkreis *m,* Viererleitung *f*

фанфа́р|а <-ы> *ж* **1.** *(труба́)* Fanfare *f* **2.** *(зву́ки)* Fanfarenstöße *pl*

фанфаро́н <-а> *м разг* Angeber *m,* Aufschneider *m,* Großtuer *m*

фа́р|а <-ы> *ж* авто Scheinwerfer *m;* **противотума́нная ~** Nebelscheinwerfer *m*

фара́д|а <-ы> *ж* физ, эл Farad *nt*

фарадоме́тр <-а> *м* физ, эл Kapazitätsmesser *nt*

фарао́н <-а> *м* Pharao *m*

фарва́тер <-а> *м и перен* Fahrwasser *nt*

Фаренге́йт <-а> *м* физ Fahrenheit *m;* **шкала́**

Фаренге́йта Fahrenheitskala *f;* **по Фаренге́йту** nach Fahrenheit
фаринга́льн|ый <-ая, -ое> *прил* лингв pharyngal; **фаринга́льные согла́сные** pharyngale Konsonanten *mpl*
фаринги́т <-а> *м* мед Pharyngitis *f,* Rachenentzündung *f*
фарингоскопи́|я <-и> *ж* мед Pharyngoskopie *f,* Kehlkopfspiegelung *f*
фарисе́|й <-я> *м* Pharisäer *m*
фармакогно́зи|я <-и> *ж* мед Pharmakognosie *f,* Drogenkunde *f*
фармако́лог <-а> *м* Pharmakologe *m*
фармаце́вт <-а> *м* Pharmazeut(in) *m(f)*
фармаце́втик|а <-и> *ж* Pharmazie *f*
фармацевти́ческ|ий <-ая, -ое> *прил* pharmazeutisch; **фармацевти́ческая промы́шленность** Pharmaindustrie *f*
фарма́ци|я <-и> *ж* мед Pharmazie *f*
фарс <фа́рса> *м* Farce *f;* **вы́борный ~** Scheinwahlen *pl*
фа́ртук <-а> *м* Schürze *f*
фарфо́р <-а> *м* Porzellan *nt*
фарфо́ров|ый <-ая, -ое> *прил* Porzellan-, aus Porzellan; **фарфо́ровая посу́да** Porzellangeschirr *nt;* **фарфо́ровые изде́лия** Porzellanware *f;* **~ заво́д** Porzellanwerk *nt;* **фарфо́ровая статуэ́тка** Porzellanstatuette *f*
фарш <фа́рша> *м* Gehackte *nt;* *(мясно́й)* Hackfleisch *nt*
фарширо́ван|ный <-ная, -ное; -, -а, -о> *прил* gefüllt; **~ пе́рец** gefüllte Paprika *f;* **фарширо́ванные кабачки́** gefüllte Zucchini *fpl*
фарширова́ть <-у́ю, -у́ешь> *нсв прх* füllen; **~ ры́бу овоща́ми** den Fisch mit Gemüse füllen
фас <фа́са> *м* **1.** *(пере́дняя часть)* Vorderansicht *f;* **поверну́ться фа́сом** sich mit dem Gesicht nach vorn drehen; **в про́филь и в ~** von vorne und von der Seite **2.** воен Vorhut *f,* Avantgarde *f*
фаса́д <-а> *м* Fassade *f;* **пере́дний ~** Vorderseite *f,* Front *f;* **за́дний ~** Hinterseite *f,* Hofseite *f*
фаса́дн|ый <-ая, -ое> *прил* Front-; **фаса́дная ли́ния** Frontlinie *f;* **фаса́дное оформле́ние** Frontseitengestaltung *f;* **фаса́дные рабо́ты** Fassadenarbeiten *fpl*
фасе́т <-а> *м* тех Fassette *f,* Schleiffläche *f*
фасо́ван|ный <-ная, -ное; -, -а, -о> *прил* abgepackt; **~ това́р** abgepackte Ware *f*
фас|ова́ть <-у́ю, -у́ешь> *нсв прх* abpacken, abfüllen; **~ по паке́там** in Pakete abpacken; **~ карто́фель** Kartoffeln abpacken; **~ крупу́** Grütze abfüllen
фасо́вочн|ый <-ая, -ое> *прил* Abpack-, Abfüll-; **~ цех** Abpackabteilung *f,* Abfüllabteilung *f*
фасо́лев|ый <-ая, -ое> *прил* Bohnen-; **~ суп** Bohnensuppe *f;* **фасо́левые стручки́** Bohnenhülse *f*
фасо́|ль <-ли> *ж* бот, кул Bohnen *pl*
фасо́н <-а> *м* *(об оде́жде)* Schnitt *m,* Machart *f*
фасо́нн|ый <-ая, -ое> *прил* **1.** тех Form-; **фасо́нная отли́вка** Formgießen *nt;* **~ резе́ц** Formschneidestahl *m* **2.** *(релье́фный)* Muster-, Zier-; **фасо́нная пря́жа** Mustergarn *nt;* **~ ба́рхат** Mustersamt *m*
фа́сци|я <-и> *ж* анат Bindegewebe *nt,* Faszie *f,* Muskelbinde *f;* **подко́жные фа́сции** subkutanes Bindegewebe, Unterhautbindegewebe *nt*
фат|а́ <-ы́> *ж* Hochzeitsschleier *m*
фатали́зм <-а> *м* Fatalismus *m*
фатали́ст <-а> *м,* **фатали́стк|а** <-и> *ж* Fatalist(in) *m(f)*
фата́|льный <-льная, -льное; -лен, -льна, -льно> *прил* fatal; **допуска́ть фата́льную оши́бку** einen fatalen Fehler machen
фа́ун|а <-ы> *ж* Fauna *f,* Tierwelt *f*
фаустпатро́н <-а> *м* Panzerfaust *f*
фа́ци|я <-и> *ж* геол Periode *f*
фаши́зм <-а> *м* Faschismus *m*
фаши́н|а <-ы> *ж* стр Faschine *f,* Reisigbündel *nt*
фаши́ст <-а> *м* Faschist(in) *m(f)*
фаши́стск|ий <-ая, -ое> *прил* faschistisch
фая́нс <-а> *м* **1.** *(материа́л)* Steingut *nt* **2.** *(изде́лия)* Fayence *f*
фая́нсов|ый <-ая, -ое> *прил* Steingut-, Fayence-; **~ заво́д** Fayencefabrik *f;* **фая́нсовая ва́нна** Steingutwanne *f*
ФБР *сокр от* **Федера́льное бюро́ рассле́дований** FBI *nt o f* *(Bundesstaatliche Ermittlungsabteilung der Kriminalpolizei der USA)*
февра́|ль <-ля́> *м* Februar *m*
федерали́зм <-а> *м* Föderalismus *m*
федера́льн|ый <-ая, -ое> *прил* Bundes-, Föderal-; **федера́льная желе́зная доро́га** Bundesbahn *f;* **федера́льное ве́домство** Bundesamt *nt,* Bundesanstalt *f;* **федера́льное министе́рство** Bundesministerium *nt;* **федера́льное объедине́ние** Bundesverband *m;* **федера́льное управле́ние** Bundesamt *nt;* **федера́льное учрежде́ние** Bundesanstalt *f;* **федера́льные о́рганы вла́сти** Bund *m;* **~ бюдже́т** Bundeshaushalt *m;* **~ сою́з** Bundesverband *m;* **федера́льная структу́ра** föderalistische Struktur *f*

i Land & Leute

Die Föderalversammlung ist das Oberhaus des russischen Parlaments: sie besteht aus je zwei Vertretern jeder Oblast bzw. Autonomen Republik – einem Vertreter der örtlichen Legislative und einem der Exekutive, die von diesen abgeordnet werden. Alle Gesetzentwürfe und Beschlüsse, die im unteren Parlamentshaus, der Staatsduma, verabschiedet werden, müssen von der Föderalversammlung bestätigt werden – dann werden sie dem Landespräsidenten vorgelegt.

федерати́вн|ый <-ая, -ое> *прил* föderativ, Bundes-; **федерати́вная респу́блика** Bundesrepublik *f;* **федерати́вное госуда́рство** Bundesstaat *m*

федера́ци|я <-и> *ж* Föderation *f,* Bund *m;* **~ профсою́зов** Gewerkschaftsbund *m*

фе́динг <-а> *м* РАДИО Fading *m,* Schwund *m*

фее́ри|я <-и> *ж* Märchenspiel *nt,* Feerie *f*

фейерве́рк <-а> *м* Feuerwerk *nt*

фека́ли|я <-и> *ж* Fäkalie *f,* Ausscheidungen *pl*

фельдма́ршал <-а> *м* ИСТОР, ВОЕН Feldmarschall *m*

фельдфе́бе|ль <-ля> *м* ИСТОР, ВОЕН Feldwebel *m*

фе́льдшер <-а> *м,* **фельдшери́ц|а** <-ы> *ж* МЕД Arzthelfer *m,* Feldscher *m;* **ветерина́рный ~** Veterinärhelfer *m;* **вое́нный ~** Militärarzthelfer *m*

фельето́н <-а> *м* Feuilleton *nt*

фельетони́ст <-а> *м,* **фельетони́стк|а** <-и> *ж* Feuilletonist(in) *m(f)*

фелю́г|а <-и> *ж* МОР Feluke *f*

Феми́д|а <-ы> *ж* МИФ Themis *f;* **служи́тели Феми́ды** die Diener der Themis

феминиза́ци|я <-и> *ж* БИОЛ Verweiblichung *f*

фемини́зм <-а> *м* Feminismus *m*

фемини́стк|а <-и> *ж* Feministin *f,* Frauenrechtlerin *f*

фемини́стск|ий <-ая, -ое> *прил* feministisch; **фемини́стское движе́ние** feministische Bewegung *f*

фен <фе́на> *м* Föhn *m;* **суши́ть во́лосы фе́ном** Haare föhnen

фе́нек <-а> *м* ЗООЛ Fennek *m*

фе́никс <-а> *м* МИФ Phönix *m*

феногене́тик|а <-и> *ж* БИОЛ Phanogenetik *f*

фено́л <-а> *м* ХИМ Phenol *nt*

фенологи́ческ|ий <-ая, -ое> *прил* phänologisch; **фенологи́ческие ка́рты** phänologische Karten *fpl;* **~ спектр** phänologisches Spektrum *nt*

феноло́ги|я <-и> *ж* БИОЛ Phänologie *f*

феноме́н <-а> *м* Phänomen *nt;* **э́то ре́дкий ~** das ist ein seltenes Phänomen

феномена́|льный <-льная, -льное; -лен, -льна, -льна> *прил* phänomenal, ungewöhnlich, außergewöhnlich; **феномена́льная па́мять** phänomenales Gedächtnis *nt;* **~ успе́х** ungewöhnlicher Erfolg *m;* **феномена́льные спосо́бности** außergewöhnliche Fähigkeiten *fpl*

феноти́п <-а> *м* ЛИНГВ, БИОЛ Phänotyp *m*

фе́нхе|ль <-ля> *м* Fenchel *m*

феодали́зм <-а> *м* Feudalismus *m*

феода́льн|ый <-ая, -ое> *прил* Feudal-, feudal

ферзь <ферзя́> *м (в ша́хматах)* Königin *f*

фе́рм|а[1] <-ы> *ж* С.-Х. Farm *f;* **моло́чная ~** Molkerei *f*

фе́рм|а[2] <-ы> *ж* АГР Träger *m*

ферма́т|а <-ы> *м* МУЗ Fermate *f*

ферме́нт <-а> *м* Enzym *nt,* Ferment *nt*

ферментати́вн|ый <-ая, -ое> *прил* БИОЛ, ХИМ Enzym-, enzymatisch, fermentativ; **~ ката́лиз** enzymatische Katalyse *f;* **~ ме́тод ана́лиза** fermentative Analysemethode *f*

ферментá́ци|я <-и> *ж* Fermentation *f,* Gärung *f*

ферментопати́|я <-и> *ж* МЕД Fermentopathie *f*

фе́рмер <-а> *м,* **фе́рмерш|а** <-и> *ж* Farmer(in) *m(f)*

фе́рми|й <-я> *м* Fermium *nt*

ферри́т <-а> *м* ХИМ, ФИЗ Ferrit *m*

ферри́тов|ый <-ая, -ое> *прил* Ferrit-; **ферри́товая анте́нна** Ferritantenne *f;* **ферри́товая ма́трица** Ferritmatrix *f;* **~ серде́чник** Ferritkern *m*

феррозо́нд <-а> *м* ФИЗ Ferrosonde *f*

ферроспла́в <-а> *м* ТЕХ Eisenlegierung *f,* Ferritlegierung *f*

фе́ск|а <-и> *ж* Fes *m*

фестива́|ль <-ля> *м* Festival *nt;* *(и́гры)* Festspiel *nt;* **~ под откры́тым не́бом** Open-airfestival *nt*

фети́ш <-а> *м* Fetisch *m*

фетиши́ст <-а> *м* Fetischist *m*

фетр <фе́тра> *м* Filz *m*

фе́тров|ый <-ая, -ое> *прил* Filz-; **фе́тровая шля́па** Filzhut *m*

фехтова́льн|ый <-ая, -ое> *прил* Fecht-; **~ зал** Fechtsaal *m;* **~ клино́к** Fechtsäbel *m*

фехтова́льщик <-а> *м,* **фехтова́льщиц|а** <-ы> *ж* Fechter(in) *m(f)*

фехт|ова́ть <-у́ю, -у́ешь> *нсв нпрх* fechten

фешене́бе|льный <-льная, -льное; -лен, -льна, -льно> *прил* fein, schick, modisch; **~ райо́н** modischer Bezirk *m;* **фешене́бельная кварти́ра** elegante Wohnung *f*

фе́|я <-и> *ж* Fee *f,* Zauberin *f*

фи́ *межд* pfui!; **~, как неприя́тно!** pfui, ist das unangenehm!

фиа́лк|а <-и> *ж* Veilchen *nt;* **альпи́йская ~** Alpenveilchen *nt*

фиа́ско <неизм> *ср книжн* Fiasko *nt;* **по́лное ~** totaler Fehlschlag *m;* **потерпе́ть ~** ein Fiasko erleiden

фибергла́с <-а> *м* glasfaserverstärkter Kunststoff *m,* Fiberglas *nt*

фи́бр|а <-ы> *ж* **1.** БОТ, АНАТ Faser *f* **2.** ТЕХ

Fiber *f,* Kunstfaserstoff *m;* **вулканизи́рованная ~** Vulkanfiber *f* **3.** *то́лько мн, перен (всё существо́)* Faser *f;* **ненави́деть всеми фи́брами души́** jdn aus ganzem Herzen hassen

фибриноге́н <-а> *м* БИОЛ Fibrinogen *m*

фиброадено́м|а <-ы> *ж* МЕД Fibroadenom *nt*

фиброли́т <-а> *м* СТР Fibrolith *m*

фибро́м|а <-ы> *ж* МЕД Fasergeschwulst *f*

фибромио́м|а <-ы> *ж* МЕД Fibromyom *nt*

фибросарко́м|а <-ы> *ж* МЕД Fibrosarkom *nt*

фи́бул|а <-ы> *ж (застёжка-украше́ние)* Fibel *f,* Gewandspange *f*

фи́г|а <-и> *ж* **1.** БОТ *(инжи́р)* Feige *f,* Feigenbaum *m* **2.** *вульг, разг (ку́киш)* Stinkefinger *m;* **показа́ть фи́гу** den Stinkefinger zeigen **3.** *(ничего́)* **фи́га с два** nicht die Bohne; **ни фига́ (не понима́ть)** nur Bahnhof (verstehen); **иди́ на́ фиг!** scher' dich zum Teufel!

фигля́р <-а> *м* **1.** *(шут)* Taschenspieler *m;* **тру́ппа фигляро́в** Taschenspielertruppe *f* **2.** *перен, разг (позёр)* Poseur *m*

фи́гов|ый <-ая, -ое> *прил* Feigen-; **~ листо́к** Feigenblatt *nt;* **фи́говое де́рево** Feigenbaum *m*

фигу́р|а <-ы> *ж* Figur *f,* Gestalt *f;* МАТ, СПОРТ Figur *f; (ли́чность)* Persönlichkeit *f;* **геометри́ческая ~** geometrische Figur *f;* **у неё хоро́шая ~** sie hat eine gute Figur; **кру́пная ~** hervorragende Persönlichkeit *f*

фигу́рк|а <-и> *ж (статуэ́тка)* Statuette *f*

фигура́|льный <-льная, -льное; -лен, -льна, -льно> *прил* figurativ, bildlich; **фигура́льно выража́ясь** bildlich gesprochen

фигура́нт <-а> *м,* **фигура́нтк|а** <-и> *ж* ТЕАТ Figurant(in) *m(f),* Statist(in) *m(f)*

фигура́ци|я <-и> *ж* МУЗ Figuration *f,* Ausschmückung *f*

фигури́р|овать <-ую, -уешь> *нсв нпрх* fungieren, auftreten; *(возника́ть, име́ть ме́сто)* auftauchen, vorkommen

фигури́ст <-а> *м,* **фигури́стк|а** <-и> *ж* СПОРТ Eiskunstläufer(in) *m(f)*

фигу́р|ный <-ная, -ное; -ен, -на, -но> *прил* Figuren-; **фигу́рное ката́ние** Eiskunstlauf *m;* **фигу́рная ско́бка** geschweifte Klammer *f*

ФИДЕ *сокр от* **Междунаро́дная ша́хматная федера́ция** Internationale Schachföderation, FIDE *f*

фи́дер <-а> *м* ТЕХ Abgang *m,* Feeder *m,* Speiseleitung *f*

Фи́джи <неизм> *м* ГЕОГ Fidschi *nt,* Fidschiinseln *pl*

фиджи́|ец <-йца> *м* Fidschianer(in) *m(f)*

фидуциа́ри|й <-я> *м* Treuhänder *m*

фидуциа́рн|ый <-ая, -ое> *прил* treuhänderisch; **фидуциа́рная сде́лка** Treuhandgeschäft *nt;* **фидуциа́рные отноше́ния** Treuhandbeziehungen *pl*

фи́зик <-а> *м* Physiker(in) *m(f)*

фи́зик|а <-и> *ж* Physik *f;* **~ а́тома** Atomphysik *f*

физиогно́мик|а <-и> *ж* Physiognomik *f*

физио́лог <-а> *м* Physiologe *m*

физиологи́ческ|ий <-ая, -ое> *прил* physiologisch; **~ раство́р** БИОЛ physiologische Lösung *f;* **физиологи́ческие ри́тмы** physiologische Rhythmen *pl;* **физиологи́ческая аку́стика** ЛИНГВ, ПСИХ physiologische Akustik *f*

физиоло́ги|я <-и> *ж* Physiologie *f*

физиономи́ст <-а> *м,* **физиономи́стк|а** <-и> *ж* Physiognomist(in) *m(f)*

физионо́ми|я <-и> *ж разг* Gesicht *nt;* **ки́слая ~** saure Miene *f;* **вы́тянутая ~** langes Gesicht *nt;* **вгля́дываться в физионо́мию** ein Gesicht genau betrachten; **получи́ть по физионо́мии** eine ins Gesicht (verpasst) bekommen; **съе́здить кому́-л. по физионо́мии** jdm eine verpassen

физиотерапе́вт <-а> *м* Physiotherapeut *m*

физиотерапи́|я <-и> *ж* МЕД Physiotherapie *f*

физи́ческ|ий <-ая, -ое> *прил* physisch, körperlich; ФИЗ physikalisch; **физи́ческие зако́ны** physikalische Gesetze *ntpl;* **физи́ческая бли́зость** körperliche Nähe *f;* **физи́ческое лицо** ЮР physische Person *f;* **физи́ческие недоста́тки** körperliche Mängel *pl*

физкульту́р|а <-ы> *ж* Sport *m,* Leibeserziehung *f;* **учи́тель физкульту́ры** Turnlehrer(in) *m(f);* **лече́бная ~** Heilgymnastik *f*

физкульту́рник <-а> *м,* **физкульту́рниц|а** <-ы> *ж* Sportler(in) *m(f),* Turner(in) *m(f)*

физкульту́рн|ый <-ая, -ое> *прил* Sport-, Turn-; **~ зал** Sporthalle *f;* **~ ко́мплекс** Sportkomplex *m;* **~ пара́д** Sportparade *f*

физо́рг *сокр от* **физкульту́рный организа́тор** Sportorganisator *m,* Sportfunktionär *m*

физру́к *сокр от* **физкульту́рный руководи́тель** Sportleiter(in) *m(f)*

физфа́к *сокр от* **физи́ческий факульте́т** physikalische Fakultät *f;* **учи́ться на физфа́ке** an der physikalischen Fakultät studieren

фикса́ж <-а> *м* Fixierbad *nt,* Fixiersalz *nt*

фиксати́в <-а> *м* Fixativ *nt*

фикса́тор <-а> *м* **1.** ТЕХ *(прибо́р)* Riegel *m,* Schnapperstift *m,* Feststeller *m* **2.** БИОЛ Fixator *m*

фикса́ци|я <-и> *ж* **1.** МЕД Ruhigstellung *f* **2.** *(регистра́ция)* Fixierung *f,* Feststellung *f;* **~ землетрясе́ний** Registrierung *f* von Erdbeben

фикси́р|овать <-ую, -уешь> *нсв,* **зафикси́ровать** *св прх* fixieren, festlegen

фикти́в|ный <-ная, -ное; -ен, -на, -но> *прил* fiktiv; **фикти́вная при́быль** Scheingewinn *m*, **фикти́вная сде́лка** Scheingeschäft *nt*; **фикти́вная о́бщество** Scheingesellschaft *f*

фи́кус <-а> *м* бот Gummibaum *m*

фи́кци|я <-и> *ж* Fiktion *f*, Vorspiegelung *f*

филантро́п <-а> *м*, **филантро́пк|а** <-и> *ж* Philanthrop(in) *m(f)*, Menschenfreund(in) *m(f)*

филармо́ни|я <-и> *ж* Philharmonie *f*; **музыка́нт филармо́нии** Philharmoniker *m*

филатели́ст <-а> *м*, **филатели́стк|а** <-и> *ж* Philatelist(in) *m(f)*, Briefmarkensammler(in) *m(f)*

филатели́|я <-и> *ж* Philatelie *f*

филе́ <неизм> *ср* Filet *nt*, Lende *f*; **ры́бное ~** Fischfilet *nt*

филиа́л <-а> *м* Filiale *f*, Zweigstelle *f*, Niederlassung *f*, Vertretung *f*

филигра́нн|ый <-ая, -ое> *прил* filigran; **филигра́нная рабо́та** Filigranarbeit *f*

филигра́|нь <-ни> *ж* **1.** иск Filigran *nt*; **изде́лия с филигра́нью** Filigranware *f*; **сере́бряная ~** Silberfiligran *nt* **2.** *(водяно́й знак на бума́ге)* Wasserzeichen *nt*

фи́лин <-а> *м* зоол Uhu *m*

филиппи́н|ец <-ца> *м*, **филиппи́нк|а** <-и> *ж* Philippiner(in) *m(f)*

Филиппи́н|ы <-> *мн* Philippinen *pl*

фили́р|овать <-ую, -уешь> *нсв прх* муз filieren

филогене́з <-а> *м* биол Phylogenese *f*, Phylogenie *f*

филоде́ндрон <-а> *м* бот Philodendron *nt*

филокарти́|я <-и> *ж* Postkartensammeln *nt*

фило́лог <-а> *м* Philologe *m*

филологи́ческ|ий <-ая, -ое> *прил* philologisch; **~ факульте́т** philologische Fakultät *f*; **с филологи́ческим образова́нием** mit philologischer Ausbildung

филоло́ги|я <-и> *ж* Philologie *f*

фило́соф <-а> *м* Philosoph *m*

филосо́фи|я <-и> *ж* Philosophie *f*; *(о́браз мы́слей)* Denkweise *f*; **~ маркетинга** Marketingkonzept *nt*

филосо́фск|ий <-ая, -ое> *прил* philosophisch

филосо́фств|овать <-ую, -уешь> *нсв нпрх* philosophieren; *(рассужда́ть)* klug reden

филофони́|я <-и> *ж* Philophonie *f*

фи́лькин <-а, -о> *прил ирон, разг* **пока́зывать фи́лькину гра́моту** eine rechtsungültige Urkunde vorzeigen

фильм <фи́льма> *м* Film *m*; **~ у́жасов** Horrorfilm *m*; **мультипликацио́нный ~** Zeichentrickfilm *m*; **ка́ссовый ~** Kassenschlager *m*; **немо́й ~** Stummfilm *m*; **узкоплёночный ~** Schmalfilm *m*; **худо́жественный ~** Spielfilm *m*; **снима́ть ~** einen Film drehen

фильмопроизво́дств|о <-а> *ср* Filmproduktion *f*

фильмоте́к|а <-и> *ж* Filmarchiv *nt*, Filmothek *f*

фильтр <фи́льтра> *м* Filter *m*; **~ для ко́фе** Kaffeefilter; **сигаре́ты с фи́льтром** Filterzigaretten *pl*

фильтра́ци|я <-и> *ж* хим, физ Filtrierung *f*, Filtration *f*, Filterung *f*

фильтрова́льн|ый <-ая, -ое> *прил* Filter-; **фильтрова́льная бума́га** Filterpapier *nt*; **~ вкла́дыш** Filtertüte *f*

фильтр|ова́ть <-у́ю, -у́ешь> *нсв прх* filtern

фи́льтров|ый <-ая, -ое> *прил* Filter-; **~ конденса́тор** Filterkondensator *m*; **фи́льтровая се́тка** Filternetz *nt*

фимиа́м <-а> *м* **1.** религ *(благово́ние)* Weihrauch *m* **2.** *перен (льсти́ть)* Schmeichelei; **кури́ть ~ кому́-л.** jdm schmeicheln

фина́л <-а> *м* **1.** спорт Finale *nt*, Endspiel *nt*; **вы́йти в ~** sich für das Endspiel qualifizieren, die Endrunde erreichen **2.** *(развя́зка)* Ende *nt*

фина́льн|ый <-ая, -ое> *прил* Final-, End-; **~ свисто́к** Abpfiff *m*; **~ тур соревнова́ний** Endausscheidung *f*

финанси́ровани|е <-я> *ср* Finanzierung *f*; **~ вне́шней торго́вли** Außenhandelsfinanzierung *f*; **~ за счёт привлечённых средств** Fremdfinanzierung *f*; **~ посре́дством креди́та** Kreditfinanzierung *f*; **~ прое́кта** Projektfinanzierung *f*; **~ э́кспорта** Exportfinanzierung *f*

финанси́р|овать <-ую, -уешь> *(н)св прх* finanzieren

финанси́ст <-а> *м* Finanzmann *m*; *(чино́вник)* Finanzbeamter *m*, Finanzbeamtin *f*

фина́нсов|ый <-ая, -ое> *прил* finanziell, Finanz-; **фина́нсовая инъе́кция** Finanzspritze *f*; **фина́нсовая опера́ция** Finanztransaktion *f*; **фина́нсовая подпи́тка** Finanzspritze *f*; **фина́нсовая поли́тика** Finanzpolitik *f*; **фина́нсовая по́мощь** Finanzhilfe *f*; **фина́нсовая реви́зия на предприя́тии** Betriebsprüfung *f*; **фина́нсовая сде́лка** Finanztransaktion *f*; **фина́нсовая си́ла** Finanzkraft *f*; **фина́нсовая систе́ма** Finanzwesen *nt*; **фина́нсовое ве́домство** Finanzamt *nt*; **фина́нсовое обеспе́чение** Finanzdecke *f*; **фина́нсовое плани́рование** Finanzplanung *f*; **фина́нсовое покры́тие** Finanzdecke *f*; **фина́нсовое положе́ние** Finanzlage *f*; **фина́нсовое счетово́дство** Finanzbuchhaltung *f*; **фина́нсовое управле́ние** Finanzverwaltung *f*; **фина́нсовое хозя́йство** Finanzwirtschaft *f*; **фина́нсовые возмо́жности** Finanzkraft *f*; **фина́нсовые опера́ции** Gebarung *f*; **фина́нсовые резе́рвы** Finanzierungsreserve *f*; **фина́нсовые сре́дства** Finanzmittel *pl*; **~ акце́пт** Finanzakzept *nt*; **~ ана́лиз** Finanzanalyse *f*; **~ ве́к-**

Ф

сель Finanzwechsel *m;* **~ дефици́т** rote Zahlen *pl;* **~ кри́зис** Finanzkrise *f;* **~ мáклер** Finanzmakler *m;* **~ отдéл** Finanzabteilung *f;* **~ отчёт** Abrechnung *f;* **~ план** Finanzplan *m,* Haushaltsplan *m;* **~ ры́нок** Finanzmarkt *m;* **~ учёт** Finanzbuchhaltung *f*

финáнс|ы <-ов> *мн* **1.** *(дéнежная систéма)* Geldwesen *nt* **2.** *(дéнежные срéдства)* Finanzen *pl,* Geldmittel *pl;* **Министéрство финáнсов** Finanzministerium *nt*

фи́ник <-а> *м* Dattel *f*

финики́|ец <-йца> *м,* **финики́йк|а** <-и> *ж* Phönizier(in) *m(f)*

финики́йск|ий <-ая, -ое> *прил* phönizisch; **финики́йское искýсство** phönizische Kunst *f;* **финики́йское письмó** phönizische Schrift *f*

фи́ников|ый <-ая, -ое> *прил* Dattel-; **~ мёд** Dattelhonig *m;* **фи́никовая пáльма** Dattelpalme *f*

фини́ф|ть <-ти> *ж* Email *nt,* Emaille *f*

фи́ниш <-а> *м* СПОРТ Ziel *nt;* **прийти́ пéрвым к фи́нишу** als Erster die Ziellinie passieren

финиши́ровани|е <-я> *nt* СПОРТ Einlauf *m*

финиши́р|овать <-ую, -уешь> *(н)св нпрх* einlaufen, am Ziel ankommen, die Ziellinie passieren

фи́нишн|ый <-ая, -ое> *прил* СПОРТ Ziel-; **пересéчь фи́нишную чертý** die Ziellinie durchqueren; **фи́нишная лéнта** Zielband *nt;* **вы́йти на фи́нишную прямýю** auf die Endgerade kommen

фи́нк|а <-и> *ж* Finnin *f;* *(нож)* Messer *nt*

Финля́нди|я <-и> *ж* Finnland *nt*

финн <фи́нна> *м* Finne *m*

финотдéл *сокр от* **финáнсовый отдéл** Finanzabteilung *f,* Finanzamt *nt*

фи́нск|ий <-ая, -ое> *прил* finnisch; **~ язы́к** finnische Sprache *f*

финт <фи́нта> *м* СПОРТ Finte *f,* Täuschungsmanöver *nt;* **дéлать ~ рукóй** mit der Hand antäuschen

фин|ти́ть <-чý, -ти́шь> *нсв нпрх разг* Finten (vor)machen, Ausflüchte suchen; **перестáнь ~!** red' dich nicht raus!

финтифлю́шк|а <-и> *ж разг* **1.** *(безделýшка)* Krimskrams *m;* **продавáть финтифлю́шки** Krimskrams verkaufen **2.** *(о легкомы́сленной жéнщине)* Flittchen *nt*

фиолéтов|ый <ая, -ое> *прил* violett

фиóрд <-а>, **фьорд** <-а> *м* Fjord *m*

фиоритýр|а <-ы> *ж* МУЗ Fioritur *f*

фи́рм|а <-ы> *ж* Firma *f,* Unternehmen *nt;* **~-импортёр** Importfirma *f;* **~-конкурéнт** Konkurrenzfirma *f,* Konkurrenzunternehmen *nt;* **~-поставщи́к** Lieferfirma *f;* **руководи́ть фи́рмой** ein Unternehmen leiten

фирмáч <-а> *м разг Bezeichnung für westlichen Unternehmer*

фи́рменн|ый <-ая, -ое> *прил* firmeneigen, betriebseigen, Firmen-; *(с фи́рменным знáком)* Marken-; **~ дизáйн** Firmenidentität *f,* Corporate Identity *f;* **фи́рменные материáлы** Firmenunterlagen *pl;* **фи́рменное наименовáние** Firmenbezeichnung *f,* Handelsname *m;* **фи́рменное обслýживание** betriebseigener Kundendienst *m;* **~ стиль** Corporate Identity *f;* **фи́рменная упакóвка** Originalverpackung *f;* **~ штамп** Firmenbriefkopf *m;* **фи́рменные джи́нсы** Markenjeans *f;* **~ знак** Markenzeichen *nt;* **~ кни́жный магази́н** Verlagsbuchhandlung *f;* **~ товáр** Markenartikel *m*

фирн <фи́рна> *м* Firn *m,* Firnschnee *m;* **рассы́пчатый ~** bröckeliger Firn *m*

фисгармóни|я <-и> *ж* МУЗ Harmonium *nt*

фиск <фи́ска> *м* Fiskus *m*

фискáльн|ый <-ая, -ое> *прил* ЭКОН fiskalisch, Fiskal-, Steuer-; **фискáльные дохóды** Fiskaleinkommen *nt;* **~ резéрв** Fiskalreserve *f;* **фискáльная поли́тика** Steuerpolitik *f*

фистáшк|а <-и> *ж* БОТ Pistazie *f*

фистáшков|ый <-ая, -ое> *прил* **1.** БОТ Pistazien-; **фистáшковая рóща** Pistazienwäldchen *nt* **2.** *(блéдно-зелёный)* pistazienfarben; **~ шёлк** pistazienfarbene Seide; **фистáшкового цвéта** pistazienfarben

фи́стул|а <-ы> *ж* МЕД Fistel *f*

фистул|á <-ы́> *ж* МУЗ **1.** *(флéйта)* Fistel *f,* Flöte *f* **2.** *(фальцéт)* Fistel *f,* Fistelstimme *f,* Falsett *nt;* **петь фистулóй** falsettieren, Falsett singen

фити́|ль <-ля́> *м* Docht *m;* *(запáльный)* Lunte *f*

фи́тинг <-а> *м* ТЕХ Fitting *nt,* Rohrverbinder *m*

фитофáг <-а> *м* БИОЛ Phytophage *m*

фитю́льк|а <-и> *ж* **1.** *(вещи́чка)* Dingsbums *m;* **держáть в рукáх фитю́льку** ein Dingsbums in der Hand halten **2.** *(невзрáчный человéк)* unbedeutender Mensch *m;* **считáться со вся́кой фитю́лькой** auf jdn Nichtsnutz Rücksicht nehmen

фи́ф|а <-ы> *ж* *(легкомы́сленная жéнщина)* Flittchen *nt*

ФИФА *сокр от* **Междунарóдная федерáция футбóла** Internationale Fußballföderation *f*

фи́фти-фи́фти *нрч разг* halbe-halbe

фи́шк|а <-и> *ж* Spielmarke *f;* **продвигáть фи́шки** die Spielmarken nach vorne schieben

флаг <флáга> *м* Flagge *f;* *(знáмя)* Fahne *f;* *(знак)* Kennzeichnung *f,* Markierung *f;* **трёхцвéтный ~** Trikolore *f;* **подня́ть ~** die Fahne aufziehen

флáгман <-а> *м* Flaggschiff *nt;* *перен* Vorreiter *m,* Leitbetrieb *m*

флагштóк <-а> *м* МОР Flaggenstock *m,* Fahnenmast *m*

флажкóв|ый <-ая, -ое> *прил* Flaggen-,

Fahnen-; **флажкóвая сигнализáция** Flaggensignalisierung *f;* **флажкóвые отмéтки** Flaggenzeichen *nt*

флакóн <-а> *м* Flakon *m,* Fläschchen *nt*

фламáнд|ец <-ца> *м,* **фламáндк|а** <-и> *ж* Flame *m,* Flämin *f*

фламáндск|ий <-ая, -ое> *прил* flämisch; **~ язы́к** flämische Sprache *f,* das Flämische; **фламáндская шкóла** flämische Schule *f;* **фламáндское искýсство** flämische Kunst *f*

флами́нго <неизм> *м* зоол Flamingo *m*

фланг <флáнга> *м* воен Flanke *f*

флáнгов|ый[1] <-ая, -ое> *прил* воен Flanken-; **~ удáр** Flankenschlag *m,* Stoß *m* in die Flanke; **флáнговая рóта** Flankenkompanie *f;* **~ марш** Flankenmarsch *m*

флáнгов|ый[2] <-ая, -ое> *м* Flügelmann *m;* **равнéние по флáнговому** sich nach dem Flügelmann richten

фланéлевк|а <-и> *ж разг* мор Matrosenflanelljacke *f*

фланé|ль <-ли> *ж* Flanell *m*

флáн|ец <-ца> *м* тех Flansch *m,* Bund *m,* Krempe *f;* **соедини́тельный ~** Verbindungsflansch *m*

флани́р|овать <-ую, -уешь> *нсв нпрх* flanieren

флат <флáта> *м* тип Bogen *m*

флáттер <-а> *м* авиа Flattern *nt*

флеби́т <-а> *м* мед Phlebitis *f,* Venenentzündung *f*

флегмáтик <-а> *м* Phlegmatiker(in) *m(f)*

флегмати́ч|ный <-ная, -ное; -ен, -на, -но> *прил* phlegmatisch

флегмóн|а <-ы> *ж* мед Phlegmone *f*

флéйт|а <-ы> *ж* Flöte *f;* **поперéчная ~** Querflöte *f;* **игрáть на флéйте** Flöte spielen

флейти́ст <-а> *м,* **флейти́стк|а** <-и> *ж* Flötist(in) *m(f)*

флéкси|я <-и> *ж* лингв, мед Flexion *f,* Biegung *f;* **внýтренняя ~** Stammflexion *f,* Binnenflexion *f*

флексýр|а <-ы> *ж* геол Faltenverwerfung *f;* **вертикáльная ~** senkrechte Faltenverwerfung *f*

флекти́вн|ый <-ая, -ое> *прил* лингв Flexions-; **~ язы́к** Flexionssprache *f*

фли́ге|ль <-ля> *м* стр Flügel *m,* Gebäudeteil *m*

флинтглáс <-а> *м* тех Flint *nt,* Flintglas *nt*

флирт <фли́рта> *м* Flirt *m;* **неви́нный ~** harmloser Flirt *m*

флирт|овáть <-ýю, -ýешь> *нсв нпрх (с кем-л.)* flirten mit *+dat*

флокс <флóкса> *м* бот Phlox *m,* Flammenblume *f*

фломáстер <-а> *м* Filzstift *m,* Faserschreiber *m*

флóппи-диск <флóппи-ди́ска> информ Floppy-Disk *f*

флóр|а <-ы> *ж* Flora *f,* Pflanzenwelt *f*

флори́стик|а <-и> *ж* бот Floristik *f*

флористи́ческ|ий <-ая, -ое> *прил* floristisch; **флористи́ческое райони́рование** floristische Gebietseinteilung *f;* **флористи́ческие кáрты** floristische Karten *fpl;* **флористи́ческие óбласти** floristische Gebiete *ntpl*

флот <флóта> *м* Flotte *f;* мор Marine *f;* **воздýшный ~** Luftflotte *f;* **служи́ть во флóте** bei der Marine dienen; **торгóвый ~** Handelsflotte *f*

флоти́ли|я <-и> *ж* мор Flottille *f;* **воéнная ~** Militärflottille *f;* **~ торпéдных катерóв** Torpedoschnellbootflottille *f;* **китобóйная ~** Walfangflottille *f*

флóтск|ий[1] <-ая, -ое> *прил* мор Flotten-, Marine-; **на флóтской слýжбе** im Marinedienst

флóтск|ий[2] <-ая, -ое> *м* Seemann *m;* **как при́нято у флóтских** wie bei den Seeleuten üblich

флуктуáци|я <-и> *ж* физ Fluktuation *f;* **~ электри́ческая** elektrische Fluktuation *f*

флуоресцéнци|я <-и> *ж* физ Fluoreszenz *f;* **~ минерáлов** Fluoreszenz *f* der Mineralien

флуоресци́р|овать <-ую, -уешь> *нсв нпрх* fluoreszieren

флюгáрк|а <-и> *ж* **1.** мор *(эмблéма)* Fähnchen *nt* **2.** *(над дымовóй трубóй)* Rauchkappe *f,* Schornsteinhaube *f* **3.** *(флю́гер)* Wetterfahne *f,* Windfahne *f,* Wetterhahn *m*

флю́гер <-а> *м* Wetterfahne *f,* Windfahne *f; перен* Wendehals *m,* Anpasser *m*

флюи́д <-а> *м* Fluidum *nt,* Flair *nt*

флюктуáци|я <-и> *ж* Fluktuation *f*

флюорогрáфи|я <-и> *ж* мед Fluorographie *f*

флюс <флю́са> *м* **1.** мед Zahngeschwür *nt* **2.** тех Flussmittel *nt*

фля́г|а <-и>, **фля́жк|а** <-и> *ж* Feldflasche *f*

фóби|я <-и> *ж* мед Phobie *f*

фойé <неизм> *ср* Foyer *nt; (вход)* Eingangshalle *f,* Lobby *f*

фок <фóка> *м* мор Fock *f*

фокáльн|ый <-ая, -ое> *прил* физ fokal, Fokal-, Brennpunkt-; **фокáльная повéрхность** Brennpunktfläche *f*

фок-мáчт|а <-ы> *ж* мор Fockmast *m*

фок-рé|й <-я> *м* мор Fockrahe *f*

фокстерьéр <-а> *м* зоол Foxterrier *m*

фокстрóт <-а> *м* Foxtrott *m*

фóкус[1] <-а> *м* **1.** физ Fokus *m,* Brennpunkt *m* **2.** *перен* Mittelpunkt *m*

фóкус[2] <-а> *м* Zauberkunststück *nt,* Trick *m; мн (капри́зы)* Launen *pl;* **покáзывать фóкусы** zaubern, Zauberkunststücke vorführen

фокуси́р|овать <-ую, -уешь> *нсв,* **сфокуси́ровать** *св прх* физ bündeln, fokussieren

фо́кусник <-а> *м* Zauberkünstler(in) *m(f)*

фо́кусничать <-ю, -ешь> *нсв нпрх разг* 1. *(мане́рничать)* launenhaft sein; **~ в иску́сстве** sich in der Kunst manieristisch geben 2. *(хитри́ть)* Kunststücke machen

фолиа́нт <-а> *м книжн* Folio *nt*

фо́лио <неизм> *ср* 1. *(форма́т в пол-листа́)* Folio *nt*, Folie *f* 2. ЭКОН Folio *nt*

фоллику́л <-а> *м* АНАТ Follikel *m*, Drüsenbläschen *nt*

фолликуля́рный <-ая, -ое> *прил* 1. АНАТ follikular, follikulär; **фолликуля́рная кле́тка** follikuläre Zelle *f* 2. МЕД follikulär; **фолликуля́рная анги́на** Follikularangina *f*

фольга́ <-и́> *ж* Alufolie *f*

фолькло́р <-а> *м* Folklore *f*

фолklори́ст <-а> *м*, **фольклори́стка** <-и> *ж* Folklorist(in) *m(f)*

фон <фо́на> *м* Hintergrund *m*; **на фо́не чего́-л.** angesichts *+gen*

фона́рик <-а> *м (исто́чник све́та)* Laterne *f*, Lämpchen *nt*, Lampion *m*; **карма́нный ~** Taschenlampe *f*; **посвети́ть фона́риком** mit der Taschenlampe leuchten

фона́рный <-ая, -ое> *прил* Laternen-; **~ столб** Laternenmast *m*; **фона́рная ла́мпа** Laternenleuchte *f*

фона́рь <-ря́> *м* 1. *(карма́нный фона́рик)* Taschenlampe *f* 2. *(у́личный)* Laterne *f*, Straßenlaterne *f*

фонастени́я <-и> *ж* МЕД Stimmschwäche *f*

фона́ция <-и> *ж* ЛИНГВ Phonation *f*, Stimmbildung *f*

фонд <фо́нда> *м* 1. *(де́нежные сре́дства)* Fonds *m*; **~ акционе́рного о́бщества** Aktienfonds *m*; **~ за́работной пла́ты** Lohnfonds *m*; **~ капиталовложе́ний** Anlagefonds *m*; **кни́жный ~** Bücherbestand *m*; **~ недви́жимости** Immobilienfonds *m*; **~ ре́нтных облига́ций** Rentenfonds *m*; **~ це́нных бума́г** Wertpapierfonds *m*; **пенсио́нный ~** Rentenfonds *m*, Rentenkasse *f* 2. *(запа́сы)* Grundbestand *m*

фо́ндовая би́ржа <-ой -и> *ж* Effektenbörse *f*; **нью-йо́рская фо́ндовая би́ржа** New York Stock Exchange

фо́ндовый <-ая, -ое> *прил* ФИН, ЭКОН Fonds-, Effekten-; **~ капита́л** Kapital *nt* in Wertpapieren; **фо́ндовые опера́ции** Effektengeschäft *nt*; **фо́ндовые изли́шки** Fondsüberschussbestände *pl*; **фо́ндовые бума́ги** Wertpapiere *pl*

фондоёмкость <-ти> *ж* ЭКОН Fondsintensität *f*

фондоотда́ча <-и> *ж* ЭКОН Grundfondsleistung *f*, Grundfondsquote *f*

фоне́ма <-ы> *ж* ЛИНГВ Phonem *nt*

фоне́тика <-и> *ж* ЛИНГВ Phonetik *f*, Lautlehre *f*

фонети́ст <-а> *м* ЛИНГВ Phonetiker(in) *m(f)*

фонети́ческий <-ая, -ое> *прил* ЛИНГВ phonetisch

фо́ника <-и> *ж* ЛИТ Phonik *f*, Schalllehre *f*

фоногра́мма <-ы> *ж* Phonogramm *nt*

фонноза́л <-а> *м* Sprachlabor *nt*

фоноте́ка <-и> *ж* Phonothek *f*, Tonbandarchiv *nt*, Tonträgersammlung *f*; **уче́бная ~** Lehrphonothek *f*; **обнови́ть фоноте́ку** die Phonothek erneuern

фонт <фо́нта> *м* ИНФОРМ Font *m*

фонта́н <-а> *м* Springbrunnen *m*, Fontäne *f*

фонта́нный <-ая, -ое> *прил* Eruptions-, Eruptiv-; **~ бассе́йн** Eruptionsbecken *nt*; **фонта́нная эксплуата́ция нефтяны́х сква́жин** Eruptivförderung *f*

фо́ра <-ы> *ж (в игре́)* Vorgabe *f*

форе́ль <-ли> *ж* Forelle *f*

форза́ц <-а> *м* ТИП Vorsatz *m*, Vorsatzblatt *nt*

фо́ринт <-а> *м* ФИН Forint *m (Währungseinheit in Ungarn)*

фо́рма <-ы> *ж* 1. *(о́браз)* Form *f*, Gestalt *f*; *(очерта́ния)* Umrisse *pl*; **кра́ткая ~** ЛИНГВ Kurzform *f*; **в пи́сьменной фо́рме** in schriftlicher Form; **приня́ть другу́ю фо́рму** eine andere Gestalt annehmen; **~ догово́ра** Vertragsform *f*; **~ иму́щества** Vermögensart *f*; **~ капиталовложе́ния** Anlageform *f*; **~ о́бщества** Gesellschaftsform *f*; **~ ры́нка** Marktform *f*; **~ состоя́ния** Vermögensart *f* 2. СПОРТ Form *f*; **быть в фо́рме** in Form sein 3. *(фо́рменная оде́жда)* Uniform *f*; **шко́льная ~** Schuluniform *f*; **спорти́вная ~** Sporttrikot *nt*

формали́зм <-а> *м (форма́льный подхо́д)* Förmlichkeit *f*; *(мышле́ние)* Formalismus *m*

формали́ст <-а> *м*, **формали́стка** <-и> *ж* Formalist *m(f)*, Formelkrämer *m*

формальдеги́д <-а> *м* ХИМ Formaldehyd *nt*

форма́льность <-ти> *ж* Formalität *f*; **без форма́льностей** ohne Formalitäten

форма́льный <-льная, -льное; -лен, -льна, -льно> *прил* formal, formell

форма́т <-а> *м* Format *nt*; **~-АСЦИ** ИНФОРМ ASCI-Format *nt*; **~ ДОС** ИНФОРМ DOS-Format *nt*; **вертика́льный ~** Hochformat *nt*; **попере́чный ~** Querformat *nt*

формати́рование <-я> *ср* ИНФОРМ Formatierung *f*

формати́ровать <-ую, -уешь> *нсв прх* ИНФОРМ formatieren

форма́ция <-и> *ж* Formation *f*

фо́рменный <-ая, -ое> *прил* 1. *(по фо́рме)* formgemäß, der Form entsprechend, Form-; **фо́рменная фура́жка** Dienstmütze *f*, Uniformmütze *f* 2. *разг (настоя́щий)* richtig, vollendet, echt; **э́то фо́рменное безобра́зие!** das ist eine echte Gemeinheit!; **~ болва́н** richtiger Tölpel *m*

формирова́ние <-я> *ср* 1. *(образова́-*

ние) Formierung *f,* Bildung *f,* Aufstellung *f;* **~ во́ли** Willensbildung *f;* **~ иму́щества** Vermögensbildung *f;* **~ капита́ла** Kapitalbildung *f;* **~ обще́ственного мне́ния** Meinungsbildung *f* **2.** ВОЕН Formation *f,* Verband *m*

формир|ова́ть <-у́ю, -у́ешь> *нсв,* **сформирова́ть** *св прх* formieren, formen; *(создава́ть)* bilden; *перен* prägen; **~ хара́ктер** den Charakter prägen

формир|ова́ться <-у́юсь, -у́ешься> *нсв,* **сформирова́ться** *св рефл (созда́ться)* sich herausbilden, sich entwickeln; **в па́ртии формирова́лась фра́кция** in der Partei hat sich eine Fraktion gebildet

форм|ова́ть <-у́ю, -у́ешь> *нсв,* **сформова́ть** *св прх* formen, modellieren; **~ гли́ну** den Ton formen

формо́вочн|ый <-ая, -ое> *прил* Form-, Formerei-; **~ инструме́нт** Formwerkzeug *nt;* **формо́вочная смесь** Formgemisch *nt;* **формо́вочное обору́дование** Formereiausrüstung *f;* **~ пресс** Formpresse *f*

формо́вщик <-а> *м,* **формо́вщиц|а** <-ы> *ж* Former *m,* Modellierer *m*

формообразова́ни|е <-я> *ср* БИОЛ, ЛИНГВ Formen *nt,* Formbildung *f,* Gestalten *nt*

фо́рмул|а <-ы> *ж* Formel *f*

формулирова́ни|е <-я> *ср* Formulierung *f*

формули́р|овать <-ую, -уешь> *нсв,* **сформули́ровать** *св прх* formulieren

формулиро́вк|а <-и> *ж* Formulierung *f*

формуля́р <-а> *м* Formular *nt;* **запо́лнить ~** das Formular ausfüllen

форпо́ст <-а> *м* Vorposten *m*

форсирова́ни|е <-я> *ср* Ankurbelung *f*

форси́р|овать <-ую, -уешь> *(н)св прх* **1.** *(уско́рить)* forcieren, beschleunigen **2.** ВОЕН erzwingen; **~ ре́ку** den Übergang (über den Fluss) vollziehen

фор|си́ть <-шу́, -си́шь> *нсв нпрх (хва́стать)* wichtig tun, groß tun; **не́чего здесь ~!** die Großtuerei bringt dir nichts!

форс-мажо́р <-а> *м* **1.** ЮР höhere Gewalt *f* **2.** *перен* zwingende Umstände *mpl*

форсу́нк|а <-и> *ж* Düse *f*

фо́рте *нрч* МУЗ forte, laut

фо́рте|ль <-ля> *м разг (проде́лка)* Trick *m,* Streich *m;* **вы́кинуть ~** einen Streich spielen

фортепья́нн|ый <-ая, -ое> *прил* Klavier-; **~ конце́рт** Klavierkonzert *nt;* **фортепья́нная пье́са** Klavierstück *nt*

фортепья́но <неизм> *ср* Klavier *nt;* **аккомпани́ровать на ~** auf dem Klavier begleiten; **игра́ на ~** Klavier spielen

форт-заста́в|а <-ы> *м* ВОЕН, ИСТОР Sperrfort *nt*

форти́ссимо *нрч* МУЗ fortissimo

фортифика́ци|я <-и> *ж* **1.** *(нау́ка)* Fortifikation *f,* Befestigungslehre *f,* Schanzkunst *f* **2.** *(сооруже́ние)* Befestigungsanlagen *pl;* **полева́я ~** Feldbefestigung *f;* **долговре́менная ~** ständige Befestigung

фо́рточк|а <-и> *ж* Klappfenster *nt,* Luftungsklappe *f*

форту́н|а <-ы> *ж* Fortuna *f,* Glück *nt,* (glückliches) Schicksal; **колесо́ форту́ны** Glücksrad *nt;* **ба́ловень форту́ны** Glückskind *nt,* Sonntagskind *nt*

фо́рум <-а> *м* Forum *nt*

форшла́г <-а> *м* МУЗ Vorschlag *m*

форшма́к <-а> *м* КУЛ gehackter Hering *m*

фосфа́т <-а> *м* Phosphat *nt*

фосфа́тн|ый <-ая, -ое> *прил* Phosphat-; **фосфа́тные ру́ды** Phosphaterze *mpl;* **фосфа́тная соль** Phosphatsalz *nt;* **фосфа́тные удобре́ния** Phosphatdünger *m*

фо́сфор <-а> *м* Phosphor *m*

фосфоресце́нци|я <-и> *ж* ФИЗ Phosphoreszenz *f,* Phosphoreszieren *nt*

фосфоресци́р|овать <-ую, -уешь> *нсв нпрх* phosphoreszieren

фосфори́т <-а> *м* ГЕОЛ Phosphorit *m;* **пла́стовые фосфори́ты** Schichtphosphorite *mpl;* **зерни́стые фосфори́ты** körnige Phosphorite *mpl*

фо́сфорн|ый <-ая, -ое> *прил* Phosphor-; **фо́сфорная кислота́** Phosphorsäure *f;* **~ за́пах** Phosphorgeruch *m;* **фо́сфорная бо́мба** Phosphorbombe *f*

фо́то <неизм> *ср* Foto *nt*

фотоальбо́м <-а> *м* Fotoalbum *nt*

фотоаппара́т <-а> *м* Fotoapparat *m*

фотовспы́шк|а <-и> *ж* Blitzlicht *nt*

фотогени́чн|ый <-ая, -ое> *прил* fotogen

фотогравю́р|а <-ы> *ж* Fotogravüre *f,* Lichtkupferstich *m*

фото́граф <-а> *м* Fotograf *m*

фотографи́р|овать <-ую, -уешь> *нсв,* **сфотографи́ровать** *св прх* fotografieren

фотографи́ческ|ий <-ая, -ое> *прил* **1.** *(для фотогра́фии)* fotografisch, Foto-; **фотографи́ческие материа́лы** Fotomaterialien *pl;* **~ эффе́кт** Fotoeffekt *m;* **фотографи́ческая плёнка** Film *m* **2.** *(копи́рующий)* Fotokopier-; **фотографи́ческая за́пись** fotografische Aufnahme; **с фотографи́ческой то́чностью** mit fotografischer Genauigkeit

фотогра́фи|я <-и> *ж* Fotografie *f*

фотока́рточк|а <-и> *ж* Lichtbild *nt*

фотоко́пи|я <-и> *ж* Fotokopie *f*

фотокорреспонде́нт <-а> *м* Fotoreporter *m*

фотолаборато́ри|я <-и> *ж* Fotolabor *nt,* Dunkelkammer *f;* **передвижна́я ~** mobiles Fotolabor *nt*

фотолюби́те|ль <-ля> *м* Amateurfotograf(in) *m(f);* **вы́ставка фотолюби́телей** Amateurfotografenausstellung *f*

фотомоде́|ль <-ли> *ж* Fotomodell *nt*

фотомонта́ж <-а> *м* Fotomontage *f*

фото́н <-а> *м* физ Photon *nt,* Lichtquant *nt*
фотонабо́р <-а> *м* Lichtsatz *m*
фотопеча́|ть <-ти> *ж* Abzug *m;* информ Fotodruck *m*
фотоплёнк|а <-и> *ж* фот Film *m*
фоторепорта́ж <-а> *м* Fotoreportage *f,* Bildbericht *m;* **подгото́вить ~** eine Fotoreportage vorbereiten
фоторепортёр <-а> *м* Fotoreporter(in) *m(f),* Bildberichterstatter(in) *m(f)*
фотоси́нтез <-а> *м* Fotosynthese *f*
фотосни́м|ок <-ка> *м* Aufnahme *f,* Foto *nt,* Lichtbild *nt*
фотосфе́р|а <-ы> *ж* астр Photosphäre *f*
фотосъёмк|а <-и> *ж* Lichtbildaufnahme *f;* **уча́ствовать в фотосъёмках** sich an den Aufnahmen beteiligen
фототерапи́|я <-и> *ж* мед Phototherapie *f,* Lichtheilkunde *f*
фотофо́би|я <-и> *ж* мед Heliophobie *f,* Photophobie *f*
фотохи́ми|я <-и> *ж* хим Photochemie *f*
фотохро́ник|а <-и> *ж* Bildchronik *f;* **вое́нная ~** Kriegsbilderchronik *f*
фотоэкспоно́метр <-а> *м* Belichtungsmesser *m*
фотоэлектри́ческ|ий <-ая, -ое> *прил* физ, астр photoelektrisch, lichtelektrisch; **~ экспоно́метр** lichtelektrischer Exponometer *m*
фотоэлектро́нн|ый <-ая, -ое> *прил* физ lichtelektronisch; **фотоэлектро́нная аэросъёмка** photoelektronische Luftbildaufnahme *f;* **фотоэлектро́нная эми́ссия** photoelektronische Ausstrahlung *f;* **фотоэлектро́нная спектроскопи́я** photoelektronische Spektroskopie *f*
фотоэлеме́нт <-а> *м* Fotozelle *f*
фотоэффе́кт <-а> *м* физ Fotoeffekt *m*
фрагме́нт <-а> *м* Fragment *nt,* Bruchstück *nt*
фрагмента́р|ный <-ная, -ное; -ен, -на, -но> *прил (отры́вочный, непо́лный)* fragmentarisch, unvollständig; **фрагмента́рное изложе́ние** unvollständige Darlegung *f;* **~ подхо́д** fragramentarisches Herangehen *nt*
фра́з|а <-ы> *ж* Satz *m,* Phrase *f;* **пуста́я ~** Floskel *f*
фразеологи́ческ|ий <-ая, -ое> *прил* phraseologisch; **фразеологи́ческое выраже́ние** idiomatische Wendung *f*
фразеоло́ги|я <-и> *ж* **1.** лингв Phraseologie *f;* **ру́сская ~** russische Phraseologie *f;* **курс по фразеоло́гии** Lehrgang *m* zur Phraseologie **2.** *перен, разг (пустосло́вие)* Geschwätz *nt,* Gerede *nt;* **скрыва́ться за пы́шной фразеоло́гией** sich hinter leeren Phrasen verstecken
фразиро́вк|а <-и> *ж* муз Phrasierung *f*
фра́зов|ый <-ая, -ое> *прил* лингв Satz-; **фра́зовая интона́ция** Satzintonation *f;* **фра́зовая просо́дия** Satzprosodie *f*
фрак <фра́ка> *м* Frack *m*
фраки́|ец <-йца> *м* истор Thrakier *m,* Bewohner *m* Thrakiens
фракту́р|а <-ы> *ж* **1.** тип *(шрифт)* Fraktur *f,* gotische Schrift **2.** мед Fraktur *f,* Bruch *m*
фракционе́р <-а> *м* пол Fraktionär(in) *m(f),* Sektierer(in) *m(f)*
фра́кци|я <-и> *ж* Fraktion *f*
фраму́г|а <-и> *ж* стр Oberlicht(fenster)flügel *m,* der obere verglaste Türflügel; *(баге́т)* Gardinenstange *f*
франк <фра́нка> *м* фин Franc *m*
франки́р|овать <-ую, -уешь> *(н)св прх* frankieren
фра́нко *нрч* экон franco, frei, frachtfrei; **~-ваго́н** frei Waggon; **~ борт су́дна** frei Schiff; **доста́вка ~** Lieferung frei (Lieferstation)
франт <фра́нта> *м* Stutzer *m,* Modenarr *m;* **ходи́ть фра́нтом** sich herausputzen
фра́нци|й <-я> *м* Franzium *nt*
Фра́нци|я <-и> *ж* Frankreich *nt*
францу́женк|а <-и> *ж* Französin *f*
францу́з <-а> *м* Franzose *m*
францу́зск|ий <-ая, -ое> *прил* französisch; **~ язы́к** Französisch *nt*
фрахт <фра́хта> *м* Fracht *f,* Frachtgut *nt,* Ladung *f; (издéржки)* Frachtkosten *pl*
фрахтова́те|ль <-ля> *м* Verfrachter *m,* Schiffs(ver)mieter *m*
фрахт|ова́ть <-у́ю, -у́ешь> *нсв прх* chartern, mieten
фрахто́в|ый <-ая, -ое> *прил* экон Fracht-; **~ о́рдер** Frachtorder *m;* **~ догово́р** Frachtvertrag *m;* **~ ры́нок** Frachtenmarkt *m;* **усло́вия о фрахтово́й ста́вке** Frachtsatzbedingungen *pl*
ФРГ *сокр от* **Федерати́вная Респу́блика Герма́ния** Bundesrepublik *f* Deutschland
фрега́т <-а> *м* Fregatte *f*
фре́з|а <-ы> *ж* тех **1.** *(инструме́нт)* Fräser *m;* **цилиндри́ческая ~** Zylinderfräser *m;* **фасо́нная ~** Profilfräser *m* **2.** *(маши́на)* Fräse *f,* Fräsmaschine *f;* **~ по́чвенная** Bodenfräse *f*
фре́зерн|ый <-ая, -ое> *прил* тех Fräs-, Fräser-; **~ стано́к** Fräsmaschine *f;* **фре́зерная голо́вка** Fräskopf *m*
фрезер|ова́ть <-у́ю, -у́ешь> *нсв прх* fräsen
фрезеро́вщик <-а> *м,* **фрезеро́вщиц|а** <-ы> *ж* Fräser(in) *m(f)*
фре́зи|я <-и> *ж* бот Fresie *f*
фрейди́зм <-а> *м* Freudsche Theorie
фре́йлейн <неизм> *ж* Fräulein *nt*
френч <фре́нча> *м* воен Feldrock *m,* Militärrock *m,* Uniformjacke *f*
фре́ск|а <-и> *ж* Fresko *nt,* Freske *f*
фри <неизм> *прил* кул gebraten, Brat-; **карто́фель ~** Bratkartoffel *f*
фриво́|льный <-льная, -льное; -лен, -льна, -льно> *прил* frivol
фриги́днос|ть <-ти> *ж* Frigidität *f*

фриз <фри́за> *м* Fries *m*

фри́зер <-а> *м* Eismaschine *f*, Gefrierer *m*, Gefrierfach *nt*

фрикаде́льк|а <-и> *ж* Frikadelle *f*, Fleischklops *m*

фрикассе́ <неизм> *ср* Frikassee *nt*

фрикати́вн|ый <-ая, -ое> *прил* лингв frikativ, Reibe-; ~ **согла́сный** Reibekonsonant *m*

фрикцио́н <-а> *м* тех Reibungskupplung *f*, Reibwalze *f*

фрикцио́нн|ый <-ая, -ое> *прил* Friktions-, Reibungs-, Reib-; ~ **пресс** Friktionspresse *f*; **фрикцио́нная переда́ча** Reibantrieb *m*; ~ **механи́зм** Friktionsmechanismus *m*

фритю́рниц|а <-ы> *ж* Friteuse *f*; **жа́рить во фритю́рнице** frittieren

фронт <фро́нта> *м* Front *f*; **уходи́ть на ~** an die Front gehen

фронта́|льный <-льная, -льное; -лен, -льна, -льно> *прил* frontal; **фронта́льное наступле́ние** Frontalangriff *m*

фронтиспи́с <-а> *м* **1.** стр Vordergiebel *m*, Giebelseite *f* **2.** *(тип)* Frontispiz *nt*, Titelvignette *f*, Titelbild *nt*

фронти́т <-а> *м* мед Stirnhöhlenentzündung *f*, Frontitis *f*

фронтови́к <-а́> *м*, **фронтови́чк|а** <-и> *ж* Frontkämpfer *m*, Frontsoldat *m*

фронтов|о́й <-ая, -ое> *прил* Front-; **за фронтово́й ли́нией** hinter der Frontlinie; **фронтова́я авиа́ция** Frontluftstreitkräfte *pl*, Frontluftwaffe *f*

фронто́н <-а> *м* Giebel *m*

фрукт <фру́кта> *м* **1.** *(плод)* Frucht *f* **2.** *разг (о неприя́тном челове́ке)* (sauberes) Früchtchen; **вот так ~!** ist das ein Früchtchen!

фрукто́в|ый <-ая, -ое> *прил* Frucht-, Obst-; **фрукто́вое де́рево** Obstbaum *m*; ~ **пиро́г** Obstkuchen *m*; ~ **сад** Obstgarten *m*

фру́кт|ы <-ов> *мн* Früchte *fpl*, Obst *nt*; **сушёные** ~ Backobst *nt*

ФСБ *сокр от* **Федера́льная слу́жба безопа́сности** Föderaler Sicherheitsdienst; **с уча́стием сотру́дников ФСБ** unter der Mitwirkung der Mitarbeiter des föderalen Sicherheitsdienstes

фтизиа́тр <-а> *м* мед Phthisiater *m*, Tuberkulosespezialist *m*

фтор <фто́ра> *м* Fluor *nt*

фто́рист|ый <-ая, -ое> *прил* Fluor-; **фто́ристые углеводоро́ды** Fluorkohlenwasserstoff *m*

фу! *межд* pfui!

фу́г|а <-и> *ж* муз Fuge *f*

фуга́н|ок <-ка> *м* тех Fugenhobel *m*, Raubank *f*, Schlichthobel *m*

фуга́ск|а <-и> *ж* воен Sprengbombe *f*

фуга́сн|ый <-ая, -ое> *прил* Spreng-; ~ **снаря́д** Sprenggranate *f*; **фуга́сная авиабо́мба** Sprengbombe *f*

фуга́то <неизм> *ср* муз fugenartig

фуг|ова́ть <-у́ю, -у́ешь> *нсв*, **сфугова́ть** *св прх* **1.** тех fugen; ~ **до́ски** Bretter fugen **2.** *(выра́внивать)* abrichten; ~ **пилу́** mit der Säge abrichten

фуже́р <-а> *м* hohes Glas *nt*, Römer *m*

фу́зи|я <-и> *ж* экон Fusion *f*; ~ **предприя́тий** Betriebsfusion *f*

фу́ка|ть <-ю, -ешь> *нсв*, **фу́кнуть** *св прх разг* **1.** *(в игре́)* dem Gegner einen Spielstein wegnehmen **2.** *(потра́тить)* vergeuden, ausgeben; **фу́кнуть все де́ньги** das ganze Geld verbrauchen

фу́кси|я <-и> *ж* бот Fuchsie *f*

фумига́ци|я <-и> *ж* агр Ausrauchen *nt*, Durchgasen *nt*, Vergasung *f*

фунда́мент <-а> *м* **1.** стр Fundament *nt* **2.** *перен* Grundlage *f*, Basis *f*

фундаментали́зм <-а> *м* Fundamentalismus *m*

фундаментали́ст <-а> *м* Fundamentalist *m*; пол radikaler Politiker *m*

фундамента́|льный <-льная, -льное; -лен, -льна, -льно> *прил* fundamental; **фундамента́льные иссле́дования** Grundlagenforschung *f*

фунди́рованн|ый <-ая, -ое> *прил* fundiert; экон gedeckt

фунду́к <-а́> *м* Lambertnuss *f*; ~ **в са́харе** Lambertnuss *f* im Zucker

фуникулёр <-а> *м* Drahtseilbahn *f*; **пасса́жи́рский ~** Passagierseilbahn *f*; **подня́ться на фуникулёре** mit der Seilbahn hochfahren

функциона́|льный <-льная, -льное; -лен, -льна, -льно> *прил* funktional, funktionell; ~ **ана́лиз** Funktionsanalyse *f*; **функциона́льная зави́симость** мат funktionale Abhängigkeit; **функциона́льное приспособле́ние** биол funktionelle Anpassung; **функциона́льное расстро́йство де́ятельности се́рдца** мед funktionelle Störung der Herztätigkeit; **функциона́льная шко́ла** муз funktionale Schule

функционе́р <-а> *м* Funktionär *m*

функциони́ровани|е <-я> *ср* Funktionieren *nt*; *(режи́м рабо́ты)* Funktionsweise *f*, Funktion *f*, Arbeitsweise *f*; *(де́ятельность)* Tätigkeit *f*, Betätigung *f*

функциони́р|овать <-ую, -уешь> *нсв прх* funktionieren

фу́нкци|я <-и> *ж* Funktion *f*; **выполня́ть чьи-л. фу́нкции** jds Aufgaben erfüllen

фунт <фу́нта> *м* Pfund *nt*

фура́ж <-а́> *м* агр Futter *nt*, Futtermittel *nt*; **гру́бый ~** Raufutter *nt*; **загото́вка фуража́** Futterbereitstellung *f*

фура́жк|а <-и> *ж* Schirmmütze *f*

фура́жн|ый <-ая, -ое> *прил* Furage-, Futter-; **фура́жные культу́ры** Futterkulturen *pl*; **фура́жное зерно́** Futtergetreide

nt; ~ **фонд** Futterfonds *m*
фурго́н <-а> *м* **1.** *(пово́зка)* Planwagen *m* **2.** *(грузови́к)* Transporter *m*
фу́ри|я <-и> *ж* *(зло́бная же́нщина)* Furie *f*
фу́рм|а <-ы> *ж* ТЕХ Windform *f,* Blasform *f,* Winddüse *f*
фурниту́р|а <-ы> *ж* Zubehör *nt,* Furnitur *f;* **сапо́жная ~** Stiefelzubehör *nt;* **металли́ческая ~** Metallzubehör *nt*
фуро́р <-а> *м* Furore *f;* **производи́ть ~** Furore machen
фуру́нкул <-а> *м* МЕД Furunkel *m*
фут <фу́та> *м* Fuß *m*
футбо́л <-а> *м* Fußball *m*
футболи́ст <-а> *м* Fußballspieler *m,* Fußballer *m*
футбо́лк|а <-и> *ж* Fußballtrikot *nt;* ~ **капита́на кома́нды** Fußballtrikot *nt* des Mannschaftskapitäns; **обменя́ться футбо́лками** Teamtrikots austauschen
футбо́льн|ый <-ая, -ое> *прил* Fußball-; ~ **боле́льщик** Fußballfan *m;* **футбо́льная кома́нда** Fußballmannschaft *f;* ~ **матч** Fußballspiel *nt;* ~ **стадио́н** Fußballstadion *nt*
футер|ова́ть <-ую, -уешь> *нсв прх* ТЕХ ausfüttern, belegen, einhüllen; ~ **трубу́** den Schlot füttern; ~ **ковши́** die Kübel auskleiden
футеро́вк|а <-и> *ж* ТЕХ Verkleidung *f*
футля́р <-а> *м* Etui *nt,* Futteral *nt;* ~ **для очко́в** Brilleneтui *nt*
футури́зм <-а> *м* ЛИТ Futurismus *m*
футури́ст <-а> *м,* **футури́стк|а** <-и> *ж* ЛИТ Futurist(in) *m(f)*
футуристи́чески|й <-ая, -ое> *прил* futuristisch
футшто́к <-а> *м* МОР Flutmesser *nt,* Pegel *m,* Pegellatte *f*
фуфа́йк|а <-и> *ж* Strickjacke *f;* **шерстяна́я ~** wollene Strickjacke *f*
фы́рка|ть <-ю, -ешь> *нсв,* **фы́ркнуть** *св нпрх* schnaufen, schnauben; *(ко́шка)* fauchen; *(смея́тся)* herausplatzen
фьорд <фьо́рда> *м* Fjord *m*
фью́черс <-а> *м* ЭКОН *(предопла́та)* Futures *nt,* Termingeschäft *nt*
фью́черсн|ый <-ая, -ое> *прил* ЭКОН Futures-; **фью́черсная сде́лка** Futuresgeschäft *nt;* **фью́черсная торго́вля** Futureshandel *m*
фюзеля́ж <-а> *м* Flugzeugrumpf *m*

Хх

Х, х <неизм> *ср Buchstabe X*
хабане́р|а <-ы> *ж* Habanera *f*
ха́вбек <-а> *м* СПОРТ Halfback *m; (полузащи́тник)* Halbverteidiger *m*
хаза́р|ы <-> *м* Hasaren *pl*
ха́ки <неизм> *прил* kaki; **но́венький цвета ~ костю́м** neuer kakifarbener Anzug *m*
ха́кер <-а> *м* Hacker *m*
ха́л|а <-ы> *ж* Drache(n) *m*
хала́т <-а> *м* Morgenmantel *m*, Kittel *m*; **купа́льный ~** Bademantel *m*; **больни́чный ~** Arztkittel *m*; **рабо́чий ~** Arbeitskittel *m*
хала́тнос|ть <-ти> *ж* Nachlässigkeit *f*, Schlamperei *f*
хала́т|ный <-ная, -ное; -ен, -на, -но> *прил* nachlässig, schlampig
халв|а́ <-ы́> *ж* Halwa *nt*, türkischer Honig; **оре́ховая ~** Halwa mit Walnüssen
халде́|й <-я> *м* **1.** *(семити́ческие племена́)* Chaldaer *m* **2.** *прост (уго́дливый, подобостра́стный челове́к)* Schmeichler *m*; **настоя́щий ~!** ein echter Schmeichler!
хали́ф <-а> *м* ИСТОР Kalif *m*
халифа́т <-а> *м* ИСТОР Kalifat *nt*
халту́р|ить <-ю, -ишь> *нсв*, **схалту́рить** *св нпрх* schlampen; *разг* pfuschen
халту́р|ный <-ная, -ное; -ен, -на, -но> *прил разг* stümperhaft
халту́рщик <-а> *м* Stümper *m*, Pfuscher *m*
халцедо́н <-а> *м* ГЕОЛ Chalzedon *m*
хам <ха́ма> *м*, **ха́мк|а** <-и> *ж* Flegel *m*, Rüpel *m*
хамелео́н <-а> *м и перен* Chamäleon *nt*
ха́мск|ий <-ая, -ое> *прил* rüpelhaft, grob
ха́мств|о <-а> *ср* Grobheit *f*
хан <ха́на> *м* Khan *m*
хандр|а́ <-ы́> *ж* Schwermut *f*
хандр|и́ть <-ю́, -и́шь> *нсв нпрх (быть в мра́чном настрое́нии)* Trübsal blasen, schwermütig [*o* trübselig] sein; **така́я, бра́тец, тоска́ нашла́, ~ на́чал** Bruder, ich habe so eine Sehnsucht, ich sterbe vor Kummer; **~ не на́до!** man darf nicht Trübsal blasen!
ханж|а́ <-и́> *м и ж* Heuchler(in) *m(f)*; *(свято́ша)* Scheinheilige(r) *f(m)*
ха́нжеств|о <-а> *ср* Scheinheiligkeit *f*
ха́ос <-а> *м* Chaos *nt*, Wirrwarr *nt*, Durcheinander *nt*; **вве́ргнуть в ~** ins Chaos stürzen
хаоти́ч|ный <-ная, -ное; -ен, -на, -но> *прил* chaotisch, wirr
хараки́ри <неизм> *ср* Harakiri *nt*; **сде́лать себе́ ~** sich umbringen
хара́ктер <-а> *м* Charakter *m*; *(сво́йство)* Eigenschaft *f*, Beschaffenheit *f*; **национа́льный ~** Mentalität *f*; **тяжёлый ~** schwerer Charakter *m*
характериз|ова́ть <-у́ю, -у́ешь> *(н)св*, **охарактеризова́ть** *св прх* charakterisieren, kennzeichnen
характериз|ова́ться <-у́юсь, -у́ешься> *нсв рефл* durch etw charakterisiert [*o* gekennzeichnet] sein
характери́стик|а <-и> *ж* Charakteristik *f*; **техни́ческие характери́стики** technische Daten *pl*
характе́р|ный <-ная, -ное; -ен, -на, -но> *прил* charaktervoll, ausdrucksvoll; *(отличи́тельный)* charakteristisch, bezeichnend, kennzeichnend; **характе́рная черта́** charakteristischer Zug *m*
характероло́ги|я <-и> *ж* Charakterologie *f*
хард-рок <хард-ро́ка> *м* Hard Rock *m*
Хари́бд|а <-ы> *ж* МИФ Charybdis *m*; **между Сци́ллой и Хари́бдой** zwischen Szylla und Charybdis
хари́зм|а <-ы> *ж* Charysma *nt*
харизмати́ческ|ий <-ая, -ое> *прил* charismatisch
ха́рка|ть <-ю, -ешь> *нсв нпрх разг* spucken; **~ кро́вью** Blut *nt* spucken
ха́рти|я <-и> *ж* **1.** *(стари́нная ру́копись, докуме́нт)* Pergament *nt*, Handschrift *f*, Manuskript *nt* **2.** *(в соста́ве назва́ний не́которых докуме́нтов)* Charta *f*; **~ о права́х челове́ка** Charta der Menschenrechte; **Вели́кая ~ во́льностей в А́нглии** Große Charta der Menschenrechte in England
харч|и́ <-е́й> *м прост (еда́)* Nahrung *f*, Essen *nt*
ха́т|а <-ы> *ж* Dorfhaus *nt*
ха-ха́, ха-ха-ха́ *межд (смех, хо́хот)* ha-ha
ха́|ять <-ю, -ешь> *нсв прх прост (неодобри́тельно отзыва́ться)* tadeln, heruntermachen, rügen
хвал|а́ <-ы́> *ж* **1.** *(прославле́ние)* Lob *nt* **2.** *(одобре́ние)* Lobrede *f* **3.** *(во́зглас)* gelobt sei!
хвале́б|ный <-ная, -ное; -ен, -на, -но> *прил* lobpreisend; **~ гимн** lobpreisende Hymne *f*; **хвале́бная реце́нзия** lobpreisende Rezension *f*
хвалён|ый <-ая, -ое> *прил ирон* gepriesen, viel gerühmt
хв|али́ть <-алю́, -а́лишь> *нсв*, **похвали́ть** *св прх* loben, preisen
хв|али́ться <-алю́сь, -а́лишься> *нсв*, **похвали́ться** *св прх* angeben; **~ успе́хами** mit den Erfolgen angeben
хва́ста|ть <-ю, -ешь> *нсв*, **похва́стать** *св нпрх* prahlen
хва́ста|ться <-юсь, -ешься> *нсв*, **похва́статься** *св рефл* prahlen, sich rühmen; **~ свои́м успе́хом** mit seinem Erfolg prahlen
хвастли́в|ый <-ая, -ое; -, -а, -о> *прил*

prahlerisch

хвастовств|о́ <-а́> *ср* Prahlerei *f,* Angeberei *f*

хвасту́н <-а́> *м разг* Prahlhans *m,* Großmaul *nt*

хвата́|ть[1] <-ю, -ешь> *нсв,* **схвати́ть** *св прх* greifen, ergreifen, fassen, fangen

хвата́|ть[2] <-ет> *нсв,* **хвати́ть** *св безл, только 3 л (быть доста́точным)* ausreichen, genügen; **мне тебя́ о́чень не хвата́ет** ich vermisse dich sehr; **мне хвата́ет де́нег на еду́** mir reicht das Geld fürs Essen; **с меня́ хва́тит** mir reicht es; **хва́тит!** es reicht!; **э́того ещё не хвата́ло!** das hat uns noch gefehlt!

хвата́|ться <-юсь, -ешься> *нсв,* **схвати́ться** *св рефл* **1.** *(бра́ться ре́зко за что-л.)* ergreifen, greifen; **~ за по́ручень** sich am Geländer feshalten **2.** *(внеза́пно вспо́мнить)* sich erinnern; **она́ хвати́лась, что забы́ла позвони́ть на рабо́ту** ihr fiel ein, dass sie vergessen hatte im Büro anzurufen **3.** *(нача́ть поспе́шно де́лать что-л.)* etw ergreifen; **в у́жасе он хвати́лся звони́ть по телефо́ну** im Schreck griff er sofort zum Telefon; **схвати́ться за го́лову** sich an den Kopf greifen

хва́тк|а <-и> *ж* Griff *m; (у живо́тных)* Biss *nt;* **у него́ хоро́шая ~** er hat großes Durchsetzungsvermögen; **мёртвая ~** Würgegriff *m*

хва́т|кий <-кая, -кое; -ок, -ка́, -ко> *прил разг* geschickt; **хва́ткие ру́ки** geschickte Hände *fpl*

хво́йн|ый <-ая, -ое> *прил* БОТ Nadel-; **хво́йное де́рево** Nadelbaum *m;* **~ лес** Nadelwald *m*

хвора́|ть <-ю, -ешь> *нсв нпрх* krank werden, kränkeln

хво́рост <-а> *м* Reisig *nt; (пече́нье)* Krausgebäck *nt*

хворости́н|а <-ы> *ж* Gerte *f*

хвост <хвоста́> *м* Schwanz *m; (в охо́те)* Rute *f;* ТЕХ Zapfen *m; (о́чередь)* Schlange *f,* Reihe *f;* **ко́нский ~** Pferdeschwanz *m;* **встава́ть в ~ (за биле́тами)** sich hinten (nach Karten) anstellen; **плести́сь в хвосте́** das Schlusslicht bilden; **поджима́ть ~** den Schwanz einziehen

хво́стик <-а> *м* Schwänzchen *nt;* **ей уже́ со́рок с хво́стиком** sie ist etwas über vierzig

хвостов|о́й <-а́я, -о́е> *прил* Schwanz-, Schluss-; **хвостова́я часть** Heck *nt*

хвощ <хвоща́> *м* Schachtelhalm *m;* **лесно́й ~** Waldschachtelhalm

хво́|я <-и> *ж* Nadel *f,* Nadelbaumzweig *m;* **ёлочная хво́я** Tannennadel *pl;* **гирля́нды из хво́и** Girlanden aus Nadelbaumzweigen

хедж <хе́джа> *м* ЭКОН Hedging *nt*

хеджи́ровани|е <-я> *ср* ЭКОН Hedging *nt*

хеджи́р|овать <-ую, -уешь> *нсв прх* Hedging durchführen; **~ валю́тный риск** ein Hedging von Devisenrisiken durchführen; **назре́ла необходи́мость ~** es entstand die ein Notwendigkeit Hedging durchzuführen

хек <-а> *м* Seehecht *m*

хемилюминисце́нци|я <-и> *ж* Chemielumineszente *f*

хемотерапи́|я <-и>, **химиотерапи́|я** <-и> *ж* Chemotherapie *f*

хе́ппи-энд <хе́ппи-э́нда> *м* Happy End *nt*

хе́рес <-а> *м (вино́)* Xereswein *m*

херуви́м <-а> *м* МИФ *(а́нгел)* Cherub *m,* Engel *m;* **золотоволо́сый ~** goldblonder Cherub *m*

херуви́мск|ий <-ая, -ое> *прил* Cherub-; **меч ~** Cherubsschwert *nt;* **~ вид** engelhaftes Aussehen *nt*

хе-хе́, хе-хе-хе́ *межд (негро́мкий смех)* hi-hi-hi

хиба́р|а <-ы> *ж,* **хиба́рк|а** <-и> *ж разг (бе́дный до́мик)* Hütte *f;* **те́сная ~** enge Hütte *f*

хи́жин|а <-ы> *ж* Hütte *f*

хи́л|ый <-ая, ое; -, -а́, -о> *прил* schmächtig, schwächlich, kränklich

химе́р|а <-ы> *ж* Chimäre *f,* Phantasiegebilde *nt,* Hirngespinst *nt*

химизи́р|овать <-ую, -уешь> *(н)св прх* chemisieren; **~ по́чву** Chemisierung des Bodens

хи́мик <-а> *м* Chemiker(in) *m(f)*

химика́т <-а> *м* Chemikalie *f;* **отравля́ющие химика́ты** giftige Chemikalien *pl*

химика́т|ы <-ов> *м* Chemikat *nt*

химиотерапи́|я <-и> *ж см.* **хемотерапи́я**

хими́ческ|ий <-ая, -ое> *прил* chemisch; **хими́ческая ата́ка** Giftgasangriff *m;* **хими́ческие воло́кна** Chemiefaser *f;* **хими́ческое ору́жие** C(hemie)-Waffen *fpl*

хи́ми|я <-и> *ж* **1.** *(нау́ка)* Chemie *f;* **органи́ческая/неоргани́ческая ~** organische/anorganische Chemie *f* **2.** *разг (химиотерапи́я)* Chemotherapie *f*

химору́жи|е <-я> *ср* chemische Waffen *fpl*

химчи́стк|а <-и> *ж* chemische Reinigung *f*

хи́н|а <-ы> *ж (хини́н)* Chinin *nt*

хи́нди <неизм> *м* Hindi *nt*

хиндиязы́чн|ый <-ая, -ое> *прил* hindisprachig; **хиндиязы́чные райо́ны** hindisprachige Regionen *fpl;* **хиндиязы́чная литерату́ра** hindisprachige Literatur *f*

хи́ппи <неизм> *м* Hippie *m,* Gammler(in) *m(f)*

хире́|ть <-ю, -ешь> *нсв,* **захире́ть** *св нпрх* dahinsiechen, verkümmern

хирома́нт <-а> *м* Chiromant *m*

хирома́нти|я <-и> *ж* Chiromantie *f,* Handlesekunst *f*

хиру́рг <-а> *м* Chirurg(in) *m(f)*

хирурги́ческ|ий <-ая, -ое> *прил* chirurgisch; **хирурги́ческое вмеша́тельство** chirurgischer Eingriff *m;* **хирурги́ческое отделе́ние** chirurgische Station *f*

хирурги́|я <-и> *ж* Chirurgie *f;* **пласти́чная**

~ plastische Chirurgie *f*
хит <хи́та> *м* Hit *m*
хити́н <-а> *м* биол Chitin *nt*
хити́нов|ый <-ая, -ое> *прил* биол Chitin-; **хити́новые образова́ния** Chitinbildungen *pl*
хито́н <-а> *м (оде́жда)* Chiton *m;* **мя́гкий ~** weicher Chiton *m*
хитре́ц <-а́> *м* Schlaukopf *m*
хитри́нк|а <-и> *ж разг (хи́трость)* List *f;* **с хитри́нкой в глаза́х** mit List in den Augen
хитр|и́ть <-ю́, -и́шь> *нсв,* **схитри́ть** *св нпрх* **1.** *(поступи́ть хи́тро)* Tricks anwenden; **ну хва́тить ~!** hör auf zu flunkern! **2.** *разг (проявля́ть изворо́тливость)* zur List greifen, schlau sein
хи́тро *нрч* schlau, listig
хитросплетённ|ый <-ая, -ое> *прил* schlau, listig; **~ подхо́д** schlaues Herangehen *nt;* **~ за́говор** listige Verschwörung *f*
хи́трос|ть <-ти> *ж* List *f,* Schlauheit *f;* **пойти́ на ~** zu einer List greifen
хитроу́ми|е <-я> *ср* Pfiffigkeit *f*
хитроу́м|ный <-ная, -ное; -ен, -на, -но> *прил* **1.** *(изобрета́тельный)* pfiffig, schlau, findig; **хитроу́мные за́мыслы** pfiffige Ideen *pl* **2.** *(иску́сный, замыслова́тый)* meisterhaft, geschickt, findig
хи́т|рый <-рая, -рое; -ёр, -ра́, -ро́ *или* -ро> *прил* listig, schlau; *(кова́рный)* hinterlistig; *(лука́вый)* pfiffig; *разг (тру́дный)* schwierig
хихика́|ть <-ю, -ешь> *нсв нпрх* kichern
хище́ни|е <-я> *ср* юр Entwendung *f*
хи́щник <-а> *м* **1.** *(живо́тное)* Raubtier *nt;* *(пти́ца)* Raubvogel *m* **2.** *перен* Räuber *m*
хи́щническ|ий <-ая, -ое> *прил перен* Raub-; **хи́щническая эксплуата́ция** Raubbau *m*
хи́щ|ный <-ная, -ное; -ен, -на, -но> *прил* Raub-; **хи́щная пти́ца** Raubvogel *m*
хладнокро́ви|е <-я> *ср* Kaltblütigkeit *f,* Gelassenheit *f*
хладнокро́в|ный <-ная, -ное; -ен, -на, -но> *прил* kaltblütig; *(невозмути́мый)* gelassen; **хладнокро́вное уби́йство** kaltblütiger Mord *m*
хладосто́|йкий <-йкая, -йкое; -ек, -йка, -йко> *прил* kältebeständig; **~ ка́бель** kältebeständiges Kabel *nt;* **~ и влаголюби́вый цвето́к** kältebeständige und hydrophile Blume *f;* **~ мета́лл** kältebeständiges Metall *nt*
хладотерапи́|я <-и> *ж* Kältetherapie *f*
хлам <хла́ма> *м* Ramsch *m,* Plunder *m,* Trödel *m*
хлами́д|а <-ы> *ж разг ein alter abgetragener Mantel*
хлеб <хле́ба> *м* Brot *nt;* *(карава́й)* Laib *m;* *(зерно́)* Korn *nt,* Getreide *nt;* *перен (пропита́ние)* Lebensunterhalt *m;* **ржано́й ~** Roggenbrot *nt;* **чёрный ~** Schwarzbrot *nt;* **отбива́ть ~ у кого́-л.** jdm die Arbeit wegnehmen; **уйти́ на во́льные хлеба́** freischaffend werden; **зараба́тывать себе́ на ~** für seinen Lebensunterhalt sorgen, sich *dat* sein Brot verdienen
хлеба́|ть <-ю, -ешь> *нсв прх* löffeln; *(отхлёбывать)* trinken, schlürfen; *разг* erleben, erleiden
хле́бниц|а <-ы> *ж* Brotkorb *m;* **плетёная ~** geflochtener Brotkorb *m*
хле́бн|ый <-ая, -ое> *прил* Brot-; *(о зерне́)* Korn-, Getreide-; *разг* einträglich, Gewinn bringend; **хле́бные зла́ки** Getreidepflanzen *fpl*
хлебобу́лочн|ый <-ая, -ое> *прил* Teig-, Brot-; **хлебобу́лочные изде́лия** Backwaren *pl*
хлебозаво́д <-а> *м* Großbäckerei *f*
хлебопа́шеств|о <-а> *ср* Landwirtschaft *f*
хлебопека́рн|я <-и> *ж* Bäckerei *f*
хлебопроду́кт|ы <-ов> *м* Brotprodukte *pl*
хлеборо́б <-а> *м* Landmann *m*
хлебосо́л <-а> *м* gastfreundlicher Mensch *m*

i Land & Leute

Die Russen sind für ihre **Gastfreundschaft** berühmt. Diese äußert sich besonders in einer üppigen Bewirtung der Gäste – „der Tisch bog sich unter der Last von Speisen und Getränken", heißt es in Bezug auf übliche Bewirtungen schon in russischen Volksmärchen. Eine dunkelblonde Schöne in der Tracht, die Gästen auf einem bestickten Tuch „Brot und Salz" anbietet, dient als Symbol für die russische Gastfreundschaft. Es gilt von jeher als ein guter Brauch, wenn unerwartet Besuch kommt, „für die lieben Gäste alles Essbare auf den Tisch zu bringen, was man selber hat". „Was wir haben, geben wir gern", sagt man sich entschuldigend, wenn man sich gerade in bedrängten Verhältnissen befindet. Auserlesene Gerichte und Weine sowie feine Tischmanieren und der Small Talk gehören nicht unbedingt zur russischen Bewirtung.

хлебосо́|льный <-льная, -льное; -лен, -льна, -льно> *прил* gastfreundlich; **хлебосо́льная семья́** gastfreundliche Familie *f*
хлебоубо́рк|а <-и> *ж* Getreideernte *f*
хлев <хле́ва> *м* Stall *m;* *перен* Saustall *m*
хлестако́вщин|а <-ы> *ж неодобр (хвастовство́, враньё)* Prahlerei *f*
хл|еста́ть <-ещу́, -е́щешь> *нсв прх*

peitschen, schlagen; *(о воде́)* strömen; *разг (мно́го пить)* viel trinken, saufen

хли́п|кий <-кая, -кое; -ок, -ка, -ко> *прил прост* **1.** *(непро́чный, некре́пкий)* zerbrechlich **2.** *(сла́бый, хи́лый)* mager, zart, schwächlich; **хли́пкое здоро́вье** zarte Gesundheit *f*

хлоп *межд* klatsch!

хло́пань|е <-я> *ср* Knall *m*, Klatschen *nt*

хло́па|ть <-ю, -ешь> *нсв*, **похло́пать** *св прх* schlagen, klopfen; *разг* trinken; **~ в ладо́ши** in die Hände klatschen; **~ по плечу́** auf die Schulter klopfen; **~ глаза́ми** verständnislos dreinblicken; **~ уша́ми** beim Zuhören nicht verstehen

хлоп|е́ц <-ца> *м разг* **1.** *(подро́сток)* Knabe *m* **2.** *(па́рень)* Bursche *m*

хло́пков|ый <-ая, -ое> *прил* Baumwoll-; **хло́пковые семена́** Baumwollsamen *mpl*

хлоп|о́к <-ка́> *м* Klatschen *nt*

хло́п|ок <-ка> *м* Baumwolle *f*

хлоп|ота́ть <-очу́, -о́чешь> *нсв*, **похлопота́ть, схлопота́ть** *св нпрх* herumwirtschaften, beschäftigt sein; *(за кого́-л.)* sich bemühen um *+akk*

хлопотли́в|ый <-ая, -ое; -, -а, -о> *прил* schwierig; **~ мужи́к** geschäftiger Mann *m*; **хлопотли́вое де́ло** schwierige Arbeit *f*

хло́пот|ы <-> *мн* **1.** *(забо́ты)* Sorgen *pl*, Bemühungen *pl*; **несмотря́ на все мои́ ~** trotz all meiner Bemühungen **2.** *(хода́тайство)* Fürsprache *f* **3.** *(сует́а)* Scherereien *pl*

хлопу́шк|а <-и> *ж* Klappe *f*; *(для мух)* Fliegenklatsche *f*; *(патро́нчик)* Knallbüchse *f*; *(бума́жная)* Knallbonbon *nt*

хлопча́тк|а <-и> *ж разг* Watte *f*, Baumwolle *f*

хлопчатобума́жн|ый <-ая, -ое> *прил* Baumwoll-; **хлопчатобума́жная промы́шленность** Baumwollindustrie *f*; **хлопчатобума́жные тка́ни** Baumwollgewebe *nt*

хло́пь|я <-ев> *мн* Flocken *pl*; **овся́ные ~** Haferflocken *pl*; **кукуру́зные ~** Maisflocken *pl*

хлор <хло́ра> *м* Chlor *nt*

хлоре́лл|а <-ы> *ж* БОТ *(однокле́точная зелёная во́доросль)* Chlorella *f*

хлори́д|ы <-ов> *м* ХИМ Chloride *ntpl*

хлори́ровани|е <-я> *ср* ХИМ Chlorierung *f*; **~ воды́** Chlorierung des Wassers

хлори́р|овать <-ую, -уешь> *(н)св прх* ХИМ chlorieren; **~ во́ду** Wasser chlorieren; **~ цветны́е мета́ллы** Buntmetalle chlorieren

хло́рист|ый <-ая, -ое> *прил* ХИМ chlorhaltig; **~ ка́льций** chlorhaltiges Kalzium *nt*

хло́рк|а <-и> *ж прост* ХИМ Chlorsäure *f*

хло́рн|ый <-ая, -ое> *прил* ХИМ Chlor-; **~ за́пах** Chlorgeruch *m*

хлоропла́ст|ы <-ов> *м* БОТ Chloroplast *m*

хлорофи́лл <-а> *м* Chlorophyll *nt*

хлорофи́ллов|ый <-ая, -ое> *прил* БОТ Chlorophyll-; **~ си́нтез** Chlorophyllsynthese *f*; **~ воск для депиля́ции** Chlorophyll-Wachse für die epilation

хлорофо́рм <-а> *м* Chloroform *nt*

хлорофо́с <-а> *м* БОТ Chlorphos *m*

хлорпикри́н <-а> *м* ХИМ Chlorpikrin *m*

хлы́н|уть <-у, -ешь> *св нпрх* strömen; *(жи́дкость)* hervorströmen; *(чу́вства)* überkommen; **в ко́мнату хлы́нул све́жий ночно́й во́здух** frische Nachtluft drang ins Zimmer ein; **толпа́ хлы́нула на у́лицу** die Menschenmenge stürzte auf die Straße

хлыст <хлыста́> *м* Reitpeitsche *f*

хлю́па|ть <-ю, -ешь> *нсв нпрх (вода́)* glucksen; *(грязь)* patschen; **~ но́сом** schluchzen

хлю́пик <-а> *м прост (безво́льный челове́к)* Jammerlappen *m*; **вести́ себя́, как после́дний ~** sich wie der letzte Jammerlappen verhalten

хля́стик <-а> *м* Halbgürtel *m*

хмеле́|ть <-ю, -ешь> *нсв нпрх* betrunken werden

хмель <хме́ля> *м* **1.** *(расте́ние)* Hopfen *m* **2.** *(опьяне́ние)* Rausch *m*; **быть во хмелю́** im Rausch sein

хмельно́|е <-го> *ср ein berauschendes Getränk*; **не брать в рот хмельно́го** keinen Alkohol trinken

хме|льно́й <-льная, -льное; -лён, -льна, -льно> *прил (пья́ный, нетре́звый)* betrunken

хму́р|ить <-ю, -ишь> *нсв*, **нахму́рить** *св прх (лоб)* runzeln; *(бро́ви)* zusammenziehen; *(лицо́)* verziehen

хму́р|иться <-юсь, -ишься> *нсв*, **нахму́риться** *св рефл* finster dreinschauen; *(пого́да)* sich verfinstern

хму́р|ый <-ая, -ое; -, -а́, -о> *прил* **1.** *(мра́чный, угрю́мый)* finster, mürrisch; **~ челове́к** mürrischer Mensch *m* **2.** *(насу́пленный, нахму́ренный)* faltig, runzelig, finster; **хму́рые брови** finstere Augenbrauen *fpl* **3.** *пpен (па́смурый, су́мрачный)* finster; **хму́рая пого́да** finsteres Wetter *nt*

хна <хны> *ж* Henna *f*; **кра́сить во́лосы хной** die Haar mit Henna färben

хны́|кать <-чую *или* -каю, -чешь *или* -каешь> *нсв нпрх разг* flennen, jammern

хо́бби <неизм> *ср* Hobby *nt*

хо́бот <-а> *м* ЗООЛ Rüssel *m*

хо́ботов|ый <-ая, -ое> *прил* ТЕХ Gegenarm-; **хо́ботовая часть ору́дия** Lafettenschwanz *m*

хобот|о́к <-ка́> *м* Rüsselchen *nt*; **~ пчелы́** Bienensaugrüssel *m*

ход <хо́да> *м* **1.** *(движе́ние)* Gang *m*, Lauf *m*, Bewegung *f*; МОР Fahrt *f*; АВТО Hub *m*; **идёт свои́м хо́дом** es geht seinen Gang; **~ мы́слей** [*или* **рассужде́ний**] Gedankengang *m;* **~ переговóров** Verhandlungsverlauf *m;* **идти́ пóлным хóдом** voll im Gange sein; **холостóй ~** Leerlauf *m;* **пускáть в ~** in Gang setzen **2.** *(собы́тий)* Verlauf *m,* Ablauf *m;* **~ вещéй** Lauf der Dinge *m* **3.** *(вход)* Gang *m,* Eingang *m;* **чёрный ~** Hintereingang *m;* **потайнóй ~** Geheimgang *m* **4.** *(в игрé)* Zug *m;* **сдéлать ~** einen Zug machen

ходáта|й <-я> *м устар (защи́тник)* Fürsprecher *m*

ходáтайств|о <-а> *ср* **1.** *(прóсьба)* Antrag *m,* Gesuch *nt* **2.** *(застýпничество)* Fürsprache *f*

ходáтайств|овать <-ую, -уешь> *нсв,* **походáтайствовать** *св нпрх* ersuchen; *(заступáться)* Fürsprache einlegen; **~ пéред судóм** vor Gericht Fürsprache einlegen

хóдик|и <-ов> *мн разг (часы́)* Pendeluhr *f;* **~ с кýкушкой** Pendeluhr mit Kuckuck

ходи́ть <хожý, хóдишь> *нсв нпрх* **1.** *(двигаться)* gehen; *(посещáть)* besuchen; *(за кем-л./чем-л.)* holen; **~ во сне** schlafwandeln; **учи́ться ~** laufen lernen; **~ в кинó** ins Kino gehen; **~ на лéкции** Vorlesungen besuchen **2.** *(в игрé: кáрты)* ausspielen; *(шáхматы)* ziehen; **вам ~!** Sie sind am Zug!; **~ с дáмы** die Dame ausspielen; **~ с кóзыря** einen Trumpf ausspielen **3.** *(забóтиться)* pflegen; *(за детьми́)* beaufsichtigen; **~ за больны́м** den Kranken pflegen **4.** *(дéньги)* im Umlauf sein

хóд|кий <-кая, -кое; -ок, -кá, -ко> *прил разг* **1.** *(лёгкий на ходý)* gängig; **хóдкие колёса** gängige Räder *ntpl* **2.** *(быстрый, скóрый)* schnell, gangbar; **он шёл хóдким шáгом** er ging mit schnellen Schritten **3.** *(имéющий большóй спрос)* gangbar; **хóдкий товáр** gangbare [*o* gänge] Ware *f*

ходов|óй <-áя, -óе> *прил* Lauf-; **~ механи́зм** Laufwerk *nt;* **~ товáр** gefragte Ware *f;* **ходовáя часть** АВТО Fahrgestell *nt*

ходýл|и <-ей> *мн* Stelzen *fpl*

ходý|льный <-льная, -льное; -лен, -льна, -льно> *прил* überheblich, hochmütig; **ходýльное выражéние** überheblicher Ausdruck *m*

ходьб|á <-ы́> *ж* Gehen *nt,* Gang *m;* **полчасá ходьбы́** eine halbe Stunde zu Fuß

ходя́ч|ий <-ая, -ее> *прил* gehend; *(обы́чный, широкó употреби́тельный)* verbreitet, geläufig; **ходя́чее выражéние** geläufiger Ausdruck *m*

хождéни|е <-я> *ср* Wandern *nt; (дéньги)* Umlauf *m;* **~ по гóроду** durch die Stadt wandern

хозрасчёт *сокр от* **хозя́йственный расчёт** wirtschaftliche Rechnungsführung *f*

хозя́ин <-а> *м* Wirt *m; (главá семьи́)* Hausherr *m; (сóбственник)* Eigentümer *m,* Besitzer *m,* Inhaber *m; (принимáющий гостéй)* Gastgeber *m; (в футбóле)* Heimmannschaft *f;* **~ гости́ницы** Gastwirt *m;* **быть хозя́ином положéния** *перен* Herr der Lage sein

хозя́йк|а <-и> *ж* Wirtin *f; (владéлица)* Besitzerin *f; (принимáющая гостéй)* Gastgeberin *f*

хозя́йнича|ть <-ю, -ешь> *нсв нпрх* **1.** *(вести́ хозя́йство)* wirtschaften **2.** *(распоряжáться)* herrschen, wirtschaften

хозя́йск|ий <-ая, -ое> *прил* des Wirtes; **дéло хозя́йское** *перен* mach, was du willst

хозя́йственник <-а> *м* Manager *m,* Wirtschaftsfunktionär *m*

хозя́йствен|ный <-ная, -ное; -, -на, -но> *прил* Wirtschafts-, wirtschaftlich; *(человéк)* haushälterisch, wirtschaftlich; **хозя́йственная сýмка** Einkaufstasche *f;* **хозя́йственная дéятельность** Wirtschaftstätigkeit *f;* **хозя́йственная едини́ца** Wirtschafteinheit *f;* **хозя́йственная операция** Geschäftsvorfall *m;* **хозя́йственная полити́ка предприя́тия** Unternehmenspolitik *f;* **~ сéктор** Wirtschaftssektor *m;* **~ год** Geschäftsjahr *nt;* **~ союз** Wirtschaftsverband *m;* **~ субъéкт** Wirtschaftssubjekt *nt;* **~ расчёт** wirtschaftliche Rechnungsführung *f,* Rentabilitätsprinzip *nt;* **хозя́йственные товáры** Haushaltsartikel *pl*

хозя́йств|о <-а> *ср* **1.** *(домáшнее)* Haushalt *m;* **вести́ ~** den Haushalt führen; **рабóта по хозя́йству** Hausarbeit *f* **2.** *(экономика)* Wirtschaft *f;* **сéльское ~** Landwirtschaft *f*

хозя́йствовани|е <-я> *ср* Wirtschaftsführung *f*

хозя́йств|овать <-ую, -уешь> *нсв нпрх* bewirtschaften

хоккеист <-а> *м* Hockeyspieler *m*

хоккé|й <-я> *м* Hockey *nt;* **~ на льду** Eishockey *nt*

хóлдинг <-а> *м* Holding *f,* Trägergesellschaft *f;* **~-банк** Hausbank *f*

хóлен|ый <-ая, -ое> *прил* gepflegt; **хóленые рýки** gepflegte Hände *pl*

холéр|а <-ы> *ж* МЕД Cholera *f*

холéрик <-а> *м* Choleriker(in) *m(f)*

холери́ческ|ий <-ая, -ое> *прил* cholerisch

холестери́н <-а> *м* Cholesterin *nt*

хóл|ить <-ю, -ишь> *нсв прх (забóтливо ухáживать)* pflegen; **~ и лелéять** hegen und pflegen

хóлк|а <-и> *ж (у упря́жных живóтных)* Mähne *f;* **схвати́ть коня́ за хóлку** das Pferd an der Mähne packen

холл <хóлла> *м* Halle *f*

холм <холмá> *м* Hügel *m;* **моги́льный ~** Grabhügel *m*

холми́ст|ый <-ая, -ое; -, -а, -о> *прил* hügelig

хóлод <-а> *м* Kälte *f*

холодá|ть <-ет> *нсв безл, только 3 л* kälter werden; **ужé совсéм стемнéло и начинáло ~** es war schon dunkel und es fing an

Х

kalt zu werden

холоде́|ть <-ю, -ешь> *нсв,* **похолоде́ть** *св нпрх* **1.** *(стать холодне́е)* kalt werden; **её ру́ки похолоде́ли** ihre Hände wurden kalt **2.** *перен (испыта́ть ужас)* erstarren; **он похолоде́л, услы́шав но́вость** er erstarrte, nachdem er die Nachricht hörte; **я холоде́ю от мы́сли, что ...** bei dem Gedanken, dass ..., läuft es mir kalt den Rücken herunter

холод|е́ц <-ца́> *м разг* кул Sülze *f*

холоди́льник <-а> *м* Kühlschrank *m; (промы́шленный)* Kühlhaus *nt*

хо́лодно *нрч* kalt; **на у́лице бы́ло ~** auf der Straße war es kalt; **ей ~** ihr ist kalt

холоднокро́вны|е <-х> *мн* зоол Kaltblüter *pl*

хо́лоднос|ть <-ти> *ж* Gefühlskälte *f*

холо́д|ный <-ная, -ное; -ен, -на́, -но> *прил перен* kalt; **холо́дная война́** kalter Krieg *m;* **холо́дное вре́мя го́да** kalte Jahreszeit *f;* **холо́дные заку́ски** kaltes Büfett *nt;* **~ приём** frostiger Empfang *m;* **~ фронт** метеор Kaltfront *f*

холодоусто́йчив|ый <-ая, -ое; -, -а, -о> *прил* kältebeständig; **холодоусто́йчивые сорта́ виногра́да** kältebeständige Rebsorten *fpl*

холо́п <-а> *м* **1.** истор Leibeigene(r) *f(m)* **2.** *(слуга́)* Knecht *m* **3.** *презрит* Kriecher *m*

холо́пск|ий <-ая, -ое> *прил ист, устар* sklavisch, Sklaven-, knechtisch; **холо́пское житьё** sklavisches Leben *nt;* **холо́пская душа́** *презр* Sklavenseele *f*

холост|о́й <-а́я, -о́е; -, -а́, -о> *прил* **1.** *(челове́к)* ledig, unverheiratet; *(привы́чки)* Junggesellen-; **холоста́я жизнь** Junggesellenleben *nt* **2.** тех Leer-, Blind-; **~ ход** Leerlauf *m;* **~ патро́н** Platzpatrone *f*

холостя́к <-а́> *м* Junggeselle *m*

холостя́цк|ий <-ая, -ое> *прил разг* Junggesellen-; **холостя́цкая жизнь** Junggesellenleben *nt*

холст <холста́> *м* Leinen *nt; (экран)* Leinwand *f; (живопи́сное полотно́)* Ölgemälde *nt*

холсти́н|а <-ы> *ж* Leinen *nt*

холщо́в|ый <-ая, -ое> *прил* Stoff-; **~ мешо́к** Stoffsack *m*

хому́т <-а́> *м* Kummet *nt;* тех Bügel *m;* **рессо́рный ~** тех Federbügel

хомя́к <-а́> *м* зоол Hamster *m*

хомя́ч|ий <-ья, -ье> *прил* Ziesel-; **хомя́чья но́рка** Zieselpelz *m*

хор <хо́ра> *м* Chor *m;* **петь хо́ром** im Chor singen

хора́л <-а> *м* Choral *m*

хорва́т <-а> *м* Kroate *m*

Хорва́ти|я <-и> *ж* Kroatien *nt*

хорва́тк|а <-и> *ж* Kroatin *f*

хо́рд|а <-ы> *ж* мат Sehne *f;* зоол Chorda *f,* **~ осе́тровых рыб** die Chorda der Störfische

хор|ёк <-ька́> *м* Iltis *m*

хоре́|й <-я> *м* лит Trochäus *m*

хорео́граф <-а> *м* Choreograf(in) *m(f)*

хореогра́фи|я <-и> *ж* Choreografie *f*

хори́ст <-а> *м,* **хори́стк|а** <-и> *ж* Chorist(in) *m(f)*

хорово́д <-а> *м* Reigentanz *m;* **кружи́ться в хорово́де** sich im Reigentanz drehen

хоров|о́й <-а́я, -о́е> *прил* **1.** *(член хо́ра)* Chor-; **~ певе́ц** Chorsänger *m* **2.** *устар (группово́й, коллекти́вный)* Gruppen-

хо́ром *нрч* im Chor

хор|они́ть <-оню́, -о́нишь> *нсв,* **похорони́ть, схорони́ть** *св прх* begraben, beerdigen; *перен* zu Grabe tragen; *(забы́ть)* vergessen

хорохо́р|иться <-юсь, -ишься> *нсв рефл разг (вести́ себя́ задо́рно, храбри́ться)* prahlen, angeben, sich brüsten

хоро́шеньк|ий <-ая, -ое> *прил* hübsch, lieblich; **хоро́шенькая исто́рия!** hübsche Geschichte!

хороше́нько *нрч разг* ordentlich, gehörig

хороше́|ть <-ю, -ешь> *нсв,* **похороше́ть** *св нпрх* hübscher [*o* schöner] werden; **с во́зрастом де́вочка похуде́ла и похороше́ла** mit den Jahren wurde das Mädchen schlanker und schöner

хоро́ш|ий <-ая, -ее; -, -а́, -о́> *прил* gut; *(краси́вый)* schön; **хоро́шая пого́да** schönes Wetter *nt;* **подава́ть ~ приме́р** mit gutem Beispiel vorangehen; **всего́ хоро́шего!** alles Gute!

хорошо́ *нрч* gut; **тебе́ ~ говори́ть** du hast gut reden; **так же ~** ebenso gut

хору́г|вь <-ви> *ж* Kirchenfahne *f*

хо́р|ы <-> *мн* Empore *f*

хо́спис <-а> *м* Hospis *nt*

хост <хо́ста> *м* информ Host *m,* Großrechner *m*

хоте́ть <хочу́, хо́чешь> *нсв,* **захоте́ть** *св прх* wollen; *(жела́ть)* wünschen, begehren; **как хоти́те!** wie Sie wollen!; **что вы хоти́те?** was wollen Sie?; **я не хочу́ вас беспоко́ить** *(трево́жить)* ich möchte Sie nicht beunruhigen; **хо́чешь ча́ю?** möchtest du Tee?; **хо́чешь не хо́чешь** ob du willst oder nicht; **возьми́те ско́лько хоти́те** nehmen Sie soviel Sie wollen; **~ есть/пить** Hunger/Durst haben

хоть *сз* **1.** *(да́же)* sogar, selbst; **~ бы и так** selbst wenn dem so wäre **2.** *(по кра́йней ме́ре)* nur, wenigstens, doch **3.** *(хотя́)* obwohl, wenn auch; **~ я и уста́л, я помогу́ тебе́** obwohl ich müde bin, werde ich dir helfen; **ему́ ~ бы что** ihm ist es egal

хотя́ *сз* obwohl, obgleich; **~ бы** selbst wenn

хохол|о́к <-ка́> *м (у птиц)* Haube *f*

хо́хот <-а> *м* Gelächter *nt;* **насме́шливый ~** spöttisches Gelächter *nt*

хох|ота́ть <-очу́, -о́чешь> *нсв нпрх* lachen; **~ ди́ко и гро́мко** laut und unverschämt lachen

хохоту́н <-а́> *м*, **хохоту́нь|я** <-и> *ж разг* lustiger Mensch *m*

храбре́ц <-а́> *м* Tapferer *m*, Kühner *m*

хра́брос|ть <-ти> *ж* Kühnheit *f*, Tapferkeit *f*; **вы́пить для хра́брости** sich Mut antrinken; **набра́ться хра́брости** Mut aufbringen

хра́бр|ый <-ая, -ое; -, -а́, -о> *прил* kühn, tapfer

храм <хра́ма> *м* Kirche *f*, Gotteshaus *nt*; *и перен* Tempel *m*; **~ нау́ки** Tempel *m* der Wissenschaft

храмов|о́й <-а́я, -о́е> *прил* Tempel-, Kirchen-; **храмово́й пра́здник** Kirchenfest *nt*

хране́ни|е <-я> *ср* Aufbewahrung *f*, Lagerung *f*; **сдать на ~** in Verwahrung geben

храни́лищ|е <-а> *ср* Lager *nt*, Magazin *nt*, Depot *nt*; **~ запа́сов** Vorratslager *nt*; **~ хими́ческого ору́жия** Chemiewaffendepot *nt*

храни́те|ль <-ля> *м* **1.** *(в музе́е)* Konservator *m* **2.** *(ро́да)* Stammhalter *m*

хран|и́ть <-ю́, -и́шь> *нсв прх* aufbewahren, lagern; *(от кого́-л./чего́-л.)* behüten, beschützen vor *+dat*; *перен* bewahren; **~ в па́мяти** im Gedächtnis bewahren; **~ молча́ние** sich in Schweigen hüllen; **~ на скла́де** lagern

храп <хра́па> *м* Schnarchen *nt*; *(ло́шади)* Schnaufen *nt*

храп|е́ть <-лю́, -и́шь> *нсв*, **захрапе́ть** *св нпрх* schnarchen; *(о живо́тных)* schnauben; **больно́й сла́бо храпе́л** der Kranke schnarchte leise

хреб|е́т <-та́> *м* **1.** АНАТ Rückgrat *nt* **2.** *разг* Rücken *m* **3.** *(горы́)* **го́рный ~** Bergrücken *m*

хрен <хре́на> *м* Meerrettich *m*, Rettich *m*; *презрит* alter Knacker *m*; **~ ре́дьки не сла́ще** das eine ist nicht besser als das andere

хрено́в|ый <-ая, -ое> *прил* Rettich-; *разг* sehr schlimm

хрестомати́йн|ый <-ая, -ое> *прил* chrestomatisch; **хрестомати́йный приме́р** chrestomatisches Beispiel *nt*

хрестома́ти|я <-и> *ж* Lesebuch *nt*

хризанте́м|а <-ы> *ж* БОТ Chrysantheme *f*

хризобери́лл <-а> *м* ХИМ Chrysoberyll *m*

хризоли́т <-а> *м* ХИМ Chrysolith *m*

хризопра́з <-а> *м* ХИМ Chrysopras *m*

хрип <хри́па> *м* Röcheln *nt*; *мн* МЕД Rasselgeräusch *nt*

хрип|е́ть <-лю́, -и́шь> *нсв*, **прохрипе́ть** *св нпрх* röcheln; *разг* heiser sein

хри́пл|ый <-ая, -ое; -, -а́, -о> *прил* heiser

хри́пн|уть <-у, -ешь> *нсв*, **охри́пнуть** *св нпрх* heiser werden

хрипот|а́ <-ы́> *ж* Heiserkeit *f*

христиани́н <-а> *м*, **христиа́нк|а** <-и> *ж* Christ(in) *m(f)*

христиа́нск|ий <-ая, -ое> *прил* christlich; **~ мир** Christenheit *f*

христиа́нств|о <-а> *ср* Christentum *nt*

Христо́с <Христа́> *м* Christus *m*

хром[1] <хро́ма> *м* ХИМ Chrom *nt*

хром[2] <хро́ма> *м* *(ко́жа)* Chromleder *nt*

хрома́|ть <-ю, -ешь> *нсв нпрх* hinken; *перен, разг* zurückbleiben, hinterherhinken

хроми́рован|ный <-ная, -ное; -, -а, -о> *прил* verchromt

хроми́р|овать <-ую, -уешь> *(н)св прх* verchromen; **~ дета́ли маши́н** Maschinenteile *mpl* verchromen

хро́мов|ый <-ая, -ое> *прил* **1.** *(содержа́щий хром)* Chrom-; **хро́мовая сталь** Chromstahl *m* **2.** *(производи́мый при по́мощи соле́й хро́мовой кислоты́)* verchromt **3.** *(являю́щийся хро́мом)* Chrom-; **хро́мовая ко́жа** Chromleder *nt*; **хро́мовая кислота́** Chromsäure *f*

хром|о́й <-ая, -ое; -, -а́, -о> *прил* lahm

хромосо́м|а <-ы> *ж* Chromosom *nt*

хро́ник <-а> *м* chronisch Kranke(r) *f(m)*

хро́ник|а <-и> *ж* **1.** *(ле́топись)* Chronik *f* **2.** *(о теку́щих собы́тиях)* Tagesbericht *nt*, Tagesereignisse *pl*; *(кино́)* Wochenschau *f*; *(по ра́дио)* Tagesübersicht *f*

хроникёр <-а> *м* Lokalberichterstatter *m*

хрони́ческ|ий <-ая, -ое> *прил* chronisch; **хрони́ческое заболева́ние** chronische Erkrankung *f*

хронобиоло́ги|я <-и> *ж* Chronobiologie *f*

хронологи́ческ|ий <-ая, -ое> *прил* chronologisch; **в хронологи́ческом поря́дке** in chronologischer Reihenfolge

хроноло́ги|я <-и> *ж* Chronologie *f*, zeitliche Reihenfolge *f*

хроно́метр <-а> *м* Chronometer *nt*

хронометра́ж <-а> *м* Zeitstudie *f*, Zeitmessung *f*

хронометри́р|овать <-ую, -уешь> *(н)св прх (произвести́ хронометра́ж чего-л.)* eine Zeitstudie durchführen, Zeitmessung durchführen; **~ собы́тия** eine Zeitstudie der Ereignisse durchführen; **~ да́нные** Zeitmessung der Angaben durchführen

хронопатоло́ги|я <-и> *ж* Chronopathologie *f*

хроноско́п <-а> *м* Chronoskop *nt*

хронотерапи́|я <-и> *ж* Chronotherapie *f*

хроното́п <-а> *м* Chronotop *nt*

хру́па|ть <-ю, -ешь> *нсв (н)прх разг* knabbern; **~ гро́мко** laut knabbern; **~ оре́хи** Wahlnüsse knabbern

хру́п|кий <-кая, -кое; -ок, -ка́, -ко> *прил* **1.** *(ло́мкий)* brüchig, zerbrechlich; *(стекло́, мета́лл)* spröde **2.** *(не́жный)* zart, schwächlich; *(боле́зненный)* gebrechlich

хруст <хру́ста> *м* Knirschen *nt*

хруста́лик <-а> *м* **1.** *разг (небольшо́й*

Х

кусо́чек хрусталя́) Kristall *m* **2.** анат **глазно́й ~** Augenlinse *f*

хруста́|ль <-ли> *м* Kristall *nt,* Kristallglas *nt*

хруста́льн|ый <-ая, -ое> *прил* Kristall-; **хруста́льный шар** Kristallkugel *f;* **хруста́льная посу́да** Kristallgeschirr *nt*

хру|сте́ть <-щу́, -сти́шь> *нсв,* **прохрусте́ть, хру́стнуть** *св нпрх* knirschen, krachen; **~ па́льцами** mit den Fingern knacken

хрустя́щ|ий <-ая, -ее> *прил* knusprig

хрущ <хруща́> *м* Maikäfer *m*

i Land & Leute

Zu den Leistungen Nikita Chruschtschows, der nach Stalins Tod die Macht im Lande übernommen hat, gehört der Massenbau viergeschossiger Plattenhäuser mit kleinen, abgeschlossenen Wohnungen – bis dahin wohnten in größeren Altbauwohnungen oft mehre Familien zusammengepfercht. Da die seit den 20er Jahren in der UdSSR chronisch gewordene Wohnungsknappheit durch den Krieg noch schlimmer geworden war und Stalin vor allem an neue „Bauwerke des Sozialismus" gedacht hatte, freuten sich die Familien, die eine neue Wohnung zugewiesen bekamen, außerordentlich: die eintönigen Plattenbauten, die bald das Bild vieler Städte in der Sowjetunion bestimmten, erschienen vielen damals sogar als schön. Eine **„Chruschtschowka"** gilt jedoch schon seit den 70er Jahren als kaum noch beneidenswert – diese Wohnviertel bezeichnet man inzwischen als **„Chruschtschoby"** – etwa „Chruschtschow-Slums".

хрю́ка|ть <-ю, -ешь> *нсв,* **хрю́кнуть** *св нпрх* grunzen

хрю́шк|а <-и> *ж разг* Sau *f,* Schwein *nt*

хряк <хряка́> *м* Eber *m*

хрящ[1] <хряща́> *м* геол Kies *m*

хрящ[2] <хряща́> *м* анат Knorpel *m*

хрящева́т|ый <-ая, -ое; -, -а, -о> *прил* knorpelig

худе́|ть <-ю, -ешь> *нсв,* **похуде́ть** *св нпрх* **1.** *(убавить в ве́се)* abnehmen; **ле́том он похуде́л** im Sommer hat er abgenommen **2.** *(стать худы́м)* dünn werden; **она́ боле́зненно похуде́ла** sie ist krankhaft dünn geworden

ху́д|о[1] <-а> *ср* Übel *nt,* Böse *nt*

ху́д|о[2] <-а> *прил разг* schlimm, schlecht, übel

худоб|а́ <-ы́> *ж* Magerkeit *f*

худо́жествен|ный <-ная, -ное; -, -на, -но> *прил* Kunst-, künstlerisch; **худо́жественное изде́лие** Kunstwerk *nt;* **худо́жественная литерату́ра** Belletristik *f*

худо́жник <-а> *м* **1.** *(живопи́сец)* Kunstmaler(in) *m(f)* **2.** *(ма́стер своего́ де́ла)* Künstler(in) *m(f)*

худ|о́й[1] <-а́я, -о́е; -, -а́, -о> *прил (худоща́вый)* mager, dürr, hager

худ|о́й[2] <-а́я, -о́е; -, -а́, -о> *прил (плохо́й)* schlecht, schlimm

худосо́ч|ный <-ная, -ное; -ен, -на, -но> *прил* nach Krankheit, erschöpft; **~ па́рень** ein erschöpfter Bursche *m*

худоща́в|ый <-ая, -ое; -, -а, -о> *прил* mager, schmal

ху́дш|ий <-ая, -ее> *прил превосх* schlimmste(r, s), schlechteste(r, s); **он измени́лся в ху́дшую сто́рону** er hat sich zu seinem Nachteil verändert; **в ху́дшем слу́чае** schlimmstenfalls

ху́же *прил сравнит* schlechtere(r, s), schlimmere(r, s)

хулига́н <-а> *м* Hooligan *m,* Rowdy *m,* Randalierer *m*

хулига́н|ить <-ю, -ишь> *нсв нпрх (бесчи́нствовать)* randalieren, Unfug treiben; **он при пе́рвой возмо́жности стара́лся напи́ться, хулига́нил** er betrank sich bei jeder Gelegenheit und randalierte

хулига́нств|о <-а> *ср* grober Unfug *m*

хурм|а́ <-ы́> *ж* **1.** *(ю́жное плодо́вое де́рево)* Dattelbaum *m* **2.** *(плод э́того де́рева)* Dattel *f;* **варе́нье из хурмы́** Dattelkonfitüre *f*

ху́тор <-а> *м* **1.** *(фе́рма)* kleine Farm *f* **2.** *(село́)* Dorf *nt*

Цц

Ц, ц <неизм> *ср Buchstabe Ц*

ца́нг|а <-и> *ж* ТЕХ Zange *f*, Spannzange *f*; **~ лату́нная** Messingzange *f*

ца́па|ть <-ю, -ешь> *нсв*, **ца́пнуть** *св нпрх прост* **1.** *(цара́пать)* greifen, kratzen; **соба́ка ца́пала за но́ги** der Hund kratzte an den Beinen **2.** *(хвата́ть рука́ми)* greifen, packen; **не твоё, не ца́пай!** das gehört dir nicht, Finger weg!

ца́пл|я <-и> *ж* Reiher *m*

ца́пф|а <-ы> *ж* ТЕХ Achsschenkel *m*, Achszapfen *m*, Zapfen *m*; **ца́пфы колеса́** Radschenkel *m*

цара́па|ть <-ю, -ешь> *нсв*, **нацара́пать, оцара́пать, поцара́пать** *св прх* kratzen, zerkratzen; *(написа́ть)* kritzeln; **оцара́пать щёку ве́ткой** sich die Wange an einem Ast zerkratzen; **~ коле́но об асфа́льт** sich das Knie am Asphalt aufschürfen; **~ ме́бель** die Möbel zerkratzen; **меня́ оцара́пала ко́шка** die Katze hat mich gekratzt

цара́па|ться <-юсь, -ешься> *нсв рефл* sich kratzen

цара́пин|а <-ы> *ж* Kratzer *m*; **отде́латься цара́пиной** mit einem Kratzer davonkommen

царе́вич <-а> *м* Zarensohn *m*

царе́вн|а <-ы> *ж* Zarentochter *f*

царедво́р|ец <-ца> *м* Höfling *m*; **ста́рший ~** Oberhöfling *m*

цареуби́йств|о <-а> *ср* Zarenmord *m*

цари́зм <-а> *м* Zarismus *m*; **сверже́ние цари́зма** Sturz *m* des Zarismus

цар|и́ть <-ю́, -и́шь> *нсв нпрх* herrschen; **цари́т ую́т** es herrscht Behaglichkeit; **цари́т молча́ние/споко́йствие** es herrscht Stille/Ruhe

цари́ц|а <-ы> *ж* Zarin *f*

ца́рск|ий <-ая, -ое> *прил* königlich, Zaren-

ца́рственн|ый <-ая, -ое> *прил* würdevoll, majestätisch

ца́рств|о <-а> *ср* **1.** *(короле́вство)* Zarenreich *nt*, *(ца́рствование)* Regierung *f* **2.** *перен* Reich *nt*; **~ птиц** Vogelreich *nt*

ца́рствовани|е <-я> *ср* Regierung *f*, Herrschaft *f*; **ца́рствование импера́тора Алекса́ндра** die Herrschaft des Imperators Alexander

ца́рств|овать <-ую, -уешь> *нсв нпрх* regieren, herrschen

царь <царя́> *м* Zar *m*, Monarch *m*

ца́цка|ться <-юсь, -ешься> *нсв рефл прост* mit jdm vorsichtig umgehen; **да чего́ с ним ~!** quäl dich mit ihm nicht ab!

ЦБР *сокр от* **Центра́льный Банк Росси́и** *Zentralbank Russlands*

цве|сти́ <-ту́, -тёшь> *нсв нпрх* blühen; *перен* blühen, gedeihen

цвет <цве́та> *м* **1.** *(окра́ска)* Farbe *f*; **~ ко́жи** Hautfarbe *f*; **~ лица́** Teint *m*; **национа́льные цвета́** Landesfarben *pl* **2.** *мн (на дере́вьях)* Blüten *fpl*, Blumen *fpl* **3.** *перен* Blüte *f*

цвете́ни|е <-я> *ср* Blüte *f*, Blühen *nt*; **~ воды́** Wasserblühen *nt*

цвети́ст|ый <-ая, -ое; -, -а, -о> *прил* **1.** *(покры́тый цвета́ми)* blumig; **цвети́стые луга́** blumige Wiesen *fpl* **2.** *(разноцве́тный)* farbenreich, bunt; **~ мак** bunter Mohn *m* **3.** *перен (витиева́тый)* blumig, geziert, schwulstig; **цвети́стые фра́зы** blumige Reden *fpl*

цветни́к <-а́> *м* Blumengarten *m*, Blumenbeet *nt*; **разби́ть ~** einen Garten anlegen

цветн|о́й I. <-а́я, -о́е> *прил* bunt, farbig; **~ каранда́ш** Farbstift *m*; **цветна́я ле́нта** Farbband *nt*; **цветна́я плёнка** Farbfilm *m*; **~ телеви́зор** Farbfernseher *m*; **цветна́я фотогра́фия** Farbfoto *nt*; **цветна́я капу́ста** Blumenkohl *m*; **цветны́е мета́ллы** Buntmetalle *pl*, Nichteisenmetalle *pl* II. <-о́го> *м* Farbige(r) *f(m)*

цветово́д <-а> *м* Blumenzüchter(in) *m(f)*

цветов|о́й <-а́я, -о́е> *прил* Farb-

цвет|о́к <-ка́> *м* Blume *f*; *(на де́реве, кусте́)* Blüte *f*

цветому́зык|а <-и> *ж* Lichtorgel *f*; **програ́мма управле́ния цветому́зыкой** Steuerprogramm *m* einer Lichtorgel

цветоно́с|ный <-ная, -ное; -ен, -на, -но> *прил* Blüten-; **цветоно́сные расте́ния** Blütenpflanzen *pl*

цвету́щ|ий <-ая, -ее; -, -а, -е> *прил* blühend; **~ вид** blühendes Aussehen *nt*; **цвету́щая о́бласть** blühender Bereich *m*

цевни́ц|а <-ы> *ж* Flöte *f*, Schalmei *f*; **семиство́льная ~** siebenröhrige Schalmei *f*

цеде́нт <-а> *м* ЭКОН Zedent *m*

цеди́лк|а <-и> *ж разг* Seiher *m*; **~ для молока́** Milchseiher *m*

цеди́льн|ый <-ая, -ое> *прил* Sieb-; **цеди́льная маши́на** Siebmaschine *f*

цеди́ть <цежу́, це́дишь> *нсв прх* durchseihen; *(налива́ть из бо́чки)* zapfen

це́др|а <-ы> *ж* Zitronenschale *f*

це́за|рь <-ря> *м* Kaiser *m*

це́зи|й <-я> *м* ХИМ Cäsium *nt*

цезу́р|а <-ы> *ж* Zäsur *f*

цейтно́т <-а> *м* Zeitnot *f*; **находи́ться в цейтно́те** unter Zeitdruck stehen; **попа́сть в ~** in Zeitnot geraten

целе́б|ный <-ная, -ное; -ен, -на, -но> *прил* heilsam, Heil-; **целе́бное возде́йствие** therapeutische Wirkung *f*

целев|о́й <-а́я, -о́е> *прил* Ziel-; **целева́я**

Ц

гру́ппа Zielgruppe *f;* **целева́я устано́вка** Zielsetzung *f;* **~ марке́тинг** zielbestimmtes [*o* zielgruppenspezifisches] Marketing *nt;* **~ ры́нок** Zielmarkt *m*

целенапра́вленн|ый <-ая, -ое> *прил* gezielt

целесообра́знос|ть <-ти> *ж* Zweckmäßigkeit *f*

целесообра́з|ный <-ная, -ное; -ен, -на, -но> *прил* ratsam, sinnvoll, zweckmäßig

целеустремлён|ный <-ная, -ное; -, -на, -но> *прил* zielstrebig, zielbewusst; **целеустремлённая рабо́та** zielstrebige Arbeit *f*

целиба́т <-а> *м* РЕЛИГ Zölibat *m*

целико́м *нрч* ganz; *(вполне́)* völlig; **~ и по́лностью** ganz und gar

целин|а́ <-ы́> *ж* Neuland *nt*

цели́нник <-а> *м* Neulandsiedler *m*

цели́те|ль <-ля> *м* Heiler *m,* Wunderheiler *m;* **вре́мя – лу́чший ~** *пословица* die Zeit heilt alle Wunden

цели́те|льный <-льная, -льное; -лен, -льна, -льно> *прил* heilsam

це́л|ить <-ю, -ишь> *нсв,* **наце́лить** *св нпрх (в кого́-л./что-л.)* zielen auf *+akk*

це́л|иться <-юсь, -ишься> *нсв,* **прице́литься** *св рефл* zielen; **~ из ружья́** das Gewehr anlegen

целко́в|ый <-ого> *м (рубль)* Silberrubel *m*

целлофа́н <-а> *м* Zellophan *nt*

целлуло́ид <-а> *м* Zelluloid *nt*

целлюло́з|а <-ы> *ж* Zellstoff *m*

цел|ова́ть <-у́ю, -у́ешь> *нсв,* **поцелова́ть** *св прх* küssen; **~ кого́-л. в щёку** jdn auf die Wange küssen

цел|ова́ться <-у́юсь, -у́ешься> *нсв,* **поцелова́ться** *св рефл* sich küssen

це́ло|е <-го> *ср* Ganze *nt;* **в це́лом** insgesamt

целому́дрен|ный <-ная, -ное; -, -на, -но> *прил* keusch; *и перен* unberührt

целому́дри|е <-я> *ср* Keuschheit *f,* Jungfräulichkeit *f*

це́лостнос|ть <-ти> *ж* Ganzheit *f,* Ungeteiltheit *f;* **территориа́льная ~** territoriale Integrität *f*

це́лост|ный <-ная, -ное; -ен, -на, -но> *прил* ungeteilt, einheitlich

це́лос|ть <-ти> *ж* **1.** *(полнота́)* Ganzheit *f;* **~ ко́жного покро́ва не нару́шена** die Ganzheit der Hauthülle ist unbeschädigt **2.** *(сохра́нность чего́-л.)* Unversehrtheit *f,* Sicherheit *f;* **в це́лости и сохра́нности** (völlig) unversehrt, heil **3.** *(вну́треннее еди́нство)* Einheit *f*

це́л|ый <-ая, -ое; -, -а́, -о> *прил* ganz, unversehrt, heil; *(по́лный)* ganz, voll; **~ год** das ganze Jahr über

цель <це́ли> *ж* Ziel *nt,* Zweck *m; (мише́нь)* Zielscheibe *f;* **цель опра́вдывает сре́дства** der Zweck heiligt die Mittel; **~ путеше́ствия** Reiseziel *nt;* **дости́чь свое́й це́ли** sein Ziel erreichen; **дидакти́ческая ~** Lernziel *nt;* **основна́я ~** Hauptanliegen *nt;* **пресле́довать ~** ein Ziel verfolgen, etw bezwecken; **с це́лью** zwecks; **поража́ть ~** das Ziel treffen

це́льнос|ть <-ти> *ж* Einheit *f; (це́лостность)* Integrität *f*

це́|льный <-льная, -льное; -лен, -льна́, -льно> *прил* ganz, ungeteilt; *(о челове́ке)* ganz, einheitlich; **це́льное молоко́** Vollmilch *f*

Це́льси|й <-я> *м* Celsius; **20 гра́дусов по Це́льсию** 20 Grad Celsius

цеме́нт <-а *или* -у> *м* Zement *m*

цемента́ци|я <-и> *ж* ТЕХ Zementation *f,* Zementierung *f*

цементи́р|овать <-ую, -уешь> *(н)св прх* zementieren

цеме́нтн|ый <-ая, -ое> *прил* Zement-; **~ бето́н** Zementbeton *m;* **~ раство́р** Zementmörtel *m,* Speis *m*

цементобето́н <-а> *м* Zementbeton *m;* **основны́м ви́дом доро́жного покры́тия был ~** die wichtigste Art der Straßendeckung war der Zementbeton

цементово́з <-а> *м* Zementlastkraftwagen *m,* Zementsilowagen *m,* Zementfahrzeug *nt*

цен|а́ <-ы́> *ж* Preis *m; (сто́имость)* Wert *m;* **~ бру́тто** Bruttopreis *m;* **~ и́ска** Streitwert *m;* **~ мирово́го ры́нка** Weltmarktpreis *m;* **~ на но́вые ви́ды проду́кции** Einführungspreis *m;* **~ не́тто** Nettopreis *m;* **назнача́ть це́ну** den Preis bestimmen; **~ но́вой ве́щи** Neuwert *m;* **~ опцио́на** Optionspreis *m;* **~ перекýпки** Rücknahmepreis *m;* **~ по оце́нке** Taxpreis *m;* **~ по прейскура́нту** Listenpreis *m;* **~ потреби́теля** Verbraucherpreis *m;* **~ предложе́ния** Angebotspreis *m;* **~ производи́теля** Erzeugerpreis *m;* **~-спот** Spotpreis *m;* **~ спро́са** Geldkurs *m;* **~ теку́щего дня** Tagespreis *m;* **~ фи́рмы** Firmenwert *m;* **~ эми́ссии** Ausgabekurs *m;* **це́ны куса́ются** die Preise sind gesalzen; **~ поку́пки** Einkaufspreis *m;* **бе́шеные** [*или* **ди́кие**] **це́ны** horrende Preise; **прода́жная ~** Verkaufspreis *m;* **отпуска́ть це́ны** die Preise freigeben; **любо́й цено́й** um jeden Preis; **догово́рная ~** Vereinbarungspreis *m;* **завы́шенная ~** überhöhter Preis *m;* **заку́почная ~** Einkaufspreis *m,* Bezugspreis *m;* **опто́вая ~** Großhandelsabgabepreis *m;* **отпускна́я ~** Abgabepreis *m;* **ро́зничная ~** Einzelhandelsverkaufspreis *m*

ценз <це́нза> *м* Zensus *m;* **иму́щественный ~** Vermögenszensus *m;* **образова́тельный ~** Bildungsstufe *f*

цензу́р|а <-ы> *ж* Zensur *f;* **подверга́ть цензу́ре** zensieren

цензу́р|ный <-ная, -ное; -ен, -на, -но> *прил* Kontroll-; **~ уста́в** Kontrollordnung *f*

цени́те|ль <-ля> *м* Schätzer *m,* Kenner *m;* **~ же́нской красоты́** Kenner *m* der weiblichen Schönheit; **~ наро́дной му́дрости**

Schätzer *m* der Volksweisheit

цени́ть <ценю́, це́нишь> *нсв прх* schätzen; **высоко́ ~** wertschätzen

цени́ться <ценю́сь, це́нишься> *нсв рефл* geschätzt werden; **э́то це́нится до́рого** das wird hoch geschätzt; **таки́е лю́ди в делов́ых сфе́рах о́чень це́нятся** in den Geschäftskreisen werden solche Leute hoch geschätzt

це́нник <-а> *м* Preisschild *nt*

це́нностн|ый <-ая, -ое> *прил* ЭКОН Besitz-, Vermögens-

це́ннос|ть <-ти> *ж* Wert *m; (це́нный предме́т)* Wertgegenstand *m; мн, перен* Wertvorstellungen *pl;* **культу́рные це́нности** kostbare Kulturgüter; **переоце́нка це́нностей** Wertewandel *m*

це́н|ный <-ная, -ное; -ен, -на, -но> *прил* wertvoll, teuer; *(значи́тельный, ва́жный)* bedeutungsvoll, wertvoll; **це́нная бума́га** Wertpapier *nt;* **це́нная бума́га с фикси́рованными разме́рами дохо́да** Genussschein *m;* **це́нные бума́ги** ЭКОН Wertpapiere *pl;* **це́нная по́мощь** wertvolle Hilfe *f*

ценов|о́й <-а́я, -о́е> *прил* Preis-; **ценова́я борьба́** Preiskampf *m;* **ценова́я эласти́чность спро́са** Preiselastizität *f;* **ценово́е давле́ние** Preisdruck *m;* **~ дикта́т** Preisdiktat *nt;* **~ механи́зм** Preismechanismus *m;* **ценовы́е рекоменда́ции** Preisempfehlung *f*

ценообразова́ни|е <-я> *ср* ЭКОН Preisbildung *f*

цент <це́нта> *м* Cent *m;* **счита́ть ка́ждый ~** jeden Cent zählen

це́нтнер <-а> *м* Doppelzentner *m*

центр <це́нтра> *м* Zentrum *nt,* Mittelpunkt *m; (средото́чие)* Kern *m,* Zentrale *f;* **~ го́рода** Stadtmitte *f;* **~ тя́жести** Schwerpunkt *m;* **вычисли́тельный ~** Rechenzentrum *nt;* **кру́пный ~** Großstadt *f;* **фина́нсовый ~** Finanzmetropole *f;* **реабилитацио́нный ~** Rehabilitationszentrum *nt,* Reha-Zentrum *nt;* **быть в це́нтре внима́ния** im Mittelpunkt der Aufmerksamkeit stehen; **~ при́былы** Profit Center *nt*

централиза́ци|я <-и> *ж* Zentralisierung *f,* Zentralisation *f*

централизо́ван|ный <-ная, -ное; -, -а, -о> *прил* zentralistisch; *(центра́льный)* zentral, zentralisiert; **централизо́ванное управле́ние** Zentralverwaltung *f*

централиз|ова́ть <-у́ю, -у́ешь> *(н)св прх* zentralisieren

центра́|льный <-льная, -льное; -лен, -льна, -льно> *прил* zentral, Zentral-; **центра́льная блокиро́вка** АВТО Zentralverriegelung *f;* **Центра́льная Евро́па** Mitteleuropa *nt;* **жи́тели** [*или* **населе́ние**] **Центра́льной Евро́пы** Mitteleuropäer *m;* **центра́льная не́рвная систе́ма** zentrales Nervensystem *nt;* **центра́льное отопле́ние** Zentralheizung *f;* **~ проце́ссор** ИНФОРМ Zentraleinheit *f;* **~ банк** Zentralbank *f,* Nationalbank *f*

центризбирко́м *сокр от* **Центра́льная избира́тельная коми́ссия** Zentrale Wahlkommission *f*

центри́зм <-а> *м* Zentrismus *m;* **полити́ческий ~** politischer Zentrismus *m*

центри́р|овать <-ую, -уешь> *(н)св прх* zentrieren

центри́ст <-а> *м* Zentrist *m;* **депута́т-~** Abgeordneter der Zentristen

центрифу́г|а <-и> *ж* Zentrifuge *f; (в стира́льной маши́не)* Wäscheschleuder *f*

центрифуги́ровани|е <-я> *ср* Zentrifugieren *nt,* Zentrifugierung *f;* **ме́тод центрифуги́рования** Zentrifugierungsverfahren *nt*

центрифуги́р|овать <-ую, -уешь> *(н)св прх* zentrifugieren, schleudern

центрифу́жн|ый <-ая, -ое> *прил* Zentrifugen-; **центрифу́жная проби́рка** Zentrifugenglas *nt*

центри́ческ|ий <-ая, -ое> *прил* zentrisch; **центри́ческие сооруже́ния** mittige Anlagen *fpl*

центробе́жн|ый <-ая, -ое> *прил* zentrifugal; **центробе́жная си́ла** Zentrifugalkraft *f;* **центробе́жные тенде́нции** ПОЛ separatistische Bestrebungen *pl*

центро́вк|а <-и> *ж* ТЕХ Austrimmen *nt,* Zentrieren *nt,* Zentrierungseinstellung *f*

центростреми́тельн|ый <-ая, -ое> *прил* zentripetal; **центростреми́тельная си́ла** Zentripetalkraft *f*

центрфо́рвард <-а> *м* СПОРТ Mittelstürmer *m*

центурио́н <-а> *м* ИСТОР Zenturio *m*

центу́ри|я <-и> *ж* ИСТОР *(часть легио́на, вое́нное подразделе́ние в дре́внем Ри́ме)* Zenturie *f*

цепене́|ть <-ю, -ешь> *нсв,* **оцепене́ть** *св нпрх* erstarren, steif werden; **~ от у́жаса** vor Schrecken erstarren

цеп|е́нь <-ня́> *м* ЗООЛ Bandwurm *m*

це́п|кий <-кая, -кое; -ок, -ка́, -ко> *прил* festhaltend, sich anklammernd; *перен (насто́йчивый)* hartnäckig

цепля́|ться <-юсь, -ешься> *нсв рефл и перен (за кого́-л./что-л.)* sich klammern an *+akk*

цепн|о́й <-а́я, -о́е> *прил* Ketten-; **~ пёс** Kettenhund *m;* **цепна́я реа́кция** Kettenreaktion *f*

цепо́чк|а <-и> *ж* Kette *f; (украше́ние)* Halskette *f;* **жива́я ~** Menschenkette *f*

цеппели́н <-а> *м* Zeppelin *m*

цепь <це́пи> *ж* **1.** *и перен* Kette *f;* **~ магази́нов** Ladenkette *f;* **сорва́ться с цепи́** sich von der Kette losreißen **2.** *(го́рная)* Gebirgskette *f* **3.** ЭЛ **~ то́ка** Kreis *m* **4.** ВОЕН

Kette *f*, Linie *f*

це́рбер <-а> *м перен (свире́пый страж)* Zerberus *m*

церебра́льн|ый <-ая, -ое> *прил* **1.** АНАТ *(мозгово́й)* zerebral, Zerebral-; **~ отде́л че́репа** der Zerebralteil des Schädels **2.** ЛИНГВ *(о согла́сных зву́ках)* Zerebrallaut *m*

церемониа́л <-а> *м* Zeremoniell *nt;* **дипломати́ческий ~** das diplomatische Zeremoniell; **придво́рный ~** Hofzeremoniell *nt*

церемониа́льн|ый <-ая, -ое> *прил* zeremoniell; **церемониа́льные подро́бности** zeremonielle Details *ntpl;* **церемониа́льная встре́ча** zeremonieller Empfang *m;* **~ марш** Parademarsch *m*

церемо́н|иться <-юсь, -ишься> *нсв рефл* Umstände machen, sich genieren; **прошу́ не ~** genieren Sie sich nicht; **не́чего с ним ~** auf ihn darf man keine Rücksicht nehmen

церемо́ни|я <-и> *ж* Zeremonie *f*, Förmlichkeit *f;* **сва́дебная ~** Trauung *f*

церемо́н|ный <-ная, -ное; -ен, -на, -но> *прил* zeremoniell, förmlich; *(жема́нный)* geziert; **~ покло́н** zeremonielle Verbeugung *f*

це́ри|й <-я> *м* ХИМ Zer *nt*, Cer *nt*

церковнославяни́зм <-а> *м* ЛИНГВ Kirchenslawismus *m*

церковнославя́нск|ий <-ая, -ое> *прил* kirchenslawisch; **~ язы́к** das Kirchenslawische, die kirchenslawische Sprache

церковнослужи́те|ль <-ля> *м* Kirchendiener *m;* **~ прочита́л моли́тву** der Kirchendiener hat das Gebet gelesen

церко́в|ный <-ная, -ное; -ен, -на, -но> *прил* kirchlich, Kirchen-; **~ нало́г** Kirchensteuer *f;* **церко́вное пра́во** ЮР Kirchenrecht *nt*

це́рк|овь <-ви> *ж* Kirche *f*

цесаре́вич <-а> *м* Thronfolger *m*, Thronprinz *m (in Russland vor der Revolution)*

цесаре́вн|а <-и> *ж* Thronfolgerin *f*, Thronprinzessin *f (in Russland vor der Revolution)*

цессиона́ри|й <-я> *м* Zessionar *m*

це́сси|я <-и> *ж* Zession *f*, Abtretung *f; (докуме́нт)* Abtretungsurkunde *f*

цех <це́ха> *м (заво́да)* Abteilung *f*, Werkhalle *f*

цехов|о́й <-а́я, -о́е> *прил* Werk-, Abteilungs-

цеце́ <неизм> *ж* ЗООЛ Tsetsefliege *f*

циа́н <-а> *м* ХИМ Zyan *nt*

циа́нист|ый <-ая, -ое> *прил* ХИМ Zyan-; **~ на́трий** Zyannatrium *nt*

цивилиза́ци|я <-и> *ж* Zivilisation *f*

цивилизо́ван|ный <-ная, -ное; -, -а, -о> *прил* zivilisiert

циви́льн|ый <-ая, -ое> *прил устар* Zivil-; **~ костю́м** Zivilanzug *m*

цига́рк|а <-и> *ж* Zigarette *f*

циге́йк|а <-и> *ж geschorenes und gefärbtes Schafsfell;* **шу́ба из циге́йки** Schafsfellmantel *m*

цика́д|а <-ы> *ж* Zikade *f;* **пе́сня полевы́х цика́д** das Lied der Feldzikaden

цикл <ци́кла> *м* Zyklus *m*, Kreislauf *m*

циклame ́н <-а> *м* Zyklamen *nt*, Alpenveilchen *nt*

цикл|ева́ть <-ю́ю, -ю́ешь> *нсв прх* abziehen; **~ парке́тные полы́** Parkettböden abziehen

циклёвщик <-а> *м* Abzieher *m;* **~ парке́та** Parkettabzieher *m*

циклиза́ци|я <-и> *ж* Ringbildung *f*, Zyklisierung *f;* **~ ру́сских были́н** Zyklisierung *f* der altrussischen Bylinen

цикли́ческ|ий, цикли́чн|ый <-ая, -ое> *прил* zyklisch

цикло́н <-а> *м* МЕТЕОР Zyklon *m*, Wirbelsturm *m;* **цикло́ны и антицикло́ны** Zyklone und Antizyklone; **на го́род надвига́ется ~** über der Stadt zieht ein Wirbelsturm auf; **стра́шный ~** schrecklicher Wirbelsturm

циклони́ческ|ий <-ая, -ое> *прил* МЕТЕОР Wirbel-; **циклони́ческие ви́хри** Wirbelstürme *mpl*

цикло́п <-а> *м* ЗООЛ, МИФ Zyklop *m*

циклотро́н <-а> *м* Zyklotron *nt;* **изохро́нный ~** isochronisches Zyklotron

цико́ри|й <-я> *м* БОТ Zichorie *f*

цили́ндр <-а> *м* Zylinder *m; (шля́па)* Zylinderhut *m*

цилиндри́ческ|ий <-ая, -ое> *прил* zylindrisch

цимбали́ст <-а> *м* Zymballist *m*

цимба́л|ы <-> *мн* Zymbal *nt*

цинг|а́ <-и́> *ж* МЕД Skorbut *m;* **поражённый цинго́й** Skorbutkranke *m*

цинго́тн|ый <-ая, -ое> *прил* МЕД Skorbut-; **цинго́тная сла́бость** Skorbutschwäche *f;* **~ больно́й** Skorbutkranke(r) *m*

цини́зм <-а> *м* Zynismus *m*

ци́ник <-а> *м* Zyniker(in) *m(f)*

цини́ч|ный <-ная, -ное; -ен, -на, -но> *прил* zynisch

цинк <ци́нка> *м* Zink *nt*

цинк|ова́ть <-у́ю, -у́ешь> *нсв прх* verzinken; **~ металли́ческие дета́ли** Metallteile verzinken

цино́вк|а <-и> *ж* Matte *f*

цирк <ци́рка> *м* Zirkus *m;* **бродя́чий ~** Wanderzirkus *m*

цирка́ч <-а́> *м разг* Zirkusartist *m*

циркову|о́й <-а́я, -о́е> *прил* Zirkus-

цирко́н <-а> *м* Zirkon *m*

цирко́ни|й <-я> *м* Zirkonium *nt*

циркули́р|овать <-ую, -уешь> *нсв нпрх* zirkulieren; **кровь циркули́рует в сосу́дах** das Blut zirkuliert in den Gefäßen

ци́ркy|ль <-ля> *м* Zirkel *m*

ци́ркульн|ый <-ая, -ое> *прил* Zirkel-; **ци́ркульная игла́** Zirkelnadel *f;* **~ зал** Zirkelsaal *m;* **~ стано́к** Karusseldrehbank *f*

циркуля́р <-а> *м* Rundschreiben *nt*

циркуля́ци|я <-и> *ж* Zirkulation *f,* Umlauf *m,* Kreislauf *m;* **~ кро́ви** Blutkreislauf *m;* **атмосфе́рная ~** Luftzirkulation *f*

цирро́з <-а> *м* МЕД Zirrhose *f;* **~ пе́чени** Leberzirrhose *f*

цисте́рн|а <-ы> *ж* Behälter *m,* Tankwagen *m,* Tank *m;* **железнодоро́жные цисте́рны** Eisenbahntankwagen *pl*

цитаде́|ль <-ли> *ж* **1.** *(си́льно укреплённое сооруже́ние внутри́ крепостно́й огра́ды)* Zitadelle *f* **2.** *перен (оплó́т, тверды́ня)* Bollwerk *nt,* Hochburg *f*

цита́т|а <-ы> *ж* Zitat *nt;* **~ из би́блии** Bibelstelle *f*

цити́р|овать <-ую, -уешь> *нсв,* **процити́ровать** *св прх* zitieren, anführen

цитоло́ги|я <-и> *ж* Zellforschung *f*

цитопла́зм|а <-ы> *ж* Zytoplasma *f*

ци́трусовы|е <-х> *мн* Zitrusfrüchte *pl*

ци́трусов|ый <-ая, -ое> *прил* Zitrus-

цифербла́т <-а> *м* Zifferblatt *nt,* Skalenscheibe *f*

ци́фр|а <-ы> *ж* Ziffer *f;* *(число́)* Zahl *f;* **ара́бские/ри́мские ци́фры** arabische/römische Ziffern *fpl*

цифров|о́й <-а́я, -о́е> *прил* Ziffern-, Zahlen-; *(дигита́льный)* digital; *(числово́й)* numerisch; **цифрова́я индика́ция** Digitalanzeige *f;* **цифрова́я клавиату́ра** Nummernblock *m;* **цифровы́е да́нные** Zahlenmaterial *nt*

ЦК *сокр от* **Центра́льный комите́т** Zentralkomitee *nt*

цо́ко|ль <-ля> *м* Sockel *m*

цо́кот <-а> *м* Aufschlagen *nt*

ЦРУ *сокр от* **Центра́льное разве́дывательное управле́ние** CIA *m*

цугцва́нг <-а> *м* *(в ша́хматах)* Zugzwang *m*

цука́т <-а> *м* kandierte Früchte, Sukkade *f;* **торт с цука́тами** Torte *f* mit Sukkaden

цыга́н <-а> *м,* **цыга́нк|а** <-и> *ж* Zigeuner(in) *m(f)*

цыга́н|е <-> *мн* Sinti und Roma *pl*

цы́ка|ть <-ю, -ешь> *нсв,* **цы́кнуть** *св нпрх* zischen; **цы́кнуть на кого́-л.** jdm über den Mund fahren

цыплён|ок <-ка> *м* Küken *nt*

цы́поч|ки <-ек> *мн* Zehespitze *f;* **ходи́ть на цы́почках** auf den Zehenspitzen laufen; **вста́ть на ~** sich auf die Zehenspitzen stellen

цыц *межд* still!, kusch!; **~! замолчи́ неме́дленно!** pst! sei sofort still!

Чч

Ч, ч <неизм> *ср Buchstabe Ч*
чаба́н <-а́> *м* Schäfer *m*
ча́вкань|е <-я> *ср* Schmatzen *nt*
чавка́|ть <-ю, -ешь> *нсв нпрх* schmatzen
чад <ча́да> *м* Dunst *m,* Qualm *m; перен* Rausch *m;* **быть как в чаду́** wie berauscht sein
ча|ди́ть <-жу́, -ди́шь> *нсв,* **начади́ть** *св нпрх* qualmen
ча́д|о <-а> *ср устар, ирон* Kind *nt;* **~ бо́жье** Gotteskind
чадр|а́ <-ы́> *ж* Schleier *m*
чаево́д <-а> *м* Teeanbauer *m;* **он рабо́тает чаево́дом** er ist Teeanbauer
чаево́дств|о <-а> *ср* Tee(an)bau *m;* **специали́ст по чаево́дству** Teespezialist *m*
чаевы́|е <-х> *мн разг* Trinkgeld *nt*
чаепити|е <-я> *ср* Tee Trinken *nt;* **пригласи́ть на ~** zum Tee Trinken einladen

i Land & Leute

Die Russen trinken gern Tee – ob allein oder in Gesellschaft. „Sich gemeinsam am Tee gütlich zu tun“ („посидеть и почаёвничать)“, bedeutet vor allem auch: in einer angenehmen Atmosphäre miteinander ein ungezwungenes Gespräch zu führen. **Das russische Teetrinken** ist weder auf eine bestimmte Tageszeit noch auf nur eine oder zwei Tassen beschränkt – schon im alten Russland pflegte man, damals noch am Samowar, viele Tassen hintereinander auszutrinken; um den Tee schneller abzukühlen, trank man ihn oft aus der Untertasse. Zum russischen Tee hat schon immer reichlich Gebäck und Süßigkeiten gehört, am wichtigsten bleibt jedoch das Teetrinken als solches.

чаинк|а <-и> *ж* Teeblatt *nt;* **~ засе́ла в го́рле** ein Teeblatt blieb ihr im Hals stecken
чай[1] <ча́я *или* ча́ю> *м* Tee *m;* **~ из трав** Kräutertee *m;* **рома́шковый ~** Kamillentee *m;* **зелёный ~** grüner Tee *m;* **паке́тик ча́я** Teebeutel *m;* **завари́ть ~** Tee aufbrühen; **дава́ть кому́-л. на ~** *перен* jdm Trinkgeld geben
чай[2] *вво́дное сло́во, разг (вероя́тно)* wohl
ча́йк|а <-и> *ж* Möwe *f*
ча́йн|ая <-ой> *ж* Teehaus *nt*
ча́йник <-а> *м* Teekanne *f*
ча́йниц|а <-ы> *ж* Teedose *f;* **разби́ть ча́йницу** die Teedose zerschlagen; **серебряная ~** Teedose aus Silber
ча́йн|ый <-ая, -ое> *прил* Tee-; **ча́йная ло́жка** Teelöfel *m;* **~ серви́з** Teeservice *nt;* **ча́йная ро́за** Teerose *f*
чайхан|а́ <-ы́> *ж* Teehaus *nt,* Teelokal *nt*
ча́кр|а <-ы> *ж* Chakra *nt*
ча́лк|а <-и> *ж* Anlegetau *nt*
чалм|а́ <-ы́> *ж* Turban *m;* **инди́йская ~** indischer Turban
чан <ча́на> *м* Bottich *m,* Kübel *m*
ча́р|а <-ы> *ж устар* Glas; **~ зелена́ вина́** ein Glas Wein
ча́рк|а <-и> *ж* Becher *m;* **сере́бряная ~** Silberbecher *m*
чароде́|й <-я> *м,* **чароде́йк|а** <-и> *ж* Zauberer *m,* Zauberin *f*
чароде́йств|о <-а> *ср* Zauber *m;* **соверши́ть ~** einen Zauber vollführen
ча́ртерн|ый <-ая, -ое> *прил* Charter-; **~ рейс** Charterflug *m;* **~ самолёт** Charterflugzeug *nt*
чару́ющ|ий <-ая, -ее> *прил* bezaubernd; **чару́ющая улы́бка** bezauberndes Lächeln *nt*
ча́р|ы <-> *мн* Bann *m,* magische Kraft *f,* Reize *pl; перен* Bann *m,* Faszination *f*
час <ча́са> *м* Stunde *f; (вре́мя)* Uhr *f; (уро́к)* Unterrichtsstunde *f;* **кото́рый ~?** wie spät ist es?; **два часа́** zwei Uhr; **би́тый ~** eine geschlagene Stunde; **~ икс** Stunde Null *f;* **часа́ми** stundenlang; **часы́ пик** Hauptverkehrszeit *f;* **часы́ посеще́ний** Besuchszeit *f;* **в дневны́е часы́** tagsüber; **счастли́вые часо́в не наблюда́ют** dem Glücklichen schlägt keine Stunde
часо́вн|я <-и> *ж* Kapelle *f;* **стари́нная ~** alte Kapelle
часов|о́й I. <-а́я, -о́е> *прил* Stunden-, Uhr-; **~ механи́зм** Uhrwerk *nt;* **~ по́яс** Zeitzone *f;* **часова́я стре́лка** Uhrzeiger *m;* **по часово́й стре́лке** im Uhrzeigersinn **II.** <-о́го> *м* воен Wachmann *m,* Wache *f;* **сме́на часовы́х** Abwechslung *f* der Wache
часовщи́к <-а́> *м* Uhrmacher *m*
час|о́к <-ка́> *м* Stündchen *nt;* **отдохну́ть ~** sich ein Stündchen *nt* erholen; **встре́титься че́рез ~** sich in einer Stunde treffen
части́ц|а <-ы> *ж* Teilchen *nt;* лингв Partikel *f*
части́чк|а <-и> *ж* Teilchen *nt;* **ма́ленькая ~ це́лого** ein kleines Teilchen des Ganzen
части́чно *нрч* teilweise, teils
части́ч|ный <-ная, -ное; -ен, -но, -но> *прил* teil-, partiell; **части́чная за́нятость** Teilzeitbeschäftigung *f;* **части́чная сто́имость** Teilwert *m;* **части́чная су́мма** Teilbetrag *m;* **~ ана́лиз** Partialanalyse *f;* ~

взнос Abschlag *m*, Rate *f*, Teilbetrag *m*; ~ **расчёт затрат** Teilkostenrechnung *f*

частник <-а> *м* Privatunternehmer *m*

частно|е <-го> *ср* МАТ Quotient *m*

частнос|ть <-ти> *ж* **1.** *(исключительность)* Einmaligkeit *f* **в частности** insbesondere, unter anderem **2.** *(подробность)* Einzelheit *f*, Detail *nt*

частнохозяйственн|ый <-ая, -ое> *прил* privatwirtschaftlich

частн|ый <-ая, -ое> *прил* privat; *(особенный)* besondere(r, s), speziell; ~ **баланс** Unterbilanz *f*; ~ **случай** Einzelfall *m*, spezieller Fall *m*; ~ **вопрос** Teilfrage *f*; **частное дело** Privatangelegenheit *f*; **частное лицо** Privatperson *f*; **частная школа** Privatschule *f*; **частные уроки** Privatunterricht *m*; **частная собственность** Privateigentum *nt*; **частное имущество** Privatvermögen *nt*; **частное право** Privatrecht *nt*; **частное предприятие** Privatunternehmen *nt*; **частное хозяйство** Privatwirtschaft *f*; ~ **банк** Privatbank *f*; ~ **кредит** Privatkredit *m*; **находиться в частной собственности** sich in Privatbesitz befinden

часто *нрч* oft; **так же** ~ ebenso oft

частокол <-а> *м* Pfahlzaun *m*

частот|а <-ы> *ж* Häufigkeit *f*; ТЕХ Frequenz *f*; ~ **оборота** Umschlagshäufigkeit *f*

частушк|а <-и> *ж* *ein vier- oder zweizeiliges lustiges Volkslied*; **сочинить частушку** sich ein Volkslied ausdenken; **коллекция частушек** Volksliedersammlung *f*

част|ый <-ая, -ое; -, -а, -о> *прил* häufig; *(быстрый)* schnell; *(густой)* dicht

часть <части> *ж* Teil *m*; *(доля)* Anteil *m*; *(отдел)* Abteilung *f*; МУЗ Satz *m*; *разг* Bereich *m*, Fach *nt*; ВОЕН Einheit *f*, Truppe *f*; ~ **предложения** Satzteil *m*; ~ **речи** ЛИНГВ Wortart *f*; **учебная** ~ Studienabteilung *f*; ~ **тела** Körperteil *m*

частью *нрч* teils

час|ы <-ов> *мн* Uhr *f*; ~ **пущены** die Uhr [*o* der Countdown] läuft; ~ **с браслетом** Armbanduhr *f*; **кварцевые** ~ Quarzuhr *f*; **карманные** ~ Taschenuhr *f*; **стенные** ~ Wanduhr *f*; **контрольные** ~ Stechuhr *f*; **песочные** ~ Sanduhr *f*; **солнечные** ~ Sonnenuhr *f*; **электронные** ~ Digitaluhr *f*; **сверять** ~ die Uhren vergleichen; ~ **спешат/отстают** die Uhr geht vor/nach

чахл|ый <-ая, -ое; -, -а, -о> *прил* welk, schwächlich, kränklich; ~ **куст** welkes Gebüsch *nt*; ~ **ребёнок** kränkliches Kind *nt*; **чахлая весна** feuchter Frühling *m*

чахн|уть <-у, -ешь> *нсв*, **зачахнуть** *св* *нпрх* **1.** *(погибнуть)* verkümmern **2.** *(завянуть)* verwelken

чахотк|а <-и> *ж* МЕД Schwindsucht *f*; **заболеть чахоткой** an Schwindsucht erkranken

чахоточн|ый <-ая, -ое> *прил* МЕД schwindsüchtig

чаш|а <-и> *ж* Schale *f*; *(бокал)* Kelch *m*; ~ **терпения переполнена** das Maß ist voll

чашелистик <-а> *м* БОТ Kelchblatt *nt*

чашечк|а <-и> *ж* kleine Tasse *f*, Tässchen *nt*; АНАТ Kniescheibe *f*; БОТ Blütenkelch *m*

чашк|а <-и> *ж* Tasse *f*; *(весов)* Waagschale *f*

чащ|а <-и> *ж* Dickicht *nt*

чаще *нрч* öfter, häufiger

чаяни|е <-я> *ср* Erwartung *f*, Hoffnung *f*; **чаяния народов** Hoffnung der Völker; **сбылись чьи-л. чаяния** jds Erwartungen sind in Erfüllung gegangen

ча|ять <-ю, -ешь> *нсв нпрх* **души не** ~ *(в ком-л.)* jdn sehr lieben

чван|иться <-юсь, -ишься> *нсв рефл разг* protzen

чванлив|ый <-ая, -ое; -, -а, -о> *прил* protzig; *(самодовольный)* selbstgefällig; *(горделивый)* hochnäsig, eingebildet

чван|ный <-ная, -ное; -ен, -на, -но> *прил разг* eitel, eingebildet

чей, чья, чьё <чьего, чьей, чьего> *мест вопросит.* wessen; *относит.* dessen, deren

чей-либо, чей-нибудь *мест неопределит.* (irgend)jemandes

чей-то *мест неопределит.* irgendjemandes

чек <чека> *м* *(банковский)* Scheck *m*, Chek *m*; *(кассовый)* Kassenzettel *m*; **дорожный** ~ Reisescheck *m*; **бланковый** ~ Blankoscheck *m*; ~ **на предъявителя** Inhaberscheck *m*, Überbringerscheck *m*; **расчётный** ~ Verrechnungsscheck *m*

чек|а <-и> *ж* *(колеса)* Vorstecker *m*

чекан|ить <-ю, -ишь> *нсв*, **вычеканить** *св прх* prägen; *(швы)* ziselieren; ~ **шаг** im Stechschritt marschieren

чеканк|а <-и> *ж* Prägung *f*

чеканн|ый <-ая, -ое> *прил и перен* graviert; ~ **браслет** gravierter Armreifen *m*

чекист <-а> *м* Tschekist *m*

чеков|ый <-ая, -ое> *прил* Scheck-; **чековая карточка** Scheckkarte *f*; **чековая книжка** Scheckbuch *nt*

чёлк|а <-и> *ж* Pony *m*; *(у лошади)* Stirnhaar *nt*

чёлн <челна> *м* Nachen *m*, Kahn *m*

чекушк|а <-и> *ж* *разг* Stückchen *nt*; ~ **хлеба** Stückchen Brot

челнок[1] <-а> *м* *(лодка)* Kahn *m*

челнок[2] <-а> *м* ТЕХ Weberschiffchen *nt*; *(ткацкий)* Webschütze *m*

чел|о <-а> *ср* *устар* Stirn *f*; **высокое** ~ hohe Stirn

человек <-а> *м* Mensch *m*; *(мужчина)* Mann *m*; **молодой** ~ junger Mann *m*

человеко-день *м* ЭКОН Arbeitstag *m*

человеколюб <-а> *м* Philanthrop *m*, Menschenfreund *m*

человеколюби|е <-я> *ср* Menschenliebe *f*,

Ч

Menschenfreundlichkeit *f;* **прояви́ть ~** Menschenliebe zeigen; **сде́лать что-л. из человеколю́бия** etw aus Menschenliebe tun; **во и́мя человеколю́бия** im Namen der Menschenliebe

человеконенави́стник <-а> *м* Misanthrop *m,* Menschenfeind *m*

человеконенави́стническ|ий <-ая, -ое> *прил* menschenfeindlich

человеконенави́стничеств|о <-а> *ср* Menschenverachtung *f*

человекообра́з|ный <-ная, -ное; -ен, -на, -но> *прил* menschenähnlich; **человекообра́зная обезья́на** Menschenaffe *m*

челове́ч|ек <-ка> *м разг (челове́к)* Menschlein *nt,* Männlein *nt,* Männchen *nt;* **ма́ленький ~** kleines Männchen

челове́ческ|ий <-ая, -ое> *прил* menschlich, Menschen-; **челове́ческие ресу́рсы** Humankapital *nt;* **~ фа́ктор** der menschliche Faktor; **~ ра́зум** der menschliche Verstand

челове́честв|о <-а> *ср* Menschheit *f*

челове́ч|ий <-ья, -ье> *прил* menschlich

челове́чнос|ть <-ти> *ж* Menschlichkeit *f,* Humanität *f*

челове́ч|ный <-ная, -ное; -ен, -на, -но> *прил* menschlich, human

че́люс|ть <-ти> *ж* АНАТ Kiefer *m;* **ве́рхняя ~** Oberkiefer *m;* **вставна́я ~** Gebiss *nt,* Zahnprothese *f;* **ни́жняя ~** Unterkiefer *m*

Челя́бинск <-а> *м* ГЕОГ Tscheljabinsk

че́ля|дь <-ди> *ж* Gesinde *nt; презрит* Gesindel *nt*

чем *сз* als; *(вме́сто того́, что́бы)* (an)statt; **~ ..., тем ...** je ..., desto ..., je ..., umso ...; **~ бо́льше, тем лу́чше** je mehr, desto besser

чемода́н <-а> *м* Koffer *m;* **укла́дывать ~** den Koffer packen

чемода́нчик <-а> *м* Stadtköfferchen *nt*

чемпио́н <-а> *м* Champion *m,* Sieger *m;* **~ Евро́пы** Europameister *m*

чемпиона́т <-а> *м* Meisterschaft *f;* **~ ми́ра** Weltmeisterschaft *f*

чеп|е́ц <-ца́> *м* Haube *f,* Häubchen *nt*

чепух|а́ <-и́> *ж* Unsinn *m;* **болта́ть чепуху́** Unsinn reden

че́пчик <-а> *м* Häubchen *nt;* **де́тский ~** Kinderhäubchen *nt*

червеобра́зн|ый <-ая, -ое> *прил* wurmartig

че́рв|и <-е́й> *мн (ка́рты)* Herz *nt*

черви́в|ый <-ая, -ое; -, -а, -о> *прил* madig, wurmig; **черви́вое я́блоко** wurmiger Apfel *m*

черво́н|ец <-ца> *м разг Münze im Wert von 5 oder 10 Rubel;* **одолжи́ть ~** eine Münze leihen; **золото́й ~** Goldmünze

черво́нн|ый <-ая, -ое> *прил* Herz-; **черво́нная да́ма** Herzdame *f;* **черво́нное зо́лото** Dukatengold *nt*

червь <червя́> *м и перен* Wurm *m;* **дождево́й ~** Regenwurm *m;* **кни́жный ~** *перен* Bücherwurm *m;* **ле́нточный ~** Bandwurm *m*

червя́к <-а́> *м* Wurm *m;* **лови́ть ры́бу на червяка́** wurmangeln

червяч|о́к <-ка́> *м* Würmchen *nt;* **замори́ть червячка́** den Hunger stillen

черда́к <-а́> *м* Dachboden *m*

черёд <-а́> *м* Reihe *f,* Reihenfolge *f;* **всё идёт свои́м чередо́м** alles nimmt seinen Lauf

churn

черед|а́[1] <-ы́> *ж* Reihe *f;* **всему́ прихо́дит своя́ ~** alles hat seine Zeit; **облака́ иду́т волни́стой чередо́й** die Wolken ziehen in Wellen vorbei

черед|а́[2] <-ы́> *ж* БОТ Zweizahn *m*

чередова́ни|е <-я> *ср* Ablösung *f,* Abwechslung *f;* **~ гла́сных** ЛИНГВ Vokalalternationen *fpl*

черед|ова́ться <-у́юсь, -у́ешься> *нсв рефл* sich abwechseln

че́рез *предл* **1.** *(пове́рх)* über *+akk;* **идти́ ~ у́лицу** über die Straße gehen; **~ забо́р** über den Zaun **2.** *(сквозь)* durch *+akk;* **идти́ ~ лес** durch den Wald gehen; **~ окно́** durch das Fenster **3.** *(во вре́мени)* nach *+dat; (в бу́дущем)* in *+dat;* **~ год** nach einem Jahr; **~ час** in einer Stunde **4.** *(посре́дством)* durch *+dat; (с по́мощью)* mit Hilfe von *+dat*

черёмух|а <-и> *ж* БОТ Traubenkirsche *f*

черен|о́к <-ка́> *м* Griff *m,* Stiel *m;* БОТ Halm *m,* Stiel *m*

че́реп <-а> *м* Schädel *m*

черепа́х|а <-и> *ж* Schildkröte *f*

черепа́хов|ый <-ая, -ое> *прил* Schildpatt-; *(из черепа́хи)* Schildkröten-; **~ гре́бень** Schildpattkamm *m;* **~ суп** Schildkrötensuppe *f*

черепа́ш|ий <-ья, -ье> *прил* Schildkröten-; **черепа́шьим ша́гом** im Schneckentempo

черепи́ц|а <-ы> *ж* Dachziegel *m*

черепи́чн|ый <-ая, -ое> *прил* Dachziegel-; **черепи́чная кры́ша** Ziegeldach *nt*

черепн|о́й <-а́я, -о́е> *прил* Schädel-; **~ свод** Schädelform *f;* **черепна́я коро́бка** Schädelknochen *m*

череп|о́к <-ка́> *м* Scherbe *f*

чересчу́р *нрч* allzu, zu viel; **э́то уже́ ~** das geht zu weit

черёшн|я <-и> *ж* Süßkirsche *f; (де́рево)* Kirschbaum *m*

черка́ть <-ю, -ешь> *нсв,* **черкну́ть** *св прх* streichen, ausstreichen, durchstreihen

черке́с <-а> *м* Tscherkesse *m;* **исто́рия черке́сов** Geschichte der Tscherkessen

черке́ск|а <-и> *ж* Tscherkessin *f;* **краси́вая ~** schöne Tscherkessin

черкн|у́ть <-у́, -ёшь> *св прх см.* **черка́ть**

черне́|ть <-ю, -ешь> *нсв,* **почерне́ть** *св прх* schwarz werden; *(видне́ться)* sich schwarz abheben; **серебро́ черне́ет** das Silber wird dunkel; **вдали́ черне́ют фаб-**

ри́чные тру́бы in der Ferne zeichnen sich Fabrikschornsteine ab; **стена́ почерне́ла от ды́ма** die Wand wurde schwarz vom Rauch

черне́ц <-á> *м устар* Mönch *m*

черни́к|а <-и> *ж* Heidelbeere *f; (куст)* Heidelbeerstrauch *m*

черни́л|а <-> *мн* Tinte *f*

черни́льниц|а <-ы> *ж* Tintenfass *nt*

черни́льн|ый <-ая, -ое> *прил* Tinten-; **черни́льное пятно́** Tintenfleck *nt*

черн|и́ть <-ю́, -и́шь> *нсв,* **очерни́ть** *св прх* schwärzen; *перен* anschwärzen, schlechtmachen

черно́ *нрч* schwarz, finster, dunkel; **пе́ред глаза́ми ~** jdm wird schwarz vor Augen

чёрно-бе́л|ый <-ая, -ое> *прил* schwarzweiß

черноборо́д|ый <-ая, -ое> *прил* schwarzbärtig; **~ мужчи́на** schwarzbärtiger Mann *m*

чернобро́в|ый <-ая, -ое> *прил* mit schwarzen Augenbrauen; **~ ма́льчик** Junge *m* mit schwarzen Augenbrauen

черно-бу́р|ый <-ая, -ое> *прил* schwarzbraun; **черно-бу́рая лиса́** Schwarzfuchs *m*

Черно́бы|ль <-ля> *м* Tschernobyl *nt*

чернови́к <-á> *м* Entwurf *m*, Konzept *nt; (запи́ска)* Schmierzettel *m*

чернов|о́й <-а́я, -о́е> *прил* im Entwurf; *(предвари́тельный)* Roh-; **черновая тетра́дь** Kladde *f*

черноволо́с|ый <-ая, -ое; -, -а, -о> *прил* dunkelhaarig

черногла́з|ый <-ая, -ое; -, -а, -о> *прил* schwarzäugig; **черногла́зая де́вушка** schwarzäugiges Mädchen *nt*

чернозём <-а> *м* Schwarzerde *f;* **ту́чный ~** fruchtbare Schwarzerde *f*

чернокни́жник <-а> *м* Zauberer *m*, Beschwörer *m*

черноко́ж|ий[1] <-ая, -ее; -, -а, -е> *прил* schwarzhäutig

черноко́ж|ий[2] <-его> *м* Schwarze(r) *m*

черноле́сь|е <-я> *ср* Laubwald *m*

чернома́з|ый <-ая, -ое; -, -а, -о> *прил разг* schwarz

черномо́рск|ий <-ая, -ое> *прил* Schwarzmeer-; **~ флот** Schwarzmeerflotte *f;* **~ куро́рт** Schwarzmeerkurort *m*

чернорабо́ч|ий <-его> *м* Hilfsarbeiter *m*, einfacher Arbeiter *m*

чернosли́в <-а> *м* Backpflaume *f*

черносо́тен|ец <-ца> *м ист* Erzreaktionar *m* im alten Russland

чернот|а́ <-ы́> *ж* Dunkelheit *f*, Finsternis *f*

черноу́с|ый <-ая, -ое; -, -а, -о> *прил* mit schwarzem Schnurrbart

черну́шк|а <-и> *ж бот* Schwarzkümmel *m*

чёр|ный <-ная, -ное; -ен, -на́, -но́> *прил и перен* schwarz; **~ как смоль** rabenschwarz; **~ ры́нок** Schwarzmarkt *m;* **~ ход** Hinterausgang *m;* **~ ю́мор** schwarzer Humor *m;* **ви́деть в чёрном све́те** schwarz sehen; **попа́сть в ~ спи́сок** auf die schwarze Liste kommen; **напи́сано чёрным по бе́лому** schwarz auf weiß geschrieben sein; **Чёрное мо́ре** das Schwarze Meer; **чёрные мета́ллы** Eisenmetalle *pl*

чернь <че́рни> *ж презрит* Masse *f*, Pöbel *m*

черпа́к <-á> *м* Schöpflöffel *m*, Schöpfkelle *f*

че́рпа|ть <-ю, -ешь> *нсв,* **че́рпнуть** *св прх и перен* schöpfen; **~ информа́цию** sich informieren

черстве́|ть <-ю, -ешь> *нсв,* **зачерстве́ть, очерстве́ть** *св нпрх* **1.** *(о хле́бе)* trocken werden, vertrocknen; **бато́н зачерстве́л** das Brot vertrocknete **2.** *перен (стать безду́шным)* hart werden; **~ душо́й** gefühllos werden

чёрствос|ть <-ти> *ж* Härte *f;* **душе́вная ~** Herzlosigkeit *f;* **~ хле́ба** Härte des Brotes

чёрств|ый <-ая, -ое; -, -á, -о> *прил* **1.** *(хлеб)* trocken, hart, altbacken **2.** *перен* lieblos, gefühllos

чёрт <чёрта> *м* Teufel *m;* **~ возьми́!** zum Teufel!; **~ зна́ет что!** weiß der Teufel!; **у чёрта на кули́чках** *перен* wo sich die Fuchs und Hase gute Nacht sagen

черт|а́ <-ы́> *ж* **1.** *(ли́ния)* Strich *m*, Linie *f* **2.** *(райо́н)* Gebiet *nt* **3.** *(ка́чество)* Zug *m;* **~ бе́дности** Armutsgrenze *f;* **жить за черто́й бе́дности** unterhalb der Armutsgrenze leben; **подвести́ черту́** einen Strich ziehen; **черты́ лица́** Gesichtszüge *pl;* **~ хара́ктера** Charakterzug *m;* **в о́бщих черта́х** alles in allem

чертёж <-á> *м* Skizze *f; (набро́сок)* Zeichnung *f;* **де́лать ~** eine Skizze machen

чертёжник <-а> *м,* **чертёжниц|а** <-ы> *ж* technischer Zeichner *m*, technische Zeichnerin *f*

чертёжн|ый <-ая, -ое> *прил* Zeichner-; **чертёжная доска́** Zeichenbrett *nt*

чертён|ок <-ка> *м* Teufelchen *nt; (озорни́к)* Wildfang *m*

чёртик <-а> *м* kleiner Teufel *m*

черти́ть <черчу́, че́ртишь> *нсв,* **начерти́ть** *св прх* skizzieren, entwerfen; *(рисова́ть)* zeichnen

чёртов <-а, -о> *прил* teuflisch, Teufels-; **чёртова дю́жина** dreizehn Stück *ntpl;* **чёртова неве́ста** Teufelsbraut *f;* **чёртово колесо́** Teufelsrad *nt*

черто́вски *нрч разг, прост* sehr; **~ краси́вая де́вушка** sehr schönes Mädchen *nt;* **я ~ уста́л** ich bin sehr müde

чертовщи́н|а <-ы> *ж разг* Teufelswerk *nt;* **что за ~?** was zum Teufel?

черто́г <-а> *м* Palast *m*, Schloss *m;* **ца́рские черто́ги** Königsschloss *m*

чертополо́х <-а> *м* Distel *f;* **двор обро́с чертополо́хом** der Hof war von Disteln überwachsen

Ч

чёрточк|а <-и> *ж (дефи́с)* Bindestrich *m*

чертыха́|ться <-юсь, -ешься> *нсв нпрх разг* fluchen

черче́ни|е <-я> *ср* (technisches) Zeichnen *nt*

чеса́ть <чешу́, че́шешь> *нсв,* **почеса́ть** *св прх* **1.** *(во́лосы)* kämmen **2.** *(нос и под.)* kratzen; **~ за у́хом** am Ohr kraulen **3.** *(пе́ньку)* hecheln; **~ язы́к** klatschen, tratschen

чеса́ться <чешу́сь, че́шешься> *нсв,* **почеса́ться** *св прх* sich kratzen; *(ощуще́ние)* jucken; *(во́лосы)* sich kämmen; **спина́ че́шется** der Rücken kribbelt mich; **почеса́ться по заты́лку** sich am Hinterkopf kratzen

чесно́к <-а́> *м* Knoblauch *m*

чесо́тк|а <-и> *ж* Jucken *nt,* Juckreiz *m;* **страда́ть чесо́ткой** an Krätze [*o* Juckreiz] leiden

че́ствовани|е <-я> *ср* Huldigung *f,* Ehrung *f*

че́ств|овать <-ую, -уешь> *нсв прх* ehren

че|сти́ть <-щу́, -сти́шь> *нсв нпрх* schimpfen, schelten

че́стно *нрч* ehrlich; *(справедли́во)* gerecht; **~ призна́ться** ehrlich zugeben; **~ говоря́** ehrlich gesagt; **так бу́дет ~** so ist es recht

че́стнос|ть <-ти> *ж* Ehrlichkeit *f,* Aufrichtigkeit *f*

че́ст|ный <-ная, -ное; -ен, -на́, -но> *прил* rechtschaffen, ehrlich, redlich, fair; **че́стное сло́во** Ehrenwort *nt*

честолюби́в|ый <-ая, -ое; -, -а, -о> *прил* ehrgeizig

честолю́би|е <-я> *ср* Ehrgeiz *m,* Geltungsbedürfnis *nt*

честь <че́сти> *ж* Ehre *f;* **оказа́ть ~** Ehre erweisen; **отдава́ть ~** salutieren; **счита́ю за ~** es ist mir eine Ehre

чесу́чов|ый <-ая, -ое> *прил* aus Schantungseide; **~ ки́тель** Uniformjacke *f* aus Schantungseide

чет|а́ <-ы́> *ж* Paar *nt; (супру́жеская)* Ehepaar *nt;* **он тебе́ не чета́** er ist nichts für dich

четве́рг <-а́> *м* Donnerstag *m;* **чи́стый** [*или* **свято́й**] **~** РЕЛИГ Gründonnerstag *m*

четвере́н|ьки <-ек> *мн* **опусти́ться на ~** auf allen Vieren knien; **ходи́ть на четвере́ньках** auf allen Vieren laufen

четвёрк|а <-и> *ж* Vier *f; (лошаде́й)* Viergespann *nt;* **поста́вить четвёрку** *(оце́нка)* eine Zwei geben; **~ конво́иров** Vierergruppe von Wächtern; **учи́ться на четвёрки** immer Zweien bekommen; **~ бу́бен** vier Asse; **каре́та зало́жена четвёркой** die Kutsche wird von vier Pferden gezogen

че́твер|о <-ых> *числ собират.* eine Gruppe von vier

четверено́г|ий <-ая, -ое> *прил* vierbeinig; **~ друг** vierbeiniger Freund *m*

четверости́ши|е <-я> *ср* Vierzeiler *m;* **знамени́тое ~** berühmter Vierzeiler

четверта́к <-а́> *м* fünfundzwanzig Kopeken; **одолжи́ть ~** jdm fünfundzwanzig Kopeken leihen

четверти́нк|а <-и> *ж* Viertel *nt*

четверти́чн|ый <-ая, -ое> *прил* ГЕОЛ Quartär-; **четверти́чная систе́ма** Quartärformation *f*

четвертн|о́й <-а́я, -о́е> *прил* Viertel-

четверт|ова́ть <-у́ю, -у́ешь> *(н)св прх* vierteilen

четвёрт|ый <-ая, -ое> *числ порядк.* vierte(r, s); **в-четвёртых** viertens

че́твер|ть <-ти> *ж* Viertel *nt;* **~ часа́** Viertelstunde *f;* **~ го́да** Vierteljahr *nt,* Quartal *nt*

четвертьфина́л <-а> *м* СПОРТ Viertelfinale *nt;* **встре́ча – ~** ein Viertelfinale-Spiel; **вы́йти в ~** ins Viertelfinale kommen

чёт|ки <-ок> *мн* Rosenkranz *m;* **перебира́ть ~** den Rosenkranz beten

чёт|кий <-кая, -кое; -ок, -ка *или* -ка́, -ко> *прил* klar, deutlich; *(разбо́рчивый)* leserlich; *(то́чный)* genau; **чётко рабо́тать** reibungslos funktionieren

чётко *нрч* klar, deutlich; **~ видны́ очерта́ния** die Konturen sind klar zu sehen; **~ отвеча́ть на вопро́сы** die Fragen klar beantworten

чёткос|ть <-ти> *ж* Klarheit *f; (о по́черке)* Leserlichkeit *f*

чётн|ый <-ая, -ое> *прил* gerade, paarig; **чётное число́** gerade Zahl *f*

четы́р|е <-ёх> *числ колич.* vier; **в ~ ра́за** viermal; **валя́й на все ~ сто́роны!** sieh zu, dass du Land gewinnst!

четы́режды *нрч* vier mal; **~ пять – два́дцать** vier mal fünf ist gleich zwanzig

четы́реста <четрёхсот> *числ колич.* vierhundert

четырёхгоди́чн|ый <-ая, -ое> *прил* vierjährig

четырёхколёсн|ый <-ая, -ое> *прил* vierrädrig

четырёхкра́тн|ый <-ая, -ое> *прил* vierfach

четырёхуго́льник <-а> *м* Viereck *nt*

четырёхуго́льн|ый <-ая, -ое> *прил* viereckig

четы́рнадцат|ый <-ая, -ое> *прил* vierzehnte(r, s)

четы́рнадца|ть <-ти> *числ колич.* vierzehn

чех <че́ха> *м* Tscheche *m*

чехард|а́ <-ы> *ж (игра́)* Bockspringen *nt*

Че́хи|я <-и> *ж* Tschechien *nt,* Tschechische Republik *f*

чех|о́л <-ла́> *м* **1.** *(для ме́бели)* Bezug *m,* Überzug *m* **2.** *(для очко́в)* Etui *nt*

Чехослова́ки|я <-и> *ж* ИСТОР Tschechoslowakei *f*

чехослова́цк|ий <-ая, -ое> *прил* ИСТОР tschechoslowakisch

чече́н|ец <-ца> *м,* **чече́нк|а** <-и> *ж*

Tschetschene *m,* Tschetschenin *f*

чече́нск|ий <-ая, -ое> *прил* tschetschenisch; **Чече́нская Респу́блика** Tschetschenische Republik *f*

чечётк|а <-и> *ж* **1.** *(пти́ца)* Hänfling *m* **2.** *(та́нец)* Tschetschotka *f (Tanz mit häufigem Aufstampfen);* **отбива́ть чечётку** Tschetschotka tanzen

Чечн|я́ <-и́> *ж* Tschetschenien *nt (dieses Wort ist keine offizielle Bezeichnung und im Unterschied zu der deutschen Übersetzung stark negativ konnotiert)*

че́шк|а <-и> *ж* Tschechin *f*

че́шск|ий <-ая, -ое> *прил* tschechisch

чешу́йк|а <-и> *ж* Schuppe *f;* **ры́бья ~** Fischschuppe *f*

чешу́йчат|ый <-ая, -ое> *прил* schuppig

чешу|я́ <-и́> *ж* Schuppe *f;* **~ драко́на** Drachenschuppen *f*

чи́бис <-а> *м* зоол Kiebitz *m*

чиж <чижа́> *м* зоол Zeisig *m*

Чика́го <неизм> *м* геог Chicago *nt*

Чи́ли <неизм> *м* Chile *nt*

чили́|ец <-ца> *м,* **чили́йк|а** <-и> *ж* Chilene *m,* Chilenin *f*

чин <чи́на> *м* Rang *m;* **име́ть высо́кий ~** einen hohen Rang haben

чини́ть[1] <чиню́, чи́нишь> *нсв,* **почини́ть** *св прх* **1.** *(каранда́ш)* anspitzen **2.** *(попра́вить)* reparieren **3.** *(оде́жду)* ausbessern, flicken

чини́ть[2] <чиню́, чи́нишь> *нсв,* **учини́ть** *св прх (устра́ивать)* machen, anrichten

чи́н|ный <-ная, -ное; -ен, -на́, -но> *прил* manierlich, gebührlich

чино́вник <-а> *м* Beamte(r) *m,* Beamtin *f*

чино́вничеств|о <-а> *ср* Beamtenschaft *f,* Beamtentum *nt*

чино́вническ|ий <-ая, -ое> *прил* Beamten-, beamtenhaft; *(бюрократи́ческий)* bürokratisch

чип <чи́па> *м* информ Chip *m*

чи́пс|ы <-ов> *мн* Chips *f;* **люби́ть ~** Chips mögen

чир|е́й <-ья́> *м* Furunkel *nt*

чири́ка|ть <-ю, -ешь> *нсв прх* zwitschern; **чири́кают воробьи́** die Spatzen zwitschern

чи́рка|ть <-ю, -ешь> *нсв,* **чи́ркнуть** *св нпрх* anstreichen; *(запи́ску)* rasch etw aufschreiben; **~ спи́чкой** ein Streichholz anzünden

чиро́к <-а> *м* зоол Kriekente *f*

чи́сленнос|ть <-ти> *ж* Anzahl *f,* Zahl *f;* **~ населе́ния** Bevölkerungszahl *f;* **увеличе́ние чи́сленности** Erhöhung *f* der Anzahl

чи́сленн|ый <-ая, -ое> *прил* zahlenmäßig; **чи́сленное превосхо́дство** zahlenmäßige Überlegenheit *f;* **~ соста́в** Stärke *f*

числи́те|ль <-ля> *м* мат Zähler *m*

числи́тельно|е <-го> *ср* лингв Zahlwort *nt;* **коли́чественное ~** Kardinalzahlwort *nt;* **поря́дковое ~** Ordinalzahlwort *nt*

числ|и́ть <-ю, -ишь> *нсв перех (счита́ть кем-л./чем-л.)* jdn führen

числ|и́ться <-юсь, -ишься> *нсв рефл* geführt werden; **~ в спи́ске** in der Liste stehen

числ|о́ <-а́> *ср* **1.** мат Zahl *f;* **просто́е ~** Primzahl *f;* **дро́бное ~** Bruchzahl *f* **2.** *(коли́чество)* Anzahl *f;* **~ оборо́тов** авто Drehzahl *f* **3.** лингв Numerus *m;* **еди́нственное ~** Singular *m;* **мно́жественное ~** Plural *m* **4.** *(да́та)* Datum *nt;* **како́е сего́дня ~?** welches Datum haben wir heute?; **в том числе́** darunter

числов|о́й <-а́я, -о́е> *прил* numerisch, Zahlen-

чисти́лищ|е <-а> *ср* религ Fegefeuer *nt*

чисти́льщик <-а> *м* Putzer *m,* Reiniger *m;* **возду́шный ~** Luftreiniger; **програ́мма-~** Reinigungsprogramm *nt*

чи́|стить <-щу, -стишь> *нсв,* **почи́стить** *св прх* putzen, reinigen; *(карто́шку)* schälen, abpellen; *(ры́бу)* abschuppen

чи́стк|а <-и> *ж* Reinigung *f,* Säuberung *f;* **отнести́ костю́м в чи́стку** einen Anzug in die Reinigung bringen; **этни́ческая ~** ethnische Säuberung *f*

чи́сто *нрч* sauber, rein; **до́ма ~** zu Hause ist es sauber; **~ писа́ть** sauber schreiben

чистови́к <-а́> *м* Reinschrift *f*

чистога́н <-а> *м* Bargeld *nt*

чистокро́вн|ый <-ая, -ое> *прил* reinrassig; **~ конь** reinrassiges Pferd *nt*

чистопло́тнос|ть <-ти> *ж* Reinlichkeit *f,* Sauberkeit *f*

чистопло́т|ный <-ная, -ное; -ен, -на, -но> *прил* sauber; **~ челове́к** sauberer Mensch *m*

чистоплю́|й <-я> *м разг, неодобр* Sauberkeitsfanatiker *m;* **поведе́ние чистоплю́я** Verhalten *nt* eines Sauberkeitsapostels

чистоплю́йств|о <-а> *ср разг, неодобр* Sauberkeitsfanatismus *m;* **настоя́щее ~** wahrer Sauberkeitsfanatismus

чистосерде́ч|ный <-ная, -ное; -ен, -на, -но> *прил* treuherzig

чистот|а́ <-ы́> *ж* Reinheit *f,* Sauberkeit *f;* **соблюда́йте чистоту́!** auf Sauberkeit achten!

чи́ст|ый <-ая, -ое; -, -а́, -о> *прил* **1.** *(негря́зный)* sauber, rein; **чи́стое не́бо** klarer Himmel *m;* **на чи́стом во́здухе** an der frischen Luft; **экологи́чески ~** umweltfreundlich, unbelastet; **чи́стая со́весть** reines Gewissen *nt* **2.** *(аккура́тный)* reinlich **3.** *(без при́меси)* rein; **чи́стое зо́лото** reines Gold *nt;* **~ хло́пок** reine Baumwolle *f* **4.** экон netto; **чи́стая вы́ручка** Nettoerlös *m;* **чи́стая задо́лженность** Nettoverschuldung *f;* **чи́стая за́работная пла́та** Nettolohn *m;* **чи́стая при́быль** Nettogewinn *m,* Reingewinn *m;* **чи́стая при́быль с капита́ла** Ertragswert *m;* **чи́стая сбытова́я цена́** Nettoverkaufspreis *m;* **чи́стая цена́** Nettopreis

Ч

m; **чистое имущество** Reinvermögen *nt;* **чистые капиталовложения** Nettoinvestition *f;* **чистые потери** Nettoverlust *m;* **чистые проценты** Nettorendite *f;* **~ аккредитив** Barakkreditiv *nt;* **~ вес** Nettogewicht *nt;* **~ внутренный продукт** Nettoinlandsprodukt *nt;* **~ долг** Nettoverschuldung *f;* **~ доход** Nettoeinkommen *nt;* **~ заработок** Nettoverdienst *m;* **~ оборот** Nettoumsatz *m;* **~ социальный продукт** Nettosozialprodukt *nt;* **~ убыток** Reinverlust *m;* **принимать что-л. за чистую монету** *перен* etw für bare Münze nehmen

чистюл|я <-и> *м и ж разг* Sauberkeitsfanatiker *m*

читабе|льный <-льная, -льное; -лен, -льна, -льно> *прил* lesbar

читальн|ый <-ая, -ое> *прил* Lese-; **~ зал** Lesesaal *m*

читальн|я <-и> *ж* Lesesaal *m,* Lesehalle *f*

читате|ль <-ля> *м,* **читательниц|а** <-ы> *ж* Leser(in) *m(f)*

читательск|ий <-ая, -ое> *прил* Leser-; **~ билет** Leser(eintritts)karte *f*

чита|ть <-ю, -ешь> *нсв,* **прочитать** *св прх* lesen; **~ газету** eine Zeitung lesen; **~ молитву** ein Gebet sagen; **~ вслух** vorlesen; **~ лекцию** eine Vorlesung halten; **~ нотации** eine Gardinenpredigt halten; **~ между строк** zwischen den Zeilen lesen

чита|ться <-ется> *нсв безл, только в 3 л* leserlich sein; **надпись читается с трудом** die Überschrift kann man nur schwer lesen

чиха|ть <-ю, -ешь> *нсв,* **чихнуть** *св нпрх* niesen; *разг (на кого-л./что-л.)* pfeifen auf +*akk;* **неожиданно чихнуть** plötzlich niesen

член <члена> *м* Mitglied *nt;* АНАТ Körperglied *nt,* Glied *nt; мн* Gliedmaßen *pl;* **~ наблюдательного совета** Aufsichtsratsmitglied *nt;* **~ партии** Parteimitglied *nt;* **~ правления** Vorstandsmitglied *nt;* **~ профсоюза** Gewerkschafter(in) *m(f);* **~ семьи** Familienangehörige(r) *f(m);* **почётный ~** Ehrenmitglied *nt;* **~-учредитель** Gründungsmitglied *nt;* **половой ~** Penis *m;* **~ предложения** ЛИНГВ Satzglied *nt*

членени|е <-я> *ср* Gliederung *f*

членистоноги|е <-х> *мн* ЗООЛ Gliederfüßer *m*

член|ить <-ю, -ишь> *нсв,* **расчленить** *св прх* gliedern; **~ район на участки** den Bezirk in Reviere aufteilen; **~ производственный процесс** den Produktionsprozess aufgliedern

членоразде|льный <-льная, -льное; -лен, -льна, -льно> *прил* deutlich, artikuliert; *перен* deutlich

членск|ий <-ая, -ое> *прил* Mitglieds-; **~ взнос** Mitgliedsbeitrag *m*

членств|о <-а> *ср* Mitgliedschaft *f*

чмока|ть <-ю, -ешь> *нсв,* **чмокнуть** *св (н)прх* schmatzen, schnalzen; **чмокнуть в щёку** jdm einen Schmatz geben

чока|ться <-юсь, -ешься> *нсв,* **чокнуться** *св рефл* anstoßen; **~ за здоровье кого-л.** auf die Gesundheit von jdm anstoßen

чокнут|ый <-ая, -ое> *прил разг* verrückt

чокн|уться <-усь, -ешься> *св перех см.* **чокаться**

чопор|ный <-ная, -ное, -ен, -на, -но> *прил* prüde, affektiert

ЧП *сокр от* **чрезвычайное происшествие** Störfall *m,* Zwischenfall *m*

чреват|ый <-ая, -ое; -, -а, -о> *прил* voll; **~ опасностями** voller Gefahren

чрев|о <-а> *ср устар* Bauch *m,* Mutterleib *f;* **во чреве матери** im Mutterleib; **ненасытное ~** *перен* unersättlicher Mensch *m*

чревовещате|ль <-ля> *м* Bauchredner *m*

чревоугодник <-а> *м* Vielfraß *m*

чрезвычайно *нрч* außerordentlich, übermäßig; **я ~ рад встрече** ich bin außerordentlich froh über unsere Begegnung

чрезвыча|йный <-йная, -йное; -ен, -йна, -йно> *прил* außerordentlich; **чрезвычайное положение** Ausnahmezustand *m*

чрезмерно *нрч* übermäßig, übertrieben

чрезмер|ный <-ная, -ное; -ен, -на, -но> *прил* enorm, maßlos, übermäßig, exzessiv; **чрезмерная цена** Wucherpreis *m*

чтени|е <-я> *ср* Lesen *nt,* Lektüre *f;* **одобрить закон в первом чтении** das Gesetz in erster Lesung billigen

чтец <чтеца> *м* Vorleser *m*

чтив|о <-а> *ср разг* Schmöker *m*

чтить <чту, чтишь> *нсв,* **почтить** *св прх* verehren, achten, ehren; **~ память погибших** die Gefallenen ehren

что <чего> **I.** *мест относит* was; *(который, которая, которое)* der, die, das; *(почему)* was?, warum?; *(при сравнении)* wie; **~ ты сказала?** was hast du gesagt?; **если ~ случится** wenn etwas passiert; **в случае чего** *(на всякий случай)* für alle Fälle **II.** *сз* dass; **я знаю, ~ он позвонит** ich weiß, dass er anrufen wird; **я ни при чём!** ich habe nichts damit zu tun!; **ни за ~!** auf keinen Fall!

чтобы **I.** *сз* um zu, damit; **надо говорить ясно, ~ всем было понятно** man soll deutlich sprechen, damit einen alle verstehen; **я тороплюсь, ~ успеть на поезд** ich beeile mich, um den Zug nicht zu verpassen; **я сомневаюсь, ~ он остался доволен** ich bezweifle, dass er zufrieden ist; **он глуп, ~ не сказать больше** er ist dumm, dümmer geht's nicht; **надо поспешить, ~ нас не намочил дождь** wir sollten uns beeilen, damit wir nicht in den Regen kommen; **я не верю, ~ что-то изменилось к лучшему** ich glaube nicht, dass sich etwas zum besseren wendet **II.** *част* das; **~ этого больше не было!** dass mir das nicht noch mal vorkommt!

что́-либо, **что́-нибудь** *мест* etwas

что́-то *мест* etwas; **тут ~ не так** hier stimmt etwas nicht

чу *межд* hör mal!; **~! трещи́т!** hör mal! es donnert!

чуб <чу́ба> *м* Schopf *m*

чува́к <-а> *м разг* Kumpel *m*

Чува́ши|я <-и> *ж* Tschuwaschien *nt*

чуви́х|а <-и> *ж разг* Kumpelin *f*

чу́вственнос|ть <-ти> *ж* Sinnlichkeit *f*

чу́вствен|ный <-ная, -ное; -, -на, -но> *прил* sinnlich; **чувственное восприя́тие** sinnliche Wahrnehmung *f*

чувстви́тельнос|ть <-ти> *ж* **1.** *(ощути́мость)* Empfindlichkeit *f* **2.** *(впечатли́тельность)* Feinfühligkeit *f* **3.** *(восприи́мчивость)* Empfindsamkeit *f* **4.** *(сентимента́льность)* Sentimentalität *f*

чувстви́те|льный <-льная, -льное; -лен, -льна, -льно> *прил* empfindlich, empfindsam

чу́вств|о <-а> *ср* Gefühl *nt;* **~ вины́** Schuldgefühl *nt;* **~ вре́мени** Zeitgefühl *nt;* **~ до́лга** Pflichtgefühl *nt;* **~ ме́ры** Augenmaß *nt;* **~ недоуме́ния** Befremden *nt;* **~ отве́тственности** Verantwortungsbewusstsein *nt;* **~ реа́льности** Realitässinn *m;* **~ самосохране́ния** Selbsterhaltungstrieb *m;* **~ со́бственного досто́инства** Selbstwertgefühl *nt;* **~ солида́рности** Solidaritätsgefühl *nt;* **~ та́кта** Feingefühl *nt;* **~ ю́мора** Sinn *m* für Humor; **~ языка́** Sprachgefühl *nt;* **ста́дное ~** Herdentrieb *m;* **~ уда́чи** Erfolgserlebnis *nt;* **шесто́е ~** sechster Sinn *m;* **продикто́ванный чу́вством** gefühlsgesteuert; **у меня́ тако́е чу́вство, что ...** ich habe so das Gefühl, dass ...

чу́вств|овать <-ую, -уешь> *нсв*, **почу́вствовать** *св нпрх* fühlen, empfinden; *(ощуща́ть)* spüren; **~ го́лод/жа́жду** Hunger/Durst *m* verspüren; **~ ра́дость** Freude *f* empfinden; **~ опа́сность** Gefahr *f* spüren; **~ угрызе́ния со́вести** Gewissensbisse *pl* haben

чу́вств|оваться <-уется> *нсв*, **почу́вствоваться** *св безл, только 3 л* zu spüren sein; **чу́вствуется забо́тливая рука́ хозя́ина** man spürt die sorgfältige Hand des Besitzers; **чу́вствуется благоро́дное происхожде́ние** man spürt die vornehme Herkunft

чугу́н <-а> *м* Gusseisen *nt*

чугу́нн|ый <-ая, -ое> *прил* gusseisern; **чугу́нная сковоро́дка** gusseiserne Pfanne *f*

чуда́к <-а́> *м* Eigenbrötler *m,* Sonderling *m*

чуда́честв|о <-а> *ср* Seltsamkeit *f,* Kauzigkeit *f;* **ребя́чье ~** kindische Seltsamkeit *f;* **просто́е ~** einfache Kauzigkeit *f*

чуде́сно *нрч* herrlich, fabelhaft; **~ вы́глядеть** fabelhaft aussehen; **~ пригото́вленный обед** herrlich gekochtes Mittagsessen *nt*

чуде́с|ный <-ная, -ное; -ен, -на, -но> *прил* himmlisch, herrlich, wundervoll

чуди́|ть <-шь> *нсв прх 1 л. не употр.* sich wunderlich benehmen; **прекрати́ ~!** hör auf, dich so wunderlich [*o* komisch] zu benehmen!

чу́ди|ться <-шься> *нсв прх 1 л. не употр.* scheinen; **мне чу́дится** es scheint mir

чудн|о́й <-а́я, -о́е> *прил* seltsam, absonderlich

чу́д|ный <-ная, -ное, -ен, -на́, -но> *прил* herrlich, wunderbar; **~ хара́ктер** wunderbarer Charakter *m*

чу́д|о <-а> *ср* Wunder *nt;* **~ све́та** Weltwunder *nt;* **экономи́ческое ~** Wirtschaftswunder *nt;* **твори́ть чудеса́** wahre Wunder bewirken

чудо́вищ|е <-а> *ср* Ungeheuer *nt,* Scheusal *nt*

чудо́вищно *нрч* ungeheuerlich; **~ злы́е глаза́** schrecklich böse Augen *pl*

чудо́вищ|ный <-ная, -ное; -ен, -на, -но> *прил* ungeheuer, ungeheuerlich

чудоде́|й <-я> *м* Wundertäter *m*

чудоде́йствен|ный <-ная, -ное; -, -на, -но> *прил* wundertätig; **чудоде́йственное лека́рство** wundertätiges Arzneimittel *nt*

чу́дом *нрч* wie durch ein Wunder

чудотво́р|ец <-ца> *м* Wundertäter *m;* **Никола́й ~** Nikolaj der Wundertäter

чужа́к <-а́> *м* Fremde(r) *f(m)*

чужби́н|а <-ы> *ж* Ausland *nt;* **быть на чужби́не** im Ausland sein; **носта́льгия по чужби́не** Fernweh *nt*

чужда́|ться <-юсь, -ешься> *нсв прх* meiden, sich fernhalten; **~ друзе́й** sich von den Freunden fernhalten; **~ за́висти** den Neid meiden

чу́жд|ый <-ая, -ое; -, -а́, -о> *прил* fremd; **~ интелле́кт** fremder Intellekt

чужезе́м|ец <-ца> *м* Fremdling *m;* **приключе́ния чужезе́мца** Abenteuer *ntpl* des Fremdlings; **лицо́ чужезе́мца** das Gesicht des Fremdlings

чужеро́дн|ый <-ая, -ое> *прил* ausländisch; **чужеро́дные се́кты** ausländische Sekten *fpl*

чуж|о́й <-а́я, -о́е> *прил* fremd; **чужа́я страна́** fremdes Land *nt;* **попа́сть в чужи́е ру́ки** in fremde Hände geraten

Чуко́тк|а <-и> *ж* ГЕОГ Tschuktschenhalbinsel *f;* **полуо́стров ~** die Tschuktschenhalbinsel *f;* **населе́ние Чуко́тки** die Bevölkerung der Tschuktschenhalbinsel

чу́кч|а <-и> *м* Tschuktsche *m;* **чу́кчи-оленево́ды** tschuktschische Rentierzüchter *mpl*

чула́н <-а> *м* Rumpelkammer *f*

чул|о́к <-ка́> *м* Strumpf *m*

чум <чу́ма> *м* Zelt *nt;* **жить в чу́ме** im Zelt wohnen

чум|а́ <-ы́> *ж* МЕД Pest *f*

чума́з|ый <-ая, -ое; -, -а, -о> *прил* schmutzig; **~ ребёнок** schmutziges Kind *nt*

чумн|о́й <-а́я, -о́е> *прил* МЕД Pest-; *(заражённый)* verpestet; **чумна́я эпиде́мия** Pestepidemie *f*

Ч

чумов|о́й <-а́я, -о́е> *прил прост* pestkrank; **он прибежа́л как ~** er kam wie ein Verzückter angelaufen

чур *межд разг* **~ меня́!** ich will!; **то́лько ~, я остаю́сь!** aber ich werde bleiben; **~, это секре́т!** aber das ist ein Geheimnis!

чура́|ться <-юсь, -ешься> *нсв рефл* meiden, vermeiden; **~ люде́й** die Leute meiden

чурба́н <-а> *м* Klotz *m,* Holzblock *m; перен* Tollpatsch *m,* Trottel *m*

чу́рк|а <-и> *ж* Holzklötzchen *nt*

чу́т|кий <-кая, -кое; -ок, -ка́, -ко> *прил* **1.** *(на слух)* hellhörig **2.** *перен* einfühlsam

чу́тко *нрч* empfindlich, behutsam; **~ отнести́сь к кому́-л.** mit jdm behutsam umgehen

чу́ткос|ть <-ти> *ж* Zartgefühl *nt,* Einfühlungsvermögen *nt*

чу́точку *нрч разг* ein bisschen, ein wenig; **подви́нься ~** rück ein wenig zur Seite

чуть *нрч (едва́)* kaum, ein wenig; **~ не** fast, beinahe; **~-~** ein wenig; **~ бы́ло не сказа́л** beinahe hätte ich etwas gesagt; **~ что** bei dem geringsten Anlass

чуть|ё <-я́> *ср* Gespür *nt,* Spürsinn *m*

чу́чел|о <-а> *ср* **1.** *(пу́гало)* Vogelscheuche *f* **2.** *(живо́тного)* Balg *m,* ausgestopftes Tier *nt*

чу́шк|а <-и> *ж* **1.** *разг* junges Schwein *nt;* **накорми́ть чу́шку** das junge Schwein füttern **2.** ТЕХ Barren *m*

чушь <чу́ши> *ж разг* Unsinn *m,* Blödsinn *m;* **нести́ вся́кую ~** herumblödeln, herumalbern

чу́|ять <-ю, -ешь> *нсв,* **почу́ять** *св прх* wittern, riechen; *перен (ощути́ть)* spüren, empfinden

чьё *см.* **чей**

чья *см.* **чей**

Ш ш

Ш, ш <неизм> *ср* Buchstabe *Ш*

шаба́ш <неизм> Ruhepause *f*; *предик.* basta; МИФ Mexensabbat *m*

шаба́шк|а <-и> *ж разг* Nebenbeschäftigung *f*, Nebenverdienst *m*

шабло́н <-а> *м* Schablone *f*, Muster *nt*, Vorlage *f*; **рабо́тать по шабло́ну** nach Vorlage arbeiten

шабло́н|ный <-ная, -ное; -ен, -на, -но> *прил* schablonenhaft; *перен* abgedroschen

ша́вк|а <-и> *ж разг* Köter *m*

шаг <ша́га> *м* Schritt *m*; **~ за ша́гом** ein Schritt nach dem anderen; **на ка́ждом шагу́** auf Schritt und Tritt; **в двух шага́х** ganz in der Nähe; **приба́вить ша́гу** schneller gehen; **де́лать пе́рвые шаги́** seine ersten Schritte tun; **~ наза́д** ein Schritt zurück

шага́|ть <-ю, -ешь> *нсв*, **шагну́ть** *св нпрх* gehen, schreiten; **~ по доро́ге** den Weg entlang gehen; **~ че́рез поро́г** die Schwelle überschreiten; **шагну́ть далеко́** weit gehen

ша́гом *нрч* schrittweise; **~ марш!** im Gleichschritt Marsch!

ша́йб|а <-ы> *ж* **1.** СПОРТ Scheibe *f*, Puck *m* **2.** ТЕХ Scheibe *f*; **~ пружи́ны** АВТО Federteller *m*

ша́йк|а¹ <-и> *ж* Bande *f*; **воровска́я ~** Diebesbande *f*; **накры́ть ша́йку** *разг* eine Bande stellen

ша́йк|а² <-и> *ж* *(для воды́)* Kübel *m*, Trog *m*

шака́л <-а> *м* Schakal *m*

шала́нд|а <-ы> *ж* МОР **1.** *(ба́ржа)* Prahm *m* **2.** *(рыболо́вная ло́дка)* flaches Fischerboot *nt*

шала́ш <-а> *м* Laubhütte *f*, Hütte *f*

шал|и́ть <-ю́, -и́шь> *нсв нпрх* Unfug treiben; *(не рабо́тать пра́вильно)* nicht richtig arbeiten; **де́ти шаля́т** die Kinder sind unartig; **часы́ шаля́т** die Uhr spielt verrückt; **здоро́вье шали́т** die Gesundheit spielt verrückt

шаловли́в|ый <-ая, -ое; -, -а, -о> *прил* ausgelassen, übermütig

шалопа́|й <-я> *м* Taugenichts *m*, Tagedieb *m*

ша́лос|ть <-ти> *ж* Übermut *m*; *(шу́тка)* Streich *m*

шалу́н <-а> *м* Wildfang *m*

шалфе́|й <-я> *м* Salbei *m*

ша́л|ый <-ая, -ое> *прил* wild; **~ ребёнок** wildes Kind *nt*

шаль <ша́ли> *ж* Schal *m*, Umschlagtuch *nt*; **заку́таться в ~** sich in ein Umschlagtuch hüllen

шальн|о́й <-а́я, -о́е> *прил* wild; **шальна́я пу́ля** verirrte Kugel *f*, Zufallstreffer *m*; **шальна́я мысль** irrsinniger Gedanke *m*; **шальна́я компа́ния** zügellose Gesellschaft *f*

шампа́нско|е <-го> *ср* Champagner *m*, Sekt *m*

шампиньо́н <-а> *м* Champignon *m*

шампу́|нь <-ня> *м* Shampoo *nt*, Haarwaschmittel *nt*

шанс <ша́нса> *м* Chance *f*, Gelegenheit *f*; **уника́льный ~** einmalige Chance *f*; **упусти́ть ~** die Chance verpassen; **ша́нсы на успе́х** Erfolgsaussichten *pl*

шансо́н <-а> *м* Chanson *nt*

шанта́ж <-а> *м* Erpressung *f*

шантажи́р|овать <-ую, -уешь> *нсв прх* erpressen

ша́пк|а <-и> *ж* Mütze *f*; *(заголо́вок: газе́ты)* Zeitungskopf *m*; *(фи́льма)* Vorspann *m*; *(у докуме́нта)* Kopf *m*; **~-уша́нка** Pudelmütze *f*; **~ письма́** Briefkopf *m*; **~-невиди́мка** *(в ска́зках)* Tarnkappe *f*

шар <ша́ра> *м* Kugel *f*, Ball *m*, Ballon *m*; **билья́рдный ~** Billardkugel *f*; **возду́шный ~** Luftballon *m*; **земно́й ~** Erdkugel *f*

шара́д|а <-ы> *ж* Scharade *f*

шара́ха|ться <-юсь, -ешься> *нсв*, **шара́хнуться** *св рефл* zurückweichen; **~ от толпы́** vor der Menge zurückweichen; **ло́шади шара́хнулись в сто́рону** die Pferde wichen zur Seite

шарж <ша́ржа> *м* Karikatur *f*

ша́рик <-а> *м* Kügelchen *nt*

ша́риков|ый <-ая, -ое> *прил* Kugel-; **ша́риковая ру́чка** Kugelschreiber *m*

шарикоподши́пник <-а> *м* ТЕХ Kugellager *nt*

ша́р|ить <-ю, -ишь> *нсв*, **поша́рить** *св нпрх* suchen, durchstöbern; **~ в карма́нах** seine Taschen durchwühlen

ша́рка|ть <-ю, -ешь> *нсв*, **ша́ркнуть** *св нпрх* scharren; *(нога́ми)* schlurfen, latschen; **~ туфля́ми** mit den Pantoffeln schlurfen

шарлата́н <-а> *м* Scharlatan *m*

шарм <ша́рма> *м* Charme *m*

шарма́нк|а <-и> *ж* Drehorgel *f*; *и перен* Leier *f*; **игра́ть на шарма́нке** auf der Drehorgel spielen

шарни́р <-а> *м* ТЕХ Scharnier *nt*

шаров|о́й <-а́я, -о́е> *прил* Kugel-; **шарова́я мо́лния** Kugelblitz *m*

шарообра́з|ный <-ная, -ное; -ен, -на, -но> *прил* kugelförmig

шарф <ша́рфа> *м* Schal *m*

шасси́ <неизм> *ср* Fahrgestell *nt*

ша́ста|ть <-ю, -ешь> *нсв нпрх прост* schlendern, sich herumtreiben; **~ по у́лицам** über die Straßen schlendern

шата́|ть <-ю, -ешь> *нсв*, **шатну́ть** *св прх* schütteln, rütteln; **~ столб** den Pfosten rütteln; **его́ шата́ет от уста́лости** er schwankt vor

Ш

Müdigkeit
шата́|ться <-юсь, -ешься> *нсв,* **шатну́ться** *св рефл* wackeln, wanken; *(стол и под.)* kippeln; *(нетвёрдо стоя́ть)* taumeln; *(в пья́ном ви́де)* torkeln; *(слоня́ться)* sich herumtreiben; ~ **без де́ла** die Zeit vergeuden; **столб пошатну́лся** der Pfahl schwankte
шате́н <-а> *м,* **шате́нк|а** <-и> *ж* Braunhaarige(r) *f(m)*
шат|ёр <-ра́> *м* Zelt *nt;* **пра́здничный ~** Festzelt *nt*
ша́т|кий <-кая, -кое; -ок, -ка, -ко> *прил* wackelig; *(стол)* kippelig; *(похо́дка)* unsicher; *перен* wankelmütig, unsicher
шафра́н <-а> *м* Safran *m*
шах <ша́ха> *м* **1.** *(ти́тул)* Schah *m* **2.** *(в ша́хматах)* Schach *m;* **объявля́ть ~** Schach bieten
ша́хматн|ый <-ая, -ое> *прил* Schach-; **ша́хматная фигу́ра** Schachfigur *f;* **в ша́хматном поря́дке** schachbrettartig
ша́хмат|ы <-> *мн* **1.** *(игра́)* Schachspiel *nt* **2.** *(фигу́ры)* Schachfiguren *pl*
ша́хт|а <-ы> *ж* Grube *f,* Schacht *m*
шахтёр <-а> *м* Bergarbeiter *m,* Kumpel *m*
шахтёрск|ий <-ая, -ое> *прил* Gruben-, Bergmanns-; **шахтёрская оде́жда** Bergmannsbekleidung *f*
ша́хтн|ый <-ая, -ое> *прил* Schacht-; **горно-ша́хтное обору́дование** Schachtausrüstung *f*
ша́шк|а[1] <-и> *ж* *(са́бля)* Säbel *m*
ша́шка[2] <-и> *ж* **1.** *(в игре́)* Damestein *m* **2.** *(взрывча́тка)* Sprengkörper *m* **3.** *(для мостово́й)* Pflasterstein *m*
шашлы́к <-а́> *м* кул Schaschlik *nt*
шва́бр|а <-ы> *ж* Schrubber *m*
шваль <шва́ли> *ж без мн собир, прост, пренебр* Gesindel *nt,* Pack *nt;* **вы́броси э́ту ~** schmeiß dieses Gesindel raus; **со вся́кой шва́лью зна́ется** er verkehrt mit allerlei Gesindel
шварт|ова́ть <-у́ю, -у́ешь> *нсв,* **пришвартова́ть** *св прх* мор vertäuen, festmachen
шварт|ова́ться <-у́юсь, -у́ешься> *нсв,* **пришвартова́ться** *св рефл* мор festmachen, vertäuen
швед <шве́да> *м,* **шве́дк|а** <-и> *ж* Schwede *m,* Schwedin *f*
шве́дск|ий <-ая, -ое> *прил* schwedisch
шве́йн|ый <-ая, -ое> *прил* Näh-; **шве́йная маши́нка** Nähmaschine *f;* **шве́йная мастерска́я** Nähwerkstatt *f*
швейца́р <-а> *м* Pförtner *m*
швейца́р|ец <-ца> *м,* **швейца́рк|а** <-и> *ж* Schweizer(in) *m(f)*
Швейца́ри|я <-и> *ж* Schweiz *f*
швейца́рск|ий <-ая, -ое> *прил* Schweizer, schweizerisch; *(относя́щийся к швейца́ру)* Pförtner-, Portiers-
Шве́ци|я <-и> *ж* Schweden *nt*
шве|я́ <-и́> *ж* Näherin *f*
швыря́|ть <-ю, -ешь> *нсв,* **швырну́ть** *св прх* schmeißen, werfen; ~ **де́ньги** mit Geld um sich werfen
швыря́|ться <-юсь, -ешься> *нсв рефл и перен, разг* werfen, schmeißen; ~ **камня́ми** mit Steinen werfen
шевеле́ни|е <-я> *ср* Bewegung *f,* Regung *f,* Rührung *f;* ~ **па́льцев** Fingerbewegung *f;* **ти́хое ~** leise Rührung *f*
шевел|и́ть <-ю́, -и́шь> *нсв,* **шевельну́ть, пошевели́ть** *св нпрх* bewegen, rühren; ~ **губа́ми** die Lippen bewegen; **и па́льцем не шевельну́ть** keinen Finger rühren
шевел|и́ться <-ю́сь, -и́шься> *нсв,* **шевельну́ться, пошевели́ться** *св рефл и перен, разг* sich bewegen, sich rühren
шевельн|у́ть <-у́, -ёшь> *св нпрх см.* **шевели́ть**
шевельн|у́ться <-у́сь, -ёшься> *св рефл см.* **шевели́ться**
шевелю́р|а <-ы> *ж* Haar *nt,* Haarschopf *m;* **ры́жая ~** roter Haarschopf
шеде́вр <-а> *м книжн* Meisterstück *nt,* Meisterwerk *nt*
шезло́нг <-а> *м* Chaiselongue *f,* Liege *f*
ше́йк|а <-и> *ж* Hals *m;* ~ **ма́тки** АНАТ Gebärmutterhals *m*
ше́йн|ый <-ая, -ое> *прил* Hals-; ~ **перело́м** Halsbruch *m;* **ше́йные позвонки́** Halswirbel *pl*
шейх <-а> *м* Scheich *m*
шекспи́ровск|ий <-ая, -ое> *прил* Shakespeare-; ~ **теа́тр** Shakespearetheater *nt;* **шекспи́ровская пье́са** Shakespearestück *nt*
ше́лест <-а> *м* Rauschen *nt,* Rascheln *nt,* Geraschel *nt;* ~ **ли́стьев** Blätterrascheln *nt*
шелест|е́ть <-и́шь> *то́лько 2 и 3 л нсв нпрх* rauschen, säuseln
шёлк <шёлка> *м* Seide *f;* **иску́сственный ~** Kunstseide *f,* Viskose *f*
шелкови́ст|ый <-ая, -ое; -, -а, -о> *прил* seidig; **шелкови́стые во́лосы** seidiges Haar *nt*
шелкови́ц|а <-ы> *ж* бот (weißer) Maulbeerbaum *m*
шёлков|ый <-ая, -ое> *прил* seiden; *(напомина́ющий шёлк)* seidenweich; **шёлковое пла́тье** Seidenkleid *nt;* **как ~** *перен* gehorsam
шелкопря́д <-а> *м* зоол Seidenspinner *m*
шелла́к <-а> *м* Schellack *m;* **неочи́щенный ~** roher Schellack
шелохн|у́ться <-у́сь, -ёшься> *св рефл* sich rühren, sich regen
шелуди́в|ый <-ая, -ое; -, -а, -о> *прил* grindig, räudig
шелух|а́ <-и> *ж* Schale *f,* Pelle *f;* *(бобо́вых)* Hülse *f;* **снима́ть шелуху́** (ab)pellen
шелуше́ни|е <-я> *ср* **1.** мед Abschuppung

f **2.** *(горо́ха)* Enthülsung *f*
шелуш|и́ться <-у́шь, -и́шься> *нсв рефл* sich (ab)schälen
ше́льм|а <-ы> *м и ж* **1.** *разг (прока́зник)* Schelm *m,* Schalk *m* **2.** *(обма́нщик)* Gauner(in) *m(f),* Betrüger(in) *m(f)*
шепеля́в|ить <-лю, -ишь> *нсв нпрх* lispeln
шёпот <-а> *м* Flüstern *nt,* Geflüster *nt;* **гро́мкий ~** lautes Geflüster *nt*
шепн|у́ть <-у́, -ёшь> *св прх см.* **шепта́ть**
шёпотом *нрч* im Flüsterton; **говори́ть ~** im Flüsterton sprechen
шептала́ <-ы́> *ж (сушёные пе́рсики)* getrocknete Aprikosen *fpl/*Pfirsiche *mpl*
шепта́ть <шепчу́, ше́пчешь> *нсв,* **шепну́ть, прошепта́ть** *св нпрх* flüstern; **шепну́ть на у́хо** ins Ohr flüstern
шепта́ться <шепчу́сь, ше́пчешься> *нсв рефл* flüstern, tuscheln; **~ с сосе́дкой** mit der Nachbarin tuscheln
шере́нг|а <-и> *ж* Reihe *f,* Glied *nt;* **постро́иться в две шере́нги** sich in zwei Reihen aufstellen
шери́ф <-а> *м* Sheriff *m;* **значо́к шери́фа** Sheriffstern *m*
шерохова́т|ый <-ая, -ое; -, -а, -о> *прил* **1.** *(неро́вный)* uneben; *(шерша́вый)* rau **2.** *(стиль)* holprig
шерсть <ше́рсти> *ж* **1.** *(живо́тных)* Fell *nt* **2.** *(для пря́жи)* Wolle *f; (для вяза́ния)* Wollgarn *nt* **3.** *(ткань)* Wollstoff *m*
шерстян|о́й <-а́я, -о́е> *прил* Woll-; **~ сви́тер** Wollpullover *m*
шерша́в|ый <-ая, -ое; -, -а, -о> *прил* rau; **шерша́вая ко́жа** raue Haut *f*
ше́рш|ень <-ня> *м* ЗООЛ Hornisse *f*
шест <шеста́> *м* Stange *f;* **прыжо́к с шесто́м** Stabhochsprung *m*
ше́стви|е <-я> *ср* Zug *m,* Prozession *f;* **пра́здничное ~** festlicher Zug *m*
ше́ств|овать <-ую, -уешь> *нсв нпрх* schreiten, stolzieren; **~ по у́лицам го́рода** auf den Straßen der Stadt schreiten
шестерёнк|а <-и> *ж* ТЕХ Zahnrad *nt*
шестёрк|а <-и> *ж* Sechs *f;* **~ лошаде́й** Sechsgespann *nt;* **четы́ре шестёрки в одно́й коло́де** vier Sechser in einem Kartenspiel
шестерн|я́ <-и́> *ж* Zahnrad *nt*
ше́стер|о <-ых> *числ колич.* sechs; **в ко́мнате ~ челове́к** es sind sechs Leute im Zimmer
шестигра́нник <-а> *м* МАТ Sechsflach *nt*
шестидеся́т|ый <-ая, -ое> *числ порядк.* der sechzigste; **~ но́мер авто́буса** Bus Nummer Sechzig; **~ год** das Jahr sechzig
шестикра́тн|ый <-ая, -ое> *прил* sechsfach
шестиле́тн|ий <-яя, -ее> *прил* sechsjährig
шестипа́л|ый <-ая, -ое> *прил* sechsfing(e)rig
шестнадцатери́чн|ый <-ая, -ое> *прил* Hexadezimal-; **~ код** Hexadezimalcode *m;* **шестнадцатери́чное число́** Hexadezimalzahl *f*
шестна́дцат|ый <-ая, -ое> *числ порядк.* sechszehnte(r, s)
шестна́дца|ть <-ти> *числ колич.* sechzehn
шестисо́т|ый <-ая, -ое> *числ порядк.* sechshundertste(r, s)
шест|о́й <-ая, -ое> *числ порядк.* sechste(r, s); **шеста́я часть** Sechstel *nt*
шест|о́к <-ка́> *м* Herd *m;* **поста́вить корча́гу на ~** den Tontopf auf den Herd setzen
шесть <шести́> *числ колич.* sechs; **~ раз** sechsmal
шестьдеся́т <шести́десяти> *числ колич.* sechzig
шестьсо́т <шестисо́т> *числит. колич. род числ* sechshundert
шестью́ *нрч* sechsmal; **~ шесть – три́дцать шесть** sechs mal sechs ist sechsunddreißig
шеф <ше́фа> *м* Chef *m;* **~-по́вар** Chefkoch *m*
ше́фств|о <-а> *ср* Patenschaft *f;* **взять ~ над кем-л.** die Patenschaft über jdn übernehmen
ше́фств|овать <-ую, -уешь> *нсв,* **проше́фствовать** *св нпрх* die Patenschaft haben
ше́|я <-и> *ж* Hals *m,* Nacken *m;* **ве́шаться кому́-л. на ше́ю** sich jdm an den Hals werfen; **слома́ть себе́ ше́ю** sich den Hals brechen
ши́ворот <-а> *м разг* Kragen *m;* **снег насы́пался за ~** der Schnee fiel in den Kragen; **взять/схвати́ть за ~ кого́-л.** jdn am Kragen packen; **~-навы́ворот** umgekehrt; **всё получи́лось ~-навы́ворот** alles lief andersrum
шизофре́ник <-а> *м* Schizophrene(r) *m o f*
шизофрени́ческ|ий <-ая, -ое> *прил* schizophren
шизофрени́|я <-и> *ж* Schizophrenie *f*
шик <ши́ка> *м разг* Schick *m,* Eleganz *f;* **с ши́ком** mit Eleganz
шика́рно *нрч* schick, fein, elegant; **~ оде́тый мужчи́на** elegant angezogener Mann *m*
шика́р|ный <-ная, -ное; -ен, -на, -но> *прил* schick; *(чуде́сный)* prima, ausgezeichnet; **~ оте́ль** schickes Hotel *nt*
ши́к|ать <-аю, -аешь> *нсв,* **ши́кнуть** *св нпрх* zischen; *(осви́стывать)* auspfeifen
ши́ллинг <-а> *м* ФИН Schilling *m*
ши́л|о <-а> *ср* Ahle *f,* Pfriem *m;* **ма́ленькое ~** kleine Ahle; **ши́ла в мешке́ не утаи́шь** *посло́вица* die Sonne bringt es an den Tag
шимпанзе́ <неизм> *ср* ЗООЛ Schimpanse *m*
ши́н|а <-ы> *ж* Reifen *m;* МЕД Schiene *f*
шине́|ль <-ли> *ж* Mantel *m,* Uniformmantel *m;* **офице́рская ~** Offiziersmantel *m*
шинк|ова́ть <-у́ю, -у́ешь> *нсв,* **нашинкова́ть** *св прх* schneiden
шиньо́н <-а> *м* Haarteil *nt*
шип <шипа́> *м* **1.** БОТ Dorn *m,* Stachel *f* **2.** ТЕХ Dorn *m,* Zapfen *m*

Ш

шипе́ни|е <-я> *ср* Zischen *nt,* Gezische *nt;* **гро́мкое ~** lautes Gezische *nt*

шип|е́ть <-лю́, -и́шь> *нсв,* **прошипе́ть** *св нпрх* zischen; *(ма́сло)* brutzeln; *(ко́шка)* fauchen

шипо́в|ки <-ок> *мн* СПОРТ Spikes *pl*

шипо́вник <-а> *м* БОТ **1.** *(плод)* Hagebutte *f* **2.** *(куст)* Hagebuttenstrauch *m*

шипу́ч|ий <-ая, -ее> *прил* schäumend, brausend; *(шипя́щий)* zischend; **шипу́чее вино́** Schaumwein *m;* **шипу́чие табле́тки** Brausetabletten *fpl*

шипу́чк|а <-и> *ж разг* Brauselimonade *f*

шипя́щ|ий <-ая, -ее> *прил* zischend, Zisch-; **шипя́щее шампа́нское** zischender Sekt *m*

ширин|а́ <-ы́> *ж* Breite *f;* **~ диапазо́на** Bandbreite *f*

шири́нк|а <-и> *ж* Breite *f,* Weite *f*

ши́р|иться <-юсь, -ишься> *нсв рефл* sich verbreiten, sich ausbreiten; **ши́рится междунаро́дное движе́ние за мир** die internationale Friedensbewegung breitet sich aus

ши́рм|а <-ы> *ж* Schirmwand *m;* **односекцио́нная ~** einflügelige spanische Wand *f*

широ́к|ий <-ая, -ое; -, -а́, -о́ *или* -о> *прил* breit, weit; **в широ́ком смы́сле сло́ва** im weitesten Sinne des Wortes; **широ́кая нату́ра** großzügiger Mensch *m*

широко́ *нрч* breit, weit; **~ шага́я по у́лице** mit großen Schritten über die Straße gehen

широкомасшта́бн|ый <-ая, -ое> *прил* im großen Maßstab; **~ прое́кт** monumentales Projekt *nt*

широкопле́ч|ий <-ая, -ее; -, -а, -е> *прил* breitschultrig

широкопо́л|ый <-ая, -ое; -, -а, -о> *прил* breitkrempig; **широкопо́лая шля́па** breitkrempiger Hut *m*

широкоэкра́нн|ый <-ая, -ое; -, -а, -о> *прил* Breitwand-

широт|а́ <-ы́> *ж* **1.** ГЕОГ Breitengrad *m* **2.** *(объём)* Breite *f;* **~ ассортиме́нта** Sortimentsbreite *f*

ширпотре́б *сокр от* **широ́кое потребле́ние** Massenware *f*

ширь <ши́ри> *ж* Weite *f;* **степна́я ~** die Weite der Steppe; **разверну́ться во всю ~** sich in voller Breite entfalten

ши́т|ый <-ая, -ое; -, -а, -о> *прил* maßgeschneidert

шить <шью, шьёшь> *нсв,* **сшить** *св прх* nähen

шить|ё <-я́> *ср* Nähen *nt,* Näherei *f;* **занима́ться шитьём** sich mit Stickerei beschäftigen

ши́фер <-а> *м* Schiefer *m*

шифонье́р <-а> *м* Wandbrett *nt;* **деревя́нный ~** hölzernes Wandbrett *nt*

шифр <ши́фра> *м* Chiffre *f*

шифрова́льщик <-а> *м* Chiffreur *m*

шифр|ова́ть <-у́ю, -у́ешь> *нсв,* **зашифрова́ть** *св прх* chiffrieren, verschlüsseln

шифро́вк|а <-и> *ж* Signierung *f;* **~ телегра́ммы** Telegrammverschlüsselung *f*

шиш <шиша́> *м прост* **1.** *см.* **ку́киш показа́ть ~** den Stinkefinger zeigen **2.** *разг* **у меня́ ни шиша́** ich habe rein gar nichts

ши́шк|а <-и> *ж* **1.** *(на лбу)* Beule *f* **2.** БОТ Zapfen *m;* **ело́вая ~** Tannenzapfen *m* **3.** *перен (ва́жная персо́на)* wichtige Persönlichkeit *f*

шка́л|а <-ы> *ж* Skala *f*

шка́лик <-а> *м* Schnapsgläschen *nt;* **поста́вить ~ кому́-л.** jdm ein Gläschen Schnaps hinstellen

шкату́лк|а <-и> *ж* Schatulle *f,* Kästchen *nt*

шкаф <шка́фа> *м* Schrank *m;* **~ для докуме́нтов** Aktenschrank *m;* **ку́хонный ~** Küchenschrank *m;* **несгора́емый ~** Panzerschrank *m;* **платяно́й ~** Kleiderschrank *m;* **стенно́й ~** Wandschrank *m*

шквал <шква́ла> *м* (Wind)Böe *f*

шква́лист|ый <-ая, -ое; -, -а, -о> *прил* böig; **~ ве́тер** Bö *f,* Windstoß *m*

шква́р|ки <-ок> *мн* Schwarten *pl*

шки́пер <-а> *м* Schiffskapitän *m;* **унифо́рма шки́пера** Uniform *f* des Schiffskapitäns

шко́л|а <-ы> *ж* Schule *f;* **~ автоде́ла** Fahrschule *f;* **~ гости́ничного би́знеса** Hotelfachschule *f;* **~ та́нцев** Tanzschule *f;* **нача́льная ~** Grundschule *f;* **сре́дняя ~** Mittelschule *f;* **учи́ться в шко́ле** zur Schule gehen

шко́л|ить <-ю, -ишь> *нсв,* **вы́школить** *св прх* schulen

шко́льник <-а> *м,* **шко́льниц|а** <-ы> *ж* Schüler(in) *m(f)*

шко́льн|ый <-ая, -ое> *прил* Schul-; **шко́льного во́зраста** schulpflichtig; **~ учи́тель** Schullehrer *m*

i Land & Leute

Das Klingelzeichen in der Schule, das in Russland den Beginn und das Ende jeder Unterrichtsstunde markiert, ist zum Symbol der Schuljahre geworden.
So gibt es in jedem Schuljahr ein „Fest des ersten Klingelzeichens" für die Schulanfänger, das am 1. September stattfindet, und ein „Fest des letzten Klingelzeichens" für die Schulabgänger, das nach dem Abitur im Juni erfolgt.
Zu den beiden Festen gehört eine feierlich gekleidete Schulanfängerin mit üppigen Schleifen auf dem Kopf, die mi einer erhobenen Glocke in der Hand vor den Teilnehmern laufend und klingelnd eine Runde macht.

школя́рств|о <-а> *ср* pedantisches Verhalten *nt*

шку́р|а <-ы> *ж* Fell *nt;* **испыта́ть на соб-**

ственной шкуре am eigenen Leibe erfahren; **сдира́ть шку́ру** das Fell abziehen

шку́рк|а <-и> *ж* **1.** *(мех)* Fell *nt* **2.** ТЕХ Schmirgelpapier *nt*

шлагба́ум <-а> *м* Schlagbaum *m*

шлак <шла́ка> *м* Schlacke *f;* **выводи́ть шла́ки (из органи́зма)** МЕД entschlacken

шлакобло́к <-а> *м* Schlackenbetonblock *m,* Schlackenstein *m;* **произво́дство шлакобло́ков** Schlackensteinherstellung *f*

шланг <шла́нга> *м* Schlauch *m*

Шлезвиг-Гольште́йн <-а> *м* Schleswig-Holstein *nt*

шле́йф <-а> *м* Schleppe *f*

шлем <шле́ма> *м* Helm *m;* **стально́й ~** Stahlhelm *m*

шлемофо́н <-а> *м* АВИА Kopfhaube *f;* **~ лётчика** Fliegerhaube *f*

шлёпан|ец <-ца> *м* Pantoffel *m,* Latschen *m;* **удо́бные шлёпанцы** bequeme Latschen

шлёпа|ть <-ю, -ешь> *нсв,* **шлёпнуть** *св (н)прх* klatschen; **~ по руке́** in die Hand klatschen; **~ туфля́ми** mit den Schuhen schlürfen; **~ по гря́зи** durch den Schmutz waten

шлёпа|ться <-юсь, -ешься> *нсв,* **шлёпнуться** *св рефл разг* hinplumpsen; **~ в грязь** in den Schlamm plumpsen

шлёпн|уть <-у, -ешь> *св (н)прх см.* **шлёпать**

шлёпн|уться <-усь, -ешься> *св рефл см.* **шлёпаться**

шлеп|о́к <-ка́> *м* Klaps *m*

шле|я́ <-и́> *ж* Geschirrriemen *m*

шлифова́льн|ый <-ая, -ое> *прил* Schleif-

шлифова́ни|е <-я> *ср* Schliff *m*

шлиф|ова́ть <-у́ю, -у́ешь> *нсв прх* schleifen; *перен* feilen an *+dat*

шлифо́вк|а <-и> *ж* Schleifen *nt,* Feilen *nt;* **ла́зерная ~** Laserschleifen *nt*

шлюз <шлю́за> *м* Schleuse *f;* ИНФОРМ Gateway *nt*

шлюз|ова́ть <-у́ю, -у́ешь> *(н)св прх* schleusen

шлю́пк|а <-и> *ж* Boot *nt;* **гребна́я ~** Ruderboot *nt;* **спаса́тельная ~** Rettungsboot *nt*

шлю́х|а <-и> *ж презрит* Hure *f,* Nutte *f*

шля́гер <-а> *м* Schlager *m,* Hit *m*

шля́п|а <-ы> *ж* **1.** *(ша́пка)* Hut *m;* **мя́гкая ~** Filzhut *m* **2.** *перен* Versager *m,* Schlappschwanz *m*

шля́пк|а <-и> *ж* **1.** *(да́мская)* Damenhut *m* **2.** *(гвоздя́)* Nagelkopf *m* **3.** *(гриба́)* Schirm *m*

шля́|ться <-юсь, -ешься> *нсв рефл* schlendern, sich herumtreiben; **~ по двору́** sich auf dem Hof herumtreiben; **~ без де́ла** den Tag vergeuden

шля́хт|а <-ы> *ж* Schlachta *f*

шмель <шмеля́> *м* Hummel *f*

шмо́т|ки <-ок> *мн разг* Klamotten *pl*

шмы́га|ть <-ю, -ешь> *нсв,* **шмыгну́ть** *св нпрх* **1.** *(проскочи́ть бы́стро)* huschen **2.** *(но́сом)* schnüffeln

шмя́кн|уться <-усь, -ешься> *св рефл* klatschen; **~ на пол** auf den Boden klatschen

шнапс <шна́пса> *м* Schnaps *m*

шни́це|ль <-ля> *м* Schnitzel *nt*

шнур <шнура́> *м* Schnur *f;* **дли́нный ~** lange Schnur *f*

шнур|ова́ть <-у́ю, -у́ешь> *нсв,* **зашнурова́ть** *св прх* schnüren *f*

шнур|ова́ться <-у́юсь, -у́ешься> *нсв,* **зашнурова́ться** *св рефл* sich schnüren

шнуро́вк|а <-и> *ж* Verschnürung *f*

шнур|о́к <-ка́> *м* Schnur *f;* **шнурки́ для боти́нок** Schnürsenkel *pl;* **завяза́ть ~** den Schnürsenkel binden

шныря́|ть <-ю, -ешь> *нсв нпрх разг* hin- und herlaufen

шов <шва> *м* Naht *f;* СТР Fuge *f;* **ру́ки по швам!** stillgestanden!

шовини́зм <-а> *м* Chauvinismus *m*

шовини́ст <-а> *м* Chauvinist *m*

шовинисти́ческ|ий <-ая, -ое> *прил,* **шовини́стск|ий** <-ая, -ое> *прил* chauvinistisch

шок <шо́ка> *м и перен* Schock *m*

шоки́р|овать <-ую, -уешь> *нсв прх* schockieren

шо́ков|ый <-ая, -ое> *прил* schockartig, Schock-; **шо́ковая терапи́я** *и перен* Schocktherapie *f*

шокола́д <-а> *м* Schokolade *f;* **моло́чный ~** Milchschokolade *f*

шокола́дн|ый <-ая, -ое> *прил* Schokoladen-; **~ вкус** Schokoladengeschmack *m;* **шокола́дная конфе́та** Praline *f*

шо́мпол <-а> *м* ВОЕН Wischstock *m;* ИСТ Ladestock *m*

шо́рник <-а> *м* Sattler *m*

шо́рох <-а> *м* Geräusch *nt*

шо́рт|ы <- *или* -ов> *мн* Shorts *pl,* kurze Hosen *pl*

шо́р|ы <-> *мн* Scheuklappen *pl*

шоссе́ <неизм> *ср* Landstraße *f*

шоссе́йн|ый <-ая, -ое> *прил* Chaussee-; **~ путь** Chaussee *f,* Landstraße *f*

шотла́нд|ец <-ца> *м,* **шотла́ндк|а** <-и> *ж* Schotte *m,* Schottin *f*

Шотла́нди|я <-и> *ж* Schottland *nt*

шотла́ндск|ий <-ая, -ое> *прил* schottisch

шо́у <неизм> *ср* Show *f*

шоуби́знес <-а> *м* Showbusiness *nt*

шофёр <-а> *м* Kraftfahrer *m,* Chauffeur *m,* Fahrer *m;* **~ такси́** Taxifahrer *m*

шофёрск|ий <-ая, -ое> *прил* Fahrer-; **шофёрские бу́дни** Kraftfahreralltag *m*

шпа́г|а <-и> *ж* Degen *m;* **обнажи́ть шпа́ги** die Degen ziehen

шпага́т <-а> *м* **1.** *(бечёвка)* Bindfaden *m* **2.** СПОРТ Spagat *nt*

шпакл|евáть <-ю́ю, -ю́ешь> *нсв прх* spachteln
шпаклёвк|а <-и> *ж (веществó)* Spachtel *m*
шпáл|а <-ы> *ж* Schwelle *f,* Eisenbahnschwelle *f;* **деревя́нные шпáлы** Holzschwellen *pl*
шпан|á <-ы́> *ж собир, прост* Pack *nt,* Gesindel *nt;* **у́личная ~** Straßengesindel *nt*
шпаргáлк|а <-и> *ж* Spickzettel *m;* **сдéлать шпаргáлку** einen Spickzettel vorbereiten
шпáр|ить <-ю, -ишь> *нсв прх разг* (ab)brühen; *(говори́ть без останóвки)* ununterbrochen sprechen
шпиг|овáть <-у́ю, -у́ешь> *нсв,* **нашпиговáть** *св прх* spicken
шпик <шпи́ка> *м* **1.** *(сáло)* Speck *m,* Schweinespeck *m;* **кусóчки шпи́ка** Speckstückchen *pl* **2.** *(сы́щик)* Spitzel *m*
шпиль <шпи́ля> *м* **1.** *(остриё)* Spitze *f* **2.** МОР Spill *nt;* **швартóвный ~** Verholspill *nt*
шпи́льк|а <-и> *ж* **1.** *(для волóс)* Haarnadel *f;* **роговáя ~** Hornhaarnadel *f* **2.** *(игóлка)* Nadel *f;* **~ для шля́пы** Hutnadel *f* **3.** *(каблу́к)* Absatz *m;* **ту́фли на шпи́льках** Schuhe mit dünnen Absätzen; **подпускáть шпи́льки комý-л.** jdn sticheln, gegenüber jdm giftige Bemerkungen machen
шпинáт <-а> *м* Spinat *m*
шпиóн <-а> *м* Spion *m*
шпионáж <-а> *м* Spionage *f*
шпиóн|ить <-ю, -ишь> *нсв нпрх* spionieren; *(за кем-л.)* nachspionieren
шпиóнск|ий <-ая, -ое> *прил* Spion(en)-, Spionage-; **~ сериáл** ТВ Spionageserie *f*
шпóр|а <-ы> *ж* Sporn *m;* **дать шпóры коню́** dem Pferd die Sporen geben; **петуши́ные шпóры** Hahnensporen *pl*
шприц <шпри́ца> *м* Spritze *f*
шпрóт|ы <-> *мн* Sprotten *pl*
шрам <шрáма> *м* Narbe *f*
шрапнé|ль <-ли> *ж* ВОЕН Schrapnell *nt*
шрифт <шри́фта> *м* Schrift *f;* ИНФОРМ Schriftart *f; (тип)* Schrifttype *f;* **жи́рный ~** Fettdruck *m;* **пропорционáльный ~** Proportionalschrift *f;* **мéлким/крýпным шри́фтом** klein/groß gedruckt
штаб <штáба> *м* ВОЕН Stab *m*
штáбе|ль <-ля> *м* Stapel *m;* **уклáдывать штáбелями** aufstapeln
штаби́ст <-а> *м* Stabsoffizier *m*
штаб-кварти́р|а <-ы> *ж* **1.** ВОЕН Stabsquartier *nt,* Hauptquartier *nt* **2.** *(пáртии)* Zentrale *f,* Hauptsitz *m*
штабн|óй <-áя, -óе> *прил* Stabs-; **~ офицéр** Stabsoffizier *m*
штакéтник <-а> *м* Lattenzaun *m;* **постáвить штакéтники** einen Lattenzaun aufstellen
штамп <штáмпа> *м* **1.** АДМ Stempel *m* **2.** *перен (шаблóн)* Schablone *f; (языковóй)* Klischee *nt* **3.** ТЕХ Stanze *f*
штамп|овáть <-у́ю, -у́ешь> *нсв прх* **1.** *(докумéнты)* stempeln **2.** ТЕХ stanzen
штáнг|а <-и> *ж* Metallstange *f;* СПОРТ Hantel *f; (ворóт)* Pfosten *m,* Latte *f*
штанги́ст <-а> *м* Gewichtheber *m;* **знамени́тый ~** berühmter Gewichtheber *m*
штани́н|а <-ы> *ж разг* Hosenbein *nt*
штан|ы́ <-óв> *мн* Hose *f*
штат[1] <штáта> *м* Personal *nt,* Personalbestand *m;* **быть в штáте** fest angestellt sein; **сокращáть штáты** Personal abbauen
штат[2] <штáта> *м (администрати́вная едини́ца)* Bundesstaat *m,* Unionsstaat *m*
штати́в <-а> *м* Halter *m,* Stativ *nt*
штáтн|ый <-ая, -ое> *прил* fest angestellt; *(относя́щийся к штáтам)* Stellenplan-; **штáтная едини́ца** Planstelle *f;* **штáтная рабóта** Daueranstellung *f;* **штáтное расписáние** Stellenplan *m*
штáтск|ий[1] <-ая, -ое> *прил* zivil, Zivil-; **~ совéтник** Zivilrat *m*
штáтск|ий[2] <-ого> *м* Zivilist *m*
штéмпе|ль <-ля> *м* Stempel *m;* **почтóвый ~** Poststempel *m*
штéпсе|ль <-ля> *м* ЭЛ Stecker *m*
штиблéт|а <-ы> *ж* **лáковые штиблéты** Lackstiefel *pl*
штиль <шти́ля> *м* МОР Flaute *f*
штифт <шти́фта> *м* Stift *m*
штóльн|я <-и> *ж* ШАХТ Stollen *m*
штóпань|е <-я> *ср* Flicken *nt,* Flickerei *f; (игóлки)* Flickzeug *nt*
штóпа|ть <-ю, -ешь> *нсв прх* stopfen; **~ чулки́** Strümpfe *mpl* stopfen
штóпор <-а> *м* **1.** *(для буты́лок)* Korkenzieher *m;* **откры́ть буты́лку штóпором** eine Flasche mit dem Korkenzieher öffnen **2.** АВИА Spiralflug *m;* **входи́ть в ~** ins Trudeln geraten
штóр|а <-ы> *ж* Vorhang *m,* Rollo *nt;* **спусти́ть штóры** die Vorhänge herunterlassen
шторм <штóрма> *м* Seesturm *f*
штормóвк|а <-и> *ж* Tarnkleidung *f;* **брезéнтовая ~** Tuchbekleidung *f*
штормов|óй <-áя, -óе> *прил* Sturm-, stürmisch; **~ вéтер** Sturmwind *m;* **штормовóе предупреждéние** Sturmwarnung *f*
штраф <штрáфа> *м* Geldstrafe *f,* Bußgeld *nt;* СПОРТ Strafstoß *m;* **~ за просрóчку** Pönale *f;* **~ за просрóчку платежá** Verzugszinsen *pl*
штрафн|óй <-áя, -óе> *прил* Straf-; **штрафнáя площáдка** СПОРТ Strafraum *m;* **~ удáр** СПОРТ Strafstoß *m*
штраф|овáть <-у́ю, -у́ешь> *нсв,* **оштрафовáть** *св прх* bestrafen; **~ наруши́теля** den Verletzer bestrafen
штрейкбрéхер <-а> *м* Streikbrecher(in) *m(f)*
штрек <штрéка> *м* Strecke *f;* **трáнспортный ~** Transportstrecke *f;* **вентиляциóнный ~** Lüftungsstrecke *f*

штрих <штриха́> *м* dünner Strich *m*; *перен* Charakterzug *m*

штрих|ова́ть <-у́ю, -у́ешь> *нсв*, **заштрихова́ть** *св прх* schraffieren

штуди́р|овать <-ую, -уешь> *нсв*, **проштуди́ровать** *св прх* studieren, durcharbeiten; **~ матема́тику** Mathematik lernen

шту́к|а <-и> *ж* **1.** *(отде́льный предме́т)* Stück *nt*; **пять штук** fünf Stück **2.** *(явле́ние, вещь)* Sache *f*, Ding *nt*; **матема́тика тру́дная ~** Mathematik ist eine schwere Sache; **сра́зу ви́дно, что он за ~** man kann sofort sehen, was für ein Kerl er ist **3.** *(вы́ходка)* Streich *m*; **опя́ть взя́лся за ста́рые шту́ки** er hat wieder mit den alten Geschichten angefangen

штукату́р <-а> *м* Putzer *m*; **наня́ться штукату́ром** sich als Putzer verdingen

штукату́рк|а <-и> *ж* Putz *m*

штуко́вин|а <-ы> *ж* Ding *nt*; **стра́нная ~** seltsames Ding *nt*

штурва́л <-а> *м* МОР Steuerruder *nt*

штурм <шту́рма> *м* Sturm *m*; *(ата́ка)* Attacke *f*; **мозгово́й ~** Brainstorming *nt*; **брать шту́рмом** im Sturm nehmen

шту́рман <-а> *м* Navigationsoffizier *m*; *(в авиа́ции)* (Co)Pilot *m*; МОР Steuermann *m*

шту́рманск|ий <-ая, -ое> *прил* Navigations-, Steuermanns-; **шту́рманская унифо́рма** Steuermannsuniform *f*

штурм|ова́ть <-у́ю, -у́ешь> *нсв прх* ВОЕН erstürmen

штурмови́к <-а́> *м* Jagdbomber *m*, Kampfflugzeug *nt*; **музе́йный ~** Museumsjagdbomber *m*

штурмов|о́й <-а́я, -о́е> *прил* Sturm-, Stoß-; **штурмово́е ору́дие** Sturmgeschütz *nt*

штурмовщи́н|а <-ы> *ж презрит Arbeit unter Hochdruck, um (Plan)Rückstände aufzuarbeiten*

шту́чк|а <-и> *ж уменьш* Ding *nt*

шту́чн|ый <-ая, -ое> *прил* Einzel-; **~ това́р** Einzelware *f*

штык <штыка́> *м* Bajonett *nt*

штырь <штыря́> *м* Befestigungsdübel *m*, Bolzen *m*, Dolle *f*

шу́б|а <-ы> *ж* Pelz *m*, Pelzmantel *m*

шубе́йк|а <-и> *ж* Pelzmantel *m*

шугн|у́ть <-у́, -ёшь> *св прх прост* treten; **~ кота́** dem Kater einen Tritt versetzen

шу́лер <-а> *м* Falschspieler *m*, Betrüger *m*; **ста́рый ~** alter Betrüger

шум <шу́ма> *м* Lärm *m*; *(шо́рох)* Geräusch *nt*; **подня́ть ~** Lärm machen

шум|е́ть <-лю́, -и́шь> *нсв нпрх* lärmen, aufbrausen; *(сканда́лить)* randalieren

шуми́х|а <-и> *ж разг* Aufsehen *nt*, Rummel *m*

шумли́в|ый <-ая, -ое; -, -а, -о> *прил* laut, lebhaft; **шумли́вая вата́га** lebhafte Bande *f*

шу́мно *нрч* lärmend, geräuschvoll, laut; **~ де́лать что-л.** etw geräuschvoll machen

шу́м|ный <-ная, -ное; -ен, -на́, -но> *прил* geräuschvoll, lärmend; *(оживлённый)* voller Menschen; **шу́мная компа́ния** *разг* Rasselbande *f*

шумо́вк|а <-и> *ж* Schaumlöffel *m*; **снима́ть пе́ну шумо́вкой** den Schaum mit dem Schaumlöffel abnehmen

шумов|о́й <-а́я, -о́е> *прил* Lärm-, Geräusch-; **шумова́я характери́стика** Rauschcharakteristik *f*

шум|о́к <-ка́> *м* Lärm *m*, Geräusch *nt*

шу́рин <-а> *м* *(брат жены́)* Schwager *m*

шур|ова́ть <-у́ю, -у́ешь> *нсв (н)прх* schüren

шуру́п <-а> *м* Schraube *f*; **крестови́дный ~** Kreuzschlitzschraube *f*

шурф <шу́рфа> *м* Schurf *m*

шурша́ни|е <-я> *ср* Rascheln *nt*, Knistern *nt*, Geknister *nt*; **~ лепестко́в** Kelchblattgeknister *nt*

шурш|а́ть <-у́, -и́шь> *нсв нпрх* rascheln

шу́стро *нрч* flink, fix

шу́ст|рый <-рая, -рое; -ёр, -ра́, -ро> *прил* geschwind, fix; **~ за́яц** flinker Hase *m*

шут <шута́> *м* Narr *m*, Kasper *m*

шути́ть <шучу́, шу́тишь> *нсв*, **пошути́ть** *св нпрх* scherzen, spaßen; **~ над кем-л.** sich über jdn lustig machen; **~ здоро́вьем** auf seine Gesundheit nicht achten

шу́тк|а <-и> *ж* Scherz *m*; *(проде́лка)* Streich *m*; **с ни́м шу́тки пло́хи** mit ihm ist nicht zu spaßen; **зла́я ~** Schabernack *m*; **первоапре́льская ~** Aprilscherz *m*; **обраща́ть в шу́тку** als Scherz abtun; **сыгра́ть с кем-л. злу́ю шу́тку** jdm einen bösen Streich spielen; **шу́тки ра́ди** spaßeshalber; **шу́тки в сто́рону** Spaß beiseite

шутли́во *нрч* scherzhaft, spaßhaft; **~ заме́тить** scherzhaft bemerken

шутли́в|ый <-ая, -ое; -, -а, -о> *прил* scherzhaft

шутни́к <-а́> *м* Spaßvogel *m*, Witzbold *m*

шутовск|о́й <-а́я, -о́е> *прил* Narren-

шу́точк|а <-и> *ж уменьш* Scherz *m*, Spaß *m*, Streich *m*; **оригина́льная ~** origineller Streich

шу́точн|ый <-ая, -ое> *прил* scherzhaft, Scherz-

шутя́ *нрч* scherzend, spielend; **сказа́ть ~** im Scherz sagen

шушу́ка|ться <-юсь, -ешься> *нсв рефл разг* flüstern, tuscheln; **~ по угла́м** in den Ecken tuscheln

шху́н|а <-ы> *ж* Schoner *m*; **двухма́чтовая ~** Zweimastschoner *m*

шш, ш-ш *межд* pst!

Щщ

Щ, щ <неизм> *ср Buchstabe Щ*

щаве́лев|ый <-ая, -ое> *прил* БОТ, КУЛ Sauerampfer-; **~ лист** Sauerampferblatt *nt;* **щаве́левое пюре́** Sauerampferbrei *m;* **щаве́левые щи** Suppe *f* mit Sauerampfer; **щаве́левая кислота́** ХИМ Oxalsäure *f*

щаве́|ль <-ля́> *м без мн* БОТ (Sauer)Ampfer *m;* **суп из щаве́ля** Sauerampfersuppe *f;* **ко́нский ~** Pferdeampfer *m*

ща|ди́ть <-жу́, -ди́шь> *нсв,* **пощади́ть** *св прх* schonen, verschonen

щебёночн|ый <-ая, -ое> *прил* СТР Schotter-, Splitt-; **щебёночное покры́тие** Schotterdecke *f;* **~ балла́ст** Kiesbettung *f*

щеб|ень <-ня> *м без мн* Schotter *m;* *(ка́мни)* Kies *m*

ще́бет <-а> *м* Gezwitscher *nt*

щеб|ета́ть <-ечу́, -е́чешь> *нсв нпрх* zwitschern; *перен* plappern

щебету́нь|я <-и> *ж разг* **1.** *(о пти́цах)* Zwitschern *nt,* Gezwitscher *nt;* **ла́сточка-~** Schwalbengezwitscher *nt* **2.** *перен (о де́тях)* Plappermaul *nt*

щебнедроби́лк|а <-и> *ж* СТР Schotterzerkleiner *m*

щебнеочисти́тельн|ый <-ая, -ое> *прил* СТР Schotterreinigung(s)-; **щебнеочисти́тельная маши́на** Schotterreinigungsmaschine *f*

щебни́ст|ый <-ая, -ое> *прил* ГЕОЛ Schotter-; **щебни́стые отложе́ния** Schotteablagerungen *pl;* **щебни́стая гли́на** Schieferton *m*

щег|о́л <-ла́> *м,* **щегло́вк|а** <-и> *ж* ЗООЛ Stieglitz *m*

щеголева́т|ый <-ая, -ое; -, -а, -о> *прил* **1.** *(наря́дный)* aufgeputzt, elegant; **~ костю́м** eleganter Anzug *m* **2.** *(бра́вый)* wacker; **име́ть ~ вид** ein wackeres Aussehen haben

щёго|ль <-ля> *м,* **щеголи́х|а** <-и> *ж* **1.** ЗООЛ Stieglitz *m* **2.** *(франт)* Modenarr *m,* Modenärrin *f;* **яви́ться на ве́чер щёголем** zum Abend wie ein Modenarr erscheinen

щегольств|о́ <-а́> *ср* Putzsucht *f,* Eleganz *f;* **сде́лать для щёгольства́** aus Putzsucht etw tun

щеголя́|ть <-ю, -ешь> *нсв нпрх разг* **1.** *(мо́дно одева́ться)* sich herausputzen; **лю́бит ~ в но́вом** sich gern rausputzen **2.** *перен (выставля́ть напока́з)* prahlen, zur Schau stellen; **~ зна́ниями** mit seinem Wissen prahlen; **~ по́д руку с кем-л.** mit jdm eingehakt stolzieren

ще́дро *нрч* freigiebig, großzügig, reich; **~ напои́ть зе́млю** den Boden reichlich bewässern; **~ одаривать** freigiebig beschenken; **надели́ть ~ чем-л.** reichlich mit etw ausstatten; **~ награди́ть за слу́жбу** großzügig für den Dienst belohnen

ще́дрос|ть <-ти> *ж* Freigebigkeit *f,* Großzügigkeit *f*

ще́др|ый <-ая, -ое; -, -а́, -о> *прил* freigebig, großzügig

щек|а́ <-и́> *ж* Wange *f,* Backe *f;* **поцелова́ть в щёку** auf die Wange küssen

щека́ст|ый <-ая, -ое; -, -а, -о> *прил разг* pausbackig; **щека́стая повари́ха** pausbackige Köchin *f*

щеко́лд|а <-ы> *ж* Riegel *m;* **снять с двери́ щеко́лду** den Riegel von der Tür nehmen; **за́перто на щеко́лду** es ist verriegelt

щек|ота́ть <-очу́, -о́чешь> *нсв,* **пощекота́ть** *св прх* kitzeln; *перен* reizen; **у меня́ щеко́чет в носу́** mir kribbelt es in der Nase

щеко́тк|а <-и> *ж* Kitzel *m,* Kitzeln *nt;* **боя́ться щеко́тки** kitzelig sein

щекотли́в|ый <-ая, -ое; -, а-, о> *прил* kitzlig; *перен* heikel; **щекотли́вое положе́ние** heikle Angelegenheit *f;* **~ вопро́с** knifflige Frage *f*

щеко́тн|ый <-ая, -ое> *прил* kitzlig

щелева́ни|е <-я> *ср* АГР Schlitzen *nt;* **~ почв** Boden Fräsen *nt*

щелев|о́й <-а́я, -о́е> *прил* **1.** ТЕХ Reib-, Schlitz-; **щелева́я анте́нна** Schlitzantenne *f,* Schlitzstrahler *m* **2.** ЛИНГВ Reibe; **щелевы́е согла́сные** Reibelaute *mpl*

щели́ст|ый <-ая, -ое; -, -а, -о> *прил разг* mit Ritzen versehen; **~ пол** gerillter Boden *m*

щёлк <-а́> *м разг* Knallen *nt,* Klappern *nt,* Schnalzen *nt;* **~ автома́тов** Knattern *nt* der Maschinenpistolen; **~ ключа́** Schlüsselklirren *nt*

щёлк|а <-и> *ж* Spalt *m;* **загляну́ть в щёлку** durch den Spalt sehen; **глаза́-щёлки** Schlitzaugen *pl*

щёлкань|е <-я> *ср* Schnippen *nt;* **~ фотоаппара́та** Knipsen *nt* des Fotoapparats *nt;* **~ каблуко́в** Klappern *nt* der Absätze; **~ выключа́теля** Schalterklicken *nt*

щёлка|ть <-ю, -ешь> *нсв* **I.** *прх (оре́хи)* knacken **II.** *нпрх* knacken; *(кнут)* knallen; **~ языко́м** mit der Zunge schnalzen; **~ зуба́ми** mit den Zähnen klappern; **~ па́льцами** mit den Fingern schnippen; **~ оре́хи** Nüsse knacken

щелку́нчик <-а> *м* Nussknacker *m*

щёлок <-а> *м* ХИМ Lauge *f*

щелочераствори́м|ый <-ая, -ое> *прил* МЕД alkalilöslich

щелочн|о́й <-а́я, -о́е> *прил* **1.** ХИМ Alkali-; **щелочны́е мета́ллы** Alkalimetalle *pl;* **~ раство́р** Lauge *f* **2.** ТЕХ *(~ аккумуля́тор)* Alkaliakku(mulator) *m,* alkalische Zelle *f* **3.** ГЕОЛ Lose-; **щелочны́е го́рные поро́ды** Alkaligesteine *pl*

щёлочнос|ть <-ти> *ж* ХИМ Alkalität *f;* **~ почв** Bodenalkalitat *f;* **~ среды́** Basengehalt *nt* der Umgebung

щёло|чь <-чи> *ж* Alkali *nt*

щелч|о́к <-ка́> *м (уда́р)* Stüber *m; (звук)* Knall *m;* **~ мы́ши** ИНФОРМ Mausklick *m*

щель <ще́ли> *ж* Schlitz *m,* Spalt *m,* Ritze *f;* **смотрова́я ~** Sehschlitz *m*

щем|и́ть <-лю́, -и́шь> *нсв прх* **1.** *(сжима́ть)* drücken; **~ под ло́жечкой** mir drückt es in der Magengrube; **щеми́т в боку́** ich habe Seitenstechen **2.** *(боле́ть, ныть)* weh tun; **щеми́т се́рдце** [*или* **ду́шу**] mir ist schwer ums Herz

щемя́щ|ий <-ая, -ее> *прил* **1.** *(но́ющий)* drückend; **щемя́щая боль** drückender Schmerz *m* **2.** *перен (мучи́тельный)* schmerzhaft; **щемя́щая потре́бность** dringendes Bedürfnis *nt;* **щемя́щее чу́вство** schmerzhaftes Gefühl *nt*

щен|и́ться <-ю́сь, -и́шься> *нсв,* **ощени́ться** *св рефл* Junge werfen

щен|о́к <-ка́> *м* **1.** *(детёныш)* Hündchen *nt,* Welpe *m* **2.** *вульг (молокосо́с)* Grünschnabel *m*

щеп|а́ <-ы́> *ж* Span *m;* **разби́ть в ще́пы** zu Spänen machen

щепа́льн|ый <-ая, -ое> *прил* Späne-; **~ стано́к** Zerspannungsmaschine *f*

щепа́ть <щеплю́, ще́плешь> *нсв прх* spanen

щепети́льнос|ть <-ти> *ж то́лько ед* Pingeligkeit *f;* **~ в фина́нсовых вопро́сах** Pingeligkeit in finanziellen Fragen; **уче́сть ~ положе́ния** das Delikate *nt* der Lage in Betracht ziehen; **проявля́ть ~ во всём** in allem peinlich genau sein

щепети́|льный <-льная, -льное; -лен, -льна, -льно> *прил* heikel, delikat; *(педанти́чный)* pedantisch

ще́пк|а <-и> *ж* Kleinholz *nt*

щепо́тк|а <-и> *ж (таба́ку, со́ли)* Prise *f*

щепо́|ть <-ти>, **ще́по|ть** <-ти> *ж* Prise *f;* **сложи́ть па́льцы в ~** die Fingerspitzen zusammendrücken; **моли́ться щепо́тью** sich beim Beten bekreuzigen; **~ со́ды** eine Prise Soda

щерба́т|ый <-ая, -ое; -, -а, -о> *прил* **1.** *(неро́вный, шерохова́тый)* uneben; **~ пол** unebener Boden *m;* **щерба́тые зу́бы** lückenhafte Zähne *mpl* **2.** *(рябо́й)* pockennarbig; **щерба́тое лицо́** pockennarbiges Gesicht *nt*

щерби́н|а <-ы> *ж* Scharte *f*

щє́р|ить <-ю, -ишь> *нсв прх разг* **~ зу́бы** *(ска́лить)* die Zähne fletschen

щети́н|а <-ы> *ж* Borsten *pl*

щети́нист|ый <-ая, -ое; -, -а, -о> *прил* borstig; **щети́нистая борода́** borstiger Bart *m;* **щети́нистые во́лосы** stopplige Haare *ntpl*

щети́н|иться <-юсь, -ишься> *нсв,* **ощети́ниться** *св рефл* sich sträuben

щети́нн|ый <-ая, -ое> *прил* Borste(n)-; **щети́нные ки́сти** Borstenpinsel *mpl*

щётк|а <-и> *ж* Bürste *f;* **~ для воло́с** Haarbürste *f;* **зубна́я ~** Zahnbürste *f*

щёточн|ый <-ая, -ое> *прил* Bürsten-; **~ аппара́т** Bürstenapparat *m;* **щёточное произво́дство** Bürstenproduktion *f;* **щёточная коло́дка** Bürstenklotz *m*

щёчн|ый <-ая, -ое> *прил* АНАТ Backen-, Wangen-; **щёчные мы́шцы** Wangenmuskel *m;* **~ нерв** Backennerv *m*

щи <щей> *мн* Kohlsuppe *f;* **све́жие ~** frische Kohlsuppe *f;* **~ из ква́шеной капу́сты** Sauerkohlsuppe *f;* **отве́дать све́жих щей** frisch gekochte Kohlsuppe kosten

i Land & Leute

In vielen russischen Familien dienen Breie aus verschiedenem Getreide – etwa aus Grieß, Hirse oder Gerste –, oft gekocht mit Milch und immer serviert mit reichlich Butter, von jeher als unentbehrliche Kost. Da ein solches Gericht viele wertvolle Mineralstoffe und Kohlenhydrate enthält, gibt es ihn vor allem als Frühstück – nicht selten auch mit etwas Zucker oder Konfitüre. Zu der russischen „Hausmannskost" gehört traditionell außerdem eine deftige frische Kohlsuppe oder Sauerkohlsuppe mit oder ohne Fleisch und mit einem Klecks von Schmant. **„Schtschi und Brei** ist unsere tägliche Nahrung", pflegten schon Bauern im alten Russland sprichwörtlich zu sagen.

щи́колотк|а <-и> *ж* Knöchel *m;* **утопа́ть по щи́колотку в снегу́** knöcheltief im Schnee stecken; **доходи́ть до щи́колотки** bis zum Knöchel reichen

щипа́ть <щиплю́, щи́плешь> *нсв,* **ущипну́ть** *св прх* kneifen, zwicken; *(моро́з)* beißen, brennen; *(траву́)* rupfen

щип|е́ц <-ца́> *м* СТР Fronton *nt,* Giebel *nt*

щипко́в|ый <-ая, -ое> *прил* МУЗ Zupf-; **щипко́вые стру́нные инструме́нты** Zupfinstrumente *pl*

щипко́м *нрч* МУЗ Zupf-

щипц|ы́ <-о́в> *мн* Zange *f;* **~ для са́хара** Zuckerzange *f;* **~ для оре́хов** Nussknacker *m;* МЕД Geburtszange *f*

щи́пчик|и <-ов> *мн* kleine Zange *f*

щит <щита́> *м* Schild *m;* *(на ге́рбе)* Wappenschild *m;* *(доска́)* Brett *nt,* Tafel *f;* *(у черепа́хи)* Panzer *m;* **рекла́мный ~** Werbeschild *nt;* **распредели́тельный ~** ЭЛ

Щ

Schaltbrett *nt*

щитови́дн|ый <-ая, -ое> *прил* **щитови́дная железа́** Schilddrüse *f*

щит|о́к <-ка́> *м* Schild *m;* *(у насеко́мых)* Brustschild *m;* БОТ Doldentraube *f*

щитоно́с|ец <-ца> *м* ИСТОР Schildträger *m,* Panzerträger *m*

щитообра́з|ный <-ная, -ное; -ен, -на, -но> *прил* panzerähnlich

щу́к|а <-и> *ж* Hecht *m*

щуп <щу́па> *м* Sonde *f;* ТЕХ Sensor *m,* Fühler *m,* Taster *m*

щу́пальц|е <-а> *ср* Fühler *m*

щу́па|ть <-ю, -ешь> *нсв,* **пощу́пать** *св прх* befühlen, betasten; **~ пульс** den Puls fühlen

щу́пл|ый <-ая, -ое; -, -а́, -о> *прил* **1.** *(сла́бый, худо́й)* schmächtig, mager; **~ на вид** mageres Aussehen *nt;* **щу́плое те́льце** schmächtiger Körper *m* **2.** АГР *(дря́блый)* welk; **щу́плое зерно́** schlaffes Korn *nt;* **щу́плые семена́** welke Samen *mpl*

щур <щура́> *м* ЗООЛ Kernbeißer *m*

щу́р|ить <-ю, -ишь> *нсв,* **сощу́рить** *св прх* *(глаза́)* blinzeln

щу́риться <-юсь, -шься> *нсв,* **сощу́риться** *св рефл* blinzeln; **~ от со́лнца** wegen der Sonne blinzeln; **близору́ко ~** kurzsichtig die Augen zusammenkneifen

щу́ч|ий <-ья, -ье> *прил* Hecht-; **щу́чьи зу́бы** Hechtzähne *pl;* **лови́ть на щу́чью блесну́** mit Hechtblinker angeln

Ъъ

Ъ, ъ <неизм> *ср* *hartes Zeichen*

Ыы

Ы, ы <неизм> *ср* *Buchstabe Ы*

Ьь

Ь, ь <неизм> *ср* *weiches Zeichen*

Э э

Э, э <неизм> *ср Buchstabe Э*

эбе́нов|ый <-ая, -ое> *прил* БОТ Ebenholz; **эбе́новое де́рево** Ebenholz *nt*

эбони́т <-а> *м* ЭЛ Ebonit *nt,* Hartgummi *m*

эвакуа́ци|я <-и> *ж* Evakuation *f,* Evakuierung *f;* **~ заво́дов** Betriebsabtransport *m;* **~ населе́ния** Evakuierung der Bevölkerung; **жить в эвакуа́ции** in Evakuation leben

эвакуи́р|овать <-ую, -уешь> *(н)св прх* evakuieren, räumen

эве́нк <-а> *м,* **эвенки́йк|а** <-и> *ж* ЭТНОГР Ewenke *m,* Ewenkin *f*

эвенки́йск|ий <-ая, -ое> *прил* ЭТНОГР ewenkisch; **~ язы́к** ewenkische Sprache *f,* das Ewenkische; **~ автоно́мный о́круг** ewenkischer autonomer Bezirk *m*

эвкали́пт <-а> *м* БОТ Eukalyptus *m*

эвкали́птов|ый <-ая, -ое> *прил* БОТ Eukalyptus-; **эвкали́птовое де́рево** Eukalyptusbaum *m;* **эвкали́птовое ма́сло** Eukalyptusöl *nt*

ЭВМ *сокр от* **электро́нно-вычисли́тельная маши́на** Rechner *m,* Computer *m*

эволюцио́нн|ый <-ая, -ое> *прил* БИОЛ Evolutions-, Entwicklungs-; **~ проце́сс** Evolutionsprozess *m;* **эволюцио́нное уче́ние** Entwicklungslehre *f*

эволю́ци|я <-и> *ж* Evolution *f*

эвристи́ческ|ий <-ая, -ое> *прил* heuristisch

эвтана́зи|я <-и> *ж* МЕД Euthanasie *f,* Sterbehilfe *f*

эвфеми́зм <-а> *м* ЛИНГВ Euphemismus *m*

эвфони́|я <-и> *ж* ЛИТ Euphonie *f,* Wohlklang *m*

эге́йск|ий <-ая, -ое> *прил* ГЕОГ, ЭТНОГР ägäisch; **Эге́йское мо́ре** das Ägäische Meer, die Ägäis; **эге́йская культу́ра** ägäische Kultur *f*

эги́д|а <-ы> *ж книжн* Schirmherrschaft *f,* Leitung *f;* **под эги́дой** unter der Ägide

эгои́зм <-а> *м* Egoismus *m*

эгои́ст <-а> *м,* **эгои́стк|а** <-и> *ж* Egoist(in) *m(f)*

эгоисти́ческ|ий <-ая, -ое> *прил,* **эгоисти́чн|ый** <-ная, -ное; -ен, -на, -но> *прил* egoistisch, selbstsüchtig; **эгоисти́ческие це́ли** egoistische Ziele *pl;* **эгоисти́ческое поведе́ние** egoistisches Verhalten *nt*

эгоцентри́зм <-а> *м* Egozentrismus *m;* **кра́йний ~** extremer Egozentrismus *m;* **проявля́ть ~** Egozentrismus zeigen

эгоцентри́чн|ый <-ная, -ное; -ен, -на, -но> *прил книжн* egozentrisch

эдельве́йс <-а> *м* БОТ Edelweiß *nt;* **альпи́йский ~** Alpenedelweiß *nt*

эде́м <-а> *м* РЕЛИГ Eden *nt,* Paradies *nt*

эди́кт <-а> *м* ИСТОР Edikt *nt,* Erlass *m;* **подписа́ть ~** ein Edikt unterzeichnen

эди́пов <-а, -о> *прил* МИФ, ПСИХ Ödipus-; **~ ко́мплекс** Ödipuskomplex *m*

эже́ктор <-а> *м* ТЕХ Ejektor *m;* **~ для очи́стки су́дна** Ejektor zur Bootsreinigung

эзо́пов <-а, -о> *прил* МИФ, ЛИТ äsopisch; **~ язы́к** äsopische Sprache *f*

эзоте́рик|а <-и> *ж* Esoterik *f*

эй *межд* he!

эйфори́йн|ый <-ая, -ое> *прил* euphorisch

эйфори́|я <-и> *ж* Euphorie *f,* Begeisterung *f*

ЭКА *сокр от* **Экономи́ческая коми́ссия ООН для А́фрики** ЭКОН die UNO-Wirtschaftskommission für Afrika

Эквадо́р *м* ГЕОГ Ecuador *nt*

эквадо́р|ец <-ца> *м,* **эквадо́рк|а** <-и> *ж* ЭТН Ecuadorianer(in) *m(f)*

эква́тор <-а> *м* Äquator *m;* **на эква́торе** auf dem Äquator

экваториа́л <-а> *м* АСТР Äquatorial *nt*

экваториа́льн|ый <-ая, -ое> *прил* ГЕОГ, АСТР äquatorial, Äquatorial-; **Экваториа́льная Гвине́я** Äquatorialguinea *nt;* **~ кли́мат** äquatoriales Klima *nt;* **экваториа́льные стра́ны** Äquatorländer *pl;* **экваториа́льные тече́ния** äquatoriale Strömungen *pl;* **~ по́яс** Äquatorialzone *f*

эквивале́нт <-а> *м* Äquivalent *nt,* Entsprechung *f,* Gegenwert *m*

эквивале́нтн|ый <-ная, -ное; -ен, -на, -но> *прил* äquivalent, gleichwertig; **эквивале́нтные уравне́ния** äquivalente Gleichungen *fpl*

эквилибри́ст <-а> *м,* **эквилибри́стк|а** <-и> *ж* ТЕАТ Äquilibrist(in) *m(f)*

эквилибри́стик|а <-и> *ж* ТЕАТ Äquilibristik *f;* **~ на про́волоке** Drahtseiltanz *m*

экзальта́ци|я <-и> *ж* ПСИХ Exaltation *f,* Überspanntheit *f;* **находи́ться в экзальта́ции** sich in Exaltation befinden; **боле́зненная ~** krankhafte Überspanntheit *f*

экзальти́рован|ный <-ная, -ное; -ан, -нар -но> *прил* exaltiert, verzückt

экза́мен <-а> *м* Prüfung *f,* Examen *nt; перен* Prüfung *f,* Probe *f;* **~ по вожде́нию** Fahrprüfung *f;* **вступи́тельный** [*или* **приёмный**] ~ Aufnahmeprüfung *f;* **выпускно́й ~** Abschlussprüfung *f;* **госуда́рственный ~** Staatsexamen *nt;* **сдава́ть ~** eine Prüfung ablegen

экзамена́тор <-а> *м* Prüfer *m;* **стро́гий ~** strenger Prüfer *m*

экзаменацио́нн|ый <-ая, -ое> *прил* Examens-, Prüfungs-; **экзаменацио́нная коми́ссия** Prüfungskommission *f;* **экзаменацио́нная се́ссия** Prüfungsperiode *f*

экзамен|ова́ть <-у́ю, -у́ешь> *нсв,* **про-экзаменова́ть** *св прх* prüfen; **~ студе́нтов** die Studenten prüfen
экзамену́ющ|ийся <-егося> *м* Prüfling *m*
экза́рх <-а> *м* ИСТОР, РЕЛИГ Exarch *m*
экзеквату́р|а <-ы> *ж* ЮР Exequatur *f*
экзеку́тор <-а> *м* ИСТОР Urteilsvollstrecker *m*
экзеку́ци|я <-и> *ж* Exekution *f,* Hinrichtung *f*
экзе́м|а <-ы> *ж* Ekzem *nt*
экземпля́р <-а> *м* Exemplar *nt,* Ausfertigung *f;* **размно́жить в двух экземпля́рах** in zwei Exemplaren kopieren; **а́вторский ~** Autorenexemplar *nt;* **не оста́лось ни одного́ экземпля́ра** es ist kein einziges Exemplar übrig geblieben; **ре́дкий ~** seltenes Exemplar *nt;* **уника́льный ~** Unikat *nt*
экзистенциали́зм <-а> *м* ФИЛОС, ЛИТ Existenzialismus *m*
экзоге́нн|ый <-ая, -ое> *прил* exogen
экзотерми́ческ|ий <-ая, -ое> *прил* ХИМ exotherm; **экзотерми́ческая реа́кция** exotherme Reaktion *f;* **экзотерми́ческие проце́ссы** exotherme Prozesse *ntpl*
экзо́тик|а <-и> *ж* Exotik *f;* **самобы́тная национа́льная ~** urwüchsige nationale Exotik; **увлека́ться экзо́тикой** eine Zuneigung zur Exotik empfinden; **расти́тельная ~** Pflanzenexotik *f*
экзоти́ческ|ий <-ая, -ое> *прил* exotisch; **экзоти́ческие стра́ны** exotische Länder *ntpl;* **экзоти́ческие расте́ния** exotische Pflanzen *pl;* **~ быт** exotische Lebensweise *f;* **экзоти́ческая вне́шность** exotisches Äußeres *nt;* **~ та́нец** exotischer Tanz *m*
экиво́к <-а> *м* Zweideutigkeit *f;* **дава́й говори́ть откры́то, без экиво́ков** lass uns offen, ohne Umschweife reden
э́к|ий <-ая, -ое> *прил* solch ein; **э́кая уда́ча!** was für ein Glück!
экипа́ж <-а> *м* **1.** *(ли́чный соста́в)* Mannschaft *f,* Besatzung *f;* **лётный ~** Flugbesatzung *f;* **укомплектова́ть ~** die Mannschaft ergänzen; **~ та́нкера** Tankerbesatzung *f;* **~ косми́ческого корабля́** Raumschiffbesatzung *f* **2.** *(коля́ска)* Wagen *m,* Kutsche *f*
экипир|ова́ть <-у́ю, -у́ешь> *н(св) прх (снабди́ть, снаряди́ть)* ausrüsten, ausstatten; **~ бойцо́в вое́нным снаряже́нием** die Soldaten mit Militärausrüstung ausstatten; **~ экспеди́цию обору́дованием** die Expedition ausstatten; **~ экспеди́цию на Се́верный по́люс** eine Expedition zum Nordpol ausrüsten
экипиро́вк|а <-и> *ж* Ausrüstung *f,* Ausstattung *f;* **маскиро́вочная ~** Tarnausrüstung *f;* **зи́мняя ~** Winterausrüstung *f*
э́ккер <-а> *м* ТЕХ Winkelkreuz *m,* Winkelmaß *nt*
ЭКЛА *сокр от* **Экономи́ческая коми́ссия ООН для Лати́нской Аме́рики** ЭКОН UNO-Wirtschaftsausschuss für Lateinamerika
эклампси́|я <-и> *ж* МЕД Eklampsie *f*
эклекти́зм <-а> *м* ПОЛ, ФИЛОС, ИСК Eklektizismus *m*
экле́р <-а> *м* Eclair *nt,* Liebesknochen *m*
эклиме́тр <-а> *м* ТЕХ Neigungsmesser *m,* Schrägmesser *m*
экли́птик|а <-и> *ж* АСТР Ekliptik *f*
экло́г|а <-и> *ж* ЛИТ Ekloge *f,* Hirtengedicht *nt*
экологи́ческ|ий <-ая, -ое> *прил* ökologisch, Umwelt-; **экологи́ческая эксперти́за** Umweltverträglichkeitsprüfung *f;* **экологи́ческая пробле́ма** Umweltproblem *nt;* **~ уще́рб** Umweltschaden *m;* **экологи́ческое равнове́сие** ökologisches Gleichgewicht *nt*
экологи́чн|ый <-ая, -ое> *прил* umweltfreundlich, umweltschonend; **экологи́чная бума́га** umweltfreundliches Papier *nt*
эколо́ги|я <-и> *ж* БИОЛ Ökologie *f,* Umweltbedingungen *pl*
экономa̓йзер <-а> *м* ТЕХ Ekonomiser *m*
эконо́мик|а <-и> *ж* Wirtschaft *f,* Ökonomie *f; (нау́ка)* Wirtschaftswissenschaft *f;* **~ предприя́тия** Betriebswirtschaft *f;* **~ сбы́та** Absatzwirtschaft *f*
экономи́ст <-а> *м* Volkswirt *m;* **~ промы́шленного произво́дства** Betriebswirt *m*
эконо́м|ить <-лю, -ишь> *нсв,* **сэконо́мить** *св прх* einsparen, sparen; **~ си́лы** seine Kräfte schonen
экономи́ческ|ий <-ая, -ое> *прил* Wirtschafts-, wirtschaftlich; **~ влёт** Prosperität *f;* **экономи́ческая де́ятельность** Wirtschaftstätigkeit *f;* **экономми́ческая едини́ца** Wirtschaftseinheit *f;* **~ кри́зис** Wirtschaftskrise *f;* **экономи́ческие отноше́ния** Wirtschaftsbeziehungen *pl;* **экономи́ческая поли́тика** Wirtschaftspolitik *f;* **экономи́ческая по́мощь** Wirtschaftshilfe *f;* **~ представи́тель** Wirtschaftsvertreter *m;* **экономи́ческая престу́пность** Wirtschaftskriminalität *f;* **экономи́ческое простра́нство** Wirtschaftsraum *m;* **~ райо́н** Wirtschaftsraum *m;* **~ рост** Wirtschaftswachstum *nt;* **~ се́ктор** Wirtschaftssektor *m;* **экономи́ческая систе́ма** Wirtschaftssystem *nt;* **экономи́ческое соо́бщество** Wirtschaftsgemeinschaft *f;* **экономи́ческое сотру́дничество** wirtschaftliche Zusammenarbeit *f;* **~ сою́з** Wirtschaftsunion *f;* **~ спад** Rezession *f;* **экономи́ческое чу́до** Wirtschaftswunder *nt;* **~ цикл** Wirtschaftskreislauf *m*
экономи́чнос|ть <-ти> *ж* Wirtschaftlichkeit *f,* Sparsamkeit *f*
экономи́ч|ный <-ная, -ное; -ен, -на, -но> *прил* rationell, kostenbewusst, wirtschaftlich
эконо́ми|я <-и> *ж* Sparsamkeit *f; (средств)*

Einsparung *f;* **~ времени** Zeitersparnis *f;* **~ затрат** Kosteneinsparung *f;* **~ энергии** Energiesparen *nt*

экономнича|ть <-ю, -ешь> *нсв нпрх разг* geizen

эконом|ный <-ная, -ное; -ен, -на, -но> *прил* sparsam; *(хозяйственный)* wirtschaftlich

экосистем|а <-ы> *ж* БИОЛ Ökosystem *nt;* **~ океана** Ozeansökosystem *nt;* **~ средней полосы** das Ökosystem der mittleren Zone

ЭКОСОС *сокр от* **Экономический и социальный Совет ООН** ПОЛ UNO-Wirtschafts- und Sozialrat *m*

экран <-а> *м* Bildschirm *m*

экранизаци|я <-и> *ж* КИНО Verfilmung *f;* **готовить экранизацию** eine Verfilmung vorbereiten

экранизир|овать <-ую, -уешь> *(н)св прх* verfilmen; **~ роман** einen Roman verfilmen

экранир|овать <-ую, -уешь> *(н)св прх* abschirmen

эксгумаци|я <-и> *ж* МЕД, ЮР Exhumierung *f;* **производить эксгумацию** eine Exhumierung durchführen

экскаватор <-а> *м* Bagger *m*

эксклюзивн|ый <-ая, -ое> *прил* exklusiv; **эксклюзивное интервью** Exklusivinterview *nt*

экскремент|ы <-ов> *мн* Kot *m,* Exkremente *pl*

экскурс <-а> *м книжн* Exkurs *m*

экскурсант <-а> *м* Ausflügler(in) *m(f)*

экскурси|я <-и> *ж (по музеям)* Führung *f; (с выездом из города)* Ausflug *m;* **~ по городу** Stadtbesichtigung *f;* **поехать на экскурсию** einen Ausflug machen

экскурсовод <-а> *м* Reiseführer(in) *m(f),* Fremdenführer(in) *m(f);* **нанять экскурсовода** einen Reiseführer engagieren; **опытный ~** erfahrener Fremdenführer *m*

экспансивнос|ть <-ти> *ж* Unbeherrschtheit *f,* Impulsivität *f;* **~ характера** Charakterunbeherrschtheit *f;* **проявлять чрезмерную ~** übertrieben impulsiv sein

экспансив|ный <-ная, -ное; -ен, -на, -но> *прил* expansiv

экспанси|я <-и> *ж* Expansion *f*

экспатриант <-а> *м,* **экспатриантк|а** <-и> *ж* ЮР, ПОЛ Auswanderer *m*

экспатриаци|я <-и> *ж* ЮР, ПОЛ Ausbürgerung *f,* Expatriierung *f,* Expatriation *f*

экспатриир|овать <-ую, -уешь> *(н)св прх* ЮР ausbürgern, expatriieren

экспедир|овать <-ую, -уешь> *(н)св прх* expedieren, abfertigen, absenden; **~ товар** eine Lieferung aufgeben; **~ документацию** die Papiere abfertigen

экспедитор <-а> *м* Spediteur *m*

экспедици|я <-и> *ж* Expedition *f;* ЭКОН Spedition *f;* **научная ~** Forschungsreise *f*

эксперимент <-а> *м* Experiment *nt,* Versuch *m;* **проводить ~** ein Experiment durchführen

экспериментальн|ый <-ая, -ое> *прил* Experimental-, Versuchs-, experimentell

экспериментатор <-а> *м* Experimentator *m;* **учёный-~** Experimentalwissenschaftler *m;* **опытный ~** erfahrener Experimentator *m*

экспериментир|овать <-ую, -уешь> *нсв нпрх* experimentieren

эксперт <-а> *м* Experte *m,* Expertin *f; (в суде и т.п.)* Sachverständige(r) *f(m);* **~ по инвестициям** Anlageberater *m;* **~ по рынку** Marktforscher *m*

экспертиз|а <-ы> *ж* Expertise *f,* Gutachten *nt,* Begutachtung *f;* **подвергать экспертизе** begutachten; **заключение экспертизы** Gutachten *nt*

экспертн|ый <-ая, -ое> *прил* Experten-; **экспертная система** ИНФОРМ Expertensystem *nt;* **экспертное заключение** Gutachten *nt*

экспираци|я <-и> *ж* ЛИНГВ Exspiration *f,* Ausatmung *f*

эксплантаци|я <-и> *ж* БИОЛ Explantation *f*

эксплуататор <-а> *м* Ausbeuter *m*

эксплуатационн|ый <-ая, -ое> *прил* Nutzungs-; **эксплуатационная готовность** Einsatzbereitschaft *f,* Betriebsbereitschaft *f;* **эксплуатационные материалы** Betriebsstoffe *pl;* **эксплуатационные расходы** Betriebskosten *pl;* **~ параметр** Betriebsgröße *f*

эксплуатаци|я <-и> *ж* **1.** *(использование)* Ausbeutung *f* **2.** ТЕХ Nutzung *f,* Betrieb *m*

эксплуатир|овать <-ую, -уешь> *нсв прх* **1.** *(использовать)* ausbeuten **2.** ТЕХ nutzen, betreiben, bewirtschaften

экспозе <неизм> *ср* Expose *nt,* Darlegung *f,* Bericht *m;* **составить ~** ein Expose zusammenfassen; **выступить с ~** mit einem Expose auftreten

экспозици|я <-и> *ж* **1.** *(выставка)* Ausstellung *f* **2.** ЛИТ, МУЗ Exposition *f* **3.** ФОТ Belichtung *f*

экспонат <-а> *м* Exponat *nt,* Ausstellungsgegenstand *m*

экспонент <-а> *м* Aussteller *m*

экспонир|овать <-ую, -уешь> *(н)св прх* ausstellen

экспонометр <-а> *м* ТЕХ Belichtungsmesser *m*

экспорт <-а> *м* Export *m,* Ausfuhr *f;* **идти на ~** exportiert werden

экспортёр <-а> *м* Exporteur *m*

экспортир|овать <-ую, -уешь> *(н)св прх* ЭКОН exportieren, ausführen

экспортн|ый <-ая, -ое> *прил* Export-, Ausfuhr-; **экспортная гарантия** Exportgarantie *f;* **экспортная дотация** Exportsubvention *f;* **э́кспортная кво́та** Exportquote *f,* Ausfuhrquote *f;* **э́кспортная лице́нзия** Ausfuhrgenehmigung *f;* **э́кспортная организа́ция** Exportorganisation *f;* **э́кспортная по́шлина** Ausfuhrzoll *m;* **э́кспортная субси́дия** Exportsubvention *f;* **э́кспортная торго́вля** Exporthandel *m;* **э́кспортное разреше́ние** Ausfuhrbewilligung *f;* **э́кспортные ограниче́ния** Exportbeschränkung *f;* **~ континге́нт** Ausfuhrkontingent *nt;* **~ контро́ль** Exportkontrolle *f;* **~ креди́т** Exportkredit *m;* **~ отде́л** Exportabteilung *f;* **~ това́р** Exportartikel *m*

экспре́сс <-а> *м* Schnellzug *m,* Express *m;* **~-груз** Expressgut *nt;* **железнодоро́жный ~** Hochgeschwindigkeitszug *m*

экспресси́внос|ть <-ти> *ж* ЛИТ, БИОЛ Expressivität *f;* **~ ре́чи** rednerische Expressivität *f;* **стреми́ться к экспресси́вности** Expressivität anstreben; **~ ге́на** Genexpressivität *f*

экспресси́в|ный <-ная, -ное; -ен, -на, -но> *прил* ЛИТ expressiv, ausdrucksvoll, ausdrucksstark; **экспресси́вная ле́ксика** expressive Lexik *f;* **экспресси́вные сре́дства выраже́ния** expressive Ausdrucksmittel *ntpl*

экспрессиони́зм <-а> *м* Expressionismus *m*

экспрессиони́ст <-а> *м* ИСК, ЛИТ Expressionist(in) *m(f)*

экспре́сси|я <-и> *ж* ЛИТ, ИСК, МУЗ Expression *f,* Ausdruck *m,* Ausdruckskraft *f;* **~ сло́ва** die Ausdruckskraft der Worte; **~ же́ста** der Ausdruck der Gesten; **~ цве́та** der Ausdruck der Farben

экспре́сс-кафе́ <неизм> *ср* Fast-Food-Restaurant *nt*

экспре́сс-опро́с <-а> *м* Blitzumfrage *f*

экспро́мт <-а> *м* Improvisation *f*

экспро́мтом *нрч* aus dem Stegreif

экспроприа́тор <-а> *м* ЮР Enteigner(in) *m(f),* Expropriator(in) *m(f);* **~ со́бственности** Eigentumsenteigner *m*

экспроприа́ци|я <-и> *ж* Enteignung *f*

экспроприи́р|овать <-ую, -уешь> *(н)св прх* enteignen

экста́з <-а> *м* Ekstase *f*

э́кстази <неизм> *ср (нарко́тик)* Ecstasy *f*

экстенси́в|ный <-ная, -ное; -ен, -на, -но> *прил* **экстенси́вное земледе́лие** extensive Landwirtschaft; **экстенси́вное расшире́ние ры́нков** extensive Markterweiterung

экст́ерн <-а> *м* Externe *f(m);* **зако́нчить обуче́ние экст́ерном** die Ausbildung extern beenden

экстерриториа́льнос|ть <-ти> *ж* ПОЛ, ЮР Exterritorialität *f*

экстерье́р <-а> *м* Exterieur *nt*

экстирпа́ци|я <-и> *ж* МЕД Entfernung *f;* **~ щитови́дной железы́** operative Entfernung der Schilddrüse

э́кстра *прил* extra, extrafein; **чай ~** Extratee *m;* **~ ка́чество** Extraqualität *f*

экстравага́нт|ный <-ная, -ное; -ен, -на, -но> *прил* extravagant

экстраге́нт <-а> *м* ХИМ Extraktionsmittel *nt;* **органи́ческий ~** organisches Extraktionsmittel *nt*

экстраги́р|овать <-ую, -уешь> *(н)св прх* **1.** ХИМ extrahieren; **~ жир** Fett extrahieren **2.** *(удаля́ть)* extrahieren, entfernen, ausziehen; **~ зуб** einen Zahn ziehen

экстради́ци|я <-и> *ж* ЮР Ausweisung *f*

экстра́кт <-а> *м* Extrakt *m*

экстра́ктор <-а> *м* ТЕХ Extraktionsapparat *m,* Extraktor *m;* **руже́йный ~** Patronenauswerfer *m*

экстраордина́р|ный <-ная, -ное; -ен, -на, -но> *прил* außerordentlich, außergewöhnlich; **~ профе́ссор** außerordentlicher Professor *m;* **экстраордина́рное собы́тие** außergewöhnliches Ereignis *nt*

экстраполя́ци|я <-и> *ж* Hochrechnung *f*

экстрасе́нс <-а> *м* Mensch *m* mit übersinnlichen Fähigkeiten, Sensitiver *m*

экстрема́льн|ый <-ая, -ое> *прил* extrem, Extrem(al)-; **экстрема́льная температу́ра** extremale Temperatur *f;* **экстрема́льные усло́вия** extreme Bedingungen *fpl;* **экстрема́льная ситуа́ция** Exremsituation *f*

экстреми́зм <-а> *м* Extremismus *m;* **пра́вый ~** Rechtsextremismus *m*

экстреми́ст <-а> *м* Extremist *m,* Extremistin *f;* **пра́вый ~** Rechtsradikale(r) *f(m)*

экстреми́стск|ий <-ая, -ое> *прил* extremistisch, radikal

э́кстрен|ный <-ная, -ное; -, -на, -но> *прил* **1.** *(сро́чный)* eilig; **~ вы́зов** Notruf *m;* **~ ме́тод** Schnellverfahren *nt* **2.** *(осо́бый)* Extra-, Sonder-; **~ вы́пуск газе́т** Extrablatt *nt*

экстру́зи|я <-и> *м* ГЕОЛ Extrusion *f*

эксце́нтрик <-а> *м* **1.** *(чуда́к)* Exzentriker *m* **2.** ТЕХ Exzenter *m*

эксцентри́ческ|ий <-ая, -ое> *прил* МАТ exzentrisch

эксцентри́ч|ный <-ная, -ное; -ен, -на, -но> *прил* exzentrisch; **эксцентри́чное поведе́ние** exzentrisches Verhalten *nt*

эксце́сс <-а> *м* Exzess *m,* Ausschweifung *f*

экумени́ческ|ий <-ая, -ое> *прил* ökumenisch

эласти́чнос|ть <-ти> *ж* Elastizität *f;* **~ спро́са** Nachfrageelastizität *f*

эласти́ч|ный <-ная, -ное; -ен, -на, -но> *прил* elastisch, dehnbar

элева́тор <-а> *м* **1.** *(зернохрани́лище)* Getreidespeicher *m;* **храни́ть зерно́ в элева́торе** Korn im Getreidespeicher lagern **2.** *(конве́йер)* Elevator *m;* **рабо́тать на элева́торе** am Elevator arbeiten

элега́нтнос|ть <-ти> *ж* Eleganz *f*

элега́нт|ный <-ная, -ное; -ен, -на, -но>

прил elegant; **элегáнтная жéнщина** elegante Frau *f*

элéги|я <-и> *ж* лит, муз Elegie *f;* **любóвная ~** Liebeselegie *f;* **сыгрáть элéгию** eine Elegie spielen

электризáци|я <-и> *ж* физ, мед Elektrisierung *f*

электриз|овáть <-ýю, -ýешь> *(н)св прх* elektrisieren

элéктрик <-а> *м* Elektriker *m*

элéктрик <неизм> *прил (цвет)* türkisblau

электрификáци|я <-и> *ж* эл Elektrifizierung *f;* **~ новострóек** Elektrifizierung der Neubauten

электрифицúр|овать <-ую, -уешь> *(н)св прх* эл elektrifizieren; **~ фéрмы** die Farm elektrifizieren

электрúческ|ий <-ая, -ое> *прил* elektrisch; **~ ток** elektrischer Strom *m;* **электрúческая лáмпочка** Glühbirne *f*

электрúчеств|о <-а> *ср* Elektrizität *f*

электрúчк|а <-и> *ж разг* ж.-д. elektrische Eisenbahn *f;* **поéхать зá город на электрúчке** mit der elektrischen Eisenbahn in die Provinz fahren

электроакýстик|а <-и> *ж* эл Elektroakustik *f*

электроакустúческ|ий <-ая, -ое> *прил* физ, эл elektroakustisch; **электроакустúческие преобразовáтели** elektroakustischer Umwandler *mpl*

электробýр <-а> *м* эл, стр elektrischer Bohrer

электробытов|óй <-áя, -óе> *прил* эл **~ прибóр** elektrisches Haushaltsgerät *nt*

электровóз <-а> *м* эл, трансп elektrische Lokomotive *f*

электрогитáр|а <-ы> *ж* Elektrogitarre *f*

электрóд <-а> *м* физ, эл Elektrode *f*

электродвúгате|ль <-ля> *м* Elektromotor *m*

электродвúжущ|ий <-ая, -ее> *прил* elektromotorisch; **электродвúжущая сúла** физ elektromotorische Kraft *f*

электродинáмик|а <-и> *ж* физ Elektrodynamik *f*

электродиффýзи|я <-и> *ж* физ Elektrodiffusion *f*

электрóдн|ый <-ая, -ое> *прил* физ, эл Elektroden-; **электрóдные процéссы** Elektrodenprozesse *pl;* **~ стéржень** Elektrodenstange *f;* **~ ýголь** Elektrodenkohle *f;* **~ потенциáл** Elektrodenpotential *nt*

электродóйк|а <-и> *ж* агр elektrische Melkmaschine *f*

электродрé|ль <-ли> *ж* Handbohrmaschine *f;* **~ удáрного дéйствия** Schlagbohrmaschine *f*

электроизмерúтельн|ый <-ая, -ое> *прил* **~ прибóр** elektrisches Messgerät *nt*

электроизоляциóнн|ый <-ая, -ое> *прил* Elektroisolations-; **~ материáл** elektrisches Isolationsmaterial *nt*

электроинструмéнт <-а> *м* тех elektrisches Werkzeug *nt*

электроискров|óй <-áя, -óе> *прил* Elektrofunken-, Funken-; **электроискровáя обрабóтка метáлла** Elektrofunkenbearbeitung *f;* **~ разря́д** Funkenentladung *f*

электрокáр <-а> *м* трансп Elektrokarren *m;* **перевóзка грýза электрокáром** Warentransport mit dem Elektrokarren

электрокардиогрáмм|а <-ы> *ж* мед Elektrokardiogramm *nt*

электрокардиóграф <-а> *м* мед Elektrokardiograph *m*

электрокардиогрáфи|я <-и> *ж* мед Elektrokardiographie *f*

электролечéни|е <-я> *ср* мед Elektrotherapie *f;* **назнáчить ~** Elektrotherapie *f* verschreiben

электрóлиз <-а> *м* хим Elektrolyse *f*

электрóлизн|ый <-ая, -ое> *прил* хим Elektrolyse-; **~ цех** Elektrolyseabteilung *f;* **электрóлизная вáнна** Elektrolysewanne *f;* **электрóлизная медь** Elektrolysekupfer *nt*

электролúт <-а> *м* хим Elektrolyt *m;* **~ аккумуля́тора** Akkuelektrolyt *m;* **погружáть в ~ электрóды** in den Elektrolyt Elektroden eintauchen

электролюминесцéнци|я <-и> *ж* Elektrolumineszenz *f*

электромагнúт <-а> *м* эл, тех Elektromagnet *m*

электромагнúтн|ый <-ая, -ое> *прил* физ, эл elektromagnetisch; **электромагнúтные колебáния** elektromagnetische Schwingungen *fpl;* **электромагнúтные вóлны** elektromagnetische Wellen *fpl;* **электромагнúтная совместúмость** elektromagnetische Kompatibilität *f;* **электромагнúтная индýкция** elektromagnetische Induktion *f;* **электромагнúтное релé** elektromagnetisches Relais *nt;* **электромагнúтное пóле** elektromagnetisches Feld *nt;* **~ насóс** elektromagnetische Pumpe *f;* **~ прибóр** elektromagnetisches Gerät *nt;* **~ ракéтный двúгатель** elektromagnetisches Raketentriebwerk *nt*

электромобú|ль <-ля> *м* Elektrofahrzeug *nt*

электромонтáж <-а> *м* эл Elektromontage *f*

электромонтáжник <-а> *м* тех Elektromonteur *m*

электромонтёр <-а> *м* эл, стр Elektromonteur *m*

электромотóр <-а> *м* тех Elektromotor *m*

электрóн <-а> *м* Elektron *nt*

электронагревáте|ль <-ля> *м* Tauchsieder *m*

электрóник|а <-и> *ж* Elektronik *f*

электрóнн|ый <-ая, -ое> *прил* elektronisch; **электрóнная кáрточка** Chipkarte *f;* **электрóнная обрабóтка дáнных** Elektronische Datenverarbeitung *f,* EDV *f,* DV *f;* **электрóнный почтóвый я́щик** Mailbox *f*

электрооборýдовани|е <-я> *ср без мн* эл elektrische Ausrüstung *f;* **~ самолёта** elektrische Flugzeugausrüstung; **~ цéха** elektrische Ausrüstung der Produktionsabteilung

электроóптик|а <-и> *ж* физ Elektrooptik *f*

электропая́льник <-а> *м* эл elektrischer Lötkolben *m*

электропередáч|а <-и> *ж* Elektrizitätsübertragung *f*

электроплит|á <-ы́> *ж* Elektroherd *m*

электропóезд <-а> *м* Elektrolok(omotive) *f*

электропривóд <-а> *м* Elektroantrieb *m*

электропрóвод <-а> *м* Stromleitung *f*

электропровóднос|ть <-ти> *ж без мн* физ elektrische Leitfähigkeit *f;* **~ метáллов** elektrische Leitfähigkeit der Metalle

электропылесóс <-а> *м* elektrischer Staubsauger *m*

электроразвéдк|а <-и> *ж* геол elektrisches Schürfen *nt*

электросвáрк|а <-и> *ж без мн* Elektroschweißen *nt;* **дуговáя ~** Lichtbogenschweißen *nt;* **контáктная ~** Kontaktschweißen *nt*

электроскóп <-а> *м* физ Elektroskop *nt*

электроснабжéни|е <-я> *ср* Stromversorgung *f*

электростáнци|я <-и> *ж* Elektrizitätswerk *nt,* Kraftwerk *nt;* **áтомная ~** Kernkraftwerk *nt;* **тепловáя ~** Wärmekraftwerk *nt*

электростáтик|а <-и> *ж* физ Elektrostatik *f*

электротéхник|а <-и> *ж* Elektrotechnik *f*

электроэнергéтик|а <-и> *ж без мн* Elektroenergetik *f*

элéктрум <-а> *м* геол Elektrum *nt*

элемéнт <-а> *м* Element *nt;* *(составнáя часть)* Bestandteil *m;* эл Zelle *f;* хим Element *nt,* Grundstoff *m*

элементáр|ный <-ная, -ное; -ен, -на, -но> *прил* elementar, Elementar-, Grund-

элерóн <-а> *м* трансп Querruder *nt*

эликси́р <-а> *м* Elixier *nt;* **зубнóй ~** Mundwasser *nt;* **жи́зненный ~** Lebenselixier *nt*

элимини́р|овать <-ую, -уешь> *(н)св прх* eliminieren

эли́т|а <-ы> *ж* Elite *f*

элитáрн|ый <-ая, -ое> *прил* elitär

эли́тн|ый <-ая, -ое> *прил* Luxus-, erstklassig

элли́н <-а> *м,* **элли́нк|а** <-и> *ж* истор Hellene *m,* Hellenin *f*

эллини́зм <-а> *м* истор Hellenismus *m;* **эпóха эллини́зма** die hellenistische Epoche

э́ллипс <-а> *м,* **э́ллипсис** <-а> *м* мат, лингв Ellipse *f*

эллипсóид <-а> *м* мат Ellipsoid *nt;* **~ вращéния** Drehellipsoid *nt*

эллипти́ческ|ий <-ая, -ое> *прил* мат, астр, физ elliptisch; **эллипти́ческие фýнкции** elliptische Funktionen *fpl;* **~ параболóид** elliptisches Paraboloid *nt;* **эллипти́ческие галáктики** elliptische Galaxien *fpl;* **эллипти́ческая поляризáция** elliptische Polarisation *f*

эль <э́ля> *м* *(пи́во)* Ale *nt*

Э́льба *ж* геог *(рекá)* Elbe *f*

Эльбрýс *м* геог Elbrus *m*

Эльзáс <-а> *м* das Elsass *nt*

эльф <э́льфа> *м* миф Elf *m,* Elfe *f*

элю́ви|й <-я> *м* геол Eluvium *nt*

эмáлев|ый <-ая, -ое> *прил* иск Email-, Schmelz-; **эмáлевые крáски** Emailfarben *pl;* **эмáлевая шкатýлка** Emailkästchen *nt;* **~ слой** Emailschicht *f*

эмалирóван|ный <-ная, -ное; -, -а, -о> *прил* emailliert; **эмалирóванная посýда** emailliertes Geschirr *nt;* **~ котелóк** emaillierter Napf *m*

эмалирóвщик <-а> *м* Emaillierer *m*

эмá|ль <-ли> *ж* Email *nt;* **покрывáть эмáлью** emaillieren; **худóжественная ~** Schmuckemail *nt;* **браслéт с эмáлью** ein Armband mit Emaille; **расписнáя ~** gemaltes Email; **коллéкция эмáлей** Emailsammlung *f;* **~ потрéскалась** das Email hat Risse bekommen; **зубнáя ~** Zahnschmelz *m*

эмансипáци|я <-и> *ж* Emanzipation *f*

эмансипé <неизм> *ср презрит* Emanze *f*

эмансипи́рован|ный <-ная, -ное; -, -а, -о> *прил* emanzipiert

эмансипи́р|овать <-ую, -уешь> *(н)св прх* emanzipieren

эмбáрго <неизм> *ср* Embargo *nt,* Liefersperre *f;* **вводи́ть ~** ein Embargo verhängen; **~ на э́кспорт** Ausfuhrsperre *f;* **экономи́ческое ~** Handelsembargo *nt*

эмблéм|а <-ы> *ж* Emblem *nt,* Wahrzeichen *nt*

эмболи́|я <-и> *ж* мед Embolie *f;* **~ лёгочной артéрии** Embolie der Lungenarterie; **~ сосýдов** Gefäßembolie *f*

эмбриогенéз <-а> *м* биол Embryogenese *f*

эмбриолóги|я <-и> *ж* биол Embryologie *f;* **~ живóтных и человéка** Embryiologie der Tiere und des Menschen

эмбриóн <-а> *м* Embryo *m*

эмигрáнт <-а> *м,* **эмигрáнтк|а** <-и> *ж* Emigrant(in) *m(f)*

эмигрáци|я <-и> *ж* Emigration *f;* *(изгнáние)* Exil *nt;* **жить в эмигрáции** im Exil leben

эмигри́р|овать <-ую, -уешь> *(н)св нпрх* emigrieren, auswandern

эми́р <-а> *м* Emir *m;* **вели́кий ~** der Große Emir

эмирáт <-а> *м* геог Emirat *nt;* **Объеди-**

нённые Ара́бские Эмира́ты die Vereinigten Arabischen Emirate

эмисса́р <-а> *м* Emissär *m*

эмиссио́нн|ый <-ая, -ое> *прил* ФИН, ФИЗ Emissions-; **эмиссио́нная поли́тика** Emissionspolitik *f;* **эмиссио́нное пра́во** Emissionsrecht *nt;* **~ банк** Emissionsbank *f,* Emissionshaus *nt;* **~ ана́лиз** Emissionsanalyse *f;* **~ микроско́п** Emissionsmikroskop *nt*

эми́сси|я <-и> *ж* **1.** ЭКОН Emission *f;* **~ а́кций** Aktienausgabe *f;* **~ альпа́ри** Pari-Emission *f;* **~ банкно́т** Banknotenausgabe *f;* **~ де́нег** Geldschöpfung *f* **2.** ФИЗ Emission *f,* Aussendung *f*

эмитте́нт <-а> *м* Emittent *m*

эмитти́р|овать <-ую, -уешь> *(н)св прх* emittieren

эмоциона́|льный <-льная, -льное; -лен, -льна, -льно> *прил* emotional, gefühlsmäßig, gefühlsbetont

эмо́ци|я <-и> *ж* Emotion *f,* Gemütsbewegung *f*

эмпири́зм <-а> *м* ФИЛОС Empirismus *m;* **идеалисти́ческий ~** idealistischer Empirismus *m;* **го́лый ~** reiner Empirismus *m*

эмпириокрити́цизм <-а> *м* ФИЛОС Empiriokritizismus *m*

эмпири́ческ|ий <-ая, -ое> *прил* empirisch; **эмпири́ческие да́нные** Erfahrungswerte *mpl;* **эмпири́ческое пра́вило** empirische Regel *f*

э́му <неизм> *м* ЗООЛ Emu *m*

эмули́р|овать <-ую, -уешь> *(н)св прх* emulieren

эмульга́тор <-а> *м* ХИМ Emulgator *m*

эму́льси|я <-и> *ж* ХИМ, ФОТ Emulsion *f;* **нефтяны́е эму́льсии** Erdölemulsionen *pl;* **фотографи́ческие эму́льсии** Photoemulsionen *pl*

эмуля́тор <-а> *м* ИНФОРМ Emulator *m;* **информа́ция для эмуля́тора** Emulatorinformation *f*

эмуля́ци|я <-и> *ж* ИНФОРМ Emulation *f;* **~ устро́йства** [*или* **обору́дования**] Geräteemulation *f*

эмфати́ческ|ий <-ая, -ое> *прил* ЛИТ, ЛИНГВ emphatisch, nachdrücklich, eindringlich; **эмфати́ческая речь** emphatische Rede *f;* **эмфати́ческие зву́ки** emphatische Laute *mpl*

эмфизе́м|а <-ы> *ж* МЕД Emphysem *nt;* **~ лёгких** Lungenemphysem *nt;* **подко́жная ~** Unterhautemphysem *nt*

эндоге́нн|ый <-ая, -ое> *прил* ГЕОЛ, МЕД endogen; **~ слой** endogene Schicht *f;* **эндоге́нные месторожде́ния** endogene Vorkommen *ntpl;* **эндоге́нные проце́ссы** endogene Prozesse *ntpl*

эндока́рд <-а> *м* МЕД Endokard *nt*

эндокри́нн|ый <-ая, -ое> *прил* БИОЛ, АНАТ endokrin; **эндокри́нные заболева́ния** endokrine Erkrankungen *fpl;* **эндокри́нные желе́зы** endokrine Drüsen *fpl,* Drüsen mit innerer Sekretion

э́ндшпи|ль <-ля> *м* СПОРТ Endspiel *nt;* **фе́рзевый ~** Damenendspiel *nt;* **пе́шечный ~** Bauernendspiel *nt;* **свести́ ~ к ничье́й** das Endspiel mit Remis beenden; **вы́играть тру́дный ~** ein schweres Endspiel gewinnen

энеоли́т <-а> *м* ГЕОЛ Eneolithikum *nt*

энерге́тик|а <-и> *ж* Energiewirtschaft *f,* Energieversorgung *f; перен* Energetik *f,* Energie *f*

энергети́ческ|ий <-ая, -ое> *прил* Energie-; **энергети́ческаяе потре́бность** Energiebedarf *m;* **~ бала́нс** Energiebilanz *f;* **~ кри́зис** Energiekrise *f;* **~ се́ктор** Energiesektor *m;* **энергети́ческое хозя́йство** Energiewirtschaft *f*

энерги́чно *нрч* energisch; **де́йствовать ~** energisch handeln

энерги́ч|ный <-ная, -ное; -ен, -на, -но> *прил* energisch, tatkräftig

эне́рги|я <-и> *ж* Energie *f;* **заряжа́ть эне́ргией** mit Energie aufladen

энергобала́нс <-а> *м* Energiebilanz *f*

энергосберега́ющ|ий <-ая, -ее> *прил* energiesparend; **энергосберега́ющая ла́мпа** Energiesparlampe *f*

энергоснабже́ни|е <-я> *ср* Energieversorgung *f*

энзи́м <-а> *м* БИОЛ, ХИМ Enzym *nt*

энкли́тик|а <-и> *ж* ЛИНГВ Enklitikon *nt*

энтери́т <-а> *м* МЕД Enteritis *f,* Darmentzündung *f;* **хрони́ческий ~** chronische Darmentzündung *f;* **о́стрый ~** akute Darmentzündung *f*

энтузиа́зм <-а> *м* Enthusiasmus *m,* Begeisterung *f*

энтузиа́ст <-а> *м,* **энтузиа́стк|а** <-и> *ж* Enthusiast(in) *m(f)*

энцефали́т <-а> *м* МЕД Enzephalitis *f,* Gehirnentzündung *f;* **эпидеми́ческий ~** epidemische Gehirnentzündung *f;* **первй́чный ~** primäre Enzephalitis *f;* **летарги́ческий ~** lethargische Enzephalitis *f*

энцефаломиели́т <-а> *м* МЕД Enzephalomielitis *f*

энциклопеди́ческ|ий <-ая, -ое> *прил* enzyklopädisch; **~ слова́рь** Lexikon *nt*

энциклопе́ди|я <-и> *ж* Enzyklopädie *f;* **универса́льная ~** Universallexikon *nt;* **отраслева́я ~** Fachenzyklopädie *f;* **ходя́чая ~** *шутл* wandelndes Lexikon *nt*

ЭОД *сокр от* **электро́нная обрабо́тка да́нных** elektronische Datenverarbeitung *f,* EDV *f*

ЭОИ *сокр от* **электро́нная обрабо́тка информа́ции** elektronische Datenverarbeitung *f,* EDV *f*

эпигра́мм|а <-ы> *ж* ЛИТ Epigramm *nt,* Sinngedicht *nt;* **дру́жеская ~ на кого́-л.** freundliches Epigramm an jdn

эпи́граф <-а> *м* лит Epigraph *nt,* Aufschrift *f;* **~ к рома́ну** ein Epigraph zum Roman
эпидемиоло́ги|я <-и> *ж* мед Epidemiologie *f*
эпиде́ми|я <-и> *ж* Epidemie *f,* Seuche *f*
эпиде́рмис <-а> *м* биол, бот Epidermis *f;* **~ ко́жи** Hautepidermis *f;* **~ ко́жицы ли́стьев** die Epidermis der Blatthaut
эпизо́д <-а> *м* Episode *f,* Begebenheit *f*
эпизоди́ческ|ий <-ая, -ое> *прил* **1.** *(вре́менный)* zeitweilig, vorübergehend **2.** лит, кино episodenhaft
эпизооти́ческ|ий <-ая, -ое> *прил* мед, зоол Viehseuchen-; **~ лимфанги́т** epizootische Lymphangitis *f;* **~ оча́г** Viehseuchenherd *m*
э́пик|а <-и> *ж* лит Epik *f*
эпика́рд <-а> *м* анат Epikard *nt*
эпикри́з <-а> *м* мед Epikrise *f;* **сде́лать заключи́тельный ~** die endgültige Epikrise vornehmen
эпиле́пси|я <-и> *ж* Epilepsie *f*
эпиле́птик <-а> *м* Epileptiker(in) *m(f)*
эпилепти́ческ|ий <-ая, -ое> *прил* epileptisch
эпило́г <-а> *м* Epilog *m*
эпистоля́рн|ый <-ая, -ое> *прил* лит epistolarisch, in Briefform; **~ жанр** epistolares Genre *nt;* **~ стиль** epistolarer Stil *m;* **~ рома́н** Briefroman *m*
эпите́ли|й <-я> *м* анат, бот Epithel *nt,* Epithelium *nt*
эпи́тет <-а> *м* лит Epitheton *nt,* Beiwort *nt;* **нele̋стный ~** missbilligendes Beiwort *nt*
эпифи́т <-а> *м* бот Epiphyt *m*
эпице́нтр <-а> *м* Epizentrum *nt;* **~ землетрясе́ния** Epizentrum des Erdbebens; **~ я́дерного взры́ва** das Epizentrum der nuklearen Explosion; **~ опа́сного заболева́ния** Epizentrum einer gefährlichen Krankheit; **находи́ться в эпице́нтре собы́тия** im Mittelpunkt des Geschehens stehen
эпи́ческ|ий <-ая, -ое> *прил* episch
эпокси́дн|ый <-ая, -ое> *прил* хим Epoxyd-; **эпокси́дная смола́** Epoxydharz *nt;* **~ лак** Epoxydlack *m*
эполе́т <-а> *м* воен Epaulette *f;* **пара́дные эполе́ты** Paradeepauletten *pl*
эпопе́|я <-и> *ж* *(эпи́ческое произведе́ние, кру́пное собы́тие)* Epopöe *f,* Epos *nt;* **~ Гоме́ра** Homerisches Epos; **гениа́льная ~** geniale Epopöe; **~ Оте́чественной войны́** die Epopöe des Vaterländischen Krieges
э́пос <-а> *м* Epos *nt*
эпо́х|а <-и> *ж* Epoche *f*
эпохальн|ый <-ая, -ое> *прил* epochal
э́р|а <-ы> *ж* Ära *f,* Zeitrechnung *f*
э́рби|й <-я> *м* Erbium *nt*
эрг <-а> *м* физ Erg *nt*
эргоно́мик|а <-и> *ж* Ergonomie *f*
эргономи́ческ|ий <-ая, -ое> *прил* ergonomisch
эре́кци|я <-и> *ж* Erektion *f*
эрите́м|а <-ы> *ж* мед Erythem *nt,* Hautröte *f,* Rötung *f*
эритроци́т <-а> *м* биол Erythrozyte *f,* rotes Blutkörperchen
э́ркер <-а> *м* Erker *m*
Эрмита́ж <-а> *м* иск Ermitage *f;* **посети́ть Эрмита́ж** die Ermitage besuchen
эроге́нн|ый <-ая, -ое> *прил* erogen
эроди́р|овать <-ую, -уешь> *нсв прх* erodieren; **го́рные поро́ды эроди́руют** die Berggesteine erodieren
эро́зи|я <-и> *ж* геол, тех Erosion *f*
Э́рос, Эро́т <-а> *м* мит Eros *m*
эро́тик|а <-и> *ж* Erotik *f*
эроти́ческ|ий <-ая, -ое> *прил* erotisch
эруди́т <-а> *м* Belesener *m;* **~ в о́бласти иску́сства** hochgebildet auf dem Gebiet der Kunst; **непревзойдённый ~** unübertroffener Gelehrter *m*
эруди́ци|я <-и> *ж* Belesenheit *f,* Gelehrsamkeit *f*
эска́др|а <-ы> *ж* воен Geschwader *nt*
эскадри́ль|я <-и> *ж* воен Staffel *f;* **лётная ~** Fliegerstaffel *f;* **служи́ть в эскадри́лье** in einer Staffel dienen; **~ бомбардиро́вщиков** Bombenstaffel *f,* Kampfstaffel *f*
эскадро́н <-а> *м* воен Schwadron *f,* Eskadron *f;* **та́нковый ~** Panzerschwadron *f*
эскала́тор <-а> *м* Rolltreppe *f*
эскала́ци|я <-и> *ж* Eskalation *f,* Ausweitung *f*
эскали́р|овать <-ую, -уешь> *(н)св нпрх* eskalieren
эскало́п <-а> *м* кул Steak *nt*
эскапа́д|а <-ы> *ж* Eskapade *f*
ЭСКАТО *сокр от* **Экономи́ческая и социа́льная коми́ссия ООН для А́зии и Ти́хого океа́на** пол UNO-Wirtschafts- und Sozialausschuss *m* für Asien und den Pazifikraum
эски́з <-а> *м* Skizze *f,* Entwurf *m*
эски́зн|ый <-ая, -ое> *прил* skizzenhaft, Skizzen-; **~ набро́сок** skizzenhafter Entwurf *m;* **~ чертёж** skizzenhafte Zeichnung *f;* **~ прое́кт** Vorentwurf *m*
эскимо́ <неизм> *ср* Eis *nt* am Stiel; **~ в шокола́де** Eis *nt* am Stiel mit Schokoladenüberzug
эскимо́с <-а> *м* Eskimo *m*
эско́рт <-а> *м* Eskorte *f,* Geleit *nt*
эскула́п <-а> *м* мед Äskulapjünger *m*
эсми́н|ец <-ца> *м* воен, мор Zerstörer *m*
эспа́ндер <-а> *м* спорт Expander *m*
эспера́нто <неизм> *ср* лингв Esperanto *nt;* **говори́ть на ~** Esperanto sprechen
эссе́ <неизм> *ср* лит Essay *m*
эссе́нци|я <-и> *ж* Essenz *f*
эстака́д|а <-ы> *ж* стр Gerüstbrücke *f;* **прокла́дывать эстака́ду** eine Hochstraße anlegen; **железнодоро́жная ~** Hochgleis *nt*

эста́мп <-а> *м* Kunstdruck *m; (гравю́ра по ме́ди)* Kupferstich *m*

эстафе́т|а <-ы> *ж* Stafette *f;* СПОРТ Staffellauf *m,* Stafettenlauf *m*

эстезиоло́ги|я <-и> *ж без мн* МЕД Ästhesiologie *f*

эсте́т <-а> *м,* **эсте́тк|а** <-и> *ж* Ästhet(in) *m(f)*

эсте́тик|а <-и> *ж без мн* ФИЛОС, ИСК Ästhetik *f*

эстети́ческ|ий <-ая, -ое> *прил* ästhetisch; **~ вкус** Kunstsinn *m;* **эстети́ческое воспита́ние** Kunsterziehung *f*

эсто́н|ец <-ца> *м,* **эсто́нк|а** <-и> *ж* Este *m,* Estin *f*

Эсто́ния *ж* ГЕОГ Estland *nt*

эстра́д|а <-ы> *ж* **1.** *(помо́ст)* Podium *nt,* Bühne *f;* **вы́йти на эстра́ду** auf das Podium gehen; **~ в ле́тнем саду́** eine Kleinkunstbühne im Sommergarten **2.** ТЕАТ Estrade *f;* **арти́ст эстра́ды** Estradenkünstler(in) *m(f);* **теа́тр эстра́ды** Estradentheater *nt*

i Land & Leute

Der russische – früher „sowjetische“ – Schlager lässt sich in vielerlei Hinsicht mit dem deutschen Schlager vergleichen: einprägsame, oft anspruchslose Lieder, die für eine gewisse Zeit einen hohen Grad an Beliebtheit nur im Inneren des Landes erreichen. Auch in Russland hat **die Schlagerbranche** inzwischen Generationen von „einheimischen Stars“ hervorgebracht, für die ein Durchbruch auf den internationalen Markt der Popmusik in der Regel weder möglich noch erstrebenswert ist. Manche russische Sänger streben nicht nur schöne Melodien sondern auch tiefere, unter die Haut gehende Texte an.

эстра́дн|ый <-ая, -ое> *прил* Estraden-; **~ конце́рт** Estradenkonzert *nt*

эстроге́н <-а> *м* Östrogen *nt*

эстуа́ри|й <-я> *м* ГЕОЛ Ästuarium *nt,* Trichtermündung *f*

э́та *см.* **э́тот**

эта́ж <-а́> *м* Etage *f,* Stockwerk *nt;* **ве́рхний ~** Obergeschoss *nt;* **пе́рвый ~** Erdgeschoss *nt;* **черда́чный ~** Dachgeschoss *nt;* **этажо́м ни́же** ein Stockwerk niedriger; **дом в де́сять этаже́й** zehnstöckiges Haus *nt*

этаже́рк|а <-и> *ж* Regal *nt; (для книг)* Bücherregal *nt,* Büchergestell *nt;* **ни́ша в фо́рме этаже́рки** eine Nische als Bücherregal

э́так I. *нрч* so, auf diese Weise **II.** *част* ungefähr

э́так|ий <-ая, -ое> *прил* so ein; **э́такая неуда́ча!** was für ein Pech!; **~ дура́к!** so ein Dummkopf!

этало́н <-а> *м* Norm *f;* ТЕХ Eichmaß *nt; перен* Inbegriff *m*

эта́н <-а> *м без мн* ХИМ Äthan *nt*

эта́п <-а> *м* Etappe *f;* **эта́пы жи́зни** Lebensstationen *fpl;* **~ зре́лости** Reifezeit *f;* **на э́том эта́пе** an diesem Punkt

э́тик|а <-и> *ж* Ethik *f;* **профессиона́льная ~** Berufsethos *nt*

этике́т <-а> *м* Etikette *f*

этике́тк|а <-и> *ж* Etikett *nt*

этике́т-пистоле́т <-а> *м* Preisauszeichner *m*

эти́л <-а> *м* ХИМ Äthyl *nt*

этиле́н <-а> *м без мн* ХИМ Äthylen *nt*

этилиро́ванн|ый <-ая, -ое> *прил* verbleit, bleihaltig

этимоло́ги|я <-и> *ж* Ethymologie *f*

этиоло́ги|я <-и> *ж без мн* МЕД Ätiologie *f;* **~ боле́зни** Ätiologie *f* der Krankheit *nt;* **установи́ть этиоло́гию ра́ка** die Ätiologie der Krebserkrankung feststellen

эти́ческ|ий, эти́чн|ый <-ая, -ое> *прил* ethisch

этни́ческ|ий <-ая, -ое> *прил* ethnisch; **этни́ческая гру́ппа** Volksgruppe *f*

этногене́з <-а> *м без мн* ЭТН Ethnogenese *f;* **славя́нский ~** slawische Ethnogenese *f;* **~ негро́идной ра́сы** Ethnogenese der negroiden Rasse

этнографи́ческ|ий <-ая, -ое> *прил* ethnographisch; **~ музе́й** ethnographisches Museum *nt;* **этнографи́ческая ка́рта** ethnographische Karte *f;* **этнографи́ческая гру́ппа** ethnographische Gruppe *f;* **этнографи́ческое иссле́дование** ethnographische Untersuchung *f;* **этнографи́ческая экспеди́ция** ethnographische Expedition *f*

этногра́фи|я <-и> *ж* Ethnologie *f,* Völkerkunde *f*

э́то I. *мест см.* **э́тот II.** *в знач. сущ.* das, es; **по́сле э́того** danach; **кто ~?** wer ist das? **III.** *част* denn; **что ~ с ва́ми?** was fehlt Ihnen denn?; **кто ~ звони́л?** wer hat denn angerufen?

этоло́ги|я <-и> *ж* Verhaltensforschung *f*

э́тот, э́та, э́то <э́того, э́той, э́того> *мест указа́т.* diese(r, s); **~ дом** dieses Haus; **на ~ раз** dieses Mal; **э́та на всё спосо́бна!** die ist zu allem fähig!; **дай мне вот э́ту** gib mir diese

этру́ск <-а> *м* ИСТОР Etruske *m;* **язы́к этру́сков** die Sprache der Etrusker; **культу́ра этру́сков** Etruskische Kultur *f;* **происхожде́ние этру́сков** Ursprung *m* der Etrusker

этю́д <-а> *м* Studie *f;* МУЗ Etüde *f*

этю́дник <-а> *м* ИСК Skizzenmappe *f;* **храни́ть эски́зы в этю́днике** die Skizzen in der Skizzenmappe aufbewahren

эфемери́д|а <-ы> *ж* ЗООЛ, АСТР Ephemeriden *pl;* **~ имену́ется ба́бочкой-одно-**

дне́вкой die Eintagsfliege nennt sich Eintagsschmetterling; **~ небе́сных свети́л** Himmelskörperephemeriden *pl*

эфеме́р|ный <-ная, -ное; -ен, -на, -но> *прил* **1.** *(мимолётный)* ephemer(isch), vergänglich; **эфеме́рное явле́ние** ephemere Erscheinung *f;* **~ успе́х** vergänglicher Erfolg *m* **2.** *(нереа́льный)* irreal, unreal, unwirklich; **эфеме́рные наде́жды** ephemere Hoffnungen *fpl*

эфе́с <-а> *м* Degengriff *m;* **шпа́га с золоты́м эфе́сом** Degen *m* mit goldenem Griff; **инкрусти́рованный ~** inkrustierter Degengriff *m*

эфио́п <-а> *м,* **эфио́пк|а** <-и> *ж* Äthiopier(in) *m(f)*

Эфио́пи|я <-и> *ж* Äthiopien *nt*

эфио́пск|ий <-ая, -ое> *прил* äthiopisch; **~ язы́к** äthiopische Sprache *f;* **эфио́пское письмо́** äthiopische Schrift *f*

эфи́р <-а> *м* Äther *m;* **прямо́й ~** Live-Sendung *f;* **выходи́ть в ~** gesendet werden

эфирнома́сличн|ый <-ая, -ое> *прил* агр ätherische Öle enthaltend; **эфирнома́сличные культу́ры** ätherische Öle enthaltende Kulturen

эфи́р|ный <-ная, -ное; -ен, -на, -но> *прил* **1.** хим ätherisch; **эфи́рное ма́сло** ätherisches Öl *nt;* **~ скипида́р** ätherisches Terpentin *nt;* **~ за́пах** ätherischer Duft *m* **2.** *(возду́шный)* zart, duftig; **эфи́рное созда́ние** zartes Geschöpf *nt*

эффе́кт <-а> *м* Effekt *m,* Wirkung *f;* **э́то рассчи́тано на дешёвые эффе́кты** das ist billige Effekthascherei

эффекти́внос|ть <-ти> *ж* Effizienz *f,* Effektivität *f; (де́йственность)* Wirksamkeit *f*

эффекти́в|ный <-ная, -ное; -ен, -на, -но> *прил* effektiv, wirksam

эффе́кт|ный <-ная, -ное; -ен, -на, -но> *прил* effektvoll

эффузи́вн|ый <-ая, -ое> *прил* геол Effusiv-, Erguss-; **эффузи́вные поро́ды** Effusivgesteine *pl*

эффу́зи|я <-и> *ж без мн* геол Effusion *f,* Erguss *m;* **~ ла́вы** Lavaerguss *m*

эх *межд* ach

эхиноко́кк <-а> *м* зоол, мед Echinokokkus *m*

э́хо <э́ха> *ср без мн и перен* Echo *nt*

эхолока́ци|я <-и> *ж* Echolokation *f,* Echoortung *f;* **изуче́ние эхолока́ции у живо́тных** Erforschung *f* der Echoortung bei Tieren

эхоло́т <-а> *м* тех, мор Echolot *nt*

эшафо́т <-а> *м* Schafott *nt*

эшело́н <-а> *м* воен Staffel *f;* трансп Militärzug *m,* Militärtransport *m*

эшелони́ровани|е <-я> *ср* Staffelung *f,* Gliederung *f*

эшелони́р|овать <-ую, -уешь> *(н)св прх* staffeln

Ю ю

Ю, ю <неизм> *ср Buchstabe Ю*

юа́|нь <-ня> *м* ФИН Yuan *m (in Währungseinheit in VR China)*

ЮАР *сокр от* **Южно-Африка́нская Респу́блика** ГЕОГ Südafrikanische Republik *f*

юбиле́|й <-я> *м* Jubiläum *nt;* **приглаша́ть на ~** zur Jubiläumsfeier einladen; **отмеча́ть ~** das Jubiläum feiern; **столе́тний ~** hundertjähriges Jubiläum; **поздра́вить с юбиле́ем** zum Jahrestag gratulieren

юбиле́йн|ый <-ая, -ое> *прил* Jubiläums-; **юбиле́йная да́та** Jahrestag *m;* **юбиле́йная вы́ставка** Jubiläumsausstellung *f;* **юбиле́йное изда́ние** Jubiläumsausgabe *f;* **юбиле́йные торжества́** Jubiläumsfeierlichkeiten *pl*

юбиля́р <-а> *м,* **юбиля́рш|а** <-и> *ж разг* Jubilar(in) *m(f);* **поздра́вить юбиля́ра** dem Jubilar gratulieren

ю́бк|а <-и> *ж* Rock *m;* **ни́жняя ~** Unterrock *m;* **~-брю́ки** Hosenrock *m;* **бе́гать за ка́ждой ю́бкой** ein Frauenheld sein

ю́бочник <-а> *м ирон, разг* Frauenheld *m,* Schürzenjäger *m*

ювели́р <-а> *м* Juwelier *m;* **сде́лать зака́з ювели́ру** etw beim Juwelier bestellen

ювели́рн|ый <-ая, -ое> *прил* Juwelier-; **~ магази́н** Juweliergeschäft *nt;* **ювели́рное иску́сство** Juwelierkunst *f;* **ювели́рные спла́вы** Juwelierlegierungen *pl;* **ювели́рные изде́лия** Schmuckwaren *pl*

ювени́льн|ый <-ая, -ое> *прил* juvenil; **ювени́льные во́ды** juvenile Gewässer *pl;* **~ гормо́н** Häutungshormon *nt*

юг <ю́га> *м* Süden *m;* **на ~** in den Süden; **на ю́ге** im Süden

юго-восто́к <юго-восто́ка> *м* Südosten *m*

Юго-восто́чн|ая Ази|я <-ой -и> *ж* Südostasien *nt*

юго-за́пад <юго-за́пада> *м* Südwesten *m*

Югосла́ви|я <-и> *ж* ИСТОР, ГЕОГ Jugoslawien *nt*

южа́нин <-а> *м,* **южа́нк|а** <-и> *ж* Südländer(in) *m(f)*

ю́жно-неме́цк|ий <-ая, -ое> *прил* süddeutsch

ю́жн|ый <-ая, -ое> *прил* südlich; **Ю́жная Аме́рика** Südamerika *nt;* **Ю́жная А́фрика** Südafrika *nt;* **Ю́жная Евро́па** Südeuropa *nt;* **ю́жное мо́ре** Südsee *f;* **Ю́жный по́люс** Südpol *m;* **Ю́жный Тиро́ль** Südtirol *nt;* **ю́жные фру́кты** Südfrüchte *fpl*

ю́кк|а <-и> *ж* БОТ Yucca *f*

юл|а́ <-ы́> *ж* **1.** *(игру́шка)* Kreisel *m,* Drehkreisel *m* **2.** *разг (непосе́да)* Quecksilber *nt;* **верте́ться как ~** sich wie ein Kreisel drehen

юлиа́нск|ий <-ая, -ое> *прил* ИСТОР julianisch; **~ календа́рь** julianischer Kalender *m;* **~ пери́од** die julianische Zeit; **юлиа́нское летосчисле́ние** die julianische Zeitrechnung

юл|и́ть <-ю́, -и́шь> *нсв нпрх разг* **1.** *(суети́ться, заи́скивать)* scharwenzeln, um jdn herumschwänzeln, sich einschmeicheln; **~ перед нача́льством** um den Chef herumschwänzeln **2.** *перен (хитри́ть)* Tricks anwenden; **переста́ньте ~!** hört mit den Tricks auf!

ю́мор <-а> *м* Humor *m;* **лишённый чу́вства ю́мора** humorlos; **чёрный ~** schwarzer Humor *m*

юморе́ск|а <-и> *ж* ЛИТ, ИСК Humoreske *f;* **музыка́льная ~** musikalische Humoreske *f*

юмори́ст <-а> *м* Humorist *m*

юмори́стик|а <-и> *ж* humoristische Literatur; **эстра́дная ~** Bühnenkomik *f*

юмористи́ческ|ий <-ая, -ое> *прил* humoristisch, humorvoll; **~ журна́л** humoristische Zeitschrift *f;* **~ расска́з** humoristische Erzählung *f*

ю́нг|а <-и> *ж* Schiffsjunge *m*

ЮНЕ́СКО *сокр от* **Организа́ция Объединённых На́ций по вопро́сам образова́ния и культу́ры** UNESCO *f*

юн|е́ц <-ца́> *м разг* Junge *m,* Grünschnabel *m*

юнио́р <-а> *м* СПОРТ Junior *m;* **победи́тель среди юнио́ров** Juniorensieger *m;* **соревнова́ние юнио́ров** Juniorenwettkampf *m*

ю́нкер <-а> *м* ИСТОР **1.** *(неме́цкий землевладе́лец)* Großgrundbesitzer *m* **2.** *(у́нтер-офице́р)* Junker *m*

ю́нкерск|ий <-ая, -ое> *прил* junkerlich, Junker-; **ю́нкерское учи́лище** Junkerschule *f*

юнна́т *сокр от* **ю́ный натурали́ст** junger Naturforscher *m;* **кружо́к юнна́тов** Arbeitskreis *m* junger Naturforschung; **рабо́та юнна́тов в живо́м уголке́** die Tätigkeit der jungen Naturforscher im Tierzimmer

ю́нос|ть <-ти> *ж* **1.** *(во́зраст)* Jugend *f,* Jugendzeit *f;* **пора́ ю́ности** Jugendzeit *f;* **счастли́вая ~** glückliche Jugend *f* **2.** *перен (молодёжь)* Jugend *f,* junge Leute *f;* **беспе́чная ~** glückliche Jugend *f*

ю́нош|а <-и> *ж* junger Mann *m*

ю́ношеск|ий <-ая, -ое> *прил* Jugend-, Jünglings-, jugendlich; **~ во́зраст** Jugend *f,* Jugendalter *nt;* **ю́ношеское увлече́ние** jugendliche Begeisterung *f;* **ю́ношеские мечты́** Jugendträume *pl*

ю́н|ый <-ая, -ое; -, -а́, -о> *прил* jung

Юпи́тер <-а> *м* АСТР Jupiter *m*

юр <ю́ра> *м* **сиде́ть на юру́** *(на ви́дном*

ме́сте) auf einem offenen Platz sitzen

юр|а́ <-ы́> *ж* ГЕОЛ Jura *m,* Juraformation *f*

юриди́ческ|ий <-ая, -ое> *прил* Rechts-; **юриди́ческая консульта́ция** Rechtsberatung *f;* **юриди́ческое лицо́** juristische Person *f;* **юриди́ческое призна́ние** De-jure-Anerkennung *f;* **юриди́ческая фо́рма** Rechtsform *f*

юрисди́кци|я <-и> *ж* ЮР Jurisdiktion *f,* Rechtsprechung *f,* Gerichtsbarkeit *f;* **облада́ть юрисди́кцией** Gerichtsbarkeit besitzen; **подлежа́ть юрисди́кции** der Gerichtsbarkeit unterliegen

юриско́нсульт <-а> *м* Rechtsberater *m,* Justitiar *m*

юриспруде́нци|я <-и> *ж* ЮР Jurisprudenz *f,* Rechtswissenschaft *f,* Jura *pl*

юри́ст <-а> *м* ЮР Jurist(in) *m(f),* Rechtswissenschaftler(in) *m(f);* **колле́гия юри́стов** Juristenkollegium *nt,* Anwaltskollegium *nt;* **~ по образова́нию** juristisch ausgebildet; **на консульта́цию к юри́сту** sich vom Anwalt beraten lassen; **~-междунаро́дник** Völkerrechtler *m*

ю́рка|ть <-ю, -ешь> *нсв,* **ю́ркнуть** *св нпрх* hineinschlüpfen, weghuschen, vorbeihuschen; **~ в подъе́зд** in den Eingang hinunterschlüpfen

ю́р|кий <-кая, -кое; -ок, -ка́, -ко> *прил разг* **1.** *(бы́стрый, живо́й)* flink; **~ зверёк** flinkes Tierchen *nt;* **ю́ркие движе́ния** flinke Bewegungen *fpl* **2.** *(предприи́мчивый)* pfiffig; **~ ма́лый** pfiffiger Kerl *m*

ю́ркн|уть <-у, -ешь> *св нпрх см.* **ю́ркать**

ю́ркос|ть <-ти> *ж* Flinkheit *f;* *(проны́рливость)* Pfiffigkeit *f*

юрлицо́ *сокр от* **юриди́ческое лицо́** juristische Person *f*

юро́див|ый <-ая, -ое> *м* Narr *m* in Christo, Schwachsinnige *m,* Blödsinnige *m*

юро́дств|о <-а> *ср без мн* Blödsinn *m,* Schwachsinn *m*

ю́рск|ий <-ая, -ое> *прил* ГЕОЛ Jura-; **ю́рская систе́ма** Jurasystem *nt;* **~ пери́од** Jura *m,* Juraformation *f;* **~ известня́к** Jurakalkstein *m*

ю́рт|а <-ы> *ж* Jurte *f (rundes Filzzelt)*

юсти́р|овать <-ую, -уешь> *(н)св прх* ТЕХ justieren, genau einstellen; **~ микроско́п** ein Mikroskop einstellen

юсти́ци|я <-и> *ж* ЮР Justiz *f;* **администрати́вная ~** Verwaltungsjustiz *f;* **министе́рство юсти́ции** Justizministerium *nt;* **сове́тник юсти́ции** Justizrat *m*

ют <ю́та> *м* МОР Achterdeck *nt*

юти́ться <ючу́сь, юти́шься> *нсв рефл* hausen

ю́тов|ый <-ая, -ое> *прил* МОР Achterdeck(s)-; **~ тент** Achterdecksonnensegel *nt*

юфе́рс <-а> *м* МОР Juffer *m,* Jufferblock *m*

ю́фтев|ый <-ая, -ое> *прил* Juchten-, Juchtenleder-; **~ заво́д** Juchtenlederfabrik *f;* **ю́фтевое произво́дство** Juchtenlederproduktion *f*

юфть <ю́фти> *ж* Juchten *m,* Juchtenleder *nt;* **отде́лка ю́фтью** Juchtenbesatz *m;* **пальто́ из ю́фти** Juchtenledermantel *m*

Я я

Я, я[1] <неизм> *ср* Buchstabe *Я*

я[2] <меня́, мне, меня́, мной/мно́ю, обо мне́> *мест* ich

я́бедник <-а> *м*, **я́бедниц|а** <-ы> *ж* Verleumder(in) *m(f)*

я́бедничa|ть <-ю, -ешь> *нсв нпрх разг* verleumden; **~ на одноклáссников** die Mitschüler verpetzen

я́блок|о <-а> *ср* Apfel *m;* **~ раздо́ра** *перен* Zankapfel *m;* **я́блоку не́где упа́сть** es ist so eng, dass man nicht mal umfallen kann; **~ от я́блони недалеко́ па́дает** *пословица* der Apfel fällt nicht weit vom Stamm; **ада́мово ~** АНАТ Adamsapfel *m*

я́блонев|ый <-ая, -ое> *прил* Apfelbaum-; **~ сад** Apfelbaumgarten *m;* **в я́блоневом цвету́** in der Farbe der Apfelblüte

я́блонн|ый <-ая, -ое> *прил* ЗООЛ Apfel-; **~ цветое́д** Apfelblütenwurm *m;* **я́блонная моль** Apfelmotte *f;* **я́блонная тля** Apfelblattlaus *f*

я́блон|я <-и> *ж* Apfelbaum *m;* **ди́кая ~** Holzapfelbaum *m;* **спе́лые плоды́ я́блонь** reife Äpfel *mpl*

я́блочк|о <-а> *ж* kleiner Apfel *m;* *(стрелко́вая цель)* Mittelpunkt *m;* **попа́сть в ~** ins Schwarze treffen

я́блочн|ый <-ая, -ое> *прил* Apfel-; **испе́чь ~ пиро́г** einen Apfelkuchen backen; **чай с я́блочным варе́ньем** Tee *m* mit Apfelkonfitüre; **я́блочная кислота́** Apfelsäure *f*

Я́в|а <-ы> *ж* ГЕОГ Java *nt*

ява́н|ец <-ца> *м*, **ява́нк|а** <-и> *ж* Javaner(in) *m(f)*

ява́нск|ий <-ая, -ое> *прил* javanisch; **ява́нское мо́ре** Javanisches Meer *nt;* **ява́нское письмо́** javanische Schrift *f*

яви́ться <явлю́сь, я́вишься> *св нпрх см.* **явля́ться**

я́вк|а <-и> *ж* **1.** ЮР Erscheinen *nt;* **~ с пови́нной** freiwilliges Stellen *nt* **2.** *(конспирати́вное ме́сто встре́чи)* geheimer Treffpunkt *m*

явле́ни|е <-я> *ср* **1.** *(появле́ние)* Erscheinen *nt*, Eintreffen *nt* **2.** *(феноме́н)* Erscheinung *f*, Phänomen *nt;* **э́то сего́дня весьма́ распространённое ~** das ist heute weit verbreitet; **~ приро́ды** Naturphänomen *nt* **3.** ТЕАТ Auftritt *m*

явля́|ться <-юсь, -ешься> *нсв*, **яви́ться** *св нпрх* **1.** *(прибы́ть)* erscheinen, kommen, sich einfinden; **~ за спра́вкой** wegen einer Auskunft erscheinen; **~ с пови́нной** ЮР sich stellen, sich freiwillig ergeben; **~ с призо́вкой** mit einer Vorladung kommen; **~ в суд** vor Gericht erscheinen; **~ по назначе́нию** ВОЕН sich melden; **~ в ука́занное ме́сто** sich an angegebener Stelle melden; **~ во́время** sich rechtzeitig melden **2.** *(стать, оказа́ться)* sein, sich erweisen; **~ свиде́телем** ein Zeuge sein; **~ причи́ной несча́стья** die Ursache für das Unglück sein; **~ организа́тором ко́нкурса** Organisator des Wettbewerbes sein; **~ ва́жным собы́тием** ein wichtiges Ereignis sein; **~ закономе́рно** sich als rechtmäßig erweisen **3.** *(представля́ть собо́й)* darstellen, bieten; **~ по́водом для разгово́ра** eine Gesprächsgrundlage bieten; **~ доказа́тельством чего́-л.** Beweis für etw darstellen; **~ пра́вдой** sich als Wahrheit herausstellen

я́в|ный <-ная, -ное; -ен, -на, -но> *прил* offensichtlich, erkennbar; **~ обма́н** klarer Betrug *m*

я́вор <-а> *м* БОТ Bergahorn *m*

я́вочн|ый <-ая, -ое> *прил* Treff-; **~ а́дрес** Anlaufstellenadresse *f;* **я́вочная кварти́ра** Anlaufstelle *f;* **~ пункт** Treffpunkt *m*

я́вствен|ный <-ная, -ное; -, -на, -но> *прил* deutlich, klar; **~ звук** klarer Laut *m;* **~ го́лос** klare Stimme *f*

я́вств|овать <-ует> *нсв безл, то́лько 3 л* hervorgehen; **~ из докуме́нтов** aus den Dokumenten hervorgehen; **э́то я́вствует из письма́** das geht aus den Briefen hervor

явь <я́ви> *ж* Realität *f*, Wirklichkeit *f;* **стать я́вью** Wirklichkeit werden

ягдта́ш <-а> *м* Jagdtasche *f*

я́ге|ль <-ля> *м без мн* БОТ Rentierflechte *f*, Rentiermoos *nt*

ягнён|ок <-ка> *м* Lamm *nt*

ягн|и́ться <-ю́сь, -и́шься> *нсв*, **оягни́ться** *св рефл* lammen; **о́вцы оягни́лись** die Schafe haben gelammt

ягня́ч|ий <-ья, -ье> *прил* Lamm(s)-; **ягня́чья шерсть** Lammwolle *f;* **ягня́чья шку́рка** Lammfell *nt*

я́год|а <-ы> *ж* Beere *f;* **они́ одного́ по́ля я́годы** *перен* sie sind aus einem Holz geschnitzt

ягоди́ц|а <-ы> *ж* Gesäßbacke *f*, Gesäß *nt*

я́годн|ый <-ая, -ое> *прил* Beeren-; **~ куст** Beerenstrauch *m*

ягуа́р <-а> *м* ЗООЛ Jaguar *m*

яд <я́да> *м* Gift *nt;* **змеи́ный ~** Schlangengift *nt*

я́дерн|ый <-ая, -ое> *прил* nuklear; **~ взрыв** Kernexplosion *f;* **я́дерная держа́ва** Atommacht *f;* **я́дерные испыта́ния** Atomwaffentests *mpl;* **я́дерное ору́жие** Kernwaffen *fpl;* **~ си́нтез** Kernfusion *f;* **я́дерная фи́зика** Kernphysik *f;* **я́дерная эне́ргия** Kernenergie *f*

я́дерщик <-а> *м разг* Kernforscher(in) *m(f)*, Kerntechniker(in) *m(f)*

ядови́т|ый <-ая, -ое; -, -а, -о> *прил* giftig; **~ газ** Giftgas *nt;* **ядови́тая змея́** Giftschlange *f;* **ядови́тые отхо́ды** Giftmüll *m*

ядохимика́т <-а> *м* chemische Schädlingsbekämpfungsmittel *ntpl,* Pflanzenschutzmittel *nt;* **обрабо́тка по́чвы ядохимика́тами** Bodenbearbeitung mit Pflanzenschutzmitteln

ядрён|ый <-ая, -ое; -, -а, -о> *прил* **1.** *(твёрдый, пло́тный)* kräftig, kernig; **~ оре́х** kernige Nuss *f* **2.** *(здоро́вый, кре́пкий)* kerngesund, stramm, kraftstrotzend; **~ мужи́к** strammer Kerl *m;* **ядрёное те́ло** kerngesunder Körper *m* **3.** *(све́жий, бодря́щий)* frisch, belebend; **~ во́здух** frische Luft *f* **4.** *перен (грубова́тый)* kernig, markig, kräftig; **отпуска́ть ядрёные шу́точки** kräftige Witze reißen; **ядрёные слове́чки** kernige Worte

я́дриц|а <-ы> *ж без мн* Buchweizengrütze *f*

ядр|о́ <-а́> *ср* **1.** БОТ Kern *m* **2.** ФИЗ Atomkern *m* **3.** СПОРТ Kugel *f* **4.** *перен* Kern *m,* Hauptsache *f*

ядротолка́те|ль <-ля> *м* СПОРТ Kugelstoßer(in) *m(f)*

я́дрышк|о <-а> *ср* БИОЛ Kern *m*

я́зв|а <-ы> *ж* **1.** МЕД Geschwür *nt;* **~ желу́дка** Magengeschwür *nt* **2.** *перен* Geißel *f,* Gebrechen *nt* **3.** *разг* Spötter *m,* Lästermaul *nt*

я́звенник <-а> *м* **1.** БОТ Wundklee *m* **2.** *разг (больно́й)* Magengeschwürkranke(r) *f(m)*

я́звенн|ый <-ая, -ое> *прил* МЕД geschwürig, Geschwür-; **я́звенная боле́знь** Magengeschwür *nt;* **~ проце́сс** Geschwürbildung *f;* **~ коли́т** geschwürige Kolitis *f*

язви́тельнос|ть <-ти> *ж* Hohn *m,* Spott *m*

язви́те|льный <-льная, -льное; -лен, -льна, -льно> *прил* höhnisch, spöttisch, beißend; **язви́тельное замеча́ние** spöttische Bemerkung *f*

язв|и́ть <-лю́, -и́шь> *нсв,* **съязви́ть** *св нпх* spotten, sticheln

язы́к <-а́> *м* **1.** АНАТ Zunge *f* **2.** ЛИНГВ Sprache *f;* **~ же́стов** Zeichensprache *f;* **госуда́рственный ~** Staatssprache *f;* **иностра́нный ~** Fremdsprache *f;* **официа́льный ~** Amtssprache *f;* **рабо́чий ~** Konferenzsprache *f;* **родно́й ~** Muttersprache *f;* **держа́ть ~ за зуба́ми** *разг* den Mund halten; **име́ть о́стрый ~** *перен* eine spitze Zunge haben; **с хорошо́ подве́шенным языко́м** *разг* redegewandt

языкове́д <-а> *м* ЛИНГВ Sprachforscher(in) *m(f),* Sprachwissenschaftler(in) *m(f),* Linguist(in) *m(f)*

языков|о́й <-а́я, -о́е> *прил* Sprach-, sprachlich; **языкова́я поли́тика** Sprachenpolitik *f;* **укрепля́ть языковы́е конта́кты** die sprachwissenschaftlichen Kontakte festigen; **име́ть языково́е чутьё** sprachliches Feingefühl besitzen; **описа́ть языковы́е явле́ния** die sprachlichen Phänomene beschreiben; **языкова́я культу́ра** Sprachkultur *f;* **языкова́я оши́бка** Sprachfehler *m*

языко́в|ый <-ая, -ое> *прил* АНАТ Zungen-; **языко́вые сосо́чки** Zungenpapillen *fpl*

языкозна́ни|е <-я> *ср* Sprachwissenschaft *f*

язы́ческ|ий <-ая, -ое> *прил* heidnisch

язы́честв|о <-а> *ср без мн* Heidentum *nt*

язычко́в|ый <-ая, -ое> *прил* **1.** АНАТ, ЛИНГВ Zäpfchen-; **язычко́вые согла́сные** uvulare Konsonanten *pl* **2.** МУЗ Zungen-; **~ инструме́нт** Zungeninstrument *nt;* **~ труба́** Zungenpfeife *f*

язы́чник <-а> *м,* **язы́чниц|а** <-ы> *ж* Heide *m,* Heidin *f*

язы́чн|ый <-ая, -ое> *прил* АНАТ Zungen-; **язы́чные мы́шцы** Zungenmuskulatur *f*

языч|о́к <-ка́> *м* kleine Zunge *f;* АНАТ Zäpfchen *nt,* Uvula *f; (боти́нка, су́мочки)* Lasche *f*

язь <я́зя> *м (ры́ба)* Aland *m*

яи́чк|о <-а> *ср* **1.** *(яйцо́)* Ei *nt* **2.** АНАТ Hoden *m*

яи́чник <-а> *м* Eierstock *m*

яи́чниц|а <-ы> *ж* Eierspeise *f;* **~-болту́нья** Rührei *nt;* **~-глазу́нья** Spiegelei *nt*

яи́чн|ый <-ая, -ое> *прил* Ei-, Eier-; **~ желто́к** Eigelb *nt;* **яи́чная скорлупа́** Eierschale *f;* **~ порошо́к** Eipulver *nt;* **~ шампу́нь** Eishampoo *nt*

яйцеви́д|ный <-ная, -ное; -ен, -на, -но> *прил* eiförmig

яйцево́д <-а> *м* АНАТ Eileiter *m*

яйцекле́тк|а <-и> *ж* Eizelle *f*

яйцено́скос|ть <-ти> *ж без мн* АГР Legeleistung *f*

яйц|о́ <-а́> *ср* Ei *nt;* **~, сва́ренное вкруту́ю** hartgekochtes Ei *nt;* **~, сва́ренное всмя́тку** weichgekochtes Ei *nt*

як <я́ка> *м* ЗООЛ Jak *m*

якоби́н|ец <-ца> *м* ИСТОР Jakobiner(in) *m(f)*

я́кобы **I.** *сз* dass **II.** *част* angeblich

я́корн|ый <-ая, -ое> *прил* МОР Anker-; **я́корная цепь** Ankerkette *f;* **я́корная стоя́нка** Ankerplatz *m*

я́ко|рь <-ря> *м* Anker *m;* **поднима́ть ~, снима́ться с я́коря** den Anker lichten; **станови́ться на** [*или* **броса́ть**] **~** vor Anker gehen; **стоя́ть на я́коре** vor Anker liegen

яку́т <-а> *м,* **яку́тк|а** <-и> *ж* Jakute *m,* Jakutin *f*

Яку́ти|я <-и> *ж* Jakutien *nt*

якш|а́ться <-у́сь, -и́шься> *нсв нпх разг* verkehren

я́лик <-а> *м* МОР Jolle *f,* Boot *nt*

я́лов|ый <-ая, -ое> *прил* **1.** *(беспло́дный)* unfruchtbar, steril, unergiebig; **я́ловая коро́ва** gelte Kuh *f* **2.** *(ко́жа)* rind(s)ledern; **я́ловые сапоги́** rindslederne Stiefel *mpl*

Я́лт|а <-ы> *ж* ГЕОГ Jalta *nt*

я́м|а <-ы> *ж* Loch *nt,* Grube *f; (ров)* Graben *m;* **оркестро́вая ~** Orchestergraben *m*

яма́|ец <-йца> *м,* **яма́йк|а** <-и> *ж* Jamaikaner(in) *m(f)*

Яма́йк|а <-и> *ж* ГЕОГ Jamaika *nt*

ямб <я́мба> *м без мн* ЛИТ Jambus *m;* **трёхсто́пный ~** dreifüßiger Jambus; **во́льный ~** freie Jamben; **писа́ть я́мбом** in Jamben dichten

ямокопа́те|ль <-ля> *м* ТЕХ Erdlochbohrer *m*

я́мочк|а <-и> *ж (на щеке́)* Grübchen *nt*

ямщи́к <-а́> *м* Fuhrmann *m,* Postkutscher *m*

янва́рск|ий <-ая, -ое> *прил* Januar-; **~ моро́з** Januarfrost *m;* **~ ве́чер** Januarabend *m*

янва́|рь <-ря́> *м* Januar *m*

я́нки <неизм> *м* Yankee *m*

янта́рн|ый <-ая, -ое> *прил* **1.** *(из янтаря́)* Bernstein-; **янта́рное ожере́лье** Bernsteinkollier *nt;* **янта́рные украше́ния** Bernsteinschmuck *m;* **янта́рная кислота́** ХИМ Bernsteinsäure *f* **2.** *(ярко-жёлтый)* bernsteingelb; **янта́рные коло́сья** bernsteingelbe Ähren *pl*

янта́|рь <-ря́> *м* Bernstein *m*

япо́н|ец <-ца> *м,* **япо́нк|а** <-и> *ж* Japaner(in) *m(f)*

япони́ст <-а> *м* Japonist(in) *m(f)*

Япо́ни|я <-и> *ж* Japan *nt*

япо́нск|ий <-ая, -ое> *прил* japanisch

яр <я́ра> *м* **1.** *(обры́в)* steiler Abhang *m* **2.** *(овра́г)* tiefe Schlucht *f*

ярд <я́рда> *м* Yard *nt*

яре́мн|ый <-ая, -ое> *прил* АНАТ **яре́мные ве́ны** Halsvenen *fpl*

я́р|кий <-кая, -кое; -ок, -ка́, -ко> *прил* **1.** *(све́тлый)* hell; **горе́ть я́рким пла́менем** lichterloh brennen **2.** *перен* leuchtend, strahlend; **я́ркая ли́чность** strahlende Persönlichkeit *f*

я́рко-кра́сн|ый <-ая, -ое> *прил* knallrot, scharlachrot

я́ркос|ть <-ти> *ж* Helligkeit *f; перен* Markante *nt;* **настро́йка я́ркости** Helligkeitseinstellung *f*

ярлы́к <-а́> *м* Etikett *nt,* Logo *nt;* **снабжа́ть ярлыко́м** etikettieren; **наве́шивать ~ на кого́-л.** *перен* jdn abstempeln

я́рмарк|а <-и> *ж* Jahrmarkt *m;* ЭКОН Messe *f*

я́рмарочн|ый <-ая, -ое> *прил* Jahrmarkt-, Messe-; **я́рмарочная пло́щадь** Rummelplatz *m;* **~ го́род** Messestadt *f;* **~ павильо́н** Messehalle *f*

ярм|о́ <-а́> *ср* **1.** *(хому́т)* Joch *nt;* **наде́ть ~** das Joch auferlegen **2.** *перен (бре́мя)* Last *f;* **сбра́сывать ~** die Last abwerfen; **~ ра́бства** Sklavenjoch *nt;* **~ бра́чной жи́зни** die Bürde des Ehelebens

яро *нрч* eifrig, heftig; **~ защища́ть кого́-л.** jdn heftig verteidigen

яровиза́ци|я <-и> *ж* АГР Jarowisieren *nt,* Jarowisation *f*

яров|о́й <-а́я, -о́е> *прил* АГР Sommer-; **сев яровы́х культу́р** die Aussaat der Sommerkulturen; **яровы́е хлеба́** Sommergetreide *nt;* **яровое по́ле** Sommersaatfeld *nt*

я́рост|ный <-ная, -ное; -ен, -на, -но> *прил* grimmig, wütend; *(свире́пый)* wutentbrannt; *(ожесточённый)* erbittert

я́рос|ть <-ти> *ж* Wut *f,* Rage *f;* **при́ступ я́рости** Wutanfall *m;* **прийти́ в ~** in Wut geraten

я́рус <-а> *м* Etage *f;* ТЕАТ Rang *m*

я́р|ый <-ая, -ое; -, -а, -о> *прил* eifrig, leidenschaftlich; **я́рые приве́рженцы** eifrigste Fürsprecher *mpl*

я́се|нь <-ни> *м* Esche *f*

я́сл|и <-ей> *мн* Futterkrippe *f; (де́тские)* Kinderkrippe *f*

i Land & Leute

Die Kinderkrippe und **der Kindergarten** sind die beiden Einrichtungen, die schon in der Sowjetzeit vom Staat als Hilfe für berufstätige Eltern ins Leben gerufen worden waren. Während nur ein geringer Teil der russischen Kleinkinder in eine Kinderkrippe gebracht wird, besuchen sehr viele Vorschulkinder einen Kindergarten, in dem sie von geschultem Personal betreut und gefördert werden – jedes Kind hat das Recht auf einen Kindergartenplatz. Zu Kindergärten gehört heute eine sogenannte „Null-Klasse" mit einem Elementarunterricht, die im Jahr vor der Einschulung als Vorbereitung für den Schulunterricht dienen soll.

ясновид|ец <-ца> *м,* **ясновидиц|а** <-ы> *ж* Hellseher(in) *m(f)*

ясногла́з|ый <-ая, -ое> *прил* mit hellen Augen; **~ паренёк** helläugiger Knabe *m*

я́снос|ть <-ти> *ж* Klarheit *f;* **вноси́ть ~ во что-л.** Klarheit schaffen

я́с|ный <-ная, -ное; -ен, -на́, -но> *прил* klar, deutlich; **сохраня́ть я́сную го́лову** einen klaren Kopf behalten; **я́сное не́бо** klarer Himmel *m*

я́ств|а <-> *мн* Gerichte *pl,* Speisen *pl;* **восто́чные ~** östliche Gerichte; **стол ло́мится от яств** der Tisch biegt sich unter den vielen Speisen

я́стреб <-а> *м* Habicht *m*

ястреби́н|ый <-ая, -ое> *прил* **1.** ЗООЛ Habicht(s)-; **~ клюв** Habichtsschnabel *m;* **ястреби́ная охо́та** Habichtsjagd *f* **2.** *(хи́щный)* Raub-; **~ взгляд** Raubblick *m*

ятага́н <-а> *м* Jatagan *m,* Krummsäbel *m*

я́хонт <-а> *м устар (руби́н, сапфи́р)* Edelstein *m;* **пе́рстень с я́хонтом** Edelsteinring *m;* **горе́ть как ~** wie ein Edelstein funkeln

я́хт|а <-ы> *ж* МОР, СПОРТ Jacht *f,* Segelboot *nt;* **мото́рная ~** Motorjacht *f;* **го́ночная ~** Rennboot *nt*

яхт-клу́б <яхт-клу́ба> *м* МОР, СПОРТ Jachtklub *m*

яхтсме́н <-а> *м* Jachtsegler *m,* Segelsportler(in) *m(f),* Segler *m*

яче́йк|а <-и> *ж* Zelle *f;* *(элеме́нт)* Element *nt;* *(едини́ца)* Einheit *f;* *(углубле́ние)* Vertiefung *f,* Delle *f,* Näpfchen *nt;* ТЕХ Steckplatz *m;* *(в се́тке)* Masche *f*

ячме́нн|ый <-ая, -ое> *прил* Gersten-; **ячме́нное зерно́** Gerstenkorn *nt;* **лепёшки из ячме́нной муки́** Gerstenmehlfladen *m;* **ячме́нная крупа́** Gerstengrütze *f;* **ячме́нное по́ле** Gerstenfeld *nt*

ячме́|нь <-ня́> *м* **1.** БОТ Gerste *f* **2.** МЕД Gerstenkorn *nt*

я́шм|а <-ы> *ж* Jaspis *m*

я́шмов|ый <-ая, -ое> *прил* Jaspis-; **я́шмовое месторожде́ние** Jaspisvorkommen *nt;* **я́шмовая шкату́лка** Jaspisschatulle *f*

я́щер <-а> *м* ЗООЛ Echse *f*

я́щериц|а <-ы> *ж* Eidechse *f*

я́щик <-а> *м* **1.** *(коро́бка)* Kasten *m;* **~ с песко́м** Sandkasten *m;* **~ Пандо́ры** die Büchse der Pandora; **почто́вый ~** Briefkasten *m;* **му́сорный ~** Mülleimer *m* **2.** *(выдвижно́й)* Schublade *f,* Schubfach *nt* **3.** *перен* Fernseher *m;* **откла́дывать что-л. в до́лгий ~** etw auf die lange Bank schieben; **сыгра́ть в ~** *перен* abkratzen

я́щур <-а> *м* Maul- und Klauenseuche *f*

Privatkorrespondenz	Частная корреспонденция
An das Verkehrsamt: Anforderung von Prospekten	В бюро по туризму и экскурсиям: запрос информации
Ein Hotelzimmer reservieren	Бронирование комнаты в гостинице
Auskünfte über eine Ferienwohnung einholen	Наведение справок о пансионах
Eine Ferienwohnung mieten	Аренда квартиры в пансионе
Urlaubsgrüße	Привет из отпуска
Weihnachts- und Neujahrsgrüße (an sehr gute Freunde)	Новогодние и рождественские пожелания (близким друзьям)
Weihnachts- und Neujahrsgrüße (an Bekannte)	Новогодние и рождественские пожелания (знакомым)
Geburtstagskarte	Поздравление с днем рождения
Kondolenzkarte (an Bekannte)	Открытка с выражением соболезнования (знакомым)
Heiratsanzeige	Объявление в газете о бракосочетании
Einladung zur Hochzeitsfeier (an Bekannte)	Приглашение на свадьбу (знакомым)
Einladung zur Hochzeitsfeier (an gute Freunde)	Приглашение на свадьбу (близким друзьям)
Die Einladung zu einer Hochzeitsfeier annehmen (gute Freunde)	Положительный ответ на свадебное приглашение (от близких друзей)
Einladung zu einem Besuch	Приглашение
Eine Einladung annehmen	Положительный ответ на приглашение
Eine Einladung ablehnen	Отказ принять приглашение
Sich für ein Hochzeitsgeschenk bedanken	Благодарность за свадебный подарок
Sich für ein Geburtstagsgeschenk bedanken	Благодарность за подарок ко дню рождения
Sich für die Gastfreundschaft bedanken	Благодарность за оказанное гостеприимство
Die Anrede	Обращение
Die Grußformel	Формы приветствия

Privatkorrespondenz

Частная корреспонденция

В бюро по туризму и экскурсиям: запрос информации

Игорь и Светлана Борисовы
137040 Смоленск
Гвардейский Проспект 36

Бюро по туризму и экскурсиям
236000 Калининград
ул. Космонавта Леонова 15

21 февраля 2012

Уважаемые дамы и господа,

Мы с женой хотели бы провести наш отпуск этим летом на калининградском побережье Балтийского моря и просим Вас выслать нам, если это возможно, список гостиниц и другую информацию.

Заранее благодарим Вас за оказанную услугу.

С уважением,

Игорь Борисов

Я хотел бы провести свой отпуск в ...	*Ich möchte meinen Urlaub in … verbringen.*
Прислать информацию	*Prospekte zuschicken*

An das Verkehrsamt: Anforderung von Prospekten

P. Unger
Schneiderstr. 6
28717 Bremen

An das
Verkehrsamt
Postfach 66 38 92
82211 Herrsching

Bremen, den 21.02.2012

Sehr geehrte Damen und Herren,

wir möchten in diesem Sommer unseren Urlaub am Ammersee verbringen und bitten Sie um Zusendung eines Hotelverzeichnisses und weiterer Informationsmaterialien.

Für Ihre Bemühungen danken wir Ihnen im Voraus.

Mit freundlichen Grüßen

Peter Unger

Wir bitten um Zusendung von ...	*Просим Вас прислать нам ...*
Für Ihre Bemühungen danken wir Ihnen im Voraus.	*Заранее благодарим Вас за хлопоты.*

Бронирование комнаты в гостинице

Уважаемая г-жа Юрковская,

большое Вам спасибо за Ваше письмо от 17/5/2012 и за проспект, позволивший нам создать себе впечатление о Вашей гостинице. Все члены нашего клуба были просто в восторге.

В соответствии с Вашими расценками мы хотели бы забронировать:

4 номера на двоих с душем и туалетом и
4 номера на одного человека с душем и туалетом.

Мы исходим из того, что в стоимость каждого номера включены ночёвка и завтрак.

Мы собираемся прибыть 10-го июня около 14-ти часов. Прилагаем полный список членов нашей группы.

С радостью ожидаем своего пребывания у Вас и благодарим Вас за хлопоты.

С уважением,

Станислав Токарев

Ваша брошюра, в которой я нашёл / нашла информацию обо всех деталях.	*Ihr Faltblatt, das mich über alle Einzelheiten informiert.*
Прошу Вас забронировать для меня…	*Ich bitte Sie, ... zu reservieren.*

Ein Hotelzimmer reservieren

Sehr geehrte Frau Malo,

vielen Dank für Ihren freundlichen Brief vom 17. Mai sowie den Prospekt, der uns einen Einblick in ihr Haus gegeben hat. Alle Clubmitglieder waren begeistert.

Entsprechend Ihrer Preisliste bitten wir Sie um die Reservierung von:

4 Doppelzimmern mit Dusche und WC,
4 Einzelzimmern mit Dusche und WC.

Wir gehen davon aus, dass sich die Preise jeweils auf die Übernachtung mit Frühstück beziehen.

Wir werden voraussichtlich am 2. Oktober gegen 14 Uhr eintreffen. Beiliegend schicken wir Ihnen die genaue Teilnehmerliste.

Wir freuen uns auf unseren Aufenthalt und danken Ihnen für Ihre Mühe.

Mit freundlichen Grüßen

Monika Ottke

... hat uns einen Einblick in Ihr Haus gegeben — *...позволил нам составить себе впечатление о Вашей гостинице.*

Wir werden voraussichtlich am ... eintreffen — *Мы собираемся прибыть ...*

Наведение справок о пансионах

Уважаемая г-жа Голдберг,

Проспекты с описанием имеющихся в Вашем регионе пансионов, присланные нам Бюром по туризму и экскурсиям, привлекли наше внимание к сдаваемым Вами квартирам.

Мы с удовольствием сняли бы у Вас квартиру на пять человек сроком на три недели, начиная с 15-го июля, но у нас имеется ещё ряд вопросов, касающихся нашего размещения, проживания, а также оплаты.

Возможен ли наш приезд в середине недели и наше проживание там в течение трёх недель, а именно со среды до вторника? Не могли бы Вы нам сообщить, включена ли в цену плата за уборку квартиры по завершении срока проживания и желаете ли Вы получить задаток – и если да, то в каком размере? Предоствляется ли постельное бельё? И, наконец, можно ли в квартире держать собаку, т.к. у нас есть такса?

С уважением,

В. и Е. Литвиновы

список и описание пансионов и квартир для отдыхающих	*die Liste und die Beschreibung der Ferienhäuser und -wohnungen*
на один месяц, начиная с 1-го июля	*für einen Monat ab dem ersten Juli*
Не могли бы Вы мне сообщить, … ли ...	*Könnten Sie mir mitteilen, ob …*
размер арендной платы	*der Mietpreis*
размер вносимого задатка	*die Höhe der zu leistenden Anzahlung*
Постельное бельё предоставляется.	*Die Bettwäsche wird zur Verfügung gestellt.*

Auskünfte über eine Ferienwohnung einholen

Sehr geehrte Frau Schober,

das Informationsmaterial des Fremdenverkehrsbüros mit der Beschreibung der Ferienunterkünfte in Ihrer Region hat uns auf die von Ihnen vermieteten Ferienwohnungen aufmerksam gemacht.

Wir würden gerne die Wohnung für fünf Personen ab dem 15. Juli für drei Wochen mieten, haben aber zuvor noch einige Fragen.

Besteht die Möglichkeit, in der Woche anzureisen und die Wohnung für 21 Tage von Mittwoch bis Dienstag zu nehmen? Können Sie uns bitte mitteilen, ob die Endreinigung im Preis inbegriffen ist und ob bzw. in welcher Höhe Sie vor der Anreise eine Anzahlung wünschen? Wird Bettwäsche zur Verfügung gestellt? Und ist Hundehaltung – wir haben einen Dackel – in der Wohnung erlaubt?

Mit freundlichen Grüßen

B. und H. Göckritz

das Informationsmaterial des Fremdenverkehrsbüros	*проспекты Бюро информации по туризму и экскурсиям*
die von Ihnen vermieteten Ferienwohnungen	*сдаваемые Вами в аренду квартиры для отдыхающих*
Besteht die Möglichkeit, in der Woche anzureisen?	*Возможен ли наш приезд в середине недели?*
Ist die Endreinigung im Preis inbegriffen?	*Включена ли в цену уборка по завершении срока проживания?*
Ist Hundehaltung erlaubt?	*Разрешено ли держание собаки?*

Аренда квартиры в пансионе

Уважаемая г-жа Потёмина,

большое спасибо за Ваш быстрый ответ.

Мы согласны с Вашими условиями и настоящим подтверждаем, что мы намерены снять квартиру номер 3 на пять человек в Вашем пансионе, с 15-го июля по 4-е августа включительно.

Задаток в размере 4000 рублей мы перевели сегодня на указанный Вами счёт, остаток арендной платы в размере 12 000 рублей Вы получите, согласно договорённости, в день нашего отъезда.

Мы рады провести у Вас отпуск.

С уважением,

В. и Л. Никоновы

П. С. Не могли бы Вы нам вовремя сообщить, где и до которого часа в день приезда мы сможем получить ключи?

… о которых Вы любезно сообщили нам.	*… die Sie uns freundlicherweise mitgeteilt haben.*
… подтверждаю своё решение ... снять	*... ich bestätige meine Entscheidung … zu mieten*
в качестве задатка	*als Anzahlung*
Оставшаяся сумма будет уплачена …	*Der Restbetrag wird … bezahlt.*
Не могли бы ли Вы нам точно указать, где…	*Würden Sie uns bitte genau angeben, wo …*

Eine Ferienwohnung mieten

Sehr geehrte Frau Schober,

herzlichen Dank für Ihre rasche Antwort.

Wir sind mit Ihren Konditionen einverstanden und bestätigen hiermit, Ihre Ferienwohnung Nr. 3 für fünf Personen vom 15. Juli bis einschließlich 4. August zu mieten.

Die Vorauszahlung in Höhe von 400,- € haben wir heute auf das von Ihnen angegebene Konto überwiesen, die restliche Miete in Höhe von 1.050,- € erhalten Sie wie abgesprochen an unserem Abreisetag.

Wir freuen uns auf den Urlaub bei Ihnen.

Mit freundlichen Grüßen

B. und H. Göckritz

P.S.: Könnten Sie uns bitte rechtzeitig Bescheid geben, wo und bis wann wir am Anreisetag unsere Schlüssel abholen können?

vom 15. Juli bis einschließlich 4. August	*с 15-го июля по 4-е августа включительно*
Die restliche Miete ... erhalten Sie wie abgesprochen an unserem Abreisetag.	*Остаток арендной платы ... Вы получите, согласно договорённости, в день нашего отъезда.*

Привет из отпуска

Дорогая Лиза,

шлём привет из Италии!
Мы провели в Риме уже неделю и всё ещё не можем прийти в себя от восторга. Здесь пульсирует жизнь, и всегда царит оживление – даже в два часа ночи. Мы с Мариной великолепно отдыхаем и уже очень загорели. Ночной жизнью мы наслаждаемся вовсю. Каждый вечер мы ходим в дискотеку и охотно флиртуем с римлянами. Жаль, что ты не с нами. Через неделю напишем ещё – а пока

целуем тебя,

Катя и Марина

Russia/Россия

230000 Санкт-Петербург
ул. Жданова 26-10
Лизе Поповой

Wir sind schon eine Woche in Rom.
Schade, dass du nicht bei uns bist.

Мы провели в Риме уже неделю.
Жаль, что ты не с нами.

Urlaubsgrüße

Hallo Marion,

viele Grüße aus Italien! Wir sind jetzt schon seit einer Woche in Rom und noch immer total fasziniert von der Stadt. In ihr pulsiert das Leben, und auf den Straßen ist immer was los – selbst noch um 2 Uhr nachts. Tina und ich erholen uns prächtig und sind auch schon schön braun geworden. Das Nachtleben genießen wir in vollen Zügen. Wir gehen jeden Abend tanzen und lassen uns von dem Charme der Römer verzaubern. Schade, dass du nicht hier bist. Alles Weitere in einer Woche. Bis dann.

Schönste Grüße

Deine Manuela

Marion Baumgartner
Mainstr. 15
76199 Karsruhe

Wir erholen uns prächtig.
Alles Weitere in einer Woche.

Мы хорошо отдохнули.
Через неделю напишем ещё.

Новогодние и рождественские пожелания (близким друзьям)

Дорогие Маша и Семён,

надеемся, что вы ещё не совсем потонули в новогодних хлопотах. Мы уже всё приготовили: подарки для детей и родственников, наше новогоднее меню и всё, что с этим связано. Мы непременно хотим пожелать вам всего самого лучшего в наступающем году. Надеемся, что вы найдёте ещё достаточно времени, чтобы отдохнуть от будничной суеты. И не забудьте, что вам потребуется ещё немного сил и настроения на нашу вечеринку. Мы очень рады отметить Новый год с добрыми друзьями. А пока что желаем вам и всей вашей семье весело провести праздник!

Лариса & Борис

Ich wünsche Ihnen ein frohes Weihnachtsfest und ein gutes neues Jahr!

С наступающим Вас Новым годом и Рождеством!

Weihnachts- und Neujahrsgrüße (an sehr gute Freunde)

Lieber Dieter, liebe Marion,

wir hoffen, dass der Weihnachtsstress euch noch nicht ganz aufgefressen hat. Wir haben so weit alles erledigt: Geschenke für Kinder und Verwandte, Planung des Weihnachtsmenüs und alles, was sonst noch dazugehört. Wir möchten es nicht versäumen, euch die allerbesten Weihnachtsgrüße zu schicken. Wir hoffen, dass ihr genügend Zeit findet, euch von der Hektik des Alltags zu erholen. Und denkt daran, euch noch ein bisschen Kraft und gute Laune für unsere Silvesterfete aufzuheben. Wir freuen uns sehr darauf, mit guten Freunden in das neue Jahr zu feiern. Bis dahin wünschen wir euch und eurer Familie ein frohes Fest!

Cordula und Peter

Новогодние и рождественские пожелания (знакомым)

Желаем Вам всего самого
доброго в наступающем
2012-м году,
и желаем Вам
весело провести
рождественские
праздники!

Н. Л. и А.Б. Шатинские

Weihnachts- und Neujahrsgrüße (an Bekannte)

Ein frohes Weihnachtsfest
und
ein gutes neues Jahr 2012
wünschen Ihnen

Herr und Frau Mayer

Поздравление с днём рождения

Дорогая Фаина Алексеевна!

В день Вашего 60-летия примите, пожалуйста, наши наилучшие пожелания.

Будучи Вашими соседями, мы знаем, что вы всегда доброжелательны и открыты по отношению ко всем, кто Вас окружает, и что Вы сердцем остаётесь по-прежнему молодой. Несмотря на все наши шумные вечеринки, Вы ни разу не пожаловались и всегда были милы к нам.

В этот знаменательный для Вас день мы от души желаем Вам большой радости, много-много подарков и приятно провести время в кругу Вашей семьи – именно так, как Вы сами этого пожелали. Мы желаем Вам здоровья, счастья и много радостей.

С сердечной признательностью,

Малеевы (Ваши ближайшие соседи)

От всего сердца мы поздравляем тебя/Вас с днём рождения и желаем всего наилучшего. *Von ganzem Herzen wünschen wir dir/Ihnen alles Gute zum Geburtstag.*

Geburtstagskarte

Liebe Frau Neumann,

zu Ihrem 60. Geburtstag senden wir Ihnen die herzlichsten Glückwünsche.
Als Ihre Nachbarn wissen wir, dass Sie allen gegenüber stets freundlich und aufgeschlossen sind und sich Ihre Jugend bis zum heutigen Tag innerlich bewahrt haben. Trotz aller Feten, die wir gefeiert haben, haben Sie sich nie beschwert und immer ein freundliches Wort für uns übrig gehabt.
An Ihrem Ehrentag wünschen wir Ihnen nun viel Freude, viele, viele Geschenke und ein harmonisches Fest im Familienkreis, so wie Sie es sich gewünscht haben. Für Ihr weiteres Leben wünschen wir Ihnen außerdem Gesundheit, Glück und Lebensfreude.

Nochmals alles Liebe wünschen

die Müllers von nebenan

Открытка с выражением соболезнования (знакомым)

Дорогие Людмила Александровна и Виктор Иванович,

с прискорбием я и моя жена узнали о болезненной потере
в Вашей семье.
Пожалуйста, примите наше глубокое соболезнование.

А. П. и Н. И. Кузнецовы

unser herzliches Beileid — *наше глубокое соболезнование*

Kondolenzkarte (an Bekannte)

Liebe Anne und lieber Thomas Mustermann,

mit Trauer haben meine Frau und ich von dem schmerzlichen Verlust in Ihrer Familie erfahren
und möchten Ihnen unser herzliches Beileid aussprechen.

Georg und Anne Schreiber

Объявление в газете о бракосочетании

Надежда Климова и Дмитрий Журавлёв

сообщают о своём решении стать
мужем и женой.

Венчание состоится

в субботу, 23 июня 2012

в Православном храме на Воздвиженке

в 14 часов.

Мы рады всем, кто разделяет нашу радость!

Heiratsanzeige

Siegrid Teich und Nils Hörenz

Wir trauen uns!
... und gehen künftig gemeinsam durchs Leben.

Die kirchliche Trauung erfolgt am 21. Juni 2012
um 14 Uhr in der Kreuzkirche, Berlin/Kreuzberg.

Приглашение на свадьбу (знакомым)

От всего сердца приглашаем Вас / тебя

на нашу свадьбу!

Она состоится сразу после церемонии венчания

23 июня 2012 года

в ресторане «Астория».

Мы просим всех наших гостей обязательно ответить нам
до конца мая.

Ваши
Надежда Климова и Дмитрий Журавлёв

unmittelbar nach der Trauung — *по завершении церемонии венчания*

u.A.w.g./Wir bitten, bis … verbindlich zu antworten. — *Просьба ответить. / Мы просим обязательно ответить нам до …*

Einladung zur Hochzeitsfeier (an Bekannte)

Siegrid Teich und Nils Hörenz

laden Sie/euch herzlich zu unserer Hochzeitsfeier ein,
die im Anschluss an die kirchliche Trauung
am 21. Juni 2012 im Alten Zollhaus/Berlin stattfindet.

Wir bitten alle unsere Gäste, bis Anfang Juni verbindlich zu antworten.
Mit herzlichen Grüßen

Siegrid Teich und Nils Hörenz

im Anschluss an die kirchliche Trauung — *сразу же после венчания в церкви*

Um Rückantwort bitten wir spätestens bis zum 1. Juni. — *Просим дать нам ответ самое позднее до 1-го июня.*

Приглашение на свадьбу (близким друзьям)

Дорогие Татьяна и Игорь,

мы женимся 23-го июня и с удовольствием приглашаем вас на нашу свадьбу.

Сразу же после венчания в церкви мы отправимся в ресторан «Астория» на чай и пирог – а после прогулки по набережной у нас запланирован праздничный ужин.

Само собой разумеется, что о размещении гостей мы позаботились!

Надеемся увидеть вас на нашей свадьбе.

С сердечным приветом,

Надежда и Дмитрий

… что вы доставите нам радость, приняв участие в нашей свадьбе	*… dass ihr uns die Freude macht an unserer Hochzeit teilzunehmen*
повод для новой встречи	*die Gelegenheit, uns wiederzusehen*
Мы расчитываем на ваше присутствие.	*Wir rechnen mit eurer Anwesenheit.*

Einladung zur Hochzeitsfeier (an gute Freunde)

Liebe Susanne, lieber Jens,

wir heiraten am 21. Juli und laden euch ganz herzlich zu unserer Hochzeitsfeier ein.
Im Anschluss an die kirchliche Trauung gibt es im 'Alten Zollhaus' Kaffee und Kuchen.
Nach einem Spaziergang am Wasser folgt das abendliche Hochzeitsmenü.
Für die Unterbringung unserer Gäste ist selbstverständlich gesorgt!
Wir freuen uns schon darauf, euch bald auf unserer eigenen Hochzeit wiederzusehen.

Mit herzlichen Grüßen

Siegrid und Nils

Положительный ответ на свадебное приглашение (от близких друзей)

Дорогие Александр и Александра,

мы были очень рады получить ваше милое приглашение на свадьбу вашей дочери Ирины. Мы его с благодарностью принимаем и надеемся уже скоро пожелать молодым всего самого прекрасного.

Замечательно, что вы вспомнили о нас. Мы с нетерпением ждём нашей новой встречи после стольких месяцев, в течение которых мы ничего не слышали друг о друге. Но, вам этого не надо объяснять, на работу уходит много времени, а оно летит так быстро!

Надеемся, что у всех вас всё в порядке.

До скорой встречи,
шлём вам сердечный привет,

Алина и Павел

П. С. У вас есть идеи на счёт свадебного подарка для молодых? Пожалуйста, сообщите нам об этом. Заранее благодарим.

… которую мы с огромным удовольствием принимаем	*… die wir mit größtem Vergnügen annehmen*
после стольких месяцев, в течение которых мы не давали знать друг о друге	*nach all diesen Monaten, in denen wir uns nicht gemeldet haben*
на работу уходит много времени	*unsere Arbeit nimmt uns völlig in Anspruch*
предложить свадебный подарок	*ein Hochzeitsgeschenk vorschlagen*

Die Einladung zu einer Hochzeitsfeier annehmen (gute Freunde)

Liebe Christine, lieber Christian,

wir haben uns sehr über eure liebe Einladung zur Hochzeit eurer Tochter Isabelle gefreut. Wir nehmen natürlich dankend an und freuen uns schon darauf, dem jungen Paar alles Gute zu wünschen.

Es ist schön, dass ihr an uns gedacht habt. Wir sind schon sehr gespannt auf ein Wiedersehen mit euch nach all den Monaten, in denen wir nichts voneinander gehört haben. Aber ihr wisst ja, das Berufsleben nimmt uns sehr in Anspruch und die Zeit vergeht so schnell!

Wir hoffen es geht euch allen gut!
Bis ganz bald!

Herzliche Grüße senden euch

Maria und Johannes

PS. Habt ihr eine Idee für ein schönes Hochzeitsgeschenk? Bitte teilt sie uns mit. Vielen Dank im Voraus.

Приглашение

Дорогие друзья,

вот уже месяц как мы живём в Лесном – живописном рыбачем посёлке на Куршской Косе.

Мы с удовольствием приглашаем вас провести пасхальные дни в нашем новом доме. В субботу вечером мы приглашаем всех наших друзей отпраздновать вместе с нами новоселье. Были бы очень рады, если бы вы тоже смогли принять в этом участие.

Прилагаем к письму схему пути.

Надеемся, что вы положительно ответите на наше приглашение.

Всего самого доброго,

Тамара и Сергей

Мы были бы рады, если бы вы приняли в этом участие. — *Wir würden uns freuen, wenn ihr dabei sein würdet.*

Прилагаем схему, которая поможет вам найти дорогу. — *Anbei ein Plan, damit ihr den Weg findet.*

Einladung zu einem Besuch

Liebe Freunde,

wir wohnen nun seit einem Monat in unserem neuen Haus in Saint-Benin, einem kleinen, malerischen Dorf im Norden Frankreichs.

Wir möchten euch ganz herzlich für das Pfingstwochenende in unser neues Haus einladen. Am Samstagabend geben wir eine Einweihungsparty für all unsere Freunde. Wir würden uns sehr freuen, wenn ihr auch dabei sein könntet.

Wir senden euch anbei eine Wegbeschreibung.

Über eure Zusage würden wir uns sehr freuen.

Liebe Grüße

Elisabeth und Pascal

Положительный ответ на приглашение

Дорогие друзья,

Большое спасибо за ваше любезное приглашение, которое мы с удовольствием принимаем. Мы очень рады нашей предстоящей встрече с вами.

Мы прибудем к вам в пятницу вечером и отправимся в обратный путь в понедельник утром.

Благодарим вас за схему пути!

Пользуясь возможностью, мы также поздравляем вас с новосельем!

С наилучшими пожеланиями,

Дина и Андрей

Для нас будет радостью снова встретиться с вами.

Es wird uns eine Freude sein, euch wiederzusehen.

Eine Einladung annehmen

Liebe Freunde,

herzlichen Dank für eure nette Einladung, die wir sehr gerne annehmen. Wir freuen uns sehr darauf, euch wiederzusehen.

Wir kommen am Freitagabend bei euch an und fahren am Montagmorgen wieder nach Hause.

Für die Wegbeschreibung bedanken wir uns.
Darüber hinaus möchten wir die Gelegenheit nutzen, euch zu eurem neuen Heim zu beglückwünschen.

Liebe Grüße

Annie und Bernd

Отказ принять приглашение

Дорогие Надежда и Дмитрий,

большое спасибо за ваше дружеское приглашение – мы были очень рады получить его.

Мы с удовольствием отпраздновали бы вместе с вами вашу свадьбу, но как раз в этот день состоится большое семейное торжество по случаю 90-летия Татьяниной бабушки, принять участие в котором мы пообещали уже несколько месяцев тому назад.

Поэтому 23-го июня мы сможем лишь издалека поднять за вас бокал вина.
Во всяком случае летом мы приедем в Москву и сможем встретиться с вами, когда ваши воспоминания о свадьбе будут ещё свежи. Мы сможем, по крайней мере, посмотреть фотографии... Мы желаем вам весело провести время!

Всего хорошего,

ваши

Татьяна и Игорь

Мы уже связаны семейными обязательствами. *Wir haben bereits familiäre Verpflichtungen.*

Eine Einladung ablehnen

Liebe Siegrid, lieber Nils,

herzlichen Dank für eure nette Einladung, über die wir uns sehr gefreut haben. Sehr gerne würden wir eure Hochzeit gemeinsam mit euch feiern, doch gerade an diesem Wochenende wird der 90. Geburtstag von Susannes Großmutter mit einem großen Familienfest gefeiert, für das wir schon vor Monaten zugesagt haben.
Am 21. Juli können wir also nur aus der Ferne auf euch anstoßen. Auf jeden Fall kommen wir in diesem Sommer nach Berlin, so dass wir uns bald nach eurer Hochzeit wiedersehen werden. Dann können wir zumindest die Fotos ansehen ...
Fürs Erste wünschen wir euch eine schöne Feier!

Mit unseren besten Wünschen für eure Zukunft

Susanne und Jens

Благодарность за свадебный подарок

Дорогая Наталья Борисовна, дорогой Виталий Сергеевич,

мы хотим от всего сердца поблагодарить вас за прекрасный свадебный подарок, который вы преподнесли нам. Вы доставили нам этим большую радость.

Как небольшой знак благодарности и в память о нашей свадьбе мы посылаем вам эту фотографию.

Шлём вам искренний привет,

Надежда и Дмитрий

замечательный подарок, который вы преподнесли нам	*das wunderbare Geschenk, das ihr uns freundlicherweise gemacht habt*
Вы нас просто балуете.	*Ihr habt uns wirklich verwöhnt.*

Sich für ein Hochzeitsgeschenk bedanken

Liebe Frau Clemens, lieber Herr Clemens,

ganz herzlich möchten wir uns bei Ihnen für das schöne Hochzeitsgeschenk bedanken, das Sie uns gemacht haben. Sie haben uns damit eine sehr große Freude bereitet.

Als kleinen Dank und zur Erinnerung an die Feier senden wir Ihnen dieses Hochzeitsfoto zu.

Mit herzlichen Grüßen

Siegrid Teich und Nils Hörenz

Sie haben uns damit eine sehr große Freude bereitet.	*Вы доставили нам тем самым очень большую радость.*
als kleinen Dank	*как небольшой знак благодарности*

Благодарность за подарок ко дню рождения

Дорогая Юля,

большое спасибо за твой подарок к моему дню рождения – очень была рада получить его. Ты точно угадала мой вкус. Ваза просто прекрасно смотрится в моей новой квартире. Надеюсь, ты скоро придёшь ко мне в гости.

А пока от души желаю тебе всего наилучшего!

Наташа

Sich für ein Geburtstagsgeschenk bedanken

Düsseldorf, den 5.3.2012

Liebe Carla,

herzlichen Dank für dein Geburtstagsgeschenk, über das ich mich sehr gefreut habe. Du hast meinen Geschmack genau getroffen. Die Vase macht sich phantastisch in meiner neuen Wohnung. Ich hoffe, du kommst mich bald einmal besuchen.

Bis dahin grüße ich dich herzlich!

Deine Christiane

Du hast meinen Geschmack genau getroffen. — *Ты точно угадал / угадала мой вкус.*

... macht sich phantastisch in meiner neuen Wohnung. — *...фантастически смотрится в моей новой квартире.*

Благодарность за оказанное гостеприимство

Дорогая семья Янценов,

мы от всего сердца хотим поблагодарить вас за оказанное нам гостеприимство.

Мы ещё долго будем вспоминать время, которое нам посчасливилось провести у вас.

В ходе многих экскурсий, которые вы организовали для нас, мы смогли познакомиться с городом и окрестностями, где вы живёте. Кроме того, мы узнали новый для нас образ жизни. Пожалуйста, передайте вашим соседям г-ну и г-же Надер, что мы не забудем вечера с грилем, проведённые у них в саду.

Ещё раз благодарим вас за всё. В ответ на ваше гостеприимство мы тоже хотели бы показать вам край, в котором мы живём.

Искренно желаем вам всего наилучшего,

Юрий и Анна Тореевы.

что Вы столь любезно и тепло приняли нас	*dass Sie uns so nett und warmherzig aufgenommen haben*
замечательное время, которое мы провели у Вас	*die wunderbare Zeit, die wir bei Ihnen verbracht haben*
мы с удовольствием вспоминаем о…	*wir erinnern uns sehr gern an …*

Sich für die Gastfreundschaft bedanken

Liebe Familie Roth,

wir möchten Ihnen ganz herzlich für Ihre Gastfreundschaft danken.

Wir werden uns noch lange an die schöne Zeit erinnern, die wir mit Ihnen verbringen durften.

Auf den vielen Ausflügen, die Sie für uns organisiert haben, konnten wir die Stadt und die Region, in der Sie leben, erstmals kennen lernen. Darüber hinaus sind wir mit einer anderen Lebensart vertraut geworden.
Bitte richten Sie Ihren Nachbarn Herrn und Frau Kusnetsov aus, dass wir die gemeinsamen Boule-Partien in bester Erinnerung behalten werden.

Wir danken Ihnen nochmals für alles und würden uns freuen, wenn wir Ihnen nun im Gegenzug unser Land zeigen dürften.

Herzliche Grüße

Peter Maier

DIE ANREDE
ОБРАЩЕНИЕ

Sie schreiben:	**Вы пишете:**
einem guten Bekannten oder Freunden *Liebe Anja!* *Lieber Roland!* *Hallo, Michael!* *Ihr Lieben alle!*	*хорошему знакомому или другу* Дорогой Сергей! Дорогая Наташа! Света, привет! Дорогие мои ... !
einer Person oder mehreren Personen, die Sie gut bzw. sehr gut kennen *Liebe Frau Krämpf!* *Liebe Kollegen*	*лицу или нескольким лицам, которых Вы хорошо или очень хорошо знаете* Дорогой Игорь Иванович! Дорогая Зоя Константиновна! Дорогие коллеги! Дорогие друзья!
einer Person, die Sie persönlich kennen oder mit der Sie oft zu tun haben *Sehr geehrte Frau Kahnt,* *Sehr geehrter Herr Koch,*	*лицу, которое Вы лично знаете или с которым Вы часто имеете дело* Уважаемая Клавдия Ивановна, Уважаемый Виктор Семёнович, Уважаемая г-жа Щербакова, Уважаемый г-н Левченко,
einer Firma bzw. einer Person, von der Sie weder Namen noch Geschlecht kennen *Sehr geehrte Damen und Herren,*	*фирме или лицу, имени и пола которого Вы не знаете* Уважаемые дамы и господа,
einer Person, deren Titel oder Berufsbezeichnung bekannt ist *Sehr geehrter Herr Dr. Müller,* *Sehr geehrter Frau Professor (Schmidt)* *(an einen Personalleiter)*	*лицу, чьё звание или титул Вам известны* Господин президент, Госпожа директор, Уважаемый доктор, Уважаемый профессор (Копцев), Лично начальнику отдела кадров,

DIE GRUSSFORMEL
ФОРМЫ ПРИВЕТСТВИЯ

Sehr privat:	**Очень лично:**
Будь здоров / здорова!	Mach's gut!
До скорого!	Bis bald!
С большим приветом,	Viele Grüße
Сердечно	Herzlichst

Privat:	**Лично:**
С искренним приветом,	Herzliche Grüße
С уважением,	Mit freundlichen Grüßen
С наилучшими пожеланиями вам всем	Viele Grüße an euch alle
Всего тебе самого доброго, твой / твоя	Alles Liebe (Dein/e)

Freundlich und für kurze Briefe:	**Уважительно:**
С искренним приветом,	Herzliche Grüße
С уважением,	Mit freundlichen Grüßen

Formell, aber freundlich:	**Формально, но вежливо:**
С наилучшими пожеланиями,	Mit besten Grüßen
С уважением,	Mit freundlichen Grüßen
Всего хорошего,	Mit freundlichem Gruß

Sehr respektvoll:	**Очень уважительно:**
С глубоким уважением,	Hochachtungsvoll

Notizen

Aa

A, a [aː] <-, -(s)> *nt* бу́ква А; **das ~ und O** альфа и омега; **wer ~ sagt, muss auch B sagen** кто сказа́л А, до́лжен сказа́ть и Б

à [aː] *prp +akk* **~ la Napoleon** как Наполео́н; **~ 10 Euro** по 10 е́вро; **10 Stück ~ drei Euro** 10 штук по три е́вро

AA *abk von* **Auswärtiges Amt** МИД *ср*

Aachen [ˈaːxən] <-s> *nt* Аахен *м*

Aal [aːl] <-(e)s, -e> *m* у́горь *м;* **sich winden wie ein ~** ви́ться как уж на сковороде́

aalen *vr* не́житься *нсв;* **sich in der Sonne ~** не́житься на со́лнышке

aalglatt *adj fig, pej* ско́льзкий как у́горь, изворо́тливый

a.a.O. *abk von* **am angeführten Ort** в приведённом ме́сте (кни́ги)

Aas [aːs, ˈɛːzə] <-es, -e> *nt* **1.** *(Tierkadaver)* труп *м* живо́тного **2.** *vulg (Person)* па́даль *ж*

Aasfresser <-s, -> *m* стервя́тник *м*

Aasgeier <-s, -> *m* стервя́тник *м*

ab [ap] **I.** *prp +dat* **1.** *(zeitlich)* с, начина́я с; **~ dem 28. November** с 28 ноября́; **~ wann?** когда́?, с каки́х пор?; **~ sofort** сра́зу **2.** *(räumlich)* от, из; **~ Hamburg** из Га́мбурга; **~ heute** с сего́дняшнего дня; **~ Werk** [*o* **Fabrik**] ÖKON фра́нко заво́д-поставщи́к; **~ Kai** ÖKON фра́нко на́бережная [*или* при́стань]; **~ Lager** фра́нко склад продавца́ **3.** *(ebenso viel und mehr)* с; **Kinder ~ 12 Jahren** де́ти с 12 лет **II.** *adv (fort, weg)* прочь; **~ und zu** вре́мя от вре́мени, иногда́; **von jetzt ~** с настоя́щего моме́нта; **Berlin ~ 9.15 Uhr** отправле́ние из Берли́на в 9.15

ab|ändern *vt* слегка́ изменя́ть, -ни́ть *св*

Abänderung <-, -en> *f* измене́ние *ср*

abänderungsfähig *adj* спосо́бный к измене́ниям

abandonnieren *vt* ÖKON абандони́ровать *(н)св*

ab|arbeiten **I.** *vt (Pensum, Zeit)* отраба́тывать, -бо́тать *св* **II.** *vr (sich abmühen)* изнуря́ть, -ри́ть *св* себя́

Abart <-, -en> *f* разнови́дность *ж,* подви́д *м*

abartig *adj* извращённый

Abb. *abk von* **Abbildung** рису́нок *м,* изображе́ние *ср*

Abbau <-(e)s> *m kein pl* **1.** *(Auseinandernehmen)* разбо́рка *ж,* демонта́ж *м* **2.** *(Beseitigung)* ликвида́ция *ж,* устране́ние *ср;* **~ von Handelsschranken** ÖKON устране́ние торго́вых барье́ров; **3.** *(Reduzierung)* сокраще́ние *ср;* **~ von Lagerbeständen** уменьше́ние складски́х запа́сов; **4.** BERGB го́рная разрабо́тка *ж* **5.** CHEM разложе́ние *ср,* расщепле́ние *ср*

abbaubar *adj* CHEM разложи́мый; **biologisch ~** биологи́чно разложи́мый

ab|bauen **I.** *vt* **1.** *(auseinandernehmen)* разбира́ть, -зобра́ть *св,* демонти́ровать *(н)св* **2.** *(beseitigen)* устраня́ть, -ни́ть *св* **3.** *(reduzieren)* сокраща́ть, -крати́ть *св;* **die Arbeitslosigkeit ~** уменьша́ть безрабо́тицу **4.** BERGB добыва́ть, -бы́ть *св,* разраба́тывать, -бо́тать *св* **5.** CHEM разлага́ть, -ложи́ть *св,* расщепля́ть, -пи́ть *св* **II.** *vi (nachlassen)* слабе́ть, ослабе́ть *св,* сдава́ть, сдать *св*

Abbauprodukt *nt* CHEM проду́кт *м* распа́да

ab|beißen <irr> *vt* отку́сывать, -си́ть *св*

ab|bekommen <irr> *vt* **1.** *(einen Anteil bekommen)* получа́ть, -чи́ть *св* до́лю **2.** *umg (beschädigt werden)* доста́ться *св,* -istава́ться *нсв;* **bei der Prügelei hat er bestimmt etw ~** при дра́ке ему́ я́вно доста́лось; **der Wagen hat bei dem Unfall etw ~** при ава́рии маши́на получи́ла поврежде́ние *ср*/поврежде́ния *срмн*

ab|bestellen <ohne ge-> *vt* отменя́ть, -ни́ть *св* зака́з; **eine Zeitung ~** отмени́ть подпи́ску

ab|bezahlen <ohne ge-> *vt* выпла́чивать, вы́платить *св*

ab|biegen <irr> **I.** *vi (Straße, Fahrzeug)* повора́чивать, -верну́ть *св,* свора́чивать, сверну́ть *св* **II.** *vt (biegen)* отгиба́ть, отогну́ть *св,* сгиба́ть, согну́ть *св*

Abbiegespur <-, -en> *f* полоса́ поворо́та

Abbiegung <-, -en> *f* поворо́т *м*

Abbild <-(e)s, -er> *nt* изображе́ние *ср,* отображе́ние *ср*

ab|bilden <irr> *vt* изобража́ть, -брази́ть *св*

Abbildung <-, -en> *f* изображе́ние *ср,* рису́нок *м*

ab|bitten *vt* приноси́ть, -нести́ *св*

ab|blasen <irr> *vt* **1.** *(wegblasen)* сдува́ть, сду́ть *св* **2.** *umg (absagen)* отменя́ть, -ни́ть *св;* **eine Veranstaltung ~** отмени́ть мероприя́тие

ab|blenden *vt* **1.** KFZ переключа́ть фа́ры с да́льнего на бли́жний свет **2.** FOT устана́вливать, -нови́ть *св* диафра́гму

Abblenden <-s> *nt* KFZ переключе́ние *ср* на бли́жний свет

Abblendlicht <-(e)s, -er> *nt* KFZ бли́жний свет *м*

ab|blitzen *vi sein, fam* **jdn ~ lassen** отре́зать кого́-л.

ab|blocken *vt* блоки́ровать *(н)св*

Abblocken <-s> *nt* блоки́рование *ср*

ab|brechen <irr> **I.** *vt* **1.** *(Gebäude, Lager)* сноси́ть, снести́ *св* **2.** *(Verhandlungen)* пре-

рыва́ть, -рва́ть *св* **II.** *vi (Gespräch)* обрыва́ть, оборва́ть *св*
ab|bremsen *vi* притормози́ть *св*, -ма́живать *нсв*
ab|brennen <irr> **I.** *vt* **1.** *(Haus)* сжига́ть, сже́чь *св* **2.** *(Feuerwerk)* запуска́ть, -пусти́ть *св* **II.** *vi* сгора́ть, -ре́ть *св;* **abgebrannt sein** *umg* быть на мели́
ab|bringen <irr> *vt* **jdn von etw ~** отгова́ривать кого́-л. от чего́-л.
ab|bröckeln *vi sein* кроши́ться, рас- *св*, осыпа́ться, осы́паться *св*
Abbruch <-(e)s, Abbrüche> *m* **1.** *(Gebäude)* снос *м* **2.** *(Lager)* разбо́рка *ж* **3.** *(Beziehungen)* разры́в *м* **4.** *(Verhandlungen)* прекраще́ние *ср;* **einer Sache~ tun** нанос́ить уще́рб како́му-л. де́лу
Abbrucharbeit <-, -en> *f* снос *м*
Abbruchfirma <-, -firmen> *f фи́рма, специализи́рующаяся на сно́се зда́ний и про́чих строе́ний*
ab|brühen *vt* ошпа́ривать, -рить *св*, обдава́ть, -да́ть *св*
ab|buchen *vt* спи́сывать, -са́ть *св*, снима́ть, снять *св* со счёта
Abbuchung *m* списа́ние *ср*
Abbuchungsauftrag <-(e)s, -aufträge> *m* поруче́ние *ср* ба́нку о списа́нии су́ммы со счёта
ab|büßen *vt (Strafe)* отси́живать, отсиде́ть *св*
Abc [a(:)be(:)'tse:] <-, -> *nt* алфави́т *м; fig* осно́вы *жмн*, азы́ *мн*
Abchasien <-s> *nt* Абха́зия *ж*
ABC-Schütze <-n, -n> *m umg* первокла́сник, -ница *м(ж)*, первокла́шка *м(ж)*
ABC-Waffen <-> *pl я́дерное, биологи́ческое и хими́ческое ору́жие*
ab|danken *vi* **1.** *(zurücktreten)* уходи́ть, уйти́ *св* в отста́вку **2.** *(König)* отрека́ться, -ре́чься *св* от престо́ла
Abdankung <-, -en> *f (König)* отка́з *м* от престо́ла, абдика́ция *ж; (Minister)* отста́вка *ж*
ab|decken *vt* **1.** *(Dach)* срыва́ть, сорва́ть *св* **2.** *(zudecken)* покрыва́ть, -кры́ть *св;* **Kosten ~** покрыва́ть изде́ржки; **den Tisch ~** убира́ть со стола́
Abdeckung <-, -en> *f* покры́тие *ср*, погаше́ние *ср;* **~ der Auslandsschulden** погаше́ние вне́шних долго́в
ab|dichten *vt* уплотня́ть, -ни́ть *св*
Abdichtung *f (Isolierung)* изоля́ция *ж*, уплотне́ние *ср*
ab|drehen **I.** *vt haben* **1.** *(Gas)* перекрыва́ть, -кры́ть *св* **2.** *(abwenden)* развора́чивать, отверну́ть *св* **3.** *(Film)* отсня́ть *св* **II.** *vi haben o sein (Schiff)* меня́ть, по- *св* курс **III.** *vr* **sich ~** отвора́чиваться, отверну́ться *св;* **er/sie drehte sich ab** он/она́ отверну́лся/отверну́лась
ab|driften *vi sein* отклоня́ться, отклони́ться *св;* NAUT отклоня́ться от ку́рса; **nach rechts abdriften** отклони́ться впра́во
ab|drosseln *vt* **1.** TECH дроссели́ровать **2.** *(Dampf)* снижа́ть давле́ние **3.** *(Motor)* глуши́ть
Abdruck[1] <-(e)s, -drücke> *m (Finger, Fuß)* отпеча́ток *м*
Abdruck[2] <-(e)s, -e> *m* печа́тание *ср*
ab|drucken *vt* печа́тать, на- *св*
ab|drücken **I.** *vt (zusammendrücken)* сдави́ть *св*, сда́вливать *нсв*, сжать *св*, сжима́ть *нсв* **II.** *vi (Schusswaffe)* спуска́ть, -сти́ть *св* куро́к
Abdruckerlaubnis *f* <-, -se> *разреше́ние на перепеча́тку како́го-ли́бо те́кста, защищённого а́вторским и́ли изда́тельским пра́вом*
ab|dunkeln *vt* затемня́ть, затемни́ть *св*
ab|ebben *vi sein* утиха́ть, ути́хнуть *св*, ÖKON идти́ *нсв* на у́быль
abend[Alt] *adv s.* **Abend**
Abend ['a:bənt, *pl:* 'a:bəndə] <-s, -e> *m* ве́чер *м; (Veranstaltung)* вечери́нка *ж;* **guten ~!** до́брый ве́чер!; **zu ~ essen** у́жинать; **Heiliger ~** Рождество́ *ср;* **am frühen ~** ра́но ве́чером; **am selben ~** в тот же ве́чер; **gegen ~** к ве́черу; **eines Abends** одна́жды ве́чером; **heute/gestern/morgen ~** сего́дня/вчера́/за́втра ве́чером
Abendakademie <-, -en> *f* наро́дный университе́т *м*, вече́рние общеобразова́тельные ку́рсы *ммн*
Abendbrot <-(e)s, -e> *nt* у́жин *м*
Abendessen <-s, -> *nt* у́жин *м*
abendfüllend *adj* **eine ~e Veranstaltung** больша́я вече́рняя програ́мма
Abendgottesdienst <-es, -e> *m* REL вече́рнее богослуже́ние *ср*
Abendkasse <-, -n> *f ка́сса для прода́жи биле́тов перед нача́лом вече́рних спекта́клей и́ли конце́ртов*
Abendkleid <-(e)s, -er> *nt* вече́рнее пла́тье *ср*
Abendkurs <-es, -e> *m* вече́рние ку́рсы *ммн*
Abendland <-(e)s> *nt* За́падная Евро́па *ж*
abendlich *adj* вече́рний
Abendmahl <-(e)s> *nt kein pl* REL прича́стие *ср*
Abendrot <-s> *nt* вече́рняя заря́ *ж*
abends ['a:bənts] *adv* ве́чером, по вечера́м; **spät ~** по́здно ве́чером; **dienstags ~** во вто́рник ве́чером
Abendschule *f* вече́рняя шко́ла *ж*
Abendsonne <-> *f* заходя́щее со́лнце *ср*
Abendstudium <-s> *nt* вече́рнее обуче́ние *ср*
Abendvorstellung *f* THEAT, FILM вече́рнее представле́ние *ср;* вече́рний спекта́кль *м*

Abenteuer ['a:bəntɔɪɐ] <-s, -> *nt* приключе́ние *ср*
abenteuerlich *adj* по́лный приключе́ний
abenteuerlustig *adj* жа́ждущий приключе́ний *ср*
Abenteuerroman *m* приключе́нский рома́н
Abenteuerspielplatz <-es, -plätze> *m* де́тская игрова́я площа́дка *ж*
Abenteurer(in) ['a:bəntɔɪrɐ] <-s, -; -, -nen> *m(f)* иска́тель, -ница *м(ж)* приключе́ний
aber ['a:bɐ] **I.** *konj* **1.** *(dagegen: Gegensatz, Einwand)* но, а **2.** *(jedoch: Einschränkung, Anknüpfung)* одна́ко **II.** *adv* сно́ва, вновь; *(Verstärkung)* и; ~ **ja!** (да) коне́чно же!; **nun ist ~ Schluss** ну, тепе́рь уже всё; **kein Aber!** никаки́х но! **III.** *(Verstärkungspartikel)* **~ so setzen Sie sich doch!** пожа́луйста, сади́тесь!
Aber <-s, - *o fam* -s> *nt* **bei der Sache gibt es noch ein großes ~** в э́том де́ле есть ещё большо́е „но“; **ohne Wenn und ~** без вся́ких „но“
Aberglaube <-ns> *m kein pl* суеве́рие *ср*
abergläubisch ['a:bɐglɔɪbɪʃ] *adj* суеве́рный
aberhundert *adj* <inv> *geh* со́тний
Aberhunderte *pl geh* со́тни *жмн;* **vor Aberhunderten von Jahren** мно́го-мно́го лет наза́д
ab|erkennen <irr> *vt (Rechte)* лиша́ть, -ши́ть *св*
Aberkennung <-, -en> *f* лише́ние *ср*
abermals ['a:bɐma:ls] *adv geh* опя́ть, вновь
abertausend <inv> *adj geh* ты́сячный; **tausend und ~** ты́сячи
Abertausende *pl geh* ты́сячи *жмн*
Aberwitz <-> *m* сумасбро́дство *ср*
Abessinien <-s> *nt* ARCH Эфио́пия *ж*
Abessinier(in) <-s, -> *m(f)* ARCH абисси́нец, -нка *м(ж)*
abessinisch *adj* абисси́нский
abfahrbereit *adj* гото́вый к отъе́зду
ab|fahren <irr> **I.** *vi* отправля́ться, -пра́виться *св,* уезжа́ть, уе́хать *св* **II.** *vt* **1.** *(fortschaffen)* вывози́ть, вы́везти *св* **2.** *(Strecke)* объезжа́ть, объе́хать *св* **3.** *(Fahrkarte)* испо́льзовать *(н)св;* **auf etw ~** *umg* балде́ть от чего́-л.
Abfahrt <-, -en> *f* отправле́ние *ср; (eines Schiffes)* отплы́тие *ср*
Abfahrtslauf <-(e)s, -läufe> *m* скоростно́й спуск *м* с горы́
Abfahrtsstrecke <-, -n> *f* тра́сса *ж* скоростно́го спу́ска
Abfahrtstag <-(e)s, -e> *m* день *м* отправле́ния
Abfahrt(s)zeit <-, -en> *f* вре́мя *ср* отправле́ния
Abfall <-(e)s, Abfälle> *m* **1.** *(Müll)* отбро́сы *ммн,* отхо́ды *ммн,* му́сор *м* **2.** *(vom Glauben)* отхо́д *м; (von + dat)* от
Abfallaufbereitung <-> *f* (перви́чная) обрабо́тка *ж* отхо́дов
Abfallbehälter <-s, -> *m* контейнер *м* для му́сора [*или* для отхо́дов], му́сорный я́щик *м*
Abfalldeponie <-, -en> *f* му́сорная сва́лка *ж*
Abfalleimer <-s, -> *m* му́сорное ведро́ *ср*
ab|fallen <irr> *vi* **1.** *(allg)* отва́ливаться, -ли́ться *св,* опада́ть, опа́сть *св,* осыпа́ться, -сы́паться *св* **2.** *(vom Glauben)* отступа́ть, -пи́ть *св; (von + dat)* от **3.** *(Gelände)* уходи́ть, уйти́ *св* вниз **4.** *(für jdn als Anteil)* перепада́ть, -па́сть *св* кому́-л.
abfallend *adj (Straße, Weg)* веду́щий вниз, поло́гий
abfällig *adj (Bemerkung)* пренебрежи́тельный
Abfallindustrie <-, -en> *f* промы́шленность *ж* по перерабо́тке втори́чного сырья́
Abfallprodukt <-(e)s, -e> *nt* изде́лие *ср* из отхо́дов
Abfallsortierung <-> *f сортиро́вка отхо́дов в зави́симости от спо́соба их утилиза́ции*
Abfallstoffe <-> *pl* отхо́ды *ммн,* отбро́сы *ммн*
Abfalltonne <-, -n> *f* конте́йнер *м* для му́сора
Abfallwirtschaft <-> *f* утилиза́ция *ж* отхо́дов
abfälschen *vt* SPORT *(Ball)* случа́йно измени́ть *св* направле́ние полёта
ab|fangen <irr> *vt* **1.** *(allg)* перехва́тывать, -хвати́ть *св* **2.** *(jdn)* подкарау́ливать, -лить *св*
ab|färben *vi* **1.** *(Wäsche)* линя́ть, по- *св* **2.** *fig* ока́зывать, -за́ть *св* влия́ние
ab|faulen *vi* сгнива́ть, -гни́ть *св*
ab|federn *vt* притупля́ть, притупи́ть *св,* ослабля́ть, осла́бить *св*
ab|fertigen *vt* **1.** *(Papiere)* оформля́ть, офо́рмить *св* **2.** *(Zug)* отправля́ть, -пра́вить *св;* **Güter ~** оформля́ть груз к отправле́нию; **Passagiere ~** обслу́живать пассажи́ров
Abfertigung <-, -en> *f* **1.** *(am Zoll)* тамо́женная очи́стка *ж* **2.** *(Betreuung)* обслу́живание *ср*
ab|feuern *vt (Schuss)* вы́стрелить *св,* -стре́ливать *нсв*
ab|finden <irr> **I.** *vt (Abfindung geben)* возмеща́ть, -мести́ть *св* **II.** *vr* мири́ться, при- *св;* **sich mit einer Sache ~** примири́ться с чем-л.; **Gläubiger ~** ÖKON удовлетворя́ть кредито́ров
Abfindung <-, -en> *f (Entschädigung)* возмеще́ние *ср*
Abfindungserklärung <-,- en> *f* JUR подтвержде́ние *ср* получе́ния (де́нежной) компенса́ции

Abfindungszahlung <-, -en> *f* предоставле́ние *ср* (де́нежной) компенса́ции

ab|flauen ['apflaʊən] *vi* **1.** *(Wind)* стиха́ть, сти́хнуть *св* **2.** *(Nachfrage)* па́дать, упа́сть *св*

Abflauen <-s> *nt* **1.** *(Sinken)* паде́ние *ср*, пониже́ние *ср*; ~ **der Börsenkurse** паде́ние би́ржевых ку́рсов; ~ **der Nachfrage** паде́ние спро́са **2.** *(Verschlechterung)* ослабле́ние *ср*, спад *м*; ~ **der Konjunktur** спад конъюнкту́ры

ab|fliegen <irr> *vi* улета́ть, -те́ть *св*

ab|fließen <irr> *vi auch fig* утека́ть, уте́чь *св*

Abflug <-(e)s, Abflüge> *m* отлёт *м*, вы́лет *м*

abflugbereit *adj* AERO гото́вый к отлёту

Abflughalle *f* AERO зал [*или* отлёта] для уезжа́ющих

Abflugzeit <-, -en> *f* вре́мя *ср* отлёта

Abfluss[RR] <-es, -flüsse> *m*, **Abfluß**[Alt] <-flusses, -flüsse> *m* **1.** *(Rohr)* сток *м*, (водо)сто́чная труба́ *ж* **2.** *(Abfließen)* отто́к *м*, уте́чка *ж*; ~ **von Kapital** уте́чка капита́ла

Abflussrohr[RR] <-(e)s, -e> *nt* сливна́я труба́ *ж*

Abfolge <-, -n> *f* после́довательность *ж*

Abfrage <-n> *f* INFOR *(von Daten)* по́иск *м*

Abfuhr ['apfuːɐ] *f* **jdm eine ~ erteilen** дать отпо́р кому́-л.

ab|führen **I.** *vt* **1.** *(Person)* забира́ть, -бра́ть *св*, аресто́вывать, -стова́ть *св* **2.** *(Gelder, Steuern)* отчисля́ть, -чи́слить *св* **II.** *vi* MED очища́ть, очи́стить *св*; **dieses Arzneimittel führt ab** э́то лека́рство сла́бит

Abführmittel <-s, -> *nt* слаби́тельное *ср*

Abfülldatum <-s> *nt* да́та *ж* разли́ва

ab|füllen *vt* разлива́ть, -ли́ть *св*; **die Flaschen mit Saft ~** разлива́ть сок по буты́лкам

Abfüllung <-, -en> *f* разли́в *м*

Abgabe <-, -n> *f* **1.** *(Übergabe)* сда́ча *ж*; ~ **von Angeboten** переда́ча предложе́ний **2.** *(Gebühr)* сбор *м*, нало́г *м*, по́шлина *ж*; **~n entrichten** упла́чивать нало́ги *ммн*; ~ **erheben** взима́ть нало́ги *ммн* **3.** *(Steuern)* нало́г *м* **4.** SPORT пас *м*

Abgabenbelastung <-, -en> *f* обложе́ние *ср* нало́гами

abgabenfrei *adj* не облага́емый нало́гом

Abgabenordnung <-, -en> *f* нало́говое законода́тельство *ср*

abgabenpflichtig *adj* подлежа́щий обложе́нию нало́гом

Abgabenquote <-, -n> *f* до́ля *ж* нало́говых поступле́ний

Abgabepreis <-es, -e> *m* отпускна́я цена́ *ж*

Abgabesatz <-es, -sätze> *m* проце́нтная ста́вка *ж*

Abgabetermin <-(e)s, -e> *m* срок *м* сда́чи

Abgang <-(e)s, Abgänge> *m* **1.** *(Ausscheiden)* ухо́д *м* (с до́лжности) **2.** THEAT ухо́д *м* (со сце́ны) **3.** *(Fehlgeburt)* вы́кидыш *м*

abgängig *adj (österr: vermisst)* пропа́вший

Abgangsprüfung <-, -en> *f* выпускно́й экза́мен *м*

Abgas <-es, -e> *nt* выхлопно́й газ *м*, отрабо́танный газ *м*, ОГ *м*

abgasarm *adj (Fahrzeug) с небольши́м содержа́нием вре́дных веще́ств*

Abgasentgiftung <-> *f* сниже́ние *ср*

Abgasgrenzwerte <-> *pl* преде́льные показа́тели *ммн* токси́чности выхлопно́го га́за

Abgassonderuntersuchung <-, -en> *f прове́рка выхлопно́го га́за на содержа́ние вре́дных веще́ств*

ab|geben <irr> **I.** *vt* **1.** *(allg)* отдава́ть, -да́ть *св* **2.** *(Erklärung)* де́лать, сде́лать *св* **3.** *(Wärme, Energie)* отдава́ть, -да́ть *св* **4.** SPORT пасова́ть *нсв* **II.** *vr* занима́ться, -ня́ться *св*; **sich mit jdm ~** вози́ться с ке́м-л.; **seine Stimme ~** голосова́ть; **sein Urteil über etw ~** вы́сказать своё мне́ние о чём-л.

abgebrannt **I.** *pp von* **abbrennen** **II.** *adj fam (pleite)* вы́горевший

abgebrüht *adj* прожжённый

abgedroschen *adj* изби́тый, по́шлый

abgefahren *adj sl (cool, schräg)* клёво

abgefuckt ['apgəfakt] *adj umg* жа́лкий, опусти́вшийся

abgehackt *adv* отме́чено, сде́лано

abgehärtet *adj* закалённый; *(gegen + akk)* закалённый про́тив

ab|gehen <irr> **I.** *vi* **1.** *(weggehen)* уходи́ть, уйти́ *св* **2.** *(abfahren)* отходи́ть, отойти́ *св* **3.** *(abzweigen)* ответвля́ться, -ви́ться *св* **4.** *(sich lösen)* отходи́ть, отойти́ *св* **5.** *(fehlen)* недостава́ть, -ста́ть *св*, не хвата́ть, -ти́ть *св* **II.** *vt (Strecke)* обходи́ть, обойти́ *св*

abgekartet ['apgəkartət] *adj* **ein ~es Spiel** вта́йне [*или* зара́нее] обду́манное де́ло

abgeklärt [a'pgəkleːɐt] *adj* зре́лый, му́дрый

Abgeklärtheit <-> *f geh* му́дрость *ж*, рассуди́тельность *ж*

abgelagert *adj* лежа́лый

abgelaufen *adj* истёкший

Abgeld <-es, -er> *nt* ÖKON диза́жио *ср*

abgelegen *adj* отдалённый, далёкий

abgemacht *adj* **~!** решено́!

abgeneigt *adj* не располо́женный

abgenutzt *adj* изно́шенный

Abgeordnete ['apgəʔɔrdnətə] <ein -r, -n, -n> *mf* POL депута́т *м*

Abgeordnetenhaus <-es> *nt* PARL пала́та *ж* депута́тов

Abgeordnetensitz <-es, -e> *m* депута́тское ме́сто *ср*

abgerissen *adj (Kleidung)* обо́рванный

abgeschieden ['apgəʃiːdən] *adj* уединённый

abgeschlafft ['apgəʃlaft] *adj* утомлённый;

(träge) вя́лый, апати́чный

abgeschlossen *adj* **1.** *(allg)* за́мкнутый **2.** *(getrennt)* изоли́рованный **3.** *(beendet)* завершённый

abgeschmackt ['apgəʃmakt] *adj* безвку́сный

Abgeschmacktheit <-> *f* по́шлость *ж*

abgesehen *adv* ~ **von** кро́ме; **davon** ~ не смотря́ на э́то

abgesichert *adj* (социа́льно) защищённый, застрахо́ванный

abgespannt *adj* утомлённый

abgestanden ['apgəʃtandən] *adj* вы́дохшийся; *(Luft)* спёртый

abgestorben ['apgəʃtɔrbən] *adj* омертве́лый, отме́рший

abgestumpft *adj* затупи́вшийся

abgetragen *adj* поно́шенный, изно́шенный

abgewetzt *adj* протёртый, изно́шенный

ab|gewinnen <irr> *vt* выи́грывать, вы́играть *св;* **einer Sache nichts ~ können** не находи́ть в чём-л. ничего́ привлека́тельного

ab|gewöhnen <ohne ge-> *vt* отуча́ть, -чи́ть *св,* отка́зываться, отказа́ться *св,* броса́ть, бро́сить *св;* **jdm etw ~** отучи́ть кого́-л. от чего́-л.; **ich muss mir das Rauchen ~** я до́лжен бро́сить кури́ть

abgewrackt *adj* разо́бранный на лом

ab|gießen <irr> *vt (Wasser)* слива́ть, слить *св;* **die Nudeln ~** слить макаро́ны

Abgötterei <-> *f* идолопокло́нство *ср*

abgöttisch ['apgœtɪʃ] *adj (Liebe)* безу́мный

ab|graben *vt* срыва́ть, срыть *св*

ab|grenzen **I.** *vt* отгора́живать, -роди́ть *св* **II.** *vr* отмежёвываться, -жева́ться *св*

Abgrund <-(e)s, Abgründe> *m auch fig* про́пасть *ж*

abgrundtief *adj (Hass)* глубо́кий

ab|gucken **I.** *vi sl* спи́сывать, списа́ть *св;* **bei jdm ~** списа́ть у кого́-л. **II.** *vt fam* **etw bei jdm ~** списа́ть что-л. у кого́-л.

Abguss[RR] <-es, güsse> *m,* **Abguß**[Alt] <-gusses, -güsse> *m* кана́л *м*

ab|hacken *vt* отруба́ть, -би́ть *св*

ab|haken *vt* **1.** *(loshaken)* отцепля́ть, -пи́ть *св,* снима́ть, снять *св* **2.** *a. fig* отмеча́ть, -ме́тить *св*

ab|halten <irr> *vt* **1.** *(Wahlen)* проводи́ть, -вести́ *св* **2.** *(fernhalten)* уде́рживать, -жа́ть *св* **3.** *(hindern)* меша́ть, помеша́ть *св;* **jdn davon ~, etw zu tun** помеша́ть кому-л. сде́лать что-л. **4.** *(Sitzung)* води́ть, вести́ *св;* **ein Seminar ~** вести́ семина́р

ab|handeln *vt* **1.** *(Thema)* разраба́тывать, -бо́тать *св* **2.** *(Ware)* выторго́вывать, вы́торговать *св*

abhanden [ap'handən] *adv* **~kommen** пропа́сть

Abhandlung <-, -en> *f* нау́чная статья́ *ж,* тракта́т *м*

Abhang <-(e)s, Abhänge> *m* склон *м,* отко́с *м*

ab|hängen[1] <irr> *vt* **1.** *(Bild)* снима́ть, снять *св* **2.** *(Verfolger)* оторва́ться *св,* -рыва́ться *нсв*

ab|hängen[2] *vi* зави́сеть *нсв; (von + dat)* от; **das hängt ganz davon ab** *(loshaken)* э́то зави́сит то́лько от ...

abhängig *adj* зави́симый

Abhängigkeit <-> *f kein pl* зави́симость *ж;* **direkte ~** пряма́я зави́симость; **indirekte ~** ко́свенная зави́симость; **~ der Marktpreise von der Nachfrage** зави́симость ры́ночных цен от спро́са

ab|härten *vr* закаля́ться, -ли́ться *св; (gegen + akk)* от

ab|hauen <irr> **I.** *vt (abschlagen)* отруба́ть, -би́ть *св* **II.** *vi umg (sich entfernen)* смыва́ться, смы́ться *св*

ab|häuten *vt* сдира́ть, содра́ть *св* шку́ру

ab|heben <irr> **I.** *vt* **1.** *(hochheben)* поднима́ть, -ня́ть *св* **2.** *(Geld)* снима́ть, снять *св* **3.** *(Karten)* снима́ть, снять *св* **II.** *vi (Flugzeug)* взлета́ть, -те́ть *св* **III.** *vr* выделя́ться, вы́делиться *св;* **er hebt sich vorteilhaft von seinen Mitschülern ab** он вы́годно отлича́ется от свои́х однокла́ссников

Abhebung <-, -en> *f* сня́тие *ср* (де́нег) с ба́нковского счёта *м*

ab|heften *vt* подшива́ть, -ши́ть *св*

ab|heilen *vt* **1.** *(Wunde)* зажива́ть, зажи́ть *св* **2.** *(Ausschlag)* пройти́

ab|hetzen **I.** *vt (Tier)* загна́ть *св,* заму́чить *св* **II.** *vr* ма́яться *нсв,* нама́яться *св*

Abhilfe <-> *f kein pl* реше́ние *ср* пробле́мы, устране́ние *ср* бе́дственного положе́ния; **~ schaffen** ока́зывать по́мощь

ab|holen *vt* забира́ть, -бра́ть *св;* **jdn vom Bahnhof ~** встре́тить кого́-л. на вокза́ле

Abholmarkt <-(e)s, -märkte> *m магази́н, в кото́ром покупа́тели са́ми забира́ют това́р, обы́чно доставля́емый на дом*

Abholpreis <-es, -e> *m* пла́та *ж* за доста́вку на́ дом

ab|holzen *vt* выруба́ть, вы́рубить *св*

Abholzung <-, -en> *f* вы́рубка *ж*

Abhöraffäre <-, -n> *f незако́нное прослу́шивание телефо́нных разгово́ров, сде́лавшееся достоя́нием обще́ственности*

ab|horchen *vt* MED прослу́шивать, -слу́шать *св*

ab|hören *vt* **1.** *u* MED прослу́шивать, прослу́шать *св* **2.** *(Telefonleitung)* подслу́шивать, подслу́шать *св*

abhörsicher *adj* защищённый от подслу́шивания

Abitur [abi'tuːɐ̯ *pl:* abi'tuːrə] <-s, -e> *nt* экза́мены *м мн* на аттеста́т зре́лости

i Land & Leute

В большинстве немецких гимназий **экзамены на аттестат зрелости** сдаются в 13-м классе. Так как (в отличие от других стран) считается, что это довольно поздно, с недавних пор в некоторых гимназиях предоставлена возможность сдать эти экзамены уже в 12-м классе.
В Австрии и в Швейцарии экзамены на аттестат зрелости («Matura» или «Maturität») можно сдать после восьми лет обучения в любой гимназии.

Abiturient(in) [abituri̯ˈɛnt] <-en, -en; -, -nen> *m(f)* абитурие́нт *м,* абитурие́нтка *ж*

Abiturzeugnis <-ses, -se> *nt* аттеста́т *м* зре́лости

ab|jagen I. *vt (Pferd)* загоня́ть, загна́ть *св* II. *vt* отбива́ть, -би́ть *св;* **jdm etw ~** вы́рвать у кого́-л. что-л.

Abk. *abk von* **Abkürzung** сокраще́ние *ср*

ab|kanzeln *vt* ре́зко отчи́тывать, -та́ть *св*

ab|kapseln *vr* 1. *(allg)* изоли́роваться *(н)св,* замкну́ться *св,* -мыка́ться *нсв* 2. MED инкапсули́ровать *(н)св*

ab|kassieren *vt fam* **Geld ~** получи́ть [*или* вы́играть] де́ньги

ab|kauen *vt (Fingernägel)* грызть, обгры́зть *св*

ab|kaufen *vt* 1. *(kaufen)* покупа́ть, купи́ть *св,* скупа́ть, скупи́ть *св* 2. *(Anteil)* выкупа́ть, вы́купить *св;* **jdm etw ~** *umg* пове́рить кому́-л. 3. *fam (glauben)* ве́рить, пове́рить *св;* **das kaufe ich dir nicht ab!** я тебе́ не ве́рю!

Abkehr [ˈapkeːɐ] <-, -> *f* отка́з *м,* отрече́ние *ср; (von + dat)* от

ab|kehren *vr* 1. *(sich abwenden)* отвора́чиваться, отверну́ться *св; (von + dat)* от 2. *fig* отка́зываться, отказа́ться *св*

ab|klappen *vi (Bordwand)* отки́дывать, отки́нуть *св*

ab|klappern *vt* **nach diesem Buch habe ich die ganze Stadt abgeklappert** в по́исках э́той кни́ги я исходи́л весь го́род

Abklatsch <-es, -e> *m pej* плоха́я ко́пия *ж,* жа́лкое подо́бие *ср*

ab|klingen <irr> *vi sein* затиха́ть, -ти́хнуть *св,* утиха́ть, ути́хнуть *св*

ab|klopfen *vt* 1. *(Staub)* выбива́ть, вы́бить *св* 2. MED стуча́ть, постуча́ть *св*

ab|knallen *vt* отстре́ливать, отстрели́ть *св,* подстре́ливать, подстрели́ть *св*

ab|knöpfen *vt (Knöpfe lösen)* отстёгивать, -стегну́ть *св;* **jdm etw ~** забра́ть у кого́-л. что-л.

ab|knutschen *vt fam* ласка́ть, поласка́ть *св; abw* ти́скать, прити́снуть *св*

ab|kochen *vt* отва́ривать, -ри́ть *св*

ab|kommandieren <ohne ge-> *vt* откомандиро́вывать, -рова́ть *св*

ab|kommen <irr> *vi sein* 1. *(abweichen)* отклоня́ться, -ни́ться *св; (von + dat)* от, сбива́ться, сби́ться *св,* отходи́ть, отойти́ *св;* **wir kamen vom Weg ab** мы сби́лись с пути́; **vom Thema ~** отойти́ от те́мы; **vom Weg ~** сби́ться с пути́; **von einer Idee ~** отойти́ от иде́и 2. *(loskommen)* отрыва́ться, оторва́ться *св* от 3. *(aus der Mode kommen)* вы́йти из мо́ды

Abkommen <-s, -> *nt* соглаше́ние *ср,* догово́р *м;* **bilaterales ~** двусторо́ннее соглаше́ние; **multilaterales ~** многосторо́ннее соглаше́ние; **gütliches ~** мирова́я сде́лка; **ein ~ brechen** наруша́ть соглаше́ние; **ein ~ für null und nichtig erklären** аннули́ровать соглаше́ние; **ein ~ paraphieren** парафи́ровать соглаше́ние; **ein ~ treffen** [*o* **abschließen**] заключа́ть соглаше́ние; **ein ~ unterzeichnen** подпи́сывать соглаше́ние

abkömmlich [ˈapkœmlɪç] *adj* происходя́щий от

Abkömmling [ˈapkœmlɪŋ] <-s, -e> *m* о́тпрыск *м,* пото́мок *м*

ab|kratzen I. *vt (herunterkratzen)* соска́бливать, -ли́ть *св* II. *vi vulg (sterben)* до́хнуть, сдо́хнуть *св,* подыха́ть, -до́хнуть *св*

ab|kriegen *vt* 1. *(lösen)* ста́скивать, стащи́ть *св,* снима́ть, снять *св* 2. *(bekommen)* получа́ть, -чи́ть *св,* достава́ться, -ста́ться *св;* **etw ~** *(Schaden erleiden)* получи́ть поврежде́ния

ab|kühlen I. *vt* охлажда́ть, -лади́ть *св* II. *vi* 1. *(Wetter)* холода́ть, по- *св* 2. *(Gefühle)* остыва́ть, -ты́ть *св*

Abkühlung <-en> *f* TECH охлажде́ние *ср; (Wetter)* похолода́ние *ср;* **sich** *dat* **eine ~ verschaffen** охлажда́ться, охлади́ться *св*

Abkunft *f ohne pl geh* происхожде́ние *ср;* **er ist slawischer ~** он славя́нского происхожде́ния

ab|kürzen *vt* 1. *(verkürzen)* укора́чивать, -роти́ть *св* 2. *(zeitlich)* сокраща́ть, -крати́ть *св* 3. *(Wort)* сокраща́ть, -крати́ть *св*

Abkürzung <-, -en> *f* 1. *(Weg)* коро́ткая доро́га *ж,* коро́ткий путь *м;* **eine ~ nehmen** пойти́ коро́ткой доро́гой 2. *(Wort)* сокраще́ние *ср,* аббревиату́ра *ж* 3. *(von Verfahren)* приостановле́ние *ср*

Abkürzungsverzeichnis <-ses, -se> *nt* спи́сок сокраще́ний *м*

ab|laden <irr> *vt* сгружа́ть, сгрузи́ть *св*

Abladeplatz <-es, -plätze> *m* разгру́зочная пло́щадка *ж*

Ablage <-, -n> *f* скла́д *м,* архи́в *м; (von*

Akten) подши́вка *ж* докуме́нтов

ab|lagern I. *vt* скла́дывать, сложи́ть *св* II. *vr* отлага́ться, -ложи́ться *св*, осажда́ться, осади́ться *св*

ab|lassen <irr> I. *vt* 1. *(herunterlassen)* спуска́ть, -сти́ть *св* 2. *fig (Dampf)* выпуска́ть, вы́пустить *св* II. *vi* оставля́ть, -та́вить *св; (von + dat)* в

Ablativ <-s, -e> *m* аблати́в *м*, паде́ж *м*

Ablauf <-(e)s, Abläufe> *m* 1. *(Verlauf)* ход *м*, тече́ние *ср* 2. *(Abfolge)* после́довательность *ж;* ~ **der Arbeit** ход рабо́ты 3. *(Vorgang)* проце́сс *м;* **technologischer** ~ технологи́ческий проце́сс 4. *(Abfluss)* сток *м*

Ablaufdiagramm <-(e)s, -e> *nt* гра́фик *м* после́довательности опера́ций

ab|laufen <irr> I. *vi* 1. *(abfließen)* стека́ть, стечь *св* 2. *(verlaufen)* проходи́ть, пройти́ *св* 3. *(Frist)* истека́ть, -те́чь *св* II. *vt* 1. *(Strecke)* обега́ть, обе́гать *св* 2. *(Sohlen)* ста́птывать, стопта́ть *св*

Ablauforganisation <-> *f* организа́ция *ж* рабо́чего проце́сса

ab|lecken *vi* облі́зывать, облиза́ть *св*

ab|legen I. *vt* 1. *(Gewohnheit)* оста́вить *св*, -вля́ть *нсв*, броса́ть, бро́сить *св*, отка́зываться, отказа́ться *св* от 2. *(Eid)* дава́ть, дать *св* кля́тву, присяга́ть, присягну́ть *св; (Geständnis)* признава́ться, призна́ться *св;* **eine Prüfung** ~ сдать экза́мен 3. *(hinlegen)* класть, положи́ть *св; (Akten)* подшива́ть, -ши́ть *св*, убира́ть, убра́ть *св* в па́пку; *(Karten)* откла́дывать, отложи́ть *св* в сто́рону 4. *(Kleidung)* снима́ть, снять *св* 5. DV *(Datei)* размеща́ть, размести́ть *св* II. *vi (Schiff)* отча́ливать, -ча́лить *св*, отплыва́ть, отплы́ть *св*

Ableger <-s, -> *m* 1. *(Zweigstelle)* филиа́л *м* 2. BOT отво́док *м*

ab|lehnen *vt* 1. *(zurückweisen)* отклоня́ть, -ни́ть *св* 2. *(missbilligen)* не признава́ть, -на́ть *св*

ablehnend *adj* отрица́тельный

Ablehnung <-, -en> *f* отклоне́ние *ср*, отка́з *м*

ab|leisten *vt (Wehrdienst)* отбыва́ть, -бы́ть *св*

ab|leiten *vt* 1. *(wegleiten)* отводи́ть, -вести́ *св* 2. *(folgern)* выводи́ть, вы́вести *св* 3. *(Wort)* происходи́ть, -изойти́ *св*

Ableitung <-, -en> *f* 1. *(Umleitung)* отво́д *м* 2. LING произво́дное сло́во *ср*

ab|lenken I. *vt* 1. *(Person)* развлека́ть, -вле́чь *св*, отвлека́ть, -вле́чь *св* 2. *(Strahlen, Geschoß)* отводи́ть, -вести́ *св* II. *vi* **vom Thema** ~ отвле́чь от те́мы

Ablenkung <-, -en> *f* отклоне́ние *ср*

Ablenkungsmanöver <-s, -> *nt* отвлека́ющий манёвр *м*

Ablenkungswinkel <-s, -> *m* TECH у́гол *м* отклоне́ния

ab|lesen <irr> I. *vt* 1. *(Rede)* чита́ть, проче́сть *св; (vorlesen)* чита́ть, прочита́ть *св* вслух 2. *(Zählerstand)* снима́ть, снять *св* II. *vi* чита́ть, прочита́ть *св;* **das konnte man ihr vom Gesicht** ~ у неё э́то бы́ло напи́сано на лице́

ab|liefern *vt* сдава́ть, сдать *св*, поставля́ть, -ста́вить *св*

Ablieferung <-, -en> *f* сда́ча *ж*, поста́вка *ж*

Ablieferungsbescheinigung <-, -en> *f* удостовере́ние *ср* поста́вки

Ablieferungstermin <-(e)s, -e> *m* сро́к *м* поста́вки

ablösbar *adj* ÖKON подлежа́щий погаше́нию, подлежа́щий вы́купу

ab|lösen *vt* 1. *(abtrennen)* откле́ивать, -кле́ить *св*, отделя́ть, -ли́ть *св* 2. *(Vorgänger)* сменя́ть, -ни́ть *св* 3. ÖKON погаша́ть, -гаси́ть *св*, выкупа́ть, вы́купить *св;* **eine Hypothek** ~ выкупа́ть закладну́ю

Ablösung <-, -en> *f* отделе́ние *ср*, отсла́ивание *ср*, ÖKON погаше́ние *ср*, вы́куп *ср*

Ablösungssumme <-, -n> *f* су́мма *ж* вы́купа

ab|luchsen *vt fam (Geheimnis)* выма́нивать, вы́манить *св*

Abluft <-> *f* TECH спуска́емый во́здух *м*

ABM [a:be:'ʔɛm] <-, -e> *abk von* **Arbeitsbeschaffungsmaßnahme** *(госуда́рственная) ме́ра по трудоустро́йству безрабо́тных*

ab|machen *vt* 1. *fam (entfernen)* снима́ть, снять *св*, убира́ть, убра́ть *св; (Aufgeklebtes)* откле́ивать, откле́ить *св* 2. *(vereinbaren)* догова́риваться, договори́ться *св;* **wir haben abgemacht, dass ...** мы договори́лись, что ...

Abmachung <-, -en> *f a.* POL, WIRTSH сде́лка *ж*, догово́р *м*, соглашение *ср*, договорённость *ж;* **mündliche** ~ у́стная договорённость; **vertragliche** ~ догово́рное соглаше́ние; **sich an eine** ~ **halten** приде́рживаться договорённости; **mit jdm eine** ~ **treffen** договори́ться с кем-л.

ab|magern *vi* худе́ть, по- *св*

ab|mähen *vt* ска́шивать, скоси́ть *св*

Abmahnung <-, -en> *f* предупрежде́ние *ср*, предостереже́ние *ср*

ab|malen *vt* срисо́вывать, -сова́ть *св*

Abmarsch <-(e)s, Abmärsche> *m* выступле́ние *ср*

ab|marschieren *vi* выступа́ть, вы́ступить *св* в похо́д

ab|melden I. *vt* 1. *(allg)* сообща́ть, -щи́ть *св* об отъе́зде 2. *(Auto)* снима́ть, снять *св* с учёта II. *vr* выпи́сываться, вы́писаться *св*

Abmeldung <-, -en> *f* сня́тие *ср* с учёта,

Abneigung ausdrücken

• Antipathie ausdrücken	• **Выражение антипатии**
Ich mag ihn **nicht (besonders).**	**Он мне не (особенно) нравится.**
Ich finde diesen Typ **unmöglich.**	**Я думаю,** что этот тип **просто невыносимый.**
Das ist ein (richtiges) Arschloch. *(vulg)*	**Он (настоящий) негодяй.**
Ich kann ihn **nicht leiden / ausstehen / riechen.** *(fam)*	**Я не могу** его **терпеть. / не выношу** его.
Diese Frau **geht mir auf den Geist / Wecker / Keks.** *(fam)*	Эта женщина **меня раздражает.**
• Langeweile ausdrücken	• **Выражение скуки**
Wie langweilig! / Sowas von langweilig!	**Как скучно! / Ну и скука!**
Ich schlaf gleich ein! *(fam)* / **Das ist ja zum Einschlafen!**	**Еще немного – и я засну. / Это безумно отягчительно!**
Der Film **ist ja zum Gähnen.** *(fam)*	Фильм **очень скучный. / Сплошная тоска.**
Diese Disco **ist total öde.**	На этой дискотеке **помрешь от скуки.**
• Abscheu ausdrücken	• **Выражение отвращения**
Igitt!	**Фу! Гадость!**
Du **widerst mich an!**	Ты **вызываешь у меня отвращение!**
Das **ist geradezu widerlich!**	Это **просто отвратительно!**
Das **ist (ja) ekelhaft!**	Это **крайне омерзительно!**
Das **ekelt mich an.**	Это **внушает мне отвращение!**
Ich finde das zum Kotzen. *(sl)*	**Меня от этого тошнит. / Мне противно.**

вы́писка *ж*

ab|messen <irr> *vt* измеря́ть, -ме́рить *св*

ab|montieren *vt* демонти́ровать *(н)св*

ABM-Stelle [a:be:'ʔɛm'ʃtɛlə] <-, -n> *f рабо́чее ме́сто, специа́льно со́зданное или субсиди́руемое госуда́рством в ра́мках мер по трудоустро́йству безрабо́тных*

ab|mühen *vr* неутоми́мо труди́ться *нсв*, стара́ться, по- *св*

ab|nabeln *vr* перереза́ть, -ре́зать *св*

ab|nagen *vt* обгла́дывать, -глода́ть *св*

Abnäher <-s> *m* вы́тачка *ж*

Abnahme ['apna:mə] <-, -n> *f* **1.** *(das Entfernen)* сня́тие *ср* **2.** *(Verringerung)* уменьше́ние *ср* **3.** *(Kauf)* поку́пка *ж* **4.** *(Entgegennahme)* приёмка *ж;* **die ~ verweigern** отка́зываться от приёмки **5.** *(Nachlassen)* паде́ние *ср*, ослабле́ние *ср*

Abnahmeverpflichtung <-, -en> *f* обяза́тельство *ср* по приёмке

ab|nehmen <irr> **I.** *vt* **1.** *(herunternehmen)* снима́ть, снять *св* **2.** *(Ware)* покупа́ть, купи́ть *св* **3.** *(Prüfung)* принима́ть, -ня́ть *св;* **jdm etw ~** *umg (jdm etw glauben)* пове́рить кому́-л. **II.** *vi* **1.** *(kleiner werden)* уменьша́ться, уме́ньшиться *св* **2.** *(an Gewicht)* худе́ть, по- *св*

Abnehmer(in) <-s, -; -, -nen> *m(f)* покупа́тель(ница) *м(ж)*, зака́зчик, -чица *м/ж*

Abnehmerkreis <-es, -e> *m* круг *м* покупа́телей; **einen neuen ~ erschließen** привлека́ть но́вый круг покупа́телей

Abneigung <-, -en> *f* неприя́знь *ж*, антипа́тия *ж; (gegen + akk)* к

abnorm [ap'nɔrm] *adj* ненорма́льный, анома́льный

abnormal ['apnɔrmal] *adj* неесте́ственный

abnutzbar *adj* изна́шиваемый

ab|nutzen, abnützen *vt* изна́шивать, -носи́ть *св*

Abnutzung <-, -en> *f*, **Abnützung** <-, -en> *f bes südd, A* **1.** *(Verschleiß)* изно́с *м* **2.** *(Amortisation)* амортиза́ция *ж*

Abo ['abo] <-s, -s> *abk von* **Abonnement** подпи́ска *ж*

Abolition <-, -en> *f* JUR аболи́ция *ж*, отме́на *ж* закона/реше́ния

Abolitionismus <-> *m* HIST аболициони́зм *м*

Abonnement [abɔnə'mɑ̃: *o CH* abɔnə 'mɛnt] <-s, -s *o CH* -e> *nt* подпи́ска *ж*

Abonnent(in) [abɔ'nɛnt] <-en, -en; -, -nen> *m(f)* абоне́нт *м*, подпи́счик *м*, подпи́счица *ж*

abonnieren [abɔ'ni:rən] <ohne ge-> *vt (Zeitung)* выпи́сывать, вы́писать *св*

Abordnung <-, -en> *f* депута́ция *ж*, деле́гация *ж*

Abort [a'bɔrt] <-(e)s, -e> *m* **1.** MED (спонта́нный) або́рт **2.** *(Toilette)* туале́т *м*

ab|packen *vt* расфасо́вывать, -сова́ть *св*

ab|passen *vt* **1.** *(Person)* поджида́ть *нсв* **2.** *(Zeitpunkt)* подга́дывать, -гада́ть *св*

ab|pfeifen <irr> *vt* SPORT остана́вливать, -нови́ть *св* игру́

Abpfiff <-(e)s, -e> *m* фина́льный свисто́к *м*

ab|plagen *vr:* **sich ~** му́читься, из- *св; (mit + akk)* с

ab|platzen *vi* **1.** отка́лываться, -коло́ться *св* **2.** *(Knopf)* отлета́ть, -лете́ть *св*

ab|prallen *vi sein* отска́кивать, -скочи́ть *св*

ab|putzen *vt* чи́стить, по- *св*

ab|quälen *vr:* **sich ~** му́читься, из- *св; (mit + dat)* с

ab|rackern *vr* **sich ~** *fam* переутомля́ться, переутоми́ться *св,* изма́тываться, измота́ться *св*

ab|rasieren *vt* сбрива́ть, сбрить *св*

Abrasion <-, -en> *f* **1.** *(allg)* соска́бливание *ср* **2.** GEOL абра́зия *ж* **3.** MED выска́бливание *ср*

ab|raten <irr> *vi* отсове́товать *св;* **jdm von etw ~** отгова́ривать кого́-л. де́лать что-л.

Abraum <-(e)s, -räume> *m* BERGB вскры́ша *ж*

ab|räumen *vt (Tisch)* убира́ть, убра́ть *св*

ab|reagieren <ohne ge-> **I.** *vr* разряди́ться *св,* -ряжа́ться *нсв* **II.** *vt (Ärger)* срыва́ть, сорва́ть *св*

ab|rechnen I. *vt (in Abzug bringen)* вычита́ть, вы́честь *св* **II.** *vi* рассчи́тываться, -та́ться *св;* **mit jdm ~** своди́ть счёты

Abrechnung <-, -en> *f* **1.** *(das Abziehen)* отчисле́ние *ср,* вы́чет *м* **2.** *(Schlussrechnung)* расчёт *м,* подведе́ние *ср* ито́гов; **quartalsmäßige ~** кварта́льный отчёт

Abrechnungsdatum <-s, -daten> *nt* день *м* ликвида́ции расчётов

Abrechnungskurs <-es, -e> *m* расчётный курс *м*

Abrechnungsperiode <-, -n> *f* отчётный пери́од *м*

Abrechnungsstelle <-, -n> *f* расчётная пала́та *ж*

Abrechnungsverkehr <-s> *m* кли́ринговые опера́ции *мн*

ab|regen *vr:* **sich ~** *umg (sich beruhigen)* успока́иваться, -ко́иться *св*

ab|reiben <irr> *vt* стира́ть, стере́ть *св*

Abreibung <-, -en> *f umg (Prügel)* взбу́чка *ж*

Abreise <-, -> *f* отъе́зд *м*

ab|reisen *vi sein* уезжа́ть, уе́хать *св*

ab|reißen <irr> *vt* **1.** *(allg)* отрыва́ть, оторва́ть *св* **2.** *(Haus)* сноси́ть, снести́ *св*

Abreißkalender <-s, -> *m* отрывно́й календа́рь *м*

ab|rennen *vt umg* обе́гать *св*

ab|richten *vt* дрессирова́ть, вы́- *св*

Abrieb <-(e)s, -e> *m* истира́ние *ср,* изно́с *м*

ab|riegeln *vt* запира́ть, -пере́ть *св, (Gebiet)* блоки́ровать *(н)св,* оцепля́ть, -пи́ть *св*

Abriss[RR] <-es, -e> *m,* **Abriß**[Alt] <-risses, -risse> *m* **1.** *(Abbruch)* снос *м* **2.** *(Kurzdarstellung)* о́черк *м* **3.** *(Zeichnung)* чертёж *м*

ab|rücken *vi sein* **1.** *(allg)* отодвига́ться, -дви́нуться *св* **2.** *fig* отмежёвываться, -жева́ться *св*

Abruf <-(e)s, -e> *m* вы́зов *м;* **auf ~** по вы́зову

ab|rufen <irr> *vt* **1.** *(Person)* вызыва́ть, вы́звать *св* **2.** *(Daten)* производи́ть, -вести́ *св*

ab|runden *vt* **1.** *(allg)* закругля́ть, -ли́ть *св* **2.** *(Geschmack)* придава́ть, -да́ть *св*

abrupt [ap'rʊpt] *adj* внеза́пный

ab|rüsten *vi* разоружа́ться, -жи́ться *св*

Abrüstung <-> *f kein pl* разоруже́ние *ср*

Abrüstungsgespräche *pl* перегово́ры *мн* о разоруже́нии

Abrüstungskonferenz <-, -en> *f* конфере́нция *ж* по разоруже́нию

Abrüstungsverhandlungen *pl* перегово́ры *мн* о разоруже́нии

ab|rutschen *vi* сполза́ть, -зти́ *св*

ABS [aːbeː'ʔɛs] *abk von* **Antiblockiersystem** антиблокиро́вочная систе́ма *ж*

ab|sacken *vi* **1.** *(Flugzeug)* теря́ть, по- *св* **2.** *fig (Mensch)* мора́льно опуска́ться, -сти́ться *св*

Absage ['apzaːgə] <-, -n> *f* отка́з *м*

ab|sagen I. *vt* **1.** *(allg)* отка́зывать, -за́ть *св;* **jdm ~** отказа́ть кому́-л. **2.** *(Veranstaltung)* отменя́ть, -ни́ть *св* **II.** *vi* отка́зываться, -за́ться *св* **III.** *vt (Treffen, Vorstellung)* отменя́ть, отмени́ть *св*

ab|sägen *vt (Ast)* отреза́ть, отре́зать *св*

ab|sahnen I. *vi fam* снима́ть, снять *св* сли́вки **II.** *vt fam (Profit)* брать, взять *св* незако́нно

ab|satteln *vi (Pferd)* рассёдлывать, -седла́ть *св*

Absatz <-es, Absätze> *m* **1.** ÖKON сбыт *м,* реализа́ция *ж;* **gesicherter ~** гаранти́рованный сбыт; **schleppender ~** ме́дленный сбыт; **den ~ steigern** увели́чивать сбыт **2.** *(von Schuh)* каблу́к *м* **3.** *(Treppenabsatz)* ступе́нь *ж* **4.** *(Textabschnitt)* абза́ц *м;* **einen ~ machen** начина́ть с кра́сной строки́

Absatzanalyse <-, -n> *f* ана́лиз *м* сбы́та

Absatzbeschränkung <-, -en> *f* ограниче́ния *мн* сбы́та

Absatzchancen *pl* возмо́жности *мн* сбы́та

Absatzflaute <-, -n> *f* засто́й *м* в сбы́те

absatzfördernd *adj* стимули́рующий сбыт

Absatzförderung <-> *f* стимули́рование *ср* сбы́та

Absatzforschung <-> *f* изуче́ние *ср* сбы́та

Absatzgebiet <-(e)s, -e> *nt* ры́нок *м* сбы́та

Absatzgenossenschaft <-, -en> *f* сбытово́й кооперати́в *м*
Absatzkanal <-(e)s, -kanäle> *m* кана́л *м* сбы́та
Absatzkette <-, -n> *f* сбытова́я цепь *ж*
Absatzkontrolle <-, -n> *f* контро́ль *м* за сбы́том
Absatzkosten *pl* затра́ты *мн* на реализа́цию
Absatzkurve <-, -n> *f* гра́фик *м* сбы́та
Absatzlage <-, -n> *f* конъюнкту́ра *ж*
Absatzmarkt *m* <-es, -märkte> ры́нок *м* сбы́та; **neue Absatzmärkte erschließen** осва́ивать но́вые ры́нки сбы́та
Absatzmittler <-s, -> *m* аге́нт *м* по сбы́ту
absatzorientiert *adj* ориенти́рующийся на сбыт
Absatzplan <-(e)s, -pläne> *m* план *м* сбы́та
Absatzplanung <-, -en> *f* плани́рование *ср* сбы́та
Absatzplus <-> *nt* приро́ст *м* сбы́та
Absatzpolitik <-> *f* поли́тика *ж* в о́бласти сбы́та
Absatzprognose <-, -n> *f* прогно́з *м* сбы́та
Absatzrisiko <-s, -risiken> *nt* торго́вый риск *м*
Absatzschwierigkeiten *pl* затрудне́ния *мн* со сбы́том
Absatzsteigerung <-, -en> *f* увеличе́ние *ср* объёма сбы́та
Absatzvolumen <-s, -volumina> *nt* объём *м* сбы́та
Absatzweg <-(e)s, -e> *m* кана́л *м* сбы́та
Absatzwirtschaft <-> *f* эконо́мика *ж* сбы́та
Absauganlage <-, -n> *f* TECH вытяжна́я устано́вка *ж*
ab|saugen *vt* выса́сывать, вы́сосать *св;* **Fett** ~ выса́сывать жир
ab|schaben *vt* соска́бливать, -бли́ть *св*
ab|schaffen *vt* отменя́ть, -ни́ть *св*
Abschaffung <-, -en> *f* отме́на *ж*
Abschaltautomatik <-> *f* автомати́ческое отключе́ние *ср*
ab|schalten I. *vt (ausschalten)* выключа́ть, вы́ключить *св* II. *vi umg* отключа́ться, -чи́ться *св*
ab|schätzen *vt* оце́нивать, -ни́ть *св*
abschätzig ['apʃɛtsɪç] *adj* пренебрежи́тельный
ab|schauen *vt* 1. *(allg)* перенима́ть, -реня́ть *св (+ dat)*, у 2. *(abgucken)* спи́сывать, списа́ть; *(bei + dat)* у
Abschaum <-(e)s> *m kein pl, pej* отбро́сы *мн* о́бщества
Abscheider <-s> *m* TECH сепара́тор *м*
Abscheu <-(e)s, -> *m* отвраще́ние *ср*
abscheulich [ap'ʃɔɪlɪç] *adj* отврати́тельный
ab|schicken *vt* отсыла́ть, отосла́ть *св;* **eine E-Mail** ~ отправля́ть сообще́ние по электро́нной по́чте
ab|schieben <irr> *vt (Person)* высыла́ть, вы́слать *св*, выдворя́ть, вы́дворить *св*
Abschiebepraxis <-> *f* пра́ктика *ж* вы́сылки [*или* выдворе́ния] из страны́
Abschiebestopp <-s> *m* приостано́вка *ж* вы́сылки из страны́
Abschiebungshaft ['apʃi:bʊŋshaft] <-> *f* аре́ст *м* с це́лью вы́сылки из страны́
Abschied ['apʃi:t, *pl:* 'apʃi:də] <-(e)s, -e> *m* расстава́ние *ср;* ~ **nehmen** проща́ться
Abschiedsabend <-s, -e> *m* проща́льный ве́чер *м*
Abschiedsfeier *f* проща́льный пра́здник *м*
ab|schießen <irr> *vt* 1. *(allg)* вы́стрелить *св*, -стре́ливать *нсв* 2. *(Flugzeug)* сбить *св*, сбива́ть *нсв*
ab|schirmen *vt* заслоня́ть, -ни́ть *св*
ab|schlachten *vt* забива́ть, -би́ть *св*
Abschlag <-(e)s, Abschläge> *m* 1. *(Preisnachlass)* ски́дка *ж* 2. *(Anzahlung)* зада́ток *м* 3. *(Vorschuss)* ава́нс *м* 4. SPORT уда́р вратаря́ с руки́, пода́ча *ж* мяча́
ab|schlagen <irr> *vt* 1. *(allg)* отбива́ть, -би́ть *св* 2. *(abhacken)* отсека́ть, -се́чь *св* 3. *(Bitte)* отка́зывать, -за́ть *св*
Abschlagszahlung <-, -en> *f* платёж *м* в рассро́чку
ab|schleifen <irr> *vt* ста́чивать, сточи́ть *св*
Abschleppdienst <-(e)s, -e> *m* *слу́жба для отбуксиро́вки автомоби́лей*
ab|schleppen *vt* отбукси́ровать *св*
Abschleppseil <-(e)s, -e> *nt* букси́р *м*
Abschleppstange <-, -n> *f* KFZ буксиро́вочная шта́нга *ж*
Abschleppwagen <-s, -> *m* буксиро́вочный автомоби́ль *м*
ab|schließen <irr> I. *vt* 1. *(Tür)* запира́ть, -пере́ть *св* 2. *(beenden)* зака́нчивать, -ко́нчить *св;* **das Geschäftsjahr** ~ заверша́ть фина́нсовый год 3. *(Vertrag)* заключа́ть, -чи́ть *св;* **die Bücher** ~ баланси́ровать бухга́лтерские кни́ги; **eine Versicherung** ~ заключи́ть догово́р о страхова́нии; **einen Vertrag** ~ заключа́ть догово́р; **eine Wette** ~ заключа́ть пари́ II. *vi* конча́ться, ко́нчиться *св;* **mit einer Sache** ~ поко́нчить с каки́м-л. де́лом
Abschluss[RR] <-es, Abschlüsse> *m*, **Abschluß**[Alt] <-sses, -schlüsse> *m* 1. *(Beendigung)* коне́ц *м*, оконча́ние *ср;* **zum ~ kommen** подойти́ к концу́ 2. *(eines Vertrags, einer Wette)* заключе́ние *ср* 3. *(eines Geschäfts)* сде́лка *ж* 4. *(Schlussrechnung)* ито́говый бала́нс *м*
Abschlussbericht[RR] <-(e)s, -e> *m* заключи́тельный отчёт *м*
Abschlussbilanz[RR] <-, -en> *f* заклю-

чи́тельный бала́нс *м*
Abschlussbuchung[RR] <-, -en> *f* заключи́тельные бухга́лтерские за́писи *мн*
Abschlusskundgebung[RR] <-, -en> *f* заключи́тельный ми́тинг *м*
Abschlussprüfung[RR] <-, -en> *f* выпускно́й экза́мен *м*
Abschlussstichtag[RR] <-(e)s, -e> *m* BÖRSE день *м*, по ку́рсу кото́рого прово́дится расчёт по сде́лке
Abschlusszeugnis[RR] <-ses, -se> *nt* свиде́тельство *ср* об оконча́нии уче́бного заведе́ния
ab|schmecken *vt* **1.** *(Speise)* добавля́ть, -ба́вить *св* припра́ву **2.** *(Wein)* дегусти́ровать *нсв*
ab|schmelzen **I.** *vt* расплавля́ть, -пла́вить *св*, растопля́ть, -топи́ть *св* **II.** *vi* пла́виться, расплавля́ться; *(Eis)* та́ять
ab|schmieren *vt* TECH сма́зывать, сма́зать *св*
ab|schminken **I.** *vr* *(Schminke abnehmen)* снима́ть, снять *св*; **sich etw ~ können** *umg* вы́бросить что-л. из головы́ **II.** *vt* снима́ть, снять *св* грим, смыва́ть, смыть *св* грим; **das kannst du dir ~!** да́же и не ду́май об э́том!
ab|schnallen *vt* **1.** *(allg)* расстёгивать, -стегну́ть *св* **2.** *umg* отключа́ться, -чи́ться *св*
ab|schneiden <irr> **I.** *vt* **1.** *(abtrennen)* отделя́ть, отдели́ть *св*, отреза́ть, отре́зать *св* **2.** *(absperren)* огражда́ть, огради́ть *св* **3.** *(abkürzen)* подреза́ть, подре́зать *св* **4.** *(isolieren)* отреза́ть, отре́зать *св*, изоли́ровать *(н)св* **II.** *vi* **1.** *(Weg)* отреза́ть, отре́зать *св* **2.** *(Ergebnis erziehen)* получи́ть *св*, -ча́ть *нсв*; **bei etw gut/schlecht ~** име́ть в чём-л. успе́х/потерпе́ть неуда́чу; **bei einer Prüfung gut/schlecht ~** хорошо́/пло́хо сдать экза́мен
Abschnitt <-(e)s, -e> *m* **1.** *(allg)* уча́сток *м* **2.** *(Textteil)* разде́л *м*, глава́ *ж* **3.** *(Zeit~)* отре́зок *м* вре́мени **4.** *(Bereich)* се́ктор *м*, уча́сток *м*
ab|schöpfen *vt* ÖKON изыма́ть, изъя́ть *св*
Abschöpfung <-> *f* уменьше́ние *ср*
Abschottung <-> *f* замыка́ние *ср*, непри́ятие *ср*
ab|schrauben *vt* отви́нчивать, -винти́ть *св*
ab|schrecken *vt* **1.** *(Person)* отпу́гивать, -пугну́ть *св* **2.** *(Eier)* бы́стро охлажда́ть, -ладить *св* **3.** *(Nudeln)* обдава́ть, -да́ть *св*, холо́дной водо́й
Abschreckung <-, -en> *f* устраше́ние *ср*
ab|schreiben <irr> *vt* **1.** *(Text)* перепи́сывать, -са́ть *св* **2.** *umg* *(aufgeben)* спи́сывать, -са́ть *св*, закрыва́ть, -кры́ть *св*; **diese Sache kann man jetzt ~** э́то де́ло мо́жно тепе́рь закры́ть **3.** ÖKON спи́сывать, -са́ть *св*, амортизи́ровать *(н)св*
Abschreibung <-, -en> *f* амортиза́ция *ж*
Abschreibungsbetrag <-(e)s, -beträge> *m* су́мма *ж* амортизацио́нных отчисле́ний
Abschreibungsrate <-, -n> *f* но́рма *ж* амортиза́ции
Abschreibungszeitraum <-(e)s, -räume> *m* амортизацио́нный пери́од *м*
Abschrift <-, -en> *f* ко́пия *ж*
ab|schürfen *vt* обдира́ть, ободра́ть *св*
Abschürfung <-, -en> *f* сса́дина *ж*
Abschuss[RR] <-es, Abschüsse> *m*, **Abschuß**[Alt] <-schusses, -schüsse> *m* вы́стрел *м*
abschüssig ['apʃʏsɪç] *adj* круто́й
Abschussrampe[RR] <-, -n> *f* (раке́тная) пускова́я устано́вка *ж*
ab|schütteln *vt* **1.** *(allg)* стря́хивать, -хну́ть *св* **2.** *(Person)* отде́латься *св*, -лываться *нсв*; **ich habe ihn schon abgeschüttelt** я от него́ уже́ отде́лался
ab|schütten *vt* слива́ть, слить *св*; **die gekochten Kartoffeln abschütten** слить варёную карто́шку
ab|schweifen *vi sein, geh* сбива́ться, сби́ться *св*, отходи́ть, отойти́ *св*
Abschweifung <-, -en> *f* отклоне́ние *ср*
ab|schwellen <irr> *vi* **1.** *(allg)* спада́ть, спа́сть *св* **2.** *(Lärm)* стиха́ть, сти́хнуть *св*
ab|schwirren *vi umg* уйти́ *св*, упорхну́ть *св*
ab|schwören *vi* **einer Sache ~** отрека́ться от чего́-л.
Abschwung <-(e)s> *m* спад *м* конъюнкту́ры
ab|segnen *vt* **1.** *(allg)* благословля́ть, -ви́ть *св* **2.** *fig* одобря́ть, одо́брить *св*
absehbar *adj* обозри́мый; **in ~er Zeit** в обозри́мом бу́дущем
ab|sehen <irr> **I.** *vt* **1.** *(lernen)* узнава́ть, узна́ть *св*, учи́ть, вы́учить *св* **2.** *(voraussehen)* предуга́дывать, предугада́ть *св*, предви́дсть *нсв* **II.** *vi* **1.** *(verzichten)* отка́зываться, отказа́ться *св* **2.** *(nicht berücksichtigen)* не принима́ть, -ня́ть *св* во внима́ние; **abgesehen davon, dass ...** несмотря́ на то, что ...; **es auf etw abgesehen haben** ме́тить на что-л.
ab|seilen **I.** *vt* спуска́ть, -сти́ть *св* **II.** *vr* **1.** *(allg)* спуска́ться, -сти́ться *св* **2.** *umg* смыва́ться, смы́ться *св*
abseits ['apzaɪts] *adv* в стороне́
Abseits <-> *nt* SPORT положе́ние *ср* вне игры́; **im ~ stehen** остава́ться в тени́
Abseitsfalle <-, -n> *f* SPORT иску́сственное положе́ние *ср* вне игры́
ab|senden *vt* отсыла́ть, отосла́ть *св*
Absender(in) <-s, -> *m(f)* отправи́тель(ница) *м(ж)*
Absenkung <-, -en> *f* *(Gelände)* сниже́ние *ср*
ab|servieren *vt* **1.** *(Geschirr, Tisch)* убира́ть,

Absicht ausdücken

• **nach Absicht fragen**	• **Осведомление о цели**
Was bezwecken Sie damit?	**Чего вы этим хотите добиться?**
Was hat das alles für einen Zweck?	**Какова цель всего этого?**
Was wollen Sie damit behaupten / sagen?	**Что вы хотите сказать?**
• **Absicht ausdrücken**	• **Выражение намерения**
Ich **werde** diesen Monat noch das Wohnzimmer tapezieren.	Я **собираюсь** поклеить обои в гостиной в этом месяце.
Ich habe für nächstes Jahr eine Reise nach Italien **vor / geplant.**	**Я планирую** поехать в Италию на следующий год.
Ich beabsichtige, eine Klage gegen die Firma zu erheben.	**Я намереваюсь** начать судебное преследование против компании.
Ich habe bei dem Menü als Dessert eine Mousse au Chocolat **ins Auge gefasst.**	**Я хочу** заказать на десерт шоколадный мусс из меню.
Ich habe mir in den Kopf gesetzt, den Pilotenschein zu machen.	**Я надумал / принял решение** стать пилотом.
• **Absichtslosigkeit ausdrücken**	• **Выражение отсутствия цели**
Das war nicht von mir beabsichtigt.	**Я не хотел этого.**
Das liegt mir fern.	**Это последнее, что я хочу сделать.**
Ich habe nicht die Absicht, dir irgendwelche Vorschriften zu machen.	**Я не намерен** тебе говорить, что ты должен или не должен делать.
Ich habe es nicht auf Ihr Geld **abgesehen.**	**Я не преследую** ваших денег.

убра́ть *св* со стола́ **2.** *fam (entlassen)* увольня́ть, уво́лить *св* **3.** *fam (ermorden)* убива́ть, уби́ть *св*, отде́лываться, отде́латься *св*

absetzbar *adj* не облага́емый нало́гом; **steuerlich ~e Beträge** су́ммы дохо́дов, не облага́емые нало́гом

ab|setzen I. *vt* **1.** *(allg)* снима́ть, снять *св* **2.** *(Fahrgast)* выса́живать, вы́садить *св* **3.** *(Regierung)* све́ргнуть *св*, -га́ть *нсв* **4.** *(Ware)* сбыва́ть, сбыть *св* **5.** *(Fahrtkosten)* вычита́ть *нсв*, вы́честь *св* **6.** *(Medikament)* прекраща́ть, -крати́ть *св* приём **II.** *vr* отрыва́ться, оторва́ться *св*, скрыва́ться, скры́ться *св*

Absetzung <-> *f (Abzug)* вы́чет *м*, исключе́ние *ср*

ab|sichern *vt* защища́ть, -щити́ть *св*, предохраня́ть, -ни́ть *св*

Absicherung <-, -en> *f* покры́тие *ср*, обеспе́чение *ср*

Absicht <-, -en> *f* наме́рение *ср*; *(Ziel)* цель *ж*; **gute/böse Absichten haben** жела́ть добра́/зла; **etw mit/ohne ~ tun** сде́лать что-л. с у́мыслом/без у́мысла; **das war nicht meine ~** я э́того не хоте́л

absichtlich *adj* наме́ренный, умы́шленный

Absichtserklärung <-, -en> *f* заявле́ние *ср* о наме́рениях

ab|sitzen <irr> **I.** *vt (Strafe)* отси́живать, -сиде́ть *св* **II.** *vi (Reiter)* спе́шиваться, -шиться *св*

absolut [apzoˈluːt] **I.** *adj* абсолю́тный, безусло́вный; **~en Vorrang genießen** име́ть абсолю́тное преиму́щество **II.** *adv* абсолю́тен, безусло́вен; **das ist ~ unmöglich** это абсолю́тно невозмо́жно; **~ nichts** абсолю́тно ничего́

Absolutismus [apzoluˈtɪsmʊs] <-> *m* абсолюти́зм *м*

Absolvent(in) [apzɔlˈvɛnt] <-en, -en> *m(f)* выпускни́к, -ни́ца *м(ж)*

ab|solvieren [apzɔlˈviːrən] *vt* ока́нчивать, око́нчить *св*

ab|sondern I. *vt* **1.** *(ausscheiden)* выделя́ть, вы́делить *св* **2.** *(trennen)* отделя́ть, -ли́ть *св*, разделя́ть, -ли́ть *св* **II.** *vr* уединя́ться, -ни́ться *св*

Absonderung [ˈapzɔndərʊŋ] <-, -en> *f* **1.** *(Trennung)* отделе́ние *ср*, разделе́ние *ср* **2.** *(Ausscheidung)* выделе́ние *ср*

absorbieren [apzɔrˈbiːrən] *vt* абсорби́ровать *(н)св*, поглоща́ть, -глоти́ть *св*

Absorption <-> *f* поглоще́ние *ср*

Abspaltung <-, -en> *f* отщепле́ние *ср*, отка́лывание *ср*

ab|sparen *vt* эконо́мить, сэконо́мить *св*; **sich etw vom Munde ~** эконо́мить на себе́

ab|specken [ˈapʃpɛkən] *vi umg* сбра́сывать, сбро́сить *св* вес

ab|speichern *vt* DV заноси́ть *нсв* в па́мять, сохрани́ть *св*

ab|speisen *vt* **jdn ~** отде́латься от кого́-л.

ab|sperren *vt* **1.** *(Tür)* запира́ть, -пере́ть *св* **2.** *(Gelände)* отгора́живать, -роди́ть *св*
Absperrung <-, -en> *f* **1.** *(das Absperren)* оцепле́ние *ср* **2.** *(Barriere)* огра́да *ж*
ab|spielen **I.** *vt* **1.** *(Schallplatte)* прои́грывать, -игра́ть *св* **2.** SPORT *(Ball)* пасова́ть *нсв* **II.** *vr* происходи́ть, -изойти́ *св*
Absprache <-, -n> *f* договорённость *ж*
ab|sprechen <irr> *vt* договори́ться *св*, -ва́риваться *нсв*; **jdm etw ~** *(aberkennen)* не признава́ть за ке́м-л. что-л.
ab|springen <irr> *vi* **1.** *(herunterspringen)* спры́гивать, -гнуть *св* **2.** *(Lack)* облу́пливаться, -пи́ться *св* **3.** *umg (zurücktreten)* оставля́ть, -та́вить *св*, бро́сить *св*, -са́ть *нсв*
Absprung <-(e)s, Absprünge> *m* прыжо́к *м*
ab|spülen *vt* смыва́ть, смы́ть *св*; *(Geschirr)* ополаскивать, -лоска́ть *св*
ab|stammen *vi* происходи́ть, -изойти́ *св*
Abstammung *f ohne pl* происхожде́ние *ср*
Abstammungslehre <-> *f* уче́ние *ср* о происхожде́нии ви́дов
Abstand <-(e)s, Abstände> *m* **1.** *(allg)* рассто́яние *ср* **2.** *(zeitlich)* промежу́ток *м*; **mit ~** намно́го; **von etw ~ nehmen** воздержа́ться от чего́-л.
Abstandsgeld <-(e)s, -er> *nt* JUR отступны́е де́ньги *мн*
ab|statten ['apʃtatən] *vt geh* **jdm einen Besuch ~** прийти́ в го́сти к кому́-л.
ab|stauben *vt* **1.** *(putzen)* выбива́ть, вы́бить *св* **2.** *fam* таска́ть, стащи́ть *св*
Abstecher <-s, -> *m* *небольшо́е отклоне́ние от маршру́та путеше́ствия с це́лью посети́ть како́е-л. ме́сто*
ab|stecken *vt* **1.** *(Gebiet)* размеча́ть, -ме́тить *св* **2.** *(Kleid)* нака́лывать, -коло́ть *св*
ab|stehen <irr> *vi* находи́ться *нсв* на рассто́янии
ab|steigen <irr> *vi* слеза́ть, сле́зть *св*; *(einkehren, übernachten)* остана́вливаться, -нови́ться *св*; SPORT вы́быть *св* в ни́зшую ли́гу
ab|stellen *vt* **1.** *(hinstellen)* ста́вить, по- *св* **2.** *(ausschalten)* выключа́ть, вы́ключить *св* **3.** *(Auto)* ста́вить, по- *св* **4.** *(Missstand)* устраня́ть, -ни́ть *св*
Abstellgleis <-es, -e> *nt* запа́сный путь *м*
Abstellplatz <-es, -plätze> *m* ме́сто *ср* для стоя́нки
ab|stempeln *vt* **1.** *(Brief)* проштемпелева́ть *св*, штемпелева́ть *нсв* **2.** *(Ausweis)* поста́вить печа́ть *св* **3.** *(Person)* наве́шивать, -ве́сить *св* ярлы́к
Abstieg ['apʃtiːk 'apʃtiːgə] <-(e)s, -e> *m* **1.** *(allg)* спу́ск *м* **2.** *(Niedergang)* упа́док *м* **3.** SPORT перехо́д *м* в бо́лее ни́зкую ли́гу
ab|stimmen **I.** *vt* **1.** *(Farben)* подбира́ть, -добра́ть *св* **2.** *(Rede)* ориенти́ровать, сориенти́ровать *св* **3.** *(in Einklang bringen)* согласо́вывать, -сова́ть *св* **II.** *vi* голосова́ть, про- *св*
Abstimmung <-, -en> *f* голосова́ние *ср*; **geheime ~** та́йное голосова́ние; **offene ~** откры́тое голосова́ние; **Ausgang einer ~** исхо́д голосова́ния
Abstimmungsergebnis <-ses, -se> *nt* результа́т *м* голосова́ния
abstinent [apsti'nɛnt] *adj* уме́ренный, возде́ржанный
Abstinenz [apsti'nɛnts] <-> *f* возде́ржанность *ж*
Abstoß <-es, Abstöße> *m* SPORT отта́лкивание *ср*, толчо́к *м*
ab|stoßen <irr> *vt* **1.** *(allg)* отта́лкивать, -толкну́ть *св* **2.** *(verkaufen)* сбыва́ть, сбы́ть *св*
abstoßend *adj* отта́лкивающий
abstrakt [ap'strakt] *adj* абстра́ктный
Abstraktion <-, -en> *f* абстра́кция *ж*
Abstraktionsvermögen <-s> *nt* спосо́бность *ж* к абстра́ктному мышле́нию
ab|strampeln *vr umg* напряга́ться, -пря́чься *св*, стара́ться, по- *св*
ab|streifen *vt* снима́ть, сня́ть *св*, сбра́сывать, сбро́сить *св*
ab|streiten <irr> *vt* оспа́ривать, -по́рить *св*
Abstrich <-(e)s, -e> *m* **1.** *(Kürzung)* сокраще́ние *ср*, ограниче́ние *ср* **2.** MED мазо́к *м*
ab|stufen *vt* **1.** *(in Stufen anordnen)* располага́ть, -ложи́ть *св* ступе́ньками **2.** *(staffeln)* разделя́ть, -дели́ть *св* по катего́риям
ab|stumpfen ['apʃtʊmpfən] **I.** *vi* тупи́ться, за- *св* **II.** *vt auch fig* притупля́ть, -пи́ть *св*
Absturz <-es, Abstürze> *m* паде́ние *ср*
ab|stürzen *vi* сорва́ться *св*, срыва́ться *нсв*
ab|stützen *vt* подпира́ть, -пере́ть *св*
ab|suchen *vt* обы́скивать, -ка́ть *св*
absurd [ap'zʊrt] *adj* абсу́рдный, неле́пый; **das ist ja ~!** э́то же абсу́рд!
Absurdität [apzʊrdi'tɛːt] <-> *f* абсу́рдность *ж*
Abszess[RR] [aps'tsɛs] <-es, -e> *m*, **Abszeß**[Alt] <-szesses, -szesse> *m* MED абсце́сс *м*, нары́в *м*
Abszisse <-, -n> *f* абсци́сса *ж*
Abt [apt] <-(e)s, Äbte> *m* абба́т *м*
ab|tasten *vt* ощу́пывать, -пать *св*
Abtauvorrichtung <-, -en> *f* TECH размора́живающее устро́йство *ср*
Abtei [ap'taɪ] <-, -en> *f* абба́тство *ср*
Abteil [ap'taɪl] <-(e)s, -e> *nt* купе́ *ср*
Abteilservice <-> *m* обслу́живание *ср* в купе́
Abteilung [ap'taɪlʊŋ] <-, -en> *f* **1.** *(allg)* отде-

ле́ние *ср* **2.** *(in Unternehmen)* отде́л *м*, слу́жба *ж;* **kaufmännische ~** комме́рческий отде́л; **eine neue ~ einrichten** открыва́ть но́вый о́тдел **3.** *(im Kaufhaus)* отде́л *м* **4.** MIL подразделе́ние *ср*

Abteilungsleiter(in) <-s, -> *m(f)* нача́льник *м* отде́ла

Äbtissin [ɛp'tɪsɪn] <-, -en> *f* аббати́са *ж*, настоя́тельница *ж*

ab|töten *vt* **1.** *(allg)* умерщвля́ть, -ртви́ть *св* **2.** *(Gefühle)* заглуша́ть, -ши́ть *св*

ab|tragen <irr> *vt* **1.** *(einebnen)* снима́ть, снять *св* слой земли́ **2.** *(Kleidung)* изна́шивать, -носи́ть *св*

abträglich ['aptrɛːglɪç] *adj* неблагоприя́тный; **einer Sache ~ sein** быть вре́дным для чего́-л.

Abtransport <-(e)s, -e> *m* отпра́вка *ж*, отгру́зка *ж*

ab|treiben <irr> **I.** *vi (Boot)* дрейфова́ть *нсв* **II.** *vt* **1.** *(Strömung)* сноси́ть, снести́ *св* **2.** MED де́лать, сде́лать *св* або́рт

Abtreibung <-, -en> *f* або́рт *м*

Abtreibungspille *f* табле́тки *ж мн* для преждевре́менного прекраще́ния бере́менности

Abtreibungsrecht <-(e)s> *nt* зако́н *м* об або́ртах

ab|trennen *vt* **1.** *(lösen)* отпа́рывать, -поро́ть *св*, отрыва́ть, оторва́ть *св* **2.** *(abteilen)* разделя́ть, -ли́ть *св*, отделя́ть, -ли́ть *св*

ab|treten <irr> *vt* **1.** *(Schuhe)* изна́шивать, -носи́ть *св* **2.** *(überlassen)* уступа́ть, -пи́ть *св;* **eine Firma ~** уступи́ть [*или* переда́ть] фи́рму

Abtretung <-, -en> *f* усту́пка *ж*, це́ссия *ж;* **~ der Rechte** усту́пка прав; **~ einer Forderung** усту́пка тре́бования

ab|trocknen **I.** *vt* вытира́ть, вы́тереть *св* **II.** *vi* высыха́ть, вы́сохнуть *св*

ab|tropfen *vi sein* ка́пать, ка́пнуть *св*, отце́живать, отцеди́ть *св*

abtrünnig ['aptrʏnɪç] *adj* измени́вший, неве́рный

abtun <irr> *vt* отклоня́ть, -ни́ть *св;* **er tat die Kritik als unbegründet ab** он отклони́л кри́тику как необосно́ванную

ab|tupfen *vt* впи́тывать, впита́ть *св; (Stirn, Tränen)* промока́ть, промочи́ть *св*

Abverkauf <-(e)s, -käufe> *m (österr: Ausverkauf)* распрода́жа *ж*

ab|verlangen *vt* вы́требовать *св;* **jdm etw ~** потре́бовать у кого́-л. что-л.

ab|wägen ['apvɛːgən] *vt* взве́шивать, -ве́сить *св*

ab|wählen *vt (Person)* не переизбра́ть *св*, -бира́ть *нсв* при голосова́нии

ab|wälzen *vt (Schuld, Verantwortung)* сва́ливать, -ли́ть *св; (auf + akk)* на

ab|wandeln *vt* варьи́ровать *нсв*, изменя́ть, -ни́ть *св*

ab|wandern *vi* эмигри́ровать *(н)св*, переселя́ться, -ли́ться *св*

Abwanderung <-, -en> *f* переселе́ние *ср*, эмигра́ция *ж;* **~ der Intelligenz** уте́чка мозго́в

Abwärme <-> *f* TECH отходя́щее тепло́ *ср*

Abwärmenutzung <-> *f* TECH испо́льзование *ср* отходя́щего тепла́

Abwart(in) ['apvart, 'apvɛrtɪn] <-s, -e> *m(f) CH (Hausmeister)* дво́рник *м*, коменда́нт *м* зда́ния

ab|warten **I.** *vt* ждать *нсв;* **das Ende des Gesprächs ~** ждать оконча́ния разгово́ра; **wir müssen das Gewitter ~** мы должны́ пережда́ть грозу́ **II.** *vi* подожда́ть *св*, поврамени́ть *св*

abwärts ['apvɛrts] *adv* вниз; **mit seiner Gesundheit geht es ~** его́ здоро́вье ухудша́ется

Abwasch ['apvaʃ] <-(e)s> *m* **1.** *(allg)* мытьё *ср* посу́ды **2.** *österr (Abwaschbecken)* мо́йка *ж*

abwaschbar *adj (Tapeten)* мо́ющийся

ab|waschen <irr> *vt* мыть, вы́мыть *св*

Abwaschmaschine <-, -n> *f CH (Geschirrspülmaschine)* посудомо́ечная маши́на *ж*

Abwaschschüssel <-, -n> *f* та́зик *м* для мытья́ посу́ды

Abwasser <-s, Abwässer> *nt* сто́чные во́ды *мн*

Abwasseraufbereitung <-> *f* очи́стка *ж* сто́чных вод

Abwasserentsorgung <-> *f* устране́ние *ср* сто́чных вод

Abwassergebühren *pl* нало́г *м* на сбро́с сто́чных вод в водоёмы

Abwasserkanal *m* кана́л *м* для отхо́дов

Abwasserreinigung <-> *f* очи́стка *ж* сто́чных вод

ab|wechseln *vr* чередова́ть *нсв*, чередова́ться *нсв (mit + dat)* с

abwechselnd *adv* по оче́реди

Abwechslung <-, -en> *f* переме́на *ж*, сме́на *ж;* **zur ~** для разнообра́зия

abwechslungslos **I.** *adj* **1.** *(immer gleich, ereignislos)* обы́денный **2.** *(langweilich)* ску́чный **II.** *adv* ску́чен

abwechslungsreich *adj* разнообра́зный

Abweg ['apveːg] <-(e)s, -e> *m* заблужде́ние *ср;* **auf ~e geraten** сби́ться с ве́рного пути́

abwegig ['apveːgɪç] *adj (Idee, Vorschlag)* неле́пый, ло́жный

Abwehr [a'pveːɐ̯] <-> *f* **1.** MIL оборо́на *ж* **2.** SPORT защи́та *ж*

Abwehrdienst <-es, -e> *m* секре́тная слу́жба *ж*

ab|wehren *vt* **1.** *(allg)* отража́ть, -рази́ть *св* **2.** *(zurückweisen)* отклоня́ть, -ни́ть *св* **3.** SPORT отбива́ть, -би́ть *св*

Abwehrmaßnahme <-, -n> *f* защи́тная

ме́ра *ж*

Abwehrreaktion <-, -en> *f* BIOL защи́тная реа́кция *ж*

Abwehrspieler <-s, -> *m* SPORT игро́к *м* ли́нии оборо́ны, защи́тник *м*

Abwehrzoll <-(e)s, -zölle> *m* запрети́тельная по́шлина *ж*

ab|weichen <irr> *vi* **1.** *(vom Kurs)* отклоня́ться, -ни́ться *св* **2.** *(sich unterscheiden)* отлича́ться, -чи́ться *св*

abweichend *adj* отлича́ющийся, отли́чный

Abweichung <-, -en> *f* отклоне́ние *ср;* **durchschnittliche ~** сре́днее отклоне́ние; **~ vom Muster** отклоне́ние от образца́

Abweichungsanalyse <-, -n> *f* ана́лиз *м* отклоне́ний

ab|weisen <irr> *vt* **1.** *(Person)* отсыла́ть, отосла́ть *св,* выпрова́живать, вы́проводить *св* **2.** *(Antrag)* отклоня́ть, -ни́ть *св*

abweisend *adj* недружелю́бный, отта́лкивающий

ab|wenden I. *vt* отвора́чивать, -верну́ть *св* **II.** *vr* отвора́чиваться, -верну́ться *св*

ab|werben <irr> *vt* перема́нивать, -ни́ть *св;* **Fachkräfte ~** перема́нивать специали́стов

Abwerber <-, -> *m* охо́тник *м* за мозга́ми

Abwerbung <-, -en> *f* перема́нивание *ср;* **~ von Kunden** перема́нивание покупа́телей

ab|werfen <irr> *vt* **1.** *(allg)* сбра́сывать, сбро́сить *св* **2.** *(Gewinn)* приноси́ть, -нести́ *св*

ab|werten *vt* **1.** *(allg)* снижа́ть, сни́зить *св,* обесце́нивать, -це́нить *св* **2.** *(Währung)* девальви́ровать *нсв;* **eine Währung ~** обесце́нивать валю́ту

abwertend *adj (negativ)* отрица́тельный; *(verächtlich)* унизи́тельный

Abwertung <-, -en> *f* девальва́ция *ж,* обесцене́ние *ср*

abwesend ['apve:zənt] *adj* отсу́тствующий

Abwesenheit <-, -en> *f* отсу́тствие *ср;* **durch ~ glänzen** *umg* блиста́ть отсу́тствием

ab|wetzen *vt* обта́чивать, -точи́ть *св*

ab|wickeln *vt* **1.** *(Faden)* разма́тывать, -мота́ть *св* **2.** *(erledigen)* выполня́ть, вы́полнить *св,* исполня́ть, -по́лнить *св;* **einen Auftrag ~** выполня́ть зака́з; **ein Geschäft ~** осуществля́ть сде́лку

Abwicklung <-, -en> *f* **1.** *(Durchführung)* выполне́ние *ср;* **die~ eines Auftrages** выполне́ние зака́за **2.** *(Liquidation)* ликвида́ция *ж;* **~ eines Betriebes** ликвида́ция предприя́тия

Abwicklungsbilanz <-, -en> *f* ликвидацио́нный бала́нс *м*

ab|wiegen <irr> *vt* взве́шивать, взве́сить *св*

ab|wimmeln *vt umg* отде́лываться, -латься *св*

ab|winken *vi* отмахну́ться *св,* -ма́хиваться *нсв*

ab|wischen *vt* **1.** *(entfernen)* стира́ть, стере́ть *св,* вытира́ть, вы́тереть *св* **2.** *(säubern)* вытира́ть, вы́тереть *св*

Abwurf <-(e)s, Abwürfe> *m* **1.** *(allg)* сбра́сывание *ср* **2.** SPORT бросо́к *м* от воро́т

ab|würgen *vt umg* **1.** *(Kritik)* подавля́ть, -ви́ть *св* **2.** *(Auto)* заглуши́ть *св,* -ша́ть *нсв* двигатель

ab|zahlen *vt* **1.** *(Schulden)* погаша́ть, -гаси́ть *св* **2.** *(Raten)* выпла́чивать, вы́платить *св* в рассро́чку

ab|zählen *vt* отсчи́тывать, -счита́ть *св*

Abzahlung <-, -en> *f* **1.** *(das Abzahlen)* опла́та *ж* **2.** *(Rückzahlung)* погаше́ние *ср;* **~ eines Kredits** погаше́ние креди́та; **~ von Schulden** погаше́ние до́лга/долго́в *мн*

Abzahlungskredit <-(e)s, -e> *m* креди́т *м* с рассро́чкой платежа́

Abzeichen <-s, -> *nt* знак *м*

ab|zeichnen I. *vt* **1.** *(Bild)* срисо́вывать, -сова́ть *св* **2.** *(unterschreiben)* подпи́сывать, -са́ть *св* **II.** *vr* намеча́ться, -ме́титься *св*

Abziehbild <-(e)s, -er> *nt* переводна́я карти́нка *ж*

ab|ziehen I. <irr> *vt* **1.** *(herabziehen, wegziehen)* стя́гивать, стяну́ть *св* **2.** *(Bett)* снима́ть, снять *св* **3.** *(Fell, Haut)* сдира́ть, содра́ть *св* **4.** *(Foto, Negativ)* печа́тать, на- *св* **5.** *(subtrahieren)* вычита́ть, вы́честь *св* **II.** *vi* **1.** *(Mensch)* уходи́ть, уйти́ *св* **2.** *(Rauch)* выходи́ть, вы́йти *св*

ab|zielen *vi* ме́тить *нсв; (auf + akk)* на

Abzinsung <-, -en> *f* отчисле́ние *ср* сло́жных проце́нтов

Abzug <-(e)s, Abzüge> *m* **1.** *(allg)* ухо́д *м* **2.** *(Foto)* отпеча́ток *м* **3.** *(von Rauch)* вы́тяжка *ж* **4.** *(von Truppen)* вы́вод *м,* отво́д *м* **5.** *(Verminderung)* вы́чет *м,* удержа́ние *ср;* **nach ~ der Kosten** за вы́четом расхо́дов; **nach ~ der Lohnsteuer** по удержа́нии дохо́дного нало́га

abzüglich ['aptsy:klɪç] *prp + gen* за вы́четом

abzugsfähig *adj (absetzbar)* не облага́емый нало́гом

ab|zweigen I. *vi (Weg, Straße)* ответвля́ться, -ви́ться *св* **II.** *vt (Geld)* откла́дывать, отложи́ть *св*

Abzweigung <-, -en> *f* разви́лка *ж*

Accessoires [aksɛso'a:ɐ] <-> *pl* аксессуа́ры *мн*

Aceton <-s, *ohne pl*> *nt* CHEM ацето́н *м*

Acetylsalicylsäure <-> *f* ацети́лово-салици́ловая кислота́ *ж*

ach [ax] *interj* ах; **~ was** нева́жно; **~ so!** ах вот оно́ что!, ах вот как!; **~, du lieber Himmel!** бо́же мой!

Ach <-s, -s> *nt* **mit ~ und Krach** насилу
Achillessehne <-, -en> *f* ахиллово сухожилие *ср*
Achsbruch <-(e)s, -brüche> *m* поломка *ж* оси
Achse ['aksə] <-, -n> *f* **1.** POL, MATH ось *ж;* **sich um die eigene ~ drehen** вертеться вокруг собственной оси **2.** TECH вал *м,* ось *ж*
Achsel ['aksəl] <-, -n> *f* плечо *ср;* **mit den ~n zucken** пожимать плечами
Achselhöhle <-, -n> *f* подмышка *ж*
Achselzucken <-s> *nt* пожимание *ср* плечами
achselzuckend *adv* пожимая плечами
Achslager <-s, -> *nt* TECH осевой подшипник *м*
acht [axt] *num* восемь; **mit ~ (Jahren)** в восемь (лет); **um/gegen ~ (Uhr)** в восемь (часов), около восьми (часов); **wir waren zu ~** нас было восемь
Acht[1] [axt] <-, -en> *f* *(Zahl)* восьмёрка *ж*
Acht[RR2] <-> *f kein Pl* **1.** *(Aufmerksamkeit)* внимание *ср;* **~ geben** быть осторожным, быть настороже; *(auf Personen/die Gesundheit)* беречь *(н)св;* **sich (vor jdm) in ~ nehmen** быть осторожным по отношению к кому-л.; **gib auf dich ~!** будь осторожным! **2.** HIST отлучение *ср*
achtbar *adj* почтенный
achte(r, s) *adj* восьмой; **heute ist der achte August** сегодня восьмое августа
achteckig *adj* восьмиугольный
Achtel ['axtəl] <-s, -> *nt* восьмая часть *ж;* MUS одна *ж* восьмая
achten ['axtən] **I.** *vt* *(Person)* уважать *нсв* **II.** *vi* обращать, -ратить *св* внимание
Achterbahn <-, -en> *f* русские горы *жмн*
achtfach *adj* восемь раз; **in ~er Ausfertigung** в восьми экземплярах
acht|geben[Alt] <irr> *vi* быть *нсв* осторожным; **gut auf etw ~** смотреть за чем-л.!; **gib acht, dass es nicht kaputtgeht** смотри, не поломай; *s.* **Acht**[2]
achtgeschossig *adj* восьмиэтажный
achthundert ['axt'hʊndɐt] *num* восемьсот
achtjährig ['axtjɛːrɪç], **8-jährig**[RR] *adj* восьмилетний
Achtkampf <-(e)s> *m* SPORT восьмиборье *ср*
achtköpfig *adj* состоящий из восьми человек
achtlos *adj* невнимательный
Achtlosigkeit *f ohne pl* невнимательность *ж;* *(Gleichgültigkeit)* равнодушие *ср*
achtmal, 8-mal[RR] *adv* восемь раз; **~ so groß wie …** в восемь раз больше чем …
achträderig *adj* восьмиколёсный
Achtsamkeit *f ohne pl* бдительность *ж,* осторожность *ж*
achtseitig *adj* восьмисторонний
achtsitzig *adj* восьмиместный
achtstellig *adj* восьмизначный
achtstöckig *adj* девятиэтажный
achtstrophig *adj* восьмистрофный
achtstündig *adj* восьмичасовой
achtstündlich *adj* каждые восемь часов
achttägig ['axttɛːgɪç] *adj* восьмидневный
achtteilig, 8-teilig[RR] *adj* состоящий из восьми частей
Achtung ['axtʊŋ] <-> *f* внимание *ср;* *(Respekt)* уважение *ср;* **alle ~!** вот это да!; **~!** осторожно!
achtwöchig *adj* восьминедельный
achtzehn *num* восемнадцать; **der Film ist erst ab ~ (freigegeben)** фильм разрешён детям с 18 лет
achtzehnhundert *num* тысяча восемьсот
achtzeilig *adj* восьмистрочный
achtzig ['axtsɪç] *num* восемьдесят; **mit ~ (Jahren)** в восемьдесят (лет); **über/unter ~** за/под восемьдесят
achtzigmal *adv* (в) восемь раз
ächzen ['ɛçtsən] *vi* кряхтеть *нсв*
Acker ['akɐ, 'ɛkɐ] <-s, Äcker> *m* поле *ср*
Ackerbau <-s> *m* земледелие *ср*
Ackerland *nt ohne pl* обрабатываемая земля
ackern *vi* пахать, вспахать *св*
Ackerpferd <-(e)s, -e> *nt* рабочая лошадь *ж*
Ackersenf <-s> *m* BOT горчица *ж*
Ackerwinde <-, -n> *f* BOT вьюнок *м*
Acryl [a'kryːl] <-s> *nt* акрил *м*
Acrylfarben <-> *pl* акриловые краски *мн*
Action ['ækʃən] *f ohne pl* динамизм *м*
Actionfilm <-(e)s, -e> *m* остросюжетный фильм *м*
a.D. [aː'deː] *abk von* **außer Dienst** вне службы
ADAC [aːdeːʔaː'tseː] *abk von* **Allgemeiner Deutscher Automobil-Club** *Всеобщий немецкий автоклуб*
Adamsapfel *m* адамово яблоко, кадык *м*
Adaptation [adapta'tsjoːn] <-> *f* адаптация *ж,* приспособление *ср*
Adapter [a'daptɐ] <-s, -> *m* адаптер *м*
adaptieren **I.** *vt* **1.** FILM, LIT адаптировать **2.** *Österr (herrichten)* обзаводить, обзавести *св* **II.** *vr* **sich ~** приспосабливаться, приспособиться *св*
adäquat [adɛ'kvaːt] *adj книж* адекватный
addieren [a'diːrən] *vt* складывать, сложить *св*
Addition [adi'tsi̯oːn] <-, -en> *f* сложение *ср*
Add-On <-s, -s> *nt* дополнение *ср,* обновление *ср*
Adel ['aːdəl] <-s> *m* дворянство *ср*
adelig ['aːdəlɪç] *adj* знатный, дворянский
Adelstitel *m* благородный титул *м,* звание *ср*
Adenom <-(e)s, -e> *nt* MED аденома *ж,*

о́пухоль *ж*

Ader ['a:dɐ] <-, -n> *f* **1.** *(Blutgefäß)* арте́рия *ж*, ве́на *ж* **2.** *(Erzvorkommen)* жи́ла *ж* **3.** *fig (Neigung)* жи́лка *ж*

Adhäsion <-> *f* прилипа́ние *ср*

adieu *interj reg* пока́!; **jdm ~ sagen** прости́ться с кем-л.

Adjektiv ['atjɛkti:f, 'atjɛkti:və] <-s, -e> *nt* и́мя *ср* прилага́тельное

adjektivisch ['atjɛkti:vɪʃ] *adj* в значе́нии прилага́тельного

Adjunkt <-en, -en> *m* **1.** *österr (niederer Beamtentitel)* мла́дший чино́вник *м* **2.** *CH (höherer Beamter, enger Mitarbeiter eines leitenden Beamten)* ста́рший чино́вник *м*, замести́тель *м* должностно́го лица́

Adjutant <-en, -en> *m* адъюта́нт *м*

Adler ['a:dlɐ] <-s, -> *m* орёл *м*

Adlernase *f* орли́ный нос *м*

adlig *adj s.a.* **adelig**

Administration [atminɪstra'tsi̯o:n] <-, -en> *f* **1.** *(Verwaltungsbehörde)* администра́ция *ж* **2.** *(Verwaltungstätigkeit)* управле́ние *ср*, заве́дование *ср*

administrativ [atminɪstra'ti:f] *adj* администрати́вный; **~e Kontrolle** администрати́вный надзо́р *м*

Administrator <-s, -en> *m* администра́тор *м*

Admiral [atmi'ra:l] <-s, -e> *m* адмира́л *м*

Admiralität [atmirali'tɛ:t] <-> *f* адмиралте́йство *ср*

adoptieren [adɔp'ti:rən] *vt* адопти́ровать *(н)св; (Sohn)* усыновля́ть, -ви́ть *св; (Tochter)* удочеря́ть, -ри́ть *св*

Adoption [adɔp'tsi̯o:n] <-, -en> *f* **1.** *(Sohn)* усыновле́ние *ср* **2.** *(Tochter)* удочере́ние *ср*

Adoptiveltern <-> *pl* приёмные роди́тели *мн*

Adoptivkind <-(e)s, -er> *nt* приёмный ребёнок *м*

Adrenalin [adrena'li:n] <-s> *nt* адренали́н *м*

Adressat(in) [adrɛ'sa:t] <-en, -en> *m(f)* **1.** *(Empfänger)* адреса́т *м*, получа́тель *м* **2.** *(Bezogener eines Wechsels)* трасса́нт *м*

Adressatenkreis <-es> *m* круг *м* адреса́тов

Adressbuch[RR] *nt*, **Adreßbuch**[Alt] <-(e)s, -bücher> *nt* а́дресный спра́вочник, указа́тель *м*

Adresse [a'drɛsə] <-, -n> *f* а́дрес *м*

adressieren [adrɛ'si:rən] *vt* адресова́ть *(н)св*; **ich adressiere den Brief an ihn** я адресу́ю письмо́ ему́

Adresspräfix <-es, -e> *nt* DV пре́фикс *м* в а́дресе

Adresszeile <-, -n> *f* DV а́дресная строка́ *ж*

adrett [a'drɛt] *adj* опря́тный, чи́стый

Adria ['a:dria] <-> *f* Адриати́ческое мо́ре *ср*

adriatisch [adri'a:tɪʃ] *adj* адриати́ческий; **Adriatisches Meer** Адриати́ческое мо́ре *ср*

adstringierend *adj* вя́жущий, стя́гивающий

A-Dur MUS ля-мажо́р

Advent [at'vɛnt] <-(e)s, -e> *m* предрожде́ственское вре́мя *ср*

Adventskalender *m (де́тский) календа́рь с 24 око́шками, кото́рые открыва́ются ка́ждый день до 25 декабря́*

i Land & Leute

Это цветной календарь в картинках для детей, состоящий из 24 закрытых окошек, за каждым из которых спрятана шоколадка. Каждый день открывается по одному окошку – и так на протяжении 24 дней до наступления Рождества.

Adventskranz <-es, -kränze> *m* предрожде́ственский вено́к *м*

i Land & Leute

В канун предрождественских воскресений (каждого из четырёх воскресений перед рождеством) на столе в общей комнате по традиции устанавливается **рождественский венок** из веток ели. Он украшается четырьмя свечами – каждое воскресенье зажигается на свечу больше, – а иногда и лентами и небольшими декоративными предметами.

Adventszeit *f* рожде́ственское вре́мя *ср*

Adverb [at'vɛrp, at'vɛrbiən] <-s, -ien> *nt* наре́чие *ср*

adverbial [atvɛr'bi̯a:l] *adj* наре́чный

Adverbialbestimmung <-, -en> *f* LING обстоя́тельство *ср*

Advokat [atvo'ka:t] <-en, -en> *m (CH, österr: Rechtsanwalt)* адвока́т *м*, защи́тник *м*

Aerobic [ɛə'rɔbɪk] <-s, *ohne pl*> *nt* аэро́бика *ж*

aerodynamisch [aerody'na:mɪʃ] *adj* аэродинами́ческий

Aerosol <-(e)s, -e> *nt* аэрозо́ль *м*

Aerosoltherapie <-, -n> *f* MED аэрозо́льная терапи́я *ж*

Affäre [a'fɛ:rə] <-, -n> *f* **1.** *(Vorfall)* неприя́тная исто́рия *ж* **2.** *(Liebschaft)* любо́вная свя́зь *ж*

Affe ['afə] <-n, -n> *m* **1.** ZOOL обезья́на *ж*

2. *(Schimpfwort)* дура́к *м*
Affekt [a'fɛkt] <-(e)s> *m* аффе́кт *м;* **im ~ handeln** де́йствовать в состоя́нии си́льного возбужде́ния
affektiert [afɛk'ti:ɐt] *adj* надме́нный, иску́сственный
Affenbrotbaum <-(e)s, -bäume> *m* баоба́б *м*
Affenliebe <-> *f pej* безрассу́дная любо́вь *ж*
Affiche <-n> *f Schweiz (Plakat)* афи́ша *ж*
affig *adj pej* жема́нный
Afghane [af'ga:nə] <-n, -n> *m*, **Afghanin** [af'ga:nɪn] *f* афга́нец *м*, афганка *ж*
afghanisch *adj* афга́нский
Afghanistan [af'ga:nɪsta:n] <-s> *nt* Афгани́ста́н *м*
Afrika ['a:frika] <-s> *nt* А́фрика *ж*
Afrikaner [afri'ka:nɐ] <-s, -> *m*, **Afrikanerin** *f* африка́нец *м*, африка́нка *ж*
afrikanisch *adj* африка́нский
Afroamerikaner ['a:froʔameri'ka:nɐ] <-s, -> *m*, **Afroamerikanerin** *f* афро-америка́нец *м*, америка́нский негр *м*
afroamerikanisch[RR] *adj* афро-америка́нский
After ['aftɐ] <-s, -> *m* ана́льное отве́рстие *ср*
After Sales Service <-> *m* гаранти́йное обслу́живание *ср*
Aftershave [a:ftɐ'ʃɛɪf] <-(s), -s> *nt*, **Aftershave-Lotion** <-, -s> *f*, **Aftershavelotion**[RR] <-, -s> *f* одеколо́н *м* по́сле бритья́
AG [a:'ge:] *abk von* **Aktiengesellschaft** Акционе́рное о́бщество *ср* (АО)
AGB *abk von* **Allgemeine Geschäftsbedingungen** о́бщие усло́вия торго́вых опера́ций
Agenda <-> *f* **1.** *(Kalender)* календа́рь-па́мятка *м* **2.** *(Liste)* спи́сок *м* **3.** *fig* первоочередны́е вопро́сы поли́тики *ммн*
Agent [a'gɛnt] <-en, -en> *m*, **Agentin** *f* аге́нт *м*
Agentur [agɛn'tu:ɐ̯] <-, -en> *f* **1.** *(Vermittlungsstelle)* аге́нтство *ср* **2.** *(Geschäftsnebenstelle)* агенту́ра *ж*
Agenturmeldung <-, -en> *f* сообще́ние *ср* информацио́нного аге́нства
Agglomeration [aglomera'ts̮i̯o:n] <-, -en> *f* агломера́ция *ж*
Aggregat [agre'ga:t] <-(e)s, -e> *nt* TECH агрега́т *м*
Aggregation [agrɛ'si̯o:n] <-, -en> *f* агреги́рование *ср*, укрупне́ние *ср*
Aggregatzustand <-(e)s, -zustände> *m* PHYS, CHEM агрега́тное состоя́ние *ср*
aggregiert *adj* агреги́рованный
Aggression [agrɛ'sjo:n] <-, -en> *f* агре́ссия *ж*
aggressiv [agrɛ'si:f] *adj* агресси́вный
Aggressivität [agrɛsivi'tɛ:t] <-> *f* агресси́вность *ж*
Aggressor [a'grɛso:ɐ] <-s> *m* агре́ссор *м*
agil [a'gi:l] *adj* прово́рный
Agilität <-> *f* подви́жность *ж*
Agio <-s, -s> *m* а́жио *неизм*, лаж *м*
Agiotage <-> *f* ажиота́ж *м*
Agitation [agita'ts̮i̯o:n] <-, -en> *f* агита́ция *ж*
Agitator [agi'ta:to:ɐ] <-s, -en> *m*, **Agitatorin** *f* агита́тор *м;* **sie ist auch ~in** она́ то́же агита́тор
agitatorisch [agita'to:rɪʃ] *adj* агитацио́нный
Agnostiker <-s, -> *m* агно́стик *м*
Agonie [ago'ni:] <-> *f* аго́ния *ж*
Agrarier <-s, -> *m* агра́рник *м*, крестья́нин *м*
agrarisch *adj* агра́рный
Agrarland <-(e)s, -länder> *nt* агра́рная страна́ *ж*
Agrarmarkt [a'gra:ɐmarkt, a'gra:ɐmɛrktə] <-(e)s, -märkte> *m* агра́рный ры́нок *м*
Agrarpolitik <-> *f* агра́рная поли́тика *ж*
Agrarproduktion <-> *f* **1.** *(Erzeugung)* сельскохозя́йственное произво́дство *ср* **2.** *(Produkte)* проду́кция *ж* се́льского хозя́йства
Agrarreform <-, -en> *f* земе́льная рефо́рма *ж*
Agrarstaat <-(e)s, -en> *m* агра́рное госуда́рство *ср*
Agrarwissenschaft <-> *f* агроно́мия *ж*
Agrarzoll <-(e)s, -zölle> *m* агра́рная по́шлина *ж*
Agronom <-en, -en> *m*, **Agronomin** *f* агроно́м *м*
Agronomie <-> *f* агроно́мия *ж*
Ägypten [ɛ'gʏptən] <-s> *nt* Еги́пет *м*
Ägyptologie <-> *f* египтоло́гия *ж*
ah [a:] *interj* а
aha [a'ha(:)] *interj* **~!** ага́!
Ahn <-en, -en> *m* пре́док *м*
ahnden ['a:ndən] *vt geh* кара́ть, по- *св*
ähneln ['ɛ:nəln] *vi* **jdm ~** походи́ть на кого́-л.
ahnen ['a:nən] *vt* **1.** *(spüren, fühlen)* дога́дываться, -да́ться *св* **2.** *(Gefahr)* предчу́вствовать *нсв*
ähnlich ['ɛ:nlɪç] *adj* похо́жий; **das sieht ihm ~** э́то на него́ похо́же
Ähnlichkeit <-, -en> *f* схо́дство *ср;* **mit jdm/etw große ~ haben** быть о́чень похо́жим на кого́-л./что-л.
Ahnung <-, -en> *f* **1.** *(Vorgefühl)* предчу́вствие *ср* **2.** *(Vermutung)* представле́ние *ср* **3.** *(Wissen)* зна́ние *ср;* **keine ~ von etw haben** ничего́ не понима́ть в чем-л.; **keine ~!** не зна́ю!
ahnungslos *adj* ничего́ не подозрева́ющий
Ahorn ['a:hɔrn] <-s, -e> *nt* клён *м*
Ähre ['ɛ:rə] <-, -n> *f* ко́лос *м*

AIDA-Formel <-> *f (Werbung)* фóрмула *ж* реклáмы АИДА
Aids [ɛɪdz] <-> *nt* СПИД *м*
Aidserreger <-s, -> *m* MED возбуди́тель *м* СПИДа
aidskrank *adj* больнóй СПИ́Дом
Aidskranke(r) <-n, -n> *f(m)* больнóй, -нáя *м(ж)* СПИ́Дом
Aidstest <-(e)s, -s> *m* анáлиз *м* на СПИД
Aids-Übertragung <-> *f* MED перенóс *м* СПИДа
Airbag ['ɛɐbɛ:k] <-s, -s> *m* воздýшная подýшка *ж* безопáсности
Akademie [akade'mi:] <-, -n> *f* акадéмия *ж*
Akademiker [aka'de:mikɐ] <-s, -> *m*, **Akademikerin** *f* человéк с вы́сшим образовáнием; **sie ist ~in** у неё есть вы́сшее образовáние
akademisch *adj* академи́ческий
Akazie [a'ka:tsi̯ə] <-, -n> *f* акáция *ж*
akklimatisieren [aklimati'zi:rən] *vr* акклиматизи́роваться *(н)св*
Akklimatisierung <-> *f* акклиматизáция *ж*
Akkommodation <-, -en> *f* аккомодáция *ж*
Akkord [a'kɔrt, a'kɔrdə] <-(e)s, -e> *m* **1.** *(Akkordarbeit)* сдéльная рабóта *ж* **2.** MUS аккóрд *м;* **im ~ arbeiten** рабóтать сдéльно
Akkordarbeit <-> *f* аккóрдная рабóта *ж*
Akkordeon [a'kɔrdeɔn] <-s, -s> *nt* аккордеóн *м*
Akkordlohn <-(e)s, -löhne> *m* аккóрдная зáработная плáта *ж*
akkreditieren *vt* аккредити́ровать; ÖKON предоставля́ть, -стáвить *св*
Akkreditiv <-s, -e> *nt* аккредити́в *м*
Akkreditiveröffnung <-, -en> *f* откры́тие *ср* аккредити́ва
Akku ['aku] <-s, -s> *m*, **Akkumulator** [akumu'la:to:ɐ̯, *pl:* akumula'to:rən] <-s, -en> *m* TECH, INFORM аккумуля́тор *м*
Akkumulation <-, -en> *f* аккумуля́ция *ж*
Akkumulator <-s, -s> *m* аккумуля́тор *м*
Akkupunktur <-> *f* акупунктýра *ж*
akkurat [aku'ra:t] *adj* аккурáтный
Akkusativ ['akuzati:f] <-s, -e> *m* вини́тельный падéж *м*
Akkusativobjekt <-(e)s, -e> *nt* прямóе дополнéние *ср*
Akne ['a:knə] <-> *f* угри́ *мн*
akquirieren *vt* привлекáть покупáтелей
Akquisiteur <-s, -e> *m* аквизи́тор *м*
Akquisition <-, -en> *f* аквизи́ция *ж*
akribisch [a'kri:bɪʃ] *adj* скрупулёзный, тщáтельный
Akrobat(in) [akro'ba:t] <-en, -en> *m(f)* акробáт(ка) *м(ж)*
Akrobatik [akro'ba:tɪk] <-> *f* акробáтика *ж*
Akronym [akro'ny:m] <-(e)s, -e> *nt* LING бýквенная аббревиатýра *ж*
Akt[1] [akt] <-(e)s, -e> *m* **1.** *(Handlung)* дéйствие *ср* **2.** *(Theater)* акт *м*, дéйствие *ср* **3.** KUNST обнажённая натýра *ж;* **feierlicher ~** торжéственный акт; **formaler ~** формáльный акт; **gesetzgeberischer ~** законодáтельный акт; **juristischer ~** юриди́ческий акт; **ein ~ des guten Willens** акт дóброй вóли
Akt[2] [akt] <-(e)s, -e(n)> *m (österr: Akte)* акт *м*
Akte ['aktə] <-, -n> *f* акт *м*, докумéнт *м;* **etw zu den ~n legen** сдать в архи́в; **eine ~ anlegen** завести́ дéло
Aktenkoffer <-s, -> *m* диплома́т *м*
Aktenordner <-s, -> *m* скоросшивáтель *м* для докумéнтов
Aktenschrank <-(e)s, -schränke> *m* канцеля́рский шкаф *м*
Aktentasche *f* портфéль *м*
Aktenvermerk <-(e)s, -e> *m* отмéтка *ж* в дéле
Aktenvernichter <-s, -> *m* шрéдер *м*
Akteur(in) <-s, -e> *m(f)* дéятель *м*
Aktie ['aktsi̯ə] <-, -n> *f* áкция *ж;* **die ~n steigen/fallen** курс áкций повышáется/пáдает; **junge ~** áкция нóвого вы́пуска; **stimmberechtigte ~** áкция, даю́щая прáво гóлоса; **~ mit mehrfachem Stimmrecht** „многоголóсая“ [*или* плюрáльная] áкция; **~ ohne Stimmrecht** „безголóсая“ áкция; **bevorrechtete ~** привилеги́рованная áкция; **~ der Spitzenklasse** блю-чип *м;* **~n zum Kurs von 100 US-Dollar** áкции по кýрсу 100 америкáнских дóлларов
Aktienanteil <-s, -e> *m* дóля *ж* учáстия
Aktienausgabe <-> *f* вы́пуск *м* áкций
Aktienbezugsschein <-(e)s, -e> *m* талóн *м* на прáво получéния áкций
Aktienbörse <-> *f* фóндовая би́ржа *ж*
Aktienbuch <-(e)s, -bücher> *nt* кни́га *ж* áкций
Aktiendividende <-, -n> *f* дивидéнд *м* по áкциям
Aktienemission <-, -en> *f* вы́пуск *м* áкций
Aktienfond <-s, -s> *m* фóнд *м* акционéрного óбщества
Aktiengesellschaft <-, -en> *f* акционéрное óбщество *ср*
Aktiengesetz <-es, -e> *nt* закóн *м* об оперáциях с цéнными бумáгами
Aktienhandel <-s> *m* торгóвля *ж* áкциями
Aktienindex <-> *m* и́ндекс *м* кýрсов áкций
Aktieninhaber <-s, -> *m* акционéр *м*
Aktienkapital <-s> *nt* акционéрный капитáл *м*
Aktienkauf <-(e)s, -käufe> *m* покýпка *ж* áкций
Aktienkurs <-(e)s, -e> *m* курс *м* áкций
Aktienmarkt <-(e)s, -märkte> *m* ры́нок *м* áкций
Aktienmehrheit <-, -en> *f* контрóльный

паке́т *м* а́кций
Aktienminderheit <-, -en> *f* меньшинство́ *ср* а́кций
Aktiennotierung <-, -en> *f* котиро́вка *ж* а́кций
Aktienpaket <-(e)s, -e> *nt* паке́т *м* а́кций
Aktienportfeuille <-s, -s> *nt* портфе́ль *м* а́кций
Aktienrecht <-(e)s> *nt* акционе́рное пра́во *ср*
Aktienverkauf <-(e)s, -verkäufe> *m* прода́жа *ж* а́кций
Aktienzertifikat <-(e)s, -e> *nt* акционе́рный сертифика́т *м*
Aktienzusammenlegung <-, -en> *f* перегруппиро́вка *ж* а́кций
Aktienzuteilung <-, -en> *f* распределе́ние *ср* а́кций
Aktion [akˈtsio:n] <-, -en> *f* **1.** *(Handlung)* а́кция *ж,* де́йствие *ср,* кампа́ния *ж* **2.** *(Tätigsein)* де́йствие *ср;* **in ~** в де́йствии
Aktionär(in) [aktsioˈnɛ:ɐ, aktsioˈnɛ:rə] <-s, -e> *m(f)* акционе́р *м;* **sie ist ~in dieses Unternehmens** она́ явля́ется акционе́ром э́того предприя́тия
Aktionärsbank <-, -en> *f* акционе́рный банк *м*
Aktionärsbrief <-(e)s, -e> *m* биржево́й бюллете́нь *м*
Aktionärsvereinigung <-, -en> *f* акционе́рное ло́бби *ср*
Aktionsbündnis <-ses, -se> *nt a* POL объедине́ние *ср* сил с це́лью совме́стных де́йствий
Aktionsgemeinschaft <-, -en> *f* еди́нство *ср* де́йствий
Aktionsplan <-(e)s, -pläne> *m* план *м* де́йствий
Aktionspreis <-es, -e> *m* льго́тная цена́ *ж*
Aktionsradius <-> *m* ра́диус *м* де́йствия
aktiv [akˈti:f] *adj* акти́вный; **~e Handelsbilanz** акти́вный торго́вый бала́нс; **~e Zahlungsbilanz** акти́вный платёжный бала́нс; **~es Mitglied** акти́вный член
Aktiv [ˈakti:f] <-s> *nt* LING действи́тельный зало́г *м*
Aktiva [akˈti:va] <-> *pl* ÖKON акти́вы *ммн,* нали́чность *ж*
Aktivbox <-, -en> *f* дина́мик *м*
Aktivforderung <-, -en> *f* долгово́е тре́бование *ср*
Aktivgeschäfte <-> *pl* креди́тные опера́ции *мн*
aktivieren [aktiˈvi:rən] *vt* активизи́ровать *(н)св*
Aktivierung <-, -en> *f* активиза́ция *ж*
Aktivist <-en, -en> *m* HIST *(besonders tüchtiger Arbeiter)* уда́рник *м*
Aktivistenbewegung *f* HIST уда́рничество *ср*
Aktivität [aktviˈtɛ:t] <-, -en> *f* акти́вность *ж*
Aktivkohle <-> *f* активи́рованный у́голь *м*
Aktivkonto <-s, -konten> *nt* акти́вный счёт *м*
Aktivlautsprecher <-s, -> *m* дина́мик *м*
Aktivposten <-s, -> *m* акти́вная статья́ бала́нса *ж*
Aktivsaldo <-s, -salden> *m* акти́вное са́льдо *ср*
Aktivseite <-, -n> *f* акти́в *м* (бала́нса), ле́вая сторона́ *ж* бала́нса
Aktivtausch <-es> *m* акти́вный расчёт *м*
aktualisieren *vt* актуализи́ровать *(н)св,* обновля́ть, -нови́ть *св*
Aktualisierung <-, -en> *f* актуализи́рование *ср,* обновле́ние *ср*
Aktualität [aktualiˈtɛ:t] <-> *f* актуа́льность *ж*
aktuell [akˈtuɛl] *adj* актуа́льный
Akupressur [akuprɛˈsu:ɐ] <-> *f* акупрессу́ра *ж*
Akupunktur [akupʊŋkˈtu:ɐ] <-> *f* иглоука́лывание *ср*
Akustik [aˈkʊstɪk] <-> *f* аку́стика *ж*
Akustikkoppler <-s> *m* DV акусти́ческий соедини́тель *м*
akustisch *adj* акусти́ческий
akut [aˈku:t] *adj* **1.** *(Gefahr)* непосре́дственный, прямо́й **2.** *(Krankheit)* о́стрый
AKW [a:ka:ˈve:] *abk von* **Atomkraftwerk** а́томная электроста́нция *ж*
Akzelerator <-s, -en> *m* акселера́тор *м*
Akzent [akˈtsɛnt] <-(e)s, -e> *m* **1.** LING *(Wort~)* ударе́ние *ср* **2.** *(Aussprache)* произноше́ние *ср;* **mit starkem ~ sprechen** говори́ть с си́льным акце́нтом
akzentfrei *adj* без акце́нта
akzentuieren *vt* акценти́ровать
Akzept <-(e)s, -e> *nt* акце́пт *м*
akzeptabel [aktsɛpˈta:bəl] *adj* прие́млемый
Akzeptant <-en, -en> *m* акцепта́нт *м*
akzeptieren [aktsɛpˈti:rən] *vt* признава́ть, -зна́ть *св,* соглаша́ться, -гласи́ться *св*
Akzeptkredit <-(e)s, -e> *m* акце́птный креди́т *м*
Akzise <-, -n> *f* акци́з *м*
Alabaster [alaˈbastɐ] <-s, -> *m* алеба́стр *м*
Alarm [aˈlarm] <-(e)s, -e> *m* трево́га *ж,* сигна́л *м;* AUTO сигнализа́ция *ж;* **blinder ~** ло́жная трево́га; **~ schlagen** бить трево́гу; **falscher ~** фальши́вая трево́га; **~ auslösen** *a. fig* подня́ть трево́гу
Alarmanlage <-, -en> *f* авари́йная сигнализа́ция *ж*
Alarmbereitschaft <-> *f* боева́я гото́вность *ж;* **die Truppen wurden in ~ versetzt** войска́ бы́ли приведены́ в боеву́ю гото́вность
alarmieren *vt* поднима́ть, -ня́ть *св* трево́гу
Alaska [aˈlaska] <-s> *nt* Аля́ска *ж*

A

Alaunstein <-(e)s> *m* квасцы́ *мн*
Albaner(in) [al'ba:nɐ] <-s, -> *m(f)* алба́нец *м*, алба́нка *ж*
Albanien [al'ba:niən] <-s> *nt* Алба́ния *ж*
albanisch *adj* алба́нский
Albatros ['albatrɔs] <-, -se> *m* альбатро́с *м*
albern ['albɐn] *adj* глу́пый, дура́цкий; **sei nicht ~!** не дури́!
Albernheit <-> *f* неле́пость *ж*
Albino [al'bi:no] <-s, -s> *m* альбино́с *м*
AlbtraumRR ['albtraʊm] *m auch fig* кошма́р *м*
Album ['albʊm, 'albən] <-s, Alben> *nt* альбо́м *м*
Alchimie [alçi'mi:] <-> *f* алхи́мия *ж*
Alge ['algə] <-, -n> *f* во́доросль *ж*
Algebra ['algebra] <-> *f* а́лгебра *ж*
Algerien [al'ge:riən] <-s> *nt* Алжи́р *м*
Algerier(in) <-s, -> *m(f)* алжи́рец *м*, алжи́рка *ж*
algerisch *adj* алжи́рский
Algorithmus [algo'rɪtmʊs] <-, Algorithmen> *m* алгори́тм *м*
Alias <-> *nt* DV кли́чка *ж*
alias ['a:lias] *adv* изве́стный, под и́менем
Alibi ['a:libi] <-s, -s> *nt* а́либи *ср*; **ein ~ haben** име́ть а́либи
Alien <-, -s> *m* инопланетя́нин *м*
Alimente [ali'mɛntə] <-> *pl* алиме́нты *мн*; **~ zahlen** плати́ть алиме́нты
Alkohol ['alkoho:l] <-s, -e> *m* алкого́ль *м*
alkoholarm *adj* с небольши́м содержа́нием алкого́ля
AlkoholeinflussRR <-es> *m* возде́йствие *ср*; **unter ~ stehen** быть пья́ным
alkoholfrei *adj* безалкого́льный
alkoholhaltig *adj* соде́ржащий спирт/алкого́ль
Alkoholiker(in) [alko'ho:likɐ] <-s, -> *m(f)* алкого́лик *м*, алкоголи́чка *ж*
alkoholisch [--'--] *adj* спиртно́й
Alkoholismus <-> *m* алкоголи́зм *м*
AlkoholmissbrauchRR <-(e)s> *m* неуме́ренное потребле́ние *ср* [*или* злоупотребле́ние *ср*] алкого́лем
alkoholsüchtig *adj* зави́симый от алкого́ля, пристра́стный к алкого́лю; **~ sein** быть зави́симым от алкого́ля
Alkoholverbot <-(e)s> *nt* сухо́й зако́н *м*
Alkoholvergiftung <-, -en> *f* отравле́ние *ср* алкого́лем
Alkoholwirkung *f* возде́йствие *ср* алкого́ля
Alkoven <-s> *m (arch)* альќо́в *м*, ни́ша *ж*
all [al] *pron indef* весь; **mit ~er Kraft** изо всех сил; **~e zwei Tage** ка́ждые два дня
All [al] <-s> *nt (Weltraum)* Вселе́нная *ж*
Allah ['ala] <-s> *m* алла́х *м*
alle ['alə] *adv umg (aus, verbraucht)* (за)ко́нчиться; **~ sein** *umg (erschöpft sein)* быть без сил
Allee [a'le:, a'le:ən] <-, -n> *f* алле́я *ж*
Allegorie <-, -n> *f* аллего́рия *ж*
allegorisch *adj* аллегори́ческий
allein [a'laɪn] **I.** *adj* **1.** *(getrennt, für sich)* оди́н; **~ stehend** одино́кий **2.** *(ohne Hilfe)* сам; **er macht das ganz ~** он де́лает э́то сам **3.** *(einsam)* одино́кий, уединённый; **sie saß ganz ~ da** она́ сиде́ла там совсе́м одна́ **II.** *adv* самостоя́тельно; *(ohne Hilfe)* сам; *(ausschließlich)* то́лько; **das kann ich auch ~** э́то я могу́ сде́лать сам; **das ist ~ meine Sache** э́то то́лько моё де́ло; **du ~ bist schuld daran** ты оди́н винова́т в э́том; **einzig und ~** оди́н еди́нственный
Alleinanbieter <-s, -> *m* ÖKON оферéнт-монополи́ст *м*, монопо́льный оферéнт *м*
alleine *adj fam s.a.* **allein**
Alleineigentümer <-s, -> *m* JUR единоли́чный со́бственник *м*
Alleinerbe *m*, **Alleinerbin** *f* еди́нственный насле́дник *м*, еди́нственная насле́дница *ж*
Alleinsein <-s> *nt* одино́чество *ср*
alleinstehendAlt *adj s.* **allein I.**
Alleinverdiener(in) *m(f)* еди́нственный рабо́тающий член *м* семьи́
Alleinvertretung <-, -en> *f* монопо́льное представи́тельство *ср*
Alleinvertrieb <-(e)s, -e> *m* монопо́льный сбыт *м*, монопо́льная прода́жа *ж*
allemal ['alə'ma:l] *adv* **ein für ~** раз и навсегда́
allenfalls ['alən'fals] *adv* **1.** *(zur Not)* в кра́йнем слу́чае **2.** *(höchstens)* ра́зве то́лько, са́мое бо́льшее
allerdings ['alɐ'dɪŋs] *adv* **1.** *(einschränkend)* одна́ко, пра́вда **2.** *(sicher, gewiss)* коне́чно; **bist du selbst da gewesen? – ~!** ты был там? – коне́чно!
Allergie [alɛr'gi:] <-, -n> *f* аллерги́я *ж*
Allergiker(in) [a'lɛrgikɐ] <-s, -> *m(f)* алле́ргик *м*; **sie ist ~in** она́ алле́ргик
allergisch *adj* аллерги́ческий; **auf etw ~ reagieren** *umg* не переноси́ть чего́-л.
Allergologe [alɛrgo'lo:gə] <-n, -n> *m*, **Allergologin** [alɛrgo'lo:gin] *f* аллерго́лог *м*
Allergologie <-> *f* аллерголо́гия *ж*
allerhand ['alɐ'hant] *adj* **das ist ja ~** *umg* ничего́ себе́
Allerheiligen ['alɐ'haɪlɪgən] <-> *nt* пра́здник *м* всех святы́х
allerlei ['alɐ'laɪ] *adj* вся́кий, всевозмо́жный
allerletzte(r, s) ['alɐ'lɛtstə] *adj* са́мый после́дний
allerliebst ['alɐ'li:pst] *adj* люби́мейший, са́мый люби́мый
allerorten *adv* повсеме́стно, повсю́ду
Allerseelen ['alɐ'ze:lən] <-> *nt* день *м* помнове́ния усо́пших
allerseits ['alɐ'zaɪts] *adv (von allen Seiten)* со всех сторо́н; **guten Abend ~!** всем до́б-

рый ве́чер!

allerspätestens ['--'---] *adv* не поздне́е

Allerweltskerl <-(e)s, -e> *m* тёртый кала́ч *м,* ма́стер *м* на все ру́ки

alles *pron indef* всё; ~ **aussteigen!** про́сьба освободи́ть (авто́бус, трамва́й)!; ~ **in allem** в ито́ге

allesamt ['alə'zamt] *adv* все вме́сте

Alleskleber ['alɛsklɛbɐ] <-s, -> *m* универса́льный кле́й *м*

allg. *abk von* **allgemein** о́бщий

Allgäu ['algɔɪ] <-s> *nt* Алго́й *м*

allgegenwärtig ['alge:gənvɛrtɪç] *adj* вездесу́щий

allgemein ['algə'maɪn] **I.** *adj* о́бщий; **~e Geschäftsbedingungen** о́бщие усло́вия заключе́ния торго́вых сде́лок **II.** *adv* (**ganz**) ~ **gesprochen** в о́бщем; **es ist ~ bekannt, dass ...** всеизве́стно, что ...

Allgemeinbefinden [--'----] <-s> *nt* о́бщее состоя́ние *ср*

Allgemeinbildung [--'---] <-> *f* о́бщее образова́ние *ср*

Allgemeingut <-(e)s> *nt* о́бщее достоя́ние *ср*

Allgemeinheit [--'--] <-> *f* **1.** *(Öffentlichkeit)* обще́ственность *ж* **2.** *(Unbestimmtheit)* неопределённость *ж,* обобщённость *ж;* **in dieser ~ kann man das doch nicht sagen** так обобща́ть всё же нельзя́

Allgemeinmedizin [--'----] <-> *f* о́бщая медици́на *ж*

Allgemeinwissen <-s> *nt* о́бщее образова́ние *ср*

Allgemeinzustand <-(e)s> *m* о́бщее состоя́ние *ср*

Allianz [a'li̯ants̮] <-en> *f* allиа́нс *м,* сою́з *м*

Alligator [ali'ga:to:ɐ] <-s, -en> *m* аллига́тор *м*

alliiert *adj* сою́знический

Alliierte(r) [ali'i:ɐtə] <-n, -n> *f(m)* сою́зник *м,* сою́зница *ж*

Alliteration <-, -en> *f* ЛИТ аллитера́ция *ж*

alljährlich ['al'jɛ:ɐ̯lɪç] *adj* ежего́дный

allmächtig [al'mɛçtɪç] *adj* всеси́льный; **allmächtiger Gott!** *fam* бо́же мой!

allmählich [al'mɛ:lɪç] *adj* постепе́нный

Allokation <-, -en> *f* аллока́ция *ж*

Allonge <-, -n> *f* алло́нж *м*

Allphasenbesteuerung <-, -en> *f* обложе́ние *ср* многофа́зным нало́гом

Allphasensteuer <-, -n> *f* многофа́зный нало́г *м* с оборо́та

Allradantrieb ['alra:tantri:p, 'alra:tʔantri:bə] <-(e)s, -e> *m* при́вод *м* на все колёса

Allroundkünstler(in) ['ɔ:l'raʊndkʏnstlɐ] <-s, -> *m(f)* разносторо́нний арти́ст *м,* арти́ст *м* с разли́чными амплуа́

Alltag ['alta:k] <-(e)s> *m* бу́дний день *м,* бу́дни *мн*

alltäglich [al'tɛ:klɪç] *adj* ежедне́вный; *(gewöhnlich)* обы́денный

Allüren [a'ly:rən] <-> *pl* мане́ры *мн*

allwissend ['al'vɪsənt] *adj* всезна́ющий

allwöchentlich *adj* еженеде́льный

allzu ['alts̮u:] *adv* сли́шком; ~ **sehr,** ~ **viel** о́чень; **das mag er ~ gern** ему́ э́то о́чень нра́вится

allzugern *adv s.a.* **allzu**

allzusehr^Alt *adv s.a.* **allzu**

allzuviel^Alt *adv s.a.* **allzu**

Alm [alm] <-, -en> *f* го́рное па́стбище *ср*

Almanach <-s, -e> *m* альмана́х *м*

Almosen ['almo:zən] <-s, -> *nt* ми́лостыня *ж*

Alpaka [al'paka] <-s, -s> *nt* ZOOL альпака́ *ж*

Alpen ['alpən] <-> *pl* А́льпы *мн*

i Land & Leute

Alpler-Magrone – **макароны по-альпийски** – блюдо швейцарской кухни, где макароны подают с луком, картофелем и соусом из сливочного сыра. Дополнительно к блюду подается яблочный мусс.

Alpenglühen <-s> *nt* розова́тый о́тсвет *м* на сне́жных верши́нах гор

i Land & Leute

Das Alpenglühen – красноватый свет, отражаемый вершинами Альп на закате.

Alpenveilchen <-s, -> *nt* цикламе́н *м*

Alphabet [alfa'be:t] <-(e)s, -e> *nt* алфави́т *м*

alphabetisch *adj* алфави́тный; ~ **geordnet** в алфави́тном поря́дке

alphabetisieren *vt* **1.** *(Person)* обуча́ть, -чи́ть *св* гра́моте **2.** *alphabetisch ordnen* располага́ть, -ложи́ть *св* в алфави́тном поря́дке

alphanumerisch [alfanu'me:rɪʃ] *adj* алфави́тно-цифрово́й

alpin [al'pi:n] *adj* альпи́йский

Alpinismus [alpi'nɪsmʊs] <-> *m* альпини́зм *м*

Alpinist(in) [alpi'nɪst] <-en, -en> *m(f)* альпини́ст(ка) *м(ж)*

Alptraum ['alptraʊm, 'alptrɔɪmə] <-(e)s, -träume> *m auch fig* кошма́р *м*

Alraun *m* мандраго́ра *ж*

als [als] *konj* **1.** *(zeitlich)* когда́; **gerade ~ wir losgehen wollten, begann es zu regnen** когда́ мы собра́лись выходи́ть, пошёл дождь **2.** *nach komp* чем; **ich bin klüger ~ vorher** я сейча́с умне́е, чем пре́жде **3.** *zur Einleitung der näheren Erläuterung* как, в ка́честве; **schon ~ Kind** ещё бу́дучи ребёнком; **~ ob** как бу́дто **4.** *(vorzeitig, nachzeitig)* до **5.** *(als ob)* **es sieht nicht so aus, ~ wir das Spiel verlieren würden** пока́ что у нас есть все ша́нсы на побе́ду **6.** *(in der Eigenschaft)* как; **er kam ~ Freund zu uns** он пришёл к нам как друг

i Grammatik

als в значении „чем" употребляется при проведении сравнения двух лиц или двух предметов: *Der Bodensee ist größer als der Gardasee. – Боденское озеро больше, чем Гарденское озеро.*
wie употребляется при сравнении двух одинаковых предметов: *Meine Mutter ist genauso groß wie mein Vater. – Моя мама такая же высокая, как и мой отец. Deine Zähne sind so weiß wie Schnee. – Твои зубы такие же белые, как снег.*

also ['alzo] **I.** *konj folglich* сле́довательно **II.** *adv* **1.** *(folglich)* ита́к; **das heißt ~, dass ...** ита́к, э́то зна́чит [*или* означа́ет[, что, ...; **na ~** вот ви́дишь; **~ gut** ну, хорошо́ **2.** *(das heißt)* зна́чит **III.** *part* **~, so was!** да что же э́то!; **na ~!** вот, пожа́луйста!

alt [alt] *adj* **1.** *(von einem Menschen)* ста́рый, пожило́й; **sein Sohn ist zwei Jahre ~** его́ сы́ну два го́да; **ihre Tochter ist schon achtzehn Jahre ~** её до́чери уже́ восемна́дцать лет; **ein drei Jahre ~es Mädchen** трёхле́тняя де́вочка; **wie ~ bist du?** ско́лько тебе́ лет?; **ich bin 17 Jahre ~** мне 17 лет **2.** *(nicht mehr neu)* ста́рый; **ein ~es Haus abreißen** снести́ ста́рый дом **3.** *(gebraucht)* испо́льзованный **4.** *(lange bestehend)* **ein alter Freund von mir** мой ста́рый друг; **das Alte Testament** Ве́тхий заве́т; **es bleibt alles beim Alten** всё оста́нется по-ста́рому **5.** *(klassisch)* класси́ческий **6.** *(ehemalig)* да́вний

Alt [alt] <-s, *ohne pl*> *m* MUS альт *м*

Altar [al'taːɐ, al'tɛːrə] <-(e)s, Altäre> *m* алта́рь *м*

altbacken ['- - -] *adj* чёрствый

Altbauwohnung <-, -en> *f* кварти́ра *ж* в ста́ром до́ме

altbekannt ['altbə'kant] *adj* давно́ изве́стный; **das ist doch ~!** э́то всем изве́стно!

Alte <-n> *f* стару́ха *ж*

Altenheim <-(e)s, -e> *nt* дом *м* для престаре́лых

Altenhilfe <-> *f финанси́руемая госуда́рством опе́ка не́мощных пожилы́х люде́й*

Altenpflege <-> *f профессиона́льный ухо́д за престаре́лыми в дома́х для престаре́лых и на дому́*

Altenwohnheim <-(e)s, -e> *nt общежи́тие для пожилы́х люде́й с отде́льными ма́ленькими кварти́рами*

Altenwohnung <-, -en> *f отде́льная ма́ленькая кварти́ра в общежи́тии для пожилы́х люде́й*

Alter ['altɐ] <-> *nt* во́зраст *м*; **im ~ von drei Jahren** в три го́да; **ein Herr mittleren Alters** господи́н сре́дних лет

älter *adj* ста́рше

altern ['altɐn] *vi* старе́ть, по- *св*; **er ist in den letzten Jahren sehr gealtert** он в после́дние го́ды си́льно постаре́л

alternativ [altɛrna'tiːf] *adj* альтернати́вный; **~ Energie** альтернати́вная эне́ргия *ж*

Alternative [altɛrna'tiːvə] <-, -n> *f* альтернати́ва *ж*; **dazu gibt es keine ~** э́тому нет альтернати́вы

Alternativplanung <-, -en> *f* альтернати́вное плани́рование *ср*

Altersgenosse <-n, -> *m* све́рстник *м*

Altersgrenze <-> *f* возрастно́й преде́л *м*

Altersheim <-(e)s, -e> *nt* дом *м* для престаре́лых

altersschwach *adj* **1.** *(Person)* бесси́льный, никуда́ не го́дный **2.** *(Gegenstand)* него́дный

Altersschwäche <-> *f* дря́хлость *ж*

Alterssicherung <-> *f* материа́льное обеспе́чение *ср* в ста́рости

Altersstufe <-, -n> *f* возрастна́я гру́ппа *ж*

Altersunterschied <-(e)s, -e> *m* ра́зница *ж* в во́зрасте

Altersversorgung <-, -en> *f* обеспе́чение *ср* в ста́рости

Altertum ['altɐtuːm] <-s> *nt* дре́вность *ж*

altertümlich ['altɐtyːmlɪç] *adj* дре́вний

Alterung *f ohne pl* старе́ние *ср*

Alterungsprozess[RR] *m* проце́сс *м* старе́ния

Altglascontainer <-s, -s> *m* конте́йнер *м* для сбо́ра стекля́нной посу́ды

altgriechisch *adj* старогре́ческий

althergebracht ['altxɛrgɛbraht] *adj* староdáвний

Altlasten <-> *pl (ungelöste Probleme)* бре́мя *ср* нерешённых пробле́м

ältlich ['ɛltlɪç] *adj* пожило́й

Altmetall *nt* ста́рое желе́зо *ср*

altmodisch *adj* старомо́дный

Altöl <-(e)s> *nt* отрабо́танное ма́сло *ср*

Altpapier <-s> *nt* макулату́ра *ж*

Altphilologe <-n, -n> *m*, **Altphilologin** *f* фило́лог-кла́ссик *м*

Altphilologie <-> *f* класси́ческая филоло́гия *ж*

Altruismus <-> *m* альтруи́зм *м*

altrussisch *adj* древнеру́сский

altslawisch *adj* старославя́нский

Altstadt <-> *f* истори́ческая часть *ж* го-

рода
Altstimme <-, -n> *f* MUS альт *м*
Altstoffsammlung <-, -en> *f* сбор *м* ути́ля
Altwarenhändler(in) *m(f)* антиква́р *м*, букини́ст *м*
Altweibersommer [alt'vaɪbɐzɔmɐ] <-s> *m* ба́бье ле́то *ср*

i Land & Leute

Der Altweibersommer (буквально «бабье лето») – так по-немецки называется золотая осень – период с сентября по октябрь, на протяжении которого стоит прекрасная осенняя погода с большими колебаниями температур на большей части Европы.

Alu ['a:lu] *abk von* **Aluminium** алюми́ний *м*
Alufolie ['a:lufo:liə] <-, -n> *f* алюми́ниевая фольга́ *ж*
Aluminium [alu'mi:niʊm] <-s> *nt* алюми́ний *м*
Aluminiumlegierung <-, -en> *f* алюми́ниевый сплав *м*
Alzheimer *m ohne pl fam* Алцга́ймер *м*
Alzheimerkrankheit[RR] *f ohne pl* боле́знь *ж* Алцга́ймера
am [am] **I.** *(Superlativbildung)* са́мый **II. = an dem** *s.* **an III.** *fam (Verlaufsform)* **ich bin ~ Arbeiten** я рабо́таю
Amalgam [amal'ga:m] <-s, -e> *nt* амальга́ма *ж*
Amateur(in) [ama'tø:ɐ] <-s, -e> *m(f)* люби́тель *м*, люби́тельница *ж*
Amateurfunker(in) <-s, -> *m(f)* радиолюби́тель *м*
amateurhaft *adj* непрофессиона́льный
Amateursport <-(e)s> *m* люби́тельский спорт *м*
Amazonas [ama'tso:nas] <-> *m* Амазо́нка *ж*
Amazone [ama'tso:nə] <-, -n> *f* **1.** SPORT нае́здница *ж* **2.** *(Kriegerin)* амазо́нка *ж*
Ambiente [am'biɛntə] <-> *nt geh* атмосфе́ра *ж*
Ambiguität <-, -en> *f geh* двусмы́сленность *ж*
Ambition [ambi'tsi̯o:n] <-, -en> *f geh* честолю́бие *ср*
ambitioniert [ambitsjo'ni:ɐt] *adj* честолюби́вый, с амби́циями
Ambivalenz <-, -en> *f* противоречи́вость *ж*, двойственность *ж*; PSYCH амбивале́нтность *ж*
Amboss[RR] ['ambɔs] <-es, -e> *m*, **Amboß**[Alt] <-bosses, -bosse> *m* TECH накова́льня *ж*
ambulant [ambu'lant] *adj* передвижно́й; **~e Behandlung** амбулато́рное лече́ние *ср*
Ambulanz [ambu'lants] <-en> *f* MED амбулато́рия *ж*; *(Wagen)* ско́рая по́мощь *ж*
Ameise ['a:maɪzə] <-, -n> *f* мураве́й *м*
Ameisenbär *m* муравье́д *м*
Ameisenhaufen *m* мураве́йник *м*
Ameisenhügel <-s, -> *m* мураве́йник *м*
amen ['a:mən] *interj* ами́нь
Amen ['a:mɛn] <-s, -> *nt* ами́нь *м*
American Football <-s> *nt* америка́нский футбо́л *м*
Amerika [a'me:rika] <-s> *nt* Аме́рика *ж*
Amerikaner(in) [ameri'ka:nɐ] <-s, -> *m(f)* америка́нец *м*, америка́нка *ж*
amerikanisch *adj* америка́нский
amerikanisieren *vt* американизи́ровать
Amerikanistik <-> *f* американи́стика *ж*
Amethyst [ame'tʏst] <-(e)s, -e> *m* амети́ст *м*
Ami ['ami] *abk von* **Amerikaner** америка́нец *м*
Aminosäure [a'minozɔɪrə] <-, -n> *f* аминокислота́ *ж*
Amme ['amə] <-n> *f* корми́лица *ж*
Ammenmärchen *nt fam* ста́рые ска́зки *мн*
Ammoniak [amo'ni̯ak] <-s, *ohne pl*> *nt* CHEM аммиа́к *м*
Amnesie <-n> *f* MED амнези́я *ж*
Amnestie [amnɛs'ti:] <-, -n> *f* амни́стия *ж*
Amöbe [a'mœ:bə] <-, -n> *f* амёба *ж*
Amok ['a:mɔk] <-(s)> *m* а́мок *м*; **~ laufen** находи́ться в при́ступе бе́шенства
Amokläufer(in) *m(f)* челове́к, кото́рый в при́ступе бе́шенства убива́ет люде́й
a-Moll <-s> *nt* MUS ля мино́р *м*
amorph *adj* амо́рфный
Amortisation [amɔrtiza'tsjo:n] <-, -en> *f* амортиза́ция *ж*, окупа́емость *ж*; **~ der investierten Mittel** окупа́емость капиталовложе́ний
Amortisationsdauer <-> *f* срок *м* амортиза́ции
Amortisationsrate <-, -n> *f* но́рма *ж* амортиза́ции
Amortisationsrechnung <-, -en> *f* расчёт *м* амортиза́ции
amortisieren [amɔrti'zi:rən] *vr* амортизи́ровать
Ampel ['ampəl] <-, -n> *f* светофо́р *м*
Ampere [am'pe:ɐ] *nt* PHYS ампе́р *м*
Amperemeter [- -'- -] <-s, -> *nt* амперме́тр *м*
Amphetamin [amfeta'mi:n] <-s, -e> *nt* амфетами́н *м*
Amphibie [am'fi:biə] <-, -n> *f* амфи́бия *ж*
Amphitheater <-s, -> *nt* амфитеа́тр *м*
Ampulle [am'pʊlə] <-, -n> *f* а́мпула *ж*
Amputation [amputa'tsi̯o:n] <-en> *f* MED ампути́рование *ср*
amputieren [ampu'ti:rən] *vt* ампути́ровать *(н)св*
Amsel ['amzəl] <-, -n> *f* чёрный дро́зд *м*
Amt [amt, 'ɛmtɐ] <-(e)s, Ämter> *nt* **1.** *(Posten,*

A

Stellung) до́лжность *ж,* ме́сто *ср;* **ein ~ antreten** вступа́ть в до́лжность; **ein ~ bekleiden** занима́ть до́лжность **2.** *(Behörde)* учрежде́ние *ср*
Ämterhäufung <-, -en> *f* исполне́ние *ср* не́скольких до́лжностей
amtlich *adj* официа́льный, служе́бный; **~e Meldung** официа́льная информа́ция; **in ~er Angelegenheit** по служе́бному де́лу
Amtsantritt <-(e)s> *m* вступле́ние *ср* в до́лжность
Amtsentsetzung <-, -en> *f (österr: Amtsenthebung)* смеще́ние *ср* с до́лжности, отстране́ние *ср* от занима́емой до́лжности
Amtsgeheimnis <-> *nt* служе́бная та́йна *ж*
Amtsgericht <-(e)s, -e> *nt* (участко́вый) суд *м*
Amtshandlung <-, -en> *f* официа́льный акт *м*
Amtsmissbrauch[RR] *m a.* JUR злоупотребле́ние *ср* служе́бным положе́нием
amtsmüde *adj о должностно́м лице́, собира́ющемся по истече́нии сро́ка уйти́ с занима́емой до́лжности*
Amtsperson <-, -en> *f* должностно́е лицо́ *ср*
Amtssitz <-es, -e> *m* резиде́нция *ж*
Amtssprache <-, -n> *f* официа́льный язы́к *м*
Amtsstube <-, -n> *f* рабо́чий [*или* служе́бный] кабине́т *м*
Amulett [amu'lɛt] <-(e)s, -e> *nt* амуле́т *м*
amüsant [amy'zant] *adj* заба́вный
amüsieren [amy'zi:rən] **I.** *vr* смея́ться *нсв; (uber + akk)* над **II.** *vt* развлека́ть, -вле́чь *св*
an [an] **I.** *prp + dat* **1.** *(räumlich)* у, о́коло, в, на; **das Bild hängt ~ der Wand** карти́на виси́т на стене́; **~ der Ecke** на углу́; **am Fenster sitzen** сиде́ть у окна́; **er geht ~ mir vorbei** он прошёл ми́мо меня́ **2.** *(zeitlich)* в, по; **am Abend** ве́чером; **~ Feiertagen bleibt unser Geschäft geschlossen** в выходны́е дни наш магази́н закры́т; **es ist ~ der Zeit** пора́ **3.** *(weitere Verwendungen)* **das gefällt mir nicht ~ ihm** (вот) э́то в нём мне не нра́вится **II.** *prp + akk* **1.** *(räumlich)* к, на, о́коло; **sich ~ den Tisch setzen** сади́ться к столу́; **er trat ans Fenster** он подошел к окну́; **~ die Arbeit!** за рабо́ту! **2.** *(für)* к; **ich habe eine Frage ~ dich** у меня́ к тебе́ вопро́с **3.** *(ungefähr)* о́коло **III.** *adv* **1.** *(beginnend)* **von Anfang ~** с са́мого нача́ла; **von nun ~** с э́того моме́нта **2.** *(eingeschaltet)* включено́; **das Licht ist ~** свет включён, гори́т свет
Anabolikum <-s, Anabolika> *nt* анаболи́ческое сре́дство *ср*
Anachronismus <-, Anachronismen> *m* анахрони́зм *м*
anaerob *adj* анаэро́бный
Anagramm <-(e)s, -e> *nt* анагра́мма *ж*
anal [a'na:l] *adj* ана́льный
Analgetikum <-s, Analgetika> *nt* болеутоля́ющее сре́дство *ср*
analog [ana'lo:k] *adj* аналоги́чный
Analogie [analo'gi:] <-, -n> *f* анало́гия *ж*
Analogieschluss <-es, -schlüsse> *m* умозаключе́ние *ср* по анало́гии
Analphabet(in) [an?alfa'be:t] <-en, -en> *m(f)* негра́мотный *м,* негра́мотная *ж*
Analverkehr <-s> *m* ана́льный секс *м*
Analyse [ana'ly:zə] <-, -n> *f* ана́лиз *м;* **~ der Organisationsstruktur** ана́лиз организацио́нной структу́ры; **~ der Börsenentwicklung** ана́лиз движе́ния биржевы́х ку́рсов; **einer ~ unterziehen** подверга́ть ана́лизу
analysieren [analy'zi:rən] *vt* анализи́ровать *(н)св,* про- *св*
Analysis <-> *f* MATH ана́лиз *м*
Analyst(in) <-en, -en> *m(f) (Börsenanalytiker)* анали́ст *м*
Analytiker(in) [ana'ly:tikɐ] <-s, -> *m(f)* анали́тик *м*
analytisch [ana'ly:tɪʃ] *adj* аналити́ческий
Anämie [anɛ'mi:] <-> *f* анеми́я *ж*
Ananas ['ananas] <-, -> *f* анана́с *м*
Anapäst <-(e)s, -e> *m* LIT ана́пест *м*
Anarchie [anar'çi:] <-, -n> *f* ана́рхия *ж*
anarchisch *adj* анархи́чный
Anarchist(in) [anar'çɪst] <-en, -en> *m(f)* анархи́ст(ка) *м(ж)*
Anästhesie [anɛste'zi:] <-> *f* анестези́я *ж*
anästhesieren *vt* анестези́ровать
Anästhesist(in) [anɛste'zɪst] <-en, -en> *m(f)* анестезио́лог *м*
Anatom <-en, -en> *m* ана́том *м*
Anatomie [anato'mi:] <-, -n> *f* анато́мия *ж*
anatomisch [ana'to:mɪʃ] *adj* анатоми́ческий
an|bahnen *vt* **ein Geschäft ~** подгота́вливать сде́лку
an|bändeln ['anbɛndəln] *vi* **mit jdm ~** *umg* заи́грывать с ке́м-л.
Anbau <-(e)s, -ten> *m* **1.** *(Gebäude)* пристро́йка *ж* **2.** *(das Anpflanzen)* разведе́ние *ср*
an|bauen *vt* **1.** *(an Haus)* пристра́ивать, -ро́ить *св* **2.** *(anpflanzen)* выра́щивать, вы́растить *св*
Anbaufläche <-, -n> *f* посевна́я пло́щадь *ж*
Anbaumöbel <-s, -> *nt* секцио́нная ме́бель *ж*
anbei [an'baɪ] *adv* при сём; **~ senden wir Ihnen …** в приложе́нии посыла́ем вам …
an|beißen I. <irr> *vi auch fig (Fisch)* клева́ть, клю́нуть *св* **II.** *vt (von etw abbeißen)* над-

anbieten

• nach Wünschen fragen, etwas anbieten	• **Спросить собеседника, что он желает, предложить что-нибудь**
Kann ich Ihnen helfen? / Was darf's sein?	**Я могу вам чем-нибудь помочь? / Что вы хотите?**
Haben Sie irgendeinen Wunsch?	**Вам что-нибудь предложить?**
Was hättest du denn gern?	**Что бы вы хотели?**
Was möchtest / magst du essen / trinken?	**Что вы хотите** поесть / выпить?
Wie wär's mit einer Tasse Kaffee? *(fam)*	**Как насчет** чашечки кофе?
Darf ich Ihnen ein Glas Wein **anbieten**?	**Могу я вам предложить** бокал вина?
Sie können gern mein Telefon benutzen.	**Можете** пользоваться моим телефоном.
• Angebote annehmen	• **Принятие предложений**
Ja, bitte. / Ja, gern.	**Да, пожалуйста. / С удовольствием.**
Danke, das ist nett / lieb von dir.	**Спасибо, очень мило с вашей стороны.**
Ja, das wäre nett.	**Да, было бы мило.**
Oh, das ist aber nett!	**О, это очень мило!**
• Angebote ablehnen	• **Отказ предложений**
Nein, danke!	**Нет, спасибо!**
Aber das ist doch nicht nötig!	**Но это не обязательно!**
Das kann ich doch nicht annehmen!	**Я не могу этого принять!**

ку́сывать, -си́ть *св*

an|beten *vt* **1.** *(Gott)* моли́ться, по- *св* **2.** *fig* поклоня́ться *нсв*

Anbetracht ['anbətraxt] *in der Verbindung:* **in ~ von** принима́я во внима́ние

an|biedern ['anbiːdɐn] *vr* подли́зываться, -за́ться *св*, подма́зываться, -ма́заться *св*

an|bieten <irr> **I.** *vt* предлага́ть, -ложи́ть *св;* **zum Verkauf ~** предлага́ть на прода́жу **II.** *vr* вызыва́ться, вы́зваться *св*, предлага́ть, -ложи́ть *св*

Anbieter <-s, -> *m* оферéнт *м*, продавéц *м*

Anbietermarkt <-(e)s, -märkte> *m* ры́нок *м* продавцо́в

an|binden <irr> *vt* привя́зывать, -за́ть *св*

Anbindung <-, -en> *f* тра́нспортная связь *ж*

Anblick <-(e)s, -e> *m* взгляд *м*

an|blicken *vt* взгляну́ть *св*, взгля́дывать *нсв*

Anbot <-(e)s, -e> *nt* **1.** *österr (Angebot)* предложéние *ср* **2.** ÖKON офе́рта *ж* **3.** *(Auswahl)* ассортимéнт *м*

an|braten <irr> *vt* слегка́ обжа́ривать, -рить *св*

an|brechen <irr> **I.** *vt* **1.** *(allg)* надла́мывать, -ломи́ть *св* **2.** *(Vorräte)* начина́ть, -ча́ть *св;* **eine angebrochene Schachtel Pralinen** на́чатая коро́бка конфéт **II.** *vi (Tag, Nacht)* наступа́ть, -пи́ть *св*

an|brennen <irr> *vi* **1.** *(allg)* загора́ться, -рéться *св* **2.** *(Fleisch)* пригора́ть, -рéть *св;* **nichts ~ lassen** *umg* ничего́ не упуска́ть

an|bringen <irr> *vt* **1.** *(festmachen)* придéлывать, -дéлать *св*, прикрепля́ть, -пи́ть *св* **2.** *umg (Person)* пристра́ивать, -стро́ить *св*

Anbruch <-(e)s> *m* надло́м *м;* **bei ~ der Dunkelheit** с наступлéнием темноты́

an|brüllen *vt* рыча́ть *нсв*

Anchovis *f s.a.* **Anschovis**

Andacht ['andaxt] <-, -en> *f* благоговéние *ср;* *(Gottesdienst)* молéбен *м*

andächtig ['andɛçtɪç] *adj* благоговéйный

Andalusien [anda'luːziən] <-s> *nt* Андалу́зия *ж*

andalusisch *adj* андалу́зский

an|dauern *vi* продолжа́ться, -до́лжиться *св*

andauernd *adj* всё врéмя, постоя́нно

Anden ['andən] <-> *pl* Анды *мн*

Andenken <-s, -> *nt* **1.** *(Gedenken)* па́мять *ж* **2.** *(Souvenir)* сувени́р *м*

andere(r, s) ['andərə, -rɐ, -rəs] *pron indef* друго́й; **einer nach dem ~n** оди́н за други́м

anderenfalls *adv* ина́че

and(e)rerseits ['and(ə)rɐ'zaɪts] *adv* с друго́й стороны́

ändern ['ɛndɐn] **I.** *vt* изменя́ть, -ни́ть; **seine Meinung ~** передýмать *св* **II.** *vr* **sich ~** изменя́ться, -ни́ться *св*

andernfalls *adv* в проти́вном слу́чае

anders ['andɐs] *adv (fremd, ungewohnt)* ина́че; *(unterschiedlich)* по-ра́зному; *(im Gegensatz)* наоборо́т; **jemand ~** кто́-нибудь друго́й; **ich habe es mir ~ überlegt** я передýмал

Andersdenkende[Alt] <ein -r, -n, -n> *mf* инакомы́слящий *м*, инакомы́слящая *ж*

anderthalb ['andɐt'halp] *num* полторá
anderthalbfach *num* полýторный
Änderung ['ɛndərʊŋ] <-, -en> *f* изменéние *ср*
an|deuten *vt* **1.** *(eine Andeutung machen)* намекáть, -кнýть *св* **2.** *(skizzieren)* намечáть, -мéтить *св*
Andeutung <-, -en> *f* **1.** *(Anzeichen)* прúзнак *м,* слáбый след *м* **2.** *(Anspielung)* намёк *м*
andichten *in der Verbindung:* **jdm etw ~** припúсывать комý-л. что-л.
Andienung <-, -en> *f* андиновáние *ср*
Andockmanöver <-s, -> *nt* стыкóвка *ж*
Andorra [an'dɔra] <-s> *nt* Андóрра *ж*
Andrang <-(e)s> *m* напóр *м;* **an der Kinokasse herrschte großer ~** у кáссы кинотеáтра былá большáя толчея́
an|drehen *vt* **jdm etw ~** *umg* навязáть комý-л. что-л.
an|drohen *vt* угрожáть *нсв;* **jdm etw ~** угрожáть комý-л. чем-л.
an|ecken ['anʔɛkən] *vi umg* вызывáть, вы́звать *св* недовóльство, производúть, -вестú *св* неприя́тное впечатлéние
an|eignen *vt* **sich etw ~** *(widerrechtlich)* присвáивать себé что-л.; **sich Kenntnisse über etw ~** усвáивать что-л.
aneinander [anʔaɪ'nandɐ] *adv* друг дрýгу, друг с дрýгом
aneinander|fügen[RR] *vt* соединя́ть, скреплять
aneinander|geraten[RR] <irr> *vi* вздóрить, по- *св*
aneinander|grenzen[RR] *vi* гранúчить
aneinander|reihen[RR] *vt* нанúзывать
Anekdote [anɛk'do:tə] <-, -n> *f* анекдóт *м*
an|ekeln *vt* **das ekelt mich an** мне э́то протúвно
Anemone [ane'mo:nə] <-, -n> *f* вéтреница *ж*
anerkannt ['anʔɛɐkant] *adj* прúзнанный; **ein ~er Experte** прúзнанный экспéрт *м*
an|erkennen <irr> *vt* **1.** *(Person)* признáть *св,* -знавáть *нсв* **2.** *(Bemühungen)* одобря́ть, одóбрить *св* **3.** *(Staat)* признáть *св,* -знавáть *нсв*
Anerkennung <-, -en> *f* **1.** *(Bestätigung)* признáние *ср* **2.** *(Lob)* похвалá *ж* **3.** *(von Staat)* признáние *ср*
an|fahren <irr> **I.** *vt* **1.** *(antransportieren)* привозúть, -вестú *св* **2.** *(ansteuern)* направля́ться, -прáвиться *св* **3.** *(verletzen)* сбить *св,* сбивáть *нсв,* наезжáть, -éхать *св;* **er wurde von einem LKW angefahren** егó сбил грузовúк **4.** *(zurechtweisen)* набрóситься *св,* -брáсываться *нсв,* накричáть *св* **II.** *vi (starten)* отъезжáть, -éхать *св*
Anfall <-(e)s, Anfälle> *m* припáдок *м;* **in einem ~ von Zorn** в припáдке гнéва
an|fallen <irr> **I.** *vt angreifen* нападáть, -пáсть *св* **II.** *vi (Kosten, Arbeit)* возникáть, -ни́кнуть *св*
anfällig ['anfɛlɪç] *adj* восприúмчивый; *(für + akk)* к
Anfälligkeit <-, -en> *f* подвéрженность *ж,* восприúмчивость *ж*
Anfang ['anfaŋ] <-(e)s, Anfänge> *m* начáло *ср;* **am ~** в начáле; **~ nächster Woche** в начáле бýдущей недéли; **er ist ~ fünfzig** емý за пятьдеся́т; **den ~ machen** сдéлать пéрвый шаг; **von ~ an** сначáла
an|fangen <irr> **I.** *vi (beginnen)* начинáть, начáть *св* **II.** *vt (beginnen)* начинáть, начáть *св;* *(Gespräch)* заводúть, завестú *св* разговóр; **es fing an zu regnen** пошёл дождь
Anfänger(in) ['anfɛŋɐ] <-s, -> *m(f)* начинáющий *м,* начинáющая *ж,* новичóк *м*
Anfängerkurs <-es, -e> *m* кýрс *м* для начинáющих
anfangs ['anfaŋs] *adv* сначáла
Anfangsbestand <-(e)s, -bestände> *m* начáльный остáток *м*
Anfangsbilanz <-, -en> *f* начáльный балáнс *м*
Anfangsbuchstabe <-n, -n> *m* начáльная бýква *ж*
Anfangsgeschwindigkeit <-, -en> *f* начáльная скóрость *ж*
Anfangskapital <-s> *nt* начáльный капитáл *м*
Anfangsstadium <-s> *nt* начáльная стáдия *ж*
an|fassen **I.** *vt (berühren)* дотрáгиваться, -трóнуться *св;* **jdn hart ~** грýбо обращáться с кéм-л. **II.** *vi (mithelfen)* брáться, взя́ться *св;* **steh hier nicht so rum, fass doch auch mal mit an** нéчего тут стоя́ть, возьмúсь-ка, да помогú; **eine Sache beim rechten Ende ~** умéло взя́ться за дéло
an|fechten <irr> *vt* оспáривать, -пóрить *св;* **einen Vetrag ~** оспáривать договóр
Anfechtung <-, -en> *f* JUR оспáривание *ср,* обжáлование *ср*
an|fertigen *vt* изготовля́ть, -тóвить *св*
an|feuchten ['anfɔɪçtən] *vt* увлажня́ть, -нúть *св*
an|feuern *vt fig* воодушевля́ть, -вúть *св*
an|flehen *vt* умоля́ть, -лúть *св*
an|fliegen <irr> *vt* прилетáть, -тéть *св*
Anflug <-(e)s, Anflüge> *m* прилёт *м*
an|fordern *vt* трéбовать, по- *св*
Anforderung <-, -en> *f* **1.** *(Bestellung)* заявка *ж,* трéбование *ср* **2.** *(Forderung)* трéбования *мн*
Anforderungsprofil <-(e)s, -e> *nt (Arbeitsplatzbeschreibung)* описáние *ср* рабóчего мéста
Anfrage <-, -n> *f* запрóс *м*
an|fragen *vi* запрáшивать, -просúть *св*

an|freunden *vr* **sich mit jdm ~** подружи́ться с ке́м-л.; **sich mit etw ~** *(Gegebenheit, Gedanke)* смири́ться с чем-л.

an|fühlen *vt (betasten)* ощу́пывать, -пать *св*

an|führen *vt (vorbringen)* приводи́ть, -вести́ *св;* **ich möchte ein Beispiel ~** хочу́ привести́ приме́р

Anführer(in) <-s, -> *m(f)* предводи́тель(ница) *м (ж)*

Anführungsstrich *m* кавы́чки *жмн;* **Anführungsstriche unten/oben** кавы́чки сни́зу/све́рху

Anführungszeichen <-s, -> *nt* кавы́чки *жмн*

Angabe <-, -n> *f* **1.** *(Aussage, Information)* сообще́ние *ср,* информа́ция *ж* **2.** SPORT пода́ча *ж* **3.** *umg (Angeberei)* хвастовство́ *ср*

an|geben <irr> **I.** *vt* **1.** *(eine Angabe machen)* сообща́ть, -щи́ть *св* **2.** *(Ton)* задава́ть, -да́ть *св* **II.** *vi* **1.** *(aufschneiden)* хва́статься, по- *св* **2.** SPORT подава́ть, -да́ть *св*

Angeber(in) <-s, -> *m(f) umg* хвасту́н *м,* хвасту́нья *ж*

Angeberei [ange:bəˈraɪ] <-, -en> *f umg* хвастовство́ *ср*

angeblich [ˈange:plɪç] *adj* мни́мый

angeboren *adj (Krankheit)* врождённый

Angebot <-(e)s, -e> *nt* офе́рта *ж;* **freibleibendes ~** свобо́дная офе́рта; **die Nachfrage übersteigt das ~** спрос превыша́ет предложе́ние; **ein ~ akzeptieren** принима́ть предложе́ние; **ein ~ einholen** запра́шивать предложе́ние; **jdm ein ~ machen** предлага́ть кому́-л. что-л.

Angebotsabgabe <-, -n> *f* пода́ча *ж,* преложе́ние *ср* цен

Angebotskurs <-es, -e> *m* курс *м* продавцо́в

Angebotskurve <-, -n> *f* крива́я *ж* предложе́ния

Angebotslücke <-, -n> *f* дефици́т *м* това́ров и услу́г

Angebotspreis <-es, -e> *m* цена́ *ж* предложе́ния

angebracht [ˈangəbraxt] *adj* уме́стный; **etw für ~ halten** счита́ть что-л. уме́стным

angegilbt *adj* пожелте́вший

angegossen [ˈangəgɔsən] *adj fam* **etw passt wie angegossen** что-л. кому́-л. впо́ру

angeheitert [ˈangəhaɪtɐt] *adj (angetrunken)* (под)вы́пивший, навеселе́

an|gehen <irr> **I.** *vt* **1.** *(angreifen)* напада́ть *нсв* **2.** *(bitten)* проси́ть, по- *св; (um + akk)* о **3.** *(in Angriff nehmen)* принима́ть, приня́ть *св,* терпе́ть, вы́терпеть *св* **4.** *(betreffen)* каса́ться, косну́ться *св;* **das geht ihn gar nichts an** э́то его́ вообще́ не каса́ется; **was deine Frage angeht, ...** каса́тельно твоего́ вопро́са, ... **II.** *vi fam* **1.** *(beginnen)* начина́ть, нача́ть *св* **2.** *(Licht)* зажига́ться, -же́чься *св;* **das geht Sie überhaupt nicht an!** *umg* э́то вас соверше́нно не каса́ется!

angehend *adj* начина́ющий; **ein ~er Rechtsanwalt** начина́ющий адвока́т *м*

an|gehören *vi* принадлежа́ть *нсв*

Angehörige(r) <-n, -n> *f(m)* бли́зкий ро́дственник *м,* бли́зкая ро́дственница *ж*

Angeklagte(r) <-n, -n> *f(m)* обвиня́емый *м,* обвиня́емая *ж*

angeknackst *adj (Gesundheit)* надло́мленный

Angel [ˈaŋəl] <-, -n> *f* **1.** *(zum Fischfang)* у́дочка *ж* **2.** *(Türangel)* пе́тля *ж*

Angelegenheit <-, -en> *f* де́ло *ср,* слу́чай *м,* вопро́с *м;* **sich in fremde ~n mischen** вме́шиваться в чужи́е дела́, лезть не в свои́ дела́

angeln [ˈaŋəln] **I.** *vt* уди́ть *нсв* **II.** *vi* вылавливать, вы́ловить *св*

Angelobung <-, -en> *f (österr: feierliche Vereidigung)* приведе́ние *ср* к прися́ге

Angelrute *f* у́дочка *ж*

Angelsachse [ˈaŋəlzaksə] <-n, -n> *m* англоса́кс *м*

angelsächsisch *adj* англосаксо́нский

Angelsport <-s> *m* рыболо́вный спорт *м*

angemessen *adj* соотве́тствующий, подоба́ющий

angenehm [ˈangəne:m] *adj* прия́тный

angenommen [ˈangənɔmən] *adj* усло́вный

angepasst[RR] [ˈangəpast] *adj,* **angepaßt**[Alt] *adj* подходя́щий

angesagt [ˈangəza:kt] *adj umg* быть в мо́де; **lange Röcke sind wieder ~** дли́нные ю́бки сно́ва в мо́де

angesäuselt *adj umg (angetrunken)* (под)вы́пивший

angesehen **I.** *pp von* **ansehen** **II.** *adj* выдаю́щийся, по́льзующийся уваже́нием

angesichts *prp + gen* пе́ред лицо́м; **~ der Tatsache, dass ...** ввиду́ того́, что ...

angespannt [ˈangəʃpant] *adj* напряжённый

angestammt [ˈangəʃtamt] *adj* родово́й

Angestellte(r) [ˈangəʃtɛltə] <-n, -n> *f(m)* слу́жащий *м,* слу́жащая *ж;* **kaufmännischer ~** торго́вый слу́жащий; **leitender ~** руководя́щий слу́жащий

Angestelltenversicherung <-, -en> *f* страхова́ние *ср* слу́жащих

angestrengt [ˈangəʃtrɛŋt] *adj* напряжённый

angetrunken *adj* (под)вы́пивший

angewiesen [ˈangəvi:zən] **I.** *pp von* **anweisen** **II.** *adj* **auf jdn/etw ~ sein** зави́сеть от кого́-л./чего́-л., нужда́ться в ком-л./чём-л.

an|gewöhnen *vt* приуча́ть, -чи́ть *св;* **sich/jdm etw ~** приучи́ть себя́/кого́-л. к чему́-л.

Angewohnheit <-, -en> *f* привы́чка *ж*

A

Angst / Sorge ausdrücken

• **Angst / Befürchtungen ausdrücken**	• **Выражение страха / опасения**
Ich habe (da) ein ungutes Gefühl.	**У меня плохое предчувствие (по этому поводу / насчет этого).**
Mir schwant nichts Gutes. *(fam)*	**У меня нехорошее предчувствие.**
Ich rechne mit dem Schlimmsten.	**Я ожидаю худшего.**
Diese Menschenmengen **machen mir Angst.**	Эти толпы меня **пугают.**
Diese Rücksichtslosigkeit **beängstigt mich.**	Это безрассудство **меня пугает.**
Ich habe Angst, dass du dich verletzen könntest.	**Я боюсь / опасаюсь,** что ты можешь ушибиться.
Ich habe Angst vorm Zahnarzt.	**Я боюсь** зубного врача.
Ich habe Bammel / Schiss vor der Prüfung. *(fam)*	**Я беспокоюсь** из-за экзамена.
• **Sorge ausdrücken**	• **Выражение беспокойства**
Sein Gesundheitszustand **macht mir große Sorgen.**	**Меня очень беспокоит его** состояние здоровья.
Ich mache mir Sorgen um dich.	**Я беспокоюсь** о тебе.
Die steigenden Arbeitslosenzahlen **beunruhigen mich.**	**Меня волнует** увеличивающееся число безработных.
Die Sorge um ihn **bereitet mir schlaflose Nächte.**	**Я провожу много бессонных ночей** в заботах о нем.

angewurzelt *adj* **wie ~ stehen bleiben** стоя́ть как вко́панный

an|giften *vt umg* обруга́ть

Angina [aŋ'giːna, aŋ'iːnən] <-, Anginen> *f* анги́на *ж*

an|gleichen <irr> *vt* прира́внивать, -ня́ть *св;* *(an + akk)* к

Angler(in) ['aŋlɐ] <-s, -> *m(f)* рыболо́в *м*

anglikanisch [aŋgli'kaːnɪʃ] *adj* англика́нский

Anglist(in) [aŋ'glɪst] <-en, -en> *m(f)* англи́ст *м*

Anglistik [aŋ'glɪstɪk] <-> *f* англи́стика *ж*

Anglizismus <-, Anglizismen> *m* англици́зм *м*

Angola <-s> *nt* Анго́ла *ж*

Angolaner(in) <-s, -> *m(f)* анго́лец *м,* анго́лка *ж*

angolanisch *adj* анго́льский

an|greifen <irr> *vt* **1.** *(Person)* напада́ть, -па́сть *св* **2.** *(Vorräte)* нача́ть *св,* -чина́ть *нсв* **3.** *(beschädigen)* пло́хо де́йствовать, по- *св*

Angreifer(in) <-s, -> *m(f)* напада́ющий *м,* напада́ющая *ж*

Angriff <-(e)s, -e> *m* нападе́ние *ср;* **etw in ~ nehmen** взя́ться за что-л.

angriffslustig *adj* провокати́вный, задиристый

Angriffspunkt <-(e)s, -e> *m* уязви́мое ме́сто *ср*

Angst [aŋst, 'ɛŋstə] <-, Ängste> *f* страх *м;* **keine ~!** споко́йно!; (**keine**) **~ haben** (не) боя́ться; **jdm ~ einjagen** испуга́ть кого́-л.

Angsthase <-n, -n> *m umg* труси́шка *м*

ängstigen ['ɛŋstɪgən] **I.** *vt* пуга́ть, ис- *св* **II.** *vr* боя́ться, по- *св*

ängstlich ['ɛŋstlɪç] *adj* боязли́вый; *(besorgt)* обеспоко́енный

Ängstlichkeit <-> *f* боязли́вость *ж*

an|gucken *vt umg* гляде́ть, по- *св*

Angurtpflicht <-> *f* KFZ обяза́тельность *ж* испо́льзования ремне́й безопа́сности

an|haben <irr> *vt (Kleidung)* носи́ть *нсв;* **er kann mir nichts~** он не мо́жет мне ничего́ сде́лать

an|haften *vi* прилипа́ть, -ли́пнуть *св*

an|halten <irr> **I.** *vt (aufhalten: Fahrzeug, Uhr)* остана́вливать, останови́ть *св;* *(Atem)* зата́ить *св;* *(Ton)* замолка́ть, замо́лкнуть *св* **II.** *vi* **1.** *(stehen bleiben)* остана́вливаться, -нови́ться *св* **2.** *(andauern)* продолжа́ться, -до́лжиться *св;* *(weitergehen)* идти́ да́льше; **ein Kind zur Ehrlichkeit ~** приуча́ть ребёнка к правди́вости **3.** *(werben)* проси́ть, попроси́ть *св;* **um jds Hand ~** проси́ть чей-л. руки́

anhaltend *adj* дли́тельный

Anhalter(in) <-s, -> *m(f)* е́дущий *м,* е́дущая *ж;* **per ~ fahren** е́хать „автосто́пом“

Anhaltspunkt <-(e)s, -e> *m* основа́ние *ср,* отправна́я то́чка *ж*

Anhang <-(e)s, Anhänge> *m* **1.** *(Ergänzung)* дополне́ние *ср;* **~ zu einem Vertrag** дополне́ние к догово́ру **2.** *(Angehörige)* бли́зкие *мн* **3.** *(Gefolge)* приве́рженцы *ммн*

an|hängen <irr> **I.** *vt* **1.** *(an etw hängen)* ве́шать, пове́сить *св;* **eine Datei an eine E-Mail anhängen** прицепля́ть файл к электро́нному письму́ **2.** *(Wagen)* брать, взять *св,* прицепля́ть, -пи́ть *св* **3.** *(hinzufügen)* прибавля́ть, -ба́вить *св* **II.** *vr* при-

цепи́ться *св*, -пля́ться *нсв; (an + akk)* к; **jdm etw ~** наговори́ть на кого́-л. что-л.
Anhänger <-s, -> *m* **1.** *(Mensch)* приве́рженец *м* **2.** *(Wagen)* прице́п *м* **3.** *(Schmuck)* куло́н *м*
Anhängerkupplung <-, -en> *f* KFZ сцепно́е устро́йство *ср* (для прице́па)
anhänglich ['anhɛŋlɪç] *adj* пре́данный, привя́зчивый
Anhänglichkeit <-> *f* пре́данность *ж*, привя́занность *ж*
Anhängsel <-s, -> *nt* подве́ска *ж*
Anhäufung <-, -en> *f* накопле́ние *ср; fig* нагроможде́ние *ср*
an|heben <irr> *vt* **1.** *(heben)* приподнима́ть, -ня́ть *св* **2.** *(erhöhen)* повыша́ть, -вы́сить *св*
Anhebung <-, -en> *f* повыше́ние *ср*, увеличе́ние *ср;* **~ der Gehälter** повыше́ние за́работной пла́ты; **~der Steuern** повыше́ние нало́гов
an|herrschen *vi* накрича́ть
an|heuern *vi* NAUT нанима́ть/наня́ть *св* моряко́в
Anhieb ['anhi:p] *m* **auf ~** одни́м ма́хом
an|himmeln ['anhɪməln] *vt* **jdn anhimmeln** быть без ума́ от кого́-л.
Anhöhe <-, -n> *f* возвы́шенность *ж*, приго́рок *м*
an|hören I. *vt* вы́слушать *св*, -слу́шивать *нсв* II. *vr* **das hörte sich hässlich an** э́то звуча́ло ужа́сно
Anhörung <-en> *f* JUR, EU слу́шание *ср* де́ла
animalisch *adj* живо́тный
Animateur(in) [anima'tœ:ɐ] <-s, -e> *m(f)* организа́тор *м* досу́га
Animation <-, -en> *f* анима́ция *ж*
animieren [ani'mi:rən] *vt* подзадо́ривать, -рить *св;* **jdn zu etw ~** побужда́ть кого́-л. к чему́-л.
Anis [a'ni:s, 'a:nɪs] <-(es), -e> *m* ани́с *м*
an|kämpfen *vi* боро́ться *нсв; (gegen + akk)* с
Ankauf <-(e)s, -käufe> *m* заку́пка *ж*, ску́пка *ж*
an|kaufen *vt* закупа́ть, -пи́ть *св*
Ankaufskurs <-es, -e> *m* BÖRSE курс *м* покупа́телей
Ankaufspreis <-es, -e> *m* заку́почная цена́ *ж*
Anker ['aŋkɐ] <-s, -> *m* NAUT я́корь *м;* **vor ~ liegen** стоя́ть на я́коре; **den ~ auswerfen** броса́ть я́корь; **den ~ lichten** сня́ться с я́коря
ankern ['aŋkɐn] *vi* ста́ть *св*, станови́ться *нсв* на я́корь
an|ketten *vt* привяза́ть на цепь
Anklage <-, -n> *f* упрёк *м*, обвине́ние *ср*, JUR обвине́ние *ср*, иск *м;* **~ gegen jdn erheben** пода́ть в суд на кого́-л.
Anklagebank <-> *f* скамья́ *ж* подсуди́мых
an|klagen *vt* упрека́ть, -кну́ть *св*, JUR обвиня́ть, -ни́ть *св*
Anklageschrift <-, -en> *f* обвини́тельный акт *м*
Anklagevertreter(in) <-s, -> *m(f)* JUR представи́тель *м* обвине́ния
Anklang <-(e)s, Anklänge> *m* **1.** *(Zustimmung)* одобре́ние *ср*, о́тклик *м;* **~ finden** находи́ть о́тклик; **großen ~ finden** быть хорошо́ при́нятым, понра́виться кому́-л. **2.** *(Ähnlichkeit)* схо́дство *ср*
an|kleben *vt* накле́ивать, -ить *св*
an|kleiden *vr* одева́ться, оде́ться *св*
an|klopfen *vi* стуча́ться, по- *св*
an|knabbern *vt* надгрыза́ть, надгры́зть *св*
an|knipsen *vt fam* включа́ть, включи́ть *св*
an|knüpfen I. *vi* продолжа́ть, -до́лжить *св;* **an die alte Tradition ~** продо́лжить ста́рую тради́цию II. *vt* **1.** *(Strick)* привя́зывать, -за́ть *св* **2.** *(Beziehung)* завя́зывать, -за́ть *св*
an|kommen <irr> *vi* **1.** *(an einem Ort)* прибыва́ть, -бы́ть *св* **2.** *(von Bedeutung sein)* зави́сеть *нсв; (auf + akk)* от; **es kommt darauf an, ob ...** всё зави́сит от того́, ... ли ...; **es auf etw ~ lassen** не остана́вливаться пе́ред чем-л.; **bei jdm gut ~** *umg* быть хорошо́ восприня́тым кем-л.; **gegen jdn ~** тяга́ться с кем-л.
Ankopplungsmanöver <-s, -> *m* стыко́вка *ж*
an|kotzen *vt vulg* тошни́ть, стошни́ть *св;* **das kotzt mich an** мне э́то отврати́тельно
an|kreiden ['ankraɪdən] *vt* **jdm etw ~** ста́вить что-л. кому́-л. в вину́
an|kreuzen *vt* поме́тить кре́стиком
an|kündigen I. *vt* объявля́ть, -ви́ть *св* II. *vr* заявля́ть, -ви́ть *св* о себе́
Ankündigung <-, -en> *f* объявле́ние *ср*
Ankunft ['ankʊnft] <-, Ankünfte> *f* прибы́тие *ср*
Ankunftshalle *f* зал *м* прилёта
Ankunftszeit <-, -en> *f* вре́мя *ср* прибы́тия
an|kurbeln *vt* форси́ровать; **die Konjunktur ~** оживля́ть конъюнкту́ру
Ankurbelung <-, -en> *f* оживле́ние *ср*, форси́рование *ср*, стимули́рование *ср*
an|lächeln *vt* улыба́ться, -бну́ться *св*
an|lachen *vt* смотре́ть, по- *св* смея́сь
Anlage <-, -n> *f* **1.** *(Bau, Gebäude)* сооруже́ние *ср;* **industrielle ~** промы́шленное сооруже́ние **2.** *(Park)* парк *м* **3.** *(zu einem Schreiben)* приложе́ние *ср;* **eine Datei als ~ speichern** сохраня́ть приложе́ние как файл [*или* в ви́де фа́йла] **4.** *(Geldanlage)* вложе́ние *ср*, помеще́ние *ср;* **~ von Geldern** вложе́ние средств **5.** TECH уст-

ро́йство *ср* 6. *(Begabung)* спосо́бность *ж*

Anlageberater(in) <-s, -> *m(f)* консульта́нт *м* по инвести́циям

Anlageberatung <-, -en> *f* консульта́ция *ж* по инвести́циям

Anlagefonds <-s, -s> *m* основны́е фо́нды *мн*

Anlageform <-, -en> *f* фо́рма *ж* капиталовложе́ния

Anlagegewinn <-(e)s, -e> *m* дохо́ды *мн* от капиталовложе́ний

Anlagegüter <-> *pl* основны́е сре́дства *мн*

anlageintensiv *adj* капиталоёмкий

Anlagenbau <-(e)s> *m* произво́дство *ср* промы́шленного обору́дования

Anlagenbewertung <-, -en> *f* сто́имостная оце́нка *ж* основны́х средств

Anlagenbuchhaltung <-, -en> *f* бухга́лтерский учёт *м* основны́х средств

Anlagespiegel <-s, -> *m* обзо́р *м* основны́х средств

Anlagetipp <-s, -s> *m* *подска́зка наибо́лее вы́годного помеще́ния капита́ла*

Anlagevermögen <-s, -> *nt* основны́е сре́дства *мн*

Anlass[RR] ['anlas, 'anlɛsə] <-es, Anlässe> *m*, **Anlaß**[Alt] *-lasses, -lässe* по́вод *м*; *(Ereignis)* собы́тие *ср*; **keinen ~ zu etw sehen** не ви́деть причи́ны для чего́-л.; **bei diesem ~** по э́тому по́воду

an|lassen <irr> I. *vt* 1. *(Motor)* заводи́ть, завести́ *св* 2. *(Kleidung)* остава́ться, -та́ться *св* в оде́жде 3. *(Licht)* не выключа́ть, вы́ключить *св* II. *vr* **etw lässt sich gut/schlecht an** что́-то идёт/не идёт на лад

Anlasser <-s, -> *m* KFZ ста́ртер *м*; **elektrischer ~** электри́ческий ста́ртер

anlässlich[RR] ['anlɛslɪç] *part*, **anläßlich**[Alt] *prp* + *gen* по по́воду

Anlauf <-(e)s, Anläufe> *m* 1. SPORT разбе́г *м*; **~ nehmen** с разбе́га 2. *(Versuch)* попы́тка *ж*; **im [*o* beim] ersten ~** с пе́рвой попы́тки

an|laufen <irr> *vi* 1. *(beginnen)* начина́ться, -ча́ться *св*; **rot ~** покрасне́ть 2. *(Metall)* тускне́ть, по- *св* 3. *(kommen)* прибежа́ть *св*, -бега́ть *нсв* 4. SPORT разбега́ться, -бежа́ться *св*

Anlaufphase <-, -n> *f* пусково́й пери́од *м*

an|legen I. *vt* 1. *(an etw legen)* прикла́дывать, приложи́ть *св* к груди́ 2. *(erstellen)* составля́ть, -ста́вить *св*; **ein Verzeichnis ~** составля́ть спи́сок 3. *(Schmuck)* надева́ть, -де́ть *св* 4. *(Vorrat)* запасти́сь *св* 5. *(Geld)* вкла́дывать, вложи́ть *св* 6. *(Garten)* разбива́ть, -би́ть *св* 7. *(Gewehr)* вски́нуть *св*, вски́дывать *нсв* II. *vi (Schiff)* прича́ливать, -лить *св*

Anleger(in) <-s, -> *m(f)* инве́стор *м*

Anlegestelle <-, -n> *f (für Boot)* при́стань *ж*, прича́л *м*

an|lehnen I. *vt* 1. *(an etw lehnen)* прислоня́ть, -ни́ть *св* 2. *(Tür)* притворя́ть, -ри́ть *св* II. *vr* прислоня́ться, -ни́ться *св*

Anleihe ['anlaɪə] <-, -n> *f* заём *м*; **unverzinsliche ~** беспроцентный заём; **kurzfristige ~** краткосрочный заём; **langfristige ~** долгосрочный заём; **eine ~ aufnehmen** брать ссу́ду

Anleihegeschäft <-(e)s, -e> *nt* ссу́дные [*или* заёмные] опера́ции *мн*

Anleiheinhaber <-s, -> *m* займодержа́тель *м*

Anleihekurs <-es, -e> *m* ссу́дный [*или* заёмный] курс *м*

Anleihenrückzahlung <-, -en> *f* погаше́ние *ср* за́йма

an|leimen *vt* прикле́ивать, -ить *св*

an|leiten *vt* руководи́ть *нсв*

Anleitung <-, -en> *f* указа́ние *ср*, руково́дство *ср*; **unter ~** под руково́дством

Anliegen <-s, -> *nt* жела́ние *ср*, про́сьба *ж*; **ein ~ haben** име́ть де́ло к кому́-л.

Anlieger(in) <-s, -> *m(f)* *живу́щий в до́ме/на уча́стке, прилега́ющем к доро́ге*; **Parken nur für ~** стоя́нка разрешена́ то́лько жи́телям да́нной у́лицы

an|locken *vt* привлека́ть, -ле́чь *св*

an|lügen *vt* лгать, солга́ть *св*

Anmache *f ohne pl sl* 1. *(Flirt)* флирт *м* 2. *(Anrede)* обраще́ние *ср*

an|machen *vt* 1. *(befestigen)* прикрепля́ть, -пи́ть *св* 2. *(Salat)* заправля́ть, -пра́вить *св* 3. *umg (Frau, Mann)* пристава́ть, -та́ть *св*, заи́грывать *нсв*

an|malen *vt* окра́шивать, окра́сить *св*

an|maßen ['anma:sən] *vr* **sich etw~** позволя́ть себе́ что-л.; **sich das Recht ~** присва́ивать себе́ пра́во; **jd maßt sich viel an** кто-л. мно́го на себя́ берёт

anmaßend ['anma:sənt] *adj* высокоме́рный, надме́нный

Anmaßung <-, -en> *f* высокоме́рие *ср*, де́рзость *ж*

an|meckern *vt umg* придира́ться, -дра́ться *св*

Anmeldeformular <-(e)s, -e> *nt* регистрацио́нный бланк *м*

an|melden I. *vt* объявля́ть, -ви́ть *св*; *(Ansprüche)* заявля́ть, -ви́ть *св*; **ein Patent ~** заявля́ть пате́нт; **Ansprüche ~** заявля́ть (прете́нзии, тре́бования на); **Waren beim Zoll ~** деклари́ровать това́р в тамо́жне; **den Konkurs ~** объяви́ть себя́ банкро́том II. *vr* пропи́сываться, -са́ться *св*; *(sich ankündigen)* сообщи́ть *св*, -ща́ть *нсв* о своём прибы́тии

anmeldepflichtig *adj* подлежа́щий регистра́ции

Anmeldung <-, -en> *f* 1. *(das Anmelden)*

прописка *ж* **2.** *(Schalter)* регистратура *ж*

an|merken *vt* **1.** *(notieren)* замечать, -метить *св;* **an dieser Stelle sollte man ~, dass ...** в этом месте необходимо заметить, что ... **2.** *(spüren)* замечать, -метить *св;* **man konnte ihm die Enttäuschung deutlich ~** разочарование было написано у него на лице; **sich nichts ~ lassen** не показывать виду

Anmerkung <-, -en> *f* **1.** *(Bemerkung)* замечание *ср* **2.** *(Fußnote)* сноска *ж*

an|motzen *vt umg* обругивать, обругать *св*

Anmut ['anmu:t] <-> *f* прелесть *ж,* изящество *ср*

anmutig *adj* прелестный

an|nähen ['annɛ:ɐnt] *vt* пришивать, -шить *св*

an|nähern **I.** *vt* подходить, подойти *св* **II.** *vr* **sich ~** приближаться, приблизиться *св*

annähernd **I.** *adv (fast)* почти, приблизительно **II.** *adj* приблизительный, примерный; **nicht ~** ничего похожего

Annäherung <-, -en> *f* приближение *ср,* сближение *ср*

Annäherungsprozess <-es, -e> *m* процесс *м* сближения

Annäherungsversuch <-(e)s, -e> *m* попытка *ж* сближения

Annahme ['anna:mə] <-, -n> *f* **1.** *(Entgegennahme)* приём *м;* **~ eines Angebotes** принятие предложения; **~ von Schmiergeldern** принятие взятки; **~ einer Rechnung** акцептирование счёта **2.** *(Vermutung)* предположение *ср;* **in der ~, dass ...** предполагая, что ...

Annahmeerklärung <-, -en> *f* JUR заявление *ср* о принятии

Annahmeschluss[RR] <-es> *m* окончание *ср* приёма

Annahmevermerk <-(e)s, -e> *m* отметка *ж* о принятии

Annahmeverweigerung <-, -en> *f* отказ *м*

Annalen [a'na:lən] <-> *pl* анналы *мн*

annehmbar *adj* приемлемый

an|nehmen <irr> **I.** *vt* **1.** *(entgegennehmen)* принимать, -нять *св* **2.** *(Gewohnheit)* брать, взять *св* в привычку **3.** *(vermuten)* предполагать, предположить *св;* **das kann ich doch nicht ~** я не могу принять это; **ich nehme an, dass ...** я предполагаю, что ... **II.** *vr* **sich jds ~** заботиться о ком-л.

Annehmlichkeit <-, -en> *f* удовольствие *ср,* удобство *ср*

annektieren [anɛk'ti:rən] *vt* аннексировать *(н)св*

Annektierung <-, -en> *f* аннексия *ж*

Annexion <-, -en> *f* аннексия *ж*

Annonce [a'nɔ̃:sə] <-, -n> *f* анонс *м,* объявление *ср*

annoncieren [anɔ̃'si:rən] *vi* помещать, -местить *св* объявление

Annuität <-, -en> *f* аннуитет *м*

annullieren [anʊ'li:rən] *vt* отменять, -нить *св,* аннулировать *(н)св;* **einen Vertrag ~** аннулировать договор

Anode [a'no:də] <-, -n> *f* анод *м*

an|öden ['anœ:dən] *vt umg* надоедать, -есть *св,* наскучивать, -чить *св*

anomal ['anoma:l] *adj* аномальный

Anomalie [anoma'li:] <-n> *f* аномалия *ж*

anonym [ano'ny:m] *adj* анонимный

anonymisieren *vt* устранять, -нить *св* личные данные

Anonymität [anonymi'tɛ:t] <-> *f* анонимность *ж*

Anorak ['anorak] <-s, -s> *m* спортивная куртка *ж*

an|ordnen *vt* **1.** *(ordnen)* располагать, -ложить *св;* **Fenster auf dem Bildschirm ~** упорядочить окна на экране **2.** *(befehlen)* приказывать, -зать *св*

Anordnung <-, -en> *f* расположение *ср; (Befehl)* распоряжение *ср,* приказание *ср*

anorganisch ['anɔrga:nɪʃ] *adj* неорганический

anormal ['anɔrma:l] *adj* ненормальный

an|packen *vt* схватить *св,* схватывать *нсв; fig* браться, взяться *св*

an|passen **I.** *vt* приспосабливать, -собить *св; (Kleider)* подгонять, -догнать *св* **II.** *vr* приспосабливаться, -собиться *св*

Anpassung <-, -en> *f* приспособление *ср,* адаптация *ж;* **~ der Löhne** выравнивание заработной платы

anpassungsfähig *adj* приспосабливающийся

Anpassungsvermögen <-s> *nt* приспособляемость *ж*

Anpfiff <-(e)s, -e> *m* **1.** SPORT свисток *м* к началу игры **2.** *umg (Rüge)* нагоняй *м*

Anpflanzung <-> *f* насаждение *ср*

an|pflaumen *vt umg* дразнить *нсв*

an|pöbeln *vt* грубить, на- *св*

an|prangern ['anpraŋɐn] *vt* клеймить, за- *св*

an|preisen <irr> *vt* расхваливать, -лить *св*

Anprobe <-, -n> *f* примерка *ж*

Anproberaum <-(e)s, -räume> *m* примерочная *ж*

an|probieren *vt* примерять, -мерить *св*

an|pumpen *vt* **jdn um 50 Euro ~** сшибить у кого-л. 50 евро

Anrainer <-s, -> *m österr (Anlieger)* владелец *м* соседнего участка

anrechenbar *adj* подлежащий учёту

an|rechnen *vt* **1.** *(in Anrechnung bringen)* засчитывать, -тать *св* **2.** *(zuschlagen)* начислять, -числить *св;* **Zinsen ~** начислять проценты; **jdm etw hoch ~** ставить что-л.

кому́-л. в заслу́гу

Anrechnung <-, -en> *f* зачисле́ние *ср,* зачёт *м*

Anrecht <-(e)s, -e> *nt* пра́во *ср*

Anrede <-, -n> *f* обраще́ние *ср*

an|reden *vt* загова́ривать, -вори́ть *св;* **jdn mit Vornamen ~** обрати́ться к кому́-л. по и́мени

an|regen *vt* **1.** *(zu etw bewegen)* побужда́ть, -буди́ть *св* **2.** *(Thema)* затра́гивать, -тро́нуть *св*

anregend *adj* возбужда́ющий; *(Gespräch)* увлека́тельный

Anregung <-, -en> *f* побужде́ние *ср,* толчо́к *м; (Vorschlag)* предложе́ние *ср,* инициати́ва *ж*

an|reichern ['ənraɪçern] *vt* обогаща́ть, -гати́ть *св*

Anreise <-, -n> *f* прие́зд *м,* зае́зд *м*

an|reisen *vi* приезжа́ть, -е́хать *св*

Anreiz <-es, -e> *m* побужде́ние *ср,* сти́мул *м;* **jdm einen ~ zu etw geben** побуди́ть кого́-л. к чему́-л.; **~e schaffen** стимули́ровать

an|rempeln *vt fam* толка́ть, толкну́ть *св,* ударя́ть, уда́рить *св,* задева́ть, заде́ть *св*

Anrichte ['anrɪçtə] <-, -n> *f* серва́нт *м*

an|richten *vt* **1.** *(Schaden)* причини́ть *св,* -ня́ть *нсв* **2.** *(Speisen)* гото́вить *нсв* к пода́че на стол

anrüchig ['anrʏçɪç] *adj* по́льзующийся дурно́й сла́вой

Anruf <-(e)s, -e> *m* **1.** *(Telefon~)* звоно́к *м* **2.** *(Zuruf)* о́клик *м*

Anrufbeantworter <-s, -> *m* автоотве́тчик *м*

an|rufen <irr> *vt (telefonisch)* звони́ть, по- *св*

an|rühren *vt* **1.** *(berühren)* дотра́гиваться, дотро́нуться *св* **2.** *(zu sich nehmen)* есть, съесть *св;* **du hast das Essen kaum angerührt** ты почти́ не прикосну́лся к еде́ **3.** *(Teig)* меси́ть, вы́месить *св*

Ansage ['anza:gə] <-, -n> *f* объявле́ние *ср*

an|sagen I. *vt* объявля́ть, -ви́ть *св* II. *vr* извеща́ть, -вести́ть *св*

Ansager(in) <-s, -> *m(f)* веду́щий *м,* веду́щая *ж*

Ansammlung <-, -en> *f* **1.** *(Anhäufung)* накопле́ние *ср* **2.** *(von Menschen)* скопле́ние *ср*

ansässig ['anzɛsɪç] *adj* ме́стный

Ansatz <-es, Ansätze> *m (Schicht)* налёт *м*

an|schaffen *vt* приобрета́ть, -рести́ *св*

Anschaffung <-, -en> *f* приобрете́ние *ср,* поку́пка *ж*

Anschaffungskosten *pl* изде́ржки *мн* на приобрете́ние

Anschaffungsnebenkosten *pl* накла́дные изде́ржки *мн* на приобрете́ние

an|schalten *vt* включа́ть, -чи́ть *св*

an|schauen *vt* смотре́ть, по- *св*

anschaulich *adj* нагля́дный

Anschaulichkeit <-> *f* нагля́дность *ж*

Anschauung <-, -en> *f* **1.** *(Betrachtungsweise)* взгляд *м* **2.** *(Meditation)* созерца́ние *ср;* **etw aus eigener ~ kennen** знать что-л. по со́бственному о́пыту

Anschein <-(e)s> *m* ви́димость *ж;* **dem [***o* **allem] ~ nach** по всей вероя́тности

anscheinend *adv* ви́димо

an|schieben <irr> *vt* придвига́ть, -ви́нуть *св*

Anschlag <-(e)s, Anschläge> *m* **1.** *(Attentat)* покуше́ние *ср* **2.** *(Aushang)* афи́ша *ж* **3.** *(auf Schreibmaschine, an Klavier)* уда́р *м* **4.** *(Endpunkt)* упо́р *м*

an|schlagen <irr> I. *vt* **1.** *(aushängen)* выве́шивать, вы́весить *св* **2.** *(Tasten)* ударя́ть, уда́рить *св* II. *vi (wirken)* де́йствовать, по- *св*

an|schleichen <irr> *vr* **sich ~** прокра́дываться, прокра́сться *св*

an|schleppen *vt (Auto)* подта́лкивать, -толкну́ть *св,* подта́скивать, -тащи́ть *св*

an|schließen <irr> I. *vt* **1.** *(Fahrrad)* запира́ть, -пере́ть *св* **2.** *(Elektrogerät)* подключа́ть, -чи́ть *св* II. *vr (zustimmen)* присоединя́ться, -ни́ться *св;* **sich der Mehrheit ~** присоедини́ться к большинству́

anschließend I. *adj* примыка́ющий; *(zeitlich)* после́дующий; *(folgend)* заключи́тельный II. *adv* всле́д; *(an + akk)* за

Anschluss[RR] <-es, Anschlüsse> *m,* **Anschluß**[Alt] <-schlusses, -schlüsse> *m* присоедине́ние *ср,* подключе́ние *ср; (Zugverbindung)* возмо́жность *ж* переса́дки; *(Kontakt)* подключе́ние *ср,* конта́кт *м;* **ich muss dann einen halben Tag auf einen ~ warten** мне тогда́ придётся полдня́ ждать переса́дки; **im ~ an** сра́зу же по́сле; **~ eines Druckers** подключе́ние при́нтера

Anschlussauftrag[RR] <-(e)s, -aufträge> *m* дополни́тельный зака́з *м*

Anschlusskabel[RR] <-s, -> *nt* соедини́тельный ка́бель *м*

anschmiegsam *adj (Kleid)* облега́ющий, прилега́ющий

an|schnallen I. *vr* пристёгиваться, -стегну́ться *св* II. *vt* пристёгивать, -стегну́ть *св* ремнём

an|schnauzen *vt umg* наора́ть *св*

an|schneiden <irr> *vt* **1.** *(in etw schneiden)* надреза́ть, -ре́зать *св* **2.** *(Thema)* затро́нуть *св,* -тра́гивать *нсв*

Anschovis <-> *f* анго́ус *м,* хамса́ *ж*

an|schreiben <irr> *vt* **1.** *(an Tafel)* запи́сывать, -са́ть *св* **2.** *(Schulden)* запи́сывать, -са́ть *св* в креди́т; **bei jdm gut/schlecht angeschrieben sein** быть у кого́-л. на хоро́шем/плохо́м счету́

an|schreien <irr> *vt* накрича́ть *св*

Anschrift <-, -en> *f* а́дрес *м*

an|schwärzen ['anʃvɛrtsən] *vt umg* черни́ть, очерни́ть *св,* клевета́ть, оклевета́ть *св*

an|schwellen <irr> *vi* **1.** *(Teig)* набуха́ть, -бу́хнуть *св* **2.** *(Lärm)* уси́ливаться, -литься *св*

Anschwellung <-, -en> *f* взду́тие *ср,* о́пухоль *ж,* отёк *м*

Anschwemmung <-> *f* нано́с *м*

an|schwindeln *vt umg* обма́нывать, -ну́ть *св,* надува́ть, -ду́ть *св*

an|sehen <irr> *vt* смотре́ть, по- *св,* осма́тривать, -мотре́ть *св;* **jdm etw ~** замеча́ть что-л. по кому́-л.

Ansehen <-s> *nt* авторите́т *м,* уваже́ние *ср;* **großes ~ genießen** по́льзоваться больши́м уваже́нием

ansehnlich ['anze:nlɪç] *adj* **1.** *(stattlich)* ви́дный **2.** *(beträchtlich)* значи́тельный

an|sein <irr> *vi umg (angeschaltet sein)* быть *нсв* включённым

an|setzen I. *vt* **1.** *(anfügen)* наса́живать, -сади́ть *св,* присоединя́ть, -ни́ть *св* **2.** *(Trinkgefäß)* подноси́ть, -нести́ *св* **3.** *(Termin)* устана́вливать, -нови́ть *св* **II.** *vi (beginnen)* начина́ть, -ча́ть *св*

Ansicht <-, -en> *f* взгля́д *м; (Meinung)* мне́ние *ср;* **meiner ~ nach** по моему́ мне́нию

Ansichtskarte <-, -n> *f* видова́я откры́тка *ж*

Ansichtssache *f* **das ist ~** э́то де́ло вку́са

ANSI-Tabelle <-> *f* табли́ца *ж* АНСИ

Anspannung <-, -en> *f* натяже́ние *ср*

Anspiel <-(e)s, -e> *nt* SPORT пода́ча *ж,* пас *м*

an|spielen I. *vi* намека́ть, -кну́ть *св; (auf + akk)* на **II.** *vt* SPORT пасова́ть *нсв*

Anspielung <-, -en> *f* намёк *м*

an|spitzen *vt* заостря́ть, заостри́ть *св;* **den Bleistift ~** очи́нивать каранда́ш

Ansporn ['anʃpɔrn] <-(e)s> *m* сти́мул *м,* побужде́ние *ср*

an|spornen *vt* **1.** *(Pferd)* пришпо́ривать, -рить *св* **2.** *(Person)* подстёгивать, -стегну́ть *св*

Ansprache <-, -n> *f (Rede)* обраще́ние *ср*

an|sprechen <irr> **I.** *vt* **1.** *(Person)* загова́ривать, -вори́ть *св;* **ich möchte Sie direkt ~** я хочу́ обрати́ться непосре́дственно к вам **2.** *(Thema)* обраща́ться, -рати́ться *св;* **das Thema wurde schon lange nicht mehr angesprochen** к э́той те́ме уже́ давно́ не обраща́лись **3.** *(gefallen)* нра́виться, по- *св* **II.** *vi* реаги́ровать, про- *св; (auf + akk)* на; **auf diese Medizin spricht er nicht an** э́то лека́рство на него́ не де́йствует

ansprechend *adj* привлека́тельный, прия́тный

Ansprechpartner <-s, -> *m* конта́ктное лицо́ *ср*

Ansprechzeit <-, -en> *f* TECH вре́мя *ср* реаги́рования

an|springen <irr> **I.** *vt (anfallen)* броса́ться, бро́ситься *св,* набра́сываться, -бро́ситься *св* **II.** *vi (Motor)* зарабо́тать *св*

Anspruch <-(e)s, Ansprüche> *m* **1.** *(Forderung)* притяза́ние *ср,* тре́бование *ср* **2.** *(Anrecht)* пра́во *ср;* **etw in ~ nehmen** воспо́льзоваться чем-л.; **auf etw ~ erheben** претендова́ть на что-л.; **Ansprüche stellen** быть тре́бовательным; **einen ~ anerkennen** признава́ть тре́бования

anspruchslos *adj* непритяза́тельный

anspruchsvoll *adj* взыска́тельный

an|spucken *vt* плева́ть, плю́нуть *св*

an|stacheln ['anʃtaxəln] *vt* побужда́ть, -буди́ть *св,* подстрека́ть, -стрекну́ть *св*

Anstalt ['anʃtalt] <-, -en> *f* учрежде́ние *ср*

Anstalten <-> *pl* **~ machen, etw zu tun** проти́виться де́лать, сде́лать *св* что-л.

Anstand ['anʃtant] <-(e)s> *m* прили́чие *ср*

anständig ['anʃtɛndɪç] *adj* прили́чный

Anständigkeit <-, -en> *f* прили́чие *ср,* поря́дочность *ж*

anstandshalber *adv* ра́ди прили́чия

anstandslos *adv* неме́дленно, безогово́рочно

an|starren *vt* уста́виться *св,* глазе́ть *нсв*

anstatt [an'ʃtat] **I.** *prp + gen* вме́сто, взаме́н **II.** *konj* **~ etw zu tun** вме́сто того́, что́бы что-л. сде́лать

an|stechen <irr> *vt* прока́лывать, -коло́ть *св,* нака́лывать, -коло́ть *св;* **ein Fass ~** начина́ть бо́чку вина́

an|stecken I. *vt* **1.** *(befestigen)* закрепи́ть, закрепля́ть *св* **2.** *reg (anzünden)* зажига́ть, заже́чь *св* **3.** *a. fig (infizieren)* заража́ть, зарази́ть *св* **II.** *vr* заража́ться, зарази́ться *св;* **ich habe mich bei ihr angesteckt** я зарази́лся от неё

ansteckend *adj* зара́зный

Ansteckung <-, -en> *f* зараже́ние *ср*

an|stehen <irr> *vi* стоя́ть *нсв* в о́череди

an|steigen <irr> *vi* **1.** *(Gelände)* поднима́ться, -ня́ться *св* **2.** *(wachsen)* возраста́ть, -расти́ *св*

anstelle [an'ʃtɛlə] *prp + gen* вме́сто

an|stellen I. *vt* **1.** *(anschalten)* включа́ть, -чи́ть *св* **2.** *(beschäftigen)* назнача́ть, назна́чить *св* **3.** *(Nachforschungen)* производи́ть, -вести́ *св* **4.** *(Maschine, Fernseher)* настра́ивать, настро́ить *св* **5.** *(anlehnen)* прислоня́ть, прислони́ть *св* **6.** *fam (fertig bringen)* де́лать, сде́лать *св* **7.** *fam (anrichten)* натвори́ть *св;* **was hast du da wieder angestellt?** что ты опя́ть натвори́л? **II.** *vr* **1.** *fam (sich verhalten)* вести́ себя́; **sich dumm anstellen** вести́ себя́ глу́по; **etw ~** *umg* натвори́ть что-л; **stell dich nicht so an** *umg* не валя́й дурака́ **2.** *(in einer Schlange)* встать в о́чередь

Anstellung <-, -en> *f* приём *м* на рабо́ту

Anstieg ['anʃti:k] <-(e)s, -e> *m* **1.** *(Erhöhung)* рост *м*, повыше́ние *ср* **2.** *(Steigen, Weg)* подъём *м*

an|stiften *vt* **jdn ~, etw zu tun** подстрека́ть кого́-л. к каки́м-л. де́йствиям

Anstifter(in) <-s, -; -nen> *m(f)* подстрека́тель *м*, подстрека́тельница *ж*

Anstiftung <-, -en> *f* подстрека́тельство *ср*

an|stimmen *vt (Lied)* запева́ть, -пе́ть *св*

Anstoß <-es, Anstöße> *m* **1.** *(das Anstoßen)* уда́р *м*, толчо́к *м* **2.** *(Antrieb)* по́вод *м*, толчо́к *м* **3.** SPORT пе́рвый уда́р *м* по мячу́; **an etw ~ nehmen** раздража́ться из-за чего́-л.

an|stoßen **I.** <irr> *vi* **1.** *(auf etw stoßen)* ударя́ться, уда́риться *св* **2.** SPORT нача́ть *св*, -чина́ть *нсв* **II.** *vt* толка́ть, -кну́ть *св*; **auf etw/jdn ~** пить за что-л./кого́-л.

anstößig ['anʃtœ:sɪç] *adj* предосуди́тельный

an|strahlen *vt* **1.** *(Lichtstrahlen an jdn richten)* освеща́ть, -вети́ть *св* **2.** *(Person)* смотре́ть, по- *св* сия́ющими глаза́ми

an|streben *vt* стреми́ться *нсв*

an|streichen <irr> *vt* **1.** *(mit Farbe)* кра́сить, по- *св* **2.** *(markieren)* отмеча́ть, -ме́тить *св*

Anstreicher(in) <-s, -> *m(f)* маля́р *м*

an|strengen ['anʃtrɛŋən] **I.** *vr* напряга́ться, -ря́чься *св* **II.** *vt* напряга́ть, -ря́чь *св*; *(Prozess)* возбужда́ть, -буди́ть *св*

anstrengend *adj* напряжённый, утоми́тельный

Anstrengung <-, -en> *f* уси́лие *ср*; *(Bemühung)* стара́ние *ср*

Anstrich <-(e)s, -e> *m* **1.** *(mit Farbe)* окра́ска *ж* **2.** *fig* вид *м*, ви́димость *ж*

an|stürmen *vi* налета́ть, -те́ть *св*

Ansuchen <-s, -> *nt (österr: Gesuch)* хода́тайство *ср*, про́сьба *ж*

Antagonismus <-, Antagonismen> *m geh* антагони́зм *м*

Antagonist [antago'nɪst] <-en, -en> *m geh* проти́вник *м*

Antarktis [ant'arktɪs] <-> *f* Анта́рктика *ж*

antarktisch *adj* антаркти́ческий

an|tasten *vt* **1.** *(berühren)* притра́гиваться, -ро́нуться *св* **2.** *fig* посяга́ть, -гну́ть *св*

Anteil <-(e)s, -e> *m* **1.** *(Quote)* часть *ж*, до́ля *ж* **2.** *(Beteiligung)* уча́стие *ср*; **an etw ~ nehmen** принима́ть уча́стие в чём-л.

anteilig ['antaɪlɪç] *adj (dem Anteil entsprechend)* по до́ле уча́стия

Anteilinhaber(in) <-s, -> *m(f)* па́йщик *м*, акционе́р *м*

Anteilnahme ['antaɪlna:mə] <-> *f* уча́стие *ср*

Anteilpapier <-(e)s, -e> *nt* це́нная бума́га *ж*

Anteilschein <-(e)s, -e> *m* це́нная бума́га *ж*

Antenne [an'tɛnə] <-, -n> *f* анте́нна *ж*

Anthologie <-, -en> *f* антоло́гия *ж*

Anthrazit [antra'tsi:t] <-s, -e> *m* антраци́т *м*

Anthropologe <-n, -n> *m*, **Anthropologin** *f* антропо́лог *м*

Anthropologie [antropolo'gi:] <-> *f* антрополо́гия *ж*

anthropologisch *adj* антропологи́ческий

Antiasthmatikum <-s, -asthmatika> *nt* сре́дство *ср* про́тив а́стмы

antiautoritär [anti?aʊtori'tɛ:ɐ̯] *adj* антиавторита́рный

Antibabypille [anti'be:bipɪlə] <-, -n> *f* противозача́точные табле́тки *жмн*

antibakteriell *adj* антибактериа́льный

Antibiotikum [antibi'o:tikʊm] <-s, Antibiotika> *nt* антибио́тик *м*

Antiblockiersystem <-(e)s, -e> *nt* антиблокиро́вочная систе́ма *ж*

Antifaltencreme *f* крем *м* для морщи́н

Antifaschismus [antifa'ʃismʊs] <-> *m* антифаши́зм *м*

Antifaschist(in) <-en, -en> *m(f)* антифаши́ст *м*

antifaschistisch *adj* антифаши́стский

antiinflationistisch *adj* антиинфляцио́нный

antik [an'ti:k] *adj* **1.** *(die Antike betreffend)* анти́чный **2.** *(alt)* стари́нный

Antike [an'ti:kə] <-> *f* анти́чность *ж*

Antiklopfmittel <-s, -> *nt* антидетона́тор *м*

Antikörper ['antikœrpɐ] <-s, -> *m* антите́ло *ср*

Antilope [anti'lo:pə] <-, -n> *f* антило́па *ж*

Antipathie [antipa'ti:] <-, -n> *f* антипа́тия *ж*

Antipode <-n, -n> *m* антипо́д *м*

Antiqua <-> *f* TYP анти́ква *ж*

Antiquar <-s> *m* антиква́р *м*

Antiquariat [antikvari'a:t] <-s, -e> *nt* букинисти́ческий магази́н *м*

antiquarisch [anti'kva:rɪʃ] *adj* антиква́рный

antiquiert *adj* устаре́лый

Antiquität [antikvi'tɛ:t] <-, -en> *f* антиква́рная вещь *ж*

Antiquitätengeschäft *nt* антиква́рный магази́н

Antiquitätenhandel <-s> *m* торго́вля *ж* антиквариа́том

Antiquitätenhändler <-s> *m* антиква́р *м*

Antiquitätenhandlung <-> *f* антиква́рный магази́н *м*

Antisemit <-en, -en> *m* антисеми́т *м*

antisemitisch *adj* антисеми́тский

Antisemitismus [antizemi'tɪsmʊs] <-> *m* антисемити́зм *м*

Antiseptikum <-s, -septika> *nt* антисепти́-

Antwort verweigern

• Antwort verweigern	• **Нежелание отвечать**
Sag ich nicht! *(fam)*	**Не скажу!** *(fam)*
Das kann ich dir (leider) nicht sagen. Dazu möchte ich nichts sagen. Ich möchte mich zu dieser Angelegenheit nicht äußern. *(form)*	**(К сожалению) Я не могу вам сказать.** **Я вообще не хочу говорить об этом.** **Я не хочу высказывать мнение по этому вопросу.**

ческое средство *ср*

antiseptisch [anti'zɛptɪʃ] *adj* антисепти́ческий

antistatisch *adj* антистати́ческий

Antiterroreinheit [anti'terorainhait] <-, -en> *f* антитеррористи́ческая операти́вная гру́ппа *ж*

Antithese <-, -n> *f geh* противопоставле́ние *ср*, антите́за *ж*

Antitranspirant <-s, -s> *nt* дезодора́нт *м*

Antivirenprogramm [anti'vi:rən-] <-(e)s, -e> *nt* DV антиви́русная програ́мма *ж*

antizipativ *adj* антиципати́вный

antizyklisch *adj* антицикли́ческий

Antlitz ['antlɪts] <-es> *nt geh* лицо́ *ср*

an|tönen *vt* 1. *(CH: andeuten)* намека́ть, -кну́ть *св* 2. *(skizzieren)* намеча́ть, -ме́тить *св*

Antonym <-s, -e> *nt* анто́ним *м*

an|törnen ['antœrnən] *vt umg* привлека́ть, -ле́чь *св* внима́ние

Antrag ['antra:k, 'antrɛ:gə] <-(e)s, Anträge> *m* 1. *(allgemein)* предложе́ние *ср* 2. *(Gesuch)* заявле́ние *ср*, ходата́йство *ср*; **einen ~ auf etw stellen** подава́ть заявле́ние на что-л.

Antragsformular <-s, -e> *nt* бла́нк *м* заявле́ния

Antragsteller ['antra:kʃtɛlɐ] <-s, -> *m* заяви́тель *м*, проси́тель *м*

Antragstellung <-, -en> *f* пода́ча *ж* заявле́ния

an|treffen <irr> *vt* застава́ть, -ста́ть *св*

an|treiben <irr> I. *vt* 1. *(Motor)* приводи́ть, -вести́ *св* в де́йствие 2. *(Mensch)* подгоня́ть *нсв*, -догна́ть *св* 3. *(Tier)* погоня́ть *нсв* II. *vi (herantreiben)* приноси́ть, -нести́ *св* тече́нием

an|treten <irr> I. *vt* 1. *(Amt)* приступа́ть, -тупи́ть *св* к рабо́те 2. *(Reise)* отправля́ться, -пра́виться *св* 3. *(Erbe)* вступа́ть, -пи́ть *св* II. *vi* 1. SPORT выступа́ть, вы́ступить *св*; *(gegen + akk)* про́тив 2. MIL стро́иться, по- *св*

Antrieb [an'tri:p, an'tri:bə] <-(e)s, -e> *m* при́вод *м*; *fig* побужде́ние *ср*, толчо́к *м*

Antriebsaggregat <-(e)s, -e> *nt* приво́д *м*

an|trinken <irr> *vt* отпи́ть *св*, -пива́ть *нсв*; **sich Mut ~** вы́пить для хра́брости

Antritt <-s, -e> *m* 1. *(einer Reise)* нача́ло *ср* 2. *(eines Amtes)* вступле́ние *ср* в до́лжность

Antrittsvorlesung <-, -en> *f* ле́кция *ж* по слу́чаю вступле́ния в до́лжность

an|tun <irr> I. *vt (zufügen)* **jdm** *dat* **etw ~** поднима́ть ру́ку на кого́-л., причини́ть что-л. кому́-л.; **sich** *dat* **etw ~** посягну́ть на свою́ жизнь; **tu mir das nicht an!** *fam* не причиня́й мне э́того!; **jdm/sich etw ~** причиня́ть кому́-л./себе́ что-л. II. *vi (Sympathie erregen)* очаро́вывать, очарова́ть *св*

Antwort ['antvɔrt] <-, -en> *f* отве́т *м*; **keine ~ bekommen** не получи́ть отве́та; **um ~ wird gebeten** про́сим отве́тить [*или* присла́ть отве́т]

antworten ['antvɔrtən] *vi* отвеча́ть, -ве́тить *св*

Antwortschreiben <-s, -> *nt* отве́тное письмо́ *ср*

Anus <-, -> *m* за́дний прохо́д *м*

an|vertrauen I. *vt* доверя́ть, -ве́рить *св*; **jdm etw ~** дове́рить кому́-л. что-л. II. *vr* доверя́ться, -ве́риться *св*

an|wachsen <irr> *vi* 1. *(sich vermehren)* прираста́ть, -сти́ *св* 2. *(größer werden)* возраста́ть, -сти́ *св*, увели́чиваться, -читься *св*

Anwalt ['anvalt, 'anvɛltə] <-s, Anwälte> *m*, **Anwältin** ['anvɛltɪn] *f* адвока́т *м*

Anwandlung <-, -en> *f* при́ступ *м*, припа́док *м*

Anwärter(in) <-s, -> *m(f)* претенде́нт(ка) *м(ж)*

Anwartschaft <-, -en> *f* 1. *(Kandidatur)* кандидату́ра *ж* 2. *(Rechtsanspruch)* прете́нзия *ж* 3. *(Aussichten)* ви́ды *мн*; **~ auf ein Amt** ви́ды на заня́тие до́лжности

an|weisen <irr> *vt (zuteilen)* предоставля́ть, -та́вить *св*; **jdn ~, etw zu tun** поруча́ть кому́-л. сде́лать что-л.

Anweisung <-, -en> *f* 1. *(Befehl)* распоряже́ние *ср*, приказа́ние *ср* 2. *(Zahlungs~)* перево́д *м* 3. *(Anleitung)* руково́дство *ср*

anwendbar *adj* примени́мый

an|wenden *vt* применя́ть, -ни́ть *св*

Anwender(in) <-s, -> *m(f)* по́льзователь(ница) *м(ж)*

Anwendersoftware <-> *f* прикладно́е програ́ммное обеспе́чение *ср*

Anwendung <-, -en> *f* 1. *(das Anwenden)* примене́ние *ср* 2. DV прикладна́я про-

A

гра́мма *ж* **3.** MED *(Kuranwendung)* физиотерапевти́ческая процеду́ра *ж*
Anwendungsbereich <-(e)s, -e> *m* о́бласть *ж* [*или* сфе́ра *ж*] примене́ния
an|werben <irr> *vt* вербова́ть, за- *св*
anwesend ['anve:zənt] *adj* прису́тствующий
Anwesenheit <-> *f* прису́тствие *ср*
an|widern ['anvi:dɐn] *vt* вызыва́ть, вы́звать *св* отвраще́ние
Anwohner(in) <-s, -> *m(f)* *живу́щий в непосре́дственной бли́зости от чего́-л.*
Anzahl <-> *f* число́ *ср*, коли́чество *ср*
an|zahlen *vt* упла́чивать, -лати́ть *св* пе́рвый взнос
Anzahlung <-, -en> *f* зада́ток *м*
an|zapfen *vt* **1.** *(Fass)* почина́ть, -ча́ть *св* бо́чку **2.** *umg* *(Telefon)* подключа́ться, -чи́ться *св*
Anzeichen <-s, -> *nt* при́знак *м*; **beim geringsten ~ von** при мале́йшем при́знаке чего́-л.
Anzeige ['antsaɪgə] <-, -n> *f* **1.** TECH индика́ция *ж*; **analoge ~** анало́говая индика́ция; **digitale ~** цифрова́я индика́ция **2.** JUR иск *м* **3.** *(Werbung)* объявле́ние *ср*, ано́нс *м*; **gegen jdn ~ erstatten** заяви́ть на кого́-л.; **eine ~ aufgeben** помеща́ть объявле́ние в газе́ту
an|zeigen *vt* официа́льно сообща́ть, -щи́ть *св*; JUR заявля́ть, -ви́ть *св*
Anzeigenwerbung <-, -en> *f* рубри́чная рекла́ма *ж*
Anzeiger <-s, -> *m* индика́тор *м*
an|zetteln *vt* замышля́ть, -мы́слить *св*
an|ziehen <irr> **I.** *vt* **1.** *(Person)* привлека́ть, -ле́чь *св* **2.** *(Kleidung)* одева́ть, оде́ть *св*; *(Beine)* обува́ть, обу́ть *св* **3.** *(Schraube)* подтя́гивать, -тяну́ть *св*, затя́гивать, затяну́ть *св* **4.** *(Anziehungskraft ausüben)* притя́гивать, притяну́ть *св* **II.** *vi* *(Preise)* поднима́ться, -ня́ться *св*, расти́, вы- *св*, увели́чиваться, увели́читься *св* **III.** *vr* одева́ться, оде́ться *св*
anziehend *adj* зама́нчивый, привлека́тельный
Anziehung <-, -en> *f* *(Reiz)* привлека́тельность *ж*
Anziehungskraft <-, -kräfte> *f* си́ла *ж* притяже́ния
Anzug <-(e)s, Anzüge> *m* костю́м *м*
anzüglich ['antsy:klɪç] *adj* ко́лкий; *(anstößig)* неприли́чный, двусмы́сленный
Anzüglichkeit <-, -en> *f* двусмы́сленность *ж*
an|zünden *vt* зажига́ть, -же́чь *св*
Anzünder <-s, -> *m* зажига́лка *ж*
an|zweifeln *vt* сомнева́ться *нсв*
AOK [a:ʔo:'ka:] *abk von* **Allgemeine Ortskrankenkasse** *о́бщая ме́стная больни́чно-страхова́я ка́сса*
Äolsharfe <-, -n> *f* эо́лова а́рфа *ж*
Aorta <-> *f* ао́рта *ж*
apart [a'part] *adj* изы́сканный, оригина́льный
Apartheid [a'pa:ɐthaɪt] <-> *f* апарте́йд *м*
Apartment [a'partmənt] <-s, -s> *nt* апартаме́нт *м*
Apathie [apa'ti:] <-, -n> *f* апа́тия *ж*
apathisch [a'pa:tɪʃ] *adj* апати́чный, безразли́чный
Apenninen *pl* Апенни́ны *мн*
Aperitif [aperi'ti:f] <-s, -s> *m* аперити́в *м*
Apfel ['apfəl, 'ɛpfəl] <-s, Äpfel> *m* я́блоко *ср*; **in den sauren ~ beißen** *fig* смири́ться с необходи́мостью
Apfelbaum <-(e)s, -bäume> *m* я́блоня *ж*
Apfelkuchen *m* пиро́г *м* из я́блок
Apfelmus <-es> *nt* я́блочное пюре́ *ср*
Apfelsaft <-(e)s, -säfte> *m* я́блочный сок *м*
Apfelsine [apfəl'zi:nə] <-, -n> *f* апельси́н *м*
Apfelstrudel <-s, -> *m* я́блочный стру́дель *м*

i Land & Leute

Apfelstrudel Яблочный пирог делается из слоев тонкого теста, предназначенного для пироженых, в которое заворачивают начинку, приготовленную из яблок, изюма и корицы.

Apfelwein <-(e)s, -e> *m* я́блочное вино́ *ср*
Aphorismus <-, Aphorismen> *m* афори́зм *м*
aphoristisch *adj* афористи́ческий
apodiktisch [apo'dɪktɪʃ] *adj* аподикти́ческий
Apokalypse [apoka'lʏpsə] <-> *f* апока́липсис *м*
Apologet <-en, -en> *m* апологе́т *м*
Apologie <-> *f* аполо́гия *ж*
Apostel [a'pɔstəl] <-s, -> *m* апо́стол *м*
apostolisch *adj* апо́стольский
Apostroph [apo'stro:f] <-s, -e> *m* апостро́ф *м*
Apotheke [apo'te:kə] <-, -n> *f* апте́ка *ж*
Apotheker(in) [apo'te:kɐ(ɪn)] <-s, -> *m(f)* апте́карь *м*
Apotheose <-> *f* **1.** REL обожествле́ние *ср* **2.** *fig* апофео́з *м*
Apparat [apa'ra:t] <-(e)s, -e> *m* прибо́р *м*; *a* TEL аппара́т *м*; **am ~!** у телефо́на!
Apparatur [apara'tu:ɐ̯] <-en> *f* аппарату́ра *ж*
Appartement [apartə'mɑ̃:] <-s, -s> *nt* кварти́ра *ж*
Appartementhaus <-es, -häuser> *nt* многокварти́рный дом *м*
Appell [a'pɛl] <-s, -e> *m* **1.** *(Aufruf)* призы́в

м, обраще́ние *ср* **2.** MIL перекли́чка *ж*
Appellation <-> *f* апелля́ция *ж*
appellieren [apɛ'liːrən] *vi* апелли́ровать *(н)св (an + akk)* к
Appendix <-> *m* **1.** *(Anhängsel)* приложе́ние *ср* **2.** ANAT аппе́ндикс *м*
Appetit [ape'tiːt] <-(e)s, *ohne pl*> *m* аппети́т *м*; **guten ~!** прия́тного аппети́та!; **du hast mir den ~ verdorben** у меня́ из-за́ тебя́ аппети́т пропа́л; **worauf hast du ~?** чего́ тебе́ хо́чется?
appetitlich *adj* **1.** *(lecker)* аппети́тный **2.** *fig* привлека́тельный
Appetitlosigkeit <-> *f* отсу́тствие *ср* аппети́та
Appetitzügler <-s, -> *m* MED медикаме́нт *м* для подавле́ния аппети́та
applaudieren [aplaʊ'diːrən] *vi* аплоди́ровать *нсв*
Applaus [a'plaʊs] <-es, -e> *m* аплодисме́нты *мн*
Applet <-s, -s> *nt* DV апле́т *м*
Applikation <-, -en> *f* DV *(Anwendung)* прикладна́я програ́мма *ж*
Appoint <-s, -s> *nt* ÖKON дополни́тельный взно́с *м*
Apport <-(e)s, -e> *m* апо́рт *м*
Apposition <-, -en> *f* LING приложе́ние *ср*
Appretur <-, -en> *f* аппрети́рование *ср*, отде́лка *ж*
Approbation <-, -en> *f* апроба́ция *ж*
Aprikose [apri'koːzə] <-, -n> *f* абрико́с *м*
April [a'prɪl] <-(s), -e> *m* апре́ль *м*; **jdn in den ~ schicken** подшути́ть над кем-л.
Aprilschauer <-s, -> *m* неожи́данный дождь *м*
Aprilscherz *m* апре́льская шу́тка *ж*
Aprilwetter <-s> *nt* переме́нчивая пого́да *ж*
apropos [apro'poː] *adv* кста́ти
Aquädukt [akvɛ'dʊkt] <-(e)s, -e> *m* акведу́к *м*
Aquamarin [akvama'riːn] *m* аквамари́н *м*
Aquaplaning [akva'plaːnɪŋ] <-s> *nt* KFZ аквапланиро́вание *ср*
Aquarell [akva'rɛl] <-s, -e> *nt* акваре́ль *ж*
Aquarellfarbe <-, -n> *f* акваре́льная кра́ска *ж*
Aquarellmaler <-s, -> *m* акварели́ст *м*
Aquarium [a'kvaːriʊm] <-s, Aquarien> *nt* аква́риум *м*
Äquator [ɛ'kvaːtoːɐ] <-(s)> *m* эква́тор *м*
äquatorial *adj* экваториа́льный
Äquivalent [ɛkviva'lɛnt] <-(e)s, -e> *nt* эквивале́нт *м*
Ar [aːɐ] <-s, -e> *nt o m* ар *м (100 кв. м.)*
Ära ['ɛːra] <-> *f* э́ра *ж*
Araber(in) ['arabɐ] <-s, -> *m(f)* ара́б(ка) *м(ж)*
arabisch *adj* ара́бский
Aralsee <-s> *m* Ара́льское мо́ре *ср*
Arbeit ['arbaɪt] <-, -en> *f* **1.** *(Tätigkeit)* труд *м*, рабо́та *ж*; *(Werk, Erzeugnis)* изде́лие *ср*; *(wissenschaftliche ~)* труд *м*; **ganze ~** *umg* добросо́вестная рабо́та; **geistige ~** у́мственный труд; **körperliche ~** физи́ческий труд; **kreative ~** тво́рческая рабо́та; **manuelle ~** ручно́й труд; **die ~ niederlegen** прекраща́ть рабо́ту; **~ vergeben** предоставля́ть рабо́ту; **sich an die ~ machen** приня́ться за рабо́ту; **viel/keine ~ haben** име́ть мно́го рабо́ты/сиде́ть без рабо́ты **2.** *(Mühe)* уси́лие *ср*, стара́ние *с* **3.** *(Schule, Uni: Prüfung)* контро́льная рабо́та; **eine ~ schreiben** писа́ть контро́льную рабо́ту
arbeiten ['arbaɪtən] *vi* рабо́тать *нсв*
Arbeiter(in) ['arbaɪtɐ] <-s, -> *m(f)* рабо́чий *м*, рабо́тница *ж*, рабо́тник *м*; **angelernter ~** малоквалифици́рованный рабо́чий
Arbeiterbewegung <-> *f* рабо́чее движе́ние *ср*
Arbeiterklasse <-> *f* рабо́чий класс *м*
Arbeiterpartei <-, -en> *f* рабо́чая па́ртия *ж*
Arbeiter-und-Bauern-Staat *m* рабо́че-крестья́нское госуда́рство *ср*
Arbeitgeber(in) ['arbaɪtgeːbɐ] <-s, -> *m(f)* работода́тель(ница) *м(ж)*
Arbeitgeberanteil <-s, -e> *m* взнос *м* работода́теля в социа́льное страхова́ние
Arbeitnehmer(in) ['arbaɪtneːmɐ] <-s, -> *m(f)* рабо́тающий *м*, рабо́тающая *ж* по на́йму, рабо́чий *м*, слу́жащий *м*
Arbeitnehmeranteil <-(e)s, -e> *m* взнос *м* рабо́тника в социа́льное страхова́ние
Arbeitnehmerfreibetrag <-(e)s, -beträge> *m* необлага́емый нало́гом ми́нимум *м*
Arbeitnehmerquote <-, -n> *f* кво́та *ж* рабо́тающих по на́йму
Arbeitnehmerverband <-(e)s, -verbände> *m* сою́з *м* [*или* профсою́з *м*] рабо́чих и слу́жащих
Arbeitnehmervertreter <-s, -> *m* представи́тель *м* рабо́чих и слу́жащих
Arbeitsablauf <-(e)s, -abläufe> *m* трудово́й проце́сс *м*; TECH технологи́ческий проце́сс *м*
Arbeitsablaufstudie <-, -n> *f* иссле́дование *ср* рабо́чего проце́сса
Arbeitsamt <-(e)s, -ämter> *nt* би́ржа *ж* труда́
Arbeitsangebot <-(e)s, -e> *nt* предложе́ние *ср* рабо́чей си́лы
Arbeitsatmosphäre <-> *f* рабо́чая атмосфе́ра *ж*
Arbeitsaufwand <-s> *m* трудовы́е затра́ты *мн*
Arbeitsausfallzeiten *pl* поте́ри *мн* рабо́чего вре́мени
Arbeitsbedingungen *pl* усло́вия *мн* труда́
Arbeitsbelastung <-, -en> *f* нагру́зка *ж*
Arbeitsbereich <-(e)s, -e> *m* сфе́ра *ж* де́-

ятельности

Arbeitsbereicherung <-, -en> *f* обогаще́ние *ср* содержа́ния трудово́й де́ятельности

Arbeitsbeschaffungsmaßnahmen <-> *pl* ме́ры *мн* по обеспече́нию за́нятости [*или* трудоустро́йства]

Arbeitsbescheinigung <-, -en> *f* спра́вка *ж* с ме́ста рабо́ты

Arbeitsbewilligung <-, -en> *f* ADMIN разреше́ние *ср* на трудову́ю де́ятельность

Arbeitsbiene <-, -n> *f* рабо́чая пчёла *ж*

Arbeitseinkommen <-s, -> *nt* за́работок *м*, дохо́д *м*

Arbeitseinsatz <-es> *m* рабо́та *ж*, уча́стие *ср* в рабо́те

Arbeitsentgelt <-(e)s, -e> *nt* пла́та *ж* за труд

arbeitsfähig *adj* трудоспосо́бный

Arbeitsfähigkeit <-> *f* работоспосо́бность *ж*

Arbeitsgang <-(e)s, -gänge> *m* произво́дственная опера́ция *ж*

Arbeitsgebiet <-(e)s, -e> *nt* сфе́ра *ж* де́ятельности

Arbeitsgemeinschaft <-, -en> *f* кружо́к *м*, рабо́чая гру́ппа *ж*

Arbeitsgericht <-(e)s, -e> *nt* трудово́й арбитра́ж *м*

Arbeitsgesetze <-> *pl* ко́декс *м* зако́нов о труде́

arbeitsintensiv *adj* трудоёмкий

Arbeitskampf <-(e)s> *m* забасто́вочная борьба́ *ж*

Arbeitskleidung *f* рабо́чая оде́жда, спецо́вка *ж*

Arbeitsklima <-s, -s> *nt* рабо́чая атмосфе́ра *ж*

Arbeitskraft <-, -kräfte> *f* **1.** *(Arbeiter)* рабо́чий *м* **2.** *(Leistung)* рабо́чая си́ла *ж*

Arbeitskräftemangel <-s> *m* нехва́тка *ж* рабо́чей си́лы

Arbeitskräftepotential <-(e)s, -e> *nt* трудовы́е ресу́рсы *мн*

Arbeitskreis <-es, -e> *m* рабо́чая гру́ппа *ж*

Arbeitslohn <-(e)s, -löhne> *m* зарпла́та *ж*, за́работная пла́та *ж*

arbeitslos *adj* безрабо́тный

Arbeitslose(r) <-n, -n> *f(m)* безрабо́тный *м*, безрабо́тная *ж*

Arbeitslosengeld <-es, -er> *nt* посо́бие *ср* по безрабо́тице

Arbeitslosenhilfe <-> *f* по́мощь *ж* по безрабо́тице

Arbeitslosenquote <-, -n> *f* кво́та *ж* безрабо́тных

Arbeitslosenunterstützung <-> *f* посо́бие *ср* по безрабо́тице

Arbeitslosenversicherung <-> *f* страхова́ние *ср* по безрабо́тице

Arbeitslosenzahl <-, -en> *f* число́ *ср* безрабо́тных

Arbeitslosigkeit <-> *f* безрабо́тица *ж*

Arbeitsmarkt <-es, -märkte> *m* ры́нок *м* труда́

Arbeitsmittel <-s, -> *nt* сре́дство *ср* труда́

Arbeitsniederlegung <-, -en> *f* забасто́вка *ж*

Arbeitsnormalzeit <-, -en> *f* но́рма *ж* рабо́чего вре́мени

Arbeitsorganisation <-> *f* организа́ция *ж* труда́

Arbeitsplatz <-es, -plätze> *m* рабо́чее ме́сто *ср;* **gesicherter ~** гаранти́рованное рабо́чее ме́сто; **Arbeitsplätze erhalten** сохраня́ть рабо́чие места́; **neue Arbeitsplätze schaffen** создава́ть но́вые рабо́чие места́

Arbeitsplatzbeschreibung <-, -en> *f* описа́ние *ср* рабо́чего ме́ста

Arbeitsplatzsicherung <-, -en> *f* обеспе́чение *ср* рабо́чего ме́ста

Arbeitsproduktivität <-> *f* производи́тельность *ж* труда́

Arbeitsrecht <-(e)s> *nt* трудово́е пра́во *ср*

Arbeitsschutz <-es> *m* охра́на *ж* труда́

Arbeitsschutzbestimmungen *pl* положе́ния *мн* об охра́не труда́

Arbeitsschutzvorschriften *pl* инстру́кции *мн* по охране труда́

Arbeitsspeicher <-s, -> *m* DV операти́вная па́мять *ж*

Arbeitssprache <-, -n> *f* рабо́чий язы́к *м*

Arbeitssuchende(r) <-n, -n> *f(m)* и́щущий *м* рабо́ту

Arbeitstag <-(e)s, -e> *m* рабо́чий день *м*

Arbeitsteilung <-, -en> *f* разделе́ние *ср* труда́

Arbeitstier <-(e)s, -e> *nt* рабо́чее живо́тное *ср; fig* ло́шадь *ж*

Arbeitsuche <-> *f* по́иски *ммн* рабо́ты

arbeitsunfähig *adj* нетрудоспосо́бный

Arbeitsunfähigkeit <-> *f* неработоспосо́бность *ж*

Arbeitsunfall <-(e)s, -unfälle> *m* произво́дственная тра́вма *ж*

Arbeitsverhältnis <-es, -se> *nt* отноше́ния *мн*, вытека́ющие из трудово́го догово́ра; **befristetes ~** рабо́та по на́йму, ограни́ченная сро́ком; **dauerhaftes ~** рабо́та по на́йму, не ограни́ченная сро́ком

Arbeitsvermittlung *f* бюро́ *ср* для безрабо́тных

Arbeitsvertrag <-(e)s, -verträge> *m* трудово́й догово́р *м*

Arbeitsvorbereitung <-, -en> *f* подгото́вка *ж* произво́дства

Arbeitszeit <-, -en> *f* рабо́чее вре́мя *ср;* **geregelte ~** устано́вленное рабо́чее вре́-

A

Ärger ausdrücken

• Unzufriedenheit ausdrücken	• **Выражение неудовлетворения**
Das entspricht nicht meinen Erwartungen.	**Это не отвечает моим ожиданиям. / Против моих ожиданий.**
Ich hätte erwartet, dass Sie sich nun mehr Mühe geben.	**Я рассчитывал / надеялся,** что вы будете больше стараться.
So hatten wir es nicht vereinbart.	**Мы не об этом договаривались.**
• Verärgerung ausdrücken	• **Выражение досады**
Das ist (ja) unerhört!	**Это (в самом деле) возмутительно!**
Eine Unverschämtheit ist das! / So eine Frechheit!	**Это возмутительно! / Что за нахальство!**
Das ist doch wohl die Höhe!	**Это переходит все границы!**
Das darf doch wohl nicht wahr sein!	**Этого не может быть!**
Das nervt! *(fam)*	**Это раздражает. / надоедает.**
Das ist ja nicht mehr zum Aushalten! *(fam)*	**Это становится невыносимым!**

мя; **gleitende ~** скользя́щий гра́фик

Arbeitszeitverkürzung <-, -en> *f* сокраще́ние *ср* рабо́чего дня

Arbeitszeugnis <-es, -se> *nt* трудова́я кни́жка *ж*

Arbitrage <-, -n> *f* арбитра́ж *м*

Arbitragegeschäft <-(e)s, -e> *nt* арбитра́жная сде́лка *ж*

arbiträr *adj geh* произво́льный

archaisch [ar'ça:ɪʃ] *adj* архаи́чный

Archäologe [arçɛo'lo:gə] <-n, -n> *m*, **Archäologin** *f* архео́лог *м*

Archäologie [arçɛolo'gi:] <-> *f* археоло́гия *ж*

archäologisch *adj* археологи́ческий

Arche ['arçə] <-n> *f* ковче́г *м*; **die ~ Noah** Но́ев ковче́г

Architekt(in) [arçi'tɛkt] <-en, -en> *m(f)* архите́ктор *м*

Architektur [arçitɛk'tu:ɐ̯] <-, -en> *f* архитекту́ра *ж*

Archiv [ar'çi:f] <-s, -e> *nt* архи́в *м*

archivieren *vt* архиви́ровать, заархиви́ровать *св*, запи́сывать, записа́ть *св*

Arena [a're:na, a're:nən] <-> *f* аре́на *ж*

arg [ark] *adj (schlimm)* плохо́й

Argentinien [argɛn'ti:niən] <-s> *nt* Аргенти́на *ж*

Argentinier(in) <-s, -> *m(f)* аргенти́нец *м*, аргенти́нка *ж*

argentinisch *adj* аргенти́нский

Ärger ['ɛrgɐ] <-s> *m* **1.** *(Zorn)* гнев *м*, злость *ж* **2.** *(Scherereien)* неприя́тности *мн*; **mit jdm/etw ~ haben** име́ть с ке́м-л./чем-л. неприя́тности; **ich habe ~ bekommen** у меня́ неприя́тности

ärgerlich *adj* **1.** *(zornig)* серди́тый **2.** *(lästig)* неприя́тный

ärgern ['ɛrgɐn] **I.** *vt (Person)* зли́ть, разо- *св* **II.** *vr* серди́ться, рас- *св*

Ärgernis <-ses, -se> *nt* **öffentliches ~ erregen** вызыва́ть обще́ственное недово́льство

Arglist ['arklɪst] *f ohne pl* **1.** *geh (Heimtücke)* кова́рство *ср*; *(Hinterlist)* лука́вство *ср* **2.** JUR злой у́мысел

arglistig *adj* **1.** *(gemein, verschlagen)* лука́вый, кова́рный **2.** JUR злоумы́шленный

arglos *adj* **1.** *(nichtsahnend)* простоду́шный **2.** *(harmlos)* безоби́дный

Argument [argu'mɛnt] <-(e)s, -e> *nt* аргуме́нт *м*

Argumentation [argumɛnta'tsjo:n] <-, -en> *f* аргумента́ция *ж*

argumentieren [argumɛn'ti:rən] *vi* аргументи́ровать *(н)св*

Argwohn ['arkvo:n] <-(e)s> *m* подозре́ние *ср*, недове́рие *ср*

argwöhnisch *adj* подозри́тельный, недове́рчивый

Arie ['a:riə] <-, -n> *f* а́рия *ж*

Aristokrat(in) [arɪsto'kra:t] <-en, -en> *m(f)* аристокра́т(ка) *м(ж)*

Aristokratie [arɪstokra'ti:] <-, -n> *f* аристокра́тия *ж*

aristokratisch *adj* аристократи́ческий

Arithmetik [arɪt'me:tɪk] <-> *f* арифме́тика *ж*

arithmetisch *adj* арифмети́ческий

Arktis ['arktɪs] <-> *f* А́рктика *ж*

arktisch *adj* аркти́ческий

arm [arm] *adj* **1.** *(mittellos)* бе́дный **2.** *(bedauernswert)* бе́дный, несча́стный

Arm [arm] <-(e)s, -e> *m* **1.** *(Körperteil)* рука́ *ж*; **jdm unter die Arme greifen** *fam* помо́чь кому́-л.; **jdn mit offenen Armen aufnehmen** приня́ть кого́-л. с откры́тыми объя́тиями; **jdn auf den ~ nehmen** подшути́ть над ке́м-л. **2.** TECH рыча́г *м* **3.** *(Ärmel, a. eines Flusses)* рука́в *м*

Armatur <-, -en> *f* армату́ра *ж*

Armaturenbrett <-(e)s, -er> *nt* прибо́рная доска́ *ж*

Armband <-(e)sð -bander> *nt* браслéт *м*
Armbanduhr <-, -en> *f* нарýчные часы́ *мн*
Arme(r) <-n, -n> *f(m)* бедня́к *м,* бедня́чка *ж*
Armee [ar'meː, ar'meːən] <-, -n> *f* áрмия *ж*
Armeechef <-s, -s> *m* комáндующий *м* áрмией
Ärmel ['ɛrməl] <-s, -> *m* рукáв *м;* **die ~ hochkrempeln** засучи́ть рукавá
Ärmelkanal <-s> *m* проли́в *м* Ла-Мáнш
ärmellos *adj* безрукáвный
Armenhaus *nt* дом *м* для бéдных
Armenien [ar'meːniən] <-s> *nt* Армéния *ж*
Armenier(in) <-s, -> *m(f)* армяни́н *м,* армя́нка *ж*
armenisch *adj* армя́нский
Armlehne <-, -n> *f (an Sitz)* подлокóтник *м,* рýчка *ж* крéсла
Armleuchter *m* **1.** *(Kerzenhalter)* подсвéчник *м,* канделя́бр *м* **2.** *fam, abw (Dummkopf)* тупи́ца *м*
ärmlich ['ɛrmlɪç] *adj* бéдный
Armreif <-(e)s, -e> *m* браслéт *м*
armselig ['armseːlɪç] *adj* убóгий
Armstütze <-, -n> *f (an Sitz)* подлокóтник *м*
Armut ['armuːt] <-> *f* бéдность *ж*
Armutsgrenze *f* порóг *м* бéдности
Armutszeugnis <-ses, -se> *nt* свидéтельство *ср* о бéдности; **sich ein ~ ausstellen** расписáться в своéй несостоя́тельности
Aroma [a'roːma, a'roːmas, a'roːmən, a'roːmata] <-s, Aromen> *nt* арóмат *м*
Aromastoff <-(e)s, -e> *m* ароматúческое веществó *ср*
Aromatherapie <-> *f* аромотерапи́я *ж*
aromatisch [aro'maːtɪʃ] *adj* аромáтный
aromatisieren *vt* CHEM ароматизи́ровать *нсв*
Arrangement <-s, -s> *nt (Übereinkommen)* соглашéние *ср,* договóр *м*
arrangieren **I.** *vt* **1.** *(gestalten)* оформля́ть, офóрмить *св* **2.** *(bewerkstelligen)* устрáивать, -рóить *св* **II.** *vr* договори́ться *св,* -вáриваться *нсв* *(mit + dat)* с
Array <-s, -s> *m* DV масси́в *м*
Arrest [a'rɛst] <-(e)s, -e> *m* арéст *м;* **unter ~ stehen** находи́ться под арéстом
arrogant [aro'gant] *adj* надмéнный, высокомéрный
Arroganz <-> *f* надмéнность *ж,* высокомéрие *ср*
Arsch [arʃ, 'ɛrʃə] <-es, Ärsche> *m vulg* жóпа *ж*
Arsenal [arze'naːl] <-s, -e> *nt* арсенáл *м*
Art [art] <-, -en> *f* **1.** *(Weise)* спóсоб *м,* манéра *ж* **2.** *(Sorte)* сорт *м* **3.** BIO вид *м;* **von der ~** подóбный; **die ~ und Weise** спóсоб; **nach Wiener ~** по-вéнски
Art. *abk von* **Artikel**
Artenvielfalt <-> *f* многообрáзие *ср*
Arterie [ar'teːriə] <-, -n> *f* артéрия *ж*
Arterienverkalkung <-> *f* артериосклерóз *м*
artesisch *adj* артезиáнский; **~er Brunnen** артезиáнский колóдец *м*
arthritisch *adj* артрити́ческий
artifiziell *adj* искýсственный
artig ['artɪç] *adj* послýшный
Artikel [ar'tiːkəl, ar'tɪkəl] <-s, -> *m* **1.** *(Text)* статья́ *ж* **2.** *(Ware)* товáр *м,* арти́кул *м* **3.** LING арти́кль *м*
Artikelnummer <-, -n> *f* товáрный нóмер *м*
Artikulation <-en> *f* артикуля́ция *ж*
artikulieren [artiku'liːrən] **I.** *vt* произноси́ть, -нести́ *св* членораздéльно **II.** *vr* выражáться, вы́разиться *св*
Artillerie [artɪlə'riː] <-n> *m* MIL артиллéрия *ж*
Artischocke [arti'ʃɔkə] <-, -n> *f* артишóк *м*
Artist(in) [ar'tɪst] <-en, -en> *m* арти́ст(ка) *м (ж)*
artistisch *adj* акробати́ческий
Arznei [arts'naɪ] <-, -en> *f* лекáрство *ср*
Arzneikunde <-> *f* фармаколóгия *ж*
Arzneimittel <-s, -> *nt* лекáрство *ср,* медикамéнт *м*
Arzneipflanze <-> *f* лекáрственное растéние *ср*
Arzt [artst, 'ɛrtstə] <-es, Ärzte> *m* врач *м и ж*
Arzthelferin <-, -nen> *f сотрýдница чáстной врачéбной прáктики, помогáющая врачу и ведýщая регистрáцию больны́х*
Ärztin ['ɛrtstɪn] <-, -nen> *f* врач *м и ж;* **sie ist eine gute ~** онá хорóший врач
ärztlich ['ɛːɐ̯t͜slɪç] *adj* врачéбный
Arztpraxis *f* приёмный кабинéт чáстного дóктора
Asbest [as'bɛst] <-(e)s, -e> *m* асбéст *м*
aschblond *adj* пéпельно-рýсый
Asche ['aʃə] <-, -n> *f* пéпел *м*
Aschenbahn <-, -en> *f* гáревая дорóжка *ж*
Aschenbecher <-s, -> *m* пéпельница *ж*
Aschenbrödel ['aʃənbrœːdəl] <-s, -> *nt* Зóлушка *ж*
Aschenputtel ['aʃənpʊtəl] <-s, -> *nt* Зóлушка *ж*
Aschermittwoch [aʃɐ'mɪtvɔx] <-s> *m пéрвая средá от начáла вели́кого постá*
aschgrau *adj* пéпельно-сéрый
ASCII-Format <-(e)s> *nt* DV формáт *м* АСЦИИ
ASCII-Tabelle <-> *f* DV табли́ца *ж* АСЦИИ
Aserbaidschan <-s> *m* Азербайджáн *м*
aserbaidschanisch *adj* азербайджáнский
Asiat(in) [a'ziaːt] <-en, -en> *m(f)* азиáт(ка) *м (ж)*

asiatisch *adj* азиа́тский
Asien ['aːziən] <-s> *nt* А́зия *ж*
Askese [as'keːzə] <-> *f* аскети́зм *м*
Asket(in) [as'keːt] <-en, -en> *m(f)* аске́т *м*
asketisch *adj* аскети́ческий
Äskulapstab <-(e)s> *m* же́зл *м* Эскула́па
Asowsches Meer *nt* Азо́вское мо́ре *ср*
asozial ['azotsiaːl] *adj* асоциа́льный
Aspekt [as'pɛkt] <-(e)s, -e> *m* аспе́кт *м;* LING вид *м*
Asphalt [as'falt] <-s, -e> *m* асфа́льт *м*
asphaltieren [asfal'tiːrən] *vt* асфальти́ровать *(н)св,* за- *св*
Aspirant(in) <-en, -en> *m(f)* кандида́т *м,* претенде́нт *м* на каку́ю-л. до́лжность
Aspiration <-> *f* LING придыха́ние *ср*
aspiriert *adj* LING придыха́тельный
Aspirin® [aspi'riːn] <-s, -> *nt* аспири́н *м*
aß [aːs] *prät von* **essen**
Ass[RR] [as] <-es, -e> *nt,* **As**[Alt] [as] <-ses, -se> *nt* **1.** *(Kartenspiel)* туз *м* **2.** *umg (Könner)* ас *м,* ма́стер *м*
Assekuranz <-, -en> *f* страхова́ние *ср*
Assembler <-s, -> *m* DV сбо́рщик *м*
Assessment Center <-s, -s> *nt* ме́тод *м* отбо́ра руководя́щих ка́дров
Assimilation <-en> *f geh a.* BIOL ассимиля́ция *ж*
Assistent(in) [asɪs'tɛnt] <-en, -en> *m(f)* ассисте́нт(ка) *м(ж)*
assistieren [asɪs'tiːrən] *vi* ассисти́ровать *нсв,* помога́ть, помо́чь *св*
Assoziation [asotsia'tsjoːn] <-, -en> *f* ассоциа́ция *ж*
assoziativ *adj* ассоциати́вный
assoziieren *vt* ассоции́ровать *(н)св;* **etw mit etw ~** ассоции́ровать что-л. с чем-л.
Assoziierung <-, -en> *f* ассоциа́ция *ж*
Assoziierungsvertrag <-(e)s, -verträge> *m* догово́р *м* об ассоциа́ции
Ast [ast, 'ɛstə] <-es, Äste> *m* сук *м,* ве́тка *ж*
ASTA ['asta] *abk von* **Allgemeiner Studentenausschuss** О́бщий сове́т студе́нтов
Aster ['astɐ] <-, -n> *f* а́стра *ж*
Ästhetik [ɛs'teːtɪk] <-> *f* эсте́тика *ж*
ästhetisch *adj* эстети́ческий; *(schön)* краси́вый, эстети́чный
Asthma ['astma] <-(s)> *nt* а́стма *ж*
Asthmatiker(in) [ast'maːtikɐ] <-s, -> *m(f)* астма́тик *м*
astrein *adj umg* безупре́чный
Astrologe [astro'loːgə] <-n, -n> *m,* **Astrologin** *f* астро́лог *м*
Astrologie [astrolo'giː] <-> *f* астроло́гия *ж*
Astronaut(in) [astro'naʊt] <-en, -en> *m(f)* астрона́вт *м*
Astronom(in) [astro'noːm] <-en, -en> *m(f)* астроно́м *м*
Astronomie [astrono'mi] <-> *f* астроно́мия *ж*
ASU *abk von* **Abgassonderuntersuchung** *ана́лиз выхлопны́х га́зов*
ASU-Plakette <-, -n> *f* KFZ *значо́к ана́лиза выхлопны́х га́зов*
Asyl [a'zyːl] <-s, -e> *nt* убе́жище *ср; (Heim)* прию́т *м,* ночле́жка *ж;* **~ beantragen** подава́ть проше́ние о предоставле́нии убе́жища; **~ gewähren** предоста́вить убе́жище
Asylant(in) [azy'lant] <-en, -en> *m(f)* бе́женец *м,* бе́женка *ж*
Asylbewerber(in) <-s, -> *m(f) пода́вший заявле́ние на предоставле́ние убе́жища*
Asylpolitik <-> *f* поли́тика *ж* по предоставле́нию бе́женцам полити́ческого убе́жища
Asylrecht <-(e)s> *nt* пра́во *ср* на убе́жище
asymmetrisch ['azymeːtrɪʃ] *adj* ассиметри́чный
Asymptote <-, -n> *f* MATH асимпто́та *ж*
A.T. *abk von* **Altes Testament** Ве́тхий заве́т *м*
Atavismus <-, Atavismen> *m* BIO атави́зм *м*
Atelier [atə'ljeː] <-s, -s> *nt* ателье́ *ср*
Atem ['aːtəm] <-s> *m* дыха́ние *ср;* **~ holen** перевести́ дух; **außer ~ sein** запы́хаться; **den ~ anhalten** затаи́ть дыха́ние; **den ~ verschlagen** захва́тывать дух; **das verschlägt mir den ~** у меня́ от э́того дух захва́тывает
atemberaubend *adj* захва́тывающий дух
atemlos *adj* **1.** *(vor Anstrengung)* запыха́вшийся **2.** *(gespannt)* напряжённый
Atempause <-, -n> *f* передышка *ж*
Atemstillstand *m* остано́вка *ж*/прекраще́ние *ср* дыха́ния
Atemwege *pl* дыха́тельные пути́ *мн*
Atemzug <-(e)s, -züge> *m* вдох *м*
Atheismus [ate'ɪsmʊs] <-> *m* атеи́зм *м*
Atheist(in) [ate'ɪst] <-en, -en> *m(f)* атеи́ст(ка) *м(ж)*
atheistisch *adj* атеисти́ческий
Athen [a'teːn] *nt* Афи́ны *мн*
Äther ['ɛːtɐ] <-(s)> *m* эфи́р *м*
Äthiopien [ɛti'oːpiən] <-s> *nt* Эфио́пия *ж*
Äthiopier(in) <-s, -> *m(f)* эфио́п *м,* эфио́пка *ж*
äthiopisch *adj* эфио́пский
Athlet(in) [at'leːt] <-en, -en> *m(f)* атле́т *м*
athletisch *adj* атлети́ческий
Athrophie <-, -en> *f* атрофи́я *ж*
Atlantik [at'lantɪk] <-s> *m* Атланти́ческий океа́н *м*
atlantisch *adj* атланти́ческий; **der Atlantische Ozean** Атланти́ческий океа́н *м*
Atlas ['atlas, at'lantən] <-ses, Atlanten> *m* географи́ческий а́тлас *м*
atmen ['aːtmən] **I.** *vi* дыша́ть *нсв* **II.** *vt* вдыха́ть, вдохну́ть *св*
Atmosphäre [atmo'sfɛːrə] <-> *f* **1.** *(Erd~)* ат-

мосфе́ра *ж* **2.** *(Stimmung)* атмосфе́ра *ж,* обстано́вка *ж*

Atmung ['a:tmʊŋ] <-> *f* дыха́ние *ср*

Atmungsorgane <-> *pl* о́рганы *ммн* дыха́ния

Ätna ['ɛ:tna] <-s> *m* (вулка́н *м*) Э́тна

Atoll [a'tɔl] <-s, -e> *nt* ато́лл *м*

Atom [a'to:m] <-s, -e> *nt* а́том *м*

atomar [ato'ma:ɐ] *adj* а́томный

Atombombe <-, -n> *f* а́томная бо́мба *ж*

Atomenergie <-> *f* а́томная эне́ргия *ж*

Atomexplosion *f* а́томный взрыв *м*

Atomkraft <-> *f* а́томная эне́ргия *ж*

Atomkraftwerk <-(e)s, -e> *nt* а́томная электроста́нция *ж*

Atomkrieg <-(e)s, -e> *m* а́томная война́ *ж*

Atommeiler <-s, -> *m* а́томная электроста́нция *ж*

Atommüll <-s> *m* радиоакти́вные отхо́ды *мн*

Atomphysik <-> *f* я́дерная фи́зика *ж*

Atomrakete <-, -n> *f* раке́та *ж* с я́дерной боеголо́вкой

Atomreaktor <-s, -en> *m* а́томный реа́ктор *м*

Atomspaltung *f* PHYS деле́ние *ср*/распа́д *м* а́тома

Atomsperrvertrag <-(e)s> *m* догово́р *м* об ограниче́нии и нераспростране́нии а́томного ору́жия

Atomsprengkopf <-es, -köpfe> *m* я́дерная боеголо́вка *ж*

Atom-U-Boot <-(e)s, -e> *nt* а́томная подво́дная ло́дка *ж*

Atomuhr <-, -en> *f* а́томные часы́ *ммн*

Atomwaffe <-, -n> *f* а́томное ору́жие *ср*

atomwaffenfrei *adj* безъя́дерный; **~e Zone** безъя́дерная зо́на

Atomzeitalter <-s> *nt* а́томный век *м*

atonal *adj* атона́льный

Attachékoffer <-s, -> *m* диплома́т *м*

Attacke [a'takə] <-, -n> *f* ата́ка *ж*

attackieren *vt* атакова́ть *(н)св*

Attentat ['atənta:t] <-(e)s, -e> *nt* покуше́ние *ср;* **ein ~ auf jdn verüben** соверши́ть покуше́ние на кого́-л.

Attentäter(in) ['atəntɛ:tɐ] <-s, -> *m(f)* соверши́вший *м*, соверши́вшая *ж* покуше́ние

Attest [a'tɛst] <-(e)s, -e> *nt* свиде́тельство *ср*

attestieren *vt* свиде́тельствовать, за- *св*

Attraktion [atrak'ts̮i̯o:n] <-, -en> *f* **1.** *(Reiz)* привлека́тельность *ж* **2.** *(Sehenswürdigkeit)* достопримеча́тельность *ж*

attraktiv [atrak'ti:f] *adj* эффе́ктный; *(reizvoll)* привлека́тельный

Attrappe [a'trapə] <-, -n> *f* бутафо́рия *ж*

Attribut [atri'bu:t] <-(e)s, -e> *nt* сво́йство *ср;* LING определе́ние *ср*

attributiv [atribu'ti:f] *adj* LING аттрибути́вный, определи́тельный

ätzen ['ɛtsən] *vi* трави́ть, вы́- *св*

ätzend *adj* **1.** *(Substanz)* е́дкий **2.** *umg (übel)* отврати́тельный, проти́вный

au [aʊ] *interj* **1.** *(Schmerz)* ой! **2.** *(Begeisterung)* ура́!

aua ['aʊa] *interj* ой!

Aubergine [obɛr'ʒi:nə] <-, -n> *f* баклажа́н *м*

auch [aʊx] *adv* **1.** *(ebenso)* та́кже, то́же, и; **ich ~** и я, я то́же; **~ das noch!** э́того ещё не хвата́ло! **2.** *(sogar, selbst)* да́же; **~ wenn es regnen sollte** да́же е́сли пойдёт дождь **3.** *(bestätigend: wirklich)* действи́тельно; **~ das noch** то́лько э́того не хвата́ло; **wie dem ~ sei** как бы то ни́ было; **wo ~ immer** где бы то ни́ было; **sowohl ... als ~ ...** как ..., так и ...; **ohne ~ nur zu fragen** да́же не спроси́в **4.** *(außerdem)* кро́ме того́

Audienz [aʊdi'ɛnts] <-, -en> *f* аудие́нция *ж,* приём *м*

Audiodatei <-, -en> *f* DV аудиофайл *м*

Audiokassette ['aʊdiokasɛtə] <-, -n> *f* (магнитофо́нная) кассе́та *ж*

audiovisuell [aʊdiovizu'ɛl] *adj* аудиовизуа́льный

Auditorium <-s, -Auditorien> *nt* аудито́рия *ж*

auf [aʊf] **I.** *prp lok + dat* на, в, по; **~ Grund** из-за; **~ Grund der Tatsache, dass ...** на осно́ве того́ фа́кта, что ...; **~ dem Lande** в дере́вне; **~ dem Tisch** на столе́; **~ der Straße** на у́лице; **~ der Geburtstagsfeier** на пра́зднике по слу́чаю дня рожде́ния **II.** *prp + akk* **1.** *(Richtung)* на, в; **~ die Erde fallen** упа́сть на зе́млю **2.** *(zeitlich)* на; **aufs Neue** снача́ла; **er hat ein Taxi ~ 14 Uhr bestellt** он заказа́л такси́ на 14 часо́в; **~ deutsch** по-неме́цки; **~ den ersten Blick** с пе́рвого взгля́да; **~ diese Weise** таки́м о́бразом; **von heute ~ morgen** с сего́дня на за́втра; **alle bis ~ ihn** все, кро́ме него́; **~ einmal** вдруг **3.** *(im Hinblick auf)* **~ dein Wohl!** за твоё здоро́вье! **III.** *adv* **1.** *(hinauf)* наверху́ **2.** *(offen, geöffnet)* откры́то **3.** *(aufwärts)* наве́рх; **~ und ab** вверх и вниз; **~ geht's!** пое́хали!; **sich ~ und davon machen** убежа́ть

auf|arbeiten *vt* доде́лать *св*, -лывать *нсв*

Aufarbeitung <-> *f* доработ́ка *ж*

auf|atmen *vi* вздохну́ть *св*

Aufbau <-(e)s, -ten> *m* **1.** *(Errichtung)* сооруже́ние *ср* **2.** *(Struktur)* построе́ние *ср,* структу́ра *ж*

auf|bauen *vt* **1.** *(errichten)* сооружа́ть, -руди́ть *св*, устана́вливать, -нови́ть *св* **2.** *(organisieren)* создава́ть, -да́ть *св*, организо́вывать, -зова́ть *св* **3.** *(gründen)* бази́роваться *нсв*

auf|bäumen ['aʊfbɔɪmən] *vr* **1.** *(Pferd)* встава́ть, встать на дыбы́ *св* **2.** *fig* проти́виться, вос- *св*

auffordern

• **jemanden auffordern**	• **Просьба**
Kannst du grade mal kommen?	**Ты можешь** подойти ко мне **на минутку?**
Besuch mich **doch mal.**	**Приходи** ко мне в гости.
Denk dran, mich heute Abend anzurufen.	**Не забудь** вечером мне позвонить.
Ich muss Sie bitten, den Raum zu verlassen. *(form)*	**Я должен попросить вас** выйти из комнаты.
• **zu gemeinsamem Handeln auffordern**	• **Приглашение к совместной деятельности**
Auf geht's! *(fam)*	**Пойдем!**
An die Arbeit! / **Fangen wir** mit der Arbeit **an!**	**На работу!** / **Примемся за работу!**
Lasst uns mal in Ruhe darüber reden.	**Давайте** обсудим все спокойно.
Wollen wir jetzt nicht endlich mal damit anfangen?	**Когда же наконец** мы начнем?
• **verlangen**	• **Требование**
Ich will / bestehe darauf, dass du gehst.	**Я хочу,** чтобы ты ушел / **настаиваю,** чтобы ушел.
Ich verlange eine Erklärung von Ihnen.	**Я требую** от вас **объяснения.**
Das ist das Mindeste, was man verlangen kann.	**Этого меньше всего можно было ожидать.**

Aufbauorganisation <-, -en> *f* структу́рная организа́ция *ж*

auf|bauschen ['aʊfbaʊʃən] *vt* надува́ть, -ду́ть *св, a. fig* раздува́ть, -ду́ть *св*

auf|bekommen <irr> *vt* **1.** *(öffnen)* откры́ть *св*, -крыва́ть *нсв* **2.** *(Hausaufgaben)* получи́ть *св*, -ча́ть *нсв*; **was habt ihr heute ~?** что вам сего́дня за́дали на́ дом?

auf|bereiten *vt* **1.** *(Trinkwasser)* очища́ть, очи́стить *св* **2.** *(Daten)* анализи́ровать *(н)св*, про- *св*, оце́нивать, -ни́ть *св*

auf|bessern *vt (Gehalt)* улучша́ть, улу́чшить *св*

auf|bewahren *vt* **1.** *(Gepäck)* храни́ть *нсв* **2.** *(aufheben)* сохраня́ть, -ни́ть *св*

Aufbewahrung <-> *f* хране́ние *ср*

auf|bieten <irr> *vt* **1.** *(Kraft)* напряга́ть, -ря́чь *св* **2.** *(Einfluss)* употребля́ть, -би́ть *св* **3.** *(Leute)* мобилизо́вывать, -ва́ть *св*, призыва́ть, -зва́ть *св*

auf|binden <irr> *vi* отвя́зывать, отвяза́ть *св*; *(Schleife)* завяза́ть/завя́зывать *св* бант; **jdm einen Bären ~** *fam (weißmachen)* расска́зывать ска́зки, ве́шать лапшу́ на у́ши

auf|blähen *vr* вздува́ться, вздýться *св*

aufblasbar *adj* надувно́й

auf|blasen <irr> **I.** *vt* надува́ть, -ду́ть *св* **II.** *vr umg* пы́житься, на- *св*, стро́ить *нсв* из себя́

auf|bleiben <irr> *vi* **1.** *(wach bleiben)* бо́дрствовать *нсв* **2.** *(offenbleiben)* остава́ться, -та́ться *св* откры́тым

auf|blenden *vt* KFZ включа́ть, -чи́ть *св* да́льний свет

auf|blicken *vi* **1.** *(hochschauen)* взгляну́ть *св* **2.** *(bewundern)* **zu jdm ~** брать приме́р с кого́-л.

auf|blühen *vi* **1.** *(Blume)* расцвета́ть, -цвести́ *св* **2.** *(Mensch)* воспря́нуть *св* ду́хом

auf|brechen <irr> **I.** *vt* взла́мывать, взлома́ть *св* **II.** *vi* **1.** *(sich öffnen)* вскрыва́ться, вскры́ться *св* **2.** *(gehen)* отправля́ться, -пра́виться *св*

auf|bringen <irr> *vt* **1.** *(Geld)* достава́ть, -та́ть *св* **2.** *(öffnen)* открыва́ть, -кры́ть *св* **3.** *(Mut)* проявля́ть, -ви́ть *св* **4.** *(neue Mode)* ввести́ *св*, вводи́ть *нсв*

Aufbruch <-(e)s, Aufbrüche> *m* отправле́ние *ср*, выступле́ние *ср*

auf|brühen *vt* зава́ривать, -ри́ть *св*

auf|bürden ['aʊfbʏrdən] *vt* **jdm etw ~** взвали́ть на кого́-л. что-л.

auf|decken *vt* раскрыва́ть, -ры́ть *св*

auf|drängen **I.** *vt* навя́зывать, -за́ть *св*; **jdm etw ~** навяза́ть кому́-л. что-л. **II.** *vr* навя́зываться, -за́ться *св*

auf|drehen **I.** *vt* отверну́ть *св*, -вёртывать *нсв*, открыва́ть, -кры́ть *св* **II.** *vi umg (beschleunigen)* ускоря́ться, -ко́риться *св*

aufdringlich ['aʊfdrɪŋlɪç] *adj* назо́йливый

aufeinander [aʊfaɪ'nandɐ] *adv* **1.** *(räumlich)* друг на дру́ге **2.** *(zeitlich)* друг за дру́гом **3.** *(gegenseitig)* друг дру́га

aufeinander|liegen[RR] <irr> *vi* лежа́ть *нсв* оди́н на друго́м, друг на дру́ге

A

aufeinander|treffen[RR] <irr> *vi* встре́титься *св*, встреча́ться *нсв*
Aufenthalt ['aʊfənthalt] <-(e)s, -e> *m* пребыва́ние *ср; (eines Zuges)* остано́вка *ж; (Verzögerung)* заде́ржка *ж*
Aufenthaltsgenehmigung <-, -en> *f* разреше́ние *ср* на пребыва́ние
Aufenthaltsort <-(e)s, -e> *m* местопребыва́ние *ср*
Aufenthaltsrecht <-s, -e> *nt* JUR пра́во *ср* прожива́ния
auf|erlegen *vt* налага́ть, -ложи́ть *св*
auf|erstehen <irr> *vi* воскреса́ть, -кре́снуть *св*
Auferstehung <-, -en> *f* воскресе́ние *ср*
auf|essen <irr> *vt* съеда́ть, съесть *св*
auf|fahren <irr> *vi* **1.** *(anfahren)* наезжа́ть, -е́хать *св* **2.** *(dicht heranfahren)* подъезжа́ть, -е́хать *св* **3.** *(hochschrecken)* вска́кивать, вскочи́ть *св* **4.** *(aufbrausen)* вспыли́ть *св*
Auffahrt <-, -en> *f* въе́зд *м*
Auffahrunfall ['aʊffa:ɐʊnfal] <-(e)s, -unfälle> *m* нае́зд *м*
auf|fallen <irr> *vi* броса́ться, бро́ситься *св*
auffallend *adj (auffällig)* броса́ющийся в глаза́, выделя́ющийся
auffällig ['aʊffɛlɪç] *adj* выделя́ющийся, необы́чный
auf|fangen <irr> *vt* подхва́тывать, -хвати́ть *св*
Auffanglager <-s, -> *nt* приёмный [*или* перева́лочный] ла́герь *м*
auf|fassen *vt* понима́ть, -ня́ть *св; (deuten)* толкова́ть *нсв*
Auffassung <-, -en> *f* **1.** *(Meinung)* мне́ние *ср*, то́чка *ж* зре́ния **2.** *(Auslegung)* толкова́ние *ср*
Auffassungsgabe <-> *f* сообрази́тельность *ж*
auf|finden <irr> *vt* находи́ть, найти́ *св*, обнару́живать, -жить *св*
auf|flammen *vi* воспламеня́ться, -ни́ться *св; fig* вспы́хивать, -хнуть *св*
auf|fordern *vt (zum Tanzen)* приглаша́ть, -гласи́ть *св;* **jdn ~ etw zu tun** потре́бовать от кого́-л. сде́лать что-л.
Aufforderung <-, -en> *f* тре́бование *ср*
auf|forsten ['aʊffɔrstən] *vt* разводи́ть, -вести́ *св* лес
Aufforstung <-> *f* лесоразведе́ние *ср*
auf|frischen **I.** *vt (Kenntnisse)* освежа́ть, -жи́ть *св* **II.** *vi (Wind)* крепча́ть, по- *св*
auf|führen **I.** *vt* **1.** *(Theaterstück)* пока́зывать, -за́ть *св* **2.** *(Musik)* исполня́ть, -по́лнить *св* **3.** *(nennen)* приводи́ть, -вести́ *св* **II.** *vr umg (sich aufspielen)* вести́ *нсв* себя́
Aufführung <-, -en> *f* постано́вка *ж*
Aufgabe ['aʊfga:bə] <-, -n> *f* **1.** *(Auftrag)* зада́ча *ж* **2.** *(Beendigung)* прекраще́ние *ср* **3.** *(Verzicht)* отка́з *м* **4.** *(Übung)* зада́ние *ср*
Aufgabenausweitung <-, -en> *f* расшире́ние *ср* сфе́ры трудово́й де́ятельности
Aufgabenbereich <-(e)s, -e> *m* круг *м* зада́ч
Aufgabenschwerpunkt <-(e)s, -e> *m* гла́вная [*или* основна́я] задача *ж*
Aufgabensynthese <-, -n> *f* си́нтез *м* зада́ч
Aufgang <-(e)s, Aufgänge> *m* **1.** *(von Sonne, Mond)* восхо́д *м* **2.** *(Treppen~)* ле́стница *ж*
auf|geben **I.** <irr> *vt* **1.** *(verzichten auf)* отка́зываться, -за́ться *св* **2.** *(Bestellung)* дава́ть, да́ть *св* **3.** *(Paket)* сдава́ть, сда́ть *св* **4.** *(Schulaufgaben)* задава́ть, -да́ть *св* **II.** *vi* сдава́ться, сда́ться *св*
aufgeblasen **I.** *pp von* **aufblasen** **II.** *adj fam (angeberisch)* надме́нный, ва́жный, спеси́вый
Aufgebot <-(e)s, -e> *nt* **1.** *(Polizeikräfte)* наря́д *м* **2.** *(Transportmittel)* примене́ние *ср* **3.** SPORT соста́в *м* кома́нды
aufgebracht **I.** *pp von* **aufbringen** **II.** *adj (wütend)* серди́тый, злой
aufgedreht *adj umg* возбуждённый
aufgedunsen ['aʊfgədʊnzən] *adj* распу́хший
auf|gehen <irr> *vi* **1.** *(Sonne)* восходи́ть, взойти́ *св* **2.** *(Teig)* поднима́ться, -ня́ться *св* **3.** *(Tür)* открыва́ться, -кры́ться *св;* **in einer Sache ~** по́лностью отдава́ться де́лу
aufgeklärt ['aufgəklɛ:ɐt] *adj* просвещённый
aufgekratzt *adj umg* в припо́днятом настрое́нии
Aufgeld <-(e)s, -er> *nt* а́жио *м*
aufgelegt ['aʊfgəle:kt] *adj* **gut/schlecht ~ sein** быть в хоро́шем/плохо́м настрое́нии
aufgeregt ['aʊfgəre:kt] *adj* взволно́ванный, возбуждённый
aufgeschlossen ['aʊfgəʃlɔsən] *adj* общи́тельный, откры́тый
aufgeschmissen ['aʊfgəʃmɪsən] *adv* **~ sein** *umg* быть в безвы́ходном положе́нии
aufgeweckt ['aʊfgəvɛkt] *adj* смышлёный
auf|greifen <irr> *vt* **1.** *(Thema)* подхва́тывать, -хвати́ть *св* **2.** *(Person)* заде́рживать, -жа́ть *св*
aufgrund [aʊf'grʊnt] *prp + gen* и́з-за; **~ der Tatsache, dass ...** на осно́ве того́ фа́кта, что ...
auf|haben[Alt] <irr> **I.** *vt* **1.** *(Hut)* име́ть *нсв* на себе́ **2.** *(Hausaufgaben)* име́ть *нсв* зада́ние **II.** *vi (Läden)* быть *нсв* откры́тым
auf|halten <irr> **I.** *vt* **1.** *(Tür)* держа́ть *нсв* откры́тым, приде́рживать, -держа́ть *св* **2.** *(verzögern, a. Person)* заде́рживать, -жа́ть *св* **II.** *vr (sich befinden)* пребыва́ть *нсв*, находи́ться *нсв*
auf|hängen **I.** *vt* **1.** *(ein Bild)* ве́шать, пове́сить *св*, разве́шивать, -ве́сить *св*

2. *(Mensch)* вéшать, повéсить *св* 3. *umg* всýчивать, -чи́ть *св* II. *vr* повéситься *св*, вéшаться *нсв*

Aufhänger <-s, -> *m* вéшалка *ж; fig* удóбный слýчай *м*, пóвод *м*

auf|heben <irr> *vt* 1. *(ein Gegenstand)* поднимáть, -нять *св* 2. *(Urteil)* отменять, -ни́ть *св* 3. *(Sitzung)* закрывáть, -ры́ть *св* 4. *(Verbot)* снимáть, снять *св* 5. *(aufbewahren)* сохранять, -ни́ть *св*

Aufhebung <-, -en> *f (Abschaffung)* отмена *ж;* ~ **eines Embargos** отмéна эмбáрго

auf|heitern ['aʊfhaɪtɐn] I. *vt (Person)* весели́ть, раз- *св* II. *vr (Himmel)* проясняться, -ни́ться *св*

auf|hellen I. *vt* осветлять, -ветли́ть *св* II. *vr* проясняться, -ни́ться *св*

auf|hetzen *vt* подстрекáть, -кнýть *св*

auf|holen *vi* догонять, -гнáть *св*

auf|horchen *vi* прислýшиваться, -шаться *св*

auf|hören *vi* переставáть, -стáть *св;* ~, **etw zu tun** прекрати́ть дéлать что-л.

Aufkauf <-(e)s, Aufkäufe> *m* скýпка *ж*, закýпка *ж*

auf|kaufen *vt* скупáть, -пи́ть *св*

aufklappbar *adj* открывáющийся; *(Stuhl)* раздвижнóй

auf|klappen *vt* открывáть, откры́ть *св*, раскрывáть, раскры́ть *св*

auf|klaren *vi* проясняться, -ни́ться *св*

auf|klären *vt* 1. *(aufdecken)* раскрывáть, -кры́ть *св* 2. *(Person)* просвещáть, -свети́ть *св*

aufklärerisch *adj* просвети́тельский, просвети́тельный, образовáтельный

Aufklärung <-, -en> *f* 1. *(Klärung)* выяснéние *ср* 2. *(Unterrichtung)* просвещéние *ср* 3. *(Zeitalter)* эпóха *ж* Просвещéния

Aufklärungsflugzeug <-(e)s, -e> *nt* самолёт-развéдчик *м*

auf|kleben *vt* наклéивать, -ить *св*

Aufkleber <-s, -> *m* наклéйка *ж*

auf|knöpfen *vt* расстёгивать, расстегнýть *св*

auf|kochen I. *vi* закипáть, закипéть *св* II. *vt* 1. *(zum Kochen bringen)* закипáть, закипéть *св* 2. *(kurz kochen)* вскипяти́ть *св*

auf|kommen <irr> *vi* 1. *(Wind)* поднимáться, -няться *св* 2. *(Zweifel)* закрáдываться, -рáсться *св* 3. *(Mode)* возникáть, -ни́кнуть *св;* **für etw** ~ нести́ расхóды за что-л.

auf|kreuzen *vi sein, fam* появляться, появи́ться *св*

Aufl. *abk von* **Auflage** тирáж *м*

auf|laden <irr> *vt* 1. *(verladen)* нагружáть, -грузи́ть *св* 2. *(Batterie)* заряжáть, -ряди́ть *св*

Auflage <-, -n> *f* 1. *(eines Buches)* издáние *ср;* **jdm etw zur ~ machen** обязáть когó-л. сдéлать что-л. 2. *(Verpflichtung)* обязанность *ж;* **~n erfüllen** выполнять обязáтельства

auf|lassen <irr> *vt* 1. *(Hut)* остáвить *св*, -лять *нсв* на головé 2. *(Fenster)* остáвить *св*, -лять *св* откры́тым

auf|lauern *vi* подстерегáть, -рéчь *св;* **jdm ~** подкараýливать когó-л.

Auflauf <-(e)s, Aufläufe> *m* 1. *(Massen~)* стечéние *ср* 2. *(Speise)* запекáнка *ж*

auf|laufen <irr> *vi (Schiff)* наскочи́ть *св*, -кáкивать *нсв* на мель; **sich die Füße ~** *umg* натерéть себé нóги

auf|leben *vi* оживáть, ожи́ть *св*

auf|legen *vt* 1. *(Teppich)* стели́ть, по- *св* 2. *(Telefonhörer)* клáсть, положи́ть *св* 3. *(Buch)* издавáть, -дáть *св* 4. *(Make-up)* наклáдывать, наложи́ть *св*

auf|lehnen *vr* восставáть, -стáть *св (gegen + akk)* прóтив

auf|lesen <irr> *vt* подбирáть, -добрáть *св*

auf|leuchten *vi* вспы́хивать, вспы́хнуть *св*

auf|listen ['aʊflɪstən] *vt* перечислять, -чи́слить *св*, дéлать, сдéлать *св* спи́сок

auf|lockern I. *vt* 1. *(Erde)* разрыхлять, -рыхли́ть *св* 2. *(Gestaltung)* оживлять, -ви́ть *св*, разнообрáзить *нсв* II. *vr* расслабляться, -слáбиться *св*

auf|lösen I. *vt* 1. *(in Flüssigkeit)* растворять, -ри́ть *св* 2. *(Versammlung)* распускáть, -сти́ть *св* 3. *(Haushalt)* распродáть *св*, -давáть *нсв* II. *vr* растворяться, -ри́ться *св;* **das Problem löste sich in Wohlgefallen auf** проблéма разреши́лась ко всеóбщему удовлетворéнию

Auflösung <-, -en> *f* 1. CHEM распáд *м* 2. *a.* DV *(Lösung)* разрешéние *ср;* **eine hohe ~ des Bildschirms** высóкое разрешéние экрáна; **eine niedrige ~ des Bildschirms** ни́зкое разрешéние экрáна

auf|machen I. *vt* 1. *(Fenster)* открывáть, -кры́ть *св*, раскрывáть, -кры́ть *св* 2. *(Brief)* вскрывáть, вскры́ть *св* II. *vr* отправляться, -прáвиться *св*

Aufmacher <-s, -> *m* брóский заголóвок *м*

Aufmachung <-, -en> *f* 1. *(Gestaltung)* оформлéние *ср* 2. *(Kleidung)* внéшний вид *м*, наряд *м*

Aufmarsch <-(e)s, Aufmärsche> *m* парáд *м*, демонстрáция *ж*

aufmerksam ['aʊfmɛrkza:m] *adj* внимáтельный; **jdn auf etw ~ machen** обрати́ть чьё-л. внимáние на что-л.

Aufmerksamkeit <-, -en> *f* 1. *(Wachsamkeit)* внимáние *ср*, осторóжность *ж;* **darf ich um Ihre ~ bitten!** прошý внимáния! 2. *(Zuvorkommenheit)* любéзность *ж*, вéжливость *ж; (Geschenk)* знак *м* внимáния

auf|muchsen *vi* протестова́ть, за- *св*
auf|muntern ['aʊfmʊntɐn] *vt* весели́ть, раз- *св; (ermutigen)* ободря́ть, ободри́ть *св*
Aufmunterung <-en> *f* **1.** *(Aufheiterung)* попы́тка *ж* развесе́лить кого́-л. **2.** *(Ermutigung)* попы́тка *ж* прида́ть сме́лости кому́-л.
Aufnahme ['aʊfna:mə] <-, -n> *f* **1.** *(Inanspruchnahme)* получе́ние *ср;* **~ eines Kredits** получе́ние креди́та **2.** *(Einbeziehung)* приня́тие *ср;* **~ als Mitglied** приня́тие в чле́ны; **~ eines Punktes in einen Vertrag** включе́ние пу́нкта в догово́р **3.** *(Beginn)* нача́ло *ср,* установле́ние *ср;* **~ von Verhandlungen** нача́ло перегово́ров **4.** *(Empfang)* приём *м,* приня́тие *ср* **5.** *(eines Krankenhauses)* приёмная *ж* **6.** *(des Studiums)* поступле́ние *ср* **7.** *(Foto)* съёмка *ж* **8.** *(Aufzeichnung)* за́пись *ж*
Aufnahmebedingung <-, -en> *f* усло́вие *ср* приёма
Aufnahmefähigkeit <-> *f* вмести́мость *ж*
Aufnahmegebühr <-, -en> *f* вступи́тельный взнос *м*
Aufnahmeprüfung <-, -en> *f* вступи́тельный экза́мен *м*
auf|nehmen <irr> *vt* **1.** *(in Anspruch nehmen)* получа́ть, -и́ть *св;* **Fremdkapital ~** получа́ть заёмный капита́л **2.** *(aufheben)* поднима́ть, -ня́ть *св* **3.** *(Tätigkeit)* начина́ть, -ча́ть *св,* возобновля́ть, -ви́ть *св* **4.** *(empfangen)* принима́ть, -ня́ть *св* **5.** *(Kontakt)* устана́вливать, -нови́ть *св* **6.** *(Kredit)* брать, взять *св* **7.** *(Foto)* снима́ть, снять *св* **8.** *(Diktat)* запи́сывать, -са́ть *св* **9.** *(in Gang bringen)* нала́живать, -ла́дить *св;* **die Produktion ~** нала́живать произво́дство; **es mit jdm ~** быть в состоя́нии конкури́ровать с кем-л.
auf|opfern *vr* же́ртвовать, по- *св* собо́й
auf|päppeln *vt* вска́рмливать, вскорми́ть *св*
auf|passen *vi* присма́тривать, -смотре́ть *св (auf + akk)* за
auf|polieren *vt* полирова́ть, от- *св*
Aufprall ['aʊfpral] <-(e)s> *m* уда́р *м*
auf|prallen *vi* ста́лкиваться, столкну́ться *св*
Aufpreis <-es, -e> *m* наце́нка *ж,* наки́дка *ж*
auf|pumpen *vt* нака́чивать, -ка́чать *св*
auf|putschen *vt* возбужда́ть, -буди́ть *св; (aufwiegeln)* подстрека́ть, -кну́ть *св*
Aufputschmittel <-s, -> *m* возбужда́ющее сре́дство *ср*
auf|raffen *vr umg* собира́ться, -бра́ться *св* с си́лами; **sich zu einem Entschluss ~** реши́ться на что-л.
auf|räumen I. *vt* убира́ть, убра́ть *св* II. *vi* распра́виться *св,* -вля́ться *нсв (mit + dat)* с
Aufrechnung <-, -en> *f* компенса́ция *ж*
aufrecht ['aʊfrɛçt] *adj* прямо́й; *fig* че́стный, поря́дочный
aufrecht|erhalten <irr> *vt* подде́рживать, -жа́ть *св,* сохраня́ть, -ни́ть *св*
auf|regen I. *vr* волнова́ться, взволнова́ться *св* II. *vt* волнова́ть, взволнова́ть *св*
aufregend *adj* захва́тывающий
Aufregung <-, -en> *f* волне́ние *ср,* возбужде́ние *ср*
auf|reiben I. <irr> *vt (Gegner)* уничтожа́ть, -что́жить *св* II. <irr> *vr* изнуря́ть, -ри́ть *св*
aufreibend *adj* изнури́тельный
auf|reißen <irr> *vt* **1.** *(öffnen)* разрыва́ть, -зорва́ть *св* **2.** *(Tür)* распа́хивать, -хну́ть *св* **3.** *(Augen)* тара́щить, вы́- *св*
auf|reizen *vt* возбужда́ть, -буди́ть *св,* раздража́ть *нсв*
auf|richten I. *vt* поднима́ть, -ня́ть *св; (ermutigen)* ободря́ть, -дри́ть *св* II. *vr* поднима́ться, -ня́ться *св*
aufrichtig *adj* и́скренний, открове́нный
auf|rücken *vi* подвига́ться, -ви́нуться *св*
Aufruf <-(e)s, -e> *m* вы́зов *м; (Appell)* призы́в *м*
auf|rufen <irr> *vt* **1.** *(Name)* вызыва́ть, вы́звать *св* **2.** DV вызыва́ть, вы́звать *св;* **die Hilfe ~** вызыва́ть по́мощь; **jdn ~, etw zu tun** призва́ть кого́-л. к де́йствию
Aufruhr ['aʊfru:ɐ] <-s, -e> *m* возмуще́ние *ср* масс, бунт *м*
auf|runden *vt* округля́ть, -ли́ть *св*
auf|rüsten I. *vi* вооружа́ться, -жи́ться *св* II. *vt* вооружа́ть, -жи́ть *св*
Aufrüstung <-> *f* вооруже́ние *ср*
auf|rütteln *vt* тормоши́ть *нсв,* буди́ть, раз- *св*
aufs [aʊfs] *prp + akk* **~ neue** сно́ва; **~ Geratewohl** на аво́сь
auf|sagen *vt* расска́зывать, -за́ть *св* наизу́сть
auf|sammeln *vt* подбира́ть, -добра́ть *св*
auf|sässig ['aʊfzɛsɪç] *adj* упря́мый, непослу́шный
Aufsatz <-es, Aufsätze> *m* наса́дка *ж; (Text)* сочине́ние *ср*
auf|saugen *vt* впи́тывать, -та́ть *св,* вса́сывать, всоса́ть *св*
auf|scheuchen *vt* вспу́гивать, -гну́ть *св*
auf|schichten *vt* укла́дывать, уложи́ть *св* слоя́ми
auf|schieben <irr> *vt* **1.** *(verschieben)* откла́дывать, отложи́ть *св,* отсро́чивать, -чить *св* **2.** *(öffnen)* отодвига́ть, -дви́нуть *св,* открыва́ть, -кры́ть *св*
Aufschlag <-(e)s, Aufschläge> *m* **1.** *(von Preisen)* наце́нка *ж* **2.** *(Aufprall)* уда́р *м* **3.** SPORT пода́ча *ж*
auf|schlagen <irr> I. *vt* **1.** *(Ei)* разбива́ть, -би́ть *св* **2.** *(Buch)* открыва́ть, -кры́ть *св*

3. *(Zelt)* разбива́ть, -би́ть *св* **II.** *vi* **1.** *(aufprallen)* ударя́ться, уда́риться *св* **2.** *(Preise)* увели́чиваться, -ли́читься *св,* расти́, вы́- *св*

auf|schließen <irr> **I.** *vt* **1.** *(Tür)* отпира́ть, -пере́ть *св* **2.** *(offenbaren)* открыва́ть, -кры́ть *св* **3.** BERGB вскрыва́ть, -ры́ть *св* **II.** *vi (aufrücken)* смыка́ться, сомкну́ться *св*

AufschlussRR <-es, -schlüsse> *m,* **Aufschluß**Alt <-schlusses, -schlüsse> *m* ~ **geben** дава́ть разъясне́ния

auf|schlüsseln ['aʊfʃlʏsəln] *vt* распределя́ть, -дели́ть *св;* **die Kosten ~** распредели́ть расхо́ды

aufschlussreich *adj* содержа́тельный, информати́вный

auf|schneiden <irr> **I.** *vt* **1.** *(schneiden)* разреза́ть, -ре́зать *св* **2.** *(Fleisch)* нареза́ть, -ре́зать *св* **II.** *vi umg* хва́статься, по- *св,* преувели́чивать, -чить *св*

Aufschneiderei <-> *f* хвастовство́ *ср*

Aufschnitt <-(e)s> *m* *наре́занная то́нкими ло́мтиками колбаса́ или сыр ра́зных сорто́в*

auf|schrecken *vi* пуга́ться, ис- *св,* вска́кивать, вскочи́ть *св* в испу́ге

Aufschrei <-(e)s, -e> *m* крик *м,* вопль *м*

auf|schreien <irr> *vi* вскри́кивать, вскри́кнуть *св*

Aufschrift <-, -en> *f* на́дпись *ж*

Aufschub <-s, Aufschübe> *m* отсро́чка *ж,* продле́ние *ср;* **ein ~ von zwei Wochen** двухнеде́льная отсро́чка; **~ gewähren** предоставля́ть отсро́чку

auf|schütten *vt (Wasser)* вылива́ть, вы́лить *св; (Sand)* высыпа́ть, вы́сыпать *св; (Damm)* де́лать на́сыпь

auf|schwatzen *vt umg* навя́зывать, -за́ть *св;* **jdm etw ~** навяза́ть кому́-л. что-л.

Aufschwung <-(e)s, Aufschwünge> *m* **1.** *(Auftrieb)* толчо́к *м,* и́мпульс *м* **2.** ÖKON подъём *м,* расцве́т *м;* **wirtschaftlicher ~** подъём эконо́мики

auf|sehen <irr> *vi* смотре́ть, по- *св* вверх; **zu jdm ~** уважа́ть кого́-л.

Aufsehen <-s> *nt (Aufmerksamkeit)* внима́ние *ср; (Interesse)* всео́бщий интере́с *м*

aufsehenerregend *adj* сенсацио́нный, привлека́ющий внима́ние

Aufseher(in) <-s, -> *m(f)* смотри́тель(ница) *м(ж); (Wächter)* надзира́тель(ница) *м(ж)*

auf|sein <irr> *vi* **1.** *(offen sein)* быть откры́тым **2.** *(Mensch)* не спать *нсв,* бо́дрствовать *нсв*

auf|setzen **I.** *vt* **1.** *(Hut)* надева́ть, -де́ть *св* **2.** *(Brief)* писа́ть, на- *св* **3.** *(Vertrag)* составля́ть, -ста́вить *св;* **einen Vertrag ~** составля́ть догово́р **4.** *(Wasser)* ста́вить, по- *св* на ого́нь **II.** *vi (Flugzeug)* приземля́ться, -ли́ться *св* **III.** *vr* приподнима́ться, -ня́ться *св*

Aufsicht *f* <-,- en> надзо́р *м,* наблюде́ние *ср*

Aufsichtsbehörde <-, -n> *f* контроли́рующий о́рган *м*

Aufsichtsgremium <-s, -gremien> *nt* о́рган *м* надзо́ра

Aufsichtsrat <-(e)s, -räte> *m* наблюда́тельный сове́т *м*

Aufsichtsratsbericht <-(e)s, -e> *m* отчёт *м* наблюда́тельного сове́та

Aufsichtsratschef <-s, -s> *m* председа́тель *м* наблюда́тельного сове́та

Aufsichtsratsmitglied <-(e)s, -er> *nt* член *м* наблюда́тельного сове́та

Aufsichtsratssitzung <-, -en> *f* заседа́ние *ср* наблюда́тельного сове́та

auf|sitzen <irr> *vi* сади́ться, сесть *св* на коня́

auf|speichern *vt* нака́пливать, -копи́ть *св*

auf|sperren *vt* **1.** *(aufschließen)* отпира́ть, -пере́ть *св* **2.** *(Mund)* разева́ть, -зи́нуть *св*

auf|spießen *vt* нака́лывать, -коло́ть *св*

auf|springen <irr> *vi* **1.** *(hochspringen)* вска́кивать, вскочи́ть; *(auf + akk)* в **2.** *(sich öffnen)* распахну́ться *св,* -па́хиваться *нсв* **3.** *(Haut)* тре́скаться, по- *св*

auf|spüren *vt* высле́живать, вы́следить *св*

auf|stacheln ['aʊfʃtaxəln] *vt* подстрека́ть, -кну́ть *св*

Aufstand <-(e)s, Aufstände> *m* восста́ние *ср*

aufstapeln *vt* скла́дывать, сложи́ть *св* штабеля́ми

auf|stauen **I.** *vt* пруди́ть, за- *св* **II.** *vr* ска́пливаться, скопи́ться *св; (Gefuhle)* накипе́ть *св,* -па́ть *нсв*

auf|stechen <irr> *vt* прока́лывать, -коло́ть *св*

auf|stehen <irr> *vi* **1.** *(sich erheben)* поднима́ться, -ня́ться *св* **2.** *(offen sein)* быть *нсв* откры́тым

auf|steigen <irr> *vi* **1.** *(beruflich, sozial)* продви́нуться *св,* -двига́ться *нсв* **2.** *(Reiter)* сади́ться, сесть *св* верхо́м **3.** *(Sonne)* всходи́ть, взойти́ *св*

auf|stellen *vt* **1.** *(in einer bestimmten Ordnung)* расставля́ть, -та́вить *св* **2.** *(aufreihen)* ста́вить, по- *св* в ряд **3.** *(nominieren)* выдвига́ть, вы́двинуть *св* **4.** *(Rechnung)* составля́ть, -та́вить *св* **5.** *(Rekord)* устана́вливать, -нови́ть *св*

Aufstellung <-, -en> *f* постано́вка *ж,* *a.* SPORT расстано́вка *ж*

Aufstieg ['aʊfʃti:k] <-(e)s, -e> *m* **1.** *(das Aufsteigen)* подъём *м* **2.** *(gesellschaftlich)* расцве́т *м* **3.** *(beruflich)* повыше́ние *ср*

Aufstiegsmöglichkeit <-, -en> *f* возмóжность *ж* продвижéния (по слýжбе)
auf|stocken ['aʊfʃtɔkən] *vi* надстрáивать, -стрóить *св*
Aufstockung <-, -en> *f* увеличéние *ср,* пополнéние *ср;* ~ **eines Kredits** увеличéние кредúта
Aufstockungsaktie <-, -n> *f* бесплáтная áкция *ж*
auf|stoßen <irr> **I.** *vt (Tür)* открывáть, -крыть *св* удáром **II.** *vi* отрыгнýть *св,* -рыгивать *нсв*
Aufstrich <-(e)s, Aufstriche> *m продýкты для бутербрóдов*
auf|stützen I. *vt* подпирáть, -перéть *св* **II.** *vr* опирáться, оперéться *св*
auf|suchen *vt* навещáть, -вестúть *св; (Arzt)* обратúться *св,* -ращáться *нсв* к врачý
auf|takeln I. *vr umg* расфуфы́риться *св,* -риваться *нсв,* разодéться *св* **II.** *vt (Schiff)* оснащáть, -настúть *св*
Auftakt <-(e)s, -e> *m* **1.** *(Beginn)* начáло *ср,* откры́тие *ср* **2.** MUS вступлéние *ср*
auf|tanken I. *vt* заправлять, -прáвить *св* **II.** *vi* заправляться, -прáвиться *св; fig* набрáться *св,* -бирáться *нсв* сил
auf|tauchen *vi* **1.** *(Taucher)* всплывáть, всплы́ть *св* **2.** *(erscheinen)* появляться, -вúться *св*
auf|tauen I. *vt* оттáивать, -тáить *св* **II.** *vi* **1.** *(Schnee)* тáять, рас- *св* **2.** *fig* оживúться *св,* -вляться *нсв,* становúться, стать *св* раскóванным
auf|teilen *vt* **1.** *(teilen)* делúть, по- *св* **2.** *(Raum)* разделять, -лúть *св*
Aufteilung <-, -en> *f* **1.** *(Teilung)* раздéл *м;* ~ **des Vermögens** раздéл имýщества **2.** *(Verteilung)* разделéние *ср;* ~ **der Aufgaben** разделéние обязанностей **3.** *(Aufgliederung)* расчленéние *ср*
auf|tischen ['aʊftɪʃən] *vt* **1.** *(Speisen)* подавáть, -дáть *св* **2.** *umg (Lügen)* обмáнывать, -нýть *св*
Auftrag ['aʊftra:k, 'aʊftrɛ:gə] <-(e)s, Aufträge> *m* **1.** *(Anweisung)* поручéние *ср;* **im ~ von** по поручéнию **2.** *(Aufgabe)* задáние *ср* **3.** ÖKON закáз *м;* **eingehender ~** поступáющий закáз; **Aufträge in der Höhe von** закáзы на сýмму; **Vergabe öffentlicher Aufträge** вы́дача государственных закáзов; **einen ~ bearbeiten** обрабáтывать закáз; **etw in ~ geben** заказáть что-л.; **einen ~ stornieren** аннулúровать закáз; **einen ~ übernehmen** принимáть закáз
auf|tragen <irr> *vt* **1.** *(Farbe)* наносúть, -нестú *св* **2.** *(Speisen)* подавáть, -дáть *св* на стол; **jdm etw ~** поручáть комý-л. что-л.
Auftraggeber(in) <-s, -> *m(f)* закáзчик *м,* закáзчица *ж*
Auftragnehmer <-s, -> *m* исполнúтель *м* закáза, подрядчик *м*
Auftragsbestand <-(e)s, -bestände> *m* портфéль *м* закáзов
Auftragsbestätigung <-, -en> *f* подтверждéние *ср* закáза
Auftragsbuch <-(e)s, -bücher> *nt* кнúга *ж* закáзов
Auftragseingang <-(e)s, -eingänge> *m* поступлéние *ср* закáза
Auftragserteilung <-, -en> *f* размещéние *ср* закáза
Auftragsfertigung <-, -en> *f* изготовлéние *ср* по закáзу
auftragsgemäß *adj* по закáзу
Auftragshöhe <-, -n> *f* размéр *м* закáза
Auftragsrückgang <-(e)s, -rückgänge> *m* сокращéние *ср* закáзов
Auftragsvergabe <-, -n> *f* вы́дача *ж* закáзов
auf|treiben <irr> *vt* **1.** *(beschaffen)* доставáть, -стáть *св* **2.** *(aufwirbeln)* поднимáть, -нять *св*
auf|treten <irr> *vi* **1.** *(gehen)* ступáть, -пúть *св* **2.** *(vorkommen)* возникáть, -нúкнуть *св,* появляться, -вúться *св* **3.** *(sich verhalten)* держáться *нсв* **4.** *(Schauspieler)* выступáть, вы́ступить *св*
Auftreten <-s> *nt* **1.** *(Vorkommen)* появлéние *ср* **2.** *(Verhalten)* поведéние *ср*
Auftrieb <-(e)s> *m* **1.** PHY вытáлкивающая сúла *ж* **2.** *fig* стúмул *м,* úмпульс *м*
Auftritt <-(e)s, -e> *m* **1.** *(Schauspieler)* выступлéние *ср* **2.** THEAT *(Szene)* сцéна *ж,* явлéние *ср* **3.** *fig* сцéна *ж*
auf|trumpfen *vi* козырять, -рнýть *св*
auf|tun I. <irr> *vr* **1.** *(Möglichkeit)* открывáться, -кры́ться *св* **2.** *(sich öffnen)* раскрывáться, -кры́ться *св* **II.** *vt umg* открывáть, -кры́ть *св,* находúть, найтú *св;* **er hat in der Nähe ein tolles Weingeschäft aufgetan** он нашёл поблúзости отлúчный вúнный магазúн
auf|wachen *vi* просыпáться, -снýться *св*
auf|wachsen <irr> *vi* вырастáть, вы́расти *св*
Aufwand ['aʊfvant] <-(e)s> *m* расхóды *ммн,* затрáты *жмн;* **betrieblicher ~** произвóдственные затрáты; **finanzieller ~** дéнежные расхóды; **indirekter ~** кóсвенные затрáты; **~ für Investitionen** инвестициóнные расхóды
aufwändig *adj* дорогостóящий; *(kostspielig)* расточúтельный
Aufwandsentschädigung <-, -en> *f* возмещéние *ср*
Aufwandskonto <-s, -konten> *nt* расхóдный счёт *м*
auf|wärmen I. *vt (Essen)* подогревáть, -грéть *св* **II.** *vr* согревáться, -грéться *св;* SPORT дéлать, сдéлать *св* размúнку
aufwärts ['aʊfvɛrts] *adv* вверх, навéрх

Aufwärtsentwicklung <-> *f* подъём *м,* прогре́сс *м*
aufwärts|gehen[RR] <irr> *vi* улучша́ться, улу́чшиться *св;* **es geht aufwärts** дела́ иду́т на лад
auf|wecken *vt* буди́ть, раз- *св*
auf|weichen ['aʊfvaɪçən] *vt* размягча́ть, -чи́ть *св,* разма́чивать, -мочи́ть *св*
auf|weisen ['aʊfvaɪzən] <irr> *vt* пока́зывать, -за́ть *св,* ука́зывать, -за́ть *св*
auf|wenden *vt* **1.** *(Mühe)* прилага́ть, -ложи́ть *св* **2.** *(Geld)* тра́тить, ис- *св*
aufwendig *adj s.a.* **aufwändig**
Aufwendung <-, -en> *f* затра́ты *мн*
auf|werfen <irr> *vt* **1.** *(Frage)* поднима́ть, -ня́ть *св,* затра́гивать, -тро́нуть *св* **2.** *(Damm)* насыпа́ть, -сы́пать *св*
auf|werten *vt* поднима́ть, -ня́ть *св* прести́ж; *(Währung)* ревальви́ровать *(н)св*
Aufwertung <-, -en> *f* ревальва́ция *ж*
auf|wickeln *vt* **1.** *(Faden)* нама́тывать, -мота́ть *св* **2.** *(enthüllen)* развора́чивать, -верну́ть *св*
auf|wiegeln ['aʊfvi:gəln] *vt* подстрека́ть, -кну́ть *св*
Aufwind <-(e)s, -e> *m* восходя́щий пото́к *м* во́здуха; *fig* сти́мул *м*
auf|wirbeln *vt* вздыма́ть *нсв;* **Staub ~** *fig* подня́ть шуми́ху
auf|wischen *vt* вытира́ть, вы́тереть *св*
auf|wühlen *vt* разрыва́ть, -ры́ть *св; fig* будора́жить, взбудора́жить *св*
auf|zählen *vt* перечисля́ть, -чи́слить *св*
Aufzählung <-, -en> *f* перечисле́ние *ср*
auf|zehren *vt* по́лностью израсхо́довать, изнуря́ть, истоща́ть
auf|zeichnen *vt* **1.** *(zeichnen)* черти́ть, на- *св,* рисова́ть, на- *св* **2.** *(aufnehmen, a. schriftlich)* запи́сывать, -са́ть *св*
Aufzeichnung <-, -en> *f* **1.** *(Entwurf)* чертёж *м,* набро́сок *м* **2.** *(schriftlich, a. Tonaufnahme)* за́пись *ж* **3.** *(Notiz)* заме́тка *ж* **4.** TV за́пись *ж*
auf|zeigen *vt* пока́зывать, -за́ть *св*
auf|ziehen <irr> **I.** *vt* **1.** *(öffnen)* открыва́ть, откры́ть *св,* раскрыва́ть, раскры́ть *св; (Vorhang)* поднима́ть, подня́ть *св* **2.** *(Uhr)* заводи́ть, -вести́ *св* **3.** *(Kind)* расти́ть *нсв,* воспи́тывать, -та́ть *св* **4.** *fam (organisieren)* организо́вывать, организова́ть *св,* проводи́ть, провести́ *св* **5.** *(Seiten)* зала́дить другу́ю пе́сню **6.** *fam (verspotten)* дразни́ть *нсв;* **jdn ~** надсмея́ться над кем-л. **II.** *vi sein* **1.** *(Gewitter)* находи́ть, найти́ *св* **2.** MIL *(Truppen)* прийти́ марширу́я
Aufzins <-es, -en> *m* лаж *м,* а́жио *ср*
auf|zinsen *vt* начисля́ть сло́жные проце́нты
Aufzinsung <-, -en> *f* начисле́ние *ср* сло́жных проце́нтов
Aufzinsungsfaktor <-s, -en> *m* коэффицие́нт *м* нара́щивания сло́жных проце́нтов
Aufzug <-(e)s, Aufzüge> *m* **1.** *(Fahrstuhl)* лифт *м* **2.** *(Kleidung)* наря́д *м* **3.** THEAT акт *м,* де́йствие *ср*
auf|zwingen <irr> **I.** *vt* навя́зывать, -за́ть *св* **II.** *vr (Gedanke)* неотсту́пно пресле́довать *нсв*
Auge ['aʊgə] <-s, -n> *nt* **1.** ANAT глаз *м; (Sehvermögen)* зре́ние *ср;* **mit bloßem ~** невооружённым гла́зом; **die Augen offen halten** смотре́ть в о́ба гла́за; **jdm die Augen öffnen** *fig* откры́ть глаза́ кому́-л.; **so weit das ~ reicht** куда́ ни посмотри́ [*или* взгляни́]; **sie traute ihren Augen nicht** она́ не пове́рила свои́м глаза́м; **jdn unter vier Augen sprechen** говори́ть с кем-л. с гла́зу на глаз; **mir wurde schwarz vor Augen** у меня́ потемне́ло в глаза́х; **jdm schöne Augen machen** *fam* стро́ить глаза́ кому́-л., подли́зываться к кому́-л.; **aus den Augen, aus dem Sinn** *prov* с глаз доло́й, из се́рдца вон; **unter vier ~n** с гла́зу на глаз; **seinen ~n nicht trauen** не ве́рить со́бственным глаза́м; **etw nicht aus den ~ lassen** не спуска́ть с чего́-л. глаз; **etw im ~ behalten** не теря́ть что-л. из ви́ду; **mit einem blauen ~ davonkommen** отде́латься лёгким испу́гом; **jdm etw vor ~n führen** нагля́дно показа́ть кому́-л. что-л. **2.** TECH ушко́ *ср* **3.** *(bei Kartenspiel, Würfeln)* очко́ *ср*
Augenarzt <-es, -ärzte> *m,* **Augenärztin** *f* окули́ст *м,* глазно́й врач *м*
Augenblick <-(e)s, -e> *m* миг *м,* мгнове́ние *ср*
augenblicklich *adj* **1.** *(momentan)* настоя́щий, тепе́решний **2.** *(sofortig)* мгнове́нный
Augenbraue ['aʊgənbraʊə] <-, -n> *f* бро́вь *ж*
Augenfarbe <-, -n> *f* цвет *м* глаз
Augenflimmern <-s> *nt* рябь *ж* в глаза́х
Augenhöhe *f* **in ~** на у́ровне глаз
Augenhöhle <-, -n> *f* глазна́я впа́дина *ж*
Augenklappe *f* шо́ры *мн*
Augenklinik <-, -en> *f* глазна́я кли́ника *ж*
Augenlicht <-(e)s> *nt* зре́ние *ср*
Augenmaß *nt* глазоме́р *м*
Augenringe *mpl* круги́ *мн* под глаза́ми
Augenschein <-(e)s> *m* вид *м,* ви́димость *ж;* **etw in ~ nehmen** осмотре́ть что-л.
Augentropfen *mpl* MED ка́пли *жмн* для глаз
Augenweide <-> *f* отра́да *ж* для глаз
Augenwinkel *m* край *м* гла́за; **jdn aus den Augenwinkeln anschauen** смотре́ть на кого́-л. кра́ем гла́за
Augenzeuge <-en, -en> *m,* **Augenzeugin** *f* очеви́дец *м и ж*
augenzwinkernd *adj* подми́гивающий
August [aʊ'gʊst] <-(e)s, -e> *m* а́вгуст *м;* **im**

~ в áвгусте
Auktion [aʊkˈtsi̯oːn] <-, -en> *f* аукциóн *м*
Auktionator [aʊktsi̯oˈnaːtoːɐ̯] <-s> *gen m* аукционúст *м*
Aula [ˈaʊla] <-, Aulen> *f* áктовый зал *м*
Aura *f ohne pl geh* áура *ж*
aus [aʊs] **I.** *prp + dat* из, по; ~ **London** из Лóндона; ~ **eigener Erfahrung** по сóбственному óпыту; ~ **Freude** от рáдости; ~ **Holz** из дéрева; **er sah ~ dem Fenster** он посмотрéл из окнá; ~ **der Flasche trinken** пить из буты́лки; ~ **der Mode kommen** вы́йти из мóды; **er ist ~ Leipzig** он из Лéйпцига; ~ **Glas** из стеклá; ~ **diesem Anlass** по э́тому пóводу **II.** *adv* **1.** *(vorbei, beendet)* кóнчено, конéц; **das Spiel ist ~** всё кóнчилось **2.** *(ausgeschaltet)* вы́ключено **3.** SPORT в áуте **4.** *(Wend)* ~ **sein** *fam (sich vergnügen)* пойтú повеселúться; *(zu Ende sein)* кóнчено; **von mir ~** *fam (okay)* я не возражáю, как хотúте; **weder ein noch ~ wissen** не знать, как бы́ть; **bei jdm ein und ~ gehen** чáсто бывáть у когó-л.
Aus <-, *ohne pl*> *nt* **1.** SPORT áут *м* **2.** *(Ende)* конéц *м*
aus|arbeiten *vt* разрабáтывать, -бóтать *св*, составля́ть, -тáвить *св*
aus|arten [ˈaʊsartən] *vi* переходúть, -рейтú *св*, превращáться, -вратúться *св*
aus|atmen *vi* выдыхáть, вы́дохнуть *св*
aus|baden *vt* **etw ~ müssen** *umg* быть вы́нужденным расхлёбывать что-л.
Ausbau <-(e)s> *m* **1.** *(das Ausbauen)* разбóрка *ж*, демонтáж *м* **2.** *(Erweiterung)* расширéние *ср*, развúтие *ср* **3.** *(Haus~)* расстрóйка *ж*
aus|bauen *vt* **1.** *(auseinanderlegen)* разбирáть, -зобрáть *св* **2.** *(erweitern)* расширя́ть, -шúрить *св* **3.** *(Haus)* отстрáивать, -стрóить *св*, дострáивать, -стрóить *св*
ausbaufähig *adj* спосóбный к развúтию [*или* расширéнию]
aus|bedingen *vt* **sich etw ~** оговáривать своё прáво на что-л.
aus|beißen <irr> *vt* **sich an etw die Zähne ~** *fig* обломáть себé на чём-л. зýбы
aus|bessern *vt* исправля́ть, -прáвить *св*
Ausbesserung <-, -en> *f* почúнка *ж*
aus|beuten *vt* **1.** *(Person)* эксплуатúровать *нсв*, бессóвестно испóльзовать *(н)св* **2.** BERGB разрабáтывать, -бóтать *св*
Ausbeuter(in) <-s, -; -nen> *m(f) abw* эксплуатáтор *м*
Ausbeutung <-, -en> *f* **1.** *(von Menschen)* эксплуатáция *ж* **2.** *(von Rohstoffen)* разрабóтка *ж*
aus|bilden *vt* **1.** *(Lehrling)* обучáть, -чúть *св*, подготáвливать, -готóвить *св*; **Fachleute ~** готóвить специалúстов; **Führungskräfte ~** готóвить руководя́щие кáдры **2.** *(Fähigkeiten)* развивáть, -вúть *св*
Ausbildung <-, -en> *f* обучéние *ср*, подготóвка *ж*; **berufliche Ausbildung** профессионáльная подготóвка; **fachliche ~** подготóвка по специáльности; **kostenlose ~** бесплáтное обучéние; ~ **von Facharbeitern** подготóвка квалифицúрованных рабóчих
Ausbildungsdauer <-> *f* срок *м* обучéния
Ausbildungskosten *pl* расхóды *мн* на обучéние
Ausbildungsprogramm <-(e)s, -e> *nt* прогрáмма *ж* обучéния
Ausbildungsstätte <-, -n> *f* мéсто *ср* обучéния
aus|blasen *vt* задувáть, -дýть *св*, выдувáть, вы́дуть *св*
aus|bleiben <irr> *vi* не случúться *св*, -чáться *нсв*, не наступáть, -пúть *св*
Ausblick <-(e)s, -e> *m* **1.** *(Aussicht)* вид *м* **2.** *(Perspektive)* перспектúва *ж*
aus|bohren *vt* высвéрливать, вы́сверлить *св*
aus|borgen *vt* одáлживать, одолжúть *св*; **sich etw ~** брáть что-л. в долг
aus|brechen <irr> **I.** *vt (herausbrechen)* вылáмывать, вы́ломать *св* **II.** *vi* **1.** *(Gefangener)* сбежáть *св*, сбегáть *нсв* **2.** *(Schweiß)* выступáть, вы́ступить *св* **3.** *(Krieg)* разражáться, -разúться *св*; **in Tränen ~** расплáкаться
aus|breiten **I.** *vt* **1.** *(Decke)* расстилáть, -стелúть *св* **2.** *(Flügel)* расправля́ть, -прáвить *св* **3.** *(Arme)* простирáть, -терéть *св* **II.** *vr* **1.** *(Feuer, Seuche, Rauch)* распространя́ться, -нúться *св* **2.** *(sich über etw verbreiten)* распространя́ться *нсв*, разглагóльствовать, по- *св*; **er liebte es, sich über dieses Thema auszubreiten** он любúл поразглагóльствовать на э́ту тéму
Ausbringung <-, -en> *f* вы́ход *м*
Ausbruch <-(e)s, Ausbrüche> *m* **1.** *(Beginn)* начáло *ср* **2.** *(von Gefangenen)* побéг *м* **3.** *(von Gefühlen)* взрыв *м* **4.** *(Vulkan~)* извержéние *ср*
aus|brüten *vt* высúживать, вы́сидеть *св*; **etw ~** *fig* замышля́ть что-л.
aus|bügeln *vt fig* заглáживать, -глáдить *св*, улáживать, улáдить *св*
aus|buhen *vt* освистáть *св*, -вúстывать *нсв*
aus|bürgern [ˈaʊsbʏrgɐn] *vt* лишáть, -шúть *св* грáжданства
aus|bürsten *vt* чúстить, вы́- *св* щёткой
Ausdauer <-> *f sg* вы́держка *ж*, выносливость *ж*
ausdauernd *adj* вынóсливый, терпелúвый
aus|dehnen *vt* **1.** *(erweitern)* расширя́ть,

-ши́рить *св*, растя́гивать, -тяну́ть *св* **2.** *(verlängern)* продлева́ть, -дли́ть *св* **3.** *(Einfluss)* распространя́ть, -ни́ть *св*

Ausdehnung <-en> *f* **1.** *(Größe, Umfang)* расшире́ние *ср* **2.** *(Erweiterung)* увеличе́ние *ср* объёма

aus|denken <irr> *vt* выду́мывать, вы́думать *св;* **sich etw ~** сочиня́ть

aus|dienen *vi fam* **der alte Stuhl hat langsam ausgedient** ста́рый стул уже́ отслужи́л своё

aus|diskutieren *vt* реши́ть, -ша́ть *нсв* в хо́де диску́ссии

aus|dörren *vt* высу́шивать, вы́сушить *св*

Ausdruck[1] <-(e)s, Ausdrücke> *m* **1.** *(das Ausdrücken)* выраже́ние *ср*, проявле́ние *ср* **2.** *(Wort)* выраже́ние *ср*, оборо́т *м;* **etw zum ~ bringen** вы́разить

Ausdruck[2] <-(e)s, -e> *m* DV распеча́тка *ж*

aus|drucken *vt* DV распеча́тывать, -ча́тать *св*

aus|drücken I. *vt* **1.** *(formulieren)* выража́ть, вы́разить *св* **2.** *(zeigen)* изобража́ть, -брази́ть *св* **3.** *(Zitrone)* выжима́ть, вы́жать *св* **4.** *(Zigarette)* гаси́ть, по- *св* II. *vr* выража́ться, вы́разиться *св*

ausdrücklich ['aʊsdrʏklɪç] *adj* я́сный, определённый

ausdruckslos *adj* невырази́тельный

ausdrucksvoll *adj* вырази́тельный

Ausdrucksweise <-> *f* спо́соб *м* выраже́ния

auseinander [aʊsaɪ'nandɐ] *adv* врозь, отде́льно друг от дру́га; **die beiden Häuser liegen nicht weit ~** о́ба до́ма стоя́т недалеко́ друг от дру́га

auseinander|bringenRR *vi* разнима́ть, -ня́ть *св*, разлуча́ть, -лучи́ть *св*

auseinander|fallenRR <irr> *vi* распада́ться, -па́сться *св*, разва́ливаться, -ли́ться *св*

auseinander|gehenRR <irr> *vi* **1.** *(in verschiedene Richtungen)* расходи́ться, разойти́сь *св* **2.** *(Ansichten)* расходи́ться, разойти́сь *св* **3.** *(Gegenstand)* разва́ливаться, -ли́ться *св* **4.** *(zunehmen)* раздава́ться, -да́ться *св*

auseinander|haltenRR <irr> *vt* различа́ть, -чи́ть *св*

auseinander|nehmenRR <irr> *vt* разбира́ть, -зобра́ть *св*

auseinander|reißenRR <irr> *vt* разрыва́ть, -зорва́ть *св*

auseinander|setzenRR I. *vt* расса́живать, -сади́ть *св;* **jdm etw ~** растолкова́ть кому́-л. что-л. II. *vr* **sich mit etw ~** занима́ться чем-л.; **sich mit jdm ~** объясня́ться с ке́м.-л.

Auseinandersetzung <-, -en> *f* **1.** *(Streit)* спор *м*, диску́ссия *ж* **2.** *(Beschäftigung)* разбо́р *м*, рассмотре́ние *ср*

auserkoren *adj geh* и́збранный

aus|fahren <irr> *vt* **1.** *(Ausflug machen)* выезжа́ть, вы́ехать *св* **2.** *(ausliefern)* вывози́ть, вы́везти *св* **3.** *(Fahrgestell)* выпуска́ть, вы́пустить *св*

Ausfahrt <-, -en> *f* **1.** *(Tor)* воро́та *мн* **2.** *(an Autobahn)* вы́езд *м* **3.** *(Spazierfahrt)* вы́езд *м*, прогу́лка *ж*

Ausfall <-(e)s, Ausfälle> *m* **1.** *(das Ausfallen)* выпаде́ние *ср* **2.** *(Nichtstattfinden)* отме́на *ж*, выпаде́ние *ср* **3.** *(Verlust)* потéря *м*, у́быль *ж* **4.** *(Versagen)* отка́з *м*, выхо́д *м* из стро́я **5.** *(Ausbleiben)* непоступле́ние *ср*, неполуче́ние *ср;* **~ von Zahlungen** непоступле́ние платеже́й

Ausfallbürgschaft <-, -en> *f* JUR пору́чительство *ср* на слу́чай возникнове́ния убы́тков

aus|fallen <irr> *vi* **1.** *(Haare)* выпада́ть, вы́пасть *св* **2.** *(nicht stattfinden)* не состоя́ться *св* **3.** *(nicht funktionieren)* выходи́ть, вы́йти *св* из стро́я **4.** *(fehlen)* недостава́ть, -ста́ть *св* **5.** *(Ergebnis)* получа́ться, -чи́ться *св*, удава́ться, уда́ться *св*

ausfallend *adj* на́глый, гру́бый

Ausfallrisiko <-s, -risiken> *nt* риск *м* отка́за

aus|fertigen *vt* изгота́вливать, -то́вить *св*

Ausfertigung <-, -en> *f* изготовле́ние *ср; (Abschrift)* экземпля́р *м;* **in doppelter ~** в двух экземпля́рах

ausfindig ['aʊsfɪndɪç] *adv* **jdn/etw ~ machen** разыска́ть кого́-л./что-л.

aus|fließen <irr> *vi* вытека́ть, вы́течь *св*

aus|flippen ['aʊsflɪpən] *vt umg* выходи́ть, вы́йти *св* из себя́, сорва́ться *св*, срыва́ться *нсв*

Ausflucht ['aʊsflʊxt, 'aʊsflʏçtə] <-, Ausflüchte> *f* отгово́рка *ж*

Ausflug <-(e)s, Ausflüge> *m* экску́рсия *ж*, прогу́лка *ж*

Ausflügler(in) ['aʊsfly:klɐ] <-s, -> *m(f)* экскурса́нт(ка) *м (ж)*, прогу́ливающийся *м*, прогу́ливающаяся *ж*

Ausfluss <-es, Ausflüsse> *m* **1.** *(Ausfließen)* вытека́ние *ср* **2.** *(Stelle)* сток *м* **3.** *kein pl* MED выделе́ние *ср*

aus|fragen *vt* расспра́шивать, -спроси́ть *св*

aus|fransen ['aʊsfranzən] *vi* обтрепа́ться *св*, -трёпываться *нсв*

aus|fressen <irr> *vt* **1.** *(Futter)* вы́есть *св*, выеда́ть *нсв* **2.** *(zerstören)* разъеда́ть, разъе́сть *св;* **etw ausgefressen haben** *umg* натвори́ть что-л.

Ausfuhr ['aʊsfu:ɐ] <-> *f* вы́воз *м*, э́кспорт *м*

Ausfuhrabfertigung <-, -en> *f* тамо́женная обрабо́тка *ж* э́кспорта

Ausfuhrabgabe <-, -en> *f* э́кспортная по́шлина *ж*

Ausfuhrartikel <-s, -> *m* предме́т *м* э́кспорта

Ausfuhrbescheinigung <-, -en> *f* вывозно́е свиде́тельство *ср*

Ausfuhrbeschränkung <-, -en> *f* ограниче́ние *ср* э́кспорта

Ausfuhrbewilligung *m* разреше́ние *ср* на э́кспорт

aus|führen *vt* **1.** *(Hund)* выводи́ть, вы́вести *св* **2.** *(exportieren)* вывози́ть, вы́везти *св*, экспорти́ровать *(н)св* **3.** *(darlegen)* излага́ть, -ложи́ть *св*

Ausfuhrförderung <-, -en> *f* стимули́рование *ср* э́кспорта

Ausfuhrgenehmigung <-, -en> *f* э́кспортная лице́нзия *ж*

Ausfuhrhandel <-s> *m* э́кспортная торго́вля *ж*

Ausfuhrkontingent <-(e)s, -e> *nt* э́кспортный континге́нт *м*

Ausfuhrland <-(e)s, -länder> *nt* страна́ *ж* - экспортёр

ausführlich ['aʊsfyːɐ̯lɪç] *adj (detailliert)* подро́бный, обстоя́тельный

Ausfuhrlizenz <-, -en> *f* э́кспортная лице́нзия *ж*

Ausfuhrquote <-, -n> *f* э́кспортная кво́та *ж*

Ausfuhrrestriktion <-, -en> *f* ограниче́ние *ср* э́кспорта

Ausfuhrsperre <-, -n> *f* эмба́рго *ср* на э́кспорт

Ausführung <-, -en> *f* **1.** *(Durchführung)* проведе́ние *ср*, осуществле́ние *ср*; *(Befehl, Auftrag)* исполне́ние *ср*; *(Verbrechen)* соверше́ние *ср* преступле́ния; **zur ~ gelangen** испо́лнить **2.** *(Typ)* моде́ль *ж*, констру́кция *ж* **3.** *(Darlegung)* изложе́ние *ср*; **wir folgten gespannt seinen ~en** мы внима́тельно следи́ли за его́ изложе́нием

Ausfuhrverbot <-(e)s, -e> *nt* эмба́рго *ср* на э́кспорт

Ausfuhrvolumen <-s, -volumina> *nt* объём *м* э́кспорта

Ausfuhrzoll <-(e)s, -zölle> *m* э́кспортная по́шлина *ж*

aus|füllen *vt* **1.** *(vollmachen)* заполня́ть, -по́лнить *св*, засыпа́ть, -сы́пать *св* **2.** *(Formular)* заполня́ть, -по́лнить *св*

Ausgabe <-, -> *f* **1.** *(Aushändigung)* вы́дача *ж* **2.** *(von Geld)* расхо́д *м*, затра́та *ж*; **laufende ~n** постоя́нные расхо́ды; **die ~n decken** покрыва́ть расхо́ды; **~n von der Steuer absetzen** вычита́ть расхо́ды из су́ммы, облага́емой нало́гом **3.** *(eines Buches)* изда́ние *ср* **4.** *(Börse: von Aktien)* эми́ссия *ж*, вы́пуск *м* **5.** *(Nummer)* но́мер *м*, вы́пуск *м*

Ausgabekurs <-es, -e> *m* эмисио́нный курс *м*

Ausgang <-(e)s, Ausgänge> *m* **1.** *(Ausgangstür)* вы́ход *м* **2.** *(Ende)* коне́ц *м* **3.** *(Ergebnis)* результа́т *м*, исхо́д *м*; **~ der Verhandlungen** результа́т перегово́ров; **~ der Wahlen** результа́т вы́боров

Ausgangsbasis <-> *f* исхо́дный пункт *м*

Ausgangslage <-, -n> *f* исхо́дная ситуа́ция *ж*

Ausgangsposition <-, -en> *f* исхо́дное положе́ние *ср*

Ausgangspunkt <-(e)s, -e> *m* исхо́дный пункт *м*, отправна́я то́чка *ж*

aus|geben <irr> *vt* **1.** *(Geld)* расхо́довать, из- *св* **2.** *(aushändigen)* выдава́ть, вы́дать *св*; **Aktien ~** выпуска́ть а́кции

Ausgebot <-(e)s, -e> *nt* объявле́ние *ср* цены́ на торга́х

ausgebucht *adj* за́нятый, забрани́рованный

ausgedehnt *adj* обши́рный

ausgedient *adj (Gegenstand)* отслужи́вший, него́дный; **~ haben** отслужи́ть

ausgefallen *adj* необы́чный, исключи́тельный

ausgeglichen ['aʊsgəglɪçən] *adj* уравнове́шенный

Ausgeglichenheit <-> *f* уравнове́шенность *ж*

aus|gehen <irr> *vi* **1.** *(herausgehen)* выходи́ть, вы́йти *св* **2.** *(enden)* конча́ться, ко́нчиться *св* **3.** *(Licht)* га́снуть, по- *св* **4.** *(Vorrat)* конча́ться, ко́нчиться *св*, иссяка́ть, -ся́кнуть *св* **5.** *(Haare)* выпада́ть, вы́пасть *св*; **davon ~, dass** исходи́ть из того́, что

ausgehungert *adj* изголода́вшийся

ausgekocht *adj umg* отъя́вленный

ausgelassen *adj* весёлый, непринуждённый

ausgemacht *adj* **1.** *(abgemacht)* решённый, постано́вленный **2.** *(vollkommen)* по́лный, соверше́нный

ausgenommen ['aʊsgənɔmən] *konj* кро́ме, за исключе́нием

ausgeprägt *adj* характе́рный; *(deutlich)* я́рко вы́раженный, я́вный

ausgerechnet ['aʊsgə(')rɛçnət] *adv* как раз, и́менно; **~ jetzt!** и́менно сейча́с!

ausgeschlossen ['aʊsgəʃlɔsən] *adj* исключённый; **~!** это исключено́!

ausgeschnitten **I.** *pp von* **ausschneiden** **II.** *adj (dekolletiert)* с вы́резом

ausgesprochen ['aʊsgəʃprɔxən] **I.** *adj* **1.** *(unverkennbar)* я́вный, очеви́дный **2.** *(Gauner)* отъя́вленный **II.** *adv (sehr)* о́чень, исключи́тельно

Ausgestaltung <-, -en> *f* оформле́ние *ср*

ausgestorben ['aʊsgəʃtɔrbən] *adj* **die Stadt ist völlig ~** го́род по́лностью вы́мер

ausgesucht ['aʊsgəzuːxt] *adj (erlesen)* изы́сканный, исключи́тельный

ausgewachsen *adj* вы́росший

ausgewogen ['aʊsgəvo:gən] *adj* уравнове́шенный, гармони́чный

ausgezeichnet ['aʊsgə(')ts̮aɪçnət] *adj* отли́чный; **~!** превосхо́дно!

ausgiebig ['aʊsgi:bɪç] *adj (reichlich)* оби́льный

Ausgleich ['aʊsglaɪç] <-(e)s, -e> *m* **1.** *(das Ausgleichen)* вы́равнивание *ср* **2.** *(Entschädigung)* компенса́ция *ж;* **zum ~** в ви́де компенса́ции; **den ~ erzielen** SPORT сравня́ть счёт; **~ der Zahlungsbilanz** сбаланси́рование платёжного бала́нса

aus|gleichen <irr> **I.** *vt* компенси́ровать *(н)св;* **Verluste ~** компенси́ровать убы́тки **II.** *vi* SPORT выра́внивать, вы́ровнять *св*

Ausgleichsgetriebe <-s, -> *nt* дифференциа́л *м*

Ausgleichssport <-(e)s> *m* компенси́рующий вид *м* спо́рта

Ausgleichszahlung <-, -en> *f* компенсацио́нный платёж *м*

aus|graben <irr> *vt* выка́пывать, вы́копать *св*

Ausgrabung <-, -en> *f* раско́пки *мн*

Ausguß[RR] <-sses, güsse> *m* умыва́льник *м,* ра́ковина *ж*

Ausguss <-es, Ausgüsse> *m* **1.** *(Abfluss)* слив *м,* сток *м* **2.** *(Tülle)* но́сик *м* ча́йника

aus|haben <irr> *vi (Schule)* зака́нчиваться, -ко́нчиться *св;* **wir haben um 12 Uhr aus** мы зака́нчиваем в 12 часо́в

aus|halten <irr> **I.** *vt* **1.** *(ertragen)* выде́рживать, вы́держать *св,* выноси́ть, вы́нести *св* **2.** *pej* содержа́ть *нсв* **II.** *vi (durchhalten)* держа́ться *нсв*

aus|handeln *vt* выторго́вывать, вы́торговать *св*

aus|händigen ['aʊshɛndɪgən] *vt* вруча́ть, -чи́ть *св,* выдава́ть, вы́дать *св*

Aushang <-(e)s, Aushänge> *m* объявле́ние *ср* на доске́

aus|hängen **I.** *vt* **1.** *(Anschlag)* выве́шивать, вы́весить *св* **2.** *(Tür)* снима́ть, снять *св* с пе́тель **II.** <irr> *vi* быть *нсв* вы́вешенным, висе́ть *нсв*

Aushängeschild <-(e)s, -er> *nt* вы́веска *ж*

aus|harren ['aʊsharən] *vi* терпели́во выжида́ть, вы́ждать *св*

aus|heben <irr> *vt* **1.** *(Grube)* вырыва́ть, вы́рыть *св* **2.** *(Verbrecher)* брать, взять *св*

aus|hecken ['aʊshɛkən] *vt umg* выду́мывать, вы́думать *св*

aus|helfen <irr> *vi* помога́ть, помо́чь *(mit + dat)* с

Aushilfe <-, -n> *f* **1.** *(das Aushelfen)* по́мощь *ж* на вре́мя **2.** *(Mensch)* вре́менный помо́щник *м*

Aushilfskraft <-, -kräfte> *f* вре́менный помо́щник *м*

aus|höhlen *vt* выда́лбливать, вы́долбить *св; (Regeln)* выхола́щивать, вы́холостить *св*

aus|holen *vi* зама́хиваться, -хну́ться *св*

aus|horchen *vt* выве́дывать, вы́ведать *св;* **er möchte mich über etw ~** он хо́чет у меня́ что́-то вы́ведать

aus|hungern *vt* мори́ть, за- *св* го́лодом

aus|kehren *vt* вымета́ть, вы́мести *св*

aus|kennen <irr> *vr* **1.** *(in einer Gegend)* ориенти́роваться, сориенти́роваться *св* **2.** *(auf einem Gebiet)* разбира́ться, -зобра́ться *св*

aus|klammern *vt (Thema)* исключа́ть, -чи́ть *св,* не затра́гивать, -тро́нуть *св*

Ausklang <-(e)s> *m* заключи́тельный акко́рд *м,* оконча́ние *ср* музыка́льного произведе́ния; **zum ~** в конце́

ausklappbar *adj* раскладно́й, складно́й

aus|klappen *vt* раскла́дывать, разложи́ть *св*

aus|knipsen *vt fam* выключа́ть, вы́ключить *св*

aus|kochen *vt* выва́ривать, вы́варить *св*

aus|kommen <irr> *vi* **mit etw ~** обходи́ться чем-л.; **mit jdm (gut/schlecht) ~** ла́дить/не ла́дить с кем-л.

aus|kugeln *vt* вы́вихнуть *св;* **sich den Arm ~** вы́вихнуть себе́ ру́ку

aus|kühlen *vi* **1.** *(Raum)* охлажда́ться, -ди́ться *св* **2.** *(Körper)* остыва́ть, -ты́ть *св*

aus|kundschaften ['aʊskʊntʃaftən] *vt* разузнава́ть, -зна́ть *св*

Auskunft ['aʊskʊnft, 'aʊskʏnftə] <-, Auskünfte> *f* **1.** *(Information)* спра́вка *ж* **2.** *(Schalter)* спра́вочное бюро́ *ср;* **jdm ~ erteilen** дава́ть кому́-л. спра́вку [*или* информа́цию] **3.** TELKOM спра́вочная слу́жба *ж*

aus|kuppeln *vi* KFZ выключа́ть, вы́ключить *св* сцепле́ние

aus|kurieren *vt* выле́чивать, вы́лечить *св*

aus|lachen *vt* высме́ивать, вы́смеять *св*

aus|laden <irr> *vt* **1.** *(Ware)* выгружа́ть, вы́грузить *св* **2.** *(Gäste)* отменя́ть, -ни́ть *св* приглаше́ние

Auslage <-, -n> *f* витри́на *ж; pl (Unkosten)* изде́ржки *мн*

Ausland <-(e)s> *nt* зарубе́жные стра́ны *жмн,* грани́ца *ж;* **im ~** за грани́цей; **ins ~** за грани́цу; **Gelder ins ~ transferieren** перевести́ де́ньги за грани́цу

Ausländer(in) ['aʊslɛndɐ] <-s, -> *m(f)* иностра́нец *м,* иностра́нка *ж*

Ausländeramt <-(e)s> *nt* ве́домство *ср* по вопро́сам пребыва́ния иностра́нцев

ausländerfeindlich *adj* вражде́бный к иностра́нцам

Ausländerfeindlichkeit <-> *f* вражде́бность *ж* к иностра́нцам

ausländisch *adj* иностра́нный, заграни́чный; **Integration ~er Arbeitskräfte** интегра́ция иностра́нной рабо́чей си́лы

Auslandsabteilung <-, -en> *f* междунаро́дный отде́л *м*

Auslandsaktiva *pl* загрaни́чные акти́вы *мн*

Auslandsanleihe *m* вне́шний заём *м*

Auslandsfiliale <-, -n> *f* загрaни́чный филиа́л *м;* **eine ~ eröffnen** открыва́ть загрaни́чный филиа́л

Auslandsflug <-(e)s, -flüge> *m* междунаро́дный полёт *м*

Auslandsgeschäft <-(e)s, -e> *nt* загрaни́чная опера́ция *ж* (ба́нка)

Auslandsgespräch <-(e)s, -e> *nt* TELKOM междунаро́дный разгово́р *м*

Auslandsinvestition <-, -en> *f* загрaни́чные [*или* зарубе́жные] инвести́ции *мн*

Auslandskapital <-s> *nt* зарубе́жный капита́л *м*

Auslandskorrespondent(in) <-en, -en> *m(f)* зарубе́жный корреспонде́нт *м,* зарубе́жная корреспонде́нтка *ж*

Auslandskredit <-(e)s, -e> *m* зарубе́жный [*или* иностра́нный] креди́т *м*

Auslandsmarkt <-(e)s, -märkte> *m* вне́шний [*или* зарубе́жный] ры́нок *м*

Auslandsnachfrage <-, -n> *f* вне́шний спрос *м*

Auslandsniederlassung <-, -en> *f* загрaни́чный филиа́л *м*

Auslandspassiva *pl* загрaни́чные пасси́вы *мн*

Auslandsrisiko <-s, -risiken> *nt* вне́шний креди́тный риск *м*

Auslandsschulden *pl* вне́шняя задо́лженность *ж*

Auslandsverbindlichkeiten *pl* вне́шняя задо́лженность *ж*

Auslandsvermögen <-s> *nt* загрaни́чное иму́щество *ср*

Auslandsverschuldung <-, -en> *f* вне́шняя задо́лженность *ж*

Auslandsvertretung <-, -en> *f* загрaни́чное представи́тельство *ср*

aus|lassen <irr> **I.** *vt* **1.** *(weglassen)* выпуска́ть, вы́пустить *св* **2.** *(Butter)* раста́пливать, -топи́ть *св* **3.** *(Wut)* вымеща́ть, вы́местить *св (an + dat)* на **II.** *vr* **sich über etw/jdn ~** выска́зываться о чём-л./ко́м-л.

Auslassungspunkte *pl* многото́чие *ср*

aus|lasten *vt* загружа́ть, -рузи́ть *св;* **Kapazitäten ~** загружа́ть произво́дственные мо́щности

Auslastung <-, -en> *f* загру́зка *ж;* **~ einer Anlage** загру́зка устано́вки

Auslastungsgrad <-(e)s, -e> *m* сте́пень *ж* загру́зки

Auslauf <-(e)s, Ausläufe> *f* **1.** *(Bewegung)* вытека́ние *ср* **2.** *(Abfluss)* сток *м*

aus|laufen <irr> *vi* **1.** *(Flüssigkeit)* вытека́ть, вы́течь *св* **2.** *(aufhören, enden)* конча́ться, ко́нчиться *св* **3.** *(Schiff)* отплыва́ть, -плы́ть *св*

Ausläufer <-s, -> *m (Gebirgs~)* отро́г *м*

Auslaut <-(e)s, -e> *m* LING коне́чный звук *м*

aus|leeren *vt* опустоша́ть, опустоши́ть *св*

aus|legen *vt* **1.** *(zur Ansicht)* выкла́дывать, вы́ложить *св* **2.** *(Geld)* вноси́ть, внести́ *св,* плати́ть, за- *св* **3.** *(deuten)* истолко́вывать, -кова́ть *св,* интерпрети́ровать *(н)св*

Auslegung <-, -en> *f (Deutung)* толкова́ние *ср,* интерпрета́ция *ж*

aus|leiern *vi* **1.** *umg (Mechanismus)* разболта́ться *св,* -ба́лтываться *нсв* **2.** *(Gewinde)* стере́ться *св,* стира́ться *нсв*

Ausleihe ['aʊslaɪə] <-, -n> *f* **1.** *(das Ausleihen)* прока́т *м* **2.** *(Stelle)* пункт *м* прока́та

aus|leihen <irr> *vt* дава́ть, дать *св* напрока́т

Ausleihungsgeschäft <-(e)s, -e> *nt* опера́ции *жмн* по вы́даче ссуд

aus|lernen *vi* зако́нчить обуче́ние; **man lernt nie aus** век живи́, век учи́сь

Auslese ['aʊsle:zə] <-, -n> *f* отбо́р *м; (Elite)* эли́та *ж*

aus|lesen <irr> *vt* **1.** *(aussondern)* отбира́ть, отобра́ть *св,* сортирова́ть, от- *св* **2.** *umg (Buch)* прочи́тывать, -та́ть *св* до конца́

aus|liefern *vt* **1.** *(Ware)* поставля́ть, -ста́вить *св* **2.** *(Person)* выдава́ть, вы́дать *св;* **jdm ausgeliefert sein** быть о́тданным на че́й-то произво́л

Auslieferung <-en> *f* доста́вка *ж,* поста́вка *ж;* JUR экстради́рование *ср*

Auslieferungslager <-s, -> *nt* сбытова́я ба́за *ж*

aus|liegen <irr> *vi* быть *нсв* вы́ставленным; **in der Bibliothek lagen Zeitungen und Prospekte aus** в библиоте́ке бы́ли вы́ложены газе́ты и проспе́кты

aus|löschen *vt* гаси́ть, за- *св*

aus|losen ['aʊslo:zən] *vt* разы́грывать, -гра́ть *св*

aus|lösen *vt* **1.** *(in Gang setzen)* запуска́ть, -сти́ть *св* **2.** *(verursachen)* вызыва́ть, вы́звать *св* **3.** *(Pfand)* выкупа́ть, вы́купить *св*

Auslöser <-s, -> *m* FOT спуск *м*

aus|machen *vt* **1.** *(ausschalten)* выключа́ть, вы́ключить *св* **2.** *(löschen)* гаси́ть, по- *св* **3.** *(vereinbaren)* догова́риваться, -вори́ться *св (mit + dat)* с **4.** *(sichten)* высма́тривать, вы́смотреть *св,* обнару́живать, -ру́жить *св* **5.** *(bedeuten)* име́ть *нсв* значе́ние; **es macht mir nichts aus** мне э́то не соста́вит труда́

aus|malen *vt* раскра́шивать, -кра́сить *св;*

sich etw ~ представля́ть себе́ что-л.
Ausmaß <-es, -e> *nt* разме́р *м*
aus|merzen ['aʊsmɛrtsən] *vt* искореня́ть, -ни́ть *св,* уничтожа́ть, -что́жить *св; (Fehler)* устраня́ть, -ни́ть *св*
aus|messen <irr> *vt* вымеря́ть, вы́мерить *св*
aus|misten *vt* **1.** *umg (aufräumen)* наводи́ть, -вести́ *св* поря́док **2.** *(Stall)* очища́ть, очи́стить *св* от наво́за
aus|mustern *vt* **1.** *(aussondern)* бракова́ть, за- *св* **2.** MIL признава́ть, -на́ть *св* него́дным к вое́нной слу́жбе **3.** *(Waffen)* снима́ть *нсв,* снять *св* с вооруже́ния
Ausnahme ['aʊsnaːmə] <-, -n> *f* исключе́ние *ср;* **mit ~ von** за исключе́нием; **eine ~ machen** де́лать исключе́ние
Ausnahmegenehmigung <-, -en> *f* специа́льное разреше́ние *ср*
Ausnahmelizenz <-, -en> *f* специа́льная лице́нзия *ж*
Ausnahmeregelung <-, -en> *f* специа́льное положе́ние *ср*
Ausnahmezustand <-(e)s, -zustände> *m* чрезвыча́йное положе́ние *ср*
ausnahmslos *adv* без исключе́ния
ausnahmsweise ['aʊsnaːmsvaizə] *adv* в ви́де исключе́ния
aus|nehmen <irr> **I.** *vt* **1.** *(Nest)* разоря́ть, -ри́ть *св* **2.** *(Tier)* потроши́ть, вы́- *св* **3.** *umg (Person)* обобра́ть *св,* обира́ть *нсв* **4.** *(ausschließen)* исключа́ть, -чи́ть *св* **II.** *vr (wirken)* вы́глядеть *нсв,* смотре́ться *нсв*
ausnehmend *adv* о́чень, чрезвыча́йно; **~ schön/hässlich** исключи́тельно краси́вый/уро́дливый
aus|nutzen *vt* **1.** *(nutzbringend verwenden)* по́льзоваться, вос- *св* **2.** *(Gelegenheit)* испо́льзовать *(н)св* **3.** *(ausbeuten)* эксплуати́ровать *нсв*
aus|packen *vt* **1.** *(Koffer, Geschenk)* распако́вывать, -кова́ть *св* **2.** *fig* выкла́дывать, вы́ложить *св*
aus|parken *vi* выезжа́ть, вы́ехать *св* с ме́ста парко́вки
aus|peitschen *vt* хлеста́ть плётью
aus|pfeifen <irr> *vt* осви́стывать, -ста́ть *св;* **der Redner wurde vom Publikum ausgepfiffen** ора́тор был осви́стан пу́бликой
aus|plaudern *vt* выба́лтывать, вы́болтать *св*
aus|plündern *vt* **1.** *(Mensch)* гра́бить, огра́бить *св* **2.** *(Land)* разгра́бить *св,* -грабля́ть *нсв*
aus|pressen *vt* выжима́ть, вы́жать *св*
aus|probieren *vt* про́бовать, по- *св,* ис- *св*
Auspuff ['aʊspʊf] <-(e)s, -e> *m* вы́хлоп *м*
Auspuffrohr <-(e)s, -e> *nt* выхлопна́я труба́ *ж*
Auspufftopf <-es, -töpfe> *m* глуши́тель *м*
aus|pumpen *vt* **1.** *(Wasser)* выка́чивать, вы́качать *св* **2.** *(Magen)* промыва́ть, -мы́ть *св*
aus|quetschen *vt* **1.** *(Frucht)* выце́живать, вы́цедить *св* **2.** *fam (ausfragen)* расспра́шивать, расспроси́ть *св*
aus|radieren *vt* стира́ть, стере́ть *св*
aus|rangieren *vt umg* выки́дывать, вы́кинуть *св,* спи́сывать, -са́ть *св*
aus|rasten *vi umg (Mensch)* вы́йти *св,* выходи́ть *нсв* из себя́
aus|rauben *vt* гра́бить, огра́бить *св*
aus|räumen *vt* **1.** *(Zimmer)* освобожда́ть, -боди́ть *св* **2.** *(Bedenken)* устраня́ть, -ни́ть *св*
aus|rechnen *vt* вычисля́ть, вы́числить *св*
Ausrede <-, -n> *f* отгово́рка *ж*
aus|reden **I.** *vi* конча́ть, ко́нчить *св* речь **II.** *vt* отгова́ривать, -говори́ть; **jdm etw ~** отгова́ривать кого́-л. от чего́-л.
aus|reichen *vi* хвата́ть, -ти́ть *св*
ausreichend *adj* доста́точный
Ausreise <-, -n> *f* вы́езд *м*
aus|reisen *vi* выезжа́ть, вы́ехать *св*
aus|reißen <irr> **I.** *vi* оторва́ться *св,* -рыва́ться *нсв* **II.** *vi* **1.** *(Unkraut)* выдёргивать, вы́дернуть *св,* вы́рвать *св,* -рыва́ть *нсв* **2.** *(weglaufen)* удира́ть, удра́ть *св*
Ausreißer(in) <-s, -> *m(f)* бегле́ц *м,* бегля́нка *ж*
aus|renken ['aʊsrɛŋkən] *vt* вы́вихнуть *св*
aus|richten *vt* **1.** *(erreichen)* достига́ть, -сти́гнуть *св,* добива́ться, -би́ться *св* **2.** *(Botschaft)* передава́ть, -да́ть *св* **3.** *(Hochzeit)* устра́ивать, -ро́ить *св,* справля́ть, спра́вить *св* **4.** *(einstellen)* ориенти́ровать, сориенти́ровать *св (auf + akk)* на
Ausritt <-(e)s, -e> *m* езда́ *ж*
aus|rollen *vt* **1.** *(Teppich)* развёртывать, разверну́ть *св,* развора́чивать, разверну́ть *св* **2.** *(Teig)* раска́тывать, раската́ть *св*
aus|rotten ['aʊsrɔtən] *vt* истребля́ть, -би́ть *св,* уничтожа́ть, -что́жить *св*
Ausrottung <-en> *f* уничтоже́ние *ср*
aus|rücken *vi* **1.** *(Feuerwehr)* выезжа́ть, вы́ехать *св* **2.** *(weglaufen)* удира́ть, удра́ть *св*
Ausruf <-(e)s, -e> *m* восклица́ние *ср*
aus|rufen <irr> **I.** *vt* **1.** *(bekanntgeben)* объявля́ть, -ви́ть *св* **2.** *(Streik, Notstand)* объявля́ть, -ви́ть *св,* провозглаша́ть, -гласи́ть *св* **II.** *vi* восклица́ть, -кли́кнуть *св*
Ausrufezeichen <-s, -> *nt* восклица́тельный знак *м*
Ausrufpreis <-es, -e> *m* BÖRSE отправна́я цена́ *ж*
Ausrufzeichen *nt Schweiz s.a.* **Ausrufe-**

zeichen
aus|ruhen *vr* отдыхáть, -дохнýть *св*
aus|rüsten *vt* снабжáть, снабдúть *св*, оснащáть, -настúть *св*
Ausrüstung <-, -en> *f* оснащéние *ср*
aus|rutschen *vi* поскользнýться *св*, -скáльзываться *нсв*
Ausrutscher <-s, -> *m (Fauxpas)* прóмах *м*, бестáктность *ж*
Aussage ['aʊsza:gə] <-, -n> *f* выскáзывание *ср*
aus|sagen **I.** *vt* выскáзывать, вы́сказать *св*; *(ausdrucken)* выражáть, вы́разить *св* **II.** *vi* JUR давáть, дать *св* показáния
Aussagesatz <-es, -sätze> *m* повествовáтельное предложéние *ср*
aus|schalten *vt* выключáть, вы́ключить *св*
Ausschank ['aʊsʃaŋk] <-(e)s> *m* **1.** *(das Ausschenken)* продáжа *ж* на разлúв **2.** *(Theke)* стóйка *ж*
Ausschau <-> *f* ~ **halten** высмáтривать
aus|schauen *vi* высмáтривать, вы́смотреть *св*; *(aussehen)* вы́глядеть *нсв*
aus|scheiden <irr> **I.** *vt* MED выделя́ть, вы́делить *св* **II.** *vi* SPORT выбывáть, вы́быть *св*
Ausscheidungsspiel <-(e)s, -e> *nt* SPORT отбóрочная игрá *ж*
aus|schenken *vt* разливáть, -лúть *св*
aus|scheren ['aʊsʃe:rən] *vi* отклоня́ться, -нúться *св* в стóрону
aus|schimpfen *vt* ругáть, вы́- *св*
aus|schlachten *vt* разделывать, раздéлать *св*; *(Auto)* разбирáть, -зобрáть *св*
aus|schlafen <irr> **I.** *vi* высыпáться, вы́спаться *св* **II.** *vt* **seinen Rausch** ~ просыпáться
Ausschlag <-(e)s, Ausschläge> *m* **1.** *(von Zeiger)* отклонéние *ср* **2.** MED сыпь *ж*; **den** ~ **geben** (**zu etw**) имéть (для чегó-л.) решáющее значéние
aus|schlagen <irr> **I.** *vt* **1.** *(Angebot)* отвергáть, -вéргнуть *св* **2.** *(Einladung)* откáзываться, -зáться *св* **II.** *vi* **1.** *(Pferd)* брыкáться, -кнýться *св* **2.** *(Zeiger)* отклоня́ться, -нúться *св* **3.** *(Baum)* распускáться, -стúться *св*
aus|schlaggebend *adj* решáющий
aus|schließen <irr> **I.** *vt* **1.** *(Tatsache, Umstand)* исключáть, -чúть *св* **2.** *(von der Kirche)* отлучáть, -чúть *св* **II.** *vr* исключáть, исключúть *св* себя́; **man kann dieses Risiko nicht ganz** ~ э́тот риск пóлностью исключúть нельзя́; **das eine schließt das andere nicht aus** однó другóго не исключáет
aus|schließlich **I.** *adj (alleinig)* исключúтельный, еди́нственный **II.** *adv (nur/allein)* тóлько, исключúтельно **III.** *prp* + *gen* исключáя, за исключéнием
aus|schlüpfen *vi* вы́лупиться *св*
Ausschluss <-es, Ausschlüsse> *m (aus der Partei)* исключéние *ср*; **unter** ~ **der Öffentlichkeit** при закры́тых дверя́х
aus|schmücken *vt* **1.** *(schmücken)* украшáть, укрáсить *св* **2.** *(Bericht)* приукрáшивать, -крáсить *св*
aus|schneiden <irr> *vt* вырезáть, вы́резать *св*
Ausschnitt <-(e)s, -e> *m* отры́вок *м*, вы́держка *ж*; *(am Kleid)* вы́рез *м*, декольтé *ср*; *(Zeitungs~)* вы́резка *ж*
aus|schreiben <irr> *vt* **1.** *(Wort)* выпúсывать, вы́писать *св* **2.** *(bekanntgeben)* объявля́ть, -вúть *св*; **die Stelle ist seit dem Januar ausgeschrieben** кóнкурс на э́то мéсто объя́влен в январé
Ausschreibung <-, -en> *f* тéндер *м*; **Vergabe von Aufträgen im Wege einer** ~ размещéние закáзов по результáту откры́того кóнкура
Ausschreibungspreis <-es, -e> *m* прéмия *ж* на кóнкурсе
Ausschreitung <-, -en> *f* беспоря́дки *мн*, бесчи́нства *мн*
Ausschuss <-es, Ausschüsse> *m* комитéт *м*, комúссия *ж*, *(bei Produktion)* брак *м*; **totaler** ~ пóлный брак
Ausschusskosten *pl* издéржки *мн* по устранéнию брáка
Ausschussvorsitzende(r) <-n, -n> *f(m)* председáтель *м и ж* комúссии
aus|schütteln *vt* вытря́хивать, вы́тряхнуть *св*
aus|schütten *vt* **1.** *(Flüssigkeit)* выливáть, вы́лить *св* **2.** *(Gefäß)* опорáжнивать, опорожнúть *св*; **jdm sein Herz** ~ *fig* отвестú дýшу **3.** *(Dividende)* выплáчивать, вы́платить *св*
Ausschüttung <-, -en> *f* распределéние *ср*; ~ **von Dividenden** распределéние дивидéндов
ausschweifend ['aʊsʃvaɪfənt] *adj* необýзданный, безýдержный
Ausschweifung <-, -en> *f* необýзданность *ж*, безýдержность *ж*
aus|schweigen <irr> *vr* отмáлчиваться, -молчáться *св*; **sich über etw** ~ молчáть о чём-л.
ausschwenkbar *adj* поворóтный
aus|schwitzen *vt* запотéть *св*, -тевáть *нсв*
aus|sehen <irr> *vi* вы́глядеть *нсв*; **gut/schlecht** ~ хорошó/плóхо вы́глядеть; **es sieht nach Regen aus** похóже, что бýдет дождь
Aussehen <-s> *nt* внéшний вид *м*
aus|sein[Alt] <irr> *vi* **1.** *(zu Ende sein)* окóнчиться *св*, окáнчиваться *нсв* **2.** *(ausgeschaltet sein)* быть *нсв* вы́ключенным; **auf etw** ~ стремúться к чемý-л.
außen ['aʊsən] *adv* снарýжи; **von** ~ снарý-

жи; **nach ~** нарýжу
Außenanstrich <-(e)s, -e> *m* нарýжная окрáска *ж* (дóма)
Außenaufnahmen *pl* выездны́е съёмки *жмн,* натурáльные (кúно)съёмки *жмн*
Außenbeitrag <-(e)s, -beiträge> *m* сáльдо *ср* внéшней торгóвли
Außenbezirk <-(e)s, -e> *m* окрáина *ж*
Außenbordmotor <-s, -en> *m* подвеснóй мотóр *м*
aus|senden *vt* высылáть, вы́слать *св*
Außendienst <-(e)s> *m* выездны́е рабóты *жмн*
Außendienstmitarbeiter(in) <-sp, -e> *m(f)* выезднóй сотрýдник *м*
Außenfinanzierung <-, -en> *f* внéшнее финансúрование *ср*
Außenhandel <-s> *m* внéшняя торгóвля *ж*
Außenhandelsabteilung <-, -en> *f* отдéл *м* внéшней торгóвли
Außenhandelsakkreditiv <-s, -e> *nt* документáрный аккредитúв *м*
Außenhandelsbeziehungen *pl* внешнеторгóвые отношéния *мн*
Außenhandelsbilanz <-, -en> *f* внешнеторгóвый балáнс *м*
Außenhandelsdefizit <-s, -e> *nt* внешнеторгóвый дефицúт *м*
Außenhandelsdokumente *pl* внешнеторгóвая документáция *ж*
Außenhandelsfinanzierung <-, -en> *f* финансúрование *ср* внéшней торгóвли
Außenhandelsgeschäft <-(e)s, -e> *nt* внешнеторгóвая сдéлка *ж*
Außenhandelskaufmann <-(e)s, -männer/leute> *m* коммерсáнт *м,* занимáющийся внешнеторгóвыми оперáциями
Außenhandelspolitik <-> *f* внешнеторгóвая полúтика *ж*
Außenhandelsquote <-, -n> *f* дóля *ж* внéшней торгóвли
Außenhandelsstelle <-, -n> *f* торгóвое представúтельство *ср*
Außenhandelsvolumen <-s, -volumina> *nt* объём *м* внéшней торгóвли
Außenminister(in) <-s, -> *m(f)* минúстр *м* инострáнных дел
Außenministerium <-s, -ien> *nt* министéрство *ср* инострáнных дел
Außenpolitik <-, -en> *f* внéшняя полúтика *ж*
Außenseite <-, -n> *f* нарýжная сторонá *ж*
Außenseiter(in) <-s, -> *m(f)* аутсáйдер *м*
Außenspiegel <-s, -> *m* нарýжное зéркало *ср* зáднего вúда
Außenstände *pl* дебитóрская задóлженность *ж*
Außenstehende(r) <-n, -n> *m(f)* посторóнний *м,* посторóнняя *ж*
Außenstelle <-, -n> *f* филиáл *м,* отделéние *ср*
Außenwand <-, -wände> *f* нарýжная стенá *ж*
Außenwerbung <-, -en> *f* нарýжная реклáма *ж*
Außenwirtschaft <-> *f* внéшняя экономúка *ж*
außenwirtschaftlich *adj* внешнеэкономúческий
Außenwirtschaftspolitik <-> *m* внешнеэкономúческая полúтика *ж*
außer ['aʊsɐ] **I.** *prp + dat* вне, за; *(abgesehen von, neben)* крóме, помúмо, несмотря́ на; **~ Gefahr** вне опáсности; **~ Betrieb sein** не рабóтать; **~ Dienst** в отстáвке; **alle ~ einem** все крóме одногó; **~ sich sein** быть вне себя́; **~ Sicht sein** исчéзнуть из вúду; **~ Atem** задыхáться, задохнýться *св* **II.** *konj (ausgenommen)* крóме, рáзве что; **~ wenn** рáзве тóлько; **~ dass ...** крóме тогó, что ...
außerbetrieblich *adj* внепроизвóдственный
außerdem ['aʊsɐde:m] *adv* крóме тогó
Äußere ['ɔɪsərə] <-n> *nt* внéшность *ж,* нарýжность *ж*
äußere(r, s) *adj* внéшний
außerehelich ['aʊsɐ'ʔe:əlɪç] *adj* внебрáчный
außergewöhnlich ['aʊsɐgə'vœ:nlɪç] *adj* необыкновéнный, чрезвычáйный
außerhalb ['aʊsɐhalp] **I.** *prp* за; *+gen* вне; **~ der Stadt** зá городом **II.** *adv* вне, снарýжи; **wir wohnen ~** мы живем зá городом
außerirdisch *adj* внеземнóй
Außerkurssetzung <-, -en> *f* нуллификáция *ж*
äußerlich ['ɔɪsɐlɪç] *adj* внéшний, нарýжный; **nur zur ~en Anwendung** тóлько для нарýжного применéния
äußern ['ɔɪsɐn] **I.** *vt* выражáть, вы́разить *св* **II.** *vr* вы́сказываться, вы́сказаться *св* *(sich zeigen)* проявля́ться, -вúться *св* *(in + dat)* в
außerordentlich ['aʊsɐ'ʔɔrdəntlɪç] *adj* чрезвычáйный, внеочереднóй; *(besonders)* чрезвычáйный, исключúтельный
außerplanmäßig *adj* внеплáновый
äußerst ['ɔɪsɐst] *adv* крáйне, весьмá
außerstande [aʊsɐ'ʃtandə] *adv* **~, außer Stande** быть не в сúлах что-л. сдéлать
äußerste(r, s) *adj* **1.** *(räumlich)* крáйний **2.** *(letztmöglich)* предéльный **3.** *(größtmöglich)* максимáльный
außertariflich *adj* внетарúфный
Äußerung ['ɔɪsərʊŋ] <-, -en> *f* проявлéние *ср; (Bemerkung)* выскáзывание *ср*
aus|setzen I. *vt* **1.** *(Passagiere)* высáживать, вы́садить *св* **2.** *(Kind)* бросáть, брóсить *св* **3.** *(Belohnung)* назначáть, -нáчить *св* **4.** *(Urteil)* отклáдывать, отложúть *св*

II. *vi* 1. *(Mensch)* прерыва́ться, -рва́ться *св,* де́лать, сде́лать *св* па́узу 2. *(Herz)* остана́вливаться, -нови́ться *св,* дава́ть, дать *св* сбой; **etw auszusetzen haben** находи́ть каки́е-л. недоста́тки; **sich der Gefahr ~** подверга́ть себя́ опа́сности

Aussicht <-, -en> *f* вид *м; fig* перспекти́ва *ж;* **jdm etw in ~ stellen** обеща́ть кому́-л. что-л.; **etw in ~ haben** име́ть что-л. в перспекти́ве

aussichtslos *adj* безнадёжный, бесперспекти́вный

Aussichtspunkt <-(e)s, -e> *m* *ме́сто, с кото́рого открыва́ется краси́вый вид*

Aussichtsturm *m* ба́шня *ж* с ви́дом

aus|sieben *vt fig* отбира́ть, отобра́ть *св,* отсе́ивать, -се́ять *св*

aus|siedeln *vi* выселя́ть, вы́селить *св*

Aussiedler(in) <-s, -> *m(f)* переселе́нец *м,* переселе́нка *ж*

Aussiedlung <-> *f* выселе́ние *ср*

aus|söhnen ['auszœ:nən] *vr* мири́ться, по- *св (mit + dat)* с

Aussöhnung <-, -en> *f* примире́ние *ср*

aus|sondern *vt* отделя́ть, -ли́ть *св*

aus|sortieren *vt* отсортиро́вывать, -рова́ть *св*

aus|spannen I. *vt (Pferd)* распряга́ть, -пря́чь *св;* **er hat ihm die Freundin ausgespannt** он увёл у него́ де́вушку II. *vi* отдыха́ть, -дохну́ть *св*

aus|sparen *vt* 1. *(freilassen)* оставля́ть, -та́вить *св* свобо́дным 2. *(Thema)* обходи́ть, обойти́ *св,* опуска́ть, -сти́ть *св*

aus|sperren *vt* 1. *(nicht hereinlassen)* не впуска́ть, -сти́ть *св* 2. *(Arbeiter)* отстраня́ть, -страни́ть *св,* увольня́ть, уво́лить

Aussperrung <-, -en> *f* лока́ут *м; (Arbeiter)* увольне́ние *ср*

aus|spielen *vt* 1. *(Person)* настра́ивать, -стро́ить *св (gegen + akk)* про́тив 2. *(Karte)* ходи́ть *нсв*

Aussprache <-, -n> *f* произноше́ние *ср; (klärendes Gespräch)* обме́н *м* мне́ниями, бесе́да *ж*

aus|sprechen <irr> I. *vt* произноси́ть, -нести́ *св; (äußern)* выска́зывать, вы́сказать *св* II. *vi (ausreden)* догова́ривать, -вори́ть *св* III. *vr* выска́зываться, вы́сказаться; **wie spricht man dieses Wort aus?** как произно́сится э́то сло́во?; **sich für etw/jdn ~** выска́зываться за что-л./про́тив чего́-л.; **sich mit jdm ~** объясни́ться с кем-л.

Ausspruch <-(e)s, Aussprüche> *m* изрече́ние *ср,* выска́зывание *ср*

aus|spucken I. *vt* выплёвывать, вы́плюнуть *св* II. *vi* плева́ть, плю́нуть *св*

aus|spülen *vt* выпола́скивать, вы́полоскать *св; (Mund)* полоска́ть, про- *св*

Ausstand <-(e)s> *m (Streik)* забасто́вка *ж,* ста́чка *ж*

aus|statten ['aʊsʃtatən] *vt* снабжа́ть, снабди́ть *св,* обору́довать *(н)св,* оснаща́ть, -насти́ть *св*

Ausstattung <-, -en> *f* 1. *(das Ausstatten)* оснаще́ние *ср* 2. *(Gestaltung)* оформле́ние *ср* 3. THEAT декора́ция *ж*

aus|stechen <irr> *vt* 1. *(Auge)* выка́лывать, вы́колоть *св* 2. *(Kekse)* выреза́ть, вы́резать *св* 3. *(Person)* превосходи́ть, превзойти́ *св*

aus|stehen <irr> I. *vi* 1. *(Antwort)* отсу́тствовать *нсв* 2. *(Zahlung)* не быть *нсв* упла́ченным; **dieser Betrag steht noch aus** э́та су́мма ещё не упла́чена II. *vt (ertragen)* выноси́ть, вы́нести *св;* **ich kann ihn nicht ~** *umg* я его́ не выношу́

ausstehend *adj* 1. *(nicht bezahlt)* неопла́ченный; **~er Betrag** неопла́ченная су́мма 2. *(nicht geliefert)* непоста́вленный

aus|steigen <irr> *vi* 1. *(aus einem Bus)* выходи́ть, вы́йти *св,* выса́живаться, вы́садиться *св* 2. *fig* выходи́ть, вы́йти *св;* **aus einem Geschäft ~** выходи́ть из де́ла

aus|stellen *vt* 1. *(Kunst)* выставля́ть, вы́ставить *св* 2. *(Pass, Bescheinigung)* выпи́сывать, вы́писать *св,* выдава́ть, вы́дать *св* 3. *(ausschalten)* выключа́ть, вы́ключить *св*

Aussteller <-s, -> *m* 1. *(Unterzeichner)* выстави́тель *м* 2. *(Bezieher eines Wechsels)* векселеда́тель *м,* трасса́нт *м* 3. *(Messeteilnehmer)* экспоне́нт *м*

Ausstellung <-, -en> *f* 1. *(Präsentation)* вы́ставка *ж* 2. *(Ausfertigung)* выставле́ние *ср,* вы́дача *ж*

Ausstellungsdatum <-s, -daten> *nt* да́та *ж* вы́дачи

Ausstellungshalle <-, -n> *f* вы́ставочный павильо́н *м*

Ausstellungskatalog <-(e)s, -e> *m* вы́ставочный катало́г *м*

Ausstellungsort <-(e)s, -e> *m* ме́сто *ср* вы́ставки/вы́дачи

Ausstellungsraum <-(e)s, -räume> *m* вы́ставочный зал *м*

Ausstellungsstand <-(e)s, -stände> *m* вы́ставочный стенд *м*

aus|sterben <irr> *vi* вымира́ть, вы́мереть *св*

aussterbend *adj* вымира́ющий

Aussteuer <-, -n> *f* прида́ное *ср*

Ausstieg ['aʊsʃti:k] <-(e)s, -e> *m* вы́ход *м*

Ausstiegsklausel <-, -n> *f* огово́рка *ж* на слу́чай вы́хода (из догово́ра)

aus|stopfen *vt* набива́ть, -би́ть *св*

Ausstoß <-es, -e> *m (Produktion pro Zeiteinheit)* вы́работка *ж*

aus|stoßen <irr> *vt* 1. *(Schrei)* испуска́ть, -пусти́ть *св* 2. *(Rauch)* выпуска́ть, вы́пустить *св* 3. *(ausschließen)* исключа́ть,

-чи́ть *св*
aus|strahlen *vt* **1.** *(verbreiten)* излуча́ть *нсв* **2.** *(Sendung)* передава́ть, -да́ть *св* **3.** *(Ruhe)* распространя́ть, -ни́ть *св*
Ausstrahlung <-, -en> *f (Wirkung)* (воз)де́йствие *ср*
aus|strecken **I.** *vt (Hand)* протя́гивать, -тяну́ть *св* **II.** *vr* растя́гиваться, -тяну́ться *св,* ложи́ться, лечь *св*
aus|streichen <irr> *vt* **1.** *(streichen)* вычёркивать, вы́черкнуть *св* **2.** *(Falten)* разгла́живать, -гла́дить *св*
aus|streuen *vt* рассыпа́ть, -сы́пать *св,* разбра́сывать, -броса́ть *св; (Gerüchte)* распространя́ть, -ни́ть *св,* распуска́ть, -пусти́ть *св*
aus|strömen **I.** *vt fig* излуча́ть *нсв* **II.** *vi* утека́ть, уте́чь *св*
aus|suchen *vt* выбира́ть, вы́брать *св*
Austausch <-(e)s> *m* обме́н *м,* заме́на *ж*
austauschbar *adj* замени́мый
aus|tauschen **I.** *vt* обме́нивать, -меня́ть *св; (Gedanken)* обме́ниваться, -ня́ться *св* **II.** *vr* **sich über etw ~** обме́ниваться мне́ниями о чём-л.
aus|teilen *vt* раздава́ть, -да́ть *св*
Auster ['aʊstɐ] <-, -n> *f* у́стрица *ж*
aus|toben *vr (Kinder)* разойти́сь *св,* расходи́ться *нсв,* бу́йно игра́ть *нсв*
aus|tragen <irr> *vt* **1.** *(Zeitungen)* разноси́ть, -нести́ *св,* доставля́ть, -ста́вить *св* **2.** *(Kind)* вы́носить *св,* -на́шивать *нсв* **3.** *(Konflikt)* разреша́ть, -реши́ть *св* **4.** *(Wettkampf)* проводи́ть, -вести́ *св*
Australien [aʊs'traːli̯ən] <-s> *nt* Австра́лия *ж*
Australier(in) [aʊs'traːli̯ɐ] <-s, -> *m(f)* австрали́ец *м,* австрали́йка *ж*
australisch [aʊs'traːlɪʃ] *adj* австрали́йский
aus|treiben <irr> *vt* выгоня́ть, вы́гнать *св; (Teufel)* изгоня́ть, -гна́ть *св;* **jdm etw ~** отуча́ть кого́-л. от чего́-л.
aus|treten <irr> **I.** *vt* **1.** *(Zigarette)* гаси́ть, по- *св* **2.** *(Pfad)* прота́птывать, -топта́ть *св* **II.** *vi* выходи́ть, вы́йти *св;* **aus einem Verein ~** вы́йти из о́бщества
aus|tricksen ['aʊstrɪksən] *vt* обста́вить *св,* -ставля́ть *нсв,* обхитри́ть *св*
aus|trinken <irr> *vt (Getränk)* вы́пить *св*
Austritt <-(e)s, -e> *m* **1.** *(Entweichen)* уте́чка *ж* **2.** *(aus Partei)* вы́ход *м*
Austrittserklärung <-, -en> *f* заявле́ние *ср* о вы́ходе
Austrittswelle <-, -n> *f (aus Kirche, Partei)* волна́ *ж* ухо́дов
aus|trocknen **I.** *vt* высу́шивать, вы́сушить *св* **II.** *vi* высыха́ть, вы́сохнуть *св*
aus|üben *vt* **1.** *(Beruf)* рабо́тать *нсв;* **einen Beruf ~** рабо́тать по профе́ссии; **ein Gewerbe ~** занима́ться ремесло́м; **ein Amt ~** исполня́ть до́лжность; **Kontrolle ~** осуществля́ть контро́ль **2.** *(Druck)* ока́зывать, -за́ть *св* (давле́ние) *(auf + akk)* на **3.** *(Recht)* осуществля́ть, -стви́ть *св*
Ausverkauf <-(e)s, -käufe> *m* распрода́жа *ж*
aus|verkaufen *vt* распродава́ть, -прода́ть *св;* **ausverkauft sein** быть (рас)про́данным
ausverkauft *adj* распро́данный
Auswahl <-> *f* **1.** *(Wahl)* вы́бор *м* **2.** SPORT сбо́рная *ж* **3.** *(Angebot)* вы́бор *м,* ассортиме́нт *м* **4.** *(Auslese)* эли́та *ж,* цвет *м*
aus|wählen *vt* выбира́ть, вы́брать *св,* подбира́ть, -добра́ть *св*
Auswahlprüfung <-,- en> *f* отбо́рочный экза́мен *м*
Auswahlverfahren <-s, -> *nt* спо́соб *м* отбо́ра
Auswanderer <-s, -> *m* пересе́ленец *м,* эмигра́нт *м*
aus|wandern *vi* переселя́ться, -ли́ться *св,* эмигри́ровать *(н)св*
Auswanderung <-, -en> *f* переселе́ние *ср,* эмигра́ция *ж*
auswärtig ['aʊsvɛrtɪç] *adj* иногоро́дний; **Auswärtiges Amt** Министе́рство *ср* иностра́нных дел
auswärts ['aʊsvɛrts] *adv (nach außen)* нару́жу; **~ essen** пое́сть в рестора́не
Auswärtsschielen <-s> *nt* косогла́зие *nt* нару́жу
aus|waschen <irr> *vt* вымыва́ть, вы́мыть *св,* отмыва́ть, -мы́ть *св*
Auswaschung <-, -en> *f* вымыва́ние *ср;* GEOL эро́зия *ж*
aus|wechseln *vt* меня́ть, по- *св;* SPORT заменя́ть, -ни́ть *св*
Ausweg <-(e)s, -e> *m* вы́ход *м*
ausweglos *adj* безвы́ходный
aus|weichen <irr> *vi* увёртываться, уверну́ться *св; fig* уклоня́ться, -ни́ться *св,* избега́ть, -бежа́ть *св*
Ausweichgleis <-es, -e> *nt* запа́сный путь *м*
aus|weinen *vr* вы́плакаться *св,* -пла́киваться *нсв*
Ausweis ['aʊsvaɪs, 'aʊsvaɪzə] <-es, -e> *m (Personalausweis)* удостовере́ние *ср* ли́чности
aus|weisen ['aʊsvaɪzən] <irr> **I.** *vt* высыла́ть, вы́слать **II.** *vr* удостоверя́ть, -ве́рить *св* свою́ ли́чность
Ausweispapiere <-> *pl* докуме́нты *мн*
Ausweisung <-, -en> *f* вы́сылка *ж*
aus|weiten **I.** *vt* растя́гивать, -тяну́ть *св* **II.** *vr (Unruhen)* распространя́ться, -ни́ться *св*
Ausweitung <-, -en> *f* расшире́ние *ср*
auswendig ['aʊsvɛndɪç] *adv* наизу́сть; **~ lernen** учи́ть наизу́сть

aus|werfen <irr> *vt* **1.** *(Anker, Netz)* броса́ть, бро́сить *св* **2.** *geh (Blut, Schleim)* плева́ться **3.** *(produzieren)* производи́ть, произвести́ *св*

aus|werten *vt* оце́нивать, -ни́ть *св*

Auswertung <-, -en> *f* **1.** *(Verwertung)* обрабо́тка *ж* **2.** *(Analyse)* ана́лиз *м*

aus|wickeln *vt* развёртывать, -верну́ть *св*

aus|wirken *vr* ска́зываться, -за́ться *св*, отража́ться, -рази́ться *св*

Auswirkung <-, -en> *f* возде́йствие *ср*, сле́дствие *ср*

Auswuchs ['aʊsvuːks, 'aʊsvyːksə] <-es, Auswüchse> *m fig* уро́дство *ср*, извраще́ние *ср*

aus|wuchten *vt (Rad)* баланси́ровать, сбаланси́ровать *св*

aus|zahlen I. *vt* выпла́чивать, вы́платить *св*; *(Person)* рассчи́тывать, -счита́ть *св* II. *vr (sich lohnen)* сто́ить *нсв*, быть *нсв* вы́годным

aus|zählen *vt (Wahlzettel)* подсчи́тывать, -та́ть *св*

Auszahlung <-, -en> *f* вы́плата *ж*, платёж *м*

Auszahlungsbetrag <-(e)s, -beträge> *m* разме́р *м* вы́платы

aus|zeichnen I. *vt* **1.** *(ehren)* отмеча́ть, -ме́тить *св*, награжда́ть, -гради́ть *св* **2.** *(Waren)* снабжа́ть, снабди́ть *св* це́нником II. *vr* отлича́ться, -чи́ться *св*, выделя́ться, вы́делиться *св*

Auszeichnung <-, -en> *f* **1.** *(Ehrung)* награжде́ние *ср* **2.** *(Orden)* о́рден *м*, награ́да *ж* **3.** *(von Waren)* маркиро́вка *ж*; **mit ~** с отли́чием

Auszeit *f* SPORT переры́в *м*

aus|ziehen <irr> I. *vt* **1.** *(Tisch)* раздвига́ть, -дви́нуть *св* **2.** *(Kleidungsstück)* снима́ть, снять *св* **3.** *(Person)* раздева́ть, -де́ть *св* II. *vi* съезжа́ть, съе́хать *св* III. *vr* раздева́ться, -де́ться *св*

Auszubildende(r) <-n, -n> *mf* учени́к *м*, учени́ца *ж* на произво́дстве

Auszug <-(e)s, Auszüge> *m* **1.** *(aus Wohnung)* перее́зд *м* **2.** *(Kontoauszug)* вы́писка *ж* из счёта **3.** *(Ausschnitt)* вы́держка *ж*, фрагме́нт *м*; **eine Rede in Auszügen wiedergeben** передава́ть вы́держки из ре́чи; **~ aus dem Handelsregister** вы́писка из торго́вого рее́стра

aus|zupfen *vt (Haare)* выщи́пывать, вы́щипать *св*, выдёргивать, вы́дернуть *св*

Autarkie [aʊtar'kiː] <-> *f* ÖKON автарки́я *ж*

authentisch [aʊ'tɛntɪʃ] *adj* по́длинный, аутенти́чный

Autismus [aʊ'tɪsmʊs] <-> *m* ау́ти́зм *м*

Auto ['aʊto] <-s, -s> *nt* автомоби́ль *м*, маши́на *ж*; **~ fahren** води́ть маши́ну

Autoantenne <-, -n> *f* автомоби́льная анте́нна *ж*

Autoatlas <-, -atlanten> *m* а́тлас *м* автомоби́льных доро́г

Autobahn <-, -en> *f* автостра́да *ж*

i Land & Leute

Автобан – это скоростная трасса с многорядным движением для автомашин, способных развивать скорость более, чем 60 км в час. На ней нет перекрёстков, и встречное движение часто отделено разделительной полосой с озеленением. Каких-либо общих ограничений скорости на федеральных автобанах Германии не существует. В Австрии лимит скорости составляет 130 км в час, а в Швейцарии 120 км в час.

Autobahnabschnitt <-(e)s, -e> *m* уча́сток *м* автостра́ды

Autobahnauffahrt <-, -en> *f* въезд *м* на автостра́ду

Autobahnausfahrt <-, -en> *f* съезд *м* с автостра́ды

Autobahngebühr <-, -n> *f* пла́та *ж* за по́льзование автостра́дой

Autobahnraststätte <-, -n> *f* *автостоя́нка при автостра́де с рестора́ном и запра́вочной ста́нцией*

Autobatterie <-, -n> *f* автомоби́льная аккумуля́торная батаре́я *ж*

Autobiografie[RR] [aʊtobiogra'fiː] <-n> *f* автобиогра́фия *ж*

autobiografisch[RR] *adj* автобиографи́ческий

Autobiographie <-n> *f s.* **Autobiografie**

autobiographisch *adj s.* **autobiografisch**

Autobranche <-> *f* автомоби́льная промы́шленность *ж*

Autobus ['aʊtobʊs] <-ses, -se> *m* авто́бус *м*

autochthon *adj (Volk, Stamm)* ме́стный, коренно́й

Autodidakt(in) [autodi'dakt] <-en, -en> *m(f)* самоу́чка *м и ж*

Autofahrer(in) <-s, -> *m(f)* води́тель(ница) *м(ж)*, шофёр *м*

autogen [aʊto'geːn] *adj* автоге́нный; **~es Training** автоге́нная трениро́вка *ж*

Autogramm [aʊto'gram] <-s, -e> *m* авто́граф *м*; **ein ~ geben** дать авто́граф

Autogrammjäger <-s, -> *m* охо́тник *м* за авто́графами, собира́тель *м* авто́графов

Autohändler <-s, -> *m* торго́вец *м* автомоби́лями, продаве́ц *м* автомоби́лей

Autohaus <-es, -häuser> *nt* автомоби́льный магази́н *м*

Autohersteller <-, -> *m* производи́тель *м* автомоби́лей

Autoindustrie <-> *f* автомоби́льная промы́шленность *ж*

Autokarte <-, -n> *f* ка́рта *ж* автодоро́г

Autokino *nt* автокино́ *ср*

Autokonzern <-s, -e> *m* автомоби́льный концéрн *м*

Automat [aʊto'maːt] <-en, -en> *m* автома́т *м*

Automatenverkauf <-(e)s> *m* прода́жа *ж* чéрез автома́ты

Automatikgetriebe <-s, -> *nt* автомати́ческая коро́бка *ж* переда́ч

Automatikschaltung <-, -en> *f* автомати́ческое включéние *ср* (переда́чи)

Automation <-> *f* автоматиза́ция *ж*

automatisch *adj* автомати́ческий

Automatisierungsgrad <-(e)s, -e> *m* стéпень *ж* автоматиза́ции

Automatisierungstechnik <-> # *gen f* тéхника *ж* автоматиза́ции

Automobilausstellung <-> *f* автомоби́льный сало́н *м*

Automobilbranche <-> *f* автомоби́льная промы́шленность *ж*

Automobilhersteller <-s, -> *m* производи́тель *м* автомоби́лей

Automobilindustrie <-> *f* автомоби́льная промы́шленность *ж*

Automobilklub <-s> *m* автомоби́льный клуб *м*

Automobilmarkt <-(e)s> *m* ры́нок автомоби́лей *м*

autonom [aʊto'noːm] *adj* автоно́мный, незави́симый

Autonome(r) <-n, -n> *f(m) член лéвой полити́ческой группиро́вки, отверга́ющей госуда́рство и обще́ственные структу́ры и применя́ющей в борьбé с ни́ми наси́льственные мéтоды*

Autonomie [aʊtono'miː] <-> *f* автоно́мия *ж*

Autonomiegebiet <-(e)s, -e> *nt* автоно́мная террито́рия *ж*

Autonomieregierung <-, -en> *f* прави́тельство *ср* автоно́мной террито́рии

Autonomieverhandlungen <-> *pl* перегово́ры *мн* об автоно́мии

Autonummer <-, -n> *f* но́мер *м* автомоби́ля

Autopilot *m* TECH автопило́т *м*

Autopsie [aʊtɔ'psiː] <-, -n> *f* вскры́тие *ср* тру́па

Autor(in) ['aʊtoːɐ] <-en, -en> *m(f)* а́втор *м*

Autoradio <-s, -s> *nt* автомоби́льный радиоприёмник *м*

Autoreifen <-s, -> *m* автомоби́льная ши́на *ж*

Autorenlesung <-, -en> *f* а́вторское чтéние *ср*, а́вторский вéчер *м*

Autorennen <-s, -> *nt* автомоби́льные го́нки *жмн*, автого́нки *жмн*

Autorenverzeichnis <-ses, -se> *f* спи́сок *м* (цити́рованных) а́второв

Autoreparaturwerkstatt <-, -stätten> *f* авторемо́нтная мастерска́я *ж*

Autoreverse <-> *nt* авторéверс *м*

autoritär [aʊtori'tɛːɐ̯] *adj* авторита́рный

Autorität [aʊtori'tɛːt] <-, -en> *f* **1.** *(Eigenschaft)* авторитéт *м* **2.** *(Person)* авторитéт *м*, авторитéтная ли́чность *ж*

Autoschlosser <-s, -> *m* автомеха́ник *м*, автослéсарь *м*

Autoschlüssel <-s, -> *m* ключ *м* от автомоби́ля

Autostopp <-s> *m* автосто́п *м*

Autounfall <-(e)s, -fälle> *m* автомоби́льная катастро́фа *ж*, ава́рия *ж*

Autoverleih <-(e)s, -e> *m* прока́т *м* автомоби́лей

Autovermietung <-, -en> *f* арéнда *ж* автомоби́лей

Autowaschanlage <-, -n> *f* пункт *м* мо́йки автомоби́лей

Autowerkstatt <-, -stätten> *f* авторемо́нтная мастерска́я *ж*

autsch [aʊtʃ] *interj* ой!

AV *abk von* **Audio-Video** а́удио-ви́део

Aval <-s, -s> *nt* ÖKON ава́ль *м*

Avalkredit <-(e)s, -e> *m* ÖKON ава́льный креди́т *м*, гаранти́йный креди́т *м* по поручи́тельству

Avantgarde [avɑ̃'gardə] <-> *f* аванга́рд *м*

Avantgardist(in) <-en, -en> *m(f)* авангарди́ст *м*

avantgardistisch [avɑ̃gar'dɪstɪʃ] *adj* авангарди́стский

Aversion [avɛr'zi̯oːn] <-, -en> *f* отвращéние *ср*; **eine ~ gegen etw/jdn haben** испы́тывать отвращéние к чему́-л./кому́-л.

Avis *nt* ави́зо *ср*

avisieren *vt* авизова́ть, извеща́ть, -вести́ть *св*

Avocado [avo'kaːdo] <-, -s> *f* авока́до *м*

Avocadocreme <-, -s> *f* крем *м* из авока́до

AWACS *abk von* **airborne early warning and control system** *систéма ра́ннего предупреждéния*

Axiom [aksi'oːm] <-(e)s, -e> *nt* MATH аксио́ма *ж*

Axt [akst, 'ɛkstə] <-, Äxte> *f* топо́р *м*

Ayatollah <-s, -s> *m* аятолла́ *м*

AZ *abk von* **Aktenzeichen** но́мер *м* дéла

Azeton <-s> *nt* ацето́н *м*

Azetylsalizylsäure <-> *f* ацети́ло-салици́ловая кислота́ *ж*

Azoren [a'tsoːrən] <-> *pl* Азо́рские острова́ *мн*

Azteke [ats'teːkə] <-n> *m* ацтéк *м*

Azubi [a'tsuːbi] <-s *o* -, -s> *m* учени́к *м*, учени́ца *ж* на произво́дстве

B b

B

B, b [beː] <-, -(s)> *nt* бу́ква B
B *abk von* **Bundesstraße** *(in Deutschland)* первокла́ссная доро́га национа́льной се́ти путе́й ФРГ
Baby ['beːbi] <-s, -s> *nt* ма́ленький ребёнок *м*, младе́нец *м*
Babyausstattung <-, -en> *f* де́тский компле́кт *м*
Baby Bond <-s, -s> *nt* ÖKON проце́нтная облига́ция *ж*
Babyhöschen <-s, -> *nt* ползунки́ *ммн*
Babylon ['baːbylɔn] <-s> *nt* Вавило́н *м*
Babynahrung <-> *f* де́тское пита́ние *ср*
Babyschuhe <-> *pl* пине́тки *мн*
babysitten ['beːbizɪtən] *vi fam* присма́тривать, присмотре́ть *св* за ребёнком, забо́титься о ребёнке
Babysitter(in) <-s, -; -, -nen> *m(f)* *ня́ня для дете́й на вре́мя отсу́тствия роди́телей*
Babytragetasche *f* су́мка *ж* для ребёнка
Babywäsche <-> *f* бельё *ср* для новорождённых
Babyzelle <-, -n> *f* *(Batterie)* миниатю́рный элеме́нт *м* пита́ния, батаре́йка *ж*
Bach [bax, *pl:* 'bɛçə] <-(e)s, Bäche> *m* руче́й *м*
Bachstelze <-, -n> *f* ZOO трясогу́зка *ж*
Backblech <-(e)s, -e> *nt* про́тивень *м*, лист *м*
backbord *adv* NAUT, AERO бакбо́рт
Backbord ['bakbɔrt] <-> *nt* NAUT, AERO ле́вый борт *м*
Backe ['bakə] <-, -n> *f* **1.** *(Wange)* щека́ *ж* **2.** *(Brems~)* тормозна́я коло́дка *ж*
backen ['bakən] <bäckt *o* backt, backte *o alt* buk, gebacken> *vt (im Ofen)* печь, ис- *св*, выпека́ть, вы́печь *св*; *(in der Pfanne)* жа́рить *нсв*
Backenbart <-(e)s, -bärte> *m* бакенба́рды *мн*
Backenknochen *m* скула́ *ж*
Backenzahn <-(e)s, -zähne> *m* коренно́й зуб *м*
Bäcker(in) ['bɛkɐ] <-s, -; -, -nen> *m(f)* бу́лочник *м*
Bäckerei [bɛkə'raɪ] <-, -en> *f* пека́рня *ж*, бу́лочная *ж*
Backform <-, -en> *f* фо́рма *ж* для вы́печки
Backgammon <-s> *nt* на́рды *мн*
Background ['bɛkgraʊnt] <-s, -s> *m* (духо́вное) происхожде́ние *ср*, среда́ *ж*
Backmischung *f* смесь *ж* для те́ста
Backobst <-(e)s> *nt* сушёные фру́кты *ммн*
Backofen <-s, -öfen> *m* печь *ж*, духо́вка *ж*
Backpflaume <-, -n> *f* черносли́в *м*
Backpulver <-s> *nt* порошко́вый разрыхли́тель *м* те́ста
Backrohr <-(e)s, -e> *nt A* духо́вка *ж*
Backslash ['bɛkslɛʃ] <-> *m* DV обра́тная коса́я черта́ *ж*
backstage *adv* за кули́сами
Backstein <-(e)s, -e> *m* обожжённый кирпи́ч *м*
backt, bäckt [bakt, bɛkt] *3. pers sing pr von* **backen**
backte ['baktə] *1. u 3. pers sing imp von* **backen**
Backup [bɛk'ʔap] <-s, -s> *nt* DV *(Sicherungskopie)* запасна́я ко́пия *ж*
Backwaren *fpl* мучны́е изде́лия *мн*
Backwerk <-(e)s> *nt* пече́нье *ср*
Bad [baːt, *pl:* 'bɛːdɐ] <-(e)s, Bäder> *nt* **1.** *(in Wanne)* ва́нна *ж*; **sich ein ~ einlassen** напо́лнить себе́ ва́нну **2.** *(Badezimmer)* ва́нная (ко́мната) *ж* **3.** *(Schwimmbad)* бассе́йн *м*; **ein ~ nehmen** принима́ть ва́нну **4.** CHEM раство́р *м*, электроли́т *м*
Badeanstalt <-, -en> *f* (откры́тый) бассе́йн *м*
Badeanzug <-(e)s, -anzüge> *m* купа́льник *м*, купа́льный костю́м *м*
Badehose <-, -n> *f* пла́вки *мн*
Badekappe <-, -n> *f* купа́льная ша́почка *ж*
Badekur <-, -en> *f* лече́ние *ср* во́дами
Badelatschen *mpl fam* шлёпанцы *мн*
Bademantel <-s, -mäntel> *m* купа́льный хала́т *м*
Bademeister(in) <-s, -> *m(f)* дежу́рный *м*, дежу́рная *ж* по пля́жу/бассе́йну
Bademütze <-, -n> *f* купа́льная ша́почка *ж*
baden ['baːdən] **I.** *vi* купа́ться, вы́- *св*; *(in Wanne)* принима́ть, -ня́ть *св* ва́нну **II.** *vt* купа́ть, вы́- *св*; **~ gehen** *umg* оста́ться ни с чем
Baden ['baːdən] <-s> *nt kein pl* Ба́ден *м*
Badenixe <-, -n> *f umg* купа́льщица *ж*
Baden-Württemberg <-s> *nt* Ба́ден-Вю́ртемберг *м*
Badeofen <-s, -öfen> *m* водогре́йная коло́нка *ж*
Badeort <-(e)s, -e> *m* куро́рт *м*
Badeschuhe <-> *pl* купа́льные та́почки *мн*
Badetuch <-(e)s, -tücher> *nt* купа́льное полоте́нце *ср*
Badewanne <-, -n> *f* ва́нна *ж*
Badewasser *nt ohne pl* вода́ *ж* для мытья́
Badezimmer <-s, -> *nt* ва́нная *ж*
badisch *adj* ба́денский
Badminton ['bɛtmɪntən] <-> *nt kein pl* бад-

минто́н *м*

Badmintonschläger <-s, -> *m* раке́тка *ж* для бадминто́на

baff [baf] *adj fam* ~ **sein** *umg* быть ошара́шенным

Bafög ['ba:fœ:k] <-(s)>, **BAFöG** *abk von* **Bundesausbildungsförderungsgesetz** *федера́льный зако́н о поощре́нии обуче́ния*

Bagatelle [baga'tɛlə] <-, -n> *f* ме́лочь *ж*, пустя́к *м*

Bagatellschaden <-s, -schäden> *m* незначи́тельное поврежде́ние *ср*

Bagdad ['bakdat] <-s> *nt* Багда́д *м*

Bagger ['bagɐ] <-s, -> *m* экскава́тор *м*

baggern *vi* вы́копать *св*, -ка́пывать *нсв* экскава́тором, копа́ть, вы́- *св*

Baggersee <-s, -n> *m* иску́сственное о́зеро *ср*

Baguette [ba'gɛt] <-s, -s> *nt* францу́зский бе́лый бато́н *м*

Bahamas [ba'ha:mas] <-> *pl* **die** ~ Бага́мские Острова́ *мн*

Bahn [ba:n] <-, -en> *f* **1.** *(Weg)* доро́га *ж*, путь *м* **2.** *(Zug)* по́езд *м;* **mit der ~ fahren** е́хать по́ездом **3.** *(Straßenbahn)* трамва́й *м* **4.** *(Bundesbahn)* железнодоро́жное ве́домство *ср* **5.** *(Kegelbahn)* кегельба́н *м* **6.** *(Stoffbahn)* поло́тнище *ср*, полотно́ *ср;* **freie ~ haben** име́ть „зелёную у́лицу“; **auf die schiefe ~ geraten** пойти́ по „криво́й доро́жке“

Bahnanlagen <-> *pl* железнодоро́жные сооруже́ния *срмн*

Bahnbeamte(r) <-n, -n> *f(m)*, **Bahnbeamtin** *f* железнодоро́жный слу́жащий *м*, железнодоро́жная слу́жащая *ж*

bahnbrechend *adj* нова́торский, открыва́ющий но́вые пути́

Bahncard <-, -s> *f своего́ ро́да удостовере́ние ли́чности в фо́рме пла́стиковой ка́рточки, даю́щее пра́во на приобрете́ние удешевлённых железнодоро́жный биле́тов*

Bahndamm <-(e)s, -dämme> *m* железнодоро́жная на́сыпь *ж*

bahnen ['ba:nən] *vt* **sich einen Weg ~** прота́ривать себе́ доро́гу

Bahnfahrt <-, -en> *f* пое́здка *ж* на по́езде

Bahngleis <-es, -e> *nt* железнодоро́жный путь *м;* ре́льсы *мн*

Bahnhof <-(e)s, -höfe> *m* железнодоро́жный вокза́л *м*

Bahnhofsbuchhandlung <-, -en> *f* привокза́льный кни́жный магази́н *м*

Bahnhofshalle *f* закры́тый перро́н *м*

Bahnhofsmission <-> *f* железнодоро́жная (христиа́нская) ми́ссия *ж*

Bahnhofsvorsteher(in) *m(f)* нача́льник *м* ста́нции

Bahnhofswirtschaft <-, -en> *f* вокза́льный рестора́н *м*

Bahnlinie <-, -n> *f* железнодоро́жная ли́ния *ж*

Bahnpolizei <-> *f* железнодоро́жная поли́ция *ж*

Bahnrennen <-s, -> *nt* SPORT *(Radsport)* го́нки *мн* на тре́ке

Bahnsteig ['ba:nʃtaɪk, *pl:* 'ba:nʃtaɪgə] <-(e)s, -e> *m* перро́н *м*

Bahnstrecke <-n, -n> *f* ли́ния *ж*/отре́зок *м* желе́зной доро́ги

Bahntransport <-(e)s, -s> *m* перево́зка *ж* по желе́зной доро́ге

Bahnüberführung <-, -en> *f* путепрово́д *м* над желе́зной доро́гой

Bahnübergang <-(e)s, -gänge> *m* железнодоро́жный перее́зд *м*

Bahnunterführung <-, -en> *f* путепрово́д *м* под желе́зной доро́гой

Bahnverbindung <-, -en> *f* железнодоро́жное сообще́ние *ср*

Bahre ['ba:rə] <-, -n> *f* носи́лки *жмн*

Baikalsee <-s> *m* Байка́л *м*

Baikonur *m* Байкону́р *м*

Baisse ['bɛ:s(ə)] <-, -n> *f* BÖRSE паде́ние *ср* биржевы́х ку́рсов

Baissier <-s, -s> *m* BÖRSE биржево́й спекуля́нт *м*, игра́ющий на пониже́ние, „медве́дь“ *м*

Bakterie [bak'te:riə] <-, -n> *f* бакте́рия *ж*

bakteriell [bakte'ri̯ɛl] *adj* бактериа́льный

Bakterienkultur <-, -en> *f* культу́ра *ж* бакте́рий

Bakteriologe [bakterio'lo:gə] <-n, -n> *m*, **Bakteriologin** <-, -nen> *f* бактерио́лог *м*

Bakteriologie <-> *f ohne pl* бактериоло́гия *ж*

Bakterizid <-s, -e> *nt* бактерици́д *м*

Balalaika <-> *f* балала́йка *ж*

Balance [ba'lɑ̃:s(ə)] <-, -n> *f* равнове́сие *ср;* **die ~ halten** держа́ть равнове́сие

balancieren [balɑ̃'si:rən] <ohne ge-> **I.** *vi* баланси́ровать, сбаланси́ровать *св* **II.** *vt* уде́рживать, -жа́ть *св* в равнове́сии

bald [balt] *adv* **1.** *(gleich)* ско́ро, вско́ре; **~ wird es dunkel** ско́ро стемне́ет; **so ~ wie möglich** как мо́жно скоре́е; **~ darauf** вско́ре по́сле э́того **2.** *(beinahe)* чу́ть не; **bis ~!** до ско́рого!

Baldachin ['baldaxi:n *o* balda'xi:n] <-s, -e> *m* балдахи́н *м*

baldig ['baldɪç] *adj* ско́рый

baldigst, **baldmöglichst** ['baldɪkst, 'balt 'mœ:klɪçst] *adv* как мо́жно скоре́е

Baldrian ['baldria:n] <-s, -e> *m* валериа́на *ж*

Balearen [bale'a:rən] <-> *pl* Бале́рские острова́ *мн*

balgen ['balgən] *vr:* **sich ~** боро́ться, по- *св*

Balkan ['balka:n] <-s> *m* GEOG **der ~** Балка́ны *мн*

Balkankrise <-, -n> *f* кри́зис *м* на Балка́нах

Balkanländer *ntpl* Балка́нские стра́ны *мн (стра́ны Балка́нского полуо́строва)*
Balkanstaaten *pl* госуда́рства *срмн* Балка́нского полуо́строва, Балка́нские госуда́рства *срмн*
Balken ['balkən] <-s, -> *m* ба́лка *ж*, бревно́ *ср*
Balkendecke <-, -n> *f* ба́лочное перекры́тие *ср*
Balkenwaage *f* весы́ *мн*
Balkon [bal'kɔŋ, *pl:* bal'kɔŋs *o* bal'ko:nə] <-s, -s *o* -e> *m* ARCH, THEAT, FILM балко́н *м*
Balkonpflanze <-, -n> *f* балко́нное расте́ние *ср*
Balkontür *f* дверь балко́на *ж*, балко́нная дверь *ж*
Ball [bal, *pl:* 'bɛlə] <-(e)s, Bälle> *m* **1.** *(für Ballspiel)* мяч *м*; ~ **spielen** игра́ть в мяч **2.** *(Tanzveranstaltung)* бал *м*; **am ~ bleiben** продолжа́ть пресле́довать свою́ цель
Ballade [ba'la:də] <-, -n> *f* балла́да *ж*
Ballast ['balast *o* 'balast] <-(e)s, *rar* -e> *m* **1.** *(Gewicht)* балла́ст *м* **2.** *fig* бре́мя *ср*; ~ **abwerfen** сбро́сить бре́мя
Ballaststoffe [-'- - -] <-> *pl* балла́стные вещества́ *мн*
ballen ['balən] **I.** *vt* сжима́ть, сжать *св*; **die Faust** ~ сжима́ть кула́к; **die Hand zur Faust** ~ сжать па́льцы в кула́к **II.** *vr* **sich** ~ сжима́ться, сжа́ться *св*; *(Wolken)* набега́ть, набежа́ть *св*
Ballen ['balən] <-s, -> *m* **1.** *(der Hand)* мя́коть *ж* ладо́ни **2.** *(von Heu)* тюк *м* **3.** *(von Stoff)* руло́н *м*
Ballerina [balə'ri:na, *pl:* balə'ri:nən] <-, Ballerinen> *f* балери́на *ж*
Ballett [ba'lɛt] <-(e)s, -e> *nt* бале́т *м*
Ballettänzer[Alt]**(in)** *m(f) s.* **Balletttänzer**
Ballettkorps <-s, -s> *nt* бале́тная тру́ппа *ж*
Ballettmusik <-> *f* бале́тная му́зыка *ж*
Ballettschule <-> *f* бале́тная шко́ла *ж*
Balletttänzer[RR]**(in)** *m(f)* балети́ст *м*, балери́на *ж*, танцо́вщик *м*, танцо́вщица *ж*
Ballistik [ba'lɪstɪk] <-> *f kein pl* балли́стика *ж*
ballistisch *adj* баллисти́ческий
Balljunge <-n, -n> *m (Tennis) ма́льчик, подаю́щий мяч*
Ballkleid *nt* ба́льное пла́тье *ср*
Ballon [ba'lɔŋ, *pl:* ba'lɔŋs *o* ba'lo:nə] <-s, -s *o* -e> *m* **1.** *(Heißluftballon)* возду́шный шар *м* **2.** *(Glasflasche)* балло́н *м*, буты́ль *ж*
Ballonfahrt <-, -en> *f* полёт *м* на возду́шном ша́ре
Ballsaal <-(e)s> *m* ба́льный зал *м*
Ballspiel <-(e)s, -e> *nt* игра́ *ж* с мячо́м
Ballung ['balʊŋ] <-, -en> *f* концентра́ция *ж*
Ballungsraum <-(e)s, -räume> *f* райо́н *м* высо́кой пло́тности населе́ния
Balsaholz <-es> *nt* ба́льзовое де́рево *ср*
Balsam ['balza:m] <-s, -e> *m* бальза́м *м*
balsamieren *vt* балзами́ровать
balsamisch *adj* ласка́ющий
Balte ['baltə] <-n, -n> *m*, **Baltin** *f* жи́тель(ница) *м(ж)* Приба́лтики
Baltikum ['baltikʊm] <-s> *nt* Приба́лтика *ж*
Baltin ['baltɪn] <-, -nen> *f s.* **Balte**
baltisch *adj* прибалти́йский
Balustrade [balʊs'tra:də] <-, -n> *f* балюстра́да *ж*
Bambus ['bambʊs] <- *o* -ses, -se> *m* бамбу́к *м*
Bambusrohr <-(e)s, -e> *nt* ствол *м* бамбу́ка
banal [ba'na:l] *adj* бана́льный
Banalität [banali'tɛ:t] <-, -en> *f* бана́льность *ж*; *(Abgeschmacktheit)* по́шлость *ж*
Banane [ba'na:nə] <-, -n> *f* бана́н *м*
Bananenpflanzung <-, -en> *f* поса́дка *ж* бана́нов; *(Plantage)* (небольша́я) бана́новая планта́ция *ж*
Bananenplantage <-, -n> *f* бана́новая планта́ция *ж*
Bananenschale *f* бана́новая кожура́ *ж*
Bananenstecker <-s, -> *m* EL ште́псель *м* с пружиня́щим конта́ктом
Banause [ba'naʊzə] <-n, -n> *m pej* неве́жда *м и ж*
band [bant] *1. u 3. pers sing imp von* **binden**
Band[1] [bant, *pl:* 'bɛndɐ] <-(e)s, Bänder> *nt* **1.** *(aus Stoff)* ле́нта *ж* **2.** *(Tonband)* магнитофо́нная плёнка *ж*; **etw auf ~ sprechen** записа́ть что-л. на плёнку **3.** *(Fließband)* конве́йер *м*; **am laufenden ~** непреры́вно
Band[2] [bant, *pl:* 'bandə] <-(e)s, -e> *m fig (innere Bindung)* свя́зка *ж*
Band[3] [bant, *pl:* 'bɛndə] <-(e)s, Bände> *m (Buch~)* том *м*
Band[4] [bɛnt] <-, -s> *f (Musikgruppe)* музыка́льная гру́ппа *ж*
Bandage [ban'da:ʒə] <-, -n> *f* банда́ж *м*
bandagieren [banda'ʒi:rən] <ohne ge-> *vt* ту́го забинто́вывать, -това́ть *св*
Bandaufnahme *f* за́пись *ж* на магнитофо́нную ле́нту
Bandbreite <-, -n> *f* DV ширина́ *ж* диапазо́на
Bande[1] ['bandə] <-, -n> *f* **1.** *(von Jugendlichen)* вата́га *ж* **2.** *(Verbrecherbande)* ба́нда *ж*
Bande[2] ['bandə] <-, -n> *f (Einfassung)* борт *м*
Banderole [bandə'ro:lə] <-, -n> *f* бандеро́ль *ж*
Bänderriss[RR] *m* MED (по)рва́ть свя́зки [*или* сухожи́лия]
bändigen ['bɛndɪgən] *vt* **1.** *(Tier)* усмиря́ть, -ри́ть *св*, укроща́ть, -роти́ть *св* **2.** *fig* обу́здывать, -да́ть *св*
Bandit [ban'di:t] <-en, -en> *m* банди́т *м*
Bandlaufwerk <-(e)s, -e> *nt* DV лентопротя́гивающий механи́зм *м*

Bandscheibe <-, -n> *f* межпозвоно́чный диск *м*
Bandstahl <-s> *m* TECH полосова́я сталь *ж*
Bandwurm <-(e)s, -würmer> *m* солитёр *м*
bang(e) ['baŋ(ə)] <banger *o* bänger, bangste *o* bängste> *adj* **1.** *(ängstlich)* боязли́вый; **ihm wurde (angst und) ~** ему́ ста́ло стра́шно **2.** *(besorgt)* трево́жный, беспоко́йный; **~ Ruhe erfüllte das Zimmer** трево́жная тишина́ запо́лнила ко́мнату
bangen ['baŋən] *vi* **um jdn/etw ~** трево́житься о ком-л./чём-л.
Bangladesch <-> *nt* Бангладе́ш *м*
Banjo <-s, -s> *nt* ба́нджо *ср*
Bank[1] [baŋk, *pl:* 'bɛŋkə] <-, Bänke> *f* **1.** *(Sitzbank)* скамья́ *ж*, ла́вка *ж* **2.** *(Sandbank)* песча́ная коса́ *ж*, о́тмель *ж*; **etw auf die lange ~ schieben** *umg* откла́дывать что-л. в до́лгий я́щик
Bank[2] [baŋk, 'baŋkən] <-, -en> *f (Geldinstitut)* банк *м*; **Geld auf der ~ haben** име́ть де́ньги в ба́нке; **Geld durch eine ~ überweisen** переводи́ть де́ньги че́рез банк; **ein Konto bei der ~ haben** име́т счёт в ба́нке
Bankakzept <-(e)s, -e> *nt* ба́нковский акце́пт *м*
Bankangestellte(r) <-n, -n> *f(m)* ба́нковский слу́жащий *м*, ба́нковская слу́жащая *ж*
Bankanleihe <-, -n> *f* облига́ция *ж* ба́нка
Bankanweisung <-, -en> *f* ба́нковский перево́д *м*
Bankauskunft <-, -auskünfte> *f* информа́ция *ж* ба́нка
Bankausweis <-es, -e> *m* отчёт *м* ба́нка
Bankauszug <-(e)s, -auszüge> *m* вы́писка *ж* из счёта
Bankautomat *m* банкома́т *м*
Bankbeamte(r) <-n, -n> *f(m)* ба́нковский чино́вник *м*, ба́нковская чино́вница *ж*
Bankbürgschaft <-, -en> *f* ба́нковская гара́нтия *ж*, ба́нковское поручи́тельство *ср*
Bankeinlage <-, -n> *f* депози́т *м*
Bankenaufsicht <-, -en> *f* госуда́рственный ба́нковский контро́ль *м*
Bankenclearing <-s, -s> *nt* ба́нковский кли́ринг *м*
Bankenfusion <-, -en> *f* слия́ние *ср* ба́нков
Bankenkonsortium <-s, -konsortien> *nt* консо́рциум *м* ба́нков
Bankenliquidität <-> *f* ликви́дность *ж* ба́нков
Bankenprüfer(in) <-s, -> *m(f)* ба́нковский ревизо́р *м*
Bankensystem <-s, -e> *nt* ба́нковская систе́ма *ж*
Banker ['bɛŋkɐ] <-s, -> *m* WIRTSCH банки́р *м*
Bankett [baŋ'kɛt] <-(e)s, -e> *nt geh (Festessen)* банке́т *м*
bankfähig *adj* учи́тываемый ба́нком
Bankfiliale <-, -n> *f* филиа́л *м* ба́нка
Bankgarantie <-, -en> *f* ба́нковская гара́нтия *ж*
Bankgeheimnis <-ses> *nt* ба́нковская та́йна *ж*
Bankgeschäfte <-> *pl* ба́нковские опера́ции *мн*
Bankguthaben <-s, -> *nt* ба́нковские акти́вы *мми*
Bankgutschrift <-, -en> *f* за́пись *ж* в креди́т ба́нковского счёта
Bankhaftung <-, -en> *f* ба́нковская гара́нтия *м*
Bankier [baŋ'ki̯eː] <-s, -s> *m* банки́р *м*
Banking <-s> *m* ба́нковские опера́ции *мн*
Bankkonto <-s, -konten> *nt* ба́нковский счёт *м*
Bankkredit <-s, -e> *m* ба́нковский креди́т *м*
Bankleitzahl <- ,-en> *f* код *м* ба́нка
Banknote <-, -n> *f* банкно́та *ж*
Banknotenausgabe <-, -n> *f* банкно́тная эми́ссия *ж*
Banknotendeckung <-, -n> *f* покры́тие *ср* [*или* обеспе́чение *ср*] банкно́т
Bankobligation <-, -en> *f* облига́ция *ж* ба́нка
Bankomat [baŋko'maːt] <-s, -en> *m* банкома́т *м*; **Geld vom ~ holen** получа́ть де́ньги из банкома́та
Bankpleite <-, -n> *f* банкро́тство *ср*
Bankprovision <-, -en> *f* прови́зия *ж*, ба́нковские комиссио́нные *мн*
Bankrate <-, -n> *f* учётный ба́нковский проце́нт *м*
Bankraub <-(e)s, -e> *m* ограбле́ние *ср* ба́нка
bankrott [bank'rɔt] *adj* обанкро́тившийся, неплатежеспосо́бный
Bankrott [bank'rɔt] <-(e)s, -e> *m* банкро́тство *ср*; **~ machen/gehen** обанкро́титься *св*
Bankschalter <-s, -> *m* око́шечко *ср* в ба́нке для обслу́живания посети́телей
Bankscheck <-s, -s> *m* ба́нковский чек *м*
Bankschließfach <-(e)s, -fächer> *nt* (абоне́нтный) сейф *м* ба́нка
Bankspesen *pl* сбо́ры *мн* по ба́нковским опера́циям
Banküberfall <-(e)s, -fälle> *m* нападе́ние *ср* на банк
Banküberweisung <-, -en> *f* ба́нковский перево́д *м*, ба́нковское перечисле́ние *ср*
Bankverbindung <-, -en> *f* расчётный счёт *м* в ба́нке
Bankverkehr <-s> *m* ба́нковские опера́ции *жмн*
Bankwesen <-s> *nt kein pl* ба́нковское де́ло *ср*
Bann [ban] <-(e)s, -e> *m* **jdn in seinen ~ schlagen** увле́чь кого́-л.; **(ganz) im ~ von**

etw stehen полностью находиться под влиянием чего-л.

bannen ['banən] *vt* **1.** *(Gefahr, Geister)* прогонять, прогнать *св* с помощью заклинаний **2.** *(festhalten)* очаровывать, очаровать *св*; **wie gebannt zuhören** слушать как зачарованный **3.** *(den Bann aussprechen)* заколдовывать, заколдовать *св*

Banner ['banɐ] <-s, -> *nt (Flagge)* знамя *ср*, флаг *м*

Bannfluch <-(e)s, -flüche> *m* анафема

Bannwald <-(e)s, -wälder> *m (österr: Schutzwald gegen Lawinen)* противолавинный лес *м*

bar [baːɐ̯] *adj* **1.** *(Geld)* наличный; **~es Geld** наличные (деньги); **etw (in) ~ bezahlen** платить наличными **2.** *(nackt)* голый, непокрытый; **in ~** наличными; **~er Unsinn** совершенная бессмыслица; **~ jeglichen Sachverstands** совершенно некомпетентный

Bar [baːɐ̯] <-, -s> *f* **1.** *(Theke)* стойка *ж* бара **2.** *(Lokal)* бар *м*

Bär(in) [bɛːɐ, *pl:* 'bɛːrən] <-en, -en; -, -nen> *m(f)* медведь *м*; **jdm einen ~en aufbinden** *umg* вешать кому-л. лапшу на уши

Baracke [ba'rakə] <-, -n> *f* барак *м*

Barakkreditiv <-s, -e> *nt* денежный [*или* чистый] аккредитив *м*

Barbar(in) [bar'baːɐ̯, *pl:* bar'baːrən] <-en, -en; -, -nen> *m(f)* варвар *м*

Barbarei [barba'raɪ] <-> *f* варварство *ср*, невежество *ср*

barbarisch *adj* варварский, невежественный

bärbeißig *adj* сердитый

Barbestand <-(e)s, -bestände> *m* наличность *ж*

Barbiturat <-(e)s, -e> *nt* барбитурат *м*

Bareinlage <-, -n> *f* вклад *м* наличными, денежный вклад *м*

Bärendienst *m* **jdm einen ~ erweisen** оказать кому-л. медвежью услугу

Bärenhunger *m fam* волчий голод *м*; **einen ~ haben** быть голодным как волк

bärenstark *adj fam* сильный как бык

Barentssee *f* Баренцево море *ср*

Barett [ba'rɛt] <-(e)s, -e> *nt* берет *м*

barfuß ['baːɐ̯fuːs, 'baːɐ̯fyːsɪç] *adj* босой; **~ gehen** идти босиком

barg [bark] *1. u 3. pers sing imp von* **bergen**

Bargeld <-(e)s> *nt* наличные *мн*

bargeldlos *adj* безналичный; **~ zahlen** платить по безналичному расчёту

Bargeschäft <-(e)s, -e> *nt* сделка *ж* за наличный расчёт

Barhocker <-s, -> *m* высокий табурет *м*

bärig ['bɛːrɪç] *adj* сильный, здоровый; *(großartig)* замечательный

Bärin ['bɛːrɪn] <-> *f* медведица *ж*

Bariton ['baːritɔn, *pl:* 'baːritoːnə] <-s, -e> *m* баритон *м*

Barium <-s> *nt ohne pl* CHEM барий *м*

Barkauf <-(e)s, -käufe> *m* покупка *ж* за наличные

Barkeeper ['baːɐkiːpɐ] <-s, -> *m* бармен *м*

barmherzig [barm'hɛrtsɪç] *adj* милосердный

Barmherzigkeit <-> *f kein pl* милосердие *ср*, сострадание *ср*

barock [ba'rɔk] *adj* KUNST, MUS, LIT в стиле барокко; *umg (üppig)* пышный, буйный

Barock [ba'rɔk] <-s> *nt o m kein pl* барокко *ср*

Barockkirche <-, -n> *f* церковь *ж* в стиле барокко

Barockmusik <-> *f* музыка *ж* в стиле барокко

Barometer [baro'meːtɐ] <-s, -> *nt* барометр *м*

Baron(in) [ba'roːn] <-s, -e; -, -nen> *m(f)* барон *м*, баронесса *ж*

Barren ['barən] <-s, -> *m* **1.** *(Goldbarren)* слиток *м* **2.** SPORT *(Stufenbarren)* параллельные брусья *мн*

Barreserve <-, -n> *f* запас *м* наличных средств

Barriere [ba'ri̯eːrə] <-, -n> *f* **1.** *(Absperrung)* заграждение *ср* **2.** *(Hindernis)* барьер *м*

Barrikade [bari'kaːdə] <-, -n> *f* баррикада *ж*; **für etw auf die ~n gehen** *umg* выступать против чего-л.

barsch [barʃ] *adj* грубый, резкий

Barsch [baːɐ̯ʃ] <-(e)s, -e> *m* ZOO окунь *м*

Barscheck <-s, -s> *m* чек *м* на оплату наличными, кассовый чек *м*

barst [barst] *1. u 3. pers sing imp von* **bersten**

Bart [baːɐt, *pl:* 'bɛrtə] <-(e)s, Bärte> *m* борода *ж*; *(des Schlussels)* бородка *ж*; **sich einen ~ wachsen lassen** отпустить бороду; **er lässt sich jetzt einen ~ wachsen** он сейчас отпускает себе бороду

Bartergeschäft <-(e)s, -e> *nt* бартерная операция *ж*

Barterhandel <-s> *m* ÖKON бартер *м*

bärtig ['bɛːɐtɪç] *adj* бородатый

bartlos *adj* безбородый

Barvermögen <-s, -> *nt* (денежная) наличность *ж*

Barwert <-(e)s, -e> *m* действительная [*или* фактическая] стоимость *ж*

Barzahlung <-, -en> *f* оплата *ж* наличными

Basar [ba'zaːɐ] <-s, -e> *m* рынок *м*, базар *м*

Base ['baːzə] <-, -n> *f (Kusine)* кузина *ж*, двоюродная сестра *ж*

Baseball ['beɪsbɔːl] <-s> *m kein pl* SPORT *(Spiel)* бейзбол *м*; **~ spielen** играть в бейзбол

basieren [ba'ziːrən] <ohne ge-> *vi* основаться *св*, основываться *нсв*, базироваться *св*

Basilika [ba'zi:lika, *pl:* ba'zi:likən] <-, Basiliken> *f* бази́лика *ж*
Basilikum [ba'zi:likʊm] <-s> *nt kein pl* бази́лик *м*
Basis ['ba:zɪs, *pl:* 'ba:zən] <-, Basen> *f* **1.** *(Grundlage)* ба́зис *м*, осно́ва *ж* **2.** POL ма́ссы *жмн;* **materielle und ökonomische ~** материа́льный и экономи́ческий ба́зис; **auf vertraglicher ~** на догово́рной осно́ве
Basismodell <-s, -e> *nt* ба́зовая моде́ль *ж*
Basiswissen <-s> *nt* основно́е зна́ние *ср*
Baske ['baskə] <-n, -n> *m*, **Baskin** *f* баск *м*, баско́нка *ж*
Basketball ['ba:skətbal] <-(e)s, -bälle> *m* **1.** *(Spiel)* баскетбо́л *м* **2.** *(Ball)* баскетбо́льный мяч *м*
Basketballer(in) <-s, -> *m(f)* баскетболи́ст(ка) *м(ж)*
baskisch ['baskɪʃ] *adj* ба́скский
Bass[RR] [bas] <-es, Bässe> *m*, **Baß**[Alt] <Basses, Bässe> *m* бас *м*
Bassgitarre <-, -n> *f* бас-гита́ра *ж*
Bassin [ba'sɛ̃:] <-s, -s> *nt* бассе́йн *м*, резервуа́р *м*
Bassist(in) [ba'sɪst] <-en, -en; -, -nen> *m(f)* контрабаси́ст *м*
Bassschlüssel[RR] <-s, -> *m* басо́вый ключ *м*
Bast [bast] <-(e)s, -e> *m* лы́ко *ср*
basta ['basta] *interj* ба́ста; **und damit ~!** и ко́нчено на э́том!
Bastard ['bastart, *pl:* 'bastardə] <-(e)s, -e> *m* внебра́чный ребёнок *м;* BIOL гибри́д *м*
basteln ['bastəln] *vt* мастери́ть, смастери́ть *св*
Bastion [bas'ti̯o:n] <-en> *f* бастио́н *м*, кре́пость *ж*
Bastler(in) ['bastlɐ] <-s, -; -, -nen> *m(f)* люби́тель(ница) *м(ж)* мастери́ть
Bastmatte <-, -n> *m* цино́вка *ж*
bat [ba:t] *1. и 3. pers sing imp von* **bitten**
Bataillon [batal'jo:n] <-s, -e> *nt* батальо́н *м*
Batchverarbeitung <-> *f* DV паке́тная обрабо́тка *ж*
Batik ['ba:tɪk] <-, en> *f* ба́тик *м*
batiken *vt* печа́тать, на- *св* ба́тик
Batterie [batə'ri:, *pl:* batə'ri:ən] <-, -n> *f* батаре́я *ж*
Batteriebetrieb *m* ELEK на батаре́йках
batteriebetrieben *adj* на батаре́йках; **ein batteriebetriebenes Radiogerät** ра́дио *ср* на батаре́йках
Batzen <-s, -> *m (Klumpen)* кусо́к *м;* **ein schöner ~ Geld** *fam* соли́дная па́чка де́нег
Bau[1] [baʊ] <-(e)s> *m kein pl* **1.** *(das Bauen)* строи́тельство *ср;* **im ~ sein** стро́иться **2.** *(Aufbau)* построе́ние *ср*, структу́ра *ж* **3.** *(Baustelle)* стройплоща́дка *ж*
Bau[2] <-(e)s, -ten> *m (Gebäude)* постро́йка *ж*, сооруже́ние *ср*
Bau3 <-(e)s, -e> *m* ZOO *(Tierbehausung)* нора́ *ж*
Bauarbeiten <-> *pl* строи́тельные рабо́ты *мн*
Bauarbeiter <-s, -> *m* строи́тель *м*, строи́тельный рабо́чий *м*
Bauart <-, -en> *f* архитекту́рный стиль *м*
Bauaufsicht *f* инспе́кция *ж* строи́тельного надзо́ра
Baubaracke <-, -n> *f* строи́тельный бара́к *м*, бара́к *м* для рабо́чих строи́телей
Baubeginn <-(e)s> *m* нача́ло *ср* строи́тельства
Baubehörde <-, -n> *f* строи́тельное ве́домство *ср*
Bauboom <-s, -> *m* строи́тельный бум *м*
Bauch [baʊx, 'bɔɪçə] <-(e)s, Bäuche> *m* живо́т *м;* **einen ~ haben** *(dick sein)* име́ть брюшко́; **sich den ~ mit etw voll schlagen** *fam* объеда́ться, объе́сться *св*
Bauchfell <-(e)s, -e> *nt* ANAT брюши́на *ж*
bauchig ['baʊxɪç] *adj* пуза́тый, вы́пуклый
bäuchlings *adv* на животе́, живото́м
Bauchnabel <-s, -> *m* пуп *м*, пупо́к *м*
Bauchredner(in) <-s, -> *m(f)* чревовеща́тель(ница) *м(ж)*
Bauchschmerz <-es, -en> *m* боль *ж* в животе́
Bauchschmerzen *mpl* бо́ли *жмн* в животе́
Bauchspeicheldrüse <-, -n> *f* поджелу́дочная железа́ *ж*
Bauchspeicheldrüsenkrebs *m* рак *м* поджелу́дочной железы́
Bauchtanz <-es, -tänze> *m* та́нец *м* живота́
Bauchweh <-s> *nt umg* резь *ж*, боль *ж*
Baud [baʊt *o* bo:t] <-(s), -> *nt* TECH, DV бод *м*
Baudezernent(in) <-en, -en> *m(f)* заве́дующий *м* строи́тельством
bauen ['baʊən] *vt* стро́ить, по- *св; (konstruieren)* конструи́ровать, сконструи́ровать *св;* **auf jdn/etw ~** возлага́ть наде́жды на кого́-л./что-л.
Bauer ['baʊɐ] <-n *o rar* -s, -n> *m* **1.** *(Landwirt)* крестья́нин *м* **2.** *(Schachfigur)* пе́шка *ж*
Bäuerchen <-s, -> *nt fam* отры́жка *ж;* **ein ~ machen** отрыгну́ть
Bäuerin ['bɔɪərɪn] <-, -nen> *f* крестья́нка *ж*
bäuerlich ['bɔɪɐlɪç] *adj* крестья́нский, се́льский
Bauernbub <-en, -en> *m österr (Bauernjunge)* дереве́нский ма́льчик *м*
Bauernfang <-(e)s> *m* **auf ~ ausgehen** *umg* рассчи́тывать на простако́в
Bauernhaus <-es, -häuser> *nt* крестья́нский дом *м*
Bauernhof <-(e)s, -höfe> *m* крестья́нская уса́дьба *ж*, фе́рма *ж*

Bauernkrieg <-(e)s, -e> *m* крестья́нская война́ *ж*
Bauernmöbel *pl* крестья́нская ме́бель *ж*
Bauernpartei <-> *f* крестья́нская па́ртия *ж*
Bauernregel <-, -n> *f* наро́дная приме́та *ж*
Bauernverband <-(e)s, -verbände> *m* крестья́нское объедине́ние *ср*
baufällig *adj* ве́тхий
Baufirma <-, -firmen> *f* строи́тельная фи́рма *ж*
Baugelände <-s> *nt* террито́рия *ж* стро́йки
Baugenehmigung <-, -en> *f* разреше́ние *ср* на строи́тельство
Baugenossenschaft <-, -en> *f* жили́щно-строи́тельный кооперати́в *м*
Baugerüst *nt* строи́тельные леса́ *мн*
Baugesellschaft *f* строи́тельная компа́ния *ж*
Baugewerbe <-s> *nt* строи́тельное де́ло *ср*
Baugrundstück *nt* строи́тельный уча́сток *м*
Bauherr(in) <-en, -en> *m(f)* зака́зчик *м* строи́тельных рабо́т, застро́йщик *м*
Bauholz *nt* древе́сный строи́тельный материа́л *м*
Bauimperium <-s> *nt umg* строи́тельная импе́рия *ж*
Bauingenieur(in) <-s, -e> *m(f)* инжене́р-строи́тель *м*
Baujahr <-(e)s, -e> *nt* год *м* постро́йки
Baukasten <-s, -kästen> *m* коро́бка *ж* с ку́биками
Bauklotz *m* строи́тельные ку́бики *мн*; **Bauklötze staunen** *fam* вы́пучить глаза́ от удивле́ния
Bauklötzchen <-s, -> *nt* строи́тельный ку́бик *м*
Baukonjunktur <-> *f* строи́тельная конъю́нкту́ра *ж*
Baukonzern <-s, -e> *m* строи́тельный конце́рн *м*
Baukran <-(e)s, -kräne> *m* грузоподъёмный кран *м*
Bauland <-(e)s> *nt* строи́тельный уча́сток *м*
baulich *adj* строи́тельный
Baum [baʊm, *pl:* ˈbɔɪmə] <-(e)s, Bäume> *m* де́рево *ср*; **auf einen ~ klettern** лезть на де́рево
Baumaschine <-, -n> *f* стро́ительная маши́на *ж*
Baumaßnahme <-, -en> *f* строи́тельная ме́ра *ж*
Baumaterial *nt* строи́тельный материа́л *м*
baumbestanden *adj* заса́женный [*или* заро́сший] дере́вьями
Baumeister(in) <-s, -> *m(f)* ма́стер *м* строи́тельного де́ла
baumeln [ˈbaʊməln] *vi* болта́ться *нсв*
bäumen *vr (Pferd)* станови́ться, ста́ть *св* на дыбы́
Baumgrenze <-> *f* грани́ца *ж* лесо́в
Baumkrone *f* кро́на *ж* де́рева
Baumrinde *f* кора́ *ж* де́рева
Baumschule <-, -n> *f* древе́сный пито́мник *м*
Baumstamm <-(e)s, -stämme> *m* ствол *м* де́рева
Baumsterben <-s> *nt* ги́бель *ж* лесо́в
Baumstruktur <-, -en> *f* DV, LING древови́дная структу́ра *ж*
Baumstumpf <-(e)s, -stümpfe> *m* пень *м*
Baumwipfel *m* верху́шка *ж* [*или* маку́шка *ж*] де́рева
Baumwolle <-> *f* хло́пок *м*
Baumwollernte <-, -n> *f* сбор *м* хло́пка, убо́рка *ж* хло́пка
Baumwollpflanzung <-, -en> *f* поса́дка *ж* хло́пка
Baumwollspinnerei <-, -en> *f* хлопкопряди́льная фа́брика *ж*
Baumwollstoff <-(e)s, -e> *m* хлопчатобума́жная ткань *ж*
Bauplan <-(e)s, -pläne> *m* план *м* строи́тельства
Bauplanung <-, -en> *f* строи́тельное плани́рование *ср*
Bauplatz <-es, -plätze> *m* строи́тельная площа́дка *ж*, стройплоща́дка *ж*
Bauprojekt <-(e)s, -e> *nt* строи́тельный прое́кт *м*
Baureihe <-, -n> *f* TECH конструкти́вный ряд *м*
Bausch [baʊʃ, *pl:* ˈbaʊʃə *o* ˈbɔɪʃə] <-(e)s, -e *o* Bäusche> *m (von Watte)* тампо́н *м*; **in ~ und Bogen** всё ско́пом
Bauschäden <-> *pl* строи́тельные дефе́кты *мн*
Bausenator <-s, -en> *m* сена́тор *м* по дела́м строи́тельства и архитекту́ры
Bauspardarlehen <-s, -> *nt ссу́да для индивидуа́льного жили́щного строи́тельства, выдава́емая специа́льным креди́тным учрежде́нием*
Bausparkasse <-, -n> *f креди́тное учрежде́ние, выдаю́щее ссу́ды на индивидуа́льное строи́тельство*
Bausparvertrag <-(e)s, -verträge> *m догово́р с ба́нком на накопле́ние средств на жили́щное строи́тельство*
Bauspekulant <-en, -en> *m* строи́тельный спекуля́нт *м*
Baustein <-(e)s, -e> *m* **1.** *(für Hausbau)* строи́тельный ка́мень *м* **2.** *fig* компоне́нт *м*
Baustelle <-, -n> *f* стро́йка *ж*
Baustraße <-, -n> *f* доро́га *ж* на строи́тельной площа́дке

Bauteil <-(e)s, -e> *nt* строи́тельная дета́ль *ж*

Bautrupp <-s, -s> *m* строи́тельный отря́д *м*

Bauunternehmer(in) <-s, -> *m(f)* строи́тельный подря́дчик *м*

Bauverbot <-(e)s, -e> *nt* запре́т *м* на строи́тельство

Bauweise <-> *f* ме́тод *м* строи́тельства

Bauwerk <-(e)s, -e> *nt* архитекту́рное сооруже́ние *ср*

Bauxit [baʊ'ksi:t] <-s, -e> *nt* GEOL бокси́т *м*

Bauzaun <-(e)s, -zäune> *m* забо́р *м* вокру́г строи́тельной площа́дки

Bayer(in) ['baɪɐ] <-n, -n> *m(f)* бава́рец *м*, бава́рка *ж*

bay(e)risch ['baɪ(ə)rɪʃ] *adj* бава́рский

Bayern ['baɪɐn] <-s> *nt* Бава́рия *ж*

bayrisch *adj s.* **bay(e)risch**

Bazillus [ba'tsɪlʊs, *pl:* ba'tsɪlən] <-, Bazillen> *m* баци́лла *ж*

B-Dur <-s> *nt* MUS си-бемо́ль мажо́р *м*

beabsichtigen [bə'ʔapzɪçtɪgən] <ohne ge-> *vt* **~, etw zu tun** намерева́ться что-л. сде́лать

beachten <ohne ge-> *vt* **1.** *(Person)* обраща́ть, -ти́ть *св* внима́ние **2.** *(Vorschrift)* соблюда́ть, -блюсти́ *св*

beachtenswert *adj* заслу́живающий внима́ния

beachtlich *adj* **1.** *(groß)* большо́й **2.** *(wichtig)* значи́тельный

Beachtung <-> *f kein pl* внима́ние *ср; (der Gesetze)* соблюде́ние *ср* зако́нов; **jdm/einer Sache (keine) ~ schenken** (не) уделя́ть кому́-л./чему́-л. внима́ние

Beachvolleyball <-s> *nt* пля́жный волейбо́л *м*

Beamte [bə'ʔamtə] <ein -r, -n, -n> *m* госуда́рственный слу́жащий *м*, должностно́е лицо́ *ср*

Beamtenapparat <-(e)s, -e> *m* чино́вничий аппара́т *м*

Beamtendeutsch <-> *nt pej* канцеля́рский неме́цкий язы́к *м*

Beamtin [bə'ʔamtɪn] <-, -nen> *f* госуда́рственная слу́жащая *ж; s.a.* **Beamte**

beängstigen [bə'ʔɛŋstɪgən] <ohne ge-> *vt* пуга́ть, испуга́ть *св*

beängstigend *adj* трево́жный, пуга́ющий

beanspruchen [bə'ʔanʃprʊxən] <ohne ge-> *vt* **1.** *(fordern)* тре́бовать, по- *св* **2.** *(Aufmerksamkeit)* претендова́ть *нсв* **3.** *(Reifen)* нагружа́ть, -грузи́ть *св*

beanstanden <ohne ge-> *vt* критикова́ть *нсв*, счита́ть, по- *св* неприе́млемым

Beanstandung <-, -en> *f* реклама́ция *ж*, жа́лоба *ж*

beantragen <ohne ge-> *vt* подава́ть, -да́ть *св* заявле́ние, хода́тайствовать *нсв*

beantworten [bə'ʔantvɔrtən] <ohne ge-> *vt* *(Frage, Brief)* отвеча́ть, -ве́тить *св*

bearbeiten <ohne ge-> *vt* **1.** *(Material, Antrag)* обраба́тывать, -бо́тать *св* **2.** *(Thema)* разраба́тывать, -бо́тать *св* **3.** *umg (Person)* обраба́тывать, -бо́тать *св*

Bearbeitung <-, -en> *f* **1.** *(von Material, eines Antrags)* обрабо́тка *ж* **2.** *(eines Themas)* разрабо́тка *ж* **3.** *(Fassung)* реда́кция *ж*

Bearbeitungsgebühr <-, -en> *f* пла́та *ж* за обрабо́тку

Bear market <-s, -s> *m* BÖRSE би́ржа *ж* с тенде́нцией ку́рса на пониже́ние

beatmen <ohne ge-> *vt* де́лать, сде́лать *св* иску́сственное дыха́ние

Beatmungsgerät <-(e)s, -e> *nt* прибо́р *м* для иску́сственного дыха́ния

Beaufortskala <-> *f* шкала́ *ж* для измере́ния си́лы ве́тра

beaufsichtigen [bə'ʔaʊfzɪçtɪgən] <ohne ge-> *vt* **1.** *(Arbeiten)* контроли́ровать, про- *св* **2.** *(Kinder)* присма́тривать, -смотре́ть *св*

beauftragen <ohne ge-> *vt* поруча́ть, -чи́ть

Beauftragte <ein -r, -n, -n> *mf* дове́ренный *м*

beäugen *vt* осма́тривать, осмотре́ть *св;* **jdn vorsichtig ~** осма́тривать внима́тельно кого́-л.

bebauen <ohne ge-> *vt* застра́ивать, -стро́ить *св; (Acker)* обраба́тывать, -бо́тать *св*

beben ['be:bən] *vi* дрожа́ть *нсв; (Erde)* сотряса́ться, -сти́сь *св*

Beben ['be:bən] <-s, -> *nt* **1.** *(Vibrieren)* дрожа́ние *ср* **2.** *(Erdbeben)* землетрясе́ние *ср*

bebildern <ohne ge-> *vt* иллюстри́ровать *(н)св*

Becher ['bɛçɐ] <-s, -> *m* стака́н *м*, стака́нчик *м*

Bechterewsche Krankheit <-> *f* боле́знь *ж* Бе́хтерева

Becken ['bɛkən] <-s, -> *nt* **1.** *(im Bad)* ра́ковина *ж* **2.** ANAT таз *м* **3.** MUS таре́лки *мн*

bedacht [bə'daxt] *adj* обду́манный, осмотри́тельный; **auf etw ~ sein** о́чень забо́титься о чём-л.

bedächtig [bə'dɛçtɪç] *adj* осмотри́тельный, осторо́жный

bedanken <ohne ge-> *vr* благодари́ть, по- *св;* **sich für etw ~** выража́ть благода́рность за что-л.; **sich bei jdm für etw ~** благодари́ть кого́-л. за что-л.

Bedarf [bə'darf] <-(e)s> *m kein pl (Nachfrage)* спрос *м;* **voraussichtlicher ~** ожида́емый спрос; **Güter des gehobenen ~s** това́ры повы́шенного спро́са; **Güter des täglichen ~s** това́ры повседне́вного спро́са; **den ~ wecken** стимули́ровать спрос [*или* потре́бность]; **bei ~** в слу́чае необходи́мости; **nach ~** по ме́ре на́добности; **den ~ an etw decken** удовлетвори́ть потре́бность в чём-л.

Bedarfsartikel <-s, -> *m* изде́лие *ср* повседне́вного спро́са

Bedarfsdeckung <-, -en> *f* удовлетворе́ние *ср* потре́бностей

bedarfsgerecht *adj* отвеча́ющий спро́су

bedauerlich [bəˈdaʊɐlɪç] *adj* досто́йный сожале́ния, приско́рбный

bedauerlicherweise [bəˈdaʊɐlɪçəˈvaɪzə] *adv* к сожале́нию

bedauern [bəˈdaʊɐn] <ohne ge-> *vt* сожале́ть *нсв;* *(Person)* жале́ть, по- *св;* **ich bedaure** я сожале́ю; **wir ~ Ihnen mitteilen zu müssen, dass ...** мы с сожале́нием должны́ сообщи́ть вам, что ...; **bedaure!** сожале́ю!

Bedauern <-s> *nt kein pl* сожале́ние *ср;* **zu meinem größten ~ ...** к моему́ большо́му сожале́нию ...

bedauernd **I.** *adj* **eine bedauernde Miene aufsetzen** изобрази́ть сожале́ние на лице́ **II.** *adv* **jdn ~ anschauen** смотре́ть на кого́-л. с сожале́нием

bedauernswert *adj* **1.** *(Mensch)* досто́йный сожале́ния **2.** *(Zustand)* доса́дный

bedecken <ohne ge-> *vt* покрыва́ть, -кры́ть *св*

bedeckt *adj (Himmel)* па́смурный

Bedeckung <-, -en> *f* покры́тие *ср*

bedenken <irr, ohne ge-> *vt* обду́мывать, -ду́мать *св;* **das habe ich nicht bedacht** об э́том я не поду́мал; **wenn man es recht bedenkt** име́я в виду́, что ...

Bedenken <-s, -> *nt* **1.** *(Zweifel)* сомне́ние *ср* **2.** *(Nachdenken)* обду́мывание *ср,* размышле́ние *ср;* **ohne ~** не разду́мывая; **nach kurzem ~** по́сле недо́лгих размышле́ний

bedenkenlos *adj* бесцеремо́нный, безу́держный; *(ohne Bedenken)* без сомне́ния; **da kannst du ~ hingehen** мо́жешь споко́йно идти́ туда́

bedenkenswert *adj* заслу́живающий внима́ния; **dein Vorschlag ist ~** твоё предложе́ние заслу́живает внима́ния

bedenklich *adj* сомни́тельный

Bedenkzeit <-> *f* вре́мя *ср* на обду́мывание; **jdm ~ gewähren** [*o* **geben**] дава́ть кому́-л. вре́мя на обду́мывание

bedeuten <ohne ge-> *vt* **1.** *(besagen)* означа́ть *нсв;* **was hat das zu ~?** что э́то зна́чит?; **das hat nichts zu ~** э́то ничего́ не зна́чит **2.** *(wichtig sein)* быть *нсв* ва́жным; **das bedeutet mir viel** э́то для меня́ о́чень ва́жно

bedeutend *adj* **1.** *(wichtig)* ва́жный, значи́тельный **2.** *(zur Steigerung)* гора́здо, значи́тельно; **ihr geht es schon ~ besser** она чу́вствует себя́ гора́здо лу́чше

Bedeutung <-, -en> *f* **1.** *(Sinn)* значе́ние *ср,* смысл *м;* **in übertragener/wörtlicher ~** в перено́сном/буква́льном смы́сле **2.** *(Wichtigkeit)* значе́ние *ср,* ва́жность *ж;* **etw ist von ~** что-л. ва́жно; **das ist von großer ~ für mich** для меня́ э́то о́чень ва́жно

bedeutungslos *adj (unwichtig)* незначи́тельный, нева́жный

Bedeutungsumfang <-(e)s, -umfänge> *m (eines Wortes)* значе́ние *ср*

bedeutungsvoll *adj* **1.** *(vielsagend)* многозначи́тельный **2.** *(folgenschwer)* знамена́тельный

bedienen <ohne ge-> **I.** *vt* **1.** *(Maschine)* управля́ть *нсв* **2.** *(Kunden)* обслу́живать, -жи́ть *св* **3.** *(bei Tisch)* обслу́живать, -жи́ть *св,* прислу́живать, -жи́ть *св;* **bedient sein** *umg* быть сы́тым по го́рло; **werden Sie schon bedient?** вас уже́ обслужи́ли? **II.** *vr* **sich ~** *(bei Tisch)* угоща́ться, угости́ться *св;* **~ Sie sich!** пожа́луйста, возьми́те!

Bedienerin <-, -nen> *f österr (Aufwartefrau)* приходя́щая дома́шняя рабо́тница *ж*

bedienstet *adj österr (angestellt)* состоя́щий на слу́жбе

Bedienung <-, -en> *f* **1.** *(das Bedienen)* обслу́живание *ср* **2.** *(Kellner(in))* официа́нт(ка) *м (ж);* **hallo, ~!** официа́нт!

Bedienungsanleitung <-, -en> *f* руково́дство *ср* по эксплуата́ции

Bedienungshebel <-s, -> *m* рукоя́тка *ж*

bedingen [bəˈdɪŋən] <ohne ge-> *vt* **1.** *(bewirken)* вызыва́ть, вы́звать *св,* обусло́вливать, -сло́вить *св* **2.** *(erfordern)* тре́бовать, по- *св*

bedingt *adj* усло́вный

Bedingung <-, -en> *f* **1.** *(Forderung)* усло́вие *ср;* **unerlässliche ~** непреме́нное усло́вие; **vertragliche ~en** догово́рные усло́вия; **unter der ~, dass ...** при усло́вии, что ...; **unter keiner ~ werde ich das tun** я не сде́лаю э́то ни при каки́х усло́виях **2.** *(Gegebenheit)* обстоя́тельство *ср;* **~en stellen** ста́вить усло́вия; **unter einer ~** при одно́м усло́вии; **unter erschwerten Bedingungen arbeiten** рабо́тать в тяжёлых усло́виях

bedingungslos *adj* безусло́вный

bedrängen <ohne ge-> *vt* притесня́ть, -ни́ть *св*

Bedrängnis <-se> *f geh* нужда́ *ж,* необходи́мость *ж,* потре́бность *ж;* **in ~ geraten** попа́сть в беду́; **jdn in ~ bringen** ввести́ кого́-л. в затрудне́ние

bedrohen <ohne ge-> *vt* угрожа́ть *нсв*

bedrohlich *adj* угрожа́ющий, опа́сный

Bedrohung <-, -en> *f* угро́за *ж*

bedrucken <ohne ge-> *vt* печа́тать, на- *св*

bedrücken <ohne ge-> *vt* тяготи́ть *нсв;* **es bedrückt mich, dass ...** меня́ тяготи́т, что ...

bedrückend *adj* угнета́ющий; *(beklemmend)*

мучи́тельный

bedrückt *adj* угнетённый, изму́ченный

Bedrücktheit <-> *f* пода́вленность *ж*, угнетённость *ж*

Beduine [bedu'i:nə] <-n, -n> *m* бедуи́н *м*

bedürfen <irr, ohne ge-> *vi* **einer Sache ~** нужда́ться в чём-л.

Bedürfnis <-ses, -se> *nt* **1.** *(Anspruch)* потре́бность *ж*; **ein ~ befriedigen** удовлетвори́ть потре́бность; **die ~se der Bevölkerung** ну́жды населе́ния; **materielle ~se** материа́льные потре́бности; **steigende ~se** расту́щие потре́бности **2.** *(Verlangen)* нужда́ *ж*; **dringendes ~** о́страя нужда́

bedürftig *adj (arm)* бе́дный, ни́щий

Beefsteak *nt* бифште́кс *м*

beehren <ohne ge-> *vt* удосто́ить *св*, -ста́ивать *нсв* че́сти, оказа́ть *св*, ока́зывать *нсв* (честь)

beeidigen [bə'ʔaɪdɪɡən] <ohne ge-> *vt* присяга́ть, -сягну́ть *св*

beeilen <ohne ge-> *vr* торопи́ться, по- *св*, спеши́ть, по- *св*; **beeile dich!** поторопи́сь!

beeindrucken <ohne ge-> *vt* производи́ть, -вести́ *св* впечатле́ние

beeindruckend *adj* впечатля́ющий

beeinflussbar[RR] *adj*, **beeinflußbar**[Alt] *adj (Person)* поддаю́щийся влия́нию

beeinflussen [bə'ʔaɪnflʊsən] *vt* ока́зывать, -за́ть *св* влия́ние

Beeinflussung <-, -en> *f* влия́ние *ср*

beeinträchtigen [bə'ʔaɪntrɛçtɪɡən] <ohne ge-> *vt* вреди́ть, по- *св*, ока́зывать, -за́ть *св* отрица́тельное влия́ние

Beeinträchtigung <-, -en> *f* нанесе́ние *ср* вреда́

beenden <ohne ge-> *vt* ока́нчивать, око́нчить *св*, заверша́ть, -ши́ть *св*

Beendung <-, -en> *f* оконча́ние *ср*, прекраще́ние *ср*

beengen [bə'ɛŋən] <ohne ge-> *vt a. fig* стесня́ть, -ни́ть *св*, ограни́чивать, -ни́чить *св*; **sich beengt fühlen** чу́вствовать себя́ ограни́ченным

beerben <ohne ge-> *vt* насле́довать, унасле́довать *св*

beerdigen [bə'ʔe:ɐ̯dɪɡən] <ohne ge-> *vt* хорони́ть, по- *св*

Beerdigung <-, -en> *f* по́хороны *мн*

Beerdigungsfeier *f* погребе́ние *ср*

Beerdigungsinstitut <-(e)s, -e> *nt* похоро́нное бюро́ *ср*

Beere ['be:rə] <-, -n> *f* я́года *ж*

Beerenfrüchte *pl* я́годы *мн*

Beerensaft <-(e)s> *m* я́годный сок *м*

Beet [be:t] <-(e)s, -e> *nt* гря́дка *ж*, клу́мба *ж*

Beete <-n> *f* **Rote ~** свёкла *ж*

befähigen [bə'fɛ:ɪɡən] <ohne ge-> *vt* де́лать, сде́лать *св* спосо́бным; **er ist dazu befähigt** у него́ есть возмо́жность

Befähigung <-> *f* спосо́бность *ж*, квалифика́ция *ж*

Befähigungsnachweis <-es, -e> *m* удостовере́ние *ср* о квалифика́ции

befahl [bə'fa:l] *1. u 3. pers sing imp von* **befehlen**

befahrbar *adj* прое́зжий; *(Gewässer)* судохо́дный

befahren[1] <irr, ohne ge-> *vt* е́здить *нсв*; *(Gewasser)* пла́вать *нсв*; **die Strecke wird wenig/stark ~** по э́той доро́ге ре́дко/ча́сто е́здят маши́ны

befahren[2] *adj (Straße)* оживлённый; NAUT о́пытный

befallen <irr, ohne ge-> *vt* охва́тывать, -ти́ть *св*, поража́ть, -рази́ть *св*

befangen *adj* **1.** *(unsicher)* смущённый, ско́ванный **2.** *(voreingenommen)* предвзя́тый

Befangenheit <-> *f kein pl* стеснённость *ж*, ско́ванность *ж*; *(von Zeuge)* пристра́стность *ж*, предубеждённость *ж*

befassen <ohne ge-> *vr* **sich mit jdm/etw ~** занима́ться ке́м-л./чем-л.

Befehl [bə'fe:l] <-(e)s, -e> *m* прика́з *м*; DV кома́нда *ж*, директи́ва *ж*; **einen ~ ausführen** *a.* INFOR де́лать по кома́нде; **auf jds ~ handeln** де́йствовать по прика́зу кого́-л.

befehlen <befiehlt, befahl, befohlen> **I.** *vt* прика́зывать, -за́ть *св* **II.** *vi* распоряжа́ться, -ряди́ться *св*, кома́ндовать *св*; **jdm etw ~** приказа́ть кому́-л./что-л.

Befehlsgewalt *f* кома́ндная власть *ж*

Befehlshaber [bə'fe:lsha:bɐ] <-s, -> *m* MIL кома́ндующий *м*, команди́р *м*

Befehlsverweigerung <-, -en> *f* отка́з *м* от исполне́ния прика́за

Befehlszeile <-, -n> *f* DV кома́ндная строка́ *ж*

befestigen [bə'fɛstɪɡən] <ohne ge-> *vt* **1.** *(an etwas)* прикрепля́ть, -пи́ть *св*, закрепля́ть, -пи́ть *св* **2.** *a.* MIL *(Straße)* укрепля́ть, -пи́ть *св*

Befestigung <-, -en> *f* прикрепле́ние *ср*, закрепле́ние *ср*; *(~sanlage)* укрепле́ние *ср*

befeuchten <ohne ge-> *vt* увлажня́ть, -ни́ть *св*

befinden <irr, ohne ge-> **I.** *vr:* **sich ~ 1.** *(sein)* находи́ться *нсв*; быть; **meine Wohnung befindet sich im zweiten Stock** моя́ кварти́ра нахо́дится на второ́м этаже́; **ihr Zimmer befindet sich im ersten Stock** её ко́мната нахо́дится на второ́м этаже́ **2.** *(sich fühlen)* чу́вствовать *нсв* **II.** *vi geh (beurteilen als)* счита́ть, по- *св*; **etw für schlecht ~** найти́ что-л. плохи́м; **jdn für schuldig ~** определи́ть вино́вность кого́-л.

Befinden <-s> *nt kein pl* самочу́вствие *ср*;

geh (Meinung) мне́ние *ср;* **er erkundigte sich nach ihrem ~** он спра́вился о её здоро́вье

Befindlichkeit <-, -en> *f* состоя́ние *ср*

beflecken <ohne ge-> *vt* **1.** *(mit Flecken)* па́чкать, испа́чкать *св* **2.** *geh (entehren)* позо́рить, опозо́рить *св;* **jds Ehre/Ruf ~** опозо́рить кого́-л.

beflissen [bəˈflɪsən] *adj* ре́вностный, чересчу́р стара́тельный

Beflissenheit <-> *f kein pl* стара́ние *ср*

beflügeln <ohne ge-> *vt* **1.** *(Schritte)* ускоря́ть, -ко́рить *св* **2.** *(geistig)* окрыля́ть, -ли́ть *св*

befohlen [bəˈfoːlən] *pp con* **befehlen**

befolgen <ohne ge-> *vt* сле́довать, по- *св;* **er befolgt strikt die Anweisungen** он стро́го сле́дует указа́ниям

befördern <ohne ge-> *vt* **1.** *(transportieren)* перевози́ть, -везти́ *св,* отправля́ть, -пра́вить *св* **2.** *(im Rang erhöhen)* повыша́ть, -вы́сить *св*

Beförderung <-, -en> *f* **1.** *(das Transportieren)* перево́зка *ж,* транспортиро́вка *ж* **2.** *(Erhöhung im Rang)* повыше́ние *ср* по слу́жбе

Beförderungsmittel <-s, -> *nt* тра́нспортное сре́дство *ср*

Befrachtung <-, -en> *f* нагру́зка *ж*

befragen <ohne ge-> *vt* спра́шивать, спроси́ть *св,* опра́шивать, -роси́ть *св*

Befragung <-, -en> *f* **1.** *(Vernehmung)* допро́с *м;* **~ der Zeugen** допро́с свиде́телей **2.** *(Interview)* опро́с *м*

befreien <ohne ge-> **I.** *vt* **1.** *(frei lassen)* освобожда́ть, -боди́ть *св,* вызволя́ть, вы́зволить *св;* **jdn aus einer schwierigen Lage ~** помо́чь кому́-л. вы́браться из затрудне́ния **2.** *(von Pflichten)* освобожда́ть, -боди́ть *св* **II.** *vr* **sich ~** освобожда́ться, освободи́ться *св*

Befreier(in) <-s, -; -, -nen> *m(f)* освободи́тель(ница) *м(ж),* спаси́тель(ница) *м(ж)*

Befreiung <-, -en> *f* **1.** *(Freilassung)* освобожде́ние *ср,* избавле́ние *ср* **2.** *(von Pflichten)* освобожде́ние *ср*

befremden [bəˈfrɛmdən] <ohne ge-> *vt* вызыва́ть, вы́звать *св* недоуме́ние; **sein Verhalten befremdete uns sehr** его поведе́ние неприя́тно порази́ло нас

Befremden <-s> *nt kein pl* недоуме́ние *ср*

befreunden [bəˈfrɔɪndən] <ohne ge-> *vr* подружи́ться *св*

befreundet *adj* в дру́жеских отноше́ниях; **mit jdm befreundet sein** дружи́ть с кем-л.; **die beiden sind gut miteinander ~** они́ больши́е друзья́; **sie sind eng befreundet** они́ хоро́шие [*или* бли́зкие] друзья́

befrieden *vt* умиротворя́ть, -твори́ть *св*

befriedigen [bəˈfriːdɪgən] <ohne ge-> **I.** *vt* удовлетворя́ть, -твори́ть *св* **II.** *vr (sexuell)* мастурби́ровать *нсв*

befriedigend *adj* удовлетвори́тельно

Befriedigung <-> *f kein pl* удовлетворе́ние *ср*

befristen <ohne ge-> *vt* назнача́ть, -на́чить *св;* **Ihr Aufenthalt hier ist auf 6 Monate befristet** ва́ше пребыва́ние здесь ограни́чено 6 ме́сяцами; **einen Arbeitsvertrag ~** ограни́чивать сро́ком трудово́й догово́р

befristet *adj* ограни́ченный сро́ком; **~es Angebot** предложе́ние, ограни́ченное сро́ком; **befristeter Vertrag** ограничéнный сро́ком догово́р

befruchten <ohne ge-> *vt* оплодотворя́ть, -ри́ть *св; fig* вдохновля́ть, -ви́ть *св*

Befruchtung <-, -en> *f* BIOL оплодотворе́ние *ср;* **künstliche ~** иску́сственное оплодотворе́ние

Befugnis [bəˈfuːknɪs] <-, -se> *f* полномо́чие *ср,* компете́нция *ж;* **dienstliche ~** слу́жебные полномо́чия

befugt [bəˈfuːkt] *adj* **~ sein, etw zu tun** быть уполномо́ченным что-л. сде́лать

befühlen <ohne ge-> *vt* ощу́пывать, -пать *св*

Befund <-(e)s, -e> *m* **1.** *(Ergebnis)* результа́т *м* осмо́тра, заключе́ние *ср* **2.** MED (медици́нское) заключе́ние *ср*

befürchten <ohne ge-> *vt* опаса́ться *нсв,* боя́ться *нсв;* **das Schlimmste ~** опаса́ться ху́дшего

Befürchtung <-, -en> *f* опасе́ние *ср*

befürworten [bəˈfyːɐvɔrtən] <ohne ge-> *vt* подде́рживать, -жа́ть *св*

Befürworter(in) <-s, -; -, -nen> *m(f)* сторо́нник *м,* сторо́нница *ж*

Befürwortung <-, -en> *f* подде́ржка *ж*

begabt [bəˈgaːpt] *adj* спосо́бный, одарённый; **hoch ~** с больши́м тала́нтом; *(Wunderkind)* тала́нт *м,* ге́ний *м*

Begabtenförderung <-> *f* поощре́ние *ср* спосо́бных (студе́нтов)

Begabung [bəˈgaːbʊŋ] <-, -en> *f* спосо́бность *ж,* тала́нт *м*

begann [bəˈgan] *1. и 3. pers sing imp von* **beginnen**

Begattung <-> *f* спа́ривание *ср*

begeben <irr, ohne ge-> *vr* **sich ~** *geh* **1.** *(räumlich)* отправля́ться, -пра́виться *св* **2.** *(geschehen)* случа́ться, -чи́ться *св* **3.** *(gehen)* находи́ться; **sich in Gefahr ~** оказа́ться в опа́сности

Begebenheit <-, -en> *f* слу́чай *м,* происше́ствие *ср*

Begebung <-, -en> *f* эми́ссия *ж,* вы́пуск *м*

begegnen [bəˈgeːgnən] <ohne ge-> *vi* **1.** *(einer Person)* встреча́ть, встре́тить *св;* **jdm ~**

встре́тить кого́-л. 2. *(widerfahren)* случа́ться, -чи́ться *св;* **so etwas ist mir ja noch nie begegnet!** в жи́зни тако́го не ви́дел!; **jdm mit Vorsicht ~** быть сде́ржанным по отноше́нию к кому́-л. 3. *(stoßen auf)* **etw** *dat* **~** наткну́ться на что-л. 4. *geh (behandeln)* относи́ться, отнести́сь *св;* **man begegnete ihr mit Achtung** к ней относи́лись с уваже́нием

Begegnung <-, -en> *f a* SPORT встре́ча *ж*

Begegnungsstätte <-, -n> *f* ме́сто *ср* встреч

begehen <irr, ohne ge-> *vt* 1. *(Fest)* пра́здновать, от- *св* 2. *(Verbrechen)* соверши́ть *св*, -ша́ть *нсв;* **ein Verbrechen/einen Mord ~** соверши́ть преступле́ние/уби́йство 3. *(Ort)* обходи́ть, обойти́ *св;* **eine Straftat ~** соверши́ть преступле́ние

begehren [bə'ge:rən] <ohne ge-> *vt* жела́ть, по- *св*, жа́ждать *нсв*

begehrenswert *adj* жела́нный

begehrt *adj* жела́нный, мечта́нный

begeistern [bə'gaɪstɐn] <ohne ge-> I. *vt* восторга́ть *нсв* II. *vr:* **sich ~** восторга́ться *нсв*

begeistert *adj* восто́рженный; **von etw/jdm ~ sein** быть в восто́рге от чего́-л./кого́-л.

Begeisterung <-> *f ohne pl* восто́рг *м*, воодушевле́ние *ср;* **etw mit ~ tun** де́лать что-л. с воодушевле́нием

Begierde [bə'gi:ɐdə] <-, -n> *f* стра́стное жела́ние *ср*

begierig *adj* жа́ждущий, стра́стно жела́ющий

begießen <irr, ohne ge-> *vt* 1. *(Blumen)* полива́ть, -ли́ть *св* 2. *umg (auf etw trinken)* выпива́ть, вы́пить *св*, обмыва́ть, -мы́ть *св;* **sie wollen seine Einstellung noch heute ~** они́ хотя́т ещё сего́дня обмы́ть его́ устро́йство на рабо́ту

Beginn [bə'gɪn] <-(e)s> *m kein pl* нача́ло *ср;* **zu ~** в нача́ле

beginnen <beginnt, begann, begonnen> I. *vt* начина́ть, -ча́ть *св* II. *vi* начина́ться, -ча́ться *св*

beglaubigen [bə'glaʊbɪgən] <ohne ge-> *vt* заверя́ть, -ве́рить *св*

Beglaubigung <-, -en> *f* удостовере́ние *ср*, заверéние *ср*

begleichen <irr, ohne ge-> *vt* опла́чивать, -плати́ть *св;* **einen Wechsel ~** упла́чивать по ве́кселю; **eine Rechnung ~** опла́чивать счёт; **Schulden ~** погаша́ть задо́лженность

Begleichung <-, -en> *f* упла́та *ж*

Begleitbrief <-(e)s, -e> *m* сопроводи́тельное письмо́ *ср*

begleiten <ohne ge-> *vt* провожа́ть, -води́ть *св*, сопровожда́ть, -води́ть *св; (musikalisch)* аккомпани́ровать *нсв*

Begleiter(in) <-s, -; -, -nen> *m(f)* сопровожда́ющий *м*, сопровожда́ющая *ж; (Freund(in))* спу́тник *м*, спу́тница *ж*, друг *м*, подру́га *ж*

Begleiterscheinung <-, -en> *f* сопу́тствующее явле́ние *ср*

Begleitmusik <-> *f* сопровожде́ние *ср*, аккомпанеме́нт *м*

Begleitpapiere *pl* сопроводи́тельные докуме́нты *мн*

Begleitperson <-, -en> *f* сопровожда́ющее лицо́ *ср*

Begleitschreiben <-s,-> *nt* сопроводи́тельное письмо́ *ср*

Begleitung <-, -en> *f* сопровожде́ние *ср;* MUS аккомпанеме́нт *м; (Begleiter)* сви́та *ж;* **sie kam in ~ eines Freundes** она́ пришла́ в компа́нии дру́га

beglückwünschen <ohne ge-> *vt* поздравля́ть, -ра́вить *св;* **er beglückwünschte sie zum Geburtstag/zur bestandenen Prüfung** он поздра́вил её с днём рожде́ния/со сда́чей экза́мена

begnadet [bə'gna:dət] *adj* одарённый

begnadigen [bə'gna:dɪgən] <ohne ge-> *vt* ми́ловать, по- *св*

Begnadigung <-, -en> *f* поми́лование *ср*, амни́стия *ж*

begnügen [bə'gny:gən] <ohne ge-> *vr* дово́льствоваться, удово́льствоваться *св;* **sich mit wenigem ~** дово́льствоваться ма́лым

Begonie [be'go:niə] <-, -n> *f* бего́ния *ж*

begonnen [bə'gɔnən] *pp con* **beginnen**

begraben <irr, ohne ge-> *vt* хорони́ть, по- *св*

Begräbnis [bə'grɛ:pnɪs] <-ses, -se> *nt* по́хороны *жмн*, погребе́ние *ср*

begradigen [bə'gra:dɪgən] <ohne ge-> *vt (Fluss, Straße)* вы́прямить *св*, -мля́ть *нсв*

begreifbar *adj* поня́тливый; **wie kann ich es dir begreifbar machen?** как сде́лать э́то для тебя́ бо́лее поня́тливым?

begreifen <irr, ohne ge-> *vt* понима́ть, -ня́ть *св*, сообража́ть, -брази́ть *св*

begreiflich *adj* поня́тный, постижи́мый; **jdm etw ~ machen** растолкова́ть кому́-л. что-л.

begrenzen <ohne ge-> *vt* ограни́чивать, -ни́чить

begrenzt *adj* ограни́ченный; **er hat einen begrenzten Horizont** его́ горизо́нт ограни́чен

Begrenztheit <-> *f auch fig* ограни́ченность *ж*

Begriff <-(e)s, -e> *m* 1. *(Ausdruck)* поня́тие *ср;* **im ~ sein, etw zu tun** собира́ться что-л. де́лать; **schwer von ~ sein** *umg* ту́го сообража́ть 2. *(Vorstellung)* представле́ние *ср;* **sich einen ~ von etw machen** соста́вить себе́ представле́ние о чём-л.

Begriffsbildung <-, -en> *f* формирова́ние

ср поня́тий
begriffsstutzig *adj* несообрази́тельный
begründen <ohne ge-> *vt* **1.** *(Grund angeben)* обосно́вывать, -снова́ть *св;* **wie willst du das ~?** как ты объясни́шь э́то? **2.** *(gründen)* осно́вывать, основа́ть *св;* **wohl begründet** *geh* хорошо́ обосно́ванный
Begründer(in) <-s, -; -, -nen> *m(f)* основа́тель(ница) *м(ж)*
Begründung <-, -en> *f* основа́ние *ср; (Rechtfertigung)* обоснова́ние *ср*
begrünen <ohne ge-> *vt* озеленя́ть, -зелени́ть *св,* заса́живать, -сади́ть *св*
Begrünung <-, -en> *f* озелене́ние *ср*
begrüßen <ohne ge-> *vt* **1.** *(Person)* здоро́ваться, по- *св,* приве́тствовать, по- *св;* **er begrüßte mich laut** он гро́мко со мно́й поздоро́вался; **ich würde mich sehr freuen, Sie bei mir ~ zu dürfen** я был бы о́чень рад приня́ть вас **2.** *(Tat, Entwicklung)* приве́тствовать *нсв;* **wir ~ es sehr, dass ...** мы ра́ды ...
begrüßenswert *adj* досто́йный похвалы́; **es ist ~, dass ...** похва́льно, что ...
Begrüßung <-, -en> *f* приве́тствие *ср*
Begrüßungsansprache <-, -n> *f* приве́тственная речь *ж*
begünstigen [bəˈɡʏnstɪɡən] <ohne ge-> *vt* **1.** *(Person)* покрови́тельствовать *нсв;* **er war vom Schicksal begünstigt** судьба́ была́ благоскло́нна к нему́ **2.** *(Sachverhalt)* соде́йствовать, по- *св,* спосо́бствовать, по- *св*
Begünstigte(r) <-n, -n> *m(f)* бенефициа́р *м,* получа́тель *м*
Begünstigung <-, -en> *f* соде́йствие *ср,* благоприя́тствование *ср*
begutachten <ohne ge-> *vt* дава́ть, дать *св,* проводи́ть, провести́ *св* эксперти́зу, рецензи́ровать, от- *св*
Begutachtung <-, -en> *f* рассмотре́ние *ср,* эксперти́за *ж*
begütert [bəˈɡyːtɐt] *adj* зажи́точный
behaart [bəˈhaːɐ̯t] *adj* косма́тый
Behaarung <-, -en> *f* обраста́ние *ср* (волоса́ми)
behäbig [bəˈhɛːbɪç] *adj (schwerfällig)* нетороплі́вый, медли́тельный
Behäbigkeit <-> *f* нетороплі́вость *ж,* медли́тельность *ж*
behaftet [bəˈhaftət] *adj* **mit Schulden ~ sein** быть обременённым долга́ми; **mit Krankheit ~ sein** быть поражённым боле́знью
behagen [bəˈhaːɡən] <ohne ge-> *vi* **jdm behagt etw/jd (nicht)** кому́-л. (не)нра́вится что-л./кто-л.
Behagen <-s> *nt kein pl* прия́тность *ж,* удово́льствие *ср*
behaglich [bəˈhaːklɪç] *adj* прия́тный, ую́тный
Behaglichkeit <-> *f kein pl* ую́т *м,* удо́бство *ср*
behalten <irr, ohne ge-> *vt* **1.** *(bei sich halten)* оставля́ть, -та́вить *св;* **sie behielt die Tasche in der Hand** она́ не выпуска́ла су́мку из рук; **die Nerven ~** владе́ть собо́й **2.** *(sich merken)* запомина́ть, -по́мнить *св*
Behälter [bəˈhɛltɐ] <-s, -> *m* конте́йнер *м,* ёмкость *ж*
Behältnis <-ses, -se> *nt* сосу́д *м*
behandeln <ohne ge-> *vt* **1.** *(Person)* обраща́ться *нсв,* обходи́ться, обойти́сь *св;* **er behandelt sie gut/schlecht** он отно́сится к ней хорошо́/пло́хо **2.** *(Thema)* обсужда́ть, обсуди́ть *св,* рассма́тривать, -смотре́ть *св* **3.** *(ärztlich)* лечи́ть *нсв*
Behandlung <-, -en> *f* **1.** *(das Umgehen mit etw)* обхожде́ние *ср,* обраще́ние *ср* **2.** *(eines Themas)* рассмотре́ние *ср* **3.** MED лече́ние *ср*
Behandlungsfehler <-s, -> *m* MED оши́бка *ср* лече́ния
Behandlungsmethode *f* ме́тод *м* лече́ния
Behandlungsplan <-(e)s, -pläne> *m* MED плани́рование *ср* лече́ния
beharren [bəˈharən] <ohne ge-> *vi* **auf etw ~** наста́ивать на чём-л.
beharrlich *adj* упо́рный, насто́йчивый
Beharrlichkeit <-> *f kein pl* упо́рство *ср,* насто́йчивость *ж*
behauen *vt* обтёсывать, обтеса́ть *св*
behaupten [bəˈhaʊptən] <ohne ge-> **I.** *vt* **1.** *(Behauptung aufstellen)* утвержда́ть *нсв* **2.** *(Stellung)* отста́ивать, -стоя́ть *св* **II.** *vr* утвержда́ться, -верди́ться *св*
Behauptung <-, -en> *f* утвержде́ние *ср;* **eine ~ aufstellen** утвержда́ть
Behausung [bəˈhaʊzʊŋ] <-, -en> *f* жили́ще *ср*
Behaviorismus <-> *m* бегавиори́зм *м*
beheben <irr, ihne ge-> *vt* **1.** *(Schaden)* устраня́ть, -ни́ть *св pf* **2.** *österr (a. abheben, abholen: Geld)* снима́ть, снять *св* (де́ньги), *(Brief)* получа́ть, -чи́ть *св* (письмо́)
beheimatet [bəˈhaɪmaːtət] *adj* **1.** *(Pflanze)* произраста́ющий **2.** *(Tier)* обита́ющий
beheizbar *adj* ота́пливаемый
beheizen <ohne ge-> *vt* ота́пливать, отопи́ть *св*
Behelf [bəˈhɛlf] <-(e)s, -e> *m* вспомога́тельное сре́дство *ср,* вре́менное сре́дство *ср*
behelfen <irr, ohne ge-> *vr* обходи́ться, обойти́сь *св;* **sich mit etw ~** обходи́ться чем-л.
behelfsmäßig *adj* вспомога́тельный; *(vorübergehend)* вре́менный
behelligen [bəˈhɛlɪɡən] <ohne ge-> *vt* обре-

меня́ть, -ни́ть *св,* беспоко́ить *нсв;* **ich möchte Sie nicht damit ~** я не хочу́ вас э́тим обременя́ть

beherbergen [bəˈhɛrbɛrgən] <ohne ge-> *vt* дава́ть, дать *св* прию́т

beherrschen <ohne ge-> **I.** *vt* **1.** *(Volk)* пра́вить *нсв* **2.** *(Sprache)* владе́ть *нсв* **3.** *(Gefühle)* сде́рживать, -жа́ть *св,* владе́ть *нсв* **4.** *(Gedanken)* завладева́ть, -де́ть *св* **II.** *vr* владе́ть *нсв* собо́й

beherrschend *adj* госпо́дствующий

beherrscht *adj* споко́йный, сде́ржанный

Beherrschung <-> *f kein pl* **1.** *(das Beherrschen)* владе́ние *ср,* госпо́дство *ср* **2.** *(Selbstbeherrschung)* самооблада́ние *ср;* **die ~ verlieren** потеря́ть самооблада́ние

beherzigen [bəˈhɛrts̮ɪgən] <ohne ge-> *vt* принима́ть, -ня́ть *св* во внима́ние; **diesen Rat sollten Sie ~** вам сле́довало бы послу́шаться э́того сове́та

Beherztheit <-> *f kein pl* сме́лость *ж,* прису́тствие *ср*

behilflich [bəˈhɪlflɪç] *adj* быть поле́зным; **kann ich Ihnen ~ sein?** чем я могу́ вам помо́чь?; **jdm (bei etw) ~ sein** помога́ть, помо́чь *св* кому́-л. (в чём-л.), быть поле́зным кому́-л. (в чём-л.)

behindern <ohne ge-> *vt* препя́тствовать, вос- *св; (Verkehr)* меша́ть, по- *св*

behindert *adj* нера́звитый; *(geistig)* у́мственно отста́лый/недора́звитый

Behinderte <ein -r, -n, -n> *mf* инвали́д *м*

behindertengerecht *adj* го́дный для инвали́дов

Behindertenparkplatz <-es, -plätze> *m* стоя́нка *ж* для инвали́дов

Behinderten-WC <-s, -s> *nt* туале́т *м* для инвали́дов

Behinderung <-, -en> *f* препя́тствие *ср,* поме́ха *ж; (körperlich, geistig)* неполноце́нность *ж*

Behörde [bəˈhøːɐdə] <-, -n> *f* **1.** *(Machtorgan)* о́рганы *мн,* инста́нция *ж,* власть *ж;* **lokale ~** ме́стная власть **2.** *(Amt)* учрежде́ние *ср,* ве́домство *ср;* **oberste ~** вы́сшая инста́нция; **staatliche ~** госуда́рственное учрежде́ние

Behördenweg <-(e)s> *m* JUR официа́льный путь *м*

behördlich [bəˈhøːɐtlɪç] *adj* ве́домственный

behüten <ohne ge-> *vt* храни́ть *нсв,* оберега́ть *нсв*

behutsam [bəˈhuːtzaːm] *adj* осторо́жный, бе́режный

Behutsamkeit <-> *f kein pl* осторо́жность *ж,* бе́режность *ж*

bei [baɪ] *prp +dat* **1.** *(räumlich)* у, во́зле, при, под; **~ München** под Мю́нхеном; **~ den Eltern** у роди́телей; **~ Tisch** за столо́м; **beim Bäcker** у пе́каря; **er wohnt ~ seinen Eltern** он живёт у роди́телей **2.** *(zeitlich)* при, во вре́мя, на, в; **~ Beginn** в нача́ле; **~ Nacht** но́чью; **~ der Arbeit** во вре́мя рабо́ты, за рабо́той; **~ Gelegenheit** при слу́чае **3.** *(modal)* при, в; **~ guter Gesundheit sein** быть в до́бром здра́вии; **~ Glatteis** в гололёд; **etw ~ sich haben** име́ть что-л. при себе́; **ich habe kein Geld ~ mir** у меня́ нет с собо́й де́нег; **du bist nicht recht ~ Trost** *fam* у тебя́ не все до́ма; **~ offenem Fenster schlafen** спать при откры́том окне́; **~ Nebel** в тума́н

bei|behalten <irr, ohne ge-> *vt* оставля́ть, -та́вить *св;* **seine Gewohnheiten ~** сохрани́ть свои́ привы́чки

bei|bringen <irr> *vt* **1.** *(lehren)* обуча́ть, -чи́ть *св,* привива́ть, -ви́ть *св;* **jdm etw ~** учи́ть кого́-л. чему́-л. **2.** *(Verletzung)* наноси́ть, -нести́ *св* **3.** *(mitteilen)* сообща́ть, -щи́ть *св* (в делика́тной фо́рме)

Beichte [ˈbaɪçtə] <-, -n> *f* и́споведь *ж*

beichten **I.** *vi* испове́доваться *(н)св* **II.** *vt* **jdm etw schonend ~** осторо́жно сообщи́ть кому́-л. что-л.

Beichtgeheimnis <-ses> *nt* та́йна *ж* и́споведи

Beichtstuhl <-(e)s, -stühle> *m* исповеда́льня *ж*

beide [ˈbaɪdə] *adj, pron indef* о́ба, о́бе, и тот и друго́й; **wir ~** мы о́ба; **alle ~** о́ба; **in ~n Fällen** в обо́их слу́чаях; **ihr habt ~ Recht** вы о́ба пра́вы; **wie geht es euch beiden?** как у вас обо́их дела́?

beiderlei [ˈbaɪdɐlaɪ] <inv> *adj* двоя́кий

beiderseitig [ˈbaɪdɐzaɪtɪç] *adj* взаи́мный, обою́дный; **in ~em Einverständnis** с обою́дного согла́сия

beiderseits [ˈbaɪdɐzaɪts̮] *adv* с обе́их сторо́н; *(gegenseitig)* взаи́мно; **sie haben ~ versprochen nichts zu sagen** они́ о́ба обеща́ли ничего́ не говори́ть

beieinander [baɪʔaɪˈnandɐ] *adv* друг во́зле дру́га, вме́сте

Beifahrer(in) <-s, -, -, -nen> *m(f) (im Auto)* пассажи́р *м*

Beifahrersitz *m* пере́днее сиде́нье во́зле води́теля

Beifall <-(e)s> *m kein pl* **1.** *(Applaus)* аплодисме́нты *мн* **2.** *(Zustimmung)* одобре́ние *ср;* **~ klatschen** аплоди́ровать

Beifallsruf <-(e)s, -e> *m* во́зглас *м* одобре́ния

bei|fügen *vt* прилага́ть, -ложи́ть *св*

beige [beːʃ *o* ˈbɛːʒə *o* ˈbeːʒə] <inv> *adj* беж, бе́жевый

Beige <-, -n> *f CH (Stoß, Stapel: Bücher)* стопа́ *ж* (книг), *(Holz)* шта́бель *м* (дров)

bei|geben <irr> **I.** *vt (hinzufügen)* добавля́ть, -ба́вить *св* **II.** *vi* **klein ~** *umg* уступи́ть

Beigeschmack <-(e)s> *m kein pl* при́вкус *м;* **einen ~ von etw haben** *umg* отдава́ть чем-л.

Beihilfe <-, -n> *f* **1.** FIN субси́дия *ж* **2.** *(zu Straftat)* посо́бничество *ср*

bei|kommen <irr> *vi* **1.** *(einer Person)* подступи́ться *св*, -па́ться *нсв;* **ihr ist nicht beizukommen** к ней не подсту́пишься **2.** *(einem Problem)* преодолева́ть, -ле́ть *св*, справля́ться, спра́виться *св*

Beil [baɪl] <-(e)s, -e> *nt* топо́р *м*

Beilage <-, -n> *f* **1.** *(einer Zeitung)* приложе́ние *ср* **2.** *(Essen)* гарни́р *м*

beiläufig ['baɪlɔɪfɪç] **I.** *adj* несуще́ственный; *(Bemerkung)* вскользь, мимохо́дом; **ein paar ~e Fragen wurden gestellt** бы́ло за́дано не́сколько несуще́ственных вопро́сов; **etwas ~ erwähnen** заме́тить что-л. мимохо́дом **II.** *adv* мимохо́дом, ме́жду про́чим; **~ gesagt** ме́жду про́чим

bei|legen *vt* **1.** *(beifügen)* прилага́ть, -ложи́ть *св;* **er legte dem Brief ein Foto bei** он приложи́л к письму́ фотогра́фию **2.** *(Streit)* ула́живать, ула́дить *св* **3.** *(beimessen)* припи́сывать, -писа́ть *св*

Beilegung <-, -en> *f* ула́живание *ср*

beileibe [baɪ'laɪbə] *adv* **~ nicht** ни в ко́ем слу́чае

Beileid <-(e)s> *nt kein pl* соболе́знование *ср;* **mein aufrichtiges ~** мои́ и́скренние соболе́знования; **jdm sein ~ ausdrücken** вы́разить кому́-л. свои́ соболе́знования

Beileidsbekundung <-, -en> *f* выраже́ние *ср* соболе́знований

Beileidskarte *f* соболезнова́тельная откры́тка *ж* [*или* ка́рточка *ж*]

Beileidsschreiben <-s, -> *nt* письмо́ *ср* с выраже́нием соболе́знования

beiliegend *adj* прилага́емый, прило́женный

beim [baɪm] *prp +dat* при; **~ besten Willen** при всём жела́нии

bei|messen <irr> *vt* припи́сывать, -са́ть *св;* **etw viel/wenig Bedeutung ~** придава́ть чему́-л. большо́е значе́ние/не придава́ть чему́-л. большо́го значе́ния

Beimischung <-, -en> *f* приме́шивание *ср*

Bein [baɪn] <-(e)s, -e> *nt* нога́ *ж;* **jdm ~e machen** *umg* подгоня́ть кого́-л.; **jdm ein ~ stellen** *fig* чини́ть препя́тствия кому́-л.; **auf eigenen ~en stehen** *fig* быть самостоя́тельным; **die Beine übereinander schlagen** положи́ть но́гу на но́гу; **er stellt ihm ein ~** он подста́вил ему́ но́гу; **mit einem ~ im Grab stehen** *fig, fam* стоя́ть одно́й ного́й в моги́ле; **er ist schon wieder auf den Beinen** *fam* он уже́ опя́ть на нога́х

beinahe ['baɪna:ə *o* baɪ'na:ə] *adv* чуть не, почти́; **~ wäre sie zu spät gekommen** она́ едва́ не опозда́ла; **das ist ~ richtig** э́то почти́ пра́вильно

Beinbruch <-(e)s, -brüche> *m* перело́м *м* ноги́; **das ist doch kein ~** *umg* э́то не катастро́фа; **Hals- und ~!** ни пу́ха ни пера́!

beinhalten [bə'ʔɪnhaltən] <ohne ge-> *vt* содержа́ть *нсв*, означа́ть *нсв*

Beinprothese *f* MED проте́з *м* на но́гу

Beipackzettel <-s, -> *m* инстру́кция *ж* по примене́нию

bei|pflichten ['baɪpflɪçtən] *vi* соглаша́ться, -ласи́ться *св;* **jdm in etw ~** соглаша́ться с ке́м-л. в чём-л.

Beiprogramm <-(e)s, -e> *nt* киножурна́л *м*

Beirat ['baɪra:t, *pl:* 'baɪrɛ:tə] <-(e)s, Beiräte> *m* коми́ссия *ж*, комите́т *м*

beirren [bə'ʔɪrən] <ohne ge-> *vt* **sich** (**nicht**) **~ lassen** (не) дава́ть себя́ смути́ть

beisammen [baɪ'zamən] *adv* **1.** *(zusammen)* вме́сте **2.** *(in guter Verfassung)* **~ sein** *(körperlich)* быть в хоро́шей фо́рме; *(geistig)* быть в уме́

beisammen|sein[Alt] <irr> *vi s.* **beisammen**[2]

Beisammensein <-s> *nt* вечери́нка *ж*, встре́ча *ж*

Beischlaf <-(e)s> *m kein pl* полово́й акт *м*

Beisein ['baɪzaɪn] <-s> *nt* **im ~ von** в прису́тствии

beiseite [baɪ'zaɪtə] *adv* в сто́рону, прочь; **etw ~ legen** отложи́ть что-л.; **~ stehen** быть в стороне́; **Spaß ~!** шу́тки в сто́рону!; **jdn ~ nehmen** отвести́ кого́-л. в сторо́нку

Beisel <-s, -(n)> *nt österr (Kneipe)* каба́к *м*

bei|setzen *vt* хорони́ть, по- *св*

Beisetzung <-, -en> *f* по́хороны *мн*

Beispiel <-s, -e> *nt* приме́р *м;* **zum ~** наприме́р; **wie zum ~** как наприме́р; **jdm ein ~ geben** привести́ кому́-л. приме́р; **sich an jdm/etw ein ~ nehmen** брать с кого́-л./чего́-л. приме́р

beispielhaft *adj* приме́рный, образцо́вый

beispiellos *adj* **1.** *(ohne Beispiel)* беспримéрный **2.** *(unerhört)* неслы́ханный

beispielsweise *adv* наприме́р, к приме́ру

beißen ['baɪsən] <beißt, biss, gebissen> **I.** *vi, vt (zubeißen)* отку́сывать, откуси́ть *св*, надку́сывать, надкуси́ть *св;* **in den Apfel ~** откуси́ть я́блоко; **ich habe mir auf die Zunge gebissen** я прикуси́л язы́к **II.** *vi (Geruch, Geschmack)* щипа́ть **III.** *vr* **sich ~** *fam (Farben)* находи́ться в дисгармо́нии

beißend *adj* **1.** *(Rauch)* е́дкий **2.** *(Spott)* ко́лкий

Beißzange <-, -n> *f* куса́чки *мн*

Beistand <-(e)s> *m* по́мощь *ж*, соде́йствие *ср;* **jdm ~ leisten** ока́зывать кому́-л. подде́ржку

bei|stehen <irr> *vi* **jdm ~** помога́ть кому́-л.

bei|stellen *vt österr (zur Verfügung stellen)* предоставля́ть, -вить *св* (в чьё-л. распоряже́ние)

bei|steuern *vt* вноси́ть, внести́ *св* свою́ до́лю, же́ртвовать, по- *св*
bei|stimmen *vi* соглаша́ться, согласи́ться *св* с кем-л.
Beitrag ['baɪtra:k, *pl:* 'baɪtrɛ:gə] <-(e)s, Beiträge> *m* до́ля *ж,* часть *ж; (Mitgliedsbeitrag)* взно́с *м; (Veröffentlichung)* статья́ *ж;* **einen ~ zu etw leisten** внести́ вклад во что-л.
bei|tragen <irr> *vt* **1.** *(beisteuern)* вноси́ть, внести́ *св* **2.** *(mithelfen)* соде́йствовать *(н)св,* по- *св*
Beitragsbemessung <-, -en> *f* исчисле́ние *ср* су́ммы взно́са [*или* взно́сов]
Beitragserstattung <-, -en> *f* возмеще́ние *ср* взно́сов
Beitragsgruppe <-, -n> *f* гру́ппа *ж* обяза́тельных платеже́й
beitragspflichtig *adj* обя́занный плати́ть взно́сы
Beitragssatz <-es, -sätze> *m* но́рма *ж* взно́сов
Beitragszahler <-s, -> *m* плате́льщик *м,* плате́льщица *ж* взно́сов
Beitragszeiten <-> *мн* пери́од *м* упла́ты взно́сов
bei|treten <irr> *vi* вступа́ть, -пи́ть *св;* **einem Verein ~** вступи́ть в объедине́ние
Beitritt <-(e)s, -e> *m* вступле́ние *ср*
Beitrittsgesuch <-(e)s, -e> *nt* проше́ние *ср* о вступле́нии
Beiwagen <-s, -> *m (an Motorrad)* лю́лька *ж*
Beiwagenfahrer <-s, -> *m* пассажи́р *м* лю́льки
Beiz [baɪts] <-, -en> *f A, CH, südd* пивна́я *ж*
Beize ['baɪtsə] <-, -n> *f (Holzbeize)* краси́тель *м*
beizeiten [baɪ'tsaɪtən] *adv* **1.** *(rechtzeitig)* своевре́менно, во́время **2.** *(frühzeitig)* заблаговре́менно, зара́нее
bejahen [bə'ja:ən] <ohne ge-> *vt* **1.** *(Frage)* отвеча́ть, -ве́тить *св* утверди́тельно **2.** *(einverstanden sein)* соглаша́ться, -гласи́ться *св,* одобря́ть, -о́брить *св*
bejammernswert *adj* вызыва́ющий сожале́ние
bejubeln <ohne ge-> *vt* встреча́ть, встре́тить *св* с ликова́нием
bekämpfen <ohne ge-> *vt* **1.** *(Gegner)* боро́ться *нсв* **2.** *(Krankheit)* поборо́ть *св,* боро́ться *нсв*
Bekämpfung <-> *f kein pl* борьба́ *ж,* преодоле́ние *ср*
bekannt [bə'kant] *adj* **1.** *(nicht fremd)* знако́мый **2.** *(berühmt, angesehen)* изве́стный; **mit jdm ~ sein** быть знако́мым с кем-л.; **jdn mit jdm ~ machen** знако́мить кого́-л. с кем-л.; **etw kommt jdm ~ vor** что-л. ка́жется кому́-л. знако́мым; **das kommt mir ~ vor** мне э́то знако́мо; **darf ich Sie mit Herrn X ~ machen?** могу́ я вас познако́мить с господи́ном X?
Bekannte <ein -r, -n, -n> *mf* знако́мый *м,* знако́мая *ж*
Bekanntenkreis <-> *m* круг *м* знако́мых
Bekanntgabe *f* объявле́ние *ср*
bekannt geben[RR] <irr> *vt* объявля́ть, -ви́ть *св,* оглаша́ть, -ласи́ть *св*
Bekanntheitsgrad <-(e)s> *m* сте́пень *ж* изве́стности
bekanntlich *adv* изве́стно
bekannt machen[RR] *vt* объявля́ть, -ви́ть *св,* оповеща́ть, -вести́ть *св*
Bekanntmachung <-, -en> *f* объявле́ние *ср,* оповеще́ние *ср*
Bekanntschaft <-, -en> *f* **1.** *(das Bekanntsein)* знако́мство *ср;* **jds ~ machen** познако́миться с кем-л. **2.** *(Bekanntenkreis)* знако́мые *мн*
bekehren <ohne ge-> **I.** *vt* обраща́ть, -рати́ть *св* **II.** *vr* приня́ть *св,* -нима́ть *нсв* (но́вую ве́ру), обрати́ться в *св,* -раща́ться в *нсв*
Bekehrung <-, -en> *f* **1.** *(religiös)* обраще́ние *ср* в другу́ю ве́ру **2.** *umg (zu einer Meinung)* измене́ние *ср* мне́ния
bekennen <irr, ohne ge-> **I.** *vt* **1.** *(anerkennen)* признава́ть, -зна́ть *св* **2.** *(Glauben)* испове́довать *нсв* **II.** *vr* **sich ~** признава́ть/-зна́ть *св* отве́тственным за; **sich schuldig ~** признава́ть себя́ вино́вным; **ich bekenne mich schuldig** я признаю́ себя́ вино́вным
Bekenntnis [bə'kɛntnɪs] <-ses, -se> *nt* **1.** *(Geständnis)* призна́ние *ср;* **ein ~ ablegen** призна́ться в чём-л. **2.** *(Glaubensbekenntnis)* вероисповеда́ние *ср*
beklagen <ohne ge-> **I.** *vt* жале́ть, по- *св* **II.** *vr* жа́ловаться на, по- *св;* **ich kann mich nicht ~** не могу́ пожа́ловаться
beklagenswert *adj* досто́йный сожале́ния, приско́рбный
beklauen <ohne ge-> *vt fam* огра́бить; **jdn ~** огра́бить кого́-л., укра́сть у кого́-л. что-л.
bekleben <ohne ge-> *vt* окле́ивать, -ить *св*
bekleckern <ohne ge-> **I.** *vt* запятна́ть *св,* запа́чкать *св,* па́чкать *нсв* **II.** *vr* **sich mit etw ~** запа́чкаться чем-л.
beklecksen <ohne ge-> *vt* ста́вить, поста́вить *св* кля́ксу, обка́пать *св*
bekleiden <ohne ge-> *vt* **1.** *(kleiden)* одева́ть, оде́ть *св;* **leicht bekleidet** легко́ оде́тый **2.** *(Amt)* занима́ть, -ня́ть *св* до́лжность
Bekleidung <-, -en> *f* оде́жда *ж*
beklemmen <ohne ge> <irr> *vt* стесня́ть, -ни́ть *св*
beklommen [bə'klɔmən] *adj* стеснённый, пода́вленный
Beklommenheit <-> *f kein pl* пода́вленность *ж,* тоска́ *ж*

bekloppt [bə'klɔpt] *adj fam* ненорма́льный; **~ sein** у кого́-л. не все до́ма
Bekloppte(r) <-n, -n> *f(m) pej* идио́т *м*
beknackt *adj fam* ненорма́льный
bekochen <ohne ge-> *vt umg* гото́вить, вари́ть пи́щу
bekommen <irr> **I.** *vt* **1.** *(erhalten)* получа́ть, -чи́ть *св;* **kann ich (noch) etw zu essen ~?** могу́ я получи́ть (ещё) что́-нибудь пое́сть?; **ein Kind ~** роди́ть ребёнка; **sie hat ein Kind ~** у неё роди́лся ребёнок; **am Dienstag bekamen wir Besuch** во вто́рник к нам пришли́ го́сти; **was ~ Sie (dafür)?** ско́лько я вам (за э́то) до́лжен?, ско́лько с меня́?; **etw geschenkt ~** получи́ть что-л. в пода́рок; **ich habe es geschenkt ~** мне э́то подари́ли **2.** *(Angst)* испуга́ться *св,* пуга́ться *нсв* **3.** *(Krankheit)* заража́ться, зарази́ться *св;* **er bekommt Zähne** у него́ ре́жутся зу́бы; **II.** *vi* **jdm schlecht ~** кому́-л. стано́вится пло́хо от чего́-л.; **jdm bekommt etw gut/schlecht** что-л. идёт кому́-л. на по́льзу/во вред
bekömmlich [bə'kœmlɪç] *adj (Essen)* поле́зный, хорошо́ усва́иваемый
Beköstigung <-> *f* пита́ние *ср*
bekräftigen <ohne ge-> *vt* подтвержда́ть, -тверди́ть *св*
Bekräftigung <-> *f kein pl* подтвержде́ние *ср*
bekreuzigen <ohne ge-> *vr* перекрести́ться *св,* крести́ться *нсв*
bekritteln <ohne ge-> *vt* придира́ться к
bekümmern <ohne ge-> *vt* огорча́ть, -чи́ть *св*
bekümmert *adj (besorgt)* озабо́ченный; *(betrübt)* гру́стный
bekunden [bə'kʊndən] <ohne ge-> *vt* проявля́ть, -ви́ть *св,* выража́ть, вы́разить *св;* **Interesse an jdm/etw ~** прояви́ть к кому́-л./чему́-л. интере́с
belächeln <ohne ge-> *vt* посме́иваться *нсв,* потеша́ться *нсв*
beladen <irr> *vt* нагружа́ть, -грузи́ть *св*
Belag [bə'la:k, *pl:* bə'lɛ:gə] <-(e)s, Beläge> *m* насти́л *м,* покры́тие *ср; (auf Brot)* *проду́кты для бутербро́дов; (von Straße)* покры́тие *ср; (auf Zähnen)* налёт *м; (von Bremse)* накла́дка *ж*
belagern [bə'la:gɐn] <ohne ge-> *vt auch umg* осажда́ть, осади́ть *св*
Belagerung <-, -en> *f* оса́да *ж*
Belang [bə'laŋ] <-(e)s, -e> *m* **1.** *(Angelegenheit)* интере́сы *мн* **2.** *(Wichtigkeit)* значе́ние *ср;* **etw ist ohne ~** что-л. нева́жно; **etw ist von ~** что-л. ва́жно; **etw ist von/ohne ~ für jdn/etw** что-л. име́ет/не име́ет значе́ния для кого́-л./чего́-л.
Belange *pl* интере́сы *ммн,* тре́бования *срмн;* **soziale ~** социа́льные ну́жды
belangen <ohne ge-> *vt* JUR привлека́ть, -вле́чь *св* к отве́тственности
belanglos *adj* незначи́тельный, нева́жный
Belanglosigkeit <-, -en> *f* незначи́тельность *ж,* нева́жность *ж,* пустя́к *м;* **über Belanglosigkeiten sprechen** говори́ть о пустяка́х
belassen <irr> *vt* оставля́ть, -та́вить *св;* **können wir es dabei ~?** мо́жем мы э́то так оста́вить?
Belastbarkeit <-> *f kein pl* **1.** *(von Material)* допусти́мая нагру́зка *ж* **2.** *(einer Person)* выно́сливость *ж*
belasten <ohne ge-> *vt* **1.** *auch fig (mit Gewicht)* нагружа́ть, -грузи́ть *св* **2.** *(Konto)* снима́ть, снять *св* со счёта **3.** JUR обвиня́ть, -ни́ть *св,* улича́ть, -чи́ть *св*
belastend *adj* изоблича́ющий; JUR отягча́ющий
belästigen [bə'lɛstɪgən] <ohne ge-> *vt* надоеда́ть, -е́сть *св,* пристава́ть, -ста́ть *св;* **~ Sie mich nicht!** не пристава́йте ко мне!
Belästigung <-, -en> *f* надоеда́ние *ср,* пристава́ние *ср*
Belastung [bə'lastʊŋ] <-, -en> *f* **1.** *(Beanspruchung)* нагру́зка *ж,* загру́зка *ж;* **höchstzulässige ~** максима́льная нагру́зка **2.** *(Sorge)* тя́готы *мн* **3.** JUR обвине́ние *ср* **4.** *(Ausgaben)* расхо́ды *мн;* **finanzielle ~** фина́нсовое бре́мя
Belastungs-EKG <-s, -s> *nt* MED электрокардиогра́мма *ж* (непосре́дственно) по́сле нагру́зки
Belastungsfähigkeit <-> *f* допусти́мая нагру́зка *ж*
Belastungsgrenze <-, -n> *f* преде́л *м* нагру́зки
belaubt [bə'laʊpt] *adj* покры́тый ли́стьями
belaufen <irr> *vr (Kosten)* составля́ть, -та́вить *св*
belauschen <ohne ge-> *vt* подслу́шивать, -слу́шать *св*
beleben <ohne ge-> **I.** *vt* приводи́ть, -вести́ *св* в чу́вство, оживля́ть, -ви́ть *св,* стимули́ровать; **die Nachfrage ~** стимули́ровать спрос **II.** *vr* оживля́ться, -ви́ться *св;* **eine belebte Straße** оживлённая у́лица
Belebung <-> *f kein pl* оживле́ние *ср*
Beleg [bə'le:k, *pl:* bə'le:gə] <-(e)s, -e> *m* **1.** *(Quittung)* квита́нция *ж,* распи́ска *ж* **2.** *(Nachweis)* доказа́тельство *ср,* оправда́тельный докуме́нт *м* **3.** *(in Buchhaltung)* бухга́лтерский документ *м*
belegen <ohne ge-> *vt* **1.** *(bedecken)* покрыва́ть, -кры́ть *св* **2.** *(Brot)* де́лать, сде́лать *св* бутербро́д **3.** *(Kurs)* записа́ться *св,* -пи́сываться *нсв* на ку́рсы **4.** *(beweisen)* подтвержда́ть, -тверди́ть *св,* дока́зывать, -за́ть *св* **5.** *(Platz)* заня́ть *св,* -нима́ть *нсв*
Belegschaft <-, -en> *f* персона́л *м*

belegt *adj* **1.** *(Hotel, Zimmer, Platz)* за́нятый **2.** *(Brot)* **belegtes Brötchen** бутербро́д *м* **3.** *(Zunge)* обло́женный

Belegung <-, -en> *f* заня́тие *ср*

Belegungszeit <-, -en> *f* станкоёмкость *ж* зака́за

Belehnung <-, -en> *f* HIST переда́ча *ж* в зало́г

belehren <ohne ge-> *vt* поуча́ть *нсв;* **jdn eines Besseren ~** вразумля́ть кого́-л.

Belehrung <-, -en> *f* поуче́ние *ср,* наставле́ние *ср*

beleidigen [bəˈlaɪdɪgən] <ohne ge-> *vt* оскорбля́ть, -би́ть *св*

beleidigend *adj* оби́дный, оскорби́тельный

Beleidigung <-, -en> *f* оскорбле́ние *ср*

beleihen <irr> *vt* отдава́ть, отда́ть *св* под зало́г, закла́дывать, заложи́ть *св*

Beleihung <-, -en> *f* переда́ча *ж* в зало́г

belesen *adj* начи́танный

beleuchten <ohne ge-> *vt* освеща́ть, -вети́ть *св; fig (Sachverhalt)* освеща́ть, -вети́ть *св*

Beleuchtung <-, -en> *f* освеще́ние *ср,* свет *м*

Beleuchtungsanlage <-, -n> *f* освети́тельное устро́йство *ср*

Belgien [ˈbɛlgiən] <-s> *nt* GEOG Бе́льгия *ж*

Belgier(in) [ˈbɛlgiɐ] <-s, -; -, -nen> *m(f)* бельги́ец *м,* бельги́йка *ж*

belgisch *adj* бельги́йский

Belgrad [ˈbɛlgraːt] <-s> *nt* Бе́лград *м*

belichten <ohne ge-> *vt* FOT экспони́ровать *(н)св*

Belichtung <-, -en> *f* FOT экспони́рование *ср*

Belichtungsmesser <-s, -> *m* FOT экспоно́метр *м*

Belieben <-s> *nt kein pl* **nach ~** по жела́нию

beliebig *adj* любо́й; **in ~er Reihenfolge** в любо́й после́довательности

beliebt *adj* люби́мый, популя́рный; **sich bei jdm ~ machen** заслужи́ть чьё-л. расположе́ние

Beliebtheit <-> *f kein pl* популя́рность *ж,* расположе́ние *ср*

Beliebtheitsgrad <-(e)s, -e> *m* сте́пень *ж* популя́рности

beliefern <ohne ge-> *vt* снабжа́ть, снабди́ть *св,* поставля́ть, -ста́вить *св;* **jdn mit Obst ~** снабжа́ть кого́-л. фру́ктами

bellen [ˈbɛlən] *vi* ла́ять *нсв*

Belletristik [bɛleˈtrɪstɪk] <-> *f kein pl* беллетри́стика *ж,* худо́жественная литерату́ра *ж*

belohnen <ohne ge-> *vt* награжда́ть, -гради́ть *св*

Belohnung <-, en> *f* награ́да *ж,* вознагражде́ние *ср*

belüften <ohne ge-> *vt* прове́тривать, прове́трить *св;* **dieses Zimmer ist schlecht belüftet** в э́той ко́мнате ду́шно

Belüfter <-s, -> *m* TECH вентиля́тор *м*

Belüftung <-, -en> *f* вентиля́ция *ж*

Belüftungsanlage *f* вентиля́ция *ж*

Belüftungsschacht <-(e)s, -schächte> *m* вентиляцио́нный кана́л *м*

belügen *vt* лгать, со- *св,* обма́нывать, -ну́ть *св*

belustigen [bəˈlʊstɪgən] <ohne ge-> *vt* весели́ть, раз- *св*

belustigt *adj* весёлый

Belustigung <-, -en> *f* весе́лье *ср;* **zur allgemeinen ~** всем на потéху

bemächtigen [bəˈmɛçtɪgən] <ohne ge-> *vr* **sich einer Person ~** захвати́ть челове́ка; **sich einer Sache ~** овладе́ть ве́щью

bemalen <ohne ge-> *vt* раскра́шивать, -кра́сить *св*

bemängeln [bəˈmɛŋəln] <ohne ge-> *vt* находи́ть, найти́ *св* недоста́тки

bemannt [bəˈmant] *adj* **~er Raumflug** пилоти́руемый косми́ческий полёт *м*

bemerkbar *adj* заме́тный; **die Krise macht sich deutlich ~** кри́зис стано́вится я́вно ощути́мым

bemerken <ohne ge-> *vt* замеча́ть, -ме́тить *св; (äußern)* отмеча́ть, -ме́тить *св;* **nebenbei bemerkt** ме́жду про́чим

bemerkenswert *adj* досто́йный внима́ния

Bemerkung <-, -en> *f* замеча́ние *ср; (Anmerkung)* примеча́ние *ср;* **eine ~ fallen lassen** oброни́ть замеча́ние

bemessen <irr> *vt* отмеря́ть, -ме́рить *св;* **meine Zeit ist knapp ~** у меня́ ма́ло вре́мени

Bemessungsgrundlage <-, -n> *f* основа́ние *ср* для определе́ния разме́ров чего́-л.

bemitleiden [bəˈmɪtlaɪdən] <ohne ge-> *vt* жале́ть, по- *св,* сочу́вствовать, по- *св;* **sich selbst ~** напра́шиваться на сочу́вствие

bemitleidenswert *adj* досто́йный сожале́ния

bemühen [bəˈmyːən] <ohne ge-> *vr:* **sich ~** стара́ться, по- *св,* прилага́ть, -ложи́ть *св* (уси́лия); **sich um jdn ~** забо́титься о ком-л.

Bemühung <-, -en> *f* стара́ние *ср,* уси́лие *ср;* **ihre ~en blieben erfolglos** её стара́ния оста́лись безрезульта́тными

bemuttern [bəˈmʊtɐn] <ohne ge-> *vt* проявля́ть, -ви́ть *св* матери́нскую забо́ту

benachbart [bəˈnaxbaːɐt] *adj* сосе́дний, сме́жный

benachrichtigen [bəˈnaːxrɪçtɪgən] <ohne ge-> *vt* уведомля́ть, -мить *св,* извеща́ть, -вести́ть *св*

Benachrichtigung <-, -en> *f* **1.** *(Vorgang)* уведомле́ние *ср,* извеще́ние *ср* **2.** *(Schrei-*

ben) уведоми́тельное письмо́ *ср*

Benachrichtigungsschreiben <-s, -> *nt* уведоми́тельное письмо́ *ср*

benachteiligen [bəˈnaːxtaɪlɪgən] <ohne ge-> *vt* обделя́ть, -ли́ть *св*

benachteiligt *adj* обделённый

Benachteiligung <-, -en> *f* **1.** *(das Benachteiligen)* обделе́ние *ср* **2.** *(politisch)* ущемле́ние *ср* прав

benebeln <ohne ge-> *vt* опьяня́ть, -ни́ть *св;* **ich bin von diesem Duft noch ganz benebelt** я всё ещё опьянён э́тим за́пахом; **ein benebelnder Duft durchzog den Raum** дурма́нящий за́пах разноси́лся по ко́мнате

benebelt *adj fam* одурма́ненный, ошеломленный

Benediktiner(in) [benedɪkˈtiːnɐ] <-s, -; -, -nen> *m(f)* бенедикти́нец *м,* бенедикти́нка *ж*

Benefizkonzert [beneˈfiːtʂkɔnˈtʂɛrt] <-(e)s, -e> *nt* бенефи́с *м,* благотвори́тельный конце́рт *м*

Benefizspiel <-(e)s, -e> *nt* SPORT благотвори́тельный матч *м*

benehmen <irr> *vr:* **sich ~** вести́ *нсв* себя́; **benimm dich!** веди́ себя́ прили́чно!

Benehmen <-s> *nt kein pl* поведе́ние *ср;* **kein ~ haben** быть пло́хо воспи́танным; **jd hat kein ~** кто-л. не уме́ет себя́ вести́

beneiden [bəˈnaɪdən] <ohne ge-> *vt* зави́довать в, по- *св;* **jd ist nicht zu ~** кому́-л. не позави́дуешь; **jdn um seine Erfolge ~** зави́довать чьим-л. успе́хам

beneidenswert *adj* зави́дный

Beneluxstaaten <-> *pl* госуда́рства *мн* Бенелю́кса

benennen <irr, ohne ge-> *vt* называ́ть, -зва́ть *св*

Bengel [ˈbɛŋəl] <-s, -> *m umg* мальчи́шка *м,* сорване́ц *м*

Benimmregeln *pl umg* пра́вила *ср мн* прили́чия

benommen [bəˈnɔmən] *adj* оглушённый, не в себе́

benoten <ohne ge-> *vt* ста́вить, по- *св* оце́нку

benötigen [bəˈnœːtɪgən] <ohne ge-> *vt* нужда́ться *нсв;* **er benötigt unsere Hilfe** он нужда́ется в на́шей по́мощи

benutzen, benützen <ohne ge-> *vt* по́льзоваться, вос- *св,* испо́льзовать *(н)св*

Benutzer(in) <-s, -; -, -nen> *m(f)* a DV по́льзователь *м,* ю́зер *м*

benutzerfreundlich *adj* удо́бный в обраще́нии

Benutzerfreundlichkeit <-> *f kein pl* удо́бство *ср* в обраще́нии

Benutzername <-n, -n> *m* DV и́мя *ср* по́льзователя

Benutzeroberfläche <-, -n> *f* DV операцио́нная среда́ *ж;* **grafische ~** графи́ческая операцио́нная среда

Benutzerschnittstelle <-, -n> *f* DV по́льзовательский интерфе́йс *м*

Benutzung <-> *f* употребле́ние *ср,* испо́льзование *ср;* **in ~ sein** быть в употребле́нии

Benutzungsgebühr <-, -en> *f* пла́та *ж* за испо́льзование

Benzin [bɛnˈtsiːn] <-s, -e> *nt* бензи́н *м*

Benzinkanister <-s, -> *m* кани́стра *ж* для бензи́на

Benzinleitung <-, -en> *f* KFZ бензопрово́д *м*

Benzinmotor <-s, -en> *m* бензи́новый дви́гатель *м*

Benzinpreis <-es, -e> *m* цена́ *ж* бензи́на

Benzinpumpe <-, -n> *f* KFZ бензонасо́с *м*

benzinsparend *adj* **benzinsparendes Auto** экономи́чная маши́на *ж*

Benzintank <-s, -s> *m* бензи́новый бак *м*

Benzinuhr <-, -en> *f* счётчик *м* расхо́да бензи́на

Benzinverbrauch *m* AUTO расхо́д *м* горю́чего

beobachten [bəˈoːbaxtən] <ohne ge-> *vt* наблюда́ть *нсв*

Beobachter(in) <-s, -; -, -nen> *m(f)* наблюда́тель *м*

Beobachtung <-, -en> *f* наблюде́ние *ср;* **eine ~ machen** сде́лать наблюде́ние; **unter ~ stehen** быть под наблюде́нием; **laufende ~ des Marktes** теку́щее наблюде́ние за ры́нком

Beobachtungsgabe <-> *f* наблюда́тельность *ж*

Beobachtungsstation <-, -en> *f* ста́нция *ж* наблюде́ния

bepacken <ohne ge-> *vt* нагружа́ть, -грузи́ть *св*

bepflanzen <ohne ge-> *vt* обса́живать, -сади́ть *св,* заса́живать, -сади́ть *св*

bequem [bəˈkveːm] *adj* удо́бный, ую́тный; *(von Person)* тяжёлый на подъём, лени́вый

Bequemlichkeit <-, -en> *f* удо́бство *ср,* уют *м; (Faulheit)* скло́нность *ж* к ле́ни

beraten <irr, ohne ge-> **I.** *vt* **1.** *(Person)* помога́ть, -мо́чь *св* сове́тами **2.** *(Angelegenheit)* обсужда́ть, -суди́ть *св* **II.** *vr* сове́товаться, по- *св,* совеща́ться о, по- *св;* **mit dieser Reise waren wir gut ~** хорошо́, что нам посове́товали э́ту пое́здку

Berater(in) <-s, -; -, -nen> *m(f)* консульта́нт *м,* советник *м;* **einen wissenschaftlichen ~ hinzuziehen** привлека́ть нау́чного консульта́нта

Beratung <-, -en> *f* консульта́ция *ж; (Besprechung)* совеща́ние *ср*

Beratungsdienst <-(e)s, -e> *m* консульта́ция *ж*

Beratungsfirma <-, -firmen> *f* консультацио́нная фи́рма *ж*

Beratungsstelle <-, -n> *f* консульта́ция *ж*

berauben <ohne ge-> *vt* гра́бить, огра́бить *св;* **jdn seiner Freiheit ~** лиши́ть кого́-л. свобо́ды

berauschen <ohne ge-> **I.** *vt a fig* опьяня́ть, -ни́ть *св,* увлека́ть, -ле́чь *св* **II.** *vr:* **sich ~** напива́ться, -пи́ться *св; fig* увлека́ться, -ле́чься *св*

berechenbar [bəˈrɛçənbaːɐ] *adj (vorhersagbar)* предсказу́емый

berechnen <ohne ge-> *vt* вычисля́ть, вы́числить *св; (Kosten)* подсчи́тывать, -та́ть *св*

berechnend *adj* расчётливый

Berechnung <-, -en> *f* **1.** *(das Berechnen)* подсчёт *м,* расчёт *м* **2.** *(berechnende Haltung)* расчётливость *ж;* **~en anstellen** производи́ть подсчёт

Berechnungsgrundlage <-, -n> *f* ба́зис *м* расчетов

berechtigen [bəˈrɛçtɪgən] <ohne ge-> *vt (ermächtigen)* дава́ть, дать *св* пра́во

berechtigt *adj* правоме́рный, обосно́ванный; **~ sein, etw zu tun** быть впра́ве сде́лать что-л.

Berechtigung <-, -en> *f* **1.** *(offiziell)* пра́во *ср* **2.** *(Richtigkeit)* правоме́рность *ж*

bereden <ohne ge-> *vt* обсужда́ть, -суди́ть *св;* **etw mit jdm ~** обсужда́ть что-л. с кем-л.

Beredsamkeit <-> *f kein pl* красноре́чие *ср*

beredt [bəˈreːt] *adj* разгово́рчивый, красноречи́вый

Bereich [bəˈraɪç] <-(e)s, -e> *m* **1.** *(Abteilung)* отде́л *м* **2.** *(räumlich)* райо́н *м,* о́бласть *ж* **3.** *(Wirkungsfeld)* о́бласть *ж,* сфе́ра *ж;* **im privaten ~** в ча́стной сфе́ре

bereichern [bəˈraɪçɐn] <ohne ge-> **I.** *vt* обогаща́ть, -гати́ть *св,* расширя́ть, -ши́рить *св* **II.** *vr:* **sich ~** обогаща́ться, -гати́ться *св,* нажива́ться, -жи́ться *св*

Bereicherung <-, -en> *f* обогаще́ние *ср*

Bereichsleiter(in) <-s, -; -, -nen> *m(f) (Abteilungsleiter)* руководи́тель *м* отде́ла

Bereifung <-, -en> *f* ши́ны *мн*

bereinigen <ohne ge-> *vt* **1.** *(klären)* регули́ровать, урегули́ровать *св,* разреша́ть, -ши́ть *св* **2.** *(berichtigen)* очища́ть, очи́стить *св* **3.** *(in Ordnung bringen)* ула́живать, ула́дить *св,* регули́ровать, у- *св*

bereisen <ohne ge-> *vt* объезжа́ть, объе́хать *св;* **ein Land ~** путеше́ствовать по стране́

bereit [bəˈraɪt] *adj* гото́вый; **sich ~ erklären etw zu tun** быть гото́вым сде́лать что-л.

bereiten <ohne ge-> *vt* **1.** *(Mahl)* гото́вить, при- *св* **2.** *(Freude)* доставля́ть, -ста́вить *св;* **die Kinder ~ ihnen einen freudigen Empfang** де́ти гото́вят им ра́достный приём

bereit|halten <irr> *vt* держа́ть *нсв* нагото́ве

bereit|legen *vt* пригота́вливать, -то́вить *св*

bereit|liegen <irr> *vi* быть пригото́вленным

bereit|machen *vt, vr* **sich ~** пригота́вливаться, пригото́виться *св*

bereits [bəˈraɪts] *adv* уже́

Bereitschaft <-> *f kein pl* **1.** *(das Bereitsein)* гото́вность *ж* **2.** *(Einsatztruppe)* дежу́рная ча́сть *ж;* **in ~ stehen** быть наготове

Bereitschaftsdienst <-(e)s, -e> *m* дежу́рство *ср*

Bereitschaftszustand <-(e)s> *m* состоя́ние *ср* гото́вности

bereit|stehen <irr> *vi* стоя́ть *нсв* нагото́ве

bereit|stellen *vt* **1.** *(vorbereiten)* пригота́вливать, пригото́вить *св* **2.** *(zur Verfügung stellen)* предоста́вливать, предоста́вить *св*

bereitwillig *adj* услу́жливый, гото́вый услужи́ть

bereuen [bəˈrɔɪən] <ohne ge-> *vt* сожале́ть *нсв,* раска́яться *св,* -ка́иваться *нсв*

Berg [bɛrk, *pl:* bɛrgə] <-(e)s, -e> *m* гора́ *ж; umg (Menge, Haufen)* ку́ча *ж,* гора́ *ж;* **über den ~ sein** *umg* вы́йти из затрудне́ния; **jdm stehen die Haare zu ~e** *umg* у кого́-л. во́лосы вста́ли ды́бом

bergab [bɛrkˈʔap] *adv* по́д гору; **mit etw geht es ~** что-л. идёт по́д гору

Bergamotte <-n> *f* БОТ бергамо́т *м*

Bergarbeiter <-s, -> *m* шахтёр *м*

bergauf [bɛrkˈʔaʊf] *adv* в го́ру

Bergbahn <-, -en> *f* фуникулёр *м*

Bergbau <-(e)s> *m* го́рное де́ло *ср*

Bergbauindustrie <-> *f* горнодобыва́ющая промы́шленность *ж*

Bergbesteigung <-, -en> *f* восхожде́ние *ср* на го́ру

Bergdorf <-(e)s, -dörfer> *nt* го́рная дере́вня *ж,* дере́вня *ж* в гора́х

bergen [ˈbɛrgən] <birgt, barg, geborgen> *vt* **1.** *(retten)* спаса́ть, -сти́ *св* **2.** *geh (enthalten)* таи́ть *нсв,* скрыва́ть, скры́ть *св*

Bergetappe <-, -n> *f* SPORT *(Radsport)* го́рный эта́п *м*

Bergführer <-s, -> *m,* **Bergführerin** *f* проводни́к *м,* проводни́ца *ж* (в горах)

Berggeist <-(e)s, -er> *m* го́рный дух *м*

Berggipfel <-s, -> *m* го́рная верши́на *ж*

Berghütte *f* туристическая база (в горах)

bergig *adj* гори́стый

Bergkamm <-(e)s, -kämme> *m* гре́бень *м* гор

Bergkette <-, -n> *f* го́рная цепь *ж*

Bergmann <-(e)s, -leute> *m* горнорабо́чий *м*

Bergmassiv <-(e)s, -e> *nt* го́рный масси́в *м*

Bergnot <-> *f* опа́сность *ж* в гора́х

Bergrennen <-s> *nt* SPORT *(Motorsport)* го́нка *ж* по го́рным доро́гам

Bergrücken <-s, -> *m* го́рный хребе́т *м*

Bergrutsch <-es, -e> *m* о́ползень *м*

Bergschuh <-(e)s, -e> *m* го́рные боти́нки *мн*

Bergsteigen <-s> *nt kein pl* альпини́зм *м*

Bergsteiger(in) <-s, -; -, -nen> *m(f), f* альпини́ст *м*, альпини́стка *ж*

Bergstraße <-, -n> *f* го́рная доро́га *ж*

Bergsturz <-es, -stürze *o* -e> *m* обва́л *м* в гора́х

Bergtour <-, -en> *f* вы́лазка *ж* в го́ры

Bergung [ˈbɛrgʊŋ] <-, -en> *f (Rettung)* спасе́ние *ср*

Bergwand <-, -wände> *f* отве́сный склон *м* горы́

Bergwanderung <-, -en> *f* туристи́ческий похо́д *м* в го́ры

Bergwerk <-(e)s, -e> *nt* рудни́к *м*

Bericht [bəˈrɪçt] <-(e)s, -e> *m* **1.** *(auf einer Konferenz)* докла́д *м* **2.** *(Nachrichtenbeitrag)* сообще́ние *ср* **3.** *(Wetterbericht)* сво́дка *ж*

berichten <ohne ge-> *vt* докла́дывать, доложи́ть *св*

Berichterstatter(in) [bəˈrɪçtʔɛɐʃtatɐ] <-s, -; -, -nen> *m(f)* докла́дчик *м*, докла́дчица *ж*

berichtigen [bəˈrɪçtɪgən] <ohne ge-> *vt* исправля́ть, -пра́вить *св*

Berichtigung <-, -en> *f* **1.** *(Korrektur)* исправле́ние *ср*, попра́вка *ж*, опроверже́ние *ср* **2.** *(das Richtigstellen)* урегули́рование *ср*

BERI-Index *m* и́ндекс *м* БЭРИ

Berlin [bɛrˈliːn] <-s> *nt* GEOG Берли́н *м*

Berliner(in) [bɛrˈliːnɐ] <-s, -; -, -nen> *m(f)* берли́нец *м*, берли́нка *ж*

> **i Land & Leute**
>
> **Берлинский кинофестиваль**, называемый также «Берлинале» («die Berlinale»), проводится с 1951 года. На нём добились успеха такие звёзды, как Ингмар Бергман, Роман Ролянски, Жан-Лук Годар и Клод Шаброль.
> На этом кинофестивале демонстрируются как конкурсные, так и внеконкурсные ленты.
> Кроме того, в рамках фестиваля организуются праздник детского фильма и форум международного юношеского фильма.
> В качестве призов в Берлине присуждаются «Золотой и Серебряный Медведи», а с 1986 года также «Камера Берлинале».

berlinerisch *adj* берли́нский

Bermudainseln <-> *pl* Берму́дские острова́ *ммн*

Bermudas [bɛrˈmuːdas] *pl* **1.** *(Inselgruppe)* Берму́дские острова́ *мн* **2.** *(Hose)* берму́ды *мн*

Bermudashorts [bɛrˈmuːdaˈʃoːɐts] <-> *pl* берму́ды *мн*

Bernhardiner [bɛrnharˈdiːnɐ] <-s, -> *m* сенберна́р *м*

Bernstein [ˈbɛrnʃtaɪn] <-(e)s, -e> *m* янта́рь *м*

bersten [ˈbɛrstən] <birst, barst, geborsten> *vi* тре́снуть *св*, -скаться *нсв*; **vor Ungeduld ~** *fig* чуть не ло́пнуть от нетерпе́ния

berüchtigt [bəˈrʏçtɪçt] *adj* пресловýтый

berücksichtigen [bəˈrʏkzɪçtɪgən] <ohne ge-> *vt* учи́тывать, уче́сть *св*

Beruf [bəˈruːf] <-(e)s, -e> *m* профе́ссия *ж*, специа́льность *ж*; **sie ist Lehrerin von ~** она́ учи́тельница по профе́ссии; **einen ~ ausüben** рабо́тать по специа́льности; **ausgeübter ~** факти́ческая специа́льность; **einen ~ ergreifen** избра́ть профе́ссию; **verwandter ~** сме́жная профе́ссия; **~ mit Aufstiegschancen** профе́ссия с перспекти́вами ро́ста; **den ~ wechseln** смени́ть профе́ссию; **einen ~ erlernen** получи́ть специа́льность; **er ist Bäcker von ~** он рабо́тает пе́карем

berufen[1] <irr, ohne ge-> **I.** *vt (in Amt)* назнача́ть, -на́чить *св* **II.** *vr:* **sich auf jdn/etw ~** ссыла́ться на кого́-л./что-л.

berufen[2] *adj* при́званный; **zu etw ~ sein** име́ть призва́ние к чему́-л.; **sich zu etw ~ fühlen** де́лать что-л. – э́то призва́ние кого́-л.

beruflich *adj* служе́бный, профессиона́льный; **~er Aufstieg** профессиона́льный рост; **~e Ausbildung** профессиона́льная подгото́вка; **~e Eignung** профессиона́льная квалифика́ция; **~e Laufbahn** профессиона́льная карье́ра; **~er Werdegang** проце́сс профессиона́льного разви́тия; **was macht er ~?** кем он рабо́тает?

Berufsanfänger <-s, -> *m*, **Berufsanfängerin** *f* молодо́й специали́ст *м*, молода́я специали́стка *ж*

Berufsausbildung <-, -en> *f* профессиона́льное обуче́ние *ср*

Berufsberater(in) <-s, -; -, -nen> *m(f)* консульта́нт *м*

Berufsberatung <-> *f* профориента́ция *ж* по вы́бору профе́ссии

Berufsbezeichnung <-, -en> *f* официа́ль-

beruhigen	
• **beruhigen**	• **Успокоение**
Nur keine Panik / Aufregung!	**Не паникуй!/ Успокойся!**
Machen Sie sich keine Sorgen.	**Не беспокойтесь об этом.**
Keine Angst, das werden wir **schon** hinkriegen.	**Не волнуйтесь,** мы справимся.
Abwarten und Tee trinken. *(fam)*	**Поживем – увидим (что случится).**
Es wird schon werden.	**Все будет в порядке.**
Alles halb so schlimm.	**Все не так уж плохо.**
Ganz ruhig bleiben! *(fam)*	**Сохраняйте спокойствие! / хладнокровие!**

ное обозначе́ние *ср* профе́ссии

Berufsbildungsprojekt *f* прое́кт *м* профессиона́льного обуче́ния

Berufsboxer <-s, -> *m* боксёр-профессиона́л *м*

berufserfahren *adj* име́ющий профессиона́льный о́пыт

Berufserfahrung <-> *f* профессиона́льный о́пыт *м*

Berufsgeheimnis <-ses, -se> *nt* служе́бная та́йна *ж*

Berufskleidung <-> *f* спецоде́жда *ж*

Berufskrankheit <-, -en> *f* профессиона́льное заболева́ние *ср*

Berufsleben <-s> *nt* трудова́я жизнь *ж*

Berufsschule <-, -n> *f* профессиона́льно-техни́ческое учи́лище *ср*

Berufssoldat <-en, -en> *m*, **Berufssoldatin** *f* ка́дровый вое́нный *м*

berufstätig *adj* рабо́тающий, за́нятый

Berufstätige <ein -r, -n, -n> *mf* рабо́тающий *м*, рабо́тающая *ж*

Berufsunfall <-(e)s, -unfälle> *m* несча́тный слу́чай *м* на рабо́чем ме́сте

Berufsverkehr <-s> *m* перево́зка *ж* рабо́чих и слу́жащих к ме́сту рабо́ты и обра́тно

Berufswahl <-> *f* вы́бор *м* профе́ссии

Berufszweig <-(e)s, -e> *m* о́трасль *ж* профе́ссии

Berufung [bəˈruːfʊŋ] <-, -en> *f* **1.** *(innerer Ruf)* призва́ние *ср* **2.** *(in Amt)* назначе́ние *ср* на до́лжность **3.** JUR *(Einspruch)* апелля́ция *ж* **4.** *(Bezugnahme)* ссы́лка *ж*; ~ **einlegen** подава́ть апелля́цию

Berufungsbeklagte(r) <-n, -n> *f(m)* JUR отве́тчик *м* по апелляцио́нной жа́лобе

Berufungskläger <-s, -> *m*, **Berufungsklägerin** *f* пода́вший *м* апелля́цию, жа́лобщик *м*

Berufungsrichter <-s, -> *m*, **Berufungsrichterin** *f* апелляцио́нный судья́ *м*

beruhen <ohne ge-> *vi* ~ **auf** +*dat* поко́иться *нсв* на; **etw beruht auf Gegenseitigkeit** что-л. осно́вывается на взаи́мности; **etw auf sich ~ lassen** оста́вить что-л. как есть

beruhigen [bəˈruːɪɡən] <ohne ge-> **I.** *vt* успока́ивать, -ко́ить *св*, усмиря́ть, -ри́ть *св* **II.** *vr:* **sich ~** *(Person)* успока́иваться, -ко́иться *св*

beruhigend I. *adj* **1.** *(ruhig machen)* успокои́тельный, утеши́тельный; **beruhigende Worte** успока́ивающие слова́ *мн* **2.** PHARM *(gegen Nervosität)* успокои́тельный **II.** *adv* успокои́тельно; **~ wirken** де́йствовать успока́ивающе

beruhigt I. *adj* споко́йный; **dann bin ich ~!** тепе́рь мне споко́йнее! **II.** *adv* споко́йно; **jetzt kannst du ~ einschlafen!** тепе́рь ты мо́жешь спать споко́йно!

Beruhigung <-> *f kein pl* успокое́ние *ср*

Beruhigungsmittel <-s, -> *nt* успока́ивающее сре́дство *ср*

berühmt [bəˈryːmt] *adj* знамени́тый

berühmt-berüchtigt [bəˈryːmtbəˈrʏçtɪçt] *adj* печа́льно знамени́тый

Berühmtheit <-, -en> *f* изве́стность *ж*; *(Person)* знамени́тость *ж*

berühren <ohne ge-> *vt* каса́ться, косну́ться *св*, тро́гать, тро́нуть *св*; *(Thema)* затра́гивать, -тро́нуть *св*, каса́ться, косну́ться *св*; *fig (emotional)* тро́гать, тро́нуть *св*, задева́ть, -де́ть *св*

Berührung <-, -en> *f* прикоснове́ние *ср*; **mit jdm/etw in ~ kommen** соприкосну́ться с кем-л./чем-л.

Berührungsfläche <-, -n> *f* пове́рхность *ж* соприкоснове́ния [*или* конта́кта]

Berührungspunkt <-(e)s, -e> *m* то́чка *ж* соприкоснове́ния

bes. *abk von* **besonders** осо́бенно

besagen <ohne ge-> *vt* зна́чить *нсв*, означа́ть *нсв*

besagt *adj* вышеупомя́нутый, ука́занный вы́ше

besaiten *vt* чувстви́тельный, восприи́мчивый; **zart besaitet sein** *(Person)* быть чувстви́тельным

besamen *vt* осеменя́ть, -мени́ть *св*, оплодотворя́ть, -твори́ть *св*

besänftigen [bəˈzɛnftɪɡən] <ohne ge-> *vt* успока́ивать, -ко́ить *св*, смягча́ть, -чи́ть *св*

besänftigend *adv* успока́ивающий, смягча́ющий

Besänftigung <-, -en> *f* успокое́ние *ср*, смягче́ние *ср*
Besanmast <-(e)s, -en> *m* MAR за́дняя ма́чта *ж*
Besatzer(in) <-s, -; -, -nen> *m(f)* оккупа́нт *м*
Besatzung <-, -en> *f* **1.** *(in einer Festung)* гарнизо́н *м* **2.** *(eines Schiffes)* экипа́ж *м*, кома́нда *ж*
Besatzungsgebiet <-(e)s, -e> *nt* оккупи́рованная террито́рия *ж*
Besatzungsheer <-(e)s, -e> *nt* оккупацио́нное во́йско *ср*
Besatzungsmacht <-, -mächte> *f* оккупацио́нная власть *ж*
Besatzungsmitglied <-(e)s, -er> *nt* член *м* экипа́жа
Besatzungsstreitkräfte <-> *pl* оккупацио́нные войска́ *срмн*
besaufen <irr, ohne ge-> *vr umg* напива́ться, -пи́ться *св*
beschädigen <ohne ge-> *vt* поврежда́ть, -вреди́ть *св*
beschädigt *adj* повреждённый
Beschädigung <-, -en> *f* причине́ние *ср* вреда́; *(beschädigte Stelle)* поврежде́ние *ср*
beschaffen **I.** <ohne ge-> *vt* достава́ть, -ста́ть *св* **II.** *adj* име́ющий те и́ли ины́е сво́йства; **etw ist so ~, dass ...** что-л. устро́ено так, что ...
Beschaffenheit <-> *f kein pl* сво́йство *ср*, ка́чество *ср*; *(des Korpers)* телосложе́ние *ср*
Beschaffung <-> *f kein pl* приобрете́ние *ср*
Beschaffungskosten <-> *pl* заготови́тельные расхо́ды *мн*
Beschaffungsmarkt <-(e)s, -märkte> *m* заготови́тельный ры́нок *м*
beschäftigen [bəˈʃɛftɪgən] <ohne ge-> **I.** *vt* занима́ть, -ня́ть *св*; *(beruflich)* дава́ть, дать *св* **II.** *vr* занима́ться, -ня́ться *св*
beschäftigt *adj* **1.** *(befasst)* за́нятый; **viel beschäftigt** о́чень занято́й **2.** *(angestellt)* назна́ченный *(на рабо́ту)*
Beschäftigung <-, -en> *f* заня́тие *ср*; *(Arbeit)* рабо́та *ж*
Beschäftigungsbewilligung <-, -en> *m* JUR разреше́ние *ср* на заня́тие трудо́м
Beschäftigungsentwicklung <-> *f* дина́мика *ж* за́нятости
Beschäftigungsgrad <-(e)s, -e> *m* *(Auslastung)* загру́зка *ж*, загру́женность *ж*; **~ eines Betriebes** загру́зка предприя́тия
Beschäftigungslage <-, -n> *f* положе́ние *ср* с за́нятостью
Beschäftigungsmaßnahme <-, -n> *f* ме́ра *ж* на обеспече́ние за́нятости
Beschäftigungspolitik <-> *f* поли́тика *ж* обеспече́ния за́нятости
beschäftigungssichernd *adj* обеспе́чивающий за́нятость
Beschäftigungssicherung <-> *f* обеспе́чение *ср*
Beschäftigungstherapie <-> *f* трудотерапи́я *м*
Beschäftigungsverhältnis <-ses, -se> *nt* отноше́ния *срмн*, вытека́ющие из трудово́го догово́ра
beschämen <ohne ge-> *vt* срами́ть, по- *св*, ста́вить, по- *св* в нело́вкое положе́ние; **~d sein** быть посты́дным
beschämend *adj* позо́рный
beschatten <ohne ge-> *vt* затеня́ть, -ни́ть *св*; *(überwachen)* следи́ть *нсв*
beschaulich *adj* созерца́тельный, заду́мчивый
Bescheid [bəˈʃaɪt, *pl:* bəˈʃaɪdə] <-(e)s, -e> *m* **1.** *(Auskunft)* спра́вка *ж* **2.** *(Entscheidung)* реше́ние *ср* **3.** *(Benachrichtigung)* извеще́ние *ср*; **abschlägiger ~** отка́з *м*; **amtlicher ~** официа́льное извеще́ние; **~ bekommen** получа́ть информа́цию; **positiver ~** положи́тельное реше́ние; **über jdn/etw ~ wissen** быть осведомлённым о ком-л./чём-л.; **jdm ~ geben** сообща́ть кому́-л.
bescheiden [bəˈʃaɪdən] *adj* **1.** *(anspruchslos)* скро́мный; **in bescheidenen Verhältnissen leben** жить скро́мно **2.** *(einfach)* просто́й
Bescheidenheit <-> *f kein pl* скро́мность *ж*
bescheinen <irr> *vt* освеща́ть, -вети́ть *св*
bescheinigen [bəˈʃaɪnɪgən] <ohne ge-> *vt* удостоверя́ть, -ве́рить *св*; **den Empfang von etw ~** расписа́ться в получе́нии чего́-л.
Bescheinigung <-, -en> *f* удостовере́ние *ср*; *(Quittung)* квита́нция *ж*
bescheißen <irr, ohne ge-> *vt umg* *(betrügen)* оставля́ть, -та́вить *св* в дурака́х, надува́ть, -ду́ть *св*
beschenken <ohne ge-> *vt* ода́ривать, -ри́ть *св*
bescheren [bəˈʃeːrən] <ohne ge-> *vt* **jdn ~** ода́ривать кого́-л.
Bescherung <-, -en> *f* разда́ча *ж* рожде́ственских пода́рков; **das ist ja eine schöne ~!** *umg* вот тебе́ и на́!

i Land & Leute

В сочельник (24.12) под рождественской ёлкой сложены подарки. **Раздача подарков** – центральный момент этого семейного праздника. Во многих семьях дети распаковывают свои подарки после рождественского ужина, когда в дверь позвонил «Младенец Христос» или «Дед Мороз».

bescheuert [bəˈʃɔɪɐt] *adj umg* глу́пый
Beschichtung <-, -en> *f* **1.** *(Vorgang)* нане-

се́ние (тонкосло́йного) покры́тия *ср* **2.** *(Schicht)* (тонкосло́йное) покры́тие *ср*

beschimpfen <ohne ge-> *vt* руга́ть, вы́ругать *св*

Beschimpfung <-, -en> *f* оскорбле́ние *ср,* руга́тельство *ср*

Beschiss <-es> *m umg (Betrug)* обма́н *м,* надува́тельство *ср*

beschissen [bəˈʃɪsən] *adj umg (schlecht)* дерьмо́вый, дрянно́й

Beschlag <-(e)s, Beschläge> *m* **1.** *(Verschluss)* застёжка *ж* **2.** *(trübe Schicht)* налёт *м;* **jdn/etw in ~ nehmen** завладе́ть кем-л./чем-л.

beschlagen[1] *adj* **1.** *(Spiegel)* запоте́лый, запоте́вший **2.** *(versiert)* све́дущий, подко́ванный; **in einer Sache/auf einem Gebiet (gut) ~ sein** (хорошо́) разбира́ться в како́м-л. де́ле/в како́й-л. о́бласти

beschlagen[2] <irr, ohne ge-> **I.** *vt* **1.** *(mit Beschlag versehen)* обива́ть, оби́ть *св* **2.** *(Pferd)* подко́вывать, -кова́ть *св* **II.** *vi (Fenster)* запотева́ть, -те́ть *св*

Beschlagenheit <-> *f* осведомлённость *ж*

beschlagnahmen <ohne ge-> *vt* конфиско́вывать, -кова́ть *св*

Beschlagnahmung <-, -en> *f* конфиска́ция *ж*

beschleunigen [bəˈʃlɔɪnɪgən] <ohne ge-> **I.** *vi* развива́ть, -ви́ть *св* ско́рость **II.** *vt* **1.** торопи́ть, по- *св* **2.** *(Schritte)* ускоря́ть, -ко́рить *св*

Beschleuniger <-s, -> *m* PHYS ускори́тель *м*

Beschleunigung <-, -en> *f* ускоре́ние *ср; (Beschleunigungsvermögen)* приёмистость *ж*

beschließen <irr, ohne ge-> *vt* **1.** *(eine Entscheidung fällen)* реша́ть, -ши́ть *св,* постановля́ть, -ви́ть *св;* **einstimmig ~** постановля́ть единогла́сно **2.** *(beenden)* зака́нчивать, -ко́нчить *св* **3.** *(billigen)* принима́ть, -ня́ть *св;* **ein Gesetz ~** приня́ть зако́н

Beschluss[RR] <-es, Beschlüsse> *m,* **Beschluß**[Alt] <-schlusses, -schlüsse> *m* реше́ние *ср,* постановле́ние *ср;* **einen ~ anfechten** обжа́ловать реше́ние; **endgültiger ~** оконча́тельное реше́ние; **einen ~ fassen** приня́ть реше́ние; **richterlicher ~** реше́ние су́да

Beschlussfähigkeit[RR] <-> *f* правомо́чность *ж*

beschmieren <ohne ge-> *vt* **1.** *(bestreichen)* обма́зывать, -ма́зать *св* **2.** *(schmutzig machen)* па́чкать, за- *св*

beschmutzen <ohne ge-> *vt* па́чкать, ис- *св; fig* оскверня́ть, -ни́ть *св*

beschneiden <irr, ohne ge-> *vt* **1.** *(Vorhaut)* обреза́ть, -ре́зать *св* **2.** *fig (Rechte)* уреза́ть, уре́зать *св,* ограни́чивать, -чить *св*

Beschneidung <-, -en> *f* **1.** *(Vorhaut)* обреза́ние *ср* **2.** *(Rechte)* ограниче́ние *ср*

beschnitten **I.** *pp von* **beschneiden** **II.** *adj* MED кастри́рованный

beschnüffeln <ohne ge-> *vt* чу́ять/почу́ять *св* ню́хом; *a. fig* проню́хивать, проню́хать *св,* узнава́ть, узна́ть *св*

beschnuppern <ohne ge-> *vt* **1.** *(Tier)* обню́хивать, -ню́хать *св* **2.** *fig* присма́триваться, -смотре́ться *св*

beschönigen [bəˈʃøːnɪgən] <ohne ge-> *vt* приукра́шивать, -кра́сить *св*

Beschönigung <-, -en> *f* приукра́шивание *ср*

beschränken [bəˈʃrɛŋkən] <ohne ge-> **I.** *vt* ограни́чивать, -ни́чить *св* **II.** *vr* ограни́чиваться, -ни́читься *св;* **sich auf die wichtigsten Punkte ~** ограни́читься са́мыми ва́жными пу́нктами

beschrankt *adj (Bahnübergang)* обору́дованный шлагба́умом

beschränkt *adj* ограни́ченный; *(geistig)* недалёкий; **~ haftend** ограни́ченно отве́тственный; **~e Steuerpflicht** ограни́ченная обя́занность упла́ты нало́гов

Beschränktheit <-> *f* ограни́ченность *ж*

Beschränkung <-, -en> *f* ограниче́ние *ср;* **~en auferlegen** установи́ть рестри́кции

beschreibbar *adj* поддаю́щийся описа́нию

beschreiben <irr, ohne ge-> *vt* **1.** *(schildern)* опи́сывать, -са́ть *св* **2.** *(Papier)* испи́сывать, -са́ть *св*

Beschreibung <-, -en> *f* описа́ние *ср;* **etw spottet jeder ~** что-л. не поддаётся никако́му описа́нию

beschriften [bəˈʃrɪftən] <ohne ge-> *vt* надпи́сывать, -са́ть *св*

Beschriftung <-, -en> *f* надпи́сывание *ср*

beschuldigen [bəˈʃʊldɪgən] <ohne ge-> *vt* обвиня́ть, -вини́ть *св;* **jdn einer Sache ~** обвиня́ть кого́-л. в чём-л.

Beschuldigung <-, -en> *f* обвине́ние *ср*

beschummeln *vt umg* обма́нывать, -ну́ть *св,* надува́ть, -ду́ть *св*

Beschuss[RR] <-es, -schüsse> *m,* **Beschuß**[Alt] <-schusses, -schüsse> *m* MIL обстре́л *м;* **unter ~ geraten** *auch fig* попа́сть под обстре́л

beschützen <ohne ge-> *vt* охраня́ть *нсв,* защища́ть, -щити́ть *св* от

Beschützer(in) <-s, -; -, -nen> *m(f)* защи́тник *м,* защи́тница *ж*

Beschwerde [bəˈʃveːɐdə] <-, -n> *f (Klage)* жа́лоба *ж;* **~n** *(Leiden)* жа́лобы *мн;* **~ gegen jdn/etw führen** жа́ловаться на кого́-л./что-л.

beschweren [bəˈʃveːrən] <ohne ge-> **I.** *vr:* **sich ~** жа́ловаться, по- *св* на **II.** *vt* утяжеля́ть, -ли́ть *св*

B

beschwerlich *adj* затрудни́тельный, тру́дный

beschwichtigen [bəˈʃvɪçtɪgən] <ohne ge-> *vt* успока́ивать, -ко́ить *св*, унима́ть, уня́ть *св*

beschwichtigend **I.** *adj* успока́ивающий **II.** *adv* успока́ивающе; ~ **auf jdn einreden** успока́ивать кого́-л.

beschwindeln <ohne ge-> *vt umg* надува́ть, -ду́ть *св*

beschwingt [bəˈʃvɪŋt] *adj* **1.** *(Stimmung)* окрылённый **2.** *(Bewegung)* лёгкий, летя́щий

beschwipst [bəˈʃvɪpst] *adj umg* навеселе́, под хмелько́м

beschwören <irr, ohne ge-> *vt* **1.** *(Person)* заклина́ть *нсв* **2.** *(Aussage)* дава́ть, дать *св* показа́ния под прися́гой **3.** *(Geist)* вызыва́ть, вы́звать *св*

beseelt *adj* одушевлённый; *(begeistert)* воодушевлённый, вдохновлённый

beseitigen [bəˈzaɪtɪgən] <ohne ge-> *vt* устраня́ть, -ни́ть *св*; *umg (töten)* ликвиди́ровать *(н)св*, убива́ть, уби́ть *св*

Beseitigung <-> *f kein pl* устране́ние *ср*, ликвида́ция *ж*

Besen [ˈbeːzən] <-s, -> *m* метла́ *ж*, ве́ник *м*

Besenstiel <-(e)s, -e> *m* па́лка *ж* от метлы́

besessen [bəˈzɛsən] *adj* одержи́мый, неи́стовый; **er ist von dieser Idee völlig** ~ он по́лностью одержи́м э́той иде́ей

Besessenheit *f ohne pl* ма́ния *ж*

besetzen <ohne ge> *vt* **1.** *(Rolle)* распределя́ть, -ли́ть *св* **2.** *(Stelle)* занима́ть, -ня́ть *св*, замеща́ть, -мести́ть *св* **3.** *(Haus, Tisch, Fensterplatz)* занима́ть, -ня́ть *св* **4.** MIL занима́ть, -ня́ть *св*, оккупи́ровать *(н)св*; **es ist besetzt** за́нято

Besetztzeichen <-s, -> *nt* сигна́л *м* „за́нято"

Besetzung <-, -en> *f* **1.** *(eines Hauses)* захва́т *м* **2.** *(einer Rolle)* распределе́ние *ср* **3.** *(einer Stelle)* определе́ние *ср*, замеще́ние *ср*

Besicherungswert <-(e)s, -e> *m* разме́р *м* креди́тного обеспече́ния

besichtigen [bəˈzɪçtɪgən] <ohne ge-> *vt* осма́тривать, -мотре́ть *св*

Besichtigung <-, -en> *f* осмо́тр *м*, экску́рсия *ж*

besiedeln [bəˈziːdəln] <ohne ge-> *vt* заселя́ть, -ли́ть *св*; **Deutschland ist dicht besiedelt** Герма́ния гу́сто заселена́

Besiedelungsdichte <-, -n> *f* пло́тность *ж* заселе́ния

besiegeln <ohne ge-> *vt fig* скрепля́ть, -пи́ть *св*; **damit war ihr Schicksal besiegelt** э́тим её судьба́ была́ решена́

besiegen <ohne ge-> *vt* **1.** *(Gegner)* побежда́ть, -беди́ть *св*, одоле́ть *св*, -лева́ть *нсв* **2.** *fig* преодоле́ть *св*, -лева́ть *нсв*

Besiegte(r) <-n, -n> *f(m)* побеждённый *м*, побеждённая *ж*

besinnen <irr, ohne ge-> *vr* вспомина́ть, вспо́мнить *св* о; *(nachdenken)* размышля́ть *нсв*, разду́мывать *нсв*

besinnlich *adj* вду́мчивый, заду́мчивый

Besinnung <-> *f kein pl* **1.** *(das Besinnen)* размышле́ние *ср* **2.** *(Bewusstsein)* созна́ние *ср*; **zur** ~ **kommen** *auch fig* прийти́ в себя́

besinnungslos *adj* **1.** *(bewusstlos)* бессозна́тельный **2.** *(außer sich)* вне себя́, потеря́в го́лову

Besitz <-es> *m kein pl* **1.** *(das Besitzen)* владе́ние *ср*, облада́ние *ср*; **rechtmäßiger** ~ зако́нная со́бственность *ж* **2.** *(Eigentum)* иму́щество *ср*, со́бственность *ж*; **von etw** ~ **ergreifen** завладе́ть чем-л.

Besitzeinkommen <-s> *nt* дохо́д *м* от владе́ния иму́ществом

besitzen <irr, ohne ge-> *vt* владе́ть *нсв*; *(Eigenschaft)* име́ть *нсв*

Besitzer(in) <-s, -; -, -nen> *m(f)* владе́лец *м*, владе́лица *ж*, облада́тель *м*, облада́тельница *ж*

besitzergreifend *adj* стремя́щийся завладе́ть кем-л./чем-л.

Besitzgier <-> *f* жа́дность *ж*

besitzlos *adj* неиму́щий

Besitznachweis <-es, -e> *m* доказа́тельство *ср* владе́ния

Besitztum <-s, -tümer> *nt* **1.** *(Eigentum)* со́бственность *ж* **2.** *(Landgut)* позе́мленное иму́щество *ср*

besoffen [bəˈzɔfən] *adj umg* пья́ный

besohlen [bəˈzoːlən] <ohne ge-> *vt* подбива́ть, -би́ть *св* подмётки

Besoldung <-, -en> *f* жа́лование *ср*, окла́д *м*

besondere(r, s) [bəˈzɔndərə, -rɐ, -rəs] *adj* осо́бый, ча́стный; *(außergewöhnlich)* осо́бый, необыча́йный; **den besonderen Umständen entsprechend** в соотве́тствии с осо́быми обстоя́тельствами

Besonderheit <-, -en> *f* осо́бенность *ж*

besonders [bəˈzɔndɐs] *adv* осо́бо; *(verstärkend)* осо́бенно; **das Essen ist heute** ~ **gut** еда́ сего́дня осо́бенно хороша́; **wie geht es dir? – nicht** ~ как дела́? – так себе́

besonnen [bəˈzɔnən] *adj* рассуди́тельный

Besonnenheit <-> *f kein pl* рассуди́тельность *ж*, благоразу́мие *ср*

besorgen <ohne ge-> *vt* **1.** *(beschaffen)* достава́ть, -та́ть *св*, покупа́ть, купи́ть *св* **2.** *(erledigen)* исполня́ть, -по́лнить *св*

Besorgnis [bəˈzɔrknɪs] <-, -se> *f* опасе́ние *ср*, трево́га *ж*

besorgt [bəˈzɔrkt] *adj* озабо́ченный, обеспоко́енный; **um jdn/etw** ~ **sein** беспоко́иться о ком-л./чём-л.

Besorgung <-, -en> *f* исполне́ние *ср;* **~en machen** де́лать поку́пки

bespielen <ohne ge-> *vt (Tonband)* запи́сывать, -са́ть *св*

bespitzeln <ohne ge-> *vt* вести́ *нсв* слёжку

besprechen <irr, ohne ge-> *vt* **1.** *(Buch, Konzert)* обсужда́ть, -суди́ть *св* **2.** *(Tonband)* нагова́ривать, -вори́ть *св*

Besprechung <-, -en> *f* совеща́ние *ср; (von Buch)* реце́нзия *ж*

bespritzen ['bɛsɐ] <ohne ge-> *vt* обры́згивать, -ры́згать *св*

besser ['bɛsɐ] *Komparativ von* **gut** **I.** *adj* лу́чший, бо́лее хоро́ший; **um so ~!** тем лу́чше!; **~ Verdienende** те, кто зараба́тывает бо́льше; **das gefällt mir ~** э́то мне бо́льше нра́вится; **das ist auch ~ so** так лу́чше **II.** *adv* **lass das ~ sein** лу́чше оста́вь э́то; **~gesagt** точне́е говоря́

besser gehen[RR] <irr> *vi* **ihm geht es ~** ему́ лу́чше

bessern **I.** *vt* улучша́ть, -шить *св,* поправля́ть, -ра́вить *св* **II.** *vr:* **sich ~** улучша́ться, улу́чшиться *св; (Mensch)* исправля́ться, -пра́виться *св*

Besserung <-, -en> *f* улучше́ние *ср;* **gute ~!** скоре́йшего выздоровле́ния!

Besserungsanstalt *f* исправи́тельный дом *м*

Besserwisser <-s, -> *m* у́мник *м*

Besserwisserei <-> *f pej* у́мничание *ср*

Bestand [bəˈʃtant, *pl:* bəˈʃtɛndə] <-(e)s, Bestände> *m* **1.** *(vorhandene Werte)* нали́чность *ж,* соста́в *м;* **~ der Kasse** кассова́я нали́чность; **~ an Devisen** нали́чие валюты **2.** *(Vorrat)* запа́с *м;* **~ an Waren** това́рные запа́сы

bestanden [bəˈʃtandən] **I.** *pp von* **bestehen** **II.** *adj (sch, univ)* сда́нный

beständig *adj* **1.** *(gleichbleibend)* постоя́нный, неизме́нный **2.** *(dauerhaft)* про́чный **3.** *(Wetter)* усто́йчивый

Beständigkeit <-> *f kein pl* постоя́нство *ср; (Widerstandsfahigkeit)* сто́йкость *ж;* **~ gegen Korrosion** коррозио́нная сто́йкость

Bestandsaufnahme <-, -n> *f* инвентариза́ция *ж*

Bestandskonto <-s, -konten> *nt* инвента́рный счёт *м*

Bestandsveränderung <-, -en> *f* измене́ние *ср* объёма запа́сов

Bestandsverringerung <-, -en> *f* сокраще́ние *ср* това́рных запа́сов

Bestandteil <-(e)s, -e> *m* составна́я ча́сть *ж,* элеме́нт *м;* **etw in seine ~e zerlegen** разлага́ть что-л. на составны́е ча́сти

bestärken <ohne ge-> *vt* утвержда́ть, -верди́ть *св,* подде́рживать, -жа́ть *св* в

bestätigen [bəˈʃtɛːtɪgən] <ohne ge-> **I.** *vt* **1.** *(bekräftigen)* подтвержда́ть, -верди́ть *св,* удостоверя́ть, -ве́рить *св;* **amtlich ~** официа́льно подтвержда́ть; **das Löschen einer Datei ~** подтвержда́ть удале́ние файла **2.** *(Empfang)* подтвержда́ть, -верди́ть *св* **II.** *vr* подтвержда́ться, -верди́ться *св*

Bestätigung <-, -en> *f* утвержде́ние *ср; (eines Briefes)* подтвержде́ние *ср;* **~ des Auftrages** подтвержде́ние зака́за; **~ eines Vertrages** ратифика́ция догово́ра; **eine ~ ausstellen** выпи́сывать подтвержде́ние

bestatten [bəˈʃtatən] <ohne ge-> *vt* хорони́ть, по- *св*

Bestattung <-, en> *f* по́хороны *мн*

bestäuben [bəˈʃtɔɪbən] <ohne ge-> *vt (Blüte)* опыля́ть, -ли́ть *св*

Bestäubung <-, *rar* -en> *f* БОТ опыле́ние *ср*

beste *adj s.* **beste(r, s)**

bestechen <irr, ohne ge-> *vt* подкупа́ть, -пи́ть *св; fig (uberzeugen, beeindrucken)* подкупа́ть, -пи́ть *св,* располага́ть, -ложи́ть *св;* **dieses Kleid besticht durch seine Eleganz** э́то пла́тье подкупа́ет свое́й элега́нтностью

bestechend *adj* подкупа́ющий, располага́ющий; **das ist ein bestechendes Angebot** э́то зама́нчивое предложе́ние

bestechlich [bəˈʃtɛçlɪç] *adj* продáжный

Bestechlichkeit <-> *f kein pl* продáжность *ж,* подку́пность *ж*

Bestechung <-, -en> *f* по́дкуп *м,* взя́тка *ж*

Bestechungsgeld <-(e)s, -er> *nt* по́дкуп *м,* взя́тка *ж*

Bestechungsversuch *m* попы́тка *ж* дать взя́тку

Besteck [bəˈʃtɛk] <-(e)s, -e *o fam* -s> *nt* **1.** *(Essensbesteck)* столо́вый прибо́р *м;* **silbernes ~** серебря́ные прибо́ры **2.** *(Arztbesteck)* набо́р *м* инструме́нтов

bestehen <irr, ohne ge-> **I.** *vi* **1.** *(sein)* существова́ть *нсв;* **es besteht kein Grund zur Beunruhigung** нет по́вода для беспоко́йства **2.** *(andauern)* продолжа́ться, -до́лжиться *св* **II.** *vt (Prüfung)* вы́держать *св,* выде́рживать *нсв;* **auf etw ~** наста́ивать на чём-л.; **aus etw ~** состоя́ть из чего́-л.

bestehen|bleiben[Alt] <irr> *vi* сохраня́ться, -ни́ться *св*

bestehlen <irr, ohne ge-> *vt* обкра́дывать, обокра́сть *св*

besteigen <irr, ohne ge-> *vt* **1.** *(Berg)* поднима́ться, -ня́ться *св,* всходи́ть, взойти́ *св* **2.** *(Pferd)* сади́ться, се́сть *св* **3.** *(Thron)* вступи́ть *св,* -па́ть *нсв* на престо́л

bestellen <ohne ge-> *vt* **1.** *(Ware)* зака́зывать, -за́ть *св;* **telefonisch ~** зака́зывать по телефо́ну; **haben Sie schon bestellt?** у вас уже́ при́няли зака́з? **2.** *(Post)* доставля́ть, -та́вить *св* **3.** *(ernennen)* назнача́ть, -зна́чить *св;* **jdn zum Vormund bestellen** назнача́ть кого́-л. опекуно́м **4.** *(mit Möbel)* уставля́ть, -та́вить *св;* **jdm etw ~** *umg (ausrichten)* передава́ть кому́-л. что-л.; **jdm Grüße ~** переда́ть кому́-л. приве́т; **jdn zu sich ~** вызыва́ть кого́-л. к себе́

Besteller <-s, -> *m,* **Bestellerin** *m* зака́зчик *м*

Bestellerkredit <-(e)s, -e> *m* креди́т *м* зака́зчику

Bestellkarte <-, -n> *f* бланк *м* зака́за

Bestellmenge <-, -n> *f* объём *м* зака́за

Bestellnummer <-, -n> *f* но́мер *м* зака́за

Bestellschein <-(e)s, -e> *m* бланк *м* зака́за

Bestellung <-, -en> *f (Auftrag)* зака́з *м;* **eine ~ aufgeben** де́лать зака́з; **eingehende ~en** поступа́ющие зака́зы; **laut ~** согла́сно зака́зу; **eine ~ aufnehmen** *(entgegennehmen)* принима́ть зака́з

Bestellwesen <-s> *nt* систе́ма *ж* зака́зов

bestenfalls *adv* в лу́чшем слу́чае

bestens ['bɛstəns] *adv* наилу́чшим о́бразом

Bestens-Auftrag <-(e)s, -aufträge> *m* BÖRSE *поруче́ние купи́ть или прода́ть це́нные бума́ги по наибо́лее вы́годному ку́рсу, „нелимити́рованное поруче́ние"*

beste(r, s) ['bɛstə, -tɐ, -təs] *adj Superlativ von* **gut** лу́чший; **am ~n machst du es gleich** лу́чше сде́лай э́то сра́зу; **mein ~r Freund** мой лу́чший друг

besteuern <ohne ge-> *vt* облага́ть, -ложи́ть *св* (нало́гом)

Besteuerung <-, -en> *f* обложе́ние *ср* нало́гом; **indirekte ~** ко́свенное налогообложе́ние; **der ~ unterliegen** подлежа́ть обложе́нию нало́гом

Besteuerungsgrundlage <-, -en> *f* основа́ние *ср* для исчисле́ния нало́га

Bestform <-> *f ohne pl* SPORT отли́чная фо́рма *ж*

bestialisch [bɛs'ti̯a:lɪʃ] *adj* зве́рский

Bestialität [bɛstjali'tɛ:t] <-> *f* зве́рство *ср*

besticken *vt* вышива́ть, вы́шить *св,* укра́сить вы́шивкой

Bestie ['bɛstjə] <-, -n> *f* зве́рь *м,* хи́щное живо́тное *ср*

bestimmen <ohne ge-> **I.** *vt* **1.** *(festlegen)* устана́вливать, -нови́ть *св,* назнача́ть, -на́чить *св* **2.** *(anordnen)* постановля́ть, -ви́ть *св* **3.** *(vorsehen)* предназнача́ть, -на́чить *св* для **II.** *vi* располага́ть *нсв,* распоряжа́ться, -ряди́ться *св;* **du kannst über meine Zeit ~** ты мо́жешь распоряжа́ться мои́м вре́менем

bestimmt I. *adj* **1.** *(festgelegt)* устано́вленный, назна́ченный **2.** *(gewiss)* определённый; **sie sucht ein ~es Buch** она и́щет определённую кни́гу **3.** LING *(Artikel)* определённый арти́кль *м* **II.** *adv* определённо, то́чно; **das ist ~ richtig** э́то определённо ве́рно; **das weiß ich ~** я э́то твёрдо зна́ю

Bestimmung *m* **1.** *(Vorschrift)* предписа́ние *ср,* положе́ние *ср;* **gesetzliche ~en** законоположе́ния; **eine ~ verletzen** наруша́ть предписа́ние **2.** *(Festlegung)* определе́ние *ср,* назначе́ние *ср* **3.** *(Zweckbestimmung)* назначе́ние *ср* **4.** *(Verfügung)* постановле́ние *ср;* **obligatorische ~** обяза́тельное постановле́ние

Bestimmungsland <-(e)s, -länder> *nt* страна́ *ж* назначе́ния

Bestimmungsort <-(e)s, -e> *m* ме́сто *ср* назначе́ния

Bestleistung *m* отли́чный [*или* лу́чший] результа́т *м*

bestmöglich ['bɛst'mœ:klɪç] *adv* как мо́жно лу́чше

bestrafen <ohne ge-> *vt* нака́зывать, -каза́ть *св,* штрафова́ть, оштрафова́ть *св* за

Bestrafung <-, -en> *f* наказа́ние *ср,* штраф *м*

bestrahlen <ohne ge-> *vt* освеща́ть, -вети́ть *св;* MED облуча́ть, -чи́ть *св*

Bestrahlung <-, -en> *f* MED облуче́ние *ср*

Bestreben <-s> *nt kein pl* стремле́ние *ср,* стара́ние *ср*

bestrebt *adj* **wir sind ~, unser Bestmögliches zu tun** мы стара́емся рабо́тать как мо́жно лу́чше

bestreichen <irr, ohne ge-> *vt* обма́зывать, -ма́зать *св; (Brot)* нама́зывать, -ма́зать *св*

bestreiken <ohne ge-> *vt* проводи́ть, -вести́ *св* забасто́вку, бастова́ть; **die Post wurde bestreikt** по́чта была́ охва́чена забасто́вкой

bestreitbar *adj (Behauptung)* оспа́риваемый; **es handelt sich um nicht bestreitbare Fakten** мы говори́м о неоспори́мых фа́ктах

bestreiten <irr, ohne pl> *vt* **1.** *(abstreiten)* оспа́ривать, -по́рить *св* **2.** *(Kosten)* опла́чивать, -лати́ть *св,* финанси́ровать *(н)св*

bestreuen <ohne ge-> *vt* посыпа́ть, -сы́пать *св*

bestritten *pp von* **bestreiten**

Bestseller ['bɛstsɛlɐ] <-s, -> *m* бестсе́ллер *м*

Bestsellerautor(in) *m(f)* а́втор *м* бе́стселлеров

bestürmen <ohne ge-> *vt* штурмова́ть *нсв*

bestürzen [bə'ʃtʏrt͜sən] <ohne ge-> *vt* поража́ть, -рази́ть *св*

bestürzt [bə'ʃtʏrtst] *adj* поражённый, ошеломлённый

Bestürzung <-> *f kein pl* смуще́ние *ср;* **in ~ versetzen** поверга́ть в смуще́ние

Bestzeit *f* SPORT лу́чшее вре́мя *ср*

Besuch [bəˈzuːx] <-(e)s, -e> *m* **1.** *(das Besuchen)* посеще́ние *ср;* **jdm einen ~ abstatten** прийти́ к кому́-л. в го́сти **2.** *(Besucher(in))* посети́тель *м,* -ница *ж;* **~ haben/bekommen** принима́ть посети́телей; **bei jdm zu ~ sein** быть у кого́-л. в гостя́х

besuchen <ohne ge-> *vt* посеща́ть, -сети́ть *св; (Schule)* посеща́ть, -сети́ть *св,* ходи́ть *нсв*

Besucher(in) <-s, -; -, -nen> *m(f)* посети́тель *м,* посети́тельница *ж*

Besucherparkplatz <-es, -plätze> *m* автостоя́нка *ж* для госте́й [*или* посети́телей]

Besuchszeit <-, -en> *f* вре́мя *ср* посеще́ния

besudeln [bəˈzuːdəln] <ohne ge-> *vt* па́чкать, испа́чкать *св; abw* пятна́ть, опятна́ть *св*

betagt [bəˈtaːkt] *adj* пожило́й, ста́рый

betasten <ohne ge-> *vt* ощу́пывать, -пать *св*

betätigen [bəˈtɛːtɪgən] <ohne ge-> **I.** *vt* **1.** *(bedienen)* управля́ть *нсв* **2.** *(Gerät)* пуска́ть, -сти́ть *св* вход **II.** *vr* занима́ться, -ня́ться *св;* **sich politisch ~** занима́ться полити́ческой де́ятельностью

Betätigung <-, -en> *f* заня́тие *ср,* де́ятельность *ж; (Bedienung)* управле́ние *ср; (eines Gerätes)* включе́ние *ср,* пуск *м*

betatschen [bəˈtɔɪbən] <ohne ge-> *vt fam abw* щу́пать; *(sexuell)* ла́пать

betäuben *vt* оглуша́ть, -ши́ть *св;* MED обезбо́ливать, -бо́лить *св*

Betäubung <-, -en> *f* **1.** MED нарко́з *м;* **örtliche ~** ме́стный нарко́з **2.** *(Benommenheit)* ошеломленность *ж*

Betäubungsmittel <-s, -> *nt* обезбо́ливающее сре́дство *ср,* нарко́тик *м*

Betaversion <-, -en> *f* DV *(einer Software)* бе́та-ве́рсия *ж*

Bete [ˈbeːtə] <-, -n> *f* **Rote ~** свёкла *ж*

beteilen <ohne ge-> *vt* ода́ривать, -ри́ть *св; osterr (beschenken)* дари́ть, по- *св*

beteiligen [bəˈtaɪlɪgən] <ohne ge-> **I.** *vt* брать, взять *св* в до́лю **II.** *vr* **1.** *(teilnehmen)* уча́ствовать в *нсв* **2.** *(finanziell)* принима́ть, -ня́ть *св* уча́стие в чём-л.

beteiligt *adj* уча́ствующий

Beteiligte <ein -r, -n, -n> *mf* уча́стник *м,* уча́стница *ж*

Beteiligung <-, -en> *f* уча́стие *ср; (Anteil)* до́ля *ж;* **~ an anderen Unternehmen** долево́е уча́стие в дру́гих предприя́тиях; **~ im Ausland** капиталовложе́ния за рубежо́м

Beteiligungsfinanzierung <-, -en> *f* финанси́рование *ср* за счёт долево́го уча́стия

Beteiligungsgesellschaft <-, -en> *f* паево́е о́бщество *ср,* хо́лдинговая компа́ния *ж*

Beteiligungskonzern <-(e)s, -e> *m* конце́рн *м* на пая́х

Beteiligungspapiere <-> *pl* це́нные бума́ги *мн* на до́лю уча́стия

Beteiligungsquote <-, -n> *f* до́ля *ж* уча́стия

beten [ˈbeːtən] *vi* моли́ться, по- *св*

beteuern [bəˈtɔɪen] <ohne ge-> *vt* заявля́ть, -ви́ть *св,* уверя́ть, уве́рить *св; (Unschuld)* кля́сться, по- *св*

Beteuerung <-, -en> *f* завере́ние *ср,* увере́ние *ср*

Bethlehem [ˈbeːtlehɛm] <-s> *nt* Вифлее́м *ср*

betiteln <ohne ge-> *vt (nennen)* озагла́вливать, -гла́вить *св*

Beton [beˈtɔŋ *o* bəˈtõː *o A nur* beˈtoːn] <-s, *Sorten:* -s *o* -e> *m* бето́н *м*

betonen [bəˈtoːnən] <ohne ge-> *vt* де́лать, сде́лать *св* ударе́ние

betonieren [betoˈniːrən] <ohne ge-> *vt* бетони́ровать *(н)св,* за- *св*

Betonmischfahrzeug <-(e)s, -e>, **Betonmischwagen** *nt* автобетоносмеси́тель *м*

Betonmischmaschine <-, -n> *f* бетоносмеси́тель *м*

betont [bəˈtoːnt] *adj* уда́рный; **sie gab sich ~ gleichgültig** она вела́ себя́ подчёркнуто равноду́шно

Betonung <-, -en> *f* ударе́ние *ср; (Nachdruck)* подчёркивание *ср,* акценти́рование *ср*

betören [bəˈtœːrən] <ohne ge-> *vt* обвора́живать, -рожи́ть *св,* очаро́вывать, -рова́ть *св*

betörend *adj* ослепи́тельный, очарова́тельный; **ein betörender Duft lag in der Luft** дурма́нящий за́пах разноси́лся в во́здухе

betr. *abk von* **betrifft, betreffs, betreffend**

Betracht [bəˈtraxt] <-(e)s> *m kein pl* **außer ~ lassen** не принима́ть во внима́ние; **etw in ~ ziehen** принима́ть во внима́ние

betrachten *ohne ge- vt* **1.** *(anschauen)* рассма́тривать, -мотре́ть *св;* **genau betrachtet** конкре́тнее; **etw aus der Nähe ~** смотре́ть на что-л. вблизи́; *fig* следи́ть при́стально за чем-л. **2.** *fig* рассма́тривать, -мотре́ть *св,* анализи́ровать *(н)св,* про- *св*

Betrachter(in) <-s, -; -, -nen> *m(f)* наблюда́тель *м,* наблюда́тельница *ж*

beträchtlich [bəˈtrɛçtlɪç] *adj* значи́тельный

Betrachtung <-, -en> *f* рассма́тривание *ср,* разгля́дывание *ср; (Überlegung)* соображе́ния *срмн;* **bei näherer/flüchtiger ~** при бли́зком/бе́глом осмо́тре

Betrag [bəˈtraːk, *pl:* bəˈtrɛːgə] <-(e)s, Beträge>

B

m сýмма *ж;* **ausstehender ~** неоплáченная сýмма; **steuerpflichtiger ~** облагáемая налóгом сýмма; **über den ~ von** на сýмму; **der ~ beläuft sich auf 2000 Euro** сýмма составля́ет 2000 éвро; **einen ~ überweisen** переводи́ть сýмму

betragen <irr, ohne ge-> **I.** *vi* составля́ть, -тáвить *св* **II.** *vr* вести́ себя́ *нсв*

Betragen <-s> *nt kein pl* поведéние *ср*

betrauen *ohne ge- vt* **jdn mit etw ~** поручáть комý-л. что-л.

Betreff [bəˈtrɛf] <-(e)s, -e> *m* **1.** *(Hinsicht)* отношéние *ср* **2.** *(Aktenvermerk)* предмéт *м*

betreffen <irr, ohne ge-> *vt* **1.** *(angehen)* касáться, коснýться *св;* **was Sie/mich betrifft ...** что касáется вас/меня́ ... **2.** *(bestürzen)* поражáть, -рази́ть *св;* **sie war von dieser Nachricht sehr betroffen** онá былá óчень поражена́ э́той нóвостью

betreffend *adj* соотвéтствующий, дáнный

betreffs *prp +gen* относи́тельно, по пóводу

betreiben <irr, ohne ge-> *vt* **1.** *(Gewerbe)* занимáться, -ня́ться *св* **2.** *(Unternehmen)* вести́ *нсв* **3.** *(Studien)* занимáться, -ня́ться *св* **4.** *(Maschine)* эксплуати́ровать *нсв* **5.** *(vorantreiben)* приводи́ть, -вести́ *св* в движéние

Betreiben <-s> *nt* **auf sein ~** по егó настоя́нию

Betreiber(in) <-s, -; -, -nen> *m(f)* управля́ющий *м,* владéлец *м*

betreten[1] *adj* растéрянный; **~ sah er zu Boden** он смущённо смотрéл в пол

betreten[2] <irr, ohne ge-> *vt* **1.** *(Haus)* входи́ть, войти́ *св* **2.** *(Boden)* ступáть, -пи́ть *св;* **das Betreten der Bahnbrücke ist verboten!** ходи́ть по железнодорóжному мостý запрещáется!

betreuen [bəˈtrɔɪən] <ohne ge-> *vt* **1.** *(Kinder)* забóтиться, по- *св* **2.** *(versorgen)* обслýживать, -жи́ть *св* **3.** *(Touristen)* сопровождáть, -води́ть *св*

Betreuung *f ohne pl* **1.** SCH, UNIV руководи́тель *м* **2.** *(von Menschen)* забóта *ж*

Betrieb [bəˈtriːp, *pl:* bəˈtriːbə] <-(e)s, -e> *m* **1.** *(Firma)* предприя́тие *ср;* **exportorientierter ~** предприя́тие, рабóтающее на э́кспорт; **handwerklicher ~** кустáрное производство; **mit Gewinn arbeitender ~** при́быльное предприя́тие; **umweltfreundlicher ~** экологи́чески безврéдное произвóдство; **verstaatlichter ~** национализи́рованное предприя́тие **2.** *(Betriebsamkeit)* движéние *ср,* оживлéние *ср;* **hier ist immer viel ~** здесь всегдá óчень оживлённо **3.** *(Werk)* завóд *м* **4.** *(Funktion)* рабóта *ж,* дéйствие *ср,* эксплуатáция *ж;* **außer ~ sein** не рабóтать; **in ~ sein** рабóтать; **störungsfreier ~** бесперебóйная рабóта; **~ rund um die Uhr** круглосутóчная рабóта; **außer ~ setzen** прекращáть эксплутáцию; **den ~ aufnehmen** начинáть рабóту

betrieblich *adj* произвóдственный; **~e Angelegenheit** произвóдственный вопрóс; **~e Kennzahlen** основны́е показáтели предприя́тия

Betriebsabrechnung <-, -en> *f* произвóдственный учёт *м*

Betriebsabrechnungsbogen <-s, -bögen> *m* вéдомость *ж* произвóдственного учёта

Betriebsanalyse <-, -n> *f* анáлиз *м* хозя́йственной дéятельности предприя́тия

Betriebsangehörige <-> *pl* персонáл *м* предприя́тия

Betriebsanleitung *f* руковóдство *ср,* прáвила *мн* пóльзования

Betriebsarzt <-(e)s, -ärzte> *m* врач *м* на предприя́тии

Betriebsaufgabe <-, -n> *f* прекращéние *ср* дéятельности предприя́тия

Betriebsaufwand <-(e)s> *m* произвóдственные расхóды *ммн*

Betriebsausflug <-(e)s, -ausflüge> *m организóванная и оплáченная фи́рмой экскýрсия для сотрýдников*

Betriebsausgaben *pl* внýтренние издéржки *мн,* эксплуатациóнные расхóды *мн* предприя́тия

Betriebsausstattung <-, -en> *f* произвóдственный инвентáрь *м*

betriebsbereit *adj* готóвый к эксплуатáции

Betriebsbereitschaft <-> *f* готóвность *ж* к эксплуатáции

Betriebsbesichtigung <-, -en> *f* экскýрсия *ж* на предприя́тии

betriebseigen *adj* принадлежáщий предприя́тию

Betriebseinnahmen *pl* дохóды *мн* предприя́тия

Betriebsergebnis <-ses, -se> *nt* результáты *мн* хозя́йственной дéятельности предприя́тия

Betriebserlaubnis <-> *f* разрешéние *ср* на эксплуатáцию

Betriebsferien *pl* отпускнóй периóд *м* на предприя́тии

Betriebsfest <-(e)s, -e> *nt* вéчер *м* для рабóтников предприя́тия

betriebsfremd *adj* непроизвóдственный

Betriebsgeheimnis <-ses, -se> *nt* произвóдственный секрéт *м,* коммéрческая тáйна *ж*

Betriebsgelände <-s> *nt* (произвóдственные) плóщади *жмн* предприя́тия

Betriebsgewinn <-(e)s, -e> *m* при́быль *ж* предприя́тия

Betriebsgröße <-, -n> *f* разме́ры *ммн* предприя́тия

betriebsintern *adj* вну́тренний

Betriebsklima <-s> *nt* атмосфе́ра *ж* на предприя́тии

Betriebskosten <-> *pl* изде́ржки *мн* произво́дства

Betriebskrankenkasse <-, -n> *f* больни́чная ка́сса *ж* на предприя́тии

Betriebskredit <-s, -e> *m* краткосро́чный креди́т *м*

Betriebsleiter(in) <-s, -; -, -nen> *m(f)* руководи́тель *м* предприя́тия

Betriebsleitung <-, -en> *f* руково́дство *ср* предприя́тия

Betriebsmaximum <-s, -maxima> *nt* максима́льная сте́пень *ж* загру́зки мо́щностей

Betriebsmittel *pl* сре́дства *срмн* произво́дства

betriebsnotwendig *adj* необходи́мый для произво́дства

Betriebsoptimum <-s> *nt оптима́льная сте́пень загру́зки мо́щностей, принося́щая предприя́тию максима́льную при́быль*

Betriebsprüfung <-, -en> *f* фина́нсовая реви́зия *ж* на предприя́тии

Betriebsrat <-(e)s, -räte> *m* произво́дственный сове́т *м*

Betriebsratsmitglied <-(e)s, -er> *nt* член *м* произво́дственного сове́та

Betriebsratsvorsitzende <ein -r, -n, -n> *m* председа́тель *м* произво́дственного сове́та

Betriebsrente <-, -n> *f* пе́нсия *ж* от предприя́тия

Betriebsrisiko <-s, -risiken> *nt* произво́дственный риск *м*

Betriebsschließung <-, -en> *f* закры́тие *ср* предприя́тия

betriebssicher *adj* надёжный в эксплуата́ции

Betriebssicherheit <-> *f* эксплуатацио́нная надёжность *ж*

Betriebsspannung <-> *f* EL рабо́чее напряже́ние *ср*

Betriebssperre <-, -n> *f* вре́менное закры́тие *ср* предприя́тия

Betriebsstätte <-, -n> *f* месторасположе́ние *ср* предприя́тия

Betriebsstillegung <-, -en> *f* **1.** *(Einstellung der Produktion)* прекраще́ние *ср* произво́дства **2.** *(Unternehmensschließung)* закры́тие *ср* предприя́тия

Betriebsstoffe *pl* эксплуатацио́нные материа́лы *мн*

Betriebsstrom <-(e)s> *m* EL рабо́чий ток *м*

Betriebssystem <-s, -e> *nt* DV операцио́нная систе́ма *ж*

Betriebstemperatur <-> *f* TECH рабо́чая температу́ра *ж*

betriebsübergreifend *adj* выходя́щий за преде́лы предприя́тия

Betriebsüberwachung <-> *f* TECH произво́дственный контро́ль *м*

Betriebsunfähigkeit <-> *f* неработоспосо́бность *ж*

Betriebsuntersagung <-, -en> *f* предписа́ние *ср* о прекраще́нии де́ятельности предприя́тия

Betriebsurlaub <-(e)s, -e> *m* отпускно́й пери́од *м* на предприя́тии

Betriebsveräußerungsgewinn <-(e)s, -e> *m* при́быль *ж* от прода́жи предприя́тия

Betriebsvereinbarung <-, -en> *f* соглаше́ние *ср* по дела́м предприя́тия

Betriebsvergleich <-(e)s, -e> *m* сопостави́тельный ана́лиз *м* де́ятельности однoти́пных предприя́тий

Betriebsverlust <-(e)s, -e> *m* убы́тки *мн* предприя́тия

Betriebsvermögen <-s, -> *nt* иму́щество *ср* предприя́тия

Betriebsvermögensvergleich <-(e)s, -e> *m* сопостави́тельный расчёт *м* при́былей предприя́тия

Betriebsversammlung <-, -en> *f* собра́ние *ср* коллекти́ва предприя́тия

Betriebswert <-(e)s, -e> *m* сто́имость *ж* эксплуата́ции

Betriebswirt <-(e)s, -e> *m*, **Betriebswirtin** *f* экономи́ст *м*, специали́ст *м* по эконо́мике и организа́ции произво́дства

Betriebswirtschaft <-> *f* организа́ция *ж* произво́дства, эконо́мика *ж* предприя́тия

betriebswirtschaftlich *adj* произво́дственно-экономи́ческий

Betriebswirtschaftslehre <-> *f* уче́ние *ср* об эконо́мике предприя́тия

Betriebswissenschaft <-> *f* нау́ка *ж* об эконо́мике и организа́ции произво́дства

Betriebszusammenschluss <-es> *m* **1.** *(Fusion)* слия́ние *ср* предприя́тий **2.** *(Konzentration)* концентра́ция *ж* произво́дства

betrinken <irr, ohne ge-> *vr* напива́ться, -пи́ться *св*

betroffen [bəˈtrɔfən] *adj (erschüttert)* потрясённый, поражённый

betrogen *pp von* **betrügen**

betrüben <ohne ge-> *vt* печа́лить, опеча́лить *св*

betrübt *adj* опеча́ленный, огорчённый; **tief ~** глубоко́ огорчённый

Betrug [bəˈtruːk, *pl:* bəˈtryːgə] <-(e)s, *CH* Betrüge> *m* обма́н *м*; **einen ~ aufdecken** раскрыва́ть обма́н; **einen ~ begehen** соверши́ть обма́н

betrügen [bə'try:gən] <irr, ohne ge-> *vt* **1.** *(lügen)* обма́нывать, -ну́ть *св;* **meine Hoffnung war nicht betrogen worden** я не обману́лась в свои́х наде́ждах **2.** *(Ehepartner(in))* изменя́ть, -ни́ть *св*

Betrüger(in) <-s, -; -, -nen> *m(f)*, **Betrügerin** *f* моше́нник *м*, моше́нница *ж*

betrügerisch *adj* обма́нный, моше́ннический; **in ~er Absicht** с наме́рением обману́ть

betrunken [bə'trʊŋkən] *adj* пья́ный

Betschwester <-, -n> *f pej* свято́ша *м и ж*

Bett [bɛt] <-(e)s, -en> *nt* **1.** *(zum Schlafen)* крова́ть *ж*, посте́ль *ж;* **ins ~ gehen** ложи́ться спать; **das ~ machen** стели́ть посте́ль **2.** *(Flussbett)* ру́сло *ср*

Bettbezug <-(e)s, -bezüge> *m* пододея́льник *м*

Bettdecke <-, -n> *f* одея́ло *ср*, покрыва́ло *ср*

bettelarm ['bɛtəl'ʔarm] *adj* ни́щий

Bettelei [bɛtə'laɪ] <-, *rar* -en> *f* попроша́йничество *ср*

betteln *vi* проси́ть, по- *св* ми́лостыню, попроша́йничать *нсв*

betten *vt* укла́дывать, уложи́ть *св*

Bettfedern <-> *pl* пери́на *ж*

Betthase <-n, -n> *m umg* же́нщина *ж* для посте́ли

bettlägerig ['bɛtlɛ:gərɪç] *adj* лежа́чий

Bettlägerigkeit <-> *f* посте́льный режи́м *м*

Bettlaken <-s, -> *nt* простыня́ *ж*

Bettler(in) ['bɛtlɐ] <-, -; -, -nen> *m(f)* попроша́йка *м и ж*

Bettruhe *f* посте́льный режи́м *м*

Bettschüssel <-, -n> *f* у́тка *ж* (для лежа́чего больно́го)

Bettvorleger <-s, -> *m* ко́врик *м*

Bettwäsche <-> *f* посте́льное бельё *ср*

Bettzeug <-> *nt* посте́льные принадле́жности *мн*

beugen ['bɔɪgən] **I.** *vt* **1.** *(verbiegen)* сгиба́ть, согну́ть *св;* **den Kopf ~** наклони́ть го́лову **2.** LING *(Substantiv)* склоня́ть, про- *св;* *(Verb)* спряга́ть, про- *св* **II.** *vr* **sich ~** сгиба́ться, согну́ться *св; fig (nachgeben)* уступа́ть, -пи́ть *св;* **er beugte sich leicht nach vorn/zu mir** он легко́ наклони́лся вперёд/ко мне

Beugung <-en> *f* **1.** ANAT накло́н *м*, сгиб *м* **2.** LING *(Verb)* спряже́ние *ср;* *(Substantiv)* склоне́ние *ср*

Beule ['bɔɪlə] <-, -n> *f* **1.** *(Schwellung)* ши́шка *ж* **2.** *(an Auto)* вмя́тина *ж*

beunruhigen [bə'ʔʊnru:ɪgən] <ohne ge-> *vt* беспоко́ить *нсв*

beunruhigend *adj* трево́жный

Beunruhigung <-, -en> *f* беспоко́йство *ср*

beurkunden <ohne ge-> *vt* удостоверя́ть, -ве́рить *св* докуме́нтами

Beurkundung <-, -en> *f* **1.** *(Beglaubigung)* удостовере́ние *ср;* **notarielle ~** нотариа́льное удостовере́ние **2.** *(Erstellung einer Urkunde)* составле́ние *ср* докуме́нта

beurlauben <ohne ge-> *vt (von Amt entbinden)* освобожда́ть, -боди́ть *св* от до́лжности (на вре́мя)

beurteilen <ohne ge-> *vt* расце́нивать, -ни́ть *св*, суди́ть *нсв;* **etw ist schwer zu ~** о чём-л. тру́дно суди́ть

Beurteilung <-, -en> *f* **1.** *(das Beurteilen)* обсужде́ние *ср* **2.** *(Bewertung)* оце́нка *ж;* **einseitige ~** однобо́кое сужде́ние

Beurteilungsbogen <-s, -bögen> *m* послужно́й спи́сок *м*

Beute ['bɔɪtə] <-> *f kein pl* добы́ча *ж*

Beutekunst <-> *f* трофе́йные произведе́ния *срмн* иску́сства

Beutel ['bɔɪtəl] <-s, -> *m* мешо́к *м*, кулёк *м*

Beutelratte <-, -n> *f* су́мчатая кры́са *ж*

Beuteltee *m* чай *м* в паке́тиках

Beuteltier <-(e)s, -e> *nt* су́мчатое живо́тное *ср*

bevölkern [bə'fœlkɐn] <ohne ge-> *vt* населя́ть *нсв*

Bevölkerung <-, *rar* -en> *f* населе́ние *ср*

Bevölkerungsdichte <-> *f* пло́тность *ж* населе́ния

Bevölkerungsentwicklung <-> *f* разви́тие *ср* населе́ния

Bevölkerungsexplosion <-> *f* демографи́ческий взрыв *м*

Bevölkerungspyramide <-> *f возрастна́я структу́ра населе́ния, предста́вленная графи́чески в ви́де пирами́ды*

Bevölkerungsrückgang <-(e)s, -gänge> *m* сниже́ние *ср* чи́сленности населе́ния

Bevölkerungsstruktur <-> *f* структу́ра *ж* населе́ния

Bevölkerungswachstum <-s> *nt* рост *м* населе́ния

bevollmächtigen [bə'fɔlmɛçtɪgən] <ohne ge-> *vt* уполномо́чивать, -мо́чить *св*

Bevollmächtigte <ein -r, -n, -n> *f(m)* уполномо́ченный *м*, уполномо́ченная *ж;* *(Prokurist)* прокури́ст *м*

Bevollmächtigung <-, -en> *f* предоставле́ние *ср* полномо́чий

bevor [bə'fo:ɐ] *konj* пре́жде чем; **küss mich, ~ du gehst** поцелу́й меня́ пе́ред ухо́дом; **gieß bitte die Blumen, ~ du gehst** поле́й, пожа́луйста, пе́ред ухо́дом цветы́; **ich will mit dem Essen fertig sein, ~ sie kommen** я хочу́ пое́сть до их прихо́да; **es steht uns noch sehr viel Arbeit ~** нас ждёт ещё мно́го дел

bevormunden [bə'fo:ɐ̯mʊndən] <ohne ge-> *vt* опека́ть *нсв*

Bevormundung <-> *f* опе́ка *ж*, опеку́нство *ср*

bevor|stehen <irr> *vi* предстоя́ть *нсв*
bevorzugen [bəˈfoːɐ̯tsuːgən] <ohne ge-> *vt* предпочита́ть, -че́сть *св; (Person)* оказыва́ть, -за́ть *св* предпочте́ние
bevorzugt I. *adj* 1. *(privilegiert)* предпочита́емый 2. *(beliebteste)* люби́мый II. *adv (privilegiert)* **jdn bevorzugt behandeln** относи́ться к кому́-л. с предпочте́нием
Bevorzugung <-, -en> *f* предпочте́ние *ср*
bewachen <ohne ge-> *vt* охраня́ть *нсв*, стере́чь *нсв*
Bewachung <-, -en> *f* охра́на *ж; (Bewacher)* охра́нник *м*; **unter ~ stehen** быть под охра́ной
bewaffnen [bəˈvafnən] <ohne ge-> *vt* вооружа́ть, -жи́ть *св*; **er war bis an die Zähne bewaffnet** он был вооружён до зубо́в
Bewaffnung <-, -en> *f (das Bewaffnen)* вооруже́ние *ср*
bewahren [bəˈvaːrən] <ohne ge-> *vt* охраня́ть *нсв*, оберега́ть *нсв*; **Gott bewahre!** Бо́же, упаси́!; **bitte ~ Sie Ruhe!** соблюда́йте, пожа́луйста, тишину́!
bewähren [bəvɛːrən] <ohne ge-> *vr* 1. *(Mensch)* показа́ть *св*, -ка́зывать *нсв*, прояви́ть *св*, -явля́ть *нсв* 2. *(Gegenstand, Methode)* оказа́ться *св*, ока́зываться *нсв*, оправда́ть *св*, -ра́вдывать *нсв* себя́
bewahrheiten [bəˈvaːɐ̯haɪtən] <ohne ge-> *vr* опра́вдываться, -да́ться *св* на де́ле; **es bewahrheitete sich, dass ...** подтверди́лось, что ...
bewährt [bəˈvɛːɐt] *adj* надёжный; **ein ~es Mittel** испы́танное сре́дство
Bewährung <-, -en> *f* прове́рка *ж*, испыта́ние *ср*; **mit ~** усло́вно
Bewährungsfrist <-, -en> *f* срок *м* усло́вного освобожде́ния
Bewährungshelfer(in) <-s, -; -, -nen> *m(f)* *лицо́, ока́зывающее по́мощь усло́вно осуждённому*
Bewährungsstrafe <-, -n> *f* отсро́чка *ж* лише́ния свобо́ды (с це́лью испыта́ния)
bewaldet [bəˈvaldət] *adj* леси́стый
Bewaldung <-> *f* облесе́ние *ср*
bewältigen [bəˈvɛltɪgən] <ohne ge-> *vt* 1. *(Schwierigkeiten)* преодолева́ть, -ле́ть *св* 2. *(Arbeit)* справля́ться, спра́виться *св*
bewandert [bəˈvandɐt] *adj* о́пытный; **in einer Sache (gut) ~ sein** быть в како́м-л. де́ле (хорошо́) све́дущим
bewässern [bəˈvɛsɐn] <ohne ge-> *vt* ороша́ть, ороси́ть *св*
Bewässerung <-, -en> *f* ороше́ние *ср*, ирригáция *ж*
Bewässrung[RR] <-en> *f*, **Bewäßrung**[Alt] <-en> *f s.* **Bewässerung**
bewegen [bəˈveːgən] <ohne ge-> I. *vt* дви́гать, дви́нуть *св; (rühren)* тро́гать, тро́нуть *св*, волнова́ть, взволнова́ть *св*; **jdn zu etw ~** побуди́ть кого́-л. к чему́-л.; **was hat dich dazu bewogen?** что заста́вило тебя́ так поступи́ть?; **er konnte den Koffer kaum von der Stelle ~** он не мог сдви́нуть чемода́н с ме́ста II. *vr* **sich ~** дви́гаться, дви́нуться *св*
Beweggrund *m* моти́в *м*, по́вод *м*
beweglich [bəˈveːklɪç] *adj* 1. *(Gegenstand)* передвижно́й, дви́жущийся 2. *(körperlich)* подви́жный, ги́бкий 3. *(geistig)* живо́й
bewegt [bəˈveːkt] *adj* 1. *(Leben)* бу́рный 2. *(gerührt)* взволно́ванный, тро́нутый
Bewegung <-, -en> *f* 1. *(allg)* движе́ние *ср*; **keine ~!** ни с ме́ста!, на ме́сте!; **etw mehr ~ würde dir guttun** немно́го бо́льше движе́ния тебе́ бы не повреди́ло 2. *(Rührung)* растро́ганность *ж*, волне́ние *ср* 3. *(Massenbewegung)* обще́ственное движе́ние *ср*; **sich in ~ setzen** приходи́ть в движе́ние
Bewegungsarmut <-> *f* недоста́ток *м* движе́ния
Bewegungsenergie <-> *f* PHYS кинети́ческая эне́ргия *ж*
Bewegungsfreiheit <-> *f* свобо́да *ж* передвиже́ния
bewegungslos *adj* неподви́жный
Bewegungstherapie <-, -n> *f* механотерапи́я *ж*
Beweis [bəˈvaɪs] <-es, -e> *m* 1. *(Nachweis)* доказа́тельство *ср*, до́вод *м* 2. *(Zeichen, Ausdruck)* проявле́ние *ср*; **zum ~ ihrer Anteilnahme schickten sie Blumen** в знак уча́стия они́ посла́ли цветы́; **den ~ erbringen** привести́ доказа́тельство; **stichhaltige ~e liefern** представля́ть надёжные доказа́тельства
beweisbar *adj* доказу́емый
beweisen <irr, ohne ge-> *vt* дока́зывать, -за́ть *св; (zeigen)* проявля́ть, -ви́ть *св*; **was zu ~ war** что и тре́бовалось доказа́ть
Beweisgegenstand <-(e)s, -gegenstände> *m* доказа́тельство *ср*
Beweislast <-> *f kein pl* JUR бре́мя *ср* доказа́тельств
Beweismittel *nt* доказа́тельство *ср*
bewenden <ohne ge-> *vi* **es bei etw ~ lassen** ограни́чиваться чем-л.
bewerben <irr> *vr* **sich um eine Stelle ~** подава́ть заявле́ние о приёме на рабо́ту
Bewerber(in) <-s, -; -, -nen> *m(f)* 1. *(Anwärter)* претенде́нт *м*, претенде́нтка *ж*, кандида́т *м* 2. *(Antragsteller)* заяви́тель *м*
Bewerbung <-, -en> *f* 1. *(Bewerbungsschreiben)* заявле́ние *ср* о приёме на рабо́ту; **seine ~ einreichen** пода́ть своё заявле́ние о приёме на рабо́ту 2. *(Wettbewerb)* ко́нкурс *м*; **~ um ein Amt** ко́нкурс на замеще́ние до́лжности
Bewerbungsgespräch *nt* интервью́ *ср*
Bewerbungsschreiben *nt* пи́сьменное за-

явле́ние *ср*
Bewerbungsunterlagen <-> *pl докуме́нты, прилага́емые к заявле́нию о приёме на рабо́ту и́ли учёбу*
bewerfen <irr, ohne ge-> *vt* броса́ть в кого́-л. чем-л.; **jdn mit Schmutz ~** *fig* облива́ть кого́-л. гря́зью
bewerkstelligen [bəˈvɛrkʃtɛlɪgən] <ohne ge-> *vt* осуществля́ть, -ви́ть *св*, устра́ивать, -ро́ить *св*
bewerten <ohne ge-> *vt* оце́нивать, -ни́ть *св*
Bewertung <-, -en> *f* о́тзыв *м; (Note)* оце́нка *ж;* **~ nach einem Punktesystem** ба́лльная оце́нка; **~ von Wertpapieren** котиро́вка це́нных бума́г
Bewertungskriterium <-s, -kriterien> *nt* крите́рий *м* оце́нки
Bewertungsspielraum <-(e)s, -spielräume> *m* диапазо́н *м* оце́нки
bewiesen *pp von* **beweisen**
bewilligen [bəˈvɪlɪgən] <ohne ge-> *vt* разреша́ть, -ши́ть *св*, предоставля́ть, -ста́вить *св;* **Gelder ~** ассигнова́ть де́нежные су́ммы
Bewilligung <-, -en> *f* **1.** *(Genehmigung)* разреше́ние *ср*, согла́сие *ср;* **behördliche ~** разреше́ние (от) власте́й **2.** *(Gewährung)* ассигнова́ние *ср*, предоставле́ние *ср;* **~ einer Nachfrist** предоставле́ние отсро́чки; **~ eines Kredits** предоставле́ние креди́та; **~ zusätzlicher finanzieller Mittel** дополни́тельное ассигнова́ние
bewirken <ohne ge-> *vt* вызыва́ть, вы́звать *св*, быть *нсв* причи́ной
bewirten [bəˈvɪrtən] <ohne ge-> *vt* угоща́ть, угости́ть *св*
bewirtschaften <ohne ge-> *vt* **1.** *(Land)* обраба́тывать, -бо́тать *св* **2.** *(Gaststätte)* управля́ть *нсв*
Bewirtung <-> *f kein pl* угоще́ние *ср*
Bewirtungskosten <-> *pl (bei Geschäftsessen)* расхо́ды *мн* на угоще́ние госте́й
bewog [bəˈvoːk] *1. u 3. pers sing imp von* **bewegen**
bewogen [bəˈvoːgən] *pp con* **bewegen**
bewohnbar *adj* жило́й, обита́емый
bewohnen <ohne ge-> *vt* **1.** *(Menschen)* населя́ть *нсв* **2.** *(Tiere)* обита́ть *нсв*
Bewohner(in) <-s, -; -, -nen> *m(f)* **1.** *(Haus~)* жиле́ц *м*, жили́ца *ж* **2.** *(Einwohner)* жи́тель *м*, жи́тельница *ж*
bewölken [bəˈvœlkən] <ohne ge-> *vr* покрыва́ться, -кры́ться *св* облака́ми
bewölkt *adj* о́блачный, покры́тый облака́ми
Bewölkung <-> *f kein pl* о́блачность *ж*
Bewunderer <-s, -> *m*, **Bewunderin** <-, -nen> *f* покло́нник *м*, покло́нница *ж*
bewundern <ohne ge-> *vt* восхища́ться, -хити́ться *св*
bewundernswert *adj* досто́йный восхище́ния
Bewunderung <-> *f kein pl* восхище́ние *ср*, восто́рг *м*
bewunderungswürdig *adj* досто́йный восхище́ния, удиви́тельный
bewusstRR [bəˈvʊst] *adj*, **bewußt**Alt **I.** *adj* **1.** *(wissend)* созна́тельный; **sich** *dat* **etw** *gen* **~ sein** знать что-л.; **sich** *dat* **etw** *gen* **~ werden** осозна́ть что-л., отдава́ть себе́ отчёт в чём-л.; **ich bin mir keiner Schuld ~** я не чу́вствую себя́ винова́тым; **es war ihm ~, dass ...** он знал, что ... **2.** *(besagt)* уро́чный **3.** *(absichtlich)* умы́шленный **II.** *adv* **1.** *(absichtlich)* умы́шленно **2.** *(überlegt)* созна́тельно
bewusstlosRR *adj* в бессозна́нии; **~ werden** потеря́ть созна́ние
BewusstlosigkeitRR <-> *f kein pl* беспа́мятство *ср*, бессозна́тельное состоя́ние *ср*
bewusst|machen Alt *vt* **jdm etw ~** доводи́ть что-л. до чьего́-л. созна́ния
BewusstseinRR <-s> *nt ohne pl* созна́ние *ср;* **sich** *dat* **etw ins ~ rufen** вспо́мнить что-л.; **das ~ verlieren** потеря́ть созна́ние; **wieder zu ~ kommen** прийти́ в созна́ние; **etw kommt jdm zu ~** что-л. стано́вится я́сно кому́-л.
BewusstseinsstörungRR <-, -en> *f* наруше́ние *ср* созна́ния
bezahlen <ohne ge-> *vt* плати́ть, за- *св;* **bar ~** плати́ть нали́чными; **auf Heller und Pfennig ~** упла́чивать всё до копейки; **sich bezahlt machen** окупа́ться; **das ist nicht mit Geld zu ~** э́тому цены́ нет; **gut/hoch ~** хорошо́/высоко́ опла́чиваемый
Bezahlung <-, *rar* -en> *f* **1.** *(das Zahlen)* опла́та *ж* **2.** *(Entlohnung)* пла́та *ж*, вознагражде́ние *ср*
Bezahlungssystem <-(e)s, -e> *nt* платёжная систе́ма *ж*
bezaubern <ohne ge-> *vt* очаро́вывать, -ва́ть *св*
bezeichnen <ohne ge-> *vt* **1.** *(kennzeichnen)* помеча́ть, -ме́тить *св*, отмеча́ть, -ме́тить *св* **2.** *(nennen)* называ́ть, -зва́ть *св*
bezeichnend *adj* характе́рный, показа́тельный; **etw ist ~ für jdn/etw** что-л. явля́ется для кого́-л./чего́-л. характе́рным
bezeichnenderweise *adv* показа́тельно, характе́рно
Bezeichnung <-, -en> *f* **1.** *(Ausdruck)* выраже́ние *ср* **2.** *(Name, Benennung)* назва́ние *ср*, обозначе́ние *ср*
bezeugen [bəˈt͡sɔɪgən] <ohne ge-> *vt* свиде́тельствовать *нсв*, подтвержда́ть, -рди́ть *св*
bezichtigen [bəˈt͡sɪçtɪgən] <ohne ge-> *vt* обвиня́ть, -ни́ть *св*
Bezichtigung <-, -en> *f* обвине́ние *ср*

beziehen <irr, ohne ge-> **I.** *vt* **1.** *(Bett)* меня́ть, по- *св* посте́ль **2.** *(Wohnung)* въезжа́ть, въе́хать *св* **3.** *(erhalten)* получа́ть, -чи́ть *св* **4.** *(Stellung)* занима́ть, -ня́ть *св* **II.** *vr* ссыла́ться на, сосла́ться на *св*, *(Himmel)* покрыва́ться, -кры́ться *св*, завола́киваться, -ло́чься *св*

Beziehung <-, -en> *f* **1.** *(Zusammenhang)* свя́зь *ж* **2.** *(zwischen Menschen)* отноше́ние *ср*; **bilaterale ~en** двусторо́нние отноше́ния; **geschäftliche ~en anknüpfen** завя́зывать делові́е отноше́ния; **gute Beziehungen haben** име́ть хоро́шие свя́зи; **diplomatische Beziehungen** дипломати́ческие отноше́ния; **er hat in mancher/jeder ~ Recht** он прав во мно́гом/во всех отноше́ниях **3.** *(Liebesverhältnis)* свя́зь *ж*; **in ~ stehen zu etw** име́ть свя́зи с чем-л.; **eine ~ eingehen** нача́ть рома́нс **4.** *(Hinsicht)* отноше́ние *ср*, свя́зь *ж*; **in dieser ~ muss ich dir Recht geben** в э́том отноше́нии я до́лжен с тобо́й согласи́ться

beziehungsweise *konj* **1.** *(genauer gesagt)* точне́е говоря́; **Mädchen ~ junge Frauen** де́вушки, верне́е говоря, молоды́е же́нщины **2.** *(oder)* и́ли; **Männer ~ Frauen** мужчи́ны и́ли же́нщины

Bezirk [bəˈtsɪrk] <-(e)s, -e> *m* райо́н *м*

Bezirksamt <-(e)s, -ämter> *nt* окружно́е ве́домство *ср*

Bezirkschef(in) <-s, -s> *m(f)* окружно́й нача́льник *м*

Bezirksebene <-> *f* **auf ~** на у́ровне о́круга, окружно́й

Bezirksleiter <-s, -> *m*, **Bezirksleiterin** *f* руководи́тель *м* о́круга

Bezirksleitung <-, -en> *f* окружно́е управле́ние *ср*

Bezirksregierung <-, -en> *f* администра́ция *ж* о́круга

Bezirksverwaltung <-, -en> *f* окружно́е правле́ние *ср*

bezirzen *vt fam* очаро́вывать, очарова́ть *св*

Bezogene <ein -r, -n, -n> *m (von Wechsel)* трасса́т *м*

bezug[Alt] *adv s.* **Bezug**

Bezug [bəˈt͡suːk, *pl:* bəˈt͡syːgə] <-(e)s, Bezüge> *m* **1.** *(Überzug)* оби́вка *ж*, чехо́л *м* **2.** *(von Kissen)* на́волочка *ж* **3.** *(von Waren)* поку́пка *ж*, получе́ние *ср*; **Bezüge** *(Einkommen)* дохо́ды; **auf etw ~ nehmen** ссыла́ться на что-л. **4.** *(Bestellung)* зака́з *м*, выписка *ж*; **~ von Waren** зака́з това́ров **5.** *(Zusammenhang)* отноше́ние *ср*, ссы́лка *ж*; **in ~ auf** относи́тельно **6.** *(Subskription)* подпи́ска *ж*; **~ einer Zeitung** подпи́ска на газе́ту

bezüglich [bəˈtsyːklɪç] *prp + gen* относи́тельно, каса́тельно

Bezugsbedingungen <-> *pl* усло́вия *срмн* подпи́ски *(на газе́ты и т.п.)*

Bezugsberechtigte <ein -r, -n, -n> *m* име́ющий пра́во на получе́ние чего́-л.

Bezugsgröße <-, -n> *f* ба́зовая величина́ *ж*

Bezugspreis <-es, -e> *m* заку́почная цена́ *ж*; **~ für Aktien** подписна́я цена́ на а́кции

Bezugspunkt <-(e)s, -e> *m* исхо́дная то́чка *ж*

Bezugsrecht <-(e)s, -e> *nt* пра́во *ср* на получе́ние

Bezugsschein <-(e)s, -e> *m* **1.** *(Dividendenschein)* купо́н *м* **2.** *(Zuteilungsschein)* о́рдер *м*, тало́н *м*

bezuschussen *vt* субсиди́ровать *(н)св*

bezwecken [bəˈt͡svɛkən] <ohne ge-> *vt* ста́вить, по- *св* це́лью, добива́ться, -би́ться *св*; **was bezweckst du damit?** чего́ ты хо́чешь э́тим доби́ться?

bezweifeln <ohne ge-> *vt* сомнева́ться *нсв*; **das wage ich zu ~** в э́том я позво́лю себе́ усомни́ться

bezwingen <irr, ohne ge-> *vt* **1.** *(Gegner)* побежда́ть, -беди́ть *св* **2.** *(Berg)* покори́ть *св*, -ря́ть *нсв* **3.** *(sich selbst)* овладе́ть *св*, -дева́ть *нсв*

Bezwinger <-s, -> *m*, **Bezwingerin** *f* покори́тель *м*, покори́тельница *ж*

BGB [beːgeːˈbeː] *abk von* **Bürgerliches Gesetzbuch** *Гражда́нский ко́декс Герма́нии*

BH [beːˈhaː] *abk von* **Büstenhalter** ли́фчик *м*

bi *adj fam* бисексуа́льный, голубо́й

Biathlet <-en, -en> *m*, **Biathletin** *f* биатлони́ст *м*, биатлони́стка *ж*

Biathlon [ˈbiːatlɔn] <-s, -s> *nt* биатло́н *м*

Bibel [ˈbiːbəl] <-, -n> *f* Би́блия *ж*

Bibelstelle <-, -n> *f* цита́та *ж* из Би́блии

Biber [ˈbiːbɐ] <-s, -> *m* бобр *м*

Bibliografie[RR] [bibliograˈfiː, *pl:* bibliograˈfiːən] <-, -n> *f* библиогра́фия *ж*

bibliografieren *vi* вноси́ть, внести́ *св* в спи́сок библиографи́ческие да́нные

bibliografisch[RR] [biblioˈgraːfɪʃ] *adj* библиографи́ческий; **~e Angaben** библиографи́ческие да́нные

Bibliographie [bibliograˈfiː] <-, -n> *f s.* **Bibliografie**

bibliographisch *adj s.* **bibliografisch**

Bibliothek [biblioˈteːk] <-, -en> *f* библиоте́ка *ж*

Bibliothekar(in) [biblioteˈkaːɐ̯, *pl:* biblioteˈkaːrə] <-s, -e; -, -nen> *m(f)* библиоте́карь *м*

Bibliothekswesen <-s> *nt* библиоте́чное де́ло *ср*

Bibliothekswissenschaft <-> *f* библиотекове́дение *ср*

biblisch [ˈbiːblɪs] *adj* библе́йский

Bidet [biˈdeː] <-s, -s> *nt* биде́ *ср*

bieder [ˈbiːdɐ] *adj* че́стный, поря́дочный; *(spießig)* обыва́тельский, меща́нский

Biederkeit <-> *f* че́стность *ж*, поря́дочность *ж*

biegen ['bi:gən] <biegt, bog, gebogen> **I.** *vt* гнуть, со- *св* **II.** *vr* **sich ~** сгиба́ться, согну́ться *св;* **sich vor Lachen ~** *umg* ко́рчиться от сме́ха **III.** *vi* повора́чивать, -верну́ть *св;* **um die Ecke ~** поверну́ть за у́гол; **er bog um die Ecke** он сверну́л за́ угол

biegsam *adj* ги́бкий, упру́гий

Biegung <-, -en> *f* поворо́т *м*, изги́б *м*

Biene ['bi:nə] <-, -n> *f* пчела́ *ж*

Bienenhonig <-s, -e> *m* пчели́ный мёд *м*

Bienenkönigin <-> *f* пчели́ная ма́тка *ж*

Bienenschwarm *m* пчели́ный рой *м*

Bienenstand <-(e)s, -stände> *m* па́сека *ж*

Bienenstich *m* **1.** *(Verletzung)* уку́с *м* пчелы́ **2.** GASTR пиро́жное с кре́мом, минда́лем и глазу́рью

Bienenwachs <-es, -e> *nt* пчели́ный воск *м*

Bienenzucht <-> *f* пчелово́дство *ср*

Bienenzüchter(in) <-s, -; -, -nen> *m(f)* пчелово́д *м*

Bier [bi:ɐ̯, *pl:* 'bi:rə] <-(e)s, -e *o bei Mengenangaben:* -> *nt* пи́во *ср;* **das ist nicht mein ~** *umg* э́то меня́ не интересу́ет; **alkoholfreies ~** безалкого́льное пи́во; **dunkles/helles ~** тёмное/све́тлое пи́во

Bierbrauer <-s, -> *m* пивова́р *м*

Bierbrauerei <-, -en> *f* пивова́ренный заво́д *м*

Bierdeckel <-s, -> *m* *карто́нная подста́вка под кру́жку с пи́вом*

Bierdose <-, -n> *f* пивна́я ба́нка *ж*

bierernst ['-'-] *adj* сли́шком серьёзный

Bierfass <-fasses, -fässer> *nt* пивна́я бо́чка *ж*

Bierfilz *s.* **Bierdeckel**

Bierflasche <-, -n> *f* пивна́я буты́лка *ж*

Biergarten <-s, -gärten> *m* *пивна́я со сто́ликами под откры́тым не́бом*

Bierglas <-es, -gläser> *nt* пивно́й бока́л *м*

Bierhefe <-> *f* пивны́е дро́жжи *мн*

Bierkasten <-s, -kästen> *m* я́щик *м* для буты́лок с пи́вом

Bierkneipe <-, -n> *f* пивна́я *ж*

Bierkrug <-(e)s, -krüge> *m* пивна́я кру́жка *ж*

Bierlokal <-(e)s, -e> *nt* пивна́я *ж*

Bierschaum *mohne pl* пе́на *ж* от пи́ва

Biertrinker <-s, -> *m* люби́тель *м* пи́ва

Bierzelt <-(e)s, -e> *nt* *пала́тка (устана́вливаемая во вре́мя наро́дных гуля́ний), в кото́рой продаётся пи́во*

Biest [bi:st] <-(e)s, -er> *nt* **1.** *(Tier)* тварь *ж* **2.** *pej (Mensch)* бе́стия *ж*, тварь *ж*

bieten [bi:tən] <bietet, bot, geboten> **I.** *vt* **1.** *(anbieten)* предлага́ть, -ложи́ть *св*, дава́ть, дать *св;* **jdm die Stirn ~** взя́ться сме́ло за что-л. **2.** *(bei Auktion)* предлага́ть, -ложи́ть *св* **3.** *(Anblick)* предоставля́ть, -ста́вить *св* **4.** *(Hand)* протя́гивать, -тяну́ть *св* **II.** *vr* **sich ~** *(Gelegenheit)* представля́ться, -ста́виться *св;* **das lasse ich mir nicht ~** э́того я не потерплю́; **bei der nächsten sich bietenden Gelegenheit** при сле́дующем удо́бном слу́чае

Bigotterie <-> *f* ха́нжество *ср*

Bikini [bi'ki:ni] <-s, -s> *m* бики́ни *ср*

Bilanz [bi'lants] <-, -en> *f* **1.** ÖKON бала́нс *м* **2.** *fig* ито́г *м;* **doppelte ~** двойно́й бала́нс; **genehmigte ~** одо́бренный бала́нс; **unausgeglichene ~** неуравнове́шенный бала́нс; **vorläufige ~** предвари́тельный ито́г; **zusammengefasste ~** сво́дный бала́нс; **~ der Abrechnungsperiode** отчётный бала́нс; **~ der vorausgegangenen Periode** сме́жный бала́нс; **die ~ aufstellen** составля́ть [*или* своди́ть] бала́нс; **die ~ ausgleichen** баланси́ровать; **die ~ frisieren** приукра́шивать бала́нс; **die ~ prüfen** проверя́ть бала́нс; **etwas in der ~ ausweisen** пока́зывать что-л. в бала́нсе; **~ ziehen** подвести́ ито́ги

Bilanzanalyse <-, -en> *f* ана́лиз *м* бала́нса

Bilanzberichtigung <-, -en> *f* исправле́ние *ср* бала́нса

Bilanzbewertung <-, -en> *f* бала́нсовая оце́нка *ж*

Bilanzfälschung <-, -en> *f* фальсифика́ция *ж*

Bilanzfrisur <-, -en> *f* подчи́стка *ж* бала́нса

Bilanzgewinn <-(e)s, -e> *m* бала́нсовая при́быль *ж*

Bilanzgliederung <-, -en> *f* структу́ра *ж* бала́нса

bilanzieren *vt* **1.** *(die Bilanz abschließen)* баланси́ровать, с- *св* **2.** *(das Fazit ziehen)* подводи́ть ито́г

Bilanzierung <-, -en> *f* **1.** *(Ausgleich)* сбаланси́рование *ср* **2.** *(Aufstellen einer Bilanz)* сведе́ние *ср* бала́нса

Bilanzierungsgrundsätze *pl* при́нципы *ммн* баланси́рования

Bilanzkosmetik <-> *f* подчи́стка *ж* бала́нса

Bilanzpolitik <-> *f* бала́нсовая поли́тика *ж*

Bilanzposten <-s, -> *m* статья́ *ж* бала́нса

Bilanzprüfer(in) <-s, -; -, -nen> *m(f)* ревизо́р *м* бала́нса

Bilanzseite <-, -n> *f* сторона́ *ж* бала́нса

Bilanzstichtag <-(e)s, -e> *m* день *м*, на кото́рый составля́ется бала́нс

Bilanzsumme <-, -n> *f* бала́нсовый ито́г *м*

Bilanzüberschuss <-es, -schüsse> *m* бала́нсовая при́быль *ж*

Bilanzvergleich <-(e)s, -e> *m* сопоставле́ние *ср* бала́нсов

Bilanzverlust <-es, -e> *m* бала́нсовые убы́тки *мн*
Bilanzzahlen *pl* показа́тели *ммн* бала́нса
bilateral ['bi:latera:l] *adj* POL *(zweiseitig)* двусторо́нний; **~e Zusammenarbeit** двусторо́ннее сотру́дничество; **~e Vereinbarung** двусторо́нняя договорённость
Bild [bɪlt, *pl:* 'bɪldɐ] <-(e)s, -er> *nt* карти́на *ж,* рису́нок *м;* FOT фотогра́фия *ж; (Vorstellung)* представле́ние *ср,* о́браз *м;* **sich von jdm/etw ein ~ machen** соста́вить себе́ о ком-л./чём-л. представле́ние; **über etw im ~e sein** быть в ку́рсе чего́-л.
Bildband <-(e)s, -bände> *m* фотоальбо́м *м*
bilden ['bɪldən] **I.** *vt* **1.** *(Sätze)* стро́ить, по- *св,* образо́вывать, -зова́ть *св* **2.** *(formen)* создава́ть, -да́ть *св* **3.** *(Gruppe)* организо́вывать, -зова́ть *св* **4.** *(Meinung)* формирова́ть, сформирова́ть *св* **5.** *(geistig)* образо́вывать, -зова́ть *св* **II.** *vr (geistig)* просвеща́ться, -свети́ться *св,* развива́ться, -ви́ться *св*
Bilderbuch <-(e)s, -bücher> *nt* кни́га *ж* с карти́нками
Bilderbuchkarriere <-, -n> *f* идеа́льная карье́ра *ж*
Bildergalerie <-, -n> *f* карти́нная галере́я *ж*
Bildergeschichte <-, -n> *f* расска́з *м* в карти́нках
Bilderhaken <-s, -> *m крючо́к или гвоздь, на кото́рый ве́шается карти́на*
Bilderrahmen <-s, -> *m* ра́ма *ж* для карти́ны
Bilderstürmer <-s, -> *m* побо́рник *м* но́вого, проти́вник *м* обы́чаев [*или* взгля́дов]
Bildfläche *f* **von der ~ verschwinden** *umg* исче́знуть из по́ля зре́ния; **auf der ~ erscheinen** *umg* появи́ться в по́ле зре́ния
Bildgestaltung <-, -en> *f* оформле́ние *ср* изображе́ния, иллюстри́рование *ср* печа́тного изда́ния
bildhaft *adj* карти́нный, о́бразный
Bildhauer(in) ['bɪlthaʊɐ] <-s, -; -,-nen> *m(f)* ску́льптор *м*
Bildhauerei ['bɪlthaʊəraɪ] <-> *f ohne pl* ску́льптура *ж*
bildhübsch ['bɪlt'hʏpʃ] *adj* краси́вый, как на карти́нке; **sie ist ein ~es Mädchen** она пи́саная краса́вица
Bildlaufleiste <-, -n> *f* DV *(Scrollbar)* скро́ллбар *м*
bildlich *adj* **1.** *(mit Hilfe von Bildern)* нагля́дный **2.** *(Ausdruck)* о́бразный; **sich etw ~ vorstellen** что-л. нагля́дно себе́ предста́вить
Bildnis ['bɪltnɪs] <-ses, -se> *nt* портре́т *м*
Bildreportage <-, -n> *f* фоторепорта́ж *м*
Bildreporter <-s, -> *m,* **Bildreporterin** *f* фоторепортёр *м*
Bildschirm <-(e)s, -e> *m* экра́н *м*
Bildschirmabstrahlung <-> *f* вре́дное излуче́ние *ср* монито́ра (компью́тера)
Bildschirmschoner <-s, -> *m* DV скринсе́йвер *м,* храни́тель *м* экра́на, заста́вка *ж*
Bildschirmtext <-(e)s> *m* видеоте́кст *м*
bildschön ['bɪlt'ʃœ:n] *adj* о́чень краси́вый
Bildstörung *f* TV поме́хи *жмн* изображе́ния
Bildung ['bɪldʊŋ] <-, -en> *f* **1.** *(kulturell)* образова́ние *ср,* просвеще́ние *ср* **2.** *(Formung)* формирова́ние *ср*
Bildungsangebot <-(e)s, -e> *nt* вы́бор *м* уче́бных заведе́ний
bildungsbeflissen *adj* усе́рдный в образова́нии
Bildungshunger <-s> *m* жа́жда *ж* образова́ния
Bildungslücke <-, -n> *f* пробе́л *м* в образова́нии
Bildungsminister(in) <-s, -> *m(f)* мини́стр *м и ж* образова́ния
Bildungspolitik <-> *f kein pl* поли́тика *ж* в о́бласти образова́ния
bildungspolitisch *adj* каса́ющийся поли́тики в о́бласти образова́ния
Bildungsreform <-, -en> *f* рефо́рма *ж* образова́ния
bildungssprachlich *adj* относя́щийся к литерату́рному языку́
Bildungsstätte <-, -n> *f geh* уче́бное заведе́ние *ср,* уче́бный центр *м*
Bildungssystem <-(e)s, -e> *nt* систе́ма *ж* образова́ния
Bildungsurlaub <-(e)s, -e> *m* о́тпуск *м* для повыше́ния квалифика́ции
Bildungswesen <-s> *nt* наро́дное образова́ние *ср*
Bildwörterbuch <-(e)s, -bücher> *nt* иллюстри́рованный слова́рь *м*
bilingual ['bi:lɪngu̯a:l *o* bilɪn'gu̯a:l] *adj* двуязы́чный; **~es Wörterbuch** двуязы́чный слова́рь *м*
Billard ['bɪljart *o A:* bi'lja:ɐ̯, *pl:* 'bɪljardə] <-s, -e *o A* -s> *nt* билья́рд *м*
Billardkugel <-, -n> *f* билья́рдный шар *м*
Billardstock <-(e)s, -stöcke> *m* кий *м*
Billardtisch *m* билья́рдный стол *м*
Billet <-(e)s, -s/-e> *nt* **1.** *CH (Eintrittskarte, Fahrkarte)* биле́т *м* **2.** *österr (Glückwunschkarte)* поздрави́тельная откры́тка *ж*
Billeteur [bɪljɛ'tœ:ɐ *o A* bijɛ'tœ:ɐ, *pl:* bɪljɛ'tœ:rə] <-s, -e> *m* **1.** *CH (Schaffner)* конду́ктор *м,* проводни́к *м* **2.** *österr (Platzanweiser)* билетёр *м*
Billiarde [bɪ'li̯ardə] <-, -n> *f* билья́рд *м*
billig ['bɪlɪç] *adj* дешёвый, недорого́й; *umg (zu einfach)* примити́вный; **eine ~e**

Ausrede *umg* пуста́я отгово́рка; **etw ist recht und ~** что-л. справедли́во; **~ davonkommen** *fam* дёшево отде́латься; **das ist ein billiger Trost** э́то жа́лкое утеше́ние
billigen ['bɪlɪgən] *vt* одобря́ть, одо́брить *св*
Billigflug <-(e)s, -flüge> *m umg* полёт *м* на самолёте за ни́зкую це́ну
Billigimport <-(e)s, -e> *m* и́мпорт *м* дешевых това́ров
Billigkräfte <-> *pl* дешёвая рабо́чая си́ла *ж*
Billigmarkt <-(e)s, -märkte> *m* магази́н *м* уценённых това́ров
Billigung <-> *f kein pl* одобре́ние *ср;* **jds ~ finden** получи́ть чьё-л. одобре́ние
Billigware <-, -n> *f pej* дешёвый това́р *м*
Billion [bɪ'ljo:n] <-, -en> *f* биллио́н *м*
Bimmelbahn <-, -en> *f umg* узкоколе́йка *ж*
bimmeln *vi* звони́ть *нсв,* трезво́нить *нсв*
Bimsstein ['bɪmsʃtaɪn] <-(e)s> *m* пе́мза *ж*
bin [bɪn] *1. pers sing pr von* **sein**
binär [bi'nɛ:ɐ] *adj* бина́рный, двои́чный
Binärdatei <-, -en> *f* DV двои́чный файл *м*
Binde ['bɪndə] <-, -n> *f* **1.** *(Verband)* повя́зка *ж,* бинт *м* **2.** *(Damen~)* гигиени́ческая прокла́дка *ж* **3.** *(Augen~)* повя́зка *ж*
Bindegewebe <-s> *nt* соедини́тельная ткань *ж*
Bindeglied <-(e)s, -er> *nt* связу́ющее звено́ *ср*
Bindehaut <-, -häute> *f* конъюнкти́ва *ж*
Bindehautentzündung <-, -en> *f* конъюнктиви́т *м*
binden ['bɪndən] <bindet, band, gebunden> **I.** *vt* **1.** *(festbinden)* свя́зывать, -за́ть *св* **2.** *(Krawatte)* завя́зывать, -за́ть *св* **3.** *(Buch)* переплета́ть, -плести́ *св* **4.** *(Soße)* загусти́ть *св* **5.** *fig* свя́зывать, -за́ть *св* **II.** *vr* обя́зываться, -за́ться *св,* свя́зывать, -за́ть *св* себя́
Bindestrich <-(e)s, -e> *m* чёрточка *ж,* дефи́с *м*
Bindfaden <-s, -fäden> *m* шпага́т *м,* верёвка *ж*
Bindung ['bɪndʊŋ] <-, -en> *f* **1.** *(Verpflichtung)* обяза́тельство *ср,* свя́занность *ж;* **vertragliche ~** договорно́е обяза́тельство **2.** *(von Kapital)* иммобилиза́ция *ж,* свя́зыва́ние *ср;* **~ von Kapital** свя́зывание капита́ла
Bindungsdauer <-> *f* срок *м* замора́живания (де́нежных средств)
binnen ['bɪnən] *prp +dat o geh gen* в (тече́ние); **~ drei Tagen** в тече́ние трёх дне́й; **~ eines Jahres** в тече́ние го́да
Binnenfischerei <-> *f* рыболо́вство *ср* во вну́тренних во́дах
Binnenhafen <-s, -häfen> *m* речно́й порт *м,* при́стань *ж*
Binnenhandel <-s> *m* вну́тренняя торго́вля *ж*
Binnenland <-(e)s, -länder> *nt* ме́стность *ж,* удаленная от мо́ря, госуда́рство *ср,* не име́ющее вы́хода к мо́рю
Binnenmarkt <-(e)s, -märkte> *m* вну́тренний ры́нок *м*
Binnenmeer <-(e)s, -e> *nt* вну́треннее мо́ре *ср*
binnenwirtschaftlich *adj* каса́ющийся вну́треннего хозя́йства страны́
Binom <-(e)s, -e> *nt* MATH бино́м *м*
Binse ['bɪnzə] <-, -n> *f* тростни́к *м;* **etw geht in die ~n** *umg* что-л. пошло́ пра́хом
Binsenweisheit <-, -en> *f* прописна́я и́стина *ж*
Biochemie [bioçe'mi:] <-> *f* биохи́мия *ж*
Biochemiker(in) <-s, -> *m(f)* биохи́мик *м*
biochemisch *adj* биохими́ческий
Bioethik ['- - - -] <-> *f* биоэ́тика *ж*
Biografie[RR] <-n> *f* биогра́фия *ж*
biografisch[RR] *adj* биографи́ческий
Biograph(in) <-en, -en> *m(f)* био́граф *м*
Biographie <-, -n> *f s.* **Biografie**
biographisch *adj s.* **biografisch**
Biokost ['biokost] <-> *f umg* биологи́чески чи́стая пи́ща *ж*
Bioladen ['bioladən] <-s, -läden> *m магази́н, в кото́ром продаю́тся проду́кты, вы́ращенные без примене́ния химика́тов*
Biologe [bio'lo:gə] <-n, -n> *m* био́лог *м*
Biologie [biolo'gi:] <-> *f kein pl* биоло́гия *ж*
biologisch [bio'lo:gɪʃ] *adj* биологи́ческий; **~ abbaubar** биологи́чески разлага́емый
Biomüll ['biomʏl] <-s> *m kein Pl* органи́ческие (хозя́йственные) отхо́ды *мн*
Bionik [bi'o:nik] <-> *f ohne pl* био́ника *ж*
Bioprodukt <-(e)s, -e> *nt* биологи́чески чи́стый проду́кт *м*
Biorhythmus ['bi:orʏtmʊs] <-, -rhythmen> *m* биори́тм *м*
Biosphäre [bio'sfɛ:rə] <-, -n> *f* биосфе́ра *ж*
biotechnisch *adj* биотехни́ческий
Biotechnologie <-> *f* биотехноло́гия *ж*
Biotonne ['biotɔne] <-, -n> *f му́сорный конте́йнер для органи́ческих отхо́дов*
Biotop [bio'to:p] <-(e)s, -e> *nt* биото́п *м*
Birke ['bɪrkə] <-, -n> *f* берёза *ж*
Birkenwald <-(e)s, -wälder> *m* березня́к *м*
Birkhuhn <-(e)s, -hühner> *nt* тетёрка *ж*
Birma ['bɪrma] <-s> *nt* Би́рма *ж*
Birnbaum <-(e)s, -bäume> *m* гру́ша *ж*
Birne ['bɪrnə] <-, -n> *f* **1.** BOT гру́ша *ж* **2.** *(Glühbirne)* электри́ческая ла́мпочка *ж* **3.** *umg (Kopf)* башка́ *ж*
birnenförmig ['bɪrnənfœrmɪç] *adj* грушеви́дный
bis [bɪs] **I.** *prp + akk* до; **~ Freitag** до пя́тницы; **~ bald/gleich!** до ско́рого!; **von ... ~ ...** с ... по ...; **~ München fahren** е́хать до Мю́нхена; **~ hierher und nicht weiter** до

bitten

• **bitten**	• **Просьба**
Kannst / Könntest du bitte mal den Müll runterbringen?	**Ты можешь / Ты не мог бы** вынести мусор?
Bitte sei so gut und bring mir meine Jacke.	**Будь так любезен** и принеси мне куртку.
Wärst du so nett und würdest mir die Zeitung mitbringen?	**Ты не будешь столь любезен** принести мне газету?
Würden Sie bitte so freundlich sein und ihr Gepäck etwas zur Seite rücken?	**Вы не могли бы / не были бы столь любезны** переставить свой багаж немного в сторону?
Darf ich Sie bitten, Ihre Musik etwas leiser zu stellen?	**Я могу вас попросить** немного укрутить музыку?
• **um Hilfe bitten**	• **Обращение за помощью**
Kannst du mir einen Gefallen tun?	**Ты не можешь мне оказать любезность?**
Darf / Dürfte ich Sie um einen Gefallen bitten?	**Я могу / Я мог бы попросить вас об одолжении?**
Könntest du mir bitte helfen?	**Вы не могли бы мне помочь?**
Könnten Sie mir bitte behilflich sein?	**Вы не могли бы мне протянуть руку помощи?**
Ich wäre Ihnen dankbar, wenn Sie mir dabei helfen könnten.	**Я был бы вам премного благодарен, если бы** могли мне оказать поддержку.

сих пор и не да́льше; **die Altersgruppe ~ 40** возрастна́я гру́ппа до 40; **ich habe ~ drei Uhr gewartet** я ждал до трёх часо́в; **~ jetzt** до сих пор; **~ auf ihren Bruder waren alle da** кро́ме её бра́та, все бы́ли в сбо́ре; **~ zu** о́коло; **drei ~ vier Tage** три-четы́ре дня **II.** *adv* вплоть до, кро́ме; **alle ~ auf drei** все́, за исключе́нием трёх; **~ auf den letzten Platz** до после́днего ме́ста **III.** *konj* пока́ не; **warte, ~ sie kommt** подожди́, пока́ она́ не придёт; *(~ zu einem Zeitpunkt)* пока́; **ich warte, ~ er zurückkommt** я его́ подожду́

Bisam ['bi:zam] <-s, -e *o* -s> *m (Moschus)* му́скус *м*

Bisamratte *f* америка́нский грызу́н *м (поро́да крыс)*

Bischof ['bɪʃɔf *o* 'bɪʃo:f, *pl:* 'bɪʃœ:fə] <-s, Bischöfe> *m* епи́скоп *м*

bischöflich ['bɪʃIIflɪç *o* 'bɪʃœ:flɪç] *adj* епи́скопский, епископа́льный

Bischofskonferenz <-, -en> *f* конфере́нция *ж* католи́ческой це́ркви (страны́)

Bischofssitz <-es, -e> *m* резиде́нция *ж* епи́скопа

bisexuell ['bi:sɛksuɛl, 'bi:zɛksuɛl] *adj* бисексуа́льный

bisher [bɪs'he:ɐ̯] *adv* до сих по́р; **~ hat das noch niemand bemerkt** до сих по́р э́того никто́ не заме́тил

bisherig *adj* пре́жний, бы́вший

Biskuit [bɪs'kvi:t] <-(e)s, -s *o* -e> *nt o m (Keks)* бискви́т *м*

Biskuitteig <-s, -> *m* бискви́тное те́сто *ср*

bislang [bɪs'laŋ] *adv* до сих по́р

Bison ['bi:zɔn] <-s, -s> *m* бизо́н *м*

biss[RR] [bɪs] *1. u 3. pers sing imp von* **beißen**

Biss[RR] [bɪs] <-es, -e> *m* уку́с *м*

biß[Alt] *s.* **biss**

Biß[Alt] <-sses, -sse> *m s.* **Biss**

bisschen[RR], **bißchen**[Alt] ['bɪsçən] *adj* <inv> **ein ~** немно́го, немно́жко; **das ist ein ~ wenig** э́то ма́ло; **ach du liebes ~!** бо́же ты мой!; **nimm doch noch ein ~** возьми́ же ещё немно́жко; **kein ~** ни ка́пельки

Bissen ['bɪsən] <-s, -> *m* кусо́к *м;* **sie hat keinen ~ angerührt** она́ не притро́нулась к еде́

bissig *adj* **1.** *(Tier)* куса́ющийся, злой **2.** *(Bemerkung)* ко́лкий, язви́тельный

bist [bɪst] *2. pers sing pr von* **sein**

Bistro <-s, -s> *nt* бистро́ *ср*

Bistum ['bɪstu:m, *pl:* 'bɪsty:mɐ] <-s, -tümer> *nt* епи́скопство *ср*

bisweilen [bɪs'vaɪlən] *adv* иногда́, вре́мя от вре́мени

Bit [bɪt] <-(s), -(s)> *nt* DV бит *м;* **bits per second** бит в секу́нду

Bitmap-Grafik <-, -en> *f* DV битова́я гра́фика *ж*

bitte ['bɪtə] *interj* пожа́луйста, прошу́; *(nach „danke")* пожа́луйста; **~ sehr!** пожа́луйста!; **na ~** ну во́т; **~ schön!** *(anbietend)* пожа́луйста!; *(auf Dank)* не за что!; **Entschuldigung! – ~!** прости́те! – не за что!; (**wie**) **~?** как вы сказа́ли?; **~ nach Ihnen!** по́сле вас!; **zahlen ~!** счёт, пожа́луйста!; **na ~!** вот тебе́ и на!; **~, wie du willst** пожа́луйста, как хо́чешь

Bitte <-, -n> *f* про́сьба *ж;* **ich habe eine**

große Bitte an dich у меня́ к тебе́ больша́я про́сьба; **ich habe (nur) eine ~ an Sie** у меня́ есть к вам (то́лько) одна́ про́сьба

bitten ['bɪtən] <bittet, bat, gebeten> *vt* проси́ть, по- *св;* **jdn um etw ~** проси́ть кого́-л. о чём-л.; **wenn ich ~ darf** е́сли позво́лите; **aber ich bitte Sie!** но поми́луйте!; **er bat um Geduld/Verzeihung** он попроси́л немно́го потерпе́ть/проще́ния; **ich muss doch sehr ~!** ну что же э́то тако́е!; **darf ich um Aufmerksamkeit ~?** пожа́луйста, мину́ту внима́ния!

bitter ['bɪtɐ] *adj a. fig* го́рький; **das ist ~er Ernst!** э́то кра́йне серьёзно!; **etw ~ nötig haben** о́чень нужда́ться в чём-л.; **bittere Armut** стра́шная бе́дность; **es ist mir bitterer Ernst** я говорю́ о́чень серьёзно; **etw ~ bereuen** го́рько пожале́ть о чём-л.

bitterböse ['bɪtɐ'bœːzə] *adj* о́чень серди́тый

bitterkalt *adj* трескýчий [*или* кре́пкий] моро́з *м*

Bitterkeit <-> *f kein pl, auch fig* го́речь *ж*

bitterlich I. *adj* го́рький **II.** *adv* **~ weinen** го́рько пла́кать

Bitternis <-se> *f* го́речь *ж*

Bitterstoff <-(e)s, -e> *m* го́рькое веществó *ср;* MED го́речь *ж*

bittersüß ['--'-] *adj* го́рько-сла́дкий

Bittschrift <-, -en> *f* челоби́тная *ж,* проше́ние *ср*

Bitumen <-s, -> *nt* би́тум *м*

Biwak ['biːvak] <-s, -s *o* -e> *nt* бива́к *м*

bizarr [bi'tsar] *adj* необы́чный, своеобра́зный

Bizeps ['biːtsɛps] <-es, -e> *m* би́цепс *м*

Blabla [bla'blaː] <-s> *nt kein pl, umg (Gerede)* пуста́я болтовня́ *ж*

Blache <-, -n> *f* брезе́нт *м; CH (Plane)* тент *м*

Blackout [blɛk'aʊt *o* 'blɛkʔaʊt] <-(s), -s> *nt o m,* **Black-out**[RR] <-(s), -s> *nt o m* **1.** MED *(Gedächtnislücke)* поте́ря *ж* па́мяти; **ein ~ haben** ничего́ не по́мнить **2.** *(Stromausfall)* внеза́пная остано́вка *ж* электри́чества

blähen ['blɛːən] **I.** *vt (Segel)* надува́ть, -ду́ть *св* **II.** *vr (Segel)* надува́ться, -ду́ться *св* **III.** *vi* пу́чить, вспу́чить *св*

Blähung <-, -n> *f* взду́тие *ср,* метеори́зм *м*

blamabel [bla'maːbəl] *adj* позо́рный, посты́дный

Blamage [bla'maːʒə] <-, -n> *f* позо́р *м,* срам *м*

blamieren [bla'miːrən] <ohne ge-> **I.** *vt* позо́рить, опозо́рить *св* **II.** *vr:* **sich ~** позо́риться, опозо́риться *св,* компромети́роваться, скомпромети́роваться *св;* **sich unsterblich ~** опозо́риться до́ смерти

blanchieren [blɑ̃'ʃiːrən] <ohne ge-> *vt* GASTR бланши́ровать *(опусти́ть на мину́ту в кипято́к)*

blank [blaŋk] *adj* **1.** *(glänzend)* блестя́щий, сверка́ющий **2.** *(unbedeckt)* го́лый; **~ sein** *umg* не име́ть ни гроша́ за душо́й; **ich bin völlig ~** *fam* я обанкро́тился, у меня́ ни гроша́ в карма́не; **auf dem blanken Boden schlafen** спать на го́лом полу́ **3.** *(rein)* я́вный

blanko *adv* чи́стый, незапо́лненный; **einen Scheck ~ unterschreiben** стави́ть бла́нковую по́дпись на че́ке

Blankoakzept <-(e)s, -e> *nt* бла́нковый акце́пт *м*

Blankoindossament <-(e)s, -e> *nt* бла́нковый индоссаме́нт *м*

Blankokredit <-s, -e> *m* бла́нковый креди́т *м*

Blankopapiere *pl* бла́нковые це́нные бума́ги *мн*

Blankoscheck ['blaŋko-] <-s, -s> *m* бла́нковый чек *м*

Blankounterschrift *f* бла́нковая по́дпись *ж*

Blankowechsel <-s, -> *m* бла́нко-ве́ксель *м*

Bläschen <-s, -> *nt* пузырёк *м; (auf Haut)* прыщ *м*

Blase [blaːzə] <-, -n> *f* **1.** *(allgemein)* пузы́рь *м* **2.** *(am Fuß)* волды́рь *м* **3.** ANAT мочево́й пузы́рь *м*

Blasebalg <-(e)s, -bälge> *m* кузне́чные меха́ *мн*

blasen ['blaːzən] <bläst, blies, geblasen> **I.** *vi* дуть *нсв* **II.** *vt (Trompete)* труби́ть, про- *св*

Blasenkatarrh <-s> *m* цисти́т *м*

Blasenkatheter <-s, -> *m* кате́тер *м* для введе́ния в мочево́й пузы́рь

Blasenkrebs <-es> *m* рак *м* мочево́го пузыря́

Blasenschwäche <-> *f* сла́бость *ж* мочево́го пузыря́

blasiert [bla'ziːɐt] *adj* высокоме́рный, чванли́вый

Blasinstrument ['blaːs-] <-e, -e> *nt* духово́й инструме́нт *м*

Blaskapelle <-, -n> *f* небольшо́й духово́й орке́стр *м*

Blasmusik <-> *f kein pl* духова́я му́зыка *ж*

Blasorchester <-s, -> *nt* духово́й орке́стр *м*

Blasphemie [blasfe'miː, *pl:* blasfe'miːən] <-, -n> *f* богоху́льство *ср*

blass[RR] [blas] *adj,* **blaß**[Alt] [blas] <blasser *o rar* blässer, blasseste *o rar* blässeste> *adj* **1.** *(bleich)* бле́дный; **~ werden** побледне́ть **2.** *(unscheinbar)* сму́тный; **jd hat von etw keinen ~en Schimmer** *umg* кто́-л. не име́ет о чём-л. ни мале́йшего представле́ния

Blässe ['blɛsə] <-> *f kein pl* бле́дность *ж*

bläst [blɛːst] *2. и 3. pers sing pr von* **blasen**

Blatt [blat, *pl:* 'blɛtɐ] <-(e)s, Blätter> *nt* **1.** *(von Pflanze)* лист *м* **2.** *(Papier~)* лист *м,* листо́к *м* **3.** *(Zeitung)* газе́та *ж* **4.** *(beim Kartenspiel)* ка́рта *ж;* **kein ~ vor den Mund nehmen** говори́ть без обиняко́в; **das steht auf einem anderen ~** э́то к де́лу не отно́сится

blättern ['blɛtɐn] *vi* листа́ть *нсв;* **in etw ~** просма́тривать что-л.

Blätterteig <-(e)s, -e> *m* слоёное те́сто *ср*

Blattpflanze *f* BOT декорати́вное расте́ние с краси́выми ли́стьями

Blattsalat *m* GASTR сала́т *м*

blau [blaʊ] *adj* **1.** *(Farbe)* си́ний; *(Lippen)* посине́вший; **blauer Fleck** си́нее пятно́; **du wirst noch dein blaues Wunder erleben** *fam* я тебе́ покажу́, где ра́ки зиму́ют **2.** *umg (betrunken)* пья́ный; **ein ~er Fleck** синя́к; **~es Blut** голуба́я кровь

Blau <-s, -s> *nt* си́ний цвет *м*

blauäugig ['blaʊʔɔɪgɪç] *adj* **1.** *(Farbe)* синегла́зый, голубогла́зый **2.** *(naiv)* наи́вный

Blaubeere *f* черни́ка *ж*

Blaue ['blaʊə] <-n> *nt kein pl* синева́ *ж;* **eine Fahrt ins ~** пое́здка без определённой це́ли; **ins ~ hinein** науга́д; **jdm das ~ vom Himmel herunterlügen** навра́ть с три ко́роба; **das ~ vom Himmel versprechen** *fam* снима́ть звёзды с не́ба

blaugrau *adj* си́не-се́рый

Blaulicht <-(e)s, -er> *nt* голубо́й [*или* проблеско́вый] „маячо́к" *м*

blau|machen *vi umg* прогу́ливать, -ля́ть *св*

Blauwal <-(e)s, -e> *m* голубо́й кит *м*

Blazer ['ble:zɐ, 'blɛɪzɐ] <-s, -> *m* бле́йзер *м*

Blech [blɛç] <-(e)s, -e> *nt* **1.** *(Metall)* жесть *ж* **2.** *(Backblech)* про́тивень *м* **3.** *umg (Unsinn)* чушь *ж,* вздор *м*

Blechdose <-, -n> *f* жестяна́я ба́нка *ж*

blechen ['blɛçən] *vi umg (bezahlen)* раскоше́ливаться, -литься *св*

Blechschaden <-s, -schäden> *m* поврежде́ние *ср* ку́зова

Blei [blaɪ] <-(e)s> *nt ohne pl* CHEM свине́ц *м;* **es liegt mir wie ~ im Magen** *fig* э́то лежи́т у меня́ ка́мнем на се́рдце

Bleibe ['blaɪbə] <-, -n> *f* приста́нище *ср,* убе́жище *ср*

bleiben ['blaɪbən] <bleibt, blieb, geblieben> *vi* остава́ться, -та́ться *св;* **wo bleibt sie nur?** где она́ то́лько пропада́ет?; **und dabei bleibt's** и ко́нчено на э́том; **es bleibt zu hoffen, dass ...** остаётся наде́яться, что ...; **bei der Wahrheit ~** говори́ть пра́вду; **jdm bleibt nichts anderes übrig (als)** кому́-л. не остаётся ничего́ друго́го, (как); **~ Sie am Apparat!** подожди́те!; **wo bleibt er nur so lange?** куда́ он запропасти́лся?; **das bleibt unter uns!** э́то оста́нется ме́жду на́ми!; **hier ist alles beim Alten geblieben** здесь всё оста́лось по-ста́рому; **er ist derselbe geblieben** он не измени́лся; **am Leben ~** оста́ться в живы́х; **~ Sie doch sitzen!** сиди́те!; **stehen ~** останови́ться

bleibend *adj* про́чный, долгове́чный; **von bleibendem Wert** с непреходя́щим значе́нием

bleiben lassen[RR] <irr> *vt umg* оставля́ть, -та́вить *св;* **das solltest du lieber ~!** тебе́ э́то сле́довало бы лу́чше бро́сить!

Bleibergwerk <-(e)s, -e> *nt* свинцо́вый рудни́к *м*

bleich [blaɪç] *adj* бле́дный, блёклый

bleichen *vt* отбе́ливать, -ли́ть *св*

Bleichmittel *nt* отбе́ливатель *м*

bleiern ['blaɪɐn] *adj* **1.** *(aus Blei)* свинцо́вый **2.** *fig (Stille)* гнету́щий

bleifrei *adj* без содержа́ния свинца́

bleihaltig ['blaɪhaltɪç] *adj* содержа́щий свине́ц

Bleikristall <-s> *nt* свинцо́вый хруста́ль *м*

Bleistift <-(e)s, -e> *m* каранда́ш *м*

Bleistiftspitzer <-s, -> *m* точи́лка *ж* для карандаше́й

Bleistiftzeichnung <-, -en> *f* рису́нок *м* карандашо́м

Blende ['blɛndə] <-, -n> *f* FOT диафра́гма *ж*

blenden ['blɛndən] *vt* слепи́ть *нсв; fig (beeindrücken)* ослепля́ть, -пи́ть *св,* очаро́вывать, -рова́ть *св*

blendend *adj fig* ослепи́тельный; **Sie sehen heute ~ aus!** Вы сего́дня великоле́пно вы́глядите!; **sich ~ amüsieren/unterhalten** отли́чно провести́ вре́мя/развле́чься

Blendung <-en> *f* ослепле́ние *ср*

Blick [blɪk] <-(e)s, -e> *m* взгля́д *м,* взор *м; (Aussicht)* вид *м;* **mit einem ~** мгнове́нно; **auf den ersten ~** с пе́рвого взгля́да; **jdm einen ~ zuwerfen** бро́сить взгляд на кого́-л.; **einen ~ für etw haben** име́ть на что-л. намётанный глаз; **jdn keines Blickes würdigen** не удосто́ить кого́-л. взгля́дом; **sie erwiderte seine Blicke** она́ отве́тила на его́ взгля́ды; **mit ~ auf den Dom** с ви́дом на собо́р

blicken ['blɪkən] **I.** *vi* смотре́ть, по- *св,* гляде́ть, по- *св* **II.** *vr* **sich ~ lassen** пока́зываться

Blickfang <-(e)s, Blickfänge> *m* **1.** *(Schlagzeile)* бро́ский заголо́вок *м* **2.** *(Reklameelement)* бро́ский элеме́нт *м* рекла́мы

Blickfeld <-(e)s> *nt* по́ле *ср* обзо́ра

Blickwinkel *m* у́гол *м* наблюде́ния

blieb [bli:p] *1. u 3. pers sing imp con* **bleiben**

blies [bli:s] *prät con* **blasen**

blind [blɪnt] *adj* слепо́й; **~er Alarm** ло́жная трево́га; **ein ~er Passagier** безбиле́тный пассажи́р; **~ werden** осле́пнуть; **auf einem Auge ~** слепо́й на оди́н глаз; **jdm**

~ vertrauen слéпо вéрить комý-л.; **~ vor Wut** ослеплённый я́ростью
Blinddarm <-(e)s, -därme> *m* слепáя кишкá *ж*
Blinddarmentzündung <-, -en> *f* аппендици́т *м*
Blind Date [blaɪnt dɛɪt] <-s, -s> *m* встрéча *ж* [*или* свидáние *ср*] с незнакóмым лицóм
Blinde <ein -r, -n, -n> *mf* слепóй *м*, слепáя *ж*; **das sieht doch ein Blinder!** *umg* э́то и слепóму ви́дно!
Blindekuh *f ohne pl* **~ spielen** игрáть в пря́тки
Blindekuhspiel <-(e)s, -e> *nt* игрá *ж* в пря́тки
Blindenhund <-(e)s, -e> *m* собáка-поводы́рь *м*
Blindenschrift <-> *f* шрифт *м* для слепы́х
Blindflug *m* слепóй полёт *м* *(полёт по навигациóнным аппарáтам)*
Blindgänger <-s, -> *m* **1.** *(Geschoss)* не взорвáвшийся снаря́д *м* **2.** *fam (Versager)* тупи́ца *м*
blindgeboren *adj* слепóй от рождéния
Blindheit <-> *f kein pl, auch fig* слепотá *ж*
blindlings ['blɪntlɪŋs] *adv* слéпо
Blindschuss <-es, -schüsse> *m* холостóй вы́стрел *м*
blinken ['blɪŋkən] *vi* **1.** *(Licht)* мерцáть *нсв* **2.** *(bei Auto)* подавáть, -дáть *св*
Blinker <-s, -> *m* **1.** *(an Auto)* сигнáл *м* поворóта **2.** *(an Angel)* блеснá *ж*
Blinklicht <-(e)s, -er> *nt* мигáющий свет *м*
Blinkzeichen *nt* указáтель *м* поворóта; **~ geben** дать сигнáл, что маши́на поворáчивает
blinzeln ['blɪntsəln] *vi* мигáть, -гнýть *св*, моргáть, -гнýть *св*
Blitz [blɪts] <-es, -e> *m* **1.** METEO мóлния *ж* **2.** FOT вспы́шка *ж*; **wie vom ~ getroffen** как грóмом поражённый
Blitzableiter <-s, -> *m* молниеотвóд *м*, громоотвóд *м*; **jdm als ~ dienen** *umg* служи́ть громоотвóдом
blitzartig *adj* молниенóсный
blitzblank ['blɪts'blaŋk] *adj* сверкáющий чистотóй, начи́щенный до блéска
blitzen *vi* **1.** *(Lichter)* сверкáть, -кнýть *св* **2.** *(Gedanke)* мелькáть, -кнýть *св*
Blitzesschnelle *f ohne pl* быстротá *ж*; **in/mit ~** бы́стро, стреми́тельно
Blitzgerät <-(e)s, -e> *nt* FOT фотовспы́шка *ж*
Blitzlicht <-(e)s, -er> *nt* FOT фотовспы́шка *ж*
Blitzlichtgerät <-(e)s, -e> *nt* лáмпа-вспы́шка *ж*
blitzsauber ['blɪts'zaubɐ] *adj* сверкáющий чистотóй
Blitzschlag *m* удáр *м* мóлнии
blitzschnell ['blɪts'ʃnɛl] *adj* молниенóсный
Blitzumfrage <-, -n> *f (in der Marktforschung)* экспрéсс-опрóс *м*
Block[1] [blɔk, *pl:* blœkə] <-(e)s, Blöcke> *m (aus Stein/Holz)* глы́ба *ж*, колóда *ж*
Block[2] <-(e)s, -s *o* Blöcke> *m* **1.** *(Häuserblock)* блок *м* **2.** *(Schreibblock)* блокнóт *м*
Blockade [blɔ'ka:də] <-, -n> *f* блокáда *ж*
Blockflöte <-, -n> *f* блокфлéйта *ж*
blockfrei *adj (Staat)* неприсоедини́вшийся
Blockhandel <-s> *m* BÖRSE торгóвля *ж* пакéтами áкций
Blockhütte <-, -n> *f* рýбленая [*или* бревéнчатая] избá *ж*
blockieren [blɔ'ki:rən] <ohne ge-> *vt* блоки́ровать *нсв*; *(Wasserzufuhr)* перекрывáть, -кры́ть *св*
Blocksatz <-es> *m* блóчное вырáвнивание *ср*
blöd(e) ['blø:t ('blø:də)] *adj* глýпый, тупóй
blödeln ['blø:dəln] *vi umg* дурáчиться *нсв*
Blödheit <-, -en> *f* глýпость *ж*
Blödmann <-(e)s, -männer> *m umg* придýрок *м*
Blödsinn <-(e)s> *m* чушь *ж*; **was soll der ~?** что за бессмы́слица?
blödsinnig *adj* глýпый, идиóтский
blöken ['blø:kən] *vi (Schaf)* блéять
blond [blɔnt] *adj* светловолóсый, белокýрый
blondieren [blɔn'di:rən] <ohne ge-> *vt* обесцвéчивать, -вéтить *св*, осветля́ть, -ли́ть *св*
Blondine [blɔn'di:nə] <-, -n> *f umg* блонди́нка *ж*
bloß [blo:s] **I.** *adj* **1.** *(unbedeckt)* гóлый, обнажённый **2.** *(allein)* оди́н тóлько; **mit bloßem Auge** невооружённым глáзом; **der ~e Gedanke daran lässt mich schaudern** однá тóлько мысль об э́том заставля́ет меня́ содрогнýться **II.** *adv (nur)* тóлько, лишь; **was hast du ~?** что с тобóй?; **sag ~!** да ты что!; **du hast ~ noch eine Stunde Zeit** у тебя́ тóлько час врéмени; **hör ~ auf!** да прекрати́ же!
Blöße ['blø:sə] <-, -n> *f* **1.** *(Nacktheit)* наготá *ж*, обнажённость *ж* **2.** *fig* слáбое мéсто *ср*; **sich eine ~ geben** обнарýжить свою́ слáбую стóрону
bloß|stellen *vt* разоблачáть, -блачи́ть *св*
Blouson <-s, -s> *m* блузóн *м*
blubbern ['blʊbɐn] *vi fam* бормотáть
Bluejeans ['blu:dʒi:ns] <-> *pl* си́ние джи́нсы *мн*
Blues [blu:s] <-> *m* MUS блюз *м*; **den ~ haben** *umg* впасть в тоскý
Bluff [blʊf] <-s, -s> *m umg (Täuschung)* блеф *м*, надувáтельство *ср*
bluffen ['blʊfən *o* 'blafən *o* 'blœfən] *vi* блефовáть *нсв*
blühen ['bly:ən] *vi* **1.** *(Blume)* цвести́ *нсв*

2\. *(gedeihen)* процвета́ть *нсв*

blühend *adj* **1.** *(Pflanze, Sprache)* цвету́щий; *(Gesichtsfarbe)* здоро́вый **2.** *(Geschäft, Stadt)* процвета́ющий; *(Fantasie)* бога́тый

Blume ['blu:mə] <-, -n> *f* **1.** BOT цвето́к *м* **2.** *(von Bier)* пе́на *ж;* **durch die ~ sprechen** говори́ть иносказа́тельно

Blumenbeet <-(e)s, -e> *nt* цвето́чная клу́мба *ж*

Blumengeschäft <-(e)s, -e> *nt* цвето́чный магази́н *м*

Blumenkohl <-(e)s> *m* цветна́я капу́ста *ж*

Blumenladen *m* цвето́чный магази́н *м*

Blumenstrauß *m* буке́т *м*

Blumentopf <-(e)s, -töpfe> *m* цвето́чный горшо́к *м*

Blumenvase *f* ва́за *ж*

Blumenzwiebel <-, -n> *f* цвето́чная лу́ковица *ж*

blumig ['blu:mɪç] *adj* **1.** *(Sprache)* цвети́стый **2.** *(Duft)* цвето́чный

Bluse <-n> *f* блу́зка *ж*

Blut [blu:t] <-(e)s> *nt kein pl* кровь *ж;* **ruhig ~!** споко́йно!; **böses ~ schaffen** вызыва́ть си́льное раздраже́ние; **blaues ~ haben** быть голубы́х крове́й; **jdm ~ abnehmen** брать кровь у кого́-л.; **~ vergießen** проли́ть кровь; **jdm gefriert das ~ in den Adern** *fig* у кого́-л сты́нет кровь в жи́лах (от стра́ха)

Blutalkoholspiegel <-s, -> *m* содержа́ние *ср* алкого́ля в крови́

blutarm *adj* малокро́вный; *fig* о́чень бе́дный

Blutbad <-(e)s, -bäder> *nt* крова́вая распра́ва *ж,* резня́ *ж*

Blutbild <-(e)s, -er> *nt* MED карти́на *ж* кро́ви

blutbildend *adj (Medikament)* кроветво́рный

Blutbildung <-> *f* кроветворе́ние *ср*

Blutdruck <-(e)s> *nt kein pl* кровяно́е давле́ние *ср;* **hohen/niedrigen ~ haben** у кого́-л. высо́кое/ни́зкое давле́ние; **den ~ messen** ме́рить давле́ние

Blutdruckmessgerät <-(e)s, -e> *nt* прибо́р *м* для измере́ния кровяно́го давле́ния

blutdrucksenkend *adj (Medikament)* понижа́ющий кровяно́е давле́ние

Blüte ['bly:tə] <-, -n> *f* **1.** *(von Pflanze)* цвето́к *м* **2.** *fig* расцве́т *м,* процвета́ние *ср* **3.** *umg (Falschgeld)* фальши́вая купю́ра *ж*

Blutegel ['blu:te:gəl] <-s, -> *m* ZOO пия́вка *ж*

bluten ['blu:tən] *vi* кровото́чить *нсв;* **jdm blutet das Herz** *umg* у кого́-л. се́рдце кро́вью облива́ется

Blütenblatt *nt* BOT лепесто́к *м*

Blütenkelch <-(e)s, -e> *m* ча́шечка *ж*

Blütenknospe <-, -n> *f* цвето́чная по́чка *ж*

Blütenstaub <-(e)s> *m* цвето́чная пыльца́ *ж*

blütenweiß *adj* белосне́жный

Bluter ['blu:tɐ] <-s, -> *m* страда́ющий *м* гемофили́ей

BlutergussRR ['blu:tɐɐgʊs] <-es, -ergüsse> *m* кровоизлия́ние *ср*

Blutersatzmttel <-s, -> *nt* MED кровезамени́тель *м*

Blütezeit <-, -en> *f* **1.** *(von Pflanze)* вре́мя *ср* цвете́ния **2.** *fig* эпо́ха *ж* расцве́та

Blutfarbstoff <-(e)s, -e> *m* гемоглоби́н *м*

Blutfettwerte <-> *pl* содержа́ние *ср* жи́ра в крови́

Blutgefäß <-es, -e> *nt* кровено́сный сосу́д *м*

Blutgerinnung <-> *kein pl f* MED свёртывание *ср* кро́ви

Blutgruppe <-, -n> *f* гру́ппа *ж* кро́ви

Bluthochdruck <-(e)s> *m kein pl* повы́шенное кровяно́е давле́ние *ср*

blutig *adj* крова́вый, окрова́вленный; **ein ~er Anfänger** новичо́к *м*

blutjung ['blu:t'jʊŋ] *adj* ю́ный

Blutkonserve <-, -n> *f* консерви́рованная кровь *ж*

Blutkörperchen ['blu:tkœrpɐçən] <-s, -> *nt* кровяно́е те́льце *ср*

Blutkrankheit <-, -en> *f* заболева́ние *ср* кро́ви

Blutkrebs <-es> *m* рак *м* кро́ви

Blutkreislauf <-(e)s> *m* кровообраще́ние *ср*

Blutniederdruck <-(e)s> *m* пони́женное кровяно́е давле́ние *ср*

Blutorange *f* кра́сный апельси́н *м*

Blutplasma <-s, -plasmen> *nt* пла́зма *ж* кро́ви

Blutprobe <-, -n> *f* ана́лиз *м* кро́ви; **eine ~ nehmen** брать ана́лиз кро́ви

Blutrache <-> *f* крова́вая месть *ж*

blutreinigend *adj* кровоочисти́тельный

blutrot ['blu:t'ro:t] *adj* крова́во-кра́сный

blutrünstig ['blu:trʏnstɪç] *adj* кровожа́дный

Blutsauger <-s, -> *m* кровопи́ец *м*

Blutsbruder <-s, -brüder> *m* побрати́м *м*

Blutspender <-s, -> *m* до́нор *м*

Blutspur <-, -en> *f* крова́вый след *м*

blutsverwandt *adj* кро́вное родство́ *ср*

Bluttest <-(e)s, -s> *m* ана́лиз *м* кро́ви

Bluttransfusion <-, -en> *f* перелива́ние *ср* кро́ви

Blutung <-, -en> *f* кровотече́ние *ср; (Monatsblutung)* менструа́ция *ж;* **die monatliche ~** менструа́ция *ж,* ме́сячные *мн*

blutunterlaufen *adj* нали́вшийся кро́вью

Blutuntersuchung <-, -en> *f* ана́лиз *м* кро́ви

Blutvergiftung <-, -n> *f* зараже́ние *ср* кро́ви

Blutwurst <-, -würste> *f* кровяна́я колбаса́ *ж,* кровя́нка *ж*

Blutzucker <-s> *m kein pl* MED са́хар *м* кро́ви

Blutzuckerspiegel *m* MED содержа́ние са́хара в крови́; **einen hohen ~ haben** име́ть высо́кое содержа́ние са́хара в крови́

BLZ [beːʔɛlˈtsɛt] *abk von* **Bankleitzahl** код *м* ба́нка

b-Moll <-s> *nt* MUS си бемо́ль

BMX-Rad <-(e)s, -räder> *nt ohne pl небольшо́й велосипе́д, отлича́ющийся повы́шенной проходи́мостью*

Bö [bœː] <-, -en> *f* шквал *м*, си́льный поры́в *м* ве́тра

Boa [ˈboːa] <-, -s> *f* **1.** ZOOL боа́ *м* **2.** *(Federboa)* боа́ *ср*

Bob [bɔp] <-s, -s> *m* са́ни *мн* для бобсле́я

Bock [bɔk, *pl:* ˈbœkə] <-(e)s, Böcke> *m* **1.** *(Schafbock)* бара́н *м* **2.** *(Ziegenbock)* козёл *м* **3.** *(Ständer, Gestell)* подста́вка *ж*, сто́йка *ж* **4.** SPORT козёл *м*; **auf etw keinen ~ haben** *umg* не хоте́ть занима́ться чем-л.

bocken *vi* **1.** *(Esel)* упря́миться *нсв* **2.** *(Auto)* барахли́ть *нсв*

bockig *adj* упря́мый, капри́зный

Bockspringen <-s> *nt ohne pl* SPORT прыжо́к *м* че́рез коня́/козла́

Bockwurst <-, -würste> *f* соси́ска *ж*

Boden [ˈboːdən, *pl:* ˈbøːdən] <-s, Böden> *m* **1.** *(Erdboden)* земля́ *ж*, по́чва *ж* **2.** *(Fußboden)* пол *м*; *(Gelände)* террито́рия *ж*; **auf russischem ~** на ру́сской террито́рии; **zu ~ fallen** упа́сть на зе́млю; **am ~ zerstört sein** быть несча́стным **3.** *(Acker)* земля́ *ж*, земе́льный уча́сток *м* **4.** *(Dachboden)* черда́к *м* **5.** *(von Gefäß)* дно *ср*; **goldener ~** золото́е дно; **auf dem ~ (der Tatsachen) bleiben** опира́ться на фа́кты; **den ~ unter den Füßen verlieren** потеря́ть по́чву под нога́ми

Bodendruck <-(e)s> *m* давле́ние *ср* на грунт

Bodenerosion <-> *f* эро́зия *ж* по́чвы

Bodenertrag <-(e)s, -erträge> *m* плодоро́дие *ср* по́чвы

Bodenfrost <-(e)s, -fröste> *m kein pl* за́морозки *мн* на по́чве

Bodenkunde <-> *f* почвове́дение *ср*

bodenlos *adj* **1.** *(ohne Boden)* бездо́нный **2.** *umg (unglaublich)* неимове́рный; **das ist eine ~e Frechheit** несл́ыханная на́глость

Bodennutzung <-> *f* землепо́льзование *ср*

Bodenpersonal <-s> *nt* назе́мный обслу́живающий персона́л *м*

Bodenreform <-, -en> *f* земе́льная рефо́рма *ж*

Bodensatz <-(e)s, -sätze> *m* оса́док *м*

Bodenschätze <-> *mpl* поле́зные ископа́емые *мн*

Bodensee <-s> *m* Бо́денское о́зеро *ср*

Bodenstation <-, -en> *f* назе́мная ста́нция *ж*

Bodenstreitkräfte *pl* назе́мные войска́ *срмн*

Bodenturnen <-s> *nt* во́льные упражне́ния *мн*

Bodenuntersuchung <-, -en> *f* ана́лиз *м* по́чвы

Body [ˈbɔdi] <-s, -s> *m* бо́ди *м*

Bodybuilding [ˈbɔdibɪldɪŋ] <-s> *kein pl nt* культури́зм *м*

Bodysuit <-s, -s> *m* бо́ди *м*

bog [boːk] *1. и 3. pers sing imp con* **biegen**

Bogen [ˈboːgən, *pl:* ˈbøːgən] <-s, - *o südd, A* Bögen> *m* дуга́ *ж*; *(von Papier)* лист *м* бума́ги; *(Waffe)* лук *м*; *(von Geige)* смычо́к *м*; **den ~ überspannen** *umg* перегиба́ть па́лку; **einen ~ um etw/jdn machen** *umg* обходи́ть что-л./кого́-л. сторono̊й; **einen großen ~ um jdn machen** *fam* избега́ть кого́-л.

Bogenschießen <-s> *nt kein pl* стрельба́ *ж* из лу́ка

Bogenschütze *m*, **Bogenschützin** *f* SPORT стрело́к *м*, состяза́тель *м* по стрельбе́

Bohle <-, -n> *f* доска́ *ж*

Böhmen [ˈbøːmən] *n* GEOG Боге́мия *ж*

böhmisch [ˈbøːmɪʃ] *adj* боге́мский

Bohne [ˈboːnə] <-, -n> *f* BOT боб *м*; *(weiße ~)* фасо́ль *ж*; *(Kaffeebohne)* кофе́йное зерно́ *ср*; **grüne Bohnen** зеленая фасо́ль; **nicht die ~!** *umg* ни ка́пли!, ничего́!

Bohnenkaffee <-s, -s> *m* ко́фе *м* в зёрнах

Bohnenstange *f* шест *м* для подпо́рки бобо́вых расте́ний

Bohnensuppe *f* фасо́левый суп *м*

Bohnermaschine <-, -n> *f* электрополотёр *м*

bohnern [ˈboːnɐn] *vt* натира́ть, -тере́ть *св* масти́кой

Bohnerwachs <-es, -e> *nt* масти́ка *ж* для по́ла

bohren [ˈboːrən] **I.** *vt* **1.** *(Loch)* сверли́ть, про- *св*; **ein Loch ~** проде́лывать дыру́ **2.** *(in Holz)* бура́вить, про- *св*; **in der Nase ~** ковыря́ть в носу́ **II.** *vi* **1.** *(mit dem Bohrer)* сверли́ть, про- *св* **2.** *(Blick)* впива́ться, впи́ться *св* **3.** *(in der Nase)* ковыря́ться *нсв* **4.** *(Schmerz)* пронза́ть, -зи́ть *св*; **~de Fragen stellen** задава́ть мучи́тельные вопро́сы

Bohrer <-s, -> *m* дрель *ж*

Bohrinsel [ˈboːɐʔɪnzəl] <-, -n> *f* морска́я бурова́я устано́вка *ж*

Bohrmaschine <-, -n> *f* сверли́льный стано́к *м*

Bohrturm <-(e)s, -türme> *m* бурова́я вы́шка *ж*

böig [ˈbøːɪç] *adj (Wind)* поры́вистый, шква́листый

Boiler [ˈbɔɪlɐ] <-s, -> *m* бо́йлер *м*

Boje [ˈboːjə] <-, -n> *f* буй *м*

Bolivianer(in) [boliˈvjaːnɐ] <-s, -; -, -nen> *m(f)*

B

боливи́ец *м*, боливи́йка *ж*
bolivianisch [boli'vi̯a:nɪʃ] *adj* боливи́йский
Bolivien [bo'li:viən] <-s> *nt* GEOG Боли́вия *ж*
Bolschewismus [bɔlʃe'vɪsmʊs] <-> *m kein pl* большеви́зм *м*
Bolzen ['bɔltsən] <-s, -> *m* TECH болт *м*
Bombardement [bɔmbardə'mɑ̃:] <-s, -s> *nt* бомбардиро́вка *ж*
bombardieren [bɔmbar'di:rən] <ohne ge-> *vt* бомбардирова́ть *(н)св*, бомби́ть *нсв;* **jdn mit Fragen ~** засыпа́ть кого́-л. вопро́сами
Bombardierung <-, -en> *f* **1.** MIL бомбардиро́вка *ж;* **die Stadt hielt der schweren ~ stand** го́род вы́держал тяжелую бомбардиро́вку **2.** *fam (Überhäufung)* **eine ~ mit Fragen/Vorwürfen** засы́пать кого́-л. вопро́сами/упрёками
Bombe ['bɔmbə] <-, -n> *f* бо́мба *ж;* **etw schlägt ein wie eine ~** что-л. произво́дит эффе́кт разорва́вшейся бо́мбы
Bombenangriff <-(e)s, -e> *m* возду́шный налёт *м*, возду́шная бомбардиро́вка *ж*
Bombenanschlag <-(e)s, -anschläge> *m* покуше́ние *ср* с примене́нием бо́мбы
Bombenattentat *nt* устано́вка *ж* взрывно́го устро́йства для нападе́ния
Bombendrohung *f* угро́за *ж* взры́ва бо́мбы при покуше́нии
Bombenerfolg ['- - -'-] <-(e)s, -e> *m umg* грандио́зный успе́х *м*
Bombenstimmung ['- -'- -] <-> *f umg* великоле́пное настрое́ние *ср*
Bomber <-s, -> *m* MIL бомбардиро́вщик *м*
bombig *adj umg* потряса́ющий, колосса́льный
Bon [bɔŋ *o* bɔ̃:] <-s, -s> *m* **1.** *(Kassenzettel)* чек *м* **2.** *(Gutschein)* тало́н *м*
Bonbon [bɔŋ'bɔŋ *o* bɔ̃'bɔ̃:] <-s, -s> *nt* караме́льная конфе́та *ж*
Bond <-s, -s> *m* ÖKON проце́нтная облига́ция *ж*
Bonifikation <-, -en> *f* бонифика́ция *ж*
Bonität [boni'tɛ:t] <-, -en> *f* кредитоспосо́бность *ж;* **sich über die ~ einer Firma erkundigen** навести́ спра́вки о кредитоспосо́бности фи́рмы
Bonitätsbewertung <-> *f* оце́нка *ж* платежеспосо́бности
Bonn [bɔn] <-s> *nt* Бонн *м*
Bonsai ['bɔnzaɪ] <-, -s> *m* бонза́й *м*
Bonus ['bo:nʊs, *pl:* 'bo:ni] <- *o* -ses, - *o* -se *o* Boni> *m* бо́нус *м*, ски́дка *ж*
Bonze ['bɔntsə] <-n, -n> *m umg (Parteibonze)* бо́нза *м*
Bookmark <-s, -s> *nt* DV закла́дка *ж*
Boom [bu:m] <-s, -s> *m (Wirtschafts~)* подъём *м;* **etw erlebt einen ~** что-л. пережива́ет подъём
Boot [bo:t] <-(e)s, -e> *nt* ло́дка *ж;* **im gleichen ~ sitzen** *fig* находи́ться в одина́ковом положе́нии
Bootdiskette <-, -n> *f* DV загру́зочная диске́та *ж*, систе́мная диске́та *ж*
Bootsanhänger <-s, -> *m* KFZ прице́п *м* для перево́зки ло́дки
Bootsverleih <-s> *m* прока́т *м* ло́док
Bord[1] [bɔrt, *pl:* 'bɔrdə] <-(e)s, -e> *nt (Wandbord)* по́лка *ж*
Bord[2] [bɔrt] <-(e)s, -e> *m* NAUT борт *м;* **an ~** на борту́; **etw über ~ werfen** вы́бросить за́ борт; **alle Mann an ~!** все на па́лубу!; **über ~ gehen** упа́сть за борт; **an/von ~ gehen** подня́ться на борт/сойти́ с бо́рта
Bordbuch *nt* бортово́й журна́л *м*
Bordcomputer <-s, -> *m* бортово́й компью́тер *м*
Bordelektrik <-> *f* KFZ электри́ческая бортова́я сеть *ж*
Bordell [bɔr'dɛl] <-s, -e> *nt* борде́ль *м*, публи́чный дом *м*
Bordfunker <-s, -s> *m* бортради́ст *м*
Bordinstrumente <-> *pl* бортовы́е инструме́нты *ммн*
Bordkarte <-, -n> *f (bei Flugreise)* поса́дочный тало́н *м*
Bordmechaniker <-s, -> *m* бортмеха́ник *м*
Bordpersonal <-s> *nt* бортперсона́л *м*
Bordstein <-(e)s, -e> *m* бордю́р *м*
Bordwand <-, -wände> *f* борт (грузовика́) *м*
Boretsch *m* огуре́чник *м*
borgen ['bɔrgən] *vt* **sich etw** (**von jdm**) **~** занима́ть что-л. (у кого́-л.); **jdm etw ~** ода́лживать кому́-л. что-л.
borniert [bɔr'ni:ɐt] *adj* ограни́ченный, тупо́й
Börse ['bœrzə] <-, -n> *f* **1.** ÖKON би́ржа *ж;* **an der ~ spekulieren** спекули́ровать на би́рже; **an die ~ gehen** выпуска́ть на би́ржу; **die ~ fiebert** би́ржу лихора́дит; **die ~ ist flau** на би́рже вя́лое настрое́ние **2.** *(Geldbeutel)* кошелёк *м*
Börsenansturm *m* биржево́й бум *м*
Börsenaufsicht <-> *f* биржево́й надзо́р *м*
Börsenauftrag <-(e)s, -aufträge> *m* поруче́ние *ср* биржево́му ма́клеру
Börsenbeginn <-s> *m* откры́тие *ср* би́ржи
Börsenbericht <-s, -e> *m* биржево́й бюллете́нь *м*
Börsencrash *m* крах *м* би́ржи
Börseneinführung <-, -en> *f* до́пуск *м* к обраще́нию на би́рже
börsenfähig *adj* коти́рующийся на би́рже
Börsengang <-(e)s, -gänge> *m* вы́пуск *м* а́кций
Börsengeschäft <-(e)s, -e> *nt* биржева́я сде́лка *ж*
Börsengesetz <-es, -e> *nt* JUR зако́н *м* о би́ржах и биржевы́х опера́циях
Börsengewinn <-(e)s, -e> *m* при́быль *ж*

от биржевы́х опера́ций
Börsen-Insider <-s, -> *m* биржево́й инса́йдер *м*
Börsenjournal <-(e)s, -e> *nt* биржево́й протоко́л *м*
Börsenkrach <-(e)s> *m* биржево́й крах *м*
Börsenkredit <-s, -e> *m* биржево́й креди́т *м*
Börsenkurs <-(e)s, -e> *m* курс *м* на би́рже, биржево́й курс *м*
Börsenmakler(in) <-s, -> *m(f)* биржево́й ма́клер *м*
Börsennotierung <-, -en> *f* котиро́вка *ж* на би́рже
Börsenschluss <-es> *m* закры́тие *ср* би́ржы
Börsenspekulant(in) <-en, -en; -, -nen> *m(f)* биржево́й спекуля́нт *м*, биржева́я спекуля́нтка *ж*
Börsenspekulation *f* спекуля́ция *ж* на би́рже
Börsenzulassung <-, -en> *f* до́пуск *м* це́нных бума́г к обраще́нию на би́рже
Borste ['bɔrstə] <-, -n> *f* щети́на *ж*
Borstentier <-(e)s, -e> *nt umg* свинья́ *ж*
borstig *adj fig* гру́бый
Borte ['bɔrtə] <-, -n> *f* кайма́ *ж*, кра́й *м*
bös *adj (schlimm, schlecht)* плохо́й, скве́рный; **mit uns sieht's aber ~ aus!** пло́хи на́ши дела́!; **etw nicht ~ meinen** говори́ть без зло́го у́мысла
bösartig ['bœːsʔaːɐtɪç] *adj* **1.** *(böse)* зло́й, зло́бный **2.** MED злока́чественный
Böschung ['bœʃʊŋ] <-, -en> *f* отко́с *м*, склон *м*
böse ['bœːzə] **I.** *adj* **1.** *(schlimm, schlecht)* плохо́й, скве́рный; **ein ~s Ende nehmen** пло́хо ко́нчиться; **ein ~r Mensch** скве́рный челове́к **2.** *(wütend)* зло́й, серди́тый; **auf jdn ~ sein** серди́ться на кого́-л.; **ich bin (mit) ihm** [*o* **auf ihn**] **~** я зол/серди́т на него́ **II.** *adv* пло́хо; **es wird ~ enden** э́то пло́хо ко́нчится
Bösewicht <-(e)s, -e *o* -er> *m* злоде́й *м*
boshaft ['boːshaft] *adj* зло́й, зло́бный
Bosheit ['boːshaɪt] <-, -en> *f* злость *ж*, зло́ба *ж*
Bosnien ['bɔsniən] <-s> *nt* GEOG Бо́сния *ж*
Bosnien Herzegowina ['bɔsniən hɛrtse'goːvina] <-s> *nt* GEOG Бо́сния и Герцегови́на *ж*
Bosnier(in) ['bɔsniɐ] <-s, -; -, -nen> *m(f)* бо́снинец *м*, бо́сненка *ж*
Bosporus ['bɔsporʊs] <-> *m* GEOG Босфо́р *м*
Boss[RR] [bɔs] <-es, -e> *m*, **Boß**[Alt] <-sses, -sse> *m umg* босс *м*, шеф *м*
böswillig *adj* злонаме́ренный, зло́стный
bot [boːt] *1. u 3. pers sing imp von* **bieten**
Botanik [bo'taːnɪk] <-> *f kein pl* бота́ника *ж*
botanisch *adj* ботани́ческий; **~er Garten** ботани́ческий сад *м*
Bote ['boːtə] <-n, -n> *m*, **Botin** *f* курье́р *м*, посы́льный *м*, посы́льная *ж*
Botengang *m* черный вход *м*
Botschaft ['boːtʃaft] <-, -en> *f* **1.** *(Nachricht)* весть *ж*, изве́стие *ср* **2.** *(eines Landes)* посо́льство *ср*
Botschafter(in) <-s, -; -, -nen> *m(f)* посо́л *м*
Bottich ['bɔtɪç] <-(e)s, -e> *m* чан *м*
Bottom-up-Planung <-, -en> *f* децентрализо́ванное плани́рование *ср*
Bouillon [bʊl'jɔŋ *o* bʊl'jɔ̃ː] <-, -s> *f* бульо́н *м*
Boulevard [bulə'vaːɐ̯] <-(s), -s> *f* бульва́р *м*
Boulevardpresse [bulə'vaːɐ̯prɛsə] <-> *f* бульва́рная пре́сса *ж*
Boulevardzeitung <-, -en> *f* бульва́рная газе́та *ж*
Bourgeoisie [bʊrʒoa'ziː, *pl:* bʊrʒoa'ziːən] <-, -n> *f geh* буржуази́я *ж*
Boutique [bu'tiːk, *pl:* bu'tiːkən] <-, -n> *f* сало́н *м* мод
Bowdenzug <-(e)s, -züge> *m* TECH трос *м* Бо́удена
Bowdenzughülle <-, -n> *f* TECH оболо́чка *ж* тро́са Бо́удена
Bowle ['boːlə] <-, -n> *f* крюшо́н *м*
Bowling ['boːlɪŋ *o* 'bɔʊlɪŋ] <-s> *nt kein pl* бо́улинг *м*
Box [bɔks] <-, -en> *f* **1.** *(Kasten)* я́щик *м* **2.** *(Lautsprecher)* коло́нка *ж*, дина́мик *м* **3.** *(Pferde~)* сто́йло *ср*
boxen ['bɔksən] *vi* бокси́ровать *нсв*
Boxen <-s> *nt ohne pl* SPORT бокс *м*
Boxer <-s, -> *m* боксёр *м*
Boxermotor <-s, -en> *m* KFZ дви́гатель *м* с оппозити́вным расположе́нием цили́ндров
Boxer-Shorts *pl* боксёрские шо́рты *мн*
Boxershorts *pl* трусы́ *мн*
Boxhandschuh <-(e)s, -e> *m* боксёрские перча́тки *мн*
Boxkampf <-(e)s, -kämpfe> *m* боксёрский поеди́нок *м*
Boykott [bɔɪ'kɔt] <-(e)s, -s *o* -e> *m* бойко́т *м*
boykottieren [bɔɪkɔ'tiːrən] <ohne ge-> *vt* бойкоти́ровать *(н)св*
brach [braːx] *1. u 3. pers sing imp von* **brechen**
Brachfläche <-, -n> *f* по́ле *ср* под па́ром
brachial [bra'xjaːl] *adj* гру́бый, наси́льственный
brach|liegen <irr> *vi* **1.** *(Acker)* лежа́ть *нсв* под па́ром **2.** *fig (Fähigkeiten)* быть *нсв* невостре́бованным
brachte ['braxtə] *1. u 3. pers sing imp von* **bringen**
Brain-Drain <-s, -s> *m* уте́чка *ж* мозго́в
Brainstorming ['breɪnstɔːmɪŋ] <-s> *nt kein pl* брэйнсто́рминг *м*, мозгово́й штурм *м*
Branche ['brɑ̃ːʃə] <-, -n> *f* о́трасль *ж*
Branchenholding <-, -s> *f* отраслево́й хо́л-

динг *м*

Branchenkenner <-s, -> *m*, **Branchenkennerin** *f* знато́к *м* о́трасли

Branchenkennziffer <-, -n> *f* показа́тель *м* отраслево́й произво́дительности

Branchenriese <-n, -n> *m* гига́нт *м* о́трасли

Branchenvergleich <-(e)s, -e> *m* сравни́тельный ана́лиз *м* де́ятельности ра́зных отрасле́й

Branchenverzeichnis <-ses, -se> *nt* отраслево́й спра́вочник *м*

Branchenzugehörigkeit <-> *f* принадле́жность *ж* к о́трасли

Brand [brant, *pl:* 'brɛndə] <-(e)s, Brände> *m* **1.** *(Feuer~)* пожа́р *м;* **etw in ~ setzen/stecken** подже́чь что-л. **2.** *umg (Durst)* жа́жда *ж*

Brandblase *f* волды́рь *м*

branden ['brandən] *vi* разбива́ться, -би́ться *св*, бушева́ть *нсв;* **die Wellen brandeten heftig gegen die Mole** во́лны с си́лой разбива́лись о мо́л

Brandenburg ['brandənbʊrk] <-s> *nt* Бранденбу́рг *м*

Brandherd *m* оча́г *м* пожа́ра

Brandkatastrophe *f* бе́дствие *ср* (от пожа́ра)

Brandmal <-(e)s, -e *o rar* -mäler> *nt* след *м* от ожо́га, клеймо́ *ср*

brandmarken ['brantmarkən] *vt* **jdn ~ als ...** заклейми́ть кого́-л. как ...

brandneu ['brant'nɔɪ] *adj fam* но́вый

Brandsalbe <-, -n> *f* мазь *ж* от ожо́гов

Brandsatz <-es, -sätze> *m* зажига́тельный соста́в *м*

Brandschaden *m* убы́ток *м* [*или* уро́н *м*] от пожа́ра

Brandschutz <-es> *m* пожа́рная охра́на *ж*, противопожа́рные ме́ры *жмн*, противопожа́рная защи́та *ж*

Brandstifter(in) <-s, -; -, -nen> *m(f)* поджига́тель *м*, поджига́тельница *ж*

Brandstiftung <-, -en> *f* поджо́г *м*

Brandung ['brandʊŋ] <-> *f* морско́й прибо́й *м*

Brandursache *f* причи́на *ж* пожа́ра; **die ~ ist noch ungeklärt** причи́на пожа́ра еще не изве́стна

Brandwunde *f* ожо́г *м*

Brandy ['brɛndi] <-s, -s> *m* бре́нди *ср*

brannte ['brantə] *1. и 3. pers sing imp von* **brennen**

Branntwein ['brantvaɪn] <-(e)s, -e> *m* во́дка *ж*, алкого́льный напи́ток *м*

Brasilianer(in) [brazi'lja:nɐ] <-s, -; -, -nen> *m(f)* брази́лец *м*, бразилия́нка *ж*

brasilianisch [brazi'li̯a:nɪʃ] *adj* брази́льский

Brasilien [bra'zi:liən] <-s> *nt* Брази́лия *ж*

brät [brɛ:t] *3. pers sing pr von* **braten**

Bratapfel *m* GASTR печёное я́блоко *ср*

braten ['bra:tən] <brät, briet, gebraten> **I.** *vt* жа́рить, за- *св* **II.** *vi* жа́риться, за- *св*

Braten <-s, -> *m* жарко́е *ср*

Bratenfleisch <-es> *nt* мя́со *ср* для жарко́го

Bratensaft *m* подли́вка *ж* для жарко́го

Bratensoße *f* со́ус *м* для жарко́го

Brathähnchen *nt* жа́реная ку́рочка *ж*

Brathuhn <-(e), -hühner> *nt* жа́реная ку́рица *ж*

Bratkartoffeln <-> *fpl* жа́реный карто́фель *м*

Bratpfanne <-, -n> *f* сковорода́ *ж*

Bratsche ['bra:tʃə] <-, -n> *f* альт *м*

Bratspieß <-es, -e> *m* ве́ртел *м*

Bratwurst <-, -würste> *f* жа́реная колба́ска *ж*

Brauch [braʊx, *pl:* 'brɔɪçə] <-(e)s, Bräuche> *m* обы́чай *м;* **nach altem ~** по ста́рому обы́чаю

brauchbar *adj* **1.** *(nutzbar)* приго́дный **2.** *(gut)* поле́зный, де́льный

brauchen ['braʊxən] *vt* **1.** *(benötigen)* нужда́ться *нсв;* **wie lange brauchst du dafür** [*o* **dazu**]**?** ско́лько вре́мени тебе́ пона́добится на э́то?; **du brauchst nicht gleich zu schreien** не на́до так крича́ть **2.** *(verwenden)* употребля́ть, -би́ть *св;* **jd braucht etw nicht zu tun** кому́-л. не́зачем что-л. де́лать; **etw braucht Zeit** для чего́-л. ну́жно вре́мя; **kannst du die Sachen ~?** тебе́ нужны́ э́ти ве́щи?

Braue ['braʊə] <-, -n> *f* бровь *ж*

brauen ['braʊən] *vt (Bier)* вари́ть, свари́ть *св* пи́во

Brauerei <-, -en> *f* пивова́ренный заво́д *м*

braun [braʊn] *adj* кори́чневый; *(sonnengebräunt)* сму́глый, загоре́лый

Braunbär <-en, -en> *m* бу́рый медве́дь *м*

Bräune ['brɔɪnə] <-> *f kein pl* кори́чневый цвет *м;* *(Sonnenbräune)* зага́р *м*

bräunen **I.** *vt (an Sonne)* покрыва́ть, -ры́ть *св* зага́ром **II.** *vr (an Sonne)* загора́ть, -ре́ть *св*

braungebrannt *adj* загоре́лый

Braunkohle <-> *f* бу́рый у́голь *м*

Bräunungsstudio <-s, -s> *nt* сало́н *м* иску́сственного зага́ра

Brause ['braʊzə] <-, -n> *f* **1.** *(Dusche)* душ *м* **2.** *(Limonade)* лимона́д *м*

Brausekopf <-es> *m* вспы́льчивый челове́к *м*

brausen ['braʊzən] *vi* бушева́ть, шуме́ть

Brausepulver <-s, -> *f* порошо́к *м* для приготовле́ния лимона́да

Brausetablette *f* эфервесце́нтные табле́тки *жмн;* *fam* шипу́чка *ж*

Braut [braʊt, *pl:* 'brɔɪtə] <-, Bräute> *f* неве́ста *ж*

Brautführer *m* *тот, кто ведёт неве́сту*

к алтарю́

Bräutigam ['brɔɪtiqam] <-s, -e> *m* жени́х *м*

Brautjungfer <-, -n> *f* подру́жка *ж* неве́сты

Brautkleid <-(e)s, -er> *nt* подвене́чное пла́тье *ср*

Brautpaar <-(e)s, -e> *nt* молодожёны *мн*

brav [bra:f] *adj* **1.** *(Kind)* послу́шный **2.** *(ehrlich)* че́стный, поря́дочный

bravo ['bra:vo] *interj* бра́во, молоде́ц

Bravour [bra'vu:ɐ̯] <-> *f ohne pl,* **Bravur**[RR] <-> *f ohne pl* **1.** *(Tapferkeit)* хра́брость *ж* **2.** *(Brillanz)* соверше́нство *ср,* виртуо́зность *ж;* **etw mit ~ bestehen** блестя́ще справля́ться с чем-л.

BRD [be:ʔɛr'de:] <-> *kein Pl f abk von* **Bundesrepublik Deutschland** ФРГ (Федерати́вная Респу́блика Герма́нии)

Breakdance ['brɛɪkdɛ:ns] <-(s)> *m kein pl* бре́йк-данс *м*

Brecheisen <-s, -> *nt* лом *м*

brechen ['brɛçən] <bricht, brach, gebrochen> **I.** *vt* **1.** *(zer~)* лома́ть, раз- *св;* **in Stücke ~** разби́ть на куски́; **sich** *dat* **einen Arm/ein Bein ~** слома́ть ру́ку/но́гу; **das Eis ~** *fig* разведри́ть обстано́вку **2.** *(Versprechen)* наруша́ть, -ру́шить *св; (nicht einhalten)* не соблюда́ть; **die Ehe ~** разводи́ться, развести́сь *св;* **sein Wort ~** не сдержа́ть сло́во **II.** *vi* **1.** *(zer~)* лома́ться, по- *св,* разбива́ться, -би́ться *св;* **mir bricht das Herz** *fig* се́рдце но́ет, душа́ боли́т **2.** *(erbrechen)* рвать, вы́- *св* **III.** *vr* **sich ~** *(Licht)* преломля́ться, преломи́ться *св; (Wellen)* разбива́ться, -би́ться *св*

Brechreiz <-es> *m* позы́в *м* к рво́те

Brei [braɪ] <-(e)s, -e> *m* **1.** *(Speise)* ка́ша *ж,* пюре́ *ср* **2.** *(Masse)* ме́сиво *ср;* **um den heißen ~ herumreden** *umg* говори́ть вокру́г да о́коло

breit [braɪt] *adj* широ́кий; **ein Meter ~** ширино́й в оди́н метр; **der Fluss ist 20 m ~** река́ ширино́й в 20 м; **sich ~ machen** *(sich ausbreiten)* распространя́ться; *fam (Platz beanspruchen)* развали́ться

Breitbandlautsprecher <-s, -> *m* широкополо́сный усили́тель *м*

Breitbandnetz <-es, -e> *nt* TELKOM широкополо́сная сеть *ж*

Breite ['braɪtə] <-, -n> *f* ширина́ *ж*

Breitengrad <-(e)s, -e> *m* гра́дус *м* широты́

breit|schlagen <irr> *vt fam* **du hast dich schon wieder von ihm ~ lassen** ты опя́ть позво́лил ему́ уговори́ть/убеди́ть себя́

breitschult(e)rig *adj* широкопле́чий

breit|treten <irr> *vt fam (Thema)* обсужда́ть, обсуди́ть *св* подро́бно [*или* в дета́лях]

Bremen ['bre:mən] <-s> *nt* Бре́мен *м*

Bremsbacke <-, -n> *f* тормозна́я коло́дка *ж*

Bremsbelag <-(e)s, -beläge> *m* тормозна́я накла́дка *ж*

Bremse ['brɛmzə] <-, -n> *f* **1.** *(an Auto)* то́рмоз *м* **2.** *(Insekt)* слепе́нь *м;* **auf die ~ treten** нажа́ть на то́рмоз

bremsen ['brɛmzən] **I.** *vi* тормози́ть, за- *св,* остана́вливаться, -нови́ться *св* **II.** *vt* тормози́ть, за- *св,* остана́вливать, -нови́ть *св;* **sie sind nicht zu ~** их не остано́вишь

Bremsflüssigkeit <-, -en> *f* тормозна́я жи́дкость *ж*

Bremslicht <-(e)s, -er> *nt* стоп-сигна́л *м*

Bremspedal <-(e)s, -e> *nt* педа́ль *ж* то́рмоза

Bremsschlauch <-(e)s, -schläuche> *m* тормозно́й шланг *м*

Bremsspur <-, -en> *f* след *м* торможе́ния, тормозно́й след *м*

Bremsweg <-(e)s, -e> *m* тормозно́й путь *м*

brennbar *adj* горю́чий

Brenndauer <-> *f* срок *м* слу́жбы (ла́мпочки)

Brennelement <-(e)s, -e> *nt* тепловыделя́ющий элеме́нт *м*

brennen ['brɛnən] <brennt, brannte, gebrannt> **I.** *vi* **1.** *(in Flammen)* горе́ть, сгоре́ть *св,* пыла́ть *нсв;* **es brennt!** пожа́р!; **lichterloh ~** горе́ть я́рко; **wo brennt's denn?** *fam* что случи́лось?; **darauf ~, etw zu tun** сгора́ть от нетерпе́ния сде́лать что-л. **2.** *(Licht)* горе́ть *нсв;* **bei den Nachbarn brennt noch Licht** у сосе́дей ещё гори́т свет **3.** *(Wunde)* печь *нсв,* жечь *нсв* **II.** *vt* **1.** *(Ton)* обжига́ть, -же́чь *св* **2.** *(Schnaps)* гнать *нсв*

brennend *adj* **1.** *(Holz)* горя́щий; *(in Flammen)* пыла́ющий **2.** *(Schmerz)* ре́жущий **3.** *(Frage)* наболе́вший; *(Interesse)* огро́мный; **das interessiert mich ~** э́то меня́ си́льно интересу́ет; **sich ~d für etw interessieren** о́чень интересова́ться чем-л.

Brennholz *nt ohne pl* дрова́ *мн*

Brennmaterial <-s, -ien> *nt* то́пливо *ср,* горю́чее *ср*

Brennnessel[RR] <-, -n>, **Brennessel**[Alt] *f* крапи́ва *ж*

Brennspiritus <-> *m* денатури́рованный спирт *м*

Brennstoff <-(e)s, -e> *m* то́пливо *ср,* горю́чее *ср*

Brennstoffzelle <-, -> *f* то́пливный элеме́нт *ср*

brenzlig ['brɛntslɪç] *adj* горе́лый; *umg (gefährlich)* сомни́тельный, опа́сный

Bresche ['brɛʃə] <-, -n> *f* проло́м *м,* брешь *ж,* дыра́ *ж;* **eine ~ schlagen** проби́ть дыру́

Brett [brɛt] <-(e)s, -er> *nt* **1.** *(Holz~)* доска́ *ж* **2.** *(für Spiele)* игра́льная доска́ *ж* **3.** *(Regal)* по́лка *ж;* **schwarzes ~** *(Anschlagbrett)* доска́

Briefe

• Anrede in Briefen	• Образцы адреса в письмах
Liebe/r ...,	Дорогой ...,
Hallo, ...! / Hi, ...! *(fam)*	Здравствуйте, ...! / Привет, ...!
Liebe/r Frau / Herr ...,	Дорогой мистер / миссис ...,
Sehr geehrte/r Frau / Herr ... *(form)*	Уважаемый господин / госпожа ...
Sehr geehrte Damen und Herren ...	Уважаемые дамы и господа
• Schlussformeln in Briefen	• Конец письма
Tschüss! *(fam)* / Ciao! *(fam)*	До свидания! / Пока!
Alles Gute! *(fam)*	Всего наилучшего!
Herzliche/Liebe Grüße *(fam)*	Сердечный привет / С любовью от ...
Viele Grüße	С наилучшими пожеланиями
Mit (den) besten Grüßen	Искренне ваш
Mit freundlichen Grüßen *(form)*	С самыми искренними пожеланиями

объявле́ний; **ein ~ vor dem Kopf haben** *umg* быть тупы́м/ограни́ченным

Bretterzaun <-(e)s, -zäune> *m* доща́тый забо́р *м*

Brettspiel <-(e)s, -e> *nt* насто́льная игра́ *ж*

Brezel ['bre:tsəl] <-, -> *f* кре́ндель *м*

i Land & Leute

Этот типичный для Южной Германии хлебный продукт в форме кренделя готовится из светлого теста – свой внешне коричневый цвет он приобретает за счёт того, что перед выпечкой его помещают в специальный рассол. **«Бретцель»** посыпается солью, а затем в таком же виде или разрезанный на кусочки и намазанный внутри маслом («Бретцель с маслом») продаётся в булочных или возле уличных стоек.

bricht *3. präs von* **brechen**

Bridge <-> *nt ohne pl* бридж *м*

Brief [bri:f] <-(e)s, -e> *m* письмо́ *ср*; **(un)frankierter Brief** (не)франкиро́ванное письмо́; **eingehender ~** входя́щее письмо́; **einen ~ absenden** отправля́ть письмо́; **einen ~ datieren** помеча́ть письмо́ число́м; **einen ~ frankieren** накле́ивать на письмо́ почто́вую ма́рку; **jdm einen ~ schreiben** писа́ть кому́-л. письмо́

Briefbeschwerer ['bri:fbəʃve:rɐ] <-s, -> *m* пресс-папье́ *ср*

Briefblock <-(e)s, -blöcke> *m* блок *м* пи́счей бума́ги

Briefbogen <-s, -bögen> *m* лист *м* почто́вой бума́ги

briefen *vt* дава́ть указа́ния, инструкти́ровать

Brieffreund(in) <-(e)s, -e> *m(f)* партнёр *м*, партнёрша *ж* по перепи́ске

Briefing ['bri:fɪŋ] <-s, -s> *nt* бри́финг *м*

Briefkasten <-s, -kästen> *m* почто́вый я́щик *м*

Briefkastenfirma <-, -firmen> *f* фикти́вная фи́рма *ж*

Briefkopf <-(e)s, -köpfe> *m* ша́пка *ж* официа́льного письма́

brieflich *adj* пи́сьменный

Briefmarke <-, -n> *f* почто́вая ма́рка *ж*

Briefmarkenalbum <-s, -alben> *nt* альбо́м *м* для почто́вых ма́рок

Briefmarkenautomat <-(e)s, -en> *m* автома́т *м* по прода́же почто́вых ма́рок

Briefmarkensammlung *f* колле́кция *ж* ма́рок

Brieföffner <-s, -> *m* нож *м* для вскры́тия пи́сем

Briefpapier <-(e)s> *nt* бума́га *ж* для пи́сем, пи́счая бума́га *ж*

Briefpartner(in) <-s, -> *m(f)* корреспонде́нт *м*, партнёр *м* по перепи́ске

Briefporto <-s> *nt* почто́вый сбор *м*

Brieftasche <-, -n> *f* бума́жник *м*

Brieftaube *f* почто́вый го́лубь *м*

Briefträger(in) <-s, -> *m(f)* почтальо́н *м*

Briefumschlag <-(e)s, -umschläge> *m* конве́рт *м*

Briefwahl <-, -en> *f* пи́сьменные вы́боры *мн*

Briefwechsel <-s, -> *m* перепи́ска *ж*; **mit jdm in ~ stehen** состоя́ть с кем-л. в перепи́ске

briet [bri:t] *1. u 3. pers sing imp con* **braten**

Brigade [bri'ga:də] <-, -n> *f* MIL брига́да *ж*

Brigadekommandeur <-s, -e> *m* команди́р *м* брига́ды

Brikett [bri'kɛt] <-s, -s *o rar* -e> *nt* брике́т *м*

brillant [brɪ'ljant] *adj* блестя́щий, блиста́тельный; **sie ist eine ~e Rednerin** она́

великоле́пный ора́тор
Brillant [brɪ'ljant] <-en, -en> *m* бриллиа́нт *м*
Brillantine <-n> *f* брилльянти́н *м*
Brillantring <-(e)s, -e> *m* бриллиа́нтовое кольцо́ *ср*
Brillanz [brɪ'ljants] <-> *f* блеск *м,* блестя́щее исполне́ние *ср*
Brille ['brɪlə] <-, -n> *f* очки́ *мн; (Schutzbrille)* защи́тные очки *мн;* **eine ~ tragen** носи́ть очки; **etw durch die rosa ~ sehen** *umg* смотре́ть на что-л. сквозь ро́зовые очки́
Brillenetui <-s, -s> *nt* футля́р *м* для очко́в
Brillengestell <-(e)s, -e> *nt* опра́ва *ж*
Brillenschlange <-, -n> *f* очко́вая змея́ *ж*
bringen ['brɪŋən] <bringt, brachte, gebracht> *vt* **1.** *(herbringen)* приноси́ть, -нести́ *св;* **das Essen auf den Tisch ~** поста́вить еду́ на стол; **jdn vor Gericht ~** призва́ть в суд кого́-л.; **Glück ~** принести́ сча́стье; **jdn in Verlegenheit ~** пристыди́ть кого́-л.; **jdn auf die Palme ~** *fam* вы́вести кого́-л. из себя́; **ein Kind zur Welt ~** роди́ть ребёнка; **es zu etwas ~** вы́йти в лю́ди; **das bringt doch überhaupt nichts!** э́то нам не помо́жет!; **jdn zum Lachen ~** рассмеши́ть кого́-л.; **etw nicht übers Herz ~** не найти́ сил сде́лать что-л. **2.** *(fortbringen)* относи́ть, -нести́ *св;* **ich bringe dich zum Bahnhof** я провожу́ тебя́ на вокза́л **3.** *(erbringen, Opfer)* приноси́ть, -нести́ *св* **4.** *(veröffentlichen)* публикова́ть, опубликова́ть *св;* **jdn dazu ~, etw zu tun** заста́вить кого́-л. сде́лать что-л.; **jdn auf einen Gedanken ~** навести́ кого́-л. на мысль; **etw in Ordnung ~** привести́ что-л. в поря́док; **jdn aus der Fassung ~** вы́вести кого́-л. из себя́; **jdn um etw ~** лиши́ть кого́-л. чего́-л.
Brise ['bri:zə] <-, -n> *f* бриз *м*
Britannien [bri'tani̯ən] <-s> *nt* HIST Брита́ния *ж*
Brite ['brɪtə *o* 'bri:tə] <-n, -n> *m,* **Britin** ['brɪtɪn] <-, -nen> *f* англича́нин *м,* англича́нка *ж,* брита́нец *м,* брита́нка *ж*
britisch ['brɪtɪʃ] *adj* брита́нский; **die Britischen Inseln** Брита́нские острова́ *мн*
bröckeln ['brllkəln] **I.** *vi* кроши́ться, рас- *св* **II.** *vt* кроши́ть, рас- *св*
Brocken ['brɔkən] <-s, -> *m* кусо́к *м,* обло́мок *м;* **er ist ein harter ~** *umg* он кре́пкий оре́шек; **die Prüfung ist ein harter ~ für ihn** э́тот экза́мен оказа́лся о́чень тру́дным для него́
brodeln ['bro:dəln] *vi* кипе́ть, вскипе́ть *св,* бурли́ть *св;* **vor Wut ~** *fig* кипе́ть от я́рости
Broiler <-s, -> *m* бро́йлер *м*
Brokat [bro'ka:t] <-(e)s, -e> *m* парча́ *ж*
Broker ['bro:kɐ] <-s, -> *m* бро́кер *м*
Brokkoli ['brɔkoli] *pl* BOT бро́кколи *мн*
Brom [bro:m] <-s> *nt ohne pl* CHEM бром *м*
Brombeere ['brɔmbe:rə] <-, -n> *f* ежеви́ка *ж*
Bronchie ['brɔnçi̯ə] <-, -n> *f (anat)* бро́нхи *мн,* лёгкие *мн*
Bronchien <-> *pl* бро́нхи *мн*
Bronchitis [brɔn'çi:tɪs, *pl:* brɔnçi'ti:dən] <-, Bronchitiden> *f* бронхи́т *м*
Bronze ['brɔ̃:sə] <-, -n> *f* бро́нза *ж*
bronzefarben *adj* цве́та бро́нзы
Bronzemedaille <-, -n> *f* бро́нзовая меда́ль *ж*
Bronzezeit <-> *f* бро́нзовый век *м*
Brosche ['brɔʃə] <-, -n> *f* бро́шка *ж,* брошь *ж*
Broschur <-, -en> *f* брошюро́вка *ж*
Broschüre [brɔ'ʃy:rə] <-, -n> *f* брошю́ра *ж*
Brösel ['brœ:zəl] <-s, -> *m meist pl* кро́шка *ж*
bröseln **I.** *vi* кроши́ться, рас- *св* **II.** *vt* кроши́ть, рас- *св*
Brot [bro:t] <-(e)s, -e> *nt* хлеб *м; (Brotlaib)* буха́нка *ж; (belegtes Brot)* бутербро́д *м*
Brotaufstrich *m паште́ты и мя́гкие сыры́ для нама́зывания на бутербро́ды*
Brotbelag *m ohne pl сыр или колбаса́ для бутербро́дов*
Brötchen ['brœ:tçən] <-s, -> *nt* бу́лочка *ж*
Brotkrümel <-s, -> *m* хле́бная кро́шка *ж*
Brotschneidemaschine <-, -n> *f* хлеборе́зка *ж*
Browser ['braʊzɐ] <-s, -> *m* DV бро́узер *м*
Bruch [brʊx, 'brʏçə] <-(e)s, Brüche> *m* **1.** *(Zerbrechen)* ло́мка *ж,* поло́мка *ж* **2.** *(eines Versprechens)* наруше́ние *ср* **3.** *(eines Gesetzes)* наруше́ние *ср* **4.** *(von Knochen)* перело́м *м,* тре́щина *ж* **5.** *(Eingeweidebruch)* гры́жа *ж* **6.** MATH дробь *ж;* **zu ~ gehen** разби́ться вдре́безги; **in die Brüche gehen** ру́шиться
Bruchband <-(e)s, -bänder> *nt* грыжево́й банда́ж *м*
Bruchbude <-, -n> *f pej, umg* лачу́га *ж*
bruchfest *adj* небью́щийся
brüchig ['brʏçɪç] *adj* ло́мкий
Bruchlandung <-, -en> *f* авари́йная поса́дка *ж*
Bruchrechnen *nt* MATH счита́ть дробя́ми
Bruchrechnung <-> *f* исчисле́ние *ср* дробе́й
Bruchstrich <-(e)s, -e> *m* MATH дро́бная черта́ *ж*
Bruchstück <-(e)s, -e> *nt* обло́мок *м*
Bruchteil <-(e)s, -e> *m* части́ца *ж;* **im ~ einer Sekunde** в до́ли секу́нды
Bruchteilsgemeinschaft <-, -en> *f* о́бщая долева́я со́бственность *ж*
Bruchzahl *f* MATH дробь *ж*
Brücke ['brʏkə] <-, -n> *f* мост *м; (Teppich)* ковро́вая доро́жка *ж; (Zahnbrücke)* мост *м;* **alle ~n hinter sich abbrechen** сжечь за собо́й все мосты́

Brückenpfeiler <-s, -> *m* опо́ра *ж* моста́
Bruder ['bru:dɐ, *pl:* 'bry:dɐ] <-s, Brüder> *m* брат *м*
Bruderkrieg *m* <-(e)s, -e> братоуби́йственная война́ *ж*
brüderlich *adj* бра́тский
Brüderlichkeit <-> *f* бра́тство *ср*
Bruderschaft <-en> *f* бра́тство *ср*
Brüderschaft *f ohne pl* брудерша́фт *м;* **mit jdm ~ trinken** пить с кем-л. на брудерша́фт
Brühe ['bry:ə] <-, -n> *f* **1.** *(Speise)* бульо́н *м* **2.** *(trübe Flüssigkeit)* бурда́ *ж*
brüllen ['brʏlən] *vi* **1.** *(Löwe)* рыча́ть *нсв,* реве́ть *нсв* **2.** *(wütender Mensch)* ора́ть *нсв* **3.** *(Baby)* крича́ть, по- *св,* орать *нсв*
Brummbär *m fam* ворчу́н *м*
brummen ['brʊmən] *vi* **1.** *(Bär)* рыча́ть *нсв* **2.** *(Mensch)* ворча́ть *нсв* **3.** *(Insekt)* жужжа́ть *нсв* **4.** *(Motor)* гуде́ть *нсв;* **jdm brummt der Kopf** у кого́-л. трещи́т голова́
brummig *adj (schlechtgelaunt)* ворчли́вый
Brunch ['brantʃ] <-(e)s, -(e)s *o* -(e)> *m* бранч *м (по́здний, оби́льный за́втрак вме́сто обе́да)*
brünett [bry'nɛt] *adj* темноволо́сый
Brunnen ['brʊnən] <-s, -> *m* коло́дец *м; (Mineralbrunnen)* минера́льный исто́чник *м; (Springbrunnen)* фонта́н *м*
Brunnenschacht *m* коло́дец *м*
brüsk [brʏsk] *adj (schroff)* круто́й, ре́зкий; **er wandte sich ~ von ihr ab** он ре́зко отверну́лся от неё
brüskieren [brʏs'ki:rən] <ohne ge-> *vt* гру́бо обраща́ться *нсв*
Brust [brʊst, *pl:* 'brʏstə] <-, Brüste> *f* грудь *ж,* бюст *м*
Brustbein <-(e)s, -e> *nt* груди́на *ж*
brüsten ['brʏstən] *vr* **sich mit etw ~** хва́статься чем-л.
Brustkrebs <-es> *m* рак *м* груди́
Brustlattich <-(e)s, -e> *m* BOT мать-и-ма́чеха *ж*
Brustschwimmen <-s> *nt* брасс *м*
Brustumfang *m* объём *ж* груди́
Brüstung ['brʏstʊŋ] <-, -en> *f* парапе́т *м*
Brustwarze <-, -n> *f* сосо́к *м* груди́
Brut ['bru:t] <-, -en> *f* вы́водок *м; (das Brüten)* выси́живание *ср; pej (Kinder)* отро́дье *ср*
brutal [bru'ta:l] *adj* жесто́кий, безжа́лостный; **ein ~es Verbrechen** зве́рское преступле́ние
Brutalität [brutali'tɛ:t] <-, -en> *f* жесто́кость *ж,* безжа́лостность *ж*
brüten ['bry:tən] *vi* выси́живать, вы́сидеть *св;* **über etw ~** лома́ть над чем-л. го́лову; **~de Hitze** гнету́щая жара́
Brüter <-s, -> *m* **schneller ~** *(Kernreaktor)* реа́ктор на бы́стрых нейтро́нах
Brutkasten <-s, -kästen> *m* инкуба́тор *м*
brutto ['brʊto] *adv* бру́тто
Bruttoeinkommen <-s, -> *nt* валово́й дохо́д *м*
Bruttoerfolg <-(e)s, -e> *m* результа́т *м* валово́го дохо́да
Bruttoerlös <-es, -e> *m* валова́я вы́ручка *ж,* валово́й дохо́д *м*
Bruttogehalt <-(e)s, -gehälter> *nt* зарпла́та *ж* без вы́четов
Bruttogewicht <-(e)s, -e> *nt* о́бщий вес *м*
Bruttogewinn <-(e)s, -e> *m* при́быль *ж* бру́тто
Bruttoinländerprodukt <-(e)s, -e> *nt* валово́й социа́льный проду́кт *м*
Bruttoinlandsprodukt <-(e)s, -e> *nt* валово́й национа́льный проду́кт *м*
Bruttolohn <-(e)s, -löhne> *m* о́бщая су́мма *ж* зарпла́ты
Bruttonationalprodukt <-(e)s, -e> *nt* валово́й социа́льный проду́кт *м*
Bruttopreis <-es, -e> *m* цена́ *ж* бру́тто
Bruttoregistertonne <-, -n> *f* бру́тто-регистровая то́нна *ж*
Bruttosozialprodukt <-(e)s, -e> *nt* валово́й национа́льный проду́кт *м*
Bruttoverdienst <-(e)s, -e> *m* о́бщая су́мма *ж* за́работка
Bruttoverkaufspreis <-es, -e> *m* цена́ *ж* бру́тто
Bruttoverzinsung <-, -en> *f* дохо́д *м* бру́тто (со вкла́дов)
Bruttozins <-es, -en> *m* валово́й проце́нт *м* по креди́ту
Bube <-n, -n> *m (Spielkarte)* вале́т *м*
Buch [bu:x, *pl:* 'by:çɐ] <-(e)s, Bücher> *nt* кни́га *ж; (Drehbuch)* сцена́рий *м;* ÖKON *(Geschäftsbuch)* бухга́лтерская кни́га *ж;* **über etw ~ führen** вести́ учёт чего́-л.
Buchauszug <-(e)s, -züge> *m* вы́писка *ж* из бухга́лтерских книг
Buchbinder <-s, -> *m* переплётчик *м*
Buchdruck <-(e)s> *m kein pl* книгопеча́тание *ср*
Buche ['bu:xə] <-, -n> *f* бук *м*
buchen ['bu:xən] *vt* **1.** *(Reise)* брони́ровать *(н)св,* за- *св* **2.** ÖKON запи́сывать, -са́ть *св* в бухга́лтерскую кни́гу
Bücherei [by:çə'raɪ] <-, -en> *f* кни́жный магази́н *м*
Bücherfreund <-(e)s, -e> *m* библиофи́л *м*
Büchernarr <-s, -en> *m* библиома́н *м*
Bücherregal <-(e)s, -e> *nt* кни́жная по́лка *ж*
Bücherschrank *m* кни́жный шкаф *м*
Bücherstütze <-, -n> *f* подпо́рка *ж* для книг
Bücherwurm <-(e)s, -würmer> *m umg* кни́жный че́рвь *м*
Buchführung <-, -en> *f* бухгалте́рия *ж,* бухга́лтерский учёт *м;* **doppelte ~** двой-

на́я систе́ма бухга́лтерского учёта; **kameralistische** ~ камера́льное счетово́дство

Buchführungspflicht <-> *f* обя́занность *ж* вести́ бухга́лтерский учёт

Buchführungsrichtlinien *pl* указа́ния *мн* о поря́дке веде́ния бухга́лтерского учёта

Buchgeld <-(e)s, -er> *nt* нали́чные сре́дства *мн* на счёта

Buchhalter <-s, -> *m*, **Buchhalterin** *f* бухга́лтер *м*

Buchhaltung <-, -en> *f* бухгалте́рия *ж*, бухга́лтерский учёт *м*

Buchhandel <-s> *m* кни́жная торго́вля *ж*

Buchhändler(in) <-s, -> *m(f)* книготорго́вец *м*, продаве́ц *м*, продавщи́ца *ж* в кни́жном магази́не

Buchhandlung <-, -en> *f* кни́жный магази́н *м*

Büchlein <-s, -> *nt* кни́жечка *ж*

Buchmacher(in) <-s, -; -nen> *m(f)* букме́йкер *м*

Buchmarkt <-(e)s> *m* кни́жный ры́нок *м*

Buchmesse <-, -n> *f* кни́жная я́рмарка *ж*

Buchprüfer(in) <-s, -> *m(f)* ауди́тор *м*

Buchprüfung <-, -en> *f* ауди́торство *ср*

Buchschuld <-, -en> *f* поземе́льный долг *м*

Büchse ['bʏksə] <-, -n> *f* ба́нка *ж*; *(Blechdose)* жестя́нка *ж*; *(Gewehr)* охо́тничье ружьё *ср*

Buchse <-n> *f* **1.** TECH вту́лка *ж* **2.** ELEK (ште́псельное) гнездо́ *ср*

Büchsenfleisch <-es> *nt* мясны́е консе́рвы *мн*

Büchsenmilch <-> *f* сгущённое молоко́ *ср* (без са́хара)

Büchsenöffner <-s, -> *m* консе́рвная откры́валка *ж*

Buchstabe ['buːxʃtaːbə] <-ns *o rar* -n, -n> *m* бу́ква *ж*

buchstabieren [buːxʃta'biːrən] <ohne ge-> *vt* диктова́ть, про- *св* по бу́квам

buchstäblich ['buːxʃtɛːplɪç] **I.** *adj (wörtlich)* буква́льный, досло́вный **II.** *adv (sozusagen, geradezu)* буква́льно, пря́мо-таки; **sein Chef hat ihn ~ herausgeworfen** шеф его́ буква́льно вы́швырнул

Bucht [bʊxt] <-, -en> *f* бу́хта *ж*, зали́в *м*

Buchtel ['bʊxtəl] <-, -n> *f meist pl, österr (Hefegebäck)* пиро́г *м* со сла́дкой начи́нкой

Buchung ['buːxʊŋ] <-, -en> *f* **1.** ÖKON бухга́лтерская за́пись *ж* **2.** *(einer Reise)* брони́рование *ср*

Buchungsbeleg <-(e)s, -e> *m* отчётный (бухга́лтерский) докуме́нт *м*

Buchungsgebühr <-, -en> *f* сбор *м* за веде́ние счёта

Buchweizen <-s> *m* гречи́ха *ж*

Buchwert <-(e)s, -e> *m* бала́нсовая сто́имость *ж*

Buckel ['bʊkəl] <-s, -> *m umg* **1.** *(Rücken)* горб *м*, спина́ *ж* **2.** *(Hügel, Wölbung)* возвы́шенность *ж*, холм *м*; **etw auf dem ~ haben** *umg* мно́гое пове́дать в жи́зни

buck(e)lig *adj (Mensch)* горба́тый

Buck(e)lige <ein -r, -n, -n> *mf* горба́тый *м*, горба́тая *ж*

bücken ['bʏkən] *vr* нагиба́ться, -гну́ться *св*; **sich nach etw ~** нагиба́ться за чем-л.

bucklig *adj s.* **buck(e)lig**

Bückling ['bʏklɪŋ] <-s, -e> *m* **1.** *(Hering)* копчёная сельдь *ж* **2.** *umg (Verbeugung)* покло́н *м*

Budapest <-s> *nt* Будапе́шт *м*

buddeln ['bʊdəln] *vt fam* копа́ть, вы́копать *св*

Buddhismus [bʊ'dɪsmʊs] <-> *m kein pl* будди́зм *м*

Buddhist(in) <-en, -en; -, -nen> *m(f)* будди́ст *м*

Bude ['buːdə] <-, -n> *f* ла́вка *ж*, бу́дка *ж*, пала́тка *ж*; **jdm die ~ einrennen** *umg* надоеда́ть кому́-л. свои́ми посеще́ниями

Budget [bʏ'dʒeː *o* by'dʒeː] <-s, -s> *nt* бюдже́т *м*; **das ~ bewilligen** одобря́ть бюдже́т

Budgetabweichung <-, -en> *f* отклоне́ние *ср* от при́нятого бюдже́та

Budgetausgleich <-(e)s, -e> *m* сбаланси́рованность *ж* бюдже́та

Budgetdefizit <-s, -e> *nt* дефици́т *м* бюдже́та

Budgetfehlbetrag <-(e)s, -beträge> *m* дефици́т *м* бюдже́та

budgetieren *vi, vt* POL, COM составля́ть/соста́вить *св* бюдже́т

Budgetierung <-, -en> *f* составле́ние *ср* бюдже́та

Budgetpolitik <-> *f* бюдже́тная поли́тика *ж*

Budgetüberschuss <-es, -schüsse> *m* бюдже́тный оста́ток *м*

Büfett [by'feː] <-(e)s, -s *o* -e> *nt* **1.** *(Anrichte)* заку́ски *мн*; **kaltes ~** холо́дные заку́ски **2.** *(Theke)* буфе́т *м*

Büffel ['bʏfəl] <-s, -> *m* бу́йвол *м*

büffeln ['bʏfəln] *vi umg (lernen)* интенси́вно занима́ться *нсв*, учи́ть *нсв*

Buffet [bʏ'feː] <-s, -s> *nt s.* **Büfett**

Bug[1] [buːk, *pl:* 'buːgə *o* 'byːgə] <-(e)s, *rar* -e *o* Büge> *m (Schulterteil)* лопа́тка *ж*

Bug[2] <-(e)s, -e> *m* NAUT *(Schiffs~)* нос *м*, носова́я часть *ж*

Bug[3] <-s, -s> *m* DV *(Programmierfehler)* оши́бка *ж* в програ́мме

Bügel ['byːgəl] <-s, -> *m* **1.** *(Kleiderbügel)* пле́чики *мн*, ве́шалка *ж* **2.** *(Brillenbügel)* ду́жка *ж* **3.** *(Steigbügel)* стре́мя *ср*

Bügelbrett <-(e)s, -er> *nt* глади́льная доска́ *ж*

Bügeleisen <-s, -> *nt* утю́г *м*
Bügelfalte <-, -n> *f* скла́дка *ж*
bügelfrei *adj* немну́щийся
bügeln ['by:gəln] *vt* гла́дить, по- *св*, утю́жить, от- *св*
bugsieren *vt (schleppen)* тяну́ть на букси́ре
buh [bu:] *interj* бу-у *(неодобри́тельные кри́ки)*
buhen ['bu:ən] *vi fam* осви́стывать, освиста́ть *св (крича́ть неодобри́тельно)*
Buhmann ['bu:man] <-(e)s, -männer> *m umg* козёл *м* отпуще́ния
Bühne ['by:nə] <-, -n> *f* сце́на *ж; (Dachboden)* черда́к *м;* **etw (reibungslos) über die ~ bringen** *umg* успе́шно провести́ что-л.
Bühnenanweisung <-, -en> *f* THEAT рема́рка *ж*
Bühnenbild <-(e)s, -er> *nt* декора́ция *ж*
Bühnenstück <-(e)s, -e> *nt* пье́са *ж*
Buhruf ['bu:ru:f] <-(e)s, -e> *m* во́зглас *м* неодобре́ния
Bukarest ['bu:karɛst] <-s> *nt* GEOG Бухаре́ст *м*
Bukett [bu'kɛt] <-(e)s, -e *o* -s> *nt* буке́т *м*
Bulette [bu'lɛtə] <-, -n> *f* ру́бленая котле́та *ж*
Bulgare [bʊl'ga:rə] <-n, -n> *m* болга́рин *м; s.a.* **Bulgarin**
Bulgarien [bʊl'ga:riən] <-s> *nt* GEOG Болга́рия *ж*
Bulgarin [bʊl'ga:rɪn] <-, -nen> *f* болга́рка *ж; s.a.* **Bulgare**
bulgarisch [bʊl'ga:rɪʃ] *adj* болга́рский
Bulimie [buli'mi:] <-> *f kein pl* MED булеми́я *ж*
Bull *m* BÖRSE осси́ст *м*
Bullauge ['bʊlʔaʊgə] <-s, -n> *nt* иллюмина́тор *м*
Bulldogge ['bʊldɔgə] <-, -n> *f* бульдо́г *м*
Bulldozer ['bʊldo:zɐ] <-s, -> *m* бульдо́зер *м*
Bulle ['bʊlə] <-n, -n> *m* **1.** ZOOL бык *м* **2.** *pej, umg (Polizist)* милиционе́р *м*, мент *м;* **jd ist ein ~ von Mann** *umg* кто-л. здоро́в как бык
Bull market <-s, -s> *m* BÖRSE би́ржа *ж* с тенде́нцией к повыше́нию
Bumerang ['bu:məraŋ *o* 'bʊməraŋ] <-s, -e *o* -s> *m* бумера́нг *м*
Bumerangeffekt <-(e)s, -e> *m* эффе́кт *м* бумера́нга
Bummel ['bʊməl] <-s, -> *m* прогу́лка *ж;* **wir machen einen kleinen ~ durch die Stadt** мы немно́го прогуля́емся по го́роду
bummeln *vi* **1.** *(wandern)* броди́ть, гуля́ть *нсв*, по- *св* **2.** *(trödeln)* копа́ться, за- *св*, вози́ться, за- *св*
Bummelstreik <-(e)s, -s> *m забасто́вка, заключа́ющаяся в сниже́нии те́мпа рабо́ты при соблюде́нии всех инстру́кций*
Bummelzug <-(e)s, -züge> *m* пассажи́рский по́езд *м*
bumsen ['bʊmzən] *vi* **1.** *(krachen)* гро́хнуть *св*, -хать *нсв* **2.** *umg (miteinander schlafen)* соверша́ть, -ши́ть *св* полово́й акт, тра́хаться, -хнуться *св*
Bund[1] [bʊnt, *pl;* 'bʏndə] <-(e)s, Bünde> *m* **1.** *(Vereinigung)* сою́з *м* **2.** *umg (BRD)* ФРГ *ж* **3.** *umg (Bundeswehr)* бундесве́р *м* **4.** *(Hosen~)* по́яс *м* брюк; **einen ~ schließen** заключи́ть сою́з; **den ~ der Ehe eingehen** сочета́ться у́зами бра́ка
Bund[2] [bʊnt, *pl:* 'bʊndə] <-(e)s, -e> *m* свя́зка *ж*, пучо́к *м; (Schlüssel~)* свя́зка ключе́й; **bitte einen ~ Möhren** пучо́к морко́вки, пожа́луйста
Bündel ['bʏndəl] <-s, -> *nt* свя́зка *ж*, у́зел *м*
bündeln *vt* свя́зывать, -за́ть *св* в узлы́; *(Strahlen)* фокуси́ровать, сфокуси́ровать *св*
Bundes- ['bʊndəs] *(in Zusammensetzungen)* федерати́вный, федера́льный
Bundesamt <-(e)s, -ämter> *nt* федера́льное ве́домство *ср*
Bundesanleihe <-, -n> *f* госуда́рственный заём *м*
Bundesanstalt <-, -n> *f* федера́льное ве́домство *ср*
Bundesbahn <-> *f (Deutsche ~)* Желе́зные доро́ги *мн* ФРГ
Bundesbank <-> *f (Deutsche ~)* Федера́льный банк *м* Герма́нии
Bundesbankzins <-es, -en> *m* диско́нтная ста́вка *ж*
Bundesbehörde <-, -n> *f* федера́льное ве́домство *ср*
Bundesbürgschaft <-, -en> *f* поручи́тельство *ср* госуда́рства
Bundesdeutsche <ein -r, -n, -n> *mf* граждани́н *м*, гражда́нка *ж* ФРГ
Bundesebene <-> *f* **auf ~** на федера́льном у́ровне
Bundesfinanzhof <-(e)s> *m* Федера́льный фина́нсовый суд *м* Герма́нии
Bundesgarantie <-, -en> *f* госуда́рственная гара́нтия *ж*
Bundesgebiet <-(e)s> *nt* террито́рия *ж* ФРГ
Bundesgesetz <-es, -e> *nt* федера́льный зако́н *м*
Bundesgrenzschutz <-(e)s> *m* федера́льная пограни́чная охра́на *ж*
Bundeshaushalt <-(e)s> *m* федера́льный бюдже́т *м*
Bundesheer <-(e)s, -e> *nt österr (Streitkräfte)* вооружённые си́лы *мн* А́встрии
Bundesinnenminister [bʊndəs'ɪnənmɪnɪstɐ] <-s, -> *m* мини́стр *м* вну́тренних дел *(ФРГ, А́встрия)*
Bundesinnenministerium <-s> *nt* минис-

те́рство *ср* вну́тренних дел *(ФРГ, А́встрия)*

Bundeskanzler(in) <-s, -> *m(f)* федера́льный ка́нцлер *м (ФРГ, А́встрия)*

Land & Leute

В Германии **федеральный канцлер** избирается парламентом страны («бундестагом»), после чего он назначается федеральным президентом, являющимся главой правительства. В Австрии **федеральный канцлер** предлагается наиболее сильной партией и назначается федеральным президентом. Он является председателем правительства и заведует «федеральной должностью канцлера». В Швейцарии **федеральный канцлер** – глава «федеральной канцелярии», подчинённой федеральному президенту.

Bundeskartellamt <-(e)s> *nt* федера́льное ве́домство *ср* госуда́рственного надзо́ра за де́ятельностью карте́лей

Bundesland <-(e)s, -länder> *nt* федера́льная прови́нция *ж*

Land & Leute

Федеративная Республика Германии образовалась в результате объединения в 1990 году 16-ти **федеральных земель**. Республика Австрия разделена на 9 федеральных земель. Каждая федеральная земля имеет столицу, в которой находится соответствующее федеральное правительство.

Bundesliga ['bʊndəsli:ga] <-> *f* SPORT бундесли́га *ж*, вы́сшая ли́га *ж (ФРГ)*

Bundesligaklub <-s, -s> *m* клуб *м* вы́сшей ли́ги

Bundesligaspiel <-(e)s, -e> *nt* матч *м* вы́сшей ли́ги

Bundesligaverein <-s, -e> *m* клуб *м* вы́сшей ли́ги

Bundesminister(in) <-s, -; -, -nen> *m(f)* федера́льный мини́стр *м (ФРГ, А́встрия)*

Bundesministerium <-s, -ministerien> *nt* федера́льное министе́рство *ср (ФРГ, А́встрия)*

Bundesobligation <-, -en> *f* госуда́рственные облига́ции *мн*

Bundesparteitag <-(e)s, -e> *m* федера́льный парти́йный съезд *м*

Land & Leute

В Германии и в Австрии **федеральный президент** имеет главным образом представительные функции. В Швейцарии же он является членом правительства, состоящего из семи человек и назначаемого Федеральным Советом – «бундесратом». Этот Федеральный Совет избирает каждый год одного из своих членов федеральным президентом, который, впрочем, действует лишь как «первый среди равных».

Land & Leute

Федеральный Совет составляется в Германии из членов земельных правительств. Число депутатов зависит от размеров федеральной земли. Федеральный Совет принимает участие в законодательстве. В Австрии **Федеральный Совет** является частью Парламента, в котором земли представлены в зависимости от численности населения. Точное число земельных представителей устанавливается федеральным президентом после каждой переписи населения. В Швейцарии же **Федеральный Совет** – это правительство, состоящее из семи членов и избираемое на каждые четыре года. Его председатель – федеральный президент.

Bundesregierung *f* ADMIN федера́льное прави́тельство *ср*

Bundesrepublik <-> *f* федерати́вная респу́блика *ж*; ~ **Deutschland** Федерати́вная Респу́блика Герма́нии

Bundesstaat <-(e)s, -e> *m* федерати́вное госуда́рство *ср*

Bundestag <-(e)s> *m* Бундеста́г *м*

Land & Leute

Народное представительство Федеративной Республики Германии избирается через каждые четыре года на свободных и тайных выборах. **Бундестаг** избирает федерального канцлера, обсуждает и принимает законопроекты.

Bundestagsabgeordnete(r) <-n, -n> *f(m)* депута́т *м* бундеста́га

Bundestagsmitglied <-(e)s, -er> *nt* член бундеста́га *м*

Bundestagswahl <-, -en> *f* вы́боры *мн* в бундеста́г

Bundestagswahlkampf <-(e)s> *m* предвы́борная борьба́ *ж* за ме́сто в бундеста́ге

Bundesumweltminister <-s, -> *m* мини́стр *м* окружа́ющей среды́ *(ФРГ, А́встрия)*

Bundesverband <-(e)s, -verbände> *m* федера́льный сою́з *м;* ~ **der Deutschen Industrie** Федера́льный сою́з герма́нской промы́шленности

Bundesverfassungsgericht [bʊndəsfer'fasungsgeriht] <-(e)s> *nt* Федера́льный конституцио́нный суд *м (ФРГ)*

Bundesverwaltungsgericht <-(e)s> *nt* Федера́льный администрати́вный суд *м (ФРГ)*

Bundesvorstand <-(e)s, -vorstände> *m* правле́ние *ср* сою́за

Bundeswehr ['bʊndəsveːɐ̯] <-> *f kein pl* бундесве́р *м*

bundesweit *adj* в национа́льном масшта́бе

bündig ['bʏndɪç] *adj (kurz)* сжа́тый, лакони́чный; **kurz und ~** ко́ротко и я́сно

Bündnis [bʏntnɪs] <-ses, -se> *nt* сою́з *м*

Bündnispartner <-s, -> *m* сою́зник *м*

Bündnispolitik <-> *f* сою́зническая поли́тика *ж*

Bungalow ['bʊŋgalo] <-s, -s> *m* бу́нгало *ср*

Bungee-Springen ['bandʒiʃprɪŋən] <-s> *nt ohne pl* прыжки́ *мн* с ба́нджи

Bunker ['bʊnkɐ] <-s, -> *m* MIL бу́нкер *м*

bunkern *vt* пря́тать, спря́тать *св*, собира́ть, собра́ть *св*

bunt [bʊnt] *adj* **1.** *(farbig)* цветно́й **2.** *(mehrfarbig)* разноцве́тный **3.** *(gemischt)* пёстрый; **es wird mir zu ~** э́то уж сли́шком

buntkariert *adj* в пёструю [*или* в разноцве́тную] кле́тку

Buntstift *m* цветно́й каранда́ш *м*

Buntwäsche <-> *f* цветно́е бельё *ср*

Bürde ['bʏrdə] <-, -n> *f geh* бре́мя *ср*, тя́жесть *ж*, обу́за *ж*

Burg [bʊrk, *pl:* 'bʊrgən] <-, -en> *f* кре́пость *ж*

Burganlage <-, -n> *f* крепостны́е сооруже́ния *срмн*

Bürge ['bʏrgə] <-n, -n> *m* поручи́тель *м*, гара́нт *м*

bürgen *vi* руча́ться за, поручи́ться за *св*

Bürger(in) ['bʏrgɐ] <-s, -; -, -nen> *m(f)* граждани́н *м*, гражда́нка *ж*

Bürgerbeteiligung <-, -en> *f* уча́стие *ср* гра́ждан

Bürgerinitiative <-, -n> *f* гражда́нская инициати́ва *ж*

Bürgerkrieg <-(e)s, -e> *m* гражда́нская война́ *ж*

Bürgerkriegsflüchtling <-s, -e> *m* бе́женец *м* из страны́, в кото́рой идёт гра́жданская война́

bürgerlich *adj* гражда́нский; *(spießig)* обыва́тельский; **Bürgerliches Gesetzbuch** Гражда́нский ко́декс; **~e Kost** простая́ дома́шняя еда́

Bürgermeister(in) <-s, -> *m(f)*, **Bürgermeisterin** *f* бургоми́стр *м*

bürgernah *adj* учи́тывающий потре́бности гра́ждан

Bürgerrecht <-(e)s> *nt* гражда́нские пра́ва *мн*

Bürgerrechtler(in) ['bʏrgɐrɛçtlɐ] <-s, -; -, -nen> *m(f)* боре́ц *м* за гра́жданские права́

Bürgersteig ['bʏrgɐʃtaɪk, *pl:* 'bʏrgɐʃtaɪgə] <-(e)s, -e> *m* тротуа́р *м*

Bürgerversammlung <-, -en> *f* собра́ние *ср* гра́ждан

Burggraben <-s, -gräben> *m* крепостно́й ров *м*

Burgruine <-, -n> *f* разва́лины *мн* кре́пости

Bürgschaft ['bʏrkʃaft] <-, -en> *f* поручи́тельство *ср;* **eine ~ für jdn leisten** поручи́ться за кого́-л.

Büro [by'roː] <-s, -s> *nt* в бюро́ *ср*

Büroangestellte(r) <-n, -n> *f(m)* слу́жащий *м*, слу́жащая *ж* в бюро́

Bürobedarf <-(e)s> *m* канцеля́рские принадле́жности *жмн*

Bürogebäude <-s, -> *nt* *специа́льно спроекти́рованное зда́ние, в кото́ром располага́ются исключи́тельно служе́бные и деловы́е помеще́ния фирм, организа́ций, ча́стные бюро́ и т. п.*

Bürokauffrau <-, -en> *f* *слу́жащая ча́стного предприя́тия, в чью компете́нцию вхо́дят веде́ние комме́рческих дел и делова́я перепи́ска*

Büroklammer <-, -n> *f* канцеля́рская скре́пка *ж*

Bürokommunikation <-> *f* коммуника́ция *ж* в бюро́

Bürokraft <-, -kräfte> *f* клерк *м*

Bürokrat(in) [byro'kraːt] <-en, -en; -, -nen> *m(f)* бюрокра́т(ка) *м (ж)*

Bürokratie [byrokra'tiː, *pl:* byrokra'tiːən] <-, *rar* -n> *f* бюрокра́тия *ж*

bürokratisch [byro'kraːtɪʃ] *adj* бюрократи́ческий

Büromöbel <-> *pl* о́фисная [*или* конто́рская] ме́бель *ж*

Büroraum <-(e)s, -räume> *m* помеще́ние *ср* под о́фис

Bursche ['bʊrʃə] <-n, -n> *m* **1.** *(junger ~)* подросток *м* **2.** *(Kerl)* парень *м,* малый *м*

burschikos [bʊrʃi'ko:s] *adj* непринуждённый, назависимый

Bürste ['bʏrstə] <-, -n> *f* щётка *ж*

bürsten *vt* чистить, по- *св;* **sie bürstet sich das Haar** она расчёсывает себе волосы щёткой; **sich** *dat* **die Haare ~** причёсываться

Bürstenschnitt <-(e)s, -e> *m* стрижка *ж* ёжиком

Bus [bʊs] <-ses, -se> *m* автобус *м*

Busbahnhof <-(e)s, -bahnhöfe> *m* автовокзал *м*

Busch [bʊʃ, *pl:* 'bʏʃə] <-es, Büsche> *m* куст *м,* кустарник *м; (Urwald)* буш *м,* тропический лес *м;* **etw ist im ~e** *umg* что-то назревает; **hier ist etwas im ~** *fam* тут что-то не так

Büschel ['bʏʃəl] <-s, -> *nt* пук *м,* пучок *м*

büschelweise *adv (Gras, Heu)* сноп *м,* вязанка *ж; (Haare)* прядь *ж*

buschig *adj* кустистый; **~e Brauen** густые брови

Busen ['bu:zən] <-s, -> *m* **1.** *(Brust)* женская грудь *ж* **2.** *(Meeres~)* залив *м*

Busenfreund <-(e)s, -e> *m,* **Busenfreundin** *f umg* закадычный друг *м,* закадычная подруга *ж*

Busfahrer(in) <-s, -> *m(f)* водитель *м,* водительница *ж* автобуса

Bushaltestelle <-, -n> *f* автобусная остановка *ж*

Business <-> *m* бизнес *м*

Buslinie *f* маршрут *м* автобуса

Bussard ['bʊsart, *pl:* 'bʊsardə] <-s, -s> *m* сарыч *м*

Buße ['bu:sə] <-, -n> *f* покаяние *ср; (Geldstrafe)* штраф *м;* **jdm eine ~ auferlegen** наложить на кого-л. епитимью

büßen ['by:sən] **I.** *vi* **für etw ~** поплатиться за что-л. **II.** *vt* **1.** REL каяться, покаяться *св* **2.** *(Tat)* платиться, поплатиться *св,* **das wirst du mir ~** ты за это поплатишься **3.** *Schweiz (mit Geldbuße belegen)* наложить штраф

Bußgeld ['bu:s-] <-es, -er> *nt* денежный штраф *м*

Bußgeldverhängung <-, -en> *f* наложение *ср* денежного штрафа

Buß- und Bettag <-(e)s, -e> *m* REL день *м* покаяния и молитвы

Büste ['bʏstə] <-, -n> *f* **1.** *(Statue)* бюст *м* **2.** *(Brust)* бюст *м,* женская грудь *ж*

Büstenhalter <-s, -> *m* бюстгальтер *м,* лифчик *м*

Butangas [bu'ta:ŋga:s] <-es> *nt ohne pl* газ *м* бутан

Butter ['bʊtɐ] <-> *f* масло *ср;* **alles in ~!** *umg* всё идёт как по маслу

Butterblume *f* BOT одуванчик *м*

Butterbrot <-(e)s, -e> *nt* хлеб *м* с маслом

Butterbrotpapier <-(e)s, -e> *nt* жиронепроницаемая бумага *ж* для бутербродов

Buttercreme <-, -s> *f* сливочный крем *м*

Buttercremetorte <-, -n> *f* торт *м* со сливочным кремом

Butterkeks <-es, -e> *m* сливочное печенье *ср*

Buttermilch <-> *f* пахта *ж*

butterweich ['bʊtɐ'vaɪç] *adj* мягкий

Button [bʌtn] <-s, -s> *m* **1.** *(Anstecker)* значок *м* **2.** DV кнопка *ж*

Bypass *m* MED дренаж *м*

Byte [baɪt] <-s, -s> *nt* DV байт *м*

byzantinisch [bytsan'ti:nɪʃ] *adj* византийский

bzw. *abk von* **beziehungsweise** соответственно

C c

C, c [tse:] <-, -> *nt* бу́ква C
ca. *abk von* **circa** о́коло
Cabrio, Cabriolet [kabrio'le:] <-s, -s> *nt* кабриоле́т *м*, маши́на *ж* с откидны́м ве́рхом
Cache <-s, -s> *m* DV кэш *м*
CAD [kat] *abk von* **Computer-Aided Design** проекти́рование *ср* с по́мощью компью́тера
CAD-Programm <-(e)s, -e> *nt* систе́ма *ж* проекти́рования
Café [ka'fe:] <-s, -s> *nt* кафе́ *ср*
Cafeteria [kafete'ri:a] <-, -s> *f* кафете́рий *м*
Calcium <-s> *nt ohne pl* CHEM ка́льций *м*
Callgirl ['kɔ:lgœ:l] <-s, -s> *nt проститу́тка, рабо́тающая по телефо́нному вы́зову*
Callgirlring <-(e)s, -e> *m организо́ванная гру́ппа проститу́ток, рабо́тающих по телефо́нному вы́зову*
Camembert ['kamɑ̃bɛ:ɐ, 'kaməmbe:ɐ] <-s> *m* (сыр *м*) камамбе́р *м*
Camp [kɛmp] <-s, -s> *nt* пала́точный ла́герь *м*
campen ['kɛmpən] *vi* жить *нсв* в ке́мпинге
Camper(in) <-s, -> *m(f)* отдыха́ющий *м*, отдыха́ющая *ж* в ке́мпинге
Camping ['kɛmpɪŋ] <-s> *nt ohne pl* ке́мпинг *м*
Campingausrüstung <-, -en> *f* обору́дование *ср* для ке́мпинга
Campingbus <-ses, -se> *m* жило́й миниавто́бус *м*
Campingplatz <-es, -plätze> *m* ке́мпинг *м*
Campingstuhl <-(e)s, -stühle> *m* складно́й стул *м* для ке́мпинга
Campingtisch <-es, -e> *m* складно́й стол *м* для ке́мпинга
Campus <-> *m* террито́рия *ж* университе́та
Cannabis ['kanabɪs] <-> *m ohne pl* BOT конопля́ *ж*; *sl (Haschisch)* инди́йская конопля́ *ж*
Cape <-s, -s> *nt* наки́дка *ж*, пелери́на *ж*
Cappuccino [kapu'tʃi:no] <-s> *m* капучи́но *ср*
Caravan ['karavan] <-s, -s> *m* **1.** *(Kombiwagen)* автомоби́ль *м* ко́мби **2.** *(Wohnwagen)* жило́й миниавто́бус *м*
Carsharing <-(s)> *nt ohne pl рациона́лное испо́льзование маши́ны/автомоби́ля людьми́, при кото́ром не́сколько челове́к де́лят ме́жду собо́й расхо́ды*
Cartoon ['ka:ɐtu:n] <-s, -s> *m* карикату́ра *ж*, сатири́ческий рису́нок *м*
Cartoonist(in) <-en, -en> *m(f)* карикатури́ст *м*
Casanova <-s, -s> *m fam* ба́бник *м*, кобе́ль *м*, волоки́та *м*
cash *adv* пла́та нали́чными
Cash-flow[Alt] ['kɛʃfloʊ] <-s> *m ohne pl*, **Cashflow**[RR] <-s> *m ohne pl* ÖKON кэш флóу *м*
Casino <-s, -s> *nt* казино́ *ср*
catchen *vi* уча́ствова́ть *нсв* в соревнова́ниях по ке́тчу
Catcher(in) <-s, -> *m(f)* кетчи́ст *м*
Catering <-s> *nt* ке́теринг *м*
Catering-Unternehmen <-s, -> *nt* предприя́тие *ср* ке́теринг
CD[1] [tse:'de:] *abk von* **Corps Diplomatique** дипломати́ческий ко́рпус *м*
CD[2] [tse:'de:] *abk von* **Compact Disc** компа́кт-диск *м*
CD-Player [tse:'de:plɛɪɐ] <-s, -> *m* СД (Си Ди)-пле́йер *м*
CD-Rom [tse:'de:rɔm], **CD-ROM** <-(s)> *f* СД (Си Ди)-ро́м *м*
CD-Rom-Laufwerk <-(e)s, -e> *nt* дисково́д *м* для сидиро́ма
CD-Spieler <-s, -> *m* прои́грыватель *м* для компа́ктных ди́сков
C-Dur <-s> *nt* MUS до мажо́р *м*
Cellist(in) [tʃɛ'lɪst] <-en, -en> *m(f)* виолонче́ли́ст *м*
Cello ['tʃɛlo, 'tʃɛli, 'tʃɛlos] <-s, Celli> *nt* виолонче́ль *ж*
Cellophan® [tsɛlo'fa:n] <-s> *nt* целлофа́н *м*
Celsius ['tsɛlziʊs] <-, -> *nt* Це́льсий *м*; **die Wassertemperatur beträgt 17 Grad ~** температу́ра воды́ составля́ет 17 гра́дусов по Це́льсию; **30 Grad ~** три́дцать гра́дусов по Це́льсию
Cent [sɛnt] <-s, -s> *m (Untereinheit des Euro)* цент *м*
Ces [tsɛs] <-, -> *nt* до бемо́ль
Ceylon ['tsaɪlɔn] <-s> *nt* Цейло́н *м*
Chamäleon [ka'mɛ:leɔn] <-s, -s> *nt* хамелео́н *м*
Champagner [ʃam'panjɐ] <-s> *m* шампа́нское *ср*
Champignon ['ʃampɪnjɔŋ] <-s, -s> *m* шампиньо́н *м*
Champion ['tʃɛmpi̯ən] <-s, -s> *m* чемпио́н *м*
Chance ['ʃɑ̃:s(ə)] <-, -n> *f* шанс *м*, возмо́жность *ж*; **keine ~ haben** не име́ть ша́нсов
Chancengleichheit <-> *f* ра́вные ша́нсы *мн*
Chanson [ʃɑ̃'sɔ̃:] <-s, -s> *nt* MUS шансо́н *м*
Chaos ['ka:ɔs] <-> *nt* ха́ос *м*; **auf der Straße herrscht ein ziemliches ~** на у́лице цари́т

ха́ос
Chaostheorie <-> *f* MATH тео́рия *ж* ха́оса
Chaot(in) [ka'oːt] <-en, -en> *m(f)* эксцентри́чный челове́к *м*
chaotisch [ka'oːtɪʃ] *adj* хаоти́ческий, хаоти́чный
Charakter [ka'raktɐ, karak'teːrə] <-s, -e> *m* хара́ктер *м;* **einen guten/schwierigen ~ haben** име́ть лёгкий/тяжёлый хара́ктер
Charaktereigenschaft *f* черта́ *ж* хара́ктера
charakterisieren [karakteri'ziːrən] *vt* характеризова́ть *(н)св,* охарактеризова́ть *св*
Charakteristik <-en> *f* характери́стика *ж*
charakteristisch [karakte'rɪstɪʃ] *adj* характе́рный, типи́чный
charakterlos *adj* бесхара́ктерный
Charakterlosigkeit <-> *f* бесхара́ктерность *ж*
Charakterschauspieler(in) <-s, -> *m(f)* актёр *м* на характе́рные ро́ли
Charakterschwäche <-, -n> *f* сла́бость *ж* хара́ктера
Charakterstärke <-, -n> *f* си́ла *ж* хара́ктера
Charakterzug <-(e)s, -züge> *m* черта́ *ж* хара́ктера
Chargenfertigung <-, -en> *f* изгото́вление *ср* това́ра па́ртиями
charmant [ʃar'mant] *adj* очарова́тельный, восхити́тельный
Charme [ʃarm] <-s> *m* шарм *м,* обая́ние *ср*
Charmeur <-s, -e> *m* шарма́нтный мужчи́на *м*
Charter ['tʃaːɐtɐ] *m* ча́ртер *м*
Charterflug ['tʃartɐfluːk *pl:* 'tʃartɐflyːgə] <-(e)s, -flüge> *m* ча́ртерный ре́йс *м*
Charterflugzeug <-s, -e> *nt* ча́ртерный самолёт *м*
chartern ['tʃaːɐtɐn] *vt* фрахтова́ть, за- *св*
Charterpartie <-, -en> *f* ча́ртер-па́ртия *ж*
Charts *pl* MUS (**ganz oben**) **in den ~ sein** быть (на пе́рвом ме́сте) в музыка́льной класса́ции
Chassis [ʃa'siː] <-, -> *nt* шасси́ *ср*
Chat [tʃɛt] <-s, -s> *m* DV бесе́да *ж,* чат *м*
Chatserver <-s, -> *m* DV чат-се́рвер *м*
chatten *vi* (**mit jdm**) **~** ча́тить
Chauffeur [ʃɔ'føːɐ] <-s, -e> *m,* **Chauffeuse** *f CH (Autofahrer)* шофёр *м*
Chauvinismus [ʃovi'nɪsmʊs] <-, -men> *m* шовини́зм *м*
Chauvinist <-en, -en> *m* шовини́ст *м*
chauvinistisch *adj* шовинисти́ческий
checken ['tʃɛkən] *vt* проверя́ть, -ве́рить *св,* контроли́ровать, про- *св*
Check-in <-s, -s> *m (an Flughäfen)* оформле́ние *ср* поса́дки на самолёт
Checkliste <-, -n> *f* контро́льный спи́сок *м*
Chef(in) [ʃɛf] <-s, -s> *m(f)* шеф *м,* нача́льник *м*
Chefarzt <-es, -ärzte> *m,* **Chefärztin** *f* гла́вный врач *м*
Chefetage <-, -n> *f (Leitungsebene)* руково́дство *ср*
Chefingenieur(in) <-s, -e> *m(f)* гла́вный инжене́р *м и ж*
Chefkoch *m* шеф-по́вар *м*
Chefsekretärin <-, -en> *f* секрета́рша *ж* нача́льника
Chefunterhändler(in) <-s, -> *m(f)* гла́вный посре́дник *м* (при перегово́рах)
Chemie [çe'miː] <-> *f* хи́мия *ж*
Chemiefaser <-, -n> *f* хими́ческое волокно́ *ср*
Chemiekonzern <-s, -e> *m* хими́ческий конце́рн *м*
Chemielaborant(in) <-en, -en> *m(f)* хи́мик-лабора́нт *м*
Chemiemüll <-s> *m* отхо́ды *мн* хими́ческого произво́дства
Chemieunfall <-(e)s, -unfälle> *m* несча́стный слу́чай *м* на хими́ческом предприя́тии
Chemiewaffe <-, -n> *f* хими́ческое ору́жие *ср*
Chemikalie [çemi'kaːli̯ə] <-n> *f* химика́т *м*
Chemikalien <-, -n> *pl* химика́лии *мн*
Chemiker(in) ['çeːmikɐ] <-s, -> *m(f)* хи́мик *м*
chemisch ['çeːmɪʃ] *adj* хими́ческий; **~e Reinigung** химчи́стка *ж*
Chemotherapie [çemotera'piː] <-, -en> *f* химиотерапи́я *ж*
Chiasmus <-, Chiasmen> *m* LING хиа́зм *м*
chic [ʃɪk] *adj* **sich ~ machen** приоде́ться
Chicorée [ʃiko'reː] <-s> *m ohne pl* BOT, GASTR цико́рий *м*
Chiffre ['ʃɪfrə] <-, -n> *f* **1.** *(in einem Code)* число́ *ср,* ци́фра *ж* **2.** *(in Zeitungsannoncen)* шифр *м*
Chiffreanzeige <-, -n> *f* шифро́ванное объявле́ние *ср* в газе́те
Chiffriermaschine <-, -n> *f* шифрова́льная маши́на *ж*
Chile ['çiːle, 'tʃiːle] <-s> *nt* Чи́ли *ср*
Chilene [çi'leːnə] <-en, -en> *m,* **Chilenin** [tʃi'leːnɪn] *f* чили́ец *м,* чили́йка *ж*
chilenisch [tʃi'leːnɪʃ] *adj* чили́йский
Chili ['tʃiːli] <-s> *nt* жгу́чий пе́рец *м*
Chili-Sauce <-, -n> *f* чи́ли-со́ус *м*
Chimäre <-, -n> *f* химе́ра *ж*
China ['çiːna] <-s> *nt* Кита́й *м*
Chinarestaurant *m* кита́йский рестора́н *м*
Chinese [çi'neːzə] <-n, -n> *m,* **Chinesin** [çi'neːzɪn] *f* кита́ец *м,* китая́нка *ж*
chinesisch [çi'neːzɪʃ] *adj* кита́йский
Chinin <-s> *nt* хини́н *м*
Chip [tʃɪp] <-s, -s> *m* **1.** *(Spielmarke)* фи́шка *ж* **2.** DV чип *м*
Chipkarte <-, -n> *f* электро́нная карто́чка *ж*

Chips <-> *pl (Kartoffelchips)* чи́псы *мн*
Chirurg(in) [çi'rʊrk] <-en, en> *m(f)* хиру́рг *м*
Chirurgie [çirʊr'giː] <-, -n> *f* хирурги́я *ж; umg (chirurgische Abteilung)* хирурги́ческое отделе́ние *ср*
chirurgisch *adj* хирурги́ческий; **~er Eingriff** хирурги́ческое вмеша́тельство *ср*
Chlor [kloːɐ] <-s> *nt* хлор *м*
chloren ['kloːrən] *vt* хлори́ровать
chlorhaltig *adj* содержа́щий хлор
Chlorid <-s> *nt* хлори́д *м*
Chlorkalk <-(e)s> *m* хло́рная и́звесть *ж*
Chloroform [kloro'fɔrm] <-s> *nt* хлорофо́рм *м*
Chlorophyll [kloro'fʏl] <-s> *nt* хлорофи́лл *м*
Chlorwasserstoff <-(e)s, -e> *m* хло́ристый водоро́д *м*
Cholera ['koːlera, 'kɔləra] <-> *f* холе́ра *ж*
Choleraepidemie <-, -en> *f* холе́рная эпиде́мия *ж*
Choleriker [ko'leːrikɐ] <-s, -> *m* холери́к *м*
cholerisch [ko'leːrɪʃ] *adj* холери́ческий, вспы́льчивый
Cholesterin [kolɛste'riːn] <-s> *nt* холестери́н *м*
Cholesterinspiegel *m* MED у́ровень *м* холестери́на
Chor [koːɐ, 'kœːrə] <-s, Chöre> *m* хор *м;* **im ~ singen** петь в хо́ре
Choral [ko'raːl, ko'rɛːlə] <-s, Choräle> *m* хора́л *м*
Choreograf[RR] [koreo'graːf] <-en, -nen> *m* хорео́граф *м*
Choreografie[RR] <-n> *f* хореогра́фия *ж*
Choreograph(in) <-en, -en> *m(f) s.* **Choreograf**
Choreographie <-, -n> *f s.* **Choreografie**
Chr. *abk von* **Christus, Christi** Христо́с *м*
Christ(in) [krɪst] <-en, -en> *m(f)* христиа́нин *м*, христиа́нка *ж*
Christbaum <-es, -bäume> *m* рожде́ственская ёлка *ж*

i Land & Leute

Der Christbaum – рождественская елка, маленькое хвойное деревце, которое устанавливается в гостиной на Рождество и украшается, например, шариками, звездочками, гирляндами и свечами.

Christenheit <-> *f* христиа́нский мир *м*
Christentum <-s> *nt* христиа́нство *ср*
Christi *s.* **Christus: vor ~ Geburt** до рожде́ния Христа́
Christkind <-(e)s> *nt* младе́нец *м* Христо́с

i Land & Leute

Das Cristkind – это мистериозная фигура, которая приносят детям подарки на Рождество; это немецкий эквивалент Деда Мороза.

i Land & Leute

Christkindlmarkt (буквально рынок для рождественских подарков) Рождественский рынок – это рынок с многочисленными павильонами, где в дни до наступления Рождества продаются различные рождественские товары, в том числе рождественские куличи и подогретое вино.

christlich *adj* христиа́нский
Christmesse *f* литурги́я *ж*
Christstollen <-s, -> *m* рожде́ственский кекс *м*

i Land & Leute

Christstollen – это рождественский фруктовый кекс, приготовленный из сладкого заквашенного теста, с изюмом, цукатами или марципаном.

Christus ['krɪstʊs] <-> *m* Христо́с *м;* **vor ~** до Христа́ [*или* но́вой э́ры]
Chrom [kroːm] <-s> *nt* хром *м*
Chromosom [kromo'zoːm] <-s, -en> *nt* хромосо́ма *ж*
Chromstahl <-(e)s> *m* хро́мистая сталь *ж*
Chronik ['kroːnɪk] <-, -en> *f* хро́ника *ж*
chronisch *adj* **1.** MED хрони́ческий **2.** *fig* хрони́ческий, постоя́нный
Chronologie [kronolo'giː] <-, -n> *f* хроноло́гия *ж*
chronologisch [krono'loːgɪʃ] *adj* хронологи́ческий; **in ~er Reihenfolge** в хронологи́ческом поря́дке
Chronometer <-s, -> *m* хроно́метр *м*
Chrysantheme [kryzan'teːmə] <-, -n> *f* хризанте́ма *ж*
Chuzpe <-, -n> *f umg* на́глость *ж*, бессты́дство *ср*
ciao **~!** ча́о!
circa ['tsɪrka] *adv* приблизи́тельно, о́коло; **~ drei Stunden/150 Euro** о́коло трёх часо́в/150 е́вро; **~ ein km** о́коло киломе́тра

Circus <-, -se> *m s.* **Zirkus**
Cis [tsɪs] <-, -> *nt* MUS до диéз
City ['sɪti] <-, -s> *f* сити *м*
Clan <-s, -s> *m* плéмя *ср*
Clearing <-s, -s> *nt* клиринг *м*
Clearingbank <-, -en> *f* клиринг-банк *м*
Clearingverkehr <-s> *m* клиринговые операции *жмн*
clever ['klɛvɐ] *adj* ýмный
Client <-s, -s> *m* DV клиéнт *м*
Clinch [klɪntʃ] <-es> *m* клинч *м;* **mit jdm im ~ liegen** войти с кéм-л. в клинч
Clip [klɪp] <-s, -s> *m* **1.** *(Schmuck)* клипсы *мн* **2.** *(Video~)* видеоклип *м*
Clique ['klɪkə] <-, -n> *f pej* компáния *ж,* тусóвка *ж*
Clou [kluː] <-s, -s> *m umg* „гвоздь“ *м* сезóна
Clown [klaʊn] <-s, -s> *m* клóун *м;* **sich zum ~ machen** дéлать из себя клóуна
Club [klʊp] <-s, -s> *m* клуб *м*
cm *abk von* **Zentimeter** сантимéтр *м*
c-Moll <-s> *nt* до минóр *м*
c/o *abk von* **care of** чéрез
Coach [koʊtʃ] <-s, -s> *m* SPORT трéнер *м*
Coca <-(s), -(s)> *f, nt fam,* **Coca-Cola®** <-(s), -(s)> *f, nt* кóка-кóла *ж*
Cockerspaniel <-s, -s> *m* кóкер-спаниэ́ль *м*
Cockpit ['kɔkpɪt] <-s, -s> *nt (Flugzeug, Rennwagen)* кабина *ж* пилóта
Cocktail ['kɔktɛɪl] <-s, -s> *m* коктéйль *м*
Cocktailbar *f* коктéйльный бар *м*
Cocktailparty <-, -s> *f* коктéйль *м,* вечеринка *ж*
Code [koːt] <-s, -s> *m* код *м;* **genetischer ~** BIO генетический код
Codex[1] ['koːdɛks] <-es, -e o Codizes> *m* HIST кóдекс *м*
Codex[2] <-es, -e> *m* кóдекс *м*
codieren *vt* TECH кодировать, закодировать *св*
Codierung <-en> *f* кодирование *ср*
Cognac® <-s, -s> *m* конья́к *м*
Coiffeur [koa'fœːɐ] <-s, -e> *m,* **Coiffeuse** [koa'fœːzə] *f CH (Friseur)* парикмáхер *м*
Cola <-(s); -(s), -(s)> *f; nt fam* кóла *ж*
Collage [kɔ'laːʒə] <-, -n> *f* коллáж *м*
Collagen [kola'geːn] <-s> *nt* коллагéн *м*
College <-(s), -s> *nt* SCH одноклáссник *м;* UNIV коллéга *м*
College-Mappe <-, -n> *f* пáпка *ж* для учéбных материáлов
Colt [kɔlt] <-s, -s> *m* кольт *м*
Comeback [kam'bɛk] <-(s), -s> *nt,* **Comeback**[RR] [kam'bɛk] <-(s), -s> *nt* возвращéние *ср;* **ein ~ feiern** прáздновать возвращéние
Comic ['kɔmɪk] <-s, -s> *m* кóмикс *м*
Comicheft <-(e)s, -e> *nt* книжка *ж* с кóмиксами
Coming-out [kamɪŋ'aʊt] <-s, -s> *nt намéренное разглашéние человéком тáйны о сóбственной неординáрной сексуáльной ориентáции*
Compact Disc [kɔm'paktdɪsk] <-, -s> *f,* **Compactdisc**[RR] <-, -s> *f* компáктдиск *м*
Compiler <-s, -> *m* DV компилятор *м*
Computer [kɔm'pjuːtɐ] <-s, -> *m* компьютер *м*
Computer Aided Design <-s> *nt* автоматизированное проектирование *ср*
Computer Aided Manufacturing <-s> *nt* автоматизированная систéма *ж* управлéния произвóдством
Computerfachmann <-(e)s, -männer/-leute> *m* компьютерщик *м*
Computerfreak <-s, -s> *m тот, кто помéшан на компьютерах*
computergerecht *adj* пригóдный для обрабóтки компьютером
computergesteuert *adj* управля́емый компьютером
Computergrafik <-, -en> *f* компьютерная грáфика *ж*
computerisieren *vt* компьютеризировать *(н)св*
Computerkriminalität <-> *f совокýпность уголóвных преступлéний, совершённых с пóмощью компьютеров, осóбенно незакóнное испóльзование дáнных*
Computerlinguist(in) <-en, -en> *m(f)* специалист *м* по компьютерной лингвистике
Computerlinguistik <-> *f* компьютерная лингвистика *ж*
Computernetz <-es, -e> *nt* компьютерная сеть *ж*
Computerprogramm *nt* компьютерная прогрáмма *ж*
Computerspiel <-s, -e> *nt* компьютерная игрá *ж*
Computersystem *nt* INFOR компьютерная систéма *ж*
Computertechnologie <-> *f* компьютерная технолóгия *ж*
Computer-Terminal <-s, -s> *nt* компьютер-терминал *м*
Computertisch <-es, -e> *m* стол *м* для компьютера
Computervirus <-, -viren> *m* компьютерный вирус *м*
Computerzeitschrift <-, -en> *f* компьютерный журнáл *м*
Conférencier [kɔ̃ferɑ̃'si̯eː] <-s, -s> *m* конферансьé *м*
Consulting [kɔn'saltɪŋ] <-s> *nt* консáлтинг *м*
Consultingfirma <-, -firmen> *f* консáлтинговая фирма *ж*
Container [kɔn'teːnɐ] <-s, -> *m* контéйнер *м*

C

Containerterminal <-s, -s> *nt* контéйнерный порт *м*

Controller <-s, -> *m*, **Controllerin** *f* контроллёр *м*, контроллёрша *ж*

Controlling <-s> *nt* контрóллинг *м*

Cookie <-s, -s> *nt* DV плю́шка *ж*

cool [ku:l] *adj* **1.** *umg* спокóйный, холóдный; ~ **bleiben** сохраня́ть спокóйствие **2.** *(klasse)* клáссный, шикáрный

Copilot ['ko:pilo:t] *m* вторóй пилóт *м*

Copyright ['kɔpiraɪt] <-s, -s> *nt* áвторское прáво *ср*

Cordhose <-, -n> *f* вельвéтовые брю́ки *мн*

Corner ['kɔ:nɐ] <-s, -> *m Schweiz, Österr (Eckstoss im Fussball)* кóрнер *м*, угловóй удáр *м*

Cornflakes ['kɔ:nfleɪks] *pl* кукурýзные хлóпья *мн*, корнфлéйкс *м*

Corporate Design <-s, -s> *nt* фи́рменный дизáйн *м*

Corporate Identity <-> *f* фи́рменный стиль *м*

Couch [kaʊtʃ] <-, -s> *f* кушéтка *ж*

Countdown ['kaʊnt'daʊn] <-(s), -s> *m o nt*, **Count-down**[RR] ['kaʊnt'daʊn] <-(s), -s> *m o nt* отсчёт *м* врéмени готóвности

Coupé [ku'pe:] <-s, -s> *nt* купé *ср*

Coupon [ku'pɔ̃:] <-s, -s> *m* купóн *м*

Courage [kʊ'raʒə] <-> *f* смéлость *ж*

couragiert *adj* воодушевлённый

Courtage <-, -n> *f* куртáж *м*

Cousin [ku'zɛ̃:] <-s, -s> *m*, **Cousine** [ku'zi:nə] *f* кузéн *м*, кузи́на *ж*

Couvert <-s, -s> *nt geh (Gedeck)* кувéрт *м*

Cover ['kavɐ] <-s, -s> *nt* **1.** *(von Schallplatte/Buch)* конвéрт *м* **2.** *(von Zeitschrift)* облóжка *ж*

Coverversion <-, -en> *f* MUS *интерпретáция музыкáнтом какóй-либо пéсни, áвтором котóрой он не явля́ется*

Cowboy ['kaʊbɔɪ] <-s, -s> *m* ковбóй *м*

Crack [krɛk] <-s, -s> *m (Sportler)* спортсмéн *м* высóкого клáсса

Crash-Test <-s, -s> *m испытáние автомоби́лей на авари́йность*

Creme, Krem(e) [kre:m] <-, -s> *f* крем *м*

Cremetorte <-, -n> *f* крéмовый торт *м*

cremig ['kre:mɪç] *adj* кремообрáзный

Crépe <-s, -> *m (Stoff)* креп *м*; ~ **de Chine** крепдеши́н *м*

Creuzfeld-Jacob-Krankheit <-> *f* болéзнь *ж* Кройцфéльда-Я́коба

Crew [kru:] <-, -s> *f* комáнда *ж*

Critical-Path-Method <-> *f* ÖKON мéтод *м* крити́ческого пути́

Croissant [kroa'sɔ̃:] <-s, -s> *nt* рогáлик *м* из слоёного тéста

Cross-rate <-> *f* BÖRSE крóсс-курс *м*

Croupier <-s, -s> *m* крупьé *м*

Curry ['kœri] <-s, -s> *nt* кýрри *м*, пря́ный порошóк *м*

Cursor ['kœ:zɐ] <-s, -> *m* DV кýрсор *м*; **blinkender** ~ мигáющий кýрсор

Cursortaste <-, -n> *f* DV клáвиша *ж* управлéния кýрсором

Cutter(in) ['katɐ] <-s, -> *m(f)* монтажёр *м*

Cybersex *m* киберсéкс *м*

Cyberspace ['saɪbɐspeɪs] <-> *m* киберпространство *ср*

Dd

D, d [deː] <-, -> *nt* бу́ква D

da [daː] **I.** *adv* **1.** *(dort)* там; *(hier)* здесь, тут; **~ kommt er** вот он идёт; **~ oben/unten** наве́рх/вниз; **gibst du mir bitte mal das Buch? – ~!** дай мне, пожа́луйста, кни́гу! – вот! **2.** *(temporal)* тогда́; **hier und ~** тут и там; **von ~ an** с тех пор; **als ich das machte, ~ ...** пока́ я э́то де́лал ... **3.** *(in diesem Falle)* в э́том слу́чае; **~ haben Sie aber nicht Recht** в э́том слу́чае вы не пра́вы **4.** *(vorhanden)* здесь; **es ist niemand ~** здесь никого́ нет **5.** *(zur Verfügung)* **er ist immer für mich ~** он всегда́ мне помо́жет **II.** *konj (kausal)* так как; **~ das Wetter schlecht war, blieben wir im Haus** так как пого́да была́ плоха́я, мы оста́лись до́ма; **es geht nicht, ~ die Zeit nicht reicht** не полу́чится, так как вре́мени не хвата́ет; **sehnsüchtig erwartet er die Stunde, ~ sie bei ihm sein wird** с нетерпе́нием ждал он мгнове́нья, когда́ она́ бу́дет с ним

DAAD [deːʔaːʔaːˈdeː] *abk von* **Deutscher Akademischer Austauschdienst** *Слу́жба академи́ческих обме́нов Герма́нии*

dabehalten <irr> *vt* задержа́ть *св*, -де́рживать *нсв*, удержа́ть *св*, уде́рживать *нсв*

dabei [daˈbaɪ, ˈdaːbaɪ] *adv* при э́том, при том; **was ist schon ~?** что́ же тут тако́го?; **~ bleibt es** решено́; **ich bin gerade ~, es zu tun** я как ра́з собира́юсь э́то де́лать; **das Seltsame ~ ist ...** са́мое стра́нное при э́том ...; **sind die Lösungen ~?** отве́ты есть?; **er arbeitete und hörte ~ Radio** он рабо́тал и слу́шал ра́дио, за рабо́той он слу́шал ра́дио; **was hast du dir denn ~ gedacht?** о чём ты ду́мал?; **sie ist reich und ~ bescheiden** она́ бога́та и скромна́; **er ist traurig, ~ hat er gar keinen Grund dazu** он грусти́т, но без по́вода; **bei etw ~ sein** *(anwesend sein)* прису́тствовать; *(mitmachen)* уча́ствовать

dabei|haben <irr> *vt* име́ть *нсв* при себе́

dabei sein[RR] <irr> *vi* прису́тствовать *нсв*

da|bleiben <irr> *vi* остава́ться, -та́ться *св*

Dach [dax, ˈdɛçɐ] <-(e)s, Dächer> *nt* кры́ша *ж;* **ein/kein ~ über dem Kopf haben** *umg* име́ть кры́шу/не име́ть кры́ши над голово́й; **etw unter ~ und Fach bringen** зако́нчить что-л.; **mit jdm unter einem ~ wohnen** *fig, fam* жить с кем-л. под одно́й кры́шей

Dachboden <-s, -böden> *m* черда́к *м*

Dachdecker <-s, -> *m* кро́вельщик *м*

Dachfenster *nt* черда́чное окно́ *ср*

Dachfirst <-(e)s, -e> *m* конёк *м*

Dachgarten <-s, -gärten> *m* сад *м* на кры́ше

Dachgeschoss[RR] <-geschosses, -geschosse> *nt* манса́рдный эта́ж *м*

Dachgesellschaft <-, -en> *f* ÖKON хо́лдинг *м*

Dachgleiche <-, -n> *f österr (Dachgleichenfeier)* пра́здник *м* по слу́чаю подведе́ния до́ма под кры́шу

Dachkammer *f* черда́к *м*

Dachluke <-, -n> *f* слухово́е окно́ *ср*

Dachorganisation <-, -en> *f* головна́я организа́ция *ж*

Dachrinne <-, -n> *f* водосто́чный жёлоб *м*

Dachs [daks] <-es, -e> *m* барсу́к *м*

Dachschaden *m ohne pl* **einen ~ haben** у кого́-л. не все до́ма [*или* кры́ша поеха́ла]

dachte [ˈdaxtə] *prät von* **denken**

Dachziegel <-s, -> *m* кро́вельная черепи́ца *ж*

Dackel [ˈdakəl] <-s, -> *m* та́кса *ж*

dadurch [ˈdaːdʊrç] *adv* **1.** *(da hindurch)* че́рез **2.** *(durch diese Maßnahme)* благодаря́ тому́, что; **die Bücher werden sorgfältig verpackt und ~ vor Beschädigung geschützt** кни́ги стара́тельно упако́вываются, благодаря́ чему́ сохраня́ются от по́рчи **3.** *(infolge)* вслéдствие того́, что

DaF *abk von* **Deutsch als Fremdsprache** неме́цкий язы́к как иностра́нный

dafür [ˈdaːfyːɐ, daˈfyːɐ] *adv* за э́то; **ich bin ~, nach Hause zu gehen** я за то́, что́бы идти́ домо́й; **der Grund ~ ist, dass ...** причи́на в том, что ...; **ich bin ~** я – за; **alles spricht ~** всё говори́т в по́льзу ...; **in Englisch ist sie schlecht, ~ ist sie gut in Mathematik** англи́йский она́ зна́ет пло́хо, зато́ хорошо́ зна́ет матема́тику; **~, dass er so klein ist, spielt er ganz gut Basketball** несмотря́ на то, что он ма́ленький, он хорошо́ игра́ет в баскетбо́л; **sie kannte sich in Grammatik aus, ~ war sie ja Linguistin** она́ хорошо́ зна́ет грамма́тику, ведь она́ лингви́ст

Dafürhalten <-s> *nt* **nach meinem ~** по моему́ мне́нию

DAG [deːaːˈgeː] *abk von* **Deutsche Angestelltengewerkschaft** *Профсою́з неме́цких слу́жащих*

dagegen [ˈdaːgeːgən, daˈgeːgən] *adv* про́тив э́того; **nichts ~ haben** не име́ть ничего́ про́тив; **haben Sie was ~, wenn ich rauche?** вы не про́тив, е́сли я закурю́?; **~ ist nichts einzuwenden** я ничего́ не име́ю про́тив; **es gibt kein Mittel ~** нет сре́дства про́тив э́того; **es war dort unglaublich kalt, der Winter hier ist nichts ~** там бы́ло о́чень хо́лодно, зде́шнюю зиму́ с той не сравни́шь

da|haben <irr> *vt* **1.** *fam (vorrätig)* име́ть в нали́чии; **haben wir genug Getränke für die Party da?** у нас доста́точно напи́тков для пра́здника? **2.** *(zu Besuch, im Haus)* **wir haben heute Abend Freunde** (**zum Abendessen**) **da** у нас сего́дня ве́чером (на у́жин) бу́дут го́сти, к нам сего́дня ве́чером (на у́жин) приду́т го́сти

daheim [da'haɪm] *adv* до́ма; **~ sein** быть до́ма

daher ['da:heːɐ, da'heːɐ] *adv* отту́да, *(Grund)* от того́; **das kommt ~, dass ...** э́то от того́, что ...; **red doch nicht so blöd ~!** не говори́ глу́пости!

daher|bringen *vt österr (herbeibringen)* приноси́ть, -нести́ *св*

dahergelaufen *adj pej* не́весть отку́да взя́вшийся, при́шлый

daher|reden *vi pej* болта́ть *нсв;* **dumm ~** нести́ вся́кую чепуху́

dahin ['da:hɪn, da'hɪn] *adv (eine Richtung bezeichnend)* туда́; **stelle das Gepäck ~** поста́вь бага́ж туда́; **alles ist ~!** всё пропа́ло!; **das steht mir bis ~** я э́тим сыт по го́рло; **~ gehe ich nie wieder** я бо́льше туда́ не пойду́; **seine Bemühungen gehen ~, dass ...** он напра́вил свои́ си́лы в сто́рону ...; **er wird es ~ bringen, dass ...** он еще до того́ доигра́ется, что ...; **bis ~** пока́

dahingestellt ['da:hɪngeːənt] *adj* **etw ~ sein lassen** оставля́ть вопро́с откры́тым

dahin|sagen *vt* **etw nur so ~** говори́ть про́сто так

dahin|siechen *vi* ча́хнуть

dahinter [da'hɪnte] *adv* сза́ди, позади́

dahinter kommen[RR] <irr> *vi umg* разузна́ть *св,* -знава́ть *нсв*

dahinter stecken[RR] *vi umg* кры́ться *нсв;* **es steckt etw dahinter** за э́тим что́-то кро́ется

Dahlie ['da:liə] <-, -n> *f* георги́н *м*

da|lassen <irr> *vt umg* оста́вить *св,* -вля́ть *нсв;* **soll ich dir das Buch ~?** оста́вить тебе́ кни́гу?

dalli *adv fam* бы́стро; **jetzt aber ~!** не ме́шкай!

Dalmatien [dal'ma:tsi̯ən] <-s> *nt* Далма́ция *ж*

damalig ['da:ma:lɪç] *adj* тогда́шний; **der ~e Innenminister** тогда́шний мини́стр вну́тренних дел

damals ['da:ma:ls] *adv* тогда́, в то́ вре́мя; **seit ~** с тех пор; **~, als ...** тогда́, когда́ ...

Damast [da'mast] <-(e)s> *m* дама́ст *м,* дама́стовая ткань *ж*

Dame ['da:mə] <-, -n> *f* **1.** *(Frau)* да́ма *ж,* госпожа́ *ж;* **eine ältere ~** пожила́я да́ма; **meine ~n und Herren!** да́мы и господа́! **2.** *kein pl (Brettspiel)* ша́шки *мн;* **~ spielen** игра́ть в ша́шки

Damebrett *nt* доска́ *ж* для игры́ в да́мки

Damenbegleitung *f ohne pl* **in ~** в же́нской компа́нии

Damenbinde <-, -n> *f* гигиени́ческая прокла́дка *ж*

Damenfahrrad <-es, -fahrräder> *nt* да́мский велосипе́д *м*

damenhaft *adj* подоба́ющий да́ме, элега́нтный

Damenmannschaft <-, -en> *f* SPORT же́нская кома́нда *ж*

Damenmode <-> *f* же́нская мо́да *ж*

Damenrad <-(e)s, -räder> *nt* да́мский велосипе́д *м*

Damensitz *m ohne pl* да́мско седло́ *ср;* **im ~ reiten** скака́ть в да́мском седле́

Damenslip <-s, -s> *m* тру́сики *мн*

Damenstrümpfe <-> *pl* чулки́ *мн*

Damentoilette <-, -n> *f* же́нский туале́т *м*

Damenwahl <-> *f* бе́лый та́нец *м*

Damenwäsche <-> *f* же́нское бельё *ср*

Damespiel <-(e)s, -e> *nt* ша́шки *мн*

Damestein *m* да́мка *ж*

damit ['da:mɪt, da'mɪt] **I.** *adv* э́тим, тем; **was willst du ~ sagen?** что́ ты э́тим хо́чешь сказа́ть?; **was soll ich ~ machen?** что́ мне с э́тим де́лать?; **wie wär's ~, in den Urlaub zu fahren?** как насчёт о́тпуска?; **das hat ~ gar nichts zu tun** одно́ к друго́му не име́ет ни мале́йшего отноше́ния; **es fing ~ an, dass ...** и всё начало́сь с того́, что ...; **hör ~ auf!** переста́нь! **II.** *konj* что́бы, с тем, что́бы; **~ nicht** что́бы не

dämlich ['dɛ:mlɪç] *adj pej, umg* глупова́тый

Damm [dam, 'dɛmə] <-(e)s, Dämme> *m* **1.** *(Wall)* да́мба *ж,* вал *м;* **wieder auf dem ~ sein** *umg* быть сно́ва бо́дрым **2.** ANAT проме́жность *ж*

dämmen *vt* **1.** *geh (aufstauen)* прегражда́ть, прегради́ть *св* **2.** TECH *(Schall)* изоли́ровать

dämmerig ['dɛmərɪç] *adj* су́меречный

Dämmerlicht *nt ohne pl* полумра́к *м,* су́мрак *м*

dämmern ['dɛmɐn] *vi* **1.** *(Morgen werden)* рассвета́ть, -вести́ *св;* **der Morgen dämmert** начина́ется рассве́т, света́ет; **es dämmert** *(morgens)* света́ет **2.** *(Abend werden)* смерка́ться, -кну́ться *св;* **der Abend ~** наступа́ет ве́чер; **es dämmert** *(abends)* темне́ет **3.** *umg (jdm klar werden)* начина́ть, -ча́ть понима́ть *св;* **es ~ ihm, dass ...** вдруг ему́ ста́ло я́сно [*или* он по́нял], что ...

Dämmerung ['dɛmərʊŋ] <-> *f* су́мерки *мн;* **bei Anbruch der ~** с наступле́нием су́мерек; **in der ~** на зака́те/рассве́те

D

sich bedanken

• sich bedanken	• Благодарность
Danke!	Благодарю! / Спасибо!
Danke sehr /schön! / Vielen Dank!	Большое спасибо! / Премного благодарен!
Tausend Dank!	Тысяча благодарностей!
Danke, das ist sehr lieb von dir!	Спасибо, очень мило с вашей стороны!
Vielen (herzlichen) Dank!	Огромное вам спасибо!
Ich bedanke mich (recht herzlich)!	Благодарю вас от всей души!
• auf Dank reagieren	• Ответная реакция на благодарность
Bitte!	Благодарю!
Bitte schön! / Gern geschehen! / Keine Ursache!	Пожалуйста! С удовольствием!/ Не стоит благодарности!
Bitte, bitte! / Aber bitte, das ist doch nicht der Rede wert!	Пожалуйста! / Прошу вас, это не стоит благодарности!
(Aber) das hab ich doch gern getan! / Das war doch selbstverständlich!	(Не стоит благодарности) для меня это удовольствие! / Я с радостью сделал это!
• dankend anerkennen	• Подтверждение признательности
Vielen Dank, du hast mir sehr geholfen.	Большое спасибо, вы оказали большую помощь.
Wo wären wir ohne dich!	Что бы мы делали без вас!
Ohne deine Hilfe hätten wir es nicht geschafft.	Мы бы не смогли справиться без вашей помощи.
Sie waren uns eine große Hilfe.	Вы оказали нам большую поддержку.
Ich weiß Ihr Engagement sehr zu schätzen.	Я высоко оцениваю ваш вклад. / ваши усилия.

Dämon ['dɛːmɔn, dɛ'moːnən] <-s, -en> *m* де́мон *м*

dämonisch [dɛ'moːnɪʃ] *adj* демони́ческий

Dampf [dampf, 'dɛmpfə] <-(e)s, Dämpfe> *m* пар *м;* **~ ablassen** *umg* вы́пустить пар; **jdm ~ machen** *umg* торопи́ть кого́-л.

Dampfbad <-(e)s, -bäder> *nt* парна́я ба́ня *ж*

Dampfbügeleisen <-s, -> *nt* утю́г *м* с па́ром

dampfen ['dampfən] *vi* испаря́ться, -ри́ться *св*

dämpfen ['dɛmpfən] *vt* **1.** *(Stimme)* понижа́ть, -ни́зить *св* **2.** *(Freude)* сде́рживать, -жа́ть *св* **3.** *(Gemüse)* туши́ть, стуши́ть *св*

Dampfer ['dampfɐ] <-s, -> *m* парохо́д *м;* **auf dem falschen ~ sein** *umg* быть на ло́жном пути́

Dämpfer ['dɛmpfɐ] <-s, -> *m* **jdm einen ~ verpassen** *umg* уме́рить чей-л. пыл

Dampfkessel <-s, -> *m* парови́к *м*

Dampfkochtopf *m* скорова́рка *ж*

Dampflokomotive <-, -n> *f* парово́з *м*

Dampfmaschine <-, -n> *f* парова́я маши́на *ж*

Dampfschiff *nt* NAUT парохо́д *м*

Dampfturbine <-, -n> *f* парова́я турби́на *ж*

Dampfwalze <-, -n> *f* паровой като́к *м*

Dampfwolke <-, -n> *f* парово́е о́блако *ср*

danach ['daːnaːx, da'naːx] *adv* **1.** *(zeitlich)* зате́м, по́сле э́того; **erst kaufte er ein, ~ kochte er** снача́ла он сде́лал поку́пки, пото́м стал гото́вить; **~ bin ich dran** пото́м мой черёд **2.** *(eine Richtung bezeichnend)* за э́тим, за тем; **sie streckte die Hand ~ aus** она́ протяну́ла за э́тим ру́ку; **sie griff ~** она́ потяну́лась к ... **3.** *(einer Sache entsprechend)* в соотве́тствии; **er kennt die Regeln, warum handelt er nicht ~?** он зна́ет пра́вила, почему́ же о́н не де́йствует в соотве́тствии с ни́ми?; **richte dich bitte ~!** пожа́луйста, учти́ э́то [*или* име́й э́то в виду́]!

Däne ['dɛːnə] <-n, -n> *m* датча́нин *м*

daneben [da'neːbən, 'daːneːbən] *adv* **1.** *(räumlich)* во́зле, ря́дом; **im Haus ~** в сосе́днем до́ме **2.** *(verglichen mit)* в отли́чие от **3.** *(außerdem)* кро́ме того́; *(gleichzeitig)* одновреме́нно с чем-л.

daneben|benehmen <irr> *vr* пло́хо вести́ *нсв* себя́

daneben|gehen [da'neːbən'geːen] <irr> *vi umg (missglücken)* не удава́ться, не уда́ться *св*

daneben|halten *vt* сра́внивать, сравни́ть *св*, сопоставля́ть, сопоста́вить *св*

daneben|liegen <irr> *vi fam* пу́тать, спу́тать *св*, ошиба́ться, ошиби́ться *св*

daneben|sein *vi umg* быть в смяте́нии,

чу́вствовать себя́ нело́вко
Dänemark ['dɛːnəmark] <-s> *nt* Да́ния *ж*
danieder|liegen *vi fig* быть [*или* лежа́ть] больны́м
Dänin ['dɛːnɪn] <-, -en> *f* датча́нка *ж*
dänisch *adj* да́тский
dank [daŋk] *prp + dat* благодаря́
Dank <-(e)s> *m* благода́рность *ж*, призна́тельность *ж*; **vielen ~!** большо́е спаси́бо!; **besten ~!** огро́мное спаси́бо!; **zum ~ für ...** в знак благода́рности за ...; **jdm ~ schulden** я до́лжен отблагодари́ть кого́-л.; **ich bin Ihnen zu ~ verpflichtet** я вам благода́рен
dankbar *adj* благода́рный; **ich wäre Ihnen ~, wenn Sie mir das Geld geben könnten** я бы́л бы вам о́чень призна́телен, если бы вы́ могли́ дать мне де́нег; **ich bin Ihnen sehr ~** я вам о́чень благода́рен
Dankbarkeit <-> *f* благода́рность *ж*, призна́тельность *ж*
danke *interj* спаси́бо
danken *vi* благодари́ть, по- *св*; **dankend annehmen** принима́ть с благода́рностью; **nichts zu ~!** не сто́ит благода́рности!; **danke schön/vielmals!** большо́е спаси́бо!; **wir ~ für die Einladung** мы благодари́м вас за приглаше́ние; **dankend annehmen/ablehnen** приня́ть/отказа́ть с благода́рностью
Dankeschön <-s> *nt* большо́е спаси́бо *ср*; **ein herzliches ~ sagen** благодари́ть, поблагодари́ть *св*
Danksagung <-, -en> *f* изъявле́ние *ср* благода́рности
dann [dan] *adv* **1.** *(eine Reihenfolge bezeichnend)* тогда́, пото́м, зате́м; **erst die Arbeit, ~ das Vergnügen** снача́ла рабо́та, а пото́м развлече́ния; **und was ~?** а что бу́дет пото́м? **2.** *(eine Folge bezeichnend)* в тако́м слу́чае, то; **wenn es regnet, ~ verschieben wir den Ausflug eben** е́сли бу́дет идти́ до́ждь, то мы отло́жим прогу́лку; **das Telefon klingelt immer ~, wenn ich gerade dusche** телефо́н всегда́ звони́т тогда́, когда́ я под ду́шем **3.** *(außerdem)* кро́ме того́; **und ~ regnete es auch noch** и кро́ме того́ шёл дождь; **bis ~!** пока!; **~ und wann** поро́ю **4.** *(unter diesen Umständen)* в тако́м слу́чае; **~ eben nicht!** тогда́ не на́до!; **selbst ~, wenn ...** да́же е́сли ...
Danzig ['dantsɪç] <-s> *nt* Гданьск *м*
daran [da'ran, 'daːran] *adv* к э́тому, к тому́, на э́том, на том; **ihr liegt viel ~** ей э́то о́чень ва́жно; **wir arbeiten ~** мы над э́тим рабо́таем; **es liegt ~, dass ...** э́то объясня́ется тем, что ...; **wir kommen häufig ~ vorbei** мы ча́сто прохо́дим ми́мо; **im Anschluss ~** под коне́ц; **ich muss immer ~ denken** я всё вре́мя ду́маю об э́том; **~ wird sich nichts ändern** ничего́ не изме́нится; **er ist ~ schuld** он винова́т
daransetzen ['daːranzetsen] *vt (einsetzen, aufbieten)* употребля́ть, -би́ть *св*, применя́ть, -ни́ть *св*; **er hat alles darangesetzt, dieses Ziel zu erreichen** он сде́лал всё возмо́жное для достиже́ния э́той це́ли
darauf ['daːraʊf, da'raʊf] *adv* **1.** *(räumlich)* на э́том, на том; **im Zimmer stand ein Tisch, ~ lagen Bücher** в ко́мнате стоя́л стол с кни́гами **2.** *(im Anschluss daran)* зате́м, по́сле того́; **die Woche ~** на сле́дующей неде́ле; **bald ~** вско́ре по́сле э́того; **~ sagte er ...** на э́то он отве́тил ... **3.** *(deshalb)* поэ́тому **4.** *(auf dieses)* **ich bin stolz ~, dass ...** я горжу́сь тем, что ...; **sich ~ verlassen, dass ...** я рассчи́тываю на то, что ...; **lasst uns ~ anstoßen** дава́йте вы́пьем за э́то
darauf folgend[RR] *adj* сле́дующий
daraufhin [daːraʊf'hɪn] *adv* по́сле э́того
daraus ['daːraʊs, da'raʊs] *adv* из э́того, отсю́да; **~ geht hervor, dass ...** отсю́да сле́дует, что; **ich schließe ~, dass** из э́того я заключа́ю, что
dar|bieten ['daːɐ̯biːtən] <irr> **I.** *vt geh (vorführen)* исполня́ть, испо́лнить *св*, представля́ть, предста́вить *св* **II.** *vr* **sich ~** *geh* предоставля́ется
Darbietung <-, -en> *f* исполне́ние *ср*, выступле́ние *ср*
darf [darf] *1. und 3. pers sg von* **dürfen**
darin ['daːrɪn, da'rɪn] *adv* **1.** *(in dieser Sache)* в э́том, в том; **die Schwierigkeit besteht gerade ~, dass ...** сло́жность заключа́ется как ра́з в том, что ... **2.** *(räumlich)* внутри́
dar|legen ['daːɐleːgən] *vt (Plan, Theorie, Gründe)* излага́ть, -ложи́ть *св*
Darlehen ['daːɐleːən] <-s, -> *nt* ссу́да *ж*, заём *м*; **ein ~ aufnehmen** взя́ть ссу́ду; **(un)gedecktes ~** (не)обеспе́ченная ссу́да; **bares ~** де́нежный заём; **befristetes ~** сро́чная ссу́да; **langfristiges ~** долгосро́чная ссу́да; **verzinsliches ~** проце́нтный заём; **zweckgebundenes ~** целева́я ссу́да; **~ mit Rückzahlungsverpflichtung** возвра́тная ссу́да; **~ ohne Rückerstattung** безвозвра́тная ссу́да; **ein ~ gewähren** предоставля́ть ссу́ду; **ein ~ tilgen** погаша́ть ссу́ду
Darlehensgeber <-s, -> *m* кредито́р *м*
Darlehensnehmer <-s, -> *m* заёмщик *м*
Darlehenssicherung <-en, -en> *f* обеспе́чение *ж* ссу́ды
Darlehensverlängerung <-, -en> *f* пролонга́ция *ж* заёма
Darlehensvertrag <-(e)s, -verträge> *m* догово́р *м* о заёме
Darlehenswechsel <-s, -> *m* фина́нсовый ве́ксель *м*

Darm [darm, 'dɛrmə] <-(e)s, Därme> *m* кишка́ *ж*
Darmerkrankung <-, -en> *f* заболева́ние *ср* кише́чника
Darminfektion <-, -en> *f* кише́чная инфе́кция *ж*
Darmkrebs <-es> *m* рак *м* кише́чника
Darmschleimhaut <-> *f* сли́зистая оболо́чка *ж* кише́чника
dar|stellen ['da:ɐʃtɛlən] *vt* **1.** *(wiedergeben)* изобража́ть, -брази́ть *св;* **die Zeichnung stellt ein Haus dar** на рису́нке изображён дом **2.** *(eine Rolle)* исполня́ть, -по́лнить *св* **3.** *(schildern)* представля́ть, -ста́вить *св,* изобража́ть, -брази́ть *св;* **er hat das Geschehen als harmlos dargestellt** он предста́вил происше́дшее в безоби́дном све́те **4.** *(einer Sache gleichkommen)* представля́ть *нсв* собо́й, явля́ться, яви́ться *св;* **diese Erfindung stellt einen großen Fortschritt dar** э́то изобрете́ние явля́ется больши́м прогре́ссом
Darsteller(in) <-s, -> *m(f)* исполни́тель *м,* исполни́тельница *ж*
Darstellung <-, -en> *f* изображе́ние *ср,* изложе́ние *ср*
Darstellungsweise <-, -n> *f* спо́соб *м* изображе́ния [*или* изложе́ния]
darüber ['da:rybɐ, da'ry:bɐ] *adv* **1.** *(räumlich)* над э́тим, над тем; **die Wohnung ~ steht leer** в кварти́ре наверху́ никого́ нет, кварти́ра наверху́ свобо́дна **2.** *(über eine Angelegenheit)* об э́том, о том; **hast du mit ihr schon ~ gesprochen?** ты с ней уже́ говори́л об э́том?; **er hat sich ~ beschwert** он пожа́ловался, что ...; **~ nachdenken** ду́мать [*или* размышля́ть] об э́том **3.** *(mehr)* бо́льше, свы́ше; **~ hinaus möchte ich noch bemerken, dass ...** кро́ме э́того я хочу́ ещё отме́тить, что ... **4.** *(zeitlich)* по́сле; **~ verging die Zeit** прошло́ вре́мя
darüber hinausRR *adv* сверх того́, поми́мо того́
darüber stehenRR <irr> *vi* быть *нсв* вы́ше
darum ['da:rʊm, da'rʊm] *adv* **1.** *(um diese Stelle)* вокру́г, о́коло; **ein Baum mit schönen Sträuchern ~** де́рево с краси́выми куста́ми вокру́г **2.** *(um diese Sache)* об э́том, о том; **er hat sich ~ gekümmert** он об э́том позабо́тился; **ich würde viel ~ geben, wenn ...** я мно́гое о́тдал бы за то́, что́бы ...; **es handelt sich ~, dass ...** речь идёт о том, что ...; **red nicht lange ~ herum!** говори́ всё как есть [*или* по существу́]!, не ходи́ вокру́г да о́коло!; **ich bitte dich ~** я тебя́ о́чень прошу́ **3.** *(deshalb)* поэ́тому; **warum? – ~!** почему́? – да потому́!
darunter ['da:rʊntɐ, da'rʊntɐ] *adv* **1.** *(unter einer Sache)* под э́тим, под тем; **dort liegt das Buch, der Notizzettel ist ~** там лежи́т кни́га, а под ней запи́ска **2.** *(unter einem Begriff)* под э́тим; **Linguistik? was verstehen Sie ~?** лингви́стика? что вы под э́тим понима́ете?; **was versteht man ~?** что вы под э́тим понима́ете? **3.** *(unter verschiedenen Dingen)* среди́ них, в том числе́; **sie kaufte gerne Bücher, ~ auch Wörterbücher** она́ с удово́льствием покупа́ла кни́ги, в том числе́ и словари́; **es waren viele Kinder ~** там бы́ло мно́го дете́й
Darwinismus <-> *m* дарвини́зм *м*
das [das] **I.** *art best* определённый арти́кль сре́днего ро́да **II.** *pron rel* кото́рое, кто, что; **das einzige Fenster, ~ geöffnet war ...** еди́нственное окно́, кото́рое бы́ло откры́то ... **III.** *part dem* э́то, то, оно́
da seinRR <irr> *vi* быть *нсв* на лицо́, прису́тствовать *нсв;* **ich bin gleich wieder da** я сейча́с верну́сь; **ist noch etw Kaffee da?** есть ещё ко́фе?; **ist die Post schon da?** по́чта уже́ пришла́?
Dasein ['da:zaɪn] <-s> *nt* **1.** *(die Existenz)* бытие́ *ср* **2.** *(das menschliche Leben)* существова́ние *ср;* **der ewige Kampf ums ~** ве́чная борьба́ за существова́ние
da|sitzen <irr> *vi* сиде́ть (на ме́сте)
dassRR, **daß**Alt [das] *konj* **1.** что, то, что; **ohne ~** без; **so ~** так что; **so ..., ~ ...** так ..., что ...; **~ die Arbeit schon fertig ist, erstaunt mich** то, что рабо́та уже́ заверше́на, меня удивля́ет **2.** *(im Konsekutivsatz)* что; **er fuhr so schnell, ~ ich Angst bekam** он е́хал так бы́стро, что мне ста́ло стра́шно **3.** *(im Finalsatz)* что́бы; **sage das lauter, ~ es alle hören** скажи́ гро́мче, что́бы все услы́шали
dasselbe [das'zɛlbə] *pron* то же са́мое; **das ist genau ~** э́то то́чно одно́ и то́ же
da|stehen <irr> *vi* **1.** *(stehen)* стоя́ть *нсв;* **er stand da und wartete** он стоя́л и ждал **2.** *(in einer bestimmten Situation sein)* быть *нсв,* ока́зываться, -за́ться *св;* **ohne Mittel ~** оста́ться без средств; **gut/schlecht ~** хорошо́/пло́хо вы́глядеть; *(Geschäft)* хорошо́/пло́хо идти́
Datei [da'taɪ] <-, -en> *f* файл *м*
Dateienverwaltung <-, -en> *f* DV ме́неджмент *м* фа́йлов
Dateiformat <-(e)s, -e> *nt* DV форма́т *м* фа́йла
Dateigröße <-, -n> *f* DV разме́р *м* фа́йла
Dateimanager <-s, -> *m* DV диспе́тчер *м* фа́йлов
Dateiname <-ns, -n> *m* DV и́мя *ср* фа́йла
Daten ['da:tən] <-> *pl* да́нные *мн;* **technische ~** техни́ческие да́нные; **~ eingeben** вводи́ть да́нные; **~ erfassen** собира́ть да́нные; **~ verarbeiten** обраба́тывать информа́цию
Datenabruf <-(e)s, -e> *m* вы́зов *м* да́нных
Datenaufbereitung <-> *f* обрабо́тка *ж* да́нных

D

Datenausgabe <-, -n> *f* вы́вод *м* да́нных
Datenaustausch <-(e)s> *m* обме́н *м* да́нными
Datenautobahn <-> *f* информацио́нная магистра́ль *ж*
Datenbank <-, -en> *f* банк *м* да́нных
Datenbankverwaltung <-, -en> *f* ме́неджмент *м* ба́нка да́нных
Datenbestand <-(e)s, -bestände> *m* масси́в *м* да́нных
Dateneingabe <-, -n> *f* ввод *м* да́нных
Datenerfassung <-, -en> *f* регистра́ция *ж* да́нных
Datenfernübertragung <-, -en> *f* дистанцио́нная переда́ча *ж* да́нных
Datenfernverarbeitung <-, -en> *f* дистанцио́нная обрабо́тка *ж* да́нных
Datenfluss <-es, -flüsse> *m* пото́к *м* да́нных
Datenformat <-(e)s, -e> *nt* форма́т *м* да́нных
Datenkomprimierung <-, -en> *f* компре́ссия *ж* да́нных
Datennetz <-es, -e> *nt* сеть *ж* переда́чи да́нных
Datensatz <-es, -sätze> *m* набо́р *м* да́нных
Datenschutz <-es> *m* защи́та *ж* да́нных
Datenschutzgesetz <-es, -e> *nt* зако́н *м* о защи́те да́нных
Datensicherung <-, -en> *f* защи́та *ж* да́нных от несанкциони́рованного до́ступа, безопа́сность *ж* да́нных
Datenträger <-s, -> *m* носи́тель *м* да́нных
Datentransfer *m* переда́ча *ж* да́нных
Datenübermittlung <-, -en> *f* переда́ча *ж* да́нных
Datenübertragung <-> *f* переда́ча *ж* да́нных
Datenverarbeitung <-> *f* обрабо́тка *ж* да́нных
Datenverarbeitungsanlage <-, -n> *f* устро́йство *ср* обрабо́тки да́нных
Datenverkehr <-> *m* тра́фик *м*
datieren [da'ti:rən] **I.** *vt* дати́ровать *нсв/св;* **er datierte den Brief auf den 24. Mai** он дати́ровал письмо́ 24 ма́я **II.** *vi* относи́ться *нсв;* **das Manuskript datiert aus dem 19. Jahrhundert** ру́копись отно́сится к 19 ве́ку
Dativ ['da:ti:f] <-s, -e> *m* да́тельный паде́ж *м*
Datowechsel <-s, -> *m* ÖKON да́та-ве́ксель *м*
Dattel ['datəl] <-, -n> *f* фи́ник *м*
Datum ['da:tʊm] <-s, -Daten> *nt* да́та *ж;* **welches ~ haben wir heute?** како́е у нас сего́дня число́?
Dauer ['daʊɐ] <-> *f* **1.** *(Fortdauer)* продолжи́тельность *ж;* **auf die ~** надо́лго; **von kurzer ~ sein** быть непродолжи́тельным **2.** *(begrenzte Zeitspanne)* срок *м,* пери́од *м;* **für die ~ eines Jahres** сро́ком на год
Dauerauftrag <-(e)s, -aufträge> *m* долгосро́чное поруче́ние *ср* (ба́нку)
Dauerfreundin <-, -nen> *f umg* постоя́нная подру́га *ж*
dauerhaft *adj* про́чный, долгове́чный
Dauerkrise <-, -n> *f* затяжно́й кри́зис *м*
Dauerkunde <-n, -n> *m* постоя́нный клие́нт *м* [*или* покупа́тель *м*]
Dauerlauf <-(e)s, -läufe> *m* бег *м* на дли́нную диста́нцию
dauern ['daʊɐn] *vi* продолжа́ться, -до́лжиться *св,* дли́ться, про- *св;* **es wird nicht lange ~** э́то не продли́тся до́лго; **wie lange dauert es denn noch?** ско́лько э́то бу́дет ещё продолжа́ться?; **es dauerte nicht lange, bis sie zurückkehrte** она́ отсу́тствовала недо́лго
dauernd ['daʊɐnt] *adj* продолжи́тельный, постоя́нный; **das ~e Gemurmel im Publikum störte den Redner** непреры́вный шёпот в за́ле меша́л ора́тору
Dauerregen <-s> *m* затяжно́й дождь *м*
Dauerstellung <-, -en> *f* постоя́нная рабо́та *ж*
Dauerstress <-> *m* постоя́нный стресс *м*
Dauerthema <-s, -themen> *nt* постоя́нная те́ма *ж*
Dauerverpflichtung <-, -en> *f* долгосро́чное обяза́тельство *ср*
Dauerwelle <-, -n> *f* хими́ческая зави́вка *ж*
Dauerwurst <-, -würste> *f* твёрдокопчёная колбаса́ *ж*
Dauerzustand <-(e)s> *m* постоя́нное положе́ние *ср,* хрони́ческое состоя́ние *ср*
Däumchen <-s, -> *nt* **~ drehen** *fam* безде́льничать *нсв*
Daumen ['daʊmən] <-s, -> *m* большо́й па́лец *м;* **jdm die ~ drücken** жела́ть кому́-л. успе́ха
Daune ['daʊnə] <-, -n> *f* пуши́нка *ж*
Daunendecke <-, -n> *f* пухо́вое одея́ло *ср*
davon ['da:fɔn, da'fɔn] *adv* **1.** *(von einer Stelle entfernt)* отсю́да; **nur wenige Straßen ~ entfernt** всего́ че́рез не́сколько у́лиц отсю́да; **nicht weit ~** недалеко́ от, во́зле, ря́дом **2.** *(bezüglich einer Angelegenheit)* об э́том, о том; **~ habe ich noch nie gehört** об э́том я ещё никогда́ не слыха́л; **was habe ich denn ~?** а что я получу́ за э́то? **3.** *(Anteil)* **die Hälfte ~** полови́на э́того **4.** *(dadurch)* из-за, от э́того; **~ kann einem ja übel werden** от э́того мо́жет и поплохе́ть; **etwas ~ haben** име́ть по́льзу от чего́-л.; **das kommt ~!** всё и́з-за э́того!; **abgesehen ~** не учи́тывая того́; **das kommt ~, dass ...** так получа́ется, когда́ ...
davon|kommen <irr> *vi* спасти́сь *св,* спаса́ться *нсв;* **mit dem Schrecken ~** отде́латься испу́гом; **mit einem blauen Auge**

~ *fig* легко́ отде́латься

davon|laufen <irr> *vt* убежа́ть *св*, убега́ть *нсв*; **von zu Hause ~** убежа́ть из до́му

davon|schleichen <irr> **I.** *vi sein* пробира́ться, пробра́ться *св* тайко́м [*или* укра́дкой]; **bedrückt ist er davongeschlichen** пода́вленный, он тайко́м ушёл **II.** *vr* **sich ~** прокра́дываться, прокра́сться *св*, проника́ть, прони́кнуть *св*; **sich auf leisen Sohlen ~** прокра́сться на цы́почках

davon|stehlen <irr> *vr* **sich ~** *geh* уйти́, прокра́вшись тайко́м [*или* незаме́ченным]

davon|tragen <irr> *vt* **1.** *(weg~)* уноси́ть, унести́ *св* **2.** *(Schaden, Verletzung)* получи́ть *св*, -ча́ть *нсв* **3.** *(Sieg)* одержа́ть *св*, оде́рживать *нсв*

davor ['da:fo:ɐ, da'fo:ɐ] *adv* **1.** *(räumlich)* пе́ред э́тим, пе́ред тем **2.** *(zeitlich)* до э́того, до того́ **3.** *(bezüglich einer Angelegenheit)* пе́ред э́тим, э́того; **~ hat er keine Angst** э́того он не бои́тся; **er hat mich ~ gewarnt** он меня́ предупреди́л

DAX *abk von* **Deutscher Aktienindex** и́ндекс *м* ку́рсов а́кций ФРГ

dazu ['da:tsu, da'tsu:] *adv* **1.** *(zu einer Sache)* к э́тому, к тому́; **was meinst du ~?** что ты об э́том ду́маешь? **2.** *(bezüglich einer Angelegenheit)* на э́то, на то; **~ hat er kein Wort gesagt** на э́то он не сказа́л ни сло́ва; **ich habe keine Lust ~** я не хочу́ де́лать э́то **3.** *(zu diesem Zweck)* для э́того, для того́; **~ nimmt man sich besser ausreichend Zeit** для э́того ну́жно запасти́сь вре́менем **4.** *(außerdem)* сверх того́, к тому́; **er sieht gut aus und ist ~ auch intelligent** он хорошо́ вы́глядит и к тому́ же ещё умён

dazu|gehören *vi* принадлежа́ть *нсв*, относи́ться *нсв*; **es gehört schon einiges dazu** *(bedarf schon einiger Fähigkeiten)* э́то не та́к-то про́сто; **das gehört nicht dazu** э́то сюда́ не отно́сится

dazugehörig *adj* принадлежа́щий, относя́щийся

dazu|gesellen *vr* присоедини́ться *св*

dazu|kommen <irr> *vi* подходи́ть, -дойти́ *св*

dazu|lernen *vt* поумнеть *св*, помудре́ть

Dazutun *nt* **ohne sein ~** без его́ вмеша́тельства

dazu|verdienen *vi* подзараба́тывать, подзарабо́тать *св*

dazwischen ['da:tsvɪʃən, da'tsvɪʃən] *adv* ме́жду э́тим, ме́жду тем

dazwischen|kommen <irr> *vi* **1.** *(hineinreichen)* достава́ть, доста́ть *св*; **mit der Hand komme ich dazwischen** я могу́ руко́й проле́зть [*или* доста́ть] **2.** *(Ereignis)* меша́ть, помеша́ть *св*, вме́шиваться, -ша́ться *св*; **mir ist leider etwas dazwischengekommen** мне, к сожале́нию, что-то помеша́ло; **wenn nichts dazwischenkommt** е́сли ничто́ не помеша́ет

dazwischen|reden *vi* перебива́ть, перебить *св*

DB [de:'be:] *abk von* **Deutsche Bahn AG** Желе́зные доро́ги *мн* ФРГ

DDR [de:de:'ʔɛr] <-> *f* HIST ГДР *ж*, *Герма́нская Демократи́ческая Респу́блика*

DDR-Bürger(in) <-s, -> *m(f)* HIST граждани́н *м*, гражда́нка *ж* ГДР

D-Dur <-s> *nt* MUS ре мажо́р

deaktivieren *vt* выключа́ть, вы́ключить *св*

dealen ['di:lən] *vi umg (mit Rauschgift handeln)* торгова́ть *нсв* нарко́тиками

Dealer <-s, -> *m umg (Rauschgifthändler)* торго́вец *м* нарко́тиками

Debakel [de'ba:kəl] <-s, -> *nt geh* круше́ние *ср*, крах *м*

Debatte [de'batə] <-, -en> *f* пре́ния *мн*; **etw steht zur ~** что-л. обсужда́ется; **etw zur ~ stellen** поста́вить что-л. на обсужде́ние

debattieren [deba'ti:rən] *vi, vt* вести́ деба́ты, спо́рить, поспо́рить *св*

Debet *nt* де́бет *м*

debil *adj* деби́льный, у́мственно отста́лый

Debitor <-s, -en> *m* дебито́р *м*

Debüt [de'by:] <-s, -s> *nt* дебю́т *м*

dechiffrieren [deʃɪ'fri:rən] *vt* расколи́ровать

Deck [dɛk] <-s, -s> *nt* MAR па́луба *ж*; **alle Mann an ~!** все на па́лубу!

Decke ['dɛkə] <-, -n> *f* **1.** *(Bett~)* одея́ло *ср*, покрыва́ло *ср*; **mit jdm unter einer ~ stecken** *fig* быть с ке́м-л. заодно́ **2.** *(des Zimmers)* потоло́к *м* **3.** *(Tischtuch)* ска́терть *ж*

Deckel ['dɛkəl] <-s, -> *m* **1.** *(von Gefäß)* кры́шка *ж* **2.** *(von Buch)* твёрдая обло́жка *ж*

decken ['dɛkən] **I.** *vt* **1.** *(bedecken)* покрыва́ть, -кры́ть *св* **2.** *(Tisch)* накрыва́ть, -кры́ть *св*; **den Tisch ~** накры́ть на стол **II.** *vr* **sich ~** *(übereinstimmen)* в ра́вной ме́ре

Deckenbeleuchtung <-, -en> *f* потоло́чное освеще́ние *ср*

Deckmantel <-s> *m* предло́г *м*, вид *м*; **unter dem ~ der Nächstenliebe** под ви́дом любви́ к бли́жнему

Deckname <-ns, -n> *m* псевдони́м *м*

Deckung ['dɛkʊŋ] <-, -en> *f* **1.** MIL укры́тие *ср*; **in ~ gehen** уйти́ в укры́тие **2.** *(Ausgleich eines Solls)* покры́тие *ср*, обеспе́чение *ср*, погаше́ние *ср*; **~ der Kosten** возмеще́ние изде́ржек; **~ des Haushaltsdefizits** покры́тие бюдже́тного дефици́та; **~ einer Schuld** погаше́ние долга́; **~ einer Wechselschuld** покры́тие до́лга по ве́кселю; ~ **eines Verlustes** возмещéние убы́тка; **zur ~ der Unkosten** на покры́тие расхóдов; ~ **eines Schadens durch die Versicherung** покры́тие ущéрба страховáнием **3.** *(Befriedigung)* удовлетворéние *ср;* ~ **der Nachfrage** удовлетворéние спрóса; ~ **von Bedürfnissen** удовлетворéние потрéбностей; ~ **des Notenumlaufs** эмиссиóнное обеспéчение; ~ **eines Wechsels** обеспéчение вéкселя; **Schecks ohne ~ ausgeben** выдавáть чéки без обеспéчения

Deckungsbeitrag <-(e)s, -beiträge> *m* ÖKON величинá *ж* покры́тия постоя́нных издéржек

Deckungsgrad <-(e)s, -e> *m* стéпень *ж* покры́тия

Deckungssumme <-, -n> *f* сýмма *ж* покры́тия

Deckweiß <-es> *nt* бéлая покрывнáя крáска *ж*

deduktiv *adj* дедукти́вный

deduzieren *vt* дедуци́ровать *нсв/св,* дéлать *нсв,* сдéлать *св* вы́вод путём дедýкции

De-facto-Anerkennung <-> *f* факти́ческое признáние *ср*

Default <-s> *m* DV стандáрт *м*

defekt [de'fɛkt] *adj* дефéктный, с изъя́ном

Defekt <-(e)s, -e> *m* дефéкт *м,* изъя́н *м*

defensiv [defɛn'zi:f] *adj* оборони́тельный

Defensive [defɛn'zi:və] <-, -n> *f* оборóна *ж;* **in der ~ sein** быть в оборóне

definieren [defi'ni:rən] *vt* определя́ть, -ли́ть *св,* давáть, дáть *св* определéние

Definition [defini'ts̮i̯o:n] <-, -en> *f* определéние *ср,* дефини́ция *ж*

definitiv [defini'ti:f] *adj* **1.** *(eindeutig)* дефинити́вный **2.** *(endgültig)* определённый, окончáтельный

Defizit ['de:fitsɪt] <-s, -e> *nt (Mangel)* дефици́т *м,* нехвáтка *ж;* **finanzielles ~** финáнсовый дефици́т; ~ **in der Kasse** кáссовый дефици́т

defizitär *adj* дефици́тный; **~er Betrieb** убы́точное предприя́тие *ср*

Deflation [defla'ts̮i̯o:n] <-> *f* дефля́ция *ж*

deflationistisch *adj* дефляциóнный

deformieren *vt* деформи́ровать

Defraudation <-, -en> *f* JUR сокры́тие *ср*

deftig ['dɛftɪç] *adj* **1.** *(Mahlzeit)* плóтный, питáтельный **2.** *(derb)* óстрый, крéпкий

Degen ['de:gən] <-s, -> *m* шпáга *ж*

degenerieren [degene'ri:rən] *vi* дегенери́ровать *(н)св*

degradieren [degra'di:rən] *vt* **1.** MIL разжáловать *св* **2.** *fig* деградúровать *(н)св*

Degression <-, -en> *f* дегрéссия *ж*

degressiv *adj* дегресси́вный; **~e Abschreibung** дегресси́вная амортизáция; **~e Steuer** дегресси́вный налóг; **~e Werte** дегресси́вные цéнности

dehnbar ['de:nba:ɐ] *adj* растяжи́мый, эласти́чный

dehnen ['de:nən] **I.** *vt* растя́гивать, -тянýть *св,* расширя́ть, -ши́рить *св, (Worte)* растя́гивать, -тянýть *св,* тянýть *нсв* **II.** *vr* растя́гиваться, -тянýться *св,* удлиня́ться, -ни́ться *св*

Dehnung <-, -en> *f* растяжéние *ср,* удлинéние *ср*

Dehydratation <-> *f* дегидри́рование *ср,* дегидрогенизáция *ж*

Deich [daɪç] <-(e)s, -e> *m* плоти́на *ж*

Deichsel ['daɪksəl] <-, -n> *f* ды́шло *ср*

deichseln *vt umg (fertigbringen)* обтя́пать *св,* -пывать *нсв,* проворáчивать, -вернýть *св*

dein [daɪn] *pron poss* твой

deine(r, s) *pron* твой, твоя́, твоё

deinerseits ['daɪnɐzaɪts] *adv* с твоéй сторон́ы

deinesgleichen ['daɪnəs'glaɪçən] *pron* такóй, как ты, подóбный тебé

deinetwegen ['daɪnət've:gən] *adv* **1.** *(wegen dir)* и́з-за тебя́ **2.** *(dir zuliebe)* рáди тебя́

deinetwillen ['daɪnət'vɪlən] *adv* **um ~** и́з-за тебя́

deins *pron poss* **deine(r, s)**

Deinstallation <-, -en> *f* деинсталля́ция *ж*

Deismus <-> *m* деи́зм *м*

De-jure-Anerkennung <-> *f* юриди́ческое признáние *ср*

dekadent [deka'dɛnt] *adj geh* декадéнтский, упáдочный

Dekadenz [deka'dɛnts̮] <-> *f geh* декадéнство *ср,* декадáнс *м*

Dekan [de'ka:n] <-s, -e> *m* **1.** *(einer Kirche)* декáн *м,* настоя́тель *м* **2.** *(einer Universität)* декáн *м*

Dekanat [deka'na:t] <-(e)s, -s> *nt* UNIV, REL деканáт *м*

deklamieren [dekla'mi:rən] *vt* деклами́ровать, продеклами́ровать *св*

Deklaration <-, -en> *f* **1.** *(feierliche Erklärung)* декларáция *ж,* заявлéние *ср;* ~ **der steuerpflichtigen Einkünfte** декларáция дохóдов, подлежáщих налогообложéнию **2.** *(Zollerklärung)* декларáция *ж*

deklarieren *vt* **1.** *(feierlich erklären)* деклари́ровать *нсв/св,* провозглашáть, -гласи́ть *св* **2.** *(am Zoll)* деклари́ровать *нсв/св;* **Einkünfte ~** заявля́ть о дохóдах; **Waren ~** деклари́ровать товáры

Deklination [deklina'ts̮i̯o:n] <-, -en> *f* склонéние *ср*

deklinieren [dekli'ni:rən] *vt* склоня́ть, про- *св*

dekodieren *vt* дешифровáть *нсв/св,* декоди́ровать *нсв/св*

Dekodierprogramm <-(e)s, -e> *nt* DV декоди́рующая прогрáмма *ж*

Dekodierung <-, -en> *f* декоди́рование *ср*
Dekolleté [dekɔl'teː] <-s, -s> *nt*, **Dekolletee**[RR] [ðekolletee] <-s, -s> *nt* декольте́ *ср*
Dekor <-s, -s o -e> *m o nt* декора́ция *ж*
Dekorateur(in) [dekora'tœːɐ] <-s, -s> *m(f)* декора́тор *м*
Dekoration [dekora'tsjoːn] <-, -en> *f* украше́ние *ср*, убра́нство *ср*
dekorativ [dekora'tiːf] *adj* декорати́вный
dekorieren [deko'riːrən] *vt (Schaufenster)* декори́ровать *(н)св*, украша́ть, -ра́сить *св*
Dekort *m* ÖKON деко́рт *м*, ски́дка *ж*
Dekret [de'kreːt] <-s, -e> *nt* декре́т *м*, ука́з *м*
Delegation [delega'ts̯i̯oːn] <-, -en> *f* **1.** *(Übertragung von Zuständigkeiten)* переда́ча *ж*, делеги́рование *ср*; **~ von Aufgaben an Mitarbeiter** делеги́рование зада́ч сотру́дникам; **~ von Rechten** переда́ча прав; **~ von Verpflichtungen** переда́ча обя́занностей; **~ der Kompetenz** делеги́рование компете́нции **2.** *(Abordnung)* делега́ция *ж*; **eine ~ empfangen** принима́ть делега́цию; **eine ~ entsenden** направля́ть делега́цию; **eine ~ leiten** возглавля́ть делега́цию; **einer ~ angehören** входи́ть в соста́в делега́ции
Delegationsleiter(in) <-s, -> *m(f)* глава́ *м и ж* делега́ции
delegieren [dele'giːrən] *vt* делеги́ровать *(н)св*, посыла́ть, -сла́ть *св*; **Aufgaben ~** делеги́ровать зада́чи; **Entscheidungen ~** делеги́ровать приня́тие реше́ний; **Verantwortung ~** передава́ть отве́тственность
Delegierte(r) <-n, -n> *f(m)* делега́т *м*, делега́тка *ж*
Delfin[RR] [dɛl'fiːn] <-s, -e> *m* дельфи́н *м*
delikat [deli'kaːt] *adj* **1.** *(schmackhaft)* вку́сный, изы́сканный **2.** *(heikel)* щекотли́вый, делика́тный; **eine ~e Angelegenheit** делика́тное де́ло *ср*
Delikatesse [delika'tɛsə] <-, -n> *f* деликате́с *м*, ла́комство *ср*
Delikatessengeschäft *nt* деликате́сный магази́н *м*
Delikt [de'lɪkt] <-(e)s, -e> *nt* дели́кт *м*, правонаруше́ние *ср*
Deliktsfähigkeit <-> *f* JUR деликтоспосо́бность *ж*
Delirium [de'liːriʊm, de'liːriən] <-s, -Delirien> *nt* дели́риум *м*
Delkredere <-> *nt* ÖKON делькре́деге *ср*
Delkredererisiko <-s, -risiken> *nt* риск *м*, свя́занный с делькре́дере
Delle ['dɛlə] <-, -n> *f* углубле́ние *ср*, вмя́тина *ж*
delogieren *vt österr (raussetzen)* выселя́ть, вы́селить *св* из кварти́ры
Delphi-Methode <-> *f* ÖKON *(Erstellung von Wirtschaftsprognosen durch unabhängige Experten)* ме́тод *м* Де́льфи
Delphin [dɛl'fiːn] <-s, -e> *m s.* **Delfin**
Delta ['dɛlta] <-s, -s> *nt* де́льта *ж*
deltaförmig *adj* дельтави́дный
dem [de(ː)m] *dat von* **der**
Demagoge [dema'goːgə] <-n, -n> *m*, **Demagogin** [dema'goːgɪn] *f* демаго́г *м и ж*
Demarkationslinie <-, -n> *f* демаркацио́нная ли́ния *ж*
Dementi [de'mɛnti] <-s, -s> *nt* опроверже́ние *ср*
dementieren [demɛn'tiːrən] *vt* официа́льно опроверга́ть, -ве́ргнуть *св*
dementsprechend ['deːmʔɛnt'ʃprɛçənt] *adj* соотве́тственно
demnach ['de(ː)mnaːx] *adv* соотве́тственно, согла́сно
demnächst [deːm'nɛːkst] *adv* в ско́ром вре́мени, ско́ро, вско́ре
Demo ['deːmo] <-, -s> *f umg (Demonstration)* демонстра́ция *ж*
Demokrat(in) [demo'kraːt] <-en, -en> *m(f)* демокра́т(ка) *м(ж)*
Demokratie [demokra'tiː] <-, -n> *f* демокра́тия *ж*
Demokratiebewegung <-, -en> *f* демократи́ческое движе́ние *ср*
Demokratieverständnis <-ses> *nt* понима́ние *ср* демокра́тии
demokratisch [demo'kraːtɪʃ] *adj* демократи́ческий, демократи́чный; **eine ~e Verfassung** демократи́ческая конститу́ция *ж*
Demokratisierungsprozess <-es, -e> *m* проце́сс *м* демократиза́ции
demolieren [demo'liːrən] *vt (beschädigen)* разруша́ть, -ру́шить *св*, по́ртить, ис- *св*
Demonetisierung <-, -en> *f* демонетиза́ция *ж*
Demonstrant(in) [demɔn'strant] <-en, -en> *m(f)* демонстра́нт(ка) *м(ж)*
Demonstration [demɔnstra'ts̯i̯oːn] <-, -en> *f* **1.** *(gegen oder für etw)* демонстра́ция *ж* **2.** *(Vorführung)* демонстра́ция *ж*, пока́з *м*
Demonstrationsverbot <-(e)s, -e> *nt* запре́т *м* на демонстра́ции
demonstrativ [demɔnstra'tiːf] *adj* демонстрати́вный
Demonstrativpronomen *nt* LING указа́тельное местоиме́ние *ср*
demonstrieren [demɔn'striːrən] **I.** *vt (zeigen)* демонстри́ровать *нсв/св*, про- *св* **II.** *vi (gegen Krieg)* демонстри́ровать *нсв/св*, уча́ствовать *нсв* в демонстра́ции; **für etw ~** уча́ствовать в демонстра́ции за что-л.; **gegen etw ~** уча́ствовать в демонстра́ции про́тив чего́-л.
demontieren [demɔn'tiːrən] *vt* разбира́ть, разобра́ть *св*
demoralisieren [demorali'ziːrən] *vt* деморализова́ть *(н)св*

Demoskopie [demosko'pi:] <-, -n> *f* демоскопи́я *ж*

Demoversion <-, -en> *f* DV де́мо-ве́рсия *ж*

Demut ['de:mu:t] <-> *f* смире́ние *ср,* поко́рность *ж*

demütig ['de:my:tɪç] *adj* смире́нный, поко́рный

demütigen *vt* унижа́ть, уни́зить *св*

Demütigung <-, -en> *f* оскорбле́ние *ср,* униже́ние *ср*

demzufolge ['de(:)mt͡su'fɔlgə] *adv* всле́дствие э́того

den [de:n] *akk von* **der**

denen *dat pl von* **der**

denkbar *adj* мы́слимый, допусти́мый; **das wäre durchaus ~** э́то вполне́ допусти́мо; **das ist ~ einfach** э́то про́ще просто́го

denken ['dɛŋkən] <dachte, gedacht> **I.** *vi* **1.** *(allgemein)* ду́мать, по- *св;* **an etw ~** ду́мать о чём-л.; **daran ist überhaupt nicht zu ~** об э́том и ду́мать не́чего; **das habe ich mir gleich gedacht!** так я и знал!; **laut ~** ду́мать вслух; **solange ich ~ kann** со дня моего́ рожде́ния; **denk daran!** не забыва́й!, по́мни!; **ganz wie Sie ~** как хоти́те **2.** *(annehmen, vermuten)* вообража́ть, -брази́ть *св,* предполага́ть, -ложи́ть *св;* **das Schlimmste ~** предполага́ть са́мое ху́дшее; **wer hätte das gedacht** кто бы поду́мал **3.** *(von jdm/etw eine bestimmte Meinung haben)* име́ть *нсв* мне́ние; **gut/schlecht von jdm ~** быть о ком-л. хоро́шего/плохо́го мне́ния **II.** *vt* *(sich vorstellen)* представля́ть, предста́вить *св* себе́ что-л.; **das hätte ich nicht von ihm gedacht!** никогда́ бы не поду́мал, что он мо́жет сде́лать э́то!; **für jdn/etw gedacht sein** предназна́чен для кого́-л.

Denken ['dɛnkən] <-s> *nt* мышле́ние *ср*

Denker(in) <-s, -> *m(f)* мысли́тель *м,* мысли́тельница *ж*

Denkfähigkeit <-> *f* спосо́бность *ж* мы́слить

Denkfehler <-s, -> *m* оши́бка *ж,* просчёт *м*

Denkmal ['dɛŋkma:l] <-s, Denkmäler> *nt* па́мятник *м;* **jdm ein ~ setzen** поста́вить кому́-л. па́мятник

denkmalgeschützt *adj* находя́щийся под охра́ной госуда́рства *(па́мятник)*

Denkmalschutz <-en> *m* охра́на *ж* па́мятников

Denksportaufgabe <-, -en> *f* головоло́мка *ж*

Denkweise *f* о́браз *м* мышле́ния

denkwürdig *adj* па́мятный, знамена́тельный

Denkzettel <-s, -> *m* па́мятка *ж;* **jdm einen ~ verpassen** проучи́ть кого́-л.

denn [dɛn] **I.** *konj* так как, потому́ что; **es sei ~, ...** ра́зве то́лько ...; **mehr ~ je** бо́льше чем когда́-ли́бо **II.** *adv* же, ра́зве; **warum ~?** почему́ же?; **ist er ~ da?** ра́зве он здесь? **III.** *part* **was ist ~ passiert?** что случи́лось?; **geschweige ~** не говоря́ о том, что

dennoch ['dɛnɔx] *adv* всё-таки, всё же

Denomination <-, -en> *f* ÖKON деномина́ция *ж*

Denotat <-s, -e> *nt* LING денота́т *м,* означа́емое *ср*

denselben *pron* тот же

Denunziant(in) [denʊn't͡si̯ant] <-en, -en> *m(f)* доно́счик *м,* доно́счица *ж*

denunzieren [denʊn't͡si:rən] *vt* доноси́ть, -нести́ *св;* **jdn bei der Polizei ~** донести́ на кого́-л. в поли́цию

Deo ['de:o] <-s, -s> *nt* дезодора́нт *м*

Deodorant <-s, -e o -s> *nt* дезодора́нт *м*

Deoroller *m* ро́ликовый дезодора́нт

Deospray <-s, -s> *nt* *дезодора́нт в аэрозо́льном балло́нчике*

Deostift <-(e)s, -e> *m* ша́риковый дезодора́нт *м*

Departement [departə'mɑ̃:] <-(e)s, -s/-e> *nt* *CH (Ministerium beim Bund und in einigen Kantonen)* департа́мент *м*

Depesche <-n> *f* депе́ша *ж*

deplatziert *adj (Bemerkung)* неуме́стный

Deponie [depo'ni:] <-, -n> *f* сва́лка *ж*

deponieren [depo'ni:rən] *vt* депони́ровать *(н)св;* **Wertsachen im Safe ~** сдава́ть це́нности на хране́ние в сейф; **Aktien bei einer Bank ~** сдава́ть а́кции на хране́ние в банк

Deportation [depɔrta't͡si̯o:n] <-, -en> *f* вы́сылка *ж,* депорта́ция *ж*

deportieren *vt* высыла́ть, вы́слать *св,* депорти́ровать *нсв/св*

Depositen <-> *pl* депози́ты *мн*

Depositenbank <-, -en> *f* депози́тный банк *м*

Depot [de'po:] <-s, -s> *nt* **1.** *(Bank~)* отде́л *м* се́йфов **2.** *(Lager)* склад *м*

Depotgebühr <-, -en> *f* пла́та *ж* за хране́ние це́нных бума́г

Depotschein <-(e)s, -e> *m* депози́тное свиде́тельство *ср*

Depp [dɛp] <-en, -en> *m pej* о́лух *м*

Depression [deprɛ'si̯o:n] <-, -en> *f* **1.** PSYCH депре́ссия *ж,* пода́вленность *ж* **2.** ÖKON депре́ссия *ж*

depressiv *adj* депресси́вный, пода́вленный

deprimieren [depri'mi:rən] *vt* удруча́ть, -чи́ть *св,* угнета́ть *нсв*

Deputat <-(e)s, -e> *nt* натуропла́та *ж,* опла́та *ж* труда́ в нату́ре

der [de:ɐ̯] **I.** *art best* *определённый арти́кль мужско́го ро́да* **II.** *pron rel* кото́рый; **~ Mann, den ich gesehen habe** мужчи́на, кото́рого я ви́дел **III.** *pron dem* э́тот, тот,

он; ~ **war's!** э́то был он!
derart ['deːɐ̯'ʔaːɐ̯t] *adv* тако́го ро́да, до того́; **~, dass ...** таки́м о́бразом, что ...
derartig *adj* тако́й, тако́го ро́да
derb [dɛrp] *adj* **1.** *(kräftig)* твёрдый, кре́пкий **2.** *(grob, rau)* гру́бый, ре́зкий
Derby <-s, -s> *nt* SPORT интере́снейший футбо́льный матч *м*
Deregulierung <-, -en> *f* дерегули́рование *ср*
deren ['deːrən] **I.** *pron dem* **1.** *fem, sg* э́той, той **2.** *pl* э́тих, тех **II.** *pron rel* **1.** *fem, sg* кото́рой **2.** *pl* кото́рых
derivativ *adj* произво́дный
derjenige ['deːɐ̯jeːnɪgə] *pron dem* тот
dermaßen ['deːɐ'maːsən] *adv* так, насто́лько; **~, dass ...** насто́лько, что ...
Dermatologe <-en, -en> *m*, **Dermatologin** *f* дермато́лог *м*
Dermatologie [dɛrmatolo'giː] <-> *f* дермато́логия *ж*
derselbe [deːɐ̯'zɛlbə] *pron dem* тот же са́мый; **es sind immer dieselben!** э́то всё вре́мя одни́ и те́ же!

i Grammatik

> **derselbe** означает „тот же самый“: *Heute trägt Anja denselben Pulli wie gestern. – Аня сегодня в том же джемпере, в котором была вчера.* **der gleiche** означает “одинаковый”: *Anja trägt den gleichen Pulli wie ihre Schwester Susanne. – Аня и ее сестра Сюзанна носят одинаковые джемперы.* В разговорном немецком языке различие часто игнорируется: *Wir sind derselben/der gleichen Meinung. – Мы придерживаемся одного мнения.*

derzeit ['deːɐ̯'tsaɪt] *adv* настоя́щий; **der derzeitige Regierungschef** настоя́щий премье́р-мини́стр
derzeitig *adj* ны́нешний, тепе́решний
des [dɛs] *s.* **der**
Des [dɛs] <-> *nt ohne pl* MUS ре бемо́ль
Desaster [de'zaste] <-s, -> *nt* несча́стье *ср*, катастро́фа *ж*
Deserteur [dezɛr'tøːɐ] <-s, -e> *m* дезерти́р *м*
desertieren [dezɛr'tiːrən] *vi* дезерти́ровать *(н)св*
desgleichen [dɛs'glaɪçən] *adv* подо́бным о́бразом, таки́м же о́бразом
deshalb ['dɛs'halp] *adv* поэ́тому, потому́; **~ also!** ах вот почему́!; **ich habe das ~ getan, weil ...** я сде́лал э́то, потому́ что ...; **gerade ~** име́нно поэ́тому/потому́
Design [di'zaɪn] <-s, -s> *nt* диза́йн *м;* **ein neues ~ entwerfen** проекти́ровать но́вый диза́йн
designen *vt* проекти́ровать *нсв* диза́йн
Designer(in) <-s, -> *m(f)* диза́йнер *м*
Designer-Droge <-, -n> *f* синтети́ческий нарко́тик *м*
Designermöbel <-> *pl* диза́йнер-ме́бель *ж*
Designermode <-> *f* диза́йнер-мо́да *ж*
desillusionieren *vt* разочаро́вывать, -рова́ть *св*
Desinfektion [dezɪnfɛk'tsi̯oːn] <-, -en> *f* дезинфе́кция *ж*
Desinfektionsmittel <-s, -> *nt* дезинфици́рующее сре́дство *ср*
desinfizieren [dezɪnfi'tsiːrən] *vt* дезинфици́ровать *(н)св*
Desinformationskampagne <-, -n> *f* кампа́ния *ж* дезинформа́ции
Desintegration <-> *f* дезинтегра́ция *ж*
Desinteresse ['dɛsʔɪntərɛsə] <-s> *nt* незаинтересо́ванность *ж*, равноду́шие *ср*
Desinvestition <-, -en> *f* дезинвести́ция *ж*
Desktop-Publishing ['dɛsktɔp 'pablɪʃɪŋ] <-> *nt*, **Desktoppublishing**[RR] <-> *nt ohne pl* насто́льное изда́тельство *ср*
desodorieren *vi* дезодори́ровать, удаля́ть, удали́ть *св* неприя́тный за́пах
desolat *adj geh* безуте́шный, печа́льный
desorientiert ['dɛsʔoriɛntiːɐ̯t] *adj* дезориенти́рованный
Despot(in) [dɛs'poːt] <-en, -en> *m(f)* де́спот *м и ж*
despotisch *adj* деспоти́чный
dessen ['dɛsən] *s.* **der**
dessenungeachtet[Alt] *adj s.* **ungeachtet**
Dessert [dɛ'sɛːɐ] <-s, -s> *nt* десе́рт *м;* **zum ~** на десе́рт
Dessertteller <-s, -> *m* десе́ртная таре́лка *ж*
Dessous [dɛ'suː] <-, -> *nt meist pl* же́нское бельё *ср*
Destabilisierung <-, -en> *f* дестабилиза́ция *ж*
destillieren [dɛstɪ'liːrən] *vt* дистилли́ровать *(н)св*
Destination <-, -en> *f* **1.** *(Zweck)* назначе́ние *ср* **2.** *(Bestimmungsort)* ме́сто *ср* назначе́ния
desto ['dɛsto] *konj* тем; **je größer, ~ besser** чем бо́льше, тем лу́чше; **~ besser!** тем лу́чше!
destruktiv [destrʊk'tiːf] *adj geh* деструкти́вный, разруши́тельный
deswegen ['dɛs'veːgən] *adv* поэ́тому, по э́той причи́не
Detail [de'taɪ, de'taːj] <-s, -s> *nt* дета́ль *ж*, подро́бность *ж;* **ins ~ gehen** вдава́ться в подро́бности
Detailhandel <-s> *m* ро́зничная торго́вля *ж*

detailliert [deta'ji:rt] *adj* дета́льный, подро́бный
Detailplanung <-, -en> *f* дета́льное плани́рование *ср*
Detektiv(in) [detɛk'ti:f] <-s, -e> *m(f)* детекти́в *м*, сы́щик *м*
Detektivroman *m* LIT детекти́в *м*
Detonation [detona'ts̯i̯o:n] <-, -en> *f* детона́ция *ж*, взрыв *м*
deuten ['dɔɪtən] **I.** *vt (interpretieren)* истолко́вывать, -кова́ть *св*, объясня́ть, -сни́ть *св*; **etw falsch ~** непра́вильно истолко́вывать что-л. **II.** *vi (hindeuten)* ука́зывать, -за́ть *св*, намека́ть, -кну́ть *св*
deutlich ['dɔɪtlɪç] **I.** *adj* я́сный, чёткий; *(Handschrift)* разбо́рчивый; **jdm etw ~ machen** дать кому́-л. поня́ть что-л.; **es wurde ~, dass ...** ста́ло я́сно, что ... **II.** *adv (spürbar)* чувстви́тельно; **hier ist es ~ kälter** здесь чувстви́тельно холодне́е
Deutlichkeit <-> *f* я́сность *ж*; **etw in aller ~ sagen** заяви́ть что-л. со всей я́сностью
deutsch [dɔɪtʃ] *adj* неме́цкий; **auf gut ~ gesagt** по́просту говоря́
Deutsch <-en> *nt* неме́цкий язы́к *м*; **Deutsch sprechen** говори́ть по-неме́цки; **Deutsch lernen** учи́ть неме́цкий; **wir haben uns auf Deutsch unterhalten** мы разгова́ривали по-неме́цки; **auf gut Deutsch gesagt** на пра́вильном неме́цком языке́
Deutsche Demokratische Republik ['dɔɪtʃə demo'kra:tiʃə repu'bli:k] <-> *f* HIST Демократи́ческая Респу́блика *ж* Герма́ния
Deutsche Industrienorm <-> *f* промы́шленный станда́рт *м* ФРГ
Deutsche(r) <-n, -n> *f(m)* не́мец *м*, не́мка *ж*
Deutscher Aktien-Index <-> *m* и́ндекс *м* ку́рсов а́кций ФРГ
Deutschland <-s> *nt* Герма́ния *ж*
deutschsprachig ['dɔɪtʃʃpra:xɪç] *adj* говоря́щий на неме́цком языке́
deutschsprachlich *adj* немецкоговоря́щий
Deutung <-, -en> *f* толкова́ние *ср*, объясне́ние *ср*
Devaluation <-, -en> *f* девальва́ция *ж*
Devalvation <-, -en> *f* девальва́ция *ж*
Devise [de'vi:zə] <-, -n> *f* **1.** *(Wahlspruch)* деви́з *м* **2.** *nur pl* ÖKON валю́та *ж*
Devisen [de'vi:zən] *pl* деви́зы *мн*, (иностра́нная) валю́та *ж*; **Umtausch von ~** обме́н валю́ты; **in ~ bezahlen** плати́ть в валю́те; **mit ~ kaufen** покупа́ть на валю́ту
Devisenabkommen <-s, -> *nt* валю́тное соглаше́ние *ср*
Devisenarmut <-> *f* валю́тный го́лод *м*
Devisenausländer <-s, -> *m* нерезиде́нт *м*
Devisenbestand <-(e)s, -bestände> *m* валю́тный запа́с *м*
Devisenbewirtschaftung <-> *f* валю́тное регули́рование *ср*
Devisenbewirtschaftungsgesetz <-es, -e> *nt* JUR зако́н *м* о валю́тном регули́ровании
Devisenbilanz <-, -en> *f* валю́тный бала́нс *м*
Devisenbörse <-, -n> *f* валю́тная би́ржа *ж*
Devisenbringer <-s, -> *m* опера́ция *ж*, обеспе́чивающая поступле́ния валю́ты
Devisenbroker <-s, -> *m* бро́кер *м* валю́тной би́ржи
Devisengeschäft <-(e)s, -e> *nt* валю́тная сде́лка *ж*
Devisenhandel <-s> *m* торго́вля *ж* валю́той
Devisenknappheit <-> *f* валю́тный дефици́т *м*
Devisenkonto <-s, -konten> *nt* инвалю́тный счёт *м*
Devisenkurs <-es, -e> *m* курс *м* иностра́нной валю́ты
Devisenmarkt <-(e)s, -märkte> *m* валю́тный ры́нок *м*
Devisenreserve <-, -n> *f* валю́тные резе́рвы *мн*
Devisenschieber <-s, -> *m* валю́тчик *м*
Devisentransfer <-s, -s> *m* перево́д *м* иностра́нной валю́ты
Devisenvergehen <-s, -> *nt* наруше́ние *ср* валю́тного законода́тельства
Devisenverkaufskurs <-es, -e> *m* валю́тный курс *м* продавцо́в
Devisenverkehr <-s> *m* валю́тное обраще́ние *ср*
Devisenwechsel <-s, -> *m* иностра́нный ве́ксель *м*
Dezember [de'tsɛmbɐ] <-s> *m* дека́брь *м*
dezent [de'tsɛnt] *adj* **1.** *(anständig)* прили́чный **2.** *(rücksichtsvoll)* делика́тный
dezentral *adj* децентрализо́ванный
Dezentralisation <-, -en> *f* децентрализа́ция *ж*
dezentralisieren [dets̯ɛntrali'zi:rən] *vt* децентрализи́ровать *(н)св*
Dezernat [detsɛr'na:t] <-(e)s, -e> *nt* отделе́ние *ср*, отде́л *м*
dezimal [detsi'ma:l] *adj* десяти́чный
Dezimalbruch <-(e)s, -brüche> *m* десяти́чная дробь *ж*
Dezimalrechnung <-> *f* десяти́чное исчисле́ние *ср*
Dezimalstelle <-, -n> *f* десяти́чный знак *м*
Dezimalsystem <-s, -e> *nt* десяти́чная систе́ма *ж* исчисле́ния
Dezimeter [dets̯i'me:tɐ] <-s, -> *m o nt* децимéтр *м*

DFB [de:ʔɛf'be:] *abk von* **Deutscher Fußballbund** *Германская федерация футбола*

DGB [de:ge:'be:] *abk von* **Deutscher Gewerkschaftsbund** *Объединение германских профсоюзов*

d.h. *abk von* **das heißt** то есть

Dia ['di:a] <-s, -s> *nt* диапозитив *м*, слайд *м*

Diabetes [dia'be:tɛs] <-> *m* диабет *м*

Diabetiker(in) [dia'be:tikɐ] <-s, -> *m(f)* больной *м*, больная *ж* диабетом

diabolisch [dia'bo:lɪʃ] *adj geh* дьявольский

Diadem [dia'de:m] <-s, -e> *nt* диадема *ж*

Diagnose [dia'gno:zə] <-, -n> *f* диагноз *м*; **eine ~ stellen** поставить диагноз

diagonal [diago'na:l] *adj* диагональный

Diagonale <-, -n> *f* диагональ *ж*

Diagramm [dia'gram] <-s, -e> *nt* диаграмма *ж*

Diakon [dia'ko:n] <-s o -en, -e o -en> *m* дьякон *м*

Dialekt [dia'lɛkt] <-(e)s, -e> *m* диалект *м*

Dialog [dia'lo:k] <-(e)s, -e> *m* диалог *м*; **politischer ~** политический диалог

Dialogbereitschaft <-> *f* готовность *ж* к диалогу

dialogfähig *adj* диалоговый

Dialogfähigkeit <-> *f* способность *ж* к диалогу

Dialogfenster <-s, -> *nt* DV диалоговое окно *ср*

Dialyse <-, -n> *f* диализ *м*

Dialysetechnik <-> *f* техника *ж* искусственной почки

Diamant [dia'mant] <-en, -en> *m* алмаз *м*

Diamantring *m* кольцо *ср* с бриллиантом

Diamantschliff <-(e)s> *m* гранение *ср* алмазов

diametral *adj* диаметральный

Diapositiv <-s, -e> *nt* FOT диапозитив *м*, слайд *м*

Diaprojektor ['diapro'jɛkto:ɐ̯] <-s, -en> *m* диапроектор *м*

Diät [di'ɛ:t] <-, -en> *f* диета *ж*; **~ halten** соблюдать диету; **eine ~ machen** сидеть на диете; **jdn auf ~ setzen** посадить кого-л. на диету

Diäten <-> *pl (von Abgeordneten)* суточные *мн* для членов парламента

Diätenerhöhung <-, -ne> *f* увеличение *ср* суточных для членов парламента

diätetisch [diɛ'te:tɪʃ] *adj* диетический

Diätmargarine <-, -n> *f* диетический маргарин *м*

Diavortrag <-(e)s, -vorträge> *m* доклад *м*, сопровождающийся показом слайдов

dich [dɪç] *pron pers* тебя; **~ wollte ich fragen** я хотел у тебя спросить; **pass auf ~ auf!** береги себя!, берегись!; **benimm ~!** веди себя прилично!

dicht [dɪçt] *adj* **1.** *(Nebel)* густой **2.** *(Gewebe)* плотный **3.** *(undurchlässig)* непроницаемый, герметический

dicht bevölkert[Alt] *adj* густонаселённый

Dichte <-> *f* плотность *ж*, густота *ж*

dichten ['dɪçtən] **I.** *vt (verfassen)* создавать, -дать *св* **II.** *vi (Gedichte schreiben)* сочинять, -нить *св*

Dichter(in) <-s, -> *m(f)* поэт *м*, поэтесса *ж*

dichterisch *adj* поэтический

Dichterlesung <-, -en> *f* авторский вечер *м* писателя

dicht|halten <irr> *vt umg* молчать *нсв*, держать *нсв* язык за зубами; **er hat nicht dichtgehalten** он проговорился

dicht|machen *vt umg (Laden)* закрывать, -крыть *св*

Dichtung[1] <-, -en> *f (Abdichtung)* уплотнение *ср*, прокладка *ж*

Dichtung[2] <-, -en> *f (Verskunst)* поэтическое произведение *ср*

dick [dɪk] *adj* толстый, полный; **jdn oder etw ~ haben** *umg* быть сытым кем-л. или чем-л. по горло; **~ werden** потолстеть; **ein dickes Fell haben** *fig* ему всё нипочём; **~ auftragen** *fam abw (übertreiben)* наврать с три короба; **sie sind ~ befreundet** *fam* они большие друзья

Dickdarm <-(e)s> *m* толстая кишка *ж*

Dicke ['dɪkə] <-, -n> *f* толщина *ж*, *(Beleibtheit)* полнота *ж*, тучность *ж*

Dickicht ['dɪkɪçt] <-(e)s, -e> *nt* чаща *ж*, гуща *ж*

Dickkopf <-(e)s, -köpfe> *m umg* упрямец *м*; **einen ~ haben** быть упрямым

dickköpfig ['dɪkkœpfɪç] *adj fam* упрямый

Dickmilch <-> *f* простокваша *ж*

Dickwanst *m fam abw* толстяк *м*

Didaktik [di'daktɪk] <-, -en> *f* дидактика *ж*

didaktisch *adj* дидактический

die [di(:)] **I.** *art best определённый артикль женского рода*; **~ Schwester meiner Frau** сестра моей жены **II.** *pron rel* которая; **die einzige Frau, ~ er liebt** единственная женщина, которую он любит **III.** *pron dem* эта, та, она; **~ war's!** это была она! **IV.** *art pl von der, die, das* они

Dieb(in) [di:p, 'di:bɪn] <-(e)s, -e> *m(f)* вор *м*, воровка *ж*; **haltet den ~!** держите вора!

Diebesgut <-(e)s, -güter> *nt* краденое *ср*

diebisch *adj* воровской; **sich ~ freuen** *umg* злорадствовать

Diebstahl <-s, -stähle> *m* воровство *ср*, кража *ж*

diejenige *pron dem* та

Diele ['di:lə] <-, -n> *f* **1.** *(Brett)* половица *ж*, доска *ж* настила **2.** *(Hausflur)* передняя *ж*, прихожая *ж*

Dielektrikum <-s, Dielektrika> *nt* EL диэлектрик *м*

dienen ['di:nən] *vi* **1.** *(als Diener)* служить,

D

по- *нсв;* **womit kann ich ~?** чем могу́ быть поле́зен? **2.** *(als Soldat)* служи́ть, отслужи́ть *св* **3.** *(Verwendung finden als)* служи́ть, по- *св,* быть *нсв* приго́дным; **das dient einem guten Zweck** э́то для благоро́дных це́лей

Diener(in) <-s, -> *m(f)* слуга́ *м,* служа́нка *ж,* лаке́й *м*

Dienerschaft <-en> *f* прислу́га *ж*

Dienst [di:nst] <-es, -e> *m* **1.** *(Ausübung der Amtspflicht)* слу́жба *ж,* рабо́та *ж;* **außer~** на пе́нсии; **~ habend** дежу́рный; **der ~ habende Arzt** дежу́рный врач; **im ~** на слу́жбе; **jdm mit etw einen schlechten ~ erweisen** оказа́ть кому́-л. чем-л. плоху́ю услу́гу; **den ~ quittieren** оставля́ть слу́жбу; **auswärtiger ~** дипломати́ческая слу́жба; **öffentlicher ~** госуда́рственная слу́жба; **sozialer ~** социа́льная слу́жба; **in jds Diensten stehen** служи́ть у кого́-л. **2.** *(Dienstleistung)* обслу́живание *ср,* услу́га *ж*

Dienstag ['di:nsta:k] <-(e)s, -e> *m* вто́рник *м*

dienstagabends[RR] *adv* во вто́рник ве́чером

dienstags *adv* по вто́рникам

Dienstalter <-> *nt* старшинство́ *ср*

Dienstanweisung <-, -en> *f* служе́бная инстру́кция *ж*

Dienstausweis ['di:nstaʊsvaɪs] <-es, -e> *m* служе́бное удостовере́ние *ср*

Dienstbote <-n, -n> *m* слуга́ *м*

dienstfrei *adj* выходно́й

Dienstgeber <-s, -> *m* работода́тель *м*

Dienstgeheimnis <-ses, -se> *nt* служе́бная та́йна *ж*

Dienstgrad <-(e)s, -e> *m* чин *м,* ранг *м*

Dienstherr <-en, -en> *m* хозя́ин *м,* патро́н *м*

Dienstjahre <-> *pl* служе́бный стаж *м*

Dienstjubiläum <-s, -jubiläen> *nt* служе́бный юбиле́й *м*

Dienstleistung <-, -en> *f* услу́га *ж;* **kommerzielle ~en** комме́рческие услу́ги; **kommunale ~en** коммуна́льные услу́ги; **persönliche ~en** ли́чные услу́ги; **unentgeltliche ~en** беспла́тные услу́ги

Dienstleistungsangebot <-(e)s, -e> *nt* предложе́ние *ср* услу́г

Dienstleistungsbereich <-(e)s> *m* сфе́ра *ж* обслу́живания

Dienstleistungsbetrieb ['di:nstlaɪstʊŋs bətri:p, 'di:nstlaɪstʊŋsbətri:bə] <-(e)s, -e> *m* предприя́тие *ср* бытово́го обслу́живания

Dienstleistungsbilanz <-, -en> *f* бала́нс *м* услу́г

Dienstleistungsgesellschaft <-> *f общество, в эконо́мике кото́рого домини́рует сфе́ра обслу́живания*

Dienstleistungssektor <-s> *m* сфе́ра *ж* обслу́живания

Dienstleistungsunternehmen <-s, -> *nt* предприя́тие *ср* бытово́го обслу́живания

dienstlich *adj* служе́бный; **ich bin ~ hier** я здесь по служе́бным дела́м; **eine ~e Angelegenheit** служе́бное де́ло; **ein ~es Schreiben** делова́я бума́га; **ein ~er Besuch** официа́льное посеще́ние; **~ werden** переходи́ть на официа́льный тон

Dienstmädchen *nt* убо́рщица *ж,* домрабо́тница *ж*

Dienstnehmer <-s, -> *m* работополуча́тель *м*

Dienstpersonal <-s> *nt* обслу́живающий персона́л *м*

Dienstprogramm <-(e)s, -e> *nt* DV се́рвисная програ́мма *ж*

Dienstrecht <-(e)s> *nt* JUR служе́бное пра́во *ср*

Dienstreise <-, -n> *f* командиро́вка *ж,* служе́бная пое́здка *ж*

Dienststelle ['di:nstʃtɛlə] <-, -n> *f* **1.** *(Arbeitsstelle)* рабо́та *ж,* ме́сто *ср* рабо́ты **2.** *(Behörde)* учрежде́ние *ср,* ве́домство *ср,* о́рган *м;* **staatliche ~** госуда́рственное учрежде́ние; **übergeordnete ~** вышестоя́щий о́рган; **zuständige ~** компете́нтное учрежде́ние

Dienstvertrag <-(e)s, -verträge> *m* JUR трудово́й догово́р *м*

Dienstwagen <-s, -> *m* служе́бная маши́на *ж*

Dienstweg <-(e)s> *m* **auf dem ~** в служе́бном [*или* администрати́вном] поря́дке

Dienstwohnung <-, -en> *f* служе́бная [*или* казённая] кварти́ра *ж*

Dienstzeit <-, -en> *f* срок *м* слу́жбы

dies [di:s] *pron dem s.* **diese(r, s)**

diesbezüglich ['di:sbetsʏgliç] *adj* соотве́тствующий

diese(r, s) ['di:zə, -zɐ, -zəs] *pron dem* э́та, э́тот, э́то

Diesel ['di:zəl] <-s, -> *m* **1.** *(Kraftstoff)* ди́зельное то́пливо *ср* **2.** *(Motor)* ди́зельный дви́гатель *м*

dieselbe *pron dem* та же са́мая

Dieselkraftstoff <-(e)s> *m* ди́зельное то́пливо *ср*

Diesellok <-, -s> *f* теплово́з *м*

Dieselmotor *m* ди́зельный дви́гатель *м*

diesig ['di:zɪç] *adj* тума́нный, мгли́стый

diesjährig *adj* э́того го́да

diesmal *adv* на э́тот раз

diesseits ['di:szaɪts] **I.** *prp* по э́ту сто́рону, с э́той стороны́; *(bei Flüssen)* на э́том берегу́ **II.** *adv* по э́ту сто́рону

Dietrich ['di:trɪç] <-s, -e> *m* *(Nachschlüssel)* отмы́чка *ж*

diffamieren [dɪfa'mi:rən] *vt* поро́чить, опоро́чить *св*

Differential [dɪfərɛn'ts̮i̯a:l] <-s, -e> *nt s.* **Differenzial**

Differenz [dɪfə'rɛnts] <-, -en> *f* **1.** *(Unterschied)* ра́зница *ж* **2.** *(meist pl: Auseinandersetzung)* разногла́сие *ср*

Differenzbetrag <-(e)s, -beträge> *m* ра́зница *ж* ме́жду су́ммами

Differenzgeschäft <-(e)s, -e> *nt* ÖKON биржева́я сде́лка *ж* на ра́зницу (в ку́рсе це́нных бума́г)

Differenzial[RR] [dɪfərɛn'ts̮i̯a:l] <-s, -e> *nt* MATH дифференциа́л *м*

Differenzialrechnung[RR] <-, -en> *f* дифференциа́льное исчисле́ние *ср*

differenzieren [dɪfərɛn'ts̮i:rən] *vt* дифференци́ровать *(н)св*, различа́ть, -чи́ть *св*

Differenzierung <-, -en> *f* дифференциа́ция *ж*

diffus *adj* диффу́зный, рассе́янный; **~es Licht** рассе́янный свет *м*

Diffusion <-, -en> *f* распростране́ние *ср*

digital [digi'ta:l] *adj* цифрово́й

Digitalanzeige <-, -n> *f* цифрова́я индика́ция *ж*

Digitalgerät <-(e)s, -e> *nt* цифрово́е устро́йство *ср*

digitalisieren *vt* представля́ть, -ста́вить *св* в цифрово́й фо́рме

digitalisiert *adj* дигитализи́рованный

Digitalisierung <-> *f* оцифрова́ние *ср*

Digitalkamera *f* дигита́льная ка́мера *ж*

Digitaluhr <-, -en> *f* цифровы́е часы́ *мн*

Diglossie <-> *f* LING диглосси́я *ж*

Diktat [dɪk'ta:t] <-(e)s, -e> *nt* дикта́нт *м;* **ein ~ schreiben** писа́ть дикта́нт

Diktator [dɪk'ta:to:ɐ] <-s, -en> *m* дикта́тор *м*

diktatorisch [dɪkta'to:rɪʃ] *adj* дикта́торский

Diktatur [dɪkta'tu:ɐ] <-, -en> *f* диктату́ра *ж*

diktieren [dɪk'ti:rən] *vt* **1.** *(Text)* диктова́ть, про- *св* **2.** *(vorschreiben)* предпи́сывать, -са́ть *св*, диктова́ть, про- *св;* **wir lassen uns die Bedingungen nicht ~** мы не позво́лим диктова́ть нам усло́вия

Diktiergerät <-(e)s, -e> *nt* диктофо́н *м*

Diktion <-, -en> *f* ди́кция *ж*

Dilemma [di'lɛma] <-s, -s> *nt* диле́мма *ж*

Dilettant(in) [dilɛ'tant] <-en, -en> *m(f) pej* дилета́нт *м*, профа́н *м*

dilettantisch *adj pej* дилета́нтский

Dilettantismus <-> *m* дилетанти́зм *м*

Dill [dɪl] <-(e)s, -e> *m* укро́п *м*

Dimension [dimɛn'zi̯o:n] <-, -en> *f* **1.** PHYS измере́ние *ср* **2.** *geh (Ausmaß)* масшта́б *м*

Diminutiv <-s, -e> *m* LING уменьши́тельная фо́рма *ж*

Dimmer <-s, -> *m* регуля́тор *м* я́ркости све́та

DIN [di:n, dɪn] *abk von* **Deutsche Industrienorm** *Герма́нский промы́шленный станда́рт*

Dinar <-s, -e> *m* дина́р *м*

Ding [dɪŋ] <-(e)s, -e> *nt* вещь *ж*, предме́т *м;* **vor allen ~en** пре́жде всего́

dingfest *adj* **Verbrecher ~ machen** арестова́ть престу́пников

dinglich *adj* **~es Recht** JUR ве́щное пра́во

Dingsda ['dɪŋsda:] <-> *nt umg просторе́чное обозначе́ние предме́та и́ли лица́, назва́ние или и́мя кото́рых забы́лось и́ли неизве́стно*

Dinkel <-s> *m* BOT спе́льта *ж*

Dinosaurier [dino'zaʊriɐ] <-s, -> *m* диноза́вр *м*

Diode [di'o:də] <-, -n> *f* EL дио́д *м*

Dioptrie [diɔp'tri:, diɔp'tri:ən] <-, -n> *f* диоптри́я *ж*

Diözese <-, -n> *f* епа́рхия *ж*

Diphtherie [dɪfte'ri:] <-, -n> *f* дифтери́я *ж*

Diphthong [dɪf'tɔŋ] <-s, -e> *m* дифто́нг *м*

Dipl. *abk von* **Diplom** дипло́м *м*

Diplom [di'plo:m] <-(e)s, -e> *nt* дипло́м *м*, свиде́тельство *ср;* **sein ~ machen** (**in etw**) получи́ть образова́ние

Diplomarbeit <-, -en> *f* дипло́мная рабо́та *ж;* **seine ~ schreiben** писа́ть дипло́мную рабо́ту

Diplomat(in) [diplo'ma:t] <-en, -en> *m(f)* диплома́т *м*

Diplomatenkoffer <-s, -> *m* „диплома́т" *м* *(портфе́ль)*

Diplomatenlaufbahn <-, -en> *f* карье́ра *ж* диплома́та

Diplomatie [diploma'ti:] <-> *f* диплома́тия *ж*

diplomatisch *adj* дипломати́ческий

Diplombibliothekar(in) <-s, -e> *m(f)* дипломи́рованный библиоте́карь *м*

diplomiert *adj* дипломи́рованный

Diplomierte(r) <-n, -n> *f(m)* дипломи́рованный специали́ст *м*

Diplomingenieur(in) <-s, -e> *m(f)* дипломи́рованный инжене́р *м*

Diplomkaufmann <-(e)s, -männer/-leute> *m*, **Diplomkauffrau** *f* дипломи́рованный коммерса́нт *м*

dir [di:ɐ̯] **I.** *pron pers dat von* **du** тебе́; **ich habe ~ etwas mitgebracht** я тебе́ что-то принес **II.** *pron refl dat von* **du** себе́; **was hast du ~ gekauft?** что ты себе́ купи́л?

Direct Mailing <-s, -s> *nt* пряма́я почто́вая рекла́ма *ж*

direkt [di'rɛkt] **I.** *adj* прямо́й, непосре́дственный; **~e Abschreibung** пряма́я амортиза́ция; **~e Folgen** прямы́е после́дствия; **~e Kosten** непосре́дственные затра́ты; **~e Steuern** прямы́е нало́ги; **~e Verantwortung** пряма́я отве́тственность; **eine ~e Verbindung** прямо́е сообще́ние; **~e Wahlen** прямы́е вы́боры; **direkte Rede** LING пряма́я речь; **~ vor dem Haus** пря́мо

пе́ред до́мом **II.** *adv* **1.** *(ohne Umweg)* пря́мо **2.** *(unverzüglich)* сра́зу **3.** *fam (ausgesprochen)* о́чень
Direktabnehmer *m* непосре́дственный потреби́тель *м*
Direktausfuhr <-, -en> *f* прямо́й э́кспорт *м*
Direkteinfuhr <-, -en> *f* прямо́й и́мпорт *м*
Direktexport <-(e)s, -e> *m* прямо́й э́кспорт *м*
Direktflug <-(e)s, -flüge> *m* беспоса́дочный полёт *м*
Direktimport <-(e)s, -e> *m* прямо́й и́мпорт *м*
Direktimporteur <-s, -e> *m* прямо́й импортёр *м*
Direktinvestition <-, -en> *f* прямы́е инвести́ции *мн*
Direktion [dirɛk'tsi̯o:n] <-, -en> *f* дире́кция *ж*
Direktlieferung <-, -en> *f* пряма́я поста́вка *ж*
Direktmarketing <-s> *nt* прямо́й ма́ркетинг *м*
Direktor(in) [di'rɛkto:ɐ̯] <-s, -en> *m(f)* дире́ктор *м;* **geschäftsführender** ~ дире́ктор-распоряди́тель; **kaufmännischer** комме́рческий дире́ктор; **stellvertretender** ~ замести́тель дире́ктора; **technischer** ~ техни́ческий дире́ктор
Direktorat <-(e)s, -e> *nt* до́лжность *ж* дире́ктора, дире́кторство *ср*
Direktsubvention <-, -en> *f* пряма́я субси́дия *ж*
Direktübertragung <-, -en> *f* пряма́я трансля́ция *ж*
Direktvertrieb <-(e)s> *m* прямо́й сбыт *м*
Direktwahl <-, -en> *f* прямы́е вы́боры *мн*
Direktwerbung <-, -en> *f* пряма́я почто́вая рекла́ма *ж*
Direktzugriff <-(e)s> *m* прямо́й до́ступ *м*
Direktzugriffsspeicher <-s, -> *m* DV па́мять *ж* (ЗУ) с прямы́м до́ступом
Dirigent(in) [diri'gɛnt] <-en, -en> *m(f)* дирижёр *м*
dirigieren [diri'gi:rən] *vt* дирижи́ровать *нсв*
Dirigismus <-> *m* дирижи́зм *м*
dirigistisch *adj* дирижи́сткий
Dirndl ['dɪrnd(ə)l] <-s, -(n)> *nt (Kleid) бава́рский национа́льный же́нский костю́м*

i Land & Leute

Dirndl – традиционный альпийский баварский или австрийский женский сельский костюм с корсажем, широкой юбкой и фартуком. Это осталось частью ежедневного стиля одежды со времен первой мировой войны.

Dirne ['dɪrnə] <-, -n> *f* публи́чная де́вка *ж,* проститу́тка *ж*
Dis [dɪs] <-, -> *nt* MUS ре дие́з
Disco ['dɪsko] <-s> *f* дискоте́ка *ж*
Discounter <-s, -> *m* владе́лец *м* магази́на уценённых това́ров
Discount-Geschäft <-(e)s, -e> *nt* магази́н *м* уцененных това́ров
Discountladen <-s, -läden> *m магази́н, торгу́ющий в ро́зницу по ни́зким це́нам*
Diskette [dɪs'kɛtə] <-, -n> *f* диске́та *ж*
Diskettenbox <-, -en> *f* я́щик *м* для хране́ния диске́т
Diskettenlaufwerk [dɪs'kɛtənlaʊfvɛrk] <-(e)s, -e> *nt* дисково́д *м*
Diskjockey ['dɪskdʒɔki] <-s, -s> *m* диск-жоке́й *м*
Disko ['dɪsko] <-, -s> *f umg (Diskothek)* дискоте́ка *ж*
Diskont [dɪs'kɔnt] <-s, -e> *m* диско́нт *м,* учётная ста́вка *ж*
Diskontbank <-, -en> *f* учётный банк *м*
diskontfähig *adj* принима́емый к учёту
Diskontgeschäft *m* учётная опера́ция *ж*
diskontierbar *adj* учётоспосо́бный
diskontieren *vt* дисконти́ровать
Diskontierung <-> *f* дисконти́рование *ср*
Diskontpolitik <-> *f* диско́нтная поли́тика *ж*
Diskontrate <-, -n> *f* учётная ста́вка *ж*
Diskontsatz <-es, -sätze> *m* учётная ста́вка *ж*
Diskothek [dɪsko'te:k] <-, -en> *f* дискоте́ка *ж*
Diskrepanz [dɪskre'pants] <-, -en> *f geh* несоотве́тствие *ср,* расхожде́ние *ср*
diskret [dɪs'kre:t] *adj* **1.** *(vertraulich)* конфиденциа́льный **2.** *(taktvoll)* такти́чный, делика́тный
Diskretion [dɪskre'tsjo:n] <-> *f* сде́ржанность *ж,* такти́чность *ж*
diskriminieren [dɪskrimi'ni:rən] *vt* дискримини́ровать *(н)св*
diskriminierend *adj* дискриминацио́нный
Diskriminierung <-, -en> *f* дискримина́ция *ж;* **wirtschaftliche** ~ экономи́ческая дискримина́ция
Diskus ['dɪskʊs] <-, -se> *m* диск *м*
Diskussion [dɪskʊ'si̯o:n] <-, -en> *f* диску́ссия *ж; (öffentliche Debatte)* деба́ты *мн;* **eingehende** ~ обстоя́тельная диску́ссия; **fruchtlose** ~ беспло́дная диску́ссия; **gegenstandslose** ~ беспредме́тная диску́ссия; **lebhafte** ~ оживлённая диску́ссия; **Gegenstand der** ~ предме́т обсужде́ния; (**nicht**) **zur** ~ **stehen** (не) стоя́ть на обсужде́нии; ~ **um die Fragen** диску́ссия

по вопро́сам; ~ **zu einem Thema** диску́ссия на те́му; **eine ~ entfachen** развёртывать диску́ссию; **sich auf eine ~ einlassen** вступа́ть в диску́ссию; **zur ~ kommen** станови́ться предме́том диску́ссии; **zur ~ stellen** стави́ть на обсужде́ние; **~ en auslösen** вы́звать пре́ния

Diskussionsforum <-s, -foren> *nt* публи́чная диску́ссия *ж*

Diskussionsrunde <-, -n> *f* дискуссио́нный круг *м*

Diskussionsstoff <-(e)s, -e> *m* материа́л *м* для диску́ссии

diskutieren [dɪsku'tiːrən] *vt* дискути́ровать *нсв*

disparat *adj* неоднoро́дный, разли́чный

Disparität <-, -en> *f* диспропо́рция *ж*

Display [dɪs'plɛɪ] <-s, -s> *nt* **1.** *(Anzeige)* диспле́й *м* **2.** *(Aufsteller)* подста́вка *м*

Disponent <-en, -en> *m* диспоне́нт *м*

disponibel *adj* свобо́дный

Disponierbarkeit <-> *f* **1.** *(Verfügbarkeit)* нали́чность *ж,* нали́чие *ср;* **~ von Geldmitteln** нали́чие фина́нсовых средств; **~ von Waren** нали́чие това́ров **2.** *(Einsetzbarkeit)* возмо́жность *ж*

disponieren [dɪspo'niːrən] *vi* располага́ть, -ложи́ть *св,* размеща́ть, -мести́ть *св*

Disposition [dɪspozi'tsjoːn] <-en, -> *f* **1.** *(Einteilung)* план *м,* размеще́ние *ср;* **eine ~ entwerfen** намеча́ть план **2.** *(Verfügung)* распоряже́ние *ср;* **zur ~stehen** име́ться в распоряже́нии; **~ über sein Vermögen** распоряже́ние свои́м иму́ществом **3.** *(Bedarfsermittlung)* определе́ние *ср* потре́бности, диспози́ция *ж*

Dispositionskredit <-(e)s, -e> *m* перерасхо́д *м* счёта

Disput [dɪs'puːt] <-(e)s, -e> *m geh* ди́спут *м*

Disqualifikation [dɪskvalifika'tsi̯oːn] <-en> *f a.* SPORT дисквалифика́ция *ж*

disqualifizieren [dɪskvalifi'tsi̯ːrən] *vt* дисквалифици́ровать *(н)св*

Dissens <-, -e> *m* расхожде́ния *мн*

Dissertation [dɪsɛrta'tsi̯oːn] <-, -en> *f* диссерта́ция *ж*

Dissident(in) [dɪsi'dɛnt] <-en, -en> *m* диссиде́нт(ка) *м(ж)*

Dissonanz [dɪso'nants] <-, -en> *f* диссона́нс *м*

Distanz [dɪs'tants] <-, -en> *f* диста́нция *ж,* расстоя́ние *ср*

Distanzgeschäft <-(e)s, -e> *nt* рассы́лка *ж* това́ров покупа́телям

Distanzhandel <-s> *m* посы́лочная торго́вля *ж*

distanzieren [dɪstan'tsiːrən] *vr* отмежева́ться *св,* -жёвываться *нсв,* отходи́ть, отойти́ *св;* **sich von etw ~** отмежева́ться от чего́-л.

distanziert **I.** *adj geh* сде́ржанный; **~ sein** стоя́ть в стороне́ **II.** *adv geh* дистанци́рованно; **sie verhält sich ~** она́ о́чень сде́ржанна

Distanzierung <-, -en> *f* отмежева́ние *ср*

Distanzscheck <-s, -s> *m* иногоро́дний чек *м*

Distanzwechsel <-s, -> *m* иногоро́дний ве́ксель *м*

Distel ['dɪstəl] <-, -n> *f* чертополо́х *м*

distinguiert *adj geh* изя́щный, изы́сканный

Distribution <-, -en> *f* сбыт *м*

Distributionsgrad <-(e)s, -e> *m* сте́пень *ж* распределе́ния

Distributionskanal <-(e)s, -kanäle> *m* кана́л *м* сбы́та

Distributionspolitik <-> *f* дистрибути́вная поли́тика *ж*

Distributionsspanne <-, -n> *f* разры́в *м* ме́жду оптово́й и ро́зничной це́нами

Distributionsweg <-(e)s, -e> *m* кана́л *м* сбы́та

distributiv *adj* дистрибути́вный

Distributor <-s, -en> *m* сбы́тчик *м*

Distrikt [dɪs'trɪkt] <-(e)s, -e> *m* о́круг *м,* ди́стрикт *м*

Disziplin [dɪstsi'pliːn] <-, -en> *f* дисципли́на *ж;* **~ halten** соблюда́ть дисципли́ну; **es herrscht strenge ~** цари́т стро́гая дисципли́на

disziplinarisch [dɪstsipli'naːrɪʃ] *adj* дисциплина́рный

Disziplinarverfahren <-s, -> *nt* дисциплина́рное произво́дство *ср*

diszipliniert [dɪstsipli'niːɐ̯t] *adj* дисциплини́рованный

Diszipliniertheit <-> *f* дисциплини́рованность *ж*

Disziplinierung <-> *f* приуче́ние *ср* к дисципли́не

Diva ['diːva] <-, -s> *f* ди́ва *ж,* примадо́нна *ж*

Divergenz [divɛr'gɛns] <-, -en> *f* диверге́нция *ж*

divers [di'vɛrs] *adj* разли́чный, ра́зный

diversifizieren *vi* расширя́ть, расши́рить *св* номенклату́ру това́ров

Diversifizierung <-, -en> *f* диверсифика́ция *ж;* **~ des Handels** диверсифика́ция торго́вли; **~ eines Betriebes** диверсифика́ция предприя́тия

Dividende [divi'dɛndə] <-, -n> *f* дивиде́нд *м;* **die ~ ausfallen lassen** отменя́ть вы́дачу дивиде́ндов; **die ~ kürzen** сокраща́ть дивиде́нды; **eine hohe ~ abwerfen** приноси́ть высо́кий дивиде́нд; **eine ~ ausschütten** выпла́чивать дивиде́нд; **~n festsetzen** устана́вливать разме́ры дивиде́ндов

Dividendenabschlag <-(e)s, -abschläge> *m* BÖRSE пониже́ние *ср* ку́рса а́кций за счёт

предлага́емого дивиде́нта
Dividendenausfall <-(e)s, -ausfälle> *m* отме́на *ж* вы́платы дивиде́ндов
Dividendenausschüttung <-, -en> *f* ÖKON вы́плата *ж* дивиде́ндов
dividendenberechtigt *adj* име́ющий пра́во на получе́ние дивиде́ндов
Dividendenpolitik <-> *f* поли́тика *ж* в о́бласти дивиде́ндов
Dividendenschein <-(e)s, -e> *m* BÖRSE дивиде́ндный купо́н *м*
dividieren [divi'di:rən] *vt* дели́ть, раз- *св*
Division [divi'zi̯o:n] <-, -en> *f* **1.** MATH деле́ние *ср* **2.** MIL диви́зия *ж* **3.** ÖKON продукто́вая гру́ппа *ж*
Divisionalisierung <-, -en> *f* ÖKON продукто́вая оргструкту́ра *ж*
DJ *abk von* **Diskjockey** дидже́й *м*
DJH *abk von* **Deutsches Jugendherbergswerk** Герма́нская федера́ция молодёжного тури́зма
dm *abk von* **Dezimeter** дециме́тр *м*
DM *abk von* **Deutsche Mark** неме́цкая ма́рка *ж*
d-Moll *nt* MUS ре бемо́ль *м*
DNS [de:ʔɛn'ʔɛs] *abk von* **Desoxyribonukleinsäure 1.** BIOL ДНК *ж* **2.** CHEM дезоксирибонуклеи́новая кислота́ *ж*
doch [dɔx] **I.** *konj* одна́ко; **ich würde es gern tun, ~ ich traue mich nicht** я с удово́льствием сде́лал бы э́то, но я не реша́юсь **II.** *adv* всё-таки, всё же; **das stimmt nicht! – ~!** э́то не так! – нет, так!; **er hatte ~ Recht** он был ведь прав; **das habe ich mir ~ gedacht** я так и ду́мал; **er sagte nichts, wusste er ~, dass sie Recht hatte** он ничего́ не сказа́л, потому́ что он знал, что она́ была́ права́; **kommst du nicht mit? – ~!** ты не пойдешь с на́ми? – пойду́!; **es schmeckt ~** э́то всё-таки вку́сно **III.** *part* **1.** *(verstärkend)* **nehmen Sie ~ Platz!** сади́тесь, пожа́луйста! **2.** *(auffordernd)* **gib ~ mal her!** да́й-ка сюда́! **3.** *(Zustimmung fordern)* ведь; **hier darf man ~ rauchen?** ведь тут мо́жно кури́ть?

i Grammatik

При ответе на вопрос **doch** подтверждается отрицательный или подчеркивается положительный ответ: *Hast du keinen größeren Koffer? Doch, ich habe einen, aber dieser ist praktischer. – У тебя нет чемодана побольше? Есть, но этот гораздо удобнее. Bist du nie in Dänemark gewesen? Doch, ich war letztes Jahr dort im Urlaub. Ты никогда не был раньше в Дании? Напротив, в прошлом году я был там на отдыхе.*

Docht [dɔxt] <-(e)s, -e> *m* фити́ль *м*
Dock [dɔk] <-s, -s> *nt* MAR док *м*
Dockarbeiter <-s, -> *m* до́кер *м*
Dogge ['dɔgə] <-, -n> *f* дог *м*
Dogma ['dɔgma] <-s, Dogmen> *nt* до́гма *ж*
dogmatisch [dɔg'ma:tɪʃ] *adj* догмати́ческий
Dogmatismus <-> *m* догмати́зм *м*
Dogmen *pl von* **Dogma**
Doktor(in) ['dɔkto:ɐ] <-s, -en> *m(f)* **1.** UNI » кандида́т *м* нау́к; **~ der Philosophie** кандида́т филосо́фских нау́к; **seinen ~ machen** писа́ть кандида́тскую диссерта́цию; **den ~ machen** защити́ть диссерта́цию **2.** *umg (Arzt)* до́ктор *м и ж;* **Herr/Frau ~** господи́н/госпожа́ до́ктор
Doktorand(in) [dɔkto'rant] <-en, -en> *m(f)* » аспира́нт *м*, аспира́нтка *ж (лицо́, занима́ющееся написа́нием кандида́тской диссерта́ции)*
Doktorarbeit <-, -en> *f* кандида́тская диссерта́ция *ж*
Doktortitel *m* до́ктор *м;* **den ~ erwerben** получи́ть зва́ние до́ктора
Doktorvater <-s, -väter> *m* нау́чный руководи́тель *м*
Doktrin [dɔk'tri:n] <-en> *f* доктри́на *ж*
Dokument [doku'mɛnt] <-(e)s, -e> *nt* докуме́нт *м;* **abschließendes ~** итóговый докуме́нт; **gefälschtes ~** подде́льный докуме́нт; **geheimes ~** секре́тный докуме́нт; **persönliches ~** ли́чный докуме́нт; **programmatisches ~** програ́ммный докуме́нт; **Annahme eines ~s** приня́тие докуме́нта; **seine Unterschrift unter ein ~ setzen** ста́вить свою́ по́дпись под докуме́нтом; **~e vernichten** уничтожа́ть докуме́нты; **~e sichten** просма́тривать докуме́нты; **~e vorweisen** предъявля́ть докуме́нты
Dokumentarfilm [dokumɛn'ta:ɐ̯fɪlm] <-(e)s, -e> *m* документа́льный фильм *м*
Dokumentarfilmer(in) <-s, -> *m(f)* документали́ст *м*
dokumentarisch [dokumɛn'ta:rɪʃ] *adj* документа́льный
Dokumentation [dokumɛnta'ts̮i̯o:n] <-en> *f* документа́ция *ж*
Dokumentenakkreditiv <-s, -e> *nt* документа́рный аккредити́в *м*
Dokumentenmappe <-, -n> *f* па́пка *ж* для докуме́нтов
Dokumententratte <-, -n> *f* документа́рная тра́тта *ж*
dokumentieren [dokumɛn'ti:rən] *vt* документи́ровать *(н)св*, подтвержда́ть, -тверди́ть *св* докуме́нтами
Dolch [dɔlç] <-(e)s, -e> *m* кинжа́л *м*
Dole <-, -n> *f* уклю́чина *ж*
Dollar ['dɔla:ɐ] <-s, -s> *m* до́ллар *м*

Dollarbond <-s, -s> *m* до́лларовая бо́на *ж*

Dollarkurs <-es> *m* курс *м* до́ллара

Dollarreserve <-, -n> *f* резе́рвный запа́с *м* до́лларов

dolmetschen ['dɔlmɛtʃən] **I.** *vt (Gespräch)* у́стно переводи́ть, -вести́ *св* **II.** *vi* переводи́ть, -вести́ *св;* **sie dolmetscht für den Außenminister** она́ перево́дит для мини́стра иностра́нных дел

Dolmetscher(in) <-s, -> *m(f)* перево́дчик *м,* -чица *ж*

Dom [do:m] <-(e)s, -e> *m* кафедра́льный собо́р *м*

Domain <-, -s> *f* DV доме́н *м*

Domainname <-ns, -> *m* DV и́мя *ср* доме́на

Domäne [do'mɛ:nə] <-, -n> *f* **1.** *(Staatsgut)* госуда́рственное име́ние *ср* **2.** *(Spezialgebiet)* о́бласть *ж,* сфе́ра *ж*

dominant [domi'nant] *adj* домини́рующий, преоблада́ющий

Dominanz [domi'nants] <-en> *f a.* BIOL превосхо́дство *ср*

dominieren *vi* **1.** *(Eigenschaft)* домини́ровать *нсв,* преоблада́ть *нсв* **2.** *(Mensch)* домини́ровать *нсв*

Dominikanische Republik <-> *f* Доминика́нская Респу́блика *ж*

Domino ['do:mino] <-s, -s> *nt* домино́ *ср*

Domizil [domi'tsi:l] <-s, -e> *nt geh* резиде́нция *ж,* местожи́тельство *ср*

Domizilwechsel <-s, -> *m* домицили́рованный ве́ксель *м*

Dompfaff ['do:mpfaf] <-s, -en> *m* снеги́рь *м*

Dompteur [dɔmp'tœ:ɐ] <-s, -e> *m,* **Dompteuse** [dɔmp'tœ:zə] *f* укроти́тель *м,* -ница *ж*

Don *m* Дон *м*

Donau ['do:naʊ] *f* **die ~** Дуна́й *м*

Donner ['dɔnɐ] <-s> *m* гром *м*

donnern ['dɔnɐn] *vi* громыха́ть, -хну́ть *св;* **es donnert** гром греми́т

Donnerstag ['dɔnɐsta:k] <-(e)s, -e> *m* четве́рг *м*

donnerstags *adv* по четверга́м

Donnerwetter ['- -'- -] <-s, -> *nt umg (Schelte)* нагоня́й *м,* взбу́чка *ж;* **~!** *umg* чёрт побери́!

doof [do:f] *adj umg* глу́пый

Dope [do:p] <-s> *nt (Rauschgift)* нарко́тик *м*

dopen ['do:pən] *vr* дава́ть, дать *св* до́пинг

Doping ['do:pɪŋ] <-s, -s> *nt* до́пинг *м;* **zwei Athleten wurden des ~s überführt** дво́е атле́тов бы́ли уличены́ в приня́тии до́пинга

Dopingkontrolle ['do:piŋkɔn'trɔlə] <-, -n> *f* контро́ль *м* на до́пинг

Dopingmittel <-s, -> *nt* сре́дство *ср* до́пинга

Dopingsubstanz <-, -en> *f* сре́дство *ср* до́пинга

Doppel ['dɔpəl] <-s, -> *nt* **1.** *(Duplikat)* дублика́т *м* **2.** *(beim Tennis)* па́рная игра́ *ж*

Doppelbeschluss <-es> *m* двойно́е реше́ние *ср*

Doppelbesteuerung <-, -en> *f* двойно́е налогообложе́ние *ср*

Doppelbett <-(e)s, -en> *nt* двуспа́льная крова́ть *ж*

Doppeldecker <-s, -> *m* бипла́н *м*

doppeldeutig *adj* двузна́чный

Doppelgänger(in) ['dɔpəlgɛŋɐ] <-s, -> *m(f)* двойни́к *м*

Doppelkinn <-(e)s, -e> *nt* двойно́й подбо-ро́док *м*

Doppelklick <-s, -s> *m* DV двойно́й щелчо́к *м*

Doppelmoral ['dɔpəlmora:l] *f ohne pl* двойна́я мора́ль *ж*

Doppelpass <-es, -pässe> *m* SPORT *(Fußball)* двойно́й пас *м*

Doppelpunkt <-(e)s, -e> *m* двоето́чие *ср*

doppelt ['dɔpəlt] **I.** *adj* двойно́й, двоя́кий; **~e Buchführung** двойна́я систе́ма бухга́лтерского учёта; **ich bin ~ so alt wie Hans** я вдво́е ста́рше Га́нса **II.** *adv* вдво́е; **~ so viel** вдво́е бо́льше; **~ sehen** в глаза́х двои́тся

Doppeltür <-, -en> *f* двойна́я дверь *ж*

Doppelzimmer <-s, -> *nt* ко́мната *ж* на двои́х

Dopplereffekt *m* PHYS эффе́кт *м* до́плера

Dorf [dɔrf, 'dœrfɐ] <-(e)s, Dörfer> *nt* дере́вня *ж,* село́ *ср*

Dorfbewohner <-s, -> *m* се́льский жи́тель *м*

Dorfschule <-, -n> *f* се́льская шко́ла *ж*

Dorn [dɔrn] <-(e)s, -en> *m* **1.** *(an Pflanze)* колю́чка *ж,* шип *м* **2.** TECH шип *м;* **das ist mir schon lange ein ~ im Auge** э́то у меня́ как бельмо́ на глазу́

Dornbusch *m* за́росли *мн* терно́вника

Dornenkrone *f* терно́вый вене́ц *м*

dornig *adj* терни́стый, колю́чий

Dornröschen [dɔrn'rœ:sçən] <-s> *nt ohne pl* LIT Спя́щая краса́вица

dörren ['dœrən] *vt* суши́ть, вы́- *св,* вя́лить, про- *св*

Dörrobst <-(e)s> *nt* сушёные фру́кты *ммн*

Dorsch [dɔrʃ] <-(e)s, -e> *m* атланти́ческая треска́ *ж*

dort [dɔrt] *adv* там; **von ~ aus** отту́да; **~ oben/hinten** там наверху́/сза́ди; **ich komme gerade von ~** я как раз отту́да иду́

dorther ['dɔrt'he:ɐ̯, 'dɔrthe:ɐ̯] *adv* отту́да

dorthin ['dɔrt'hɪn, 'dɔrthɪn] *adv* туда́

dortig *adj* та́мошний, ме́стный

Dose ['do:zə] <-, -n> *f* **1.** *(aus Plastik)* коро́бка *ж* **2.** *(Konservenbüchse)* ба́нка *ж* **3.** *(Steckdose)* розе́тка *ж*

dösen ['dø:zən] *vi* дрема́ть *нсв*

Dosenbier <-(e)s, -e> *nt* ба́ночное пи́во *ср*

Dosenmilch <-> *f* конденси́рованное

молоко́ *ср*

Dosenöffner <-s, -> *m* консе́рвный нож *м*

Dosensuppe <-, -n> *f* консерви́рованный суп *м*

DOS-Format <-(e)s> *nt* DV до́совский форма́т *м*

dosieren [do'zi:rən] *vt* дози́ровать *(н)св*

Dosierspender <-s, -> *m* доза́тор *м*

Dosis ['do:zɪs, 'do:zən] <-, Dosen> *f* до́за *ж*

Dossier [dɔ'sje:] <-s, -s> *nt* досье́ *ср*, де́ло *ср*

Dotation <-, -en> *f* дота́ция *ж*

dotieren [do'ti:rən] *vt* дава́ть, дать *св* дота́цию

Dotierung <-, -en> *f* дота́ция *ж*

Dotter ['dɔtɐ] <-s, -> *m* желто́к *м*

doubeln ['du:bəln] *vt* дубли́ровать, про- *св*

Double ['du:b(ə)l] <-s, -s> *nt* дублёр *м*

Dow-Jones-Index <-> *m* BÖRSE и́ндекс *м* До́у-Джо́нса

down [daʊn] *adv umg* удручённый

Download ['daʊnlɔʊt] <-s, -s> *m* DV загру́зка

downloaden *vt* INFOR тяну́ть

Download-Seite <-, -n> *f* DV загру́зочная страни́ца *ж*

Down-Syndrom, **Downsyndrom** <-(e)s> *nt* MED синдро́м *м* Да́уна

Doyen <-s, -s> *m* дуайе́н *м*, глава́ *м* дипломати́ческого ко́рпуса

Dozent(in) [do'tsɛnt] <-en, -en> *m(f)* доце́нт *м*

Dr. *abk von* **Doktor** до́ктор *м*

Drache ['draxə] <-n, -n> *m* драко́н *м*

Drachen ['draxən] <-s, -> *m* **1.** *(Papier~)* бума́жный змей *м;* **einen ~ steigen lassen** запусти́ть бума́жного змея́ **2.** *pej, umg (zänkische Frau)* ве́дьма *ж*, карга́ *ж* **3.** SPORT дельтапла́н *м*

Drachenfliegen <-s> *nt* дельтапланери́зм *м*

Drachenflieger(in) <-s, -> *m(f)* дельтаплане́рист(ка) *м(ж)*

Drachme <-, -n> *f* FIN дра́хма *ж*

Dragée, **Dragee**[RR] [dra'ʒe:] <-s, -s> *nt* MED драже́ *ср*, пилю́ля *ж*

Draht [dra:t, 'drɛ:tə] <-(e)s, Drähte> *m* про́волока *ж;* **auf ~ sein** бы́ть начеку́

Drahtesel <-s, -> *m umg (Fahrrad)* дранду-ле́т *м*

drahtig ['dra:tɪç] *adj* жи́листый, мускули́стый

Drahtseil <-(e)s, -e> *nt* трос *м*

Drahtzieher <-s, -> *m* **1.** TECH волочи́льщик *м* про́волоки **2.** *fig* закули́сный руководи́тель *м*

drakonisch [dra'ko:nɪʃ] *adj* драко́новский; **~e Zustände** драко́новские поря́дки

drall [dral] *adj* кре́пкий, пло́тно сби́тый

Drama ['dra:ma, 'dra:ən] <-s, Dramen> *nt* **1.** *(literarische Gattung)* дра́ма *ж* **2.** *(Bühnenstück)* пье́са *ж*, сцени́ческое произведе́ние *ср* **3.** *(dramatisches Geschehen)* дра́ма *ж*

Dramatiker(in) [dra'ma:tikɐ] <-s, -> *m(f)* драмату́рг *м*

dramatisch *adj* драмати́ческий

dramatisieren [dramati'zi:rən] *vt (etw hochspielen)* драматизи́ровать *(н)св*

Dramaturg(in) [drama'tʊrk] <-en, -en; -nen> *m(f) a.* THEAT драмату́рг *м*

Dramaturgie [dramatʊr'gi:] <-en> *f a.* THEAT драматурги́я *ж*

dran [dran] *adv* на э́том, на том; **wer ist ~?** чья о́чередь?; **drauf und ~ sein, etw zu tun** быть на гра́ни како́го-л. посту́пка; **du bist ~** твой черёд; **sind Sie noch ~?** *(Telefon)* вы ещё у телефо́на?; **ich bin spät ~** я опа́здываю

dran|bleiben ['dranblaɪbən] <irr> *vi sein, fam* **1.** *(verfolgen)* пресле́довать **2.** *(Telefon)* ждать

drang [draŋ] *prät von* **dringen**

Drang [draŋ] <-(e)s> *m* **1.** *(Trieb, Sehnsucht)* стремле́ние *ср*, влече́ние *ср;* **einen plötzlichen ~ nach etw verspüren** вдруг почу́вствовать жела́ние что-л. сде́лать **2.** *(Zwang)* на́тиск *м*, напо́р *м*

dran|gehen <irr> *vi sein, fam (in Angriff nehmen)* нача́ть де́лать что-л.

Drängelei [drɛŋə'laɪ] <-, -en> *f* толкотня́ *ж*

drängeln ['drɛŋəln] *vi* напира́ть *нсв*, тесни́ть, от- *св;* **jdn zur Seite ~** оттесни́ть кого́-л. в сто́рону; **nur nicht ~!** не толка́йтесь!

drängen ['drɛŋən] **I.** *vi* **1.** *(vordrängen)* напира́ть, -пере́ть *св*, тесни́ть, по- *св* **2.** *(dringend sein)* быть *нсв* сро́чным; **es drängt nicht** э́то не к спе́ху **II.** *vt* **1.** *(schieben)* толка́ть **2.** *(antreiben)* подгоня́ть **III.** *vr* **sich ~** толка́ться

Drangsal ['draŋza:l] <-> *f geh* нужда́ *ж*

drangsalieren [draŋza'li:rən] *vt* **1.** *(peinigen)* подверга́ть, -ве́ргнуть *св* притесне́ниям **2.** *(belästigen)* досажда́ть, -сади́ть *св*

dran|hängen **I.** *vt fam (an etw befestigen)* ве́шать, пове́сить *св*, прикрепля́ть, прикрепи́ть *св* **II.** *vi fam (an etw hängen)* пресле́довать что-л. **III.** *vr* **sich ~** *fam (verfolgen)* пресле́довать кого́-л.

dran|kommen <irr> *vi umg* **1.** *(an die Reihe kommen)* прихо́дит черёд [*или* о́чередь] кого́-л.; **du kommst als Nächste dran** ты сле́дующая **2.** SCH *(aufgerufen werden)* спра́шивать кого́-л. **3.** *(abgefragt werden)* отвеча́ть *(на экза́мене)* **4.** *(erreichen)* дотя́гиваться, дотяну́ться *св*, достава́ть, доста́ть *св*

dran|kriegen *vt fam* заставля́ть, заста́вить *св;* **jdn (schön) ~** *(zu einer Leistung)* заста́вить кого́-л. сде́лать что-л.; *(reinlegen)* обману́ть кого́-л.

dran|lassen <irr> *vt fam* пропуска́ть, пропусти́ть *св*, уступа́ть, уступи́ть *св* ме́сто

dran|setzen ['dranzɛtsən] *vt* **1.** *(einsetzen)* испо́льзовать, де́лать, сде́лать *св;* **ich werde alles ~ um ...** я сде́лаю всё, что́бы ... **2.** *(beschäftigen)* занима́ть, заня́ть *св*

drapieren *vt (schmücken)* укра́сить, украша́ть *св; (in Falten legen/aufrendig falten)* драпи́ровать

drastisch ['drastɪʃ] *adj* ре́зкий, радика́льный, грубова́тый; **~e Preiserhöhungen** ре́зкое повыше́ние цен; **~er Personalabbau** ре́зкое сокраще́ние шта́тов; **zu ~en Sparmaßnahmen greifen** ввести́ жёсткий режи́м эконо́мии

drauf ['draʊf] *adv* **~ und dran sein, etw zu tun** собира́ться сде́лать что-л.; **jd hat nicht viel ~** *umg* кто-л. ма́ло на что́ спосо́бен; **gut/schlecht ~ sein** быть в хоро́шем/плохо́м настрое́нии; **wie ist der denn ~?** что э́то он не в ду́хе?

drauf|bekommen <irr> *vt fam* **1.** *(auf etw bekommen)* получи́ть доба́вку **2.** *(Wend)* **eins ~** *(einen Klaps bekommen)* получи́ть хлопо́к по плечу́; *(ausgeschimpft werden)* получи́ть нагоня́й

Draufgabe ['draʊfga:bə] <-, -n> *f* **1.** *(Mengenzugabe)* ски́дка *ж* за коли́чество **2.** *(Draufgeld)* зада́ток *м*

Draufgänger(in) ['draʊfgɛŋɐ, 'draʊfgɛŋərɪn] <-s, -> *m* сорвиголова́ *м,* смельча́к *м*

draufgängerisch *adj* сме́лый

drauf|gehen <irr> *vi umg (sterben)* погиба́ть, -ги́бнуть *св*

drauf|haben <irr> *vt fam* **etw ~** быть тала́нтливым в чём-л.

drauf|hauen <irr> *vi fam* ударя́ть, уда́рить *св;* **einen ~** весели́ться, повесели́ться *св*

drauf|kriegen *vi fam* **eins ~** получи́ть нагоня́й

drauf|legen ['draʊfle:gən] *vt fam* добавля́ть, доба́вить *св*

drauflos [draʊf'lo:s] *adv* вперёд

drauflos|reden *vi umg* заговори́ть *св,* не разду́мывая

drauflos|schlagen <irr> *vi fam* ударя́ть, уда́рить *св* где попа́ло

drauf|machen *vt fam* **einen ~** здо́рово повесели́ться

drauf|sein <irr> *vi sein s.* **drauf**

drauf|stehen <irr> *vi fam* **1.** *(auf etw stehen)* стоя́ть на чём-л.; **aua, du stehst genau auf meinem Fuß drauf!** ой, ты наступи́л мне на́ ногу! **2.** *(geschrieben stehen)* быть напи́санным; **was steht auf dem Zettel drauf?** что напи́сано в запи́ске?

drauf|stoßen <irr> **I.** *vi sein, fam* наводи́ть **II.** *vt haben, fam* **jdn auf etw ~** навести́ кого́-л. на что-л.

drauf|zahlen *vi umg* припла́чивать, -плати́ть *св*

draus [draʊs] *adv fam s.* **daraus**

draußen ['draʊsən] *adv* снару́жи, на дворе́

draußen ['draʊsən] *adv* **1.** *(außerhalb)* на у́лице; **nach ~** на у́лицу **2.** *(weit entfernt)* за; **~ auf dem Lande** за го́родом

drechseln ['drɛksəln] *vt* точи́ть, вы́- *св*

Dreck [drɛk] <-(e)s> *m* грязь *ж; umg* дря́нь *ж;* **~ am Stecken haben** *umg* име́ть ры́льце в пушку́; **jdn/etw durch den ~ ziehen** *fig* смеша́ть кого́-л./что-л. с гря́зью; **jdn wie den letzten ~ behandeln** *fam* относи́ться пло́хо к кому́-л.; **das geht dich einen ~ an** э́то не твоё де́ло

Dreckarbeit *f abw s.* **Drecksarbeit**

Dreckfinger *m fam* мерза́вец *м;* **fass mit deinen Dreckfingern bloß nichts an!** не тро́гай меня́ свои́ми гря́зными ла́пами!

Dreckfink <-s> *m pej, umg* неря́ха *м и ж*

dreckig *adj* гря́зный; **es geht ihm ~** *umg* у него́ дела́ пло́хи; **sich ~ machen** испа́чкаться

Dreckkerl *m fam abw s.* **Dreckskerl**

Dreckloch *nt fam abw* дыра́ *ж*

Drecksarbeit *f abw* гря́зная рабо́та *ж*

Dreckskerl *m fam abw* мерза́вец *м,* подле́ц *м*

Dreckspatz <-en, -en> *m umg* грязну́ля *м и ж*

Dreh [dre:] <-(e)s, -s o -e> *m fam* спо́соб *м,* прием *м;* **den ~ heraushaben** взять в оборо́т

Dreharbeiten <-> *pl* съёмочные рабо́ты *мн,* съёмка *ж*

Drehbank <-, -bänke> *f* тока́рный стано́к *м*

drehbar *adj* враща́ющийся

Drehbuch <-(e)s, -bücher> *nt* сцена́рий *м*

drehen ['dre:ən] **I.** *vt* **1.** *(um~)* повора́чивать, -верну́ть *св;* **den Kopf ~** поверну́ть го́лову; **das Radio leiser drehen** *fam* укрути́ть ра́дио **2.** *(Zigarette)* скру́чивать, скрути́ть *св* **3.** FILM снима́ть, снять *св* **II.** *vr* **sich ~** верте́ться *нсв,* крути́ться *нсв;* **um was dreht es sich?** *umg* о чём идёт речь?; **mir dreht sich alles im Kopf** у меня́ голова́ идёт круго́м

Dreher <-s, -> *m* то́карь *м*

Drehkreuz <-es, -e> *nt* турнике́т *м*

Drehmoment <-(e)> *nt* TECH крутя́щий моме́нт *м*

Drehorgel <-, -n> *f* шарма́нка *ж*

Drehorgelspieler <-s, -> *m* шарма́нщик *м*

Drehort *m* FILM ме́сто *ср* съёмок

Drehschalter <-s, -> *m* поворо́тный выключа́тель *м*

Drehstrom *m* EL трёхфа́зный ток *м*

Drehstromgenerator *m* EL трёхфа́зный генера́тор *м*

Drehstuhl <-(e)s, -stühle> *m* враща́ющийся стул *м*

Drehtür <-, -en> *f* вращáющаяся дверь *ж*
Dreh-und Angelpunkt <-(e)s> *m umg важная, незаменимая составная часть чего-либо*
Drehung <-en> *f (Umdrehung)* поворóт *м;* **eine ~ um 180 Grad** поворóт на 180 грáдусов
Drehzahl ['dre:tsa:l] <-, -en> *f* числó *ср* оборóтов
Drehzahlmesser <-s, -> *m* тахóметр *м*
drei [draɪ] *num* три; **nicht bis ~ zählen können** *umg* ничегó не смыслить; **~ Viertel** три чéтверти; **es ist ~ viertel zwei** *südd* врéмя без пятнáдцати три; *s.* **acht**[1]
Drei <-en> *f (Schulnote)* трóйка *ж*
dreiachsig *adj* трёхóсный
dreibändig *adj* трёхтóмный
dreibeinig *adj* трёхнóгий
Dreibettzimmer <-s, -> *nt* нóмер *м* на троих (в гостинице)
dreidimensional ['draɪdimɛnzi̯ona:l] *adj* трёхмéрный
Dreieck ['draɪɛk] <-(e)s, -e> *nt* треугóльник *м*
dreieckig, 3-eckig[RR] *adj* треугóльный
Dreiecksgeschäft <-(e)s, -e> *nt* трёхсторóнняя сдéлка *ж*
Dreieinigkeit [draɪ'aɪnɪçkaɪt] <-> *f* трóица *ж*, триединство *ср*
dreierlei ['draɪe'laɪ] *adj* троякий
dreifach ['draɪfax] *num* тройнóй, троекрáтный
dreifarbig *adj* трёхцвéтный
Dreiganggetriebe <-s, -> *nt* трёхступéнчатая корóбка *ж* передáч
dreigeschossig *adj* трёхэтáжный
Dreigestirn <-(e)s, -e> *nt* трóица *ж*
dreihundert ['draɪ'hʊndɐt] *num* триста
dreijährig ['draɪjɛ:rɪç], **3-jährig**[RR] *adj* трёхгодичный, трёхлéтний
Dreikampf *m* SPORT триатлóн *м*
Dreikäsehoch [draɪ'kɛ:zəho:x] <-s, -s> *m umg (kleiner Junge)* карапýз *м*
dreiköpfig *adj* из трёх человéк *(о семьé)*
dreimal ['draɪma:l] *adv* трижды, три рáза
dreimalig *adj* троекрáтный
Dreimaster <-s, -> *m* MAR трёхмáчтовый корáбль *м*
dreimonatig *adj* трёхмéсячный
drein [draɪn] *adv fam s.* **darein**
drein|blicken *vi* **finster ~** смотрéть хмýро [*или* мрáчно]
drein|reden *vi umg* вмéшиваться, -шáться *св*
Dreiphasenstrom <-(e)s> *m* EL трёхфáзный ток *м*
Dreipunktgurt <-(e)s, -e> *m* KFZ ремéнь *м* безопáсности
Dreirad <-(e)s, -räder> *nt* трёхколёсный велосипéд *м*
Drei-Schicht-Betrieb <-(e)s, -e> *m* трёхсмéнная рабóта *ж*
dreiseitig *adj* трёхсторóнний, трёхгрáнный
dreisitzig *adj* трёхмéстный
dreispaltig *adj* в три столбцá
Dreisprung ['draɪʃprʊŋ] <-(e)s> *m* тройнóй прыжóк *м*
dreißig ['draɪsɪç] *num* тридцать
dreist [draɪst] *adj* дéрзкий, бесцеремóнный
dreistellig *adj (Zahl)* трёхзнáчный
Dreistigkeit ['draɪstɪçkaɪt] <-, -en> *f* дéрзость *ж*, бесцеремóнность *ж*
dreistimmig *adj* трёхголóсый, для трёх голосóв, в три гóлоса
dreistöckig ['draɪʃtœkɪç] *adj* трёхэтáжный
dreistrophig *adj* трёхстрóфный
dreistufig *adj* трёхступéнчатый
dreistündig *adj* трёхчасовóй
Dreitagebart [-'- - -] <-(e)s, -bärte> *m дня три не брúтая бородá*
dreitägig *adj* трёхднéвный
Dreiteiler <-s, -> *m* костюм *м* трóйка, телефильм *м* из трёх частéй
dreiteilig *adj* из трёх частéй
Dreiteilung <-> *f* (раз)делéние *ср* на три чáсти
dreiundzwanzig *num* двáдцать три
drei viertel *num* три чéтверти
dreiviertel *adj* <inv> *s.* **drei**
Dreiviertelstunde ['draɪvɪrtəl'ʃtʊndə] <-, -n> *f* три чéтверти чáса
Dreivierteltakt [-'- - -] <-(e)s> *m* такт в три чéтверти
Dreiwege-Katalysator <-s, -en> *m* KFZ трёхходовóй катализáтор *м*
dreiwertig *adj* трёхвалéнтный
dreiwöchig *adj* трёхнедéльный
Dreizack ['draɪtsak] <-(e)s, -e> *m (Stab mit drei Zinken)* трезýбец *м*
dreizehn ['- -] *num* тринáдцать
dreizehnjährig *adj* тринадцатилéтний
Dreizeiler <-s, -> *m* строфá *ж* [*или* стихотворéние *ср*] из трёх строк
dreizeilig *adj* состоящий из трёх строк
Dreizimmerwohnung [draɪ'tsɪmɐvo:nʊŋ] <-, -en> *f* трёхкóмнатная квартира *ж*
Dresche *f ohne pl fam* **~ bekommen** получить нагоняй
dreschen ['drɛʃən] <drosch, gedroschen> *vt (Getreide)* молотить *нсв;* **Phrasen ~** *pej, umg* разглагóльствовать
Dresden ['dre:sdən] <-s> *nt* Дрéзден *м*
Dress[RR] [drɛs] <-(es), -e> *m*, **Dreß**[Alt] <-sses, -sse> *m (Sportbekleidung)* спортивная одéжда *ж*
dressieren [drɛ'si:rən] *vt* дрессировáть, вы- *св*
Dressing <-s, -s> *nt* сóус *м*
Dressur [drɛ'su:ɐ̯] <-en> *f* дрессирóвка *ж*
Dr. h.c. *abk von* **doctor honoris causa** по-

чётный до́ктор *м*
dribbeln ['drɪbəln] *vi* SPORT дрибли́ровать *нсв*
Dribbling <-s, -s> *nt* SPORT дри́блинг *м*
Drift <-> *f* MAR дрейф *м*
driften *vi sein a.* MIL быть на дре́йфе
Drill [drɪl] <-(e)s> *m ohne pl* MIL строево́е обуче́ние *ср*
drillen ['drɪlən] *vt* муштрова́ть, вы́- *св*
Drilling ['drɪlɪŋ] <-s, -e> *m* трёхство́лка *ж*
drin [drɪn] *s.* **darin**
dringen ['drɪŋən] <drang, gedrungen> *vi* наста́ивать, -стоя́ть *св;* **auf etw ~** тре́бовать чего́-л.; **durch etw ~** прони́кнуть че́рез что-л.; **in etw ~** прони́кнуть во что-л.; **an die Öffentlichkeit ~** сде́лать что-л. обще́ственным достоя́нием
dringend *adj* сро́чный, неотло́жный
dringlich *adj* спе́шный, неотло́жный
Dringlichkeit <-> *f* неотло́жность *ж*, сро́чность *ж*
drin|hängen <irr> *vi fam* **mit ~** *(ebenfalls beteiligt sein)* уча́ствовать в чём-л.
Drink [drɪnk] <-(s), -s> *m* алкого́льный напи́ток *м*
drinnen ['drɪnən] *adv* внутри́; **~ und draußen** внутри́ и снару́жи; **ich gehe nach ~** я иду́ в дом
drin|sein <irr> *vi sein, fam s.* **drin**
drin|stecken ['drɪnʃtɛkən] *vi fam* **1.** *(beschäftigt sein)* быть зава́ленным рабо́той **2.** *(investiert sein)* вкла́дывать, вложи́ть *св;* **da steckt eine Menge Arbeit drin** в э́то мно́гое вло́жено **3.** *(verwickelt sein)* сиде́ть по го́рло в чём-л.
drin|stehen <irr> *vi Österr, Schweiz, südd sein, fam* стоя́ть, встать *св*
dritt [drɪt] *adv* **zu ~** втроём
dritte(r, s) ['drɪtə] *num* тре́тий; **die Dritte Welt** стра́ны *мн* тре́тьего ми́ра
drittel *adj* <inv> треть; *s.a.* **achtens**
Drittel <-s, -> *nt* треть *ж*, тре́тья часть *ж*
drittens ['drɪtəns] *adv* в-тре́тьих
drittklassig ['drɪtklasɪç] *adj abw* третьекла́ссный
Drittland <-(e)s, -länder> *nt* тре́тья страна́ *ж*
Drittschuldner <-s, -> *m* JUR тре́тье обя́занное лицо́ *ср*
droben ['dro:bən] *adv geh* там наверху́
Droge ['dro:gə] <-, -n> *f* нарко́тик *м;* **Drogen nehmen** коло́ться, принима́ть нарко́тики
drogenabhängig *adj* **~ sein** быть наркома́ном
Drogenabhängige(r) <-n, -n> *m(f)* наркома́н(ка) *м(ж)*
Drogenberatungsstelle <-, -n> *f* консультацио́нный пункт *м* для наркома́нов
Drogendealer <-s, -> *m* торго́вец *м* нарко́тиками
Drogengeschäft <-(e)s, -e> *nt* (нелега́льная) сде́лка *ж* по поста́вке нарко́тиков
Drogenhandel <-s, -> *m* торго́вля *ж* нарко́тиками
Drogenkonsum ['dro:gənkɔn'zu:m] <-s> *m* потребле́ние *ср* нарко́тиков
Drogenkonsument(in) <-en, -en> *m(f)* потреби́тель *м* нарко́тиков
Drogenmafia <-> *f* наркома́фия *ж*
Drogenmissbrauch[RR] <-(e)s> *m* злоупотребле́ние *ср* нарко́тиками
Drogensucht <-> *f* наркома́ния *ж*
drogensüchtig *adj s.a.* **drogenabhängig**
Drogenszene <-, -n> *f* среда́ *ж* наркома́нов
Drogentote(r) <-n, -n> *m(f) наркома́н, уме́рший от сли́шком большо́й до́зы нарко́тика*
Drogerie [drogə'ri:] <-, -n> *f* магази́н *м* парфюме́рно-галантере́йных и аптека́рских това́ров
Drogist(in) [dro'gɪst] <-en, -en> *m(f)* продаве́ц *м* парфюме́рно-галантере́йных и аптека́рских това́ров
Drohbrief *m* письмо́ *ср* с угро́зами
drohen ['dro:ən] *vi* грози́ть *нсв;* **sie drohte ihm mit der Polizei** она́ пригрози́ла ему́ поли́цией; **es droht Gefahr** угрожа́ет опа́сность; **ihr droht die Entlassung** ей грози́т увольне́ние; **ihm droht Gefängnis** ему́ грози́т тюрьма́
dröhnen ['drœ:nən] *vi* **1.** *(Lautsprecher, Motor)* грохота́ть, про- *св*, греме́ть, про- *св* **2.** *(widerhallen)* гуде́ть, про- *св;* **mir dröhnt der Kopf** у меня́ голова́ раска́лывается
Drohung ['dro:ʊŋ] <-, -en> *f* угро́за *ж*
drollig ['drɔlɪç] *adj* заба́вный, смешно́й
Dromedar ['dro:meda:ɐ, drome'da:ɐ] <-s, -e> *nt* одного́рбый верблю́д *м*
Drop-out <-s, -s> *m* вы́бывшее отку́да-л. лицо́ *ср*
Drops [drɔps] <-, -> *m* фрукто́вый леденéц *м*
drosch [drɔʃ] *prät von* **dreschen**
Droschke ['drɔʃkə] <-, -n> *f* дро́жки *мн*, проле́тка *ж*
Drossel ['drɔsəl] <-, -n> *f* **1.** ZOOL дрозд *м* **2.** TECH дро́ссель *м*
drosseln ['drɔsəln] *vt* **1.** *(Motor)* глуши́ть, за- *св* **2.** *(beschränken)* ограни́чивать, -ни́чить *св;* **die Preise ~** ограни́чивать рост цен; **die Ausgaben ~** сокраща́ть расхо́ды; **die Produktion ~** свёртывать произво́дство
Drosselung <-> *f* **1.** *(Beschränkung)* ограниче́ние *ср* **2.** *(Reduzierung)* сокраще́ние *ср*
drüben ['dry:bən] *adv* там, по ту сто́рону, напро́тив; **hier/da ~** здесь/там напро́тив
drüber ['dry:bɐ] *s.* **darüber**
Druck[1] [drʊk] <-(e)s, Drücke> *m* **1.** PHYS дав-

ле́ние *ср;* **das Gas steht unter sehr hohem ~** газ нахо́дится под о́чень высо́ким давле́нием **2.** *(Knopf~)* нажа́тие *ср;* **ein leichter ~ auf die Taste genügt** доста́точно легко́ нажа́ть на кла́вишу; **durch einen ~ auf den Knopf** нажа́тием кно́пки **3.** *(Zwang)* давле́ние *ср,* нажи́м *м;* **unter ~ stehen** быть под давле́нием; **jdn unter ~ setzen** ока́зывать давле́ние на кого́-л.; **wirtschaftlicher ~** экономи́ческий нажи́м; **~ von außen** давле́ние извне́; **~ auf jdn ausüben** ока́зывать нажи́м на кого́-л.; **unter dem ~ der Verhältnisse** под давле́нием обстоя́тельств; **unter ~ handeln** де́йствовать под нажи́мом **4.** *umg (Heroininjektion)* до́за *ж*

Druck[2] [drʊk] <-(e)s, -e> *m* **1.** *(das Drucken)* печа́ть *ж,* печа́тание *ср;* **~ von Werbematerial** печа́тание рекла́много материа́ла; **im ~ erscheinen** появля́ться в печа́ти; **in ~ geben** сдава́ть в печа́ть; **in ~ gehen** сдать в печа́ть **2.** *(Kunstdruck)* репроду́кция *ж*

Druckabfall *m* паде́ние *ср* давле́ния

Druckanstieg *m* повыше́ние *ср* давле́ния

Druckausgleich *m* ура́внивание *ср* давле́ния

Druckbuchstabe <-n, -n> *m* печа́тная бу́ква *ж*

Drückeberger(in) ['drʏkəbɛrgɐ] <-s, -> *m(f) pej, umg* ло́дырь *м*

drucken ['drʊkən] *vt* печа́тать, на- *св;* **klein gedruckt** ме́лко напи́сано; **das klein Gedruckte** на́дпись ма́ленькими бу́квами

drücken ['drʏkən] **I.** *vt* **1.** *(pressen)* нажима́ть, нажа́ть *св;* **jdm die Hand ~** пожа́ть кому́-л. ру́ку **2.** *(wegschieben)* отта́лкивать, оттолкну́ть *св;* **er drückte sie zur Seite** он отстрани́л её **3.** *(Kleidung)* жать **4.** *(umarmen)* обнима́ть, обня́ть *св* **5.** *(Preise)* сбива́ть, сбить *св* **II.** *vi* **1.** *(Druck ausüben)* дави́ть *нсв,* нажима́ть, -жа́ть *св;* **sie drückte auf den Knopf** она́ нажа́ла на кно́пку; **den Preis ~** сбива́ть це́ны **2.** *(Schuhe)* жать **3.** *(Kleidung, Last)* жать *нсв; (Hitze)* томи́ть *нсв;* **„~“** нажми́те **III.** *vr* **sich ~** *fam* увíливать, увильну́ть *св;* **er drückte sich vor dem unangenehmen Gespräch** он увíливал от неприя́тного разгово́ра

Drucker <-, -s> *m* **1.** *(Beruf)* печа́тник *м* **2.** DV печа́тающее устро́йство *ср,* при́нтер *м*

Drücker <-s, -> *m* **1.** *(Türdrücker)* дверна́я ру́чка *ж* **2.** TECH кно́пка *ж;* **am ~ sein** *umg* держа́ть все ни́ти в свои́х рука́х

Druckerei [drʊkə'raɪ] <-, -en> *f* типогра́фия *ж*

Druckerschwärze ['drʊkɐʃvɛrtsə] <-> *f* чёрная типогра́фская кра́ска *ж*

Druckertreiber <-s, -> *m* DV дра́йвер *м* при́нтера

Druckfehler <-s, -> *m* опеча́тка *ж*

druckfertig *adj* гото́вый к печа́ти

Druckformatvorlage <-, -n> *f* DV образе́ц *м* печа́тного форма́та

druckfrisch ['drʊkfrɪʃ] *adj* TYPO то́лько что отпеча́танный

Druckindustrie <-> *f* печа́тная промы́шленность *ж*

Druckknopf <-(e)s, -knöpfe> *m* кно́пка *ж*

Drucklegung <-, -en> *f* сда́ча *ж* в печа́ть

Druckluft <-> *f* сжа́тый во́здух *м*

Druckmaschine *f* TYPO типогра́фская маши́на *ж*

Druckmittel <-s, -> *nt* сре́дство *ср* для оказа́ния давле́ния, сре́дство *ср* нажи́ма

Druckregler <-s, -> *m* регуля́тор *м* давле́ния

druckreif *adj* гото́вый к печа́ти

Drucksache <-, -n> *f* печа́тное изда́ние *ср,* бандеро́ль *ж*

Druckschrift <-, -en> *f* типогра́фский шрифт *м*

Druckwelle ['drʊkvɛlə] *f* PHYS импу́льсная волна́ *ж; (bei einer Explosion)* взрывна́я волна́ *ж*

drum [drʊm] *s.* **darum**

Drumherum <-s> *nt ohne pl, fam* **das ganze ~** вся э́та сумато́ха

drunten ['drʊntən] *adv* там внизу́

drunter ['drʊntɐ] *s.* **darunter**

Drüse ['dryːzə] <-, -n> *f* железа́ *ж*

Dschungel ['dʒʊŋəl] <-s, -> *m* джу́нгли *мн*

du [duː] *pron pers* ты; **bist ~ es?** э́то ты?; **wenn ich ~ wäre** е́сли бы я был на твоём ме́сте

Du <-(s), -(s)> *nt* ты; **mit jdm per ~ sein** говори́ть с кем-л. на ты

Dübel ['dyːbəl] <-s, -> *m* дю́бель *м*

dubios [du'bjoːs] *adj (zweifelhaft)* сомни́тельный

ducken ['dʊkən] **I.** *vr (vor etw)* нагиба́ться, -гну́ться *св* **II.** *vt pej (erniedrigen)* унижа́ть, уни́зить *св*

Duckmäuser ['dʊkmɔɪzɐ] <-s, -> *m pej* тихо́ня *м и ж,* трус *м*

Dudelsack ['duːdəlzak] <-(e)s, -säcke> *m* волы́нка *ж*

Duell [du'ɛl] <-s, -e> *nt* дуэ́ль *ж*

duellieren [duɛ'liːrən] *vr* **sich ~** дра́ться на дуэ́ли

Duett [du'ɛt] <-(e)s, -e> *nt* дуэ́т *м*

Duft [dʊft, 'dʏftə] <-(e)s, Düfte> *m* за́пах *м,* арома́т *м*

dufte ['dʊftə] *adj umg* отли́чный, шика́рный

duften ['dʊftən] *vi* па́хнуть *нсв,* благоуха́ть *нсв*

duftend *adj* па́хнущий; *(parfümiert)* арома́тный

duftig *adj* души́стый; **ein ~es Sommerkleid**

воздушное летнее платье
dulden ['dʊldən] I. *vt (zulassen)* терпеть *нсв,* допускать, пустить *св;* **das kann ich nicht ~!** этого я не потерплю! II. *vi (leiden)* терпеть *нсв,* переносить, -нести *св*
duldsam [dʊltza:m] *adj* терпеливый
Duma <-> *f* дума *ж*
dumm [dʊm] *adj* глупый; **sich nicht für ~ verkaufen lassen** *umg* не дать себя одурачить; **den Dummen machen** прикидываться дурачком; **das ist mir jetzt zu ~** мне это надоело; **dummes Zeug reden** говорить глупости; **ein dummes Gesicht machen** *fam* состроить глупую физиономию; **jdn für ~ verkaufen** *fam* считать кого-л. дураком
dummerweise ['dʊmɐvaɪzə] *adv* к сожалению, глупым образом
Dummheit <-, -en> *f* глупость *ж*
Dummkopf <-(e)s, -köpfe> *m pej* дурак *м*
dumpf [dʊmpf] *adj* 1. *(Ton)* глухой, приглушённый 2. *(muffig)* спёртый, затхлый
Dumpfheit <-> *f* 1. *(menschliche)* затхлость *ж* 2. TECH тупость *ж,* притупление *ср*
Dumping ['dampɪŋ] <-s> *nt* демпинг *м*
Dumpingpreis <-es, -e> *m* демпинговая цена *ж*
Düne ['dy:nə] <-, -n> *f* дюна *ж*
Dung [dʊŋ] <-(e)s> *m ohne pl* естественные удобрения *мн*
Düngemittel *nt* удобрения *мн; (kunstlich)* искусственные удобрения *мн*
düngen ['dʏŋən] *vt* удобрять, удобрить *св*
Dünger ['dʏŋɐ] <-s, -> *m* удобрение *ср*
dunkel ['dʊŋkəl] *adj* темно; **es wird ~** темнеет; **sich ~ an etw erinnern** смутно помнить что-л.

i Land & Leute

Все прилагательные, которые заканчиваются на *-el,* как, например, **dunkel,** при согласовании с существительными утрачивают **e**:
Der Mann auf dem Foto hat eine dunkle Vergangenheit. – Мужчина на фотографии имеет темное прошлое.
Er hat eine miserable Aussprache. – У него ужасное произношение.

Dunkel <-s> *nt ohne pl, a fig* темнота *ж;* **im Dunkeln** в темноте
dunkelblau *adj* тёмно-синий
dunkelbraun *adj* тёмно-коричневый
dunkelgrün *adj* тёмно-зелёный
dunkelhaarig ['dʊŋkəlha:rɪç] *adj* черноволосый
dunkelhäutig ['dʊŋkəlhɔɪtɪç] *adj* чернокожий
Dunkelheit <-> *f* темнота *ж,* сумрак *м;* **bei Einbruch der ~** с наступлением темноты
Dunkelkammer <-, -n> *f* тёмная комната *ж*
Dunkelziffer <-, -n> *f данные, не поддающиеся статистическому учёту*
dünn [dʏn] *adj* 1. *(von geringem Umfang)* тонкий; **die Wände sind hier sehr ~** здесь очень тонкие стены; **ein dünnes Buch** тонкая книга 2. *(Kind)* худой; **er ist ~ wie ein Faden** он худой как спичка; **sie ist sehr ~ geworden** она очень похудела 3. *(Haar)* редкий 4. *(Kaffee)* жидкий
Dünndarm <-(e)s> *m* тонкая кишка *ж*
dünne|machen *vr s.* **dünnmachen**
dünnflüssig *adj* жидкий
dünn gesät[RR] *adj* редкий, скудный
dünn|machen[Alt] *vr* **sich ~** скрываться, скрыться *св*
Dünnpfiff <-s> *m umg* понос *м*
Dunst [dʊnst, 'dʏnstə] <-(e)s, Dünste> *m* 1. *(Nebel)* дымка *ж* 2. *(in der Küche)* чад *м;* **keinen blassen ~ haben** *umg* не иметь ни малейшего представления
dünsten ['dʏnstən] *vt (Gemüse)* тушить, стушить *св*
dunstig ['dʊnstɪç] *adj (neblig)* туманный, пасмурный
Duo ['du:o] <-s, -s> *nt* дуэт *м*
Duplikat [dupli'ka:t] <-(e)s, -e> *nt* дубликат *м*
Dur [du:ɐ] <-> *nt* мажор *м*
durch [dʊrç] I. *prp* через, сквозь; **~ eine Straße gehen** перейти улицу; **~ das Fenster schauen** смотреть в окно; **~ Zufall** случайно; **~ das viele Rauchen** из-за курения; **~ drei teilen** разделить на три; **das Fahrzeug wird ~ Motoren getrieben** машину приводит в действие двигатель II. *adv* **~ und ~** насквозь; **hier darf man nicht ~** здесь прохода нет; **die ganze Nacht ~** всю ночь напролёт; **das Fleisch ist ~** мясо готово; **die Sohle ist ~** подмётка сносилась
durch|ackern I. *vt fam* работать II. *vr* **sich ~** *fam* изматываться, измотаться *св*
durch|arbeiten I. *vt (Aufgabe, Text)* прорабатывать, -ботать *св* II. *vi* проработать *св;* **sie arbeiteten die ganze Nacht durch** они проработали всю ночь
durch|atmen *vi* глубоко дышать *нсв*
durchaus [dʊrç'aʊs] *adv* совсем, вполне; **es ist ~ möglich** это вполне возможно; **~ nicht** совсем нет; **das ist ~ nicht leicht** это не так просто
durch|beißen I. <irr> *vt* перекусывать, -кусить *св,* перегрызать, -грызть *св* II. *vr umg* пробиваться, -биться *св*

durch|bekommen <irr> *vt (durch eine enge Stelle)* просу́нуть *св*, -со́вывать *нсв*

durch|biegen <irr> *vr* **sich ~** *(Brett)* перегну́ться

durch|blättern ['dʊrçblɛtɐn] *vt* перели́стывать, -ста́ть *св*

Durchblick <-(e)s, -e> *m* **1.** *(Ausblick)* вид *м*, просве́т *м* **2.** *umg (Verstehen)* понима́ние *ср*; **keinen ~ haben** не быть в ку́рсе де́ла

durch|blicken *vi* смотре́ть, по- *нсв; umg (verstehen)* понима́ть, -ня́ть *св;* **etwas ~ lassen** *(zu erkennen geben)* дать поня́ть что-л.

durch|bluten [dʊrç'blu:tən] *vi* ороша́ть, ороси́ть *св;* **gut durchblutet werden** хорошо́ ороша́емый

Durchblutung [dʊrç'blu:tʊŋ] <-, -en> *f* кровоснабже́ние *ср*

Durchblutungsstörungen [dʊrç'blu:tʊŋsʃtœ:rʊŋən] <-> *pl* наруше́ние *ср* кровоснабже́ния

durch|bohren [dʊrç'bo:rən] *vt* просве́рливать, -ли́ть *св; (mit Blicken)* пронза́ть, -зи́ть *св*

durchbohrend *adj* **jdn ~ ansehen** пронзи́тельно взгляну́ть на кого́-л.

durch|boxen I. *vt umg* пробива́ть, -би́ть *св;* **er hat durchgeboxt, dass ...** он доби́лся того́, что́бы ... **II.** *vr umg* пробива́ться, -би́ться *св;* **er musste sich immer allein ~** он всегда́ до́лжен был пробива́ться в одино́чку

durch|braten <irr> *vt* GASTR прожа́рить

durch|brechen[1] [dʊrç'brɛçən] **I.** <irr> *vt (in zwei Teile brechen)* разла́мывать, -лома́ть *св* **II.** *vi* **1.** *(Bretterboden)* проломи́ться *св*, -ла́мываться *нсв* **2.** *(Zähne)* проре́зываться, -за́ться *св*

durch|brechen[2] <irr> *vt* **1.** *(Hindernis)* преодолева́ть, -ле́ть *св;* **die Demonstranten durchbrachen die Absperrung** демонстра́нты прорва́ли загражде́ние **2.** *(Wand)* прола́мывать, -лома́ть *св*

durch|brennen <irr> *vi* **1.** *(Sicherung)* перегора́ть, -ре́ть *св* **2.** *umg (sich davonmachen)* удира́ть, удра́ть *св*

durch|bringen I. <irr> *vt umg* **1.** *(verschwenden)* промота́ть *св*, -ма́тывать *нсв;* **die Erben haben das Vermögen in kürzester Zeit durchgebracht** насле́дники промота́ли состоя́ние в кратча́йший срок **2.** *(einen Kranken)* выходить *св*, -ха́живать *нсв;* **es ist noch nicht sicher, ob die Ärzte ihn ~ werden** ещё не я́сно, выхо́дят ли его́ врачи́ **II.** *vr umg* перебива́ться, -би́ться *св;* **mit seinem Verdienst kann er sich gerade so ~** на свою́ зарпла́ту он ко́е-как сво́дит концы́ с конца́ми

Durchbruch ['- -] <-(e)s, -brüche> *m* **1.** *(das Durchbrechen)* проло́м *м*, проры́в *м* **2.** *fig (der Zähne)* проре́зывание *ср*

durch|checken *vt (überprüfen)* проверя́ть, -ве́рить *св*

durchdacht *pp von* **durchdenken**

durch|denken ['dʊrçdɛŋkən] <irr> *vt* проду́мывать, -ду́мать *св;* **wohl ~** хорошо́ оду́манный

durch|drängeln *vr* проти́скиваться, -ти́снуться *св*

durch|drehen I. *vt (durch eine Maschine laufen lassen)* прокру́чивать, -крути́ть *св*, пропуска́ть, -сти́ть *св* **II.** *vi umg (die Nerven verlieren)* теря́ть, по- *св* самооблада́ние; **sie dreht durch** у неё сдаю́т не́рвы

durch|dringen[1] ['dʊrçdrɪŋən] <irr> *vi* **1.** *(durchkommen)* проника́ть, -ни́кнуть *св;* **die Sonnenstrahlen dringen durch die Wolken durch** со́лнечные лучи́ проника́ют сквозь ту́чи **2.** *(Gerücht)* доходи́ть, дойти́ *св*

durch|dringen[2] ['dʊrçdrɪŋən] <irr> *vt (einen Stoff)* пробива́ть, -би́ть *св;* **diese Geschosse ~ sogar Stahl** э́ти пу́ли пробива́ют да́же сталь

durchdringend *adj (Kälte, Geruch)* прони́зывающий

Durchdringung <-> *f* проникнове́ние *ср*

durch|dürfen <irr> *vi fam* **darf ich bitte mal ~?** мо́жно пройти́?

durcheinander [dʊrçʔaɪ'nandɐ] *adv* впереме́шку, как попа́ло; **~ sein** быть в замеша́тельстве

Durcheinander <-s> *nt* неразбери́ха *ж;* **in seinem Zimmer herrschte ein fürchterliches ~** в его́ ко́мнате цари́л ужа́сный беспоря́док

durcheinander bringen[RR] <irr> *vt* спу́тать *св*, пу́тать *нсв*

durcheinander kommen[RR] *vi* спу́таться *св*, перепу́таться *св*, смеша́ться *св*

durch|fahren[1] ['dʊrçfa:rən] <irr> *vi* проезжа́ть, -е́хать *св;* **wir fuhren durch München durch** мы прое́хали Мю́нхен

durch|fahren[2] ['dʊrçfa:rən] <irr> *vt* **1.** *(bereisen)* проезжа́ть, прое́хать *св*, объезжа́ть, объе́хать *св;* **im Urlaub haben wir ganz Deutschland ~** во вре́мя о́тпуска мы объе́хали всю Герма́нию **2.** *(durchqueren)* пересека́ть, пересе́чь *св* **3.** *(ohne Pause)* е́хать, прое́хать *св;* **die ganze Nacht ~** е́хать всю ночь **4.** *(durchzucken)* **ein Schreck durchfuhr ihn** он вздро́гнул от стра́ха

Durchfahrt ['- -] <-, -en> *f* прое́зд *м;* **~ verboten!** прое́зд воспрещён!; **auf der ~ sein** быть прое́здом где-л.

Durchfall <-(e)s, -fälle> *m* поно́с *м*

durch|fallen <irr> *vi (durch Öffnung, im Examen)* провали́ться *св*, -ва́ливаться *нсв*

durch|feiern ['dʊrçfaɪɐn] *vi fam (ohne Pause feiern)* весели́ться (без у́стали)

durch|forschen [dʊrç'fɔrʃən] *vt* **1.** *(wis-*

senschaftlich) иссле́довать **2.** *(Taschen)* ры́ться **3.** *(Land)* обы́скивать

durch|fragen *vr* добира́ться, -бра́ться *св* до ме́ста, расспра́шивая доро́гу

Durchfuhr <-, -en> *f* транзи́т *м*

durchführbar *adj* осуществи́мый

Durchführbarkeit <-> *f* осуществи́мость *ж*

durch|führen *vt* **1.** *(ausführen)* выполня́ть, вы́полнить *св;* **eine Aufgabe ~** выполня́ть зада́ние; **ein Programm ~** выполня́ть програ́мму **2.** *(veranstalten)* проводи́ть, -вести́ *св,* выполня́ть, вы́полнить *св;* **eine Umfrage ~** проводи́ть опро́с; **ein Seminar ~** проводи́ть семина́р **3.** *(verwirklichen)* осуществля́ть, -ви́ть *св;* **einen Plan ~** осуществля́ть план; **in der Praxis ~** осуществля́ть на пра́ктике **4.** *(als Transitgut befördern)* перевози́ть транзи́том

Durchfuhrgenehmigung <-, -en> *f* разреше́ние *ср* на транзи́т

Durchfuhrland <-(e)s, -länder> *nt* транзи́тная страна́ *ж*

Durchführung <-, -en> *f* **1.** *(Erledigung)* проведе́ние *ср,* выполне́ние *ср* **2.** *(Verwirklichung)* осуществле́ние *ср;* **~ eines Projekts** осуществле́ние прое́кта **3.** *(Vollzug)* исполне́ние *ср;* **etwas zur ~ bringen** приводи́ть что-л. в исполне́ние

Durchfuhrverbot <-(e)s, -e> *nt* запреще́ние *ср* транзи́тного прово́за, запреще́ние *ср* транзи́та

Durchfuhrzoll <-(e)s, -zölle> *m* транзи́тная по́шлина *ж*

Durchgang <-(e)s, -gänge> *m* **1.** *(Verbindungsgang)* прохо́д *м,* коридо́р *м* **2.** *(Weg)* прохо́д *м;* **~ gesperrt!** прохо́д закры́т!; **kein ~!** прохо́да нет!; **~ verboten!** прое́зд воспрещён!

Durchgangsbahnhof <-(e)s, -höfe> *m* вокза́л *м* со сквозны́ми путя́ми

Durchgangslager <-s, -> *nt* ла́герь *м* для вре́менного поселе́ния

Durchgangsposten <-s, -> *m* переходя́щая статья́ *ж*

Durchgangsverkehr <-s> *m* транзи́тное сообще́ние *ср*

durchgebraten *adj (Fleisch)* прожа́ренный

durchgefroren *adj* промёрзлый

durch|gehen <irr> *vi (hindurchgehen)* проходи́ть, пройти́ *св;* **jdm nicht ~ lassen** не дава́ть спу́ску кому́-л.

durchgehend *adj* сплошно́й, сквозно́й; **~ geöffnet** откры́то без переры́ва на обе́д; **~er Zug** сквозно́й по́езд

durchgeknallt *adj fam (übergeschnappt)* ненорма́льный

durch|greifen <irr> *vi (einschreiten)* принима́ть, -ня́ть *св* ме́ры

durch|haben <irr> *vt fam* **1.** *(durchgelesen haben)* прочита́ть; **gibst du mir das Buch, wenn du es durchhast?** ты дашь мне кни́гу, когда́ прочита́ешь её? **2.** *(durchgearbeitet haben)* сде́лать *(де́ло, рабо́ту)* **3.** *(durchtrennt haben)* сде́лать наполови́ну

durch|halten <irr> *vi* продержа́ться *св,* вы́держать *св,* -де́рживать *нсв*

Durchhaltevermögen ['dʊrçhaltə fɛɐmœ:gən] *nt* вы́держка *ж*

durch|hängen <irr> *vi umg* раски́снуть *св,* -киса́ть *нсв*

durch|hauen <haut durch, hieb *o* haute durch, durchgehauen> *vt (durch Schlagen zerteilen)* переломи́ть; **mit einem einzigen Schlag haute er das Brett durch** он переломи́л до́ску одни́м уда́ром

durch|hören *vt* **1.** *(heraushören)* прослу́шать **2.** *(durch etw hindurch)* слу́шать сквозь что-л.

durch|kämmen ['dʊrçkɛmən] *vt (Haare)* причёсывать, причеса́ть *св*

durch|kämpfen **I.** *vt (durchsetzen)* добива́ться, доби́ться *св* своего́ **II.** *vr* **sich ~ 1.** *a. fig (sich einen Weg bahnen)* пробива́ть себе́ путь; **wir müssen uns bis zur nächsten Stadt ~** мы должны́ добра́ться до сле́дующего го́рода **2.** *(sich behaupten)* доби́ться чего́-л.; **sich im Leben ~** доби́ться чего́-л. в жи́зни **3.** *(sich entschließen)* реши́ться на что-л.

durch|kauen *vt* **1.** *(essen)* жева́ть **2.** *fam (beschprechen)* **wir haben das doch bereits tausendmal durchgekaut!** мы же обсужда́ли э́то уже́ ты́сячу раз!

durch|kommen <irr> *vi* **1.** *(durchgehen)* проходи́ть, пройти́ *св* **2.** *fig (Erfolg haben)* проби́ться *св,* -бива́ться *нсв*

durch|kreuzen ['dʊrçkrɔɪtsən] *vt fig* расстра́ивать, -ро́ить *св,* срыва́ть, сорва́ть *св;* **Pläne ~** расстро́ить пла́ны

durch|kriechen <irr> *vi sein* проползти́

durch|lassen <irr> *vt* **1.** *(Person, Licht)* пропуска́ть, -пусти́ть *св* **2.** *fam (Taten)* позволя́ть; **das kann ich ihm nicht ~** *fam* я ему́ э́того не прощу́

durch|lässig ['dʊrçlɛsɪç] *adj* проница́емый

durchlaufen[1] [dʊrç'laʊfən] **I.** <irr> *vt (Schuhe)* изна́шивать, -носи́ть *св* **II.** *vi* **1.** *(durchsickern)* проса́чиваться, -сочи́ться *св,* протека́ть, -те́чь *св* **2.** *(ohne Unterbrechung laufen)* пробега́ть, -бе́гать *св;* **wir sind ohne Pause 2 Stunden durchgelaufen** мы пробе́гали без остано́вки 2 часа́

durchlaufen[2] [dʊrç'laʊfən] <irr> *vt (Ausbildung)* пройти́ *св,* проходи́ть *нсв*

Durchlauferhitzer <-s, -> *m* прото́чный нагрева́тель *м*

durchleben *vt* пережива́ть, -жи́ть *св,* испы́тывать, -та́ть *св*

durchlesen <irr> *vt* прочи́тывать, -чита́ть *св*

durchleuchten [dʊrçˈlɔɪçtən] *vt* **1.** *(röntgen)* просве́чивать *нсв* **2.** *fig (untersuchen)* анализи́ровать *нсв*, про- *св*

durchlöchern *vt* продыря́вить *св*, -вливать *нсв*

durchlüften *vt, vi* прове́трить

durch|machen *vt* **1.** *(erleben)* испы́тывать, -та́ть *св*, пережива́ть, -жи́ть *св;* **sie hat in ihrem Leben viel ~ müssen** ей пришло́сь мно́гое пережи́ть в свое́й жи́зни **2.** *umg (durchfeiern)* пра́здновать *нсв* без переры́ва; **wir haben gestern bis zum frühen Morgen durchgemacht** мы пра́здновали вчера́ до рассве́та

Durchmarsch *m* MIL перехо́д *м*, прое́зд *м;* **auf dem ~ sein** быть прое́здом

durch|marschieren *vi sein* маршировáть

Durchmesser <-s, -> *m* диа́метр *м*

durch|mogeln [ˈdʊrçmo:gəln] *vr* **sich ~** *fam abw* справля́ться с по́мощью вранья́

durch|müssen <irr> *vi fam (durchgelangen)* **wir mussten durch das Kriegsgebiet durch** мы должны́ пробра́ться че́рез вое́нную зо́ну

durch|nässen *vt* промочи́ть *св;* **ich bin völlig ~** я насквóзь промо́к

durch|nehmen <irr> *vt (in der Schule)* проходи́ть, пройти́ *св*

durch|nummerieren[RR] *vt* пронуме-ро́вывать, -рова́ть *св*

durch|queren [dʊrçˈkve:rən] *vt* пересека́ть, -се́чь *св*

Durchreiche <-, -n> *f* разда́точное око́шко *ср*, разда́ча *ж*

Durchreise <-> *f* прое́зд *м;* **auf der ~ sein** быть прое́здом

durch|reißen <irr> **I.** *vi sein* рва́ться **II.** *vt* рвать, порва́ть *св*

durch|ringen <irr> *vr* **sich zu etw ~** реши́ться на что-л.

durch|rosten *vi* проржа́веть *св*

durch|rühren *vt* размеша́ть

durch|rütteln *vt* растормоши́ть

durchs [dʊrçs] = **durch das**

Durchsage [ˈdʊrçza:gə] <-, -en> *f* сообще́ние *ср* (по ра́дио, телефо́ну)

durch|sagen *vt* сообщи́ть; *(im Radio)* переда́ть

durch|sägen *vt* распили́ть (на́двое)

durchschaubar *adj (verständlich)* я́сный; **ein schwer/leicht durchschaubarer Mensch** челове́к, мы́сли [*или* наме́рения] кото́рого тру́дно/легко́ угада́ть

durch|schauen [dʊrçˈʃaʊən] *vt* ви́деть *нсв* насквóзь, разга́дывать, -да́ть *св;* **ich habe dich durchschaut!** я тебя́ раскуси́л!; **jds Absichten ~** прозре́ть наме́рения кого́-л.

durchscheinen [ˈdʊrçʃaɪnən] <irr> *vi* просве́чивать *нсв*, видне́ться *нсв*

durchscheinend *adj* просве́чивающийся, прозра́чный

durch|schieben <irr> *vt* протолкну́ть

durch|schlafen <irr> *vi* проспа́ть *св* до́лгое вре́мя

Durchschlag [ˈdʊrçʃla:k, ˈdʊrçʃlɛ:gə] <-(e)s, -schläge> *m (Schreibmaschinen~)* ко́пия *ж*

durch|schlagen [ˈdʊrçʃla:gən] **I.** <irr> *vt (Geschoß)* пробива́ть, -би́ть *св;* **die Kugel durchschlug die Wand** пу́ля проби́ла стену́ **II.** *vr* пробива́ться, -би́ться *св;* **er hat es nicht leicht, aber er wird sich ~** ему́ нелегко́, но он пробьётся

durchschlagend *adj* **ein ~er Erfolg** гранди́озный успе́х

durch|schneiden [ˈdʊrçʃnaɪdən] <irr> *vt* разреза́ть, -ре́зать *св*, прореза́ть, -ре́зать *св;* **er schnitt das Blatt in der Mitte durch** он разре́зал лист на́двое

Durchschnitt [ˈdʊrçʃnɪt] <-(e)s, -e> *m* **1.** *(das Durchschneiden)* разре́з *м*, проре́з *м* **2.** *(Mittelwert)* сре́днее; **über dem ~ liegen** быть вы́ше сре́днего; **unter dem ~ liegen** быть ни́же сре́днего; **im ~** в сре́днем

durchschnittlich [ˈdʊrçʃnɪtlɪç] *adj* **1.** *(im Mittelwert gerechnet)* сре́дний; **~e Arbeitsleistung** сре́дняя производи́тельность труда́; **~ Belastung** сре́дняя нагру́зка; **~e Dauer des Arbeitstages** сре́дняя продолжи́тельность рабо́чего дня; **~e Kosten** сре́дние изде́ржки **2.** *(mittelmäßig)* сре́дний; **~e Fähigkeiten** сре́дние спосо́бности; **Ware von ~er Qualität** това́р сре́днего ка́чества

Durchschnittsbestand <-(e)s, -bestände> *m* сре́дний у́ровень *м* запа́сов

Durchschnittseinkommen <-s, -> *nt* сре́дний дохо́д *м*

Durchschnittsgeschwindigkeit <-, -en> *f* сре́дняя ско́рость *ж*

Durchschnittskurs <-es, -e> *m* BÖRSE сре́дний курс *м*

Durchschnittspreis <-es, -e> *m* сре́дняя цена́ *ж*

Durchschnittstarif <-(e)s, -e> *m* сре́дний тари́ф *м*

Durchschnittstemperatur <-, -en> *f* сре́дняя температу́ра *ж*

Durchschnittsverdienst <-(e)s, -e> *m* сре́дний за́работок *м*

Durchschnittswert <-(e)s, -e> *m* сре́днее значе́ние *ср*

Durchschrift <-, -en> *f* ко́пия *ж*

durch|schütteln *vt (Person)* растормоши́ть; *(Kissen)* взбить; *(Mischung)* взболта́ть

durch|schwitzen *vt* пропоте́ть

durch|sehen **I.** <irr> *vi* ви́деть, уви́деть *св;* **ich konnte durch den Spalt in der Mauer nichts ~** че́рез щель в стене́ я ничего́ не мог уви́деть **II.** *vt* просма́тривать, -тре́ть *св;* **sie sah noch schnell die Unterlagen durch** она́ бы́стро просмотре́ла докуме́нты

durch sein[RR] <irr> *vi umg* **1.** *(durchgearbeitet haben)* прорабо́тать *св,* -ба́тывать *нсв;* **bis zu den Sommerferien müssen wir mit dem Stoff ~** мы должны́ пройти́ материа́л до ле́тних кани́кул **2.** *(völlig gegart sein)* по́лностью пригото́виться *св;* **nach zwei Stunden müsste das Fleisch ~** че́рез два часа́ мя́со должно́ быть по́лностью гото́во; **bei jdm unten ~** *umg* попа́сть в опа́лу у кого́-л.

durchsetzbar *adj* осуществи́мый

durch|setzen ['dʊrçzɛt͜sən] **I.** *vt (erzwingen)* добива́ться, -би́ться *св,* наста́ивать, -стоя́ть *св;* **sie muss immer ihren Kopf ~** она́ всегда́ добива́ется своего́ **II.** *vr* **sich ~** проби́ться *св,* -бива́ться *нсв*

Durchsetzung <-> *f* осуществле́ние *ср*

Durchsetzungsvermögen ['dʊrçzɛt͜sʊŋs fɛɐmœ:gən] <-s> *nt* спосо́бность *ж* добива́ться своего́

Durchsicht <-, -en> *f* просмо́тр *м,* прове́рка *ж;* **~ der Akten** просмо́тр а́ктов; **bei genauer ~** при тща́тельном осмо́тре

durchsichtig *adj* прозра́чный

Durchsichtigkeit <-> *f* прозра́чность *ж*

durch|sickern *vi* **1.** *(Flüssigkeit)* проса́чиваться, -сочи́ться *св* **2.** *(Nachrichten)* доходи́ть, дойти́ *св,* распространя́ться, -ни́ться *св*

durch|sprechen <irr> *vt* обговори́ть *св,* -ва́ривать *нсв,* обсуди́ть *св,* -сужда́ть *нсв*

durch|stechen <irr> *vt* проткну́ть

durch|stehen <irr> *vt* вы́держать *св,* -де́рживать *нсв*

durch|stellen ['dʊrçʃtɛlən] *vt (Telefongespräch)* переключа́ть, -чи́ть *св*

durch|stöbern [dʊrç'ʃtœ:bɐn] *vt (durchsuchen)* обша́рить *св,* -ривать *нсв*

durch|streichen <irr> *vt* зачёркивать, -черкну́ть *св*

durch|suchen [dʊrç'zu:xən] *vt* обы́скивать, -ска́ть *св*

Durchsuchung [dʊrç'zu:xʊŋ] <-en> *f* о́быск *м*

Durchsuchungsbefehl [dʊrç 'zu:xʊŋsbəfe:l] <-s, -e> *m* о́рдер *м* на о́быск

durchtrainiert ['dʊrçtrɛni:ɐ̯t] *adj* натрениро́ванный

durchtrieben [dʊrç'tri:bən] *adj pej* продувно́й, проны́рливый

durchwachsen [dʊrç'vaksən] *adj (Wetter)* неусто́йчивый, то лу́чше, то ху́же

Durchwahl ['dʊrçva:l] <-, -en> *f* TELKOM пря-мо́й набо́р *м*

durchweg ['dʊrçvɛk] *adv* сплошь, повсю́ду

durch|weichen *vt* размягча́ть, -чи́ть *св;* **der Regen hat den Boden durchweicht** дождь размочи́л зе́млю

durch|wühlen [dʊrç'vy:lən] *vt* **1.** *(Erde)* рыть **2.** *(Gepäck)* ры́ться; *(durchsuchen)* обы́скивать

durch|zählen **I.** *vt (zählen)* пересчи́тывать, -та́ть *св* **II.** *vi* MIL, SPORT рассчита́ться *св,* рассчи́тываться *нсв* по поря́дку номеро́в

durch|ziehen[1] ['dʊrçt͜si:ən] **I.** <irr> *vt* **1.** *(ziehen)* протя́гивать, -тяну́ть *св* **2.** *umg (erledigen)* прота́скивать, -тащи́ть *св;* **wir müssen das Projekt so schnell wie möglich ~** мы должны́ доде́лать прое́кт как мо́жно скоре́е **II.** *vi* сквози́ть *нсв,* дуть *нсв, (durchmarschieren)* проходи́ть, пройти́ *св*

durch|ziehen[2] ['dʊrçt͜si:ən] <irr> *vt* **1.** *(durch ein Gebiet ziehen)* проезжа́ть, -е́хать *св* **2.** *(irgendwo verlaufen)* проре́зать *св,* -за́ть *нсв,* проходи́ть, пройти́ *св*

Durchzug <-(e)s, -züge> *m* **1.** *(Zugluft)* сквозня́к *м* **2.** *(Durchmarsch)* прохо́д *м*

dürfen ['dʏrfən] <durfte, gedurft> *vi* **1.** *Modalverb (die Erlaubnis/Berechtigung haben)* мочь, смочь *св;* **darf man hier rauchen?** здесь мо́жно кури́ть?; **wenn ich bitten darf** пожа́луйста; **was darf es sein?** что вы зака́жете?; **du darfst ihm das nicht übel nehmen** не обижа́йся на него́; **das darf doch nicht wahr sein!** э́того не мо́жет быть!; **das Aufsichtspersonal darf Einsicht in Ihre Papiere verlangen** охра́на мо́жет потре́бовать предъявле́ния ва́ших докуме́нтов **2.** *(in der höflichen Bitte)* разреша́ть, -ши́ть *св,* позволя́ть, -во́лить *св;* **darf ich einmal Ihren Ausweis sehen** позво́льте взгляну́ть на ва́ши докуме́нты **3.** *(das Recht haben)* мочь, смочь *св,* име́ть *нсв* пра́во; **kein Staat darf die Menschenrechte verletzen** ни одно́ госуда́рство не име́ет пра́ва наруша́ть права́ челове́ка **4.** *(wahrscheinlich sein)* вероя́тно, должно́ быть; **das dürfte einer der größten Romane der Weltliteratur sein** э́то, вероя́тно, э́то оди́н из велича́йших рома́нов мирово́й литерату́ры **5.** *Vollverb (die Erlaubnis zu etw haben)* име́ть *нсв* разреше́ние; **ich darf** мне мо́жно

i Grammatik

dürfen чаще всего выражает позволение: *Darf ich heute Abend in die Disko gehen? – Я могу (Вы мне разрешаете) пойти на дискотеку вечером?*

können чаще используется для выражения способности, умения: *Kannst du schwimmen? – Вы умеете плавать?*

durfte ['dʊrftə] *prät von* **dürfen**

dürftig ['dʏrftɪç] *adj* **1.** *(armselig)* ску́дный, убо́гий **2.** *(unzulänglich)* недоста́точный

dürr [dʏr] *adj* **1.** *(trocken)* сухо́й, вы́сохший **2.** *(dünn)* то́щий, худо́й

Dürre ['dʏrə] <-, -n> *f (Trockenzeit)* за́суха *ж*

Durst [dʊrst] <-(e)s> *m* жа́жда *ж;* ~ **haben** хоте́ть пить; **einen über den ~ trinken** *umg (sich betrinken)* вы́пить ли́шнего; **ich habe ~** мне хо́чется пить; **seinen ~ löschen/stillen** утоли́ть жа́жду

durstig *adj* жа́ждущий; ~ **sein** кому́-л. хо́чется пить; **er ist ~** он хо́чет пить

durstlöschend *adj* утоля́ющий жа́жду

Dusche ['du:ʃə, 'dʊʃə] <-, -n> *f* душ *м;* **eine ~ nehmen** принима́ть душ

duschen ['du:ʃən, 'dʊʃən] *vi* принима́ть, -ня́ть *св* душ

Duschgel ['du:ʃge:l] <-s, -s> *nt* гель *ср* для ду́ша

Duschhaube <-, -n> *f* душева́я ша́почка *ж*

Duschkabine <-, -n> *f* душева́я каби́на *ж*

Duschraum <-(e)s, -räume> *m* душева́я *ж*

Düse ['dy:zə] <-, -n> *f* сопло́ *ср*, наса́дка *ж*

düsen ['dy:zən] *vi sein, fam* уе́хать, укати́ть

Düsenflugzeug <-(e)s, -e> *nt* реакти́вный самолёт *м*

Düsenjäger ['dy:zənjɛ:gɐ] <-s, -> *m* реакти́вный истреби́тель *м*

düster ['dy:stɐ] *adj* тёмный; *fig (drohend, finster)* мра́чный, угрю́мый

Duty-free-Shop ['dju:ti'fri:ʃɔp] <-(s), -s> *m*, **Dutyfreeshop**[RR] <-(s), -s> *m* магази́н *м* беспо́шлинной торго́вли

Dutzend ['dʊtsənt] <-s, -e> *nt* **1.** *(zwölf Stück)* дю́жина *ж;* **ein halbes ~** полдю́жины; **Preis pro ~** цена́ за дю́жину **2.** *(große Anzahl)* деся́тки; **zu ~en** деся́тками

dutzendweise *adv* **1.** *(zu zwölf Stück)* дю́жинами **2.** *(in großer Zahl)* деся́тками

duzen ['du:tsən] **I.** *vt* быть с кем-л. на ра́вных; **ich duze sie** я с ней на ты **II.** *vr* **sich ~** быть с кем-л. на ты; **ich duze mich mit ihm** я с ним на ты

DV [de:'faʊ] *abk von* **Datenverarbeitung** обраба́тывание *ср* да́нных

Dynamik [dy'na:mɪk] <-> *f* **1.** *(Kraft, Schwung)* си́ла *ж*, подъём *м* **2.** PHYS, MUS дина́мика *ж*

dynamisch *adj* **1.** *(bewegt)* динами́ческий; **~e Entwicklung** динами́ческое разви́тие **2.** *(tatkräftig)* динами́чный; **eine ~e Persönlichkeit** динами́чная ли́чность *ж*

Dynamit [dyna'mi:t, dyna'mɪt] <-s> *nt* динами́т *м*

Dynamo ['dy:namo] <-s, -s> *m* дина́мо-маши́на *ж*

Dynastie [dynas'ti:] <-, -n> *f geh* дина́стия *ж*

dynastisch *adj* династи́ческий

E e

E, e [eː] <-, -> *nt* бу́ква E

Eau de Cologne <- - -, Eaux de Cologne> *nt o f* одеколо́н *м*

Eau de Toilette <-, Eaux de Toilette> *nt* туале́тная вода́ *ж*

Ebbe [ˈɛbə] <-, -n> *f* отли́в *м;* ~ **und Flut** отлив и прили́в; **in der Kasse herrscht ~** *umg* ка́сса пуста́

eben [ˈeːbən] **I.** *adj (flach)* пло́ский **II.** *adv* **1.** *(gerade erst)* то́лько что; **sie ist ~ erst gekommen** она́ то́лько что пришла́; **ich wollte dich ~ anrufen** я как раз собира́лся тебе́ позвони́ть **2.** *(genau)* и́менно; **das ist ja ~ das Problem!** в э́том-то как раз и пробле́ма!; **~!** вот так!; **gut, dann ~ nicht** хорошо́, не хо́чешь – как хо́чешь

Ebenbild <-(e)s, -er> *nt geh* подо́бие *ср,* о́браз *м;* **er ist das ~ seines Vaters** он ко́пия своего́ отца́

ebenbürtig [ˈeːbənbʏrtɪç] *adj* ра́вный; **ein ~er Gegner** досто́йный проти́вник

ebendarum *adv* как раз поэ́тому

Ebene [ˈeːbənə] <-, n> *f* **1.** *(Landschaft)* равни́на *ж* **2.** MATH пло́скость *ж* **3.** *(Niveau)* у́ровень *ж;* **Verhandlungen auf höchster ~** перегово́ры на вы́сшем у́ровне

ebenerdig *adj* на у́ровне земли́

ebenfalls *adv* та́кже, то́же; **schönes Wochenende! - Danke, ~!** прия́тно провести́ выходны́е! спаси́бо, и вам та́кже!

ebenmäßig *adj* ро́вный, соразме́рный, симметри́чный

ebenso [ˈeːbənzoː] *adv* так же, таки́м же о́бразом; **~ wie** так же, как

ebenso gut[RR] *adv* так же хорошо́, с таки́м же успе́хом; **~ wie** так же как

ebenso oft[RR] *adv* так же ча́сто; **~ wie** так же ча́сто, как

ebenso viel[RR] *pron* сто́лько же; **~ wie** так же мно́го, как

ebenso wenig[RR] *pron* так же ма́ло

Eber [ˈeːbɐ] <-s, -> *m* каба́н *м,* хряк *м*

Eberesche <-, -n> *f* ряби́на *ж*

ebnen [ˈeːbnən] *vt* выра́внивать, вы́ровнять *св;* **jdm den Weg ~** *fig* расчи́стить кому́-л. путь

EC [eːˈtseː] *abk von* **EuroCity** *по́езд да́льнего сле́дования, сле́дующий че́рез грани́цы европе́йских стран*

Echo [ˈɛço] <-s, -s> *nt* э́хо *ср; fig* о́тклик *м;* **ein großes/nur ein geringes ~ finden** найти́ большо́й о́тклик/практи́чески не найти́ о́тклика

Echse [ˈɛksə] <-, -n> *f* я́щер *м,* я́щерица *ж*

echt [ɛçt] **I.** *adj* **1.** *(unverfälscht)* настоя́щий, по́длинный; **~ golden** из настоя́щего зо́лота **2.** *(typisch)* типи́чный; **er ist ein ~er Berliner** он типи́чный берли́нец **3.** *(wirklich, aufrichtig)* и́скренний; **sein Bedauern war ~** он и́скренне сожале́л **II.** *adv umg (wirklich)* по-настоя́щему, действи́тельно; **~?** неуже́ли?, ра́зве?; **dein Haarschnitt ist ~ super!** у тебя́ стри́жка действи́тельно класс!

Echtheit <-> *f* по́длинность *ж,* неподде́льность *ж*

Echtzeit [ɛçtt͜saɪt] <-> *f* реа́льное вре́мя *ср*

Echtzeitbetrieb <-(e)s> *m* рабо́та *ж* в режи́ме реа́льного вре́мени

Eckball <-(e)s, -bälle> *m* углово́й уда́р *м*

Eckdaten *pl* ориентиро́вочные да́нные *мн*

Ecke [ˈɛkə] <-, -n> *f* **1.** *(eines Raumes)* у́гол *м* **2.** *(außen)* **er wohnt gleich um die ~** он живёт за угло́м; **an allen Ecken und Enden wird gespart** на всём эконо́мить **3.** *umg (Gegend)* ме́стность *ж;* **in dieser ~ kenne ich mich ganz gut aus** в э́том ме́сте я дово́льно хорошо́ ориенти́руюсь

eckig *adj* **1.** *(Ecken habend)* с угла́ми **2.** *(Bewegung)* углова́тый

Eckkneipe <-, -n> *f* каба́к *м*

Eckpunkt <-(e)s, -e> *m* **1.** MATH верши́на *ж* **2.** *fig* узлово́й моме́нт *м*

Eckzahn <-(e)s, -zähne> *m* клык *м*

Eckzins [ˈɛkt͜sɪns] <-es, -en> *m* проце́нтная ста́вка *ж* по сберега́тельным вкла́дам

E-Commerce [ˈikɔməːs] <-> *m* интерне́т-тре́йдинг *м*

Economyklasse [ɪˈkɔnəmi klasə] <-> *f* тури́стский класс *м*

Ecstasy [ˈɛkstəsi] <-> *nt синтети́ческий нарко́тик, вызыва́ющий галлюцина́ции*

ECU HIST *(European Currency Unit)* экю́ *ср (европе́йская валю́тная едини́ца)*

Ecuador [ekuaˈdoːɐ] <-s> *nt* Эквадо́р *м*

Ecuadorianer(in) [ekuadoriˈaːnɐ] <-s, -> *m(f)* эквадо́рец *м*

ecuadorianisch *adj* эквадо́рский

Edamer <-s, -> *m* эда́мский сыр *м*

edel [ˈeːdəl] *adj* **1.** *(vornehm: Gesinnung)* благоро́дный **2.** *(Stein)* драгоце́нный

Edelgas <-es, -e> *nt* благоро́дный газ *м*

Edelmetall <-(e)s, -e> *nt* благоро́дный мета́лл *м*

Edelmut <-(e)s> *m* благоро́дство *ср*

edelmütig [ˈeːdəlmyːtɪç] *adj* благоро́дный, великоду́шный

Edelstahl <-(e)s> *m* высокока́чественная сталь *ж*

Edelstein <-(e)s, -e> *m* драгоце́нный ка́мень *м*

E

editieren [edi'ti:rən] *vt* DV редакти́ровать, от- *св*
Editor ['e:dito:ɐ] <-s, -en> *m* DV реда́ктор *м*
E-Dur <-> *nt* ми-мажо́р
Edutainment ['ɛdjutɛɪnmənt] <-s> *nt* *преподава́ние путём развлече́ний и игр – с по́мощью фи́льмов, телевизио́нных и компью́терных програ́мм*
EDV [e:de:'faʊ] *abk von* **elektronische Datenverarbeitung** электро́нная обрабо́тка *ж* да́нных
EDV-Anlage <-, -n> *f* устано́вка *ж* для электро́нной обрабо́тки да́нных
EDV-gerecht *adj* приспосо́бленный для электро́нной обрабо́тки
EEG *abk von* **Elektroenzephalographie** ЭЭГ *ж*
Efeu ['e:fɔɪ] <-s> *m* плющ *м*
Effeff [ɛf'ʔɛf] **etw aus dem ~ können** *umg* знать что-л. назубо́к
Effekt [ɛ'fɛkt] <-(e)s, -e> *m* эффе́кт *м*
Effekten [ɛ'fɛktən] <-> *pl* це́нные бума́ги *мн;* **~ handeln** торгова́ть це́нными бума́гами
Effektenbank <-, -en> *f* фо́ндовый банк *м*
Effektenbörse <-, -n> *f* фо́ндовая би́ржа *ж*
Effektenclearing <-s, -s> *nt* кли́ринг *м*
Effektendepot <-s, -s> *nt* хране́ние *ср* це́нных бума́г
Effektendiskont <-(e)s, -e> *m* учётная ста́вка *ж* по це́нным бума́гам
Effektengeschäft <-(e)s, -e> *nt* фо́ндовая опера́ция *ж*
Effektenhandel <-s> *m* торго́вля *ж* це́нными бума́гами
Effektenmakler <-s, -> *m* ма́клер *м* по опера́циям с це́нными бума́гами
Effektenmarkt <-(e)s, -märkte> *m* фо́ндовый ры́нок *м*
Effektenverwahrung <-> *f* (ба́нковское) хране́ние *ср* це́нных бума́г
Effekthascherei <-> *f pej* пого́ня *ж* за эффе́ктом
effektiv [ɛfɛk'ti:f] *adj* **1.** *(wirkungsvoll)* эффекти́вный, де́йственный; **~e Form der Zusammenarbeit** эффекти́вная фо́рма сотру́дничества **2.** *umg (wirklich)* на са́мом де́ле; **das ist ~ dasselbe** э́то в действи́тельности одно́ и то же
Effektivgeschäft <-(e)s, -e> *nt* сде́лка *ж* на реа́льный това́р
Effektivität [ɛfɛktivi'tɛ:t] <-> *f* эффекти́вность *ж;* **wirtschaftliche ~** экономи́ческая эффекти́вность; **~ von Investitionen** эффекти́вность капиталовложе́ний
Effektivverzinsung <-, -en> *f* факти́ческий дохо́д *м* от проце́нтов
Effektivzins <-es, -en> *m* факти́ческий [*или* действи́тельный] проце́нт *м*
effektvoll [ɛ'fɛktfɔl] *adj* эффе́ктный
effizient [ɛfi'ts̯i̯ɛnt] *adj* эффекти́вный
Effizienz <-> *f* (экономи́ческая) эффекти́вность *ж;* **an ~ einbüßen** утра́тить эффекти́вность
EG [e:'ge:] <-> *f* HIST *(Europäische Gemeinschaft)* ЕС, *Европе́йское Соо́бщество ср*
egal [e'ga:l] *adj* безразли́чный; **ihm ist alles ~** ему́ всё безразли́чно; **das ist mir ganz ~** *fam* э́то мне всё равно́ [*или* до фе́ни]; **~ wie** *fam* всё равно́ как
Egge ['ɛgə] <-, -n> *f* борона́ *ж*
Egoismus [ego'ɪsmʊs] <-> *m* эгои́зм *м*
Egoist(in) [ego'ɪst] <-en, -en> *m(f)* эгои́ст *м*
egoistisch *adj* эгоисти́чный
Egozentriker(in) <-s, -; -nen> *m(f)* эгоце́нтрик *м*
egozentrisch *adj* эгоцентри́ческий
eh [e:] *konj* пре́жде чем
ehe ['e:ə] *konj* пре́жде чем, ра́ньше чем; **~ ich es vergesse** пока́ я не забы́л
Ehe ['e:ə] <-, -n> *f* брак *м,* супру́жество *ср;* **meine Kinder aus erster ~** мои́ де́ти от пе́рвого бра́ка; **mit jdm die ~ schließen** вступи́ть в брак с кем-л.; **die ~ brechen** развести́сь
eheähnlich *adj* подо́бный бра́ку; **in einem ~en Verhältnis sein** быть в отноше́ниях, подо́бных бра́чным
Eheberater(in) <-s, -> *m(f)* консульта́нт *м* по вопро́сам бра́ка
Ehebett *nt* бра́чное ло́же *ср*
Ehebruch <-(e)s> *m* наруше́ние *ср* супру́жеской ве́рности; **~ begehen** нару́шить супру́жескую ве́рность
Ehefrau <-, -en> *f* супру́га *ж,* жена́ *ж*
Ehegatte <-n, -n> *m* **1.** *geh (Ehemann)* супру́г *м* **2.** *nur pl (Eheleute)* супру́ги *мн*
Ehekrise <-, -n> *f* кри́зис *м* супру́жеских отноше́ний
Eheleben *nt ohne pl* бра́чная жизнь *ж*
Eheleute <-> *pl* супру́ги *мн*
ehelich *adj* бра́чный, супру́жеский
ehemalig *adj* бы́вший
ehemals ['e:əma:ls] *adv* когда́-то
Ehemann <-(e)s, -männer> *m* супру́г *м,* муж *м*
Ehename <-ns, -> *m* фами́лия *ж* му́жа
Ehepaar <-(e)s, -e> *nt* супру́ги *мн*
eher ['e:ɐ] *adv* **1.** *(früher)* ра́ньше; **je ~ wir anfangen, desto besser** чем ра́ньше мы начнём, тем лу́чше; **ich komme nicht ~ als bis ...** я не могу́ идти́ да́льше ... **2.** *(lieber)* лу́чше
Eherecht <-(e)s> *nt* бра́чное пра́во *ср*
Ehering <-(e)s, -e> *nt* обруча́льное кольцо́ *ср*
Ehescheidung <-, -en> *f* расторже́ние *ср* бра́ка
Eheschließung <-, -en> *f* заключе́ние *ср* бра́ка
eheste(r, s) *adj* са́мый ра́нний; **zum ~n**

Zeitpunkt в ближа́йший срок
Ehevermittlungsinstitut <-(e)s, -e> *nt* бюро́ *ср* знако́мств (с це́лью заключе́ния бра́ка)
Eheversprechen *nt* бра́чный обе́т *м*
Ehevertrag *m* JUR бра́чный догово́р *м*
ehrbar ['e:ɐba:ɐ] *adj* досто́йный, почте́нный
Ehrbarkeit <-> *f* почте́нность *ж*
Ehre ['e:rə] <-> *f* честь *ж;* **jdm die letzte ~ erweisen** отда́ть кому́-л. после́днииий долг; **jdm ~ machen** де́лать кому́-л. честь; **eine hohe ~** высо́кая честь; **dir zu Ehren** в честь тебя́; **es ist mir eine große ~ Sie kennen zu lernen** для меня́ больша́я честь познако́миться с ва́ми; **mit wem habe ich die ~?** с кем я име́ю честь?; **etw in Ehren halten** чтить что-л.; **wir geben uns die ~ zu ...** мы име́ем честь ...; **was verschafft mir die ~?** чему́ я обя́зан э́тим посеще́нием/визи́том?
ehren *vt* уважа́ть *нсв;* **sehr geehrte Damen und Herren** уважа́емые да́мы и господа́; **ich fühle mich sehr geehrt** для меня́ больша́я честь
ehrenamtlich *adj* почётный, доброво́льный
Ehrenbürger(in) <-s, -> *m(f)* *(einer Stadt)* почётный граждани́н *м*
Ehrendoktor <-s, -en> *m* *(einer Universität)* почётный до́ктор *м*
Ehrengast ['e:rəngast, 'e:rəngɛstə] <-es, -gäste> *m* почётный гость *м*
ehrenhaft *adj* че́стный, почте́нный
Ehrenmitglied <-(e)s, -er> *nt* почётный член *м*
Ehrenplatz <-es, -plätze> *m* почётное ме́сто *ср*
Ehrensache <-> *f* де́ло *ср* че́сти
ehrenwert *adj* досто́йный, достопочте́нный
Ehrenwort <-(e)s> *nt* сло́во *ср* че́сти; **sein ~ geben** дать сло́во че́сти
Ehrfurcht <-> *f* глубо́кое почте́ние *ср,* благогове́ние *ср;* **vor jdm/etw ~ haben** благогове́ть пе́ред кем-л./чем-л.; **vor etw** *dat* **~ haben** благогове́ть пе́ред чем-л.
Ehrgefühl <-(e)s> *nt* самолю́бие *ср*
Ehrgeiz <-es> *m* честолю́бие *ср,* тщесла́вие *ср;* **gesunder/übertriebener ~** здоро́вое/больно́е честолю́бие
ehrgeizig *adj* *(Mensch)* честолюби́вый; *(Plan)* амбицио́зный
ehrlich *adj* че́стный; **er meint es ~ mit uns** он че́стен по отноше́нию к нам; **~ gesagt** открове́нно говоря́; **wir haben ~ geteilt** мы че́стно подели́ли
Ehrlichkeit <-> *f* че́стность *ж*
ehrlos *adj* бесче́стный
Ehrung ['e:rʊŋ] <-, -en> *f* че́ствование *ср*
Ehrwürden **Euer ~** ва́ше преподо́бие!
ehrwürdig *adj* досто́йный, почте́нный
Ei [aɪ] <-s, -er> *nt* **1.** *(Eizelle)* яйцекле́тка *ж* **2.** *(Hühnerei)* яйцо́ *ср;* **ein hartes ~** сва́ренное вкруту́ю яйцо́; **ein weiches ~** яйцо́ всмя́тку; **wie aus dem ~ gepellt** *fam* принаряди́вшись; **jdn wie ein rohes ~ behandeln** *fig* обраща́ться с кем-л. как с мимо́зой; **sich** *dat* **gleichen wie ein ~ dem anderen** они́ похо́жи как две ка́пли воды́
Eichamt <-(e)s, -ämter> *nt* пала́та *ж* мер и весо́в
Eiche ['aɪçə] <-, -n> *f* дуб *м*
Eichel ['aɪçəl] <-, -n> *f* **1.** *(Frucht der Eiche)* жёлудь *м* **2.** ANAT голо́вка *ж*
Eichelentzündung <-, -en> *f* воспале́ние *ср* голо́вки
eichen ['aɪçən] *vt* *(Messgeräte)* градуи́ровать *(н)св;* **auf etw geeicht sein** *fig* хорошо́ разбира́ться в чём-л.
Eichenwald <-(e)s, -wälder> *m* дубра́ва *ж*
Eichhörnchen <-s, -> *nt* бе́лка *ж*
Eichmaß <-es> *nt* этало́нная ме́ра *ж,* этало́н *м*
Eid [aɪt] <-(e)s, -e> *m* кля́тва *ж;* **einen ~ leisten/ablegen** дава́ть прися́гу; **unter ~ stehen** быть под прися́гой
Eidechse ['aɪdɛksə] <-, -n> *f* я́щерица *ж*
eidesstattlich *adj* *(Erklärung)* равноси́льный прися́ге
Eidgenosse ['aɪtgənɔsə] <-n, -n> *m,* **Eidgenossin** ['aɪtgənɔsɪn] *f* граждани́н *м,* гражда́нка *ж* Швейца́рии
Eidgenossenschaft *f* конфедера́ция *ж*
eidlich *adj* кля́твенный
Eidotter ['aɪdɔtɐ] <-s, -> *nt* желто́к *м*
Eierbecher <-s, -> *m* подста́вка *ж* для яи́ц
Eierkuchen <-s, -> *m* омле́т *м*
Eierlikör *m* яи́чный пунш *м*
Eierlöffel <-s, -> *m* ло́жечка *ж* для яи́ц
Eierschale *f* яи́чная скорлупа́ *ж*
Eierstock <-(e)s, -stöcke> *m* яи́чник *м*
Eieruhr <-, -en> *f* *ма́ленькие часы́, пока́зывающие вре́мя ва́рки яи́ц*
Eifer ['aɪfɐ] <-s> *m* рве́ние *ср,* усе́рдие *ср;* **im ~ des Gefechts** в са́мом разга́ре
Eiferer <-s, -> *m* ревни́тель *м,* побо́рник *м*
eifern ['aɪfɐn] *vi* **1.** *fig* *(streben)* стреми́ться, проявля́ть усе́рдие **2.** *(schmähen)* гне́ваться
Eifersucht <-> *f* ре́вность *ж;* **aus ~** из ре́вности
eifersüchtig *adj* ревни́вый; **jdn ~ machen** заста́вить кого́-л. ревнова́ть; **auf jdn ~ sein** ревнова́ть кого́-л.
Eifersuchtsszene *f* сце́на *ж* ре́вности; **jdm eine ~ machen** де́лать кому́-л. сце́ну
Eiffelturm ['aɪfəltʊrm] *m* Э́йфелева ба́шня *ж*

E

eiförmig *adj* яйцеви́дный, ова́льный
eifrig ['aɪfrɪç] *adj* ре́вностный, усе́рдный
Eigelb <-s> *nt* желто́к *м*
eigen ['aɪgən] *adj* **1.** *(jdm gehörend)* со́бственный; **etw mit eigenen Augen gesehen haben** уви́деть что-л. со́бственными глаза́ми; **etw sein Eigen nennen** *geh* счита́ть что-л. свое́й со́бственностью; **eine eigene Meinung haben** име́ть своё мне́ние; **sein eigener Herr sein** располага́ть свои́м вре́менем **2.** *(für jdn typisch)* сво́йственный; **sich etw zu Eigen machen** усва́ивать что-л.
Eigenart <-, -en> *f* своеобра́зие *ср*
eigenartig *adj* своеобра́зный, осо́бенный
Eigenaufkommen <-s, -> *nt* до́ля *ж* со́бственных средств
Eigenbedarf <-s> *m* со́бственные ну́жды *жмн*
Eigenbilanz <-, -en> *f* самостоя́тельный бала́нс *м*
Eigenbrötler(in) ['aɪgənbrœ:tlɐ] <-s, -> *m(f)* чуда́к *м*, чуда́чка *ж*
Eigenfinanzierung <-, -en> *f* самофинанси́рование *ср*
Eigengeschäft <-(e)s, -e> *nt* сде́лка *ж* за свой счёт
Eigengesellschaft <-, -en> *f* юриди́чески самостоя́тельное муниципа́льное предприя́тие *ср*
Eigengewicht <-(e)s, -e> *nt* со́бственный вес *м*
eigenhändig ['aɪgənhɛndɪç] *adj* собственнору́чный
Eigenheit <-, -en> *f* своеобра́зие *ср*, осо́бенность *ж*
Eigenkapital <-s> *nt* со́бственный капита́л *м*
Eigenkapitalausstattung <-, -en> *f* обеспе́чение *ср* со́бственным капита́лом
Eigenkapitalquote <-, -n> *f* до́ля *ж* со́бственного капита́ла
Eigenkapitalrendite <-, -n> *f* дохо́д *м* от со́бственного капита́ла
Eigenkapitalrentabilität <-, -en> *f* рента́бельность *ж* со́бственного капита́ла
Eigenkapitalzinsen <-> *pl* проце́нты *мн* на со́бственный капита́л
Eigenleistung <-, -en> *f* со́бственная вы́работка *ж*
Eigenliebe <-> *f* себялю́бие *ср*
Eigenlob <-(e)s> *nt* самохва́льство *ср*
eigenmächtig **I.** *adj* самово́льный **II.** *adv* **~ handeln** де́йствовать на свою́ го́лову; **sie hat ~ gehandelt** она́ поступи́ла самово́льно
Eigenmächtigkeit <-> *f* самоупра́вство *ср*
Eigenmittel *pl* со́бственные сре́дства *мн*
Eigenname <-s, -> *m* и́мя *ср* со́бственное
Eigennutz ['aɪgənnʊts] <-es> *m ohne pl* ли́чная вы́года *ж*
eigennützig ['aɪgənnʏtsɪç] **I.** *adj* коры́стный **II.** *adv* коры́стно
eigens ['aɪgəns] *adv* специа́льно, наро́чно
Eigenschaft <-, -en> *f* сво́йство *ср*, ка́чество *ср*
Eigensinn <-(e)s> *m* своенра́вие *ср*, упря́мство *ср*
eigensinnig *adj* своенра́вный, упря́мый
eigenständig ['aɪgənʃtɛndɪç] *adj* самостоя́тельный
eigentlich ['aɪgəntlɪç] **I.** *adj* со́бственный, настоя́щий; **sein eigentlicher Name lautet ...** его́ настоя́щее и́мя ... **II.** *adv* со́бственно; **was willst du ~?** чего́ ты со́бственно хо́чешь?
Eigentor <-(e)s, -e> *nt* SPORT гол *м* в свои́ воро́та; **ein ~ schießen** *auch fig* заби́ть гол в свои́ воро́та
Eigentum <-(e)s> *nt* со́бственность *ж*; **(un)bewegliches ~** (не)дви́жимая со́бственность; **geistiges ~** интеллектуа́льная со́бственность; **gemeinsames ~** совме́стная со́бственность; **öffentliches ~** госуда́рственная со́бственность; **persönliches ~** ли́чная со́бственность; **privates ~** ча́стная со́бственность; **staatliches ~** госуда́рственная со́бственность; **die Ware bleibt bis zu ihrer vollständigen Bezahlung Eigentum des Verkäufers** до вы́платы по́лной сто́имости това́р остаётся в со́бственности прода́вца; **~ an Grund und Boden** со́бственность на зе́млю; **~ an Produktionsmitteln** со́бственность на сре́дства произво́дства; **~ erwerben** приобрета́ть пра́во со́бственности на что-л.
Eigentümer(in) ['aɪgənty:mɐ] <-s, -> *m(f)* со́бственник *м*, со́бственница *ж*
eigentümlich ['aɪgənty:mlɪç] *adj* сво́йственный, прису́щий
Eigentümlichkeit <-, -en> *f* своеобра́зие *ср*, осо́бенность *ж*
Eigentumserwerb <-s> *m* приобрете́ние *ср* пра́ва со́бственности
Eigentumsrecht <-(e)s, -e> *nt* пра́во *ср* со́бственности
Eigentumsverhältnisse <-> *pl* иму́щественные отноше́ния *мн*
Eigentumswohnung <-, -en> *f* ча́стная кварти́ра *ж*
eigenverantwortlich *adv* **~ handeln** де́йствовать на со́бственный риск
Eigenverantwortung *f ohne pl* отве́тственность *ж*; **etw in ~ tun** де́йствовать на со́бственный риск
Eigenverbrauch <-(e)s> *m* (ча́стное/внутризаводско́е) потребле́ние *ср*
Eigenwechsel <-s, -> *m* со́ло-ве́ксель *м*
eigenwillig *adj* своево́льный, своенра́вный
eignen ['aɪgnən] **I.** *vi geh* быть *нсв* прису́-

щим; **den Werken dieses Malers eignet eine gewisse Melancholie** произведе́ниям э́того худо́жника прису́ща не́которая меланхоли́чность **II.** *vr (geeignet sein)* годи́ться *нсв*, подходи́ть, -дойти́ *св;* **diese Wörterbücher ~ sich nicht für Schüler** э́ти словари́ не подхо́дят для шко́льников; **sich für etw** *dat* **~** быть подходя́щим для чего́-л.

Eignung <-> *f* приго́дность *ж*

Eignungstest <-s, -s> *m* тест *м* на профессиона́льную приго́дность

Eiklar ['aɪklaːɐ] <-s, -> *nt österr (Eiweiß)* бело́к *м*

Eilbote <-n, -n> *m* наро́чный *м*, курье́р *м* для сро́чных поруче́ний; **per ~** посла́ть курье́ром

Eilbrief <-(e)s, -e> *m* сро́чное письмо́ *ср*

Eile ['aɪlə] <-> *f* поспе́шность *ж*, спе́шка *ж;* **in ~ sein** спеши́ть; **das hat keine ~** э́то не сро́чно; **in aller ~** в спе́шке

eilen ['aɪlən] *vi* спеши́ть, по- *св;* **damit eilt es nicht** э́то не сро́чно; **jdm zu Hilfe ~** спеши́ть кому́-л. на по́мощь

eilends *adv* спе́шно

Eilgut <-(e)s> *nt* груз *м* большо́й ско́рости

eilig ['aɪlɪç] *adj* спе́шный; **es ~ haben** спеши́ть

Eilmarsch <-es, -märsche> *m* форси́рованный марш *м*

Eilzug <-(e)s, -züge> *m* ско́рый по́езд *м*

Eimer ['aɪmɐ] <-s, -> *m* ведро́ *ср;* **etw ist im ~** *umg* что́-то сорвало́сь

ein, eine, ein [aɪn, 'aɪnə, aɪn] **I.** *art indef* **die Tochter ~es Lehrers** дочь учи́теля **II.** *num* оди́н; **~ Glas Bier** (оди́н) стака́н пи́ва **III.** *pron indef* кто-то, что-то, кто́-ли́бо, что́-ли́бо; **es wird kaum ~er auf die Idee kommen** едва́ ли э́то кому́-ли́бо придёт в го́лову

ein [aɪn] *adv* **bei jdm ~ und aus gehen** ча́сто быва́ть у кого́-л.; **nicht mehr ~ noch aus wissen** не знать что де́лать

einander [aɪ'nandɐ] *pron refl* друг дру́га; **sie lieben ~ sehr** они́ о́чень лю́бят друг дру́га; **sie helfen ~** они́ помога́ют друг дру́гу

ein|arbeiten I. *vt* знако́мить, о- *св* с рабо́той, вводи́ть, ввести́ *св* в курс де́ла **II.** *vr* втя́гиваться, втяну́ться *св* в рабо́ту; **der neue Kollege muss sich erst ~** но́вый колле́га до́лжен снача́ла войти́ в курс де́ла

einarmig *adj* однору́кий

ein|äschern ['aɪnɛʃɐn] *vt (Leichnam)* сжечь *св*

ein|atmen I. *vt* вдыха́ть, вдохну́ть *св* **II.** *vi* дыша́ть *нсв*

einäugig ['aɪnʔɔɪgɪç] *adj* одногла́зый

Ein-Aus-Schalter <-s, -> *m* однопозицио́нный выключа́тель *м*

Einbahnstraße <-, -n> *f* доро́га *ж* с односторо́нним движе́нием

ein|balsamieren ['aɪnbalzamiːrən] *vt (Leiche)* забальзами́ровать *св*

Einband <-(e)s, Einbände> *m* переплёт *м*

einbändig ['aɪnbɛndɪç] *adj (in einem Band)* одното́мный

E

Einbau ['aɪnbaʊ] <-s> *m* установ́ка *ж*, встро́йка *ж*

ein|bauen *vt* встра́ивать, -ро́ить *св; fig* вставля́ть, вста́вить *св;* **in das Auto wird ein neues Getriebe eingebaut** в автомоби́ль бу́дет встро́ена но́вая коро́бка переда́ч; **sein Aufsatz begeistert durch geschickt eingebaute Zitate** его́ сочине́ние восторга́ет, благодаря́ уда́чно вста́вленным цита́там

Einbauküche <-, -n> *f* встро́енное ку́хонное обору́дование *ср*

Einbaumöbel <-s, -> *nt* встро́енная ме́бель *ж*

Einbauschrank <-(e)s, -schränke> *m* встро́енный шкаф *м*

ein|behalten *vt* уде́рживать, -жа́ть *св;* **Steuern ~** уде́рживать нало́ги; **vom Lohn ~** уде́рживать из за́работной пла́ты; **~er Gewinn** нераспределённая при́быль

einbeinig *adj* одноно́гий

ein|berufen <irr> *vt* **1.** MIL призыва́ть, -зва́ть *св* **2.** *(Versammlung)* созыва́ть, -зва́ть *св;* **den Aufsichtsrat ~** созыва́ть наблюда́тельный сове́т; **eine Versammlung ~** созыва́ть собра́ние

Einberufung <-, -en> *f* MIL призы́в *м*

ein|betten *vt* помести́ть

Einbettzimmer <-s, -> *nt* одноме́стный но́мер *м*

ein|beziehen <irr> *vt* включа́ть, -чи́ть *св;* **alle wichtigen Faktoren in einen Plan ~** ввести́ в план все ва́жные фа́кторы

ein|biegen <irr> *vi* свора́чивать, сверну́ть *св;* **nach links ~** поверну́ть нале́во

ein|bilden *vr* **sich ~** вообража́ть, -брази́ть *св;* **sich** *dat* **etw ~** вообража́ть из себя́; **sich viel ~** возомни́ть о себе́; **was bildest du dir eigentlich ein?** *fam* чего́ ты из себя́ стро́ишь?

Einbildung <-, -en> *f* **1.** *(in der Vorstellung)* воображе́ние *ср*, фанта́зия *ж* **2.** *(Arroganz)* высокоме́рие *ср*

Einbildungskraft <-> *f* си́ла *ж* воображе́ния

ein|binden <irr> *vt* **1.** *(verletztes Körperteil)* забинто́вывать, -това́ть *св* **2.** *(in ein Konzept)* включа́ть, -чи́ть *св*

ein|blenden *vr* **sich ~** TV, RADIO включи́ться

Einblick <-(e)s, -e> *m* взгляд *м*, ознакомле́ние *ср;* **jdm einen ~ in etw geben** ознако́мить кого́-л. с чем-л.; **jdm ~ in etw gewähren** обеспе́чить кому́-л. до́ступ к чему́-л.; **einen ~ in etw gewinnen** получи́ть представле́ние о чём-л.

ein|brechen <irr> *vi* **1.** *(in eine Wohnung)* вла́мываться, вломи́ться *св* **2.** *(beginnen: Dunkelheit)* (внеза́пно) наступа́ть, -пи́ть *св*

Einbrecher <-s, -> *m* взло́мщик *м*

ein|bringen <irr> *vt* **1.** *(Gewinn)* приноси́ть, -нести́ *св* **2.** *(Ernte)* убира́ть, убра́ть *св* **3.** *(Gesetz)* вноси́ть, внести́ *св* **4.** *(beitragen)* вкла́дывать; **Geld in ein Unternehmen ~** вкла́дывать де́ньги в предприя́тие

ein|brocken ['aɪnbrɔkən] *vt (Brot)* кроши́ть, на- *св;* **da haben sie sich aber etw eingebrockt!** ну и натвори́ли они́ дел!; **jdm etwas ~** созда́ть кому́-л. неприя́тности

Einbruch <-(e)s, einbruche> *m* **1.** *(in ein Gebäude)* взлом *м* **2.** *(Beginn)* наступле́ние *ср;* **bei ~ der Dämmerung** *(abends)* ве́чером, *(morgens)* на рассве́те; **bei ~ der Dunkelheit** с наступле́нием темноты́ **3.** *(Schwächeeinbruch)* при́ступ *м* **4.** *(das Hereinbrechen)* обруше́ние *ср*

einbruchssicher *adj* защищённый от взло́ма

ein|buchten *vt fam* засади́ть в тюрьму́

ein|buddeln *vr* **sich ~** *fam* зары́ться

ein|bürgern I. *vt (zu Bürgern machen)* дава́ть, дать *св* гра́жданство **II.** *vr (sich verbreiten)* укореня́ться, -ни́ться *св;* **hier haben sich ganz neue Sitten eingebürgert** здесь укорени́лись соверше́нно но́вые обы́чаи

Einbuße <-, -n> *f* поте́ря *ж,* убы́ток *м;* **mit finanziellen ~n rechnen** ожида́ть фина́нсовых убы́тков

ein|büßen *vt* теря́ть, по- *св,* лиша́ться, -ши́ться *св;* **das gesamte Vermögen ~** лиши́ться всего́ иму́щества; **an Wert ~** потеря́ть це́нность; **sein Ansehen ~** (по)теря́ть авторите́т

ein|checken ['aɪntʃɛkən] *vi (am Flughafen)* проходи́ть, пройти́ *св* регистра́цию

ein|cremen ['aɪnkre:mən] **I.** *vt* нама́зывать, -зать *св* кре́мом **II.** *vr* нама́зываться, -заться *св*

ein|decken *vr* запаса́ться, -сти́сь *св;* **sich mit Brot ~** запасти́сь хле́бом; **sich mit Waren ~** запаса́ться това́рами

eindeutig ['aɪndɔɪtɪç] *adj* я́сный, недвусмы́сленный

ein|dösen *vi sein, fam* задрема́ть

ein|drängen *vi sein* **auf jdn ~** *fig* нажима́ть на кого́-л.

ein|dringen ['aɪndrɪŋən] <irr> *vi* проника́ть, -ни́кнуть *св,* вторга́ться, вто́ргнуться *св;* **auf jdn ~** досажда́ть кому́-л. про́сьбами

eindringlich *adj* насто́йчивый, насто́ятельный

Eindringling <-s, -e> *m* захва́тчик *м*

Eindruck <-(e)s, Eindrücke> *m* **1.** *(Spur)* след *м* **2.** *(Vorstellung)* впечатле́ние *ср;* **auf jdn ~ machen** произвести́ впечатле́ние; **ich habe den ~, dass ...** я ду́маю, что ...; **den ~ erwecken, dass ...** созда́ть впечатле́ние, что ...

ein|drücken *vt (Blech)* сде́лать вмя́тину

eindrücklich *adj Schweiz* внуши́тельный

eindrucksvoll *adj* впечатля́ющий

eine(r, s) *s.* **ein**

eine I. *adj* оди́н **II.** *pron indef s.* **eine(r, s)**

eineiig ['aɪn'ʔaɪɪç] *adj (Zwillinge)* однояйцо́вый

eineinhalb *adj* <inv> полтора́; **es hat ~ Stunden gedauert** э́то дли́лось полтора́ часа́

> **i Grammatik**
>
> **eineinhalb, zweieinhalb** – 1½, 2½ и т.д. не склоняются: *Die Fahrt dauerte 6½ (sechseinhalb) Stunden. – Поездка длилась 6 с половиной часов. Wir haben zweieinhalb Kilo Zwiebeln gekauft. – Мы купили два с половиной килограмма лука.*

ein|engen *vt* стесня́ть, -сни́ть *св*

einer I. *art unbest gen/dat von* **eine** *s.* **ein, eine, ein II.** *pron indef gen/dat von* **eine** *s.* **eine(r, s)**

Einer <-s, -> *m* **1.** MATH едини́ца *ж* **2.** SPORT одноме́стная ло́дка *ж*

einerlei ['aɪnɐ'laɪ] <inv> **I.** *adj* одина́ковый **II.** *adv* **1.** *(gleichgültig)* равноду́шный; **das ist mir ganz ~** мне всё равно́ **2.** *(gleichartig)* однообра́зный

Einerlei ['aɪnɐ'laɪ] <-s> *nt* однообра́зие *ср*

einerseits ['aɪnɐ'zaɪts] *adv* с одно́й стороны́; **~ bin ich müde, andererseits habe ich Lust, ins Kino zu gehen** с одно́й стороны́, я уста́л, с друго́й стороны́, мне хо́чется пойти́ в кино́

einfach ['aɪnfax] **I.** *adj* **1.** *(leicht verständlich)* просто́й, несло́жный; **du machst es dir zu ~** ты ду́маешь, что всё о́чень легко́ **2.** *(nicht doppelt)* в оди́н коне́ц; **eine einfache Fahrkarte** биле́т в оди́н коне́ц **II.** *adv* про́сто; **es klappt ~ nicht** э́то про́сто не получа́ется

Einfachheit <-> *f* простота́ *ж;* **der ~ halber** для ясноты́

ein|fädeln ['aɪnfɛ:dəln] *vt (Faden)* вдева́ть, вдеть *св*

ein|fahren <irr> **I.** *vt (Fahrzeug)* обка́тывать, -та́ть *св* **II.** *vi (Zug)* прибыва́ть, -бы́ть *св*

Einfahrt <-, -en> *f* **1.** *(Weg)* въезд *м,* подъе́зд *м;* **~ freihalten!** не блоки́ровать вход! **2.** *(das Einfahren)* въе́зд *м*

Einfall <-(e)s, Einfälle> *m* мысль *ж,* иде́я *ж;*

einen ~ haben приду́мать что-л.

ein|fallen <irr> *vi* **1.** *(in den Sinn kommen)* приходи́ть, прийти́ *св;* **da fällt mir gerade ein, dass ...** мне как раз пришло́ в голову́, что ...; **was fällt Ihnen ein!** как вы сме́ете!; **du musst dir etwas ~ lassen** приду́май что́-то **2.** *(einstürzen)* обру́шиваться, -шиться *св* **3.** *(gewaltsam eindringen)* вторга́ться, вто́ргнуться *св*

einfallslos ['aɪnfalsloːs] *adj* лишённый фанта́зии

einfallsreich *adj* изобрета́тельный

Einfallsreichtum *m ohne pl* иде́йность *ж*

Einfalt ['aɪnfalt] *f ohne pl (Naivität)* наи́вность *ж; (Dummheit)* глу́пость *ж*

einfältig ['aɪnfɛltɪç] *adj* простоду́шный, простова́тый

Einfaltspinsel *m fam abw* неве́жа *м*

Einfamilienhaus <-es, -häuser> *nt* особня́к *м*

ein|fangen <irr> *vt* лови́ть, пойма́ть *св;* **sich** *dat* **eine Ohrfeige ~** получи́ть оплеу́ху; **sich** *dat* **eine Erkältung ~** просты́ть

einfarbig *adj* одноцве́тный

ein|fassen *vt* вставля́ть, вста́вить *св* в опра́ву

ein|fetten *vt* сма́зывать, -зать *св* (жи́ром)

ein|finden <irr> *vr* яви́ться *св,* явля́ться *нсв,* объяви́ться *св,* -вля́ться *нсв*

ein|fließen <irr> *vi* втека́ть, втечь *св,* влива́ться, вли́ться *св*

ein|flößen *vt* **1.** *(Flüssigkeit)* влива́ть, влить *св* **2.** *fig (Angst)* внуша́ть, -ши́ть *св*

Einfluss[RR] <-es, -flüsse> *m,* **Einfluß**[Alt] <-flusses, -flüsse> *m* **1.** *(Wirkung)* влия́ние *ср,* возде́йствие *ср;* **einen guten ~ auf jdn ausüben** ока́зывать благотво́рное влия́ние на кого́-л.; **unter dem ~ von Alkohol stehen** находи́ться под возде́йствием алкого́ля; **unter dem ~ von jdm stehen** находи́ться под чьим-л. влия́нием **2.** *(Ansehen)* авторите́т *м;* **sie besitzt großen ~** она́ име́ет большо́й авторите́т

Einflussbereich[RR] <-(e)s, -e> *m* сфе́ра *ж* влия́ния

einflussreich[RR] *adj* влия́тельный, с больши́м влия́нием

ein|fordern ['aɪnfɔrdən] *vt geh* тре́бовать

einförmig ['aɪnfœrmɪç] *adj* однообра́зный, моното́нный

Einförmigkeit <-> *f* однообра́зие *ср,* моното́нность *ж*

ein|frieren ['aɪnfriːdən] <irr> **I.** *vt* **1.** *(Lebensmittel)* замора́живать, -ро́зить *св* **2.** *fig (Beziehungen)* замора́живать, -ро́зить *св,* приостана́вливать, -нови́ть *св;* **Löhne ~** замора́живать за́работную пла́ту **II.** *vi (Leitungsrohr)* замерза́ть, -мёрзнуть *св*

Einfügemarke <-, -n> *f* DV *(Cursor)* ку́рсор *м*

ein|fügen **I.** *vt* вставля́ть, вста́вить *св,* вкла́дывать, вложи́ть *св* **II.** *vr* включа́ться, -чи́ться *св;* **sie hat sich nur langsam in das Leben dieser Gesellschaft ~ können** она́ лишь с трудо́м смогла́ включи́ться в жизнь э́того о́бщества

ein|fühlen *vr* **sich ~** *(in einen Menschen)* воплоща́ться, входи́ть в роль

einfühlsam ['aɪnfyːlzaːm] *adj* чу́ткий, сострада́тельный

Einfühlungsvermögen <-s> *nt* интуи́ция *ж*

Einfuhr ['aɪnfuːɐ] <-> *f* ввоз *м,* и́мпорт *м*

Einfuhrabgabe <-, -n> *f* нало́г *м* на и́мпортные това́ры

Einfuhrbescheinigung <-, -en> *f* ввозно́е [*или* и́мпортное] свиде́тельство *ср*

Einfuhrbeschränkung <-, -en> *f* ограниче́ние *ср* на и́мпорт

Einfuhrbestimmungen <-> *pl* положе́ния *мн,* регламенти́рующие и́мпорт

Einfuhrdeklaration <-, -en> *f* деклара́ция *ж* и́мпортных това́ров

ein|führen *vt* **1.** *(etw in eine Öffnung)* вводи́ть, ввести́ *св* **2.** *(Güter)* ввози́ть, ввезти́ *св,* импорти́ровать *(н)св* **3.** *(Sitten, Regeln)* вводи́ть, ввести́ *св;* **eine Mode ~** вводи́ть мо́ду; **neue Steuern ~** вводи́ть но́вые нало́ги; **ein neues System der Kundenbetreuung ~** вводи́ть но́вый поря́док обслу́живания клие́нтов **4.** *(einweisen)* вводи́ть, ввести́ *св;* **einen neuen Mitarbeiter ~** вводи́ть но́вого сотру́дника в курс де́ла

Einfuhrerklärung <-, -en> *f* и́мпортная деклара́ция *ж*

Einfuhrgenehmigung <-, -en> *f* разреше́ние *ср* на вво́з; **eine ~ erteilen** выдава́ть разреше́ние на ввоз; **eine ~ beantragen** запра́шивать разреше́ние на ввоз

Einfuhrkontingent <-(e)s, -e> *nt* и́мпортный континге́нт *м*

Einfuhrland <-(e)s, -länder> *nt* страна́-импортёр *ж*

Einfuhrlizenz <-, -en> *f* и́мпортная лице́нзия *ж*

Einfuhrrestriktion <-, -en> *f* ограниче́ние *ср* вво́за

Einfuhrsteuer <-, -n> *f* нало́г *м* на ввози́мые това́ры

Einfuhrumsatzsteuer <-, -n> *f* нало́г *м* с оборо́та и́мпорта

Einführung <-, -en> *f* **1.** *(das Einführen)* введе́ние *ср,* ввод *м* **2.** *(in ein Sachgebiet)* введе́ние *ср,* вступле́ние *ср*

Einführungskurs <-es, -e> *m* **1.** BÖRSE эмиссио́нный курс *м* це́нных бума́г **2.** *(einführender Kurs)* вво́дный курс *м*

Einführungsphase <-, -n> *f (von Produkt)* эта́п *м* внедре́ния но́вых това́ров на ры́нок

Einführungspreis <-es, -e> *m* цена́ *ж* на но́вые ви́ды проду́кции

Einfuhrverbot <-(e)s, -e> *nt* запреще́ние *ср* на ввоз

Einfuhrverfahren <-s, -> *nt* поря́док *м* проведе́ния и́мпортных опера́ций

Einfuhrvolumen <-s, -volumina> *nt* объём *м* и́мпорта

Einfuhrzoll <-(e)s, -zölle> *m* и́мпортная по́шлина *ж*

Eingabe <-, -n> *f* 1. DV ввод *м;* ~ **von Text** ввод те́кста; **parallele** ~ паралле́льный ввод; **serielle** ~ после́довательный ввод; ~ **über Tastatur** ввод с клавиату́ры 2. *(an eine Behörde)* пода́ча *ж* 3. *(Gesuch)* заявле́ние *ср;* **eine** ~ **bearbeiten** рассма́тривать заявле́ние; **eine** ~ **machen** подава́ть заявле́ние

Eingabeaufforderung <-, -en> *f* DV приглаше́ние *ср*

Eingabetaste ['aɪnga:bətastə] <-, -n> *f* DV кла́виша *ж* вво́да

Eingang <-(e)s, Eingänge> *m* вход *м; (Erhalt)* получе́ние *ср;* ~ **einer Bestellung** поступле́ние зака́за; ~ **einer Zahlung** поступле́ние платежа́; **in etw** ~ **finden** найти́ в чём-л. выраже́ние; ~ **an Aufträgen** прито́к зака́зов; **Eingänge an Geldern** де́нежные поступле́ния

eingangs ['aɪngaŋs] *adv* снача́ла; ~ **erwähnt** упомя́нутый внача́ле

Eingangsbescheinigung <-, -en> *f* спра́вка *ж* о поступле́нии зая́вки

Eingangshalle <-, -n> *f* вестибю́ль *м*, холл *м*

Eingangsrechnung <-, -en> *f* счёт-факту́ра *м*

Eingangstür <-, -en> *f* входна́я дверь *ж*

Eingangsvermerk <-(e)s, -e> *m* отме́тка *ж* о поступле́нии

ein|geben <irr> *vt* 1. DV вводи́ть, ввести́ *св* 2. *(Idee)* внуша́ть, -ши́ть *св*

eingebildet *adj* 1. *(von sich eingenommen)* вообража́ющий о себе́ 2. *(nur in der Einbildung existierend)* вообража́емый, мни́мый

eingeboren *adj* ме́стный

Eingeborene <-n, -n> *m o f* ме́стный уроже́нец *м*

Eingebung ['aɪnge:bʊŋ] <-, -en> *f* (внеза́пная) мысль *ж*, иде́я *ж;* **einer** ~ **folgend** по наи́тию

eingefahren *adj* зау́ченный

eingefallen *adj* 1. *(Haus)* провали́вшийся 2. *(Gesicht, Wangen)* впа́лый, ввали́вшийся

eingefleischt ['aɪngəflaɪʃt] *adj (Junggeselle)* закорене́лый, отъя́вленный

ein|gehen <irr> I. *vi* 1. *(Eingang finden)* входи́ть, войти́ *св*, вступа́ть, -пи́ть *св;* **in die Geschichte** ~ войти́ в исто́рию 2. *(Pflanzen, Tiere)* ги́бнуть, по- *св;* **ohne Wasser werden Pflanzen** ~ без воды́ расте́ния поги́бнут 3. *(Kleidungsstücke)* сади́ться, сесть *св;* **die neuen Hemden sind in der Wäsche eingegangen** но́вые руба́шки се́ли при сти́рке 4. *(zustimmen)* соглаша́ться, согласи́ться *св;* **auf einen Vorschlag** ~ приня́ть предложе́ние II. *vt* 1. *(Vertrag)* заключа́ть, заключи́ть *св* 2. *(Risiko)* рискова́ть, рискну́ть *св;* **ich gehe jede Wette ein, dass er gewinnt** я поспо́рю на что уго́дно, что он вы́играет 3. *(Ehe)* вступи́ть в брак

eingehend *adj* обстоя́тельный, подро́бный

Eingemachte ['aɪngəmaxtə] <-n> *nt* консерви́рованные фру́кты *мн*/о́вощи *мн*

eingenommen *adj* располо́женный (к кому́-л./чему́-л.); **für jdn** ~ **sein** пита́ть симпа́тию к кому́-л.; **gegen jdn** ~ **sein** пита́ть неприя́знь к кому́-л.; **sehr von sich** ~ **sein** быть о себе́ высо́кого мне́ния

eingerostet *adj* заржаве́вший, ржа́вый

eingeschnappt *adj umg (beleidigt)* оби́женный

eingeschneit *adj* занесённый сне́гом

eingeschossig *adj* одноэта́жный

eingespielt ['aɪngəʃpi:lt] *adj* **aufeinander** ~ **sein** рабо́тать отли́чно вме́сте

Eingeständnis <-ses, -se> *nt* призна́ние *ср*

ein|gestehen <irr> *vt (Schuld, Fehler)* признава́ть, -зна́ть *св*

eingetragen *adj (Mitglied)* впи́санный; *(Verein)* регистри́рованный

Eingeweide ['aɪngəvaɪdə] <-> *pl* вну́тренности *мн*

Eingeweihte <-n, -n> *m o f* посвящённый *м*, посвящённая *ж*

ein|gewöhnen *vr* свыка́ться, сы́кнуться *св*, осва́иваться, -во́иться *св*

ein|gießen <irr> *vt* налива́ть, -ли́ть *св*, влива́ть, влить *св*

eingleisig ['aɪnglaɪzɪç] *adj* одноколе́йный, однопу́тный

ein|gliedern *vt* вводи́ть что-л. во что-л.

ein|graben <irr> I. *vt* зака́пывать, -копа́ть *св* II. *vr* **sich** ~ *(Tier)* зары́ться; **etw gräbt sich ins Gedächtnis ein** *fig* что-то запа́ло мне в го́лову [*или* созна́ние]

ein|gravieren *vt* гравирова́ть

ein|greifen <irr> *vi* вме́шиваться, -ша́ться *св;* **in einen Konflikt** ~ вмеша́ться в конфли́кт

Eingreiftruppe <-, -n> *f* отря́д *м* бы́строго реаги́рования

ein|grenzen ['aɪngrɛnt͡sən] *vt (Problem)* ограни́чить

Eingriff <-(e)s, -e> *m* 1. *(das Eingreifen)* вмеша́тельство *ср* 2. *(Operation)* вмеша́тельство *ср,* опера́ция *ж*

ein|haken I. *vt* закрыва́ть, -кры́ть *св* (на крючо́к) II. *vr* брать, взять *св* по́д руку; **sich bei jdm ~** брать кого́-л. по́д руку

Einhalt <-(e)s> *m* **einer Sache ~ gebieten** положи́ть коне́ц чему́-л.

ein|halten <irr> I. *vt* 1. *(Versprechen)* сдержа́ть *св,* сде́рживать *нсв* 2. *(Plan)* вы́полнить *св,* выполня́ть *нсв* 3. *(Bestimmungen)* соблюда́ть, -блюсти́ *св;* **die Vertragsbedingungen strikt ~** стро́го соблюда́ть усло́вия контра́кта; **die Vorschriften ~** приде́рживаться инстру́кций II. *vi geh (aufhören)* останови́ть; **mit der Arbeit ~** преостанови́ть рабо́ту

Einhaltung <-, -en> *f* соблюде́ние *ср;* **~ einer Frist** соблюде́ние сро́ка

ein|handeln I. *vt (Waren)* скупа́ть, -пи́ть *св,* закупа́ть, -пи́ть *св* II. *vr umg (Nachteile)* схлопота́ть *св,* зарабо́тать *св,* -ба́тывать *нсв;* **sich** *dat* **etw ~** созда́ть себе́ неприя́тности

einhändig ['aɪnhɛndɪç] *adj* одноруќий

ein|hängen I. *vt* 1. *(aufhängen)* наве́шивать, -ве́сить *св* 2. *(Hörer)* ве́шать, пове́сить *св* II. *vr* брать, взять *св;* **sich bei jdm ~** взять кого́-л. по́д руку

ein|heften *vt* прикрепи́ть

einheimisch ['aɪnhaɪmɪʃ] *adj* оте́чественный, ме́стный

Einheimische <-n, -n> *m o f* ме́стный жи́тель *м*

Einheit ['aɪnhaɪt] <-, -en> *f* 1. MIL подразделе́ние *ср* 2. *(physikalische Einheit)* едини́ца *ж* 3. *(Ganzheit)* еди́нство *ср;* **nationale ~** национа́льное еди́нство

einheitlich *adj* еди́ный; **~er Preis** еди́ная цена́; **~er Tarifsatz** еди́ная тари́фная ста́вка; **~es Formular** станда́ртный бланк; **~es System** еди́ная систе́ма

Einheitsgröße <-, -n> *f* станда́ртная величина́ *ж*

Einheitskurs <-es, -e> *m* BÖRSE еди́ный курс *м*

Einheitsliste <-, -n> *f* еди́ный спи́сок *м*

Einheitspartei <-, -en> *f* еди́ная па́ртия *ж*

Einheitspreis <-es, -e> *m* еди́ная цена́ *ж*

Einheitstarif <-(e)s, -e> *m* еди́ный тари́ф *м*

ein|heizen *vt* 1. *(Ofen)* затопи́ть *св,* -та́пливать *нсв* 2. *umg* руга́ть, отруга́ть *св;* **jdm ~** зада́ть кому́-л. жа́ру

einhellig ['aɪnhɛlɪç] *adj* единогла́сный

ein|holen *vt* 1. *(Person)* догоня́ть, -гна́ть *св* 2. *(Fahne)* спуска́ть, -сти́ть *св* 3. *(Genehmigung)* испроси́ть *св,* испра́шивать *нсв*

Einhorn <-(e)s, Einhörner> *nt* единоро́г *м*

ein|hüllen I. *vt* уку́тывать, -тать *св,* заверну́ть *св,* -вёртывать *нсв* II. *vr* уку́тываться, -таться *св,* заку́тываться, -ку́таться *св*

einhundert ['aɪn'hʊndɐt] *num* сто, одна́ со́тня

einig ['aɪnɪç] *adj* сплочённый, единоду́шный; **wir sind uns in diesem Punkt ~** в э́том пу́нкте мы еди́ны; **sich** *dat* **über etw ~ sein/werden** име́ть одно́ мне́ние о чём-л.

einige(r, s) ['aɪnɪgə, -gɐ, -gəs] *pron indef* не́сколько, не́которые; **das wird noch ~ Probleme bereiten** из-за э́того ещё возни́кнут не́которые пробле́мы; **er besitzt ~ hundert Schallplatten** у него́ есть не́сколько со́тен пласти́нок; **~ Mal** не́сколько раз

einigen ['aɪnɪgən] *vr* договори́ться *св,* -ва́риваться *нсв;* **sich auf etw ~** сойти́сь на чём-л.

einigermaßen ['aɪnɪgɐ'maːsən] *adv* бо́лее и́ли ме́нее, терпи́мо

Einigkeit <-> *f* единоду́шие *ср,* согла́сие *ср*

Einigung <-, -en> *f* 1. *(Übereinkunft)* согла́сие *ср,* соглаше́ние *ср;* **gerichtliche ~** миро́вое соглаше́ние; **gütliche ~** полюбо́вное соглаше́ние; **zu einer ~ kommen** прийти́ к соглаше́нию 2. *(Zusammenschluss)* едине́ние *ср;* **politische ~** полити́ческое объедине́ние; **die ~ Europas** едине́ние Евро́пы

Einigungsprozess <-es, -e> *m* проце́сс *м* едине́ния

ein|impfen *vt fam* **jdm etw ~** насажда́ть кому́-л. что-л.

ein|jagen *vt* **jdm Angst ~** внуша́ть страх кому́-л.

einjährig, [1]-jährig[RR] ['aɪnjɛːrɪç] *adj* годово́й

ein|kalkulieren *vt* включи́ть *св,* -ча́ть *нсв* в калькуля́цию, учи́тывать, уче́сть *св*

ein|kassieren *vt (Geld)* взять де́ньги

Einkauf <-(e)s, Einkäufe> *m* 1. *(das Einkaufen)* заку́пка *ж,* поку́пка *ж;* **~ im Einzelhandel** ро́зничная заку́пка; **~ im Großhandel** о́птовая заку́пка; **Einkäufe machen** де́лать заку́пки 2. *(die eingekauften Waren)* поку́пка *ж;* **Lieferung von Einkäufen frei Haus** поста́вка поку́пок на́ дом; **für den ~ bezahlen** плати́ть за поку́пку

ein|kaufen *vt* закупа́ть, -пи́ть *св,* покупа́ть, купи́ть *св;* **~ gehen** идти́ за поку́пками; **preisgünstig ~** вы́годно закупа́ть; **sich in ein Unternehmen einkaufen** покупа́ть до́лю предприя́тия

Einkäufer(in) <-s, -> *m(f)* заку́пщик *м*

Einkaufsbruttopreis <-es, -e> *m* ва́ловая заку́почная цена́ *ж*

Einkaufsbummel <-s> *m* прогу́лка *ж* по магази́нам; **einen ~ machen** пройти́сь по магази́нам

Einkaufsgenossenschaft <-, -en> *f* заку́почный кооперати́в *м*

Einkaufsgremium <-s, -gremien> *nt*

einladen

• **einladen**	• **Приглашение**
Besuch mich doch, ich würde mich sehr freuen.	**Приходи (ко мне),** я буду рад.
Nächsten Samstag lasse ich eine Party steigen. **Kommst du auch?** *(fam)*	В следующую субботу у меня будет вечеринка. **Ты придёшь?**
Darf ich Sie zu einem Arbeitsessen **einladen**?	**Могу я вас пригласить на** деловой обед ?
Ich würde Sie gern zum Abendessen **einladen.**	**Я хотел бы пригласить вас** на обед.

коми́ссия *ж* по заку́пкам

Einkaufsmeile <-, -n> *f umg торго́вая у́лица в це́нтре го́рода, как пра́вило, закры́тая для движе́ния тра́нспорта*

Einkaufspassage <-, -n> *f кры́тая галере́я с магази́нами*

Einkaufspreis <-(e)s> *m* заку́почная цена́ *ж;* **Waren zum ~ beziehen** приобрета́ть това́ры по заку́почным це́нам

Einkaufstasche <-, -n> *f* су́мка *ж* для поку́пок, хозя́йственная су́мка *ж*

Einkaufsvorteil <-s, -e> *m* вы́года *ж* (при поку́пке)

Einkaufswagen <-s, -wägen> *m* теле́жка *ж* для поку́пок

Einkaufszentrum <-s, -zentren> *nt* торго́вый центр *м*

Einkaufszettel *m* спи́сок *м* поку́пок

ein|kehren *vi* заезжа́ть, -е́хать *св;* **in ein Gasthaus ~** зае́хать в гости́ницу

ein|klagen ['aɪnkla:gən] *vt* предъявля́ть, -ви́ть *св*

ein|klammern *vt* заключа́ть, -чи́ть *св* в ско́бки

Einklang <-(e)s> *m* согла́сие *ср;* **mit etw im ~ stehen** находи́ться в соотве́тствии с чем-л.

ein|kleiden I. *vt* одева́ть, оде́ть *св* II. *vr* одева́ться, оде́ться *св*

ein|klemmen *vt* прищемля́ть, -ми́ть *св,* защемля́ть, -ми́ть *св;* **sich den Finger in der Tür ~** прищеми́ть па́льцы две́рью

ein|kochen *vt (Obst)* консерви́ровать, за- *св*

Einkommen <-s, -> *nt* дохо́д *м,* за́работок *м;* **garantiertes ~** гаранти́рованный дохо́д; **jährliches ~** годово́й дохо́д; **ohne ständiges ~** без постоя́нного дохо́да; **reguläres ~** регуля́рный дохо́д; **steuerfreies ~** дохо́д, не облага́емый нало́гом; **zu versteuerndes ~** дохо́д, облага́емый нало́гом; **ein hohes/niedriges ~ haben** име́ть высо́кий/ни́зкий дохо́д

Einkommensbezieher <-s, -> *m* JUR получа́тель *м* дохо́дов

Einkommensermittlung <-, -en> *f* определе́ние *ср* дохо́дов

Einkommensgefälle <-s, -> *nt* ра́зница *ж* в дохо́дах

Einkommensgrenze <-, -n> *f* преде́л *м* дохо́да

Einkommensgruppe <-, -n> *f* гру́ппа *ж* дохо́дов

Einkommensnachweis <-es, -e> *m* спра́вка *ж* о дохо́дах

Einkommensniveau <-s, -s> *nt* у́ровень *м* дохо́дов

Einkommenspolitik <-> *f* поли́тика *ж* в о́бласти дохо́дов

Einkommensschere <-, -n> *f* разры́в *м* в у́ровне дохо́дов

Einkommenssteuer <-> *f* подохо́дный нало́г *м*

Einkommenssteuererklärung <-, -en> *f* нало́говая деклара́ция *ж* о разме́рах дохо́дов

Einkommenssteuer-Freibetrag <-(e)s, -beträge> *m* часть *ж* дохо́да, не облага́емая подохо́дным нало́гом

Einkommenssteuergesetz <-, -e> *m* зако́н *м* о подохо́дном нало́ге

Einkommensumverteilung <-, -en> *f* перераспределе́ние *ср* дохо́дов

Einkommensverhältnisse *pl* иму́щественное положе́ние *ср*

Einkommensverteilung <-> *f* распределе́ние *ср* дохо́дов

ein|kreisen *vt* окружа́ть, -жи́ть *св*

ein|kriegen *vr umg* **sich ~** догна́ть *св,* -гоня́ть *нсв;* **krieg dich ein!** возьми́ себя́ в ру́ки!; **sie kriegte sich vor Lachen gar nicht mehr ein** она́ не могла́ прийти́ в себя́ от сме́ха

Einkünfte ['aɪnkʏnftə] <-> *pl* дохо́ды *мн;* **sonstige ~** про́чие дохо́ды; **~ aus Grundbesitz** дохо́ды от земе́льного владе́ния; **~ aus Kapitalvermögen** дохо́ды от вло́женного капита́ла; **~ aus unselbstständiger Arbeit** дохо́ды от наёмного труда́

Einkunftsarten *pl* ви́ды *мн* дохо́дов

ein|laden[1] <irr> *vt (Gegenstände)* грузи́ть, по- *св*

ein|laden[2] <irr> *vt (Personen)* приглаша́ть, -гласи́ть *св;* **darf ich Sie auf ein Bier ~?** позво́льте пригласи́ть вас на кру́жку пи́ва?; **jdn zum Essen ~** пригласи́ть кого́-л. на обе́д (или у́жин)

einladend *adj* зама́нчивый

Einladung <-, -en> *f* приглаше́ние *ср;* **einer ~ folgen** приня́ть приглаше́ние

Einlage <-, -n> *f* **1.** *(für Schuh)* сте́лька *ж* **2.** *(in Suppe)* запра́вка *ж* **3.** *(Spareinlage)* вклад *м;* **befristete ~** сро́чный вклад; **kurzfristige ~** краткосро́чный вклад; **langfristige ~** долгосро́чный вклад; **verzinsliche ~** проце́нтный вклад; **~ bei einer Bank** ба́нковский вклад; **~ bei einer Sparkasse** сберега́тельный вклад; **stille ~** негла́сный вклад

Einlagengeschäft <-(e)s, -e> *nt* опера́ции *жмн* по вкла́дам, депози́тные опера́ции *жмн*

Einlagensicherung <-, -en> *f* обеспе́чение *ср* вкла́дов

ein|lagern *vt* скла́дывать, сложи́ть *св (на хране́ние, в подва́л)*

ein|langen ['aɪnlaŋən] *vi österr (eintreffen)* прибыва́ть, прибы́ть *св*

Einlass[RR] ['aɪnlas] <-es, -lässe> *m*, **Einlaß**[Alt] <-lasses> *m ohne pl* вход *м*, до́ступ *м;* **sich** *dat* **~ in etw verschaffen** обеспе́чить себе́ до́ступ к чему́-л.

ein|lassen <irr> **I.** *vt* **1.** *(Personen)* впуска́ть, -сти́ть *св* **2.** *(Bad)* набра́ть *св*, -бира́ть *нсв;* **sich** *dat* **ein Bad ~** напо́лнить себе́ ва́нну **II.** *vr* **sich ~ 1.** *(Umgang pflegen)* обща́ться с кем-л. **2.** *(mitmachen)* уча́ствовать в чём-л.

Einlauf <-(e)s, Einläufe> *m* **1.** SPORT фи́ниш *м* **2.** MED кли́зма *ж* **3.** TECH впуск *м*

ein|laufen <irr> *vi* **1.** SPORT выбега́ть, вы́бежать *св* **2.** *(Wäsche)* сесть *св*, сади́ться *нсв*

ein|leben *vr* свыка́ться, свы́кнуться *св*, прижива́ться, -жи́ться *св;* **haben Sie sich schon in Hamburg eingelebt?** вы уже́ осво́ились в Га́мбурге?

ein|legen *vt* **1.** *(hineinlegen)* вкла́дывать, вложи́ть *св* **2.** *(Rückwärtsgang)* включа́ть, -чи́ть *св* **3.** *(Pause)* де́лать, сде́лать *св* **4.** JUR *(Berufung)* подава́ть, -да́ть *св* **5.** *(Einlage bei einer Bank)* вкла́дывать, вложи́ть *св;* **für jdn ein gutes Wort ~** замо́лвить за кого́-л. слове́чко; **Geld in ein Unternehmen** вкла́дывать сре́дства в предприя́тие; **Berufung ~** подава́ть апелля́цию; **Beschwerde ~** подава́ть жа́лобу; **Protest ~** заявля́ть проте́ст

Einleger <-s, -> *m (von Geld bei einer Bank)* вкла́дчик *м*

Einlegerschutz <-es> *m (im Bankwesen)* защи́та *ж* вкла́дчика

Einlegesohle <-, -n> *f* сте́лька *ж*

ein|leiten *vt* **1.** *(in die Wege leiten)* начина́ть, -ча́ть *св*, подгота́вливать, -то́вить *св* **2.** *(Prozess)* возбужда́ть, -буди́ть *св*

Einleitung <-, -en> *f (einleitender Abschnitt)* введе́ние *ср*

ein|lenken *vi* свора́чивать, сверну́ть *св*

ein|leuchten *vi* станови́ться, стать *св;* **das leuchtet mir ein** *umg* э́то меня́ убежда́ет; **das will mir nicht ~** я не понима́ю э́того

einleuchtend *adj (offensichtlich)* я́сный; *(überzeugend)* убеди́тельный

ein|liefern *vt* помеща́ть, -мести́ть *св;* **er wurde in eine Klinik eingeliefert** его́ помести́ли в больни́цу

Einliegerwohnung <-, -en> *f* пристро́йка *ж* для квартира́нта

ein|loggen ['aɪnlɔgən] *vr* DV входи́ть, войти́ *св* в систе́му (обрабо́тки да́нных)

ein|lösen *vt* **1.** *(Scheck)* обнали́чивать, -чить *св* **2.** *(Pfand)* выкупа́ть, вы́купить *св;* **einen Wechsel ~** выкупа́ть ве́ксель; **einen Gutschein ~** обме́нивать бо́ну **3.** *(Versprechen)* сдержа́ть *св*, сде́рживать *нсв*

Einlösungsgarantie <-, -en> *f* гара́нтия *ж* вы́купа

ein|machen *vt (Obst)* консерви́ровать, за- *св*

Einmachglas <es, -gläser> *nt* стекля́нная ба́нка *ж* (для консерви́рования)

einmal ['aɪnma:l] *adv* **1.** *(nicht mehrmals)* оди́н раз; **noch ~** ещё раз; **~ eins ist eins** одна́жды оди́н – оди́н; **auf ~** вдруг; **~ ist keinmal** оди́н раз – не ва́жно; **ich möchte erst ~ hier bleiben** я хочу́ на пе́рвое вре́мя оста́ться здесь **2.** *(in der Zukunft)* когда́-нибу́дь, одна́жды; **du wirst es ~ selbst sehen** когда́-нибу́дь ты сам э́то уви́дишь **3.** *(irgendwann)* когда́-то; **komme doch einfach ~ vorbei!** зайди́ про́сто как-нибу́дь!; **es war ~ …** мно́го лет наза́д …; **wieder ~** опя́ть

Einmalaufwendungen *pl* ра́зовые расхо́ды *ммн*

Einmaleins [aɪnma:l'aɪns] <-> *nt* табли́ца *ж* умноже́ния

einmalig *adj* **1.** *(nur einmal notwendig)* единовре́менный, ра́зовый; **dies ist eine ~e Investition** э́то ра́зовая инвести́ция **2.** *(sehr gut)* исключи́тельный, неповтори́мый

Einmaligkeit <-> *f* однокра́тность *ж*

Einmannbetrieb <-(e)s, -e> *m предприя́тие (мастерска́я и́ли ла́вка), где рабо́тает то́лько оди́н челове́к*

Einmarkstück <-(e)s, -e> *nt hist* моне́та *ж* в одну́ ма́рку

Einmarsch <-es> *m* вступле́ние *ср* (войск)

ein|marschieren *vi* вступа́ть, -пи́ть *св*, выходи́ть, вы́йти *св*

ein|massieren *vt* втира́ть, втере́ть *св*

ein|mischen *vr* вме́шиваться, -ша́ться *св*

Einmischung <-, -en> *f* вмеша́тельство *ср*

ein|mummen *vr* тепло́ заку́таться *св*

ein|münden *vi* **1.** *(Fluss)* впада́ть в *нсв* **2.** *(Straße)* выходи́ть *нсв*

Einmündung ['aɪnmʏndʊŋ] <-en> *f a.* GEO у́стье *ср*

einmütig ['aɪnmy:tɪç] *adj* единоду́шный
Einnahme ['aɪnna:mə] <-, -n> *f* **1.** *(Einkünfte)* прихо́д *м*, поступле́ние *ср*, дохо́д *м*; **öffentliche ~n** госуда́рственные дохо́ды; **zusätzliche ~** дополни́тельный дохо́д; **~n eines Betriebes** дохо́ды предприя́тия; **~n und Ausgaben** дохо́ды и расхо́ды; **Gegenüberstellung von ~n und Ausgaben** сопоставле́ние дохо́дов и расхо́дов; **Buch führen über ~n und Ausgaben** вести́ учёт дохо́дов и расхо́дов **2.** *(von Medikament)* приём *м*
Einnahmen-Ausgabenrechnung <-, -en> *f* учёт *м* дохо́дов и расхо́дов
Einnahmequelle <-, -n> *f* исто́чник *м* дохо́да
Einnahmeüberschuss <-es, -überschüsse> *m* превыше́ние *ср* дохо́дов над расхо́дами
ein|nehmen <irr> *vt* **1.** *(Geld)* получа́ть, -чи́ть *св* **2.** *(Medikament)* принима́ть, -ня́ть *св* **3.** *(Festung)* занима́ть, -ня́ть *св*, брать, взять *св* **4.** *(Platz)* занима́ть, -ня́ть *св*; **mit seinem Charme hat er alle für sich eingenommen** благодаря́ своему́ ша́рму, он расположи́л всех к себе́; **von sich eingenommen sein** быть самодово́льным; **seinen Platz ~** заня́ть своё ме́сто
ein|nicken *vi* задрема́ть *св*
ein|nisten *vr* **1.** *pej* посели́ться *св*, -ля́ться *нсв* без приглаше́ния **2.** *(Vögel)* гнезди́ться *нсв*
Einöde ['aɪnʔœ:də] <-, -n> *f* глушь *ж*, пусты́ня *ж*
ein|ordnen I. *vt* располага́ть, -ложи́ть *св* **II.** *vr* **1.** *(in eine Gruppe)* войти́ *св*, входи́ть *нсв* **2.** *(im Straßenverkehr)* перестро́иться *св*, -стра́иваться *нсв*
ein|packen *vt* укла́дывать, уложи́ть *св*, упако́вывать, -кова́ть *св*; **pack ein!** *umg* прова́ливай!
ein|parken ['aɪnparkən] *vi* паркова́ть, при- *св*
ein|pauken *vt umg*ната́скивать, -ска́ть *св*
ein|pendeln ['aɪnpɛndəln] *vr* стабилизи́роваться *(н)св*
ein|pferchen ['aɪnpfɛrçən] *vt* загоня́ть, -гна́ть *св*
ein|pflanzen ['aɪnplant͡sən] *vt* **1.** *(Pflanze)* сажа́ть, посади́ть *св* **2.** MED переса́живать, -сади́ть *св*, импланти́ровать *(н)св*
einphasig *adj* однофа́зный
ein|planen *vt* плани́ровать, за- *св*
ein|prägen I. *vt* вы́давить *св*, выда́вливать *нсв*, вы́бить *св*, выбива́ть *нсв*; **sich** *dat* **etw ~** запо́мнить что-л. хорошо́ **II.** *vr* **sich ~** запечатле́ться *св*, -тлева́ться *нсв*, запо́мниться *св*, -мина́ться *нсв*
einprägsam ['aɪnprɛ:kza:m] *adj* запомина́ющийся
ein|quartieren *vt* расквартиро́вывать, -рова́ть *св*
Einrad *nt* <-(e)s, -räder> одноколёсный велосипе́д *м*
ein|rahmen *vt* вставля́ть, вста́вить *св* в ра́мку, обрамля́ть, обра́мить *св*
ein|rasten *vi* заска́кивать, -скочи́ть *св*, запада́ть, -па́сть *св*
ein|räumen *vt* **1.** *(in einen Schrank)* убира́ть, убра́ть *св* **2.** *(zugestehen)* допуска́ть, -сти́ть *св*; **er räumt ein, dass das stimmt, aber ...** он допуска́ет, что э́то пра́вда, но ...
ein|rechnen *vt* засчи́тывать, -та́ть *св*; **ihn (mit) eingerechnet** счита́я и его́
ein|reden I. *vt* внуша́ть, -ши́ть *св*; **sich** *dat* **etw ~** убежда́ть себя́ в чём-л. **II.** *vr* убежда́ть, убеди́ть *св* **III.** *vi* **auf jdn ~** убежда́ть кого́-л.
ein|regnen *vr* заряди́ть *св*; **es hat sich eingeregnet** дождь заряди́л надо́лго
Einreibemittel <-s, -> *nt* сре́дство *ср* для втира́ния
ein|reiben <irr> *vt* втира́ть, втере́ть *св*; **jdn mit etw** *dat* **~** растира́ть кого́-л. чем-л.
Einreibung <-, -en> *f* втира́ние *ср*
ein|reichen *vt* подава́ть, -да́ть *св*; **einen Antrag bei einer Behörde ~** пода́ть заявле́ние в учрежде́ние; **eine Beschwerde ~** пода́ть жа́лобу; **einen Patentantrag ~** пода́ть зая́вку на пате́нт; **seine Versetzung ~** пода́ть заявле́ние о перево́де (на другу́ю рабо́ту)
ein|reihen *vr* станови́ться, стать *св* *(в ряд, в о́чередь)*
einreihig *adj* однобо́ртный
Einreise <-> *f* въе́зд *м*
Einreisebestimmungen <-> *pl* положе́ния *срмн*, регули́рующие въезд в страну́
Einreisegenehmigung <-, -en> *f* разреше́ние *ср* на въезд; **jdm die ~ erteilen/verweigern** разреши́ть/запрети́ть кому́-л. въезд
ein|reisen *vi* въезжа́ть, въе́хать; **in ein Land ~** въезжа́ть в страну́
Einreiseverbot <-(e)s, -e> *nt* запреще́ние *ср* на въезд
Einreisevisum *nt* ви́за *ж*
ein|reißen <irr> *vi* **1.** *(Stoff, Papier)* надрыва́ть, -дорва́ть *св* **2.** *(Unsitten)* распространя́ться, -ни́ться *св*
ein|renken ['aɪnrɛŋkən] *vt* **1.** MED вправля́ть, впра́вить *св* **2.** *fig* ула́живать, ула́дить *св*; **das wird sich schon wieder ~** всё ула́дится
ein|richten I. *vt* *(Wohnung)* обставля́ть, -ста́вить *св* **II.** *vr* *(sich einstellen)* настра́иваться, -ро́иться *св* на
Einrichtung <-, -en> *f* **1.** *(Möbel)* обстано́вка *ж* **2.** *(Anlage)* устро́йство *ср* **3.** *(staat-*

liche) учреждéние *ср*
ein|rosten *vi auch fig* ржавéть, за- *св*
ein|rücken *vt* **1.** MIL вступáть, -пи́ть *св* **2.** *(Inserat)* помещáть, -мести́ть *св* **3.** *(Zeile)* отступáть, -пи́ть *св*
eins [aɪns] *num* оди́н; *(beim Zählen)* раз; **~ zum anderen** однó к одномý
Eins <-en> *f (Schulnote)* пятёрка *ж*
einsam ['aɪnza:m] *adj* одинóкий; **sich ~ fühlen** чýвствовать себя́ одинóко
Einsamkeit <-> *f* одинóчество *ср*, уединённость *ж*
ein|sammeln *vt* собирáть, -брáть *св*
Einsatz <-es, Einsätze> *m* **1.** *(beim Glücksspiel)* стáвка *ж* **2.** *(das Einsetzen)* применéние *ср*, испóльзование *ср*; **~ moderner Technik** испóльзование совремéнной тéхники; **unter ~ der EDV** с испóльзованием электрóнной обрабóтки дáнных; **unter ~ aller Kräfte** напрягáя все си́лы **3.** *(persönlicher ~)* учáстие *ср*; **zum ~ kommen** вступáть в дéйствие; **im ~** в дéйствии; **unter ~ seines Lebens** рискýя жи́знью
einsatzbereit *adj* в пóлной готóвности
Einsatzbereitschaft <-> *f* эксплуатациóнная готóвность *ж*
Einsatzfreude <-> *f* рáдостная готóвность *ж* к выполнéнию задáния
Einsatzwagen *m (der Polizei)* патрýльная маши́на *ж*
ein|saugen <irr> *vt (Luft)* вдыхáть; *(Flüssigkeit)* впи́тывать
ein|scannen ['aɪnskɛnən] *vt* DV скани́ровать, со- *св*
ein|schalten I. *vt (Gerät, Licht)* включáть, -чи́ть *св* **II.** *vr (sich einmischen)* подключáться, -чи́ться *св*, вмéшиваться, -шáться *св*
Einschaltquote <-, -n> *f* процéнт *м* включéний
ein|schärfen *vt* наточи́ть
ein|schätzen *vt* оцéнивать, -ни́ть *св*; **etw richtig/falsch ~** вéрно/невéрно оцéнивать что-л.; **die Ergebnisse ~** оцéнивать результáты; **die Lage richtig ~** прáвильно оцени́ть положéние; **etw/jdn hoch ~** высокó цени́ть что-л./когó-л.
Einschätzung ['aɪnʃɛtsʊŋ] <-, -en> *f* оцéнка *ж*; **nach ~ von Experten** по оцéнкам экспéртов; **nach meiner ~** я дýмаю, что
ein|schenken *vt (Getränk)* наливáть, -ли́ть *св*
ein|schicken *vt* посылáть, -слáть *св*
ein|schieben <irr> *vt* **1.** *(hineinschieben)* вдвигáть, вдви́нуть *св* **2.** *(einfügen)* вставля́ть, встáвить *св*
ein|schiffen I. *vt (Güter)* грузи́ть, по- *св* **II.** *vr* сади́ться, сесть *св* на сýдно
einschl. *abk von* **einschließlich** включи́тельно
ein|schlafen <irr> *vi* засыпáть, -снýть *св*; *fig (Bemühungen)* постепéнно прекращáться, -крати́ться *св*
ein|schläfern ['aɪnʃlɛ:fɐn] *vt (Tier)* усыпля́ть, -пи́ть *св*
einschläfernd *adj* **1.** *(Substanz)* усыпля́ющий **2.** MED снотвóрный
Einschlafstörungen <-> *pl* нарушéния *срмн* сна
Einschlag <-(e)s, Einschläge> *m* **1.** *(von Blitz)* попадáние *ср* **2.** *(Nuance)* оттéнок *м*, налёт *м*
ein|schlagen <irr> **I.** *vt* **1.** *(Nagel)* забивáть, -би́ть *св* **2.** *(einwickeln)* завёртывать, -вернýть *св* **II.** *vi* **1.** *(Blitz, Bombe)* ударя́ть, удáрить *св*; *(Geschoss)* попадáть, -пáсть *св*; **auf jdn ~** ударя́ть когó-л. **2.** *umg (Erfolg haben)* имéть *нсв* успéх; **das hat wie eine Bombe eingeschlagen** э́то имéло огрóмный успéх
einschlägig ['aɪnʃlɛ:gɪç] *adj* соответствующий; **dies steht in der ~en Fachliteratur** об э́том напи́сано в соответствующей специáльной литератýре
ein|schleichen <irr> *vr* прокрáдываться, -крáсться *св*; *fig* вкрáдываться, вкрáсться *св*; **da hat sich wohl ein Fehler eingeschlichen** тут, по-ви́димому, вкралась оши́бка
ein|schließen <irr> *vt* **1.** *(verschließen)* запирáть, -перéть *св* **2.** *(umgeben)* окружáть, -жи́ть *св* **3.** *(miteinbeziehen)* включáть, -чи́ть *св*
einschließlich ['- - -] *prp* **1.** *(das Letztgenannte eingeschlossen)* включи́тельно **2.** *(inklusive)* включáя; **~ sechs Kilogramm Verpackung** шесть килогрáммов включáя тáру; **~ Porto** включáя почтóвые расхóды
ein|schmeicheln *vr* подольсти́ться *св*, -дольщáться *нсв*; **sich bei jdm ~** подольсти́ться к комý-л.
ein|schmieren I. *vt fam (mit Fett)* смáзывать, смáзать *св* **II.** *vr* **sich (mit Creme) ~** *fam* намáзаться (крéмом)
ein|schnappen *vi* **1.** *(Schloss)* защёлкнуться *св*, -киваться *нсв* **2.** *umg (beleidigt sein)* обижáться, оби́деться *св*
einschneidend *adj (Veränderung, Maßnahme)* реши́тельный, радикáльный
Einschnitt <-(e)s, -e> *m* **1.** *(Stelle, an der etw eingeschnitten ist)* надрéз *м*, разрéз *м* **2.** *(Umbruch)* перелóм *м*; **das kann zu einem wichtigen ~ in seinem Leben werden** э́то мóжет стать перелóмным момéнтом в егó жи́зни
ein|schränken ['aɪnʃrɛŋkən] **I.** *vt* **1.** *(einengen)* ограни́чивать, -ни́чить *св* **2.** *(reduzieren)* сокращáть, -крати́ть *св* **II.** *vr (sparsam sein)* ограни́чиваться, -читься *св*
Einschränkung <-, -en> *f* **1.** *(Begrenzung)* ограничéние *ср*; **~ der persönlichen Frei-**

heit ограниче́ние свобо́ды ли́чности; **ohne** ~ без ограниче́ния; ~ **der Ausgaben** сокраще́ние расхо́дов; ~ **des Konsums** сокраще́ние потребле́ния; ~ **des Marktes** сокраще́ние ры́нка; ~ **des Sortiments** суже́ние ассортиме́нта; ~ **von Kapazitäten** сокраще́ние мо́щностей; ~ **von Krediten** сокраще́ние креди́тов **2.** *(Vorbehalt)* огово́рка *ж;* **ohne ~en** без огово́рок; **~en machen** де́лать огово́рку; **mit ~** с изве́стной до́зой сомне́ния

Einschreibebrief <-(e)s, -e> *m* заказно́е письмо́ *ср*

ein|schreiben <irr> **I.** *vt (eintragen)* запи́сывать, -са́ть *св,* впи́сывать, -са́ть *св* **II.** *vr (an Hochschule)* записа́ться *св,* -пи́сываться *нсв*

Einschreiben <-s, -> *nt* заказно́е *ср;* **etw per ~ schicken** посла́ть что-л. заказны́м; **einen Brief als ~ schicken** посла́ть письмо́ заказны́м

Einschreibesendung <-, -en> *f* заказно́е отправле́ние *ср*

Einschreibung <-en> *f* запи́сывание *ср;* *(sch, univ)* зачисле́ние *ср*

ein|schreiten <irr> *vi* принима́ть, -ня́ть *св* ме́ры; **gegen etw ~** принима́ть про́тив чего́-л. ме́ры

Einschub <-(e)s, Einschübe> *m* вста́вка *ж*

ein|schüchtern *vt* запу́гивать, -пуга́ть *св;* **sich nicht ~ lassen** не дать себя́ запуга́ть

Einschüchterungsversuch *m* попы́тка *ж* запуга́ть кого́-л.

ein|schweißen *vt (in Folie)* запеча́тать; TECH запая́ть

ein|sehen <irr> *vt* **1.** *(hineinsehen)* загля́дывать, -гляну́ть *св* **2.** *(Einblick nehmen)* просма́тривать, -смотре́ть *св* **3.** *(verstehen)* признава́ть, -зна́ть *св;* **ich sehe nicht ein, warum ich das tun soll** я не понима́ю, почему́ я до́лжен сде́лать э́то

Einsehen <-s> *nt* ~ **haben** входи́ть в чьё-л. положе́ние

ein|seifen *vt* намы́ливать, -лить *св*

einseitig ['aɪnzaɪtɪç] *adj* **1.** *(nur eine Seite betreffend, nur von einer Seite ausgehend)* односторо́нний; ~ **gelähmt** односторо́нний парали́ч; **~e Bemühungen** односторо́нние уси́лия **2.** *(nicht vielseitig)* ограни́ченный, односторо́нний; **seine Interessen sind sehr ~** у него́ о́чень односторо́нние интере́сы **3.** *(parteisch)* пристра́стный; **eine einseitige Sicht der Dinge** односторо́нний взгляд на ве́щи

Einseitigkeit <-> *f* односторо́нность *ж,* ограни́ченность *ж*

ein|senden *vt* присыла́ть, -сла́ть *св*

Einsender(in) <-s, -> *m(f)* отправи́тель *м,* отправи́тельница *ж*

Einsendeschluss[RR] *m* коне́чная да́та *ж* отправле́ния; ~ **ist der 30. Oktober** коне́чная да́та отправле́ния 30 октября́

Einsendung <-, -en> *f* присы́лка *ж*

einsetzbar *adj* примени́мый

ein|setzen **I.** *vt* **1.** *(einfügen)* вставля́ть, вста́вить *св* **2.** *(verwenden)* применя́ть, -ни́ть *св;* **Führungskräfte effizient ~** эффекти́вно испо́льзовать руководя́щие ка́дры; **neue Technik ~** применя́ть но́вую те́хнику **3.** *(beim Glücksspiel)* ста́вить, по- *св* **4.** *(ernennen)* назнача́ть, -чи́ть *св;* **wieder ~** вновь испо́льзовать; **einen Ausschuss ~** назна́чить коми́ссию; **jdn in ein Amt ~** назна́чить кого́-л. на до́лжность **5.** *(aufbieten)* мобилизова́ть; **alle Mittel ~** мобилизова́ть все сре́дства **II.** *vr* **sich ~** *(sich anstrengen)* прилага́ть, -ложи́ть *св* уси́лия; **sich bei jdm für etw ~** вступи́ться пе́ред ке́м-л. за кого́-л./что-л.; **sich für jdn ~** заступа́ться за кого́-л.

Einsicht <-, -en> *f* **1.** *(das Hineinsehen)* просмо́тр *м,* ознакомле́ние *ср* **2.** *(das Verstehen)* понима́ние *ср;* **zu der ~ kommen** приходи́ть к понима́нию чего́-л.; **ich bin zu der ~ gekommen, dass ...** я пришёл к вы́воду, что ...

einsichtig *adj* рассуди́тельный, благоразу́мный

Einsichtnahme ['aɪnzɪçtna:mə] <-n> *f (formal)* просмо́тр *м*

Einsiedler(in) <-s, -> *m(f)* отше́льник *м,* отше́льница *ж*

einsilbig ['aɪnzɪlbɪç] *adj* **1.** *(Wort)* односло́жный **2.** *(Mensch)* неразгово́рчивый, молчали́вый

ein|sinken <irr> *vi* вя́знуть, у- *св*

Einsitzer <-s, -> *m (Fahrzeug)* одноме́стный автомоби́ль *м*

einsitzig *adj* одноме́стный; **ein ~er Rennwagen** одноме́стный го́ночный автомоби́ль

ein|sortieren *vt* сортирова́ть

ein|spannen *vt* **1.** *(Pferde)* впряга́ть, впря́чь *св* **2.** *(in eine Halterung)* зажима́ть, -жа́ть *св* **3.** *umg (heranziehen)* впряга́ть, впря́чь *св;* **jdn für eine Arbeit ~** впря́чь кого́-л. в рабо́ту

Einspänner <-s, -> *m* одноко́нный экипа́ж *м; osterr (Mokka mit Schlagsahne)* чёрный ко́фе *м* со взби́тыми сли́вками

ein|sparen *vt (Kosten)* эконо́мить, сэконо́мить *св;* **Arbeitskräfte ~** эконо́мить рабо́чую си́лу; **Energie ~** эконо́мить электроэне́ргию; **Material ~** эконо́мить материа́лы; **unnötige Kosten ~** эконо́мить на ли́шних расхо́дах

Einsparung <-, -en> *f* **1.** *(Ersparnis)* эконо́мия *ж;* ~ **an Arbeitszeit** эконо́мия рабо́чего вре́мени; ~ **von Geldmitteln** эконо́мия де́нежных средств; ~ **von Kosten**

экономия на издержках; **~en bei Löhnen und Gehältern** экономия заработной платы; **~en bei den Ausgaben** экономия расходов **2.** *(Reduzierung)* сокращение *ср;* **~ von Planstellen** сокращение штатов; **~en beim Budget** сокращение бюджета

ein|sperren *vt* запирать, -переть *св*

ein|spielen **I.** *vt* **1.** *(Schallplatte)* записать *св,* -писывать *нсв* **2.** *(Unkosten)* окупить *св,* -пать *нсв* **II.** *vr* **1.** *(sich harmonisieren)* налаживаться, -ладиться *св* **2.** SPORT сыграться *св,* сыгрываться *нсв;* **die Mannschaft muss sich erst noch ~** команда должна сначала ещё сыграться

ein|sprachig ['aɪnʃpra:xɪç] *adj* одноязычный; **ein ~es Wörterbuch** одноязычный словарь *м*

ein|springen <irr> *vi* (быстро) заменить *св,* -нять *нсв;* **für jdn ~** заменить кого-л.

ein|spritzen *vt* MED впрыскивать, -снуть *св*

Einspritzmotor <-s, -en> *m* двигатель *м* с впрыском топлива

Einspritzpumpe <-, -n> *f* топливный насос *м* высокого давления

Einspruch <-(e)s> *m* **1.** *(Einwand)* возражение *ср,* протест *м* **2.** JUR протест *м;* **gegen etw ~ erheben** заявить протест против чего-л.; **den ~ zurückweisen** отклонить протест; **~ einlegen** возражать

Einspruchsfrist <-, -en> *f* JUR срок *м* внесения протеста

Einspruchsrecht <-(e)s> *nt* право *ср* протеста

ein|sprühen *vt* хорошо опрыскать

einspurig ['aɪnʃpu:rɪç] *adj* *(Straße)* одноколейный, однополосный

einst ['aɪnst] *adv geh* **1.** *(in der Vergangenheit)* когда-то; **der Park gehörte ~ zu einem Schloss** когда-то парк относился к замку **2.** *(in der Zukunft)* когда-нибудь; **sie werden uns ~ dafür dankbar sein** они когда-нибудь скажут нам за это спасибо

Einstand <-(e)s> *m* **seinen ~ geben** угощать коллег по поводу устройства на работу

Einstandspreis <-es, -e> *m* закупочная цена *ж*

Einstandswert <-(e)s, -e> *m* покупная стоимость *ж*

ein|stecken *vt* **1.** *(hineinstecken)* втыкать, воткнуть *св* **2.** *(in die Tasche stecken)* вкладывать, вложить *св* **3.** *(hinnehmen)* снести *св,* сносить *нсв*

ein|stehen <irr> *vi* ручаться, поручиться *св;* **für etw/jdn ~** поручиться за что-л./кого-л.

ein|steigen <irr> *vi* **1.** *(in ein Fahrzeug)* садиться, сесть *св* **2.** *umg* *(mit etw beginnen)* начинать, -чать *св;* **die Firma will sehr bald in diesen Markt ~** фирма собирается в скором времени выйти на этот рынок

einstellbar *adj* регулируемый

ein|stellen **I.** *vt* **1.** *(an seinen Platz stellen)* ставить, по- *св,* помещать, -местить *св* **2.** *(anstellen)* принимать, -нять *св,* брать, взять *св* на работу **3.** *(regulieren)* регулировать, от- *св* **4.** *(beenden)* прекращать, -тить *св,* приостанавливать, -остановить *св;* **das Gerichtsverfahren ~** приостанавливать судебный процесс; **die Arbeit ~** приостанавливать работу; **die Bauarbeiten ~** приостанавливать строительные работы; **die Gewährung von Krediten ~** приостанавливать кредитование; **die Lieferungen ~** приостанавливать поставки; **die Produktion ~** прекращать производство; **das Feuer ~** прекратить огонь **II.** *vr* **sich ~ 1.** *(auftreten)* являться, явиться *св* **2.** *(sich vorbereiten)* настраиваться, -строиться *св;* **sich auf eine Situation ~** настроиться на ситуацию; **sich auf neue Arbeitsmethoden ~** приспосабливаться к новым методам работы

Einstellung <-, -en> *f* **1.** *(das Einstellen)* регулировка *ж,* настройка *ж* **2.** *(Haltung, Ansicht)* позиция *ж,* отношение *ср;* **nachlässige ~ zur Arbeit** халатное отношение к работе; **positive ~ gegenüber den Mitarbeitern** положительное отношение к сотрудникам **3.** *(Beendigung)* прекращение *ср;* **~ der Lieferungen** прекращение поставок; **~ des Verfahrens** JUR прекращение судебного дела; **~ der Zahlungen** приостановка платежей **4.** *(Anstellung)* приём *м;* **~ eines neuen Mitarbeiters** приём нового сотрудника

Einstellungsgespräch <-(e)s, -e> *nt* интервью *ср*

Einstieg ['aɪnʃti:k] <-(e)s, -e> *m* *(Tür)* вход *м,* входная дверь *ж*

einstig *adj* бывший, прежний

ein|stimmen **I.** *vt* *(Instrument, Personen)* настраивать, -строить *св* **II.** *vi* *(in Gesang)* подпевать, -петь *св,* подхватывать, -хватить *св* **III.** *vr* настраиваться, -строиться *св*

einstimmig *adj* *(Beschluss)* единогласный

Einstimmigkeit <-> *f* единогласие *ср*

einstöckig [aɪnʃtœkɪç] *adj* одноэтажный

Einstrahlung <-, -en> *f* облучение *ср*

ein|strömen *vi* втекать, втечь *св,* затекать, -течь *св*

ein|studieren *vt* заучивать, -чить *св*

ein|stufen *vt* **1.** *(einteilen)* распределять, -лить *св* *(по категориям, классам)* **2.** *(einordnen)* относить, -нести *св;* **ein Unternehmen als gewinnträchtig ~** относить предприятие к числу рентабельных

Einstufung <-, -en> *f* **1.** *(Klassifizierung)* классифика́ция *ж,* распределе́ние *ср* **2.** *(Lohneinstufung)* тарифика́ция *ж;* ~ **der Arbeit** тарифика́ция труда́

einstündig ['aɪnʃtʏndɪç] *adj* одночасово́й

ein|stürmen *vi* набро́ситься *св,* -бра́сываться *нсв;* **auf jdn ~** наки́нуться на кого́-л.

Einsturz <-es> *m* обва́л *м*

ein|stürzen *vi* обру́шиваться, -шиться *св*

Einsturzgefahr <-> *f* угро́за *ж* (обва́ла); **es besteht ~** существу́ет угро́за обва́ла

einstweilen ['aɪnst'vaɪlən] *adv* пока́, тем вре́менем

einstweilig ['aɪnst'vaɪlɪç] *adj* вре́менный; **~e Anordnung** вре́менное распоряже́ние

eintägig ['aɪntɛːgɪç] *adj* однодне́вный

ein|tauchen I. *vt* обма́кивать, -кну́ть *св* **II.** *vi* ныря́ть, -рну́ть *св*

ein|tauschen *vt* обме́нивать, -ня́ть *св;* **etw gegen etw ~** обменя́ть что-л. на что-л.

eintausend ['aɪn'taʊzənt] *num* одна́ ты́сяча

ein|teilen *vt* **1.** *(in Teile gliedern)* разделя́ть, -ли́ть *св* **2.** *(Geld, Zeit)* распределя́ть, -ли́ть *св*

Einteiler <-s, -> *m* „моноки́ни“ *ср (же́нский купа́льный костю́м)*

einteilig ['aɪntaɪlɪç] *adj* неразде́льный, це́льный

Einteilung <-, -en> *f* разделе́ние *ср,* распределе́ние *ср*

eintönig ['aɪntœːnɪç] *adj* моното́нный, однообра́зный

Eintönigkeit <-> *f* моното́нность *ж,* однообра́зие *ср*

Eintopf <-(e)s> *m густо́й суп, заменя́ющий пе́рвое и второ́е*

Eintracht ['aɪntraxt] <-> *f* единоду́шие *ср,* согла́сие *ср*

einträchtig ['aɪntrɛçtɪç] *adj* единоду́шный, дру́жный

Eintrag ['aɪntraːk, 'aɪntrɛːgə] <-(e)s, Einträge> *m (in einer Liste)* за́пись *ж*

ein|tragen <irr> *vt* **1.** *(hineinschreiben, -zeichnen)* запи́сывать, -писа́ть *св,* вноси́ть, внести́ *св;* **eingetragenes Warenzeichen** зарегистри́рованный това́рный знак; **einen Termin im Notizbuch ~** запи́сывать да́ту в записну́ю кни́жку; **sich in eine Liste ~** запи́сываться в спи́сок **2.** *(einbringen)* приноси́ть, -нести́ *св;* **das Geschäft trägt viel ein** де́ло прино́сит большу́ю при́быль

einträglich ['aɪntrɛːklɪç] *adj* дохо́дный, при́быльный

Eintragung <-, -en> *f* за́пись *ж,* регистра́ция *ж;* ~ **einer Firma in das Handelsregister** занесе́ние фи́рмы в торго́вый рее́стр; **eine ~ löschen** аннули́ровать за́пись; **eine ~ vornehmen** регистри́ровать, заноси́ть

ein|treffen <irr> *vi* **1.** *(ankommen)* прибыва́ть, -бы́ть *св* **2.** *(Wirklichkeit werden)* сбыва́ться, сбы́ться *св;* **was alle befürchtet hatten, traf ein** то, чего́ все боя́лись, случи́лось

ein|treiben <irr> *vt (Geld)* взы́скивать, -ска́ть *св;* **Außenstände ~** взы́скивать долги́; **Steuern ~** взы́скивать нало́ги

ein|treten <irr> **I.** *vi sein* **1.** *(hineingehen)* входи́ть, войти́ *св* **2.** *(Ereignis)* наступа́ть, наступи́ть *св* **3.** *(Mitglied werden)* вступа́ть, вступи́ть *св,* поступа́ть, поступи́ть *св* **4.** *(sich einsetzen)* заступа́ться, заступи́ться *св* **II.** *vt (zertrümmern)* разбива́ть, разби́ть *св*

Eintritt <-(e)s, -e> *m* **1.** *(das Eintreten)* вход *м;* ~ **frei!** вход свобо́дный!; ~ **für Unbefugte verboten!** посторо́нним вход воспрещён! **2.** *(Beitritt)* поступле́ние *ср;* ~ **in den europäischen Markt** присоедине́ние к общеевропе́йскому ры́нку; ~ **in einen Betrieb** поступле́ние на предприя́тие; ~ **in einen Verein** вступле́ние в объедине́ние; ~ **ins Berufsleben** поступле́ние на рабо́ту **3.** *(Beginn)* наступле́ние *ср*

Eintrittsgeld <-(e)s, -er> *nt* входна́я пла́та *ж*

Eintrittskarte <-, -n> *f* входно́й биле́т *м*

Eintrittspreis <-es, -e> *m* входна́я пла́та *ж*

ein|trocknen *vi* засыха́ть, -со́хнуть *св*

ein|trudeln ['aɪntruːdəln] *vi umg* приходи́ть, прийти́ *св,* (за)явля́ться, (за)яви́ться *св*

ein|üben *vt* разу́чивать, -чи́ть *св,* зау́чивать, -чи́ть *св*

ein|verleiben ['aɪnfɛɐlaɪbən] *vt umg* присва́ивать, присво́ить *св;* **die Kinder haben sich den ganzen Kuchen einverleibt** де́ти съе́ли весь торт

Einvernahme <-, -n> *f CH, österr (Verhör)* допро́с *м*

Einvernehmen ['aɪnfɛɐneːmən] <-s> *nt* согла́сие *ср;* **im besten ~stehen** быть в до́бром согла́сии

einverstanden ['aɪnfɛɐʃtandən] *adj* согла́сный; **mit etw** *dat* **~ sein** быть согла́сным с чем-л.; **~!** согла́сен!; **sich mit etw** *dat* **~ erklären** согласи́ться с чем-л.

Einverständnis ['aɪnfɛɐʃtɛntnɪs] <-ses> *nt* согла́сие *ср,* соглаше́ние *ср;* **jdm sein ~ zu etw geben** дать кому́-л. на что-л. своё согла́сие; **nach beiderseitigem ~** по обою́дному согла́сию

Einwand ['aɪnvant, 'aɪnvɛndə] <-(e)s, Einwände> *m* возраже́ние *ср;* **Einwände gegen etw erheben** возрази́ть про́тив чего́-л.

Einwanderer <-s, -> *m* переселе́нец *м,* иммигра́нт *м*

ein|wandern *vi* переселя́ться, -ли́ться *св,* иммигри́ровать *(н)св*

einwilligen

• einwilligen	• Согласие
Einverstanden! / Okay! / Abgemacht!	Согласен! / Отлично! / Ладно!
Kein Problem!	Нет проблем!
Geht in Ordnung!	Всё в порядке! / в норме!
Wird gemacht! / Mach ich!	Сделаю! / Будет сделано!

Einwanderung ['aɪnvandərʊŋ] <-, -en> *f* иммигра́ция *ж*

Einwanderungsland <-(e)s, -länder> *nt* *страна́ с больши́м прито́ком иммигра́нтов*

einwandfrei *adj* **1.** *(makellos)* безупре́чный, безукори́зненный; **~er Ruf** безупре́чная репута́ция; **~e Qualität verlangen** тре́бовать безупре́чного ка́чества **2.** *(störungsfrei)* безотка́зно; **die Maschine arbeitet ~** маши́на рабо́тает безотка́зно; **es steht ~ fest, dass ...** решено́, что ...

einwärts ['aɪnvɛrts] *adv* внутрь

ein|wechseln *vt* меня́ть

ein|wecken *vt* консерви́ровать, за- *св*

Einwegflasche <-, -en> *f* буты́лка *ж* ра́зового употребле́ния

Einweggeschirr <-(e)s> *nt* посу́да *ж* ра́зового употребле́ния

Einwegrasierer ['aɪnveːkraziːrɐ] <-s, -> *m* однора́зовая бри́тва *ж*

Einwegspritze <-, -n> *f* однора́зовый шприц *м*

Einwegverpackung <-, -en> *f* ра́зовая упако́вка *ж*

ein|weichen *vt* разма́чивать, -мочи́ть *св*

ein|weihen *vt* **1.** *(feierlich eröffnen)* (торже́ственно) открыва́ть, -кры́ть *св* **2.** *(jdn über Pläne/Geheimnisse informieren)* посвяща́ть, -святи́ть *св*

Einweihung <-, -en> *f* (торже́ственное) откры́тие *ср*

Einweihungsfeier *f* откры́тие *ср*

ein|weisen <irr> *vt* **1.** *(in Klinik, Heim)* направля́ть, -пра́вить *св* **2.** *(in Tätigkeit)* инструкти́ровать *(н)св*, про- *св*

Einweisung <-, -en> *f* инструкта́ж *м*

ein|wenden *vt* возража́ть, -рази́ть *св;* **nichts einzuwenden haben** не име́ть никаки́х возраже́ний; **dagegen lässt sich nichts ~** про́тив э́того ничего́ не ска́жешь

ein|werfen <irr> *vt* **1.** *(hineinwerfen)* броса́ть, бро́сить *св* **2.** *(Fensterscheibe)* выбива́ть, вы́бить *св* **3.** *(Brief)* опуска́ть, -сти́ть *св* **4.** SPORT вбра́сывать, вбро́сить *св*

einwertig *adj* одновале́нтный

ein|wickeln *vt* завёртывать, -верну́ть *св*

ein|willigen ['aɪnvɪlɪgən] *vi* соглаша́ться, -гласи́ться *св;* **in etw ~** согласи́ться на что-л.

Einwilligung <-, -en> *f* согла́сие *ср*

ein|wirken *vi* **1.** *(beeinflussen)* влия́ть, по- *св*, возде́йствовать *(н)св* **2.** *(Wirkung entfalten)* де́йствовать, по- *св;* **man muss diese Salbe 10 Minuten ~ lassen** э́той ма́зи необходи́мо дать 10 мину́т поде́йствовать

Einwirkung <-en> *f* возде́йствие *ср*

einwöchig *adj* однонеде́льный

Einwohner(in) <-s, -> *m(f)* жи́тель *м*, жи́тельница *ж*

Einwohnermeldeamt ['- - -'- - -] <-(e)s, -ämter> *nt* стол *м* подпи́ски

Einwohnerzahl *f* число́ *ср* жи́телей

Einwurf <-(e)s, Einwürfe> *m* **1.** *(am Briefkasten)* разре́з *м*, щель *ж* **2.** *(Einwand)* возраже́ние *ср* **3.** SPORT вбра́сывание *ср*

Einzahl <-> *f* еди́нственное число́ *ср*

ein|zahlen *vt* плати́ть, уплати́ть *св;* **Geld auf ein Konto ~** внести́ де́ньги на счёт

Einzahlung ['aɪntsaːlʊŋ] <-, -en> *f* платёж *м*, взнос *м;* **eine ~ leisten** де́лать взнос; **~en gehen auf ein Konto** платежи́ поступа́ют на счёт

Einzahlungsbestätigung <-, -en> *f* *(Kassenbeleg)* прихо́дный ка́ссовый о́рдер *м*

Einzahlungsfrist <-, -en> *f* срок *м* платежа́

ein|zäunen ['aɪntsɔɪnən] *vt* обноси́ть, -нести́ *св* забо́ром

Einzel ['aɪntsəl] <-s, -> *nt* SPORT игра́ *ж* в одино́чку

Einzelbett <-(e)s, -en> *nt* односпа́льная крова́ть *ж*

Einzelblatteinzug <-(e)s> *m* втя́жка *ж* по одному́ листу́

Einzelfahrschein <-(e)s, -e> *m* ра́зовый проездно́й биле́т *м*

Einzelfall <-(e)s, -fälle> *m* еди́ни́чный слу́чай *м*

Einzelfertigung <-, -en> *f* едини́чное произво́дство *ср*

Einzelgänger(in) ['aɪntsəlgɛŋɐ] <-s, -> *m(f)* одино́чка *м*

Einzelhaft <-> *f* одино́чное заключе́ние *ср*

Einzelhandel <-s> *m* ро́зничная торго́вля *ж*

Einzelhandelskaufmann <-(e)s, -leute> *m* коммерса́нт *м*, занима́ющийся ро́зничной торго́влей

Einzelhandelspreis <-es, -e> *m* ро́зничная цена́ *ж*

Einzelhandelsspanne <-, -n> *f* торго́вая наце́нка *ж*

Einzelhändler <-s, -> *m* торго́вец *м*

Einzelheit <-, -en> *f* подро́бность *ж*, дета́ль *ж*; **in allen ~en** во всех подро́бностях

Einzelkind <-(e)s, -er> *nt* еди́нственный ребёнок *м*

Einzelleitung <-, -en> *f* единоли́чное руково́дство *ср*

einzeln ['aɪntsəln] *adj* отде́льный; **~ aufführen** вы́вести поодино́чке

Einzelproduktion <-, -en> *f* едини́чное произво́дство *ср*

Einzelprokura <-> *f* ÖKON индивидуа́льная проку́ра *ж*

Einzelteil <-(e)s, -e> *nt* дета́ль *ж*; **etw in seine Einzelteile zerlegen** разложи́ть/раздроби́ть что-л. на ча́сти

Einzelunternehmen <-s, -> *nt* единоли́чное предприя́тие *ср*

Einzelvollmacht <-, -en> *f* ра́зовая дове́ренность *ж*

Einzelzeitfahren <-s, -> *nt* SPORT *(Radsport)* вре́мя *ср* зае́зда одного́ велосипеди́ста

Einzelzimmer <-s, -> *nt* но́мер *м* на одного́ челове́ка

ein|ziehen <irr> *vt* **1.** *(Faden)* продева́ть, -де́ть *св* **2.** *(Kabel)* протя́гивать, -тяну́ть *св* **3.** *(Fahne)* спуска́ть, -сти́ть *св* **4.** *(zum Militär)* призыва́ть, -зва́ть *св*; **Erkundigungen ~** наводи́ть спра́вки; **Steuern ~** взима́ть нало́ги; **einen Wechsel ~** инкасси́ровать ве́ксель; **jds Vermögen ~** конфискова́ть чьё-л. иму́щество

Einziehung <-> *f* **1.** *(Inkasso)* инка́ссо *ср* **2.** *(Eintreibung)* взима́ние *ср*, взыска́ние *ср* **3.** *(Konfiskation)* конфиска́ция *ж*

Einziehungsverfahren <-s, -> *nt* спо́соб *м* инкасса́ции

einzig ['aɪntsɪç] *adj* еди́нственный; **~ und allein** еди́нственный; **ein einziges Mal** оди́н еди́нственный

einzigartig *adj* еди́нственный в своём ро́де, осо́бенный

Einzug <-(e)s, Einzüge> *m* **1.** *(Inkasso)* инка́ссо *ср* **2.** *(Eintreibung)* взима́ние *ср* **3.** *(in eine Wohnung)* въезд *м*

Einzugsgebiet <-(e)s, -e> *nt* зо́на *ж* обслу́живания

Einzugswechsel <-s, -> *m* инка́ссовый ве́ксель *м*

Eis [aɪs] <-es> *nt* лёд *м*; *(Speise~)* моро́женое *ср*; **ein ~ am Stiel** эскимо́ *ср*; **etw auf ~ legen** заморо́зить что-л.; **das ~ ist gebrochen** *fig* лёд тро́нулся; **das ~ brechen** *fam* разведри́ть обстано́вку

Eisbahn <-, -en> *f* като́к *м*

Eisbär <-en, -en> *m* бе́лый медве́дь *м*

Eisbecher <-s, -> *m* стака́нчик *м* для моро́женого

Eisbein <-(e)s> *nt* свина́я но́жка *ж*

Eisberg <-(e)s, -e> *m* а́йсберг *м*

Eiscafé <-s, -s> *nt* кафе́ *ср* где предлага́ют моро́женое

Eiscreme ['aɪskreːm] <-> *f* моро́женое *ср*

Eisdecke <-, -n> *f* ледяно́й покро́в *м*

Eisdiele <-, -n> *f* кафе́ *ср*, где предлага́ют моро́женое

Eisen ['aɪzən] <-s, -> *nt* желе́зо *ср*; **ein heißes ~** *fig* щекотли́вое де́ло *ср*; **ein heißes ~ anfassen** *fig* затро́нуть делика́тный вопро́с; **man muss das ~ schmieden, solange es heiß ist** *prov* куй желе́зо, пока́ горячо́

Eisenbahn <-, -en> *f* желе́зная доро́га *ж*

Eisenbahnbrücke <-, -n> *f* железнодоро́жный мост *м*

Eisenbahndirektion <-> *f* дире́кция *ж* желе́зной доро́ги

Eisenbahner(in) <-s, -> *m(f)* железнодоро́жник *м*, железнодоро́жница *ж*

Eisenbahngesellschaft <-, -en> *f* железнодоро́жная компа́ния *ж*

Eisenbahnknotenpunkt <-(e)s, -e> *m* железнодоро́жный у́зел *м*

Eisenbahnnetz <-es, -e> *nt* железнодоро́жная сеть *ж*

Eisenbahnschiene <-, -n> *f* рельс *м*

Eisenbahnschranke <-, -n> *f* шлагба́ум *м*

Eisenbahntunnel <-s, -> *m* железнодоро́жный тунне́ль *м*

Eisenbahnübergang <-(e)s, -übergänge> *m* железнодоро́жный перее́зд *м*; **beschrankter ~** железнодоро́жный перее́зд со шлагба́умом; **unbeschrankter ~** железнодоро́жный перее́зд без шлагба́ума

Eisenbahnunglück <-(e)s, -e> *nt* круше́ние *ср* по́езда

Eisenbahnverbindung <-, -en> *f* железнодоро́жное сообще́ние *ср*

Eisenbahnwagen <-s, -> *m* железнодоро́жный ваго́н *м*

Eisenblech <-(e)s, -e> *nt* листово́е желе́зо *ср*

Eisendraht <-(e)s, -drähte> *m* желе́зная про́волка *ж*

Eisenerz <-es, -e> *nt* желе́зная руда́ *ж*

Eisengitter <-s, -> *nt* желе́зная решётка *ж*

eisenhaltig ['aɪzənhaltɪç] *adj* содержа́щий желе́зо

Eisenhüttenwerk <-(e)s, -e> *nt* металлурги́ческий заво́д *м*

Eisenmangel *m* недоста́ток *м* желе́за

Eisenoxyd <-s, -e> *nt* о́кись *ж* желе́за

Eisenträger <-s, -> *m* желе́зная ба́лка *ж*

Eisenwarenhandlung *f* магази́н *м* скобяны́х това́ров

eisern ['aɪzɐn] *adj auch fig* желе́зный; **eiserne Disziplin** желе́зная дисципли́на *ж*
Eisfach <-(e)s, -fächer> *nt* морози́льная ка́мера *ж*
Eisfläche *f* ледяно́й покро́в *м*
eisfrei *adj* свобо́дный от льда́
eisgekühlt *adj* охлаждённый на льду́
Eisglätte <-> *f* гололёд *м*
Eisheiligen <-> *pl* **die ~** за́морозки в ма́е
Eishockey ['aɪshɔki] <-s> *nt* хокке́й *м* на льду
eisig ['aɪzɪç] *adj auch fig* ледяно́й
Eiskaffee *m* ко́фе *м* с моро́женым

i Land & Leute

Кофе глясе пьют прежде всего летом в уличных кафе и в кафе-мороженых. Но и в ресторанах охлаждённый чёрный кофе, в котором обычно плавает шарик ванильного мороженого и который подаётся с «шапкой» взбитых сливок, обязательно присутствует в ассортименте мороженых изделий.

eiskalt ['aiskalt] **I.** *adj auch fig (sehr kalt)* холо́дный как лёд **II.** *adv* **jdm ~ die Meinung sagen** *fam* сказа́ть кому́-л. всё в глаза́
Eiskruste <-, -n> *f* ледяно́й покро́в *м*, наст *м*
Eiskunstlauf <-(e)s> *m* фигу́рное ката́ние *ср*
eis|laufen[RR] <irr> *vi* ката́ться *нсв* на конька́х
Eisläufer(in) <-s, -> *m(f)* конькобе́жец *м*
Eismeer <-(e)s> *nt* Поля́рное мо́ре *ср*
Eisschießen <-s> *nt* кёрлинг *м*
Eistanz <-es> *m* SPORT та́нцы *мн* на льду́
Eiswaffel <-, -n> *f* ва́фля *ж* к моро́женому
Eiswürfel <-s, -> *m* ку́бик *м* льда
Eiszapfen <-s, -> *m* сосу́лька *ж*
Eiszeit <-, -en> *f* леднико́вый пери́од *м*
eitel ['aɪtəl] *adj* тщесла́вный, самовлюблённый
Eitelkeit <-> *f* тщесла́вие *ср*, самовлюблённость *ж*
Eiter ['aɪtɐ] <-s> *m* гной *м*
Eiterbildung <-> *f* нагное́ние *ср*
eitern ['aɪtɐn] *vi* нагнои́ться *св*, -гна́иваться *нсв*, гнои́ться *нсв*
eitrig *adj* гно́йный
Eiweiß <-es, -e> *nt* бело́к *м*
eiweißhaltig *adj* содержа́щий бело́к
eiweißreich *adj* бога́тый белка́ми
Eizelle <-, -n> *f* яйцева́я кле́тка *ж*, яйцекле́тка *ж*
Ejakulation [ejakula'tsi̯o:n] <-en> *f* эякуля́ция *ж*

Ekel ['e:kəl] <-s> *m* **1.** *(Abscheu)* отвраще́ние *ср*; **~ erregend** отврати́тельный **2.** *umg (Person)* ме́рзкий челове́к *м*
ekelerregend[Alt] *adj* отврати́тельный, омерзи́тельный
ekelhaft *adj* отврати́тельный, ме́рзкий
ekelig *adj* ме́рзкий, га́дкий
ekeln *vr* испы́тывать, -та́ть *св* отвраще́ние; **sich vor etw ~** испы́тывать к чему́-л. отвраще́ние
EKG [e:ka:'ge:] *abk von* **Elektrokardiogramm** ЭКГ *ж*
Eklat [e'kla:] <-s, -s> *m* сканда́л *м*
eklig *adj s.* **ekelig**
Ekstase [ɛk'sta:zə] <-, -n> *f* экста́з *м*, восто́рг *м*; **in ~ geraten** прийти́ в экста́з
Ekzem [ɛk'tse:m] <-s, -e> *nt* экзе́ма *ж*
Elan [e'la:n] <-s> *m geh* подъём *м*, воодушевле́ние *ср*
elastisch [e'lastɪʃ] *adj* эласти́чный
Elastizität [elastitsi'tɛ:t] <-> *f* эласти́чность *ж*, упру́гость *ж*; **~ der Preise** ÖKON ги́бкость цен; **~ der Nachfrage** ÖKON ги́бкость спро́са
Elbe ['ɛlbə] *f (Fluss)* Э́льба *ж*
Elch [ɛlç] <-s, -e> *m* лось *м*
Elchtest <-s> *m* KFZ *тест на безопа́сность вожде́ния, при кото́ром проверя́ется спосо́бность автомоби́ля к манёвру расхо́ждения без заде́йствования тормозо́в*
Electronic Commerce *m* прода́жа *ж* това́ров и услу́г че́рез Интерне́т
Elefant [ele'fant] <-en, -en> *m* слон *м*
elegant [ele'gant] *adj* элега́нтный, изя́щный
Eleganz [ele'gants] <-> *f* элега́нтность *ж*, изя́щество *ср*
elektrifizieren [elɛktrifi'tsi:rən] *vt* электрифици́ровать
Elektriker(in) [e'lɛktrikɐ] <-s, -> *m(f)* эле́ктрик *м*
elektrisch [e'lɛktrɪʃ] *adj* электри́ческий
elektrisieren [elɛktri'si:rən] *vt (begeistern, erregen)* возбужда́ть, -буди́ть *св*
Elektrizität [elɛktritsi'tɛ:t] <-> *f* электри́чество *ср*
Elektrizitätswerk <-(e)s, -e> *nt* электроста́нция *ж*
Elektroantrieb <-(e)s> *m* TECH электроприво́д *м*
Elektroauto [e'lɛktroaʊto] <-s, -s> *nt* электромоби́ль *м*
Elektrode [elɛk'tro:də] <-, -n> *f* электро́д *м*
Elektrofahrzeug <-(e)s, -e> *nt* электромоби́ль *м*
Elektrogerät *nt* электроприбо́р *м*; *(Haushaltsgerät)* санте́хника *ж*
Elektrogeschäft <-(e)s, -e> *nt* магази́н *м* электротова́ров
Elektroherd <-(e)s, -e> *m* электри́ческая плита́ *ж*

Elektroinstallateur(in) <-s, -e> *m(f)* электромонтёр *м*
Elektrokardiogramm [elɛktrokardio'gram] <-(e)s, -e> *nt* MED электрокардиогра́мма *ж*
Elektrolyt <-en, -e> *m* электроли́т *м*
Elektromechanik <-> *f* электромеха́ника *ж*
Elektromotor [-'----] <-s, -en> *m* электродви́гатель *м*
Elektron ['e:lɛktrɔn, elɛk'tro:n] <-s, -en> *nt* электро́н *м*
Elektronenmikroskop <-s, -e> *nt* электро́нный микроско́п *м*
Elektronik [elɛk'tro:nɪk] <-> *f* электро́ника *ж*
Elektronikindustrie <-> *f* электро́нная промы́шленность *ж*
Elektronikingenieur <-s, -e> *m* радиоинжене́р *м*
elektronisch [elɛk'tro:nɪʃ] *adj* электро́нный
Elektrorasierer <-s, -> *m umg* электробри́тва *ж*
Elektroschock *m* MED электрошо́к *м*
Elektrosmog [e'lɛktro:smɔk] <-s> *f umg* электромагни́тное излуче́ние *ср*
Elektrotechnik <-> *f* электроте́хника *ж*
Elektrotechniker(in) *m(f)* электроте́хник *м*
Element [ele'mɛnt] <-s, -e> *nt* **1.** *(Bestandteil)* элеме́нт *м*, составна́я часть *ж* **2.** CHEM элеме́нт *м*
elementar [elemɛn'ta:ɐ] *adj* элемента́рный
Elementarteilchen <-s, -> *nt* PHYS элемента́рная части́ца *ж*
elend ['e:lɛnt] *adj* жа́лкий, несча́стный
Elend ['e:lɛnt] <-s> *nt* беда́ *ж*, бе́дствие *ср*
Elendsviertel <-s, -> *nt* ни́щенский кварта́л *м*
elf [ɛlf] *num* оди́ннадцать
Elf [ɛlf] <-> *f (Fußballmannschaft)* футбо́льная кома́нда *ж*
Elfe ['ɛlfə] <-, -n> *f* эльф *м*
Elfenbein ['ɛlfənbaɪn] <-s> *nt* слоно́вая кость *ж*
Elfenbeinküste <-> *f* Бе́рег *м* Слоно́вой ко́сти
Elfenbeinturm <-s> *m* **im ~ sitzen** быть не от ми́ра сего́
Elfmeter [ɛlf'me:tɐ] <-s, -> *m* одиннадцатиметро́вый уда́р *м*
elftausend *num* оди́ннадцать ты́сяч
eliminieren [elimi'ni:rən] *vt geh* исключа́ть, -чи́ть *св*, устраня́ть, -ни́ть *св*
elitär [eli'tɛ:ɐ] *adj* элита́рный
Elite [e'li:tə] <-, -n> *f* эли́та *ж*
Eliteeinheit <-, -n> *f* MIL эли́тное во́йско *ср*
Elixier [elɪ'ksi:ɐ] <-s, -e> *nt* эликси́р *м*, насто́й *м*
Ellbogen ['ɛl-] <-s, -> *m* ло́коть *м*; **seine ~ gebrauchen** *fig* прокла́дывать себе́ доро́гу локтя́ми
Elle ['ɛlə] <-, -n> *f* локтева́я кость *ж*
Ellenbogen ['ɛlən-] <-s, -> *m* ло́коть *м*
Ellenbogengesellschaft <-> *f pej: о́бщество, в кото́ром преоблада́ет индивидуали́зм и беззасте́нчивое стремле́ние к ли́чному успе́ху, подкреплённые соотве́тствующей идеоло́гией*
Ellipse [ɛ'lɪpsə] <-, -n> *f* э́ллипс *м*
Eloquenz <-> *f* красноре́чие *ср*
Elsass[RR] ['ɛlzas] *nt*, **Elsaß**[Alt] *nt* GEOG Эльза́с *м*
Elster ['ɛlstɐ] <-, -n> *f* ZOO соро́ка *ж*; **eine diebische ~** *fig* соро́ка-воро́вка
elterlich ['ɛltɐlɪç] *adj* роди́тельский
Eltern ['ɛltɐn] <-> *pl* роди́тели *мн*
Elternabend <-s, -e> *m* роди́тельское собра́ние *ср*
Elternbeirat <-(e)s> *m* роди́тельский сове́т *м*
Elternhaus <-es, -häuser> *nt* роди́тельский дом *м*
elternlos *adj* не име́ющий роди́телей
Elternsprechtag <-(e)s, -e> *m* приёмный день *м* в шко́ле для роди́телей уча́щихся
Elternteil ['ɛltɐntaɪl] *m* **ein ~** оди́н из роди́телей
Email [e'maɪ] <-s, -s> *nt* эма́ль *ж*
E-Mail ['i:mɛɪl] <-, -s> *f* INFOR электро́нная по́чта *ж*; **Absenden einer ~** отпра́вка сообще́ния по электро́нной по́чте; **Empfangen einer ~** получе́ние сообще́ния по электро́нной по́чте; **eine Nachricht per ~ verschicken** посла́ть сообще́ние электро́нной по́чтой
E-Mail-Adresse <-, -n> *f* а́дрес *м* электро́нной по́чты
Emailleschicht <-, -n> *f* слой *м* эма́ли
emaillieren *vt* эмалирова́ть *нсв*
Emanzipation [emant͡sipa't͡si̯o:n] <-, -en> *f* эмансипа́ция *ж*
Emanzipationsbewegung <-> *f* движе́ние *ср* за эмансипа́цию
emanzipatorisch [emant͡sipa'to:rɪʃ] *adj* напра́вленный на эмансипа́цию
emanzipieren [emant͡si'pi:rən] *vr* эмансипи́роваться *(н)св*
emanzipiert *adj* эмансипи́рованный
Emballage *m* упако́вка *ж*, та́ра *ж*
Embargo [ɛm'bargo] <-s, -s> *nt* эмба́рго *ср*
Emblem <-s, -e o Emblemata> *nt* эмбле́ма *ж*
Embolie [ɛmbo'li:] <-, -n> *f* MED эмболи́я *ж*
Embryo ['ɛmbryo] <-s, Embryonen, Embryos> *m* эмбрио́н *м*, заро́дыш *м*
embryonal [ɛmbryo'na:l] *adj* эмбриона́льный
Embryonen *pl von* **Embryo**
Embryonenschutzgesetz <-es> *nt зако́н,*

запреща́ющий испо́льзование челове́ческих эмбрио́нов для естественнонау́чных испыта́ний

Emigrant(in) [emi'grant] <-en, -en> *m(f)* эмигра́нт *м*

Emigration [emigra'tsi̯o:n] <-, -en> *f* эмигра́ция *ж*

emigrieren [emi'gri:rən] *vi* эмигри́ровать *(н)св*

eminent *adj geh* выдаю́щийся, ви́дный

Emirat [emi'ra:t] <-(e)s, -e> *nt* эми́рство *ср;* **Vereinigte Arabische Emirate** Объединенные Ара́бские Эмира́ты

Emission [emɪ'si̯o:n] <-, -en> *f* **1.** *(Luftverunreinigung)* вы́брос *м* **2.** PHYS эми́ссия *ж* **3.** *(ökon)* вы́пуск *м* в обраще́ние, эми́ссия *ж;* **~ von Aktien** эми́ссия а́кций; **~ von Banknoten** вы́пуск банкно́т; **~ von Papiergeld** вы́пуск бума́жных де́нег; **~ von Wertpapieren** эми́ссия це́нных бума́г

Emissionsbank <-, -en> *f* эмиссио́нный банк *м*

Emissionskonsortium <-s, -konsortien> *nt* консо́рциум *м* ба́нков для реализа́ции эми́ссии

Emissionskurs <-es, -e> *m* эмиссио́нный курс *м*

Emittent <-en, -en> *m* эмите́нт *м*

emittieren *vt* эмити́ровать

e-Moll <-s> *nt* MUS ми мино́р

Emoticon [e'mo:tikon] <-s, -s> *nt* DV эмо́тикон *м*

Emotion [emo'tsi̯o:n] <-en> *f* эмо́ции *мн*

emotional [emotsjo'na:l] *adj* эмоциона́льный

emotionell *adj* эмоциона́льный

empfahl [ɛm'pfa:l] *prät von* **empfehlen**

empfand [ɛm'pfant] *prät von* **empfinden**

Empfang [ɛm'pfaŋ, ɛm'pfɛŋə] <-(e)s, Empfänge> *m* **1.** *(das Empfangen)* приём *м*, приёмка *ж;* **etw in ~ nehmen** получи́ть что-л. **2.** *(offizieller ~)* приём *м*, встре́ча *ж* **3.** *(Rundfunkempfang)* приём *м* **4.** *(Rezeption)* приёмная *ж*

empfangen *vt* **1.** *(Sender)* принима́ть *нсв* **2.** *(Person)* принима́ть, -ня́ть *св*, встреча́ть, встре́тить *св;* **eine E-Mail ~** получи́ть сообще́ние по электро́нной по́чте

Empfänger(in) [ɛm'pfɛŋɐ] <-s, -> *m(f)* **1.** *(Adressat)* получа́тель *м*, получа́тельница *ж*, адреса́т *м;* **~ eines Briefes** получа́тель письма́; **~ einer Zahlungsanweisung** получа́тель де́нежного перево́да; **~ unbekannt** получа́тель неизве́стен **2.** *(Abnehmer)* приёмщик *м;* **~ einer Ware** приёмщик това́ра

empfänglich [ɛm'pfɛŋlɪç] *adj* восприи́мчивый; **für etw ~ sein** быть восприи́мчивым к чему́-л.

Empfängnis [ɛm'pfɛŋnɪs] <-> *f* зача́тие *ср*

Empfängnisverhütung <-> *f* предупрежде́ние *ср* бере́менности

Empfängnisverhütungsmittel <-s, -> *nt* противозача́точное сре́дство *ср*

Empfangsberechtigte(r) <-n, -n> *m(f)* лицо́ *ср*, име́ющее пра́во на получе́ние чего́-л.

Empfangsbescheinigung *f* распи́ска *ж* о получе́нии това́ра

Empfangsbestätigung <-, -en> *f* распи́ска *ж* в получе́нии

Empfangschef(in) <-s, -s> *m(f)* администра́тор *м*

Empfangsdame *f* хозя́йка *ж*

empfehlen [ɛm'pfe:lən] <empfahl, empfohlen> **I.** *vt* рекомендова́ть *(н)св*, по- *св* **II.** *vr* **sich ~, es empfiehlt sich das zu tun** рекоменду́ется сде́лать э́то

empfehlenswert *adj* досто́йный рекоменда́ции

Empfehlung <-, -en> *f* рекоменда́ция *ж;* **auf jds ~ hin** по чьей-л. рекоменда́ции; **auf ~ von jdm** рекомендо́ванный кем-л.; **mit den besten Empfehlungen** с наилу́чшими пожела́ниями

Empfehlungsschreiben <-s, -> *nt* рекоменда́тельное письмо́ *ср*

empfinden [ɛm'pfɪndən] *vt* чу́вствовать *нсв;* **etw als kränkend ~** воспринима́ть что-л. как оскорбле́ние

empfindlich [ɛm'pfɪntlɪç] *adj* чувстви́тельный, восприи́мчивый; **jdn an seiner empfindlichen Stelle treffen** заде́ть кого-л. за живо́е; **sei nicht so ~!** не будь тако́й мимо́зой!

Empfindlichkeit <-> *f* чувстви́тельность *ж*, восприи́мчивость *ж*

empfindsam [ɛm'pfɪntza:m] *adj* чувстви́тельный, сентимента́льный

empfing [ɛm'pfɪŋ] *prät von* **empfangen**

empfohlen [ɛm'pfo:lən] *part perf von* **empfehlen**

empfunden [ɛm'pfʊndən] *part perf von* **empfinden**

empirisch *adj geh* эмпири́ческий, о́пытный

empor [ɛm'po:ɐ] *adv* вверх, кве́рху

emporarbeiten *vr* **sich ~** *geh* продвига́ться по слу́жбе

Empore [ɛm'po:rə] <-, -n> *f* хоры́ *мн*

empören [ɛm'pœ:rən] **I.** *vt* возмуща́ть, -мути́ть *св;* **ich bin empört** э́то возмути́тельно **II.** *vr* **sich ~** возмуща́ться, -мути́ться *св;* **sich über etw ~** возмуща́ться по по́воду чего́-л.

empörend *adj* возмути́тельно

Emporkömmling [ɛm'po:ɐklœmlɪŋ] <-s, -e> *m pej* вы́скочка *м и ж*

empor|kommmen *vi* всходи́ть, взойти́ *св*

empor|ragen [ɛm'po:ɐ̯ra:gən] *vi geh* возвыша́ться

empor|steigen <irr> **I.** *vi sein (Rauch)* подниматься; *(Zweifel)* расти́ **II.** *vt (Stufen)* поднима́ться

Empörung [ɛm'pœ:rʊŋ] <-, -en> *f* возмуще́ние *ср*

emsig ['ɛmzɪç] *adj* усе́рдный, стара́тельный

Emu ['e:mu] <-s, -s> *m* ZOOL э́му *м*

Emulation <-, -en> *f* DV эмуля́ция *ж*

Emulgator <-s, -en> *m* эмульга́тор *м*

End- ['ɛnt] *(in Zusammensetzungen)* коне́чный

Endabnehmer <-s, -> *m* коне́чный получа́тель *м*

Endausscheidung <-, -en> *f* фина́льный тур *м* (соревнова́ния)

Endbahnhof <-(e)s, -bahnhöfe> *m* коне́чная ста́нция *ж*

Endbenutzer <-s, -> *m* коне́чный по́льзователь *м*

Endbestand <-(e)s, -bestände> *m* переходя́щий оста́ток *м;* ~ **eines Bankkontos** переходя́щий оста́ток ба́нковского счёта

Endbetrag *m* кра́йняя су́мма *ж*

Ende ['ɛndə] <-s, -n> *nt* **1.** *(räumlich)* коне́ц *м*, край *м;* **bis ans ~ der Welt** на край све́та **2.** *(zeitlich)* коне́ц *м*, исхо́д *м;* ~ **des Monats** коне́ц ме́сяца; **das ~ vom Lied war ...** *fig* зако́нчилось тем, что ...; **zu ~ gehen** подходи́ть к концу́; **zu ~ sein** ко́нчиться; ~ **Mai** в конце́ ма́я **3.** *(Wend)* **der Film ist zu ~** фильм ко́нчился; **ein Buch zu ~ lesen** прочита́ть кни́гу до конца́; **der Tag geht zu ~** день подхо́дит к концу́; **er ist ~ vierzig** ему́ под пятьдеся́т; **am ~ sein** *fam* я уста́л; **letzten Endes** в конце́ концо́в; **bis zum bitteren ~** до конца́; **die Dinge nahmen ein gutes/böses ~** дела́ ко́нчились хорошо́/пло́хо; **am ~ seiner Kräfte sein** вы́биться из сил; **etw** *dat* **ein ~ machen** *geh* положи́ть коне́ц чему́-л.; ~ **gut, alles gut!** *prov* всё хорошо́, что хорошо́ конча́ется!

Endeffekt <-s> *m* **im ~** в коне́чном ито́ге

endemisch *adj* BOT, ZOOL, MED эндеми́ческий, ме́стный

enden ['ɛndən] *vi* конча́ться, ко́нчиться *св*

Endergebnis <-ses, -se> *nt* коне́чный результа́т *м*

Endfertigung *m* дорабо́тка *ж*

Endgeschwindigkeit *f* коне́чная ско́рость *ж*

endgültig *adj* оконча́тельный; **jetzt ist ~ Schluss!** ну тепе́рь всё!

Endgültigkeit *f ohne pl* оконча́тельность *ж*

Endhaltestelle ['ɛndhaltəʃtɛlə] *f* после́дняя остано́вка *ж*

Endinspektion *s.* **Endkontrolle**

Endkampf <-(e)s, -kämpfe> *m* SPORT фина́л *м*

Endkontrolle <-, -n> *f* заключи́тельная прове́рка *ж*

Endkosten *pl* коне́чная сто́имость *ж*

Endkostenträger <-s, -> *m* ÖKON коне́чный носи́тель *м* затра́т

Endlager ['ɛndla:gɐ] *nt* коне́чный склад *м*

end|lagern ['ɛndla:gɐn] *vt* складировать оконча́тельно

Endlagerung <-, -en> *f* захороне́ние *ср;* ~ **von Atommüll** захороне́ние я́дерных отхо́дов

endlich ['ɛntlɪç] **I.** *adj* коне́чный **II.** *adv* наконе́ц; **da kommt er ja ~!** вот он наконе́ц-то идёт!; **hör ~ damit auf!** ну переста́нь наконе́ц!

endlos *adj* бесконе́чный

Endlosigkeit <-> *f* бесконе́чность *ж*

Endlospapier ['ɛndlo:spapi:ɐ̯] <-(e)s, -e> *nt* бесконе́чный руло́н *м*

Endokrinologie <-> *f* MED эндокриноло́гия *ж*

Endoskopie <-> *f* MED эндоскопи́я *ж*

Endprodukt <-(e)s, -e> *nt* коне́чный проду́кт *м*

Endrunde *f* SPORT после́дний забе́г *м*

Endsilbe *f* LING после́дний слог *м*

Endspiel <-(e)s, -e> *nt* SPORT фина́льная игра́ *ж*

Endspurt <-(e)s> *m* SPORT фи́нишный рыво́к *м*

Endstadium *nt* после́дняя ста́дия *ж*

Endstand <-(e)s, -stände> *m* ито́говая ситуа́ция *ж*

Endstation <-, -en> *f* коне́чная ста́нция *ж*

Endsumme *f* кра́йняя су́мма *ж*

Endung <-en> *f* LING оконча́ние *ср*

Endverbraucher <-s, -> *m* коне́чный потреби́тель *м;* **etw direkt an den ~ liefern** поставля́ть что-л. непосре́дственно коне́чному потреби́телю

Endverbraucherpreis <-es, -e> *m* ро́зничная цена́ *ж*

Energie [enɛr'gi:] <-, -n> *f* эне́ргия *ж;* ~ **sparen** эконо́мить эне́ргию

Energieabgabe <-, -n> *f* **1.** *(Steuer)* нало́г на энергоноси́тели *м* **2.** *(Nutzeffekt)* отда́ча *ж* эне́ргии

Energiebedarf <-(e)s> *m* потре́бность *ж* эне́ргии

Energiebilanz <-, -en> *f* энергобала́нс *м*

Energiedrink <-s, -s> *m* тонизи́рующий напи́ток *м*

Energieeinsparung <-, -en> *f* эконо́мия *ж* эне́ргии

Energieerzeugung <-> *f* произво́дство *ср* эне́ргии

Energiegewinnung <-> *f* добы́ча *ж* эне́ргии

Energiekrise <-, -n> *f* энергети́ческий кри́зис *м*

Energielieferant <-en, -en> *m* исто́чник

энéргии *м*
Energielücke <-, -n> *f* дефици́т *м* энергоснабжéния
Energiequelle <-, -n> *f* истóчник *м* энéргии
Energierückgewinnung <-> *f* рекуперáция *ж* энéргии
Energiesektor <-s> *m* óбласть *ж* энергéтики
Energiesparen [enɛrˈgiːʃpaːrən] <-s> *nt* экнóмия *ж* энéргии
energiesparend [enɛrˈgiːʃpaːrənt] *adj* энергосберегáющий
Energiesparmaßnahme <-, -n> *f* мéра *ж* по эконóмии энéргии
Energieträger <-s, -> *nt* энергоноси́тель *м*
Energieverbrauch <-(e)s> *m* расхóд *м* энéргии
Energieverschwendung <-, -en> *f* расточи́тельство *ср* энéргии
Energieversorgung <-> *f* энергоснабжéние *ср*
Energieversorgungsunternehmen <-s, -> *nt* предприя́тие *ср* энергоснабжéния
Energievorkommen *nt* истóчник *м* энéргии
Energiewirtschaft [enɛrˈgiːvɪrtʃaft] <-> *f* энергéтика *ж*
Energiezufuhr <-> *f* снабжéние *ср* энéргией
energisch [eˈnɛrgɪʃ] *adj* энерги́чный
eng [ɛŋ] **I.** *adj* **1.** *(räumlich)* ýзкий, тéсный; **~ste Verhältnisse** теснотá *ж;* **~ anliegend** *(Kleid)* облегáющий **2.** *(Freundschaft)* тéсный, бли́зкий; **~e Beziehungen** бли́зкие отношéния; **~ befreundet sein** они́ близки́ **3.** *(eingeschränkt)* ограничи́тельный; **im ~eren Kreis** в ýзком кругý; **einen ~en Horizont haben** имéть ýзкий кругозóр; **im engeren Sinne** в ýзком смы́сле **II.** *adv* **die Hose sitzt sehr ~** брю́ки óчень узки́; **sieh das doch nicht so ~** не принимáй э́то бли́зко к сéрдцу
Engagement [ɑ̃gaʒəˈmɑ̃ː] <-s, -s> *nt* **1.** *(Einsatz)* учáстие *ср,* акти́вность *ж;* **das ~ der Bürger fördern** поднимáть акти́вность грáждан; **hohes persönliches ~** заинтересóванное ли́чное учáстие **2.** *(am Theater)* ангажемéнт *м,* приглашéние *ср* на рабóту **3.** *(Verpflichtung)* обязáтельство *ср;* **ein ~ eingehen** принимáть на себя́ обязáтельство
engagieren [ɑ̃gaˈʒiːrən] **I.** *vt (Schauspieler)* ангажи́ровать *(н)св,* принимáть, -ня́ть *св* на рабóту **II.** *vr* учáствовать *нсв;* **sich für etw ~** акти́вно учáствовать в чём-л.
engagiert *adj* зáнятый
enganliegend[Alt] *adj s.* **eng I.2.**
engbefreundet[Alt] *adj s.* **eng I.5.**
Enge [ˈɛŋə] <-> *f* теснотá *ж;* **jdn in die ~ treiben** загнáть когó-л. в ýгол
Engel [ˈɛŋəl] <-s, -> *m auch fig* REL áнгел *м*
Engelsgeduld [ˈ- - -ˈ-] <-> *f* áнгельское терпéние *ср*
engherzig *adj* мéлочный
England [ˈɛŋlant] <-s> *nt* Áнглия *ж*
Engländer(in) [ˈɛŋlɛndɐ] <-s, -> *m(f)* англичáнин *м,* англичáнка *ж*
englisch [ˈɛŋlɪʃ] *adj* англи́йский
Englisch <-(s)> *nt* англи́йский язы́к *м*
englischsprachig *adj* говоря́щий на англи́йском языкé, англоязы́чный
Englischunterricht <-s> *m* урóк *м* англи́йского языкá
Engpass[RR] <-es, -pässe> *m,* **Engpaß**[Alt] <-passes, pässe> *m* ýзкое мéсто *ср; fig (beschränkte Kapazität)* недостáча *ж,* недостáток *м,* дефици́т *м;* **es treten Engpässe in der Versorgung auf** возникáют перебóи со снабжéнием; **finanzieller ~** недостáток финáнсовых средств; **personeller ~** нехвáтка рабóчей си́лы; **materieller ~** дефици́т материáлов
engstirnig *adj* узколóбый, недалёкий
Engstirnigkeit <-> *f* узколóбость *ж,* ограни́ченность *ж*
Enkel(in) [ˈɛŋkəl] <-s, -> *m(f)* внук *м,* внýчка *ж*
Enkelkind <-(e)s, -er> *nt* внук *м,* внýчка *ж*
Enkelsohn *m* внук *м*
Enkeltochter *f* внýчка *ж*
en masse *adv* мáссами, во мнóжестве
enorm [eˈnɔrm] *adj* огрóмный, чрезмéрный
Enquete <-, -n> *f* анкети́рование *ср; österr (Arbeitstagung)* рабóчее совещáние *ср*
Ensemble [ɑ̃ˈsɑ̃ːbəl] <-s, -s> *nt* ансáмбль *м*
entbehren [ɛntˈbeːrən] *vt* быть *нсв* лишённым, обходи́ться, обойти́сь *св;* **ich kann das Warmwasser nicht länger ~** я не могý бóльше обходи́ться без горя́чей воды́; **jdn ~** не мочь обходи́ться без когó-л.
entbehrlich [ɛntˈbeːɐlɪç] *adj* ненýжный, (из)ли́шний
Entbehrung <-, -en> *f* нуждá *ж;* **~en auf sich nehmen** подвергáться лишéниям
entbinden <irr> **I.** *vt* **1.** *(befreien)* освобождáть, -боди́ть *св;* **jdn von seinen Pflichten ~** освободи́ть когó-л. от егó обя́занностей **2.** *(Geburtshilfe leisten)* принимáть, -ня́ть *св;* **sie ist von einem gesunden Mädchen entbunden worden** онá разреши́лась здорóвой дéвочкой **II.** *vi (ein Kind zur Welt bringen)* разреши́ться *св,* -шáться *нсв,* рожáть, роди́ть *св;* **meine Frau hat gestern entbunden** моя́ женá вчерá родилá
Entbindung <-, -en> *f* освобождéние *ср*
Entbindungsstation *f* MED роди́льное отделéние *ср*

E

entblößen [ɛnt'blœːsən] *vt* обнажа́ть, -жи́ть *св*

entbrennen <irr> *vi sein, geh (Kampf, Streit)* разгора́ться, разгоре́ться *св*

entbürokratisieren *vt* освобожда́ть от бюрократи́ческой волоки́ты

entdecken *vt* открыва́ть, -кры́ть *св*, обнару́живать, -жить *св*

Entdecker(in) <-s, -> *m(f) (einer Insel)* первооткрыва́тель *м*, первооткрыва́тельница *ж*

Entdeckung <-, -en> *f* откры́тие *ср*

Entdeckungsreise *f* иссле́довательская экспеди́ция *ж*

Ente ['ɛntə] <-, -n> *f* у́тка *ж*

entehren [ɛnt'ʔeːrən] *vt* позо́рить, о- *св*

Entehrung <-, -en> *f* бесче́стие *ср*

enteignen [ɛnt'ʔaɪgnən] *vt* экспроприи́ровать *(н)св*

Enteignung <-, -en> *f* экспроприа́ция *ж*, отчужде́ние *ср*; **zwangsweise ~** принуди́тельное отчужде́ние

enterben *vt* лиша́ть, -ши́ть *св* насле́дства

entfachen [ɛnt'faxən] *vt auch fig* раздува́ть, -ду́ть *св*, разжига́ть, -же́чь *св*

entfallen <irr> *vi* **1.** *(aus der Erinnerung)* вы́пасть *св*, -пада́ть *нсв*; **die Namen sind mir leider ~** к сожале́нию, имена́ вы́пали у меня́ из головы́ **2.** *(jdm als Anteil zukommen)* достава́ться, -ста́ться *св*, выпада́ть, вы́пасть *св*; **auf jede Person ~ 100 Euro** на до́лю ка́ждого выпада́ет 100 е́вро **3.** *(ausfallen)* не состоя́ться *св*; **die Veranstaltung entfällt** мероприя́тие не состои́тся

entfalten I. *vt (auseinanderfalten)* расправля́ть, -пра́вить *св* **II.** *r* распуска́ться, -пусти́ться *св*; *(Fallschirm)* раскрыва́ться, -ры́ться *св*; *fig* развива́ться, -ви́ться *св*

entfernen [ɛnt'fɛrnən] **I.** *vt* удаля́ть, -ли́ть *св*; **Rotweinflecken lassen sich nur schwer ~** пя́тна от кра́сного вина́ удали́ть о́чень сло́жно **II.** *vr* **sich ~** удаля́ться, -ли́ться *св*; **das Boot hatte sich schon weit vom Ufer entfernt** ло́дка уже́ намно́го отдали́лась от бе́рега; **die Schritte entfernten sich langsam** шаги́ ме́дленно удаля́лись

entfernt [ɛnt'fɛrnt] *adj* **1.** *(fern)* отдалённый, да́льний; **300 Meter von hier entfernt** в 300 ме́трах отсю́да; **nicht im Entferntesten** вообще́ **2.** *(nicht nah verwandt)* да́льний; **eine ~e Verwandte** да́льняя ро́дственница *ж*; **er ist ~ mit mir verwandt** он мой да́льний ро́дственник **3.** *(gering)* сла́бый, незначи́тельный; **eine ~e Ähnlichkeit** отдалённое схо́дство *ср*

Entfernung <-, -en> *f* расстоя́ние *ср*; **aus der ~** на расстоя́нии

entfesseln *vt (Krieg)* развя́зывать, -за́ть *св*

entflammen I. *vi sein* **1.** *(Streit)* разгора́ться, разгоре́ться *св* **2.** *(sich begeistern)* воодушевля́ться, воодушеви́ться *св* **II.** *vt (Hass, Liebe)* разгора́ться, разгоре́ться *св* **III.** *vr* **sich ~** *(Gas)* воспламеня́ться

entflechten *vt* ÖKON декартелизи́ровать

Entflechtung <-, -en> *f* декартелиза́ция *ж*; **~ von Konzernen** разукрупне́ние конце́рнов

entfliehen <irr> *vi* бежа́ть, убежа́ть *св*, спаса́ться, -сти́сь *св* бе́гством

entflohen *pp von* **entfliehen**

entfremden *vt* отчужда́ть *нсв*

Entfremdung <-> *f* отчужде́ние *ср*

entfrosten *vt* отта́ивать, -та́ять *св*

entführen *vt* похища́ть, -хи́тить *св*

Entführer(in) <-s, -> *m(f)* похити́тель *м*, похити́тельница *ж*

Entführung <-, -en> *f* похище́ние *ср*; *(eines Flugzeugs)* уго́н *м*

entgangen *pp von* **entgehen**

entgegen [ɛnt'geːgən] **I.** *prp* про́тив, вопреки́ **II.** *adv* **1.** *(in Richtung auf)* навстре́чу; **dem Ziel ~** навстре́чу це́ли **2.** *(zuwider)* вопреки́, про́тив

entgegen|bringen <irr> *vt* **1.** *(Gefühle)* проявля́ть, -ви́ть *св* **2.** *(vertrauen)* относи́ться, -нести́сь *св*; **jdm Vertrauen ~** отнести́сь к кому́-л. с дове́рием

entgegen|fahren <irr> *vi sein* **jdm entgegengefahren kommen** е́хать навстре́чу кому́-л.

entgegen|gehen <irr> *vi* идти́ *нсв* навстре́чу

entgegengesetzt *adj* противополо́жный; **in entgegengesetzter Richtung** в противополо́жную сто́рону

entgegen|halten <irr> *vi* **1.** *(darbieten)* подава́ть, -да́ть *св*; **jdm die Hand ~** *a. fig* пода́ть кому́-л. ру́ку **2.** *(einwenden)* противопоставля́ть, -ста́вить *св*

entgegen|kommen <irr> *vi* идти́ *нсв* навстре́чу

Entgegenkommen <-s> *nt* предупреди́тельность *ж*

entgegenkommend *adj* предупреди́тельный

entgegen|laufen <irr> *vi sein (zulaufen)* **jdm ~** бежа́ть навстре́чу кому́-л.

entgegen|nehmen <irr> *vt* принима́ть, -ня́ть *св*

entgegen|schlagen <irr> *vi sein* **aus dem Keller schlug ihr eisige Kälte entgegen** из подва́ла на неё пове́яло хо́лодом

entgegen|sehen <irr> *vi* ожида́ть *нсв*

entgegen|stehen <irr> *vi* меша́ть; **dem steht nichts entgegen** э́тому ничего́ не меша́ет

entgegen|stellen *vr* **sich jdm** *dat* **~** встать на пути́ кого́-л.

entgegen|steuern *vi* **einer Sache ~** *(Entwicklung, Trend)* идти́ навстре́чу чему́-л.

entgegen|treten <irr> *vi* выступа́ть, вы́ступить *св* про́тив, встава́ть, встать *св* на пути́ кого́-л.

entgegnen [ɛnt'ge:gnən] *vi* возража́ть, -рази́ть *св*

Entgegnung <-, -en> *f* возраже́ние *ср*, отве́т *м*

entgehen <irr> *vi (jds Aufmerksamkeit)* уходи́ть, уйти́ *св*, ускольза́ть, -зну́ть *св*; **seinem Blick entgeht nichts** от его́ взгля́да ничто́ не ускольза́ет; **entgangener Gewinn** упу́щенная при́быль; **sich eine günstige Gelegenheit nicht ~ lassen** не упуска́ть благоприя́тного слу́чая; **sich** *dat* **etw** (**nicht**) **~ lassen** не пропусти́ть чего́-л.

entgeistert [ɛnt'gaɪstɐt] *adj* ошеломлённый; **jdn ~ ansehen** ошеломлённо смотре́ть на кого́-л.

Entgelt [ɛnt'gɛlt] <-(e)s, -e> *nt* опла́та *ж*; **gegen ~** за пла́ту; **ein ~ vereinbaren** догова́риваться об опла́те; **für ein geringes ~ arbeiten** рабо́тать за ни́зкую пла́ту

entgelten <irr> *vt* плати́ться, по- *св*

entgiften *vt* освобожда́ть от ядови́тых га́зов/веще́ств

Entgiftung <-, -en> *f* дегаза́ция *ж*, освобожде́ние *ср* от ядови́тых суба́нций

entgleisen [ɛnt'glaɪzən] *vi* сходи́ть, сойти́ *св* с ре́льсов

Entgleisung <-, -en> *f* **1.** *(von Zug)* круше́ние *ср* **2.** *(Geschmacklosigkeit)* беста́ктность *ж*

entgleiten <irr> *vi* выска́льзывать, вы́скользнуть *св*

entgräten [ɛnt'grɛ:tən] *vt* удаля́ть, -ли́ть *св* ко́сти (из ры́бы)

Enthaarung <-en> *f* эпиля́ция *ж*

Enthaarungscreme <-, -s> *f* крем *м* для удале́ния воло́с

Enthaarungsmittel <-s, -> *nt* сре́дство *ср* для удале́ния воло́с

enthalten <irr> **I.** *vt* содержа́ть *нсв*; **Frühstück ist im Preis ~** за́втрак включён в це́ну **II.** *vr* **sich ~** возде́рживаться, -держа́ться *св*; **sich der Stimme ~** воздержа́ться от голосова́ния

enthaltsam [ɛnt'haltza:m] *adj* уме́ренный, возде́ржанный

Enthaltsamkeit <-> *f* уме́ренность *ж*, воздержа́ние *ср*

Enthaltung [ɛnt'haltʊŋ] <-, -en> *f* отка́з *м*, воздержа́ние *ср*; **mit einer ~** *(Wahlergebnis)* при одно́м воздержа́вшемся

enthärten *vt (Wasser)* смягча́ть, смягчи́ть *св*

enthaupten [ɛnt'haʊptən] *vt* обезгла́вливать

enthemmt *adj* безу́держный, ниче́м не сде́рживаемый

enthoben *pp von* **entheben**

enthüllen *vt* **1.** *geh (die Hülle entfernen)* снима́ть, снять *св* покро́в; **ein Denkmal ~** открыва́ть па́мятник **2.** *(entlarven)* разоблача́ть, -чи́ть *св*

Enthüllung <-en> *f* откры́тие *ср*, раскры́тие *ср*

Enthusiasmus [ɛntuzi'asmʊs] <-> *m* энтузиа́зм *м*

enthusiastisch [ɛntuzi'astɪʃ] *adj* по́лный энтузиа́зма, восто́рженный

entkalken *vt* удали́ть и́звесть

entkernen *vt* очища́ть, очи́стить *св*

entkleiden I. *vt* раздева́ть, -де́ть *св* **II.** *vr* раздева́ться, -де́ться *св*

entknoten *vt* развяза́ть

entkoffeiniert [ɛntkɔfei'ni:ɐt] *adj* со сни́женным содержа́нием кофеи́на *(о ко́фе)*

entkommen <irr> *vi* убежа́ть *св*, убега́ть *нсв*; **einer Gefahr ~** уйти́ от опа́сности; **jdm ~** убежа́ть от кого́-л.

Entkommen *nt ohne pl* побе́г *м*; **es gibt kein ~** спасе́ния нет

Entkomprimieren <-s> *nt* DV распако́вка *ж*

entkorken *vt* отку́поривать, -ку́порить *св*

entkräften [ɛnt'krɛftən] *vt* обесси́ливать, -лить *св*

entladen <irr> **I.** *vt* разгружа́ть, -грузи́ть *св*; **einen Lastwagen ~** разгружа́ть грузови́к; **ein Schiff ~** разгружа́ть су́дно **II.** *vr* разряди́ться *св*, -ряжа́ться *нсв*; **die Hitze des Tages entlud sich in einem Gewitter** дневна́я жара́ разряди́лась в бу́рю

entlang [ɛnt'laŋ] *adv* вдоль; **am Fluss ~** вдоль реки́; **hier ~** сюда́

entlang|fahren <irr> **I.** *vi* е́хать *нсв* вдоль; **an etw** *dat* **~** е́хать вдоль [*или* ми́мо] чего́-л. **II.** *vt sein (Straße)* вдоль

entlang|gehen <irr> **I.** *vi sein* **an etw** *dat* **~** идти́ вдоль [*или* ми́мо] **II.** *vt sein (Straße)* вдоль

entlarven [ɛnt'larfən] *vt* разоблача́ть, -чи́ть *св*; **jdn als Lügner ~** разоблачи́ть кого́-л. как обма́нщика

entlassen <irr> *vt* **1.** *(Gefangene)* освобожда́ть, -боди́ть *св*; **jdn gegen Kaution ~** освобожда́ть кого́-л. под зало́г **2.** *(Angestellte)* увольня́ть, уво́лить *св*; **er wurde fristlos ~** его́ бессро́чно уво́лили

Entlassung <-, -en> *f* освобожде́ние *ср*; *(von Angestellten)* увольне́ние *ср*

entlasten *vt* разгружа́ть, -грузи́ть *св*, освобожда́ть, -боди́ть *св* от рабо́ты

Entlastung <-, -en> *f* **1.** *(Befreiung von etwas)* разгру́зка *ж*, освобожде́ние *ср*; **~ von Verpflichtungen** освобожде́ние от обя́занностей **2.** *(Erleichterung)* уменьше́ние *ср* защи́ты нагру́зки; **steuerliche ~** уменьше́ние нало́гового бре́мени

Entlastungszeuge <-n, -n> *m*, **Entlastungszeugin** *f* свиде́тель *м*, свиде́тель-

sich entscheiden

• **nach Entschlossenheit fragen**	• **Вопрос о решимости**
Sind Sie sicher, dass Sie das wollen?	**Вы уверены,** что вы хотите этого?
Haben Sie sich das gut überlegt?	**Вы внимательно обдумали это?**
Wollen Sie nicht lieber dieses Modell?	**Не предпочтёте ли вы** эту модель?
• **Entschlossenheit ausdrücken**	• **Выражение решимости**
Ich habe mich entschieden: Ich werde an der Feier nicht teilnehmen.	**Я решил:** я не собираюсь участвовать в празднике.
Ich habe mich dazu durchgerungen, ihr alles zu sagen.	**Я решил** всё ей рассказать.
Wir sind (fest) entschlossen, nach Australien auszuwandern.	**Мы (твёрдо) решили** эмигрировать в Австралию.
Ich lasse mich von nichts / niemandem davon abbringen, es zu tun.	**Ничто / Никто не в состоянии помешать мне** сделать это.
Ich werde auf keinen Fall kündigen.	**Я ни в коем случае** не подам в отставку.
• **Unentschlossenheit ausdrücken**	• **Выражение нерешительности**
Ich weiß noch nicht, was ich tun soll.	**Я не знаю, что я должен делать.**
Wir sind uns noch im Unklaren darüber, was wir tun werden.	**Мы все ещё не уверены в том,** что мы собираемся делать.
Ich bin mir noch unschlüssig, ob ich die Wohnung mieten soll oder nicht.	**Я не могу решить,** буду ли я снимать квартиру или нет.
Ich habe mich noch nicht entschieden.	**Я ещё не решил.**
Ich bin noch zu keinem Entschluss darüber gekommen.	**Я все ещё не принял решения об этом.**

ница *ж*

entlaufen <irr> *vi* убежа́ть *св,* убега́ть *нсв;* **Katze ~!** ко́шка сбежа́ла!

entlausen *vt* производи́ть, произвести́ *св* дизенсе́кцию, уничтожа́ть, уничто́жить *св* вшей

entledigen [ɛnt'le:dɪgən] *vr* избавля́ться, -ба́виться *св;* **sich einer Sache ~** изба́виться от чего́-л.

entleeren *vt* опора́жнивать, -рожни́ть *св*

entlegen [ɛnt'le:gən] *adj* отдалённый, удалённый

entleihen *vt* брать, взять *св* взаймы́

entlocken *vt* выма́нивать, вы́манить *св*

Entlohnung <-, -en> *f* опла́та *ж;* **leistungsgerechte ~** опла́та по тру́ду

entlüften *vt* прове́тривать, -рить *св*

entmachten [ɛnt'maxtən] *vt* лиша́ть, -ши́ть *св* вла́сти

entmenschen *vt* лиша́ть, -ши́ть *св* кого́-л. челове́ческого о́браза

entmilitarisieren [ɛntmilitari'zi:rən] *vt* демилитаризова́ть *(н)св*

entmündigen *vt* брать, взять *св* под опе́ку

entmutigen [ɛnt'mu:tɪgən] *vt* лиша́ть, -ши́ть *св* му́жества

Entnahme [ɛnt'na:mə] <-, -n> *f* взя́тие *ср,* изъя́тие *ср;* **~ einer Stichprobe** взя́тие образца́

Entnazifizierung <-> *f* денацифика́ция *ж*

entnehmen <irr> *vt* **1.** *(herausnehmen)* брать, взять *св* **2.** *(aus etw schließen)* заключа́ть, -чи́ть *св* (из чего́-л.)

entnervt *adj (Blick)* раздражённый; **ich bin völlig ~!** у меня́ с не́рвами пло́хо!

entpuppen [ɛnt'pʊpən] *vr* **sich ~** оказа́ться *св,* ока́зываться *нсв;* **sich als Schwindler ~** оказа́ться моше́нником

entreißen <irr> *vt* вырыва́ть, вы́рвать *св,* выхва́тывать, вы́хватить *св;* **jdm etw ~** вы́рвать у кого́-л. что-л. из рук

entrichten *vt* вноси́ть, внести́ *св,* упла́чивать, -лати́ть *св*

Entrinnen <-s> *nt* уте́чка *ж,* ухо́д *м* (от кого́-л./чего́-л.); **es gibt kein Entrinnen** спасе́ния нет

entrosten *vt* удаля́ть, -ли́ть *св* ржа́вчину

entrüsten *vr* возмуща́ться, -мути́ться *св;* **sich über etw ~** возмуща́ться чем-л.

entrüstet *adj* возмущённый

Entrüstung <-> *f* возмуще́ние *ср,* негодова́ние *ср*

entsagen *vi* отка́зываться, -за́ться *св;* **einer Sache ~** отказа́ться от чего́-л.

entschädigen *vt* возмеща́ть, -мести́ть *св;* **jdn für etw ~** возмести́ть кому́-л. что-л.

Entschädigung <-, -en> *f* компенса́ция *ж,* возмеще́ние *ср* убы́тков; **Anspruch auf ~** пра́во на возмеще́ние

entschärfen *vt auch fig (Bombe)* разряжа́ть, -ряди́ть *св*

E

sich entschuldigen

• zugeben, eingestehen	• **Признание**
Ich bin Schuld daran.	**Это моя вина.**
Ja, es war mein Fehler.	**Да, это была моя ошибка.**
Da habe ich Mist gebaut. *(sl)*	**Я напортил / провалил все дело.**
Ich gebe es ja zu: Ich habe zu vorschnell gehandelt.	**Я признаюсь:** я действовал необдуманно.
Sie haben Recht, ich hätte mir die Sache gründlicher überlegen sollen.	**Вы правы, я должен был** тщательнее это обдумать.
• sich entschuldigen	• **Извинение**
(Oh,) das hab ich nicht gewollt! –	**(О,) я не хотел этого делать!**
Das tut mir Leid!	**Извините!**
Entschuldigung! / Verzeihung! / Pardon!	**Извините! / Простите! / Приношу вам свои извинения!**
Entschuldigen Sie bitte!	**Пожалуйста, извините меня! / Я сожалею!**
Das war nicht meine Absicht.	**Это не было моей целью.**
Ich muss mich dafür wirklich entschuldigen.	**Я действительно должен извиниться.**
• auf Entschuldigungen reagieren	• **Принятие извинения**
Schon okay! *(fam)* / Das macht doch nichts!	**Все в порядке! / Это не имеет значения!**
Keine Ursache! / Macht nichts!	**Все в порядке / хорошо! / Это не имеет значения!**
Machen Sie sich darüber keine Gedanken.	**Не беспокойтесь об этом.**
Lassen Sie sich darüber keine grauen Haare wachsen. *(fam)*	**Не беспокойся / не тревожься об этом.**

Entscheid [ɛntˈʃaɪt, *pl:* ɛntˈʃaɪdə] <-(e)s, -e> *m* решéние *ср*

entscheiden **I.** <irr> *vt (Angelegenheit)* решáть, -шúть *св;* **über einen Antrag ~** принимáть решéние по предложéнию; **ich habe das nicht zu ~** не я решáю **II.** <irr> *vr* **sich für etw ~** решúться на что-л.; **sich nicht ~ können** не мочь решúться

entscheidend *adj* решáющий; **im ~en Moment** в решáющий момéнт

Entscheidung <-, -en> *f* решéние *ср;* JUR постановлéние *ср;* **gerichtliche ~** судéбное постановлéние; **inakzeptable ~** неприéмлемое решéние; **unüberlegte ~** непродýманное решéние; **verantwortungsbewusste ~** ответственное решéние; **eine ~ von größter Tragweite** решéние огрóмной вáжности; **eine strategische ~ treffen** принимáть стратегúческое решéние; **eine ~ fällen** выносúть решéние; **eine ~ herbeiführen** добивáться решéния; **eine ~ hinausschieben** оттягивать принятие решéния; **sich die ~ vorbehalten** оставлять за собóй прáво принять решéние; **sich vor einer ~ drücken** уходúть от решéния; **vor einer ~ stehen** комý-л. предстоúт принять решéние

Entscheidungsbaum <-(e)s, -bäume> *m* структýра *ж* принятия решéний

Entscheidungsbefugnis <-, -se> *f* прáво *ср* самостоятельного принятия решéний

entscheidungsfreudig *adj* решúтельный

Entscheidungsprozess <-es, -e> *m* процéсс *м* принятия решéния; **einen ~ beschleunigen** ускóрить процéсс принятия решéния

Entscheidungsspiel <-(e)s, -e> *nt* SPORT решáющая игрá *ж*

Entscheidungsspielraum <-(e)s, -räume> *m* простóр *м* для принятия решéния

entschieden [ɛntˈʃiːdən] *adj* решúтельный; **ein ~er Gegner von etw** решúтельный протúвник чегó-л.

Entschiedenheit <-> *f* решúтельность *ж;* **etw mit aller ~ ablehnen** отвéргнуть что-л. со всей решúтельностью

entschlacken *vt* выводúть, вы́вести *св* шлáки

Entschlackung <-> *f* выведéние *ср* шлáков

entschließen <irr> *vr* **sich ~** решáться, -шúться *св;* **sich zu einer Sache ~** решúться на какóе-л. дéло; **sich anders ~** решúть другóе; **er ist fest entschlossen** он твёрдо решúл

Entschließung <-, -en> *f* JUR резолю́ция *ж*

entschlossen [ɛntˈʃlɔsən] *adj* решúтельный

Entschlossenheit <-> *f* реши́тельность *ж*

Entschluss[RR] <-es, -schlüsse> *m*, **Entschluß**[Alt] <-schlusses, -schlüsse> *m* реше́ние *ср;* **einen ~ fassen** приня́ть реше́ние

entschlüsseln *vt* раскоди́ровать

Entschlüsselung <-, -en> *f* декоди́рование *ср*

Entschlußfreudigkeit <-> *f* реши́мость *ж*

entschuldbar *adj (Fehler)* прости́тельный

entschulden *vt* ликвиди́ровать задо́лженность

entschuldigen [ɛntˈʃʊldɪgən] **I.** *vt* извиня́ть, -ни́ть *св;* **~ Sie bitte!** прости́те! **II.** *vr* **sich ~** извиня́ться, -ни́ться *св;* **sich für etw/jdn ~** извини́ться за что-л./кого́-л.; **sich bei jdm ~** извини́ться пе́ред кем-л.; **meine Frau lässt sich ~** моя́ жена́ про́сит извини́ть её

Entschuldigung <-, -en> *f* извине́ние *ср;* **~!** прошу́ проще́ния!; **jdn für etw um ~ bitten** попроси́ть у кого́-л. проще́ния за что-л.

Entschuldigungsgrund <-(e)s, -gründe> *m* причи́на *ж* для оправда́ния

entschwefeln *vt* обессе́ривать, -рить *св*

Entschwefelung <-, -en> *f* обессе́ривание *ср*, удале́ние *ср* се́ры, десульфа́ция *ж*

entsenden *vt* посыла́ть, -сла́ть *св;* **jdn als Boten ~** напра́вить кого́-л. посло́м

entsetzen **I.** *vt* ужаса́ть, -сну́ть *св;* **ich war völlig etnsetzt** я был в у́жасе **II.** *vr* ужаса́ться, -сну́ться *св;* **sich über etw ~** быть в у́жасе от чего́-л.

Entsetzen <-s> *nt* у́жас *м*

entsetzlich [ɛntˈzɛtslɪç] **I.** *adj* ужа́сный **II.** *adv* ужа́сно; **~ viel Geld** о́чень мно́го де́нег

entsetzt [ɛntˈzɛtst] *adj* в у́жасе, объя́тый у́жасом

entsichern *vt (Waffe)* снять *св*, снима́ть *нсв* с предохрани́теля

entsinnen <irr> *vr geh* припомина́ть, -по́мнить *св;* **ich kann mich der Sache nicht mehr ~** я не могу́ э́того вспо́мнить

entsorgen *vt* устраня́ть, -ни́ть *св* отхо́ды

Entsorgung [ɛntˈzɔrgʊŋ] <-> *f* устране́ние *ср* отхо́дов

Entsorgungsanlage <-, -n> *f* устано́вка *ж* для хране́ния и удале́ния отхо́дов

Entsorgungsunternehmen <-s, -> *nt* предприя́тие *ср* по устране́нию отхо́дов

entspannen *vr* отдыха́ть, -дохну́ть *св*, расслабля́ться, -сла́биться *св*

Entspannung <-> *f* о́тдых *м*, разря́дка *ж*

Entspannungsmethode <-, -n> *f* ме́тод *м* разря́дки

Entspannungspolitik <-> *f* поли́тика *ж* разря́дки

Entspannungstechnik <-, -en> *f* те́хника *ж* сня́тия напряже́ния

Entspannungsübungen <-> *pl* упражне́ния *ср мн* для сня́тия напряже́ния

entsprechen <irr> *vi* соотве́тствовать *нсв;* **das entspricht nicht meinem Geschmack** э́то не соотве́тствует моему́ вку́су; **dem Zweck ~** отвеча́ть назначе́нию; **den Bedürfnissen ~** отвеча́ть потре́бностям; **den strengsten Anforderungen ~** отвеча́ть са́мым стро́гим тре́бованиям

entsprechend **I.** *prp* в соотве́тствии, согла́сно; **~ seinen Weisungen** согла́сно его́ указа́ниям **II.** *adj* соотве́тственно, соотве́тствующим о́бразом; **du kennst ihn doch, also verhalte dich ~** ты же его́ зна́ешь, так что веди́ себя́ соотве́тственно; **dem Alter ~** соотве́тственно во́зрасту; **~ der neuen Verordnung** согла́сно но́вому распоряже́нию; **Ihrem Wunsch ~** по ва́шему жела́нию

entspringen <irr> *vi (Fluss)* брать, взять *св* нача́ло, течь *нсв*

entstaatlichen *vt* денационализи́ровать *(н)св*

Entstaatlichung <-, -en> *f* разгосударствле́ние *ср*

entstammen *vi sein* быть ро́дом

entstanden *pp von* **entstehen**

entstehen <irr> *vi (aus etwas hervorgehen)* возника́ть, -ни́кнуть *св;* **es entstand ein Gedränge** образова́лась да́вка; **für den entstandenen Schaden** за возни́кшие убы́тки

Entstehung <-, -en> *f* возникнове́ние *ср*

entstellen *vt* обезобра́живать, -зобра́зить *св;* **die Narbe entstellt ihr Gesicht** шрам обезобра́живает её лицо́

entstellend *adj* обезобра́живающий, искажа́ющий

entstören *vt* устраня́ть, -ни́ть *св* поме́хи

enttäuschen *vt* разочаро́вывать, -рова́ть *св;* **ich muss Sie leider ~** к сожале́нию, я вас разочару́ю

enttäuscht [ɛntˈtɔɪʃt] *adj* разочаро́ванный

Enttäuschung <-, -en> *f* разочарова́ние *ср;* **über eine ~ hinwegkommen** пережи́ть разочарова́ние; **jdm eine ~ bereiten** разочарова́ть кого́-л.

entthronen *vt fam* све́ргнуть

entwaffnen [ɛntˈvafnən] *vt* **1.** *(die Waffen abnehmen)* разоружа́ть, -жи́ть *св* **2.** *(durch Charme)* обезору́живать, -жить *св;* **ein ~des Lächeln** обезору́живающая улы́бка *ж*

Entwarnung <-, -en> *f* отбо́й *м;* **~ geben** дать отбо́й

entwässern *vt* осуша́ть, -ши́ть *св*, отводи́ть, -вести́ *св*

Entwässerung <-> *f* осуше́ние *ср*, обезво́живание *ср*

entweder [ˈɛntveːdɐ] *konj* и́ли, ли́бо; **~ A**

oder B ли́бо А, ли́бо Б; **~ ... oder ...** или ... или ...

entweichen <irr> *vi* скрыва́ться, скры́ться *св*

entweihen *vt* оскверня́ть, -ни́ть *св*

Entweihung <-> *f* осквернéние *ср*

entwenden *vt geh* похища́ть, -хи́тить *св;* **Dokumente ~** похища́ть докумéнты; **Geld aus der Kasse ~** укра́сть дéньги из ка́ссы; **jdm die Brieftasche ~** укра́сть у кого́-л. бума́жник

entwerfen <irr> *vt (Plan)* набра́сывать, -броса́ть *св*

entwerten *vt* **1.** *(den Wert mindern)* обесцéнивать, -нить *св;* **ein Grundstück ~** обесцéнивать земéльный уча́сток **2.** *(ungültig machen)* погаша́ть, -гаси́ть *св*, компости́ровать, про- *св;* **einen Fahrschein ~** компости́ровать билéт

Entwerter <-s, -> *m (für Fahrkarten)* компо́стер *м*

Entwertung <-, -en> *f* **1.** *(Wertminderung)* обесцéнивание *ср;* **~ einer Währung** обесцéнивание валю́ты; **~ von Kapital** обесцéнивание капита́ла **2.** *(Stempelung)* погашéние *ср*, компости́рование *ср;* **~ eines Straßenbahnfahrscheins** компости́рование трамва́йного билéта; **~ von Postwertzeichen** погашéние почто́вых ма́рок

entwickeln I. *vt* развива́ть, -ви́ть *св;* ФОТ проявля́ть, -ви́ть *св;* **eine Konzeption ~** развива́ть концéпцию; **eine neue Technologie ~** разрабо́тать но́вую техноло́гию; **lebhafte Tätigkeit ~** прояви́ть акти́вность **II.** *vr* **sich ~** развива́ться, -ви́ться *св;* **sich zu etw** *dat* **~** преврати́ться во что-л.

Entwicklung <-, -en> *f* разви́тие *ср*, разрабо́тка *ж;* **konjunkturelle ~** разви́тие конъюнкту́ры; **rückläufige ~** регресси́вное разви́тие; **~ einer Strategie** разрабо́тка стратéгии; **~ eines neuen Produktes** разрабо́тка но́вого проду́кта; **Abteilung für Forschung und ~** нау́чно-исслéдовательский отдéл *м;* **die ~ am Weltmarkt verfolgen** наблюда́ть за разви́тием мирово́го ры́нка; **die ~ bremsen** тормози́ть разви́тие; **die ~ fördern** спосо́бствовать разви́тию; **die ~ hemmen** препя́тствовать разви́тию; **sich in der ~ befinden** находи́ться в процéссе разви́тия

Entwicklungsbank <-, -en> *f* банк *м* (экономи́ческого) разви́тия, банк *м*, финанси́рующий развива́ющиеся стра́ны

Entwicklungsdienst <-(e)s> *m* *доброво́льная слу́жба в развива́ющихся стра́нах*

entwicklungsgeschichtlich *adj* каса́ющийся исто́рии разви́тия

Entwicklungshilfe <-> *f* по́мощь *ж* развива́ющимся стра́нам

Entwicklungskosten *pl* расхо́ды *мн* на проведéние исслéдовательских рабо́т

Entwicklungsland <-es, -länder> *nt* развива́ющаяся страна́ *ж*

Entwicklungsstadium <-s, -stadien> *nt* ста́дия *ж* разви́тия

Entwicklungsstufe *f* стéпень *ж* разви́тия

entwirren [ɛntˈvɪrən] *vt (Fäden)* распу́тывать, -тать *св*

entwischen [ɛntˈvɪʃən] *vi* убежа́ть *св*, убега́ть *нсв*, улизну́ть *св*

entwöhnen *vr* отвыка́ть, -вы́кнуть *св*

Entwöhnung <-> *f* отка́з *м* от врéдной привы́чки

entworfen *pp von* **entwerfen**

entwürdigen *vt* унижа́ть, уни́зить *св*

entwürdigend [ɛntˈvʏrdɪgənt] *adj* унизи́тельный

Entwurf <-(e)s, Entwürfe> *m* набро́сок *м*, эски́з *м*, проéкт *м;* **~ zu einem Vertrag** проéкт догово́ра; **einen ~ abändern** изменя́ть проéкт; **einen ~ ablehnen** отверга́ть проéкт; **einen ~ einbringen** выдвига́ть проéкт; **einen ~ überarbeiten** редакти́ровать проéкт

entwurzeln *vt (Bäume)* вырыва́ть, вы́рвать *св* с ко́рнем

entziehen <irr> **I.** *vt (wegnehmen)* отнима́ть, -ня́ть *св*, лиша́ть, -ши́ть *св;* **jdm die Lebensgrundlage ~** лиша́ть кого́-л. средств к существова́нию; **jdm das Vertrauen ~** лиши́ть кого́-л. довéрия; **jdm das Wort entziehen** лиши́ть кого-л. сло́ва; **jdm die Konzession ~** лиши́ть кого́-л. лицéнзии; **jdm die bürgerlichen Rechte ~** лиши́ть кого́-л. гражда́нских прав **II.** *vr* **sich ~** *(etwas umgehen)* уклоня́ться, -и́ться *св;* **sich der Diskussion ~** уклоня́ться от диску́ссии; **sich seinen Verpflichtungen ~** уклоня́ться от свои́х обя́занностей; **sich seiner Verantwortung ~** уклоня́ться от отвéтственности; **das entzieht sich meiner Kenntnis** я не знако́м с э́тим

Entziehung <-> *f* лишéние *ср;* **~ der Staatsbürgerschaft** лишéние гражда́нства; **~ der Vollmachten** лишéние полномо́чий; **~ von Vergünstigungen** лишéние льгот

Entziehungskur <-, -en> *f* **1.** *(bei Alkoholismus)* лечéние *ср* от алкоголи́зма **2.** *(bei Drogenabhängigkeit)* лечéние *ср* от наркома́нии

entziffern [ɛntˈt͡sɪfɐn] *vt* расшифро́вывать, -фрова́ть *св*

entzücken [ɛnˈtsʏkən] *vt* восхища́ть, -хити́ть *св*

Entzücken [ɛnˈt͡sʏkən] <-s> *nt* восто́рг *м*, восхищéние *ср*

entzückend *adj* восхити́тельный

Entzug <-(e)s> *m* лишéние *ср*

Entzugserscheinung *f* реа́кция при лече́нии зави́симых от нарко́тиков или алкого́ля

Entzugssymptome *pl симпто́мы, вы́званные прекраще́нием приёма наркоти́ческих и́ли лека́рственных средств, к кото́рым привы́к органи́зм*

entzünden I. *vt* зажига́ть, -же́чь *св* II. *vr (Wunde)* воспаля́ться, -ли́ться *св*

entzündet *adj* воспалённый

Entzündung <-, -en> *f* воспале́ние *ср*

entzündungshemmend *adj* противовоспали́тельный

entzwei [ɛnt'tsvaɪ] *adj* на́двое, попола́м

entzwei|brechen <irr> *vi* разла́мываться, -лома́ться *св*

entzweien *vt* ссо́рить, по- *св*

entzwei|gehen <irr> *vi* разбива́ться, -би́ться *св*

Enzyklopädie [ɛntsyklopɛ'di:] <-, -n> *f* энциклопе́дия *ж*

Enzym [ɛn'tsy:m] <-s, -e> *nt* энзи́м *м*

Epen *pl von* **Epos**

Epidemie [epide'mi:] <-, -n> *f* эпиде́мия *ж*

Epilepsie [epilɛ'psi:] <-, -n> *f* эпиле́псия *ж*

Epileptiker(in) [epi'lɛptikɐ] <-s, -> *m(f)* эпиле́птик *м*

Epilog [epi'lo:k] <-(e)s, -e> *m* эпило́г *м*

episch ['e:pɪʃ] *adj* эпи́ческий

Episode [epi'zo:də] <-, -n> *f* эпизо́д *м*

Epizentrum [epi'tsɛntrʊm] *nt* GEO эпице́нтр *м*

Epoche [e'pɔxə] <-, -n> *f* эпо́ха *ж*, пери́од *м*

Epos ['e:pɔs] <-, Epen> *nt* э́пос *м*

Equalizer <-s, -> *m* эквала́йзер *м*

er [e:ɐ] *pron pers* он; **da ist ~ ja!** а вот и он!; **wenn ich ~ wäre** будь я на его́ ме́сте

erachten [ɛɐ'ʔaxtən] *vt* счита́ть *нсв;* **etw als wichtig ~** счита́ть что-л. ва́жным

Erachten <-s> *nt* усмотре́ние *ср*, мне́ние *ср;* **meines ~s** по моему́ мне́нию

erarbeiten *vt* 1. *(erstellen)* сде́лать 2. *(erlangen)* **sich** *dat* **~** *(Position)* продви́нуться

Erarbeitung <-> *f* вы́работка *ж*, разрабо́тка *ж*

erbarmen [ɛɐ'barmən] I. *vt* вызыва́ть, вы́звать *св* II. *vr geh* сжа́литься *св;* **sich eines Menschen ~** сжа́литься над челове́ком

Erbarmen [ɛɐ'barmən] <-s> *nt* жа́лость *ж*, сострада́ние *ср;* **kein ~ kennen** не знать жа́лости; **mit jdm ~ haben** смили́ться над кем-л.

erbärmlich [ɛɐ'bɛrmlɪç] *adj* жа́лкий, плачёвный

erbarmungslos *adj* безжа́лостный, беспоща́дный

Erbarmungslosigkeit <-> *f* безжа́лостность *ж*

erbauen I. *vt* стро́ить, по- *св* II. *vr geh* испы́тывать, -та́ть *св* наслажде́ние; **sich an Gedichten ~** наслажда́ться стиха́ми

Erbauer(in) <-s, -> *m(f)* зо́дчий *м*

erbaulich *adj* духо́вно обогаща́ющий, возвыша́ющий

Erbauung <-> *f* духо́вный подъём *м*, укрепле́ние *ср* ду́ха

Erbe ['ɛrbə] <-n, -n> *m*, **Erbin** *f* насле́дник *м*, насле́дница *ж*

erbeben [ɛɐ'be:bən] *vi sein* трясти́сь

erben ['ɛrbən] *vt auch fig (Vermögen)* насле́довать *(н)св*, унасле́довать *св*

erbeuten [ɛɐ'bɔɪtən] *vt* захвати́ть *св*, -хва́тывать *нсв*

Erbfolge *f* черёд *м* насле́дников

Erbgut <-(e)s> *nt* насле́дственный материа́л *м*

Erbgutschäden <-> *pl* поврежде́ние *ср* насле́дственного материа́ла

Erbin ['ɛrbɪn] <-nen> *f s.* **Erbe**

erbittert *adj* ожесточённый

Erbkrankheit ['ɛrpkraŋkhaɪt] <-, -en> *f* насле́дственная боле́знь *ж*

erblassen [ɛɐ'blasən] *vi* бледне́ть, по- *св;* **vor Wut ~** *umg* побеле́ть от зло́сти

Erblasser ['ɛrplasɐ] <-s, -> *m* JUR завеща́тель *м*

erbleichen *vi* бледне́ть, по- *св*

erblich ['ɛrplɪç] *adj* 1. *(Adel, Titel)* родово́й 2. *(Krankheit)* насле́дственный

erblicken *vt* уви́деть *св*, ви́деть *нсв;* **das Licht der Welt ~** *umg* появи́ться на свет

erbost [ɛɐ'bo:st] *adj* серди́тый, рассе́рженный

erbrechen <irr> I. *vt (Briefe)* вскрыва́ть, вскрыть *св* II. *vr* рвать, вы́- *св;* **sich ~ müssen** тошни́ть; **jnd erbricht sich** кого́-л. рвёт

Erbrecht *nt* JUR пра́во *ср* на насле́дство

erbringen [ɛɐ'brɪŋən] *vt* 1. *(beschaffen)* добыва́ть, -быть *св* 2. *(leisten)* предоставля́ть, -ста́вить *св;* **Dienstleistungen ~** предоставля́ть услу́ги; **den Beweis ~** привести́ доказа́тельство; **wirtschaftlichen Nutzen ~** дать экономи́ческий эффе́кт

Erbschaft <-, -en> *f* насле́дство *ср;* **eine ~ machen** получи́ть насле́дство

Erbschleicher(in) <-s, -> *m(f)* лицо́ *ср*, пыта́ющееся обма́нным путём получи́ть насле́дство

Erbschleicherei <-> *f* попы́тки *жмн* обма́нным путем получи́ть насле́дство

Erbse ['ɛrpsə] <-, -n> *f* горо́х *м*

Erbsensuppe *f* GASTR горо́ховый суп *м*

Erbstück <-(e)s, -e> *nt вещь, доста́вшаяся по насле́дству;* **der Schrank ist ein ~ meiner Großmutter** шкаф – ба́бушкино насле́дство

Erbteil <-(e)s, -e> *nt* до́ля *ж* насле́дства

Erdanziehung *f ohen pl* земно́е притяже́ние *ср*

Erdbeben <-s, -> *nt* землетрясе́ние *ср*

Erdbeere <-, -n> *f* клубни́ка *ж; (Wald~)* земляни́ка *ж*
Erdbeschleunigung <-> *f* ускоре́ние *ср* си́лы тя́жести
Erdbevölkerung <-> *f* населе́ние *ср* земли́
Erdboden <-s> *m* земля́ *ж;* **eine Stadt dem ~ gleich machen** сравня́ть го́род с землёй; **wie vom ~ verschluckt** как сквозь зе́млю провали́лся
Erde ['e:ɐdə] <-> *f* **1.** *(der Planet)* Земля́ *ж* **2.** *(Erdreich)* земля́ *ж,* по́чва *ж;* **auf der ~** на земле́; **unter der ~** под землёй; **jdn unter die ~ bringen** *fam* свести́ кого́-л. в моги́лу
erden *vt* EL заземля́ть, -ми́ть *св*
erdenklich *adj* мы́слимый; **sich** *dat* **alle erdenkliche Mühe geben** прилага́ть все возмо́жные уси́лия
Erdgas <-es> *nt* приро́дный газ *м*
ErdgeschossRR <-es, -e> *nt* пе́рвый эта́ж *м*
erdig ['e:ɐdɪç] *adj* земляно́й
Erdkunde <-> *f* геогра́фия *ж*
Erdmagnetismus <-> *m* геомагнети́зм *м*
Erdmittelpunkt <-(e)s> *m* центр *м* Земли́
ErdnussRR <-, -nüsse> *f* ара́хис *м*
Erdoberfläche <-> *f* пове́рхность *ж* земли́
Erdöl <-(e)s> *nt* нефть *ж;* **~ exportierend** экспорти́рующий нефть
Erdölembargo <-s, -s> *nt* нефтяно́е эмба́рго *ср*
Erdöl exportierend *adj* экспорти́рующий нефть
Erdölförderindustrie <-> *f* нефтедобыва́ющая промы́шленность *ж*
Erdölförderland <-(e)s, -länder> *nt* нефтедобыва́ющая страна́ *ж*
Erdölgeschäft <-(e)s, -e> *nt* нефтяно́й би́знес *м*
Erdölgesellschaft <-, -en> *f* нефтяна́я компа́ния *ж*
Erdölraffinerie <-, -en> *f* нефтеперера́батывающий заво́д *м*
Erdölvorkommen <-s, -> *nt* нефтяно́е месторожде́ние *ср*
erdreisten [ɛɐ'draɪstən] *vr geh* осме́ливаться, -литься *св*
erdröhnen *vi sein* прогреме́ть
erdrosseln *vt* удави́ть *св,* уда́вливать *нсв,* души́ть, за- *св*
erdrücken *vt* дави́ть, раз- *св,* за- *св*
Erdrutsch ['e:ɐtrʊtʃ] <-(e)s, -e> *m* о́ползень *м*
Erdteil <-(e)s, -e> *m* часть *ж* све́та
Erdtrabant <-(e)s, -en> *m* спу́тник *м* земли́
erdulden *vt* выноси́ть, вы́нести *св*
Erdumlaufbahn *f* орби́та *ж* земли́
Erdumsegelung <-, -en> *f* кругосве́тное пла́вание *ср*
ereifern [ɛɐ'aɪfɐn] *vr* горячи́ться, по- *св;* **sich über etw ~** горячи́ться по по́воду чего́-л.
ereignen [ɛɐ'aɪgnən] *vr* происходи́ть, -изойти́ *св;* **in den letzten Wochen hat sich viel ereignet** за после́дние неде́ли мно́гое произошло́
Ereignis <-ses, -se> *nt* собы́тие *ср,* происше́ствие *ср;* **die ~se überstürzen sich** происше́ствия сле́довали одно́ за други́м; **ein freudiges ~** счастли́вое собы́тие
ereignisreich *adj* бога́тый собы́тиями
Erektion [erɛk'ts̮i̯o:n] <-, -en> *f* эре́кция *ж*
Erektionsstörung <-, -en> *f* наруше́ние *ср* эре́кции
Eremit [ere'mi:t] <-en, -en> *m* отше́льник *м*
Eremitage <-> *f* Эрмита́ж *м*
erfahren <irr> **I.** *vt* **1.** *(feststellen)* узнава́ть, -на́ть *св;* **ich habe das erst heute ~** я об э́том то́лько сего́дня узна́л; **wir haben ~, dass ...** мы узна́ли, что ... **2.** *geh (die Erfahrung von etw machen)* испы́тывать, испыта́ть *св;* **er hat im Leben viel Ungerechtigkeit ~** он испыта́л в жи́зни мно́го несправедли́вости **II.** *vi* узнава́ть о, -на́ть *св;* **er hat rechtzeitig von diesem Angebot ~** он во́время узна́л об э́том предложе́нии **III.** *adj* о́пытный, све́дущий
Erfahrung <-, -en> *f* о́пыт *м;* **schlechte ~en machen** име́ть печа́льный о́пыт; **aus eigener ~ lernen** учи́ться на со́бственном о́пыте; **~en austauschen** обме́ниватся о́пытом; **viel ~ besitzen** име́ть большо́й о́пыт; **aus (eigener) ~** по (со́бственному) о́пыту; **etw in ~ bringen** узна́ть что-л.
Erfahrungsaustausch <-es> *m* обме́н *м* о́пытом
erfahrungsgemäß *adv* на осно́ве о́пыта, по о́пыту
erfassen *vt* **1.** *(verstehen, begreifen)* понима́ть, -ня́ть *св,* схва́тывать, -ти́ть *св;* **sie kann alles sehr schnell ~** она́ всё схва́тывает на лету́ **2.** *(registrieren)* регистри́ровать, за- *св* **3.** *(überkommen)* охва́тывать, -ти́ть *св;* **Verzweiflung erfasste sie** её охвати́ло отча́яние **4.** *(berücksichtigen)* включа́ть, -чи́ть *св,* охва́тывать, -ти́ть *св;* **diese Untersuchung erfasst auch kleinste Details** э́то иссле́дование охва́тывает всё до мельча́йших дета́лей **5.** *(mit Gewalt mitreißen)* сбива́ть, сбить *св;* **der Mann wurde von der Lokomotive erfasst** мужчи́на был сбит локомоти́вом
Erfassung <-, -en> *f (Evidenz)* учёт *м;* **buchhalterische ~** бухга́лтерский учёт; **stichprobenartige ~** вы́борочный учёт; **laufende ~** теку́щий учёт; **~ von Daten** DV сбор да́нных

E

erfinden <irr> *vt* **1.** *(eine Erfindung machen)* изобрета́ть, -брести́ *св* **2.** *(sich ausdenken)* приду́мывать, -ду́мать *св;* **diese Geschichte hat er doch nur erfunden** э́ту исто́рию он про́сто вы́думал
Erfinder(in) <-s, -> *m(f)* изобрета́тель *м,* изобрета́тельница *ж*
erfinderisch *adj* изобрета́тельный
Erfindung <-, -en> *f* изобрете́ние *ср;* **eine ~machen** сде́лать изобрете́ние
Erfindungsgeist <-(e)s> *m* тво́рческий ум *м*
Erfindungsreichtum <-s> *m* изобрета́тельность *ж*
Erfolg [ɛɐ'fɔlk *pl:* ɛɐ'fɔlgə] <-(e)s, -e> *m* **1.** *(positives Ergebnis)* успе́х *м,* уда́ча *ж;* **~ haben** име́ть успе́х; **~ versprechend** обеща́ющий успе́х; **viel ~!** успе́хов!; **mit durchschlagendem ~** с огро́мным успе́хом; **von ~ gekrönt** уве́нчанный успе́хом; **einen ~ verzeichnen** име́ть успе́х; **jdm zu seinem ~ gratulieren** поздравля́ть кого-л. с успе́хом; **ein voller ~** по́лный успе́х **2.** *(als Ergebnis der wirtschaftlichen Tätigkeit)* при́быль *ж;* **negativer ~** отрица́тельный результа́т *м*
erfolgen *vi* сле́довать, по- *св*
erfolglos *adj* безуспе́шный, безрезульта́тный; **~ an der Börse spekulieren** неуда́чно спекули́ровать на би́рже; **~es Unternehmen** нерента́бельное предприя́тие
Erfolglosigkeit <-> *f* безуспе́шность *ж*
erfolgreich *adj* успе́шный, уда́чный
Erfolgsanalyse <-, -n> *f* ана́лиз *м* результати́вности
Erfolgsaussicht <-, -en> *f* шанс *м* на успе́х
Erfolgsbilanz <-, -en> *f* результати́вный бала́нс *м*
Erfolgserlebnis <-ses, -se> *nt* ощуще́ние *ср* уда́чи
Erfolgskonto <-s, -konten> *nt* результати́вный счёт *м*
Erfolgskontrolle <-, -n> *f* контро́ль *м* результа́та
Erfolgskurve <-, -n> *f* гра́фик *м* результа́тов де́ятельности
erfolgsorientiert *adj* ориенти́рующийся на успе́х [*или* результа́т, уда́чу]
Erfolgsrezept [ɛɐ'fɔlksret͡sɛpt] <-(e)s, -e> *nt* реце́пт *м* успе́ха
erfolgversprechend *adj* обеща́ющий успе́х
erforderlich [ɛɐ'fɔrdɐlɪç] *adj* необходи́мый; **unbedingt ~** обяза́тельно необходи́мый
erfordern *vt (notwendig machen)* тре́бовать, по- *св;* **diese Arbeit erfordert ein Höchstmaß an Konzentration** э́та рабо́та тре́бует высоча́йшей концентра́ции
Erfordernis <-ses, -se> *nt* тре́бование *ср,* потре́бность *ж*
erforschen *vt* иссле́довать *(н)св*
Erforschung <-> *f* иссле́дование *ср*
erfragen *vt* расспра́шивать, -спроси́ть *св;* **den Weg ~** расспроси́ть о доро́ге
erfreuen I. *vt* ра́довать, об- *св* **II.** *vr* ра́доваться, об- *св;* **sich an etw ~** обра́доваться чему́-л.
erfreulich *adj* ра́достный, отра́дный
erfreulicherweise [-'- - -'- -] *adv* к сча́стью
erfreuen I. *vt (Freude bereiten)* ра́довать, об- *св;* **sehr erfreut!** о́чень рад!; **über jdn/etw erfreut sein** ра́доваться кому́-л./чему́-л. **II.** *vr* **sich ~ 1.** *(sich freuen)* ра́доваться **2.** *geh (genießen)* наслажда́ться
erfrieren <irr> *vi* **1.** *(ein Körperteil)* обмора́живать, -ро́зить *св* **2.** *(an Erfrierung sterben)* замерза́ть, -мёрзнуть *св*
Erfrierung <-, -en> *f* обмороже́ние *ср*
erfrischen I. *vt* освежа́ть, -жи́ть *св* **II.** *vr* освежа́ться, -жи́ться *св*
erfrischend *adj (Brise, Getränk)* освежа́ющий
Erfrischung <-, -en> *f* **1.** *(das Erfrischen)* освеже́ние *ср* **2.** *(Getränk, Speise)* прохлади́тельный напи́ток *м,* освежа́ющий напи́ток *м;* **darf ich Ihnen eine ~ anbieten?** позво́льте предложи́ть вам что́-нибудь освежа́ющее?
Erfrischungsgetränk [ɛɐ'frɪʃʊŋsgətrɛŋk] *nt* освежа́ющий напи́ток *м*
Erfrischungstuch <-(e)s, -tücher> *nt* освежа́ющая салфе́тка *ж*
erfüllen I. *vt* **1.** *(einen Raum ausfüllen)* наполня́ть, -по́лнить *св;* **eine Stehlampe erfüllte den Raum mit einem warmen Licht** торше́р наполня́л ко́мнату тёплым све́том **2.** *(jdn innerlich beanspruchen)* быть *нсв* по́лным; **alle Mitarbeiter waren von ehrgeizigen Hoffnungen erfüllt** все сотру́дники бы́ли полны́ честолюби́вых наде́жд **3.** *(Vertrag, Pflicht)* выполня́ть, вы́полнить *св;* **er erfüllte immer seine Aufgaben** он всегда́ выполня́л свои́ зада́чи **II.** *vr (in Erfüllung gehen)* сбыва́ться, сбы́ться *св,* исполня́ться, -по́лниться *св;* **seine Wünsche sollten sich erst sehr viel später ~** его́ мечта́м суждено́ бы́ло испо́лниться мно́го по́зже
Erfüllung <-> *f* исполне́ние *ср,* выполне́ние *ср;* **in ~ gehen** испо́лниться; **termingerechte ~ eines Auftrags** выполне́ние зака́за в срок; **~ einer Bedingung** исполне́ние усло́вия; **die ~ von Verbindlichkeiten** исполне́ние обяза́тельств
Erfüllungsgehilfe <-n, -n> *m* JUR помо́щник *м* должника́ при исполне́нии обяза́тельств
erfüllungshalber *adv* с це́лью исполне́ния
Erfüllungsort <-(e)s, -e> *m* JUR ме́сто *ср* исполне́ния (обяза́тельства)

erfunden *pp von* **erfinden**
ergangen *pp von* **ergehen**
ergänzen [ɛɐ̯'gɛntsən] **I.** *vt* дополня́ть, -по́лнить *св,* добавля́ть, -ба́вить *св;* **verbesserte und ergänzte Ausgabe** испра́вленное и допо́лненное изда́ние; **die Lagerbestände ~** дополня́ть скла́дские запа́сы; **einen Betrag ~** дополня́ть су́мму **II.** *vr* дополня́ть, -по́лнить *св* друг дру́га
Ergänzung <-, -en> *f* **1.** *(Nachtrag)* дополне́ние *ср,* добавле́ние *ср;* **Anmerkungen und ~en** примеча́ния и добавле́ния **2.** *(Komplettierung)* дополне́ние *ср;* **~ des Sortiments** дополне́ние ассортиме́нта
Ergänzungsband <-(e)s, -bände> *m* дополни́тельный том *м*
Ergänzungsbilanz <-, -en> *f* ÖKON дополни́тельный бала́нс *м*
ergattern [ɛɐ̯'gatɐn] *vt umg* раздобы́ть *св,* -быва́ть *нсв*
ergeben <irr> **I.** *vt* составля́ть, -та́вить *св,* дава́ть, дать *св;* **die Berechnung ergibt folgendes Ergebnis ...** подсчёт даёт сле́дующий результа́т ... **II.** *vr* **sich ~** ока́зываться, -за́ться *св;* **es hatte sich ~, dass ...** оказа́лось, что ...; **daraus ergibt sich, dass ...** из э́того выхо́дит, что ... **III.** *adj* пре́данный, ве́рный
Ergebenheit <-> *f* пре́данность *ж*
Ergebnis [ɛɐ̯'ge:pnɪs] <-ses, -se> *nt* **1.** *(Auswirkung)* после́дствие *ср* **2.** *(einer Rechnung)* результа́т *м;* **angenähertes ~** приближённый результа́т; **dürftiges ~** неубеди́тельный результа́т; **die ~se auswerten** оцени́ть и обобщи́ть результа́ты; **wir sind zu dem ~ gekommen, dass ...** мы пришли́ к вы́воду, что ...
ergebnislos *adj* безрезульта́тный; **die Suche nach den Vermissten verlief ~** по́иски пропа́вших зако́нчились безрезульта́тно
Ergebnisprognose <-, -n> *f* прогно́з *м* результа́тов
Ergebnisverbesserung <-, -en> *f* улучше́ние *ср* результа́та
ergehen <irr> **I.** *vi* жи́ться *нсв;* **jdm ergeht es gut/schlecht** кому́-л. живётся хорошо́/пло́хо; **ihr ist es dort gut/schlecht ergangen** ей там бы́ло хорошо́/пло́хо; **etw über sich ~ lassen** терпе́ть что-л. **II.** *vr geh* **sich ~** вдава́ться, вда́ться *св;* **er erging sich in weitschweifigen Erklärungen** он углуби́лся в простра́нные разъясне́ния
ergiebig [ɛɐ̯'gi:bɪç] *adj* **1.** *(ertragreich)* оби́льный, плодотво́рный; **diese Ernte war besonders ~** э́тот урожа́й был осо́бенно оби́льным; **seine Nachforschungen waren nicht sonderlich ~** его́ иссле́дования оказа́лись не осо́бенно плодотво́рными **2.** *(Waschmittel)* эконо́мный
Ergometer <-s, -> *nt* эргоме́тр *м*
Ergonomie [ɛrgono'mi:] <-> *f* эргоно́мика *ж*
ergonomisch [ɛrgo'no:mɪʃ] *adj* эргономи́ческий
ergötzen *vr geh* доставля́ть, -ста́вить *св* наслажде́ние; **sich an etw ~** наслажда́ться чем-л.
ergreifen <irr> *vt* **1.** *(eine Sache)* хвата́ть, схвати́ть *св* **2.** *(das Wort)* брать, взять *св;* **sie ergriff das Wort** она́ взяла́ сло́во **3.** *(die Macht)* захвати́ть *св,* -хва́тывать *нсв*
ergreifend *adj* тро́гательный
ergriffen [ɛɐ̯'grɪfən] *adj* взволно́ванный, тро́нутый
ergründen *vt* изуча́ть, иссле́довать
Erguss[RR] [ɛɐ̯'gʊs, ɛɐ̯'gʏsə] <-es, Ergüsse> *m,* **Erguß**[Alt] <-gusses, Ergüsse> *m* **1.** *(Bluterguss)* излия́ние *ср* **2.** *(Samenerguss)* эякуля́ция *ж*
erhaben [ɛɐ̯'ha:bən] *adj* **1.** *(erhebend)* возвыша́ющий; **ein ~es Kunstwerk** вели́кое произведе́ние иску́сства **2.** *(über den Dingen stehend)* быть вы́ше; **über jeden Zweifel ~** вне вся́кого сомне́ния; **über jeden Verdacht ~ sein** быть вы́ше вся́ких подозре́ний **3.** *(aus einer Fläche herausragend)* вы́пуклый, релье́фный
Erhabenheit *f ohne pl* превосхо́дство *ср; (Feierlichkeit)* торже́ственность *ж*
erhalten <irr> *vt* **1.** *(bekommen)* получа́ть, -чи́ть *св;* **das Geld am Schalter ~** получа́ть де́ньги в ка́ссе; **eine Chance ~** получи́ть возмо́жность; **eine Mitteilung per Fax ~** получи́ть сообще́ние по фа́ксу; **einen abschlägigen Bescheid ~** получи́ть отка́з; **etwas als Geschenk ~** получи́ть что-л. в пода́рок; **etwas zugeschickt ~** получи́ть что-л. по по́чте **2.** *(bewahren)* сохраня́ть, -ни́ть *св;* **gut ~e Kleidungsstücke** хорошо́ сохрани́вшаяся оде́жда; **Lebensmittel frisch ~** сохраня́ть проду́кты све́жими; **jdn am Leben ~** подде́рживать кого́-л. живы́м; **etw ist gut ~** что-л. хорошо́ сохрани́лось **3.** *(den Lebensunterhalt sichern)* содержа́ть *нсв;* **wie soll er von dem Gehalt seine Familie ~?** как ему́ на э́ту зарпла́ту содержа́ть семью́?
erhältlich [ɛɐ̯'hɛltlɪç] *adj* кото́рый мо́жно получи́ть; **nur auf Rezept ~** мо́жно получи́ть то́лько по реце́пту
Erhaltung <-> *f* сохране́ние *ср,* содержа́ние *ср*
Erhaltungsaufwand <-(e)s> *m* изде́ржки *мн* по поддержа́нию в испра́вности
Erhaltungsmaßnahme <-, -n> *f* ме́ра *ж* по поддержа́нию в испра́вности
erhängen **I.** *vt* ве́шать, пове́сить *св* **II.** *vr* пове́ситься *св,* ве́шаться *нсв*
erhärten *vt (Verdacht)* подтвержда́ть,

-тверди́ть *св*

erheben <irr> I. *vt* 1. *(heben)* поднима́ть, -ня́ть *св;* **wer dafür ist, möge jetzt den Arm ~** кто „за" - прошу́ подня́ть ру́ку; **er erhob sein Glas** он по́днял свой бока́л 2. *(einziehen)* взы́скивать, взыска́ть *св,* собира́ть, -бра́ть *св;* **Daten ~** собира́ть да́нные; **von jdm Steuern ~** взы́скивать нало́ги с кого́-л.; **etwas zum Prinzip ~** возвести́ в при́нцип что-л.; **zum Gesetz ~** возвести́ в зако́н 3. *(vorbringen)* заявля́ть, -и́ть *св;* **Ansprüche ~** заявля́ть прете́нзии; **Einspruch ~** заявля́ть возраже́ние; **Protest ~** заявля́ть проте́ст; **die Stimme ~** *geh* повы́сить го́лос II. *vr* **sich ~** *(aufstehen)* поднима́ться, -ня́ться *св*

erheblich [ɛɐ'he:plɪç] *adj* значи́тельный; **~ besser** намно́го лу́чше

Erhebung <-, -en> *f* 1. *(Erfassung)* сбор *м,* учёт *м;* **repräsentative ~** вы́борочный учёт; **statistische ~** сбор статисти́ческих да́нных, статисти́ческая пе́репись 2. *(Einziehung)* взима́ние *ср;* **~ von Zöllen** взимание тамо́женной по́шлины

Erhebungsstichtag <-(e)s, -e> *m* да́та *ж* пе́реписи

erheitern [ɛɐ'haɪtɐn] *vt* весели́ть, развесели́ть *св*

erheiternd *adj* смешно́й, заба́вный

Erheiterung <-> *f* развлече́ние *ср,* увеселе́ние *ср*

erhellen *vt auch fig* освеща́ть, -вети́ть *св*

erhitzen [ɛɐ'hɪtsən] I. *vt* нагрева́ть, -гре́ть *св* II. *vr* нагрева́ться, -гре́ться *св*

erhoffen *vr* ожида́ть *нсв;* **er erhoffte sich viel vom Leben** он мно́гого ждал от жи́зни

erhöhen [ɛɐ'hø:ən] I. *vt (um einen Betrag/Prozentsatz)* повыша́ть, -вы́сить *св;* **die Preise drastisch ~** ре́зко повы́сить це́ны; **die Steuern ~** повыша́ть нало́ги; **erhöhtes Risiko** повы́шенный риск; **den Preis um vier Euro ~** повы́сить це́ну на четы́ре е́вро II. *vr* **sich ~** *(Gehalt)* повы́ситься

Erhöhung <-, -en> *f (das Steigern)* повыше́ние *ср;* **~ des Diskontsatzes** повыше́ние проце́нтной ста́вки; **~ des Nutzeffekts** повыше́ние эффекти́вности

erholen *vr* отдыха́ть, -дохну́ть *св;* **sich von etw ~** отдохну́ть от чего́-л.

erholsam [ɛɐ'ho:lza:m] *adj* спосо́бствующий о́тдыху

Erholung <-> *f* о́тдых *м*

erholungsbedürftig *adj* нужда́ющийся в о́тдыхе

Erholungsgebiet <-(e)s, -e> *nt* зо́на *ж* о́тдыха

Erholungsheim <-(e)s, -e> *nt* дом *м* о́тдыха

Erholungskur <-, -en> *f* лече́бный о́тдых *м*

erhören *vt* слы́шать, услы́шать *св*

erinnern [ɛɐ'ɪnən] I. *vt* напомина́ть, -по́мнить *св;* **jdn an etw ~** напо́мнить кому́-л. о чём-л.; **ich sollte dich daran ~, dass ...** я до́лжен тебе́ напо́мнить, что ... II. *vr* **sich an etw ~** вспомина́ть что-л.; **soweit ich mich ~ kann** наско́лько я припомина́ю

Erinnerung <-, -en> *f* 1. *(erinnerter Eindruck)* воспомина́ние *ср* 2. *(Gedächtnis)* па́мять *ж;* **zur ~ an ...** на па́мять о ...; **etw in guter ~ behalten** хорошо́ по́мнить что-л.

Erinnerungswerbung <-, -en> *f* напомина́ющая рекла́ма *ж*

erkälten [ɛɐ'kɛltən] *vr* простужа́ться, -студи́ться *св*

erkältet [ɛr'kɛltət] *adj* просту́женный

Erkältung <-, -en> *f* просту́да *ж;* **eine ~ bekommen** простуди́ться

erkämpfen *vt* завоева́ть, доби́ться

erkennbar *adj* заме́тный, узнава́емый

erkennen <irr> I. *vt* 1. *(sehen)* ви́деть, уви́деть *св;* **am Horizont konnte man ein Schiff ~** на горизо́нте мо́жно бы́ло различи́ть кора́бль 2. *(identifizieren)* узнава́ть, -на́ть *св,* распознава́ть, -зна́ть *св* по; **man erkennt seine Bilder gleich an den prachtvollen Farben** его́ карти́ны мо́жно сра́зу узна́ть по великоле́пным кра́скам; **jdn an etw** *dat* **wieder ~** узна́ть кого́-л. по чему́-л.; **er war nicht wieder zu ~** он был не похо́ж на себя́ II. *vi* JUR **~ auf** + *akk* вы́нести пригово́р

erkenntlich [ɛɐ'kɛntlɪç] **sich (bei jdm) ~ zeigen** отблагодари́ть кого́-л.

Erkenntnis <-, -se> *f* осозна́ние *ср;* **zu einer ~ gelangen** осозна́ть; **zu der ~ kommen, dass ...** прийти́ к вы́воду, что ...

Erkennung <-> *f* узнава́ние *ср,* опозна́ние *ср*

Erkennungsmarke <-, -n> *f* ли́чный знак *м* (солда́та)

Erkennungszeichen <-s, -> *nt* опознава́тельный знак *м;* **als ~ sollte er eine Zeitung in der Hand halten** в ка́честве опознава́тельного зна́ка он до́лжен держа́ть в рука́х газе́ту

Erker ['ɛrkɐ] <-s, -> *m* э́ркер *м*

erklärbar [ɛɐ'klɛ:ɐba:ɐ] *adj* объясни́мый, поня́тный

erklären I. *vt* 1. *(eine Erklärung von etw geben)* объясня́ть, -ни́ть *св;* **er erklärte uns diesen Zusammenhang** он объясни́л нам э́ту взаимосвя́зь; **die neue Theorie erklärte alle diese Phänomene** но́вая тео́рия объясни́ла все э́ти феноме́ны; **das erklärt alles!** э́тим всё объясня́ется! 2. *(auf einer Versammlung)* заявля́ть, -ви́ть *св;* **er wurde vermisst erklärt** он был объя́влен пропа́вшим; **sein Einverständnis ~** заявля́ть о своём согла́сии;

erlauben

• **um Erlaubnis bitten** **Darf ich** Sie kurz stören / unterbrechen? **Haben/Hätten Sie was dagegen, wenn** ich das Fenster aufmache? **Sind Sie damit einverstanden, wenn** ich im Juli Urlaub nehme?	• **Просьба о позволении** **Я могу** прервать вас на минутку? **Вы не возразите / Вы не возразили бы, если** я открою / открыл бы окно? **У тебя не будет возражений, если** я возьму отпуск в июле?
• **erlauben** Wenn du mit deinen Hausaufgaben fertig bist, **darfst du** raus spielen. **Sie dürfen gern** hereinkommen. In diesem Bereich **dürfen** Sie rauchen. **Wenn Sie möchten**, können Sie hier parken.	• **Разрешение** **Ты можешь** выйти поиграть, когда сделаешь домашнее задание. **Добро пожаловать** к нам. Вы **можете** здесь курить. **Если вы хотите,** вы можете поставить здесь машину на стоянку.

sich mit jdm solidarisch ~ заявля́ть о свое́й солида́рности с кем-л.; **jdn für schuldig** ~ призна́ть вину́ кого́-л.; **jdn für tot** ~ объяви́ть о сме́рти кого́-л. **II.** *vr* **sich** ~ объясня́ться, -сни́ться *св;* **das erklärt sich wohl von selbst** само́ по себе́ поня́тно; **sich einverstanden** ~ согласи́ться

erklärlich *adj* поня́тный, объясни́мый

Erklärung <-, -en> *f* **1.** *(Erläuterung)* объясне́ние *ср;* **ich schulde Dir eine** ~ я до́лжен тебе́ ко́е-что объясни́ть **2.** *(bindende Äußerung)* заявле́ние *ср;* **gemeinsame** ~ совме́стное заявле́ние; **mündliche** ~ у́стное заявле́ние; **öffentliche** ~ публи́чное заявле́ние; **offizielle** ~ официа́льное заявле́ние; **programmatische** ~ програ́ммное заявле́ние; **schriftliche** ~ пи́сьменное заявле́ние; **eine** ~ **abgeben** де́лать заявле́ние

Erklärungsbedarf <-(e)s> *m* потре́бность *ж* в объясне́нии

Erklärungstag <-(e)s, -e> *m* BÖRSE день *м* объявле́ния отчёта

erklingen <irr> *vi* зазвене́ть *св,* зазвуча́ть *св*

erkranken *vi* заболе́ть *св,* -лева́ть *нсв;* **an etw** ~ заболе́ть чем-л.

Erkrankung <-, -en> *f* заболева́ние *ср*

erkunden [ɛɐ'kʊndən] *vt* разве́дывать, -дать *св*

erkundigen [ɛɐ'kʊndɪgən] *vr* справля́ться, спра́виться *св,* узнава́ть, -на́ть *св;* **sich nach dem Weg** ~ узнава́ть доро́гу

Erkundigung <-, -en> *f* спра́вка *ж;* **~en einziehen** наводи́ть спра́вки

Erlagsschein <-(e)s, -e> *m (Überweisungsformular)* бланк *м* де́нежного перево́да

erlahmen *vi* **1.** *(lahm werden)* отнима́ться, -ня́ться *св* **2.** *geh (nachlassen)* ослабева́ть, -бе́ть *св;* **das Interesse erlahmte sehr rasch** интере́с бы́стро ослабе́л

erlangen *vt* достига́ть, -сти́чь *св,* получа́ть, -чи́ть *св*

Erlass[RR] [ɛɐ'las] <-es, -e> *m,* **Erlaß**[Alt] <-lasses, -lasse> *m* **1.** *(Verordnung)* ука́з *м,* предписа́ние *ср; (Verfugen)* распоряже́ние *ср;* **einen** ~ **verabschieden** издава́ть ука́з **2.** *(Herausgabe)* изда́ние *ср;* ~ **eines Gesetzes** изда́ние зако́на **3.** *(Aufhebung)* освобожде́ние *ср,* отме́на *ж;* ~ **einer Strafe** отме́на наказа́ния **4.** *(Herabsetzung)* уменьше́ние *ср;* ~ **der Steuern** уменьше́ние нало́гов

erlassen <irr> *vt* **1.** *(Verordnung)* издава́ть, -да́ть *св* **2.** *(Schulden)* проща́ть, прости́ть *св;* **jdm etw** ~ *(Pflicht)* освободи́ть кого́-л. от чего́-л.; **jdm eine Strafe** ~ освободи́ть кого́-л. от наказа́ния

erlauben [ɛɐ'laʊbən] **I.** *vt* разреша́ть, -ши́ть *св;* **sich** *dat* **etw** ~ позво́лить себе́ что-л.; **jdm etw** ~ разреши́ть кому́-л. что-л. **II.** *vr* позволя́ть, -во́лить *св;* **es ist ungeheuerlich, was die sich in letzter Zeit** ~ невероя́тно, что они́ себе́ позволя́ют в после́днее вре́мя

Erlaubnis <-, -se> *f* разреше́ние *ср,* позволе́ние *ср;* **jdm eine** ~ **geben** разреши́ть кому́-л.; **jdn um** ~ **bitten** спроси́ть разреше́ния у кого́-л.

erläutern [ɛɐ'lɔɪtɐn] *vt* поясня́ть, -сни́ть *св,* объясня́ть, -ни́ть *св*

Erläuterung <-, -en> *f* поясне́ние *ср,* объясне́ние *ср*

Erle ['ɛrlə] <-, -n> *f* ольха́ *ж*

erleben *vt* **1.** *(die Erfahrung von etw machen)* пережива́ть, -жи́ть *св;* **er erlebte mit ihr den schönsten Urlaub seines Lebens** он провёл с ней лу́чший о́тпуск в свое́й жи́зни; **ich möchte einmal ~, dass du pünktlich bist** я хочу́ оди́н раз уви́деть, как ты придёшь во́время; **wenn du das tust, kannst du was** ~ *fam* э́то тебе́ да́ром не пройдёт **2.** *(jdn in einer bestimmten Weise erfahren)* ви́деть, уви́деть *св;* **man musste ihn einmal erlebt haben** его́ ну́жно бы́ло

Erleichterung ausdrücken

• Erleichterung ausdrücken	• **Выражение облегчения**
Bin ich froh, dass es so gekommen ist!	**Я очень рад, что всё обернулось именно так!**
Mir fällt ein Stein vom Herzen!	**Как гора с плеч!**
Ein Glück, dass du gekommen bist!	**Какое счастье**, что ты пришёл!
Gott sei Dank!	**Слава Богу!**
Geschafft!	**Наконец-то получилось! / вышло!**
Endlich!	**Наконец-то!**

оди́н раз уви́деть; **so habe ich ihn noch nie erlebt** таки́м я его́ никогда́ не ви́дел **3.** *(noch am Leben sein)* дожива́ть, -жи́ть *св;* **die Hochzeit seiner Tochter hat er leider nicht mehr erlebt** до сва́дьбы свое́й до́чери он, к сожале́нию, не до́жил

Erlebensfallversicherung <-, -en> *f* страхова́ние *ср* на дожи́тие

Erlebnis <-ses, -se> *nt* собы́тие *ср;* **zum ~ werden** стать больши́м собы́тием

erledigen [ɛɐ'le:dɪgən] **I.** *vt* **1.** *(ausführen)* выполня́ть, вы́полнить *св,* исполня́ть, -по́лнить *св;* **das Problem ist erledigt** пробле́ма решена́; **Botengänge ~** исполня́ть поруче́ния; **eine Arbeit gewissenhaft ~** добросо́вестно выполня́ть рабо́ту; **notwendige Einkäufe ~** де́лать необходи́мые поку́пки; **ich habe noch etwas zu ~** мне еще на́до что-то сде́лать; **die Sache ist für mich erledigt** для меня́ вопро́с решён **2.** *(bearbeiten)* обраба́тывать, -рабо́тать *св;* **die Post ~** обраба́тывать корреспонде́нцию **II.** *vr* **sich ~** нала́диться

erledigt *adj fam* уста́вший; **ich bin völlig ~** я о́чень уста́л

Erledigung <-, -en> *f* **1.** *(Durchführung)* исполне́ние *ср,* оконча́ние *ср* **2.** *(Tilgung)* ликвида́ция *ж,* погаше́ние *ср*

erlegen [ɛɐ'le:gən] *vt (Tier)* убива́ть, уби́ть *св*

erleichtern [ɛɐ'laɪçtɐn] *vt* **1.** *(etw einfacher machen)* облегча́ть, облегчи́ть *св;* **dieses Computerprogramm erleichtert die Arbeit ungemein** э́та компью́терная програ́мма чрезвыча́йно облегча́ет рабо́ту **2.** *(von Sorge befreien)* успока́ивать, -ко́ить *св;* **erleichtert atmete er auf** он облегчённо вздохну́л; **nach dem Geständnis wirkte er sichtlich erleichtert** по́сле призна́ния он вы́глядел я́вно успоко́енным **3.** *umg (bestehlen)* обкра́дывать, обокра́сть *св;* **jdn um 100 Euro ~** *fam* укра́сть у кого́-л. 100 е́вро; **die Diebe haben ihn um 1000 Euro erleichtert** во́ры обокра́ли его́ на 1000 е́вро

Erleichterung <-, -en> *f* облегче́ние *ср;* **das Medikament verschaffte dem Kranken ~** лека́рство принесло́ больно́му облегче́ние; **zu meiner großen ~** к моему́ облегче́нию

erleiden <irr> *vt* терпе́ть, по- *св;* **sie haben eine Niederlage erlitten** они́ потерпе́ли пораже́ние

erlernbar *adj* поддаю́щийся изуче́нию

erlernen *vt* изуча́ть, -чи́ть *св*

erlesen *adj* отбо́рный, и́збранный

erleuchten *vt* **1.** *(mit Licht)* освеща́ть, -вети́ть *св;* **der Saal war von Kronleuchtern festlich erleuchtet** зал был пра́зднично освещён лю́страми **2.** *geh (geistig, spirituell)* озаря́ть, -ри́ть *св*

Erleuchtung <-> *f* просветле́ние *ср,* озаре́ние *ср*

erlitt *prät von* **erleiden**

erlogen *adj* ло́жный, лжи́вый

Erlös [ɛɐ'lœ:s] <-es, -e> *m* вы́ручка *ж;* **~e aus Lizenzen** вы́ручка от реализа́ции лице́нзий; **den ~ maximieren** добива́ться максима́льной вы́ручки

Erlösberichtigung <-, -en> *f* ÖKON корректиро́вка *ж* объёма вы́ручки

erlosch *prät von* **erlöschen**

erloschen *adj (Vulkan)* поту́хший

erlöschen <erlosch, erloschen> *vi* га́снуть, по- *св,* ту́хнуть, по- *св*

Erlöschen <-s> *nt* **1.** *(Beendigung)* прекраще́ние *ср;* **~ des Vertrages** прекраще́ние де́йствия догово́ра; **~ einer Firma** прекраще́ние существова́ния фи́рмы; **~ einer Versicherung** прекраще́ние страхова́ния; **~ der Vollmacht** прекраще́ние де́йствия дове́ренности **2.** *(Ablauf)* истече́ние *ср;* **nach ~ der Frist** по истече́нии сро́ка **3.** *(Tilgung)* погаше́ние *ср;* **~ einer Schuld** погаше́ние до́лга; **~ durch Verjährung** погаше́ние за да́вностью **4.** *(Verfall)* потеря *ж;* **~ des Anspruchs** поте́ря пра́ва притяза́ния

erlösen *vt* избавля́ть, -ба́вить *св;* **jdn von etw ~** спасти́ кого́-л. от чего́-л.

Erlöskonto <-s, -konten> *nt* счёт *м* на дохо́д

Erlösschmälerung <-, -en> *f* уменьше́ние *ср* вы́ручки

Erlösung <-> *f* избавле́ние *ср,* спасе́ние *ср;* **der Tod stellte für den Kranken eine ~ dar** смерть была́ для больно́го избавле́нием

ermächtigen [ɛɐ'mɛçtɪgən] *vt* уполномо́чивать, -чить *св* на

Ermächtigung <-, -en> *f* полномо́чие *ср*; **jdm die ~ erteilen** дава́ть кому́-л. полномо́чия

ermahnen *vt* предостерега́ть, -ре́чь *св*

Ermahnung <-, -en> *f* предостереже́ние *ср*, предупрежде́ние *ср*

ermäßigen [ɛɐ'mɛːsɪgən] *vt* уменьша́ть, уме́ньшить *св*, снижа́ть, сни́зить *св*

Ermäßigung <-, -en> *f* **1.** *(Rabatt)* ски́дка *ж*, льго́та *ж*; **Kinder unter 10 Jahren erhalten ~** де́ти до 10 лет получа́ют ски́дку **2.** *(Verringerung)* пониже́ние *ср*; **~ des Preises** пониже́ние цены́

ermattet [ɛɐ'matət] *adj* изнурённый

ermessen <irr> *vt* измеря́ть, -ме́рить *св*; **das Ausmaß der Katastrophe kann man noch nicht ~** масшта́б катастро́фы ещё нельзя́ определи́ть

Ermessen <-s> *nt* мне́ние *ср*, усмотре́ние *ср*; **nach menschlichem ~** наско́лько мо́жно суди́ть; **nach freiem ~** по со́бственному усмотре́нию

Ermessensfrage <-, -n> *f* вопро́с *м* на чьё-л. усмотре́ние

ermitteln [ɛɐ'mɪtəln] *vt* выясня́ть, вы́яснить *св*, рассле́довать *(н)св*; **die Polizei ermittelt bereits in diesem Fall** поли́ция занима́ется рассле́дованием э́того слу́чая

Ermittlung <-, -en> *f* рассле́дование *ср*; **die Polizei hat ihre ~en eingestellt** поли́ция прекрати́ла рассле́дование

Ermittlungsbehörde <-, -n> *f* сле́дственный о́рган *м*

ermöglichen [ɛɐ'mœːklɪçən] *vt* де́лать, сде́лать *св* возмо́жным

ermorden *vt* убива́ть, уби́ть *св*

Ermordung <-, -en> *f* уби́йство *ср*

ermüden [ɛɐ'myːdən] **I.** *vt* утомля́ть, -ми́ть *св*; **das Training hat die Sportler ermüdet** трениро́вка утоми́ла спортсме́нов **II.** *vi* устава́ть, уста́ть *св*

ermüdend *adj* утоми́тельный

Ermüdung <-> *f* утомле́ние *ср*, уста́лость *ж*

Ermüdungserscheinung <-, -en> *f* при́знак *м* уста́лости

ermuntern [ɛɐ'mʊntɐn] *vt* ободря́ть, -дри́ть *св*

Ermunterung <-en> *f* **1.** *(das Ermuntern)* **zu jds ~** для хра́брости **2.** *(ermunternde Worte)* ободря́ющие слова́

ermutigen [ɛɐ'muːtɪgən] *vt* ободря́ть, -дри́ть *св*; **jdn zu etw ~** воодушеви́ть кого́-л. на что-л.

ermutigend **I.** *adj* ободря́ющий; **danke für deine ~en Worte** спаси́бо за ободря́ющие слова́ **II.** *adv* ободря́юще; **er nickte ihr ~ zu** он ободря́юще кивну́л ей

Ermutigung <-en> *f* ободре́ние *ср*

ernähren **I.** *vt* **1.** *(Nahrung geben)* корми́ть, на- *св*; **zuletzt musste er künstlich ernährt werden** в конце́ он до́лжен был получа́ть иску́сственное пита́ние **2.** *(den Lebensunterhalt sichern)* содержа́ть *нсв*; **von dem Gehalt kann er kaum seine Familie ~** на зарпла́ту он едва́ мо́жет содержа́ть семью́ **II.** *vr* пита́ться *нсв*; **sich von etw ~** пита́ться чем-л.

Ernährer(in) <-s, -> *m(f)* корми́лец *м*, корми́лица *ж*

Ernährung <-> *f* пита́ние *ср*; **ausgewogene/einseitige ~** уравнове́шенное/односторо́ннее пита́ние

Ernährungsgewohnheiten <-> *pl* навы́ки *мн* пита́ния

Ernährungswissenschaft <-> *f* диетоло́гия *ж*

Ernährungswissenschaftler(in) <-s, -> *m(f)* дието́лог *м*

ernennen <irr> *vt* назнача́ть, -на́чить *св*, производи́ть, -вести́ *св*; **er wurde zum Oberbefehlshaber der Truppen ernannt** он был произведён в главнокома́ндующие войска́ми

Ernennung <-, -en> *f* назначе́ние *ср* (на до́лжность), произво́дство *ср* (в офице́ры)

Ernennungsurkunde <-, -n> *f* вери́тельная гра́мота *ж*

erneuern [ɛɐ'nɔɪɐn] **I.** *vt* **1.** *(auswechseln)* обновля́ть, -ви́ть *св*, заменя́ть, -мени́ть *св* **2.** *(wieder aufleben lassen)* возобновля́ть, -ви́ть *св*; **eine Freundschaft ~** возобнови́ть дру́жбу **II.** *vr (nachwachsen)* обновля́ться, -ви́ться *св*

Erneuerung <-, -en> *f* обновле́ние *ср*

erneut [ɛɐ'nɔɪt] *adj* обновлённый, но́вый

erniedrigen [ɛɐ'niːdrɪgən] *vt* унижа́ть, уни́зить *св*

Erniedrigung <-en> *f (Demütigung)* униже́ние *ср*

ernst [ɛrnst] *adj* **1.** *(Mensch, Lage)* серьёзный; **jdn/etw ~ nehmen** относи́ться серьёзно к кому́-л./ чему́-л.; **etw ~ meinen** говори́ть серьёзно **2.** *(wichtig)* ва́жный

Ernst [ɛrnst] <-es> *m* серьёзность *ж*; **im ~!** серьёзно!; **~ gemeint** серьёзный; **der ~ des Lebens** про́за жи́зни

Ernstfall <-(e)s, -fälle> *m* **im ~** в слу́чае реа́льной опа́сности

ernst gemeint *adj* серьёзный

ernsthaft *adj* серьёзный, настоя́тельный

ernstlich *adj* серьёзный, настоя́тельный

Ernte ['ɛrntə] <-, -n> *f* урожа́й *м*

Erntedankfest [ɛrnte'dankfest] <-(e)s> *nt* пра́здник *м* урожа́я

ernten ['ɛrntən] *vt* убира́ть, убра́ть *св* урожа́й; *fig* пожина́ть, -жа́ть *св* (сла́ву)

Ernteverluste <-> *pl* поте́ри *жмн* при убо́рке урожа́я

E

Ernüchterung <-, -en> *f* отрезвле́ние *ср*

Eroberer [ɛɐ'ʔo:bərɐ] <-s, -> *m* завоева́тель *м*

erobern [ɛr'ʔo:bɐn] *vt* завоёвывать, -завоева́ть *св*, захва́тывать, -ти́ть *св*

Eroberung <-, -en> *f* завоева́ние *ср*, захва́т *м*

eröffnen I. *vt* 1. *(Geschäft)* открыва́ть, -кры́ть *св*; **hier eröffnet nächsten Monat ein Kaufhaus** в сле́дующем ме́сяце здесь откро́ется универма́г 2. *(offenbaren)* открыва́ть, -кры́ть *св*, сообща́ть, -щи́ть *св*; **er sagte, er habe mir etw zu ~** он сказа́л, что до́лжен сообщи́ть мне что-л. 3. *(beginnen)* открыва́ть, -крыть *св*, начина́ть, -ча́ть *св*; **die Ansprache mit einer Begrüßung ~** начина́ть речь с приве́тствия; **eine Sitzung ~** открыва́ть заседа́ние; **ein Akkreditiv ~** открыва́ть аккредити́в; **ein Büro ~** открыва́ть о́фис; **ein Konto ~** открыва́ть счёт 4. *(amtlich öffnen)* вскрыва́ть, вскрыть *св*; **ein Testament ~** вскрывать завеща́ние II. *vr* открыва́ться, -кры́ться *св*; **der Medizin ~ sich ganz neue Möglichkeiten** для медици́ны открыва́ются соверше́нно но́вые возмо́жности

Eröffnung <-, -en> *f* 1. *(eines Geschäfts)* откры́тие *ср* 2. *(Mitteilung)* сообще́ние *ср*; **diese ~ traf sie hart** э́то сообще́ние стра́шно поде́йствовало на неё

Eröffnungsbank <-, -en> *f* банк *м*, откры́вший аккредити́в

Eröffnungsbilanz <-, -en> *f* нача́льный бала́нс *м*; **eine ~ erstellen** составля́ть нача́льный бала́нс

Eröffnungsbuchungen *pl* вступи́тельное занесе́ние *ср* на счёт

Eröffnungsfeier <-, -n> *f* церемо́ния *ж* откры́тия

Eröffnungskurs <-es, -e> *m* BÖRSE курс *м* при откры́тии би́ржы

erogen [ero'ge:n] *adj* **die ~en Zonen** эроге́нные зо́ны

erörtern [ɛɐ'ʔœrtɐn] *vt* обсужда́ть, -суди́ть *св*, разбира́ть, -зобра́ть *св*

Erörterung <-, -en> *f* обсужде́ние *ср*, разбо́р *м*

Erosion [ero'zi̯o:n] <-, -en> *f* эро́зия *ж*

Erosionsschutz <-es> *nt* защи́та *ж* от эро́зии

Erotik [e'ro:tɪk] <-> *f* эро́тика *ж*

erotisch *adj* эроти́ческий

Erpel ['ɛrpəl] <-s, -> *m* гусь *м*

erpicht [ɛɐ'pɪçt] *adj* **auf etw ~sein** быть па́дким на что-л.

erpressen *vt* шантажи́ровать *нсв*; **jd versuchte, sie mit Fotos zu ~** кто-то пыта́лся её шантажи́ровать фотогра́фиями

Erpresser(in) <-s, -> *m(f)* шантажи́ст *м*

Erpresserbrief <-(e)s, -e> *m* письмо́ *ср* с це́лью шантажа́

Erpressung <-, -en> *f* шанта́ж *м*, вымога́тельство *ср*

erproben *vt* испы́тывать, -та́ть *св*

Erprobung <-, -en> *f* испыта́ние *ср*

erraten [ɛɐ'ra:tən] <irr> *vt* уга́дывать, -да́ть *св*, отга́дывать, -да́ть *св*

errechnen *vt* рассчи́тывать, -счита́ть; **den Prozentsatz ~** вычисля́ть проце́нт

erregbar [ɛɐ're:kba:ɐ] *adj* возбуди́мый

Erregbarkeit <-> *f* возбуди́мость *ж*, раздражи́тельность *ж*

erregen [ɛɐ're:gən] *vt* 1. *(aufregen)* возбужда́ть, -буди́ть *св*, вызыва́ть, вы́звать *св* 2. *(sexuell)* возбужда́ть, -буди́ть *св* 3. *(Aufmerksamkeit)* привлека́ть, -вле́чь *св* внима́ние

Erreger <-s, -> *m* MED возбуди́тель *м*

Erregung <-> *f* возбужде́ние *ср*, волне́ние *ср*

erreichbar *adj* досяга́емый, достижи́мый; **das Hotel ist gut mit öffentlichen Verkehrsmitteln ~** до гости́ницы мо́жно легко́ добра́ться обще́ственным тра́нспортом

Erreichbarkeit <-> *f* 1. *(Durchführbarkeit)* достижи́мость *ж*; **~ des gestellten Ziels** достижи́мость поста́вленной це́ли 2. *(Zugänglichkeit)* досту́пность *ж*

erreichen *vt* 1. *(an einen Zielort gelangen)* достига́ть, -сти́гнуть *св*; **die Expedition erreichte nach einem Monat den Südpol** спустя́ оди́н ме́сяц экспеди́ция дости́гла ю́жного по́люса; **die Volljährigkeit ~** дости́гнуть совершенноле́тия; **im Leben etwas ~** доби́ться чего́-л. в жи́зни; **etwas durch Zähigkeit ~** доби́ться чего́-л. упо́рством 2. *(telefonisch)* застава́ть, -ста́ть *св*; **er ist tagsüber nur schwer zu ~** его́ о́чень тру́дно заста́ть в тече́ние дня 3. *(etwas durchsetzen)* достига́ть, -сти́чь *св*, добива́ться, -би́ться *св*

errichten *vt* 1. *(bauen)* сооружа́ть, -руди́ть *св* 2. *(gründen)* осно́вывать, основа́ть *св*; **eine Niederlassung ~** откры́ть филиа́л

erringen *vt* добива́ться, -би́ться *св*

erröten [ɛɐ'rœ:tən] *vi* красне́ть, по- *св*

Errungenschaft [ɛɐ'rʊŋənʃaft] <-, en> *f* 1. *(technisch, kulturell)* достиже́ние *ср*; **eine ~ der modernen Medizin** достиже́ние совреме́нной медици́ны 2. *umg (Anschaffung)* приобрете́ние *ср*

Ersatz [ɛɐ'zats] <-es> *m* 1. *(das, was als Ersatz dient)* заме́на *ж* 2. *(Entschädigung)* возмеще́ние *ср*; **gegen ~ der Spesen** с компенса́цией расхо́дов 3. *(Ersetzung)* замеще́ние *ср*, заме́на *ж*; **~ von Arbeitskräften** замеще́ние рабо́чей си́лы

Ersatzdienst <-es> *m* альтернати́вная слу́жба *ж* (в а́рмии)

Ersatzdroge <-, -n> *f фармакологи́ческий препара́т, прописываемый наркома́нам, что́бы помо́чь им отвы́кнуть от опа́сного нарко́тика*
Ersatzkandidat <-en, -en> *m* резе́рвный/запасно́й кандида́т *м*
Ersatzleistung <-, -en> *f* возмеще́ние *ср*, вознагражде́ние *ср*; ~ **seitens des Versicherers** страхово́е вознагражде́ние
ersatzlos *adj* не име́ющий заме́ны
Ersatzmann <-es, -männer *oder* -leute> *m* замести́тель *м*
Ersatzreifen <-s, -> *m* запасно́е колесо́ *ср*
Ersatzschlüssel *m* запасно́й ключ *м*
Ersatzspieler <-s, -> *m* SPORT запасно́й игро́к *м*
Ersatzteil [ɛɐ'zats̮taɪl] <-(e)s, -e> *nt* запасна́я часть *ж*
Ersatzteillager <-s, -> *nt* склад *м* запасны́х часте́й
Ersatzteilversorgung <-> *f* снабже́ние *ср* запасны́ми частя́ми
ersaufen <irr> *vi umg* утону́ть *св*, тону́ть *нсв*
ersäufen *vt* утопи́ть *св*, топи́ть *нсв*
erschaffen <irr> *vt geh* создава́ть, -да́ть *св*; **Gott hat die Welt** ~ бог со́здал мир
erschaudern *vi sein, geh* оцепене́ть, остолбене́ть
erscheinen <irr> *vi* **1.** *(sichtbar werden)* появля́ться, -ви́ться *св*, возника́ть, -ни́кнуть *св*; **auf dem Bildschirm erschien ein Zeichen** на экра́не появи́лся знак **2.** *(im Traum)* явля́ться, яви́ться *св*; **im Traum erschien ihm sein Bruder** во сне́ ему́ яви́лся брат **3.** *(Buch, Zeitung)* выходи́ть, вы́йти *св*; **das Magazin erscheint vierteljährlich** журна́л выхо́дит раз в кварта́л
Erscheinen <-s> *nt ohne pl* **1.** *(Gäste)* прие́зд *м* **2.** *(das Sichtbarwerden)* появле́ние *ср* **3.** *(Buch)* вы́ход *м* из печа́ти
Erscheinung <-, -en> *f* **1.** *(das Erscheinen)* появле́ние *ср*; **in ~ treten** появи́ться **2.** *(Persönlichkeit)* вне́шность *ж*, о́блик *м*; **eine stattliche** ~ представи́тельная вне́шность; **seiner äußeren ~ nach** су́дя по его́ ви́ду
erschießen <irr> *vt* застрели́ть *св*, -стре́ливать *нсв*
Erschießung <-> *f* расстре́л *м*
erschlaffen [ɛɐ'ʃlafən] *vi* ослабева́ть, -бе́ть *св*
Erschlaffung <-> *f* сла́бость *м*, изнеможе́ние *ср*
erschlagen <irr> *vt* убива́ть, уби́ть *св*; **sich ~ fühlen** чу́вствовать себя́ о́чень уста́вшим [*или* утомлённым]
erschleichen <irr> *vr pej* выма́нивать, вы́манить *св*, приобрета́ть, -брести́ *св* нече́стным путём; **sich jds Vertrauen** ~ втере́ться в чьё-л. дове́рие
erschließen <irr> *vt* **1.** *(aus etw schließen)* заключи́ть *св*, -ча́ть *нсв*, де́лать, сде́лать *св* вы́вод **2.** *(Erdölvorkommen ~)* вскрыва́ть, вскрыть *св*, осва́ивать, -во́ить *св*
Erschließung <-, -en> *f* **1.** *(von neuem Gebiet)* освое́ние *ср*, откры́тие *ср*; ~ **eines neuen Marktes** освое́ние но́вого ры́нка **2.** *(Auffinden)* изыска́ние *ср*; ~ **neuer Energiequellen** освое́ние но́вых исто́чников эне́ргии
Erschließungskosten <-> *pl* затра́ты *мн* на освое́ние
erschöpfen *vt* исчерпа́ть *св*, -че́рпывать *нсв*
erschöpft *adj* изнурённый, без сил, уста́лый
Erschöpfung <-> *f* изнеможе́ние *ср*, истоще́ние *ср*
erschrecken <erschrak, erschrocken> **I.** *vt* пуга́ть, ис- *св* **II.** *vi* пуга́ться, ис- *св*
erschreckend *adj* стра́шный
erschrocken [ɛɐ'ʃrɔkən] *adj* испу́ганный
erschüttern [ɛɐ'ʃʏtɐn] *vt* сотряса́ть, -сти́ *св*; *auch fig* потряса́ть, -сти́ *св*
Erschütterung <-, -en> *f* сотрясе́ние *ср*; *(seelisch)* потрясе́ние *ср*
erschweren [ɛɐ'ʃve:rən] *vt* затрудня́ть, -ни́ть *св*, осложня́ть, -ни́ть *св*
Erschwerniszulage <-, -n> *f* надба́вка *ж* за тру́дные усло́вия
erschwinglich [ɛɐ'ʃvɪŋlɪç] *adj* досту́пный (по цене́)
ersetzbar *adj* замени́мый
ersetzen *vt* заменя́ть, -ни́ть *св*; *(erstatten)* возмеща́ть, -мести́ть *св*; **etw durch etw** ~ замени́ть что-л. чем-л.; **Reisekosten** ~ возмести́ть командиро́вочные расхо́ды; **einen Schaden** ~ возмести́ть уще́рб
ersichtlich [ɛɐ'zɪçtlɪç] *adj* ви́димый, ви́дный; **daraus ist** ~ отсю́да я́вствует; **ohne ersichtlichen Grund** без ви́димой причи́ны
Ersitzung <-, -en> *f* приобрете́ние *ср* пра́ва со́бственности по да́вности владе́ния
ersparen *vt* **1.** *(Geld)* копи́ть, на- *св*, эконо́мить, сэконо́мить *св* **2.** *(jdn mit etw verschonen)* избавля́ть, -ба́вить *св*; **ihr bleibt aber auch nichts erspart** *fam* ей прихо́дится мно́гое терпе́ть; **ich versuche, ihm unnötige Arbeit zu** ~ я постара́юсь изба́вить его́ от нену́жной рабо́ты
Ersparnis <-, se> *f* **1.** *(Minderverbrauch)* эконо́мия *ж*; ~ **an Arbeit** эконо́мия в рабо́те; ~ **an Brennstoff** эконо́мия то́плива; ~ **an Kosten** эконо́мия в расхо́дах **2.** *(Spargeld)* сбереже́ние *ср*; **auf ~se zurückgreifen** испо́льзовать сбереже́ния
erst [e:ɐst] **I.** *adv* **1.** *(als erstes)* сперва́, пре́жде **2.** *(nicht früher)* то́лько, лишь; **sie ist** ~

jetzt gekommen она́ то́лько сейча́с пришла́; er kam ~ gestern он пришёл то́лько вчера́ 3. *(am Anfang)* снача́ла; ~ waren sie begeistert, dann enttäuscht снача́ла они́ бы́ли в восто́рге, пото́м разочарова́лись 4. *(nur)* то́лько, лишь; ich habe ~ die Hälfte der Arbeit erledigt я сде́лал лишь полови́ну рабо́ты II. *part* da ging's ~ richtig los тогда́ начало́сь; gerade ~ то́лько что

erstarren *vi* затвердева́ть, -де́ть *св*, застыва́ть, -сты́ть *св*

Erstarrung <-> *f* оцепене́ние *ср*

erstatten [ɛɐ'ʃtatən] *vt* возмеща́ть *нсв*, возмести́ть *св*

Erstattung <-, -en> *f* 1. *(Ersetzung)* возмеще́ние *ср*; ~ der Unkosten возмеще́ние накладны́х расхо́дов 2. *(Rückzahlung)* возвра́т *м*

Erstaufführung <-, -en> *f* премье́ра *ж*

erstaunen *vt* удивля́ть, -ви́ть *св*, изумля́ть, -ми́ть *св*

Erstaunen <-s> *nt* удивле́ние *ср*, изумле́ние *ср*; zu meinem ~ к моему́ удивле́нию; jdn in ~ versetzen поверга́ть кого́-л. в изумле́ние

erstaunlich *adj* удиви́тельный, порази́тельный

erstaunlicherweise [-'---'--] *adv* удиви́тельным о́бразом

erstaunt I. *adj* удивлённый; ~ sein удиви́ться II. *adv* удивленно; ~ sah sie ihn an она́ посмотре́ла на него́ с удивле́нием

erstbeste(r, s) ['e:ɐ̯st'bɛstə, -tɐ, -təs] *adj* любо́й, пе́рвый попа́вшийся

erste(r, s) *num (Ordinalzahl zu eins)* пе́рвый; du bist der Erste, der das bemerkt ты пе́рвый, кто э́то заме́тил; es war Liebe auf den ~n Blick э́то была́ любо́вь с пе́рвого взгля́да; das erste Mal (в) пе́рвый раз

erstechen <irr> *vt* заколо́ть *св*, -ка́лывать *нсв*

erstehen <irr> I. *vi geh* возрожда́ться, -роди́ться *св*; das alte Schloss ersteht in neuem Glanz ста́рый за́мок приобрёл но́вый вид II. *vt (kaufen)* приобрета́ть, -брести́ *св*

Erste-Hilfe-Kasten <-s, -kästen> *m* авари́йная апте́чка *ж*

ersteigern *vt* покупа́ть, купи́ть *св* на аукцио́не

erstellen *vt* сооружа́ть, -руди́ть *св*, возводи́ть, -вести́ *св*

Erstellung <-, -en> *f* созда́ние *ср*

Erstellungsdatum <-s, -daten> *nt* DV да́та созда́ния

erstens ['e:ɐstəns] *num* во-пе́рвых

erster *adj s.* **erste(r, s)**

erstere(r, s) *adj* пе́рвый (из двух); ~ ..., letzterer ... пе́рвый ..., после́дний ...

erstes *adj s.* **erste(r, s)**

erstgeboren ['e:ɐ̯stgəbo:rən] *adj* пе́рвый, ста́рший (о ребёнке)

ersticken [ɛɐ'ʃtɪkən] I. *vt* 1. *(Menschen)* души́ть, за- *св* 2. *(Feuer)* туши́ть, по- *св*, за- *св* II. *vi* дави́ться, по- *св*, задохну́ться *св*, -дыха́ться *нсв*; er wäre fast an einer Gräte erstickt он чуть не подави́лся ры́бной ко́сточкой

Erstickungsanfall <-(e)s, -anfälle> *m* при́ступ *м* уду́шья

erstklassig ['e:ɐstklasɪç] *adj* первокла́ссный

Erstkommunion <-> *f* REL пе́рвое прича́стие *ср*

erstmalig ['e:ɐstma:lɪç] *adj* пе́рвый

erstmals ['e:ɐstma:ls] *adv* впервы́е

erstrebenswert *adj* жела́емый, жела́нный

erstrecken *vr* простира́ться, -стере́ться *св*; sich von Norden nach Süden ~ простира́ться с се́вера на юг

Erstschlag ['e:ɐ̯stʃla:k, 'e:ɐ̯stʃlɛ:gə] <-es, -schläge> *m* MIL пе́рвый уда́р *м*

Erstsemester <-s, -> *nt* первоку́рсник *м*, первоку́рсница *ж*

erstunken *adj fam* das ist ~ und erlogen э́то всё вы́думки

ersuchen *vt* проси́ть, по- *св*; jdn um etw ~ обрати́ться к кому́-л. с про́сьбой о чём-л.

ertappen *vt* пойма́ть *св*, лови́ть *нсв*; jdn bei etw ~ засти́чь кого́-л. за чем-л.; jdn auf frischer Tat ~ заста́ть кого́-л. за чем-л.

erteilen *vt* 1. *(geben)* дава́ть, дать *св* 2. *(Verweis)* де́лать, сде́лать *св*

Erteilung <-, -en> *f* вы́дача *ж*, присужде́ние *ср*

ertönen [ɛɐ'tœ:nən] *vi* звуча́ть, за- *св*, раздава́ться, -да́ться *св*

Ertrag [ɛɐ'tra:k, ɛɐ'trɛ:gə] <-(e)s, Erträge> *m* 1. *(Gewinn)* дохо́д *м*, вы́ручка *ж*; neutraler ~ нейтра́льный дохо́д; ~ aus Beteiligungen дохо́д от уча́стия в предприя́тиях; ~ abwerfen дава́ть дохо́д; Erträge erwirtschaften получа́ть при́быль 2. *(Ernteertrag)* урожа́й; ~ je Hektar урожа́й с гекта́ра

ertragen <irr> *vt* терпе́ть, вы- *св*, переноси́ть, -нести́ *св*

erträglich [ɛɐ'trɛ:klɪç] *adj* терпи́мый, сно́сный

ertragreich *adj* дохо́дный

Ertragsberechnung <-, -en> *f* исчисле́ние *ср* дохо́дов

Ertragskraft <-> *f* дохо́дность *ж*

Ertragslage <-, -n> *f* у́ровень *м* дохо́дов

Ertragssteigerung <-, -en> *f* рост *м* дохо́дов

Ertragsteuer <-, -n> *f* нало́г *м* на при́быль

Ertragswert <-(e)s, -e> *m* чи́стая при́быль *ж* с капита́ла

Ertragszuwachs <-es, -zuwächse> *m* рост *м* дохо́дов
ertränken *vt* топи́ть, утопи́ть *св*
erträumen *vr* воobража́ть, -брази́ть *св*, представля́ть, -ста́вить *св* себе́
ertrinken <irr> *vi* тону́ть, утону́ть *св*
ertrunken *pp von* **ertrinken**
erübrigen [ɛɐ'yːbrɪgən] **I.** *vt (übrigbehalten)* сберега́ть, -ре́чь *св;* **Zeit für jdn/etw ~** удели́ть кому́-л./чему́-л. вре́мя **II.** *vr* быть *нсв* изли́шним; **damit erübrigt sich jeder weitere Versuch** э́то де́лает изли́шним любы́е дальне́йшие попы́тки
eruieren [eru'iːrən] *vt geh* устана́вливать, -нови́ть *св*
erwachen *vi* просыпа́ться, -сну́ться *св*
erwachsen [ɛɐ'vaksən] *adj* взро́слый
erwachsen [ɛɐ'vaksən] *vi* возника́ть, -ни́кнуть *св;* **aus diesen Rechten ~ bestimmte Pflichten** из э́тих прав вытека́ют определённые обя́занности
Erwachsene(r) <-n, -n> *f(m)* взро́слый *м*
Erwachsenenbildung <-> *f* обуче́ние *ср* взро́слых
erwägen [ɛɐ'vɛːgən] *vt* взве́шивать, взве́сить *св*, обду́мывать, -мать *св*
Erwägung <-, -en> *f* соображе́ние *ср;* **etw in ~ ziehen** принима́ть что-л. во внима́ние; **sachliche ~en** делові́е соображе́ния; **aus taktischen ~en** по такти́ческим соображе́ниям
erwähnen [ɛɐ'vɛːnən] *vt* упомина́ть, -мяну́ть *св*
erwähnenswert *adj* досто́йный упомина́ния
Erwähnung [ɛɐ'vɛːnʊŋ] <-, -en> *f* упомина́ние *ср*
erwärmen **I.** *vt* гре́ть *нсв*, согрева́ть, -гре́ть *св* **II.** *vr* согрева́ться, -гре́ться *св;* **sich für jdn/etw ~** *umg* заинтересова́ться кем-л./чем-л.
Erwärmung <-, -en> *f* нагрева́ние *ср*
erwarten *vt* **1.** *(auf jdn warten)* ожида́ть *нсв*, ждать *нсв;* **ich erwarte Sie morgen früh in meinem Büro** я жду вас за́втра у́тром в моём о́фисе; **es kaum noch ~ können** не смочь дожда́ться чего́-л.; **sie kann es kaum noch ~** она́ ждёт не дождётся; **das war zu ~** э́того мо́жно бы́ло ожида́ть **2.** *(eine Erwartung an jdn/etw haben)* ожида́ть *нсв*, ждать *нсв;* **er erwartet viel von seinem Sohn** он мно́гого ждёт от своего́ сы́на; **ein Kind ~** ждать ребёнка
Erwartung <-, -en> *f* ожида́ние *ср;* **den ~en entsprechen** оправда́ть наде́жды
erwartungsgemäß *adv* как и сле́довало ожида́ть
Erwartungshaltung <-, -en> *f* ожида́ние *ср*
erwartungsvoll *adj* по́лный наде́жд [*или* ожида́ний]
erwecken *vt (Gefühle)* буди́ть, про- *св;* **Vertrauen erweckend** внуша́ющий дове́рие; **das erweckte den Anschein, als ob ...** э́то со́здало впечатле́ние, что ...
erwehren *vr* сопротивля́ться *нсв;* **er konnte sich des Gedankens nicht ~, dass ...** он не мог отде́латься от мы́сли, что ...
erweichen [ɛɐ'vaɪçən] *vt* размягча́ть, -чи́ть *св; auch fig* смягча́ть, -чи́ть *св*
erweisen [ɛɐ'vaɪzən] <irr> *vt* ока́зывать, -за́ть *св;* **jdm einen Gefallen ~** сде́лать кому́-л. одолже́ние; **es ist erwiesen, dass** дока́зано, что; **jdm einen Dienst/Gefallen ~** ока́зывать кому́-л. услу́гу
erweitern [ɛɐ'vaɪtɐn] *vt* расширя́ть, -ши́рить *св;* **das Warensortiment ~** расширя́ть ассортиме́нт това́ров; **die Wirtschaftsbeziehungen ~** расширя́ть экономи́ческие свя́зи; **einen Geschäftsbereich ~** расширя́ть сфе́ру де́ятельности
Erweiterung <-, -en> *f* расшире́ние *ср;* **~ der Einflusssphäre** расшире́ние влия́ния; **~ der Geschäftstätigkeit** расшире́ние комме́рческой де́ятельности; **~ der Kapazitäten** расшире́ние произво́дственных мо́щностей; **~ der Produktion** расшире́ние произво́дства
Erweiterungsbau <-s> *m* пристро́йка *ж*
Erweiterungsinvestition <-, -en> *f* экстенси́вные капиталовложе́ния *мн*
Erwerb [ɛɐ'vɛrp] <-(e)s> *m* **1.** *(Tätigkeit)* рабо́та *ж*, про́мысел *м* **2.** *(eines Grundstücks)* приобрете́ние *ср*, поку́пка *ж;* **~ von Aktien** приобрете́ние а́кций; **~ von Eigentum** приобрете́ние пра́ва со́бственности; **~ von Kenntnissen** приобрете́ние зна́ний; **~ der Staatsbürgerschaft** приобрете́ние гражда́нства **3.** *(Verdienst)* за́работок *м*, дохо́д *м*
erwerben <irr> *vt* **1.** *(Kenntnisse)* приобрета́ть, -брести́ *св;* **Fertigkeiten ~** приобрета́ть на́выки; **erworbene Rechte** (благо)приобретённые права́; **etwas käuflich ~** приобрета́ть что-л. путём поку́пки; **neue Erkenntnisse ~** приобрета́ть но́вые позна́ния; **sich Ansehen ~** приобрета́ть авторите́т **2.** *(kaufen)* покупа́ть, купи́ть *св* **3.** *(durch Arbeit)* зараба́тывать, -бо́тать *св*
Erwerbsarbeit <-> *f* рабо́та *ж*
Erwerbsbevölkerung <-> *f* рабо́тающее [*или* экономи́чески акти́вное] населе́ние *ср*
Erwerbseinkommen <-s, -> *nt* трудово́й дохо́д *м*
erwerbsfähig [ɛɐ'vɛrpsfɛːɪç] *adj* трудоспосо́бный
Erwerbsgesellschaft <-> *f* JUR комме́рческое о́бщество *ср*
erwerbslos *adj* безрабо́тный
erwerbstätig *adj* рабо́тающий

Erwerbstätige(r) <-n, -n> *f(m)* лицó *ср*, имéющее зáработок

erwerbsunfähig *adj* нетрудоспосóбный

Erwerbszweig <-(e)s, -e> *m* óтрасль *ж* эконóмики

erwidern [ɛɐ'viːdɐn] *vt* **1.** *(antworten)* отвечáть, -вéтить *св* **2.** *(Gefühle)* отвечáть, -вéтить *св* взаи́мностью

Erwiderung <-en> *f* отвéт *м*

erwirtschaften *vt* дости́гнуть *св* в результáте хозя́йственной дéятельности; **einen Gewinn ~** получи́ть при́быль

erwischen *vt umg* **1.** *(ertappen)* поймáть *св*, лови́ть *нсв* **2.** *(erreichen)* заставáть, -стáть *св;* **sie wollte ihn noch unbedingt heute ~** онá непремéнно хотéла застáть егó ещё сегóдня; **sie hat gerade noch die Straßenbahn erwischt** онá едвá успéла на трамвáй

erwog [ɛɐ'voːk] *imperf von* **erwägen**

erwünscht [ɛɐ'vʏnʃt] *adj* желáтельный; **seine Einmischung war nicht ~** егó вмешáтельство бы́ло нежелáтельно

erwürgen [ɛɐ'vʏrgən] *vt* души́ть, за- *св*

Erz [eːɐts, ɛrts] <-es, -e> *nt* рудá *ж*

Erzabbau <-(e)s> *f* BERGB отбóйка *ж* руды́, разрабóтка *ж* рýдного месторождéния

erzählen *vt* расскáзывать, -зáть *св*

Erzähler(in) <-s, -> *m(f)* расскáзчик *м*, расскáзчица *ж*

erzählerisch *adj* **ein ~es Talent** талáнт *м* расскáзчика

Erzählung <-, -en> *f* расскáз *м*

Erzbischof ['ɛrts̮bɪʃɔf] <-(e)s, -bischöfe> *m* архиепи́скоп *м*

Erzengel <-s, -> *m* архáнгел *м*

erzeugen *vt* производи́ть, -вести́ *св*, изготовля́ть, -тóвить *св*

Erzeugergemeinschaft <-, -en> *f* сообщество *ср* изготови́телей

Erzeugerland <-(e)s, -länder> *nt* странá-изготови́тель *ж*

Erzeugerpreis <-es, -e> *m* ценá *ж* производи́теля

Erzeugnis <-ses, -se> *nt* **1.** *(Produkt)* издéлие *ср*, продýкт *м;* **ausländisches ~** и́мпортное издéлие; **erstklassiges ~** высококáчественное издéлие; **fabrikmäßig hergestelltes ~** фабри́чное издéлие; **fertiges ~** готóвое издéлие; **genormtes ~** стандáртное издéлие; **inländisches ~** издéлие дáннной страны́; **qualitativ hochwertiges ~** высококáчественное издéлие; **schwer absetzbares ~** трýдно реализýемое издéлие; **umsatzintensives ~** издéлие повы́шенного спрóса; **weltmarktfähiges ~** издéлие мировóго стандáрта; **~ aus heimischer Produktion** издéлие мéстного произвóдства **2.** *(Erzeugnisse)* продýкция *ж;* **nicht absetzbare ~se** неходовáя продýкция

Erzeugung <-> *f* **1.** *(Herstellung)* изготовлéние *ср*, произвóдство *ср* **2.** *(Produktionsausstoß)* вы́пуск *м* продýкции, вы́работка *ж*

Erzfeind(in) ['ɛrts̮faɪnt] <-(e)s, -e> *m(f)* заклЯ́тый враг *м*

Erzherzog(in) *m(f)* HIST эрцгéрцог *м*

erziehen <irr> *vt* воспи́тывать, -тáть *св;* **Kinder zur Ordnung ~** приучáть детéй к порЯ́дку

Erzieher(in) <-s, -> *m(f)* воспитáтель *м*, воспитáтельница *ж*

Erziehung <-> *f* воспитáние *ср*

Erziehungsberechtigte(r) [ɛɐ'ts̮iːʊŋsbərɛçtɪgtər] <-, -n> *f(m)* опекýн *м*

Erziehungsgeld *nt ohne pl* дéньги *мн* на содержáние ребёнка

Erziehungsheim <-(e)s, -e> *nt* интернáт *м* для трудновоспитýемых

Erziehungsmethode *f* мéтоды *мн* воспитáния

erzielen *vt* **1.** *(erreichen)* добивáться, -би́ться *св*, достигáть, -сти́чь *св;* **ein gutes Ergebnis ~** доби́ться хорóшего результáта; **einen guten Preis für etwas ~** доби́ться хорóшей цены́ на что-л. **2.** *(herausholen)* извлекáть, -влéчь *св;* **einen hohen Gewinn ~** извлекáть большýю при́быль

erzogen *pp von* **erziehen**

erzwingen *vt* вынуждáть, вы́нудить *св*

es [ɛs] *pron pers* онó; **das Fahrrad ist fast neu – ~ ist keine drei Wochen alt** велосипéд почти́ нóвый – емý нет и трёх недéль; **du kannst doch sorgfältig arbeiten – dann tue ~ auch** ты же мóжешь аккурáтно рабóтать – так дéлай э́то; **~ ist schön, dass ihr mitkommt** хорошó, что вы тóже идёте; **~ regnet** идёт дождь; **sie ist ~!** э́то онá!; **Peter war ~, der das gemacht hat** э́то сдéлал Пётр; **ich weiß ~ nicht** я не знáю; **~ freut mich, dass ...** я рад, что ...; **~ ist vier Uhr** врéмя четы́ре часá; **~ hat geläutet** позвони́ли; **ich bin ~** э́то я

ESA *abk von* **European Space Agency** Европéйская косми́ческая агéнция *ж*

Esche ['ɛʃə] <-, -n> *f* я́сень *м*

Esel ['eːzəl] <-s, -> *m* осёл *м*

Eselsbrücke <-> *f* ключевóе слóво *ср*, подскáзка *ж*

Eselsohr <-(e)s, -en> *nt* зáгнутый ýгол *м* страни́цы (в тетрáди)

Eskalation [ɛskala'ts̮i̯oːn] <-, -en> *f* обострéние *ср*

eskalieren [ɛska'liːrən] *vi* эскали́ровать *нсв*, обостря́ть, -три́ть *св*

Eskapade [ɛska'paːdə] <-, -n> *f* эскапáда *ж*

Eskimo ['ɛskimo] <-s, -s> *m* эскимóс *м*

Eskimofrau <-, -en> *f* эскимóска *ж*

Eskorte [ɛs'kɔrtə] <-, -n> *f* эскóрт *м*

Espe ['ɛspə] <-n> *f* BOT оси́на *ж*
Espenlaub *nt* **wie ~ zittern** *fam* дрожа́ть как оси́новый лист
Esperanto [ɛspe'ranto] *nt* эспера́нто *ср*
Espresso [ɛs'prɛso] <-(s), -s> *m* кре́пкий ко́фе *м*
Esprit [ɛs'pri:] <-s> *m geh* остроу́мие *ср*
Essay ['ɛse, 'ɛsɛɪ] <-s, -s> *m* эссе́ *ср*, о́черк *м*
essbar[RR] ['ɛsba:ɐ̯] *adj*, **eßbar**[Alt] *adj* съедо́бный
Essbesteck[RR] <-(e)s, -e> *nt* столо́вый прибо́р *м*
Ess-Brech-Sucht[RR] <-> *f* MED булеми́я *ж*
essen ['ɛsən] <aß, gegessen> *vt* есть, по- *св*, съесть *св;* **mit großem Appetit ~** есть с больши́м аппети́том; **den Teller leer ~** съесть всю таре́лку; **zu Mittag/Abend ~** обе́дать/у́жинать; **~ gehen** пойти́ пое́сть; **das ist gegessen!** *fam* вопро́с решён!
Essen <-s, -> *nt* **1.** *(die Nahrungsaufnahme)* еда́ *ж* **2.** *(die Mahlzeit)* еда́ *ж*, пи́ща *ж;* **beim ~** во вре́мя еды́ **3.** *(die Speise)* блю́до *ср*
Essensmarke <-, -n> *f* тало́нчик *м* на за́втрак, обе́д или у́жин
Essenszeit <-, -en> *f* вре́мя *ср* обе́да
essentiell *adj s.* **essenziell**
Essenz [ɛ'sɛnts] <-, -en> *f* **1.** *(der Kern)* су́щность *ж* **2.** *(Duftessenz)* эссе́нция *ж*
essenziell[RR] [ɛsɛn'ts̮i̯ɛl] *adj* суще́ственный
Essgewohnheiten[RR] <-> *fpl* на́выки *мн* пита́ния
Essig ['ɛsɪç] <-s> *m* у́ксус *м*
Essiggurke <-, -n> *f* марино́ванный огу́рчик *м*
Esskastanie[RR] <-, -n> *f* посевно́й кашта́н *м*
Esskultur[RR] ['ɛskʊltu:ɐ̯, 'ɛskʊltu:rən] <-, -en> *f* культу́ра *ж* пита́ния
Esslöffel[RR] <-s, -> *m* столо́вая ло́жка *ж;* **ein ~ Mehl** ло́жка муки́
Esslokal[RR] <-(e)s, -e> *nt (einfaches)* столо́вая *ж*
Essstörung[RR] <-, -en> *f* наруше́ние *ср* норма́льного пита́ния
Esstisch[RR] <-(e)s, -e> *m* обе́денный стол *м*
Esszimmer[RR] <-s, -> *nt* столо́вая *ж (ко́мната)*
Este ['e:stə] <-n, -n> *m*, **Estin** *f* эсто́нец *м*, эсто́нка *ж*
Estland ['ɛstlant] <-s> *nt* Эсто́ния *ж*
estnisch ['ɛstnɪʃ] *adj* эсто́нский
Estragon ['ɛstragɔn] <-s> *m ohne pl* эстраго́н *м*
etablieren [eta'bli:rən] **I.** *vt (gründen)* осно́вывать, -ва́ть *св;* **eine Firma ~** открыва́ть фи́рму **II.** *vr (sich einen festen Platz verschaffen)* обосно́вываться, -снова́ться *св*
Etage [e'ta:ʒə] <-, -n> *f* эта́ж *м*
Etagenbett *nt* двухэта́жная крова́ть *ж*
Etagenheizung <-, -en> *f* эта́жное отопле́ние *ср*
Etagenwohnung <-, -en> *f* кварти́ра *ж* (в многокварти́рном до́ме)
Etappe [e'tapə] <-, -n> *f* **1.** *auch fig* SPORT эта́п *м* **2.** *(Abschnitt)* отре́зок *м*
Etappenrennen <-s, -> *nt* (многодне́вная) велого́нка *ж*
Etappensieg <-(e)s, -e> *m* SPORT эта́пная побе́да *ж*
Etat [e'ta:] <-s, -s> *m* **1.** *(Haushaltsplan)* бюдже́т *м;* **den ~ überschreiten** превыша́ть бюдже́т; **den ~ genehmigen** утвержда́ть бюдже́т **2.** *(Stellenplan)* штат *м*
etc. [e:te:'tse:] *abk von* **et cetera** и т.д.
etepetete ['e:təpə'te:tə] *adj pej, umg* чо́порный
Ethik ['e:tɪk] <-, -en> *f* э́тика *ж*
ethisch ['ɛtnɪʃ] *adj* эти́ческий
ethnisch ['ɛtnɪʃ] *adj* этни́ческий
Ethnologe [ɛtno'lo:gə] <-n, -> *m*, **Ethnologin** [ɛtno'lo:gɪn] *f* этно́лог *м*
Ethnologie [ɛtnolo'gi:] <-> *f* этноло́гия *ж*
Etikett [eti'kɛt] <-(e)s, -en *oder* -s> *nt* этике́тка *ж*, ярлы́к *м;* **~ mit Strichkode** этике́тка со штрихо́вым ко́дом
Etikette [eti'kɛtə] <-> *f* этике́т *м*
etikettieren [etikɛ'ti:rən] *vt* этикети́ровать *нсв*
etlich ['ɛtlɪçə] *pron indef* не́который
Etui [ɛt'vi:, ety'i:] <-s, -s> *nt* футля́р *м*
etwa ['ɛtva] **I.** *adv (ungefähr)* приме́рно, о́коло; **~ hundert Mitarbeiter** о́коло ста сотру́дников; **in ~** приблизи́тельно **II.** *part (vielleicht)* ра́зве, ведь; **willst du ~ schon gehen?** ты уже́ ухо́дишь?; **du willst doch nicht ~ behaupten, dass ...?** ты ведь не говори́шь, что ...?; **... oder ~ nicht?** ра́зве не так?
etwaig ['ɛtva(:)ɪç] *adj* возмо́жный
etwas ['ɛtvas] *pron indef* **1.** *(eine unbestimmte Größe bezeichnend)* что́-нибудь, что́-то; **da bewegt sich doch ~** там всё-таки что́-то дви́жется; **niemand hat dir ~ getan** тебе́ никто́ ничего́ не сде́лал; **hast du gerade mal ~ zum Schreiben?** у тебя́ есть что́-нибудь пи́шущее?; **ohne ~ zu sagen** не говоря́ ни сло́ва **2.** *(einen unbestimmten Teil von etw bezeichnend)* немно́го; **ich möchte auch ~ von dem Kuchen** я то́же хочу́ пиро́жного **3.** *(ein wenig)* чу́точку, чуть; **sie fühlt sich jetzt ~ besser** она́ чу́вствует себя́ тепе́рь чу́точку лу́чше; **in den letzten Tagen ist es ~ wärmer geworden** в после́дние дни ста́ло чуть тепле́е; **hast du noch ~ Geld?** у тебя́ нет ещё де́нег?; **das ist ~ anderes** э́то (что-то) друго́е
Etwas <-, -> *nt* не́что; **das gewisse ~** не́что

E

особенное

Etymologie [etymolo'gi:] <-, -n> *f* этимоло́гия *ж*

etymologisch [etymo'lo:gɪʃ] *adj* этимологи́ческий

EU [e:'u:] *f* ЕС *м*, Европе́йский Сою́з

EU-Behörde <-, -n> *f* о́рган *м* управления ЕС *(Европе́йского Сою́за)*

EU-Beitritt [e:'u:baɪtrɪt] <-(e)s, -e> *m* вступле́ние *ср* в ЕС *(Европе́йский Сою́з)*

EU-Bürger(in) [e:'ʔu:bʏrgɐ] <-s, -> *m(f)* граждани́н *м* ЕС *(Европе́йского Сою́за)*

EU-Bürgerschaft <-> *f* гражда́нство *ср* ЕС *(Европе́йского Сою́за)*

euch [ɔɪç] *pron pers* вам; **das muss ~ klar sein** э́то вам должно́ быть поня́тно; **ich habe ~ gewarnt** я вас предупрежда́л; **ihr macht ~ was vor** вы себя́ обма́нываете; **~ würde es gefallen** вам бы понра́вилось; **ein Freund von ~** ваш друг; **gehören ~ die Räder?** э́то ва́ши велосипе́ды?; **setzt ~!** сади́тесь!

euer ['ɔɪɐ] *pron poss* ваш, свой; **alles Liebe, ~ Peter** всего́ хоро́шего, ваш Пётр

euere(r, s) ['ɔɪ(ə)rə, -rɐ, -rəs] *s.* **euer**

EU-Führerschein <-(e)s, -e> *m* води́тельские права́ *мн* по станда́рту ЕС *(Европе́йского Сою́за)*

Eukalyptus [ɔɪka'lʏptʊs] <-, Eukalypten o -> *m* BOT эвкали́пт *м*

EU-Kommissar(in) [e:'u:kɔmɪsa:ɐ̯] <-s, -e> *m(f)* комисса́р *м* ЕС *(Европе́йского Сою́за)*

EU-Kommission [e:'u:kɔmɪsi̯o:n] <-, -en> *f* коми́ссия *ж* ЕС *(Европе́йского Сою́за)*

EU-Land *nt* страна́ *ж* - член Европе́йского сою́за

Eule ['ɔɪlə] <-, -n> *f* сова́ *ж;* **~n nach Athen tragen** *geh* лить во́ду в коло́дец

EU-Ministerrat [e:'u:minɪstera:t] <-(e)s> *m* сове́т *м* мини́стров ЕС *(Европе́йского Сою́за)*

EU-Mitgliedsland [e:'u:mɪtgli:ts̮lant, e:'u:mɪtgli:ts̮lɛndɐ] <-(e)s, -länder> *nt* страна́ *ж* - член *м* ЕС *(Европе́йского Сою́за)*

EU-Norm <-, -en> *f* но́рма *ж* ЕС *(Европе́йского Сою́за)*

Eunuch [ɔɪ'nu:x] <-en, -en> *m* е́внух *м*

Euphemismus <-, Euphemismen> *m* эвфеми́зм *м*

Euphorie [ɔɪfo'ri:] <-, -n> *f* эйфори́я *ж*

euphorisch [ɔɪ'fo:rɪʃ] *adj* эйфори́ческий

eure(r, s) ['ɔɪrə, -rɐ, -rəs] *pron poss* ваш, свой

eurerseits ['ɔɪrɐzaɪts] *adv* с ва́шей стороны́

euresgleichen ['ɔɪrəs'glaɪçən] *pron* тако́й как вы, подо́бный вам

euretwegen ['ɔɪrətve:gən] *adv* из-за вас, ра́ди вас

euretwillen ['ɔɪrət'vɪlən] *adv* **um ~** ра́ди вас

Euro ['ɔɪro] <-(s), -(s)> *m* е́вро *м;* **die Einführung des ~** ввод е́вро

> **i Grammatik**
>
> **Euro** (евро) существительное мужского рода и во множественном числе не изменяет своей формы: *Ein Kilo Kartoffeln kostet einen Euro. –Килограмм картофеля стоит один евро. Ich habe achtzig Euro fünfzig (Cent(s)) für diese Schuhe bezahlt. – Я заплатила восемьдесят евро пятьдесят (центов) за эту обувь.*

Eurocent <-(s), -(s)> *m* евроце́нт *м*

Eurocheque <-s, -s> *m* евроче́к *м*

Eurocity-Zug <-(e)s, -züge> *m по́езд да́льнего сле́дования, сле́дующий че́рез грани́цы европе́йских стран*

Eurodevisenmarkt <-(e)s> *m* ры́нок *м* евровалю́т

Euroeinführung <-> *f* введе́ние *ср* е́вро

Eurokurs <-es> *m* BÖRSE курс *м* е́вро

Euroland <-(e)s, -länder> *nt* **1.** *(Staat, der an der Europäischen Währungsunion teilnimmt)* госуда́рство *ср* – член европе́йского валю́тного сою́за **2.** *(an der Europäischen Währungsunion teilnehmende Staatengruppe)* совоку́пность *ж* госуда́рств – чле́нов европе́йского сою́за

Euromarkt <-(e)s> *m* евроры́нок *м*

Euromünze <-, -n> *f* европе́йская моне́та *ж*

Europa [ɔɪ'ro:pa] <-s> *nt* Евро́па *ж*

Europacup [ɔɪ'ro:pakap] <-s, -s> *m* ку́бок *м* Евро́пы

Europäer(in) [ɔɪro'pɛ:ɐ] <-s, -> *m(f)* европе́ец *м*, европе́йка *ж*

europäisch *adj* европе́йский; **Europäische Union** Европе́йский сою́з *м;* **Europäische Zentralbank** Европе́йский центра́льный банк

Europäische Artikelnummer <-> *f* Европе́йский това́рный код *м*

Europameister(in) <-s, -> *m(f)* чемпио́н *м* Евро́пы

Europameisterschaft <-, -en> *f* чемпиона́т *м* Евро́пы

Europapatent <-(e)s, -e> *nt* европе́йский пате́нт *м*

Europapolitik <-> *f* европе́йская поли́тика *ж*

Euroscheck ['ɔɪroʃɛk] <-s, -s> *m* евроче́к *м*

Euroumstellung <-> *f* перехо́д *м* на е́вро

Eurovision [ɔɪrovi'zi̯o:n] <-> *f* Еврови́дение *ср*

Eurowährung <-> *f* (еди́ная) европе́йская валю́та *ж*

Euter ['ɔɪtɐ] <-s, -> *nt* вы́мя *ср*

Euthanasie [ɔɪtana'zi:] <-> *f* евтана́зия *ж*,

лёгкая смерть *ж*

e.V. [eːˈfaʊ] *abk von* **eingetragener Verein** зарегистри́рованное о́бщество *ср*

evakuieren [evakuˈiːrən] *vt* эвакуи́ровать *(н)св*

Evakuierung <-en> *f* эвакуа́ция *ж*

evaluieren *vt* оце́нивать, оцени́ть *св*

evangelisch [evaŋˈgeːlɪʃ] *adj* евангели́ческий

Evangelium [evaŋˈgeːliʊm] <-s, Evangelien> *nt* ева́нгелие *ср*

eventuell [evɛntuˈɛl] **I.** *adj* возмо́жный **II.** *adv* мо́жет быть, возмо́жно

Evidenz <-, -en> *f (Verzeichnis)* регистра́ция *ж,* учёт *м*

Evolution [evoluˈt͡si̯oːn] <-> *f* эволю́ция *ж*

Evolutionstheorie <-> *f* тео́рия *ж* эволю́ции

EWG [eːveːˈgeː] *abk von* **Europäische Wirtschaftsgemeinschaft** ЕЭС *м,* Европе́йский экономи́ческий сою́з *м*

ewig [ˈeːvɪç] *adj* **1.** *(unendlich)* ве́чный; **an das ~e Leben glauben** ве́рить в загро́бную жи́знь; **für immer und ~** навсегда́ **2.** *umg (sehr lange)* ве́чный, бесконе́чный; **das dauert ja ~** э́то продолжа́ется це́лую ве́чность

Ewigkeit <-> *f auch fig* ве́чность *ж;* **bis in alle ~** *fam* навсегда́

ex [ɛks] *prp* BÖRSE **~ Bezugsrecht** без пра́ва на заку́пку; **~ Dividende** экс-дивиде́нд; **~ factory** фра́нко фа́брика; **~ ship** фра́нко су́дно; **~ works** фра́нко заво́д; **~ Zinsen** без проце́нтов; **etw auf ~ trinken** вы́пить что-л. за́лпом

Ex [ɛks] <- -; -> *mf fam* бы́вший друг *м,* бы́вшая подру́га *ж*

exakt [ɛˈksakt] *adj* то́чный

Examen [ɛˈksaːmən, ɛˈksaːmina] <-s, - *oder* Examina> *nt* экза́мен *м;* **~ machen** сдава́ть экза́мен

Examensangst <-> *f* предэкзаменацио́нная лихора́дка *ж*

Examensarbeit <-, -en> *f* экзаменацио́нная рабо́та *ж*

exekutieren [ɛksekuˈtiːrən] *vt (hinrichten)* казни́ть *(н)св*

Exekution [ɛksekuˈt͡si̯oːn] <-, -en> *f* казнь *ж*

Exekutive [ɛksekuˈtiːvə] <-, -n> *f* исполни́тельная власть *ж*

Exempel [ɛˈksɛmpəl] <-s, -> *nt* приме́р *м;* **die Probe aufs ~ machen** прове́рить на де́ле

Exemplar [ɛksɛmˈplaːɐ] <-s, -e> *nt* экземпля́р *м*

exemplarisch [ɛksɛmˈplaːrɪʃ] *adj* приме́рный, образцо́вый

exerzieren [ɛksɛrˈt͡si̯iːrən] *vi* занима́ться, -ня́ться *св* строево́й подгото́вкой

Exhibitionismus <-> *m ohne pl* эксгибицони́зм *м*

Exhibitionist <-en, -en> *m* PSYCH эксгибицони́ст *м*

exhumieren *vt* эксгуми́ровать

Exil [ɛˈksiːl] <-(e)s> *nt* изгна́ние *ср,* эмигра́ция *ж;* **ins ~ gehen** эмигри́ровать; **im ~ leben** жить в изгна́нии

Existentialismus [ɛksɪstɛnt͡si̯aˈlɪsmʊs] <-> *m ohne pl s.* **Existenzialismus**

Existenz [ɛksɪsˈtɛnts] <-, -en> *f* **1.** *(das Existieren)* существова́ние *ср,* нали́чие *ср;* **Kernphysiker hatten die ~ dieser Teilchen vorhergesagt** фи́зики-я́дерщики предсказа́ли существова́ние э́тих части́ц; **eine kümmerliche ~ fristen** влачи́ть ни́щенское существова́ние **2.** *(das menschliche Leben)* существова́ние *ср* **3.** *(Auskommen)* сре́дства *мн;* **eine sichere ~ haben** име́ть доста́точно средств к существова́нию **4.** PHIL бытие́ *ср;* **eine verkrachte ~** неуда́чник *м*

Existenzangst <-, -ängste> *f* страх *м* пе́ред существова́нием

Existenzberechtigung <-> *f* пра́во *ср* на существова́ние

Existenzgrundlage <-, -n> *f* осно́ва *ж* существова́ния

ExistenzialismusRR [ɛksɪstɛnt͡si̯aˈlɪsmʊs] <-> *m ohne pl* PHILOS экзистенциали́зм *м*

Existenzkampf <-(e)s> *m* борьба́ *ж* за существова́ние

Existenzminimum <-s> *nt* прожи́точный ми́нимум *м;* **am ~ leben** жить на гра́ни бе́дности

existieren [ɛksɪsˈtiːrən] *vi* существова́ть *нсв*

Exklusionsvertrag <-(e)s, -verträge> *m* JUR монопо́льный догово́р *м*

exklusiv [ɛkskluˈziːf] *adj* исключи́тельный, изы́сканный

Exklusivität <-> *f* исключи́тельность *ж*

Exklusivrecht <-(e)s, -e> *nt* JUR исключи́тельное пра́во *ср*

Exklusivvertrag <-(e)s, -verträge> *m* JUR догово́р *м* о предоставле́нии исключи́тельных прав

Exklusivvertrieb <-(e)s, -e> *m* монопо́льный сбыт *м*

Exkremente [ɛkskreˈmɛntə] <-> *pl* испражне́ния *срмн,* экскреме́нты *ммн*

Exkurs [ɛksˈkʊrs] <-es, -e> *m geh* э́кскурс *м*

Exkursion [ɛkskʊrˈzjoːn] <-, -en> *f* экску́рсия *ж*

exmatrikulieren [ɛksmatrikuˈliːrən] *vt* исключа́ть, -чи́ть *св* из соста́ва студе́нтов

exogen *adj* экзоге́нный, вне́шнего происхожде́ния

Exorzismus <-> *m* REL изгна́ние *ср* бе́са

exotisch [ɛˈksoːtɪʃ] *adj* экзоти́ческий

Expander <-s, -> *m* экспа́ндер *м*

expandieren *vi* расширя́ться, -ши́риться *св,* разрасти́сь *св,* -та́ться *нсв*

Expansion [ɛkspanˈzi̯oːn] <-> *f* экспа́нсия *ж,* распростране́ние *ср;* **wirtschaftliche ~** экономи́ческая экспа́нсия

E

expansiv *adj* экспанси́вный

Expedition [ɛkspedi'tsjo:n] <-, -en> *f* экспеди́ция *ж*

Experiment [ɛksperi'mɛnt] <-(e)s, -e> *nt* экспериме́нт *м*

experimentell [ɛksperimen'tɛl] *adj* эксперимента́льный, о́пытный

experimentieren [ɛksperimɛn'ti:rən] *vi* эксперименти́ровать *нсв*

Experte [ɛks'pɛrtə] <-en, -en> *m*, **Expertin** [ɛks'pɛrtɪn] *f* экспе́рт *м;* **ein ~ auf diesem Gebiet** экспе́рт в э́той о́бласти; **einen ~en zu Rate ziehen** консульти́роваться с экспе́ртом; **~ auf wirtschaftlichem Gebiet** эспе́рт в о́бласти эконо́мики

Expertensystem <-s, -e> *nt* DV экспе́ртная систе́ма *ж*

Expertise [ɛkspɛr'ti:zə] <-, -n> *f* эксперти́за *ж;* **eine ~ erstellen lassen** подверга́ть эксперти́зе

explizit [ɛkspli'ts̮i:t] *adj* то́чный, подро́бный

explodieren [ɛksplo'di:rən] *vi* взрыва́ться, взорва́ться *св*

Explosion [ɛksplo'zi̯o:n] <-, -en> *f* взрыв *м*

explosiv [ɛksplo'zi:f] *adj* взры́вчатый; *auch fig* взрывно́й

Exponat [ɛkspo'na:t] <-(e)s, -e> *nt* экспона́т *м*

Exponent [ɛkspo'nɛnt] <-en, -en> *m* **1.** *(Vertreter eines Gebiets)* представи́тель *м;* **~ unseres Wirtschaftssystems** представи́тель на́шей экономи́ческой систе́мы **2.** MATH показа́тель *м*

exponiert *adj* откры́тый, незащищённый

Export [ɛks'pɔrt] <-(e)s, -e> *m* э́кспорт *м*, вы́воз *м;* **direkter ~** прямо́й э́кспорт; **indirekter ~** ко́свенный э́кспорт; **den ~ ausweiten** расширя́ть э́кспорт; **den ~ steigern** форси́ровать э́кспорт; **für den ~ produzieren** рабо́тать на э́кспорт; **~e staatlich stützen** субсиди́ровать э́кспорт

Exportabgabe <-, -n> *f* нало́г *м* на экспорти́руемые това́ры

Exportabteilung <-, -en> *f* э́кспортный отде́л *м*

Exportanteil <-s, -e> *m* до́ля *ж* э́кспорта

Exportartikel <-s, -> *m* э́кспортный това́р *м*

Exportbeschränkung <-, -en> *f* ограниче́ние *ср* э́кспорта

Exportbestimmung <-, -en> *f* постановле́ния и предписа́ния *срмн*, регламенти́рующие э́кспорт

Exporteur(in) [ɛkspɔr'tœ:ɐ, ɛkspɔr'tœ:rə] <-s, -e> *m(f)* экспортёр *м*

Exportfinanzierung <-, -en> *f* финанси́рование *ср* э́кспорта

Exportfirma <-, -firmen> *f* фи́рма-экспортёр *ж*

Exportförderung <-, -en> *f* стимули́рование *ср* э́кспорта

Exportgarantie <-, -en> *f* э́кспортная гара́нтия *ж*

Exportgenehmigung <-, -en> *f* э́кспортная лице́нзия *ж*

Exporthandel <-s> *m* э́кспортная торго́вля *ж*

exportieren [ɛkspɔr'ti:rən] *vt* экспорти́ровать *(н)св*, вывози́ть, вы́везти *св*

Export-Importbilanz <-, -en> *f* э́кспортно-и́мпортный бала́нс *м*

Exportkontrolle <-, -n> *f* э́кспортный контро́ль *м*

Exportkredit <-s, -e> *m* э́кспортный креди́т *м*

Exportland <-(e)s, -länder> *nt* экспорти́рующая страна́ *ж*

Exportlizenz <-, -en> *f* э́кспортная лице́нзия *ж*

Exportmarkt <-(e)s, -märkte> *m* вне́шний ры́нок *м*

Exportorganisation <-, -en> *f* э́кспортная организа́ция *ж*

Exportquote <-, -n> *f* э́кспортная кво́та *ж*

Exportselbstbeschränkungsabkommen <-s, -> *nt* соглаше́ние *ср* о доброво́льном ограниче́нии э́кспорта

Exportsubvention <-, -en> *f* э́кспортная субси́дия *ж*

Exportüberschuss <-es, -überschüsse> *m* превыше́ние *ср* э́кспорта над и́мпортом

Exportverbot <-(e)s, -> *m* запре́т *м* на э́кспорт

Exportware <-, -n> *f* э́кспортный това́р *м*

Express[RR] [ɛks'prɛs] <-es, -züge> *m*, **Expreß**[Alt] <-presses, -züge> *m* экспре́сс *м;* **per ~** экспре́ссом

Expressgut <-(e)s, -güter> *nt* груз *м* бы́строй доста́вкии

Expressionismus [ɛksprɛsi̯o'nɪsmʊs] <-> *m* экспрессиони́зм *м*

expressionistisch *adj* KUNST, MUS, LIT экспрессионисти́ческий

exquisit [ɛkskvi'zi:t] *adj* изы́сканный, люкс

Extension [ɛkstɛn'zjo:n] <-, -en> *f* DV *(von Datei)* код *м* фа́йла

extensiv *adj* экстенси́вный

extern [ɛks'tɛrn] *adj* вне́шний, нару́жный

extra ['ɛkstra] *adv* отде́льно, дополни́тельно

Extra <-s, -s> *nt* дополне́ние *ср*, дополни́тельная часть *ж*

Extrablatt <-(e)s> *nt* э́кстренный вы́пуск *м* газе́ты

Extrakt [ɛks'trakt] <-(e)s, -e> *nt* экстра́кт *м*, вы́тяжка *ж*

extravagant ['ɛkstravagant] *adj* экстрава га́нтный

extrem [ɛks'tre:m] *adj* кра́йний

Extrem <-(e)s, -e> *nt* кра́йность *ж;* **von einem ~ ins andere fallen** броса́ться из одно́й кра́йности в другу́ю

Extremismus [ɛkstreˈmɪsmʊs] <-> *m* экстреми́зм *м*

extremistisch *adj* экстреми́стский

Extremität [ɛkstremiˈtɛːt] <-, -en> *f* кра́йность *ж*

Extremsportart <-, -en> *f* экстрема́льный спорт *м*

extrovertiert [ɛkstrovɛrˈtiːɐt] *adj* экстраве́ртный

exzellent [ɛkstsɛˈlɛnt] *adj* превосхо́дный, велико́лепный

Exzellenz [ɛkstsɛˈlɛnts] <-, -en> *f* превосходи́тельство *ср*

Exzenter <-s, -> *m* TECH эксце́нтрик *м*

exzentrisch [ɛksˈtsɛntrɪʃ] *adj* **1.** *(Mensch)* эксцентри́чный **2.** MATH эксцентри́ческий

Exzess[RR] [ɛksˈts̮ɛs] <-es, -e> *m*, **Exzeß**[Alt] <-zesses, -zesse> *m* эксце́сс *м*

exzessiv [ɛksts̮ɛˈsiːf] *adj* чрезме́рный

Eyeliner [ˈaɪlaɪnɐ] <-s, -> *m* ко́нтурный каранда́ш *м* *(для глаз)*

E

Ff

F, f [ɛf] <-, -> *nt* бу́ква F

f. *abk von* **folgende** (**Seite**) сле́дующая страни́ца

Fa. *abk von* **Firma** фи́рма *ж*

Fabel ['fa:bəl] <-, -n> *f* **1.** *(Tierfabel)* ба́сня *ж* **2.** *(erdichtete Geschichte)* вы́мысел *м*

fabelhaft *adj* **1.** *(märchenhaft)* баснослóвный; **sie ist ~ reich** она́ баснослóвно бога́та **2.** *umg (sehr gut)* чуде́сный, потряса́ющий; **der Hut steht dir ~** шля́па потряса́юще тебе́ идёт

Fabeltier *nt* геро́й *м* ба́сни

Fabrik [fa'bri:k] <-, -en> *f* фа́брика *ж*, заво́д *м*; **eine ~ in Betrieb setzen** пуска́ть фа́брику в эксплуата́цию; **eine ~ schließen** закрыва́ть фа́брику; **eine Stelle in einer ~ antreten** поступи́ть на фа́брику

Fabrikant(in) [fabri'kant] <-en, -en> *m(f)* **1.** *(Hersteller)* изготови́тель *м* **2.** *(Besitzer)* фабрика́нт *м*

Fabrikarbeiter(in) <-s, -> *m(f)* рабо́чий *м*, -бо́тница *ж*

Fabrikat [fabri'ka:t] <-(e)s, -e> *nt* фабрика́т *м*

Fabrikation [fabrika'ts̮i̯o:n] <-, -en> *f* произво́дство *ср*, изготовле́ние *ср*

Fabrikationsfehler <-s, -> *m* дефе́кт *м* изготовле́ния

Fabrikgebäude <-s, -> *nt* фабри́чное зда́ние *ср*, заводско́е зда́ние *ср*

Fabrikgelände <-s, -> *nt* террито́рия *ж* фа́брики, террито́рия *ж* заво́да

Fabrikhalle <-, -n> *f* цех *м*

fabrikneu *adj* соверше́нно но́вый

Fabriknummer <-, -n> *f* заводско́й но́мер *м*

Fabrikverkauf <-(e)s> *m* *прода́жа това́ров потреби́телям непосре́дственно с фа́брики*

fabrizieren [fabri'ts̮i:rən] *vt* **1.** *(herstellen)* изготовля́ть, -то́вить *св* **2.** *umg* натвори́ть *св*, наде́лать *св*

Facette [fa'sɛtə] <-n> *f* грань *ж*; фа́ска *ж*; фаце́т *м*

Fach [fax, 'fɛçɐ] <-(e)s, Fächer> *nt* **1.** *(Regal)* по́лка *ж* **2.** *(Schublade)* я́щик *м* **3.** *(Fachgebiet)* о́бласть *ж* **4.** *(Unterrichtsfach)* предме́т *м*; **vom ~ sein** быть специали́стом; **er ist vom ~** он специали́ст

Facharbeiter(in) <-s, -> *m(f)* квалифици́рованный рабо́чий *м*, -ная -бо́тница *ж*; **hochqualifizierter ~** высококвалифици́рованный рабо́чий; **Ausbildung von ~n** подгото́вка квалифици́рованных рабо́чих; **~ im Maschinenbau** рабо́чий-специали́ст по машинострое́нию

Facharzt <-es, -ärzte> *m*, **Fachärztin** *f* врач-специали́ст *м*

Fachausdruck <-(e)s, -ausdrücke> *m* специа́льный те́рмин *м*

Fachbereich <-(e)s, -e> *m* **1.** *(Fachgebiet)* специа́льность *ж* **2.** *(Branche)* о́трасль *ж* **3.** *(an Universität)* факульте́т *м*

fächeln **I.** *vt* маха́ть **II.** *vr* **sich ~** обма́хиваться

Fächer ['fɛçɐ] <-s, -> *m* ве́ер *м*

fächerübergreifend *adj* охва́тывающий не́сколько специа́льностей

Fachgebiet <-(e)s, -e> *nt* специа́льность *ж*, о́трасль *ж*

fachgerecht *adj* со зна́нием де́ла, квалифици́рованно; **sie hat den Wasserhahn ~ repariert** она́ квалифици́рованно отремонти́ровала кран

Fachgeschäft <-(e)s, -e> *nt* специализи́рованный магази́н *м*

Fachhandel *m* специализи́рованная торго́вля *ж*

Fachhändler <-e, -> *m* специализи́рованный торго́вец *м*

Fachhochschule <-, -n> *f* институ́т *м*

> **i Land & Leute**
>
> В **специальные высшие учебные заведения** принимаются абитуриенты, сдавшие в школе выпускные экзамены соответствующей категории, желающие получить высшее техническое или художественное образование. В специальном вузе можно приобрести, например, диплом инженера (эта квалификация сокращённо обозначается Dipl.Ing. (FH)). В Австрии в вузах такого рода можно получить и степень магистра.

Fachkenntnisse <-> *pl* специа́льные зна́ния *срмн*; **diese Aufgabe erfordert umfassende ~** э́та рабо́та тре́бует глубо́кого зна́ния предме́та

Fachkraft <-, -kräfte> *f* специали́ст *м*

fachkundig ['faxkʊndɪç] *adj* **1.** *(bewandert)* зна́ющий де́ло **2.** *(Fachkenntnis besitzend)* квалифици́рованный; **Mangel an ~em Personal** нехва́тка квалифици́рованного персона́ла; **jdn ~ beraten** дава́ть кому́-л. квалифици́рованную консульта́цию

Fachleute *pl von* **Fachmann**

fachlich *adj* специа́льный, профессиона́льный; **jd ist ~ (gut) versiert** кто́-л.

хорошо́ подко́ван по специа́льности; ~e **Eignung** профессиона́льная приго́дность; **~es Können** профессиона́льные на́выки; **~es Wissen** специа́льные зна́ния

Fachliteratur <-> *f* специа́льная литерату́ра *ж*

Fachmann <-(e)s, -leute> *m*, **Fachfrau** *f* специали́ст(ка) *м(ж)*, знато́к *м*, экспе́рт *м*; **erfahrener ~** о́пытный специали́ст; **Abwanderung von Fachleuten** уте́чка мозго́в; **einen ~ hinzuziehen** привлека́ть специали́ста; **~ auf einem Gebiet sein** быть специали́стом в како́й-л. о́бласти

fachmännisch [ˈfaxmɛnɪʃ] *adj* квалифици́рованный

Fachmesse <-, -n> *f* специализи́рованная я́рмарка *ж*

Fachschule <-, -n> *f* профессиона́льно-техни́ческое учи́лище *ср*, ПТУ *ср*

fachsimpeln [ˈ-zɪmpəln] *vi umg: мно́го и подро́бно обсужда́ть узкопрофессиона́льные те́мы*

Fachsprache <-, -n> *f* профессиона́льный язы́к *м*

Fachtext <-(e)s, -e> *m* спецте́кст *м*

Fachverband <-(e)s, -verbände> *m* отраслево́е объедине́ние *ср*

Fachwerk <-(e)s> *nt* BAU фахве́рк *м*

Fachwerkstatt <-> *f* специализи́рованная мастерска́я *ж*

Fachwort *nt* те́рмин *м*

Fachwörterbuch *nt* терминологи́ческий слова́рь *м*

Fachzeitschrift *f* специализи́рованный журна́л *м*

Fackel [ˈfakəl] <-, -n> *f* фа́кел *м*

fad(e) [faːt (ˈfaːdə)] *adj* **1.** *(Geschmack)* безвку́сный **2.** *(langweilig)* ску́чный, пусто́й

Faden [ˈfaːdən, ˈfɛːdən] <-s, Fäden> *m* нить *ж*, ни́тка *ж*; **den ~ verlieren** *fig* потеря́ть нить; **sich wie ein roter ~ durchziehen** *fig* проходи́ть кра́сной ни́тью; **die Fäden in der Hand halten** *fig* держа́ть в рука́х; **sein Schicksal hängt am seidenen ~** *fig* его́ судьба́ виси́т на воло́ске

fadenscheinig [ˈfaːdənʃaɪnɪç] *adj* **1.** *pej (durchschaubar)* ша́ткий, сла́бый *(о до́водах и т.п.)*; **~e Ausreden** неубеди́тельные отгово́рки **2.** *(Stoff)* потёртый, изно́шенный

Fadheit <-> *f* **1.** *(Geschmack)* пре́сный вкус *м* **2.** *fig* безвку́сица *ж*, по́шлость *ж*

Fagott <-(e)s, -e> *nt* фаго́т *м*

fähig [ˈfɛːɪç] *adj (begabt)* спосо́бный, тала́нтливый; **zu etw ~ sein** быть спосо́бным к чему́-л.; **zu allem ~ sein** быть спосо́бным на всё

Fähigkeit <-, -en> *f* спосо́бность *ж*; *(Begabung)* одарённость *ж*

fahl *adj (Farbe)* бле́дный; *(Licht)* ту́склый

fahnden [ˈfaːndən] *vi* **nach jdm ~** разы́скивать кого́-л.

Fahnder <-s, -> *m* сотру́дник *м* слу́жбы ро́зыска

Fahndung <-, -en> *f* пресле́дование *ср*, ро́зыск *м*

Fahndungsfoto <-s, -s> *nt* фотогра́фия *ж* разы́скиваемого лица́

Fahndungsliste <-, -n> *f* спи́сок *м* разы́скиваемых лиц

Fahne [ˈfaːnə] <-, -n> *f* зна́мя *ср*, флаг *м*; *umg (Alkoholgeruch)* за́пах спиртно́го изо рта́, перега́р *м*

Fahnenflucht <-> *f* дезерти́рство *ср*

Fahnenmast *m* пило́н *м*

Fahrausweis <-es, -e> *m* проездно́й биле́т *м*; **die ~e, bitte!** предъяви́те, пожа́луйста, проездны́е биле́ты!

Fahrausweisautomat <-en, -en> *m* автома́т *м* по прода́же биле́тов

Fahrbahn <-, -en> *f* прое́зжая часть *ж*

Fahrbahnverengung <-, -en> *f* суже́ние *ср* прое́зжей ча́сти доро́ги

fahrbar *adj* передвижно́й; **~er Untersatz** *umg* та́чка *ж*

Fähre [ˈfɛːrə] <-, -n> *f* паро́м *м*

fahren [ˈfaːrən] <fuhr, gefahren> **I.** *vt* **1.** *(Auto)* води́ть *нсв* **2.** *(befördern)* везти́ *нсв*, вози́ть *нсв*; **jdn nach Hause ~** отвезти́ кого́-л. домо́й **II.** *vi* **1.** *(mit Auto, mit Zug)* е́хать *нсв* **2.** *(abfahren)* отправля́ться, -пра́виться *св*; **wann fährt Ihr Zug?** когда́ отхо́дит ваш по́езд?; **mit dem Bus/Zug ~** е́хать авто́бусом/по́ездом; **der Zug fährt in 5 Minuten** по́езд отбу́дет че́рез 5 мину́т; **mit der Hand über etw ~** провести́ руко́й по чему́-л.; **was ist nur in sie gefahren?** что э́то на неё нашло́?; **mit dem Motorrad ~** е́хать на мотоци́кле; **Rollschuh ~** ката́ться на ро́ликах; **Ski ~** ката́ться на лы́жах; **sie fuhr ihm durch die Haare** она́ провела́ руко́й по его́ волоса́м

Fahrer(in) [ˈfaːrɐ] <-s, -> *m(f)* води́тель *м*, -ница *ж*, шофёр *м*

Fahrerflucht <-> *f* бе́гство *ср* води́теля с ме́ста происше́ствия; **~ begehen** соверши́ть побе́г с ме́ста ава́рии

Fahrerhaus <-es> *nt* KFZ каби́на *ж*

Fahrerlaubnis *f formal (Führerschein)* води́тельские права́ *мн*

Fahrersitz <-es, -e> *m* сиде́нье *ср* води́теля

Fahrgast <-(e)s, -gäste> *m* пассажи́р *м*

Fahrgastinformationssystem <-(e)s, -e> *nt (in Eisenbahnzügen)* систе́ма *ж* информа́ции для пассажи́ров

Fahrgeld <-es, -er> *nt* пла́та *ж* за про́езд

Fahrgemeinschaft <-, -en> *f гру́ппа люде́й, организу́ющаяся для совме́стного прое́зда на рабо́ту*

F

Fahrgestell <-(e)s, -e> *nt* **1.** *(von Auto, von Flugzeug)* ша́сси *ср* **2.** *umg (Beine)* но́ги *мн*

Fahrgestellnummer <-, -n> *m* KFZ но́мер *м* ша́сси

fahrig ['fa:rɪç] *adj* **1.** *(Bewegung)* не́рвный, торопли́вый **2.** *(unkonzentriert)* рассе́янный, несо́бранный

Fahrkarte <-, -n> *f* проездно́й биле́т *м*; **eine ~ hin und zurück** оди́н биле́т в о́ба конца́

Fahrkartenautomat <-en, -en> *m* автома́т для прода́жи проездны́х биле́тов

Fahrkartenschalter <-s, -> *m* биле́тная ка́сса *ж*

fahrlässig ['fa:ɐlɛsɪç] *adj* хала́тный; **~e Tötung** JUR уби́йство *ср* по неосторо́жности

Fahrlässigkeit <-, -en> *f* хала́тность *ж*, небре́жность *ж*; **grobe ~** JUR гру́бая небре́жность; **leichte ~** JUR лёгкая неосторо́жность; **aus ~ einen Unfall verschulden** быть вино́вником ава́рии по неосторо́жности

Fahrlehrer(in) <-s, -> *m(f)* инстру́ктор *м* по вожде́нию

Fahrplan <-(e)s, -pläne> *m* расписа́ние *ср* движе́ния (тра́нспорта)

fahrplanmäßig *adj* по расписа́нию; **~e Ankunft/Abfahrt 14 Uhr** прибы́тие/отбы́тие по гра́фику в 14 часо́в

Fahrpraxis <-> *f* пра́ктика *ж* вожде́ния

Fahrpreis <-(e)s, -e> *m* сто́имость *ж* прое́зда

Fahrpreisermäßigung <-, -en> *f* льго́тный тари́ф *м* (при опла́те прое́зда)

Fahrprüfung <-, -en> *f* экза́мен *м* по вожде́нию

Fahrrad ['fa:ɐra:t] <-(e)s, -räder> *nt* велосипе́д *м*; **~ mit Hilfsmotor** мотовелосипе́д

Fahrraddynamo <-s, -s> *m* велосипе́дный генера́тор *м*

Fahrradfahrer(in) <-s, -> *m(f)* велосипеди́ст(ка) *м(ж)*

Fahrradglocke <-, -n> *f* велосипе́дный звоно́к

Fahrradkette <-, -n> *f* велосипе́дная цепь *ж*

Fahrradklingel <-, -n> *f* велосипе́дный звоно́к *м*

Fahrradkurier <-s, -e> *m* почтальо́н *м* - велосипеди́ст

Fahrradpumpe <-, -n> *f* велосипе́дный насо́с *м*

Fahrradweg <-(e)s, -e> *m* велосипе́дная доро́жка *ж*

Fahrschein *m s.* **Fahrkarte**

Fahrscheinautomat *m* автома́т для биле́тов

Fahrschule <-, -n> *f* автошко́ла *ж*

Fahrschüler(in) <-s, -> *m(f)* слу́шатель *м*, -ница *ж* автошко́лы

Fahrschulwagen <-s, -> *m* уче́бный автомоби́ль *м*

Fahrsimulator <-s, -en> *m* тренажёр *м* для обуче́ния вожде́нию автомоби́ля

Fahrspur *f* AUTO доро́жное полотно́ *ср*

Fahrstuhl <-(e)s, -stühle> *m* лифт *м*

Fahrstunde *f* уро́к *м* вожде́ния

Fahrt [fa:ɐt] <-, -en> *f* **1.** *(mit dem Auto)* езда́ *ж* **2.** *(Reise)* пое́здка *ж*; **gute ~!** счастли́вого пути́! **3.** *(Fahrtgeschwindigkeit)* ско́рость *ж*, ход *м*; **in ~ kommen** *umg* войти́ в раж; **in voller ~** по́лным хо́дом

Fährte ['fɛ:ɐtə] <-, -n> *f* след *м*; **auf der falschen ~ sein** *fig* быть на ло́жном пути́; **jdn auf die richtige ~ bringen** *fig* показа́ть кому́-л. пра́вильный путь

Fahrtkosten <-> *fpl* сто́имость *ж* прое́зда

Fahrtrichtung <-, -en> *f* направле́ние *ср* движе́ния; **in ~** по направле́нию движе́ния

Fahrtroute <-, -n> *f* маршру́т *м*

Fahrtschreiber <-s, -> *m* KFZ спидогра́ф *м*, тахоспидогра́ф *м*

Fahrtüchtigkeit <-> *f* приго́дность *ж* к управле́нию тра́нспортным сре́дством

Fahrtwind <-(e)s> *m* возду́шный пото́к *м*

Fahrverbot <-(e)s> *nt* запреще́ние *ср* движе́ния

Fahrwerk <-(e)s, -e> *nt* ша́сси *ср*

Fahrzeug <-(e)s, -e> *nt* тра́нспортное сре́дство *ср*

Fahrzeugbrief <-(e)s, -e> *m* KFZ (техни́ческий) па́спорт *м* тра́нспортного сре́дства

Fahrzeugeigentümer *s.* **Fahrzeughalter**

Fahrzeughalter(in) <-s, -> *m(f)* владе́лец *м*, -лица *ж* автомоби́ля

Fahrzeuginsasse <-n, -n> *m* пассажи́р *м*

Fahrzeugkategorie <-, -n> *f* катего́рия *ж* тра́нспортного сре́дства

Fahrzeugkolonne <-, -n> *f* коло́нна *ж* автомоби́лей

Fahrzeugpapiere *ntpl* докуме́нты *мн* на маши́ну

Fahrzeugpark <-s, -s> *m* автопарк *м*

Fahrzeugschein *m* докуме́нты *мн* на маши́ну

Fahrzeugtyp <-s, -en> *m* тип *м* тра́нспортных средств

Faible ['fɛɪbəl] <-s, -s> *nt* **ein ~ für etw/jdn haben** пита́ть сла́бость к чему́-л./кому́-л.

fair [fɛ:ɐ] *adj* **1.** *(ehrlich)* поря́дочный, че́стный; **das ist nicht ~ von dir!** э́то непоря́дочно с твое́й стороны́; **nicht ~ handeln** поступа́ть нече́стно **2.** *(gerecht)* справедли́вый; **sich jdm gegenüber ~ verhalten** справедли́во относи́ться к кому́-л.

Fairness[RR] ['fɛ:ɐnɛs] <-> *f*, **Faireß**[Alt] <-> *f ohne pl* поря́дочность *ж*

faktisch ['faktɪʃ] *adj (tatsächlich)* факти́ческий, действи́тельный

Faktor ['fakto:ɐ] <-s, -en> *m* **1.** *(Einflussgröße)* фа́ктор *м;* **stabilisierender ~** стабилизи́рующий фа́ктор **2.** MATH мно́житель *м*

Faktum ['faktʊm] <-s, Fakten> *nt* факт *м;* **sich auf die Fakten stützen** опира́ться на фа́кты

Faktura <-> *f* ÖKON факту́ра *ж;* **eine ~ ausstellen** выпи́сывать факту́ру

fakturieren *vt* фактури́ровать; **fakturierte Lieferungen** отфактури́рованные поста́вки

Fakultät [fakʊl'tɛ:t] <-, -en> *f* факульте́т *м*

fakultativ [fakʊlta'ti:f] *adj* факультати́вный; **~es Fach** факультати́вная дисципли́на

Fakultativklausel <-, -n> *f* факультати́вная огово́рка *ж*

Falke ['falkə] <-n, -n> *m* со́кол *м*

Fall [fal, 'fɛlə] <-(e)s, Fälle> *m* **1.** *(das Fallen)* паде́ние *ср* **2.** *(Sachverhalt)* слу́чай *м;* **das ist nicht der ~** э́то не так; **für den ~, dass ...** в слу́чае, е́сли ...; **auf gar keinen ~** ни в ко́ем слу́чае; **er ist ein hoffnungsloser ~** э́то безнадёжный слу́чай; **in diesem ~** в тако́м слу́чае; **für alle Fälle** на вся́кий слу́чай **3.** JUR уголо́вное де́ло *ср* **4.** LING паде́ж *м;* **auf jeden ~** в любо́м слу́чае; **im schlimmsten ~** в ху́дшем слу́чае; **auf alle Fälle** на вся́кий слу́чай; **für den ~, dass** в слу́чае, е́сли; **er ist nicht mein ~** *umg* он не в моём вку́се

Falle ['falə] <-, -n> *f* лову́шка *ж;* **jdm eine ~ stellen** *fig* расста́вить кому́-л. лову́шку; **in der ~ sitzen** попа́сть в западню́

fallen ['falən] <fiel, gefallen> *vi* **1.** *(nach unten)* па́дать, упа́сть *св;* **es fällt Schnee/Regen** идёт снег/дождь; **sie fiel in tiefen Schlaf** она́ глубоко́ засну́ла; **jdm um den Hals ~** ве́шаться кому́-л. на ше́ю **2.** *(sinken)* опуска́ться, -сти́ться *св,* понижа́ться, -ни́зиться *св;* **~de Preise** понижа́ющиеся це́ны; **~der Bedarf** па́дающий спрос; **die Aktien ~** ку́рсы а́кций па́дают; **die Waren ~ im Preis** це́ны на това́ры па́дают; **die Temperatur ist um 10 Grad gefallen** температу́ра пони́зилась на 10 гра́дусов **3.** *(Bemerkung)* выска́зывать, вы́сказать *св* **4.** *(Soldat)* пасть *св,* погиба́ть, -ги́бнуть *св* **5.** *(Schuss)* разда́ться *св,* -дава́ться *нсв* **6.** *(Verdacht, Blick)* па́дать, упа́сть *св;* **die Wahl fällt auf jdn** вы́бор па́дает на кого́-л. **7.** *(Termin)* прийти́сь *св,* -ходи́ться *нсв,* auf + *akk,* на; **jdm in die Rede ~** переби́ть кого́-л.; **etw fällt (nicht) ins Gewicht** что-л. игра́ет ва́жную роль (не игра́ет ро́ли); **jdm in die Arme ~** броса́ться кому́-л. в объя́тия; **durch eine Prüfung ~** провали́ться на экза́мене

fällen ['fɛlən] *vt* **1.** *(Baum)* вали́ть, по- *св;* *(Holz)* сечь **2.** *(Entscheidung)* реши́ть *св;* **ein Urteil über jdn ~** вы́нести кому́-л. пригово́р **3.** *(Urteil)* выноси́ть, вы́нести *св*

fallen lassen[RR] <irr> *vt* **1.** *(Bemerkung)* оброни́ть *св* **2.** *(aufgeben)* отка́зываться, -каза́ться *св;* **diesen Plan habe ich längst ~** от э́того пла́на я давно́ отказа́лся

Fallensteller <-s, -> *m* капка́нщик *м*

Fallgeschwindigkeit <-, -en> *f* ско́рость *ж* паде́ния

Fallgesetz <-es> *nt* PHYS зако́н *м* паде́ния

Fallgrube *f* *специа́льная лову́шка в земле́ для бо́лее кру́пных живо́тных*

fällig ['fɛlɪç] *adj* подлежа́щий упла́те, подлежа́щий исполне́нию; **~e Forderung** тре́бование, подлежа́щее опла́те; **etwas wird ~** наступа́ет срок платежа́ чего́-л.; **~e Rechnungen begleichen** опла́чивать счета́ в срок; **morgen wird die Zahlung ~** за́втра на́до заплати́ть

Fälligkeit <-> *f* истече́ние *ср* сро́ка платежа́, наступле́ние *ср* сро́ка исполне́ния; **~ der Steuer** срок упла́ты нало́га; **~ einer Forderung** наступле́ние сро́ка исполне́ния обяза́тельства; **bei ~** при наступле́нии [*или* по ме́ре приближе́ния] сро́ка

Fälligkeitsdatum <-s, -daten> *nt* срок *м* платежа́; **~ eines Wechsels** срок платежа́ по ве́кселю; **Überschreitung des ~s** несоблюде́ние сро́ка платежа́

Fallobst <-(e)s> *nt* па́данцы *ммн*

Fallout <-s, -s> *m* PHYS *(radioaktiver Niederschlag)* радиоакти́вный оса́док *м*

falls [fals] *konj* (в слу́чае), е́сли; **~ du Lust hast, komme bei mir mal vorbei** е́сли хо́чешь, зайди́ ко мне ка́к-нибудь

Fallschirm <-(e)s, -e> *m* парашю́т *м;* **mit dem ~ abspringen** пры́гать с парашю́том

Fallschirmspringen <-s> *nt* парашюти́зм *м*

Fallschirmspringer(in) <-s, -> *m(f)* парашюти́ст(ка) *м(ж)*

Fallstudie <-, -n> *f* едини́чное иссле́дование *ср*

Falltür *f* NAUT люк *м*

falsch [falʃ] **I.** *adj* **1.** *(nicht richtig)* непра́вильный; **meine Uhr geht ~** мои́ часы́ иду́т нето́чно; **~ liegen** заблужда́ться; **das hast du ~ verstanden** ты э́то непра́вильно по́нял **2.** *(fehlerhaft)* оши́бочный, неве́рный; **dieses Wort ist ~ geschrieben** э́то сло́во напи́сано неве́рно; **falscher Alarm** фальши́вая трево́га **3.** *(nachgemacht: Zähne)* иску́сственный **4.** *(Geld, Pass)* фальши́вый **5.** *(hinterhältig)* двули́чный, кова́рный **6.** *(unangemessen: Bescheidenheit)* ло́жный **II.** *adv* непра́вильно; **damit liegst du ~** ты не прав; **~ parken** паркова́ть непра́вильно; **da sind Sie hier ~** вы не туда́ попа́ли

F

fälschen [ˈfɛlʃən] *vt (Kunstwerk)* подде́лывать, -де́лать *св;* **gefälschtes Geld** фальши́вые де́ньги *мн*
Fälscher(in) <-s, -> *m(f)* фальсифика́тор *м*
Falschfahrer(in) <-s, -> *m(f) води́тель, вы́ехавший на встре́чную по́лосу движе́ния*
Falschgeld <-es> *nt* фальши́вые де́ньги *мн*
Falschheit <-> *f* **1.** *(von Mensch)* лжи́вость *ж,* нейскренность *ж* **2.** *(Unrichtigkeit)* ло́жность *ж,* неве́рность *ж*
fälschlich [ˈfɛlʃlɪç] *adj* оши́бочный
fälschlicherweise *adv* по оши́бке
Falschlieferung <-, -en> *f* оши́бочная поста́вка *ж*
falsch|liegenRR *vi umg* заблужда́ться
Fälschung [ˈfɛlʃʊŋ] <-, -en> *f* **1.** *(das Fälschen)* подло́г *м,* фальсифика́ция *ж;* ~ **der Bilanz** фальсифика́ция бала́нса; ~ **einer Unterschrift** подло́г по́дписи; ~ **von Dokumenten** подло́г докуме́нтов **2.** *(etw Gefälschtes)* подде́лка *ж,* фальши́вка *ж;* **dieses Bild ist eine** ~ э́та карти́на явля́ется подде́лкой
Faltblatt <-(e)s, -blätter> *nt* букле́т *м*
Falte [ˈfaltə] <-, -n> *f* скла́дка *ж; (an Rock)* скла́дка *ж,* сбо́рка *ж; (Haut)* морщи́на *ж;* **die Stirn in Falten legen** намо́рщить лоб
falten [ˈfaltən] *vt* **1.** скла́дывать, сложи́ть *св,* сгиба́ть, согну́ть *св* **2.** *(zusammenlegen)* скла́дывать, сложи́ть *св;* **die Hände** ~ сложи́ть ру́ки
faltenfrei *adj* без скла́док
Faltengebirge <-s, -> *nt* скла́дчатые го́ры *мн*
Faltenrock <-(e)s, -röcke> *m* ю́бка *ж* в скла́дку
Faltenwurf <-(e)s> *m* драпиро́вка *ж*
Falter [ˈfaltɐ] <-s, -> *m* мотылёк *м*
faltig *adj* **1.** *(Stoff)* в скла́дках **2.** *(Haut)* морщи́нистый
familiär [famiˈli̯ɛːɐ̯] *adj* семе́йный; *(vertraulich)* непринуждённый; **dort herrschte eine ~e Atmosphäre** там цари́ла непринуждённая атмосфе́ра
Familie [faˈmiːli̯ə] <-, -n> *f* семья́ *ж;* BIO семе́йство *ср;* **er kommt aus guter** ~ он из хоро́шей семьи́; **eine** ~ **gründen** созда́ть семью́; **das liegt in der** ~ э́то семе́йная черта́; **das kommt in den besten Familien vor** *fig* э́то быва́ет и в са́мых лу́чших се́мьях
Familienähnlichkeit <-, -en> *f* семе́йное схо́дство *ср*
Familienangehörige(r) <-n, -n> *f(m)* член *м и ж* семьи́
FamilienanschlussRR <-es> *m* **bei jdm** ~ **haben** жить у кого́-л. на права́х чле́на семьи́
Familienbetrieb <-(e)s, -e> *m* семе́йное предприя́тие *ср;* **landwirtschaftlicher** ~ семе́йное хозя́йство
Familienfeier <-, -n> *f* семе́йный пра́здник *м*
Familienkreis <-es> *m* круг *м* семьи́; **im engsten** ~ в у́зком семе́йном кругу́
Familienlastenausgleich <-(e)s> *m* JUR посо́бие *ср* по многоде́тности
Familienleben *nt ohne pl* семе́йная жизнь *ж*
Familienmitglied *nt* член *м* семьи́
Familienname <-n, -n> *m* фами́лия *ж*
Familienoberhaupt *nt* глава́ *м* семьи́
Familienplanung <-> *f* плани́рование *ср* рожда́емости
Familienstand <-(e)s> *m* семе́йное положе́ние *ср*
Familientragödie <-, -n> *f* семе́йная траге́дия *ж*
Familienunternehmen <-s, -> *nt* семе́йное предприя́тие *ср*
Familienvater <-s, -väter> *m* оте́ц *м* семе́йства
Familienzuwachs *m* **wir bekommen** ~ мы ждём ребёнка
famos [faˈmoːs] *adj umg* отли́чный, чу́дный
Fan [fɛn, fɛːn] <-s, -s> *m* боле́льщик *м,* стра́стный покло́нник *м*
Fanatiker(in) [faˈnaːtikɐ] <-s, -> *m(f)* фана́тик *м,* -ти́чка *ж*
fanatisch [faˈnaːtɪʃ] *adj* фанати́ческий, фанати́чный
Fanatismus [fanaˈtɪsmʊs] <-> *m* фанати́зм *м;* **blinder** ~ слепо́й фанати́зм
Fanclub <-s, -s> *m* клуб *м* боле́льщиков [*или* покло́нников]
fand [fant] *s.* **finden**
Fanfare [fanˈfaːrə] <-, -en> *f* фанфа́ра *ж*
Fang [faŋ] <-(e)s, Fänge> *m* **1.** *(das Fangen)* ло́вля *ж* **2.** *auch fig (Beute)* добы́ча *ж;* **einen guten** ~ **machen** кому́-л. повезло́ с чем-л.; **das ist ein guter** ~ э́то хоро́ший результа́т **3.** *(Tierzähne)* клыки́ *ммн*
Fangarm *m* щу́пальце *ср*
Fänge *mpl (Fangarme)* щу́пальцы *мн; (Krallen)* ко́гти *мн;* **in jds** ~ **geraten** *fam* попа́сть в чьи-л. се́ти
fangen [ˈfaŋən] <fing, gefangen> **I.** *vt* лови́ть, пойма́ть *св;* **jdn durch Versprechungen** ~ наобеща́ть кому́-л. с три ко́роба **II.** *vr* **sich** ~ **1.** *(gefangen werden)* попада́ться *нсв,* -па́сться *св,* пойма́ться *св* **2.** *(seelisch)* овладева́ть, -де́ть *св* собо́й; **er hat sich wieder gefangen** он сно́ва взял себя́ в ру́ки
Fangfrage <-, -en> *f* провокацио́нный вопро́с *м*
Fangprämie <-, -n> *f* награ́да *ж* за пои́мку магази́нных воро́в

Fanklub <-s, -s> *m* клуб *м* болéльщиков [*или* поклóнников]
FantasieRR [fanta'zi:] <-n> *f* фантáзия *ж;* **seine ~ spielen lassen** размечтáться
fantasielosRR *adj* с бéдной фантáзией
fantasierenRR *vi* фантазúровать; *(träumen)* мечтáть; MED галлюцинúровать
fantasievollRR *adj* с богáтой фантáзией
fantastischRR *adj* **1.** *(nicht realistisch)* фантастúческий **2.** *fam (großartig)* грандиóзный; *(unglaublich)* невероя́тный
Fanzine <-s, -s> *nt (Magazin für Fans)* газéта *ж* болéльщиков
FAQ *abk von* **frequently asked questions** чáсто задавáемые вопрóсы
Farbabzug <-(e)s, -abzüge> *m* цветнóй фотоснúмок *м*
Farbband <-(e)s, -bänder> *nt* крáсящая лéнта *ж*
Farbbildschirm <-(e)s, -e> *m* экрáн *м* с цветны́м изображéнием
Farbdruck <-(e)s> *m* цветнáя печáть *ж*
Farbe ['farbə] <-, -n> *f* цвéт *м;* *(Wandanstrich)* крáска *ж;* **~ bekennen** раскры́ть свои кáрты; **er hat ~ bekommen** у негó на лицé появúлся румя́нец
farbecht *adj* не выгорáющий
Farbechtheit <-> *f* невыцветáемость *ж,* нелиня́емость *ж*
färben ['fɛrbən] **I.** *vi (abfärben)* пускáть крáску, крáсить **II.** *vt (Haar, Stoff)* крáсить, вы́красить *св;* **rot ~** покрáсить в крáсный цвет **III.** *vr* **sich ~** окрáшиваться, -рáситься *св*
farbenblind *adj* не различáющий цветá
Farbenblindheit <-> *f* цветовáя слепотá *ж,* дальтонúзм *м*
farbenfroh *adj* пёстрый, я́ркий
Farbenlehre <-> *f* учéние *ср* о цветáх
Farbenpracht *f* великолéпие *ср* крáсок
Farbenreichtum <-s> *m* богáтство *ср* крáсок
Farbenspiel *nt* игрá *ж* крáсок
Färber(in) <-s, -; -nen> *m(f)* маля́р *м*
Farbfernsehen *nt* цветнóй телевúзор
Farbfernseher <-s, -> *m* цветнóй телевúзор *м*
Farbfilm <-(e)s, -e> *m* цветнóй фильм *м*
Farbfoto <-s, -s> *nt* цветнáя фотогрáфия *ж*
Farbfotografie <-, -en> *f* цветнáя фотогрáфия *ж*
Farbgebung <-, -en> *f* расцвéтка *ж*
farbig ['farbɪç] *adj* цветнóй, пёстрый; *fig* я́ркий, óбразный
Farbige(r) <-n, -n> *m(f)* цветнóй *м,* -нáя *ж*
Farbkasten <-s, -kästen> *m* корóбка *ж* с крáсками
Farbkopierer <-s, -> *m* цветнóй ксéрокс *м*
farblich *adj* цветнóй
farblos *adj* бесцвéтный, прозрáчный; *fig* бесцвéтный, невыразúтельный
Farbmonitor <-s, -e> *m* DV цветнóй монитóр *м*
Farbscanner *m* цветнóй скáнер *м*
Farbskala <-> *f* цветовáя гáмма *ж*
Farbstift <-(e)s, -e> *m* цветнóй карандáш *м*
Farbstoff <-(e)s, -e> *m* красúтель *м;* **natürlicher/künstlicher ~** натурáльный/ искýсственный красúтель
Farbton <-(e)s, -töne> *m* оттéнок *м*
Färbung ['fɛrbʊŋ] <-, -en> *f* **1.** *(das Färben)* крáшение *ср,* окрáска *ж* **2.** *(Farbe)* оттéнок *м,* окрáска *ж* **3.** *auch fig (Einschlag, Tendenz)* тон *м,* окрáска *ж*
Farce [fars] <-, -n> *f auch fig* фарс *м*
Farm [farm] <-, -en> *f* фéрма *ж*
Farmer(in) <-s, -; -nen> *m(f)* фéрмер *м*
Farn [farn] <-(e)s, -e> *m* пáпоротник *м*
Fasan [fa'za:n] <-(e)s, -e> *m* фазáн *м*
Fasanerie <-, -en> *f* фазáний двор *м*
Faschierte(s) *nt österr (Hackfleisch)* мяснóй фарш *м,* рýбленое мя́со *ср*
Fasching ['faʃɪŋ] <-s, -e/-s> *m* мáсленица *ж,* карнавáл *м*
Faschismus [fa'ʃɪsmʊs] <-> *m* фашúзм *м*
Faschist(in) [fa'ʃɪst] <-en, -en> *m(f)* фашúст, -ка *м/ж*
faschistisch *adj* фашúстский
faseln ['fa:zəln] **I.** *vi umg* пустослóвить *нсв;* **was faselst du für dummes Zeug?** что за чепухý ты несёшь? **II.** *vt fam abw* **dummes Zeug ~** говорúть глýпости
Faser ['fa:zɐ] <-, -n> *f* жúлка *ж,* волокнó *ср;* *(Muskelfaser)* мы́шечное волокнó *ср*
faserig *adj (Gemüse, Fleisch)* волокнúстый
fasrig *adj s.* **faserig**
FassRR [fas] <-es, Fässer> *nt,* **Faß**Alt <-sses, Fässer> *nt* бóчка *ж,* бочóнок *м;* *(für Chemikalien)* металлúческий бак *м;* **Bier vom ~** разливнóе пúво *ср;* **voll wie ein ~ sein** *fig, fam* быть сы́тым по гóрло
Fassade [fa'sa:də] <-, -n> *f* **1.** *(von Gebäude)* фасáд *м* **2.** *fig* фасáд *м,* внéшняя сторонá *ж*
fassbarRR *adj (begreiflich)* поня́тный, постижúмый
Fassbier <-(e)s, -e> *nt* бóчковое пúво *ср,* пúво *ср* пря́мо из бóчки
fassen ['fasən] **I.** *vt* **1.** *(ergreifen)* хватáть, схватúть *св,* брáться, взя́ться *св;* **jdn bei der Hand ~** взять когó-л. за рýку; **sich an den Kopf ~** *fam* схватúться за гóлову **2.** *(Dieb)* схватúть *св,* хватáть *нсв,* арестовáть *св,* -стóвывать *нсв* **3.** *(verstehen)* понимáть, -ня́ть *св,* постигáть, -стúчь *св;* **das ist nicht zu ~!** э́то непостижúмо! **4.** *(Entschluss)* приня́ть *св,* -нимáть *нсв;* **Mut ~** набрáться хрáбрости **5.** *(Edelstein)* вставля́ть, вставить *св* в опрáву **II.** *vi*

F

(greifen: Schraube) держа́ться *нсв,* схва́тывать, -ти́ть *св* **III.** *vr* **sich ~** успоко́иться *св,* -ка́иваться *нсв;* **etw in Worte ~** сформули́ровать что-л.; **sich kurz ~** быть кра́тким; **(zu jdm) Vertrauen ~** почу́вствовать дове́рие к кому́-л.

Fassette[RR] <-n> *f s.* **Facette**

Fasson <-s> *f (Machart)* фасо́ны *мн*

Fassung[1] [ˈfasʊŋ] <-, -en> *f* **1.** *(von Brille/Edelstein)* опра́ва *ж* **2.** *(einer Lampe)* патро́н *м* **3.** *(Bearbeitung)* обрабо́тка *ж,* отде́лка *ж* **4.** *(sprachliche Form)* формулиро́вка *ж,* реда́кция *ж*

Fassung[2] *f ohne pl (Beherrschung)* самооблада́ние *ср;* **jdn aus der ~ bringen** вы́вести кого́-л. из себя́; **etw mit ~ tragen** переноси́ть что-л. с досто́инством; **eine vorläufige ~** вре́менная реда́кция; **die ~ verlieren/bewahren** потеря́ть/сохрани́ть самооблада́ние; **völlig außer ~ geraten** потеря́ть самооблада́ние

fassungslos *adj* вне себя́, потеря́вший самооблада́ние

Fassungsvermögen <-s> *nt* **1.** *(Gescheitheit)* сообрази́тельность *ж;* **das übersteigt mein ~** э́то вы́ше моего́ понима́ния **2.** *(eines Tanks)* вмести́мость *ж*

fast [fast] *adv* почти́; **das Essen ist ~ fertig** еда́ почти́ гото́ва; **~ nie** почти́ никогда́; **~ nichts** почти́ ничего́; **~ alle** почти́ всё

fasten [ˈfastən] *vi* пости́ться *нсв*

Fasten <-s> *nt* пост *м,* голода́ние *ср*

Fastenkur *f* дие́та *ж*

Fastenzeit <-> *f* пост *м,* вре́мя *ср* поста́

Fastfood[RR], **Fast Food**[Alt] [faːst fuːt] <-s> *nt* фаст-фу́д *м*

Fastfood-Restaurant[RR] <-s, -s> *nt* рестора́н *м* - заку́сочная *ж*

Fastnacht <-> *f* кану́н *м* вели́кого поста́

i Land & Leute

Fastnacht – так в Германии называется **масленица**. Это время карнавала, время торжеств до начала великих постов. В этот период отменяются обычные правила, люди надевают костюмы и маски.

faszinieren [fastsiˈniːrən] *vt* очаро́вывать, -рова́ть *св;* **von etw/jdm fasziniert sein** быть очаро́ванным чем-л./ке́м-л.

faszinierend *adj* очарова́тельный

fatal [faˈtaːl] *adj* фата́льный, рокови́й; **der Unfall hatte ~e Folgen** несча́стный слу́чай име́л роковы́е после́дствия

Fatalismus [fataˈlɪsmʊs] <-> *m* фатали́зм *м*

fatalistisch [fataˈlɪstɪʃ] *adj* фаталисти́ческий

Fata Morgana [ˈfaːta mɔrˈgaːna] <-, -s> *f* фа́та морга́на *ж,* мира́ж *м*

fauchen [ˈfaʊxən] *vi* шипе́ть

faul [faʊl] *adj* **1.** *(verdorben)* гнило́й, ту́хлый **2.** *(Mensch)* подозри́тельный, не вызыва́ющий дове́рия **3.** *(Ausrede)* пусто́й; **eine faule Ausrede** неубеди́тельное извине́ние *ср;* **auf der ~en Haut liegen** *umg* безде́льничать; **ein ~er Witz** *umg* глу́пая шу́тка *ж*

Fäule [ˈfɔɪlə] <-> *f* гние́ние *ср*

faulen [ˈfaʊlən] *vi* гнить, сгнить *св*

faulenzen [ˈfaʊlɛntsən] *vi* лентя́йничать *нсв*

Faulenzer(in) <-s, -> *m(f) pej* лентя́й(ка) *м (ж)*

Faulenzerei *f ohne pl* ле́ность *ж*

Faulheit <-> *f* лень *ж,* ле́ность *ж;* **aus ~ etw nicht tun** полени́ться сде́лать что-л.

faulig *adj* подгни́вший

Fäulnis [ˈfɔɪlnɪs] <-> *f* гние́ние *ср*

Fäulnisprozess <-es, -e> *m* проце́сс *м* разложе́ния

Faulpelz <-es, -e> *m umg* лентя́й *м*

Faultier *nt* **1.** ZOOL лени́вец *м* **2.** *fam (Faulpelz)* лентя́й *м*

Fauna [ˈfaʊna] <-, Faunen> *f* фа́уна *ж*

Faust [faʊst, ˈfɔɪstə] <-, Fäuste> *f* кула́к *м;* **die Fäuste ballen** сжима́ть кулаки́; **etw passt wie die ~ aufs Auge** *umg* что-л. идёт как коро́ве седло́; **auf eigene ~ handeln** де́йствовать по со́бственному усмотре́нию [*или* на свой страх и риск]

faustdick [ˈfaʊstˈdɪk] *adj* **er hat es ~ hinter den Ohren** *umg* он себе́ на уме́; **eine faustdicke Lüge** открове́нная ложь

Fausthandschuh <-(e)s, -e> *m* рукави́ца *ж*

Faustregel <-, -n> *f* просто́е пра́вило *ср*

Faustschlag *m* уда́р *м* кулако́м

favorisieren *vt (vorziehen)* отдава́ть, -да́ть *св* предпочте́ние

Favorit(in) [favoˈriːt] <-en, -en> *m(f)* **1.** *(Liebling)* люби́мец *м,* -мица *ж,* фавори́т(ка) *м (ж)* **2.** SPORT фавори́т *м*

Fax [ˈfaks] *m* телефа́кс *м*

Faxe *fpl* <-n> *fam* ро́жа *ж;* **mach bloß keine Faxen!** переста́нь ро́жи стро́ить!

faxen *vt* передава́ть, -да́ть *св* по фа́ксу

Faxen [ˈfaksən] <-> *pl* **1.** *(Grimasse)* грима́са *ж* **2.** *(Unsinn)* дура́чество *ср;* **mach keine ~!** не валя́й дурака́!

Faxgerät <-(e)s, -e> *nt* факс *м*

Fazit [ˈfaːtsɪt] <-s, -s> *nt* ито́г *м,* вы́вод *м;* **das ~ aus etw ziehen** де́лать вы́вод из чего́-л.

FCKW [ɛftseːkaːˈveː] *abk von* **Fluorchlorkohlenwasserstoff(e)** фторхлоруглеводоро́ды (фрео́ны) *мн*

FCKW-frei *adj* не содержа́щий фторхлоруглеводоро́дов

FDP [ɛfdeːˈpeː] *abk von* **Freie Demokratische Partei** СвДП *ж, Свобо́дная демокра-*

тическая партия ж

F-Dur <-s> *nt* MUS фа мажóр *м*

Feasibility-Studie <-, -n> *f* тéхнико-экономи́ческое обоснова́ние *ср*, ТЭО *ср*

Feber ['fe:bɐ] <-s, -> *m österr (Februar)* февра́ль *м*

Februar ['fe:brua:ɐ] <-(s), -e> *m* февра́ль *м*

fechten ['fɛçtən] <focht, gefochten> *vi* фехтова́ть *нсв; (kämpfen)* боро́ться *нсв*

Fechter(in) <-s, -; -nen> *m(f)* фехтова́льщик *м*

Fechtmeister(in) *m(f)* SPORT специали́ст *м* по фехтова́нию

Fechtsaal <-(e)s> *m* зал *м* для фехтова́ния

Fechtsport <-(e)s> *m* фехтова́ние *ср*

Feder ['fe:dɐ] <-, -n> *f* **1.** *(Vogelfeder, Schreibfeder)* перó *ср;* **in den Federn liegen** *fam* лежа́ть в посте́ли; **sich mit fremden Federn schmücken** *fig* припи́сывать себе́ чужи́е заслу́ги **2.** TECH пружи́на *ж,* рессо́ра *ж*

Federball <-(e)s, -bälle> *m* вола́н *м,* вола́нчик *м; (~spiel)* бадминто́н *м*

Federballschläger <-s, -> *m* раке́тка для *ж* бадминто́на

Federbett <-(e)s, -en> *nt* пери́на *ж*

federführend *adj (zuständig)* отве́тственный, компете́нтный

Federhalter <-s, -> *m* черни́льная ру́чка *ж*

federleicht ['fe:dɐ'laɪçt] *adj* лёгкий как пёрышко

federn *vi* **1.** *(elastisch sein)* быть *нсв* эласти́чным **2.** *(nachgeben)* пружи́нить *нсв*

Federung <-, -en> *f* рессо́ры *мн,* пружи́ны *мн*

Fee [fe:, 'fe:ən] <-, -n> *f* фе́я *ж*

Feed-back, Feedback <-s, -s> *nt (Rückmeldung)* обра́тная свя́зь *ж,* о́тклик *м*

Fegefeuer ['fe:gəfɔɪɐ] <-s> *nt* чисти́лище *ср*

fegen ['fe:gən] **I.** *vt* мести́, под- *св* **II.** *vi umg (rasen)* нести́сь *нсв,* мча́ться *нсв;* **er kam um die Ecke gefegt** он вы́бежал и́з-за угла́

fehl [fe:l] *adv* **~ am Platz(e) sein** быть неуме́стным

Fehlalarm *m* фальши́вая трево́га *ж*

Fehlanzeige *f fam* **hast du sie gefunden? – nein, ~!** ты её нашёл? – нет!

Fehlbestand <-(e)s, -bestände> *m* нехва́тка *ж*

Fehlbetrag <-(e)s, -beträge> *m* недоста́ча *ж,* ма́нко *ср*

Fehleinschätzung <-, -en> *f* оши́бочная оце́нка *ж*

fehlen ['fe:lən] *vi* **1.** *(abwesend sein)* отсу́тствовать *нсв* **2.** *(mangeln)* недостава́ть, -ста́ть *св,* не хвата́ть, -ти́ть *св;* **jdm fehlt etw** кому́-л. не хвата́ет чего́-л.; **was fehlt dir?** что с тобо́й?; **jdm ~ die Worte** кому́-л. не хвата́ет слов; **es fehlte nicht viel, und ...** ещё немно́жко – и ...; **du hast mir sehr gefehlt** я по тебе́ о́чень соску́чился!; **das hat uns gerade noch gefehlt!** *fam* э́того ещё не хвата́ло!; **es soll ihr an nichts ~** *fig* у неё всего́ бу́дет вдо́воль

Fehlentscheidung <-, -en> *f* оши́бочное реше́ние *ср*

Fehlentwicklung <-, -en> *f* непра́вильная тенде́нция *ж* разви́тия

Fehler ['fe:lɐ] <-s, -> *m* оши́бка *ж,* погре́шность *ж,* недоста́ток *м; (Mangel)* недоста́ток *м,* дефе́кт *м;* **das war (nicht) mein ~** э́то была́ (не) моя́ оши́бка; **~ machen** [*o* **begehen**] де́лать оши́бки; **versteckter ~** вну́тренний дефе́кт; **~ in der Konstruktion** недоста́ток констру́кции; **jdm seine ~ vorhalten** ука́зывать кому́-л. на его́ недоста́тки; **~ beheben** устраня́ть дефе́кт; **taktischer ~** такти́ческая оши́бка; **unverzeihlicher ~** непрости́тельная оши́бка; **~ in der Berechnung** оши́бка в расчёте; **~ erkennen** замеча́ть оши́бки; **aus den ~n lernen** учи́ться на оши́бках

fehlerfrei *adj* безоши́бочный, безукори́зненный

fehlerhaft *adj* **1.** *(unrichtig)* оши́бочный, непра́вильный **2.** *(mangelhaft)* недоброка́чественный; **~es Produkt** брако́ванное изде́лие *ср*

fehlerlos *adj s.* **fehlerfrei**

Fehlermeldung <-, -en> *f* DV сообще́ние *ср* об оши́бке

Fehlerquelle *f* исто́чник *м* оши́бки

Fehlerquote <-, -n> *f* до́ля *ж* оши́бок

Fehlersuche *f a.* INFOR по́иск *м* оши́бки

Fehlersuchprogramm <-(e)s, -e> *nt* DV програ́мма *ж* обнаруже́ния оши́бок

Fehlertoleranz <-, -en> *f* терпи́мость *ж* к оши́бкам

Fehlfunktion <-, -en> *f* неиспра́вность *ж*

Fehlgeburt <-, -en> *f* вы́кидыш *м;* **eine ~ haben** де́лать вы́кидыш

fehl|gehen <irr> *vi* **1.** *(Schuss)* промахну́ться *св,* -ма́хиваться *нсв* **2.** *(sich irren)* ошиба́ться, -би́ться *св;* **Sie gehen fehl in der Annahme, dass ...** вы ошиба́етесь, предполага́я, что ...

Fehlgriff <-(e)s, -e> *m* про́мах *м;* **einen ~ tun** соверши́ть про́мах

Fehlinformation <-, -en> *f* дезинформа́ция *ж*

Fehlinvestition <-, -en> *f* оши́бочная инвести́ция *ж*

Fehlkalkulation <-, -en> *f* непра́вильная калькуля́ция *ж*

Fehlkonstruktion <-, -en> *f* неуда́чная констру́кция *ж*

Fehlmenge <-, -n> *f* недоста́ча *ж*

Fehlpass <-es, -pässe> *m* нето́чная переда́ча *ж*
Fehlschlag <-(e)s, -schläge> *m* про́мах *м*, неуда́ча *ж*; **einen ~ erleiden** потерпе́ть неуда́чу
fehl|schlagen <irr> *vi* не удава́ться, -да́ться *св*, не сбыва́ться, не сбы́ться *св*
Fehlschluss <-es, -schlüsse> *m* оши́бочное заключе́ние *ср*
Fehlspekulation <-, -en> *f* неуда́чная спекуля́ция *ж*
Fehlstart <-(e)s, -s> *m (von Rakete)* неуда́чный за́пуск *м*
Fehltritt <-(e)s, -e> *m* неве́рный шаг *м*
Fehlverhalten *nt* плохо́е поведе́ние *ср*
Fehlzeit <-, -en> *f (Ausfallzeit)* вре́мя *ср* отсу́тствия
Fehlzündung <-, -en> *f* отка́з *м* зажига́ния
Feier ['faɪɐ] <-, -n> *f* пра́зднество *ср*, торжество́ *ср*; **zur ~ des Tages** в честь сего́дняшнего пра́здника
Feierabend <-s, -e> *m* коне́ц *м* рабо́чего дня; **wann macht ihr heute ~?** когда́ вы сего́дня зака́нчиваете рабо́ту?; **was machst du nach ~?** что ты де́лаешь по́сле рабо́ты?; **am ~** ве́чером; **~ haben** ко́нчить рабо́ту
feierlich *adj* торже́ственный, пра́здничный; **ein ~es Versprechen** торже́ственное обеща́ние *ср*
feiern ['faɪɐn] **I.** *vt* **1.** *(Fest)* пра́здновать, от- *св*, отмеча́ть, -ме́тить *св* **2.** *(Person)* че́ствовать *нсв* **II.** *vi* не рабо́тать *нсв*, безде́йствовать *нсв*
Feiertag <-(e)s, -e> *m* пра́здник *м*
feiertags *adv* по пра́здникам
feig(e) [faɪk ('faɪgə)] *adj* трусли́вый, малоду́шный
Feige ['faɪgə] <-, -n> *f* инжи́р *м*
Feigenbaum *m* БОТ инжи́р *м*
Feigenblatt *nt* БОТ лист *м* инжи́ра
Feigheit ['faɪkhaɪt] <-> *f* тру́сость *ж*, малоду́шие *ср*
Feigling ['faɪklɪŋ] <-s, -e> *m* трус *м*
Feile ['faɪlə] <-, -n> *f* напи́льник *м*; *(Nagelfeile)* пи́лочка *ж* для ногте́й
feilen ['faɪlən] **I.** *vt* опи́ливать, -ли́ть *св*, подпи́ливать, -ли́ть *св* **II.** *vi* шлифова́ть, от- *св*; **an dieser Formulierung hat sie lange gefeilt** э́ту формулиро́вку она́ до́лго шлифова́ла
feilschen ['faɪlʃən] *vi* торгова́ться *нсв*; **mit jdm um den Preis ~** торгова́ться с кем-л. и́з-за цены́
Feilspäne <-> *pl* металли́ческие опи́лки *мн*
fein [faɪn] *adj* **1.** *(nicht grob)* ме́лкий **2.** *(zart)* то́нкий, не́жный **3.** *(auserlesen)* изы́сканный, и́збранный **4.** *(feinsinnig)* утончённый **5.** *(Gehör)* то́нкий **6.** *(vornehm)* зна́тный, благоро́дный **7.** *umg (erfreulich)* прекра́сный, отли́чный; **das ist aber ~!** вот э́то здо́рово!; **sich ~ machen** наряжа́ться; **~ heraussein** *umg* уда́чно устро́иться; **eine feine Nase haben** име́ть чу́ткий нюх; **ein feiner Kerl** он хоро́ший челове́к
Feinabstimmung <-, -en> *f* уточня́ющее согласова́ние *ср*
Feind [faɪnt] <-(e)s, -e> *m* враг *м*; **sich (mit etw) ~e machen** нажива́ть себе́ (чем-л.) враго́в
Feind(in) <-(e)s, -e; -nen> *m(f)* враг *м*; **sich** *dat* **jdn zum ~ machen** созда́ть себе́ врага́ в ком-л.
Feindbild <-(e)s, -er> *nt* о́браз *м* врага́
feindlich *adj* вра́жеский; **jdm ~ gesonnen sein** быть вражде́бно настро́енным к кому́-л.
Feindschaft <-, -en> *f* вражда́ *ж*, неприя́знь *ж*
feindselig ['-ze:lɪç] *adj* вражде́бный, неприя́зненный
Feindseligkeit <-, -en> *f* вражде́бность *ж*, неприя́знь *ж*; **die ~en einstellen/eröffnen** прекраща́ть/начина́ть вое́нные де́йствия
Feindseligkeiten *fpl* вражде́бность *ж*
Feineinstellung <-, -en> *f* то́чная устано́вка *ж*, то́чное регули́рование *ср*; *(Radio)* то́чная настро́йка *ж*
feinfühlig ['faɪnfy:lɪç] *adj* делика́тный, чу́ткий
Feingefühl <-(e)s> *nt* делика́тность *ж*, такт *м*
Feinheit <-, -en> *f* **1.** *(Einzelheit)* дета́ль *ж*, нюа́нс *м* **2.** *(Dünne)* то́нкость *ж* **3.** *(Zartheit)* не́жность *ж* **4.** *(Feinsinnigkeit)* утончённость *ж*, изы́сканность *ж*; **~en** то́нкости
Feinkost <-> *f* деликате́с *м*
Feinkostgeschäft <-(e)s, -e> *nt* гастроно́м *м*
feinmaschig *adj (Netz, Gewebe)* мелкояче́истый
Feinmechanik <-> *f* то́чная меха́ника *ж*
Feinplanung <-, -en> *f* дета́льное плани́рование *ср*
Feinschmecker(in) <-s, -> *m(f)* гурма́н *м*
Feinstrumpfhose <-, -n> *f* то́нкие колго́тки *мн*
Feinunze <-, -n> *f* *едини́ца ве́са чи́стого зо́лота и чи́стого серебра́, составля́ющая 31,10 гра́мма*
Feinwäsche *f* бельё *ср*
Feinwaschmittel <-s, -> *nt* мя́гкое мо́ющее сре́дство *ср*
feist [faɪst] *adj* жи́рный; **~ grinsen** *umg* на́гло ухмыля́ться
feixen ['faɪksən] *vi umg (grinsen)* ухмыля́ться, -мыльну́ться *св*

Feld [fɛlt] <-(e)s, -er> *nt* **1.** *(Acker)* по́ле *ср*, па́шня *ж* **2.** *(Spielfeld)* игрово́е по́ле *ср* **3.** *(Bereich)* о́бласть *ж* **4.** *(beim Schach)* ша́хматное по́ле *ср* **5.** *(Schlachtfeld)* по́ле *ср* би́твы **6.** SPORT гла́вная гру́ппа *ж*; **das ~ räumen** отступи́ть
Feldarbeit *f* полевы́е рабо́ты *мн*
Feldbett <-(e)s, -en> *nt* похо́дная крова́ть *ж*
Feldblume <-, -n> *f* полево́й цвето́к *м*
Feldflasche <-, -n> *f* похо́дная фля́га *ж*
Feldforschung <-, -en> *f* анке́тный опро́с *м* на места́х
Feldgeistliche(r) <-n, -n> *m* полево́й свяще́нник *м*
Feldherr <-en, -en> *m* полково́дец *м*
Feldmarschall *m* MIL фельдма́ршал *м*
Feldmaus *f* ZOOL полева́я мышь *ж*
Feldsalat *m* зелёный сала́т *м*
Feldstecher [ˈfɛltʃtɛçɐ] <-s, -> *m* полево́й бино́кль *м*
Feldwebel [ˈfɛltveːbəl] <-s, -> *m* фельдфе́бель *м*
Feldweg <-(e)s, -e> *m* просёлочная доро́га *ж*
Feldzug <-(e)s, -züge> *m* похо́д *м*; *fig* кампа́ния *ж*
Felge [ˈfɛlgə] <-, -n> *f* о́бод *м* (колеса́)
Fell [fɛl] <-(e)s, -e> *nt* шку́ра *ж*; **ein dickes ~ haben** *fig, fam* быть бесчу́вственным; **jdm das ~ über die Ohren ziehen** *fig, fam* спусти́ть шку́ру с кого́-л.
Fels [fɛls] <-en, -en> *m* скала́ *ж*, утёс *м*
Felsen <-s, -> *m s.* **Fels**
felsenfest [ˈfɛlzɛnfest] *adj* твёрдый как скала́; **von etw ~ überzeugt sein** быть в чём-л. твёрдо убеждённым
felsig [ˈfɛlzɪç] *adj* скали́стый
Felsmassiv <-s, -e> *nt* отве́сная скала́ *ж*
Felsspalte <-, -n> *f* рассе́лина *ж* в скале́
Felsvorsprung <-(e)s, -vorsprünge> *m* вы́ступ *м* скалы́
Felswand <-, -wände> *f* отве́сная скала́ *ж*
feminin [femiˈniːn] *adj* **1.** *(weiblich)* же́нственный **2.** LING же́нского ро́да
Feminismus [femiˈnɪsmʊs] <-> *m* фемини́зм *м*
Feminist(in) [femiˈnɪst] <-en, -en> *m(f)* фемини́ст(ка) *м(ж)*
feministisch *adj* фемини́стский
Fenchel [ˈfɛnçəl] <-s> *m* фе́нхель *м*
Fenster [ˈfɛnstɐ] <-s, -> *nt a.* DV окно́ *ср*; **aktives ~** акти́вное окно́; **weg vom ~ sein** *umg* потеря́ть актуа́льность; **zum ~ hinausschauen** смотре́ть в окно́
Fensterbank <-, -bänke> *f* подоко́нник *м*
Fensterbrett <-(e)s, -er> *nt* подоко́нник *м*
Fensterflügel *m* створка *ж* окна́
Fensterglas *nt ohne pl* стекло́ *ср*
Fensterkitt <-(e)s> *m* око́нная зама́зка *ж*
Fensterkurbel <-, -n> *f* рукоя́тка *ж* стеклоподъёмника
Fensterladen <-s, -läden> *m* ста́вень *м*
Fensterplatz <-es, -plätze> *m* ме́сто *ср* у окна́
Fensterputzer(in) <-s, -; -nen> *m(f)* мо́йщик *м* око́н
Fensterrahmen <-s, -> *m* око́нная ра́ма *ж*
Fensterscheibe <-, -n> *f* око́нное стекло́ *ср*; **getönte ~** тони́рованное око́нное стекло́
Fenstersims <-es, -e> *m* око́нный карни́з *м*
Ferien [ˈfeːriən] <-> *pl* **1.** *(Schulferien)* кани́кулы *мн* **2.** *(Urlaub)* о́тпуск *м*; **~ machen/haben** быть в о́тпуске; **in die ~ fahren** пое́хать на кани́кулы
Ferienanlage <-, -n> *f* туристи́ческая ба́за *ж*
Ferienhaus <-es, -häuser> *nt* дом *м* о́тдыха, да́ча *ж*
Ferienheim <-(e)s, -e> *nt* дом *м* о́тдыха
Ferienkurs <-es, -e> *m* ле́тние ку́рсы *ммн*
Ferienlager *nt* ле́тний ла́герь *м*
Ferienreise <-, -n> *f* пое́здка *ж* во вре́мя кани́кул
Ferienwohnung <-, -en> *f* кварти́ра *ж* в за́городном до́ме
Ferkel [ˈfɛrkəl] <-s, -> *nt* **1.** ZOOL поросёнок *м* **2.** *umg (unsauberer Mensch)* грязну́ля *м*, поросёнок *м*
ferkeln *vi auch fam* свиня́чить, порося́чить
fern [fɛrn] **I.** *adj* **1.** *(zeitlich)* далёкий **2.** *(weit fort)* да́льний; **von ~** и́здали; **der Ferne Osten** Да́льний Восто́к **II.** *adv* далеко́; **~ von hier** далеко́ отсю́да; **(sich) ~halten von etw/jdm** *geh* стоя́ть в стороне́ от чего́-л./кого́-л.
Fernbedienung <-, -en> *f* дистанцио́нное управле́ние *ср*
fern|bleiben *vi* отсу́тствовать *нсв*; **jdm/einer Sache ~** держа́ться от кого́-л./чего́-л. в стороне́
Fernbleiben <-s> *nt* нея́вка *ж*
Ferne [ˈfɛrnə] <-> *f (räumlich)* даль *ж*; **etw liegt in weiter ~** до чего́-л. ещё далеко́
ferner [ˈfɛrnɐ] **I.** *adv (weiter)* в дальне́йшем; **ich werde auch ~ meine Meinung äußern** я и в дальне́йшем бу́ду выска́зывать своё мне́ние **II.** *konj (außerdem)* кро́ме того́, ещё
Fernfahrer <-s, -> *m* да́льнобо́йщик *м*
Ferngespräch <-(e)s, -e> *nt* междугоро́дный разгово́р *м*
ferngesteuert [ˈfɛrngeʃtɔɪɐt] *adj* с дистанцио́нным управле́нием
Fernglas <-es, -gläser> *nt* бино́кль *м*
fern|halten[RR] <irr> **I.** *vt* уберега́ть, -ре́чь *св*, оберега́ть, -ре́чь *св* **II.** *vr* **sich ~** сторони́ться *нсв*
Fernheizung <-, -en> *f* центра́льное отопле́ние *ср*

Fernkopie <-, -n> *f* **1.** *(Fax) ко́пия, полу́ченная по фа́ксу* **2.** *umg* факс *м*

fern|kopieren *vt (faxen) передава́ть по фа́ксу*

Fernkopierer <-s, -> *m* аппара́т *м* факси́мильной свя́зи, фа́кс *м*

Fernlaster, **Fernlastkraftwagen** <-s, -> *m* грузово́й автомоби́ль *м* для междугоро́дных перево́зок

Fernleihe <-> *f* межбиблиоте́чный абоне́мент *м*

Fernlicht <-(e)s, -er> *nt (beim Fahrzeug)* да́льний свет *м*

fern|liegen[RR] <irr> *vi* быть чу́ждым; **jdm liegt etw fern** что-л. чу́ждо кому́-л.

Fernmeldeamt <-(e)s, -ämter> *nt* у́зел *м* телефо́нной свя́зи

Fernmeldeturm <-(e)s, -türme> *m* ба́шня *ж* для да́льней свя́зи

Fernmeldewesen <-s> *nt* свя́зь *ж*

Fernreisebus <-ses, -se> *m* туристи́ческий авто́бус *м*

Fernrohr <-(e)s, -e> *nt* подзо́рная труба́ *ж*

Fernschreiben <-s, -> *nt* те́лекс *м*

Fernschreiber <-s, -> *m* телета́йп *м*

Fernsehansager(in) <-s, -> *m(f)* ди́ктор *м* телеви́дения

Fernsehantenne <-, -n> *f* телевизио́нная анте́нна *ж*

Fernsehapparat <-(e)s, -e> *m* телеви́зор *м*

Fernsehbild <-(e)s, -er> *nt* телевизио́нное изображе́ние *ср*

fern|sehen <irr> *vi* смотре́ть, по- *св* телеви́зор

Fernsehen <-s> *nt* телеви́дение *ср;* **im ~ übertragen** передава́ть по телеви́дению; **was kommt heute im ~?** что бу́дет сего́дня по телеви́зору?

Fernseher <-s, -> *m* телеви́зор *м;* **den ~ einschalten** включи́ть телеви́зор

Fernsehfilm <-(e)s, -e> *m* телевизио́нный фильм *м*

Fernsehgebühren <-> *pl* абоне́нтная пла́та *ж* за по́льзование телеви́дением

Fernsehgerät *nt* телеви́зор *м*

Fernsehgesellschaft <-, -en> *f* телевизио́нная компа́ния *ж*

Fernsehinterview <-s, -s> *nt* интервью́ *ср* по телеви́дению

Fernsehkanal <-(e)s, -kanäle> *m* телевизио́нный кана́л *м*

Fernsehnachrichten <-> *pl* телевизио́нные но́вости *мн*

Fernsehsatellit <-n, -n> *m* спу́тник *м* - ретрансля́тор *м*

Fernsehserie <-, -n> *f* телесериа́л *м*

Fernsehstudio <-s, -s> *nt* телесту́дия *ж*

Fernsehteam <-s, -s> *nt* съёмочная гру́ппа *ж* телеви́дения

Fernsehtechniker(in) <-s, -> *m(f)* рабо́тник *м* телеателье́

Fernsehteilnehmer(in) <-s, -> *m(f)* абоне́нт *м* сети телевизио́нного веща́ния, владе́лец *м* телеви́зора

Fernsehübertragung <-, -en> *f* телевизио́нная переда́ча *ж*

Fernsehübertragungswagen <-s, -> *m* автомоби́ль *м* с устано́вкой для телевизио́нных переда́ч

Fernsehwerbung <-> *f* телевизио́нная рекла́ма *ж*

Fernsehzeitschrift <-, -en> *f журна́л, содержа́щий програ́ммы те́ле- и ра́диовеща́ния на ближа́йшие неде́ли*

Fernsicht *f* перспекти́ва *ж*

Fernsprecher <-s, -> *m (Telefon)* телефо́н *м*

Fernsprechgebühr <-, -en> *f* пла́та *ж* за телефо́н

fern|stehen[RR] <irr> *vi* быть в стороне́

Fernsteuerung <-, -en> *f* дистанцио́нное управле́ние *ср*

Fernstudium <-s> *nt* зао́чное обуче́ние *ср*

Fernverkehr <-s> *m* да́льнее сле́дование *ср*

Fernwärmeversorgung <-> *f* снабже́ние *ср* тепло́м от систе́мы

Fernweh ['fɛrnveː] <-s> *nt* тя́га *ж* к путеше́ствиям

Ferse ['fɛrzə] <-, -n> *f* пя́тка *ж;* **jdm auf den ~n sein** гна́ться за кем-л. по пята́м

fertig ['fɛrtɪç] *adj* **1.** *(bereit)* гото́вый; **(sich) ~ machen** *fam* пригото́виться; **jdn ~ machen** доби́ть кого́-л.; **ich bin völlig ~** я о́чень уста́л **2.** *(beendet, vollendet)* гото́вый, зако́нченный; **halb ~** незако́нченный; **das Essen ist ~** еда́ гото́ва; **mit dir bin ich endgültig ~** *fam* с тобо́й я поко́нчил раз и навсегда́; **wirst du rechtzeitig ~?** ты успе́ешь к сро́ку?; **mit jdm ~werden** *fam* спра́виться с ке́м-л. **3.** *umg (erschöpft)* без сил; **mit etw ~ werden** спра́виться с чем-л.; **mit jdm ~ sein** поко́нчить с кем-л.

Fertigbauweise <-> *f* строи́тельство *ср* из сбо́рных констру́кций

fertig|bringen[RR] <irr> *vt* **1.** *(zustande bringen)* справля́ться, спра́виться *св*, суме́ть *св* **2.** *(beenden)* зака́нчивать, -ко́нчить *св,* доводи́ть, -вести́ *св* до конца́

fertigen ['fɛrtɪgən] *vt* изготовля́ть, -то́вить *св;* **fabrikmäßig ~** изготовля́ть фабри́чным спо́собом

Fertigerzeugnisse <-> *pl* гото́вая проду́кция *ж*

Fertigfabrikat <-(e)s, -e> *nt* гото́вое изде́лие *ср*

Fertiggericht <-(e)s, -e> *nt* (быстрозаморо́женное) гото́вое блю́до *ср*

Fertighaus <-es, -häuser> *nt* сбо́рный дом *м*

Fertigkeit <-, -en> *f* **1.** *(Geschick)* ло́вкость *ж,* мастерство́ *ср* **2.** *(Können)* на́вык *м,* уме́ние *ср*

fertig|machen[RR] *vt* **1.** *(beenden)* зака́нчивать, -ко́нчить *св,* доде́лывать, -де́лать *св* **2.** *(bereitmachen)* подгота́вливать, -то́вить *св;* **sie machten sich zum Ausgehen fertig** они́ гото́вились к вы́ходу **3.** *umg (zermürben)* измота́ть *св,* -ма́тывать *нсв*

fertig|stellen[RR] *vt* зака́нчивать, -ко́нчить *св,* заверша́ть, -ши́ть *св*

Fertigteil <-(e)s, -e> *nt* **1.** *(fertiges Werkstück)* гото́вая дета́ль *ж* **2.** *(vorgefertigtes Bauteil)* гото́вый блок *м*

Fertigung <-> *f* изготовле́ние *ср,* произво́дство *ср;* **automatische ~** автоматизи́рованное произво́дство; **rechnergestützte ~** компьютеризо́ванное произво́дство; **serienmäßige** сери́йное произво́дство

Fertigungsauftrag <-(e)s, -aufträge> *m* зака́з *м* - наря́д *м* на изготовле́ние

Fertigungseinzelkosten *pl* прямы́е изде́ржки *мн* произво́дства

Fertigungsgemeinkosten *pl* о́бщие [*или* накладны́е] произво́дственные расхо́ды *мн*

Fertigungskontrolle <-, -n> *f* произво́дственный контро́ль *м*

Fertigungskosten <-> *pl* произво́дственные расхо́ды *мн*

Fertigungslohn <-(e)s, -löhne> *m* за́работная пла́та *ж* за произво́дственную рабо́ту

Fertigungsmaterial <-s, -ien> *nt* произво́дственный материа́л *м*

Fertigungspräzision <-> *f (in der industriellen Produktion)* (высо́кая) то́чность *ж* изготовле́ния

Fertigungsstandort <-(e)s, -e> *m* ме́сто *ср* размеще́ния произво́дства

Fessel[1] [ˈfɛsəl] <-, -n> *f* **1.** ANAT *(beim Menschen)* лоды́жка *ж* **2.** ANAT *(beim Pferd)* ба́бка *ж*

Fessel[2] [ˈfɛsəl] <-, -n> *f* кандалы́ *мн;* **jdm Fesseln anlegen** закова́ть кого́-л. в кандалы́

fesseln [ˈfɛsəln] *vt* свя́зывать, -за́ть *св,* зако́вывать, -кова́ть *св; fig* привя́зывать, -за́ть *св,* прико́вывать, -кова́ть *св;* **durch eine Krankheit ans Bett gefesselt werden** быть прико́ванным боле́знью к посте́ли

fesselnd *adj (faszinierend)* очарова́тельный

fest [fɛst] *adj* **1.** *(hart)* твёрдый; **sie ist ~ entschlossen** она́ полна́ реши́мости; **sich** *dat* **etw ~ vornehmen** твёрдо реши́ть что-л. **2.** *(straff, kräftig)* кре́пкий, про́чный; **die Tür ~ schließen** хло́пнуть две́рью; **~ schlafen** глубоко́ спать **3.** *(dicht)* пло́тный **4.** *(sicher)* обяза́тельный **5.** *(Schlaf)* глубо́кий **6.** *(Wohnsitz)* постоя́нный; **~ bei etw bleiben** не отступа́ть от чего́-л.; **zu etw ~ entschlossen sein** быть реши́тельно настро́енным на что-л.; **etw ~ versprechen** твёрдо обеща́ть что-л.; **~ angestellt** быть зачи́сленным в шта́т

Fest [fɛst] <-(e)s, -e> *nt (Feier)* пра́здник *м,* пра́зднество *ср;* **Frohes ~!** с пра́здником!

fest angestellt[RR] *adj* быть зачи́сленным в шта́т; **~e Mitarbeiter** шта́тные сотру́дники

Festbeleuchtung <-> *f* пра́здничная иллюмина́ция *ж*

fest|binden <irr> *vt* привя́зывать, -за́ть *св*

Festessen <-s, -> *nt* зва́ный обе́д *м,* банке́т *м;* **ein ~ geben** дава́ть банке́т

fest|fahren <irr> *vr* **1.** *(mit Fahrzeug)* застря́ть *св,* -стрева́ть *нсв* **2.** *fig* запу́таться *св,* -тываться *нсв,* заходи́ть, зайти́ *св* в тупи́к

festgefahren *adj* застря́вший (на мёртвой то́чке), заше́дший в тупи́к

Festgeld <-(e)s, -er> *nt* сро́чный вклад *м*

fest|halten I. <irr> *vt* **1.** *(halten)* держа́ть *нсв,* уде́рживать, -жа́ть *св* **2.** *(aufzeichnen)* запечатле́ть *св,* -лева́ть *нсв* II. *vr* кре́пко держа́ться *нсв;* **halt dich gut ~!** держи́сь кре́пко! III. *vi* приде́рживаться *нсв;* **an etw ~** приде́рживаться чего́-л.

Festhypothek <-, -en> *f* ипоте́ка *ж* с твёрдым сро́ком вы́купа

festigen [ˈfɛstɪgən] I. *vt* укрепля́ть, -пи́ть *св* II. *vr* укрепля́ться, -пи́ться *св*

Festiger <-s, -> *m (Haarfestiger)* лак *м* для воло́с

Festigkeit <-> *f* кре́пкость *ж,* твёрдость *ж; (Entschlossenheit)* непоколеби́мость *ж*

Festival [ˈfɛstivəl] <-s, -s> *nt* фестива́ль *м*

fest|klammern *vr* кре́пко ухвати́ться *св,* - ва́тываться *нсв*

fest|kleben I. *vi sein* прикле́ить II. *vt* прикле́иться

Festland <-(e)s> *nt* матери́к *м,* су́ша *ж*

fest|legen I. *vt* **1.** *(festsetzen)* устана́вливать, -нови́ть *св;* **den Ablauf von etwas ~** устана́вливать поря́док чего́-л.; **Preise ~** устана́вливать це́ны; **Quoten ~** устана́вливать кво́ты; **Ziele ~** устана́вливать це́ли; **in der festgelegten Zeit** на устано́вленный срок **2.** *(vorschreiben)* определя́ть, -ли́ть *св* II. *vr* свя́зывать, -за́ть *св;* **ich möchte mich auf keinen Termin ~** я не хочу́ свя́зывать себя́ каки́ми-л. сро́ками

Festlegung <-, -en> *f* установле́ние *ср;* **~ eines Limits** установле́ние *ср* ли́мита

festlich [ˈfɛstlɪç] *adj* торже́ственный, пра́здничный; *(Kleidung)* пра́здничный;

F

~ **geschmückt** пра́здничнo укра́шенный
Festlichkeit <-en> *f* пра́здничность *ж,* торже́ственность *ж*
fest|liegen <irr> *vi* **1.** *(bestimmt sein)* определя́ть, определи́ть *св;* **der Termin liegt nun fest** встре́ча определена́ **2.** NAUT сиде́ть на мели́ **3.** FIN замора́живать, заморо́зить *св*
fest|machen *vt* **1.** *(befestigen)* прикрепля́ть, -пи́ть *св,* закрепля́ть, -пи́ть *св* **2.** *(vereinbaren)* догова́риваться, -вори́ться *св*
Festmahl <-(e)s, -e> *nt* банке́т *м,* зва́ный обе́д *м*
fest|nageln *vt* прибива́ть, -би́ть *св* гвоздя́ми; **jdn auf etw ~** *umg* пойма́ть кого́-л. на сло́ве
Festnahme ['fɛstna:mə] <-, -n> *f* задержа́ние *ср,* аре́ст *м;* **vorläufige ~** предвари́тельный аре́ст
fest|nehmen <irr> *vt* заде́рживать, -жа́ть *св,* аресто́вывать, -стова́ть *св;* **jdn vorläufig ~** предвари́тельно арестова́ть кого́-л.
Festnetz *nt* TELKOM постоя́нная телекоммуникацио́нная сеть *ж*
Festplatte <-, -n> *f* DV жёсткий диск *м;* **etw auf der ~ abspeichern** записа́ть на жёсткий диск
Festpreis <-es, -e> *n* твёрдая цена́ *ж*
Festsaal *m* пра́здничный зал *м*
fest|schrauben *vt* зави́нчивать, завинти́ть *св*
fest|setzen I. *vt* **1.** *(festlegen)* устана́вливать, -нови́ть *св;* **Löhne ~** устана́вливать тари́фные ста́вки; **behördlich festgesetzter Preis** официа́льно устано́вленная цена́; **einen Termin ~** назна́чить дату́; **die Versicherungssumme ~** назна́чать страхову́ю су́мму **2.** *(Person)* сажа́ть, посади́ть *св* в тюрьму́ II. *vr* **1.** *(Schmutz, Staub)* ска́пливаться, скопи́ться *св,* оседа́ть, осе́сть *св* **2.** *(Überzeugung)* утвержда́ться, -верди́ться *св*
fest|sitzen <irr> *vi* **1.** *(befestigt sein)* про́чно держа́ться *нсв* **2.** *(nicht weiterkommen)* завя́знуть *св,* вя́знуть *нсв,* застря́ть *св,* -стрева́ть *нсв*
Festspiel <-(e)s, -e> *nt meist pl* фестива́ль *м*
fest|stehen <irr> *vi* **1.** *(sicher sein)* быть *нсв* решённым; **also, eines steht fest: ...** ита́к, одно́ решено́ то́чно: ... **2.** *(Termin)* быть *нсв* устано́вленным
fest|stellen *vt* **1.** *(herausfinden)* устана́вливать, -нови́ть *св,* констати́ровать *нсв/св;* **wir mussten leider ~, dass ...** к сожале́нию, мы вы́нуждены бы́ли констати́ровать, что ... **2.** *(Personalien)* устана́вливать, -нови́ть *св* **3.** *(ermitteln)* устана́вливать, установи́ть *св;* **das wird sich ~ lassen** э́то мо́жно установи́ть
Feststellung <-, -en> *f* **1.** *(das Feststellen)* установле́ние *ср* **2.** *(Aussage)* заключе́ние *ср,* констата́ция *ж;* **die ~ machen, dass ...** установи́ть, что ...
Feststellungsbescheid <-(e)s, -e> *m* JUR уведомле́ние *ср* об установле́нии осно́вы вычисле́ния нало́га
Festtag <-(e)s, -e> *m* пра́здник *м,* пра́здничный день *м*
Festtagsstimmung *f ohne pl* пра́здничное настрое́ние *ср;* **in ~ sein** быть в пра́здничном настрое́нии
Festung ['fɛstʊŋ] <-, -en> *f* кре́пость *ж*
festverzinslich ['fɛstfɛɐtsɪnslɪç] *adj (Wertpapier)* с твёрдым проце́нтом
Festwert <-(e)s, -e> *m* постоя́нная сто́имость *ж*
Festwoche <-, -n> *f* пра́здничная неде́ля *ж,* неде́ля *ж* (чего́-либо)
festziehen <irr> *vt* кре́пко тяну́ть, затяну́ть
Festzins <-es, -en> *m* твёрдая проце́нтная ста́вка *ж*
Fete ['fe:tə] <-, -n> *f umg* пиру́шка *ж,* вечери́нка *ж*
Fetisch ['fe:tɪʃ] <-s, -e> *m* фети́ш *м*
Fetischismus [fetɪ'ʃɪsmʊs] <-> *m* фетиши́зм *м*
Fetischist(in) <-en, -en> *m(f)* фетиши́ст(ка) *м (ж)*
fett [fɛt] *adj* **1.** *(Essen)* жи́рный **2.** *(Erde)* ту́чный **3.** *(ertragreich)* **~e Beute machen** повезло́
Fett [fɛt] <-(e)s, -e> *nt* **1.** GASTR жир *м;* **pflanzliches ~** расти́тельный жир **2.** *(Talg)* са́ло *ср* **3.** *(Speisefett)* столо́вый жир *м* **4.** *(Schmierfett)* консисте́нтная сма́зка *ж;* **sein ~abkriegen** *umg* получи́ть нагоня́й
fettarm *adj* нежи́рный
Fettdruck *m ohne pl* TYPO жи́рный шрифт *м*
fetten *vt (ein~)* сма́зывать, -зать *св*
Fettfleck <-(e)s, -en> *m* жи́рное пятно́ *ср*
Fettgehalt <-(e)s, -e> *nt* содержа́ние *ср* жи́ра
fettig *adj* жи́рный, са́льный; *(Haut, Haar)* жи́рный
fettlöslich *adj* раствори́мый в жи́ре
Fettnäpfchen ['fɛtnɛpfçən] *nt* (**bei jdm**) **ins ~ treten** *umg* наступи́ть на мозо́ль
Fettpresse <-, -n> *f* TECH сма́зочный шприц *м*
Fettwanst ['fɛtvanst] <-(e)s, -wänste> *m pej, umg* толстя́к *м*
Fetzen ['fɛtsən] <-s, -> *m* **1.** *(von Stoff, Papier)* лоску́т *м,* клочо́к *м* **2.** *(Lumpen)* тря́пьё *ср* **3.** *(Gesprächsfetzen)* обры́вок *м* (разгово́ра)
fetzig *adj umg* кла́ссный
feucht [fɔɪçt] *adj* **1.** *(Luft)* вла́жный **2.** *(Augen)* вла́жный; **~ werden** намо́кнуть

feuchtfröhlich *adj umg* навеселé
Feuchtgebiet <-(e)s, -e> *nt* влáжная средá *ж*
Feuchtigkeit <-> *f* сы́рость *ж; (der Luft)* влáжность *ж*
Feuchtigkeitscreme, Feuchtigkeitskreme <-, -s> *f* увлажня́ющий крем *м*
feudal [fɔɪˈdaːl] *adj* феодáльный; *umg (prachtvoll)* великолéпный, шикáрный
Feudalismus [fɔɪdaˈlɪsmʊs] <-> *m* феодали́зм *м*
Feuer [ˈfɔɪɐ] <-s, -> *nt* **1.** *(in Herd/Kamin)* огóнь *м*, плáмя *ср;* **das olympische ~** Олимпи́йский огóнь; **~ speiend** *(Drache, Vulkan)* огнеды́шащий; **haben Sie ~?** у вас нет огонькá?; **mit dem ~ spielen** *fig* игрáть с огнём; **für jdn/etw seine Hand ins ~ legen** пройти́ сквозь огóнь и вóду рáди когó-л. **2.** *(offen)* пожáр *м* **3.** MIL оруди́йный огóнь *м*, стрельбá *ж;* **das ~ einstellen** прекрати́ть огóнь **4.** *fig (Leidenschaft)* страсть *ж*, пыл *м;* **~ (an etw) legen** поджигáть что-л.; **das ~ eröffnen** откры́ть огóнь; **~ fangen** загорéться; **~ und Flamme für etw sein** *umg* стрáстно увлéчься чем-л.; **jdm ~ geben** дать комý-л. прикури́ть
Feueralarm <-(e)s, -e> *m* пожáрная тревóга *ж*
Feuerbefehl *m* MIL комáнда *ж* откры́ть огóнь
Feuerbestattung <-, -en> *f* кремáция *ж*
Feuereifer <-s> *m* пыл *м*, усéрдие *ср*
feuerfest *adj* огнестóйкий; *(Gefäß)* жаростóйкий
Feuergefahr <-> *f* опáсность *ж* пожáра
feuergefährlich *adj* огнеопáсный
Feuergefährlichkeit <-> *f* опáсность *ж* пожáра
Feuergefecht <-(e)s, -e> *nt* бой *м* с испóльзованием огнестрéльного орýжия
Feuergeschwindigkeit <-, -en> *f* скорострéльность *ж*
Feuerkraft <-> *f* огневáя мощь *ж*
Feuerleiter <-, -n> *f* пожáрная лéстница *ж*
Feuerlöscher <-s, -> *m* огнетуши́тель *м*
Feuerlöschfahrzeug <-(e)s, -e> *nt* пожáрный автомоби́ль *м*
Feuerlöschmannschaft <-, -en> *f* пожáрная комáнда *ж*
Feuermelder <-s, -> *m* пожáрный извещáтель *м*
feuern **I.** *vt umg* **1.** *(entlassen)* увольня́ть, увóлить *св* **2.** *(schleudern)* швыря́ть, швырнýть *св;* **verärgert feuerte er seine Jacke aufs Sofa** он раздражённо швырнýл свою́ кýртку на софý; **jdm eine ~** ... **II.** *vi (schießen)* стреля́ть *нсв*, пали́ть, вы́- *св*
feuerrot [ˈfɔɪɐˈroːt] *adj* óгненно-крáсный; **er wurde ~** он покраснéл
Feuerschlucker(in) <-s, -> *m(f)* глотáтель *м* огня́
feuersicher *adj* огнестóйкий, невоспламеня́ющийся
feuerspeiend[Alt] *adj s.* **Feuer**[2]
Feuerstein <-(e)s, -e> *m* кремéнь *м*
Feuertaufe <-, -n> *f* боевóе крещéние *ср*
Feuerverzinkung <-> *f* TECH горя́чее цинковáние *ср*
Feuerwaffe <-, -n> *f* огнестрéльное орýжие *ср*
Feuerwehr [ˈfɔɪɐveːɐ] <-, -en> *f* пожáрная комáнда *ж*
Feuerwehrauto *nt* пожáрная маши́на *ж*
Feuerwehrleiter <-, -n> *f* пожáрная лéстница *ж*
Feuerwehrmann <-(e)s, -leute> *m*, **Feuerwehrfrau** *f* пожáрный *м*
Feuerwehrschlauch <-(e)s, -schläuche> *m* пожáрный шланг *м*
Feuerwerk <-(e)s, -e> *nt* фейервéрк *м*
Feuerwerkskörper *m (Rakete)* ракéта *ж; (Knallkorper)* фейервéрк *м*
Feuerzeug <-(e)s, -e> *nt* зажигáлка *ж*
Feuilleton [fœjəˈtõː] <-s, -s> *nt* фельетóн *м*
Feuilletonist(in) <-en, -en> *m(f)* фельетони́ст *м*
feurig [ˈfɔɪrɪç] *adj* óгненный; *(Liebhaber(in))* стрáстный, пы́лкий
ff. *abk von* (**und**) **folgende** (**Seiten**) *и на слéдующих страни́цах*
FH [ɛfˈhaː] <-, -s> *m (Fachhochschule)* специáльное вы́сшее учéбное заведéние *ср*
Fiaker <-s, -> *m* извóзчик *м; österr (Pferdedroschke; Kutscher)* фиáкр *м*

> **i Land & Leute**
>
> В Австрии **Fiaker** – это запряженный парой лошадей наёмный экипаж или возница, который управляет им: извозчик.

Fiasko [ˈfi̯asko] <-s, -s> *nt* фиáско *ср;* **ein ~ erleben** потерпéть фиáско
Fiberglas *nt* стеклоплáстик *м*
Fibrose <-, -n> *f* MED фибрóз *м*
Fichte [ˈfɪçtə] <-, -n> *f* éль *ж*
ficken [ˈfɪkən] *vt vulg* трáхать, -хнуть *св*
fidel [fiˈdeːl] *adj umg* весёлый, живóй
Fidschiinseln [ˈfɪtʃiʔɪnzəln] <-> *pl* островá *мн* Фи́джи
Fiduziar <-s, -e> *m* JUR довéренный *м*
fiduziarisch *adj* JUR фидуциáрный; **~es Eigentum** фидуциáрная сóбственность; **~es Rechtsgeschäft** фидуциáрная сдéлка
Fieber [ˈfiːbɐ] <-s> *nt* горя́чка *ж*, жар *м*, температýра *ж;* **er hat hohes ~** у негó

высо́кая температу́ра; (**jdm das**) ~ **messen** измеря́ть кому́-л. температу́ру; **er hat** (**40 Grad**) ~ у него́ температу́ра (40 гра́дусов)

Fieberanfall <-(e)s, -anfälle> *m* при́ступ *м* лихора́дки

fieberfrei *adj* без (повы́шенной) температу́ры

fieberhaft *adj (eilig, hektisch)* лихора́дочный

fieb(e)rig *adj* лихора́дочный; *(aufgeregt)* не́рвный, возбуждённый

fiebern *vi* лихора́дить *нсв; (gespannt sein)* быть *нсв* в возбужде́нии

Fieberphantasie <-, -en> *f* лихора́дочный бред *м*

fiebersenkend *adj (Medikament)* жаропонижа́ющий

Fieberthermometer <-s, -> *nt* гра́дусник *м*

fiebrig *adj s.* **sieb(e)rig**

fiel [fi:l] *prät von* **fallen**

fies [fi:s] *adj* **1.** *umg (gemein)* га́дкий; **das war aber ~ von dir!** э́то га́дко с твое́й стороны́! **2.** *(ekelhaft)* ме́рзкий

Fiesling <-s, -e> *m fam abw* гадёныш *м*

FIFA *abk von* **Fédération Internationale de Football Associations** ФИФА *ж, Междунаро́дная федера́ция футбо́ла*

FIFO-Verfahren <-s> *nt* ÖKON складско́й учёт *м* по ме́тоду ФИФО

fifty-fifty ['fɪfti'fɪfti] *adv* (**mit jdm**) ~ **machen** *umg* раздели́ть что-л. (с ке́м-л.) по́ровну

Fight <-s, -s> *m* SPORT *(Wettkampf)* состяза́ние *ср*, соревнова́ние *ср*

fighten *vi* боро́ться *нсв;* **der Läufer fightete verbissen um seinen Vorsprung** бегу́н упо́рно боро́лся за своё преиму́щество

Figur [fi'gu:ɐ̯] <-, -en> *f* **1.** *(Gestalt)* фигу́ра *ж;* **er hat wirklich eine gute ~** у него́ действи́тельно хоро́шая фигу́ра; **auf seine ~ achten** следи́ть за фигу́рой **2.** *(Roman~)* персона́ж *м* **3.** *(Spiel~)* фигу́ра *ж;* **eine gute/schlechte ~ machen** производи́ть хоро́шее/плохо́е впечатле́ние

figürlich [fi'gy:ɐ̯lɪç] *adj* **1.** *(Darstellung)* фигу́рный **2.** LING *(übertragen)* перено́сный, фигура́льный

Fiktion [fɪk'ts̮i̯o:n] <-en> *f* фи́кция *ж*

fiktiv [fɪk'ti:f] *adj* фикти́вный

File <-s, -s> *m* DV *(Datei)* файл *м*

File-Server <-s, -> *m* DV фа́йловый се́рвер *м*

Filet [fi'le:] <-s, -s> *nt* филе́ *ср*

Filetsteak *nt* GASTR отбивна́я котле́та *ж*

Filiale [fi'li̯a:lə] <-, -n> *f* филиа́л *м*

Filialklausel <-, -n> *f* JUR огово́рка *ж* об ограниче́нии проку́ры на веде́ние дел филиа́ла

Filialnetz <-es, -e> *nt* сеть *ж* филиа́лов

Filialprokura <-> *f* JUR проку́ра *ж* на управле́ние филиа́лом

filigran *adj (kunstvoll, zart gearbeitet)* филигра́нный

Film [fɪlm] <-(e)s, -e> *m* **1.** *(Beschichtung, Belag)* плёнка *ж* **2.** *(in Fernsehen und Kino)* фильм *м*, кинофи́льм *м;* **in einen ~ gehen** пойти́ в кино́ **3.** *(Filmbranche)* кинематогра́фия *ж*, кино́ *ср;* **sie ist beim ~** она́ рабо́тает в кино́ **4.** FOT плёнка *ж;* **ich muss einen neuen ~ einlegen** я до́лжен вста́вить но́вую плёнку; **einen ~ drehen** снима́ть (кино)фи́льм

Filmaufnahme <-, -n> *f* киносъёмка *ж*

Filmemacher(in) <-s, -> *m(f)* а́втор *м* фи́льмов

filmen ['fɪlmən] **I.** *vt* производи́ть, -вести́ *св*, снима́ть, снять *св* **II.** *vi (Schauspieler)* снима́ться, сня́ться *св*

Filmfestival <-s, -s> *nt* кинофестива́ль *м*

Filmfestspiele <-> *pl* кинофестива́ль *м*

Filmgeschäft *nt ohne pl* киноинду́стрия *ж*

Filmgeschichte <-> *f* исто́рия *ж* кино́

Filmindustrie <-> *f* кинопромы́шленность *ж*

Filmkamera <-, -s> *f* кинока́мера *ж*

Filmmusik <-, -en> *f* му́зыка *ж* к фи́льму

Filmpreis <-es> *m* приз *м* за рабо́ту над фи́льмом

Filmschauspieler(in) <-s, -> *m(f)* киноактёр *м*, -три́са *ж*, актёр *м*, -три́са *ж* кино́

Filmstar <-s, -s> *m* кинозвезда́ *м и ж*

Filter ['fɪltɐ] <-s, -> *m* фильтр *м*

Filteranlage <-, -n> *f* TECH фильтру́ющее устро́йство *ср*

Filtereinsatz <-es, -einsätze> *m* патро́н *м* фи́льтра

Filterkaffee *m ohne pl* ко́фе *м* из кофева́рки

filterlos *adj (Zigarette)* без фи́льтра

filtern *vt* фильтрова́ть, про- *св*

Filterpapier <-s> *nt* фильтрова́льная бума́га *ж*

Filtertüte *f* фильтр *м*

Filterung <-> *f* фильтрова́ние *ср*

Filterzigarette <-, -n> *f* сигаре́та *ж* с фи́льтром

Filz [fɪlts] <-es, -e> *m (Stoff)* во́йлок *м*, фетр *м*

filzen ['fɪltsən] **I.** *vt umg (durchsuchen)* обы́скивать, -ска́ть *св* **II.** *vi (Wolle)* сва́ливаться, -ля́ться *св*

Filzhut <-(e)s, -hüte> *m* фе́тровая шля́па *ж*

Filzstift <-(e)s, -e> *m* флома́стер *м*

Fimmel ['fɪməl] <-s, -> *m umg* пу́нктик *м;* **was Pferde angeht, hat er einen ~!** он про́сто поме́шан на лошадя́х!

Finale [fi'na:lə] <-s, -(s)> *nt* SPORT фина́л *м;* **ins ~ kommen** вы́йти в фина́л

Finanzabteilung <-, -en> *f* фина́нсовый отде́л *м*

Finanzakzept <-(e)s, -e> *nt* фина́нсовый акце́пт *м*

Finanzamt [fi'nants-] <-(e)s, -ämter> *nt* нало́говое ве́домство *ср*

Finanzanalyse <-, -n> *f* ана́лиз *м* фина́нсового положе́ния

Finanzanlage <-, -n> *f* основно́й фина́нсовый капита́л *м*

Finanzausgleich <-(e)s> *m* бюдже́тное регули́рование *ср*

Finanzbeamte(r) <-n, -n> *m* слу́жащий *м*, -щая *ж* нало́гового ве́домства

Finanzbedarf <-(e)s> *m* потре́бности *мн* в фина́нсовых сре́дствах

Finanzberater(in) <-s, -> *m(f)* консульта́нт *м* по фина́нсовым вопро́сам

Finanzbuchhaltung <-, -en> *f* веде́ние *ср* фина́нсовой документа́ции

Finanzdecke <-> *f* фина́нсовое покры́тие *ср*

Finanzen [fi'nantsən] <-> *pl* фина́нсы *мн*, бюдже́т *м*

Finanzexperte <-n, -n> *m*, **Finanzexpertin** *f* экспе́рт *м и ж* по фина́нсовым вопро́сам

Finanzgericht *nt* JUR фина́нсовый суд *м*

Finanzgesellschaft <-, -en> *f* финанси́рующее о́бщество *ср*

Finanzhilfe <-, -n> *f* фина́нсовая по́мощь *ж*

Finanzhoheit <-> *f* фина́нсовый суверените́т *м*

finanziell [finan'ts̮iɛl] *adj* фина́нсовый, де́нежный; **~e Hilfe** фина́нсовая по́мощь; **~e Unterstützung** фина́нсовая подде́ржка; **Ausstattung mit ~en Mitteln** обеспе́ченность фина́нсовыми сре́дствами; **aus ~en Gründen** из фина́нсовых соображе́ний; **in ~en Schwierigkeiten sein** быть в затрудни́тельном фина́нсовом положе́нии; **in ~er Hinsicht** в де́нежном отноше́нии

Finanzier <-s, -s> *m* фина́нсовый инспе́ктор *м*

finanzieren [finan'ts̮i:rən] *vt* финанси́ровать *(н)св;* **ein Projekt ~** финанси́ровать прое́кт

Finanzierung <-, -en> *f* **1.** *(das Finanzieren)* финанси́рование *ср;* **~aus dem Haushalt** бюдже́тное финанси́рование; **~ des Wohungsbaus** финанси́рование жили́щного строи́тельства; **~ durch eine Bank** ба́нковское финанси́рование; **~ über Leasing** ли́зинговое финанси́рование; **~ über Kredite** креди́тное финанси́рование **2.** *(Kreditgewährung)* кредитова́ние *ср;* **kurzfristige ~** краткосро́чное кредитова́ние; **langfristige ~** долгосро́чное кредитова́ние

Finanzierungsgesellschaft <-, -en> *f* финанси́рующее о́бщество *ср*

Finanzierungskennzahl <-, -en> *f* показа́тель *м* фина́нсового положе́ния

Finanzierungsrisiko <-s, -risiken> *nt* риск *м*, свя́занный с финанси́рованием

Finanzierungsschwierigkeiten *pl* тру́дности *мн* финанси́рования

Finanzkraft <-> *f* фина́нсовая си́ла *ж*

finanzkräftig *adj* состоя́тельный

Finanzkrise <-, -n> *f* фина́нсовый кри́зис *м;* **eine ~ verursachen** вы́звать фина́нсовый кри́зис; **einem Land aus der ~ helfen** помога́ть стране́ вы́йти из фина́нсового кри́зиса; **in einer ~ stecken** пережива́ть фина́нсовый кри́зис

Finanzlage <-, -n> *f* **1.** *(Vermögenslage)* фина́нсовое состоя́ние *ср;* **~ eines Unternehmens** фина́нсовое состоя́ние предприя́тия **2.** *(finanzielle Situation)* фина́нсовое положе́ние *ср;* **sich in einer schwierigen ~ befinden** находи́ться в сло́жном фина́нсовом положе́нии

Finanzmakler <-s, -> *m* фина́нсовый ма́клер *м*

Finanzmann <-(e)s, -männer/-leute> *m* **1.** *(Finanzfachmann)* финанси́ст *м* **2.** *(Geldgeber)* инве́стор *м*, спо́нсор *м*

Finanzmarkt <-(e)s, -märkte> *m* фина́нсовый ры́нок *м;* **Instabilität des internationalen Finanzmarktes** нестаби́льность междунаро́дного фина́нсового ры́нка; **Trend zur Internationalisierung der Finanzmärkte** тенде́нция к интернационализа́ции фина́нсовых ры́нков

Finanzminister(in) <-s, -> *m(f)* мини́стр *м* фина́нсов

Finanzministerium *nt* министе́рство *ср* фина́нсов

Finanzmittel *pl* фина́нсовые сре́дства *мн;* **~ beantragen** подава́ть заявле́ние на предоставле́ние фина́нсовых средств

Finanzplan <-(e)s, -pläne> *m* фина́нсовый план *м*, сме́та *ж;* **einen detaillierten ~ erstellen** составля́ть дета́льную сме́ту; **endgültiger ~** оконча́тельная сме́та; **vorläufiger ~** предвари́тельная сме́та; **~ einer Dienststelle** ве́домственная сме́та

Finanzplanung <-, -en> *f* фина́нсовое плани́рование *ср*

Finanzpolitik <-> *f* фина́нсовая поли́тика *ж*

finanzschwach *adj* фина́нсово сла́бый

Finanzspritze *f* фина́нсовая инъе́кция *ж*

Finanztransaktion <-, -en> *f* фина́нсовая опера́ция *ж;* **eine ~ durchführen** осуществля́ть фина́нсовые опера́ции

Finanzverwaltung <-, -en> *f* фина́нсовое управле́ние *ср*

Finanzwechsel <-s, -> *m* фина́нсовый ве́ксель *м*

F

Finanzwesen <-s> *nt* фина́нсовое де́ло *ср*

Finanzwirtschaft <-> *f* фина́нсовое хозя́йство *ср*

finden ['fɪndən] <fand, gefunden> **I.** *vt* **1.** *(ausfindig machen)* оты́скивать, -ка́ть *св;* **er war nirgends zu ~** он как сквозь зе́млю провали́лся; **ihr Haus ist gut/schlecht zu ~** её дом легко́/тру́дно найти́; **sie fand keine Ruhe** она́ не могла́ успоко́иться; **ich finde, dass ...** я ду́маю, что ...; **ich finde es gut, dass ...** мне нра́вится, что ... **2.** *(Verwendung)* находи́ть, найти́ *св* **3.** *(meinen, halten für)* счита́ть *нсв,* находи́ть, найти́ *св;* **er hat recht - ~ Sie nicht?** он прав, не так ли? **II.** *vr* **sich ~** *(sich wieder finden)* находи́ть, найти́ *св,* обрета́ть, -ре́сти́ *св;* **Gefallen an etw/jdm ~** получа́ть удово́льствие от чего́-л./кого́-л.; **das wird sich ~** всё образу́ется

Finder(in) <-s, -> *m(f)* наше́дший *м,* -шая *ж*

Finderlohn <-(e)s> *m* вознагражде́ние *ср* за нахо́дку

findig *adj* нахо́дчивый

fing [fɪŋ] *prät von* **fangen**

Finger ['fɪŋɐ] <-s, -> *m* па́лец *м;* **~ weg!** ру́ки прочь!; **die ~ von etw lassen** *umg* не вме́шиваться во что-л.; **jdn um den kleinen ~ wickeln** *umg* обвести́ кого́-л. вокру́г па́льца; **sich etw aus den ~n saugen** *pej, umg* вы́сосать (что-л.) из па́льца; **der kleine ~** мизи́нец *м;* **mit dem ~ auf jdn zeigen** пока́зывать па́льцем на кого́-л.; **keinen ~ krumm machen** *fam* и па́льцем не тро́нуть

Fingerabdruck <-(e)s, -abdrücke> *m* отпеча́ток *м* па́льцев

Fingerfarbe *f* де́тские кра́ски, кото́рыми рису́ют при по́мощи па́льцев

fingerfertig *adj* ло́вкий

Fingerhut <-(e)s, -hüte> *m* **1.** *(beim Nähen)* напёрсток *м* **2.** *(Pflanze)* наперстя́нка *ж*

Fingernagel <-s, -nägel> *m* но́готь *м* (па́льца руки́)

Fingerspitze <-, -n> *f* ко́нчик *м* па́льца

Fingerspitzengefühl <-s> *nt* чутьё *ср;* **etw verlangt (viel) ~** для чего́-л. тре́буется осо́бое чутьё

Fingerzeig ['fɪŋɐtsaɪk] <-s> *m* знак *м,* намёк *м;* **jdm einen ~ geben** пода́ть кому́-л. знак

fingieren [fɪŋ'gi:rən] *vt (vortäuschen)* симули́ровать *(н)св,* де́лать, сде́лать *св* вид; **fingiert** фикти́вный

Finish <-s, -s> *nt* фи́ниш *м*

Finite-Elemente-Methode <-> *f* MATH ме́тод *м* коне́чных элеме́нтов

Fink [fɪŋk] <-en, -en> *m* зя́блик *м*

Finne ['fɪnə] <-n, -n> *m* финн *м*

Finnin ['fɪnɪn] <-, -en> *f* фи́нка *ж*

finnisch *adj* фи́нский

Finnland ['fɪnlant] <-s> *nt* Финля́ндия *ж*

finster ['fɪnstɐ] *adj* **1.** *(dunkel)* тёмный, су́мрачный; **es sieht ~ aus** дела́ пло́хи; **im Finstern tappen** де́йствовать вслепу́ю **2.** *(unheimlich)* злове́щий, жу́ткий **3.** *(Miene)* угрю́мый, мра́чный; **er sah mich ~ an** он угрю́мо посмотре́л на меня́

Finsterling <-s, -e> *m umg* обскура́нт *м,* мракобе́с *м*

Finsternis <-> *f* темнота́ *ж,* мрак *м*

Finte ['fɪntə] <-, -n> *f* уло́вка *ж;* SPORT финт *м*

Firewall <-s, -s> *m* DV брандма́уэр *м*

Firlefanz ['fɪrləfants] <-es> *m umg* **1.** *(Kram)* барахло́ *ср* **2.** *(Albernheit)* дура́чество *ср*

firm [fɪrm] *adj* **in etw ~ sein** в соверше́нстве владе́ть чем-л.

Firma ['fɪrma, 'fɪrmən] <-, Firmen> *f* **1.** *(kaufmännisches Unternehmen)* фи́рма *ж;* **eingetragene ~** зарегистри́рованная фи́рма; **konkurrierende ~** конкури́рующая фи́рма; **leistungsfähige ~** продукти́вная фи́рма; **marktbeherrschende ~** домини́рующая фи́рма; **renommierte ~** фи́рма с хоро́шей репута́цией; **sichere ~** надёжная фи́рма; **Bonität einer ~** соли́дность фи́рмы; **die ~ arbeitet mit Verlust** фи́рма несёт убы́тки; **die ~ beschäftigt 100 Personen** на фи́рме рабо́тает 100 челове́к; **eine ~ gründen** осно́вывать фи́рму; **eine ~ ins Handelsregister eintragen** внести́ фи́рму в торго́вый реги́стр; **eine ~ leiten** руководи́ть фи́рмой; **für eine ~ zeichnen** подпи́сывать от и́мени фи́рмы **2.** *(Geschäftsname)* назва́ние фи́рмы; **die ~ ändern** изменя́ть наименова́ние фи́рмы

Firmenansehen <-s> *nt* **1.** *(Prestige)* прести́ж *м* **2.** *(Bonität)* соли́дность *ж* фи́рмы

Firmenauflösung <-, -en> *f* ликвида́ция *ж* фи́рмы

Firmenbezeichnung <-, -en> *f* наименова́ние *ср* фи́рмы

firmeneigen *adj* принадлежа́щий фи́рме

Firmengründung <-, -en> *f* основа́ние *ср* фи́рмы

Firmenimage <-> *nt* и́мидж *ср* фи́рмы

Firmeninhaber(in) <-s, -> *m(f)* владе́лец *м* фи́рмы

Firmenkern <-(e)s, -e> *m* основно́е назва́ние *ср* фи́рмы

Firmenmantel <-s> *m* JUR совоку́пные права́ *мн* акционе́рной компа́нии на уча́стие

Firmenmarke <-, -n> *f* (торго́вая) ма́рка *ж* фи́рмы

Firmenname <-n, -n> *m* наименова́ние *ср* фи́рмы

Firmenschild <-(e)s, -er> *nt* табли́чка *ж* фи́рмы

Firmensitz <-es, -e> *m* местонахожде́ние *ср* фи́рмы
Firmenwert <-(e)s, -e> *m* **1.** *(Geschäftswert)* сто́имость *ж* репута́ции фи́рмы **2.** *(Ertragswert)* сто́имость *ж* фи́рмы
Firmenzeichen <-s, -> *nt* фи́рменный знак *м*
Firmenzusatz <-es, -zusätze> *m* дополне́ние *ср* к наименова́нию фи́рмы
Firmung ['fɪrmʊŋ] <-, -en> *f* конфирма́ция *ж*
Firnis ['fɪrnɪs] <-ses, -se> *m* *(Lack)* лак *м*
First [fɪrst] <-(e)s, -e> *m* *(Dachfirst)* конёк *м* (кры́ши)
First Lady <-, First Ladies> *f* пе́рвая ле́ди *ж*
Fisch [fɪʃ] <-(e)s, -e> *m* ры́ба *ж;* **~e** ASTR Ры́бы; **weder ~ noch Fleisch** *fig, umg* ни ры́ба, ни мя́со; **kleine ~e** *umg* пустяки́; **stumm sein wie ein ~** молча́ть как в рот воды́ набра́л; **sich wie ein ~ im Wasser fühlen** чу́вствовать себя́ как ры́ба в воде́
fischen *vt* **1.** *(Fische fangen)* рыба́чить *нсв,* лови́ть, пойма́ть *св* ры́бу **2.** *umg* выла́вливать, вы́ловить *св;* **er fischte ein Blatt Papier aus dem Stapel** он вы́тащил из сто́пки лист бума́ги
Fischer(in) <-s, -> *m(f)* рыба́к *м,* -ба́чка *ж*
Fischerboot *nt* рыба́цкая ло́дка *ж*
Fischerdorf *nt* рыба́цкий посёлок *м*
Fischerei [fɪʃə'raɪ] <-> *f* рыболо́вство *ср*
Fischereischiff <-(e)s, -e> *nt* рыболо́вное су́дно *ср*
Fischernetz *nt* рыба́чья сеть *ж*
Fischfang <-(e)s> *m* рыболо́вство *ср,* ры́бная ло́вля *ж;* **auf ~ gehen** идти́ на рыба́лку
Fischfilet <-s, -s> *nt* ры́бное филе́ *ср*
Fischgeschäft <-(e)s, -e> *nt* ры́бный магази́н *м*
Fischhändler(in) *m(f)* торго́вец *м* ры́бой
Fischkonserve <-, -n> *f* ры́бные консе́рвы *мн*
Fischkutter <-s, -> *m* рыболо́вный ка́тер *м*
Fischmesser <-s, -> *nt* нож *м* для ры́бы
fischreich *adj* бога́тый ры́бой
Fischschwarm <-(e)s, -schwärme> *m* кося́к *м* ры́бы
Fischstäbchen ['fɪʃʃtɛ:pçən] <-s, -> *nt* ры́бная па́лочка *ж (панирóванная ры́ба в фо́рме па́лочки)*
Fischsuppe <-, -n> *f* ры́бный суп *м*
Fischvergiftung <-, -en> *f* отравле́ние *ср* ры́бой
Fischzucht *f ohne pl* рыбово́дство *ср*
fiskalisch [fɪs'ka:lɪʃ] *adj* фиска́льный
Fiskaljahr <-(e)s, -e> *nt* фиска́льный год *м*
Fiskalpolitik <-> *f* фиска́льная [*или* нало́говая] поли́тика *ж*
Fiskus ['fɪskʊs] <-> *m* фиск *м,* (госуда́рственная казна́) *ж;* **Eigentum des ~** со́бственность (госуда́рственной) казны́; **in den ~ fließen** поступа́ть в казну́
Fisole [fi'zo:lə] <-, -n> *f österr (grüne Gartenbohne)* фасо́ль *ж*
fit [fɪt] *adj* в хоро́шей фо́рме, хорошо́ трениро́ванный; **in etw ~ sein** *umg (etw gut beherrschen)* хорошо́ разбира́ться в чём-л.
Fitness[RR] ['fɪtnɛs] <-> *f,* **Fitneß**[Alt] <-> *f ohne pl* хоро́шая спорти́вная фо́рма *ж*
Fitnesscenter[RR] <-s, -> *nt* центр *м* для заня́тий спо́ртом, спортце́нтр *м*
Fitnessraum[RR] <-(e)s, -räume> *m* трениро́вочное помеще́ние *ср*
Fitnessstudio[RR] <-s, -s> *nt* спорти́вная сту́дия *ж*
Fitnesstraining <-s> *nt* физи́ческая трениро́вка *ж* (для поддержа́ния хоро́шей фо́рмы)
Fittich <-(e)s, -e> *m geh* опе́ка *ж;* **jdn unter seine Fittiche nehmen** взять под опе́ку
fix [fɪks] *adj* твёрдый, постоя́нный; **~e Preise** твёрдые це́ны *жмн;* **~es Gehalt** твёрдый окла́д *м;* **~e Kosten** постоя́нные расхо́ды *мн;* **~er Ertrag** твёрдый дохо́д *м;* **~er Wechselkurs** твёрдый обме́нный курс *м*
fixen ['fɪksən] *vi* **1.** *(Jargon: Drogen spritzen)* впры́скивать, -снуть *св* **2.** BÖRSE соверша́ть сро́чные сде́лки, игра́ть на срок
Fixer(in) <-s, -> *m* **1.** *(Jargon: Rauschgiftsüchtige(r))* наркома́н(ка) *м(ж)* **2.** BÖRSE бланки́ст *м*
Fixgeschäft <-(e)s, -e> *nt* BÖRSE твёрдая сде́лка *ж* (на срок)
Fixierbad <-(e)s, -bäder> *nt* FOT фикса́ж *м*
fixieren [fɪ'ksi:rən] *vt* **1.** *(festhalten)* фикси́ровать, за- *св* **2.** *(jdn mustern)* при́стально смотре́ть, по- *св*
Fixiermittel <-s, -> *nt* закрепи́тель *м*
Fixkosten *pl* постоя́нные изде́ржки *мн*
Fixkostendegression <-, -en> *f* ÖKON уменьше́ние *ср* постоя́нных затра́т
Fixtermin <-(e)s, -e> *m* твёрдый срок *м*
Fixum ['fɪksʊm] <-s> *nt* твёрдый окла́д *м*
Fjord [fjɔrt] <-(e)s, -e> *m* фьо́рд *м*
FKK [ɛfka:'ka:] *abk von* **Freikörperkultur** нуди́зм *м*
FKK-Strand <-(e)s, -strände> *m* пляж *м* нуди́стов
flach [flax] *adj* **1.** *(Gelände)* равни́нный, ни́зменный **2.** *(Wasser)* ме́лкий, неглубо́кий **3.** *(Schuhe)* на ни́зком каблуке́ **4.** *fig (seicht)* пло́ский; **sich ~ auf den Boden legen** распласта́ться на полу́; **die ~e Hand** ладо́нь *ж*
Flachbildschirm <-(e)s, -e> *m* пло́ский экра́н *м*

F

Flachdach <-(e)s, -dächer> *nt* плóская кры́ша *ж*
Fläche ['flɛçə] <-, -n> *f* плóщадь *ж*, террито́рия *ж*; *(Ober~)* повéрхность *ж*; *(Ebene)* плóскость *ж*, равни́на *ж*
Flächeninhalt <-(e)s, -e> *m* плóщадь *ж*
Flächenmaß <-es, -e> *nt* мéра *ж* плóщади
Flächennutzungsplan <-(e)s, -pläne> *m* план *м* застрóйки
flach|fallen *vi umg (ausfallen)* не состоя́ться *св*; **bei Regen fällt das Picknick flach** при дождé пикни́к отпадáет
Flachland <-(e)s> *nt* равни́на *ж*
flach|legen **I.** *vt fam (hinstrecken)* распластáть **II.** *vr* **sich ~** *fam* растяну́ться
flach|liegen <irr> *vi fam (krank sein)* лежáть больны́м в постéли
Flachs [flaks] <-es> *m* **1.** BOT лён *м* **2.** *umg (Neckerei)* шáлость *ж*, шу́тка *ж*; **ohne ~!** крóме шу́ток!
flachsen *vi umg* дурáчиться *нсв*
flackern ['flakɐn] *vi* **1.** *(Licht)* мерцáть *нсв*, мигáть *нсв* **2.** *(Augen)* горéть *нсв*
Flagge ['flagə] <-, -n> *f* флаг *м*; **die ~ streichen** *fig* признáть себя́ побеждённым
Flair [flɛːɐ̯] <-s> *nt* оттéнок *м*, налёт *м*
Flak *abk von* **Flug(zeug)abwehrkanone** *зени́тное ору́дие*
Flakon [fla'kõː] <-s, -s> *nt (Fläschchen)* флакóн *м*
flambieren [flam'biːrən] *vt облить блю́до спи́ртом и зажéчь*
Flame ['flaːmə] <-n, -n> *m*, **Flämin** *f* флама́ндец *м*, флама́ндка *ж*
Flämin ['flɛːmɪn] <-nen> *f s.* **Flame**
Flamingo [fla'mɪŋgo] <-s, -s> *m* флами́нго *м*
flämisch ['flɛːmɪʃ] *adj* флама́ндский
Flamme ['flamə] <-, -n> *f* плáмя *ср*, огóнь *м*; *umg (Geliebte)* любóвь *ж*; **sie ist seine alte ~** онá егó стáрая любóвь; **etw steht in (hellen) ~n** что-л. гори́т я́сным плáменем; **in Flammen stehen** горéть; **etw auf kleiner ~ kochen** вари́ть что-л. на слáбом огнé
Flammenwerfer <-s, -> *m* MIL огнемёт *м*
Flammpunkt <-(e)s> *m* TECH температу́ра *ж* вспы́шки
Flanell [fla'nɛl] <-s, -e> *m* фланéль *ж*
flanieren *vi* флани́ровать *нсв*, прогу́ливаться, -ля́ться *св*
Flanke ['flaŋkə] <-, -n> *f* **1.** *(Seite)* бок *м* **2.** MIL фланг *м*
flankieren *vt* идти́ *нсв*, стоя́ть *нсв* сбóку (от когó-л.); **~de Maßnahmen** дополни́тельные мероприя́тия
flapsig ['flapsɪç] *adj umg* гру́бый, неотёсанный
Flasche ['flaʃə] <-, -n> *f* **1.** *(Behältnis)* буты́лка *ж*, фля́жка *ж*; **aus der ~ trinken** пить из буты́лки; **zur ~ greifen** *fig* брáться за буты́лку **2.** *umg (Versager)* неудáчник *м*; **einem Kind die ~ geben** дать ребёнку буты́лочку с сóской

> **i Grammatik**
>
> Словами **Flasche**, Glas, Tasse немцы указывают на содержимое чего-либо: *eine Flasche Apfelsaft – бутылка яблочного сока; ein Glas Wasser – бутылка воды; eine Tasse Kaffee – чашечка кофе.*

Flaschenbier <-(e)s, -e> *nt* буты́лочное пи́во *ср*
Flaschenöffner <-s, -> *m* открывáшка *ж*
Flaschenpfand <-(e)s> *nt* залóг *м* за буты́лку
Flaschenpost <-> *f* буты́лочная пóчта *ж*
Flatter *f* **die ~ machen** убежáть
flatterhaft *adj* вéтреный, легкомы́сленный
Flattermann *m fam* **1.** *(nervöser Mensch)* нéрвный человéк *м* **2.** *(Nervosität)* нéрвность *ж*; **vor der nächsten Prüfung bekommt er wieder einen ~** пéред слéдующим экзáменом он опя́ть бу́дет нéрвничать
flattern ['flatɐn] *vi* **1.** *(Vogel)* порхáть *нсв* **2.** *(Blatt)* кружи́ться *нсв*; **ihr Haar flatterte im Wind** её вóлосы развевáлись на ветру́ **3.** *(Herz)* трепетáть *нсв*, дрожáть *нсв*
flau [flaʊ] *adj (schwach)* слáбый, вя́лый; **die Nachfrage ist derzeit eher ~** спрос в настоя́щее врéмя скорéе слáбый; **die Geschäfte gehen ~** делá иду́т вя́ло; **der Markt ist ~** конъюнкту́ра ры́нка вя́лая; **jdm ist (ganz) ~** кому́-л. не по себé; **~e Börse** ÖKON неоживлённая би́ржа; **mir ist ~ im Magen** мне стáло плóхо [*или* ду́рно]
Flauheit <-> *f* застóй *м*; *(Schwäche)* слáбость *ж*, вя́лость *ж*
Flaum [flaʊm] <-(e)s> *m* пух *м*,. пушóк *м*
Flaumfeder <-, -n> *f* пуши́нка *ж*
flauschig *adj* из плóтной мя́гкой ткáни
Flause ['flaʊzə] <-n> *f fam (Unsinn)* глу́пости *мн*; **sie hat nur Flausen im Kopf** у неё в головé одни́ глу́пости
Flaute ['flaʊtə] <-, -n> *f* **1.** *(Windstille)* безвéтрие *ср*, зати́шье *ср* **2.** *(Wirtschaftstief)* застóй *м*, слáбость *ж*; **die ~ setzt ein** наступáет застóй; **es herrscht absolute ~** всё в застóе **3.** *(Wend)* **die Party war eine ~** *fam* вечери́нка оказáлась пóлным провáлом
Flechte ['flɛçtə] <-, -n> *f* **1.** *(Pflanze)* лишáйник *м* **2.** *(Geflochtenes)* косá *ж* **3.** *(Hauterkrankung)* лишáй *м*
flechten ['flɛçtən] <flocht, geflochten> *vt*

1. *(Haare)* заплетáть, -плестú *св* **2.** *(Kranz)* вить, свить *св;* **einen Blumenkranz ~** плестú венóк **3.** *(Korb)* плестú, сплестú *св*

Fleck [flɛk] <-(e)s, -en> *m* **1.** *(Schmutzfleck)* пятнó *ср;* **ein blauer ~** сúнее пятнó **2.** *(Stelle)* мéсто *ср;* **vom ~ weg** немéдленно; **nicht vom ~ kommen** не двúгаться с мéста; **das Herz auf dem rechten ~ haben** быть смéлым

Fleckenentferner <-s, -> *m* пятновыводúтель *м*

fleckenlos *adj* **1.** *(völlig rein)* без пя́тен **2.** *(Ruf)* безупрéчный, безукорúзненный

Fleckenwasser <-s> *nt* пятновыводúтель *м*

Fleckerl <-s, -n> *nt österr (quadratisch geschnittenes Nudelteigstück als Suppeneinlage)* лапшá *ж* в фóрме квадрáтиков

Fleckerlteppich <-s, -e> *m österr (Flickenteppich)* кóврик *м* из лоскутóв

fleckig [ˈflɛkɪç] *adj* **1.** *(gefleckt)* пятнúстый **2.** *(von Schmutz)* в пя́тнах

Fledermaus [ˈfleːdɐmaʊs] <-, -mäuse> *f* летýчая мышь *ж*

Flegel [ˈfleːgəl] <-s, -> *m* грубия́н *м*

flegelhaft *adj* невéжливый, грýбый; **~es Benehmen** хáмское поведéние

Flegeljahre <-> *pl* перехóдный вóзраст *м;* **er kommt jetzt in die ~** у негó сейчáс начинáется перехóдный вóзраст

flehen [ˈfleːən] *vi* умоля́ть, -ли́ть *св,* молúть *нсв;* **um Gnade ~** просúть мúлости

flehentlich [ˈfleːəntlɪç] *adj* умоля́ющий; **jdn ~ um etw bitten** умоля́ть когó-л. о чём-л.

Fleisch [flaɪʃ] <-(e)s> *nt* **1.** *(Speise)* мя́со *ср* **2.** *(von Lebewesen)* тéло *ср;* **sich** (**mit etw**) **ins eigene ~ schneiden** навредúть (чем-л.) самомý себé; **etw ist jdm in ~ und Blut übergegangen** что-л. вошлó в чью-л. плоть и кровь

Fleischbrühe <-, -n> *f* бульóн *м*

Fleischeinwaage <-, -n> *f* вес *м* мя́са (в консéрвах)

Fleischer(in) <-s, -> *m(f)* мяснúк *м*

Fleischerei [flaɪʃəˈraɪ] <-, -en> *f* мяснáя лáвка *ж*

fleisch fressend[RR] *adj (Pflanze, Tier)* плотоя́дный

Fleischklößchen *nt* фрикадéльки *мн*

fleischlos *adj* худóй; *(vegetarisch)* вегетариáнский, без мя́са

Fleischpastete *f* GASTR паштéт *м*

Fleischspieß <-es, -e> *m* шашлы́к *м*

Fleischwolf <-(e)s, -wölfe> *m* мясорýбка *ж*

Fleiß [flaɪs] <-es> *m* старáние *ср;* *(Eifer)* усéрдие *ср;* **ohne ~ kein Preis** *prov* без трудá не вы́нешь и ры́бку из прудá

fleißig *adj* старáтельный, прилéжный

flektieren *vt* LING *(Substantiv)* склоня́ть, про- *св;* *(Verb)* спрягáть, про- *св*

flennen [ˈflɛnən] *vi pej, umg* ревéть *нсв*

fletschen [ˈflɛtʃən] *vt* **die Zähne ~** скáлить зýбы

flexibel [flɛˈksiːbəl] *adj* **1.** *(anpassungsfähig)* гúбкий, эластúчный; **flexible Planung** эластúчное планúрование; **flexible Politik** гúбкая полúтика; **~ auf Veränderungen des Marktes reagieren** гúбко реагúровать на изменéния на ры́нке **2.** BÖRSE свобóдный; **flexibler Wechselkurs** свобóдный валю́тный курс **3.** *(gleitend)* скользя́щий; **flexible Arbeitszeit** скользя́щее расписáние рабóчего врéмени

flexibilisieren *vt* сдéлать гúбким

Flexibilität [flɛksibiliˈtɛːt] <-> *f* гúбкость *ж*

flicken [ˈflɪkən] *vt* штóпать, за- *св,* латáть, за- *св*

Flicken <-s, -> *m* заплáта *ж*

Flickzeug <-(e)s, -e> *nt* **1.** *(zum Nähen)* швéйные принадлéжности *мн* **2.** *(für Reifen)* принадлéжности *мн* для ремóнта шин

Flieder [ˈfliːdɐ] <-s, -> *m* сирéнь *ж*

Fliege [ˈfliːgə] <-, -n> *f* **1.** ZOOL мýха *ж;* **er tut keiner ~ was zuleide** он мýхи не обúдит; **die ~ machen** *fam* смы́ться **2.** *(Schleife)* бáбочка *ж;* **zwei ~n mit einer Klappe schlagen** *umg* однúм вы́стрелом двýх зáйцев убúть

fliegen [ˈfliːgən] <flog, geflogen> **I.** *vi* **1.** *(schweben)* летáть, летéть *нсв,* по- *св;* **wann fliegt die nächste Maschine?** когдá слéдующий самолёт?; **in die Luft ~** взлетéть в вóздух **2.** *umg (entlassen werden)* вы́лететь *св* **3.** *fam (durchfallen)* **durchs Examen ~** провалúться на экзáмене **4.** *fam (angezogen werden)* **er fliegt auf neue Autos** он обожáет нóвые машúны **II.** *vt (Flugzeug)* водúть *нсв,* вестú *нсв*

Fliegenklatsche *f* мухолóвка *ж*

Fliegenpatsche <-, -n> *f* мухобóйка *ж*

Fliegenpilz <-es, -e> *m* мухомóр *м*

Flieger(in) [ˈfliːgɐ] <-s, -> *m(f)* лётчик *м,* -чица *ж,* пилóт *м*

Fliegeralarm <-(e)s, -e> *m* воздýшная тревóга *ж*

Fliegerei <-> *f* лётное дéло *ср*

Fliegerstaffel <-, -n> *f* авиациóнная эскадрúлья *ж*

fliehen [ˈfliːən] <floh, geflohen> **I.** *vi* бежáть *нсв,* убегáть, убежáть *св* **II.** *vt geh (meiden)* избегáть, -бежáть *св*

Fliehkraft <-> *f* PHYS центробéжная сúла *ж*

Fliese [ˈfliːzə] <-, -n> *f* (керамúческая) плúтка *ж;* **~n legen** клáсть плúтку

Fliesenboden <-s, -böden> *m* пол *м,* покры́тый керамúческой плúткой

Fließband <-(e)s, -bänder> *nt* конвéйер *м;* **am ~ stehen** рабóтать на конвéйере

Fließbandarbeit <-> *f* рабóта *ж* на кон-

ве́йере
Fließbandfertigung <-> *f* конве́йерное произво́дство *ср*
Fließbandproduktion <-> *f* пото́чное произво́дство *ср*
fließen ['fli:sən] <floss, geflossen> *vi* **1.** *(Flüssigkeit)* ли́ться *нсв,* струи́ться *нсв* **2.** *(ins Meer)* впада́ть *нсв*
fließend I. *adj* теку́щий; *(Sprache)* бе́глый; *(Übergänge)* расплы́вчатый, нечёткий **II.** *adv* **sie spricht ~ Russisch/Deutsch** она́ свобо́дно говори́т по-ру́сски/по-не́мецки
flimmern ['flɪmɐn] *vi* **1.** *(einmal)* сверка́ть, сверкну́ть *св,* мерца́ть *нсв* **2.** *(Bildschirm)* мига́ть *нсв,* мигну́ть *св;* **jdm flimmert es vor den Augen** у кого́-л. ряби́т в глаза́х
flink [flɪŋk] *adj* прово́рный, ло́вкий
Flinte ['flɪntə] <-, -n> *f* ружьё *ср;* **man darf nicht gleich die ~ ins Korn werfen** нельзя́ так бы́стро сдава́ться
Flipchart, **Flip-Chart** <-s, -s> *nt* доска́ *ж* с бло́ком
Flipperautomat <-en, -en> *m игра́льный автома́т, в кото́ром шар до́лжен как мо́жно до́льше уде́рживаться на пока́том игрово́м по́ле*
flippig ['flɪpɪç] *adj umg* бро́ский, необы́чный
Flirt [flɪrt] <-s, -s> *m* флирт *м*
flirten ['flɪrtən] *vi* флиртова́ть *нсв;* **mit jdm ~** флиртова́ть с ке́м-л.
Flitterwochen <-> *fpl* медо́вый ме́сяц *м;* **in die ~ fahren** отпра́виться в сва́дебное путеше́ствие
flitzen ['flɪtsən] *vi umg* стреми́тельно нести́сь *нсв*
flocht [flɔxt] *prät von* **flechten**
Flocke ['flɔkə] <-, -n> *f* **1.** *(Schnee~)* снежи́нка *ж* **2.** *(Woll~)* клочо́к *м*
flockig *adj* хло́пьями, пуши́стый
flog [flo:k] *prät von* **fliegen**
floh [flo:] *prät von* **fliehen**
Floh [flo:, 'flœ:ə] <-(e)s, Flöhe> *m* блоха́ *ж;* **jdm einen ~ ins Ohr setzen** *fam* подзадо́рить кого́-л.; **wer hat dir denn diesen ~ ins Ohr gesetzt?** кто зарази́л тебя́ э́той иде́ей?
Flohmarkt <-(e)s, -märkte> *m* блоши́ный ры́нок *м*
Flop [flɔp] <-s, -s> *m* **1.** *(Misserfolg)* пусто́й но́мер *м,* неуда́ча *ж;* **das Konzert war ein echter ~** конце́рт не уда́лся **2.** *(erfolgloses Produkt)* неуда́чный това́р *м*
Floppy Disc[RR], **Floppy Disk** <-, -s> *f* DV фло́ппи-диск *м,* ги́бкий диск *м*
Flora ['flo:ra, 'flo:rən] <-, Floren> *f (Pflanzenwelt)* фло́ра *ж*
Florett [flo'rɛt] <-(e)s, -e> *nt* рапи́ра *ж*
Florettfechten <-s> *nt* фехтова́ние *ж* на рапи́рах
florieren [flo'ri:rən] *vi* процвета́ть, -цвести́ *св*
Florist(in) [flo'rɪst] <-en, -en> *m(f)* цветово́д *м*
Floskel ['flɔskəl] <-, -n> *f* пуста́я фра́за *ж*
floss[RR] [flɔs], **floß**[Alt] *prät von* **fließen**
Floß [flo:s, 'flœ:sə] <-es, Flöße> *nt* плот *м*
Flosse ['flɔsə] <-, -n> *f* плавни́к *м; (Taucher~)* ла́сты *мн; umg (Hand)* ла́па *ж;* **~n weg!** убери́ ла́пы!
Flöte ['flœ:tə] <-, -n> *f* фле́йта *ж*
flöten *vi* **1.** *(auf Flöte)* игра́ть, сыгра́ть *св* **2.** *umg (schmeichelnd reden)* говори́ть, сказа́ть *св* еле́йным го́лосом
flöten gehen[RR] <irr> *vi umg (verlorengehen)* пропа́сть *св,* -пада́ть *нсв;* **mir ging die gute Laune flöten** у меня́ пропа́ло настрое́ние
Flötenspieler(in) *m(f)* флейти́ст *м*
flott [flɔt] *adj* **1.** *(schnell)* бы́стрый, расторо́пный; **bisschen ~, wenn's geht!** немно́го быстре́е, е́сли мо́жно **2.** *(Kleidung)* мо́дный, эффе́ктный **3.** *(Schiff)* на плаву́
Flotte ['flɔtə] <-, -n> *f* флот *м*
flottmachen *vt* **1.** *(Schiff)* сня́ть *св,* снима́ть *нсв* кора́бль с ме́ли **2.** *umg (Fahrzeug)* ремонти́ровать, от- *св*
Fluch [flu:x, 'fly:çə] <-(e)s, Flüche> *m* руга́тельство *ср; (Verwunschung)* прокля́тие *ср;* **auf etw liegt ein ~** на чём-л. лежи́т прокля́тие
fluchen ['flu:xən] *vi* руга́ться, вы́- *св,* брани́ться, вы́- *св*
Flucht [flʊxt] <-, -en> *f* **1.** *(das Fliehen)* бе́гство *ср,* побе́г *м* **2.** *(Häuser~)* верени́ца *ж* домо́в; **jdn in die ~ schlagen** обрати́ть кого́-л. в бе́гство; **auf der ~ sein** быть в бега́х
fluchtartig *adj* о́чень бы́стро; **~ verließ er das Haus** он стремгла́в вы́бежал из до́ма
flüchten ['flʏçtən] *vi* бежа́ть *нсв,* убежа́ть *св,* убега́ть *нсв*
Fluchthelfer(in) <-s, -> *m(f) лицо́, помо́гшее осуществи́ть побе́г*
flüchtig ['flʏçtɪç] *adj* **1.** *(auf Flucht)* бе́глый **2.** *(oberflächlich)* мимолётный, пове́рхностный; **ich kenne ihn nur ~** я знако́м с ним пове́рхностно **3.** *(kurz, eilig)* коро́ткий, бе́глый; **einen flüchtigen Blick auf jdn/etw werfen** бе́гло взгляну́ть на кого́-л./что-л.; **sie warf einen ~en Blick darauf** она́ оки́нула э́то бе́глым взгля́дом **4.** CHEM летýчий
Flüchtigkeit <-, -en> *f* **1.** *(Oberflächlichkeit)* пове́рхностность *ж* **2.** *(Kürze, Eile)* поспе́шность *ж* **3.** *(Vergänglichkeit)* быстроте́чность *ж* **4.** CHEM летýчесть *ж*
Flüchtigkeitsfehler <-s, -> *m* оши́бка *ж* из-за невнима́тельности
Flüchtling ['flʏçtlɪŋ] <-s, -e> *m* беглéц *м; (Vertriebener)* бе́женец *м*

Flüchtlingsheim <-(e)s, -e> *nt* общежи́тие *ср* для бе́женцев

Flüchtlingshilfswerk <-(e)s, -e> *nt* организа́ция *ж* по оказа́нию по́мощи бе́женцам

Flüchtlingslager <-s, -> *nt* ла́герь *м* бе́женцев

Flüchtlingsstrom <-(e)s, -ströme> *m* пото́к *м* бе́женцев

Fluchtversuch *m* попы́тка *ж* к бе́гству

Flug [flu:k, ˈfly:gə] <-(e)s, Flüge> *m* полёт *м;* **die Zeit vergeht wie im ~e** вре́мя лети́т; **einen ~ buchen** заброни́ровать биле́т на самолёт

Flugabwehr <-> *f* противовозду́шная оборо́на *ж*

Flugabwehrrakete <-, -n> *f* противовозду́шная раке́та *ж*

Flugangst *f* боя́знь *ж* лете́ть самолётом

Flugantritt <-(e)s> *m* нача́ло *ср* полёта, вы́лет *м*

Flugbahn <-, -en> *f* траекто́рия *ж* (полёта)

Flugbenzin <-s> *nt* авиацио́нный бензи́н *м*

Flugblatt <-(e)s, -blätter> *nt* листо́вка *ж*

Flugdrachen <-s, -> *m* SPORT дельтапла́н *м*

Flügel [ˈfly:gəl] <-s, -> *m* **1.** *(von Vogel, Flugzeug, Gebäudeteil)* крыло́ *ср;* **mit den Flügeln schlagen** маха́ть кры́льями; **etw verleiht jdm ~** *fig* что-л. окрыля́ет кого́-л.; **jdm die ~ stutzen** *fig* подре́зать кому́-л. кры́лья **2.** *(von Fenster/Tür)* створка *ж;* **die ~ hängen lassen** *umg* опусти́ть кры́лья **3.** MUS роя́ль *м;* **auf dem ~ spielen** игра́ть на роя́ле

Flügelschraube <-, -n> *f* винт *м* с голо́вкой в ви́де „бара́шка“

Fluggast <-(e)s, -gäste> *m* авиапассажи́р *м*

flügge [ˈflʏgə] *adj* **1.** *(Vogel)* опери́вшийся **2.** *fig (Kinder)* самостоя́тельный

Fluggeschwindigkeit <-, -en> *f* ско́рость *ж* полёта

Fluggesellschaft <-, -en> *f* авиакомпа́ния *ж*

Flughafen <-s, -häfen> *m* аэропо́рт *м;* **auf dem ~** в аэропорту́

Flughafenbus <-ses, -se> *m* авто́бус *м* для перево́зки пассажи́ров по аэродро́му

Flughöhe *f* высота́ *ж* полёта

Flugkapitän <-s, -e> *m* капита́н *м* корабля́

Fluglinie *f* ли́ния *ж* полёта

Fluglotse <-n, -n> *m*, **Fluglotsin** *f* авиадиспе́тчер *м*

Flugnummer <-, -n> *m* но́мер *м* полёта

Flugplatz <-es, -plätze> *m* аэродро́м *м*

Flugreise <-, -> *f* путеше́ствие *ср* на самолёте

Flugroute <-, -n> *f* авиаре́йс *м*

flugs [flu:ks] *adv* ми́гом, мгнове́нно

Flugschein *m* **1.** *(Lizenz)* разреше́ние *ср* управля́ть самолётом **2.** *(Flugticket)* биле́т *м*

Flugsicherheit <-> *f* безопа́сность *ж* полёта

Flugsimulator <-s, -en> *m* полётный трена́жёр *м*

Flugstrecke *f* маршру́т *м*

Flugticket *nt* самолётный биле́т *м*

Flugverbot <-(e)s, -e> *nt* запреще́ние *ср* полёта

Flugverbotszone <-, -n> *f* (возду́шная) зо́на *ж*, в кото́рой запрещены́ полёты

Flugverkehr <-s> *m* возду́шное сообще́ние *ср*

Flugwesen <-s> *nt* авиацио́нное де́ло *ср*, авиа́ция *ж*

Flugzeit *f* вре́мя *ср* полёта

Flugzettel <-s, -> *m österr (Flugblatt)* листо́вка *ж*, проклама́ция *ж*

Flugzeug [ˈflu:ktsɔɪk] <-(e)s, -e> *nt* самолёт *м;* **mit dem ~** на самолёте; **im ~** в самолёте; **per ~** самолётом

Flugzeugabsturz <-es, -abstürze> *m* авиакатастро́фа *ж*

Flugzeugbau *m* самолётострое́ние *ср*

Flugzeugbesatzung <-, -en> *f* экипа́ж *м* самолёта

Flugzeugentführung <-, -en> *f* уго́н *м* самолёта

Flugzeugfabrik <-, -en> *f* авиацио́нный заво́д *м*

Flugzeugführer(in) <-s, -> *m(f)* пило́т *м*, лётчик *м*

Flugzeugindustrie <-> *f* авиацио́нная промы́шленность *ж*

Flugzeugmodell <-(e)s, -e> *nt* моде́ль *ж* самолёта

Flugzeugträger <-s, -> *m* авиано́сец *м*

Flugzeugtyp <-s, -en> *m* тип *м* самолёта

Fluktuation [flʊktuaˈtsjo:n] <-, -en> *f (Schwankung, Austausch)* теку́честь *ж*, колеба́ние *ср*, флуктуа́ция *ж;* **~ der Arbeitskräfte** теку́честь рабо́чей си́лы

Flunkerei <-en> *f fam* враньё *ср*

flunkern [ˈflʊŋkеn] *vi umg* врать, со- *св*, привра́ть *св*, -вира́ть *нсв*

Fluor [ˈflu:oɐ] <-s> *m* фто́р *м*

fluoreszieren *vi* флуоресци́ровать *нсв*, свети́ться *нсв*

fluoreszierend *adj* флуоресци́рующий

Fluorkohlenwasserstoff <-(e)s, -e> *m* фтороводоро́д *м*

Flur[1] [flu:ɐ] <-(e)s, -e> *m* **1.** *(Hausflur)* ле́стничная площа́дка *ж*, коридо́р *м* **2.** *(in Wohnung)* прихо́жая *ж*, пере́дняя *ж*

Flur[2] [flu:ɐ] <-, -en> *f* **1.** *(Feld)* по́ле *ср* **2.** *(Acker)* ни́ва *ж*

Flurbereinigung <-, -en> *f* землеустро́йство *ср*

Flurschaden <-s, -schäden> *m* потра́ва *ж*

поле́й

FlussRR [flʊs] <-es, Flüsse> *m*, **Fluß**Alt [flʊs] <-sses, Flüsse> *m* река́ *ж;* *(das Fliessen)* тече́ние *ср*, ход *м;* **etw in ~ bringen** возобнови́ть что-л.

flussabwärtsRR *adv* вниз по тече́нию

flussaufwärtsRR *adv* вверх по тече́нию

FlussbegradigungRR <-, -en> *f* выпрямле́ние *ср* ру́сла реки́

FlussbettRR <-(e)s, -en> *nt* ру́сло *ср* реки́

flüssig [ˈflʏsɪç] *adj* **1.** *(nicht fest)* жи́дкий, теку́чий **2.** *(nicht stockend)* пла́вный; **das Kind liest schon recht ~** ребёнок уже́ вполне́ свобо́дно чита́ет **3.** *(liquide)* свобо́дный, ликви́дный; **~ sein** *umg (Geld haben)* быть при деньга́х; **Beschaffung ~er Mittel** мобилиза́ция ликви́дных средств; **ich bin im Moment nicht ~** *fam* у меня́ сейча́с нет де́нег

Flüssiggas <-> *nt* сжи́женный газ *м*

Flüssigkeit <-, -en> *f* жи́дкость *ж*

Flüssigkristallanzeige <-, -n> *f* индика́ция *ж* с по́мощью жи́дких криста́ллов

Flüssigseife <-> *f* жи́дкое мы́ло *ср*

Flüssigseifenspender <-s, -> *m* доза́тор *м* для жи́дкого мы́ла

FlusslaufRR <-(e)s, -läufe> *m* речно́й пото́к *м*

FlussniederungRR <-, -en> *f* по́йма *ж* реки́

FlusspferdRR <-(e)s, -e> *nt* бегемо́т *м*

FlussregulierungRR <-, -en> *f* регули́рование *ср* пото́ка

FlussschifffahrtRR <-> *f* речно́е судохо́дство *ср*

FlussuferRR <-s, -> *nt* бе́рег *м* реки́

flüstern [ˈflʏstɐn] **I.** *vt* шепта́ть *нсв;* **jdm etw ins Ohr ~** шепну́ть кому́-л. что-л. на́ ухо **II.** *vi* шепта́ться *нсв;* **dem werde ich was ~** *fam* я ему́ покажу́ ку́зькину мать

Flüsterton *mohne pl* шёпот *м;* **im ~ reden** говори́ть шёпотом

Flut [fluːt] <-, -en> *f* **1.** *(nicht Ebbe)* прили́в *м;* **es ist ~** сейча́с при́лив **2.** *(Wassermasse)* пото́п *м*, наводне́ние *ср;* **eine ~ von** *fig* пото́к чего́-л.; **die ~ geht zurück** вода́ ухо́дит [*или* убыва́ет]

Flutkatastrophe <-, -n> *f* наводне́ние *ср*

Flutlicht <-(e)s, -er> *nt* свет *м* прожекторо́в

flutschen [ˈflʊtʃən] *vi* **1.** *umg (gleiten)* скользи́ть *нсв*, вы́скользнуть *св*, -ска́льзывать *нсв;* **aus der Hand ~** вы́скользнуть из рук **2.** *umg (leicht gehen)* ла́диться *нсв;* **heute flutscht die Arbeit nur so** сего́дня рабо́та спо́рится

Flutwelle *f* волна́ прили́ва *ж*

focht [fɔxt] *prät von* **fechten**

Focksegel <-s, -> *nt* MAR фок *м*

föderal *adj* федера́льный

Föderalismus [fœderaˈlɪsmʊs] <-> *m* федерали́зм *м*

Föderation [fœderaˈtsjoːn] <-, -en> *f* федера́ция *ж*

Fohlen [ˈfoːlən] <-s, -> *nt* жеребёнок *м*

FöhnRR [føːn] <-(e)s, -e> *m* **1.** *(warmer Fallwind)* фён *м* **2.** *(Haartrockner)* фен *м*

föhnenRR [ˈføːnən] *vt* суши́ть, вы́- *св;* **er föhnt sich das Haar** он су́шит во́лосы фе́ном

Föhre [ˈføːrə] <-, -n> *f* сосна́ *ж*

Folge [ˈfɔlgə] <-, -n> *f* **1.** *(Auswirkung)* после́дствие *ср*, сле́дствие *ср;* **sie muss die Folgen tragen** она́ должна́ быть в отве́те **2.** *(Aufeinanderfolge)* после́довательность *ж* **3.** *(Reihenfolge)* очерёдность *ж* **4.** *(Fortsetzung)* продолже́ние *ср* **5.** *(Reihe)* ряд *м*, се́рия *ж;* **die ~n (von etw) tragen** отвеча́ть за после́дствия; **einer Einladung ~ leisten** приня́ть приглаше́ние; **zur ~ haben** повле́чь за собо́й

Folgeauftrag <-(e)s, -aufträge> *m* дополни́тельный зака́з *м*

Folgeinvestition <-, -en> *f* сопряжённые капиталовложе́ния *мн*

Folgekosten *pl* после́дующие затра́ты *жмн*

folgen [ˈfɔlgən] *vi* **1.** *(nach~)* сле́довать, по- *св* **2.** *(einem Gespräch)* следи́ть *нсв;* **können Sie mir ~?** вы меня́ понима́ете? **3.** *(gehorchen)* слу́шаться, по- *св;* **er folgte ihrem Rat** он послу́шался её сове́та **4.** *(aufeinander folgen)* сле́довать, по- *св;* **daraus folgt, dass ...** из э́того сле́дует, что ...; **einem Rat ~** после́довать сове́ту; **Fortsetzung folgt** продолже́ние сле́дует

folgend *adj* сле́дующий; **es handelt sich um Folgendes** речь идёт о ...

folgendermaßen [ˈfɔlgəndɐ(ˈ)maːsən] *adv* сле́дующим о́бразом

folgenreich *adj* име́ющий больши́е после́дствия

folgenschwer *adj* чрева́тый после́дствиями

folgerichtig *adj* после́довательный, логи́чный

folgern [ˈfɔlgɐn] **I.** *vt* заключа́ть, -чи́ть *св;* **daraus lässt sich ~** отсю́да мо́жно заключи́ть **II.** *vi* сле́довать *нсв*

Folgerung <-, -en> *f* заключе́ние *ср*, вы́вод *м*

Folgeschaden <-s, -schäden> *m* JUR ко́свенный уще́рб *м*

folglich [ˈfɔlklɪç] *adv* сле́довательно, поэ́тому

folgsam [ˈfɔlkzaːm] *adj* послу́шный

Folie [ˈfoːliə] <-, -n> *f* фольга́ *ж*, полиэтиле́новая плёнка *ж*

Folklore [fɔlkˈloːrə] <-> *f* фолькло́р *м*

Folkloremusik <-> *f* наро́дная му́зыка *ж*

Folter [ˈfɔltɐ] <-, -n> *f* пы́тка *ж*, истяза́ние *ср;* *(etw Unangenehmes)* муче́ние *ср;* **jdn auf die ~ spannen** *fig* му́чить кого́-л.

Folterkammer *f* ка́мера *ж* пы́ток

foltern *vt* пыта́ть *нсв,* подверга́ть, -ве́ргнуть *св* пы́ткам

Folterung <-en> *f* муче́ние *ср,* пы́тка *ж*

Fön[Alt] <-(e)s, -e> *m s.* **Föhn**

Fonds [fõ:(s)] <-, -s> *m* **1.** *(zweckgebundener Geldmittelbestand)* фонд *м;* **Bildung von ~** образова́ние фо́ндов; **einen ~ einrichten** учрежда́ть фонд; **zweckgebundener ~** целево́й фонд; **~ für Löhne und Gehälter** фонд за́работной пла́ты; **~ für soziale Fürsorge** фонд социа́льного обеспе́чения; **~ zur Ankurbelung der Wirtschaft** фонд экономи́ческого стимули́рования; **~ zur Marktstabilisierung** фонд стабилиза́ции ры́нка; **~ für Investitionen** инвестицио́нный фонд **2.** *(Geld- bzw. Wertpapiervorrat)* фо́нды *ммн;* **die ~ sperren** заморա́живать фо́нды

Fondsanteilschein <-(e)s, -e> *m* а́кция *ж* инвестицио́нной компа́нии

Fondshandel <-s> *m* BÖRSE фо́ндовые опера́ции *мн*

Fondue [fõ'dy:] <-s, -s> *nt* GASTR фондю́ *ср*

i Land & Leute

Fondue – это блюдо, представляющее горшочек с плавленым сыром, подогреваемым на медленном огне, которое устанавливают на столе таким образом, что каждый гость может макать кусочек хлеба на небольшой палочке в сыр. Для мясного фондю необходимо горячее подсолнечное масло и небольшие кусочки мяса на вертеле, которые после приготовления можно обмакивать в различный соус.

Font [fɔnt] <-s, -s> *m (Schriftart)* фонт *м*

Fontäne [fɔn'tɛ:nə] <-, -n> *f* фонта́н *м*

foppen ['fɔpən] *vt umg* дура́чить, одура́чить *св*

Force-majeure-Klausel <-, -n> *f* JUR форсмажо́рная огово́рка *ж*

forcieren [fɔr'si:rən] *vt (vorantreiben)* форси́ровать *(н)св,* ускоря́ть, -ко́рить *св*

Förderanlage <-, -n> *f* BERGB подъёмная устано́вка *ж*

Förderband <-(e)s, -bänder> *nt* ле́нточный транспортёр *м,* конве́йер *м*

Förderer <-s, -> *m,* **Förderin** *f* LIT, KUNST покрови́тель *м,* мецена́т *м*

Förderkorb <-(e)s, -körbe> *m* подъёмная клеть *ж*

förderlich *adj* поле́зный; **das ist der Arbeit nicht gerade ~** э́то не о́чень спосо́бствует рабо́те

Fördermittel *ntpl* сре́дства *мн* для поощре́ния

fordern ['fɔrdɐn] *vt* **1.** *(verlangen)* тре́бовать, по- *св;* **eine Lohnerhöhung ~** тре́бовать повыше́ния зарпла́ты; **einen hohen Preis ~** тре́бовать высо́кую це́ну; **von jdm Rechenschaft fordern** тре́бовать от кого́-л. отчёта; **Rechte ~** тре́бовать прав; **jdn vor Gericht ~** JUR вызыва́ть кого́-л. в суд **2.** *(heraus~)* вызыва́ть, вы́звать *св*

fördern ['fœrdɐn] *vt* **1.** *(begünstigen)* спосо́бствовать, по- *св,* соде́йствовать *нсв/св,* по- *св* **2.** *(anregen)* стимули́ровать; **Investitionen ~** стимули́ровать капиталовложе́ния; **den Export ~** стимули́ровать э́кспорт **3.** *(unterstützen)* подде́рживать, -держа́ть *св* **4.** *(Person)* подде́рживать, -жа́ть *св,* покрови́тельствовать *нсв* **5.** BERGB добыва́ть, добы́ть *св*

Forderung <-, -en> *f* **1.** *(Anspruch, Verlangen)* прете́нзия *ж,* притяза́ние *ср* **2.** ÖKON тре́бование *ср;* **dringliche ~** настоя́тельное тре́бование; **strittige ~** спо́рное тре́бование; **auf seiner ~ beharren** наста́ивать на своём тре́бовании; **den ~en entsprechen** отвеча́ть тре́бованиям; **die ~en der Gläubiger befriedigen** удовлетвори́ть тре́бования кредито́ров; **eine ~ ablehnen** отклони́ть тре́бование; **eine ~ abtreten** предоста́вить тре́бование; **eine ~ erfüllen** вы́полнить тре́бование; **seine ~en durchsetzen** добива́ться выполне́ния свои́х тре́бований; **von seinen ~en Abstand nehmen** отка́зываться от свои́х тре́бований; **offene ~en** дебито́рская задо́лженность; **hohe Forderungen an etw/jdn stellen** име́ть больши́е прете́нзии к чему́-л./кому́-л. **3.** JUR иск *м;* **eine ~ begründen** обосно́вывать иск; **eine ~ bestreiten** оспа́ривать иск; **eine ~ zulassen** принима́ть иск

Förderung <-, -en> *f* поощре́ние *ср,* соде́йствие *ср; (Unterstützung)* подде́ржка *ж,* по́мощь *ж;* BERGB добы́ча *ж*

Forderungsabtretung <-, -en> *f* JUR це́ссия *ж,* усту́пка *ж* тре́бования

Forderungsausfall <-(e)s, -ausfälle> *m* утра́та *ж* тре́бования

Forderungseingang <-(e)s, -eingänge> *m* поступле́ние *ср* тре́бования

Forderungsmaßnahmen <-> *pl* мероприя́тия *срмн* по повыше́нию квалифика́ции (персона́ла)

Forderungsübertragung <-, -en> *f* це́ссия *ж*

Forderungsverrechnung <-, -en> *f* взаи́мный зачёт *м* тре́бований

Forelle [fo'rɛlə] <-, -n> *f* форе́ль *ж*

Forfaitierung <-, -en> *f* ÖKON форфе́йтинг *м*

Form[1] [fɔrm] <-, -en> *f* **1.** *(Art)* фо́рма *ж,* вид *м* **2.** *(Gestalt)* о́браз *м;* **aus der ~ geraten**

быть не в фóрме **3.** *(Back~)* фóрма *ж* для вы́печки **4.** *(Guss~)* фóрма *ж,* шаблóн *м;* **gut/schlecht in ~ sein** быть в хорóшей/плохóй фóрме; **die ~ wahren** соблюдáть прáвила прили́чия; **in ~ von** в ви́де; **feste ~en annehmen** конкретизи́роваться

Form² [fɔrm] *f ohne pl (Kondition)* физи́ческая фóрма *ж*

formal [fɔr'maːl] *adj* формáльный; **~ gesehen, bist du im Recht** формáльно ты прав

Formaldehyd ['fɔrmʔaldehyːt] <-s> *nt* формальдеги́д *м*

Formalität [fɔrmali'tɛːt] <-, -en> *f* формáльность *ж;* **eine bloße ~** пустáя формáльность; **die ~en beim Zoll erledigen** исполня́ть тамóженные формáльности; **die ~en einhalten** соблюдáть формáльности; **die ~en erfüllen** выполня́ть формáльности

Format¹ [fɔr'maːt] <-(e)s, -e> *nt* **1.** *(Größe)* формáт *м,* размéр *м;* **~ eines Briefes** формáт письмá **2.** *(Bedeutung)* значи́тельность *ж;* **von ~** значи́тельный

Format² [fɔr'maːt] <-(e)s> *nt ohne pl (Persönlichkeit)* стиль *м;* **sie hat ~** у неё есть стиль

formatieren *vt* DV формати́ровать, от- *св*

Formatierung <-, -en> *f* DV формати́рование *ср*

Formation [fɔrma'tsi̯oːn] <-, -en> *f (Aufstellung)* формировáние *ср*

Formatvorlage <-, -n> *f* DV стиль *м*

formbar *adj* принимáющий определённую фóрму

formbeständig *adj* сохраня́ющий фóрму

Formel ['fɔrməl] <-, -n> *f* **1.** MATH фóрмула *ж* **2.** *(Spruch, Formulierung)* выражéние *ср,* формулирóвка *ж;* **etw auf die ~ bringen** сформули́ровать

formell [fɔr'mɛl] *adj* формáльный; **~es Recht** формáльное прáво *ср*

Formelsammlung <-, -en> *f* MATH, PHYS спрáвочник *м* фóрмул

formen ['fɔrmən] *vt* **1.** *(Charakter)* формировáть, сформировáть *св* **2.** *(in Ton)* лепи́ть, вы́- *св*

Formfehler <-s, -> *m* JUR формáльная оши́бка *ж*

formieren [fɔr'miːrən] **I.** *vr* образóвываться, -звáться *св,* формировáться, с- *св* **II.** *vt* образóвывать, -звáть *св,* формировáть, с- *св*

Formkrise <-, -n> *f (von Sportler)* потéря *ж* (спорти́вной) фóрмы

förmlich ['fœrmlɪç] **I.** *adj* формáльный **II.** *adv (wirklich, geradezu)* буквáльно, пря́мо-таки; **er strahlte ~ vor Freude** он пря́мо-таки сия́л от счáстья

Förmlichkeit <-, -en> *f* формáльность *ж;* **bitte nur keine Förmlichkeiten!** пожáлуйста, без формáльностей!

formlos *adj* **1.** *(ohne Form)* бесфóрменный **2.** *(Benehmen)* раскóванный, непринуждённый **3.** *(Antrag)* в свобóдной фóрме; **ein ~er Antrag genügt** достáточно заявлéния в свобóдной фóрме

Formsache *f* формáльность *ж;* **das ist reine ~** э́то тóлько формáльности

Formular [fɔrmu'laːɐ] <-s, -e> *nt* формуля́р *м,* бланк *м;* **bitte füllen Sie das ~ aus** запóлните, пожáлуйста, бланк; **vorgedrucktes ~** печáтный бланк

formulieren [fɔrmu'liːrən] *vt* формули́ровать, сформули́ровать *св;* **anders formuliert** ины́ми словáми

Formulierung <-, -en> *f* формули́рование *ср,* формулирóвка *ж;* **(un)präzise ~** (не)тóчная формулирóвка; **eine neue ~ prägen** давáть нóвую формулирóвку; **klare ~** я́сная формулирóвка; **knappe ~** крáткая формулирóвка; **treffende ~** чёткая формулирóвка; **verschwommene ~en** расплы́вчатые формулирóвки

Formzwang <-(e)s, -zwänge> *m* JUR обязáтельность *ж* определённой фóрмы

forsch [fɔrʃ] *adj* реши́тельный; *(allzu energisch)* залихвáтский, у́харский

forschen ['fɔrʃən] *vi* **1.** *(wissenschaftlich)* исслéдовать *(н)св,* изучáть, -чи́ть *св* **2.** *(suchen)* искáть *нсв;* **nach der Wahrheit ~** искáть и́стину; **sie blickte ihn ~d an** онá испыту́юще посмотрéла на негó

Forscher(in) <-s, -> *m(f)* исслéдователь *м,* -ница *ж*

Forschung <-, -en> *f* исслéдование *ср,* изыскáние *ср;* **Abteilung für ~ und Entwicklung** слу́жба нау́чно-исслéдовательских и óпытно-констру́кторских разрабóток (НИОКР)

Forschungsanstalt <-, -en> *f* исслéдовательское учреждéние *ср*

Forschungsarbeit <-> *f* исслéдовательская рабóта *ж*

Forschungsinstitut <-(e)s, -e> *f* исслéдовательский институ́т *м*

Forschungslabor <-s, -s> *nt* нау́чно-исслéдовательская лаборатóрия *ж*

Forschungspolitik <-> *f* поли́тика *ж* в óбласти нау́ки и исслéдований

Forschungsreaktor <-s, -en> *m* PHYS эксперимент́альный реáктор *м*

Forschungssatellit <-en, -en> *m* исслéдовательский спу́тник *м*

Forschungsstation <-, -en> *f* нау́чно-исслéдовательская стáнция *ж*

Forschungsvorhaben <-s, -> *nt* исслéдовательское намéрение *ср*

Forschungszentrum <-s, -zentren> *nt* исслéдовательский центр *м*

Forst [fɔrst] <-(e)s, -e> *m* лес *м*

Forstarbeiter <-s, -> *m* рабóчий *м* -лесо-

во́д *м*
Forstaufseher <-s, -> *m* лесни́к *м*
Förster(in) ['fœrstɐ] <-s, -> *m* лесни́чий *м*
Forstwirtschaft <-> *f* лесно́е хозя́йство *ср*
fort [fɔrt] *adv* прочь; *(weiter)* да́льше; **er ist schon ~** он уже́ ушёл; **mein Schlüssel ist ~** мой ключ пропа́л; **in einem ~** беспреры́вно; **und so ~** и так да́лее; **er will ~ von uns** он хо́чет от нас уйти́; **~ mit ihm!** вы́гоните его́!
Fortbestand ['fɔrtbəʃtant] <-(e)s> *m* дальне́йшее существова́ние *ср*
fort|bestehen <irr> *vi* продолжа́ть, -до́лжить *св* существова́ние
fort|bewegen I. *vr* дви́гаться, дви́нуться *св* вперёд II. *vt* сдвига́ть, сдви́нуть *св* с ме́ста
fort|bilden *vr* повыша́ть, -вы́сить *св* свою квалифика́цию, соверше́нствоваться, усоверше́нствоваться *св*
Fortbildung <-, -en> *f* повыше́ние *ср* квалифика́ции
fort|bleiben <irr> *vi* отсу́тствовать *нсв*
fort|bringen <irr> *vt* уноси́ть, унести́ *св*
Fortdauer <-> *f* продолже́ние *ср*, продолжи́тельность *ж*
forte ['fɔrtə] *adv* MUS фо́рте
fort|fahren <irr> *vi* 1. *(wegfahren)* уезжа́ть, уе́хать *св* 2. *(weitermachen)* продолжа́ть, -до́лжить *св*; **bitte fahren Sie fort!** продолжа́йте, пожа́луйста!
fort|führen *vt (fortsetzen)* продолжа́ть, -до́лжить *св*
fort|gehen <irr> *vi* уходи́ть, уйти́ *св*
fortgeschritten ['fɔrtgəʃrɪtən] *adj* продви́нутый; *(wissend) уже́ име́ющий не́которые зна́ния (в како́й-л. о́бласти)*; **im ~en Alter** в преклóнном во́зрасте
fort|jagen *vt* прогоня́ть, прогна́ть *св*, выгоня́ть, вы́гнать *св*
fort|kommen <irr> *vi* 1. *(wegkommen)* уходи́ть, уйти́ *св*; **mach, dass du fortkommst!** убира́йся отсю́да! 2. *(vorankommen)* продвига́ться, -дви́нуться *св* вперёд
fort|laufen <irr> *vi* убега́ть, убежа́ть *св*
fort|pflanzen *vr* размножа́ться, -мно́житься *св*; *(Schall, Bewegung)* распространя́ться, -ни́ться *св*
Fortpflanzung <-> *f* размноже́ние *ср*; *(von Schall, Bewegung)* распростране́ние *ср*
fort|schreiten <irr> *vi* идти́ *нсв* вперёд; **mit der Zeit ~** идти́ в но́гу со вре́менем
Fortschritt <-(e)s, -e> *m* прогре́сс *м*; **~e machen** де́лать успе́хи; **technischer ~** техни́ческий прогре́сс; **ein ~ in der Entwicklung der Wissenschaften** прогре́сс в разви́тии нау́к; **gute Fortschritte machen** прогресси́ровать
fortschrittlich *adj* прогресси́вный, передово́й; **er ist sehr ~ eingestellt** он о́чень прогресси́вно настро́ен
fortschrittsfeindlich *adj* вражде́бный прогре́ссу
fortschrittsgläubig *adj* ве́рящий в прогре́сс
fort|setzen I. *vt* продолжа́ть, -до́лжить *св* II. *vr* продолжа́ться, -до́лжиться *св*
Fortsetzung <-, -en> *f* продолже́ние *ср*; **~ folgt** продолже́ние сле́дует
Fortsetzungsgeschichte <-, -n> *f* расска́з *м* с продолже́нием
fort|treiben <irr> I. *vi sein* уноси́ть; **das Boot trieb immer weiter fort** ло́дку уноси́ло все да́льше II. *vt haben (verjagen)* прогоня́ть; **er trieb die Hunde fort** он прогна́л соба́к
fortwährend *adj* беспреры́вный, постоя́нный
fort|ziehen I. <irr> *vi (umziehen)* уезжа́ть, уе́хать *св*, переселя́ться, -ли́ться *св* II. <irr> *vt* оттáскивать, -тащи́ть *св*
Forum ['fo:rʊm] <-s, Foren o Fora> *nt* фо́рум *м*
Fossil [fɔ'si:l, fɔ'si:ljən] <-s, -ien> *nt* ископа́емое *ср*
Foto[RR] ['fo:to] <-s, -s> *nt (Fotografie)* фотогра́фия *ж*
Fotoalbum[RR] <-s, -alben> *nt* фотоальбо́м *м*
Fotoamateur(in)[RR] <-s, -e> *m(f)* фотолюби́тель *м*
Fotoapparat[RR] <-(e)s, -e> *m* фотоаппара́т *м*
Fotoausstellung[RR] <-, -en> *f* фотовы́ставка *ж*
fotogen[RR] [foto'ge:n] *adj* фотогени́чный
Fotogeschäft[RR] <-(e)s, -e> *nt* магази́н *м* фототова́ров
Fotograf[RR]**(in)** [foto'gra:f] <-en, -en> *m(f)* фото́граф *м*
Fotografie[RR] [fotogra'fi:] <-, -n> *f* фотогра́фия *ж*; *(Foto)* фотогра́фия *ж*, фотосни́мок *м*
fotografieren[RR] *vt* фотографи́ровать, сфотографи́ровать *св*, снима́ть, снять *св*
Fotokopie[RR] [fotoko'pi:] <-, -n> *f* фотоко́пия *ж*
fotokopieren[RR] [fotogra'fi:rən] *vt* снима́ть, снять *св* фотоко́пию
Fotokopierer[RR] <-s, -> *m* фотокопирова́льное устро́йство *ср*
Fotokopiergerät[RR] <-(e)s, -e> *nt* ксе́рокс *м*, фотокопирова́льный аппара́т *м*
Fotomodell[RR] <-s, -e> *nt* фотомоде́ль *ж*
Fotomontage[RR] *f* фотомонта́ж *м*
Fotosynthese[RR] *f ohne pl* BIOL фотоси́нтез *м*
Foul [faʊl] <-s, -s> *nt* фол *м*, наруше́ние *ср* пра́вил
foulen ['faʊlən] *vt* наруша́ть, -ру́шить *св* пра́вила; **jdn ~** атакова́ть кого́-л., наруша́я пра́вила игры́
Foulspiel <-s, -e> *nt* SPORT гру́бая игра́ *ж*

F

fragen

• Informationen erfragen	• **Получение информации**
Wie komme ich am besten zum Hauptbahnhof?	**Какой дорогой лучше** пройти на станцию?
Können Sie mir sagen, wie spät es ist?	**Вы можете мне сказать, сколько** сейчас времени / который час?
Gibt es hier in der Nähe ein Café?	**Здесь где-нибудь есть поблизости** кафе?
Ist die Wohnung **noch zu haben**?	Квартира **все еще продается**?
Kennst / Weißt du einen guten Zahnarzt?	**Вы знаете** хорошего зубного врача?
Kennst du dich mit Autos **aus**?	**Вы знаете что-нибудь о** машинах?
Weißt du Näheres über diese Geschichte?	**Вы знаете какие-нибудь детали / подробности** этой истории?
• um Erlaubnis bitten	• **Просьба о позволении**
Darf ich hereinkommen?	**Мне можно войти?**
Störe ich gerade?	**Я не беспокою вас?**
• nach Meinungen fragen	• **Выяснение чьего-либо мнения**
Was hältst du von dem neuen Gesetz?	**Что вы думаете о** новом законе?
Glaubst du, das ist so richtig?	**Вы считаете, что это правильно?**
Hältst du das für möglich?	**Вы думаете, что это возможно?**
Meinst du, sie hat Recht?	**Вы думаете, что** она права?

Foxtrott <-s, -s> *m* фокстро́т *м*

Fr. *abk von* **Frau** госпожа́ *ж,* суда́рыня *ж*

Fracht [fraxt] <-, -en> *f* **1.** *(Bahn~)* груз *м* **2.** *(Schiffs~)* фрахт *м* **3.** *(Kosten)* фрахт *м,* пла́та *ж* за прово́з; **Fracht zahlt der Empfänger** фрахт упла́чивает получа́тель

Frachtbrief <-(e)s, -e> *m* накладна́я *ж;* **internationaler ~** междунаро́дная накладна́я; **~ für Eisenbahntransport** железнодоро́жная накладна́я; **~ für LKW-Transport** автодоро́жная накладна́я; **~ für Lufttransport** авианакладна́я; **einen ~ ausstellen** составля́ть накладну́ю

Frachtbriefdoppel <-s, -> *nt* дублика́т *м* тра́нспортной накладно́й [*или* коносаме́нта]

Frachter <-s, -> *m* грузово́е су́дно *ср*

Frachtflugzeug <-(e)s, -e> *nt* грузово́й самолёт *м*

Frachtführer <-s, -> *m* фрахто́вщик *м*

Frachtgut <-(e)s, -güter> *nt* груз *м;* **etw als ~ schicken** посла́ть что-л. багажо́м

Frachtkosten <-> *pl* изде́ржки *мн* по перево́зке (гру́зов)

Frachtraum *m ohne pl* бага́жное отделе́ние *ср*

Frachtschiff *nt* грузово́е това́рное су́дно

Frack [frak, 'frɛkə] <-(e)s, Fräcke> *m* фрак *м*

Frage ['fra:gə] <-, -n> *f* вопро́с *м; (Problem)* пробле́ма *ж,* вопро́с *м;* **haben Sie noch ~n?** у вас есть ещё вопро́сы?; **jdm eine ~ stellen** зада́ть кому́-л. вопро́с; **das kommt nicht in ~!** об э́том не мо́жет быть и ре́чи!; **etw in ~ stellen** ста́вить что-л. под сомне́ние; **eine ~ zu etw haben** у кого́-л. вопро́с в связи́ с чем-л.; **auf eine ~ antworten, eine ~ beantworten** отве́тить на вопро́с; **das steht außer ~** об э́том и ре́чи не мо́жет быть!

Fragebogen <-s, -bögen> *m* анке́та *ж,* вопро́сник *м*

fragen ['fra:gən] **I.** *vt* спра́шивать, спроси́ть *св,* справля́ться, спра́виться *св;* **wenn ich ~ darf** позво́льте спроси́ть; **es fragt sich (noch)** э́то ещё вопро́с; **ich frage nicht danach** э́то меня́ не интересу́ет; **jdn nach dem Weg ~** спроси́ть у кого́-л., как пройти́ к ... **II.** *vr* **sich ~** задава́ть себе́ вопро́с

Fragepronomen <-s, -pronomina> *nt* LING вопроси́тельное местоиме́ние *ср*

Fragerei [fra:gə'raɪ] <-> *f pej* расспро́сы *мн*

Fragesatz <-es, -sätze> *m* LING вопроси́тельное предложе́ние *ср*

Fragestellung <-, -en> *f* постано́вка *ж* вопро́са

Fragewort *nt* вопроси́тельное сло́во *ср*

Fragezeichen <-s, -> *nt* вопроси́тельный знак *м*

fraglich ['fra:klɪç] *adj* **1.** *(unklar, zweifelhaft)* сомни́тельный, спо́рный **2.** *(in Frage stehend)* име́ющийся в виду́, соотве́тствующий

fraglos *adj* бесспо́рный, несомне́нный

Fragment [fra'gmɛnt] <-(e)s, -e> *nt* фрагме́нт *м,* отры́вок *м*

fragwürdig *adj* сомни́тельный, спо́рный

Fraktion [frak'tsi̯o:n] <-, -en> *f (in Parlament)* фра́кция *ж*

Fraktionschef(in) <-s, -s> *m(f)* председа́тель *м* фра́кции
Fraktur <-, -en> *f* MED *(Bruch)* перело́м *м* ко́сти
Franchise <-> *nt* франши́за *ж*
Franchising ['frɛntʃaɪzɪŋ] <-s, -s> *m* ÖKON франча́йзинг *м*
Frankfurt ['fraŋkfʊrt] <-s> *nt* Фра́нкфурт *м*
frankieren [fraŋ'ki:rən] *vt* опла́чивать, -лати́ть *св* почто́вый сбор, накле́ивать, -ить *св* ма́рку, франки́ровать *(н)св;* **der Brief ist ungenügend frankiert** письмо́ недоста́точно франки́ровано
Frankreich ['fraŋkraɪç] <-s> *nt* Фра́нция *ж*
Franse ['franzə] <-, -n> *f* бахрома́ *ж*
Franzbranntwein <-(e)s> *m* францу́зская во́дка *ж*
Franzose[1] [fran'tso:zə] <-n, -n> *m* францу́з *м*
Franzose[2] [fran'tso:zə] <-n, -n> *m* TECH разводно́й ключ *м*
Französin [fran'tsœ:zɪn] <-, -nen> *f* францу́женка *ж*
französisch [fran'tsœ:zɪʃ] *adj* францу́зский
fräsen ['frɛ:zən] *vt* фрезерова́ть, от- *св*
fraß [fra:s] *prät von* **fressen**
Fratze ['fratsə] <-, -n> *f* грима́са *ж;* **~n schneiden** грима́сничать
Frau [fraʊ] <-, -en> *f* же́нщина *ж; (Ehefrau)* жена́ *ж; (Anrede)* госпожа́ *ж;* **jdn zur ~ nehmen** взять кого́-л. в жёны
Frauenanteil <-(e)s, -e> *m* до́ля *ж* же́нщин
Frauenarzt <-es, -ärzte> *m*, **Frauenärztin** *f* гинеко́лог *м*
Frauenbeschäftigung *m* **1.** *(Beschäftigungsgrad)* до́ля *ж* же́нщин в о́бщей чи́сленности за́нятых, у́ровень *м* заня́тости же́нщин **2.** *(Tätigkeit)* же́нский труд *м*
Frauenbetrieb <-(e)s, -e> *m предприя́тие, на кото́ром рабо́тают преиму́щественно же́нщины*
Frauenbewegung <-en> *f* же́нское движе́ние *ср*
Frauenförderung <-> *f* поощре́ние *ср* же́нщин
Frauenheld *m* ба́бник *м*
Frauenklinik <-, -en> *f* гинекологи́ческая кли́ника *ж*
Frauenzeitschrift <-, -en> *f* журна́л *м* для же́нщин
Fräulein ['frɔɪlaɪn] <-s, -s> *nt* де́вушка *ж*, ба́рышня *ж; (Anrede)* де́вушка *ж*

i Land & Leute

«Фройляйн» – это некогда обычная форма обращения к незамужним женщинам. Начиная с 70-х годов, движение за права женщин борется против этого обычая, мотивируя это тем, что нет соответствующей формы обращения к неженатым мужчинам (вроде «гэррляйн»). Сегодня формального различия между замужними и незамужними уже не делается; обычное обращение к женщине – «фрау».

fraulich *adj* же́нственный
Freak [fri:k] <-s, -s> *m* **1.** *umg* чуда́к *м* **2.** *(Fan)* люби́тель *м*, фана́т *м*
freakig *adj* сби́вшийся с пути́
frech [frɛç] *adj* **1.** *(Kind)* де́рзкий **2.** *(unverschämt)* наха́льный, на́глый; **werde nicht ~!** не нагле́й!; **~ werden** дерзи́ть
Frechdachs <-es, -e> *m umg* наха́л *м*
Frechheit <-, -en> *f* **1.** *(Eigenschaft)* на́глость *ж*, наха́льство *ср* **2.** *(Äußerung)* де́рзость *ж;* **die ~ besitzen, etw zu tun** име́ть на́глость что-л. де́лать
Fregatte [fre'gatə] <-, -n> *f* MAR фрега́т *м*
Fregattenkapitän <-s, -e> *m* капита́н *м* второ́го ра́нга
frei [fraɪ] *adj* **1.** *(unabhängig)* свобо́дный, незави́симый; **jdm ~e Hand lassen** предоста́вить кому́-л. по́лную свобо́ду; **aus ~en Stücken** по со́бственной во́ле; **~ sprechen** говори́ть свобо́дно; **~e Berufswahl** свобо́дный вы́бор профе́ссии; **~e Marktwirtschaft** свобо́дная ры́ночная эконо́мика, свобо́дное ры́ночное хозя́йство; **~e Meinungsäußerung** свобо́дное выраже́ние мне́ний; **~er Beruf** свобо́дная профе́ссия; **~er Markt** свобо́дный ры́нок; **~er Verkauf** свобо́дная прода́жа; **~er Wettbewerb** свобо́дная конкуре́нция; **~er Zutritt** свобо́дный до́ступ; **~ konvertierbare Währung** свобо́дно конверти́руемая валю́та **2.** *(unbesetzt: Stelle)* свобо́дный, вака́нтный; **~e Stelle** вака́нтное ме́сто; **ist hier noch ~?** ме́сто свобо́дно?; **Zimmer ~!** ко́мнаты в наём! **3.** *(kostenlos)* беспла́тно, да́ром **4.** *(Rede)* открове́нный **5.** *(Beruf)* свобо́дный; **einen ~en Tag haben** име́ть выходно́й день; **Eintritt ~** вход беспла́тный; **im Freien** на приро́де; **~ von etw sein** быть свобо́дным от чего́-л.; **jdn auf ~en Fuß setzen** освободи́ть кого́-л. **6.** *(offen)* откры́тый; **unter freiem Himmel** под откры́тым не́бом; **~ lassen** *(nicht besetzen)* оста́вить свобо́дным; **~ stehen** *(Haus)* стоя́ть пусты́м; *(Spieler)* быть незащищённым
Freibad <-(e)s, -bäder> *nt* откры́тый бассе́йн *м*
frei|bekommen <irr> *vt (Gefangene)* вызволя́ть, вы́зволить *св*
Freiberufler(in) <-s, -> *m(f)* лицо́ *ср* свобо́дной профе́ссии

freiberuflich *adj* на гонора́рной осно́ве, на догово́рной осно́ве; **er ist ~ tätig** он рабо́тает не по на́йму
Freibetrag <-(e)s, -beträge> *m (steuerlicher)* часть *ж* дохо́да, не облага́емая нало́гом
Freibier <-s> *nt* угоще́ние *ср* пи́вом
freibleibend *adj* без обяза́тельства; **Preis ~** цена́ мо́жет быть изменена́
Freiexemplar <-s, -e> *nt* беспла́тный экземпля́р *м*
Freifahrt <-, -en> *f* беспла́тный прое́зд *м*
Freigabe <-> *f* **1.** *(Aufhebung einer Beschränkung)* отме́на *ж* регули́рования, освобожде́ние *ср;* **~ der Preise** либерализа́ция цен; **~ von Wechselkursen** либерализа́ция обме́нных ку́рсов; **~ von beschlagnahmtem Vermögen** освобожде́ние иму́щества из-под аре́ста **2.** *(Genehmigung)* разреше́ние *ср;* **~ zum Verkauf** разреше́ние на прода́жу; **~ zum Versand** разреше́ние на отпра́вку **3.** *(Aushändigung)* вы́дача *ж;* **~ einer Ware durch die Zollstelle** вы́дача това́ра с тамо́жни
frei|geben <irr> *vt* **1.** *(Gefangene)* освобожда́ть, -боди́ть *св* **2.** *(Akten)* предоставля́ть, -ста́вить *св;* **etw zum Verkauf ~** пусти́ть что-л. в прода́жу; **jdm einen Tag ~** отпусти́ть кого́-л. на́ день
freigebig [ˈfraɪɡeːbɪç] *adj* ще́дрый
Freigebigkeit <-> *f* ще́дрость *ж*
Freigelassene(r) <-n, -n> *f(m)* HIST вольноотпу́щенник *м*
frei|haben <irr> *vi umg* быть *нсв* свобо́дным
Freihafen <-s, -häfen> *m* свобо́дная га́вань *ж*
frei|halten <irr> *vt* оставля́ть, -та́вить *св* свобо́дным; **ich habe dir einen Platz freigehalten** я за́нял для тебя́ ме́сто; **Einfahrt ~!** въезд не перекрыва́ть!
Freihandel <-s> *m* свобо́дная торго́вля *ж*
Freihandelsabkommen <-s, -> *nt* соглаше́ние *ср* о свобо́дной торго́вле
Freihandelszone <-, -n> *f* зо́на *ж* свобо́дной торго́вли
freihändig [ˈfraɪhɛndɪç] *adj* от руки́, вручну́ю; *(Rad fahren)* без рук
Freiheit [ˈfraɪhaɪt] <-, -en> *f* свобо́да *ж; (Unabhängigkeit)* незави́симость *ж;* **sich die ~ nehmen, etw zu tun** позво́лить себе́ сде́лать что-л.; **künstlerische ~** худо́жественная во́льность; **jdm die ~ schenken** освободи́ть кого́-л.; **sich ~en herausnehmen** мно́гое себе́ позволя́ть
freiheitlich *adj* свободолюби́вый
Freiheitsdrang <-(e)s> *m* стремле́ние *ср* к свобо́де
Freiheitskampf <-(e)s, -kämpfe> *m* борьба́ *ж* за свобо́ду
Freiheitsstatue *f* ста́туя *ж* Свобо́ды
Freiheitsstrafe <-, -n> *f* наказа́ние *ср* лише́нием свобо́ды
Freikarte <-, -n> *f* беспла́тный биле́т *м,* контрама́рка *ж*
frei|kommen <irr> *vi* выходи́ть, вы́йти *св* на во́лю, освобожда́ться, -боди́ться *св*
Freilager <-s, -> *nt* **1.** *(Zollfreilager)* свобо́дный скла́д *м* **2.** *(offener Lagerplatz)* откры́тый склад *м*
frei|lassen <irr> *vt* **1.** выпуска́ть, вы́пустить *св* **2.** *(aus Gefängnis)* освобожда́ть, -боди́ть *св*
Freilassung <-en> *f* освобожде́ние *ср*
freilich [ˈfraɪlɪç] *adv* **1.** *(gewiss)* коне́чно, разуме́ется; **ja ~!** ну коне́чно! **2.** *(zwar)* пра́вда
Freilichtbühne <-, -n> *f* откры́тая сце́на *ж,* ле́тний теа́тр *м*
Freilichtmuseum <-s> *nt* музе́й *м* под откры́тым не́бом
frei|machen **I.** *vt* **1.** *(Weg)* освобожда́ть, -боди́ть *св* **2.** *(Brief)* опла́чивать, -лати́ть *св* почто́вый сбор **II.** *vr (sich entkleiden)* раздева́ться, -де́ться *св*
freimütig [ˈfraɪmyːtɪç] *adj* открове́нный, прямоду́шный
frei|nehmen <irr> *vi* **sich einen Tag ~** взять свобо́дный день
Freiraum <-(e)s, -räume> *m* простра́нство *ср;* **sich Freiräume schaffen** обеспе́чить себе́ возмо́жность; **Freiräume (für etw) lassen** оставля́ть возмо́жность (для чего́-л.)
freischaffend *adj* **~e Künstlerin** свобо́дная худо́жница
frei|schaufeln *vt* выка́пывать, вы́копать *св;* **einen verschütteten Eingang ~** вы́копать засы́панный прохо́д
frei|setzen *vt (Energie)* освобожда́ть, освободи́ть *св*
frei|sprechen <irr> *vt* опра́вдывать, -равда́ть *св*
Freispruch <-(e)s, -sprüche> *m* оправда́тельный пригово́р *м,* оправда́ние *ср*
frei|stehen <irr> *vi (leerstehen)* быть *нсв* неза́нятым, пустова́ть *нсв;* **es steht Ihnen frei zu wählen** вам предоста́влена возмо́жность выбира́ть
frei|stellen *vt* освобожда́ть *нсв,* освободи́ть *св;* **jdm etw ~** предоставля́ть кому́-л. что-л.; **jdn von seinen früheren Obliegenheiten freistellen** освободи́ть кого́-л. от пре́жних обяза́тельств
Freistellung <-, -en> *f* освобожде́ние *ср*
Freistoß <-es, -stöße> *m (Fußball)* штрафно́й уда́р *м*
Freitag [ˈfraɪtaːk] <-(e)s, -e> *m* пя́тница *ж*
freitags *adv* по пя́тницам
Freitreppe *f* ARCHIT нару́жная ле́стница *ж*
freiwillig *adj* доброво́льный; **~e Sozialleistungen** льго́ты и посо́бия, доброво́льно предоставля́емые работода́те-

Freude / Begeisterung ausdrücken

• **Freude ausdrücken**	• **Выражение радости**
Wie schön, dass du gekommen bist!	**Как хорошо**, что ты пришёл!
Ich bin sehr froh, dass wir uns wieder sehen.	**Я действительно рад** вновь тебя видеть.
Sie haben mir damit **eine große Freude bereitet.**	**Вы сделали меня очень счастливым.**
Ich könnte vor lauter Freude in die Luft springen. *(fam)*	**Я мог бы прыгать от радости.**
• **Begeisterung ausdrücken**	• **Выражение энтузиазма**
Fantastisch!	**Чудесно!**
Toll! *(fam)* / **Wahnsinn!** *(sl)* / **Super!** *(sl)* / **Cool!** *(sl)* / **Krass!** *(sl)*	**Великолепно! / Изумительно! / Отлично! / Клёво!** *(fam)* **/ Круто!** *(fam)*
Auf diesen Sänger **fahre ich voll ab.** *(sl)*	**Я без ума** от этого певца.
Ich bin ganz hin und weg. *(fam)*	**Я в полном потрясе.** *(fam)*
Ihre Darbietung **hat mich richtig mitgerissen.**	**Я очень впечатлён** её исполнением.

лями рабо́чим и слу́жащим предприя́тий; **~e Spende** доброво́льное поже́ртвование; **~e Versicherung** доброво́льное страхова́ние; **etw ~ tun** сде́лать что-л. по со́бственному жела́нию

Freiwillige(r) <-n, -n> *f(m)* доброво́лец *м*

Freiwurf *m* SPORT свобо́дный уда́р *м*

Freizeit <-, -en> *f* **1.** *(freie Zeit)* свобо́дное вре́мя *ср*, досу́г *м* **2.** *(Jugendlager)* (де́тский) ла́герь *м*

Freizeitbekleidung <-> *f* оде́жда *ж* спорти́вного ти́па

Freizeitgestaltung <-> *f* организа́ция *ж* досу́га, проведе́ние *ср* свобо́дного вре́мени

Freizeitindustrie <-> *f промы́шленность, ориенти́рующаяся на ну́жды организа́ции досу́га*

Freizeitpark <-s, -s> *m* парк *м* культу́ры и о́тдыха

Freizone <-, -n> *f* свобо́дная зо́на *ж*

freizügig ['fraɪtsyːgɪç] *adj* **1.** *(offen, liberal)* свобо́дный, откры́тый **2.** *(großzügig)* ще́дрый

fremd [frɛmt] *adj* **1.** *(nicht vertraut)* чужо́й, посторо́нний **2.** *(unbekannt)* незнако́мый, неизве́стный; **das ist mir ~** э́то мне чу́ждо **3.** *(ausländisch)* иностра́нный, инозе́мный; **ich bin hier ~** я здесь чужо́й; **etw ist nicht für ~e Ohren bestimmt** что-л. не предназна́чено для чужи́х уше́й **4.** *(anderen gehörend)* чужо́й; **sich in fremde Angelegenheiten einmischen** лезть не в свои́ дела́; **ohne fremde Hilfe** без чужо́й по́мощи

fremdartig ['frɛmtaːɐtɪç] *adj* стра́нный, необы́чный

fremdbestimmt *adj* зави́симый от влия́ний извне́

Fremde(r) ['frɛmdə(ɐ)] <-n, -n> *f(m)* **1.** *(Unbekannter)* незнако́мец *м*, -мка *ж* **2.** *(Ausländer)* иностра́нец *м*, -нка *ж*

Fremdenführer(in) <-s, -> *m(f)* гид *м*

FremdenhassRR <-es> *m* ксенофо́бия *ж*

Fremdenlegion <-> *f* иностра́нный легио́н *м*

Fremdenverkehr <-s> *m* (иностра́нный) тури́зм *м*; **Förderung des ~s** стимули́рование тури́зма; **im ~ arbeiten** рабо́тать в сфе́ре обслу́живания тури́стов

Fremdenverkehrsamt *nt* туристи́ческое бюро́ *ср*

Fremdenzimmer <-s, -> *nt* но́мер *м* для прие́зжих

fremd|gehen <irr> *vi* изменя́ть, -ни́ть *св* му́жу/жене́ с кем-л.

Fremdinvestition <-, -en> *f* вложе́ние *ср* капита́ла в други́е предприя́тия

Fremdkapital <-s> *nt* заёмный капита́л *м*

Fremdkapitalfinanzierung <-, -en> *f* финанси́рование *ср* за счёт заёмных средств

Fremdkörper <-s, -> *m* иноро́дное те́ло *ср*

fremdländisch ['frɛmtlɛndɪʃ] *adj* иностра́нный

Fremdmittelbeschaffung <-, -en> *f* рефинанси́рование *ср*

Fremdsprache <-, -n> *f* иностра́нный язы́к *м*

Fremdsprachenkorrespondentin <-, -en> *f* слу́жащая *ж* со зна́нием иностра́нных языко́в

fremdsprachlich *adj* относя́щийся к иностра́нному языку́

Fremdwährung <-, -en> *f* иностра́нная валю́та *ж*

Fremdwährungskonto *m* счёт *м* в иностра́нной валю́те

Fremdwährungskredit <-(e)s, -e> *m* валю́тный креди́т *м*

Fremdwort <-(e)s, -wörter> *nt* иностра́нное сло́во *ср*; **Höflichkeit ist für ihn ein ~** он не зна́ет, что зна́чит быть ве́жливым

frenetisch *adj* **~er Beifall** бу́рные ова́ции

Frequenz [fre'kvɛnts] <-, -en> *f* **1.** *(Häufigkeit)* частота́ *ж* **2.** *(bei Radio)* частота́ *ж*

Frequenzanalyse <-, -n> *f* часто́тный ана́лиз *м*

Fresko ['frɛsko] <-s, Fresken> *nt* фре́ска *ж*

Fresse ['frɛsə] <-n> *f fam (Mund, Gesicht)* ро́жа *ж;* **eine große ~ haben** *fig* за слова́ми в карма́н не поле́зет

fressen ['frɛsən] <fraß, gefressen> **I.** *vt* **1.** *(Tier)* есть, съесть *св* **2.** *umg (Mensch)* жрать, сожра́ть *св;* **sich voll ~** обжира́ться **II.** *vr* **sich ~** *(Rost, Säure)* разъеда́ть, -е́сть *св;* **jdn gefressen haben** *umg* не перева́ривать кого́-л.

Fressnapf[RR] <-s, -näpfe> *m*, **Freßnapf**[Alt] <-s, -näpfe> *m* ми́ска *ж* для ко́рма

Fresssack[RR], **Fress-Sack** <-(e)s, -säcke> *m pej* обжо́ра *м*

Freude ['frɔɪdə] <-, -n> *f* ра́дость *ж,* весе́лье *ср; (Vergnugen)* удово́льствие *ср;* **jdm eine ~ bereiten/machen** доста́вить кому́-л. удово́льствие; **vor ~ strahlen** сия́ть от ра́дости; **an jdm/etw seine ~ haben** получа́ть удово́льствие от кого́-л./чего́-л.; **mit ~n** с ра́достью; **das ist aber eine ~!** кака́я ра́дость!; **vor ~ an die Decke springen** *fam* быть на седьмо́м не́бе от сча́стья; **jdm die ~ verderben** омрачи́ть чью-л. ра́дость

Freuden *fpl geh (Vergnügung)* ра́дость *ж;* **die kleinen ~ des Lebens** ма́ленькие ра́дости в жи́зни

Freudenhaus <-es, -häuser> *nt* борде́ль *м,* публи́чный дом *м*

Freudenmädchen <-s, -> *nt* проститу́тка *ж*

Freudentanz *m* **einen ~ aufführen** ра́достно танцева́ть

Freudentränen *fpl* слёзы *мн* ра́дости

freudestrahlend *adj* сия́ющий от ра́дости

freudig ['frɔɪdɪç] **I.** *adj* **1.** *(Stimmung)* весёлый **2.** *(Nachricht)* ра́достный **II.** *adv (begeistert)* воодушевлённо; *(erfreut)* ра́достно; **jdn ~ stimmen** обра́довать кого́-л.

freudlos ['frɔɪtlo:s] *adj* безра́достный, безотра́дный

Freudlosigkeit <-> *f* безра́достность *ж*

freuen ['frɔɪən] **I.** *vr* **sich auf etw/jdn ~** ра́доваться чему́-л./кому́-л.; **sich seines Lebens ~** ра́доваться жи́зни; **ich freue mich sehr über dein Geschenk** я о́чень рад твоему́ пода́рку; **es freut mich, Sie kennen zu lernen** я о́чень рад с ва́ми познако́миться **II.** *vt* ра́довать, об- *св;* **das wird sie ~!** э́то её обра́дует!; **es freut mich zu hören, dass es dir besser geht** я рад слы́шать, что тебе́ ста́ло лу́чше

Freund(in) [frɔɪnt] <-(e)s, -e> *m(f)* друг *м,* подру́га *ж,* прия́тель(ница) *м (ж); (Partner(in))* партнёр(ша) *м (ж); (von Kunst, Musik)* люби́тель(ница) *м (ж);* **er ist ein guter ~ von mir** он мой хоро́ший друг; **(k)ein ~ von etw sein** (не) быть люби́телем чего́-л.; **unter ~en** среди́ друзе́й; **gute ~e werden** стать хоро́шими друзья́ми; **jdn zum ~ gewinnen** кто-л. стал дру́гом кого́-л.

Freundeskreis ['frɔɪndəskraɪs] <-es, -e> *m* круг *м* друзе́й; **wir feiern nur im engsten ~** мы пра́зднуем лишь в те́сном кругу́ друзе́й

Freundin <-nen> *f s.* **Freund**

freundlich ['frɔɪntlɪç] *adj* **1.** *(nett)* ми́ло; **sehr ~ von Ihnen!** о́чень ми́ло с ва́шей стороны́! **2.** *(freundschaftlich)* дру́жеский **3.** *(Einrichtung)* приве́тливый; **mit ~en Grüßen** с дру́жеским приве́том

freundlicherweise *adv* любе́зно; **sie kam mich ~ besuchen** она́ из любе́зности пришла́ прове́дать меня́

Freundlichkeit <-> *f* приве́тливость *ж,* раду́шие *ср; (Gefälligkeit)* любе́зность *ж*

Freundschaft <-, -en> *f* дру́жба *ж;* **mit jdm ~ schließen** подружи́ться с ке́м-л.

freundschaftlich *adj* дру́жественный, дру́жеский

Freundschaftsbesuch <-(e)s, -e> *m* визи́т *м* дру́жбы

Freundschaftsspiel *nt* SPORT дру́жеская игра́ *ж*

Frevel ['fre:fəl] <-s, -> *m* преступле́ние *ср,* злодея́ние *ср*

freveln *vi* соверша́ть, -ши́ть *св* преступле́ние

Friede ['fri:də] <-s, -n> *m* мир *м,* согла́сие *ср;* **(mit jdm) ~ schließen** заключи́ть (с ке́м-л.) мир; **jdn mit etw in ~ lassen** *umg* оста́вить кого́-л. с чем-л. в поко́е; **in ~ leben** жить в ми́ре; **lasst mich doch in ~!** *fam* оста́вьте меня́ в поко́е!

Friedensabkommen <-s, -> *nt* заключе́ние *ср* ми́рного догово́ра

Friedensbemühungen *pl* уси́лия *мн* к установле́нию *ср* ми́ра [*или* поддержа́нию]

Friedensbewegung <-> *f* движе́ние *ср* в защи́ту ми́ра

Friedensnobelpreis <-es> *m* Но́белевская пре́мия *ж* ми́ра

Friedenspfeife *f* тру́бка ми́ра *ж*

Friedensverhandlungen <-> *pl* ми́рные перегово́ры *мн*

Friedensvertrag <-(e)s, -verträge> *m* ми́рный догово́р *м*

Friedenszeit *f* ми́рное вре́мя *ср*

friedfertig ['fri:tfɛrtɪç] *adj* миролюби́вый

Friedfertigkeit *f ohne pl* миролю́бие *ср*

Friedhof ['fri:tho:f] <-(e)s, -höfe> *m* кла́дбище *ср*

friedlich *adj* ми́рный; *(ruhig)* споко́йный; **sei ~!** *umg* споко́йно!

frieren [fri:rən] <fror, gefroren> **I.** *vi* **1.** *(Mensch, Tier)* мёрзнуть, за- *св,* зя́бнуть, озя́бнуть *св;* **ich friere** я замёрз **2.** *(Wasser)* замерза́ть *нсв* **II.** *vt* **jdn friert** (**es**) кому́-л. хо́лодно; **mich friert** я замёрз; **es hat heute Nacht gefroren** сего́дня но́чью бы́ли за́морозки

Fries [fri:s] <-es, -e> *m* фриз *м*

Frikadelle [frika'dɛlə] <-, -n> *f* фрикаде́лька *ж,* тефте́лька *ж*

Frikassee [frika'se:] <-s, -s> *nt* фрикасе́ *ср*

frisch [frɪʃ] **I.** *adj* све́жий; *(kühl)* све́жий, прохла́дный; *(Gesichtsfarbe)* здоро́вый; **es ist noch ~ draußen** на у́лице ещё свежо́; **~es Gemüse/Obst** све́жие о́вощи/фру́кты *мн;* **~es Brot** све́жий хлеб *м;* **an der ~en Luft** на све́жем во́здухе; **~ gestrichen** свежевы́крашенный; **frische Luft schnappen** подыша́ть све́жим во́здухом; **~ und munter sein** *fam* быть све́жим; **sich ~ machen** привести́ себя́ в поря́док **II.** *adv (eben erst)* но́вый; **~ gebackenes Brot** све́жий хлеб *м*

Frische ['frɪʃə] <-> *f* све́жесть *ж,* бо́дрость *ж; (Kühle)* све́жесть *ж,* прохла́да *ж*

Frischfleisch *nt* све́жее мя́со *ср*

Frischhaltebox <-, -en> *f* (пластма́ссовая) гермети́ческая коро́бка *ж* для хране́ния проду́ктов

Frischhaltefolie <-, -n> *f* фольга́ *ж,* полиэтиле́новая плёнка *ж* для хране́ния проду́ктов

Frischhaltepackung <-, -en> *f* гермети́ческая упако́вка *ж*

Frischkäse <-s> *m изгото́вленный из ки́слого молока́ сыр бе́лого цве́та и мя́гкой консисте́нции, не проше́дший проце́сса созрева́ния*

Frischluft <-> *f* све́жий во́здух *м*

Frischmilch <-> *f* све́жее молоко́ *ср*

Friseur(in) [fri'zø:ɐ(ɪn)] <-s, -e> *m(f)* парикма́хер *м;* **zum ~ gehen** пойти́ к парикма́херу

Friseursalon <-s, -s> *m* парикма́херская *ж*

Friseuse [fri'zø:zə] <-, -n> *f* парикма́хер *м*

frisieren [fri'zi:rən] **I.** *vt* **1.** *(Haar)* причёсывать, -чеса́ть *св,* укла́дывать, уложи́ть *св* **2.** *umg (Motor)* переде́лывать, -лать *св,* соверше́нствовать, усоверше́нствовать *св* **3.** *umg (Abrechnung)* приукра́шивать, -ра́сить *св* **II.** *vr* причёсываться, -чеса́ться *св*

Frisiersalon *m* парикма́херская *ж*

Frisör *m* парикма́херская *ж*

frisstRR, **frißt**Alt *2. u 3. pers sing pr von* **fressen**

Frist [frɪst] <-, -en> *f* **1.** *(Zeitraum)* срок *м,* вре́мя *ср* **2.** *(Zeitpunkt)* срок *м;* **abgelaufene ~** исте́кший срок; **Bemessung einer ~** исчисле́ние сро́ка; **auf eine ~ von 10 Tagen** сро́ком на 10 дней; **nach Ablauf der ~** по истече́нии сро́ка; **eine angemessene ~ setzen** устана́вливать сора́зме́рный срок; **eine ~ einhalten** уложи́ться в срок; **eine ~ gewähren** предоставля́ть срок; **eine ~ überschreiten** превыша́ть срок; **eine ~ verkürzen** сокраща́ть срок; **eine ~ verlängern** продлева́ть срок; **eine ~ versäumen** пропусти́ть срок; **eine ~ von einem Monat einräumen** дава́ть срок в оди́н ме́сяц; **Sie haben eine ~ von sieben Tagen** срок у вас семь дней

fristgemäß *adj* в срок

fristgerecht *adj* в срок; **etwas ~ liefern** поставля́ть что-л. в срок; **~ Beschwerde einlegen** пода́ть жа́лобу в устано́вленный срок

Fristigkeit <-, -en> *f* сро́чность *ж*

fristlos *adj* бессро́чный; **jdn ~ entlassen** уво́лить кого́-л. без предупрежде́ния; **~e Kündigung** *(Vertragsauflösung)* неме́дленное расторже́ние (догово́ра); **~ Kündigung** *(Entlassung)* увольне́ние без предупрежде́ния

Fristversäumnis <-ses, -se> *nt* JUR просро́чка *ж*

Frisur [fri'zu:ɐ] <-, -en> *f* причёска *ж*

fritierenAlt [fri'ti:rən] *vt s.* **frittieren**

Fritten *fpl* жа́реный карто́фель *м*

Fritteuse <-, -n> *f* фритю́рница *ж*

frittierenRR *vt* GASTR жа́рить

frivol [fri'vo:l] *adj* фриво́льный, легкомы́сленный

Frl. *abk von* **Fräulein** мадемуазе́ль *ж*

froh [fro:] *adj* весёлый, дово́льный; *(Nachricht)* ра́достный; **über etw ~ sein** ра́доваться чему́-л.; **seines Lebens nicht mehr ~ werden** утра́тить интере́с к жи́зни; **Frohe Weihnachten!** с Рождество́м!

fröhlich ['frø:lɪç] *adj* весёлый, ра́достный

Fröhlichkeit <-> *f* весёлость *ж,* весе́лье *ср*

frohlocken *vi geh* ликова́ть *нсв*

Frohnatur <-, -en> *f* весёлый нрав *м*

Frohsinn <-(e)s> *m* весёлое настрое́ние *ср*

fromm [frɔm] *adj (gläubig)* на́божный, благочести́вый; **ein ~er Wunsch** *umg* благо́е наме́рение

Frömmelei [frllmə'laɪ] <-, -en> *f pej* ха́нжество *ср,* фарисе́йство *ср*

Frömmigkeit ['frllmɪçkaɪt] <-> *f* на́божность *ж,* благоче́стие *ср*

Frömmler(in) <-s, -> *m(f) pej* ханжа́ *м и ж,* свято́ша *м и ж*

frönen ['frø:nən] *vi* **einer Sache ~** предава́ться чему́-л.

Fronleichnam [fro:n'laɪçna:m] <-(e)s> *m* REL пра́здник *м* те́ла Христо́ва

Front [frɔnt] <-, -n> *f* **1.** *(Vorder~)* фаса́д *м* **2.** *(gegnerische ~)* фронт *м;* **in vorderster**

~ в пе́рвых ряда́х; **gegen jdn/etw ~ machen** выступа́ть про́тив кого́-л./чего́-л.
frontal [frɔn'ta:l] *adj* фронта́льный
Frontalzusammenstoß <-es, -zusammenstöße> *m* KFZ лобово́е столкнове́ние *ср*
Frontantrieb <-(e)s, -e> *m* KFZ при́вод *м* на пере́дние колёса, пере́дний при́вод *м*
Frontmotor <-s, -en> *m* KFZ дви́гатель *м*, устано́вленный в пере́дней ча́сти автомоби́ля
Frontscheibe <-, -n> *f* KFZ ветрово́е стекло́ *ср*
Frontscheibenwischer <-s, -> *m* KFZ стеклоочисти́тель *м* ветрово́го стекла́
Frontspoiler <-s, -> *m* KFZ пере́дний спо́йлер *м*
fror [fro:ɐ̯] *prät von* **frieren**
Frosch [frɔʃ, 'frœʃə] <-(e)s, Frösche> *m* лягу́шка *ж*; **sei kein ~!** *umg* не валя́й дурака́!; **einen ~ im Hals haben** *umg* хрипе́ть
Froschmann <-(e)s, -männer> *m (Taucher)* акваланги́ст *м*
Froschschenkel *m* GASTR лягуша́чьи ла́пки *ж мн*
Frost [frɔst, 'frœstə] <-(e)s, Fröste> *m* моро́з *м*, сту́жа *ж*
Frostbeule <-, -n> *f* обморо́женное ме́сто *ср*
frösteln ['frœstəln] **I.** *vi* зя́бнуть, озя́бнуть *св*; **sie fröstelt schon vor Kälte** она́ уже́ зя́бнет от хо́лода **II.** *vt* **jdn fröstelt (es)** у кого́-л. озно́б
frostig *adj* **1.** *(kalt)* моро́зный **2.** *(Empfang)* ледяно́й, холо́дный
Frostschutzmittel <-s, -> *nt* KFZ антифри́з *м*
Frottee [frɔ'te:], **Frotté** [фrottee] <-(s), -s> *nt (Stoff)* махро́вая ткань *ж*
Frotteehandtuch, **Frottéhandtuch** <-(e)s, -tücher> *nt* махро́вое полоте́нце *ср* для рук
frottieren [frɔ'ti:rən] *vt* растира́ть, -тере́ть *св* полоте́нцем
Frottierhandtuch <-(e)s, -tücher> *nt* полоте́нце *ср*
frotzeln ['frɔtsəln] *vi umg* дразни́ть *нсв*
Frucht [frʊxt, 'frʏçtə] <-, Früchte> *f* **1.** *(Obst)* плод *м*, фрукт *м* **2.** *fig (Ergebnis)* плод *м*, результа́т *м*; **Früchte tragen** плодоно́сить
fruchtbar *adj* плодоро́дный, урожа́йный; *(nützlich)* плодотво́рный
Fruchtbarkeit <-> *f* плодоро́дие *ср*, плодоро́дность *ж*
Fruchtblase *f* ANAT плаце́нта *ж*
fruchten ['frʊxtən] *vi* плодоно́сить *нсв*; **das fruchtet nichts!** э́то бесполе́зно!
Fruchtfleisch <-(e)s> *nt* мя́коть *ж* пло́да
fruchtig *adj* фрукто́вый
fruchtlos *adj* беспло́дный; **ihre Bemühungen blieben ~** их уси́лия бы́ли тще́тными
Fruchtlosigkeit <-> *f* бесплóдность *ж*, бесполе́зность *ж*
Fruchtsaft <-(e)s, -säfte> *m* фрукто́вый сок *м*
Fruchtwasser <-> *nt* MED околопло́дные во́ды *мн*
früh [fry:] **I.** *adj* ра́нний; **am ~en Morgen** ра́нним у́тром; **heute/morgen ~** сего́дня/за́втра у́тром; **von ~ bis spät** с ра́ннего утра́ до по́зднего ве́чера; **es ist noch ~** ещё ра́но; **so ~ wie möglich** как мо́жно ра́ньше **II.** *adv (morgens)* ра́но у́тром; **heute ~** сего́дня ра́но у́тром
Frühaufsteher(in) <-s, -> *m(f)* *челове́к, привы́кший ра́но встава́ть*
Frühbörse <-, -n> *f* BÖRSE у́тренняя би́ржа *ж*
frühchristlich *adj* раннехристиа́нский
Frühdienst <-(e)s> *m* у́тренняя слу́жба *ж*
Frühe ['fry:ə] <-> *f* рань *ж*; **in aller ~** чуть свет
früher ['fry:ɐ̯] **I.** *adj* бо́лее ра́нний; *(ehemalig)* бы́вший, пре́жний; **sie ist meine ~e Frau** она́ моя́ бы́вшая жена́; **seine früheren Freunde** его́ бы́вшие друзья́; **in früheren Zeiten** ра́ньше **II.** *adv* ра́ньше, пре́жде; **~ oder später** ра́но и́ли по́здно; **wir kennen uns von früher** мы давно́ знако́мы
frühestens ['fry:əstəns] *adv* не ра́ньше, чем, са́мое ра́ннее; **~ in einer Woche** са́мое ра́ннее че́рез неде́лю
Frühgeburt <-, -en> *f* **1.** *(Vorgang)* преждевре́менные ро́ды *мн* **2.** *(Kind)* недоно́шенный ребёнок *м*, недоно́сок *м*
Frühjahr <-(e)s, -e> *nt* весна́ *ж*
Frühjahrsmüdigkeit <-> *f* весе́нняя сла́бость *ж*
Frühkartoffel *f* ра́нний карто́фель *м*
Frühling ['fry:lɪŋ] <-s, -e> *m* весна́ *ж*
Frühlingsanfang *m* нача́ло *ср* весны́
Frühlingsgefühle <-> *pl umg* весе́ннее настрое́ние *ср*
Frühpensionierung <-, -en> *f* досро́чная отпра́вка *ж* на пе́нсию
frühreif *adj* не по во́зрасту развито́й
Frührentner(in) <-s, -> *m(f)* пенсионе́р *м* по нетрудоспосо́бности
Frühschicht <-, -en> *f* у́тренняя сме́на *ж*
Frühstadium *nt* ра́нняя ста́дия *ж*
Frühstart <-(e)s, -s> *m* SPORT фальста́рт *м*
Frühstück <-s, -e> *nt* за́втрак *м*; **möchtest du ein Ei zum ~?** хо́чешь на за́втрак яйцо́?
frühstücken *vi* за́втракать, по- *св*
Frühstückskartell <-(e)s, -e> *nt* ÖKON карте́ль *м* на осно́ве джентельме́нского соглаше́ния
Frühstücksraum <-s, -räume> *m (im Hotel)* помеще́ние *ср* для за́втрака

Frühwarnsystem <-(e)s, -e> *nt* MIL систе́ма *ж* ра́ннего предупрежде́ния
Frühwerk <-(e)s> *nt (eines Künstlers)* ра́ннее тво́рчество *ср*
Frühzeit *f ohne pl* далёкое про́шлое
frühzeitig *adj* ра́нний; *(vorzeitig)* преждевре́менный, ра́нний
Frust [frʊst] <-(e)s> *m umg* неудовлетворённость *ж*
frusten *vt umg* не удовлетворя́ть, -ри́ть *св;* **mein Job frustet mich total** моя рабо́та меня́ совсе́м не удовлетворя́ет
Frustration [frʊstra'tsjo:n] <-, -en> *f* фрустра́ция *ж,* раздраже́ние *ср,* чу́вство *ср* неудовлетворённости
frustrieren [frʊs'tri:rən] *vt* не удовлетворя́ть, -ри́ть *св,* раздража́ть *нсв*
frustrierend *adj* разочаро́вывающий
frustriert *adj* фрустри́рованный, разочаро́ванный
FTP *nt* DV протоко́л *м* переда́чи фа́йлов
Fuchs [fʊks, 'fʏksə] <-es, Füchse> *m* **1.** ZOOL лиси́ца *ж,* лиса́ *ж* **2.** *umg (schlauer Mensch)* лиса́ *ж,* хитре́ц *м;* **schlau wie ein ~ sein** быть у́мным, как лиса́
Fuchsbau <-(e)s, -e> *m* ли́сья нора́ *ж*
fuchsig *adj umg (wütend)* разъярённый, свире́пый
Füchsin ['fʏksɪn] <-, -nen> *f* лиси́ца *ж (са́мка)*
Fuchsjagd *f* охо́та *ж* на лис
fuchsteufelswild ['fʊks, 'tɔifɛls'wild] *adj umg* взбешённый, рассвирепе́вший
Fuchtel ['fʊxtəl] <-> *f* **unter jds ~ stehen** *umg* находи́ться под стро́гим надзо́ром; **jdn unter der ~ haben** *umg* держа́ть кого́-л. в ежо́вых рукави́цах
fuchteln *vi* маха́ть *нсв;* **mit den Händen ~** разма́хивать рука́ми
Fuge ['fu:gə] <-, -n> *f* стык *м;* MUS фу́га *ж;* **aus den ~n geraten** расшата́ться
fügen ['fy:gən] *vr* **1.** *(zu~)* прикла́дываться, приложи́ться *св;* **sich ineinander ~** вкла́дываться одно́ в друго́е **2.** *(nachgeben)* покоря́ться, -ри́ться *св,* смиря́ться, -ри́ться *св;* **sich der Forderung des Tages ~** подчини́ться тре́бованиям вре́мени **3.** *(passen)* подходи́ть, -дойти́ *св* **4.** *(schicksalhaft geschehen)* скла́дываться, сложи́ться *св,* устра́иваться, -тро́иться *св;* **die Umstände ~ sich so, dass ...** обстоя́тельства скла́дываются таки́м о́бразом, что ...
fügsam *adj* покла́дистый, послу́шный
Fügsamkeit <-> *f* поко́рность *ж*
Fügung <-en> *f* судьба́ *ж;* **das war eine ~ des Schicksals** э́то был знак судьбы́
fühlbar *adj* **1.** *(merklich)* заме́тный **2.** *(spürbar)* осяза́емый, ощути́мый
fühlen ['fy:lən] **I.** *vt* чу́вствовать, по- *св,* ощуща́ть *нсв,* ощути́ть *св* **II.** *vi* иска́ть *нсв* о́щупью **III.** *vr* **sich ~** чу́вствовать, по- *св* себя́; **wie ~ Sie sich?** как вы себя́ чу́вствуете?; **sich verpflichtet ~** счита́ть себя́ обя́занным; **jdm den Puls ~** щу́пать у кого́-л. пульс; **sich für jdn/etw verantwortlich ~** чу́вствовать себя́ отве́тственным за кого́-л./что-л.
Fühler <-s, -> *m* щу́пальце *ср,* у́сик *м;* **seine ~ nach etw ausstrecken** *umg* прощу́пывать по́чву
fuhr [fu:ɐ̯] *prät von* **fahren**
führen ['fy:rən] **I.** *vt* **1.** *(Führer sein)* руководи́ть *нсв;* **Mitarbeiter ~** руководи́ть сотру́дниками; **ein Unternehmen ~** руководи́ть предприя́тием **2.** *(Touristen)* води́ть *нсв* **3.** *(Name)* носи́ть *нсв;* **einen Titel ~** име́ть ти́тул **4.** *(Ware)* держа́ть *нсв,* име́ть *нсв* в прода́же; **~ Sie Kinderkleidung?** у вас есть в прода́же де́тская оде́жда? **5.** *(Gespräch, Dialog)* вести́ *нсв* **6.** *(Geschäft)* руководи́ть *нсв,* управля́ть *нсв* **7.** *(Fahrzeug)* води́ть *нсв,* управля́ть *нсв* **8.** *(in bestimmten Wendungen)* **einen Prozess (gegen jdn) ~** вести́ суде́бное де́ло (про́тив кого́-л.); **zu nichts ~** ни к чему́ не привести́; **jdn hinters Licht ~** *umg* провести́ кого́-л.; **Buch ~** вести́ бухга́лтерские кни́ги; **Protokoll ~** вести́ протоко́л; **Verhandlungen ~** вести́ перегово́ры; **den Haushalt ~** вести́ хозя́йство; **den Vorsitz ~** вести́ собра́ние; **die Korrespondenz ~** вести́ перепи́ску; **was führt Sie zu mir?** что привело́ вас ко мне? **II.** *vi* **1.** SPORT *(in Führung liegen)* вести́ *нсв,* лиди́ровать *нсв* **2.** *(ergeben)* **das führt doch zu nichts** э́то нам не помо́жет; **das führt zu weit** э́то уж сли́шком **III.** *vr* **sich ~** *(sich benehmen)* вести́ *нсв* себя́
führend *adj* ви́дный; **führende Persönlichkeiten** ви́дные ли́чности
Führer(in) ['fy:rɐ] <-s, -> *m(f)* **1.** *(An~)* во́ждь *м,* ли́дер *м* **2.** *(Reise~)* проводни́к *м,* -ни́ца *ж* **3.** *(Buch)* путеводи́тель *м* **4.** *(eines Fahrzeugs)* води́тель(ница) *м(ж)*
Führerschein <-(e)s, -e> *m* води́тельские права́ *мн;* **den ~ machen** *(die Fahrprüfung bestehen)* получи́ть води́тельские права́
Führerscheinprüfung <-, -en> *f* экза́мен *м* на пра́во управле́ния тра́нспортным сре́дством
Führerstand <-(e)s, -stände> *m (an Maschine)* пост *м* управле́ния
Fuhrmann <-(e)s, -leute> *m* изво́зчик *м*
Fuhrpark <-s, -s> *m* парк *м* грузовы́х автомоби́лей
Führung ['fy:rʊŋ] <-, -en> *f* **1.** *(das Anführen)* предводи́тельство *ср* **2.** *(von Unternehmen)* руково́дство *ср,* управле́ние *ср;* **~ eines Betriebes** управле́ние предприя́тием; **~ von Mitarbeitern** руково́дство сотру́дниками; **unter der ~ von jdm** под руково́дством кого́-л.; **jdm die ~ von etw**

F

übertragen поручáть комý-л. руковóдство чем-л. **3.** *(Vorsprung)* ли́дерство *ср;* **in ~ liegen** быть на пéрвом мéсте; **in ~ gehen** вы́йти на пéрвое мéсто **4.** *(Besichtigung)* экскýрсия *ж* с экскурсовóдом **5.** *(Verhalten)* поведéние *ср,* óбраз *м* дéйствий; **die Mannschaft geht mit 3:2 in ~** комáнда ведёт со счётом 3:2 **6.** *(laufende Durchführung)* ведéние *ср;* **die ~ der Bücher** ведéние книг; **~ der Geschäfte** ведéние дел; **~ einer Sitzung** ведéние заседáния; **~ eines Prozesses** ведéние судéбного дéла; **~ von Konten** ведéние счетóв; **~ von Personalakten** ведéние ли́чных дел; **~von Verhandlungen** ведéние переговóров; **die ~ übernehmen** вы́йти вперёд **7.** *(leitende Personen)* руковóдство *ср;* **auf Beschluss der ~** по решéнию руковóдства; **ein Wechsel in der ~** смéна руковóдства

Führungsaufgabe <-, -n> *f* руководя́щая фýнкция *ж,* задáча *ж* управлéния

Führungsebene <-, -n> *f* ýровень *м* управлéния

Führungshierarchie <-, -en> *f* иерáрхия *ж* управлéния

Führungskonzept <-(e)s, -e> *nt* концéпция *ж* управлéния

Führungskraft <-, -kräfte> *f* руководя́щий рабóтник *м;* **Führungskräfte ausbilden** готóвить руководя́щие кáдры

Führungsnachwuchs <-es> *m* молодóе поколéние *ср* руководя́щих кáдров

Führungsposition <-, -en> *f* руководя́щая дóлжность *ж*

Führungsstil <-(e)s, -e> *m* стиль *м* руковóдства

Führungszeugnis <-ses, -se> *nt* свидéтельство *ср* о поведéнии

Fuhrwerk <-(e)s, -e> *nt* повóзка *ж*

Fülle ['fʏlə] <-> *f* **1.** *(Menge)* изоби́лие *ср,* избы́ток *м* **2.** *(Körper~)* полнотá *ж,* тýчность *ж;* **in Hülle und ~** в изоби́лии

füllen ['fʏlən] **I.** *vt* наполня́ть, -пóлнить *св,* заполня́ть, -пóлнить *св* **II.** *vr* наполня́ться, -пóлниться *св;* **seine Augen füllten sich mit Tränen** егó глазá напóлнились слезáми; **eine Lücke ~** запóлнить прóбел

Füller ['fʏlɐ] <-s, -> *m umg* авторýчка *ж*

Füllfederhalter <-s, -> *m* авторýчка *ж*

Fulltime-Job <-s, -s> *m* рабóта *ж* на пóлный рабóчий день

Füllung <-, -en> *f* наполнéние *ср;* *(Zahn~)* плóмба *ж*

Fummel <-s, -> *m fam* одéжда *ж*

Fummelei <-en> *f fam (umständliche Handhabung)* обшáривание *ср*

fummeln ['fʊməln] *vi fam (herumtasten)* шáрить

Fund[1] [fʊnt] <-(e)s, -e> *m (Gefundenes)* нахóдка *ж*

Fund[2] [fʊnt] <-(e)s> *m ohne pl (das Finden)* откры́тие *ср;* **einen ~ machen** сдéлать откры́тие

Fundament [fʊnda'mɛnt] <-(e)s, -e> *nt* **1.** *(Grundlage)* оснóва *ж* **2.** *(von Gebäude)* фундáмент *м,* основáние *ср*

fundamental [fʊndamɛn'ta:l] *adj* фундаментáльный, основáтельный

Fundamentalismus [fʊndamɛnta'lɪsmʊs] <-> *m* фундаментали́зм *м*

Fundamentalist(in) <-en, -en> *m(f)* фундаментали́ст *м*

Fundbüro <-s, -s> *nt* бюрó *ср* нахóдок

Fundgrube <-, -n> *f* сокрóвищница *ж*

fundiert [fʊn'di:rt] *adj* **1.** *(Kenntnisse)* глубóкий **2.** *(begründet)* обоснóванный; **~es Bewertungskriterium** обоснóванный крите́рий оцéнки

fündig ['fʏndɪç] *adj* **~ werden** натолкнýться на что-л.

Fundstück <-(e)s, -e> *nt* нахóдка *ж*

fünf [fʏnf] *num* пять, пя́теро; **~ gerade sein lassen** *umg* смотрéть сквозь пáльцы на мéлкие погрéшности; **~ Minuten vor zwölf** без пяти́ двенáдцать; **das kannst du dir an deinen ~ Fingern abzählen** *fam* ты мóжешь сосчитáть э́то и на свои́х пяти́ пáльцах

Fünf <-, -en> *f* **1.** *(Zahl, Buslinie, Würfelaugen)* пятёрка *ж* **2.** SCH *(mangelhaft)* неудовлетвори́тельно

Fünfeck *nt* пятиугóльник *м*

fünffach, 5-fach[RR] *num* пятикрáтный

fünfhundert ['fʏnfhʊndɐt] *num* пятьсóт

Fünfjahresplan <-(e)s, -pläne> *m* пятилéтка *ж,* пятилéтний план *м*

fünfjährig, 5-jährig[RR] *adj* пятилéтний

Fünfkampf *m* SPORT пятибóрье *ср*

fünfmal, 5-mal[RR] *adv* пять раз

Fünfmarkstück ['fʏnfmarkʃtʏk] <-(e)s, -e> *nt* монéта *ж* в пять мáрок

fünfstellig *adj (Zahl)* пятизнáчный

fünfstöckig *adj* пятиэтáжный

fünfstündig *adj* пятичасовóй

Fünftagewoche ['fʏnftagevɔxə] <-> *f* пятиднéвная рабóчая недéля *ж*

fünftägig *adj* пятиднéвный

fünfte(r, s) *num* пя́тый; **sie steht an ~r Stelle** она стои́т на пя́том мéсте

fünfteilig *adj* состоя́щий из пяти́ частéй, пятичáстный; *(Serie)* пятисери́йный

Fünftel <-s, -> *nt* пя́тая часть *ж*

fünftens ['fʏnftəns] *num* в-пя́тых

fünfwöchig *adj* пятинедéльный

fünfzehn *num* пятнáдцать

fünfzeilig *adj* пятистрóчный

fünfzig ['fʏnftsɪç] *num* пятьдеся́т

Fünfzimmerwohnung <-, -en> *f* пятикóмнатная кварти́ра *ж*

fungieren [fʊŋ'gi:rən] *vi* **als etw ~** исполня́ть

обя́занности кого́-л.

Funk [fʊŋk] <-s> *m* ра́дио *ср; (Rund~)* радиовеща́ние *ср*

Funkausstellung *f* вы́ставка *ж* радиоте́хники

Fünkchen *nt* **ein/kein ~ …** немно́жко/никако́го …

Funke ['fʊŋkə] <-ns, -n> *m* и́скра *ж;* **elektrischer ~** электри́ческая и́скра; **ein ~ Hoffnung** сла́бая наде́жда; **keinen ~n Anstand im Leib haben** быть на́глым

funkeln ['fʊŋkəln] *vi* **1.** *(Augen)* сверка́ть, -кну́ть *св* **2.** *(Edelstein)* искри́ться *нсв*

funkelnagelneu ['fʊnkɛl'nagɛlnoi] *adj umg* но́венький, с иго́лочки

Funkempfang <-(e)> *m* радиоприём *м*

funken ['fʊŋkən] **I.** *vt* передава́ть, -да́ть *св* по ра́дио, ради́ровать *нсв/св* **II.** *vi* **1.** *(Funken sprühen)* пуска́ть и́скры **2.** *fam (verstehen)* понима́ть, поня́ть *св;* **endlich hat es bei ihm gefunkt** наконе́ц-то он по́нял

Funken <-s, -> *m s.* **Funke**

Funker(in) <-s, -> *m(f)* ради́ст(ка) *м(ж)*

Funkgerät <-(e)s, -e> *nt* ра́ция *ж*

Funkhaus <-es, -häuser> *nt* радиосту́дия *ж*

Funksignal <-(e)s, -e> *nt* радиосигна́л *м*

Funksprechgerät *nt* радиотелефо́н *м*

Funksprechverkehr <-s> *m* радиотелефо́нная свя́зь *ж*

Funkspruch <-(e)s, -sprüche> *m* радиогра́мма *ж*

Funkstation *f* радиоста́нция *ж*

Funkstille <-> *f* радиомолча́ние *ср;* **bei jdm herrscht ~** *umg* от кого́-л. не слы́шно ни сло́ва

Funkstörungen <-> *pl* радиопоме́хи *мн*

Funktaxi <-s, -s> *nt* такси́ *ср* с радиопереговóрным устро́йством

Funktion [fʊŋk'ts̮i̯o:n] <-, -en> *f* **1.** *(Aufgabe)* фу́нкция *ж,* зада́ча *ж;* **dienstliche ~en** служе́бные фу́нкции; **eine ~ ausüben** выполня́ть фу́нкцию; **~en ausgliedern** выделя́ть фу́нкции **2.** *(Stellung)* до́лжность *ж,* рабо́та *ж;* **eine ~ bekleiden** занима́ть до́лжность; **eine leitende ~ innehaben** занима́ть руководя́щий пост; **in seiner ~ als Abteilungsleiter** выполня́я фу́нкцию руководи́теля отде́ла **3.** MATH фу́нкция *ж* **4.** *(Funktionieren)* функциони́рование *ср;* **die störungsfreie ~ einer Apparatur garantieren** гаранти́ровать безотка́зное де́йствие аппарату́ры

funktional [fʊŋkts̮i̯o'na:l] *adj* функциона́льный

Funktionär(in) [fʊŋktsjo'nɛ:ɐ] <-s, -e> *m(f)* (парти́йный) рабо́тник *м,* аппара́тчик *м*

funktionell *adj* функциона́льный

funktionieren [fʊnts̮i̯o'ni:rən] *vi* функциони́ровать *нсв;* **wie funktioniert dieses Gerät?** как функциони́рует э́тот прибо́р?

funktionsfähig *adj* испра́вный

Funktionsprinzip <-s, -prinzipien> *nt* при́нцип де́йствия

Funktionsprüfung <-, -en> *f* TECH прове́рка *ж* де́йствия

Funktionsstörung <-, -en> *f* неиспра́вность *ж*

Funktionstaste <-, -n> *f* DV функциона́льная кла́виша *ж*

funktionstüchtig *adj* испра́вный

Funktionsverb <-s, -en> *nt* LING вспомога́тельный глаго́л *м*

Funktionsweise <-> *f* при́нцип *м* де́йствия

Funkturm *m* радиоба́шня *ж*

Funkverbindung *f* радиосвя́зь *ж*

für [fy:ɐ] *prp + akk* для; **~ heute** на сего́дня; **was ~ (ein)** что за?; **an und ~ sich** само́ по себе́; **das ist eine Sache ~ sich** э́то осо́бая статья́; **ein ~ allemal!** раз и навсегда́!; **das Für und Wider** за и про́тив; **Tag ~ Tag** день за днём; **kann ich noch etw ~ Sie tun?** могу́ я вам ещё чем-нибу́дь помо́чь?; **ich bin ~ deine Idee** я голосу́ю за твоё предложе́ние; **sich ~ etw entscheiden** приня́ть реше́ние в по́льзу чего́-л.; **er ist sehr groß ~ sein Alter** он о́чень высо́кий для своего́ во́зраста; **~ immer** навсегда́; **ich bin ~ ihn eingesprungen** я пошёл вме́сто него́

Fürbitte <-, -n> *f* хода́тайство *ср,* про́сьба *ж*

Furche ['fʊrçə] <-, -n> *f* борозда́ *ж;* **eine ~ ziehen** проводи́ть борозду́

Furcht [fʊrçt] <-> *f* страх *м,* боя́знь *ж;* **~ vor etw/jdm haben** боя́ться чего́-л./кого́-л.; **jdm ~ einflößen** внуша́ть кому́-л. страх; **~ erregend** стра́шный

furchtbar **I.** *adj* ужа́сный, стра́шный **II.** *adv umg (sehr)* о́чень, ужа́сно; **~ nett** о́чень ми́лый; **das ist ~ nett von Ihnen** э́то о́чень ми́ло с ва́шей стороны́

furchteinflößend *adj s.* **Furcht**

fürchten ['fʏrçtən] **I.** *vt* боя́ться *нсв;* **ich fürchte, wir kommen zu spät** бою́сь, что мы опозда́ем **II.** *vi* боя́ться *нсв,* опаса́ться *нсв* **III.** *vr* **sich ~** боя́ться, опаса́ться; **sie brauchen vor ihm nichts zu ~** вам не́чего его́ боя́ться; **ich fürchte, dass …** я бою́сь, что …

fürchterlich ['fʏrçtɐlɪç] *adj* стра́шный, ужа́сный; *umg (sehr)* ужа́сно, о́чень; **er hat sich ~ darüber aufgeregt** он ужа́сно разволнова́лся из-за э́того

furchterregend[Alt] *adj s.* **Furcht**

furchtlos *adj* бесстра́шный, неустраши́мый

furchtsam *adj* боязли́вый, трусли́вый

füreinander [fyːɐʔaɪ'nandɐ] *adv* друг для дру́га; ~ **da sein** помога́ть друг дру́гу

Furie ['fuːriə] <-, -n> *f* фу́рия *ж*

Furnier [fʊr'niːɐ] <-s, -e> *nt* фане́ра *ж*

Furore [fu'roːrə] <-> *f* ~ **machen** произвести́ фуро́р

Fürsorge ['fyːɐ̯zɔrgə] <-> *f* забо́та *ж; umg (Sozialhilfe)* социа́льная по́мощь *ж;* **von der ~ leben** получа́ть социа́льную по́мощь; **er lebt von der ~** он живёт на социа́льную по́мощь

Fürsorger(in) <-s, -> *m(f)* сотру́дник *м,* -ница *ж,* социа́льный рабо́тник *м*

fürsorglich *adj* забо́тливый

Fürsprache <-, -n> *f* хода́тайство *ср;* **bei jdm ~ einlegen** хода́тайствовать за кого́-л.

Fürsprecher(in) <-s, -> *m(f)* засту́пник *м,* -ница *ж,* защи́тник *м,* -ница *ж*

Fürst(in) [fʏrst] <-en, -en> *m(f)* князь *м,* княжна́ *ж*

Fürstentum <-s, -tümer> *nt* кня́жество *ср*

fürstlich *adj* кня́жеский; *(großzügig)* роско́шный, ца́рский

Furt [fʊrt] <-, -en> *f* брод *м*

Furz [fʊrts, 'fʏrtsə] <-es, Fürze> *m umg* га́зы *мн*

furzen *vi umg* пу́кать, пу́кнуть *св*

Fusel ['fuːzəl] <-s> *m pej, umg* сиву́ха *ж*

Fusion [fu'zjoːn] <-, -en> *f* **1.** *(Vereinigung)* слия́ние *ср;* ~ **von Banken** слия́ние ба́нков; ~ **von Industriebetrieben** слия́ние промы́шленных предприя́тий; **eine ~ vorantreiben** активизи́ровать слия́ние **2.** PHYS, BIO си́нтез *м*

fusionieren [fuzi̯o'niːrən] *vi (von Unternehmen)* слива́ться, сли́ться *св*

Fusionsbilanz <-, -en> *f* объедини́тельный бала́нс *м*

Fusionskontrolle <-, -n> *f* (госуда́рственный) контро́ль *м* за слия́нием компа́нии

Fusionsreaktor <-s, -en> *m* PHYS термоя́дерный реа́ктор *м*

Fuß [fuːs, 'fyːsə] <-es, Füße> *m* **1.** ANAT нога́ *ж,* ступня́ *ж* **2.** *(von Möbeln)* но́жка *ж* **3.** *(Sockel)* цо́коль *м;* ~ **fassen** обоснова́ться; **auf großem ~ leben** жить на широ́кую но́гу; **zu ~ gehen** ходи́ть пешко́м; **auf eigenen Füßen stehen** *fig* стоя́ть на нога́х; **er bekam kalte Füße** *fig, fam* у него́ мура́шки пробежа́ли по те́лу; **jdm etw vor die Füße werfen** *fig* обвини́ть кого́-л. в чём-л.

Fußbad <-(e)s> *nt* ножна́я ва́нна *ж*

Fußball <-(e)s, -bälle> *m* **1.** *kein pl (Fußballspiel)* футбол *м;* ~ **spielen** игра́ть в футбо́л **2.** *(Ball)* футбо́льный мяч *м*

Fußballclub <-s, -> *m* футбо́льный клуб *м*

Fußballer(in) <-s, -> *m(f) umg* футболи́ст(ка) *м(ж)*

Fußballfan <-s, -s> *m* футбо́льный боле́льщик *м*

Fußballmannschaft <-, -en> *f* футбо́льная кома́нда *ж*

Fußballplatz <-es, -plätze> *m* футбо́льное по́ле *ср*

Fußballspiel <-(e)s, -e> *nt* футбо́льный матч *м*

Fußballspieler(in) <-s, -> *m(f)* футболи́ст(ка) *м(ж)*

Fußballstadion <-s, -stadien> *nt* футбо́льное по́ле *ср*

Fußballverein *m* футбо́льный клуб *м*

Fußballweltmeisterschaft <-, -en> *f* чемпиона́т *м* ми́ра по футбо́лу

Fußbank <-, -bänke> *f* скаме́ечка *ж* для ног

Fußboden <-s, -böden> *m* пол *м*

Fußbodenbelag <-(e)s, -beläge> *m* насти́л *м* (для) по́ла

Fußbremse *f* ножно́й то́рмоз *м*

Fussel ['fʊsəl] <-, -n> *f* ворси́нка *ж*

fusselig *adj* **sich** *dat* **den Mund ~ reden** говори́ть как об сте́нку горо́х

Fußgänger(in) ['fuːsgɛŋɐ] <-s, -> *m(f)* пешехо́д *м*

Fußgängerbrücke <-, -n> *f* пешехо́дный мо́ст *м*

Fußgängerstreifen <-s, -> *m CH (Fußgängerüberweg)* пешехо́дный перехо́д *м*

Fußgängerübergang <-(e)s, -gänge> *m* пешехо́дный перехо́д *м*

Fußgängerüberweg <-(e)s, -e> *m* пешехо́дный перехо́д *м*

Fußgängerzone <-, -n> *f* пешехо́дная зо́на *ж*

Fußmarsch <-(e)s, -märsche> *m* пе́ший похо́д *м*

Fußmatte *f* скребо́к *м*

Fußnagel <-s, -nägel> *m* но́готь *м*

Fußnote <-, -n> *f* сно́ска *ж*

Fußpumpe <-, -n> *f* насо́с *м* с ножны́м (педа́льным) приво́дом

Fußsohle <-, -n> *f* подо́шва *ж*

Fußspur <-, -en> *f* след *м* ноги́

Fußstapfen <-> *pl* следы́ *мн* ног; **in jds ~ treten** пойти́ по чьи́м-л. стопа́м

Fußtritt <-(e)s, -e> *m* пино́к *м*

Fußweg <-(e)s, -e> *m* пешехо́дная доро́жка *ж*

futsch [fʊtʃ] *adj umg (verloren)* пропа́вший; **der Tag ist ~** день пропа́л

Futter ['fʊtɐ] <-s> *nt* **1.** *(für Tier)* корм *м* **2.** *(von Kleidung)* подкла́дка *ж*

Futteral [fʊtə'raːl] <-s, -e> *nt* футля́р *м*

füttern ['fʏtɐn] *vt* **1.** *(Tier)* дава́ть, дать *св* корм, корми́ть, по- *св* **2.** *(mit Stoff)* подшива́ть, -ши́ть *св* подкла́дку **3.** *(Computer)* заряжа́ть

Futternapf *m* ми́ска *ж* для живо́тных

Futterrübe <-, -n> *f* кормова́я свёкла *ж*

Fütterung[1] [ˈfʏtərʊŋ] <-en> *f (Tier~)* кормле́ние *ср*

Fütterung[2] [ˈfʏtərʊŋ] *f ohne pl (das Auskleiden)* подкла́дка *ж*

Futur [fuˈtuːɐ] <-s, -e> *nt* LING бу́дущее вре́мя *ср,* футу́рум *м*

Futures <-> *pl* BÖRSE фью́черские сде́лки *мн*

Futures-Markt <-(e)s> *m* BÖRSE фью́черский ры́нок *м*

Futurismus [futuˈrɪsmʊs] <-> *m* футури́зм *м*

futuristisch *adj* футуристи́ческий

F

Gg

G, g [geː] <-, -> *nt* бу́ква G
gab [gaːp] *prät von* **geben**
Gabe [ˈgaːbə] <-, -n> *f* **1.** *(Geschenk)* дар *м,* пода́рок *м* **2.** *(Begabung)* дар *м;* **eine milde ~** подая́ние
Gabel [ˈgaːbəl] <-, -n> *f* **1.** *(zum Essen)* ви́лка *ж* **2.** *(Heu~)* ви́лы *мн* **3.** TECH ви́лка *ж*
Gabelkopf <-(e)s, -köpfe> *m* TECH голо́вка *ж* ви́лки
gabeln [ˈgaːbəln] *vr* раздва́иваться, -двó-иться *св*
Gabelscheiden <-> *pl* TECH пе́рья *мн* пе-ре́дней ви́лки
Gabelstapler <-s, -> *m* ви́лочный автопо-гру́зчик *м*
Gabelung <-, -en> *f* разветвле́ние *ср,* разви́лка *ж*
gackern [ˈgakɐn] *vi* куда́хтать *нсв*
gaffen [ˈgafən] *vi pej* глазе́ть *нсв,* гляде́ть, по- *св* рази́нув рот
Gag [gɛk] <-s, -s> *m* эффе́ктный трюк *м,* остроу́мная нахо́дка *ж*
Gage [ˈgaːʒə] <-, -n> *f* гонора́р *м*
gähnen [ˈgɛːnən] *vi* зева́ть *нсв,* зевну́ть *св*
Gala [ˈgaːla] <-, -s> *f* *(Festkleidung)* пара́дная оде́жда *ж,* наря́дное пла́тье *ср*
Galaabend <-s, -e> *m* торже́ственный конце́рт *м,* торже́ственный приём *м*
galant [gaˈlant] *adj* гала́нтный, учти́вый
Galaxie [galaˈksiː] <-, -en> *f* гала́ктика *ж*
Galeere [gaˈleːrə] <-n> *f* гале́ра *ж*
Galerie [galəˈriː] <-, -n> *f* галере́я *ж*
Galerist(in) [galəˈrɪst] <-en, -en> *m(f)* галери́ст *м*
Galgen [ˈgalgən] <-s, -> *m* ви́селица *ж;* **am ~ enden** пло́хо ко́нчить
Galgenfrist <-> *f* отсро́чка *ж* на коро́т-кое вре́мя
Galgenhumor <-s> *m* мра́чный ю́мор *м,* ю́мор *м* ви́сельника
Galle [ˈgalə] <-, -n> *f* жёлчный пузы́рь *м;* **jdm läuft die ~ über** *umg* кто-л. прихо́дит в я́рость
Gallenblase *f* ANAT жёлчный пузы́рь *м*
Gallenblasenoperation <-, -en> *f* опера́-ция *ж* на жёлчном пузыре́
Gallenstein *m* ка́мни *мн* в жёлчном пу-зыре́
Galopp [gaˈlɔp] <-s, -s> *m* гало́п *м;* **im ~** гало́пом
galoppieren [galɔˈpiːrən] *vi* галопи́ровать *нсв,* скака́ть *нсв* гало́пом
galt [galt] *prät von* **gelten**
Galvanisation [galvanizaˈtsi̯oːn] <-, -en> *f* MED гальваниза́ция *ж*
Galvanometer <-s, -> *nt* гальвано́метр *м*
Gameboy [ˈgɛimbɔi] <-s, -s> *m* *ручно́й эле-ктро́нный прибо́р для определённых игр наподо́бие компью́терных, тре́-бующих быстроты́ и ло́вкости*
Gameshow <-, -s> *f* TV телеигра́ *ж,* теле-виктори́на *ж*
Gammastrahlung <-> *f* PHYS га́мма-лучи́ *мн*
gammeln [ˈgaməln] *vi umg* по́ртиться, ис- *св*
Gammler(in) <-s, -> *m(f)* хи́ппи *м*
Gams <-, -> *m österr* *(Gämse)* се́рна *ж*
Gämse[RR] [ˈgɛmzə] <-, -n> *f* се́рна *ж*
Gang[1] [gɛŋ] <-s, Gänge> *m* **1.** *(von Personen)* похо́дка *ж;* **ein schwerer ~** тяжёлая по́ступь *ж* **2.** *(von Pferden)* ход *м* **3.** *(Spazier~)* прогу́лка *ж* **4.** *(Visite)* похо́д *м,* визи́т *м* **5.** *(Flur)* коридо́р *м* **6.** *(im Zug)* прохо́д *м* **7.** *(Betrieb)* ход *м;* **eine Maschine in ~ setzen** включи́ть маши́ну **8.** *(beim Essen)* блю́до *ср;* **etw in ~ bringen** при-вести́ что-л. в де́йствие; **seinen ~ gehen** идти́ свои́м чередо́м; **der letzte ~** по-сле́дний путь *м*
Gang[2] [gɛŋ] <-, -s> *f* *(Bande)* ба́нда *ж,* ша́йка *ж*
gängeln [ˈgɛŋəln] *vt* (изли́шне) опека́ть *нсв*
gängig [ˈgɛŋɪç] *adj* **1.** *(gebräuchlich)* об-щеупотреби́тельный, общепри́нятый **2.** *(leicht verkäuflich)* ходово́й; **~er Artikel** ходово́й това́р *м*
Gangschaltung <-, -en> *f* переключе́ние *ср* переда́ч
Gangster [ˈgɛŋstɐ] <-s, -> *m* га́нгстер *м,* банди́т *м*
Gangway [ˈgæŋweɪ] <-, -s> *f* передвижно́й трап *м*
Ganove [gaˈnoːvə] <-n, -n> *m umg* моше́н-ник *м,* жу́лик *м*
Gans [gans, ˈgɛnzə] <-, Gänse> *f* ZOOL гусь *м;* **dumme/blöde ~!** ду́ра!
Gänseblümchen [ˈgɛnzəblyːmçən] <-s, -> *nt* маргари́тка *ж*
Gänsefüßchen [ˈgɛnzəfyːsçən] <-s, -> *pl* ка-вы́чки *мн;* **in ~** в кавы́чках
Gänsehaut <-> *f* гуси́ная ко́жа *ж*
Gänsemarsch <-es> *m* **im ~** гусько́м
Gänserich <-s, -e> *m* ZOOL гусь *м*
ganz [gants] **I.** *adj* **1.** *(vollständig)* весь, це́-лый **2.** *umg* *(heil)* це́лый, невреди́мый; **~ und gar** совсе́м; **im Großen und Ganzen** в о́бщем и це́лом; **die ganze Zeit über** всё вре́мя; **die ganze Wahrheit** всю пра́вду; **etw wieder ~ machen** почини́ть что-л. **II.** *adv* **1.** *(völlig)* совсе́м; **~ allein** совсе́м оди́н; **das ist etwas ~ anderes** э́то совсе́м друго́е; **~ im Gegenteil** наоборо́т **2.** *(vollständig)* всеце́ло; **~ wie Sie meinen**

как хоти́те; ~ **gleich, wie es ist** всё равно́, несмотря́ на обстоя́тельства; **du hast ~ Recht** ты прав

Ganze <-n> *nt* це́лое *ср,* совоку́пность *ж;* **nichts ~s und nichts Halbes** ни два, ни полтора́; **aufs ~ gehen** идти́ на всё

Ganzjahresreifen <-s, -> *m* KFZ всесезо́нная ши́на *ж*

ganzseitig *adj (Anzeige)* на це́лую страни́цу, разме́ром в це́лую страни́цу

gar[1] [ga:ɐ̯] *adj (Speisen)* гото́вый, сва́ренный

gar[2] [ga:ɐ̯] *adv (sogar)* да́же; ~ **nicht** во́все не; ~ **nichts/keiner** ничего́/никто́; **auf ~ keinen Fall** ни за что; **das ist ~ nicht schlecht** э́то совсе́м не пло́хо

Garage [ga'ra:ʒə] <-, -n> *f* гара́ж *м*

garagieren *vt CH, österr (Wagen einstellen)* ста́вить, по- *св* в гара́ж

Garant [ga'rant] <-en, -en> *m* гара́нт *м;* **als ~ für etwas auftreten** выступа́ть гара́нтом чего́-л.

Garantie [garan'ti:] <-, -n> *f* **1.** *(Bürgschaft)* гара́нтия *ж;* **etw hat noch ~** что-л. ещё на гара́нтии; ~ **gewähren** предоставля́ть гара́нтию; **auf etw ein Jahr ~ geben** дава́ть на что-л. оди́н год гара́нтии; ~ **läuft ab** срок гара́нтии истека́ет; **mehrjährige ~** гара́нтия на не́сколько лет **2.** *(Gewährleistung)* гаранти́йная отве́тственность *ж*

Garantieanspruch <-(e)s, -ansprüche> *m* прете́нзия *ж* по да́нной гара́нтии

Garantiebestimmung <-, -en> *f* положе́ние *ср* о гара́нтии

Garantiedauer <-> *f* гаранти́йный срок *м*

Garantieerklärung <-, -en> *f* гаранти́йное обяза́тельство *ср*

Garantiefrist <-, -en> *f* срок *м* предъявле́ния прете́нзий по гара́нтии

Garantieleistung <-, -en> *f* **1.** *(Gewährung)* предоставле́ние *ср* гара́нтии **2.** *(Durchführung)* гаранти́йные рабо́ты *мн*

Garantielohn <-(e)s, -löhne> *m* гаранти́рованный ми́нимум *м* за́работной пла́ты

garantieren [garan'ti:rən] *vt (gewährleisten)* гаранти́ровать *нсв/св;* **ich kann dir für nichts ~** я тебе́ ничего́ не могу́ гаранти́ровать; **ein einwandfreies Funktionieren ~** гаранти́ровать безупре́чную рабо́ту; **eine bestimmte Qualität ~** гаранти́ровать определённое ка́чество; **für termingerechte Ausführung ~** гаранти́ровать своевре́менное исполне́ние рабо́т; **für die Zuverlässigkeit der Anlage ~** гаранти́ровать надёжность устано́вки

Garantieschein *m* гара́нтия *ж*

Garantiesumme <-, -n> *f* гаранти́йная су́мма *ж*

Garantievereinbarung <-, -en> *f* гаранти́йное соглаше́ние *ср*

Garantieverpflichtung <-, -en> *f* гаранти́йное обяза́тельство *ср*

Garantievertrag <-(e)s, -verträge> *m* гаранти́йный догово́р *м*

Garantiezeit <-, -en> *f* гаранти́йный срок *м*

Garaus ['ga:ɐʔaʊs] <-, -> *m* **jdm den ~ machen** прико́нчить кого́-л.

Garbe ['garbə] <-, -n> *f* BOT тысячели́стник *м*

Garderobe [gardə'ro:bə] <- , -n> *f* **1.** *(Kleiderablage)* гардеро́б *м* **2.** *(Raum)* гардеро́б *м,* раздева́лка *ж* **3.** *(Kleidung)* гардеро́б *м*

Gardine [gar'di:nə] <-, -n> *f* гарди́на *ж,* занаве́ска *ж;* **hinter schwedischen Gardinen** *fam* за решётку

Gardinenstange <-, -n> *f* па́лка *ж* для гарди́н

gären ['gɛ:rən] <gor, gegoren> *vi* броди́ть *нсв*

Garn [garn] <-(e)s, -e> *nt* ни́тки *жмн; (Woll~)* пря́жа *ж*

Garnele [gar'ne:lə] <-, -n> *f* креве́тка *ж*

garnieren [gar'ni:rən] *vt* украша́ть, -ра́сить *св*

Garnison [garni'zo:n] <-, -en> *f* гарнизо́н *м*

Garnitur [garni'tu:ɐ] <-, -en> *f* **1.** *(Satz)* набо́р *м,* компле́кт *м;* **die erste ~** лу́чшие си́лы **2.** *(Wäsche)* гарниту́р *м*

Garten ['gartən, 'gɛrtən] <-s, Gärten> *m* сад *м;* **zoologischer ~** зоологи́ческий сад; **botanischer ~** ботани́ческий сад

Gartenarbeit *f* садово́дство *ср*

Gartenbau <-> *m* садово́дство *ср*

Gartenfest <-(e)s, -e> *nt* пра́здник *м* в саду́

Gartenhag <-s, -häge> *m CH (Gartenzaun)* садо́вая и́згородь *ж*

Gartenhaus <-es, -häuser> *nt* **1.** *(Gartenlaube)* ле́тний до́мик *м* **2.** *(Geräteschuppen)* сара́й *м*

Gartenschau <-> *f* *публи́чная садово́дческая вы́ставка, на кото́рой предста́влены клу́мбы с декорати́вными расте́ниями в сочета́нии с образца́ми разби́вки са́да*

Gartenschere <-, -n> *f* садо́вые но́жницы *мн*

Gartentor <-(e)s, -> *nt* садо́вая кали́тка *ж*

Gartentraktor <-s, -en> *m* садо́вый тра́ктор *м*

Gartenwirtschaft <-, -en> *f (Gartenlokal)* *кафе́-рестора́н со сто́ликами под откры́тым не́бом*

Gartenzaun <-(e)s, -zäune> *m* садо́вая и́згородь *ж,* забо́р *м*

Gartenzwerg *m* садо́вый ка́рлик *м*

Gärtner(in) ['gɛrtnɐ] <-s, -> *m(f)* садо́вник *м,* -ница *ж*

Gärtnerei [gɛrtnə'raɪ] <-, -en> *f* садо́вое хозя́йство *ср*

Gärung ['gɛ:rʊŋ] <-, -en> *f* броже́ние *ср*
Garzeit <-, -en> *f* вре́мя *ср* термообрабо́тки
Gas [ga:s] <-es, -e> *nt* газ *м*; ~ **geben** дать газ; **das ~ wegnehmen** сбра́сывать газ
Gasabscheider <-s, -> *m* TECH газоотдели́тель *м*
Gasanalysator <-s, -en> *m* TECH газоанализа́тор *м*
Gasanalyse <-, -n> *f* TECH га́зовый ана́лиз *м*
Gasbehälter <-s, -> *m* газго́льдер *м*, газо́метр *м*
Gasbetrieb <-(e)s> *m* рабо́та *ж* на га́зе
Gasbrenner <-s, -> *m* га́зовая горе́лка *ж*, га́зовый рожо́к *м*
Gasflamme <-, -n> *f* га́зовое пла́мя *ср*
Gasflasche <-, -n> *f* га́зовый балло́н *м*
Gasgemisch *nt* га́зовая смесь *ж*
Gasheizung <-, -en> *f* га́зовое отопле́ние *ср*
Gasherd <-(e)s, -e> *m* га́зовая плита́ *ж*
Gaskammer <-, -n> *f* га́зовая ка́мера *ж*
Gaskocher <-s, -> *m* га́зовая пли́тка *ж*
Gaslampe <-, -n> *f* га́зовая ла́мпа *ж*
Gaslaterne *f* га́зовая ла́мпа *ж*
Gasleitung <-, -en> *f* газопрово́д *м*
Gasmaske <-, -n> *f* противога́з *м*
Gasolin *nt* га́зовый бензи́н *м*
Gaspedal <-s, -e> *nt* педа́ль *ж* га́за
Gaspistole *f* га́зовый пистоле́т *м*
Gasprüfer <-s, -> *m* газоанализа́тор *м*
Gasrohr <-(e)s, -e> *nt* газопрово́д *м*
Gasse ['gasə] <-, -n> *f* переу́лок *м*, у́лочка *ж*
Gassenjunge <-n, -n> *m pej* у́личный мальчи́шка *м*
Gassi **einen Hund Gassi führen** *umg* гуля́ть с соба́кой
Gast [gast, 'gɛstə] <-es, Gäste> *m* гость *м*; SPORT *(Gastmannschaft)* кома́нда *ж* госте́й; **bei jdm zu ~ sein** быть у кого́-л. в гостя́х; **ungebetene Gäste** незва́ные го́сти
Gastarbeiter(in) <-s, -> *m(f)* рабо́чий-иностра́нец *м*
Gastdozent(in) <-en, -en> *m(f) доце́нт, приглашённый на рабо́ту в иногоро́дний и́ли иностра́нный вуз*
Gästebuch <-(e)s, -bücher> *nt* кни́га *ж* отзы́вов посети́телей
Gästezimmer *nt* ко́мната *ж* для госте́й
gastfreundlich *adj* гостеприи́мный, раду́шный
Gastfreundschaft <-> *f* гостеприи́мство *ср*, раду́шие *ср*; **jdm ~ gewähren** оказа́ть кому́-л. гостеприи́мный приём
Gastgeber(in) <-s, -> *m(f)* хозя́ин *м*, хозя́йка *ж* до́ма
Gastgewerbe <-s> *nt* гости́нично-рестора́нный се́ктор *м*; **im ~ tätig sein** рабо́тать в гости́нично-рестора́нном се́кторе
Gasthaus <-es, -häuser> *nt* (небольша́я) гости́ница *ж*
Gasthof <-(e)s, -höfe> *m* гости́ница *ж* в дере́вне
gastieren [gas'ti:rən] *vi* гастроли́ровать *нсв*
gastlich *adj* гостеприи́мный, хлебосо́льный
Gastmannschaft <-, -en> *f* SPORT кома́нда *ж* госте́й
Gastprofessor(in) <-s, -en> *m(f) профе́ссор, приглашённый на рабо́ту в иногоро́дний и́ли иностра́нный вуз*
Gastritis [gas'tri:tɪs] <-> *f* гастри́т *м*
Gastronomie [gastrono'mi:] <-> *f* рестора́нное де́ло *ср*
gastronomisch [gastro'no:mɪʃ] *adj* гастрономи́ческий
Gastspiel <-s, -e> *nt* гастро́ль *ж*
Gaststätte <-, -n> *f* рестора́н *м*
Gasturbine <-, -n> *f* га́зовая турби́на *ж*
Gasturbinenanlage <-, -n> *f* газотурби́нная устано́вка *ж*
Gastwirt(in) <-(e)s, -e> *m(f)* владе́лец *м*, -лица *ж* рестора́на
Gastwirtschaft <-, -en> *f* (небольша́я) гости́ница *ж*
Gastzimmer <-s, -> *nt* ко́мната *ж* для госте́й
Gasvergiftung *f* отравле́ние *ср* га́зом
Gaswerk <-s, -e> *nt* га́зовый заво́д *м*
Gaszähler <-s, -> *m* га́зовый счётчик *м*
Gate <-s, -s> *nt* EL управля́ющий электро́д *м*
Gateway <-s, -s> *m* DV шлюз *м*
Gatte ['gatə] <-n, -n> *m geh* супру́г *м*
Gatter ['gatɐ] <-s, -> *nt* решётчатое загражде́ние *ср*
Gattin ['gatɪn] <-, -nen> *f geh* супру́га *ж*
Gattung ['gatʊŋ] <-, -en> *f* **1.** *(Art)* вид *м* **2.** ZOOL род *м* **3.** *(Rasse)* поро́да *ж* **4.** *(Sorte)* сорт *м*
Gaucho ['gaʊtʃo] <-s, -s> *m* га́учо *м*, ю́жно-америка́нский пасту́х *м*
Gaudi ['gaʊdi] <-, -s> *f umg* весе́лье *ср*, поте́ха *ж*
Gaukler ['gaʊklɐ] <-s, -> *m* фо́кусник *м*
Gaul [gaʊl, 'gɔɪlə] <-(e)s, Gäule> *m umg* кля́ча *ж*
Gaumen ['gaʊmən] <-s, -> *m* нёбо *ср*
Gaumenfreuden <-> *pl* ла́комства *срмн*
Gauner(in) ['gaʊnɐ] <-s, -> *m(f)* **1.** *(Betrüger)* моше́нник *м* **2.** *umg (Schlaukopf)* ловка́ч *м*
Gaunerei [gaʊnə'raɪ] <-, -en> *f* моше́нничество *ср*, жу́льничество *ср*
Gazelle [ga'tsɛlə] <-, -n> *f* газе́ль *ж*
Gazette <-, -n> *f pej* газетёнка *ж*
G-Dur <-> *nt* MUS соль мажо́р *м*
geb. *abk von* **geboren** урождённый
Gebäck [gə'bɛk] <-(e)s, -e> *nt* пече́нье *ср*

gebacken [gə'bakən] *pp von* **backen**
Gebälk [gə'bɛlk] <-(e)s> *nt* балки *жмн,* перекрытие *ср*
gebannt *adj* заворожённый; **sie starrte mich an wie ~** она́ смотре́ла на меня́ как заворожённая
gebar [gə'baːɐ] *prät von* **gebären**
Gebärde [gə'bɛːɐdə] <-, -n> *f* жест *м*
gebärden *vr* вести́ *нсв* себя́
Gebärdensprache <-, -n> *f* язы́к *м* же́стов
gebären [gə'bɛːrən] <gebar, geboren> *vt* роди́ть *(н)св,* рожа́ть *нсв*
Gebärmutter <-, -n> *f* ANAT ма́тка *ж*
Gebärmutterkrebs <-es> *m* рак *м* ма́тки
Gebärmutterschleimhaut <-> *f* сли́зистая оболо́чка *ж* ма́тки
Gebäude [gə'bɔɪdə] <-s, -> *nt* зда́ние *ср,* сооруже́ние *ср*
gebaut *adj* **gut/muskulös ~ sein** быть хорошо́ сло́женным
Gebeine [gə'baɪnə] <-> *pl* оста́нки *мн*
Gebell [gə'bɛl] <-(e)s> *nt* лай *м*
geben ['geːbən] <gab, gegeben> **I.** *vt* дава́ть, да́ть *св; (Karten)* сдава́ть, сдать *св; (Beispiel)* подава́ть, -да́ть *св;* **so was gibt's nicht** тако́го не быва́ет; **was gibt's?** что тако́е?; **sich etw ~ lassen** попроси́ть дать себе́ что-л.; **er würde viel darum ~, wenn ...** он мно́гое бы дал, е́сли бы ...; **jdm etw zu verstehen ~** дать кому́-л. поня́ть; **jdm Recht ~** призна́ть правоту́ кого́-л.; **das gibt keinen Sinn** э́то бессмы́сленно **II.** *vunpers (existieren)* **es gibt heute keinen Fisch** сего́дня нет ры́бы **III.** *vi* **1.** *(bei Kartenspielen)* раздава́ть **2.** SPORT *(Aufschlag haben)* подава́ть **IV.** *vr* **sich ~ 1.** *(nachlassen)* стиха́ть **2.** *(sich benehmen)* вести́ себя́
Geber <-s, -> *m* TECH да́тчик *м*
Gebet [gə'beːt] <-(e)s, -e> *nt* моли́тва *ж*
Gebetbuch *nt* моли́твенник *м*
gebeten [gə'beːtən] *part perf von* **bitten**
Gebiet [gə'biːt] <-(e)s, -e> *nt* о́бласть *ж,* райо́н *м; fig* о́бласть *ж,* сфе́ра *ж;* **auf diesem ~** в э́той о́бласти
gebieten <gebot, geboten> *vt* прика́зывать, -за́ть *св,* повелева́ть, -ле́ть *св*
Gebieter(in) <-s, -; -nen> *m(f)* владе́тель *м;* HIST *(Regent)* реге́нт *м*
gebieterisch *adj* повели́тельный
Gebietskörperschaft <-, -en> *f* JUR территориа́льная публи́чно-правова́я корпора́ция *ж*
Gebietsvertretung <-, -en> *f* торго́вое представи́тельство *ср* определённой террито́рии
Gebilde [gə'bɪldə] <-s, -> *nt* **1.** *(Ding)* образова́ние *ср;* **ein ~ der Phantasie** плод воображе́ния **2.** *(Konstruktion)* структу́ра *ж,* строе́ние *ср*
gebildet [gə'bɪldət] *adj (kultiviert)* образо́ванный, культу́рный
Gebirge [gə'bɪrgə] <-s, -> *nt* го́ры *жмн;* **im/ins ~** в гора́х/го́ры
gebirgig *adj* гори́стый
Gebirgsdorf <-(e)s, -dörfer> *nt* го́рная дере́вня *ж*
Gebirgskette <-, -n> *f* го́рная цепь *ж*
Gebirgsstraße <-, -n> *f* го́рная доро́га *ж*
Gebiss[RR] [gə'bɪs] <-es, -e> *nt,* **Gebiß**[Alt] <-sses, -sse> *nt* **1.** *(Zähne)* че́люсть *ж,* зу́бы *мн* **2.** *(künstliches)* зубно́й проте́з *м,* иску́сственные зу́бы *мн*
gebissen [gə'bɪsən] *part perf von* **beißen**
Gebläse <-s, -> *nt* вентиля́тор *м*
geblasen [gə'blaːzən] *part perf von* **blasen**
geblieben [gə'bliːbən] *part perf von* **bleiben**
geblümt [gə'blyːmt] *adj* в цвета́х
gebogen [gə'boːgən] *adj* криво́й
geboren [gə'boːrən] **I.** *part perf von* **gebären** **II.** *adj* **wo sind Sie ~?** где вы роди́лись?; **er ist der geborene Wissenschaftler** он прирождённый учёный
geborgen [gə'bɔrgən] **I.** *part perf von* **bergen** **II.** *adj* укры́тый, находя́щийся в безопа́сности
Geborgenheit <-> *f* защищённость *ж,* безопа́сность *ж*
geborsten [gə'bɔrstən] *part perf von* **bersten**
Gebot [gə'boːt] <-(e)s, -e> *nt* **1.** *(religiöses Gesetz)* за́поведь *ж;* **die Zehn ~e** де́сять за́поведей **2.** *(Vorschrift)* предписа́ние *ср,* приказа́ние *ср* **3.** *(Grundsatz)* при́нцип *м;* **ein ~ der Stunde** тре́бование моме́нта
geboten[1] [gə'boːtən] *part perf von* **bieten**
geboten[2] [gə'boːtən] *part perf von* **gebieten**
gebracht [gə'braxt] *part perf von* **bringen**
gebrannt [gə'brant] **I.** *part perf von* **brennen** **II.** *adj* **1.** *(Mandel)* жа́реный **2.** *prov* **gebranntes Kind scheut das Feuer** обжёгшись на кипятке́, бу́дешь дуть и на во́ду
gebraten [gə'braːtən] *part perf von* **braten**
Gebrauch [gə'braʊx] <-(e)s, Gebräuche> *m* **1.** *(Anwendung)* испо́льзование *ср,* примене́ние *ср;* **vor ~ gut schütteln** пе́ред употребле́нием хорошо́ встряхну́ть **2.** *(Brauch)* обы́чай *м;* **von etw ~ machen** воспо́льзоваться чем-л.
Gebräuche *mpl* обы́чаи *мн;* **Sitten und ~** нра́вы и обы́чаи
gebrauchen *vt* **1.** *(benutzen)* употребля́ть, -би́ть *св,* по́льзоваться, вос- *св* **2.** *(anwenden)* применя́ть, -ни́ть *св;* **etw gebraucht kaufen** купи́ть что-л., бы́вшее в употребле́нии; **das kann ich gut/gar nicht ~** э́то мне пригоди́тся/не пригоди́тся
gebräuchlich [gə'brɔɪçlɪç] *adj* употреби́тельный; **das ist nicht mehr ~** э́то вы́шло из употребле́ния
Gebrauchsanweisung <-, -en> *f* руково́дство *ср* по эксплуата́ции
Gebrauchsartikel <-s, -> *m* това́р *м* ши-

ро́кого потребле́ния

gebrauchsfertig *adj* гото́вый к употребле́нию

Gebrauchsgegenstand <-(e)s, -stände> *m* предме́т *м* обихо́да

Gebrauchsgut <-(e)s, -güter> *nt* потреби́тельский това́р *м*

Gebrauchstüchtigkeit <-> *f* работоспосо́бность *ж*

Gebrauchswert <-(e)s> *m* эксплуатацио́нный показа́тель *м*

Gebrauchtwagen <-s, -wägen> *m* подéржанный автомоби́ль *м*

Gebrauchtware <-, -n> *f* подéржанная вещь *ж*

Gebrechen [gəˈbrɛçən] <-s, -> *nt* физи́ческий недоста́ток *м*, поро́к *м*

gebrechlich [gəˈbrɛçlɪç] *adj* сла́бый, хи́лый; **alt und ~ sein** быть ста́рым и нéмощным

gebrochen [gəˈbrɔxən] **I.** *part perf von* **brechen** **II.** *adj* сло́манный; **in ~em Russisch** на ло́маном ру́сском; **~ deutsch sprechen** пло́хо говори́ть по-неме́цки

Gebrüder [gəˈbryːdɐ] *mpl* бра́тья *мн*

Gebrüll [gəˈbrʏl] <-(e)s> *nt* **1.** *(von Menschen)* рёв *м* **2.** *(von Tieren)* рыча́ние *ср*, рык *м*

Gebühr [gəˈbyːɐ] <-, -en> *f* сбор *м*, по́шлина *ж*, пла́та *ж*; *(Beitrag)* взнос *м*; **amtliche ~** госуда́рственная пла́та; **eine ~ entrichten** вноси́ть пла́ту; **eine ~ erheben** взима́ть сбор; **nach ~** по заслу́гам

gebühren *vi* подоба́ть *нсв*; **wie es sich gebührt** как сле́дует

gebührend *adj* до́лжный, досто́йный

Gebührenerhöhung <-, -en> *f* повыше́ние *ср* пла́ты

gebührenfrei *adj* свобо́дный от опла́ты, беспо́шлинный

gebührenpflichtig *adj* подлежа́щий опла́те, облага́емый по́шлиной

gebunden [gəˈbʊndən] *part perf von* **binden**

Geburt [gəˈbuːɐt] <-, -en> *f* рожде́ние *ср*; **von ~ an** с рожде́ния; **vor/nach Christi ~** до/по́сле Христа́; **von hoher ~** у кого́-л. „голуба́я" кровь

Geburtenkontrolle <-> *fsg* контро́ль *м* за рожда́емостью

Geburtenrate <-, -n> *f* рожда́емость *ж*

geburtenstark *adj* **ein ~er Jahrgang** год повы́шенной рожда́емости

gebürtig [gəˈbʏrtɪç] *adj (aus)* урождённый, ро́дом; **sie ist ~ aus Moskau** она́ ро́дом из Москвы́

Geburtsdatum <-s, -daten> *nt* да́та *ж* рожде́ния

Geburtseinleitung <-, -en> *f* MED стимуля́ция *ж* ро́дов

Geburtshilfe <-> *fsg* акуше́рство *ср*

Geburtsjahr *nt* год *м* рожде́ния

Geburtsort <-(e)s, -e> *m* ме́сто *ср* рожде́ния

Geburtsstunde <-, -n> *f* час *м* рожде́ния

Geburtstag <-(e)s, -e> *m* день *м* рожде́ния; **herzlichen Glückwunsch zum ~** серде́чно поздравля́ю с днём рожде́ния; **~ feiern** пра́здновать день рожде́ния

Geburtstagsgeschenk <-(e)s, -e> *nt* пода́рок *м* ко дню рожде́ния

Geburtstagskarte <-, -n> *f* поздрави́тельная откры́тка *ж* ко дню рожде́ния

Geburtstagskind *nt* роди́вшийся в э́тот день

Geburtstagsüberraschung <-, -en> *f* сюрпри́з *м* ко дню рожде́ния

Geburtstermin *m* день *м* ро́дов

Geburtsurkunde <-, -n> *f* свиде́тельство *ср* о рожде́нии

Geburtsvorbereitung <-, -en> *f* подгото́вка *ж* к ро́дам

Geburtswehen <-> *pl* родовы́е схва́тки *жмн*

Gebüsch [gəˈbʏʃ] <-es, -e> *nt* куста́рник *м*

gedacht [gəˈdaxt] *part perf von* **denken**

Gedächtnis [gəˈdɛçtnɪs] <-ses, -se> *nt* па́мять *ж*; **sich etw ins ~ rufen** воскреси́ть что-л. в па́мяти; **ein gutes ~ haben** име́ть хоро́шую па́мять; **ein schlechtes ~ haben** (**für etw**) име́ть плоху́ю па́мять; **jdn/etw im ~ behalten** по́мнить кого́-л./что-л.; **sein ~ verlieren** потеря́ть па́мять

Gedächtnisstütze <-, -n> *f* мнемони́ческий приём *м*, опо́ра *ж* для па́мяти

Gedächtnisverlust <-(e)s> *m* поте́ря *ж* па́мяти

gedämpft [gəˈdɛmpft] *adj* **1.** GASTR па́реный, тушёный **2.** *fig* приглушённый, заглушённый; **mit gedämpfter Stimme** приглушённым го́лосом

Gedanke [gəˈdaŋkə] <-n, -n> *m* мысль *ж*; *(Idee)* иде́я *ж*; **sich über etw ~n machen** беспоко́иться и́з-за чего́-л.; **auf andere ~n kommen** переключи́ться на друго́е; **~n lesen** чита́ть мы́сли; **auf dumme Gedanken kommen** де́лать глу́пости; **sich** *dat* **Gedanken machen** беспоко́иться; **in Gedanken vertieft** заду́мавшись; **jdn auf andere Gedanken bringen** рассе́ять кого́-л.

Gedankenaustausch <-(e)s> *m* обме́н *м* мы́слями

Gedankenblitz <-es, -e> *m* внеза́пная блестя́щая мысль *ж*, озаре́ние *ср*

Gedankengang <-(e)s, -gänge> *m* ход *м* мы́слей

gedankenlos *adj* **1.** *(unüberlegt)* необду́манный **2.** *(zerstreut)* рассе́янный

Gedankenlosigkeit <-, -en> *f* **1.** *(Unüberlegtheit)* необду́манность *ж*, недомы́слие *ср* **2.** *(Zerstreutheit)* рассе́янность *ж*

Gedankenstrich <-(e)s, -e> *m* тире́ *ср*

Gedankenübertragung <-, -en> *f* переда́-

ча *ж* мы́слей на расстоя́ние

gedankenverloren *adj* замечта́вшийся

Gedankenwelt <-> *f* мир *м* иде́й

gedanklich *adj* мы́сленный

Gedeck [gəˈdɛk] <-(e)s, -e> *nt* (столо́вый) прибо́р *м*

gedeihen [gəˈdaɪən] <gedieh, gediehen> *vi* расти́, вы́- *св,* развива́ться, -ви́ться *св;* **wie weit sind die Vorbereitungen gediehen?** как продвига́ются приготовле́ния?

gedenken <gedachte, gedacht> *vi* **1.** *(denken an)* по́мнить *нсв;* **der Toten ~** почти́ть па́мять мёртвых **2.** *geh (beabsichtigen)* намерева́ться *нсв,* собира́ться, -бра́ться *св;* **ich gedenke, Urlaub zu machen** я намерева́юсь вы́йти в о́тпуск

Gedenkminute <-, -n> *f* мину́та *ж* молча́ния; **eine ~ einlegen** помолча́ть мину́ту в знак почте́ния

Gedenkstätte <-, -n> *f* па́мятное ме́сто *ср*

Gedenktag *m* день па́мяти мёртвых

Gedenkveranstaltung <-, -en> *f* ми́тинг *м* па́мяти

Gedicht [gəˈdɪçt] <-(e)s, -e> *nt* стихотворе́ние *ср*

Gedichtsammlung <-, -en> *f* сбо́рник *м* стихо́в

gediegen [gəˈdiːgən] *adj* добро́тный, соли́дный

gedieh [gəˈdiː] *prät von* **gedeihen**

gediehen [gəˈdaɪən] *part perf von* **gedeihen**

Gedränge [gəˈdrɛŋə] <-s> *nt* **1.** *(Menschenmenge)* толпа́ *ж* **2.** *(Drängelei)* толкотня́ *ж,* да́вка *ж;* **ins ~ geraten** попа́сть в да́вку

gedroschen [gəˈdrɔʃən] *part perf von* **dreschen**

gedrungen [gəˈdrʊŋən] *adj (Körperbau)* призе́мистый, корена́стый

Geduld [gəˈdʊlt] <-> *f* терпе́ние *ср;* **die ~ verlieren** потеря́ть терпе́ние; **ich verliere gleich die ~!** моё терпе́ние сейча́с ло́пнет!; **mit jdm/etw ~ haben** име́ть терпе́ние с кем-л./чем-л.

gedulden *vr* име́ть *нсв* терпе́ние

geduldig *adj* терпели́вый

Geduldsfaden *m* **jetzt reißt mir aber der ~!** *fam* моё терпе́ние сейча́с ло́пнет!

Geduldsprobe <-, -n> *f* испыта́ние *ср* терпе́ния

gedurft [gəˈdʊrft] *part perf von* **dürfen**

geehrt [gəˈʔeːɐ̯t] *adj (in Briefen)* уважа́емый; **(meine) sehr geehrte(n) Damen und Herren** уважа́емые да́мы и господа́

geeignet [gəˈʔaɪgnət] *adj* (при)го́дный, подходя́щий; **im ~en Moment** в удо́бный моме́нт; **jdn für ~ halten** счита́ть кого́-л. подходя́щим

Gefahr [gəˈfaːɐ] <-, -en> *f* опа́сность *ж; (Risiko)* риск *м;* **auf eigene ~** на свой страх и риск; **in ~ schweben** находи́ться в опа́сности; **es besteht die ~, dass ...** существу́ет опа́сность, что ...; **außer ~ sein** быть вне опа́сности; **~ laufen etw zu tun** рискова́ть чем-л.

gefährden [gəˈfɛːɐ̯dən] *vt* угрожа́ть *нсв,* подверга́ть, -ве́ргнуть *св* опа́сности

Gefährdung <-en> *f* угро́за *ж*

gefahren [gəˈfaːrən] *part perf von* **fahren**

Gefahrenquelle <-, -n> *f* исто́чник *м* опа́сности

Gefahrenübergang <-(e)s, -übergänge> *m* JUR перехо́д *м* ри́ска

Gefahrenzulage <-, -n> *f* надба́вка *ж* за рабо́ту в опа́сных усло́виях

Gefahrguttransport <-(e)s, -e> *m* перево́зка *ж* опа́сных гру́зов

Gefahrklasse <-, -n> *f* TRANSP класс *м* опа́сности

gefährlich [gəfɛːɐlɪç] *adj* опа́сный

gefahrlos *adj* безопа́сный

Gefährt <-s> *nt* тра́нспортное сре́дство *ср,* пово́зка *ж*

Gefährte [gəˈfɛːɐtə] <-n, -n> *m,* **Gefährtin** *f* спу́тник *м,* спу́тница *ж*

Gefälle [gəˈfɛlə] <-s, -> *nt (Abhang)* склон *м*

gefallen[1] [gəˈfalən] **I.** *pp von* **fallen, gefallen** **II.** *adv (gestorben)* па́вший

gefallen[2] [gəˈfalən] <irr> *vi* нра́виться *нсв,* быть *нсв* по вку́су; **es gefällt mir gar nicht, dass ...** мне вообще́ не нра́вится, что ...; **sich** *fam* **etw ~ lassen** позволя́ть кому́-л. обижа́ть кого́-л.

i Grammatik

gefallen означает «нравиться» и используется для выражения общего чувства или для выражения эстетической точки зрения: *Der Freund deiner Schwester gefällt mir gar nicht. – Мне вообще не нравится друг твоей сестры. Dein neuer Rock gefällt mir sehr. – Мне очень нравится твоя новая юбка.*

schmecken употребляется, когда речь идет о еде: *Schmeckt dir die Fischsuppe? – Тебе нравится рыбный суп? Dieser Wein schmeckt ausgezeichnet. – У этого вина прекрасный вкус.*

Gefallen[1] <-s, -> *m (Gefälligkeit)* одолже́ние *ср;* **jdm einen ~ tun** помо́чь кому́-л.

Gefallen[2] <-s, -> *m (Freude)* любе́зность *ж; (Vergnügen)* удово́льствие *ср;* **jdn um einen ~ bitten** попроси́ть кого́-л. об одолже́нии; **jdm (mit etw) einen ~ tun** сде́лать кому́-л. одолже́ние; **an etw ~ finden** находи́ть в чём-л. удово́льствие

G

Gefälligkeit <-, -en> *f* **1.** *(Gefallen)* любе́зность *ж,* одолже́ние *ср* **2.** *(Hilfsbereitschaft)* услу́жливость *ж;* **jdm eine ~ erweisen** оказа́ть кому́-л. любе́зность; **etw nur aus ~ tun** (с)де́лать что-л. лишь из ве́жливости

gefälligst *adv fam* **lass mich ~ in Ruhe!** оста́вь меня́ в поко́е!

gefälscht *adj* подде́льный, подло́жный, фальши́вый

gefangen [gəˈfaŋən] **I.** *part perf von* **fangen** **II.** *adj (in Gefangenschaft)* **~ halten** держа́ть взаперти́

Gefangene(r) <-n, -n> *f(m)* пле́нный *м*

gefangen|halten[Alt] <irr> *vt s.* **gefangen**

gefangen nehmen[RR] <irr> *vt* брать, взять *св* в плен

Gefangenschaft <-> *f* плен *м,* нево́ля *ж;* **in ~ geraten** попа́сть в плен

Gefängnis [gəˈfɛŋnɪs] <-ses, -se> *nt* тюрьма́ *ж;* **im ~ sitzen** сиде́ть в тюрьме́; **ins ~ kommen** попа́сть в тюрьму́

Gefängnishof <-(e)s> *m* тюре́мный двор *м*

Gefängnisseelsorge <-> *f психологи́ческая по́мощь заключённым, осуществля́емая в тюрьме́ духо́вным лицо́м и́ли психо́логом*

Gefängnisstrafe <-, -n> *f* тюре́мное заключе́ние *ср;* **jdn zu einer ~ verurteilen** отпра́вить кого́-л. в тюрьму́

Gefängniswärter(in) *m(f)* тюре́мный надзира́тель *м*

Gefasel [gəˈfa:zəl] <-s> *nt pej (unsinniges Gerede)* болтовня́ *ж*

Gefäß [gəˈfɛ:s] <-es, -e> *nt* **1.** *(Behälter)* сосу́д *м,* посу́дина *ж* **2.** ANAT сосу́д *м*

gefasst[RR] [gəˈfast] *adj,* **gefaßt**[Alt] *adj* споко́йный, сохраня́ющий самооблада́ние; *(eingestellt)* подгото́вленный; **sich auf etw ~ machen** пригото́виться к чему́-л.

Gefecht [gəˈfɛçt] <-(e)s, -e> *nt* бой *м;* **jdn außer ~ setzen** вы́вести кого́-л. из стро́я

Gefechtsfahrzeug <-(e)s, -e> *nt* MIL арме́йское тра́нспортное сре́дство *ср*

gefeit [gəˈfaɪt] *adj* неуязви́мый; **gegen etw ~ sein** быть неуязви́мым в како́м-л. отноше́нии

Gefieder [gəˈfi:dɐ] <-s, -> *nt* опере́ние *ср*

gefiedert *adj* перна́тый

gefinkelt [gəˈfɪŋkəlt] *adj österr (schlau, durchtrieben)* хи́трый, проны́рливый

gefirnisst *adj* лакиро́ванный

gefleckt [gəˈflɛkt] *adj* пятни́стый, в пя́тнах

geflochten [gəˈflɔxtən] *part perf von* **flechten**

geflogen [gəˈflo:gən] *part perf von* **fliegen**

geflohen [gəˈflo:ən] *part perf von* **fliehen**

geflossen [gəˈflɔsən] *part perf von* **fließen**

Geflügel [gəˈfly:gəl] <-s> *nt* дома́шняя пти́ца *ж*

Geflügelschere <-, -n> *f* но́жницы *мн* для разде́лки пти́цы

geflügelt *adj* крыла́тый; **~e Worte** крыла́тые слова́

Geflügelzucht <-> *f* птицево́дство *ср*

Geflüster [gəˈflʏstɐ] <-s> *nt ohne pl* шёпот *м*

gefochten [gəˈfɔxtən] *part perf von* **fechten**

gefragt [gəˈfra:kt] *adj* по́льзующийся спро́сом

gefräßig [gəˈfrɛ:sɪç] *adj* прожо́рливый

Gefreite <-n, -n> *m* ефре́йтор *м*

gefressen [gəˈfrɛsən] *part perf von* **fressen**

gefrieren [gəˈfri:rən, gəˈfro:, gəˈfro:rən] <gefror, gefroren> *vi* замерза́ть, -мёрзнуть *св*

Gefrierfach <-(e)s, -fächer> *nt* морози́льная ка́мера *ж,* морози́лка *ж*

gefriergetrocknet *adj* вы́сушенный в заморо́женном состоя́нии

Gefrierpunkt <-es, -e> *m* то́чка *ж* замерза́ния; **unter dem ~** ни́же нуля́

Gefriertruhe <-, -n> *f* морози́льная ка́мера *ж*

gefroren[1] [gəˈfro:rən] **I.** *part perf von* **frieren** **II.** *adj* заморо́женный; **tief ~** глубоко́ заморо́женный

gefroren[2] [gəˈfro:rən] *part perf von* **gefrieren**

Gefüge [gəˈfy:gə] <-s, -> *nt* строе́ние *ср,* структу́ра *ж*

gefügig *adj* сгово́рчивый, усту́пчивый; **jdn ~ machen** сде́лать кого́-л. усту́пчивым

Gefühl[1] [gəˈfy:l] <-(e)s, -e> *nt* чу́вство *ср;* **gemischte ~e** сме́шанные чу́вства; **etw im ~ haben** инстинкти́вно чу́вствовать что-л.; **ohne ~** бесчу́вственный; **kein ~ in den Fingern haben** па́льцы откекли́; **etw mit ~ machen** де́лать что-л. с жела́нием; **sie erwiderte seine Gefühle nicht** она́ не отве́тила на его́ чу́вства

Gefühl[2] [gəˈfy:l] <-(e)s> *nt ohne pl (Ahnung)* предчу́вствие *ср; (Eindruck)* впечатле́ние *ср*

gefühllos *adj* **1.** *(herzlos)* бессерде́чный, бесчу́вственный **2.** *(Körperteil)* оне-ме́вший, нечувстви́тельный

Gefühllosigkeit <-, -en> *f* бесчу́вственность *ж,* чёрствость *ж*

Gefühlsausbruch *m* всплеск *м* чувств

gefühlsbetont *adj* эмоциона́льный

Gefühlsduselei [gəfy:lsdu:zəˈlaɪ] <-, -en> *f umg* сентимента́льничанье

gefühlsmäßig *adj* эмоциона́льный, интуити́вный

Gefühlssache <-> *f* де́ло *ср* чувств

gefühlvoll *adj* глубоко́ чу́вствующий

gefunden [gəˈfʊndən] *part perf von* **finden**

gefüttert *adj (Kleidungsstück)* на подкла́дке

gegangen [gəˈgaŋən] *part perf von* **gehen**

gegeben [gəˈge:bən] **I.** *part perf von* **geben** **II.** *adj* **unter den gegebenen Umständen** при сложи́вшихся обстоя́тельствах

gegebenenfalls [gəˈge:bənənfals] *adv* в случае, е́сли

gegen ['ge:gən] *prp* **1.** *(Gegenteil von: für)* про́тив; **ich habe nichts ~ dich** я не име́ю ничего́ про́тив тебя́; **das ist ~ das Gesetz** э́то вразре́з с зако́ном; **etwas ~ Kopfschmerzen** что-л. от головно́й бо́ли **2.** *(etwa)* о́коло **3.** *(etwa: zeitlich)* о́коло, к; **~ etw sein** быть про́тив чего́-л.; **gut ~ Kopfschmerzen** помога́ет от головно́й бо́ли; **~ fünf Uhr** о́коло пяти́ часов; **~ Abend** к ве́черу

Gegenangriff *m* MIL контранападе́ние *ср*, ата́ка *ж*

Gegenargument <-(e)s, -e> *nt* контраргуме́нт *м*

Gegenbeweis <-es, -e> *m* доказа́тельство *ср* противополо́жного

Gegenbuchung <-, -en> *f* **1.** *(doppelte Buchung)* контро́льная за́пись *ж* **2.** *(Storno)* сторни́рующая за́пись *ж*

Gegend ['ge:gənt] <-, -en> *f* ме́стность *ж*; **eine schöne ~** краси́вая ме́стность; **durch die ~ laufen** *fam* мота́ться

Gegendemonstration <-, -en> *f* отве́тная демонстра́ция *ж*

Gegendruck <-(e)s> *m* противоде́йствие *ср*, отпо́р *м*; TECH противодавле́ние *ср*, реа́кция *ж* опо́ры

gegeneinander [ge:gən?aɪ'nandɐ] *adv* друг про́тив дру́га; **etw ~ haben** не ла́дить ме́жду собо́й

Gegenfahrbahn <-, -en> *f* встре́чная полоса́ *ж*

Gegenfrage <-, -n> *f* встре́чный вопро́с *м*

Gegengeschäft <-(e)s, -e> *nt (Tauschgeschäft von Ware gegen Ware)* компенсацио́нная сде́лка *ж*

Gegengewicht <-(e)s> *nt* противове́с *м*

Gegengift <-(e)s, -e> *nt* противоя́дие *ср*

Gegenkandidat <-en, -en> *m* кандида́т *м* от оппози́ции

Gegenkonto <-s, -konten> *nt* двойно́й счёт *м*

Gegenleistung <-, -en> *f* отве́тная услу́га *ж*; **als ~ für** в ка́честве отве́тной услу́ги

Gegenliebe <-> *f* взаи́мная любо́вь *ж*, взаи́мность *ж*; **ihr Vorschlag fand wenig ~** её предложе́ние не встре́тило сочу́вствия

Gegenmaßnahme <-, -n> *f* контрме́ра *ж*, отве́тная ме́ра *ж*; **wirksame ~n** эффекти́вные контрме́ры

Gegenmittel *nt* MED, PHARM лека́рство *ср* от чего́-л.

Gegenmutter <-, -n> *f* TECH контрга́йка *ж*

Gegenpol <-(e)s, -e> *m* противополо́жный по́люс *м*

Gegenrede <-, -n> *f* отве́тная речь *ж*

Gegenrichtung *f* противополо́жная сторона́ *ж*

Gegensatz <-es, -sätze> *m* противополо́жность *ж*; **im ~ zu** в отли́чие; **im ~ zu etw** *dat* **stehen** быть в разре́з с чем-л.; **im ~ zu dir** в отли́чие от тебя́

gegensätzlich ['ge:gənzɛt͡slɪç] *adj* противополо́жный; **~e Meinungen vertreten** приде́рживаться противополо́жных мне́ний

Gegenschlag <-(e)s, -schläge> *m* MIL контруда́р *м*; **einen ~ planen** плани́ровать отве́тный уда́р

Gegenseite <-, -n> *f* противополо́жная сторона́ *ж*

gegenseitig ['ge:gənzaɪtɪç] *adj* взаи́мный, обою́дный; **in gegenseitigem Einverständnis** по взаи́мному согла́сию; **sich** *dat* **~ helfen** помога́ть друг дру́гу

Gegenseitigkeit <-> *f* взаи́мность *ж*; **das beruht auf ~** э́то осно́вывается на взаи́мности

Gegenseitigkeitsgeschäft <-(e)s, -e> *nt* взаи́мная внешнеторго́вая сде́лка *ж*

Gegenspieler(in) <-s, -> *m(f)* проти́вник *м*, -ница *ж*

Gegenstand <-(e)s, -stände> *m* **1.** *(Ding)* предме́т *м*, вещь *ж* **2.** *fig (Thema)* предме́т *м*, те́ма *ж*

gegenstandslos *adj* беспредме́тный; **etw als ~ betrachten** счита́ть что-л. необосно́ванным

Gegenstimme <-, -n> *f* го́лос *м* про́тив *(при голосова́нии)*

Gegenströmung <-, -en> *f* **1.** *(Fluss)* встре́чное тече́ние *ср* **2.** *fig* оппози́ция *ж*

Gegenteil <-s> *nt* противополо́жность *ж*; **im ~** напро́тив; **ins ~ umschlagen** преврати́ться в свою́ противополо́жность; **(ganz) im ~!** (совсе́м) наоборо́т!

gegenteilig *adj* противополо́жный

Gegentor [gegən'?y:bɐ] <-(e)s, -e> *nt* SPORT отве́тный гол *м*

gegenüber [ge:gən'?y:bɐ] **I.** *adv* напро́тив **II.** *prp (in Bezug auf)* в отноше́нии; **anderen ~ ist er höflich** по отноше́нию к други́м он ве́жлив; **er wohnt mir ~** он живёт напро́тив меня́

gegenüber|liegen <irr> *vi* лежа́ть *нсв* напро́тив, быть *нсв* располо́женным напро́тив

gegenüber|stehen <irr> *vi* стоя́ть напро́тив

gegenüber|stellen *vt* противопоста́вить *св*, -вля́ть *нсв*; *(vergleichen)* сопоста́вить *св*, -вля́ть *нсв*

Gegenverkehr <-s> *m* встре́чное движе́ние *ср*

Gegenvorschlag <-(e)s, -vorschläge> *m* встре́чное предложе́ние *ср*

Gegenwart ['ge:gənvart] <-> *f* **1.** *(Anwesenheit)* прису́тствие *ср* **2.** *(Jetztzeit)* настоя́щее *ср*, совреме́нность *ж*; **in jds ~** в чьём-л. прису́тствии

G

gegenwärtig ['ge:gənvɛrtɪç] *adj* настоя́щий, совреме́нный

Gegenwehr <-> *f* оборо́на *ж*, сопротивле́ние *ср*; ~ **leisten** ока́зывать сопротивле́ние

Gegenwert <-(e)s> *m* эквивале́нт *м*; ~ **einer Leistung** эквивале́нт услу́ги; **Ware im ~ von ...** това́ры по эквивале́нту ...

Gegenwind <-(e)s> *m* встре́чный ве́тер *м*

gegenzeichnen *vt* ста́вить, по- *св* втору́ю по́дпись

Gegenzug *m* **1.** *(Schach)* ход *м* проти́вника **2.** *(Reaktion)* отве́т *м*; **im ~ (zu)** в отве́т (на)

gegessen [gə'gɛsən] *part perf von* **essen**

geglichen [gə'glɪçən] *part perf von* **gleichen**

geglitten [gə'glɪtən] *part perf von* **gleiten**

geglommen [gə'glɔmən] *part perf von* **glimmen**

Gegner(in) ['ge:gnɐ] <-s, -> *m(f)* **1.** SPORT проти́вник *м*, -ница́ *ж* **2.** *(Feind)* враг *м*, неприя́тель *м*

gegnerisch *adj (feindlich)* вражде́бный; **die gegnerischen Parteien** вра́жеская па́ртия *ж*

gegolten [gə'gɔltən] *part perf von* **gelten**

gegoren [gə'go:rən] *part perf von* **gären**

gegossen [gə'gɔsən] *part perf von* **gießen**

gegraben [gə'gra:bən] *part perf von* **graben**

gegriffen [gə'grɪfən] *part perf von* **greifen**

Gehabe [gə'ha:bə] <-s> *nt ohne pl, abw* ва́жничанье *ср*, надме́нность *ж*

gehabt *part perf von* **haben**

Gehalt[1] [gə'halt, gə'hɛltɐ] <-(e)s, Gehälter> *nt (Entlohnung)* за́работная пла́та *ж*, окла́д *м*; ~ **beziehen** получа́ть за́работную пла́ту; **ein fixes ~ beziehen** получа́ть твёрдый окла́д; **das ~ erhöhen** повыша́ть за́работную пла́ту слу́жащих; **sie hat ein gutes ~** у неё хоро́шая зарпла́та

Gehalt[2] [gə'halt, gə'hɛltɐ] <-(e)s, -e> *m (Anteil)* содержа́ние *ср*

gehalten [gə'haltən] *adj* степе́нный, сде́ржанный

Gehaltsanspruch <-(e)s, -ansprüche> *m* тре́буемый окла́д *м*

Gehaltsempfänger(in) <-s, -> *m(f)* получа́тель *м* за́работной пла́ты [*или* окла́да]

Gehaltserhöhung <-, -en> *f* повыше́ние *ср* за́работной пла́ты

Gehaltsfortzahlung <-, -en> *f* непреры́вная вы́плата *ж*

Gehaltskonto <-s, -konten> *nt* счёт *м* за́работной пла́ты

Gehaltskürzung <-, -en> *f* сокраще́ние *ср*

Gehaltspfändung *m* наложе́ние *ср* аре́ста на окла́д

Gehaltsvorschuss <-es, -vorschüsse> *m* ава́нс *м*

gehaltvoll *adj* содержа́тельный; **ein ~es Buch** содержа́тельная кни́га

gehandikapt [gə'hɛndikɛpt] *adj* **durch die Verletzung ~, wurde er heute nur fünfter** из-за тра́вмы он оказа́лся сего́дня лишь пя́тым

gehangen [gə'haŋən] *part perf von* **hängen**

gehässig [gə'hɛsɪç] *adj* зло́бный, язви́тельный

Gehässigkeit <-, -en> *f* вражде́бность *ж*, неприя́зненность *ж*

gehauen [gə'haʊən] *part perf von* **hauen**

Gehäuse [gə'hɔɪzə] <-s, -> *nt* **1.** TECH ко́рпус *м* **2.** *(Obst~)* сердцеви́на *ж*

Gehäuseboden <-s, -böden> *m (von Gerät)* дно *ср* корпу́са

Gehäusedeckel <-s, -> *m (von Gerät)* кры́шка *ж* ко́жуха

gehbehindert ['ge:bəhɪndɐt] *adj* ~ **sein** передвига́ться с трудо́м

Gehege [gə'he:gə] <-s, -> *nt* огоро́женное ме́сто *ср*, запове́дник *м*; *(im Zoo)* волье́р *м*; **jdm ins ~ kommen** вме́шиваться в чужи́е дела́

geheim [gə'haɪm] *adj* та́йный; **das bleibt ~** э́то остáнется в та́йне; **streng ~** стро́го секре́тно; **etw vor jdm ~ halten** держа́ть что-л. в та́йне от кого́-л.

Geheimagent(in) <-en, -en> *m(f)* секре́тный аге́нт *м*

Geheimdienst <-es, -e> *m* секре́тная слу́жба *ж*

Geheimdienstchef <-s, -s> *m* нача́льник *м* секре́тной слу́жбы

geheimdienstlich *adj* каса́ющийся секре́тной слу́жбы, относя́щийся к секре́тной слу́жбе

geheim halten[RR] <irr> *vt* держа́ть *нсв* в та́йне, скрыва́ть, скрыть *св*

Geheimhaltungspflicht <-> *f* обя́занность *ж* не разглаша́ть та́йну

Geheimnis [gə'haɪmnɪs] <-ses, -se> *nt* та́йна *ж*, секре́т *м*; **aus etw ein ~ machen** де́лать из чего́-л. секре́т; **jdm ein ~ anvertrauen** дове́рить кому́-л. та́йну; **ein ~ verraten** проговори́ться; **ein ~ vor jdm haben** таи́ть что-л. от кого́-л.

Geheimniskrämerei <-, -en> *f pej* секре́тничанье *ср*

geheimnisvoll *adj* таи́нственный, зага́дочный

gehemmt *adj* стесни́тельный, с ко́мплексами

gehen ['ge:ən] <ging, gegangen> **I.** *vi* идти́ *нсв*, ходи́ть *нсв*; **wie geht es dir?** как ты пожива́ешь?; **über die Straße ~** переходи́ть че́рез у́лицу; **das geht zu weit** э́то захо́дит сли́шком далеко́; **es geht um ...** речь идёт о ...; **zu Fuß ~** ходи́ть пешко́м; **ich gehe jetzt zum Arzt** я иду́ к врачу́; **in die Schule ~** ходи́ть в шко́лу; **ins Bett ~** идти́ спать; **tanzen/schwimmen/schlafen ~** идти́ танцева́ть/пла́вать/спать; **wie**

geht's? как дела́?; **es geht mir gut** у меня́ всё в поря́дке; **das Essen geht auf mich** я угоща́ю; **das Fenster geht aufs Meer** окно́ с ви́дом на мо́ре; **die Uhr geht** (**falsch**) часы́ спеша́т/отстаю́т; **wird schon schief ~!** *iron, fam* всё бу́дет в поря́дке! **II.** *vt sein (Strecke)* пройти́

gehen lassen[RR] <irr> *vr* дава́ть, дать *св* себе́ во́лю; **er hat sich ziemlich ~** он дово́льно-таки распусти́лся

geheuer [gə'hɔɪɐ] *adj* **das ist mir nicht** (**ganz**) **~** здесь что́-то нела́дно

Geheul <-(e)s> *nt* вой *м*, плач *м*

Gehilfe [gə'hɪlfə] <-n, -n> *m* **1.** *(Helfer)* помо́щник *м*, ассисте́нт *м* **2.** JUR посо́бник *м*

Gehilfin <-, -nen> *f* помо́щница *ж*, ассисте́нтка *ж*

Gehirn [gə'hɪrn] <-(e)s, -e> *nt* мозг *м*

Gehirnerschütterung <-, -en> *f* сотрясе́ние *ср* мо́зга

Gehirnhautentzündung <-, -en> *f* менинги́т *м*

Gehirnprellung <-, -en> *f* уши́б *м* головно́го мо́зга

Gehirnschlag <-(e)s, -schläge> *m* апоплекси́ческий уда́р *м*

Gehirnwäsche [gə'ho:bən] <-, -n> *f* „промы́вка" *ж*, идеологи́ческая обрабо́тка *ж*

gehoben [gə'ho:bən] **I.** *part perf von* **heben** **II.** *adj* **1.** *(Stimmung)* припо́днятый **2.** *(Stil)* высо́кий

geholfen [gə'hɔlfən] *part perf von* **helfen**

Gehör [gə'hœ:ɐ] <-(e)s> *nt* слух *м*; **sich ~ verschaffen** доби́ться внима́ния; **~ finden** быть вы́слушанным; **jdm ~ schenken** вы́слушать кого́-л.

gehorchen *vi* слу́шаться, по- *св*, повинова́ться *нсв*; **jdm nicht ~** не слу́шаться кого́-л.

gehören **I.** *vi* **1.** *(Eigentum sein)* принадлежа́ть *нсв* **2.** *(erfordern)* тре́боваться, по- *св*, быть *нсв* ну́жным **3.** *(ein Teil von etw sein)* относи́ться *нсв*, принадлежа́ть *нсв*; **wem gehört das?** кому́ э́то принадлежи́т?; **wie es sich gehört** как полага́ется; **er gehört jetzt zur Familie** он счита́ется тепе́рь чле́ном семьи́ **II.** *vr* **sich ~** подоба́ть; **das gehört sich nicht** так не при́нято

gehörig *adj* **1.** *(gebührend)* до́лжный **2.** *umg (beträchtlich)* поря́дочный, изря́дный; **er hat eine ~e Tracht Prügel verdient** он заслужи́л поря́дочную взбу́чку

gehorsam [gə'ho:ɐ̯za:m] *adj* послу́шный

Gehorsam [gə'ho:ɐza:m] <-s> *m* послуша́ние *ср*, повинове́ние *ср*

Gehörschaden <-s, -schäden> *m* наруше́ние *ср* слу́ха

Gehörschutz <-es> *m прибо́р в ви́де нау́шников, кото́рый надева́ется для защи́ты слу́ха от шу́ма при определённых рабо́тах*

Gehsteig ['ge:ʃtaɪk] <-(e)s, -e> *m* тротуа́р *м*

Gehweg <-s, -e> *m* **1.** *(Bürgersteig)* тротуа́р *м* **2.** *(Fußweg)* пешехо́дная доро́жка *ж*

Geier ['gaɪɐ] <-s, -> *m* ко́ршун *м*

geifern *vi* пуска́ть, пусти́ть *св* слюну́

Geige ['gaɪgə] <-, -n> *f* скри́пка *ж*; **die erste ~ spielen** *umg* игра́ть пе́рвую скри́пку; **nach jds ~ tanzen** *fig, fam* пляса́ть под чью-л. ду́дку

geigen *vi fam* **jdm seine Meinung ~** сказа́ть кому́-л. в глаза́ своё мне́ние о нём

Geigerzähler ['gaɪgɐ-] <-s, -> *m* PHYS счётчик *м* Ге́йгера

geil [gaɪl] *adj* похотли́вый; *umg (toll)* кла́ссный, балдёжный

Geisel ['gaɪzəl] <-, -n> *f* зало́жник *м*, -ница *ж*; **jdn als ~ nehmen** взять кого́-л. в ка́честве зало́жника; **Geiseln nehmen** взять зало́жников

Geiselnahme ['gaɪzəlna:mə] <-, -n> *f* захва́т *м* зало́жников

Geiselnehmer(in) <-s, -> *m(f)* террори́ст(ка) *м(ж)*

geißeln *vt auch fig* бичева́ть *нсв*

Geist[1] [gaɪst] <-(e)s> *m* **1.** *(Intellekt)* ум *м* **2.** *(Gesinnung)* дух *м*, душа́ *ж*; **etw gibt den ~ auf** *umg* что-л. лома́ется; **du gehst mir auf den ~** *umg* ты мне де́йствуешь на не́рвы; **von allen guten ~ern verlassen sein** *umg* быть не в своём уме́; **im ~e** мы́сленно

Geist[2] [gaɪst] <-(e)s, -er> *m (Gespenst)* дух *м*, привиде́ние *ср*

Geisterbahn <-, -en> *f* пеще́ра *ж* у́жасов

Geisterfahrer *s.* **Falschfahrer**

geisterhaft *adj* при́зрачный

geistern *vi* блужда́ть *нсв*, броди́ть *нсв*

geistesabwesend ['gaɪstəs-] *adj* отсу́тствующий, рассе́янный

Geistesblitz <-es, -e> *m* блестя́щая иде́я *ж*

Geistesgegenwart <-> *f* прису́тствие *ср* ду́ха

Geistesgeschichte <-> *f* исто́рия *ж* ду́ха [*или* иде́й]

geistesgestört *adj* сумасше́дший

Geistesgröße <-> *f* гениа́льность *ж*, ге́ний *м*

geisteskrank *adj* душевнобольно́й; **du bist wohl ~!** ты не в своём уме́!

Geisteskranke(r) <-n, -n> *f(m)* душевнобольно́й *м*

Geistesleben <-s> *nt* интеллектуа́льная жизнь *ж*, духо́вная жизнь *ж*

Geisteswissenschaft <-, -en> *f* гумани-та́рная нау́ка *ж*

Geisteszustand <-(e)s> *m* душе́вное состоя́ние *ср*

G

geistig ['gaɪstɪç] *adj* **1.** *(seelisch)* духо́вный **2.** *(intellektuell)* у́мственный; ~ **behindert** у́мственно отста́лый; ~**e Arbeit** у́мственный труд *м*
geistlich ['gaɪstlɪç] *adj* религио́зный, духо́вный
Geistliche(r) <-n, -n> *m* духо́вное лицо́ *ср*
geistlos *adj* **1.** *(langweilig)* ску́чный **2.** *(dumm)* глу́пый, пусто́й
geistreich *adj* остроу́мный
Geiz [gaɪts] <-es> *m* жа́дность *ж*, ску́пость *ж*
geizen *vi* скупи́ться, по- *св;* **mit etw** ~ скупи́ться на что-л.
Geizhals <-es, -hälse> *m* скря́га *м и ж*
geizig *adj* скупо́й, жа́дный
Geizkragen <-s, -krägen> *m* скря́га *м и ж;* **was für ein alter ~!** что за ста́рый скупердя́й!
Gejammer [gə'jamɐ] <-s> *nt* во́пли *ммн*, пла́ч *м*
gekannt [gə'kant] *part perf von* **kennen**
gekapselt *adj* TECH помещённый в кожу́х, брони́рованный
Gekicher [gə'kɪçɐ] <-s> *nt ohne pl, fam abw* смех *м*, хо́хот *м*
Gekläffe [gə'klɛfə] <-s> *nt pej* тя́вканье *ср*
Geklapper [gə'klapɐ] <-s> *nt* стук *м*, хло́панье *ср*
Geklirr [gə'klɪr] <-(e)s> *nt (Gläser)* дребезжа́ние *ср*
geklont [gə'klo:nt] *adj* клони́рованный
geklungen [gə'klʊŋən] *part perf von* **klingen**
geknickt [gə'knɪkt] *adj umg* удручённый, пода́вленный; **einen ~en Eindruck machen** производи́ть уны́лое впечатле́ние
gekniffen [gə'knɪfən] *part perf von* **kneifen**
gekommmen *part perf von* **kommen**
gekonnt [gə'kɔnt] *adj* уме́лый; **das war ~!** э́то бы́ло ма́стерски сде́лано!
Gekritzel [gə'krɪtsəl] <-s> *nt* кара́кули *мн*, неразбо́рчивый по́черк *м*
gekrochen [gə'krɔxən] *part perf von* **kriechen**
gekünstelt [gə'kʏnstəlt] *adj* **1.** неесте́ственный, напускно́й **2.** *(geziert)* мане́рный, жема́нный
Gel [ge:l] <-s, -e> *nt* гель *м*
Gelaber [gə'la:bɐ] <-s> *nt umg* пусто́й трёп *м*, пуста́я болтовня́ *ж*
Gelächter [gə'lɛçtɐ] <-s, -> *nt* смех *м*, хо́хот *м;* **er brach in schallendes ~ aus** он разрази́лся гро́мким хо́хотом
geladen [gə'la:dən] **I.** *part perf von* **laden** **II.** *adj (Gast)* зва́ный, приглашённый
Gelage [gə'la:gə] <-s, -> *nt* пир *м*, пи́ршество *ср*
gelähmt [gə'lɛ:mt] *adj* парализо́ванный
Gelände [gə'lɛndə] <-s, -> *nt* **1.** *(Grundstück)* уча́сток *м* земли́ **2.** *(freies Land)* террито́рия *ж*, ме́стность *ж*
Geländefahrzeug <-(e)s, -e> *nt* вездехо́д *м*
geländegängig *adj (Fahrzeug)* вездехо́дный
Geländer [gə'lɛndɐ] <-s, -> *nt* **1.** *(Treppen~)* пери́ла *срмн* **2.** *(als Begrenzung)* парапе́т *м*
Geländewagen <-s, -wägen> *m* автомоби́ль *м* повы́шенной проходи́мости
gelang [gə'laŋ] *prät von* **gelingen**
gelangen [gə'laŋən] *vi* попада́ть, -па́сть *св;* **ans Ziel ~** дости́гнуть це́ли; **zu der Überzeugung ~, dass ...** прийти́ к убежде́нию, что ...
gelangweilt **I.** *adj* отягчи́тельный **II.** *adv (dasitzen, zuhören)* отягчённо; **er gähnte ~** он отягчённо зевну́л
gelassen [gə'lasən] *adj* споко́йный; ~ **bleiben** остава́ться невозмути́мым
Gelassenheit <-> *f* споко́йствие *ср*, невозмути́мость *ж*
Gelatine [ʒela'ti:nə] <-> *f* желати́н *м*
gelaufen [gə'laʊfən] *part perf von* **laufen**
geläufig [gə'lɔɪfɪç] *adj* употреби́тельный, привы́чный; **das ist mir ~** э́то мне знако́мо; **dieses Wort ist mir nicht ~** э́то сло́во мне не знако́мо
gelaunt [gə'laʊnt] *adj* настро́енный; **gut/schlecht ~ sein** быть в хоро́шем/плохо́м настрое́нии; **übel ~** в плохо́м настрое́нии
Geläut [gə'lɔɪt] *nt* звон *м*, трезво́н *м*
gelb [gɛlp] *adj* жёлтый; **Gelbe Seiten** а́дресный спра́вочник *м;* **das ist nicht das Gelbe vom Ei** *fam* э́то не са́мый лу́чший вариа́нт
Gelb <-s, -> *nt* жёлтый цвет; **die Ampel stand auf ~** светофо́р переключи́лся на жёлтый свет
gelbbraun *adj* жёлто-кори́чневый
gelblich *adj* желтова́тый
Gelbsucht <-> *f* желту́ха *ж*
Geld [gɛlt] <-es, -er> *nt* де́ньги *мн;* **bares ~** нали́чные де́ньги; **etw zu ~ machen** *umg* прода́ть; **öffentliche ~er** обще́ственные де́ньги; ~ **abheben** снима́ть де́ньги со счёта; ~ **anlegen** вкла́дывать де́ньги; ~ **aufbringen** достава́ть сре́дства; ~ **ausleihen** брать де́ньги в долг; ~ **beschaffen** мобилизова́ть де́ньги; ~ **wie Heu haben** *umg* име́ть у́йму де́нег; **sie hat ~ wie Heu** у неё де́нег ку́ры не клюю́т; ~ **investieren** инвести́ровать де́ньги; ~ **auf ein Konto einzahlen** вноси́ть де́ньги на счёт; **das ist rausgeschmissenes ~!** *umg* э́то вы́брошенные де́ньги!; **im ~ schwimmen** *umg* купа́ться в деньга́х; ~ **überweisen** переводи́ть де́ньги; ~ **unterschlagen** соверша́ть растра́ту; ~ **verdienen** зараба́тывать де́ньги; ~ **wechseln** обме́нивать де́ньги; **um ~ spielen** игра́ть на де́ньги; **das ~ zum Fenster rauswerfen** *fig, fam* транжи́рить [*или* тра́тить] де́ньги; **jdm das ~ aus der Tasche ziehen** *fig, fam*

транжи́рить чьи-л. де́ньги
Geldangelegenheiten <-> *pl* фина́нсовые дела́ *мн*
Geldanlage <-, -n> *f* помеще́ние *ср* де́нег, вложе́ние *ср* де́нег
Geldautomat <-en, -en> *m* банкома́т *м* *(ба́нковский автома́т для вы́дачи де́нег)*
Geldbetrag <-(e)s, -beträge> *m* де́нежная су́мма *ж*
Geldbeutel <-s, -> *m* кошелёк *м;* **tief in den ~ greifen** *fam* поле́зть глубоко́ в карма́н
Geldbörse *f s.* **Geldbeutel**
Geldbuße <-, -n> *f* де́нежный штраф *м*
Geldeinlage <-, -n> *f* ÖKON депози́т *м*
Geldentwertung <-> *f* девальва́ция *ж*
Geldgeber(in) <-s, -> *m(f)* кредито́р *м*
geldgierig *adj* а́лчный, жа́дный до де́нег
Geldinstitut <-(e)s, -e> *nt (Bank)* банк *м*
Geldkreislauf <-(e)s, -kreisläufe> *m* де́нежное обраще́ние *ср*
Geldkurs <-es, -e> *m* BÖRSE курс *м* спро́са
Geldmarkt <-(e)s, -märkte> *m* де́нежный ры́нок *м*
Geldmenge <-, -n> *f* де́нежная ма́сса *ж*
Geldmittel *pl* де́нежные сре́дства *мн*
Geldnachfrage <-, -n> *f* спрос *м* на де́ньги
Geldpolitik <-> *f* де́нежная поли́тика *ж*
Geldschein <-(e)s, -e> *m (Banknote)* банкно́та *ж,* де́нежный знак *м*
Geldschrank <-(e)s, -schränke> *m (Tresor)* сейф *м*
Geldspende *f* де́нежное даре́ние *ср*
Geldspielautomat *m* игра́льный автома́т *м*
Geldstrafe <-, -n> *f* де́нежный штраф *м;* **über jdn eine ~ verhängen** налага́ть де́нежный шраф на кого́-л.; **~ für Zahlungsverzug** штраф за просро́чку платежа́
Geldstück <-(e)s, -e> *nt (Münze)* моне́та *ж*
Geldverschwendung <-> *f* расточи́тельство *ср,* мотовство́ *ср*
Geldwechsel *m* FIN обме́н *м* валю́ты
Gelee [ʒeˈleː] <-s, -s> *nt* желе́ *ср*
gelegen [gəˈleːgən] **I.** *part perf von* **liegen** **II.** *adj* **1.** *(örtlich)* располо́женный **2.** *(günstig)* удо́бный; **das kommt mir ~** э́то мне кста́ти; **daran ist mir wenig ~** э́то для меня́ не о́чень ва́жно **III.** *adv* уда́чно; **Ihr Angebot kommt mir sehr ~** вы сде́лали предложе́ние в уда́чный моме́нт
Gelegenheit <-, -en> *f* **1.** *(Anlass)* по́вод *м* **2.** *(günstiger Zeitpunkt)* удо́бный слу́чай *м;* **die ~ nutzen, etw zu tun** воспо́льзоваться возмо́жностью что-л. сде́лать; **wenn sich die ~ bietet** е́сли предоста́вится возмо́жность; **die ~ haben etw zu tun** име́ть удо́бный слу́чай сде́лать что-л.; **bei dieser ~** в э́том слу́чае
Gelegenheitsarbeit <-, -en> *f* случа́йная рабо́та *ж*
Gelegenheitsarbeiter(in) <-s, -> *m(f)* рабо́чий *м*, живу́щий на случа́йный за́работок
Gelegenheitsdieb(in) <-s, -e> *m(f)* вор *м* от слу́чая к слу́чаю
Gelegenheitskauf <-(e)s, -käufe> *m* случа́йная поку́пка *ж*
gelegentlich [gəˈleːgəntlɪç] *adj (zeitweise)* иногда́, от слу́чая к слу́чаю
gelehrig [gəˈleːrɪç] *adj* спосо́бный, поня́тливый
gelehrt [gəˈleːɐt] *adj* учёный
Gelehrte(r) <-n, -n> *f(m)* учёный *м*
Gelehrtheit <-> *f* учёность *ж*
Geleit [gəˈlaɪt] <-(e)s, -e> *nt* **1.** *(Begleitung)* сопровожде́ние *ср* **2.** MIL охра́на *ж,* конво́й *м;* **jdm das ~ geben** сопровожда́ть кого́-л.
geleiten *vt* сопровожда́ть, -води́ть *св*
Geleitschutz <-es> *m* конвои́рование *ср*
Geleitwort <-(e)s, -e> *nt* предисло́вие *ср*
Geleitzug <-(e)s, -züge> *m* MIL конво́й *м* судо́в
Gelenk [gəˈlɛnk] <-(e)s, -e> *nt* **1.** ANAT суста́в *м* **2.** TECH шарни́р *м*
Gelenkbus <-ses, -se> *m* сочленённый авто́бус *м*
gelenkig *adj* **1.** *(geschmeidig)* ги́бкий **2.** *(agil)* подви́жный, прово́рный
gelesen [gəˈleːzən] *part perf von* **lesen**
Geliebte(r) <-n, -n> *f(m)* любо́вник *м,* любо́вница *ж*
geliefert [gəˈliːfɐt] *adj fam* **~ sein** с кем-л. всё ко́нчено
geliehen [gəˈliːən] *part perf von* **leihen**
gelingen [gəˈlɪŋən] <gelang, gelungen> *vi* удава́ться, уда́ться *св;* **es gelingt mir nicht** мне э́то не удаётся
gelitten [gəˈlɪtən] *part perf von* **leiden**
gellen [ˈgɛlən] *vi* ре́зко звуча́ть *нсв;* **in den Ohren ~** звене́ть в уша́х
geloben *vt* торже́ственно обеща́ть *нсв;* **ewige Treue ~** кля́сться в ве́чной ве́рности
Gelöbnis [gəˈlœːpnɪs] <-ses, -se> *nt geh* обе́т *м;* **ein ~ ablegen** дать обе́т
gelogen [gəˈloːgən] *part perf von* **lügen**
Gelse [ˈgɛlzə] <-, -n> *f österr (Stechmücke)* кома́р *м*
gelten [ˈgɛltən] <galt, gegolten> *vi* быть *нсв* действи́тельным; **etw nicht ~ lassen** не признава́ть чего́-л.; **das gilt auch für dich** э́то и тебя́ каса́ется; **die Wette gilt** я согла́сен держа́ть пари́; **das gilt nicht** э́то не име́ет значе́ния
Geltung <-> *f* **1.** *(Gültigkeit)* де́йствие *ср,* си́ла *ж* **2.** *(Ansehen)* зна́чимость *ж,* авторите́т *м;* **sich ~ verschaffen** приобрести́

влия́ние; **etw kommt zur ~** что-л. проявля́ется; **etw zur ~ bringen** выставля́ть что-л. в вы́годном све́те; **zur ~ kommen** блесте́ть [*или* отлича́ться] чем-л.

Geltungsbedürfnis <-ses> *nt* жела́ние *ср* прояви́ть себя́ в чем-л., честолю́бие *ср*

Geltungsbereich <-(e)s, -e> *m* **1.** *(Anwendungsbereich)* сфе́ра *ж* примене́ния **2.** *(Wirkungsbereich)* сфе́ра *ж* де́йствия; **~ einer Verordnung** сфе́ра де́йствия постановле́ния

Geltungsdauer <-> *f* срок *м;* **~ eines Vertrages** срок де́йствия догово́ра

Gelübde [gəˈlʏpdə] <-s, -> *nt* обе́т *м;* **ein ~ ablegen** дать обе́т

gelungen [gəˈlʊŋən] **I.** *part perf von* **gelingen** **II.** *adj* уда́чный; **das war ein ~er Abend** э́то был замеча́тельный ве́чер; **etw ist gut/schlecht ~** что-л. получи́лось уда́чно/пло́хо

gemächlich [gəˈmɛ(ː)çlɪç] *adj* споко́йный, ме́дленный; **~e Schritte** неторопли́вые шаги́ *мн*

Gemahl [gəˈmaːl] <-(e)s, -e> *m* супру́г *м*

Gemahlin <-, -nen> *f* супру́га *ж*

Gemälde [gəˈmɛːldə] <-s, -> *nt* карти́на *ж*

Gemäldegalerie <-, -en> *f* карти́нная галере́я *ж*

Gemäldesammlung <-, -en> *f* собра́ние *ср* карти́н

gemäß [gəˈmɛːs] **I.** *prp* согла́сно, в соотве́тствии **II.** *adj (angemessen)* соотве́тствующий

gemäßigt [gəˈmɛːsɪçt] *adj* уме́ренный; **~es Klima** уме́ренный кли́мат *м*

gemein [gəˈmaɪn] *adj* **1.** *(bösartig)* по́длый, ни́зкий; **das war ~** э́то нече́стно; **das ist eine ~e Lüge** э́то по́длая ложь **2.** *(gemeinsam)* о́бщий; **etw ~ haben mit** име́ть что-то о́бщее; **etw mit jdm ~ haben** име́ть что-л. о́бщее с кем-л.

Gemeinde [gəˈmaɪndə] <-, -n> *f* **1.** *(städtische)* общи́на *ж;* **ländliche ~** се́льская общи́на **2.** REL прихо́д *м*

Gemeinderat <-(e)s, -räte> *m* **1.** *(Körperschaft)* сове́т *м* общи́ны, коммуна́льный сове́т *м* **2.** *(Person)* член *м* сове́та общи́ны

Gemeindewahl <-, -en> *f* коммуна́льные вы́боры *мн*

gemeingefährlich *adj* социа́льно опа́сный, угрожа́ющий обще́ственной безопа́сности

Gemeingut <-(e)s> *nt* о́бщее достоя́ние *ср,* о́бщая со́бственность *ж*

Gemeinheit <-, -en> *f* ни́зость *ж,* по́длость *ж;* **so eine ~!** кака́я по́длость!

Gemeinkosten <-> *pl* о́бщие изде́ржки *мн,* накладны́е расхо́ды *мн*

gemeinnützig [gəˈmaɪnnʏt͜sɪç] *adj* обще́ственно поле́зный

Gemeinnützigkeit <-> *f* обще́ственная по́льза *ж*

gemeinsam **I.** *adj* о́бщий; **mit jdm ~e Sache machen** де́лать с ке́м-л. о́бщее де́ло; **der Gemeinsame Markt** О́бщий ры́нок **II.** *adv (zusammen)* вме́сте; **sie haben viel ~** у них мно́го о́бщего

Gemeinsamkeit <-, -en> *f* схо́дство *ср*

Gemeinschaft <-, -en> *f* **1.** *(soziale)* о́бщность *ж* **2.** *(Gemeinde)* общи́на *ж* **3.** *(Bündnis)* соо́бщество *ср*

gemeinschaftlich *adj* о́бщий, коллекти́вный

Gemeinschaftspraxis <-, -praxen> *f* коллекти́вная враче́бная пра́ктика *ж*

Gemeinschaftsprojekt <-(e)s, -e> *nt* совме́стный прое́кт *м*

Gemeinschaftsraum *m* о́бщее помеще́ние *ср,* сало́н *м*

Gemeinschaftsunternehmen <-s, -> *nt* совме́стное предприя́тие *ср*

Gemeinschaft unabhängiger Staaten <-> *f* Содру́жество *ср* незави́симых госуда́рств, СНГ *ср*

Gemeinwohl <-(e)s> *nt* о́бщее бла́го *ср*

Gemenge [gəˈmɛŋə] <-s, -> *nt (von Menschen)* мно́жество *ср,* толпа́ *ж*

gemessen [gəˈmɛsən] **I.** *part perf von* **messen** **II.** *adj* разме́ренный, ме́рный; **~en Schrittes** *geh* разме́ренным ша́гом

Gemetzel [gəˈmɛtsəl] <-s, -> *nt* резня́ *ж,* бо́йня *ж*

gemieden [gəˈmiːdən] *part perf von* **meiden**

Gemisch [gəˈmɪʃ] <-(e)s, -e> *nt* смесь *ж*

gemischt [gəˈmɪʃt] *adj* сме́шанный; **mit gemischten Gefühlen** со сме́шанными чу́вствами

gemocht [gəˈmɔxt] *part perf von* **mögen**

gemolken [gəˈmɔlkən] *part perf von* **melken**

Gemotze [gəˈmɔtsə] <-> *nt pej* ворча́ние *ср,* брюзжа́ние *ср*

Gemunkel [gəˈmʊŋkəl] <-s> *nt* слу́хи *мн*

Gemurmel [gəˈmʊrməl] <-s> *nt* бормота́нье *ср,* шёпот *м*

Gemüse [gəˈmyːzə] <-s, -> *nt* о́вощи *мн*

Gemüseanbau <-s> *m* овощево́дство *ср*

Gemüsegarten <-s, -gärten> *m* огоро́д *м*

Gemüsehändler(in) *m(f)* продаве́ц *м* овоще́й

Gemüsesaft <-(e)s, -säfte> *m* овощно́й сок *м*

Gemüsesuppe <-, -n> *f* овощно́й суп *м*

gemusst[RR], **gemußt**[Alt] *part perf von* **müssen**

Gemüt [gəˈmyːt] <-(e)s, -er> *nt* нрав *м,* хара́ктер *м;* **sich etw zu ~e führen** сле́довать сове́ту; **sie hat ein fröhliches ~** у неё весёлый нрав; **die Entscheidung erregte die Gemüter** реше́ние всполоши́ло свет; **das ist ihm aufs ~ geschlagen** э́то огорчи́ло его́

gemütlich *adj* **1.** *(bequem)* удо́бный, ую́тный; **mach's dir ~** чу́вствуй себя́ как до́ма **2.** *(gelassen)* споко́йный, невозмути́мый; **es sich ~ machen** устро́иться поудо́бнее; **ein ~er Mensch** доброду́шный челове́к *м*

Gemütlichkeit <-> *f* споко́йствие *ср,* нетороплúвость *ж;* **in aller ~** не спеша́

Gemütsbewegung <-, -en> *f* пережива́ние *ср,* душе́вное волне́ние *ср*

Gemütsmensch <-en, -en> *m* невозмути́мый челове́к *м*

Gemütsruhe <-> *f* душе́вный поко́й *м,* невозмути́мость *ж*

Gen [ge:n] <-s, -e> *nt* ген *м*

genannt [gə'nant] *part perf von* **nennen**

genas [gə'na:s] *prät von* **genesen**

genau [gə'naʊ] **I.** *adj* **1.** *(exakt)* то́чный **2.** *(detailliert)* подро́бный; **ich weiß nichts Genaueres darüber** я не зна́ю подро́бностей **II.** *adv* то́чно; **es mit etw (nicht so) ~ nehmen** относи́ться к чему́-л. (не) о́чень серьёзно; **~ genommen** точне́е говоря́; **die Uhr geht ~** часы́ иду́т то́чно; **~ dasselbe** то же са́мое; **es ist ~ 10 Uhr** сейча́с ро́вно 10 часо́в; **so ~ wollte ich es nicht wissen!** в таки́х подро́бностях я не нужда́юсь!; **~ genommen ist das nicht richtig** в су́щности э́то непра́вильно

genaugenommen[Alt] *adv s.* **genau II.**

Genauigkeit <-, -en> *f* то́чность *ж*

genauso [gə'naʊzo:] *adv* то́чно так; **~ gut** то́чно так же; **du hättest ~ gut zu Hause bleiben können** ты мог бы с тем же успе́хом оста́ться до́ма; **sie verdient ~ viel** она зараба́тывает сто́лько же; **~ wie** та́к же как

Genealogie <-, -n> *f* генеало́гия *ж*

genehmigen [gə'ne:mɪgən] *vt* ADMIN разреша́ть, -ши́ть *св,* санкциони́ровать *(н)св;* **genehmigt** утверждено́, разрешено́; **genehmigter Antrag** утверждённое заявле́ние; **sich** *dat* **etw ~** *fam* позво́лить себе́ что-л.

Genehmigung <-, -en> *f* ADMIN разреше́ние *ср;* **behördliche ~** разреше́ние власте́й; **ministerielle ~** разреше́ние министе́рства; **nachträgliche ~** после́дующее разреше́ние; **eine ~ einholen** получи́ть разреше́ние; **eine ~ erteilen** дать разреше́ние

genehmigungspflichtig *adj* тре́бующий разреше́ния

Genehmigungsverfahren <-s, -> *nt* JUR поря́док *м* получе́ния разреше́ний

geneigt [gə'naɪkt] *adj* **1.** *(aufgelegt zu)* склóнный, располо́женный **2.** *(wohlwollend)* благоскло́нный; **zu etw ~ sein** *geh* быть скло́нным к чему́-л.

Genera *pl von* **Genus**

General [genə'ra:l] <-s, -e> *m* генера́л *м*

Generalbevollmächtigte(r) *f(m)* JUR генера́льный дове́ренный *м*

Generaldirektor(in) <-s, -en> *m(f)* генера́льный дире́ктор *м*

generalisieren *vi (verallgemeinern)* обобща́ть, -щи́ть *св*

Generalklausel <-, -n> *f* JUR генера́льная огово́рка *ж*

Generalprobe <-, -n> *f* генера́льная репети́ция *ж*

Generalsekretär(in) <-s, -e> *m(f)* генера́льный секрета́рь *м*

Generalstaatsanwaltschaft <-> *f* генера́льная прокурату́ра *ж*

Generalstab *m* MIL генера́льный штаб *м*

Generalstabschef <-s, -s> *m* нача́льник *м* генера́льного шта́ба

Generalstreik <-s, -s> *m* всео́бщая забасто́вка *ж*

Generalüberholung <-, -en> *f* капита́льный ремо́нт *м*

Generalversammlung <-, -en> *f* о́бщее собра́ние *ср;* **die ~ einberufen** созва́ть о́бщее собра́ние

Generalvertreter(in) <-s, -> *m* генера́льный представи́тель *м*

Generalvertretung <-, -en> *f* генера́льное представи́тельство *ср*

Generalvollmacht <-, -en> *f* генера́льная дове́ренность *ж*

Generation [genəra'tsjo:n] <-, -en> *f* поколе́ние *ср,* генера́ция *ж*

Generationskonflikt <-(e)s, -e> *m* конфли́кт *м* поколе́ний

generativ *adj* **~e Grammatik** LING генерати́вная грамма́тика

Generator [genə'ra:to:ɐ] <-s, -en> *m* генера́тор *м*

generell [genə'rɛl] *adj* (все)о́бщий

genervt *adj umg* раздражённый

genesen [gə'ne:zən] <genas, genesen> *vi* выздора́вливать, вы́здороветь *св*

Genesung <-en> *f geh* выздоровле́ние *ср*

Genetik [ge'ne:tɪk] <-> *f* гене́тика *ж*

Genetiker(in) <-s, -> *m(f)* гене́тик *м*

genetisch [ge'ne:tɪʃ] *adj* генети́ческий

Genf [gɛnf] <-s> *nt* Жене́ва *ж*

Genfer See <-s> *m* Жене́вское о́зеро *ср*

genial [ge'nja:l] *adj* гениа́льный; *umg (hervorragend)* прекра́сный; **das ist ein ~er Einfall** э́то прекра́сная иде́я

Genick [gə'nɪk] <-(e)s, -e> *nt* заты́лок *м;* **das hat ihm das ~ gebrochen** *umg* э́то его́ погуби́ло

Genie [ʒe'ni:] <-s, -s> *nt* ге́ний *м*

genieren [ʒe'ni:rən] *vr* стесня́ться, по- *св;* **du brauchst dich nicht zu ~** тебе́ не́чего стесня́ться

genießbar *adj (Speisen)* съедо́бный; **nicht ~ sein** *umg (schlecht gelaunt sein)* быть в пло́хом настрое́нии

genießen [gə'ni:sən] <genoß, genossen> *vt* **1.** *(das Essen)* есть, пое́сть *св* **2.** *(das Leben)*

G

наслажда́ться, -слади́ться *св;* **das Leben in vollen Zügen ~** наслажда́ться жи́знью **3.** *(auskosten)* по́льзоваться; **jds Vertrauen ~** по́льзоваться чьим-л. дове́рием

Genießer(in) <-s, -> *m(f)* жуи́р *м; (Feinschmecker)* гурма́н *м*

genießerisch *adj* с наслажде́нием

Geniestreich *m* гениа́льная шу́тка *ж* [*или* па́кость *ж*]

Genitalbereich [geni'ta:lbəraɪç] <-s> *m* о́бласть *ж* гента́лий

Genitalien [geni'ta:liən] <-> *pl* половы́е о́рганы *мн,* генита́лии

Genitiv ['ge:niti:f] <-s, -e> *m* роди́тельный паде́ж *м*

Genlebensmittel <-> *pl umg* проду́кты *мн,* произведённые путём ге́нной инжене́рии

Genmanipulation <-, -en> *f* ге́нная манипуля́ция *ж*

genmanipuliert *adj* с иску́сственно изменённым генети́ческим материа́лом

Genom <-(e)s> *nt* гено́м *м*

Genomanalyse <-> *f* ана́лиз *м* гено́ма

genommen [gə'nɔmən] *part perf von* **nehmen**

genormt [gə'nɔrmt] *adj* норми́рованный, устано́вленный

genoss[RR], **genoß**[Alt] [gə'nɔs] *prät von* **genießen**

Genosse [gə'nɔsə] <-n, -n> *m* **1.** *(Kamerad)* това́рищ *м,* прия́тель *м* **2.** POL това́рищ *м*

genossen [gə'nɔsən] *part perf von* **genießen**

Genossenschaft <-, -en> *f* това́рищество *ср,* кооперати́в *м;* **eingetragene ~** зарегистри́рованный кооперати́в

Genossin [gə'nɔsɪn] <-, -nen> *f* това́рищ *м*

Genre ['ʒɑ̃:rə] <-s, -s> *nt* **1.** LIT жанр *м* **2.** *(Gattung, Art)* род *м*

Gentechnik <-> *f* ге́нная инжене́рия *ж*

Gentechnologie <-> *f* ге́нная техноло́гия *ж*

Gentleman <-s, -men> *m* дже́нтльмен *м*

Gentransfer <-s, -s> *m* переда́ча *ж* ге́нов

genug [gə'nu:k] *adv* доста́точно, дово́льно; **mehr als ~** бо́лее чем доста́точно; **es ist ~ Platz** здесь доста́точно ме́ста; **dazu bin ich alt ~** я уже́ доста́точно подро́с для э́того; **jetzt ist es aber ~!** хва́тит уже́!

genügen [gə'ny:gən] *vi* хвата́ть, -ти́ть *св,* быть *нсв* доста́точным

genügsam *adj* непритяза́тельный

Genügsamkeit <-> *f* непритяза́тельность *ж,* нетре́бовательность *ж*

Genugtuung [gə'nu:ktu:ʊŋ] <-, -en> *f* удовлетворе́ние *ср*

genuin [genu'i:n] *adj geh* первозда́нный, настоя́щий

Genus ['gɛnʊs, 'ge:nʊs] <-, Genera> *nt* LING род *м*

Genuss[RR] [gə'nʊs] <-es, Genüsse> *m,* **Genuß**[Alt] [gə'nʊs] <-sses, Genüsse> *m* **1.** *(Vergnügen)* удово́льствие *ср,* наслажде́ние *ср* **2.** *(Konsum)* потребле́ние *ср;* **in den ~ von etw kommen** по́льзоваться чем-л.

genüsslich[RR] *adj,* **genüßlich**[Alt] *adj* наслажда́ющийся, с наслажде́нием

Genussmensch[RR] <-en, -en> *m* челове́к *м,* предаю́щийся наслажде́ниям

genussvoll[RR] *adj* преиспо́лненный удово́льствия; *(beim Essen)* смаку́ющий

geöffnet *adj* откры́тый

Geograf[RR]**(in)** [geo'gra:f] <-en, -en; -, -nen> *m(f)* гео́граф *м*

Geografie[RR] [geogra'fi:] <-> *f ohne pl* геогра́фия *ж*

geografisch[RR] *adj* географи́ческий

Geograph(in) [geo'gra:f] <-en, -en; -, -nen> *m(f) s.* **Geograf(in)**

Geographie [geogra'fi:] <-> *f ohne pl s.* **Geografie**

geographisch *adj s.* **geografisch**

Geologe [geo'lo:gə], **Geologin** <-n, -n> *m* гео́лог *м*

Geologie [geolo'gi:] <-> *f* геоло́гия *ж*

geologisch [geo'lo:gɪʃ] *adj* геологи́ческий

Geometrie [geome'tri:] <-> *f* геоме́трия *ж*

geometrisch [geo'me:trɪʃ] *adj* геометри́ческий

Gepäck [gə'pɛk] <-(e)s> *nt* бага́ж *м;* **sein ~ aufgeben** сдать бага́ж

Gepäckabfertigung <-, -en> *f* бага́жное отделе́ние *ср*

Gepäckablage <-, -n> *f* по́лка *ж* для багажа́

Gepäckannahme *f* приём *м* багажа́

Gepäckaufbewahrung <-, -en> *f* ка́мера *ж* хране́ния

Gepäckaufbewahrungsschein <-(e)s, -e> *m* распи́ска *ж* [*или* квита́нция *ж*] о сда́че багажа́ в ка́меру хране́ния

Gepäckaufgabe <-> *f* сда́ча *ж* багажа́

Gepäckaufkleber <-s, -> *m* бага́жная накле́йка *ж*

Gepäckausgabe *f* вы́дача *ж* багажа́

Gepäckfach <-(e)s, -fächer> *nt* се́кция *ж* бага́жника, бага́жное отделе́ние *ср*

Gepäckkontrolle *f* контро́ль *м* багажа́

Gepäcknetz <-es, -e> *nt* бага́жная се́тка *ж*

Gepäckraum <-(e)s> *m* бага́жное отделе́ние *ср*

Gepäckschein <-s, -e> *m* бага́жная квита́нция *ж*

Gepäckschließfach <-(e)s, -fächer> *nt* яче́йка *ж* ка́меры хране́ния

Gepäckträger <-s, -> *m* **1.** *(Person)*носи́льщик *м* **2.** *(am Fahrrad)* бага́жник *м*

Gepäckwagen <-s, -wägen> *m* бага́жный ваго́н *м*

gepanzert *adj* брони́рованный

Gepard ['ge:part] <-s, -e> *m* гепа́рд *м*

gepfeffert [gə'pfɛfət] *adj* сли́шком высо́кий,

о́чень дорого́й; **~e Preise** *umg* басносло́вные це́ны *мн*
gepfiffen [gəˈpfɪfən] *part perf von* **pfeifen**
gepflegt [gəˈpfle:kt] *adj* **1.** *(Rasen, Haus)* ухо́женный **2.** *(Person)* ухо́женный, холёный; **eine ~e Unterhaltung** изы́сканная бесе́да *ж;* **~es Aussehen** элега́нтный вид
Gepflegtheit <-> *f* вы́холенность *ж*
Gepflogenheiten <-> *pl* обы́чаи *мн;* **diplomatische ~** дипломати́ческие обы́чаи; **geschäftliche ~** уза́нсы; **~ des Handels** торго́вые обы́чаи
Geplänkel [gəˈplɛŋkəl] <-s, -> *nt (harmlose Auseinandersetzung)* сты́чка *ж,* перебра́нка *ж*
Geplapper [gəˈplapɐ] <-s> *nt* болтовня́ *ж*
Geplärre <-s> *nt ohne pl, fam: abw* **1.** *(Weinen, Klagen)* рёв *м;* **hör endlich mit dem ~ auf!** ну переста́нь реве́ть! **2.** *(Geschrei)* крик *м*
Geplauder [gəˈplaʊdɐ] <-s> *nt ohne pl* болтовня́ *ж*
gepriesen [gəˈpri:zən] *part perf von* **preisen**
gepunktet *adj (Linie)* пункти́рный; *(Muster)* в кра́пинку
gequält [gəˈkvɛ:lt] *adj (Lächeln)* изму́ченный
Gequatsche [gəˈkvatʃə] <-s> *nt pej* болтовня́ *ж,* вздор *м*
gequollen [gəˈkvɔlən] *part perf von* **quellen**
gerade [gəˈra:də] **I.** *adj* прямо́й **II.** *adv (eben)* пря́мо, и́менно; **warum ~ er?** почему́ и́менно он?; **~ das meine ich ja** и́менно э́то я и име́ю в виду́; **~ Zahl** чётное число́; **er ist ~ eben gekommen** он то́лько что пришёл; **das hat mir ~ noch gefehlt!** э́того еще не хвата́ло!; **das ist es ja ~!** вот и́менно!
Gerade [gəˈra:də] <-n, -n> *f* пряма́я *ж*
geradeaus *adv* пря́мо, напрями́к; **immer ~** напрями́к
gerade biegenRR *vt* разогну́ть *св,* разгиба́ть *нсв,* распрями́ть *св,* -мля́ть *нсв; fam (in Ordnung bringen)* привести́ в поря́док
geradeheraus *adv* без обиняко́в, напрями́к
gerädert [gəˈrɛ:dɐt] *adj* разби́тый, изму́ченный; **wie ~ sein** быть соверше́нно изму́ченным
gerade stehenRR *vi* стоя́ть *нсв* пря́мо; **für etw ~** нести́ за что-л. отве́тственность, быть в отве́те за что-л.
geradewegs *adv* пря́мо
geradezu *adv* **1.** *(beinahe)* почти́ **2.** *(geradeheraus)* без обиняко́в, напрями́к; **das ist ~ unglaublich** э́то про́сто невероя́тно
Geradlinigkeit <-> *f* прямолине́йность *ж*
gerammelt [gəˈraməlt] *adv* **~ voll** битко́м наби́тый
Geranie [geˈra:niə] <-, -n> *f* гера́нь *ж*
gerannt [gəˈrant] *part perf von* **rennen**
Gerät [gəˈrɛ:t] <-(e)s, -e> *nt* прибо́р *м,* аппара́т *м*
geraten [gəˈra:tən] <geriet, geraten> *vi* **1.** *(gelangen)* попа́сть *св,* -пада́ть *нсв,* очути́ться *св* **2.** *fig (ausfallen)* выходи́ть, вы́йти *св,* получа́ться, -чи́ться *св;* **eine gut ~e Arbeit** хорошо́ уда́вшаяся рабо́та; **außer sich ~** вы́йти из себя́; **in Verlegenheit ~** кому́-л. стано́вится сты́дно; **in Schwierigkeiten ~** попа́сть в беду́; **er ist an den Falschen ~** он не на того́ напа́л
Geräteturnen <-s> *nt* гимна́стика *ж* на снаря́дах
Geratewohl [gəˈra:təvo:l] *nt* **aufs ~** на аво́сь
geraum [gəˈraʊm] *adj* до́лгий, продолжи́тельный; **vor ~er Zeit** задо́лго; **seit geraumer Zeit** с да́вних пор
geräumig [gəˈrɔɪmɪç] *adj* просто́рный
Geräusch [gəˈrɔɪʃ] <-(e)s, -e> *nt* шо́рох *м,* шум *м*
geräuscharm [gəˈrɔɪʃ] *adj* бесшу́мный
Geräuschdämmung <-> *f* звукоизоля́ция *ж*
Geräuschkulisse <-, -n> *f* шумово́й фон *м,* звуково́й фон *м*
geräuschlos *adj* бесшу́мный, ти́хий
geräuschvoll *adj* шу́мный
gerben [ˈgɛrbən] *vt (Leder)* дуби́ть, вы́- *св*
Gerber(in) <-s, -; -nen> *m(f)* скорня́к *м*
Gerberei <-, -en> *f* **1.** *(Betrieb)* дуби́льня *ж* **2.** *(das Gerben)* дубле́ние *ср*
gerecht [gəˈrɛçt] *adj* справедли́вый; **jdm/einer Sache ~ werden** оцени́ть по досто́инству кого́-л./что-л.
gerechtfertigt *adj* справедли́вый, основа́тельный
Gerechtigkeit <-> *f* справедли́вость *ж;* **jdm ~ widerfahren lassen** возда́ть по заслу́гам
Gerede [gəˈre:də] <-s> *nt* болтовня́ *ж;* **ins ~ kommen** стать предме́том то́лков; **was für ein dummes ~!** что за глу́пая болтовня́!
geregelt *adj* урегули́рованный; **ein ~es Leben führen** вести́ упоря́доченный о́браз жи́зни
gereift *adj* зре́лый
gereizt [gəˈraɪtst] *adj* раздражённый
Gericht[1] [gəˈrɪçt] <-(e)s, -e> *nt (Speise)* блю́до *ср*
Gericht[2] [gəˈrɪçt] <-(e)s, -e> *nt* JUR суд *м;* **zuständiges ~** компете́нтный суд; **dem ~ übergeben** подава́ть в суд; **jdn vor ~ bringen** привле́чь кого́-л. к суду́; **über jdn ~ halten** суди́ть кого́-л.; **das Jüngste ~** Стра́шный суд; **vor ~ stehen** предста́ть перед судо́м
gerichtlich *adj* суде́бный; **gegen jdn ~ vorgehen** пода́ть в суд на кого́-л.
Gerichtsbarkeit <-> *f* подсу́дность *ж,* юрисди́кция *ж*

G

Geringschätzung ausdrücken

• **Geringschätzung / Missfallen ausdrücken**	• **Выражение пренебрежения / недовольства**
Ich halte nicht viel von dieser Theorie.	**Я не одобряю** эту теорию.
Davon halte ich gar / überhaupt nichts.	**У меня нет мнения по данному вопросу./ Меня вообще это не впечатляет.**
Komm mir bloß nicht mit Psychologie! *(fam)*	**Не лезь / не приставай ко мне со своими** философскими **глупостями**!
(Es tut mir Leid, aber) **ich habe für** diese Typen **nichts übrig.** *(fam)*	(Простите, но) **у меня нет времени на** людей подобного рода.
Ich kann mit moderner Kunst **nichts anfangen.** *(fam)*	Современное искусство **– это вообще не моя область. / мне до фени.** *(fam)*

Gerichtsbeschluss[RR] <-es, -beschlüsse> *m* постановле́ние *ср* суда́

Gerichtsdiener(in) *m(f)* рассы́льный *м*

Gerichtsgutachten <-s, -> *m* суде́бная эксперти́за *ж*

Gerichtshof <-(e)s, -höfe> *m* суд *м*

Gerichtskosten <-> *pl* суде́бные изде́ржки *мн*

Gerichtsmedizin <-> *f* суде́бная медици́на *ж*

Gerichtssaal <-(e)s, -säle> *m* зал *м* суда́

Gerichtsstand <-(e)s> *m* JUR подсу́дность *ж;* **allgemeiner ~** о́бщая подсу́дность; **vertraglich vereinbarter ~** догово́рная подсу́дность

Gerichtsurteil <-(e)s, -e> *nt* пригово́р *м*

Gerichtsverfahren <-s, -> *nt* суде́бное произво́дство *ср;* **gegen jdn ein ~ einleiten** пода́ть в суд на кого́-л.

Gerichtsverhandlung <-, -en> *f* суде́бное заседа́ние *ср*, суде́бное разбира́тельство *ср*

Gerichtsvollzieher <-s, -> *m* суде́бный исполни́тель *м*

Gerichtsweg <-(e)s> *m* суде́бный поря́док *м*

gerieben [gəˈriːbən] *part perf von* **reiben**

geriet *prät von* **geraten**

gering [gəˈrɪŋ] *adj* **1.** *(niedrig)* ни́зкий; **von geringer Qualität** низкока́чественный; **etw/jdn ~ schätzen** недооце́нивать кого́-л./что-л. **2.** *(klein)* ма́лый, незначи́тельный; **eine ~e Menge** незначи́тельное коли́чество *ср;* **das stört mich nicht im Geringsten** э́то меня́ ниско́лько не беспоко́ит

geringfügig [gəˈrɪŋfyːgɪç] *adj* **1.** *(klein)* небольшо́й **2.** *(unwichtig)* незначи́тельный, малова́жный; **~e Unterschiede** незначи́тельные разли́чия *мн*

gering schätzen[RR] *vt* **1.** *(gering einschätzen)* пренебрега́ть, -бре́чь *св* **2.** *(verachten)* презира́ть *нсв*

geringschätzig *adj* пренебрежи́тельный, презри́тельный

gerinnen [gəˈrɪnən] <geronn, geronnen> *vi (Milch)* сверну́ться *св*, свёртываться *нсв*

Gerippe [gəˈrɪpə] <-s, -> *nt (Skelett)* скеле́т *м*

gerissen [gəˈrɪsən] **I.** *part perf von* **reißen** **II.** *adj (schlau)* продувно́й, у́шлый

Gerissenheit *f ohne pl* хи́трость *ж*

geritten [gəˈrɪtən] *part perf von* **reiten**

Germanist(in) <-en, -en> *m(f)* германи́ст *м*

Germanistik [gɛrmaˈnɪstɪk] <-> *f* германи́стика *ж*

gern [gɛrn] *adv* охо́тно; **jdn ~haben** хорошо́ относи́ться к кому́-л.; **~ geschehen!** не сто́ит благода́рности!

gerochen [gəˈrɔxən] *part perf von* **riechen**

geronnen[1] [gəˈrɔnən] *part perf von* **gerinnen**

geronnen[2] [gəˈrɔnən] *part perf von* **rinnen**

Gerontologie <-> *f* геронтоло́гия *ж*

Gerste [ˈgɛrstə] <-> *f* ячме́нь *м*

Gerte [ˈgɛrtə] <-, -n> *f* прут *м*

gertenschlank *adj* то́нкий, как трости́нка

Geruch [gəˈrʊx, gəˈrʏçə] <-(e)s, Gerüche> *m* за́пах *м*

geruchlos *adj* без за́паха

Geruchssinn <-(e)s> *m* обоня́ние *ср*

Gerücht [gəˈrʏçt] <-(e)s, -e> *nt* слух *м;* **es kursiert das ~, dass ...** хо́дят слу́хи, что ...; **ein ~ in die Welt setzen** пусти́ть слух

gerufen [gəˈruːfən] *part perf von* **rufen**

geruhen *vi geh* соизво́лить *св*, -ля́ть *нсв;* **~, etw zu tun** соблагово́лить сде́лать что-л.

geruhsam [gəˈruːzaːm] *adj* неторопли́вый, споко́йный

Gerümpel [gəˈrʏmpəl] <-s> *nt* ру́хлядь *ж*

gerungen [gəˈrʊŋən] *part perf von* **ringen**

Gerüst [gəˈrʏst] <-(e)s, -e> *nt* леса́ *мн*

gesalzen [gəˈzaltsən] *adj (unfreundlich, grob)* гру́бый, ре́зкий; **ein ~er Brief** *umg* письмо́ в ре́зком то́не

gesamt [gəˈzamt] *adj* весь, це́лый; **die ~e Rechnung** о́бщий счёт *м*

Gesamtausgabe <-, -n> *f* по́лное собра́ние *ср* сочине́ний

Gesamtbetrag <-(e)s, -beträge> *m* о́бщая

су́мма *ж*

Gesamtbetriebsrat <-(e)s, -betriebsräte> *m производственный сове́т гру́ппы предприя́тий, принадлежа́щих одно́й фи́рме*

Gesamtbevölkerung <-, -en> *f* всё населе́ние *ср*

Gesamtbilanz <-, -en> *f* сво́дный бала́нс *м*

gesamtdeutsch *adj* общегерма́нский

Gesamtdeutschland <-s> *nt* Герма́ния как це́лое *ср*

Gesamteindruck <-(e)s> *m* о́бщее впечатле́ние *ср*

Gesamtergebnis <-ses, -se> *nt* о́бщий результа́т *м*

Gesamterlös <-es, -e> *m* о́бщая вы́ручка *ж*

gesamteuropäisch *adj* общеевропе́йский

Gesamtgewicht <-(e)s> *nt* по́лная ма́сса *ж*

Gesamtheit <-> *f* совоку́пность *ж;* **das Volk in seiner ~** наро́д в це́лом

Gesamtkapazität <-, -en> *f* о́бщая мо́щность *ж*

Gesamtklassement <-s, -s> *nt* SPORT *(Radsport)* о́бщий зачёт *м*

Gesamtkonzept <-(e)s, -e> *nt* о́бщий план *м*

Gesamtkosten <-> *pl* о́бщие изде́ржки *мн*

Gesamtleitung <-> *f* о́бщее руково́дство *ср*

Gesamtprokura <-> *f* JUR о́бщая дове́ренность *ж*

Gesamtschaden <-s> *m* о́бщий уще́рб *м*

> **i Land & Leute**
>
> В **Gesamtschule** – **единой школе** изначально отменена традиционная трёхступенчатая система обучения по ориентации. Кроме группы основных предметов, обязательных для всех учащихся, здесь существуют факультативные предметы, предметы, отвечающие склонностям учащихся, а также специальные курсы. В зависимости от дарования учащиеся могут сдавать экзамены различных уровней. Этот экспериментальный тип школы не получил повсеместного признания ни в Германии, ни в Австрии.

Gesamtsumme <-, -n> *f* о́бщая су́мма *ж*

Gesamtübersicht <-, -en> *f* о́бщий обзо́р *м,* о́бщее впечатле́ние *ср*

Gesamtumsatz <-es, -umsätze> *m* о́бщий оборо́т *м*

Gesamtvermögen <-s, -> *nt* о́бщее иму́щество *ср*

Gesamtvolumen <-s> *nt* о́бщий объём *м*

gesamtwirtschaftlich *adj* народнохозя́йственный; **~e Nachfrage** народнохозя́йственный спрос на това́ры; **~es Gleichgewicht** народнохозя́йственное равнове́сие

Gesamtzahl <-, -en> *f* о́бщая су́мма *ж*

Gesamtzusammenhang <-s> *m* о́бщая связь *ж*

gesandt [gəˈzant] *part perf von* **senden**

Gesandte(r) <-n, -n> *f(m)* посла́нник *м*

Gesandtschaft <-, -en> *f* ми́ссия *ж*

Gesang [gəˈzaŋ, gəˈzɛŋə] <-(e)s, Gesänge> *m* **1.** *(das Singen)* пе́ние *ср* **2.** *(Lied)* пе́сня *ж* **3.** *(Choral)* церко́вное песнопе́ние *ср*

Gesangbuch <-(e)s, -bücher> *nt* сбо́рник *м* церко́вных песнопе́ний

Gesanglehrer(in) <-s, -> *m(f)* учи́тель *м* пе́ния

Gesangverein <-s, -e> *m* о́бщество *ср* люби́телей пе́ния, пе́вческий кружо́к *м*

Gesäß [gəˈzɛːs] <-es, -e> *nt* я́годицы *мн*

geschaffen [gəˈʃafən] *part perf von* **schaffen**[1]

geschafft *part perf von* **schaffen**[2]

Geschäft[1] [gəˈʃɛft] <-(e)s, -e> *nt* **1.** *(Laden)* магази́н *м;* **ein ~ eröffnen** открыва́ть магази́н **2.** *(Gewerbe)* фи́рма *ж,* де́ло *ср;* **gut gehendes ~** процвета́ющая фи́рма; **ein ~ führen** вести́ дела фи́рмы **3.** *(Handel)* сде́лка *ж;* **ein ~ abschließen** заключи́ть сде́лку; **ein ~ abwickeln** производи́ть опера́цию; **ein gutes ~ machen** заключа́ть вы́годную сде́лку; **laufendes ~** теку́щая сде́лка; **ein ~ rückgängig machen** аннули́ровать сде́лку **4.** *(Geschäftsleben)* би́знес *м;* **mit jdm ~e machen** заключа́ть с ке́м-л. сде́лки; **ins ~ gehen** идти́ на слу́жбу; **mit jdm ins ~ kommen** нача́ть торго́влю с кем-л.; **morgen gehe ich nicht ins ~** *fam* за́втра я не пойду́ на рабо́ту **5.** *(Notdurft)* **sein ~ verrichten** ходи́ть по нужде́

Geschäft[2] [gəˈʃɛft] <-(e)s> *nt ohne pl (Gewinn)* сде́лка *ж;* **ein gutes/schlechtes ~ machen** заключи́ть хоро́шую/плоху́ю сде́лку

Geschäftemacher(in) <-s, -> *m(f) pej* деле́ц *м*

geschäftig *adj* де́ятельный, делово́й

Geschäftigkeit <-> *f* делови́тость *ж,* де́ятельность *ж*

geschäftlich I. *adj* делово́й, служе́бный; **er war ~ verhindert** его́ задержа́ли дела́; **~e Angelegenheiten** служе́бные дела́; **~ unterwegs sein** е́здить по дела́м **II.** *adv* по де́лу, по слу́жбе

Geschäftsabschluss[RR] <-es, -abschlüsse> *m* заключе́ние *ср* сде́лки

Geschäftsbank <-, -en> *f* комме́рческий банк *м*
Geschäftsbedingungen *pl* усло́вия *мн* сде́лки
Geschäftsbereich <-(e)s, -e> *m* **1.** *(Tätigkeitsbereich)* круг *м* де́ятельности **2.** *(Unternehmensabteilung)* отде́л *м* **3.** *(Verantwortungsbereich)* компете́нция *ж*
Geschäftsbeziehungen <-> *pl* комме́рческие свя́зи *мн*
Geschäftsbrief <-(e)s, -e> *m* делово́е письмо́ *ср*
Geschäftseröffnung <-, -en> *f* откры́тие *ср* магази́на
Geschäftsessen <-s, -> *nt* делово́й обе́д *м*
geschäftsfähig *adj* дееспосо́бный
Geschäftsfähigkeit <-> *f* дееспосо́бность *ж*
Geschäftsfeld <-er> *nt* сфе́ра *ж* де́ятельности
Geschäftsfrau <-, -en> *f* бизнесда́ма *ж*
Geschäftsführer(in) <-s, -> *m(f)* управля́ющий *м*, управля́ющая *ж*, заве́дующий *м*, заве́дующая *ж*
Geschäftsführung <-, -en> *f (Tätigkeit)* управле́ние *ср* дела́ми
Geschäftsinhaber(in) <-s, -> *m(f)* владе́лец *м* предприя́тия
Geschäftsinteresse <-s, -n> *nt* делово́й [*или* комме́рческий] интере́с *м*
Geschäftsjahr <-(e)s, -e> *nt* хозя́йственный год *м*; **laufendes ~** теку́щий хозя́йственный год; **ein ~ abschließen** заверши́ть хозя́йственный год
Geschäftslage <-> *f* положе́ние *ср* дел
Geschäftsleben <-s> *nt* делова́я жи́знь *ж*
Geschäftsleitung <-, -en> *f* руково́дство *ср* предприя́тием
Geschäftsmann <-(e)s, -leute> *m* делово́й челове́к *м*, бизнесме́н *м*
geschäftsmäßig *adj* делово́й
Geschäftsmethoden <-> *pl* ме́тоды *ммн* веде́ния дел
Geschäftspartner <-s, -> *m* делово́й партнёр *м*
Geschäftsreise <-, -n> *f* делова́я пое́здка *ж*, командиро́вка *ж*
Geschäftsrisiko <-s, -risiken> *nt* делово́й риск *м*
Geschäftsschluss[RR] <-es> *m* оконча́ние *ср* рабо́ты; **nach ~** по́сле рабо́ты
Geschäftsstelle <-, -n> *f* бюро́ *ср*, конто́ра *ж*; *(Zweigstelle)* отделе́ние *ср*
Geschäftsstraße <-, -n> *f* торго́вая у́лица *ж*
Geschäftstätigkeit <-, -en> *f* делова́я акти́вность *ж*; **die ~ aufnehmen** начина́ть комме́рческую де́ятельность
geschäftstüchtig *adj* делово́й
Geschäftsübernahme <-, -n> *f* JUR вступле́ние *ср* во владе́ние предприя́тием
Geschäftswelt <-> *f* делово́й мир *м*
geschah [gəˈʃaː] *prät von* **geschehen**
geschehen [gəˈʃeːən] <geschah, geschehen> *vi* произойти́ *св*, -исходи́ть *нсв*, случи́ться *св*, -ча́ться *нсв*; **geschieht dir recht** так тебе́ и на́до; **es ist um jdn ~** с кем-л. ко́нчено; **es war um ihn ~** он пропа́л; **als ob nichts ~ wäre** как бу́дто ничего́ не случи́лось
Geschehen <-s> *nt* собы́тие *ср*, происше́ствие *ср*
gescheit [gəˈʃaɪt] *adj* у́мный, разу́мный
gescheitert *adj* потерпе́вший круше́ние [*или* неуда́чу]
Geschenk [gəˈʃɛŋk] <-(e)s, -e> *nt* пода́рок *м*, дар *м*; **ein ~ des Himmels** пода́рок от бо́га; **jdm ein ~ machen** сде́лать кому-л. пода́рок
Geschenkboutique <-, -n> *f* сувени́рный магази́н *м*
Geschenkgutschein <-(e)s, -e> *m* чек *м* на получе́ние пода́рка
Geschenkpapier <-(e)s> *nt* упако́вочная бума́га *ж* для пода́рков
Geschichte[1] [gəˈʃɪçtə] <-, -n> *f* **1.** *(Erzählung)* расска́з *м*, исто́рия *ж* **2.** *(Angelegenheit)* исто́рия *ж*; **eine schöne ~!** хоро́шенькое де́ло!; **mach keine Geschichten!** не де́лай глу́постей!
Geschichte[2] [gəˈʃɪçtə] *f ohne pl (Entwicklungsprozess)* исто́рия *ж*; **Alte/Mittlere/Neue ~** дре́вняя/средневеко́вая/но́вая исто́рия
geschichtlich *adj* истори́ческий; **ein ~ bedeutsames Ereignis** собы́тие истори́ческого значе́ния
Geschichtsbewusstsein <-s> *nt* истори́ческое созна́ние *ср*
Geschichtsbuch <-(e)s, -bücher> *nt* уче́бник *м* исто́рии
Geschichtsschreibung <-> *f* историогра́фия *ж*
Geschick [gəˈʃɪk] <-(e)s, -e> *nt* **1.** *(Schicksal)* судьба́ *ж*, рок *м* **2.** *(Fertigkeit)* мастерство́ *ср*, сноро́вка *ж*
Geschicklichkeit <-> *f* мастерство́ *ср*, уме́ние *ср*
geschickt *adj* ло́вкий, иску́сный; **sich bei etw** *dat* **~ anstellen** ло́вко сде́лать что-л.
geschieden [gəˈʃiːdən] *adj* разведённый
geschienen [gəˈʃiːnən] *part perf von* **scheinen**
geschirmt *adj* TECH экрани́рованный
Geschirr [gəˈʃɪr] <-(e)s, -e> *nt* **1.** *(Küchen~)* посу́да *ж* **2.** *(Geschirrstück)* посу́дина *ж*
Geschirrschrank *m* буфе́т *м*
Geschirrspülmaschine <-, -n> *f* посудомо́ечная маши́на *ж*
Geschirrspülmittel <-s, -> *nt* посудомо́ечное сре́дство *ср*
Geschirrtuch <-(e)s, -tücher> *nt* ку́хонное

полоте́нце *ср*
geschissen [gəˈʃɪsən] *part perf von* **scheißen**
geschlafen [gəˈʃlaːfən] *part perf von* **schlafen**
geschlagen [gəˈʃlaːgən] *part perf von* **schlagen**
Geschlecht [gəˈʃlɛçt] <-(e)s, -er> *nt* **1.** *(menschliches Geschlecht)* род *м;* **das schöne** [*o* **schwache**] ~ прекра́сный [*или* сла́бый] пол *м;* **das schwache/starke** ~ *fam* сла́бый/си́льный пол **2.** LING род *м* **3.** *(Familie)* род *м,* семья́ *ж*
geschlechtlich *adj* полово́й
Geschlechtsakt <-(e)s> *m* сексуа́льный акт *м*
Geschlechtshormon *nt* полово́й гормо́н *м*
Geschlechtskrankheit <-, -en> *f* венери́ческая боле́знь *ж*
Geschlechtsleben *nt ohne pl* сексуа́льная жизнь *ж*
geschlechtslos *adj* BIO беспо́лый
Geschlechtsorgan <-(e)s, -e> *nt* полово́й о́рган *м*
Geschlechtsreife <-> *f* полова́я зре́лость *ж*
geschlechtsspezifisch *adj* име́ющий полову́ю специ́фику
Geschlechtsteil <-s, -e> *nt* полово́й о́рган *м*
Geschlechtsverkehr <-s> *m* полово́е сноше́ние *ср*
Geschlechtswort <-(e)s, -wörter> *nt* арти́кль *м*
geschlichen [gəˈʃlɪçən] *part perf von* **schleichen**
geschliffen [gəˈʃlɪfən] **I.** *part perf von* **schleifen** **II.** *adj* **1.** *(Glas)* шлифо́ванный **2.** *fig* отто́ченный
geschlossen [gəˈʃlɔsən] **I.** *part perf von* **schließen** **II.** *adj (verschlossen)* закры́тый; **vorübergehend** ~ вре́менно закры́то
geschlungen [gəˈʃlʊŋən] *part perf von* **schlingen**[1]
Geschmack [gəˈʃmak] <-(e)s, Geschmäcke> *m* вкус *м;* **an etw** ~ **finden** находи́ть удово́льствие в чём-л.; **für meinen** ~ на мой вкус; **das ist nicht nach meinem** ~ э́то мне не по вку́су; **über** ~ **lässt sich** (**nicht**) **streiten** *prov* на вкус и цвет това́рищей нет
geschmacklos *adj* безвку́сный
Geschmacklosigkeit <-, -en> *f* безвку́сица *ж*
Geschmacksnerv <-s, -en> *m* вкусово́й нерв *м*
Geschmackssache <-> *f* **das ist** ~ э́то де́ло вку́са
Geschmackssinn <-(e)s> *m* чу́вство *ср* вку́са
Geschmacksverirrung *f abw* извраще́ние *ср* вку́сов
geschmackvoll *adj* со вку́сом; ~ **gekleidet sein** быть оде́тым со вку́сом
geschmeidig [gəˈʃmaɪdɪç] *adj* **1.** *(weich)* мя́гкий **2.** *fig (Bewegungen)* ги́бкий, пла́вный **3.** *fig (Körper)* ги́бкий, упру́гий
Geschmier <-(e)s> *nt pej* пачкотня́ *ж,* мазня́ *ж*
geschmissen [gəˈʃmɪsən] *part perf von* **schmeißen**
geschmolzen [gəˈʃmɔltsən] *part perf von* **schmelzen**
geschnitten [gəˈʃnɪtən] *part perf von* **schneiden**
geschoben [gəˈʃoːbən] *part perf von* **schieben**
gescholten [gəˈʃɔltən] *part perf von* **schelten**
Geschöpf [gəˈʃœpf] <-(e)s, -e> *nt* существо́ *ср*
geschoren [gəˈʃoːrən] *part perf von* **scheren**
Geschoss[RR] [gəˈʃɔs] <-es, -e> *nt,* **Geschoß**[Alt] [gəˈʃɔs] <-schosses, -schosse> *nt* **1.** *(Rakete)* раке́та *ж* **2.** *(Kugel)* пу́ля *ж; (von Waffen)* вы́стрел *м* **3.** *(eines Hauses)* эта́ж *м*
geschossen [gəˈʃɔsən] *part perf von* **schießen**
Geschrei <-s> *nt* крик *м,* вопль *м;* **ein großes** ~ **über etw machen** подня́ть большо́й шум вокру́г чего́-л.
geschrieben [gəˈʃriːbən] *part perf von* **schreiben**
geschrien *part perf von* **schreien**
geschritten [gəˈʃrɪtən] *part perf von* **schreiten**
geschunden [gəˈʃʊndən] *part perf von* **schinden**
Geschütz [gəˈʃʏts] <-es, -e> *nt* ору́дие *ср;* **schweres** ~ **auffahren** пусти́ть в ход тяжёлую артилле́рию
Geschützturm <-(e)s, -türme> *m (Panzer, Schiff)* ба́шня *ж*
Geschwader [gəˈʃvaːdɐ] <-s, -> *nt* MIL эска́дра *ж*
Geschwätz [gəˈʃvɛts] <-es> *nt* **1.** *umg (Unsinn)* болтовня́ *ж* **2.** *(Klatsch)* спле́тни *мн*
geschwätzig *adj* болтли́вый
geschweige [gəˈʃvaɪgə] *konj* не говоря́; ~ **denn** не говоря́ о; **er mag grundsätzlich keine Rockmusik,** ~ **denn Hard Rock** он вообще́ не лю́бит рок-му́зыки, не говоря́ уже́ о тяжёлом ро́ке
geschwiegen [gəˈʃviːgən] *part perf von* **schweigen**
geschwind [gəˈʃvɪnt] *adj* бы́стрый, ско́рый
Geschwindigkeit [gəˈʃvɪndɪçkaɪt] <-, -en> *f* ско́рость *ж;* **mit einer** ~ **von ...** со ско́ростью ...; **relative** ~ относи́тельная ско́рость
Geschwindigkeitsabfall <-(e)s> *m* паде́ние *ср* ско́рости
Geschwindigkeitsbeschränkung <-, -en> *f* ограниче́ние *ср* ско́рости
Geschwindigkeitsmesser <-s, -> *m* спидо́метр *м*
Geschwindigkeitsrekord <-(e)s, -e> *m* реко́рд *м* ско́рости

G

Geschwindigkeitsüberschreitung *f* превыше́ние *ср* ско́рости

Geschwister [gəˈʃvɪstɐ] <-> *pl* брат и сестра́; **haben sie noch ~?** есть у вас ещё бра́тья и сёстры?

geschwollen [gəˈʃvɔlən] **I.** *part perf von* **schwellen II.** *adj* опу́хший

geschwommen [gəˈʃvɔmən] *part perf von* **schwimmen**

geschworen [gəˈʃvoːrən] **I.** *part perf von* **schwören II.** *adj (Feind)* закля́тый

Geschworene(r) <-n, -n> *m* прися́жный заседа́тель *м*

Geschwulst [gəˈʃvʊlst] <-, Geschwülste> *f* о́пухоль *ж*

geschwunden [gəˈʃvʊndən] *part perf von* **schwinden**

geschwungen [gəˈʃvʊŋən] **I.** *part perf von* **schwingen II.** *adj* изо́гнутый

Geschwür [gəˈʃvyːɐ̯] <-(e)s, -e> *nt* нары́в *м*, гнойни́к *м*

gesehen [gəˈzeːən] *part perf von* **sehen**

Geselchte(s) [gəˈzɛlçtə] *nt österr (Rauchfleisch)* копчёное мя́со *ср*

Geselle [gəˈzɛlə] <-n, -n> *m* **1.** *(Handwerks~)* подмасте́рье *м* **2.** *(Kamerad)* това́рищ *м*; **ein guter** [*o* **treuer**] **~** хоро́ший [*или* ве́рный] това́рищ **3.** *(Bursche, Kerl)* па́рень *м*, ма́лый *м*

gesellen [gəˈzɛlən] *vt* присоединя́ться, -ни́ться *св*; **sich zu jdm ~** присоедини́ться к кому́-л.

gesellig *adj* общи́тельный, конта́ктный

Geselligkeit <-> *f* общи́тельность *ж*

Gesellschaft [gəˈzɛlʃaft] <-, -en> *f* **1.** *(allg)* о́бщество *ср* **2.** ÖKON компа́ния *ж*, това́рищество *ср*; **eine ~ gründen** учрежда́ть о́бщество; **~ mit beschränkter Haftung** о́бщество с ограни́ченной отве́тственностью; **~ mit unbeschränkter Haftung** о́бщество с неограни́ченной отве́тственностью; **stille ~** коммандитное това́рищество **3.** *(Begleitung)* компа́ния *ж*; **jdm ~ leisten** соста́вить кому́-л. компа́нию; **geladene ~** и́збранное о́бщество; **eine ~ geben** устро́ить зва́ный ве́чер; **er ist in schlechte ~ geraten** он попа́л в плоху́ю компа́нию

Gesellschafter <-s, -> *m* JUR уча́стник *м*, компаньо́н *м*; **stiller ~** негла́сный компаньо́н

Gesellschafterversammlung <-, -en> *f* собра́ние *ср* уча́стников о́бщества

gesellschaftlich *adj* обще́ственный

Gesellschaftsanzug <-(e)s, -anzüge> *m* мужско́й вече́рний [*или* выходно́й] костю́м *м*

Gesellschaftsform <-, -en> *f* JUR фо́рма *ж* о́бщества

Gesellschaftsordnung <-, -en> *f* обще́ственный строй *м*

Gesellschaftsschicht <-, -en> *f* слой *м* о́бщества

Gesellschaftsspiel <-(e)s, -e> *nt* насто́льная игра́ *ж*

Gesellschaftssystem <-(e)s, -e> *nt* обще́ственный стро́й *м*

gesessen [gəˈzɛsən] *part perf von* **sitzen**

Gesetz [gəˈzɛts] <-es, -e> *nt* **1.** *(Recht)* зако́н *м*; **~ von Angebot und Nachfrage** зако́н спро́са и предложе́ния; **ein ~ beschließen** принима́ть зако́н; **ein ~ einbringen** вноси́ть законопрое́кт; **ein ~ erlassen** издава́ть зако́н; **geltendes ~** де́йствующий зако́н; **kraft des ~es** в си́лу зако́на; **nach dem ~** по зако́ну; **strenges ~** стро́гий зако́н; **das ~ übertreten** наруша́ть зако́н; **ein ungeschriebenes ~** непи́саный зако́н **2.** *(~esvorlage)* законопрое́кт *м*; **ein ~ erlassen** [*o* **verabschieden**] изда́ть [*или* приня́ть] зако́н

Gesetzbuch <-(e)s, -bücher> *nt* ко́декс *м*, свод *м* зако́нов

Gesetzentwurf <-(e)s, -entwürfe> *m* законопрое́кт *м*

Gesetzesänderung <-, -en> *f* измене́ние *ср* зако́на

Gesetzesentwurf <-(e)s, -entwürfe> *m* законопрое́кт *м*

Gesetzeslücke <-, -n> *f* JUR пробе́л *м* в зако́не

gesetzestreu *adj* согла́сно зако́ну

Gesetzesvorlage <-, -n> *f* прое́кт *м* зако́на, законопрое́кт *м*

gesetzgebend [gəˈzɛtsgeːbənt] *adj* законода́тельный

Gesetzgeber <-s, -> *m* законода́тель *м*

Gesetzgebung <-, -en> *f* законода́тельство *ср*

gesetzlich *adj* зако́нный; **~ geschützt** охраня́емый зако́ном; **~er Feiertag** госуда́рственный пра́здник; **~er Vertreter** зако́нный представи́тель; **~ vorgeschrieben** устана́вливаемый зако́ном; **~e Vorschrift** предписа́ние зако́на; **~es Zahlungsmittel** зако́нное платёжное сре́дство *ср*

gesetzlos *adj* незако́нный

Gesetzlosigkeit <-> *f* беззако́ние *ср*

gesetzmäßig *adj* закономе́рный; *(rechtmäßig)* зако́нный

gesetzt [gəˈzɛtst] *adj* степе́нный; **ein ~er älterer Herr** степе́нный пожило́й челове́к; **~ den Fall, dass ...** в слу́чае, е́сли ...

Gesetztheit <-> *f* степе́нность *ж*, соли́дность *ж*

gesetzwidrig *adj* противозако́нный; **~es Verhalten** противозако́нное поведе́ние *ср*

gesichert [gəˈzɪçɐt] *adj* обеспе́ченный

Gesicht [gəˈzɪçt] <-(e)s, -er> *nt* **1.** ANAT лицо́ *ср*; **sein wahres ~ zeigen** показа́ть своё и́стинное лицо́; **etw zu ~ bekommen**

увидеть что-л.; **das ~ wahren** сохранить спокойствие; **sein ~ verlieren** опятнить хорошее имя; **es steht ihm ins ~ geschrieben** у него это на лице написано; **jdm etw ins ~ sagen** сказать кому-л. что-л. в лицо; **jdm wie aus dem ~ geschnitten sein** кто-л. похож на кого-л. как две капли воды; **ein langes ~ machen** у кого-л. лицо вытянулось от удивления **2.** *(Erscheinung)* вид *м,* облик *м*

Gesichtsausdruck <-(e)s, -ausdrücke> *m* выражение *ср* лица

Gesichtsfarbe <-, -n> *f* цвет *м* лица

Gesichtspunkt <-(e)s, -e> *m* точка *ж* зрения; **unter diesem ~** с этой точки зрения

Gesichtswasser <-s, -wässer> *nt* туалетная вода *ж*

Gesichtszüge <-> *pl* черты *мн* лица

Gesindel [gəˈzɪndəl] <-s> *nt pej* сброд *м,* отребье *ср*

gesinnt [gəˈzɪnt] *adj* настроенный; **jdm freundlich/übel ~ sein** быть дружелюбно/враждебно настроенным по отношению к кому-л.

Gesinnung [gəˈzɪnʊŋ] <-, -en> *f* убеждения *срмн;* **politische ~** политические убеждения

Gesinnungsgenosse <-n, -n> *m* сторонник *м*

Gesinnungswandel <-s> *m* изменение *ср* убеждений

gesittet [gəˈzɪtət] *adj* благовоспитанный, благонравный

gesoffen [gəˈzɔfən] *part perf von* **saufen**

gesogen [gəˈzoːgən] *part perf von* **saugen**

gesonnen [gəˈzɔnən] **I.** *pp von* **sinnen II.** *adj* **~ sein, etw zu tun** намереваться сделать что-л.

gesotten [gəˈzɔtən] *part perf von* **sieden**

Gespann [gəˈʃpan] <-(e)s, -e> *nt (von Zugtieren)* упряжка *ж*

gespannt [gəˈʃpant] *adj* **1.** *(erwartungsvoll)* полный нетерпения, нетерпеливый; **auf etw ~ sein** с нетерпением ожидать чего-л. **2.** *(neugierig)* полный любопытства; **ich bin ~, was daraus wird** мне любопытно посмотреть, что получится **3.** *(straff)* натянутый **4.** *fig (belastet)* напряжённый, натянутый; **es herrschte eine ~e Stimmung** царила напряжённая атмосфера

Gespanntheit <-> *f* напряжённость *ж*

Gespenst [gəˈʃpɛnst] <-(e)s, -er> *nt* привидение *ср;* **du siehst doch ~er!** *umg* тебе показалось!

gespenstisch *adj* **1.** *(Aussehen)* жуткий **2.** *fig (schauerlich)* зловещий, жуткий

gesponnen [gəˈʃpɔnən] *part perf von* **spinnen**

Gespött [gəˈʃpœt] <-(e)s> *nt* насмешка *ж;* **sich zum ~ machen** сделаться посмешищем

Gespräch [gəˈʃprɛːç] <-(e)s, -e> *nt* разговор *м,* беседа *ж; (Telefon~)* телефонный разговор *м;* **mit jdm ins ~ kommen** завязать с кем-л. беседу; **ein ~ anmelden** заказать телефонный разговор; **(mit jdm) ein ~ führen** разговаривать с кем-л.

gesprächig *adj* разговорчивый, словоохотливый

Gesprächsgebühr <-, -en> *f* TELKOM плата *ж* за телефонный разговор

Gesprächskreis <-es, -e> *m* круг *м* собеседников

Gesprächsnotiz <-, -en> *f* заметка *ж* по ходу разговора

Gesprächspartner(in) <-s, -> *m(f)* собеседник *м,* собеседница *ж*

Gesprächsrunde <-, -n> *f* беседа *ж* за круглым столом

Gesprächsstoff <-(e)s, -e> *m* предмет *м* разговоров

Gesprächsthema <-s, -themen> *nt* тема *ж* разговора

gesprochen [gəˈʃprɔxən] *part perf von* **sprechen**

gesprungen [gəˈʃprʊŋən] *part perf von* **springen**

Gespür [gəˈʃpyːɐ] <-s> *nt* чутьё *ср,* нюх *м*

gestaffelt *adj* **eine progressiv ~e Besteuerung** прогрессивное налогообложение

Gestalt [gəˈʃtalt] <-, -en> *f* **1.** *(Form)* форма *ж,* вид *м;* **~ annehmen** приобретать ясные очертания; **in ~ von** в образе; **eine düstere ~** мрачная фигура *ж* **2.** *(Körperbau)* фигура *ж* **3.** *(literarische Figur)* образ *м,* персонаж *м*

gestalten *vt* оформлять, оформить *св*

Gestaltlosigkeit <-> *f* бесформенность *ж,* аморфность *ж*

Gestaltung <-, -en> *f* оформление *ср*

gestanden [gəˈʃtandən] *part perf von* **gestehen**

geständig [gəˈʃtɛndɪç] *adj* сознавшийся; **~ sein** признать себя виновным

Geständnis [gəˈʃtɛntnɪs] <-ses, -se> *nt* признание *ср;* **ein ~ ablegen** сознаться (в чём-л.)

Gestank [gəˈʃtaŋk] <-(e)s> *m* вонь *ж,* смрад *м*

gestatten [gəˈʃtatən] **I.** *vt* разрешать, -шить *св,* позволять, -волить *св;* **jdm etw ~** позволить кому-л. что-л; **~ sie?** вы позволите? **II.** *vr* разрешать, -шить *св;* **sich ~, etw zu tun** позволить себе сделать что-л.

Geste [ˈgeːstə, ˈgɛstə] <-, -n> *f* жест *м*

gestehen <gestand, gestanden> *vt* сознавать, -знать *св,* признавать, -знать *св;* **ich muss ~, dass ...** должен признаться, что ...; **offen gestanden** откровенно говоря; **offen ~ weiß ich es nicht** откровенно говоря, я не знаю

Gestein [gəˈʃtaɪn] <-(e)s, -e> *nt* горная порода *ж*

G

Gestell [gəˈʃtɛl] <-(e)s, -e> *nt* **1.** *(Unterbau)* основа́ние *ср,* ра́ма *ж* **2.** *(für Bücher)* по́лка *ж,* стелла́ж *м*

gestern [ˈgɛstɐn] *adv* вчера́; **nicht von ~ sein** не быть старомо́дным; **~ Abend** вчера́ ве́чером; **~ Morgen** вчера́ у́тром; **ich bin doch nicht von ~** *fam* я не лы́ком шит

gestiegen [gəˈʃtiːgən] *part perf von* **steigen**

Gestik *f ohne pl* жестикуля́ция *ж*

gestikulieren [gɛstikuˈliːrən] *vi* жестикули́ровать *нсв*

Gestirn [gəˈʃtɪrn] <-(e)s, -e> *nt* **1.** *(Himmelskörper)* небе́сное те́ло *ср* **2.** *(Sternbild)* созве́здие *ср*

gestochen [gəˈʃtɔxən] **I.** *part perf von* **stechen** **II.** *adj* чёткий, ре́зкий; **eine ~ scharfe Schrift** чёткий по́черк

gestohlen [gəˈʃtoːlən] *part perf von* **stehlen**

gestorben [gəˈʃtɔrbən] *part perf von* **sterben**

gestört [gəˈʃtœːɐ̯t] *adj* PSYCH поме́шанный

gestoßen [gəˈʃtoːsən] *part perf von* **stoßen**

Gesträuch <-(e)s, -e> *nt* куста́рник *м*

gestreift [gəˈʃtraɪft] *adj* полоса́тый

gestresst^RR [gəˈʃtrɛst] *adj,* **gestreßt**^Alt [gəˈʃtrɛst] *adj* не́рвный

gestrichelt *adj* заштрихо́ванный

gestrichen [gəˈʃtrɪçən] **I.** *part perf von* **streichen** **II.** *adj (Maßangabe)* ро́вный; **ich hab die Schnauze ~ voll** *fam* с меня́ хва́тит!

gestrig [ˈgɛstrɪç] *adj* вчера́шний; **die ~e Zeitung** вчера́шняя газе́та *ж*

gestritten [gəˈʃtrɪtən] *part perf von* **streiten**

Gestrüpp [gəˈʃtrʏp] <-(e)s, -e> *nt* густы́е за́росли *мн*

gestunken [gəˈʃtʊŋkən] *part perf von* **stinken**

Gestüt [gəˈʃtyːt] <-(e)s, -e> *nt* ко́нный заво́д *м*

Gesuch [gəˈzuːx] <-(e)s, -e> *nt (Antrag)* заявле́ние *ср,* хода́тайство *ср;* **ein ~ ablehnen** отклоня́ть хода́тайство; **ein ~ bewilligen** удовлетворя́ть хода́тайство; **ein ~ einreichen** обраща́ться с хода́тайством

gesucht [gəˈzuːxt] *adj* **1.** *(gekünstelt)* иску́сственный **2.** *(begehrt)* популя́рный

gesund [gəˈzʊnt] <gesünder, am gesündesten> *adj* **1.** *(körperlich)* здоро́вый; **er ist immer noch ~ und munter** он по-пре́жнему бодр и здоро́в; **gesunde Ernährung** здоро́вая пи́ща; **wieder ~ werden** вы́здороветь; **~ aussehen** вы́глядеть здоро́вым **2.** *fig* поле́зный; **Gemüse ist ~** о́вощи поле́зны; **~er Menschenverstand** здра́вый смысл *м*

gesunden *vi* выздора́вливать, вы́здороветь *св,* поправля́ться, -пра́виться *св*

Gesundheit <-> *f (körperliches Wohlbefinden)* здоро́вье *ср;* **auf deine ~!** за твоё здоро́вье!; **Gesundheit!** бу́дьте здоро́вы!; **auf Ihre ~!** за ва́ше здоро́вье!; **bei guter ~ sein** быть здоро́вым

gesundheitlich *adj* относя́щийся к здоро́вью; **~er Zustand** состоя́ние *ср* здоро́вья

Gesundheitsamt <-(e)s, -ämter> *nt* отде́л *м* здравоохране́ния

gesundheitsbewusst^RR *adj* забо́тящийся о своём здоро́вье

Gesundheitsbewusstsein <-s> *nt* забо́та *ж* о со́бственном здоро́вье

gesundheitsschädlich *adj* вре́дный для здоро́вья; **Zigaretten sind ~** сигаре́ты вредны́ для здоро́вья

Gesundheitssystem <-(e)s, -e> *nt* здравоохране́ние *ср*

Gesundheitswesen <-s> *nt* здравоохране́ние *ср*

Gesundheitszustand <-(e)s, -zustände> *m* состоя́ние *ср* здоро́вья

gesungen [gəˈzʊŋən] *part perf von* **singen**

gesunken [gəˈzʊŋkən] *part perf von* **sinken**

getan *part perf von* **tun**

getarnt *adj* замаскиро́ванный

Getöse [gəˈtœːzə] <-s> *nt* бушева́ние *ср,* роко́т *м,* вой *м*

getragen [gəˈtraːgən] **I.** *part perf von* **tragen** **II.** *adj* поно́шенный

Getränk [gəˈtrɛŋk] <-(e)s, -e> *nt* напи́ток *м*

Getränkeautomat <-en, -en> *m* автома́т *м* для прода́жи напи́тков

getrauen *vr* осме́ливаться, -литься *св*

Getreide [gəˈtraɪdə] <-s, -> *nt* зла́ки *мн,* зерновы́е культу́ры *мн; geh* хлеба́ *мн*

Getreideernte <-, -n> *f* убо́рка *ж* хле́ба

Getreidemühle <-, -n> *f* зернова́я ме́льница *ж*

getrennt [gəˈtrɛnt] **I.** *adj* разде́льный, отде́льный; **~ leben** жить отде́льно; **~ bezahlen** плати́ть отде́льно **II.** *adv* отде́льно; **schreibt man das ~?** э́то пи́шется разде́льно?

getreten [gəˈtreːtən] *part perf von* **treten**

getreu [gəˈtrɔɪ] *adj* **1.** *(treu)* ве́рный, пре́данный **2.** *(genau entsprechend)* ве́рный, то́чный; **~ seinem Vorsatz handeln** де́йствовать, как бы́ло наме́чено

Getriebe [gəˈtriːbə] <-s, -> *nt* **1.** TECH переда́точный механи́зм *м* **2.** KFZ коро́бка *ж* переда́ч

getrieben *part perf von* **treiben**

Getriebeöl <-(e)s> *nt* трансмиссио́нное ма́сло *ср*

getroffen *part perf von* **treffen**

getrogen [gəˈtroːst] *part perf von* **trügen**

getrost [gəˈtroːst] **I.** *adj* споко́йный, уве́ренный **II.** *adv* споко́йно; **du kannst dich ~ auf mich verlassen** ты мо́жешь споко́йно на меня́ положи́ться

getrübt [gəˈtryːpt] *adj* мра́чный

getrunken *part perf von* **trinken**

Getto [ˈgɛto] <-s, -s> *nt* ге́тто *ср*

Getue [gəˈtuːə] <-s> *nt pej* суета́ *ж,* возня́ *ж*

Getümmel <-s> *nt* **1.** *(Volksmenge)* толчея́ *ж,* су́толока *ж* **2.** *(Durcheinander)* сумато́ха *ж*
geübt [gəˈʔyːpt] *adj* **1.** *(erfahren)* о́пытный; **ein ~es Auge** намётанный глаз *м* **2.** *(fähig)* спосо́бный
Gewächs [gəˈvɛks] <-es, -e> *nt* расте́ние *ср*
gewachsen [gəˈvaksən] **I.** *pp von* **wachsen II.** *adj* **jdm/etw** *dat* **~ sein** кто-л. мо́жет спра́виться с кем-л./чем-л.
Gewächshaus <-es, -häuser> *nt (Treibhaus)* тепли́ца *ж*
gewagt [gəˈvaːkt] *adj* риско́ванный, опа́сный
gewählt [gəˈvɛːlt] *adj* **1.** POL и́збранный **2.** *fig (ausgewählt)* изы́сканный; **sich ~ ausdrücken** выража́ться изы́сканно
Gewähr [gəˈvɛːɐ] <-> *f* гара́нтия *ж,* руча́тельство *ср;* **ohne ~** без гара́нтии
gewähren [gəˈvɛːrən] *vt* **1.** *(Bitte)* удовлетворя́ть, -ри́ть *св* **2.** *(bewilligen)* дава́ть, дать *св* **3.** *(gestatten)* позволя́ть, -во́лить *св;* **jdn ~ lassen** предоста́вить кому́-л. свобо́ду де́йствий
gewährleisten *vt (sicherstellen)* обеспе́чивать, -чить *св*
Gewährleistung <-en> *f* **1.** *(Sicherstellung, Mängelhaftung)* обеспе́чение *ср,* гара́нтия *ж* **2.** *Schweiz (Genehmigung)* разреше́ние *ср*
Gewahrsam [gəˈvaːɐzaːm] <-s> *m* хране́ние *ср;* **jdn in ~ nehmen** взять кого́-л. под стра́жу; **etw in ~ nehmen** взять что-л. на сохране́ние
Gewalt [gəˈvalt] <-, -en> *f* **1.** *(Gewaltanwendung)* наси́лие *ср;* **~ anwenden** примени́ть си́лу; **mit ~** наси́льственно **2.** *(Macht)* власть *ж;* **höhere ~** непреодоли́мые обстоя́тельства; **jdn in seiner ~ haben** схвати́ть кого́-л.; **in jds ~ geraten** попа́сть в ру́ки кого́-л. **3.** *(Wucht)* си́ла *ж;* **mit aller ~** изо всех сил
Gewaltanwendung <-> *f* примене́ние *ср* си́лы
gewaltbereit *adj* гото́вый к примене́нию си́лы
gewaltfrei *adj* ненаси́льственный
Gewaltherrschaft <-, -en> *f* деспоти́зм *м*
gewaltig *adj* **1.** *(eindrucksvoll)* впечатля́ющий **2.** *(stark)* си́льный; **da täuschst du dich aber ~!** *umg* тут ты си́льно ошиба́ешься! **3.** *(riesig)* огро́мный, мо́щный
gewaltlos I. *adj* ненаси́льственный **II.** *adv* ненаси́льственно
Gewaltmonopol <-s> *nt* монопо́лия *ж* на примене́ние си́лы
gewaltsam I. *adj* наси́льственный; **ein ~er Tod** наси́льственная смерть *ж* **II.** *adv* наси́льно; **~ die Tür öffnen** вы́ломать дверь
Gewalttäter(in) *m(f)* наси́льник *м*
gewalttätig *adj* гру́бый, жесто́кий
Gewaltverbrechen *nt* преступле́ние *ср* с примене́нием наси́лия
Gewaltverherrlichung <-> *f* прославле́ние *ср* си́лы
Gewand [gəˈvant, gəˈvɛndɐ] <-(e)s, Gewänder> *nt* одея́ние *ср*
gewandt [gəˈvant] *adj* **1.** *(flink)* прово́рный **2.** *(geschickt)* ло́вкий
gewann [gəˈvan] *prät von* **gewinnen**
gewaschen [gəˈvaʃən] *part perf von* **waschen**
Gewässer [gəˈvɛsɐ] <-s, -> *nt* во́ды *мн*
Gewässerschutz <-es> *m* охра́на *ж* водоёмов
Gewebe [gəˈveːbə] <-s, -> *nt* BIO ткань *ж*
Gewehr [gəˈveːɐ] <-(e)s, -e> *nt* ружьё *ср,* винто́вка *ж*
Gewehrkolben <-s, -> *m* прикла́д *м* ружья́
Gewehrkugel <-, -n> *f* руже́йная [*или* винто́вочная] пу́ля *ж*
Gewehrlauf <-(e)s, -läufe> *m* ствол *м* ружья́
Geweih [gəˈvaɪ] <-(e)s, -e> *nt* оле́ньи рога́ *ммн*
Gewerbe[1] [gəˈvɛrbə] <-s, -> *nt* про́мысел *м,* ремесло́ *ср;* **ein ~ anmelden** подава́ть зая́вку на заня́тие про́мыслом; **ein ~ ausüben/(be)treiben** занима́ться про́мыслом
Gewerbe[2] [gəˈvɛrbə] <-s> *nt ohne pl (Betrieb)* предприя́тие *ср*
Gewerbeanmeldung <-, -en> *f* JUR заявле́ние *ср* о заня́тии промысло́вой де́ятельностью
Gewerbegebiet <-(e)s, -e> *nt* индустриа́льный райо́н *м*
Gewerbeordnung <-, -en> *f* JUR положе́ние *ср* о про́мыслах и ремёслах
Gewerbepark <-s, -s> *m* промысло́вый парк *м*
Gewerbeschein <-(e)s, -e> *m* промысло́вое свиде́тельство *ср*
Gewerbesteuer <-, -n> *f* нало́г *м* на промысло́вую де́ятельность
gewerbetreibend *adj* занима́ющийся про́мыслом
Gewerbetreibende(r) *f(m)* ремесленник *м*
gewerblich [gəˈvɛrplɪç] *adj* промысло́вый, реме́сленный; *(industriell)* промы́шленный, индустриа́льный
Gewerkschaft [gəˈvɛrkʃaft] <-, -en> *f* профессиона́льный сою́з *м,* профсою́з *м;* **der ~ beitreten** вступа́ть в профсою́з
Gewerkschafter(in) <-s, -> *m(f)* член *м* профсою́за
gewerkschaftlich *adj* профсою́зный
Gewerkschaftsbund <-(e)s> *m* объедине́ние *ср* профсою́зов
Gewerkschaftsfunktionär(in) <-s, -e> *m(f)* профсою́зный аппара́тчик *м*
gewesen [gəˈveːzən] *part perf von* **sein**[1]
gewichen [gəˈvɪçən] *part perf von* **weichen**

Gewicht [gəˈvɪçt] <-(e)s, -e> *nt* вес *м,* тя́жесть *ж; (Wichtigkeit)* ва́жность *ж;* **ins ~ fallen** име́ть значе́ние; **~ legen auf** придава́ть значе́ние; **spezifisches ~** PHYS уде́льный вес; **sein ~ halten** подде́рживать вес; **auf etw ~ legen** придава́ть чему́-л. значе́ние

Gewichtheben <-s> *nt* тяжёлая атле́тика *ж*

gewichtig *adj* увеси́стый

Gewichtsverlust *m* поте́ря *ж* ве́са

Gewichtszunahme *f* прибавле́ние *ср* в ве́се

gewieft [gəˈviːft] *adj umg* у́шлый, хи́трый

gewiesen [gəˈviːzən] *part perf von* **weisen**

gewillt [gəˈvɪlt] *adj* **~ sein, etw zu tun** *geh* намерева́ться сде́лать что-л.

Gewinde [gəˈvɪndə] <-s, -> *nt* резьба́ *ж*

Gewinn [gəˈvɪn] <-(e)s, -e> *m* **1.** ÖKON при́быль *ж;* **~ abwerfen** дава́ть при́быль; **~ bringend** при́быльный; **entgangener ~** недополу́ченная при́быль; **einen ~ erzielen** получи́ть при́быль; **~ machen** име́ть при́быль; **~ nach Steuer** при́быль по́сле вы́чета нало́гов; **steuerpflichtiger ~** при́быль, облага́емая нало́гом; **~ vor Steuer** при́быль до вы́чета нало́гов; **~ versteuern** облага́ть при́быль нало́гом; **~e verteilen** распределя́ть при́быль **2.** *(Spiel~)* вы́игрыш *м*

Gewinnanteilschein <-(e)s, -e> *m* дивиде́ндный купо́н *м*

Gewinnausschüttung <-, -en> *f* распределе́ние *ср* при́были

Gewinnbeteiligung <-, -en> *f* уча́стие *ср* в при́были

gewinnbringend[Alt] *adj* при́быльный, дохо́дный; **~es Geschäft** при́быльное де́ло *ср,* вы́годная сде́лка *ж;* **Geld ~ anlegen** вы́годно вложи́ть де́ньги

Gewinneinbuße <-, -n> *f* поте́ря *ж* при́были

gewinnen [gəˈvɪnən] <gewann, gewonnen> **I.** *vt* **1.** *(allg)* выи́грывать, вы́играть *св;* **Zeit ~** вы́играть вре́мя; **Boden ~** выи́грывать расстоя́ние; **jdn für etw ~** привле́чь кого́-л. к чему́-л.; **wie gewonnen, so zerronnen** *prov* бог дал, бог взял **2.** *(Bodenschätze)* добыва́ть, -бы́ть *св* **II.** *vi* **1.** *(siegen)* побежда́ть, победи́ть *ср* **2.** *(besser werden)* улучша́ться, улу́чшиться *св*

gewinnend *adj* прия́тный, располага́ющий

Gewinner(in) <-s, -> *m(f)* победи́тель *м,* победи́тельница *ж*

Gewinnmaximierung <-> *f* максимиза́ция *ж* при́были

Gewinnschwelle <-> *f* поро́г *м* при́были

Gewinnspanne <-, -n> *f* ра́зница *ж* ме́жду дохо́дами и расхо́дами

Gewinnstreben <-s> *nt* стремле́ние *ср* к при́были

gewinnträchtig *adj* обеща́ющий при́быль

Gewinnung <-> *f* добы́ча *ж*

gewinnversprechend *adj* обеща́ющий при́быль

Gewinnverteilung <-> *f* распределе́ние *ср* при́были

Gewinnzone <-> *f* зо́на *ж* при́были

Gewirr [gəˈvɪr] <-(e)s> *nt* пу́таница *ж*

gewiss[RR] [gəˈvɪs], **gewiß**[Alt] [gəˈvɪs] **I.** *adj (bestimmt)* не́кий, определённый; **ein ~er Herr Meier** не́кий господи́н Ма́йер; **sich** *dat* **einer Sache ~ sein** *geh* быть уве́ренным в чём-л. **II.** *adv (sicher)* несомне́нно, коне́чно; **aber ~ doch!** ну коне́чно!

Gewissen [gəˈvɪsən] <-s, -> *nt* со́весть *ж;* **etw auf dem ~ haben** име́ть что-л. на со́вести; **jdm ins ~ reden** взыва́ть к чье́й-л. со́вести; **ein gutes ~ haben** моя со́весть чиста́; **ein schlechtes ~ haben** моя со́весть не чиста́; **sein ~ erleichtern** успоко́ить со́весть

gewissenhaft *adj* добросо́вестный

Gewissenhaftigkeit <-> *f* добросо́вестность *ж*

gewissenlos *adj* бессо́вестный; **~ handeln** де́йствовать не по со́вести

Gewissenlosigkeit <-> *f* бессо́вестность *ж*

Gewissensbisse <-> *pl* угрызе́ния *мн* со́вести

Gewissensfrage <-, -n> *f* вопро́с *м* со́вести

Gewissensfreiheit <-> *f* свобо́да *ж* со́вести

Gewissenskonflikt <-(e)s, -e> *m* конфли́кт *м* со свое́й со́вестью

gewissermaßen [gəˈvisəmasɛn] *adv* в изве́стной [*или* в не́которой] сте́пени

Gewissheit[RR] <-, -en> *f* уве́ренность *ж;* **sich ~ über etw verschaffen** удостове́риться в чём-л.

Gewitter [gəˈvɪtɐ] <-s, -> *nt* гроза́ *ж*

Gewitterstimmung <-, -en> *f* предгрозово́е состоя́ние *ср* пого́ды

Gewitterwolke *f* грозова́я ту́ча *ж*

gewittrig *adj* грозово́й

gewitzt [gəˈvɪtst] *adj (geschickt, schlau)* ло́вкий, хи́трый

gewoben [gəˈvoːbən] *part perf von* **weben**

gewogen [gəˈvoːgən] **I.** *part perf von* **wiegen** **II.** *adj* доброжела́тельный; **jdm ~ sein** быть располо́женным к кому́-л.

gewöhnen I. *vt* приуча́ть, -чи́ть *св;* **jdn an etw ~** приучи́ть кого́-л. к чему́-л.; **etw gewöhnt sein** быть привы́чным к чему́-л. **II.** *vr* привыка́ть, -вы́кнуть *св;* **sich an etw ~** привы́кнуть к чему́-л.

Gewohnheit [gəˈvoːnhaɪt] <-, -en> *f* привы́чка *ж;* **zur ~ werden** войти́ в привы́чку; **die Macht der ~** си́ла привы́чки; **aus (alter)**

~ по (ста́рой) привы́чке

Gewohnheitsrecht <-(e)s> *nt* обы́чное пра́во *ср*

gewöhnlich [gəˈvœːnlɪç] **I.** *adj* **1.** *(üblich)* обы́чный **2.** *pej (unfein)* обыкнове́нный, зауря́дный; **ein ziemlich ~er Mensch** дово́льно зауря́дный челове́к **II.** *adv (normalerweise)* обы́чно; **wie ~** как обы́чно; **für ~** обы́чно

gewohnt [gəˈvoːnt] *adj* привы́чный; **etw ~ sein** быть приу́ченным к чему́-л.; **ich bin es ~ lange zu arbeiten** я привы́к до́лго рабо́тать

Gewöhnung [gəˈvœːnʊŋ] <-> *f (Anpassung)* приуче́ние *ср*, привы́чка *ж*

Gewölbe [gəˈvœlbə] <-s, -> *nt* свод *м*

gewölbt [gəˈvœlpt] *adj* сво́дчатый

gewonnen [gəˈvɔnən] *part perf von* **gewinnen**

geworben [gəˈvɔrbən] *part perf von* **werben**

geworden [gəˈvɔrdən] *part perf von* **werden**

geworfen [gəˈvɔrfən] *part perf von* **werfen**

gewrungen [gəˈvrʊŋən] *part perf von* **wringen**

Gewühl [gəˈvyːl] <-(e)s> *nt* **1.** *(Menschen~)* да́вка *ж*, толчея́ *ж* **2.** *(Wühlen)* копа́ние *ср*

gewunden [gəˈvʊndən] *part perf von* **winden**

Gewürz [gəˈvʏrts] <-es, -e> *nt* пря́ность *ж*, припра́ва *ж*

Gewürzgurke <-, -n> *f* марино́ванный огуре́ц *м*

Gewürzkraut <-(e)s, -kräuter> *nt* пря́ность *ж*, пря́ная зе́лень *ж*

gewusst[RR] [gəˈvʊst], **gewußt**[Alt] [gəˈvʊst] *part perf von* **wissen**

Gezeiten [gəˈtsaɪtən] <-> *pl* прили́вы и отли́вы

Gezeitenkraftwerk <-(e)s, -e> *nt* прили́вная гидроэлектроста́нция *ж*

Gezeter [gəˈtseːtɐ] <-s> *nt* кри́ки *мн*; **mach nicht so ein ~!** не поднима́й тако́й крик!

gezielt [gəˈtsiːlt] *adj* целенапра́вленный; **~e Fragen** целенапра́вленные вопро́сы *мн*; **~e Kritik** целенапра́вленная кри́тика *ж*

gezogen [gəˈtsoːgən] *part perf von* **ziehen**

Gezwitscher [gəˈtsvɪtʃɐ] <-s> *nt* щебета́ние *ср*, щёбет *м*

gezwungen [gəˈtsvʊŋən] **I.** *part perf von* **zwingen** **II.** *adj (unnatürlich, gekünstelt)* натя́нутый, принуждённый

gezwungenermaßen [gɛˈtsvʊngɛnəma sən] *adv* понево́ле

Ghetto [ˈgɛto] <-s, -s> *nt* ге́тто *ср*

Gicht [gɪçt] <-> *f* пода́гра *ж*

Gichtanfall <-(e)s, -anfälle> *m* подагри́ческий припа́док *м*

Giebel [ˈgiːbəl] <-s, -> *m* фронто́н *м*

Gier [giːɐ] <-> *f* жа́дность *ж*, а́лчность *ж*

gierig *adj (nach)* жа́дный, а́лчный (до чего́-л.)

gießen [ˈgiːsən] <goss, gegossen> **I.** *vt* **1.** *(in ein Gefäß)* лить *нсв* **2.** *(in ein Glas)* налива́ть, -ли́ть *св* **3.** *(verschütten)* пролива́ть, -ли́ть *св* **4.** *(Blumen)* полива́ть, -ли́ть *св* **II.** *vi umg (regnen)* лить *нсв*; **es gießt in Strömen** льёт как из ведра́

Gießerei [giːsəˈraɪ] <-, -en> *f* лите́йный цех *м*

Gießform <-, -en> *f* лите́йная фо́рма *ж*

Gießkanne <-, -en> *f* ле́йка *ж*

Gift [gɪft] <-(e)s, -e> *nt* **1.** *(zubereitetes Gift)* отра́ва *ж*, яд *м* **2.** *(von Tier oder Pflanze)* яд *м*; **auf etw ~ nehmen können** *umg* дава́ть го́лову на отсече́ние; **darauf kannst du ~ nehmen** *fam* даю́ го́лову на отсече́ние

Giftgas <-es> *nt* ядови́тый газ *м*

giftig *adj* **1.** *(vergiftet)* отра́вленный **2.** ZOOL ядови́тый **3.** BOT, MED токси́чный **4.** *(boshaft)* язви́тельный, ядови́тый

Giftigkeit <-> *f* токси́чность *ж*

Giftmüll <-(e)s> *m* ядови́тые отхо́ды *мн*

Giftmülldeponie <-, -n> *f* храни́лище *ср* токси́чных отхо́дов

Giftmüllexport <-(e)s, -e> *m* э́кспорт *м* ядови́тых отхо́дов

Giftmüllverbrennungsanlage <-, -n> *f* устано́вка *ж* для сожже́ния ядови́тых отхо́дов

Giftpilz *f* BOT ядови́тый гриб *м*

Giftschlange <-, -n> *f* ядови́тая змея́ *ж*

Giftstoff *m* ядови́тое вещество́ *ср*

Giftwolke *f* ядови́тое о́блако *ср*

Gigabyte [ˈgiːgabaɪt] <-s, -s> *nt* DV гигаба́йт *м*

Gigant [giˈgant] <-en, -en> *m* гига́нт *м*, велика́н *м*

gigantisch *adj* гига́нтский

Gilde <-, -n> *f* ги́льдия *ж*

Gin [dʒɪn] <-s, -s> *m* джин *м*

ging [gɪŋ] *prät von* **gehen**

Ginseng <-s, -s> *m* женьше́нь *м*

Gipfel [ˈgɪpfəl] <-s, -> *m* **1.** *(eines Berges)* верши́на *ж*; **einen ~ besteigen** [*o* **erzwingen**] подня́ться на [*или* покори́ть] верши́ну **2.** *fig* апоге́й *м*; **das ist doch der ~!** э́то верши́на!

gipfeln *vi* достига́ть, -сти́гнуть *св* вы́сшей то́чки

Gipfeltreffen <-s, -> *nt* POL встре́ча *ж* в верха́х

Gips [gɪps] <-es, -e> *m* гипс *м*; **er hat den Fuß in ~** у него́ нога́ в ги́псе

Gipsbein <-(e)s, -e> *nt* нога́ *ж* в ги́псе

gipsen *vt* гипсова́ть, за- *св*; MED наложи́ть *св* ги́псовую повя́зку

Gipsverband <-(e)s, -verbände> *m* ги́псовая повя́зка *ж*

Giraffe [giˈrafə] <-, -n> *f* жира́ф *м*

Girlande [gɪrˈlandə] <-, -n> *f* гирля́нда *ж*

Giroguthaben <-s, -> *nt* су́ммы *мн* на жиросчёте

Girokonto [ˈʒiːrokɔnto] <-s, -konten> *nt* те-

G

glauben

• **Glauben ausdrücken**	• **Выражение уверенности**
Ich glaube, dass sie die Prüfung bestehen wird.	**Я полагаю / думаю**, что она выдержит экзамен.
Ich glaube an den Sieg unserer Mannschaft.	**Я думаю**, что наша команда выиграет. / победит.
Ich halte diese Geschichte **für wahr**.	**Я думаю,** что это **правдивая** история.
• **Vermutungen ausdrücken**	• **Выражение предположения**
Ich vermute, sie wird nicht kommen.	**Я предполагаю**, что она не придёт.
Ich nehme an, dass er mit seiner neuen Arbeit zufrieden ist.	**Я предполагаю / допускаю, что** он доволен новой работой.
Ich halte einen Börsenkrach in der nächsten Zeit **für (durchaus) denkbar /möglich.**	**Я считаю,** что в ближайшее время на фондовой бирже вполне возможен крах.
Ich habe da so eine Ahnung.	**У меня есть предчувствие.**
Es kommt mir so vor, als würde er uns irgendetwas verheimlichen.	**Мне кажется, что** он от нас что-то скрывает.
Ich habe da so den Verdacht, dass sie bei der Abrechnung einen Fehler gemacht hat.	**Я предполагаю / У меня подозрение,** что она допустила ошибку при окончательном подсчёте.
Ich habe das Gefühl, dass sie das nicht mehr lange mitmacht.	**У меня такое чувство,** что она долго не выдержит.

ку́щий счёт *м*, жиросчёт *м*

Giroverkehr <-s> *m* жирооборо́т *м*

Gischt [gɪʃt] <-> *f* пе́на *ж*

Gitarre [gi'tarə] <-, -n> *f* гита́ра *ж*

Gitarrist(in) <-en, -en> *m(f)* гитари́ст *м*, гитари́стка *ж*

Gitter ['gɪtɐ] <-s, -> *nt* решётка *ж*; **jdn hinter ~ bringen** *umg* посади́ть кого́-л. за решётку; **hinter ~ kommen** попа́сть за решётку

Gladiole <-, -n> *f* гладио́лус *м*

Glanz [glants] <-es> *m* **1.** *(von Gegenständen)* блеск *м* **2.** *(Schein)* сия́ние *ср*; **sich im ~ des Ruhmes sonnen** гре́ться в луча́х со́бственной сла́вы

glänzen ['glɛntsən] *vi* **1.** *(allg)* блесте́ть *нсв* **2.** *(glitzern)* сверка́ть *нсв* **3.** *(vor Fett)* лосни́ться *нсв* **4.** *fig* блиста́ть *нсв*; **durch Abwesenheit ~** блиста́ть отсу́тствием

glänzend **I.** *adj* **1.** блестя́щий **2.** *(glitzernd)* сверка́ющий **3.** *fig* блестя́щий **II.** *adv* отли́чно; **wir haben uns ~ amüsiert** мы отли́чно провели́ вре́мя

Glanzleistung <-, -en> *f* отли́чная рабо́та *ж*

glanzlos *adj* ма́товый, ту́склый; *fig* бесцве́тный

Glanzrolle <-, -n> *f* коро́нная роль *ж*

glanzvoll *adj* **1.** *(ausgezeichnet)* отли́чный, превосхо́дный **2.** *(prunkhaft)* блестя́щий

Glanzzeit <-, -en> *f* пери́од *м* расцве́та

Glas[1] [gla:s, 'glɛ:zɐ] <-es, Gläser> *nt* **1.** *(Trink~)* стекло́ *ср* **2.** *(Fern~)* бино́кль *м* **3.** *(Brillen~)* стекло́ *ср* для очко́в; **ein ~ Bier** стака́н пи́ва

Glas[2] [gla:s] <-es> *nt ohne pl (Material)* стекло́ *ср*; **Vorsicht ~!** осторо́жно, стекло́!

Glasauge <-s, -n> *nt* иску́сственный глаз *м*

Glaser(in) <-s, -> *m(f)* стеко́льщик *м*, стеко́льщица *ж*

Glaserei [gla:zə'raɪ] <-, -en> *f* стеко́льная мастерска́я *ж*

gläsern ['glɛ:zɐn] *adj* **1.** *(aus Glas)* стекля́нный **2.** *fig (starr)* стекля́нный, засты́вший

Glasfaserkabel <-s, -> *nt* волоко́нно-опти́ческий ка́бель *м*

Glashütte <-, -n> *f* стеко́льный заво́д *м*

glasieren [gla'zi:rən] *vt (Gebäck, Keramik)* глазурова́ть *нсв/св*, покрыва́ть, -кры́ть *св* глазу́рью

glasig ['gla:zɪç] *adj* **1.** *(Zwiebeln)* прозра́чный **2.** *fig (Blick)* стекля́нный, засты́вший

glasklar *adj* **1.** *(durchsichtig)* прозра́чный, как стекло́ **2.** *(deutlich)* я́сный

Glasnost ['glasnɔst] <-> *f* гла́сность *ж*

Glasperle <-, -n> *f* би́серина *ж*

Glasscherbe <-, -n> *f* оско́лок *м* стекла́

Glastür <-, -en> *f* застеклённая дверь *ж*

Glasur [gla'zu:ɐ] <-, -en> *f* глазу́рь *ж*

glatt [glat] **I.** *adj* **1.** *(eben)* ро́вный **2.** *(rutschig)* ско́льзкий **3.** *(Stoff)* гла́дкий **II.** *adv* **1.** *(eben)* гла́дко, ро́вно **2.** *(direkt)* пря́мо; **er hat mir ~ ins Gesicht gesagt, dass ...** он мне пря́мо в лицо́ сказа́л, что ...

Glätte ['glɛtə] <-> *f* **1.** *(Ebenheit)* ро́вность *ж*, гла́дкость *ж* **2.** *(Schlüpfrigkeit)* ско́льзкость *ж*

Glatteis <-es> *nt* гололе́дица *ж*, гололёд *м;* **jdn aufs ~ führen** *fig* сбить кого́-л. с то́лку

Glatteisgefahr <-> *f* возмо́жность *ж* оледене́ния (доро́г)

glätten ['glɛtən] **I.** *vt (glatt machen)* разгла́живать, -гла́дить *св* **II.** *vr fig* сгла́живать, сгла́дить *св*

Glatze ['glatsə] <-, -n> *f* лы́сина *ж;* **eine ~ bekommen** облысе́ть; **eine ~ haben** быть лы́сым

Glaube ['glaʊbə] <-ns, -n> *m* **1.** REL ве́ра *ж;* **der christliche ~** христиа́нская ве́ра **2.** *(Gewissheit, Überzeugung)* убеждённость *ж;* **den ~n an etw verlieren** потеря́ть ве́ру во что-л.; **jdn in dem Glauben belassen, dass ...** заста́вить кого́-л. ду́мать, что ...; **etw** *dat* **Glauben/keinen Glauben schenken** ве́рить/не ве́рить чему́-л.

glauben ['glaʊbən] **I.** *vt* **1.** *(meinen)* полага́ть *нсв*, ду́мать, по- *св;* **glaubst du?** ты полага́ешь? **2.** *(für wahr halten)* ве́рить, по- *св;* **ob du es glaubst oder nicht** ве́ришь ты э́тому и́ли нет; **das ist kaum zu ~** э́тому невозмо́жно пове́рить; **das glaubst du doch selber nicht** ты и сам не ве́ришь э́тому; **es ist nicht zu ~!** ты не пове́ришь! **II.** *vi a.* REL ве́рить

Glauben <-s> *m ohne pl s.* **Glaube**

Glaubensbekenntnis <-ses, -se> *nt* вероисповеда́ние *ср*

Glaubensfreiheit *f ohne pl* свобо́да *ж* вероисповеда́ния

Glaubenskrieg <-es, -e> *m* религио́зная война́ *ж*

glaubhaft *adj* **1.** *(zu glauben)* правдоподо́бный; **jdm etw ~ machen** предста́вить кому́-л. что-л. в правдоподо́бном ви́де **2.** *(überzeugend)* убеди́тельный

gläubig ['glɔɪbɪç] *adj* ве́рующий

Gläubige(r) <-n, -n> *f(m)* ве́рующий *м;* **die ~n** ве́рующие *мн*

Gläubiger(in) <-s, -> *m(f)* кредито́р *м*, заимода́вец *м*

Gläubigerversammlung <-, -en> *f* о́бщее собра́ние *ср* кредито́ров

glaubwürdig *adj* **1.** *(Person)* заслу́живающий дове́рия **2.** *(Information)* достове́рный, правди́вый

glazial [glaɪç] *adj* гляциа́льный, леднико́вый

gleich [glaɪç] **I.** *adj* **1.** *(identisch, übereinstimmend)* одина́ковый, тако́й же; **auf die ~e Weise** таки́м же о́бразом **2.** *(vergleichbar)* сравни́мый, подо́бный; **sie hat die ~e Figur wie ihre Mutter** у неё така́я же фигу́ра, как и у ма́тери; **sie sind ~ alt** они́ одного́ во́зраста **3.** *(gleichgültig)* безразли́чный; **das ist ihm ~** ему́ э́то всё равно́; **es ist mir ~, ob ...** мне всё равно́, ...; **ganz ~ was er sagt** несмотря́ на его́ слова́ **4.** *a.* MATH *(gleichwertig)* ра́вный; **zur gleichen Zeit** одновре́ме́нный; **zwei mal zwei (ist) ~ vier** два́жды два – четы́ре **II.** *adv* **1.** *(sofort)* сейча́с; **ich komme ~** сейча́с приду́; **bis ~** до встре́чи; **~ heute** ещё сего́дня **2.** *(in identischer Weise)* таки́м же о́бразом; **~ gesinnt** одни́х взгля́дов; **du musst sie beide ~ behandeln** ты до́лжен относи́ться к ним одина́ково

gleichaltrig ['glaɪçaltrɪç] *adj* одного́ во́зраста

gleichartig *adj* одноро́дный

gleichbedeutend *adj* равнозна́чный, равноси́льный; **~ mit etw sein** быть равнозна́чным чему́-л.

gleichberechtigt *adj* равнопра́вный; **~ sein** быть равнопра́вным

Gleichberechtigung <-> *f* равнопра́вие *ср*

gleich bleiben[RR] **I.** <irr> *vi (unverändert bleiben)* не изменя́ться, -ни́ться *св*, остава́ться, -та́ться *св* **II.** *vr* остава́ться, -та́ться *св;* **das bleibt sich doch gleich** э́то же всё равно́

gleichen ['glaɪçən] <glich, geglichen> *vi* походи́ть *нсв;* **sie gleicht ganz ihrer Mutter** она́ вся в мать

gleichermaßen ['glahəmasən] *adv (in gleicher Weise)* ра́вным о́бразом

gleichfalls *adv* та́кже, то́же; **danke, ~!** спаси́бо, и вам того́ же!

Gleichförmigkeit <-> *f* однообра́зность *ж*

gleich gesinnt *adj* одни́х взгля́дов, одни́х убежде́ний

gleich gestellt *adj* равнопра́вный, приравнённый

Gleichgewicht <-(e)s> *nt* равнове́сие *ср*, сбаланси́рованность *ж;* **das ~ aufrechterhalten** сохраня́ть равнове́сие; **das ~ verlieren** теря́ть равнове́сие; **aus dem ~ kommen** потеря́ть равнове́сие; **aus dem ~ bringen** вы́вести из равнове́сия

gleichgültig *adj* **1.** *(uninteressiert)* равноду́шный, безразли́чный; **jdm gegenüber ~ sein** быть к кому́-л. равноду́шным **2.** *(belanglos, unwichtig)* несуще́ственный; **über ~e Dinge sprechen** говори́ть о несуще́ственном; **das ist mir ~** мне э́то безразли́чно

Gleichgültigkeit <-> *f* безразли́чие *ср*, равноду́шие *ср*

Gleichheitsgrundsatz <-es> *m* JUR при́нцип *м* ра́венства

Gleichheitszeichen <-s, -> *nt* знак *м* ра́венства

gleich|kommen <irr> *vi* равня́ться *нсв;* **jdm ~ an** быть ра́вным кому́-л. в чём-л.

gleich|machen *vt* сравня́ть; **etw dem Erdboden ~** сравня́ть что-л. с землёй

gleichmäßig *adj* **1.** *(ebenmäßig)* равноме́рный **2.** *fig (ausgeglichen)* уравнове́шенный

G

Gleichnis <-ses, -se> *nt* REL при́тча *ж*
gleichrangig ['glaɪçraŋɪç] *adj* ра́вный по значе́нию
Gleichrichter <-s, -> *m* EL выпрями́тель *м*
Gleichrichterdiode <-, -n> *f* EL дио́д *м* выпрями́теля
gleichschenkelig *adj (Dreieck)* равнобе́дренный
gleich|sehen <irr> *vi* походи́ть *нсв*, быть *нсв* похо́жим; **das sieht ihm gleich** э́то на него́ похо́же
gleichseitig *adj* равносторо́нний
gleich|setzen *vt* **1.** *(vergleichen)* прира́внивать, -равня́ть *св* **2.** *(als gleichwertig betrachten)* отождествля́ть, -стви́ть *св*
Gleichsetzung <-, -en> *f* отождествле́ние *ср*, прира́внивание *ср*
Gleichspannung <-> *f* EL постоя́нное напряже́ние *ср*
Gleichstand <-(e)s> *m* ро́вный счёт *м*
Gleichstellung <-, -en> *f* ура́внивание *ср*
Gleichstrom <-(e)s> *m* EL постоя́нный ток *м*
gleich|tun *vt* **es jdm ~** подража́ть кому́-л.
Gleichung <-, -en> *f* уравне́ние *ср*
gleichwertig *adj* равноце́нный; CHEM с одина́ковой вале́нтностью
gleichzeitig **I.** *adv* одновре́менно, ра́зом **II.** *adj* одновре́менный
Gleis [glaɪs] <-es, -e> *nt* железнодоро́жный путь *м*; **jdn aus dem ~ bringen** *fig* вы́бить кого́-л. из коле́и; **die Sache kommt schon wieder ins rechte ~** всё образу́ется
gleißend *adj* блестя́щий, сияющий
gleiten ['glaɪtən] <glitt, geglitten> *vi* **1.** *(über das Eis)* скользи́ть *нсв* **2.** *(Blicke)* скользи́ть *нсв*; **die Blicke ~ lassen** оки́дывать взгля́дом
Gleitflugzeug <-(e)s, -e> *nt* пла́нер *м*
Gleitzeit <-> *f* скользя́щий гра́фик *м*
Gletscher ['glɛtʃɐ] <-s, -> *m* ледни́к *м*, глетчер *м*
Gletscherspalte <-, -n> *f* леднико́вая тре́щина *ж*
glich [glɪç] *prät von* **gleichen**
Glied [gli:t] <-(e)s, -er> *nt* **1.** *(Körperteil)* член *м*, коне́чность *ж*; **an allen ~ern zittern** дрожа́ть всем те́лом; **der Schreck saß ihm in den Gliedern** его́ охвати́л страх **2.** *(Penis)* мужско́й полово́й член *м* **3.** *(Ketten~)* звено́ *ср*
gliedern ['gli:dɐn] **I.** *vt (unterteilen)* подразделя́ть, -ли́ть *св*, разделя́ть, -ли́ть *св* **II.** *vr* подразделя́ться *нсв*
Gliederschmerzen <-> *pl* бо́ли *мн* в коне́чностях
Gliederung <-, -en> *f (Aufbau, Einteilung)* разделе́ние *ср*, деле́ние *ср*, разби́вка *ж*
Gliedmaßen ['gli:tma:sən] <-> *pl* коне́чности *мн*
glimmen ['glɪmən] <glomm, geglommen> *vi* тлеть *нсв*; *fig* тлеть *нсв*, те́плиться *нсв*
glimpflich ['glɪmpflɪç] *adj* благополу́чный, без больши́х поте́рь; **er war noch einmal ~ davongekommen** он сно́ва легко́ отде́лался
glitschig ['glɪtʃɪç] *adj* ско́льзкий
glitt [glɪt] *prät von* **gleiten**
glitzern ['glɪtsɐn] *vi* блесте́ть *нсв*; *(Sterne)* сверка́ть *нсв*
global [glo'ba:l] *adj* глоба́льный, мирово́й
Globalisierung <-> *f* глобализа́ция *ж*
Globalplayer, **Global Player** <-s, -> *m* предприя́тие *ср* мирово́го значе́ния
Globus ['glo:bʊs] <-, Globen> *m* гло́бус *м*
Glocke ['glɔkə] <-, -n> *f* **1.** *(Turmglocke)* ко́локол *м* **2.** *(Klingel)* звоно́к *м*; **etw an die große ~ hängen** *umg* трезво́нить о чём-л. повсю́ду
Glockenblume *f* колоко́льчик *м*
glockenförmig *adj* в фо́рме колоко́льчика
Glockenspiel <-(e)s, -e> *nt* кура́нты *мн*
Glockenturm *m* колоко́льня *ж*
glomm [glɔm] *prät von* **glimmen**
Glossar [glɔ'sa:ɐ] <-s, -e> *nt* глосса́рий *м*
Glosse ['glɔsə] <-, -n> *f* замеча́ние *ср*, коммента́рий *м*
Glotze <-n> *f fam* те́лек *м*
glotzen ['glɔtsən] *vi* глазе́ть *нсв*, уста́виться *св*
Glück [glʏk] <-(e)s> *nt* сча́стье *ср*; *(Glücksfall)* уда́ча *ж*; **auf gut ~** науда́чу; **~ bringend** принося́щий сча́стье; **zum ~** к сча́стью; **jd hat~** кому́-л. везёт; **was für ein ~!** что за уда́ча!; **du kannst von ~ sagen** счита́й, что тебе́ повезло́; **ein ~, dass ...** сча́стье, что ...; **~ haben** мне повезло́; **sein ~ versuchen** испыта́ть своё сча́стье; **jdm ~ bringen** принести́ кому́-л. сча́стье; **viel ~!** ни пу́ха, ни пера́!; **~ im Unglück haben** бы́ло бы сча́стье, да несча́стье помогло́
glückbringend *adj* принося́щий сча́стье
glücken ['glʏkən] *vi* уда́ться *св*, удава́ться *нсв*; **ein geglückter Versuch** уда́чная попы́тка *ж*
gluckern ['glʊkɐn] *vi (Wasser)* бу́лькать *нсв*
glücklich **I.** *adj* **1.** *(froh)* счастли́вый; **ein glücklicher Zufall** уда́чное совпаде́ние *ср*; **wer ist der/die Glückliche?** кто счастли́вчик? **2.** *(erfolgreich)* успе́шный, уда́чный **II.** *adv (mit Glück)* счастли́во
glücklicherweise ['glʏklihəvaizɛ] *adv* к сча́стью
Glücksbringer <-s, -> *m* талисма́н *м*
Glückseligkeit <-> *f* блаже́нство *ср*
Glücksfall <-(e)s, -fälle> *m* счастли́вый слу́чай *м*
Glückspilz <-es, -e> *m umg* счастли́вчик *м*
Glücksspiel <-(e)s, -e> *nt* аза́ртная игра́ *ж*

Glücksspieler(in) <-s, -> *m(f)* игро́к *м*
Glückssträhne <-, -n> *f* полоса́ *ж* уда́чи
Glückstag *m* счастли́вый день *м*
glückstrahlend *adj* сия́ющий от сча́стья
glücksverheißend *adj* суля́щий сча́стье
Glückwunsch <-es, -wünsche> *m* поздравле́ние *ср;* **herzlichen ~ zum Geburtstag!** серде́чно поздравля́ю с днём рожде́ния!; **herzlichen ~!** поздравля́ю!
Glühbirne <-, -n> *f* электри́ческая ла́мпочка *ж*
glühen ['gly:ən] *vi* горе́ть *нсв; (Herdplatte)* накаля́ться, -ли́ться *св;* **er glühte vor Wut** он пыла́л гне́вом
glühend *adj (Metall)* раскалённый; **~ heiß** ужа́сно жа́рко; **weiß ~** раскалённый добела́
Glühfaden <-s, -fäden> *m* EL нить *ж* нака́ла
Glühwein <-(e)s, -e> *m* глинтве́йн *м*

i Land & Leute

В холодное время года, прежде всего на рождественских ярмарках, продаётся **глинтвейн** – горячее красное вино, приправленное корицей, анисом и гвоздикой.

Glühwürmchen ['-vʏrmçən] <-s, -> *nt* светлячо́к *м*
Glut [glu:t] <-, -en> *f* **1.** *(Sonnenglut)* зной *м,* жар *м* **2.** *(glühende Masse)* жар *м*
glutrot ['-'-] *adj* багро́вый
Glyzerin <-s> *nt ohne pl* CHEM глицери́н *м*
GmbH [ge:ʔɛmbe:'ha:] *abk von* **Gesellschaft mit beschränkter Haftung** ГмбХ *ср, о́бщество с ограни́ченной отве́тственностью*
g-Moll <-> *nt* MUS соль мино́р *м*
Gnade ['gna:də] <-, -n> *f* **1.** *(Erbarmen)* ми́лость *ж* **2.** *(Schonung)* поща́да *ж;* **~ vor Recht ergehen lassen** сми́лостивиться; **um ~ bitten** проси́ть поща́ды; **für jdn um ~ bitten** проси́ть сжа́литься над кем-л.
Gnadenfrist <-> *f* отсро́чка *ж;* **jdm eine ~ geben** [*o* **gewähren**] дать [*или* предоста́вить] кому́-л. отсро́чку
Gnadengesuch <-(e)s, -e> *nt* проше́ние *ср;* **ein ~ einreichen** пода́ть проше́ние о поми́ловании
gnadenlos *adj* беспоща́дный, безжа́лостный
Gnadenstoß *m* после́дний уда́р *м*
gnädig ['gnɛ:dɪç] *adj* **1.** *(barmherzig)* ми́лостивый **2.** *(herablassend)* снисходи́тельный **3.** *(Wend)* **gnädige Frau/gnädiger Herr** уважа́емая госпожа́/уважа́емый господи́н
Gobelin <-s, -s> *m* гобеле́н *м*
Gold [gɔlt] <-(e)s> *nt* зо́лото *ср;* **nicht für alles ~ der Welt** ни за что на све́те; **es ist nicht alles ~, was glänzt** *prov* не всё зо́лото, что блести́т
Goldader *f* золота́я жи́ла *ж*
Goldanleihe <-, -n> *f* золото́й заём *м*
Goldbarren *m* сли́ток *м* зо́лота
Goldbestand <-(e)s, -bestände> *m* золото́й запа́с *м*
Golddeckung <-, -en> *f* ÖKON золото́е покры́тие *ср* банкно́т
golden ['gɔldən] *adj* золото́й; **~er Schnitt** золото́е сече́ние; **die ~e Mitte wählen** вы́брать золоту́ю середи́ну
goldfarben *adj* цве́та зо́лота
Goldfasan <-(e)s, -en> *m* ZOOL золоти́стый фаза́н *м*
Goldfisch <-(e)s> *m* золота́я ры́бка *ж*
Goldgräber(in) <-s, -; -nen> *m(f)* золотоиска́тель *м*
Goldgrube <-, -n> *f* золото́е дно *ср*
goldig *adj fig* преле́стный
Goldmedaille <-, -n> *f* золота́я меда́ль *ж*
Goldmine *f* золота́я ша́хта *ж*
Goldmünze <-, -n> *f* золота́я моне́та *ж*
Goldnotierung <-, -en> *f* котиро́вка *ж* зо́лота
Goldplombe <-, -n> *f* золота́я пло́мба *ж*
goldrichtig *adj fam* пра́вильно
Goldschatz *m* **1.** *(Schatz)* сокро́вище *ср* **2.** *(Kosewort)* дорого́й *м*
Goldschmied(in) <-(e)s, -e> *m(f)* ювели́р *м*
Goldschmiedekunst <-> *f* ювели́рное иску́сство *ср*
Goldsucher <-s, -> *m* золотоиска́тель *м,* стара́тель *м*
Goldwährung <-> *f* золота́я валю́та *ж*
Golf[1] [gɔlf] <-(e)s, -e> *m* GEOG морско́й зали́в *м*
Golf[2] [gɔlf] <-s> *m* SPORT гольф *м*
Golfkrieg <-(e)s> *m* HIST война́ *ж* в Перси́дском зали́ве (1991)
Golfplatz <-es, -plätze> *m* площа́дка *ж* для игры́ в гольф
Golfschläger <-s, -> *m* клю́шка *ж*
Golfspieler(in) <-s, -> *m(f)* игро́к *м* в гольф
Golfstaat <-(e)s, -en> *m* госуда́рство *ср* Перси́дского зали́ва
Golfstrom <-(e)s> *m* гольфстри́м *м*
Gondel ['gɔndəl] <-, -n> *f* **1.** *(Boot)* гондо́ла *ж* **2.** *(Seilbahnkabine)* каби́на *ж*
Gong [gɔŋ] <-s, -s> *m* гонг *м*
gönnen ['gœnən] **I.** *vt* удоста́ивать, -сто́ить *св;* **sie gönnt ihm keinen Blick** она не удоста́ивает его́ взгля́дом **II.** *vr* позволя́ть, -во́лить *св,* разреша́ть, -ши́ть *св;* **sich** *dat* **etw ~** позво́лить себе́ что-л.; **sich einige Tage Ruhe ~** позво́лить себе́ не́сколько дне́й о́тдыха
Gönner(in) <-s, -> *m(f)* покрови́тель *м,* покрови́тельница *ж*
gönnerhaft *adj* покрови́тельственный

gor [go:ɐ] *prät von* **gären**
Gorilla [go'rɪla] <-s, -s> *m* гори́лла *ж*
Gospelsong <-s, -s> *m* го́спел *м*
gossRR [gɔs], **goß**Alt [gɔs] *prät von* **gießen**
Gosse ['gɔsə] <-, -n> *f* водосто́чный жёлоб *м*, сто́чная кана́ва *ж*; **in der ~ landen** скати́ться на дно
Gotik ['go:tɪk] <-> *f* го́тика *ж*
gotisch *adj* готи́ческий
Gott [gɔt, 'gœtɐ] <-es, Götter> *m* бог *м*; **mein ~!** о бо́же!; **~ sei Dank!** сла́ва бо́гу!; **es ist, weiß ~, schon spät** ви́дит бог, уже́ по́здно; **an ~ glauben** ве́рить в бо́га; **um Gottes willen!** бо́же мой!; **~ bewahre!** *fam* бо́же упаси́!; **die griechischen/römischen Götter** гре́ческие/ри́мские бо́ги
Gottesdienst <-(e)s, -e> *m* богослуже́ние *ср*, слу́жба *ж*
Gottesfurcht <-> *f* богобоя́зненность *ж*, страх *м* бо́жий
Gotteshaus <-es, -häuser> *nt* дом *м* госпо́день, храм *м*
Gottheit <-, -en> *f* **1.** *(Göttlichkeit)* боже́ственность *ж* **2.** *(ein Gott)* божество́ *ср*
Göttin ['gœtɪn] <-, -nen> *f* боги́ня *ж*
göttlich ['gœtlɪç] *adj* бо́жий, бо́жеский
gottlob ['gɔtlo:p] *adv* сла́ва бо́гу; **~ ist es nicht mehr weit** сла́ва бо́гу, тепе́рь недалеко́
gottlos *adj* безбо́жный
Gottlosigkeit <-> *f* безбо́жие *ср*
gottverlassen *adj fam* пусте́ющий, забро́шенный
Gottvertrauen <-s> *nt* уве́ренность *ж* в бо́жьем по́мысле
Götze ['gœtsə] <-n, -n> *m* и́дол *м*; *pej* истука́н *м*
Gourmet [gʊr'me:] <-s, -s> *m* гурма́н *м*
Grab [gra:p, 'grɛ:bɐ] <-(e)s, Gräber> *nt* моги́ла *ж*; **jdn zu ~e tragen** хорони́ть кого́-л.; **jdn ins ~ bringen** свести́ кого́-л. в моги́лу; **ein Geheimnis mit ins ~ nehmen** унести́ та́йну в моги́лу; **dein Vater würde sich im ~ umdrehen, wenn ...** твой оте́ц переверну́лся бы в гробу́, если бы ...; **mit einem Bein im ~ stehen** *fig* быть одно́й ного́й в моги́ле; **sich** *dat* **sein eigenes ~ schaufeln** *fig* копа́ть себе́ моги́лу
graben ['gra:bən] <grub, gegraben> *vt* копа́ть, вы- *св*, рыть, вы- *св*
Graben ['gra:bən] <-s, Gräben> *m* ров *м*, кана́ва *ж*; MIL око́п *м*, транше́я *ж*
Grabkammer *f* гробни́ца *ж*
Grabmal <-s, -mäler> *nt* надгро́бный па́мятник *м*
Grabrede <-, -n> *f* надгро́бное сло́во *ср*, надгро́бная речь *ж*
Grabschänder <-s, -> *m* осквернитель *м* моги́л(ы)
Grabschändung *f* оскверне́ние *ср* моги́лы
Grabstein <-(e)s, -e> *m* надгро́бный ка́мень *м*
Grad [gra:t] <-(e)s, -e> *m* **1.** *(bei Temperaturangaben)* гра́дус *м*; **es ist 10 ~ über/unter Null** 10 гра́дусов вы́ше/ни́же нуля́; **bis zu einem gewissen ~** до определённой сте́пени **2.** *(Stufe, Ausmaß)* сте́пень *ж*; **akademischer ~** академи́ческая сте́пень *ж*; **bei fünf ~ Kälte** при ми́нус пяти́ (гра́дусах); **Verwandte zweiten Grades** двою́родные ро́дственники *ммн*
grade *adj fam s.* **gerade**
Graf [gra:f] <-en, -en> *m* граф *м*
Graffito [gra'fi:to, gra'fi:ti] <-s, Graffiti> *nt* гра́ффити *ср*
Grafik ['gra:fɪk] <-, -en> *f* *(Kunstwerk, Gewerbe)* гра́фика *ж*
Grafikdatei <-, -en> *f* DV графи́ческий файл *м*
Grafiker(in)RR ['gra:fikɐ] <-s, -> *m(f)* гра́фик *м*
Grafikmodus <-> *m* DV графи́ческий мо́дус *м*
Grafikprogramm <-(e)s, -e> *nt* DV графи́ческий реда́ктор *м*
Gräfin ['grɛ:fɪn] <-, -nen> *f* графи́ня *ж*
grafischRR *adj* графи́ческий; **~e Darstellung** графи́ческое изображе́ние *ср*
GrafologeRR <-n, -n> *m*, **Grafologin** *f* графо́лог *м и ж*
Grafschaft <-, -en> *f* гра́фство *ср*
grämen ['grɛ:mən] *vr* горева́ть, по- *св*; **sich über jdn ~** тоскова́ть по кому́-л.
Gramm [gram] <-s, (-e)> *nt* грамм *м*
Grammatik [gra'matɪk] <-, -en> *f* грамма́тика *м*
grammatisch *adj* граммати́ческий
GrammofonRR <-s, -e> *nt*, **Grammophon**® <-s, -e> *nt* граммофо́н *м*
Granat [gra'na:t] <-(e)s, -e> *m* грана́т *м*
Granatapfel *m* BOT грана́т *м*
Granate [gra'na:tə] <-, -n> *f* грана́та *ж*
Granatfeuer <-s> *nt* разры́вы *ммн* грана́т
grandios [gran'djo:s] *adj* грандио́зный
Granit [gra'ni:t] <-s, -e> *m* грани́т *м*
grantig ['grantɪç] *adj* *(übelgelaunt, ärgerlich)* раздражённый, не в ду́хе
Grapefruit ['gre:pfru:t, 'grɛɪpfru:t] <-, -s> *f* гре́йпфрут *м*
Grapefruitsaft <-(e)s> *m* сок *м* из гре́йпфрута
Graphik ['gra:fɪk] <-, -en> *f s.* **Grafik**
Graphiker(in) <-s, -> *m(f) s.* **Grafiker(in)**
graphisch *adj s.* **grafisch**
Graphit [gra'fi:t] <-(e)s, -e> *m* графи́т *м*
Graphologe <-n, -n> *m s.* **Grafologe**
grapschen *vt* ца́пать, сца́пать *св*, хвата́ть, схвати́ть *св*
Gras [gra:s, 'grɛ:zɐ] <-es, Gräser> *nt* трава́ *ж*; **ins ~ beißen** *umg* протяну́ть но́ги; **über etw ~ wachsen lassen** *fig, fam* забы́ть про

что-л.
Grasdecke <-> *f* травяно́й покро́в *м*, газо́н *м*
grasen ['gra:zən] *vi* пасти́сь *нсв*
Grashalm <-(e)s, -e> *m* сте́бель *м*, трави́нка *ж*
Grashüpfer <-s, -> *m fam* кузне́чик *м*
grassieren [gra'si:rən] *vi (Seuche)* свире́пствовать *нсв*
grässlich[RR] ['grɛslɪç] *adj*, **gräßlich**[Alt] ['grɛslɪç] *adj* **1.** *(grauenvoll)* ужа́сный **2.** *(widerlich)* отврати́тельный, омерзи́тельный **3.** *(furchtbar)* стра́шный; **ein ~er Kerl** отврати́тельный тип *м;* **ein ~es Verbrechen** ужа́сное преступле́ние *ср*
Grat [gra:t] <-(e)s, -e> *m* **1.** *(Berg~)* го́рный хребе́т *м* **2.** TECH ребро́ *ср*, грань *ж*
Gräte ['grɛ:tə] <-, -n> *f* ры́бья кость *ж*
Gratifikation <-, -en> *f* де́нежная награ́да *ж*
gratis ['gra:tɪs] *adv* беспла́тно, да́ром; **~ anbieten** предлага́ть да́ром
Gratisangebot <-(e)s, -e> *nt* беспла́тное предложе́ние *ср*
Gratisprobe <-, -n> *f* беспла́тная про́ба *ж*
Gratulant(in) [gratu'lant] <-en, -en> *m(f)* поздрави́тель *м*
Gratulation [gratula'tsjo:n] <-, -en> *f* поздравле́ние *ср*
gratulieren [gratu'li:rən] *vi* поздравля́ть, -ра́вить *св;* **jdm zum Geburtstag ~** поздра́вить кого́-л. с днём рожде́ния
grau [graʊ] *adj* се́рый; **~e Haare bekommen** седе́ть; **alles ~ in ~ sehen** *umg* ви́деть всё в мра́чном све́те; **dem ~en Alltag entfliehen** убежа́ть от се́рых бу́дней; **graue Haare** поседе́вшие во́лосы *мн;* **der graue Alltag** обы́денность *ж*
grauäugig *adj* сероглáзый
graubraun ['graʊbraʊn] *adj* се́ро-бу́рый
Graubrot *nt reg* чёрный хлеб
Gräuel[RR] ['grɔɪəl] <-s, -> *m* **1.** *(Grauen)* у́жас *м;* **etw ist jdm ein ~** кто́-л. терпе́ть не мо́жет чего́-л. **2.** *(~tat)* злодея́ние *ср*, зве́рство *ср*
Gräueltat[RR] *f* жесто́кость *ж*
grauen ['graʊən] *vi* света́ть *нсв;* **der Morgen fängt an zu ~** начина́ет света́ть
Grauen ['graʊən] <-s> *nt (Entsetzen)* у́жас *м;* **~ erregend** ужа́сный
grauenerregend[Alt] *adj* ужаса́ющий
grauenhaft *adj* ужа́сный, стра́шный
grauenvoll *adj* **1.** *(Anblick)* ужа́сный **2.** *fam (unangenehm)* неприя́тный
Grauer Star <-> *m* бельмо́ *ср*
grauhaarig *adj* седо́й, седоволо́сый
Graupel ['graʊpəl] <-, -n> *f* ме́лкий град *м*
grausam ['graʊza:m] *adj* **1.** *(brutal)* жесто́кий; **ein ~er Mensch** жесто́кий челове́к **2.** *fig* ужа́сный, стра́шный; **eine ~e Enttäuschung** стра́шное разочарова́ние
Grausamkeit <-, -en> *f* жесто́кость *ж*, зве́рство *ср*
grausen ['graʊzən] *vr (vor)* о́чень боя́ться *нсв*
grausig *adj* ужа́сный, стра́шный
gravieren [gra'vi:rən] *vt* гравирова́ть, вы- *св*
gravierend *adj (schwerwiegend)* ве́ский
Gravierung <-en> *f* гравю́ра *ж*
Gravitation [gravita'tsjo:n] <-> *f* гравита́ция *ж*, тяготе́ние *ср*
Gravitationskraft <-> *f* гравита́ция *ж*
Gravur [gra'vu:ɐ̯] <-en> *f* гравю́ра *ж*
grazil [gra'tsi:l] *adj* грацио́зный, изя́щный
graziös [gra'ts̮i̯œ:s] *adj* грацио́зный
gregorianisch *adj* MUS грегориа́нский
greifbar *adj (zur Verfügung stehend)* име́ющийся в распоряже́нии; **in ~er Nähe** в непосре́дственной бли́зости
greifen ['graɪfən] <griff, gegriffen> *vt* **1.** *(ergreifen)* брать, взять *св;* **nach etw ~** бра́ться за что-л. **2.** *(fangen)* хвата́ть, схвати́ть *св;* **zum Greifen nah** о́чень бли́зко; **zu einem Buch ~** взя́ться за кни́гу; **das ist aus der Luft gegriffen** э́то пусты́е слова́; **sich** *dat* **an den Kopf ~** схвати́ться за го́лову
Greis [graɪs] <-es, -e> *m* стари́к *м*, ста́рец *м*
grell [grɛl] *adj* **1.** *(Stimme)* ре́зкий **2.** *(Sonne)* я́ркий **3.** *(Farben)* крича́щий
Gremium ['gre:miʊm] <-s, Gremien> *nt* коми́ссия *ж*, сове́т *м;* **ein ~ einberufen** созыва́ть коми́ссию
Grenzbezirk <-(e)s, -e> *m* пограни́чный райо́н *м*
Grenze ['grɛntsə] <-, -n> *f* **1.** *(von Staatsgebiet)* грани́ца *ж* **2.** *(Trennungslinie)* грани́ца *ж*, рубе́ж *м* **3.** *fig* преде́л *м;* **alles hat seine ~n** всему́ есть преде́л; **etw** *dat* **Grenzen setzen** ограни́чить что-л.; **sich in Grenzen halten** приде́рживаться каки́х-л. грани́ц
grenzen *vi* грани́чить *нсв*
grenzenlos *adj* безграни́чный, бескра́йний
Grenzfall <-(e)s, -fälle> *m* осо́бый слу́чай *м*
Grenzgänger(in) ['-gɛŋɐ] <-s, -> *m(f)* челове́к *м*, регуля́рно пересека́ющий грани́цу
Grenzgebiet <-(e)s, -e> *nt* пограни́чная о́бласть *ж*
Grenzkontrolle <-, -n> *f* пограни́чный контро́ль *м*
Grenzkostenrechnung <-, -en> *f* ÖKON расчёт *м* преде́льных изде́ржек
Grenzlinie *f* пограни́чная ли́ния *ж*
Grenzposten <-s, -> *m* пограни́чный пост *м*
Grenzschutz <-es> *m* охра́на *ж* грани́ц
Grenzsituation <-, -en> *f* кра́йняя ситуа́-

G

ция *ж*

Grenzstadt <-, -städte> *f* пограни́чный го́род *м*

Grenzsteuersatz <-es, -sätze> *m* преде́льная нало́говая ста́вка *ж*

Grenzstreitigkeiten <-> *pl* спо́ры *м мн* о грани́це

Grenzübergang <-(e)s, -übergänge> *m* перехо́д *м* че́рез грани́цу

Grenzübertritt <-(e)s, -e> *m* перехо́д *м* грани́цы

Grenzwert <-(e)s, -e> *m* преде́льное значе́ние *ср*

Greuel[Alt] *alte Schreibung für s.* **Gräuel**

Greueltat[Alt] *f s.* **Gräueltat**

greulich[Alt] *adj s.* **gräulich**[2]

Grieche ['gri:çə] <-n, -n> *m* грек *м*

Griechenland <-s> *nt* Гре́ция *ж*

Griechin ['gri:çɪn] <-, -nen> *f* греча́нка *ж*

griechisch *adj* гре́ческий

Griesgram <-(e)s, -e> *m abw* ворчу́н *м*

griesgrämig ['gri:sgrɛ:mɪç] *adj (unfreundlich, mürrisch)* угрю́мый

Grieß [gri:s] <-es> *m* ма́нная крупа́ *ж*

Grießbrei *m* ма́нная ка́ша *ж*

griff [grɪf] *prät von* **greifen**

Griff [grɪf] <-(e)s, -e> *m* **1.** *(Greifen, Zugriff)* хвата́ние *ср,* схва́тывание *ср* **2.** *(Stiel)* ру́чка *ж* **3.** *(von Pistole)* рукоя́тка *ж* **4.** *(Türgriff)* ру́чка *ж* **5.** *(Handgriff)* приём *м;* **etw im ~ haben** *(Situation)* контроли́ровать ситуа́цию; **etw in den ~ bekommen** спра́виться с чем-л.

griffbereit *adj* под руко́й

Grill [grɪl] <-s, -s> *m* **1.** *(für Speisen)* гриль *м;* **vom ~** с гри́ля **2.** KFZ *(Kühler~)* решётка *ж* радиа́тора

Grille ['grɪlə] <-, -n> *f* сверчо́к *м*

grillen ['grɪlən] *vt* поджа́ривать, -жа́рить *св* на гри́ле

Grimasse [gri'masə] <-, -n> *f* грима́са *ж;* **~n schneiden** де́лать грима́сы

grimmig *adj* **1.** *(zornig)* гне́вный; **ein ~es Gesicht machen** сде́лать свире́пое лицо́ **2.** *(übermäßig)* чрезвыча́йно си́льный; **~e Kälte** лю́тый моро́з *м*

grinsen ['grɪnzən] *vi* ухмыля́ться, -льну́ться *св*

Grinsen <-s> *nt ohne pl* грима́са *ж*

Grippe ['grɪpə] <-, -n> *f* грипп *м;* **(die) ~ haben** боле́ть гри́ппом

Grippe-Impfstoff <-(e)s, -e> *m* вакци́на *ж* про́тив гри́ппа

Grippemittel <-s, -> *nt* сре́дство *ср* от гри́ппа

Grippeschutzimpfung <-, -en> *f* приви́вка *ж* про́тив гри́ппа

Grippevirus <-, -viren> *nt* возбуди́тель *м* гри́ппа

Grippewelle *f* гри́ппная волна́ *ж*

Grips [grɪps] <-es> *m umg* ум *м,* смека́лка *ж;* **streng mal deinen ~ an!** ну́-ка, поду́май как сле́дует!

grob [gro:p] <gröber, am gröbsten> *adj* **1.** *(derb, rau)* гру́бый **2.** *(ungefähr)* приблизи́тельный; **~ gerechnet** гру́бо говоря́ **3.** *(barsch, unhöflich)* гру́бый, неве́жливый; **ein ~er Mensch** гру́бый челове́к *м;* **sei nicht so ~ zu mir** не груби́

Grobheit <-> *f* гру́бость *ж;* **jdm ~en ins Gesicht sagen** груби́ть кому́-л. в лицо́

Grobian ['gro:bia:n] <-(e)s, -e> *m* грубия́н *м*

grobkörnig *adj* зерни́стый

Grobplanung <-, -en> *f* предвари́тельный план *м*

Grog [grɔk] <-s, -s> *m* грог *м*

groggy ['grɔgi] *adj umg (erschöpft)* уста́лый, измо́танный, в изнеможе́нии

grölen ['grœ:lən] *vi* ора́ть *нсв*

Groll [grɔl] <-(e)s> *m geh* затаённая зло́ба *ж,* злость *ж;* **einen ~ gegen jdn hegen** затаи́ть на кого́-л. зло́бу

grollen *vi* **1.** *(jdm ~)* серди́ться, рас- *св* **2.** *(Donner)* греме́ть, про- *св,* громыха́ть, про- *св*

Grönland ['grœ:nlant] <-s> *nt* Гренла́ндия *ж*

Groschenroman <-(e)s, -e> *m pej* бульва́рный рома́н *м*

groß [gro:s] *adj* **1.** *(bedeutend)* значи́тельный; **ein ~er Schriftsteller** вели́кий писа́тель *м;* **etw ~schreiben** *fig* придава́ть большо́е значе́ние; **große Reden schwingen** *fam (angeben)* ва́жничать; **ganz ~ rauskommen** *fam* стать изве́стным **2.** *(räumlich)* большо́й, кру́пный; *(geräumig)* просто́рный; **mit dem größten Vergnügen** с больши́м удово́льствием; **großen Wert auf etw legen** придава́ть чему́-л. большо́е значе́ние; **ein ~es Grundstück** большо́й уча́сток *м* **3.** *(umfangreich)* большо́й, обши́рный; **eine ~e Zuhörerschaft** широ́кий круг слу́шателей **4.** *(riesig)* огро́мный; *(dick)* то́лстый **5.** *(hochgewachsen)* высо́кий; **er ist fast zwei Meter ~** высото́й почти́ в 2 ме́тра; **das Kind ist sehr ~ für sein Alter** ребёнок о́чень кру́пный для своего́ во́зраста **6.** *(großartig)* бесподо́бный, великоле́пный; **~ dastehen** *umg (Erfolg haben)* преуспева́ть **7.** *(Fläche, Menge)* большо́й; **eine große Familie** больша́я семья́ *ж* **8.** *(sehr)* о́чень; **wir haben nicht ~ darauf geachtet** *umg* мы не о́чень на э́то обраща́ли внима́ние; **~e Lust auf etw haben** о́чень хоте́ть чего́-л.; **im Großen und Ganzen** в о́бщем и це́лом; **~e Kälte** си́льные холода́ *ммн;* **~e Hitze** си́льная жара́ *ж* **9.** *(Zeitlich)* дли́нный; **die großen Ferien** больши́е кани́кулы *мн* **10.** *(älter)* ста́рший; *(erwachsen)* взро́слый; **meine große Schwester** моя ста́ршая сестра́; **wenn ich**

~ bin когда́ я подрасту́

i Grammatik

groß может означать „большой/просторный“ и „высокий“:
Die Hose ist mir zwei Nummern zu groß. – Брюки мне на два номера больше. Mein jüngerer Cousin ist viel größer als ich. – Мой младший двоюродный брат гораздо выше меня.

Großabnehmer <-s, -> *m* кру́пный покупа́тель *м*
Großaktion <-, -en> *f* кру́пное мероприя́тие *ср*, кру́пная а́кция *ж*
Großaktionär <-s, -e> *m* кру́пный акционе́р *м*
gross angelegt *adj* широкомасшта́бный
Großangriff <-(e)s, -e> *m* MIL кру́пная наступа́тельная опера́ция *ж*, масси́рованный налёт *м*
großartig *adj* **1.** *(wunderbar)* чуде́сный, великоле́пный **2.** *(ausgezeichnet)* отли́чный, превосхо́дный; **das ist ja ~!** э́то прекра́сно!
Großaufnahme <-, -n> *f* съёмка *ж* кру́пным пла́ном
Großauftrag <-(e)s, -aufträge> *m* кру́пный зака́з *м*
Großbetrieb <-(e)s, -e> *m* кру́пное предприя́тие *ср*; **landwirtschaftlicher ~** кру́пное сельскохозяйственное предприя́тие
Großbildschirm *m* INFOR большо́й экра́н *м*
Großbritannien [gro:sbri'tanjən] <-s> *nt* Великобрита́ния *ж*
Großbuchstabe <-ns/-n, -n> *m* больша́я бу́ква *ж*, загла́вная бу́ква *ж*; **in Großbuchstaben** больши́ми бу́квами
großbürgerlich *adj* крупнобуржуа́зный
Großbürgertum <-(e)s> *nt* кру́пная буржуази́я *ж*
Großcomputer <-s, -> *m* мо́щный компью́тер *м*
Großdemonstration <-, -en> *f* ма́ссовая демонстра́ция *ж*
Größe ['grœ:sə] <-, -n> *f* **1.** *(Umfang, Format, Nummer)* разме́р *м*; **in voller ~** во весь рост **2.** *(Höhe)* высота́ *ж* **3.** PHYS величина́ *ж*; **unbekannte ~** неизве́стная величина́ **4.** *(Bedeutsamkeit)* значи́тельность *ж*, вели́чие *ср*; **die ~ des Augenblicks** *geh* вели́чие моме́нта
Großeltern <-> *pl* де́душка *м* и ба́бушка *ж*
Großenkel(in) *m(f)* пра́внук *м*, пра́внучка *ж*
Größenordnung <-, -en> *f* поря́док *м*; **in der ~ von** поря́дка
Größenwahn <-(e)s> *m* ма́ния *ж* вели́чия
größenwahnsinnig *adj* страда́ющий ма́нией вели́чия
Großereignis <-ses, -se> *nt* кру́пное собы́тие *ср*
Großflughafen <-s, -häfen> *m* кру́пный аэродро́м *м*
Großgrundbesitz <-es, -e> *m* кру́пное землевладе́ние *ср*
Großhandel <-s> *m* опто́вая торго́вля *ж*
Großhandelspreis <-es, -e> *m* опто́вая цена́ *ж*
Großhandelsrabatt <-(e)s, -e> *m* опто́вая ски́дка *ж*
Großhandelsspanne <-, -n> *f* опто́вая наце́нка *ж*
Großhändler <-s, -> *m* опто́вый торго́вец *м*, оптови́к *м*
großherzig *adj geh* великоду́шный
Großkapitalist <-en, -en> *m* кру́пный капитали́ст *м*
Großkind <-(e)s, -er> *nt CH (Enkelkind)* внук *м*, вну́чка *ж*
Großkonzern <-s, -e> *m* кру́пный конце́рн *м*
Großkunde <-n, -n> *m* кру́пный покупа́тель *м*
Großmacht <-, -mächte> *f* вели́кая держа́ва *ж*
Großmarkt <-(e)s, -märkte> *m* опто́вый ры́нок *м*
Großmaul <-(e)s, -mäuler> *nt pej* хвасту́н *м*
Großmutter <-, -mütter> *f* ба́бушка *ж*
Großoffensive <-, -n> *f* MIL кру́пное наступле́ние *ср*
Großonkel *m* прадя́дя *м*
Großprojekt <-(e)s, -e> *nt* кру́пный прое́кт *м*
Großraum <-(e)s, -räume> *m* кру́пный райо́н *м*; **im ~ München** в райо́не Мю́нхена
Großraumwagen <-s, -wägen> *m* *пассажи́рский ваго́н с о́бщим сало́ном*
Großreinemachen <-s> *nt* генера́льная убо́рка *ж*
Großschreibung <-> *f* написа́ние *ср* с большо́й бу́квы
großspurig ['gro:sʃpu:rɪç] *adj* кичли́вый, высоме́рный
Großstadt <-, -städte> *f* большо́й го́род *м*
Großtante *f* пратётя *ж*
Großteil *m* бо́льшая часть *ж*; **zu einem ~** в большо́й сте́пени
größtenteils ['grœ:stən'taɪls] *adv* в большо́й ме́ре
größtmöglich *adj* са́мый большо́й, максима́льно возмо́жный
Großtuerei [gro:stu:ə'raɪ] <-> *f pej* хвастовство́ *ср*
Großunternehmen <-s, -> *nt* кру́пное предприя́тие *ср*

G

Großvater <-s, -väter> *m* де́душка *м*
Großveranstaltung <-, -en> *f* ма́ссовое мероприя́тие *ср*
Großwetterlage <-, -n> *f* макросиноптúческая ситуа́ция *ж;* **die politische ~** *fig* актуа́льная политúческая ситуа́ция
groß|ziehen <irr> *vt* выра́щивать, вы́растить *св*
großzügig ['gro:stsʏ:gɪç] *adj* **1.** *(tolerant)* великоду́шный **2.** *(spendabel)* ще́дрый **3.** *(weiträumig)* просто́рный
Großzügigkeit <-> *f* **1.** *(Freigebigkeit)* ще́дрость *ж* **2.** *(räumlich)* масшта́бность *ж*
grotesk [gro'tɛsk] *adj* гроте́скный
Grotte ['grɔtə] <-, -n> *f* грот *м*
grub [gru:p] *prät von* **graben**
Grübchen ['gry:pçən] <-s, -> *nt* я́мочка *ж*
Grube ['gru:bə] <-, -n> *f* **1.** *(Vertiefung im Boden)* я́ма *ж* **2.** BERGB ша́хта *ж;* **wer anderen eine ~ gräbt, fällt selbst hinein** не ро́й друго́му я́му – сам в неё попадёшь
Grübelei [gry:bə'laɪ] <-en> *f* тяжёлые размышле́ния *мн*
grübeln ['gry:bəln] *vi (über)* размышля́ть *нсв;* **erfolgslos über eine Frage ~** безуспе́шно лома́ть себе́ го́лову над вопро́сом
Grubenarbeiter <-s, -> *m* шахтёр *м*
Grubenexplosion <-, -en> *f* рудни́чный взрыв *м*
Grubenlampe <-, -n> *f* рудни́чная ла́мпа *ж*
Grubenunglück <-(e)s, -e> *nt* рудни́чная катастро́фа *ж*
grüezi ['gry:ɛtsi] *interj CH (Grußformel)* приве́т!, салю́т!

i Land & Leute

Grüezi в Швейцарии означает «Привет».

Gruft [grʊft, 'grʏftə] <-, Grüfte> *f* **1.** *(Grabgewölbe)* склеп *м* **2.** *(Grabmal)* надгро́бный па́мятник *м*
grün [gry:n] *adj* зелёный; **das ist dasselbe in ~** *umg* э́то то же са́мое; **jdm nicht ~ sein** *umg* недолю́бливать кого́-л.; **sich ~ und blau ärgern** *umg* позелене́ть от зло́сти; **jdm ~es Licht geben** дать кому́-л. зелёную у́лицу; **grünes Licht geben** *fam* разреша́ть что-л. де́лать; **ein grüner Junge** молокосо́с *м*

i Land & Leute

«Зелёная точка» – знак, которым помечаются такие упаковочные материалы, как картонные коробки, консервные банки, бутылки и пластиковые стаканчики, в которых продаётся йогурт. Они собираются, сортируются и вновь используются в рамках так называемой «Двойной Системы». С её помощью в Германии пытаются избежать гигантских гор мусора.

Grün[1] <-s, -> *nt (Farbe)* зелёный цвет *м;* **die Ampel steht auf ~** светофо́р зелёный
Grün[2] <-s> *nt ohne pl (Pflanze)* зе́лень *ж*
Grünanlage <-, -n> *f* зелёные насажде́ния *мн,* сквер *м*
grünblau ['gry:nblau] *adj* зеленова́то-голубо́й
Grund [grʊnt, 'grʏndə] <-(e)s, Gründe> *m* **1.** *(Ursache)* причи́на *ж,* основа́ние *ср;* **ohne ~** без причи́ны; **auf ~ von** потому́ что; **einen ~ zum Feiern haben** име́ть по́вод для пра́зднования **2.** *(Boden eines Gewässers)* дно *ср;* **einer Sache auf den ~ gehen** глубоко́ вни́кнуть в су́ть како́го-л. де́ла; **von ~ auf** коренны́м образом; **im ~e (genommen)** в су́щности **3.** *(Grundlage)* осно́ва *ж,* основа́ние *ср;* **den ~ zu etw legen** *(die Voraussetzung für etw schaffen)* созда́ть предпосы́лки для чего́-л.
Grundausbildung <-> *f* MIL первонача́льная подгото́вка *ж*
Grundausführung <-> *f* ба́зовая моде́ль *ж*
Grundausstattung <-, -en> *f* основно́е обору́дование *ср*
Grundbedeutung <-, -en> *f* основно́е значе́ние *ср*
Grundbedingung <-, -en> *f* основно́е усло́вие *ср*
Grundbedürfnis <-ses, -se> *nt* основна́я потре́бность *ж*
Grundbegriff <-(e)s, -e> *m* основно́е поня́тие *ср*
Grundbesitz <-es, -e> *m* земе́льная со́бственность *ж*
Grundbesitzer(in) *m(f)* землевладе́лец *м*
Grundbestandteil <-(e)s, -e> *m* основно́й компоне́нт *м*
Grundbuch <-(e)s, -bücher> *nt* поземе́льная кни́га *ж*
Grundbucheintragung <-, -en> *m* регистра́ция *ж* в земе́льном када́стре
gründen ['grʏndən] *vt* осно́вывать, -нова́ть *св,* учрежда́ть, -реди́ть *св;* **sich auf etw ~** осно́вываться на чём-л.
Gründer(in) <-s, -> *m(f)* основа́тель *м,* основа́тельница *ж*
Gründergeneration <-, -en> *f* поколе́ние *ср* основа́телей
Grundfarbe <-, -n> *f* основна́я *ж* кра́ска

[*или* грунтова́я]
Grundforderung <-, -en> *f* основно́е тре́бование *ср*
Grundfrage <-, -n> *f* основно́й вопро́с *м*
Grundgebühr <-, -en> *f* основно́й тари́ф *м*, основна́я та́кса *ж*
Grundgedanke <-n, -n> *m* основна́я мысль *ж*
Grundgesetz <-es> *nt* конститу́ция *ж*
Grundidee <-, -n> *f* основна́я иде́я *ж*
Grundierfarbe <-, -n> *f* грунто́вка *ж*
Grundierung <-> *f* грунтова́ние *ср*
Grundkapital <-s> *nt* уставно́й капита́л *м*
Grundkenntnisse <-> *pl* осно́вы *мн* нау́к
Grundkurs *m (in einer Fremdsprache)* курс *м* для начина́ющих
Grundlage <-, -n> *f* осно́ва *ж*, основа́ние *ср*; **die ~n für etw schaffen** созда́ть осно́ву для чего́-л.
Grundlagenabkommen <-s, -> *nt* POL догово́р *м* об осно́вах отноше́ний
Grundlagenforschung <-, -en> *f* фундамента́льные иссле́дования *мн*
grundlegend ['grʊntleːgənt] *adj* основополага́ющий, основно́й
gründlich ['grʏntlɪç] *adj* основа́тельный, тща́тельный
Grundlohn <-(e)s, -löhne> *m* основна́я за́работная пла́та *ж*
grundlos *adj* **1.** *(unbegründet)* беспричи́нный **2.** *(sehr tief)* бездо́нный
Grundmauer <-, -n> *f* фунда́ментная стена́ *ж*
Grundnahrungsmittel <-s, -> *nt* основно́й проду́кт *м* пита́ния
Gründonnerstag *m* свято́й четве́рг *м*
Grundprinzip <-s, -ien> *nt* основно́й при́нцип *м*
Grundrecht <-(e)s, -e> *nt* основно́е пра́во *ср*
Grundregel <-, -n> *f* основно́е пра́вило *ср*
Grundriss^RR <-es, -e> *m (eines Hauses)* горизонта́льная прое́кция *ж*
Grundsatz <-es, -sätze> *m* при́нцип *м*; **an seinen Grundsätzen festhalten** твёрдо отста́ивать свои́ при́нципы
Grundsatzfrage <-, -n> *f* принципиа́льный вопро́с *м*
grundsätzlich ['grʊntzɛtslɪç] *adj* принципиа́льный; *(im Allgemeinen)* в о́бщем; **~ zu etw bereit sein** быть в при́нципе к чему́-л. гото́вым
Grundsatzpapier <-(e)s, -e> *nt* програ́ммный докуме́нт *м*
Grundsatzprogramm <-(e)s, -e> *nt* основна́я програ́мма *ж*
Grundsatzvereinbarung <-, -en> *f* основно́е соглаше́ние *ср*
Grundschuld <-> *f* JUR ипоте́чный долг *м*
Grundschule <-, -n> *f* нача́льная шко́ла *ж*
Grundstein *m* краеуго́льный ка́мень *м*; **den ~ zu etw** *dat* **legen** положи́ть нача́ло чему́-л.
Grundsteinlegung <-, -en> *f* закла́дка *ж* (зда́ния)
Grundsteuer <-, -n> *f* поземе́льный нало́г *м*
Grundstimmung <-, -en> *f* основно́е настрое́ние *ср*
Grundstoffindustrie <-, -n> *f* ба́зисные о́трасли *мн* тяжёлой промы́шленности
Grundstück <-(e)s, -e> *nt* земе́льный уча́сток *м*
Grundstücksbesitzer <-s, -> *m(f)* владе́лец *м* земе́льных уча́стков
Grundstücksmakler(in) <-s, -> *m(f)* ма́клер *м* по прода́же земе́льных уча́стков
Grundstückspreis <-es, -e> *m* цена́ *ж* земе́льного уча́стка
Grundübel <-s, -> *nt* основно́е зло *ср*
Gründung ['grʏndʊŋ] <-, -en> *f* основа́ние *ср*, учрежде́ние *ср*
Gründungsbilanz <-, -en> *f* учреди́тельный бала́нс *м*
Gründungsmitglied <-(e)s, -er> *nt* член-учреди́тель *м*
grundverschieden *adj* о́чень ра́зные
Grundversorgung <-> *f* основно́е снабже́ние *ср*
Grundwasser <-s> *nt* грунто́вые во́ды *мн*
Grundwehrdienst <-(e)s> *m* обяза́тельная вое́нная слу́жба *ж*
Grundwortschatz <-es> *m* основно́й запа́с *м* слов
Grüne(r) <-n, -n> *m* POL „зелёный“ *м*; **die ~n** Па́ртия зелёных
Grunge [grantʃ] <-> *m (Stilart der Rockmusik)* грандж *м*
Grünkohl *m* GASTR кудря́вая капу́ста
Grünland <-(e)s> *nt* кормовы́е уго́дья *срмн*
Grünschnabel *m abw* молокосо́с *м*
grünstichig *adj* с зелёным отте́нком
Grünstreifen <-s, -> *m* раздели́тельная полоса́ *ж* с зелёными насажде́ниями
Gruppe ['grʊpə] <-, -n> *f* гру́ппа *ж*; *(Arbeits~)* рабо́чая гру́ппа *ж*; **in ~n einteilen** группирова́ть
Gruppenarbeit <-, -en> *f* коллекти́вная рабо́та *ж*
Gruppenaufnahme <-, -n> *f* группово́й сни́мок *м*
Gruppenbildung <-, -en> *f* формирова́ние *ср* групп
Gruppendynamik <-> *f* PSYCH дина́мика *ж* групп
Gruppenfoto <-s, -s> *nt* группово́й сни́мок *м*
Gruppentherapie <-, -en> *f* PSYCH группова́я терапи́я *ж*

G

gruppenweise *adv* гру́ппами
gruppieren [grʊ'pi:rən] **I.** *vt* группирова́ть **II.** *vr* **sich ~** группирова́ться
Gruselgeschichte *f* стра́шная исто́рия *ж*
gruselig ['gru:zəlɪç] *adj* жу́ткий, стра́шный
gruseln ['gru:zəln] *vr* **sich ~** боя́ться; **ich grusel mich vor Spinnen** я бою́сь пауко́в
Gruß [gru:s, 'gry:sə] <-es, Grüße> *m* приве́т *м;* **jdm einen ~ ausrichten** переда́ть кому́-л. приве́т; **viele Grüße, euer ...** *(am Briefende)* всем привет, ваш ...; **viele Grüße an deine Eltern!** переда́й приве́т свои́м роди́телям!; **jdm Grüße bestellen** переда́ть кому́-л. приве́т; **mit freundlichen Grüßen** с уваже́нием
grüßen ['gry:sən] *vt* приве́тствовать, по- *св;* **grüß dich!** приве́тствую!; **jdn ~ lassen** переда́ть приве́т кому́-л.; **grüß deinen Vater von uns** переда́й приве́т своему́ па́пе; **sie lässt (dich) schön ~** она́ шлёт тебе́ большо́й приве́т
Grütze ['grʏtsə] <-> *f* ка́ша *ж*
Guatemala [guate'ma:la] <-s> *nt* Гватема́ла *ж*
gucken ['gʊkən, 'kʊkən] **I.** *vi* гляде́ть, по- *св;* **durchs Schlüsselloch ~** смотре́ть сквозь замо́чную сква́жину **II.** *vt fam* смотре́ть; **Fernsehen ~** смотре́ть телеви́зор
Guerillakämpfer(in) <-s, -> *m(f)* партиза́н *м*
Guerillakrieg <-(e)s, -e> *m* партиза́нская война́ *ж*
Guillotine [gɪljo'ti:nə] <-n> *f* гильоти́на *ж*
Gulasch ['gʊlaʃ] <-(e)s, -e> *nt* гуля́ш *м*
Gully ['gʊli] <-s, -s> *m o nt* канализацио́нная труба́ *ж*
gültig ['gʏltɪç] *adj* действи́тельный; **wie lange ist dein Angebot noch ~?** как до́лго твоё предложе́ние остаётся в си́ле?; **ein ~er Ausweis** действи́тельное удостовере́ние *ср;* **der Fahrplan ist ab 1. Januar ~** расписа́ние движе́ния действи́тельно с 1 января́; **ein ~er Vertrag** де́йствующий догово́р *м;* **die Fahrkarte ist nicht mehr ~** срок де́йствия проездно́го истёк
Gültigkeit <-> *f (das Gültigsein)* де́йственность *ж,* зако́нность *ж*
Gültigkeitsdauer <-> *f* срок *м* де́йствия
Gummi ['gʊmi] <-s, -s> *nt* рези́на *ж; (Radiergummi)* рези́нка *ж; umg (Präservativ)* презервати́в *м*
Gummiband <-(e)s, -bänder> *nt (für Kleider)* рези́нка *ж*
Gummihandschuh <-es, -e> *m* рези́новая перча́тка *ж*
Gummiknüppel <-s, -> *m* рези́новая дуби́нка *ж*
Gummireifen <-s, -> *m* рези́новая ши́на *ж*
Gummiring <-(e)s, -e> *m* рези́новое кольцо́ *ср,* рези́новая прокла́дка *ж*
Gummisohle <-, -n> *f* рези́новая подо́шва *ж*
Gummistiefel <-s, -> *m* рези́новый сапо́г *м*
Gunst [gʊnst] <-> *f* благоскло́нность *ж,* расположе́ние *ср;* **sich jds ~ erwerben** завоева́ть чьё-л. расположе́ние; **zu jds ~en** в чью-л. по́льзу; **zu Gunsten ...** в по́льзу ...; **(hoch) in jds ~ stehen** по́льзоваться благорасположе́нием кого́-л.
günstig ['gʏnstɪç] *adj* удо́бный, вы́годный; **~es Angebot** вы́годное предложе́ние *ср;* **im ~sten Falle** в лу́чшем слу́чае; **etw ~ kaufen** вы́годно купи́ть что-л.; **in ~er Lage** в вы́годном положе́нии; **ein ~er Standort** благоприя́тное местоположе́ние; **es trifft sich ~, dass ...** хорошо́ получи́лось, что ...
Gurgel ['gʊrgəl] <-, -n> *f* го́рло *ср,* гло́тка *ж;* **jdn an der ~ packen** взять кого́-л. за го́рло
gurgeln *vi (mit Mundwasser)* полоска́ть, про- *св*
Gurke ['gʊrkə] <-, -n> *f* огуре́ц *м; (Essig~)* марино́ванный огуре́ц *м;* **saure Gurken** солёные огурцы́
Gurt [gʊrt] <-(e)s, -e> *m* **1.** *(Riemen)* реме́нь *м* **2.** *(Gürtel)* по́яс *м,* реме́нь *м;* **den ~ anlegen** затяну́ть реме́нь
Gürtel ['gʏrtəl] <-s, -> *m* **1.** *(Hosen~)* по́яс *м;* **den ~ enger schnallen** *fam* затяну́ть по́яс поту́же **2.** *(Streifen, Zone)* полоса́ *ж,* зо́на *ж*
Gürtellinie *f ohne pl* поясни́ца *ж;* **ein Schlag unter die ~** *a. fig, fam* уда́р ни́же по́яса
Gurtmuffel <-s, -> *m umg: автомобили́ст, не пристёгивающийся при езде́*
Guru ['gu:ru] <-s, -s> *m* гу́ру *м*
GUS <-> *f* Содру́жество *ср* незави́симых госуда́рств
Guss[RR] [gʊs] <-es, Güsse> *m,* **Guß**[Alt] [gʊs] <-sses, Güsse> *m* **1.** *(das Gießen)* литьё *ср* **2.** *(Erzeugnis)* лито́е изде́лие *ср* **3.** *(Wasser~)* облива́ние *ср,* душ *м* **4.** *(Regen~)* ли́вень *м* **5.** *(Zucker~)* глазу́рь *ж;* **wie aus einem ~** *fig (einheitlich)* це́льный
Gusseisen[RR] <-s, -> *nt* чугу́н *м*
Gussstahl[RR] <-(e)s> *m* лита́я сталь *ж*
gut [gu:t] <besser, am besten> **I.** *adj* хоро́ший, до́брый; **wie ~, dass ...** как хорошо́, что ...; **das ist ja alles schön und ~, aber ...** всё э́то чуде́сно, но ...; **~e Besserung!** поправля́йтесь!; **~en Morgen!** до́брое у́тро!; **ein guter Freund** хоро́ший друг; **er ist in Mathe sehr ~** он хорошо́ зна́ет матема́тику; **es wird wieder ~** всё образу́ется; **~ zu jdm sein** относи́ться хорошо́ к кому́-л. **II.** *adv* хорошо́; **~ aussehend** привлека́тельный; **~ gemacht!** отли́чно срабо́тано!; **~ situiert** обеспе́ченный; **so ~ wie** почти́; **du hast ~ lachen** тебе́ хорошо́ смея́ться; **schon ~!** ну, хорошо́!; **das schmeckt ~** э́то вку́сно; **mach's**

~! пока́!

Gut <-(e)s, Güter> *nt* **1.** *(Landgut)* име́ние *ср* **2.** ÖKON *(Handelsgüter)* това́р *м*, груз *м*

Gutachten ['gu:tʔaxtən] <-s, -> *nt* о́тзыв *м*, заключе́ние *ср*, эксперти́за *ж;* **ein ~ abgeben** дать заключе́ние; **ein ~ einholen** запра́шивать заключе́ние; **gerichtliches ~** суде́бное заключе́ние

Gutachter(in) <-s, -> *m(f)* экспе́рт *м*

gutartig *adj* MED *(Geschwulst)* доброка́чественный

gut aussehend[RR] *adj* привлека́тельный, с прия́тной вне́шностью

gutbezahlt[Alt] *adj s.* **bezahlen**

gutbürgerlich ['gut'byrgəliç] *adj об о́бразе жи́зни, тради́циях и́ли поведе́нии, при́нятых в буржу́азных слоя́х о́бщества*

Güte ['gy:tə] <-> *f* **1.** *(Freundlichkeit)* доброта́ *ж;* **ach du liebe ~!** *fam* бо́же ты мой! **2.** ÖKON *(Qualität)* доброка́чественность *ж*, ка́чество *ср;* **ach du meine ~!** бо́же мой!

Güteklasse <-, -n> *f* класс *м*, сте́пень *ж* ка́чества

Gutenachtgeschichte *f* ска́зка *ж* пе́ред сном

Gutenachtkuss[RR] *m* поцелу́й пе́ред сном

Güterabfertigung <-, -en> *f* отпра́вка *ж* гру́зов

Güterangebot <-(e)s> *gut nt* предложе́ние *ср* това́ров

Güterbahnhof <-s, -bahnhöfe> *m* това́рная ста́нция *ж*

Güterbeförderung <-> *f* перево́зка *ж* гру́зов

Güterbeschaffenheit <-> *f (Qualität)* ка́чество *ср* това́ра

Güterfernverkehr <-> *m* да́льние грузовы́е перево́зки *жмн*

Güterknappheit <-> *f* недоста́ток *м* това́ров

Gütertrennung <-> *f* разде́л *м* иму́щества

Güterumschlag <-(e)s> *m* грузооборо́т *м*

Güterversorgung <-> *f* снабже́ние *ср* това́рами

Güterwagen <-s, -> *m* това́рный ваго́н *м*

Güterzug <-(e)s, -züge> *m* това́рный по́езд *м*

Gütezeichen <-s, -> *nt* знак *м* ка́чества

gut gelaunt *adj* весёлый, в хоро́шем настрое́нии

gutgelaunt *adj s.* **gelaunt**

gut gemeint *adj* доброжела́тельный

gutgemeint *adj s.* **meinen**

gutgläubig *adj (leichtgläubig)* легкове́рный; **du bist viel zu ~** ты сли́шком дове́рчив

Gutgläubigkeit *f* дове́рчивость *ж*

gut|haben <irr> *vt* **etw ~ (bei jdm)** кто-л. кому́-л. до́лжен

Guthaben ['gu:tha:bən] <-s, -> *nt* акти́в *м;* **er hat noch ein ~ von 500 Euro** у него́ на ба́нковском счету́ ещё 500 е́вро

gut|heißen <irr> *vt (etw)* одобря́ть, одо́брить *св*

gütig ['gy:tɪç] *adj* **1.** *(freundlich)* любе́зный **2.** *(voller Güte)* до́брый, добросерде́чный

gut leserlich *adj* разбо́рчивый (по́черк)

gütlich ['gy:tlɪç] *adj* полюбо́вный; **sich an etw ~ tun** *(mit Genuss etw verzehren)* ла́комиться чем-л.

gut|machen *vt* исправля́ть, испра́вить *св;* **wieder ~** почини́ть

gutmütig ['gu:tmy:tɪç] *adj* доброду́шный

Gutmütigkeit <-> *f* доброду́шие *ср*

Gutschein <-s, -e> *m* **1.** *(als Zahlungsmittel)* ба́нковский чек *м* **2.** *(für umgetauschte Waren)* чек *м*, тало́н *м*

gut|schreiben *vt* заноси́ть, -нести́ *св;* **einen Betrag auf einem Konto ~** кредитова́ть счёт како́й-л. су́ммой; **einen Betrag ~** оприхо́довать су́мму

Gutschrift <-, -en> *f* **1.** *(Bescheinigung, Gutschein)* квита́нция *ж* на су́мму креди́та **2.** *(Betrag)* креди́т *м* **3.** *(Vorgang)* кредитова́ние *ср*

Gutsherr(in) <-n, -n> *m(f)* поме́щик *м*, поме́щица *ж*, ба́рин *м*

Gutshof <-(e)s, -höfe> *m* поме́щичья уса́дьба *ж*

gut situiert *adj* обеспе́ченный, состоя́тельный

gut tun[RR] <irr> *vi* хорошо́ де́йствова́ть, по- *св*, приноси́ть, -нести́ *св;* **der Urlaub wird dir ~** о́тпуск бу́дет тебе́ поле́зен

Gymnasiast(in) [gymnazi'ast] <-en, -en> *m(f)* гимнази́ст *м*, гимнази́стка *ж*

Gymnasium [gym'na:ziʊm] <-s, Gymnasien> *nt* гимна́зия *ж*

i Land & Leute

Немецкие школьники, которые по окончании начальной школы переходят в **гимназию**, имеют возможность с 5-го по 13-й класс пройти курс обучения, необходимый для сдачи экзаменов на аттестат зрелости. В Австрии этот курс продолжается восемь лет, в Швейцарии учащиеся должны ходить в гимназию как минимум восемь лет. Традиционно имеются различные типы гимназий: классическая («гуманистическая») гимназия, где преподаются древние языки, гимназия, где преподаются новые языки, а также иногда латынь, гимназия с математическим и естественнонаучным уклоном, экономическая и музыкальная гимназии.

Gymnastik [gʏm'nastɪk] <-> *f* гимна́стика *ж;* ~ **machen** де́лать гимна́стику

Gymnastikanzug <-(e)s, -anzüge> *m* спорти́вный костю́м *м*

Gynäkologe [gynɛko'lo:gə] <-n, -n> *m*, **Gynäkologin** *f* гинеко́лог *м*

Gynäkologie [gynɛkolo'gi:] <-> *f* гинеколо́гия *ж*

Hh

H, h [haː] <-, -> *nt* бу́ква H

Haar [haːɐ̯] <-(e)s, -e> *nt* во́лос *м;* **sie wusch sich die ~e** она́ мы́ла го́лову; **ihm standen die ~e zu Berge** у него́ во́лосы вста́ли ды́бом; **um ein ~** *umg* на волосо́к; **etw an den ~en herbeiziehen** *umg* притяну́ть что-л. за́ волосы; **sich** *dat* **die Haare schneiden lassen** подстри́чься; **deswegen lasse ich mir keine grauen Haare wachsen** *fam* я не о́чень беспоко́юсь об э́том; **jdm kein ~ krümmen** *fam* не дотро́нуться до кого́-л.

Haarausfall <-(e)s> *m* выпаде́ние *ср* воло́с

Haarband <-(e)s, -bänder> *nt* ле́нта *ж* для воло́с

Haarbürste <-, -n> *f* щётка *ж* для воло́с

haaren [ˈhaːrən] *vi (bei Tieren)* линя́ть *нсв*

Haaresbreite *f* **um ~** на волосо́к

Haarfarbe *f* цвет *м* воло́с

Haarfestiger <-s, -> *m* фикса́тор *м* для воло́с

haargenau [ˈhaːrgɛnau] *adj umg* точь-в-то́чь; **stimmt ~!** так то́чно!

haarig [ˈhaːrɪç] *adj* **1.** *(behaart)* волоса́тый *umg (schwierig, heikel)* сло́жный, щекотли́вый

Haarlack <-(e)s, -e> *m* лак *м* для воло́с

Haarnadel <-, -n> *f* шпи́лька *ж* для воло́с

Haarnadelkurve <-, -n> *f* круто́й поворо́т *м*

Haarnetz <-es, -e> *nt* се́тка *ж* для воло́с

Haarpflegemittel <-s, -> *nt* сре́дство *ср* для ухо́да за волоса́ми

haarscharf [ˈ-ˈ-] *adj* **1.** *(beobachten)* о́чень то́чный **2.** *(sehr nah, dicht)* о́чень бли́зкий; **der Schuss ging an seinem Kopf ~ vorbei** вы́стрел прошёл на волосо́к от его́ головы́

Haarschnitt <-(e)s, -e> *m* стри́жка *ж*

Haarspalterei [ˈhaːrʃpaltɛrai] <-, -en> *f pej* ме́лочность *ж*

Haarspange <-, -n> *f* зако́лка *ж* для воло́с

Haarspray <-s, -s> *nt* лак *м* для воло́с

haarsträubend [ˈhaːɐ̯ʃtrɔɪbənt] *adj (grauenhaft)* ужа́сный, ужаса́ющий

Haarteil <-(e)s, -e> *nt* шиньо́н *м*

Haartrockner <-s, -> *m* автома́т *м* для су́шки воло́с

Haarwaschmittel <-s, -> *nt* сре́дство *ср* для мытья́ воло́с, шампу́нь *м*

Haarwuchsmittel *nt* сре́дство *ср* для ро́ста воло́с

Habe [ˈhaːbə] <-> *f geh* иму́щество *ср;* **seine gesamte ~ passt in einen Koffer** всё его́ добро́ помеща́ется в оди́н чемода́н

haben [ˈhaːbən] <hatte, gehabt> **I.** *vt* **1.** *(besitzen)* име́ть *нсв,* владе́ть *нсв;* **ein eigenes Haus~** име́ть со́бственный до́м **2.** *(über etw verfügen)* име́ть *нсв,* располага́ть *нсв;* **keine Zeit ~** не име́ть вре́мени; **Angst ~** боя́ться; **Hunger ~** проголода́ться; **kann ich mal ihre Zeitung ~?** мо́жно взгляну́ть на ва́шу газе́ту?; **hier hast du das Buch** вот твоя́ кни́га; **Durst ~** хоте́ть пить; **den Wievielten ~ wir heute?** како́е сего́дня число́?; **da ~ wir den Salat/die Bescherung** *fam* ну, вот ка́шу завари́ли; **etw dagegen ~** быть про́тив чего́-л.; **du hast noch das ganze Leben vor dir** у тебя́ вся жизнь впереди́; **ich hab's!** приду́мал!; **ich hätte gerne ...** я бы хоте́л ... **II.** *vr* **sich ~, hab dich nicht so!** не будь таки́м!

> **i Grammatik**
>
> Глаголы *liegen, sitzen* и *stehen* образуют в стандартном немском языке прошедшее время с **haben**: *Ich habe gelegen/gesessen/gestanden. – Я лежал/ сидел/ стоял.*
> В северной Германии, Австрии и Швейцарии употребляется **sein**: *Ich bin gelegen* и т.д.

Haben <-s> *nt (eines Kontos)* кре́дит *м* (счёта); **Soll und ~** де́бет и кре́дит

Habenseite <-, -n> *f* пра́вая сторона́ *ж* счёта

Habenzinsen <-> *pl* проце́нты *мн* на ба́нковские вкла́ды и креди́ты

Habgier <-> *f pej* жа́дность *ж,* а́лчность *ж*

habgierig *adj pej* жа́дный, а́лчный

Habicht [ˈhaːbɪçt] <-s, -e> *m* я́стреб *м*

Habilitation <-, -en> *f* защи́та *ж* до́кторской диссерта́ции

habilitieren *vr* защити́ть *св,* -щища́ть *нсв* до́кторскую диссерта́цию

habilitiert *adj* име́ющий сте́пень до́ктора нау́к

Habitus <-> *m* вне́шний о́блик *м,* нару́жность *ж*

Habseligkeiten [ˈhaːpzeːlɪçkaɪtən] <-> *pl* пожи́тки *мн*

Hackbraten <-s> *m* бифште́кс *м*

Hacke [ˈhakə] <-, -n> *f* пя́тка *ж*

hacken [ˈhakən] **I.** *vt* **1.** *(Boden, Feld)* вска́пывать, вскопа́ть *св* **2.** *(in kleine Stücke)* ме́лко наре́зать *св,* -за́ть *нсв* **II.** *vi (Vogel)* клева́ть, по- *св*

Hacker [ˈhakɐ, ˈhɛkɐ] <-s, -> *m* ха́ккер *м;* ~

H

sind in das Computersystem einer Bank eingedrungen ха́ккеры прони́кли в компью́терную систе́му ба́нка

Hackfleisch <-(e)s> *m* ру́бленое мя́со *ср*, фарш *м*

hadern ['ha:dɐn] *vi* ссо́риться с, по- *св;* **er haderte schwer mit seinem Schicksal** он си́льно ропта́л на судьбу́

Hafen ['ha:fen, 'hɛ:fən] <-s, Häfen> *m* **1.** *(am Meer)* порт *м*, га́вань *ж* **2.** *fig (sicherer Ort)* га́вань *ж*, при́стань *ж;* **einen ~ anlaufen** заходи́ть в порт

Hafenarbeiter(in) <-s, -> *m(f)* портóвый рабо́чий *м*, до́кер *м*

Hafenbecken <-s, -> *nt* аквато́рия *ж* по́рта

Hafengebiet <-(e)s, -e> *nt* террито́рия *ж* по́рта

Hafengebühren <-> *pl* портóвые сбо́ры *мн*

Hafenstadt <-, -städte> *f* портóвый го́род *м*

Hafenverwaltung <-, -en> *f* администра́ция *ж* по́рта

Hafer ['ha:fɐ] <-s> *m* овёс *м;* **ihn sticht der ~** *umg* он с жи́ру бе́сится

Haferflocken <-> *pl* овся́ные хло́пья *мн*

Haferschleim *m* GASTR овся́нка *ж*

Haft [haft] <-> *f* аре́ст *м;* **jdn in ~ nehmen** арестова́ть кого́-л.; **in ~ sein** быть аресто́ванным; **jdn aus der ~ entlassen** освободи́ть кого́-л. из-под стра́жи

Haftanstalt <-, -en> *f* ме́сто *ср* заключе́ния, тюрьма́ *ж*

haftbar *adj* **jdn für etw ~ machen** возлага́ть на кого́-л. отве́тственность за что-л.

Haftbefehl <-(e)s, -e> *m* прика́з *м* об аре́сте, о́рдер *м* на аре́ст

haften[1] ['haftən] *vi* **für etw/jdn ~** *(haftbar sein)* нести́ отве́тственность за что-л./кого́-л.

haften[2] ['haftən] *vi (kleben, bleiben)* прилипа́ть, -ли́пнуть *св*, пристава́ть к, -ста́ть к *св;* **Rauchgeruch haftete an ihren Kleidern** за́пах ды́ма приста́л к её оде́жде

haften bleiben[RR] *vi* **1.** *(kleben)* пристава́ть, -ста́ть *св*, прилипа́ть, -ли́пнуть *св* **2.** *(im Gedächtnis)* остава́ться, -та́ться *св* в па́мяти, запо́мниться *св*, -мина́ться *нсв;* **von dem Buch ist mir nichts haften geblieben** из кни́ги мне ничего́ не запо́мнилось

Haftkraft <-> *f* TECH адгезио́нная си́ла *ж*

Häftling ['hɛftlɪŋ] <-s, -e> *m* заключённый *м*, аре́ста́нт *м*

Haftpflicht <-> *f* отве́тственность *ж*

Haftpflichtversicherung <-, -en> *f* страхова́ние *ср* от отве́тственности за причине́ние вреда́

Haftschale <-, -n> *f (Kontaktlinse)* конта́ктная ли́нза *ж*

Haftung[1] <-> *f* JUR отве́тственность *ж;* **dafür übernehme ich keine ~** за э́то я не несу́ отве́тственности

Haftung[2] <-, -en> *f (das Festhaften)* конта́кт *м*

Haftungsbeschränkung <-, -en> *f* ограниче́ние *ср* от отве́тственности

Haftungsfreistellung <-, -en> *f* освобожде́ние *ср* от отве́тственности

Haftungsübernahme <-, -en> *f* гара́нтия *ж*

Haftverkürzung <-, -en> *f* сокраще́ние *ср* сро́ка заключе́ния

Hagebutte ['ha:gəbʊtə] <-, -n> *f* шипо́вник *м*

Hagel ['ha:gəl] <-s> *m* град *м; (von Vorwürfen)* пото́к *м*

Hagelkorn *nt* **1.** METEO град *м* **2.** MED *(Geschwulst)* ячме́нь *м*

hageln ['ha:gəln] **I.** *vi* **es hagelt** идёт град **II.** *vt* **es hagelt etw** *(Vorwürfe)* что-л. сы́плется гра́дом

hager ['ha:gɐ] *adj* худо́й, то́щий

Häher <-s, -> *m* со́йка *ж*

Hahn[1] [ha:n, 'hɛ:nə] <-(e)s, Hähne> *m (Vogel)* пету́х *м;* **nach etw kräht kein ~** *umg* о чём-л. и ду́мать забы́ли

Hahn[2] [ha:n, 'hɛ:nə] <-(e)s, Hähne> *m (Wasserhahn)* кран *м;* **der ~ tropft** кран течёт; **einen ~ auf-/abdrehen** открути́ть/закрути́ть кран

Hähnchen ['hɛ:nçən] <-s, -> *nt (Brathähnchen)* (жа́реная) ку́рица *ж*

Hai [haɪ] <-(e)s, -e> *m* аку́ла *ж*

Haifisch ['haɪfɪʃ] *m* аку́ла *ж*

Haiti <-s> *nt* Гаи́ти *мн*

Häkelarbeit <-, -en> *f* вяза́ние *ср* крючко́м

häkeln ['hɛ:kəln] **I.** *vt* вяза́ть, связа́ть *св* крючко́м **II.** *vr* подтру́нивать, -ни́ть *св* друг над дру́гом

Häkelnadel <-, -n> *f* вяза́льный крючо́к *м*

haken ['ha:kən] *vt* **1.** *(ein~)* зацепи́ть *св*, -пля́ть *нсв* крючко́м **2.** *auch fig (klemmen)* застря́ть *св*, -стрева́ть *нсв;* **wo hakt's?** в чём заде́ржка?

Haken ['ha:kən] <-s, -> *m* **1.** *(zum Aufhängen)* крючо́к *м* **2.** *(Zeichen)* га́лочка *ж*, пти́чка *ж* **3.** *(Boxhieb)* боково́й уда́р *м*, хук *м* **4.** *umg (Schwierigkeit, Problem)* загво́здка *ж;* **die Sache hat einen ~** в де́ле есть одна́ загво́здка; **einen ~ schlagen** петля́ть

Hakenkreuz <-es, -e> *nt* сва́стика *ж*

Hakennase <-, -n> *f* нос *м* крючко́м

halb [halp] **I.** *adj* полови́нный; **es ist ~ fünf** сейча́с полпя́того; **eine ~e Stunde** полчаса́; **die ~e Wahrheit** полупра́вда; **sich auf halbem Wege treffen** встре́титься на полпути́; **zum halben Preis** за полцены́;

es ist ~ drei сейча́с полови́на тре́тьего; **mit jdm halbe-halbe machen** *fam* дели́ть наполови́ну **II.** *adv* **1.** *(zur Hälfte)* наполови́ну; **~ offen** полуоткры́тый; **~ so alt** вдво́е моло́же **2.** *(beinahe)* почти́; **sie hat sich schon ~ beruhigt** она́ уже́ почти́ успоко́илась; **es ist ~ so schlimm** *umg* всё не так стра́шно

i Grammatik

Прилагательное **halb** склоняется и может употребляться с определенным и неопределенным артиклем: *Wir haben den Kühlschrank zum halben Preis gekauft. – Мы купили холодильник за полцены. Ich wartete eine halbe Stunde. – Я ждал полчаса. Er war ein halbes Jahr im Ausland. – Он провел полгода за границей.*

halbautomatisch *adj* полуавтомати́ческий
Halbbruder *m* брат *м*, рождённый от второ́го бра́ка
Halbedelstein <-(e)s, -e> *m* полудрагоце́нный ка́мень *м*
halber ['halbɐ] *prp (wegen)* ра́ди, и́з-за; **der Ehrlichkeit ~ muss ich zugeben, dass ...** пра́вды ра́ди до́лжен призна́ться, что ...
Halbfabrikat <-(e)s, -e> *nt* полуфабрика́т *м*
Halbfinale <-s, -> *nt* SPORT полуфина́л *м*
halbflüssig *adj* полужи́дкий
halbherzig *adj* неохо́тный
halbieren [hal'bi:rən] *vt* дели́ть, по- *св* попола́м
Halbinsel <-, -n> *f* полуо́стров *м*
Halbjahr <-(e)s, -e> *nt* полуго́дие *ср*; **im ersten ~ 2007** в пе́рвом полуго́дии 2007; **das erste ~** пе́рвое полуго́дие
Halbjahresbericht <-(e)s, -e> *m* отчёт *м* за полго́да
Halbjahreszahlung <-, -en> *f* полугодова́я пла́та *ж*
halbjährlich *adj* полугодово́й, полугоди́чный
Halbkreis <-es, -e> *m* полукру́г *м*
halbkreisförmig *adj* полукру́глый
Halbkugel <-, -n> *f* полуша́рие *ср*
halbkugelförmig *adj* полусфери́ческий
halblaut *adj* вполго́лоса
Halbleiter <-s, -> *m* полупроводни́к *м*
Halbleiterbauelement <-(e)s, -e> *nt* полупроводнико́вый элеме́нт *м*
Halbmesser <-s, -> *m (Radius)* ра́диус *м*
Halbmond <-(e)s, -e> *m* полуме́сяц *м*
halbmondförmig *adj* сегме́нтный
halb offen[RR] *adj* полуоткры́тый; **die Tür steht ~** дверь полуоткры́та
Halbpension *f* непо́лный пансио́н *м*
Halbschlaf <-(e)s> *m* полусо́н *м*; **im ~** в полусне́
Halbschuh <-(e)s, -e> *m* полуботи́нок *м*
halbstaatlich *adj* полугосуда́рственный
Halbstarke(r) <-n, -n> *m(f) pej, umg* хулига́н *м*
halbstündig ['halpʃtʏndɪç] *adj* получасово́й
halbtags ['halpta:ks] *adv* в тече́ние полови́ны дня; **~ arbeiten** рабо́тать по полдня́
Halbtagsbeschäftigung <-, -en> *f* рабо́та *ж* на полста́вки, непо́лный рабо́чий день *м*
Halbtagskraft <-, -kräfte> *f* слу́жащий *м* на полста́вки
Halbton <-(e)s, -töne> *m* MUS полуто́н *м*
halbtrocken *adj (Wein, Sekt)* полусухо́й
halbwegs *adv* на полпути́
Halbwelt <-> *f pej* полусве́т *м*
Halbwertszeit <-, -en> *f* PHYS пери́од *м* полураспа́да
Halbwüchsige(r) <-n, -n> *f(m)* подро́сток *м*
Halbzeit <-, -en> *f* SPORT тайм *м*; **erste/zweite ~** пе́рвый/второ́й тайм *м*; **in der ~** в переры́ве
Halde ['haldə] <-, -n> *f* отло́гость *ж*, отко́с *м*
half [half] *prät von* **helfen**
Hälfte ['hɛlftə] <-, -n> *f* полови́на *ж*; **bis zur ~** наполови́ну
Halfter ['halftɐ] <-s, -> *nt* **1.** *(von Pferd)* недоу́здок *м* **2.** *(für Pistole)* кобура́ *ж*
Hall [hal] <-(e)s, -e> *m (Klang, Echo)* э́хо *ср*
Halle ['halə] <-, -n> *f* зал *м*; *(Fabrikhalle)* цех *м*; **im Winter spielen wir in der ~** зимо́й мы игра́ем в за́ле
hallen ['halən] *vi* звуча́ть *нсв*; *(widerhallen)* раздава́ться, разда́ться *св*; **das Echo hallte von den Bergen** в гора́х разда́лось э́хо
Hallenbad <-(e)s, -bäder> *nt* закры́тый пла́вательный бассе́йн *м*
Hallenplan <-(e)s> *m (von Messegelände)* схе́ма *ж* павильо́нов
Hallensport <-s> *m* заня́тия *срмн* спо́ртом в за́ле
hallo ['halo, ha'lo:] *interj* приве́т; **~, wie geht's?** приве́т, как дела́?; **~, Sie!** эй, вы!
Halluzination [halut͡sina't͡si̯o:n] <-, -en> *f* галлюцина́ция *ж*
Halm [halm] <-(e)s, -e> *m* **1.** *(von Gras)* сте́бель *м* **2.** *(Trinkhalm)* соло́минка *ж*
Halogen <-s, -e> *nt* галоге́н *м*
Halogenleuchte <-, -n> *f* галоге́нный свети́льник *м*
Hals [hals, 'hɛlzə] <-es, Hälse> *m* **1.** ANAT ше́я *ж*; *(Kehle)* гло́тка *ж*; **den ~ recken** сверну́ть ше́ю; **sich jdm an den ~ werfen** *fam* бро́ситься в объя́тия кого́-л.; **sich** *dat* **jdn/etw vom ~ schaffen** *fam* отде́латься от кого́-л./чего́-л. **2.** *(einer Flasche)*

H

го́рлышко *ж;* **aus vollem ~(e)** во всё го́рло; **jdm um den ~ fallen** бро́ситься кому́-л. на ше́ю; **~ über Kopf** *umg* сломя́ го́лову; **etw hängt jdm zum ~(e) heraus** *umg* что-л. осточерте́ло кому́-л.; **jdm den ~ umdrehen** *umg* оторва́ть кому́-л. го́лову; **jdm mit etw vom ~(e) bleiben** *umg* не пристава́ть к кому́-л. с чем-л.

Halsabschneider(in) <-s, -; -nen> *m(f) fam abw* живодёр *м*

Halsband <-(e)s, -bänder> *nt (für Hund)* оше́йник *м*

halsbrecherisch ['halsbrɛçərɪʃ] *adj* **mit ~er Geschwindigkeit** на сумасше́дшей ско́рости

Halsentzündung <-, -en> *f* анги́на *ж*

Halskette <-, -n> *f* ожере́лье *ср*

Hals-Nasen-Ohren-Arzt <-es, -Ärzte> *m*, **Hals-Nasen-Ohren-Ärztin** *f* врач *м* ухо-го́рло-нос, отоларинго́лог *м*

Halsschmerzen <-> *pl* боль *ж* в го́рле

halsstarrig *adj* **1.** *(hartnäckig)* упо́рный, упря́мый **2.** *(stur)* твердоло́бый

Halstuch <-(e)s, -tücher> *nt* ше́йный плато́к *м*

Halsweh <-s> *nt umg* боль *ж* в го́рле

halt [halt] **I.** *interj* **~!** стой!; **du musst ~ sagen, wenn du genug hast** ты до́лжен сказа́ть „стоп", когда́ бу́дет доста́точно **II.** *part (nun einmal, eben: abtönend)* та́к уж; **es ist ~ so** та́к оно́ и есть **III.** *adv Schweiz, Österr, südd (eben)* про́сто

Halt [halt] <-(e)s, -e/-s> *m* **1.** *(Stütze)* подде́ржка *ж*, опо́ра *ж;* **sie ist zur Zeit sein einziger ~** она́ сейча́с его́ еди́нственная опо́ра **2.** *(innerer ~)* опо́ра *ж;* **den ~ verlieren** *auch fig* потеря́ть то́чку опо́ры **3.** *(das Anhalten, Verweilen)* остано́вка *ж*, стоя́нка *ж;* **lass uns hier ~ machen** дава́й сде́лаем здесь остано́вку; **vor nichts ~ machen** *fam* ни перед чем не остана́вливаться; **vor etw nicht ~ machen** не остана́вливаться перед чем-л.

haltbar *adj* **1.** *(belastbar, dauerhaft)* про́чный **2.** *(Lebensmittel)* го́дный для хране́ния; **mindestens ~ bis 10. August** срок го́дности до 10 а́вгуста **3.** *(Behauptung)* прие́млемый; **diese Annahme ist kaum ~** э́то предположе́ние едва́ ли прие́млемо

Haltbarkeit <-> *f* го́дность *ж*

Haltbarkeitsdatum *nt* срок *м* го́дности

Haltbarmachung <-> *f* предохране́ние *ср* от по́рчи, консерви́рование *ср*

halten ['haltən] <hielt, gehalten> **I.** *vt* **1.** *(festhalten)* держа́ть *нсв*, уде́рживать, -жа́ть *св*, заде́рживать, -жа́ть *св;* **halt den Mund!** *fam* замолчи́! **2.** *(einhalten, erfüllen: Versprechen)* сде́рживать, -жа́ть *св*, выполня́ть, вы́полнить *св;* **was man verspricht, muss man auch ~** на́до сде́рживать обеща́ния **3.** *(beibehalten: Kurs)* сохраня́ть, -ни́ть *св*, держа́ть *нсв;* **eine Rede ~** произноси́ть речь; **den Mund ~** молча́ть; **ein Tier ~** держа́ть живо́тное; **Hochzeit ~** *geh* справля́ть сва́дьбу; **etw für falsch/richtig ~** счита́ть что-л. непра́вильным/пра́вильным; **sein Wort ~** сдержа́ть сло́во; **viel/nichts von jdm ~** уважа́ть/не уважа́ть кого́-л. **II.** *vi* **1.** *(haltbar sein)* храни́ться *нсв*, сохраня́ться, -ни́ться *св* **2.** *(an~)* остана́вливаться, -нови́ться *св;* **an sich ~** владе́ть собо́й; **zu jdm ~** подде́рживать кого́-л. **III.** *vr* **sich ~ 1.** *(frisch bleiben)* сохраня́ться, -ни́ться *св* **2.** *(sich behaupten)* держа́ться *нсв;* **sich für sich ~** держа́ться особняко́м; **sich an etw ~** приде́рживаться чего́-л.

Halter(in) <-s, -> *m(f) (eines Fahrzeugs)* владе́лец *м*, владе́лица *ж*

Halterung <-, -en> *f* держа́тель *м*, крепле́ние *ср*

Haltesignal <-(e)s, -e> *nt* сигна́л *м* остано́вки

Haltestelle <-, -n> *f* остано́вка *ж*, ме́сто *ср* остано́вки

Haltestellenschild <-(e)s, -er> *nt* указа́тель *м* остано́вки

Halteverbot <-(e)s> *nt* **~!** остано́вка запрещена́!

haltlos *adj* **1.** *(Mensch)* мора́льно неусто́йчивый **2.** *(Behauptung)* необосно́ванный, безоснова́тельный

halt|machen[Alt] *vi s.* **Halt**

Haltung <-, -en> *f* **1.** *(des Körpers)* оса́нка *ж* **2.** *(Einstellung)* пози́ция *ж* **3.** *(Fassung)* самооблада́ние *ср;* **~ bewahren** сохраня́ть самооблада́ние; **eine ~ (zu etw) einnehmen** заня́ть каку́ю-л. пози́цию (в отноше́нии чего́-л.)

Haltungsschäden <-> *pl* наруше́ния *срмн* оса́нки

Halunke [ha'lʊŋkə] <-n, -n> *m pej* мерза́вец *м*

Hämatom <-(e)s, -e> *nt* MED гемато́м *м*

Hamburg ['hambʊrk] <-s> *nt* Га́мбург *м*

Hamburger ['hambʊrgɐ] <-s, -> *m (Bulette)* га́мбургер *м*

hämisch ['hɛːmɪʃ] *adj* зло́бный, злора́дный; **er grinste ~** он злора́дно усмехну́лся

Hammel ['haməl] <-s, -> *m* **1.** *(Tier)* (кастри́рованный) бара́н *м* **2.** *(Fleisch)* бара́нина *ж* **3.** *umg (Dummkopf)* бара́н *м*

Hammer ['hamɐ, 'hɛmɐ] <-s, Hämmer> *m* мо́лот *м*, молото́к *м;* SPORT мо́лот *м*

hämmern ['hɛmɐn] *vi* стуча́ть, по- *св*

Hammerwerfen <-s> *nt* мета́ние *ср* мо́лота

Hämorrhoiden, Hämorriden[RR] [hɛmoro'iːdən] *fpl* геморро́й *м*

Hampelmann ['hampəlman] <-(e)s, -männer> *m umg (lenkbarer Mensch)* марионе́тка *ж*, безво́льный челове́к *м*

Hamster ['hamstɐ] <-s, -> *m* хомя́к *м*

Hamsterkäufe <-> *pl* ску́пка *ж* проду́ктов (из-за боя́зни подорожа́ния)

hamstern I. *vt (horten)* де́лать, сде́лать *св* запа́сы проду́ктов II. *vi* выме́нивать, вы́менять *св* проду́кты

Hand [hant, 'hɛndə] <-, Hände> *f* рука́ *ж;* **~ und Fuß haben** *fig* быть обосно́ванным; **jdm die ~ schütteln** пожа́ть кому́-л. ру́ку; **bei etw die ~ im Spiel haben** *fig* быть в чём-л. заме́шанным; **jdm freie ~ geben** *fig* предоста́вить кому́-л. свобо́ду де́йствий; **die Hände in den Schoß legen** *fig* сложи́ть ру́ки; **zwei linke Hände haben** *umg* быть безру́ким; **etw aus erster/zweiter ~ kaufen** покупа́ть что-л. но́вое/бы́вшее в употребле́нии; **in guten Händen sein** быть в хоро́ших рука́х; **mit leeren Händen** *fig* с пусты́ми рука́ми; **von der ~ in den Mund leben** *fig* едва́ своди́ть концы́ с конца́ми; **jdm die ~ geben** пода́ть кому́-л. ру́ку; **aus erster/zweiter ~** из пе́рвой/второ́й руки́; **eine ~ voll** горсть; **nur eine ~ Besucher kam zur Vorstellung** всего́ не́сколько посети́телей пришли́ на представле́ние; **in die Hände klatschen** хло́пать в ладо́ши; **jds rechte ~ sein** *fig* быть пра́вой руко́й кого́-л.; **~ in ~** рука́ за ру́ку; **für etw/jdn die ~ ins Feuer legen** *fig* пройти́ сквозь ого́нь и во́ду ра́ди кого́-л.; **jdn auf Händen tragen** носи́ть кого́-л. на рука́х; **Hände hoch!** ру́ки вверх!

Handarbeit <-, -en> *f* 1. *(von Hand hergestellt)* ручна́я рабо́та *ж;* **diese Decke ist echte ~** э́то покрыва́ло настоя́щей ручно́й рабо́ты 2. *(Stricken, Nähen)* рукоде́лие *ср*

Handball <-(e)s, -bälle> *m* 1. *kein pl (Spiel)* гандбо́л *м* 2. *(Ball)* гандбо́льный мя́ч *м*

Handballer(in) <-s, -> *m(f)* гандболи́ст *м*

Handbesen <-s, -> *m* небольша́я метёлка *ж*

Handbewegung <-, -en> *f* движе́ние *ср* руко́й; *(Geste)* жест *м*

Handbreit <-> *f* пе́дя *ж*

Handbremse <-, -n> *f* ручно́й то́рмоз *м;* **die ~ ziehen** поста́вить на ручно́й то́рмоз

Handbuch <-(e)s, -bücher> *nt* спра́вочник *м*, руково́дство *ср*

Handcreme <-, -s>, **Handkrem(e)** *f* крем *м* для рук

Händedruck <-(e)s, -drücke> *m* рукопожа́тие *ср*

Handel ['handəl] <-s> *m* торго́вля *ж;* *(Geschaft)* магази́н *м;* **einen ~ abschließen** заключа́ть сде́лку; **in den ~ bringen** пуска́ть что-л. в прода́жу; **im ~ erhältlich** име́ться в прода́же; **internationaler ~** междунаро́дная торго́вля; **~ treiben** вести́ торго́влю

handeln ['handəln] I. *vi* 1. *(aktiv sein)* де́йствовать *нсв;* **wir müssen endlich ~!** мы должны́ наконе́ц де́йствовать! 2. *(Handel treiben)* торгова́ть *нсв;* **mit Aktien ~** торгова́ть а́кциями; **er handelt mit Drogen** он торгу́ет нарко́тиками 3. *(feilschen)* торгова́ться о; **von etw ~** *(Erzählung)* говори́ться II. *vr* **sich ~, worum handelt es sich?** о чём идёт речь?

Handelsabkommen <-s, -> *nt* торго́вое соглаше́ние *ср*

Handelsagentur <-, -en> *f* торго́вое аге́нство *ср*

Handelsakademie <-, -n> *f österr (höhere Handelsschule)* комме́рческое учи́лище *ср*

Handelsattache <-s, -s> *m* торго́вый атташе́ *м*

Handelsbank <-, -en> *f* торго́вый банк *м*

Handelsbetrieb <-(e)s, -e> *m* торго́вое предприя́тие *ср*

Handelsbeziehungen <-> *pl* торго́вые отноше́ния *мн*

Handelsbilanz <-, -en> *f* торго́вый бала́нс *м;* **aktive/passive ~** акти́вный/пасси́вный торго́вый бала́нс

Handelsdefizit <-(e)s, -e> *nt* торго́вый дефици́т *м*

Handelsdelegation <-, -en> *f* торго́вая делега́ция *ж*

Handelsembargo <-s, -s> *nt* торго́вое эмба́рго *ср*

Handelsfirma <-, -firmen> *f* торго́вая фи́рма *ж*

Handelsflotte <-, -n> *f* торго́вый флот *м*

Handelsgericht <-(e)s, -e> *nt* комме́рческий суд *м*

Handelsgeschäft <-(e)s, -e> *nt* торго́вое предприя́тие *ср;* **offene ~** откры́тое торго́вое о́бщество

Handelsgesellschaft *f* торго́вое предприя́тие *ср*

Handelsgesetzbuch <-(e)s> *nt* торго́вый ко́декс *м*

Handelsgewerbe <-s> *nt* торго́вля *ж*, торго́вый про́мысел *м*

Handelshaus <-es, -häuser> *nt* торго́вый дом *м*

Handelskammer <-, -n> *f* торго́вая пала́та *ж*

Handelskaufmann <-(e)s, -männer/-leute> *m* торго́вец *м*, коммерса́нт *м*

Handelskette <-, -n> *f* торго́вая сеть *ж*

Handelskonzern <-(e)s, -e> *m* торго́вый конце́рн *м*

Handelsmarke <-, -n> *f* торго́вая ма́рка *ж*

Handelsmonopol <-s, -e> *nt* монопо́лия *ж* торго́вли, торго́вая монопо́лия *ж*

Handelsname <-n, -n> *m (Markenname)*

H

фи́рменное наименова́ние *ср* (това́ра)
Handelsniederlassung <-, -en> *f* филиа́л *м* торго́вого предприя́тия
Handelsorganisation <-, -en> *f* торго́вая организа́ция *ж*
Handelspartner <-s, -> *m* торго́вый партнёр *м*
Handelsrecht <-(e)s> *nt* торго́вое пра́во *ср*
Handelsregister <-s> *nt* рее́стр *м* торго́вых фирм
Handelsschiff <-(e)s, -e> *nt* торго́вое су́дно *ср*
Handelsschranke <-n, -n> *f* торго́вый барье́р *м;* **~n abbauen** устраня́ть торго́вые барье́ры
Handelsschule <-, -n> *f* торго́вая шко́ла *ж*
Handelsspanne <-, -n> *f* торго́вая наки́дка *ж*
Handelsüberschuss <-es, -überschüsse> *m* торго́вая при́быль *ж*
handelsüblich *adj* при́нятый в торго́вле; **~e Bezeichnung** станда́ртное обозначе́ние
Handelsunternehmen <-s, -> *nt* торго́вое предприя́тие *ср*
Handelsusancen <-> *pl* торго́вый узáнс *м*
Handelsvertrag <-(e)s, -verträge> *m* торго́вый догово́р *м*
Handelsvertreter(in) <-s, -> *m(f)* торго́вый аге́нт *м,* торго́вый представи́тель *м*
Handelsvertretung <-, -en> *f* торго́вое представи́тельство *ср*
Handelsvolumen <-s, -volumina> *nt* объём *м* торго́вли
Handelsware <-, -n> *f* това́р *м*
Handelswechsel <-s, -> *m* комме́рческий ве́ксель *м*
Handelszentrum <-s, -zentren> *nt* торго́вый центр *м*
Handelszweig <-(e)s, -e> *m* о́трасль *ж* торго́вли
Handeltreibende(r) <-n, -n> *m(f)* торго́вец *м*
Händetrockner *m* автома́т для су́шки рук
Handfeger ['hantfe:gɐ] <-s, -> *m* небольша́я метёлка *ж*
handfest *adj* **1.** *(Mensch)* кре́пкий, дю́жий **2.** *(deutlich: Beweis)* ве́ский, я́вный; **er machte mir ein ~es Angebot** он сде́лал мне конкре́тное предложе́ние **3.** *(stark, kräftig: Prügelei)* си́льный
Handfläche *f* ладо́нь *ж*
Handfunkgerät <-(e)s, -e> *nt* ра́ция *ж*
handgearbeitet ['hantgəʔarbaɪtət] *adj* ручно́й рабо́ты
Handgelenk <-(e)s, -e> *nt* запя́стье *ср;* **etw aus dem ~ schütteln** *umg* сде́лать что-л. игра́ючи
handgemacht *adj* сде́ланный вручну́ю; **dieser Pullover ist ~** э́тот сви́тер ручно́й рабо́ты
handgemalt *adj* ручная ро́спись, распи́санный вручну́ю
Handgemenge <-s> *nt* потасо́вка *ж,* дра́ка *ж*
Handgepäck <-s> *nt* ручно́й бага́ж *м*
Handgranate <-, -n> *f* ручна́я грана́та *ж*
handgreiflich *adj* **~ werden** дава́ть во́лю рука́м
Handgreiflichkeiten *pl* рукопа́шная *жед*
Handgriff <-(e)s, -e> *m* приём *м; (Griff zum Festhalten)* ру́чка *ж,* рукоя́тка *ж;* **das kann mit einem ~ erledigt werden** э́то мо́жно сде́лать одни́м ма́хом
hand|haben ['hantha:bən] *vt* **1.** *(Gerät, Werkzeug)* обраща́ться *нсв,* управля́ть *нсв* **2.** *(Vorschriften)* применя́ть, -ни́ть *св*
Handicap ['hɛndikɛp] <-s, -s> *nt* **1.** *(Nachteil)* недоста́ток *м* **2.** *(Behinderung)* препя́тствие *ср* **3.** SPORT фо́ра *ж*
händisch ['hɛndɪʃ] *adj österr (manuell)* ручно́й
Handkarren <-s, -> *m* ручна́я теле́жка *ж*
Handkuss[RR] <-es, -küsse> *m* поцелу́й *м* руки́; **etw mit ~ nehmen** *umg (sehr gern nehmen)* приня́ть что-л. с больши́м удово́льствием
Handlanger(in) ['hantlaŋɐ] <-s, -> *m(f)* **1.** *(Hilfsarbeiter(in))* подсо́бный рабо́чий *м* **2.** *(abwertend)* прислу́жник *м,* прислу́жница *ж*
Händler(in) ['hɛndlɐ] <-s, -> *m(f)* **1.** *(allgemein)* торго́вец *м,* торго́вка *ж* **2.** *(Einzelhändler)* ме́лкий торго́вец *м,* ме́лкая торго́вка *ж*
Händlernetz <-es, -e> *nt* сеть *ж* торго́вцев
Händlerrabatt <-(e)s, -e> *m* торго́вая ски́дка *ж*
handlich ['hantlɪç] *adj* удо́бный в обраще́нии
Handlung ['handlʊŋ] <-, -en> *f* **1.** *(das Tun)* де́йствие *ср,* посту́пок *м* **2.** *(Ablauf, Geschehen)* де́йствие *ср;* **kennst du die ~ des Films?** ты зна́ешь сюже́т фи́льма?
Handlungsbevollmächtigte(r) <-n, -n> *m(f)* торго́вый уполномо́ченный *м* фи́рмы
Handlungsfähigkeit <-> *f* дееспосо́бность *ж;* **beschränkte ~** ограни́ченная дееспосо́бность
Handlungsmöglichkeit <-, -en> *f* возмо́жность *ж* де́йствий
Handlungsspielraum <-(e)s, -räume> *m* свобо́да *ж* де́йствий
Hand-out[RR] [hɛnt'ʔaʊt] <-s, -s> *nt,* **Handout**[Alt] [hɛnt'ʔaʊt] <-s, -s> *nt (bei Referat) информацио́нный материа́л, раздава́емый уча́стникам конфере́нции, семина́ра и т. п.*

Handpuppe <-, -n> *f* бибабó *м* *(кýкла, надевáемая на рýку)*
Handrücken <-s, -> *m* тыльная сторонá *ж*
Handschelle <-, -n> *f* нарýчник *м;* **jdn in ~n legen** надéть комý-л. нарýчники
Handschlag <-(e)s> *m* рукопожáтие *ср;* **jdn mit ~ begrüßen** привéтствовать когó-л. рукопожáтием; **keinen ~ tun** *umg* ничегó не дéлать
Handschrift <-, -en> *f* пóчерк *м;* *(Text, Manuskript)* рýкопись *ж,* манускрúпт *м*
Handschuh <-(e)s, -e> *m* перчáтка *ж*
Handschuhfach <-(e)s, -fächer> *nt* KFZ бардачóк *м* (в автомобúле)
Handspiegel <-s, -> *m* ручнóе зéркало *ср,* зéркальце *ср*
Handsprechfunkgerät <-(e)s, -e> *nt* портатúвное радиопереговóрное устрóйство *ср*
Handstand <-(e)s, -stände> *m* стóйка *ж* на рукáх
Handsteuerung <-> *f* TECH ручнóе управлéние *ср*
Handtasche <-, -n> *f* дáмская сýмочка *ж*
Handtuch <-(e)s, -tücher> *nt* полотéнце *ж;* **das ~ schmeißen** *umg* признáть себя́ побеждённым; **das ~ werfen** *fam* отказáться от чегó-л.
Handumdrehen *nt* **im ~** в мгновéние óка
Handvoll[Alt] <-, -> *f s.* **Hand**
Handwagen <-s> *m* ручня́я телéжка *ж*
Handwäsche <-> *f* ручня́я стúрка *ж*
Handwerk <-(e)s> *nt* ремеслó *ср;* **ein ~ ausüben** занимáться ремеслóм; **jdm das ~ legen** положúть конéц чьим-л. прóискам; **sein ~ verstehen** быть знатокóм своегó дéла; **jdm ins ~ pfuschen** вмéшиваться в чужúе делá
Handwerker(in) <-s, -> *m(f)* ремéсленник *м*
Handwerksbetrieb <-(e)s, -e> *m* ремéсленное предприя́тие *ср*
Handwerkskammer <-, -n> *f* ремéсленная палáта *ж*
Handwerksmeister <-s, -> *m* ремéсленник *м*
Handwerkszeug <-(e)s> *nt* *(Werkzeug)* набóр *м* инструмéнтов
Handy ['hɛndi] <-s, -ies> *nt* мобúльный телефóн *м*
Handzeichnung <-, -en> *f* áвторский рисýнок *м;* *(Skizze)* набрóсок *м*
Hanf [hanf] <-(e)s> *m* **1.** *(Pflanze)* коноплЯ́ *ж* **2.** *(Faser)* пенькá *ж*
Hang [haŋ, 'hɛŋə] <-(e)s, Hänge> *m* **1.** *(Berghang, Abhang)* откóс *м,* склон *м* **2.** *fig* *(Neigung)* склóнность *ж;* **er hat einen ~ zur Übertreibung** у негó есть склóнность к преувеличéнию
Hangar <-s, -s> *m* ангáр *м*
Hängebrücke <-, -n> *f* вися́чий мост *м*
Hängelampe <-, -n> *f* вися́чая лáмпа *ж,* подвеснóй светúльник *м*
Hängematte <-, -n> *f* гамáк *м*
hängen ['hɛŋən] <hing, gehangen> **I.** *vi* висéть *нсв;* **an der Wand hing ein Bild** на стенé висéла картúна; **Spannung hing in der Luft** в вóздухе чýвствовалось напряжéние; **an der Flasche/vor dem Fernseher ~** *fam* сидéть за буты́лкой/пéред телевúзором **II.** *vt* *(Menschen)* быть *нсв* привя́занным; **an etw/jdm ~** любúть что-л./быть привя́занным к комý-л.; **sich an jdn ~** *fig* пристáть к комý-л.
hängen bleiben[RR] <irr> *vi* **1.** *(feststecken)* застря́ть *св,* -стревáть *нсв* **2.** *(festsitzen, bestehenbleiben)* оставáться, -тáться *св;* **der Verdacht ist an ihr hängengeblieben** на ней остáлось подозрéние
hängen lassen[RR] <irr> **I.** *vt* остáвить *св,* -вля́ть *нсв* висéть; *(im Stich lassen)* брóсить *св,* -сáть *нсв;* **deine Freunde haben dich ganz schön ~** твоú друзья́ брóсили тебя́ на произвóл судьбы́ **II.** *vr:* **sich ~** унывáть *нсв;* **lass dich nicht so hängen** не пáдай дýхом
Hängeschrank <-(e)s, -schränke> *m* настéнный шкáфчик *м*
Hannover [ha'no:fɐ] <-s> *nt* Ганнóвер *м*
Hänselei <-, -en> *f* насмéшка *ж,* подтрýнивание *ср*
hänseln ['hɛnzəln] *vt* издевáться *нсв,* насмехáться *нсв;* **jdn ~** дразнúть когó-л.

i Land & Leute

Hanse – «Ганза» – первоначально назывались союзы городов, лежавших на важных торговых путях.
Целью **ганзейских городов** являлось улучшение регулирования торговли.
Немецкая Ганза владела более 200 лет торговой монополией на Балтийском море.
Ещё сегодня семь городов на севере Германии, имеют официальное наименование **«ганзейский город»**: Гамбург, Бремен, Любек, Грайфсвальд, Росток, Штральзунд и Висмар.

Hantel ['hantəl] <-, -n> *f* гантéля *ж*
hantieren [han'ti:rən] *vi* **mit etw ~** *umg* орýдовать чем-л.
hapern ['ha:pɐn] *vi* **es hapert an etw** чегó-л. не хватáет
Happen ['hapən] <-s, -> *m* *umg:* *небольшóе колúчество еды́;* **möchtest du einen ~**

essen? хо́чешь слегка́ перекуси́ть?

Happening ['hɛpənɪŋ] <-s, -s> *nt* хе́ппенинг *м*

happig ['hapɪç] *adj umg* немы́слимый; **die Preise sind ganz schön ~** це́ны про́сто безбо́жные

Happy-End[Alt] ['hɛpi'ʔɛnt] <-(s), -s> *nt*, **Happyend**[RR] ['hɛpi'ʔɛnt] <-(s), -s> *nt*, **Happy End**[RR] <-(s), -s> *nt* хе́ппи-э́нд *м*, счастли́вый коне́ц *м*

Hardcover <-s, -> *nt (Buch)* кни́га *ж* в твёрдой обло́жке

Harddisk <-, -s> *f* DV жёсткий диск *м*

Hard Rock <-> *m* тяжёлый рок *м*

Hardware ['ha:twɛ:ɐ] <-, -s> *f* техни́ческое обеспе́чение *ср*

Hardwareanforderungen <-> *pl* тре́бования *мн* к компью́терным ресу́рсам

Harem ['ha:rɛm] <-s, -s> *m* гаре́м *м*

Häresie <-, -n> *f* е́ресь *ж*

Harfe ['harfə] <-, -n> *f* а́рфа *ж*

Harke ['harkə] <-, -n> *f* гра́бли *мн;* **ich zeige dir, was eine ~ ist** *umg* я тебе́ покажу́, где ра́ки зиму́ют

harken *vi* разра́внивать, -ня́ть *св* гра́блями

Harlekin ['harleki:n] <-s, -e> *m* арлеки́н *м*

harmlos ['harmlo:s] *adj* безоби́дный; *(unschuldig)* неви́нный; **es fing alles ganz ~ an** все начало́сь совсе́м неви́нно

Harmlosigkeit <-, -en> *f* безоби́дность *ж; (Unschuld)* неви́нность *ж;* **in aller ~** неви́нно

Harmonie [harmo'ni:] <-, -n> *f* гармо́ния *ж*, согла́сие *ср*

harmonieren [harmo'ni:rən] *vi* гармони́ровать с *нсв*

Harmonika [har'mo:nika] <-s o Harmoniken> *f* MUS *(Mundharmonika)* гармо́ника *ж; (Ziehharmonika)* акордео́н *м*

harmonisch [har'mo:nɪʃ] *adj* гармони́чный; **sie führen eine ~e Ehe** они́ живу́т в согла́сии

Harn [harn] <-(e)s, -e> *m* моча́ *ж*

Harnblase <-, -n> *f* мочево́й пузы́рь *м*

Harnisch <-s, -e> *m* HIST ла́ты *жмн*, доспе́хи *ммн;* **jdn in ~ bringen** привести́ кого́-л. в я́рость

Harnröhre <-, -n> *f* ANAT мочето́чник *м*

Harpune [har'pu:nə] <-, -n> *f* гарпу́н *м*

harren ['harən] *vi* **einer Sache ~** ожида́ть чего́-л.

harsch *adj* **1.** *(mit Eis bedeckt)* покры́тый ледяно́й ко́ркой **2.** *(scharf)* ре́зкий *(о ве́тре)* **3.** *fig* гру́бый

hart [hart] <härter, am härtesten> *adj* **1.** *(nicht weich)* твёрдый **2.** *(schwer, anstrengend)* тяжёлый, тру́дный; **sein Tod hat uns ~ getroffen** мы тяжело́ пережива́ли его́ смерть **3.** *(streng)* суро́вый; **das Urteil ist sehr ~ ausgefallen** пригово́р оказа́лся о́чень суро́вым; **~ bleiben** остава́ться непрекло́нным; **hart gekocht** *(Ei)* сва́ренное вкруту́ю **4.** *(widerstandsfähig)* сто́йкий; **~ im Nehmen sein** быть калёным

Härte ['hɛrtə] <-, -n> *f* твёрдость *ж*, жёсткость *ж; (Strenge)* стро́гость *ж*, суро́вость *ж; (Unbill)* несправедли́вость *ж*

härten ['hɛrtən] **I.** *vt (Metall)* зака́ливать, -ли́ть *св* **II.** *vi (Beton)* схвати́ться *св*, схва́тываться *нсв*

hartgefroren[Alt] *adj s.* **gefroren II**

hartgekocht[Alt] *adj s.* **kochen II.1.**

hartherzig *adj* жестокосе́рдный, бессерде́чный

hartnäckig ['hartnɛkɪç] *adj* насто́йчивый, упо́рный; *(Krankheit)* упо́рный, затяжно́й; **sie leistete ~ Widerstand** она́ упо́рно ока́зывала сопротивле́ние

Hartnäckigkeit *f ohne pl* **1.** *(Sturheit)* упря́мство *ср* **2.** *(Ausdauer)* упо́рство *ср*, насто́йчивость *ж* **3.** *(von Krankheit)* продолжи́тельность *ж*

Harz [ha:ɐts] <-es, -e> *nt* смола́ *ж*

harzig *adj* **1.** *(Harz enthaltend)* смоли́стый **2.** *Schweiz (mühsam)* тру́дный

haschen[1] ['haʃən] *vi* **nach Beifall ~** гна́ться за успе́хом

haschen[2] ['haʃən] *vi umg (Haschisch rauchen)* кури́ть *нсв* гаши́ш

Haschisch ['haʃɪʃ] <-(s)> *nt* гаши́ш *м*

Hase ['ha:zə] <-n, -n> *m* за́яц *м;* **ein alter ~** *umg* быва́лый челове́к *м;* **falscher ~** *(Hackbraten)* мясно́й руле́т *м;* **wissen, wie der ~ läuft** *fam* знать, отку́да ве́тер ду́ет; **da liegt der ~ im Pfeffer** *fam* вот в чём де́ло

Haselnuss[RR] <-, -nüsse> *f* лесно́й оре́х *м*

Haselnussstrauch <-(e)s, -sträucher> *m* лещи́на *ж*

Hasenscharte <-, -n> *f* за́ячья губа́ *ж*

Hass[RR] [has] <-es> *m*, **Haß**[Alt] [has] <-sses> *m ohne pl* не́нависть *ж; umg (Wut, Ärger)* злость *ж;* **ich kriege einen ~, wenn ich das sehe** я злюсь, когда́ ви́жу э́то; **blinder ~** слепа́я не́нависть; **~ auf jdn haben** ненави́деть кого́-л.

hassen ['hasən] *vt* ненави́деть *нсв; (nicht mogen)* не люби́ть *нсв;* **ich hasse Unpünktlichkeit** терпе́ть не могу́ непункту́альность

hassenswert *adj* досто́йный не́нависти

hasserfüllt *adj* испо́лненный не́нависти; **sie sah ihn ~ an** она́ смотре́ла на него́ ненави́дящим взгля́дом

hässlich[RR] ['hɛslɪç] *adj*, **häßlich**[Alt] ['hɛslɪç] *adj* **1.** *(nicht schön)* некраси́вый, уро́дливый **2.** *(scheußlich)* отврати́тельный; **sie hatte ein ~es Erlebnis** с ней случи́лось не́что отврати́тельное **3.** *(gemein)* по́длый; **du bist immer so ~ zu ihr** ты с ней всегда́ так ужа́сно обраща́ешься

Hässlichkeit[RR] <-, -en> *f* некраси́вость *ж*, безобра́зие *ср*; *(gemeine Bemerkung)* гну́сность *ж*
Hassliebe[RR] <-> *f* любо́вь *ж* - не́нависть *ж*
hassverzerrt[RR] *adj* **ein hassverzerrtes Gesicht** искривлённое от не́нависти лицо́
Hast [hast] <-> *f* спе́шка *ж*, го́нка *ж*
hasten ['hastən] *vi* торопи́ться, по- *св*, спеши́ть, по- *св*
hastig I. *adj* торопли́вый, бы́стрый **II.** *adv* *(schnell)* бы́стро; *(überstürzt)* не́рвно; **nicht so ~!** поме́дленнее!
hat [hat] *3. präs von* **haben**
hätscheln ['hɛːtʃəln] *vt* **1.** *(liebkosen)* ласка́ть **2.** *abw (bevorzugen)* избало́вывать, изба́ловать *св*
hatte ['hatə] *prät von* **haben**
Haube ['haʊbə] <-, -n> *f* **1.** *(Mütze)* че́пчик *м* **2.** KFZ ко́рпус *м*; **unter die ~ kommen** *umg* вы́йти за́муж
Hauch [haʊx] <-(e)s> *m* **1.** *(Atem~)* дыха́ние *ср* **2.** *(Luft~)* дунове́ние *ср* **3.** *fig (Spur)* след *м*
hauchdünn ['haʊx'dʏn] *adj* тонча́йший; **er gewann die Wahl mit ~er Mehrheit** он победи́л на вы́борах с незначи́тельным переве́сом
hauchen ['haʊxən] **I.** *vi* **1.** *(leise atmen)* ти́хо дыша́ть *нсв* **2.** *(einmal)* дыхну́ть **II.** *vt* *(flüstern)* шепта́ть *нсв*
hauen ['haʊən] <haute/hieb, gehauen> **I.** *vt* **1.** *(Holz)* коло́ть *нсв*, руби́ть *нсв* **2.** *umg (schlagen)* ударя́ть, уда́рить *св*, бить, по- *св* **II.** *vr* **sich ~** *umg (sich prügeln)* дра́ться, по- *св*; **sich aufs Ohr ~** *umg* отпра́виться на бокову́ю **III.** *vi (schlagen)* **mit der Faust auf den Tisch ~** *a. fig* уда́рить кулако́м по столу́
Hauer <-s, -> *m* **1.** *(Bergmann)* рудоко́п *м*, горня́к *м* **2.** *(Eckzahn)* би́вень *м*
Häufchen <-s, -> *nt* ку́чка *ж*; **er kam wie ein ~ Elend nach Hause** несча́стный, он пришёл домо́й
häufen ['hɔɪfən] **I.** *vt* нака́пливать, накопи́ть *св*; **zwei gehäufte Esslöffel Zucker** две по́лные столо́вые ло́жки са́хара **II.** *vr* **sich ~** нагроможда́ться, -мозди́ться *св*
Haufen ['haʊfən] <-s, -> *m* гру́да *ж*; *umg (große Menge)* ку́ча *ж*; **jdn über den ~ rennen/fahren** *fam* повали́ть кого́-л.; **einen ~ Arbeit haben** име́ть ку́чу дел; **der Anzug hat einen ~ Geld gekostet** костю́м сто́ил ку́чу де́нег; **etw über den ~ werfen** *umg* сорва́ть что-л.
haufenweise *adv umg* ку́чей
häufig ['hɔɪfɪç] *adj* ча́стый; **dieser Fehler wird ~ gemacht** э́та оши́бка допуска́ется ча́сто
Häufigkeitsverteilung <-, -en> *f* статисти́ческое распределе́ние *ср*
Häuflein <-s, -> *nt* ку́чка *ж*
Haupt [haʊpt, 'hɔɪptə] <-(e)s, Häupter> *nt* **1.** *geh (Kopf)* голова́ *ж* **2.** *(Oberhaupt)* глава́ *ж*, шеф *м*; **mit bloßem ~** с непокры́той голово́й; **das ~ neigen** склоня́ть го́лову
Hauptabnehmer <-s, -> *m* основно́й покупа́тель *м*
Hauptabsatzmarkt <-(e)s, -märkte> *m* основно́й ры́нок *м* сбы́та
Hauptakteur <-s, -e> *m* гла́вное де́йствующее лицо́ *ср*
Hauptaktionär <-s, -e> *m* гла́вный акционе́р *м*
hauptamtlich *adj* шта́тный
Hauptanbieter <-s, -> *m* основно́й офере́нт *м*
Hauptanliegen <-s> *nt* основно́е жела́ние *ср*, гла́вная цель *ж*
Hauptargument <-s, -e> *nt* гла́вный аргуме́нт *м*
Hauptaufgabe <-, -n> *f* гла́вная зада́ча *ж*
Hauptaufgabenbereich <-(e)s, -e> *m* основна́я сфе́ра *ж* де́ятельности
Hauptaugenmerk <-s> *nt* основно́е внима́ние *ср*
Hauptausgang *m* гла́вный вы́ход *м*
Hauptausschuss <-es, -ausschüsse> *m* гла́вный комите́т *м*
Hauptbahnhof <-(e)s, -höfe> *m* центра́льный вокза́л *м*
Hauptbedingung <-, -en> *f* основно́е усло́вие *ср*
Hauptberuf <-(e)s, -e> *m* основна́я профе́ссия *ж* [*или* специа́льность *ж*]
hauptberuflich *adj* по основно́й профе́ссии
Hauptbestandteil <-(e)s, -e> *m* основна́я составна́я часть *ж*, основно́й компоне́нт *м*
Hauptdarsteller(in) <-s, -> *m(f)* исполни́тель *м*/исполни́тельница *ж* гла́вной ро́ли
Haupteingang <-(e)s, -eingänge> *m* центра́льный вход *м*
Haupteinnahmequelle <-, -n> *f* основно́й исто́чник *м* дохо́дов
Hauptfach <-(e)s, -fächer> *nt* основно́й уче́бный предме́т *м*
Hauptfigur <-, -en> *f* гла́вная фигу́ра *ж*
Hauptforderung <-, -en> *f* основно́е тре́бование *ср*
Hauptfriedhof <-(e)s, -friedhöfe> *m* центра́льное кла́дбище *ср* (го́рода)
Hauptgebäude <-s, -> *nt* гла́вный ко́рпус *м*
Hauptgericht <-(e)s, -e> *m* *(beim Essen)* гла́вное блю́до *ср*, второ́е *ср*
Hauptgeschäftsführer(in) <-s, -> *m(f)* гла́вный управля́ющий *м*, гла́вный администра́тор *м*
Hauptgeschäftsstelle <-, -n> *f* гла́вная кон-

H

то́ра *ж*, гла́вный о́фис *м*
Hauptgeschäftsstraße <-, -n> *f* гла́вная торго́вая у́лица *ж*
Hauptgesellschafter <-s, -> *m* гла́вный акционе́р *м*
Hauptgewinn <-(e)s, -e> *m* гла́вный вы́игрыш *м*
Hauptgläubige(r) <-n, -n> *f(m)* гла́вный кредито́р *м*
Hauptgrund <-(e)s> *m* гла́вная причи́на *ж*
Hauptinformant <-en, -en> *m* гла́вный информа́нт *м*
Hauptkommissar(in) <-s, -e> *m(f)* гла́вный комисса́р *м*
Hauptkostenstelle <-, -n> *f* основна́я статья́ *ж* расхо́дов
Hauptkunde <-n, -n> *m* основно́й покупа́тель *м*
Hauptleitung <-, -en> *f* TECH магистра́льная ли́ния *ж*
Hauptlichtschalter <-s, -> *m* центра́льный переключа́тель *м* све́та
Hauptlieferant <-en, -en> *m* гла́вный поставщи́к *м*
Häuptling ['hɔɪptlɪŋ] <-s, -e> *m* во́ждь *м*
Hauptmahlzeit <-, -en> *f* обе́д *м*
Hauptmann <-(e)s, -leute> *m* капита́н *м*
Hauptmerkmal <-(e)s, -e> *nt* гла́вный при́знак *м*
Hauptnahrungsmittel <-s, -> *nt* основны́е проду́кты *ммн* пита́ния
Hauptperson <-, -en> *f* гла́вный *м*; *(in Roman, Drama)* гла́вный геро́й *м*; **sie will immer die ~ sein** она́ всегда́ хо́чет быть гла́вной
Hauptpostamt <-(e)s, -ämter> *nt* гла́вный почта́мт *м*
Hauptproblem <-(e)s, -e> *nt* гла́вная пробле́ма *ж*
Hauptquartier <-s, -e> *nt* штаб-кварти́ра *ж*
Hauptrolle <-, -n> *f* гла́вная роль *ж*
Hauptsache <-> *f* гла́вное *ср*; **~, es geht dir gut** гла́вное, у тебя́ всё в поря́дке; **das ist die ~** э́то са́мое гла́вное; **in der ~** в основно́м; **die ~ ist, dass ...** гла́вное то, что ...
hauptsächlich ['haʊptzɛçlɪç] **I.** *adj* гла́вный, важне́йший **II.** *adv (vor allem)* пре́жде всего́, гла́вным о́бразом; **er ist ~ im Verkauf beschäftigt** он за́нят гла́вным о́бразом в сфе́ре сбы́та; **~ deshalb, weil ...** ва́жно потому́, что ...
Hauptsaison <-> *f* разга́р *м* сезо́на; **in der ~** в разга́р сезо́на
Hauptsatz <-es, -sätze> *m* гла́вное предложе́ние *ср*
Hauptschlagader <-, -n> *f* ао́рта *ж*
Hauptschule <-, -n> *f* общеобразова́тельная шко́ла *ж*

Land & Leute

Общеобразовательная школа следует за начальной школой и охватывает в Германии с 5-го по 9-й класс. Она предусмотрена для учащихся, чья средняя оценка по окончании начальной школы оказалась недостаточной для поступления в реальное училище или в гимназию. Подростки, закончившие общеобразовательную школу, зачастую имеют проблемы с получением места для профессионально-технического обучения. В Австрии при хорошей успеваемости можно перейти из общеобразовательной школы, в которой обучение длится четыре года, в гимназию.

Hauptschwierigkeit <-, -en> *f* основна́я тру́дность *ж*
Hauptsendezeit <-, -en> *f* TV пи́ковое телевизио́нное вре́мя *ср*
Hauptsicherung <-, -en> *f* EL основно́й предохрани́тель *м*
Hauptsitz <-es, -e> *m* штаб-кварти́ра *ж*
Hauptspeicher <-s, -> *m* DV основно́е запомина́ющее устро́йство *ср*
Hauptspeise <-, -n> *f* гла́вное блю́до *ср*
Hauptsponsor <-s, -en> *m* гла́вный спо́нсор *м*
Hauptstadt <-, -städte> *f* столи́ца *ж*
hauptstädtisch *adj* столи́чный
Hauptstraße <-, -n> *f* гла́вная у́лица *ж*
Haupttäter(in) <-s, -> *m(f)* гла́вный престу́пник *м* [*или* вино́вник *м*]
Hauptthema <-s, -themen> *nt* гла́вная те́ма *ж*
Hauptursache <-, -n> *f* основна́я причи́на *ж*
hauptverantwortlich *adj* несу́щий гла́вную отве́тственность
Hauptverband <-(e)s, -verbände> *m* основно́е о́бщество *ср*
Hauptverfahren <-s, -> *nt* JUR основно́й проце́сс *м*
Hauptverkehrszeit <-, -n> *f* час *м* пик; **zur ~** в час пик
Hauptversammlung <-, -en> *f* о́бщее собра́ние *ср*
Hauptverwaltung <-, -en> *f* гла́вное управле́ние *ср*
Hauptvorstand <-(e)s, -vorstände> *m* гла́вное правле́ние *ср*
Hauptwerk <-(e)s, -e> *nt* гла́вное произведе́ние *ср* (писа́теля)
Hauptwort <-(e)s, -wörter> *nt* и́мя *ср* существи́тельное

Hauptziel <-(e)s, -e> *nt* гла́вная [*или* основна́я] цель *ж*
Hauptzollamt <-(e)s, -ämter> *nt* гла́вная тамо́жня *ж*
Haus [haʊs, ˈhɔɪzə] <-es, Häuser> *nt* **1.** *(Wohnhaus)* дом *м;* **wir wohnen ~ an ~** мы живём друг во́зле дру́га; **aus dem ~ gehen** вы́йти из до́ма; **der Herr des Hauses** хозя́ин *м;* **nach Hause kommen** прийти́ домо́й; **bei uns zu Hause** у нас до́ма **2.** *(Gebäude)* зда́ние *ср* **3.** *(Fürstengeschlecht)* род *м;* **nach ~e** домо́й; **zu ~e** до́ма; **das ~ hüten** сиде́ть до́ма; **fühlen Sie sich wie zu ~e!** чу́вствуйте себя́ как до́ма!
Hausapotheke <-, -n> *f* дома́шняя апте́чка *ж*
Hausarbeit <-, -en> *f* **1.** *(im Haushalt)* рабо́та *ж* по до́му **2.** *(schriftliche ~)* дома́шняя рабо́та *ж*
Hausarrest <-(e)s, -e> *m* дома́шний аре́ст *м;* **sie steht unter ~** она́ нахо́дится под дома́шним аре́стом
Hausarzt <-(e)s, -ärzte> *m,* **Hausärztin** *f* дома́шний врач *м и ж*
Hausaufgabe <-, -n> *f* дома́шнее зада́ние *ср;* **hast du deine ~n schon gemacht?** ты уже́ сде́лал своё дома́шнее зада́ние?
Hausaufgabenhilfe <-> *f* (пла́тная) по́мощь *ж* в выполне́нии дома́шних зада́ний
Hausbank <-, -en> *f* основно́й банк *м* фи́рмы
Hausbesetzer(in) <-s, -; -nen> *m(f)* незако́нный жиле́ц *м* пусто́й кварти́ры
Hausbesitzer <-s, -> *m,* **Hausbesitzerin** *f* домовладе́лец *м,* домовладе́лица *ж*
Hausbesuch <-(e)s, -e> *m* посеще́ние *ср* на дому́
Hausbewohner(in) *m(f)* жи́тель *м*
Hausboot <-(e)s, -e> *nt су́дно, испо́льзуемое для жилья́*
Hausbrand <-(e)s, -brände> *m* то́пливо *ср* для дома́шнего отопле́ния
Häuschen [ˈhɔɪsçən] <-s, -> *nt* до́мик *м;* **aus dem ~ sein** *umg* быть вне себя́
Hausdiener(in) <-s, -> *m(f)* слуга́ *м,* лаке́й *м*
Hausdurchsuchungsbefehl <-(e)s, -e> *m* о́рдер *м* на домашний о́быск
Hauseinfahrt <-, -en> *f* подъездна́я доро́га *ж* к до́му
Hauseingang *m* подъе́зд *м*
hausen [ˈhaʊzən] *vi* **1.** *pej, umg (wohnen)* прозяба́ть *нсв,* юти́ться *нсв* **2.** *umg (verwüsten)* свире́пствовать *нсв*
Häuserblock <-(e)s, -s> *m* кварта́л *м*
Häusermakler(in) <-s, -> *m(f)* ма́клер *м* по прода́же домо́в
Hausflur <-(e)s, -e> *m* подъе́зд *м,* ле́стничная кле́тка *ж*
Hausfrau <-, -en> *f* дома́шняя хозя́йка *ж*
Hausfriedensbruch <-(e)s> *m* наруше́ние *ср* неприкоснове́нности жили́ща
Hausgehilfin <-, -nen> *f* домрабо́тница *ж*
hausgemacht *adj* дома́шнего приготовле́ния
Haushalt [ˈhaʊshalt] <-(e)s, -e> *m* **1.** *(Privathaushalt)* дома́шнее хозя́йство *ср* **2.** *(Staatshaushalt)* бюдже́т *м;* **ausgeglichener ~** сбаланси́рованный бюдже́т; **jdm den ~ führen** вести́ кому́-л. дома́шнее хозя́йство; **öffentlicher ~** госуда́рственный бюдже́т
haus|halten *vi* **mit etw ~** дорожи́ть чем-л.; **mit seinen Kräften ~** бере́чь си́лы
Haushälterin [ˈhaʊshɛltərɪn] <-, -nen> *f* эконо́мка *ж*
Haushaltsabfall <-(e)s, -abfälle> *m* бытовы́е отхо́ды *мн*
Haushaltsartikel <-s, -> *m* предме́т *м* дома́шнего обихо́да
Haushaltsausschuss <-es, -ausschüsse> *m* комите́т *м* по бюдже́тным дела́м
Haushaltsdebatte <-, -n> *f* деба́ты *мн* о бюдже́те
Haushaltsdefizit <-(e)s, -e> *nt* бюдже́тный дефици́т *м*
Haushaltsentwurf <-(e)s, -entwürfe> *m* прое́кт *м* бюдже́та
Haushaltsexperte <-n, -n> *m,* **Haushaltsexpertin** *f* экспе́рт *м и ж* по бюдже́ту
Haushaltsgeld <-es, -er> *nt* де́ньги *мн* на веде́ние хозя́йства
Haushaltsgerät <-(e)s, -e> *nt* электроприбо́р *м*
Haushaltshilfe *f* дома́шняя помо́щница *ж*
Haushaltslage <-> *f* состоя́ние *ср* бюдже́та
Haushaltsplan <-(e)s, -pläne> *m* бюдже́тный план *м;* **den ~ verabschieden** утвержда́ть проект бюдже́та; **den ~ vorlegen** представля́ть прое́кт бюдже́та
haushaltspolitisch *adj* каса́ющийся бюдже́тной поли́тики
Haushaltsreiniger <-s, -> *m* сре́дство *ср* для чи́стки
Haushaltssanierung <-, -en> *f* сана́ция *ж* [*или* оздоровле́ние *ср*] бюдже́та
Haushaltswarengeschäft <-(e)s, -e> *nt* магази́н *м* хозя́йственных това́ров
Hausherr(in) <-(e)n, -en> *m(f)* хозя́ин *м*/хозя́йка *ж* до́ма
haushoch [ˈhaʊsˈhoːx] *adj (sehr hoch)* огро́мный
hausieren [haʊˈziːrən] *vi* торгова́ть *нсв* вразно́с; **mit etw ~ gehen** разноси́ть что-л. по дома́м
Hausierer(in) <-s, -> *m(f)* торго́вец *м* вразно́с
hausintern *adj* вну́тренний (о дела́х, отноше́ниях)

H

Hauskatze <-, -n> *f* дома́шняя ко́шка *ж*
Hauskonzert <-(e)s, -e> *nt* дома́шний конце́рт *м*
Hauslehrer(in) *m(f)* дома́шний учи́тель *м*
häuslich ['hɔɪslɪç] *adj* дома́шний; *(gemütlich)* ую́тный; **sich (bei jdm/an einem Ort) ~ niederlassen** *umg* посели́ться (у кого́-л./в како́м-л. ме́сте)
Hausmädchen <-s, -> *nt* домрабо́тница *ж*, го́рничная *ж*
Hausmann *m* хозя́ин *м*
Hausmannskost <-> *f* проста́я пи́ща *ж*
Hausmeister(in) <-s, -> *m(f)* дво́рник *м*
Hausmittel <-s, -> *nt* дома́шнее сре́дство *ср*; **dagegen gibt es ein altes ~** про́тив э́того есть одно́ ста́рое дома́шнее сре́дство
Hausnummer <-, -n> *f* но́мер *м* до́ма
Hausordnung <-, -en> *f* пра́вила *ж* вну́треннего распоря́дка
Hausputz <-es> *m* генера́льная убо́рка *ж*
Hausrat <-(e)s> *m* дома́шняя у́тварь *ж*, обстано́вка *ж* до́ма
Hausratversicherung <-, -en> *f* страхова́ние *ср* дома́шнего иму́щества
Hausschlüssel <-s, -> *m* ключ *м* от до́ма
Hausschuh <-(e)s, -e> *m* дома́шний та́почек *м*
Hausse [ho:s, 'ho:sə, o:s] <-> *f* БÖRSE повыше́ние *ср* биржевы́х ку́рсов
Haussegen *m* **bei jdm hängt der ~ schief** *umg* у кого́-л. в семье́ нелады́
Haussier <-s, -s> *m* спекуля́нт *м*, игра́ющий на повыше́нии биржевы́х ку́рсов
Haussuchung <-, -en> *f* дома́шний о́быск *м*
Haustier <-(e)s, -e> *nt* дома́шнее живо́тное *ср*; **ein ~ halten** держа́ть дома́шнее живо́тное
Haustür <-, -en> *f* входна́я дверь *ж*
Hausverbot <-(e)s, -e> *nt* отка́з *м* от до́ма; **jdm ~ erteilen** отказа́ть кому́-л. от до́ма
Hausverwalter(in) <-s, -> *m(f)* домоуправля́ющий *м*
Hauswand <-, -wände> *f* (вне́шняя) стена́ *ж* зда́ния
Hauswirt(in) <-(e)s, -e> *m(f)* хозя́ин *м*/хозя́йка *ж* до́ма
Hauswirtschaft <-> *f* дома́шнее хозя́йство *ср*
Haut [haʊt, 'hɔɪtə] <-, Häute> *f* **1.** *(von Mensch)* ко́жа *ж* **2.** *(von Tier)* шку́ра *ж*, ко́жа *ж* **3.** *(auf Flüssigkeit)* плёнка *ж*, пе́нка *ж*; **sich seiner ~ wehren** *umg* постоя́ть за себя́; **aus der ~ fahren** *umg* вы́йти из себя́; **etw geht jdm unter die ~** *umg* что-л. задева́ет кого́-л. за живо́е; **nicht in jds ~ stecken wollen** *umg* не хоте́ть оказа́ться в чьей-л. шку́ре; **nur ~ und Knochen sein** *fam* быть то́нким, как жердь; **versuchen, seine ~ zu retten** *fig, fam* попыта́ться спасти́сь; **in ihrer ~ möchte ich nicht stecken** *fig, fam* я не хочу́ быть на её ме́сте; **mit ~ und Haaren** *fig, fam* целико́м; **auf der faulen ~ liegen** *fig, fam* лентя́йничать
Hautabschürfung <-, -en> *f* ссa̓дина *ж*
Hautarzt <-(e)s, -ärzte> *m*, **Hautärztin** *f* дермато́лог *м*
Hautausschlag <-(e)s, -ausschläge> *m* сыпь *ж*, высыпа́ние *ср* на ко́же
Hautcreme <-, -s>, **Hautkrem(e)** *f* крем *м* для ко́жи
häuten ['hɔɪtən] **I.** *vt* снима́ть, снять *св* шку́ру **II.** *vr (Schlange)* сбра́сывать, сбро́сить *св* ко́жу, линя́ть *нсв*
hauteng ['-'-] *adj* пло́тно облега́ющий
Hautfarbe <-, -n> *f* цвет *м* ко́жи
hautfreundlich *adj (Creme, Stoff)* прия́тный для ко́жи
Hautkrankheit <-, -en> *f* ко́жная боле́знь *ж*
Hautkrebs <-es> *m* рак *м* ко́жи
hautnah I. *adj fam (Schilderung)* достове́рный **II.** *adv* достове́рно
Hautpflege <-> *f* ухо́д *м* за ко́жей
hautschonend *adj* щадя́щий ко́жу
Havarie [hava'ri:] <-, -n> *f* авари́я *ж*
Hbf. *abk von* **Hauptbahnhof** *гла́вный железнодоро́жный вокза́л*
H-Bombe <-, -n> *f (Wasserstoffbombe)* водоро́дная бо́мба *ж*
HD *abk von* **high density** высо́кой пло́тности
HDCD *abk von* **High Definition CD** компа́кт-ди́ск высо́кой пло́тности
H-Dur ['ha:'du:ɐ̯] <-s> *nt* MUS си мажо́р *м*
Headhunter ['hɛthantɐ] <-s, -> *m* охо́тник *м* за мозга́ми
Hearing ['hi:rɪŋ] <-s, -s> *nt (Anhörung)* слу́шание *ср*
Heavy metal <-, -s> *nt* тяжёлая рокмузы́ка *ж*
Hebamme ['he:bamə] <-, -n> *f* акуше́рка *ж*
Hebebühne <-, -n> *f* автомоби́льный подъёмник *м* с платфо́рмой
Hebel ['he:bəl] <-s, -> *m* **1.** *(Bedienungselement)* рыча́г *м*, рукоя́тка *ж* **2.** PHYS рыча́г *м*; **alle ~ in Bewegung setzen** *fig* задействовать все рычаги́
Hebelwirkung <-, -en> *f* эффе́кт *м* рычага́
heben ['he:bən] <hob, gehoben> **I.** *vt* **1.** *(hochheben)* поднима́ть, -ня́ть *св*; **die Stimme ~** повы́сить го́лос; **sie hob die Hand zum Gruß** она́ подняла́ ру́ку для приве́тствия **2.** *(Rang, Niveau)* повыша́ть, -вы́сить *св* **3.** *(Schatz)* найти́ *св*, находи́ть *нсв* **II.** *vr* **sich ~** *(sich verbessern, Stimmung)* повыша́ться, -вы́ситься *св*, поднима́ться, -ня́ться *св*
hecheln ['hɛçəln] *vi (Hund)* тяжело́ дыша́ть *нсв*

Hecht [hɛçt] <-(e)s, -e> *m* щу́ка *ж*
Heck [hɛk] <-(e)s, -e> *nt* **1.** *(eines Flugzeugs)* хвост *м* **2.** *(eines Schiffs)* корма́ *ж,* хвостова́я часть *ж*
Heckantrieb <-(e)s> *m* KFZ за́дний при́вод *м*
Hecke ['hɛkə] <-, -n> *f* жива́я и́згородь *ж*
Heckenschere <-, -n> *f* садо́вые но́жницы *мн*
Heckklappe <-, -n> *f* KFZ дверь *ж* бага́жника
Heckscheibe <-, -n> *f* KFZ за́днее стекло́ *ср;* **beheizbare ~** обогрева́емое за́днее стекло́
Heckspoiler <-s, -> *m* KFZ за́дний спо́йлер *м*
Hedgegeschäft <-(e)s, -e> *nt* BÖRSE сде́лка *ж* по хеджи́рованию
Heer [he:ɐ] <-(e)s, -e> *nt* **1.** *(Armee)* а́рмия *ж* **2.** *(große Menge)* ма́сса *ж;* **ein ~ von Mücken plagte uns** по́лчища мошкары́ му́чили нас
Heeresleitung <-> *f* гла́вное кома́ндование *ср* а́рмией
Hefe ['he:fə] <-, -n> *f* дро́жжи *мн*
Hefeteig <-(e)s, -e> *m* дрожжево́е те́сто *ср*
Heft[1] [hɛft] <-(e)s, -e> *nt (von Messer)* рукоя́ть *ж;* **das ~ in der Hand behalten** *fig* держа́ть в рука́х бразды́ правле́ния; **das ~ in die Hand nehmen** взять в ру́ки бразды́ правле́ния
Heft[2] [hɛft] <-(e)s, -e> *nt* **1.** *(Schreibheft)* тетра́дь *ж* **2.** *(von Zeitschrift)* вы́пуск *м,* но́мер *м;* **wann erscheint das nächste ~?** когда́ выхо́дит сле́дующий но́мер?
heften ['hɛftən] **I.** *vt* **1.** *(ankleben)* прикрепля́ть, -пи́ть *св;* **er heftete einen Zettel an ihre Tür** он прикрепи́л запи́ску к её двери́ **2.** *(nähen)* мета́ть, смета́ть *св* **3.** *(Buch)* сшива́ть, сши́ть *св* **II.** *vr* **sich an jds Fersen ~** пресле́довать кого́-л.; **seinen Blick auf etw/jdn ~** прикова́ть свой взгляд к чему́-л./кому́-л.
Hefter <-s, -> *m (für Dokumente)* скоросшива́тель *м*
heftig ['hɛftɪç] *adj* **1.** *(stark, ungestüm)* си́льный; **es regnete ~** шёл си́льный до́ждь; **sie leistete ~en Widerstand** она́ ока́зывала ожесточённое сопротивле́ние **2.** *(unbeherrscht)* вспы́льчивый, горя́чий; **sie antwortete eine Spur zu ~** она́ отве́тила не́сколько несде́ржанно
Heftklammer <-, -n> *f* ско́бка *ж* для сшива́ния бума́г
Heftklammernentferner <-s, -> *m* прибо́р *м* для удале́ния ско́бок
Heftpflaster <-s, -> *nt* пла́стырь *м*
Hegemonie [hegemo'ni:] <-, -n> *f* гегемо́ния *ж*
hegen ['he:gən] *vt* **1.** *(pflegen)* уха́живать *нсв,* леле́ять *нсв* **2.** *(Abneigung)* таи́ть *нсв;* **Misstrauen/Zweifel ~** испы́тывать недове́рие/сомне́ние; **Hoffnungen ~** храни́ть наде́жды
Hehl [he:l] *m* **kein(en) ~ aus etw machen** не де́лать та́йны из чего́-л.
Hehler(in) <-s, -> *m(f)* ску́пщик *м,* ску́пщица *ж* кра́деного, укрыва́тель *м,* укрыва́тельница *ж* кра́деного
Hehlerei <-, -en> *f* укрыва́тельство *ср*
Heide[1] ['haɪdə] <-n, -n> *m* REL язы́чник *м*
Heide[2] ['haɪdə] <-, -n> *f (Landschaft)* пу́стошь *ж*
Heidelbeere ['haɪdəlbe:rə] <-, -n> *f* черни́ка *ж*
Heidenangst <-> *f umg* у́жас *м*
Heidenarbeit <-> *f umg* изнури́тельная рабо́та *ж*
Heidengeld <-(e)s> *nt umg* бе́шеные де́ньги *мн*
Heidenlärm <-(e)s> *m umg* шум *м* и гам *м*
Heidenspaß <-es> *m umg* огро́мное удово́льствие *ср;* **einen ~ haben** испы́тывать большо́е удово́льствие; **wir hatten einen ~ daran** нам э́то доставля́ло ди́кое удово́льствие
Heidin ['haɪdɪn] <-, -nen> *f* язы́чница *ж*
heidnisch ['haɪdnɪʃ] *adj* язы́ческий; **~e Bräuche** язы́ческие обы́чаи *ммн*
heikel ['haɪkəl] *adj* **1.** *(Sache, Thema)* щекотли́вый **2.** *(Person)* взыска́тельный; **in diesem Punkt ist sie sehr ~** в э́том де́ле она́ о́чень разбо́рчива
heil [haɪl] *adj* **1.** *(gesund, unverletzt)* це́лый, невреди́мый; **~ ankommen** прибы́ть невреди́мым; **mit heiler Haut davonkommen** легко́ отде́латься; **hoffentlich kommen wir hier ~ heraus!** наде́юсь, мы вы́беремся отсю́да це́лыми и невреди́мыми! **2.** *(geheilt)* вы́здоровевший; **etw wieder ~ machen** испра́вить что-л.
Heil <-s> *nt* **1.** *(Wohl)* бла́го *ср,* сча́стье *ср* **2.** *(Seelenheil)* спасе́ние *ср* души́; **sein ~ in der Flucht suchen** иска́ть спасе́ния в бе́гстве
Heiland ['haɪlant] <-(e)s> *m* спаси́тель *м*
Heilbad <-(e)s, -bäder> *nt* лече́бные во́ды *мн; (Badeort)* куро́рт *м*
heilbar *adj (Krankheit)* излечи́мый
heilen ['haɪlən] **I.** *vt* лечи́ть *нсв,* исцеля́ть, -ли́ть *св* **II.** *vi* вылe̋чиваться, вы́лечиться *св;* **davon ist er jetzt geheilt** *umg* э́тим он сыт тепе́рь по го́рло
heilfroh ['haɪl'fro:] *adj* рад-радёхонек
heilig ['haɪlɪç] *adj* свято́й; **jdm etw hoch und ~ versprechen** *umg* свя́то обеща́ть кому́-л. что-л.; **der Heilige Geist/der heilige Vater** REL свято́й дух/оте́ц; **dir ist aber auch nichts ~** ты ни пе́ред чем не остано́вишься
Heiligabend [haɪlɪç'?a:bənt] <-s, -e> *m* рож-

H

де́ственский соче́льник *м*

Heilige(r) <-n, -n> *f(m)* свято́й

heiligen ['haɪlɪgən] *vt* опра́вдывать, оправда́ть *св;* **der Zweck heiligt die Mittel** цель опра́вдывает сре́дства

Heiligenschein <-(e)s, -e> *m* нимб *м*

Heiligtum <-s, -tümer> *nt* **1.** *(Ort)* святи́лище *ср* **2.** *(Gegenstand)* святы́ня *ж*

Heilkraft *f* лече́бная си́ла *ж*

Heilkraut *nt* лече́бное расте́ние *ср*

Heilkräuter <-> *pl* лека́рственные тра́вы *мн*

Heilkunde *f ohne pl* медици́на *ж*

heillos *adj* **1.** *(ungeheuer)* ужа́сный, жу́ткий; **er richtete eine ~e Unordnung an** он устро́ил жу́ткий беспоря́док **2.** *(hoffnungslos)* безнадёжный

Heilmittel <-s, -> *nt* лече́бное сре́дство *ср*

Heilpflanze *f* лече́бное расте́ние *ср*

Heilpraktiker(in) <-s, -> *m(f)* зна́харь *м*, цели́тель *м*

Heilquelle <-, -n> *f* лече́бный исто́чник *м*

heilsam *adj* поле́зный; **der Schreck war ~** испу́г пошёл на по́льзу

Heilsarmee <-> *f* А́рмия *ж* спасе́ния

Heilung <-, -en> *f* **1.** *(einer Wunde)* заживле́ние *ср* **2.** *(von Krankheit)* исцеле́ние *ср*, излече́ние *ср* **3.** *fig (von Schmerz)* исцеле́ние *ср*

heim [haɪm] *adv* домо́й

Heim <-(e)s, -e> *nt* родно́й дом *м*, дома́шний оча́г *м; (Kinderheim)* де́тский дом *м*

Heimarbeit <-> *f* рабо́та *ж* на дому́

Heimarbeiter(in) <-s, -> *m(f)* надо́мник *м*, надо́мница *ж*

Heimat ['haɪma:t] <-> *f* ро́дина *ж;* **geistige ~** духо́вная ро́дина; **Augsburg ist seine zweite ~** А́угсбург - его́ втора́я ро́дина

Heimatdichter(in) <-s, -> *m(f)* писа́тель *м* - „областник“ *м*

Heimatdorf <-(e)s, -dörfer> *nt* родно́е село́ *ср*

Heimatland <-(e)s, -länder> *nt* ро́дина *ж*, отчи́зна *ж*

heimatlich *adj* родно́й

heimatlos *adj* без ро́дины

Heimatort <-(e)s, -e> *m* родно́й го́род *м*

Heimatstadt <-, -städte> *f* родно́й го́род *м*

Heimatvertriebene(r) <-n, -n> *f(m)* изгна́нник *м* ро́дины

heim|begleiten *vt* сопровожда́ть, -води́ть *св* домо́й, провожа́ть, -води́ть *св* домо́й

Heimbewohner(in) <-s, -> *m(f)* живу́щий *м* в общежи́тии

heim|bringen <irr> *vt* приводи́ть, -вести́ *св* домо́й, провожа́ть, -води́ть *св* домо́й; **ich kann dich nachher ~** я могу́ тебя́ пото́м проводи́ть домо́й

Heimcomputer <-s, -> *m* дома́шний компью́тер *м*

heimelig *adj* дома́шний, ую́тный; **der Kamin verbreitet eine ~e Wärme** ками́н распространя́ет дома́шнее тепло́

heim|fahren <irr> **I.** *vt* отвози́ть, -везти́ *св* домо́й **II.** *vi* е́хать *нсв* домо́й, возвраща́ться, -врати́ться *св*

Heimfahrt <-, -en> *f* пое́здка *ж* домо́й, возвраще́ние *ср;* **sie machen sich auf die ~** они́ отправля́ются домо́й; **auf der ~ sein** быть на пути́ домо́й

heim|gehen <irr> *vi* идти́ *нсв* по дома́м

heimisch *adj* **1.** *(einheimisch)* ме́стный **2.** *(vertraut)* бли́зкий, родно́й

Heimkehr ['haɪmke:ɐ] <-> *f* возвраще́ние *ср* домо́й

heim|kehren *vi* возвраща́ться, -врати́ться *св* домо́й

Heimkino <-s> *nt* дома́шний кинотеа́тр *м*

heim|kommen <irr> *vi sein* верну́ться домо́й

heimlich ['haɪmlɪç] *adj* **1.** *(geheim)* та́йный, секре́тный; **sie trafen sich ~** они́ встреча́лись тайко́м **2.** *(verborgen)* укра́дкой, исподтишка́; **sie lächelte ~** она́ улыбну́лась укра́дкой

Heimlichtuerei <-en> *f abw* таи́нственность *ж*

Heimniederlage <-, -n> *f* SPORT пораже́ние *ср* на своём по́ле

Heimreise <-, -n> *f* возвраще́ние *ср* домо́й; **auf der ~** по доро́ге домо́й

heim|reisen *vi* возвраща́ться, -врати́ться *св* домо́й

heim|schicken *vt* посла́ть домо́й

Heimsieg <-(e)s, -e> *m* SPORT побе́да *ж* на своём по́ле

Heimspiel <-(e)s, -e> *nt* SPORT игра́ *ж* на своём по́ле

heim|suchen *vt* постига́ть, пости́чь *св*, обру́шиваться, -шиться *св*

heimtückisch *adj* **1.** *(Mensch)* вероло́мный, кова́рный **2.** *(Krankheit)* кова́рный

heimwärts ['haɪmvɛrts] *adv* домо́й; **~ ziehen** е́хать домо́й

Heimweg <-(e)s, -e> *m* доро́га *ж* домо́й; **ich bin schon auf dem ~** я уже́ на пути́ домо́й; **sich auf den ~ machen** отправля́ться домо́й

Heimweh <-s> *nt* тоска́ *ж* по ро́дине; **sie hat großes ~** она́ о́чень тоску́ет по ро́дине

Heimwerker(in) <-s, -> *m(f)* *реме́сленник, рабо́тающий на дому́*

heim|wollen <irr> *vi* хоте́ть домо́й

heim|zahlen *vt* отплати́ть *св*, -пла́чивать *нсв*, расквита́ться *св;* **das zahle ich dir heim!** я с тобо́й за э́то расквита́юсь!

Heirat ['haɪra:t] <-, -en> *f* брак *м; (einer Frau)* заму́жество *ср; (eines Mannes)* жени́тьба *ж*

heiraten ['haɪra:tən] **I.** *vt* **1.** *(eine Frau)* жени́ться *(н)св* **2.** *(einen Mann)* выходи́ть, вы́йти *св* за́муж **II.** *vi* жени́ться *(н)св,* по- *св;* **kirchlich ~** заключи́ть церко́вный брак; **in zwei Monaten ~ sie** че́рез два ме́сяца они́ поже́нятся

Heiratsantrag *m* предложе́ние *ср*

Heiratsanzeige <-, -n> *f* сообще́ние *ср* о бракосочета́нии

Heiratsurkunde *f* свиде́тельство *ср* о бра́ке

Heiratsvermittlung <-, -en> *f* слу́жба *ж* знако́мств

heiser ['haɪzɐ] *adj* хри́плый, охри́пший; **mit ~er Stimme** охри́пшим го́лосом

Heiserkeit <-> *f* хрипота́ *ж*

heiß [haɪs] *adj* **1.** *(glühend)* жа́ркий; **mir ist ~** мне́ жа́рко; **Vorsicht, das ist ~!** осторо́жно, э́то горя́чее!; **das Essen ~ machen** подогре́ть еду́ **2.** *(Liebe)* горя́чий, стра́стный; **er ist ganz ~ darauf, diesen Film zu sehen** ему́ о́чень хо́чется посмотре́ть э́тот фильм **3.** *(Kampf)* жа́ркий; *(Debatte)* разгорячённый, возбуждённый; **ein ~er Wunsch** стра́стное жела́ние; **~ geliebt** горячо́ люби́мый; **eine ~e Spur** *umg* све́жий след; **etw ist ein ~es Eisen** *umg* что-л. явля́ется о́чень опа́сным **4.** *fam (heikel)* щекотли́вый **5.** *fam (großartig)* отли́чный

heißen ['haɪsən] <hieß, geheißen> **I.** *vi* **1.** *(sich nennen)* называ́ться, -зва́ться *св;* **wie heißt du/~ Sie?** как тебя́/вас зову́т? **2.** *(bedeuten)* означа́ть *нсв;* **das heißt** э́то зна́чит; **was heißt das auf Russisch?** как э́то бу́дет по-ру́сски?; **auf Seite acht heißt es** на страни́це во́семь напи́сано **II.** *vt geh (nennen)* называ́ть, -зва́ть *св;* **sie hieß ihn einen Lügner** она́ назвала́ его́ лгуно́м; **jdn ~, etw zu tun** веле́ть кому́-л. сде́лать что-л.; **jdn willkommen ~** приве́тствовать кого́-л.; **das heißt, ...** э́то зна́чит, ...; **was soll das ~?** что э́то зна́чит?; **das will nichts ~** э́то ничего́ не означа́ет

heiß geliebt^RR^ *adj* горячо́ люби́мый

heiß laufen^RR^ <irr> *vi auch fig* перегрева́ться, -гре́ться *св;* **bei uns läuft das Telefon heiß** наш телефо́н не умолка́ет/не перестаёт звони́ть

Heißluft <-> *f* горя́чий во́здух *м*

heiter ['haɪtɐ] *adj* **1.** *(fröhlich)* весёлый, ра́достный; **das kann ja ~ werden** *fam* ну, тепе́рь начнётся **2.** *(Wetter, Farben)* я́сный, све́тлый; **wie der Blitz aus ~em Himmel** как гром среди́ я́сного не́ба

Heiterkeit <-> *f* **1.** *(Fröhlichkeit)* весёлость *ж* **2.** *(Erheiterung, Gelächter)* весе́лье *ср;* **seine Bemerkung erregte allgemeine ~** его́ замеча́ние вы́звало всео́бщее весе́лье; **etw sorgt für ~** что-л. обеспе́чивает весе́лье

Heizanlage *f* отопле́ние *ср*

heizbar *adj* **1.** *(Raum)* ота́пливаемый **2.** *(Heckscheibe)* с обогре́вом

Heizdecke <-, -n> *f* электроодея́ло *ср*

heizen ['haɪtsən] **I.** *vt* **1.** *(Raum)* ота́пливать, отопи́ть *св* **2.** *(Ofen)* топи́ть *нсв,* натопи́ть *св,* -та́пливать *нсв* **II.** *vi* топи́ть *нсв;* **sie heizt mit Kohle** она́ то́пит углём; **wir ~ mit Gas** мы то́пим га́зом

Heizgerät <-(e)s, -e> *nt* отопи́тель *м*

Heizkessel <-s, -> *m* отопи́тельный котёл *м*

Heizkissen *nt* электри́ческая поду́шка *ж*

Heizkörper <-s, -> *m* батаре́я *ж* центра́льного отопле́ния, радиа́тор *м*

Heizkraftwerk <-(e)s, -e> *nt* теплоэлектроцентра́ль *ж*

Heizlüfter <-s, -> *m* тепловентиля́тор *м*

Heizmaterial <-s> *nt* то́пливо *ср*

Heizöl <-(e)s, -e> *nt* жи́дкое то́пливо *ср*

Heizstrahler <-s, -> *m* электрками́н *м*

Heizung <-, -en> *f* отопле́ние *ср;* **die ~ anstellen/abstellen** включи́ть/вы́ключить отопле́ние

Heizungskeller <-s, -> *m* коте́льная *ж*

Heizungsradiator <-s, -en> *m* радиа́тор *м* отопи́теля

Heizungsrohr *nt* батаре́я *ж*

Heizwendel <-, -n> *f (in Glühbirne)* спира́ль *ж*

Hektar ['hɛkta:ɐ] <-s, -e> *nt* гекта́р *м*

Hektare <-n> *f Schweiz* гекта́р *м*

Hektik ['hɛktɪk] <-> *f* спе́шка *ж;* **nur keine ~!** то́лько без спе́шки!

hektisch ['hɛktɪʃ] *adj* торопли́вый, лихора́дочный

Hektoliter [hɛkto'li:tɐ] *m o nt* гектоли́тр *м*

Held(in) [hɛlt] <-en, -en> *m(f)* геро́й *м;* **~ des Tages** геро́й дня; **den Helden spielen** де́лать из себя́ геро́я

Heldengedicht <-(e)s, -e> *nt* герои́ческий э́пос *м*

heldenhaft ['hɛldənhaft] *adj* геро́йский

Heldenmut *m* герои́зм *м*

Heldensage *f* герои́ческая леге́нда *ж*

Heldentat *f* геро́йский посту́пок *м*

Heldentod *m geh* геро́йская смерть *ж*

helfen ['hɛlfən] <half, geholfen> *vi* помога́ть, -мо́чь *св;* **jdm bei etw ~** помога́ть кому́-л. в чём-л.; **sich zu ~ wissen** уме́ть находи́ть вы́ход из сло́жных ситуа́ций; **jdm ist nicht (mehr) zu ~** ко́му-л. ничем уже́ нельзя́ помо́чь; **ich kann mir nicht ~, aber ...** ничего́ не могу́ с собо́й поде́лать, но ...; **kann ich Ihnen ~?** я могу́ вам помо́чь?; **man muss sich** *dat* **zu ~ wissen** на́до знать, как вы́йти из затрудне́ния; **es hilft alles nichts** ничего́ не помога́ет

H

Helfer(in) <-s, -> *m(f)* помо́щник *м*, помо́щница *ж*
Helfershelfer <-s, -> *m pej* сообщник *м*
Helikopter [heli'kɔptɐ] <-s, -s> *m* вертолёт *м*, гелико́птер *м*
Helium ['he:liʊm] <-s> *nt* ге́лий *м*
hell [hɛl] *adj* све́тлый; **draußen wird es schon ~** на дворе́ уже́ света́ет; **an etw/jdm seine ~e Freude haben** *umg* не нара́доваться чему́-л./кому́-л.; **ein ~er Kopf** *umg* све́тлая голова́; **es wird ~** света́ет
hellblau ['-'-] *adj* све́тло-си́ний
hellblond ['-'-] *adj* белоку́рый
Helldunkel <-s> *nt* светоте́нь *ж*
hellhäutig ['hɛlhɔɪtɪç] *adj* светлоко́жий, бледноли́цый
hellhörig *adj (Wohnung)* звукопроница́емый; **~ werden** следи́ть за чем-л. с осо́бым внима́нием
hellicht[Alt] ['hɛl'lɪçt], **helllicht**[RR] ['hɛl'lɪçt] *adj* **am helllichten Tag** средь бе́ла дня
Helligkeit <-> *f* я́ркость *ж*, я́сность *ж*
hellsehen *vi* предска́зывать бу́дущее
Hellseher(in) <-s, -> *m(f)* яснови́дец *м*, ясновидица *ж*, ясновидящий *м*, ясновидящая *ж*
Hellseherei <-> *f* ясновиде́ние *ср*
hellwach *adj* бо́дрый
Helm [hɛlm] <-(e)s, -e> *m* шлем *м*
Hemd [hɛmt] <-(e)s, -en> *nt* соро́чка *ж*, руба́шка *ж*; *(Unter~)* ма́йка *ж*
Hemisphäre [hemi'sfɛ:rə] <-, -n> *f* **1.** *(Erdhalbkugel)* полуша́рие *ср*; **die nördliche/südliche ~** се́верное/ю́жное полуша́рие **2.** MED *(des Gehirns)* полуша́рие *ср*
hemmen ['hɛmən] *vt* заде́рживать, -жа́ть *св*, сде́рживать, -жа́ть *св*; *(seelisch, geistig)* тормози́ть, за- *св*, препя́тствовать, вос- *св*
Hemmung <-, -en> *f* заде́ржка *ж*; *(seelisch, geistig)* ко́мплекс *м*; **nur keine ~en!** то́лько не комплексу́йся!; **Hemmungen haben** име́ть ко́мплексы
hemmungslos *adj* безу́держный, необу́зданный; **er betrank sich ~** он безу́держно напива́лся
Hendel <-s, -n> *nt* молода́я ку́рица *ж*; *österr (Brathuhn, junges Huhn)* жа́реная ку́рица *ж*
Hengst [hɛŋst] <-(e)s, -e> *m* жеребе́ц *м*
Henkel ['hɛŋkəl] <-s, -> *m* ру́чка *ж*
Henker ['hɛnkɐ] <-s, -> *m* пала́ч *м*; **scher dich zum ~!** *pej* убира́йся к чёрту!
Henne ['hɛnə] <-, -n> *f* ку́рица *ж*
Hepatitis [hepa'ti:tɪs, hepati'ti:dən] <-> *f* гепати́т *м*
her [he:ɐ] *adv (räumlich)* сюда́; **komm ~** иди́ сюда́; **von außen ~** снару́жи; **er kommt von weit ~** он пришёл издалека́; **das ist schon lange ~** э́то бы́ло давны́м-давно́; **das ist drei Wochen ~** э́то бы́ло три неде́ли тому́ наза́д; **hinter jdm ~ sein** пресле́довать кого́-л.; **von weit ~** издалека́; **komm ~!** пойди́ сюда́!; **gib ~!** дай сюда́!
herab [hɛ'rap] *adv* вниз; **von oben ~** *fig* свысока́
herab|blicken *vi* смотре́ть, по- *св* вниз; **auf jdn ~** смотре́ть на кого́-л. свысока́
herab|fallen <irr> *vi sein* па́дать
herab|lassen <irr> **I.** *vr* **sich ~, etw zu tun** соблаговоли́ть сде́лать что-л. **II.** *vt* спуска́ть, -сти́ть *св*; **er ließ die Strickleiter herab** он спусти́л верёвочную ле́стницу
herablassend I. *adj* снисходи́тельный **II.** *adv* снисходи́тельно
Herablassung <-> *f* надме́нность *ж*
herab|sehen *vi s.* **herabblicken**
herab|setzen *vt* **1.** *(Verdienste einer Person)* принижа́ть, -ни́зить *св* **2.** *(Preis)* понижа́ть, -ни́зить *св*; **die Ware ist stark herabgesetzt** това́р ре́зко подешеве́л
Herabsetzung <-, -en> *f* **1.** *(von Verdiensten)* приниже́ние *ср* **2.** *(von Preisen)* сниже́ние *ср*
herab|würdigen *vt* унижа́ть, уни́зить *св*
Heraldik <-> *f* гера́льдика *ж*
heran [hɛ'ran] *adv* сюда́
heran|gehen <irr> *vi sein* **1.** *(näher treten)* подойти́ побли́же **2.** *(an Problem, Aufgabe)* заня́ться
Herangehensweise <-, -n> *f* подхо́д *м* (к реше́нию пробле́мы)
heran|kommen <irr> *vi* **1.** *(sich nähern)* подходи́ть, -дойти́ *св* побли́же **2.** *(erreichen)* приближа́ться, -бли́зиться *св* к; **er kommt nicht an seinen Vorgänger heran** ему́ не прибли́зиться к у́ровню его́ предше́ственника; **nichts an sich ~ lassen** *umg* ничего́ не принима́ть бли́зко к се́рдцу
heran|machen *vr* **sich an jdn ~** *umg* пристава́ть к кому́-л.; **sich an etw ~** *umg* принима́ться за что-л.
heran|treten <irr> *vi* **1.** *(sich nähern)* подходи́ть, -дойти́ *св* **2.** *(sich wenden an)* обраща́ться, -рати́ться *св*; **er trat mit einer Bitte an sie heran** он обрати́лся к ней с про́сьбой
heran|wachsen <irr> *vi* подраста́ть, -расти́ *св*
Heranwachsende(r) <-n, -n> *f(m)* подро́сток *м*
heran|wagen *vr* рискну́ть прибли́зиться *св*; *(an Aufgabe)* рискну́ть взя́ться *св*, бра́ться за *нсв*
heran|ziehen <irr> *vt* **1.** *(sich nähern)* приближа́ться, -бли́зиться *св*; **er zog den Hocker zu sich heran** он придви́нул к себе́ стул **2.** *(aufziehen)* выра́щивать, вы́растить *св* **3.** *(berücksichtigen)* при-

нима́ть, -ня́ть *св* во внима́ние; **jdn zu etw ~** привле́чь кого́-л. к чему́-л.

herauf [hɛˈraʊf] *adv* вверх; **von unten ~** сни́зу вверх; **den Berg ~** в го́ру

herauf|beschwören <irr> *vt* **1.** *(wachrufen)* воскреша́ть, -креси́ть *св* в па́мяти **2.** *(verursachen)* провоци́ровать *(н)св,* спровоци́ровать *св;* **sie wird noch ein Unglück ~** она́ ещё накли́чет беду́

herauf|kommen <irr> *vi sein (Person)* поднима́ться

herauf|ziehen <irr> **I.** *vi sein (Gewitter)* находи́ть **II.** *vt* тяну́ть вверх

heraus [hɛˈraʊs] *adv* нару́жу; **~ mit der Sprache!** *umg* выкла́дывай!; **der Artikel ist noch nicht ~** *umg* статья́ ещё не опублико́вана; **von innen ~** изнутри́ нару́жу; **aus einer Notlage ~** помо́чь вы́йти из затрудне́ния

heraus|arbeiten *vt (sichtbar machen, hervorheben)* выраба́тывать, вы́работать *св,* устана́вливать, -нови́ть *св*

heraus|bekommen <irr> *vt* **1.** *(Information)* вы́ведать *св,* -ве́дывать *нсв;* **wie hast du das ~?** как ты до э́того докопа́лся? **2.** *(Geld)* получа́ть, -чи́ть *св* сда́чу; **Sie bekommen noch 5 Euro heraus** вы получа́ете ещё 5 е́вро сда́чи **3.** *(Fleck)* вы́вести *св,* выводи́ть *нсв*

heraus|bringen <irr> *vt* **1.** *(nach draußen bringen)* выноси́ть, вы́нести *св* **2.** *(Buch)* выходи́ть/вы́йти *св* из печа́ти; *(Ware)* дава́ть/дать *св* в прода́жу **3.** *(erfahren)* узнава́ть, узна́ть *св;* **aus ihm war nichts herauszubringen** он ничего́ не вы́дал

heraus|finden <irr> **I.** *vt* выясня́ть, вы́яснить *св;* **hast du herausgefunden, wann der Bus abfährt?** ты вы́яснил вре́мя отправле́ния авто́буса? **II.** *vi* выпу́тываться, вы́путаться *св*

Herausforderer(in) <-s, -; -nen> *m(f)* проти́вник *м,* сопе́рник *м*

heraus|fordern *vt* **1.** *(Person)* вызыва́ть, вы́звать *св* **2.** *(Schicksal)* испы́тывать, -та́ть *св*

Herausforderung <-, -en> *f* вы́зов *м;* SPORT игра́ претенде́нта с чемпио́ном; **eine ~ annehmen** приня́ть вы́зов; **sich einer ~ stellen** приня́ть вы́зов

heraus|geben <irr> *vt* выдава́ть, вы́дать *св;* *(zurückgeben)* возвраща́ть, -врати́ть *св;* *(Wechselgeld)* дава́ть, дать *св* сда́чу; *(Buch)* издава́ть, -да́ть *св*

Herausgeber(in) <-s, -> *m(f)* изда́тель *м,* изда́тельница *ж*

heraus|gehen <irr> *vi* выходи́ть, вы́йти *св;* *(Fleck)* выводи́ться, вы́вестись *св;* **aus sich ~** вы́йти из себя́

heraus|haben <irr> *vt umg (verstanden haben)* поня́ть *св,* -нима́ть *нсв*

heraus|halten <irr> *vr* держа́ться *нсв* в стороне́, не вме́шиваться, -ша́ться *св* в; **aus der Sache halte ich mich heraus** в э́то де́ло я не вме́шиваюсь

heraus|holen *vt* выта́скивать, вы́тащить *св;* *(abgewinnen)* выжима́ть из, вы́жать из *св;* **sie hatte alles aus sich herausgeholt** она́ вы́ложилась по́лностью; **das Letzte aus sich** *dat* **~** приложи́ть все си́лы к чему́-л.

heraus|kehren *vt* выпя́чивать, вы́пятить *св,* подчёркивать, -черкну́ть *св*

heraus|kommen <irr> *vi sein* **1.** *(aus Haus, Krankenhaus)* выходи́ть, вы́йти *св* **2.** *fam (Resultat sein)* получи́ться *св;* **es kommt nichts dabei heraus** ничего́ не вы́йдет **3.** *fam (Geheimnis)* вы́манить *св;* **wenn das herauskommt, ...** е́сли кто-л. об э́том узна́ет, ...

heraus|kriegen *vt fam s.* **herausbekommen**

heraus|nehmen <irr> *vt* вынима́ть, вы́нуть *св;* **sich (jdm gegenüber) zuviel ~** мно́го себе́ позво́лить (по отноше́нию к кому́-л.)

heraus|platzen *vi* **mit etw ~** *umg* вы́палить что-л.

heraus|putzen *vr* наряди́ться *св,* -ряжа́ться *нсв*

heraus|ragen *vi* торча́ть; *(in seiner Bedeutung)* отлича́ться

heraus|reden *vr* опра́вдываться, -да́ться *св,* вы́гора́живать, вы́городить *св* себя́

heraus|reißen <irr> *vt* вырыва́ть, вы́рвать *св;* **das reißt es auch nicht mehr heraus** *umg* э́тим ситуа́цию уже́ то́же не спасёшь

heraus|rücken I. *vi* говори́ть, сказа́ть *св,* выкла́дывать, вы́ложить *св;* **rück mit der Wahrheit heraus!** скажи́ пра́вду!; **nun rücke schon heraus damit!** ну, выкла́дывай, что там! **II.** *vt umg (hergeben)* отдава́ть, -да́ть *св*

heraus|rutschen *vi* вы́скользнуть *св,* -ска́льзывать *нсв;* **das ist mir nur so herausgerutscht** у меня́ э́то про́сто вы́рвалось

heraus|schlagen <irr> *vt* выбива́ть, вы́бить *св;* *(Vorteil)* извлека́ть, -вле́чь *св;* **etw für sich ~** извле́чь что-л. для себя́

heraus|schneiden <irr> *vt* выреза́ть, вы́резать *св*

heraus|schreien <irr> *vt* крича́ть; **seine Wut/seine Angst ~** дать во́лю зло́бе/стра́ху

heraus|springen <irr> *vi* выска́кивать, вы́скочить *св;* **und was springt dabei für mich heraus?** а я что получу́ взаме́н?

heraus|stellen I. *vr* **sich ~** оказа́ться *св,* ока́зываться *нсв;* **wie sich herausgestellt hat** как оказа́лось; **es stellte sich heraus, dass ...** оказа́лось, что ... **II.** *vt (Person)* выставля́ть, вы́ставить *св*

heraus|suchen *vt* вы́искивать, вы́искать *св*, подбира́ть, -добра́ть *св*

heraus|treten <irr> *vi sein* вы́ступить вперёд

heraus|wachsen <irr> *vi* вы́расти *св*, вырастáть *нсв*

heraus|werfen <irr> *vt* вы́бросить

heraus|ziehen <irr> *vt* выдёргивать, вы́дернуть *св*

herb [hɛrp] *adj* **1.** *(Geschmack)* те́рпкий **2.** *(Empfindung)* го́рький, суро́вый; **eine ~e Enttäuschung** го́рькое разочарова́ние *ср*

herbei [hɛɐ'baɪ] *adv* сюда́

herbeieilen *vi sein* спеши́ть сюда́

herbei|führen *vt* **1.** *(bewirken)* вызыва́ть, вы́звать *св* **2.** *(verursachen)* явля́ться, яви́ться *св* причи́ной

herbei|rufen <irr> *vt* созыва́ть

her|bekommen <irr> *vt fam* получи́ть

Herberge ['hɛrbɛrgə] <-, -n> *f* постоя́лый двор *м*; *(Jugendherberge)* турба́за *ж*

Herbergsmutter <-, -mütter> *f* заве́дующая *ж* турба́зой

Herbergsvater <-s, -väter> *m* заве́дующий *м* турба́зой

her|bestellen *vt* вызыва́ть, вы́звать *св*; **ich habe ihn für 14 Uhr herbestellt** я вы́звал его́ на 14 часо́в

Herbizid <-(e)s, -e> *nt* гербици́д *м*

her|bringen <irr> *vt* принести́

Herbst [hɛrpst] <-(e)s, -e> *m* о́сень *ж*; **im ~** о́сенью

herbstlich *adj* осе́нний

Herd [heːɐt] <-(e)s, -e> *m* плита́ *ж*; MED, GEOL оча́г *м*; **am ~ stehen** гото́вить еду́; **am heimischen ~** у дома́шнего очага́; **der ~ eines Erdbebens** оча́г землетрясе́ния

Herde ['heːɐdə] <-, -n> *f* ста́до *ср*

Herdentier *nt* **1.** *(Tier)* ста́дное живо́тное *ср* **2.** *abw (Person)* челове́к со ста́дным чу́вством

Herdplatte *f* плита́ *ж*

herein [hɛ'raɪn] *adv* сюда́; **~!** входи́те!; **von draußen ~** снару́жи внутрь

herein|bekommen <irr> *vt fam (Ware, Sender)* получи́ть

herein|bitten <irr> *vt* проси́ть, по- *св* войти́; **darf ich Sie ~?** позво́льте пригласи́ть вас войти́?

herein|brechen <irr> *vi (Nacht, Dämmerung)* наступа́ть, -ступи́ть *св*; **etw bricht über jdn herein** что-л. обру́шивается на кого́-л.

herein|bringen <irr> *vt* вноси́ть, внести́ *св*; *(Verlust)* приноси́ть, -нести́ *св*; **die Kosten müssen wieder hereingebracht werden** затра́ты должны́ быть оку́плены

herein|fallen <irr> *vi* свали́ться *св*, свáливаться *нсв*, попа́сться *св*, -пада́ться *нсв*; **auf etw ~** пове́рить чему́-л.

herein|holen *vt* внести́; **jdn ~** ввести́

herein|kommen <irr> *vi* входи́ть, войти́ *св*; **bitte kommen Sie doch herein!** пожа́луйста, входи́те!

herein|lassen <irr> *vt umg* впуска́ть, -сти́ть *св*

herein|legen *vt umg (Person)* обма́нывать, -ну́ть *св*, наду́ть *св*, -дува́ть *нсв*

herein|platzen *vi umg* ввали́ться *св*, вва́ливаться *нсв*

herein|schauen *vi umg* загляну́ть *св*, -гля́дывать *нсв*; **ich wollte nur kurz bei dir ~** я хоте́л то́лько на мину́тку загляну́ть к тебе́

herein|schneien *vi umg (unerwartet kommen)* внеза́пно прийти́ *св*, приходи́ть *нсв*, заяви́ться *св*, -вля́ться *нсв*

herein|spazieren *vi sein, fam* войти́

her|fahren <irr> *vi sein* **1.** *(gefahren kommen)* прие́хать **2.** *(entlangfahren)* **hinter jdm/etw** *dat* **~** е́хать за кем-л./чем-л.

Herfahrt ['heːɐ-] <-, -en> *f* пое́здка *ж* сюда́; **auf der ~** по доро́ге сюда́

her|fallen <irr> *vi* **über jdn ~** *(jdn angreifen)* напа́сть на кого́-л.; **mit etw über jdn ~** *(mit Fragen, Wünschen)* обру́шиться на кого́-л. с чем-л.; **über etw ~** набро́ситься на что-л.

Hergang ['heːɐgaŋ] <-(e)s> *m* ход *м*, тече́ние *ср*; **bitte schildern Sie den ~ des Unfalls** опиши́те, пожа́луйста, как произошёл несча́стный слу́чай

her|geben <irr> *vt* отдава́ть, -да́ть *св*, подава́ть, -да́ть *св*; **sich zu etw ~** соглаша́ться на что-л.

her|gehen <irr> *vi* **vor/neben/hinter jdm ~** идти́ пе́ред/ря́дом с/за ке́м-л.; **hier geht es hoch her** *umg* здесь тако́е твори́тся

her|halten *vi* **für etw ~** (**müssen**) (быть вы́нужденным) отдува́ться; **als Vorwand ~** служи́ть предло́гом

her|holen *vt* приноси́ть, принести́ *св*; **der Vergleich ist weit hergeholt** э́то отвлечённое сравне́ние

her|hören *vi* слу́шать, по- *св*; **bitte ~!** пожа́луйста, прошу́ внима́ние!

Hering ['heːrɪŋ] <-s, -e> *m* **1.** *(Fisch)* се́льдь *ж*, селёдка *ж* **2.** *(Zeltpflock)* ко́льшек *м*

her|kommen <irr> *vi* **1.** *(sich nähern)* подойти́ *св*, подходи́ть *нсв*; **kannst du bitte mal ~?** пожа́луйста, мо́жешь подойти́? **2.** *(stammen aus)* происходи́ть, -изойти́ *св*; **wo kommen Sie her?** отку́да вы ро́дом?

herkömmlich ['heːɐkœmlɪç] *adj* обы́чный; **auf ~e Art** по обыкнове́нию

Herkunft ['heːɐkʊnft] <-> *f* **1.** *(soziale Herkunft)* происхожде́ние *ср*; **er ist (von) einfacher ~** он из просты́х **2.** *(Ursprung)* исто́к *м*; **die ~ dieses Brauchs ist unbekannt** исто́ки э́того обы́чая неизве́стны

Herkunftsland <-(e)s, -länder> *nt* страна́ *ж* происхожде́ния (това́ра)
her|laufen <irr> *vi* **vor/neben/hinter jdm ~** бежа́ть пе́ред/ря́дом с/за ке́м-л.
her|machen I. *vi* **sich über etw ~** бра́ться за что-л.; **wenig ~** не производи́ть осо́бого впечатле́ния; **das macht viel her** э́то произво́дит впечатле́ние **II.** *vr* **sich ~** *fam* на бра́сываться, набро́ситься *св;* **sich über das Essen ~** набро́ситься на еду́
Hermelin [hɛrmə'li:n] <-s, -e> *nt* горноста́й *м*
hermetisch [hɛr'me:tɪʃ] *adj ((luft)dicht)* гермети́чный, воздухонепроница́емый
Heroin [hero'i:n] <-s> *nt* герои́н *м*
heroisch [he'ro:ɪʃ] *adj (heldenhaft)* герои́ческий
Herold <-(e)s, -e> *m geh* глаша́тай *м*
Herpes ['hɛrpɛs] <-> *m* ге́рпес *м*
Herr [hɛr] <-en, -en> *m* **1.** *(Mann)* мужчи́на *м* **2.** *(Gebieter)* господи́н *м*, повели́тель *м;* **~ im Hause sein** быть хозя́ином в до́ме; **er war nicht ~ der Lage** он не владе́л положе́нием **3.** *(Anrede)* господи́н *м;* **~ Meier** господи́н Ме́йер; **~ Ober!** официа́нт!; **sehr geehrter ~ Müller** глубокоуважа́емый господи́н Мю́ллер; **meine Damen und ~en** да́мы и господа́ **4.** *arch* су́дарь *м;* **sein eigener ~ sein** быть сам себе́ хозя́ин; **~ der Lage sein** быть хозя́ином положе́ния; **meine ~en!** господа́!
Herrchen <-s, -> *nt (von Hund)* хозя́ин *м*
Herrenbegleitung *f* мужска́я компа́ния *ж;* **in ~** в компа́нии мужчи́ны
Herrenbekanntschaft *f* **eine ~ machen** *fam* познако́миться с мужчи́ной
Herrenbekleidung *f* мужска́я оде́жда *ж*
Herrenbesuch *m* посеще́ние *ср* мужчи́ны
Herrenfahrrad <-(e)s, -räder> *nt* мужско́й велосипе́д *м*
Herrenfriseur(in) *m(f)* мужско́й парикма́хер *м*
herrenlos *adj* **1.** *(Gegenstand)* ниче́й, бесхо́зный **2.** *(Tier)* бро́шенный
Herrenmagazin <-(e)s, -e> *nt* мужско́й журна́л *м*
Herrenmode <-> *f* мужска́я мо́да *ж*
Herrentoilette <-, -n> *f* мужско́й туале́т *м*
Herrenwitz <-es, -e> *m* непристо́йная шу́тка *ж* (в компа́нии мужчи́ны)
her|richten I. *vt* пригота́вливать, -то́вить *св;* **ich habe dir etw zum Essen hergerichtet** я пригото́вил тебе́ ко́е-что пое́сть **II.** *vr (sich fein machen)* наряжа́ться, -ряди́ться *св*
Herrin ['hɛrɪn] <-, -nen> *f* хозя́йка *ж*
herrisch *adj* **1.** *(gebieterisch)* повели́тельный **2.** *(hochmütig)* высокоме́рный
herrlich *adj* великоле́пный, прекра́сный; **heute ist ~es Wetter** сего́дня великоле́пная пого́да
Herrlichkeit <-, -en> *f (Schönheit, Größe)* великоле́пие *ср*, вели́чие *ср;* **die ~ des Lebens** пре́лести жи́зни
Herrschaft <-, -en> *f* **1.** POL госпо́дство *ср* **2.** *(Steuerung, Gewalt)* управле́ние *ср*, власть *ж;* **die ~ über etw verlieren** потеря́ть власть над чем-л. **3.** *nur pl (Damen und Herren)* господа́ *мн*
herrschen ['hɛrʃən] *vi* госпо́дствовать *нсв; (vor~)* преоблада́ть *нсв; (sein, bestehen)* цари́ть *нсв;* **es herrschte Stille** цари́ла тишина́; **laut ~der Meinung ...** согла́сно распространённому мне́нию ...; **im Zimmer herrschte bedrückende Stille** в ко́мнате воцари́лась тя́гостная тишина́
Herrscher(in) <-s, -> *m(f)* власти́тель *м*, власти́тельница *ж; (Fürst(in))* госуда́рь *м*, госуда́рыня *ж*
Herrschsucht <-> *f* жа́жда *ж* вла́сти
her|rücken *vt* приближа́ться, -бли́зиться *св; (sich setzen)* сади́ться, сесть *св* побли́же
her|rufen <irr> *vt* **1.** *(herbeirufen)* призыва́ть, созыва́ть **2.** *(nachrufen)* **etw hinter jdm ~** крича́ть что-л. кому́-л. вслед
her|rühren *vi* происходи́ть, -изойти́ *св* от
her|schieben <irr> *vt* толка́ть пе́ред собо́й; **etw vor sich** *dat* **~** откла́дывать что-л.
her|sehen <irr> *vi* смотре́ть, по- *св* сюда́; **sieh mal her!** посмотри́-ка сюда́!
her|stellen *vt* **1.** *(erzeugen)* производи́ть, -вести́ *св*, изготовля́ть, -то́вить *св;* **manuell ~** изготовля́ть вру́чную; **Produkte ~** выпуска́ть проду́кцию **2.** *(Verbindung)* устана́вливать, -нови́ть *св*
Hersteller(in) <-s, -> *m(f)* производи́тель *м*, производи́тельница *ж*, изготови́тель *м*, изготови́тельница *ж*, продю́сер *м*
Herstellergarantie <-, -en> *f* гара́нтия *ж* изготови́теля
Herstellerhaftung <-> *f* JUR отве́тственность *ж* изготови́теля
Herstellkosten <-> *pl* изде́ржки *мн* произво́дства
Herstellung <-> *f* произво́дство *ср*, изготовле́ние *ср*
Herstellungskosten <-> *pl* изде́ржки *мн* произво́дства
Herstellungstechnologie <-> *f* техноло́гия *ж* изготовле́ния
Hertz [hɛrts] <-, -> *nt* PHYS герц *м*
herüber [hɛ'ry:bɐ] *adv* сюда́, на э́ту сто́рону
herum [hɛ'rʊm] *adv* вокру́г; **um etw ~** вокру́г чего́-л.; **um ... ~** *umg (ungefähr)* о́коло; **links/rechts ~** вле́во/впра́во
herum|ärgern *vr* ссо́риться, по- *св* с
herum|drehen I. *vt (wenden)* верте́ть; *(Kopf)*

повора́чивать, поверну́ть *св;* **den Schlüssel zweimal** ~ поверну́ть два ра́за ключ **II.** *vr* **sich** ~ поверну́ться

herum|fuchteln *vi fam* разма́хивать; **mit den Armen** ~ маха́ть рука́ми

herum|führen I. *vi (Straße, Mauer)* вести́ **II.** *vt* води́ть *нсв;* **sie führte ihn in der Stadt herum** она́ води́ла его́ по го́роду; **um etw** ~ обводи́ть вокру́г чего́-л.; **jdn** ~ *(als Führer)* пока́зывать кому-л. что-л.; **jdn an der Nase** ~ *fam* води́ть кого́-л. за́ нос

herum|gehen <irr> *vi umg* обходи́ть, обойти́ *св;* **um etw** ~ обойти́ что-л.; **das geht mir schon lange im Kopf herum** у меня́ э́то давно́ в голове́ ве́ртится

herum|hacken *vi* **auf jdm** ~ *umg* руга́ть кого́-л.

herum|kommandieren *vt umg* кома́ндовать *нсв,* хозя́йничать *нсв*

herum|kommen <irr> *vi* мно́го е́здить *нсв;* **er ist weit herumgekommen** он мно́го путеше́ствовал; **um etw (nicht)** ~ (не) избежа́ть чего́-л.; **sie ist viel in der Welt herumgekommen** она мно́гое повида́ла

herum|kriegen *vt* **1.** *umg (Person)* уговори́ть *св,* -ва́ривать *нсв* **2.** *umg (Zeit)* корота́ть, скорота́ть *св;* **ich muss noch eine Stunde bis zur Abfahrt** ~ я до́лжен скорота́ть ещё час до отправле́ния

herum|laufen <irr> *vi sein* **1.** *fam (ziellos)* бе́гать; **so kannst du doch nicht ~!** *fam* так ты не мо́жешь вы́йти в лю́ди! **2.** *(um etw)* бе́гать о́коло [*или* во́зле]

herum|liegen <irr> *vi fam* **1.** *(Sache)* валя́ться **2.** *(Person)* лежа́ть

herum|lungern [-ˈ-lʊŋɐn] *vi umg* шля́ться *нсв,* шата́ться *нсв*

herum|reden *vi fam* **1.** *(belangloses Zeug reden)* болта́ть **2.** *(ausweichend reden)* **um etw** ~ говори́ть вокру́г чего́-л.

herum|schlagen <irr> *vr* **sich mit jdm/etw** ~ *umg (abmühen)* би́ться с ке́м-л./над чем-л.

herum|schnüffeln *vi fam abw* выве́дывать, вы́ведать *св;* **im Haus** ~ обша́ривать дом

herum|sitzen <irr> *vi umg* безде́льничать *нсв;* **willst du den ganzen Tag ~?** ты собира́ешься весь день сиде́ть сложа́ ру́ки?; **um jdn/etw** ~ сиде́ть о́коло кого́-л./чего́-л.

herum|sprechen <irr> *vr* распространя́ться, -ни́ться *св;* **es hat sich überall herumgesprochen, dass ...** всём ста́ло изве́стно, что ...

herum|stehen <irr> *vi fam* стоя́ть; **um jdn** ~ стоя́ть вокру́г кого́-л.

herum|suchen *vi* разы́скивать *нсв*

herum|treiben <irr> *vr* **sich** ~ *umg* слоня́ться *нсв,* шля́ться *нсв;* **wo hast du dich wieder herumgetrieben?** где ты опя́ть шля́лся?

Herumtreiber(in) <-s, -; -nen> *m(f) fam* безде́льник *м*

herum|ziehen <irr> *vi sein, fam (ziellos)* слоня́ться; **in der Welt** ~ е́здить по ми́ру

herunten [hɛˈrʊntən] *adv österr (hier unten)* здесь внизу́

herunter [hɛˈrʊntɐ] *adv* вниз; **von oben** ~ све́рху вниз; ~ **damit!** доло́й!; **den Berg** ~ с горы́

herunter|fallen <irr> *vi sein* па́дать

herunter|gehen <irr> *vi sein (a Preis)* понижа́ться, пони́зиться *св; (Temperatur)* снижа́ться, сни́зиться *св*

heruntergekommen *adj* **1.** *(Person)* опусти́вшийся **2.** *(Gebäude)* запу́щенный

heruntergewirtschaftet *adj* прише́дший в упа́док, развали́вшийся (о хозя́йстве)

herunter|kommen <irr> *vi* **1.** *(nach unten kommen)* спуска́ться, -сти́ться *св* **2.** *(nachlassen, verkommen)* опуска́ться, -сти́ться *св*

herunter|machen *vt* **1.** *(entfernen)* снима́ть, снять *св;* **sie macht den Vorhang herunter** она́ снима́ет занаве́ски **2.** *umg (zurechtweisen)* отчи́тывать, -чита́ть *св*

herunter|spielen *vt umg* умаля́ть, -ли́ть *св* значе́ние

herunter|werfen <irr> *vt* броса́ть/бро́сить *св* вниз

hervor [hɛɐ̯ˈfoːɐ̯] *adv* нару́жу, вперёд

hervor|bringen <irr> *vt* породи́ть *св,* -рожда́ть *нсв; (äußern)* произноси́ть, -нести́ *св*

hervor|gehen <irr> *vi* **1.** *(ausgehen)* выходи́ть, вы́йти *св;* **er ist als Sieger aus dem Kampf hervorgegangen** он вы́шел из бо́я победи́телем **2.** *(sich ergeben, sich zeigen)* сле́довать, по- *св;* **das geht aus seinem Bericht nicht hervor** э́то не вытека́ет из его́ докла́да **3.** *(stammen)* происходи́ть из, -изойти́ из *св*

hervor|gucken *vi fam* выгля́дывать; **das Hemd guckt aus der Hose hervor** руба́шка вы́лезла из брюк

hervor|heben <irr> *vt* подчёркивать, -черкну́ть *св,* осо́бо отмеча́ть, -ме́тить *св*

hervor|kommen <irr> *vi sein* вы́йти; **unter dem Tisch** ~ вы́лезти из-под стола́

hervorragend *adj* выдаю́щийся; *(vorstehend)* выступа́ющий; **das ist eine ~e Leistung** э́то выдаю́щееся достиже́ние

hervor|rufen <irr> *vt* вызыва́ть, вы́звать *св;* **ihr Auftritt rief Begeisterung hervor** её выступле́ние вы́звало восто́рг

hervor|treten <irr> *vi* выступа́ть, вы́ступить *св* вперёд; *(vorstehen)* выдава́ться, вы́даться *св*

hervor|tun <irr> *vr* выделя́ться, вы́делиться *св;* **sie hat sich als ausgezeichnete Tänzerin hervorgetan** она́ отлича́лась великоле́пным уме́нием танцева́ть

Herz [hɛrts] <-ens, -en> *nt* **1.** ANAT се́рдце *ср;* **im Grunde seines Herzens** глубоко́ в душе́; **von Herzen gern** с удово́льствием; **das ~ schlägt ihm bis zum Halse** у него́ си́льно стуча́ло се́рдце; **ein gutes/goldenes ~ haben** име́ть до́брое/золото́е се́рдце; **etw nicht über's ~ bringen** не могу́ сде́лать что-л.; **etw auf dem Herzen haben** что-л. лежи́т у кого́-л. ка́мнем на се́рдце; **jdm das ~ brechen** *geh* разби́ть кому́-л. се́рдце; **mir ist ein Stein vom Herzen gefallen** *fig* у меня́ ка́мень с души́ свали́лся **2.** *(bei Spielkarten)* че́рви *мн;* **schweren ~ens** с тяжёлым се́рдцем; **ein ~ und eine Seele sein** жить душа́ в ду́шу; **jdm sein ~ ausschütten** изли́ть кому́-л. ду́шу; **jdn in sein ~ schließen** привяза́ться к кому́-л.

Herzanfall <-(e)s, -fälle> *m* серде́чный при́ступ *м*

Herzensbrecher(in) <-s, -; -nen> *m(f)* сердцее́д *м*

Herzensgüte <-> *f* доброта́ *ж*

Herzenslust <-> *f* **nach ~** вво́лю

Herzenswunsch <-(e)s, -wünsche> *m* и́скреннее жела́ние *ср*

herzerfrischend *adj* ра́дующий се́рдце [*или* ду́шу]

herzergreifend *adj* тро́гательный

Herzfehler <-s, -> *m* поро́к *м* се́рдца

Herzflattern <-s> *nt* серде́чный тре́пет *м*

herzhaft *adj* **1.** *(kräftig)* кре́пкий, си́льный; **~ lachen** смея́ться от души́ **2.** *(Essen)* сы́тный, пло́тный; **sie nahmen ein ~es Mahl zu sich** они́ пло́тно пое́ли

her|ziehen <irr> **I.** *vi sein* **1.** *(umziehen)* переезжа́ть **2.** *fam (reden über)* **über jdn ~** насмеха́ться над кем-л. **II.** *vt fam (heranziehen)* тяну́ть; **etw hinter sich** *dat* **~** тяну́ть что-л. за собо́й

Herzinfarkt <-(e)s, -e> *m* инфа́ркт *м* миока́рда

Herzklopfen <-s> *nt* сердцеби́ение *ср;* **~ haben** *(sich fürchten)* боя́ться

herzkrank *adj* с больны́м се́рдцем

Herz-Kreislauf-Erkrankung <-, -en> *f* серде́чно-сосу́дистое заболева́ние *ср*

Herz-Kreislauf-System <-(e)s, -e> *nt* серде́чно-сосу́дистая систе́ма *ж*

herzleidend *adj* страда́ющий боле́знью се́рдца

herzlich **I.** *adj (Begrüßung)* серде́чный; **~ lachen** смея́ться от души́; **~en Dank!** серде́чное спаси́бо!; **~en Glückwunsch!** от души́ поздравля́ю! **II.** *adv (sehr, äußerst)* о́чень; **~ gern** с больши́м удово́льствием; **~ wenig** о́чень ма́ло; **~ willkommen!** с прие́здом!

Herzlichkeit <-> *f* серде́чность *ж,* задуше́вность *ж*

herzlos *adj* бессерде́чный, безду́шный

Herz-Lungen-Maschine <-, -n> *f* аппара́т *м* „се́рдце - лёгкие"

Herzmittel <-s, -> *nt umg* серде́чное сре́дство *ср* (лека́рство)

Herzog(in) ['hɛrtso:k] <-s, Herzöge> *m(f)* ге́рцог *м,* герцоги́ня *ж*

Herzogtum <-s, -tümer> *nt* ге́рцогство *ср*

Herzoperation <-, -en> *f* опера́ция *ж* на се́рдце

Herzrasen <-s> *nt* си́льное сердцеби́ение *ср*

Herzschlag <-(e)s> *m* **1.** *(Schlagen)* бие́ние *ср* се́рдца, сердцеби́ение *ср* **2.** *(Herzanfall)* парали́ч *м* се́рдца

Herzschrittmacher <-s, -> *m* электростимуля́тор *м* се́рдца

Herzspezialist <-en, -en> *m* специали́ст *м* по боле́зням се́рдца

Herzstillstand *m* MED апопле́ксия *ж*

Herztransplantation <-, -en> *f* переса́дка *ж* се́рдца

Herzversagen <-s> *nt* прекраще́ние *ср* серде́чной де́ятельности

herzzerreißend *adj* душераздира́ющий

Hessen ['hɛsən] <-s> *nt* Ге́ссен *м*

heterogen [hetero'ge:n] *adj (uneinheitlich)* гетероге́нный, неоднoро́дный

Heterogenität <-> *f* гетероге́нность *ж,* неоднoро́дность *ж*

Heterosexualität <-> *f* гетеросексуали́зм *м*

heterosexuell [heterozɛksu'ɛl, hetero sɛksu'ɛl] *adj* гетеросексуа́льный

Hetze ['hɛtsə] <-> *f* **1.** *(Eile)* спе́шка *ж* **2.** *(gegen jdn)* тра́вля *ж*

hetzen ['hɛtsən] **I.** *vt* **1.** *(antreiben)* подгоня́ть, -догна́ть *св,* торопи́ть, по- *св* **2.** *(jagen)* трави́ть, за- *св;* **die Hunde hetzten einen Hasen** соба́ки тра́вят за́йца **II.** *vi* вести́ *нсв* кампа́нию тра́вли про́тив кого́-л./чего́-л.

Hetzkampagne <-, -n> *f* тра́вля *ж*

Heu [hɔɪ] <-(e)s> *nt* се́но *ср;* **~ machen** коси́ть се́но; **jd hat Geld wie ~** *umg* у кого́-л. де́нег ку́ры не клюю́т

Heuchelei [hɔɪçə'laɪ] <-, -en> *f* лицеме́рие *ср*

heucheln ['hɔɪçəln] **I.** *vt (vorgeben)* притворя́ться, -ри́ться *св;* **er heuchelte Mitleid** он изобража́л сочу́вствие **II.** *vi* лицеме́рить *нсв*

Heuchler(in) ['hɔɪçlɐ] <-s, -> *m(f)* лицеме́р *м,* притво́рщик *м,* притво́рщица *ж*

heuchlerisch *adj* лицеме́рный, притво́рный

heuer ['hɔɪɐ] *adv CH, österr (in diesem Jahr)* в э́том году́, ны́нче

Heuhaufen <-s, -> *m* копна́ *ж* се́на

heulen ['hɔɪlən] *vi* **1.** *pej, umg (weinen)* реве́ть *нсв,* рыда́ть *нсв* **2.** *(Wolf)* выть *нсв*

H

3. *(Sirene)* выть *нсв;* **das ist doch zum Heulen** *umg* это просто ужасно; **das ~de Elend** *umg* вопиющая убогость *ж*
Heulsuse ['hɔɪlzuːzə] <-, -n> *f pej* плакса *м и ж*

i Land & Leute

Heurige – это австрийское название для молодого вина, которое подают после основной ферментации.

Heuschnupfen <-s> *m* сенной насморк *м*
Heuschrecke ['hɔɪʃrɛkə] <-, -n> *f* саранча *ж*
heute ['hɔɪtə] *adv* сегодня; **~ Morgen** сегодня утром; **~ Abend** сегодня вечером; **~ in acht Tagen** через восемь дней; **der wievielte ist ~?** какое сегодня число?; **lieber ~ als morgen** лучше сегодня, чем завтра; **~ Nacht soll es regnen** сегодня ночью будет дождь; **Schluss für ~** на сегодня хватит; **~ vor acht Tagen** восемь дней назад; **von ~ auf morgen** с сегодняшнего дня на завтра; **am heutigen Tag** сегодня
heutig ['hɔɪtɪç] *adj* сегодняшний; *(derzeitig)* современный
heutzutage ['hɔɪttsutaːgə] *adv* в наше время, нынче
Hexe ['hɛksə] <-, -n> *f* ведьма *ж,* колдунья *ж*
hexen ['hɛksən] *vi* колдовать *нсв; (Wunder vollbringen)* творить чудеса, со- *св* чудеса; **ich kann auch nicht ~!** я же не волшебник!
HexenschussRR <-es> *m* радикулит *м*
Hexenverbrennung *f* HIST инквизиция *ж*
Hexerei <-> *f* колдовство *ср,* волшебство *ср;* **das ist keine ~** это не мудрено сделать
Hg. *abk von* **Herausgeber(in)** издатель *м*
HGB <-> *nt (Handelsgesetzbuch)* торговый кодекс *м*
hieb [hiːp] *prät von* **hauen**
Hieb [hiːp] <-(e)s, -e> *m* удар *м;* **~e bekommen** *umg* получить взбучку
hielt [hiːlt] *prät von* **halten**
hier [hiːɐ̯] *adv* здесь; **was machst du denn ~?** что ты здесь делаешь?; **sind Sie von ~?** вы местный?; **~ und da** там и сям; **von ~ aus** отсюда; **~ entlang** сюда; **~ in der Nähe** здесь поблизости; **ich bin nicht von ~** я нездешний
hieran ['hiːran] *adv* на этом месте, здесь; **~ zeigt sich ...** из этого видно ...
Hierarchie [hierar'çiː] <-, -n> *f* иерархия *ж*
hierarchisch [hie'rarçɪʃ] *adj* иерархический; **~er Aufbau** иерархическое построение *ср*
hierauf ['hiːraʊf] *adv* 1. *(auf diese Äußerung/diesen Sachverhalt)* на это; **~ kenne ich keine Antwort** на это у меня нет ответа 2. *(daraufhin)* затем, после этого; **~ gingen wir nach Hause** затем мы пошли домой
hieraus ['hiːraʊs] *adv* из этого, отсюда; **~ folgt, dass ..** отсюда следует, что ...
hier behaltenRR <irr> *vt* оставлять, -тавить *св* у себя
hierbei ['hiːɐbaɪ] *adv* при этом, здесь; **~ geht es um ...** при этом речь идёт о ...
hier bleibenRR <irr> *vi* оставаться, -таться *св* здесь
hierdurch ['hiːɐdʊrç] *adv* 1. *(infolgedessen)* в результате этого, таким образом; **~ kam es zu dem Unfall** таким образом дело дошло до несчастного случая 2. *(örtlich)* сюда
hierfür ['hiːɐfyːɐ] *adv* за/на это
hierher ['hiːɐheːɐ] *adv* сюда; **bis ~ und nicht weiter** до сих пор и не дальше; **das gehört nicht hierher** этому здесь не место
hierhin ['hiːɐhɪn] *adv* сюда
hier lassenRR <irr> *vt* оставлять, -тавить *св* здесь; **ich lasse dir den Regenschirm hier** я оставлю тебе зонтик здесь
hiermit ['hiːɐmɪt] *adv* этим, настоящим
hiernach *adv* по этому, соответственно этому
Hieroglyphe <-, -n> *f* иероглиф *м*
hierunter ['hiː'rʊntɐ] *adv* 1. *(örtlich)* снизу 2. *(wegen)* под этим 3. *(Wend)* **~ versteht man ...** под этим надо понимать ...
hiervon ['hiːɐ̯fɔn] *adv* 1. *(davon)* об этом; **~ höre ich heute zum ersten Mal** об этом я слышу сегодня впервые 2. *(von diesem)* этого, из этого; **bitte geben Sie mir ~ 100 g** этого дайте мне, пожалуйста, 100 гр. 3. *(örtlich)* от этого, отсюда
hierzu ['hiːɐ̯'t͡suː] *adv* к этому; **~ gehört ein herber Rotwein** к этому полагается сухое красное вино; **~ kann ich Ihnen nur raten** по этому поводу я могу вам только посоветовать; **hierzu möchte ich sagen, dass ...** к этому я хочу добавить, что ...
hierzulande ['hiːɐ̯t͡su'landə] *adv* в этой стране, здесь
hiesig ['hiːzɪç] *adj* местный, здешний
hieß [hiːs] *prät von* **heißen**
Hi-Fi-Anlage <-, -n> *f* высококачественная акустическая система *ж*
high [haɪ] *adj umg (von Drogen)* одурманенный
High Society <-> *f* высший свет *м*
HightechRR ['haɪ'tɛk] <-(s)> *nt o f,* **High Tech**RR ['haɪ'tɛk] <-(s)> *nt o f ohne pl* высокоточное оборудование *ср*
Hilfe ['hɪlfə] <-, -n> *f* 1. *(allg)* помощь *ж;* **finanzielle ~** финансовая помощь; **gegenseitige ~** взаимная помощь; **materielle ~** материальная помощь; **staatliche finan-**

zielle ~ госуда́рственная субси́дия *ж* **2.** *(Unterstützung)* подде́ржка *ж* **3.** *(Hilfskraft)* помо́щник *м;* **~!** на по́мощь!; **mit ~ von** с по́мощью; **jdm ~ leisten** оказывать кому́-л. по́мощь; **etw zur ~ nehmen** прибе́гнуть к по́мощи чего́-л.; **um ~ rufen** звать на по́мощь; **erste ~** пе́рвая по́мощь; **jdn um ~ bitten** попроси́ть кого́-л. о по́мощи; **jdm zu ~ kommen** прийти́ кому́-л. на по́мощь; **du warst mir eine/keine große ~** ты мне о́чень/не о́чень помо́г

Hilfeschrei *m* зов *м* о по́мощи

hilflos *adj* беспо́мощный

Hilflosigkeit <-> *f* беспо́мощность *ж*

hilfreich *adj* гото́вый помо́чь; *(nützlich)* поле́зный; **deine Kenntnisse wären sehr ~** твои́ зна́ния бы́ли бы о́чень поле́зны; **er war uns sehr ~** он был нам о́чень поле́зен

Hilfsaktion <-, -en> *f* а́кция *ж* по оказа́нию по́мощи

Hilfsarbeiter(in) <-s, -> *m(f)* подсо́бный рабо́чий *м*

hilfsbedürftig *adj* нужда́ющийся в по́мощи

hilfsbereit *adv* гото́вый помо́чь

Hilfsbereitschaft <-> *f* гото́вность *ж* помо́чь

Hilfsdienst <-(e)s, -e> *m* вспомога́тельная слу́жба *ж*

Hilfskraft <-, -kräfte> *f* подсо́бная рабо́чая си́ла *ж*

Hilfsmittel <-s, -> *nt* вспомога́тельное сре́дство *ср;* **als ~ dienen** служи́ть вспомога́тельным сре́дством

Hilfsmotor <-s, -en> *m* вспомога́тельный дви́гатель *м*

Hilfsorganisation <-, -en> *f* организа́ция *ж* по оказа́нию по́мощи

Hilfsprogramm <-(e)s, -e> *nt* DV вспомога́тельная програ́мма *ж*

Hilfsverb <-s, -en> *nt* LING вспомога́тельный глаго́л *м,* глаго́л-свя́зка

hilft [hɪlft] *3. präs von* **helfen**

Himbeere ['hɪmbeːrə] <-, -n> *f* мали́на *ж*

Himbeersaft <-(e)s> *m* мали́новый сок *м*

Himbeersirup <-s, -s> *m* мали́новый сиро́п *м*

Himmel ['hɪməl] <-s> *m* **1.** *(allg)* не́бо *ср;* **am ~** на не́бе; **unter freiem ~** под откры́тым не́бом; **im siebten ~ sein** *fam* быть на седьмо́м не́бе; **dem ~ sei Dank!** сла́ва Бо́гу!; **am ~ steht keine Wolke** на не́бе ни о́блачка **2.** REL небеса́ *мн;* **aus heiterem ~** с я́сного не́ба; **um ~s willen!** ра́ди бо́га! **3.** KFZ оби́вка *ж* кры́ши

himmelblau *adj* небе́сно-голубо́й, лазу́рный

Himmelfahrt <-> *f* вознесе́ние *ср*

himmelschreiend *adj* **1.** *(empörend)* вопию́щий; **das ist eine ~e Ungerechtigkeit!** э́то вопию́щая несправедли́вость! **2.** *(groß, äußerst)* чрезвыча́йно, ужа́сно

Himmelskörper <-s, -> *m* небе́сное те́ло *ср*

Himmelsrichtung <-, -en> *f* сторона́ *ж* све́та

himmlisch ['hɪmlɪʃ] *adj* небе́сный; *(großartig, wunderbar)* восхити́тельный, ди́вный; **ein ~es Vergnügen** боже́ственное удово́льствие *ср*

hin [hɪn] **I.** *adv (dorthin)* туда́, по направле́нию к; **~ und her** туда́-сюда́; **~ und wieder** вре́мя от вре́мени; **alles ist ~** всё пропа́ло; **auf jds Rat ~** по чьему́-л. сове́ту; **auf die Gefahr ~, ...** с ри́ском ...; **nichts wie ~!** скоре́е туда́!; **~ und zurück** *(Fahrkarte)* туда́ и обра́тно; **die Schlafzimmer liegen zur Straße ~** спа́льня с окно́м на у́лицу; **wo ist sie ~?** куда́ она́ пропа́ла?; **auf die Gefahr ~, dass ...** с ри́ском ... **II.** *adj fam (kaputt)* сло́манный

hinab [hɪ'nap] *adv* вниз; **den Berg ~** вниз с горы́

hin|arbeiten *vi* **auf etw ~** добива́ться чего́-л.

hinauf [hɪ'naʊf] *adv* вверх, наве́рх; **den Fluss ~** вверх по реке́

hinauf|fahren **I.** *vi (Weg)* е́хать наве́рх **II.** *vt* везти́ наве́рх

hinauf|gehen <irr> *vi* поднима́ться, -ня́ться *св*

hinauf|steigen <irr> *vi* всходи́ть, взойти́ *св; (Treppe)* поднима́ться, -ня́ться *св*

hinaus [hɪ'naʊs] *adv* нару́жу, из; **~ mit dir!** убира́йся вон!; **darüber ~** сверх того́; **über Jahre ~** че́рез го́ды; **zur Tür ~** в дверь; **wo geht es ~?** как пройти́ на у́лицу?; **über das Ziel ~** да́льше це́ли

hinaus|befördern *vt* вы́вести *св,* -води́ть *нсв*

hinaus|blicken *vi* выгля́дывать, вы́глянуть *св;* **sie blickte zum Fenster hinaus** она́ вы́глянула из окна́

hinaus|bringen <irr> *vt* **1.** *(Person)* выводи́ть, вы́вести *св* **2.** *(Gegenstand)* выноси́ть, вы́нести *св*

hinaus|fliegen <irr> *vi sein* вылета́ть, вы́лететь *св*

hinaus|gehen <irr> *vi* выходи́ть, вы́йти *св; (ausgerichtet sein)* выходи́ть *нсв;* **mein Fenster geht auf den Hof hinaus** моё окно́ выхо́дит во двор; **über etw ~** выходи́ть за преде́лы чего́-л.

hinaus|laufen <irr> *vi* выбега́ть, вы́бежать *св;* **auf etw ~** своди́ться к чему́-л.

hinaus|schieben <irr> *vt (verzögern)* отсро́чивать, -чить *св,* откла́дывать, отложи́ть *св*

hinaus|werfen <irr> *vt* **1.** *(wegwerfen)* выбра́сывать, вы́бросить *св;* **Geld zum**

H

Fenster ~ *umg* выбра́сывать де́ньги из окна́ **2.** *(Person)* прогоня́ть, -гна́ть *св* **3.** *(Sache)* выбра́сывать, вы́бросить *св;* **einen Blick** ~ бро́сить взгляд на что-л./кого́-л.

hinaus| wollen *vi* **auf etw** ~ клони́ть к чему́-л.; **hoch** ~ высоко́ ме́тить; **worauf willst du hinaus?** что ты хо́чешь э́тим сказа́ть?

hinaus| ziehen <irr> *vr (sich hinziehen)* затя́гиваться, -тяну́ться *св*

hinaus| zögern I. *vt* оття́гивать, -тяну́ть *св;* **er zögerte den Abschied noch hinaus** он всё ещё оття́гивал проща́нье **II.** *vr* откла́дываться, отложи́ться *св*

hin| biegen <irr> *vt fam* исправля́ть, испра́вить *св;* **das biegen wir schon hin** всё образу́ется

Hinblick *m* **im** ~ **auf** ввиду́ чего́-л.; **im** ~ **darauf, dass ...** име́я в виду́ ...

hin| bringen <irr> *vt* относи́ть, отнести́ *св*

hinderlich ['hɪndɐlɪç] *adj* затрудни́тельный; *(im Wege)* меша́ющий; **jdm** ~ **sein** быть кому́-л. поме́хой

hindern ['hɪndɐn] *vt (aufhalten, hemmen)* препя́тствовать, вос- *св;* **jdn daran** ~**, etw zu tun** *(von etw abhalten)* не дать кому́-л. сде́лать что-л.; **ich will Sie nicht daran** ~ я не хочу́ остана́вливать вас

Hindernis ['hɪndɐnɪs] <-ses, -se> *nt* **1.** *(allg)* препя́тствие *ср,* поме́ха *ж;* **das soll kein** ~ **sein** э́то не должно́ быть поме́хой **2.** SPORT препя́тствие *ср;* **ein** ~ **nehmen** взять препя́тствие; **jdm** ~**se in den Weg legen** *fig* чини́ть кому́-л. препя́тствия; **ein** ~ **überwinden** преодолева́ть препя́тствие

Hindernislauf *m* SPORT бег *м* с препя́тствиями

hin| deuten *vi* ука́зывать, -за́ть *св* на; **alle Anzeichen deuten darauf hin, dass ...** все при́знаки свиде́тельствуют о том, что ...; **nichts deutet darauf hin, dass ...** ничего́ не намека́ет на то, что ...

Hinduismus [hɪndu'ɪsmʊs] <-> *m* индуи́зм *м*

hindurch [hɪn'dʊrç] *adv* **1.** *(räumlich)* че́рез, сквозь **2.** *(zeitlich)* в тече́ние; **das ganze Jahr** ~ в тече́ние всего́ го́да

hinein [hɪ'naɪn] *adv* **1.** *(räumlich)* в, внутрь; **in das Zimmer** ~ в ко́мнату **2.** *(zeitlich)* вплоть до; **bis tief in die Nacht** ~ до по́здней но́чи; **er arbeitete bis tief in die Nacht** ~ он рабо́тал до по́здней но́чи

hinein| denken <irr> *vr* вду́мываться в, -маться в *св*

hinein| fallen <irr> *vi* па́дать, упа́сть *св*

hinein| gehen <irr> *vi* входи́ть, войти́ *св;* *(hineinpassen)* входи́ть, войти́ *св,* вмеща́ться, вмести́ться *св;* **in den Eimer gehen fünf Liter hinein** в ведро́ вхо́дит пять ли́тров

hinein| geraten <irr> *vi* попа́сть *св,* -пада́ть *нсв*

hinein| lassen <irr> *vt* впусти́ть

hinein| passen *vi* входи́ть, войти́ *св,* вмеща́ться, вмести́ться *св* в

hinein| reden *vi (in Angelegenheiten)* вме́шиваться, -ша́ться *св;* **da lass ich mir nicht** ~**!** здесь я не позво́лю вме́шиваться!

hinein| riechen *vi umg* ме́льком ознако́миться *св* (с чем-л.)

hinein| schlittern *vi umg* вли́пнуть *св,* -па́ть *нсв*

hinein| sehen <irr> *vi* загля́дывать, -гляну́ть *св*

hinein| versetzen *vr* **sich in jdn** ~ предста́вить себя́ на чьём-л. ме́сте; **versetz dich doch mal in meine Lage hinein!** встань на моё ме́сто!

hinein| wachsen <irr> *vi* враста́ть, -сти́ *св* в

hin| fahren <irr> **I.** *vt* отвози́ть, -везти́ *св;* **soll ich dich** ~**?** отвезти́ тебя́? **II.** *vi* съе́здить *св*

Hinfahrt <-, -en> *f* пое́здка *ж* туда́; **auf der** ~ по доро́ге туда́; **Hin- und Rückfahrt** пое́здка туда́ и обра́тно

hin| fallen <irr> *vi* па́дать, упа́сть *св*

hinfällig *adj* недействи́тельный; *(schwach)* сла́бый, дря́хлый

Hinflug <-(e)s, -flüge> *m* полёт *м* в оди́н коне́ц

hin| führen *vi, vt* приводи́ть, привести́ *св;* **wo soll das** ~**?** к чему́ э́то приведёт?

hing [hɪŋ] *prät von* **hängen**

Hingabe <-> *f* увлечённость *ж,* отда́ча *ж;* **mit** ~ **hörte sie Musik** она увлечённо слу́шала му́зыку

hin| geben <irr> *vr* **sich einer Sache** ~ отдава́ться како́му-л. де́лу; **sich jdm** ~ отдава́ться кому́-л.

Hingebung *f ohne pl* пре́данность *ж*

hingebungsvoll *adj (selbstlos)* пре́данный

hingegen [hɪn'ge:gən] *adv* с друго́й стороны́

hin| gehen <irr> *vi* идти́ *нсв;* **wo gehst du hin?** куда́ ты идёшь?; **wo geht es hier hin?** куда́ ведёт э́та доро́га?

hin| gehören *vi* принадлежа́ть *нсв;* **das gehört hier nicht hin** э́то к де́лу не отно́сится

hin| geraten <irr> *vi sein* попада́ть, попа́сть *св;* **wo bin ich denn hier** ~**?** *fam (was geht hier vor?)* что тут происхо́дит?

hingerissen ['hɪngərɪsən] *adj* очаро́ванный; **er war ganz** ~ он был очаро́ван

hin| gucken *vi fam* смотре́ть; **guck mal genau hin!** посмотри́ внима́тельнее!

hin| halten <irr> *vt* подава́ть, -да́ть *св,* протя́гивать, -тяну́ть *св;* *(Person)* заде́рживать, -жа́ть *св;* **sie hielt mir die Hand hin** она́ подала́ мне ру́ку

hinken [ˈhɪŋkən] *vi* хрома́ть *нсв;* **der Vergleich hinkt** сравне́ние хрома́ет; **er hinkt auf dem linken Fuß** он хрома́ет на ле́вую но́гу

hin|knien *vi, vr* **sich ~** встать на коле́ни

hin|kommen <irr> *vi sein* **1.** *(an Ort)* прибы́ть **2.** *fam* **das kommt ungefähr hin** э́то почти́ подхо́дит

hin|kriegen *vt umg (fertigbringen)* удава́ться, уда́ться *св;* **das werde ich nie ~!** мне э́то никогда́ не уда́стся!; **das hast du toll hingekriegt!** э́то у тебя́ хорошо́ получи́лось!

hin|legen I. *vt* **1.** *(auf etw)* класть, положи́ть *св* **2.** *umg (gekonnt ausführen)* исполня́ть, -по́лнить *св* **3.** *umg (bezahlen)* раскоше́ливаться, -ше́литься *св;* **für einen Mercedes musst du schon was ~** на мерседе́с тебе́ придётся как сле́дует раскоше́литься; **sie hat einen tollen Tanz hingelegt** она́ хорошо́ танцева́ла II. *vr* **sich ~** ложи́ться, лечь *св*

hin|nehmbar *adj* терпи́мый, сно́сный

hin|nehmen <irr> *vt* принима́ть, -ня́ть *св;* **etw als selbstverständlich ~** воспринима́ть что-л. как само́ собо́й разуме́ющееся

hinreichend [ˈhɪnraɪçənt] *adj (ausreichend)* доста́точный

Hinreise <-, -n> *f* пое́здка *ж* туда́; **auf der ~** по доро́ге туда́

hin|reißen <irr> *vt* увлека́ть, -ле́чь *св;* **er lauschte hingerissen ihrem Gesang** он увлечённо слу́шал её пе́ние; **sich (von jdm/etw) zu etw ~ lassen** дать (кому́-л./чему́-л.) увле́чь себя́ чем-л.; **sich dazu ~ lassen etw zu tun** подда́ться собла́зну сде́лать что-л.

hinreißend *adj* очарова́тельный

hin|richten *vt* казни́ть *(н)св*

Hinrichtung <-, -en> *f* казнь *ж*

hin|sagen *vt umg* говори́ть, сказа́ть *св* про́сто так, ля́пнуть *св;* **das hat er nur so hingesagt** э́то он про́сто так ля́пнул

hin|sehen <irr> *vi* взгляну́ть *св,* взгля́дывать *нсв;* **vor sich ~** смотре́ть пе́ред собо́й; **bei genauerem Hinsehen** при тща́тельном осмо́тре

hin|setzen I. *vr* **sich ~** сади́ться, сесть *св,* уса́живаться, усе́сться *св* II. *vt* **1.** *(abstellen)* поста́вить **2.** *(Kind)* посади́ть

Hinsicht *f* **in dieser ~** в э́том отноше́нии; **in jeder ~** с любо́й то́чки зре́ния; **in ~ auf** относи́тельно чего́-л.; **in gewisser ~** в изве́стном смы́сле

hinsichtlich *prp + gen* относи́тельно, в отноше́нии

hin|stellen I. *vt* **1.** *(stellen)* ста́вить, по- *св* **2.** *(parken)* припарко́вывать, -кова́ть *св* II. *vr* **sich ~** стать *св,* станови́ться *нсв;* **jdn als Vorbild ~** ста́вить кого́-л. в приме́р; **stell dich gerade hin!** встань пря́мо!

hinten [ˈhɪntən] *adv* сза́ди; **nach ~** наза́д; **von ~** сза́ди; **weit ~** далеко́ позади́; **etw reicht ~ und vorne nicht** *umg* чего́-л. однозна́чно не хвата́ет; *(im Hintergrund)* на за́днем пла́не; **ein Schlag von ~** уда́р в спи́ну; **sich ~ anstellen** станови́ться в коне́ц о́череди

hintenherum *adv* око́льным путём; *umg (heimlich, auf Umwegen)* тайко́м, исподтишка́

hinter [ˈhɪntɐ] *prp* за; **unser Garten liegt ~ dem Haus** наш сад нахо́дится за до́мом; **sie stellte sich ~ die Säule** она́ вста́ла за коло́нну; **~ ... her** за; **~ jds Rücken** за чьей-л. спино́й; **etw ~ sich bringen** заверши́ть что-л.; **~ etw kommen** раскры́ть что-л.; **~jdm her sein** пресле́довать кого́-л.; **etw ~ sich haben** пережи́ть что-л.; **das Schlimmste hast du schon ~ dir** ху́дшее уже́ позади́

Hinterachse *f* AUTO за́дняя ось *ж*

Hinterausgang <-(e)s, -gänge> *m* чёрный ход *м,* вход *м* со двора́

Hinterbein *nt* за́дняя ла́па *ж;* **sich auf die Hinterbeine stellen** *fig, fam* встать на за́дние ла́пы

Hinterbliebene(r) [hɪntɐˈbliːbənə] <-n, -n> *f(m)* бли́зкий ро́дственник *м,* бли́зкая ро́дственница *ж* поко́йного

hintere(r, s) *adj* за́дний; *(letzte)* после́дний

hintereinander [hɪntɐʔaɪˈnandɐ] *adv* **1.** *(räumlich)* оди́н за други́м; **bitte stellt euch ~ auf!** пожа́луйста, постро́йтесь друг за дру́гом! **2.** *(zeitlich)* подря́д; **er fehlte drei Tage ~** он отсу́тствовал три дня подря́д; **vier Wochen ~** в тече́ние четырёх неде́ль

Hintereingang *m* чёрный ход *м*

hinterfragen [hɪntɐˈfraːgən] *vt* расспра́шивать, -проси́ть *св*

hintergangen *pp von* **hintergehen**

Hintergedanke <-n, -n> *m* за́дняя мысль *ж;* **ohne ~n** без за́дних мы́слей

hintergehen [hɪntɐˈgeːən] <irr> *vt* обма́нывать, -ману́ть *св*

Hintergrund <-(e)s, -gründe> *m* за́дний план *м,* фон *м; fig* за́дний план *м;* **in den ~ treten** отойти́ на за́дний план; **im ~ bleiben/stehen** оста́ться/быть на за́днем пла́не

Hintergrundmusik <-> *f* му́зыка *ж,* слу́жащая фо́ном

Hinterhalt <-(e)s, -e> *m* заса́да *ж;* **jdn in einen ~ locken** замани́ть кого́-л. в заса́ду

hinterhältig [ˈhɪntɐhɛltɪç] *adj* кова́рный, вероло́мный

hinterher *adv* **1.** *(räumlich)* позади́, сза́ди

2. *(zeitlich)* потóм, затéм

hinterher|laufen <irr> *vi* бежáть *нсв* вслед; **jdm ~** *umg* бéгать за кéм-л.

hinterher sein[RR] <irr> *vi* преслéдовать *нсв;* **hinter jdm her sein** *umg* гнáться за кéм-л.; **mit etw ~** *umg (zurückliegen)* отстáть в чём-л.; **hinter etw her sein (müssen)** *umg (auf etw achten)* (быть вы́нужденным) внимáтельно следи́ть за чем-л.

Hinterhof <-(e)s, -höfe> *m* зáдний двор *м*

Hinterkopf <-(e)s, -köpfe> *m* заты́лок *м*

hinterlassen [hɪntɐˈlasən] <irr> *vt* оставля́ть, -тáвить *св; (vererben)* завещáть *нсв;* **ich hinterlasse dir eine Nachricht** я остáвлю тебé запи́ску

hinterlegen [hɪntɐˈleːɡən] *vt* сдавáть, сдать *св,* отдавáть, -дáть *св* на хранéние

Hinterlist <-, -en> *f* ковáрство *ср,* вероло́мство *ср; (List, Trick)* хи́трость *ж,* уло́вка *ж*

hinterlistig *adj* ковáрный, хи́трый

Hintermann <-(e)s, -männer> *m (in einer Reihe)* стоя́щий *м* позади́

Hintern [ˈhɪntɐn] <-, -> *m umg* зад *м,* зáдница *ж;* **sich auf den ~ setzen** *(hinfallen)* упáсть; **jdm in den ~ kriechen** подли́зываться к комý-л.

Hinterrad <-(e)s, -räder> *nt* зáднее колесó *ср*

Hinterradantrieb <-(e)s, -e> *m* при́вод *м* на зáдние колёса

hinterrücks [ˈhɪntɐrʏks] *adv (heimtückisch)* вероло́мно, ковáрно

Hintersitz *m* зáднее сидéнье *ср*

Hinterteil <-(e)s, -e> *nt umg (Gesäß)* зад *м*

Hintertreffen *nt* **ins ~ geraten** попáсть в невы́годное положéние

Hintertreppe *f* лéстница *ж* чёрного хóда

Hintertür <-, -en> *f* чёрный ход *м;* **sich eine ~ offenhalten** *fig* обеспéчить себé путь к отступлéнию; **durch die ~** *(illegal)* по блáту

hinterziehen [hɪntɐˈtsiːən] *vt* уклоня́ться, -ни́ться *св,* утáивать, -таи́ть *св;* **Geld ~** утáивать дéньги; **Steuern ~** уклоня́ться от уплáты налóгов

Hinterzimmer *nt* зáдняя кóмнатка *ж*

hinüber [hɪˈnyːbɐ] *adv* на ту стóрону, тудá; **bringen sie es ~** отнеси́те э́то тудá

hinunter [hɪˈnʊntɐ] *adv* вниз; **die Straße ~** вниз по ýлице; **den Berg ~** с горы́

hinunter|bringen <irr> *vt* сноси́ть, снести́ *св; umg (schlucken)* с трудóм проглáтывать, -глоти́ть *св*

hinunter|fallen <irr> *vi sein* пáдать, упáсть *св;* **die Treppe ~** упáсть с лéстницы

hinunter|gehen <irr> *vi* сходи́ть, сойти́ *св,* спускáться, -сти́ться *св*

hinunter|schlucken *vt* **1.** *(schlucken)* глотáть; *(einmal)* глотнýть **2.** *(Vorwurf, Gefühl)* проглáтывать, -глоти́ть *св;* **er schluckte seine Tränen hinunter** он глотáл слёзы

hinunter|spülen *vt fam (hinunterschlucken)* запивáть, запи́ть *св; (Ärger)* глотáть, проглоти́ть *св;* **etw den Ausguss ~** смыть в канáл

hinunter|würgen *vt (Essen)* проглоти́ть

Hinweg [ˈhɪnveːk] <-(e)s, -e> *m* дорóга *ж* тудá, путь *м* тудá; **auf dem ~** по пути́ тудá; **über jdn/etw ~** несмотря́ на когó-л./что-л.

hinweg|helfen <irr> *vi* **jdm über etw ~** помóчь комý-л. преодолéть что-л.

hinweg|kommen <irr> *vi* **über etw ~** пережи́ть что-л.

hinweg|sehen <irr> *vi* **über etw ~** закрывáть глазá на что-л.; **über jdn ~** не замечáть когó-л.; **er sah darüber hinweg, dass ...** он не обрати́л внимáния на то, что ...

hinweg|setzen *vr* **sich über etw ~** не принимáть что-л. бли́зко к сéрдцу; **sich über jdn ~** не обращáть внимáния на когó-л.

Hinweis [ˈhɪnvaɪs] <-es, -e> *m* **1.** *(Bemerkung)* укáзáние *ср,* замечáние *ср* **2.** *(Andeutung, Rat)* намёк *м,* замечáние *ср;* **wenn ich mir den ~ erlauben darf ...** éсли позвóлите замéтить ... **3.** *(Verweis, Anweisung)* указáние *ср,* ссы́лка *ж;* **jdm einen ~ geben** дать комý-л. указáние; **es gibt nicht den geringsten ~ dafür, dass ...** нет никаки́х ули́к, что ...

hin|weisen <irr> **I.** *vt* **jdn auf etw ~** указáть комý-л. на что-л. **II.** *vi* **1.** *(zeigen)* укáзывать, -зáть *св,* покáзывать на, -зáть *св* **2.** *(verweisen)* ссылáться, сослáться *св,* укáзывать на, -зáть на *св*

Hinweisschild *nt* табли́чка *ж*

hin|werfen <irr> **I.** *vt* **1.** *(wegwerfen)* вы́бросить **2.** *fam (aufgeben)* брóсить **3.** *(Bemerkung)* пусти́ть **4.** *(Zeichnung)* набрóсить **II.** *vr* **sich ~** брóситься

hin|ziehen <irr> **I.** *vt* **1.** *(heranziehen)* притя́гивать, притянýть *св;* **sich zu jdm hingezogen fühlen** таи́ть чýвства к комý-л. **2.** *(verzögern)* мéдлить **II.** *vr* **sich ~ 1.** *(andauern)* продолжáться **2.** *(sich erstrecken)* распространя́ться **III.** *vi sein (umziehen)* переезжáть, переéхать *св*

hin|zielen *vi (anspielen)* **auf etw ~** цéлиться во что-л.

hinzu [hɪnˈtsuː] *adv* к чемý-л.; *(überdies)* крóме тогó

hinzu|fügen *vt* добавля́ть, -бáвить *св;* **dem möchte ich etw ~** к э́тому я хочý кóе-что добáвить

hinzu|kommen <irr> *vi sein* **1.** *(Person)* присоединя́ться, присоедини́ться *св* **2.** *(Sache)* прибавля́ть, прибáвить *св;* **kommt noch etwas hinzu?** ещё что-нибýдь (добáвишь)?

hinzu|zählen *vt* прибавля́ть, приба́вить *св*

hinzu|ziehen *vt* привлека́ть, -вле́чь *св;* **einen Sachverständigen ~** привлека́ть экспе́рта

Hip-Hop ['hiphɔp] <-s> *m* хип-хоп *м*

Hippie ['hɪpi] <-s, -s> *m* хи́ппи *м*

Hirn [hɪrn] <-(e)s, -e> *nt* **1.** ANAT головно́й мозг *м* **2.** *umg (Verstand)* соображе́ние *ср;* **streng mal dein ~ an!** напряги́ свои́ мозги́!

Hirngespinst ['hɪrngəʃpɪnst] <-(e)s, -e> *nt* химе́ра *ж,* игра́ *ж* больно́го воображе́ния

Hirnhautentzündung <-, -en> *f* менинги́т *м*

hirnrissig ['hɪrnrɪsɪç] *adj fam* ненорма́льный

Hirnschlag <-(e)s, -schläge> *m* кровоизлия́ние *ср* в мозг

hirnverbrannt ['hɪrnfɛɐbrant] *adj umg* сумасбро́дный; **du bist ja völlig ~!** ты совсе́м с ума́ сошёл!

Hirsch [hɪrʃ] <-(e)s, -e> *m* оле́нь *м*

Hirschgeweih *nt* оле́ньи рога́ *мн*

Hirschkuh *f* ZOOL са́мка *ж* оле́ня, лань *ж*

Hirse ['hɪrzə] <-> *f* пшено́ *ср*

Hirt <-en, -en> *m* пасту́х *м*

Hirte ['hɪrtə] <-n, -n> *m,* **Hirtin** <-nen> *f* пасту́х *м,* пасту́шка *ж*

Hispanist(in) [hɪspa'nɪst] <-en, -en> *m(f)* испани́ст *м*

Hispanistik <-> *f* испани́стика *ж*

hissen ['hɪsən] *vt (Flagge)* поднима́ть, -ня́ть *св*

Historie <-, -n> *f* (всеми́рная) исто́рия *ж*

Historiker(in) [hɪs'to:rikɐ] <-s, -> *m(f)* исто́рик *м*

historisch [hɪs'to:rɪʃ] *adj* истори́ческий; *(bedeutsam)* значи́тельный; **ein ~er Augenblick** истори́ческий моме́нт *м*

Hit [hɪt] <-s, -s> *m umg (Schlager)* хит *м,* шля́гер *м*

Hitparade <-, -n> *f* хит-пара́д *м*

Hitze ['hɪtsə] <-> *f* жара́ *ж;* **eine ~ ist das heute!** ну сего́дня и жара́!; **in ~ geraten** разгоряча́ться; **in der ~ des Gefechts** в пылу́ сраже́ния; **etw bei starker/mittlerer ~ backen** печь что-л. на си́льном/сре́днем огне́

hitzebeständig *adj* жаросто́йкий

Hitzebläschen <-s, -> *nt* потни́ца *ж*

hitzeempfindlich *adj* нежаросто́йкий

hitzefrei *adj (von Schule, Arbeit) свобо́дный от заня́тий в шко́ле, от рабо́ты из-за жары́*

i Land & Leute

В Германии школьники **освобождаются от занятий из-за жары**, если термометр показывает в 11 часов около 30° С. Тогда директор школы отменяет занятия на весь день. С введением летнего времени необходимость в подобной мере уменьшилась.

Hitzewallungen <-> *pl* MED прили́вы *ммн* жа́ра

Hitzewelle <-, -n> *f* пери́од *м* жары́

hitzig ['hɪtsɪç] *adj* **1.** *(aufbrausend)* вспы́льчивый **2.** *(Wortstreit, Gefecht)* горя́чий

Hitzkopf <-(e)s, -köpfe> *m umg* вспы́льчивый челове́к *м*

hitzköpfig *adj* вспы́льчивый, запа́льчивый

Hitzschlag <-(e)s, -schläge> *m* теплово́й уда́р *м*

HIV [ha:ʔi:'faʊ] *abk von* **human immune (deficiency) virus** ВИЧ *м,* возбуди́тель СПИ́Да

HIV-infiziert *adj* MED заражённый СПИ́Дом

HIV-negativ *adj (nicht HIV-befallen)* отрица́тельный ВИЧ

HIV-positiv *adj (HIV-befallen)* положи́тельный ВИЧ

HIV-Test <-s, -s> *m* тест *м* на содержа́ние в крови́ ВИЧ

Hl. *abk von* **Heilige(r)** свято́й

hm *part* хм

H-Milch ['ha:mɪlç] <-> *f* гомогенизи́рованное молоко́ *ср*

HNO-Arzt [ha:ʔɛn'ʔo:arts͜t] *m,* **HNO-Ärztin** *f* до́ктор *м* у́ши-нос-го́рло

hob [ho:p] *prät von* **heben**

Hobby ['hɔbi] <-s, -s> *nt* хо́бби *ср;* **ein ~ haben** име́ть хо́бби

Hobel ['ho:bəl] <-s, -> *m* руба́нок *м*

hobeln ['ho:bəln] *vi* строга́ть, вы́- *св*

hoch [ho:x] **I.** *adj* **1.** *(allg)* высо́кий **2.** *(Alter)* **in hohem Alter sein** быть в во́зрасте **3.** *(Preis)* высо́кий; **sie musste eine hohe Strafe zahlen** она́ должна́ была́ заплати́ть большо́й штраф; **das ist drei Meter ~** высото́й в три ме́тра; **das hohe Haus** высо́тный дом **4.** *(Fieber)* си́льный; **er hat hohes Fieber** у него́ си́льный жар; **~ hinauswollen** высоко́ ме́тить; **wenn es ~ kommt** от си́лы; **das ist mir zu ~** *umg* э́то вы́ше моего́ понима́ния **5.** *(Bedeutung)* **hohe Ehre** высо́кая честь; **hohe Ansprüche stellen** име́ть больши́е прете́нзии **II.** *adv* **1.** *(nach oben)* наве́рх **2.** *(in einiger Höhe)* наверху́; **~ oben** наве́рх **3.** *(sehr)* о́чень; **etw ~ und heilig versprechen** пообеща́ть что-л. **4.** MATH **drei ~ sieben** три в седьмо́й сте́пени

Hoch <-s, -s> *nt* **1.** *(Hochdruckgebiet)* о́бласть *ж* высо́кого давле́ния **2.** *(Hochruf)* ура́; **ein Hoch auf jdn ausbringen** пить за чьё-л. здоро́вье; **ein dreifaches ~ auf dich!** трое́кратное ура́ в твою́ честь!

i Grammatik

При склонении прилагателного **hoch** исчезает **c**: *der Berg ist hoch – гора высокая*, но *ein hoher Berg – высокая гора*; следует обратить внимание и на: *der höhere Berg – более высокая гора*, но *der höchste Berg – самая высокая/высочайшая гора*.

Hochachtung <-> *f* глубо́кое уваже́ние *ср*; **meine ~!** моё почте́ние!; **mit vorzüglicher ~** с уваже́нием
hochachtungsvoll *adv (im Brief)* с глубо́ким уваже́нием
hoch angereichert *adj* обогащённый [*или* насы́щенный] значи́тельным коли́чеством чего́-ли́бо
hochanständig *adj* в вы́сшей сте́пени поря́дочный; **das war ~ von ihm** э́то бы́ло в вы́сшей сте́пени поря́дочно с его́ стороны́
hochauflösend *adj (Bildschirm)* с высо́кой разреша́ющей спосо́бностью
Hochbau <-(e)s, -ten> *m* **1.** *(Gebäude)* надзе́мное сооруже́ние *ср* **2.** *(die Bautätigkeit)* надзе́мное строи́тельство *ср*
hochbegabt, hoch begabt *adj* высокоодарённый
Hochbetrieb <-(e)s> *m* напряжённая рабо́та *ж*, максима́льная нагру́зка *ж*
hoch bezahlt *adj* высокоопла́чиваемый
hochbrisant *adj* исключи́тельно взрывоопа́сный; **die Angelegenheit ist ~** де́ло исключи́тельно взрывоопа́сное
Hochburg <-, -en> *f* цитаде́ль *ж*, опло́т *м*
hochdeutsch *adj* литерату́рный неме́цкий
Hochdeutsch <-n> *nt* неме́цкий литерату́рный язы́к *м*
Hochdruck <-(e)s> *m (Wetter, Blut)* высо́кое давле́ние *ср*; **mit ~ arbeiten** *umg* напряжённо рабо́тать
hocherfreut ['--'-] *adj* о́чень обра́дованный, восхищённый
Hochform <-> *f* наилу́чшая фо́рма *ж*; **in ~ sein** быть в наилу́чшей фо́рме
Hochformat <-(e)s, -e> *nt (von Bild)* вертика́льный форма́т *м*
Hochfrequenz *f* PHYS высо́кая частота́ *ж*
Hochgebirge <-s, -> *nt* высокого́рный масси́в *м*, высокого́рье *ср*
hoch geschätzt *adj* высокоуважа́емый, глубокоуважа́емый
Hochgeschwindigkeitsstrecke <-, -n> *f* скоростна́я доро́га *ж*
Hochgeschwindigkeitszug <-(e)s, -züge> *m* скоростно́й по́езд *м*
hoch gespannt *adj* высо́кого напряже́ния, высо́кого давле́ния; *fig* неопра́вданно большо́й (о наде́ждах, ожида́ниях)
hoch gesteckt *adj (Ziele)* честолюби́вый
hochgiftig *adj* высокотокси́чный
Hochglanz <-es> *m* **etw auf ~ bringen** довести́ что-л. до бле́ска
hochgradig ['ho:xgra:dɪç] *adj* си́льный, чрезвыча́йный; **sie war ~verwirrt** она́ была́ чрезвыча́йно смущена́
hochhackig ['ho:xhakɪç] *adj* на высо́ких каблука́х
hoch|halten *vt* высоко́ держа́ть *нсв; (ehren, achten)* дорожи́ть *нсв*; **er hielt das Andenken seines Vaters hoch** он дорожи́т па́мятью о своём отце́
Hochhaus <-es, -häuser> *nt* высо́тный дом *м*
hoch|heben *vt* высоко́ поднима́ть, -ня́ть *св*
hochintelligent *adj* о́чень у́мный
hochklassig *adj* высококла́ссный
hochkompliziert *adj* чрезвыча́йно сло́жный
Hochkonjunktur <-> *f* высо́кая конъюнкту́ра *ж*, бум *м*; **etw hat ~** *umg (ist in Mode)* что-л. в мо́де
hoch|krempeln *vt* засучи́ть
Hochland <-(e)s, -länder> *nt* плоского́рье *ср*, нагóрье *ср*; **das schottische ~** го́рная Шотла́ндия
hoch|leben *vi* **jd/etw lebe hoch!** да здра́вствует кто́-л./что-л.!; **jdn/etw ~ lassen** провозглаша́ть тост в че́сть кого́-л./чего́-л.
Hochleistungschip <-s, -s> *m* DV чип *м* большо́й мо́щности
Hochleistungsmotor <-s, -en> *m* TECH дви́гатель *м* большо́й мо́щности
Hochleistungssport <-(e)s> *m* большо́й спорт *м*, спорт *м* высо́ких достиже́ний
Hochmut <-(e)s> *m* высокоме́рие *ср*, надме́нность *ж*
hochmütig ['-my:tɪç] *adj* высокоме́рный, надме́нный
hochnäsig ['-nɛ:zɪç] *adj umg* зано́счивый
hoch|nehmen <irr> *vt (heben)* поднима́ть, подня́ть *св*
Hochofen <-s, -öfen> *m* до́менная печь *ж*
hochoktanig *adj* KFZ *(Kraftstoff)* высокоокта́новый
hochprozentig *adj (Alkohol)* высокопроце́нтный
hochqualifiziert *adj* высококвалифици́рованный
hochradioaktiv *adj* с повы́шенной радиоакти́вностью
hochrangig *adj* име́ющий большо́е значе́ние
Hochrechnung <-, -en> *f* экстраполя́ция *ж*
Hochrelief <-s, -s> *nt* горелье́ф *м*

hochrentabel *adj* высокорента́бельный
Hochsaison <-> *f (Hauptsaison)* разга́р *м* сезо́на
Hochschulabschluss <-es, -schlüsse> *m* свиде́тельство *ср* об оконча́нии вы́сшего уче́бного заведе́ния
Hochschulabsolvent(in) <-en, -en> *m(f)* выпускни́к *м* ву́за
Hochschule <-, -n> *f* вы́сшее уче́бное заведе́ние *ср*
Hochschulreife <-> *f* аттеста́т *м* об оконча́нии сре́днего уче́бного заведе́ния *(пра́во на обуче́ние в вы́сшем уче́бном заведе́нии)*
Hochschulstudium <-s> *nt* учёба *ж* в вы́сшем уче́бном заведе́нии
Hochschulwesen <-s> *nt* вы́сшая шко́ла *ж* (как сфе́ра де́ятельности)
Hochschulzulassung <-, -en> *f* до́пуск *м* к учёбе в ву́зе
hochschwanger *adj* на после́дних неде́лях бере́менности
Hochseefischerei <-> *f* морско́е рыболо́вство *ср*, рыболо́вство *ср* в откры́том мо́ре
Hochsicherheitstrakt <-(e)s, -e> *m* *тюре́мный тракт, возмо́жность побе́га из кото́рого благодаря́ повы́шенным ме́рам предосторо́жности практи́чески исключена́*
Hochsommer <-s> *m* разга́р *м* ле́та
Hochspannung <-> *f* PHYS высо́кое напряже́ние *ср*
Hochspannungsleitung <-, -en> *f* высоково́льтная ли́ния *ж* электропереда́чи
Hochspannungsmast *m* ELEK электри́ческий столб *м*
Hochsprache *f* LING литерату́рный язы́к *м*
Hochsprung <-(e)s> *m* прыжки́ *мн* в высоту́
höchst [hœːkst, hœːçst] *adv (äußerst)* чрезвыча́йно, исключи́тельно; **das ist ~ unangenehm** э́то чрезвыча́йно неприя́тно
Hochstapler(in) ['hoːxʃtaːplɐ] <-s, -> *m(f)* *(Betrüger)* афери́ст *м*, моше́нник *м*, моше́нница *ж*
Höchstbelastung <-, -en> *f* максима́льная нагру́зка *ж*
höchste(r, s) ['hœːkstə, -ɐ, -əs] *adj* са́мый высо́кий; *(größte)* са́мый большо́й; *(äußerste)* исключи́тельный, чрезвыча́йный; **höchste Zeit** са́мое вре́мя; **im höchsten Fall** в кра́йнем слу́чае
höchstens ['hœːkstəns, 'hœːçstəns] *adv* са́мое бо́льшее, ма́ксимум; *(bestenfalls)* в лу́чшем слу́чае; *(nicht mehr als)* не бо́лее чем; **ich kann ~ nachkommen** я могу́ в лу́чшем слу́чае прийти́ по́зже; **das kostet ~ 50 Euro** э́то сто́ит не доро́же 50 е́вро; **es waren ~ zehn Minuten** прошло́ всего́ 10 мину́т
Höchstgebot <-(e)s, -e> *nt (bei Auktion)* наивы́сшее предложе́ние *ср*
Höchstgeschwindigkeit <-, -en> *f* максима́льная ско́рость *ж;* **zulässige ~** максима́льно допусти́мая ско́рость
Höchstgrenze <-, -n> *f* лими́т *м*
Hochstimmung *f ohne pl* хоро́шее настрое́ние *ср*
Höchstlast <-, -en> *f* максима́льный груз *м*
höchstpersönlich ['--'--] *adj* самоли́чно, со́бственной персо́ной
Hochstraße <-, -n> *f* городска́я автомоби́льная доро́га *ж*
Höchstsatz <-es, -sätze> *m* вы́сший тари́ф *м*, вы́сшая ста́вка *ж;* **der steuerliche ~ liegt bei ... Prozent** вы́сшая нало́говая ста́вка составля́ет ... проце́нтов
Höchstspannung <-, -en> *f* EL максима́льное напряже́ние *ср*
Höchststrafe *f* максима́льное наказа́ние *ср*
Höchsttemperatur <-, -en> *f* максима́льная температу́ра *ж*
höchstwahrscheinlich ['--'--] *adv* вероя́тнее всего́, по всей вероя́тности; **~ komme ich spät nach Hause** по всей вероя́тности, я верну́сь домо́й по́здно
Hochtechnologie *f* TECH высо́кие техноло́гии *мн*
Hochtour *f (Höchstmaß)* **jd/etw auf Hochtouren bringen** *fam* привести́ кого́-л./что-л. в отли́чную фо́рму; **auf Hochtouren laufen** *umg* идти́ по́лным хо́дом
hochtrabend ['-traːbənt] *adj* высокопа́рный
hochverehrt *adj* глубокоуважа́емый
Hochverrat <-(e)s> *m* госуда́рственная изме́на *ж;* **er ist des ~s schuldig** он вино́вен в госуда́рственной изме́не
hochverzinslich *adj* под высо́кие проце́нты
Hochwasser <-s, -> *nt* **1.** *(Flut)* прили́в *м* **2.** *(Überschwemmung)* наводне́ние *ср*
Hochwassergefahr <-> *f* опа́сность *ж* наводне́ния
hochwertig *adj* высокока́чественный
Hochzeit ['hɔxtsaɪt] <-, -en> *f* сва́дьба *ж;* **~ halten** справля́ть сва́дьбу; **goldene/silberne ~** золота́я/сере́бряная сва́дьба; **diamantene ~ feiern** бриллиа́нтовая сва́дьба
Hochzeitsfeier <-, -n> *f* сва́дебный пир *м*
Hochzeitsgast <-(e)s, -gäste> *m* сва́дебный гость *м*
Hochzeitsgeschenk <-(e)s, -e> *nt* сва́дебный пода́рок *м*
Hochzeitskleid <-(e)s, -er> *nt* сва́дебное пла́тье *ср*
Hochzeitsnacht *f* сва́дебная ночь *ж*

Hochzeitsreise <-, -n> *f* сва́дебное путеше́ствие *ср*

Hochzeitstag <-(e)s> *m* день *м* сва́дьбы; **sie feiern ihren zwanzigsten ~** они́ пра́зднуют двадца́тую годовщи́ну сва́дьбы

hoch|ziehen <irr> *vt* **1.** *(emporziehen)* поднима́ть, подня́ть *св; (Nase)* задира́ть, задра́ть *св* **2.** *fam (Gebäude, Wand)* воздвига́ть, воздви́гнуть *св*

Hochzinspolitik <-> *f* поли́тика *ж* высо́ких проце́нтов

Hocke ['hɔkə] <-n> *f* ко́рточки *мн;* **in die ~ gehen** присе́сть на ко́рточки

hocken ['hɔkən] *vi* сиде́ть *нсв* на ко́рточках; *umg* торча́ть *нсв;* **zu Hause ~** торча́ть до́ма

Hocker ['hɔkɐ] <-s, -> *m (Schemel)* табуре́тка *ж*

Höcker ['hIlkɐ] <-s, -> *m (von Kamel)* горб *м*

Hockey ['hɔki] <-s> *nt* хокке́й *м* на траве́

Hockeyschläger <-s, -> *m* клю́шка *ж*

Hoden ['ho:dən] <-s, -> *m* (семенно́е) яи́чко *ср*

Hodensack <-(e)s, -säcke> *m* мошо́нка *ж*

Hof [ho:f, 'hœ:fə] <-(e)s, Höfe> *m* двор *м; (Bauernhof)* крестья́нский двор *м; (Hinterhof)* за́дний двор *м;* **einem Mädchen den ~ machen** уха́живать за де́вушкой

Hofdame <-, -n> *f* HIST придво́рная да́ма *ж*

hoffähig *adj* име́ющий до́ступ ко двору́ [*или* в вы́сшее о́бщество]

hoffen ['hɔfən] **I.** *vi* наде́яться на, по- *св* **II.** *vt* наде́яться, по- *св;* **das hoffe ich auch** я то́же на э́то наде́юсь; **das Beste ~** наде́яться на лу́чшее; **~ wir das Beste!** бу́дем наде́яться на лу́чшее!; **wir ~, dass ...** бу́дем наде́яться, что ...

hoffentlich ['hɔfəntlɪç] *adv* на́до наде́яться; **~ geht es ihm bald besser** на́до наде́яться, что ему́ ско́ро ста́нет лу́чше; **du bist mir doch ~ nicht böse?** ты ведь на меня́ не се́рдишься?

Hoffnung ['hɔfnʊŋ] <-, -en> *f* наде́жда *ж;* **er ist meine letzte ~** он – моя́ после́дняя наде́жда; **sich (keine) ~en auf etw machen** (не) наде́яться на что-л.; **die ~ verlieren/aufgeben** теря́ть/оставля́ть наде́жду; **in der ~, dass ...** наде́ясь на то, что ...; **jdm Hoffnungen machen** дава́ть наде́жды кому́-л.; **sich** *dat* **Hoffnungen machen** наде́яться; **mach dir keine Hoffnungen** не наде́йся; **die ~ aufgeben/verlieren** оста́вить/потеря́ть наде́жду; **du bist meine einzige/letzte ~** ты моя́ еди́нственная/после́дняя наде́жда

hoffnungsfroh *adj* испо́лненный наде́жды

hoffnungslos *adj* безнадёжный; **es ist ein ~er Fall** э́то безнадёжный слу́чай; **du bist ~** ты безнадёжный слу́чай

Hoffnungslosigkeit <-> *f* безнадёжность *ж,* безысхо́дность *ж*

Hoffnungsschimmer *m* луч *м* наде́жды

hoffnungsvoll *adj* по́лный наде́жд; *(vielversprechend)* многообеща́ющий

höflich ['hœ:flɪç] *adj* ве́жливый; *(aufmerksam)* внима́тельный, учти́вый

Höflichkeit <-, -en> *f* ве́жливость *ж,* учти́вость *ж;* **~en austauschen** обменя́ться любе́зностями; **aus reiner ~** из любе́зности

Höflichkeitsfloskel <-, -> *f pej* изби́тая ве́жливая фра́за *ж,* пуста́я ве́жливость *ж*

Hofnarr <-en, -en> *m* HIST дворцо́вый шут *м*

Höhe ['hœ:ə] <-, -n> *f* **1.** *(allg)* высота́ *ж;* **an ~ gewinnen/verlieren** набира́ть/теря́ть высоту́; **auf gleicher ~** на одно́й высоте́; **in die ~ gehen** *(Preise)* вскочи́ть **2.** *(Ausmaß, Niveau)* у́ровень *м* **3.** *(Anhöhe)* возвы́шенность *ж,* холм *м* **4.** *(Tonhöhe)* высота́ *ж* то́на **5.** *(geografische Höhe)* широта́ *ж;* **das ist doch die ~!** *umg* э́то уж сли́шком!; **auf der ~ sein** быть на высоте́ положе́ния; **in die ~ steigen** поднима́ться вверх

Hoheit ['ho:haɪt] <-, -en> *f* **1.** *(eines Staats)* суверените́т *м* **2.** *(Titel)* высо́чество *ср;* **Eure (königliche) ~!** ва́ше (короле́вское) высо́чество!

Hoheitsgebiet <-(e)s, -e> *nt* сувере́нная террито́рия *ж*

Hoheitsgewässer <-> *pl* территориа́льные во́ды *мн*

Höhenangst *f* боя́знь *ж* высоты́

Höhenkrankheit <-> *f* высо́тная боле́знь *ж*

Höhenluft <-> *f* го́рный во́здух *м*

Höhenmesser <-s, -> *m* высотоме́р *м*

Höhensonne <-, -n> *f (Lampe)* ква́рцевая ла́мпа *ж*

Höhenunterschied <-(e)s, -e> *m* ра́зность *ж* высо́т

höhenverstellbar *adj* тот, у кото́рого мо́жно меня́ть высоту́

Höhenzug <-(e)s, -züge> *m* го́рная цепь *ж*

Höhepunkt <-(e)s, -e> *m* вы́сшая то́чка *ж,* кульминацио́нный моме́нт *м;* **den ~ erreichen** дости́чь кульминацио́нной то́чки

höher ['hœ:ɐ] *komp von* **hoch**

hohl [ho:l] *adj* пусто́й, по́лый; *(Stimme)* глухо́й; **das ist ~es Geschwätz** э́то пусты́е разгово́ры

Höhle ['hœ:lə] <-, -n> *f* пеще́ра *ж; (Tierbau)* нора́ *ж;* **sich in die ~ des Löwen begeben** *fam* пойти́ в пасть ко льву

Höhlenmalerei <-, -en> *f* пеще́рная жи́вопись *ж,* наска́льные рису́нки *мн*

Höhlenmensch *m* HIST пеще́рный челове́к *м*

Hohlmaß <-es, -e> *nt* ме́ра *ж* ёмкости

Hohlraum <-(e)s> *m* по́лость *ж*
Hohlraumversiegelung <-> *f* KFZ заполне́ние *ср* полосте́й антикоррози́онными сре́дствами
Hohn [ho:n] <-(e)s> *m (Spott)* насме́шка *ж,* издёвка *ж;* **das ist der blanke~!** *umg* э́то настоя́щее издева́тельство!; **für etw nur Spott und ~ ernten** пожина́ть за что-л. лишь насме́шки и издева́тельства
höhnen ['hœ:nən] *vt* издева́ться *нсв*
höhnisch ['hœ:nɪʃ] *adj* издева́тельский, язви́тельный; **er lächelte ~** он язви́тельно усмехну́лся
Holding <-, -> *f* ÖKON хо́лдинг *м*
Holdinggesellschaft <-, -en> *f* ÖKON хо́лдинговая компа́ния *ж*
holen ['ho:lən] *vt* **1.** *(bringen)* приноси́ть, -нести́ *св;* **ich gehe es ~** пойду́ принесу́ э́то; **jdn aus dem Bett ~** вы́тащить кого́-л. из посте́ли; **Luft ~** вздохну́ть **2.** *(Person)* приводи́ть, -вести́ *св;* **Atem ~** перевести́ дух; **sich bei jdm Rat ~** обрати́ться к кому́-л. за сове́том; **jdn ~ lassen** посыла́ть за ке́м-л.; **sich etw ~** *umg (Krankheit)* подцепи́ть что-л.; **sich eine Erkältung ~** просты́ть
Holland ['hɔlant] <-s> *nt* Голла́ндия *ж*
Holländer(in) ['hɔlɛndɐ] <-s, -> *m(f)* голла́ндец *м,* голла́ндка *ж*
holländisch *adj* голла́ндский
Hölle ['hœlə] <-> *f* ад *м,* преиспо́дняя *ж;* **dort ist die ~ los** *umg* там су́щий ад; **jdm das Leben zur ~ machen** преврати́ть чью́-л. жизнь в ад; **fahr zur ~!** пошёл ты к чёрту!
Höllenlärm <-s> *m umg* а́дский [*или* ди́кий] шум *м*
Höllenqual *f fam* а́дские му́ки *мн*
höllisch *adj* а́дский; *umg (sehr, äußerst)* дья́вольский, черто́вский; **es tut ~ weh** э́то а́дская боль; **vor etw/jdm ~e Angst haben** *umg* боя́ться чего́-л./кого́-л. как огня́
Holocaust ['ho:lokaʊst] <-s> *m* ма́ссовое уничтоже́ние *ср*
Hologramm <-s, -e> *nt* PHYS голограмма *ж*
Holographie <-, -n>, **Holografie** *f* гологра́фия *ж*
holographisch, **holografisch** *adj* голографи́ческий
holp(e)rig ['hɔlp(ə)rɪç] *adj* **1.** *(Weg)* уха́бистый **2.** *(Rede, Stil)* неро́вный; **~ lesen** чита́ть заика́ясь
holpern ['hɔlpɐn] *vi* трясти́сь *нсв;* **unser Wagen holperte den Feldweg hinab** на́ша маши́на трясла́сь вниз по просёлочной доро́ге
holprig *adj s.* **holperig**
Holunder [ho'lʊndɐ] <-s, -> *m* бузина́ *ж*
Holunderbaum <-(e)s, -bäume> *m* бузина́ *ж (де́рево)*

Holz[1] [hɔlts, 'hœltsɐ] <-es, Hölzer> *nt* **1.** *(Baum)* де́рево *ср;* **der Tisch ist aus massivem ~** стол из масси́вного де́рева **2.** *(Bauholz, Nutzholz)* древеси́на *ж*
Holz[2] [hɔlts] <-es> *nt ohne pl (Material)* де́рево *ср; (Brennholz)* дрова́ *мн;* **~ hacken/sägen** коло́ть/пили́ть дрова́
Holzbein *nt* деревя́нная нога́ *ж*
hölzern ['hœltsɐn] *adj* **1.** *(aus Holz)* деревя́нный **2.** *(nicht gewandt, steif)* деревя́нный, нело́вкий
Holzfäller ['hɔltsfɛlɐ] <-s, -> *m* дровосе́к *м,* лесору́б *м*
holzfrei *adj (Papier)* без содержа́ния древеси́ны
Holzgas *nt* древе́сный газ *м*
Holzhaus <-es, -häuser> *nt* деревя́нный дом *м*
holzig ['hɔltsɪç] *adj* деревяни́стый
Holzindustrie <-> *f* лесопромы́шленность *ж*
Holzkohle <-, -n> *f* древе́сный у́голь *м*
Holzlager <-s, -> *nt* лесоскла́д *м*
Holzmehl <-s> *nt* древе́сная мука́ *ж*
Holzscheit <-(e)s, -e> *m* поле́но *ср*
Holzschnitt <-(e)s, -e> *m* гравю́ра *ж* на де́реве
Holzschnitzer(in) <-s, -> *m(f)* ре́зчик *м,* ре́зчица *ж* по де́реву
Holzschnitzerei <-, -en> *f* резьба́ *ж* по де́реву
Holzschuh *m* деревя́нный башма́к *м*
Holzschutzmittel <-s, -> *nt* консерва́нт *м* для древеси́ны
Holzsplitter <-s, -> *m* зано́за *ж*
Holzweg *m* **auf dem ~ sein** *umg* быть на ло́жном пути́
Holzwurm <-(e)s, -würmer> *m* древото́чец *м*
Homebanking <-s>, **Home-Banking** *nt* телеба́нкинг *м*
Homepage ['hoʊmpeɪdʒ] <-, -s> *f* DV дома́шняя страни́ца *ж,* „хомя́к“ *м*
Hometrainer <-s, ->, **Home-Trainer** *m* дома́шний тренажёр *м*
Hommage <-, -n> *f (Huldigung)* че́ствование *ср*
Homo <-s, -s> *m fam* гомосексуали́ст *м*
Homoehe <-> *f umg* брак *м* ме́жду гомосексуали́стами
homogen [homo'ge:n] *adj (einheitlich)* гомоге́нный, одноро́дный
homogenisiert [homogeni'zi:ɐ̯t] *adj* гомогенизи́рованный
Homogenität <-> *f* гомоге́нность *ж,* одноро́дность *ж*
Homologation <-> *f* SPORT *(Motorsport)* омолога́ция *ж*
homonym *adj* LING омоними́ческий
Homöopathie [homœopa'ti:] <-> *f* гомеопа́тия *ж*

homöopathisch [homœo'pa:tɪʃ] *adj* гомеопати́ческий

Homosexualität [homozɛksualɪ'tɛt] <-> *f* гомосексуали́зм *м*

homosexuell *adj* гомосексуа́льный

Homosexuelle(r) <-n, -n> *f(m)* гомосексуали́ст *м*

Hongkong <-s> *nt* Гонко́нг

Honig ['ho:nɪç] <-s, -e> *m* мёд *м;* **jdm ~ ums Maul schmieren** *umg* ума́сливать кого́-л.; **jdm ~ um den Bart schmieren** *fam* подли́зываться к кому́-л.

Honigbiene *f* медо́вая пчела́ *ж*

Honigkuchen *m* медо́вый кала́ч *м*

Niglecken *nt* **etw ist kein ~** *fam* э́то де́ло нелёгкое

Honigmelone <-, -n> *f* ды́ня *ж*

honigsüß ['ho:nɪç'zy:s] *adj abw, a. fig* медо́вый

Honorar [hono'ra:ɐ] <-s, -e> *nt* гонора́р *м;* **gegen angemessenes ~** за соотве́тствующее вознагражде́ние

honorieren [hono'ri:rən] *vt* **1.** *(würdigen)* вознагражда́ть, -гради́ть *св;* **seine Bemühungen wurden nicht honoriert** его́ уси́лия не́ были вознаграждены́ **2.** *(mit Geld)* опла́чивать, -плати́ть *св*

Hopfen ['hɔpfən] <-s> *m* хмель *м;* **da ist ~ und Malz verloren** *umg* э́то де́ло пропа́щее

hoppeln ['hɔpəln] *vi sein (Hase)* пры́гать

hopsen ['hɔpsən] *vi umg* подпры́гивать, -гнуть *св*

hörbar ['hœ:ɐba:ɐ] *adj* слы́шный, слы́шимый; *(geräuschvoll)* гро́мкий; **er schluckte ~** он гро́мко сглотну́л

horchen ['hɔrçən] *vi* **1.** *(hören)* прислу́шиваться, -слу́шаться *св* **2.** *(lauschen)* подслу́шивать, -слу́шать *св;* **er horchte an der Tür** он подслу́шивал под две́рью; **horch!** ш-ш!

Horde ['hɔrdə] <-, -n> *f* орда́ *ж*

hören ['hœ:rən] **I.** *vt* **1.** *(hinhören, anhören)* слу́шать, по- *св;* **sie hört gerne Musik** он с удово́льствием слу́шает му́зыку; **na, ~ Sie mal!** позво́льте!; **Radio ~** слу́шать ра́дио; **du hast lange nichts mehr von dir ~ lassen** я давно́ от тебя́ ничего́ не слы́шал, ты давно́ не дава́л о себе́ знать; **von etw** *dat* **nichts ~ wollen** не хоте́ть слу́шать о чём-л. **2.** *(erfahren)* слы́шать, услы́шать *св;* **hast du etw Neues von ihm gehört?** ты слы́шал что́-нибудь но́венькое о нём? **II.** *vi* **1.** *(zu~)* слу́шать, по- *св* **2.** *(gehorchen)* слу́шаться, по- *св;* **auf jdn ~** слу́шаться кого́-л.; **etw von sich ~ lassen** дава́ть о себе́ знать; **von etw nichts ~ wollen** не жела́ть слы́шать о чём-л.

Hörensagen ['- - - -] *nt* **etw/jdn vom ~ kennen** зна́ть о чём-л./ком-л. понаслы́шке

Hörer[1] <-s, -> *m* **1.** *(von Telefon)* тру́бка *ж;* **sie nahm den ~ ab und wählte** она́ сняла́ тру́бку и набрала́ но́мер; **den ~ abnehmen/auflegen** снять/положи́ть тру́бку **2.** *(Kopfhörer)* нау́шник *м*

Hörer(in)[2] <-s, -> *m(f)* слу́шатель *м,* слу́шательница *ж*

Hörerschaft <-> *f* аудито́рия *ж,* слу́шатели *ммн*

Hörfunk <-s> *m* ра́дио *ср*

Hörgerät <-(e)s, -e> *nt* слухово́й аппара́т *м;* **er trägt ein ~** он но́сит слухово́й аппара́т

Horizont [hori'tsɔnt] <-(e)s, -e> *m* горизо́нт *м;* *(geistiger)* кругозо́р *м;* **am ~** на горизо́нте; **das geht über meinen ~** э́того я не понима́ю; **etw geht über jds ~** что-л. вы́ше чьего́-л. понима́ния

horizontal [horitsɔn'ta:l] *adj (waagrecht)* горизонта́льный

Hormon [hɔr'mo:n] <-s, -e> *nt* гормо́н *м*

hormonell *adj* гормона́льный

Hormonhaushalt <-(e)s> *m* взаимоде́йствие *ср* всех гормо́нов в органи́зме

Hormonpräparat <-(e)s, -e> *nt* гормона́льный препара́т *м*

Hörmuschel *f* часть телефо́нной тру́бки, прикла́дываемой к у́ху

Horn [hɔrn, 'hœrnɐ] <-(e)s, Hörner> *nt* рог *м;* MUS горн *м;* *(als Signal)* звуково́й сигна́л *м;* **jdm Hörner aufsetzen** *fig* наста́вить рога́ кому́-л.; **sich** *dat* **die Hörner abstoßen** *fig* остепени́ться

Hörnchen ['hœrnçən] <-s, -> *nt* рога́лик *м*

Hornhaut <-, -häute> *f* ороговéвшая ко́жа *ж;* *(des Auges)* рогова́я оболо́чка *ж*

Hornisse [hɔr'nɪsə] <-, -n> *f* ше́ршень *м*

Horoskop [horo'sko:p] <-s, -e> *nt* гороско́п *м;* **jdm ein ~ (er)stellen** соста́вить кому́-л. гороско́п

horrend [hɔ'rɛnt] *adj (unglaublich hoch, groß)* грома́дный, невероя́тный; **das ist eine ~e Summe** э́то невероя́тная су́мма

Horror ['hɔro:ɐ] <-s> *m* у́жас *м*

Horrorfilm <-(e)s, -e> *m* фильм *м* у́жасов

Horrorvision <-, -en> *f* ужа́сное виде́ние *ср,* ужа́сное представле́ние *ср*

Hörsaal <-(e)s, -säle> *m* лекцио́нный зал *м*

Hörspiel <-(e)s, -e> *nt* радиоспекта́кль *м*

Hort [hɔrt] <-(e)s, -e> *m* **1.** *(Kinderhort)* гру́ппа *ж* продлённого дня **2.** *(Schutzraum)* прибе́жище *ср*

horten ['hɔrtən] *vt* копи́ть, на- *св*

Hörweite *f* расстоя́ние, с кото́рого мо́жно услы́шать что-л.; **sich in/außer ~ befinden** находи́ться на расстоя́нии

Höschen <-s, -> *nt* тру́сики *мн*

Hose ['ho:zə] <-, -n> *f* брю́ки *мн;* *(kurze Hose)* шо́рты *мн;* *(Unterhose)* трусы́ *мн;* **etw ist in die ~ gegangen** *umg* что-л.

потерпéло провáл; **die ~(n) voll haben** *umg (sich fürchten)* наложи́ть в штаны́; **sie hat die Hosen an** *fam* онá комáндует в дóме; **etw geht in die ~** *fam* что-л. провáливается; **sich** *dat* **vor Angst in die Hose machen** *fam* наложи́ть в штаны́ от стрáха

Hosenanzug <-(e)s, -anzüge> *m* жéнский брю́чный костю́м *м*

Hosenbein <-(e)s, -e> *nt* брю́чина *ж*, штани́на *ж*

Hosenbund <-(e)s> *m* пóяс *м* брюк

Hosenrock <-(e)s, -röcke> *m* ю́бка *ж* – брю́ки *мн*

Hosensack <-(e)s, -säcke> *m CH, österr (Hosentasche)* кармáн *м* брюк

Hosenschlitz *m* шири́нка *ж*

Hosenstall *m fam hum* шири́нка *ж*

Hosentasche <-, -n> *f* кармáн *м* брюк

Hosenträger <-s, -> *pl* подтя́жки *мн*

Hospital [hɔspi'ta:l, hɔspi'tɛ:lɐ] <-s, -e/-täler> *nt* больни́ца *ж*

Host <-s, -s> *m* DV хост *м*

Hosteß [hɔs'tɛs] <-sses> *f* хостéсса *ж*

Hostess[RR] [hɔs'tɛs] <-, -en> *f*, **Hosteß**[Alt] <-, Hostessen> *f* **1.** *(Prostituierte)* хостéсса *ж* **2.** *(Begleiterin) сопровождáющая и информи́рующая гостéй на выставках, я́рмарках и т. п.*

Hostie ['hɔstiə] <-, -n> *f* REL гóстия *ж*, облáтка *ж*

Hotel [ho'tɛl] <-s, -s> *nt* гости́ница *ж;* **sie übernachten im ~** они́ ночу́ют в гости́нице

Hotelbett <-(e)s, -en> *nt* мéсто *ср* в гости́нице

Hotelfachschule <-, -n> *f* шкóла *ж* гости́ничного хозя́йства

Hotelgast <-es, -gäste> *m* прожива́ющий *м* в гости́нице

Hotelier [hotə'lje:, hotɛ'lje:] <-s, -s> *m* хозя́ин *м* гости́ницы

Hotelkette <-, -n> *f ряд однoти́пных отéлей, принадлежáщих одномý и томý же владéльцу*

Hotelrechnung <-, -en> *f* гости́ничный счёт *м*

Hotelzimmer <-s, -> *nt* гости́ничный нóмер *м*

Hotline ['hɔtlaɪn] <-, -s> *f* горя́чая ли́ния *ж*

Hovercraft <-s, -s> *nt (Luftkissenboot)* кáтер *м* на возду́шной поду́шке

Hr. *abk von* **Herr** господи́н *м*

Hrsg. *abk von* **Herausgeber(in)** издáтель *м*

HTML-Code <-s> *m* DV код *м* гипертéкста

HTML-Datei <-, -en> *f* DV файл *м* с гипертéкстом

HTML-Format <-(e)s> *nt* DV формáт *м* гипертéкста

Hubraum ['hu:praʊm] <-(e)s> *m* рабóчий объём *м*

Hubraumbegrenzung <-> *f* ограничéние *ср* рабóчего объёма

hübsch [hʏpʃ] *adj* **1.** *(gut aussehend)* краси́вый **2.** *(gefällig, nett)* ми́лый, симпати́чный; **sie hat ihre Wohnung ~ eingerichtet** онá краси́во обстáвила свою́ кварти́ру **3.** *umg (beträchtlich, groß)* большóй, прили́чный; **das ist eine ~e Summe** э́то прили́чная су́мма; **sich ~ machen** прихорáшиваться; **eine hübsche Bescherung!** ну и кáшу завари́ли!

Hubschrauber ['hu:pʃraʊbɐ] <-s, -> *m* вертолёт *м*

Hubschrauberlandeplatz <-es, -plätze> *m* вертодрóм *м*

huckepack *adv fam* **jdn/etw ~ nehmen** нести́ когó-л./что-л. на спинé

hudeln ['hu:dəln] *vi umg* рабóтать *нсв* в спéшке, халту́рить, схалту́рить *св;* **nur nicht ~!** тóлько не халту́рить!

Huf [hu:f] <-(e)s, -e> *m* копы́то *ср*

Hufeisen <-s, -> *nt* подкóва *ж*

Hufnagel *m* гвоздь *м* для подкóв

Hufschmied *m* кузнéц *м*

Hüfte ['hʏftə] <-, -n> *f* бедрó *ср;* **die Arme in die ~ stemmen** уперéть ру́ки в бóки

Hüftgelenk <-(e)s, -e> *nt* тазобéдренный сустáв *м*

Hügel ['hy:gəl] <-s, -> *m* холм *м*, бугóр *м*

hügelig *adj (Gelände)* холми́стый

Huhn [hu:n, 'hy:nɐ] <-(e)s, Hühner> *nt* **1.** *(Henne)* ку́рица *ж;* **ein verrücktes ~ sein** *fam* у когó-л. не все дóма **2.** *(Fleisch)* куря́тина *ж;* **da lachen ja die Hühner** *umg* тóлько ку́рам нá смех; **mit den Hühnern aufstehen/zu Bett gehen** вставáть/ложи́ться с петухáми

Hühnchen ['hy:nçən] <-s, -> *nt* GASTR ку́рица *ж;* **mit jdm ein ~ rupfen** *fam* своди́ть счёты с кем-л.

Hühnerauge <-s, -n> *nt* мозóль *ж*

Hühnerbouillon <-, -s> *f* кури́ный бульóн *м*

Hühnerbrühe *f* GASTR кури́ный бульóн *м*

Hühnerei *nt* GASTR кури́ное яйцó *ср*

Hühnerfarm *f* кури́ная фéрма *ж*

Hühnerleiter <-, -n> *f* насéст *м* для кур

Hühnerstall *m* куря́тник *м*

Hühnersuppe <-, -n> *f* кури́ный суп *м*

huldigen ['hʊldɪgən] *vi* **jdm ~** почитáть когó-л.; **einer Anschauung ~** быть привéрженцем какóго-л. воззрéния

Huldigung <-, -en> *f* почитáние *ср*

Hülle ['hʏlə] <-, -n> *f* оболóчка *ж; (von Schallplatte)* конвéрт *м; (von Ausweis)* облóжка *ж;* **in ~ und Fülle** в изоби́лии; **die sterbliche ~** *geh* брéнные остáнки; **die Hüllen fallen lassen** *fam* сбрóсить мáски

hüllen ['hʏlən] *vt* заку́тывать, -тать *св* в; **sie hüllte sich in eine Decke** онá заку́талась в покрывáло; **sich in Schweigen ~**

хранить молчание
Hülse ['hʏlzə] <-, -n> *f* футляр *м; (Frucht~)* стручок *м*
Hülsenfrucht <-, -früchte> *f* бобовый плод *м*
human [hu'ma:n] *adj* гуманный, человечный
Humanismus [huma'nɪsmʊs] <-> *m* гуманизм *м*
humanistisch *adj* гуманистический; **ein ~es Gymnasium** классическая гимназия
humanitär [humani'tɛ:ɐ] *adj* гуманитарный; **aus ~en Gründen** из гуманитарных соображений
Humbug ['hʊmbu:k] *m* **etw ist reiner ~** *umg* что-л. является чистейшим шарлатанством; **jd redet lauter ~** *umg* кто-л. несёт сплошную чушь
Hummel ['hʊməl] <-, -n> *f* шмель *м*
Hummer ['hʊmɐ] <-s, -> *m* омар *м*
Humor [hu'mo:ɐ] <-s> *m* юмор *м;* **Sinn für ~ haben** иметь чувство юмора; **den ~nicht verlieren** не терять чувства юмора; **schwarzer ~** чёрный юмор; **er hat keinen Sinn für ~** у него нет чувства юмора
Humorist(in) <-en, -en> *m(f)* юморист *м*
humorlos *adj* без чувства юмора
humorvoll *adj* остроумный
humpeln ['hʊmpəln] *vi* прихрамывать *нсв,* слегка хромать *нсв*
Humus ['hu:mʊs] <-> *m* гумус *м,* перегной *м*
Hund [hʊnt] <-(e)s, -e> *m* **1.** ZOOL собака *ж,* пёс *м;* **er nahm den ~ an die Leine** он взял собаку на поводок **2.** *(Jagdhund)* охотничья собака *ж* **3.** *(Schimpfwort)* собака *ж,* пёс *м;* **Warnung vor dem ~!** осторожно, злая собака!; **das ist ein dicker ~!** *umg* это невиданная наглость!; **auf den ~ kommen** *umg* обнищать; **jd ist bekannt wie ein bunter ~** *umg* кого-л. каждая собака знает; **Vorsicht, bissiger ~!** осторожно, злая собака!; **sie sind wie ~ und Katze** *fam* они как сведёные; **Hunde, die bellen, beißen nicht** *prov* лаять, но не кусаться
Hundefutter <-s> *nt* корм *м* для собак
Hundehalter <-s, -> *m* владелец *м* собаки
Hundehütte <-, -n> *f* собачья будка *ж,* собачья конура *ж; umg (kleines Haus)* конура
Hundekuchen <-s, -> *m* галета *ж* для собак
Hundeleben *nt ohne pl fam abw* собачья жизнь *ж*
Hundeleine <-, -n> *f* поводок *м*
hundemüde ['--'--] *adj umg* уставший как собака; **ich bin wirklich ~** я действительно устал как собака
Hunderasse *f* порода *ж* собак
hundert ['hʊndɐt] *num* сто
hundertfach **I.** *adj* стократный **II.** *adv* в сто раз
hundertjährig ['hʊndɐtjɛ:rɪç] *adj* **1.** *(Alter)* столетний **2.** *(Dauer, Bestehen)* вековой, столетний
hundertmal ['hʊndɐtma:l] *num* сто раз; **ich hab es dir doch schon ~ gesagt** я же тебе это уже сто раз говорил!
hundertprozentig *adj* стопроцентный; *umg (völlig)* полный, стопроцентный; **ich bin mir ~ sicher** я уверен на сто процентов; **~e Sicherheit** стопроцентная уверенность
Hundertstel ['hʊndɐtstəl] <-s, -> *nt* сотая часть *ж*
Hundertstelsekunde <-, -n> *f* сотая доля секунды
Hundeschlitten *m* собачьи сани *мн*
Hundesteuer <-, -n> *f* налог *м* на содержание собак
Hundewetter *nt fam* собачья погода *ж*
Hüne ['hy:nə] <-n, -n> *m* богатырь *м;* **er ist ein ~ von Mann** он настоящий богатырь
Hunger ['hʊŋɐ] <-> *m* голод *м; (Verlangen, Sehnsucht)* жажда *ж;* **~ haben** быть голодным; **~ leiden** голодать; **~ stillen** утолить голод; **ich bekomme ~** я проголодался; **ich sterbe vor ~** я умираю от голода
Hungerkur <-en, -en> *f umg* голодная диета *ж*
Hungerlohn <-(e)s, -löhne> *m* нищенская зарплата *ж;* **sie arbeitet für einen ~** она работает за гроши
hungern ['hʊŋɐn] *vi* голодать *нсв; (fasten)* поститься *нсв*
Hungersnot <-, -nöte> *f* голод *м*
Hungerstreik <-s, -s> *m* голодовка *ж;* **in den ~ treten** объявить голодовку
hungrig ['hʊŋrɪç] *adj* голодный; **ich bin ~ wie ein Wolf** я голоден как волк
Hupe ['hu:pə] <-, -n> *f* звуковой сигнал *м,* клаксон *м;* **auf die ~ drücken** нажать на клаксон
hupen ['hu:pən] *vi* сигналить, по- *св*
hüpfen ['hʏpfən] *vi* скакать, по- *св; (Ball)* прыгать, -гнуть *св;* **der Vogel hüpfte vom Ast** птичка спрыгнула с ветки
Hupkonzert <-(e)s, -e> *nt umg: частые автомобильные сигналы*
Hupsignal <-(e)s, -e> *nt* звуковой сигнал *м*
Hürde ['hʏrdə] <-, -n> *f* **1.** SPORT барьер *м* **2.** *(Hindernis)* препятствие *ср* **3.** *(für Schafe)* загон *м;* **eine ~ nehmen** преодолеть препятствие
Hürdenlauf <-(e)s, -läufe> *m* бег *м* с препятствиями
Hürdenläufer(in) <-s, -> *m(f)* барьерист *м*
Hure ['hu:rə] <-, -n> *f pej* шлюха *ж*

hurra! [hʊˈraː] *interj* ура́!
Hurrapatriotismus <-> *m pej* ура́-патрио́тизм *м*
huschen [ˈhʊʃən] *vi* промелькну́ть *св,* проскользну́ть *св;* **ein Lächeln huschte über seine Lippen** улы́бка пробежа́ла по его́ губа́м
husten [ˈhuːstən] **I.** *vi* ка́шлять *нсв* **II.** *vt* **dir werde ich was ~** *umg* чиха́л я на тебя́
Husten [ˈhuːstən] <-s> *m* ка́шель *м;* **schwerer ~** тяжёлый ка́шель
Hustenanfall <-(e)s, -anfälle> *m* при́ступ *м* ка́шля
Hustenbonbon <-s, -s> *nt* ледене́ц *м* от ка́шля
Hustensaft <-(e)s, -säfte> *m* миксту́ра *ж* от ка́шля
Hut [huːt] <-(e)s, Hüte> *m* шля́па *ж;* **~ ab!** *umg* ша́пки доло́й!; **etw ist ein alter ~** *umg* что-л. старо́; **unter einen ~ bringen** *umg* объедини́ть; **auf der ~ sein** быть насторо́же́; **das kannst du dir an den ~ stecken** *fam* об э́том и не ду́май
hüten [ˈhyːtən] **I.** *vt* охраня́ть, -ни́ть *св; (Vieh)* пасти́ *нсв;* **das Haus ~** сторожи́ть дом **II.** *vr* **sich ~** остерега́ться, -ре́чься *св;* **ich werde mich ~!** и не поду́маю!; **das Bett ~** боле́ть; **seine Zunge ~** держа́ть язы́к за зуба́ми; **sich vor jdm/etw ~** остерега́ться кого́-л./чего́-л.; **hüte dich das zu tun!** и не взду́май де́лать э́того!
Hüter(in) <-s, -; -nen> *m(f) geh* блюсти́тель *м;* **der ~ des Gesetzes** блюсти́тель поря́дка
Hutgeschäft *nt* магази́н *м* головны́х убо́ров
Hutmacher(in) <-s, -; -nen> *m(f)* шля́почник *м*
Hutsche <-, -n> *f österr (Schaukel)* каче́ли *мн*
Hütte [ˈhʏtə] <-, -n> *f* хи́жина *ж*
hutzelig *adj umg* **1.** *(faltig)* морщи́нистый **2.** *(Apfel)* смо́рщенный
Hyäne [hyˈɛːnə] <-, -n> *f* гие́на *ж*
Hyazinthe [hyaˈtsɪntə] <-, -n> *f* гиаци́нт *м*
hybrid *adj* гибри́дный
Hybridantrieb <-(e)s, -e> *m* TECH комбини́рованный приво́д *м*
Hybridversion <-, -en> *f* DV гибри́дная ве́рсия *ж*
Hydrant [hyˈdrant] <-en, -en> *m* гидра́нт *м*
Hydraulik [hyˈdraʊlɪk] *f ohne pl* TECH гидра́влика *ж*
Hydraulikbremse <-, -n> *f* тормозна́я систе́ма *ж* с гидравли́ческим приво́дом
hydraulisch *adj* гидравли́ческий
Hydrokultur <-, -en> *f* гидропо́ника *ж*
hydrostatisch *adj* гидростати́ческий
Hygiene [hyˈgi̯eːnə] <-> *f* гигие́на *ж*
hygienisch *adj* гигиени́чный, гигиени́ческий
Hymne [ˈhʏmnə] <-, -n> *f* гимн *м;* **eine ~ auf etw/jdn** гимн чему́-л./кому́-л.
hymnisch *adj* в сти́ле ги́мна
Hyperinflation <-> *f* гиперифля́ция *ж*
hyperkorrekt [ˈhyːpɐkɔrɛkt] *adj* сверхкорре́ктный, сверхпра́вильный
Hyperlink [ˈhaɪpɐlɪŋk] <-s, -s> *m* DV гиперссы́лка *ж*
Hypertext [ˈhyːpɐ-] <-(e)s> *m* DV гиперте́кст *м*
Hypnose [hʏpˈnoːzə] <-> *f* гипно́з *м;* **unter ~ stehen** находи́ться под гипно́зом
hypnotisieren [hʏpˈnoːtɪʃ] *vt* гипнотизи́ровать, за- *св*
Hypochonder(in) [hypoˈxɔndɐ] <-s, -> *m(f)* ипохо́ндрик *м*
Hypochondrie <-> *f* ипохо́ндрия *ж*
Hypothek [hypoˈteːk] <-, -en> *f* ипоте́ка *ж;* **mit einer ~ belasten** закла́дывать иму́щество под ипоте́ку; **frei von ~en** свобо́дный от ипоте́ки; **das Haus mit einer ~ belasten** наложи́ть на дом ипоте́ку
Hypothekenbank <-, -en> *f* ипоте́чный банк *м*
Hypothekendarlehen <-s, -> *nt* ипоте́чная ссу́да *ж,* ссу́да *ж* под недви́жимое иму́щество
Hypothekeneintragung <-, -en> *f* за́пись *ж* в ипоте́чную кни́гу, ипоте́чная за́пись *ж*
hypothekenfrei *adj* свобо́дный от ипоте́ки, незало́женный
Hypothekengläubiger <-s, -> *m* ипотекодержа́тель *м*
Hypothekenpfandbrief <-(e)s, -e> *m* ипоте́чный [*или* закладно́й] лист *м*
Hypothekenregister <-s, -> *nt* ипоте́чная кни́га *ж*
Hypothekenschuld <-, -en> *f* ипоте́чная задо́лженность *ж,* ипоте́чный долг *м*
Hypothese [hypoˈteːzə] <-, -n> *f* гипо́теза *ж;* **eine ~ aufstellen** вы́двинуть гипо́тезу; **eine ~ widerlegen** опроверга́ть гипо́тезу
hypothetisch [hypoˈteːtɪʃ] *adj* гипотети́ческий; **rein ~ könntest du Recht haben** чи́сто гипотети́чески ты мог бы быть прав
Hypotonie <-> *f* гипотони́я *ж*
Hysterie [hʏsteˈriː] <-> *f* истери́я *ж*
hysterisch [hʏsˈteːrɪʃ] *adj* истери́чный, истери́ческий; **nun werde nicht gleich ~** не устра́ивай тут же исте́рику
Hz *abk von* **Hertz** герц *м*

I

I

I, i [iː] <-, -> *nt* бу́ква I
i.A. *abk von* **im Auftrag** по поруче́нию
IC [iː'tseː] *abk von* **Intercity** осо́бо комфорта́бельный
ICE [iːtseː'ʔeː] *abk von* **Intercity-Express** *скоростно́й осо́бо комфорта́бельный по́езд*
ich [ɪç] *pron pers* я; ~ **bin es** э́то я; ~ **nicht** не я; ~ **Dummkopf!** я ду́рень!; **mein anderes/zweites/besseres** ~ моё друго́е/второ́е/лу́чшее я
Icherzählung <-, -en>, **Ich-Erzählung** *f* расска́з *м* [*или* повествова́ние *ср*] от пе́рвого лица́
Icon ['aɪkən] <-s, -s> *nt* DV ико́на *ж*
ideal [ide'aːl] *adj* идеа́льный; **wir haben ~e Voraussetzungen** у нас идеа́льные предпосы́лки
Ideal <-s, -e> *nt* идеа́л *м;* **ein unerreichbares ~** недостижи́мый идеа́л
idealerweise *adv* при идеа́льных обстоя́тельствах
Idealgewicht <-(e)s, -e> *nt* идеа́льный вес *м;* ~ **haben** име́ть идеа́льный вес
idealisieren [ideali'ziːrən] *vt* идеализи́ровать *(н)св*
Idealismus [idea'lɪsmʊs] <-> *m* идеали́зм *м*
Idealist(in) [idea'lɪst] <-en, -en> *m(f)* идеали́ст *м и ж*
idealistisch *adj* идеалисти́ческий; *(weltfremd)* ото́рванный от ми́ра
Ideallösung <-, -en> *f* идеа́льное реше́ние *ср*
Idee [i'deː, i'deːən] <-, -n> *f* иде́я *ж; (Einfall)* иде́я *ж,* мысль *ж;* **ich habe eine gute ~** у меня́ есть хоро́шая иде́я; **wie kommst du auf die ~?** как тебе́ э́то в го́лову пришло́?; **eine fixe ~** иде́я фикс; **jdn auf die ~ bringen etw zu tun** натолкну́ть кого́-л. на мысль сде́лать что-л.
identifizieren [idɛntifi'tsiːrən] **I.** *vt* идентифици́ровать *(н)св,* отождествля́ть, -ви́ть *св* **II.** *vr* **die Schauspielerin identifizierte sich mit der Rolle** актри́са вжила́сь в роль
Identifizierung <-en> *f* идентифика́ция *ж*
identisch [i'dɛntɪʃ] *adj* иденти́чный
Identität [idɛnti'tɛːt] <-> *f* то́ждество *ср,* иденти́чность *ж*
Identitätskarte *f* па́спорт *м*
Identitätskrise <-, -n> *f* кри́зис *м* иденти́чности
Identitätsnachweis <-es, -e> *m* удостовере́ние *ср* ли́чности
Identitätsverlust <-es, -e> *m* утра́та *ж* иденти́чности
Ideologe [ideo'loːgə] <-n, -n; -nen> *m,* **Ideologin** *f* идео́лог *м*
Ideologie [ideolo'giː] <-, -n> *f* идеоло́гия *ж*
Ideologiekritik <-> *f* SOZIOL вскры́тие *ср* материа́льной обусло́вленности идеоло́гии
ideologisch [ideo'loːgɪʃ] *adj* идеологи́ческий
Idiom <-s, -e> *nt* идио́ма *ж*
Idiomatik <-> *f* LING идиома́тика *ж*
idiomatisch [idjo'maːtɪʃ] *adj* идиомати́ческий
Idiot(in) [i'di̯oːt] <-en, -en> *m(f) pej, umg* идио́т *м*
idiotisch *adj pej, umg* идио́тский; **eine ~e Idee** идио́тская иде́я *ж*
Idol [i'doːl] <-s, -e> *nt* и́дол *м,* куми́р *м*
Idylle [i'dʏlə] <-n> *f* иди́ллия *ж*
idyllisch *adj* идилли́ческий
Igel ['iːgəl] <-s, -> *m* ёж *м*
Iglu ['iːglu] <-s, -s> *m o nt* и́глу *ср*
Ignorant(in) [ɪgno'rant] <-en, -en; -nen> *m(f) abw* неве́жа *м и ж*
Ignoranz [ɪgno'rants] <-> *f (Unkenntnis)* неве́жество *ср*
ignorieren [ɪgno'riːrən] *vt* игнори́ровать *(н)св,* про- *св;* **sie ignorierte seinen Gruß** она́ проигнори́ровала его́ приве́тствие
Iguana *f* ZOOL игуа́на *ж*
IHK [iːhaː'kaː] *abk von* **Industrie- und Handelskammer** Индустриа́льная и торго́вая пала́та
ihm¹ [iːm] *dat von* **er** ему́; **sie hat ~ nichts gesagt** она́ ничего́ ему́ не сказа́ла; **ein Freund von ~** его́ друг
ihm² [iːm] *dat von* **es**
ihn [iːn] *pron pers 3.sg m akk von* **er** его́; **ich treffe ~ heute Abend** я уви́жу его́ сего́дня ве́чером; **das ist für ~** э́то для него́
ihnen ['iːnən] *dat von* **sie** вам; ~ **wäre das zu teuer** вам э́то не по карма́ну; **wir wollten Ihnen eine Freude machen** мы хоте́ли вас обра́довать
Ihnen *pron dat sg und pl von* **Sie**
ihr [iːɐ] *pron* **1.** + *dat s.* **sie 2.** *2. pers nom pl* вы; ~ **könnt das auch anders machen** вы могли́ бы сде́лать э́то по-друго́му; ~ **Lieben!** дороги́е мои́! **3.** *3. pers f sg* её; **das ist ~ Geld** э́то её де́ньги **4.** *3. pers pl* их
Ihr *pron poss zu s.* **Sie**
ihre(r, s) ['iːrə, -rɐ, -rəs] *pron poss* **1.** *(3. pers f sg)* её; **wessen Buch ist das? – ihres** чья э́то кни́га? – её **2.** *(3. pers pl)* их; **wessen Bücher sind das? – ihre** чьи э́то кни́ги? – их
Ihre(r, s) *pron poss (2. pers)* ва́ши

ihrer *pron pers gen von* **sie**
Ihrer *pron pers gen von* **Sie**
ihrerseits ['i:rɐzaɪts] *adv* **1.** *f sg (bezüglich sie)* с её стороны́, со свое́й стороны́; **sie ~ hält nichts davon** она́, со свое́й стороны́, невысо́кого мне́ния об э́том **2.** *pl (bezüglich sie)* с их стороны́, со свое́й стороны́; **sie ~ halten nichts davon** они́, со свое́й стороны́, невысо́кого мне́ния об э́том
ihresgleichen ['i:rəs'glaɪçən] *pron* **1.** *f sg* тако́й, как она́; **für ~ habe ich kein Verständnis** таки́х, как она́, я не понима́ю **2.** *pl* тако́й, как они́
ihretwegen ['i:rət've:gən] *adv* **1.** *(wegen ihr)* из-за неё **2.** *(ihr zuliebe)* ра́ди неё; **~ sind wir zu Hause geblieben** ра́ди неё мы оста́лись до́ма; **ich habe es nur ~ getan** я сде́лал э́то ра́ди неё **3.** *(wegen ihnen)* из-за вас; **~ kommen wir zu spät** из-за вас мы опа́здываем **4.** *(ihnen zuliebe)* ра́ди вас
ihretwillen ['i:rət'vɪlən] *adv* **um ~** ра́ди неё
Ikone [i'ko:nə] <-, -n> *f* ико́на *ж,* о́браз *м*
Ikonenmalerei <-> *f* ико́нопись *ж*
illegal ['ɪlega:l] *adj* нелега́льный, незако́нный; **der Handel mit Drogen ist ~** торго́вля нарко́тиками противозако́нна; **~e Beschäftigung** нелега́льное заня́тие *ср*
illegitim ['ɪlegiti:m] *adj* незако́нный, неправоме́рный
Illusion [ɪlu'zi̯o:n] <-, -en> *f* иллю́зия *ж;* **sich (über etw) ~en machen** стро́ить себе́ (по по́воду чего́-л.) иллю́зии
illusorisch [ɪlu'zo:rɪʃ] *adj* иллюзо́рный, обма́нчивый; **die Hoffnung war ~** наде́жда была́ иллюзо́рна
Illustration [ɪlʊstra'tsi̯o:n] <-, -en> *f* иллюстра́ция *ж*
illustrieren [ɪlʊs'tri:rən] *vt* **1.** *(bebildern)* иллюстри́ровать *(н)св,* про- *св* **2.** *(erläutern)* иллюстри́ровать *(н)св,* про- *св;* **das möchte ich an einem Beispiel ~** я хочу́ проиллюстри́ровать э́то на одно́м приме́ре
Illustrierte [ɪlʊs'tri:ɐtə] <-, -n> *f* иллюстри́рованный журна́л *м*
Iltis ['ɪltɪs] <-ses, -se> *nt* хорёк *м*
im [ɪm] *prp + dat (in dem)* в; **sie ist ~ Garten** она́ в саду́; **~ Gegenteil** напро́тив; **im ersten Stock** на второ́м этаже́; **~ Alter von ...** в во́зрасте ...
Image ['ɪmɪtʃ] <-(s), -s> *nt* и́мидж *м,* прести́жность *ж,* репута́ция *ж;* **das ~ eines Produktes aufbauen** создава́ть и́мидж проду́кта; **gutes/schlechtes ~** хоро́ший/плохо́й и́мидж; **sein ~ pflegen** забо́титься о своём и́мидже
Imagepflege <-> *f* поддержа́ние *ср* и́миджа
Imagetransfer <-s, -s> *m* перено́с *м* и́миджа
Imageverlust <-es, -e> *m* потéря *ж* и́миджа
imaginär [imagi'nɛ:ɐ] *adj* мни́мый, вообража́емый
Imbiss[RR] ['ɪmbɪs] <-es, -e> *m,* **Imbiß**[Alt] ['ɪmbɪs] <-bisses, -bisse> *m* **1.** *(Speise)* заку́ска *ж* **2.** *(Imbissbude)* заку́сочная *ж,* буфе́тная сто́йка *ж;* **einen ~ einnehmen** перекуси́ть
Imbissstube[RR] <-, -n>, **Imbiss-Stube** *f* заку́сочная *ж*
Imitat [imi'ta:t] <-(e)s, -e> *nt* имита́ция *ж*
Imitation [imita'tsi̯o:n] <-, -en> *f* имита́ция *ж,* подража́ние *ср*
Imitator(in) [imi'ta:to:ɐ̯] <-s, -en; -nen> *m(f)* имита́тор *м*
imitieren [imi'ti:rən] *vt* имити́ровать *(н)св,* сымити́ровать *св,* подража́ть *нсв*
Imker(in) ['ɪmkɐ] <-s, -> *m(f)* пчелово́д *м*
Imkerei *f* пче́льник *м*
immanent *adj* импане́нтный
Immanenz <-> *f* имманéнтность *ж*
Immatrikulation [ɪmatrikula'tsi̯o:n] <-, -en> *f* приём *м* [*или* зачисле́ние *ср*] в вы́сшее учéбное заведе́ние [*или* вуз]
immatrikulieren [ɪmatriku'li:rən] *vr* принима́ть/-ня́ть *св* в вы́сшее учéбное заведе́ние, зачисля́ть/-чи́слить *св* в вы́сшее учéбное заведе́ние
immens [ɪ'mɛns] *adj* огро́мный, необъя́тный; **~e Kosten kommen auf uns zu** нам предстоя́т огро́мные расхо́ды
immer ['ɪmɐ] **I.** *adv* **1.** *(unaufhörlich)* всегда́, постоя́нно; **er ist ~ schlecht gelaunt** он всегда́ в плохо́м настрое́нии; **es ist ~ dasselbe** всё одно́ и то же; **für ~** навсегда́; **wie ~** как всегда́ **2.** *(jedes Mal)* постоя́нно, ка́ждый раз; **~ wenn ich anrufe, ist besetzt** ка́ждый раз, когда́ я звоню́, за́нято **II.** *part (in zunehmendem Maße)* всё; **die Musik wird ~ lauter** му́зыка стано́вится всё гро́мче; **~ noch** всё ещё; **~ mehr** всё бо́льше; **wer/was auch ~** кто́/что́ бы ни́ было
immerhin *adv* **1.** *(wenigstens)* по кра́йней ме́ре; **~ hat er sich bemüht** по кра́йней ме́ре он стара́лся **2.** *(schließlich)* всё же, всё-таки; **~ ist sie dafür verantwortlich** всё же отве́тственность за э́то несёт она́
Immigrant(in) [ɪmi'grant] <-en, -en> *m(f)* иммигра́нт *м*
Immigration [ɪmigra'tsi̯o:n] <-en> *f* иммигра́ция *ж*
immigrieren [ɪmi'gri:rən] *vi sein* иммигри́ровать
Immission <-, -en> *f (von Schadstoffen)* вы́брос *м,* эми́ссия *ж*
Immissionsschutz <-es> *m* (устано́влен-

ная зако́ном) охра́на *ж* среды́ от вы́бросов вре́дных веще́ств

Immobilien [ɪmoˈbiːliən] *fpl* недви́жимое иму́щество *ср;* **mit ~n handeln** торгова́ть недви́жимостью

Immobiliengesellschaft <-, -en> *f* комме́рческое о́бщество *ср,* торгу́ющее недви́жимостью

Immobilienhandel <-s> *m* торго́вля *ж* недви́жимостью

Immobilienmakler(in) <-s, -> *m(f)* ма́клер *м* недви́жимости, риэ́лтер *м*

Immobilienmarkt <-(e)s, -märkte> *m* ры́нок *м* недви́жимости

immun [ɪˈmuːn] *adj* **1.** MED иммýнный, невосприи́мчивый **2.** JUR *(Abgeordnete)* по́льзующийся пра́вом неприкоснове́нности; **gegen etw ~ sein** *fig, umg* быть невосприи́мчивым к чему́-л.

Immundefekt <-(e)s, -e> *m* (врождённое и́ли приобретённое) наруше́ние *ср* иммуните́та

immunisieren *vt* MED иммунизи́ровать

Immunität [ɪmuniˈtɛːt] <-> *f* **1.** MED иммуните́т *м,* невосприи́мчивость *ж* **2.** JUR, POL *(von Abgeordneten)* неприкоснове́нность *ж,* иммуните́т *м;* **~ genießen** по́льзоваться иммуните́том

immunologisch *adj* иммунологи́ческий

Immunschwäche *f* MED иммýнная недоста́точность *ж*

Immunschwächekrankheit <-, -en> *f* *боле́знь, вы́званная ослабле́нием иммуните́та*

Immunsystem <-s, -e> *nt* иммýнная систе́ма *ж*

Impedanz <-, -en> *f* EL по́лное сопротивле́ние *ср*

Imperativ [ˈɪmperatiːf] <-s, -e> *m* LING повели́тельное наклоне́ние *ср,* императи́в *м*

Imperator <-s, -en> *m* HIST императо́р *м*

Imperfekt [ˈɪmpɛrfɛkt] <-s, -e> *nt* LING импе́рфе́кт *м*

Imperialismus [ɪmperiaˈlɪsmʊs] <-> *m* империали́зм *м*

imperialistisch *adj* империалисти́ческий

Imperium [ɪmˈpeːriʊm, ɪmˈpeːriən] <-s, Imperien> *nt* импе́рия *ж*

Impfausweis <-es, -e> *m* свиде́тельство *ср* о приви́вке

impfen [ˈɪmpfən] *vt* привива́ть про́тив, -ви́ть про́тив *св*

Impfschein <-(e)s, -e> *m* свиде́тельство *ср* о приви́вке

Impfstoff *m* вакци́на *ж*

Impfung <-, -en> *f* приви́вка *ж*

Implantat [ɪmplanˈtaːt] <-(e)s, -e> *nt* MED импланта́т *м*

Implantation <-, -en> *f* импланта́ция *ж*

implantieren *vt* TECH, MED импланти́ровать

implementieren [ɪmplemɛnˈtiːrən] *vt* DV вста́вить, встро́ить

implizieren *vt geh (mit beinhalten, zur Folge haben)* предполага́ть *нсв,* подразумева́ть *нсв*

implizit [ɪmpliˈtsiːt] *adj* имплици́тный

imponieren [ɪmpoˈniːrən] *vi* импони́ровать *нсв;* **das hat mir besonders imponiert** э́то мне осо́бенно импони́ровало

Import [ɪmˈpɔrt] <-(e), -e> *m* **1.** *(Gütereinfuhr)* и́мпорт *м,* ввоз *м* **2.** *(importierte Ware)* и́мпортный това́р *м;* **das Angebot an ~en** предложе́ние и́мпортных това́ров; **~ von Getreide** и́мпорт зерна́

Importabgabe <-, -n> *f* нало́г *м* на и́мпортные това́ры

Importbeschränkung <-, -en> *f* ограниче́ние *ср* на и́мпорт

Importbewilligung *m* и́мпортная лице́нзия *ж*

Importeur [ɪmpɔrˈtøːɐ] <-s, -e> *m* импортёр *м*

Importfahrzeug <-(e)s, -e> *nt* и́мпортный автомоби́ль *м*

Importfinanzierung <-> *f* финанси́рование *ср* и́мпорта

Importfirma <-, -firmen> *f* фи́рма *ж* - импортёр *м*

Importgüter <-> *pl* и́мпортные това́ры *ммн*

importieren *vt* импорти́ровать *(н)св,* ввози́ть, ввезти́ *св*

Importland <-(e)s, -länder> *nt* страна́ *ж* - импортёр *м*

importlastig *adj* с переве́сом и́мпорта (над э́кспортом)

Importlizenz <-, -en> *f* и́мпортная лице́нзия *ж*

Importquote <-, -n> *f* и́мпортная кво́та *ж*

Importrestriktion <-, -en> *f* ограниче́ние *ср* и́мпорта

Importsteuer <-, -n> *f* и́мпортный нало́г *м*

Importverbot <-(e)s, -e> *nt* запреще́ние *ср* и́мпорта

Importvolumen <-s, -volumina> *nt* объём *м* и́мпорта

Importware <-, -n> *f* и́мпортный това́р *м*

Importzertifikat <-(e)s, -e> *nt* и́мпортный сертифика́т *м*

Importzoll <-(e)s, -zölle> *m* и́мпортная тамо́женная по́шлина *ж*

imposant [ɪmpoˈzant] *adj* импоза́нтный; **das Gebäude ist eine ~e Erscheinung** у зда́ния импоза́нтный вид

impotent [ˈɪmpotɛnt] *adj* импоте́нтный

Impotenz [ˈɪmpotɛnts] <-> *f* импоте́нция *ж,* полово́е бесси́лие *ср*

imprägnieren [ɪmprɛˈgniːrən] *vt (wasserdicht machen)* пропи́тывать, -та́ть *св*

Imprägnierung <-> *f* импрегни́рование *ср*

Impressionismus [ɪmprɛsjoˈnɪsmʊs] <-> *m* импрессиони́зм *м*

impressionistisch [ɪmprɛsi̯oˈnɪstɪʃ] *adj* KUNST импрессиони́стский

Impressum [ɪmˈprɛsʊm] <-s, Impressen> *nt (publ)* служе́бная информа́ция *ж*

Improvisation [ɪmprovizaˈt͡si̯oːn] <-, -en> *f* импровиза́ция *ж,* экспро́мт *м;* MUS импровиза́ция *ж*

improvisieren [ɪmproviˈziːrən] *vt* импровизи́ровать *(н)св,* сымпровизи́ровать *св,* говори́ть, сказа́ть *св* экспро́мтом; MUS импровизи́ровать *(н)св,* с- *св*

Impuls [ɪmˈpʊls] <-es, -e> *m* и́мпульс *м;* **einen ~ geben** да́ть толчо́к

Impulsgeber <-s, -> *m* TECH генера́тор *м* импу́льсов

impulsiv [ɪmpʊlˈziːf] *adj* импульси́вный; **sie ist immer sehr ~** она́ всегда́ о́чень импульси́вна

Impulskauf <-(e)s, -käufe> *m (Spontankauf)* необду́манная поку́пка *ж*

imstande [ɪmˈʃtandə], **im Stande** *adv* **~** [*o* **im Stande**] **sein, etw zu tun** *(fähig sein)* быть в состоя́нии сде́лать что-л.; **zu etw ~ sein** *(in der Lage sein)* быть спосо́бным на что-л.; **jd ist ~** [*o* **im Stande**] **und kann etw tun** кто́-л. вполне́ мо́жет что-л. сде́лать

in[1] [ɪn] *prp* **1.** *(darin)* в; **~ der Kanne ist noch etw Tee** в ча́йнике есть ещё немно́го ча́я; **sie stellte das Buch ~ den Schrank** она́ поста́вила кни́гу в шкаф; **~ der Hand** в руке́; **gibt es das Kleid auch ~ Grün?** у вас есть тако́е пла́тье зелёного цве́та?; **~ dieser Situation** в э́том слу́чае **2.** *(zeitlich)* че́рез; **~ einer Stunde fährt mein Zug** мой по́езд отхо́дит че́рез час **3.** *(innerhalb)* за, в; **~ einer Woche muss das fertig werden** за неде́лю э́то должно́ быть гото́во; **~ Berlin** в Берли́не; **~ der Nacht** но́чью; **~ der Stadt** в го́роде; **~ Schwierigkeiten sein** быть в тру́дном положе́нии; **~ die Schule gehen** ходи́ть в шко́лу; **~ der nächsten Woche** на сле́дующей неде́ле; **im Januar** в январе́ **4.** *(Richtung)* в, за; **~ die Schweiz/ins Ausland fahren** пое́хать в Швейца́рию/за грани́цу

in[2] [ɪn] *adj* **~ sein** *umg* быть в мо́де

inaktiv [ˈɪnʔaktiːf] *adj* неакти́вный

Inaktivität <-> *f* пасси́вность *ж,* отсу́тствие *ср* инициати́вы

inakzeptabel [ɪnʔt͡sɛpˈtaːbəl] *adj* неприе́млемый; **dieser Vorschlag ist ~** э́то предложе́ние неприе́млемо

Inbegriff [ˈɪnbəgrɪf] <-(e)s, -e> *m* воплоще́ние *ср;* **er ist der ~ von Sturheit** он воплоще́ние упря́мства

inbegriffen *adj* включа́я, включи́тельно; **Frühstück im Preis ~** за́втрак включён в це́ну

Inbetriebnahme <-, -n> *f* пуск *м* в эксплуата́цию; **die ~ des Werkes erfolgte im Juli** пуск заво́да в эксплуата́цию произошёл в ию́ле

inbrünstig *adj geh* стра́стный

Incentive <-s, -s> *nt* побужде́ние *ср,* сти́мул *м;* **~ für die Mitarbeiter** мотива́ция сотру́дников

Indefinitpronomen <-s, -pronomina> *nt* LING неопределённое местоиме́ние *ср*

indem [ɪnˈdeːm] *konj* **1.** *(dadurch, dass)* тем что; **er half uns, ~ er umsonst arbeitete** он помо́г нам тем, что рабо́тал беспла́тно **2.** *(während)* тем вре́менем, ме́жду тем

Inder(in) [ˈɪndɐ] <-s, -> *m(f)* инди́ец *м,* индиа́нка *ж*

Index [ˈɪndɛks] <-(es), -e/Indices> *m* **1.** *(Messwert)* и́ндекс *м* **2.** *(Verzeichnis)* оглавле́ние *ср,* и́ндекс *м,* рее́стр *м;* **auf dem ~ stehen** *(verboten sein: Buch)* быть в спи́ске запрещённых книг

Indianer(in) [ɪndiˈaːnɐ] <-s, -> *m(f)* инде́ец *м,* индиа́нка *ж*

Indianerstamm <-(e)s, -stämme> *m* инде́йское пле́мя *ср*

indianisch *adj* инде́йский

Indices *pl von* **Index**

Indien [ˈɪndiən] <-s> *nt* И́ндия *ж*

Indifferenz <-> *f* индифферéнтность *ж,* безразли́чие *ср*

indigniert *adj geh* возмущённый

Indikation <-, -en> *f* индика́ция *ж,* показа́ние *ср*

Indikativ [ˈɪndikatiːf] <-s, -e> *m* LING изъяви́тельное наклоне́ние *ср,* индикати́в *м*

Indikator [ɪndiˈkaːtoːɐ] <-s, -en> *m* индика́тор *м*

indirekt [ˈɪndirɛkt] *adj* ко́свенный, непрямо́й; **~e Rede** LING ко́свенная речь *ж*

indisch [ˈɪndɪʃ] *adj* инди́йский

indiskret [ˈɪndɪskreːt] *adj* нескро́мный, беста́ктный

Indiskretion [ɪndɪskreˈt͡si̯oːn] <-, -en> *f* нескро́мность *ж,* беста́ктность *ж;* **gezielte ~** наме́ренное разглаше́ние та́йны

indiskutabel *adj* не подлежа́щий обсужде́нию, недискуссио́нный; **dieser Vorschlag ist ~** э́то предложе́ние не подлежи́т обсужде́нию

Individualeinkommen <-s, -> *nt* индивидуа́льный дохо́д *м*

Individualismus [ɪndividuaˈlɪsmʊs] <-> *m* индивидуали́зм *м*

Individualist(in) [ɪndividuaˈlɪst] <-en, -en> *m(f)* индивидуали́ст(ка) *м(ж)*

individualistisch *adj* индивидуалисти́чный

Individualität [ɪndividualiˈtɛːt] <-> *f* индивидуа́льность *ж*

Individualverkehr <-s> *m* тра́нспорт *м* ли́чного по́льзования

individuell [ɪndividuˈɛl] *adj* индивидуа́льный;

I

einen ~en Stil haben имéть свой стиль

Individuum [ɪndiˈviːduʊm, ɪndiˈviːduən] <-s, Individuen> *nt* индиви́д *м*

Indiz [ɪnˈdiːts] <-es, -ien> *nt* **1.** *(Hinweis)* при́знак *м* **2.** JUR ули́ка *ж*

Indizes *pl von* **Index**

Indizienprozess <-es, -e> *m* JUR *судéбное разбирáтельство, пострóенное на кóсвенных ули́ках*

Indogermanistik <-> *f* индоевропеи́стика *ж*

Indonesien [ɪndoˈneːziən] <-s> *nt* Индонéзия *ж*

indonesisch *adj* индонези́йский

Induktionsmotor <-s, -en> *m* EL асинхрóнный электродви́гатель *м*

Induktionsspannung <-, -en> *f* EL индукциóнное напряжéние *ср*

Induktionsstrom <-(e)s, -ströme> *m* EL индукциóнный ток *м*

industrialisieren [ɪndʊstrialiˈziːrən] *vt* индустриализи́ровать *(н)св*

Industrialisierung <-> *f* индустриализáция *ж*

Industrie [ɪndʊsˈtriː] <-, -en> *f* индустри́я *ж*, промы́шленность *ж*; **verarbeitende ~** обрабáтывающая промы́шленность; **heimische ~** мéстная промы́шленность

Industrieabwässer <-> *pl* промы́шленные стóки *ммн*, стóчные вóды *жмн*

Industrieanlage <-, -n> *f* промы́шленная установка *ж*

Industriebetrieb <-(e)s, -e> *m* промы́шленное предприя́тие *ср*

Industrieerzeugnis <-ses, -se> *nt* промы́шленное издéлие *ср*

Industriegebiet <-(e)s, -e> *nt* промы́шленный рай́он *м*

Industriegesellschaft <-, -en> *f* индустриáльное óбщество *ср*

Industriegewerkschaft <-, -en> *f* промы́шленный профсою́з *м*

Industriegut <-(e)s, -güter> *nt* промы́шленный товáр *м*

Industrieland <-(e)s, -länder> *nt* индустриáльная странá *ж*

industriell [ɪndʊstriˈɛl] *adj* индустриáльный, промы́шленный; **~e Anlagen** промы́шленные установки; **~e Entwicklung** промы́шленное разви́тие; **~ gefertigt** промы́шленного изготовлéния

Industrielle(r) <-n, -n> *f(m)* промы́шленник *м*

Industrienorm <-, -en> *f* промы́шленная нóрма *ж*, стандáрт *м*

Industriepark <-s, -s> *m* промы́шленный [*или* индустриáльный] рай́он *м*

Industrieproduktion <-> *f* промы́шленное произвóдство *ср*

Industrieroboter <-s, -> *m* промы́шленный рóбот *м*

Industriespionage <-> *f* промы́шленный шпионáж *м*

Industriestadt <-, -städte> *f* промы́шленный гóрод *м*

Industrie- und Handelskammer <-, -n> *f* Торгóво-промы́шленная палáта *ж*

Industriezentrum <-s, -zentren> *nt* промы́шленный центр *м*

Industriezweig <-(e)s, -e> *m* óтрасль *ж* промы́шленности

ineffizient *adj* **1.** *(Arbeitsweise, Methode)* неэффекти́вный **2.** *(unwirtschaftlich)* нерентáбельный

Ineffizienz <-> *f* **1.** *(Unwirtschaftlichkeit)* бесхозя́йственность *ж*, нерентáбельность *ж* **2.** *(Unwirksamkeit)* неспосóбность *ж* к дéятельности; **die ~ des Mittels ist nachgewiesen** непригóдность срéдства докáзана

ineinander [ɪn(ʔ)aɪˈnandɐ] *adv* **1.** *(etwas)* однó в другóе **2.** *(jemand)* друг в дрýга; **sich ~ verlieben** влюби́ться друг в дрýга

infam [ɪnˈfaːm] *adj (übel, bösartig)* пóдлый, гнýсный; **das ist eine ~e Lüge** э́то гнýсная ложь

Infanterie [ɪnfantəˈriː] <-, -n> *f* пехóта *ж*

Infanterieregiment <-(e)s, -er> *nt* пехóтный полк *м*

infantil [ɪnfanˈtiːl] *adj (kindisch)* инфанти́льный

Infarkt [ɪnˈfarkt] <-(e)s, -e> *m* MED инфáркт *м*

Infektion [ɪnfɛkˈt͡si̯oːn] <-, -en> *f* инфéкция *ж*, заражéние *ср*

Infektionskrankheit <-, -en> *f* инфекциóнное заболевáние *ср*

Inferno [ɪnˈfɛrno] <-> *nt* ад *м*, преиспóдняя *ж*

Infinitiv [ˈɪnfinitiːf] <-s, -e> *m* инфинити́в *м*, неопределённая фóрма *ж* глагóла

infizieren [ɪnfiˈt͡si̯iːrən] **I.** *vt* инфици́ровать *(н)св*, зарази́ть *св*, -ражáть *нсв* **II.** *vr* зарази́ться *св*, -ражáться *нсв*; **er hat sich mit einer Grippe infiziert** он зарази́лся гри́ппом

Inflation [ɪnflaˈt͡si̯oːn] <-> *f* инфля́ция *ж*; **die ~ bekämpfen** преодолевáть инфля́цию; **galoppierende ~** галопи́рующая инфля́ция; **~ importieren** импорти́ровать инфля́цию; **schleichende ~** ползýчая инфля́ция

inflationär *adj* инфляциóнный

inflationsbereinigt *adj* с учётом инфля́ции

Inflationsniveau <-s, -s> *nt* ýровень *м* инфля́ции

Inflationsrate <-, -n> *f* процéнт *м* инфля́ции

Influenzavirus <-, -viren> *nt* ви́рус *м* гри́ппа

Info *abk von* **Information** информáция *ж*

infolge [ɪnˈfɔlgə] **I.** *prp + gen* вслéдствие; **~ dieser Vorfälle musste der Minister abdanken** вслéдствие э́тих инцидéнтов мини́стр был вы́нужден уйти́ в отста́вку **II.** *adv* ~ **von** в связи́ с

infolgedessen [ɪnfɔlgəˈdɛsən] *adv* всле́дствие э́того, поэ́тому

Informant(in) [ɪnfɔrˈmant] <-en, -en> *m(f)* информа́тор *м*

Informatik [ɪnfɔrˈmaːtɪk] <-> *f* информа́тика *ж*

Informatiker(in) [ɪnfɔrˈmaːtikɐ] <-s, -> *m(f)* информа́тик *м*

Information [ɪnfɔrmaˈtsi̯oːn] <-, -en> *f* информа́ция *ж;* **zu jds ~** к чьему́-л. сведе́нию; **~en austauschen** обме́ниваться информа́цией

Informationsaustausch *m* обме́н *м* информа́ции

Informationsfluss <-es, -flüsse> *m* пото́к *м* информа́ции

Informationsflut <-> *f* лави́на *ж* информа́ции, информацио́нный взрыв *м*

Informationsgesellschaft <-> *f* информацио́нное о́бщество *ср*

Informationsgewinnung <-> *f* получе́ние *ср* информа́ции

Informationsmaterial <-s, -ien> *nt* информацио́нный материа́л *м*

Informationstechnologie <-, -en> *f* информацио́нная техноло́гия *ж*

Informationsveranstaltung <-, -en> *f* информацио́нное мероприя́тие *ср*

Informationsverarbeitung <-> *f* обрабо́тка *ж* информа́ции

Informationsvorsprung <-(e)s, -vorsprünge> *m* владе́ние *ср* бо́льшим коли́чеством информа́ции

informativ [ɪnfɔrmaˈtiːf] *adj* информацио́нный

informell *adj* **1.** *(ohne Formalitäten)* неформа́льный **2.** *(informatorisch)* информацио́нный

informieren [ɪnfɔrˈmiːrən] **I.** *vt* информи́ровать *(н)св,* про- *св* о; **sie wurden eingehend informiert** они́ бы́ли подро́бно проинформи́рованы **II.** *vr* осведомля́ться, -ми́ться *св* о

infrage[RR] *adv* **etwas ~ stellen** ста́вить что-л. под сомне́ние

infrarot [ɪnfraˈroːt] *adj* инфракра́сный

Infrarotstrahlung <-> *f* инфракра́сное излуче́ние *ср*

Infrastruktur [ˈɪnfraʃtrʊktuːɐ̯] <-> *f* инфраструкту́ра *ж*

Infusion [ɪnfuˈzi̯oːn] <-, -en> *f* влива́ние *ж*

Ing. *abk von* **Ingenieur** инжене́р *м*

Ingenieur(in) [ɪnʒeˈnjœːɐ] <-s, -e> *m(f)* инжене́р *м*

Ingenieurbüro <-s, -s> *nt* констру́кторское бюро́ *ср*

Ingwer [ˈɪŋvɐ] <-s> *m* имби́рь *м*

Inhaber(in) [ˈɪnhaːbɐ] <-s, -> *m(f)* **1.** *(von Geschäft oder Firma)* владе́лец *м,* владе́лица *ж* **2.** *(Besitzer)* облада́тель *м,* облада́тельница *ж* **3.** *(von Konto, Titel)* владе́лец *м,* владе́лица *ж;* **~ von Wertpapieren** держа́тель це́нных бума́г

Inhaberaktie <-, -n> *f* а́кция *ж* на предъяви́теля

Inhaberpapier <-(e)s, -e> *nt* це́нная бума́га *ж* на предъяви́теля

Inhaberscheck <-s, -s> *m* чек *м* на предъяви́теля

Inhaberschuldverschreibung <-, -en> *f* долгово́е обяза́тельство *ср* на предъяви́теля

inhaftieren [ɪnhafˈtiːrən] *vt* арестова́ть *св,* -сто́вывать *нсв*

Inhalation <-> *f* ингаля́ция *ж*

inhalieren *vt* ингали́ровать *нсв*

Inhalt [ˈɪnhalt] <-(e)s, -e> *m* **1.** *(eines Buchs, Films)* содержа́ние *ср;* **ich gebe kurz den ~ des Gesprächs wieder** я ко́ротко переда́м содержа́ние разгово́ра **2.** *(Flächeninhalt)* пло́щадь *ж* **3.** *(einer Flasche)* содержи́мое *ср*

inhaltlich **I.** *adj* содержа́тельный **II.** *adv* по существу́

Inhaltsangabe <-, -n> *f* переда́ча *ж* содержа́ния

inhaltslos *adj* **1.** *(leer)* пусто́й **2.** *(gehaltlos)* бессодержа́тельный

inhaltsreich *adj* содержа́тельный

Inhaltsstoff <-(e)s, -e> *m* ингредие́нт *м*

Inhaltsübersicht <-, -en> *f* конспе́кт *м*

Inhaltsverzeichnis <-ses, -se> *nt* оглавле́ние *ср,* содержа́ние *ср*

inhuman *adj* негума́нный, бесчелове́чный

Initiale [initsi̯ˈaːlə] <-n> *f* инициа́лы *мн*

initialisieren *vt* инициализи́ровать

Initialisierung <-, -en> *f* посвяще́ние *ср* во что-л.

Initiationsritus <-, -riten> *m* ритуа́л *м* посвяще́ния

Initiative [initsi̯aˈtiːvə] <-, -n> *f* инициати́ва *ж;* **die ~ ergreifen** взять инициати́ву; **aus eigener ~** по со́бственной инициати́ве

Initiator(in) [iniˈtsi̯aːtoːɐ̯] <-s, -en> *m(f)* инициа́тор *м*

initiieren *vt* создава́ть, инсцени́ровать

Injektion [ɪnjɛkˈtsjoːn] <-, -en> *f* инъе́кция *ж*

Injektionsnadel <-, -n> *f* игла́ *ж* для инъе́кций

Injektionsspritze <-, -n> *f* шприц *м* для инъе́кций

injizieren *vt* MED де́лать инъе́кцию

Inka [ˈiŋka] <-(s), -(s); -(s)> *mf* HIST и́нки *мн*

Inkarnation <-, -en> *f* инкарна́ция *ж*

Inkasso [ɪnˈkaso] <-> *nt* инка́ссо *ср*

inkl. *abk von* **inklusive** в том числе́

inklusive [ɪnkluˈziːvə] **I.** *prp + gen* включа́я **II.** *adv* включи́тельно; **bitte lesen Sie bis Seite 30 ~** прочти́те, пожа́луйста, до стр. 30 включи́тельно; **alles ~** включа́я всё;

Porto ~ включа́я почто́вый сбор; **im Preis ~ sein** входи́ть в цену́; **~ Verpackung** включа́я упако́вку

inkognito [ɪnˈkɔgnito] *adv* инко́гнито; **der Präsident reist ~** президе́нт путеше́ствует инко́гнито

Inkognito [ɪnˈkɔgnito] <-s, -s> *nt geh* инко́гнито *м*

inkohärent *adj* несвя́занный, бессвя́зный

Inkohärenz <-> *f* несвя́занность *ж*, бессвя́зность *ж*

inkompatibel [ˈɪnkɔmpatiːbəl] *adj (unvereinbar, unpassend)* несовмести́мый

Inkompatibilität <-, -en> *f* несовмести́мость *ж*; **~ politischer Ziele** несовмести́мость полити́ческих це́лей; **~ zweier Computersysteme** несовмести́мость двух компью́терных систе́м

inkompetent [ˈɪnkɔmpetɛnt] *adj* некомпете́нтный

inkonsequent *adj* непосле́довательный

inkonsistent *adj* непосле́довательный, противоречи́вый

Inkonsistenz <-, -en> *f* непосле́довательность *ж*, противоречи́вость *ж*

Inkontinenz <-> *f* MED недержа́ние *ср*

Inkraftsetzung <-, -en> *f* введе́ние *ср* в де́йствие

Inkrafttreten [ɪnˈkrafttreːtən] <-s> *nt* вступле́ние *ср* в си́лу

Inkubationszeit <-, -en> *f* MED инкубацио́нный пери́од *м*

Inland [ˈɪnlant] <-(e)s> *nt* страна́ *ж*; **die Autoproduktion des ~es** оте́чественная автопроду́кция

Inländer <-s, -> *m* граждани́н *м*

Inlandflug *m* вну́тренний полёт *м*

inländisch [ˈɪnlɛndɪʃ] *adj* оте́чественный, вну́тренний; **die ~ Autoproduktion** оте́чественная автопроду́кция

Inlandsbedarf <-(e)s> *m* потре́бность *ж* вну́треннего ры́нка

Inlandsflug <-(e)s, -flüge> *m* вну́тренний полёт *м*

Inlandsmarkt <-(e)s, -märkte> *m* национа́льный ры́нок *м*

Inlandsporto <-s, -porti> *nt* почто́вый сбор *м* внутри́ страны́

Inline-Skates [ˈinlaɪnskɛɪts] <-> *pl* ро́ликовые коньки́ *мн*

inmitten [ɪnˈmɪtən] **I.** *prp + gen* среди́, в кругу́; **sie saß ~ ihrer Schüler** она́ сиде́ла в кругу́ свои́х ученико́в **II.** *adv* **~ von** посреди́

inne|haben [ˈɪnə-] *vt* име́ть *нсв*, занима́ть, -ня́ть *св*; **er hat ein wichtiges Amt inne** он занима́ет ва́жную до́лжность

inne|halten <irr> *vi (in Bewegung)* остано-ви́ться

innen [ˈɪnən] *adv* внутрь; *(im Haus)* внутри́; **~ ist es wärmer** внутри́ теплée; **von ~** изнутри́; **nach ~** внутрь; **~ und außen** внутри́ и снару́жи

Innenarchitekt(in) <-en, -en> *m(f)* архите́ктор *м* по интерье́ру

Innenausstattung <-, -en> *f* вну́треннее оформле́ние *ср*, вну́тренняя отде́лка *ж*

Innenbeleuchtung *f* вну́треннее освеще́ние *ср*

Inneneinrichtung <-> *f* обстано́вка *ж*, вну́треннее убра́нство *ср*

Innenhof <-(e)s, -höfe> *m* вну́тренний двор *м*

Innenminister(in) <-s, -> *m(f)* мини́стр *м* вну́тренних дел

Innenministerium <-, -ien> *nt* министе́рство *ср* вну́тренних дел

Innenohr <-(e)s> *nt* вну́треннее у́хо *ср*

Innenpolitik <-> *f* вну́тренняя поли́тика *ж*

innenpolitisch *adj* внутриполити́ческий

Innensechskantschlüssel <-s, -> *m* торцо́вый шестигра́нный ключ *м*

Innenseite <-, -n> *f* вну́тренняя сторона́ *ж*

Innenspiegel <-s, -> *m* KFZ зе́ркало *ср* за́днего ви́да

Innenstadt <-, -städte> *f* центр *м* го́рода

Innentasche *f* вну́тренний карма́н *м*

innerbetrieblich [ˈɪnɐ-] *adj* вну́тренний; **~e Kommunikationswege** вну́тренняя систе́ма информа́ции

Innere [ˈɪnərə] <-n> *nt* вну́тренность *ж*, вну́тренняя часть *ж*; *fig (eines Menschen)* вну́тренний мир *м*; **sie war im tiefsten ~n berührt** она́ была́ тро́нута до глубины́ души́; **im ~n des Landes** внутри́ страны́; **Minister des ~n** мини́стр вну́тренних дел

innere(r, s) [ˈɪnərə, -rɐ, -rəs] *adj* вну́тренний; **innere Verletzungen** вну́тренние ране́ния; **innere Angelegenheiten** вну́тренние дела́; **innere Stimme** вну́тренний го́лос

Innereien [ɪnəˈraɪən] <-> *pl* вну́тренности *мн*; *(von Schlachttieren)* потроха́ *мн*

innerhalb [ˈɪnɐhalp] **I.** *prp + gen* внутри́; *(zeitlich)* за, в тече́ние; **Sie sollten ~ der nächsten zwei Tage fertigwerden** вы должны́ бы́ли (бы) зако́нчить в тече́ние двух после́дующих дней **II.** *adv* **~ von** в тече́ние

innerlich *adj* вну́тренний; *(geistig, seelisch)* душе́вный; **~e Ruhe** душе́вный поко́й

Innerlichkeit <-> *f* вну́тренняя су́щность *ж*, вну́тренняя жизнь *ж*

innerparteilich *adj* внутрипарти́йный

innerstädtisch *adj* внутригородско́й

innert *prp + gen, CH, österr (innerhalb, binnen)* в тече́ние

innig [ˈɪnɪç] *adj* **1.** *(aufrichtig)* и́скренний, серде́чный; **er umarmte sie ~** он серде́чно о́бнял её **2.** *(sehr nah, eng)* бли́зкий, те́сный; **sie waren ~ befreundet** они́ бы́ли бли́зкими друзья́ми; **eine ~e Beziehung** те́сная дру́жба

Innovation [ɪnova'tsi̯oːn] <-, -en> *f* иннова́ция *ж*

innovationsfreundlich *adj* приве́тствующий нововведе́ния

Innovationskraft <-> *f* си́ла *ж* нова́торства

innovativ [ɪnova'tiːf] *adj* нова́торский

Innung ['ɪnʊŋ] <-, -en> *f* ги́льдия *ж*, корпора́ция *ж*

inoffiziell ['ɪnʔɔfitsi̯ɛl] *adj* неофициа́льный

in petto *adv fam* **etw** (**gegen jdn**) **~ haben** име́ть в руке́ что-л. про́тив кого́-л.

in puncto *prp +nom/gen* по отноше́нию к

Input ['ɪnpʊt] <-s, -s> *m* DV ввод *м* информа́ции

Inquisition <-en> *f* HIST инквизи́ция *ж*

ins [ɪns] *prp akk* в; **ich gehe ~ Bett** я ложу́сь в посте́ль; **etw ~ Leben rufen** вы́звать что-л. к жи́зни

Insasse ['ɪnzasə] <-n, -n> *m* **1.** *(von Fahrzeug)* пассажи́р *м* **2.** *(in Gefängnis)* заключённый *м*

insbesondere [ɪnsbə'zɔndərə] *adv* осо́бенно, в осо́бенности; **sie liebt Tiere, ~ Bären** она́ лю́бит звере́й, осо́бенно медве́дей

Inschrift ['ɪnʃrɪft] <-, -en> *f* на́дпись *ж*

Insekt [ɪn'zɛkt] <-s, -en> *nt* насеко́мое *ср*

Insektenbekämpfungsmittel <-s, -> *nt* сре́дство *ср* для борьбы́ с (вре́дными) насеко́мыми

Insektenstich <-(e)s, -e> *m* уку́с *м* насеко́мого

Insektenvernichtungsmittel *nt* сре́дство *ср* про́тив насеко́мых

Insektenvertilgungsmittel <-s, -> *nt* инсектици́д *м*

Insektizid [ɪnzɛkti'tsiːt] <-s, -e> *nt* инсектици́д *м*, сре́дство *ср* от насеко́мых

Insel ['ɪnzəl] <-, -n> *f* о́стров *м*; **die Kanarischen Inseln** Кана́рские острова́

Inselgruppe <-, -n> *f* архипела́г *м*

Inserat [ɪnze'raːt] <-(e)s, -e> *nt* объявле́ние *ср* в газе́те; **ein ~ aufgeben** дать объявле́ние

Inserent(in) <-en, -en> *m(f)* помеща́ющий *м*, помеща́ющая *ж* объявле́ние в газе́те

inserieren [ɪnze'riːrən] *vi* помеща́ть, -мести́ть *св* объявле́ние, дава́ть, дать *св* объявле́ние

insgeheim [ɪnsgə 'haɪm] *adv* вта́йне, тайко́м; **aber ~ dachte er an etw ganz anderes** но вта́йне он ду́мал о чём-то совсе́м друго́м

insgesamt [ɪnsgə'zamt] *adv* в це́лом, в о́бщей сло́жности; **wir hatten ~ 200 Euro** у нас бы́ло всего́ 200 е́вро

Insider(in) ['ɪnsaɪdɐ] <-s, -> *m(f)* посвящённый *м*, инса́йдер *м*

Insider-Tipp <-s, -s> *m* сове́т *м* инса́йдера

insofern [ɪnzo'fɛrn] **I.** *konj (falls, wenn)* е́сли, пока́ **II.** *adv (was dies betrifft)* в э́том отноше́нии; **~ gebe ich dir recht** в э́том отноше́нии ты прав; **~ ..., als ...** посто́льку, поско́льку ...

insolvent *adj* неплатёжеспосо́бный; **~es Unternehmen** неплатёжеспосо́бная фи́рма

Insolvenz <-> *f* неплатёжеспосо́бность *ж*, банкро́тство *ср*

Inspektion [ɪnspɛk'tsjoːn] <-, -en> *f* инспе́кция *ж*; *(beim Auto)* техосмо́тр *м*, прове́рка *ж*

Inspektor(in) [ɪn'spɛktɔːɐ] <-s, -en> *m(f) (Beamte(r))* инспе́ктор *м*

Inspiration [ɪnspira'tsjoːn] <-, -en> *f* вдохнове́ние *ср*; **heute fehlt es mir an ~** сего́дня мне не хвата́ет вдохнове́ния

inspirieren [ɪnspi'riːrən] *vt* вдохновля́ть, -ви́ть *св*; **Italien hat Goethe inspiriert** Ита́лия вдохнови́ла Гёте

inspizieren *vt* инспекти́ровать, про- *св*

instabil ['ɪnʃtabiːl] *adj* нестаби́льный

Instabilität <-, -en> *f* нестаби́льность *ж*

Installateur(in) [ɪnstala'tœːɐ] <-s, -e> *m(f)* монтёр *м*

Installation [ɪnstala'tsjoːn] <-, -en> *f* **1.** *(das Installieren)* устано́вка *ж*, монта́ж *м* **2.** *(technische Einrichtung)* устро́йство *ср*, обору́дование *ср*

Installationsanweisung <-, -en> *f* инстру́кция *ж* по инсталля́ции

Installationsdiskette <-, -n> *f* DV инсталляцио́нная диске́та *ж*

Installationsprogramm <-(e)s, -e> *nt* DV програ́мма *ж* инсталля́ции

installieren [ɪnsta'liːrən] *vt* устана́вливать, -нови́ть *св*, монти́ровать, смонти́ровать *св*; **sie hat ihre neue Stereoanlage installiert** она́ установи́ла свою́ но́вую стереоустано́вку

instand [ɪn'ʃtant] *adv* **etw ~ setzen** испра́вить что-л.; **etw ~ halten** держа́ть что-л. в испра́вности

Instandhaltung <-> *f* ухо́д *м*, техобслу́живание *ср*

Instandhaltungskosten <-> *pl* расхо́ды *мн* на техни́ческое обслу́живание и ремо́нт

inständig ['ɪnʃtɛndɪç] *adj* настоя́тельный, насто́йчивый; **ich wünsche ~, dass er kommt** я о́чень хочу́, что́бы он пришёл; **~ (um etw) bitten** настоя́тельно проси́ть (о чём-л.)

Instandsetzung [ɪn'ʃtantzɛtsʊŋ] <-, -en> *f* ремо́нт *м*, почи́нка *ж*

Instandsetzungsarbeiten <-> *pl* ремо́нтные рабо́ты *мн*

Instantkaffee <-s> *m* порошко́вый эк-

I

стра́кт *м* ко́фе

Instanz [ɪn'stants] <-, -en> *f* инста́нция *ж;* **höhere ~** вышестоя́щая инста́нция; **alle ~en durchlaufen** проходи́ть все инста́нции; **in letzter ~ entscheiden** реша́ть в после́дней инста́нции

Instinkt [ɪn'stɪŋkt] <-(e)s, -e> *m* инсти́нкт *м;* *(Gespür)* чутьё *ср;* **er hat einen feinen ~ dafür** у него́ на э́то то́нкое чутьё

instinktiv [ɪnstɪŋk'ti:f] *adj* инстинкти́вно; **~ (richtig) handeln** поступа́ть инстинкти́вно (пра́вильно)

Institut [ɪnsti'tu:t] <-(e)s, -e> *nt* институ́т *м*

Institution [ɪnstitu'tsjo:n] <-, -en> *f* учрежде́ние *ср*

instruieren *vt* **1.** *(anweisen)* инструкти́ровать *(н)св,* про- *св* **2.** *(in Kenntnis setzen)* ста́вить, по- *св* в изве́стность

Instruktion [ɪnstrʊk'tsjo:n] <-, -en> *f* *(Anweisung)* инстру́кция *ж,* указа́ние *ср;* **sie hat genaue ~en erhalten** она́ получи́ла то́чные указа́ния

instruktiv [ɪnstruk'ti:f] *adj* инструкти́вный

Instrument [ɪnstru'mɛnt] <-(e)s, -e> *nt* **1.** *(Gerät, Werkzeug)* прибо́р *м,* инструме́нт *м* **2.** *(Mittel)* ору́дие *ср* **3.** MUS инструме́нт *м;* **ein ~ spielen** игра́ть на музыка́льном инструме́нте; **sich jds/einer Sache als ~ bedienen** испо́льзовать кого́-л./что-л. в ка́честве инструме́нта

instrumental [ɪnstrumɛn'ta:l] *adj* инструмента́льный

Instrumentalist(in) <-en, -en> *m(f)* музыка́нт *м*

Instrumentalmusik <-> *f* инструмента́льная му́зыка *ж*

Instrumentalstück <-(e)s, -e> *nt* инструмента́льное произведе́ние *ср*

Insuffizienz <-, -en> *f* несостоя́тельность *ж*

Insulin [ɪnzu'li:n] <-s> *nt* инсули́н *м*

inszenieren [ɪnstse'ni:rən] *vt* **1.** *(Theaterstück)* инсцени́ровать *(н)св,* ста́вить *нсв,* по- *св* **2.** *fig (veranstalten)* инсцени́ровать *(н)св*

Inszenierung <-, -en> *f* инсценирóвка *ж;* **mir hat diese ~ von Hamlet nicht gefallen** э́та инсцениро́вка „Га́млета" мне не понра́вилась

intakt [ɪn'takt] *adj* це́лый, невреди́мый; **er hat eine ~e Familie** у него́ хоро́шая семья́

Intarsie <-, -n> *f* инкруста́ция *ж*

Integralhelm <-(e)s, -e> *m* мотоцикле́тный шлем *м*

Integralrechnung <-, -en> *f* интегра́льное исчисле́ние *ср*

Integrated Services Digital Network TELKOM интегри́рованная сеть *ж* переда́чи да́нных

Integration [ɪntegra'tsjo:n] <-, -en> *f* интегра́ция *ж,* слия́ние *ср;* **die politische ~ Europas** полити́ческая интегра́ция Евро́пы; **die ~ von Minderheiten** интегра́ция меньши́нств

Integrationsprozess <-es, -e> *m* интеграцио́нный проце́сс *м,* проце́сс *м* интегра́ции

integrieren [ɪnte'gri:rən] *vt* интегри́ровать *(н)св;* **ein integrierter Bestandteil (von)** составна́я часть (чего́-л.)

Intellekt [ɪntɛ'lɛkt] <-(e)s> *m* интелле́кт *м,* ра́зум *м*

intellektuell [ɪntɛlɛktu'ɛl] *adj* интеллектуа́льный

Intellektuelle(r) <-n, -n> *f(m)* интеллектуа́л *м,* интеллектуа́лка *ж*

intelligent [ɪntɛli'gɛnt] *adj* у́мный, разу́мный

Intelligenz [ɪntɛli'gɛnts] <-> *f* ум *м,* интелле́кт *м;* *(soziale Schicht)* интеллиге́нция *ж;* **Künstliche ~** DV иску́сственный интелле́кт

Intelligenzquotient <-en, -en> *m* коэффицие́нт *м* интелле́кта

Intendant(in) [ɪntɛn'dant] <-en, -en> *m(f)* управля́ющий *м,* интенда́нт *м*

Intensität [ɪntɛnzi'tɛ:t] <-> *f* интенси́вность *ж*

Intensitätsgrad <-(e)s> *m* сте́пень *ж* интенси́вности

intensiv [ɪntɛn'zi:f] *adj* **1.** *(Arbeit, Gespräch)* интенси́вный; **sie führten ~e Gespräche darüber** они́ вели́ об э́том напряжённые разгово́ры **2.** *(Schmerz)* си́льный; **ihr Kleid war von ~em Rot** её пла́тье бы́ло насы́щенного кра́сного цве́та

intensivieren [ɪntɛnzi'vi:rən] *vt* интенсифици́ровать *(н)св;* **wir werden unsere Anstrengungen ~** мы бу́дем интенсифици́ровать на́ши уси́лия

Intensivkurs *m* интенси́вный курс *м*

Intensivmedizin <-> *f* интенси́вные ме́тоды *мн* лече́ния

Intensivstation <-, -en> *f* отделе́ние *ср* реанима́ции

Intention [ɪntɛn'tsjo:n] <-, -en> *f* *(Absicht)* наме́рение *ср*

Interaktion <-, -en> *f* интера́кция *ж*

interaktiv [ɪntɐʔak'ti:f] *adj* интеракти́вный

Interaktivität <-> *f* интеракти́вность *ж*

Interbankgeschäft <-(e)s, -e> *nt* сде́лка *ж* ме́жду ба́нками

Intercity [ɪnte'sɪti] <-s, -s> *m* комфорта́бельный ско́рый по́езд *м*

Interdependenz <-, -en> *f* взаимозави́симость *ж*

interdisziplinär *adj* межотраслево́й; **~e Zusammenarbeit** сотру́дничество специали́стов из ра́зных о́траслей

interessant [ɪnt(ə)rɛ'sant] *adj* интере́сный, заня́тный; **was soll daran ~ sein?** и что в э́том интере́сного?; **sie ist ein ~r Mensch** она́ интере́сный челове́к

Interesse [ɪntəˈrɛsə, ɪnˈtrɛsə] <-s, -n> *nt* интере́с *м*, заинтересо́ванность *ж;* **haben Sie ~ daran?** вас э́то интересу́ет?; **für etw ~ zeigen** проявля́ть к чему́-л. интере́с; **in jds ~ liegen** быть в чьи́х-л. интере́сах; **seine/jds ~n verfolgen** пресле́довать свои́/чьи́-л. интере́сы

interessehalber [ɪntəˈrɛsəhalbɐ, ɪnˈtrɛsə-] *adv* из интере́са

Interesselosigkeit <-> *f* отсу́тствие *ср* интере́са

Interessengebiet <-(e)s, -e> *nt* круг *м* интере́сов; **das fällt nicht in mein ~** э́то не вхо́дит в круг мои́х интере́сов

Interessengemeinschaft <-, -en> *f* кружо́к *м;* ÖKON объедине́ние *ср*

Interessenskonflikt <-(e)s, -e> *m* конфли́кт *м* интере́сов

Interessent(in) [ɪnt(ə)rɛˈsɛnt] <-en, -en> *m(f)* заинтересо́ванное лицо́ *ср*, заинтересо́ванная сторона́ *ж*

Interessenverband <-(e)s, -verbände> *m* объедине́ние *ср*, сою́з *м*

Interessenvertretung <-, -en> *f* представле́ние *ср* чьих-л. интере́сов

interessieren [ɪnt(ə)rɛˈsiːrən] **I.** *vt* интересова́ть *нсв;* **der Film interessiert mich nicht** фильм меня́ не интересу́ет **II.** *vr* интересова́ться *нсв;* **sie interessiert sich für ihn** она́ им интересу́ется; **sie interessiert sich für Literatur** она́ интересу́ется литерату́рой

interessiert [ɪnt(ə)rɛˈsiːɐt] *adj* заинтересо́ванный; **~ folgte er dem Gespräch** он с интере́сом следи́л за разгово́ром

Interface [ˈɪntɐfɛɪs] <-, -s> *nt* DV интерфе́йс *м*

Interieur <-s, -s o -e> *nt* интерье́р *м*

Interimslösung [ˈɪnterɪms-] <-, -en> *f* вре́менное реше́ние *ср*

Interjektion [ɪntɐjɛkˈtsjoːn] <-, -en> *f* LING междоме́тие *ср*

interkontinental *adj* межконтинента́льный, о́бщий на не́скольких контине́нтах

Interkontinentalrakete <-, -n> *f* межконтинента́льная раке́та *ж*

interkulturell [ɪntɐkʊltuˈrɛl] *adj* межкульту́рный

intern [ɪnˈtɛrn] *adj* вну́тренний

Internat [ɪntɐˈnaːt] <-(e)s, -e> *nt* интерна́т *м*

international [ɪntɐnatsi̯oˈnaːl] *adj* интернациона́льный, междунаро́дный

Internationalisierung <-> *f* интернационализа́ция *ж*

Internet [ˈɪntɐnɛt] <-> *nt* Интерне́т *м*

Internet-Adresse <-, -n> *f* адре́с *м* в Интерне́те

Internetanschluss <-es, -anschlüsse> *m* до́ступ *м* к Интерне́ту

Internet-Café <-s, -s> *nt* *кафе́, в кото́ром в распоряже́нии посети́телей име́ются компью́теры, подключённые к Интерне́ту*

Internet-Chat <-s, -s> *m* бесе́да *ж* че́рез Интерне́т, чат *м*

Internet-Provider <-s, -> *m* провайдер *м* услу́г Интерне́та

Internet-Seite <-, -n> *f* страни́ца *ж* в Интерне́те

Internetverbindung <-, -en> *f* свя́зь *ж* с Интерне́том

Internetzugang <-(e)s, -zugänge> *m* до́ступ *м* к Интерне́ту

internieren [ɪntɐˈniːrən] *vt* интерни́ровать *(н)св*

Internierungslager *nt* концентрацио́нный ла́герь *м*

Internist(in) [ɪntɐˈnɪst] <-en, -en> *m(f)* терапе́вт *м*, врач *м* по вну́тренним боле́зням

Interpol [ˈɪntɐpoːl] <-> *f* Интерпо́л *м*

Interpret(in) [ɪntɐˈpreːt] <-en, -en> *m(f)* *(in Musik, Tanz)* исполни́тель *м*, исполни́тельница *ж*

Interpretation [ɪntɐpretaˈtsjoːn] <-, -en> *f* интерпрета́ция *ж*, толкова́ние *ср*

interpretieren [ɪntɐpreˈtiːrən] *vt* интерпрети́ровать *(н)св*, толкова́ть *нсв;* **wie darf ich Ihre Äußerung ~?** как понима́ть ваше выска́зывание?

Interpunktion [ɪntɐpʊŋkˈtsjoːn] <-> *f* LING пункту́ация *ж*

Interrogativpronomen <-s, -nomina> *nt* LING вопроси́тельное местоиме́ние *ср*

Intervall [ɪntɐˈval] <-s, -e> *nt* *(zeitlicher Abstand)* интерва́л *м*

intervenieren [ɪntɐveˈniːrən] *vi* предпринима́ть интерве́нцию

Intervention [ɪntɐvɛnˈtsjoːn] <-, -en> *f* POL интерве́нция *ж;* **militärische ~en** вое́нные интерве́нции

Interview [ɪntɐˈvjuː, ˈɪntɐvju] <-s, -s> *nt* интервью́ *ср;* **ein ~ (mit jdm) führen** брать у кого́-л. интервью́; **ein ~ geben** дава́ть интервью́; **ein ~ in der Zeitung veröffentlichen** опубликова́ть интервью́ в газе́те; **ein ~ machen** провести́ интервью́

interviewen [ɪntɐˈvjuːən] *vt* брать интервью́

intim [ɪnˈtiːm] *adj* инти́мный, ли́чный; **darf ich Ihnen eine ~e Frage stellen?** позво́льте зада́ть вам ли́чный вопро́с?; **mit jdm ~ sein** быть с ке́м-л. в инти́мных отноше́ниях; **ein ~er Kenner von etw sein** быть то́нким знатоко́м чего́-л.

Intimbereich <-(e)s, -e> *m* инти́мная сфе́ра *ж*

Intimität [ɪntimiˈtɛːt] <-> *f* инти́мность *ж*, бли́зость *ж;* **~en** инти́мности

Intimsphäre <-, -n> *f* инти́мная сфе́ра *ж;* **in jds ~ eindringen** вторга́ться в чью́-л. инти́мную жизнь

intolerant [ˈɪntolerant] *adj* нетерпи́мый; **jdm/**

einer Sache gegenüber ~ sein быть нетерпи́мым по отноше́нию к кому́-л./чему́-л.

Intoleranz ['ɪntolerants] <-> *f* нетерпи́мость *ж*

Intonation [ɪntona'tsjo:n] <-, -en> *f* интона́ция *ж*

Intranet ['ɪntranɛt] <-s, -s> *nt* DV интрасе́ть *ж*

intransitiv ['ɪntranziti:f] *adj* LING неперехо́дный; **ein ~es Verb** неперехо́дный глаго́л

intravenös *adj* внутриве́нный

Intrigant(in) <-en, -en; -nen> *m(f)* интрига́н *м*

Intrige [ɪn'tri:gə] <-, -n> *f* интри́га *ж;* **eine ~ spinnen** плести́ интри́гу

introvertiert ['ɪntrovɛrti:ɐt] *adj* интроверти́рованный

Intuition [ɪntui'tsjo:n] <-, -en> *f* интуи́ция *ж*

intuitiv [ɪntui'ti:f] *adj* интуити́вный; **etw ~ spüren** интуити́вно чу́вствовать что-л.

Invalide [ɪnva'li:də] <-n, -n> *m o f* инвали́д *м*

Invasion [ɪnva'zjo:n] <-, -en> *f* вторже́ние *ср*

Inventar [ɪnvɛn'ta:ɐ] <-s, -e> *nt* **1.** *(Einrichtung)* инвента́рь *м* **2.** *(Inventarliste)* инвента́рный спи́сок *м;* **lebendes/totes ~** живо́й/мёртвый инвента́рь

Inventur [ɪnvɛn'tu:ɐ] <-, -en> *f* инвентариза́ция *ж;* **wegen ~ geschlossen** закры́то на учёт; **jährliche ~** ежего́дная инвентариза́ция; **laufende ~** теку́щая инвентариза́ция; **~ machen** проводи́ть инвентариза́цию

investieren [ɪnvɛs'ti:rən] *vt* **1.** ÖKON инвести́ровать *(н)св*, вкла́дывать, вложи́ть *св* в **2.** *(Mühe, Zeit)* вкла́дывать, вложи́ть *св* в; **er investiert viel Zeit in sein Hobby** он отдаёт мно́го вре́мени своему́ хо́бби

Investition [ɪnvɛsti'tsjo:n] <-, -en> *f* инвести́ция *ж*, инвести́рование *ср*, капиталовложе́ние *ср;* **(in)direkte ~** (ко́свенное) прямо́е капиталовложе́ние; **staatliche ~** госуда́рственное инвести́рование; **eine ~ tätigen** осуществля́ть инвести́рование

Investitionsanreiz <-es, -e> *m* стимули́рование *ср* капиталовложе́ний

Investitionsboom <-s, -s> *m* инвестицио́нный бум *м*

investitionsfreudig *adj* скло́нный к инвести́рованию

Investment <-s, -s> *nt* FIN инвести́ция *ж*

Investmentfonds *m* FIN инвестицио́нный фонд *м*

Investor [ɪn'vɛsto:ɐ] <-s, -en> *m* инве́стор *м*

involvieren *vt* **1.** *geh (verwickeln)* заме́шивать, -ша́ть *св;* **sie ist in diese Affäre nicht involviert** она́ не заме́шана в э́том сканда́ле **2.** *(mit einschließen)* включа́ть, -чи́ть *св*

inwiefern **I.** *konj* в како́й ме́ре, наско́лько; **es ist unklar, ~ uns das betrifft** нея́сно, в како́й ме́ре э́то каса́ется нас **II.** *adv* в како́й ме́ре, наско́лько; **~ trifft seine Behauptung zu?** наско́лько его́ утвержде́ние соотве́тствует действи́тельности?

Inzest ['ɪntsɛst] <-(e)s, -e> *m* инце́ст *м*, кровосмеше́ние *ср*

Inzucht ['ɪntsʊxt] <-, -en> *f* инцу́хт *м*, близкоро́дственное размноже́ние *ср*

inzwischen [ɪn'tsvɪʃən] *adv* ме́жду тем, тем вре́менем; **~ war es dunkel geworden** тем вре́менем ста́ло темно́

IOK *abk von* **Internationales Olympisches Komitee** МОК *м (Междунаро́дный олимпи́йский комите́т)*

Ion [i'o:n] <-s, -en> *nt* ио́н *м*

IQ [i:'ku:] *abk von* **Intelligenzquotient** коэффицие́нт интеллиге́нтности

i.R. *abk von* **im Ruhestand** *на пе́нсии*

Irak [i'ra:k] <-s> *m* Ирак *м*

Iraker(in) <-s, -; -nen> *m(f)* ирakча́нин *м*

irakisch *adj* ира́кский

Iran [i'ra:n] <-s> *m* Ира́н *м*

Iraner(in) <-s, -; -nen> *m(f)* ира́нец *м*

iranisch *adj* ира́нский

irdisch ['ɪrdɪʃ] *adj* земно́й; **~e Freuden** земны́е ра́дости

Ire ['i:rə] <-n, -n> *m* ирла́ндец *м*

irgend ['ɪrgənt] *adv* то́лько; **wenn es ~wie möglich wird, komme ich** е́сли то́лько бу́дет возмо́жно, я приду́

irgendein(er, s) ['ɪrgənt'ʔaɪnə, -nɐ, -nəs] *pron* како́й-нибу́дь, како́й-ли́бо; **aus ~m Grund ist sie nicht gekommen** по како́й-то причи́не она́ не пришла́

irgendein *pron indef s.* **irgendeine(r)**

irgendetwas[RR] *pron* что́-нибу́дь, что́-ли́бо

irgendjemand[RR] *pron* кто́-нибу́дь

irgendwann *adv* когда́-нибу́дь, когда́-ли́бо; **hast du ~ Zeit für mich?** бу́дет у тебя́ для меня́ когда́-нибу́дь вре́мя?

irgendwas *pron umg* что́-нибу́дь, что́-ли́бо; **~ stimmt da nicht** что́-то там не та́к

irgendwelche *pron* INDEF **1.** *(manche)* каки́е-то **2.** *(beliebige)* како́й-то; **solltest du ~ Probleme haben ...** е́сли у тебя́ бу́дут пробле́мы ...

irgendwer *pron umg* кто́-нибу́дь, кто́-ли́бо; **geht ~ mit mir ins Kino?** кто́-нибу́дь пойдёт со мной в кино́?

irgendwie *adv* ка́к-нибу́дь, ка́к-ли́бо; **~ gefällt es mir nicht** мне э́то ка́к-то не нра́вится

irgendwo *adv* где́-нибу́дь, где́-ли́бо; **hast du ~ meine Schlüssel gesehen?** ты ви́дел где́-нибудь мои́ ключи́?; **~ hat sie recht** где́-то она́ права́

irgendwoher *adv* отку́да-то

irgendwohin *adv* куда́-то
Irin ['i:rɪn] <-, -nen> *f* ирла́ндка *ж*
Iris ['i:rɪs] <-, -> *f* **1.** *(Pflanze)* и́рис *м* **2.** *(des Auges)* ра́дужная оболо́чка *ж*
irisch ['i:rɪʃ] *adj* ирла́ндский
Irland ['ɪrlant] <-s> *nt* Ирла́ндия *ж*
Ironie [iro'ni:] <-> *f* иро́ния *ж;* **mit feiner ~** с то́нкой иро́нией; **etw ist eine ~ des Schicksals** что-л. явля́ется иро́нией судьбы
ironisch [i'ro:nɪʃ] *adj* ирони́ческий, насме́шливый
irr(e) ['ɪr(ə)] *adj* **1.** *(verrückt)* сумасше́дший; **du machst mich noch ganz ~** ты меня́ совсе́м собьёшь с то́лку **2.** *umg (unglaublich, toll)* невероя́тный; **das ist doch ~** э́то же невероя́тно; **~ gut** *umg* о́чень хорошо́!
irrational ['ɪratsi̯ona:l] *adj* иррациона́льный
irre ['ɪr(ə)] *adj* **1.** *(verwirrt)* смущённый **2.** *(geistesgestört)* ненорма́льный; **jdn für ~ halten** счита́ть кого́-л. ненорма́льным **3.** *fam (toll)* прекра́сный
Irre ['ɪrə] <-> *f* **in die ~ führen** вводи́ть в заблужде́ние
Irre(r) <-n, -n> *f(m) umg* сумасше́дший *м,* поме́шанный *м;* **ein armer Irrer** *umg* бедня́га
irreal ['ɪrea:l] *adj* ненастоя́щий
irre|führen ['ɪrə-] *vt* сбива́ть, сбить *св* с то́лку, вводи́ть, ввести́ *св* в заблужде́ние; **lass dich davon nicht ~** не дава́й себя́ (э́тим) ввести́ в заблужде́ние
irreführend *adj* ло́жный
irregulär ['ɪregulɛ:ɐ] *adj* нерегуля́рный, непра́вильный
Irregularität <-, -en> *f* нерегуля́рность *ж;* *(Abweichung)* отклоне́ние *ср* от пра́вила
irrelevant ['ɪrelevant] *adj* нева́жный, не име́ющий значе́ния
irren ['ɪrən] **I.** *vr* **sich ~** ошиба́ться, -би́ться *св* в; **ich habe mich in ihr geirrt** я в ней оши́бся; **ich habe mich in der Nummer geirrt** я оши́бся но́мером; **Sie ~ sich** вы ошиба́етесь; **Irren ist menschlich** *prov* лю́ди ошиба́ются **II.** *vi* блужда́ть *нсв;* **durch den Wald ~** блужда́ть по ле́су
Irrenanstalt *f* дом *м* для душевнобольны́х
Irrenhaus *nt* дом *м* для душевнобольны́х
irreparabel ['ɪrepara:bəl] *adj* непоправи́мый; **irreparable Schäden** непоправи́мые повреждéния
irreversibel ['ɪrevɛrzi:bəl] *adj* необрати́мый
Irrgarten *m* лабири́нт *м*
Irrglaube <-n, -n> *m* е́ресь *ж,* заблужде́ние *ср;* *(falsche Meinung)* ло́жное мне́ние *ср*
irrig ['ɪrɪç] *adj* оши́бочный; **in der ~en Annahme** в оши́бочном предположе́нии
Irritation [ɪrita'tsjo:n] <-, -en> *f* раздраже́ние *ср*
irritieren [ɪri'ti:rən] *vt* **1.** *(beirren, stören)* отвлека́ть, -вле́чь *св,* меша́ть, по- *св;* **die Unruhe im Publikum irritierte den Redner** волне́ние пу́блики меша́ло ора́тору **2.** *(ärgern)* раздража́ть, -жи́ть *св*
irrsinnig *adj* **1.** *(wahnsinnig)* безу́мный **2.** *umg (sehr, äußerst groß)* ужа́сный; **die Arbeit ist ~ anstrengend** рабо́та ужа́сно напряжённая
Irrtum <-s, Irrtümer> *m* заблужде́ние *ср;* *(Fehler)* оши́бка *ж;* **hier muss ein ~ vorliegen** здесь, должно́ быть, кака́я-то оши́бка; **im ~ sein/sich im ~ befinden** заблужда́ться/пребыва́ть в заблужде́нии
irrtümlich ['ɪrty:mlɪç] *adj* оши́бочный
ISBN *abk von* **Internationale Standardbuchnummer** междунаро́дный сери́йный но́мер для книг
Ischias ['ɪʃias] <-> *m* MED и́шиас *м*
ISDN [i:ʔɛsde:'ʔɛn] <-> *nt* Интегри́рованная слу́жба *ж* цифрово́й сети́
ISDN-Anschluss <-es, -anschlüsse> *m* подключе́ние *ср* к цифрово́й сети́
Islam [ɪs'la:m] <-> *m* исла́м *м*
islamisch *adj* исла́мский
Island ['i:slant] <-s> *nt* Исла́ндия *ж*
Isländer(in) ['i:slɛndɐ] <-s, -> *m(f)* исла́ндец *м,* исла́ндка *ж*
isländisch *adj* исла́ндский
ISO *abk von* **International Standardization Organisation** Междунаро́дная организа́ция по стандартиза́ции *ж,* ИСО
Isolation [izola'tsjo:n] <-, -en> *f* изоля́ция *ж;* TECH изоля́ция *ж,* изоляцио́нный материа́л *м*
isolationistisch *adj* POL изоляциони́стский
Isolator <-s, -en> *m* изоля́тор *м*
Isolierband [izo'li:ɐ-] <-(e)s, -bänder> *nt* изоляцио́нная ле́нта *ж*
isolieren [izo'li:rən] **I.** *vt* **1.** *(Person)* изоли́ровать *(н)св,* обосо́бить *св,* -са́бливать *нсв;* **man soll ihn von anderen ~** его́ ну́жно изоли́ровать от други́х **2.** TECH изоли́ровать *(н)св* **II.** *vr* обосо́биться *св,* -са́бливаться *нсв,* изоли́роваться *(н)св;* **er hat sich selbst isoliert** он сам себя́ изоли́ровал
Isolierstoff <-(e)s, -e> *m* изоляцио́нный материа́л *м;* EL диэле́ктрик *м*
isoliert I. *adj* изоли́рованный **II.** *adv* изоли́рованно
Isolierung <-en> *f* изоля́ция *ж*
ISO-Norm <-, -en> *f* но́рма *ж* ИСО
Isotherme <-, -n> *f* изоте́рма *ж*
Isotop <-s, -e> *nt* изото́п *м*
Israel ['i:srae:l, 'ɪsrae:l] <-s> *nt* Изра́иль *м*
Israeli [isra'e:li] <-(s), -(s)> *m o f* израильтя́нин *м,* израильтя́нка *ж*

ISS *abk von* **International Space Station** междунаро́дная косми́ческая ста́нция

isst[RR] [ɪst], **ißt**[Alt] [ɪst] *3. präs von* **essen**

ist [ɪst] *3. präs von* **sein**

Istwert <-(e)s, -e>, **Ist-Wert** *m* действи́тельное значе́ние *ср*, реа́льное значе́ние *ср*

IT *abk von* **Information Technology** обрабо́тка *ж* да́нных

Italien [i'ta:liən] <-s> *nt* Ита́лия *ж*

Italiener(in) [ita'lje:nɐ] <-s, -> *m(f)* италья́нец *м*, италья́нка *ж*

italienisch *adj* италья́нский

Jj

J, j [jɔt] <-, -(s)> *nt* бу́ква J

ja [jaː] *adv* **1.** *(zustimmend)* да; **zu etw** *dat* **~ sagen** согласи́ться с чем-л.; **ach ~** ну да; **~ doch!** ну хорошо́! **2.** *(feststellend)* безусло́вно; **aber ~** ну, коне́чно **3.** *(fragend: wirklich?)* пра́вда; **~?** да?; **du bist also einverstanden, ~?** зна́чит ты согла́сен? **4.** *(unbedingt)* обяза́тельно; **er soll ~ seine Hausaufgaben machen** он до́лжен обяза́тельно сде́лать дома́шнее зада́ние **5.** *(allerdings)* коне́чно; **~, das waren Zeiten** да, э́то бы́ли времена́; **komm ~ nicht zu spät** то́лько не приходи́ сли́шком по́здно; **wir sehen uns dann morgen, ~?** мы уви́димся за́втра, да?; **es ist ~ noch früh** ведь ещё ра́но; **Ja** да

Jacht [jaxt] <-, -en> *f* я́хта *ж*

Jacke ['jakə] <-, -n> *f* жаке́т *м*, ку́ртка *ж*; *(Strickjacke)* ко́фта *ж*

Jackett [ʒa'kɛt] <-(e)s, -s> *nt* пиджа́к *м*

Jackpot ['dʒɛkpɔt] <-s, -s> *m* *значи́тельная су́мма возмо́жного де́нежного вы́игрыша в лотере́е, образова́вшаяся благодаря́ тому́, что в предыду́щих ро́зыгрышах не́ было победи́телей*

Jade <-> *f* *(Schmuckstein)* нефри́т *м*

Jagd [jaːkt] <-, -en> *f* **1.** *fig* *(Verfolgung)* пого́ня *ж*, пресле́дование *ср* **2.** *(das Jagen)* охо́та *ж*; **auf die ~ gehen** идти́ на охо́ту; **auf der ~ sein** охо́титься

Jagdbeute <-, -n> *f* охо́тничья добы́ча *ж*

Jagdflugzeug *nt* MIL истреби́тель *м*

Jagdgewehr <-(e)s, -e> *nt* охо́тничье ружьё *ср*

Jagdhund *m* охо́тничья соба́ка *ж*

Jagdhütte <-, -n> *f* охо́тничий до́мик *м*

Jagdrevier <-(e)s, -e> *nt* охо́тничье уго́дье *ср*

Jagdschein <-(e)s, -e> *m* свиде́тельство *ср* на пра́во охо́ты

Jagdtasche <-, -n> *f* ягдта́ш *м*, охо́тничья су́мка *ж*

jagen ['jaːgən] **I.** *vt* **1.** *(Tiere, auch Menschen)* охо́титься *нсв* **2.** *(verfolgen)* пресле́довать *нсв*; **damit kannst du mich ~** *umg* я э́того терпе́ть не могу́ **II.** *vi* **1.** *(auf die Jagd gehen)* охо́титься *нсв* **2.** *fig* *(rasen, eilen)* мча́ться, про- *св*

Jäger(in) ['jɛːgɐ] <-s, -; -, -nen> *m(f)* охо́тник *м*, охо́тница *ж*

Jägerei <-> *f* спе́шка *ж*, суета́ *ж*

Jaguar ['jaːguaːɐ] <-s, -e> *m* ягуа́р *м*

jäh [jɛː] *adj* **1.** *(steil)* обры́вистый, отве́сный **2.** *(plötzlich)* внеза́пный **3.** *(unvermittelt)* неожи́данный **4.** *(überstürzt)* бы́стрый, стреми́тельный; **das Gespräch wurde ~ abgebrochen** разгово́р был внеза́пно пре́рван

Jahr [jaːɐ] <-(e)s, -e> *nt* год *м*; **nach ~ und Tag** когда́-то; **in den besten ~en** в расцве́те лет; **ein halbes ~** полго́да; **alle drei ~e** ка́ждые три го́да; **~ für ~** год за го́дом; **im ~e 2002** в 2002 году́; **im Dezember vorigen ~es** в декабре́ про́шлого го́да; **übers ~** че́рез год; **von ~ zu ~** из го́да в год; **das ganze ~** (**über**) це́лый год

jahraus [jaːɐ̯'ʔaʊs] *adv* **~, jahrein** из го́да в год

Jahrbuch <-(e)s, -bücher> *nt* ежего́дник *м*

jahrelang ['jaːrəlaŋ] *adj* многоле́тний

jähren ['jɛːrən] *vr geh* наступа́ть, -пи́ть *св*; **heute jährt sich sein Todestag zum dritten Mal** сего́дня исполня́ется тре́тья годовщи́на его́ сме́рти

Jahresabonnement <-s, -s> *nt* подпи́ска *ж* на год

Jahresabrechnung <-, -en> *f* годово́й отчёт *м*

Jahresabschluss <-es, -abschlüsse> *m* годово́й бала́нс *м*

Jahresabschlussbuchung <-, -en> *f* подведе́ние *ср* годово́го бала́нса

Jahresabschlussprämie <-, -n> *f* пре́мия *ж* по ито́гам го́да

Jahresabschlussprüfung *f* прове́рка *ж* заключи́тельного бала́нса

Jahresbeginn <-(e)s> *m* нача́ло *ср* года; **zu ~** к нача́лу го́да

Jahresbericht <-(e)s, -e> *m* годово́й отчёт *м*

Jahresbilanz <-, -en> *f* годово́й бала́нс *м*

Jahresbudget <-s, -s> *nt* годово́й бюдже́т *м*

Jahresdurchschnitt <-(e)s, -e> *m* среднегодово́й показа́тель *м*

Jahreseinkommen <-s, -> *nt* годово́й дохо́д *м*

Jahresende <-s> *nt* коне́ц *м* го́да

Jahresgehalt <-(e)s, -gehälter> *nt* годово́й окла́д *м*

Jahresgewinn <-(e)s, -e> *m* при́быль *ж* за го́д

Jahreshauptversammlung <-, -en> *f* ежего́дное о́бщее собра́ние *ср* акционе́ров

Jahreskarte <-, -n> *f* **1.** *(für Verkehrsmittel)* годово́й биле́т *м* **2.** *(für Eintritt)* годово́й абонеме́нт *м*

Jahresring <-(e)s, -e> *m* годи́чное кольцо́ *ср*

Jahrestag <-(e)s, -e> *m* годовщи́на *ж*

Jahrestagung <-, -en> *f* ежего́дная конфе́ренция *ж*, ежего́дный съезд *м*

Jahresumsatz <-es, -umsätze> *m* годово́й оборо́т *м*; **den ~ verdoppeln** удва́ивать годовой оборот

Jahresurlaub <-s> *m* ежегодный отпуск *м*

Jahresverdienst <-(e)s, -e> *m* годовой заработок *м*

Jahreswechsel <-s, -> *m (Neujahr)* новый год *м*

Jahreswende <-, -n> *f* наступающий новый год *м,* канун *м* нового года

Jahreszeit <-, -en> *f* время *ср* года

jahreszeitlich *adj* сезонный, по сезону

Jahrgang <-(e)s, -gänge> *m* **1.** *(selbe Altersstufe)* год *м* рождения **2.** *(einer Zeitschrift)* год *м* выпуска [*или* издания] **3.** *(von Wein)* урожай *м;* ~ **1998** урожай 1998 года

Jahrhundert [ja:ɐ̯'hʊndɐt] <-s, -e> *nt* век *м,* столетие *ср*

jahrhundertelang *adj (Entwicklung, Tradition)* на протяжении веков, веками

Jahrhundertwende *f* канун *м* нового столетия

jährlich ['jɛ:ɐlɪç] *adj* ежегодный, годичный; **~es Einkommen** годовой доход *м*

Jahrmarkt <-(e)s, -märkte> *m* ярмарка *ж*

Jahrtausend [ja:ɐ̯'taʊzənt] <-s, -e> *nt* тысячелетие *ср*

Jahrzehnt [ja:ɐ'tse:nt] <-(e)s, -e> *nt* десятилетие *ср*

jahrzehntelang *adj* с годами

Jähzorn ['jɛ:tsɔrn] <-s> *m kein pl* внезапная вспышка *ж* гнева

jähzornig *adj* вспыльчивый

Jalousie [ʒalu'zi:] <-, -n> *f* жалюзи *ср*

Jambus <-, Jamben> *m* ямб *м*

Jammer ['jamɐ] <-s> *m kein pl* **1.** *(Klage)* плач *м,* вопли *мн* **2.** *(Elend)* горе *ср,* несчастье *ср;* **welch ein ~** как жалко; **ein Bild des ~s bieten** иметь несчастный вид

Jammerlappen *m fam abw* неудачник *м*

jämmerlich ['jɛmɐlɪç] *adj* **1.** *(elend)* жалкий, плачевный; **einen ~en Eindruck machen** производить жалкое впечатление; **~ aussehen** иметь плачевный вид **2.** *(verachtenswert)* ничтожный; **ein ~er Feigling** жалкий трус *м*

jammern ['jamɐn] *vi (über)* громко плакать *нсв,* вопить *нсв*

jammerschade ['jamɐ'ʃa:də] *adj fam* **~ sein** очень жаль

Janker <-s, -> *m österr (wollene Trachtenjacke)* куртка *ж*

Jänner ['jɛnɐ] <-(s), -> *m CH, österr (Januar)* январь *м*

Januar ['janua:ɐ] <-(s), -e> *m* январь *м*

Japan ['ja:pan] <-s> *nt* Япония *ж*

Japaner(in) [ja'pa:nɐ] <-s, -; -, -nen> *m(f)* японец *м,* японка *ж*

japanisch *adj* японский

japsen *vi (stoßweise atmen)* прерывисто дышать *нсв*

Jargon [ʒar'gɔ̃:] <-s, -s> *m* жаргон *м*

Jasmin [jas'mi:n] <-s, -e> *m* жасмин *м*

jäten ['jɛ:tən] *vt* полоть, вы- *св;* **Unkraut ~** полоть бурьян

Jauche ['jaʊxə] <-, -n> *f* навозная жижа *ж*

Jauchegrube <-, -n> *f* жижеприёмник *м,* навозно-жижевая яма *ж*

jauchzen ['jaʊxtsən] *vi* ликовать *нсв;* **vor Freude ~** ликовать от радости

jaulen ['jaʊlən] *vi* выть *нсв,* завывать *нсв*

jawohl [ja'vo:l] *adv* совершенно верно, да; **haben Sie alles verstanden? - ~, Herr Leutnant** вы всё поняли? - так точно, господин лейтенант

Jawort ['ja:vɔrt] <-(e)s, -e> *nt* согласие *ср;* **jdm das ~ geben** дать своё согласие

Jazz [dʒɛ:s] <-> *m kein pl* джазовая музыка *ж,* джаз *м*

Jazzband <-, -s> *f* джаз-бэнд *м,* джазовый ансамбль *м*

Jazzgymnastik <-> *f* джазовая гимнастика *ж*

Jazzkonzert <-(e)s, -e> *nt* джазовый концерт *м*

Jazzmusiker(in) <-s, -> *m(f)* джазовый исполнитель *м,* джазовая исполнительница *ж*

je [je:] **I.** *prp +akk (pro)* по; **der Eintritt kostet 5 Euro ~ Person** вход стоит по 5 евро на человека; **~ ein Exemplar** по одному экземпляру **II.** *adv temp (jemals)* когда-нибудь, когда-либо; **wer hätte das ~ gedacht** кто бы мог когда-л. это подумать; **seit eh und ~** с давних пор; **~ nachdem, ob/wie ...** смотря на то, как ... **III.** *konj* **~ ... desto ...** чем ... тем ...; **~ nachdem** смотря по

Jeans [dʒi:ns] <-, -> *pl* джинсы *мн*

Jeansanzug <-(e)s, -anzüge> *m* джинсовый костюм *м*

Jeanshose <-, -n> *f* джинсовые брюки *мн*

Jeansjacke <-, -n> *f* джинсовая куртка *ж*

Jeansrock <-(e)s, -röcke> *m* джинсовая юбка *ж*

jede *pron indef s.* **jede(r, s)**

jedenfalls ['je:dənfals] *adv* **1.** *(auf jeden Fall)* в любом случае, непременно **2.** *(zumindest)* по меньшей мере

jeder *pron indef s.* **jede(r, s)**

jedermann ['- - -] *pron indef* **1.** *(ein jeder)* каждый; **das ist nicht ~s Sache** это не каждый сможет **2.** *(jeder beliebige)* любой

jede(r, s) ['je:də, -dɐ, -dəs] *pron indef* **1.** *(jeder Einzelne)* каждый; **~r Einzelne** каждый в отдельности **2.** *(jegliche)* любой; **um jeden Preis** любой ценой; **jeder beliebige** первый встречный; **jede halbe Stunde schaut er auf die Uhr** он смотрит каждые полчаса на часы

jederzeit ['je:dɐ'ʦaɪt] *adv* **1.** *(zu jeder Zeit)* в любо́е вре́мя; **ein ~ gern gesehener Gast** всегда́ жела́нный гость **2.** *(ständig, in jedem Augenblick)* всегда́, постоя́нно; **~ auf etw gefasst sein** постоя́нно быть гото́вым к чему́-л.

jedes *pron indef s.* **jede(r, s)**

jedesmal ['je:dəs'ma:l] *adv* ка́ждый раз; **~, wenn ...** ка́ждый раз, когда́ ...

jedoch [je'dɔx] *konj* одна́ко, тем не ме́нее

Jeep® <-s, -s> *m* джип *м*

Jeep <-s, -s> *m* джип *м*

jeher ['je:he:ɐ] *adv* **von ~** с да́вних пор

jemals ['je:ma:ls] *adv* когда́-нибу́дь, когда́-ли́бо

jemand ['je:mant] *pron indef* кто́-нибудь, кто́-либо; **sonst noch ~?** ещё кто́-нибудь?; **das wird kaum ~ wollen** едва́ ли кто́-либо э́то захо́чет

jene(r, s) ['je:nə, -nɐ, -nəs] *pron dem* тот; **dieses und jenes** вся́кая вся́чина

jenseits ['je:nzaɪts] *prp +gen* по ту сто́рону; **~ des Meeres** за мо́рем; **~ von Gut und Böse sein** быть за преде́лами добра́ и зла

Jenseits <-> *nt kein pl* потусторо́нний мир *м;* **jdn ins ~ befördern** *umg* отпра́вить кого́-л. на тот свет

Jerusalem [je'ru:zalɛm] <-s> *nt* Иерусали́м *м*

Jesuit [jezu'i:t] <-en, -en> *m* REL иезу́ит *м*

Jesuitenorden <-s> *m* о́рден *м* иезу́итов

Jesus ['je:zʊs] <Jesu> *m* REL Иису́с; **~ Christus** Иису́с Христо́с

Jet [dʒɛt] <-s, -s> *m (Düsenflugzeug)* реакти́вный самолёт *м*

Jet-set ['ʤɛʦɛt] <-s, *rar* -s> *m*, **Jetset**[RR] <-s, *rar* -s> *m* **zum ~ gehören** принадлежа́ть к и́збранному о́бществу

jetzig ['jɛʦɪç] *adj* ны́нешний, тепе́решний

jetzt [jɛtst] *adv* тепе́рь, сейча́с; **bis ~** до сих пор; **von ~ an** с э́того моме́нта; **~ oder nie** тепе́рь и́ли никогда́

jeweilig [je:'vaɪlɪç] *adj* соотве́тствующий, да́нный; **der ~en Mode entsprechend** соотве́тствующий да́нной мо́де

jeweils ['je:vaɪls] *adv* **1.** *(jedesmal)* ка́ждый раз; **die Nachrichten kommen ~ um 20 Uhr** но́вости передаю́тся всегда́ в 20 часо́в **2.** *(jeder einzelne)* в ка́ждом слу́чае, ка́ждый

Jh. *abk von* **Jahrhundert** в.

JIT *abk von* **Just In Time** *техноло́гия доста́вки гру́зов без промежу́точного склади́рования*

Job [dʒɔp] <-s, -s> *m umg (Beschäftigung)* рабо́та *ж,* заня́тие *ср,* де́ло *ср;* **ein gut bezahlter ~** хорошо́ опла́чиваемая рабо́та

jobben ['dʒɔbən] *vi umg* рабо́тать *нсв*

Jobhopper <-s> *m* гастролёр *м,* лету́н *м*

Job rotation <-> *f* рота́ция *ж* персона́ла

Job-sharing[Alt] ['ʤɔpʃɛ:rɪŋ] <-(s)> *n*, **Jobsharing**[RR] <-(s)> *nt kein Pl* разделе́ние рабо́чего ме́ста ме́жду не́сколькими сотру́дниками

Jobsuche <-> *f* по́иски *м мн* рабо́ты

Joch [jɔx] <-(e)s, -e> *nt* хому́т *м; fig* ярмо́ *ср,* бре́мя *ср;* **ein schweres ~ tragen** *geh* нести́ тя́жкое бре́мя

Jockei, Jockey ['ʤɔke *o* 'ʤɔki] <-s, -s> *m* SPORT жоке́й *м*

Jod [jo:t] <-(e)s> *nt kein pl* йод *м*

jodeln ['jo:dəln] *vi* вид пе́ния, характе́рный для тиро́льцев

jodhaltig *adj* йодосодержа́щий

Jodler ['jo:dlɐ] <-s, -> *m* певе́ц *м* из Тиро́ля

Jodmangel <-s> *m* недоста́ток *м* йо́да

Jodsalz <-es> *nt* йодосодержа́щая соль *ж*

Jodtinktur <-> *f* насто́йка *ж* йо́да

Joga ['jo:ga] <-(s)> *m kein pl* йо́га *ж*

joggen ['dʒɔgən] *vi* бе́гать *нсв* трусцо́й

Jogging ['dʒɔgɪŋ] <-(s)> *nt kein pl* бег *м* трусцо́й

Jogginganzug <-(e)s, -anzüge> *m* трениро́вочный костю́м *м*

Joghurt ['jo:gʊrt] <-(s), -(s)> *m o nt* йо́гурт *м*

Joghurtbecher <-s, ->, **Jogurtbecher** *m* стака́нчик *м* с йогуртом

Jogurt[RR] <-(s), -(s)> *m o nt s.* **Joghurt**

Johannisbeere [jo'hanɪsbe:rə] <-, -n> *f* сморо́дина *ж;* **Rote ~** кра́сная сморо́дина; **Schwarze ~** чёрная сморо́дина

Johannisbeerstrauch <-(e)s, -sträucher> *m* куст *м* сморо́дины

johlen ['jo:lən] *vi (grölen)* горла́нить *нсв*

Joint [dʒɔɪnt] <-s, -s> *m* сигаре́та *ж* с гаши́шем

Joint-venture <-(s), -s> *nt* совме́стное предприя́тие *ср*

Joker ['dʒo:kɐ] <-s, -> *m (im Kartenspiel)* джо́кер *м*

Jongleur [ʒõ'glœ:ɐ̯] <-s, -e> *m* жонглёр *м*

jonglieren [ʒõ'gli:rən] <ohne ge-> *vi* жонгли́ровать *нсв*

Joule [ʤu:l *o* ʤaʊl] <-(s), -> *nt* джо́уль *м*

Journal [ʒʊr'na:l] <-s, -e> *nt* жу́рнал *м*

Journalismus [ʒʊrna'lɪsmʊs] <-> *m kein pl* журнали́стика *ж*

Journalist(in) [ʒʊrna'lɪst] <-en, -en; -, -nen> *m(f)* журнали́ст *м,* журнали́стка *ж*

jovial [jo'vja:l] *adj (wohlwollend)* доброжела́тельный

Joystick ['dʒɔɪstɪk] <-s, -s> *m* джо́йстик *м*

Jubel ['ju:bəl] <-s> *m kein pl* ликова́ние *ср,* весе́лье *ср*

jubeln ['ju:bəln] *vi* ликова́ть *нсв,* весели́ться *нсв*

Jubilar(in) [jubi'la:ɐ] <-s, -e; -, -nen> *m(f)* юбиля́р *м*

Jubiläum [jubiˈlɛːʊm] <-s, -läen> *nt* юбиле́й *м*

jucken [ˈjʊkən] *vi* чеса́ться *нсв;* **das juckt mich nicht** *umg* меня́ э́то не че́шет; **mir juckt die Haut** у меня́ че́шется ко́жа

Juckreiz <-es, -e> *m* зуд *м*

Jude [ˈjuːdə] <-n, -n> *m* евре́й *м*

Judentum <-s> *nt kein pl* евре́йство *ср*

Judenverfolgung <-, -en> *f* пресле́дование *ср* евре́ев

Jüdin [ˈjyːdɪn] <-, -nen> *f* евре́йка *ж; s.a.* **Jude**

jüdisch [ˈjyːdɪʃ] *adj* евре́йский

Judo [ˈjuːdo] <-(s)> *nt kein pl* дзюдо́ *ср*

Jugend [ˈjuːgənt] <-> *f kein pl* **1.** *(Jugendzeit)* мо́лодость *ж,* ю́ность *ж;* **in meiner frühen ~** во времена́ моéй ра́нней мо́лодости; **von ~ an** смо́лоду **2.** *(Jugendlichkeit)* мо́лодость *ж* **3.** *(junge Menschen)* молодёжь *ж;* **die heutige ~** совреме́нная молодёжь

Jugendamt <-(e)s, -ämter> *nt* управле́ние *ср* по дела́м молодёжи

Jugendarbeitslosigkeit <-> *f* безрабо́тица *ж* среди́ молодёжи

Jugendaustausch <-es> *m* молодёжный обме́н *м*

jugendfrei [ˈjuːgəntfraɪ] *adj (Film) допу́щенный к просмо́тру детьми́ до 16 лет*

Jugendfreund(in) <-(e)s, -e> *m(f)* друг *м,* подру́га *ж*

Jugendgruppe <-, -n> *f* молодёжная гру́ппа *ж*

Jugendherberge <-, -n> *f* молодёжная турба́за *ж*

jugendlich *adj* **1.** *(jung)* молодо́й **2.** *(jung wirkend)* моложа́вый **3.** JUR несовершенноле́тний

Jugendliche <ein -r, -n, -n> *mf* подро́сток *м; (Minderjährige(r))* несовершенноле́тний *м*

Jugendliebe <-> *f* ю́ношеская любо́вь *ж*

Jugendstil <-s> *m* стиль *м* моде́рн

Jugendstraftäter(in) <-s, -> *m(f)* малоле́тний престу́пник *м*

Jugendsünde <-, -n> *f* грех *м* мо́лодости

Jugendtraum <-(e)s, -träume> *m* мечта́ *ж* ю́ности

Jugendzentrum <-s, -zentren> *nt* де́тско-ю́ношеский центр *м*

Jugoslawe [jugoˈslaːvə] <-n, -n> *m* югосла́в *м; s.a.* **Jugoslawin**

Jugoslawien [jugoˈslaːviən] <-s> *nt* Югосла́вия *ж*

Jugoslawin [jugoˈslaːvɪn] <-, -nen> *f* югосла́вка *ж; s.a.* **Jugoslawe**

jugoslawisch *adj* югосла́вский

Juli [ˈjuːli] <-(s), -s> *m* ию́ль *м*

jung [jʊŋ] <jünger, jüngste> *adj* **1.** *(an Lebensjahren)* молодо́й, ю́ный; **ein ~er Mann** молодо́й челове́к **2.** *(frisch)* све́жий; **~es Gemüse** све́жие о́вощи **3.** *(noch nicht lange bestehend)* неда́вний; **ein ~es Paar** молодожёны

Junge[1] [ˈjʊŋə] <-n, -n *o fam* Jungs> *m* ма́льчик *м;* **~, ~!** ну и ну́!; **Tag, alter ~!** приве́т, старина́!

Junge[2] <ein -s, -n, -n> *nt* **1.** ZOOL детёныш *м* **2.** *(vom Hund)* щено́к *м* **3.** *(von der Katze)* котёнок *м* **4.** *(vom Vogel)* птене́ц *м*

Jünger(in) [ˈjʏŋɐ] <-s, -> *m(f)* REL приве́рженец *м,* приве́рженка *ж,* после́дователь *м,* после́довательница *ж*

Jungfer <-, -n> *f* де́ва *ж,* деви́ца *ж;* **alte ~** ста́рая де́ва

Jungfernfahrt <-, -en> *f* пе́рвый рейс *м,* пе́рвое пла́ванье *ср*

Jungfrau <-, -en> *f* **1.** *(unberührtes Mädchen)* де́вственница *ж* **2.** ASTR Де́ва *ж*

Jungfräulichkeit [ˈjʊŋfrɔɪlɪçkaɪt] <-> *f ohne pl (Reinheit)* де́вственность *ж*

Junggeselle <-n, -n> *m* холостя́к *м;* **ein eingefleischter ~** закорене́лый холостя́к

Jüngling [ˈjʏŋlɪŋ] <-s, -e> *m geh* ю́ноша *м*

jüngste(r, s) [ˈjʏŋstə, -tɐ, -təs] *adj* са́мый мла́дший; *(letzte(r,s))* после́дний; **nicht mehr der Jüngste sein** быть не пе́рвой мо́лодости; **der Jüngste Tag** День Стра́шного Суда́; **die jüngsten Ereignisse** после́дние собы́тия; **sein jüngster Roman** его́ после́дний рома́н

jungverheiratet *adj* **die Jungverheirateten** молодожёны *мн*

Juni [ˈjuːni] <-(s), -s> *m* ию́нь *м*

junior [ˈjuːni̯oːɐ̯] *adj (nur nachgestellt)* мла́дший

Junior(in) [ˈjuːni̯oːɐ̯] <-s, -en; -, -nen> *m(f)* юнио́р *м*

Juniorchef(in) <-s, -s> *m(f) рабо́тающий в фи́рме сын владе́льца*

Junkie [ˈdʒaŋki] <-s, -s> *m* наркома́н *м*

Jupe [ʒyːp] <-, -s *f o* -s, -s *m*> *f o m CH (Frauenrock)* ю́бка *ж*

Jupiter <-s> *m* ASTR Ю́питер *м*

Jura [ˈjuːra] *nt* юриспруде́нция *ж,* пра́во *ср;* **~ studieren** изуча́ть пра́во

Jurist(in) [juˈrɪst] <-en, -en; -, -nen> *m(f)* юри́ст *м*

Juristerei <-> *f umg* (юриди́ческая) казуи́стика *ж*

juristisch [juˈrɪstɪʃ] *adj* юриди́ческий; **die ~e Fakultät** юриди́ческий факульте́т *м;* **~e Person** юриди́ческое лицо́ *ср;* **der ~e Beistand** юриди́ческая подде́ржка *ж*

Jurte <-, -n> *f* ю́рта *ж*

Jury [ʒyˈriː *o* ˈʒyːriː] <-, -s> *f* жюри́ *ср*

Jus <-> *nt kein pl, CH, österr (Jura, Rechtswissenschaft)* юриспруде́нция *ж*

Justiz [jʊsˈtiːts] <-> *f kein pl* юсти́ция *ж,* правосу́дие *ср;* **jdn der ~ überantworten** переда́ть кого́-л. о́рганам правосу́дия

Justizbehörde *f* суде́бная власть *ж*

Justizirrtum <-s, -irrtümer> *m* суде́бная оши́бка *ж*

Justizministerium *nt* Министе́рство *ср* юсти́ции

Jute ['ju:tə] <-> *f kein pl (tropische Pflanze)* джут *м*

Juwel [ju've:l] <-s, -en *m o fig* -s, -e *nt*> *m o nt* драгоце́нный ка́мень *м,* драгоце́нность *ж*

Juwelier [juve'li:ɐ] <-s, -e> *m* ювели́р *м*

Juwelierladen <-s, -läden> *m* ювели́рный магази́н *м*

Jux [jʊks] <-es, -e> *m umg (Scherz, Spaß)* шу́тка *ж;* **sich einen ~ aus etw machen** обрати́ть что-л. в шу́тку; **das war doch nur ein ~** э́то же была́ то́лько шу́тка; **aus lauter ~ und Tollerei** ра́ди сме́ха

K k

K, k [kaː] <-, -> *nt* бу́ква K

Kabarett [kaba'rɛt, kaba'reː] <-s, -s> *nt* **1.** *(Kleinkunst(bühne))* теа́тр *м* **2.** *(Programm)* сатири́ческая програ́мма *ж;* **politisches ~** полити́ческая эстра́да *ж;* **literarisches ~** литерату́рная эстра́да

Kabarettist(in) [kabarɛ'tɪst] <-en, -en> *m(f)* эстра́дный арти́ст(-сати́рик) *м*

Kabel ['kaːbəl] <-s, -> *nt* **1.** EL ка́бель *м* **2.** TV ка́бельное телеви́дение *ср* **3.** *(Drahtseil)* трос *м*

Kabelanschluss <-es, -anschlüsse> *m* подключе́ние *ср* про́вода

Kabelfernsehen <-s> *nt* ка́бельное телеви́дение *ср*

Kabeljau ['kaːbəljaʊ] <-s, -e> *m* треска́ *ж*

Kabelkanal <-s, -kanäle> *m* TV ка́бельный кана́л *м*

Kabelklemme <-, -n> *f* EL кле́мма *ж* про́вода

Kabelquerschnitt <-(e)s, -e> *m* попере́чное сече́ние *ср* про́вода

Kabelrolle <-, -n> *f* ка́бельный бараба́н *м*

Kabine [ka'biːnə] <-, -n> *f* **1.** *(Umkleidekabine)* приме́рочная *ж* **2.** MAR каю́та *ж* **3.** *(Duschkabine)* каби́на *ж*

Kabinett [kabi'nɛt] <-s, -e> *nt* кабине́т *м*

Kabinettsbeschluss <-es, -beschlüsse> *m* реше́ние *ср* кабине́та (мини́стров)

Kabinettschef <-s, -s> *m* глава́ *м* кабине́та (мини́стров)

Kabinettsmitglied <-(e)s, -er> *nt* член *м* кабине́та

Kabinettssitzung <-, -en> *f* заседа́ние *ср* кабине́та

Kabinettsumbildung <-, -en> *f* переформирова́ние *ср* кабине́та

Kabrio ['kaːbrio] <-(s), -s> *nt* кабриоле́т *м*

Kabriolett <-s, -s> *nt* кабриоле́т *м*

Kachel ['kaxəl] <-, -n> *f* ка́фельная пли́тка *ж*, изразе́ц *м*

Kachelofen <-s, -öfen> *m* изразцо́вая печь *ж*

Kacke ['kakə] <-> *f vulg* дерьмо́ *ср*

Kadaver [ka'daːvɐ] <-s, -> *m* труп *м*

Kadmium ['katmiʊm] <-s> *nt* ка́дмий *м*

Käfer ['kɛːfɐ] <-s, -> *m* жук *м*

Kaff [kaf] <-(e)s, Käffer> *nt pej, umg (kleiner Ort)* захолу́стье *ср*

Kaffee ['kafe, ka'feː] <-s> *m* ко́фе *м;* *(Milchkaffee)* ко́фе *м* с молоко́м; **das ist doch alles kalter ~** *fig, umg* да э́то всё давны́м-давно́ изве́стно; **einen ~, bitte** ко́фе, пожа́луйста; **~ kochen** вари́ть ко́фе; **(einen) ~ trinken** пить ко́фе; **schwarzer/starker/dünner ~** чёрный/кре́пкий/жи́дкий ко́фе; **~ mit Milch/ohne Zucker** ко́фе с молоко́м/без са́хара

Kaffeeautomat <-en, -en> *m* автома́т *м* по прода́же ко́фе

Kaffeebohne <-, -n> *f* кофе́йное зерно́ *ср*

kaffeebraun *adj* цве́та ко́фе

Kaffeefahrt <-, -en> *f прогу́лка и́ли экску́рсия по́сле обе́да с обяза́тельным кофепи́тием*

Kaffeefilter <-s, -> *m* кофе́йный фильтр *м*

Kaffeehaus [ka'feːhaʊs] <-es, -häuser> *nt* кофе́йня *ж*

Kaffeekanne <-, -n> *f* кофе́йник *м*

Kaffeeklatsch <-(e)s> *m непринуждённая бесе́да за ко́фе с пиро́жным*

Kaffeekränzchen <-s, -> *nt* да́мское о́бщество *ср*

Kaffeelöffel *m* кофе́йная ло́жечка *ж*

Kaffeemaschine <-, -n> *f* кофева́рка *ж*

Kaffeemühle <-, -n> *f* кофемо́лка *ж*

Kaffeepause <-, -n> *f* переры́в *м*

Kaffeeplantage <-, -n> *f* планта́ция *ж* ко́фе

Kaffeesatz <-es> *m* кофе́йная гу́ща *ж*

Kaffeetasse *f* кофе́йная ча́шка *ж*

Kaffeetrinker <-, -n> *f* люби́тель *м* ко́фе

Käffer *pl von* **Kaft**

Käfig ['kɛːfɪç] <-s, -e> *m* кле́тка *ж*

kahl [kaːl] *adj* **1.** *(Bäume)* го́лый; **~ geschoren** обри́тый на́голо **2.** *(Landschaft)* лишённый расти́тельности **3.** *(Mensch)* лы́сый

kahlgeschoren[Alt] *adj s.* **kahl** [1].

kahlköpfig ['kaːlkœpfɪç] *adj* лы́сый

kahl scheren[RR] *vt* стри́чь, остри́чь *св* на́голо

Kahn [kaːn] <-(e)s, Kähne> *m* ло́дка *ж;* *(Lastkahn)* ба́ржа *ж;* **~ fahren** ката́ться на ло́дке

Kai [kaɪ] <-s, -e/-s> *m* на́бережная *ж*

Kaiman <-s, -e> *m* кайма́н *м*

Kaimauer <-, -n> *f* стена́ *ж* на́бережной

Kairo ['kaɪro] *nt* Каи́р *м*

Kaiser(in) ['kaɪzɐ] <-s, -> *m(f)* импера́тор *м*, императри́ца *ж*

kaiserlich *adj* импера́торский

Kaiserreich <-(e)s, -e> *nt* импе́рия *ж*

Kaiserschnitt <-(e)s, -e> *m* MED ке́сарево сече́ние *ср*

i Land & Leute

В Австрии, Южной Германии и в Швейцарии широко распространено мучное блюдо – **Kaiserschmarren**, –

которое, по всей вероятности, восходит к императрице Елизавете Австрийской. Это своего рода **омлет**, при жарении разрезаемый на мелкие куски и перед подачей на стол посыпаемый сахаром. Иногда в него добавляют также изюм.

Kajak ['ka:jak] <-s, -s> *m* байда́рка *ж*
Kajalstift <-(e)s, -e> *m* ко́нтурный каранда́ш *м* для глаз
Kajüte [ka'jy:tə] <-, -n> *f* каю́та *ж*
Kakadu ['kakadu] <-s, -s> *m* какаду́ *м*
Kakao [ka'kaʊ] <-s> *m* кака́о *ср*; **jdn/etw durch den ~ ziehen** *umg* вы́смеять кого́-л./что-л.
Kakaobutter <-> *f* кака́овое ма́сло *ср*
Kakaopulver *nt* кака́о *ср* в порошке́
Kaktus ['kaktʊs] <-, Kakteen> *m* ка́ктус *м*
Kalamitäten <-> *pl* тру́дности *мн*
Kalauer <-s, -> *m* незате́йливая шу́тка *ж*, пло́ская шу́тка *ж*
Kalb [kalp] <-(e)s, Kälber> *nt* телёнок *м*
Kalbfleisch <-(e)s> *nt* теля́тина *ж*
Kaleidoskop [kalaɪdo'sko:p] <-(e)s> *nt* калейдоско́п *м*
Kalender [ka'lɛndɐ] <-s, -> *m* **1.** *(Wandkalender)* насте́нный календа́рь *м* **2.** *(Taschenkalender)* карма́нный календа́рь *м*
Kalenderjahr <-(e)s, -e> *nt* календа́рный год *м*
Kalenderwoche <-, -n> *f* календа́рная неде́ля *ж*
Kali ['ka:li] *nt* ка́лий *м*
Kaliber [ka'li:bɐ] <-s, -> *nt* кали́бр *м*
Kalifornien <-s> *nt* Калифо́рния *ж*
Kalilauge <-, -n> *f* раство́р *м* е́дкого ка́лия
Kalium ['ka:liʊm] <-s> *nt* ка́лий *м*
kaliumhaltig *adj* содержа́щий ка́лий
Kalk [kalk] <-(e)s, -e> *m* и́звесть *ж*; **gebrannter ~** негашёная и́звесть; **gelöschter ~** гашёная и́звесть
Kalkablagerung <-, -en> *f* отложе́ние *ср* и́звести
Kalksandstein <-(e)s> *m* силика́тный кирпи́ч *м*
Kalkstein <-(e)s, -e> *m* известня́к *м*
Kalkulation [kalkula'ts̮i̯o:n] <-, -en> *f* **1.** *(Berechnung)* калькуля́ция *ж*, расчёт *м*; **eine ~ erstellen** производи́ть калькуля́цию **2.** *(Kostenvoranschlag)* предвари́тельный расчёт *м* затра́т
kalkulierbar [kalku'li:ɐba:ɐ] *adj* предсказу́емый
kalkulieren [kalku'li:rən] *vt* калькули́ровать, скалькули́ровать *св*; **das Risiko ~** принима́ть в расчёт риск
Kalorie [kalo'ri:] <-, -n> *f (meist pl)* кало́рия *ж*
kalorienarm *adj* малокалори́йный
Kalorienbedarf <-(e)s> *m* потре́бность *ж* в кало́риях
Kaloriengehalt <-(e)s, -e> *m* калори́йность *ж*
kalorienreich *adj* калори́йный
kalt [kalt] *adj* **1.** *(⇔ warm)* холо́дный; **mir ist ~** мне хо́лодно; **es ist ~** хо́лодно; **das Essen wird ~** еда́ осты́нет; **es überlief ihn ~** у него́ пробежа́ли мура́шки по спине́ **2.** *(gefühllos)* бесчу́вственный, холо́дный; **~e Füße haben** *umg* дрожа́ть от стра́ха; **~e Platte** холо́дные заку́ски; **~er Schweiß brach ihm aus** у него́ вы́ступил холо́дный пот; **der Kalte Krieg** холо́дная война́ **3.** *(nüchtern)* тре́звый, холо́дный; **das lässt mich ~** э́то меня́ не волну́ет; **mit ~er Berechnung** хладнокро́вно **4.** *(abweisend)* пренебрежи́тельный; **jdm die ~e Schulter zeigen** поверну́ться к кому́-л. спино́й
kaltblütig [-bly:tɪç] *adj* **1.** *fig* хладнокро́вный **2.** *(lässig, gelassen)* споко́йный
Kaltblütigkeit [kaltbly:tɪçkaɪt] <-> *f fig* хладнокро́вие *ср*
Kälte ['kɛltə] <-> *f* **1.** *(Wetter)* хо́лод *м*, моро́з *м*; **fünf Grad ~** пять гра́дусов моро́за; **bei dieser ~** на э́том хо́лоде; **es herrschte eine eisige ~** стоя́л стра́шный хо́лод **2.** *fig* хо́лодность *ж*
kältebeständig *adj* холодосто́йкий
Kälteeinbruch <-(e)s, -einbrüche> *m* внеза́пное пониже́ние *ср* температу́ры
kälteempfindlich *adj* неморозосто́йкий
Kälteperiode <-, -n> *f* пери́од *м* холодо́в
Kälteschutzmittel <-s, -> *nt* сре́дство *ср* защи́ты от хо́лода
Kaltfront ['kaltfrɔnt] <-, -en> *f* холо́дный фронт *м*
Kaltmiete ['kaltmi:tə] <-, -n> *f* квартпла́та *ж* без надба́вки за отопле́ние
Kaltschale <-, -n> *f* холо́дный суп *м*
Kaltstart <-(e)s, -s> *f* холо́дный за́пуск *м* дви́гателя
Kalzium ['kaltsiʊm] <-s> *nt* ка́льций *м*
Kalziummangel <-s> *m* недоста́ток *м* ка́льция
kam [ka:m] *prät von* **kommen**
Kambodscha <-s> *nt* Камбо́джа *ж*
Kambodschaner(in) <-s, -> *m(f)* камбоджи́ец *м*, камбоджи́йка *ж*
kambodschanisch *adj* камбоджи́йский
Kamel [ka'me:l] <-(e)s, -e> *nt* верблю́д *м*
Kamera ['kamәra] <-, -s> *f* ка́мера *ж*
Kamerad(in) [kamə'ra:t] <-en, -en> *m(f)* **1.** MIL това́рищ *м* **2.** *umg (Freund)* прия́тель *м*
Kameradschaft <-> *f* това́рищеские отноше́ния *срмн*
kameradschaftlich *adj* това́рищеский
Kameraführung <-> *f* рабо́та *ж* опера́тора, управле́ние *ср* ка́мерой
Kameramann <-(e)s, -männer/-leute> *m* опера́тор *м*

K

Kamerateam <-s, -s> *nt* съёмочная гру́ппа *ж*

Kamille [ka'mɪlə] <-, -n> *f* рома́шка *ж*

Kamillentee <-s, -s> *m* рома́шковый чай *м*

Kamin [ka'mi:n] <-s, -e> *m* **1.** *(Schornstein)* дымова́я труба́ *ж* **2.** *(im Zimmer)* ками́н *м*

Kaminfeger(in) <-s, -; -nen> *m(f) reg* трубочи́ст *м*

Kaminkehrer <-s, -> *m* трубочи́ст *м*

Kamm [kam] <-(e)s, Kämme> *m* **1.** *(für Haar)* расчёска *ж*, гре́бень *м* **2.** *(Wellenkamm)* гре́бень *м* **3.** *(Bergkamm)* гре́бень *м*, хребе́т *м*; **alles über einen ~ scheren** *fig* стричь всё под одну́ гребёнку

kämmen ['kɛmən] **I.** *vt* **1.** *(Haare)* расчёсывать, -чеса́ть *св* **2.** *(Wolle)* чеса́ть *нсв* **II.** *vr* расчёсываться, -чеса́ться *св*

Kammer ['kamɐ] <-, -n> *f* **1.** *(kleiner Raum)* ко́мнатка *ж*, камо́рка *ж* **2.** *fig (Behörde)* пала́та *ж* **3.** *(Ärztekammer)* пала́та *ж*

Kammerdiener <-s, -> *m* камерди́нер *м*

Kammerjäger(in) *m(f)* дезинсе́ктор *м*

Kammerkonzert <-(e)s, -e> *nt* ка́мерный конце́рт *м*

Kammermusik <-> *f* ка́мерная му́зыка *ж*

Kammerton *m* MUS камерто́н *м*

Kampagne [kam'panjə] <-, -n> *f* кампа́ния *ж*

Kampf [kampf] <-(e)s, Kämpfe> *m* **1.** *(allg)* борьба́ *ж*, бой *м*; **einer Sache den ~ ansagen** *fig* объяви́ть борьбу́ с чем-л.; **~ ums Dasein** борьба́ за существова́ние; **ein ~ auf Leben und Tod** борьба́ не на жизнь, а на́ смерть; **der ~ ums Überleben** борьба́ за жизнь; **der ~ für/gegen etw** борьба́ за что-л./про́тив чего́-л. **2.** MIL *(Schlacht)* бой *м*, би́тва *ж*; **er ist im ~ gefallen** он пал в бою́ **3.** *(Wettkampf)* состяза́ние *ср*

kämpfen ['kɛmpfən] *vt* боро́ться *нсв*, сража́ться, срази́ться *св*; **um die Freiheit ~** боро́ться за свобо́ду; **mit den Tränen ~** сде́рживать слёзы; **mit etw** *dat* **zu ~ haben** *a. fig* боро́ться с чем-л.; **sie kämpfte um ihr Leben** она́ боро́лась за свою́ жизнь

Kämpfer(in) <-s, -> *m(f)* боре́ц *м*; *(Krieger)* бое́ц *м*

Kampfer ['kampfɐ] <-s> *m ohne pl* BOT камфара́ *ж*

kämpferisch *adj* боево́й, вои́нственный

Kämpfernatur <-, -en> *f* бойцо́вская нату́ра *ж*

kampferprobt *adj (Truppen)* испы́танный в боя́х

Kampfflugzeug <-(e)s, -e> *nt* боево́й самолёт *м*

Kampfgeist <-(e)s, e> *m ohne pl* бо́рческий дух *м*

Kampfgewühl <-(e)s> *nt* неразбери́ха *ж*

Kampfhandlungen <-, -en> *pl* боевы́е де́йствия *мн*

kampflos *adj* без бо́я, без борьбы́; **sich ~ ergeben** сда́ться без бо́я

Kampfpanzer <-s, -> *m* танк *м*

Kampfpause <-, -n> *f* SPORT переры́в *м* ме́жду ра́ундами [*или* пери́одами]

Kampfpreis <-es, -e> *m* агресси́вная [*или* де́мпинговая] цена́ *ж*

Kampfrichter <-s, -> *m* арби́тр *м*

Kampfsport <-(e)s> *m* спорти́вное единобо́рство *ср*

Kampftruppe <-, -n> *f* MIL боева́я часть *ж*

kampfunfähig *adj* SPORT, MIL небоеспосо́бный, вы́шедший из стро́я

Kampfverband <-(e)s, -verbände> *m* MIL боево́е подразделе́ние *ср*

kampieren [kam'pi:rən] *vi* разби́ть *св*, -бива́ть *нсв*, расположи́ться *св*, -лага́ться *нсв*

Kanada ['kanada] <-s> *nt* Кана́да *ж*

Kanadier(in) [ka'na:diɐ] <-s, -> *m(f)* кана́дец *м*, кана́дка *ж*

kanadisch *adj* кана́дский

Kanal [ka'na:l] <-s, Kanäle> *m* кана́л *м*

Kanaldeckel <-s, -> *m* кры́шка *ж* кана́ла

Kanalisation [kanaliza'ts̯i̯o:n] <-, -en> *f* канализа́ция *ж*

kanalisieren [kanali'zi:rən] *vt* **1.** *(mit einer Kanalisation versehen)* канализи́ровать *(н)св* **2.** *(schiffbar machen)* шлюзова́ть *(н)св* **3.** *fig (Energie, Gefühle)* направля́ть, -пра́вить *св*

Kanaltunnel <-s> *m* железнодоро́жный тунне́ль *м* под Ла-Ма́ншем

Kanarienvogel [ka'na:riənfo:gəl] <-s, -vögel> *m* канаре́йка *ж*

kanarisch *adj* кана́рский; **die Kanarischen Inseln** Кана́рские острова́ *мн*

Kandidat(in) [kandi'da:t] <-en, -en> *m(f)* **1.** *(Bewerber)* кандида́т *м* **2.** *(Anwärter)* претенде́нт *м*

Kandidatenliste <-, -n> *f* спи́сок *м* кандида́тов

Kandidatur [kandida'tu:ɐ] <-, -en> *f* кандидату́ра *ж*; **seine ~ anmelden/zurückziehen** выдвига́ть/снима́ть кандидату́ру

kandidieren [kandi'di:rən] *vi* выдвига́ть кандидату́ру

kandieren *vt* заса́харивать

kandiert [kan'di:ɐ̯t] *adj* са́харный; **kandierte Früchte** са́харные фру́кты

Kandiszucker ['kandɪsts̯ʊkɐ] <-s> *m* крупнокристалли́ческий са́хар *м*

Känguru[RR] <-s, -s> *nt*, **Känguruh**[Alt] <-s, -s> *nt* кенгуру́ *м*

Kaninchen [ka'ni:nçən] <-s, -> *nt* кро́лик *м*

Kanister [ka'nɪstɐ] <-s, -> *m* кани́стра *ж*

kann [kan] *3. präs von* **können**

Kännchen ['kɛnçən] <-s, -> *nt* **1.** *(für Milch)*

моло́чник *м* **2.** *(für Kaffee)* кофе́йничек *м*

Kanne ['kanə] <-, -n> *f* **1.** *(für Milch)* бидо́н *м* **2.** *(für Kaffee)* кофе́йник *м* **3.** *(für Tee)* ча́йник *м*

Kannibale [kani'ba:lə] <-n, -n> *m* каннибáл *м,* людое́д *м*

Kannibalismus [kaniba'lɪsmʊs] <-> *m* каннибали́зм *м*

kannte ['kantə] *prät von* **kennen**

Kanon ['ka:nɔn] <-s, -s> *m* **1.** *(Lied mit mehreren Stimmen)* кано́н *м* **2.** *(von Regeln)* кано́н *м,* пра́вило *ср*

Kanone [ka'no:nə] <-, -n> *f* **1.** MIL пу́шка *ж* **2.** *umg (Könner)* специали́ст *м;* **das ist unter aller ~** *umg* э́то ни́же вся́кой кри́тики

Kanonenkugel *f* грана́та *ж*

Kante ['kantə] <-, -n> *f* **1.** *(Rand)* край *м* **2.** *(eines Gegenstandes, einer Fläche)* кант *м,* край *м;* **Geld auf der hohen ~ haben** *umg* име́ть сбереже́ния

Kantine [kan'ti:nə] <-, -n> *f* произво́дственная столо́вая *ж*

Kanton [kan'to:n] <-s, -e> *m* канто́н *м*

i Land & Leute

Швейцария состоит из 26 **кантонов**, три из которых подразделены на полукантоны (Унтервальден, Базель и Аппенцелль). Кантоны избирают в целом 46 представителей в Совет Сословий – одну из палат швейцарского парламента. Самыми большими кантонами являются Граубюнден, Базель и Ваадт.

Kanu ['ka:nu, ka'nu:] <-s, -s> *nt* кано́э *ср*

Kanüle [ka'ny:lə] <-, -n> *f* каню́ля *ж*

Kanuslalom <-s> *m* SPORT сла́лом *м* на кано́э

Kanute <-n, -n> *m* канои́ст *м*

Kanzel ['kantsəl] <-, -n> *f* **1.** REL церко́вная ка́федра *ж* пило́та; **von der ~ herab predigen** пропове́довать с ка́федры **2.** *(Flugzeug~)* каби́на *ж*

Kanzlei [kants'laɪ] <-, -en> *f* **1.** *(Dienststelle)* канцеля́рия *ж* **2.** *(von Rechtsanwalt)* бюро́ *ср,* канцеля́рия *ж*

Kanzler ['kantslɐ] <-s, -> *m* ка́нцлер *м*

Kanzleramt <-(e)s> *nt* пост *м* ка́нцлера

Kanzlerkandidat <-en, -en> *m* кандида́т *м* на пост ка́нцлера

Kap [kap] <-s, -s> *nt* мыс *м*

Kap. *abk von* **Kapitel** глава́ *ж*

Kapaun [ka'paʊn] <-(e)s, -e> *m* каплу́н *м*

Kapazität [kapatsi'tɛ:t] <-, -en> *f* **1.** *(Volumen)* ёмкость *ж,* вмести́мость *ж* **2.** *umg (Experte)* экспе́рт *м,* кру́пный специали́ст *м* **3.** *(Produktionsmöglichkeiten)* произво́дственная мо́щность *ж;* **die ~ erweitern** расширя́ть произво́дственные мо́щности

Kapazitätsauslastung <-, -en> *f* загру́зка *ж* произво́дственных мощносте́й

Kapazitätsausweitung <-, -en> *f* расшире́ние *ср* произво́дственных мощносте́й

Kapazitätsengpass <-es, -engpässe> *m* дефици́т *м* произво́дственных мощносте́й

Kapazitätsgrenze <-, -n> *f* преде́л *м* произво́дственных мощносте́й

Kapazitätsreserve <-, -n> *f* резе́рв *м* произво́дственных мощносте́й

Kapelle [ka'pɛlə] <-, -en> *f* **1.** *(Musikgruppe)* капе́лла *ж* **2.** *(kleine Kirche)* часо́вня *ж*

kapern ['ka:pɐn] *vt (Schiff)* захвати́ть *св,* -хва́тывать *нсв*

kapieren [ka'pi:rən] *vt umg* понима́ть, -ня́ть *св;* **er kapiert aber auch gar nichts** он же абсолю́тно ничего́ не понима́ет

Kapillargefäß <-es, -e> *nt* капилля́р *м*

Kapital [kapi'ta:l] <-s, -e/-ien> *nt* **1.** ÖKON капита́л *м;* **~ anlegen** помеща́ть капита́л; **~ aufbringen** достава́ть капита́л; **~ aufnehmen** получа́ть капита́л; **ausländisches ~** иностра́нный капита́л; **~ aus etw schlagen** *fig* извлека́ть при́быль из чего́-л.; **~ beschaffen** привлека́ть капита́л; **brachliegendes ~** мёртвый капита́л; **gebundenes ~** свя́занный капита́л; **~ in ein Projekt investieren** вкла́дывать капита́л в прое́кт; **~ in ein Unternehmen einbringen** вкла́дывать капита́л в предприя́тие; **~ ins Ausland transferieren** переводи́ть капита́л за грани́цу **2.** *fig* капита́л *м,* бага́ж *м;* **das geistige ~** духо́вный капита́л

Kapitalabfluss <-es, -abflüsse> *m* уте́чка *ж* капита́ла

Kapitalabwanderung <-, -en> *f* уте́чка *ж* капита́ла

Kapitalanlage <-, -n> *f* капиталовложе́ние *ср,* помеще́ние *ср* капита́ла

Kapitalanlagegesellschaft <-en, -en> *f* инвестицио́нная компа́ния *ж*

Kapitalanleger <-s, -> *m* инве́стор *м*

Kapitalanteil <-(e)s, -e> *m* до́ля *ж* в капита́ле

Kapitalaufstockung <-, -en> *f* увеличе́ние *ср* основно́го капита́ла

Kapitalausfuhr <-, -en> *f* э́кспорт *м* капита́ла

Kapitalausstattung <-, -en> *f* капиталовооружённость *ж*

Kapitalbedarf <-(e)s> *m* потре́бность *ж* в капита́ле

Kapitalbeschaffung <-> *f* привлече́ние *ср* капита́ла

Kapitalbeteiligung <-, -en> *f* уча́стие *ср* в

капита́ле

Kapitalbewegung <-, -en> *f* движе́ние *ср* капита́ла

Kapitalbilanz <-, -en> *f* бала́нс *м* оборо́та капита́ла

Kapitalbildung <-> *f* образова́ние *ср* капита́ла

Kapitaldecke <-, -n> *f* покры́тие *ж* капита́ла

Kapitaleinfuhr <-, -en> *f* и́мпорт *м* капита́ла

Kapitaleinkünfte *pl* дохо́ды *мн* с капита́ла

Kapitalertrag <-(e)s, -erträge> *m* дохо́д *м* с капита́ла

Kapitalertragssteuer <-, -n> *f* нало́г *м* на дохо́д с капита́ла

Kapitalgesellschaft <-, -en> *f* компа́ния *ж*

kapitalintensiv *adj* капиталоёмкий

Kapitalismus [kapita'lɪsmʊs] <-> *m* капитали́зм *м*

Kapitalist(in) [kapita'lɪst] <-en, -en> *m(f)* капитали́ст *м*

kapitalistisch *adj* капиталисти́ческий

Kapitalmangel *m* недоста́ток *м* капита́ла

Kapitalmarkt <-(e)s, -märkte> *m* ры́нок *м* (ссу́дных) капита́лов

Kapitalrendite <-, -n> *f* дохо́д *м* с капита́ла

Kapitalreserve <-, -n> *f* резе́рв *м* капита́ла

Kapitalspritze <-, -n> *f* влива́ние *ср* капита́ла

Kapitalverbrechen <-s, -> *nt* тя́жкое уго-ло́вное преступле́ние *ср*

Kapitän(in) [kapi'tɛ:n] <-s, -e> *m(f)* капита́н *м*

Kapitel [ka'pɪtəl] <-s, -> *nt* глава́ *ж*; **das ist ein ~ für sich** *fig* э́то осо́бая статья́

Kapitelüberschrift <-, -en> *f* заголо́вок *м*, назва́ние *ср* главы́

Kapitulation [kapitula'tsi̯o:n] <-> *f* капитуля́ция *ж*

kapitulieren [kapitu'li:rən] *vi* капитули́ровать *(н)св*

Kappe ['kapə] <-, -n> *f* **1.** *(Mütze)* ша́пка *ж* **2.** *(von Flaschen)* кры́шка *ж*; **etw auf seine eigene ~ nehmen** *umg (die Verantwortung für etw übernehmen)* брать что-л. на свою отве́тственность

kappen ['kapən] *vt* отруба́ть, -би́ть *св*

Kapsel ['kapsəl] <-, -n> *f* ка́псула *ж*

kaputt [ka'pʊt] *adj* **1.** *(zerbrochen)* разби́тый, сло́манный **2.** *umg (erschöpft)* разби́тый, уста́лый; **gestern war ich völlig ~** вчера́ я был соверше́нно разби́т **3.** *(Gesundheit)* испо́рченный, подо́рванный; **mach dich doch nicht so ~** не доводи́ себя́ до тако́го состоя́ния

kaputt|gehen <irr> *vi* **1.** *(entzweigehen)* разби́ться *св*, -бива́ться *нсв*, разла́мываться, -лома́ться *св* **2.** *(Geräte etc)* по́ртиться, ис- *св*, лома́ться, слома́ться *св*

kaputt|lachen *vr umg* смея́ться *нсв* до упа́ду

kaputt|machen **I.** *vt* лома́ть, по- *св*, по́ртить, ис- *св*; **musst du denn immer alles ~?** тебе́ обяза́тельно ну́жно всегда́ всё (ис)по́ртить/(с)лома́ть?; **der Stress macht ihn kaputt** напряже́ние одоле́ло его́ **II.** *vr* **sich ~** *fam* измота́ться

Kapuze [ka'pu:tsə] <-, -n> *f* капюшо́н *м*

Karaffe [ka'rafə] <-, -n> *f* графи́н *м*

Karambolage [karambo'la:ʒə] <-, -n> *f (Auto)* столкнове́ние *ср*

Karamel[Alt] [kara'mɛl] <-s> *m*, **Karamell**[RR] [kara'mɛl] <-s> *m Schweiz: nt ohne pl* караме́ль *ж*

Karaoke [kara'o:kə] <-> *nt (пра́здничное) мероприя́тие, на кото́ром люби́тели эстра́дной пе́сни исполня́ют како́й-л. шля́гер в сопровожде́нии запи́санной на плёнку мело́дии*

Karat [ka'ra:t] <-(e)s, -e> *nt* кара́т *м*

Karate [ka'ra:tə] <-(s)> *nt* карат*э́* *ср*

Karawane [kara'va:nə] <-, -n> *f* карава́н *м*

Kardangelenk <-(e)s, -e> *nt* карда́нный шарни́р *м*

Kardangetriebe <-s, -> *nt* карда́нная переда́ча *ж*

Kardanwelle <-, -n> *f* карда́нный вал *м*

Kardinal [kardi'na:l] <-s, Kardinäle> *m* кардина́л *м*

Kardinalfrage *f geh* кардина́льный вопро́с *м*

Kardinalzahl <-, -en> *f* коли́чественное числи́тельное *ср*

Kardiogramm [kardio'gram] <-s, -e> *nt* MED кардиогра́мма *ж*

Kardiologie <-> *f* кардиоло́гия *ж*

Karfreitag [ka:ɐ'fraɪta:k] *m* страстна́я пя́тница *ж*

karg [kark] *adj* **1.** *(spärlich)* ску́дный, убо́гий **2.** *(unfruchtbar)* неплодоро́дный

kärglich ['kɛrklɪç] *adj* бе́дный; *(Gehalt)* мизе́рный; *(Essen)* скро́мный

Karibik [ka'ri:bɪk] <-> *f* Кари́бское мо́ре *ср*

karibisch [ka'ri:bɪʃ] *adj* кари́бский

kariert [ka'ri:ɐt] *adj (Stoff)* клетча́тый; *(Papier)* в клёточку; **klein ~** *(Stoff)* в ме́лкую клёточку; *(kleinlich)* ме́лочный

Karies ['ka:riɛs] <-> *f* ка́риес *м*

kariesfördernd *adj* спосо́бствующий возникнове́нию ка́риеса

Karikatur [karika'tu:ɐ] <-, -en> *f* карикату́ра *ж*

Karikaturist(in) [karikatu'rɪst] <-en, -en> *m(f)* карикатури́ст *м*

karikieren [kari'ki:rən] *vt* представля́ть, -ста́вить *св* в карикату́рном ви́де

Karneval ['karnəval] <-s, -s> *m* карнава́л *м*

Karnickel [kar'nɪkəl] <-s, -> *nt reg* за́яц *м*

Karo ['ka:ro] <-s, -s> *nt* **1.** *(Quadrat)* квадра́т *м* **2.** *(Raute)* ромб *м* **3.** *(quadratisches Stoffmuster)* кле́тка *ж,* клёточка *ж* **4.** *(Kartenfarbe)* бу́бны *мн*

Karomuster *nt* кле́тка *ж;* **ein Rock mit ~** ю́бка в кле́тку

Karosserie [karɔsə'ri:] <-, -n> *f* ку́зов *м*

Karotin <-s> *nt* кароти́н *м*

Karotte [ka'rɔtə] <-, -n> *f* морко́вь *ж*

Karpfen ['karpfən] <-s, -> *m* карп *м*

Karpfenzucht <-> *f* разведе́ние *ср* ка́рпов

Karre ['karə] <-n> *f s.* **Karren**

Karren ['karən] <-s, -> *m* **1.** *(Schubkarren)* теле́жка *ж* **2.** *umg (Auto)* та́чка *ж;* **für jdn den ~ aus dem Dreck ziehen** *fig* нала́дить де́ло вме́сто кого́-л.; **den ~ laufen lassen** *fig* пусти́ть де́ло на самотёк

Karriere [ka'ri̯e:rə] <-, -n> *f* карье́ра *ж;* **~ machen** де́лать карье́ру

Karrierefrau *f* делова́я же́нщина *ж*

Karst [karst] <-(e)s, -e> *m* GEOG карст *м*

Karstlandschaft <-, -en> *f* ка́рстовый ландша́фт *м*

Karte ['kartə] <-, -n> *f* **1.** *(Postkarte)* откры́тка *ж;* **eine ~ schreiben** посла́ть откры́тку **2.** *(Landkarte)* ка́рта *ж* **3.** *(Fahrkarte)* проездно́й биле́т *м* **4.** *(Visitenkarte, Kreditkarte)* ка́рточка *ж;* **die gelbe ~** SPORT жёлтая ка́рточка; **die rote ~** SPORT кра́сная ка́рточка **5.** *(Theater-/Kinokarte)* биле́т *м* **6.** *(Spielkarte)* игра́льная ка́рта *ж;* **~n spielen** игра́ть в ка́рты; **mit offenen Karten spielen** *a. fig* игра́ть откры́тыми ка́ртами **7.** *(Speisekarte)* меню́ *ср;* **alles auf eine ~ setzen** *fig* поста́вить всё на ка́рту

Kartei [kar'taɪ] <-, -en> *f* картоте́ка *ж*

Karteikarte <-, -n> *f* ка́рточка *ж*

Kartell [kar'tɛl] <-s, -e> *nt* карте́ль *м;* **ein ~ auflösen** распуска́ть карте́ль

Kartellamt <-(e)s> *nt* ве́домство *ср* по контро́лю за карте́лями

Kartellgesetz <-es> *nt* карте́льное законода́тельство *ср*

Kartenspiel <-(e)s, -e> *nt* **1.** *(das Spielen mit Karten)* игра́ *ж* в ка́рты **2.** *(einzelnes Spiel)* ка́рточная игра́ *ж* **3.** *(die Karten)* ка́рты *мн*

Kartentelefon <-s, -e> *nt* ка́рточный телефо́н *м*

Kartenvorverkauf <-s> *m* предвари́тельная прода́жа *ж* биле́тов

Kartenvorverkaufsstelle <-, -n> *f* ка́сса *ж* предвари́тельной прода́жи биле́тов

Kartoffel [kar'tɔfəl] <-, -n> *f* карто́фель *м,* карто́шка *ж;* **~n schälen** чи́стить карто́шку

Kartoffelbrei <-(e)s> *m* карто́фельное пюре́ *ср*

Kartoffelchip *m* GASTR чи́псы *мн*

Kartoffelernte <-, -n> *f* убо́рка *ж* карто́феля

Kartoffelkäfer <-s, -> *m* колора́дский жук *м*

Kartoffelpuffer <-s, -> *m meist pl* карто́фельные ола́дьи *жмн,* дра́ники *мн*

Kartoffelpüree *nt* GASTR карто́фельное пюре́ *ср*

Kartoffelsalat <-(e)s> *m* карто́фельный сала́т *м*

Kartoffelschäler <-s, -> *m* картофелечи́стка *ж*

Kartoffelstock <-(e)s> *m CH (Kartoffelbrei)* карто́фельное пюре́ *ср*

Karton [kar'tɔŋ] <-s, -s> *m* **1.** *(Pappe)* карто́н *м* **2.** *(Schachtel)* карто́нная коро́бка *ж*

Karussell [karʊ'sɛl] <-s, -s> *nt* карусе́ль *ж*

Karwoche ['ka:ɐvɔxə] *f* страстна́я неде́ля *ж*

Karzinom [kartsi'no:m] <-s, -e> *nt* MED карцино́ма *ж*

kasachisch *adj* каза́хский

Kasachstan ['kazaxsta:n] <-s> *nt* Казахста́н *м*

kaschieren *vt* пря́тать, спря́тать *св,* маскирова́ть, за- *св;* *(Bucheinband)* каши́ровать *нсв*

Kaschmir ['kaʃmi:ɐ] <-s, -e> *m* кашеми́р *м*

Käse ['kɛ:zə] <-s, -> *m* **1.** *(Milchprodukt)* сыр *м* **2.** *umg (Unsinn)* ерунда́ *ж,* чепуха́ *ж*

Käsebrot <-(e)s, -e> *nt* бутербро́д *м* с сы́ром

Käseglocke <-, -n> *f* колпа́к *м* для сы́ра

Käsekuchen <-s, -> *m* ватру́шка *ж*

Kaserne [ka'zɛrnə] <-, -n> *f* каза́рма *ж*

käsig ['kɛ:zɪç] *adj* **1.** *(käseartig)* сы́рный, как сыр **2.** *(blass)* желтова́то-бле́дный

Kasino [ka'zi:no] <-s, -s> *nt* **1.** *(Spielkasino)* казино́ *ср* **2.** *(Offizierskasino)* офице́рский клуб *м*

Kaskoversicherung ['kaskofɛɐzɪçərʊŋ] <-> *f* страхова́ние *ср* тра́нспортного сре́дства

Kasper ['kaspɐ] <-s, -> *m* шут *м*

Kasperletheater *nt* ку́кольный теа́тр *м*

Kasse ['kasə] <-, -n> *f* **1.** *(Geldkasten)* ка́сса *ж,* конте́йнер *м* с деньга́ми; **knapp bei ~ sein** *fam* у кого́-л. нет де́нег; **wir haben getrennte Kassen** мы пла́тим ка́ждый за себя́ **2.** *(im Laden)* ка́сса *ж;* **zahlen Sie bitte an der ~** заплати́те, пожа́луйста, на ка́ссе; **jdn zur ~ bitten** *fig* тре́бовать де́ньги с кого́-л.; **gut/schlecht bei ~ sein** *umg* быть при/не при деньга́х

Kassenarzt <-es, -ärzte> *m врач, обслу́живающий пацие́нтов – чле́нов больни́чной ка́ссы*

Kassenautomat *m* банкома́т *м*

Kassenbeleg <-(e)s, -e> *m* ка́ссовая квита́нция *ж*

Kassenbestand <-(e)s, -bestände> *m* ка́ссовая нали́чность *ж*

Kassenbon *m* чек *м,* квитáнция *ж*
Kassenpatient(in) <-en, -en> *m(f) пациéнт-член больни́чной кáссы*
Kassensturz <-es> *m* реви́зия *ж* кассы
Kassenzettel <-s, -> *m* кáссовый чек *м*
Kassette [ka'sɛtə] <-, -n> *f* **1.** *(Kästchen)* корóбка *ж,* я́щичек *м* **2.** *(Buchkasten)* футля́р *м* **3.** *(für Musik/Video)* кассéта *ж*
Kassettenfach <-(e)s, -fächer> *nt* мéсто *ср* для кассéты
Kassettenrecorder <-s, -> *m* кассéтный магнитофóн *м*
Kassettenrekorder <-s, -> *m* кассéтный магнитофóн *м*
kassieren [ka'siːrən] *vt* **1.** *(Betrag einziehen, einnehmen)* получáть, -чить *св;* **die Miete ~** получáть квартплáту **2.** *(wegnehmen, beschlagnahmen)* отбирáть, отобрáть *св* **3.** *(gefangennehmen)* схвати́ть *св,* хватáть *нсв*
Kassierer(in) [ka'siːɐ̯] <-s, -> *m(f)* касси́р *м,* касси́рша *ж*
Kastagnetten [kastan'jɛtən] <-> *pl* кастаньéты *мн*
Kastanie [kas'taːniə] <-, -n> *f* каштáн *м;* **für jdn die ~n aus dem Feuer holen** *fig* положи́ть рáди когó-л. рýку в огóнь
Kastanienbaum <-(e)s, -bäume> *m* каштáн *м*
kastanienbraun *adj* каштáновый
Kästchen ['kɛstçən] <-s, -> *nt* **1.** *(kleiner Kasten)* я́щичек *м* **2.** *(auf Papier)* клéтка *ж,* клéточка *ж*
Kasten ['kastən] <-s, Kästen> *m* **1.** *(Kiste)* я́щик *м* **2.** *(Truhe)* сундýк *м* **3.** *pej, umg (Gerät)* ящик *м* **4.** *(Turngerät)* гимнасти́ческий плинт *м* **5.** *fig (hässliches Gebäude)* корóбка *ж;* **etw auf dem ~ haben** *fig* хорошó соображáть
Kastration <-, -en> *f* кастрáция *ж*
kastrieren [kas'triːrən] *vt* кастри́ровать *(н)св*
Kasus ['kaːzʊs] <-, -> *m* **1.** *geh (Fall)* (рéдкий) слýчай *м,* кáзус *м* **2.** LING падéж *м;* **einen ~ regieren** управля́ть падежóм
Kat [kat] *abk von* **Katalysator** катализáтор *м*
Katakombe [kata'kɔmbə] <-, -n> *f* катакóмба *ж*
Katalog [kata'loːk] <-(e)s, -e> *m* каталóг *м;* **einen ~ anfordern** запрáшивать каталóг; **Preis laut ~** ценá соглáсно каталóгу; **~e versenden** рассылáть каталóги; **einen ~ zusammenstellen** составля́ть каталóг
katalogisieren [katalogi'ziːrən] *vt* каталогизи́ровать *(н)св*
Katalysator [kataly'zaːtoːɐ̯] <-s, -en> *m* CHEM, KFZ катализáтор *м*
katapultieren [katapʊl'tiːrən] *vt a. fig* AERO катапульти́ровать
Katarrh [ka'tar] <-s, -e> *m* катáр *м*
katastrophal [katastro'faːl] *adj* катастрофи́чный, катастрофи́ческий
Katastrophe [katas'troːfə] <-, -n> *f* катастрóфа *ж*
Katastrophengebiet <-(e)s, -e> *nt* райóн *м* катастрóфы
Katastrophenopfer <-s, -> *nt* жéртва *ж* катастрóфы
Kategorie [katego'riː] <-, -n> *f* категóрия *ж*
kategorisch [kate'goːrɪʃ] *adj* категори́ческий, категори́чный; **etw ~ ablehnen** категори́чески отвергáть что-л.
kategorisieren *vt* категоризи́ровать *(н)св*
Kater ['kaːtɐ] <-s, -> *m* **1.** *(männliche Katze)* кот *м;* **der gestiefelte ~** кот в сапогáх **2.** *umg (Unwohlsein nach übertriebenem Alkoholgenuss)* похмéлье *ср;* **einen ~ haben** с похмéлья
kath. *abk von* **katholisch** католи́ческий
Kathedrale [kate'draːlə] <-, -n> *f* кафедрáльный собóр *м*
Kathete <-, -n> *f* кáтет *м*
Katheter [ka'teːtɐ] <-s, -> *m* MED катéтер *м;* **einen ~ anlegen** стáвить катéтер
Kathode [ka'toːdə] <-, -n> *f* EL катóд *м*
Katholik(in) [kato'liːk] <-en, -en> *m(f)* катóлик *м,* католи́чка *ж*
katholisch [ka'toːlɪʃ] *adj* католи́ческий
Katholizismus [katoli'tsɪsmʊs] <-> *m* католици́зм *м*
Katz *f* **~ und Maus mit jdm spielen** *fam* игрáть в кóшки-мы́шки с кем-л.
Kätzchen <-s, -> *nt* кóшечка *ж*
Katze ['katsə] <-, -n> *f* кóшка *ж;* **für die Katz sein** *umg (umsonst sein)* пойти́ котý под хвост; **die ~ im Sack kaufen** *fig* купи́ть котá в мешкé; **die ~ aus dem Sack lassen** *fig* разгласи́ть тáйну; **wie die ~ um den heißen Brei herumschleichen** *umg* ходи́ть вокрýг да óколо
Katzenauge <-s, -n> *nt* световозвращáтель *м*
Katzensprung *m* **es ist nur ein ~** э́то в двух шагáх
Katz-und-Maus-Spiel <-(e)s> *nt* игрá *ж* в кóшки-мы́шки
Kauderwelsch ['kaʊdɐvɛlʃ] <-(e)s> *nt* **1.** *(Sprachgemisch)* смесь *ж* языкóв **2.** *(unverständliche Ausdrucksweise)* тарабáрщина *ж,* неразбери́ха *ж*
kauen ['kaʊən] **I.** *vt* жевáть *нсв;* **daran wird sie noch zu ~ haben** *fig* с э́тим ей ещё придётся повози́ться **II.** *vi* грызть *нсв;* **an den Nägeln ~** грызть нóгти
kauern ['kaʊɐn] **I.** *vi* сидéть *нсв* на кóрточках **II.** *vr* притаи́ться *св,* -тáиваться *нсв,* сади́ться, сесть *св* скóрчившись
Kauf [kaʊf] <-(e)s, Käufe> *m* **1.** *(das Einkaufen)* кýпля *ж,* покýпка *ж;* **einen ~ abschließen** заключáть сдéлку кýпли-продáжи; **etw zum ~ anbieten** предлагáть что-л. на продáжу; **~ aus erster Hand** покýпка из

пе́рвых рук; ~ **auf Kredit** поку́пка в креди́т; ~ **ab Lager** поку́пка со скла́да; **einen ~ rückgängig machen** аннули́ровать сде́лку ку́пли-прода́жи; ~ **mit Umtauschrecht** поку́пка с пра́вом обме́на **2.** *(das Eingekaufte)* поку́пка *ж;* **einen guten ~ machen** сде́лать хоро́шую поку́пку; **etw in ~ nehmen** пойти́ на что-л.

kaufen ['kaʊfən] **I.** *vt* **1.** *(erwerben)* купи́ть *св,* покупа́ть *нсв;* **den kaufe ich mir noch** *umg (den stelle ich noch zur Rede)* я до него́ ещё доберу́сь **2.** *umg (bestechen)* подкупа́ть, -пи́ть *св;* **jdn ~** подкупи́ть кого́-л. **II.** *vi (ein~)* де́лать, сде́лать *св* поку́пки

Kaufentscheidung <-, -en> *f* реше́ние *ср* о поку́пке

Käufer(in) ['kɔɪfɐ] <-s, -> *m(f)* покупа́тель *м,* покупа́тельница *ж;* *(Kunde)* клие́нт *м,* клие́нтка *ж*

Käufermarkt <-(e)s, -märkte> *m* покупа́тельский ры́нок *м*

Kauffrau <-, -en> *f* коммерса́нтка *ж,* специали́стка *м* по торго́вле

Kaufhaus <-es, -häuser> *nt* универма́г *м*

Kaufhausdetektiv <-(e)s, -e> *m* охра́нник *м* в универма́ге

Kaufkraft <-> *f* покупа́тельная спосо́бность *ж*

Kaufladen *m* универма́г *м*

Kaufleute ['kaʊflɔɪtə] *pl s.* **Kaufmann**

käuflich ['kɔɪflɪç] *adj* **1.** *(erhältlich)* име́ющийся в прода́же; **etw ~ erwerben** приобрести́ что-л. путём поку́пки **2.** *fig (bestechlich)* прода́жный

Kaufmann <-(e)s, -leute> *m* **1.** *(Einzelhandels~)* продаве́ц *м* **2.** *(Händler)* торго́вец *м* **3.** *(Geschäftsmann)* коммерса́нт *м,* деле́ц *м*

kaufmännisch ['kaʊfmɛnɪʃ] *adj* торго́вый; *(geschäftsmäßig)* комме́рческий; **~er Angestellter** комме́рческий слу́жащий *м*

Kaufpreis <-es, -e> *m* (покупна́я) цена́ *ж*

Kaufrausch <-(e)s> *m* уси́ленный покупа́тельский спрос *м*

Kaufvertrag <-(e)s, -verträge> *m* догово́р *м* о ку́пле-прода́же

Kaugummi <-s, -s> *nt* жева́тельная рези́нка *ж*

Kaukasier(in) <-s, -> *m(f)* кавка́зец *м,* кавка́зка *ж*

kaukasisch *adj* кавка́зкий

Kaukasus ['kaʊkazʊs] <-> *m* Кавка́з *м*

Kaulquappe ['kaʊlkvapə] <-, -n> *f* голова́стик *м*

kaum [kaʊm] **I.** *adv* **1.** *(mit Mühe)* с трудо́м, наси́лу **2.** *(wahrscheinlich nicht)* едва́ ли, вряд ли; **er wird wohl ~ wiederkommen** он едва́ ли придёт ещё раз; **ich glaube ~, dass ...** я не ду́маю, что ... **3.** *(noch nicht einmal)* всего́; **es dauerte ~ drei Stunden** прошло́ всего́ три часа́ **II.** *konj* то́лько; ~ **war er gegangen, als ...** то́лько он ушёл, как ...

kausal [kaʊ'za:l] *adj* причи́нный

Kausalsatz <-es, -sätze> *m* LING прида́точное предложе́ние *ср* причи́ны

Kautabak <-n> *m* жева́тельный таба́к *м*

Kaution [kaʊ'ts̯i̯o:n] <-, -en> *f* (де́нежный) зало́г *м,* (иму́щественное) поручи́тельство *ср*

Kautschuk ['kaʊtʃʊk] <-s, -e> *m* каучу́к *м*

Kauz [kaʊts̯] <-es, Käuzer> *m* ZOOL сова́ *ж;* **ein komischer ~** *fam* стра́нная пти́ца

Kavalier [kava'li:ɐ] <-s, -e> *m* кавале́р *м*

Kavaliersdelikt *nt* незначи́тельное наруше́ние *ср*

Kavallerie [kavalə'ri:, kavalə'ri:en] <-, -n> *f* кавале́рия *ж*

Kaverne <-, -n> *f* каве́рна *ж*

Kaviar ['ka:viaːɐ] <-s, -e> *m* икра́ *ж;* **roter ~** кето́вая икра́

KB [ka:'be:] DV *abk von* **Kilobyte** килоба́йт *м*

Kcal *abk von* **Kilokalorie** ккал *ж*

keck [kɛk] *adj* **1.** *(frech)* де́рзкий **2.** *(kühn)* отва́жный **3.** *(flott)* мо́дный

Keckheit <-> *f* сме́лость *ж*

Kegel ['ke:gəl] <-s, -> *m (Figur beim Kegeln)* ке́гля *ж*

Kegelbahn <-, -en> *f* кегельба́н *м*

kegeln ['ke:gəln] *vi* игра́ть, сыгра́ть *св* в ке́гли

Kegelschnitt <-(e)s> *m* кони́ческое сече́ние *ср*

Kehle ['ke:lə] <-, -n> *f* го́рло *ср,* гло́тка *ж;* **jdm das Messer an die ~ setzen** приста́вить кому́-л. нож к го́рлу; **jdm die ~ durchschneiden** перере́зать кому́-л. гло́тку; **eine trockene ~ haben** хоте́ть пить; **aus voller ~** во всё го́рло

Kehlkopf <-(e)s, -köpfe> *m* горта́нь *ж*

Kehlkopfentzündung <-, -en> *f* ларинги́т *м*

Kehrbesen ['ke:ɐ-] <-s, -> *m* метла́ *ж*

Kehre ['ke:rə] <-, -n> *f* **1.** *(Kurve)* поворо́т *м* **2.** SPORT соско́к *м* с поворо́том

kehren[1] ['ke:rən] **I.** *vt* **1.** *(drehen)* повора́чивать, -верну́ть *св;* **die Innenseite nach außen ~** вывора́чивать наизна́нку **2.** *(wenden)* развора́чивать, -верну́ть *св;* **jdm den Rücken ~** отверну́ться от кого́-л.; **in sich gekehrt sein** быть углублённым в себя́ **II.** *vi* повора́чиваться, -верну́ться *св* **III.** *vr* **sich ~ 1.** *(sich drehen, wenden)* развора́чиваться, -верну́ться *св* **2.** *(sich kümmern)* беспоко́иться *нсв*

kehren[2] ['ke:rən] *vt (fegen)* подмета́ть, -мести́ *св*

Kehricht ['ke:rɪçt] <-s> *m CH (Müll)* му́сор *м*

Kehrmaschine <-, -n> *f* подмета́льно-убо́рочная маши́на *ж,* мусорово́з *м*

Kehrreim <-(e)s, -e> *m* припе́в *м*

Kehrschaufel <-, -n> *f* сово́к *м* для му́сора

Kehrseite <-, -n> *f* **1.** *(Rückseite)* обра́тная сторона́ *ж,* изна́нка *ж;* **das ist die ~ der Medaille** *fig* э́то обра́тная сторона́ меда́ли **2.** *(Rücken)* спина́ *ж*

kehrt|machen ['ke:ɐ̯tmaxən] *vi* **1.** MIL повора́чиваться, -верну́ться *св* круго́м **2.** *(umkehren)* повора́чивать, поверну́ть *св* обра́тно

i Land & Leute

«Неделя подметания» – **Kehrwoche** – это швабское изобретение, вызванное заботой о чистоте в городах и населённых пунктах: жители чистят тротуары перед своими домами, а также лестничные клетки своих домов поочерёдно в течение недели.

keifen ['kaɪfən] *vi (böse zanken)* брани́ться, по- *св,* руга́ться, по- *св*

Keil [kaɪl] <-(e)s, -e> *m* клин *м*

Keilriemen <-s, -> *m* клинові́й реме́нь *м*

Keilriemenantrieb <-(e)s, -e> *m* клинореме́нный при́вод *м*

Keim [kaɪm] <-(e)s, -e> *m* **1.** *(Krankheitserreger)* микро́б *м* **2.** *(Sprössling)* росто́к *м* **3.** MED заро́дыш *м* **4.** *fig* заро́дыш *м,* зача́ток *м;* **etw im ~ ersticken** *fig* уничто́жить что-л. в заро́дыше

keimen *vi* **1.** BOT прораста́ть, -расти́ *св* **2.** *fig (von Verdacht etc)* зарожда́ться, -роди́ться *св*

keimfrei *adj* стери́льный, стерилизо́ванный

Keimzelle <-, -n> *f* **1.** BOT заро́дышевая кле́тка *ж* **2.** *fig* перви́чная яче́йка *ж*

kein [kaɪn] *pron indef (nicht ein)* ни оди́н, никто́; **~e Arbeit finden** не находи́ть рабо́ты; **~ Wort mehr!** ни сло́ва бо́льше!; **~ bisschen** ничу́ть; **~ einziges Mal** ни ра́зу; **~ Geld haben** быть без де́нег

keine(r, s) ['kaɪnə, 'kaɪnəɐ̯, 'kaɪnəs] *pron indef* **1.** *(niemand)* никто́; **keiner rührte sich** никто́ не пошевели́лся **2.** *((überhaupt) nicht)* никако́й; **Post ist heute keine da** сего́дня нет никако́й по́чты

keinerlei *adj* <inv> никако́й; **ich mache mir ~ Gedanken darüber** я вообще́ не беспоко́юсь об э́том

keinesfalls *adv* ни в ко́ем слу́чае, нико́им о́бразом; **er darf mich ~ hier sehen** он ни в ко́ем слу́чае не до́лжен ви́деть меня́ здесь

keineswegs *adv (nicht im Geringsten)* ничу́ть, нима́ло; **sie ist ~ dumm** она́ отню́дь не глупа́

keinmal ['kaɪnma:l] *adv (nicht ein einziges Mal)* ни ра́зу; **er hat dieses Turnier noch ~ gewonnen** он ни ра́зу не вы́игрывал э́тот турни́р

keins *pron indef s.* **keine(r, s)**

Keks [ke:ks] <-(e)s, -e> *m* пече́нье *ср,* кекс *м;* **das geht mir aber gewaltig auf den ~** *umg* э́то мне ужа́сно де́йствует на не́рвы; **jdm auf den ~ gehen** *fam* досажда́ть кому́-л.

Kelch [kɛlç] <-(e)s, -e> *m* **1.** *(Becher)* бока́л *м* **2.** *(von Blüte)* ча́шечка *ж* **3.** REL ча́ша *ж*

Kelle ['kɛlə] <-, -n> *f* **1.** *(Schöpfkelle)* разлива́тельная ло́жка *ж* **2.** *(Maurerkelle)* мастеро́к *м* **3.** *(Signalkelle)* сигна́льный диск *м*

Keller ['kɛlɐ] <-s, -> *m* по́греб *м*

Kellerei [kɛlə'raɪ] <-, -en> *f* ви́нные погреба́ *ммн*

Kellerfenster <-s, -> *nt* подва́льное окно́ *ср*

Kellergeschoss[RR] <-es> *nt* подва́льный эта́ж *м*

Kellner(in) ['kɛlnɐ] <-s, -> *m(f)* официа́нт *м,* официа́нтка *ж,* ке́льнер *м*

kellnern ['kɛlnɐn] *vi fam* рабо́тать ке́льнером

Kelter ['kɛltɐ] <-, -n> *f* виногра́дный пресс *м*

Kenia ['ke:nia] <-s> *nt* Ке́ния *ж*

Kenianer(in) [keni'a:nɐ] <-s, -> *m(f)* кени́ец *м,* кени́йка *ж*

kenianisch *adj* кени́йский

kennen ['kɛnən] <kannte, gekannt> *vt* **1.** *(Person)* знать *нсв;* **ich kenne ihn schon lange** я зна́ю его́ уже́ давно́; **~ Sie Herrn X?** вы знако́мы с господи́ном X?; **kennst du mich noch?** ты меня́ по́мнишь?; **jdn ~ lernen** познако́миться с кем-л.; **es freut mich Sie ~ zu lernen** я о́чень рад познако́миться с ва́ми; **da kennst du mich aber schlecht** тут ты меня́ пло́хо зна́ешь **2.** *(Sachverhalt)* быть *нсв* знако́мым; **ich kenne diese Methode** я знако́м с э́тим ме́тодом; **sich vor Wut nicht mehr ~** *(außer sich sein vor Wut)* быть вне себя́ от я́рости

kennen lernen[RR] *vt* знако́миться, по- *св;* *(zum ersten Mal sehen)* узнава́ть, -на́ть *св;* **du wirst mich noch ~** *umg* ты меня́ ещё узна́ешь

Kenner(in) <-s, -> *m(f) (Kundiger)* знато́к *м;* *(Experte)* экспе́рт *м*

kenntlich ['kɛntlɪç] *adj* **1.** *(erkennbar)* заме́тный; **etw ~ machen** сде́лать что-л. заме́тным **2.** *(unterscheidbar)* различи́мый

Kenntnis ['kɛntnɪs] <-, -se> *f* зна́ние *ср;* **etw zur ~ nehmen** приня́ть что-л. к све́дению; **jdn von etw in ~ setzen** поста́вить кого́-л. о чём-л. в изве́стность; **jdm etw zur ~ bringen** довести́ что-л. до чьего́-л. све́дения

Kennwort <-(e)s, -wörter> *nt* **1.** *(Chiffre)*

шифр *м* **2.** DV код *м* **3.** MIL паро́ль *м*

Kennzahl ['kɛntsa:l] <-, -en> *f* показа́тель *м,* пара́метр *м*

Kennzeichen <-s, -> *nt* **1.** *(Charakteristikum)* характе́рная черта́ *ж;* **besondere ~** осо́бые при́знаки **2.** MED *(Anzeichen)* симпто́м *м* **3.** *(Markierung)* маркиро́вка *ж* **4.** KFZ номерно́й знак *м*

kennzeichnen *vt* **1.** *(markieren: als)* маркирова́ть *(н)св* **2.** *(charakterisieren)* характеризова́ть *(н)св,* охарактеризова́ть *св*

Kennziffer <-, -n> *f (bei Chiffreanzeigen)* шифр *м*

kentern ['kɛntɐn] *vi* опроки́дываться, -ки́нуться *св*

Keramik [ke'ra:mɪk] <-, -en> *f* **1.** *(Tonwaren)* кера́мика *ж,* керами́ческое изде́лие *ср* **2.** *(Kunst)* кера́мика *ж*

Kerbe ['kɛrbə] <-, -n> *f* зару́бка *ж;* **in die gleiche ~ schlagen** *fig* де́йствовать заодно́

Kerbholz *m* **etw auf dem ~ haben** *umg* име́ть что-л. на со́вести

Kerker ['kɛrkɐ] <-s, -> *m* тюрьма́ *ж*

Kerl [kɛrl] <-(e)s, -e> *m* па́рень *м,* ма́лый *м;* **er ist ein ganzer ~** он сла́вный ма́лый; **sie ist ein feiner ~** она́ про́сто душа́-челове́к

Kern [kɛrn] <-(e)s, -e> *m* **1.** *(von Obst)* ко́сточка *ж* **2.** *(Atomkern)* ядро́ *ср* **3.** *(Stadtkern)* центр *м* **4.** *fig (Hauptsache)* суть *ж;* **der ~ der Frage** су́щность вопро́са

Kernbrennstoff <-(e)s> *m* я́дерное то́пливо *ср*

Kernenergie <-> *f* я́дерная эне́ргия *ж*

Kernenergieausstieg <-(e)s> *m* отка́з *м* от произво́дства и испо́льзования я́дерной эне́ргии

Kernforschungszentrum <-s, -zentren> *nt* центр *м* я́дерных иссле́дований

Kernfusion <-, -en> *f* я́дерный си́нтез *м*

Kerngehäuse <-s, -> *nt* сердцеви́на *ж* плода́

kerngesund *adj* здоро́вый

Kernkraftwerk <-(e)s, -e> *nt* а́томная электроста́нция *ж*

Kernphysik <-> *f* я́дерная фи́зика *ж*

Kernproblem <-s, -e> *nt* основна́я пробле́ма *ж*

Kernreaktion <-, -en> *f* я́дерная реа́кция *ж*

Kernseife <-, -n> *f* ядро́вое мы́ло *ср*

Kernspaltung <-> *f* расщепле́ние *ср* ядра́

Kernwaffe <-, -n> *f* а́томное ору́жие *ср*

Kerosin [kero'zi:n] <-s> *nt ohne pl* кероси́н *м*

Kerze ['kɛrtsə] <-, -n> *f* свеча́ *ж*

kerzengerade *adj* прямо́й

Kerzenleuchter *m (für mehrere Kerzen)* канделя́бр *м;* *(für eine Kerze)* подсве́чник *м*

Kerzenlicht <-(e)s, -er> *nt* свет *м* от свечи́; **bei ~** при свеча́х

Kerzenständer <-s, -> *m* подсве́чник *м*

kess[RR] [kɛs] *adj,* **keß**[Alt] [kɛs] *adj* **1.** *(frech, vorlaut)* де́рзкий, на́глый **2.** *(fesch)* шика́рный, мо́дный

Kessel ['kɛsəl] <-s, -> *m* **1.** *(Teekessel)* ча́йник *м* **2.** *(Wasserkessel)* котёл *м* **3.** *(Talkessel)* котлови́на *ж*

Kesselstein <-s> *m* на́кипь *ж*

Ketchup ['kɛtʃap] <-(s), -s> *m o nt,* **Ketschup** <-(s), -s> *m o nt* ке́тчуп *м*

Kette ['kɛtə] <-, -n> *f* **1.** *(große ~)* цепь *ж;* **einen Hund an die ~ legen** посади́ть соба́ку на цепь; **jdn in ~ legen** закова́ть в кандалы́ **2.** *(Halskette)* цепо́чка *ж* **3.** *(Bergkette)* цепь *ж* **4.** *(Serie)* ряд *м,* цепь *ж* **5.** *(von Kettenfahrzeug)* гу́сеница *ж*

Kettenfahrzeug <-(e)s, -e> *nt* гу́сеничная маши́на *ж*

Kettenglied <-(e)s, -er> *nt* звено́ *ср* цепи́

Kettenraucher(in) <-s, -> *m(f)* зая́длый кури́льщик *м,* зая́длая кури́льщица *ж*

Kettenreaktion <-, -en> *f* PHYS цепна́я реа́кция *ж*

Kettenschloss <-es, -schlösser> *nt* TECH соедини́тельное звено́ *ср*

Ketzer(in) ['kɛtsɐ] <-s, -> *m(f)* ерети́к *м,* ерети́чка *ж*

Ketzerei [kɛtsə'raɪ] <-, -en> *f* е́ресь *ж*

ketzerisch *adj* ерети́ческий

keuchen ['kɔɪçən] *vi* задыха́ться, -дохну́ться *св,* тяжело́ дыша́ть *нсв*

Keuchhusten <-s> *m* ко́клюш *м*

Keule ['kɔɪlə] <-, -n> *f* **1.** *(Schlagwaffe)* дуби́на *ж* **2.** *(Fleischstück)* ля́жка *ж,* но́жка *ж*

keusch [kɔɪʃ] *adj* целому́дренный, де́вственный

Keyboard ['ki:bɔ:t] <-s, -s> *nt* клавиату́ра *ж,* кла́вишный пульт *м*

Kfz [ka:ʔɛf'tsɛt] *abk von* **Kraftfahrzeug** авт. *м*

kg *abk von* **Kilogrammm** кг *м*

kHz *abk von* **Kilohertz** килоге́рц *м*

KI INFOR *abk von* **künstliche Intelligenz** иску́сственный интелле́кт *м*

Kichererbse ['kɪçɐɛrpsə] *f* нут *м*

kichern ['kɪçɐn] *vi* хихи́кать *нсв*

kicken ['kɪkən] *vi umg* игра́ть, сыгра́ть *св* в футбо́л; **er kickt für Bayern München** *umg* он игра́ет за Бава́рию Мюнхен

Kicker ['kɪkɐ] <-s, -> *m umg (Fußballer)* футболи́ст *м*

kidnappen ['kɪtnɛpən] *vt* похища́ть, -хи́тить *св*

Kidnapper ['kɪtnɛpɐ] <-s, -> *m* похити́тель *м*

Kidnapping ['kɪtnɛpɪŋ] <-s> *nt* похище́ние *ср*

Kiefer[1] ['ki:fɐ] <-s, -> *m* ANAT че́люсть *ж*

Kiefer[2] ['ki:fɐ] <-, -n> *f* BOT сосна́ *ж*

Kiel [ki:l] <-(e)s, -e> *m* **1.** *(von Feder)* ствол *м* **2.** MAR киль *м*

K

Kielwasser <-s> *nt* кильва́тер *м*
Kieme ['ki:mə] <-, -n> *f* жа́бра *ж*
Kies [ki:s] <-es, (-e)> *m* гра́вий *м*
Kieselstein *m* кру́глый ка́мень *м*
Kiesgrube <-, -n> *f* грави́йный карье́р *м*
Kiesweg <-(e)s, -e> *m* грави́йная доро́жка *ж*
Kiew <-s> *nt* Ки́ев *м*
kiffen ['kɪfən] *vi umg (Haschisch rauchen)* кури́ть *нсв* гаши́ш
Kiffer(in) <-s, -; -nen> *m(f) fam* куря́щий *м*, куря́щая *ж* марихуа́ну
Kikeriki [kikəri'ki:] <-s, -s> *nt* кукареку́ *ср*
killen ['kɪlən] *vt umg (umbringen)* убива́ть, уби́ть *св*
Killer ['kɪlɐ] <-s, -> *m* уби́йца *м и ж*
Kilo ['ki:lo] <-s, -s> *nt* кило́ *ср*
Kilobyte ['ki:lobaɪt] <-(s), -(s)> *nt* килоба́йт *м*
Kilogramm <-s, -(s)> *nt* килогра́мм *м*
Kilohertz *nt* PHYS килоге́рц *м*
Kilojoule <-(s), -> *nt* килоджо́уль *м*
Kilokalorie <-, -n> *f* килокало́рия *ж*
Kilometer [kilo'me:tɐ] <-s, -> *m* киломе́тр *м*; **160 ~ pro Stunde fahren** е́хать со ско́ростью 160 киломе́тров в час
Kilometerfresser <-s, -> *m umg*: *тот, кто бы́стро и без остано́вок проезжа́ет на маши́не дли́нные отре́зки пути́*
Kilometerpreis <-es, -e> *m* TRANSP сто́имость *ж* киломе́тра
Kilometerstand <-(e)s, -stände> *m* про́йденное число́ *ср* киломе́тров, пробе́г *м*
Kilometerstein <-(e)s, -e> *m* киломе́тровый указа́тель *м*
Kilometerzähler <-s, -> *m* счётчик *м* километра́жа
Kilovolt *nt* PHYS килово́льт *м*
Kilowatt [kilo'vat] <-s, -> *nt* PHYS, TECH килова́тт *м*
Kind [kɪnt] <-(e)s, -er> *nt* ребёнок *м*, дитя́ *ср*; **von ~ an** с де́тства; **ein ~ erwarten** ждать ребёнка; **mit ~ und Kegel** *umg* со все́ми пожи́тками; **das ~ mit dem Bade ausschütten** *fig* вме́сте с водо́й вы́плеснуть и ребёнка; **ein ~ der Liebe** дитя́ любви́; **jdn an ~esstatt annehmen** адапти́ровать кого́-л.; **das ~ beim (rechten) Namen nennen** *fig* называ́ть ве́щи свои́ми имена́ми; **von ~ auf** с де́тских лет; **das weiß doch jedes ~** э́то зна́ет ка́ждый ребёнок; **ein ~ bekommen** у кого́-л. роди́лся ребёнок
Kinderarzt <-es, -ärzte> *m* педиа́тр *м*, де́тский врач *м*
Kinderbetreuung <-> *f* обслу́живание *ср* дете́й
Kinderbett <-(e)s, -en> *nt* де́тская крова́ть *ж*
Kinderbuch <-(e)s, -bücher> *nt* де́тская кни́га *ж*
Kinderei [kɪndə'raɪ] <-, -en> *f* ребя́чество *ср*; **hör doch endlich auf mit den ~en** прекрати́ наконе́ц э́то ребя́чество
Kindererziehung *f* воспита́ние *ср* дете́й
Kinderfahrkarte <-, -n> *f* де́тский биле́т *м*
Kinderfreibetrag <-(e)s, -beträge> *m* *зави́сящая от коли́чества дете́й часть дохо́да, не облага́емая нало́гом*
Kindergarten <-s, -gärten> *m* де́тский сад *м*

i Land & Leute

Детский сад является в Германии общественным учреждением и располагается в помещении или здании, принадлежащем городскому или местному управлению («общине»). Дети дошкольного возраста находятся под присмотром и опекой воспитательниц 4-6 часов в день. Важная задача этого учреждения – способствовать общему развитию детей. В Германии каждый ребёнок с трёхлетнего возраста имеет право на место в детском саду.

Kindergartenplatz <-es, -plätze> *m* ме́сто *ср* в де́тском саду́
Kindergärtnerin <-, -nen> *f* воспита́тельница *ж* де́тского са́да
Kindergeld <-es> *nt* посо́бие *ср* на ребёнка
Kindergeschrei <-s> *nt* де́тский плач *м*
Kinderheim <-(e)s, -e> *nt* де́тский дом *м*
Kinderhort <-(e)s, -e> *m* гру́ппа *ж* продлённого дня
Kinderkanal *f* TV кана́л *м* для дете́й
Kinderklinik *f* де́тская поликли́ника *ж*
Kinderkrankheit <-, -en> *f* де́тская боле́знь *ж*
Kinderkrippe *f* де́тские я́сли *мн*
Kinderlähmung <-> *f* полиомиели́т *м*
kinderleicht ['- -'-] *adj* о́чень лёгкий; **das ist doch ~** э́то о́чень легко́
kinderlieb *adj* лю́бящий дете́й
kinderlos *adj* безде́тный
Kindermädchen *nt* ня́ня *ж*
Kindernarr <-en, -en> *m* *тот, кто о́чень лю́бит вози́ться с детьми́*
Kinderpornografie[RR] <-> *f* де́тская порногра́фия *ж*
Kinderprogramm <-(e)s, -e> *nt* TV телепрогра́мма *ж* для дете́й
kinderreich *adj* многоде́тный
Kinderschänder <-s, -> *m* *наси́льник, же́ртвами кото́рого стано́вятся де́ти*

Kinderschuh <-(e)s, -e> *m* де́тский боти́нок *м;* **noch in den ~en stecken** *fig* находи́ться в нача́льной ста́дии разви́тия
Kindersitz <-es, -e> *m (im Auto)* сиде́нье *ср* для ребёнка
Kinderspiel <-(e)s, -e> *nt* **1.** *(Spiel für Kinder)* де́тская игра́ *ж* **2.** *fig* су́щий пустя́к *м;* **das ist doch ein ~** да э́то же плёвое де́ло
Kinderspielplatz <-es, -plätze> *m* де́тская площа́дка *ж*
Kinderstube *f ohne pl* **er hatte eine gute ~** он получи́л хоро́шее воспита́ние
Kindertagesstätte <-, -n> *f* де́тский сад *м*
Kinderteller <-s, -> *m (im Restaurant)* де́тская по́рция *ж*
Kinderwagen <-s, -wägen> *m* де́тская коля́ска *ж*
Kinderzimmer <-s, -> *nt* де́тская *ж*
Kindesalter *nt* де́тский во́зраст *м;* **im ~** в де́тском во́зрасте
Kindesmissbrauch <-(e)s> *m* изнаси́лование *ср* ребёнка
Kindheit <-> *f* де́тство *ср*
Kindheitserlebnis <-ses, -se> *nt* пережи́тое *ср* в де́тстве
kindisch *adj pej* ребя́чливый, несерьёзный; **sich ~ benehmen** ребя́читься
kindlich *adj* де́тский, наи́вный
Kinn [kɪn] <-(e)s, -e> *nt* подборо́док *м*
Kinnhaken <-s, -> *m* боково́й уда́р *м* в че́люсть
Kino ['kiːno] <-s, -s> *nt* кино́ *ср;* **ins ~ gehen** идти́ в кино́
Kinofilm *m* кинофи́льм *м*
Kinokarte <-, -n> *f* биле́т *м* в кино́
Kinoprogramm *nt* програ́мма *ж* кинотеа́тра
Kinovorstellung <-, -en> *f* киносеа́нс *м*
Kiosk ['kiːɔsk] <-(e)s, -e> *m* кио́ск *м*
Kipferl ['kɪpfɐl] <-s, -n> *nt österr (Hörnchen)* рожо́к *м*
Kippe[1] ['kɪpə] <-, -n> *f (Müll~)* сва́лка *ж;* **etw steht auf der ~** *fig* что-л. нахо́дится в крити́ческом положе́нии
Kippe[2] ['kɪpə] *f umg (Zigarettenkippe)* оку́рок *м*
kippen ['kɪpən] **I.** *vt* **1.** *(umkippen)* опроки́дывать, -ки́нуть *св,* перевора́чивать, -верну́ть *св* **2.** *(Getränk)* опроки́дывать, -ки́нуть; **einen Schnaps ~** опроки́нуть рю́мку во́дки **II.** *vi* теря́ть, по- *св* равнове́сие, кача́ться *нсв*
Kippschalter <-s, -> *m* кла́вишный выключа́тель *м*
Kirche ['kɪrçə] <-, -n> *f* це́рковь *ж;* **in die ~ gehen** ходи́ть в це́рковь
Kirchenchor *m* церко́вный хор *м*
Kirchenfenster <-s, -> *nt* окно́ *ср* це́ркви (из цветно́го мозаи́чного стекла́)
Kirchenfest *nt* REL церко́вный пра́здник *м*
Kirchenglocke *f* церко́вный ко́локол *м*
Kirchenkonzert <-(e)s, -e> *nt* конце́рт *м* церко́вной му́зыки
Kirchenlied <-(e)s, -er> *nt* церко́вный хора́л *м*
Kirchenmaus *f* церко́вная мышь *ж;* **arm sein wie eine ~** *umg* быть бе́дным как церко́вная мышь
Kirchenspaltung <-, -en> *f* HIST схи́зма *ж,* раско́л *м*
Kirchensteuer <-, -n> *f* церко́вный нало́г *м*

i Land & Leute

Церковный налог составляет в Германии примерно 8% от заработка и платится дополнительно к подоходному налогу каждым прихожанином лютеранской («евангелической») или католической церкви. Этот налог обычно переводится церкви финансовым управлением. В Австрии церковный налог взимается самими церквами и имеет различную величину. В Швейцарии он регулируется в соответствии с законодательством того или иного кантона.

Kirchentag <-(e)s, -e> *m* съезд *м* евангели́ческой це́ркви
kirchlich *adj* **1.** *(die Kirche betreffend)* церко́вный; **~er Feiertag** церко́вный пра́здник; **sich ~ trauen lassen** венча́ться в це́ркви **2.** *(religiös)* религио́зный
Kirchturm <-(e)s, -türme> *m* колоко́льня *ж*
Kirgisien <-s> *nt* Кирги́зия *ж*
Kirschbaum *m* ви́шня *ж (де́рево)*
Kirsche ['kɪrʃə] <-, -n> *f* ви́шня *ж;* **mit jdm ist nicht gut ~n essen** *fam* с кем-л. лу́чше не име́ть де́ла
Kirschkern <-s, -e> *m* вишнёвая ко́сточка *ж*
Kirschlikör <-s, -e> *m* вишнёвка *ж*
Kirschsaft <-(e)s> *m* вишнёвый сок *м*
Kirschwasser <-s> *nt* вишнёвая во́дка *ж*
Kissen ['kɪsən] <-s, -> *nt* поду́шка *ж*
Kissenbezug <-(e)s, -bezüge> *m* на́волочка *ж*
Kiste ['kɪstə] <-, -n> *f* **1.** *(Behälter)* я́щик *м* **2.** *(Truhe)* сунду́к *м* **3.** *umg (Auto)* драндуле́т *м* **4.** *umg (Fernseher)* я́щик *м*
Kitsch [kɪtʃ] <-(e)s> *m* китч, кич *м*
kitschig *adj* безвку́сный
Kitt [kɪt] <-(e)s, -e> *m* зама́зка *ж*
Kittchen ['kɪtçən] <-s, -> *nt umg (Gefängnis)* катала́жка *ж;* **ins ~ kommen** *umg* попа́сть за решётку
Kittel ['kɪtəl] <-s, -> *m* **1.** *(Arbeitskittel)* рабо́-

чий хала́т *м* **2.** *(Arztkittel)* враче́бный хала́т *м*

kitten ['kɪtən] *vt* скле́ивать, скле́ить *св; (Fenster)* вставля́ть, вста́вить *св* стекло́

Kitz [kɪts] <-es, -e> *nt* **1.** *(Zicklein)* козлёнок *м* **2.** *(Rehkitz)* оленёнок *м*

Kitzel ['kɪtsəl] <-s, -> *m* щеко́тка *ж*

kitzelig *adj (Mensch)* **~ sein** быть щекотли́вым

kitzeln ['kɪtsəln] *vt* щекота́ть, по- *св*

Kitzler ['kɪtslɐ] <-s, -> *m* кли́тор *м*

kitzlig *adj* щекотли́вый

Kiwi ['ki:vi] <-, -s> *f* ки́ви *ж*

KKW [ka:ka:'ve:] *abk von* **Kernkraftwerk** АЭС *ж*

klaffen ['klafən] *vi* зия́ть *нсв*

kläffen ['klɛfən] *vi pej* тя́вкать *нсв*, ла́ять *нсв*

Kläffer <-s, -> *m pej* брехли́вая соба́ка *ж*

Klage ['kla:gə] <-, -n> *f* **1.** *(Beschwerde)* жа́лоба *ж* **2.** *(Wehklage)* плач *м* **3.** JUR жа́лоба *ж*, иск *м;* **eine ~ abweisen** отка́зывать в и́ске; **eine ~ einreichen** пода́ть жа́лобу в суд; **eine ~ gegen jdn erheben** предъявля́ть иск кому́-л.; **~ auf Schadenersatz** иск о возмеще́нии убы́тков; **einer ~ stattgeben** удовлетворя́ть иск; **eine ~ zurückweisen** отклоня́ть иск

klagen ['kla:gən] **I.** *vi* **1.** *(sich beklagen)* жа́ловаться, по- *св* **2.** *(wehklagen)* опла́кивать, -кать *св;* **er klagt über den Tod seines Freundes** он опла́кивает смерть своего́ дру́га **3.** *(trauern)* скорбе́ть *нсв* **4.** JUR подава́ть, -да́ть *св* в суд; **auf Schadenersatz ~** пода́ть иск о возмеще́нии убы́тка **II.** *vt* жа́ловаться, по- *св;* **jdm sein Leid ~** изли́ть кому́-л. своё го́ре

Kläger(in) ['klɛ:gɐ] <-s, -> *m(f)* исте́ц *м*, исти́ца *ж*

kläglich ['klɛ:klɪç] **I.** *adj* **1.** *(mitleiderregend)* жа́лобный **2.** *(minderwertig)* ничто́жный, незначи́тельный; **ein ~es Ergebnis** ничто́жный результа́т **3.** *(jämmerlich)* жа́лкий, плаче́вный **II.** *adv (in jämmerlicher Weise)* плаче́вно; **er ist ~ gescheitert** он ко́нчил плаче́вно, ему́ э́то не удало́сь

Klamauk [kla'maʊk] <-s> *m pej, umg* шум *м*, гром *м*

klamm [klam] *adj* **1.** *(feuchtkalt)* сыро́й **2.** *(starr)* окочене́вший

Klammer ['klamɐ] <-, -n> *f* **1.** *(für Haar)* заколка *ж* **2.** *(Büroklammer)* скре́пка *ж* **3.** *(Wäscheklammer)* прище́пка *ж* **4.** *(Satzzeichen)* ско́бка *ж;* **„~ auf/zu"** откры́ть/закры́ть ско́бку; **in Klammer(n) setzen** поста́вить в ско́бки

Klammeraffe <-n> *m* DV *(at-sign)* комме́рческое ат, „соба́чка" *ж*

klammern ['klamɐn] **I.** *vt* **1.** *(Wäsche)* прикрепля́ть, -пи́ть *св* прище́пкой **2.** *(Papier)* скрепля́ть, -пи́ть *св* скре́пкой **II.** *vi* SPORT захва́тывать, -ти́ть *св* **III.** *vr auch fig* цепля́ться *нсв*

klammheimlich ['-'--] *adj umg* та́йно

Klamotten [kla'mɔtən] <-> *pl umg* шмо́тки *мн*, тря́пки *мн*

klang [klaŋ] *prät von* **klingen**

Klang [klaŋ] <-(e)s, Klänge> *m* звук *м;* MUS *(Tonqualität)* звук *м*, звуча́ние *ср*

Klangregler <-s, -> *m* регуля́тор зву́ка *м*

klangvoll *adj* зву́чный, полнозву́чный; *fig (Namen)* зву́чный

Klappbett *nt* раскладу́шка *ж*

Klappe ['klapə] <-, -n> *f* **1.** *(Deckel)* кры́шка *ж* **2.** MUS *(von Blasinstrumenten)* кла́пан *м* **3.** *(Herzklappe)* кла́пан *м* **4.** *umg (Mund)* рот *м;* **halt die ~!** заткни́сь!; **zwei Fliegen mit einer ~ schlagen** *fig* одни́м вы́стрелом двух за́йцев уби́ть; **eine große ~ haben** за сло́вом в карма́н не лезть

klappen ['klapən] **I.** *vi* хло́пать, -пнуть *св; umg (gut gehen)* ла́диться *нсв;* **es klappt wie am Schnürchen** всё идёт как по ма́слу **II.** *vt* **1.** *(herauf~)* отки́нуть *св*, -ки́дывать *нсв* **2.** *(herunter~)* опуска́ть, -сти́ть *св*

Klappentext <-s, -e> *m (von Buch)* текст *м* на суперобло́жке кни́ги

klapperdürr ['klapɐ'dʏr] *adj fam* худо́й как жердь

Klappergestell *nt fam hum* **nach ihrer Diät war sie bloß noch ein ~** по́сле дие́ты она́ ста́ла худа́я, как жердь

klapperig ['klapərɪç] *adj fig* **1.** *(Auto)* дребезжа́щий **2.** *(Mensch)* дря́хлый

klappern ['klapɐn] *vi* **1.** греме́ть, про- *св*, шуме́ть *нсв;* **im Wind ~** скрипе́ть на ветру́ **2.** *(mit den Zähnen)* стуча́ть, по- *св;* **er klapperte vor Kälte mit den Zähnen** у него́ зу́бы стуча́ли от хо́лода

Klapperschlange <-, -n> *f* грему́чая змея́ *ж*

Klapperstorch *m fam* а́ист *м*

Klappmesser <-s, -> *nt* складно́й нож *м*

Klapprad <-(e)s, -räder> *nt* складно́й велосипе́д *м*

Klappsitz <-es, -e> *m* откидно́е сиде́нье *ср*

Klappstuhl <-(e)s, -stühle> *m* складно́й стул *м*

Klapptisch <-es, -e> *m* складно́й стол *м*

Klaps [klaps] <-es, -e> *m* шлепо́к *м;* **jdm einen ~ geben** шлёпнуть кого́-л.

klar [kla:ɐ] *adj* **1.** *(durchsichtig)* прозра́чный **2.** *(wolkenlos, offensichtlich)* я́сный; **etw ~ und deutlich sagen** сказа́ть что-л. я́сно; **~ sehen** *fam* я́сно ви́деть; **na ~!** ну коне́чно!; **sich** *dat* **über etw im Klaren sein** знать пра́вду о чем-л. **3.** *(eindeutig)* поня́тный, вня́тный; **sich ~ ausdrücken** поня́тно выража́ться; **~es Wasser** прозра́чная вода́; **ein ~er Himmel** я́сное не́бо; **es ist völlig**

~, dass ... совершённо я́сно, что ...

Kläranlage ['klɛ:ɐ̯anla:gə] <-, -n> *f* очистна́я устано́вка *ж*

Klärbecken <-s, -> *nt* отсто́йный бассе́йн *м*, отсто́йник *м*

klären ['klɛ:rən] **I.** *vt* **1.** *(Problem)* выясня́ть, вы́яснить *св* **2.** *(Abwässer)* очища́ть, очи́стить *св* **II.** *vr (Himmel)* проясня́ться, -ни́ться *св*

Klarheit <-, -en> *f* **1.** *(Reinheit, Schärfe)* я́сность *ж*; **sich** *dat* **~ über etw verschaffen** вы́яснить обстоя́тельства чего́-л.; **für ~ sorgen** потре́бовать я́сности **2.** *fig (Deutlichkeit)* я́сность *ж*, вня́тность *ж*; **jdm etw in aller ~ zu verstehen geben** дать кому́-л. со всей я́сностью поня́ть что-л.; **sich über etw ~ verschaffen** вы́яснить для себя́ что-л.

Klarinette [klari'nɛtə] <-, -n> *f* кларне́т *м*

klar|kommen <irr> *vi* справля́ться, спра́виться *св*; **mit jdm ~** справля́ться с ке́м-л.

Klarlack <-(e)s> *m* прозра́чный лак *м*

klar|machen *vt* **1.** *(erklären)* объясня́ть, -ни́ть *св*; **jdm etw ~** объясня́ть кому́-л. что-л. **2.** MAR подгота́вливать, -то́вить *св* к отплы́тию

klar|sehen <irr> *vi (verstehen)* я́сно ви́деть, уви́деть *св*, понима́ть, -ня́ть *св*

Klarsichtfolie <-, -n> *f* целлофа́н *м*

klar|stellen *vt (klären)* проясня́ть, -ни́ть *св*, уточня́ть, -ни́ть *св*

Klartext *m* **mit jdm ~ reden** *fam* вы́яснить отноше́ния с кем-л.

Klärung <-, -en> *f* **1.** *(Beseitigung von Missverständnissen)* выясне́ние *ср* **2.** *(Reinigung)* очи́стка *ж*; **die ~ der Abwässer** очи́стка сто́чных вод

Klasse ['klasə] <-, -n> *f* **1.** *(allg)* класс *м*; **erster/zweiter ~ fahren** е́хать в ваго́не пе́рвого/второ́го кла́сса **2.** *(Güteklasse)* сорт *м*

klasse ['klasə] *interj* класс!; **das ist ja ~!** э́то про́сто класс!

Klassenarbeit <-, -en> *f* кла́ссная рабо́та *ж*; **eine ~ schreiben** писа́ть кла́ссную рабо́ту

Klassenbewusstsein *nt* кла́ссовое (само)созна́ние *ср*

Klassenkamerad(in) <-en, -en> *m(f)* одноклассник *м*, однокла́ссница *ж*

Klassenkampf <-(e)s> *m* кла́ссовая борьба́ *ж*

Klassenlehrer(in) <-s, -> *m(f)* кла́ссный руководи́тель *м*, кла́ссная руководи́тельница *ж*

Klassensprecher(in) *m(f)* SCH ста́роста *м ж* кла́сса

Klassentreffen <-s, -> *nt* встре́ча *ж* однокла́ссников

Klassenzimmer <-s, -> *nt* класс *м*, кла́ссная ко́мната *ж*

Klassenzugehörigkeit <-, -en> *f* кла́ссовая принадле́жность *ж*

Klassifikation <-, -en> *f* классифика́ция *ж*

klassifizieren [klasifi'ts̮i:rən] *vt* классифици́ровать *(н)св*, рас- *св*

Klassik ['klasɪk] <-> *f* кла́ссика *ж*; *(klassische Musik)* класси́ческая му́зыка *ж*

Klassiker ['klasikɐ] <-s, -> *m* кла́ссик *м*

klassisch *adj* **1.** *(die Klassik betreffend)* класси́ческий **2.** *(zeitlos)* класси́ческий; **ein ~es Kostüm** класси́ческий костю́м *м* **3.** *(typisch)* типи́чный, класси́ческий; **ein ~er Fall** типи́чный слу́чай *м*

Klassizismus [klasi'tsɪsmʊs] <-> *m* классици́зм *м*

klassizistisch *adj* класси́ческий

Klatsch [klatʃ] <-(e)s, (-e)> *m* **1.** *(klatschendes Geräusch)* хлопо́к *м*, шлепо́к *м* **2.** *pej, umg (Gerede)* спле́тни *мн*, разгово́ры *мн*; **~ und Tratsch** спле́тни *мн*

Klatschbase <-, -n> *f pej* спле́тница *ж*, болту́нья *ж*

klatschen ['klatʃən] **I.** *vt* **1.** *(Takt, Beifall)* хло́пать *нсв* **2.** *(knallen, schlagen)* стуча́ть, по- *св*, бить, по- *св* **II.** *vi* **1.** *(mit den Händen)* хло́пать *нсв*; **in die Hände ~** хло́пать в ладо́ши **2.** *(platschen, spritzen)* стуча́ть, по- *св* **3.** *umg (tratschen)* болта́ть *нсв*, спле́тничать *нсв*; **jdm Beifall ~** аплоди́ровать кому́-л.; **Regen klatschte an das Fenster** дождь стуча́л в окно́

klatschnass *adj umg* промо́кший до ни́тки

Klatschspalte *f fam abw* коло́нка *ж* в газе́те со спле́тнями

klauben ['klaʊbən] *vt* **1.** *(ernten: Kartoffeln, Beeren)* выбира́ть, вы́брать *св*, собира́ть, -бра́ть *св* **2.** *(verlesen: Erbsen)* перебира́ть, -бра́ть *св*, отбира́ть, отобра́ть *св*

Klaue ['klaʊə] <-, -n> *f* **1.** *(von Raubtier)* ла́па *ж* (с когтя́ми); **sich in jds Klauen befinden** *fam* находи́ться в ла́пах кого́-л. **2.** *umg (unleserliche Schrift)* плохо́й по́черк *м*

klauen ['klaʊən] *vt umg (stehlen)* тащи́ть, стащи́ть *св*, стяну́ть *св*

Klausel ['klaʊzəl] <-, -n> *f (Bedingung)* усло́вие *ср*, огово́рка *ж*; **einen Vertrag mit einer ~ versehen** вноси́ть в догово́р пункт

Klaustrophobie [klaʊstrofo'bi:] <-> *f* клаустрофо́бия *ж*

Klausur [klaʊ'zu:ɐ] <-, -en> *f* **1.** *(schriftliche Arbeit)* контро́льная рабо́та *ж* **2.** *(Abgeschlossenheit)* затво́рничество *ср*

Klavier [kla'vi:ɐ] <-s, -e> *nt* пиани́но *ср*, фортепья́но *ср*; **~ spielen** игра́ть на пиани́но

Klavierlehrer(in) <-s, -> *m(f)* учи́тель *м* игры́ на фортепья́но

Klaviertaste <-, -n> *f* кла́виша *ж*

Klebeband ['kle:bəbant] <-(e)s, -bänder> *nt*

K

скотч *м*

Klebefolie <-, -n> *f* кле́йкая плёнка *ж*

kleben ['kle:bən] **I.** *vt* кле́ить, скле́ить *св;* **jdm eine ~** *umg (jdn ohrfeigen)* влепи́ть кому́-л. пощёчину **II.** *vi* **1.** *(anhaften)* прикле́иваться, -кле́иться *св,* кле́иться *нсв* **2.** *fig (festhalten an)* быть *нсв* привя́занным

Kleber ['kle:bɐ] <-s, -> *m* **1.** *fam (Klebstoff)* клей *м* **2.** *Schweiz (Aufkleber)* накле́йка *ж*

Klebestift *m* па́лочка *ж* клея́

klebrig ['kle:brɪç] *adj* кле́йкий, ли́пкий

Klebstoff <-(e)s, -e> *m* клей *м*

kleckern ['klɛkɐn] *vi (beim Essen)* па́чкать, за- *св*

Klecks [klɛks] <-es, -e> *m* **1.** *(Tintenfleck)* кля́кса *ж* **2.** *(Farbfleck)* пятно́ *ср*

klecksen ['klɛksən] *vi* **1.** сажа́ть, посади́ть *св* пя́тна **2.** *fig (schlecht malen)* па́чкать *нсв,* малева́ть, на- *св*

Klee [kle:] <-s> *m* кле́вер *м;* **jdn über den grünen ~ loben** *umg* превозноси́ть кого́-л. до небе́с

Kleeblatt <-(e)s, -blätte> *nt* БОТ лист *м* кле́вера; **vierblättriges ~** четырёхли́стный кле́вер *м*

Kleid [klaɪt] <-(e)s, -er> *nt* пла́тье *ср; (Kleidung)* оде́жда *ж;* **~er machen Leute** по одёжке встреча́ют

kleiden ['klaɪdən] **I.** *vt* **1.** *(mit Kleidern ausstatten)* одева́ть, оде́ть *св* **2.** *(kleidsam sein)* быть *нсв* к лицу́; **der Mantel kleidet ihn gut** пальто́ ему́ к лицу́ **II.** *vr (sich anziehen)* одева́ться, оде́ться *св*

Kleiderbügel <-s, -> *m* пле́чики *мн,* ве́шалка *ж*

Kleiderbürste <-, -n> *f* платяна́я щётка *ж*

Kleiderhaken <-s, -> *m* крючо́к *м*

Kleiderkasten <-s, Kästen> *m CH, österr (Kleiderschrank)* платяно́й шкаф *м*

Kleiderschrank <-(e)s, -schränke> *m* (платяно́й) шкаф *м*

Kleiderständer <-s, -> *m* (стоя́чая) ве́шалка *ж*

Kleidung <-> *f* оде́жда *ж*

Kleidungsstück <-(e)s, -e> *nt* предме́т *м* оде́жды

Kleie ['klaɪə] <-, -n> *f* о́труби *мн*

klein [klaɪn] *adj* **1.** *(⇔ groß)* ма́ленький, небольшо́й; **ein ~ bisschen** немно́жко; **beim kleinsten Geräusch** при мале́йшем шу́ме; **einen kleinen Augenblick bitte** мину́точку, пожа́луйста **2.** *(geringfügig)* незначи́тельный, малова́жный **3.** *(unbedeutend)* несуще́ственный, незначи́тельный **4.** *(Kind)* ма́ленький; **ihr ~er Bruder** её мла́дший брат; **von ~ auf** с де́тства; **~, aber oho** ма́ленький, да уда́ленький; **~ beigeben** уступи́ть; **~ anfangen** начина́ть с ма́лого; **bis ins ~ste** до мельча́йших подро́бностей; **ein ~ wenig** чуть-чу́ть; **ein ~er Beamter** скро́мный слу́жащий *м;* **ein ~er Fehler** незначи́тельная оши́бка *ж;* **die ~en Leute** просты́е лю́ди *мн*

Kleinaktionär(in) <-s, -e> *m(f)* ме́лкий акционе́р *м*

Kleinanzeige <-, -n> *f* ма́ленькое объявле́ние *ср*

Kleinasien <-s> *nt* Ма́лая А́зия *ж*

Kleinbetrieb <-(e)s, -e> *m* ме́лкое предприя́тие *ср*

Kleinbuchstabe <-n, -n> *m* ма́ленькая бу́ква *ж*

Kleinbürgertum <-s> *nt* ме́лкая буржуа́зи́я *ж*

Kleinbus <-ses, -se> *m* микроавто́бус *м*

Kleine(r, s) <-n, -n> *m(f) (kleiner Junge, kleines Mädchen)* малы́ш *м,* малы́шка *ж*

Kleingeld <-(e)s> *nt* ме́лочь *ж;* **das nötige ~ haben** *umg* располага́ть деньга́ми

Kleinhirn <-(e)s, -e> *nt* мозжечо́к *м*

Kleinholz <-es> *nt* ще́пки *мн;* **aus etw ~ machen** *umg* переби́ть что-л.

Kleinigkeit ['klaɪnɪçkaɪt] <-, -en> *f (kleine Sache)* ме́лочь *ж,* пустя́к *м; (ein bisschen)* ма́лость *ж;* **sich nicht mit ~en abgeben** не разме́ниваться по пустяка́м; **eine ~ essen** немно́го пое́сть; **das war doch eine ~ für mich** э́то был для меня́ пустя́к; **ich muss noch eine ~ einkaufen** я до́лжен ещё купи́ть ко́е-каку́ю ме́лочь; **das hat nur eine ~ gekostet** э́то почти́ ничего́ не сто́ило; **wegen jeder ~ begannen sie zu streiten** они́ начина́ли ссо́риться по ка́ждому пустяку́; **die Prüfung war keine ~** экза́мен для него́ пустя́к

kleinkariert[Alt] *adj* **1.** *(mit kleinen Karos gemustert)* в ме́лкую кле́тку **2.** *umg (engstirnig)* узколо́бый, твердоло́бый

Kleinkind <-(e)s, -er> *nt* ма́ленький ребёнок *м*

Kleinkram <-s> *m umg* ме́лочи *мн*

Kleinkrieg <-(e)s, -e> *m* ссо́ра *ж;* **sie führen einen ständigen ~ miteinander** у них посто́янные ссо́ры

klein|kriegen *vt fam* **1.** *(zerkleinern)* нашинко́вывать, нашинкова́ть *св* **2.** *(kaputtmachen)* лома́ть, слома́ть *св;* **etw ist nicht kleinzukriegen** что-л. нельзя́ слома́ть

Kleinkunst ['klaɪnkʊnst] <-> *f* иску́сство *ср* ма́лых форм

kleinlich *adj* **1.** *(pedantisch)* приди́рчивый **2.** *(engstirnig)* ограни́ченный **3.** *(knauserig)* ме́лочный

Kleinlichkeit <-en> *f* ме́лочь *ж*

klein schneiden[RR] *vt* ме́лко нареза́ть, -ре́зать *св*

Kleinstadt <-, -städte> *f* ма́ленький городо́к *м*

Kleinunternehmer(in) <-s, -> *m* ме́лкий предпринима́тель *м*

Kleinwagen <-s, -wägen> *m* малолитра́жный автомоби́ль *м*
Kleister ['klaɪstɐ] <-s, -> *m* кле́йстер *м*
Klemme ['klɛmə] <-, -n> *f* **1.** *(Klammer)* зажи́м *м* **2.** *(schwierige Situation)* затрудни́тельная ситуа́ция *ж;* **in der ~ sitzen** быть в затрудни́тельном положе́нии; **in eine ~ geraten** попа́сть в затрудни́тельную ситуа́цию; **jdm aus der ~ helfen** помо́чь кому́-л. вы́йти из затрудне́ния **3.** TECH кле́мма *ж*
klemmen **I.** *vt* **1.** *(Draht)* прищемля́ть, -ми́ть *св* **2.** *(festklemmen)* сжима́ть, сжать *св,* зажима́ть, -жа́ть *св* **II.** *vi (Tür)* зае́сть *св,* -еда́ть *нсв* **III.** *vr* прищемля́ться, -ми́ться *св,* защемля́ться, -ми́ться *св;* **sich hinter etw ~** *umg* форси́ровать что-л.
Klempner ['klɛmpnɐ] <-s, -> *m* жестя́нщик *м*
Kleptomanie <-> *f* клептома́ния *ж*
Klerus ['kle:rʊs] <-> *m* духове́нство *ср*
Klette ['klɛtə] <-, -n> *f* репе́й *м;* **wie eine ~ an jdm hängen** приста́ть к кому́-л. как репе́й
Klett(en)verschluss[RR] <-es, -verschlüsse> *m* липу́чая застёжка *ж,* застёжка *ж* „липу́чка"
Kletterer <-s, -> *m* скалола́з *м*
klettern ['klɛtɐn] *vi* ла́зить, сла́зить *св,* взбира́ться, взобра́ться *св;* **auf Bäume ~** ла́зить на дере́вья
Kletterpflanze <-, -n> *f* выю́щееся расте́ние *ср*
Klettverschluss[RR] *m s.* **Klett(en)verschluss**[RR]
Klick <-s, -s> *m (mit Computermaus)* щелчо́к *м*
klicken ['klɪkən] *vi* щёлкнуть *св,* щёлкать *нсв;* **~ Sie mit der Maus auf ...** DV щёлкните мы́шкой
Klient(in) [kli'ɛnt] <-en, -en> *m(f)* клие́нт *м,* клие́нтка *ж*
Klientel [kliɛn'te:l] <-> *f* клиенту́ра *ж*
Klima ['kli:ma] <-s, -s/-ta> *nt* кли́мат *м*
Klimaanlage *f* кондиционе́р *м*
Klimakterium <-s> *nt* кли́макс *м,* климакте́рий *м*
Klimaschutz <-es> *m* защи́та *ж* от атмосфе́рных возде́йствий
klimatisch [kli'ma:tɪʃ] *adj* климати́ческий
klimatisieren *vt* кондициони́ровать *(н)св* во́здух
klimatisiert [klimati'zi:ɐ̯t] *adj* кондициони́рованный
Klimatisierung <-> *f* кондициони́рование *ср*
Klimaveränderung <-, -en> *f* измене́ние *ср* кли́мата
Klimawechsel *m* переме́на *ж* кли́мата
Klimmzug ['klɪmts͜u:k] <-(e)s, -züge> *m* подтя́гивание *ср* на рука́х
klimpern ['klɪmpɐn] *vi* **1.** *(Kleingeld)* звене́ть, про- *св* **2.** *(auf der Gitarre)* бренча́ть, по- *св*
Klinge ['klɪŋə] <-, -n> *f* ле́звие *ср*
Klingel ['klɪŋəl] <-, -n> *f* звоно́к *м*
klingeln *vi (läuten)* звони́ть, по- *св;* **das Telefon klingelt** телефо́н звони́т; **es hat geklingelt** (в дверь) позвони́ли
klingen ['klɪŋən] <klang, geklungen> *vi* **1.** *(tönen, sich anhören)* звуча́ть *нсв;* **sie klang lustig** её го́лос звуча́л ве́село **2.** *(Glocke)* звони́ть, про- *св*
Klinik ['kli:nɪk] <-, -en> *f* кли́ника *ж*
klinisch *adj* клини́ческий; **~er Tod** клини́ческая сме́рть
Klinke ['klɪŋkə] <-, -n> *f* ру́чка *ж*
klipp [klɪp] *adv* **jdm etw ~ und klar sagen** *umg* сказа́ть кому́-л. что-л. ко́ротко и я́сно
Klippe ['klɪpə] <-, -n> *f* **1.** *(am Steilufer)* скала́ *ж,* утёс *м* **2.** *(im Meer)* подво́дный ка́мень *м,* риф *м* **3.** *fig (Hindernis)* подво́дный ка́мень *м,* скры́тое препя́тствие *ср*
klirren ['klɪrən] *vi* **1.** *(Waffen)* бряца́ть, про- *св* **2.** *(Ketten)* звене́ть, про- *св* **3.** *(Glas)* дребезжа́ть *нсв,* звене́ть, про- *св*
Klischee [kli'ʃe:] <-s, -s> *nt* клише́ *ср*
Klitoris ['kli:torɪs] <-> *f* кли́тор *м*
klitschnass[RR] ['klɪtʃ'nas] *adj fam* мо́крый наскво́зь
klitzeklein *adj fam* ма́ленький
Klo [klo:] <-s, -s> *nt umg* клозе́т *м;* **ich muss aufs ~** я хочу́ в туале́т
Kloake [klo'a:kə] <-, -n> *f (Abwasserkanal)* клоа́ка *ж*
klobig ['klo:bɪç] *adj* **1.** *(unförmig: Stiefel)* гру́бый, бесфо́рменный **2.** *(plump: Mensch)* гру́бый, неотёсанный
Klobrille <-, -n> *f umg* туале́тное очко́ *ср*
Klobürste <-, -n> *f* щётка *ж* для чи́стки унита́за
Klodeckel <-s, -> *m* кры́шка *ж* унита́за
Klon [klo:n] <-s, -e> *m* BIOL клон *м*
klonen [klo:nən] *vt* BIOL клони́ровать
Klonierung <-, -en> *f* клони́рование *ср*
Klonschaf <-s, -e> *nt umg* клони́рованная овца́ *ж*
klopfen ['klɔpfən] **I.** *vi* **1.** *(an der Tür)* стуча́ть, по- *св;* **es hat geklopft** в дверь постуча́ли **2.** *(Herz)* би́ться *нсв* **3.** *(Motor)* стуча́ть, по- *св* **II.** *vt* **1.** *(Teppich)* выбива́ть, вы́бить *св* **2.** *(Takt)* отбива́ть, -би́ть *св*
Klops [klɔps] <-es, -e> *m* бито́к *м*
Klosett [klo'zɛt] <-s, -s> *nt* клозе́т *м,* убо́рная *ж*
Klosettpapier <-s> *nt* туале́тная бума́га *ж*
Kloß [klo:s] <-es, Klöße> *m* **1.** *(Knödel)* клёцка *ж* **2.** *(Fleischkloß)* фрикаде́лька *ж* **3.** *(Erdklumpen)* ком *м;* **einen ~ im Hals haben** *fam* ком в го́рле застря́л

Kloster ['kloːstɐ] <-s, Klöster> *nt* монасты́рь *м;* **ins ~ gehen** пойти́ в монасты́рь

Klosterkirche <-, -n> *f* монасты́рская це́рковь *ж*

klösterlich *adj* монасты́рский

Klotz [klɔts] <-es, Klötze> *m* **1.** *(Holzklotz)* коло́да *ж,* чурба́н *м* **2.** *(grober Mensch)* чурба́н *м* **3.** *fig (hässliches Gebäude)* коро́бка *ж;* **jdm ein ~ am Bein sein** *fig* быть кому́-л. в тя́гость

Klub [klʊp] <-s, -s> *m* клуб *м*

Kluft[1] [klʊft] <-, Klüfte> *f* **1.** *(Schlucht)* уще́лье *ср* **2.** *(Felsspalte)* рассе́лина *ж* **3.** *(Abgrund)* про́пасть *ж* **4.** *fig (großer Gegensatz)* про́пасть *ж;* **zwischen ihnen besteht eine tiefe ~** ме́жду ни́ми существу́ет огро́мная про́пасть

Kluft[2] [klʊft] <-, -en> *f (Kleidung für einen bestimmten Zweck)* фо́рменная оде́жда *ж,* специа́льная оде́жда *ж*

klug [kluːk] *adj* **1.** *(intelligent)* у́мный **2.** *(gebildet, gelehrt)* образо́ванный **3.** *(geschickt, schlau)* смышлёный, толко́вый; **aus jdm nicht ~ werden** не уме́ть/не быть в состоя́нии разгада́ть кого́-л.

Klugheit <-> *f* **1.** *(Intelligenz)* ум *м* **2.** *(Vernunft)* благоразу́мие *ср*

Klümpchen <-s, -> *nt* ком *м,* комо́к *м*

Klumpen ['klʊmpən] <-s, -> *m* **1.** *(aus Erde)* ком *м* **2.** *(von Gold)* саморо́док *м*

Klüngel ['klʏŋəl] <-s, -> *m pej* кли́ка *ж*

km *abk von* **Kilometer** км

km/h *abk von* **Stundenkilometer** км/ч

knabbern ['knabɐn] *vt* грызть, по- *св;* **an etw zu ~ haben** *umg* име́ть над чем полома́ть го́лову; **etw zum Knabbern** что-л. погры́зть

Knabe ['knaːbə] <-n, -n> *m geh* ма́льчик *м,* о́трок *м*

knabenhaft *adj* мальчи́шеский

Knäckebrot ['knɛkəbroːt] <-(e)s, -e> *nt* хрустя́щий хле́бец *м*

knacken ['knakən] **I.** *vi (Gebälk)* треща́ть *нсв,* хрусте́ть *нсв* **II.** *vt* **1.** *umg (Auto, Tresor)* взлома́ть *св,* взла́мывать *нсв* **2.** *(Nüsse)* щёлкать, -кнуть *св* **3.** *fig (Rätsel)* реша́ть, -ши́ть *св*

Knacker <-s, -> *m fam abw* **alter ~** ста́рый сыч *м*

knackig ['knakɪç] *adj* **1.** *(fest, knusprig)* кре́пкий, хрустя́щий **2.** *(jugendlich frisch)* све́жий, аппети́тный

Knacks [knaks] <-es, -e> *m umg* тре́щина *ж;* **die Tasse hat einen ~** на ча́шке тре́щина; **ihre Beziehung hat einen ~ bekommen** *fig* их отноше́ния да́ли тре́щину; **einen ~ bekommen** получи́ть по башке́

Knall [knal] <-(e)s, (-e)> *m* **1.** *(einer Peitsche)* щелчо́к *м* **2.** *(einer Tür)* гро́хот *м,* треск *м* **3.** *(Krach)* шум *м;* **~ auf Fall** *umg (plötzlich, unvermittelt)* внеза́пно; **er hat einen ~** *fam* у него́ не все до́ма

knallen **I.** *vt* влепи́ть *св,* -пля́ть *нсв;* **jdm eine ~** *(jdn ohrfeigen)* влепи́ть кому́-л. пощёчину **II.** *vi* **1.** *(Peitsche)* щёлкать, -кнуть *св* **2.** *(Tür)* хло́пать, -пнуть *св* **3.** *(Sektkorken)* хло́пать, -пнуть *св* **4.** *umg (Sonne)* жа́рить *нсв*

knalleng *adj fam* у́зкий; **die Jeans sitzt (am Po) ~** джи́нсы о́чень узки́ (в по́пке)

Knallgas <-es> *nt* грему́чий газ *м*

knallhart *adj fam (Arbeit)* тру́дный; **jdm ~ seine Meinung sagen** вы́сказать кому́-л. в глаза́ своё мне́ние

knallrot *adj umg* я́рко-кра́сный

knapp [knap] **I.** *adj* **1.** *(spärlich)* ску́дный; **die Zeit ist ~** вре́мени не хвата́ет **2.** *(kurz, eng)* у́зкий, те́сный **3.** *(Geld)* ограни́ченный **4.** *(nicht ganz, kaum)* непо́лный **5.** *(kurz, gerafft)* сжа́тый, кра́ткий; **eine ~e Mitteilung** кра́ткое сообще́ние; **vor ~ einer Stunde** о́коло ча́са тому́ наза́д; **der Kaffee wird ~** ко́фе зака́нчивается; **~ sitzende Hosen** пло́тно облега́ющие брю́ки; **~ bei Kasse sein** быть ограни́ченным в деньга́х **II.** *adv* немно́жко; **das Auto fuhr ~ an mir vorbei** маши́на прое́хала о́чень бли́зко от меня́

Knappheit <-> *f* **1.** *(an Mittel)* недоста́ток *м,* ограни́ченность *ж* **2.** *(an Zeit)* недоста́ток *м;* **~ an Waren** това́рный дефици́т *м*

Knarre ['knarə] <-n> *f* **1.** *fam (Gewehr)* ружьё *ср* **2.** *(Spielzeug)* погрему́шка *ж*

knarren ['knarən] *vi* треща́ть *нсв*

Knast [knast] <-(e)s, -e> *m umg (Gefängnis)* тюрьма́ *ж;* **im ~ sitzen** *umg* сиде́ть в тюрьме́; **er hat drei Jahre ~ bekommen** его́ посади́ли на три го́да

knattern ['knatɐn] *vi* **1.** *(rattern)* треща́ть *нсв* **2.** KFZ тарахте́ть *нсв*

Knäuel ['knɔɪəl] <-s, -> *nt (Garn~)* клубо́к *м,* мото́к *м*

Knauf [knaʊf] <-(e)s, Knäufe> *m* **1.** *(von Tür)* кру́глая дверна́я ру́чка *ж* **2.** *(von Degen)* голо́вка *ж*

knauserig ['knaʊzərɪç] *adj* скупо́й, скаре́дный

knausern ['knaʊzɐn] *vi* скупи́ться, по- *св*

Knautschzone <-, -n> *f* зо́на *ж* деформа́ции

Knebel ['kneːbəl] <-s, -> *m* кляп *м*

knebeln *vt* затыка́ть, -ткну́ть *св* кля́пом

Knecht [knɛçt] <-(e)s, -e> *m* **1.** *(auf Bauernhof)* рабо́тник *м,* батра́к *м* **2.** *(Diener)* слуга́ *м*

knechten *vt* порабоща́ть, -боти́ть *св*

Knechtschaft <-> *f* ра́бство *ср*

kneifen ['knaɪfən] <kniff, gekniffen> **I.** *vt* щипа́ть, ущипну́ть *св;* **jdm in die Backe ~** ущипну́ть кого́-л. за щёку **II.** *vi* **1.** *(Hose, Gummiband)* жать *нсв* **2.** *umg (sich *vor etw drücken)* уви́ливать, -льну́ть *св*

Kneifzange <-, -n> *f (Beißzange)* куса́чки *мн*

Kneipe ['knaɪpə] <-, -n> *f* каба́к *м*, пивна́я *ж*

Kneippkur <-, -en> *f* водолече́ние *ср*

Knete ['kne:tə] *f ohne pl fam* **1.** *(Knetmasse)* пластили́н *м* **2.** *(Geld)* ба́бки *мн*

kneten ['kne:tən] *vt* меси́ть, смеси́ть *св*

Knetmasse <-, -n> *f* пластили́н *м*

Knick [knɪk] <-(e)s, -e> *m* **1.** *(Biegung)* изги́б *м* **2.** *(Falte)* скла́дка *ж*

knicken **I.** *vt* разла́мывать, -ломи́ть *св* **II.** *vi* сгиба́ться, согну́ться *св*

knickerig *adj umg (geizig)* скупо́й

Knicks [knɪks] <-es, -e> *m* кни́ксен *м*; **vor jdm einen ~ machen** сде́лать пе́ред ке́м-л. револа́нс

Knie [kni:] <-s, -> *nt* **1.** ANAT коле́но *ср*; **auf die ~ fallen** упа́сть на коле́ни **2.** *(Flussbiegung)* изги́б *м* **3.** TECH *(von Rohr)* коле́но *ср*; **etw übers ~ brechen** *umg* де́лать что-л. на́спех; **ein Kind übers ~ legen** вы́пороть ребёнка; **jdn in die ~ zwingen** *fig* поста́вить кого́-л. на коле́ни; **weiche ~ bekommen** *umg* о́чень испуга́ться

Kniebeuge <-, -n> *f* приседа́ние *ср*

Kniekehle <-, -n> *f* подколе́нная впа́дина *ж*

knien ['kni:ən, kni:n] **I.** *vi (vor)* стоя́ть *нсв* на коле́нях **II.** *vr* станови́ться, стать *св* на коле́ни

Kniescheibe <-, -n> *f* коле́нная ча́шечка *ж*

Knieschützer <-s, -> *m* SPORT наколе́нник *м*

Kniestrumpf <-(e)s, -strümpfe> *m* гольф *м*

kniff [knɪf] *prät von* **kneifen**

Kniff [knɪf] <-(e)s, -e> *m* **1.** *(Kneifen)* щипо́к *м* **2.** *(Knick, Falte)* сгиб *м*, скла́дка *ж* **3.** *(Trick)* уло́вка *ж*, трюк *м*

kniffelig *adj* мудрёный; *(heikel)* щекотли́вый

knipsen ['knɪpsən] **I.** *vt* **1.** *umg* FOT щёлкать, -кнуть *св* **2.** *(lochen: Fahrkarte)* компости́ровать, за- *св* **II.** *vi umg* FOT щёлкать, -кнуть *св*

Knirps [knɪrps] <-es, -e> *m (kleiner Junge)* карапу́з *м*

knirschen ['knɪrʃən] *vi (Schnee)* скрипе́ть *нсв*; **mit den Zähnen ~** скрипе́ть зуба́ми

knistern ['knɪstern] *vi* **1.** *(Feuer)* потре́скивать *нсв* **2.** *(Papier, Seide)* шурша́ть *нсв*, шелесте́ть *нсв*

knittern ['knɪten] **I.** *vi (Stoff)* мя́ться, по- *св* **II.** *vt* мять, из- *св*; **ein Papier ~** мять бума́гу

Knoblauch ['kno:blaʊx] <-(e)s> *m* чесно́к *м*

Knöchel ['knœçəl] <-s, -> *m* **1.** *(des Fußes)* лоды́жка *ж*; **sich** *dat* **den ~ verstauchen** вы́вихнуть но́гу **2.** *(der Hand)* сгиб *м* па́льцев, костя́шка *ж*

Knochen ['knɔxən] <-s, -> *m* кость *ж*; **nass bis auf die ~ sein** промо́кнуть до ни́тки; **bis in die ~** до мо́зга косте́й

Knochenbau <-(e)s> *m* строе́ние *ср* косте́й

Knochenbruch <-(e)s, -brüche> *m* перело́м *м* ко́сти

Knochenmark <-(e)s> *nt* ко́стный мозг *м*

knochig ['knɔxɪç] *adj* костля́вый

Knödel ['knœ:dəl] <-s, -> *m* клёцка *ж*

i Land & Leute

Кнедль – так в южной Германии и в Австрии называется один из традиционных продуктов питания. Это изготовленный из теста того или иного вида шарик, который варят и затем подают в двойном или тройном количестве в качестве гарнира к мясному блюду. Особенно распространены на юге картофельные кнедли и кнедли из булочного теста.

Knolle ['knɔlə] <-, -n> *f* клу́бень *м*

Knollengemüse <-s> *nt* BOT клу́бневые (о́вощи) *мн*

Knopf [knɔpf] <-(e)s, Knöpfe> *m* **1.** *(an Kleidern)* пу́говица *ж*; **einen ~ annähen/verlieren** приши́ть/потеря́ть пу́говицу **2.** *(an Geräten)* кно́пка *ж*; **auf den ~ drücken** нажа́ть на кно́пку

knöpfen ['knœpfən] *vt* застёгивать, -стегну́ть *св*

Knopfloch <-(e)s, -löcher> *nt* пе́тля *ж*

Knorpel ['knɔrpəl] <-s, -> *m* хрящ *м*

knorpelig *adj* хрящеви́дный

knorrig ['knɔrɪç] *adj* **1.** *(Holz)* сукова́тый **2.** *(Baum)* коря́вый; **eine ~e Eiche** коря́вый дуб *м*

Knospe ['knɔspə] <-, -n> *f* по́чка *ж*

knoten ['kno:tən] *vt (Schnürsenkel)* завя́зывать, -за́ть *св* узло́м

Knoten ['kno:tən] <-s, -> *m* **1.** *(allg)* у́зел *м*; **der Gordische ~** го́рдиев у́зел; **einen ~ lösen** развяза́ть у́зел; **das Schiff fährt mit 20 ~** кора́бль де́лает 20 узло́в **2.** *(Haarknoten)* узело́к *м* **3.** MED наро́ст *м* **4.** *(Knotenpunkt)* узлово́й пункт *м*

Know-how [noʊ'haʊ] <-(s)> *nt* „но́у-ха́у" *ср*

knuddeln *vt reg* ласка́ть

Knüller ['knʏle] <-s, -> *m umg (Sensation)* сенса́ция *ж*

knüpfen ['knʏpfən] **I.** *vt* **1.** *(Knoten, Band)* завя́зывать, -вяза́ть *св*, свя́зывать, -за́ть *св* **2.** *(Netz)* плести́, сплести́ *св* **3.** *(Freundschaft)* завя́зывать, -вяза́ть *св*; **große Hoffnungen an etw ~** свя́зывать с че́м-л.

большúе надéжды **II.** *vr (mit etw verbunden sein)* быть *нсв* свя́занным
Knüppel ['knʏpəl] <-s, -> *m* **1.** *(dicker Stock)* дуби́на *ж* управлéния **2.** *(Schlagstock)* дуби́нка *ж* **3.** *(Steuerknüppel)* рýчка *ж;* **jdm einen ~ zwischen die Beine werfen** *fig* вставля́ть комý-л. пáлки в колёса
knurren ['knʊrən] *vi* **1.** *(Hund)* ворчáть *нсв,* рычáть *нсв* **2.** *fig (murren)* ворчáть *нсв,* урчáть *нсв;* **jdm knurrt der Magen** у когó-л. урчи́т в животé
knusprig ['knʊspərɪç] *adj (Brot, Braten)* хрустя́щий
knutschen ['knu:tʃən] **I.** *vi umg* ти́скать *нсв,* обнимáть, -ня́ть *св* **II.** *vr umg* ти́скаться *нсв,* обнимáться, -ня́ться *св*
Knutschfleck *m fam* синя́к *м* от поцелýя
k.o. [ka:'ʔo:] *adv* **1.** SPORT *(kampfunfähig, besiegt)* в нокáуте; **der Boxer wurde ~ geschlagen** боксёр был нокаути́рован **2.** *umg (erschöpft)* в нокáуте, без сил
K.o. [ka:'ʔo:] <-, -> *m* SPORT *(Knockout)* нокáут *м*
Koagulation <-> *f* коагуля́ция *ж,* свёртывание *ср*
Koalition [koali'ts̯io:n] <-, -en> *f* коали́ция *ж;* **eine ~ mit jdm eingehen** вступи́ть в коали́цию с кем-л.
Koalitionsparteien <-> *pl* пáртии-члéны *жмн* коали́ции
Koaxialkabel <-s, -> *nt* EL коаксиáльный кáбель *м*
Kobalt ['ko:balt] <-s> *m* кóбальт *м*
Kobold ['ko:bɔlt] <-(e)s, -e> *m* домовóй *м*
Kobra ['ko:bra] <-s> *f* кóбра *ж*
Koch [kɔx] <-(e)s, Köche> *m* пóвар *м;* **Hunger ist der beste ~** гóлод – лýчший пóвар
Kochbuch <-(e)s, -bücher> *nt* povárенная кни́га *ж*
kochen ['kɔxən] **I.** *vi* **1.** *(Wasser)* кипéть, вскипéть *св;* **vor Wut ~** *fig* кипéть от злóсти; **etw zum Kochen bringen** вскипяти́ть что-л.; **er kocht vor Wut** он крáсный от злóсти **2.** *(Essen)* вари́ться, свари́ться *св* **II.** *vt* **1.** *(Kaffee)* вари́ть, свари́ть *св* **2.** *(Essen)* готóвить, сготóвить *св;* **hart/weich gekocht** *(Ei)* вкрутýю/всмя́тку
kochend *adj* кипýчий
Kocher <-s, -> *m (Campingkocher)* при́мус *м,* пли́тка *ж*
Köcher <-s, -> *m* колчáн *м*
Kochgelegenheit *f* **ein Zimmer mit ~** кóмната с кýхонной ни́шей
Köchin ['kllçɪn] <-, -nen> *f* повари́ха *ж*
Kochkunst *f ohne pl* кулинари́я *ж*
Kochlöffel <-s, -> *m* поварскáя лóжка *ж*
Kochplatte <-, -n> *f* электри́ческая комфóрка *ж*
Kochsalz <-es> *nt* повáренная соль *ж*
Kochsalzlösung <-, -en> *f* раствóр *м* сóли
Kochtopf <-(e)s, -töpfe> *m* кастрю́ля *ж*
Kochwäsche <-> *f бельё, котóрое мóжно кипяти́ть*
Köder ['kœ:dɐ] <-s, -> *m* примáнка *ж*
ködern *vt* примáнивать, -ни́ть *св; fig* завлекáть, -влéчь *св;* **sich ~ lassen** *fig* дать себя́ замани́ть
kodieren *vt* коди́ровать, закоди́ровать *св*
Kodierung <-, -en> *f* кодирóвка *ж*
Koeffizient <-en, -en> *m* коэффициéнт *м*
Koffein [kɔfe'i:n] <-s> *nt* кофеи́н *м*
koffeinfrei *adj* без содержáния кофеи́на, не содержáщий кофеи́на
koffeinhaltig *adj* содержáщий кофеи́н
Koffer ['kɔfɐ] <-s, -> *m* чемодáн *м;* **die ~ packen** паковáть чемодáны; **aus dem ~ leben** всё врéмя быть в разъéздах; **die ~ auspacken** разобрáть чемодáн
Kofferkuli <-s, -s> *m телéжка для перевóзки чемодáнов на террито́рии вокзáла*
Kofferradio <-s, -s> *nt* портати́вный радиоприёмник *м*
Kofferraum <-(e)s, -räume> *m* багáжник *м*
Kofferraumdeckel <-s, -> *m* кры́шка *ж* багáжника
Kognak ['kɔnjak] <-s, -s> *m* коня́к *м*
kohärent [kohɛ'rɛnt] *adj* свя́зный
Kohäsion <-> *f* PHYS когéзия *ж,* сцеплéние *ср*
Kohl [ko:l] <-(e)s> *m* **1.** *(Gemüse)* капýста *ж* **2.** *umg (Unsinn)* вздор *м;* **das macht den ~ auch nicht mehr fett** *umg* от э́того мáло рáдости
Kohldampf *m* си́льный гóлод *м;* **~ haben** *(Hunger haben)* быть голóдным
Kohle ['ko:lə] <-, -n> *f* **1.** *(Steinkohle)* кáменный ýголь *м* **2.** *(Brennmaterial für Öfen, Herde)* ýголь *м;* **wie auf glühenden ~n sitzen** *umg* сидéть как на ýглях **3.** *umg (Geld)* бáбки *мн*
Kohlehydrat *nt* углевóд *м*
Kohlenabbau <-s> *m* добы́ча *ж* угля́
Kohlendioxid <-(e)s> *nt* диокси́д *м* углерóда
Kohlenflöz <-es, -e> *nt* ýгольный пласт *м*
Kohlenhydrat <-(e)s> *nt* углевóды *мн*
Kohlenkeller <-, -n> *f* подвáл *м* для хранéния угля́
Kohlensäure <-> *f* углекислотá *ж;* **Mineralwasser mit ~** минерáльная газирóванная водá, газирóвка *ж*
kohlensäurehaltig *adj* газирóванная, с гáзами; **dieses Mineralwasser ist nicht ~** э́та минерáльная водá без гáза
Kohlenstoff <-(e)s> *m* углерóд *м*
Kohlenvorkommen <-s, -> *nt* зáлежи *мн* угля́
Kohlenwasserstoff <-(e)s> *m* углеводорóд *м*
Kohlepapier <-s> *nt* копировáльная бумáга *ж*

Kohletablette *f* углеро́дная табле́тка *ж*
Kohlmeise <-, -n> *f* больша́я сини́ца *ж*
kohlrabenschwarz *adj umg* чёрный как у́голь
Kohlrabi [koːlˈraːbi] <-(s), -(s)> *m* кольра́би *ж*
Kohlroulade <-, -n> *f* голубе́ц *м*
Kohlweißling <-s, -e> *m* капу́стница *ж*
Koitus [ˈkoːitʊs] <-> *m* совокупле́ние *ср;* **~ interruptus** пре́рванное полово́е сноше́ние
Koje [ˈkoːjə] <-, -n> *f (Bett)* ко́йка *ж;* **sich in die ~ hauen** *umg* упа́сть в ко́йку
Kojote <-n, -n> *m* койо́т *м*
Kokain [kokaˈiːn] <-s> *nt* кокаи́н *м*
kokett [koˈkɛt] *adj* коке́тливый
kokettieren [kokɛˈtiːrən] *vi* коке́тничать *нсв*
Kokosnuss^RR <-, -nüsse> *f* коко́совый оре́х *м*
Koks[1] [koːks] <-es> *m (Brennstoff)* кокс *м*
Koks[2] [koːks] <-es> *m umg (Kokain)* кокаи́н *м*
Kola <-> *f fam* ко́ла *ж*
Kolchose [kɔlˈçoːzə] <-, -n> *f* колхо́з *м*
Kolibri [ˈkoːlibri] <-s, -s> *m* коли́бри *м*
Kolik [ˈkoːlɪk, koˈliːk] <-, -en> *f* ко́лики *мн*
Kollaps [ˈkɔlaps] <-es, -e> *m* колла́пс *м*
Kollege [kɔˈleːgə] <-n, -n> *m* **1.** *(allg)* колле́га *м* **2.** *(am Arbeitsplatz)* сослужи́вец *м,* колле́га *м*
kollegial [kɔleˈgi̯aːl] *adj* коллегиа́льный; *(hilfsbereit)* това́рищеский
Kollegin [kɔˈleːgɪn] <-, -nen> *f* колле́га *ж*
Kollegium [kɔˈleːgiʊm] <-s, Kollegien> *nt (Lehrer, Ärzte)* колле́гия *ж*
Kollekte [kɔˈlɛktə] <-, -n> *f сбор поже́ртвований во вре́мя и́ли по́сле богослуже́ния*
Kollektion [kɔlɛkˈtsi̯oːn] <-en> *f* колле́кция *ж*
kollektiv [kɔlɛkˈtiːf] *adj* коллекти́вный
Kollektiv [kɔlɛkˈtiːf] <-(e)s, -e> *nt* коллекти́в *м*
Kollektiveigentum <-(e)s> *nt* коллекти́вная со́бственность *ж*
Koller [ˈkɔlɐ] <-s, -> *m fam (Wutausbruch)* при́ступ *м* я́рости; **ich kriegte/hatte einen ~** у меня́ был при́ступ я́рости
kollidieren [kɔliˈdiːrən] *vi* ста́лкиваться, столкну́ться *св; (zeitlich)* совпада́ть, -па́сть *св*
Kollision [kɔliˈzi̯oːn] <-, -en> *f* колли́зия *ж; (zwischen Autos)* столкнове́ние *ср; (zeitlich)* совпаде́ние *ср*
Kollokation <-, -en> *f* LING коллока́ция *ж*
Köln [kœln] <-s> *nt* Кёльн *м*
Kolonialherrschaft <-> *f* колониа́льное госпо́дство *ср*
Kolonialismus [koloni̯aˈlɪsmʊs] <-> *m* колониали́зм *м*
Kolonialmacht <-, -mächte> *f* колониа́льная держа́ва *ж*
Kolonie [koloˈniː] <-, -n> *f* коло́ния *ж*
Kolonisation [kolonizaˈtsi̯oːn] <-, -en> *f* колониза́ция *ж*
kolonisieren [koloniˈziːrən] *vt* колонизи́ровать
Kolonne [koˈlɔnə] <-, -n> *f* коло́нна *ж; (von Arbeitern)* коло́нна *ж,* гру́ппа *ж*
kolorieren [koloˈriːrən] *vt* раскра́шивать, -кра́сить *св*
Koloß^Alt [koˈlɔs] <-losses, -losse> *m,* **Koloss**^RR [koˈlɔs] <-es, -e> *m* коло́сс *м,* велика́н *м*
kolossal [kolɔˈsaːl] **I.** *adj* колосса́льный; *umg (sehr groß)* гига́нтский **II.** *adv* грандио́зно
Kolumbianer(in) [koˈlʊmbiaːnɐ] <-s, -> *m(f)* колумби́ец *м,* колумби́йка *ж*
kolumbianisch [kolʊmˈbjaːnɪʃ] *adj* колумби́йский
Kolumbien [koˈlʊmbiən] <-> *nt* Колу́мбия *ж*
Kolumne [koˈlʊmnə] <-, -n> *g* полоса́ *ж,* коло́нка *ж*
Koma [ˈkoːma] <-s, -s/-ta> *nt* ко́ма *ж;* **im ~ liegen** лежа́ть в ко́ме
Kombi [ˈkɔmbi] <-s, -s> *m fam* ко́мби *ср*
Kombination [kɔmbinaˈtsi̯oːn] <-, -en> *f* **1.** *(Verbindung)* соедине́ние *ср,* комбина́ция *ж* **2.** *(Schach)* комбина́ция *ж* **3.** *(von Kleidung)* сочета́ние *ср,* комбина́ция *ж*
kombinieren [kɔmbiˈniːrən] *vt* комбини́ровать, скомбини́ровать *св*
Kombiwagen <-s, -wägen> *m* автомоби́ль *м* „ко́мби"
Kombüse [kɔmˈbyːzə] <-n> *f* NAUT ка́мбуз *м*
Komet [koˈmeːt] <-en, -en> *m* коме́та *ж*
Kometenschweif <-(e)s, -e> *m* хвост *м* коме́ты
Komfort [kɔmˈfoːɐ] <-s> *m* **1.** *(Luxus)* комфо́рт *м* **2.** *(Bequemlichkeiten)* удо́бства *срмн*
komfortabel [kɔmfɔrˈtaːbəl] *adj* **1.** *(mit Komfort)* комфорта́бельный **2.** *(bequem)* удо́бный
Komik [ˈkoːmɪk] <-> *f* коми́зм *м,* коми́чность *ж;* **unfreiwillige ~** нево́льная коми́чность
Komiker(in) [ˈkoːmikɐ] <-s, -> *m(f)* ко́мик *м*
komisch *adj* **1.** *(spaßig, lächerlich)* коми́чный, заба́вный; **etw irrsinnig ~ finden** находи́ть что-л. ужа́сно заба́вным; **eine ~e Figur machen** име́ть коми́чный вид **2.** *(merkwürdig)* стра́нный; **das kommt mir ~ vor** мне э́то ка́жется стра́нным
komischerweise [ˈkoːmɪʃɐˈvaɪzə] *adv* стра́нным о́бразом
Komitee [komiˈteː, kɔmiˈteː] <-s, -s> *nt* комите́т *м*
Komma [ˈkɔma] <-s, -s/-ta> *nt* запята́я *ж;* **ein~ setzen** поста́вить запяту́ю
Kommandant(in) [kɔmanˈdant] <-en, -en> *m(f)* коменда́нт *м*

K

Kommandeur(in) <-s, -e> *m(f)* команди́р *м*
kommandieren [kɔman'di:rən] **I.** *vt* **1.** *(Truppen)* кома́ндовать *нсв* **2.** *(entsenden)* командирова́ть *нсв/св* **II.** *vi* **1.** *(Kommandeur sein)* быть команди́ром *нсв* **2.** *(Befehle erteilen)* дава́ть, дать *св* прика́з **3.** *(befehlen)* прика́зывать, -за́ть *св,* кома́ндовать, скома́ндовать *св*
Kommanditgesellschaft [kɔman 'di:tgəzɛlʃaft] <-, -en> *f* коммандитное това́рищество *ср*
Kommando [kɔ'mando] <-s, -s> *nt* **1.** *(Befehl)* кома́нда *ж,* прика́з *м;* **auf ~** по кома́нде **2.** *(Befehlsgewalt)* кома́ндование *ср* **3.** MIL *(Abteilung)* кома́нда *ж*
kommen ['kɔmən] <kam, gekommen> *vi* **1.** *(allg)* приходи́ть, прийти́ *св,* идти́ *нсв* (сюда́) **2.** *(ankommen)* прибыва́ть, -бы́ть *св,* приходи́ть, прийти́ *св* **3.** *(herkommen)* быть *нсв* ро́дом **4.** *(von der Arbeit)* приходи́ть, прийти́, возвраща́ться, верну́ться *св* **5.** *(gelangen, hinkommen)* попада́ть, -па́сть *св,* проходи́ть, пройти́ *св;* **wie komme ich hier zum Bahnhof?** как мне попа́сть на вокза́л?; **von der Arbeit ~** возвраща́ться/придти́ с рабо́ты; **aus Deutschland ~** прие́хать из Герма́нии, *(stammen)* быть ро́дом из Герма́нии; **der nächste Zug kommt in einer halben Stunde** сле́дующий по́езд прибу́дет че́рез полчаса́; **ich komme gleich** я сейча́с приду́; **kommst du?** ты идёшь?; **auf etw zu sprechen ~** заговори́ть о чём-л.; **auf einen Gedanken ~** прийти́ к мы́сли; **auf jdn nichts ~ lassen** не дава́ть сказа́ть о ко́м-л. дурно́го сло́ва; **komme, was da wolle** будь, что бу́дет; **wie kommt es, dass ...** как получи́лось, что ...; **wer kommt als nächstes?** кто сле́дующий?; **so musste es ~** так и должно́ было случи́ться; **los, komm' schon!** ну, дава́й!; **das kommt mir sehr gelegen** э́то для меня́ о́чень кста́ти; **komm' mir doch nicht schon wieder damit!** не пристава́й ко мне с э́тим сно́ва!; **einen Arzt ~ lassen** вы́звать врача́; **auf seine Kosten ~** окупи́ть свои расхо́ды; **in die Schule ~** идти́ в шко́лу; **ums Leben ~** поги́бнуть; **hinter etw ~** разгада́ть что-л.; **zu etw ~** прийти́ к чему́-л.; **ich bin noch nicht dazu gekommen** я ещё до э́того не дошёл; **zu sich ~** прийти́ в себя́; **zu spät ~** опозда́ть; **da kommt er ja!** вот он идёт!; **ich komme schon** уже́ иду́; **gut, dass du kommst** хорошо́, что ты пришёл; **wie komme ich nach ...?** как мне пройти́/прое́хать к ...?; **nicht von der Stelle ~** не сдви́нуться с ме́ста; **in die Schule ~** пойти́ в шко́лу; **ins Krankenhaus ~** попа́сть в больни́цу; **das kommt mir wie gerufen** э́того мне как раз не хвата́ло; **wieder zu sich ~** прийти́ в себя́; **zu Wort ~** взять сло́во; **auf die Welt ~** появи́ться на свет; **sie kamen sich näher** они́ сбли́зились
kommend *adj* иду́щий, гряду́щий; *(zukünftig)* бу́дущий; **kommende Woche** на бу́дущей неде́ле
Kommentar [kɔmɛn'ta:ɐ] <-s, -e> *m* коммента́рий *м;* **kein ~!** без коммента́риев!
kommentarlos *adv* без коммента́риев
Kommentator(in) [kɔmɛn'ta:to:ɐ] <-s, -en> *m(f)* коммента́тор *м*
kommentieren [kɔmɛn'ti:rən] *vt* комменти́ровать *(н)св,* про- *св*
Kommerz <-> *m* торго́вля *ж,* комме́рция *ж*
kommerziell [kɔmɛr'ts̮i̯ɛl] *adj* комме́рческий
Kommilitone [kɔmili'to:nə] <-n, -n> *m* соку́рсник *м,* това́рищ *м*
Kommilitonin [kɔmili'to:nɪn] <-, -nen> *f* соку́рсница *ж*
Kommissar(in) [kɔmɪ'sa:ɐ] <-s, -e> *m(f)* комисса́р *м*
Kommissär [kɔmɪ'sɛ:ɐ] <-s, -e> *m CH, österr (Kommissar)* комисса́р *м*
kommissarisch [kɔmɪ'sa:rɪʃ] *adj (vorübergehend)* вре́менный; **der ~e Leiter einer Dienststelle** исполня́ющий обя́занности руководи́теля учрежде́ния
Kommission [kɔmɪ'si̯o:n] <-, -en> *f* коми́ссия *ж;* **etw in ~ geben** сдава́ть что-л. на коми́ссию
Kommode [kɔ'mo:də] <-, -n> *f* комо́д *м*
Kommunalpolitik <-> *f* коммуна́льная поли́тика *ж*
Kommunalpolitiker(in) <-s, -> *m(f)* де́ятель *м* о́рганов ме́стного самоуправле́ния
Kommunalsteuern <-> *pl* коммуна́льный нало́г *м*
Kommunalwahl <-, -en> *f* коммуна́льные вы́боры *мн*
Kommune [kɔ'mu:nə] <-, -n> *f* **1.** *(Gemeinde, Ortschaft)* общи́на *ж* **2.** *(Wohngemeinschaft)* комму́на *ж*
Kommunikation [kɔmunika'ts̮i̯o:n] <-, -en> *f* коммуника́ция *ж*
kommunikativ *adj* **1.** *(die Kommunikation betreffend)* коммуникацио́нный **2.** *(mitteilsam)* общи́тельный
KommunikeeRR <-s, -s> *nt s.* **Kommuniqué**
Kommunion [kɔmu'ni̯o:n] <-, -en> *f* прича́стие *ср*
Kommuniqué <-s, -s> *nt* POL, ADM коммюнике́ *ср*
Kommunismus [kɔmu'nɪsmʊs] <-> *m* коммуни́зм *м*
Kommunist(in) [kɔmu'nɪst] <-en, -en> *m(f)* коммуни́ст *м,* коммуни́стка *ж*
kommunistisch *adj* коммунисти́ческий; **das Kommunistische Manifest** Коммунисти́ческий манифе́ст *м*

kommunizieren *vi* **1.** *(in Verbindung stehen)* сообща́ться *нсв* **2.** *geh (sich verständigen)* обща́ться *нсв;* **mit jdm ~** обща́ться с ке́м-л. **3.** REL *(zur Kommunion gehen)* причаща́ться, -части́ться *св*

Komödiant(in) [komœ'di̯ant] <-en, -en> *m(f)* комедиа́нт *м,* комедиа́нтка *ж*

Komödie [ko'mœːdi̯ə] <-, -n> *f* THEAT коме́дия *ж;* **~ spielen** *fig* разы́грывать коме́дию

Kompagnon ['kɔmpanjɔŋ, kɔmpan'jɔ̃ː] <-s, -s> *m* компаньо́н *м*

kompakt [kɔm'pakt] *adj* компа́ктный

Kompanie [kɔmpa'niː] <-, -n> *f* ро́та *ж*

Komparativ ['kɔmparatiːf] <-s, -e> *m* LING сравни́тельная сте́пень *ж*

Kompass[RR] ['kɔmpas] <-es, -e> *m,* **Kompaß**[Alt] ['kɔmpas] <-sses, -sse> *m* ко́мпас *м;* **nach dem ~ marschieren** идти́ по ко́мпасу

kompatibel [kɔmpa'tiːbəl] *adj* DV совмести́мый

Kompatibilität [kɔmpatibili'tɛːt] <-> *f* совмести́мость *ж*

Kompensation [kɔmpɛnza'tsi̯oːn] <-, -en> *f* компенса́ция *ж*

Kompensationsgeschäft <-(e)s, -e> *nt* компенсацио́нная сде́лка *ж*

kompensieren [kɔmpɛn'ziːrən] *vt* компенси́ровать *(н)св,* возмеща́ть, -мести́ть *св*

kompetent [kɔmpe'tɛnt] *adj* **1.** *(sachverständig, befähigt)* компете́нтный, све́дущий **2.** *(zuständig, befugt)* компете́нтный

Kompetenz[1] [kɔmpe'tɛnts] <-> *f (Sachverstand, Fähigkeit)* компете́нтность *ж;* **fachliche ~** профессиона́льная компете́нтность

Kompetenz[2] [kɔmpe'tɛnts] <-, -en> *f* JUR *(Zuständigkeit)* компете́нция *ж,* полномо́чия *мн;* **seine ~en überschreiten** превы́сить свои́ полномо́чия

Kompetenzbereich <-(e)s, -e> *m* сфе́ра *ж* компете́нции

Kompetenzüberschreitung <-, -en> *f* превыше́ние *ср* полномо́чий

komplett [kɔm'plɛt] *adj* компле́ктный, по́лный

komplex [kɔm'plɛks] *adj* ко́мплексный

Komplex [kɔm'plɛks] <-en, -e> *m* ко́мплекс *м;* **~e haben** име́ть ко́мплексы

Komplexität [kɔmplɛksi'tɛːt] <-> *f* ко́мплексность *ж*

Komplikation [kɔmplika'tsi̯oːn] <-, -en> *f* MED осложне́ние *ср*

Kompliment [kɔmpli'mɛnt] <-(e)s, -e> *nt* комплиме́нт *м;* **jdm für etw ~e machen** сде́лать кому́-л. за что-л. комплиме́нт; **mein ~!** мой комплиме́нты!; **jdm Komplimente machen** де́лать кому́-л. комплиме́нты

Komplize [kɔm'pliːtsə] <-n, -n> *m* соо́бщник *м*

komplizieren [kɔmpli'tsi̯iːrən] **I.** *vt* усложня́ть **II.** *vr* **sich ~** усложня́ться

kompliziert [kɔmpli'tsiːɐt] *adj* сло́жный

Komplizin [kɔm'pliːtsɪn] <-, -nen> *f* соо́бщница *ж*

Komplott [kɔm'plɔt] <-(e)s, -e> *nt* за́говор *м;* **ein ~ schmieden** гото́вить за́говор

Komponente [kɔmpo'nɛntə] <-, -n> *f* **1.** *(Bestandteil)* компоне́нт *м,* составна́я часть *ж* **2.** *(Teilkraft)* составля́ющая *ж*

komponieren [kɔmpo'niːrən] *vt* **1.** *(Musik)* сочиня́ть, -ни́ть *св* **2.** *(Farben)* компонова́ть, скомпонова́ть *св*

Komponist(in) [kɔmpo'nɪst] <-en, -en> *m(f)* компози́тор *м*

Komposition [kɔmpozi'tsjoːn] <-, -en> *f* **1.** MUS музыка́льное произведе́ние *ср* **2.** *geh (eines Romans)* построе́ние *ср* **3.** *(eines Parfums)* компози́ция *ж*

Kompositum [kɔm'poːzitʊm] <-s, komposita> *nt* LING сло́жное сло́во *ср*

Kompost [kɔm'pɔst] <-(e)s, -e> *m* компо́ст *м*

kompostierbar *adj* приго́дный для компо́ста

Kompostierung [kɔm'pɔstiːrʊŋ] <-> *f* компости́рование *ср*

Kompott [kɔm'pɔt] <-(e)s, -e> *nt* компо́т *м*

Kompresse [kɔm'prɛsə] <-, -n> *f* компре́сс *м*

Kompression <-> *f* компре́ссия *ж*

Kompressor [kɔm'prɛsoːɐ̯, kɔmprɛ'soːrən] <-s, -en> *m* компре́ссор *м*

Komprimierung <-, -en> *f* DV упако́вка *ж*

Kompromiss[RR] [kɔmpro'mɪs] <-es, -e> *m,* **Kompromiß**[Alt] <-misses, -misse> *m* компроми́сс *м;* **einen ~ schließen** приня́ть компроми́ссное реше́ние

kompromissbereit[RR] *adj* гото́вый к компроми́ссу

Kompromisslösung[RR] <-, -en> *f* компроми́ссное реше́ние *ср*

Kompromissvorschlag[RR] <-(e)s, -vorschläge> *m* компроми́ссное предложе́ние *ср*

kompromittieren [kɔmpromɪ'tiːrən] *vt, vr* компромети́ровать, скомпромети́ровать *св*

kondensieren [kɔndɛn'ziːrən] *vt* конденси́ровать *(н)св*

Kondensmilch [kɔn'dɛnsmɪlç] <-> *f* сгущённое молоко́ *ср*

Kondensstreifen <-s, -> *m* конденсацио́нный след *м*

Kondenswasser <-s> *nt* конденса́т *м*

Kondition [kɔndi'tsi̯oːn] <-, -en> *f* **1.** *kein pl* SPORT физи́ческая фо́рма *ж* **2.** *(Bedingung)* усло́вие *ср*

Konditional <-s, -e> *m* усло́вное наклоне́ние *ср*

Konditionalsatz [kɔnditsi̯o'naːlzats] *m* LING усло́вное предложе́ние *ср*

K

Konditionstraining [kɔndiˈtsi̯oːnstrɛːnɪŋ] <-s> *nt* общая физи́ческая подгото́вка *ж*
Konditor(in) [kɔnˈdiːtoːɐ] <-s, -en> *m(f)* конди́тер *м*
Konditorei [kɔnditoˈraɪ] <-, -en> *f* конди́терская *ж*
Kondolenz <-en> *f* соболе́знования *мн*
Kondolenzschreiben *nt* соболезнова́тельная откры́тка *ж*
kondolieren *vi (jdm sein Beileid aussprechen)* выража́ть, вы́разить *св* соболе́знования
Kondom [kɔnˈdoːm] <-s, -e> *nt* презервати́в *м*
Kondor <-s, -e> *m* орёл *м*
Kondukteur [kɔndʊkˈtøːɐ̯] <-s, -e> *m CH (Schaffner)* конду́ктор *м*, проводни́к *м* (по́езда)
Konfekt [kɔnˈfɛkt] <-(e)s, -e> *nt* конфе́ты *мн*
Konfektion [kɔnfɛkˈtsi̯oːn] <-en> *f* **1.** *(Herstellung)* произво́дство *ср* гото́вого пла́тья **2.** *(Kleidung)* гото́вое пла́тье *ср*, гото́вая оде́жда *ж*
Konfektionsgröße <-, -n> *f* разме́р *м* оде́жды
Konferenz [kɔnfeˈrɛnts] <-, -en> *f* конфере́нция *ж; (Zusammenkunft)* заседа́ние *ср*, собра́ние *ср;* **eine ~ abhalten** проводи́ть собра́ние
Konferenzraum <-(e)s, -räume> *m* конфере́нц-за́л *м*
Konferenzsaal *m* конфере́нц-зал *м*
Konfession [kɔnfɛˈsi̯oːn] <-, -en> *f* вероиспове́дание *ср;* **einer ~ angehören** испове́довать каку́ю-л. рели́гию
konfessionell [kɔnfɛsjoˈnɛl] *adj* конфессиона́льный
konfessionslos *adj* не принадлежа́щий ни к како́му вероиспове́данию
Konfetti [kɔnˈfɛti] <-(s)> *nt* конфетти́ *ср*
Konfiguration [kɔnfiguraˈtsioːn] <-, -en> *f* конфигура́ция *ж*
Konfirmand(in) [kɔnfɪrˈmant] <-en, -en> *m(f)* конфирма́нд *м*, конфирму́ющийся *м*, конфирму́ющаяся *ж*
Konfirmation [kɔnfɪrmaˈtsi̯oːn] <-> *f* конфирма́ция *ж*
konfirmieren [kɔnfɪrˈmiːrən] *vt* конфирмова́ть *(н)св*
konfiszieren [kɔnfɪsˈtsi̯iːrən] *vt* конфискова́ть *(н)св*
Konfitüre [kɔnfiˈtyːrə] <-, -n> *f* конфитю́р *м*
Konflikt [kɔnˈflɪkt] <-(e)s, -e> *m* конфли́кт *м*
Konfliktlösung <-, -en> *f* разреше́ние *ср* конфли́кта
Konfliktpartei <-, -en> *f* конфликту́ющая сторона́ *ж*
konform [kɔnˈfɔrm] *adj* одина́ковый, совпада́ющий; **mit jds Ansichten ~ gehen** быть одного́ мне́ния с ке́м-л.
Konformismus <-> *m geh* конформи́зм *м*
Konfrontation [kɔnfrɔntaˈtsi̯oːn] <-, -en> *f* конфронта́ция *ж*
konfrontieren [kɔnfrɔnˈtiːrən] *vt* ста́лкиваться, столкну́ться *св*
konfus [kɔnˈfuːs] *adj* смущённый, растéрянный; **~es Zeug reden** говори́ть непоня́тно что
Konfusion [kɔnfuˈzi̯oːn] <-, -en> *f* замеша́тельство *ср*
kongenial *adj* конгениа́льный
Konglomerat <-(e)s, -e> *nt* конгломера́т *м*
Kongress[RR] [kɔnˈgrɛs] <-es, -e> *m*, **Kongreß**[Alt] [kɔnˈgrɛs] <-sses, -sse> *m* **1.** POL парла́мент *м* **2.** *(Fachtagung)* конгре́сс *м*
Kongresshalle *f* зал *м* конгре́сса
Kongressteilnehmer(in) <-s, -> *m(f)* уча́стник *м* конгре́сса
Kongresszentrum <-s, -zentren> *nt ко́мплекс сооруже́ний для проведе́ния конгре́ссов*
kongruent [kɔngruˈɛnt] *adj* MATH конгруэ́нтный
Kongruenz <-, -en> *f* MATH конгруэ́нция *ж*
König(in) [ˈkøːnɪç] <-s, -e> *m(f)* коро́ль *м*, короле́ва *ж*
königlich [køːnɪklɪç] *adj* короле́вский; **sich ~ amüsieren** весели́ться вовсю́
Königreich <-(e)s, -e> *nt* короле́вство *ср*
konisch *adj* кони́ческий
Konjugation [kɔnjugaˈtsi̯oːn] <-, -en> *f* LING спряже́ние *ср*
konjugieren [kɔnjuˈgiːrən] *vt* LING спряга́ть, про- *св*
Konjunktion [kɔnjʊŋkˈtsjoːn] <-, -en> *f* LING сою́з *м*
Konjunktiv [ˈkɔnjʊŋktiːf] <-s, -e> *m* LING конъюнкти́в *м*, сослага́тельное наклоне́ние *ср*
Konjunktur [kɔnjʊŋkˈtuːɐ] <-, -en> *f (Wirtschaftslage)* экономи́ческое положе́ние *ср*, конъюнкту́ра *ж;* **die ~ beleben** оживля́ть конъюнкту́ру; **die ~ dämpfen** сде́рживать конъюнкту́ру; **günstige ~** благоприя́тная конъюнкту́ра; **stabile ~** усто́йчивая конъюнкту́ра; **steigende ~** улучша́ющаяся конъюнкту́ра
Konjunkturabschwung <-> *m* паде́ние *ср* конъюнкту́ры
Konjunkturaufschwung <-(e)s, -aufschwünge> *m* повыше́ние *ср* конъюнкту́ры
konjunkturbedingt *adj* обусло́вленный конъюнкту́рой
Konjunkturbelebung <-, -en> *f* оживле́ние *ср* конъюнкту́ры
Konjunktureinbruch <-(e)s, -einbrüche> *m* ре́зкое паде́ние *ср* конъюнкту́ры
konjunkturell [kɔnjʊŋktuˈrɛl] *adj* конъюнкту́рный; **~ bedingt** обусло́вленный

конъюнктýрой

Konjunkturlage <-, -n> *f* состоя́ние *ср* конъюнктýры

Konjunkturschwankung <-, -en> *f* колеба́ние *ср* конъюнктýры

Konjunkturtief <-s, -s> *nt* ни́зкая конъюнктýра *ж*

konkav [kɔn'ka:f] *adj (nach innen gewölbt)* вóгнутый

konkret [kɔn'kre:t] *adj* конкре́тный

Konkurrent(in) [kɔŋkʊ'rɛnt] <-en, -en> *m(f)* **1.** ÖKON конкуре́нт *м*, конкуре́нтка *ж* **2.** *(Rivale)* сопе́рник *м*, сопе́рница *ж*

Konkurrenz [kɔŋkʊ'rɛnts] <-> *f* **1.** ÖKON *(Wettbewerb)* конкуре́нция *ж;* **die ~ ausschalten** исключи́ть конкуре́нцию; **harte ~** жёсткая конкуре́нция; **scharfe ~** óстрая конкуре́нция; **die ~ vom Markt verdrängen** вы́теснить конкуре́нта с ры́нка **2.** *(Rivalität)* сопе́рничество *ср* **3.** *(die Konkurrenten)* конкуре́нция *ж;* **jdm ~ machen** конкури́ровать с ке́м-л.; **außer ~** вне конкуре́нции

Konkurrenzanalyse <-, -n> *f* ана́лиз *м* конкуре́нции

Konkurrenzangebot <-(e)s, -e> *nt* конкуре́нтное предложе́ние *ср*

Konkurrenzdruck <-(e)s> *m* давле́ние *ср* конкуре́нции

konkurrenzfähig *adj* конкурентоспосóбный

Konkurrenzfähigkeit <-> *f* конкурентоспосóбность *ж*

Konkurrenzkampf *m* конкуре́нтная борьба́ *ж*

konkurrenzlos *adj* вне конкуре́нции, вне кóнкурса

Konkurrenzprodukt <-(e)s, -e> *nt* конкури́рующее изде́лие *ср*

Konkurrenzunternehmen <-s, -> *nt* конкури́рующее предприя́тие *ср*

konkurrieren [kɔnkʊ'ri:rən] *vi* конкури́ровать *нсв*, сопе́рничать *нсв*

Konkurs [kɔŋ'kʊrs] <-es, -e> *m* банкрóтство *ср;* **den ~ abwenden** предотвраща́ть банкрóтство; **~ anmelden** объяви́ть о банкрóтстве; **~ eröffnen** открыва́ть кóнкурсное производство; **in ~ geraten** обанкрóтиться

Konkurseröffnung <-, -en> *f* откры́тие *ж* кóнкурса

konkursgefährdet *adv* находя́щийся под угрóзой банкрóтства

Konkursgläubiger <-s, -> *m* кóнкурсный кредитóр *м*

Konkursmasse <-, -n> *f* кóнкурсная ма́сса *ж*

Konkursverfahren <-s, -> *nt* кóнкурсное производство *ср*

können ['kœnən] <konnte, gekonnt> **I.** *vt* **1.** *(vermögen)* мочь, смочь *св*, быть *нсв* в состоя́нии; **kann ich etwas für Sie tun?** чем могý быть полéзен?; **~ Sie mir sagen, wie spät es ist?** прости́те, котóрый час?; **wer kann das gewesen sein?** кто бы э́то мог быть?; **das hätte ich dir gleich sagen ~!** э́то я мог тебé сра́зу сказа́ть!; **er kann einem Leid tun** *fam* мне жаль егó; **das kann nicht sein** э́того не мóжет быть; **das kann passieren** э́то случа́ется **2.** *(beherrschen, verstehen)* умéть, сумéть *св*, знать *нсв* **3.** *(dürfen)* мочь, смочь *св;* **kann ich jetzt gehen?** могý я тепéрь идти́?; **er kann gut Russisch** он хорошó зна́ет рýсский; **Auto fahren ~** умéть води́ть маши́ну; **kannst du mir eine Antwort geben?** ты мóжешь мне дать отвéт?; **jdm etw erklären ~** умéть объясни́ть комý-л. что-л.; **kann ich das Fenster öffnen?** мóгу я откры́ть окнó?; **jd kann nichts dafür** ктó-л. ни при чём; **das kann nicht wahr sein!** э́того не мóжет быть!; **das kann schon sein** э́то вполнé мóжет быть; **du kannst mich mal!** *vulg* поцелу́й меня́ в за́дницу! **II.** *vi* мочь, смочь *св;* **nicht mehr ~** не мочь бóльше

Können <-s> *nt* **1.** *(Fähigkeit)* умéние *ср* **2.** *(Kenntnisse)* зна́ние *ср*

Könner(in) <-s, -> *m(f)* специали́ст *м*, специали́стка *ж*, умéлец *м*, умéлица *ж*

Konnotation <-, -en> *f* LING коннота́ция *ж*

konnte ['kɔntə] *prät von* **können**

Konsekutivdolmetschen [kɔnzeku'ti:f-] <-s> *nt* послéдовательный перевóд *м*

Konsekutivsatz [kɔnzeku'ti:fzats] *m* LING прида́точное предложéние *ср* слéдствия

Konsens [kɔn'zɛns] <-es> *m (Zustimmung)* согла́сие *ср*, консéнсус *м*

konsequent [kɔnze'kvɛnt] *adj* послéдовательный; **etw ~ einhalten** послéдовательно соблюда́ть что-л.

Konsequenz [kɔnze'kvɛnts] <-, -en> *f* **1.** *(Folgerichtigkeit)* послéдовательность *ж* **2.** *(Härte, Strenge)* упóрство *ср*, твёрдость *ж* **3.** *(Folge)* слéдствие *ср*, послéдствие *ср;* **ernste ~en haben** имéть серьёзные послéдствия; **aus etw die ~en ziehen** сдéлать вы́воды из чегó-л.; **die Konsequenzen tragen** понести́ послéдствия

konservativ ['kɔnzɛrvati:f] *adj* консервати́вный

Konserve [kɔn'zɛrvə] <-, -n> *f (Konservenbüchse)* ба́нка *ж* консéрвов; **von ~n leben** пита́ться консéрвами

Konservenbüchse <-, -n> *f* консéрвная ба́нка *ж*

Konservendose *f* консéрвная ба́нка *ж*

konservieren [kɔnzɛr'vi:rən] *vt* консерви́ровать, за- *св*

Konservierung <-en> *f* консерви́рование *ср*

K

Konservierungsmittel <-s, -> *nt* консерви́рующее сре́дство *ср*, консерва́нт *м*
Konsole [kɔn'zoːlə] <-, -n> *f* консо́ль *ж*
Konsolidierung <-> *f* консолида́ция *ж*
Konsonant [kɔnzo'nant] <-en, -en> *m* согла́сный звук *м*
konsonantisch *adj* консона́нтный
Konsortium [kɔn'zɔrtsiʊm] <-s, konsortien> *nt* консо́рциум *м*
konstant [kɔn'stant] *adj* постоя́нный
Konstante [kɔn'stantə] <-, -n> *f* конста́нта *ж*, постоя́нная величина́ *ж*
Konstellation [kɔnstɛla'ts̮ioːn] <-, -en> *f* 1. *geh (Gesamtlage)* положе́ние *ср* дел; **eine ungünstige politische ~** невы́годная полити́ческая ситуа́ция 2. ASTR положе́ние *ср* звёзд
konsterniert *adj geh* ошеломлённый
Konstitution [kɔnstitu'ts̮ioːn] <-, -en> *f* 1. MED телосложе́ние *ср*, конститу́ция *ж* 2. POL *(Verfassung, Satzung)* конститу́ция *ж*
konstitutionell [kɔnstituts̮io'nɛl] *adj* 1. MED физи́ческий, органи́ческий 2. POL конституцио́нный
konstruieren [kɔnstru'iːrən] *vt (entwerfen)* конструи́ровать, сконструи́ровать *св*
Konstrukt <-(e)s, -e> *nt* рабо́чая гипо́теза *ж*, мысли́тельная констру́кция *ж*
Konstrukteur(in) [kɔnstrʊk'tøːɐ] <-s, -e> *m(f)* констру́ктор *м*
Konstruktion [kɔnstrʊk'ts̮ioːn] <-, -en> *f* 1. *(Entwurf, Bauweise)* констру́кция *ж*, прое́кт *м* 2. *fig* построе́ние *ср*
Konstruktionsfehler <-s, -> *m* конструкти́вный недоста́ток *м*
Konstruktionsmerkmal <-(e)s, -e> *nt* отличи́тельный конструкти́вный при́знак *м*
konstruktiv [kɔnstrʊk'tiːf] *adj* конструкти́вный
Konstruktivismus <-> *m* конструктиви́зм *м*
Konsul(in) ['kɔnzʊl] <-s, -n> *m(f)* ко́нсул *м*
Konsulat [kɔnzu'laːt] <-(e)s, -e> *nt* ко́нсульство *ср*
konsultieren [kɔnzʊl'tiːrən] *vt* консульти́роваться, про- *св*
Konsum [kɔn'zuːm] <-s> *m (Verbrauch)* потребле́ние *ср*
Konsument(in) [kɔnzu'mɛnt] <-en, -en> *m(f)* потреби́тель *м*, потреби́тельница *ж*
Konsumgesellschaft <-, -en> *f* о́бщество *ср* потребле́ния
Konsumgüter *pl* това́ры *мн* широ́кого потребле́ния
Konsumgüterindustrie <-> *f* промы́шленность *ж* това́ров широ́кого потребле́ния
Konsumgütermarkt <-> *m* ры́нок *м* потреби́тельских това́ров
konsumieren [kɔnzu'miːrən] *vt* потребля́ть, -би́ть *св*
konsumorientiert *adj* ориенти́рованный на потребле́ние
Konsumorientiertheit <-> *f* ориента́ция *ж* на потребле́ние
Konsumverhalten <-s> *nt* поведе́ние *ср* [*или* привы́чки *жмн*] потреби́телей
Kontakt [kɔn'takt] <-(e)s, -e> *m* конта́кт *м*; **mit jdm in ~ kommen** войти́ в конта́кт с ке́м-л.; **den ~ herstellen** установи́ть конта́кт; **körperlicher ~** физи́ческий конта́кт; **mit jdm in ~ stehen** находи́ться в связи́ с кем-л.; **wir sollten in ~ bleiben** нам на́до держа́ть связь
Kontaktadresse *f* а́дрес *м*
Kontaktanzeige *f* объявле́ние *ср* знако́мств
kontaktarm *adj* необщи́тельный
Kontaktarmut <-> *f* некоммуника́бельность *ж*
Kontaktaufnahme <-, -n> *f* установле́ние *ср* конта́кта
kontaktfreudig *adj* общи́тельный
kontaktieren *vt* обща́ться *нсв*, контакти́ровать *нсв*
Kontaktlinse <-, -n> *f* конта́ктная ли́нза *ж*
Kontaktperson <-, -en> *f* свя́зник *м*; MED *челове́к, име́вший конта́кт с зара́зным больны́м*
kontern ['kɔntɐn] *vt* контратакова́ть *(н)св*
Kontext ['kɔntɛkst] <-(e)s, -e> *m* 1. LING конте́кст *м* 2. *(Zusammenhang)* конте́кст *м*, связь *ж*
Kontinent ['kɔntinɛnt] <-(e)s, -e> *m* контине́нт *м*, матери́к *м*
Kontinentalklima <-s> *nt* континента́льный кли́мат *м*
Kontingent [kɔntɪŋ'gɛnt] <-(e)s, -e> *nt* 1. ÖKON часть *ж*, до́ля *ж* 2. MIL *(von Truppen)* континге́нт *м*
Kontingentierung <-> *f* континге́нтирование *ср*, установле́ние *ср* континге́нта
kontinuierlich [kɔntinu'iːɐlɪç] *adj* непреры́вный
Kontinuität [kɔntinui'tɛːt] <-> *f* непреры́вность *ж*
Konto ['kɔnto] <-s, Konten> *nt* счёт *м*; **Geld auf ein ~ einzahlen** вноси́ть де́ньги на счёт; **ein ~ eröffnen** открыва́ть счёт; **das geht auf mein ~** *umg (das ist meine Schuld)* э́то моя́ вина́; **etw auf dem ~ haben** *(etw auf dem Gewissen haben)* име́ть что́-то на со́вести; **ein ~ sperren** блоки́ровать счёт; **eine Summe auf ein ~ überweisen** переводи́ть де́ньги на счёт; **einen Betrag auf einem ~ verbuchen** учи́тывать су́мму в счёте; **ein ~ auflösen** закры́ть счет; **das ~ überziehen** превы́сить су́мму
Kontoauszug <-(e)s, -auszüge> *m* выпис-

ка *ж* из счёта
Kontoführungsgebühr <-, -en> *f* пла́та *ж* за веде́ние счёта
Kontoinhaber(in) <-s, -> *m(f)* владе́лец *м*, владе́лица *ж* счёта
Kontonummer <-, -n> *f* но́мер *м* счёта
Kontostand <-(e)s> *m* состоя́ние *ср* счёта
Kontoüberziehung <-, -en> *f* перекры́тие *ср* счёта
Kontovollmacht <-> *f* дове́ренность *ж* на веде́ние счёта
kontra ['kɔntra] **I.** *prp (gegen, wider)* про́тив **II.** *adv (dagegen, entgegengesetzt)* про́тив; **er ist immer ~** он всегда́ про́тив
Kontrabass <-basses, -bässe> *m* контраба́с *м*
Kontrahent(in) [kɔntra'hɛnt] <-en, -en> *m(f)* **1.** *(Gegenspieler)* сопе́рник *м*, сопе́рница *ж* **2.** ÖKON *(Vertragspartner)* контраге́нт *м*, догова́ривающаяся сторона́ *ж*
kontraindiziert *adj* MED противопока́занный
Kontrakt <-(e)s, -e> *m* догово́р *м*, контра́кт *м*
Kontraktion [kɔntrak'tsjoːn] <-, -en> *f* **1.** MED стя́гивание *ср*, сокраще́ние *ср* **2.** PHYS сжа́тие *ср*, суже́ние *ср*
konträr [kɔn'trɛːɐ] *adj* противополо́жный
Kontrast [kɔn'trast] <-(e)s, -e> *m* **1.** *(Gegensatz)* противополо́жность *ж* **2.** FOT, TV контра́стность *ж*
Kontrazeptivum <-s, kontrazeptiva> *nt* противозача́точное сре́дство *ср*
Kontrollampe[Alt] *f s.* **Kontrolllampe**
Kontrolle [kɔn'trɔlə] <-, -n> *f* **1.** *(Überprüfung)* прове́рка *ж*, контро́ль *м*; **~ ausüben** контроли́ровать; **der ~ unterziehen** подверга́ть контро́лю; **die ~ verschärfen** уси́лить контро́ль; **über jdn/etw die ~ verlieren** потеря́ть контро́ль над чем-л./кем-л.; **jdn/etw unter ~ haben** держа́ть под контро́лем кого́-л./что-л. **2.** *(Kontrollstelle)* контро́льный пункт *м* **3.** *(Kontrolleur(in))* контролёр *м* **4.** *(Herrschaft, Gewalt)* контро́ль *м*; **außer ~ geraten** вы́йти и́з-под контро́ля
Kontrolleur(in) [kɔntrɔ'lœːɐ] <-s, -e> *m(f)* контролёр *м*
kontrollieren [kɔntrɔ'liːrən] *vt* **1.** *(nachprüfen)* проверя́ть, -ве́рить *св* **2.** *(überwachen)* контроли́ровать, про- *св*, следи́ть, про- *св* **3.** *(beherrschen, lenken)* контроли́ровать, про- *св*, управля́ть *нсв*
Kontrolllampe[RR] <-, -n> *f* TECH, KFZ сигнализа́тор *м*
Kontrollturm *m* AERO контро́льная вы́шка *ж*
kontrovers [kɔntro'vɛrs] *adj (strittig, umstritten)* спо́рный
Kontroverse [kɔntro'vɛrzə] <-, -n> *f* разногла́сие *ср*
Kontur [kɔn'tuːɐ] <-, -en> *f* ко́нтур *м*
Konvention [kɔnvɛn'ts̮i̯oːn] <-, -en> *f* **1.** *(Zusammenkunft)* конве́нция *ж* **2.** *(Übereinkunft)* соглаше́ние *ср*
Konventionalstrafe [kɔnvɛnts̮i̯o'naːlʃtraːfə] <-, -n> *f* JUR конвенциона́льный штраф *м*
konventionell [kɔnvɛnts̮i̯o'nɛl] *adj* общепри́нятый
Konversation [kɔnvɛrza'ts̮i̯oːn] <-, -en> *f* разгово́р *м*, бесе́да *ж*
Konversion [kɔnvɛrza'tsjoːn] <-, -en> *f* конве́рсия *ж*
konvertierbar [kɔnvɛr'tiːɐ̯baːɐ̯] *adj* конверти́руемый
Konvertierbarkeit <-> *f* конверти́руемость *ж*
konvertieren [kɔnvɛr'tiːrən] **I.** *vt* ÖKON конверти́ровать *(н)св* **II.** *vi* REL переходи́ть, -рейти́ *св* в другу́ю ве́ру
Konvertierung <-, -en> *f* конверти́рование *ср*
konvex [kɔn'vɛks] *adj (nach außen gewölbt)* вы́пуклый
Konvoi [kɔn'vɔɪ] <-s, -s> *m* конво́й *м*; **im ~ fahren** е́хать коло́нной
Konzentrat [kɔntsɛn'traːt] <-(e)s, -e> *nt* концентра́т *м*
Konzentration [kɔnts̮ɛntra'ts̮i̯oːn] <-> *f* концентра́ция *ж*
Konzentrationsfähigkeit <-> *f* спосо́бность *ж* сосредото́читься
Konzentrationslager <-s, -> *nt* концентрацио́нный ла́герь *м*
Konzentrationsschwäche <-> *f* пони́женная спосо́бность *ж* к сосредото́чению
konzentrieren [kɔnts̮ɛn'triːrən] **I.** *vt* концентри́ровать *нсв* **II.** *vr* концентри́роваться, сконцентри́роваться *св*, сосредото́чиваться, -то́читься *св*
konzentrisch [kɔn'tsɛntrɪʃ] *adj* концентри́ческий; **~e Kreise** концентри́ческие окру́жности *жмн*
Konzept [kɔn'tsɛpt] <-(e)s, -e> *nt* **1.** *(stichwortartiger Textentwurf)* план *м*, конспе́кт *м*; **aus dem ~ geraten** прийти́ в замеша́тельство; **jdn aus dem ~ bringen** сбить кого́-л. с то́лку **2.** *(Begriff, Vorstellung)* представле́ние *ср*; **etw passt jdm nicht ins ~** что-л. не подхо́дит кому́-л. **3.** *(Konzeption)* конце́пт *м*, конце́пция *ж*; **ein ~ umsetzen** претворя́ть в жизнь пла́ны
Konzeption [kɔntsɛp'tsjoːn] <-, -en> *f* конце́пция *ж*
Konzeptionsphase <-, -n> *f* фа́за *ж* разрабо́тки конце́пции
Konzern [kɔn'tsɛrn] <-s, -e> *m* конце́рн *м*; **internationaler ~** междунаро́дный конце́рн
Konzernabschluss <-es, -abschlüsse> *m* сво́дный бала́нс *м* конце́рна

K

Konzernbilanz <-, -en> *f* бала́нс *м* конце́рна
Konzernführung <-, -en> *f* руково́дство *ср* конце́рна
Konzernspitze <-, -n> *f* руково́дство *ср* конце́рна
Konzerntochter <-, -töchter> *f* доче́рнее предприя́тие *ср* конце́рна
Konzernunternehmen <-> *pl* предприя́тия *мн* конце́рна
Konzernzentrale <-, -n> *f* центра́льное руково́дство *ср* конце́рна
Konzert [kɔn'tsɛrt] <-(e)s, -e> *nt* **1.** *(einzelne Aufführung)* представле́ние *ср*, конце́рт *м* **2.** *(musikalische Gattung)* конце́рт *м*
Konzertflügel *m* роя́ль *м*
Konzertsaal *m* конце́ртный зал *м*
Konzession [kɔntsɛ'sio:n] <-, -en> *f* **1.** *(Zugeständnis)* усту́пка *ж;* **zu ~en bereit sein** быть гото́вым идти́ на усту́пки **2.** *(Lizenz)* конце́ссия *ж*, лице́нзия *ж;* **eine ~ beantragen** запра́шивать конце́ссию; **eine ~ entziehen** лиша́ть конце́ссии; **eine ~ erteilen** предоставля́ть конце́ссию
konzessiv *adj* уступи́тельный
Konzessivsatz [kɔntsɛ'si:fzats] *m* LING подчини́тельное предложе́ние *ср* усту́пки
Konzil [kɔn'tsi:l] <-(e)s, -e> *nt* собо́р *м*
konzipieren *vt* составля́ть, -та́вить *св* конце́пцию, набра́сывать, -броса́ть *св*
Kooperation [koʔopera'tsio:n] <-, -en> *f* коопера́ция *ж*, сотру́дничество *ср*
Kooperationspartner <-s, -> *m* коопери́рующее предприя́тие *ср*
Kooperationsvertrag <-(e)s, -verträge> *m* догово́р *м* о коопера́ции
kooperativ [koʔopera'ti:f] *adj* кооперати́вный; **~er Führungsstil** коллегиа́льный стиль руково́дства
kooperieren *vt* рабо́тать совме́стно с кем-л./чем-л.
Koordinate [koʔɔrdi'na:tə] <-, -n> *f* координа́та *ж*
Koordinatensystem <-s> *nt* систе́ма *ж* координа́т
Koordination [koʔɔrdina'tsio:n] <-> *f* координа́ция *ж*
Koordinator(in) <-s, -en; -nen> *m(f)* координа́тор *м*
koordinieren [koʔɔrdi'ni:rən] *vt* координи́ровать, скоордини́ровать *св*
Kopf [kɔpf] <-(e)s, Köpfe> *m* **1.** *(allg)* голова́ *ж* **2.** *(leitende Persönlichkeit)* руководи́тель *м* **3.** *(Briefkopf)* ша́пка *ж* **4.** *fig (Verstand)* ум *м*, голова́ *ж;* **ein heller ~** све́тлая голова́; **pro ~** на го́лову; **er ist der ~ dieser Bewegung** он стои́т во главе́ э́того движе́ния; **nicht wissen, wo einem der ~ steht** не знать, с како́го конца́ нача́ть; **den ~ hängen lassen** пове́сить го́лову; **der Wein stieg ihm in den ~** вино́ уда́рило ему́ в го́лову; **sich etw in den ~ setzen** вбить что-л. себе́ в го́лову; **sich etw durch den ~ gehen lassen** ду́мать над чем-л.; **sich über etw den ~ zerbrechen** лома́ть себе́ над чем-л. го́лову; **sich etw aus dem ~ schlagen** вы́бить себе́ что-л. из головы́; **Hals über ~** стремгла́в; **~ und Kragen riskieren** рискова́ть жи́знью; **es will ihm nicht in den ~, dass ...** у него́ не укла́дывается в голове́, что ...; **jdn vor den ~ stoßen** неприя́тно порази́ть кого́-л.; **jdm den ~ verdrehen** свести́ кого́-л. с ума́; **etw auf den ~ stellen** переверну́ть что-л. с ног на́ голову; **den ~ verlieren** потеря́ть го́лову; **sie stellten das ganze Haus auf den ~** они́ переверну́ли весь дом вверх дном; **sich** *dat* **etw in den ~ setzen** вбить себе́ в го́лову что-л.; **von ~ bis Fuß** с головы́ до ног; **den ~ in den Sand stecken** спря́таться; **mit dem ~ durch die Wand wollen** напра́сно упо́рствовать; **nicht ganz richtig im ~ sein** *fam* у кого́-л. не все до́ма
Kopfbahnhof <-(e)s, -bahnhöfe> *m* тупико́вая ста́нция *ж*
Kopfball <-(e)s, -bälle> *m гол, заби́тый голово́й*
Kopfbewegung <-, -en> *f* движе́ние *ср* головы́
köpfen ['kœpfən] *vt* **1.** *(hinrichten)* обезгла́вливать, -вить *св* **2.** *umg (Flasche)* открыва́ть, -ры́ть *св* **3.** *(Fußball)* игра́ть, сыгра́ть *св* голово́й
Kopfgeldjäger *m* пресле́дователь *м* престу́пника, за чью го́лову объя́влена награ́да
Kopfhörer <-s, -> *m* нау́шник *м*
Kopfhörerbuchse <-, -n> *f* гнездо́ *ср* нау́шника
Kopfkissen <-s, -> *nt* поду́шка *ж*
kopflos *adj fig* безмо́зглый; **er hat ~ gehandelt** он поступи́л безрассу́дно
Kopfnicken <-s> *nt ohne pl* киво́к *м*
Kopfnuss[RR] *f fam (Aufgabe)* тру́дная зада́ча *ж*
kopf|rechnen *vi* счита́ть, по- *св* в уме́
Kopfsalat *m* коча́нный сала́т *м*
Kopfschmerz <-es, -en> *m* головна́я боль *ж;* **sie hat starke ~en** у неё стра́шные головны́е бо́ли
Kopfschmerztablette <-, -n> *f* табле́тка *ж* от головно́й бо́ли
kopfschüttelnd *adj* кива́я голово́й в знак согла́сия
Kopfsprung <-(e)s, -sprünge> *m* прыжо́к *м* голово́й в во́ду
Kopfstand <-(e)s, -stände> *m* сто́йка *ж* на голове́
Kopfsteinpflaster <-s, -> *nt* булы́жная мостова́я *ж*
Kopfstütze <-, -n> *f* подголо́вник *м*

Kopftuch <-(e)s, -tücher> *nt* плато́к *м*
kopfüber *adv* голово́й вниз
Kopfweh <-(e)s, -e> *nt* головна́я боль *ж*
Kopfzerbrechen *nt* **etw bereitet jdm ~** кому́-л. придётся лома́ть го́лову над чем-л.; **sich über etw ~ machen** лома́ть го́лову над чем-л.
Kopie [ko'pi:] <-, -n> *f* ко́пия *ж; (Imitation)* имита́ция *ж,* дублика́т *м*
kopieren [ko'pi:rən] *vt* копи́ровать, скопи́ровать *св,* де́лать, сде́лать *св* ко́пию; *(imitieren)* имити́ровать
Kopierer <-s, -> *m* копирова́льный аппара́т *м*
Kopiergerät [ko'pi:ɐ̯gərɛ:t] <-(e)s, -e> *nt* копирова́льный аппара́т *м*
Kopierschutz *m* оригина́л *м*
Kopilot(in) ['ko:pilo:t] *m(f)* AERO второ́й пило́т *м*
koppeln ['kɔpəln] *vt* **1.** *(Pferde)* трено́жить, стрено́жить *св* **2.** *(Hunde) бра́ть соба́к на сво́ру* **3.** *(verbinden)* свя́зывать, -за́ть *св* **4.** *(Raumschiffe)* производи́ть, -вести́ *св* стыко́вку
Kopplung <-, -en> *f* **1.** *(Pferde)* стрено́живание *ср* **2.** *(Verbindung)* связь *ж* **3.** *(Raumschiffe)* стыко́вка *ж*
Koproduktion ['ko:prodʊkts̯i̯o:n] *f* совме́стная проду́кция *ж*
Koralle [ko'ralə] <-, -n> *f* кора́лл *м*
Korallenriff <-(e)s, -e> *nt* кора́лловый риф *м*
Koran [ko'ra:n] <-s> *m* кора́н *м*
Korb [kɔrp] <-(e)s, Körbe> *m* **1.** *(allg)* корзи́на *ж; (kleine)* корзи́нка *ж* **2.** BERGB *(Förderkorb)* подъёмная клеть *ж;* **jdm einen ~ geben** *fig* отказа́ть кому́-л.; **einen ~ bekommen** *fig* получи́ть отка́з; **einen ~ erzielen** попа́сть в корзи́ну
Korbmöbel *pl* плетёная (да́чная) ме́бель *жед*
Kordel ['kɔrdəl] <-, -n> *f* шнур *м*
Korea [ko're:a] <-s> *nt* Коре́я *ж*
Koreaner(in) [kore'a:nɐ] <-s, -> *m(f)* коре́ец *м,* корея́нка *ж*
koreanisch *adj* коре́йский
Koriander [kori'andɐ] <-s, -> *m* BOT кориа́ндр *м*
Kork [kɔrk] <-(e)s, -e> *m* про́бка *ж*
Korken ['kɔrkən] <-s, -> *m* буты́лочная про́бка *ж; (aus Plastik)* пла́стиковая про́бка *ж*
Korkenzieher <-s, -> *m* што́пор *м*
Kormoran <-(e)s, -e> *m* большо́й бакла́н *м*
Korn [kɔrn] <-(e)s, Körner> *nt* **1.** *(Samenkorn)* семенно́е зерно́ *ср* **2.** *(von Salz/Sand)* крупи́нка *ж* **3.** *(Getreide)* зерно́ *ср,* жи́то *ср* **4.** *(Kornbranntwein)* хле́бная во́дка *ж* **5.** *(am Gewehr)* му́шка *ж;* **jdn aufs ~ nehmen** *fig* взять кого́-л. на приме́ту; **die Flinte ins ~ werfen** *fig* бы́стро пасова́ть пе́ред тру́дностями
Kornblume <-, -n> *f* василёк *м*
Kornbranntwein <-(e)s> *m* хле́бная во́дка *ж*
Kornfeld *nt* пшени́чное по́ле *ср*
Kornkammer <-, -n> *f* жи́тница *ж*
Körper ['kœrpɐ] <-s, -> *m* те́ло *ср,* ту́ловище *ср; (geometrisches Gebilde)* геометри́ческая фигу́ра *ж;* **er zitterte am ganzen ~** он весь дрожа́л
Körperbau <-(e)s> *m* телосложе́ние *ср*
körperbehindert *adj* хво́рый, хи́лый
körpereigen *adj (Substanz)* аутоге́нный
Körpergeruch *m* за́пах *м* те́ла; *(Schweißgeruch)* за́пах *м* по́та
Körpergewicht <-(e)s> *nt* вес *м* те́ла
Körpergröße <-, -n> *f* рост *м* челове́ка
Körperhaltung *f* сто́йка *ж,* оса́нка *ж*
Körperkontakt *m* физи́ческий конта́кт *м*
körperlich *adj* физи́ческий, теле́сный; **harte körperliche Arbeit** тяжёлый физи́ческий труд *м*
Körperlotion <-, -en> *f* лосьо́н *м* для те́ла
Körperpflege <-> *f* ли́чная гигие́на *ж*
Körperschaft <-, -en> *f* корпора́ция *ж,* объедине́ние *ср*
Körpersprache *f ohne pl* язы́к *м* те́ла
Körperteil <-(e)s, -e> *m* часть *ж* те́ла
Körperverletzung <-, -en> *f* теле́сные повреждє́ния *мн*
Korps [ko:ɐ] <-, -> *nt* ко́рпус *м*
korpulent [kɔrpu'lɛnt] *adj* по́лный, доро́дный
Korpulenz [kɔrpu'lɛnts] <-> *f* доро́дность *ж*
korrekt [kɔ'rɛkt] *adj* корре́ктный, пра́вильный
Korrektur [kɔrɛk'tu:ɐ̯] <-, -en> *f* **1.** *(Berichtigung)* попра́вка *ж,* исправле́ние *ср* **2.** *(Korrekturlesen)* чте́ние *ср* корректу́ры **3.** *(Korrekturfahne)* гра́нка *ж;* **~ lesen** чита́ть корректу́ру
Korrespondent(in) [kɔrɛspɔn'dɛnt] <-en, -en> *m(f)* корреспонде́нт *м,* корреспонде́нтка *ж*
Korrespondenz [kɔrɛspɔn'dɛnts] <-, -en> *f* корреспонде́нция *ж,* перепи́ска *ж;* **mit jdm in ~ stehen** состоя́ть с ке́м-л. в перепи́ске
korrespondieren [kɔrɛspɔn'di:rən] *vi* **1.** *(brieflich)* обме́ниваться пи́сьмами **2.** *(entsprechen)* соотве́тствовать
Korridor ['kɔrido:ɐ] <-s, -e> *m* коридо́р *м*
korrigieren [kɔri'gi:rən] *vt* **1.** *(berichtigen)* исправля́ть, -пра́вить *св* **2.** *(Aufsätze)* проверя́ть, -ве́рить *св*
Korrosion [kɔro'zi̯o:n] <-, -en> *f* корро́зия *ж*
korrosionsanfällig *adj* подве́рженный корро́зии
korrosionsbeständig *adj* коррозион-

K

ностойкий

Korrosionsbeständigkeit <-> *f* коррозио́нная сто́йкость *ж*

Korrosionsschutz <-es> *m* защи́та *ж* от корро́зии

Korrosionsschutzmittel <-s, -> *nt* антикоррозио́нное сре́дство *ср*

korrumpieren *vt pej, geh* коррумпи́ровать *(н)св*

korrupt [kɔ'rʊpt] *adj pej* коррумпи́рованный

Korruption [kɔrʊp'ts̮i̯o:n] <-, -en> *f pej* корру́пция *ж*

Korsett [kɔr'zɛt] <-s, -s> *nt* корсе́т *м*

Kortison <-s> *nt* кортизо́н *м*

Korvette [kɔr'vɛtə] <-n> *f* MIL корве́т *м*

Kosakenführer *m* HIST ге́тман *м*

Kosename <-n, -n> *m* ласка́тельное и́мя *ср*

Kosewort <-(e)s, -wörter> *nt* ласка́тельное сло́во *ср*

Kosinus ['ko:zinʊs] <-, -/-se> *m* MATH ко́синус *м*

Kosmetik [kɔs'me:tɪk] <-> *f (Körperpflege)* косме́тика *ж*

Kosmetiker(in) [kɔs'me:tikɐ] <-s, -> *m(f)* космето́лог *м*, космети́чка *ж*

Kosmetiksalon <-(e)s, -e> *m* космети́ческий сало́н *м*

Kosmetikum <-s, Kosmetika> *nt* космети́ческое сре́дство *ср*

kosmetisch *adj* космети́ческий

kosmisch ['kɔsmɪʃ] *adj* косми́ческий

Kosmologie <-> *f* космоло́гия *ж*

Kosmonaut(in) [kɔsmo'naʊt] <-en, -en> *m(f)* космона́вт *м*

Kosmopolit(in) [kɔsmopo'li:t] <-en, -en> *m(f)* космополи́т *м*

Kosmos ['kɔsmɔs] <-> *m* ко́смос *м*

Kosovo ['kɔsovo] <-s> *nt* Ко́сово *ср*

Kost [kɔst] <-> *f* **1.** *(Essen, Nahrung)* пи́ща *ж*, пита́ние *ср*; **magere ~** по́стная пи́ща; **leichte ~** лёгкая пи́ща **2.** *(Verköstigung, Pension)* стол *м*, пита́ние *ср*

kostbar *adj* **1.** *(wertvoll)* драгоце́нный **2.** *(kostspielig, luxuriös)* дорогосто́ящий

Kostbarkeit <-, -en> *f* **1.** *(die Eigenschaft)* высо́кая це́нность *ж* **2.** *(kostbarer Gegenstand)* драгоце́нность *ж*

Kosten ['kɔstən] <-> *pl* **1.** *(Ausgaben)* расхо́ды *мн* **2.** *(Auslagen)* изде́ржки *мн*; **auf jds ~** за чей-л. счёт; **das geht auf ~ der Gesundheit** э́то вреди́т здоро́вью; **auf seine ~ kommen** *fig* не оста́ться внакла́де; **keine ~ scheuen** не остана́вливаться пе́ред расхо́дами; **die ~ für etw tragen** нести́ расхо́ды на что-л.; **veranschlagte ~** сме́тные изде́ржки; **zusätzliche ~** добаво́чные расхо́ды; **das geht auf meine ~** я заплачу́ за э́то

kosten[1] ['kɔstən] *vt* сто́ить *нсв; (erfordern)* сто́ить *нсв*, тре́бовать, по- *св*; **Zeit und Mühe ~** сто́ить вре́мени и уси́лий; **was/wie viel kostet das?** ско́лько э́то сто́ит?; **das kostet mich meine ganze Kraft** на э́то ухо́дят все мои́ си́лы; **koste es, was es wolle** чего́ бы э́то ни сто́ило; **das kostet Zeit** на э́то тре́буется вре́мя

kosten[2] ['kɔstən] *vt (probieren)* про́бовать, по- *св*

Kostenart <-, -en> *f* вид *м* изде́ржек

kostenbewusst *adj* экономи́чный; **~ wirtschaften** экономи́чно вести́ хозя́йство

Kosteneinsparung <-, -en> *f* эконо́мия *ж* на изде́ржках [*или* затра́т]

Kostenfrage <-> *f* вопро́с *м* о затра́тах

kostengünstig *adj* тре́бующий ме́ньших затра́т

kostenlos *adj* беспла́тный

Kostenniveau <-s, -s> *nt* у́ровень *м* изде́ржек

Kostenstelle <-, -n> *f* ме́сто *ср* возникнове́ния затра́т

Kostenvoranschlag <-(e)s, -schläge> *m* предвари́тельная сме́та *ж* расхо́дов

köstlich ['kœstlɪç] *adj* **1.** *(schmackhaft)* о́чень вку́сный, ла́комый **2.** *(erlesen)* изы́сканный **3.** *(amüsant)* великоле́пный; **sich ~ amüsieren** великоле́пно весели́ться; **ich habe mich ~ amüsiert** я отли́чно провёл вре́мя

Kostprobe <-, -n> *f auch fig* про́ба *ж*

kostspielig *adj* дорогосто́ящий, разори́тельный

Kostüm [kɔs'ty:m] <-s, -> *nt (Jackenkleid)* костю́м *м*

kostümieren [kɔsty'mi:rən] **I.** *vt (als)* переодева́ть, -де́ть *св*, наряжа́ть, -ряди́ть *св*; **sie hat ihn als Clown kostümiert** она́ его́ наряди́ла кло́уном **II.** *vr* переодева́ться, -де́ться *св*, наряжа́ться, -ряди́ться *св*

Kot [ko:t] <-(e)s> *m* кал *м*

Kotelett ['kɔtlɛt, kɔt'lɛt] <-(e)s, -s> *nt* отбивна́я котле́та *ж*

Koteletten [kɔt'lɛtən] <-> *pl* бакенба́рды *мн*

Köter ['kœ:tɐ] <-s, -> *m pej* пёс *м*

Kotflügel <-s, -> *m* крыло́ *ср* ку́зова

kotzen ['kɔts̮ən] *vi vulg* рвать, вы́- *св*; **das ist zum Kotzen!** э́то проти́вно!

Krabbe ['krabə] <-, -n> *f* краб *м*

krabbeln ['krabəln] *vi* по́лзать *нсв*

Krach [krax] <-(e)s, Kräche> *m* **1.** *(Lärm)* шум *м*; **~ machen** поднима́ть шум **2.** *umg (Streit)* ссо́ра *ж*, сканда́л *м*; **mit jdm ~ bekommen** поссо́риться с ке́м-л. **3.** *(Krawall, Aufruhr)* волне́ние *ср*, беспоря́дки *мн*

krachen *vi* **1.** *(Krach machen)* шуме́ть *нсв*, треща́ть *нсв* **2.** *(Schuss)* греме́ть, про- *св*, тре́снуть *св*, -ска́ть *нсв*

krächzen ['krɛçtsən] *vi* ка́ркать *нсв*

kraft [kraft] *prp* в си́лу; ~ **seines Amtes** по до́лгу слу́жбы; ~ **des Vertrages** в си́лу догово́ра

Kraft [kraft] <-, Kräfte> *f* си́ла *ж;* **mit aller** ~ и́зо всех сил; **mit letzter** ~ после́дними си́лами; **aus eigener** ~ свои́ми си́лами; **wieder zu Kräften kommen** набра́ться сил; **am Ende seiner Kräfte sein** вы́биться из сил; **noch bei Kräften sein** быть ещё по́лным сил; **die treibende** ~ дви́жущая си́ла; **etw tritt in** ~ что-л. вступа́ет в си́лу; **etw außer** ~ **setzen** отмени́ть что-л.

Kraftaufwand <-s> *m* затра́та *ж* сил [*или* эне́ргии]

Kraftausdruck <-(e)s, -ausdrücke> *m* кре́пкое выраже́ние *ср*

Kraftfahrzeug <-(e)s, -e> *nt* автомаши́на *ж,* автомоби́ль *м*

Kraftfahrzeugbau <-s> *m* автомобилестрое́ние *ср*

Kraftfahrzeugbrief <-(e)s, -e> *m* па́спорт *м* автомоби́ля

Kraftfahrzeugelektrik <-> *f* электрообору́дование *ср* автомоби́ля

Kraftfahrzeugelektronik <-> *f* автомоби́льная электро́ника *ж*

Kraftfahrzeugkennzeichen <-s, -> *nt* но́мер *м* автомоби́ля

Kraftfahrzeugpapiere <-> *pl* докуме́нты *ммн* на автомоби́ль

Kraftfahrzeugsteuer <-> *f* нало́г *м* на автомоби́ль

Kraftfahrzeugversicherung ['krɛftɪç] <-> *f* страхова́ние *ср* автомоби́ля

kräftig ['krɛftɪç] **I.** *adj* **1.** *(kraftvoll)* си́льный, кре́пкий **2.** *(Essen)* пита́тельный **3.** *(Händedruck)* кре́пкий; **eine ~e Tracht Prügel erhalten** получи́ть кре́пкую взбу́чку **II.** *adv* си́льно, кре́пко; ~ **schütteln** хорошо́ взболта́ть; **jdm** ~ **die Meinung sagen** вы́сказать кому́-л. свое мне́ние

kraftlos *adj (schwach)* бесси́льный, не́мощный

Kraftmeierei <-> *f pej* хва́стание *ср* своей си́лой

Kraftprobe <-, -n> *f* про́ба *ж* сил

Kraftstoff <-(e)s> *m* то́пливо *ср;* **flüssiger** ~ жи́дкое то́пливо; ~ **für Arktisbetrieb** аркти́ческое то́пливо; **gasförmiger** ~ газообра́зное то́пливо; **verbleiter** ~ этили́рованный бензи́н

Kraftstoffleitung <-, -en> *f* топливопро́во́д *м*

Kraftstoffpumpe <-, -n> *f* то́пливный насо́с *м*

Kraftübertragung <-, -en> *f* трансми́ссия *ж*

kraftvoll *adj* энерги́чный

Kraftwerk <-(e)s, -e> *nt* электроста́нция *ж*

Kragen ['kra:gən] <-s, Krägen> *m* воротни́к *м;* **jdm an den** ~ **wollen** пыта́ться взя́ть кого́-л. за го́рло; **es geht um Kopf und** ~ речь идёт о жи́зни и сме́рти; **jetzt platzt mir gleich der** ~ *umg* моему́ терпе́нию сейча́с придёт коне́ц; **das wird ihm den** ~ **kosten** э́то бу́дет сто́ить ему́ головы́

Krähe ['krɛ:ə] <-, -n> *f* воро́на *ж*

krähen ['krɛ:ən] *vi* крича́ть *нсв* кукареку́

krakeelen [kra'ke:lən] <krakeelte, krakeelt> *vi* ора́ть *нсв,* сканда́лить, на- *св*

Kralle ['kralə] <-, -n> *f* ко́готь *м;* **jdm die ~n zeigen** *fig* показа́ть кому́-л. ко́гти

krallen I. *vt* впи́ться *св,* впива́ться *нсв;* **jdn** ~ схвати́ть кого́-л. **II.** *vr* цепля́ться *нсв*

Kram [kra:m] <-s> *m pej, umg* **1.** *(Gegenstände)* барахло́ *ср* **2.** *(Angelegenheiten)* дела́ *мн;* **das passt mir gar nicht in den** ~ э́то меня́ соверше́нно не устра́ивает; **kümmere dich um deinen eigenen** ~ *fam* не лезь не в свои́ дела́

kramen I. *vi* ры́ться *нсв* **II.** *vt* достава́ть, -ста́ть *св;* **alte Sachen aus dem Keller** ~ доста́ть ста́рые ве́щи из подва́ла/по́греба

Krampen <-s, -> *m österr (Spitzhacke)* моты́га *ж*

Krampf [krampf] <-(e)s, Krämpfe> *m* **1.** MED спа́зм *м,* су́дорога *ж* **2.** *pej, umg (Blödsinn)* бессмы́слица *ж*

Krampfader <-, -n> *f* расши́ренная ве́на *ж*

krampfhaft *adj* **1.** *(krampfartig)* су́дорожный **2.** *(angestrengt)* напряжённый

Kran [kra:n] <-(e)s, Kräne> *m* кран *м*

Kranich ['kra:nɪç] <-s, -e> *m* жура́вль *м*

krank [kraŋk] *adj* **1.** *(körperlich)* больно́й; **schwer** ~ **sein** быть тяжело́ больны́м **2.** *(geistig)* душевнобольно́й; ~ **werden** заболе́ть; **jdn** ~ **schreiben** вы́писать кому́-л. больни́чный лист; **sich** ~ **lachen** *umg* хохота́ть до упа́ду

Kranke(r) <-n, -n> *f(m)* больно́й *м,* больна́я *ж*

kränkeln ['krɛŋkəln] *vi* хвора́ть *нсв*

kranken ['kraŋkən] *vi* боле́ть *нсв;* **an Asthma** ~ боле́ть а́стмой

kränken ['krɛŋkən] *vt* обижа́ть, оби́деть *св,* оскорбля́ть, -би́ть *св;* **tief gekränkt sein** быть глубоко́ оскорблённым; **jdn in seiner Ehre** ~ заде́ть чью-л. честь

Krankenbesuch *m* посеще́ние *ср,* визи́т *м*

Krankenbett *nt* посте́ль *ж* больно́го; **am** ~ у посте́ли больно́го

Krankengeld <-(e)s> *nt* посо́бие *ср* по боле́зни

Krankengymnast(in) <-en, -en> *m(f)* специали́ст *м,* специали́стка *ж* по лече́бной физкульту́ре

Krankengymnastik <-> *f* лече́бная физкульту́ра *ж*

Krankenhaus <-es, -häuser> *nt* больни́ца *ж;* **im ~ liegen** лежа́ть в больни́це; **jdn in ein ~ einliefern** помести́ть кого́-л. в больни́цу; **jdn aus dem ~ entlassen** вы́писать кого́-л. из больни́цы

Krankenkasse <-, -n> *f* больни́чная ка́сса *ж*

Krankenpfleger(in) <-s, -> *m(f)* санита́р *м,* санита́рка *ж*

Krankenschein <-(e)s, -e> *m свиде́тельство о чле́нстве в больни́чной ка́ссе*

Krankenschwester <-, -n> *f* медсестра́ *ж*

Krankentransport <-(e)s, -e> *m* санита́рный тра́нспорт *м,* санита́рные перево́зки

Krankentransportwagen <-s, -> *m* санита́рный абтомоби́ль *м*

Krankenversicherung <-, -en> *f* страхова́ние *ср* на слу́чай боле́зни; **gesetzliche/private ~** госуда́рственное/ча́стное страхова́ние на слу́чай боле́зни

i Land & Leute

В Германии все работающие по найму обязаны быть **застрахованы на случай болезни**; соответственно они подлежат и социальному страхованию. В Австрии действует тот же закон, а в Швейцарии страхование на случай болезни является добровольным. Тем не менее 95% швейцарцев имеют медицинскую страховку.

Krankenwagen <-s, -wägen> *m* ско́рая по́мощь *ж*

krankhaft *adj* **1.** *(pathologisch)* боле́зненный, патологи́ческий **2.** *(nicht normal)* боле́зненный; **~e Eifersucht** боле́зненная ре́вность *ж*

Krankheit <-, -en> *f* боле́знь *ж,* заболева́ние *ср;* **ansteckende ~** зара́зная боле́знь; **eine ~ durchmachen** переболе́ть; **sich eine ~ zuziehen** подцепи́ть боле́знь; **einer ~ vorbeugen** предупрежда́ть заболева́ние; **von einer ~ genesen** выздора́вливать

Krankheitserreger <-s, -> *m* возбуди́тель *м* боле́зни

Krankheitsverlauf <-(e)s, -verläufe> *m* тече́ние *ср* боле́зни

kränklich ['krɛŋklɪç] *adj* боле́зненный, хи́лый

krank|melden[RR] *vr* **sich ~** сообщи́ть об отсу́тствии по боле́зни

Krankmeldung <-, -en> *f* сообще́ние *ср* о заболева́нии

krank|schreiben[RR] *vt* вы́дать *св,* -дава́ть *нсв* больни́чный лист

Kränkung ['krɛnkʊŋ] <-en> *f* оби́да *ж,* оскорбле́ние *ср*

Kranwagen <-s, -> *m* автомоби́льный кран *м*

Kranz [krants] <-es, Kränze> *m* вено́к *м;* **Zweige zu einem ~ binden** сплета́ть ве́тки в вено́к

Krapfen ['krapfən] <-s, -> *m* ола́дьи *жмн*

krass[RR] [kras] *adj,* **kraß**[Alt] [kras] *adj (auffallend)* я́ркий, броса́ющийся в глаза́

Krater ['kraːtɐ] <-s, -> *m* кра́тер *м*

kratzbürstig *adj (widerspenstig)* стропти́вый, ко́лкий; **warum bist du immer so ~?** почему́ ты всегда́ тако́й приди́рчивый?

kratzen ['kratsən] **I.** *vt* цара́пать, по- *св; (ab~)* соска́бливать, -бли́ть *св;* **das kratzt mich nicht** *umg* меня́ э́то не волну́ет **II.** *vi* цара́паться, по- *св;* **der Pulli kratzt** дже́мпер куса́ется **III.** *vr* чеса́ться, по- *св;* **sich hinterm Ohr ~** почеса́ть за у́хом

Kratzer <-s, -> *m (Schramme)* цара́пина *ж*

Kraul <-s> *nt (Kraulschwimmen)* кроль *м*

kraulen[1] ['kraʊlən] *vi* SPORT плыть *нсв* кро́лем

kraulen[2] ['kraʊlən] *vt (liebkosen)* гла́дить, по- *св,* почёсывать *нсв*

kraus [kraʊs] *adj* запу́танный; *(Haar)* кудря́вый; *(Stirn)* смо́рщенный; **die Stirn ~ ziehen** помо́рщить лоб

Krause <-, -n> *f* **1.** *(Kragen)* жабо́ *ср* **2.** *(von Haar)* завито́к *м*

kräuseln ['krɔɪzəln] **I.** *vt (Haar)* завива́ть, -ви́ть **II.** *vr* **1.** *(Haar)* завива́ться, -ви́ться *св* **2.** *(Wasser)* ряби́ть *нсв* **3.** *(Rauch)* ви́ться *нсв*

Kraut [kraʊt] <-(e)s, Kräuter> *nt* **1.** *(allg)* трава́ *ж* **2.** *(Kohlgemüse)* капу́ста *ж* **3.** *pej, umg (Tabak)* зе́лье *ср;* **wie ~ und Rüben** *umg* как попа́ло; **dagegen ist kein ~ gewachsen** *umg* про́тив э́того нет сре́дства

Kräutertee <-s, -s> *m* чай *м,* травяно́й чай *м*

Krautkopf <-(e)s, -köpfe> *m österr (Kohlkopf)* коча́н *м* капу́сты

Krawall [kra'val] <-s, -e> *m* **1.** *(Aufruhr)* волне́ния *мн,* беспоря́дки *мн* **2.** *(Krach, Lärm)* шум *м;* **~ machen** буя́нить

Krawatte [kra'vatə] <-, -n> *f* га́лстук *м;* **die ~ binden** завяза́ть га́лстук

Krawattennadel <-, -n> *f* була́вка *ж* для га́лстука

kreativ [krea'tiːf] *adj* тво́рческий

Kreativität [kreativi'tɛːt] <-> *f* тво́рчество *ср*

Kreatur [krea'tuːɐ̯] <-, -en> *f* **1.** *geh (Geschöpf)* созда́ние *ср,* творе́ние *ср* **2.** *pej* тварь *ж*

Krebs[1] [kreːps] <-es, -e> *m (Flusskrebs)* рак *м*

Krebs[2] [kreːps] *m* ASTR, MED рак *м*

Krebsdiagnose *f* констата́ция *ж* заболева́ния ра́ком

Krebserkrankung <-, -en> *f* заболева́ние *ср* ра́ком

Krebsforschung <-> *f* изуче́ние *ср* ра́ка, онколо́гия *ж*

Krebsfrüherkennung <-> *f* ра́ннее выявле́ние *ср* ра́ка

krebskrank *adj* больно́й ра́ком

Krebsoperation <-, -en> *f* опера́ция *ж* по удале́нию ра́ка

Krebsvorsorge <-> *f* иссле́дования *ср мн*, спосо́бствующие ра́ннему выявле́нию ра́ка

Kredit [kre'di:t] <-(e)s, -e> *m* **1.** *(Anleihe, Darlehen, Zahlungsaufschub)* креди́т *м;* **einen ~ aufnehmen** брать креди́т; **befristeter ~** сро́чный креди́т; **begrenzter ~** ограни́че́нный креди́т; **jdm einen ~ gewähren** предоставля́ть кому́-л. креди́т; **kurzfristiger ~** краткосро́чный креди́т; **langfristiger ~** долгосро́чный креди́т; **einen ~ sperren** блоки́ровать креди́т; **einen ~ tilgen** погаша́ть креди́т; **einen ~ überziehen** перерасхо́довать креди́т; **unbefristeter ~** бессро́чный креди́т; **einen ~ verlängern** продлева́ть креди́т; **ein zinsloser ~** беспроце́нтный креди́т; **einen ~ zurückzahlen** погаша́ть креди́т; **auf ~** в креди́т; **auf ~ kaufen** покупа́ть в креди́т **2.** ÖKON *(Vertrauen in die Kreditwürdigkeit)* комме́рческое дове́рие *ср,* ве́ра *ж* в кредитоспосо́бность

Kreditbrief *m* FIN креди́тное письмо́ *ср*

Kreditfähigkeit <-> *f* кредитоспосо́бность *ж*

Kredithai <-s, -e> *m* ростовщи́к *м*

Kreditinstitut <-(e)s, -e> *nt* креди́тный институ́т *м*

Kreditkarte <-, -n> *f* креди́тная ка́рточка *ж*

Kreditlaufzeit <-, -en> *f* срок *ж* креди́та

Kreditwürdigkeit <-> *f* кредитоспосо́бность *ж*

Kreditzinsen <-> *pl* проце́нты *мн* за креди́т

Kreide ['kraɪdə] <-, -n> *f* мел *м,* мело́к *м;* **bei jdm tief in der ~ stehen** *umg (bei jdm viele Schulden haben)* кре́пко задолжа́ть кому́-л.

kreidebleich ['- -'-] *adj* бе́лый как мел

kreideweiß *adj s.* **kreidebleich**

Kreidezeit <-> *f* GEOL мелова́я форма́ция *ж,* мелово́й перио́д *м*

kreieren *vt* создава́ть, -да́ть *св*

Kreis [kraɪs] <-es, -e> *m* **1.** *(geometrische Figur)* круг *м;* **sich im ~ drehen** верте́ться в круг; **im ~ stehen** встать в круг **2.** *(Landkreis)* райо́н *м* **3.** *nur pl (gesellschaftliche ~e)* обще́ственные круги́ *мн* **4.** EL *(Stromkreis)* цепь *ж* **5.** *geh (Personenkreis)* круг *м* лиц; **weite ~e der Bevölkerung** широ́кие круги́ населе́ния; **sich im ~ bewegen** *fig* дви́гаться по кру́гу; **im Kreise von Freunden/seiner Familie** в кругу́ друзе́й/семьи́; **eine Feier im kleinen/engen Kreise** пра́здник в у́зком кругу́

kreischen ['kraɪʃən] *vi* визжа́ть *нсв*

Kreisel ['kraɪzəl] <-s, -> *m* **1.** *(Spielzeug)* юла́ *ж* **2.** PHYS гироско́п *м*

kreisen ['kraɪzən] *vi* кружи́ть *нсв,* кружи́ться *нсв; (Satellit)* враща́ться *нсв;* **seine Gedanken kreisten dauernd um dieses Thema** его́ мы́сли постоя́нно верте́лись вокру́г э́той те́мы

kreisförmig ['kraɪsfœrmɪç] *adj* кругообра́зный

Kreislauf <-(e)s> *m* циркуля́ция *ж; (Blutkreislauf)* кровообраще́ние *ср*

Kreislaufkollaps <-es, -e> *m* сосу́дистый ко́ллапс *м*

Kreislaufstörung <-, -en> *f* наруше́ние *ср* кровообраще́ния

Kreissäge <-, -n> *f* ди́сковая пила́ *ж*

Kreißsaal ['kraɪsza:l] <-(e)s, -säle> *m* роди́льная пала́та *ж*

Kreisstadt <-, -städte> *f* райо́нный центр *м*

Kreisumfang *m* длина́ *ж* окру́жности

Kreisverkehr <-s> *m* кругово́е движе́ние *ср*

Krematorium [krema'to:riʊm] <-s, Krematorien> *nt* кремато́рий *м*

Kreme <-> *f* крем *м*

kremig *adj* кре́мовый

Kreml ['kre:m(ə)l] <-(s)> *m* **der ~** Кремль *м*

Krempe ['krɛmpə] <-, -n> *f* поля́ *ср мн* шля́пы

Krempel ['krɛmpəl] <-s> *m pej* хлам *м*

krepieren [kre'pi:rən] *vi (verenden)* околева́ть, -ле́ть *св*

Krepp[RR] [krɛp] <-s, -s *o* -e> *m (Gewebe)* креп *м*

Krepppapier[RR] <-(e)s> *nt* кре́повая бума́га *ж*

Kresse ['krɛsə] <-> *f* клопо́вник *м*

Kreta ['kre:ta] *nt* Крит; **auf ~** на Кри́те

Kreuz[1] [krɔɪts] <-es, -e> *nt* **1.** *(allg)* крест *м;* **das Rote ~** Кра́сный крест **2.** *(Kartenfarbe)* тре́фы *жмн* **3.** ANAT кресте́ц *м,* поясни́ца *ж;* **jdn aufs ~ legen** *fig* положи́ть кого́-л. на лопа́тки; **das ~ des Südens** Ю́жный Крест; **sein ~ tragen** нести́ свой крест **4.** MUS дие́з *м*

Kreuz[2] [krɔɪts] <-es> *nt ohne pl (Leid)* страда́ние *ср*

kreuz [krɔɪts] *adv* **~ und quer** вдоль и поперёк

kreuzen **I.** *vt* скре́щивать, скрести́ть *св;* **die Klingen mit jdm ~** скрести́ть с ке́м-л. шпа́ги; **die Arme ~** скрести́ть ру́ки **II.** *vr* **sich ~** *(Wege)* пересека́ться, -се́чься *св* **III.** *vi* MAR крейси́ровать *нсв*

Kreuzfahrt <-, -en> *f* **1.** *(Kreuzzug)* кресто́-

вый похóд *м* **2.** MAR круи́з *м*
Kreuzfahrtschiff <-(e)s, -e> *nt* парохóд *м*, предназна́ченный для круи́зов
Kreuzfeuer <-s> *nt* перекрёстный огóнь *м;* **ins ~ der Kritik geraten** попа́сть под перекрёстный огóнь кри́тики
kreuzigen [ˈkrɔɪtsɪgən] *vt* распя́ть *св*, -пина́ть *нсв*
Kreuzigung <-, -en> *f* распя́тие *ср*
Kreuzotter <-, -n> *f* гадю́ка *ж* обыкновéнная
Kreuzreim <-(e)s, -e> *m* LIT перекрёстная ри́фма *ж*
Kreuzung <-, -en> *f* **1.** *(von Straßen)* перекрёсток *м* **2.** BIO *(Vorgang)* скрéщивание *ср* **3.** BIO *(Ergebnis)* гибри́д *м*
Kreuzungspunkt <-(e)s, -e> *m* мéсто *ср* пересечéния
Kreuzverhör *nt* перекрёстный допрóс *м;* **jdn ins ~ nehmen** провести́ перекрёстный допрóс
Kreuzweg *m* **1.** *(Kreuzung)* перекрёсток *м;* **am ~ stehen** стоя́ть на перекрёстке **2.** REL путь Христа́ к Голгóфе
kreuzweise *adv* крéстиком
Kreuzworträtsel <-s, -> *nt* кроссвóрд *м*
Kreuzzug <-(e)s, -züge> *m* крестóвый похóд *м*
kribbelig *adj fam* неспокóйный; **ich habe so ein kribbeliges Gefühl im Bauch** у меня́ такóе стра́нное ощущéние в животé
kribbeln [ˈkrɪbəln] *vi (jucken)* зудéть *нсв*, чеса́ться *нсв*
kribblig [ˈkrɪblɪç] *adj s.* **kribbelig**
Kricket <-s> *nt ohne pl* SPORT кри́кет *м*
kriechen [kriːçən] <kroch, gekrochen> *vi* пóлзать *нсв; umg (unterwurfig sein)* пресмыка́ться *нсв* перед кем-л.
Kriecher <-s, -> *m pej, umg* подхали́м *м*, лизоблю́д *м*
Kriechspur <-, -en> *f (auf Autobahnen)* полоса́ *ж* замéдленного движéния
Krieg [kriːk] <-(e)s, -e> *m* война́ *ж;* **mit jdm ~ führen** вести́ войну́ с кем-л.; **sich mit jdm im ~ befinden** быть в состоя́нии войны́ с кем-л.; **jdm/etw** *dat* **den ~ erklären** объяви́ть комý-л./чемý-л. войну́; **in den ~ ziehen** пойти́ на войну́; **~ führen gegen jdn** воева́ть с кем-л.
kriegen [ˈkriːgən] **I.** *vt fam* **1.** *(bekommen)* получа́ть, -чи́ть *св;* **ein Kind ~** роди́ть ребёнка; **wie viel ~ Sie?** скóлько с меня́?; **einen Schreck ~** испуга́ться; **Besuch ~** приня́ть гостéй; **du kriegst es gleich mit mir zu tun!** ты у меня́ полýчишь! **2.** *(ergreifen)* **wenn ich dich kriege!** ты у меня́ уви́дишь! **II.** *vr* **sich ~** *fam* **1.** *(heiraten)* пожени́ться **2.** *(sich streiten)* **sich in die Haare ~** поскандáлить
Krieger(in) [ˈkriːgɐ] <-s, -; -nen> *m(f)* боéц *м*, вóин *м*
kriegerisch [ˈkriːgərɪʃ] *adj* вои́нственный; **~e Auseinandersetzung** воéнный конфли́кт *м*
Kriegsbeil *nt* томагáвк *м;* **das ~ begraben** *fig* зары́ть томагáвк
Kriegsdienstverweigerer <-s, -> *m* откáзывающийся *м* от воéнной слýжбы
Kriegsfilm *m* боеви́к *м*
Kriegsflüchtling <-s, -e> *m* бéженец *м* войны́
Kriegsfuss *m* **mit jdm auf ~ stehen** *umg* враждовáть с кéм-л.
Kriegsgefangene(r) <-n, -n> *m* военноплéнный *м*
Kriegsgefangenschaft <-> *f* плен *м;* **in ~ geraten** попáсть в плен
Kriegsgericht <-(e)s, -e> *nt* воéнный трибунáл *м;* **jdn wegen etw vors ~ stellen** отпрáвить когó-л. за что-л. под трибунáл
Kriegspartei <-, -en> *f* вою́ющая сторонá *ж*
Kriegsschauplatz <-es, -plätze> *m* теáтр *м* воéнных дéйствий
Kriegsschiff <-(e)s, -e> *nt* воéнный корáбль *м*
Kriegsverbrechen <-s, -> *nt* воéнное преступлéние *ср*
Kriegsverbrecher <-s, -> *m* воéнный престýпник *м*
Kriegsversehrte(r) <-n, -n> *f(m)* инвали́д *м*
Kriegsveteran <-en, -en> *m* ветерáн *м* войны́
Krim <-> *f* Крым *м*
Krimi [ˈkrɪmi] <-s, -s> *m umg* детекти́в *м*
Kriminalbeamte(r) <-n, -n> *f(m)* сотрýдник *м* уголóвного рóзыска
Kriminalfilm *m* криминáльный фильм *м*
Kriminalistik [kriminaˈlɪstɪk] <-> *f* криминали́стика *ж*
Kriminalität [kriminaliˈtɛːt] <-> *f* **1.** *(Verbrechertum)* престýпность *ж* **2.** *(Verbrechensrate)* ýровень *м* престýпности
Kriminalpolizei <-> *f* уголóвный рóзыск *м*
Kriminalroman <-s, -e> *m* детекти́в *м*, детекти́вный ромáн *м*
kriminell [krimiˈnɛl] *adj* криминáльный, уголóвный
Kriminelle(r) <-n, -n> *f(m)* уголóвный престýпник *м*
Kringel <-s, -> *m (Gebäck)* пóнчик *м*
Kripo [ˈkriːpo] *abk von* **Kriminalpolizei** УГРО *м*
Krippe [ˈkrɪpə] <-, -n> *f (Kinderkrippe, Futterkrippe)* я́сли *мн*
Krise [ˈkriːzə] <-, -n> *f* кри́зис *м;* **allgemeine ~** óбщий кри́зис; **gravierende ~** тяжёлый кри́зис; **eine ~ heraufbeschwören** вызывáть кри́зис; **in eine ~ hineinschlittern** вползáть в полосý кри́зиса; **eine ~ über-**

Kritik äußern

• kritisieren, negativ bewerten	• Критика, негативная оценка
Das gefällt mir gar nicht.	Мне это вовсе не нравится.
Das sieht aber nicht gut aus.	Это выглядит некрасиво.
Das hätte man aber besser machen können.	Это можно было сделать лучше.
Dagegen lässt sich einiges sagen.	Следует отметить несколько важных моментов.
Da habe ich so meine Bedenken.	У меня на этот счет есть сомнения.
• missbilligen	• Неодобрение
Das kann ich nicht gutheißen.	Я не могу одобрить этого.
Das finde ich gar nicht gut von dir.	Это тебе не к лицу.
Da bin ich absolut dagegen.	Я категорически против этого.

stehen выде́рживать кри́зис

kriseln ['kri:zəln] *vt* **es kriselte heftig** *umg* был си́льный кри́зис

krisenanfällig *adj* подве́рженный кри́зисам

Krisengebiet <-(e)s, -e> *nt* райо́н *м* кри́зиса

Krisenmanagement <-s> *nt* управле́ние *ср* в усло́виях кри́зиса

Krisensitzung <-, -en> *f* заседа́ние *ср* в свя́зи с кри́зисом

Krisenstab <-(e)s, -stäbe> *m* штаб *м* по преодоле́нию кри́зиса

Kristall [krɪs'tal] <-(e)s, -e> *m* криста́лл *м*

kristallklar *adj* о́чень я́сный

Kriterium [kri'te:riʊm] <-s, Kriterien> *nt* **1.** *(allg)* крите́рий *м* **2.** SPORT го́нки *ж мн,* соревнова́ние *ср*

Kritik [kri'ti:k, kri'tɪk] <-, -en> *f* **1.** *(allg)* кри́тика *ж;* **an jdm/etw** *dat* **~ üben** критикова́ть кого́-л./что-л. **2.** *(Rezension)* реце́нзия *ж* **3.** *(die Kritiker)* кри́тики *мн;* **ins Kreuzfeuer der ~ geraten** попа́сть под перекрёстный ого́нь кри́тики; **unter aller ~** *umg* э́то ни́же вся́кой кри́тики

Kritiker(in) ['kri:tikɐ] <-s, -> *m(f)* кри́тик *м*

kritiklos *adj* некрити́ческий, некрити́чный

kritisch ['kri:tɪʃ] *adj* крити́ческий, крити́чный; **unsere Lage ist ~** на́ше положе́ние крити́ческое; **etw ~ prüfen** проверя́ть что-л. крити́чески; **~e Bemerkungen** крити́ческие замеча́ния; **es wird ~** ситуа́ция крити́ческая

kritisieren [kriti'zi:rən] **I.** *vt (Bücher)* рецензи́ровать, про- *св;* **er hat an allem etwas zu ~** он всех критику́ет **II.** *vi* критикова́ть *нсв*

Kritzelei [krɪts̮ə'laɪ] <-en> *f* кара́кули *мн*

kritzeln ['krɪtsəln] **I.** *vt* цара́пать, на- *св,* писа́ть, на- *св* **II.** *vi* цара́пать, на- *св* неразбо́рчиво

Kroate [kro'a:tə] <-n, -n> *m* хорва́т *м*

Kroatien [kro'a:tsiən] <-s> *nt* Хорва́тия *ж*

Kroatin [kro'a:tin] <-, -nen> *f* хорва́тка *ж*

kroch [krɔx] *prät von* **kriechen**

Krokant [kro'kant] <-s> *m ohne pl* грилья́ж *м*

Krokette [kro'kɛtə] <-n> *f* GASTR кроке́ты *мн*

Krokodil [kroko'di:l] <-s, -e> *nt* крокоди́л *м*

Krokodilsträne *f fam* крокоди́ловы слёзы *мн*

Krokus [kro:kʊs] <-, -se> *m* кро́кус *м*

Krone ['kro:nə] <-, -n> *f* **1.** *(des Königs)* коро́на *ж* **2.** *(Zahnkrone)* коро́нка *ж* **3.** *(eines Baumes)* кро́на *ж;* **das setzt doch wirklich allem die ~ auf!** э́то перехо́дит вся́кие грани́цы!; **einen in der ~ haben** *umg (angetrunken sein)* быть под му́хой

krönen ['krœ:nən] *vt* короно́вать *нсв/св;* **jdn zum König ~** короно́вать кого́-л. на ца́рство; **vom Erfolg gekrönt sein** *fig* увенча́ться успе́хом

Kronkorken <-s, -> *m* кро́нчатый колпачо́к *м*

Kronleuchter <-s, -> *m* лю́стра *ж*

Kronprinz <-en, -en> *m* насле́дный при́нц *м*

Kronprinzessin <-, -nen> *f* супру́га *ж* кронпри́нца

Krönung ['krœnʊŋ] <-, -en> *f* **1.** *(eines Königs)* короно́вание *ср,* корона́ция *ж* **2.** *fig (Höhepunkt)* вене́ц *м*

Kronzeuge <-n, -n> *m* гла́вный свиде́тель *м;* **als ~ auftreten** выступа́ть в ка́честве гла́вного свиде́теля

Kropf [krɔpf] <-(e)s, Kröpfe> *m* **1.** *(einer Taube)* зоб *м* **2.** MED базе́дова боле́знь *ж,* зоб *м*

Kröte ['krœ:tə] <-, -n> *f* жа́ба *ж;* **~n** ба́бки *мн*

Krücke ['krʏkə] <-, -n> *f (Gehhilfe)* клюка́ *ж,* па́лка *ж;* **an ~n gehen** ходи́ть на костыля́х

Krug [kru:k] <-(e)s, Krüge> *m* кувши́н *м; (Bier~)* кру́жка *ж*

Krümel ['kry:məl] <-s, -> *m* кро́шка *ж*

krümeln *vi* кроши́ться, рас- *св; (beim Essen)* кроши́ть, на- *св,* сори́ть, на- *св*

krumm [krʊm] *adj* **1.** *(allg)* криво́й; **keinen Finger für jdn ~ machen** *umg* не пошевели́ть па́льцем ра́ди кого́-л.; **sich ~ und schief lachen** *umg* смея́ться до упа́ду **2.** *(verbogen)* изо́гнутый **3.** *(unrechtmäßig)* нече́стный; **etw auf die ~e Tour machen** *umg* де́лать что-л. нече́стным путём

krümmen [ˈkrʏmən] **I.** *vt* сгиба́ть, согну́ть *св;* **er krümmt ihnen kein Haar** он до вас не дотро́нется **II.** *vr* **sich ~ 1.** *(Straße, Fluss)* извива́ться *нсв,* петля́ть *нсв* **2.** *(Wurm)* извива́ться *нсв;* **sich vor Schmerzen ~** ко́рчиться от бо́ли; **er krümmte sich vor Lachen** он покати́лся со́ смеху

krumm|lachen *vr* **sich ~** покати́ться со́ смеху

krumm|nehmen[RR] *vt umg* обижа́ться, оби́деться *св;* **jdm etw ~** оби́деться на кого́-л. за что-л.

Krümmung [ˈkrʏmʊŋ] <-, -en> *f (Biegung)* изги́б *м,* поворо́т *м*

Krüppel [ˈkrʏpəl] <-s, -> *m* кале́ка *м;* **jdn zum ~ schlagen** искале́чить кого́-л.

Kruste [ˈkrʊstə] <-, -n> *f* **1.** *(allg)* ко́рка *ж; (des Bratens)* ко́рочка *ж* **2.** MED струп *м*

Krustentier *nt* ZOOL ракообра́зные *мн*

Kruzifix [ˈkruːtsifɪks, krutsiˈfɪks] <-es, -e> *nt* распя́тие *ср*

Krypta [ˈkrʏpta] <-> *f* кри́пта *ж*

KSZE [kaːʔɛstsɛtˈʔeː] *abk von* **Konferenz für Sicherheit und Zusammenarbeit in Europa** Совеща́ние *ср* по безопа́сности и сотру́дничеству в Евро́пе, СБСЕ

Kuba [ˈkuːba] <-s> *nt* Ку́ба *ж*

Kubaner(in) [kuˈbaːnɐ] <-s, -> *m(f)* куби́нец *м,* куби́нка *ж*

kubanisch *adj* куби́нский

Kübel [ˈkyːbəl] <-s, -> *m (Eimer)* ведро́ *ср,* бадья́ *ж;* **es gießt wie aus ~n** льёт как из ведра́

Kubikzentimeter <-s, -> *m* куби́ческий сантиме́тр *м*

Kubismus [kuˈbɪsmʊs] <-> *m* куби́зм *м*

kubistisch *adj* куби́сткий

Küche [ˈkʏçə] <-, -n> *f* **1.** *(Raum, Kochkunst)* ку́хня *ж* **2.** *fig (Essen, Speisen)* пи́ща *ж,* еда́ *ж*

Kuchen [ˈkuːxən] <-s, -> *m* пиро́жное *ср,* пиро́г *м*

Küchenchef <-s, -s> *m* шеф *м* - по́вар *м*

Kuchenform <-, -en> *f* фо́рма *ж* для вы́печки пирого́в

Küchenmaschine <-, -n> *f* ку́хонный комба́йн *м*

Küchenmesser <-s, -> *nt* ку́хонный нож *м*

Küchenschabe *f* ZOOL тарака́н *м*

Küchenschrank <-(e)s, -schränke> *m* ку́хонный буфе́т *м*

Kücken [ˈkʏkən] <-s, -> *nt Österr* цыплёнок *м*

Kuckuck [ˈkʊkʊk] <-s, -e> *m* **1.** ZOO куку́шка *ж* **2.** *umg (Pfandsiegel)* печа́ть *ж* суде́бного исполни́теля; **zum ~ noch mal!** *umg* чёрт побери́!; **(das) weiß der ~** *umg* чёрт его́ зна́ет

Kuckucksuhr *f* часы́ *мн* с куку́шкой

Kufe [ˈkuːfə] <-, -n> *f (des Schlittens)* по́лоз *м,* поло́зья *мн*

Kugel [ˈkuːgəl] <-, -n> *f* шар *м; (Geschoss)* пу́ля *ж;* **sich eine ~ durch den Kopf jagen** пусти́ть себе́ пу́лю в лоб; **eine ruhige ~ schieben** *umg* рабо́тать не напряга́ясь

kugelförmig *adj* кру́глый

Kugelhagel <-s> *m* град *м* пуль

Kugelkopfschreibmaschine <-, -n> *f* пи́шущая маши́нка *ж* с шарово́й голо́вкой

Kugellager <-s, -> *nt* шарикоподши́пник *м*

kugelrund [ˈkuːgəlˈrʊnt] *adj* кру́глый как шар; *(wohlgenährt und dick)* по́лный, то́лстый

Kugelschreiber <-s, -> *m* ша́риковая ру́чка *ж*

Kugelschreibermine <-, -n> *f* сте́ржень *м* для ша́риковой ру́чки

kugelsicher *adj* пуленепробива́емый; **kugelsichere Weste** бронежиле́т *м*

Kugelstoßen <-s> *nt* толка́ние *ср* ядра́

Kuh [kuː] <-, Kühe> *f* коро́ва *ж;* **heilige ~** свяще́нная коро́ва

Kuhfladen *m* коро́вий наво́з *м*

Kuhhaut *f* **das geht auf keine ~** *umg* э́то уму́ непостижи́мо

kühl [kyːl] *adj* **1.** *(Wetter)* прохла́дный, холо́дный; **bitte ~ lagern** храни́ть в прохла́дном ме́сте; **einen kühlen Kopf bewahren** мы́слить тре́зво; **mir ist ~** мне хо́лодно; **für die Jahreszeit ist es zu ~** для э́того вре́мени го́да сли́шком хо́лодно **2.** *fig* тре́звый, холо́дный **3.** *(abweisend)* сде́ржанный, холо́дный

Kühlanlage <-, -n> *f* холоди́льная устано́вка *ж*

Kühlbox *f* холоди́льная коро́бка *ж*

Kühle [ˈkyːlə] <-> *f* **1.** *(Wetter)* прохла́да *ж,* све́жесть *ж* **2.** *(Abweisung)* сде́ржанность *ж,* хо́лодность *ж*

kühlen [ˈkyːlən] **I.** *vt* охлажда́ть, -лади́ть *св;* **Sekt ~** охлади́ть шампа́нское **II.** *vi (Kühle verbreiten)* холоди́ть *нсв;* **das Wasser kühlt** вода́ холоди́т

kühlend *adj* охлажда́ющий, холодя́щий

Kühler <-s, -> *m* радиа́тор *м*

Kühlergrill *m* решётка *ж* радиа́тора

Kühlerhaube <-, -n> *f* капо́т *м* радиа́тора

Kühlflüssigkeit <-, -en> *f* охлажда́ющая жи́дкость *ж*

Kühlhaus <-es, -häuser> *nt* холоди́льник *м*

Kühlrippen *pl* TECH рёбра *мн* охлажде́ния

Kühlschrank <-(e)s, -schränke> *m* холоди́льник *м*

Kühlsystem <-s, -e> *nt* систе́ма *ж* охлажде́ния

Kühltasche <-, -n> *f* су́мка *ж* – холоди́льник

Kühltruhe *f* морози́льник *м,* морози́лка *ж*

Kühlturm <-(e)s, -türme> *m* гради́рня *ж,* охлади́тельная ба́шня *ж*

Kühlung <-en> *f* охлажде́ние *ср*

Kühlwagen <-s, -> *m* автомоби́ль *м* - рефрижера́тор

Kühlwasser <-s> *nt* охлажда́ющая вода́ *ж*

Kuhmilch *f* коро́вье молоко́ *ср*

Kuhmist *m* коро́вий наво́з *м*

kühn [ky:n] *adj* сме́лый, риско́ванный; **das habe ich in meinen ~sten Träumen nicht zu hoffen gewagt** я не сме́л на э́то наде́яться да́же в свои́х са́мых сме́лых мечта́х

Kühnheit <-> *f* сме́лость *ж*

Kuhstall <-(e)s, -ställe> *m* коро́вник *м*

Küken ['ky:kən] <-s, -> *nt* цыплёнок *м*

kulant [ku'lant] *adj* любе́зный, предупреди́тельный, обходи́тельный

Kulanz [ku'lants] <-> *f* обходи́тельность *ж,* услу́жливость *ж*

Kuli[1] ['ku:li] <-s, -s> *m (Lastträger)* ку́ли *м,* батра́к *м*

Kuli[2] ['ku:li] <-s, -s> *m umg (Kugelschreiber)* ша́риковая ру́чка *ж*

kulinarisch [kuli'na:rɪʃ] *adj* кулина́рный

Kulisse [ku'lɪsə] <-, -n> *f* THEAT кули́сы *мн;* **einen Blick hinter die ~n werfen** *fig* загляну́ть за кули́сы

kullern ['kʊlɐn] *vi (Tränen)* кати́ться *нсв,* по- *св*

Kult [kʊlt] <-(e)s, -e> *m* культ *м*

Kultfigur <-, -en> *f известная ли́чность, в кото́рой мно́гие ви́дят я́ркое выраже́ние со́бственного мироощуще́ния, со́бственных жела́ний и представле́ний*

kultisch *adj* ку́льтовый

kultivieren [kʊlti'vi:rən] *vt* культиви́ровать *нсв*

kultiviert [kʊlti'vi:ɐt] *adj* культиви́рованный; *(verfeinert, anspruchsvoll)* изы́сканный, утончённый

Kultivierung <-en> *f* выра́щивание *ср*

Kultur [kʊl'tu:ɐ] <-, -en> *f* культу́ра *ж*

Kulturbanause *m,* **Kulturbanausin** *f abw* культу́рный неве́жда *м*

Kulturbeutel <-s, -> *m* су́мочка *ж* для туале́тных принадле́жностей

Kulturdenkmal <-s, -denkmäler> *nt* па́мятник *м* культу́ры

kulturell [kʊltu'rɛl] *adj* культу́рный

Kulturgeschichte <-> *f* исто́рия *ж* культу́ры

Kulturlandschaft <-, -en> *f* культу́рный ландша́фт *м*

Kulturpflanze <-, -n> *f* культу́рное расте́ние *ср*

Kulturwissenschaft <-, -en> *f* культурове́дение *ср*

Kulturzentrum <-s, -zentren> *nt* культу́рный центр *м*

Kultusminister(in) ['kʊltʊsminɪstɐ] <-s, -> *m(f)* мини́стр *м* культу́ры

Kultusministerium <-s, -ministerien> *nt* министе́рство *ср* культу́ры

Kümmel ['kʏməl] <-s, -> *m* **1.** *(Gewürz)* тмин *м* **2.** *(Kümmelbranntwein)* тми́нная во́дка *ж*

Kummer ['kʊmɐ] <-s> *m* **1.** *(Betrübnis)* огорче́ние *ср,* печа́ль *ж;* **vor ~ nicht schlafen können** быть не в состоя́нии спать от го́ря **2.** *(Ärger)* огорче́ние *ср;* **jdm ~ bereiten** доста́вить кому́-л. огорче́ние **3.** *(Sorge)* трево́га *ж;* **der ~ um jdn** тоска́ о ком-л.

kümmerlich ['kʏmɐlɪç] *adj* **1.** *(karg, armselig)* жа́лкий, убо́гий **2.** *(schwächlich)* хи́лый; **eine ~e Gestalt** хи́лая фигу́ра *ж* **3.** *(ungenügend)* недоста́точный; **ein ~es Ergebnis** плохо́й результа́т *м;* **ein ~er Rest** ску́дный оста́ток *м*

kümmern ['kʏmɐn] **I.** *vt (betreffen)* каса́ться, косну́ться *св;* **das kümmert mich nicht** э́то меня́ не каса́ется **II.** *vr* **sich ~ 1.** *(sorgen)* беспоко́иться, по- *св,* забо́титься, по- *св;* **sich um jdn ~** забо́титься о ко́м-л.; **ich kümmere mich um die Kinder** я позабо́чусь о де́тях **2.** *(sich befassen)* занима́ться, -ня́ться *св;* **~ Sie sich um Ihre eigenen Angelegenheiten** занима́йтесь свои́ми дела́ми; **sich darum ~, dass ...** позабо́титься о том, что́бы ...; **er kümmert sich nicht darum, was die Leute denken** его́ не интересу́ет, что други́е лю́ди ду́мают

Kümmernis <-ses, -se> *nt geh* забо́та *ж;* *(Kummer)* огорче́ние *ср*

Kumpan [kʊm'pa:n] <-s, -e> *m* соуча́стник *м*

Kumpel ['kʊmpəl] <-s, -(s)> *m* **1.** *umg (Freund)* прия́тель *м* **2.** BERGB горня́к *м*

Kumys, Kumyss <-> *m (Getränk aus gegorener Stutenmilch)* кумы́с *м*

Kunde ['kʊndə] <-n, -n> *m* клие́нт *м;* **~n abwerben** перема́нивать клие́нтов; **~n gewinnen** привлека́ть клие́нтов; **um ~n werben** боро́ться за клие́нтов

Kundenberater(in) <-s, -> *m(f)* продаве́ц *м* - консульта́нт *м*

Kundendienst <-es> *m* **1.** *(Service)* се́рвис *м* **2.** *(Abteilung)* слу́жба *ж* се́рвиса

Kundenkredit <-(e)s> *m* потреби́тельский

K

креди́т *м*

Kundenkreis <-es, -e> *m* клиенту́ра *ж*, круг *м* покупа́телей

Kundennummer <-, -n> *f* ли́чный но́мер *м* клие́нта (фи́рмы посы́лочной торго́вли)

Kundenstock <-(e)s> *m österr (Kundenkreis)* клиенту́ра *ж*, круг *м* покупа́телей

Kundenwerbung <-> *f* привлече́ние *ср* клие́нтов

Kundgebung <-, -en> *f* манифеста́ция *ж*, демонстра́ция *ж*

kündigen ['kʏndɪgən] **I.** *vt* **1.** *(Vertrag)* расторга́ть, -то́ргнуть *св* **2.** *(bei einer Mitgliedschaft)* прекраща́ть, -крати́ть *св* **II.** *vi* **1.** *(vom Arbeitnehmer)* увольня́ться, уво́литься *св* **2.** *(vom Mieter)* отказа́ться, -ка́зываться *св* от кварти́ры **3.** *(vom Arbeitgeber aus)* увольня́ть, уво́лить *св* **4.** *(vom Vermieter aus)* отказа́ть *св*, -ка́зывать *нсв* квартира́нту **5.** *(bei einer Mitgliedschaft)* прекраща́ться, -крати́ться *св*

Kündigung <-, -en> *f* **1.** *(von Stellung)* увольне́ние *ср*; **fristlose ~** увольне́ние без предвари́тельного предупрежде́ния **2.** *(von Vertrag)* расторже́ние *ср*

Kündigungsfrist <-, -en> *f* **1.** *(von Stellung)* срок *м* для увольне́ния с рабо́ты **2.** *(von Vertrag)* срок *м* для расторже́ния догово́ра

Kündigungsgrund <-(e)s, -gründe> *m* основа́ние *ср* для расторже́ния трудово́го догово́ра

Kündigungsschreiben <-s, -> *nt* извеще́ние *ср* об увольне́нии

Kündigungsschutz <-es> *m* защи́та *ж* от необосно́ванного увольне́ния

Kundin ['kʊndɪn] <-, -nen> *f* клие́нтка *ж*

Kundschaft ['kʊnftɪç] <-, -en> *f* **1.** *(von Dienstleistungsbetrieb)* клиенту́ра *ж*, зака́зчики *мн* **2.** *(Nachricht)* информа́ция *ж*, сообще́ние *ср*

Kundschafter(in) <-s, -; -nen> *m(f) (Gesandter)* разве́дчик *м*; *(Spion)* шпио́н *м*

künftig ['kʏnftɪç] **I.** *adj* бу́дущий; **meine künftige Frau** моя́ бу́дущая супру́га **II.** *adv* в бу́дущем

Kunst [kʊnst] <-, Künste> *f* иску́сство *ср*; *(Geschick)* иску́сство *ср*, мастерство́ *ср*; **die ärztliche ~** враче́бное мастерство́; **die schönen Künste** изя́щные иску́сства; **die bildenden Künste** изобрази́тельные иску́сства; **eine brotlose ~** неблагода́рное заня́тие; **das ist keine ~** э́то не сто́ит труда́; **mit seiner ~ am Ende sein** быть бесси́льным

Kunstakademie <-, -n> *f* Акаде́мия *ж* иску́сств

Kunstausstellung *f* худо́жественная вы́ставка *ж*

Kunstdenkmal *nt* худо́жественная колле́кция *ж*

Kunstdruck <-(e)s, -e> *m* худо́жественная печа́ть *ж*

Kunstdünger <-s, -> *m* минера́льное удобре́ние *ср*

Kunstfaser <-, -n> *f* иску́сственное волокно́ *ср*

Kunstfehler <-s, -> *m* враче́бная оши́бка *ж*

Kunstgegenstand <-(e)s, -gegenstände> *m* предме́т *м* иску́сства

Kunstgeschichte <-> *f* исто́рия *ж* иску́сства

Kunstgewerbe <-s> *nt* прикладно́е иску́сство *ср*

Kunsthändler(in) *m(f)* торго́вец *м* худо́жественными произведе́ниями

Kunstharz <-es> *nt* синтети́ческая смола́ *ж*

Kunsthistoriker(in) <-s, -> *m(f)* искусствове́д *м*

Kunsthochschule <-, -n> *f* вы́сшее худо́жественное уче́бное заведе́ние *ср*

Kunstleder <-s> *nt* иску́сственная ко́жа *ж*

Künstler(in) ['kʏnstlɐ] <-s, -> *m(f)* **1.** *(Kunstschaffende(r))* арти́ст *м*, арти́стка *ж*, худо́жник *м*, худо́жница *ж* **2.** *fig (Könner)* уме́лец *м*, уме́лица *ж*

künstlerisch ['kʏnstlərɪʃ] *adj* худо́жественный

künstlich *adj* иску́сственный; *(synthetisch)* синтети́ческий; **sich ~ aufregen** *umg* быть взволно́ванным; **~e Befruchtung** иску́сственное оплодотворе́ние *ср*; **jdn ~ ernähren** иску́сственно пита́ть кого́-л.

Kunstsammlung *f* худо́жественная колле́кция *ж*

Kunstseide *f* иску́сственный шёлк *м*

Kunststoff <-(e)s, -e> *m* пластма́сса *ж*

Kunststück <-(e)s, -e> *nt* трюк *м*, фо́кус *м*

Kunstturnen <-s> *nt* спорти́вная гимна́стика *ж*

kunstvoll *adj* иску́сный

Kunstwerk <-(e)s, -e> *nt* произведе́ние *ср* иску́сства

kunterbunt ['kʊntɐ'bʊnt] *adj* **1.** *(vielfarbig)* пёстрый **2.** *(abwechslungsreich)* разнообра́зный

Kupfer ['kʊpfɐ] <-s> *nt* медь *ж*

Kupferdraht <-(e)s, -drähte> *m* ме́дная про́волока *ж*

kupferhaltig *adj* с содержа́нием ме́ди

kupfern ['kʊpfɐn] *adj* ме́дный

Kupferstich <-(e)s, -e> *m* **1.** *(das Kupferstechen)* гравирова́ние *ср* на ме́ди **2.** *(~karte etc)* гравю́ра *ж*, эста́мп *м*

Kupon [ku'pɔ̃:] <-s, -s> *m* тало́нчик *м*

Kuppe ['kʊpə] <-, -n> *f* **1.** *(Berg~)* закруглённая верши́на *ж* **2.** *(Finger~)* ко́нчик *м,* па́льца

Kuppel ['kʊpəl] <-, -n> *f* ку́пол *м*

Kuppelei [kʊpə'laɪ] <-, -en> *f* JUR сво́дничество *ср*

kuppeln ['kʊpəln] **I.** *vi* **1.** *(sich als Kuppler(in) betätigen)* своди́ть, свести́ *св,* сво́дничать *нсв* **2.** JUR сво́дничать *нсв* **3.** KFZ нажима́ть, -жа́ть *св* на сцепле́ние **II.** *vt* TECH *(verbinden)* сцепля́ть, -пи́ть *св,* стыко́вывать, -кова́ть *нсв/св*

Kuppler(in) <-s, -> *m(f)* сво́дник *м,* сво́дница *ж*

Kupplung ['kʊplʊŋ] <-, -en> *f* **1.** *(das Koppeln)* стыко́вка *ж* **2.** KFZ сцепле́ние *ср;* **die ~ treten** нажа́ть на сцепле́ние; **die ~ lösen** выключа́ть сцепле́ние **3.** TECH соедине́ние *ср,* му́фта *ж*

Kur [kuːɐ] <-, -en> *f* **1.** MED лече́ние *ср* **2.** *(für Haar)* сре́дство *ср* для лече́ния; **zur ~ fahren** пое́хать на лече́ние

Kür [kyːɐ] <-, -en> *f* произво́льная програ́мма *ж*

Kurbel ['kʊrbəl] <-, -n> *f* рукоя́тка *ж,* ру́чка *ж*

Kurbelwelle <-, -n> *f* KFZ коле́нчатый вал *м*

Kürbis ['kʏrbɪs] <-ses, -se> *m* ты́ква *ж*

Kurde ['kʊrdə] <-n, -n> *m,* **Kurdin** *f* курд *м*

kurdisch *adj* ку́рдский

Kurdistan ['kʊrdɪstaːn] <-s> *nt* Курдиста́н *м*

Kurgast <-es, -gäste> *m* куро́ртник *м*

Kurhotel <-s, -s> *nt* санато́рий *м*

Kurier [ku'riːɐ] <-s, -e> *m* курье́р *м*

Kurierdienst *m* курье́рская слу́жба *ж*

kurieren [ku'riːrən] *vt* лечи́ть *нсв*

kurios [kuri'oːs] *adj (seltsam)* стра́нный

Kuriosität [kuriozi'tɛːt] <-, -en> *f* **1.** *(einzelner Gegenstand)* ре́дкость *ж* **2.** *(Merkwürdigkeit)* стра́нность *ж*

Kurort <-(e)s, -e> *m* куро́рт *м*

Kurpfuscher(in) ['kuːɐpfʊʃɐ] <-s, -> *m(f) pej* шарлата́н *м,* шарлата́нка *ж*

Kurs [kʊrs] <-es, -e> *m* курс *м;* **einen harten ~ verfolgen** сле́довать жёсткому ку́рсу; **amtlicher ~** официа́льный курс; **den ~ drücken** понижа́ть курс; **fallender ~** па́дающий курс; **fester ~** твёрдый курс; **nomineller ~** номина́льный курс; **notierter ~** коти́рованный курс; **offizieller ~** официа́льный курс; **steigender ~** повыша́ющийся курс; **den ~ stützen** подде́рживать курс; **den ~ herabsetzen** понижа́ть курс; **einen ~ besuchen** посеща́ть ку́рсы; **vom ~ abkommen** отклони́ться от ку́рса; **~ nehmen auf** взять курс на; **den ~ wechseln** смени́ть курс; **auf ~ bleiben** приде́рживаться ку́рса

Kursanstieg <-(e)s, -e> *m* повыше́ние *ср* ку́рса

Kursbuch <-(e)s, -bücher> *nt* железнодоро́жный спра́вочник *м*

Kursdifferenz <-, -en> *f* BÖRSE ра́зница *ж* в ку́рсе

Kurseinbruch <-es, -einbrüche> *m* внеза́пное паде́ние *ср* ку́рса

Kursentwicklung <-, -en> *f* движе́ние *ср* ку́рса (на би́рже)

Kursgewinn <-(e)s, -e> *m* курсова́я при́быль *ж;* **einen ~ verzeichnen** име́ть курсову́ю при́быль

kursieren [kʊr'ziːrən] *vi* курси́ровать *нсв*

kursiv [kʊr'ziːf] *adj* курси́вный; **etw ~ schreiben** написа́ть что-л. курси́вом

Kursnotierung <-, -en> *hf* котиро́вка *ж* ку́рсов

Kursschwankung <-, -en> *f* колеба́ние *ср* в ку́рсе

Kursteilnehmer(in) <-s, -> *m(f)* слу́шатель *м* ку́рсов

Kursverfall <-> *m* паде́ние *ср* ку́рса

Kursverlust <-es, -e> *m* поте́ри *мн* от паде́ния ку́рсов

Kurtaxe <-, -n> *f* куро́ртный сбор *м*

Kurve ['kʊrvə] <-, -n> *f* **1.** *(von Straße)* поворо́т *м;* **die ~ schneiden** среза́ть у́гол на поворо́те **2.** MATH крива́я *ж;* **die ~ kratzen** *umg* смы́ться

kurz [kʊrts] **I.** *adj* **1.** *(räumlich und zeitlich)* коро́ткий; **ein kurzer Blick** мелько́м взгляну́ть; **ich will es ~ machen** я хочу́ ускори́ть де́ло [*или* бы́стро ко́нчить]; **in kürzester Zeit** бы́стро; **~ und schmerzlos** бы́стро и безболе́зненно; **ich bleibe nur für kurze Zeit** я оста́нусь ненадо́лго; **ich komme ~ vorbei** я зайду́ ненадо́лго; **kurze Hosen** шо́рты *мн;* **den Kürzeren ziehen** *fam* потерпе́ть неуда́чу **2.** *(rasch)* бы́стрый; **ich gehe ~ noch in die Stadt etw einkaufen** я схожу́ ещё бы́стро в го́род за поку́пками **II.** *adv* **1.** *(nicht lang, nicht weit)* ко́ротко **2.** *(für kurze Zeit)* ненадо́лго **3.** *(bündig)* кра́ткий; **mach's ~!** будь кра́ток!; **~ und bündig** ко́ротко и я́сно; **zu ~ kommen** быть в убы́тке; **sich ~ fassen** говори́ть лакони́чно; **~ und gut** коро́че говоря́; **binnen ~em** в ско́ром вре́мени; **vor ~em** неда́вно; **vor ~er Zeit** неда́вно; **seit ~em** с неда́вних пор; **über ~ oder lang** ра́но или по́здно; **~ und gut** коро́че говоря́; **etw ~ und klein schlagen** разнести́ что-л. на ме́лкие кусо́чки

Kurzarbeit <-> *f* непо́лный рабо́чий день *м*

kurzärmelig [kʊrtsɛrməlɪç] *adj* с коро́ткими рукава́ми

Kürze ['kʏrtsə] <-, -n> *f* **1.** *(allg)* непродолжи́тельность *ж;* **in ~** *(bald, demnächst)* вско́ре **2.** *(von Aufsatz, Bericht etc)* кра́ткость *ж,* сжа́тость *ж* **3.** *(Bündigkeit)* кра́ткость *ж;* **in aller ~** о́чень кра́тко; **in der ~ liegt**

K

die Würze кра́ткость – сестра́ тала́нта
kürzen ['kyrtsən] *vt* **1.** *(kürzer machen)* укора́чивать, -роти́ть *св* **2.** *(Text)* сокраща́ть, -крати́ть *св*
kürzer *adj kompar von* **kurz**
kurzerhand ['kʊrtsɐ'hant] *adv* **1.** *(ohne Umschweife)* без ли́шних церемо́ний **2.** *(auf der Stelle)* сра́зу, неме́дленно
Kurzfassung *f* кра́ткая ве́рсия *ж*
Kurzfilm *m* короткометра́жный фильм *м*
Kurzform <-, -en> *f* кра́ткая фо́рма *ж*
kurzfristig I. *adj* краткосро́чный **II.** *adv* **1.** *(ohne Ankündigung)* внеза́пный **2.** *(für kurze Zeit)* непродолжи́тельный; **~e Planung** краткосро́чное плани́рование *ср;* **~er Kredit** краткосро́чный креди́т *м*
Kurzgeschichte <-, -n> *f* коро́ткий расска́з *м*
kurz|halten[RR] *vt fig* не дава́ть, не дать *св* свобо́ды де́йствий, держа́ть в стро́гости *нсв*
kurzlebig *adj* недолгове́чный
kürzlich ['kyrtslɪç] *adv* неда́вно
Kurznachrichten *fpl* са́мые ва́жные но́вости *мн*
kurz|schließen <irr> **I.** *vt* сде́лать коро́ткое замыка́ние **II.** *vr* **sich ~** *fam* встре́титься с кем-л. ненадо́лго
Kurzschluss[RR] <-es, -schlüsse> *m*, **Kurzschluß**[Alt] <-sses, schlüsse> *m* **1.** ELEK коро́ткое замыка́ние *ср* **2.** *(falsche Schlussfolgerung)* непра́вильное заключе́ние *ср*
Kurzschlusshandlung[RR] <-, -en> *f* PSYCH де́йствие *ср* в состоя́нии аффе́кта
kurzsichtig *adj* близору́кий
Kurzsichtigkeit <-, -en> *f* **1.** *(schlechte Sehfähigkeit)* близору́кость *ж* **2.** *(kurzsichtiges Denken, Handeln)* недальнови́дность *ж*
Kurzstreckenflug *m* полёт *м* на коро́ткое расстоя́ние
Kurzurlaub <-(e)s, -e> *m* кратковре́менный о́тпуск *м*
Kurzwaren <-> *pl* галантере́йные това́ры *мн*
kurzweilig *adj* занима́тельный, развлека́тельный
Kurzwelle <-, -n> *f* коро́ткие во́лны *жмн*
Kurzzeitversuch <-(e)s, -e> *m* кратковре́менное испыта́ние *ср*
kuschelig ['kʊʃəlɪç] *adj* мя́гкий
kuscheln ['kʊʃəln] *vi* прижима́ться, -жа́ться *св*, ласка́ться, при- *св;* **sich an jdn ~** прильну́ть к кому́-л.
Kuscheltier <-(e)s, -e> *nt* мя́гкая игру́шка *ж*
Kusine [ku'zi:nə] <-, -n> *f* кузи́на *ж*
Kuss[RR] [kʊs] <-es, Küsse> *m*, **Kuß**[Alt] [kʊs] <-sses, Küsse> *m* поцелу́й *м;* **jdm einen ~ geben** поцелова́ть кого́-л.
küssen ['kysən] **I.** *vt* целова́ть, по- *св* **II.** *vr* целова́ться, по- *св*
Küste ['kystə] <-, -n> *f* побере́жье *ср;* **an der ~ entlangfahren** *(Schiff)* плыть вдоль бе́рега; *(am Land)* е́хать вдоль бе́рега
Küster ['kystɐ] <-s, -> *m* церко́вный слу́жка *м*, дьячо́к *м*
Kutsche ['kʊtʃə] <-, -n> *f* каре́та *ж; umg (Auto)* колыма́га *ж*
Kutscher <-s, -> *m* ку́чер *м*
kutschieren *vi, vt fam* вози́ть, везти́ *св;* **jdn nach Hause ~** отвезти́ кого́-л. домо́й; **jdn durch die Gegend ~** вози́ть кого́-л. по у́лицам
Kutte ['kʊtə] <-, -n> *f* ря́са *ж*
Kutteln ['kʊtəln] *pl* требуха́ *ж*
Kutter ['kʊtɐ] <-s, -> *m* MAR ка́тер *м*
Kuvert [ku've:ɐ̯] <-s, -s> *nt reg (Briefumschlag)* конве́рт *м*
Kuwait ['ku:vaɪt, ku'vaɪt] <-s> *nt* Куве́йт *м*
Kuwaiter(in) [ku'vaɪtɐ] <-s, -> *m(f)* жи́тель *м* Куве́йта
kuwaitisch [ku'vaɪtɪʃ, 'ku:vaɪtɪʃ] *adj* куве́йтский
kV *abk von* **Kilovolt** кВ *м*
kW *abk von* **Kilowatt** кВт *м*
KW PHYS, RADIO *abk von* **Kurzwelle** коро́ткие во́лны *мн*
Kwass *m* квас *м*
kWh PHYS, ELEK *abk von* **Kilowattstunde** килова́тт в час
Kybernetik [kybɛr'ne:tɪk] <-> *f* киберне́тика *ж*
kybernetisch *adj* кибернети́ческий
kyrillisch [ky'rɪlɪʃ] *adj* **~e Schrift** кири́ллица *ж*
KZ [ka:'tsɛt] *abk von* **Konzentrationslager** концентрацио́нный ла́герь *м*

L

L, l [ɛl] <-, -> *nt* бу́ква L
Label ['lɛɪbəl] <-s, -s> *nt* этике́тка *ж*, накле́йка *ж*
labial *adj* LING *(als Laut mit den Lippen gebildet)* губно́й
labil [la'bi:l] *adj* неусто́йчивый
Labilität [labili'tɛ:t] <-> *f* лаби́льность *ж*
Labor [la'bo:ɐ] <-s, -s> *nt* лаборато́рия *ж*
Laborant(in) [labo'rant] <-en, -en> *m(f)* лабора́нт *м*, лабора́нтка *ж*
Laboratorium [labora'to:riʊm] <-s, Laboratorien> *nt* лаборато́рия *ж*
Laborversuch <-(e)s, -> *m* лаборато́рный о́пыт *м*, лаборато́рное испыта́ние *ср*
Labyrinth [laby'rɪnt] <-(e)s, -e> *nt* лабири́нт *м*
Lache ['laxə] <-, -n> *f (Pfütze)* лу́жа *ж*
lächeln ['lɛçəln] *vi* улыба́ться, улыбну́ться *св*
Lächeln <-s> *nt ohne pl* улы́бка *ж*
lachen ['laxən] *vt* смея́ться над, по- *св*; **er hat nichts zu ~** ему́ не до сме́ха; **du hast gut ~** тебе́ легко́ говори́ть; **wer zuletzt lacht, lacht am besten** хорошо́ смеётся тот, кто смеётся после́дним; **jdn zum Lachen bringen** рассмеши́ть кого́-л.; **aus vollem Halse ~** гро́мко хохота́ть; **dass ich nicht lache!** *iron* ещё чего́!; **da gibt es nichts zu ~** в э́том нет ничего́ смешно́го; **mir ist durchaus nicht zum Lachen (zumute)** мне не смешно́
Lachen <-s> *nt ohne pl* смех *м*; **dir wird das ~ noch vergehen** ты у меня́ еще посмеёшься
lächerlich ['lɛçəlɪç] **I.** *adj* **1.** *(komisch)* смешно́й **2.** *(minimal, gering)* смехотво́рный; **ein ~er Preis** смехотво́рная цена́ *ж*; **sich vor jdm ~ machen** выставля́ть себя́ на посме́шище кому́-л.; **jdn ~ machen** поднима́ть на́ смех кого́-л. **II.** *adv* смешно́
Lachgas *nt* ра́йский газ *м*
lachhaft *adj* смешно́й
Lachs [laks] <-es, -e> *m* лосо́сь *м*
Lack [lak] <-(e)s, -e> *m* лак *м*; **farbloser ~** бесцве́тный лак
Lackabbeizmittel <-s, -> *nt* раствори́тель ла́ка *м*
Lackel <-s, -> *m österr (unbeholfener, tölpelhafter Mensch)* болва́н *м*, неуклю́жий челове́к *м*
lackieren [la'ki:rən] *vt* лакирова́ть, от- *св*
Lackierung <-en> *f* **1.** *(das Lackieren)* лакиро́вка *ж* **2.** *(Lack)* лак *м*
Lackleder <-s> *nt* лакиро́ванная ко́жа *ж*
Lackmuspapier <-(e)s> *nt* CHEM ла́кмусовая бума́га *ж*
Lackschuh <-es, -e> *m* лакиро́ванный боти́нок *м*; *(Frauen~)* лакиро́ванная ту́фля *ж*
Ladefläche <-> *f* погру́зочная площа́дка *ж*
Ladegerät <-(e)s, -e> *nt* EL заря́дное устро́йство *ср*
Ladekran <-(e)s, -kräne> *m* погру́зочный кран *м*
laden ['la:dən] <lud, geladen> *vt* **1.** *(Gäste)* приглаша́ть, -гласи́ть *св* **2.** JUR вызыва́ть, вы́звать *св* **3.** *(mit etw beladen)* грузи́ть, по- *св*; **die Koffer in das Auto ~** поста́вить чемода́ны в маши́ну; **die Koffer aus dem Auto ~** вы́нуть чемода́ны из маши́ны **4.** EL, PHYS *(auch Feuerwaffe)* заряжа́ть, -ряди́ть *св*; **Schuld auf sich ~** взять вину́ на себя́
Laden ['la:dən] <-s, -Läden> *m* **1.** *(Fensterladen)* ста́вень *м* **2.** *(Geschäft)* магази́н *м*; **den ~ dichtmachen** *umg* прикры́ть ла́вочку; **Schwung in den ~ bringen** *fam* разряди́ть обстано́вку
Ladenbesitzer(in) *m(f)* хозя́ин магази́на *м*
Ladendieb(in) *m(f)* магази́нный вор *м*
Ladenhüter <-s, -> *m* залежа́вшийся това́р *м*
Ladenkette <-, -n> *f* сеть *ж* магази́нов
Ladenöffnungszeiten <-> *pl* вре́мя *ср* рабо́ты магази́на
Ladenpreis <-es, -e> *m* магази́нная цена́ *ж*
Ladenschluss[RR] <-es> *m* вре́мя *ср* закры́тия магази́на; **nach/vor ~** по́сле закры́тия/до закры́тия магази́на
Ladentisch <-(e)s, -e> *m* прила́вок *м*
Laderampe <-, -n> *f* погру́зочная платфо́рма *ж*
lädieren *vt (beschädigen)* поврежда́ть, -вреди́ть *св*
Ladung <-, -en> *f* **1.** *(Ware)* груз *м* **2.** JUR *(Vorladung)* пове́стка *ж* в суд **3.** *(von Sprengstoff)* заря́д *м*
lag [la:k] *prät von* **liegen**
Lage ['la:gə] <-, -n> *f* **1.** *(Situation)* положе́ние *ср*, ситуа́ция *ж* **2.** *(Schicht)* слой *м* **3.** *(örtliche Verhältnisse)* расположе́ние *ср*; **Herr der ~ sein** быть хозя́ином положе́ния; **die ~ der Dinge** положе́ние веще́й; **jdn in die ~ versetzen, etw zu tun** дать кому́-л. возмо́жность сде́лать что-л.; **dazu bin ich nicht in der ~** я не в состоя́нии сдела́ть э́то; **ein Haus in günstiger ~** уда́чно располо́женный дом; **in ruhiger ~ wohnen** жить в ти́хом ме́сте; **versetz' dich doch einmal in meine ~** встань-ка на моё ме́сто; **der Ernst der ~**

серьёзность положе́ния

Lagebericht <-(e)s, -e> *m* отчёт *м* о состоя́нии дел

Lagebeurteilung <-, -en> *f* оце́нка *ж* обстано́вки

Lager ['la:gɐ] <-s, -> *nt* **1.** POL *(Unterkunft)* ла́герь *м;* **ins gegnerische ~ überlaufen** *fig* перейти́ в ла́герь проти́вника **2.** *(Lagerhaus)* склад *м;* **das ~ abbauen** сокраща́ть складски́е запа́сы; **das ~ auffüllen** пополня́ть складски́е запа́сы; **auf ~ halten** иметь на скла́де; **auf ~ legen** помеща́ть на склад; **auf ~ produzieren** производи́ть на склад; **das ~ räumen** освобожда́ть склад; **ab ~ verkaufen** продава́ть со скла́да **3.** *(Vorrat)* запа́с *м;* **etw auf ~ haben** *fig* име́ть что-л. в запа́се; **sie hat immer ein paar Witze auf ~** *fam* она́ всегда́ в хоро́шем настрое́нии **4.** KFZ, TECH подши́пник *м;* **ein ~ aufschlagen** разби́ть ла́герь; **das ~ abbrechen** сня́ться с ла́геря

Lagerabbau <-s> *m* сокраще́ние *ср* складски́х запа́сов

Lagerabgang <-(e)s, -abgänge> *m* измене́ние *ср* скла́дских запа́сов

Lagerbestand <-(e)s, -bestände> *m* складско́й запа́с *м*

Lagerfähigkeit <-> *f* TRANSP сохраня́емость *ж*

Lagerfeuer <-s, -> *nt* костёр *м*

Lagerhaltung <-> *f* склади́рование *ср*

Lagerhaltungskosten <-> *pl* изде́ржки *мн* на склади́рование

Lagerhaus <-es, -häuser> *nt* склад *м,* пакга́уз *м*

Lagerkosten <-> *pl* изде́ржки *мн* на склади́рование

lagern ['la:gɐn] **I.** *vt* **1.** *(hinlegen)* скла́дывать, сложи́ть *св* **2.** ÖKON *(auf Lager haben)* храни́ть *нсв* на скла́де; **kühl ~** храни́ть в холо́дном помеще́нии **II.** *vi* ÖKON *(im Lager sein)* храни́ться *нсв* на скла́де

Lagerplatz <-es, -plätze> *m* откры́тый склад *м,* складска́я площа́дка *ж; (um zu ubernachten)* ме́сто *ср* для разби́вки ла́геря

Lagerproduktion <-> *f* изготовле́ние *ср* на склад

Lagerraum *m* склад *м*

Lagerschein <-(e)s, -scheine> *m* складска́я распи́ска *ж*

Lagerstätte <-, -n> *f (von Bodenschätzen)* месторожде́ние *ср*

Lagerung <-, -en> *f* хране́ние *ср*

Lagune [la'gu:nə] <-, -n> *f* лагу́на *ж*

lahm [la:m] *adj* **1.** *(gelähmt)* парализо́ванный **2.** *(am Bein)* хромо́й **3.** *fig* вя́лый

lähmen ['lɛ:mən] *vt* парализова́ть *св;* **vor Schreck wie gelähmt sein** онеме́ть от у́жаса

lahm|legen[RR] *vt* парализова́ть *нсв*

Lähmung ['lɛ:mʊŋ] <-, -en> *f* парали́ч *м*

Laib [laɪp] <-(e)s, -e> *m* буха́нка *ж* хле́ба

Laich [laɪç] <-(e)s, -e> *m* икра́ *ж*

laichen *vi* нерести́ться *нсв,* мета́ть *нсв* икру́

Laichplatz <-es, -plätze> *m* нерести́лище *ср*

Laie ['laɪə] <-n, -n> *m* люби́тель *м; pej* дилета́нт *м;* **er ist in dieser Hinsicht ein völliger ~** он в э́том отноше́нии полне́йший профа́н

Laiendarsteller <-s, -> *m* актёр-люби́тель *м*

Laienspiel <-s> *nt* драмати́ческая худо́жественная самоде́ятельность *ж*

Lakai [la'kaɪ] <-en, -en> *m abw* лаке́й *м*

Laken ['la:kən] <-s, -> *nt (Betttuch)* простыня́ *ж*

lakonisch [la'ko:nɪʃ] *adj* лакони́чный; **eine ~e Antwort** лакони́чный отве́т

Lakritze [la'krɪtsə] <-> *f* лакри́ца *ж*

lallen ['lalən] *vt, vi* лепета́ть, про- *св;* **der Betrunkene lallt** у пья́ного язы́к заплета́ется

Lama ['la:ma] <-s, -s> *nt* ла́ма *ж*

Lamelle [la'mɛlə] <-, -n> *f* **1.** BOT спороно́сный слой *м* **2.** TECH то́нкая пласти́на *ж,* ламе́ль *ж*

lamentieren *vi (jammern)* жа́ловаться, по- *св*

Lametta [la'mɛta] <-s> *nt* сере́бряный дождь *м*

Lamm [lam] <-(e)s, Lämmer> *nt* ягнёнок *м*

Lammfell *nt* мерлу́шка *ж*

lammfromm ['-'-] *adj* кро́ткий как ове́чка

Lammkotelett *nt* GASTR отбивна́я *ж* из ягнёнка

Lampe ['lampə] <-, -n> *f* ла́мпа *ж; (Glühbirne)* (электри́ческая) ла́мпочка *ж*

Lampenfieber *nt fam* сцени́чная лихора́дка *ж*

Lampenschirm <-(e)s, -e> *m* абажу́р *м*

Lampion ['lampjɔŋ] <-s, -s> *m* лампио́н *м*

LAN <-s, -s> *nt* DV лока́льная вычисли́тельная сеть *ж,* ЛВС *ж*

Land [lant] <-(e)s, Länder> *nt* **1.** *(Staat)* страна́ *ж* **2.** *(im Gegensatz zur Stadt)* дере́вня *ж,* се́льская ме́стность *ж* **3.** *(Bundesland)* земля́ *ж* **4.** *(Festland)* су́ша *ж;* **auf dem ~ wohnen** жить в дере́вне; **am Wochenende aufs ~ fahren** пое́хать на выходны́е за́ город; **andere Länder, andere Sitten** *prov* ра́зные лю́ди, ра́зные обы́чаи; **drei Jahre gingen ins ~** *geh* прошло́ три го́да; **~ in Sicht!** на горизо́нте земля́!; **an ~ gehen** сойти́ на бе́рег; **etw an ~ ziehen** *fam* приобрести́ что-л.

Landarbeit *f* рабо́та *ж* в по́ле

Landarbeiter(in) *m(f)* крестья́нин *м*

Landbesitzer <-s, -> *m* землевладе́лец *м*

Landbevölkerung <-> *f* се́льское населе́ние *ср*
Landeanflug <-(e)s> *m* захо́д *м* на поса́дку
Landebahn <-, -en> *f* взлётно-поса́дочная полоса́ *ж*
Landeerlaubnis <-> *f* разреше́ние *ср* на поса́дку
landen ['landən] *vi* приземля́ться, -ли́ться *св,* соверша́ть, -ши́ть *св; fig (enden)* ока́зываться, -за́ться *св;* **im Gefängnis ~** оказа́ться в тюрьме́; **weich ~** сесть/приземли́ться мя́гко; **auf dem 5. Platz ~** вы́йти на пя́тое ме́сто
Landeplatz *m* **1.** AERO ме́сто *ср* поса́дки **2.** NAUT при́стань *ж*
Länderabkommen <-s> *f* междунаро́дное соглаше́ние *ср*
Länderspiel <-(e)s, -e> *nt* междунаро́дный матч *м*
Landesfachverband <-(e)s, -verbände> *m* земе́льное отраслево́е объедине́ние *ср*
Landesfarben *fpl (einer Nation)* национа́льные цвета́ *ммн*
Landesgrenze *f* грани́ца *ж*
Landeskunde <-> *f* странове́дение *ср*
Landesregierung <-, -en> *f (in der Bundesrepublik und Österreich)* прави́тельство *ср* земли́ *(прови́нции)*
Landessprache <-, -n> *f* национа́льный язы́к *м*
Landestrauer <-> *f* национа́льный тра́ур *м*
landesüblich *adj* (обще)при́нятый в (да́нной) стране́
Landesverrat <-s> *m* изме́на *ж* ро́дине
Landesverteidigung <-> *f* оборо́на *ж* страны́
Landeswährung <-, -en> *f* национа́льная валю́та *ж*
landesweit *adj* в масшта́бах страны́
Landeszentralbank <-, -en> *f* центра́льный банк *м* федера́льной земли́
Landeverbot *nt* запреще́ние *ср* поса́дки
Landflucht <-> *f* (ма́ссовое) переселе́ние *ср* из дере́вни в го́род
Landhaus <-es, -häuser> *nt* за́городный дом *м,* да́ча *ж*
Landjugend <-> *f* се́льская молодёжь *ж*
Landkarte <-, -n> *f* географи́ческая ка́рта *ж*
Landkreis <-es, -e> *m* райо́н *м*
Landleben *nt ohne pl* дереве́нская жизнь *ж*
Ländler <-s, -> *m österr (Volkstanz)* ле́ндлер *м (наро́дный австри́йский та́нец)*
Landleute <-> *pl* се́льские жи́тели *ммн*
ländlich ['lɛntlɪç] *adj* се́льский, дереве́нский
Landluft *f ohne pl* дереве́нский во́здух *м*
Landmaschinen <-> *pl* сельскохозя́йственные маши́ны *жмн*
Landmine <-, -n> *f* противопехо́тная ми́на *ж*
Landschaft <-, -en> *f* **1.** *(ländliche Gegend)* ландша́фт *м* **2.** *(auf Fotos oder Gemälden)* пейза́ж *м*
Landschaftsmaler <-s, -> *m* пейзажи́ст *м*
Landschaftsschutzgebiet <-(e)s, -e> *nt* ландша́фтный запове́дник *м*
Landsknecht <-(e)s, -e> *m* HIST ландскне́хт *м,* наёмник *м*
Landsmann <-(e)s, -leute/(-männer)> *m* сооте́чественник *м*
Landstraße <-, -n> *f* шоссе́ *ср*
Landstreicher <-s, -> *m* бродя́га *м и ж*
Landtag <-(e)s, -e> *m* ландта́г *м*

i Land & Leute

Народные представительства во всех землях Федеративной Республики Германии и Австрии называются **«ландтагами»**, лишь в Гамбурге оно носит название «горожане» («Bürgerschaft»), в Берлине «палата депутатов» («Abgeordnetenhaus») и в Вене «совет общины» («Gemeinderat»). В Швейцарии региональные народные представительства называются в различных кантонах «совет кантона» («Kantonsrat»), «большой совет» («Großer Rat») или «земельный совет» («Landsrat»).

Landung ['landʊŋ] <-, -en> *f* поса́дка *ж;* **zur ~ ansetzen** приступи́ть к поса́дке; **weiche ~** мя́гкая поса́дка
Landvermessung <-> *f* топографи́ческая съёмка *ж*
Landwirt(in) *m(f)* землевладе́лец *м*
Landwirtschaft <-> *f* се́льское хозя́йство *ср*
landwirtschaftlich *adj* сельскохозя́йственный
lang [laŋ] **I.** *adj* дли́нный; **seit ~em** уже́ давно́; **auf ~e Sicht** в долгосро́чной перспекти́ве; **ein ~es Gesicht machen** *umg* сде́лать ки́слое лицо́; **etw auf die ~e Bank schieben** *fig, umg* отложи́ть что-л. в до́лгий я́щик; **das Brett ist 2. Meter ~** доска́ длино́й в два ме́тра; **~ und breit** до́лго и подро́бно; **gleich ~** одина́ковой длины́; **ohne langes Nachdenken** до́лго не разду́мывая **II.** *adv* до́лго; **über kurz oder ~** ра́но и́ли по́здно; **zehn Jahre ~** в тече́ние десяти́ лет; **einen Augenblick ~** с мину́ту; **hier geht's ~** сюда́
langanhaltend *adj* дли́тельный, продолжи́тельный
langärmelig *adj* с дли́нными рукава́ми
langatmig ['-ʔa:tmɪç] *adj* продолжи́тель-

ный

lange ['laŋə] *adv* до́лго; **das ist schon ~ her** прошло́ уже́ мно́го вре́мени; **es ist noch gar nicht so ~ her, dass ...** про́шло ещё совсе́м не мно́го вре́мени с тех пор, как ...; **ich habe nicht ~ gebraucht** мне не ну́жно бы́ло мно́го вре́мени; **wie ~ bist du schon hier?** с каки́х пор ты здесь?; **das ist noch ~ nicht genug** э́того ма́ло; **da kannst du ~ warten!** тебе́ придётся до́лго ждать

Länge ['lɛŋə] <-, -n> *f* **1.** *(räumlich)* длина́ *ж;* **der ~ nach** по длине́ **2.** ASTR, GEOG долгота́ *ж;* **westlicher ~** за́падной долготы́ **3.** *(zeitlich)* продолжи́тельность *ж;* **sich in die ~ ziehen** затя́гиваться

langen ['laŋən] **I.** *vt (reichen)* брать, взять *св;* **jdm eine ~** *umg (jdn ohrfeigen)* дать кому́-л. пощёчину **II.** *vi umg (genügen)* хвата́ть, -ти́ть *св;* **jetzt langt's mir aber!** хва́тит с меня́!

Längeneinheit <-, -en> *f* едини́ца *ж* длины́

Längengrad <-(e)s, -e> *m* гра́дус *м* долготы́

Längenmaß <-es, -e> *nt* ме́ра *ж* длины́

langersehnt *adj s.* **lang II.** [1].

Langeweile ['laŋəvaɪlə] <-> *f* ску́ка *ж;* **~ haben** скуча́ть

langfristig I. *adj* долгосро́чный **II.** *adv* долгосро́чно; **~ investieren** де́лать долгосро́чные капиталовложе́ния; **~er Kredit** долгосро́чный креди́т; **~e Planung** долгосро́чное плани́рование; **~e Verbindlichkeiten** долгосро́чные обяза́тельства; **~e Ziele** долгосро́чные це́ли

lang|gehen <irr> *vi fam* **er weiß nicht mehr, wo's langgeht** *fig* он не зна́ет, что ему́ де́лать [*или* как поступи́ть]

langhaarig *adj* длинноволо́сый

langjährig *adj* долголе́тний

Langlauf <-(e)s> *m* лы́жная го́нка *ж*

Langlaufloipe <-, -n> *f* тра́сса *ж* для лы́жной го́нки

langlebig *adj (haltbar)* долголе́тний, живу́чий

Langlebigkeit <-> *f* долгове́чность *ж*

länglich ['lɛŋlɪç] *adj* продолгова́тый, удлинённый

längs [lɛŋs] **I.** *prp* вдоль **II.** *adv* вдоль, в длину́

Längsachse <-, -n> *f* продо́льная ось *ж*

langsam ['laŋza:m] **I.** *adj* ме́дленный **II.** *adv* ме́дленно; *umg (allmählich, endlich)* постепе́нно; **~ reicht es mir aber!** *umg* постепе́нно мне э́то начина́ет надоеда́ть!; **es wird ~ Zeit, dass ...** пора́ уже́ ...; **~ könnten wir dann mal anfangen** мы уже́ могли́ бы постепе́нно начина́ть; **fahr bitte ~** поезжа́й, пожа́луйста, поме́дленнее; **~ sprechen/fahren** ме́дленно говори́ть/е́хать; **immer schön ~!** не спеши́!; **~, aber sicher** *fam* ме́дленно, но уве́ренно

Langsamkeit <-> *f* медли́тельность *ж*

Langschläfer(in) <-s, -> *m(f)* со́ня *м и ж*

Langspielplatte <-, -n> *f* долгоигра́ющая пласти́нка *ж*

längst [lɛŋst] *adv (schon lange)* давно́; **er wusste schon ~, dass ...** он уже́ давно́ знал, что ...; **der Zug war schon ~ weg** по́езд уже́ давны́м-давно́ ушёл; **und das ist noch ~ nicht alles** и э́то далеко́ ещё не всё

längste(r, s) ['lɛŋstə] *adj* са́мый дли́нный, са́мый до́лгий

Langstreckenflug *m* полёт *м* на дли́нные расстоя́ния

Langstreckenlauf *m* SPORT бег *м* на дли́нную диста́нцию

Langstreckenrakete <-, -n> *f* ракéта *ж* да́льнего ра́диуса де́йствия

Languste [laŋ'gʊstə] <-, -n> *f* лангу́ст *м*

langweilen ['laŋvaɪlən] **I.** *vt* быть/стать *св* ску́чным; **das langweilt mich** мне от э́того стано́вится ску́чно **II.** *vi* скуча́ть, соску́читься *св* **III.** *vr* **sich ~** тяготи́ться; **ich langweile mich zu Tode** мне о́чень ску́чно

langweilig *adj* ску́чный

Langwelle <-> *f* дли́нные во́лны *жмн*

langwierig ['laŋvi:rɪç] *adj* дли́тельный, затяжно́й

Langzeitarbeitslosigkeit <-> *f* дли́тельная безрабо́тица *ж*

Langzeitstudie <-, -n> *f* дли́тельное иссле́дование *ср*

Lanze ['lantsə] <-, -n> *f* копьё *ср,* пи́ка *ж;* **für jdn eine ~ brechen** *(für jdn eintreten, jdn verteidigen)* вступи́ться за кого́-л.

lapidar [lapi'da:ɐ] *adj* лапида́рный

Lappalie [la'pa:liə] <-, -n> *f* пустя́к *м*

Lappe ['lapə] <-n, -n> *m,* **Lappin** *f* лапла́ндец *м,* лапла́ндка *ж*

Lappen ['lapən] <-s, -> *m* тря́пка *ж;* **jdm durch die ~ gehen** *umg (jdm entkommen)* улизну́ть от кого́-л.; **etw geht jdm durch die ~** *fam* упусти́ть что-л. вы́годное

lappig ['lapɪç] *adj* мя́гкий, дря́блый

lappisch ['lapɪʃ] *adj* лапла́ндский

läppisch ['lɛpɪʃ] *adj* **1.** *(albern)* глу́пый, неле́пый **2.** *(lächerlich gering)* смешно́й, незначи́тельный; **eine ~e Summe** смешна́я су́мма

Lappland ['laplant] <-s> *nt* Лапла́ндия *ж*

Lapsus ['lapsʊs] <-, -> *m* ля́псус *м*

Laptop ['lɛptɔp] <-s, -s> *m* ноутбук *м*

Lärche ['lɛrçə] <-, -n> *f* ли́ственница *ж*

Lärm [lɛrm] <-(e)s> *m* шум *м;* **viel ~ um nichts machen** *umg* де́лать мно́го шу́ма из ничего́

Lärmbelästigung <-, -en> *f* вре́дное возде́йствие *ср* шу́ма

lärmen ['lɛrmən] *vi* шуме́ть, по- *св*

lärmend *adj* шу́мный
Lärmschutz <-es> *m* шумозащи́та *ж*
Larve ['larfə] <-, -n> *f* **1.** ZOOL личи́нка *ж* **2.** *(Maske)* ма́ска *ж*
las [la:s] *prät von* **lesen**
lasch [laʃ] *adj* вя́лый, лени́вый
Lasche ['laʃə] <-, -n> *f* **1.** *(an Schuh)* язычо́к *м* о́буви **2.** *(Schlaufe)* пе́тля *ж*
Laser ['le:zɐ, 'lɛɪzɐ] <-s, -> *m* ла́зер *м*
Laserdrucker <-s, -> *m* ла́зерный при́нтер *м*
Lasermedizin <-> *f* лече́ние *ср* ла́зером
Laserstrahl <-(e)s, -en> *m* ла́зерный луч *м*
Laserwaffe <-, -n> *f* ла́зерное ору́жие *ср*
lassen ['lasən] <ließ, gelassen> **I.** *vt* **1.** *(zulassen, erlauben)* позволя́ть, -во́лить *св* **2.** *(veranlassen)* веле́ть, по- *св;* **lasst uns gehen** пойдём; **sich etw schicken ~** заказа́ть что-л.; **jdn kommen ~** вы́звать кого́-л.; **sich von jdm scheiden ~** развести́сь с кем-л.; **etw reparieren ~** отда́ть что-л. в ремо́нт; **~ wir das für heute!** хва́тит на сего́дня!; **dann ~ wir's eben!** оста́вим э́то!; **~ wir es dabei bewenden!** оста́вим э́то, как бы́ло!; **lass mich in Ruhe!** оста́вь меня́ в поко́е!; **das lässt sich machen!** э́то возмо́жно сде́лать!; **lass mal mich machen!** дай мне!; **lass doch das Gejammer!** переста́нь реве́ть!; **er kann es einfach nicht ~** он про́сто не мо́жет сде́рживаться; **tu, was du nicht ~ kannst!** *fam* де́лай, что хо́чешь; **~ wir es dabei** оста́вим всё, как есть; **jdm Zeit ~** дать кому́-л. вре́мя; **jdm die Luft aus den Reifen ~** проколо́ть кому́-л. ши́ны; **lass mich mal vorbei** пропусти́ меня́; **sich nicht stören ~** не дава́ть себя́ беспоко́ить; **jdn laufen ~** *fam* вы́пустить кого́-л. на свобо́ду; **sich** *dat* **die Haare schneiden ~** подстри́чься; **jdn hängen ~** оста́вить кого́-л. на произво́л судьбы́; **etw liegen ~** *(nicht wegnehmen)* оста́вить что-л.; *(vergessen)* забы́ть что-л.; **lass es dir schmecken** прия́тного аппети́та **II.** *vi (ab~, aufgeben)* броса́ть, бро́сить *св*
lässig ['lɛsɪç] *adj* **1.** *(nachlässig)* небре́жный, неря́шливый **2.** *(ungezwungen)* непринуждённый, свобо́дный
Lässigkeit <-> *f* непринуждённость *ж*
Lasso ['laso] <-s, -s> *nt* лассо́ *ср,* арка́н *м*
lässt[RR] [lɛst], **läßt**[Alt] *2. u 3. pers sing pr von* **lassen**[1], **lassen**[2]
Last [last] <-, -en> *f* груз *м; geh* бре́мя *ср;* **jdm zur ~ fallen** быть кому́-л. в тя́гость; **jdm etw zur ~ legen** обвиня́ть кого́-л. в чём-л.
Lastaufzug <-(e)s, -aufzüge> *m* грузово́й лифт *м*
Lastenheft <-(e)s, -e> *nt* те́ндерная документа́ция *ж*
Laster ['lastɐ] <-s, -> *nt* поро́к *м*
lasterhaft *adj* поро́чный, испо́рченный
lästerlich *adj* гну́сный, по́длый
Lästermaul <-(e)s, -mäuler> *nt umg* клеветни́к *м*
lästern ['lɛstɐn] **I.** *vt (Gott)* богоху́льствовать *нсв* **II.** *vi* злосло́вить о *нсв;* **über jdn ~** спле́тничать о ком-л.
Lästerung <-, -en> *f* клевета́ *ж,* злосло́вие *ср*
lästig ['lɛstɪç] *adj* **1.** *(Mensch)* надое́дливый, назо́йливый; **jdm ~ fallen** надоеда́ть кому́-л.; **er wird langsam ~** он постепе́нно надоеда́ет мне **2.** *(Pflicht)* обремени́тельный
Lastschrift <-, -en> *f* за́пись *ж* в дебе́т счёта
Lasttier <-(e)s, -e> *nt* вью́чное живо́тное *ср*
Lastträger <-s, -> *m* гру́зчик *м,*носи́льщик *м*
Lastwagen <-s, -wägen> *m* грузови́к *м*
Lastzug <-(e)s, -züge> *m* (грузово́й) автопо́езд *м*
Latein [la'taɪn] <-s> *nt* латы́нь *ж,* лати́нский язы́к *м;* **mit seinem ~ am Ende sein** не знать, что де́лать да́льше
Lateinamerika <-s> *nt* Лати́нская Аме́рика *ж*
lateinamerikanisch *adj* латиноамерика́нский
lateinisch [la'taɪnɪʃ] **I.** *adj* лати́нский **II.** *adv* по-лати́нски
latent [la'tɛnt] *adj* скры́тый
lateral *adj* латера́льный
Laterne [la'tɛrnə] <-, -n> *f* фона́рь *м*
Latex <-, Latizes> *m* ла́текс *м*
latschen ['la:tʃən] *vi sein, fam* плести́сь
Latschen ['la:tʃən] <-s, -> *m fam* шлёпанцы *мн;* **aus den ~ kippen** *fam (ohnmächtig werden)* упа́сть в о́бморок; *(sehr überrascht sein)* удиви́ться
Latte ['latə] <-, -n> *f* **1.** *(Brett)* пла́нка *ж,* ре́йка *ж* **2.** SPORT *(beim Hochsprung)* пла́нка *ж* **3.** SPORT *(beim Fußball)* ве́рхняя шта́нга (воро́т) *ж,* перекла́дина *ж*
Lattenrost <-(e)s, -e> *m* деревя́нная решётка *ж*
Latz [lats] <-es, Lätze> *m* **1.** *(an Kleidern)* нагру́дник *м* **2.** *(für Baby)* де́тский нагру́дничек *м*
lau [laʊ] *adj* теплова́тый, тёплый
Laub [laʊp] <-(e)s> *nt* листва́ *ж*
Laubbaum <-(e)s, -bäume> *m* ли́ственное де́рево *ср*
Laube ['laʊbə] <-, -n> *f* бесе́дка *ж; (Gartenhauschen)* садо́вый до́мик *м*
Laubfrosch <-(e)s, -frösche> *m* обыкнове́нная ква́кша *ж*
Laubsäge <-, -n> *f* ло́бзик *м*
Laubwald <-es, -wälder> *m* ли́ственный

L

лес *м*

Lauch [laʊx] <-(e)s, -e> *m* зелёный лук *м*

Lauer ['laʊɐ] *f* **auf der ~ liegen** подстерега́ть кого́-л.

lauern ['laʊɐn] *vi* подстерега́ть, -ре́чь *св;* **die Löwin lauert auf ihre Beute** льви́ца подстерега́ет свою́ добы́чу

Lauf [laʊf] <-(e)s, Läufe> *m* **1.** *(schneller Schritt)* бег *м* **2.** SPORT *(Wettlauf)* бег *м,* забе́г *м* **3.** *(des Gewehrs)* ствол *м* **4.** *(Flusslauf)* ру́сло *ср* **5.** *(Bein von Tieren)* нога́ *ж,* ла́па *ж* **6.** ASTR *(der Gestirne)* движе́ние *ср* **7.** *fig (Verlauf von Ereignissen)* ход *м;* **etw nimmt seinen ~** что-л. идёт свои́м хо́дом; **seinen Gefühlen freien ~ lassen** дать во́лю свои́м чу́вствам; **der ~ der Dinge** ход веще́й; **im ~ der Zeit** с тече́нием вре́мени; **im Laufe eines Gesprächs** в хо́де разгово́ра; **seiner Fantasie freien ~ lassen** дать свобо́ду воображе́нию

Laufbahn <-, -en> *f* карье́ра *ж*

Laufbursche *m abw* ма́льчик *м* на побегу́шках

laufen ['laʊfən] <lief, gelaufen> **I.** *vi* **1.** *(zu Fuß gehen)* бежа́ть, по- *св,* про- *св,* бе́гать, по- *св,* про- *св* **2.** *(funktionieren)* рабо́тать *нсв* **3.** *(undicht sein, lecken)* протека́ть, -те́чь *св;* **der Wasserhahn läuft** кран течёт **4.** *fig (im Gange sein)* идти́, пойти́ *св* **5.** *(Weg)* проходи́ть, пройти́ *св;* **jdm über den Weg ~** встре́тить кого́-л. **6.** FILM идти́ *нсв;* **die Sache ist gelaufen** де́ло ко́нчено **II.** *vt* ката́ться, по- *св;* **Ski/Rollschuh ~** ката́ться на лы́жах/ро́ликах; **Gefahr ~, etw zu tun** рискова́ть чем-л., сде́лать что-л.; **Schlittschuh ~** ката́ться на конька́х

laufend **I.** *adj* **1.** *(ständig)* постоя́нный **2.** *(Monat, Jahr)* теку́щий; **~es Geschäftsjahr** теку́щий хозя́йственный год; **auf dem ~en sein** быть в ку́рсе собы́тий; **jdn auf dem ~en halten** держа́ть кого́-л. в ку́рсе собы́тий **II.** *adv* постоя́нно; **auf dem Laufenden sein** знать все но́вости; **jdn auf dem Laufenden halten** держа́ть кого́-л. в ку́рсе (дел, собы́тий)

laufen|lassen <irr> *vt* отпуска́ть, -пусти́ть *св*

Läufer(in) ['lɔɪfɐ] <-s, -> *m(f)* **1.** SPORT бегу́н *м* **2.** *(beim Schach)* слон *м* **3.** *(Teppich)* доро́жка *ж,* ко́врик *м*

Lauferei <-> *f umg* беготня́ *ж*

Laufkunde <-n, -n> *m* ра́зовый покупа́тель *м*

Laufkundschaft <-> *f* случа́йные покупа́тели *ммн*

Laufmasche <-, -n> *f* затя́жка *ж*

Laufpass[RR] *m* **jdm den ~ geben** *fam* отфутбо́лить кого́-л.

Laufrichtung <-, -en> *f* TECH направле́ние *ср* враще́ния

Laufschritt *m* **im ~** бего́м

Laufsteg <-(e)s, -e> *m* помо́ст *м* для демонстра́ции моде́лей оде́жды

Laufwerk <-(e)s, -e> *nt* DV дисково́д *м*

Laufzeit <-, -en> *f* срок *м;* **~ eines Kredites** срок де́йствия креди́та; **die ~ verlängern** продлева́ть срок де́йствия

Lauge ['laʊgə] <-, -n> *f* щёлок *м,* щёлочь *ж,* щелочно́й раство́р *м*

Laune ['laʊnə] <-, -n> *f* **1.** *(Stimmung)* настрое́ние *ср* **2.** *(Einfall)* капри́з *м,* причу́да *ж;* **guter ~ sein** быть в хоро́шем настрое́нии; **schlechter ~ sein** быть в плохо́м настрое́нии; **aus einer ~ heraus** из-за своего́ капри́за

launig *adj* заба́вный

launisch *adj* капри́зный

Laus [laʊs] <-, Läuse> *f* вошь *ж;* **ihm ist eine ~ über die Leber gelaufen** *umg (er hat schlechte Laune)* его́ му́ха укуси́ла

Lausbub <-en, -en> *m umg* озорни́к *м,* постре́л *м*

lauschen ['laʊʃən] *vi* **1.** *(heimlich mithören)* подслу́шивать, -шать *св;* **er lauschte an der Tür** он подслу́шивал за две́рью **2.** *(zuhören)* внима́тельно слу́шать *нсв*

lauschig *adj (gemütlich)* ти́хий, ую́тный; **ein ~es Plätzchen** укро́мное месте́чко

lausig *adj* **1.** *(schlecht, unangenehm)* дрянно́й **2.** *(schäbig, geringfügig, unbedeutend)* жа́лкий; **~ spielen** пло́хо игра́ть **3.** *umg (sehr (groß))* зве́рский; **eine ~e Kälte** зве́рский хо́лод

Laut [laʊt] <-(e)s, -e> *m* звук *м;* **keinen ~ von sich geben** не издава́ть ни зву́ка

laut[1] [laʊt] *adj* гро́мкий; *(lärmend)* шу́мный; **mit ~er Stimme** гро́мким го́лосом; **das Radio ~er stellen** включи́ть ра́дио погро́мче; **~ lesen/denken** чита́ть/ду́мать вслух; **er wird dann immer gleich ~** тогда́ он всегда́ шуми́т/стано́вится гро́мким

laut[2] [laʊt] *prp* согла́сно

lauten [laʊtən] *vi* гласи́ть *нсв;* **das Urteil lautet auf drei Jahre Gefängnis** пригово́р гласи́т: три го́да тюре́много заключе́ния; **die Antwort lautet ...** отве́т звучи́т сле́дующим о́бразом ...; **der Reisepass lautet auf seinen Namen** заграни́чный па́спорт вы́писан на его́ и́мя; **wie lautet ihr Name?** как ва́ше и́мя?; **Ihr Auftrag lautet ...** ва́ше поруче́ние ...

läuten ['lɔɪtən] *vi* звони́ть, по- *св,* за- *св;* **es hat geläutet** был звоно́к; **an der Tür ~** звони́ть в дверь

lauter ['laʊtɐ] **I.** *adj geh (rein)* чи́стый; **~e Wahrheit** чи́стая пра́вда *ж* **II.** *adv* то́лько, сплошь, исключи́тельно; **~ Lügen** сплошна́я ложь *ж*

lauthals ['laʊthals] *adv* во всю гло́тку

lautlos *adj* беззву́чный, бесшу́мный

lautmalerisch *adj* звукоподража́тельный

Lautschrift <-> *f* фонети́ческая транскри́пция *ж*
Lautsprecher <-s, -> *m* громкоговори́тель *м*
Lautsprecherdurchsage <-, -n> *f* сообще́ние *ср* по громкоговори́телю
lautstark ['- -] *adj* о́чень гро́мкий, шумли́вый
Lautstärke <-, -n> *f* гро́мкость *ж;* **bei voller ~** на по́лной гро́мкости
Lautstärkeregler <-s, -> *m* регуля́тор *м* гро́мкости
lauwarm ['-'-] *adj* теплова́тый
Lava ['la:va] <-> *f* ла́ва *ж*
Lavabo <-(s), -s> *nt CH (Waschbecken)* умыва́льник *м*
Lavendel [la'vɛndəl] <-s, -> *m* лава́нда *ж*
lavieren [la'vi:rən] *vt a. fig* NAUT лави́ровать, маневри́ровать
Lawine [la'vi:nə] <-, -n> *f* лави́на *ж*
Lawinengefahr *f* опасность *ж* от лави́н
Layout [leɪ'ʔaʊt] <-s, -s> *nt* маке́т *м*
Lazarett [latsa'rɛt] <-(e)s, -e> *nt* лазаре́т *м*
leasen ['li:zən] *vt* брать, взять *св* в аре́нду, арендова́ть
Leasing ['li:zɪŋ] <-s, -s> *nt* ли́зинг *м*
Leasinggeber <-s, -> *m* лизингода́тель *м*
Leasingnehmer <-s, -> *m* лизингополуча́тель *м*
Leasingrate <-, -n> *f* аре́ндная ста́вка *ж*
Leasingvertrag <-(e)s, -verträge> *m* аре́ндный догово́р *м*
Lebemann <-(e)s, -männer> *m* бонвива́н *м*
leben ['le:bən] **I.** *vt* жить, прожи́ть *св* **II.** *vi* жить, прожи́ть *св;* **in bescheidenen Verhältnissen ~** скро́мно жить; **sie lebt in Berlin** она́ живёт в Берли́не; **in den Tag hinein ~** жить одни́м днём; **bei jdm ~** жить у кого́-л.; **man lebt nur einmal!** челове́к живёт то́лько раз!; **leb wohl!** проща́й!; **es lebe ...!** да здра́вствует ...!; **allein ~** жить одному́; **damit kann/muss ich ~** с э́тим я могу́/до́лжен жить
Leben <-s, -> *nt* жизнь *ж; (Lebhaftigkeit, Betriebsamkeit)* оживле́ние *ср,* оживлённость *ж;* **sein ~ aufs Spiel setzen** рискова́ть свое́й жи́знью; **nie im ~** *umg (niemals)* никогда́ в жи́зни; **ein Kampf auf ~ und Tod** борьба́ не на жи́знь, а на сме́рть; **am ~ bleiben** оста́ться в живы́х; **ums ~ kommen** поги́бнуть; **jdn ums ~ bringen** уби́ть кого́-л.; **am ~ sein** быть живы́м; **das tue ich für mein ~ gern** э́то моё люби́мое заня́тие; **es geht um ~ und Tod** вопро́с не на жизнь, а на сме́рть; **der Mann/die Frau meines Lebens** мужчи́на/же́нщина мое́й жи́зни; **mit dem ~ davonkommen** оста́ться живы́м; **etw mit dem ~ bezahlen** поплати́ться жи́знью; **sich** *dat* **das ~ schwer machen** создава́ть себе́ неприя́тности; **um sein ~ laufen** спаса́ться; **sich** *dat* **das ~ nehmen** поко́нчить с жи́знью; **jdm das ~ retten** спасти́ кому́-л. жизнь; **~ in die Bude bringen** внести́ оживле́ние в компа́нию
lebend *adj* живо́й
lebend gebärend *adj* живородя́щий (о живо́тном)
lebendig [le'bɛndɪç] *adj* живо́й; *fig (lebhaft)* живо́й, оживлённый; **~ begraben werden** кого́-л. похорони́ть за́живо
Lebendigkeit <-> *f fig* жи́вость *ж,* оживлённость *ж*
Lebensabschnitt *m* часть *ж* жи́зни
Lebensarbeit <-> *f* де́ло *ср* всей жи́зни
Lebensart <-, -en> *f* **1.** *(Lebensweise)* о́браз *м* жи́зни **2.** *(gute Umgangsformen)* воспи́танность *ж*
Lebensaufgabe <-, -n> *f* цель *ж* жи́зни; **sich** *dat* **etw zur ~ machen** поста́вить себе́ цель в жи́зни сде́лать что-л.
Lebensbedingungen *fpl* усло́вия *мн* жи́зни
lebensbedrohend *adj* опа́сный для жи́зни, несу́щий угро́зу жи́зни
Lebensbereich <-(e)s, -e> *m* сфе́ра *ж* жи́зни
Lebensdauer <-> *f* продолжи́тельность *ж* жи́зни; TECH срок *м* слу́жбы
Lebenselixier *nt* элекси́р *м* жи́зни
Lebensende *nt* коне́ц *м* жи́зни; **bis an mein ~** до конца́ мое́й жи́зни
Lebenserfahrung <-> *f* жи́зненный о́пыт *м*
lebenserhaltend *adj* необходи́мый для жизнеобеспе́чения
Lebenserwartung <-> *f* (предполага́емая) продолжи́тельность *ж* жи́зни
Lebensform *f* фо́рма *ж* жи́зни
Lebensfreude <-> *f* жизнера́достность *ж*
lebensfroh *adj* жизнера́достный
Lebensgefahr <-> *f* опа́сность *ж* для жи́зни; **unter ~** риску́я (свое́й) жи́знью; **in ~ schweben** находи́ться в смерте́льной опа́сности; **außer ~ sein** быть вне опа́сности
lebensgefährlich *adj* опа́сный для жи́зни
Lebensgefährte <-n, -n> *m* спу́тник *м* жи́зни
Lebensgefährtin <-, -nen> *f* спу́тница *ж* жи́зни
Lebensgefühl *nt* чу́вство *ср* (жи́зни)
Lebensgeister *mpl* **jds ~ (er)wecken** разбуди́ть чей-л. дух
Lebensgeschichte *f* исто́рия *ж* жи́зни
lebensgroß *adj* во весь рост
Lebensgrundlage <-> *f* (материа́льная) осно́ва *ж* жи́зни
Lebenshaltungskosten *pl* сто́имость *ж* жи́зни
Lebenshilfe <-> *f* (психологи́ческая) по́мощь *ж* в жите́йских вопро́сах
Lebensjahr <-(e)s, -e> *nt* год *м* жи́зни

L

Lebenslage <-, -n> *f* жи́зненная ситуа́ция *ж;* **sich in jeder ~ zurechtfinden** находи́ть вы́ход из любо́го положе́ния
lebenslang *adj* всю жизнь
lebenslänglich *adj (auch Haftstrafe)* пожи́зненный; **„~" bekommen** получи́ть пожи́зненный срок
Lebenslauf <-(e)s, -läufe> *m* биогра́фия *ж*
lebenslustig *adj* жизнера́достный
Lebensmittel <-s, -> *nt* проду́кты *ммн* пита́ния
Lebensmittelallergie <-, -en> *f* пищева́я аллерги́я *ж*
Lebensmittelchemiker(in) <-s, -> *m(f)* *специали́ст, даю́щий заключе́ние о хими́ческих сво́йствах проду́ктов пита́ния*
Lebensmittelgeschäft *nt* продово́льственный магази́н *м*
Lebensmittelvergiftung *f* MED пищево́е отравле́ние *ср*
Lebensmittelversorgung <-> *f* снабже́ние *ср* продово́льствием
Lebensmittelvorrat <-(e)s, -vorräte> *m* запа́с *м* продово́льствия
lebensmüde *adj* уста́вший от жи́зни; **du bist wohl ~!** *fam* тебе́ что, жить надое́ло!
lebensnah *adj* жи́зненный, свя́занный с жи́знью
Lebensqualität *f ohne pl* жи́зненный станда́рт *м*
Lebensretter <-s, -> *m* спаси́тель *м*
Lebenssituation <-, -en> *f* жи́зненная ситуа́ция *ж*
Lebensstandard <-s, -s> *m* жи́зненный у́ровень *м*
Lebensstil <-(e)s, -e> *m* стиль *м* жи́зни
Lebensunterhalt <-(e)s> *m* пропита́ние *ср;* **sich seinen ~ verdienen** зараба́тывать (себе́) на жизнь
Lebensversicherung <-, -en> *f* страхова́ние *ср* жи́зни
Lebenswandel <-s> *m* о́браз *м* жи́зни; **er hat einen lockeren ~** он ведёт лёгкий о́браз жи́зни
Lebensweise *f* о́браз *м* жи́зни
Lebensweisheit *f* жи́зненная му́дрость *ж*
Lebenswerk *nt* де́ло *ср* (всей) жи́зни
lebenswert *adj* заслу́живающий жить; **für jdn ist das Leben nicht mehr ~** для кого́-л. жизнь потеря́ла свой смысл
lebenswichtig *adj* жи́зненно ва́жный
Lebenswille <-ns> *m* во́ля *ж* к жи́зни
Lebenszeichen <-s, -> *nt* при́знаки *м мн* жи́зни; **kein ~ von sich geben** не подава́ть при́знаков жи́зни
Lebenszeit *f ohne pl* продолжи́тельность *ж* жи́зни
Lebensziel <-(e)s, -e> *nt* цель *ж* жи́зни
Leber ['le:bɐ] <-> *f* пе́чень *ж;* **frisch von der ~ weg reden** *umg (ohne Hemmungen sprechen)* говори́ть не стесня́ясь
Leberentzündung <-, -en> *f* воспале́ние *ср* пе́чени
Leberfleck <-(e)s, -e> *m* роди́мое пятно́ *ср*
Leberkrankheit <-, -en> *f* боле́знь *ж* пе́чени
Leberkrebs <-es> *m* рак *м* пе́чени
Leberpastete *f* паште́т *м*
Lebertransplantation <-, -en> *f* переса́дка *ж* пе́чени
Leberversagen <-s> *nt* наруше́ние *ср* фу́нкции пе́чени
Leberwurst <-, -würste> *f* ли́верная колбаса́ *ж;* **die beleidigte ~ spielen** *umg* разы́грывать оскорблённую неви́нность
Leberzirrhose <-, -n> *f* цирро́з *м* пе́чени
Lebewesen <-s, -> *nt* живо́е существо́ *ср,* живо́й органи́зм *м*
Lebewohl <-(e)s, -s o -e> *nt geh* **jdm ~ sagen** прости́ться с кем-л.
lebhaft *adj* оживлённый, живо́й; **~er Beifall** бу́рные аплодисме́нты; **~e Phantasie** бу́рная фанта́зия; **ich bedaure ~, dass ...** мне о́чень жаль, что ...; **es geht ~ zu** тут о́чень оживлённо
Lebhaftigkeit <-> *f* **1.** *(Lebendigkeit)* оживлённость *ж* **2.** *(der Phantasie)* жи́вость *ж*
Lebkuchen ['le:pku:xən] <-s, -> *m* пря́ник *м*
leblos *adj* **1.** *(ohne Leben)* безжи́зненный **2.** *(fig)* неподви́жный
Lebzeiten *pl* **zu jds Lebzeiten** пока́ кто-л. был жив
lechzen ['lɛçtsən] *vi* жа́ждать *нсв;* **nach etw ~** жа́ждать чего́-л.
Leck [lɛk] <-(e)s, -s> *nt* пробо́ина *ж,* течь *ж*
lecken ['lɛkən] **I.** *vt (schlecken)* лиза́ть, -зну́ть *св;* **sich die Finger nach etw ~** обли́зывать па́льчики в предвкуше́нии чего́-л.; **leck mich am Arsch!** *vulg* иди́ ты к чёрту! **II.** *vi (undicht sein)* течь *нсв*
lecker ['lɛkɐ] *adj* вку́сный
Leckerbissen <-s, -> *m* ла́комый кусо́чек *м*
Leckerei <-en> *f* GASTR ла́комство *ср; (suß)* деликате́с *м*
Leder ['le:dɐ] <-s, -> *nt* ко́жа *ж*
Ledereinband <-(e)s, -einbände> *m* ко́жаный переплёт *м*
Lederhandschuh <-es, -e> *m* ко́жаная перча́тка *ж*
Lederhose *f* ко́жаные брю́ки *мн*
Lederjacke <-, -n> *f* ко́жаная ку́ртка *ж*
Ledermantel <-s, -mäntel> *m* ко́жаное пальто́ *ср*
ledern ['le:dɐn] *adj* ко́жаный
Lederpolsterung <-> *f* ко́жаная оби́вка *ж*
Lederriemen <-s, -> *m* ко́жаный реме́нь *м*

Ledersohle <-, -n> *f* подóшва *ж*
Lederwaren *pl* издéлия *срмн* из кóжи
ledig ['le:dɪç] *adj* **1.** *(unverheiratet: Mann)* холостóй; **er ist immer noch ~** он всё ещё не женáт **2.** *(unverheiratet: Frau)* незамýжняя; **sie ist immer noch ~** онá всё ещё не зáмужем **3.** *(frei von)* свобóдный
lediglich ['le:dɪklɪç] *adv* тóлько, лишь
Lee [le:] <-> *f* подвéтренная сторонá *ж*
leer [le:ɐ] *adj* пустóй; *(unbeschrieben)* чúстый; **~ ausgehen** уйтú с пусты́ми рукáми; **~e Worte** пусты́е словá *срмн;* **~ stehen** пустовáть; **~e Versprechungen machen** давáть пусты́е обещáния; **mit leeren Händen dastehen** стоя́ть с пусты́ми рукáми; **den Teller ~ essen** съесть всё до концá; **mit leerem Magen** на голóдный желýдок
Leere ['le:rə] <-> *f* пустотá *ж;* **gähnende ~** зия́ющая пустотá
leeren ['le:rən] *vt* опорожня́ть, -нúть *св*
Leerfahrt <-, -en> *f* TRANSP пробéг *м* без грýза
Leergewicht <-(e)s> *nt* TRANSP сóбственная мáсса *ж*
Leergut <-(e)s> *nt* тáра *ж*
Leerkassette <-, -n> *f* чúстая кассéта *ж*
Leerlauf <-(e)s> *m* холостóй ход *м*
leerstehend[RR] *adj* пустýющий
Leertaste <-, -n> *f* клáвиша *ж* пробéла
Leerung <-, -en> *f (Briefkasten)* вы́емка *ж* пúсем из почтóвого я́щика
Leerzeichen <-s, -> *nt* знак *м* пробéла
Leerzeile <-, -n> *f* пустáя строкá *ж*
legal [le'ga:l] *adj* легáльный, закóнный
legalisieren [legali'zi:rən] *vt* легализовáть *(н)св,* узакóнивать, -нить *св*
Legalisierung <-, -en> *f* легализáция *ж*
Legalität [legali'tɛ:t] <-> *f* легáльность *ж,* закóнность *ж*
legen ['le:gən] **I.** *vt* класть *нсв,* положúть *св;* **etw beiseite ~** отложúть что-л. в стóрону; **Wert auf etw ~** дорожúть чем-л.; **einen Brand ~** поджéчь что-л.; **Eier ~** нестú я́йца; **das Buch auf den Tisch ~** положúть кнúгу на стол **II.** *vr* **sich ~** **1.** *(sich hin~)* ложúться, лечь *св* **2.** *(aufhören, abklingen)* улéчься *св;* **das Fieber hat sich gelegt** температýра спáла; **sich ins Bett ~** лечь в постéль; **sich in die Sonne ~** лечь на сóлнце
legendär [legɛn'dɛ:ɐ] *adj* **1.** *(nach Art der Legende)* легендáрный **2.** *(unwahrscheinlich, unglaublich)* невероя́тный
Legende [le'gɛndə] <-, -n> *f* легéнда *ж,* предáние *ср*
leger [le'ʒe:ɐ] *adj* лёгкий, непринуждённый
Leggins <-> *pl* лосúны *ммн*
Legierung <-, -en> *f* сплав *м*
Legion [le'gi̯o:n] <-en> *f* легиóн *м*
Legionär [legi̯o'nɛ:ɐ̯] <-s, -e> *m* легионéр *м*
Legislative [legɪsla'ti:və] <-, -n> *f* законодáтельная власть *ж*
Legislaturperiode [legɪsla'tu:ɐ̯peri'o:də] <-, -n> *f* перúод *м* дéятельности законодáтельного óргана
legitim [legi'ti:m] *adj* закóнный
Legitimation [legitima'ts̯i̯o:n] <-, -en> *f* узакóнение *ср,* признáние *ср*
legitimieren [legiti'mi:rən] **I.** *vt (legitim machen)* узакóнивать, -нить *св* **II.** *vr (sich ausweisen)* удостоверя́ть, -вéрить *св*
Leguan <-s, -e> *m* ZOOL легуáн *м*
Lehm [le:m] <-(e)s, -e> *m* глúна *ж*
Lehmgrube <-, -n> *f* глúняный карьéр *м*
lehmig *adj* глúнистый
Lehne ['le:nə] <-, -n> *f* **1.** *(Rückenlehne)* спúнка *ж* **2.** *(Armlehne)* подлокóтник *м*
lehnen ['le:nən] **I.** *vt* прислоня́ть, -нúть *св* к **II.** *vi* прислоня́ться, -нúться *св,* быть *нсв* прислонённым **III.** *vr* **sich ~** прислоня́ться, -нúться *св;* **sich aus dem Fenster ~** вы́сунуться из окнá; **er lehnte sich aus dem Fenster** он вы́сунулся из окнá
Lehnsessel <-s, -> *m* крéсло *ср*
Lehnstuhl *m* качáлка *ж*
Lehnwort <-(e)s, -wörter> *nt* заимствóванное слóво *ср*
Lehramt ['le:ɐ-] <-(e)s> *nt* дóлжность *ж* учúтеля
Lehrbuch <-(e)s, -bücher> *nt* учéбник *м*
Lehre ['le:rə] <-, -n> *f* **1.** *(Lektion)* урóк *м;* **lass dir das eine ~ sein** зарубú себé э́то на носý **2.** *(Lehrmeinung)* учéние *ср,* теóрия *ж,* доктрúна *ж* **3.** *(Theorie)* теóрия *ж* **4.** *(Berufsausbildung)* обучéние *ср,* учёба *ж;* **eine ~ machen** быть в ученикáх у мáстера
lehren ['le:rən] *vt* учúть *нсв; (an einer Universität, Schule)* преподавáть *нсв;* **sie lehrt in Oxford** онá преподаёт в Óксфорде; (**jdn**) **Geschichte ~** преподавáть (комý-л.) истóрию; **die Geschichte lehrt uns, dass ...** истóрия ýчит нас, что ...
Lehrer(in) <-s, -> *m(f)* учúтель *м,* учúтельница *ж; (Fahr~)* инструктор *м* по вождéнию
Lehrerschaft <-> *f* учúтельство *ср*
Lehrerzimmer <-s, -> *nt* учúтельская *ж*
Lehrgang <-(e)s, -gänge> *m* кýрсы *ммн;* **einen ~ besuchen** посещáть кýрсы
Lehrgangsteilnehmer(in) <-s, -> *m(f)* слýшатель *м* кýрсов
Lehrjahr <-(e)s, -e> *nt* учéбный год *м*
Lehrkörper <-s, -> *m* (профéссорско-)преподавáтельский состáв *м*
Lehrkraft <-, -kräfte> *f* преподавáтель *м*
Lehrling <-s, -e> *m* ученúк *м,* ученúца *ж*
Lehrplan <-(e)s, -pläne> *m* учéбная прогрáмма *ж*

lehrreich *adj* поучи́тельный, назида́тельный
Lehrsatz <-es, -sätze> *m* MATH теоре́ма *ж*
Lehrstelle <-, -n> *f* ме́сто *ср* обуче́ния
Lehrstuhl <-(e)s, -stühle> *m* ка́федра *ж;* **ein ~ für etw** ка́федра чего́-л.
Lehrwerkstatt <-> *f* уче́бная мастерска́я *ж*
Lehrzeit <-> *f* вре́мя *ср* обуче́ния
Leib [laɪp] <-(e)s, -er> *m* те́ло *ср;* **mit ~ und Seele** всей душо́й; **etw am eigenen ~ erfahren** испыта́ть что-л. на со́бственной шку́ре; **jdm auf den ~ rücken** добра́ться до кого́-л.; **sich jdn vom ~e halten** держа́ться пода́льше от кого́-л.; **bei lebendigem Leibe** живы́м; **sich** *dat* **jdn vom Leibe schaffen** *fam* отде́латься от кого́-л.
Leibeigenschaft <-> *f* HIST крепостно́е пра́во *ср*
Leibesvisitation <-> *f* ли́чный о́быск *м*
Leibgericht <-(e)s, -e> *nt* люби́мое блю́до *ср*
leibhaftig *adj* живо́й
leiblich *adj* **1.** *(körperlich)* физи́ческий **2.** *(Mutter, Vater)* родно́й
Leibspeise *f* люби́мое блю́до *ср*
Leibwächter <-s, -> *m* телохрани́тель *м*
Leiche ['laɪçə] <-, -n> *f* труп *м;* **über ~n gehen** шага́ть по тру́пам; **nur über meine ~!** *umg* то́лько чере́з мой труп!
Leichenhalle <-, -n> *f* морг *м*
Leichenstarre <-> *f* тру́пное окочене́ние *ср*
Leichenverbrennung <-, -en> *f* крема́ция *ж*
Leichenwagen <-s, -> *m* катафа́лк *м*
Leichnam ['laɪçna:m] <-(e)s, -e> *m* труп *м*
leicht [laɪçt] **I.** *adj* **1.** *(von geringem Gewicht)* лёгкий; **~ gekleidet sein** оде́ться легко́; **~e Kost** лёгкое меню́ **2.** *(einfach)* лёгкий, просто́й; **~ verständlich** легко́ восприни́маемый; **~ verdaulich** легко́ перева́риваемый; **nichts leichter als das!** нет ничего́ про́ще! **3.** *(geringfügig)* лёгкий, небольшо́й; **eine ~e Grippe** лёгкий грипп *м;* **~ verwundet** легкора́неный; **etw auf die ~e Schulter nehmen** *umg* не придава́ть чему́-л. большо́го значе́ния; **das wird nicht so ~ sein** э́то бу́дет не так про́сто; **mit etw/jdm ~es Spiel haben** без труда́ спра́виться с кем-л./чем-л.; **das ist ~er gesagt als getan** ле́гче сказа́ть, чем сде́лать **II.** *adv* легко́; *(einfach)* про́сто; **~ zu bedienen** легко́ управля́емый
Leichtathlet(in) <-en, -en> *m(f)* легкоатле́т *м*
Leichtathletik <-> *f* лёгкая атле́тика *ж*
Leichtbau <-s> *m* TECH лёгкая констру́кция *ж*
leicht|fallenRR *vi* легко́ дава́ться, да́ться *св;* **diese Entscheidung ist uns nicht leicht gefallen** э́то реше́ние дало́сь нам не легко́
leichtfertig *adj* легкомы́сленный; *(nicht durchdacht)* необду́манный
Leichtfertigkeit <-> *f* необду́манность *ж*
Leichtgängingkeit <-> *f* лёгкость *ж* хо́да
leichtgläubig *adj* легкове́рный
Leichtgläubigkeit <-> *f* легкове́рие *ср*
Leichtigkeit <-> *f fig (Mühelosigkeit)* лёгкость *ж;* **mit ~** с лёгкостью
Leichtkraftrad <-(e)s-, -krafträder> *nt* лёгкий мотоци́кл *м*
Leichtkraftstoff <-(e)s> *m* лёгкое то́пливо *ср*
leichtlebig *adj* беззабо́тный
leicht|machenRR *vt* облегча́ть, -чи́ть *св*
Leichtmetall <-s, -e> *nt* лёгкий мета́лл *м*
leicht|nehmenRR *vt* легко́ относи́ться, -нести́сь *св* к; **die Dinge ~** не принима́ть ничего́ близко́ к се́рдцу
Leichtsinn <-(e)s> *m* легкомы́слие *ср,* бесп́ечность *ж*
leichtsinnig *adj* легкомы́сленный
Leichtsinnigkeit *f ohne pl s.* **Leichtsinn**
leichtverdaulichAlt *adj s.* **verdaulich**
leichtverletztAlt *adj s.* **verletzen I.1.**
leichtverständlichAlt *adj s.* **verständlich**
leid [laɪt] *adj* **ich bin es ~** *fam* мне надое́ло
Leid [laɪt] <-(e)s> *nt* го́ре *ср;* **jdm sein ~ klagen** подели́ться с кем-л. свои́м го́рем; **jdm ein ~ antun** причини́ть кому́-л. го́ре
leiden ['laɪdən] <litt, gelitten> **I.** *vt* страда́ть *нсв;* **Not ~** страда́ть от нужды́; **ich kann ihn nicht ~** я не выношу́ его́; **jdn gern ~ können** люби́ть кого́-л. **II.** *vi* страда́ть, по- *св* от
Leiden ['laɪdən] <-s, -> *nt* **1.** *(allgemein)* страда́ние *ср; (Schmerz)* боль *ж* **2.** *(Krankheit)* боле́знь *ж*
Leidenschaft <-, -en> *f* страсть *ж*
leidenschaftlich *adj* стра́стный, пы́лкий
leidenschaftslos *adj* бесстра́стный
Leidensmiene <-> *f* скорбная ми́на *ж,* страда́льческое выраже́ние *ср* лица
leider ['laɪdɐ] *adv* к сожале́нию; **~ muss ich jetzt gehen** к сожале́нию, я сейча́с до́лжен уйти́; **ich kann ~ nicht kommen** к сожале́нию я не смогу́ прийти́; **~ Gottes!** к сожале́нию!
leidig *adj* неприя́тный
leidlich *adj* сно́сный, терпи́мый
leid|tunRR <irr> *vi* **das tut mir leid** мне жаль; **er tut mir leid** мне его́ жаль; **es tut mir leid, dass ...** я сожале́ю, что ...; **das wird dir noch ~** ты ещё пожале́ешь
Leier ['laɪɐ] <-, -n> *f* ли́ра *ж;* **immer die alte ~!** *umg* всё та́ же са́мая пе́сня!
Leihbibliothek <-, -en> *f* (ча́стная пла́тная) библиоте́ка *ж*
leihen ['laɪən] <lieh, geliehen> *vt* **1.** *(jdm etw ausborgen)* дава́ть, дать *св* в долг, ода́лжи-

вать, одолжи́ть *св;* **kannst du mir 20 Euro ~?** ты мо́жешь одолжи́ть мне 20 е́вро? **2.** *(von jdm etw entleihen)* брать, взять *св* в долг; **ich werde mir das Geld von der Bank ~** я возьму́ в ба́нке креди́т

Leihgebühr <-, -en> *f* пла́та *ж* за прока́т

Leihhaus *nt* ломба́рд *м*

Leihwagen <-s, -wägen> *m* автомоби́ль *м,* взя́тый напрока́т

leihweise *adv* напрока́т

Leim [laɪm] <-(e)s, -e> *m* клей *м;* **jdm auf den ~ gehen** попа́сться кому́-л. на у́дочку

leimen *vt (zusammenkleben)* кле́ить *нсв,* скле́ить *св*

Leine [ˈlaɪnə] <-, -n> *f* **1.** *(für Wäsche)* верёвка *ж* **2.** *(für Hund)* поводо́к *м;* **zieh ~!** *fam* поди́ прочь!

Leinen <-s, -> *nt* холст *м,* полотно́ *ср*

Leintuch *nt reg* льняно́е полотно́ *ср*

Leinwand <-, -wände> *f* **1.** *(für Zelte)* полотно́ *ср* **2.** FILM экра́н *м*

Leipzig [ˈlaɪptsɪç] <-s> *nt* Ле́йпциг *м*

leise [ˈlaɪzə] **I.** *adj* **1.** *(still)* ти́хий; **mach bitte das Radio ~r!** сде́лай, пожа́луйста, поти́ше ра́дио! **2.** *(schwach, gering)* лёгкий, сла́бый; **ich habe nicht die ~ste Ahnung** у меня́ сму́тное представле́ние **II.** *adv* **1.** *(still)* ти́хо; **sprich etwas leiser!** говори́ ти́ше!; **das Radio leiser stellen** сде́лать поти́ше/ти́ше ра́дио **2.** *(sanft)* не́жно

Leiste [ˈlaɪstə] <-, -n> *f* **1.** *(Holz~)* пла́нка *ж,* ре́йка *ж* **2.** ANAT пах *м*

leisten [ˈlaɪstən] *vt* **1.** *(tun)* ока́зывать, -за́ть *св;* **jdm einen Dienst ~** оказа́ть кому́-л. услу́гу; **jdm Hilfe ~** оказа́ть по́мощь кому́-л.; **gute Arbeit ~** проде́лать хоро́шую рабо́ту; **jdm Gesellschaft ~** соста́вить компа́нию кому́-л. **2.** *(vollbringen)* соверша́ть, -ши́ть *св* **3.** *(gönnen)* позволя́ть, позво́лить *св;* **sich etw ~ können** позво́лить себе́ что-л.

Leistenbruch <-(e)s, -brüche> *m* MED пахова́я гры́жа *ж*

Leistung <-, -en> *f* **1.** *(Geleistetes)* достиже́ние *ср,* результа́т *м* **2.** *(geleistete Arbeit)* рабо́та *ж;* **Entlohnung nach ~** опла́та по результа́там; **die geforderte ~ erbringen** выполня́ть за́данную рабо́ту; **überdurchschnittliche ~** превыша́ющая но́рму вы́работка; **eine große ~ vollbringen** доби́ться отли́чных результа́тов **3.** *(Leistungsfähigkeit)* работоспосо́бность *ж,* производи́тельность *ж,* мо́щность *ж* **4.** *(Zahlung durch Versicherung, Krankenkasse)* платёж *м;* **soziale ~en** социа́льные посо́бия *мн* **5.** *(betriebliche Leistung, Ausstoß)* производи́тельность *ж* **6.** KFZ мо́щность *ж*

Leistungsabfall <-(e)s> *m* паде́ние *ср* мо́щности

Leistungsabgabe <-> *f* TECH отда́ча *ж* мо́щности

Leistungsanreiz <-es, -e> *m* стимули́рование *ср* труда́

Leistungsaufnahme <-> *f* TECH потребле́ние *ср* мо́щности

Leistungsbereitschaft <-> *f* работоспосо́бность *ж*

leistungsbezogen *adj* зави́сящий от результа́тов труда́

Leistungsbilanz <-, -en> *f* **1.** ÖKON платёжный бала́нс *м* по теку́щим опера́циям **2.** TECH бала́нс *м* мо́щности

Leistungsdruck *m* напряже́ние *ср;* **hohem ~ ausgesetzt sein** быть под больши́м напряже́нием

leistungsfähig *adj* производи́тельный, работоспосо́бный

Leistungsfähigkeit <-> *f* работоспосо́бность *ж*

Leistungsklasse <-, -n> *f* класс *м* по мо́щности

Leistungskurve <-, -n> *f* крива́я *ж* мо́щности

Leistungsmessung <-, -en> *f* измере́ние *ср* мо́щности

Leistungsnachweis <-es, -e> *m* спра́вка *ж* об успева́емости

Leistungsniveau <-s, -s> *nt* у́ровень *м* производи́тельности труда́

leistungsorientiert *adj* ориенти́рованный на результа́т

Leistungsprinzip <-s> *nt* при́нцип *м* опла́ты по результа́там труда́

leistungsschwach *adj* сла́бый (по успева́емости)

Leistungssport <-(e)s> *m* большо́й спорт *м*

leistungsstark *adj* мо́щный

Leistungssteigerung <-, -en> *f (Produktivitätssteigerung)* повыше́ние *ср* производи́тельности труда́

Leistungsvermögen <-s> *nt* мо́щность *ж*

Leitartikel <-s, -> *m* передова́я статья́ *ж*

leiten [ˈlaɪtən] *vt* **1.** *(eine Versammlung)* вести́, по- *св* **2.** ÖKON *(als Manager)* руководи́ть *нсв;* **einen Betrieb ~** руководи́ть предприя́тием; **etw in die Wege ~** привести́ в де́йствие **3.** PHYS, EL проводи́ть *нсв;* **sich von etw ~ lassen** руково́дствоваться чем-л.; **eine Abteilung ~** руководи́ть отде́лом

leitend *adj* **1.** *(führend)* руководя́щий **2.** PHYS, EL проводя́щий **3.** *(Stellung)* веду́щий; **der ~e Ingenieur** веду́щий инжене́р *м;* **leitender Angestellter** руководи́тель *м*

Leiter[1] [ˈlaɪtɐ] <-s, -> *m* **1.** *(Chef)* руководи́тель *м,* дире́ктор *м,* заве́дующий *м;* **kaufmännischer ~** комме́рческий дире́ктор; **technischer ~** техни́ческий дире́ктор **2.** *(einer Schule)* дире́ктор *м* **3.** PHYS, EL проводни́к *м*

Leiter[2] ['laɪtɐ] <-, -n> *f* ле́стница *ж*

Leitfaden <-s, -fäden> *m* руково́дство *ср*

Leitfähigkeit <-> *f* PHYS, EL проводи́мость *ж*

Leitgedanke <-n, -n> *m* основна́я мысль *ж*

Leitlinie <-, -n> *f* основа́я [*или* направля́ющая] ли́ния *ж*

Leitmotiv <-s, -e> *nt* лейтмоти́в *м*

Leittier <-(e)s, -e> *nt* BIO вожа́к *м*

Leitung <-, -en> *f* **1.** *(das Führen)* веде́ние *ср* **2.** *fig (das Lenken, Steuern)* управле́ние *ср* **3.** *(Vorsitz)* руково́дство *ср;* **die ~ übernehmen** принима́ть руково́дство; **unter der ~ von ...** под руково́дством ... **4.** *(leitende Personen, Leiter)* руково́дство *ср* **5.** *(für Telefon/Strom)* про́вод *м* **6.** *(für Gas)* газопрово́д *м* **7.** *(für Wasser)* водопрово́д *м* **8.** *(telefonische Verbindung)* ли́ния *ж;* **er hat eine lange ~** *umg* он ме́дленно соobража́ет

Leitungskabel *nt* ELEK электри́ческий ка́бель *м*

Leitungsnetz <-es, -e> *nt* EL электросе́ть *ж*

Leitungswasser <-s> *nt* водопрово́дная вода́ *ж*

Leitungswiderstand <-(e)s, -widerstände> *m* EL сопротивле́ние *ср* в прово́дке

Leitwährung <-> *f* основна́я валю́та *ж*

Leitzins <-es, -en> *m* учётная ста́вка *ж* центра́льного ба́нка

Leitzinsanhebung *f* повыше́ние *ср* учётной ста́вки

Lektion [lɛk'ts̯i̯o:n] <-, -en> *f* ле́кция *ж;* **jdm eine ~ erteilen** *fig* проучи́ть кого́-л.

Lektor(in) ['lɛkto:ɐ] <-s, -en> *m(f)* реда́ктор *м*

Lektorat [lɛkto'ra:t] <-(e)s, -e> *nt* реда́кция *ж*

Lektüre [lɛk'ty:rə] <-, -n> *f* **1.** *(das Lesen)* чти́во *ср* **2.** *(Lesestoff)* литерату́ра *ж*

Lende ['lɛndə] <-, -n> *f geh* бедро́ *ср,* поясни́ца *ж*

Lendengegend <-> *f* поясни́чная о́бласть *ж*

Lendenwirbelsäule *f* поясни́чный отде́л *м* позвоно́чника

Leninismus <-> *f* ленини́зм *м*

leninistisch *adj* ле́нинский

lenken ['lɛŋkən] *vt* **1.** *(führen, leiten, Fahrzeuge etc steuern)* управля́ть *нсв;* **ein Auto ~** управля́ть автомоби́лем **2.** *fig (Schritte, Gedanken, Gespräch)* направля́ть, -пра́вить *св;* **die Aufmerksamkeit auf etw ~** обрати́ть внима́ние на что-л.; **die Aufmerksamkeit auf sich ~** привле́чь внима́ние к себе́

Lenker <-s, -> *m* **1.** *(Fahrer)* води́тель *м* **2.** *fig (Führer)* руководи́тель *м*

Lenkflugkörper *m* управля́емый лета́тельный аппара́т *м*

Lenkgeschoss <-es, -e> *nt* управля́емая раке́та *ж,* управля́емый снаря́д *м*

Lenkrad <-(e)s, -räder> *nt* KFZ руль *м*

Lenksamkeit <-> *f* пода́тливость *ж,* усту́пчивость *ж*

Lenkung <-, -en> *f* **1.** *(das Leiten, Führen)* управле́ние *ср* **2.** KFZ *(Lenkvorrichtung)* рулево́е управле́ние *ср*

Leopard [leo'part] <-en, -en> *m* леопа́рд *м*

Lepra ['le:pra] <-> *f* прока́за *ж*

Leprastation <-, -en> *f* отделе́ние *ср* для больны́х прока́зой

Lerche ['lɛrçə] <-, -n> *f* жа́воронок *м*

lernbegierig *adj* любозна́тельный

lernbehindert *adj* с заме́дленным разви́тием

Lerneifer <-> *m* прилежа́ние *ср* в учёбе

lerneifrig *adj* приле́жный

lernen ['lɛrnən] **I.** *vt* учи́ть, вы́- *св,* учи́ться, на- *св;* **kennen ~** знако́миться; **lesen ~** учи́ться чита́ть; **das werde ich nie ~** э́тому я никогда́ не научу́сь; **einen Beruf ~** обуча́ться како́й-л. профе́ссии, учи́ться на кого́-л.; **etw auswendig ~** вы́учить наизу́сть; **schwimmen/tanzen ~** научи́ться пла́вать/танцева́ть; **von dem kannst du noch etwas ~** у него́ ты мо́жешь мно́гому научи́ться **II.** *vi (sich Wissen aneignen)* учи́ться; **ich muss noch für die Prüfung ~** я до́лжен подгото́виться к экза́мену

lernfähig *adj* восприи́мчивый

Lernprogramm *nt* INFOR програ́мма *ж* для изуче́ния чего́-л.

Lernprozess[RR] *m* уче́бный проце́сс *м*

Lernsoftware <-> *f* обуча́ющая програ́мма *ж*

Lernziel <-(e)s, -e> *nt* уче́бная цель *ж*

Lesart ['le:sʔa:ɐt] <-, -en> *f* вариа́нт *м* те́кста

lesbar *adj (leserlich)* разбо́рчивый

Lesbarkeit <-> *f* чёткость *ж,* разбо́рчивость *ж,* чита́бельность *ж*

Lesbe ['lɛsbə] <-, -nen> *f umg* лесбия́нка *ж*

lesbisch *adj* лесби́йский

Lese ['le:zə] <-, -n> *f (Weinlese)* сбор *м* урожа́я

Lesebrille *f* очки́ *мн* для чте́ния

Lesebuch <-(e)s, -bücher> *nt* кни́га *ж*

Lesegerät *nt* INFOR счи́тывающее устро́йство *ср*

Leselampe *f* ла́мпа *ж* для чте́ния

lesen ['le:zən] <las, gelesen> **I.** *vt (Buch etc)* чита́ть, про- *св;* **Zeitung ~** чита́ть газе́ту; **jds Gedanken ~** прочита́ть чьи-л. мы́сли **II.** *vr* чита́ться, про- *св;* **dieser Roman liest sich gut** э́тот рома́н хорошо́ чита́ется **III.** *vi* чита́ть, про- *св;* **fließend ~** чита́ть гла́дко [*или* без запи́нки]; **jdm**

aus der Hand ~ гада́ть по руке́
Leseprobe <-, -n> *f* **1.** THEAT чи́тка, засто́льная репети́ция *ж* **2.** отры́вок *м* из худо́жественного произведе́ния
Leser(in) <-s, -> *m(f)* чита́тель *м,* чита́тельница *ж*
Leseratte *f fam* кни́жный червь *м*
Leserbrief <-(e)s, -e> *m* письмо́ *ср* чита́теля
Leserkreis <-es, -e> *m* круг *м* чита́телей
leserlich *adj* разбо́рчивый; **gut ~e Schrift** разбо́рчивый по́черк *м*
Leserschaft <-en> *f* чита́тельская аудито́рия *ж*
Lesesaal *m* чита́льня *ж*
Lesestoff <-(e)s, -e> *m* материа́л *м* для чте́ния
Lesezeichen <-s, -> *nt (in einem Buch)* закла́дка *ж* для кни́ги
Lesung <-, -en> *f* **1.** *(eines Schriftstellers)* а́вторский ве́чер *м* **2.** POL чте́ние *ср*
letal *adj* MED лета́льный
Lethargie <-> *f* летарги́я *ж*
Lette ['lɛtə] <-n, -n> *m* латы́ш *м*
Lettin ['lɛtɪn] <-, -nen> *f* латы́шка *ж*
lettisch *adj* латви́йский
Lettland ['lɛtlant] <-s> *nt* Ла́твия *ж*
letzte(r, s) ['lɛtstə, -tɐ, -təs] *adj* после́дний; **er ging als Letzter** он ушёл после́дним; **in letzter Zeit** в после́днее вре́мя
letztendlich *adv* в конце́ концо́в
letztlich *adv* в коне́чном счёте
letztmalig *adj* после́дний (по вре́мени), (име́вший ме́сто) в после́дний раз
Leuchtbake <-, -n> *f* MAR светя́щийся буй *м*
Leuchtbombe <-, -n> *f* светя́щая авиабо́мба *ж*
leuchten ['lɔɪçtən] *vi* **1.** *(glänzen, scheinen)* свети́ть, по- *св* **2.** свети́ться, по- *св,* сия́ть, по- *св;* **mit einer Lampe ~** свети́ть ла́мпой
leuchtend *adj* светя́щийся; *(glänzend)* блестя́щий; **ein leuchtendes Beispiel** хоро́ший приме́р
Leuchtfeuer <-s> *nt* сигна́льный ого́нь *м*
Leuchtgas <-es> *nt* све́тильный газ *м*
Leuchtkäfer *m* ZOOL светлячо́к *м*
Leuchtkraft <-> *f* си́ла *ж* све́та
Leuchtrakete *f* сигна́льная раке́та *ж*
Leuchtreklame *f* нео́новая рекла́ма *ж*
Leuchtsignal <-(e)s, -e> *nt* светово́й сигна́л *м*
Leuchtstofflampe <-, -n> *f* люминесце́нтная ла́мпа *ж*
Leuchtstoffröhre <-, -n> *f* люминесце́нтная тру́бка *ж*
Leuchtturm <-(e)s, -türme> *m* мая́к *м*
Leuchtturmwärter <-s, -> *m* смотри́тель *м* маяка́
Leuchtziffernblatt *nt* светя́щийся цифербла́т *м*
leugnen ['lɔɪgnən] **I.** *vt* отрица́ть *нсв,* оспа́ривать, -по́рить *св* **II.** *vi* отрица́ть *нсв;* **ich kann nicht ~, dass ...** я не отрица́ю, что ...
Leukämie [lɔɪkɛ'mi:] <-> *f* лейкеми́я *ж*
Leumund ['lɔɪmʊnt] <-(e)s> *m* репута́ция *ж*
Leute ['lɔɪtə] <-> *pl* лю́ди *мн;* **arme/reiche ~** бедняки́/богачи́; **es waren ungefähr 30 ~ da** там бы́ло о́коло 30 челове́к; **du solltest mal wieder unter die ~ gehen** тебе́ ну́жно ча́ще встреча́ться с людьми́; **die kleinen ~** ма́ленькие лю́ди
Leutnant ['lɔɪtnant] <-s, -s> *m* лейтена́нт *м*
leutselig ['lɔɪtze:lɪç] *adj* приве́тливый, общи́тельный
Level ['lɛvəl] <-s, -s> *m (Niveau, Rang)* у́ровень *м*
Leviten [le'vi:tən] *pl fam* **jdm die ~ lesen** чита́ть мора́ль кому́-л.
Lexik <-> *f* ле́ксика *ж*
lexikalisch [lɛksi'ka:lɪʃ] *adj* лекси́ческий
Lexikograph(in) [lɛksiko'gra:f] <-en, -en> *m(f),* **Lexikograf(in)** *m(f)* лексико́граф *м,* состави́тель *м* словаре́й
Lexikographie [lɛksikogra'fi:] <->, **Lexikografie** *f* лексикогра́фия *ж*
lexikographisch, **lexikografisch** *adj* лексикографи́ческий
Lexikologie <-> *f* лексиколо́гия *ж*
Lexikon ['lɛksikɔn] <-s, Lexika> *nt* энциклопе́дия *ж;* **ein wandelndes ~ sein** быть живо́й энциклопе́дией
Liane [li'a:nə] <-, -n> *f* лиа́на *ж*
Libanese [liba'ne:zə] <-n, -n> *m,* **Libanesin** *f* лива́нец *м,* лива́нка *ж*
libanesisch *adj* лива́нский
Libanon ['li:banɔn] <-s> *m* Лива́н *м*
Libelle [li'bɛlə] <-, -n> *f* стрекоза́ *ж*
liberal [libe'ra:l] *adj* либера́льный
liberalisieren [liberali'zi:rən] *vt* либерализова́ть *(н)св*
Liberalisierung <-, -en> *f* либерализа́ция *ж*
Liberalismus [libera'lɪsmʊs] <-> *m* либерали́зм *м*
Liberalität <-> *f* либера́льность *ж*
Liberia [li'be:ria] <-s> *nt* Либе́рия *ж*
Liberianer(in) [liberi'a:nɐ] <-s, -> *m(f)* либери́ец *м,* либери́йка *ж*
liberianisch *adj* либери́йский
Libero ['li:bero] <-s, -s> *m* свобо́дный защи́тник *м*
Libido [li'bi:do] <-> *f* либи́до *ср*
Libyen ['li:byən] <-s> *nt* Ли́вия *ж*
Libyer(in) <-s, -> *m(f)* ливи́ец *м,* ливи́йка *ж*
libysch ['li:byʃ] *adj* ливи́йский
Licht [lɪçt] <-(e)s, -er> *nt* свет *м;* **einer Sache grünes ~ geben** *fig* дать зелёный свет чему́-л.; **jdn hinters ~ führen** обману́ть

L

кого́-л.; **das ~ anmachen/ausmachen** включи́ть/вы́ключить свет; **~ in eine Sache bringen** внести́ я́сность во что-л.; **etw ans ~ bringen** вы́тащить что-л. на бе́лый свет; **so erscheint die Sache in einem (ganz) anderen ~** так всё вы́глядит совсе́м ины́м о́бразом

Lichtanlage <-, -n> *f* освети́тельная устано́вка *ж*

Lichtbild <-(e)s, -er> *nt* фотогра́фия *ж*

Lichtblick <-(e)s, -e> *m* све́тлый моме́нт *м*

Lichtbogenschweißen <-s> *nt* дугова́я сва́рка *ж*

Lichtbündel <-s, -> *nt* светово́й пучо́к *м*

Lichtdurchlässigkeit <-> *f* светопропуска́ние *ср*

Lichteinfall <-(e)s> *m* паде́ние *ср* све́та

Lichteinwirkung <-> *f* возде́йствие *ср* све́та

lichtelektrisch *adj* фотоэлектри́ческий

lichtempfindlich *adj (Film)* светочувстви́тельный

Lichtempfindlichkeit <-> *f (von Film)* светочувстви́тельность *ж*

lichten ['lɪçtən] **I.** *vt (Anker)* поднима́ть, -ня́ть *св;* **die Anker ~** подня́ть я́корь **II.** *vr* **sich ~ 1.** *(spärlicher werden)* реде́ть, по- *св* **2.** *(Wolken, Nebel)* рассе́иваться, рассе́яться *св*

Lichterkette *f* POL ше́ствие *ср* с фа́келами

lichterloh ['lɪçtɐ'lo:] *adj* **~ brennen** горе́ть я́рким пла́менем

Lichtgeschwindigkeit <-> *f* ско́рость *ж* све́та

Lichtgriffel <-s, -> *m* DV светово́е перо́ *ср*

Lichthauptschalter <-s, -> *m* центра́льный переключа́тель *м* све́та

Lichthupe <-, -n> *f* светово́й сигна́л *м*

Lichtjahr <-(e)s, -e> *nt* светово́й год *м*

Lichtkegel <-s, -> *m* светово́й ко́нус *м*

Lichtmaschine <-, -n> *f* генера́тор *м*

Lichtorgel <-, -n> *f* световы́е эффе́кты *ммн* в дискоте́ке

Lichtreklame *f* нео́новая рекла́ма *ж*

Lichtschalter <-s, -> *m* выключа́тель *м* све́та

Lichtsignal <-(e)s, -e> *nt* светово́й сигна́л *м*

Lichtsignalanlage <-, -n> *f* светосигна́льное устро́йство *ср*

Lichtstärke <-> *f* си́ла *ж* све́та

Lichtstrahl <-(e)s, -en> *m* луч *м* све́та, светово́й луч *м*

Lichtung <-, -en> *f* поля́на *ж*

Lichtzeichen <-s, -> *nt* светово́й сигна́л *м*

Lid [li:t] <-(e)s, -er> *nt* ве́ко *ср*

Lidschatten <-s, -> *m* те́ни *мн* для век

lieb [li:p] *adj* **1.** *(teuer, geschätzt)* дорого́й; **liebe Maria/Frau X** дорога́я Мари́я/госпожа́ X; **mein Liebes** моя́ дорога́я **2.** *(angenehm)* ми́лый; **viele liebe Grüße sendet dir ...** серде́чные приве́ты тебе́ посыла́ет ... **3.** *(nett)* симпати́чный **4.** *(liebenswürdig)* ми́лый **5.** *(artig, brav)* послу́шный; **ich würde ~er noch damit warten** я лу́чше бы подожда́л с э́тим; **am ~sten würde ich ...** охо́тнее всего́ я ...

liebäugeln ['li:pʔɔɪgəln] *vi* коке́тничать, по- *св;* **mit dem Gedanken ~, etw zu tun** носи́ться с мы́слью сде́лать что-л.

Liebe ['li:bə] <-> *f* любо́вь *ж;* **~ auf den ersten Blick** любо́вь с пе́рвого взгля́да; **~ macht blind** любо́вь слепа́; **aus ~ zu ...** из любви́ к ...; **in ~** с любо́вью; **mit jdm ~ machen** *fam* занима́ться любо́вью

Liebelei [li:bə'laɪ] <-, -en> *f* флирт *м*

lieben ['li:bən] *vt* люби́ть *нсв*

liebenswert *adj* ми́лый

liebenswürdig *adj* любе́зный; **das ist sehr ~ von Ihnen** э́то о́чень любе́зно с Ва́шей стороны́; **wären Sie so ~ und ...?** бу́дьте любе́зны ...

Liebenswürdigkeit <-, -en> *f* любе́зность *ж*

lieber ['li:bɐ] **I.** *adj (Komparativ)* доро́же, миле́е **II.** *adv (eher, besser)* лу́чше; **ich möchte ~ nach Hause gehen** я лу́чше пойду́ домо́й; **mir wäre es ~, du würdest bleiben** я была́ бы ра́да, если́ бы ты оста́лся; **nichts ~ als das!** с удово́льствием!

Liebesaffäre *f* любо́вный рома́нс *м*

Liebesbeziehung *f* любо́вная связь *ж*

Liebesbrief <-(e)s, -e> *m* любо́вное письмо́ *ср*

Liebeserklärung <-, -en> *f* объясне́ние *ср* в любви́; **jdm eine ~ machen** объясни́ться кому́-л. в любви́

Liebesfilm <-(e)s, -e> *m* фильм *м* о любви́

Liebesgabe <-, -n> *f geh* пода́рок *м*

Liebesgedicht <-(e)s, -e> *nt* любо́вное стихотворе́ние *ср*

Liebesgeschichte *f* любо́вная исто́рия *ж*

Liebeskummer <-s> *m* любо́вная тоска́ *ж*

Liebesleben <-s> *nt* инти́мная жизнь *ж*

Liebeslied <-(e)s, -er> *nt* любо́вная пе́сня *ж*

Liebespaar <-(e)s, -e> *nt* влюблённая па́ра *ж*

Liebesroman <-(e)s, -e> *m* LIT любо́вный рома́н *м*

liebevoll *adj* ла́сковый, не́жный

lieb haben[RR] *vt* люби́ть, по- *св*

Liebhaber(in) <-s, -> *m(f)* **1.** *(Geliebte(r))* любо́вник *м*, любо́вница *ж* **2.** *(Kenner(in))* люби́тель *ж*, люби́тельница *м*

Liebhaberei <-, -en> *f fig (Steckenpferd)* люби́мое заня́тие *ср*

liebkosen <liebkoste, liebkost> *vt* ласка́ть,

по- *св*

lieblich ['li:plɪç] *adj* милови́дный, хоро́шенький, преле́стный

Liebling ['li:plɪŋ] <-s, -e> *m* **1.** *(Geliebte(r))* люби́мый *м,* люби́мая *ж* **2.** *(Günstling)* люби́мец *м,* люби́мица *ж*

Lieblings - *adj (in Zusammensetzungen)* люби́мый

Lieblingsbeschäftigung <-, -en> *f* люби́мое заня́тие *ср*

Lieblingsplatz <-es, -plätze> *m* люби́мое ме́сто *ср*

lieblos *adj* бессерде́чный, чёрствый

Liechtenstein ['lɪçtənʃtaɪn] <-s> *nt* Лихтенште́йн *м*

Lied [li:t] <-(e)s, -er> *nt* пе́сня *ж;* **davon kann ich ein ~ singen** *fam* я тебе́ об э́том могу́ мно́гое рассказа́ть

Liederbuch <-(e)s, -bücher> *nt* пе́сенник *м*

liederlich ['li:dɐlɪç] *adj* **1.** *(schlampig)* неря́шливый, безала́берный **2.** *(unmoralisch)* распу́тный

Liederlichkeit <-> *f* безала́берность *ж,* неря́шливость *ж,* небре́жность *ж*

Liedermacher(in) <-s, -> *m(f)* а́втор *м* и исполни́тель *м* со́бственных пе́сен

lief [li:f] *prät von* **laufen**

Lieferant [lifə'rant] <-en, -en> *m* поставщи́к *м*

Lieferantenkredit <-(e)s, -e> *m* креди́т *м,* предоставля́емый поставщико́м

Lieferauftrag <-(e)s, -aufträge> *m* зака́з *м* на поста́вку

lieferbar *adj (vorrätig)* гото́вый к поста́вке, име́ющийся на скла́де; **die Ware ist zur Zeit nicht ~** мы не мо́жем в настоя́щее вре́мя поста́вить э́тот това́р

Lieferbedingungen <-> *pl* усло́вия *мн* поста́вки

Lieferbereitschaft <-> *f* гото́вность *ж* к поста́вке

Lieferboykott <-(e)s, -s> *m* бойко́т *м* поста́вок

Lieferdatum <-s, -ten> *nt* да́та *ж* поста́вки

Lieferengpass <-es, -pässe> *m* дефици́т *м* поста́вок

Lieferfirma <-, -firmen> *f* фи́рма *ж* - поставщи́к *м*

Lieferfrist <-, -en> *f* срок *м* поста́вки

Liefergarantie <-, -n> *f* гара́нтия *ж* поста́вки

liefern ['li:fɐn] *vt* **1.** *(versorgen mit)* поставля́ть, -ста́вить *св* **2.** *(erzeugen)* выпуска́ть, вы́пустить *св;* **termingrecht ~** поставля́ть в срок; **für etw Beweise ~** привести́ доказа́тельства для чего́-л.; **ich bin geliefert** *fam* мне коне́ц

Lieferrückstand <-(e)s, -stände> *m* заде́ржка *ж* поста́вки

Lieferschein <-(e)s, -e> *m* накладна́я *ж*

Liefersperre <-, -n> *f* запре́т *м* на поста́вки

Liefertermin <-s, -e> *m* срок *м* поста́вки

Lieferung <-, -en> *f* поста́вка *ж;* **~ auf Abruf** поста́вка по тре́бованию; **~ frei Haus** поста́вка с доста́вкой на́ дом; **prompte ~** сро́чная поста́вка; **verspätete ~** просро́ченная поста́вка; **zahlbar bei ~** опла́та при поста́вке

Lieferungsverzug *m* заде́ржка *ж* поста́вки

Lieferwagen <-s, -> *m* автофурго́н *м,* пика́п *м*

Lieferzeit *f* вре́мя *ж* доста́вки

Liege ['li:gə] <-, -n> *f* тахта́ *ж*

liegen ['li:gən] <lag, gelegen> *vi* **1.** *(allg)* лежа́ть, про- *св,* по- *св;* **auf dem Rücken/auf dem Bauch ~** лежа́ть на спине́/на животе́; **er liegt ihr zu Füßen** он гото́в ра́ди неё на всё **2.** *(sich befinden)* находи́ться *нсв,* быть *нсв* располо́женным; **das Buch liegt auf dem Tisch** кни́га лежи́т на столе́; **das Zimmer liegt nach Süden** ко́мната выхо́дит на юг; **das liegt auf dem Weg** э́то нам по доро́ге; **die Prüfung liegt noch vor mir** экза́мен мне ещё предстои́т **3.** *(von jdm abhängen)* зави́сеть *нсв* **4.** *(jdm zusagen, entsprechen)* подходи́ть *нсв;* **in der Sonne ~** загора́ть (на со́лнце); **mir liegt viel daran** мне это́ о́чень ва́жно; **daran liegt mir überhaupt nichts** мне э́то соверше́нно не ва́жно; **die Verantwortung liegt bei dir** *(fällt dir zu)* отве́тственность лежи́т на тебе́; **das liegt nicht an mir** я здесь ни при чём; **woran liegt es?** в чём причи́на?; **die Arbeit liegt ihm nicht** э́та рабо́та ему́ не подхо́дит

liegen bleiben[RR] <irr> *vi* **1.** *(nicht aufstehen)* остава́ться, оста́ться *св* **2.** *(unerledigt bleiben: Arbeit)* стоя́ть *нсв;* **die ganze Arbeit bleibt liegen** вся рабо́та стои́т **3.** *(steckenbleiben: Auto, Zug)* застрева́ть, застря́ть *св* **4.** *(vergessen werden)* остава́ться, оста́ться *св*

liegen lassen[RR] <irr> *vt* **1.** *(vergessen)* забыва́ть, -бы́ть *св,* оставля́ть, оста́вить *св* **2.** *(unerledigt lassen: Arbeit)* оставля́ть, оста́вить *св;* **jdn links ~** игнори́ровать кого́-л.

Liegenschaft <-, -en> *f* недви́жимость *ж,* недви́жимое иму́щество *ср,* земе́льный уча́сток *м*

Liegenschaftsamt *nt* земе́льное управле́ние *ср,* земе́льный отде́л *м*

Liegesitz <-es, -e> *m* сиде́нье *ср* с откидно́й спи́нкой

Liegestuhl <-(e)s, -stühle> *m* шезло́нг *м*

Liegestütz ['li:gəʃtʏts] *m* упо́р *м* лёжа; **fünfzig ~e machen** сде́лать пятьдеся́т отжима́ний

Liegewagen <-s, -> *m* ваго́н *м* со спа́льными места́ми

lieh [li:] *prät von* **leihen**

ließ [li:s] *prät von* **lassen**

liest [li:st] *3. präs von* **lesen**
Lifestyle *m* стиль *м* жи́зни
Lift [lɪft] <-(e)s, -e> *m* лифт *м*
liften ['lɪftən] *vt* **1.** MED де́лать подтя́жки **2.** TECH тяну́ть
Liga ['li:ga] <Ligen> *f* **1.** POL ли́га *ж*, сою́з *м* **2.** SPORT ли́га *ж*, гру́ппа *ж*
light [laɪt] *adj (Lebensmittel) о пищево́м проду́кте со сни́женным содержа́нием вре́дных для здоро́вья веще́ств*
Light-Produkt <-(e)s, -e> *nt пищево́й проду́кт со сни́женным содержа́нием вре́дных для здоро́вья веще́ств*
Lightshow <-, -s> *f* шо́у *ср* со световы́ми эффе́ктами
Likör [li'kœ:ɐ] <-s, -e> *m* ликёр *м*
lila ['li:la] *adj* лило́вый
Lilie ['li:liə] <-, -n> *f* ли́лия *ж*
Liliputaner(in) [lilipu'ta:nɐ] <-s, -> *m(f)* лилипу́т *м*
Limes <-> *m* **1.** MATH преде́л *м* **2.** *(römischer)* Ли́мес *м*
Limit ['lɪmɪt] <-s, -s> *nt* ограниче́ние *ср*, преде́л *м*, ли́мит *м;* **ein bestimmtes ~ überschreiten** превыша́ть лими́т
limitieren [limi'ti:rən] *vt* лимити́ровать, ограни́чивать, ограни́чить *св*
Limo ['lɪmo] <-(s)> *f fam* лимона́д *м*
Limonade [limo'na:də] <-, -n> *f* лимона́д *м*
Limousine [limu'zi:nə] <-, -n> *f* лимузи́н *м*
Linde ['lɪndə] <-, -n> *f* ли́па *ж*
Lindenbaum <-(e)s, -bäume> *m geh* ли́па *ж*
lindern ['lɪndɐn] *vt* облегча́ть, -чи́ть *св;* **die Schmerzen ~** облегчи́ть боль
Linderung <-> *f* **1.** *(Erleichterung)* облегче́ние *ср* **2.** *(Milderung)* смягче́ние *ср*
Lineal [line'a:l] <-s, -e> *nt* лине́йка *ж*
linear [line'a:ɐ] *adj* лине́йный
Linguist(in) [lɪŋgu'ɪst] <-en, -en> *m(f)* лингви́ст *м*
Linguistik [lɪŋgu'ɪstɪk] <-> *f* лингви́стика *ж*
linguistisch *adj* лингвисти́ческий
Linie ['li:niə] <-, -n> *f* **1.** *(allg)* ли́ния *ж*, черта́ *ж;* **in erster ~** в пе́рвую о́чередь; **auf die schlanke ~ achten** *umg* следи́ть за фигу́рой **2.** *(von Straßenbahn/Bus)* но́мер *м*, маршру́т *м* авто́буса; **welche ~ führt zum Bahnhof?** како́й трамва́й идёт до вокза́ла?
Linienbus <-ses, -se> *m* маршру́тный авто́бус *м*
Linienflug *m* полёт *м* согла́сно расписа́нию
Linienmaschine <-, -n> *f* ре́йсовый самолёт *м*
Linienrichter <-s, -> *m* судья́ *м* на ли́нии
Linienschiff <-(e)s, -e> *nt* лине́йный кора́бль *м*, линко́р *м*, ре́йсовое су́дно *ср*
linientreu *adj* ве́рный ли́нии
Link [lɪŋk] <-s, -s> *m* DV ссы́лка *ж*
Linke <-n, -n> *f* **1.** *(Hand)* ле́вая рука́ *ж* **2.** *(Seite)* ле́вая сторона́ **3.** POL ле́вые *мн;* **zur ~n sehen Sie den Dom** с ле́вой стороны́ Вы ви́дите собо́р
linke(r, s) ['lɪŋkə, -kɐ, -kəs] *adj* ле́вый; **linke Seite** ле́вая сторона́ *ж;* **linker Hand** сле́ва; **linke Masche** *(beim Stricken)* изна́ночная пе́тля *ж;* **der linke Flügel** ле́вое крыло́ *ср*
linkisch *adj (ungeschickt)* неуклю́жий
links [lɪŋks] *adv* **1.** *(von ~)* сле́ва, с ле́вой стороны́; **das mach' ich mit ~** *umg* э́то я сде́лаю одно́й ле́вой; **sich ~ einordnen** *(im Verkehr)* встать в ле́вый ряд; **~ von etw** сле́ва от чего́-л.; **nach ~** вле́во; **oben/unten ~** наверху́/внизу́ с ле́вой стороны́ **2.** POL ле́вый
Linksaußen [-'--] *m* ле́вый кра́йний *м*
Linksdrehung <-, -en> *f* ле́вое враще́ние *ср*
linksextrem *adj* левоэкстреми́стский
Linksextremismus <-> *m* ле́вый экстреми́зм *м*
Linkshänder(in) ['lɪŋkshɛndɐ] <-s, -> *m(f)* левша́ *м*
linksherum *adv* **sich ~ drehen** поверну́ться вле́во
Linkskurve <-, -n> *f* поворо́т *м* (доро́ги) нале́во
linksradikal *adj* леворадика́льный
linksrum *adv fam s.* **linksherum**
Linksverkehr <-s> *m* левосторо́ннее движе́ние *ср*
Linoleum [li'no:leʊm] <-s> *nt* лино́леум *м*
Linse ['lɪnzə] <-, -n> *f* **1.** BOT чечеви́ца *ж* **2.** PHYS ли́нза *ж* **3.** ANAT хруста́лик *м*
linsenförmig *adj* ова́льный
Linsensuppe <-, -n> *f* чечеви́чная похлёбка *ж*
Lipgloss[RR] <-, -> *m* блеск *м* для губ
Lippe ['lɪpə] <-, -n> *f* губа́ *ж;* **kein Wort über die ~n bringen** не промо́лвить ни сло́ва; **jdm jeden Wunsch von den Lippen ablesen** предуга́дывать чьи-л. жела́ния
Lippenstift <-(e)s, -e> *m* губна́я пома́да *ж*
liquid *adj* ликви́дный; **~e Mittel** ликви́дные сре́дства
Liquidation <-> *f* ликвида́ция *ж*
liquidieren [likvi'di:rən] *vt* **1.** *(töten)* уничтожа́ть, -то́жить *св* **2.** ÖKON ликвиди́ровать *(н)св*
Liquidierung <-> *f* ликвида́ция *ж*
Liquidität [likvidi'tɛ:t] <-> *f* ликви́дность *ж*
Liquiditätsengpass <-(e)s, -pässe> *m* дефици́т *м* ликви́дных средств
lispeln ['lɪspəln] *vi (Zischlaute fehlerhaft aussprechen)* шепеля́вить *нсв*
List [lɪst] <-, -en> *f* **1.** *(Schlauheit, Verschlagenheit)* хи́трость *ж*, лука́вство *ср* **2.** *(Trick, Kunstgriff)* хи́трость *ж*, уло́вка *ж*
Liste ['lɪstə] <-, -n> *f* спи́сок *м;* **sich in eine**

~ **eintragen** занести́ себя́ в спи́сок; **eine ~ aufstellen** соста́вить спи́сок

Listenpreis <-(e)s, -e> *m* прейскура́нтная цена́ *ж*

listig *adj* хи́трый, лука́вый

Listigkeit <-> *f* хи́трость *ж*, лука́вство *ср*

Litanei [lita'naɪ] <-, -en> *f* REL литани́я *ж*

Litauen ['lɪtaʊən] <-s> *nt* Литва́ *ж*

Litauer(in) <-s, -> *m(f)* лито́вец *м*, лито́вка *ж*

litauisch I. *adj* лито́вский **II.** *adv* по-лито́вски

Liter ['li:tɐ] <-s, -> *m* литр *м*

literarisch [lɪtə'ra:rɪʃ] *adj* литерату́рный

Literatur [lɪtəra'tu:ɐ̯] <-, -en> *f* литерату́ра *ж*

Literaturangaben <-> *pl* спи́сок *м* испо́льзованной литерату́ры

Literaturgeschichte <-, -n> *f* исто́рия *ж* литерату́ры

Literaturkritik <-> *f* литерату́рная кри́тика *ж*

Literaturkritiker(in) <-s, -> *m* литерату́рный кри́тик *м*

Literaturverzeichnis <-ses, -se> *nt* указа́тель *м* [*или* спи́сок *м*] литерату́ры

Literaturwissenschaft <-> *f* литературове́дение *ср*

Literaturwissenschaftler(in) <-s, -> *m(f)* литературове́д *м*

literaturwissenschaftlich *adj* литературове́дческий

literweise *adv* ли́трами

Lithografie[RR] <-, -n> *f* литогра́фия *ж*

litt [lɪt] *prät von* **leiden**

Liturgie [litʊr'gi:] <-, -n> *f* литурги́я *ж*

Liveaufzeichnung[RR] <-, -en> *f*, **Live-Aufzeichnung**[Alt] <-, -en> *f* оригина́льная за́пись *ж*

Livekonzert[RR] <-(e)s, -e> *ntt*, **Live-Konzert**[Alt] <-(e)s, -e> *nt* живо́й конце́рт *м*

Livemusik[RR] <-> *f*, **Live-Musik**[Alt] <-> *f ohne pl* жива́я му́зыка *ж*

Livesendung[RR] *f*, **Live-Sendung**[Alt] *f* RADIO, TV переда́ча *ж* в эфи́ре

Liveübertragung[RR] <-, -en> *f*, **Live-Übertragung**[Alt] <-, -en> *f* пряма́я трансля́ция *ж*

Livree <-, -n> *f* ливре́я *ж*

i Land & Leute

В Швейцарии первая учёная степень, которой можно достичь в университете, называется **Lizentiat** – «диплом». После получения диплома можно, кроме того, защитить диссертацию и получить степень «доктора» или же пройти дополнительный курс обучения.

Lizenz [li'tsɛnts] <-, -en> *f (Genehmigung)* лице́нзия *ж*; **eine ~ ausstellen** оформля́ть лице́нзию; **Entzug einer ~** лише́ние кого́-л. лице́нзии; **jdm eine ~ erteilen** вы́дать кому́-л. лице́нзию; **eine ~ erwerben** приобрести́ лице́нзию; **in ~ herstellen** производи́ть по лице́нзии; **eine ~ vergeben** выдава́ть лице́нзию; **eine ~ verkaufen** продава́ть лице́нзию

Lizenzausgabe *f* лицензио́нное изда́ние *ср*

Lizenzfertigung <-> *f* произво́дство *ср* по лице́нзии

Lizenzgeber <-s, -> *m* лицензиа́р *м*

Lizenzgebühr <-, -en> *m* лицензио́нный сбор *м*

Lizenznehmer <-s, -> *m* лицензиа́т *м*

Lizenzvergabe <-, -n> *f* вы́дача *ж* лице́нзий

Lizenzvertrag <-(e)s, -verträge> *m* лицензио́нный догово́р *м*

Lob [lo:p] <-(e)s> *nt* похвала́ *ж*; **jdm ein ~ aussprechen** похвали́ть кого́-л.

Lobby ['lɔbi] <-, Lobbies> *f* ло́бби *ср*

Lobbyismus <-> *m* лобби́зм *м*

Lobbyist <-es, -en> *m* лобби́ст *м*

loben ['lo:bən] *vt* хвали́ть, по- *св*; **das lob' ich mir!** э́то мне о́чень нра́вится!; **etw lobend erwähnen** говори́ть с призна́тельностью о чём-л.

lobenswert ['lo:bənsve:rt] *adj* досто́йный похвалы́

löblich ['lœ:plɪç] *adj* похва́льный

Lobredner <-s, -> *m* выступа́ющий *м* с хвалёбной ре́чью

Local Area Network *m* DV лока́льная вычисли́тельная сеть *ж*

Loch [lɔx] <-(e)s, Löcher> *nt* дыра́ *ж*, ды́рка *ж*; *fig (schlechte Wohnung)* конура́ *ж*; **saufen wie ein ~** *vulg* пить как сапо́жник; **ein schwarzes ~** ASTR чёрная дыра́; **Löcher in die Luft starren** *fam* безде́льничать; **aus dem letzten ~ pfeifen** измота́ться

lochen *vt* **1.** *(Fahrkarte)* пробива́ть, -би́ть *св*, компости́ровать, про- *св* **2.** *(perforieren)* перфори́ровать *(н)св*

Locher <-s, -> *m* дыроко́л *м*

löcherig *adj* дыря́вый

Lochkarte <-, -n> *f* перфока́рта *ж*

Locke ['lɔkə] <-, -n> *f* ку́дри *мн*

locken ['lɔkən] **I.** *vt* **1.** *(an~)* зама́нивать, -мани́ть *св*; **jdn in einen Hinterhalt ~** замани́ть кого́-л. в западню́; **jdn von irgendwo heraus~** вы́манить кого́-л. отку́да-л.; **jdn in eine Falle ~** замани́ть кого́-л. в лову́шку **2.** *(drehen, in Locken legen)* завива́ть, зави́ть *св* **II.** *vr* **sich ~** *(kräuseln, sich in Locken legen)* ви́ться *нсв*

L

loben

• loben, positiv bewerten	• Выражение категоричной оценки
Ausgezeichnet! / Hervorragend!	**Отлично! / Превосходно!**
Das hast du gut gemacht.	**Отличная работа.**
Das hast du prima hingekriegt. *(fam)*	**Вы проделали большую работу.**
Das lässt sich (aber) sehen! *(fam)*	Есть (в самом деле), чем гордиться!
Daran kann man sich ein Beispiel nehmen.	**Это может послужить примером.**
Das hätte ich nicht besser machen können.	**Я не мог бы сделать лучше.**
• Wertschätzung ausdrücken	• Выражение высокого мнения
Ich finde es super, wie er sich um die Kinder kümmert.	**По-моему, это замечательно,** как он заботиться о детях.
Ich schätze Ihren Einsatz **(sehr).**	**Я (по-настоящему) ценю** вашу **преданность.**
Ich weiß Ihre Arbeit **sehr zu schätzen.**	**Я высоко оцениваю** вашу работу.
Ich möchte ihren guten Rat **nicht missen.**	**Я дорожу** вашими советами. / **не хочу остаться без** ваших советов.
Ich finde die Vorlesungen dieses Professors **sehr gut.**	**Я думаю, что** лекции этого профессора **отличные.**
Ich wüsste nicht, was wir ohne ihre Hilfe **tun sollten.**	**Я не знаю, что бы мы делали без** её помощи.

Lockenstab *m* щипцы́ *мн*

Lockenwickler <-s, -> *m* бигуди́ *мн*

locker ['lɔkɐ] *adj* **1.** *(lose)* расша́танный; **etw ~ machen** осла́бить что-л.; **Geld ~ machen** раскоше́литься **2.** *(Schnee)* ры́хлый **3.** *fig (gelöst, entspannt)* рассла́бленный; **~ werden** *(Knoten)* развяза́ться; **~ sitzen** быть незатя́нутым **4.** *(unmoralisch)* легкомы́сленный, беспу́тный; **er hat einen ~en Lebenswandel** он ведёт распу́тный о́браз жи́зни; **das mach' ich doch ~** *fam* мне ничего́ не сто́ит сде́лать э́то; **ein lockeres Mundwerk haben** *fam* за сло́вом в карма́н не лезть

locker|lassen *vi* **nicht ~** не уступа́ть

locker|machen *vt fam* **Geld ~** раскоше́ливаться, раскоше́литься *св*

lockern ['lɔkɐn] **I.** *vt (locker machen)* расслабля́ть, -сла́бить *св* **II.** *vr* **1.** SPORT расслабля́ться, -сла́биться *св* **2.** *(locker werden)* ослабева́ть, -бе́ть *св*

lockig *adj* кудря́вый

Lockung *f* прима́нка *ж*, собла́зн *м*

Lockvogel *m a. fig* прима́нка *ж*

Lockvogelangebot <-(e)s, -e> *m* осо́бо вы́годное предложе́ние *ср*

lodern ['lo:dɐn] *vi* пыла́ть *нсв*

Löffel ['lœfəl] <-s, -> *m* **1.** *(Teil des Bestecks)* ло́жка *ж* **2.** *(Hasenohr)* у́хо *ср* за́йца **3.** TECH *(von Bagger)* ковш *м*

Löffelbagger *m* одноковшо́вый экскава́тор *м*

löffeln ['lœfəln] *vt* хлеба́ть, по- *св*

log [lo:k] *prät von* **lügen**

Logarithmus [loga'rɪtmʊs] <-, Logarithmen> *m* логари́фм *м*

Logbuch <-(e)s, -bücher> *nt* ва́хтенный журна́л *м*

Loge ['lo:ʒə] <-, -n> *f* **1.** THEAT ло́жа *ж* **2.** *(des Pförtners)* швейца́рская *ж*

Logenplatz <-es, -plätze> *m* ме́сто *ср* в ло́же

Loggia <-> *f* ло́джия *ж*

Logik ['lo:gɪk] <-> *f* ло́гика *ж;* **das verstößt gegen jegliche ~** э́то противоре́чит вся́кой ло́гике

logisch ['lo:gɪʃ] *adj* логи́чный; MATH логи́ческий

logischerweise *adv* логи́чно

Logistik [lo'gɪstɪk] <-> *f* логи́стика *ж*

Logo ['lo:go] <-s, -s> *nt* логоти́п *м*, эмбле́ма *ж*

Logopäde [logo'pɛ:də] <-n, -n> *m* логопе́д *м*

Lohn [lo:n] <-(e)s, Löhne> *m* **1.** *(Arbeitsentgelt)* зарпла́та *ж* **2.** *fig (Belohnung)* вознагражде́ние *ср*, награ́да *ж*

Lohnabbau <-(e)s> *m* сниже́ние *ср* за́работной пла́ты

Lohnabrechnung <-> *f* расчёт *м* за́работной пла́ты

Lohnabrechnungsliste <-, -n> *f* платёжная ве́домость *ж*

Lohnabzüge <-> *pl* вы́четы *мн* из за́работной пла́ты

Lohnarbeit <-, -en> *f* наёмный труд *м*

Lohnausgleich <-(e)s> *m* компенсацио́нные вы́платы *мн* по вре́менной нетрудоспосо́бности

Lohnbezieher <-s, -> *m* рабо́тник *м*

Lohnbuch <-(e)s> *nt* расчётная кни́жка *ж*
Lohnbüro <-s, -s> *nt* отде́л *м* за́работной пла́ты
Lohndumping <-s> *nt* де́мпинг *м*, обусла́вливаемый ни́зким у́ровнем за́работной пла́ты
Lohneinkommen <-s> *nt* трудово́й дохо́д *м*
Lohnempfänger <-s, -> *m* рабо́тник *м*
lohnen ['lo:nən] **I.** *vt* **1.** *(belohnen)* вознагражда́ть, -гради́ть *св;* **jdm seine Hilfe ~** вознагради́ть кого́-л. за по́мощь **2.** *(wert sein)* окупа́ть, -пи́ть *св* **II.** *vr* **sich ~ 1.** *(vor allem finanziell)* окупа́ться, -пи́ться *св* **2.** *(allgemein)* опра́вдываться, оправда́ться *св;* **das lohnt sich nicht** э́то не окупа́ется; **unsere Mühe hat sich gelohnt** на́ши уси́лия оправда́лись; **der Auftrag hat sich für uns finanziell gelohnt** поруче́ние оказа́лось вы́годным для нас
lohnend *adj* вы́годный
lohnenswert *adj* вы́годный
Lohnentwicklung <-> *m* разви́тие *ср* за́работной пла́ты
Lohnerhöhung <-, -en> *f* повыше́ние *ср* за́работной пла́ты
Lohnforderungen <-> *pl* тре́бования *мн* повыше́ния за́работной пла́ты
Lohnfortzahlung <-, -en> *f* непреры́вная вы́плата *ж* за́работной пла́ты
Lohngruppe <-, -n> *f* тари́фный разря́д *м*
Lohnheft <-(e)s, -e> *nt* расчётная кни́жка *ж*
Lohnkarte <-, -n> *f* расчётная ка́рточка *ж*
Lohnkonto <-s, -konten> *nt* счёт *м* за́работной пла́ты
Lohnkosten <-> *pl* расхо́ды *мн* по за́работной пла́те
Lohnkürzung <., -en> *f* сокраще́ние *ср* за́работной пла́ты
Lohnliste <-> *f* платёжная ве́домость *ж*
Lohnnebenkosten <-> *pl* побо́чные [*или* ко́свенные] изде́ржки *мн* на за́работную пла́ту
Lohnniveau <-s, -s> *nt* у́ровень *м* за́работной пла́ты
Lohnpolitik <-> *f* поли́тика *ж* в о́бласти за́работной пла́ты
Lohn-Preis-Spirale <-> *f* инфляцио́нная спира́ль *ж*
Lohnrunde <-, -n> *f* перегово́ры *мн* о ста́вках за́работной пла́ты
Lohnsatz <-es, -sätze> *m* тари́фная ста́вка *ж*
Lohnsperre <-, -n> *f* замора́живание *ср* за́работной пла́ты
Lohnsteuer <-> *f* подохо́дный нало́г *м*
Lohnsteueranmeldung <-, -en> *f* деклара́ция *ж* о нало́гах на за́работную пла́ту
Lohnsteuerermäßigung <-, -en> *f* льго́ты *мн* по нало́гу на за́работную пла́ту
Lohnsteuerfreibetrag <-(e)s, -beträge> *m* не облага́емый нало́гом ми́нимум *м* за́работной пла́ты
Lohnsteuerjahresausgleich <-(e)s, -e> *m* ежего́дный перерасчёт *м* нало́говых удержа́ний
Lohnsteuerkarte <-, -n> *f* нало́говая ка́рточка *ж*
Lohnsteuerklasse <-, -n> *f* разря́д *м* налогообложе́ния
Lohnstopp <-s, -s> *m* замора́живание *ср* за́работной пла́ты
Lohnstückkosten <-> *pl* расхо́ды *ммн* по за́работной пла́те в расчёте на челове́ка
Lohntarif <-(e)s, -e> *m* тари́фная се́тка *ж*
Lohn- und Gehaltskonto <-s, -konten> *nt* счёт *м* за́работной пла́ты
Lohnvereinbarung <-, -en> *f* соглаше́ние *ср* по вопро́сам за́работной пла́ты
Lohnverhandlungen <-> *pl* перегово́ры *мн* о ста́вках [*или* тари́фах] за́работной пла́ты
Lohnzettel <-s, -> *m* расчётный лист *м*
Lohnzulage <-, -n> *f* допла́та *ж* к за́работной пла́те
Lohnzuschlag <-(e)s, -zuschläge> *m* допла́та *ж* к за́работной пла́те
Loipe ['lɔɪpə] <-, -n> *f* лыжня́ *ж*
Lok [lɔk] <-, -s> *f abk von* **Lokomotive** локомоти́в *м*
lokal [lo'ka:l] *adj* ме́стный
Lokal [lo'ka:l] <-(e)s, -e> *nt* рестора́н *м*, кафе́ *ср*
Lokalaugenschein <-s, -e> *m österr (Lokaltermin)* выездно́е суде́бное заседа́ние *ср*
Lokalbahn <-, -en> *f* TRANSP лока́льная желе́зная доро́га *ж*
Lokalblatt <-(e)s, -blätter> *nt* ме́стная газе́та *ж*
lokalisieren [lokali'zi:rən] *vt* локализова́ть *(н)св*
Lokalnetz <-es, -e> *nt* DV лока́льная сеть *ж*
Lokalseite <-, -n> *f* ме́стная хро́ника *ж* (в газе́те)
Lokalsender <-s, -> *m* ме́стная радиоста́нция *ж*
Lokativ <-s> *m* LING ме́стный паде́ж *м*
Lokführer(in) *m(f)* машини́ст *м* (локомоти́ва)
Lokomotive [lokomo'ti:və] <-, -n> *f* локомоти́в *м*
Lokomotivführer <-s, -> *m* машини́ст *м*
Lokomotivschuppen <-s, -> *m* парово́зное депо́ *ср*
Lokus ['lo:kʊs] <-, -se> *m umg* убо́рная *ж*,

туале́т *м*
Lolli ['lɔli] <-, -s> *m umg* ледене́ц *м* на па́лочке
Lombard <-s> *m* ломба́рд *м*
Lombarddarlehen <-s, -> *nt* ломба́рдная ссу́да *ж*
Lombardei <-> *f* Ломба́рдия *ж*
Lombardgeschäft <-(e)s, -e> *nt* ломба́рдная сде́лка *ж*
Lombardkredit <-(e)s, -e> *m* ломба́рдный креди́т *м*
Lombardlinie <-, -n> *f* ломба́рдный преде́л *м*
Lombardpolitik <-> *f* ломба́рдная поли́тика *ж*
Lombardsatz <-es> *m* ломба́рдная ста́вка *ж*
London ['lɔndɔn] <-s> *nt* Ло́ндон *м*
Longitudinalschwingung <-> *f* PHYS продо́льное колеба́ние *ср*
Look [lʊk] <-s, -s> *m* **1.** *(Aussehen)* (вне́шний) вид *м* **2.** *(Moderichtung)* мо́да *ж*
Looping ['lu:pɪŋ] <-s, -s> *m o nt* AERO лу́пинг *м*
Lorbeer ['lo:ɐbe:ɐ] <-s, -en> *m (Gewürz)* лавр *м;* **sich auf seinen ~en ausruhen** *fig* почива́ть на ла́врах
Lorbeerkranz *m* ла́вровый вено́к *м*
Lord [lɔrt] <-s, -s> *m* лорд *м*
los [lo:s] **I.** *adj (locker, gelöst)* свобо́дный; **was ist ~?** что случи́лось?; **was ist denn mit dir ~?** что с тобо́й случи́лось?; **jdn/etw ~ sein** отде́латься от кого́-л./чего́-л. **II.** *adv* **~!** дава́й!; **warum wollt ihr erst morgen ~?** *(losfahren)* почему́ вы хоти́те вы́ехать [*или* пое́хать] то́лько за́втра; **Achtung, fertig, ~!** внима́ние, гото́вы, старт!
Los [lo:s] <-es, -e> *nt* **1.** *(Schicksal)* у́часть *ж,* судьба́ *ж;* **das ~ ist auf mich gefallen** вы́бор пал на меня́ **2.** *(der Lotterie)* лотере́йный биле́т *м;* **etw durch das ~ entscheiden** разыгра́ть что-л.; **das große ~ ziehen** *a. fig* вы́играть большу́ю награ́ду
lösbar *adj* **1.** *(Tablette)* раствори́мый **2.** *fig* разреши́мый
los|binden <irr> *vt (von)* отвя́зывать, -вяза́ть *св*
löschen ['lœʃən] *vt* **1.** *(Feuer, Licht)* туши́ть, по- *св,* гаси́ть, по- *св* **2.** *(Durst)* утоля́ть, -ли́ть *св* **3.** *(Daten, Tonband)* стира́ть, стере́ть *св* **4.** *(Konto)* закрыва́ть, -кры́ть *св*
Löschfahrzeug <-(e)s, -e> *nt* пожа́рная маши́на *ж,* пожа́рный автомоби́ль *м*
Löschgerät <-(e)s, -e> *nt* огнетуши́тель *м*
Löschkalk <-(e)s> *m* гашёная и́звесть *ж*
Löschpapier <-(e)s, -e> *nt* промака́шка *ж*
Löschtrupp <-s, -s> *m* пожа́рная кома́нда *ж*
lose ['lo:zə] *adj* **1.** *(Lebenswandel)* распу́щенный **2.** *(locker)* свобо́дный, незакреплённый **3.** *(unverpackt)* неупако́ванный; **ein ~s Mundwerk haben** быть де́рзким
Loseblattsammlung <-, -en> *f* вы́пуск *м* журна́ла несши́тыми листа́ми
Lösegeld <-(e)s, -er> *nt* вы́куп *м*
Lösegeldforderung <-, -en> *f* тре́бование *ср* вы́купа
losen ['lo:zən] *vi* броса́ть, бро́сить *св* жре́бий
lösen ['lœ:zən] **I.** *vt* **1.** *(losmachen, entfernen)* снима́ть, снять *св* с, отделя́ть, -ли́ть *св* от; **die Handbremse ~** снять с ручно́го то́рмоза; *umg* снять с ручника́ **2.** *(Rätsel)* разга́дывать, -гада́ть *св* **3.** *(Problem)* реша́ть, -ши́ть *св* **4.** *(Fahrkarte)* покупа́ть, купи́ть *св* **5.** CHEM растворя́ть, -ри́ть *св* в **II.** *vr* **sich ~ 1.** *(sich losmachen)* освобожда́ться, -боди́ться *св* от, отделя́ться, -ли́ться *св* от; **sie löste sich aus seiner Umarmung** она́ вы́свободилась из его́ объя́тий **2.** *fig (sich trennen)* расстава́ться, расста́ться *св* с **3.** *(sich aufklären, auflösen: Problem)* реша́ться, -ши́ться *св* **4.** CHEM растворя́ться, -ри́ться *св;* **Salz löst sich in Wasser** соль растворя́ется в воде́
los|fahren ['lo:s-] <irr> *vi* выезжа́ть, вы́ехать *св*
los|gehen <irr> *vi* **1.** *(sich lösen, abgehen)* отрыва́ться, оторва́ться *св;* **lass uns endlich ~!** ну, пошли́! **2.** *umg (anfangen)* начина́ться, -ча́ться *св;* **der Film geht erst in einer Stunde los** фильм начнётся то́лько чере́з час; **jetzt geht das schon wieder los!** *fam* ну вот, опя́ть начало́сь!
los|kaufen *vt (einen Entführten)* выкупа́ть, вы́купить *св*
los|kommen <irr> *vi* избавля́ться, изба́виться *св* от
los|lassen <irr> *vt* отпуска́ть, -пусти́ть *св*
los|legen *vi fam* начина́ть; **ihr könnt sofort ~!** мо́жете сра́зу начина́ть!
löslich ['lœ:slɪç] *adj* раствори́мый
los|lösen *vt, vr* **sich ~** оторва́ться
los|machen *vt (eine Leine)* отвя́зывать, -вяза́ть *св*
los|müssen <irr> *vi fam* кто-л. до́лжен идти́
Losnummer <-, -n> *f* но́мер *м* лотере́йного биле́та
los|reißen <irr> **I.** *vt* вырыва́ть, вы́рвать *св* **II.** *vr* **sich ~** вы́рваться; **er konnte sich nicht von dem Anblick ~** он глаз не мог оторва́ть от чего́-л.
los|sagen *vr* **sich von jdm/etw ~** отре́чься от кого́-л./чего́-л.
Losung ['lo:zʊŋ] <-, -en> *f* **1.** MIL паро́ль *м* **2.** *(Devise)* ло́зунг *м*
Lösung ['lœ:zʊŋ] <-, -en> *f* **1.** *(allg)* реше́ние *ср;* **~ eines Problems** реше́ние пробле́мы **2.** *(Annulierung)* расторже́ние *ср;* **~ von**

Geschäftsbeziehungen расторже́ние деловы́х отноше́ний **3.** PHYS, CHEM раство́р *м*

Lösungsmittel <-s, -> *nt* раствори́тель *м*

los|werden *vt* избавля́ться, изба́виться *св;* **ein altes Auto ~** изба́виться от ста́рой маши́ны; **jdn ~** отде́латься от кого́-л.; **ich werde den Gedanken nicht los, dass ...** меня́ всё му́чает мысль, что ...

Lot [lo:t] <-(e)s, -e> *nt* **1.** *(Senkblei)* гру́зило *ср*, лот *м;* **etw wieder ins (rechte) ~ bringen** испра́вить что-л. **2.** MATH перпендикуля́р *м*

löten ['lœ:tən] *vt* пая́ть *нсв*, запа́ивать, -пая́ть *св*

Lotion [lo'ts̮io:n] <-, -en> *f* лосьо́н *м*

Lötkolben <-s, -> *m* пая́льник *м*

Lotosblume <-, -n> *f* ло́тос *м*

Lotse ['lo:tsə] <-n, -n> *m* ло́цман *м*

lotsen *vt* проводи́ть, -вести́ *св*

Lotterie [lɔtə'ri:] <-, -n> *f* лотере́я *ж*

Lotterielos <-s, -e> *nt* лотере́йный биле́т *м*

Lotto ['lɔto] <-s, -s> *nt* лото́ *ср*

Lottogewinn <-(e)s, -e> *m* вы́игрыш *м* в лото́

Lottoschein *m* лотере́йный биле́т *м*

Lottozahlen <-> *pl* вы́игравшие чи́сла *срмн* цифрово́го лото́

Loveparade <-> *f проходя́щий ежего́дно в Берли́не пара́д люби́телей техно-му́зыки*

Löwe ['lœ:və] <-n, -n> *m* **1.** ZOOL лев *м* **2.** ASTR Лев *м*

Löwenanteil <-(e)s> *m fig* льви́ная до́ля *ж*

Löwenkäfig <-(e)s, -e> *m* кле́тка *ж* для льво́в

Löwenzahn <-(e)s> *m* одува́нчик *м*

Löwin ['lœ:vɪn] <-, -nen> *f* льви́ца *ж*

loyal [lɔɪ'a:l] *adj* лоя́льный

Loyalität [lɔɪali'tɛ:t] <-, (-en)> *f* лоя́льность *ж*

LP [ɛl'pi:] <-, -s> *f abk von* **Langspielplatte** до́лго игра́ющая пласти́нка

LSD [ɛlʔɛs'de:] <-s> *nt abk von* **Lysergsäurediäthylamid** ЛСД *м*

Luchs [lʊks] <-es, -e> *m* рысь *ж*

Lücke ['lʏkə] <-, -n> *f* пусто́е ме́сто *ср; (Gesetzeslücke, Schlupfloch)* лазе́йка *ж*

Lückenbüßer <-s, -> *m* заты́чка *ж*

lückenhaft *adj* **1.** *(voller Lücken)* с пробе́лами **2.** *fig (unvollständig)* непо́лный

lückenlos *adj (vollständig)* по́лный; **ein ~er Lebenslauf** подро́бная биогра́фия *ж*

lud [lu:t] *prät von* **laden**

Luder ['lu:dɐ] <-s, -> *nt pej (Biest)* сте́рва *ж*

Luft [lʊft] <-, Lüfte> *f* во́здух *м;* **etw ist aus der ~ gegriffen** что-л. взя́то с потолка́; **~ für jdn sein** *fig (von jdm nicht beachtet werden)* не существова́ть для кого́-л.; **jdn wie ~ behandeln** *fig (jdn nicht beachten)* игнори́ровать кого́-л.; **~ holen** перевести́ дыха́ние; **die ~ anhalten** задержа́ть дыха́ние; **frische ~ schnappen** подыша́ть све́жим во́здухом; **etw in die ~ sprengen** взорва́ть что-л.; **an die (frische) ~ gehen** вы́йти подыша́ть (чи́стым) во́здухом; **die ~ aus etw** *dat* **herauslassen** вы́пустить из чего́-л. во́здух; **sich in ~ auflösen** *fam* раствори́ться в во́здухе; **(tief) ~ holen** (глубоко́) вздохну́ть; **keine ~ bekommen** задыха́ться; **vor Freude in die ~ springen** подпры́гнуть от ра́дости; **es liegt etwas in der ~** что-л. лежи́т в во́здухе; **schnell in die ~ gehen** *fam* бы́стро раздража́ться

Luftabwehrgeschoss <-es, -e> *nt* зени́тная раке́та *ж*

Luftangriff <-(e)s, -e> *m* бомбардиро́вка *ж*

Luftballon <-s, -s> *m* возду́шный [*или* надувно́й] шар(ик) *м*

Luftbefeuchter <-s, -> *m* увлажни́тель *м* во́здуха

Luftbild <-(e)s, -er> *nt* аэрофотосни́мок *м*

Luftbrücke <-, -n> *f* возду́шный мост *м*

Luftdruck <-(e)s> *m* атмосфе́рное давле́ние *ср*, давле́ние *ср* во́здуха

Luftdruckanstieg <-(e)s> *m* повыше́ние *ср* давле́ния во́здуха

lüften ['lʏftən] *vt* **1.** *(mit Luft versorgen)* прове́тривать, -ве́трить *св* **2.** *(hochheben)* приподнима́ть, -ня́ть *св*

Lüfter <-s, -> *m* вентиля́тор *м*

Luftfahrtgesellschaft <-, -en> *f (Fluggesellschaft)* авиакомпа́ния *ж*

Luftfahrtindustrie <-, -n> *f* авиацио́нная промы́шленность *ж*

Luftfeuchtigkeit <-> *f* вла́жность *ж* во́здуха

Luftfilter <-s, -> *m* во́здушный фи́льтр *м*

Luftflotte <-> *f* возду́шный флот *м*

Luftfracht <-> *f* авиацио́нный груз *м*

Luftfrachtbrief <-(e)s, -e> *m* авиацио́нная накладна́я *ж*

luftgetrocknet *adj* воздушносухо́й

Luftgewehr *nt* возду́шное ору́жие *ср*

Lufthülle <-, -n> *f* возду́шная оболо́чка *ж*, атмосфе́ра *ж* Земли́

luftig *adj* лёгкий; *(luftdurchlässig, dünn)* возду́шный

Luftikus ['lʊftikʊs] <-> *m umg* ве́треник *м*

Luftkissen <-, -> *nt* возду́шная поду́шка *ж*

Luftkissenboot <-(e)s, -e> *nt* су́дно *ср* на возду́шной поду́шке

Luftklappe <-, -n> *f* возду́шный кла́пан *м*

Luftkühlung <-> *f* во́здушное охлажде́ние *ср*

Luftkurort <-(e)s, -e> *m* климати́ческий куро́рт *м*

Luftlandetruppen <-> *pl* воздушно-деса́нтные войска́ *мн*

L

Luftlandung <-> *f* десанти́рование *ср*

luftleer *adj* безвозду́шный; **~er Raum** безвозду́шное простра́нство

Luftlinie <-> *f* пряма́я ли́ния *ж*

Luftmatratze <-, -n> *f* надувно́й матрас *м*

Luftmine <-, -n> *f* авиами́на *ж*

Luftpirat <-en, -en> *m* возду́шный пира́т *м*

Luftpost <-> *f* авиапо́чта *ж;* **per ~ versenden** отправля́ть авиапо́чтой

Luftpostbrief <-(e)s, -e> *m* авиаписьмо́ *ср*

Luftpumpe <-, -n> *f* возду́шный насо́с *м*

Luftraum <-(e)s> *m* возду́шное простра́нство *ср*

Luftröhre <-, -n> *f* трахе́я *ж*

Luftschadstoffe <-> *pl* вре́дные вещества́ *срмн,* содержа́щиеся в во́здухе

Luftschall <-s> *m* возду́шный звук *м*

Luftschiff <-(e)s, -e> *nt* дирижа́бль *м*

Luftschifffahrt <-> *f* воздухопла́вание *ср*

Luftschleuse <-, -n> *f* шлюзово́й отсе́к *м*

Luftschutzbunker <-s, -> *m* бомбоубе́жище *ср*

Luftschutzkeller <-s, -> *m* бомбоубе́жище *ср*

Luftstrom <-(e)s> *m* возду́шный пото́к *м*

Lufttaxi <-s, -s> *nt* „возду́шное такси́“ *ср (небольшо́й самолёт, кото́рый мо́жно зафрахтова́ть)*

Lufttemperatur <-, -en> *f* температу́ра *ж* во́здуха

Lufttransport <-(e)s, -e> *m* авиатра́нспорт *м*

Lufttrocknung <-> *f* су́шка *ж* на во́здухе

Luft- und Raumfahrtindustrie <-> *f* авиацио́нно-косми́ческая промы́шленность *ж*

luftundurchlässig *adj* воздухонепроница́емый

Lüftung [ˈlʏftʊŋ] <-, -en> *f* прове́тривание *ср; (Be~, Ventilation)* вентиля́ция *ж*

Lüftungskanal <-(e)s, -kanäle> *m* вентиляцио́нный кана́л *м*

Lüftungsklappe <-, -n> *f* вентиляцио́нный люк *м*

Lüftungsschacht <-(e)s, -schächte> *m* вентиляцио́нная ша́хта *ж*

Luftventil <-s, -e> *nt* во́здушный кла́пан *м*

Luftverkehrskontrolle <-, -n> *f* контро́ль *м* возду́шного сообще́ния

Luftverschmutzung <-, -en> *f* загрязне́ние *ср* во́здуха

Luftverteidigung <-> *f* противовозду́шная оборо́на *ж*

luftverunreinigend *adj* загрязня́ющий во́здух

Luftwaffe <-, -n> *f* вое́нно-возду́шные си́лы *жмн*

Luftwiderstand <-(e)s> *m* сопротивле́ние *ср* во́здуха

Luftzirkulation <-> *f* циркуля́ция *ж* во́здуха

Luftzufuhr <-> *f* пода́ча *ж* во́здуха

Luftzug <-(e)s, -züge> *m* сквозня́к *м*

Lüge [ˈlyːgə] <-, -n> *f* ложь *ж;* **~n haben kurze Beine** *prov* у лжи коро́ткие но́ги

lügen [ˈlyːgən] <log, gelogen> *vi* лгать, со- *св,* врать, со- *св;* **er lügt wie gedruckt** *fam* он завра́лся

Lügendetektor [ˈlyːgəndeˈtɛktɔr] *m* дете́ктор *м* лжи

lügenhaft *adj* лжи́вый, ло́жный; **eine lügenhafte Geschichte** лжи́вая исто́рия

Lügner(in) [ˈlyːgnɐ] <-s, -> *m(f)* врун *м,* лгун *м*

Luke [ˈluːkə] <-, -n> *f* люк *м*

lukrativ [lukraˈtiːf] *adj* при́быльный; **~es Nebengeschäft** дохо́дное побо́чное заня́тие

Lümmel [ˈlʏməl] <-s, -> *m (Flegel)* о́лух *м*

lümmeln *vr* валя́ться *нсв,* развали́ться *св;* **er lümmelt sich den ganzen Tag nur auf dem Sofa** он весь день валя́ется на тахте́

Lump [lʊmp] <-en, -en> *m* подле́ц *м*

Lumpen [ˈlʊmpən] <-s, -> *m* тря́пка *ж*

Lumpengesindel <-s> *nt pej* сброд *м*

lumpig *adj* **1.** *(zerlumpt)* дрянно́й **2.** *pej (gering, unbedeutend)* по́длый

Lunge [ˈlʊŋə] <-, -n> *f* лёгкое *ср;* **sich die ~ aus dem Hals schreien** *umg* крича́ть до изнеможе́ния

Lungenabszess <-es, -e> *m* абсце́сс *м* лёгких

Lungenarterie <-, -n> *f* лёгочная арте́рия *ж*

Lungenbraten <-s, -> *m* жарко́е *ср* из говя́жьего филе́

Lungenentzündung <-, -en> *f* воспале́ние *ср* лёгких

Lungenfell <-s, -e> *nt* оболо́чка *ж* лёгких

Lungenfellentzündung <-, -en> *f* воспале́ние *ср* лёгочной оболо́чки

Lungenflügel <-s, -> *m* лёгкое *ср*

lungenkrank *adj* име́ть воспале́ние лёгких

Lungenkrebs <-es> *m* рак *м* лёгких

Lungenödem <-s, -e> *nt* отёк *м* лёгких

Lungentuberkulose <-> *f* туберкулёз *м* лёгких

Lungenzug *m* вздох *м;* **einen ~ machen** вдохну́ть

Lunte [ˈlʊntə] <-, -n> *f* **1.** *(Zündschnur)* фити́ль *м* **2.** *(Schwanz des Fuchses)* хвост *м;* **~ riechen** *umg* пронюхать что-л.

Lupe [ˈluːpə] <-, -n> *f* лу́па *ж;* **etw unter die ~ nehmen** *fig* присмотре́ться побли́же к чему́-л.

Lust [lʊst] <-, Lüste> *f* **1.** *(Freude)* ра́дость *ж,* удово́льствие *ср* **2.** *(Neigung, Verlangen)* жела́ние *ср,* охо́та *ж;* **~ haben, etw zu**

tun хоте́ть сде́лать что-л.; **auf etw ~ haben** хоте́ть чего́-л.; **ich habe keine ~** я не хочу́ **3.** *(sinnliche Begierde)* страсть *ж*

Luster ['lʊstɐ] <-s, -> *m österr (Kronleuchter)* лю́стра *ж*

lüstern ['lʏstɐn] *adj* похотли́вый; **ein ~er Kerl** похотли́вый мужи́к *м*

lustig ['lʊstɪç] *adj* **1.** *(vergnügt, fröhlich)* весёлый **2.** *(komisch)* смешно́й; **sich über etw/jdn ~ machen** смея́ться над чем-л./кем-л.; **du bist vielleicht ~!** *iron* э́то не смешно́!

Lüstling ['lʏstlɪŋ] <-s, -e> *m abw* сластолю́бец *м*

lustlos *adj* **1.** *(ohne Antrieb)* неохо́тный **2.** ÖKON *(Markt, Börse)* вя́лый

Lustmangel <-s> *m* отсу́тствие *ср* жела́ния

Lustmolch *m fam* сластолю́бец *м*

lutschen ['lʊtʃən] *vt* соса́ть, по- *св;* **an etw ~** соса́ть что-л.

Lutscher <-s, -> *m* ледене́ц *м* на па́лочке

Luv [luːf] <-s> *f* MAR наве́тренная сторона́ *ж*

Luxemburg ['lʊksəmbʊrk] <-s> *nt* Люксембу́рг *м*

Luxemburger(in) ['lʊksəmbʊrgɐ] <-s, -> *m(f)* жи́тель *м* Люксембу́рга

luxemburgisch *adj* люксембу́ржский

luxuriös [lʊksuri'œːs] *adj* роско́шный; **eine ~e Wohnung** роско́шная кварти́ра *ж*

Luxus ['lʊksʊs] <-> *m* ро́скошь *ж*, люкс *м;* **im ~ leben** жить в ро́скоши

Luxusartikel <-s, -> *m* предме́т *м* ро́скоши

Luxushotel <-s, -s> *nt* гости́ница-люкс *ж*, первокла́ссный оте́ль *м*

Luxussteuer <-> *f* нало́г *м* на предме́ты ро́скоши

Luxusvilla <-, -villen> *f* роско́шная ви́лла *ж*

Luzifer <-s> *m* Люцифе́р *м*

Lymphdrainage <-, -n> *f* MED дрена́ж *м* ли́мфы

Lymphe ['lʏmfə] <-, -n> *f* ли́мфа *ж*

Lymphknoten <-s, -> *m* лимфати́ческий у́зел *м*

Lymphsystem <-s, -e> *nt* лимфати́ческая систе́ма *ж*

lynchen ['lʏnçən] *vt* линчева́ть *(н)св*

Lyrik ['lyːrɪk] <-> *f* ли́рика *ж*

Lyriker(in) ['lyːrikɐ] <-s, -> *m(f)* ли́рик *м*

lyrisch *adj* лири́ческий

Lyzeum <-s> *nt* лице́й *м*

Mm

M, m [ɛm] <-, -> *nt* бу́ква М
M.A. *abk von* **Magister Artium** Маги́стр а́ртиум, Маги́стр иску́сств
Machart <-, -en> *f* фасо́н *м*
machbar *adj (realisierbar)* осуществи́мый
Machbarkeitsstudie <-, -n> *f* те́хнико-экономи́ческое обоснова́ние *ср*
Mache ['maxə] <-> *f pej, umg (Täuschung)* уло́вка *ж*
machen ['maxən] **I.** *vt (tun)* де́лать, сде́лать *св;* **was machst du da?** что ты здесь де́лаешь?; **großen Eindruck auf jdn ~** произвести́ большо́е впечатле́ние на кого́-л.; **macht nichts!** *umg* ничего́!; **sich aus etw nichts ~** не придава́ть чему́-л. большо́го значе́ния; **ich kann da leider nichts ~** здесь я ниче́м не могу́ помо́чь; **mach's gut!** *umg* пока́!; **eine Bemerkung ~** сде́лать замеча́ние; **einen Spaziergang ~** гуля́ть; **ich will es kurz ~** я бу́ду кра́ток; **gut gemacht!** молоде́ц!; **ein erstauntes Gesicht ~** изобрази́ть удивле́ние на лице́; **da ist nichts zu ~** ничего́ не поде́лаешь; **was ~ Sie beruflich?** кем вы рабо́таете?; **lass mich nur ~!** положи́сь на меня́!; **mach, dass du wegkommst!** вон [*или* марш] отсю́да!; **sich** *dat* **vor Angst die Hosen voll ~** *fam* наложи́ть в штаны́ от стра́ха; **Eindruck ~** произвести́ впечатле́ние; **einen Fleck auf etw ~** нака́пать; **was macht das schon?** ну и что!; **jdm das Leben schwer ~** де́лать чью-л. жизнь тру́дной; **was macht das?** ско́лько с меня́?; **das macht zusammen 14 Euro** в о́бщем 14 е́вро **II.** *vr* **sich hübsch ~** привести́ себя́ в поря́док; **sich lächerlich ~** стать посме́шищем; **~ Sie sich's bequem!** чу́вствуйте себя́ как до́ма!; **sich auf den Weg ~** пригото́виться в доро́гу; **sich** *dat* **falsche Hoffnungen ~** *fam* зря наде́яться на что-л.
Machenschaften <-> *pl* махина́ции *мн*
Macher <-s, -> *m umg* деле́ц *м*
Macht [maxt] <-> *f (Herrschaft)* власть *ж;* **~ ausüben** вла́ствовать; **die ~ des Geldes** власть де́нег; **~ über jdn haben** облада́ть вла́стью над кем-л.; **Missbrauch der ~** злоупотребле́ние вла́стью; **an der ~ sein** быть у вла́сти; **nach der ~ streben** стреми́ться к вла́сти; **wir tun alles, was in unserer ~ steht** мы де́лаем всё возмо́жное; **an die ~ kommen/gelangen** прийти́ к вла́сти
Machtbereich <-(e)s, -e> *m* сфе́ра *ж* вла́сти
Machtfrage <-, -n> *f* вопро́с *м* о вла́сти
Machthaber <-s, -> *m* власти́тель *м*
mächtig ['mɛçtɪç] **I.** *adj* **1.** *(gewaltig)* могу́щественный **2.** *umg (sehr groß)* огро́мный **II.** *adv (sehr)* о́чень; **sich ~ anstrengen** о́чень стара́ться; **~ viel** о́чень мно́го
Machtkampf <-(e)s, -kämpfe> *m* борьба́ *ж* за власть
machtlos *adj* бесси́льный; **~ gegen etw sein** быть бесси́льным про́тив чего́-л.
Machtmissbrauch[RR] <-(e)s> *m* злоупотребле́ние *ср* вла́стью
Machtprobe <-, -n> *f* про́ба *ж* сил
Machtübernahme *f* POL прихо́д *м* к вла́сти
Machtverhältnis <-ses, -se> *nt* соотноше́ние *ср* сил
machtvoll *adj* могу́щественный, мо́щный
Machtwechsel *m* POL сме́на *ж* вла́сти
Machtwort *nt* **ein ~ sprechen** сказа́ть реша́ющее сло́во
Machwerk <-(e)s, -e> *nt* **1.** *pej* халту́ра *ж* **2.** *(Fälschung)* фальши́вка *ж*
Macke ['makə] <-n> *f* **1.** *(Fehler)* дефе́кт *м; (Beule)* синя́к *м* **2.** *fam (Tick)* фикс иде́я *ж;* **du hast doch eine ~!** ты с ума́ сошёл!
MAD <-> *m вое́нная разве́дка ФРГ*
Madagaskar [mada'gaskaːɐ] <-s> *nt* Мадагаска́р *м*
Madagasse [mada'gasə] <-n, -n> *m,* **Madagassin** *f* мадагаси́ец *м,* мадагаси́йка *ж*
madagassisch *adj* мадагаси́йский
Mädchen ['mɛːtçən] <-s, -> *nt* де́вочка *ж; (Teenager)* де́вушка *ж;* **~ für alles** *umg* ма́льчик на побегу́шках
mädchenhaft *adj* де́вичий
Mädchenname <-ns, -n> *m* **1.** *(Vorname)* же́нское и́мя *ср* **2.** *(einer verheirateten Frau)* де́вичья фами́лия *ж*
Made ['maːdə] <-, -n> *f* личи́нка *ж;* **wie die ~ im Speck leben** ката́ться как сыр в ма́сле
Mädel ['maːdəl] <-(s), -s> *nt fam* девчо́нка *ж*
Madenschraube <-, -n> *f* винт *м* без голо́вки
madig *adj* черви́вый
Madrigal <-(e)s, -e> *nt* MUS мадрига́л *м*
Mafia ['mafja] <-, -s> *f* ма́фия *ж*
mag [maːk] *3. präs von* **mögen**
Magazin [maga'tsiːn] <-s, -e> *nt* **1.** *(Zeitschrift)* журна́л *м* **2.** *(Lager)* склад *м* **3.** MIL *(von Feuerwaffe)* магази́н *м*
Magd [maːkt] <-, Mägde> *f* служа́нка *ж*
Magen ['maːgən] <-s, Mägen> *m* желу́док *м;* **auf nüchternen ~** на голо́дный желу́док; **mir knurrt der ~** я го́лоден; **sich** *dat* **den ~ verderben** расстро́ить себе́ желу́док
Magen-Darmentzündung <-, -en> *f* гастроэнтери́т *м*
Magendurchbruch <-(e)s, -brüche> *m* пер-

форми́рование *ср* сте́нки желу́дка
Magengeschwür <-(e)s, -e> *nt* я́зва *ж*
Magenknurren *nt* урча́ние *ср* в животе́
Magenkrankheit <-, -en> *f* боле́знь *ж* желу́дка
Magenkrebs <-es> *m* рак *м* желу́дка
Magenleiden <-s, -> *nt* желу́дочное заболева́ние *ср*
magenleidend *adj* страда́ющий заболева́нием желу́дка
Magenmittel <-s, -> *nt* желу́дочное сре́дство *ср*
Magenoperation <-, -en> *f* опера́ция *ж* на желу́дке
Magensäure <-> *f* желу́дочная кислота́ *ж*
Magenschmerzen *mpl* бо́ли *жмн* в животе́
Magenspiegelung <-, -en> *f* гастроскопи́я *ж*
Magenspülung <-en, -en> *f* промыва́ние *ср* желу́дка
Magenverstimmung <-, -en> *f* расстро́йство *ср* желу́дка
mager ['ma:gɐ] *adj* **1.** *(dünn)* худо́й **2.** *fig (dürftig)* ску́дный **3.** *(Fleisch)* по́стный
Magerkeit <-> *f* худоба́ *ж*
Magermilch <-> *f* снято́е молоко́ *ср*
Magerquark <-s> *m* обезжи́ренный тво́рог *м*
Magersucht <-> *f* истоще́ние *ср* (всле́дствие боле́зненного стремле́ния к худобе́)
magersüchtig *adj* скло́нный к боле́зненному исхуда́нию
Magie [ma'gi:] <-> *f* ма́гия *ж*
Magier ['ma:giɐ] <-s, -> *m* маг *м*
magisch ['ma:gɪʃ] *adj* маги́ческий; **~e Anziehungskraft auf jdn haben** ока́зывать на кого́-л. маги́ческое де́йствие
Magister [ma'gɪstɐ] <-s, -> *m (akademischer Titel)* маги́стр *м*

i Land & Leute

Степень **магистра**, в Германии «магистра гуманитарных наук» («Magister Artium (M.A.»), соответствует диплому и присуждается по завершении высшего гуманитарного образования. В Австрии этой степенью, кроме того, может владеть и специалист, получивший высшее фармацевтическое образование.

Magisterarbeit <-, -en> *f рабо́та на получе́ние учёной сте́пени маги́стра, присужда́емой в сфе́ре гуманита́рных нау́к и равнозна́чной дипло́му*
Magma ['magma, 'magmən] <-s, Magmen> *nt* GEO ма́гма *ж*
Magnesium [ma'gne:ziʊm] <-s> *nt* ма́гний *м*
Magnesiummangel <-s> *m* недоста́ток *м* ма́гния
Magnet [ma'gne:t] <-en, -en> *m* магни́т *м*
Magnetband <-(e)s, -bänder> *nt* магни́тная ле́нта *ж*
Magneteisenstein <-(e)s> *m* магнети́т *м*, магни́тный железня́к *м*
Magnetfeld <-(e)s, -er> *nt* магни́тное по́ле *ср*
Magnetfluss <-es> *m* магни́тный пото́к *м*
magnetisch *adj* магни́тный; *(~ gemacht)* сде́лан с магни́том; **eine magnetische Anziehungskraft auf jdn ausüben** притя́гивать к себе́ как магни́т
magnetisieren [magneti'zi:rən] *vt (Gegenstände)* намагни́чивать, намагни́тить *св*; *(Menschen)* очаро́вывать, очарова́ть *св*
Magnetismus <-> *m* магнети́зм *м*
Magnetnadel *f* магни́тная стре́лка *ж*
Magnetspule <-, -n> *f* кату́шка *ж* возбужде́ния
Magnetstreifen *m* магни́тная ле́нта *ж*
Magnolie [ma'gno:li̯ə] <-n> *f* BOT магно́лия *ж*
Mahagoni [maha'go:ni] <s> *nt* кра́сное де́рево *ср*
Mähdrescher ['mɛ:-] <-s, -> *m* зерново́й комба́йн *м*
mähen ['mɛ:ən] *vt* коси́ть, с- *св*
Mahl [ma:l] <-(e)s, -e/Mähler> *nt geh* обе́д *м*, тра́пеза *ж*
mahlen ['ma:lən] *vt (Korn)* моло́ть, по- *св*
Mahlzeit <-, -en> *f* еда́ *ж*; **~!** *(am Esstisch)* прия́тного аппети́та!
Mähne ['mɛ:nə] <-, -n> *f* гри́ва *ж*
mahnen ['ma:nən] *vt* **1.** *(erinnern, auch wegen Schulden)* напомина́ть, -по́мнить *св*; **jdn an etw/wegen etw ~** напомина́ть кому́-л. о чём-л. **2.** *(aufrufen)* призыва́ть, -зва́ть *св* к **3.** *(warnen)* предостерега́ть, предостере́чь *св*
Mahngebühr <-, -en> *f* сбор *м* за вынесе́ние предупрежде́ния
Mahnmal <-(e)s, -e/(-mäler)> *nt* мемориа́л *м*
Mahnschreiben <-s, -> *nt* пи́сьменное напомина́ние *ср*
Mahnung <-, -en> *f* **1.** *(Ermahnung)* предостереже́ние *ср*, призы́в *м* **2.** *(Mahnbrief)* напомина́ние *ср*
Mahnverfahren <-s, -> *nt* JUR предупрежде́ние *ср* должника́ че́рез суд
Mai [maɪ] <-(e)s> *m* май *м*; **der Erste ~** Пе́рвое ма́я
Maibaum <-(e)s, -bäume> *m* ма́йское де́-

M

ревце *ср*
Maiglöckchen ['maɪglœkçən] <-s, -> *nt* ла́ндыш *м*
Maikäfer <-s, -> *m* ма́йский жук *м*
Mailand ['maɪlant] <-s> *nt* Мила́н *м*
Mailbox ['mɛɪlbɔks] <-, -en> *f* DV электро́нный почто́вый я́щик *м*
mailen *vt fam* INFOR посыла́ть/посла́ть *св* по электро́нной по́чте
Mailing <-s, -s> *nt* ÖKON рассы́лка *ж* рекла́много материа́ла по по́чте
Mailserver <-s, -> *m* DV почто́вый се́рвер *м*
Main [maɪn] <-s> *m* Майн *м*
Mainframe <-s, -s> *m* DV центра́льный процёссор *м*
Mainz [maɪnts] <-> *nt* Майнц *м*
Mais [maɪs] <-es, (-e)> *m* кукуру́за *ж*
Maiskolben <-s, -> *m* поча́ток *м* кукуру́зы
Maismehl <-s> *nt* кукуру́зная мука́ *ж*
Maisonettewohnung <-, -en> *f* двухэта́жная кварти́ра *ж*
Majestät [majɛs'tɛ:t] <-> *f* вели́чие *ср*, вели́чественность *ж*; **Seine ~** Его́ Вели́чество; **Ihre ~** Ва́ше Вели́чество
majestätisch *adj* вели́чественный
Majonäse[RR] [majo'nɛ:zə] <-n> *f* майоне́з *м*
Major [ma'jo:ɐ] <-s, -e> *m* майо́р *м*
Majoran ['ma:joran] <-s, -e> *m* майора́н *м*
Majorität <-, -en> *f* большинство́ *ср*
makaber [ma'ka:bɐ] *adj* мра́чный
Makadam <-s> *m* макадам *м*
Makel ['ma:kəl] <-s, -> *m* **1.** *fig (Fehler, Mangel)* недоста́ток *м* **2.** *(fehlerhafte Beschaffenheit)* позо́р *м*
makellos *adj* безупре́чный
mäkeln ['mɛ:kəln] *vi* придира́ться, -дра́ться *св* к
Make-up [mɛɪk'ʔap] <-s, -s> *nt* макия́ж *м*
Make-up-Entferner <-s, -> *m* молочко́ *ср* для сня́тия макия́жа
Makkaroni [maka'ro:ni] <-> *mpl* макаро́ны *жмн*
Makler(in) ['ma:klɐ] <-s, -> *m(f)* **1.** *(Wohnungsmakler)* ма́клер *м* **2.** *(Börsenmakler)* бро́кер *м*
Maklerfirma <-, -firmen> *f* бро́керская фи́рма *ж*
Maklergebühr <-, -en> *f* ма́клерская ста́вка *ж*, курта́ж *м*
Makrele [ma'kre:lə] <-, -n> *f* ску́мбрия *ж*
Makro ['ma:kro] <-s, -s> *nt* DV ма́крос *м*
Makroklima <-s> *nt* макрокли́мат *м*, кли́мат *м* обши́рных областе́й
Makrokosmos <-> *m* макроко́смос *м*
Makrone [ma'kro:nə] <-, -n> *f* минда́льное пиро́жное *ср*
Makroökonomie <-> *f* макроэконо́мика *ж*
makroökonomisch *adj* макроэкономи́ческий
mal [ma:l] *adv umg (einmal)* раз; **komm ~ her!** подойди́-ка сюда́!; **sag ~, ...** скажи́-ка, ...; **zwei ~ zwei ist vier** два́жды два – четы́ре; **noch ~** ещё раз; **warst du schon ~ hier?** ты ра́ньше быва́л здесь?; **besuchen Sie mich doch ~!** приходи́те ко мне как-нибу́дь в го́сти!
Mal[1] [ma:l] <-(e)s, -e> *nt* раз *м*; **das letzte ~** после́дний раз; **ein für alle ~** раз и навсегда́; **ein einziges ~** еди́нственный раз; **das erste/zweite ~** пе́рвый/второ́й раз; **ich sage das zum letzten ~!** я говорю́ э́то в после́дний раз!; **ein anderes ~** в друго́й раз; **mit einem ~** *(plötzlich)* вдруг; **von ~ zu ~** всё бо́льше
Mal[2] [ma:l] <-(e)s, -e/ Mäler> *nt* **1.** *(Zeichen)* пятно́ *ср* **2.** *(Mahnmal)* монуме́нт *м*
Malaria [ma'la:ria] <-> *f* маляри́я *ж*
Malariamittel <-s, -> *nt* сре́дство *ср* от маляри́и
Malaysia [ma'laɪzia] <-s> *nt* Мала́йзия *ж*
Malaysier(in) [ma'laɪziɐ] <-s, -> *m(f)* жи́тель *м* Мала́йзии
Malbuch *nt* альбо́м *м* для рисова́ния
malen ['ma:lən] *vt* **1.** *(mit Farbe)* кра́сить, по- *св* **2.** *(zeichnen)* рисова́ть, на- *св*; **ein Bild ~** рисова́ть карти́ну
Maler(in) <-s, -> *m(f)* **1.** *(Künstler)* худо́жник *м*, худо́жница *ж* **2.** *(Anstreicher)* маля́р *м*
Malerei [ma:lə'raɪ] <-, -en> *f* **1.** *(Kunst)* жи́вопись *ж* **2.** *(Gemälde)* карти́на *ж*
malerisch *adj* живопи́сный
Malermeister <-s, -s> *m* маля́р *м*
Malheur [ma'lœ:ɐ] <-s, -s> *nt umg (Unglück)* неуда́ча *ж*
Malkasten <-s, -kästen> *m* я́щик *м* с кра́сками
Mallorca [ma'lɔrka] <-s> *nt* Майо́рка *ж*
Malstift *m* каранда́ш *м*
Malta ['malta] <-s> *nt* Ма́льта *ж*
Malteser(in) [mal'te:zɐ] <-s, -; -nen> *m(f)* мальти́ец *м*, мальти́йка *ж*
maltesisch *adj* мальти́йский
malträtieren *vt (misshandeln)* трети́ровать *нсв*
Malz [malts] <-es> *nt* со́лод *м*
Malzbier *nt* со́лодовое пи́во *ср*
Mama ['mama] <-, -s> *f umg* ма́ма *ж*
Mami ['mami] <-, -s> *f umg* ма́мочка *ж*
Mammut ['mamʊt] <-s, -s> *nt* ма́монт *м*
Mammutveranstaltung <-, -en> *f umg* гига́нтское мероприя́тие *ср*
mampfen ['mampfən] *vt, vi fam* ча́вкать
man [man] *pron indef* **~ kann ...** мо́жно ...; **~ sagt, dass ...** говоря́т, что ...; **~ nehme ...** *(in Kochrezepten)* возьми́те ...; **das tut ~ nicht** так не де́лают; **~ hat mir gesagt, dass ...** мне сказа́ли, что ...
Management ['mɛnɪtʃmənt] <-s, -s> *nt* ме́-

неджмент *м*

Managementebene <-, -n> *f* ýровень *м* управлéния; **mittlere ~** срéдний ýровень управлéния; **obere ~** вéрхний ýровень управлéния

Management-Informationssystem <-(e)s, -s> *nt* информациóнная систéма *ж* управлéния

Managementkonzept <-(e)s, -e> *nt* концéпция *ж* мéнеджмента

managen ['mɛnɪtʃən] *vt* управля́ть, руководи́ть; **ein Unternehmen ~** руководи́ть предприя́тием; **das hat er gut gemanagt** он хорошó спрáвился с э́тим дéлом

Manager(in) ['mɛnɪtʃɐ, 'mɛnətʃɐ] <-s, -> *m(f)* **1.** *(in Unternehmen)* мéнеджер *м*, руководи́тель *м* **2.** *(Betreuer von Künstlern)* антрепренёр *м*

manch *pron indef* **~ einer** нéкто

manche(r, s) *pron indef* нéкоторый

mancherlei ['mançɐ'laɪ] *adj* рáзный, различный

manchmal ['mançma:l] *adv* иногдá

Mandant(in) [man'dant] <-en, -en> *m(f)* мандáнт *м*, клиéнт *м*

Mandarine [manda'ri:nə] <-, -n> *f* мандари́н *м*

Mandat [man'da:t] <-(e)s, -e> *nt* мандáт *м*; *(Parlamentssitz)* депутáтский [*или* парлáментский] мандáт *м*; **sein ~ niederlegen** сложи́ть с себя́ свой депутáтские полномóчия; **ein ~ übernehmen** получи́ть мандáт

Mandatsgebiet <-(e)s, -e> *nt* подмандáтная территóрия *ж* [*или* странá *ж*]

Mandel ['mandəl] <-, -n> *f* **1.** *(Frucht)* миндáль *м* **2.** ANAT *(Drüse)* миндáлина *ж*

Mandelbaum *m* BOT миндáльное дéрево *ср*, миндáль *м*

Mandelentzündung <-, -en> *f* воспалéние *ср* миндáлин

mandelförmig ['mandəlfœrmɪç] *adj* миндалеви́дный

Mandeloperation <-, -en> *f* удалéние *ср* миндáлин

Mandoline [mando'li:nə] <-, -n> *f* мандоли́на *ж*

Mandschurei <-> *f* Маньчжýрия *ж*

Manege [ma'ne:ʒə] <-, -n> *f* манéж *м*

Mangan [maŋ'ga:n] <-s> *nt* мáрганец *м*

Mangel[1] ['maŋəl] <-, -n> *f* катóк *м* для белья́; **jdn in die ~ nehmen** *fig* взять когó-л. в оборóт

Mangel[2] ['maŋəl] <-s, Mängel> *m* **1.** *(Fehlen, Knappheit)* недостáток *м*, дефици́т *м*, нехвáтка *ж*; **aus ~ an etw** и́з-зá нехвáтки чегó-л.; **~ an qualifizierten Facharbeitern** нехвáтка квалифици́рованных кáдров; **~ an Rohstoffen** недостáток сырья́; **aus ~ an Beweisen freisprechen** освободи́ть из-за отсýтствия доказáтельств **2.** *(Fehler)* дефéкт *м*, неисправность *ж*; **einen ~ beheben** устраня́ть дефéкт; **einen ~ feststellen** обнарýживать дефéкт; **für ~ haften** нести́ отвéтственность за дефéкт; **offener ~** очеви́дный дефéкт; **technische Mängel** техни́ческие дефéкты; **verborgener ~** скры́тый дефéкт

Mangelerscheinung *f* MED недостáточность *ж*

mangelhaft *adj* **1.** *(unzureichend)* недостáточный **2.** *(Schulnote)* неудовлетвори́тельный

Mängelhaftung <-> *f* JUR отвéтственность *ж* за кáчество товáра

mangeln ['maŋəln] *vi (fehlen)* недоставáть *нсв*; **es mangelt ihnen an nichts** у них всегó вдóволь; **es mangelte ihm an Geld** емý недоставáло дéнег; **es mangelt ihm an Selbstvertrauen** емý не хватáет самоувéренности

mangelnd *adj* недостáточный; **wegen mangelnder Vorbereitung** из-за плохóй подготóвки

mangels ['maŋəls] *prp* за недостáтком

Mangelware <-> *f* дефици́т *м*

Mangelwirtschaft <-> *f* дефици́тная эконóмика *ж*

Mango ['maŋgo] <-, -s> *f* мáнго *ср*

Mangold <-(e)s, -e> *m* кормовáя свёкла *ж*

Mangrovenbaum <-(e)s, -bäume> *m* мáнгровое дéрево *ср*

Mangrovenwald <-(e)s, -wälder> *m* мáнгровый лес *м*

Manie [ma'ni:] <-, -n> *f* мáния *ж*

Manier [ma'ni:ɐ] <-, -en> *f* манéра *ж*; **gute/schlechte Manieren haben** имéть хорóшие/плохи́е манéры

manierlich [ma'ni:ɐlɪç] *adj* **1.** *(Kind)* благовоспи́танный **2.** *(Aussehen etc)* прили́чный; **sich ~ benehmen** вести́ себя́ прили́чно

Manifest [mani'fɛst] <-(e)s, -e> *nt* манифéст *м*

Manifestant <-en, -en> *m CH (Demonstrant)* манифестáнт *м*

Maniküre [mani'ky:rə] <-, -n> *f* **1.** *(Hand- und Nagelpflege)* маникю́р *м* **2.** *(Person)* маникю́рша *ж*

maniküren <manikürte, manikürt> *vt* дéлать, с- *св* маникю́р

Manipulation [manipula'tsi̯o:n] <-, -en> *f (das Manipulieren)* манипуля́ция *ж*; **betrügerische ~en** престýпные махинáции

manipulierbar *adj* манипули́руемый; **beliebig/leicht/kaum ~** на когó-л. легкó/трýдно влия́ть

manipulieren [manipu'li:rən] *vt* манипули́ровать *нсв*; **die öffentliche Meinung ~** манипули́ровать общéственным мнéнием

manisch-depressiv ['ma:nɪʃdeprɛ'si:f] *adj* ма-

M

ниака́льно-депресси́вный
Manko ['maŋko] <-s, -s> *nt* **1.** *fig (Fehler)* недоста́ток *м* **2.** ÖKON *(Fehlbetrag)* недочёт *м,* ма́нко *ср;* **ein ~ in der Kasse entdecken** обнару́живать недоста́чу в ка́ссе
Mann [man] <-(e)s, Männer> *m* мужчи́на *м; (Gatte)* муж *м;* **seinen ~ stehen** не уда́рить лицо́м в грязь; **etw an den ~ bringen** *umg* прода́ть что-л.; **ein junger ~** молодо́й челове́к; **bis zum letzten ~ kämpfen** дра́ться до после́днего челове́ка; **~ über Bord!** NAUT челове́к за борто́м!; **alle ~ an Deck!** NAUT все на па́лубу!; **~, oh ~!** *fam* бо́же ты мой!; **ihr verstorbener/erster ~** её у́мерший/пе́рвый супру́г
Männchen ['mɛnçən] <-s, -> *nt* **1.** *(kleiner Mann)* челове́чек *м;* **~ machen** встать на за́дние ла́пки **2.** ZOOL *(Tier~)* саме́ц *м*
Mannequin ['manəkɛ̃] <-s, -s> *nt* мане-ке́нщица *ж*
Männerarbeit <-> *f* мужско́е де́ло *ср*
Männerbekanntschaft *f* **eine ~ machen** познако́миться с мужчи́ной
Männergesellschaft <-> *f* мужско́е общество *ср*
Männerkrankheit <-, -en> *f* мужска́я боле́знь *ж*
männerlastig *adj* с (чи́сленным) переве́сом мужчи́н
Männersache *f* мужско́е де́ло *ср*
männlich ['mɛnlɪç] *adj* мужско́й; *fig (mannhaft)* му́жественный
Männlichkeit <-> *f fig (Mannhaftigkeit)* му́жественность *ж*
Mannschaft <-, -en> *f* **1.** SPORT кома́нда *ж* **2.** MAR экипа́ж *м*
Mannschaftskapitän <-(e)s, -e> *m* SPORT капита́н *м* кома́нды
Mannschaftswertung <-, -en> *f* SPORT кома́ндный зачёт *м*
Manöver [ma'nøːvɐ] <-s, -> *nt* **1.** MIL манёвры *мн;* **ein ~ abhalten** проводи́ть манёвры **2.** *pej (List)* уло́вка *ж*
manövrieren [manœː'vriːrən] *vt* маневри́ровать, с- *св*
Manövrierfähigkeit <-> *f* мане́вренность *ж*
Mansarde [man'zardə] <-, -n> *f* манса́рда *ж*
Mansardenwohnung <-, -en> *f* манса́рдная кварти́ра *ж*
Manschette [man'ʃɛtə] <-, -n> *f (am Hemd)* манже́та *ж;* **~n haben** *umg (Angst haben)* трепета́ть пе́ред кем-л.
Manschettenknopf <-(e)s, -knöpfe> *m* за́понка *ж*
Mantel ['mantəl] <-s, Mäntel> *m* **1.** *(Kleidungsstück)* пальто́ *ср;* **den ~ nach dem Wind hängen** *fig* держа́ть нос по́ ветру **2.** TECH *(Rohr~)* оболо́чка *ж* **3.** *(des Reifens)* покры́шка *ж*
Manteltasche [manu'ɛl] <-, -n> *f* карма́н *м* пальто́
manuell [manu'ɛl] **I.** *adj* ручно́й **II.** *adv* вручну́ю
Manufaktur [manufak'tuːɐ] <-, -en> *f* мануфакту́ра *ж*
Manuskript [manu'skrɪpt] <-(e)s, -e> *nt* ру́копись *ж,* манускри́пт *м*
Mappe ['mapə] <-, -n> *f* **1.** *(Aktenmappe)* портфе́ль *м* **2.** *(Hefter)* па́пка *ж*
Maracuja [mara'kuːja] <-, -s> *f плод пассифло́ры, из кото́рого добыва́ется прия́тный на вкус сок*
Marathon ['maratɔn] <-s, -s> *m* марафо́н *м*
Marathonlauf <-(e)s, -läufe> *m* марафо́нский бег *м*
Märchen ['mɛːɐçən] <-s, -> *nt* ска́зка *ж; fig* небыли́ца *ж*
Märchenbuch <-(e)s, -bücher> *nt* кни́га *ж* ска́зок
Märchenfigur <-, -en> *f* ска́зочный персона́ж *м*
märchenhaft *adj* ска́зочный
Märchenland *nt ohne pl* ска́зочная страна́ *ж*
Marder ['mardɐ] <-s, -> *m* куни́ца *ж*
Margarine [marga'riːnə] <-> *f* маргари́н *м*
Marge <-, -n> *f* ма́ржа *ж*
Margerite [margə'riːtə] <-, -n> *f* маргари́тка *ж*
marginal *adj* маргина́льный
Marienkäfer [ma'riːənkɛːfɐ] <-s, -> *m* бо́жья коро́вка *ж*
Marihuana [marihu'aːna] <-s> *nt* марихуа́на *ж*
Marille [ma'rɪlə] <-n> *f Österr* абрико́с *м*
Marinade [mari'naːdə] <-, -n> *f* марина́д *м*
Marine [ma'riːnə] <-, -n> *f* вое́нно-морско́й флот *м*
marineblau *adj* цве́та мо́ря, тёмно-си́ний
Marineinfanterie <-> *f* морска́я пехо́та *ж*
Marineoffizier <-s, -e> *m* морско́й офице́р *м*
Marinestützpunkt <-(e)s, -e> *m* вое́нно-морска́я ба́за *ж*
marinieren [mari'niːrən] *vt* маринова́ть
Marionette [marjo'nɛtə] <-, -n> *f* марионе́тка *ж*
Marionettentheater <-s> *nt* теа́тр *м* марионе́ток
maritim *adj* морско́й
Mark[1] [mark] <-(e)s> *nt (Knochenmark)* ко́стный мозг *м*
Mark[2] <-, -o, -stücke> *f (Währungseinheit)* ма́рка *ж*
markant [mar'kant] *adj (ausgeprägt)* характе́рный; **~e Gesichtszüge** характе́рные черты́ лица́
Marke ['markə] <-, -n> *f* **1.** *(Warensorte)* ма́рка *ж;* **eine weltbekannte ~** всеми́рно изве́стная ма́рка **2.** *(Briefmarke)* (почто́вая)

ма́рка *ж* **3.** *(Essensmarke)* тало́н *м*
Markenartikel <-s, -> *m* фи́рменное изде́лие *ср*, ма́рочный това́р *м*
Markenartikler <-s, -> *m* **1.** *(Anfertiger)* изготови́тель *м* ма́рочных изде́лий [*или* фи́рменного това́ра] **2.** *(Verkäufer)* продаве́ц *м* ма́рочных изде́лий
Markenimage <-> *nt* и́мидж *м* ма́рки
Markenname *m* назва́ние *ср* торго́вой ма́рки
Markenpiraterie <-> *f* незако́нное испо́льзование *ср* чужи́х фи́рменных зна́ков
Markenschutz <-es> *m* охра́на *ж* това́рного [*или* фи́рменного] зна́ка
Markentreue <-> *f* приве́рженность *ж* ма́рке
Markenware <-, -n> *f* ма́рочный това́р *м*
Markenzeichen <-s, -> *nt* ма́рочный знак *м*
Marker ['markɐ] <-s, -> *m* (цветно́й) маркиро́вочный флома́стер *м*
markerschütternd *adj* пронзи́тельный, ре́зкий *(о зву́ке)*
Marketing ['markətɪŋ] <-s> *nt* марке́тинг *м*
Marketingabteilung <-, -en> *f* отде́л *м* марке́тинга
Marketingforschung <-> *f* марке́тинговые иссле́дования *мн*
Marketinginstrument <-(e)s, -e> *nt* инструме́нт *м* марке́тинга
Marketingkonzept <-(e)s, -e> *nt* конце́пция *ж* марке́тинга
Marketingmanagement <-s> *nt* ме́неджмент *м* марке́тинга
Marketingmanager(in) *m(f)* ме́неджер *м* по марке́тингу
Marketing-Mix <-> *m* марке́тинг *м* - микс *м*
Marketingstrategie <-, -en> *f* страте́гия *ж* марке́тинга
markieren [mar'kiːrən] *vt (mit einer Markierung versehen)* марки́ровать *нсв;* **den Dummen ~** притворя́ться дурако́м
Markierstift <-(e)s, -e> *m* маркиро́вочный флома́стер *м*
Markierung <-, -en> *f* маркиро́вка *ж;* **eine ~ anbringen** марки́ровать
markig *adj (Worte)* реши́тельный
Markise [mar'kiːzə] <-, -n> *f* марки́за *ж*
Markt [markt] <-(e)s, Märkte> *m* ры́нок *м;* **den ~ beherrschen** госпо́дствовать на ры́нке; **einen ~ beobachten** наблюда́ть за ры́нком; **ein Produkt neu auf den ~ bringen** поставля́ть на ры́нок но́вый проду́кт; **einen ~ erschließen** осва́ивать ры́нок; **freier ~** свобо́дный ры́нок; **auf den ~ gehen** пойти́ на ры́нок; **gesättigter ~** насы́щенный ры́нок; **inländischer ~** вну́тренний ры́нок; **sich aus einem ~ zurückziehen** уходи́ть с ры́нка; **der schwarze ~** чёрный ры́нок; **auf dem ~ sein** быть на ры́нке
Marktanalyse <-, -n> *f* ана́лиз *м* ры́нка
Marktangebot <-(e)s, -e> *nt* ры́ночное предложе́ние *ср*
Marktanteil <-(e)s, -e> *m* до́ля на ры́нке *ж;* **~e verteidigen** защища́ть до́лю на ры́нке
Marktaufteilung <-, -en> *f* разделе́ние *ср* ры́нка
Marktbedingungen <-> *pl* ры́ночные усло́вия *мн*
Marktbeherrschung <-> *f* госпо́дство *ср* на ры́нке
Marktbeobachtung <-> *f* наблюде́ние *ср* за ры́нком
Marktbericht <-(e)s, -e> *m* обзо́р *м* состоя́ния конъюнкту́ры ры́нка
Marktbude <-, -n> *f* ры́ночная пала́тка *ж*
Marktchancen <-> *pl* ры́ночные возмо́жности *мн*
Marktdaten <-> *pl* да́нные *мн* ры́нка
Markteinführung <-, -en> *f* внедре́ние *ср* на ры́нок
Markteintritt <-(e)s, -e> *m* вы́ход *м* на ры́нок
Marktentwicklung <-, -en> *f* разви́тие *ср* ры́нка
Markterfolg <-(e)s, -e> *m* успе́х *м* на ры́нке
marktfähig *adj* конкурентноспосо́бный; **~es Produkt** конкурентноспосо́бный проду́кт
Marktflecken <-s, -> *m* HIST *село́, име́ющее пра́во устра́ивать ры́нки*
Marktforscher(in) <-s, -> *m(f)* иссле́дователь *м* ры́нка
Marktforschung <-> *f* ана́лиз *м* конъюнкту́ры ры́нка
Marktforschungsinstitut <-(e)s, -e> *nt* институ́т *м* ры́ночных иссле́дований
marktführend *adj* веду́щий на ры́нке
Marktführer <-s, -> *m* ли́дер *м* ры́нка
Markthalle *f* кры́тый ры́нок *м*
Marktlage <-> *f* положе́ние *ср* на ры́нке
Marktlücke *f* WIRTSCH ры́ночная ни́ша *ж;* **eine ~ entdecken** найти́ ры́ночную ни́шу; **in eine ~ stoßen** наткну́ться на ры́ночную ни́шу
Marktmechanismus <-, -mechanismen> *m* ры́ночный механи́зм *м*
Marktnachfrage <-> *f* ры́ночный спрос *м*
Marktnische <-, -n> *f* ры́ночная ни́ша *ж*
marktorientiert *adj* ориенти́рующийся на ры́нок
Marktorientierung <-> *f* ориенти́рование *ср* на ры́нок
Marktplatz <-(e)s, -plätze> *m* ры́ночная пло́щадь *ж*
Marktposition <-, -en> *f* пози́ция *ж* на ры́нке
Marktpotenzial <-(e)s, -e> *nt* ры́ночный потенциа́л *м*

M

Marktpreis <-es, e> *m* ры́ночная цена́ *ж*
Marktprognose <-, -n> *f* ры́ночный прогно́з *м*
Marktsättigung <-> *f* насыще́ние *ср* ры́нка
marktschreierisch *adj pej* назо́йливо расхва́ливающий, крикли́вый (о рекла́ме)
Marktschwankungen <-> *pl* колеба́ния *срмн* конъюнкту́ры ры́нка
Marktsegment <-(e)s, -e> *nt* сегме́нт *м* ры́нка
Marktsegmentierung <-, -en> *f* сегменти́рование *ср* ры́нка
Marktstand *m* состоя́ние *ср* ры́нка
Marktstellung <-> *f* пози́ция *ж* на ры́нке
Marktstrategie <-, -en> *f* ры́ночная страте́гия *ж*
Marktstruktur <-, -en> *f* структу́ра *ж* ры́нка
Marktstudie <-, -n> *f* ры́ночное иссле́дование *ср*
Markttag <-(e)s, -e> *m* база́рный день *м*
Marktteilnehmer <-s, -> *m* уча́стник *м* ры́нка
Markttendenz <-, -en> *f* ры́ночная тенде́нция *ж*
Markttest <-(e)s, -s> *m* ры́ночный тест *м*
Markttrend <-s, -s> *m* тенде́нция *ж* разви́тия конъюнкту́ры ры́нка
Marktübersicht <-> *f* обзо́р *м* ры́нка
marktüblich *adj* общепри́нятый на ры́нке
Marktuntersuchung <-, -en> *f* иссле́дование *ср* ры́нка
Marktverhältnisse <-> *pl* усло́вия *срмн* ры́нка
Marktvolumen <-s, -volumina> *nt* ёмкость *ж* ры́нка
Marktwachstum <-s> *nt* рост *м* ры́нка
Marktwert <-(e)s> *m* ры́ночная сто́имость *ж*
Marktwirtschaft <-> *f* ры́ночная эконо́мика *ж;* **soziale ~** социа́льная ры́ночная эконо́мика; **freie ~** свобо́дная ры́ночная эконо́мика
marktwirtschaftlich *adj* ры́ночный
Marmelade [marmə'la:də] <-, -n> *f* джем *м*, пови́дло *ср*
Marmeladenbrot <-(e)s, -e> *nt* хлеб *м* с пови́длом
Marmor ['marmo:ɐ] <-s, -e> *m* мра́мор *м*
Marmorierung <-, -en> *f* крапле́ние *ср*, окра́ска *ж* под мра́мор
marmorn ['marmo:ɐn] *adj* мра́морный
Marmorplatte <-, -n> *f* мра́морная плита́ *ж*
Marmorsäule <-, -n> *f* мра́морная коло́нна *ж*
Marokko [ma'rɔko] <-s> *nt* Маро́кко *ср*
Marone [ma'ro:nə] <-, -n> *f (Esskastanie)* (съедо́бный) кашта́н *м*
Marotte [ma'rɔtə] <-, -n> *f (schrullige Eigenart)* причу́да *ж*
Mars [mars] <-> *m* Марс *м*
marsch [marʃ] *interj* марш!; **vorwärts ~!** вперёд ша́гом марш!; **~ ins Bett!** марш в крова́ть!
Marsch [marʃ] <-(e)s, Märsche> *m* **1.** MIL марш *м*, похо́д *м* **2.** MUS марш *м*
Marschall ['marʃal, 'marʃɛlə] <-s, Marschälle> *m* MIL ма́ршал *м*
Marschbefehl <-(e)s> *m* MIL прика́з *м* на марш
marschbereit *adj* гото́вый к ма́ршу
Marschflugkörper <-s, -> *m* MIL крыла́тая раке́та *ж*
marschieren *vi* маршировать *нсв*
Marschkolonne <-, -n> *f* похо́дная коло́нна *ж*
Marschmusik *f ohne pl* марш *м*
Marschordnung <-, -en> *f* похо́дный строй *м*
Marschpause <-, -n> *f* переды́шка *ж* в похо́де
Marschroute <-, -n> *f* маршру́т *м*
Marsflug <-(e)s, -flüge> *m* полёт *м* на Марс
Marsmensch *m* марсиа́нец *м*
Martinshorn <-s> *nt* сире́на *ж* специа́льной автомаши́ны *(ско́рой по́мощи, поли́ции и пожа́рной слу́жбы)*
Märtyrer(in) ['mɛrtyrɐ] <-s, -> *m(f)* му́ченик *м*, му́ченица *ж*
Märtyrertum [mar'ty:riʊm] <-s> *nt* му́ченичество *ср*, му́ченическая смерть *ж*
Marxismus [mar'ksɪsmʊs] <-> *m* маркси́зм *м*
Marxist(in) [mar'ksɪst] <-en, en> *m(f)* маркси́ст(ка) *м(ж)*
marxistisch *adj* маркси́стский
März [mɛrts] <-(es), -e> *m* март *м;* **im (Monat) ~** в ма́рте; **vergangenen ~** в ма́рте про́шлого го́да; **heute ist der erste ~** сего́дня пе́рвое ма́рта; **am 20. ~** двадца́тое ма́рта; **Anfang/Ende/Mitte ~** нача́ло/коне́ц/середи́на ма́рта
Marzipan [martsi'pa:n] <-s, -e> *nt* марципа́н *м*
Masche ['maʃə] <-, -n> *f* **1.** *(beim Stricken)* пе́тля *ж;* **eine ~ fallen lassen** побежа́ла петля́ **2.** *(Netzschlinge)* яче́йка *ж* **3.** *umg* трю́к *м;* **immer die gleiche ~!** всё тот же са́мый трюк!
Maschine [ma'ʃi:nə] <-, -n> *f* **1.** TECH маши́на *ж*, стано́к *м* **2.** *(Flugzeug)* самолёт *м* **3.** *(Schreibmaschine)* пи́шущая маши́нка *ж*
maschinegeschrieben *adj* напеча́танный на пи́шущей маши́нке
maschinell [maʃi'nɛl] *adj* маши́нный
Maschinenbau <-(e)s> *m* машинострое́ние *ср*
Maschinenbauer <-s, -> *m* машинострои́тель *м*

Maschinenbauingenieur(in) <-s, -e> *m(f)* инжене́р *м* - машинострои́тель *м*
Maschineneinsatz <-(e)s> *m* механиза́ция *ж*
Maschinenfabrik <-, -en> *f* машинострои́тельный заво́д *м*
Maschinengewehr <-(e)s, -e> *nt* пулемёт *м*
maschinenlesbar *adj* DV машино-чита́емый
Maschinenöl <-(e)s> *nt* индустриа́льное ма́сло *ср*
Maschinenpark <-s> *m* маши́нный парк *м*
Maschinenpistole <-, -n> *f* автома́т *м*
Maschinenraum *m* маши́нное отделе́ние *ср*
Maschinenschlosser(in) <-s, -> *m(f)* сле́сарь-сбо́рщик *м*
maschinenschriftlich *adj* машинопи́сный
Maschine schreiben[RR] *vi* печа́тать, на- *св* на маши́нке
Maschinist(in) [maʃiˈnɪst] <-en, -en> *m(f)* машини́ст(ка) *м(ж)*
Masern [ˈmaːzɐn] *pl* корь *ж*
Maserung [ˈmaːzərʊŋ] <-, -en> *f* тексту́ра *ж*
Maske [ˈmaskə] <-, -n> *f* ма́ска *ж*
Maskenball <-(e)s, -bälle> *m* бал-маскара́д *м*
Maskerade [maskəˈraːdə] <-, -n> *f (Verkleidung)* маскара́д *м*
maskieren [masˈkiːrən] **I.** *vt* маскирова́ть, за- *св* **II.** *vr* маскирова́ться, за- *св*
Maskottchen [masˈkɔtçən] <-s, -> *nt* талисма́н *м*
maskulin [maskuˈliːn] *adj* **1.** *(männlich)* мужско́й **2.** LING мужско́го ро́да
Masochismus <-> *m* мазохи́зм *м*
Masochist(in) [mazɔˈçɪst] <-en, -en; -nen> *m(f)* мазохи́ст *м*
masochistisch *adj* мазохи́стский
maß [maːs] *prät von* **messen**
Maß [maːs] <-es, -e> *nt* **1.** *(Maßeinheit)* ме́ра *ж*, едини́ца *ж* измере́ния **2.** *(Maßband)* метр *м* **3.** *(gemessene Größe)* разме́р *м* **4.** *(Ausmaß)* разме́р *м*; **mit zweierlei ~ messen** подходи́ть к чему́-л. с разли́чными ме́рками; **in höchstem ~e** в вы́сшей сте́пени; **bei jdm ~ nehmen** снять с кого́-л. ме́рку; **sich** *dat* **etw nach ~ anfertigen lassen** сшить по ме́рке; **das ~ ist voll** ча́ша терпе́ния перепо́лнилась; **in gewissem Maß(e)** в изве́стном смы́сле
Massage [maˈsaːʒə] <-, -n> *f* масса́ж *м*
Massagebürste <-, -n> *f* масса́жная щётка *ж*; *umg* масса́жка *ж*
Massageöl <-(e)s, -e> *nt* (расти́тельное) ма́сло *ср* для масса́жа
Massaker [maˈsaːkɐ] <-s, -> *nt (Blutbad)* бо́йня *ж*, резня́ *ж*; **ein ~ anrichten** устро́ить бо́йню
massakrieren [masaˈkriːrən] *vt* уничтожа́ть, уничто́жить *св*
Maßangabe <-, -n> *f* указа́ние *ср* разме́ра
Maßanzug <-(e)s, -anzüge> *m* костю́м *м* на зака́з
Maßarbeit <-, -en> *f* рабо́та *ж* на зака́з
Maßband <-(e)s, -bänder> *nt* сантиметро́вая ле́нта *ж*
Masse [ˈmasə] <-, -n> *f* **1.** *(ungeformter Stoff)* ма́сса *ж* **2.** *(Menge)* ма́сса *ж*, большо́е коли́чество *ср* **3.** *(Menschenmenge)* ма́сса *ж*, толпа́ *ж*; **in Massen** то́лпами; **die breiten ~n** широ́кие ма́ссы
Masseanschluss *m* EL соедине́ние *ср* с ко́рпусом
Massegläubiger <-s, -> *m* JUR кредито́р *м* ко́нкурсной ма́ссы
Massenandrang *m* столпотворе́ние *ср*
Massenarbeitslosigkeit <-> *f* ма́ссовая безрабо́тица *ж*
Massenartikel <-s, -> *m* това́р *м* ма́ссового потребле́ния
Massenbewegung <-> *f* ма́ссовое движе́ние *ср*
Massenentlassung <-, -en> *f* ма́ссовое увольне́ние *ср*
Massenfertigung <-> *f* ма́ссовое произво́дство *ср*
Massenfließfertigung <-> *f* ма́ссовое пото́чное произво́дство *ср*
Massenflucht <-> *f* ма́ссовое бе́гство *ср*
Massengrab <-(e)s, -gräber> *nt* бра́тская моги́ла *ж*
Massengüter <-> *pl* това́р *м* ма́ссового потребле́ния
Massengüterbeförderung <-> *f* TRANSP перево́зка *ж* ма́ссовых гру́зов
massenhaft **I.** *adj* ма́ссовый **II.** *adv umg (sehr viel)* в большо́м коли́честве
Massenhysterie <-, -n> *f* ма́ссовая истери́я *ж*
Massenkarambolage <-, -n> *f* ма́ссовое столкнове́ние *ср* автомоби́лей
Massenkundgebung <-, -en> *f* ма́ссовый ми́тинг *м*
Massenmedium <-s, -medien> *nt* сре́дство *ср* ма́ссовой информа́ции
Massenmensch <-en, -en> *m pej* челове́к *м* толпы́
Massenmord *m* ма́ссовое уби́йство *ср*
Massenmörder(in) *m(f)* ма́ссовый уби́йца *м*
Massenproduktion <-> *f* ма́ссовое произво́дство *ср*
Massenpsychologie <-> *f* психоло́гия *ж* масс
Massensterben <-s> *nt* ма́ссовый падёж *м*, ма́ссовая ги́бель *ж (живо́тных)*
Massentourismus <-> *m* ма́ссовый тури́зм *м*
Massenveranstaltung *f* ма́ссовое зре́ли-

M

ще *ср*
Massenvernichtungsmittel <-s, -> *nt* ору́жие *ср* ма́ссового уничтоже́ния
Massenware <-, -n> *f* ма́ссовый това́р *м*
massenweise *adv* ма́ссами
Masseur(in) [ma'sœ:ɐ] <-s, -e> *m(f)* массажи́ст(ка) *м(ж)*
Masseuse [ma'sœ:zə] <-n> *f* массажи́стка *ж*
maßgebend *adj* **1.** *(Person)* авторите́тный **2.** *(Entscheidung)* реша́ющий; **sein Urteil ist für mich nicht ~** его́ сужде́ние не игра́ет для меня́ большо́й ро́ли
maßgerecht *adj* то́чно по разме́ру, по ме́рке
maßgeschneidert *adj* сде́ланный на зака́з
massieren [ma'si:rən] *vt* масси́ровать, по- *св*
massig ['mɛ:sɪç] **I.** *adj* масси́вный **II.** *adv umg (massenhaft)* о́чень мно́го
mäßig ['mɛ:sɪç] *adj* **1.** *(gemäßigt)* уме́ренный **2.** *(mittel~)* посре́дственный **3.** *(gering)* небольшо́й
mäßigen ['mɛ:sɪgən] *vt (mindern)* сде́рживать, сдержа́ть *св*
massiv [ma'si:f] *adj (fest, stabil)* масси́вный, про́чный
Massiv [ma'si:f] <-s, -e> *nt* масси́в *м*
Maßkleidung <-> *f* оде́жда *ж* по ме́рке
maßlos I. *adj* чрезме́рный, кра́йний **II.** *adv (äußerst, außerordentlich)* кра́йне
Maßnahme ['ma:sna:mə] <-, -n> *f* ме́ра *ж*, мероприя́тие *ср*; **diskriminierende ~** дискриминацио́нная ме́ра; **einschneidende ~** реша́ющая ме́ра; **flankierende ~n** сопу́тствующие ме́ры; **gerichtliche ~** суде́бная ме́ра; **operative ~** операти́вная ме́ра; **provisorische ~** вре́менная ме́ра; **restriktive ~** рестрикцио́нная ме́ра; **taktische ~** такти́ческая ме́ра; **~n treffen** [*o* **ergreifen**] принима́ть ме́ры; **vorbeugende ~** превенти́вная ме́ра; **wirtschaftspolitische ~n** мероприя́тия экономи́ческой поли́тики
Maßregel *f* ме́ры *мн*
maßschneidern *vt* шить по индивидуа́льному зака́зу
Maßstab <-(e)s, -stäbe> *m* **1.** *fig (Richtlinie)* крите́рий *м* **2.** *(Zollstock)* (сгиба́емый) метр *м* **3.** *(maßstäbliches Verhältnis)* масшта́б *м*
maßvoll *adj* уме́ренный
Mast[1] [mast] <-(e)s, -en/(-e)> *m* **1.** EL *(für Stromleitung)* столб *м* **2.** MAR ма́чта *ж*
Mast[2] [mast] <-, -en> *f (das Mästen)* отко́рм *м (скота́)*
Mastbaum <-(e)s, -bäume> *m* MAR ма́чта *ж*
Mastdarm <-(e)s> *m* ANAT пряма́я кишка́ *ж*
mästen ['mɛstən] *vt* отка́рмливать, -корми́ть *св*
Mastfutter <-s> *nt* концентри́рованный корм *м*
Mastgans <-, -gänse> *f* отко́рмочный гусь *м*
Mastschwein <-(e)s, -e> *nt* отко́рмочная свинья́ *ж*
Masturbation <-> *f* мастурба́ция *ж*
masturbieren [mastʊr'bi:rən] *vi* мастурби́ровать *нсв*
Match [mɛtʃ] <-es, -s> *nt* матч *м*
Material [materi'a:l] <-s, -ien> *nt* материа́л *м*; **Lagerung von ~** хране́ние материа́лов на скла́де; **~ sparen** эконо́мить материа́л; **Verschwendung von ~** перерасхо́д материа́ла
Materialaufwand <-(e)s> *m* расхо́д *м* материа́ла
Materialbedarf <-(e)s> *m* потре́бность *ж* в материа́лах
Materialbeschaffung <-> *f* обеспе́чение *ср* материа́лами, материа́льно-техни́ческое снабже́ние *ср*
Materialbestand <-(e)s, -bestände> *m* материа́льные запа́сы *ммн*
Materialfehler <-s, -> *m* дефе́кт *м* материа́ла
Materialismus [materia'lɪsmʊs] <-> *m* материали́зм *м*
Materialist(in) [materia'lɪst] <-en, -en> *m(f)* материали́ст(ка) *м(ж)*
materialistisch *adj* материалисти́ческий
Materialkontrolle <-, -n> *f* контро́ль *м* за ка́чеством материа́лов
Materialkosten *pl* расхо́ды *мн* на сырьё
Materialverbrauch <-(e)s> *m* расхо́д *м* сырья́ и материа́лов
Materialwert <-(e)s> *m* сто́имость *ж* материа́ла
Materialwirtschaft <-> *f* материа́льно-техни́ческое снабже́ние *ср*
Materie [ma'te:riə] <-, -n> *f* мате́рия *ж*; *(Gegenstand, Thema)* те́ма *ж*
materiell [materi'ɛl] *adj* **1.** *(die Materie betreffend)* материа́льный **2.** *(geldlich)* материа́льный, экономи́ческий
Mathematik [matema'ti:k] <-> *f* матема́тика *ж*
Mathematiker(in) <-s, -> *m(f)* матема́тик *м*
mathematisch [mate'ma:tɪʃ] *adj* математи́ческий
Matratze [ma'tratsə] <-, -n> *f* матра́с *м*
Mätresse [mɛ'trɛsə] <-n> *f* метре́сса *ж*, содержа́нка *ж*
Matriarchat [matriar'ça:t] <-(e)s, -e> *nt* матриарха́т *м*
Matrix ['ma:trɪks] <-, Matrizen> *f* ма́трица *ж*
Matrixorganisation <-> *f* ма́тричная организа́ция *ж*
Matrize [ma'tri:tsə] <-, -n> *f (Schablone)* ма́трица *ж*
Matrose [ma'tro:zə] <-n, -n> *m* матро́с *м*

Matsch [matʃ] <-(e)s> *m* сля́коть *ж*
matschig *adj* **1.** *(breiig)* вя́зкий **2.** *(Schnee)* сля́котный
matt [mat] *adj* **1.** *(glanzlos)* ма́товый **2.** *(schwach)* вя́лый **3.** *(müde)* уста́лый; **jdn ~ setzen** SCHACH объяви́ть мат кому́-л.
Matte ['matə] <-, -n> *f* **1.** *(Fußmatte)* ко́врик *м,* цино́вка *ж* **2.** SPORT ковёр *м*
Mattglanz <-> *m* ма́товый блеск *м*
Mattlack <-(e)s, -e> *m* ма́товый лак *м*
Mattscheibe <-, -n> *f umg (Fernsehbildschirm)* экра́н *м* телеви́зора
Matura [ma'tu:ra] *f ohne pl Österr, Schweiz* экза́мен *м* на аттеста́т зре́лости
mau *adj* **mir ist ~** *umg* мне нездоро́вится; **die Geschäfte gehen ~** *umg* дела́ иду́т пло́хо
Mauer ['maʊɐ] <-, -n> *f* стена́ *ж*
Mauerblümchen ['maʊɐbly:mçən] *nt fam* не́женка *ж*
mauern ['maʊɐn] *vt* стро́ить, по- *св* из кирпича́
Mauerschütze <-n, -n> *m* HIST *солда́т Национа́льной наро́дной а́рмии ГДР, стреля́вший в гра́ждан, приближа́вшихся к Берли́нской стене́ в попы́тке бе́гства в За́падную Герма́нию*
Mauervorsprung <-(e)s, -vorsprünge> *m* вы́ступ *м* (ка́менной, кирпи́чной) стены́
Maul [maʊl] <-(e)s, Mäuler> *nt* пасть *ж,* мо́рда *ж;* **halt's ~!** *vulg* заткни́сь!; **ein großes ~ haben** *vulg (prahlerisch reden)* люби́ть хва́статься; **jdm das ~ stopfen** заткну́ть кому́-л. рот; **darüber werden sich die Leute das ~ zerreißen** об э́том лю́ди бу́дут спле́тничать
Maulbeerbaum <-(e)s, -bäume> *m* шелкови́ца *ж*
Maulesel *m* мул *м*
Maulheld *m fam abw* геро́й *м* на слова́х
Maulkorb <-(e)s, -körbe> *m* намо́рдник *м*

i Land & Leute

Maultaschen – «конверты» из макаронного теста с начинкой из шпината и рубленого мяса – швабское блюдо, ранее употреблявшееся главным образом во время поста. Их едят в супе или поджаренными на сковородке вместе с яйцами и луком.

Maultier <-(e)s, -e> *nt* мул *м*
Maul- und Klauenseuche <-> *f* я́щур *м*
Maulwurf <-(e)s, Maulwürfe> *m* крот *м*
Maulwurfshaufen <-s, -> *m* ку́чка *ж* земли́, насы́панная крото́м
Maulwurfshügel <-s, -> *m* (земляно́й) хо́лмик *м,* насы́панный крото́м
Maurer(in) ['maʊrɐ] <-s, -> *m(f)* ка́менщик *м,* ка́менщица *ж*
Maurermeister <-s, -> *m* ка́менщик *м* *(ма́стер)*
Maurerpolier <-s, -e> *m* ка́менщик *м* *(ма́стер)*
Mauretanien [maʊre'ta:niən] <-s> *nt* Мавreта́ния *ж*
Mauretanier(in) <-s, -> *m(f)* маврета́нец *м*
mauretanisch *adj* маврета́нский
Maus [maʊs] <-, Mäuse> *f* ZOOL, DV мышь *ж*
Mäuschen <-s, -> *nt fam* мы́шка *ж*
Mausefalle <-, -n> *f* мышело́вка *ж*
Mauseloch *nt* мыши́ная нора́ *ж*
Mauser ['maʊzɐ] <-> *f* ZOOL ли́нька *ж*
mausern ['maʊzɐn] *vr (von Vögeln)* линя́ть, по- *св*
Mausklick ['maʊsklɪk] <-s, -s> *m* щелчо́к мы́ши
Mausoleum [maʊzo'le:ʊm] <-s, Mausoleen> *nt (Grabmal)* мавзоле́й *м*
Maut [maʊt] <-, -en> *f* доро́жная по́шлина *ж,* доро́жный сбор *м*
maximal [maksi'ma:l] *adj* максима́льный
Maximalgewinn <-(e)s, -e> *m* максима́льная при́быль *ж*
Maximalkapazität <-, -en> *f* максима́льная мо́щность *ж*
Maximalwert <-(e)s, -e> *m* максима́льная величина́ *ж,* максима́льное значе́ние *ср*
Maxime [ma'ksi:mə] <-n> *f* ма́ксима *ж,* при́нцип *м*
maximieren *vt* максими́ровать
Maximum ['maksimʊm] <-s, Maxima> *nt* ма́ксимум *м;* **ein ~ an Gewinn erwirtschaften** получи́ть ма́ксимум при́были
Mayonnaise [majɔ'nɛ:zə] <-, -n> *f* майоне́з *м*
Mazedonien [matse'do:niən] <-s> *nt* Македо́ния *ж*
Mazedonier(in) <-s, -> *m(f)* македо́нец *м,* македо́нка *ж*
Mäzen(in) [mɛ'tse:n] <-s, -e> *m(f)* мецена́т *м*
MB [ɛm'be:] <-s, -> *nt* DV *(Megabyte)* мегаба́йт *м*
Mechanik [me'ça:nɪk] <-, -en> *f* **1.** TECH меха́ника *ж* **2.** *fig* механи́зм *м*
Mechaniker(in) [me'ça:nikɐ] <-s, -> *m(f)* меха́ник *м*
mechanisch [me'ça:nɪʃ] *adj* механи́ческий
mechanisieren *vt* механизи́ровать
Mechanisierung <-> *f* механиза́ция *ж*
Mechanisierungsprozess <-es, -e> *m* проце́сс *м* механиза́ции
Mechanismus [meça'nɪsmʊs] <-, Mechanismen> *m* механи́зм *м*
Meckerer <-s, -> *m pej* ны́тик *м*
meckern ['mɛkɐn] *vi* **1.** *(Ziege)* бле́ять *нсв*

2. *umg (nörgeln)* ныть *нсв*

Mecklenburg ['mɛklənbʊrk] <-s> *nt* Мекленбу́рг *м*

Mecklenburg-Vorpommern ['mɛklənbʊrg 'fo:ɐ̯pɔmɐn] <-s> *nt* Мекленбу́рг *м* - Пере́дняя Помера́ния *ж*

Medaille [me'daljə] <-, -n> *f* меда́ль *ж*

Medaillengewinner(in) <-s, -> *m(f)* призёр *м*

Medaillon [medal'jɔ̃:] <-s, -s> *nt* медальо́н *м*

Medien ['me:diən] <-> *pl* сре́дства *мн* ма́ссовой информа́ции

Medienberichterstattung <-> *f* сообще́ние *ср* средств ма́ссовой информа́ции

Medienereignis <-ses, -se> *nt сенсацио́нное собы́тие, дли́тельное вре́мя находя́щееся в це́нтре внима́ния средств ма́ссовой информа́ции*

Medienkonzentration <-> *f концентра́ция разли́чных средств ма́ссовой информа́ции в одни́х рука́х*

Medienkonzern <-(e)s, -e> *m конце́рн, объединя́ющий не́сколько предприя́тий, специализи́рующихся на ма́ссовой информа́ции*

Medienlandschaft <-> *f umg совоку́пность средств ма́ссовой информа́ции в их многообра́зии*

Medienpolitik <-> *f* поли́тика *ж* средств ма́ссовой информа́ции

Medienriese <-n, -n> *m umg предприя́тие-гига́нт в сфе́ре средств ма́ссовой информа́ции*

Medienunternehmen <-, -> *nt* предприя́тие *ср*, рабо́тающее в сфе́ре средств информа́ции

Medikament [medika'mɛnt] <-(e)s, -e> *nt* лека́рство *ср*

Medikamentensucht <-> *f* боле́зненное пристра́стие *ср* к лека́рствам

Mediogeschäft <-(e)s, -e> *nt* ÖKON сде́лка *ж* на ме́дио

Meditation [medita'tsjo:n] <-, -en> *f* медита́ция *ж*

meditativ *adj* медитати́вный

mediterran [meditɛ'ra:n] *adj* средиземномо́рский

meditieren [medi'ti:rən] *vi* медити́ровать *нсв*

Medium ['me:diʊm] <-s, Medien> *nt* сре́дство *ср*, посре́дник *м*; *(Einrichtung für die Vermittlung von Meinungen)* сре́дство *ср* коммуника́ции

Medizin [medi'tsi:n] <-, -en> *f* 1. *(Arznei)* лека́рство *ср* 2. *(Wissenschaft)* медици́на *ж*

Medizinalassistent(in) <-en, -en> *m(f)* медици́нский помо́щник *м*

Medizinball <-(e)s, -bälle> *m* медици́нбол *м*

Mediziner(in) [medi'tsi:nɐ] <-s, -> *m(f)* 1. *(Arzt)* врач *м* 2. *(Medizinstudent)* студе́нт *м* - ме́дик *м*

medizinisch *adj* медици́нский

Medizinmann *m* зна́харь *м*

Medizinstudent(in) <-en, -en> *m(f)* студе́нт *м* - ме́дик *м*

Medizintechnik <-> *f* медици́нская те́хника *ж*

Meer [me:ɐ] <-(e)s, -e> *nt* мо́ре *ср*; **im ~ baden** купа́ться в мо́ре; **das Rote/Schwarze ~** Кра́сное/Чёрное мо́ре; **am ~** на берегу́ мо́ря; **ans ~ fahren** пое́хать на мо́ре

Meerenge <-, -n> *f* проли́в *м*

Meeresalge <-, -n> *f* морска́я во́доросль *ж*

Meeresbiologie <-> *f* биоло́гия *ж* мо́ря

Meeresfrüchte *fpl* GASTR дары́ *мн* мо́ря

Meeresgrund *m ohne pl* морско́е дно *ср*

Meeresküste <-, -n> *f* морско́й бе́рег *м*, взмо́рье *ср*

Meeresluft <-> *f* морско́й во́здух *м*

Meeresspiegel <-s> *m* у́ровень *м* мо́ря; **über/unter dem ~** над у́ровнем/ни́же у́ровня мо́ря

Meerestier <-(e)s, -e> *nt* морско́е живо́тное *ср*

Meeresverschmutzung <-> *f* загрязне́ние *ср* мо́ря

Meerrettich <-s> *m* хрен *м*

Meerschweinchen ['me:ɐ̯ʃvaɪnçən] <-s, -> *nt* морска́я сви́нка *ж*

Meerwasser *nt ohne pl* морска́я вода́ *ж*

Meeting ['mi:tɪŋ] <-s, -s> *nt (Zusammenkunft, Besprechung)* собра́ние *ср*, ми́тинг *м*; **ein ~ abhalten** проводи́ть ми́тинг; **ein ~ einberufen** созыва́ть ми́тинг

Megabyte ['me:gabaɪt] <-(s), -(s)> *nt* мегаба́йт *м*

Megafon[RR] <-(e)s, -e> *nt s.* **Megaphon**

Megahertz ['me:gahɛrts] *nt* PHYS мегаге́рц *м*

Megaphon [mega'fo:n] <-(e)s, -e> *nt* мегафо́н *м*

Megawatt [maga'vat] <-s, -> *nt* PHYS мегава́тт *м*

Mehl [me:l] <-(e)s, -e> *nt* 1. *(Getreide~)* мука́ *ж* 2. *(Pulver)* порошо́к *м*

mehlig *adj* 1. *(mehlbestäubt)* обсы́панный муко́й 2. *(Früchte)* несо́чный

Mehlwurm [me:ɐ] <-(e)s, -würmer> *m* мучно́й червь *м*

mehr [me:ɐ̯] I. *pron indef* бо́льше, бо́лее; **~ oder minder** бо́лее или ме́нее, не бо́лее и не ме́нее; **immer ~** всё бо́льше; **noch ~** ещё бо́льше; **etwas ~** ещё немно́жко; **~ als genug** бо́льше, чем на́до; **~ und ~** всё бо́льше; **nicht ~ und nicht weniger als ...** ни бо́льше, ни ме́ньше, чем ...; **~ oder weniger** в изве́стной сте́пени; **um so ~** тем бо́лее II. *adv* бо́льше; **ich kann nicht ~!** *umg* я бо́льше не могу́; **nicht ~** бо́льше не на́до; **kein Wort ~!** бо́льше ни слóва!; **es war niemand ~ da** никогó бóльше нé было

mehrachsig *adj (Fahrzeug)* многоóсный

Mehrarbeit <-> *f* дополни́тельная рабóта *ж;* **~ leisten** выполня́ть дополни́тельную рабóту

Mehraufwand <-(e)s> *m (Mehrkosten)* дополни́тельные [*или* внепла́новые] затра́ты *мн*

Mehraufwendungen <-> *pl* дополни́тельные затра́ты *жмн*

mehrbändig [-bɛndɪç] *adj* многотóмный

Mehrbedarf <-(e)s> *m* дополни́тельные [*или* сверхпла́новые] потрéбности *мн*

Mehrbelastung <-, -en> *f* перегру́зка *ж*

Mehrbereichsöl <-(e)s, -e> *nt* ма́сло *ср* многоцелевóго назначéния

Mehrbetrag <-(e)s, -beträge> *m* изли́шек *м*

Mehrbettzimmer <-s, -> *nt* многомéстная кóмната *ж*

mehrdeutig ['meːɐdɔɪtɪç] *adj* многозна́чный

mehrdimensional *adj* многомéрный

Mehreinnahme <-, -n> *f* дополни́тельный дохóд *м*

mehrere ['meːrərə] *pron indef* **1.** *(einige, etliche)* нéсколько, нéкоторые **2.** *(verschiedene)* разли́чные

mehreres *adv* нéкоторое

Mehrerlös <-es> *m* дополни́тельная вы́ручка *ж*

Mehrertrag <-(e)s, -erträge> *m* дополни́тельная вы́ручка *ж*

mehrfach **I.** *adj* многокра́тный **II.** *adv* многокра́тно

Mehrfachbesteuerung <-, -en> *f* многокра́тное налогообложéние *ср*

Mehrfachfahrschein <-(e)s, -e> *m* проезднóй билéт *м* на нéсколько поéздок

Mehrfachimpfstoff <-(e)s, -e> *m* вакци́на *ж* прóтив нéскольких заболева́ний

Mehrfachsteckdose *f* штéпсельная ви́лка *ж*

Mehrfachstecker <-s, -> *m* многоконта́ктная розéтка *ж*

Mehrfamilienhaus <-es, -häuser> *nt* многокварти́рный дом *м*

mehrfarbig *adj* многоцвéтный

mehrgeschossig *adj* многоэта́жный

Mehrgewicht <-(e)s> *nt* изли́шний вес *м*

mehrgleisig *adj* многопу́тный

Mehrheit <-, -en> *f* большинствó *ср;* **absolute ~** абсолю́тное большинствó; **in der ~ sein** быть в большинствé; **knappe ~** незначи́телное большинствó; **schweigende ~** молчали́вое большинствó; **mit einer Stimme ~** на гóлос бóльше

mehrheitlich *adj* в большинствé; **der Antrag wurde ~ angenommen** предложéние бы́ло при́нято большинствóм

Mehrheitsaktionär <-s, -e> *m* держа́тель *м* контрóльного пакéта а́кций

Mehrheitsbeschluss[RR] <-es, -beschlüsse> *m* решéние *ср* большинства́

Mehrheitsbeteiligung <-, -en> *f* владéние *ср* бóльшей ча́стью капита́ла

Mehrheitsentscheidung <-, -en> *f* решéние *ср* большинства́

mehrheitsfähig *adj* могу́щий получи́ть большинствó голосóв

Mehrheitswahl <-, -en> *f* мажорита́рные вы́боры *мн*

mehrjährig *adj* многолéтний

Mehrkammermotor <-s, -en> *m* многосекциóнный дви́гатель *м*

Mehrkampf <-(e)s> *m* SPORT многобóрье *ср*

Mehrkonsum <-(e)s> *m* дополни́тельное потреблéние *ср*

Mehrkosten <-> *pl* дополни́тельные расхóды *мн*

Mehrling <-s, -e> *m* оди́н *м* из нéскольких близнецóв

Mehrlingsgeburt <-, -en> *f* рождéние *ср* нéскольких близнецóв

Mehrlingsschwangerschaft <-, -en> *f* вына́шивание *ср* нéскольких детéй одноврéменно

mehrmalig ['meːɐmaːlɪç] *adj* многокра́тный

mehrmals ['meːɐmaːls] *adv* неоднокра́тно, не раз

mehrmotorig *adj* многомотóрный

Mehrparteiensystem *nt* POL многопарти́йная систéма *ж*

Mehrphasensteuer <-, -n> *f* многофа́зный налóг *м* с оборóта

mehrphasig *adj* многофа́зный

mehrplatzfähig *adj* рассчи́танный на нéсколько мест

Mehrplatzrechner <-s, -> *m* компью́тер *м*, рассчи́танный на нéсколько мест

mehrpolig *adj* многопóлюсный

Mehrpreis <-es, -e> *m* нацéнка *ж*, надба́вка *ж* к ценé

Mehrschichtbetrieb <-(e)s> *m* многосмéнное предприя́тие *ср*

mehrsilbig *adj* многослóжный

mehrsprachig *adj* многоязы́чный; *(Mensch)* зна́ющий нéсколько языкóв

mehrstellig *adj (Zahl)* многозна́чный

mehrstimmig *adj* многоголóсый

Mehrstimmrechtsaktie <-, -n> *f* многоголóсая а́кция *ж*

Mehrstufenrakete <-, -n> *f* многоступéнчатая ракéта *ж*

mehrstufig *adj* многоступéнчатый

mehrtägig ['meːɐ̯tɛːgɪç] *adj* многоднéвный

mehrteilig *adj* состоя́щий из нéскольких частéй, составнóй

Mehrung <-, -en> *f* увеличéние *ср*, повышéние *ср*

Mehrverbrauch <-(e)s> *m* дополни́тельный расхóд *м*, перерасхóд *м*

M

Meinungen äußern

• **Meinungen / Ansichten ausdrücken**	• **Выражение мнений / взглядов**
Ich finde / meine / denke, sie sollte sich für Ihr Verhalten entschuldigen.	**Я думаю**, она должна извиниться за свое поведение.
Er war **meiner Meinung nach** ein begnadeter Künstler.	Он был, **по-моему,** исключительно талантливым артистом.
Ich bin der Meinung / Ansicht, dass jeder ein Mindesteinkommen erhalten sollte.	**Я думаю / придерживаюсь мнения, что** каждый получит минимальный заработок.
Eine Anschaffung weiterer Maschinen ist **meines Erachtens** nicht sinnvoll.	Покупать большее количество машин, **по моему мнению,** не имеет смысла.
• **Meinungen erfragen, um Beurteilung bitten**	• **Вопрос о мнениях и оценках**
Was ist Ihre Meinung?	**Какое у вас мнение?**
Was meinen Sie dazu?	**Что вы об этом думаете?**
Wie sollten wir **Ihrer Meinung nach** vorgehen?	Как, **по-вашему,** мы должны поступить?
Was hältst du von der neuen Regierung?	**Что вы думаете** о новом правительстве?
Findest du das Spiel langweilig?	**Вы считаете,** что эта игра скучная?
Denkst du, so kann ich gehen?	**Вы думаете**, **что я могу пойти прямо** так?
Was sagst du zu ihrem neuen Freund?	**Что вы думаете о** её новом приятеле?
Wie gefällt dir meine neue Haarfarbe?	**Вам нра́вится** мой новый цвет волос?
Kannst du mit dieser Theorie **etwas anfangen?**	Эта теория **означает что-нибудь для вас?**
Wie lautet Ihr Urteil über unser neues Produkt?	**Что вы думаете** о нашем новом изделии?
Wie urteilen Sie darüber?	Какое у вас мнение об этом?

Mehrverdienst <-(e)s, -e> *m* дополни́тельный за́работок *м*

Mehrwegflasche <-, -n> *f* возвра́тная буты́лка *ж*

Mehrwegverpackung <-, -en> *f* многооборо́тная та́ра *ж*

Mehrwert <-(e)s, -e> *m* доба́вленная сто́имость *ж*

mehrwertig *adj* CHEM, LING многовале́нтный

Mehrwertsteuer <-> *f* нало́г *м* на доба́вленную сто́имость

Mehrwertsteuerrückvergütung <-, -en> *f* возмеще́ние *ср* су́ммы нало́га на доба́вленную сто́имость

mehrwöchig *adj* многonеде́льный

Mehrzahl <-> *f* **1.** LING мно́жественное число́ *ср* **2.** *(Mehrheit)* большинство́ *ср;* **wir sind in der ~** мы в большинстве́

Mehrzweckfahrzeug <-(e)s, -e> *nt* многоцелево́е тра́нспортное сре́дство *ср*

meiden ['maɪdən] <mied, gemieden> *vt* избега́ть, -бежа́ть *св*

Meile ['maɪlə] <-, -n> *f* ми́ля *ж*

Meilenstein <-(e)s, -e> *m fig* ве́ха *ж*

meilenweit *adj fig* о́чень далеко́; **~ entfernt sein** быть о́чень далеко́

mein [maɪn] *pron poss* мой, свой

Meineid ['maɪnʔaɪt] <-(e)s, -e> *m* лжесвиде́тельство *ср,* ло́жное показа́ние *ср* под прися́гой; **einen ~ leisten** дава́ть ло́жные показа́ния под прися́гой

meinen ['maɪnən] *vt* **1.** *(denken, glauben)* ду́мать *нсв,* счита́ть *нсв;* **das meine ich auch** я то́же так счита́ю **2.** *(sagen wollen)* име́ть *нсв* в виду́; **was ~ Sie?** что Вы име́ете в виду́?; **was meinst du dazu?** как ты ду́маешь?; (**ganz**) **wie Sie ~!** как вы хоти́те!; **was meinten Sie?** что вы сказа́ли?; **was meinst du damit?** что ты под э́тим подразумева́ешь?; **so war es nicht gemeint** я э́того не хоте́л; **er meint es doch nur gut mit dir** он жела́ет тебе́ то́лько добра́

meiner *pron pers gen von* **ich** свой

meinerseits ['maɪnɐ'zaɪts] *adv* с мое́й стороны́; **ganz ~!** и я того́ же мне́ния!

meinesgleichen ['maɪnəs'glaɪçən] *pron* тако́й, как я

meinetwegen ['maɪnət'veːgən] *adv* **1.** *umg (von mir aus)* по мне; **~ kannst du gehen** я не возража́ю, если ты уйдёшь **2.** *(um meinetwillen)* ра́ди меня́

meinetwillen ['maɪnət'vɪlən] *adv* **um ~** ра́ди меня́

Meinung ['maɪnʊŋ] <-, -en> *f* мне́ние *ср;* **meiner ~ nach** по моему́ мне́нию; **ich bin**

der ~, dass ... я счита́ю, что ...; **seine ~ ändern** переду́мать; **einer ~ sein** приде́рживаться одного́ мне́ния; **ich bin anderer ~** я друго́го мне́ния; **die öffentliche ~** обще́ственное мне́ние; **ganz meine ~!** я того́ же мне́ния!

Meinungsbildung <-> *f* формирова́ние *ср* обще́ственного мне́ния

Meinungsforschung <-, -en> *f* изуче́ние *ср* обще́ственного мне́ния

Meinungsforschungsinstitut <-(e)s, -e> *nt* институ́т *м* по изуче́нию обще́ственного мне́ния

Meinungsfreiheit <-> *f* свобо́да *ж* сло́ва

Meinungsführer <-s, -> *m* носи́тель *м* обще́ственного мне́ния

Meinungsumfrage <-, -n> *f* опро́с *м* обще́ственного мне́ния

Meinungsumschwung <-(e)s, -umschwünge> *m* поворо́т *м* в обще́ственном мне́нии

Meinungsverschiedenheit <-, -en> *f* разногла́сие *ср*

Meise ['maɪzə] <-, -n> *f* сини́ца *ж;* **eine ~ haben** *umg (nicht recht bei Verstand sein)* у него́ не все до́ма

Meißel ['maɪsəl] <-s, -> *m* резе́ц *м*

meißeln *vt* высека́ть, вы́сечь *св*

meist [maɪst] *adv (meistens)* ча́ще всего́, в основно́м

Meistbietende(r) <-n, -n> *f(m)* предлага́ющий *м* наибо́лее высо́кую це́ну

meiste(r, s) ['maɪstə] *pron indef* бо́льший, са́мый большо́й; **die meisten Briefe** большинство́ пи́сем; **am meisten** бо́льше всего́

meisten *superl von* **viel; am ~** бо́льше всего́

meistens ['maɪstəns] *adv* ча́ще всего́, в основно́м

meistenteils *adv* в бо́льшей сте́пени; **sie kommt ~ zu spät** она́ обы́чно опа́здывает

Meister(in) ['maɪste] <-s, -> *m(f)* ма́стер *м;* **es ist noch kein ~ vom Himmel gefallen** *(Sprichwort)* не бо́ги горшки́ обжига́ют

meisterhaft I. *adj* ма́стерский, превосхо́дный II. *adv* ма́стерски

Meisterleistung *f* отли́чный результа́т *м;* **das war nicht gerade eine ~** *iron* ты справля́лся гора́здо лу́чше

meistern ['maɪsten] *vt* справля́ться, спра́виться *св;* **Schwierigkeiten ~** спра́виться с тру́дностями

Meisterschaft <-, -en> *f* 1. *(meisterliches Können)* мастерство́ *ср* 2. SPORT чемпиона́т *м,* пе́рвенство *ср*

Meisterwerk <-(e)s, -e> *nt* шеде́вр *м*

Mekka ['mɛka] <-s> *nt* Ме́кка *ж*

Melancholie [melaŋko'li:] <-> *f* меланхо́лия *ж*

melancholisch [melaŋ'ko:lɪʃ] *adj* меланхоли́чный

Melasse <-> *f* мела́сса *ж,* кормова́я па́тока *ж*

melden ['mɛldən] I. *vt* сообща́ть, -щи́ть *св;* **mir wurde gemeldet, dass ...** мне бы́ло сообщено́, что ...; **jdm etw ~** сообщи́ть кому́-л. о чём-л.; **etw bei der Polizei ~** сообщи́ть о чём-л. в поли́цию; **er ist als vermisst gemeldet** его́ объяви́ли пропа́вшим; **wen darf ich ~?** о ком сообщи́ть? II. *vr* **sich ~** 1. *(in der Schule)* поднима́ть, -ня́ть *св* ру́ку 2. *(von sich hören lassen)* дава́ть, дать *св* знать о себе́ 3. *(kommen)* прийти́ *св* 4. *(am Telefon)* отвеча́ть, -ве́тить *св* по телефо́ну; **er versprach, sich telefonisch zu ~** он обеща́л позвони́ть; **melde dich mal wieder (bei mir)** дай о себе́ знать; **es meldet sich niemand** никто́ не отвеча́ет

Meldepflicht <-> *f* обяза́тельная регистра́ция *ж*

meldepflichtig *adj* подлежа́щий регистра́ции

Meldestelle <-, -n> *f* стол *м* пропи́ски

Meldung <-, -en> *f* 1. RUNDF, TV сообще́ние *ср* 2. SPORT зая́вка *ж* 3. *(dienstliche Mitteilung)* докла́д *м*

Melisse [me'lɪsə] <-> *f* BOT мели́сса *ж*

melken ['mɛlkən] *vt* до́ить, по- *св*

Melkmaschine <-, -n> *f* до́йльная маши́на *ж*

Melodie [melo'di:] <-, -n> *f* мело́дия *ж*

melodisch [me'lo:dɪʃ] *adj* мелоди́чный

Melodrama [melo'dra:ma] <-s, -dramen> *nt* мелодра́ма *ж*

Melone [me'lo:nə] <-, -n> *f* 1. *(Wasser-)* арбу́з *м* 2. *(Honig~)* ды́ня *ж* 3. *(Hut)* котело́к *м*

Membran(e) [mɛm'bra:n] <-, -en> *f* 1. TECH мембра́на *ж* 2. ANAT перепо́нка *ж*

Memo ['me:mo] <-s, -s> *nt* 1. *(Memorandum)* мемора́ндум *м* 2. *a.* INFOR *(Merkzettel)* запи́ска *ж*

Memoiren [memo'a:rən] <-> *pl* мемуа́ры *мн*

Memorandum <-s, Memoranden o Memoranda> *nt* мемора́ндум *м*

Menagerie <-, -n> *f* звери́нец *м,* балага́н *м,* где пока́зывают звере́й

Menge ['mɛŋə] <-, -n> *f* 1. *(bestimmte Anzahl)* большо́е коли́чество *ср;* **jede ~** *umg (sehr viel)* ско́лько уго́дно; **eine ~ Zeit** до́лгое вре́мя; **eine ~ lernen** мно́го учи́ть; **es gab eine ~ zu sehen** там бы́ло мно́го интере́сного 2. *(Menschen~)* толпа́ *ж* 3. MATH мно́жество *ср*

mengen ['mɛŋən] *vt* сме́шивать, смеша́ть *св*

Mengenabweichung <-, -en> *f* коли́чественная ра́зница *ж*

Mengenlehre <-> *f* MATH тео́рия *ж* мно́жеств

mengenmäßig *adj* коли́чественный; ~e

Beschränkung количественное ограничение

Mengenrabatt <-(e)s, -e> *m* скидка *ж* с цены за количество товара

Mengenzoll <-(e)s, -zölle> *m* пошлина *ж* на количество

Meniskus [meˈnɪskʊs] <-, Menisken> *m* мениск *м*

Menopause <-> *f* климактерический период *м*

Mensa [ˈmɛnza] <-, -s/Mensen> *f* студенческая столовая *ж*

Mensch [mɛnʃ] <-en, -en> *m* **1.** *(menschliches Wesen)* человек *м;* **kein ~** *(niemand)* никто; **jeder ~** каждый; **er ist auch nur ein ~** он ведь не господь Бог **2.** *(pl: Leute)* люди *мн;* **der Saal war voller ~en** зал был полон людей

Menschenbild <-(e)s, -er> *nt* облик *м* человека

menschenfeindlich *adj* человеконенавистнический

Menschengedenken *nt* **seit ~** с незапамятных времён

Menschenhandel <-s> *m* торговля *ж* людьми; HIST работорговля *ж*

Menschenhändler <-s, -> *m* торговец *м* людьми; HIST работорговец *м*

Menschenkenner(in) *m(f)* знаток *м* людей

Menschenkenntnis <-> *f* знание *ср* людей

Menschenleben *nt* человеческая жизнь *ж*

menschenleer *adj* безлюдный

Menschenliebe <-> *f* филантропия *ж*

Menschenmenge <-, -n> *f* толпа *ж* людей

menschenmöglich [ˈmɛnʃənˈmœːklɪç] *adj* в человеческих силах; **alles Menschenmögliche tun** сделать всё возможное

Menschenopfer <-s, -> *nt* человеческие жертвы *мн*

Menschenrechte <-> *pl* права *мн* людей

Menschenrechtler(in) <-s, -> *m* борец *м* за права человека, правозащитник *м*

Menschenrechtsbeauftragte(r) <-n, -n> *f(m)* уполномоченный *м* по правам человека

Menschenrechtserklärung <-, -en> *f* Декларация *ж* прав человека

Menschenrechtskommission <-, -en> *f* комиссия *ж* ООН по правам человека

Menschenrechtslage <-> *f* состояние *ср* прав человека

Menschenrechtsorganisation <-, -en> *f* организация *ж* по правам человека

Menschenrechtsverletzung <-, -en> *f* нарушение *ср* прав человека

menschenscheu *adj* нелюдимый

Menschenseele *f* человеческая душа *ж;* **keine ~** *fig* ни души

menschenunmöglich *adj* не в человеческих возможностях; **das Menschenunmögliche** всё возможное

Menschenverstand *m* **der gesunde ~** здравый разум *м*

Menschenwürde *f ohne pl* человеческое достоинство *ср*

menschenwürdig *adj* достойный человека

Menschheit <-> *f* человечество *ср*

menschlich *adj* **1.** *(den Menschen betreffend)* человеческий **2.** *(human)* человечный

Menschlichkeit <-, -en> *f* человечность *ж,* гуманность *ж*

Menschwerdung <-> *f* очеловечение *ср,* антропогенез *м*

Menstruation [mɛnstruaˈtsjoːn] <-, -en> *f* менструация *ж*

Menstruationsbeschwerden <-> *pl* менструальные боли *мн*

mental [mɛnˈtaːl] *adj* душевный

Mentalität [mɛntaliˈtɛːt] <-, -en> *f (Geistesart, Gemütsart)* ментальность *ж*

Menthol [mɛnˈtoːl] <-s> *nt* ментол *м*

Mentor [ˈmɛntoːɐ̯] <-s, -en> *m* ментор *м*

Menü [meˈnyː] <-s, -s> *nt* меню *ср*

menügesteuert *adj* DV управляемый с помощью меню

Menüleiste <-, -n> *f* заставка *ж* [*или* рейка *ж*] меню

Menüzeile <-, -n> *f* строчка *ж* меню

Merchandising <-s> *nt* ÖKON мерчандайзинг *м*

merci *interj CH (Danke)* спасибо *ср*

Meridian [meriˈdi̯aːn] <-s, -e> *m* GEO, ASTR меридиан *м*

Merkantilismus <-> *m* меркантилизм *м*

Merkblatt <-(e)s, -blätter> *nt* памятка *ж*

merken [ˈmɛrkən] **I.** *vt* **1.** *(wahrnehmen)* замечать, -метить *св;* **er merkte nicht, dass ...** он не заметил, как ...; **du merkst aber auch alles!** *iron, fam* всё ты замечаешь!; **sich** *dat* **etw ~** запомнить что-л. **2.** *(spüren)* чувствовать, по- *св* **II.** *vr (im Gedächtnis behalten)* запоминать, -помнить *св;* **merk dir das!** запомни это!

merklich *adj* заметный

Merkmal <-s, -e> *nt* признак *м*

Merksatz <-es, -sätzte> *m* памятное изречение *ср,* сентенция *ж*

Merkur <-s> *m* ASTR Меркурий *м*

merkwürdig *adj (seltsam)* странный; **es ist auf einmal ~ still** вдруг стало очень тихо

merkwürdigerweise *adv* странным образом

Messanodnung <-, -en> *f* измерительное устройство *ср*

messbar[RR] *adj,* **meßbar**[Alt] *adj* измеримый

Messbecher[RR] <-s, -> *m,* **Meßbecher**[Alt] <-s, -> *m* мерный стакан *м*

Messbereich <-s, -e> *m* диапазо́н *м* измере́ний
Messdaten <-> *pl* да́нные *мн* измере́ний, результа́ты *ммн* измере́ний
Messe[1] ['mɛsə] <-, -n> *f* REL богослуже́ние *ср*, ме́сса *ж*; **in die ~ gehen** пойти́ на литурги́ю; **eine ~ lesen** отслужи́ть литурги́ю
Messe[2] ['mɛsə] <-, -n> *f* ÖKON *(Ausstellung)* я́рмарка *ж*; **auf der ~ sein** быть на вы́ставке; **auf der ~ getätigte Abschlüsse** сде́лки, заключённые на я́рмарке; **auf einer ~ ausstellen** выставля́ть на я́рмарке; **eine ~ besuchen** посеща́ть я́рмарку; **internationale ~** междунаро́дная я́рмарка; **eine ~veranstalten** организова́ть я́рмарку
Messeausweis <-es, -e> *m* про́пуск *м* на я́рмарку
Messegelände <-s> *nt* террито́рия *ж* я́рмарки
Messehalle <-, -n> *f* (вы́ставочный) павильо́н *м*
messen ['mɛsən] <maß, gemessen> **I.** *vt* ме́рить, по- *св*, измеря́ть, -ме́рить *св*; **Fieber ~** изме́рить температу́ру; **die Zeit ~** отсчита́ть вре́мя; **sieben Meter ~** отме́рить семь ме́тров **II.** *vr* **sich ~** ме́риться, по- *св* (си́лами); **mit dem kannst du dich nicht ~** ты ему́ не ро́вня
Messeneuheit <-, -en> *f* нови́нка *ж* я́рмарки
Messer ['mɛsɐ] <-s, -> *nt* нож *м*; **jdm das ~ an die Kehle setzen** *fig* приста́вить кому́-л. нож к го́рлу; **jdn ans ~ liefern** *fig* вы́дать кого́-л.; **unters ~ kommen** *fam (Operation)* попа́сть под ска́льпель
Messerklinge <-, -n> *f* ле́звие *ср* ножа́
messerscharf *adj* о́стрый как бри́тва
Messerstecherei [-ʃtɛçə'raɪ] <-, -en> *f* поножо́вщина *ж*
Messestadt <-, -städte> *f* го́род *м* я́рмарок
Messestand <-(e)s, -stände> *m* я́рмарочный стенд *м*
Messgenauigkeit <-> *f* то́чность *ж* измере́ния
Messgerät[RR] <-(e)s, -e> *nt*, **Meßgerät**[Alt] <-(e)s, -e> *nt* измери́тельный прибо́р *м*
Messias [mɛ'siːas] <-> *nt ohne pl* REL мессия́ *м*, спаси́тель *м*
Messing ['mɛsɪŋ] <-s> *nt* лату́нь *ж*
Messinstrument[RR] <-(e)s, -e> *nt*, **Meßinstrument**[Alt] <-(e)s, -e> *nt* измери́тельный инструме́нт *м* [*или* прибо́р *м*]
Messlatte[RR] <-, -n> *f*, **Meßlatte**[Alt] <-, -n> *f* ме́рная ре́йка *ж*
Messopfer <-s, -> *nt* REL дароприноше́ние *ср*
Messtechnik[RR] <-> *f*, **Meßtechnik**[Alt] <-> *f* измери́тельная те́хника *ж*
Messtisch <-es, -e> *m* ме́зула *ж*
Messung <-, -en> *f* измере́ние *ср*
Messvorrichtung <-, -en> *f* измери́тельное устро́йство *ср*
Messwagen <-s, -> *m* автомоби́ль *м* с измери́тельным обору́дованием
Messwert[RR] <-(e)s, -e> *m*, **Meßwert**[Alt] <-(e)s, -e> *m* измеря́емая величина́ *ж*
Messzylinder <-s, -> *m* CHEM ме́рный цили́ндр *м*
Metall [me'tal] <-s, -e> *nt* мета́лл *м*
Metallarbeiter <-s, -> *m* металли́ст *м*
Metallbearbeitung <-> *f* обрабо́тка *ж* мета́лла
Metallindustrie <-, -n> *f* металлообраба́тывающая промы́шленность *ж*
metallisch *adj (aus Metall)* металли́ческий
Metallurgie [metalʊr'giː] *f ohne pl* металлурги́я *ж*
metallverarbeitend *adj* металлообраба́тывающий
Metallverarbeitung <-> *f* обрабо́тка *ж* мета́ллов
Metamorphose [metamɔr'foːzə] <-, -n> *f* метаморфо́за *ж*
Metaorganisation <-, en> *f* метаорганиза́ция *ж*
Metapher [me'tafɐ] <-, -n> *f* мета́фора *ж*
Metaphysik [metafy'ziːk] <-> *f* метафи́зика *ж*
metaphysisch [meta'fyːzɪʃ] *adj* метафизи́ческий
Metastase [meta'staːzə] <-, -n> *f* MED метаста́з *м*
Meteor <-s, -e> *m* метео́р *м*
Meteorit [meteo'riːt] <-en, -en> *m* ASTR метеори́т *м*
Meteorologe [meteoro'loːgə] <-n, -n> *m* метеоро́лог *м*
Meteorologie [meteorolo'giː] <-> *f* метеороло́гия *ж*
meteorologisch [meteoro'loːgɪʃ] *adj* метеорологи́ческий
Meter ['meːtɐ] <-s, -> *m* метр *м*
Metermaß <-es, -e> *nt (Zollstock)* метр *м*
Methangas <-es> *nt* мета́новый газ *м*
Methanol <-s> *nt* метано́л *м*, мети́ловый спирт *м*
Methode [me'toːdə] <-, -n> *f* ме́тод *м*
Methodik [me'toːdɪk] <-> *f* мето́дика *ж*
methodisch *adj* методи́ческий
Methodologie <-, -n> *f* методоло́гия *ж*
Methyl <-s> *nt* мети́л *м*
Me-Too-Produkt <-(e)s, -e> *nt* ÖKON това́р *м* -имита́тор *м*
Metrik ['meːtrɪk] <-> *f* ме́трика *ж*
metrisch ['meːtrɪʃ] *adj* метри́ческий
Metro ['meːtro] <-s> *f* метро́ *ср*
Metronom [metro'noːm] <-(e)s, -e> *nt* MUS метроно́м *м*
Metropole [metro'poːlə] <-, -n> *f* столи́ца *ж*,

метропо́лия *ж*
Metrum <-s, -Metren> *nt* стопа́ *ж*, разме́р *м* стиха́
Mettwurst <-, -würste> *f* италья́нская колбаса́ *ж*
Metzelei [mɛtsəˈlaɪ] <-, -en> *f* резня́ *ж*
Metzger(in) <-s, -; -nen> *m(f)* мясни́к *м*
Metzgerei [mɛtsgəˈraɪ] <-, -en> *f* мясно́й магази́н *м*
meucheln *vt geh* убива́ть, уби́ть *св* из-за угла́
meuchlerisch *adj geh* злоде́йский, преда́тельский
Meuterei [mɔɪtəˈraɪ] <-, -en> *f* бунт *м*
meutern [ˈmɔɪtɐn] *vi* поднима́ть, -ня́ть бунт *св*
Mexikaner(in) [mɛksiˈkaːnɐ] <-s, -> *m(f)* мексика́нец *м*, мексика́нка *ж*
mexikanisch *adj* мексика́нский
Mexiko [ˈmɛksiko] <-s> *nt* Ме́ксика *ж*
MEZ [ɛmʔeːˈtsɛt] *abk von* **mitteleuropäische Zeit** среднеевропе́йское вре́мя *ср*
mg *abk von* **Milligramm** миллигра́мм *м*
MHz *abk von* **Megaherz** мегаге́рц *м*
miauen *vi* мяу́кать, -у́кнуть *св*
mich [mɪç] *pron pers* меня́; **rufst du ~ an?** ты мне позво́нишь?; **~ interessiert es nicht** меня́ не интересу́ет; **ich halte ~ da raus** я предпочита́ю не свя́зываться
Midlifecrisis, Midlife-Crisis <-> *f geh* *кри́зис у люде́й сре́днего во́зраста*
mied [miːt] *prät von* **meiden**
Mieder [ˈmiːdɐ] <-s, -> *nt* корсе́т *м*
miefen *vi fam abw* воня́ть
Miene [ˈmiːnə] <-, -n> *f (Gesichtsausdruck)* ми́на *ж*; **gute ~ zum bösen Spiel machen** де́лать хоро́шую ми́ну при плохо́й игре́
Mienenspiel <-(e)s> *nt* ми́мика *ж*
mies [miːs] *adj umg (schlecht)* скве́рный
Miesepeter <-s, -> *m fam* ворчу́н *м*
mies|machen[RR] *vt umg* по́ртить, ис- *св*; **er muss immer alles ~** он всегда́ всё до́лжен испо́ртить; **jdn ~** черни́ть кого́-л.
Miesmuschel [ˈmiːsmʊʃəl] <-, -n> *f* ми́дия *ж*
Mietauto <-s, -s> *nt* легково́й автомоби́ль *м*, взя́тый напрока́т
Miete [ˈmiːtə] <-, -n> *f* квартпла́та *ж*; **die ~ erhöhen** повыша́ть аре́ндную пла́ту; **zur ~ wohnen** снима́ть кварти́ру; **~ zahlen** вноси́ть пла́ту за аре́нду
Mieteinnahme <-, -n> *f* дохо́д *м* от сда́чи внаём [*или* в аре́нду]
mieten [ˈmiːtən] *vt* брать, взять *св* напрока́т, снима́ть, снять *св*
Mieter(in) <-s, -> *m(f)* квартиросъёмщик *м*, квартиросъёмщица *ж*
Mieterhöhung <-, -en> *f* повыше́ние *ср* аре́ндной пла́ты
Mieterschutz <-es> *m* охра́на *ж* прав аренда́тора [*или* квартиросъёмщика]
Mietertrag <-(e)s, -erträge> *m* дохо́д *м* от сда́чи внаём [*или* в аре́нду]
mietfrei *adj* без наёма
Mietgebühr <-, -en> *f* кварти́рная пла́та *ж*, пла́та *ж* за наём
Mietpreis <-es, -e> *m* разме́р *м* аре́ндной пла́ты
Mietrückstand <-(e)s, -rückstände> *m* задо́лженность *ж* по кварти́рной пла́те
Mietverhältnis <-es, -e> *nt* отноше́ния *мн*, вытека́ющие из догово́ра на́йма [*или* аре́нды] помеще́ния
Mietvertrag <-(e)s, -verträge> *m* догово́р *м* о на́йме [*или* об аре́нде] помеще́ния
Mietwagen <-s, -> *m* прока́тный автомоби́ль *м*
Mietwohnung <-, -en> *f* сдава́емая внаём кварти́ра *ж*
Mietwucher <-s> *m* взви́нчивание *ср* кварти́рной пла́ты
Mietzins <-es> *m* аре́ндная пла́та *ж*, пла́та *ж* за наём
Miezekatze *f fam* ко́шка *ж*
Migräne [miˈgrɛːnə] <-, -n> *f* мигре́нь *ж*
Migränemittel <-s, -> *nt* сре́дство *ср* от мигре́ни
Migration [migraˈtsjoːn] <-, -en> *f* мигра́ция *ж*
Mikro [ˈmikro] <-s, -s> *nt* микрофо́н *м*
Mikrobe [miˈkroːbə] <-, -n> *f* микро́б *м*
Mikrobiologie <-> *f* микробиоло́гия *ж*
mikrobiologisch *adj* микробиологи́ческий
Mikrochip [ˈmiːkrotʃɪp] *m* ELEK микрочи́п *м*
Mikrochirurgie <-> *f* микрохирурги́я *ж*
Mikrocomputer <-s, -> *m* микрокомпью́тер *м*
Mikroelektronik [mikroelɛkˈtroːnɪk] <-> *f* микроэлектро́ника *ж*
Mikrofaser <-, -n> *f* *осо́бо то́нко структури́рованное, воздухопроница́емое волокно́ полиэфи́ра, испо́льзуемое для тка́ней ве́рхней оде́жды*
Mikrofilm [ˈmiːkrofɪlm] <-s, -e> *m* микрофи́льм *м*
Mikrofon[RR] [mikroˈfoːn] <-s, -e> *nt* микрофо́н *м*
Mikroklima <-s> *nt* микрокли́мат *м*
Mikrokosmos [ˈmiːkrokɔsmɔs] <-> *m* микроко́смос *м*, микроми́р *м*
Mikrometer <-s> *m* микроме́тр *м*
Mikroökonomie <-> *f* микроэконо́мика *ж*
mikroökonomisch *adj* микроэкономи́ческий
Mikroorganismus [ˈmiːkroɔrganɪsmʊs] *m* BIOL микроорганизм *м*
Mikrophon [mikroˈfoːn] <-s, -e> *nt* микрофо́н *м*
Mikroprozessor [ˈmikroproˈtsɛsoːɐ̯] <-s, -en> *m* микропроце́ссор *м*
Mikroschalter <-s, -> *m* микровыключа́тель *м*

Mikroskop [mikro'sko:p] <-s, -e> *nt* микроскóп *м*
Mikroskopie <-> *f* микроскопи́я *ж*
mikroskopieren *vi* наблюдáть *нсв* с пóмощью микроскóпа
mikroskopisch [mikro'sko:pɪʃ] *adj* микроскопи́ческий
Mikrowelle ['mi:krovɛlə] <-, -n> *f* микроволны́ *жмн*
Mikrowellenherd ['mi:kro'vɛlənhe:ɐ̯t] <-(e)s, -e> *m* микроволнóвая печь *ж*
Milch [mɪlç] <-> *f* молокó *ср*
Milchbart <-(e)s, -bärte> *m umg* молокосóс *м*
Milchbrötchen <-s, -> *nt* плю́шка *ж*
Milchdrüse <-, -n> *f* молóчная железá *ж*
Milcherzeugnisse <-> *pl* молóчные продýкты *ммн*
Milchflasche <-, -n> *f* молóчная буты́лка *ж*
Milchgeschäft <-(e)s, -e> *nt* молóчный магази́н *м*, молóчная *ж*
Milchglas *nt* молóчное стеклó *ср*
milchig ['mɪlçɪç] *adj* молóчный
Milchkaffee <-s, -s> *m* кóфе *м* с молокóм
Milchkännchen <-s, -> *nt* молóчник *м* (посýда)
Milchkanne <-, -n> *f* кувши́н *м* для молокá; *(aus Metall)* бидóн *м* для молокá
Milchkuh *f* дóйная корóва *ж*
Milchprodukt <-(e)s, -e> *nt* молóчный продýкт *м*
Milchpulver <-s> *nt* сухóе молокó *ср*
Milchsäure <-> *f* молóчная кислотá *ж*
Milchschokolade <-> *f* молóчный шоколáд *м*
Milchspeise <-, -n> *f* молóчное блю́до *ср*
Milchstraße <-> *f* Млéчный Путь *м*
Milchsuppe <-> *f* молóчный суп *м*
Milchwirtschaft <-> *f* молóчное хозя́йство *ср*
Milchzahn <-(e)s, -zähne> *m* молóчный зуб *м*
Milchzucker <-s> *m* молóчный сáхар *м*
mild [mɪlt] *adj* **1.** *(sanft)* мя́гкий **2.** *(nachsichtig)* дóбрый
Milde ['mɪldə] <-> *f* **1.** *(Sanftheit)* мя́гкость *ж* **2.** *(Nachsicht)* добротá *ж*
mildern ['mɪldɐn] **I.** *vt* смягчáть, -чи́ть *св*; *(Schmerzen)* облегчáть, -чи́ть *св*; **mildernde Umstände** смягчáющие обстоя́тельства **II.** *vr* **sich ~** станови́ться мя́гче
Milderung <-> *f* смягчéние *ср*, ослаблéние *ср*
Mildtätigkeit <-> *f* благотвори́тельность *ж*
Milieu [mi'ljœ:] <-s, -s> *nt (soziales Umfeld)* средá *ж*
milieugeschädigt *adj* испóрченный средóй
militant [mili'tant] *adj* вои́нствующий
Militär [mili'tɛ:ɐ] <-s> *nt* áрмия *ж*, вооружённые си́лы *мн*; **beim ~ sein** служи́ть в áрмии
Militärakademie <-, -n> *f* воéнная академи́я *ж*
Militärarzt <-es, -ärzte> *m* воéнный врач *м*
Militärdienst <-es> *m* воéнная слýжба *ж*
Militärdiktatur <-, -en> *f* воéнная диктатýра *ж*
Militärfahrzeug <-(e)s, -e> *nt* арméйское трáнспортное срéдство *ср*
militärisch [mili'tɛ:rɪʃ] *adj* воéнный
Militarisierung <-> *f* милитаризáция *ж*
Militarismus [milita'rɪsmʊs] <-> *m* милитари́зм *м*
militaristisch *adj* милитаристи́ческий, милитари́стский
Militärjunta <-, -s> *f* воéнная хýнта *ж*
Militärlastwagen <-s, -> *m* арméйский грузовóй автомоби́ль *м*
Militärparade <-, -n> *f* воéнный парáд *м*
Militärputsch <-es, -e> *m* воéнный путч *м*
Militärregierung <-, -en> *f* воéнное прави́тельство *ср*; *(Okkupation)* воéнная оккупáция *ж*
Militärregime <-s, -s> *nt* воéнный режи́м *м*
Militärstützpunkt <-(e)s, -e> *m* воéнная бáза *ж*
Miliz [mi'li:ts] <-, -en> *f* мили́ция *ж*
Milizionär <-s, -e> *m* милиционéр *м*
Milliardär(in) [mɪljar'dɛ:ɐ] <-s, -e> *m(f)* миллиардéр *м*, миллиардéрша *ж*
Milliarde [mɪ'li̯ardə] <-, -n> *f* миллиáрд *м*
Milligramm ['mɪligram] <-(e)s> *nt* миллигрáмм *м*
Milliliter <-s, -> *m o nt* миллили́тр *м*
Millimeter [mɪli'me:tɐ] *m o nt* миллимéтр *м*
Million [mɪ'li̯o:n] <-, -en> *f* миллиóн *м*; **fünf ~en Menschen** пять миллиóнов человéк
Millionär(in) [mɪljo'nɛ:ɐ] <-s, -e> *m(f)* миллионéр *м*, миллионéрша *ж*
Millionenauftrag <-(e)s, -aufträge> *m* закáз *м*, стóящий миллиóны
Millionenbetrag <-(e)s, -beträge> *m* сýмма *ж* в размéре миллиóнов
Millionengeschäft <-(e)s, -e> *nt* миллиóнная сдéлка *ж*
millionenschwer *adj* **ein ~er Industrieller** промы́шленник-миллионéр
Milz [mɪlts] <-> *f* селезёнка *ж*
Mimik ['mi:mɪk] <-> *f* ми́мика *ж*
mimisch ['mi:mɪʃ] *adj* мими́ческий
Mimose [mi'mo:zə] <-, -n> *f* **1.** BOT мимóза *ж* **2.** *umg* недотрóга *м и ж*
min, Min. *abk von* **Minute(n)** минýт(а) *ж*
Minarett <-s, -e> *nt* минарéт *м*
minder ['mɪndɐ] *adj geh kompar von* **wenig** мéньше
minderbegabt *adj* со срéдними способ-

M

ностями, малоодарённый
minderbemittelt *adj* бе́дный
mindere(r, s) ['mɪndərə, -rɐ, -rəs] *adj (geringere: Qualität)* ни́зкий; **diese Frage ist von minderer Bedeutung** э́то ме́нее ва́жный вопро́с
Mindereinnahme <-, -n> *f* недобо́р *м*, недоста́ча *ж*
Minderheit <-, -en> *f* меньшинство́ *ср*; **in der ~ sein** быть в меньшинстве́; **eine verschwindend kleine ~** ничто́жное меньшинство́
Minderheitenfrage <-, -n> *f* пробле́ма *ж* национа́льных меньши́нств, национа́льный вопро́с *м*
Minderheitensprache <-, -n> *f* язы́к *м* национа́льного меньшинства́
Minderheitsrecht <-(e)s, -e> *nt* JUR пра́во *ср* меньшинства́
minderjährig *adj* несовершенноле́тний
Minderjährige(r) <-n, -n> *f(m)* несовершенноле́тний *м*, несовершенноле́тняя *ж*
Minderkaufmann <-(e)s, -kaufleute> *m* ме́лкий торго́вец *м*
mindern ['mɪndɐn] **I.** *vt* уменьша́ть, уме́ньшить *св*, умаля́ть, -ли́ть *св* **II.** *vr (sich verringern)* уменьша́ться, уме́ньшиться *св*
Minderqualität <-> *f* пони́женное ка́чество *ср*
Minderung <-, -en> *f* уце́нка *ж*
minderwertig *adj* малоце́нный
Minderwertigkeit *f ohne pl* неполноце́нность *ж*
Minderwertigkeitsgefühl *nt* PSYCH чу́вство *ср* неполноце́нности
Minderwertigkeitskomplex <-es, -e> *m* ко́мплекс *м* неполноце́нности
Minderzahl *f ohne pl* меньшинство́ *ср*; **in der ~ sein** быть в меньшинстве́
Mindestabnahme <-, -n> *f* поку́пка *ж* минима́льного коли́чества
Mindestabstand ['mɪndəstapʃtant] *m* минима́льная диста́нция *ж*
Mindestalter *nt* минима́льный во́зраст *м*
Mindestanforderung <-, -en> *f* минима́льное тре́бование *ср*
Mindestbestand <-(e)s, -bestände> *m* ми́нимум *м* складски́х запа́сов
Mindestbesteuerung <-, -en> *f* минима́льное налогообложе́ние *ср*
Mindestbetrag <-(e)s, -beträge> *m* наиме́ньшая [*или* минима́льная] су́мма *ж*
Mindestdividende <-, -n> *f* гаранти́рованный ми́нимум *м*
mindeste(r, s) ['mɪndəstə, -tɐ, -təs] **I.** *adj* мале́йший, минима́льный, са́мый ме́ньший **II.** *adv* минима́льно; **nicht im Mindesten** *(überhaupt nicht)* ничу́ть
Mindesteinkommen <-s, -> *nt* минима́льный дохо́д *м*
Mindesteinlage <-, -n> *f* минима́льный вклад *м*
mindestens ['mɪndəstəns] *adv* по кра́йней ме́ре, ми́нимум
Mindestgehalt <-(e)s, -e> *m* минима́льная зарпла́та *ж*
Mindestgeschwindigkeit *f* минима́льная ско́рость *ж*
Mindestgewicht <-(e)s, -e> *nt* минима́льная ма́сса *ж*
Mindesthaltbarkeitsdatum <-s, -daten> *nt* минима́льный срок *м* хране́ния
Mindestkapazität <-, -en> *f* минима́льная мо́щность *ж*
Mindestkapital <-s> *nt* минима́льный разме́р *м* капита́ла
Mindestlohn <-(e)s, -löhne> *m* минима́льная за́работная пла́та *ж*
Mindestmaß <-es> *nt* ми́нимум *м*, минима́льный разме́р *м*
Mindestpreis <-es, -e> *m* минима́льная цена́ *ж*
Mindestrendite <-, -n> *f* минима́льный проце́нт *м* дохо́да
Mindestrente <-, -n> *f* минима́льная пе́нсия *ж*
Mindestreserve <-, -n> *f* минима́льный резе́рв *м*
Mindestspannung <-> *f* EL минима́льное напряже́ние *ср*
Mindeststrafe *f* минима́льное наказа́ние *ср*
Mindestumtausch <-es> *m* обяза́тельный ми́нимум *м* обме́на валю́ты
Mindestverzinsung <-, -en> *f* минима́льное начисле́ние *ср* проце́нтов
Mindestwortschatz <-es> *m* минима́льный лекси́ческий запа́с *м*
Mine ['miːnə] <-, -n> *f* **1.** BERGB рудни́к *м* **2.** *(Sprengkörper)* ми́на *ж* **3.** *(des Bleistiftes)* гри́фель *м* **4.** *(des Kugelschreibers)* сте́ржень *м*
Minenfeld *f* MIL ми́нное по́ле *ср*
Minenräumboot <-(e)s, -e> *nt* ми́нный тра́льщик *м*
Minensuchboot <-(e)s, -e> *nt* MAR тра́льщик *м* - иска́тель *м*
Minensuchgerät <-(e)s, -e> *nt* миноиска́тель *м*
Minenwerfer <-s, -> *m* миномёт *м*
Mineral [mine'raːl] <-s, -e/-ien> *nt* минера́л *м*
Mineralbad <-(e)s, -bäder> *nt* минера́льная ва́нна *ж*
Mineralogie [mineralo'giː] <-> *f* минерало́гия *ж*
Mineralöl <-s> *nt* минера́льное ма́сло *ср*
Mineralölsteuer <-, -n> *f* нало́г *м* на нефтяны́е проду́кты
Mineralstoffe <-> *pl* минера́льные вещества́ *срмн*

Mineralwasser <-s, -> *nt* минера́льная вода́ *ж*

Land & Leute

В Австрии принято пить водопроводную воду, а в Германии и в Швейцарии это скорее не принято. Здесь покупают ящиками **минеральную воду** в бутылках. Она содержит различные минеральные вещества и большей частью насыщается углекислотой.

mini *adj* ми́ни
Miniatur [minia'tuːɐ̯, minia'tuːrən] <-en> *f* миниатю́ра *ж*
Minibar *f* минибáр *м*
Minigolf <-(e)s> *nt* ми́ни-гольф *м*
Minikleid <-(e)s, -er> *nt* ми́ни-пла́тье *ср*, пла́тье *ср* ми́ни
minimal [mini'maːl] *adj* минима́льный
Minimalforderung <-, -en> *f* минима́льное тре́бование *ср*
Minimalkapazität <-, -en> *f* минима́льная мо́щность *ж*
Minimalwert <-(e)s, -e> *m (Wert)* минима́льная сто́имость *ж; (Bedeutung)* минима́льное значе́ние *ср*
minimieren *vt* минимизи́ровать
Minimum ['miːnimʊm] <-s, -ma> *nt* ми́нимум *м;* **ein ~ an Kenntnissen** ми́нимум зна́ний; **auf ein ~ reduzieren** своди́ть до ми́нимума; **auf ein ~ schrumpfen** сокраща́ться до ми́нимума
Minirock <-(e)s, -röcke> *m* ми́ни-ю́бка *ж*
Minister(in) [mi'nɪstɐ] <-s, -> *m(f)* мини́стр *м*
Ministeramt <-(e)s, -ämter> *nt* до́лжность *ж* мини́стра
Ministerialrat <-(e)s, -räte> *m* министе́рский сове́тник *м*
Ministerium [minɪs'teːriʊm] <-s, Ministerien> *nt* министе́рство *ср*
Ministerkonferenz <-, -en> *f* конфере́нция *ж* мини́стров
Ministerpräsident(in) <-en, -en> *m(f)* премье́р-мини́стр *м*

Land & Leute

Премьер-министр – глава земельного правительства в Германии. В Австрии это «глава правительства земли» («Landeshauptmann»). Глава правительства швейцарского кантона – «президент кантона» («Kantonalpräsident»).

Ministerrat <-(e)s, -räte> *m* сове́т *м* мини́стров
Minnesänger *m* HIST менестре́ль *м*
Minorität [minori'tɛːt] <-, -en> *f* меньшинство́ *ср*
minus ['miːnʊs] *konj* MATH ми́нус
Minus ['miːnʊs] <-> *nt* **1.** *(Fehlbetrag)* дефици́т *м* **2.** *fig (Nachteil)* ми́нус *м*
Minuspol <-s, -e> *m* отрица́тельный по́люс *м*
Minuszeichen <-s, -> *nt* знак *м* ми́нуса
Minute [mi'nuːtə] <-, -n> *f* мину́та *ж;* **es ist zehn ~n nach zwölf** сейча́с де́сять мину́т пе́рвого; **zwanzig ~n vor acht** без двадцати́ мину́т во́семь; **er kam in letzter ~** он пришёл в после́днюю мину́ту; **auf die ~** (**pünktlich**) мину́та в мину́ту; **in letzter ~** в после́днюю мину́ту; **fünf Minuten vor drei** без пяти́ три; **fünf Minuten nach drei** пять мину́т четвёртого
Minutenzeiger <-s, -> *m* мину́тная стре́лка *ж*
Minze ['mɪntsə] <-> *f* мя́та *ж*
mir [miːɐ] *pron* мне; **von ~ aus!** *umg* я не про́тив!; **das ist ein Freund von ~** э́то мой друг; **sie haben ~ ein Buch geschenkt** они́ подари́ли мне кни́гу; **~ gefällt das sehr gut** мне э́то о́чень нра́вится; **ein Freund von ~** мой друг; **von ~ aus** где на́ша не пропада́ла; **~ nichts, dir nichts** ни с того́, ни с сего́
Mischbatterie <-, -n> *f* смеси́тель *м*
Mischehe <-, -n> *f* сме́шанный брак *м*
mischen ['mɪʃən] **I.** *vt* **1.** *(vermengen)* сме́шивать, смеша́ть *св*, меша́ть, по- *св* **2.** *(Karten)* тасова́ть, пере- *св* **II.** *vr* **1.** *(sich mit etw ver~)* сме́шиваться, смеша́ться *св* **2.** *(sich ein~)* вме́шиваться, вмеша́ться *св;* **sich in fremde Angelegenheiten ~** вме́шиваться в чужи́е дела́
Mischer <-s, -> *m* TECH смеси́тель *м*
Mischfinanzierung <-, -en> *f* сме́шанное финанси́рование *ср*
Mischfutter <-s> *nt* комбико́рм *м*
Mischgemüse <-s> *nt* овощно́е ассорти́ *ср*
Mischgewebe <-s> *nt* мела́нжевая ткань *ж*
Mischhaut <-> *f* ко́жа *ж* сме́шанного ти́па
Mischkonzern <-s, -e> *m* сме́шанный конце́рн *м*
Mischling ['mɪʃlɪŋ] <-s, -e> *m* **1.** *(Tier)* по́месь *ж* **2.** *(Mensch)* мети́с *м*
Mischlingskind <-(e)s, -er> *nt* ребёнок *м* - мети́с *м*
Mischmasch <-(e)s, -e> *m fam a. abw* мишма́ш *м*, мешани́на *ж (род яи́чницы с*

брынзой и овоща́ми)

Mischung <-, -en> *f* смесь *ж*

Mischwald <-(e)s, -wälder> *m* сме́шанный лес *м*

miserabel [mize'ra:bəl] *adj* **1.** *(schlecht)* скве́рный **2.** *(gemein)* по́длый

Misere [mi'ze:rə] <-, -n> *f* беда́ *ж*

misogyn *adj* женоненави́стнический

Misogynie <-> *f* женоненави́стничество *ср*

missachten[RR] [mɪs'ʔaxtən], **mißachten**[Alt] [mɪs'ʔaxtən] *vt* **1.** *(nicht beachten)* не соблюда́ть, не соблюсти́ *св;* **Vorschriften ~** не соблюда́ть инстру́кции **2.** *(jdn/etw nicht achten)* не уважа́ть *нсв*

Missachtung[RR] <-, -en> *f,* **Mißachtung**[Alt] <-, -en> *f* **1.** *(Verachtung)* презре́ние *ср* **2.** *(Geringschätzung)* пренебреже́ние *ср*

Missbehagen[RR] *nt,* **Mißbehagen**[Alt] *nt* неприя́тное чу́вство *ср*

Missbildung[RR] <-, -en> *f,* **Mißbildung**[Alt] <-, -en> *f* уро́дство *ср*

missbilligen[RR] [mɪs'bɪlɪgən], **mißbilligen**[Alt] [mɪs'bɪlɪgən] *vt* отверга́ть, -ве́ргнуть *св*

missbilligend[RR], **mißbilligend**[Alt] **I.** *adj* неодобри́тельный **II.** *adv* неодобри́тельно

Missbilligung[RR] <-> *f,* **Mißbilligung**[Alt] <-> *f* неодобре́ние *ср*

Missbrauch[RR] [mɪs'braʊx, mɪs'brɔɪçə] <-(e)s, -bräuche> *m,* **Mißbrauch**[Alt] <-(e)s, -bräuche> *m* злоупотребле́ние *ср;* **der ~ von Medikamenten** злоупотребле́ние лека́рствами; **sexueller ~** сексуа́льное злоупотребле́ние

missbrauchen[RR] [mɪs'braʊxən], **mißbrauchen**[Alt] [mɪs'braʊxən] *vt* злоупотребля́ть, -би́ть *св;* **sein Amt ~** злоупотребля́ть свои́м служе́бным положе́нием

missdeuten[RR] [mɪs'dɔɪtən], **mißdeuten**[Alt] [mɪs'dɔɪtən] *vt* непра́вильно понима́ть/поня́ть *св*

Misserfolg[RR] <-(e)s, -e> *m,* **Mißerfolg**[Alt] <-(e)s, -e> *m* неуда́ча *ж;* **einen ~ haben** терпе́ть неуда́чу

missfallen[RR] [mɪs'falən], **mißfallen**[Alt] [mɪs'falən] <irr> *vi geh* не нра́виться

Missfallensäußerung[RR] <-, -en> *f,* **Mißfallensäußerung**[Alt] <-, -en> *f* выраже́ние *ср* неодобре́ния

missgebildet[RR] *adj,* **mißgebildet**[Alt] *adj* искале́ченный

Missgeburt[RR] <-, -en> *f,* **Mißgeburt**[Alt] <-, -en> *f* **1.** MED уро́д *м* **2.** *pej (unsympathischer Mensch)* ублю́док *м*

missgelaunt[RR] *adj,* **mißgelaunt**[Alt] *adj geh* расстро́еный

Missgeschick[RR] <-(e)s, -e> *nt,* **Mißgeschick**[Alt] <-(e)s, -e> *nt* несча́стье *ср;* **ihm ist ein ~ passiert** у него́ случи́лось несча́стье; **mir ist ein ~ passiert** мне не повезло́

missgestaltet[RR] *adj,* **mißgestaltet**[Alt] *adj* уро́дливый, обезобра́женный

missgestimmt[RR] *adj,* **mißgestaltet**[Alt] *adj* недово́льный, находя́щийся в дурно́м настрое́нии

missglücken[RR] [mɪs'glʏkən], **mißglücken**[Alt] [mɪs'glʏkən] *vi sein* не везёт

missglückt[RR] *adj,* **mißglückt**[Alt] *adj* безуспе́шный, неуда́вшийся

missgönnen[RR] [mɪs'gllnən], **mißgönnen**[Alt] [mɪs'gllnən] *vt* не дать кому́-л. что-л.

missgünstig[RR] *adj,* **mißgünstig**[Alt] *adj* недоброжела́тельный

misshandeln[RR] [mɪs'handəln], **mißhandeln**[Alt] [mɪs'handəln] *vt* AUCH JUR жесто́ко обраща́ться *нсв* с кем-л., истяза́ть *нсв* кого́-л.

Misshandlung[RR] [mɪs'handlʊŋ] <-, -en> *f,* **Mißhandlung**[Alt] [mɪs'handlʊŋ] <-, -en> *f* жесто́кое обраще́ние *ср,* истяза́ние *ср*

Mission [mɪ'si̯o:n] <-, -en> *f* **1.** *geh (Auftrag, Sendung)* ми́ссия *ж;* **in geheimer ~** с та́йной ми́ссией **2.** *(Verbreitung einer religiösen Lehre)* ми́ссия *ж*

Missionar(in) [mɪsi̯o'na:ɐ̯] <-s, -e> *m(f)* миссионе́р *м*

missionieren [mɪsi̯o'ni:rən] *vt* занима́ться миссионе́рской де́ятельностью

Missklang[RR] <-(e)s, -klänge> *m,* **Mißklang**[Alt] <-(e)s, -klänge> *m* **1.** MUS *(Dissonanz)* неблагозву́чие *ср* **2.** *fig (Unstimmigkeit)* разла́д *м*

Misskredit[RR] *m,* **Mißkredit**[RR] *m* недове́рие *ср;* **etw in ~ bringen** дискредити́ровать что-л.

misslang[RR] [mɪs'laŋ], **mißlang**[Alt] [mɪs'laŋ] *prät von* **misslingen**

missliebig[RR], **mißliebig**[Alt] *adj* нелюби́мый

misslingen[RR] [mɪs'lɪŋən], **mißlingen**[Alt] [mɪs'lɪŋən] <misslang, misslungen> *vi* не удава́ться, не уда́ться *св;* **der Kuchen ist misslungen** пиро́г не получи́лся

Missmut[RR] <-(e)s> *m,* **Mißmut**[Alt] <-(e)s> *m* доса́да *ж*

missmutig[RR], **mißmutig**[Alt] *adj* угрю́мый

missraten[RR] [mɪs'ra:tən], **mißraten**[Alt] [mɪs'ra:tən] <irr> *vi sein* не получа́ться; **ein mißratenes Kind** невоспи́танный ребёнок *м*

Missstand[RR] <-(e)s, -stände> *m,* **Mißstand**[Alt] <-(e)s, -stände> *m* плохо́е состоя́ние *ср,* безобра́зие *ср*

misstrauen[RR] [mɪs'traʊən], **mißtrauen**[Alt] [mɪs'traʊən] *vi* не доверя́ть *нсв*

Misstrauen[RR] <-s> *nt,* **Mißtrauen**[Alt] <-s> *nt* недове́рие *ср;* **~ gegen jdn hegen** пита́ть недове́рие к кому́-л.

Misstrauensvotum[RR] <-s> *nt,* **Mißtrauensvotum**[Alt] <-s> *nt* POL во́тум *м* недове́рия

misstrauisch[RR], **mißtrauisch**[Alt] *adj* недове́рчивый

missvergnügt[RR], **mißvergnügt**[Alt] *adj* недово́льный

Missverhältnis[RR] <-ses, -se> *nt*, **Mißverhältnis**[Alt] <-ses, -se> *nt* несоразме́рность *ж*

Missverständnis[RR] <-ses, -se> *nt*, **Mißverständnis**[Alt] <-ses, -se> *nt* недоразуме́ние *ср*

missverstehen[RR], **mißverstehen**[Alt] *vt* непра́вильно понима́ть, поня́ть *св*

Misswirtschaft[RR] <-> *f*, **Mißwirtschaft**[Alt] <-> *f* бесхозя́йственность *ж*

Mist [mɪst] <-(e)s> *m* **1.** *(Dünger)* наво́з *м* **2.** *umg (Unsinn)* чушь *ж;* **er redet wirklich nur ~** *umg* он говори́т то́лько одну́ чушь; **~ bauen** *umg (einen Fehler machen)* наде́лать глу́постей; **~ machen/reden** де́лать/болта́ть глу́пости; **so ein ~!** чёрт побери́!

Mistbeet <-(e)s, -e> *nt* парни́к *м*

Mistel ['mɪstəl] <-n> *f* BOT оме́ла *ж*

Mistfink <-s, -e> *m umg* неря́ха *м и ж*, грязну́ля *м и ж*

Mistgabel <-, -n> *f* наво́зные ви́лы *мн*

Misthaufen *m* наво́зная ку́ча *ж*

Mistkäfer <-s, -> *m* наво́зный жук *м*

Mistkerl *m fam abw* подле́ц *м*

Miststück *nt fam abw* мерза́вка *ж*

mit [mɪt] **I.** *prp dat* с, вме́сте с; **willst du ~ uns essen?** бу́дешь с на́ми есть?; **~ dem Zug fahren** е́хать на по́езде; **komm' ~!** пойдём со мно́й!; **Kaffee ~ Milch** ко́фе с молоко́м; **~ der Bahn kommen** прие́хать на по́езде; **~ dem Flugzeug kommen** прилете́ть на самолёте; **~ etwas Glück** е́сли уда́ча нам сопу́тствует; **~ dreißig (Jahren)** в три́дцать (лет); **~ einem Mal** вдруг; **~ der Zeit** со вре́менем **II.** *adv (ebenfalls, auch)* та́кже, то́же

Mitarbeit <-> *f* **1.** *(Zusammenarbeit)* сотру́дничество *ср* **2.** *(Beteiligung)* уча́стие *ср*

mitarbeiten *vi* принима́ть, -ня́ть *св* уча́стие (в рабо́те), сотру́дничать *нсв;* **wir haben an diesem Projekt auch mitgearbeitet** мы та́кже принима́ли уча́стие в рабо́те над э́тим прое́ктом

Mitarbeiter(in) <-s, -> *m(f) (Angestellter)* сотру́дник *м*, сотру́дница *ж;* **neue ~ einstellen** набира́ть но́вых сотру́дников; **~ motivieren** стимули́ровать сотру́дников

Mitarbeiteraktien <-> *fpl* а́кции *мн* сотру́дников

Mitarbeiterbeurteilung <-> *f* оце́нка *ж* де́ятельности персона́ла

Mitarbeitermotivation <-> *f* стимули́рование *ср* сотру́дников

Mitarbeiterstab <-(e)s, -stäbe> *m* гру́ппа *ж* сотру́дников

Mitautor(in) <-s, -en> *m(f)* соа́втор *м*

mit|bekommen <irr> *vt (hören, wahrnehmen)* поня́ть *св;* **ich habe vor Müdigkeit nur die Hälfte ~** я от уста́лости по́нял то́лько полови́ну

mit|bestimmen *vi* принима́ть, -ня́ть *св* уча́стие в реше́нии *(како́го-л. вопро́са)*

Mitbestimmung <-> *f* уча́стие *ср* в приня́тии реше́ний

Mitbestimmungsgesetz <-es, -e> *nt* зако́н *м* об уча́стии в реше́нии хозя́йственных вопро́сов

Mitbewerber <-s, -> *m* конкуре́нт *м*, сопе́рник *м*

Mitbewohner(in) *m(f)* сосе́д *м* по кварти́ре

mit|bringen <irr> *vt* **1.** *(Geschenk)* приноси́ть, принести<'> *св* с собо́й **2.** *(als Voraussetzung haben, besitzen)* облада́ть *нсв*

Mitbringsel ['mɪtbrɪŋzəl] <-s, -> *nt (Geschenk)* гости́нец *м*

Mitbürger(in) <-s, -> *m(f)* сограждани́н *м*, согра́жданка *ж*

Mitbürgschaft <-, -en> *f* JUR совме́стное поручи́тельство *ср*

mit|dürfen <irr> *vi fam* (**mit jdm**) **~** пойти́ с кем-л.

Miteigentum <-s> *nt* о́бщая со́бственность *ж*

Miteigentümer(in) <-s, -> *m(f)* совладе́лец *м*

miteinander [mɪtʔaɪ'nandɐ] *adv* друг с дру́гом; *(gemeinsam)* вме́сте; **alle ~** все вме́сте; **~ reden** говори́ть друг с дру́гом; **gut ~ auskommen** ла́дить друг с дру́гом

mit|einbeziehen *vt* включа́ть, включи́ть *св* (кого́-л./что-л. во что-л.)

mit|erleben *vt* пережи́ть *св*, быть, стать *св* свиде́телем чего́-л.

Mitesser <-s, -> *m (Hautunreinheit)* ко́жный у́горь *м*

Mitfahrgelegenheit *f возмо́жность е́хать с кем-л. на маши́не, подели́в расхо́ды*

mit|fühlen **I.** *vt* сочу́вствовать **II.** *vi* **mit jdm ~** сочу́вствовать кому́-л.

mit|geben <irr> *vt* дава́ть, дать *св* с собо́й

Mitgefühl <-(e)s> *nt* сочу́вствие *ср*

mit|gehen <irr> *vi (mit jdm fortgehen)* идти́/пойти́ *св* с кем-л.; **etw ~ lassen** *fam* стащи́ть что-л.

mitgenommen *adj* **1.** *(müde)* измо́танный, изнурённый, уста́лый **2.** *(beschädigt)* пострада́вший; **sie sieht ~ aus** она́ вы́глядит несча́стной

mit|gestalten *vt* уча́ствовать в организа́ции чего́-л.

Mitgift ['mɪtgɪft] <-, -en> *f* прида́ное *ср*

Mitglied <-(e)s, -er> *nt* член *м;* **ordentliches ~** действи́тельный член; **ständiges ~** постоя́нный член; **die Mitglieder der EU** чле́ны ЕС

Mitgliederbefragung <-, -en> *f* опро́с *м* чле́нов

Mitgliederversammlung <-, -en> *f* собра́-

ние *ср* членов
Mitgliederzahl <-, -en> *f* количество *ср* членов
Mitgliedsausweis *m* членский билет *м*
Mitgliedsbeitrag <-(e)s, -beiträge> *m* членский взнос *м*
Mitgliedschaft <-, -en> *f* членство *ср;* **die ~ in einer Partei/in einem Verein** членство в партии/союзе; **die ~ beantragen** подать документы на членство
Mitgliedsland <-(e)s, -länder> *nt* страна-участница *ж*
mit|haben <irr> *vt fam* иметь с собой; **ich habe kein Geld mit** я не взял с собой денег
Mithaftung <-, -en> *f* совместная ответственность *ж*
mit|halten <irr> *vi* не отставать/не отстать *св* от других
mit|helfen <irr> *vi* помогать кому-л.
Mithilfe <-> *f* помощь *ж*
Mitinhaber(in) <-s, -> *m(f)* совладелец *м*
Mitkläger(in) <-s, -> *m(f)* соистец *м*
mit|kommen <irr> *vi* **1.** *(begleiten)* провожать, -водить *св,* идти, пойти *св* вместе с; **kommst du mit zum Bahnhof?** ты проводишь меня до вокзала?; **kommst du mit ins Theater?** ты пойдёшь со мной в театр? **2.** *fig (geistig folgen)* понимать, -нять *св;* **da komme ich nicht mit** *umg* я больше ничего не понимаю
mit|kriegen *vi fam s.* **mitbekommen**
Mitleid <-(e)s> *nt* сострадание *ср;* **~ erregen** вызывать сочувствие; **~ mit jdm haben** сочувствовать кому-л.; **etw aus ~ tun** сделать что-л. из сожаления
Mitleidenschaft *f* **etw in ~ ziehen** повредить что-л., нанести ущерб чему-л.
mitleiderregend[RR] *adj* вызывающий сожаление
mitleidig *adj* сострадательный
mit|machen **I.** *vi* участвовать; **machst du mit?** ты будешь участвовать? **II.** *vt* принимать, -нять *св* участие в чём-л.
Mitmensch <-en, -en> *m* ближний *м*
Mitnahmemarkt <-(e)s, -märkte> *m (мебельный) магазин, из которого покупатели сами вывозят купленные крупные предметы*
Mitnahmepreis ['mitna:məprais] <-es, -e> *m сниженная цена за крупный предмет (мебели), вывозимый самим покупателем*
mit|nehmen <irr> *vt (mit sich nehmen)* брать, взять *св* с собой; **zum Mitnehmen** на дом; **ich habe ihn im Auto mitgenommen** я отвёз его на машине
mit|reden *vi (im Gespräch)* участвовать в разговоре; **da habe ich auch noch ein Wörtchen mitzureden** моё слово тоже чего-то стоит
mit|reißen <irr> *vt* **1.** *(fortreißen)* уносить, унести *св* с собой **2.** *fig (begeistern)* увлекать, увлечь *св*
mitsamt [mɪt'zamt] *prp dat* вместе с
mit|schicken *vt* посылать вместе [*или* одновременно] с чем-л.
mit|schleifen *vt* тащить с собой; **sie schleifte ihn auf die Party mit** *fam* она потащила его на вечеринку
mit|schleppen *vt fam* тащить с собой
mit|schreiben <irr> **I.** *vi* записывать, записать *св* **II.** *vt* писать
Mitschuld <-> *f* соучастие *ср*
mitschuldig *adj* причастный к
Mitschuldner(in) <-s, -> *m(f)* JUR солидарный должник *м*
Mitschüler(in) *m(f)* одноклассник *м,* одноклассница *ж*
mit|singen <irr> *vi, vt* петь; **in einem Chor ~** петь в хоре
mit|spielen **I.** *vi* участвовать *нсв* в игре; **jdm übel ~** *(schlimm mit jdm umgehen)* сыграть с кем-л. злую шутку; **spielst du mit?** ты будешь играть с нами?; **da spiele ich nicht mit!** *fam* я не буду в этом участвовать! **II.** *vt* играть
Mitspieler(in) *m(f)* **1.** SPORT *(a. beim Spiel)* игрок *м* **2.** THEAT актёр *м*
mittag[Alt] *adv s.* **Mittag**
Mittag ['mɪta:k] <-s, -e> *m* полдень *м;* **zu ~ essen** обедать; **gestern/heute/morgen ~** вчера/сегодня/завтра к обеду; **was gibt es heute zu ~?** что будет у нас сегодня на обед?; **~ machen** *fam* готовить обед
Mittagessen <-s> *nt* обед *м;* **beim ~ sitzen** обедать
mittags ['mɪta:ks] *adv* в полдень, днём
Mittagspause <-, -n> *f* обеденный перерыв *м*
Mittagsruhe *f ohne pl* послеобеденный сон *м;* **~ halten** соблюдать послеобеденный сон
Mittagsschlaf *m* послеобеденный сон *м;* **einen ~ machen** спать после обеда
Mittagstisch *m* обеденный стол *м*
Mittagszeit *f* обед *м;* **zur ~** к обеду; **in der ~** в обед
Mittäter(in) *m(f)* соучастник *м*
Mitte ['mɪtə] <-> *f* середина *ж;* **die goldene ~** золотая середина; **er ist ~ Zwanzig** ему около двадцати пяти лет; **~ Mai** в середине мая; **etw in der ~ durchtrennen** разрезать что-л. посередине; **~ des Jahres/Monats** середина года/месяца; **sie ist ~ dreißig** ей около тридцати пяти
mit|teilen *vt* сообщать, -щить *св;* **jdm etw ~** сообщить кому-л. о чём-л.; **ich muss Ihnen leider ~, dass ...** я должен, к сожалению, сообщить Вам, что ...
Mitteilung <-, -en> *f* сообщение *ср;* **dienstliche ~** служебное уведомление

ср; **offizielle ~** официа́льное сообще́ние; **vertrauliche ~** довери́тельное сообще́ние

Mitteilungsblatt <-(e)s, -blätter> *nt* информацио́нный бюллете́нь *м*

Mittel ['mɪtəl] <-s, -> *nt* **1.** *(Methode, Hilfsmittel, Präparat)* сре́дство *ср;* **etw mit allen ~n versuchen** испро́бовать все сре́дства; **ein ~ gegen Ungeziefer** сре́дство про́тив вреди́телей; **zu anderen Mitteln greifen** прибе́гнуть к други́м сре́дствам; **ihr ist jedes ~ recht** она́ ни пе́ред чем не остано́вится; **~ zum Zweck** сре́дство к це́ли **2.** *(Medikament)* лека́рство *ср* **3.** *(Durchschnittswert)* сре́дняя величина́ *ж;* **das arithmetische ~** сре́днее арифмети́ческое; **das statistische Mittel** сре́дняя статисти́ческая величина́ **4.** *(pl: Geldmittel)* фина́нсовые сре́дства *срмн;* **~ aufbringen** мобилизова́ть сре́дства; **~ bereitstellen** предоставля́ть сре́дства; **~ beschaffen** достава́ть сре́дства; **etw aus eigenen ~n bezahlen** оплати́ть что-л. из со́бственного карма́на; **fremde ~** заёмные сре́дства; **liquide ~** ликви́дные сре́дства; **öffentliche ~** госуда́рственные сре́дства; **öffentliche ~ kürzen** сокраща́ть сре́дства из госуда́рственного бюдже́та; **verfügbare ~** име́ющиеся сре́дства; **ohne ~ dastehen** быть без средств

Mittelalter <-s> *nt* средневеко́вье *ср,* сре́дние века́ *ммн*

mittelalterlich *adj* средневеко́вый

Mittelamerika <-s> *nt* Центра́льная Аме́рика *ж*

Mittelaufbringung <-> *f* мобилиза́ция средств *срмн*

Mittelbetrieb <-(e)s, -e> *m* сре́днее предприя́тие *ср*

mitteldeutsch *adj* среднегерма́нский; LING средненеме́цкий

Mitteleuropa <-s> *nt* Центра́льная Евро́па *ж*

Mitteleuropäer(in) ['mɪtəlɔɪro'pɛːɐ̯] *m(f)* жи́тель *м* сре́дней/центра́льной Евро́пы

mitteleuropäisch *adj* среднеевропе́йский

Mittelfeld <-(e)s> *nt* SPORT центр *м* по́ля

Mittelfeldspieler(in) <-s, -> *m(f)* полузащи́тник *м*

Mittelfinger <-s, -> *m* сре́дний па́лец *м*

mittelfristig *adj* среднесро́чный; **~er Kredit** среднесро́чный креди́т *м;* **~e Planung** среднесро́чное плани́рование *ср;* **~es Ziel** среднесро́чная цель *ж*

Mittelgebirge <-s, -> *nt* го́ры *жмн* сре́дней высоты́

mittelgroß *adj* сре́днего ро́ста

mittelhochdeutsch *adj* средневерхненеме́цкий

Mittelklasse *f* сре́дний класс *м*

Mittelklassewagen *m* автомоби́ль *м* сре́днего кла́сса

Mittelkurs <-es, -e> *m* ÖKON сре́дний курс

mittellos *adj* неиму́щий

Mittellosigkeit <-> *f* отсу́тствие *ср* средств

mittelmäßig *adj* зауря́дный

Mittelmeer <-(e)s> *nt* Средизе́мное мо́ре *ср*

Mittelohrentzündung <-, -en> *f* воспале́ние *ср* сре́днего у́ха

Mittelpunkt <-(e)s, -e> *m* центр *м;* **im ~ stehen** *fig* находи́ться в це́нтре внима́ния

mittels ['mɪtəls] *prp* при по́мощи, с по́мощью

Mittelstand <-(e)s> *m* сре́дний слой *м* (о́бщества)

mittelständisch *adj* относя́щийся к сре́днему сло́ю о́бщества

Mittelständler <-s, -> *m* сре́дний предпринима́тель *м*

Mittelstellung <-> *f* сре́днее положе́ние *ср*

Mittelstrecke <-> *f* SPORT сре́дняя диста́нция *ж*

Mittelstreckenlauf <-(e)s> *m* бег *м* на сре́дние диста́нции

Mittelstreckenrakete <-, -n> *f* раке́та *ж* сре́дней да́льности

Mittelstufe <-> *f* кла́ссы *ммн* сре́дней ступе́ни

Mittelstürmer <-s, -> *m* *(Fußball)* центра́льный напада́ющий *м*

Mittelverwendung <-, -en> *f* испо́льзование *ср* средств

Mittelwelle <-> *f* сре́дние во́лны *жмн*

Mittelwert <-(e)s, -e> *m* сре́дняя величина́ *ж*

mitten ['mɪtən] *adv* среди́, посреди́; **~ in der Nacht** среди́ но́чи; **~ auf der Straße** посреди́ у́лицы; **~ im Winter** посреди́ зимы́; **~ unter uns** среди́ нас

mittendrin [mɪtən'drɪn] *adv* в це́нтре

Mitternacht ['mɪtɐnaxt] <-> *f* по́лночь *ж*

mitternächtlich *adj* полу́ночный

Mitternachtssonne <-> *f* полу́ночное со́лнце *ср*

Mittler(in) <-s, -> *m(f)* посре́дник *м*

mittlere(r, s) ['mɪtlərə, -rɐ, -rəs] *adj* *(in der Mitte befindlich)* сре́дний; **das mittlere Fenster** сре́днее окно́ *ср;* **ein mittleres Unternehmen** сре́днее предприя́тие *ср*

mittlerweile ['mɪtlɐ'vailə] *adv* ме́жду тем

mit|tragen *vt* нести́ вме́сте с кем-л.

Mittwoch ['mɪtvɔx] <-(e)s, -e> *m* среда́ *ж;* **am ~** в сре́ду

mittwochs ['mɪtvɔxs] *adv* по сре́дам

Mitverantwortung <-> *f* коллекти́вная отве́тственность *ж*

Mitwelt <-> *f* совреме́нники *мн*

mit|wirken *vi* **1.** *(mitarbeiten)* принима́ть,

-ня́ть *св* уча́стие в **2.** *(mitspielen)* игра́ть, сыгра́ть *св*

Mitwirkende(r) <-n, -n> *f(m)* принима́ющий уча́стие

Mitwirkung <-> *f* уча́стие *ср*

Mitwissen <-s> *nt* посвящённость *ж*

Mix <-s, -> *m* смесь *ж*

mixen ['mɪksən] *vt a.* FILM, RADIO, TV меша́ть

Mixer <-s, -> *m* **1.** *(Barmixer)* барме́н *м* **2.** *(Mixgerät)* ми́ксер *м*

Mixgetränk *nt* кокте́йль *м*

Mixtur [mɪks'tuːɐ, mɪks'tuːrən] <-, -en> *f* миксту́ра *ж*

mm *abk von* **Millimeter** миллиме́тр *м*

Mnemotechnik <-> *f* мнемоте́хника *ж*

Mobbing <-s> *nt* психологи́ческий терро́р *м* на рабо́чем ме́сте, мо́ббинг *м*

Möbel ['mœːbəl] <-s, -> *nt* ме́бель *ж*

Möbelgeschäft <-(e)s, -e> *nt* ме́бельный магази́н *м*

Möbelpolitur <-, -en> *f* полиро́вка *ж* ме́бели

Möbelwagen <-s, -wägen> *m* ме́бельный автофурго́н *м*

mobil [mo'biːl] *adj* подви́жный, моби́льный; ~ **machen** мобилизова́ть

Mobilfunk <-s> *m* моби́льная ра́ция *ж*

Mobiliar [mobi'li̯aːɐ̯] <-s, -e> *nt* ме́бель *ж*

Mobiliarkredit <-(e)s, -e> *m* креди́т *м* под зало́г дви́жимого иму́щества

mobilisieren [mobili'ziːrən] *vt* **1.** MIL *(mobil machen)* объяви́ть *св* мобилиза́цию **2.** *fig (aktivieren)* мобилизова́ть *(н)св*

Mobilisierung <-> *f* мобилиза́ция *ж*

Mobilität [mobili'tɛːt] <-> *f* моби́льность *ж;* **berufliche** ~ профессиона́льная моби́льность; **fachliche** ~ квалификацио́нная моби́льность

Mobilkommunikation <-> *f* моби́льная коммуника́ция *ж*, коммуника́ция *ж* с по́мощью переносны́х средств

mobil|machen *vi* MIL объявля́ть/объяви́ть *св* мобилиза́цию

Mobilmachung <-> *f* мобилиза́ция *ж*

Mobilnetz *nt* TELKOM сеть *ж* моби́льной телефо́нной свя́зи

Mobiltelefon <-s, -e> *nt* моби́льный телефо́н *м*

möblieren [mœ'bliːrən] *vt* меблирова́ть *(н)св;* **ein möbliertes Zimmer** меблиро́ванная ко́мната

mochte ['mɔxtə] *prät von* **mögen**

Möchtegern <-s, -s> *m pej* хвасту́н *м*

modal *adj* LING мода́льный

Modalität [modali'tɛːt] <-, -en> *m* спо́соб *м*, усло́вие *ср;* **~en klären** вы́яснить усло́вия

Modalverb <-s, -en> *nt* LING мода́льный глаго́л *м*

Mode ['moːdə] <-, -n> *f* мо́да *ж;* **die neueste ~ tragen** одева́ться по после́дней мо́де; **lange Röcke sind gerade große** ~ дли́нные ю́бки сейча́с в большо́й мо́де; **in die ~ kommen** войти́ в мо́ду; **aus der ~ kommen** вы́йти из мо́ды; **mit der ~ gehen** идти́ в но́гу с мо́дой

Modeartikel <-s, -> *m* мо́дный това́р *м*

Modeausdruck <-(e)s, -ausdrücke> *m* мо́дное выраже́ние *ср*

Modedesigner(in) <-s, -> *m(f)* моделье́р *м*

Modefarbe <-, -n> *f* мо́дный цвет *м*

Modegeschäft <-(e)s, -e> *nt* магази́н *м* мо́дной оде́жды

Modeheft <-(e)s, -e> *nt* журна́л *м* мод

Modejournal <-s, -e> *nt* журна́л *м* мод

Model ['mɔdəl] <-s, -s> *nt (Fotomodell)* фотомоде́ль *ж*

Modell [mo'dɛl] <-s, -e> *nt (Entwurf, Muster)* моде́ль *ж*, образе́ц *м;* **jdm ~ stehen** пози́ровать для кого́-л.

Modelleisenbahn <-, -en> *f* миниатю́рная желе́зная доро́га *ж*

Modellflugzeug <-(e)s, -e> *nt* моде́ль *ж* самолёта

modellieren [modɛ'liːrən] *vt (Ton)* модели́ровать

Modellversuch <-(e)s, -e> *m* испыта́ние *ср* на моде́ли

Modem ['moːdɛm] <-s, -s> *nt* мо́дем *м*

Modemacher <-s, -> *m umg* моделье́р *м*

Modenschau <-, -en> *f* демонстра́ция *ж* мод

moderat [mode'raːt] *adj* уме́ренный

Moderation [modera't͡si̯oːn] <-en> *f* RADIO, TV веду́щий *м* переда́чи

Moderator(in) [modə'raːtoːɐ] <-s, -en> *m(f)* веду́щий *м*, веду́щая *ж* переда́чи

Modergeruch <-(e)s> *m* за́тхлый за́пах *м*, за́пах *м* гнили

moderieren *vt* вести́ *нсв* переда́чу

modern [mo'dɛrn] *adj* **1.** *(zeitgemäß)* совреме́нный **2.** *(modisch)* мо́дный

Moderne [mo'dɛrnə] <-> *f* совреме́нность *ж*

modernisieren [modɛrni'ziːrən] *vt* модернизи́ровать *(н)св;* **die Anlagen** ~ модернизи́ровать обору́дование; **einen Betrieb** ~ модернизи́ровать предприя́тие

Modernisierung <-, -en> *f* модерниза́ция *ж*, обновле́ние *ср*

Modernität <-> *f* **1.** *(etwas Neues)* новизна́ *ж*, но́вое ве́яние *ср* **2.** *(Neuheit)* но́вшество *ср*

Modesalon <-s, -s> *m* сало́н *м* мод

Modeschmuck <-s> *m* бижуте́рия *ж*

Modetrend <-s, -s> *m* направле́ние *ср* мо́ды

Modewort <-(e)s, -wörter> *nt* мо́дное сло́во *ср*

Modezeitschrift <-, -en> *f* журна́л *м* мод

Modi *pl von* **Modus**

modifizieren *vt (umgestalten, abwandeln)* мо-

дифици́ровать *(н)св*
modisch ['mo:dɪʃ] *adj* мо́дный
Modul [mo'du:l] <-s, -e> *nt* INFOR, ELEK мо́дуль *м*
modular *adj* мо́дульный
Modultechnik <-> *f* мо́дульная те́хника *ж*
Modus ['mɔdʊs, 'mo:dʊs] <-, Modi> *m* **1.** *(Verfahrensweise)* спо́соб *м* **2.** LING наклоне́ние *ср*
Mofa ['mo:fa] <-s, -s> *nt* мопе́д *м*
Mofafahrer(in) <-s, -> *m(f)* мотовелосипеди́ст *м*
mogeln ['mo:gəln] *vi* моше́нничать, с- *св*
mögen ['mœ:gən] <mochte, gemocht> **I.** *vt (gern haben)* люби́ть, по- *св;* **ich mag ihn nicht** он мне не нра́вится; **was möchten Sie?** что вам уго́дно?, что вы жела́ете?; **lieber ~** нра́виться бо́льше; **sie mag klassische Musik** она́ лю́бит класси́ческую му́зыку; **mag sein** мо́жет быть; **wie dem auch sein mag** как бы то ни бы́ло **II.** *vi* **1.** *(können)* мочь *нсв;* **was mag das bedeuten?** что э́то могло́ бы означа́ть? **2.** *(den Wunsch haben, wollen)* хоте́ть *нсв;* **ich möchte gerne ins Kino gehen** я хоте́л бы пойти́ в кино́; **ich möchte gern nach Hause** я хочу́ домо́й
möglich ['mœ:klɪç] *adj (erreichbar, zu verwirklichen)* возмо́жный; **das ist doch nicht ~!** э́того не мо́жет быть!; **~ ist alles** всё возмо́жно; **so bald wie ~** как мо́жно скоре́е; **schon ~** *fam* возмо́жно; **so kurz wie ~** как мо́жно коро́че
möglicherweise *adv* быть мо́жет, возмо́жно
Möglichkeit <-, -en> *f* возмо́жность *ж;* **nach ~** *(wenn möglich)* по возмо́жности; **die ~ haben, etw zu tun** име́ть возмо́жность сде́лать что-л.; **die ~ nutzen** воспо́льзоваться возмо́жностью; **es besteht die ~, dass ...** есть возмо́жность ...
möglichst ['mœ:klɪçst] *adv* по возмо́жности; **~ schnell** как мо́жно скоре́е
Mohn [mo:n] <-(e)s, (-e)> *m* мак *м*
Mohnblume <-, -n> *f* ма́ковый цвето́к *м*
Mohnkuchen <-s, -> *m* ма́ковник *м,* пиро́г *м* с ма́ком
Möhre ['mœ:rə] <-, -n> *f* морко́вь *ж*
Mohrenkopf <-(e)s, -köpfe> *m* шокола́дное пиро́жное *ср*
Möhrensaft <-(e)s> *m* морко́вный сок *м*
Mohrrübe ['mo:ɐ̯ry:bə] *f nordd* морко́вь *ж*
Mokka ['mɔka] <-s, -s> *m* мо́кко *ср,* о́чень кре́пкий ко́фе *м*
Molch [mɔlç] <-(e)s, -e> *m* трито́н *м*
Moldawien [mɔl'da:viən] <-s> *nt* Молдо́ва *ж*
Mole ['mo:lə] <-, -n> *f* мол *м*
Molekül [mole'ky:l] <-s, -e> *nt* моле́кула *ж*
Molekularbiologie <-> *f* молекуля́рная биоло́гия *ж*
Molekulargewicht <-(e)s, -e> *nt* молекуля́рный вес *м*
Molekularphysik <-> *f* молекуля́рная фи́зика *ж*
Molkerei [mɔlkə'raɪ] <-, -en> *f* молокозаво́д *м*
Moll [mɔl] <-> *nt* мино́р *м*
mollig ['mɔlɪç] *adj* **1.** *(behaglich warm)* ую́тный **2.** *(rundlich)* по́лный
Moment [mo'mɛnt] <-(e)s, -e> *m (Augenblick)* моме́нт *м;* **~ mal!** *umg* одну́ мину́тку!; **im ersten ~** в пе́рвый моме́нт; **er kann jeden ~ kommen** он мо́жет прийти́ в любу́ю мину́ту; **im ~** сейча́с; **einen ~, bitte!** мину́тку, пожа́луйста!
momentan [momɛn'ta:n] **I.** *adj* настоя́щий **II.** *adv* в да́нный моме́нт; **was tust du ~?** что ты де́лаешь в настоя́щий моме́нт?
Momentaufnahme <-, -n> *f* момента́льный сни́мок *м*
Monaco ['mo:nako] <-s> *nt* Мона́ко *ср*
Monarch(in) [mo'narç] <-en, -en> *m(f)* мона́рх *м*
Monarchie [monar'çi:] <-, -n> *f* мона́рхия *ж*
Monat ['mo:nat] <-(e)s, -e> *m* ме́сяц *м;* **vor zwei ~en** два ме́сяца тому́ наза́д; **sie ist im vierten ~** *umg* она́ на четвёртом ме́сяце; **Anfang/Ende des Monats** в нача́ле/конце́ ме́сяца; **im sechsten ~ (schwanger) sein** быть (бере́менной) на шесто́м ме́сяце
monatelang *adv* месяца́ми; **das kann ~ dauern** э́то мо́жет дли́ться месяца́ми
monatlich *adj* ме́сячный
Monatsbinde <-, -n> *f* гигиени́ческая прокла́дка *ж*
Monatseinkommen <-s, -> *nt* ме́сячный дохо́д *м*
Monatsgehalt <-(e)s, -gehälter> *nt* ме́сячный за́работок *м*
Monatskarte <-, -n> *f* **1.** *(Fahrkarte)* ме́сячный проездно́й биле́т *м* **2.** *(für mehrere Verkehrsmittel gültig)* еди́ный проездно́й биле́т *м* **3.** *umg* еди́ный *м*
Monatslohn <-(e)s, -löhne> *m* ме́сячная за́работная пла́та *ж*
Monatsrate *f* ме́сячный взнос *м*
Mönch [mœnç] <-(e)s, -e> *m* мона́х *м*
Mönchskloster <-s, -klöster> *nt* мужско́й монасты́рь *м*
Mönchsorden <-s, -> *m* мона́шеский о́рден *м*
Mond [mo:nt] <-(e)s, -e> *m* **1.** *(der Erde)* луна́ *ж;* **hinter dem ~ leben** *umg (nicht auf dem Laufenden sein)* быть отста́лым челове́ком **2.** ASTR луна́ *ж*
mondän *adj (extravagant)* све́тский
Mondbahn <-> *f* орби́та *ж* Луны́
Mondfinsternis <-, -se> *f* лу́нное затме́ние *ср*

M

mondhell *adj* **eine ~e Nacht** лу́нная ночь
Mondlandschaft *f* лу́нный пейза́ж *м*
Mondlandung *f* приземле́ние *ср* на Луну́
Mondphase *f* фа́за *ж* Луны́
Mondrakete <-, -n> *f umg* лу́нник *м (раке́та для полёта на Луну́)*
Mondschein *m ohne pl* лу́нный свет *м*
monegassisch *adj* мона́кский
monetär *adj* де́нежный, монета́рный; **~er Gegenwert** де́нежный эквивале́нт; **~e Maßnahmen** мероприя́тия монета́рного хара́ктера; **~e Planung** монета́рное плани́рование
Monitor ['mo:nito:ɐ, 'mɔnito:ɐ] <-s, -en> *m* монито́р *м*
monogam [mono'ga:m] *adj* моного́мный
Monogamie [monoga'mi:] <-> *f* монога́мия *ж*
Monokultur ['mo:nokʊltu:ɐ̯] <-, -en> *f* монокульту́ра *ж*
monolingual *adj* одноязы́чный; **~es Wörterbuch** одноязы́чный слова́рь
Monolog [mono'lo:k] <-(e)s, -e> *m* моноло́г *м*; **einen ~ sprechen** чита́ть моноло́г
Monopol [mono'po:l] <-s, -e> *nt* монопо́лия *ж*; **ein ~ ausüben** облада́ть монопо́лией
monopolisieren *vt* монополизи́ровать
Monopolist <-en, -en> *m* монополи́ст *м*
monopolistisch *adj* монополисти́ческий, монопо́льный; **~er Markt** монопо́льный ры́нок
Monopolpreis <-es, -e> *m* монопо́льная цена́ *ж*
Monotheismus <-> *m* монотеи́зм *м*
monoton [mono'to:n] *adj* моното́нный
Monotonie [monoto'ni:] <-> *f* моното́нность *ж*
Monster ['mɔnstɐ] <-s, -> *nt* монстр *м*
Monstranz <-, -en> *f* дарохо́сица *ж*, ковче́г *м*
Monstrum ['mɔnstrʊm, 'mɔnstrən] <-s, Monstren> *nt* зверь *м*
Monsun [mɔn'zu:n] <-s, -e> *m* муссо́н *м*
Montag ['mo:nta:k] <-(e)s, -e> *m* понеде́льник *м*; **am ~** в понеде́льник; **den ganzen ~ (über)** весь понеде́льник; **letzten ~** в про́шлый понеде́льник; **nächsten/kommenden ~** в сле́дующий понеде́льник; **einen blauen ~ machen** *fam* взять себе́ больни́чный на понеде́льник
Montage [mɔn'ta:ʒə] <-, -n> *f* монта́ж *м*, сбо́рка *ж*
Montagefehler <-s, -> *m* оши́бка *ж* при монтаже́
Montagegestell <-(e)s, -e> *nt* монта́жный стенд *м*
Montagehalle <-, -n> *f* сбо́рочный цех *м*
Montagehinweis <-es, -e> *m* инстру́кция *ж* по монтажу́
Montagekosten <-> *pl* расхо́ды *мн* на монта́ж
Montageständer <-s, -> *m* монта́жная сто́йка *ж*
Montageungenauigkeit <-, -en> *f* нето́чность *ж* монтажа́
Montagevertrag <-(e)s, -verträge> *m* догово́р *м* о монтаже́
Montagewerk <-(e)s, -e> *nt* монта́жный заво́д *м*
Montagewerkstatt *f* сбо́рочная мастерска́я *ж*
montags ['mo:nta:ks] *adv* по понеде́льникам
Monteur(in) [mɔn'tø:ɐ] <-s, -e> *m(f)* **1.** KFZ меха́ник-монтёр *м* **2.** EL монтёр *м* **3.** *(für beides auch)* сбо́рщик *м*
montieren *vt* **1.** *(aufbauen)* монти́ровать, с- *св* **2.** *(befestigen)* укрепля́ть, -пи́ть *св*
Monument [monu'mɛnt] <-(e)s, -e> *nt* монуме́нт *м*
monumental [monumɛn'ta:l] *adj* монумента́льный
Monumentalfilm <-(e)s, -e> *m* монумента́льный фильм *м*, фильм *м* - гига́нт *м*
Moor [mo:ɐ] <-(e)s, -e> *nt* боло́то *ср*
Moorpackung <-, -en> *f* MED грязево́е уку́тывание *ср*
Moos [mo:s] <-es, -e> *nt* мох *м*
moosbedeckt *adj* поро́сший мхом, обоме́лый
Moped ['mo:pɛt] <-s, -s> *nt* мопе́д *м*
Mopp <-s, -s> *m* полова́я тря́пка *ж*
Mops [mɔps] <-es, Möpse> *m* мопс *м*
Moral [mo'ra:l] <-> *f* мора́ль *ж*, нра́вственность *ж*; **eine doppelte ~** двойна́я мора́ль
moralisch *adj* мора́льный, нра́вственный
Moralpredigt *f* **jdm eine ~ halten** чита́ть мора́ль кому́-л.
Moralvorstellung <-, -en> *f* представле́ние *ср* о мора́льных но́рмах
Moräne [mo'rɛ:nə] <-, -n> *f* море́на *ж*
Morast [mo'rast] <-(e)s, -e/Moräste> *m* боло́то *ср*
Moratorium <-s, Moratorien> *nt* морато́рий *м*
Mord [mɔrt, 'mɔrdə] <-(e)s, -e> *m* убийство *ср*; **einen ~ begehen** соверши́ть уби́йство
Mordanschlag <-(e)s, -anschläge> *m* покуше́ние *ср* на жизнь челове́ка; **einen ~ auf jdn verüben** соверши́ть покуше́ние на кого́-л.
Morddrohung *f* пригрози́ть кому́-л. уби́йством
morden ['mɔrdən] **I.** *vi* соверши́ть уби́йство **II.** *vt* убива́ть, уби́ть *св*
Mörder(in) ['mlIrdɐ] <-s, -> *m(f)* уби́йца *м и ж*
mörderisch *adj* **1.** *(grausam)* уби́йственный **2.** *umg (furchtbar)* стра́шный **3.** *umg (heftig,*

gewaltig) ужа́сный
Mordfall *m* убийство *ср*
Mordkommission <-, -en> *f* коми́ссия *ж* по рассле́дованию убийства
Mordprozess[RR] <-es, -e> *m* суде́бное рассле́дование *ср* убийства
Mordsglück ['-'-] <-s> *nt umg* ужа́сное [*или* черто́вское] везе́ние *ср*
Mordshunger ['mɔrts'hʊŋɐ] <-s> *m umg* звéрский го́лод *м*
Mordskerl ['mɔrts'kɛrl] *m fam* здоровя́к *м*
Mordskrach ['mɔrts'krax] <-(e)s> *m umg* ужа́сный [*или* а́дский] шум *м*
Mordslärm ['-'-] <-(e)s> *m umg* ужа́сный [*или* а́дский] шум *м*
Mordsschrecken <-s> *m umg* ужа́сный испу́г *м*
Mordsspaß ['mɔrts'ʃpa:s] <-es> *m umg* умо́ра *ж*, смех *м*
Mordverdacht *m* **unter ~ stehen** заподо́зренный в убийстве
Mordversuch <-(e)s, -e> *m* покуше́ние *ср* с це́лью убийства
Mordwaffe <-, -n> *f* ору́жие *ср* убийства
morgen ['mɔrgən] *adv* **1.** *(am folgenden Tag)* за́втра **2.** *(am Morgen)* у́тром; **heute Morgen** сего́дня у́тром; **~ früh** за́втра у́тром; **ab ~** с за́втрашнего дня; **bis ~** до за́втра; **lieber heute als ~** лу́чше сего́дня, чем за́втра
Morgen <-s, -> *m (Tageszeit)* у́тро *ср*; **guten ~!** до́брое у́тро!; **früh am ~** ра́но у́тром; **am nächsten ~** на сле́дующее у́тро; **eines Morgens** одна́жды у́тром; **der ~ bricht an** наступи́ло у́тро; **am frühen ~** ра́нним у́тром
Morgenausgabe <-> *f* у́тренний вы́пуск *м*
Morgendämmerung *f* рассве́т *м*
morgendlich ['mɔrgəntlɪç] *adj* у́тренний
Morgenessen <-, -> *nt CH (Frühstück)* за́втрак *м*
Morgengrauen *nt* рассве́т *м*
Morgengymnastik <-> *f* у́тренняя гимна́стика *ж*
Morgenmantel *m* хала́т *м*
Morgenmuffel *m fam* **ein ~ sein** *кто у́тром в плохо́м настрое́нии*
Morgenrock *m* хала́т *м*
morgens ['mɔrgəns] *adv* у́тром, по утра́м; **von ~ bis abends** с утра́ до ве́чера; **um sieben Uhr ~** в во́семь часо́в утра́
Morgenstern <-(e)s> *m* у́тренняя звезда́ *ж*, Вене́ра *ж*
Morgenzug <-(e)s, -züge> *m* у́тренний по́езд *м*
morgig *adj* за́втрашний
Morphem <-s, -e> *nt* морфе́ма *ж*
Morphinismus <-> *m* морфини́зм *м*
Morphium ['mɔrfiʊm] <-s> *nt* мо́рфий *м*
Morphologie <-> *f* морфоло́гия *ж*
morsch [mɔrʃ] *adj* гнило́й
Morsealphabet ['mɔrzə-] <-(e)s> *nt* а́збука *ж* Мо́рзе
Morsezeichen <-s, -> *nt* знак *м* Мо́рзе
Mörtel ['mœrtəl] <-s> *m* строи́тельный раство́р *м*
Mörtelkelle <-, -n> *f* мастеро́к *м*
Mosaik [moza'i:k] <-s, -en> *nt* моза́ика *ж*
Mosaikfußboden <-s, -böden> *m* моза́ичный пол *м*
Mosambik [mozam'bi:k] <-s> *nt* Мозамби́к *м*
Mosambikaner(in) [mozambi'ka:nɐ] <-s, -> *m(f)* жи́тель *м* Мозамби́ка
mosambikanisch *adj* мозамби́кский
Moschee [mɔ'ʃe:] <-, -n> *f* мече́ть *ж*
Möse ['mœ:zə] <-, -n> *f vulg (Vulva)* же́нский полово́й о́рган *м*
Moskau ['mɔskaʊ] <-s> *nt* Москва́ *ж*
Moskauer(in) <-s, -> *m(f)* москви́ч(ка) *м (ж)*
Moskauer **I.** *adj* моско́вский **II.** *adv* по-моско́вски
Moskito [mɔs'ki:to] <-s, -s> *m* моски́т *м*
Moskitonetz <-es, -e> *nt* моски́тная се́тка *ж*
Moslem ['mɔslɛm] <-s, -s> *m* мусульма́нин *м*
moslemisch [mɔs'le:mɪʃ] **I.** *adj* мусульма́нский **II.** *adv* по-мусульма́нски
Moslime [mɔs'li:mə] <-, -n> *f* мусульма́нка *ж*
Motel [mo'tɛl, 'mo:təl] <-s, -s> *nt* моте́ль *м*
Motette <-, -n> *f* моте́т *м*
Motiv [mo'ti:f] <-s, -e> *nt* **1.** *(Beweggrund)* моти́в *м*, по́вод *м* **2.** LIT *(allgemeines Thema)* сюже́т *м* **3.** MUS моти́в *м*
Motivation [motiva'tsi̯o:n] <-, -en> *f* мотива́ция *ж*
Motivforschung <-> *f* мотивацио́нный ана́лиз *м*
motivieren [moti'vi:rən] *vt* **1.** *(anregen)* поощря́ть, -ри́ть *св*, стимули́ровать; **jdn zur Arbeit ~** поощря́ть к рабо́те кого́-л. **2.** *(begründen)* мотиви́ровать *(н)св*
Motocross [moto'krɔs] <->, **Moto-Cross** *nt* мотокро́сс *м*
Motor ['mo:to:ɐ, mo'to:ɐ] <-s, -en> *m* дви́гатель *м*, мото́р *м*; **den ~ abstellen** остана́вливать дви́гатель; **abgestellter ~** останóвленный дви́гатель
Motorboot <-(e)s, -e> *nt* мото́рная ло́дка *ж*
Motorenbau <-s> *m* моторострое́ние *ср*
Motorgeräusch *nt* шум *м* мото́ра
Motorhaube <-, -n> *f* капо́т *м*
motorisch [mo'to:rɪʃ] *adj* мото́рный
Motorisierung <-> *f* моториза́ция *ж*
Motorleistung <-, -en> *f* мо́щность *ж* дви́гателя
Motoröl <-(e)s, -e> *nt* мото́рное ма́сло *ср*
Motorpanne <-, -n> *f* поло́мка *ж* дви́га-

M

теля

Motorrad ['mo:to:ɐ-, mo'to:ɐ-] <-(e)s, -räder> *nt* мотоци́кл *м*

Motorradfahrer(in) *m(f)* мотоцикли́ст *м*

Motorradsport <-s> *m* мотоцикле́тный спорт *м*

Motorroller <-s, -> *m* моторо́ллер *м*

Motorsäge *f* механи́ческая пила́ *ж*

Motorschaden *m* поврежде́ние *ср* мото́ра

Motorschlitten <-s, -> *m* мотоса́ни *мн*

Motorsegler <-s, -> *m* пла́нер *м* с винтовы́м дви́гателем; *(Jacht)* я́хта *ж* с дви́гателем

Motorsport <-(e)s> *m* мотоспо́рт *м*

Motorstörung <-, -en> *f* неиспра́вность *ж* дви́гателя

Motte ['mɔtə] <-, -n> *f* моль *ж*

Mottenfraß <-es> *m* **Schutzmittel gegen ~** сре́дство от мо́ли

Mottenkugel *f* нафтали́новые табле́тки *мн*

Mottenpulver <-s> *nt* порошо́к *м* от мо́ли

mottenzerfressen *adj* изъе́денный мо́лью

Motto ['mɔto] <-s, -s> *nt* деви́з *м*, ло́зунг *м*

Mountainbike ['maʊntənbaɪk] <-s, -s>, **Mountain-Bike** *nt* го́рный велосипе́д *м*

Mountainbiker <-s, ->, **Mountain-Biker(in)** *m(f)* го́рный велосипеди́ст *м*

Mousepad ['maʊspɛt] <-s, -s> *nt* DV ко́врик *м* для мы́ши

Möwe ['mœ:və] <-, -n> *f* ча́йка *ж*

MTA [ɛmte:'ʔa:] *abk von* **medizinisch-technische(r) Assistent(in)** медици́нско-техни́ческий ассисте́нт *м*

mtl. *abk von* **monatlich** ме́сячный

Mücke ['mʏkə] <-, -n> *f* кома́р *м;* **aus einer ~ einen Elefanten machen** *umg* де́лать из му́хи слона́

Mückenschutzsalbe <-, -n> *f* мазь *ж* от камари́ных уку́сов

Mückenstich <-(e)s, -e> *m* комари́ный уку́с *м*

Mucks [mʊks] <-es, -e> *m fam* **keinen ~ sagen** сиде́ть молчко́м; **ohne einen ~** не говоря́ ни сло́ва

mucksmäuschenstill *adj fam* **es war ~** бы́ло о́чень ти́хо

müde ['my:də] *adj* уста́лый, утомлённый; **~ werden** уста́ть; **es ~ sein etw zu tun** кому́-л. надое́ло де́лать что-л.

Müdigkeit <-> *f* уста́лость *ж;* **vor ~ umfallen** упа́сть от уста́лости

Muffe ['mʊfə] <-, -n> *f* му́фта *ж*

Muffel ['mʊfəl] <-s, -> *m umg* ворчу́н *м*

muffig *adj* **1.** *(Geruch)* за́тхлый **2.** *(mürrisch)* ворчли́вый

Mühe ['my:ə] <-, -n> *f* труд *м*, уси́лия *смн;* **sich ~ geben** постара́ться; **mit Müh und Not** с грехо́м попола́м; **sich die ~ machen, etw zu tun** постара́ться сде́лать что-л.; **machen Sie sich bitte keine ~** не беспоко́йтесь; **ohne ~** без труда́; **die ~ hat sich gelohnt** игра́ сто́ила свеч; **sich** *dat* **(große) ~ geben** о́чень стара́ться; **wenn es Ihnen keine ~ macht!** е́сли вас э́то не затрудни́т!

mühelos *adj* лёгкий

mühevoll *adj* тру́дный

Mühle ['my:lə] <-, -n> *f* ме́льница *ж*

Mühlrad <-(e)s, -räder> *nt* ме́льничное колесо́ *ср*

Mühlstein <-(e)s, -e> *m* ме́льничный жёрнов *м*

Mühlwerk <-(e)s, -e> *nt* ме́льничный механи́зм *м*

Mühsal ['my:za:l] <-e> *f geh* му́ка *ж*

mühsam I. *adj* тру́дный, утоми́тельный **II.** *adv* тру́дно

mühselig I. *adj* мучи́тельный **II.** *adv* мучи́тельно

Mulatte [mu'latə] <-n, -n> *m* мула́т *м*

Mulattin [mu'latɪn] <-, -nen> *f* мула́тка *ж*

Mulde ['mʊldə] <-, -n> *f* лощи́на *ж*

Mull [mʊl] <-(e)s> *m (leichtes Baumwollgewebe)* ма́рля *ж*

Müll [mʏl] <-s> *m* му́сор *м;* **radioaktiver ~** радиоакти́вные отхо́ды *мн*

Müllabfuhr <-> *f* вы́воз *м* му́сора

Müllabfuhrgebühr <-, -en> *f* пла́та *ж* за вы́воз му́сора

Müllabladeplatz <-es, -plätze> *m* му́сорная сва́лка *ж*

Müllaufbereitung <-> *f* перерабо́тка *ж* му́сора

Müllaufbereitungsanlage <-, -n> *f* устано́вка *ж* для перерабо́тки му́сора

Müllbeseitigung <-> *f* ликвида́ция *ж* му́сора

Müllbeutel <-s, -> *m* му́сорный мешо́к *м*

Mullbinde <-, -n> *f* ма́рлевый бинт *м*

Müllcontainer <-s, -> *m* му́сорный конте́йнер *м*

Mülldeponie ['mʏldepo'ni:, 'mʏldepo'ni:ən] <-, -n> *f* му́сорная сва́лка *ж*

Mülleimer <-s, -> *m* му́сорное ведро́ *ср*

Müllgrube <-, -n> *f* помо́йка *ж*, выгребна́я му́сорная я́ма *ж*

Müllhalde <-, -n> *f* сва́лка *ж* му́сора

Müllkippe *f* му́сорная сва́лка *ж*

Müllkompostierung <-> *f* компости́рование *ср* му́сора, перерабо́тка *ж* му́сора в компо́ст

Müllofen <-s, -öfen> *m* печь *ж* для сжига́ния му́сора

Müllschlucker <-s, -> *m* мусоропрово́д *м*

Müllsortieranlage <-, -n> *f* устано́вка *ж* для сортиро́вки му́сора

Mülltonne <-, -n> *f* му́сорный бак *м*

Mülltrennung <-> *f* сортиро́вка *ж* му́сора

Mülltrennungssystem <-(e)s, -e> *nt* систе́ма *ж* сортиро́вки му́сора *(по спо́собу*

утилиза́ции)
Müllverbrennung <-> *f* сжига́ние *ср* му́сора
Müllverbrennungsanlage *f* заво́д *м* по перерабо́тке отхо́дов
Müllverkippung <-> *f* сва́ливание *ср* му́сора
Müllverwertung <-> *f* утилиза́ция *ж* му́сора
Müllverwertungsanlage <-, -n> *f* устано́вка *ж* для утилиза́ции му́сора
Müllvolumen <-s, -volumina> *nt* объём *м* му́сора
Müllwagen <-s, -> *m* мусорово́з *м*
mulmig [ˈmʊlmɪç] *adj fam* сомни́тельный; **ein mulmiges Gefühl haben** чу́вствовать себя́ нело́вко; **ihm war ~ zumute** ему́ бы́ло нело́вко
Multi [ˈmʊlti] <-s, -s> *m umg (multinationaler Konzern)* транснациона́льный конце́рн *м*
multikulturell [mʊltikʊltuˈrɛl] *adj* мультикульту́рный
multilateral *adj (mehrseitig)* многосторо́нний; **ein ~es Abkommen** POL многосторо́ннее соглаше́ние
Multimedia *pl* мультиме́диа *мн*
multimedial [mʊltimeˈdi̯aːl] *adj* мультимедиа́льный
Multimedia-Netzwerk <-(e)s, -e> *nt* мультимедиа́льная сеть *ж*
Multimedia-PC *f* мультимедиа́льный компью́тер *м*
Multimediasystem <-(e)s, -e> *nt* мультимедиа́льная систе́ма *ж*
Multimillionär(in) [mʊltimɪli̯oˈnɛːɐ̯] *m(f)* мультимиллионе́р *м*
multinational [mʊltinat͡si̯oˈnaːl] *adj* транснациона́льный; **~er Konzern** транснациона́льный конце́рн
multipel *adj* **multiple Sklerose** рассе́янный склеро́з
Multiplikation [mʊltiplikaˈt͡si̯oːn] <-, -en> *f* умноже́ние *ср*
multiplizieren [mʊltipliˈt͡siːrən] *vt* умножа́ть, -но́жить *св* на
Multitalent [ˈmʊltitalɛnt] <-s, -e> *nt umg* челове́к *м* со мно́гими тала́нтами
Multivitaminpräparat <-(e)s, -e> *nt* мультивитами́нный препара́т *м*
Mumie [ˈmuːmiə] <-n> *f* му́мия *ж*
mumifizieren [mumifiˈt͡siːrən] *vt* мумифици́ровать
Mumm [mʊm] <-s> *m ohne pl, fam* **1.** *(Mut)* сме́лость *ж* **2.** *(Kraft)* си́ла *ж;* **der hat ~ in den Knochen** он о́чень сме́лый
Mumps [mʊmps] <-> *m* сви́нка *ж*
München [ˈmʏnçən] <-s> *nt* Мю́нхен *м*
Mund [mʊnt, ˈmʏndɐ] <-(e)s, Münder> *m* рот *м;* **halt den ~!** *umg* закро́й рот!; **jdm den ~ verbieten** не дава́ть сказа́ть кому́-л.; **jdm nach dem ~ reden** льсти́ть кому́-л.; **sein Name war in aller Munde** его́ и́мя бы́ло у всех на уста́х; **wie aus einem Munde** как оди́н; **nicht auf den ~ gefallen sein** *fig, fam* за сло́вом в карма́н не лезть; **mit vollem ~ reden** говори́ть с по́лным ртом; **den ~ zu voll nehmen** *fig, fam* име́ть дли́нный язы́к
Mundart <-, -en> *f* диале́кт *м*, наре́чие *ср*
Mundartdichter(in) <-s, -> *m(f)* писа́тель *м*, пи́шущий на диале́кте
mundartlich *adj* диале́ктный
münden [ˈmʏndən] *vi (Wasserlauf)* впада́ть в *нсв*
mundfaul *adj umg* неразгово́рчивый
Mundgeruch <-(e)s> *m* за́пах *м* изо рта
Mundharmonika <-> *f* губна́я гармо́шка *ж*
Mundhygiene <-> *f* гигие́на *ж* рта
mündig [ˈmʏndɪç] *adj* совершенноле́тний
Mündigkeit <-> *f* совершенноле́тие *ср*
mündlich [ˈmʏntlɪç] *adj* у́стный
Mundpflege <-> *f* ухо́д *м* за зуба́ми
Mundraub <-(e)s> *m* *кра́жа незначи́тельного коли́чества проду́ктов пита́ния для неме́дленного употребле́ния*
Mundschleimhaut <-, -häute> *f* сли́зистая оболо́чка *ж* рта
M-und-S-Reifen [ˈɛm ʊnt ˈɛs ˈraɪfən] <-s, -> *m* *осо́бые автомоби́льные ши́ны для езды́ по мо́крому и́ли ры́хлому сне́гу*
Mundstück <-(e)s, -e> *nt* мундшту́к *м*
Mündung <-, -en> *f* **1.** *(von Fluss)* у́стье *ср* **2.** *(von Schusswaffe)* ду́ло *ср*
Mündungsarm <-(e)s, -e> *m* устьево́й рука́в *м* реки́
Mundwasser <-s> *nt* зубно́й элекси́р *м*
Munition [muniˈt͡si̯oːn] <-> *f* боеприпа́сы *мн*
Munitionsfabrik <-, -en> *f* заво́д *м* боеприпа́сов
Munitionslager <-s, -> *nt* склад *м* боеприпа́сов
Munitionsnachschub <-(e)s> *m* подво́з *м* боеприпа́сов
munkeln [ˈmʊŋkəln] *vi umg* погова́ривать *нсв;* **es wird gemunkelt, dass ...** погова́ривают, что ...
Mun-Sekte <-> *f* се́кта *ж* Му́на
munter [ˈmʊntɐ] *adj* **1.** *(lebhaft)* живо́й **2.** *(lustig)* весёлый **3.** *(wach)* бо́дрый
Munterkeit <-> *f (Lebhaftigkeit)* бо́дрость *ж*
Münze [ˈmʏnt͡sə] <-, -n> *f* моне́та *ж;* **etw für bare ~ nehmen** *umg* принима́ть что-л. за чи́стую моне́ту
Münzeinwurf <-(e)s> *m* щель *ж* для моне́т (в автома́те)
Münzfernsprecher <-s, -> *m* телефо́н-автома́т *м*
Münzgeld <-(e)s> *nt* металли́ческие де́ньги *мн*, моне́ты *жмн*

M

Münzprägung <-> *f* чека́нка *ж* моне́т
Münzsammler(in) <-s, -> *m(f)* собира́тель *м* моне́т и меда́лей, нумизма́т *м*
Münzstätte <-, -n> *f* моне́тный двор *м*
Münzwechsler <-s, -> *m* автома́т *м* для разме́на моне́т
mürb(e) ['mʏrb(ə)] *adj* **1.** *(krümelig)* хру́пкий **2.** *(brüchig)* ло́мкий
Murmel ['mʊrməl] <-n> *f* ша́рик *м* для игры́
murmeln ['mʊrməln] *vi* бормота́ть, про- *св*
Murmeltier <-(e)s, -e> *nt* суро́к *м*; **wie ein ~ schlafen** *umg* спать как суро́к
murren ['mʊrən] *vi* ворча́ть *нсв*
mürrisch ['mʏrɪʃ] *adj* **1.** *(übelgelaunt)* ворчли́вый **2.** *(abweisend)* угрю́мый
Mus [mu:s] <-e, -e> *nt* пюре́ *ср*
Muschel <-, -n> *f* ра́ковина *ж*
muschelförmig *adj* в фо́рме раку́шки
Muschelkalk <-(e)s> *m* раку́шечный известня́к *м*, раку́шечник *м*
Muschi <-, -s> *f vulg (Vulva)* же́нский полово́й орга́н *м*
Muse ['mu:zə] <-, -n> *f* му́за *ж*
museal *adj* музе́йный
Museum [mu'ze:ʊm, mu'ze:ən] <-s, Museen> *nt* музе́й *м*
Museumsdirektor(in) <-s, -en> *m(f)* дире́ктор *м* музе́я
Museumsführer(in) <-s, -> *m(f)* экскурсово́д *м* в музе́е
Museumsschiff <-(e)s, -e> *nt* кора́бль-музе́й *м*
Museumswärter(in) <-s, -> *m(f)* смотри́тель *м* в музе́е
Musical ['mju:zikəl] <-s, -s> *nt* мю́зикл *м*
Musik [mu'zi:k] <-, -en> *f* му́зыка *ж*
musikalisch [muzi'ka:lɪʃ] *adj* музыка́льный
Musikalität <-> *f* музыка́льность *ж*
Musikant(in) [muzi'kant] <-en, -en> *m(f)* музыка́нт *м*
Musikdirektor(in) <-s, -en> *m(f)* музи́к-дире́ктор *м (почётное зва́ние дирижёра и́ли хорме́йстера)*
Musiker(in) ['mu:zikɐ] <-s, -> *m(f)* музыка́нт *м*
Musikfreund <-(e)s, -e> *m* люби́тель *м* му́зыки
Musikinstrument <-(e)s, -e> *nt* музыка́льный инструме́нт *м*
Musiklehrer(in) <-s, -> *m(f)* учи́тель *м* му́зыки
Musikschule <-, -n> *f* музыка́льная шко́ла *ж*
Musikunterricht <-(e)s> *m* уро́ки *ммн* му́зыки
Musikwissenschaft <-> *f* музыкове́дение *ср*
Musikwissenschaftler(in) <-s, -> *m(f)* музыкове́д *м*
musizieren [muzi'tsi:rən] *vi* занима́ться *нсв* му́зыкой
Muskat <-(e)s, -e> *m* муска́т *м*
Muskatnuss[RR] <-, -nüsse> *f* муска́тный оре́х *м*
Muskel ['mʊskəl] <-s, -n> *m* му́скул *м*, мы́шца *ж*
Muskelentzündung <-, -en> *f* (боле́зненное) воспале́ние *ср* мышц
Muskelfaserriss <-es, -e> *m* разры́в *м* мышц
Muskelkater <-s> *m* мы́шечная боль *ж*
Muskelkraft *fohne pl* му́скульная си́ла *ж*
Muskelprotz ['mʊskəlprɔts] *m fam abw* качо́к *м*
Muskelschwäche <-> *f* сла́бость *ж* мышц
Muskelzerrung <-, -en> *f* растяже́ние *ср* мышц
Musketier <-s, -e> *m* HIST мушкетёр *м*
Muskulatur <-, -en> *f* мускулату́ра *ж*
muskulös [mʊsku'lœ:s] *adj* мускули́стый
Müsli ['my:sli] <-s, -s> *nt* мю́сли *мн*
Muslim(e) ['mʊslɪm, mʊs'li:mə] <-s, -e o -s; -n> *m(f)* мусульма́нин *м*
muss[RR] [mʊs], **muß**[Alt] [mʊs] *3. präs von* **müssen**
Muss [mʊs] <-> *nt ohne pl* необходи́мость *ж*
Muße ['mu:sə] <-> *f* досу́г *м*
müssen[1] ['mʏsən] <musste, gemusst> *vi (gezwungen sein)* быть до́лжным; **ich muss jetzt gehen** я до́лжен сейча́с уйти́; **ich muss dringend in die Stadt** мне ну́жно сро́чно в го́род; **ich hätte es tun ~** мне сле́довало бы э́то сде́лать; **ich muss mal** *fam (aufs Klo ~)* хоте́ть в туале́т
müssen[2] ['mʏsən] <muss, musste, müssen> *vt (unpersönlich)* ну́жно; **das muss nicht stimmen** э́то не обяза́тельно так; **wenn es (unbedingt) sein muss** е́сли так на́до; **er müsste schon da sein** он до́лжен был уже́ быть здесь; **das müsstest du eigentlich wissen** ты до́лжен был э́то знать
Mußestunde <-, -n> *f geh meist pl* досу́г *м*
müßig ['my:sɪç] *adj* **1.** *(untätig)* пра́здный **2.** *(überflüssig)* бесполе́зный
Müßiggang <-(e)s> *m geh* безде́лье *ср*
musste[RR] ['mʊstə], **mußte**[Alt] *prät von* **müssen**
Muster ['mʊstɐ] <-s, -> *nt* **1.** *(Probestück)* образе́ц *м*; **unverkäufliches ~** непродаю́щийся образе́ц **2.** *fig (Vorbild)* приме́р *м*
Musterbeispiel <-(e)s, -e> *nt* показа́тельный приме́р *м*
Musterbetrieb <-(e)s, -e> *m* образцо́вое предприя́тие *ср*
Musterbrief <-(e)s, -e> *m* образе́ц *м* письма́
Musterbuch <-(e)s, -bücher> *nt* альбо́м *м* образцо́в
Musterexemplar *nt* образе́ц *м*, приме́р *м*
mustergültig *adj* образцо́вый
musterhaft *adj* образцо́вый
Musterhaus <-es, -häuser> *nt* дом *м* об-

разцо́вого содержа́ния
Musterknabe *m abw* приме́рный ма́льчик *м*
Musterkollektion <-, -en> *f* колле́кция *ж* образцо́в
mustern ['mʊstɐn] *vt* **1.** *(kritisch betrachten)* осма́тривать, -мотре́ть *св* **2.** MIL проводи́ть, -вести́ *св* медици́нский осмо́тр
Musterschüler(in) *m(f)* образцо́вый учени́к *м*
Musterung <-, -en> *f* **1.** *(Durchsicht)* осмо́тр *м* **2.** MIL медици́нское освиде́тельствование *ср*
Musterungsbescheid <-(e)s, -e> *m* заключе́ние *ср* об осмо́тре
Mustervertrag <-(e)s, -verträge> *m* JUR типово́й догово́р *м*
Musterwohnung <-, -en> *f* образцо́вая кварти́ра *ж*
Mut [mu:t] <-(e)s> *m* сме́лость *ж*, му́жество *ср*; **den ~ verlieren** пасть ду́хом; **nur ~!** смеле́е!; **jdm ~ machen** ободря́ть кого́-л.; **~ fassen** набра́ться сме́лости; **guten Mutes sein** *geh* быть в хоро́шем настрое́нии
Mutation [muta'tsi̯o:n] <-, -en> *f* мута́ция *ж*
mutieren *vi* **1.** BIOL изменя́ться, измени́ться *св* **2.** MED *(Stimme)* лома́ться
mutig *adj* сме́лый
mutlos *adj* пода́вленный
mutmaßlich *adj* предполага́емый; **der ~e Täter** предполага́емый престу́пник *м*
Mutprobe *f* испыта́ние *ср* сме́лости
Mutter[1] ['mʊtɐ] <-, Mütter> *f (Elternteil)* мать *ж*
Mutter[2] ['mʊtɐ] <-, -n> *f* TECH га́йка *ж*
Mütterberatungsstelle <-, -n> *f* же́нская консульта́ция *ж (консультацио́нный пункт для молоды́х матере́й)*
Mutterfirma <-, -firmen> *f* головна́я фи́рма *ж*
Mütter-Genesungswerk <-(e)s> *nt* оздорови́тельный профилакто́рий *м* для молоды́х матере́й
Muttergesellschaft <-, -en> *f* головно́е о́бщество *ср*
Muttergottes ['mʊtɐ'gɔtəs] <-> *f* богома́терь *ж*
Mutterholding <-, -s> *f* головна́я хо́лдинг-компа́ния *ж*
Mutterinstinkt <-(e)s> *m* матери́нский инсти́нкт *м*
Mutter-Kind-Pass <-es, -pässe> *m враче́бное удостовере́ние о состоя́нии молодо́й ма́тери во вре́мя бере́менности, ро́дов и в послеродово́й пери́од*
Mutterkuchen <-s> *m* ANAT плаце́нта *ж*
mütterlich ['mʏtɐlɪç] *adj* матери́нский
mütterlicherseits *adv* со стороны́ ма́тери
Mutterliebe <-> *f* матери́нская любо́вь *ж*
Muttermal <-(e)s, -e> *nt* роди́мое пятно́ *ср*
Muttermilch <-> *f* матери́нское молоко́ *ср*
Mutterrolle <-> *f* матери́нская роль *ж*
Mutterschaft <-> *f* матери́нство *ср*
Mutterschaftsurlaub <-(e)s, -e> *m* декре́тный о́тпуск *м*
Mutterschiff <-(e)s, -e> *nt* су́дно *ср* – ба́за *ж*
Mutterschutz <-es> *m* охра́на *ж* матери́нства
mutterseelenallein ['mʊtɐ'ze:lənʔa'laɪn] *adj* оди́н-одинёшенек
Muttersöhnchen ['mʊtɐzœ:nçən] <-s, -> *nt pej* ма́менькин сыно́к *м*
Muttersprache <-, -n> *f* родно́й язы́к *м*
Muttersprachler(in) ['mʊtɐʃpra:xlɐ] <-s, -> *m(f)* носи́тель *м* языка́
Muttertag *m* день *м* ма́тери
Mutterwitz <-es> *m* приро́дный ум *м*, приро́дная смека́лка *ж*
Mutti ['mʊti] <-, -s> *f umg* ма́мочка *ж*, ма́ма *ж*
mutwillig *adj* **1.** *(aus böser Absicht)* преднаме́ренный **2.** *(übermütig, leichtsinnig)* озорно́й
Mütze ['mʏtsə] <-, -n> *f* ша́пка *ж*; **eins auf die ~ bekommen** *umg* получи́ть по ша́пке
MwSt. *abk von* **Mehrwertsteuer** нало́г *м* на доба́вленную сто́имость
MwSt, MWSt *abk von* **Mehrwertsteuer** нало́г *м* на доба́вленную сто́имость
Mykose <-, -n> *f* MED мико́з *м*
Myom <-(e)s, -e> *nt* MED мио́ма *ж*
mysteriös [mʏsteri'œ:s] *adj* таи́нственный
Mysterium [mʏs'te:riʊm, mʏs'te:riən] <-s, Mysterien> *nt* зага́дка *ж*
Mystifizierung [mʏstifi'tsi:rʊŋ] <-, -en> *f* мистифика́ция *ж*
Mystik ['mʏstɪk] <-> *f* ми́стика *ж*
Mystiker(in) <-s, -> *m(f)* ми́стик *м*
mystisch ['mʏstɪʃ] *adj* мисти́ческий
mythisch ['my:tɪʃ] *adj* мифи́ческий
Mythologie [mytolo'gi:, mytolo'gi:ən] <-, -n> *f* мифоло́гия *ж*
Mythos <-, Mythen> *m (Sage)* миф *м*

M

Nn

N, n [ɛn] <-, -> *nt* бу́ква N

na [na] *interj umg* ну; ~ **und?** ну и что?; ~ **also!** ну вот, ви́дите!; ~ **und ob!** вот так!; ~ **so was!** ну и ну!; ~ **gut** ну, хорошо́

Nabe <-, -n> *f (von Rad)* ступи́ца *ж*, вту́лка *ж*

Nabel ['na:bəl] <-s, -> *m (Bauch~)* пупо́к *м*; **der ~ der Welt** *geh* пуп земли́

Nabelbinde <-, -n> *f* повя́зка *ж* на пупо́к новорождённого

Nabelbruch <-(e)s, -brüche> *m* пупо́чная гры́жа *ж*

Nabelschnur <-, -schnüre> *f* пупови́на *ж*

nach [na:x] **I.** *prp dat* **1.** *(Richtung)* в, на; **wir fahren ~ Berlin** мы е́дем в Берли́н; ~ **Westen** на за́пад; ~ **Norden/Süden** на се́вер/юг; **von links ~ rechts** сле́ва напра́во; ~ **Hause** домо́й **2.** *(entsprechend, gemäß)* по; **meiner Meinung ~** по моему́ мне́нию; **allem Anschein ~** по-ви́димому **3.** *(nach Beendigung einer Handlung)* по́сле; ~ **der Arbeit** по́сле рабо́ты **4.** *(nach einem anderen Menschen)* по́сле, за; **ich bin ~ dir dran** я (иду́) по́сле тебя́; **einer ~ dem anderen** оди́н за други́м; ~ **Ihnen, bitte!** по́сле вас! **5.** *(nach einem bestimmten Zeitraum)* че́рез; **er ist ~ drei Tagen zurückgekommen** он верну́лся че́рез три дня; ~ **Christus** по́сле Христа́; **sie kam ~ zehn Minuten** она́ пришла́ че́рез де́сять мину́т; **es ist fünf (Minuten) ~ sechs** сейча́с пять мину́т седьмо́го **6.** *(als Zielsetzung)* за; ~ **jdm/etw schicken** посла́ть за кем-л./чем-л. **II.** *adv (hinterher)* (вслед) за; **wir müssen ihm ~** мы должны́ идти́ вслед за ним; ~ **wie vor** по-пре́жнему; **(alle) mir ~!** все за мной!; ~ **und ~** постепе́нно

nach|äffen ['na:xʔɛfən] *vt abw* подража́ть кому́-л.

nach|ahmen ['na:xʔa:mən] *vt* подража́ть *нсв*; **den großen Komponisten~** подража́ть вели́кому компози́тору

Nachahmung <-, -en> *f* подража́ние *ср*

Nachahmungstrieb <-(e)s> *m* инсти́нкт *м* подража́ния

nach|arbeiten *vt (aufholen)* нагоня́ть упу́щенное

Nachbar(in) ['naxba:ɐ̯] <-n, -n> *m(f)* сосе́д(ка) *м (ж)*

Nachbarhaus <-es, -häuser> *nt* сосе́дний дом *м*

Nachbarinin <-nen> *f s.* **Nachbar**

Nachbarland <-(e)s, -länder> *nt* сосе́дняя страна́ *ж*

nachbarlich *adj* **1.** *(benachbart)* сосе́дний **2.** *(nachbarschaftlich)* сосе́дский

Nachbarschaft <-> *f* сосе́ди *ммн;* **sie wohnt in der ~** она́ живёт по сосе́дству

Nachbarstaat <-(e)s, -staaten> *m* сосе́днее госуда́рство *ср*

Nachbeben <-s, -> *nt* повто́рные толчки́ *ммн (по́сле землетрясе́ния)*

Nachbesserung <-, -en> *f* устране́ние *ср* дефе́ктов

nach|bestellen *vt* зака́зывать дополни́тельно

Nachbestellung <-, -en> *f* дополни́тельный зака́з *м*

nach|bilden *vt* воссоздава́ть, -да́ть *св*

Nachbildung <-, -en> *f* ко́пия *ж*

nach|datieren *vt* помеча́ть за́дним число́м; **ein Schreiben ~** дати́ровать письмо́ за́дним число́м

nachdem [nax'de:m] *konj (zeitlich)* по́сле того́ как; ~ **er Moskau besucht hatte, flog er weiter auf die Krim** по́сле того́ как он побыва́л в Москве́, он полете́л в Крым; **je ~** смотря́ по обстоя́тельствам; ~ **sie mit ihm gesprochen hatte ...** по́сле её разгово́ра с ним

nach|denken <irr> *vi* ду́мать, по- *св;* **über etw ~** ду́мать о чём-л./ над чем-л.; **darüber darf man gar nicht ~** об э́том лу́чше не ду́мать; **scharf ~** уси́ленно ду́мать

nachdenklich *adj* заду́мчивый; **das macht mich ~** э́то наво́дит меня́ на размышле́ния

Nachdruck <-(e)s> *m (Tatkraft, Energie)* упо́рство *ср;* **mit ~** насто́йчиво

nachdrücklich ['na:xdrʏklɪç] *adj* настоя́тельный, убеди́тельный

nach|eilen *vi* спеши́ть, по- *св*

nacheinander [na:xʔaɪ'nandɐ] *adv* оди́н за други́м, друг за дру́гом; **fünf Tage ~** в тече́ние пяти́ дней

nach|empfinden <irr> *vt* **das kann ich dir gut ~** я тебя́ хорошо́ понима́ю

Nacherzählung <-, -en> *f* изложе́ние *ср*

Nachfahre <-n, -n> *m*, **Nachfahrin** *f* пото́мок *м и ж*

Nachfeier <-, -n> *f* день *м* по́сле пра́здника

Nachfolge <-, -n> *f* прее́мственность *ж;* **die/jds ~ antreten** стать преемником кого́-л.

Nachfolgemodell <-(e)s, -e> *nt* после́дующая моде́ль *ж*

Nachfolger(in) <-s, -> *m(f)* прее́мник *м*, прее́мница *ж*

Nachfolgestaat <-(e)s, -en> *m* госуда́рство *ср* -правопрее́мник *м*

nach|forschen *vi* рассле́довать *(н)св*

Nachforschung <-, -en> *f* рассле́дование *ср*

Nachfrage <-, -n> *f* **1.** *(Frage)* запро́с *м* **2.** WIRTSCH спрос *м;* **gesteigerte ~** повы́шенный спрос; **(un)elastische ~** (не)эласти́чный спрос; **danke der ~!** спаси́бо за внима́ние!

Nachfrageausfall <-(e)s, -ausfälle> *m* поте́ря *ж* спро́са

Nachfragebelebung <-, -en> *f* оживле́ние *ср* спро́са

Nachfrageboom <-s, -s> *m* бум *м* спро́са

Nachfragedefizit <-s, -e> *nt* недоста́ток *м* спро́са

Nachfrageelastizität <-> *f* эласти́чность *ж* спро́са

Nachfrageinflation <-> *f* инфля́ция *ж* спро́са

nach|fragen *vi* обраща́ться, -рати́ться *св* с запро́сом

Nachfrager <-s, -> *m* покупа́тель *м,* потреби́тель *м*

Nachfragerückgang <-s, -rückgänge> *m* сокраще́ние *ср* спро́са

Nachfragesteigerung <-, -en> *f* повыше́ние *ср* спро́са

Nachfrageüberhang <-(e)s, -hänge> *m* превыше́ние *ср* спро́са

Nachfrist <-, -en> *f* дополни́тельный срок *м*

nach|fühlen *vt s.* **nachempfinden**

nach|füllen *vt* долива́ть, -ли́ть *св*

nach|geben <irr> *vi (einlenken)* уступа́ть, -пи́ть *св;* **er gab ihren Bitten nach** он подда́лся на её про́сьбы

nach|gehen <irr> *vi* **1.** *(folgen)* сле́довать за, по- *св* **2.** *(Uhr)* отстава́ть, -ста́ть *св;* **die Uhr geht 5 Minuten nach** часы́ отстаю́т на пять мину́т; **einer Sache ~** *(erforschen)* вы́яснить что-л.; **seinen Geschäften ~** *(ausüben)* занима́ться свои́ми дела́ми; **einem Hinweis/einer Spur ~** идти́ по сле́ду

Nachgeschmack <-(e)s> *m* при́вкус *м; (schlechter ~)* неприя́тный при́вкус; **das hinterlässt einen üblen ~** э́то оставля́ет плохо́е впечатле́ние

nachgewiesenermaßen *adv* как бы́ло дока́зано

nachgiebig ['na:xgi:bɪç] *adj* пода́тливый, сгово́рчивый; **gegenüber jdm zu ~ sein** быть сли́шком усту́пчивым по отноше́нию к кому́-л.

nach|gießen <irr> **I.** *vt* **1.** *(einschenken)* налива́ть, нали́ть *св* **2.** *(auffüllen)* долива́ть, доли́ть *св* **II.** *vi* долива́ть, доли́ть *св;* **darf ich dir ~?** мо́жно я тебе́ долью́?

nach|hallen *vi* продолжа́ться дли́тельное вре́мя

nachhaltig ['na:xhaltɪç] *adj* продолжи́тельный; **sie hat mich ~ beeindruckt** она́ произвела́ на меня́ глубо́кое впечатле́ние

Nachhaltigkeit <-> *f* продолжи́тельность *ж*

Nachhauseweg [na:x'haʊzəve:k] *m* доро́га *ж* домо́й; **auf dem ~** по доро́ге домо́й

nach|helfen <irr> *vi* помога́ть, помо́чь *св;* **dem Glück ~** помо́чь судьбе́

nachher [na:x'he:ɐ̯] *adv* пото́м, по́сле э́того, поздне́е; **bis ~!** до ско́рого!

Nachhilfe *f (Stunden)* ча́стные уро́ки *мн;* **bei jdm ~ bekommen** брать у кого́-л. ча́стные уро́ки

Nachhilfestunde <-, -n> *f* дополни́тельный уро́к *м;* **~ n geben** дава́ть дополни́тельные уро́ки, репети́торствовать

nachhinein[Alt] *adv,* **Nachhinein**[RR] ['na:xhɪnaɪn] *adv* **im ~** впосле́дствии

nach|holen *vt* **1.** *(von Versäumtem)* навёрстывать, наверста́ть *св* **2.** *(später holen)* забира́ть, -бра́ть *св*

nach|jagen *vi sein* **jdm/etw** *dat* **~** гоня́ться за кем-л./чем-л.

Nachkomme ['na:xkɔmə] <-n, -n> *m* пото́мок *м*

nach|kommen <irr> *vi* **1.** *(später kommen)* приходи́ть, прийти́ *св* поздне́е; **ich komme gleich nach** я сейча́с приду́ **2.** *(mitkommen, Schritt halten)* успева́ть, -пе́ть *св*

Nachkömmling ['na:xkœmlɪŋ] <-s, -e> *m (Nachkomme)* после́дний ребёнок в семье́

Nachkriegsdeutschland <-s> *nt* послевое́нная Герма́ния *ж*

Nachkriegsgeschichte <-> *f* послевое́нная исто́рия *ж*

Nachkriegszeit <-> *f* послевое́нное вре́мя *ср*

Nachlass[RR] ['na:xlas, 'na:xlasə] <-es, -e *o* Nachlässe> *m,* **Nachlaß**[Alt] <-lasses, -lasse *o* -lässe> *m* **1.** *(von Preis)* ски́дка *ж* **2.** *(Erbe)* насле́дство *ср*

nach|lassen <irr> **I.** *vi* **1.** *(schwächer werden)* ослабева́ть, -бе́ть *св* **2.** *(sich verschlechtern)* ухудша́ться, уху́дшиться *св* **II.** *vt (Nachlass gewähren)* предоставля́ть ски́дку

nachlässig I. *adj* небре́жный, хала́тный **II.** *adv* небре́жно; **~ arbeiten** рабо́тать небре́жно

Nachlässigkeit <-, -en> *f* небре́жность *ж*

Nachlassverwalter(in) <-s, -> *m(f)* управля́ющий *м* насле́дством

nach|laufen <irr> *vi sein* **jdm/etw ~** бежа́ть за кем-л./чем-л.

nach|liefern *vt* доста́вить по́зже

Nachlieferung <-, -en> *f* дополни́тельная доста́вка *ж*

Nachlösegebühr <-, -en> *f* (дополни́тельная) пла́та *ж* за поку́пку биле́та в

по́езде
nach|machen *vt* 1. *(nachahmen)* подража́ть *нсв;* **Peter macht seinem großen Bruder alles nach** Пе́тер во всём подража́ет своему́ ста́ршему бра́ту; **das macht mir so schnell keiner nach** други́м до меня́ далеко́ 2. *(fälschen)* подде́лывать, подде́лать *св*
Nachmittag <-s, -e> *m* втора́я полови́на *ж* дня; **am ~** *umg* по́сле обе́да; **heute ~** сего́дня во второ́й полови́не дня; **gestern ~** вчера́ по́сле обе́да
nachmittags *adv* во второ́й полови́не дня; **um vier Uhr ~** в четы́ре часа́ дня
Nachmittagsvorstellung <-, -en> *f* дневно́е представле́ние *ср*
Nachnahme ['na:xna:mə] *f* **per ~** нало́жным платежо́м
Nachname <-n, -n> *m* фами́лия *ж*
nach|prüfen *vt* 1. *(überprüfen)* проверя́ть, -ве́рить *св* 2. *(nochmals prüfen)* перепроверя́ть, -ве́рить *св*
nach|rechnen *vt* пересчи́тывать, -счита́ть *св*
nach|reden *vt* 1. *(wiederholen)* повторя́ть по́сле други́х 2. *(klatschen)* спле́тничать; **jdm Übles ~** говори́ть пло́хо о други́х; **jdm ~, dass ...** уверя́ть кого́-л. в том, что ...
Nachricht ['na:xrɪçt] <-, -en> *f* изве́стие *ср; (Mitteilung)* сообще́ние *ср;* **~en** *(TV, Radio)* но́вости; **eine ~ hinterlassen** оста́вить запи́ску; **jdm eine ~ überbringen** переда́ть кому́-л. сообще́ние
Nachrichtenagentur <-, -en> *f* информацио́нное аге́нтство *ср*
Nachrichtendienst <-(e)s, -e> *m* 1. *(für TV, Zeitung, Radio)* информацио́нное бюро́ *ср* 2. POL слу́жба *ж* разве́дки, разведслу́жба *ж*
nachrichtendienstlich *adj* каса́ющийся слу́жбы разве́дки
Nachrichtensatellit <-en, -en> *m* спу́тник *м* свя́зи
Nachrichtensendung <-, -en> *f* переда́ча *ж* изве́стий
Nachrichtensprecher(in) *m(f)* веду́щий *м* новосте́й
Nachrichtentechnik <-> *f* те́хника *ж* свя́зи
Nachrichtenwesen <-s> *nt* слу́жба *ж* свя́зи, связь *ж; (Spionage)* информацио́нная слу́жба *ж* разве́дки
Nachruf <-(e)s, -e> *m* некроло́г *м*
Nachrüstung <-> *f* 1. *(von Gerät, Auto)* оснаще́ние *ср* дополни́тельным обору́дованием 2. MIL довооруже́ние *ср*
nach|sagen *vt (nachsprechen)* повторя́ть, -ри́ть *св;* **jdm etw ~** *(von jdm etw behaupten)* говори́ть о ком-л. что-л.
Nachsaison <-> *f* послесезо́нный пери́од *м*
nach|schauen *vt s.* **nachsehen**
nach|schenken *vi, vt fam s.* **nachgießen**
nach|schicken *vt* посыла́ть, -сла́ть *св* вслед; **jdm etw ~** посла́ть что-л. вслед кому́-л.
Nachschlag <-(e)s> *m (von Essen)* доба́вка *ж*
nach|schlagen <irr> I. *vt* **das Wort muss ich ~** я до́лжен посмотре́ть [*или* найти́] э́то сло́во в словаре́ II. *vi* 1. *(nachlesen)* проверя́ть, прове́рить *св,* наводи́ть/навести́ *св* спра́вку; **in einem Lexikon ~** прове́рить в словаре́ 2. *sein, geh* походи́ть
Nachschlagewerk <-(e)s, -e> *nt* спра́вочник *м*
Nachschlüssel <-s, -> *m* подо́бранный ключ *м*
Nachschöpfung <-, -en> *f* воссозда́ние *ср*
Nachschrift <-, -en> *f* припи́ска *ж,* постскри́птум *м*
Nachschub <-(e)s> *m* снабже́ние *ср;* MIL подво́з *м*
nach|schwätzen *vt pej* бессмы́сленно повторя́ть вслед за кем-л.
nach|sehen <irr> I. *vi* 1. *(hinterherblicken)* **jdm/etw ~** смотре́ть кому́-л./чему́-л. вслед 2. *(zur Information)* проверя́ть, прове́рить *св;* **sieh mal nach, ob ...** прове́рь-ка ... II. *vt* проверя́ть, прове́рить *св*
Nachsehen *nt* **das ~ haben** оста́ться с пусты́ми рука́ми
Nachsendeantrag <-(e)s, -anträge> *m* *заявле́ние бы́вшего адреса́та с про́сьбой о пересы́лке корреспонде́нции на его́ но́вый а́дрес*
nach|senden *vt* посыла́ть, -сла́ть *св* вслед
Nachsicht <-> *f* снисхожде́ние *ср;* **~ üben/haben** идти́ навстре́чу кому́-л.
nachsichtig *adj* снисходи́тельный
Nachsichtigkeit <-> *f* снисходи́тельность *ж*
Nachsilbe <-, -n> *f* су́ффикс *м*
nach|sitzen <irr> *vi* оста́ться по́сле уро́ков нака́занным
Nachspeise <-, -n> *f* десе́рт *м*
Nachspiel <-(e)s, -e> *nt* 1. THEAT эпило́г *м* 2. MUS постлю́дия *ж* 3. *fig* после́дствия *срмн*
nach|spionieren *vi* шпио́нить за кем-л., следи́ть за кем-л.
nach|sprechen <irr> *vt* **jdm etw ~** повторя́ть вслед за кем-л. что-л.
nächste(r, s) ['nɛːçstə, -tɐ, -təs] *adj* 1. *(folgend)* сле́дующая, -щий, -щее 2. *(nächstgelegen)* ближа́йший
Nächste(r) <-n, -n> *f(m)* 1. *(in einer Reihe)* сле́дующий *м,* сле́дующая *ж;* **der Nächste, bitte!** сле́дующий, пожа́луйста! 2. *(Mitmensch)* бли́жний *м,* бли́жняя *ж*

nach|stehen <irr> *vi* **jdm in nichts ~** не уступа́ть кому́-л. в чём-л.
nach|stellen **I.** *vt (Uhr)* верну́ть наза́д **II.** *vi fam* **jdm ~** *(verfolgen)* шпио́нить за кем-л.; *(umwerben)* заи́грывать с кем-л.
Nachstellschraube <-, -n> *f* регулиро́вочный винт *м*
Nachstellung <-, -en> *f* пресле́дование *ср*
Nächstenliebe <-> *m* любо́вь *ж* к бли́жнему
nächstens *adv (bald)* в ближа́йшее вре́мя
Nächstliegende <-n> *nt* пе́рвое *ср*, са́мое просто́е *ср*
nacht [naxt] *adv s.* **Nacht**
Nacht [naxt, 'nɛçtə] <-, Nächte> *f* ночь *ж;* **gute ~!** споко́йной но́чи!; **bei ~** но́чью; **über ~** *(auf einmal)* за́ ночь; **Heilige ~** Свята́я ночь; **in der ~** но́чью; **über ~ bleiben** оста́ться переночева́ть; **jdm gute ~ sagen** пожела́ть кому́-л. споко́йной но́чи
nachtaktiv *adj* ZOOL бо́дрствующий но́чью
Nachtarbeit <-> *f* ночна́я рабо́та *ж*
Nachtblindheit <-> *f* кури́ная слепота́ *ж*
Nachtdienst <-(e)s, -e> *m* ночно́е дежу́рство *ср*
Nachteil <-(e)s, -e> *m* недоста́ток *м; (Schaden)* уще́рб *м;* **beträchtlicher ~** значи́тельный уще́рб; **wirtschaftlicher ~** экономи́ческий уще́рб; **ein technischer ~** техни́ческий недоста́ток; **er hat sich zu seinem ~ verändert** он измени́лся к ху́дшему; **im ~ sein** быть в ху́дшем положе́нии, чем кто-л.
nächtelang *adv* ноча́ми
Nachtessen <-s, -> *nt CH (Abendessen)* у́жин *м*
Nachtfalter <-s, -> *m* ночна́я ба́бочка *ж*
Nachtfrost <-(e)s> *m* ночно́й моро́з *м*
Nachthemd <-(e)s, -en> *nt* ночна́я руба́шка *ж*
Nachtigall ['naxtɪgal] <-, -en> *f* солове́й *м*
Nachtisch *m ohne pl* десе́рт *м*
Nachtklub <-s, -s> *m* ночно́й клуб *м*
Nachtlager *nt* ночно́й ла́герь *м;* **sein ~ aufschlagen** разби́ть ла́герь на́ ночь
Nachtleben *nt ohne pl* ночна́я жизнь *ж*
nächtlich ['nɛçtlɪç] *adj* ночно́й
Nachtlokal <-s, -e> *nt* ночно́й рестора́н *м*
Nachtmensch *m* „сова́" *ж*
Nachtportier <-s, -s> *m* ночно́й портье́ *м*
Nachtquartier <-(e)s, -e> *nt* ночле́г *м*
Nachtrag ['na:xtra:k, 'na:xtrɛ:gə] <-(e)s, -träge> *m* добавле́ние *ср*, дополне́ние *ср;* **ein ~ zu einem Bericht** приложе́ние к отчёту; **ein ~ zum Vertrag** дополне́ние к догово́ру
nach|tragen <irr> *vt (hinzufügen)* добавля́ть, -ба́вить *св;* **jdm etw ~** серди́ться на кого́-л.
nachtragend *adj* злопа́мятный
nach|trauern *vi* **jdm/etw ~** грусти́ть по кому́-л./чему́-л.
Nachtruhe *f* ночна́я тишина́ *ж*
nachts *adv* но́чью, по ноча́м; **spät ~** по́здно но́чью; **um 2 Uhr ~** в два часа́ но́чи
Nachtschalter <-s, -s> *m* ночна́я (биле́тная) ка́сса *ж*
Nachtschicht <-, -en> *f* ночна́я сме́на *ж*
nachtschlafend *adj* по́здний, ночно́й
Nachtschwärmer <-s, -> *m* полуно́чник *м*
Nachtschwester <-, -n> *f* ночна́я медсестра́ *ж*
nachtsüber *adv* но́чью
Nachttarif *m* ночно́й тари́ф *м*
Nachttisch <-(e)s, -e> *m* ночно́й сто́лик *м*
Nachttischlampe <-, -n> *f* ночна́я насто́льная ла́мпа *ж*
Nachttopf <-(e)s, -töpfe> *m* ночно́й горшо́к *м*
Nachttresor <-s, -e> *m* ночно́й сейф *м*
Nacht-und-Nebel-Aktion <-, -en> *f полице́йская а́кция, проведённая та́йно в ночно́е вре́мя, ча́сто в обхо́д не́которых зако́нов*
Nachtvorstellung <-, -en> *f* ночно́е представле́ние *ср*
Nachtwache *f* ночно́й сто́рож *м*
Nachtwächter <-s, -> *m* ночно́й сто́рож *м*
Nachuntersuchung <-, -en> *f* MED обсле́дование *ср* по́сле боле́зни
Nachversteuerung <-, -en> *f* дополни́тельное налогообложе́ние *ср*
nach|vollziehen <irr> *vt* понима́ть
Nachweis ['na:xvaɪs] <-(e)s, -e> *m* **1.** *(Beweis)* доказа́тельство *ср* **2.** *(Bescheinigung)* спра́вка *ж*
nach|weisen <irr> *vt (beweisen)* дока́зывать, -каза́ть *св;* **jdm etw ~** доказа́ть кому́-л. что-л.
nachweislich *adj* доказу́емый
nachweispflichtig *adj* тре́бующий подтвержде́ния [*или* доказа́тельства]
Nachwelt <-> *f* пото́мки *мн*
nach|werfen <irr> *vt (hinterherwerfen)* **jdm etw ~** кри́кнуть кому́-л. что-л. вслед
Nachwort <-(e)s, -e> *nt* послесло́вие *ср*
Nachwuchs <-(e)s> *m* **1.** *fam (Nachkomme)* пото́мство *ср;* **sie haben ~ bekommen** у них появи́лось пото́мство **2.** *(beruflicher Nachwuchs)* сме́на *ж*
Nachwuchsbedarf <-(e)s> *m* потре́бность *ж* в молоды́х ка́драх
Nachwuchskräfte <-> *pl* молоды́е ка́дры *мн*
Nachwuchstalent <-(e)s, -e> *nt* молодо́й тала́нтливый арти́ст *м*
nach|zahlen *vi* **1.** *(mehr zahlen)* допла́чивать, -плати́ть *св* **2.** *(später zahlen)* опла́чивать, оплати́ть *св* за́дним число́м [*или* поздне́е]

N

nach|zählen *vt* пересчи́тывать, -счита́ть *св*

Nachzahlung <-, -en> *f* дополни́тельная опла́та *ж*

nach|ziehen <irr> **I.** *vt* **1.** *(Lippen)* подчёркивать, подчеркну́ть *св* **2.** *(Schraube)* затя́гивать, затяну́ть *св* **3.** *(Bein)* волочи́ть **II.** *vi sein* **jdm ~** сле́довать приме́ру кого́-л.

Nachzügler(in) ['na:xts̮y:klɐ] <-s, -> *m(f)* опозда́вший *м*, опозда́вшая *ж; (Kind)* после́дыш *м*

Nacken ['nakən] <-s, -> *m* заты́лок *м;* **einen steifen ~ haben** у кого́-л. свело́ ше́ю; **mir sitzt die Angst im ~** у меня́ от стра́ха коле́нки дрожа́т

Nackenschmerz <-es, -en> *m* боль *ж* в заты́лке

Nackenstütze <-, -en> *f* подголо́вник *м*

nackt [nakt] *adj* **1.** *(unbekleidet)* го́лый, обнажённый **2.** *(bloß, bar)* го́лый; **halb ~** полуго́лый

nackt|baden *vi* купа́ться без купа́льного костю́ма

Nacktbadestrand <-(e)s, -strände> *m* пляж *м* нуди́стов

Nacktfoto <-s, -s> *nt* эроти́ческая фотогра́фия *ж*, фотогра́фия *ж* го́лого челове́ка

Nackttänzer(in) <-s, -> *m(f)* стриптизёр *м*

Nadel ['na:dəl] <-, -n> *f* **1.** *(allgemein)* игла́ *ж* **2.** *umg (Nähnadel)* иго́лка *ж* **3.** *(Stecknadel)* була́вка *ж* **4.** *(Zeiger)* стре́лка *ж* **5.** BOT игла́ *ж;* **eine ~ im Heuhaufen suchen** *fig* иска́ть иго́лку в сто́ге се́на

Nadelbaum <-(e)s, -bäume> *m* хво́йное де́рево *ср*

Nadelkissen <-s, -> *nt* иго́льник *м*

Nadellager <-s, -> *nt* иго́льчатый подши́пник *м*

Nadelöhr <-(e)s, -e> *nt* иго́льное ушко́ *ср*

Nadelwald <-(e)s, -wälder> *m* хво́йный лес *м*

Nagel ['na:gəl, 'nɛ:gəl] <-s, Nägel> *m* **1.** *(Metallstift)* гвоздь *м;* **den ~ auf den Kopf treffen** *a. fig, fam* попа́сть в то́чку **2.** *(Zehennagel, Fingernagel)* но́готь *м;* **sich** *dat* **die Nägel schneiden** стри́чь но́гти; **er schnitt sich die Nägel** он подстри́г себе́ но́гти; **etw an den ~ hängen** *umg* бро́сить что-л.; **an den Nägeln kauen** грызть но́гти; **sich** *dat* **etw unter den Nagel reißen** *fam* взять что-л. на себя́

Nagelbürste <-, -n> *f* щётка *ж* для ногте́й

Nagelfeile <-, -n> *f* пи́лка *ж* для ногте́й

Nagelhautentferner <-s, -> *m* инструме́нт *м* для удале́ния ко́жного наро́ста на ногтя́х

Nagellack <-(e)s, -e> *m* лак *м* для ногте́й

Nagellackentferner *m* жи́дкость *ж* для сня́тия ла́ка

nageln *vt* прибива́ть, -би́ть *св* гвоздя́ми

nagelneu ['na:gəl'nɔı] *adj umg* с иго́лочки

Nagelpflege <-> *f* ухо́д *м* за ногтя́ми

Nagelschere <-, -n> *f* но́жницы *мн* для ногте́й

nagen ['na:gən] *vi* грызть *нсв*, обгрыза́ть, -гры́зть *св; fig (Zweifel)* грызть *нсв;* **der Hund nagt an seinem Knochen** соба́ка грызёт свою́ кость

Nager <-s, -> *m* грызу́н *м*

Nagetier <-(e)s, -e> *nt* грызу́н *м*

Nahaufnahme *f* **1.** FOTO сни́мок *м* в бли́зком пла́не **2.** FILM съёмки *мн* в бли́зком пла́не

nah(e) ['na:(ə)] **I.** *adj* бли́зкий, недалёкий; **in ~r Zukunft** в недалёком бу́дущем; **~ liegend** поня́тный; **der Nahe Osten** Бли́жний Восто́к **II.** *prp dat* во́зле, близ; **er war den Tränen ~** он был гото́в распла́каться

Nähe ['nɛ:ə] <-> *f* бли́зость *ж;* **in der ~ von etw** побли́зости от чего́-л.; **etw aus der ~ betrachten** смотре́ть вблизи́ на что-л.; **in der ~ der Stadt** недалеко́ от го́рода; **hier in der ~** здесь неподалёку

nahe gelegen[RR] *adj* близлежа́щий

nahe|kommen[RR] <irr> *vi sein* приближа́ться, -зиться *св*, *(jdm)* сближа́ться, -зиться *св*

nahe|legen[RR] *vt* **jdm etw ~** навести́ кого́-л. на мысль о чём-л.

nahe|liegen[RR] <irr> *vi* напра́шиваться *нсв*

nahe|liegend[RR] *adj* поня́тный

nahen ['na:ən] *vi* приближа́ться, -бли́зиться *св*

nähen ['nɛ:ən] *vt* шить, с- *св;* MED зашива́ть, -ши́ть *св*

näher ['nɛ:ɐ̯] *adj kompar von* **nah(e)** **1.** *(räumlich, zeitlich)* бли́же; **in der ~en Umgebung** побли́зости; **~ rücken** подви́нуться побли́же; **tritt doch ~!** подойди́ бли́же! **2.** *fig (genauer)* точне́е **3.** *(enger)* бли́же; **jdn ~ kennen lernen** познако́миться бли́же с кем-л.

nähere(r, s) *adj* бо́лее бли́зкая, -кий, -кое

Naherholungsgebiet <-(e)s, -e> *nt* зо́на *ж* о́тдыха

Näherin ['nɛ:ərɪn] <-, -nen> *f* швея́ *ж*

näher|kommen[Alt] <irr> *vi sein s.* **kommen**

nähern *vr* приближа́ться, -бли́зиться *св;* **sich jdm/etw ~** прибли́зиться к кому́-л./чему́-л.

nahe|stehen[RR] *vi* **sie steht mir sehr ~** она́ о́чень близка́ мне

nahe|stehend[RR] *adj* бо́лее бли́зкий

nahezu ['na:ə'ts̮u:] *adv* почти́ (что)

Nähgarn <-(e)s, -e> *nt* (шве́йные) ни́тки *жмн*

Nahkampf <-(e)s> *m* MIL рукопа́шный бой *м*

Nähkasten <-s, -kästen> *m* я́щик *м* с при-

надле́жностями для шитья́
nahm [na:m] *prät von* **nehmen**
Nähmaschine <-, -n> *f* шве́йная маши́на *ж*
Nähnadel <-, -n> *f* иго́лка *ж*
nähren ['nɛ:rən] *vt* **1.** *(ernähren)* корми́ть, по- *св* **2.** *geh (Zweifel, Bedenken, Hoffnung)* пита́ть *нсв*
nahrhaft ['na:ɐ̯haft] *adj* пита́тельный
Nährsalz <-es, -e> *nt* минера́льная соль *ж* для пита́ния расте́ний
Nährstoff <-(e)s, -e> *m* пита́тельное вещество́ *ср*
nährstoffarm *adj* бе́дный пита́тельными вещества́ми
nährstoffreich *adj* бога́тый пита́тельными вещества́ми
Nahrung ['na:rʊŋ] <-, -en> *f* пита́ние *ср*
Nahrungsbiotop <-(e)s, -e> *nt* BIO биото́п *м*, обеспе́чивающий пита́ние
Nahrungskette <-, -n> *f* BIOL пищева́я цепь *ж*
Nahrungsmittel <-s, -> *nt* проду́кт *м* пита́ния
Nahrungsmittelallergie <-, -n> *f* пищева́я аллерги́я *ж*
Nahrungsmittelchemie <-> *f* *нау́ка о хими́ческих сво́йствах проду́ктов пита́ния*
Nahrungsmittelchemiker(in) <-s, -> *m(f)* *экспе́рт, даю́щий заключе́ние о хими́ческих сво́йствах проду́ктов пита́ния*
Nahrungsmittelindustrie <-, -n> *f* пищева́я промы́шленность *ж*
Nahrungsverweigerung <-> *f* отка́з *м* от пи́щи
Nährwert <-(e)s, -e> *m* пита́тельность *ж*
Nähseide <-> *f* шве́йные шёлковые ни́тки *жмн*
Naht [na:t] <-, Nähte> *f* шов *м*
nahtlos *adj* бесшо́вный; **ein ~er Übergang** пла́вный перехо́д *м*
Nahverkehr <-s> *m* при́городное [*или* ме́стное] сообще́ние *ср*
Nahverkehrsmittel *nt* тра́нспорт *м* на коро́ткие расстоя́ния
Nahverkehrszug <-(e)s, -züge> *m* по́езд *м* при́городного сообще́ния; *umg* электри́чка *ж*
naiv [na'i:f] *adj* наи́вный
Naivität [naivi'tɛ:t] <-> *f* наи́вность *ж*
Name ['na:mə] <-n, -n> *m* и́мя *ср;* **im ~n von** от и́мени кого́-л./чего́-л.; **sich einen ~ machen** приобрести́ изве́стность; **mein ~ ist ...** меня́ зову́т ...; **in jds Namen sprechen** говори́ть от и́мени кого́-л.; **man muss die Dinge beim Namen nennen** на́до называ́ть ве́щи свои́ми имена́ми
namens *adv* по фами́лии, по и́мени
Namensaktie <-, -n> *f* имённая а́кция *ж*
Namensgebung <-, -en> *f* присвое́ние *ср* и́мени
Namensgedächtnis <-> *nt* па́мять *ж* на имена́
Namenspapier <-(e)s, -e> *nt* BÖRSE имённая це́нная бума́га *ж*
Namensschild *nt* табли́чка *ж* с и́менем
Namenstag <-(e)s, -e> *m* имени́ны *мн*
namentlich ['na:məntlɪç] *adj* поимённый
namhaft *adj* **1.** *(berühmt)* изве́стный **2.** *(groß, beträchtlich)* значи́тельный
nämlich ['nɛ:mlɪç] *adv* **1.** *(und zwar)* а и́менно **2.** *(begründend)* так как
nannte ['nantə] *prät von* **nennen**
Napf [napf] <-(e)s, Näpfe> *m* ми́ска *ж*
Nappaleder <-s> *nt* на́ппа-ко́жа *ж*
Narbe ['narbə] <-, -n> *f* шрам *м*, рубе́ц *м*
Narbung <-, -en> *f (Leder)* тисне́ние *ср* *(ко́жи)*
Narkose [nar'ko:zə] <-, -n> *f* нарко́з *м;* **unter ~** под нарко́зом
Narkosemittel <-s, -> *nt* нарко́зное сре́дство *ср*
narkotisieren [narkoti'zi:rən] *vt* наркотизи́ровать
Narr [nar] <-en, -en> *m* дура́к *м; (Hofnarr)* шут *м;* **jdn zum ~en halten** счита́ть кого́-л. дурако́м
Narretei <-, -en> *f* глу́пость *ж,* сумасбро́дство *ср*
Närrin ['nɛrɪn] <-, -nen> *f* ду́ра *ж*
närrisch ['nɛrɪʃ] *adj* дура́цкий
Narzisse [nar'ts͜ɪsə] <-, -n> *f* нарци́сс *м*
narzisstisch[RR] *adj* самовлюблённый
NASA *abk von* **National Aeronautics and Space Administration** НАСА
nasal [na'za:l] *adj* носово́й
naschen ['naʃən] **I.** *vi* люби́ть *нсв* сла́дкое **II.** *vt* ла́комиться, по- *св;* **hast du etwas zum Naschen?** у тебя́ есть что-нибу́дь, что́бы замори́ть червячка́?
Naschhaftigkeit <-> *f* пристра́стие *ср* к сла́достям [*или* ла́комствам]
Naschkatze <-, -n> *f umg* ла́комка *м и ж*
Nase[1] ['na:zə] <-, -n> *f* нос *м;* **pro ~** *umg* на́ нос; **jdn an der ~ herumführen** *umg* води́ть кого́-л. за́ нос; **immer der ~ nach** *fam* по́лный вперёд; **sich** *dat* **die ~ putzen** чи́стить нос; **jdm etw vor der ~ wegschnappen** *fam* вы́рвать что-л. из-под но́са у кого́-л.; **jdm etw auf die ~ binden** *fam* подчёркивать что-л.; **jdm etw unter die ~ reiben** *fig, fam* утере́ть нос кому́-л.; **die ~ (von jdm/etw) voll haben** *fam* кто-л./что-л. надое́л/надое́ло; **er steckt seine ~ in alles** *fam* он везде́ суёт свой нос
Nase[2] ['na:zə] *f ohne pl (Geruchs-, Spürsinn)* обоня́ние *ср*
Nasenbein <-(e)s, -e> *nt* носова́я кость *ж*
Nasenbluten <-s> *nt* кровотече́ние *ср* из но́са
Nasenloch <-(e)s, -löcher> *nt* ноздря́ *ж*
Nasensalbe <-, -n> *f* мазь *ж* для но́са

N

Nasenspitze <-, -n> *f* ко́нчик *м* но́са
Nasentropfen *mpl* ка́пли *мн* для но́са
Nasenwurzel <-> *f* перено́сица *ж*, ко́рень *м* но́са
Naseweis ['na:zəvaɪs] <-es, -e> *m pej* всезна́йка *м и ж*
Nashorn <-(e)s, -hörner> *nt* носоро́г *м*
nass[RR] [nas] <-er *o* nässer, -este *o* nässeste> *adj*, **naß**[Alt] <nasser *o* nässer, nasseste *o* nässeste> *adj* мо́крый; **sie ist ~ bis auf die Haut** она́ промо́кла до ни́тки; **durch und durch ~ sein** промо́кнуть насквозь; **~ werden** промо́кнуть
Nässe ['nɛsə] <-> *f* сы́рость *ж*
nasskalt[RR] *adj* промо́зглый
Nastuch <-(e)s, -tücher> *nt CH (Taschentuch)* носово́й плато́к *м*
Nation [na'ts̮i̯o:n] <-, -en> *f* на́ция *ж*
national [nats̮i̯o'na:l] *adj* национа́льный
Nationalbank <-, -en> *f* Центра́льный эмиссио́нный банк (госуда́рства) *м*
Nationalbewusstsein[RR] <-s> *nt* национа́льное самосозна́ние *ср*
Nationalelf <-, -s> *f* SPORT сбо́рная кома́нда *ж* страны́ по футбо́лу, национа́льная футбо́льная кома́нда *ж*
Nationalfeiertag <-(e)s, -e> *m* национа́льный пра́здник *м*
Nationalflagge <-, -n> *f* национа́льный (госуда́рственный) флаг *м*
Nationalgalerie <-, -n> *f* национа́льная галере́я *ж*
Nationalgericht <-(e)s, -e> *nt* национа́льное блю́до *ср*
Nationalgetränk <-(e)s, -e> *nt* национа́льный напи́ток *м*
Nationalhymne <-, -n> *f* национа́льный гимн *м*
Nationalisierung <-, -en> *f* национализа́ция *ж*
Nationalismus [nats̮i̯ona'lɪsmʊs] <-> *m* национали́зм *м*
Nationalität [nats̮i̯onali'tɛ:t] <-, -en> *f* национа́льность *ж*; **welcher ~ sind Sie?** кто Вы по национа́льности?
Nationalitätskennzeichen <-s, -> *nt* междунаро́дный опознава́тельный знак *м*
Nationalkongress <-es, -e> *m* национа́льный конгре́сс *м*
Nationalmannschaft <-, -en> *f* национа́льная сбо́рная *ж*
Nationalökonomie <-, -en> *f* наро́дное хозя́йство *ср*
Nationalpark <-s, -s> *m* национа́льный парк *м (запове́дник)*
Nationalprodukt <-(e)s, -e> *nt* ÖKON социа́льный проду́кт *м*
Nationalrat <-(e)s, -räte> *m CH, österr (Volksvertretungen, deren Mitglied)* Национа́льный сове́т *м*
Nationalsozialismus <-> *m* национа́л-социали́зм *м*
Nationalsozialist(in) <-en, -en> *m(f)* национа́л-социали́ст(ка) *м (ж)*
nationalsozialistisch *adj* национа́л-социалисти́ческий
Nationalstaat <-(e)s, -en> *m* национа́льное госуда́рство *ср*
Nationaltheater <-s, -> *nt* национа́льный теа́тр *м*
Nationaltracht *f* национа́льная оде́жда *ж*
Nationaltrainer(in) <-s, -s> *m(f)* тре́нер *м* национа́льной (сбо́рной) кома́нды
NATO ['na:to], **Nato** *abk von* **North Atlantic Treaty Organization** НАТО *(Организа́ция Североатланти́ческого догово́ра)*
Natrium ['na:triʊm] <-s> *nt* на́трий *м*
natriumarm *adj* с небольши́м содержа́нием на́трия
Natriumchlorid <-s> *nt* хлори́д *м* на́трия
Natur [na'tu:ɐ̯] <-> *f* приро́да *ж*; **von ~ aus** от приро́ды
Naturaleinkommen <-s, -s> *nt* натура́льный дохо́д *м*
Naturalismus [natura'lɪsmʊs] <-> *m* натурали́зм *м*
Naturalleistung <-, -en> *f* платёж *м* нату́рой, платёж *м* в натура́льной фо́рме
Naturallohn <-(e)s, -löhne> *m* за́работная пла́та *ж* нату́рой
Naturalrabatt <-(e)s, -e> *m* ски́дка *ж* за коли́чество в фо́рме беспла́тной поста́вки ча́сти това́ра
Naturalwirtschaft <-> *f* натура́льное хозя́йство *ср*
Naturboden <-s, -böden> *m* натура́льная (без хими́ческих удобре́ний) по́чва *ж*
Naturdünger <-s, -> *m* органи́ческое удобре́ние *ср*
Naturell [natu'rɛl] <-s, -e> *nt* хара́ктер *м*
Naturfaser <-, -n> *f* натура́льное волокно́ *ср*
naturgegeben *adj* да́нный от приро́ды, приро́дный
naturgemäß I. *adj* есте́ственный II. *adv* есте́ственным о́бразом
Naturgesetz <-(e)s, -e> *nt* зако́н *м* приро́ды
Naturhaushalt <-(e)s> *m* приро́дная среда́ *ж*
Naturheilmethode <-, -n> *f* есте́ственный ме́тод *м* лече́ния
Naturheilmittel <-s, -> *nt* есте́ственное лече́бное сре́дство *ср*
Naturkatastrophe <-, -n> *f* стихи́йное бе́дствие *ср*
Naturkosmetik <-> *f* натура́льная косме́тика *ж*
Naturkost <-> *f* натура́льная пи́ща *ж*
Naturkostladen <-s, -läden> *m* магази́н *м* натура́льной пи́щи

Naturkreislauf <-(e)s, -kreisläufe> *m* круговоро́т *м* приро́ды
Naturlandschaft <-, -en> *f* есте́ственный ландша́фт *м*
natürlich [na'ty:ɐlɪç] **I.** *adj* есте́ственный; **in natürlicher Größe** в есте́ственном разме́ре **II.** *adv (selbstverständlich)* коне́чно, есте́ственно; **~ nicht!** коне́чно, нет!
Natürlichkeit <-> *f* есте́ственность *ж*
naturnah *adj* бли́зкий к приро́де
Naturprodukt <-(e)s, -e> *nt* натура́льный проду́кт *м*
Naturrecht <-(e)s> *nt* есте́ственное пра́во *ср*
Naturschönheit <-> *f* красота́ *ж* приро́дного явле́ния
Naturschutz <-es> *m* охра́на *ж* приро́ды
Naturschutzbeauftragte(r) <-n, -n> *f(m)* уполномо́ченный *м* по охра́не приро́ды
Naturschutzbehörde <-, -n> *f* ве́домство *ср* охра́ны приро́ды
Naturschutzbewegung <-> *f* движе́ние *ср* за охра́ну приро́ды
Naturschützer(in) <-s, -> *f(m)* защи́тник *м* приро́ды
Naturschutzgebiet <-(e)s, -e> *nt* приро́дный запове́дник *м*
Naturschutzpark *m* национа́льный парк *м*, резерва́т *м*
Naturseide <-, -n> *f* натура́льный шёлк *м*
Naturtalent <-(e)s, -e> *nt* самобы́тный [*или* приро́дный] тала́нт *м*
Naturverbundenheit <-> *f* любо́вь *ж* к приро́де
Naturvernichtung <-> *f* уничтоже́ние *ср* приро́ды
naturverträglich *adj* ужива́ющийся с приро́дой
Naturwissenschaft <-, -en> *f* естествозна́ние *ср*; **die ~en** есте́ственные нау́ки
Naturwissenschaftler(in) <-s, -> *m(f)* есте́ственник *м*
naturwissenschaftlich *adj* естественно-нау́чный
Nautik <-> *f ohne pl* навига́ция *ж*
nautisch *adj* навигацио́нный
Navigation [naviga'ts̯i̯o:n] <-> *f ohne pl* навига́ция *ж*
Navigationshilfe <-, -n> *f* навигацио́нная подде́ржка *ж*
Navigationssatellit <-en, -en> *m* навигацио́нный сателли́т *м*
Navigationssystem <-(e)s, -e> *nt* навигацио́нная систе́ма *ж*
Nazi ['na:ts̯i] *abk von* **Nationalsozialist(in)** национа́л-социали́ст *м*
n.Chr. *abk von* **nach Christus** по́сле Христа́
Neandertaler [ne'andɐta:lɐ] <-s, -> *m* неандерта́лец *м*
Neapel ['ne:bəl] <-s> *nt* Неа́поль *м*
Nebel ['ne:bəl] <-s, -> *m* тума́н *м*; **dichter ~** густо́й тума́н
nebelig *adj* тума́нный; **es ist ~** спусти́лся тума́н
Nebelscheinwerfer <-s, -> *m* противотума́нная фа́ра *ж*
Nebelschlussleuchte <-, -n> *f* за́дняя противотума́нная фа́ра *ж*
Nebelschwaden *fpl* о́блако *ср* тума́на
Nebelwand <-> *f* стена́ *ж* тума́на
neben ['ne:bən] *prp* **1.** *(örtlich)* ря́дом с, о́коло; **sie setzte sich ~ mich** она́ се́ла ря́дом со мной **2.** *(außer)* кро́ме, наряду́ с; **~ anderen Dingen** поми́мо э́того; **~ der Arbeit** кро́ме рабо́ты **3.** *(verglichen mit)* по сравне́нию с
Nebenabgabe <-, -n> *f* дополни́тельный сбор *м*
Nebenabrede <-, -n> *f* дополни́тельная договорённость *ж*
nebenan [ne:bən'ʔan] *adv* ря́дом
Nebenanschluss[RR] <-es, -anschlüsse> *m* TELKOM паралле́льный телефо́н *м*
Nebenausgabe <-, -n> *f* дополни́тельный расхо́д *м*, побо́чный расхо́д *м*
Nebenbedeutung <-, -en> *f* побо́чное значе́ние *ср*
nebenbei [ne:bən'baɪ] *adv* попу́тно, ме́жду про́чим, паралле́льно; **sie studiert und arbeitet ~als Bedienung** она́ у́чится и одновре́менно рабо́тает официа́нткой; **sie studiert und arbeitet ~** она́ у́чится в университе́те и, кро́ме того́, рабо́тает; **~ bemerkt** кро́ме того́
Nebenbemerkung <-, -en> *f* побо́чное замеча́ние *ср*, второстепе́нное замеча́ние *ср*
Nebenberuf <-(e)s, -e> *m* побо́чная рабо́та *ж*, рабо́та *ж* по совмести́тельству
nebenberuflich *adj* по совмести́тельству
Nebenbeschäftigung *f* дополни́тельная рабо́та *ж*
Nebenbuhler <-s, -> *m* сопе́рник *м*
nebeneinander ['ne:bənʔaɪ'nandɐ] *adv* ря́дом друг с дру́гом
nebeneinander|legen[RR] *vt* класть, положи́ть *св* ря́дом
nebeneinander|setzen[RR] *vr* сади́ть, по- *св* ря́дом
nebeneinander|stellen[RR] *vr* ста́вить, поста́вить *св* ря́дом
Nebeneingang *m* сосе́дний подъе́зд *м*
Nebeneinnahme <-, -n> *f* дополни́тельный дохо́д *м*
Nebenfach *nt* UNIV втора́я специа́льность *ж*
Nebengebäude *nt* **1.** *(Nachbarhaus)* сосе́дний дом *м* **2.** *(Anbau)* пристро́йка *ж*
Nebengeschäft <-(e)s, -e> *nt* побо́чная сде́лка *ж*
Nebenhandlung <-, -en> *f (in Roman)* побо́чное де́йствие *ср*

Nebenjob *m fam* подрабо́тка *ж;* **einen ~ haben** подраба́тывать

Nebenkosten <-> *pl* дополни́тельные расхо́ды *мн,* коммуна́льные платежи́ *мн*

Nebenniere <-, -n> *f* ANAT надпо́чечник *м*

Nebenprodukt <-(e)s, -e> *nt* побо́чный проду́кт *м*

Nebenrolle *f* второстепе́нная роль *ж*

Nebensatz <-es, -sätze> *m* LING прида́точное предложе́ние *ср*

Nebenstellenanlage <-, -n> *f* TELKOM учрежде́нческая АТС *ж,* телефо́нная подста́нция *ж*

Nebenstraße <-, -n> *f* бокова́я у́лица *ж*

Nebentätigkeit <-, -en> *f* побо́чная де́ятельность *ж*

Nebenverdienst <-es, -e> *m* побо́чный дохо́д *м*

Nebenwirkung <-, -en> *f* побо́чное де́йствие *ср*

Nebenzimmer <-s, -> *nt* сосе́дняя ко́мната *ж*

necken ['nɛkən] *vt* дразни́ть *нсв*

neckisch *adj* задо́рный, лука́вый

Neffe ['nɛfə] <-n, -n> *m* племя́нник *м*

negativ ['ne:gati:f] *adj* отрица́тельный, негати́вный

Negativ <-s, -e> *nt* негати́в *м*

Neger(in) ['ne:gɐ] <-s, -> *m(f)* негр *м,* негритя́нка *ж*

nehmen ['ne:mən] <nahm, genommen> *vt* брать, взять *св;* **etw auf sich ~** взять что-л. на себя́; **jdn ernst ~** принима́ть кого́-л. всерьёз; **etw in Betrieb ~** ввести́ что-л. в эксплуата́цию; **ein Hindernis ~** одоле́ть препя́тствие; **eine Sache in die Hand ~** взя́ться за что-л.; **wie man`s nimmt** как посмотре́ть; **jdm die Hoffnung ~** лиши́ть кого́-л. наде́жды; **ein Taxi ~** взять такси́; **einen Zug ~** пое́хать на по́езде; **ein Flugzeug ~** полете́ть на самолёте; **ein Doppelzimmer ~** снять двухме́стный но́мер; **ich weiß nicht, was ich ~ soll** я не зна́ю, что мне взять; **jdn zur Frau/zum Mann ~** жени́ться на ком-л./вы́йти за кого́-л. за́муж; **du nimmst mir das Wort aus dem Mund** я то же са́мое хоте́л сказа́ть; **jdm etw ~** *(Glauben, Hoffnung, Angst)* взять у кого́-л. что-л.; **~ Sie noch ein Stück Torte?** хоти́те ещё кусо́чек то́рта?; **jdn zu sich ~** приюти́ть кого́-л.; **jdn beim Wort ~** лови́ть кого́-л. на сло́ве; **er ist hart im Nehmen** он кре́пкий па́рень; **nimm's nicht so schwer!** не принима́й бли́зко к се́рдцу!; **jdm etw übel ~** оби́деться на кого́-л.

Neid [naɪt] <-(e)s> *m* за́висть; **aus ~** из за́висти; **gelb vor ~ werden** *fam* позелене́ть от за́висти; **vor ~ erblassen** *fam* побеле́ть от за́висти

Neider <-s, -> *m* зави́стник *м*

neidisch *adj* зави́стливый; **auf jdn ~ sein** зави́довать кому́-л.

neidlos *adj* без за́висти

Neige ['naɪgə] *f* **zur ~ gehen** конча́ться

neigen **I.** *vt* наклоня́ть, -ни́ть *св* **II.** *vi* **zu etw ~** быть скло́нным к чему́-л.; **sie neigt zu der Ansicht, dass ...** она́ приде́рживается того́ мне́ния, что ... **III.** *vr* **sich ~** наклоня́ться, -ни́ться *св*

Neigung <-, -en> *f* **1.** *(Vorliebe)* скло́нность *ж* **2.** *(Gefälle)* накло́н *м*

Neigungswinkel <-s, -> *m* у́гол *м* накло́на

nein [naɪn] *adv* нет; **~ danke** нет, спаси́бо; **ich sage nicht ~** я не откажу́сь; **~, so was!** вот э́то да!

Nein <-(s), -(s)> *nt* нет; **mit ~ antworten** отве́тить отрица́тельно

Nekrophilie <-> *f* некрофили́я *ж*

Nektar ['nɛkta:ɐ̯] <-s> *m* некта́р *м*

Nektarine [nɛkta'ri:nə] <-n> *f* пе́рсик-нектари́н *м*

Nelke ['nɛlkə] <-, -n> *f (auch Gewürz)* гвозди́ка *ж*

Nennbetrag <-(e)s, -beträge> *m* номина́льная сто́имость *ж*

nennen ['nɛnən] <nannte, genannt> **I.** *vt* называ́ть, -зва́ть *св;* **wie willst du deine Tochter ~?** как ты хо́чешь назва́ть свою́ дочь?; **das nenne ich Mut** вот э́то сме́лость; **kannst du mir Beispiele dafür ~?** ты мо́жешь привести́ мне приме́р?; **deine so genannten Freunde** твои́ ми́нимые друзья́; **sie nannten ihn einen Lügner** они́ назва́ли его́ лжецо́м **II.** *vr* **sich ~** называ́ться, -зва́ться *св*

nennenswert *adj* суще́ственный, заме́тный

Nenner <-s, -> *m* MATH знамена́тель *м;* **etw auf einen gemeinsamen ~ bringen** привести́ что-л. к о́бщему знамена́телю

Nennleistung <-, -en> *f* номина́льная мо́щность *ж*

Nennwert <-(e)s, -e> *m* номина́льная сто́имость *ж*

Neofaschismus [neofa'ʃɪsmʊs] <-> *m* неофаши́зм *м*

neoliberal *adj* неолибера́льный

Neologismus [neolo'gɪsmʊs] <-, Neologismen> *m* LING неологи́зм *м*

Neon ['ne:ɔn] <-s> *nt* нео́н *м*

Neonazi ['ne:ona:t͡si] <-s, -s> *m* неонаци́ст *м*

Neonazismus <-> *m* неонаци́зм *м*

Neonlicht <-(e)s, -er> *nt* нео́новый свет *м*

Neonreklame <-, -n> *f* нео́новая рекла́ма *ж*

Neonröhre <-, -n> *f* нео́новая тру́бка *ж*

Nepp [nɛp] <-s> *m* обдира́ловка *ж,* обма́н *м*

Nerv [nɛrf] <-s, -en> *m* нерв *м;* **jdm auf die**

~en gehen *umg* де́йствовать на не́рвы кому́-л.; **schwache/starke Nerven haben** сла́бые/здоро́вые не́рвы; **die Nerven behalten** сохрани́ть споко́йствие; **die Nerven verlieren** вспыли́ть; **du gehst mir auf die Nerven** *fam* ты мне надое́л

nerven *vt* досажда́ть; **du nervst!** *fam* ты мне надое́л!

Nervenbahn <-, -en> *f* не́рвный тракт *м*

Nervenbündel <-s, -> *nt fam* не́рвный челове́к *м;* **ein ~ sein** быть не́рвным

Nervenentzündung <-, -en> *f* неври́т *м,* воспале́ние *ср* не́рва [*или* не́рвов]

Nervenheilanstalt <-, -en> *f* невропатологи́ческая лече́бница *ж*

Nervenkitzel <-s> *m umg* о́стрые ощуще́ния *срмн*

Nervenkrankheit <-, -en> *f* не́рвная боле́знь *ж*

Nervenleiden <-s, -> *nt* нерво́зность ж, не́рвность *ж*

Nervensäge *f fam* зану́да *м и ж*

nervenschwach *adj* неврастени́ческий

Nervenzelle <-, -n> *f* не́рвная кле́тка *ж*

Nervenzusammenbruch <-(e)s, -brüche> *m* истоще́ние *ср* не́рвной систе́мы; **einen ~ haben** получи́ть не́рвное расстро́йство

nervlich ['nɛrflɪç] *adj,* **nervös** *adj* не́рвный

nervös [nɛr'vøːs] *adj* не́рвный; **~ werden** не́рвничать

Nervosität [nɛrvozi'tɛːt] <-> *f* не́рвность *ж,* нерво́зность *ж*

Nerz [nɛrts] <-es, -e> *m (Tier, Pelz)* но́рка *ж*

Nerzmantel <-s, -mäntel> *m* но́рковое пальто́ *ср*

Nessel ['nɛsəl] <-, -n> *f* крапи́ва *ж*

Nest [nɛst] <-(e)s, -er> *nt* гнездо́ *ср; umg (Kleinstadt, Dorf)* глушь *ж*

Nestbau <-(e)s> *m* витьё *ср* [*или* свива́ние *ср*] гнёзд

Nesthocker <-s, -> *m* **1.** ZOOL птене́ц *м,* гнезда́рь *м* **2.** *(Stubenhocker)* домосе́д *м*

nett [nɛt] *adj* ми́лый; *(hübsch)* милови́дный; *(freundlich)* симпати́чный; **das ist sehr ~ von Ihnen** э́то о́чень ми́ло с Ва́шей стороны́; **das war nicht ~ von ihm** э́то бы́ло пло́хо с его́ стороны́; **sich ~ unterhalten** прия́тно болта́ть

netto ['nɛto] *adv* не́тто

Nettobetrag <-(e)s, -beträge> *m* су́мма *ж* не́тто

Nettobilanz <-, -en> *f* не́тто-бала́нс *м*

Nettodividende <-, -n> *f* не́тто-дивиде́нд *м*

Nettoeinkaufspreis <-es, -e> *m* заку́почная цена́ *ж* не́тто

Nettoeinkommen <-s, -> *nt* чи́стый дохо́д *м*

Nettoerlös <-es, -e> *m* вы́ручка *ж* не́тто

Nettoertrag <-(e)s, -erträge> *m* дохо́д *м* не́тто

Nettogewicht <-(e)s, -e> *nt* вес *м* не́тто

Nettogewinn <-(e)s, -e> *m* чи́стая при́быль *ж*

Nettoinlandsprodukt <-(e)s, -e> *nt* чи́стый вну́тренний проду́кт *м*

Nettoinvestition <-, -en> *f* капиталовложе́ния *мн* не́тто

Nettolohn <-(e)s, -löhne> *m* чи́стая за́работная пла́та *ж*

Nettopreis <-es, -e> *m* цена́ *ж* не́тто

Nettoregistertonne <-, -n> *f* не́тто-реги́стровая то́нна *ж*

Nettorendite <-, -n> *f* дохо́д *м* не́тто

Nettosozialprodukt <-(e)s, -e> *nt* чи́стый социа́льный проду́кт *м*

Nettoumsatz <-es, -umsätze> *m* оборо́т *м* не́тто

Nettoverdienst <-(e)s, -e> *m* за́работок *м* не́тто

Nettoverkaufspreis <-es, -e> *m* чи́стая сбытова́я цена́ *ж*

Nettovermögen <-s, -> *nt* факти́ческое иму́щество *ср*

Nettoverschuldung <-, -en> *f* чи́стая задо́лженность *ж*

Netz [nɛts] <-es, -e> *nt* **1.** *(allg)* сеть *ж* **2.** *(von Spinne)* паути́на *ж* **3.** *(Sport)* се́тка *ж;* **jdm ins ~ gehen** *umg* попа́сться в чьи-л. се́ти

NetzanschlussRR <-es, -anschlüsse> *m* подключе́ние *ср* к сети́

netzartig *adj* се́тчатый

Netzempfänger <-s, -> *m* сетево́й (радио)приёмник *м*

Netzgerät <-(e)s, -e> *nt* EL сетево́й прибо́р *м*

Netzhaut <-> *f* ANAT сетча́тка *ж*

Netzkabel <-s, -> *nt* про́вод *м* для присоедине́ния к се́ти

Netzplan <-(e)s, -plänr> *m* сетево́й гра́фик *м*

Netzplantechnik <-> *f* сетева́я те́хника *ж*

Netzserver <-s, -> *m* DV сетево́й се́рвер *м*

Netzspannung <-, -en> *f* сетево́е напряже́ние *ср*

Netzstecker <-s, -> *m* ште́псельная ви́лка *ж*

Netzstrümpfe <-> *pl* ажу́рные чулки́ *мн*

Netzteil <-(e)s, -e> *nt* EL блок *м* пита́ния от се́ти

Netzwerk <-(e)s, -e> *nt* DV сеть *м;* **lokales ~** лока́льная сеть

Netzwerkadministrator(in) <-s, -en> *m* DV администра́тор *м* сети́

neu [nɔɪ] **I.** *adj* **1.** *(noch ungebraucht)* но́вый; **er hat ein ~es Fahrrad** у него́ но́вый велосипе́д **2.** *(erst kürzlich entstanden)* но́вый **3.** *(in einer Gemeinschaft)* но́вый; **mein ~er Kollege** мой но́вый колле́га; **was gibt's Neues?** что но́вого?; **auf ein**

Neues начнём сначáла; **ich bin hier ~** я здесь нóвенький; **das ist mir ~** э́то для меня́ нóво **II.** *adv* **~ anfangen** начáть сначáла

Neuanlage [nɔɪ] <-> *f* нóвое капиталовложéние *ср*

Neuanschaffung <-, -en> *f* новоприобретéние *ср*

neuartig *adj* нóвый

Neubau <-(e)s, -ten> *m* новострóйка *ж*

Neubaugebiet <-(e)s, -e> *nt* нóвый райóн *м*

Neubauwohnung <-, -en> *f* квартúра *ж* в нóвом дóме

Neubearbeitung <-, -en> *f* переработка *ж*, нóвая обработка *ж*

Neubewertung <-, -en> *f* переоцéнка *ж*

Neudruck <-(e)s, -e> *m* стереотúпное издáние *ср*

Neueinstellung <-, -en> *f* приём *м* нóвого рабóтника

Neuentwicklung <-, -en> *f* нóвая разрабóтка *ж*

neuerdings ['nɔɪɐ'dɪŋs] *adv* с недáвних пор

Neuerscheinung <-, -en> *f* (кнúжная) новúнка *ж*

Neuerung <-, -en> *f* нóвшество *ср*

Neuerwerbung <-, -en> *f* нóвое приобретéние *ср*

Neufassung <-, -en> *f* нóвая редáкция *ж* (тéкста), нóвая формулирóвка *ж*

Neufundland <-s> *nt* Ньюфаундлéнд *м*

neugeboren *adj* новорождённый; **sich wie ~ fühlen** чýвствовать себя́ зáново родúвшимся

Neugestaltung <-, -en> *f* обновлéние *ср*

Neugier(de) ['nɔɪgiːɐ̯(də)] <-> *f* любопы́тство *ср*; **aus ~** из любопы́тства

neugierig *adj* любопы́тный; **auf etw/jdn ~ sein** проявля́ть любопы́тство к чемý-л./комý-л.; **sei nicht so ~** не будь такúм любопы́тным; **jdn ~ machen** разбудúть любопы́тство когó-л.

Neugriechisch <-en> *nt* новогрéческий язы́к *м*

Neuguinea [nɔɪgi'neːa] <-s> *nt* Нóвая Гвинéя *ж*

Neuheit <-, -en> *f* **1.** *(das Neusein)* новизнá *ж*; **die ~ einer Erfindung** новизнá откры́тия **2.** *(neues Produkt)* новúнка *ж*; **die ~ der Saison** новúнка сезóна

Neuigkeit <-, -en> *f* нóвость *ж*

Neujahr <-s, -e> *nt* Нóвый год *м*

Neujahrsabend <-s, -e> *m* канýн *м* Нóвого гóда

Neujahrstag <-(e)s, -e> *m* Нóвый год *м*

Neuhochdeutsch *adj* **~e Sprache** нововерхненемéцкий язы́к *м*

Neuland <-(e)s> *nt* целинá *ж*

Neulandgewinnung <-, -en> *f* освоéние *ср* целины́

neulich *adv* недáвно

Neuling ['nɔɪlɪŋ] <-s, -e> *m* новичóк *м*

Neumond <-(e)s, -e> *m* новолýние *ср*

neun [nɔɪn] *num* дéвять

neuneinhalb *num* дéвять с половúной

neunfach, **9-fach**[RR] *num* девятикрáтный

neunhundert ['nɔɪn'hʊndɐt] *num* девятьсóт

neunjährig, **9-jährig**[RR] *adj* девятилéтний

neunmal, **9-mal**[RR] *num* дéвять раз

neunstellig *adj* девятизнáчный

neunstöckig *adj* девятиэтáжный

neunstündig *adj* девятичасовóй (о срóке)

neuntägig *adj* девятиднéвный

neunte(r, s) *num* девя́тая, -тый, -тое

neunteilig *adj* дéвять частéй

Neuntel <-s, -> *nt* девя́тая часть

neuntens *adv* из девятú частéй

neunzehn *num* девятнáдцать

neunzig ['nɔɪnt͡sɪç] *num* девянóсто

Neunzigstel <-s> *nt* девянóстая часть *ж*

Neuorganisation <-, -en> *f* реорганизáция *ж*

Neuphilologe <-n, -n> *m*, **Neuphilologin** *f* специалúст *м* по нóвым языкáм

neureich *adj* бы́стро разбогатéвший, нажúвшийся

Neurochirurg(in) <-s, -en> *m(f)* нейрохирýрг *м*

Neurodermitis [nɔɪrodɛr'miːtɪs] <-> *f* нейродермúт *м*

Neurologe [nɔɪro'loːgə] <-n, -n> *m*, **Neurologin** [nɔɪro'loːgɪn] *f* неврóлог *м*

Neurologie <-> *f* неврoлóгия *ж*

Neurose [nɔɪ'roːzə] <-, -n> *f* неврóз *м*

Neurotiker(in) [nɔɪ'roːtɪkɐ] <-s, -> *m(f)* неврóтик *м*, невротúчка *ж*

neurotisch *adj* невротúческий

Neuseeland [nɔɪ'zeːlant] <-s> *nt* Нóвая Зелáндия *ж*

Neuseeländer(in) <-s, -> *m(f)* новозелáндец *м*, новозелáндка *ж*

neuseeländisch *adj* новозелáндский

Neustart <-s, -s> *m (von Computer)* перезагрýзка *ж*

neutral [nɔɪ'traːl] *adj* нейтрáльный; **ein ~er Staat** нейтрáльное государство; **~ bleiben** остáться беспристрáстным

Neutralisation <-> *f* нейтрализáция *ж*

neutralisieren [nɔɪtrali'ziːrən] *vt* нейтрализовáть *(н-)св*

Neutron ['nɔɪtroːn] <-s, -en> *nt* нейтрóн *м*

Neutronenstrahlung <-> *f* нейтрóнное излучéние *ср*

Neutronenwaffe <-, -n> *f* нейтрóнное орýжие *ср*

Neutrum ['nɔɪtrʊm] <-s, -tra/-tren> *nt* LING срéдний род *м*

Neuverschuldung <-, -en> *f* нóвая задóлженность *ж*

Neuwagen <-s, -> *m* нóвый автомобúль *м*

neuwertig *adj* как но́вый
Neuzeit <-> *f* но́вое вре́мя *ср*
neuzeitlich *adj* совреме́нный
Neuzugang <-(e)s, -zugänge> *m* но́вый до́ступ *м*
Newcomer <-s, -> *m* новичо́к *м*
Newsgroup ['nju:sgru:p] <-, -s> *f* гру́ппа *ж* новосте́й
New York ['nju:'jɔ:k] <-s> *nt* Нью-Йо́рк *м*
Nicaragua <-s> *nt* Никара́гуа *ср*
Nicaraguaner(in) <-s, -> *m(f)* никарагуа́нец *м*, никарагуа́нка *ж*
nicaraguanisch *adj* никарагуа́нский
nicht [nɪçt] *adv* не; **noch ~** ещё нет; **~ wahr?** не так ли?; **besser ~** лу́чше не на́до; **~ mehr als** не бо́льше, чем; **auch ~** то́же не; **~ einmal** да́же не; **bestimmt ~** отню́дь не; **~ nur ..., sondern auch ...** не то́лько ..., но и ...; **ich glaube ~, dass ...** я не ду́маю, что ...; **ob du willst oder ~** хо́чешь ты того́ и́ли нет ...; **bitte ~!** не на́до!; **was Sie ~ sagen!** да что вы гово́рите!
Nichtanerkennung <-> *f* непризна́ние *ср*
Nichtberechtigte(r) <-n, -n> *f(m)* неправомо́чный
Nichte ['nɪçtə] <-, -n> *f* племя́нница *ж*
nichtehelich *adj* внебра́чный
Nichteinhaltung <-> *f* несоблюде́ние *ср*, наруше́ние *ср*
Nichterfüllung <-> *f* JUR невыполне́ние *ср*; **~ eines Vertrages** невыполне́ние усло́вий догово́ра
Nichterscheinen <-s> *nt (Person)* нея́вка *ж*
nichtig *adj* **1.** JUR *(ungültig)* недействи́тельный; **für null und ~ erklären** аннули́ровать **2.** *(unbedeutend)* незначи́тельный
Nichtigkeit <-> *f* недействи́тельность *ж*
Nichtkonvertibilität <-> *f* неконверти́руемость *ж*
Nichtmitglied <-(e)s, -er> *nt* нечле́н *м*
Nichtproportionalschrift <-, -en> *f* моноши́ри́нный шрифт *м*
Nichtraucher(in) <-s, -> *m(f)* некуря́щий *м*, некуря́щая *ж*
Nichtraucherabteil <-(e)s, -e> *nt* купе́ *ср* для некуря́щих
nichtrostend *adj* нержаве́ющий, некорроди́рующий
nichts [nɪçts] *pron* ничто́, ничего́; **sie wusste ~ davon** она́ ничего́ не зна́ла об э́том; **~ zu machen!** ничего́ не поде́лаешь!; **~ zu danken!** не́ за что!; **~ sagend** ничего́ не говоря́щий; **er hat ~ gesagt** он ничего́ не сказа́л; **~ dergleichen** ничего́ подо́бного; **alles oder ~** всё и́ли ничего́; **überhaupt ~** совсе́м ничего́; **~ Neues** ничего́ но́вого; **~ als Ärger** ничего́, кро́ме неприя́тностей; **ich kann ~ dafür** я не винова́т; **Entschuldigung! – macht ~!** прости́те! – ничего́!; **für ~ und wieder ~** *fam* за гроши́; **das tut ~ zur Sache!** э́то не име́ет ничего́ о́бщего; **daraus wird ~** из э́того ничего́ не вы́йдет
Nichts <-> *nt* **1.** *(allg)* ничто́ **2.** *(unbedeutender Mensch)* ничто́жество *ср*; **er ist ein ~** он - ничто́жество
nichtsahnend[Alt] *adj s.* **ahnen**
nichtsdestotrotz *adv fam* несмотря́ на, тем не ме́нее
nichtsnutzig *adj abw* бесполе́зный
nichts sagend[RR] *adj* ничего́ не говоря́щий; *(ausdruckslos)* бессодержа́тельный
Nichtstuer <-s, -> *m pej* безде́льник *м*
nichtswürdig *adj pej* недосто́йный, ме́рзкий, по́длый
nicken ['nɪkən] *vi* кива́ть, кивну́ть *св*
Nickerchen ['nɪkɐçən] <-s, -> *nt fam* дремо́та *ж*; **ein ~ machen** дрема́ть
nie [ni:] *adv* никогда́; **das schaffst du ~ bis morgen** до за́втра ты ни за что́ не успе́ешь; **fast ~** практи́чески никогда́; **~ wieder** бо́льше никогда́; **jetzt oder ~** тепе́рь или никогда́; **noch ~** ещё ни ра́зу; **~ und nimmer** ни за что на све́те; **besser spät als ~** лу́чше по́здно, чем никогда́
nieder ['ni:dɐ] **I.** *adj* ни́зкий **II.** *adv* вниз; **auf und ~** вверх и вниз
nieder|brennen <irr> **I.** *vi sein (Haus)* испепеля́ть, испепели́ть *св*; *(Kerze)* догора́ть, догоре́ть *св* **II.** *vt* испепеля́ть, испепели́ть *св*
Niederdruck <-(e)s, -drücke> *m* ни́зкое давле́ние *ср*
nieder|fallen *vi geh* упа́сть
Niederfrequenz <-, -en> *f* EL ни́зкая частота́ *ж*
Niedergang <-(e)s> *m (Verfall)* упа́док *м*, спад *м*; **sich im ~ befinden** находи́ться в состоя́нии упа́дка; **~ der Wirtschaft** экономи́ческий спад
niedergeschlagen *adj* удручённый
Niedergeschlagenheit <-, -en> *f* удручённость *ж*
nieder|knien *vi sein* встать на коле́ни
nieder|kommen *vi geh* разреша́ться, разреши́ться *св* от бре́мени
Niederkunft ['ni:dɐkʊnft] <-> *f* ро́ды *мн*
Niederlage <-, -n> *f* пораже́ние *ср*; **eine schwere ~** тяжёлое пораже́ние; **eine ~ erleiden** потерпе́ть пораже́ние
Niederlande ['ni:dɐlandə] <-> *pl* Нидерла́нды *мн*
Niederländer(in) ['ni:dɐlɛndɐ] <-s, -> *m(f)* нидерла́ндец *м*, нидерла́ндка *ж*
niederländisch *adj* нидерла́ндский
nieder|lassen <irr> *vr* **1.** *(hinsetzen)* опуска́ться, опусти́ться *св* **2.** *(an einem Ort)* сели́ться, по- *св* **3.** *(eine Praxis eröffnen)* открыва́ть, -кры́ть *св* пра́ктику

N

Niederlassung <-, -en> *f* поселе́ние *ср;* *(Geschäfts~)* отделе́ние *ср,* филиа́л *м*

Niederlassungsfreiheit <-> *f* свобо́да *ж* поселе́ния

nieder|legen *vt* класть, положи́ть *св;* *(Amt)* слага́ть, сложи́ть *св* с себя́; **die Arbeit ~** прекрати́ть рабо́ту

nieder|machen *vi* убива́ть, уби́ть *св,* пристре́ливать, пристрели́ть *св*

Niederrhein <-s> *m* Ни́жний Рейн *м*

Niedersachsen <-s> *nt* Ни́жняя Саксо́ния *ж*

Niederschlag <-(e)s, -schläge> *m* **1.** *(Regen, Schnee)* оса́док *м* **2.** *(Ausdruck, Ergebnis)* выраже́ние *ср;* **etw findet seinen ~ (in etw)** что́-то нахо́дит своё выраже́ние (в чём-л.)

nieder|schlagen <irr> **I.** *vt* **1.** *(Person)* сбива́ть, сбить *св* с ног **2.** *(Aufstand)* подавля́ть, -ви́ть *св* **II.** *vi* осажда́ться, осе́сть *св*

niederschmetternd *adj* ошеломля́ющий

Niederspannung <-, -en> *f* EL ни́зкое напряже́ние *ср*

nieder|strecken *vt* сража́ть, срази́ть *св,* укла́дывать, уложи́ть *св* на ме́сте

niedertourig *adj* малооборо́тный

niederträchtig ['ni:dɐtrɛçtɪç] *adj* ни́зкий, по́длый; **das ist eine ~e Lüge** э́то ни́зкая ложь

nieder|treten *vt* топта́ть, затопта́ть *св*

Niederung <-, -en> *f (Senkung)* ни́зменность *ж*

nieder|walzen *vt* **1.** MIL уничтожа́ть, уничто́жить *св* гу́сеницами **2.** уничтожа́ть, уничто́жить *св,* ликвиди́ровать *(н)св*

Niederwerfung <-, -en> *f* подавле́ние *ср* *(восста́ния)*

niedlich ['ni:tlɪç] *adj* милови́дный

Niednagel <-s> *m* заусе́ница *ж*

niedrig ['ni:drɪç] *adj* ни́зкий; *(Einstellung)* ни́зкий, по́длый

Niedrigkeit <-> *f* ни́зость *ж,* по́длость *ж*

Niedriglohnland <-(e)s, -länder> *nt* страна́ *ж* с ни́зкой опла́той труда́

Niedrigpreisverkauf <-(e)s> *m* прода́жа *ж* по де́мпинговой цене́

niemals ['ni:ma:ls] *adv* никогда́

niemand ['ni:mant] *pron* никто́; **das weiß ~** э́того никто́ не зна́ет; **es war ~ zu Hause** никого́ не́ было до́ма; **sonst ~** никто друго́й; **es war ~ anders als sein früherer Lehrer** э́то был ни кто ино́й, как его́ бы́вший учи́тель

Niere ['ni:rə] <-, -n> *f* по́чка *ж*

Nierenbecken <-s, -> *nt* по́чечная лоха́нка *ж*

Nierenkolik <-, -en> *f* по́чечные ко́лики *мн*

Nierenleiden <-s, -> *nt* заболева́ние *ср* по́чек

Nierenstein <-(e)s, -e> *m* по́чечный ка́мень *м*

Nierentee <-s, -s> *m* мочего́нный чай *м*

Nierentransplantation <-, -en> *f* переса́дка *ж* по́чки

Nierenversagen <-s> *nt* по́чечная недоста́точность *ж*

nieseln ['ni:zəln] *vi* мороси́ть *нсв;* **es nieselt** мороси́т (дождь)

Nieselregen <-s> *m* ме́лкий дождь *м*

niesen ['ni:zən] *vi* чиха́ть, -хну́ть *св*

Nießbraucher(in) ['ni:sbraʊxɐ] <-s, -> *m(f)* вре́менный владе́лец *м*

Niete ['ni:tə] <-, -n> *f* **1.** *(Los)* пусто́й (лотере́йный) биле́т *м* **2.** *umg (Versager(in))* ничто́жество *ср;* **eine ~ ziehen** вы́тянуть пусто́й биле́т

Nigeria <-s> *nt* Ниге́рия *ж*

Nigerianer(in) <-s, -> *m(f)* нигери́ец *м,* нигери́йка *ж*

nigerianisch *adj* нигери́йский

Nihilismus [nihi'lɪsmʊs] <-> *m* нигили́зм *м*

nihilistisch *adj* нигилисти́ческий

Nikolaus ['nɪkolaʊs] <-, -e, *fam:* -läuse> *m* *(Gestalt)* Дед Моро́з *м*

Nikotin [niko'ti:n] <-s> *nt* никоти́н *м*

nikotinarm *adj* содержа́щий ма́ло никоти́на

nikotinfrei *adj* без никоти́на

Nil [ni:l] <-s> *m* Нил *м*

Nilpferd <-(e)s, -e> *nt* бегемо́т *м*

Nimmerwiedersehen *nt fam* **auf ~!** проща́й!

Nippes ['nɪpəs] <-> *pl* безделу́шки *жмн*

Nippsachen ['nɪpzaxən] <-> *pl* изя́щные безделу́шки *мн*

nirgends ['nɪrgənts] *adv* нигде́

nirgendswo ['nɪrgəntvo:] *adv* нигде́

nirgendwo *adv* нигде́

Nische ['ni:ʃə] <-, -n> *f* ни́ша *ж*

nisten ['nɪstən] *vi* *(von Vögeln)* гнезди́ться *нсв*

Nistkasten <-s, -kästen> *m* скворе́чник *м*

Nitrat [ni'tra:t] <-(e)s, -e> *nt* нитра́т *м*

Nitrit <-s, -e> *nt* нитри́т *м*

Nitrosamin <-s, -e> *nt* нитрозами́н *м* *(азо́тистое соедине́ние, образу́ющееся при копче́нии, жа́рении и т.п., спосо́бствующее возникнове́нию ра́ка)*

Niveau [ni'vo:] <-s, -s> *nt* у́ровень *м*

niveaulos *adj* зауря́дный, ни́зкого у́ровня

nivellieren [nivɛ'li:rən] *vt* нивели́ровать

Nixe ['nɪksə] <-, -n> *f* руса́лка *ж*

nobel ['no:bəl] *adj* **1.** *(von Person)* благоро́дный **2.** *(teuer, vornehm)* шика́рный

Nobelpreis [no'bɛlpraɪs] <-es, -e> *m* Но́белевская пре́мия *ж*

Nobelpreisträger(in) <-s, -> *m(f)* лауреа́т *м* Но́белевской пре́мии

noch [nɔx] **I.** *konj* ни; **weder ... ~ ...** ни ..., ни ... **II.** *adv* ещё; **~ hast du Zeit** у тебя́ ещё есть вре́мя; **sie wird schon ~ sehen**

она́ ещё уви́дит; ~ **nicht** ещё нет; ~ **einmal** ещё раз; ~ **vor zwei Tagen** ещё позавчера́; **immer** ~ всё ещё; **nur** ~ то́лько ещё; ~ **nie** ещё ни ра́зу; **weißt du ~?** ты по́мнишь?; **ich sage dir ~ Bescheid** я тебя́ уве́домлю; **auch das ~!** э́того ещё не хвата́ло!

nochmalig *adj* повто́рный

nochmals *adv* ещё раз

Nockenwelle <-, -n> *f* распредели́тельный вал *м*

Nomade [no'ma:də] <-n, -n> *m*, **Nomadin** *f* коче́вник *м*, коче́вница *ж*

Nomadenleben <-> *nt* кочево́й о́браз *м* жи́зни

nomadisch *adj* кочево́й

nomadisieren *vi* кочева́ть

Nomen ['no:mən, 'no:mina] <-s, Nomina> *nt* и́мя *ср* существи́тельное

nominal [nomi'na:l] *adj* номина́льный

Nominalbetrag <-(e)s, -beträge> *m* номина́льная су́мма *ж*

Nominaleinkommen <-s, -> *nt* номина́льный дохо́д *м*

Nominalkapital <-s> *nt* номина́льный капита́л *м*

Nominallohn <-(e)s, -löhne> *m* номина́льная за́работная пла́та *ж*

Nominalwert <-(e)s, -e> *m* номина́льная сто́имость *ж*

Nominalzins <-es> *m* номина́льный проце́нт *м*

Nominativ ['no:minati:f] <-s, -e> *m* имени́тельный паде́ж *м*

nominell *adj* номина́льный

nominieren [nomi'ni:rən] *vt* выдвига́ть, вы́двинуть *св*

Nominierung <-, -en> *f* выдвиже́ние *ср*

Nonameprodukt ['noʊneɪm pro'dʊkt] <-(e)s, -e>, **No-Name-Produkt** ['noʊneɪmpro'dʊkt] *nt* нефи́рменное изде́лие *ср*

Nonkonformismus <-> *m* нонконформи́зм *м*

Nonne ['nɔnə] <-, -n> *f* мона́хиня *ж*

Nonprofit-Organisation <-, -en> *f* некомме́рческая организа́ция *ж*

Nonstopflug [nɔn'stɔpʔflu:k] <-(e)s, -flüge>, **Non-Stop-Flug** *m* беспоса́дочный перелёт *м*

Nord [nɔrt] <-(e)s> *m ohne pl a* NAUT, METEO се́вер *м*

Nordamerika ['nɔrtʔa'me:rika] <-s> *nt* Се́верная Аме́рика *ж*

nordamerikanisch *adj* североамерика́нский

Nordatlantik <-s> *m* Се́верная Атла́нтика *ж*

nordatlantisch *adj* североатланти́ческий

Nordatlantisches Verteidigungsbündnis <-ses> *nt* Североатланти́ческий оборони́тельный сою́з *м (НАТО)*

norddeutsch *adj* северонеме́цкий, северогерма́нский

Norddeutsche(r) <-n, -n> *f(m)* се́верный не́мец *м*

Norddeutschland <-s> *nt* Се́верная Герма́ния *ж*

Norden ['nɔrdən] <-s> *m* се́вер *м*; **nach/von ~** на се́вер/с се́вера; **der hohe ~** Кра́йний Се́вер; **im ~ von ...** *(nördlich von)* на се́вере от; *(im nördlichen Teil von)* в се́верной ча́сти; **nach ~** на се́вер; **in den ~** на се́вер

Nordeuropa ['nɔrtʔɔɪ'ro:pa] <-s> *nt* Се́верная Евро́па *ж*

nordeuropäisch *adj* североевропе́йский

Nordhang <-(e)s, -hänge> *m* се́верный склон *м* горы́

Nordirland ['nɔrt'ɪrlant] <-s> *nt* Се́верная Ирла́ндия *ж*

nordisch *adj* се́верный

Nordküste *f* се́верное побере́жье *ср*

nördlich ['nœrtlɪç] **I.** *adj* се́верный; ~ **von** на се́вере от; **in nördlicher Richtung** на се́вер **II.** *prp gen* к северу́ от

Nordlicht <-> *nt* се́верное сия́ние *ср*

Nordosten ['nɔrt'ʔɔstən] <-s> *m* се́веро-восто́к *м*

nordöstlich ['nɔrt'ʔœstlɪç] **I.** *adj* се́веро-восто́чный **II.** *prp gen* на се́веро-восто́ке от

Nordpol <-s> *m* Се́верный по́люс *м*

Nordrhein-Westfalen ['nɔrtraɪnvɛst'fa:lən] <-s> *nt* Се́верный Рейн *м* – Вестфа́лия *ж*

Nordsee <-> *f* Се́верное мо́ре *ср*

Nord-Süd-Dialog <-(e)s> *m* диало́г *м* ме́жду Се́вером и Ю́гом

Nordwesten ['nɔrt'vɛstən] <-s> *m* се́веро-за́пад *м*

nordwestlich ['nɔrt'vɛstlɪç] **I.** *adj* се́веро-за́падный **II.** *prp* к се́веро-за́паду от, се́веро-за́паднее

Nordwind <-(e)s> *m* се́верный ве́тер *м*

nörgeln ['nœrgəln] *vi* придира́ться, -дра́ться *св*; **sie nörgelte über das Essen** она́ придира́лась к еде́

Nörgler(in) <-s, -> *m(f)* приди́ра *м и ж*

Norm [nɔrm] <-, -en> *f* но́рма *ж*, пра́вило *ср*; **von der ~ abweichen** отклоня́ться от станда́рта; **eine ~ einhalten** приде́рживаться но́рмы; **der ~ entsprechen** соотве́тствовать но́рме; **eine ~ erfüllen** выполня́ть но́рму; **eine ~ festsetzen** устана́вливать но́рму; **über der ~ liegen** быть сверх но́рмы

normal [nɔr'ma:l] *adj* норма́льный; *umg (~erweise)* обы́чно

Normalbeschäftigung <-> *f* сре́дняя загру́зка *ж*

normalerweise *adv* обы́чно

Normalgewicht <-(e)s> *nt* норма́льный вес *м*

Normalgröße <-> *f* норма́льный разме́р *м*

normalisieren [nɔrmali'ziːrən] **I.** *vr* нормализова́ться *(н)св;* **die Lage hat sich normalisiert** положе́ние нормализова́лось **II.** *vt* нормализова́ть *(н)св*

Normalisierung <-, -en> *f* нормализа́ция *ж*

Normalkosten <-> *pl* сре́дние изде́ржки *мн*

Normalpreis <-es, -e> *m* обы́чная цена́ *ж*

Normalsichtigkeit <-> *f* норма́льная ви́димость *ж*

Normalsteuersatz <-es, -sätze> *m* обы́чная нало́говая ста́вка *ж*

Normalverbraucher <-s, -> *m* сре́дний потреби́тель *м*

Normalzeit <-> *f* сре́днее вре́мя *ср*

Normalzustand <-(e)s, -zustände> *m* норма́льное состоя́ние *ср*

normativ *adj* нормати́вный

Normgröße <-, -n> *f* норма́льный разме́р *м*

Normierung <-, -en> *f* стандартиза́ция *ж*

Normteil <-(e)s, -e> *nt* стандa̓ртная дета́ль *ж*

Normung <-, -en> *f* стандартиза́ция *ж*

Norwegen ['nɔrveːgən] <-s> *nt* Норве́гия *ж*

Norweger(in) <-s, -> *m(f)* норве́жец *м,* норве́жка *ж*

norwegisch *adj* норве́жский

Nostalgie [nɔstal'giː] <-> *f* ностальги́я *ж*

Nostalgiewelle <-> *f* ностальги́ческая волна́ *ж,* мо́да *ж* на старину́

nostalgisch [nɔs'talgɪʃ] *adj* ностальги́ческий

Not [noːt] <-, Nöte> *f* **1.** *(Mangel, Elend)* нужда́ *ж,* бе́дственное положе́ние *ср,* беда́ *ж* **2.** *(Zwang, Notwendigkeit)* необходи́мость *ж,* нужда́ *ж;* **aus ~** по необходи́мости; **zur ~** в кра́йнем слу́чае; **~ leiden** испы́тывать нужду́

Notadresse <-, -n> *f* запасно́й а́дрес *м*

Notanker <-s, -> *m* запасно́й я́корь *м; fig* я́корь *м* спасе́ния

Notar(in) [no'taːɐ̯] <-s, -e> *m(f)* нота́риус *м;* **einen Vertrag beim ~ hinterlegen** сдава́ть догово́р на хране́ние нота́риусу; **öffentlicher ~** официа́льный нота́риус

Notariat [notari'aːt] <-(e)s, -e> *nt* нотариа́т *м*

notariell [notari'ɛl] *adj* нотариа́льный; **etw ~ beglaubigen lassen** заве́рить что-л. у нота́риуса [*или* в нотариа́льной конто́ре]

Notarzt <-(e)s, -ärzte> *m,* **Notärztin** *f* дежу́рный врач *м*

Notaufnahme <-, -n> *f* приём *м* бе́женцев

Notausgang <-(e)s, -gänge> *m* запасно́й вы́ход *м*

Notbehelf <-(e)s, -e> *m* вре́менная ме́ра *ж*

Notbeleuchtung <-, -en> *f* авари́йное освеще́ние *ср*

Notbremse <-, -n> *f* авари́йный то́рмоз *м,* стоп-кран *м*

Notdienst *m* авари́йная слу́жба *ж*

notdürftig *adj* бе́дный

Note[1] ['noːtə] <-, -n> *f* **1.** *(Schul~)* оце́нка *ж;* **er hat gute ~n** у него́ хоро́шие оце́нки **2.** MUS но́та *ж;* **eine ganze ~** це́лая но́та; **eine halbe ~** полно́ты

i Land & Leute

«Шесть» – в Германии и в Австрии самая плохая **Note** – **школьная оценка**. Она означает «неудовлетворительно». Самая лучшая оценка – «единица». В Швейцарии наоборот: шестёрка – самая лучшая оценка, единица – самая худшая.

Note[2] ['noːtə] *f ohne pl (Eigenart)* отте́нок *м*

Notebook ['noʊtbʊk] <-s, -s> *nt* DV миниатю́рный портати́вный компью́тер *м*

Notenbank <-, -en> *f* эмиссио́нный банк *м*

Notenblatt *nt* MUS но́тный лист *м*

Notendeckung <-> *f* обеспе́чение *ср* банкно́т

Notenpapier <-(e)s> *nt* но́тная бума́га *ж*

Notenschlüssel <-s, -> *m* ключ *м*

Notenschrift <-> *f* MUS но́тное письмо́ *ср*

Notenständer <-s, -> *m* пюпи́тр *м* для нот

Notensystem <-(e)s, -e> *nt (in der Schule)* систе́ма *ж* оце́нок

Notenumlauf <-(e)s> *m* обраще́ние *ср* банкно́т

Notfall <-(e)s, -fälle> *m* кра́йний слу́чай *м;* **im ~** в кра́йнем слу́чае

Notfalldienst <-es, -e> *m* слу́жба *ж* э́кстренной по́мощи

notfalls *adv* в кра́йнем слу́чае

notgedrungen *adv* понево́ле

notieren [no'tiːrən] *vt* **1.** *(eine Notiz machen)* запи́сывать, -са́ть *св;* **er notierte sich ihre Adresse** он записа́л себе́ её а́дрес **2.** BÖRSE коти́ровать

Notierung <-, -en> *f* BÖRSE котиро́вка *ж*

nötig ['nœːtɪç] *adj* ну́жный; **ich habe es nicht ~, mir das sagen zu lassen** мне не нужны́ нравоуче́ния; **du hast es gerade ~!** тебе́ э́то как раз на́до!

nötigen *vt (zwingen)* принужда́ть, -ну́дить *св*

Nötigungstatbestand <-(e)s, -bestände> *m* JUR факти́ческое принужде́ние *ср*

Notiz [no'tiːt͡s] <-, -en> *f* за́пись *ж;* **von jdm/etw ~ nehmen** обраща́ть внима́ние на кого́-л./что-л.; **sich** *dat* **Notizen machen** запи́сывать

Notizblock *m* блокно́т *м*

Notizbuch <-(e)s, -bücher> *nt* записна́я кни́жка *ж*

Notlage <-, -n> *f* бе́дственное положе́ние *ср;* **in einer ~ sein** находи́ться в бе́дственном положе́нии

notlanden *vi* соверша́ть, -ши́ть *св* вы́нужденную поса́дку

Notlandung <-, -en> *f* вы́нужденная поса́дка *ж*

Notlösung <-, -en> *f* вре́менное реше́ние *ср*

Notlüge <-, -n> *f* вы́нужденная ложь *ж*

notorisch [no'to:rɪʃ] *adj* закорене́лый

Notruf <-(e)s, -e> *m* э́кстренный вы́зов *м*

Notsitz <-es, -e> *m* дополни́тельное сиде́нье *ср*

Notstand <-(e)s, -stände> *m* бе́дствие *ср;* POL чрезвыча́йное положе́ние *ср;* **den ~ ausrufen** объяви́ть чрезвыча́йное положе́ние

Notstandsgesetz <-es, -e> *nt* зако́н *м* о чрезвыча́йном положе́нии

Notstromversorgung <-, -en> *f* авари́йное электроснабже́ние *ср*

Nottaufe <-, -n> *f обря́д креще́ния в сро́чном поря́дке, без соблюде́ния обы́чных форма́льностей*

Notverband <-(e)s, -verbände> *m* вре́менная повя́зка *ж*

Notverkauf <-(e)s, -verkäufe> *m* вы́нужденная прода́жа *ж*

Notwasserung <-> *f (Flugzeug)* вы́нужденная поса́дка *ж* на во́ду

Notwehr <-> *f* самооборо́на *ж*

notwendig ['no:tvɛndɪç] *adj* необходи́мый

Notwendigkeit <-, -en> *f* необходи́мость *ж*

Nougat <-s, -s> *m o nt s.* **Nugat**

Novelle [no'vɛlə] <-, -n> *f* **1.** *(Erzählung)* нове́лла *ж* **2.** JUR *(Gesetzes~)* измене́ние *ср* зако́на, нове́лла *ж;* **eine ~ verabschieden** утвержда́ть нове́ллу

Novellierung <-, -en> *f* измене́ние *ср* в зако́не, внесе́ние *ср* измене́ния в законода́тельство

November [no'vɛmbɐ] <-(s), -> *m* ноя́брь *м*

Novität <-, -en> *f* нови́нка *ж*

Nr. *abk von* **Nummer** но́мер *м*

N.T. *abk von* **Neues Testament** Но́вый заве́т *м*

Nu [nu:] *m fam* **im ~** сра́зу

Nuance [ny'ɑ̃:sə] <-, -n> *f* нюа́нс *м*

nuancieren *vt* нюанси́ровать, оттеня́ть

nüchtern ['nʏçtɐn] *adj* тре́звый; *(zweckmäßig, vernünftig)* рассуди́тельный; *(Magen)* пусто́й; **auf ~en Magen** на пусто́й желу́док

Nüchternheit <-> *f* тре́звость *ж; (Zweckmäßigkeit, Vernunft)* рассуди́тельность *ж*

Nuckelflasche <-, -n> *f* буты́лочка *ж* с со́ской

Nudel ['nu:dəl] <-, -n> *f* вермише́ль *ж*

Nudelholz <-es, -hölzer> *nt* ска́лка *ж*

Nudelsuppe *f* вермише́левый суп *м*

Nudist(in) [nu'dɪst] <-en, -en; -nen> *m(f)* нуди́ст *м*

Nugat[RR] ['nu:gat] <-s, -s> *m o nt мя́гкая са́харная смесь с оре́хами или минда́лём*

nuklear [nukle'a:ɐ̯] *adj* я́дерный

Nuklearindustrie <-, -en> *f* я́дерная промы́шленность *ж*

Nuklearmedizin <-> *f* лече́ние *ср* с примене́нием радиоакти́вных веществ

Nuklearphysik <-> *f* я́дерная фи́зика *ж*

Nukleartest <-s, -s> *m* я́дерный тест *м*

Nuklearwaffe <-, -n> *f* я́дерное ору́жие *ср*

null [nʊl] *num* ноль; **~ und nichtig** ничто́жный; **in ~ Komma nichts** *fam* в оди́н раз

Null [nʊl] <-, -en> *f* **1.** *(Ziffer)* ноль *м* **2.** *umg (Versager(in))* ничто́жество *ср*

Nullmeridian <-(e)s> *m* нулево́й меридиа́н *м*

Nullpunkt <-(e)s> *m* нулева́я то́чка *ж; (Gefrierpunkt)* нуль *м*

Null-Summen-Spiel <-(e)s, -e> *nt* игра́ *ж* с нулево́й су́ммой

Nulltarif <-s> *m* беспла́тная услу́га; **zum ~** беспла́тно

Nullwachstum <-s> *nt* нулево́й рост *м*

Numerale <-> *nt* LING числи́тельное *ср*

numerieren[Alt] *vt s.* **nummerieren**

numerisch [nu'me:rɪʃ] *adj* числово́й, чи́сленный

Numerus <-> *m* LING число́ *ср*

Numerus clausus ['nu:merʊs 'klaʊzʊs] <-> *m* проходно́й бал *м*

i Land & Leute

Посредством **проходного бала** университеты имеют возможность регулировать набор студентов на определённые специальности. Это достигается за счёт того, что к учёбе допускаются лишь те абитуриенты, чей средний балл в аттестате лучше, чем «очень хорошо».

Nummer ['nʊmɐ] <-, -n> *f* **1.** *(Zahl)* но́мер *м;* **auf ~ Sicher gehen** *fam* на вся́кий слу́чай **2.** *(Kabarett~, Zirkus~)* выступле́ние *ср*

nummerieren[RR] [nume'ri:rən] *vt* нумерова́ть, про- *св*

Nummernblock <-(e)s, -blöcke> *m (der PC-Tastatur)* цифрова́я клавиату́ра *ж*

Nummernkonto <-s, -konten> *nt* анони́мный счёт *м*

Nummernschild <-(e)s, -er> *nt* табли́чка *ж* с номерны́м зна́ком, номерно́й знак *м*

N

nun [nu:n] I. *adv (jetzt)* тепе́рь; **von ~ an** отны́не; **was ~?** что тепе́рь?; **das hast du ~ davon** вот и расхлёбывай тепе́рь ка́шу II. *part* ну, так; **~ denn** как бы то ни бы́ло; **~ sag schon ...** ну, скажи́; **~ gut** ну, хорошо́; **das ist ~ mal so** ничего́ не поде́лаешь

nur [nu:ɐ̯] I. *adv* то́лько, лишь; **nicht ~ ..., sondern auch** не то́лько, но и ...; **~ schade, dass ...** то́лько жаль, что ...; **alles, ~ das nicht!** всё, то́лько не э́то!; **warum fragst du? – ~ so** почему́ ты спра́шиваешь? – про́сто так II. *part* то́лько; **was hat sie ~?** что же с ней?; **warte ~!** подожди́-ка!; **so schnell er ~ konnte** как мо́жно быстре́е, что есть мо́чи; **~ zu!** пожа́луйста!; **sieh ~!** смотри́!

Nuss[RR] [nʊs] <-, Nüsse> *f*, **Nuß**[Alt] <-, Nüsse> *f* оре́х *м*; **jdm eine harte ~ zu knacken geben** *fig, fam* зада́ть кому́-л. головоло́мку; **eine taube ~** тупи́ца; **dumme ~!** *fam* болва́н!

Nussbaum[RR] <-(e)s, -bäume> *m* оре́ховое де́рево *ср*

Nussknacker[RR] *m* щелку́нчик *м*

Nussöl[RR] <-(e)s, -e> *nt* оре́ховое ма́сло *ср*

Nussschale[RR] *f (Schale einer Nuss)* скорлупа́ *ж*

Nusstorte[RR] <-, -n> *f* оре́ховый торт *м*

Nüster ['nʏstɐ] <-, -n> *f* ноздря́ *ж*

Nut [nu:t] <-> *f* жёлоб *м*

Nutte ['nʊtə] <-, -n> *f pej* шлю́ха *ж*, прости́тутка *ж*

Nutzbarmachung <-, -en> *f* испо́льзование *ср*, утилиза́ция *ж* (отходов)

nütze ['nʏtsə] **zu etw ~ sein** быть поле́зным для чего́-л.

nutzen ['nʊtsən] *vt* испо́льзовать *(н)св*; **die Gelegenheit ~** воспо́льзоваться возмо́жностью

nützen ['nʏtsən] *vi* приноси́ть, -нести́ *св* по́льзу; **wem soll das ~?** кому́ э́то ну́жно?

Nutzen ['nʊtsən] <-s> *m* 1. *(Nützlichkeit)* по́льза *ж* 2. *(Vorteil)* вы́года *ж*; **beiderseitiger ~** взаи́мная вы́года; **~ bringen** приноси́ть по́льзу; **erwarteter ~** ожида́емая поле́зность; **der ~ eines Produkts** поле́зность проду́кта; **volkswirtschaftlicher ~** народнохозя́йственный эффе́кт; **~ aus etw ziehen** извле́чь вы́году [*или* по́льзу] из чего́-л.; **jdm von ~ sein** быть кому́-л. поле́зным

Nutzenmaximierung <-> *f* максимиза́ция *ж* при́были

Nutzer(in) <-s, -> *m(f)* по́льзователь *м*, по́льзовательница *ж*

Nutzlast <-, -en> *f* поле́зный груз *м*; TECH поле́зная нагру́зка *ж*

Nutzleistung <-, -en> *f* TECH, EL поле́зная [*или* эффекти́вная] мо́щность *ж*

nützlich *adj (nutzbringend)* поле́зный; **sich ~ machen** быть кому́-л. поле́зным

Nützlichkeit <-> *f* поле́зность *ж*

Nützlichkeitsdenken <-s> *nt* прагмати́зм *м*, утилита́рное мышле́ние *ср*

nutzlos *adj* бесполе́зный

Nutzlosigkeit <-> *f* бесполе́зность *ж*

Nutzpflanze <-, -n> *f* поле́зное расте́ние *ср*

Nutztier <-(e)s, -e> *nt* поле́зное живо́тное *ср*

Nutzung <-, -en> *f (Be- oder Ausnutzung)* испо́льзование *ср*; **(un)befristete ~** (бес)сро́чное по́льзование; **(un)entgeltliche ~** (бес)пла́тное по́льзование; **~ auf Mietbasis** аре́ндное по́льзование; **~ der Produktivkräfte** испо́льзование произво́дственных сил; **~ von Produktionsmitteln** испо́льзование средств произво́дства; **~ von Rohstoffen** испо́льзование сырья́

Nutzungsdauer <-> *f* срок *м* слу́жбы

Nutzungsrecht <-(e)s, -e> *nt* пра́во *ср* по́льзования

Nutzwert <-(e)s, -e> *m* поле́зность *ж*

Nutzwertanalyse <-, -n> *f* ана́лиз *м* поле́зности

NVA *abk von* **Nationale Volksarmee** ННА *(Национа́льная наро́дная а́рмия ГДР)*

Nylon ['naɪlɔn] <-s> *nt* нейло́н *м*

nymphomanisch *adj* страда́ющий нимфома́нией

O o

O, o [o:] <-, -> *nt* бу́ква O
ÖAMTC *abk von* **Österreichischer Automobil-, Motorrad- und Touringclub** Австрийский клуб автомоби́лей, мотоци́клов и состяза́телей
Oase [o'a:zə] <-, -n> *f* оа́зис *м*
ob [ɔp] *konj* ли; **als ~** как бу́дто; **und ~!** ещё как!; **sie fragt, ~ Monika zu Hause ist** она́ спра́шивает, до́ма ли Мо́ника; **~ er wohl kommen wird?** как ты ду́маешь, он придёт?; **als ~ nichts geschehen wäre** как бу́дто ничего́ не случи́лось
OB [o:'be:] *abk von* **Oberbürgermeister(in)** мэр *м*
ÖBB *abk von* **Österreichische Bundesbahnen** Австри́йские железнодоро́жные ли́нии *жмн*
Obdach ['ɔpdax] <-(e)s> *nt* прию́т *м*
obdachlos *adj* бездо́мный
Obdachlose(r) <-n, -n> *f(m)* бездо́мный *м*, бездо́мная *ж*
Obdachlosenheim *nt* прию́т *м* для бездо́мных
Obduktion [ɔpdʊk'ts̯i̯o:n] <-, -en> *f* вскры́тие *ср*
obduzieren [ɔpdu'ts̯i:rən] *vt* вскрыва́ть
O-Beine <-> *pl* но́ги *мн* колесо́м
Obelisk <-en, -en> *m* обели́ск *м*
oben ['o:bən] *adv* наверху́, вверху́, све́рху; **das Bad ist ~** ва́нная нахо́дится наверху́; **nach ~** наве́рх; **von ~** све́рху; **von ~ bis unten** све́рху до́низу; **von ~ herab** *fig* свысока́; **~ genannt** вышеупомя́нутый; **er behandelt die Leute von ~ herab** он отно́сится высокоме́рно к лю́дям; **ganz ~** на са́мом верху́; **~ links/rechts** наверху́ сле́ва/спра́ва; **siehe ~** смотри́ наверху́; **das steht mir bis hier ~** *fam* мне э́то надое́ло; **~ ohne** *fam* без ли́фчика
obendrein ['o:bən'draɪn] *adv (noch dazu)* кро́ме того́
obenerwähnt[Alt] *adj s.* **oben 1.**
oben-ohne *adv* без ли́фчика
Ober ['o:bɐ] <-s, -> *m* официа́нт *м;* **Herr ~!** официа́нт!
Oberarm ['o:bɐarm] <-(e)s, -e> *m* плечо́ *ср*
Oberarzt <-es, -ärzte> *m,* **Oberärztin** *f* заве́дующий *м* [*или* заве́дующая *ж*] отделе́нием *(в больни́це)*
Oberaufsicht *f* гла́вный надзо́р *м*
Oberbefehl <-(e)s> *m* гла́вное кома́ндование *ср*
Oberbefehlshaber(in) <-s, -> *m(f)* главнокома́ндующий *м*
Oberbegriff <-(e)s, -e> *m* о́бщее поня́тие *ср*
Oberbekleidung <-> *f* ве́рхняя оде́жда *ж*
Oberbürgermeister <-s> *m* мэр *м*
oberdeutsch *adj* южнонеме́цкий
obere(r, s) ['o:bərə, -rɐ, -rəs] *adj* ве́рхняя, -ний, -нее; **die oberen Zehntausend** *umg* верху́шка *ж* о́бщества
Oberfeldwebel <-s, -> *m* о́бер-фельдфе́бель *м*
Oberfläche <-, -n> *f* пове́рхность *ж*
Oberflächenstruktur <-, -en> *f* LING пове́рхностная структу́ра *ж*
oberflächlich *adj (auch von Person)* пове́рхностный
Obergeschoss[RR] *nt* ве́рхний эта́ж *м;* **im ~** на ве́рхнем этаже́
Obergesellschaft <-, -en> *f* ÖKON матери́нская компа́ния *ж,* основно́е о́бщество *ср*
Obergrenze <-, -n> *f* ве́рхний преде́л *м,* ве́рхная грани́ца *ж*
oberhalb **I.** *adv* пове́рх, вы́ше **II.** *prp* вы́ше
Oberhand *f ohne pl* **die ~ gewinnen** брать переве́с
Oberhaupt <-(e)s, -häupter> *nt* глава́ *ж*
Oberhaus <-es> *nt* ве́рхняя пала́та *ж (парла́мента)*
Oberhaut <-> *f* ANAT ве́рхний слой *м* ко́жи, эпиде́рмис *м*
Oberhemd <-(e)s, -en> *nt* ве́рхняя руба́шка *ж*
Oberin ['o:bərɪn] <-, -nen> *f* **1.** *(im Kloster)* настоя́тельница *ж* монастыря́ **2.** *(im Krankenhaus)* ста́ршая сестра́ *ж* (в больни́це)
Oberkellner(in) *m(f)* гла́вный официа́нт *м*
Oberkiefer <-s, -> *m* ве́рхняя че́люсть *ж*
Oberkommando <-s, -s> *nt* MIL гла́вное кома́ндование *ср*
Oberkörper <-s, -> *m* ве́рхняя часть *ж* те́ла
Oberleitung <-, -en> *f* конта́ктный про́вод *м*
Oberleitungsomnibus <-ses, -se> *m* тролле́йбус *м*
Oberleutnant <-s, -s> *m* ста́рший лейтена́нт *м*
Oberlippe <-, -n> *f* ве́рхняя губа́ *ж*
Obermaterial <-s, -ien> *nt* верх *м,* ве́рхняя часть *ж* о́буви
Oberrhein <-s> *m* Ве́рхний Рейн *м*
Oberschenkel <-s, -> *m* бедро́ *ср*
Oberschenkelhalsbruch <-(e)s, -brüche> *m* перело́м *м* ше́йки бе́дренной ко́сти
Oberschenkelknochen <-s, -> *m* ANAT бе́дренная кость *ж*
Oberschicht <-, -en> *f (gesellschaftlich)* ве́рхний слой *м (о́бщества)*

Oberschwester <-, -n> *f* ста́ршая сестра́ *ж*
Oberst ['o:bɐst] <-en, -en> *m* полко́вник *м*
oberste(r, s) *adj* вы́сшая, -ший, -шее
Oberstufe *f* ве́рхняя сте́пень *ж*
Oberteil <-(e)s, -e> *nt* ве́рхняя часть *ж*
Oberton <-(e)s, -töne> *m* PHYS, MUS оберто́н *м*
Oberverwaltungsgericht <-(e)s, -e> *nt* верхо́вный администрати́вный суд *м*
Oberweite <-, -n> *f* объём *м* груди́; **zu viel/zu wenig ~ haben** име́ть большо́й/ма́ленький бюст
Obhut ['ɔphu:t] <-> *f* надзо́р *м;* **jdn in seine ~ nehmen** взять кого́-л. под защи́ту
Objekt [ɔp'jɛkt] <-s, -e> *nt a.* LING объе́кт *м*
objektiv [ɔpjɛk'ti:f] *adj* объекти́вный; **eine ~e Darstellung** объекти́вное изложе́ние *ср*
Objektiv <-s, -e> *nt* объекти́в *м*
objektivieren *vt* объективи́ровать *(н)св,* опредме́чивать, опредме́тить *св*
Objektivität [ɔpjɛktivi'tɛ:t] <-> *f* объекти́вность *ж*
objektorientiert *adj* DV объектно-ориенти́рованный
Objektsatz <-es, -sätze> *m* LING прида́точное дополни́тельное предложе́ние *ср*
Objektsteuer <-, -n> *f* реа́льный нало́г *м*
Obligation <-, -en> *f (Schuldverschreibung)* облига́ция *ж;* **auf den Inhaber lautende ~** предъяви́тельская облига́ция; **kündbare ~** погаша́емая облига́ция; **staatliche ~** госуда́рственная облига́ция; **unverzinsliche ~** беспроце́нтная облига́ция
obligatorisch [obliga'to:rɪʃ] *adj* обяза́тельный
Oboe [o'bo:ə] <-, -n> *f* гобо́й *м*
Observatorium [ɔpzɛrva'to:riʊm] <-s, -ien> *nt* обсервато́рия *ж*
obsessiv *adj* PSYCH навя́зчивый
obskur [ɔps'ku:ɐ̯] *adj (seltsam, fragwürdig)* подозри́тельный
Obst [o:pst] <-(e)s> *nt ohne pl* фру́кты *ммн;* **ein Stück ~** плод *м*
Obstanbau <-s> *m* плодово́дство *ср,* садово́дство *ср*
Obstbaum <-(e)s, -bäume> *m* плодо́вое де́рево *ср*
Obsternte <-, -n> *f* сбор *м,* урожа́й *м* фру́ктов
Obstgarten <-s, -gärten> *m* фрукто́вый сад *м*
Obsthändler <-s, -> *m* торго́вец *м* фру́ктами, продаве́ц *м* фру́ктов
Obsthandlung <-, -en> *f* овощно́й магази́н *м*
Obsthorte <-, -n> *f* по́лка *ж*
Obstkuchen <-s, -> *m* фрукто́вый пиро́г *м*
Obstmesser *nt* нож *м* для фру́ктов
Obstplantage <-, -n> *f* фрукто́вая планта́ция *ж*
Obstsaft <-es, -säfte> *m* фрукто́вый сок *м*
Obstsalat <-(e)s, -e> *m* фрукто́вый сала́т *м*
Obstschale <-, -n> *f* ва́за *ж* для фру́ктов
Obsttorte <-, -n> *f* фрукто́вый торт *м*
obszön [ɔps'ts̮œ:n] *adj* скабрезный
Obszönität [ɔpsts̮œni'tɛ:t] <-, -en> *f* скабрезность *ж*
obwohl [ɔp'vo:l] *konj* хотя́, несмотря́ на то, что; **~ es regnet, gehe ich aus** несмотря́ на то, что идёт дождь, я вы́йду
Ochse ['ɔksə] <-n, -n> *m* вол *м; umg (Dummkopf)* болва́н *м;* **wie der ~ vorm Berg stehen** *umg* уста́виться как бара́н на но́вые воро́та
ochsen *vi umg* зубри́ть *нсв*
Ode ['o:də] <-, -n> *f* о́да *ж*
öde ['œ:də] *adj* пусты́нный; *umg (langweilig)* ску́чный
Öde ['œ:də] <-> *f* **1.** *(Gegend)* пусты́нная ме́стность *ж* **2.** *(Langweiligkeit, Leere)* безысхо́дность *ж*
Ödem <-s, -e> *nt* MED отёк *м*
oder ['o:dɐ] *konj* или; **entweder ... ~** или ... или ...; **er ~ sie** он и́ли она́; **~ etwa nicht?** ра́зве не так?; **entweder ... ~ ...** и́ли ... и́ли ...
Odyssee [odʏ'se:] <-n> *f geh* одиссе́я *ж*
Oeuvre <-s, -s> *nt geh* тво́рчество *ср,* тво́рческое насле́дие *ср*
Ofen ['o:fən, 'œ:fən] <-s, Öfen> *m (Back~)* пе́чь *ж; (umg)* пе́чка *ж;* **der ~ ist aus** *fig, fam* всё ко́нчено; **ein heißer ~** *fam (Auto)* отли́чная маши́на *ж*
ofenfrisch *adj* све́жий; **auch sonntags servieren wir ofenfrische Brötchen!** и по воскресе́ньям мы предлага́ем све́жие бу́лочки!
Ofenheizung *f ohne pl* печно́е отопле́ние *ср*
Ofenrohr <-s, -e> *nt* печна́я труба́ *ж*
offen ['ɔfən] *adj* **1.** *(unverschlossen, aufrichtig)* откры́тый; **~ gesagt** открове́нно говоря́; **auf ~ er See** в откры́том мо́ре **2.** *(unbeglichen: Rechnung)* откры́тый, неопла́ченный; **eine ~e Rechnung begleichen** погаша́ть неопла́ченный счёт **3.** *(offensichtlich: Fehler, Mangel)* очеви́дный, я́вный; **~er Mangel** очеви́дный недоста́ток *м;* **~er Staatsbankrott** я́вное банкро́тство госуда́рства **4.** *(vakant: Stelle)* вака́нтный; **eine ~e Stelle ausschreiben** объявля́ть ко́нкурс на замеще́ние вака́нтной до́лжности; **eine ~e Stelle nachbesetzen** занима́ть вака́нтное ме́сто **5.** *(frei zugänglich)* откры́тый; **~e Handelsgesellschaft** откры́тое торго́вое това́рищество; **ein ~er Markt für neue**

Anbieter ры́нок, откры́тый для но́вых оферéнтов; **halb ~** полуоткры́тый; **offener Wein** откры́тая буты́лка вина́; **auf offener Straße** на у́лице; **mit offenem Mund dastehen** стоя́ть с раскры́тым ртом; **das ist noch völlig ~** ничего́ ещё не решено́; **~ seine Meinung sagen** вы́сказать откры́то своё мне́ние; **~ mit jdm reden** говори́ть открове́нно с кем-л.

offenbar [ˈɔfənbaːɐ̯] I. *adj* очеви́дный II. *adv* очеви́дно

offenbaren [ɔfənˈbaːrən] I. *vt* признава́ться, -зна́ться *св* II. *vr* обнару́живаться, -житься *св;* **sich jdm ~** дове́риться кому́-л.

Offenbarung <-, -en> *f* AUCH REL открове́ние *ср*

offen bleiben[RR] <irr> *vi (Tür)* остава́ться, оста́ться *св* откры́тым; **die Tür blieb lange offen** дверь до́лго была́ откры́той

offen|halten[RR] <irr> *vt* держа́ть *нсв* откры́тым

Offenheit <-> *f* откры́тость *ж;* **in aller ~** открове́нно

offenherzig *adj* чистосерде́чный

offen lassen[RR] <irr> *vt* оставля́ть, оста́вить *св* откры́тым

Offenlegung <-, -en> *f* представле́ние *ср* документа́льных да́нных

Offenmarktgeschäfte <-> *pl* BÖRSE опера́ции *мн* на откры́том ры́нке

offensichtlich *adj* очеви́дный

offensiv [ɔfɛnˈziːf] *adj* наступа́тельный

Offensive [ɔfɛnˈziːvə] <-, -n> *f* наступле́ние *ср;* **in die ~ gehen** нача́ть наступле́ние

offen|stehen[RR] *vi (Tür, Fenster, Rechnung)* быть *нсв* откры́тым; **jdm steht offen, etw zu tun** име́ть возмо́жность вы́бора: де́лать или не де́лать что-л.

öffentlich [ˈœfəntlɪç] I. *adj* обще́ственный; **die ~e Meinung** обще́ственное мне́ние *ср;* **~es Recht** JUR публи́чное пра́во *ср;* **die ~en Verkehrsmittel** обще́ственный тра́нспорт; **nicht ~** не публи́чный II. *adv* пу́блично; **~ bekannt geben** сообщи́ть публи́чно

Öffentlichkeit <-> *f* 1. *(Allgemeinheit)* обще́ственность *ж;* **in aller ~** гла́сно 2. *(Zugänglichkeit)* публи́чность *ж,* гла́сность *ж;* **etw an die ~ bringen** сообщи́ть что-л. официа́льно

Öffentlichkeitsarbeit <-> *f* информи́рование *ср* широ́кой обще́ственности, рабо́та *ж* с обще́ственностью; *(Werbung)* рекла́мно-информацио́нная де́ятельность *ж*

offerieren [ɔfeˈriːrən] *vt* офери́ровать

Offerte [ɔˈfɛrtə] <-, -n> *f (Angebot)* предложе́ние *ср,* офе́рта *ж*

offiziell [ɔfiˈtsi̯ɛl] *adj* официа́льный; **etw ~ bekannt geben** сообщи́ть что-л. официа́льно

Offizier [ɔfiˈtsiːɐ̯] <-s, -e> *m* офице́р *м*

Offizierslaufbahn <-, -en> *f* офице́рская карье́ра *ж*

offline *adj* DV о́ф-лайн

Off-line-Betrieb <-s> *m* DV режи́м *м* рабо́ты о́ф-лайн

öffnen [ˈœfnən] I. *vt* открыва́ть, -кры́ть *св;* **sie öffnete ihm die Tür** она́ откры́ла ему́ дверь; **hier ~** откры́ть здесь II. *vr* **sich ~** открыва́ться, -кры́ться *св*

Öffner <-s, -> *m* открыва́шка *ж*

Öffnung <-, -en> *f* 1. *(das Öffnen)* откры́тие *ср* 2. *(offene Stelle)* отве́рстие *ср*

Öffnungszeit <-, -en> *f* часы́ *ммн* рабо́ты

Off-Shore-Zentrum <-s, -zentren> *nt* офшо́рный це́нтр *м*

oft [ɔft] *adv* ча́сто; **wie ~?** как ча́сто?; **ziemlich ~** о́чень ча́сто; **~ genug** доста́точно ча́сто

öfter *adv* ча́стый

öfters [ˈœftɐs] *adv* ча́сто

oftmals [ˈɔftmaːls] *adv* ча́сто

ÖGB *abk von* **Österreichischer Gewerkschaftsbund** Австри́йский сою́з реме́сленников

oh [oː] *interj* ай; **~, wie schön!** ах, как краси́во!

ohne [ˈoːnə] I. *prp akk* без; **~ weiteres** сра́зу; **~ Zweifel** без сомне́ний; **~ mich!** без меня́ II. *konj* без того́, чтобы; **~ zu klopfen trat sie ein** она́ вошла́, не постуча́в; **er ging, ~ dass sie es bemerkte** он ушёл незаме́тно для неё

ohnegleichen [ˈoːnəˈglaɪçən] *adv* уника́льный

ohnehin [ˈoːnəˈhɪn] *adv* и без того́

Ohnmacht [ˈoːnmaxt] <-, -en> *f* о́бморок *м;* **in ~ fallen** упа́сть в о́бморок

ohnmächtig [ˈoːnmɛçtɪç] *adj* без созна́ния; **~ werden** потеря́ть созна́ние

Ohnmachtsanfall *m* MED потéря *ж* созна́ния; **einen ~ bekommen** потеря́ть созна́ние

Ohr [oːɐ̯] <-(e)s, -en> *nt* у́хо *ср;* **jdn übers ~ hauen** *umg* наду́ть кого́-л.; **sich etw hinter die ~en schreiben** *umg* намота́ть себе́ что-л. на ус; **es ist mir zu Ohren gekommen, dass ...** я слы́шал, что ...; **ich bin ganz ~** я слу́шаю внима́тельно; **mit halbem ~ zuhören** слу́шать кра́ем у́ха; **sich** *dat* **die Ohren zuhalten** заткну́ть у́ши; **jdm die Ohren lang ziehen** *fig, fam* отодра́ть кого́-л. за́ уши; **viel um die Ohren haben** *fam* быть о́чень за́нятым; **bis über beide Ohren verliebt sein** *fig, fam* влюби́ться по́ уши; **sich aufs ~ legen** *fig, fam* лечь спать

Ohrenarzt <-es, -ärzte> *m,* **Ohrenärztin** *f* ушно́й врач *м и ж*

ohrenbetäubend *adj fam* оглуши́тельный

Ohrenentzündung <-, -en> *f* MED воспале́ние *ср* у́ха
Ohrenschmalz <-es, -e> *nt* ушна́я се́ра *ж*
Ohrenschützer <-s, -> *m* нау́шник *м*
Ohrentropfen <-> *pl* ушны́е ка́пли *мн*
Ohrfeige <-, -n> *f* пощёчина *ж;* **jdm eine ~ geben** дать кому́-л. пощёчину
ohrfeigen *vt* дать пощёчину; **ich könnte mich ~, dass ...** *fam* я так сожале́ю, что ...
Ohrläppchen ['o:ɐ̯lɛpçən] <-s, -> *nt* ушна́я мо́чка *ж*
Ohrmuschel *f* ушна́я ра́ковина *ж*
Ohrring <-(e)s, -e> *m* серьга́ *ж*
o.k. *s.* **okay**
okay [o'ke:] **I.** *adj* **~ sein** быть в (по́лном) поря́дке; **sie ist ~** с ней всё в поря́дке **II.** *adv* оке́й, хорошо́, ла́дно; **~, ich komme gleich** оке́й, я сейча́с приду́
Okkultismus [ɔkʊl'tɪsmʊs] <-> *m ohne pl* оккульти́зм *м*
Okkupation <-, -en> *f* оккупа́ция *ж*
okkupieren *vt* оккупи́ровать
Ökobauer ['œ:kobaʊɐ] <-n, -n> *m крестья́нин, производя́щий экологи́чески чи́стые проду́кты пита́ния*
Öko-Gütesiegel <-s, -> *nt знак ка́чества на проду́ктах пита́ния, удостоверя́ющий их экологи́чески чи́стое происхожде́ние*
Ökoladen <-s, Läden> *m* магази́н *м* экологи́чных проду́ктов
Ökologe [œko'lo:gə] <-n, -n> *m*, **Ökologin** *f* эко́лог *м*
Ökologie [œkolo'gi:] <-> *f* эколо́гия *ж*
Ökologiebewegung <-> *f* экологи́ческое движе́ние *ср*
ökologisch [œko'lo:gɪʃ] *adj* экологи́ческий; **das ~e Gleichgewicht** экологи́ческое равнове́сие *ср*
Ökonom(in) [œko'no:m] <-en, -en; -nen> *m(f)* эконо́м *м*
Ökonometrie <-> *f* эконометри́я *ж*, эконо́метрика *ж*
Ökonomie [œkono'mi:] <-, -n> *f* **1.** *(Wirtschaft)* эконо́мика *ж* **2.** *(Sparsamkeit)* эконо́мия *ж*
Ökonomin <-nen> *f s.* **Ökonom**
ökonomisch [œko'no:mɪʃ] *adj* **1.** *(wirtschaftlich)* экономи́ческий **2.** *(sparsam: Motor, Verfahren)* экономи́чный **3.** *(sparsam: Mensch, Haushalt)* эконо́мный
Ökopartei <-, -en> *f* экологи́ческая па́ртия *ж*
Öko-Siegel <-s, -> *nt* экологи́ческий знак *м* ка́чества
Öko-Steuer <-, -n> *f нало́г на материа́лы и энергоноси́тели, загрязня́ющие окружа́ющую среду́*
Ökosystem <-s, -e> *nt* экосисте́ма *ж*
Ökotrophologe <-n, -n> *m*, **Ökotrophologin** *f* дието́лог *м*
Oktanzahl <-, -en> *f* окта́новое число́ *ср*
Oktave [ɔk'ta:və] <-, -n> *f* окта́ва *ж*
Oktober [ɔk'to:bɐ] <-(s), -> *m* октя́брь *м*
Oktoberrevolution <-> *f* Октя́брьская револю́ция *ж*
ökumenisch *adj* экумени́ческий
Öl [œ:l] <-(e)s, -e> *nt* **1.** *(Speiseöl)* расти́тельное ма́сло *ср;* **ätherisches ~** эфи́рные масла́ **2.** *(Heizöl)* мазу́т *м* **3.** *(Erdöl)* нефть *ж;* **nach ~ bohren** бури́ть в по́исках не́фти; **~ ins Feuer gießen** подли́ть ма́сла в ого́нь **4.** KUNST **in ~ (malen)** рисова́ть ма́сляными кра́сками
Ölabscheider <-s, -> *m* маслоотдели́тель *м*
Öldruck *m* давле́ние *ср* ма́сла
Oldtimer ['oʊltaɪmɐ] <-s, -> *m* автоветера́н *м*
ölen *vt* сма́зывать, -зать *св* ма́слом
Ölexporteur <-s, -e> *m* экспортёр *м* не́фти
Ölfarbe <-, -n> *f* ма́сляная кра́ска *ж*
Ölfeld <-(e)s, -er> *nt* нефтяно́е месторожде́ние *ср*
Ölfilm <-s, -e> *m* нефтяна́я плёнка *ж (на водé, земле́)*
Ölfilter <-s, -> *m* KFZ ма́сляный фильтр *м*
Ölfleck <-s, -e> *m* нефтяно́е пятно́ *ср*
Ölförderland <-(e)s, -länder> *nt* нефтедобыва́ющая страна́ *ж*
Ölförderung <-> *f* нефтедобыва́ющая страна́ *ж*
Ölgemälde <-s, -n> *nt* ма́сляная карти́на *ж*
Ölgesellschaft <-, -en> *f* нефтяна́я компа́ния *ж*
Ölgewinnung <-> *f* добы́ча *ж* не́фти
Ölhafen <-s, -häfen> *m* нефтяно́й порт *м*
ölhaltig *adj* маслосодержа́щий
Ölheizung <-, -en> *f* мазу́тное отопле́ние *ср*
ölig *adj* ма́сляный; *(salbungsvoll, glatt)* еле́йный
Oligarchie <-> *f* олига́рхия *ж*
Olive [o'li:və] <-, -n> *f* масли́на *ж*
Olivenbaum <-(e)s, -bäume> *m* масли́на *ж*
Olivenöl <-(e)s, -e> *nt* оли́вковое ма́сло *ср*
olivgrün *adj* оли́вковый
Öljacke <-, -n> *f* непромока́емая ку́ртка *ж (у моряко́в, рыбако́в)*
Ölkanister <-s, -> *m* кани́стра *ж* для ма́сла
Ölkanne <-, -n> *f* ручна́я маслёнка *ж*
Ölkonzern <-s, -e> *m* нефтяно́й конце́рн *м*
Öllache <-, -n> *f* нефтяна́я лу́жа *ж*
Öllager <-s, -> *nt* нефтехрани́лище *ср*
Ölleitung <-, -en> *f* нефтепро́вод *м*
Ölmalerei <-> *f* жи́вопись *ж* ма́слом
Ölpest <-> *f* загрязне́ние *ср* не́фтью

Ölpresse <-, -n> *f* маслоэкстракцио́нный пресс *м*

Ölpumpe <-, -n> *f* ма́сляный насо́с *м*

Ölquelle <-, -n> *f* нефтяно́й исто́чник *м*

Ölraffinerie <-, -en> *f* нефтеперераба́тывающий заво́д *м*

Ölsardinen <-> *pl* сарди́ны *мн* в ма́сле

Ölschiefer <-s> *m* горю́чий сла́нец *м*

Ölstand <-(e)s, -stände> *m* KFZ у́ровень *м* ма́сла; **den ~ messen** изме́рить у́ровень ма́сла

Ölstandsmesser <-s, -> *m* прибо́р *м* для измере́ния у́ровня ма́сла *(в автомоби́ле)*

Öltanker <-s, -> *m* нефтяно́й та́нкер *м*

Ölverbrauch <-(e)s> *m* расхо́д *м* ма́сла

Ölverlust <-(e)s> *m* уте́чка *ж* ма́сла

Ölversorgung <-> *f* нефтеснабже́ние *ср*

Ölvorkommen <-s, -> *nt* нефтяно́е месторожде́ние *ср*

Ölvorrat <-(e)s, -vorräte> *m* запа́с *м* ма́сла

Ölwechsel <-s, -> *m* сме́на *ж* ма́сла

Olympiade [olʏm'pi̯a:də] <-, -n> *f* олимпиа́да *ж*

Olympiamannschaft <-, -en> *f* олимпи́йская сбо́рная *ж*

Olympiasieger(in) [o'lʏmpi̯azi:kɐ] <-s, -> *m(f)* олимпи́йский чемпио́н *м*, олимпи́йская чемпио́нка *ж*

olympisch [o'lʏmpɪʃ] *adj* олимпи́йский; **die Olympischen Spiele** Олимпи́йские и́гры *мн*

Oma ['o:ma] <-, -s> *f* **1.** *umg (Großmutter)* ба́бушка *ж* **2.** *umg (ältere Frau)* бабу́ля *ж*

Omelett [ɔm(ə)'lɛt] <-(e)s, -e/-s> *nt* омле́т *м*

Omen ['o:mən] <-s, -> *nt geh* предзнаменова́ние *ср*; **das ist ein gutes/schlechtes ~** э́то хоро́шая/плоха́я приме́та

Omnibus ['ɔmnibʊs] <-ses, -se> *m* авто́бус *м*; **mit dem ~ fahren** е́хать на авто́бусе

Omnibusbahnhof <-(e)s, -bahnhöfe> *m* авто́бусный вокза́л *м*, автовокза́л *м*

Omnibusbefragung <-, -en> *f (Marktforschung)* сквозно́й опро́с *м*

Omnibushaltestelle <-, -n> *f* авто́бусная ста́нция *ж*

Omnibuslinie <-, -n> *f* авто́бусный маршру́т *м*

Omnibusverkehr <-s> *m* авто́бусное движе́ние *ср*

Onanie <-> *f* мастурба́ция *ж*, онани́зм *м*

onanieren [ona'ni:rən] *vi* онани́ровать *нсв*

Onkel ['ɔŋkəl] <-s, -> *m* дя́дя *м*

onkelhaft *adv* оте́ческий

online ['ɔnlaɪn] *adj* DV о́н-лайн

Online-Betrieb <-s> *m* DV режи́м *м* рабо́ты о́н-лайн

Onlinebuchhandlung <-, -en> *f* о́н-лайн-библиоте́ка *ж*, кни́жный магази́н *м* о́н-лайн

Onlinedatenbankdienst <-(e)s, -e> *m* информацио́нная слу́жба *ж* о́н-лайн

Onlinedienst <-(e)s, -e> *m* слу́жба *ж* о́н-лайн

Onyx *m* о́никс *м*

OP [o:'pe:] *abk von* **Operationssaal** операцио́нный зал *м*

Opa ['o:pa] <-s, -s> *m* **1.** *umg (Großvater)* де́душка *м* **2.** *umg (älterer Mann)* де́душка *м*

opak *adj* полупрозра́чный, просве́чивающийся; *(nicht durchsichtig)* непрозра́чный

OPEC ['o:pɛk] *abk von* **Organization of the Petroleum Exporting Countries** ОПе́К *м* *(Организа́ция стран-экспортёров не́фти)*

Oper ['o:pɐ] <-, -n> *f* **1.** MUS о́пера *ж* **2.** *(Gebäude)* о́перный теа́тр *м*; **in die ~ gehen** пойти́ в о́перу

Opera *pl von* **Opus**

Operation [opəra'ts̮i̯o:n] <-, -en> *f* опера́ция *ж*

Operationssaal <-(e)s, -säle> *m* операцио́нный зал *м*

Operationstisch <-es, -e> *m* операцио́нный стол *м*

operativ [opəra'ti:f] *adj* операти́вный; **operativer Eingriff** опера́ция *ж*

Operette [opə'rɛtə] <-, -n> *f* опере́тта *ж*

operieren [opə'ri:rən] **I.** *vt* MED опери́ровать, про- *св*; **sich ~ lassen** опери́роваться **II.** *vi* опери́ровать *нсв*; **mit etw ~** опери́ровать чем-л.

Opernball <-(e)s, -bälle> *m* бал *м* в о́перном теа́тре

Opernführer <-s, -> *m* спра́вочник *м* - путеводи́тель *м* по о́перным произведе́ниям

Opernglas <-es, -gläser> *nt* театра́льный бино́кль *м*

Opernhaus <-es, -häuser> *nt* о́перный теа́тр *м*

Opernsänger(in) <-s, -> *m(f)* о́перный пев́ец *м*, о́перная певи́ца *ж*

Opfer ['ɔpfɐ] <-s, -> *nt* же́ртва *ж*; (**für etw/jdn**) **ein ~ bringen** поже́ртвовать чем-л. (для чего́-л./кого́-л.); **jdm/etw zum ~ fallen** стать же́ртвой кого́-л./чего́-л.

Opfergabe *f* жертвоприноше́ние *ср*

opfern **I.** *vt* же́ртвовать, по- *св*; **jdm viel Zeit ~** удели́ть кому́-л. мно́го вре́мени **II.** *vr* **sich ~** *(sich auf~)* же́ртвовать, поже́ртвовать *св* собо́й

Opferung <-en> *f* жертвоприноше́ние *ср*

Opiat [opi'a:t] <-(e)s, -e> *nt* о́пиум *м*

Opinion Leader <-s> *m* ли́дер *м* обще́ственного мне́ния

Opium ['o:piʊm] <-s> *nt* о́пиум *м*

Opossum <-s, -s> *nt* ZOOL опо́ссум *м*

Opponent(in) [ɔpo'nɛnt] <-en, -en; -nen> *m(f)* оппоне́нт *м*

opponieren *vi* оппони́ровать
Opportunismus [ɔpɔrtuˈnɪsmʊs] <-> *m* оппортуни́зм *м*
Opportunist(in) [ɔpɔrtuˈnɪst] <-en, -en> *m(f)* оппортуни́ст(ка) *м(ж)*
opportunistisch *adj* оппортунисти́ческий
Opposition [ɔpoziˈt͡si̯oːn] <-, -en> *f* оппози́ция *ж;* **in ~ zu etw stehen** находи́ться в оппози́ции к чему́-л.
oppositionell [ɔpozit͡si̯oˈnɛl] *adj* оппозицио́нный
Oppositionspartei <-, -en> *f* оппозицио́нная па́ртия *ж*
OP-Schwester <-, -n> *f* медици́нская сестра́ *ж* операцио́нной
Optik [ˈɔptɪk] <-> *f* о́птика *ж*
Optiker(in) <-s, -> *m(f)* о́птик *м*
optimal [ɔptiˈmaːl] *adj* оптима́льный
Optimalkapazität <-, -en> *f* оптима́льная мо́щность *ж*
optimieren [ɔptiˈmiːrən] *vt* оптимизи́ровать *(н)св;* **den Arbeitsprozess ~** оптимизи́ровать рабо́чий проце́сс
Optimierung <-, -en> *f* оптимиза́ция *ж*
Optimierungsverfahren <-s, -> *nt* ме́тод *м* оптимиза́ции
Optimismus [ɔptiˈmɪsmʊs] <-> *m* оптими́зм *м*
Optimist(in) [ɔptiˈmɪst] <-en, -en> *m(f)* оптими́ст(ка) *м(ж)*
optimistisch *adj* оптимисти́ческий
Optimum [ˈɔptimʊm] <-s, Optima> *nt* о́птимум *м*
Option [ɔpˈt͡si̯oːn] <-, -en> *f* о́пция *ж;* BÖRSE опцио́н *м*
Optionsanleihe <-, -n> *f* BÖRSE опти́рованная облига́ция *ж*
Optionsgeschäft <-(e)s, -e> *nt* BÖRSE сде́лка *ж* с опцио́ном
Optionsschein <-(e)s, -e> *m* BÖRSE варра́нт *м,* опцио́н *м*
optisch [ˈɔptɪʃ] *adj* опти́ческий; **eine ~e Täuschung** опти́ческий обма́н *м*
Orakel [oˈraːkəl] <-s, -> *nt* ора́кул *м;* **das ~ befragen** спроси́ть у ора́кула
oral [oˈraːl] *adj* у́стный
orange [oˈrɑ̃ːʒə] *adj* ора́нжевый
Orange [oˈrɑ̃ːʒə] <-, -en> *f* апельси́н *м*
orangefarben *adj* ора́нжевый
Orangenbaum <-(e)s, -bäume> *m* апельси́новое де́рево *ср*
Orangenblüte <-> *f* апельси́новый цвет *м (цветки́); (Saison)* пери́од *м* цвете́ния апельси́новых дере́вьев
Orangenhaut <-> *f* ко́жа *м,* напомина́ющая апельси́новую ко́рку
Orangenmarmelade <-> *f* апельси́новый джем *м*
Orangensaft <-(e)s> *m* апельси́новый сок *м*
Orangenschale <-, -n> *f* апельси́новая кожура́ *ж,* апельси́новая ко́рка *ж*
Orang-Utan [ˈoːraŋˈʔuːtan] <-s, -s> *m* оранguта́нг *м*
Oratorium [oraˈtoːriʊm] <-s, Oratorien> *nt* орато́рия *ж*
Orchester [ɔrˈkɛstɐ] <-s, -> *nt* орке́стр *м*
Orchesterbegleitung <-> *f* оркестро́вое сопровожде́ние *ср*
Orchestergraben <-s> *m* оркестро́вая я́ма *ж*
Orchestermusik <-> *f* оркестро́вая му́зыка *ж*
orchestrieren *vt* оркестрова́ть
Orchidee [ɔrçiˈdeːə] <-, -n> *f* орхиде́я *ж*
Orden [ˈɔrdən] <-s, -> *m (Auszeichnung, Ordensgemeinschaft)* о́рден *м;* **jdm für etw einen ~ verleihen** награди́ть кого́-л. за что-л. о́рденом
Ordensgeistliche(r) <-n, -n> *f(m)* свяще́нник *м* - член *м* мона́шеского о́рдена
Ordensträger <-s, -> *m* орденоно́сец *м,* кавале́р *м* о́рдена
ordentlich [ˈɔrdəntlɪç] **I.** *adj* **1.** *(Mensch, Zimmer)* аккура́тный **2.** *(anständig)* прили́чный **3.** *umg (gehörig, tüchtig)* здоро́вый, прили́чный; **eine ordentliche Tracht Prügel** устро́ить кому́-л. взбу́чку **II.** *adv* поря́дочно; **sie verdient ganz ~** у неё хоро́шая зарпла́та
Order [ˈɔrdɐ] <-, -n> *f* **1.** *(dienstliche Anweisung)* о́рдер *м,* поруче́ние *ср,* распоряже́ние *ср;* **eine ~ erteilen** отдава́ть распоряже́ние **2.** *(Bestellung)* зака́з *м;* **eine ~ telefonisch durchgeben** де́лать зака́з по телефо́ну
ordern *vt* **1.** *(veranlassen)* поруча́ть, -и́ть *св,* распоряжа́ться, -поряди́ться *св;* **eine Bestellung ~** распоряжа́ться о зака́зе **2.** *(bestellen)* зака́зывать, -каза́ть *св*
Ordervolumen <-s, -volumina> *nt* объём *м* зака́за
Ordinalzahl [ɔrdiˈnaːlt͡saːl] <-, -en> *f* поря́дковое числи́тельное *ср*
ordinär [ɔrdiˈnɛːɐ̯] *adj (gewöhnlich)* обы́чный
Ordinarius <-, Ordinarien> *m* ордина́рный профе́ссор *м*
ordnen [ˈɔrdnən] *vt* **1.** *(an~)* располага́ть, -ложи́ть *св;* **alphabetisch ~** расста́вить в алфави́тном поря́дке **2.** *(regeln)* наводи́ть, -вести́ *св* поря́док, приводи́ть, -вести́ *св* в поря́док
Ordner <-s, -> *m* **1.** *(Aufpasser)* распоряди́тель *м* **2.** *(Aktenordner)* скоросшива́тель *м* **3.** DV директо́рия *ж*
Ordnung <-, -en> *f* **1.** *(allg)* поря́док *м* **2.** *(das Ordnen)* упоря́дочение *ср* **3.** *(Regelung)* урегули́рование *ср* **4.** AUCH BIO *(Rang)* строй *м;* **~ halten** соблюда́ть поря́док; **jdn zur ~ rufen** призва́ть кого́-л. к поря́дку; **der ~ halber** ра́ди поря́дка; **in ~ sein** *umg* быть в поря́дке; **etw in ~**

bringen *umg* привести́ что-л. в поря́док; (**das geht**) **in ~** *fam* хорошо́; **mit dem Wagen ist etwas nicht in ~** *fam* с маши́ной что́-то не так

ordnungsgemäß I. *adj* в согла́сии с тре́бованиями II. *adv* согла́сно тре́бованиям

ordnungshalber *adv* ра́ди поря́дка

Ordnungsliebe <-> *f* любо́вь *ж* к поря́дку

Ordnungsstrafe <-, -n> *f* дисциплина́рное взыска́ние *ср*

Oregano [o'reːgano] <-s> *nt* припра́ва *ж* из сухи́х ли́стьев души́цы [*или* майора́на]

Organ [ɔr'gaːn] <-s, -e> *nt* 1. ANAT *(Behörde, Stelle, Zeitung)* о́рган *м;* **ausführendes ~** исполни́тельный о́рган; **beratendes ~** совеща́тельный о́рган; **gesetzgebendes ~** законода́тельный о́рган; **staatliches ~** о́рган госуда́рственной вла́сти 2. *umg (Stimme)* го́лос *м;* **ein lautes ~ haben** MED име́ть си́льный го́лос; **sie hat ein lautes ~** у неё гро́мкий го́лос

Organbank <-, -en> *f* ме́сто *ср* хране́ния и вы́дачи о́рганов для транспланта́ции

Organentnahme <-, -n> *f* (операти́вное) удале́ние *ср* о́ргана

Organhandel <-s> *m* торго́вля *ж* челове́ческими о́рганами

Organigramm <-(e)s, -e> *nt* органигра́мма *ж*, схе́ма *ж* оргструкту́ры

Organisation [ɔrganiza'ts̯i̯oːn] <-, -en> *f* 1. *(das Organisieren)* организа́ция *ж,* организацио́нная рабо́та *ж;* **die ~ des Marketings nach geografischen Kriterien** организа́ция ма́ркетинга по географи́ческому при́знаку; **die ~ einer Veranstaltung** организа́ция мероприя́тия; **für die ~ verantwortlich sein** отвеча́ть за организа́цию 2. *(Aufbau)* организа́ция *ж*, структу́ра *ж;* **die ~ der Finanzen** структу́ра фина́нсов; **die ~ eines Unternehmens** (организацио́нная) структу́ра предприя́тия 3. *(Vereinigung)* организа́ция *ж,* учрежде́ние *ср;* **eine ~ aufbauen** создава́ть организа́цию; **internationale ~** междунаро́дная организа́ция; **karitative ~** благотвори́тельная организа́ция

Organisationseinheit <-, -en> *f* организацио́нная едини́ца *ж*

Organisationsentwicklung <-, -en> *f* страте́гия *ж* организацио́нного разви́тия

Organisationskomitee <-s, -s> *nt* организацио́нный комите́т *м*

Organisationskultur <-> *f* организацио́нная культу́ра *ж*

Organisationsstruktur <-, -en> *f* организацио́нная структу́ра *ж*

Organisationstalent <-(e)s> *nt* организа́торский тала́нт *м*

Organisator(in) [ɔrgani'zaːtoːɐ̯] <-s, -en> *m(f)* организа́тор *м*

organisatorisch [ɔrganiza'toːrɪʃ] *adj* 1. *(die Organisation betreffend)* организацио́нный; **~e Umstellung** организацио́нная перестро́йка *ж* 2. *(das Organisieren betreffend)* организа́торский; **~es Talent** организа́торский тала́нт *м*

organisch [ɔr'gaːnɪʃ] *adj* органи́ческий

organisieren [ɔrgani'ziːrən] I. *vt* организова́ть *(н)св;* **einen Streik ~** организова́ть забасто́вку II. *vr* организова́ться *(н)св;* **das organisierte Verbrechen** организо́ванная престу́пность *ж*

Organismus [ɔrga'nɪsmʊs] <-, -men> *m* органи́зм *м*

Organist(in) [ɔrga'nɪst] <-en, -en> *m(f)* органи́ст(ка) *м (ж)*

Organspende <-, -n> *f* до́норство *ср*

Organspender(in) <-s, -> *m(f)* до́нор *м*

Organtransplantation <-, -en> *f* транспланта́ция *ж* о́ргана

Orgasmus [ɔr'gasmʊs] <-, -men> *m* орга́зм *м*

Orgel ['ɔrgəl] <-, -n> *f* орга́н *м*

Orgelkonzert <-(e)s, -e> *nt* орга́нный конце́рт *м*

Orgelmusik <-> *f* орга́нная му́зыка *ж*

Orgelspieler(in) <-s, -> *m(f)* органи́ст *м*

Orgie ['ɔrgiə] <-, -n> *f* о́ргия *ж*, попо́йка *ж;* **~n feiern** устра́ивать о́ргии

Orient ['oːriɛnt] <-s> *m* Восто́к *м*

Orientale [oriɛn'taːlə] <-n, -n> *m*, **Orientalin** <-nen> *f* ориента́лец *м*, ориента́лка *ж*

orientalisch I. *adj* восто́чный II. *adv* по-восто́чному

Orientalistik <-> *f* востокове́дение *ср*

orientieren [oriɛn'tiːrən] I. *vr* ориенти́роваться, с- *св* на II. *vt* **jdn über etw ~** проинформи́ровать кого́-л. о чём-л.

Orientierung <-> *f* ориенти́рование *ср*, ориентиро́вка *ж;* **die ~ verlieren** потеря́ть ориентиро́вку

Orientierungshilfe <-, -n> *f* ориенти́р *м*

original [origi'naːl] *adj* оригина́льный

Original <-s, -e> *nt* оригина́л *м; umg (origineller Mensch)* чуда́к *м*, оригина́л *м;* **Homer im ~ lesen** чита́ть Гоме́ра в оригина́ле

Originalaufnahme *f* оригина́льная за́пись *ж*

Originalfassung <-, -en> *f (von literarischem Werk)* первонача́льный текст *м*

originalgetreu *adj* ве́рно с оригина́лом

Originalität [originali'tɛːt] <-> *f* оригина́льность *ж; (Echtheit)* по́длинность *ж*

Originalpackung <-, -en> *f* фи́рменная [*или* фабри́чная] упако́вка *ж*

Originalrechnung <-, -en> *f* оригина́л *м* счёта

Originalverpackung <-, -en> *f* фи́рменная [*или* фабри́чная] упако́вка *ж*

O

originell [origi'nɛl] *adj* оригина́льный
Orkan [ɔr'ka:n] <-(e)s, -e> *m* урага́н *м*
orkanartig *adj* урага́нный
Ornament [ɔrna'mɛnt] <-(e)s, -e> *nt* орна́мент *м*
Ornithologe <-n, -n> *m*, **Ornithologin** *f* орнито́лог *м*
Ornithologie [ɔrnitolo'gi:] <-> *f* орнитоло́гия *ж*
Ort [ɔrt] <-(e)s, -e> *m* **1.** *(Platz)* ме́сто *ср;* **am rechten ~** на своём ме́сте; **vor ~ sein** прибы́ть на ме́сто **2.** *(~schaft)* населённый пункт *м;* **an ~ und Stelle** на ме́сте
Örtchen <-s, -> *nt fam* **stilles ~** туале́т *м*
orten *vt* обнару́живать, -жить *св*
orthodox [ɔrto'dɔks] **I.** *adj* **1.** *(strenggläubig)* ортодокса́льный **2.** *(griechisch-orthodox)* правосла́вный **II.** *adv* **1.** *(strenggläubig)* ортодокса́льно **2.** *(griechisch-orthodox)* по-правосла́вному
Orthografie^RR <-> *f s.* **Orthographie**
orthografisch^RR *adj s.* **orthographisch**
Orthographie [ɔrtogra'fi:, ɔrtogra'fi:ən] <-, -n> *f* орфогра́фия *ж*
orthographisch [ɔrto'gra:fɪʃ] *adj* орфографи́ческий
Orthopäde [ɔrto'pɛ:də] <-n, -n> *m*, **Orthopädin** <-, -nen> *f* ортопе́д *м*
Orthopädie <-> *f* ортопе́дия *ж*
orthopädisch *adj* ортопеди́ческий
örtlich ['œrtlɪç] *adj* ме́стный; **~e Betäubung** MED ме́стная анестези́я
Ortsangabe *f* да́нные *мн* о местополо-же́нии
Ortsausgang <-s> *m* вы́езд *м* из населённого пу́нкта
Ortsbeirat <-(e)s, -beiräte> *m* ме́стный сове́т *м*, ме́стная коми́ссия *ж*
Ortsbesichtigung <-, -en> *f* осмо́тр *м* ме́стности *ж*, экску́рсия *ж* по населённому пу́нкту
Ortsbestimmung <-, -en> *f* определе́ние *м* местонахожде́ния [*или* координа́т]
Ortschaft <-, -en> *f* посёлок *м*, населённый пункт *м*
Ortseingang <-s> *m* въезд *м* в населённый пункт
ortsfremd *adj* прие́зжий
Ortsgespräch <-(e)s, -e> *nt* TELKOM (телефо́нный) разгово́р *м* в преде́лах населённого пу́нкта
Ortsnetz <-es, -e> *nt* TELKOM ме́стная телефо́нная сеть *ж*
Ortsteil <-(e)s, -e> *m* райо́н *м* *(го́рода, населённого пу́нкта)*
Ortsverein <-(e)s, -e> *m* ме́стное объедине́ние *ср*
Ortsvorsteher(in) <-s, -> *m(f)* ме́стный нача́льник *м*, глава́ *м и ж* ме́стной администра́ции
Ortswechsel <-s> *m* переме́на *ж* ме́ста
Ortszeit <-, -en> *f* ме́стное вре́мя *ср;* **um 6 Uhr ~** в шесть часо́в по ме́стному вре́мени
Ortszuschlag <-(e)s, -zuschläge> *m* ме́стная надба́вка *ж (к за́работной пла́те)*
O-Saft *s.* **Orangensaft**
Öse ['œ:zə] <-, -n> *f* ушко́ *ср*
Oslo ['ɔslo] <-s> *nt* О́сло *ср*
Osmane [ɔs'ma:nə] <-n, -n> *m*, **Osmanin** [ɔs'ma:nɪn] <-nen> *f* осма́нец *м*, осма́нка *ж*

i Land & Leute

После падения Берлинской стены, разделявшей Восточную и Западную Германию, в разговорном немецком языке появилось выражение **Ossi** (**осси**), употребляемое чаще всего в негативном смысле. Оно относится к восточным немцам – выходцам из новых федеральных земель.

Ost [ɔst] <-(e)s> *m ohne pl a* NAUT, METEO восто́к *м*
Ostasien *nt* Восто́чная А́зия *ж*
Ostblock <-(e)s> *m* стра́ны *жмн* Восто́чного бло́ка
Ostblockstaat <-(e)s, -en> *m* госуда́рство *ср* Восто́чного бло́ка
ostdeutsch *adj* восточногерма́нский
Ostdeutschland <-s> *nt* Восто́чная Герма́ния *ж*
Osten ['ɔstən] <-s> *m* восто́к *м;* **nach/von ~** на восто́к/с восто́ка; **der Ferne ~** Да́льний Восто́к; **der Nahe ~** Бли́жний Восто́к; **der Mittlere ~** Сре́дний Восто́к
ostentativ *adj* демонстрати́вный
Osterei <-(e)s, -er> *nt* пасха́льное яйцо́ *ср*
Osterglocke *f* BIOL нарци́сс *м*
Osterhase *m* пасха́льный за́яц *м*

i Land & Leute

На Пасху в семьи, в которых есть дети, незаметно приходит **«пасхальный заяц»**, чтобы спрятать пёстро раскрашенные яйца, шоколадных зайцев и другие подарки в саду или в квартире. Любимая задача детей – отыскать эти тайники с подарками.

Ostermarsch <-es, -märsche> *m* *пасха́льный похо́д проти́вников а́томного вооруже́ния*
Ostermontag ['o:stɐ'mo:nta:k] <-(e)s, -e> *m* второ́й день *м* Па́схи

Ostern ['o:stɐn] <-, -> *nt* Па́сха *ж;* **zu ~** на Па́сху; **Frohe ~!** с Па́схой!
Österreich ['œ:stəraɪç] <-s> *nt* А́встрия *ж*
Österreicher(in) <-s, -> *m(f)* австри́ец *м,* австри́йка *ж*
österreichisch I. *adj* австри́йский II. *adv* по-австри́йски
Ostersonntag ['o:stɐ'zɔnta:k] <-s, -e> *m* пе́рвый день *м* Па́схи
Osterweiterung <-> *f (der NATO)* расшире́ние *ср* НАТО на восто́к
Osterwoche *f* неде́ля *ж* до Па́схи
Osteuropa <-s> *nt* Восто́чная Евро́па *ж*
osteuropäisch *adj* восточноевропе́йский
Ostfriese <-n, -n> *m,* **Ostfriesin** *f* жи́тель *м,* жи́тельница *ж* Восто́чной Фрисла́ндии
ostfriesisch *adj* восто́чнофрисла́ндский
Ostfriesland ['ɔst'fri:slant] <-s> *nt* Восто́чная Фрисла́ндия *ж*
Ostgeschäft <-(e)s> *nt* торго́вые сде́лки *мн* с восточноевропе́йскими партнёрами
Osthandel <-s> *m* торго́вля *ж* с восточноевропе́йскими стра́нами *мн*
östlich ['œstlɪç] I. *adj* восто́чный; **~ von** к восто́ку от; **in östlicher Richtung** в сто́рону восто́ка; **52 Grad östlicher Länge** 52 гра́дуса восто́чной долготы́ II. *prp* восто́чнее, на восто́ке от
Östrogen [œstro'ge:n] *nt* <-s, -e> MED эстроге́н *м (вид же́нских гормо́нов)*
oströmisch *adj* HIST восточнори́мский
Ostsee <-> *f* Балти́йское мо́ре *ср*
Ostseite <-> *f* восто́чная сторона́ *ж*
ostslawisch *adj* восто́чнославя́нский
Ostteil <-(e)s> *m* восто́чная часть *ж*
ostwärts *adv* на восто́к
Ost-West-Beziehungen <-> *pl* отноше́ния *мн* ме́жду Восто́ком и За́падом
Ost-West-Handel <-s> *m* торго́вля *ж* ме́жду Восто́ком и За́падом
Ostwind <-(e)s> *m* восто́чный ве́тер *м*
oszillieren *vi* колеба́ться
Oszillograph <-s, -en>, **Oszillograf** *m* осцилло́граф *м*
Otter[1] ['ɔtɐ] <-s, -> *m (Fisch~)* вы́дра *ж*
Otter[2] ['ɔtɐ] <-, -n> *f (Schlange)* гадю́ка *ж*
outen *vr* публи́чно заяви́ть *св* о свои́х гомосексуа́льных накло́нностях; *fig* признава́ться, призна́ться *св* в чем-л.
Output <-s, -s> *m* вы́пуск *м;* DV вы́ход *м;* **~ von Daten** вы́ход да́нных
Outsider <-s, -> *m* аутса́йдер *м*
Outsourcing <-> *nt* *переда́ча второсте́пенных фу́нкций фи́рмы специализи́рованным предприя́тиям обслу́живания*
Ouvertüre [uvɛr'ty:rə] <-, -n> *f* увертю́ра *ж*
oval [o'va:l] *adj* ова́льный
Ovation [ova'ts̯io:n] <-, -en> *f (meist pl)* ова́ция *ж*
Overall ['oʊvərɔ:l] <-s, -s> *m* комбинезо́н *м*
Overhead-Projektor <-s, -en> *m* прое́ктор *м*
Ovulation [ovula'ts̯io:n] <-en> *f* MED, ZOOL овуля́ция *ж*
Oxid [ɔ'ksy:t] <-(e)s, -e> *nt* окси́д *м,* о́кись *ж*
oxidieren [ɔksy'di:rən] *vi* окисля́ться, оки́слиться *св*
Oxyd [ɔ'ksy:t] <-s, -e> *nt* окси́д *м,* о́кись *ж*
Ozean ['o:tsea:n] <-s, -e> *m* океа́н *м;* **der Indische/Atlantische ~** Инди́йский/Атланти́ческий океа́н; **der Pazifische ~** Ти́хий океа́н
Ozeanien <-s> *nt* Океа́ния *ж*
ozeanisch *adj* океа́нский
Ozon [o'tso:n] <-s> *nt* озо́н *м*
Ozonloch <-(e)s> *nt* озо́новая дыра́ *ж*
Ozonschicht <-> *f* озо́новый слой *м*

P p

P, p [peː] <-, -> *nt* бу́ква P
paar [paːɐ̯] *adj* не́сколько; **warte noch ~ Minuten** подожди́ ещё па́ру мину́т; **ein ~** не́сколько; **ein ~ Mal** не́сколько раз; **vor ein ~ Tagen** не́сколько дней наза́д
Paar [paːɐ̯] <-(e)s, -e> *nt* па́ра *ж;* **ein ~ Schuhe** па́ра боти́нок
paaren ['paːrən] **I.** *vt (Tiere)* спа́ривать, -рить *св* **II.** *vr (Tiere)* спа́риваться с, -риться с *св*
Paarhufer <-s, -> *m* ZOOL парнокопы́тные *срмн*
Paarlaufen <-s> *nt* SPORT па́рное фигу́рное ката́ние *ср*
paarmal *adv s.* **paar**
Paarung <-, -en> *f (von Tieren)* спа́ривание *ср*
Paarungszeit <-, -en> *f* ZOOL вре́мя *ср* спа́ривания живо́тных
paarweise *adv* па́рами
Pacht [paxt] <-> *f* **1.** *(Pachtverhältnis)* аре́нда *ж* **2.** *(Pachtsumme)* аре́ндная пла́та *ж;* **etw in ~ nehmen** брать что-л. в аре́нду; **~ zahlen** плати́ть за аре́нду
pachten *vt* арендова́ть *(н)св*
Pächter(in) ['pɛçtɐ] <-s, -> *m(f)* аренда́тор *м*
Pachtung <-> *f* взя́тие *ср* в аре́нду
Pachtvertrag <-(e)s, -verträge> *m* аре́ндный догово́р *м*
Pack [pak, pakə] <-(e)s> *nt pej, umg (Gesindel)* шпана́ *ж,* сброд *м*
Päckchen ['pɛkçən] <-s, -> *nt* **1.** *(Postsendung)* бандеро́ль *ж* **2.** *(von Zigaretten)* па́чка *ж*
Packeis <-es> *nt* па́ковый лёд *м*
packeln *vi österr (heimlich paktieren)* та́йно догова́риваться, -вори́ться *св*
packen ['pakən] **I.** *vt* **1.** *(greifen, fassen)* хвата́ть, схвати́ть *св;* **jdn am Kragen ~** схвати́ть кого́-л. за ши́ворот; **mich packt die Leidenschaft** мно́ю овладе́ла страсть; **mich packt die Reiselust** мно́ю овладе́ло жела́ние путеше́ствовать; **mich packt das Entsetzen** мно́ю овладе́ло возмуще́ние **2.** *(Koffer, Gepäck)* пакова́ть, у- *св,* упако́вывать *нсв;* **den Koffer ~** собра́ть чемода́н; **seine Sachen ~** собра́ть ве́щи **II.** *vr* **pack dich!** *umg (geh fort!)* прова́ливай!
packend *adj* захва́тывающий, увлека́тельный
Packesel *m fam* ското́на *ж*
Packliste <-, -n> *f* упако́вочный лист *м*
Packpapier <-s, -e> *nt* упако́вочная бума́га *ж*
Packung <-, -en> *f* упако́вка *ж;* MED обёртывание *ср*
Packwagen <-s, -> *m* бага́жный ваго́н *м*
Pädagoge [pɛda'goːgə] <-n, -n> *m* педаго́г *м*
Pädagogik <-> *f* педаго́гика *ж*
Pädagogin [pɛda'goːgɪn] <-, -nen> *f* педаго́г *м*
pädagogisch *adj* педагоги́ческий
Paddel ['padəl] <-s, -> *nt* байда́рочное весло́ *ср*
Paddelboot <-(e)s, -e> *nt* байда́рка *ж*
paddeln *vi* грести́ *нсв*
Päderast <-en, -en> *m* педера́ст *м*
Pädiatrie <-> *f* педиатри́я *ж*
Paella <-, -s> *f* паэ́лья *ж (испа́нское блю́до)*
paffen *vt umg* дыми́ть *нсв*
Page ['paːʒə] <-n, -n> *m (in Hotel)* посы́льный *м*
Pager <-s, -> *m* TELKOM пе́йджер *м*
Paginierung <-, -en> *f* нумера́ция *ж* страни́ц
Pagode <-, -n> *f* па́года *ж*
Paillette [paɪ'jɛtə] <-, -n> *f* мишура́ *ж*
Paket [pa'keːt] <-(e)s, -e> *nt* **1.** *(Postsendung)* посы́лка *м* **2.** *fig* паке́т *м*
Paketannahme *f ohne pl* отделе́ние *ср* для приёма посы́лок
Paketausgabe *f ohne pl* отделе́ние *ср* для вы́дачи посы́лок
Pakethandel <-s> *m* BÖRSE торго́вля *ж* паке́тами а́кций
Paketschalter *m* отделе́ние *ср* для посы́лок
Paketzustellung <-> *f* доста́вка *ж* посы́лок на́ дом
Pakistan ['paːkɪstaːn] <-s> *nt* Пакиста́н *м*
pakistanisch *adj* пакиста́нский
Pakt [pakt] <-(e)s, -e> *m* пакт *м;* **(mit jdm) einen ~ schließen** заключи́ть пакт (с кем-л.)
Paläozoikum <-s> *nt* палеозо́й *м*
Palast [pa'last, pa'lɛstə] <-(e)s, Paläste> *m* дворе́ц *м*
Palästina [palɛs'tiːna] <-s> *nt* Палести́на *ж*
Palästinenser(in) [palɛsti'nɛnzɐ] <-s, -> *m(f)* палести́нец *м,* палести́нка *ж*
palästinensisch *adj* палести́нский
palatal *adj* палата́льный
Palette [pa'lɛtə] <-, -n> *f* **1.** *(für Farben)* пали́тра *ж* **2.** *(Ladepalette)* поддо́н *м* **3.** *(Angebotsspektrum)* ассортиме́нт *м,* пали́тра *ж*
paletti *fam* **alles ~** всё в поря́дке
palettieren *vt* укла́дывать, уложи́ть *св* на поддо́ны
Palme ['palmə] <-, -n> *f* па́льма *ж;* **jdn auf die ~ bringen** *umg* вы́вести кого́-л. из себя́

Palmenhain <-(e)s, -e> *m* па́льмовая ро́ща *ж*
Palmenwedel <-s, -> *m* па́льмовое опаха́ло *ср*
Palmenzweig <-(e)s, -e> *m* ветвь *ж* па́льмы, па́льмовая ветвь *ж*
Palmöl <-(e)s> *nt* па́льмовое ма́сло *ср*
Palmsonntag ['palm'zɔntaːk] <-s> *nt* REL ве́рбное воскресе́нье *ср*
Pampe ['pampə] *f ohne pl* густа́я ка́ша *ж*
Pampelmuse ['pampəlmuːzə] <-, -n> *f* грейпфру́т *м*
Pampers® *pl* <inv> Памперс *м*
Pamphlet [pam'fleːt] <-(e)s, -e> *nt* памфле́т *м*
Panama *nt* Пана́ма *ж* *(госуда́рство и столи́ца)*
Panamaer(in) <-s, -> *m(f)* пана́мец *м*, пана́мка *м*, жи́тельница Пана́мы
Panamahut <-(e)s, -hüte> *m* пана́ма *ж*
panamaisch *adj* пана́мский
Panda ['panda] <-s, -s> *m* па́нда *ж*
Panel <-s, -s> *nt (Marktforschung)* пане́ль *ж*
Panelstudie <-, -n> *f* пане́льное иссле́дование *ср*
panieren *vt* панирова́ть *(н)св*
Panik ['paːnɪk] <-> *f* па́ника *ж;* **in ~ geraten** впада́ть в па́нику; **nur keine ~!** то́лько без па́ники!
panikartig *adj* пани́ческий
Panikkauf <-(e)s, -käufe> *m* пани́ческие заку́пки *мн*
Panikmache <-> *f* паникёрство *ср*
Panikstimmung <-, -en> *f* пани́ческое настрое́ние *ср*
panisch *adj* пани́ческий; **panische Angst vor etw haben** пани́чески боя́ться чего́-л.
Panne ['panə] <-, -n> *f* **1.** *(technischer Schaden)* неиспра́вность *ж* **2.** *(für eine größere Panne auch)* ава́рия *ж;* **sie hatte unterwegs eine ~** у неё в доро́ге слома́лась маши́на
Pannendienst <-(e)s> *m* авари́йная слу́жба *ж*
Panorama [pano'raːma, pano'raːmən] <-s, Panoramen> *nt* панора́ма *ж*
Panoramascheibe <-, -n> *f* панора́мное стекло́ *ср*
Panter[RR] ['pantɐ] <-s, -> *m*, **Panther** *m* ZOO пантéра *ж*
Pantoffel [pan'tɔfəl] <-s, -n> *m* дома́шняя ту́фля *м;* **unter dem ~ stehen** *umg* быть под каблуко́м у кого́-л.
Pantoffelheld *m abw, fam* мужчи́на *м* под каблуко́м
Pantomime [panto'miːmə] <-, -n> *f* пантоми́ма *ж*
Panzer ['pantsɐ] <-s, -> *m* **1.** *(von Tieren)* па́нцирь *м* **2.** MIL танк *м*
Panzerabwehr- *adj* противота́нковый
Panzerfaust <-, -fäuste> *f* фаустпатро́н *м*, ручно́й противота́нковый гранатомёт *м*
Panzerglas <-es> *nt* пуленепробива́емое стекло́ *ср*
Panzergranate <-, -n> *f* бронебо́йный снаря́д *м;* *(Granate)* противота́нковая грана́та *ж*
Panzerkreuzer <-s, -> *m* тяжёлый [*или* брони́рованный] кре́йсер *м*
Panzerschrank <-(e)s, -schränke> *m* несгора́емый шкаф *м*, сейф *м*
Panzersperre <-, -n> *f* противота́нковое загражде́ние *ср*
Panzerwagen <-s, -> *m* бронемаши́на *ж*, броневи́к *м*
Papa ['papa] <-s, -s> *m umg* па́па *м*
Papagei [papa'gaɪ] <-en/-s, -en> *m* попуга́й *м*
Papageienkrankheit <-> *f* MED пситтако́з *м*
Papaya [pa'paːja] <-s> *f* папа́я *ж*
Paperback ['pɛɪpɐbɛk] <-s, -s> *nt* кни́га *ж* в мя́гком (бума́жном) переплёте
Papi ['papi] <-s, -s> *m fam* па́па *м*
Papier [pa'piːɐ̯, pa'piːrə] <-s, -e> *nt* **1.** *(allg)* бума́га *ж* **2.** *(Schriftstück)* докуме́нт *м* **3.** *(Wertpapier)* це́нная бума́га *ж;* **~e** *(Ausweisdokumente)* докуме́нты; **ein Blatt ~** лист *м* бума́ги
Papiereinzug <-(e)s> *m* пода́ча *ж* бума́ги
papieren *adj* бума́жный; *fig* казённый, канцеля́рский
Papierfabrik <-, -en> *f* бума́жная фа́брика *ж*
Papierformat <-(e)s, -e> *nt* форма́т *м* бума́жных листо́в
Papiergeld <-es> *nt* бума́жные де́ньги *мн*
Papierhandtuch <-(e)s, -tücher> *nt* бума́жное полоте́нце *ср*
Papierkorb <-(e)s, -körbe> *m* корзи́на *ж* для бума́г; DV корзи́на *ж*
Papierkram *m abw, fam* бума́жки *мн*, канцеля́рщина *ж*
Papierkrieg <-(e)s, -e> *m umg* бума́жная волоки́та *ж*
Papierschnitzel <-s, -> *nt* бума́жные обре́зки *мн*
Papierstau <-s, -s> *m* зажи́м *м* бума́ги *(в при́нтере)*
Papiertaschentuch <-(e)s, -tücher> *nt* бума́жный носово́й плато́к *м*
Papiertüte <-, -n> *f* бума́жный паке́т *м*
Papiervorschub <-s> *m* продвиже́ние *ср* бума́ги *(в при́нтере); (Bedienung)* подаю́щий механи́зм *м* *(в при́нтере)*
Papierwaren <-> *pl* бума́жные изде́лия *мн*
Papillote <-n> *f* бигуди́ *мн*
Pappbecher <-s, -> *m* бума́жный стака́н *м*
Pappe ['papə] <-, -n> *f* карто́н *м*

P

Pappeinband <-(e)s, -einbände> *m* карто́нный переплёт *м*
Pappel ['papəl] <-, -n> *f* то́поль *м*
papperlapapp [papɐla'pap] *interj* глу́пости *мн*, ерунда́ *ж*, вздо́р *м*
Pappkarton *m* **1.** *(Material)* карто́н *м* **2.** *(Schachtel)* карто́нная коро́бка *ж*
Pappmaché ['papmaʃe:] <-s, -s> *nt*, **Pappmaschee**RR <-s, -s> *nt* папье́-маше́ *ср*
Pappnase <-, -n> *f* карто́нный нос *м*
Pappschnee *m* иску́сственный снег *м*
Pappteller <-s, -> *m* карто́нная таре́лка *ж*
Paprika ['paprika] <-, -s> *f* **1.** *(Frucht)* пе́рец *м* **2.** *(Gewürz)* кра́сный мо́лотый пе́рец *м*; **gefüllte ~** фарширо́ванный пе́рец
Paprikaschote *f* стручо́к *м* пе́рца
Papst [pa:pst, 'pɛ:pstə] <-(e)s, Päpste> *m* па́па *м* ри́мский
päpstlich ['pɛ:pstlɪç] *adj* па́пский
Papsttum <-(e)s> *nt* па́пство *ср*
Papyrus [pa'py:rʊs, pa'py:ri] <-, Papyri> *m* папи́рус *м*
Parabel [pa'ra:bəl] <-, -n> *f* пара́бола *ж*
Parabolantenne <-, -n> *f* параболи́ческая анте́нна *ж*
Parabolspiegel <-s, -> *m* параболи́ческое зе́ркало *ср*
Parade [pa'ra:də] <-, -n> *f* **1.** MIL пара́д *м*; **eine ~ abnehmen** принима́ть пара́д **2.** SPORT *(Abwehr)* защи́та *ж*
Paradeiser [para'daɪzɐ] <-s, -s> *m österr (Tomate)* помидо́р *м*
Paradeschritt <-s> *m* строево́й шаг *м*
Paradeuniform <-, -en> *f* MIL пара́дная фо́рма *ж* оде́жды
paradieren *vi* MIL проходи́ть, пройти́ *св* торже́ственным ма́ршем
Paradies <-es, -e> *nt* **1.** REL рай *м* **2.** *fig (schöner Ort)* ра́йское ме́сто *ср*
paradiesisch *adj* ра́йский
Paradiesvogel *m* ра́йская пти́ца *ж*
Paradigma [para'dɪgma, para'dɪgmən] <-s, Paradigmen> *nt* паради́гма *ж*
paradox [para'dɔks] *adj (widersprüchlich)* парадокса́льный
Paraffin [para'fi:n] <-s, -e> *m* CHEM парафи́н *м*
Paraffinöl <-(e)s, -e> *nt* парафи́новое ма́сло *ср*
ParagrafRR <-en, -en> *m s.* **Paragraph**
ParagrafendschungelRR <-s> *m s.* **Paragraphendschungel**
Paragraph [para'gra:f] <-en, -en> *m* **1.** *(Textabschnitt)* пара́граф *м* **2.** *(Gesetzesabschnitt)* статья́ *ж*
Paragraphendschungel <-s> *m umg* лабири́нт *м* пара́графов
Paraguay <-s> *nt* Парагва́й *м*
Paraguayer(in) <-s, -> *m u f* парагва́ец *м*, парагва́йка *ж*
paraguayisch *adj* парагва́йский
parallel [para'le:l] *adj* паралле́льный
Parallelbetrieb <-s> *m* паралле́льная рабо́та *ж*
Parallele <-, -n> *f* MATH *(ähnlicher Fall)* паралле́ль *ж*; **eine ~ zu etw ziehen** провести́ паралле́ль к чему́-л.; **Parallelen zwischen etw aufzeigen** сде́лать сравне́ние ме́жду чем-л.
Parallelgeschäft <-(e)s, -e> *nt* компенсацио́нная сде́лка *ж*
Parallelität [paraleli'tɛ:t] <-> *f* паралле́льность *ж*
Parallelogramm [paralelo'gram] <-s, -e> *nt* параллелогра́мм *м*
Parallelrechner <-s, -> *m* паралле́льный компью́тер *м*
Parallelschaltung <-, -en> *f* паралле́льное включе́ние *ср*, паралле́льное соедине́ние *ср*
Parallelstraße <-, -n> *f* паралле́льная у́лица *ж*
Parallelverarbeitung <-> *f* DV паралле́льная обрабо́тка *ж*
Parallelzugriff <-(e)s> *m* паралле́льный до́ступ *м*
Parameter [pa'ra:metɐ] <-s, -> *m* пара́метр *м*
Paranoia *f ohne pl* MED парано́йя *ж*
paranoid *adj* MED, PSYCH параноида́льный
paranoisch *adj* MED паранои́чный
Paranuss <-, -nüsse> *f* ю́жно-америка́нский оре́х *м*
paraphieren *vt* парафи́ровать
paraphrasieren *vt* парафрази́ровать *(н)св*
Parapsychologie ['pa:rapsyçolo'gi:] *f* парапсихоло́гия *ж*
Parasit [para'zi:t] <-en, -en> *m* парази́т *м*
Parasitenbefall <-(e)s> *m* пораже́ние *ср* вреди́телями
parat [pa'ra:t] *adj* гото́вый; **etw ~ haben** держа́ть что-л. нагото́ве
Pärchen ['pɛ:ɐçən] <-s, -> *nt* па́рочка *ж*
Pardon [par'dɔ̃:] <-s> *m o nt ohne pl* пардо́н *м*; **da gibt's kein ~** э́того не прости́шь; **sie kennt kein ~** она́ беспардо́нная
Parfüm [par'fy:m] <-s, -e> *nt* духи́ *мн*
Parfümerie [parfymə'ri:, parfymə'ri:ən] <-, -n> *f* парфюме́рия *ж*
Parfümfläschchen <-s, -> *nt* флако́н *м* духо́в
parfümieren [parfy'mi:rən] **I.** *vt* души́ть, надуши́ть *св* **II.** *vr* **sich ~** души́ться, надуши́ться *св*
Paria <-s, -s> *m* па́рия *м*
parieren [pa'ri:rən] *vi (gehorchen)* слу́шаться, по- *св*
Paris [pa'ri:s] *nt* Пари́ж *м*
Parität <-, -en> *f* парите́т *м*

paritätisch [pariˈtɛːtɪʃ] *adj* парите́тный
Park [park] <-s, -s> *m* парк *м*
Park-and-Ride-System <-(e)s, -e> *nt регламента́ция, согла́сно кото́рой води́тели должны́ при въе́зде в го́род оставля́ть свои́ автомоби́ли на стоя́нках и (беспла́тно) сле́довать да́льше на обще́ственном тра́нспорте*
Parkausweis <-es, -e> *m официа́льное удостовере́ние, даю́щее пра́во жи́телям како́й-ли́бо у́лицы паркова́ть на одно́й из сосе́дних у́лиц*
Parkbank <-, -bänke> *f* скамья́ *ж* в па́рке [*или* в скве́ре]
parken [ˈparkən] **I.** *vt* паркова́ть, при- *св* **II.** *vi* ста́вить, по- *св* на стоя́нку; **Parken verboten!** стоя́нка запрещена́!; **ein parkendes Auto** припарко́вывающаяся маши́на *ж*
Parkett [parˈkɛt] <-(e)s, -e/-s> *nt* парке́т *м*
Parkettfußboden *m* парке́тный пол *м*
Parkettsitz <-es, -e> *m* THEAT ме́сто *ср* в парте́ре
Parkfläche <-, -n> *f* ме́сто *ср* стоя́нки, стоя́нка *ж*
Parkgebühr *f* пла́та *ж* за стоя́нку
Parkhaus <-es, -häuser> *nt пла́тный многоэта́жный подзе́мный и́ли назе́мный гара́ж-автостоя́нка*
Parkinson-Krankheit [ˈpaːkɪnsən kraŋkhaɪt] *f* MED паркинсони́зм *м*
Parkinsonkrankheit *f ohne pl* боле́знь *ж* Паркинсо́на
Parklicht *nt* стоя́ночный ого́нь *м*
Parklücke <-, -n> *f* свобо́дное ме́сто *ср* на автостоя́нке
Parkmöglichkeit <-, -en> *f* ме́сто *ср* для стоя́нки
Parkplatz <-es, -plätze> *m* автостоя́нка *ж;* **der ~ ist voll** на стоя́нке свобо́дных мест нет
Parkplatznot <-> *f* нехва́тка *ж* мест для стоя́нки, тру́дности *жмн* с парко́вкой
Parkschein *m* парко́вочный тало́н *м*
Parkscheinautomat *m* автома́т *м* парко́вочных тало́нов
Parkstreifen <-s, -s> *m* полоса́ *ж* парко́вки
Parkuhr <-, -en> *f* счётчик *м* вре́мени *(на автостоя́нке)*
Parkverbot *nt* стоя́нка запрещена
Parkwächter <-s, -> *m* сто́рож *м* на стоя́нке
Parkzeit *f* вре́мя *ж* стоя́нки
Parlament [parlaˈmɛnt] <-(e)s, -e> *nt* парла́мент *м*
Parlamentarier(in) [parlamɛnˈtaːriɐ] <-s, -> *m(f)* член *м* парла́мента
parlamentarisch *adj* парла́ментский
Parlamentarismus [parlamɛntaˈrɪsmʊs] <-> *m* парламентари́зм *м*
Parlamentsausschuss <-es, -ausschüsse> *m* парла́ментская коми́ссия *ж*
Parlamentsferien <-> *pl* парла́ментские кани́кулы *мн*
Parlamentsgebäude <-s, -> *nt* зда́ние *ср* парла́мента
Parlamentspräsident(in) <-en, -en> *m(f)* председа́тель *м* парла́мента
Parlamentsreform <-, -en> *f* рефо́рма *ж* парла́мента
Parlamentssitz <-es, e-> *m* ме́сто *ср* в парла́менте
Parlamentssitzung <-, -en> *f* заседа́ние *ср* парла́мента
Parlamentswahl <-, -en> *f* парла́ментские вы́боры *мн*
Parmesan [parmeˈzaːn] <-s> *m* пармеза́н *м (италья́нский твёрдый сыр, испо́льзуемый в ви́де порошка́ для спаге́тти и т. п.)*
Parodie [paroˈdiː, paroˈdiːən] <-, -n> *f* паро́дия *ж;* **eine ~ auf jdn/etw** паро́дия на кого́-л./что-л.
parodieren [paroˈdiːrən] *vt* пароди́ровать *нсв*
Parodontose [parodɔnˈtoːzə] <-, -n> *f* MED пародонто́з *м*
Parole [paˈroːlə] <-, -n> *f* **1.** *(Leitsatz)* ло́зунг *м* **2.** *(Passwort)* паро́ль *м*
Parser <-s, -> *m* DV синтакси́ческий анализа́тор *м*
Parsing [ˈparzɪŋ] <-s> *nt* DV синтакси́ческий ана́лиз *м*
Partei [parˈtaɪ] <-, -en> *f* па́ртия *ж;* (**für jdn/etw**) **~ ergreifen** встать на сто́рону (кого́-л./чего́-л.); **in einer ~ sein** быть в одно́й па́ртии; **die streitenden Parteien** спо́рящие па́ртии
Parteiapparat <-(e)s, -e> *m* парти́йный аппара́т *м*
Parteibeschluss <-es, -beschlüsse> *m* реше́ние *ср* па́ртии
Parteiführung <-, -en> *f* парти́йное руково́дство *ср*
Parteifunktionär(in) <-s, -e> *m(f)* партрабо́тник *м*
Parteigenosse <-n, -n> *m*, **Parteigenossin** *f* това́рищ *м* по па́ртии
parteiisch *adj* пристра́стный
Parteikasse <-, -n> *f* парти́йная ка́сса *ж*
Parteikongress <-es, -e> *m* съезд *м* па́ртии
parteilich *adj* парти́йный; *(parteiisch)* пристра́стный
parteilos *m* беспарти́йный
Parteimitglied *nt* член *м* па́ртии
Parteiorgan <-(e)s, -e> *nt* парти́йный о́рган *м*
Parteipolitik *f* поли́тика *ж* па́ртии
Parteiprogramm *nt* парти́йная програ́мма *ж*
Parteisekretär(in) <-s, -e> *m(f)* отве́тствен-

P

ный парти́йный рабо́тник *м*
Parteispendenaffäre <-, -n> *f полити́ческий сканда́л в связи́ с незако́нными фина́нсовыми поступле́ниями в по́льзу како́й-л. па́ртии или по́дкупом отде́льных парти́йных де́ятелей*
Parteispitze <-, -n> *f* парти́йная верху́шка *ж*
Parteisprecher(in) <-s, -> *m(f)* пресс-секрета́рь *м* па́ртии
Parteitag <-(e)s, -e> *m* парти́йный съезд *м*
Parteitagsbeschluss <-es, -beschlüsse> *m* реше́ние *ср* парти́йного съе́зда
Parteivorstand <-(e)s, -vorstände> *m* правле́ние *ср* па́ртии
Parterre [par'tɛr] <-s, -s> *nt (Erdgeschoss)* пе́рвый эта́ж *м;* **im ~ wohnen** жить на пе́рвом этаже́
Parterrewohnung <-, -en> *f* кварти́ра *ж* на пе́рвом этаже́
Partie [par'ti:, par'ti:ən] <-, -n> *f (Spiel, Sport, von Waren)* па́ртия *ж;* **bei etw mit von der ~ sein** *fam* уча́ствовать в чём-л.; **eine gute ~ machen** сде́лать хоро́шую па́ртию
partiell [par'tsi̯ɛl] *adj* части́чный
Partikel [par'ti:kəl] <-, -n> *f* AUCH LING части́ца *ж*
Partisan(in) [parti'za:n] <-s/-en, -en> *m(f)* партиза́н(ка) *м (ж)*
Partisanenkrieg <-(e)s> *m* партиза́нская война́ *ж*
Partitur [parti'tu:ɐ, parti'tu:rən] <-, -en> *f* партиту́ра *ж*
Partizip [parti'tsi:p] <-s, -ien> *nt* LING прича́стие *ср;* **~ Perfekt** прича́стие в проше́дшем вре́мени
Partizipation <-> *f* уча́стие *ср*
partizipieren *vi geh* уча́ствовать *нсв,* принима́ть *нсв* уча́стие
Partner(in) ['partnɐ] <-s, -> *m(f)* **1.** *(allgemein)* партнёр *м,* партнёрша *ж* **2.** *(Teilhaber)* компаньо́н *м* **3.** *(Vetragsseite)* сторона́ *ж,* контраге́нт *м*
Partnerlook [-lʊk] *m оде́жда, специа́льно предназна́ченная для пар*
Partnerschaft <-, -en> *f* партнёрство *ср,* соуча́стие *ср*
partnerschaftlich *adj* партнёрский
Partnerschaftsunternehmen <-s, -> *m* совме́стное предприя́тие *ср,* СП
Partnerstadt <-, -städte> *f* го́род-побрати́м *м*
Partnervermittlung *f* бюро́ *ср* знако́мств
Partnerwahl <-> *f* вы́бор *м* спу́тника жи́зни
Party ['pa:ɐti] <-, -s> *f* вечери́нка *ж;* **eine ~ geben** устра́ивать вечери́нку
Partydroge <-, -n> *f нарко́тик, употребля́емый преиму́щественно на дискоте́ках и ча́стных вечера́х*
Party-Service <-, -s> *m,* **Partyservice** *m предприя́тие, специализи́рующееся на поста́вках блюд и напи́тков на закры́тые торжества́*
Parzelle [par'tsɛlə] <-, -n> *f (Landstück)* уча́сток *м (земли́)*
Parzellierung <-> *f* разде́л *м* земли́
Pascha ['paʃa] <-s> *m umg* ба́рин *м*
Pass[RR] [pas, 'pɛsə] <-es, Pässe> *m,* **Paß**[Alt] <Passes, Pässe> *m* **1.** *(Ausweis)* па́спорт *м* **2.** *(Gebirgspass)* го́рный перева́л *м* **3.** SPORT пас *м*
passabel [pa'sa:bəl] *adj* сно́сный
Passage [pa'sa:ʒə] <-, -n> *f* **1.** *(Durchfahrt)* пасса́ж *м* **2.** *(Textausschnitt)* отры́вок *м*
Passagier [pasa'ʒi:ɐ̯, pasa'ʒi:rə] <-s, -e> *m* пассажи́р *м;* **ein blinder ~** „за́яц"
Passagierbeförderung *f* перево́зка *ж* пассажи́ров
Passagierdampfer <-s, -> *m* пассажи́рский парохо́д *м*
Passagierflugzeug <-(e)s, -e> *nt* пассажи́рский самолёт *м*
Passagierjet <-s, -s> *m* пассажи́рский реакти́вный самолёт *м*
Passagierliste <-, -n> *f* спи́сок *м* пассажи́ров
Passagierschiff <-(e)s, -e> *nt* пассажи́рский кора́бль *м*
Passant(in) [pa'sant] <-en, -en> *m(f)* прохо́жий *м,* прохо́жая *ж,* пешехо́д *м*
Passat <-s> *m* пасса́т *м (ве́тер)*
Passbild[RR] <-(e)s, -er> *nt* фотогра́фия *ж* для па́спорта
passé *adj* **das ist ~** э́то прошло́, э́то неактуа́льно
passen ['pasən] *vi* подходи́ть, подойти́ *св* к; **die Farben ~ gut zueinander** э́ти цвета́ хорошо́ сочета́ются; **jdm passt etw/jd (nicht)** кому́-л. (не) подхо́дит что-л./кто-л.; **passend sein** *(angemessen sein)* быть подходя́щим; **wann würde es dir ~?** когда́ тебе́ бы́ло бы удо́бно?; **das passt (mir) wie angegossen** э́то мне впо́ру; **sie ~ zueinander** они́ хоро́шая па́ра; **die Schuhe ~ nicht zum Kleid** о́бувь не подхо́дит к пла́тью; **das passt mir gar nicht** э́то мне не нра́вится; **bei dieser Frage muss ich ~** на э́тот вопро́с я не могу́ отве́тить
passend *adj* подходя́щий; **welcher ist der passende Schlüssel?** како́й ключ бо́лее подходя́щий?; **die passenden Worte finden** найти́ подходя́щие слова́
Passfoto[RR] *nt* фотогра́фия *ж* для па́спорта
passierbar *adj* проходи́мый
passieren [pa'si:rən] **I.** *vi* случа́ться, -чи́ться *св* с, происходи́ть, произойти́ *св* с; **was ist denn passiert?** что случи́лось?; **das**

kann auch nur ihm ~! такóе мóжет тóлько с ним случи́ться; **dass mir das nicht noch mal passiert!** и чтóбы э́то бóльше не повторя́лось!; **... sonst passiert was!** *fam* а то полу́чишь у меня́! **II.** *vt* пересека́ть, -се́чь *св;* **wir konnten ungehindert die Grenze ~** мы смогли́ беспрепя́тственно пересе́чь грани́цу

Passierschein *m* прóпуск *м*

Passion [pa'si̯o:n] <-, -en> *f* страсть *ж*

passioniert [pasi̯o'ni:ɐ̯t] *adj* стра́стный

passiv ['pasi:f] *adj* пасси́вный

Passiv ['pasi:f, -'-] <-s, -e> *nt* LING страда́тельный залóг *м*

Passiva [pa'si:va] <-> *pl* ÖKON пасси́вы *ммн*

Passivität [pasivi'tɛ:t] <-> *f* пасси́вность *ж*

Passivkonto <-s, -konten> *nt* счёт *м* пасси́ва

Passivposten <-s, -> *m* пасси́вная статья́ *ж* бала́нса

Passivrauchen ['pasi:frauxən] *m* пасси́вное куре́ние *ср*

Passivseite <-, -n> *f* пра́вая сторона́ *ж,* пасси́в *м*

Passkontrolle^RR <-, -n> *f* пáспортный контрóль *м*

Passus ['pasʊs] <-, -> *m* пункт *м*

Passwort^RR ['pasvɔrt] *nt* парóль *м*

Passwortsperre^RR <-, -n> *f* DV блокирóвка *ж* парóля

Paste ['pastə] <-n> *f* **1.** *(Lebensmittel)* паште́т *м* **2.** MED бальза́м *м*

Pastell [pas'tɛl] <-(e)s, -e> *nt* пасте́ль *ж*

Pastellfarbe *f* **1.** *(zum Malen)* пасте́ли *жмн* **2.** *(Farbton)* пасте́льный тон *м*

Pastellstift <-(e)s, -e> *m* пасте́льный каранда́ш *м*

Pastete [pas'te:tə] <-, -n> *f* паште́т *м*

pasteurisieren [pastœri'zi:rən] *vt* пастеризи́ровать

Pastille [pas'tɪlə] <-n> *f* дра́же́ *ср*

Pastor(in) ['pasto:ɐ, pas'to:ɐ] <-s, -en> *m(f)* пáстор *м*

Patch *m* DV вста́вка *ж,* „запла́та" *ж*

Pate ['pa:tə] <-n, -n> *m* крёстный оте́ц *м*

Patenkind <-(e)s, -er> *nt* крёстный ребёнок *м*

Patenschaft <-en> *f* опеку́нство *ср;* **die ~ für ein Kind übernehmen** стать опекунóм ребёнка

Patent [pa'tɛnt] <-(e)s, -e> *nt* пате́нт *м;* **ein ~ einreichen** пода́ть зая́вку на пате́нт; **ohne ~** беспате́нтный; **etw zum ~ anmelden** пода́ть на пате́нт

Patentamt <-(e)s, -ämter> *nt* пате́нтное ве́домство *ср*

Patentanmeldung <-, -en> *f* регистра́ция *ж* на пате́нт

patentieren [patɛn'ti:rən] *vt* патентова́ть, за- *св*

Patentierungskosten <-> *pl* расхóды *мн* на приобрете́ние пате́нта

Patentinhaber(in) <-s, -> *m(f)* облада́тель *м* пате́нта

Patentrecht <-(e)s> *nt* JUR пате́нтное пра́во *ср*

patentrechtlich *adj* **~ geschützt** защищённый пате́нтными права́ми

Patentregister <-s, -> *nt* пате́нтный рее́стр *м*

Patentschutz <-es> *m* охра́на *ж* пате́нтных прав

Patentstelle <-, -n> *f* пате́нтное ве́домство *ср*

Patentverletzung <-, -en> *f* наруше́ние *ср* пате́нтных прав

Pater ['pa:tɐ] <-s, -> *m* па́тер *м*

Paternoster[1] <-s, -> *m* Отче наш *м*

Paternoster[2] <-s, -> *m* патернóстер *м* *(лифт непреры́вного де́йствия)*

pathetisch [pa'te:tɪʃ] *adj* патети́ческий

pathogen *adj* патоге́нный, болезнетвóрный

Pathologie [patolo'gi:] <-> *f* патолóгия *ж*

pathologisch [pato'lo:gɪʃ] *adj* патологи́ческий

Pathos ['pa:tɔs] <-> *nt* па́фос *м*

Patient(in) [pa'tsi̯ɛnt] <-en, -en> *m(f)* пацие́нт(ка) *м(ж),* больнóй *м,* больна́я *ж*

Patientenkartei <-, -en> *f* картоте́ка *ж* находя́щихся на учёте пацие́нтов

Patin ['pa:tɪn] <-, -nen> *f* крёстная мать *ж*

Patriarch [patri'arç] <-en, -en> *m* патриа́рх *м*

patriarchalisch [patriar'ça:lɪʃ] *adj* патриарха́льный

Patriarchat [patriar'ça:t] <-(e)s, -e> *nt* патриарха́т *м*

Patriot(in) [patri'o:t] <-en, -en> *m(f)* патриóт(ка) *м(ж)*

patriotisch *adj* патриоти́ческий

Patriotismus [patrio'tɪsmʊs] <-> *m* патриоти́зм *м*

Patron(in) [pa'tro:n] <-s, -e; -nen> *m(f)* покрови́тель *м*

Patrone [pa'tro:nə] <-, -n> *f* **1.** *(Tintenbehältnis)* баллóнчик *м* с черни́лами **2.** *(für Schusswaffe)* патрóн *м*

Patronengurt <-(e)s, -e> *m* патрóнная ле́нта *ж*

Patronenhülse *f* ги́льза *ж* патрóна

Patrouille [pa'trʊljə] <-, -n> *f* патру́ль *м*

Patrouillenboot <-(e)s, -e> *nt* патру́льный [*или* дозóрный] ка́тер *м*

patrouillieren [patrʊl'ji:rən] *vi* патрули́ровать *нсв*

Patsche ['patʃə] *f ohne pl fam* **1.** *(Matsch)* грязь *ж* **2.** *fig (Bedrängnis)* тяжёлое положе́ние *ср;* **in der ~ sitzen** вли́пнуть; **jdm aus der ~ helfen** помóчь кому́-л. вы́браться из затрудне́ния

P

patsch(e)nassRR ['patʃ(ə)'nas] *adj umg* промо́кший до ни́тки [*или* наскво́зь]
Pattsituation <-, -en> *f* па́товая ситуа́ция *ж*
patzig ['patsɪç] *adj umg* де́рзкий
Pauke ['paʊkə] <-, -n> *f* лита́вры *мн*
pauken I. *vi umg (lernen)* зубри́ть *нсв* **II.** *vt umg (lernen)* зубри́ть, вы́зубрить *св*
Paukenwirbel <-s, -> *m* звуча́ние *ср* лита́вр
Pauker(in) <-s, -; -nen> *m(f)* **1.** *fam (Lehrer)* учи́тель *м* **2.** MUS литаври́ст *м*, лита́врщик *м*
pausbäckig ['paʊsbɛkɪç] *adj* толстощёкий
pauschal [paʊ'ʃa:l] **I.** *adj* о́бщий, пауша́льный; **~e Entschädigung** пауша́льное возмеще́ние *ср* **II.** *adv* всё вме́сте, в о́бщем и це́лом
Pauschalabschreibung <-, -en> *f* о́бщая амортиза́ция *ж*
Pauschalbetrag <-(e)s, -beträge> *m* о́бщая су́мма *ж*
Pauschalbewertung <-, -en> *f* о́бщая оце́нка *ж*
Pauschale [paʊ'ʃa:lə] <-, -n> *f* о́бщая [*или* пауша́льная] су́мма *ж*
pauschalieren *vt* устана́вливать, установи́ть *св* пауша́льную су́мму
Pauschalierung <-, -en> *f* установле́ние *ср* пауша́льной су́ммы
Pauschalpreis <-es, -e> *m* пауша́льная цена́ *ж*
Pauschalsteuer <-, -n> *f* пауша́льный нало́г *м*
Pauschalurlaub <-s> *m поéздка в óтпуск при посрéдничестве бюрó путешéствий с óбщей оплáтой дорóги, проживáния, питáния и т.д.*
Pause ['paʊzə] <-, -n> *f* **1.** *(Erholungspause, Innehalten)* па́уза *ж* **2.** THEAT антра́кт *м*; **eine ~ machen** сде́лать па́узу; **die große ~** *(in der Schule)* больша́я переме́на
Pausenbrot <-(e)s, -e> *nt* бутербро́д *м*, съеда́емый во вре́мя переме́ны и́ли переры́ва в рабо́те
pausenlos *adj* беспреры́вный
Pausenpfiff <-(e)s, -e> *m* сигна́л *м* о нача́ле и́ли конце́ переры́ва
Pausenstand <-(e)s> *m* SPORT счёт *м* ма́тча по́сле пе́рвой ча́сти встре́чи
Pavian ['pa:via:n] <-s, -e> *m* павиа́н *м*
Pavillon ['pavɪljɔ̃] <-s, -s> *m* павильо́н *м*
Pay-TV ['pɛɪti:vi:] <-> *nt прогрáмма чáстной телестáнции, котóрую мóжно принимáть за определённую плáту и при налúчии дополнúтельного декóдера*
Pazifik [pa'tsi:fɪk] <-s> *m* Ти́хий океа́н *м*
pazifisch [pa'tsi:fɪʃ] *adj* тихоокеа́нский; **der Pazifische Ozean** Ти́хий океа́н *м*
Pazifist(in) [patsi'fɪst] <-en, -en> *m(f)* пацифи́ст(ка) *м(ж)*
pazifistisch *adj* пацифи́стский
PC [pe:'tse:] <-, -s> *m* персона́льный компью́тер *м*
Peanuts ['pi:nats] <-> *pl (als nicht nennenswert betrachteter Geldbetrag)* ничто́жная су́мма *ж (де́нег)*, су́мма *ж*, недосто́йная упомина́ния
Pech1 [pɛç] <-(e)s, -e> *nt (Teer)* смола́ *ж*; **die beiden halten zusammen wie ~ und Schwefel** *fam* они неразлу́чны
Pech2 [pɛç] <-(e)s> *nt ohne pl (Missgeschick)* неуда́ча *ж*; **wir haben ~ gehabt** нам не повезло́
pechrabenschwarz *adj* чёрный как смоль
pechschwarz ['pɛç'ʃvarts] *adj* чёрный как смола́
Pechsträhne <-, -n> *f umg* полоса́ *ж* неуда́ч
Pechvogel <-s, -vögel> *m umg* неуда́чник *м*; **ein ~ sein** быть невезу́чим
Pedal [pe'da:l] <-s, -e> *nt* педа́ль *ж*
Pedant(in) [pe'dant] <-en, -en> *m(f)* педа́нт(ка) *м(ж)*
Pedanterie [pedantə'ri:] <-> *f* педанти́зм *м*
pedantisch *adj* педанти́чный
Pediküre [pedi'ky:rə] <-> *f* педикю́р *м*
Peeling ['pi:lɪŋ] <-s, -s> *nt* пи́линг *м*
Peepshow ['pi:pʃoʊ] *f* пипшо́у *ср (шóу, где посетúтель наблюдáет сквозь щёлку гóлую жéнщину)*
Pegel ['pe:gəl] <-s, -> *m* **1.** *(Maß)* водоме́рная ре́йка *ж* **2.** *(Wasserstand)* у́ровень *м* воды́
Peilanlage <-, -n> *f* пеленга́торная устано́вка *ж*
peilen ['paɪlən] *vt* MAR *(Standort)* пеленгова́ть, за- *св*; **über den Daumen gepeilt** *umg* прики́нуть на глаз [*или* глазо́к]
Peilfunk <-s> *m* пеленга́торное ра́дио *ср*
Peilgerät <-(e)s, -e> *nt* пелинга́торный радиоприёмник *м*
Pein [paɪn] <-> *f geh* муче́ние *ср*
peinigen ['paɪnɪgən] *vt* му́чить, за- *св*
peinlich *adj* неприя́тный, нело́вкий; **es war ihm furchtbar ~** ему́ бы́ло ужа́сно нело́вко; **es ist mir furchtbar ~, Ihnen das mitteilen zu müssen** мне о́чень неудо́бно сообщи́ть вам
Peinlichkeit <-, -en> *f* тя́гостное положе́ние *ср*
Peitsche ['paɪtʃə] <-, -n> *f* плётка *ж*
peitschen *vt, vi* хлеста́ть, хлестну́ть *св*
pejorativ [pejora'ti:f] *adj* уничижи́тельный, пейорати́вный
Pekinese [peki'ne:zə] <-n, -n> *m* пекине́с *м*
pekuniär *adj* де́нежный, фина́нсовый
Pelerine <-, -n> *f* пелери́на *ж*
Pelikan ['pe:lika:n] <-s, -e> *m* пелика́н *м*
Pelle ['pɛlə] <-, -n> *f* шелуха́ *ж*
pellen I. *vt nordd (schälen)* очища́ть кожуру́ **II.** *vr* **sich ~** *nordd* лупи́ться

Pellkartoffel <-, -n> *f* картóфель *м* в мундúре

Pelz [pɛlts] <-es, -e> *m* **1.** *(Pelzmantel)* шýба *ж* **2.** *(an lebendem Tier, als Bekleidungsmaterial)* мех *м*, шкýра *ж*

pelzbesetzt *adj* с меховóй опýшкой [*или* оторóчкой]

pelzgefüttert *adj* на мехý, подбúтый мéхом

Pelzhandel <-s> *m* торгóвля *ж* пушнúм товáром [*или* пушнúной]

Pelzhändler <-s, -> *m* торгóвец *м* пушнúной

pelzig *adj* мохнáтый; *reg (in Geschmack)* сухóй

Pelzimitation <-> *f* искýсственный мéх *м*

Pelzjacke <-, -n> *f* меховáя кýртка *ж*

Pelzkragen <-s, -krägen> *m* меховóй воротнúк *м*

Pelzmantel <-s, -mäntel> *m* шýба *ж*

Pelzmütze <-, -n> *f* меховáя шáпка *ж*

PEN-Club <-s> *m* Пен-клуб *м (междунарóдная организáция писáтелей)*

Pendel ['pɛndəl] <-s, -> *nt* мáятник *м*

Pendelbewegung <-, -en> *f* колебáтельное движéние *ср*

pendeln ['pɛndəln] *vi* качáться, качнýться *св*; *(zwischen zwei Orten)* курсúровать *нсв*

Pendelzug <-(e)s, -züge> *m* пóезд *м* мéстного [*или* прúгородного] сообщéния

Pendler ['pɛndlɐ] <-s, -> *m*, **Pendlerin** *f лицó, регуля́рно приезжáющее на рабóту из отдалённого мéста жúтельства*

Penes *pl von* **Penis**

penetrant [pene'trant] *adj* **1.** *pej (Verhalten)* навя́зчивый **2.** *(Geruch)* рéзкий, тяжёлый

Penetration <-, -en> *f* пенетрáция *ж*, проникновéние *ср*

peng [pɛŋ] *interj* бум!

penibel [pe'ni:bəl] *adj (genau)* педантúчный

Penicillin <-s, -e> *nt s.* **Penizillin**

Penis ['pe:nɪs] <-, -se> *m* пéнис *м*

Penizillin [penitsɪ'li:n] <-s, -e> *nt* пеницилл́ин *м*

Pennbruder ['pɛn-] <-s, -brüder> *m pej* бродя́га *м*

pennen ['pɛnən] *vi fam* **1.** *(schlafen)* дры́хнуть **2.** *(nicht aufpassen)* зевáть

Penner(in) <-s, -; -nen> *m(f) abw, fam* **1.** *(Stadtstreicher)* бомж *м* **2.** *(Schlafmütze)* сóня *м и ж*

Pension [pã'zjo:n] <-, -en> *f* **1.** *(Gästehaus)* пансиóн *м* **2.** *(Ruhestand, Ruhegehalt)* пéнсия *ж*; **eine ~ beziehen** получáть пéнсию; **in ~ gehen** уйтú на пéнсию

Pensionär(in) [pãzjo'nɛ:ɐ, pɛnzjo'nɛ:ɐ] <-s, -e> *m(f)* пенсионéр(ка) *м(ж)*

pensionieren *vt* увольня́ть, увóлить *св* на пéнсию

Pensionierung <-en> *f* ухóд *м* на пéнсию

Pensionsalter *nt* пенсиóнный вóзраст *м*

Pensionsgast <-es, -gäste> *m* прожинвáющий *м* в пансиóне

Pensum ['pɛnzʊm] <-s, -sen/-sa> *nt* нагрýзка *ж*, задáние *ср*

Pentagon ['pɛntagɔn] <-s> *nt ohne pl (US-Verteidigungsministerium)* Пентагóн *м*

Penthaus <-es, -häuser> *nt эксклюзúвный апартамéнт на кры́ше высóтного дóма*

Peperoni [pepe'ro:ni] <-> *f* óстрый пéрец *м*

peppig ['pɛpɪç] *adj (Musik)* живóй, бы́стрый; *(Person)* энергúчный

per [pɛr] *prp akk* по; **~ annum** ежегóдно, в год; **~ prokura** по довéренности; **~ Post** по пóчте; **~ Kilo** на килогрáмм; **er fährt ~ Anhalter** он éдет на попýтной машúне

Perestroika <-> *f* перестрóйка *ж*

perfekt [pɛr'fɛkt] *adj* **1.** *(vollkomen)* совершéнный; **sie spricht ~ Russisch** онá отлúчно говорúт по-рýсски **2.** *(besiegelt, abgemacht)* окончáтельный; **der Vertrag ist ~** договóр заключён окончáтельно; **die Sache ist ~** всё отлúчно

Perfekt ['pɛrfɛkt] <-s, -e> *nt* LING перфéкт *м*

Perfektion [pɛrfɛk'tsjo:n] <-> *f* совершéнство *ср*; **etw (bis) zur ~ bringen** довестú что-л. до совершéнства

perfektionieren *vt* усовершéнствовать

Perfektionismus <-> *m ohne pl* перфекционúзм *м*

Perfektionist(in) [pɛrfɛktsi̯o'nɪst] <-en, -en> *m(f)* перфекционúст(ка) *м(ж)*

perfide [pɛrfi:də] *adj* ковáрный

Perfidie <-> *f* ковáрство *ср*, пóдлость *ж*

perforieren [pɛrfo'ri:rən] *vt* закомпостúровать

Performanz <-> *f* LING словоупотреблéние *ср* в определённой ситуáции

Pergament [pɛrga'mɛnt] <-(e)s, -e> *nt* пергáмент *м*

Pergamentpapier <-(e)s> *nt* пергáментная бумáга *ж*

Periode [peri'o:də] <-, -n> *f* **1.** AUCH MATH перúод *м* **2.** *(Menstruation)* менструáция *ж*

Periodensystem *nt ohne pl* CHEM периодúческая систéма *ж*

Periodikum <-s, Periodika> *nt* периодúческий журнáл *м*

periodisch [peri'o:dɪʃ] *adj* периодúческий

Peripherie [perife'ri:] <-, -n> *f* **1.** *(allg)* перифéрия *ж* **2.** *(einer Stadt)* окрáина *ж*

Peripheriegeräte <-> *pl* DV периферúйные устрóйства *мн*

Periskop <-(e)s, -e> *nt* перискóп *м*

Peristaltik <-> *f* перистáльтика *ж*

Perle ['pɛrlə] <-, -n> *f* **1.** *(von Auster)* жемчýжина *ж* **2.** *(aus Glas/Holz)* бúсер *м* **3.** *(Schweißtropfen)* кáпля *ж* пóта

perlen ['pɛrlən] *vi* **1.** *(von Tropfen)* кáпать

нсв **2.** *(von Blasen)* пузы́риться *нсв*

Perlenkette <-, -n> *f* жемчу́жное ожере́лье *ср*, ни́тка *ж* же́мчуга

Perlhuhn <-(e)s, -hühner> *nt* цеса́рка *ж*

Perlmutt ['pɛrlmʊt] <-s> *nt* перламу́тр *м*

perlmuttern *adj* перламу́тровый

permanent [pɛrma'nɛnt] *adj* постоя́нный; **er ist ~ unzufrieden** он постоя́нно недово́лен; **~e Inventur** ÖKON перманéнтная инвентариза́ция *ж*

perplex [pɛr'plɛks] *adj umg* озада́ченный

Perser(in) ['pɛrzɐ] <-s, -; -nen> *m(f)* перся́нин *м*, персия́нка *ж*

Perserteppich *m* перси́дский ковёр *м*

Persien ['pɛrziən] <-s, -> *nt* Пе́рсия *ж*

persisch *adj* перси́дский

Person [pɛr'zo:n] <-, -en> *f* **1.** *(Individuum)* челове́к *м;* **pro ~** на челове́ка; **ich für meine ~ …** я счита́ю, что …; **Angaben zur ~ machen** навести́ спра́вку о ком-л.; **er ist die Geduld in ~** он само́ терпе́ние **2.** FILM, THEAT де́йствующее лицо́ *ср* **3.** LING *(offiziell)* лицо́ *ср;* **einflussreiche ~** влия́тельное лицо́; **juristische ~** юриди́ческое лицо́; **natürliche ~** физи́ческое лицо́

Personal [pɛrzo'na:l] <-s> *nt* персона́л *м*, штат *м*, ка́дры *мн*, ли́чный соста́в *м;* **leitendes ~** руководя́щий соста́в

Personalabbau <-s> *m* сокраще́ние *ср* шта́тов

Personalabteilung <-, -en> *f* отде́л *м* ка́дров

Personalakte *f* ли́чные да́нные *мн*

Personalausweis <-es, -e> *m* удостовере́ние *ср* ли́чности

Personalbedarf <-(e)s> *m* потре́бность *ж* в ка́драх

Personalberatung <-, -en> *f* консультацио́нная фи́рма *ж* по ка́дровым вопро́сам

Personalbeschaffung <-> *f* привлече́ние *ср* рабо́чей си́лы

Personalbüro <-s, -s> *nt* отде́л *м* ка́дров

Personalchef(in) <-s, -s> *m(f)* нача́льник *м*, нача́льница *ж* отде́ла ка́дров

Personalcomputer <-s, ->, **Personal Computer** *m* персона́льный компью́тер *м*

Personalentwicklung <-> *f* дина́мика *ж* профессиона́льного ро́ста ка́дров

Personalfreisetzung <-> *f* сокраще́ние *ср* шта́тов

Personalführung <-> *f* руково́дство *ср* ка́драми

Personalien [pɛrzo'na:liən] <-> *fpl* да́нные *мн (о ли́чности);* **seine ~ angeben** указа́ть свои́ да́нные

Personalkosten <-> *pl* расхо́ды *мн* на зарпла́ту и социа́льное обеспе́чение персона́ла

Personal-Leasing <-> *nt* ли́зинг *м* персона́ла

Personalleiter(in) <-s, -> *m(f)* нача́льник *м* [*или* нача́льница *ж*] отде́ла ка́дров

Personalmanagement <-s> *nt* управле́ние *ср* ка́драми

Personalmangel <-s> *m* нехва́тка *ж* рабо́чей си́лы

Personalnebenkosten <-> *pl* накладны́е расхо́ды *мн* по содержа́нию персона́ла

Personalplanung <-, -en> *f* плани́рование *ср* рабо́чей си́лы

Personalpolitik <-> *f* ка́дровая поли́тика *ж*

Personalpronomen <-s, -nomina> *nt* LING ли́чное местоиме́ние *ср*

Personalrecht <-(e)s> *nt* JUR ли́чное пра́во *ср*

Personalrekrutierung <-> *f* привлече́ние *ср* рабо́чей си́лы

Personaltransfer <-s, -s> *m* перемеще́ние *ср* рабо́чей си́лы

Personalvertreter <-s, -> *m* представи́тель *м* рабо́чих и слу́жащих

Personalwesen <-s> *nt* управле́ние *ср* ка́драми, персона́л-ме́неджмент *м*

personell [pɛrzo'nɛl] *adj* ли́чный, персона́льный

Personenaufzug *m* лифт *м*

Personenbeschreibung <-, -en> *f* описа́ние *ср* приме́т ли́чности

Personengesellschaft <-, -en> *f* ÖKON това́рищество *ср*

Personenkreis <-es, -e> *m* круг *м* лиц

Personenschaden *m* JUR **Unfall mit ~** ава́рия *ж* с челове́ческими же́ртвами

Personenschutz *m* ли́чная охра́на *ж*

Personenstandsregister <-s> *nt* за́пись *ж* а́ктов гражда́нского состоя́ния

Personensteuer <-> *f* ли́чный нало́г *м*

Personenverkehr <-s> *m* пассажи́рский тра́нспорт *м*

Personenwaage *f* весы́ *мн*

Personenwagen <-s, -> *m* легкова́я маши́на *ж; (Eisenbahn)* пассажи́рский ваго́н *м*

Personenzug <-(e)s, -züge> *m* пассажи́рский по́езд *м*

Personifikation [pɛrzonifika'ts̮i̯o:n] <-en> *f* олицетворе́ние *ср*

personifizieren [pɛrzonifi'ts̮i:rən] *vt* олицетворя́ть

persönlich [pɛr'zœ:nlɪç] *adj* ли́чный; **~e Ausgaben** ли́чные потреби́тельские расхо́ды *ммн;* **~es Eigentum** ли́чная со́бственность *ж;* **~es Einkommen** индивидуа́льный дохо́д *м;* **~e Haftung** ли́чная отве́тственность *ж;* **ein persönliches Gespräch** ли́чный разгово́р *м;* **etw ~ nehmen** приня́ть что-л. ли́чно; **jdn ~ kennen** познако́миться с кем-л. ли́чно; **~ erscheinen** появи́ться ли́чно

Persönlichkeit <-, -en> *f* **1.** *(eines Menschen)* ли́чность *ж* **2.** *(bekannter Mensch)* (высокопоста́вленное) лицо́ *ср*

Persönlichkeitsentfaltung <-> *f* разви́тие *ср* ли́чности

Persönlichkeitsmerkmal <-s, -e> *f* осо́бая приме́та *ж* ли́чности

Persönlichkeitsrecht <-(e)s, -e> *nt* ли́чное пра́во *ср*

Persönlichkeitsschutz <-es> *m* защи́та *ж* (неиму́щественных) прав ли́чности

Persönlichkeitsstörung <-, -en> *f* PSYCH расстро́йство *ср* ли́чности

Persönlichkeitswahl <-> *f* голосова́ние *ср* по отде́льным кандида́там

Perspektive [pɛrspɛk'ti:və] <-, -n> *f* **1.** *(einer Zeichnung)* перспекти́ва *ж* **2.** *(Sichtweise)* то́чка *ж* зре́ния; **aus jds ~** с то́чки зре́ния кого́-л. **3.** *(Aussichten)* перспекти́ва *ж*

perspektivisch *adj* перспекти́вный

perspektivlos [pɛrspɛk'ti:f-] *adj* бесперспекти́вный

Perspektivlosigkeit <-> *f* бесперспекти́вность *ж*

Peru [pe'ru:] <-s> *nt* Перу́ *ср*

Peruaner(in) [peru'a:nɐ] <-s, -> *m(f)* перуа́нец *м*, перуа́нка *ж*

peruanisch *adj* перуа́нский

Perücke [pe'rʏkə] <-, -n> *f* пари́к *м*

pervers [pɛr'vɛrs] *adj (abartig)* извращённый

Perversität [pɛrvɛrzi'tɛ:t] <-, -en> *f* извраще́ние *ср*

pesen ['pe:zən] *vi umg (schnell laufen)* мча́ться

Pessimismus [pɛsi'mɪsmʊs] <-> *m* пессими́зм *м*

Pessimist(in) [pɛsi'mɪst] <-en, -en> *m(f)* пессими́ст(ка) *м (ж)*

pessimistisch *adj* пессимисти́ческий

Pest [pɛst] <-> *f* чума́ *ж*

Pestizid [pɛsti'tsi:t] <-s, -e> *nt* пестици́д *м*

Peterli <-s> *m CH (Petersilie)* петру́шка *ж*

Petersilie [pete'zi:li̯ə] <-> *f* петру́шка *ж*

Petition [peti't͜si̯o:n] <-, -en> *f* пети́ция *ж*

petrochemisch *adj* нефтехими́ческий

Petrodollar <-s, -s> *m* нефтяно́й до́ллар *м*

Petroleum [pe'tro:leʊm] <-s> *nt* кероси́н *м*

Petroleumlampe <-, -n> *f* кероси́новая ла́мпа *ж*

Petze ['pɛt͜sə] <-n> *f abw, fam* я́беда *м и ж*

petzen ['pɛt͜sən] *vt abw, fam* я́бедничать

Pfad [pfa:t, 'pfa:də] <-(e)s, -e> *m* **1.** *(Weg)* тропа́ *ж* **2.** DV путь *м* до́ступа

Pfadfinder(in) <-s, -> *m(f)* бойска́ут *м*

Pfaffe ['pfafə] <-n, -n> *m pej* поп *м*

Pfahl [pfa:l, pfɛ:lə] <-(e)s, Pfähle> *m* столб *м*

Pfand [pfant, 'pfɛndɐ] <-(e)s, Pfänder> *nt (auch im Spiel)* зало́г *м*, закла́д *м*; **ein ~ einlösen** выкупа́ть зало́г; **als ~ geben** дава́ть в зало́г; **gegen ~** под зало́г; **als ~ nehmen** принима́ть в зало́г

pfändbar ['pfɛntba:ɐ] *adj* подлежа́щий наложе́нию аре́ста

Pfandbrief <-(e)s, -e> *m* закладно́й лист *м*

pfänden ['pfɛndən] *vt* опи́сывать, описа́ть *св* иму́щество

Pfänderspiel <-(e)s, -e> *nt* игра́ *ж* в фа́нты

Pfandgeld <-(e)s, -er> *nt* де́ньги *мн* за сда́нную (поро́жнюю) та́ру

Pfandhaus <-es, -häuser> *nt* ломба́рд *м*

Pfandkredit <-(e)s, -e> *m* креди́т *м* под зало́г

Pfandleihe <-> *f* **1.** *(gewerbsmäßiges Leihen von Geld gegen Pfand)* вы́дача *ж* ссуд под зало́г **2.** *(Leihhaus)* ломба́рд *м*

Pfandrecht <-(e)s> *nt* JUR зало́говое пра́во *ср*

Pfandschein <-(e)s, -e> *m* ломба́рдная квита́нция *ж*, закладна́я *ж*

Pfändung ['pfɛndʊŋ] <-, -en> *f* наложе́ние *ср* аре́ста на иму́щество

Pfandvertrag <-(e)s, -verträge> *m* JUR догово́р *м* о переда́че иму́щества под зало́г

Pfanne ['pfanə] <-, -n> *f* **1.** *(allg)* сковорода́ *ж* **2.** *CH (Kochtopf)* кастрю́ля *ж* **3.** ANAT *(von Gelenk)* я́мка *ж*; **jdn in die ~ hauen** *umg* стере́ть кого́-л. в порошо́к

Pfannkuchen ['pfanku:xən] <-s, -> *m* ола́дья *ж*; *(flacher)* блин *м*; *(gefullter)* по́нчик *м*

Pfarramt ['pfarʔamt] <-(e)s, -ämter> *nt* до́лжность *ж* па́стора

Pfarrbezirk <-(e)s, -e> *m* прихо́д *м*

Pfarrei [pfa'raɪ] <-, -en> *f* **1.** *(Pfarrhaus)* дом *м* свяще́нника **2.** *(Gemeinde)* церко́вная общи́на *ж*

Pfarrer(in) ['pfarɐ] <-s, -> *m(f)* па́стор *м*, свяще́нник *м*

Pfarrgemeinde *f* церко́вный прихо́д *м*

Pfarrhaus <-es, -häuser> *nt* прихо́дский дом *м*

Pfarrkirche <-, -n> *f* прихо́дская це́рковь *ж*

Pfau [pfaʊ] <-(e)s, -en> *m* павли́н *м*

Pfauenfeder <-, -n> *f* павли́нье перо́ *ср*

Pfeffer ['pfɛfɐ] <-s> *m* пе́рец *м*; **bleiben, wo der ~ wächst** *umg* убира́ться к чёрту

Pfefferminzbonbon <-s, -s> *nt* мя́тная конфе́т(к)а *ж*

Pfefferminze [pfɛfɐ'mɪntsə] <-> *f* мя́та *ж*

Pfefferminzgeschmack <-(e)s> *m* вкус *м* мя́ты

Pfefferminztee <-s> *m* чай *м* из мя́ты

Pfeffermühle *f* ме́льница *ж* для чёрного пе́рца

pfeffern ['pfɛfɐn] *vt (mit Pfeffer würzen)* перчи́ть, по- *св*; **gepfefferte Preise** ду́тые це́ны *жмн*; **ich habe ihm eine gepfeffert** я влепи́л ему́

Pfefferstreuer <-s, -> *m* пе́речница *ж*

Pfeife ['pfaɪfə] <-, -n> *f* **1.** *(Instrument)* свисто́к *м* **2.** *(Tabaks~)* тру́бка *ж*; **nach jds ~**

P

tanzen *umg* плясáть под чью-л. дýдку
pfeifen ['pfaɪfən] <pfiff, gepfiffen> **I.** *vi* свистéть, по- *св*, свúстнуть *св* **II.** *vt (Melodie)* насвúстывать *нсв;* **auf etw ~** *umg* чихáть на что-л.
Pfeifentabak *m* табáк *м* для трýбки
Pfeifton *m* трель *ж*
Pfeil [pfaɪl] <-(e)s, -e> *m* стрелá *ж; (als Zeichen)* стрéлка *ж*
Pfeiler ['pfaɪlɐ] <-s, -> *m* столб *м; fig (Stütze)* опóра *ж*
pfeilgerade *adj* прямóй как стрелá
Pfeilrichtung *f* направлéние *ср* стрéлки
pfeilschnell ['pfaɪl'ʃnɛl] *adj* бы́стрый как стрелá
Pfeilspitze *f* наконéчник *м* стрелы́
Pfennig ['pfɛnɪç] <-s, -e> *m* пфéнниг *м*
pfenniggroß *adj* размéром в пфéнниг
Pferch <-(e)s, -e> *m* загóн *м*
Pferd ['pfe:ɐt, 'pfe:ɐ̯də] <-(e)s, -e> *nt* **1.** *(weiblichen Geschlechts)* лóшадь *ж* **2.** AUCH SPORT конь *м;* **das ~ beim** [*o* **am**] **Schwanz aufzäumen** *umg* запрягáть лóшадь позадú телéги; **auf ein/vom ~ steigen** сесть на лóшадь/слезть с лóшади; **ein ~ reiten** скакáть на лóшади; **zu ~** на лóшади; **wie ein ~ arbeiten** *fam* рабóтать как лóшадь
Pferdefleisch <-es> *nt* конúна *ж*
Pferdefuhrwerk <-(e)s, -e> *nt* кóнная упря́жка *ж*
Pferderennbahn *f* беговáя дорóжка *ж* для скáчек
Pferderennen <-s, -> *nt* скáчки *жмн*
Pferderennsport <-s> *m* кóнный спорт *м*, скаковы́е испытáния *срмн*
Pferdeschwanz <-es, -schwänze> *nt (Frisur)* кóнский хвост *м*
Pferdestall <-(e)s, -ställe> *m* конюшня *ж*
Pferdestärke <-, -n> *f* лошадúная сúла *ж*
Pferdewagen <-s, -> *m* телéга *ж*
Pferdezucht *f* вырáщивание *ср* лошадéй, коневóдство *ср*
pfiff [pfɪf] *prät von* **pfeifen**
Pfiff [pfɪf] <-(e)s, -e> *m* свистóк *м*
Pfifferling ['pfɪfɐlɪŋ] <-s, -e> *m (Pilz)* лисúчка *ж*
pfiffig ['pfɪfɪç] *adj* лóвкий
Pfiffikus ['pfɪfikʊs] <-, -se> *m* плут *м*, пройдóха *м*
Pfingsten ['pfɪŋstən] <-, -> *nt* REL Трóица *ж*
Pfirsich ['pfɪrzɪç] <-s, -e> *m* пéрсик *м*
Pfirsichbaum <-(e)s, -bäume> *m* пéрсик *м* *(дéрево)*
Pflanze ['pflantsə] <-, -n> *f* растéние *ср*
pflanzen *vt* сажáть, посадúть *св*
Pflanzenbestand <-(e)s, -bestände> *m* растúтельные насаждéния *мн*
Pflanzenextrakt <-(e)s, -e> *nt* растúтельный экстрáкт *м*
Pflanzenfett *nt* GASTR растúтельный жир *м*
Pflanzenfresser <-s, -> *m* ZOOL травоя́дное живóтное *ср*
Pflanzengift <-(e)s, -e> *nt* растúтельный яд *м*
Pflanzenkunde <-> *f* ботáника *ж*
Pflanzenöl <-(e)s, -e> *nt* растúтельное мáсло *ср*
Pflanzenreich <-(e)s> *nt* растúтельный мир *м*
Pflanzenschädling <-s, -e> *m* вредúтель *м* растéний
Pflanzenschutzmittel <-s, -> *nt* срéдство *ср* для защúты растéний
Pflanzenwelt *f ohne pl* мир *м* растéний
pflanzlich *adj* растúтельный
Pflanzung <-, -en> *f (Plantage)* плантáция *ж*
Pflaster ['pflastɐ] <-s, -> *nt* **1.** *(der Straße)* мостовáя *ж* **2.** *(Wundpflaster)* плáстырь *м*
pflastern *vt* настилáть; *(mit Kopfsteinpflaster)* мостúть
Pflasterstein <-(e)s, -e> *m* булы́жник *м*
Pflaume ['pflaʊmə] <-, -n> *f* слúва *ж; pej, umg* растя́па *м и ж*
Pflaumenbaum <-(e)s, -bäume> *m* слúва *ж*
Pflaumenkuchen <-s, -> *m* пирóг *м* со слúвами
Pflaumenmus <-es> *nt* повúдло *м* из слив
Pflege ['pfle:gə] <-> *f (das Pflegen)* ухóд *м* *(за кéм-л.)*
pflegebedürftig *adj* нуждáющийся в забóте/ухóде
Pflegedienst <-es, -e> *m* слýжба *ж* по ухóду за автомобúлями *(на заправóчных стáнциях)*
Pflegeeltern <-> *pl* приёмные родúтели *мн*
Pflegeheim <-(e)s, -e> *nt* дом *м* инвалúдов
Pflegekind <-(e)s, -er> *nt* приёмный ребёнок *м*
Pflegekosten <-> *pl* расхóды на содержáние приёмного ребёнка
pflegeleicht *adj* лёгкий для поддéржки, не трéбующий осóбого ухóда
Pflegemutter *f* мáчеха *ж*
pflegen ['pfle:gən] **I.** *vt* **1.** *(sich kümmern)* ухáживать за *нсв*, заботиться о *нсв* **2.** *(Idee, Beziehung)* поддéрживать *нсв* **II.** *vi* **etw zu tun ~** имéть привы́чку дéлать что-л.
Pflegepersonal <-s> *nt* обслýживающий медицúнский персонáл *м*
Pfleger(in) <-s, -; -nen> *m(f)* **1.** *(Kranken~)* санитáр *м* **2.** JUR опекýн *м*
Pflegeserie <-, -n> *f (Kosmetika)* сéрия *ж* косметúческих средств
Pflegespülung <-, -en> *f (für Haar)* срéдство *ср* для полоскáния волóс
Pflegevater *m* óтчим *м*
Pflegeversicherung <-> *f* *медицúнская страхóвка, в слýчае необходúмости*

обеспе́чивающая ухо́д за больны́м
pfleglich ['pfle:klɪç] *adj* стара́тельный
Pflicht [pflɪçt] <-, -en> *f* **1.** *(Verpflichtung)* долг *м,* обя́занность *ж;* **seine ~ (jdm/etw gegenüber) erfüllen** вы́полнить свой долг (по отноше́нию к кому́-л./чему́-л.); **Rechte und ~en** права́ и обя́занности; **ich halte es für meine ~ ihm zu helfen** я счита́ю свои́м до́лгом помо́чь ему́; **die ~ ruft** долг зовёт меня́; **ich tue nur meine ~** я выполня́ю то́лько свои́ обя́занности **2.** SPORT обяза́тельная програ́мма *ж*
Pflichtbeitrag <-(e)s, -beiträge> *m* обяза́тельный взнос *м*
pflichtbewusst[RR] *adj* созна́тельный
Pflichtbewusstsein[RR] <-s> *nt* чу́вство *ср* до́лга
Pflichtenheft <-(e)s, -e> *nt* свод *м* тре́бований
Pflichtmitgliedschaft <-, -en> *f* обяза́тельное чле́нство *ср*
pflichtvergessen *adj* не выполня́ющий своего́ до́лга [*или* свои́х обя́занностей]
Pflichtversicherung <-, -en> *f* обяза́тельное страхова́ние *ср*
Pflock [pflɔk] <-(e)s, Pflöcke> *m* ко́л *м*
pflog *prät von* **pflegen**
pflücken ['pflʏkən] *vt* рвать, сорва́ть *св,* срыва́ть *нсв,* собира́ть, собра́ть *св*
Pflug [pflu:k, 'pfly:gə] <-(e)s, Pflüge> *m* плуг *м*
pflügen ['pfly:gən] *vt* паха́ть, вспаха́ть *св*
Pforte ['pfɔrtə] <-, -n> *f* воро́та *мн*
Pförtner(in) ['pfllrtnɐ] <-s, -> *m(f)* сто́рож *м*
Pfosten ['pfɔstən] <-s, -> *m* **1.** *(der Tür)* кося́к *м* **2.** *(des Fußballtors)* подпо́рка *ж*
Pfote ['pfo:tə] <-, -n> *f* ла́па *ж*
Pfropfen ['pfrɔpfən] <-s, -> *m* про́бка *ж*
pfui [pfʊɪ] *interj (angeekelt)* тьфу́!, фу!
Pfund [pfʊnt] <-(e)s, -e> *nt* полкило́ *ср,* фунт *м;* **ich möchte ein ~ Tomaten** я хоте́л бы полкило́ помидо́ров; **~ Sterling** фунт сте́рлингов
pfundig ['pfʊndɪç] *adj umg* отли́чный, замеча́тельный
pfundweise *adv* фу́нтами
pfuschen ['pfʊʃən] *vi umg* халту́рить, с- *св;* **jdm ins Handwerk ~** *umg* сова́ть свой нос в чужи́е дела́
Pfuscher <-s, -> *m pej* халту́рщик *м*
Pfuscherei <-, -en> *f pej* халту́ра *ж*
Pfütze ['pfʏtsə] <-, -n> *f* лу́жа *ж*
PH [pe:'ha:] *abk von* **Pädagogische Hochschule** педагоги́ческий университе́т
Phalanx <-> *f* фала́нга *ж*
phallisch *adj* фалли́ческий
Phallus ['falʊs] <-> *m* фа́ллус *м*
Phänomen [fɛno'me:n] <-s, -e> *nt* **1.** *(Erscheinung)* феноме́н *м* **2.** *umg (Person)* явле́ние *ср*
phänomenal [fɛnome'na:l] **I.** *adj* феномена́льный **II.** *adv fam* феномена́льно
Phantasie [fanta'zi:] <-, -n> *f* фанта́зия *ж*
phantasielos *adj s.* **fantasielos**
Phantasiepreis <-es, -e> *m umg (stark überzogener Preis)* баснoсло́вная цена́ *ж*
phantasieren *vi* фантази́ровать, по- *св*
phantasievoll *adj s.* **fantasievoll**
phantastisch *adj* фантасти́ческий; *umg (hervorragend, toll)* порази́тельный
Phantom [fan'to:m] <-(e)s, -e> *nt* фанто́м *м,* при́зрак *м*
Pharao ['fa:rao, fara'o:nən] <-s, -nen> *m* фарао́н *м*
Pharisäer [fari'zɛ:ɐ] <-s, -> *m auch fig* фарисе́й *м*
Pharmaindustrie <-> *f* фармацевти́ческая промы́шленность *ж*
Pharmakologe [farmako'lo:gə] <-n, -n> *m,* **Pharmakologin** *f* фармако́лог *м*
Pharmakologie [farmakolo'gi:] <-> *f* фармаколо́гия *ж*
Pharmazeut(in) [farma'tsɔɪt] <-en, -en; -nen> *m(f)* фармаце́вт *м*
Pharmazeutik *f ohne pl* фармаце́втика *ж*
pharmazeutisch [farma'tsɔɪtɪʃ] *adj* фармацевти́ческий
Pharmazie [farma'tsi:] <-> *f* фармаце́втика *ж*
Phase ['fa:zə] <-, -n> *f* PHYS *(Abschnitt)* фа́за *ж;* **~n der Konjunktur** фа́зы конъюнкту́рного ци́кла; **konzeptionelle ~** фа́за разрабо́тки конце́пции
philanthropisch *adj* филантропи́ческий
Philatelie <-> *f* филатели́я *ж*
Philatelist <-en, -en> *m* филатели́ст *м*
Philharmonie [fɪlharmo'ni:] <-> *f* филармо́ния *ж*
Philippinen [filɪ'pi:nən] <-> *pl* Филиппи́ны *мн*
philippinisch [filɪ'pi:nɪʃ] *adj* филиппи́нский
philisterhaft *adj* фили́стерский
Philodendron <-s> *m* BOT филоде́ндрон *м*
Philologe [filo'lo:gə] <-n, -n> *m,* **Philologin** *f* фило́лог *м*
Philologie [filolo'gi:] <-, -n> *f* филоло́гия *ж*
Philosoph(in) [filo'zo:f] <-en, -en> *m(f)* фило́соф *м*
Philosophie [filozo'fi:, filozo'fi:ən] <-, -n> *f* филосо́фия *ж*
philosophieren [filozo'fi:rən] *vi* филосо́фствовать
philosophisch [filo'zo:fɪʃ] **I.** *adj* филосо́фский **II.** *adv* по-филосо́фски, с то́чки зре́ния филосо́фии
Phlegma <-s> *nt* флегма *ж*
Phlegmatiker(in) <-s, -> *m(f)* флегма́тик *м*
phlegmatisch *adj* флегмати́чный
Phobie [fo'bi:] <-> *f* MED фо́бия *ж,* страх *м*
Phonetik [fo'ne:tɪk] <-> *f* фоне́тика *ж*
phonetisch *adj* фонети́ческий
Phönix ['fœ:nɪks] <-(es), -e> *m* фе́никс *м*

Phonologie <-> *f* фоноло́гия *ж*

Phoshat [fɔs'fa:t] <-(e)s, -e> *nt* фосфа́т *м*

Phosphatdünger <-s> *m* фосфа́тное удобре́ние *ср*

phosphatfrei *adj* не содержа́щий фо́сфорной кислоты́

phosphathaltig *adj* содержа́щий фо́сфорную кислоту́

Phosphor ['fɔsfo:ɐ] <-s> *m* фо́сфор *м*

Phosphoreszenz <-> *f* фосфоресце́нция *ж*

phosphoreszieren *vi* фосфоресци́ровать

Photo ['fo:to] *s.* **Foto**

Photoapparat *s.* **Fotoapparat**

photogen *adj s.* **fotogen**

Photographie [fotogra'fi:] *s.* **Fotografie**

Photosynthese *f ohne pl s.* **Fotosynthese**

Phrase ['fra:zə] <-, -n> *f* фра́за *ж;* **~n dreschen** *umg* моло́ть языко́м

Phrasendrescher(in) <-s, -> *m(f) pej* фразёр *м*

pH-Wert [pe:'ha:ve:ɐ̯t] *m* CHEM нали́чие pH *(водоро́дный показа́тель)*

Physik [fy'zi:k] <-> *f* фи́зика *ж*

physikalisch [fyzi'ka:lɪʃ] *adj* физи́ческий

Physiker(in) ['fy:zikɐ] <-s, -> *m(f)* фи́зик *м*

Physiogeographie <-> *f* физи́ческая геогра́фия *ж*

Physiologie [fyziolo'gi:] <-> *f* физиоло́гия *ж*

physiologisch [fyzio'lo:gɪʃ] *adj* физиологи́ческий

Physiotherapeut(in) <-en, -en> *m(f)* физиотерапе́вт *м*

Physiotherapie [fyziotera'pi:] <-> *f* физиотерапи́я *ж*

physisch ['fy:zɪʃ] *adj* физи́ческий

Pianist(in) [pi̯a'nɪst] <-en, -en> *m(f)* пиани́ст(ка) *м (ж)*

piano *adv* пиа́но, ти́хо

Piano <-s, -s> *nt* пиани́но *ср*

Pickel[1] ['pɪkəl] <-s, -> *m (Werkzeug)* ледору́б *м*

Pickel[2] ['pɪkəl] <-s, -> *m (Pustel)* прыщ *м*

picken ['pɪkən] *vt* клева́ть, клю́нуть *св*

Picknick ['pɪknɪk] <-s, -s/-e> *nt* пикни́к *м*

piekfein [pi:k'faɪn] *adj umg* шика́рный

piepegal *adj fam* **das ist mir ~** мне э́то до фе́ни

piepen ['pi:pən] *vi* пища́ть; **bei dir piept's wohl!** *fam* у тебя́ кры́ша пое́хала!

piepsen ['pi:psən] *vi* **1.** *s.* **piepen 2.** *(sprechen)* пища́ть

Piepser <-s, -> *m (Piep)* писк *м*

piepsig *adj (Stimme)* пискля́вый

Pier [pi:ɐ̯] <-s, -e o -s> *m* мол *м,* пирс *м*

piercen *vt прока́лывать и́ли просве́рливать ко́жу для вдева́ния украше́ний*

Piercing ['pi:ɐsɪŋ] <-s, -s> *nt прока́лывание и́ли просве́рливание ко́жи для вдева́ния украше́ний*

piesacken ['pi:zakən] *vt fam* дразни́ть

pieseln ['pi:zəln] *vi umg (urinieren)* пи́сать, по- *св,* на- *св*

Pietät [pie'tɛ:t] <-> *f* пиете́т *м*

pietätlos *adj* непочти́тельный

pietätvoll *adj* почти́тельный, почита́ющий ста́рших

Pietismus <-> *m* пиети́зм *м*

Pigment [pɪ'gmɛnt] <-(e)s, -e> *nt* пигме́нт *м*

Pik [pi:k] <-s, -> *nt* пи́ки *мн*

pikant [pi'kant] *adj* пика́нтный

piken ['pi:kən] *vi fam* коло́ть

Pikkolo ['pɪkolo] <-s, -s> *vt fam (Sektflasche)* буты́лочка *ж* шампа́нского

Pikkoloflöte <-, -n> *f* фле́йта *ж* -пи́кколо *ж*

piksen ['pi:ksən] *vi, vt s.* **piken**

Pilger(in) ['pɪlgɐ] <-s, -> *m(f)* пало́мник *м,* пало́мница *ж*

Pilgerfahrt *f* путеше́ствие *ср* на поклоне́ние, пало́мничество *ср*

pilgern ['pɪlgɐn] *vi* соверша́ть, соверши́ть *св* пало́мничество

Pille ['pɪlə] <-, -n> *f* **1.** *(allg)* пилю́ля *ж* **2.** *(Antibabypille)* противозача́точная табле́тка *ж;* **eine bittere ~** *umg* го́рькая пилю́ля

Pillenknick <-s> *m umg спад рожда́емости из-за ма́ссового приёма противозача́точных табле́ток*

Pilot(in) [pi'lo:t] <-en, -en> *m(f)* лётчик *м и ж,* пило́т *м*

Pilotanlage <-, -n> *f* о́пытная устано́вка *ж*

Pilotenkanzel <-, -n> *f* (застеклённая) каби́на *ж* лётчика [*или* экипа́жа]

Pilotfilm <-(e)s, -e> *m* пе́рвый фильм *м* телесериа́ла

Pilotprojekt <-(e)s, -e> *nt* пило́тный прое́кт *м*

Pilotstudie <-, -n> *f* пило́тное иссле́дование *ср*

Pils [pɪls] <-, -> *nt* пи́льзенское пи́во *ср*

Pilz [pɪlts] <-es, -e> *m* **1.** BOT гриб *м;* **sie gehen ~e sammeln** они́ иду́т собира́ть грибы́ **2.** *(Hauterkrankung)* грибо́к *м*

Pilzsammler <-s, -> *m* грибни́к *м*

Pilzvergiftung <-, -en> *f* отравле́ние *ср* граба́ми

Pimmel ['pɪməl] <-s, -> *m fam* пе́нис *м*

PIN *abk von* **personal identification number** ли́чный идентификацио́нный но́мер

pingelig ['pɪŋəlɪç] *adj fam* педанти́чный

Pingpong ['pɪŋpɔŋ] <-s> *nt umg* пинг-понг *м*

Pinguin ['pɪŋgui:n] <-s, -e> *m* пингви́н *м*

Pinie ['pi:niə] <-, -n> *f* пи́ния *ж*

Pinienkern <-(e)s, -e> *m* семенно́е зерно́ пи́нии *м (употребля́емое в пи́щу)*

pink [pɪŋk] *adj* ро́зовый

Pinke <-> *f umg* деньжа́та *мн*

pinkeln ['pɪŋkəln] *vi umg* пи́сать, по- *св*, на- *св*

pinkfarben *adj* я́рко-ро́зовый

Pin-Nadel <-, -n> *f* була́вка *ж*

Pinscher ['pɪnʃɐ] <-s, -> *m* пи́нчер *м*

Pinsel ['pɪnzəl] <-s, -> *m* кисть *ж*

pinseln *vi, vt* **1.** *fam (malen)* рисова́ть ки́сточкой **2.** *fam (schreiben)* писа́ть ки́сточкой

Pin-up-Girl <-s, -s> *nt фотогра́фия полуобнажённой краси́вой де́вушки в жу́рна́ле (для прикрепле́ния на сте́ну)*

Pinzette [pɪn'tsɛtə] <-, -n> *f* пинце́т *м*

Pionier(in) [pio'niːɐ] <-s, -e> *m(f)* **1.** MIL сапёр *м* **2.** *(Vorkämpfer, auch Mitglied einer kommunistischen Kinderorganisation)* пионе́р(ка) *м(ж)*

Pionierarbeit <-, -en> *f* нова́торская рабо́та *ж*

Pipeline ['paɪplaɪn] <-, -s> *f* нефтепрово́д *м*

Pipette [pi'pɛtə] <-, -n> *f* пипе́тка *ж*

Pipi ['pɪpi] <-s> *nt ohne pl, fam* **~ machen** пи́сать *нсв*

Piranha <-(s), -s> *m* ZOOL пира́нья *ж*

Pirat(in) [pi'raːt] <-en, -en> *m(f)* пира́т(ка) *м(ж)*

Pirouette [piru'ɛtə] <-, -n> *f* пиру́эт *м*

pissen ['pɪsən] *vi vulg (urinieren)* пи́сать

Pissoir <-s, -s o -e> *nt* писсуа́р *м*

Pistazie [pɪs'taːtsiə] <-n> *f* фиста́шки *мн*

Pistazienbaum <-(e)s, -bäume> *m* фиста́шка *ж*

Piste ['pɪstə] <-, -n> *f* **1.** *(Rennbahn)* трек *м* **2.** *(Rollbahn)* лётная полоса́ *ж* **3.** *(Skipiste)* тра́сса *ж*

Pistenraupe <-, -n> *f* бульдо́зер *м* для выра́внивания тра́ссы скоростно́го спу́ска *(в горнолы́жном спо́рте)*

Pistole [pɪs'toːlə] <-, -n> *f* пистоле́т *м*

Pixel <-s, -s> *nt* DV пи́ксель *м*

Pizza ['pɪtsa] <-, -s/Pizzen> *f* пи́цца *ж*

Pkw ['peːkaːveː] *abk von* **Personenkraftwagen** легкова́я маши́на *ж*

Placebo <-s, -s> *nt* подде́льный медикаме́нт *м (лишь вне́шне и на вкус соотве́тствующий оригина́лу)*

Plache <-, -n> *f* брезе́нт *м*; *osterr (Plane)* тент *м*

plädieren [plɛ'diːrən] *vi geh* выступа́ть за, вы́ступить за *св*

Plage ['plaːgə] <-, -n> *f* муче́ние *ср*

plagen ['plaːgən] **I.** *vt* му́чить, из- *св* **II.** *vr* му́читься с, изму́читься с *св*

Plagiat [pla'gjaːt] <-(e)s, -e> *nt* плагиа́т *м*

Plakat [pla'kaːt] <-(e)s, -e> *nt* плака́т *м*

plakatieren *vt* раскле́ивать плака́ты

plakativ [plaka'tiːf] *adj* плака́тный

Plakatwand <-, -wände> *f* стена́ *ж* для плака́тов

Plakatwerbung <-> *f* плака́тная рекла́ма *ж*

Plakette [pla'kɛtə] <-, -n> *f* тало́н *м*

plan [plaːn] *adj* пло́ский

Plan [plaːn, 'plɛːnə] <-(e)s, Pläne> *m* **1.** *(Vorhaben)* план *м*; **hast du schon Pläne für die Ferien?** у тебя́ уже́ есть пла́ны на кани́кулы; **einen ~ durchführen** осуществля́ть план; **den ~ erfüllen** выполня́ть план; **einen ~ erstellen** составля́ть план; **kurzfristiger ~** краткосро́чный план; **langfristiger ~** долгосро́чный план; **es verläuft alles nach ~** всё идёт по пла́ну; **Pläne machen/schmieden** стро́ить пла́ны **2.** *(Zeitplan, Stundenplan)* гра́фик *м* **3.** *(Bauplan)* прое́кт *м* **4.** *(Stadtplan)* план *м* **5.** *(Schema)* гра́фик *м*

Planbeschäftigung <-> *f* пла́новая за́нятость *ж*

Plane ['plaːnə] <-, -n> *f* брезе́нт *м*

planen ['plaːnən] *vt* плани́ровать, за- *св*; **was hast du für heute geplant?** что ты заплани́ровал на сего́дня?; **strategisch ~** занима́ться стратеги́ческим плани́рованием; **es lief alles wie geplant** всё прошло́ как по ма́слу

Planer(in) <-s, -; -nen> *m(f) (beim Hausbau)* планови́к *м*

Planet [pla'neːt] <-en, -en> *m* плане́та *ж*

planetarisch *adj* плане́тный

Planetarium [plane'taːriʊm] <-s, -ien> *nt* планета́рий *м*

Planetenbahn <-, -en> *f* орби́та *ж* плане́ты

Planetensystem <-(e)s, -e> *nt* плане́тная систе́ма *ж*

planieren [pla'niːrən] *vt* выра́внивать, вы́ровнять *св*

Planierraupe <-, -n> *f* бульдо́зер *м*

Planke ['plaŋkə] <-, -n> *f* доска́ *ж*

Plänkelei <-, -en> *f* перебра́нка *ж*

Plankosten <-> *pl* пла́новые затра́ты *мн*

Plankton ['plaŋktɔn] <-s> *nt* планкто́н *м*

planlos *adj* беспла́новый

planmäßig **I.** *adj* пла́новый **II.** *adv* по пла́ну

Planmäßigkeit <-> *f* планоме́рность *ж*

Planmenge <-, -n> *f* заплани́рованный объём *м*

Planschbecken *nt* бассе́йн *м* для дете́й

planschen ['planʃən] *vi* плеска́ться

Plansoll <-s, -s> *nt* пла́новое зада́ние *ср*

Planstelle <-, -n> *f* шта́тная до́лжность *ж*

Plantage [plan'taːʒə] <-, -n> *f* планта́ция *ж*

Planung <-, -en> *f* плани́рование *ср*; **flexible ~** ги́бкое плани́рование; **in ~ sein** плани́роваться; **starre ~** жёсткое плани́рование; **strategische ~** стратеги́ческое плани́рование; **taktische ~** такти́ческое плани́рование

Planungsausschuss <-es, -ausschüsse> *m* комите́т *м* по плани́рованию

Planungsdaten <-> *pl* да́нные *мн* плани́рования

Planungshorizont <-(e)s, -e> *m* пла́новый пери́од *м*
Planungsperiode <-, -n> *f* пла́новый пери́од *м*
Planungsphase <-, -n> *f* фа́за *ж* плани́рования
Planungssicherheit <-> *f* надёжность *ж* плани́рования
Planungszeitraum <-(e)s, -zeiträume> *m* пла́новый пери́од *м*
planvoll *adj* пла́новый, планоме́рный; *(durchdacht)* обду́манный
Planwirtschaft <-, -en> *f* пла́новая эконо́мика *ж*, пла́новое хозя́йство *ср*
Planziel <-(e)s, -e> *nt* пла́новое зада́ние *ср*
Plappermaul <-(e)s, -mäuler> *nt umg* болту́н *м*, трещётка *ж*
plappern ['plapɐn] *vi umg* болта́ть *нсв*
plärren ['plɛrən] *vi abw* **1.** *(weinen)* реве́ть **2.** *(singen)* горла́нить **3.** *(Radio, Lautsprecher)* гуде́ть
Plasma ['plasma] <-s, Plasmen> *nt* пла́зма *ж*
Plastik[1] ['plastɪk] <-, -en> *f (Skulptur)* скульпту́ра *ж*
Plastik[2] ['plastɪk] <-s> *nt (Kunststoff)* пластма́сса *ж*, пла́стик *м*
Plastikbecher <-s, -> *m* стака́нчик *м* из пла́стика
Plastikbeutel <-s, -> *m* пла́стиковый паке́т *м*
Plastikfolie <-, -n> *f* пла́стиковая плёнка *ж*
Plastikgeld <-(e)s> *nt umg* креди́тная ка́рточка *ж*
Plastiksprengstoff <-(e)s, -e> *m* пласти́ческая взрывча́тка *ж*
Plastiktüte <-, -n> *f* пла́стиковый паке́т *м*
Plastilin <-(e)s> *nt* пластили́н *м*
plastisch ['plastɪʃ] *adj* **1.** *(anschaulich)* вырази́тельный **2.** *(bildhauerisch)* скульпту́рный **3.** MED пласти́ческий; **~e Chirurgie** пласти́ческая хирурги́я
Plastizität <-> *f* пласти́чность *ж*
Platane [pla'ta:nə] <-, -n> *f* плата́н *м*, чина́ра *ж*
Plateau [pla'to:] <-s, -s> *nt* плато́ *ср*
Plateausohle <-, -n> *f* основа́ние *ср* плоского́рья
Platin ['pla:ti:n] <-s> *nt* пла́тина *ж*
platonisch [pla'to:nɪʃ] *adj* платони́ческий; **~e Liebe** платони́ческая любо́вь *ж*
plätschern ['plɛtʃɐn] *vi fam* журча́ть
platt [plat] *adj (flach, auch geistlos, nichtssagend)* пло́ский; **ein ~er Witz** пло́ская шу́тка *ж*; **etw ~ drücken** раздави́ть что-л.; **da bin ich aber ~** *fam* не могу́ пове́рить
plattdeutsch *adj* нижненеме́цкий
Platte ['platə] <-, -n> *f* **1.** *(von Tisch)* доска́ *ж* **2.** *(von Herd)* пли́тка *ж* **3.** *(Schallplatte)* пласти́нка *ж*; **eine ~ auflegen** поста́вить пласти́нку **4.** *(Fliese)* пли́тка *ж*; **kalte ~** холо́дная заку́ска *ж*
Plätteisen ['plɛtʔaɪzən] <-s, -> *nt* утю́г *м*
Platten ['platən] **einen ~ haben** проколо́ть ши́ну
Plattenbau <-s, -bauten> *m* пане́льное зда́ние *ср*, пане́льное сооруже́ние *ср*
Plattencover ['platənkavɐ] <-s, -> *nt* конве́рт *м* для грампласти́нки
Plattenfirma <-, -firmen> *f* фи́рма *ж*, выпуска́ющая грампласти́нки
Plattenlabel <-s, -> *nt* этике́тка *ж* грампласти́нки
Plattenspieler <-s, -> *m* прои́грыватель *м*
Plattenteller *m* граммофо́нная пласти́нка *ж*
Plattform <-, -en> *f* площа́дка *ж*, платфо́рма *ж*
Plattfuß <-es, -füße> *m* плоскосто́пие *ср*
Plattheit <-> *f (Banalität)* по́шлость *ж*
Platz [plats] <-es, Plätze> *m* **1.** *(Raum)* ме́сто *ср*; **der Schrank braucht viel ~** шкаф занима́ет мно́го ме́ста; **das ist fehl am ~** э́то не к ме́сту; **auf die Plätze, fertig, los!** по места́м, гото́вы, старт!; **~ da!** подви́нься!; **jdm ~ machen** уступи́ть кому́-л. ме́сто **2.** *(öffentlicher Platz)* пло́щадь *ж* **3.** *(Sitzplatz)* ме́сто *ср*; **ist bei Ihnen noch ein ~ frei?** у Вас ещё есть свобо́дное ме́сто?; **~ nehmen** сади́ться; **(jdm) ~ machen** освободи́ть ме́сто (кому́-л.); **bitte, nehmen Sie ~!** сади́тесь, пожа́луйста!; **ist noch ein ~ frei?** ме́сто свобо́дно?; **dieser ~ ist besetzt** э́то ме́сто за́нято **4.** *(Teilnahme~)* **es sind noch Plätze frei** ещё есть свобо́дные места́? **5.** *(Rang)* **sie belegte den dritten ~** она́ заняла́ тре́тье ме́сто
Platzangst <-> *f* боя́знь *ж* простра́нства
Plätzchen ['plɛtsçən] <-s, -> *nt (Keks)* пече́нье *ср*
Platzdeckchen <-s, -> *nt* подсти́лка *ж* для столо́вого прибо́ра
platzen ['platsən] *vi* ло́паться, ло́пнуть *св*; **vor Lachen ~** умере́ть со́ смеху; **vor Wut/Ärger ~** *fig* кипе́ть гне́вом; **etw ~ lassen** провали́ть что-л.
platzieren[RR] [pla'tsi:rən] **I.** *vt (an eine Stelle)* помеща́ть, -мести́ть *св* **II.** *vr (sich auf-/hinstellen)* размеща́ться, -мести́ться *св*
Platzkarte *f* биле́т *м* с заброни́рованным ме́стом
Platzmangel <-s> *m* недоста́ток *м* ме́ста
Platzpatrone <-, -n> *f* холосто́й патро́н *м*
Platzreservierung <-, -en> *f* брони́рование *ср* ме́ста
platzsparend *adj s.* **Platz**[2]
Platzwart <-(e)s> *m* сто́рож *м* спортплоща́дки
Platzwunde <-, -n> *f* рва́ная ра́на *ж*

plaudern ['plaʊdɐn] *vi* болта́ть, поболта́ть *св* с
Plauderstündchen <-s, -> *nt* лёгкая бесе́да *ж*
Plausch [plaʊʃ] <-(e)s, -e> *m* **1.** *südd, Österr (Plauderei)* прия́тная бесе́да *ж;* **einen ~ halten** бесе́довать **2.** *Schweiz, fam* удово́льствие *ср*
plausibel [plaʊ'zi:bəl] *adj* поня́тный
Playback [plɛɪ'bɛk] <-s, -s> *nt* исполне́ние *ср* музыка́льного произведе́ния под фоногра́мму
Playboy ['plɛɪbɔɪ] <-s, -s> *m* плейбо́й *м*
Plazenta [pla'tsɛnta] <-, Plazenten> *f* плаце́нта *ж*
plazieren[Alt] *s.* **platzieren**
plebejisch *adj* плебе́йский
pleite ['plaɪtə] *adv* **~gehen** обанкро́титься
Pleite ['plaɪtə] <-, -n> *f* **1.** *umg (Bankrott)* банкро́тство *ср,* крах *м;* **~ machen** потерпе́ть крах, обанкро́титься **2.** *umg (Reinfall)* неуда́ча *ж*
Plenarsitzung <-, -en> *f* плена́рное заседа́ние *ср*
Plenum ['ple:nʊm] <-s, Plenen> *nt* пле́нум *м*
Pleonasmus <-, Pleonasmen> *m* плеона́зм *м*
Pleuelstange ['plɔɪəl-] <-, -n> *f* шату́н *м*
Plexiglas® <-es> *nt* плексигла́с *м*
Plissee <-s, -s> *nt* плиссе́ *ср*
PLO [pe:ʔɛl'ʔo:] *abk von* **Palestine Liberation Organization** ООП *(Организа́ция Освобожде́ния Палести́ны)*
Plombe ['plɔmbə] <-, -n> *f* пло́мба *ж*
plombieren [plɔm'bi:rən] *vt* пломбирова́ть, о- *св*
Plotter ['plɔtɐ] <-s, -> *m* DV пло́ттер *м*
plötzlich ['plœtslɪç] **I.** *adj* внеза́пный, неожи́данный **II.** *adv* неожи́данно; **das kommt alles so ~** э́то так неожи́данно; **jetzt aber ein bisschen ~!** дава́йте быстре́е!
plump [plʊmp] *adj (Bewegung)* неуклю́жий, нело́вкий
Plumpheit <-> *f* нело́вкость *ж*
plumpsen ['plʊmpsən] *vi sein, fam* шлёпаться, шлёпнуться *св*
Plumpsklo <-s, -s> *nt umg* убо́рная *ж* над я́мой *(без смывной систе́мы)*
Plunder ['plʊndɐ] <-s> *m pej, umg* барахло́ *ср,* хлам *м*
Plünderer <-s, -> *m* граби́тель *м*
plündern ['plʏndɐn] *vt auch fig* гра́бить, раз- *св*
Plünderung <-, -en> *f* грабёж *м,* мародёрство *ср*
Plural ['plu:ra:l] <-s> *m* мно́жественное число́ *ср*
Pluralismus <-> *m* плюрали́зм *м*
plus [plʊs] **I.** *prp (zuzüglich)* плюс **II.** *adv* плюс; **wir haben ~ 3 Grad** у нас три гра́дуса тепла́ **III.** *konj* MATH плюс; **drei ~ drei** три плюс три
Plus [plʊs] <-> *nt* **1.** *(Pluspunkt)* преиму́щество *ср,* плюс *м* **2.** *(Gewinn)* при́быль *ж*
Plüsch [plʏʃ] <-(e)s> *m* плюш *м*
plüschig *adj* плю́шевый
Plüschtier <-(e)s, -e> *nt* плю́шевый зверёк *м (игру́шка)*
Pluspol <-s, -e> *m* EL положи́тельный по́люс *м*
Pluspunkt *m* плюс *м*
Plusquamperfekt ['plʊskvampɛrfɛkt] <-s> *nt* LING плюсквамперфе́кт *м*
Pluszeichen <-s, -> *nt* знак *м* плю́са, положи́тельный знак *м*
Plutonium [plu'to:niʊm] <-s> *nt* плуто́ний *м*
PLZ *abk von* **Postleitzahl** почто́вый и́ндекс *м*
Pneu [pnø:] <-s, -s> *m CH (Reifen)* ши́на *ж*
Po [po:] <-s, -s> *m umg* по́па *ж,* по́пка *ж*
Pöbel ['pø:bəl] <-s> *m pej* сброд *м*
pochen ['pɔxən] *vi* стуча́ть, постуча́ть *св* в; *(Herz)* стуча́ться *нсв;* **auf sein Recht ~** наста́ивать на своём пра́ве
Pocken ['pɔkən] <-> *fpl* о́спа *ж*
Pockenimpfung <-, -en> *f* оспопривива́ние *ср,* противоо́спенная приви́вка *ж*
Podest [po'dɛst] <-(e)s, -e> *m o nt* пьедеста́л *м*
Podium ['po:diʊm, 'po:diən] <-s, Podien> *nt* трибу́на *ж*
Poesie [poe'zi:, poe'zi:ən] <-> *f* поэ́зия *ж*
Poet(in) [po'e:t] <-en, -en> *m(f)* поэ́т *м,* поэте́сса *ж*
poetisch [po'e:tɪʃ] *adj* поэти́ческий
Pogrom [po'gro:m] <-s, -e> *nt* погро́м *м*
Pointe ['poɛ̃:tə] <-, -n> *f* остро́та *ж*
Point of Sale <-> *m* торго́вая то́чка *ж*
Pokal [po'ka:l] <-s, -e> *m* ку́бок *м*
Pokalsieger <-s, -> *m* победи́тель *м* игр на ку́бок
Pokalspiel <-(e)s, -e> *nt* игра́ *ж* на ку́бок
Pökelfleisch ['pø:kəl-] <-es> *nt* солони́на *ж*
Poker ['po:kɐ] <-s> *m o nt ohne pl* по́кер *м*
pokern *vi* **1.** *(Poker spielen)* игра́ть в по́кер **2.** *(ein Risiko eingehen)* идти́ на риск
Pol [po:l] <-s, -e> *m* по́люс *м*
polar [po'la:ɐ̯] *adj* поля́рный
Polareis <-es> *nt* поля́рный лёд *м*
Polarexpedition <-, -en> *f* поля́рная экспеди́ция *ж*
Polarforscher(in) <-s, -> *m(f)* поля́рник *м*
Polarfront <-> *f* METEO поля́рный фронт *м*
Polargebiet <-(e)s, -e> *nt* поля́рный о́круг *м*
Polarisation <-, -en> *f* поляриза́ция *ж*
polarisieren [polari'zi:rən] **I.** *vt a.* CHEM, PHYS, POL поляризи́ровать **II.** *vr* **sich ~** поляризи́роваться

P

Polarität [polari'tɛ:t] <-, -en> *f* поля́рность *ж*

Polarkreis <-es, -e> *m* поля́рный круг *м;* **nördlicher/südlicher ~** се́верный/ю́жный поля́рный круг

Polarlicht <-(e)s> *nt* поля́рное сия́ние *ср*

Polarstation <-, -en> *f* поля́рная ста́нция *ж*

Polarstern <-(e)s> *m* Поля́рная звезда́ *ж*

Pole ['po:lə] <-n, -n> *m* поля́к *м*

Polemik [po'le:mɪk] <-, -en> *f* поле́мика *ж*

polemisch *adj* полеми́ческий

Polen ['po:lən] <-s> *nt* По́льша *ж*

Police [po'li:s(ə)] <-> *f (Versicherungsschein)* (страхово́й) по́лис *м*

polieren [po'li:rən] *vt* полирова́ть, от- *св*

Poliermittel <-s, -> *nt* полиру́ющее сре́дство *ср*

Polierpaste <-, -n> *f* полиро́вочная па́ста *ж*

Polierscheibe <-, -n> *f* полирова́льный диск *м*

Poliklinik ['po:likli:nɪk] <-, -en> *f* поликли́ника *ж*

Polin ['po:lɪn] <-, -en> *f* по́лька *ж*

Politbüro [po'li:t-] <-s> *nt* политбюро́ *ср*

Political correctness <-> *f принципиа́льное несогла́сие с любы́ми проявле́ниями нетерпи́мости в отноше́нии этни́ческой, полово́й и социа́льной принадле́жности, а та́кже физи́ческих и у́мственных недоста́тков и́ли сексуа́льных накло́нностей*

Politik [poli'ti:k] <-, -en> *f* поли́тика *ж;* **eine ~ betreiben** проводи́ть поли́тику

Politiker(in) [po'li:tikɐ] <-s, -> *m(f)* поли́тик *м*

Politikverdrossenheit <-> *f* (ма́ссовое) разочарова́ние *ср* в поли́тике

Politikwissenschaft <-> *f* политоло́гия *ж*

politisch [po'li:tɪʃ, po'lɪtɪʃ] *adj* полити́ческий; **eine ~e Entscheidung** полити́ческое реше́ние; **sich ~ engagieren** рабо́тать в полити́ческой сфе́ре; **jdn ~ unterstützen** подде́рживать полити́чески кого́-л.

Politisierung <-> *f* политиза́ция *ж (слоёв о́бщества)*

Politologe [polito'lo:gə] <-n, -n> *m*, **Politologin** *f* полито́лог *м*

Politologie [politolo'gi:] *f ohne pl* политоло́гия *ж*

Politur [poli'tu:ɐ̯, poli'tu:rən] <-en> *f (Mittel)* политу́ра *ж*

Polizei [poli'tsaɪ] <-, -en> *f* поли́ция *ж;* **die ~ rufen** вы́звать поли́цию

Polizeiaktion <-, -en> *f* полице́йская а́кция *ж*, вмеша́тельство *ср* поли́ции

Polizeiaufgebot <-(e)s, -e> *nt* отря́д *м* поли́ции

Polizeibeamte(r) <-n, -n> *f(m)* полице́йский чино́вник *м*

Polizeidienststelle <-, -n> *f* полице́йская инста́нция *ж*

Polizeidirektion <-, -en> *f* полице́йское управле́ние *ср*

Polizeifahrzeug <-s, -e> *nt* полице́йский автомоби́ль *м*

Polizeigewahrsam <-s> *nt* аре́ст *м*, заключе́ние *ср* под стра́жу

Polizeihubschrauber <-s, -> *m* полице́йский вертолёт *м*

Polizeihund *m* полице́йская соба́ка *ж*

Polizeikommissar(in) <-s, -e> *m(f)* комисса́р *м* поли́ции

polizeilich *adj* полице́йский

Polizeipräsenz <-> *f* прису́тствие *ср* поли́ции

Polizeipräsident(in) <-en, -en> *m(f)* нача́льник *м* полице́йского управле́ния *(в большом го́роде)*

Polizeipräsidium <-s, -ien> *nt* управле́ние *ср* поли́ции

Polizeirevier <-(e)s, -e> *nt* полице́йский уча́сток *м*

Polizeischutz *m* полице́йская охра́на *ж;* **unter ~ stehen** находи́ться под полице́йской охра́ной

Polizeispitzel <-s, -> *m* сы́щик *м*, шпик *м*

Polizeisprecher(in) <-s, -> *m(f)* представи́тель *м* полице́йских о́рганов

Polizeistaat <-(e)s, -en> *m* полице́йское госуда́рство *ср*

Polizeistreife <-, -n> *f* полице́йский патру́ль *м*

Polizeistunde <-> *f* полице́йский час *м*

Polizeiwache <-, -n> *f* полице́йский уча́сток *м*

Polizist(in) [poli'tsɪst] <-en, -en> *m(f)* полице́йский *м*

Polka ['pɔlka] <-, -s> *f* по́лька *ж*

Polklemme <-, -n> *f* EL по́люсная кле́мма *ж*

Pollen ['pɔlən] <-s, -> *m* пыльца́ *ж*

Pollenallergie <-, -n> *f* аллерги́я *ж* на пыльцу́

Pollenflug <-(e)s> *m* перелёт *м* пыльцы́

polnisch ['pɔlnɪʃ] **I.** *adj* по́льский **II.** *adv* по-по́льски

Polo ['po:lo] <-s> *nt ohne pl* SPORT по́ло *ср*

Polonaise [polo'nɛ:zə] <-n> *f*, **Polonäse** <-n> *f* полоне́з *м*

Polster ['pɔlstɐ] <-s, -> *nt* **1.** *(für Möbel)* мя́гкая оби́вка *ж* **2.** *fig* запа́сы *мн*

Polstergarnitur <-, -en> *f* гарниту́р *м* мя́гкой ме́бели

Polstermöbel *nt* мя́гкая ме́бель *ж*

polstern ['pɔlstɐn] *vt (Möbel)* обива́ть, оби́ть *св*

Polstersessel <-s, -> *m* мя́гкое кре́сло *ср*

Polsterung <-en> *f* **1.** *(das Polstern)* оби́вка *ж* ме́бели **2.** *(Polster)* мя́гкая оби́вка *ж*

poltern ['pɔltɐn] *vi (Geräusch erzeugen)* громыха́ть, -хну́ть *св*

i Land & Leute

Polterabend – **«девичник»** или **«мальчишник»** – вечеринка накануне свадьбы, в которой участвуют друзья и родственники и где бьётся посуда, которую затем полагается сообща вымести жениху и невесте. По старому поверью, этот обычай приносит счастье.

Polyamid [polya'miːt, polya'miːdə] <-(e)s, -e> *nt* полиами́д *м*
Polyester [poly'ɛstɐ] <-s, -> *m* полиэфи́р *м*
Polygamie [polyga'miː] *f ohne pl a.* BOT полига́мия *ж*
Polymer <-s, -e> *nt* поли́ме́р *м*
Polymerisierung <-> *f* CHEM полимериза́ция *ж*
Polysemie <-, -n> *f* LING полисеми́я *ж*
Polytheismus [polyte'ɪsmʊs] <-> *m* полите́и́зм *м*, многобо́жие *ср*
Polyurethan <-> *nt* CHEM полиурета́н *м*
Polyvinylchlorid <-s> *nt* поливинилхлори́д *м*
Pomade [po'maːdə] <-, -n> *f* пома́да *ж*
Pommern ['pɔmɐn] <-s> *nt* Помера́ния *ж*
Pommes *pl fam* карто́фель *м* фри
Pommes frites [pɔm'frɪt] <-> *fpl* жа́реный карто́фель *м*
Pomp [pɔmp] <-(e)s> *m* пы́шность *ж*
pompös [pɔm'pœːs] *adj* пы́шный, помпе́зный
Poncho <-s, -s> *m* по́нчо *ср*
Pontifikat <-(e)s, -e> *nt* пребыва́ние *ср* в до́лжности па́пы ри́мского и́ли епи́скопа
Ponton <-s, -e> *m* понто́н *м*
Pontonbrücke <-, -n> *f* понто́нный мост *м*
Pony[1] ['pɔni] <-s, -s> *nt (kleines Pferd)* по́ни *м*
Pony[2] ['pɔni] <-s, -s> *m (Frisur)* чёлка *ж*
Ponyfrisur <-, -en> *f* стри́жка *ж* с чёлкой
Pool [puːl] <-s, -s> *m* **1.** *(Schwimmbecken)* пла́вательный бассе́йн **2.** *(Zusammenfassung von gemeinsamen Interessen)* пул *м*
Pop [pɔp] <-s> *m* поп *м*
Popcorn ['pɔpkɔrn] <-s> *nt ohne pl* кукуру́зные хло́пья *мн*
Pope <-n, -n> *m* поп *м*
Popfestival <-s, -s> *nt* фестива́ль *м* популя́рной му́зыки
Popgruppe <-, -n> *f* поп-гру́ппа *ж*
Popkonzert <-(e)s, -e> *nt* поп-конце́рт *м*
Popmusik ['pɔpmuziːk] <-> *f* поп-му́зыка *ж*
Popo [po'poː] <-s, -s> *m* по́па *ж*
poppig ['pɔpɪç] *adj (bunt, knallig)* бро́ский
Popsänger(in) <-s, -> *m(f)* эстра́дный пев́ец *м*
Popstar <-s, -s> *m* звезда́ *ж* эстра́ды
Popszene <-> *f* среда́ *ж* эстра́дных исполни́телей
populär [popu'lɛːɐ] *adj* популя́рный
popularisieren *vt* популяризова́ть
Popularität [populari'tɛːt] <-> *f* популя́рность *ж*
populärwissenschaftlich *adj* нау́чно-популя́рный
Population <-en> *f* BIOL поколе́ние *ср*
Pore ['poːrə] <-, -n> *f* по́ра *ж*
Porno ['pɔrno] <-s, -s> *m fam (~film)* порнографи́ческий фильм *м*, по́рно *ср*; *(~roman)* порнографи́ческий рома́н *м*
Pornofilm <-(e)s, -e> *m* порнографи́ческий фильм *м*
Pornografie[RR] [pɔrnogra'fiː, pɔrnogra'fiːən] <-n> *f* порногра́фия *ж*
pornografisch[RR] [pɔrno'graːfɪʃ] *adj* порнографи́ческий
Pornographie[Alt] <-> *f s.* **Pornografie**
pornographisch[Alt] *adj s.* **pornografisch**
Pornoheft <-(e)s, -e> *nt* порнографи́ческий журна́л *м*
porös [po'rœːs] *adj* по́ристый
Porree ['pɔre] <-s, -s> *m* лук-поре́й *м*
Port <-s, -s> *m* DV порт *м*
Portable <-s, -s> *nt (tragbarer Computer)* портати́вная ЭВМ *ж*
Portal [pɔr'taːl] <-s, -e> *nt* порта́л *м*
Portefeuille <-s, -s> *nt* портфо́лио *ср*
Portfolioanalyse <-, -n> *f* ана́лиз *м* портфо́лио
Portfoliomanagement <-s> *nt* портфо́лио-ме́неджмент *м*
Portier [pɔr'ti̯eː] <-s, -s> *m* швейца́р *м*
Portion [pɔr'tsi̯oːn] <-, -en> *f* по́рция *ж*; *umg (Anteil)* до́ля *ж*
Portmonee[RR] [pɔrtmɔ'neː] <-s, -s>, **Portemonnaie**[Alt] *nt* кошелёк *м*, портмоне́ *ср*
Porto ['pɔrto] <-s, -s> *nt* почто́вый сбор *м*
portofrei *adj* не облага́емый почто́вым сбо́ром
portopflichtig *adj* облага́емый почто́вым сбо́ром
Portrait <-s, -s> *nt* портре́т *м*
portraitieren *vt* писа́ть, написа́ть *св* портре́т
Porträt [pɔr'trɛː] <-s, -s> *nt* портре́т *м*
Porträtmaler <-s, -> *m* портрети́ст *м*
Portugal ['pɔrtugal] <-s> *nt* Португа́лия *ж*
Portugiese [pɔrtu'giːzə] <-n, -n> *m* португа́лец *м*
Portugiesin <-, -nen> *f* португа́лка *ж*
portugiesisch **I.** *adj* португа́льский **II.** *adv* по-португа́льски
Portwein ['pɔrtvaɪn] <-(e)s, -e> *m* портве́йн *м*

P

Porzellan [pɔrtsɛ'la:n] <-s, -e> *nt* фарфо́р *м; (Geschirr)* фарфо́ровая посу́да *ж*
Porzellanerde <-> *f* каоли́н *м*
Porzellangeschirr *nt* фарфо́ровая посу́да *ж*
Porzellanladen *m* магази́н *м* фарфо́ровых изде́лий; **er benimmt sich wie ein Elefant im ~** *fam* он ведёт себя́ как слон в фарфо́ровой ла́вке
Porzellanmanufaktur <-, -en> *f* фарфо́ровая мануфакту́ра *ж*
Porzellanschale <-, -n> *f* фарфо́ровая ча́шка *ж*
Porzellanwaren <-> *pl* фарфо́ровые изде́лия *мн*
Posaune [po'zaʊnə] <-, -n> *f* тромбо́н *м*
Posaunist [pozaʊ'nɪst] <-en, -en> *m* тромбони́ст *м*
Pose ['po:zə] <-, -n> *f* по́за *ж;* **sich in ~ werfen** встать в по́зу
posieren [po'zi:rən] *vi* пози́ровать
Position [pozi'ts̮i̯o:n] <-, -en> *f* **1.** *(Standpunkt)* пози́ция *ж,* то́чка *ж* зре́ния **2.** *(berufliche Stellung)* пост *м,* до́лжность *ж* **3.** *(Standort)* пози́ция *ж,* расположе́ние *ср*
positionieren *vt geh a.* INFOR, WIRTSCH располага́ть, расположи́ть *св,* размеща́ть, размести́ть *св*
Positionslicht <-(e)s, -er> *nt* стоя́ночный ого́нь *м*
positiv ['po:ziti:f] *adj* положи́тельный
Posse ['pɔsə] <-, -n> *f* THEAT фарс *м*
Possessivpronomen ['pɔsɛsi:fprono: mən] <-s, -nomina> *nt* LING притяжа́тельное местоиме́ние *ср*
possierlich [pɔ'si:elɪç] *adj (Tier)* заба́вный
Post [pɔst] <-> *f* по́чта *ж;* **ein Paket auf die** [o **zur**] **~ bringen** отнести́ посы́лку на по́чту; **etw mit der ~ schicken** посла́ть что-л. по по́чте; **ich muss noch zur ~** я до́лжен ещё сходи́ть на по́чту; **etw mit der ~ verschicken** посла́ть что-л. по́чтой; **elektronische ~** электро́нная по́чта; **die ~ erledigen** просмотре́ть по́чту; **die ~ beantworten** отвеча́ть на пи́сьма
postalisch [pɔs'ta:lɪʃ] *adj* почто́вый
Postamt <-(e)s, -ämter> *nt* по́чта *ж*
Postanweisung <-, -en> *f (Geldüberweisung per Post)* почто́вый (де́нежный) перево́д *м*
Postbeförderung <-> *f* перево́зка *ж* по́чты
Postbote <-n, -n> *m* почтальо́н *м*
Postbotin <-, -nen> *f* почтальо́н *м*
Posten ['pɔstən] <-s, -> *m* **1.** *(Arbeitsstelle)* пост *м,* до́лжность *ж* **2.** *(auf Liste)* статья́ *ж* **3.** ÖKON *(Menge)* па́ртия *ж* това́ра **4.** MIL пост *м* **5.** *(Rechnungswesen)* статья́ *ж,* пози́ция *ж;* **ein ~ auf der Aktivseite/Passivseite** ста́тья акти́ва/пасси́ва; **ungedeckter ~** непокры́тая статья́; **einen ~ verbuchen** заноси́ть статью́ в счёт
Poster ['po:stɐ] <-s, -(s)> *nt* плака́т *м*
Postfach <-(e)s, -fächer> *nt* абонеме́нтный почто́вый я́щик *м*
Postgeheimnis <-ses> *nt* та́йна *ж* почто́вой перепи́ски
Postgewerkschaft <-en> *f* профсою́з *м* почто́вых рабо́тников
postindustriell *adj (Gesellschaft)* постиндустриа́льный
Postkarte <-, -n> *f* (почто́вая) откры́тка *ж*
Postkutsche *f* почто́вая каре́та *ж*
postlagernd *adj* до востре́бования
Postleitzahl <-, -en> *f* почто́вый и́ндекс *м*

i Land & Leute

После объединения Германии возникла необходимость ввести новую систему почтовой индексации. С 1 июля 1993 года **почтовый индекс** в Германии представляет собой пятизначное число, первые две цифры которого обозначают город или регион. В Австрии и в Швейцарии до сих пор довольствуются четырёхзначными индексами, которые относятся к отдельным городам и населённым пунктам, причём в Швейцарии последние две цифры обозначают улицу.

Postminister(in) <-s, -> *m(f)* мини́стр *м* свя́зи
Postmoderne [pɔstmo'dɛrnə] <-> *f* постмоде́рн *м*
Postomnibus *m* почто́вый авто́бус *м*
Postpaket <-(e)s, -e> *nt* почто́вая посы́лка *ж*
Postscheck <-s, -s> *m* почто́во-переводно́й чек *м*
Postscheckamt <-(e)s, -ämter> *nt* центр *м* почто́во-че́ковых расчётов
Postscheckkonto <-s, -konten> *nt* теку́щий счёт *м*
Postsendung <-, -en> *f* почто́вое отправле́ние *ср*
Postskript [pɔst'skrɪpt] <-(e)s, e> *nt* постскри́птум *м*
Postskriptum <-s> *nt* постскри́птум *м,* припи́ска *ж*
Postsortieranlage <-, -n> *f* маши́на *ж* для сортиро́вки по́чты
Poststelle <-n, -n> *f* пункт *м* свя́зи; *(Postamt)* (небольшо́е) почто́вое отделе́ние *ср*
Poststempel <-s, -> *m* почто́вый штамп *м*
Postüberweisung <-, -en> *f* почто́вый

дéнежный перевóд *м*
Postulat <-(e)s, -e> *nt* постулáт *м*
postwendend ['pɔst'vɛndənt] *adj* обрáтной пóчтой
Postwertzeichen <-s, -> *nt* знак *м* почтóвой оплáты
Postzahlungsverkehr <-s> *m* почтóвый платёжный оборóт *м*
potent [po'tɛnt] *adj* потéнтный
Potential <-s, -e> *nt s.* **Potenzial**
potentiell *adj s.* **potenziell**
Potenz [po'tɛnts] <-, -en> *f* **1.** *(sexuelle ~)* потéнция *ж* **2.** MATH стéпень *ж;* **in höchster ~** *umg* в вы́сшей стéпени
Potenzial[RR] [potɛn'ts̮i̯a:l] <-s, -e> *nt* потенциáл *м;* **geistiges ~** духóвный потенциáл; **wirtschaftliches ~** экономи́ческий потенциáл *м;* **wissenschaftlich-technisches ~** наýчно-техни́ческий потенциáл
potenziell[RR] [potɛn'ts̮i̯ɛl] *adj* потенциáльный; **ein ~er Kunde** потенциáльный клиéнт *м;* **der ist ~ gefährlich** в при́нципе он опáсен
Potenzpille <-, -n> *f umg* таблéтка *ж*, уси́ливающая потéнцию
Potenzstörung <-, -en> *f* нарушéние *ср* потéнции
Potsdam <-s> *nt* Потсдáм *м*
Pott <-(e)s, Pötte> *m nordd, fam (Topf)* горшóк *м*
potthässlich[RR] ['pɔt'hɛslɪç] *adj fam* ужáсный
Pottwal ['pɔtva:l] <-(e)s, -e> *m* кашалóт *м*
Poulet [pu'le:] <-s, -s> *nt CH (Huhn als Speise)* куря́тина *ж*
Power-Prozessor <-s, -en> *m* процéссор *м* большóй мóщности
PR *abk von* **Public Relations** *umg* пиáр *м*
Präambel [prɛ'ambəl] <-, -n> *f* преáмбула *ж*
PR-Abteilung <-, -en> *f* отдéл *м* по свя́зям с общéственностью
Pracht [praxt] <-> *f* великолéпие *ср*
Prachtausgabe <-, -n> *f* роскóшное издáние *ср*
Prachtexemplar *nt fam (Tier, Gegenstand)* великолéпный экземпля́р *м; (Mensch)* великолéпный человéк *м*
prächtig ['prɛçtɪç] *adj* великолéпный, прекрáсный
Prachtkerl *m fam* великолéпный человéк *м*
Prachtstück *nt fam* великолéпный экземпля́р *м*
prachtvoll *adj (luxuriös)* великолéпный
prädestiniert *adj geh (vorbestimmt)* предназнáченный
Prädikat [prɛdi'ka:t] <-(e)s, -e> *nt* **1.** LING сказýемое *ср*, предикáт *м* **2.** *(Bewertung)* оцéнка *ж*
prädikativ *adj* LING предикати́вный
Präfekt <-en, -en> *m* префéкт *м*
Präfektur <-, -en> *f* префектýра *ж*
Präferenz [prɛfe'rɛnts] <-, -en> *f* **1.** *(Vergünstigung)* преферéнция *ж* **2.** *(Vorliebe)* предпочтéние *ср* **3.** *(Vorrang)* приоритéт *м*, преимýщество *ср*
Präfix [prɛ'fɪks] <-es, -e> *nt* LING пристáвка *ж*
Prag [pra:k] <-s> *nt* Прáга *ж*
prägen ['prɛ:gən] *vt* **1.** *(Münze)* чекáнить, от- *св* **2.** *(Menschen)* формировáть, с- *св;* **die Kriegszeit hat ihn geprägt** войнá наложи́ла на негó свой отпечáток
Pragmatik <-, -en> *f* прагмáтика *ж*
Pragmatiker(in) <-s, -> *m(f)* прагмáтик *м*
pragmatisch *adj* прагмати́ческий
Pragmatismus <-> *m* прагмати́зм *м*
prägnant [prɛ'gnant] *adj* мéткий, тóчный
Prägnanz [prɛ'gnants] <-> *f* мéткость *ж*, тóчность *ж*
Prägung <-, -en> *f* **1.** *(von Münzen)* чекáнка *ж* **2.** *(Ausprägung)* кáчество *ср* **3.** *(von Begriffen)* образовáние *ср*
prähistorisch [prɛhɪs'to:rɪʃ] *adj* доистори́ческий
prahlen ['pra:lən] *vi* хвали́ться, по- *св*, хвáстаться, по- *св;* **er prahlt mit seinem neuen Auto** он хвáстается свои́м нóвым автомоби́лем
Prahlerei [pra:lə'raɪ] <-, -en> *f* хвастовствó *ср*
Praktikant(in) [prakti'kant] <-en, -en> *m(f)* практикáнт *м*, стажёр *м*
Praktikum ['praktikʊm] <-s, -ka> *nt* прáктика *ж*, практи́ческое заня́тие *ср;* **ein ~ absolvieren** окóнчить прáктику
praktisch ['praktɪʃ] *adj* **1.** *(zweckmäßig)* практи́чный **2.** *(auf die Praxis bezogen)* практи́ческий
praktizieren [prakti'ts̮i:rən] **I.** *vt* практиковáть, по- *св* **II.** *vi (Arzt, Anwalt)* практиковáть *нсв;* **praktizierender Arzt** лéчащий врач *м*
Prälat <-en, -en> *m* прелáт *м*
Praline [pra'li:nə] <-, -n> *f* шоколáдная конфéта *ж*
Pralinee [prali'ne:] <-s, -s> *nt Österr, Schweiz* шоколáдная конфéта *ж*
prall [pral] *adj (straff)* упрýгий, тугóй
prallen ['pralən] *vi* наскáкивать, наскочи́ть *св* на; *(mit dem Auto)* наезжáть, наéхать *св* на
Präludium <-s, Präludien> *nt* прелю́дия *ж*
Prämie ['prɛ:mi̯ə] <-, -n> *f* **1.** *(Belohnung)* прéмия *ж* **2.** *(Versicherungs~)* (страховáя) прéмия *ж;* **eine ~ für etw aussetzen** назнáчить прéмию за что-л.
Prämiensparen <-s> *nt* премиáльный вклад *м*
Prämierung <-, -en> *f* премировáние *ср*, награждéние *ср*
prämi(i)eren [prɛ'mi:rən (prɛmi'i:rən)] *vt* премировáть *(н)св*

P

Prämisse [prɛˈmɪsə] <-, -n> *f* предпосы́лка *ж*
prangen [ˈpraŋən] *vi* выделя́ться
Pranger [ˈpraŋɐ] *m* **jdn/etw an den ~ stellen** *fig* заклейми́ть кого́-л. (позо́ром)
Pranke [ˈpraŋkə] <-n> *f (a. Hand)* ла́па *ж*
Präparat [prɛpaˈraːt] <-(e)s, -e> *nt* препара́т *м*
präparieren [prɛpaˈriːrən] *vt* MED, BIOL препари́ровать
Präposition [prɛpoziˈtsi̯oːn] <-, -en> *f* LING предло́г *м*
Präpositiv <-s> *m* LING предло́жный паде́ж *м*
Prärie [prɛˈriː, prɛriːən] <-n> *f* пре́рия *ж*
Präsens [ˈprɛːzɛns] <-s> *nt* LING настоя́щее вре́мя *ср*
Präsent <-(e)s, -e> *nt geh* пода́рок *м;* **jdm ein ~ mitbringen** принести́ кому́-л. пода́рок
Präsentation [prɛzɛntaˈtsi̯oːn] <-, -en> *f* презента́ция *ж*
präsentieren [prɛzɛnˈtiːrən] **I.** *vt (schenken, anbieten)* преподноси́ть, -нести́ *св* **II.** *vr* представля́ть, предста́вить *св* себя́; **er präsentierte sich im günstigsten Licht** он предста́вил себя́ в лу́чшем све́те
Präsentierteller *m* (**wie**) **auf dem ~** *fam* как на подно́се
Präsentkorb <-(e)s, -körbe> *m* пода́рочная корзи́на *ж*
Präsenz [prɛˈzɛnts] *f ohne pl* прису́тствие *ср*
Präservativ [prɛzɛrvaˈtiːf, prɛzɛrvaˈtiːvə] <-s, -e> *nt* презервати́в *м*
Präsident(in) [prɛziˈdɛnt] <-en, -en> *m(f)* президе́нт *м*
Präsidentenamt <-(e)s, -ämter> *nt* до́лжность *ж* президе́нта
Präsidentenwahl <-, -en> *f* президе́нтские вы́боры *мн*
Präsidentschaft <-> *f* президе́нтство *ср*
Präsidentschaftskandidat(in) <-en, -en> *m(f)* кандида́т *м* в президе́нты
Präsidium [prɛˈziːdiʊm] <-s, -ien> *nt (Vorsitz)* прези́диум *м*
Präsidiumsmitglied <-(e)s, -er> *nt* член *м* прези́диума
prasseln [ˈprasəln] *vi* **1.** *sein (Regen)* бараба́нить; *(Vorwürfe)* вали́ть **2.** *(Feuer)* потре́скивать
prätentiös *adj pej* претенцио́зный
Präteritum [prɛˈteːritʊm] <-s> *nt* LING прете́рит *м*
Prävention [prɛvɛnˈtsi̯oːn] <-, -en> *f* профила́ктика *ж*
Präventivmaßnahme <-, -n> *f* превенти́вная ме́ра *ж*
Praxis [ˈpraksɪs] <-, Praxen> *f* пра́ктика *ж;* **jahrelange ~** многоле́тняя пра́ктика; **etwas in die ~ umsetzen** применя́ть на пра́ктике
praxisfern *adj* далёкий от пра́ктики
praxisnah *adj* свя́занный с пра́ктикой
Präzedenzfall [prɛtseˈdɛntsfal] <-(e)s, -fälle> *m* прецеде́нт *м;* **einen ~ schaffen** созда́ть прецеде́нт
präzis(e) [prɛˈtsiːs (prɛˈtsiːzə)] *adj* то́чный
Präzision [prɛtsiˈzi̯oːn] <-> *f* то́чность *ж*
Präzisionsarbeit <-> *f* то́чная рабо́та *ж*
Präzisionsinstrument <-(e)s, -e> *nt* то́чный прибо́р *м*
predigen [ˈpreːdɪgən] **I.** *vt* пропове́довать *нсв* **II.** *vi* чита́ть про- *св* про́поведи
Prediger(in) <-s, -> *m(f)* пропове́дник *м*
Predigt [ˈpreːdɪçt] <-, -en> *f* про́поведь *ж*
Preis [praɪs] <-es, -e> *m* **1.** *(Kaufpreis)* цена́ *ж;* **die ~e sind gestiegen** це́ны повы́сились; **amtlicher ~** госуда́рственная цена́; **im ~ anziehen** поднима́ться в цене́; **durchschnittlicher ~** сре́дняя цена́; **~e einfrieren** замора́живать це́ны; **erschwinglicher ~** досту́пная цена́; **die ~e freigeben** освобожда́ть це́ны; **gestützter ~** дотацио́нная цена́; **hoher ~** высо́кая цена́; **konstanter ~** постоя́нная цена́; **niedriger ~** ни́зкая цена́; **ortsüblicher ~** ме́стная цена́; **den ~ reduzieren** снижа́ть це́ну; **staatlich festgesetzter ~** госуда́рственная цена́; **stabiler ~** стаби́льная цена́; **steigender ~** расту́щая цена́; **überhöhter ~** завы́шенная цена́; **den ~ unterbieten** сбива́ть цену́; **zu fixen ~en** по твёрдой цене́; **zu üblichen ~en** по обы́чной цене́; **zum ~ von 50 Euro** по цене́ (в) 50 е́вро; **zum halben ~** за полцены́ **2.** *(in einem Wettbewerb)* приз *м*, пре́мия *ж*, награ́да *ж;* **sie hat den ersten ~ bekommen** она́ получи́ла пе́рвое ме́сто; **einen ~ aussetzen** назна́чить приз; **einen ~ gewinnen** выи́грывать приз; **um jeden ~** любо́й ценой́; **um keinen ~** ни за что́; **einen ~ stiften** учрежда́ть пре́мию; **einen ~ für etwas überreichen** вруча́ть пре́мию
Preisabschlag <-(e)s, -abschläge> *m* ски́дка *ж* с цены́
Preisabsprache <-, -n> *f* соглаше́ние *ср* о це́нах
Preisaggressivität <-> *f* агресси́вный рост *м* цен
Preisänderung <-, -en> *f* измене́ние *ср* цен
Preisangabe <-, -n> *f* указа́ние *ср* цены́
Preisanstieg <-(e)s, -e> *m* рост *м* цен
Preisaufschlag <-(e)s, -aufschläge> *m* надба́вка *ж* к цене́
Preisausschreiben <-s, -> *nt* ко́нкурс *м*
Preisauszeichnung <-, -en> *f* обозначе́ние *ср* цены́
Preisbehörde <-, -n> *f* слу́жба *ж* контро́ля над це́нами
Preisbereinigung <-, -en> *f* пересчёт *м*

цен

preisbewusstRR *adj* экономи́чно рассужда́ющий

Preisbildung <-> *f* ценообразова́ние *ср*

Preisbindung <-, -en> *f* фикси́рование *ср* цен

Preisdiktat <-(e)s> *nt* ценово́й дикта́т *м*

Preisdruck <-(e)s> *m* ценово́е давле́ние *ср*

Preisdumping <-s> *nt* де́мпинг *м*

Preiseinbruch <-(e)s, -einbrüche> *m* паде́ние *ср* цен

Preiselbeere ['praɪzəlbe:rə] <-, -n> *f* брусни́ка *ж*

Preisempfehlung <-, -en> *f* ценовы́е рекоменда́ции *мн*

preisen ['praɪzən] <pries, gepriesen> *vt geh* восхваля́ть, -ли́ть *св*

Preisentwicklung <-, -en> *f* дина́мика *ж* цен

Preiserhöhung <-, -en> *f* повыше́ние *ср* цен

Preisfestsetzung <-, -en> *f* установле́ние *ср* цен

Preisfixierung <-, -en> *f* установле́ние *ср* цен

Preisfreigabe <-> *f* либерализа́ция *ж* цен

Preisführer <-s, -> *m* ÖKON монопо́льный ли́дер *м* в о́бласти цен

Preisführerschaft <-> *f* ÖKON лиди́рование *ср* в о́бласти цен

Preisgarantie <-, -en> *f* гара́нтия *ж* в отноше́нии цены́

preis|geben *vt* **1.** *(aussetzen, ausliefern)* броса́ть, бро́сить *св* на произво́л **2.** *(Geheimnis)* выдава́ть, вы́дать *св*

Preisgefüge <-s> *nt* структу́ра *ж* цен

preisgekrönt *adj* отме́ченный награ́дами, награждённый

Preisgeld <-es, -er> *nt* де́нежный приз *м*, приз *м* в ви́де де́нежной су́ммы

Preisgericht <-(e)s, -e> *nt* жюри́ *ср*

Preisgestaltung <-, -en> *f* ценообразова́ние *ср*

Preisgrenze <-, -n> *f* преде́л *м* цен

preisgünstig *adj* недорого́й

Preisindex <-> *m* и́ндекс *м* цен

Preiskampf <-(e)s, -kämpfe> *m* борьба́ *ж* в о́бласти цен

Preiskartell <-s, -e> *nt* карте́льное соглаше́ние *ср* о це́нах

Preiskontrolle <-, -n> *f* контро́ль *м* над це́нами

Preiskonvention <-, -en> *f* конве́нция *ж* в о́бласти цен

Preislage <-, -n> *f* у́ровень *м* цен

Preis-Leistungs-Verhältnis <-ses> *nt* соотноше́ние *ср* цены́ к ка́честву

Preislimit <-s, -s> *nt* преде́л *м* цен

Preisliste <-, -n> *f* катало́г *м* цен, прейскура́нт *м*

Preismechanismus <-, -mechanismen> *m* механи́зм *м* цен

PreisnachlassRR <-es, -nachlässe> *m* ски́дка *ж* с цены́

Preisniveau <-s, -s> *nt* у́ровень *м* цен

Preisnotierung <-, -en> *f* BÖRSE котиро́вка *ж* цен

Preisobergrenze <-, -n> *f* ве́рхний преде́л *м* цены́

Preispolitik <-> *f* поли́тика *ж* в о́бласти цен

Preisrätsel <-s, -> *nt* зага́дка *ж* на приз

Preisregulierung <-, -en> *f* регули́рование *ср* цен

Preisrückgang <-(e)s, -rückgänge> *m* паде́ние *ср* цен

Preisschere <-, -n> *f* расхожде́ние *ср* цен

Preisschild <-(e)s, -er> *nt* це́нник *м*

Preisschlager <-s, -> *m* това́р *м* по басносло́вно ни́зкой цене́

Preisschwankung <-, -en> *f* колеба́ние *ср* цен

Preissenkung <-, -en> *f* сниже́ние *ср* цен

Preisspanne <-, -n> *f* ра́зница *ж* в у́ровнях цен, разры́в *м* в це́нах

Preisstabilität <-> *f* стаби́льность *ж* цен

Preissteigerung <-, -en> *f* повыше́ние *ср* цен

Preisstopp <-s, -s> *m* замора́живание *ср* цен

Preissturz <-es, -stürze> *m* паде́ние *ср* цен

Preisstützung <-, -en> *m* субсиди́рование *ср* цен

Preisträger(in) <-s, -> *m(f)* лауреа́т(ка) *м(ж)*

Preistreiberei <-> *f* завыше́ние *ср* цен

Preisüberwachung <-> *f* контро́ль *м* цен

Preisunterbietung <.-> *f* сбива́ние *ср* цен

Preisuntergrenze <-, -n> *f* ни́жний преде́л *м* цены́

Preisunterschied <-(e)s, -e> *m* ра́зница *ж* в цене́

Preisverfall <-(e)s> *m* паде́ние *ср* цен

Preisvergleich <-(e)s, -e> *m* сопоставле́ние *ср* цен

Preisverleihung *f* награжде́ние *ср*

preiswert *adj* недорого́й

Prellbock ['prɛlbɔk] <-(e)s, -böcke> *m* тупико́вый упо́р *м*

prellen ['prɛlən] *vt* ушиби́ть *св*; *(betrugen)* обма́нывать, -ману́ть *св* на чём-л.

Prellung <-, -en> *f* уши́б *м*

Premiere [prə'mi̯e:rə] <-, -n> *f* премье́ра *ж*

Premierminister(in) <-s, -> *m(f)* премье́р-мини́стр *м*

Presse ['prɛsə] <-, -n> *f* **1.** *(Obstpresse)* пресс *м* **2.** *(Druckerpresse)* печа́тный стано́к *м*; **die ~** *(die Zeitungen)* печа́ть *ж*

Presseagentur <-, -en> *nt* аге́нство *ср* печа́ти

Pressedienst <-es, -e> *m* пресс-слу́жба *ж*

Presseerklärung <-, -en> *f* заявле́ние *ср*

для печа́ти
Pressefreiheit <-> *f* свобо́да *ж* печа́ти
Pressekonferenz <-, -en> *f* пресс-конфере́нция *ж;* **eine ~ abhalten** вести́ пресс-конфере́нцию
Pressemeldung <-, -en> *f* сообще́ние *ср* печа́ти
pressen ['prɛsən] *vt* **1.** TECH прессова́ть, с- *св* **2.** *(drücken)* жать, с- *св*, сжима́ть *нсв* **3.** *(Saft)* выжима́ть, вы́жать *св*
Pressenotiz <-, -en> *f* газе́тная заме́тка *ж*
Presserecht <-(e)s, -e> *nt* законода́тельство *ср* о печа́ти
Presseschau <-> *f* обзо́р *м* печа́ти
Pressesprecher(in) <-s, -> *m(f)* пресс-секретáрь *м*
Pressestelle <-, -n> *f* пресс-бюро́ *ср*, отде́л *м* печа́ти
Pressevertreter <-s, -> *m* представи́тель *м* печа́ти
Pressewesen <-s> *nt* журнали́стика *ж*
Pressezensur <-> *f* цензу́ра *ж* печа́ти
Pressezentrum <-s, -zentren> *nt* пресс-центр *м*
Pression <-, -en> *f* давле́ние *ср*
Presskohle[RR] <-> *f* у́гольный брике́т *м*
Pressluft[RR] *f* сжа́тый во́здух *м*
Pressluftbohrer[RR] *m* пневмати́ческая дрель *ж*
Pressluftflasche[RR] <-, -n> *f* балло́н *м* со сжа́тым во́здухом
Presslufthammer[RR] <-s, -hämmer> *m* пневмати́ческий молото́к *м*
Prestige [prɛs'tiːʒ(e)] <-s> *nt* прести́ж *м*, прести́жность *ж*
Prestigedenken <-s> *nt* мышле́ние *ср*, ориенти́рованное на прести́ж
Prestigegewinn <-s, -e> *m* увеличе́ние *ср* прести́жа
Prestigeobjekt <-(e)s, -e> *nt* предме́т *м* прести́жа
Prestigeverlust <-es, -e> *m* поте́ря *ж* прести́жа
Preuße ['prɔɪsə] <-n, -n> *m*, **Preußin** <-nen> *f* прусса́к *м*, прусса́чка *ж*
Preußen ['prɔɪsən] <-s> *nt* Пру́ссия *ж*
preußisch *adj* пру́сский
prickeln ['prɪkəln] *vi* **1.** *(kribbeln)* пока́лывать *нсв* **2.** *(Sekt)* пузыри́ться *нсв*
prickelnd *adj (erregend)* волну́ющий
pries [priːs] *prät von* **preisen**
Priester(in) ['priːstɐ] <-s, -> *m(f)* свяще́нник *м*
Priesteramt <-es> *nt* до́лжность *ж* свяще́нника
Priestergewand <-es, -gewänder> *nt* одея́ние *ср* свяще́нника
prima ['priːma] *adj umg (sehr gut)* прекра́сный, замеча́тельный
Primaballerina *f (Ballet)* при́ма-балери́на *ж*
Primadonna [prima'dɔna, prima'dɔnən] <-donnen> *f (Oper)* примадо́нна *ж*
primär [pri'mɛːɐ] *adj* перви́чный
Primärkosten <-> *pl* перви́чные затра́ты *мн*

i Land & Leute

В Швейцарии посещение **Primarschule** – **начальной школы** для всех детей в возрасте от шести лет обязательно и бесплатно. В зависимости от кантона, начальное обучение длится от четырёх до шести лет.

Primat[1] [pri'maːt] <-en, -en> *m* ZOOL прима́т *м*
Primat[2] [pri'maːt] <-(e)s, -e> *m o nt a.* REL пе́рвенство *ср*
Primel ['priːməl] <-, -n> *f* первоцве́т *м*
primitiv [primi'tiːf] *adj* **1.** *(Kultur, Stamm)* примити́вный, первобы́тный **2.** *pej (Mensch)* примити́вный, незамыслова́тый
Primzahl ['priːmt͜saːl] <-, -en> *f* MATH просто́е число́ *ср*
Printmedien ['prɪntmeːdiən] <-> *pl* печа́тные сре́дства *мн* информа́ции
Prinz [prɪnts] <-en, -en> *m* принц *м*
Prinzessin <-, -nen> *f* принце́сса *ж*
Prinzip [prɪn'tsiːp] <-s, -ien> *nt* при́нцип; **im ~** в при́нципе; **aus ~** из при́нципа; **gegen seine Prinzipien verstoßen** нару́шить свои́ при́нципы; **es geht ums ~** э́то вопро́с при́нципа
prinzipiell [prɪntsi'pjɛl] *adj* принципиа́льный
Prinzipienreiter(in) <-s, -> *m(f) pej* педа́нт *м*, буквое́д *м*
prinzipientreu *adj* ве́рный при́нципам, принципиа́льный
Priorität [priori'tɛːt] <-, -en> *f* приорите́т *м;* **Prioritäten setzen** определи́ть приорите́ты
Prise ['priːzə] <-, -n> *f* щепо́тка *ж;* **eine ~ Salz** щепо́тка со́ли
Prisma ['prɪsma] <-s, Prismen> *nt* при́зма *ж*
privat [pri'vaːt] **I.** *adj* **1.** *(persönlich)* ли́чный **2.** *(nicht öffentlich)* ча́стный; **sie geht auf eine ~e Schule** она́ хо́дит в ча́стную шко́лу **II.** *adv* ли́чно; **ich möchte ihn ~ sprechen** я хочу́ поговори́ть с ним ли́чно; **sie ist ~ hier** она́ здесь по ли́чным вопро́сам
Privatadresse <-, -n> *f* дома́шний а́дрес *м*
Privatangelegenheit <-, -en> *f* ли́чное де́ло *ср*
Privatanschrift <-, -en> *f* дома́шний а́дрес *м*
Privataudienz <-, -en> *f* ча́стная аудие́нция *ж*

Privatbank <-, -en> *f* ча́стный банк *м*
Privatbesitz <-es> *m* ча́стная со́бственность *ж*
Privatdetektiv(in) *m(f)* ча́стный детекти́в *м*
Privateigentum <-s> *nt* ча́стная со́бственность *ж;* **~ an Grund und Boden** ча́стная со́бственность на зе́млю
Privatfernsehen <-s> *nt* ча́стное телеви́дение *ср*
Privatgespräch <-(e)s, -e> *nt* ли́чный разгово́р *м*
Privatgrundstück <-(e)s, -e> *nt* ча́стный земе́льный уча́сток *м*
Privatinitiative <-, -n> *f* ча́стная инициати́ва *ж*
privatisieren [privatiˈziːrən] *vt* POL, ÖKON *(von Eigentum)* приватизи́ровать *(н)св*
Privatisierung <-> *f* POL, ÖKON приватиза́ция *ж*
Privatklage <-, -n> *f* JUR ча́стное обвине́ние *ср*
Privatkonto <-s, -konten> *nt* ли́чный счёт *м*
Privatkredit <-s, -e> *m* ча́стный креди́т *м*
Privatkunde <-n, -n> *m* ча́стный клие́нт *м*
Privatleben <-s> *nt* ли́чная жизнь *ж*
Privatlehrer(in) <-s, -> *m(f)* у́читель *м*, даю́щий ча́стные уро́ки
Privatnummer <-, -n> *f* TELKOM но́мер *м* дома́шнего телефо́на
Privatperson <-, -en> *f* ча́стное лицо́ *ср*
Privatrecht <-(e)s> *nt* JUR ча́стное пра́во *ср*
Privatsache <-, -n> *f* ли́чное де́ло *ср*
Privatschule <-, -n> *f* ча́стная шко́ла *ж*
Privatsekretär(in) <-s, -e> *m(f)* ли́чный секрета́рь *м*
Privatsender <-s, -> *m* ча́стная радиоста́нция *ж*
Privatsphäre <-> *f* ли́чная сфе́ра *ж*
Privatunternehmen <-s, -> *nt* ча́стное предприя́тие *ср*
Privatunterricht *m* ча́стные уро́ки *мн*
Privatvergnügen *nt fam* **ich mache das nicht zu meinem ~** я де́лаю э́то не для со́бственного удово́льствия
Privatvermögen <-s, -> *nt* ча́стное иму́щество *ср*
Privatversicherung <-, -en> *f* ли́чное страхова́ние *ср*
Privatwirtschaft <-> *f* ча́стное хозя́йство *ср*
Privileg [priviˈleːk, priviˈleːgiən] <-s, -ien> *nt* привиле́гия *ж;* **~ien genießen** име́ть привиле́гии
pro [proː] **I.** *prp akk* на, в, за; **50 km ~ Stunde** 50 км в час; **~ Kopf** *umg* на челове́ка; **~ Stück** за шту́ку; **~ Person** на челове́ка; **einmal ~ Monat/Tag** раз в ме́сяц/день **II.** *adv (für)* за; **bist du ~ oder kontra** (**eingestellt**)**?** ты „за“ и́ли „про́тив“
Pro <-> *nt ohne pl* **~ und Kontra** за и про́тив
Proband(in) <-en, -en> *m(f)* испыту́емый *м*, испыту́емая *ж*
Probe [ˈproːbə] <-, -n> *f* **1.** *(Versuch)* прове́рка *ж*, про́ба *ж*, тест *м*, испыта́ние *ср;* **die ~ bestehen** вы́держать испыта́ние; **jds Geduld auf die ~ stellen** игра́ть с чьим-л. терпе́нием **2.** THEAT, MUS репети́ция *ж* **3.** CHEM про́ба *ж;* **eine ~ entnehmen** снять про́бу
Probeabzug <-(e)s, -abzüge> *m* про́бный о́ттиск *м*
Probealarm <-(e)s> *m* уче́бная трево́га *ж*
Probeaufnahme <-, -n> *f* про́бная за́пись *ж*
Probebohrung <-, -en> *f* про́бное буре́ние *ср*
Probeentnahme <-, -n> *f* про́бное взя́тие *ср*
Probefahrt <-, -en> *f* про́бная пое́здка *ж*
Probelauf <-(e)s, -läufe> *m* TECH про́бный пуск *м*
proben [ˈproːbən] *vt* репети́ровать, от- *св*
Probeseite <-, -n> *f* про́бная страни́ца *ж*
probeweise *adv* для про́бы
Probezeit <-, -en> *f* испыта́тельный срок *м*
probieren [proˈbiːrən] *vt* про́бовать, по- *св;* **lass (es) mich mal ~!** дай и мне попро́бовать
Problem [proˈbleːm] <-s, -e> *nt (schwierige Angelegenheit)* пробле́ма *ж;* **ein ~ einschätzen** оце́нивать пробле́му; **finanzielles ~** фина́нсовая пробле́ма; **komplexes ~** ко́мплексная пробле́ма; **ein ~ lösen** реша́ть пробле́му; **organisatorisches ~** организацио́нная пробле́ма; **sich einem ~ stellen** занима́ться пробле́мой; **vor einem ~ stehen** стоя́ть пе́ред пробле́мой; **etw wird für jdn zum ~** что-л. явля́ется пробле́мой для кого́-л.; **kein ~!** *fam* нет пробле́м!
Problematik [probleˈmaːtɪk] <-, -en> *f* проблема́тика *ж*
problematisch *adj* проблемати́чный
Problemkreis <-es, -e> *m* круг *м* пробле́м; **den ~ einschränken** ограни́чивать круг пробле́м
problemlos *adj* благополу́чный
Procedere [proˈtseːdərə] <-> *nt* процеду́ра *ж*
Product Placement <-, -s> *nt* скры́тая рекла́ма *ж*
Produkt [proˈdʊkt] <-(e)s, -e> *nt* проду́кт *м*, изде́лие *ср*, това́р *м;* **ein ausgereiftes ~** соверше́нный проду́кт; **ausländisches ~** иностра́нный проду́кт; **ein ~ eliminieren** исключа́ть проду́кт из ассортиме́нта; **fertiges ~** гото́вый проду́кт; **hochwertiges ~** высокока́чественное изде́лие; **inlän-**

P

dishes ~ отéчественное издéлие; **ein ~ ins Sortiment aufnehmen** включáть издéлие в ассортимéнт; **ein ~ verkaufen** продавáть продýкт

Produktdifferenzierung <-, -en> *f* дифференциáция *ж* издéлий

Produkteigenschaften <-> *pl* характерúстика *ж* продýкта

Produkteinführungsphase <-, -n> *f* фáза *ж* внедрéния продýкта на рынке

Produktelimination <-, -en> *f* элиминáция *ж* издéлия

Produktfamilie <-, -n> *f* ассортимéнтная грýппа *ж*

Produktgestaltung <-, -en> *f* оформлéние *ср* товáра

Produktgruppe <-, -n> *f* товáрная грýппа *ж*

Produkthaftung <-> *f* отвéтственность *ж* за продýкцию

Produktinnovation <-, -en> *f* разрабóтка *ж* нóвого издéлия

Produktion [prodʊk'ʦi̯o:n] <-> *f* продýкция *ж,* произвóдство *ср;* **arbeitsintensive ~** трудоёмкое произвóдство; **die ~ einstellen** остан́авливать произвóдство; **energieintensive ~** энергоёмкое произвóдство; **industrielle ~** промы́шленное произвóдство; **laufende ~** текýщее произвóдство; **die ~ planen** планúровать произвóдство; **die ~ umstellen** перестрáивать предприя́тие; **umweltfreundliche ~** экологúчески чúстое произвóдство; **aus der ~ ziehen** снимáть с произвóдства

Produktionsablauf <-(e)s, -abläufe> *m* произвóдственный процéсс *м*

Produktionsanlage <-, -n> *f* промы́шленная установка *ж;* **Ausfall einer ~** вы́ход из стрóя промы́шленной устанóвки; **eine ~ stilllegen** выводúть из рабóты промы́шленную устанóвку

Produktionsausfall <-(e)s, -ausfälle> *m* остановка *ж* произвóдства, сбой *м* в произвóдстве

Produktionsbetrieb <-(e)s, -e> *m* произвóдственное предприя́тие *ср*

Produktionselastizität <-> *f* эластúчность *ж* произвóдства

Produktionsengpass <-es, -engpässe> *m* ýзкое мéсто *ср* произвóдства

Produktionsergebnis <-ses, -se> *nt* результáт *м* произвóдства

Produktionsfaktor <-s, -en> *m* фáктор *м* произвóдства

Produktionsfehler <-s, -> *m* произвóдственный дефéкт *м*

Produktionskosten <-> *pl* издéржки *мн* произвóдства

Produktionsmittel <-> *pl* срéдства *мн* произвóдства

Produktionsorganisation <-> *f* организáция *ж* произвóдства

Produktionsplanung <-, -en> *f* планúрование *ср* произвóдства

Produktionspotenzial <-(e)s, -e> *nt* произвóдственный потенциáл *м*

Produktionsprogramm <-(e)s, -e> *nt* произвóдственная прогрáмма *ж*

Produktionsprozess <-es, -e> *m* произвóдственный процéсс *м*

Produktionsrückgang <-(e)s, -rückgänge> *m* сокращéние *ср* произвóдства

Produktionsrückstände <-> *pl* произвóдственные отхóды *мн*

Produktionsstandort <-(e)s, -e> *m* местонахождéние *ср* произвóдства

Produktionsstätte <-, -n> *f* местонахождéние *ср* произвóдства

Produktionssteigerung <-, -en> *f* повышéние *ср* произвóдства

Produktionsstufe <-, -n> *f* стáдия *ж* произвóдства

Produktionsumstellung <-, -en> *f* перестрóйка *ж* произвóдства

Produktionsverfahren <-s, -> *nt* спóсоб *м* произвóдства

Produktionszahlen <-> *pl* произвóдственные показáтели *мн*

Produktionszweig <-(e)s, -e> *m* óтрасль *ж* произвóдства

produktiv [prodʊk'ti:f] *adj* продуктúвный

Produktivität [prodʊktivi'tɛ:t] <-> *f* продуктúвность *ж*

Produktivitätssteigerung <-, -en> *f* повышéние *ср* производúтельности

Produktivkräfte <-> *pl* производúтельные сúлы *мн*

Produktlebensdauer <-> *f* срок *м* существовáния продýкта

Produktlebenszyklus <-, -zyklen> *m* жизненный цикл *м* продýкта

Produktlinie <-, -n> *f* товáрная сéрия *ж*

Produktmanager(in) <-s, -> *m(f)* мéнеджер *м* по продýктам

Produkt-Mix <-> *m* продýкт-микс *м*

Produktpalette <-, -n> *f* ассортимéнт *м* продýктов

Produktpiraten <-> *pl* поддéльщики *ммн* фúрменных издéлий

Produktpiraterie <-> *f* поддéлка *ж* фúрменных издéлий

Produktplanung <-, -en> *f* планúрование *ср* вы́пуска издéлий

Produktpolitik <-> *f* полúтика *ж* в отношéнии продýкта

Produktreifung <-> *f* достижéние *ср* зрéлости продýкта

Produkttiefe <-> *f* глубинá *ж* ассортимéнта продýкта

Produzent(in) [produ'ʦɛnt] <-en, -en> *m(f)* **1.** *(Hersteller)* производúтель *м* **2.** FILM продю́сер *м*

produzieren [produ'tsi:rən] *vt* производи́ть, -вести́ *св*, выпуска́ть, вы́пустить *св*
Prof. *abk von* **Professor** профе́ссор *м*
Professionalität [profɛsjonali'tɛ:t] <-> *f* профессионали́зм *м*
professionell [profɛsjo'nɛl] *adj* профессиона́льный
Professor(in) [pro'fɛso:ɐ] <-s, -en> *m(f)* профе́ссор *м;* **er ist ~ für Physik** он профе́ссор фи́зики
Professur [profɛ'su:ɐ] <-, -en> *f* профессу́ра *ж*
Profi ['pro:fi] <-s, -s> *m umg* профессиона́л *м*
Profil [pro'fi:l] <-s, -e> *nt* про́филь *м;* **~ eines Unternehmens** про́филь предприя́тия
Profilierung <-> *f* профили́рование *ср*
Profillosigkeit <-> *f* отсу́тствие *ср* про́филя
Profit [pro'fi:t] <-(e)s, -e> *m* при́быль *ж*, вы́года *ж;* **mit ~ arbeiten** рабо́тать с при́былью; **hohen ~ abwerfen** приноси́ть высо́кую при́быль; **~ einstreichen** получа́ть при́быль; **~ erwirtschaften** получа́ть при́быль
profitabel [profi'ta:bəl] *adj* вы́годный
Profitgier <-> *f* жа́жда *ж* нажи́вы
profitieren [profi'ti:rən] *vi* получа́ть, получи́ть *св* по́льзу [*или* вы́году] от
Prognose [pro'gno:zə] <-, -n> *f* прогно́з *м*, прогнози́рование *ср;* **eine düstere ~** мра́чный прогно́з; **kurzfristige/langfristige ~** краткосро́чное/долгосро́чное прогнози́рование; **optimistische ~** оптимисти́ческий прогно́з; **vorsichtige ~** осторо́жный прогно́з
Programm [pro'gram] <-s, -e> *nt* програ́мма *ж;* **auf dem ~ stehen** стоя́ть в програ́мме; **ein volles ~ haben** име́ть по́лную програ́мму; **ein ~ schreiben/entwickeln** INFORM написа́ть/созда́ть програ́мму
Programmänderung <-, -en> *f* измене́ние *ср* в програ́мме
programmatisch [progra'ma:tɪʃ] *adj* програ́ммный
Programmdirektor(in) <-s, -en> *m(f)* дире́ктор *м* програ́ммы
Programmdokumentation <-, -en> *f* DV програ́ммная документа́ция *ж*
Programmfehler <-s, -> *m* DV оши́бка *ж* в програ́мме
Programmgestaltung <-, -en> *f* составле́ние *ср* програ́ммы
Programmheft <-(e)s, -e> *nt* програ́мма *ж* *(спекта́кля и т. п.)*
Programmhinweis <-es, -e> *m* *кра́ткий ано́нс не́которых теле- или радиопереда́ч, предстоя́щих в ближа́йшие часы́ или дни*
programmierbar *adj* программи́руемый, поддаю́щийся программи́рованию
programmieren [progra'mi:rən] *vt* DV программи́ровать *нсв*
Programmierer(in) <-s, -> *m(f)* программи́ст *м*
Programmiersprache *f* INFOR язы́к *м* для программи́рования
Programmierung <-en> *f* INFOR программи́рование *ср*
Programmmanager <-s, -> *m* DV диспе́тчер *м* програ́мм
Programmpaket <-(e)s, -e> *nt* DV паке́т *м* програ́ммного обеспе́чения ЭВМ
Programmpunkt <-(e)s, -e> *m* пункт *м* програ́ммы
Programmsteuerung <-, -en> *f* програ́ммное управле́ние *ср*
Programmvorschau <-, -en> *f* програ́мма *ж* переда́ч (спекта́клей и т. п.) на ближа́йшее вре́мя
Progression [progrɛ'si̯o:n] <-, -en> *f* прогре́ссия *ж*
progressiv [progrɛ'si:f] *adj* прогресси́вный; **~e Abschreibung** ускоре́нная амортиза́ция; **~e Steuer** прогресси́вный нало́г
Prohibition <-> *f* запре́т *м; (Gesetz)* сухо́й зако́н *м*
Prohibitivzoll <-(e)s, -zölle> *m* запрети́тельная по́шлина *ж*
Projekt [pro'jɛkt] <-(e)s, -e> *nt* прое́кт *м;* **ein ~ ablehnen** отклоня́ть прое́кт; **ein ~ abwickeln** рабо́тать над прое́ктом; **ein ~ durchführen** осуществля́ть прое́кт; **ein ~fallen lassen** отверга́ть прое́кт; **ein ~ finanzieren** финанси́ровать прое́кт; **ein ~ zurückstellen** отклоня́ть прое́кт
Projektfinanzierung <-, -en> *f* финанси́рование *ср* прое́кта
Projektgruppe <-, -n> *f* прое́ктная гру́ппа *ж*
projektieren *vt* проекти́ровать *(н)св*
Projektierungskosten <-> *pl* расхо́ды *мн* по проекти́рованию
Projektionsapparat <-(e)s, -e> *m* лекцио́нный прое́ктор *м*
Projektionsfläche <-, -n> *f* по́ле *ср* прое́кции, пло́скость *ж* прое́кции
Projektionsgerät <-(e)s, -e> *nt* прое́ктор *м*
Projektkosten <-> *pl* затра́ты *мн* на прое́кт
Projektleiter(in) <-s, -> *m(f)* руководи́тель *м*, руководи́тельница *ж* прое́кта
Projektleitung <-, -en> *f* руково́дство *ср* прое́ктом
Projektmanagement <-s> *nt* прое́ктный ме́неджмент *м*, управле́ние *ср* прое́ктами
Projektor [pro'jɛkto:ɐ] <-s, -en> *m* прое́ктор *м*
Projektorganisation <-, -en> *f* организа́ция *ж* прое́кта

P

Projektplanung <-, -en> *f* проекти́рование *ср*
projizieren [proji'ts̮i:rən] *vt* проеци́ровать, спроеци́ровать *св* на
Proklamation [proklama'ts̮i̯o:n] <-, -en> *f* прокламáция *ж*
proklamieren [prokla'mi:rən] *vt* проклами́ровать
Pro-Kopf-Einkommen <-s, -> *nt* дохóд *м* на дýшу населéния
Pro-Kopf-Verbrauch <-(e)s> *m* потреблéние *ср* на дýшу населéния
Prokura <-> *f* прокýра *ж*, óбщая довéренность *ж*; ~ **erteilen** выдавáть óбщую довéренность, предоставля́ть полномóчия
Prokurist(in) [proku'rɪst] <-en, -en> *m(f)* прокури́ст *м*, довéренный торгóвой фи́рмы
Proletariat [proletari'a:t] <-(e)s> *nt* пролетариáт *м*
Proletarier(in) [prole'ta:riɐ] <-s, -> *m(f)* пролетáрий *м*
proletarisch *adj* пролетáрский
Prolog [pro'lo:k] <-(e)s, -e> *m* пролóг *м*
Prolongation <-, -en> *f* продлéние *ср*, пролонгáция *ж*; ~ **einer Kreditfrist** продлéние креди́та
prolongieren *vt* продлевáть, -ли́ть *св*; **einen Wechsel** ~ продлевáть вéксель
Promenade [promə'na:də] <-n> *f* аллéя *ж* для прогýлок
Promenadenmischung *f fam* ýличный пёс *м*
promenieren [promə'ni:rən] *vi sein, geh* гуля́ть
Promi ['prɔmi] <-s, -s> *m fam* извéстность *ж*, знамени́тость *ж*
Promille [pro'mɪlə] <-(s), -> *nt* ты́сячная дóля *ж*
Promillegrenze *f* грани́ца *ж* содержáния алкогóля в крови́
Promillemesser <-s, -> *m* прибóр *м* для измерéния содержáния алкогóля в крови́
prominent [promi'nɛnt] *adj* ви́дный, знамени́тый
Prominenz [promi'nɛnts] <-> *f* знамени́тости *ж мн*
Promiskuität <-> *f* промискуитéт *м*, чáстая и лёгкая смéна *ж* половы́х партнёров
promoten *vt* реклами́ровать
Promotion [promo'ts̮i̯o:n] <-, -en> *f* **1.** *(zum Doktortitel)* защи́та *ж* кандидáтской диссертáции **2.** ÖKON *(von Produkt)* стимули́рование *ср* сбы́та
promovieren [promo'vi:rən] *vi* защищáть, защити́ть *св* кандидáтскую диссертáцию о
promoviert *adj* имéющий учёную стéпень кандидáта наýк
prompt [prɔmpt] **I.** *adj* бы́стрый **II.** *adv* бы́стро; **er ist ~ darauf/auf sie hereingefallen** *fam* он срáзу э́тому/ей повéрил
Pronomen [pro'no:mən] <-s, -nomina> *nt* местоимéние *ср*
Propaganda [propa'ganda] <-> *f* пропагáнда *ж*
Propagandafeldzug <-(e)s, -feldzüge> *m* пропаганди́стская кампáния *ж*
propagieren [propa'gi:rən] *vt* пропаганди́ровать *нсв*
Propan [pro'pa:n] <-s> *nt ohne pl* пропáн *м*
Propangas <-es> *nt* пропáн *м*
Propeller [pro'pɛlɐ] <-s, -> *m* пропéллер *м*
Prophet(in) [pro'fe:t] <-en, -en> *m(f)* прорóк *м*
prophetisch *adj* прорóческий
prophezeien [profe'ts̮aɪən] *vt* прорóчить *нсв*, предскáзывать, -сказáть *св*
Prophezeiung <-, -en> *f* прорóчество *ср*
prophylaktisch [profy'laktɪʃ] *adj geh* профилакти́ческий
Proportion [propɔr'ts̮i̯o:n] <-, -en> *f* пропóрция *ж*
proportional [propɔrts̮i̯o'na:l] *adj* пропорционáльный; ~ **zu etw sein** быть пропорционáльным чемý-л.
Proportionalschrift <-, -en> *f* пропорционáльный шрифт *м*
Prosa ['pro:za] <-> *f* прóза *ж*
prosaisch [pro'za:ɪʃ] *adj* прозаи́чный
pros(i)t ['pro:zɪt] *interj* за твоё [*или* Вáше] здорóвье!
Prospekt [pro'spɛkt] <-(e)s, -e> *m* проспéкт *м*
Prosperität <-> *f* процветáние *ср*, высóкая конъюнктýра *ж*
Prostata ['prɔstata] <-, Prostatae> *f* ANAT простáта *ж*
Prostatakrebs <-es> *m* рак *м* предстáтельной железы́
Prostatavergrößerung <-, -en> *f* увеличéние *ср* простáты
prostituieren [prostitu'i:rən] *vr* **sich** ~ продавáться
Prostituierte <-, -n> *f* проститýтка *ж*
Prostitution [prostitu'ts̮i̯o:n] <-> *f* проститýция *ж*
Protegé [prote'ʒe:] <-s, -s> *m* протежé *м и ж*
Protein [prote'i:n] <-s, -e> *nt* протеи́н *м*
Protektionismus [protɛkts̮i̯o'nɪsmʊs] <-> *m* протекциони́зм *м*
Protektor <-s, -en> *m* протéктор *м*
Protest [pro'tɛst] <-(e)s, -e> *m* протéст *м*, возражéние *ср*; **aus** ~ из протéста; ~ **einlegen** [*o* **erheben**] заявля́ть протéст
Protestaktion <-, -en> *f* áкция *ж* протéста
Protestant(in) [protɛs'tant] <-en, -en> *m(f)* протестáнт(ка) *м(ж)*
protestantisch *adj* протестáнтский

Protestbewegung <-, -en> *f* движе́ние *ср* проте́ста
protestieren [protɛs'ti:rən] *vi* протестова́ть *нсв* про́тив
Protestkundgebung <-, -en> *f* демонстра́ция *ж* проте́ста
Protestmarsch <-es, -märsche> *m* марш *м* проте́ста
Protestnote <-, -n> *f* но́та *ж* проте́ста
Protestschreiben <-s, -> *nt* письмо́ *ср* с выраже́нием проте́ста
Protestsong <-s, -s> *m* пе́сня *ж* проте́ста
Protestwelle <-, -n> *f* волна́ *ж* проте́ста
Prothese [pro'te:zə] <-, -n> *f* проте́з *м*
Protokoll [proto'kɔl] <-s, -e> *nt* протоко́л *м*, акт *м*; ~ **führen** вести́ протоко́л; **zu ~ nehmen** заноси́ть в протоко́л
protokollarisch [protokɔ'la:rɪʃ] *adj* протоко́льный
protokollieren [protokɔ'li:rən] *vt* **1.** *(bei einer Sitzung, der Polizei)* запи́сывать в протоко́л **2.** *(in der Schule, Universität)* конспекти́ровать
Proton [pro'to:n] <-s, -en> *nt* прото́н *м*
Prototyp ['pro:toty:p] <-s, -en> *m* прототи́п *м*
protzen ['prɔt͜sən] *vi umg* хвали́ться, по- *св*
protzig *adj umg* чванли́вый
Proviant [provi'ant] <-s> *m* провиа́нт *м*, продово́льствие *ср*
Provider [pro'vaɪdɐ] <-s, -> *m* DV прова́йдер *м*
Provinz [pro'vɪnts] <-, -en> *f* прови́нция *ж*
Provinzialismus <-> *m* провинциали́зм *м*
provinziell [provɪn'tsjɛl] *adj* провинциа́льный
Provinzler(in) [pro'vɪntslɐ] <-s, -> *m(f) pej* провинциа́л *м*, провинциа́лка *ж*
Provinzstadt <-, -städte> *f* провинциа́льный го́род *м*
Provision [provi'zi̯o:n] <-, -en> *f* комиссио́нные *мн*
provisorisch [provi'zo:rɪʃ] *adj* вре́менный
Provokation [provoka't͜si̯o:n] <-, -en> *f* провока́ция *ж*
provokativ [provoka'ti:f] *adj* **sich ~ verhalten** провоци́ровать кого́-л.
provozieren [provo't͜si:rən] *vt* провоци́ровать, с- *св*
provozierend *adj s.* **provokant**
Proxy-Server <-s, -> *m* DV про́кси-се́рвер *м*
Prozedur [protse'du:ɐ] <-, -en> *f* процеду́ра *ж*
Prozent [pro'tsɛnt] <-(e)s, -e> *nt* проце́нт *м*; *nur pl (Preisnachlass)* ски́дка *ж*; **etw in ~ ausdrücken** вы́разить что-л. в проце́нтах; **50 ~ der Bevölkerung** 50 проце́нтов населе́ния
Prozentrechnen <-s> *nt* вычисле́ние *ср* проце́нтов
Prozentsatz <-(e)s, -sätze> *m* проце́нт *м*, проце́нтная ста́вка *ж*
prozentual [protsɛntu'a:l] *adj* проце́нтный
Prozess[RR] [pro't͜sɛs] <-es, -e> *m*, **Prozeß**[Alt] [pro't͜sɛs] <-es, -e> *m* проце́сс *м*, суде́бное де́ло *ср*; **gegen jdn einen ~ führen** завести́ де́ло про́тив кого́-л.; **mit jdm/etw kurzen ~ machen** *fam* бы́стро распра́виться с кем-л.
Prozessakten[RR] <-> *pl* суде́бные де́ла *срмн*
Prozessgegner[RR] <-s, -> *m* проти́вная сторона́ *ж* в спо́ре
Prozession [prot͜sɛ'si̯o:n] <-, -en> *f* проце́ссия *ж*
Prozesskosten[RR] <-> *pl* суде́бные изде́ржки *мн*
Prozessor [pro'tsɛso:ɐ] <-s, -en> *m* проце́ссор *м*
Prozessrechner[RR] <-s, -> *m* DV проце́ссор *м*
Prozessrecht[RR] <-(e)s> *nt* JUR процессуа́льное пра́во *ср*
prüde ['pry:də] *adj* чо́порный
Prüderie <-> *f* чо́порность *ж*
Prüfbericht <-(e)s, -e> *m* отчёт *м* о прове́рке
prüfen ['pry:fən] *vt* **1.** *(erproben)* испы́тывать, -пыта́ть *св*; **jdn in Biologie ~** спра́шивать кого́-л. по биоло́гии; **mit prüfenden Blicken** испыту́ющим взгля́дом **2.** *(überprüfen)* контроли́ровать *нсв*, проверя́ть, -ри́ть *св*
Prüfer(in) <-s, -> *m(f)* **1.** *(allgemein)* контролёр *м* **2.** *(Wirtschaftsprüfer)* ауди́тор *м*, бухга́лтер-ревизо́р *м*
Prüfgerät <-(e)s, -e> *nt* испыта́тельный прибо́р *м*
Prüfingenieur <-s, -e> *m* инжене́р-испыта́тель *м*
Prüfplakette <-, -n> *f* тало́н *м* о прохожде́нии техни́ческого осмо́тра
Prüfprogramm <-(e)s, -e> *nt* програ́мма *ж* испыта́ний
Prüfstand *m* TECH испыта́тельный стенд *м*
Prüfung <-, -en> *f* **1.** *(Versuch, Erprobung)* испыта́ние *ср* **2.** *(Überprüfung)* прове́рка *ж*; **sich einer ~ unterziehen** сдава́ть экза́мен; **die mündliche/schriftliche ~ in Biologie** у́стный/пи́сьменный экза́мен *м* по биоло́гии
Prüfungsangst *f* страх *м* пе́ред экза́меном
Prüfungsaufgabe *f* экзаменацио́нная зада́ча *ж*
Prüfungsergebnis <-ses, -se> *nt* результа́т *м* экза́мена
Prüfungskommission <-, -en> *f* эзаменацио́нная коми́ссия *ж*
Prüfungsvermerk <-(e)s, -e> *m* отме́тка *ж* о прове́рке
Prüfungszeugnis <-ses, -se> *f* TECH акт *м*

испыта́ния
Prüfverfahren <-s, -> *nt* спо́соб *м* испыта́ния
Prügel ['pry:gəl] <-s, -> *m (Schläge)* побо́и *ммн;* **eine Tracht ~ bekommen** *umg* получи́ть по ше́е
Prügelei [pry:gə'laɪ] <-, -en> *f* дра́ка *ж*
prügeln ['pry:gəln] **I.** *vt* бить, по- *св,* избива́ть, -би́ть *св* **II.** *vr* **sich ~** дра́ться с, подра́ться с *св;* **sich um etw ~** дра́ться из-за чего́-л.
Prunk [prʊŋk] <-(e)s> *m* ро́скошь *ж*
Prunkstück <-(e)s, -e> *nt* роско́шная вещь *ж*
prunkvoll *adj* роско́шный
PS [pe:'ʔɛs] *abk von* **Pferdestärke** лошади́ная си́ла *ж*
Psalm [psalm] <-s, -en> *m* псало́м *м*
Pseudonym [psɔɪdo'ny:m] <-s, -e> *nt* псевдони́м *м;* **sie schrieb unter einem ~** она́ писа́ла под псевдони́мом
pst! [pst] *interj* тс!
Psyche ['psy:çə] <-, -n> *f* пси́хика *ж*
Psychiater(in) [psy'çi̯a:tɐ] <-s, -> *m(f)* психиа́тр *м*
Psychiatrie [psyçi̯a'tri:] <-, -n> *f* психиатри́я *ж; umg (psychiatrische Abteilung)* психиатри́ческое отделе́ние *ср*
psychiatrisch [psy'çi̯a:trɪʃ] *adj* MED психиатри́чный; **in psychiatrischer Behandlung sein** проводи́ть психиатри́чное лече́ние
psychisch ['psy:çɪʃ] *adj* психи́ческий; **~ krank** с больно́й пси́хикой
Psychoanalyse [psyçoʔana'ly:zə] <-, -n> *f* психоана́лиз *м*
Psychoanalytiker(in) [psyçoana'ly:tikɐ] *m(f)* PSYCH психоанали́тик *м*
Psychologe [psyço'lo:gə] <-n, -n> *m* психо́лог *м*
Psychologie [psyçolo'gi:] *f ohne pl* психоло́гия *ж*
psychologisch [psyço'lo:gɪʃ] *adj* психологи́ческий
Psychopath [psyço'pa:t] <-en, -en> *m* психопа́т *м*
Psychopharmaka [psyço'farmaka] <-> *pl* психотро́пные сре́дства *мн*
Psychose [psy'ço:zə] <-, -n> *f* психо́з *м*
Psychotherapeut(in) [psyçotera'pɔɪt] <-en, -en> *m(f)* психотерапе́вт *м*
Psychotherapie [psyçotera'pi:] <-> *f* психотерапи́я *ж*
Pubertät [pubɛr'tɛ:t] <-> *f* полово́е созрева́ние *ср*
Public RelationsRR ['pʌblɪk rɪ'leɪʃənz] *pl* свя́зи с обще́ственностью
Publikation [publika'ts̮i̯o:n] <-, -en> *f* публика́ция *ж*
Publikum ['pu:blikʊm] <-s> *nt* **1.** *(allg)* пу́блика *ж,* зри́тели *мн* **2.** *(Zuhörer)* слу́шатели *мн* **3.** *(Zuschauer)* зри́тели *мн;* **ein breites ~** широ́кая пу́блика
Publikumsmagnet <-en, -en> *m* популя́рный исполни́тель *м (в шо́у-би́знесе)*
publikumswirksam *adj* де́йствующий [*или* влия́ющий] на пу́блику
publizieren [publi'ts̮i:rən] *vt* публикова́ть
Publizieren <-s> *nt* изда́тельство *ср;* **elektronisches ~** электро́нное изда́тельство
Publizist(in) [publi'tsɪst] <-en, -en> *m(f)* публици́ст *м*
Publizistik [publi'tsɪstɪk] <-> *f* публици́стика *ж*
Puck [pʊk] <-s, -s> *m* SPORT ша́йба *ж*
Pudding ['pʊdɪŋ] <-s, -e> *m* пу́динг *м*
Puddingpulver <-> *nt* суха́я смесь *ж* для пу́динга
Pudel ['pu:dəl] <-s, -> *m* пу́дель *м;* **wie ein begossener ~ dastehen** *fam* стоя́ть, поджа́в хвост
pudelnackt ['pu:dəl'nakt] *adj umg* соверше́нно го́лый, в чём мать родила́
pudelnassRR ['pu:dəl'nas] *adj fam* промо́кший до ни́тки
pudelwohl ['pu:dəl'vo:l] *adv fam* **sich ~ fühlen** чу́вствовать себя́ хорошо́
Puder ['pu:dɐ] <-s, -> *m* пу́дра *ж*
Puderdose *f* пу́дреница *ж*
pudern ['pu:dɐn] *vt* пу́дрить, на- *св*
Puderzucker <-s> *m* са́харная пу́дра *ж*
Puff [pʊf] <-s, -s> *m umg (Bordell)* публи́чный дом *м,* борде́ль *м*
Puffärmel <-s, -> *m* рука́в *м* с бу́фами
Puffer ['pʊfɐ] <-s, -> *m* бу́фер *м*
Pufferzone <-, -n> *f* POL бу́ферная зо́на *ж*
Pulli ['pʊli] <-s, -s> *m fam* сви́тер *м*
Pullover [pʊ'lo:vɐ] <-s, -> *m* сви́тер *м,* дже́мпер *м*
Puls [pʊls] <-es, -e> *m* пульс *м*
Pulsader <-, -n> *f* арте́рия *ж*
pulsieren [pʊl'zi:rən] *vi* пульси́ровать
Pulsschlag <-(e)s, -schläge> *m* бие́ние *ср* пу́льса
Pulswärmer <-s, -> *m* напу́льсник *м*
Pult [pʊlt] <-(e)s, -e> *nt* пульт *м,* ка́федра *ж*
Pulver ['pʊlvɐ] <-s, -> *nt* **1.** *(allg)* порошо́к *м* **2.** *(Schießpulver)* по́рох *м*
PulverfassRR *nt* бо́чка *ж* с по́рохом; **auf einem ~ sitzen** *fig* сиде́ть на бо́чке с по́рохом
pulverig *adj* порошкообра́зный
Pulverkaffee *m* раствори́мый ко́фе *м*
Pulverschnee <-s> *m* ры́хлый снег *м*
pulvrig *adj s.* **pulverig**
Puma ['pu:ma] <-s, -s> *m* пу́ма *ж*
pummelig ['pʊməlɪç] *adj* пу́хленький
Pumpe ['pʊmpə] <-, -n> *f* насо́с *м*
pumpen *vt* кача́ть *нсв,* выка́чивать *нсв (насо́сом);* **Luft in die Reifen ~** накача́ть

во́здух в ши́ны; **etw mit Wasser/Luft voll ~** напо́лнить что-л. водо́й/во́здухом; **sich voll ~** *fam (mit Alkohol)* натре́скаться

Pumpenanlage <-, -n> *f* насо́сная устано́вка *ж*

Pumps [pllmps] <-> *pl* ло́дочки *мн*

Punk <-s, -s> *m* панк *м*

Punkt [pʊŋkt] <-(e)s, -e> *m* **1.** *(allg)* то́чка *ж;* **um ~ sechs Uhr** то́чно в шесть часо́в ; **bis zu einem gewissen ~** в изве́стной сте́пени; **der springende ~** основно́й вопро́с; **wunder ~** больно́е ме́сто; **er hat es auf den ~ gebracht** он попа́л в то́чку **2.** *(Einzelheit)* пункт *м* **3.** *(Wertungspunkt)* очко́ *ср* **4.** *(Satzzeichen)* то́чка *ж*

pünktlich ['pʏŋktlɪç] *adj* пунктуа́льный

Pünktlichkeit <-> *f* пунктуа́льность *ж,* то́чность *ж*

Punktsieg <-(e)s, -e> *m* SPORT побе́да *ж* по очка́м

Punktsieger(in) <-s, -> *m(f)* SPORT победи́тель *м* по очка́м

Punktspiel <-(e)s, -e> *nt* SPORT игра́ *ж* на пе́рвенство

punktuell [pʊŋktu'ɛl] *adj* пункт за пу́нктом

Punktwertung <-, -en> *f* SPORT оце́нка *ж* по очка́м

Punktzahl <-, -en> *f* коли́чество *ср* очко́в

Punsch [pʊnʃ, 'pʊnʃə] <-(e)s, -e o Pünsche> *m* пунш *м*

Pupille [pu'pɪlə] <-, -n> *f* зрачо́к *м*

Puppe ['pʊpə] <-, -n> *f* **1.** *(allg)* ку́кла *ж* **2.** ZOOL *(von Insekt)* ку́колка *ж*

Puppenhaus <-es, -häuser> *nt* ку́кольный дом *м*

Puppenspiel <-(e)s, -e> *nt* ку́кольное представле́ние *ср*

Puppentheater *nt* ку́кольный теа́тр *м*

Puppenwagen <-, -> *m* каля́ска *ж* для ку́клы

pur [puːɐ̯] *adj (Getränk)* без при́меси, чи́стый

Püree [py're:] <-s, -s> *nt* пюре́ *ср*

pürieren [py'ri:rən] *vt* де́лать пюре́

Pürierstab [py'ri:ɐʃta:p] <-(e)s, -stäbe> *m* мя́лка *ж*

Purismus <-> *m* пури́зм *м*

Puritanismus <-> *m* пурита́нство *ср*

Purpur ['pʊrpʊr] <-s> *m ohne pl* пу́рпур *м*

purpurfarben *adj* пу́рпурного цве́та

Purzelbaum ['pʊrtsəl-] <-(e)s, -bäume> *m umg* кувыро́к *м;* **einen ~ schlagen** кувырка́ться

Puste ['pu:stə] <-> *f umg* дыха́ние *ср;* **außer ~ sein, aus der ~ kommen** задыха́ться

Pusteblume *f* одува́нчик *м*

Pustel ['pʊstəl] <-, -n> *f* пу́стула *ж*

pusten ['pu:stən] *vt umg* ду́ть, ду́нуть *св*

put *interj* **~, ~, ~!** цып, цып, цып!

Pute ['pu:tə] <-, -n> *f* инде́йка *ж*

Putenfleisch <-es> *nt* мя́со *ср* инде́йки

Puter ['pu:tɐ] <-s, -> *m* индю́к *м*

Putsch [pʊtʃ] <-(e)s, -e> *m* путч *м*

Putschist(in) [pʊ'tʃɪst] <-en, -en> *m(f)* пу́тчи́ст(ка) *м (ж)*

Putz [pʊts] <-es> *m* штукату́рка *ж;* **auf den ~ hauen** *umg* гульну́ть на широ́кую но́гу

putzen ['pʊtsən] *vt* чи́стить, по- *св;* **sich** *dat* **die Zähne ~** чи́стить зу́бы

Putzfrau <-, -en> *f* убо́рщица *ж*

putzig ['pʊtsɪç] *adj* умори́тельный, заба́вный

Putzlappen *m* тря́пка *ж*

Putzmittel *nt* мо́ющие сре́дства *мн*

putzmunter ['pʊts'mʊntɐ] *adj fam* бо́дрый

Putzteufel *m fam* чистю́ля *м и ж*

Putztuch *nt* тря́пка *ж*

Puzzle ['pazəl] <-s, -s> *nt* пазл *м*

Pygmäe [pʏ'gmɛ:ə] <-n, -n> *m,* **Pygmäin** <-nen> *f* пигме́й *м*

Pyjama [py'(d)ʒa:ma] <-s, -s> *m* пижа́ма *ж*

Pyramide [pyra'mi:də] <-, -n> *f* пирами́да *ж*

pyramidenförmig [pyra'mi:dənfllrmɪç] *adj* пирамида́льный

Pyrenäen [pyre'nɛ:ən] <-> *pl* Пирене́и *мн*

Pyromane [pyro'ma:nə] <-n, -n> *m,* **Pyromanin** <-nen> *f* MED, PSYCH пирома́н *м*

Pyrotechnik <-> *f* пироте́хника *ж*

Python ['py:tɔn] <-, -s> *f* пито́н *м*

Q q

Q, q [kuː] <-, -> *nt* бу́ква Q
Quacksalber(in) ['kvakzalbɐ] <-s, -> *m pej* шарлата́н *м*
Quaderstein <-(e)s, -e> *m* тёсаный ка́мень *м*
Quadrant [kva'drant] <-en, -en> *m* ASTR, MATH че́тверть *ж* кру́га
Quadrat [kva'draːt] <-(e)s, -e> *nt* квадра́т *м*
quadratisch *adj* квадра́тный; **~e Gleichung** квадра́тное уравне́ние *ср*
Quadratkilometer <-s, -> *m* квадра́тный киломе́тр *м*
Quadratmeter <-s, -> *m* квадра́тный метр *м*
Quadratmeterpreis <-es, -e> *m* цена́ *ж* за квадра́тный метр
Quadratur [kvadra'tuːɐ̯, kvadra'tuːrən] *f ohne pl* MATH, ASTR квадрату́ра *ж*; **die ~ des Kreises** квадрату́ра кру́га
Quadratwurzel <-, -n> *f* квадра́тный ко́рень *м*
Quadratzentimeter <-s, -> *m* квадра́тный сантиме́тр *м*
quadrofon[RR] *adj* квадрофо́нный
quaken ['kvaːkən] *vi* **1.** *(Frosch)* ква́кать, ква́кнуть *св* **2.** *(Ente)* кря́кать, кря́кнуть *св*
Quäker ['kvɛːkɐ] <-s, -> *m* ква́кер *м*
Qual [kvaːl] <-, -en> *f* муче́ние *ср*, му́ка *ж*
quälen ['kvɛːlən] **I.** *vt* му́чить, из- *св* **II.** *vr* му́читься с, изму́читься с *св*
Quälerei [kvɛlə'raɪ] <-, -en> *f umg (Mühe)* муче́ние *ср*, му́ка *ж*
Quälgeist *m fam* зану́да *м и ж*
Qualifikation [kvalifika'ts̮i̯oːn] <-, -en> *f* квалифика́ция *ж*; **fachliche ~** профессиона́льная квалифика́ция
qualifizieren [kvalifi'ts̮iːrən] *vt* квалифици́ровать *(н)св*
Qualifizierung <-> *f* квалифика́ция *ж*
Qualität [kvali'tɛːt] <-, -en> *f* ка́чество *ср*; **von guter/schlechter ~ sein** быть хоро́шего/плохо́го ка́чества; **mindere ~** пони́женное ка́чество
qualitativ [kvalita'tiːf] *adj* ка́чественный
Qualitätsarbeit <-> *f* рабо́та *ж* отли́чного ка́чества, квалифици́рованная рабо́та *ж*; *(Ware)* изде́лие *ср* высо́кого ка́чества
Qualitätserzeugnis <-ses, -se> *nt* ка́чественное изде́лие *ср*
Qualitätskontrolle <-> *f* контро́ль *м* ка́чества
Qualitätsmerkmal <-(e)s, -e> *nt* при́знак *м* ка́чества
Qualitätssicherung <-> *f* обеспе́чение *ср* ка́чества
Qualitätssiegel <-s, -> *nt* знак *м* ка́чества
Qualitätssteigerung <-, -en> *f* повыше́ние *ср* ка́чества
Qualitätsware <-, -n> *f* ка́чественный това́р *м*
Qualitätszertifikat <-(e)s, -e> *nt* сертифика́т *м* ка́чества
Qualle ['kvalə] <-, -n> *f* меду́за *ж*
Qualm [kvalm] <-(e)s> *m* дым *м*, чад *м*
qualmen *vi umg (rauchen)* дыми́ть, на- *св*, чади́ть, на- *св*
qualvoll ['kvaːlfɔl] *adj* мучи́тельный
Quantenmechanik <-> *f* PHYS ква́нтовая меха́ника *ж*
Quantenphysik <-> *f* ква́нтовая фи́зика *ж*
Quantentheorie <-> *f* PHYS ква́нтовая тео́рия *ж*
Quantität [kvanti'tɛːt] <-> *f* коли́чество *ср*
quantitativ [kvantita'tiːf] *adj* коли́чественный
Quarantäne [karan'tɛːnə] <-, -n> *f* каранти́н *м*; **unter ~ stehen** находи́ться на каранти́не; **unter ~ stellen** быть под каранти́ном
Quark [kvark] <-s> *m* **1.** GASTR тво́рог *м* **2.** *umg (Unsinn)* чепуха́ *ж*
Quarkspeise <-, -n> *f* блю́до *ср* из тво́рога, творо́жное блю́до *ср*
Quartal [kvar'taːl] <-s, -e> *nt* кварта́л *м*
Quartett [kvar'tɛt] <-(e)s, -e> *nt* кварте́т *м*
Quartier [kvar'tiːɐ̯, kvar'tiːrə] <-s, -e> *nt* **1.** *(Unterkunft)* кварти́ра *ж* **2.** *Schweiz (Stadtviertel)* кварта́л *м*
Quarz [kvaːɐts] <-es, -e> *m* кварц *м*
Quarzsand <-(e)s> *m* ква́рцевый песо́к *м*
Quarzuhr <-, -en> *f* ква́рцевые часы́ *мн*
quasi ['kvaːzi] *adv (sozusagen)* так сказа́ть; *(gewissermassen)* в изве́стной сте́пени
quasseln ['kvasəln] *vi fam* болта́ть; **mit jdm ~** болта́ть с кем-л.
Quasselstrippe <-, -n> *f umg* телефо́н *м*
Quaste ['kvastə] <-, -n> *f* кисть *ж*
Quatsch [kvatʃ] <-(e)s> *m* ерунда́ *ж*, глу́пость *ж*; **red' keinen ~!** не говори́ глу́постей!
quatschen *vi umg (reden)* болта́ть, поболта́ть *св* с; **mit jdm ~** болта́ть с кем-л.
Quatschkopf <-(e)s, -köpfe> *m umg* болту́н *м*
Quecksilber ['kvɛkzɪlbɐ] <-s> *nt* ртуть *ж*
Quecksilbersäule <-, -n> *f* столб *м* рту́ти
Quecksilberthermometer <-s, -> *f* рту́тный гра́дусник *м*
Quecksilbervergiftung <-, -en> *f* отравле́ние *ср* рту́тью

Quellcode <-s, -s> *m* DV исхо́дный текст *м*

Quelle ['kvɛlə] <-, -n> *f auch fig* исто́чник *м;* **neue finanzielle ~n erschließen** открыва́ть но́вые фина́нсовые исто́чники; **heiße Quellen** горя́чие исто́чники; **aus zuverlässiger ~** из надёжного исто́чника

quellen ['kvɛlən] <quoll, gequollen> *vi* **1.** *(hervorquellen)* вылива́ться, вы́литься *св,* ли́ться *нсв* ручьём **2.** *(aufquellen)* разбуха́ть, -бу́хнуть *св,* набуха́ть, -бу́хнуть *св*

Quellenangabe <-, -n> *f* пе́речень *м* цити́руемых исто́чников

Quellenforschung <-> *f* иссле́дование *ср* (перво)исто́чника [*или* (перво)исто́чников]

Quellensteuer <-> *f* нало́г *м* на исто́чники дохо́дов

Quellenstudium <-s, -studien> *nt* изуче́ние *ср* (перво)исто́чников

Quellentext <-(e)s, -e> *m* текст *м* первоисто́чника

Quellgebiet <-(e)s, -e> *nt* ме́стность *ж* с минера́льными исто́чниками

Quellwasser *nt ohne pl* роднико́вая вода́ *ж*

quengeln ['kvɛŋəln] *vi fam* ныть; *(stärker)* хны́кать

quenglig *adj* но́ющий, ве́чно недово́льный

quer [kveːɐ] *adv* поперёк; **kreuz und ~** вдоль и поперёк; **das Auto stand ~ auf der Straße** маши́на стоя́ла поперёк доро́ги; **~ über die Straße gehen** переходи́ть доро́гу

Querachse <-, -n> *f* попере́чная ось *ж*

Querdenker <-s, -> *m umg* оригина́л *м,* нестанда́ртно мы́слящий челове́к *м*

Quere ['kveːrə] *f* **der ~ nach** поперёк; **jdm in die ~ kommen** *umg* стать кому́-л. поперёк доро́ги

Querfeldeinrennen <-s, -> *nt (Radsport)* велокро́сс *м*

Querflöte <-, -n> *f* попере́чная фле́йта *ж*

Querformat *nt* горизонта́льный форма́т *м*

quer legen[RR] *vr* <irr> положи́ть поперёк

Querschläger <-s, -> *m* рикоше́т *м*

Querstraße <-, -n> *f* попере́чная у́лица *ж*

Quersumme <-, -n> *f* су́мма *ж* цифр числа́

quetschen ['kvɛtʃən] **I.** *vt* **1.** *(etw/jdn gegen etw)* приплю́снуть *св* к **2.** *(etw in etw)* засо́вывать в, -су́нуть в *св* **3.** *(Körperteil)* прищемля́ть, -ми́ть *св* **II.** *vr umg (sich zwängen)* вти́скиваться, вти́снуться *св*

Quetschung <-, -en> *f* ущемле́ние *ср*

Quetschwunde <-, -n> *f* ра́на *ж* от уши́ба

quicklebendig ['kvɪkle'bɛndɪç] *adj* живо́й

Quintessenz ['kvɪntɛsɛnts] *f* квинтэссе́нция *ж*

Quintett [kvɪn'tɛt] <-(e)s, -e> *nt* квинте́т *м*

Quirl [kvɪrl] <-(e)s, -e> *m* меша́лка *ж*

quirlig *adj* подви́жный

quitt [kvɪt] *adj* **mit jdm ~ sein** *umg* расквита́ться с кем-л.

Quitte ['kvɪtə] <-, -n> *f* айва́ *ж*

quittieren [kvɪ'tiːrən] *vt* **1.** *(Empfang)* распи́сываться, -писа́ться *св* в получе́нии чего́-л. **2.** *(wahrnehmen, beantworten)* отвеча́ть, -ве́тить; **den Dienst ~** уво́литься

Quittung ['kvɪtʊŋ] <-, -en> *f* квита́нция *ж;* **gegen ~** под распи́ску; **eine ~ ausstellen** вы́писать квита́нцию

Quiz <-, -> *nt* виктори́на *ж*

Quizmaster ['kvɪsmaːstɐ] <-s, -> *m* веду́щий виктори́ну

quoll [kvɔl] *prät von* **quellen**

Quorum <-s> *nt ohne pl* кво́рум *м*

Quote ['kvoːtə] <-, -n> *f* кво́та *ж*

Quotenfrau <-, -en> *f женщина, занима́ющая каку́ю-л. до́лжность на осно́ве регламента́ции, предусма́тривающей определённую до́лю же́нщин в о́бщем числе́ за́нятых*

Quotensystem <-(e)s, -e> *nt* систе́ма *ж* квот

Quotient [kvo'tsi̯ɛnt] <-en, -en> *m* MATH ча́стное *ср*

quotieren *vt* ÖKON коти́ровать *(н)св*

Quotierung <-, -en> *f* ÖKON котиро́вка *ж;* **amtliche ~** официа́льная котиро́вка

Q

R r

R, r [ɛr] <-, -> *nt* бу́ква R

Rabatt [raˈbat] <-(e)s, -e> *m* ски́дка *ж;* **bei Barzahlung erhalten Sie 3% ~** при платеже́ нали́чными Вы полу́чите ски́дку в 3%; **jdm auf etw ~ geben** [*o* **gewähren**] дать/предоста́вить кому́-л. ски́дку на что-л.

rabattieren *vt* предоставля́ть, -ста́вить *св* ски́дку

Rabattmarke <-, -n> *f* тало́н *м,* даю́щий пра́во на ски́дку

Rabatz <-es> *m ohne pl, fam* гам *м;* **~ machen** устра́ивать шум и гам

Rabauke [raˈbaʊkə] <-n, -n> *m fam* хулига́н *м*

Rabbi [ˈrabi, raˈbiːnən] <-(s), -s o Rabinen> *m* равви́н *м*

Rabe [ˈraːbə] <-n, -n> *m* во́рон *м*

Rabenmutter *f fam abw* плоха́я мать *ж*

rabenschwarz [ˈraːbənˈʃvarts] *adj* чёрный как смола́

rabiat [rabiˈaːt] *adj* бесцеремо́нный

Rache [ˈraxə] <-> *f* месть *ж;* **an jdm** (**für etw**) **~ nehmen** отомсти́ть кому́-л. (за что-л.); (**an jdm**) **~ üben** отомсти́ть кому́-л.; **aus ~ für etw** мстя за что-л.; **~ ist süß** мще́ние всегда́ сла́дко

Racheakt *m geh* акт *м* мще́ния

Rachedurst <-(e)s> *m* мсти́тельность *ж*

rächen [ˈrɛçən] **I.** *vr* **sich ~** мстить, отомсти́ть *св;* **er wollte sich an ihr für ihren Verrat ~** он хоте́л отомсти́ть ей за её преда́тельство; **sich an jdm für etw ~** отомсти́ть кому́-л. за что-л. **II.** *vt* мстить, отомсти́ть *св;* **einen Mord an jdm ~** отомсти́ть кому́-л. за убийство

Rachen [ˈraxən] <-s, -> *m (Tier)* пасть *ж;* ANAT гло́тка *ж;* **er kann den ~ nicht voll kriegen** *fam* он ненасы́тный; **sie hat das in den falschen ~ gekriegt** *fam* она́ э́то непра́вильно поняла́

Rachenschleimhaut <-> *f* сли́зистая оболо́чка *ж* зе́ва

Racheplan *m* план *м* мще́ния; **Rachepläne schmieden** крои́ть план мще́ния

Rächer(in) <-s, -; -nen> *m(f) geh* мсти́тель *м,* мсти́тельница *ж*

Rachgier <-> *f* мсти́тельность *ж*

rachgierig *adj* мсти́тельный

Rachitis [raˈxiːtɪs] <-> *f* рахи́т *м*

Rachsucht *f ohne pl geh* жела́ние *ср* ме́сти

rachsüchtig *adj* мсти́тельный

Rackerei <-> *f pej* ка́торга *ж,* ка́торжный труд *м*

rackern [ˈrakɐn] *vi fam* батра́чить

Rad [raːt] <-(e)s, Räder> *nt a.* SPORT колесо́ *ср;* **ein ~ wechseln** поменя́ть колесо́; **ein ~ schlagen** де́лать колесо́; **der hat ein ~ ab** *sl* у него́ не все до́ма

Radachse <-, -n> *f* ось *ж,* вал *м*

Radar [raˈdaːɐ] <-s, -e> *m* рада́р *м*

Radarbild <-(e)s, -er> *nt* рада́рное изображе́ние *ср*

Radargerät *nt* рада́р *м*

Radarkontrolle *f* рада́рный контро́ль *м*

Radarnavigation <-> *f* рада́рная навига́ция *ж*

Radarschirm *m* рада́рный экра́н *м*

Radarstation <-, -en> *f* рада́рная ста́нция *ж*

Radau [raˈdaʊ] <-s> *m umg* шум *м,* сканда́л *м;* **~ machen** поднима́ть шум

Radaubruder <-s, -brüder> *m pej* буя́н *м*

Radaufhängung <-, -en> *f* подве́ска *ж* колеса́ [*или* колёс]

Radball *nt* SPORT велобо́л *м*

radeln [ˈraːdəln] *vi sein, fam* е́хать на велосипе́де

Rädelsführer [ˈrɛːdəlsfyːrɐ] <-s, -> *m* зачи́нщик *м*

Rad fahren[RR] *vi* е́здить *нсв,* е́хать, по- *св* на велосипе́де

Radfahrer(in) <-s, -> *m(f)* велосипеди́ст *м,* велосипеди́стка *ж*

Radfahrweg <-(e)s, -e> *m* велосипе́дная доро́жка *ж*

Radfelge <-, -n> *f* о́бод *м*

Radi <-s, -s> *m umg A (Rettich)* ре́дька *ж*

radial [radiˈaːl] *adj* радиа́льный

Radialreifen <-s, -> *m* радиа́льная ши́на *ж*

Radiator [radiˈaːtoːɐ] <-s, -en> *m* радиа́тор *м*

radieren [raˈdiːrən] *vi* **1.** *(weg~)* стира́ть, стере́ть *св* **2.** *(in Kunst)* гравирова́ть *нсв*

Radierer <-s, -> *m fam* рези́нка *ж*

Radiergummi <-s, -s> *m* рези́нка *ж,* ла́стик *м*

Radierung <-, -en> *f (Graphik)* офо́рт *м*

Radieschen [raˈdiːsçən] <-s, -> *nt* реди́ска *ж*

radikal [radiˈkaːl] *adj* радика́льный

Radikalität <-> *f* радика́льность *ж*

Radio [ˈraːdio] <-s, -s> *nt* ра́дио *ср;* **~ hören** слу́шать ра́дио; **das ~ einschalten** включи́ть ра́дио

radioaktiv [radioʔakˈtiːf] *adj* радиоакти́вный; **~er Niederschlag** радиоакти́вные оса́дки *мн;* **~er Müll** радиоакти́вные отхо́ды *мн*

Radioaktivität [radioʔaktiviˈtɛːt] <-> *f* радиоакти́вность *ж*

Radioapparat [ˈraːdio-] <-(e)s, -e> *m* радиоприёмник *м*

Radioastronomie <-> *f* радиоастроно́мия *ж*
Radio-Carbon-Methode <-> *f* радиоуглеро́дный ме́тод *м* определе́ния во́зраста, ме́тод *м* радиоуглеро́дного ана́лиза
Radiofrequenz <-, -en> *f* радиочастота́ *ж*
Radiogerät <-(e)s, -e> *nt* радиоприёмник *м*
Radiologe [radio'lo:gə] <-n, -n> *m*, **Radiologin** *f* радио́лог *м*
Radiorecorder [ra:diore'kɔrdɐ] <-s, -> *m* радиомагнитофо́н *м*
Radiorekorder *m* радиомагнитофо́н *м*
Radiosender <-s, -> *m* радиоста́нция *ж*
Radiosonde <-, -n> *f* радиозо́нд *м*
Radiotechnik <-> *f* радиоте́хника *ж*
Radioteleskop <-(e)s, -e> *nt* радиотелеско́п *м*
Radiowelle *f* PHYS радиово́лны *мн*
Radium ['ra:diʊm] <-s> *nt* ра́дий *м*
Radius ['ra:diʊs] <-, Radien> *m* ра́диус *м*
Radkappe <-, -n> *f* колпа́к *м* колеса́
Radlager <-s, -> *nt* склад *м* колёс
Radler ['ra:dlɐ] <-s, -> *m* велосипеди́ст *м*
Radnabe <-, -n> *f* ступи́ца *ж*
Radrennbahn <-, -en> *f* велодро́м *м*
Radrennen <-s, -> *nt* велого́нки *жмн*
Radrennfahrer(in) <-s, -> *m(f)* велого́нщик *м*
Radrennsport <-(e)s> *m* велоспо́рт *м*
Radscha <-s, -s> *m* раджа́ *м*
Radsport <-(e)s> *m* велоспо́рт *м*
Radtour <-, -en> *f* велосипе́дная прогу́лка *ж*
Radwanderung <-, -en> *f* туристи́ческий похо́д *м* на велосипе́дах
Radwechsel *m* сме́на *ж* колеса́
Radweg <-(e)s, -e> *m* велосипе́дная доро́жка *ж*
Radweltmeisterschaft <-, -en> *f* чемпиона́т *м* ми́ра по велоспо́рту
raffen ['rafən] *vt* хвата́ть, схвати́ть *св*
Raffinerie [rafinə'ri:] <-> *f* нефтеперего́нный заво́д *м*
Raffinesse[1] [rafi'nɛsə] <-n> *f* *(Feinheit)* **mit technischen Raffinessen ausgestattet** снабжённый техни́ческими удо́бствами
Raffinesse[2] [rafi'nɛsə] *f ohne pl (Schlauheit)* хи́трость *ж*
raffinieren [rafi'ni:rən] *vt* очища́ть
raffiniert [rafi'ni:ɐt] *adj* изы́сканный, утончённый; *(schlau)* хи́трый, кова́рный
Raffsucht <-> *f pej* жа́дность *ж*
raffsüchtig *adj* жа́дный
Rafting ['ra:ftɪŋ] <-s> *nt* SPORT рэ́фтинг *м*
Rage ['ra:ʒə] <-> *f umg* я́рость *ж*; **in ~ sein/kommen** беси́ться/приходи́ть в бе́шенство
ragen ['ra:gən] *vi* возвыша́ться, -вы́ситься *св*
Ragout [ra'gu:] <-s, -s> *nt* рагу́ *ср*
Rahe <-, -n> *f* MAR ре́я *ж*
Rahm [ra:m] <-(e)s> *m* сли́вки *мн*; **süßer/saurer ~** сла́дкая/ки́слая смета́на *ж*
Rahmen ['ra:mən] <-s, -> *m* **1.** *(von Bild, Fenster, Tür, Fahrrad)* ра́ма *ж* **2.** *(kleiner Rahmen)* ра́мка *ж* **3.** *fig* преде́л *м*
Rahmenbedingung <-, -en> *f* о́бщее усло́вие *ср*
Rahmenerzählung <-, -en> *f* обрамля́ющее повествова́ние *ср*
Rahmengesetz <-es, -e> *nt* о́бщий зако́н *м*, осно́ва *ж* законода́тельства
Rahmenplanung <-, -en> *f* о́бщее плани́рование *ср*
Rahmenprogramm <-(e)s, -e> *nt* худо́жественная часть *ж*
Rahmenrichtlinien <-> *pl* о́бщие директи́вы *жмн*
Rahmentarifvertrag <-(e)s, -verträge> *m* типово́е тари́фное соглаше́ние *ср*
Rahmenvertrag <-(e)s, -verträge> *m* типово́й догово́р *м*
Rahmsoße <-, -n> *f* сли́вочный со́ус *м*
Rain [raɪn] <-(e)s, -e> *m* **1.** *(Streifen Land)* межа́ *ж* **2.** *südd, Schweiz (Abhang)* склон *м*
Rakete [ra'ke:tə] <-, -n> *f* раке́та *ж*; **eine ~ abfeuern** вы́пустить раке́ту
Raketenabschussbasis[RR] <-, -basen> *f* раке́тная ба́за *ж*
Raketenabschussrampe[RR] <-, -n> *f* пускова́я устано́вка *ж*
Raketenabwehrsystem <-s, -e> *nt* систе́ма *ж* противораке́тной оборо́ны
Raketenbasis *f* раке́тная ба́за *ж*
raketenbestückt *adj* оснащённый раке́тами
Raketenflugzeug <-(e)s, -e> *nt* самолёт-ракетоно́сец *м*
Raketenstufe <-, -n> *f* ступе́нь *ж* раке́ты-носи́теля
Raketenstützpunkt <-(e)s, -e> *m* раке́тная ба́за *ж*
Raketentransportfahrzeug <-s> *nt* автомоби́ль *м* для перево́зки раке́т
Raketentriebwerk <-(e)s, -e> *nt* раке́тный дви́гатель *м*
Raketenversuchsgelände <-s, -> *nt* раке́тный полиго́н *м*, райо́н *м* испыта́ний раке́т
Raketenwerfer <-s, -> *m* пускова́я раке́тная устано́вка *ж*
Raketenzeitalter <-s> *nt* век *м* раке́тной те́хники
Rallye ['rɛli] <-, -s> *f* (авто)ра́лли *ср*
RAM [ram] <-, -s> *nt* DV операти́вная па́мять *ж*
Rambazamba ['ramba'tsamba] <-> *nt umg* возбужде́ние *ср*, переполо́х *м*
rammeln ['raməln] *vi* **gerammelt voll** по́л-

ный

rammen ['ramən] *vt* вбива́ть, вбить *св* в; *(Fahrzeug)* вреза́ться, вре́заться *св* в

Rampe ['rampə] <-, -n> *f* **1.** *(Laderampe)* накло́нный въезд *м* **2.** THEAT ра́мпа *ж* **3.** MIL *(Abschussrampe)* (раке́тная) пускова́я устано́вка *ж*

Rampenlicht *nt* THET **im ~ stehen** стоя́ть в све́те проже́кторов

ramponieren [rampo'ni:rən] *vt fam* повреди́ть

Ramsch [ramʃ] <-(e)s> *m pej* барахло́ *ср*

Rand [rant, 'rɛndɐ] <-(e)s, Ränder> *m* **1.** *a. fig* край *м;* **bis zum ~ voll** по́лный до краёв; **am ~(e) des Ruins** на краю́ разру́хи; **dunkle Ränder um die Augen haben** име́ть тёмные круги́ под глаза́ми; **mit etw/jdm (nicht) zu ~e kommen** *umg* (не) спра́виться с чем-л./кем-л.; **außer ~ und Band sein** *fam* быть вне себя́ от ра́дости **2.** *(auf Papier)* по́ле *ср*

randalieren [randa'li:rən] *vi* устра́ивать, -ро́ить *св* беспоря́дки, хулига́нить *нсв*

Randalierer(in) <-s, -> *m(f)* хулига́н *м,* наруши́тель *м* поря́дка, скандали́ст *м*

Randgruppe <-, -n> *f* маргина́льная гру́ппа *ж*

randlos *adj (Brille)* без ободко́в

Randproblem <-(e)s, -e> *nt* второстепе́нная пробле́ма *ж*

Randstein <-(e)s, -e> *m* бордю́рный ка́мень *м*

Randstreifen <-s, -> *m* обо́чина *ж* (доро́ги)

rang [raŋ] *prät von* **ringen**

Rang [raŋ] <-(e)s, Ränge> *m* **1.** *(allg)* сте́пень *ж,* значе́ние *ср* **2.** THEAT я́рус *м* **3.** MIL зва́ние *ср,* ранг *м*

Rangabzeichen *nt* MIL пого́ны *мн*

ran|gehen <irr> *vi sein, fam* **der geht aber ran!** а он парни́ша - ничего́!

Rangfolge <-, -n> *f* очерёдность *ж*

rangieren [raŋ'ʒi:rən] **I.** *vt (Eisenbahnzug)* формирова́ть, с- *св* **II.** *vi (in Rangordnung)* занима́ть, -ня́ть *св* ме́сто; **an erster Stelle ~** занима́ть пе́рвое ме́сто, лиди́ровать

Rangliste *f* SPORT рангли́ст *м (спи́сок лу́чших)*

Rangordnung *f* иера́рхия *ж*

ran|halten <irr> *vr* **sich ~** *fam (sich beeilen)* приде́рживаться пла́на

rank [raŋk] *adj geh* **~ und schlank sein** быть стро́йным как берёза

Ranke ['raŋkə] <-, -n> *f* у́сик *м*

ranken *vr* **sich ~ 1.** *(Pflanze)* обвива́ться **2.** *(Erzählung)* **um die Ruine ~ sich viele Legenden** о руи́не вита́ет мно́го леге́нд

Ranking <-s, -s> *nt* установле́ние *ср* поря́дка очерёдности, ранжи́рование *ср*

ran|kriegen *vt fam* **jdn ~** пойма́ть кого́-л.

ran|lassen <irr> *vt fam (näher kommen lassen)* подпуска́ть, подпусти́ть *св;* **lass mich doch mal ran!** пусти́ и меня́!

rann [ran] *prät von* **rinnen**

rannte ['rantə] *prät von* **rennen**

ran|schmeißen <irr> *vt fam* **sich an jdn ~** *(anmachen)* броса́ться кому-л. на ше́ю

Ranzen ['rantsən] <-s, -> *m* **1.** *(Schultasche)* ра́нец *м* **2.** *umg (Bauch)* брю́хо *ср*

ranzig ['rantsɪç] *adj* прого́рклый

rapid(e) [ra'pi:t, ra'pi:də] *adj* бы́стрый

Rappe ['rapə] <-n, -n> *m geh* вороно́й *м*

rappeln *vi fam* **gerappelt voll sein** быть битко́м наби́тым

Rapport <-(e)s, -e> *m* ра́порт *м*

Raps [raps] <-es, -e> *m* рапс *м*

rar [ra:ɐ] *adj* ре́дкий, дефици́тный; **sich ~ machen** *fam* ре́дко выходи́ть в лю́ди

Rarität [rari'tɛ:t] <-, -en> *f* ре́дкость *ж,* ре́дкая вещь *ж*

rasant [ra'zant] **I.** *adj fam* бы́стрый **II.** *adv fam (schnell)* бы́стро

rasch [raʃ] *adj* бы́стрый, ско́рый

rascheln ['raʃəln] *vi* шурша́ть, по- *св*

rasen ['ra:zən] *vi* **1.** *(vor Wut)* бу́йствовать *нсв;* **du machst mich rasend** ты тре́плешь мне не́рвы **2.** *umg (schnell fahren, laufen)* нести́сь, про- *св;* **mein Puls rast** у меня́ бы́стрый пульс; **die Zeit rast** вре́мя бежи́т

Rasen ['ra:zən] <-s, -> *m* газо́н *м*

rasend I. *adj* **1.** *(Geschwindigkeit)* бе́шеный **2.** *(Beifall)* бу́рный; *(Schmerzen)* ужа́сный **II.** *adv fam (sehr)* мно́го

Rasenmäher <-s, -> *m* газонокоси́лка *ж*

Rasensprenger <-s, -> *m* опры́скиватель *м* газо́на

Raserei [ra:zə'raɪ] <-> *f* **1.** *(Toben)* бе́шенство *ср;* **jdn zur ~ bringen** взбеси́ть кого́-л. **2.** *(mit Auto)* лиха́чество *ср*

Rasierapparat <-(e)s, -e> *m* (электро)бри́тва *ж*

Rasiercreme <-, -s> *f* крем *м* для бритья́ *м*

rasieren [ra'zi:rən] **I.** *vt* брить, по- *св;* **glatt rasiert** гла́дко вы́бритый; **ich möchte mich ~ lassen** я хочу́ побри́ться **II.** *vr* **sich ~** бри́ться, по- *св;* **er rasiert sich trocken** он бре́ется без пе́ны

Rasierer <-s, -> *m fam* бри́тва *ж;* *(elektrisch)* электри́ческая бри́тва *ж*

Rasierklinge <-, -n> *f* ле́звие *ср* (безопа́сной) бри́твы

Rasiermesser <-s, -> *nt* бри́тва *ж*

Rasierpinsel <-s, -> *m* помазо́к *м*

Rasierschaum <-(e)s> *m* пе́на *ж* для бритья́

Rasierseife <-> *f* мы́ло *ср* для бритья́

Rasierwasser <-s, -> *nt* туале́тная вода́ *ж*

Rasierzeug <-s> *nt* бри́твенный прибо́р *м*

raspeln *vt* **1.** *(Holz)* пили́ть **2.** *(Nüsse)* коло́ть

Rasse ['rasə] <-, -n> *f* **1.** *(bei Menschen)* ра́са *ж* **2.** *(bei Tieren)* поро́да *ж*

Rassehund <-(e)s, -e> *m* поро́дистая соба́ка *ж*

Rassel ['rasəl] <-, -n> *f* трещо́тка *ж*

Rasselbande <-> *f umg* шу́мная де́тская компа́ния *ж*

rasseln ['rasəln] *vi* греме́ть, про- *св; (von hoheren Tönen)* звене́ть, про- *св;* **durch eine Prüfung ~** *umg* провали́ться с тре́ском на экза́мене

Rassendiskriminierung <-> *f* ра́совая дискримина́ция *ж*

Rassenhass <-hasses> *m* ра́совая не́нависть *ж*

Rassenkonflikt <-(e)s, -e> *m* ра́совый конфли́кт *м*, столкнове́ние *ср* на ра́совой по́чве

Rassenkrawall <-(e)s, -e> *m* ра́совые беспоря́дки *мн*, ра́совые волне́ния *мн*

Rassentrennung <-> *f* ра́совая сегрега́ция *ж*, апартеи́д *м*

Rassenunruhen <-> *fpl* ра́совые беспоря́дки *мн*

rassig *adj* поро́дистый; *(feurig)* темпера́ментный

Rassismus [ra'sɪsmʊs] <-> *m* раси́зм *м*

Rassist(in) [ra'sɪst] <-en, -en> *m(f)* раси́ст *м*, раси́стка *ж*

rassistisch *adj* раси́стский

Rast [rast] <-, -en> *f* о́тдых *м*, передышка *ж;* **~ machen** сде́лать переры́в

rasten ['rastən] *vi* остана́вливаться, -нови́ться *св* на о́тдых, де́лать, с- *св* прива́л

Raster ['rastɐ] <-s, -> *nt* **1.** TV растр *м*, се́тка *ж* **2.** *(Rahmen, Muster)* систе́ма *ж*, схе́ма *ж*

Rasterelektronenmikroskop <-(e)s, -e> *nt* ра́стровый электро́нный микроско́п *м*

Rasthaus <-es, -häuser> *nt ресторан, расположенный около автомагистрали*

rastlos *adj* неутоми́мый

Rastplatz <-es, -plätze> *m* ме́сто *ср* для о́тдыха; *(an einer Autobahn)* площа́дка *ж* для о́тдыха (во́зле автомагистра́ли), (авто)стоя́нка *ж*

Rasur [ra'zuːɐ] <-, -en> *f* бритьё *ср*

Rat[1] [raːt] <-(e)s, Räte> *m (Ratschlag)* сове́т *м;* **jdn um ~ fragen** попроси́ть сове́та у кого́-л.; **jdm einen ~ geben** дать сове́т кому́-л.; **jdm den ~ geben etw zu tun** посове́товать кому́-л. сде́лать что-л.; **sich** *dat* **keinen ~ mehr wissen** не знать, что де́лать

Rat[2] [raːt] *m*, **Rätin** <-(e)s, -Räte; -nen> *f* сове́тник *м*

Rate ['raːtə] <-, -n> *f* **1.** *(Geldbetrag)* платёжный взнос *м*, части́чный платёж *м;* **auf ~n kaufen** покупа́ть в рассро́чку; **in monatlichen ~n zahlbar** с рассро́чкой (платежа́) поме́сячно; **in ~n zahlen** плати́ть в рассро́чку **2.** *(Prozentzahl)* у́ровень *м*, показа́тель *м*

raten ['raːtən] <riet, geraten> *vt* **1.** *(einen Rat geben)* сове́товать, по- *св;* **ich habe ihm zur Vorsicht geraten** я посове́товал ему́ быть осторо́жным; **jdm zu etw** *dat* **~** посове́товать кому́-л. сде́лать что-л. **2.** *(erraten)* гада́ть, от- *св;* **falsch/richtig ~** дать плохо́й/пра́вильный сове́т; **dreimal darfst du ~!** *fam* угада́й!

Ratenkauf <-(e)s, -käufe> *m* поку́пка *ж* в рассро́чку

Ratenzahlung <-, -en> *f* упла́та *ж* в рассро́чку

Ratgeber[1] <-s, -> *m (Buch)* спра́вочник *м*

Ratgeber(in)[2] <-s, -; -nen> *m(f)* сове́тчик *м*

Rathaus <-es, -häuser> *nt* ра́туша *ж*

ratifizieren [ratifi'ts͜iːrən] *vt (Vertrag)* ратифици́ровать *(н)св;* **ein Abkommen ~** ратифици́ровать соглаше́ние

Rating <-s, -s> *nt (Bewertung)* ре́йтинг *м*, оце́нка *ж*

Ration [ra'ts͜i̯oːn] <-, -en> *f* рацио́н *м; umg* паёк *м;* **die eiserne ~** неприкоснове́нный запа́с *м*

rational [rats͜i̯o'naːl] *adj* рациона́льный

rationalisieren [rats͜i̯onali'ziːrən] **I.** *vt* рационализи́ровать *(н)св;* **den Arbeitsablauf ~** рационализи́ровать рабо́чий проце́сс; **die Produktion ~** рационализи́ровать произво́дство; **einen Wirtschaftsbereich ~** рационализи́ровать о́трасль эконо́мики **II.** *vi* проводи́ть, -вести́ *св* рационализа́цию

Rationalisierung <-, -en> *f* рационализа́ция *ж*

Rationalisierungsmaßnahme <-, -n> *f* мероприя́тие *ср* по рационализа́ции

Rationalismus <-> *m* рационали́зм *м*

Rationalität <-> *f* рациона́льность *ж*

rationell [rats͜i̯o'nɛl] *adj* **1.** *(zweckmäßig)* рациона́льный, целесообра́зный; **eine ~e Arbeitsweise** рациона́льный спо́соб рабо́ты; **der ~e Einsatz von Geldmitteln** рациона́льное испо́льзование де́нежных средств **2.** *(wirtschaftlich)* эконо́мный, экономи́чный

rationieren [rats͜i̯o'niːrən] *vt (zuteilen)* рациони́ровать *(н)св;* **Nahrungsmittel ~** вводи́ть ка́рточки на проду́кты пита́ния

Rationierung <-, -en> *f* рациони́рование *ср*, норми́рование *ср*

Rationierungssystem <-(e)s, -e> *nt* ка́рточная систе́ма *ж*

ratlos *adj* растéрянный, беспо́мощный; **~ sein** не знать, что де́лать

Ratlosigkeit <-> *f* расте́рянность *ж*

ratsam ['raːtzaːm] *adj* благоразу́мный

Ratschlag ['raːtʃlaːk] *m* сове́т *м;* **(jdm) Rat-**

schläge erteilen давать кому-л. советы
Rätsel ['rɛːtsəl] <-s, -> *nt* загадка *ж;* **jdm ein ~ aufgeben** загадать загадку кому-л.; **das ist des Rätsels Lösung** это решение задачи; **es ist mir ein ~, warum sie nicht früher kam** я не понимаю, почему она не пришла раньше
rätselhaft *adj* загадочный; **es ist mir ~, ...** я не понимаю, ...; **das ist mir ~** это для меня загадка
rätseln *vi* биться над чем-л.
Rätselraten *nt (das Lösen von Rätseln)* решение *ср* кроссвордов; **ich habe keine Lust zum ~!** у меня нет настроения угадывать!
Ratsherr <-en, -en> *m* член *м* городского совета
Ratssitzung <-, -en> *f* заседание *ср* совета
Ratsversammlung <-, -en> *f* собрание *ср* совета
Ratte ['ratə] <-, -n> *f* крыса *ж*
Rattenfalle *f* ловушка *ж* для крыс
Rattengift *nt* отрава *ж* для крыс, крысиный яд *м*
Rattenschwanz *m* хвост *м* крысы
rattern ['ratɐn] *vi* трещать, про- *св*
ratzekahl ['ratsə'kaːl] *adv* начисто
rau[RR] [raʊ] *adj* **1.** *(Oberfläche)* шероховатый **2.** *(Hals)* воспалённый **3.** *(Stimme)* хриплый **4.** *(Klima)* суровый **5.** *(Umgangston)* грубый
Raub [raʊp] <-(e)s> *m* **1.** *(das Rauben)* разбой *м,* грабёж *м,* ограбление *ср* **2.** *(das Geraubte)* награбленное *ср*
Raubdruck <-(e)s, -e> *m* незаконная перепечатка *ж*
rauben ['raʊbən] **I.** *vt* отнимать, -нять *св,* похищать, -хитить *св;* **jdm etw ~** похитить [*или* отнять] у кого-л. что-л. **II.** *vi* грабить *нсв,* разбойничать *нсв*
Räuber(in) ['rɔɪbɐ] <-s, -> *m(f)* разбойник *м,* разбойница *ж*
Räuberbande <-, -n> *f* шайка *ж* разбойников
räuberisch *adj* грабительский
Raubgier <-> *f* хищность *ж*
raubgierig *adj* хищный
Raubkatze *f* хищная кошка *ж*
Raubkopie <-, -n> *f (von Software)* пиратская копия *ж*
Raubmord *m* убийство *ср* с целью грабежа
Raubmörder(in) *m(f)* вор-убийца *м*
Raubtier <-(e)s, -e> *nt* хищный зверь *м*
Raubüberfall <-(e)s, -fälle> *m* разбойное нападение *ср;* **einen ~ auf jdn begehen** напасть на кого-л. с целью грабежа
Raubvogel <-s, -vögel> *m* хищная птица *ж*
Rauch [raʊx] <-(e)s> *m* дым *м;* **sich in ~ auflösen** *fig* как сквозь землю провалиться
Rauchabzug <-(e)s, -abzüge> *m* дымоход *м*
Rauchbombe <-, -n> *f* дымовая бомба *ж*
rauchen ['raʊxən] **I.** *vi* курить, по- *св;* **~ wie ein Schlot** дымить как паровоз; **„Rauchen verboten"** курить воспрещается **II.** *vt* курить, вы- *св,* по- *св;* **ich gehe eine ~** пойду покурю
Rauchentwicklung <-> *f* дымообразование *ср*
Raucher(in) <-s, -> *m(f)* курильщик *м,* курильщица *ж*
Raucherabteil *nt* EISENB купе *ср* для курильщиков
Räucherfisch <-es, -e> *m* копчёная рыба *ж*
Räucherlachs *m* копчёная сёмга *ж*
räuchern ['rɔɪçɐn] *vt* коптить *нсв*
Räucherschinken <-s> *m* копчёная ветчина *ж*
Räucherspeck *m* копчёное сало *ср*
Räucherstäbchen *nt* ароматные палочки *мн*
Raucherzone *f* помещение *ср* для курильщиков
Rauchfleisch <-(e)s> *nt* копчёное мясо *ср*
Rauchglas <-es> *nt* дымчатое стекло *ср*
rauchig *adj* дымный; *(Stimme)* хриплый
Rauchmelder <-s, -> *m* сигнализатор *м* дыма
Rauchsäule <-, -n> *f* столб *м* дыма
Rauchschwaden <-> *pl* клуб *м* дыма, клубы *мн* дыма
Rauchsignal <-(e)s, -e> *nt* дымовой сигнал *м*
Rauchverbot *nt* **hier herrscht ~** здесь курить воспрещается
Rauchvergiftung *f* отравление *ср* дымом
Rauchwolke *f* облако *ср* дыма
Rauchzeichen <-> *pl* дымовой сигнал *м*
rauf [raʊf] *adv fam* наверх
raufen ['raʊfən] **I.** *vi* драться, по- *св* с **II.** *vt* **sich die Haare ~** рвать на себе волосы
Rauferei [raʊfə'raɪ] <-, -en> *f* драка *ж*
rauh[Alt] *adj s.* **rau**
Rauhreif[Alt] *m s.* **Raureif**
Raum [raʊm] <-(e)s, Räume> *m* **1.** *(allg)* пространство *ср;* **die Bücher nehmen zuviel ~ ein** книги занимают слишком много места **2.** *(Zimmer)* помещение *ср* **3.** *(Gebiet)* район *м,* регион *м*
Raumakustik <-> *f* архитектурная акустика *ж*
Raumanzug <-(e)s, -anzüge> *m* космический скафандр *м*
Raumaufteilung <-> *f* планировка *ж* помещений
Räumboot <-(e)s, -e> *nt* MAR тральщик *м*

räumen ['rɔɪmən] *vt* **1.** *(wegstellen)* убира́ть, убра́ть *св* **2.** *(Saal, Ort)* освобожда́ть, -боди́ть *св;* **Schnee ~** убира́ть снег; **jdn aus dem Weg ~** *umg* убра́ть кого́-л. с доро́ги

Raumersparnis <-> *f* эконо́мия *ж* ме́ста

Raumfähre *f* косми́ческий челно́к *м*

Raumfahrt <-> *f* космона́втика *ж*

Raumfahrtbehörde <-, -n> *f* ве́домство *ср* по дела́м космона́втики

Raumfahrtzentrum <-s, -zentren> *nt* космоце́нтр *м*

Raumfahrzeug *nt* косми́ческий кора́бль *м*

Raumflug <-(e)s, -flüge> *m* косми́ческий полёт *м*

Raumforschung <-> *f* иссле́дование *ср* ко́смоса

Rauminhalt <-(e)s, -e> *m* ёмкость *ж*

Raumkapsel *f* ка́псула *ж* косми́ческого корабля́

Raumklima <-s> *nt* микрокли́мат *м* (помеще́ния)

Räumkommando <-s, -s> *nt* брига́да *ж* по убо́рке [*или* расчи́стке]

räumlich ['rɔɪmlɪç] *adj* простра́нственный

Räumlichkeiten <-> *pl* помеще́ния *мн*

Raummangel <-s> *m* недоста́ток *м* ме́ста

Raumordnung <-> *f* региона́льное плани́рование *ср,* территориа́льное плани́рование *ср*

Raumpfleger(in) <-s, -> *m(f)* убо́рщик *м,* убо́рщица *ж*

Raumschiff <-(e)s, -e> *nt* косми́ческий кора́бль *м*

Raumsonde <-, -n> *f* косми́ческий зонд *м*

raumsparend *adj* компа́ктный

Raumstation <-, -en> *f* орбита́льная ста́нция *ж;* **der Bau der internationalen ~** строи́тельство междунаро́дной орбита́льной ста́нции

Raumteiler <-s, -> *m* перегоро́дка *ж*

Räumung ['rɔɪmʊŋ] <-, -en> *f* **1.** *(von Wohnung, Haus)* освобожде́ние *ср* **2.** *(von Straßen)* убо́рка *ж*

Räumungsarbeiten <-> *pl* рабо́ты *мн* по освобожде́нию помеще́ния

Räumungsbefehl *m* JUR прика́з *м* освободи́ть помеще́ние

Räumungsklage *f* JUR иск *м* на освобожде́ние (за́нятого помеще́ния)

Räumungsverkauf <-(e)s, -käufe> *m* оконча́тельная распрода́жа *ж*

raunen ['raʊnən] *vi, vt geh* **ein Raunen ging durch das Publikum** по ряда́м пронёсся шёпот

Raupe ['raʊpə] <-, -n> *f* *(des Schmetterlings, auch Kettenraupe)* гу́сеница *ж*

Raureif[RR] <-(e)s> *m* и́зморозь *ж,* и́ней *м*

raus [raʊs] *adv fam* вон; **~ da!** вон отсю́да!

raus|bekommen *vt umg* (с трудо́м) вы́тащить *св*

raus|bringen *vt umg* вы́нести *св*

Rausch [raʊʃ] <-(e)s, Räusche> *m* опьяне́ние *ср; fig* упое́ние *ср*

rauschen ['raʊʃən] *vi* **1.** *(Meer, Wind)* шуме́ть *нсв;* **rauschender Beifall** оглуши́тельные аплодисме́нты **2.** *(Bach)* журча́ть *нсв;* **aus dem/durch das Zimmer ~** вы́йти из ко́мнаты/войти́ в ко́мнату

Rauschgift <-(e)s, -e> *nt* нарко́тик *м;* **~ nehmen** употребля́ть нарко́тики

Rauschgiftdezernat <-(e)s, -e> *nt* отде́л *м* поли́ции по борьбе́ с прода́жей нарко́тиков

Rauschgifthandel <-s> *m* торго́вля *ж* нарко́тиками

Rauschgifthändler(in) *m(f)* торго́вец *м* нарко́тиками

Rauschgiftring <-(e)s, -e> *m* ба́нда *ж* торго́вцев нарко́тиками

Rauschgiftsucht <-> *f* наркома́ния *ж*

rauschgiftsüchtig *adj* страда́ющий наркома́нией

Rauschgiftsüchtige(r) <-n, -n> *f(m)* нарко-ма́н *м,* наркома́нка *ж*

raus|drängen *vt umg* вытесня́ть, вы́теснить *св,* выта́лкивать, вы́толкнуть *св*

raus|ekeln *vt fam* **jdn ~** оттолкну́ть кого́-л. от себя́ свои́м плохи́м поведе́нием

raus|fliegen ['raʊsfliːgən] <irr> *vi sein, fam* вылета́ть, вы́лететь *св*

raus|geben *vt umg* дава́ть, дать *св* сда́чу; **sie hat mir falsch rausgegeben** она́ дала́ мне непра́вильно сда́чу

raus|gehen *vi umg* выходи́ть, вы́йти

raus|kommen *vi umg* получа́ться, получи́ться *св,* выходи́ть, вы́йти *св*

raus|kriegen *vt fam s.* **rausbekommen**

raus|nehmen *vt umg* вынима́ть, вы́нуть *св*

räuspern ['rɔɪspɐn] *vr* отка́шливаться, -ляться *св*

raus|rücken **I.** *vt umg* выдвига́ть, вы́двинуть *св;* **rück mal etwas Geld ~!** дава́й де́ньги! **II.** *vi sein, fam (zugeben)* признава́ть, призна́ть *св;* **rück mit der Wahrheit ~!** говори́ пра́вду!

raus|schmeißen ['raʊsʃmaɪsən] <irr> *vt fam* выбра́сывать, вы́бросить *св;* **das ist rausgeschmissenes Geld** э́то де́ньги, бро́шенные на ве́тер; **sie hat ihn rausgeschmissen** она́ его́ уво́лила

Raute ['raʊtə] <-, -n> *f* ромб *м*

rautenförmig *adj* ромбови́дный

Rave [rɛɪv] <-s, -s> *m umg* пиру́шка *ж*

Razzia ['ratsi̯a, 'ratsi̯ən] <-, Razzien> *f* обла́ва *ж*

Read Only Memory <-> *nt* постоя́нная па́мять *ж*

Reagenzglas [rea'gɛnts-] <-es, -gläser> *nt* проби́рка *ж*
Reagenzpapier <-(e)s, -e> *nt* CHEM индика́торная бума́га *ж*
reagieren [rea'giːrən] *vi* реаги́ровать на, про-/от- *св* на; CHEM вступа́ть, -пи́ть *св* в (хими́ческую) реа́кцию с
Reaktion [reak'tsi̯oːn] <-, -en> *f* реа́кция *ж*
reaktionär [reaktsi̯o'nɛːɐ̯] *adj* POL реакцио́нный
Reaktionsgeschwindigkeit <-, -en> *f* ско́рость *ж* реа́кции
Reaktionsvermögen <-s> *nt* спосо́бность *ж* к реа́кции
Reaktor [re'aktoːɐ] <-s, -en> *m* реа́ктор *м*
Reaktorblock <-(e)s, -blöcke> *m* реа́кторный блок *м*
Reaktorkern <-(e)s, -e> *m* гла́вная часть *ж* реа́ктора
Reaktorsicherheit <-> *f* безопа́сность *ж* реа́ктора
Reaktorunglück <-(e)s, -e> *nt* ава́рия *ж* на реа́кторе
real [re'aːl] *adj* реа́льный, факти́ческий; **das ~e Einkommen** реа́льный дохо́д; **die ~e Kaufkraft des Geldes** реа́льная покупа́тельная си́ла де́нег; **~e Lohnquote** реа́льная но́рма за́работной пла́ты; **~e Zuwachsrate** реа́льный проце́нт приро́ста
Realeinkommen <-s, -> *nt* реа́льный дохо́д *м*
Realinvestition <-, -en> *f* реа́льная инвести́ция *ж*
Realisation <-> *f* реализа́ция *ж*, осуществле́ние *ср*; **~ eines Programms** осуществле́ние програ́ммы; **~ eines Projekts** осуществле́ние [*или* реализа́ция] прое́кта
realisieren [reali'ziːrən] **I.** *vt (verwirklichen)* реализова́ть *(н)св* **II.** *vi* реализова́ться *(н)св*
Realisierung <-, -en> *f* реализа́ция *ж*, осуществле́ние *ср*; **~ eines Programms** осуществле́ние програ́ммы; **~ eines Projekts** осуществле́ние [*или* реализа́ция] прое́кта
Realisierungschance <-, -n> *f* шанс *м* на осуществле́ние
Realismus [rea'lɪsmʊs] <-> *m* реали́зм *м*; **sozialistischer ~** социалисти́ческий реали́зм, соцреали́зм
Realist(in) [rea'lɪst] <-en, -en> *m(f)* реали́ст *м*, реали́стка *ж*
realistisch [rea'lɪstɪʃ] **I.** *adj* реалисти́ческий; **~ betrachtet** че́стно говоря́ **II.** *adv* реа́льно
Realität [reali'tɛːt] <-> *f* реа́льность *ж*, действи́тельность *ж*; **virtuelle ~** виртуа́льная реа́льность
realitätsfern *adj* далёкий от действи́тельности
realitätsnah *adj* бли́зкий к действи́тельности
Reality-TV [ri'ɛlɪtitiːviː] <-> *nt* *развлека́тельные телепереда́чи, в кото́рых в прямо́м эфи́ре и́ли в инсцениро́вке пока́зывают несча́стные слу́чаи и катастро́фы, име́вшие ме́сто в действи́тельности*
Realkapital <-s> *nt* реа́льный капита́л *м*
Reallohn <-(e)s, -löhne> *m* реа́льный за́работок *м*

> **i Land & Leute**
>
> **Реальное училище – Realschule** – в Германии по объёму и содержанию обучения находится где-то между общеобразовательной школой и гимназией. Его заканчивают после 10-го класса со свидетельством о «неполном среднем образовании». Как правило, после этого следует трёхгодичное профессиональное обучение

Realwert <-(e)s, -e> *m* реа́льная [*или* факти́ческая] сто́имость *ж*
Reanimation <-en> *f* MED реанима́ция *ж*
Reassekuranz <-, -en> *f* перестрахо́вка *ж*
Rebe ['reːbə] <-, -n> *f* **1.** *(Weinranke)* (виногра́дная) лоза́ *ж* **2.** *(Weinstock)* виногра́д *м*
Rebell(in) [re'bɛl] <-en, -en> *m(f)* мяте́жник *м*
rebellieren [rebɛ'liːrən] *vi* бунтова́ть, взбунтова́ться про́тив *св*
Rebellion [rebɛ'li̯oːn] <-, -en> *f* мяте́ж *м*
rebellisch [re'bɛlɪʃ] *adj* мяте́жный; *(widerspenstig)* строп́тивый
Rebhuhn ['reːphuːn, 'reːphyːnɐ] <-(e)s, -hühner> *nt* куропа́тка *ж*
Receiver <-s, -> *m* реси́вер *м*
Rechen ['rɛçən] <-s, -> *m* гра́бли *мн*
Rechenaufgabe <-, -n> *f* арифмети́ческая зада́ча *ж*
Rechenbuch <-(e)s, -bücher> *nt* уче́бник *м* арифме́тики
Rechenfehler <-s, -> *m* арифмети́ческая оши́бка *ж*
Rechenmaschine <-, -n> *f* счётная маши́на *ж*
Rechenschaft <-> *f* отчёт *м*; **jdn zur ~ ziehen** привле́чь к отве́ту кого́-л.; **über etw ~ ablegen** отчита́ться о чём-л.
Recherche [re'ʃɛrʃə, rə'ʃɛrʃə] <-, -n> *f* рассле́дование *ср*, по́иск *м*; **über jdn/etw Recherchen anstellen** проводи́ть рассле́дование о чём-л./ком-л.

recherchieren [reˈʃɛrˈʃiːrən] **I.** *vi* собира́ть *нсв* информа́цию **II.** *vt* рассле́довать *(н)св*

rechnen [ˈrɛçnən] **I.** *vt* счита́ть, по- *св* **II.** *vi* **mit etw/jdm ~** счита́ться с чем-л./кем-л., принима́ть в расчёт что-л.; **auf etw/jdn ~** полага́ться [*или* рассчи́тывать] на что-л./кого́-л.; **jdn/etw zu jdm/etw ~** счита́ть кого́-л./что-л. кем-л./чем-л.; **im Kopf ~** счита́ть в уме́; **damit hatte ich nicht gerechnet** я э́того не ожида́л

Rechner <-s, -> *m (Computer)* электро́нно-вычисли́тельная маши́на *ж,* ЭВМ, компью́тер *м*

rechnergesteuert *adj* управля́емый ЭВМ, с управле́нием от ЭВМ

rechnergestützt *adj* компьютеризи́рованный, с испо́льзованием ЭВМ

Rechnersimulation <-, -en> *f* компью́терная симуля́ция *ж*

Rechnung <-, -en> *f* **1.** *(Rechnungsdokument)* счёт *м;* **eine ~ ausstellen** выставля́ть счёт; **eine ~ begleichen** плати́ть по счёту; **eingehende ~en** поступа́ющие счета́; **eine ~ über gelieferte Waren** счёт на поста́вленные това́ры; **eine offene ~ bezahlen** опла́чивать откры́тый счёт; **quittierte ~** счёт с распи́ской; **etwas in ~ stellen** стави́ть кому́-л. в счёт; **eine ~ über 1000 Euro** счёт на су́мму 1000 е́вро; **die ~, bitte!** счёт, пожа́луйста!; **das geht auf meine ~** я угоща́ю **2.** *umg (Einschätzung)* расчёт *м;* **einer Sache ~ tragen** учи́тывать что-л.; **mit jdm eine alte ~ begleichen** *fig* свести́ с кем-л. ста́рые счёты

Rechnungsbetrag <-(e)s, -beträge> *m* су́мма *ж* счёта, факту́рная су́мма *ж*

Rechnungseingang <-(e)s> *m* поступле́ние *ср* счёта

Rechnungsführung <-> *f* счетово́дство *ср,* бухгалте́рия *ж*

Rechnungshof <-(e)s, -höfe> *m* счётная пала́та *ж*

Rechnungsjahr <-(e)s, -e> *nt* отчётный год *м*

Rechnungslegung <-> *f* отчётность *ж*

Rechnungsperiode <-, -n> *f* отчётный пери́од *м*

Rechnungsprüfung <-, -en> *f* прове́рка *ж* отчётности

Rechnungswesen <-s> *nt* бухга́лтерский учёт *м*

recht [rɛçt] **I.** *adj (passend)* подходя́щий; **der rechte Augenblick** подходя́щий моме́нт; **nach dem Rechten sehen** прове́рить, всё ли в поря́дке **II.** *adv* **1.** *(richtig)* пра́вильно; **ganz ~!** пра́вильно!; **ist es dir ~ wenn ...?** ты не про́тив, е́сли я ...?; **das geschieht ihm ~** *fam* так ему́ и на́до; **ich seh' wohl nicht ~!** *fam* глаза́м свои́м не ве́рю!; **wenn ich Sie ~ verstehe** е́сли я вас пра́вильно понима́ю; **ich weiß nicht ~** я не уве́рен; **du kommst mir gerade ~** *iron* ты как раз во́время; **man kann ihm nichts ~ machen** ему́ не угоди́шь **2.** *(ganz, ziemlich)* дово́льно; **etw ist jdm ~** что-л. подхо́дит кому́-л.; **~ herzlichen Dank** большо́е спаси́бо

Recht [rɛçt] <-(e)s, -e> *nt* пра́во *ср;* **sein ~ in Anspruch nehmen** по́льзоваться свои́ми права́ми; **jdm ~ geben** призна́ть чью-л. правоту́; **~ haben** быть пра́вым; **ein ~ auf etwas haben** иметь пра́во на что-л.; **legitimes ~** зако́нное пра́во; **~e und Pflichten aus dem Vertrag** права́ и обя́занности по догово́ру; **~ sprechen** верши́ть правосу́дие; **nicht übertragbares ~** не передава́емое пра́во; **ein verbrieftes Recht** зафикси́рованное пра́во; **alle ~e vorbehalten** все права сохранены́; **von ~s wegen** по пра́ву; **zu ~** по пра́ву; **mit welchem ~ behaupten Sie das?** како́е вы име́ете пра́во так говори́ть?; **sein ~ fordern** предъявля́ть свои́ права́; **das ~ des Stärkeren** пра́во на стороне́ си́льного; **im ~ sein** име́ть пра́во на что-л.; **du hast das ~ auf einen Anwalt** ты име́ешь пра́во на адвока́та; **dazu haben Sie kein ~!** вы не име́ете пра́ва!

Rechte [ˈrɛçtə] <-n, -n> *f* **1.** *(Hand)* пра́вая рука́ *ж* **2.** *(Seite)* пра́вая сторона́ *ж;* **er saß zu ihrer ~n** он сидел спра́ва от неё **3.** POL пра́вые *мн*

rechte(r, s) [ˈrɛçtə, -te, -təs] *adj* пра́вая, -вый, -вое; **ein rechter Winkel** MATH прямо́й у́гол; **jds rechte Hand sein** *fig* быть пра́вой руко́й кого́-л.

Rechteck <-s, -e> *nt* прямоуго́льник *м*

rechteckig *adj* прямоуго́льный

rechtens [ˈrɛçtəns] *adv* согла́сно зако́ну

rechtfertigen **I.** *vt* опра́вдывать, оправда́ть *св* **II.** *vr* опра́вдываться, оправда́ться *св* пе́ред

Rechtfertigung <-> *f (Verteidigung)* оправда́ние *ср;* **was sagt er zu seiner ~?** что он говори́т в свое оправда́ние?

Rechtgläubigkeit <-> *f* REL правосла́вие *ср*

rechthaberisch *adj* несгово́рчивый; **~ sein** вести́ себя́ деспоти́чно

rechtlich *adj* зако́нный

rechtlos *adj* беспра́вный

rechtmäßig **I.** *adj* зако́нный; **der rechtmäßige Besitzer** зако́нный со́бственник **II.** *adv* по зако́ну, в соотве́тствии с зако́ном

Rechtmäßigkeit <-> *f* зако́нность *ж*

rechts [rɛçts] **I.** *adv* спра́ва; **nach ~** напра́во; **~ von jdm/etw** спра́ва от кого́-л./чего́-л.; **~ von mir** спра́ва от меня́; **von ~ kommen** идти́ спра́ва; **von ~ nach links** спра́ва нале́во; **~ um!** MIL напра́во! **II.** *prp*

R

\+ *gen* спра́ва от

Rechtsabteilung <-, -en> *f* юриди́ческий отде́л *м* (на предприя́тии)

Rechtsabtretung <-, -en> *f* переда́ча *ж* прав

Rechtsanspruch <-(e)s, -ansprüche> *m* зако́нное притяза́ние *ср*

Rechtsanwalt <-(e)s, -anwälte> *m*, **Rechtsanwältin** *f* адвока́т *м;* **sich einen ~ nehmen** наня́ть адвока́та

Rechtsauskunft <-, -auskünfte> *f* юриди́ческая спра́вка *ж,* юриди́ческая консульта́ция *ж*

Rechtsausschuss <-es, -ausschüsse> *m* коми́ссия *ж* по правовы́м вопро́сам

Rechtsaußen [rɛçtsˈʔaʊsən] <-(s), -> *m* SPORT пра́вый кра́йний напада́ющий *м*

Rechtsberater(in) <-s, -> *m(f)* юриско́нсульт *м*

Rechtsberatung <-> *f* юриди́ческая консульта́ция *ж*

Rechtsbruch *m* JUR **einen ~ begehen** нару́шить зако́н

Rechtschreibfehler <-s, -> *m* орфографи́ческая оши́бка *ж*

Rechtschreibreform <-, -en> *f* рефо́рма *ж* правописа́ния

Rechtschreibung <-> *f* правописа́ние *ср,* орфогра́фия *ж*

i Land & Leute

1 июля 1996 года было подписано Венское соглашение о реформе немецкого правописания. Новые правила официально вступили в силу 1 августа 1998 года. Однако во время переходного периода, который продлится до 2005 года, допускается употребление как старых, так и новых правил правописания. С 2 февраля 2006 года в силу вошло еще одно изменение в реформе немецкого правописания. Переходный период до августа 2007 года.

rechtsextrem *adj* правоэкстреми́стский

Rechtsextremismus [ˈrɛçtsʔɛkstremɪs mʊs] <-> *m* пра́вый радикали́зм *м*

Rechtsextremist(in) <-en, -en> *m(f)* пра́вый радика́л *м,* пра́вая радика́лка *ж*

rechtsextremistisch *adj* правоэкстреми́стский

rechtsfähig *adj* правоспосо́бный

Rechtsfähigkeit <-> *f* правоспосо́бность *ж*

Rechtsfall <-(e)s, -fälle> *m* суде́бное де́ло *ср*

Rechtsform <-, -en> *f* JUR правова́я фо́рма *ж*

Rechtsfrage <-, -n> *f* юриди́ческий вопро́с *м*

Rechtsgeschäft <-(e)s, -e> *nt* JUR юриди́ческая сде́лка *ж*

Rechtsgrundlage <-, -n> *f* правова́я осно́ва *ж*

rechtsgültig *adj* зако́нный

Rechtsgültigkeit <-> *f* зако́нность *ж*

Rechtsgutachten <-s, -> *nt* правова́я эксперти́за *ж,* юриди́ческое заключе́ние *ср*

Rechtshänder(in) [ˈrɛçts̮hɛndɐ] <-s, -> *m(f)* правша́ *м и ж*

Rechtshilfe <-> *f* юриди́ческая по́мощь *ж*

rechtskräftig *adj* име́ющий зако́нную си́лу

Rechtskurve <-, -n> *f* поворо́т *м* (доро́ги) впра́во

Rechtslage <-> *f* правово́е положе́ние *ср*

Rechtslücke <-, -n> *f* пробе́л *м* в законода́тельстве

Rechtsmangel <-s, -mängel> *m* недоста́ток *м* законода́тельства

Rechtsmittel <-s, -> *nt* правовы́е сре́дства *срмн*

Rechtsnachfolge <-> *f* правопрее́мственность *ж*

Rechtsnorm <-, -en> *f* правова́я но́рма *ж*

Rechtsordnung *f* JUR зако́нное положе́ние *ср*

Rechtsprechung <-> *f* **1.** *(Gerichtsbarkeit)* юрисди́кция *ж,* судопроизво́дство *ср* **2.** *(Rechtspraxis)* суде́бная пра́ктика *ж*

rechtsradikal *adj* POL праворадика́льный

Rechtsradikalismus <-> *m* POL пра́вый радикали́зм *м*

Rechtsschutz <-es> *m* **1.** *(Schutz durch Gerichte)* правова́я [*или* юриди́ческая] защи́та *ж* **2.** *(Wahrung der Rechte)* правова́я охра́на *ж*

Rechtsschutzversicherung <-, -en> *f* страхова́ние *ср* на слу́чай правовы́х спо́ров

Rechtssicherheit <-> *f* правовы́е гара́нтии *жмн,* обеспе́чение *ср* правопоря́дка

Rechtsstaatlichkeit <-> *f* правова́я госуда́рственность *ж*

Rechtsstreit <-(e)s> *m* правово́й спор *м,* тя́жба *ж*

Rechtssystem <-(e)s, -e> *nt* правова́я систе́ма *ж*

Rechtsverhältnis <-ses, -se> *nt* JUR правоотноше́ние *ср*

Rechtsverletzung <-, -en> *f* правонаруше́ние *ср*

Rechtsweg <-(e)s> *m* суде́бный поря́док *м;* **auf dem ~** че́рез суд, в суде́бном поря́дке

rechtswidrig *adj* противозако́нный

Rechtswidrigkeit <-, -en> *f* противопра́вность *ж,* противозако́нность *ж*

Rechtswissenschaft *f ohne pl* JUR юриди́ческая нау́ка *ж*

rechtwinklig *adj* прямоуго́льный; **ein ~es Dreieck** прямоуго́льный треуго́льник *м*

rechtzeitig *adj* своевре́менный

Reck [rɛk] <-(e)s, -e> *nt* перекла́дина *ж*

recken ['rɛkən] **I.** *vr* вытя́гиваться, вы́тянуться *св* **II.** *vt* вытя́гивать, вы́тянуть *св*

Recorder <-s, -> *m* **1.** *(Kassettenrecorder)* магнитофо́н *м* **2.** *(Videorecorder)* видеомагнитофо́н *м*

recycelbar [ri'saiklba:ɐ] *adj* го́дный для перерабо́тки

recyceln [ri'saɪkəln] *vt* перераба́тывать

Recycling [ri'saɪklɪŋ] <-s> *nt* перерабо́тка *ж и* втори́чное испо́льзование *ср* промы́шленных и хозя́йственных отхо́дов, реса́йклинг *м*

Recyclingcomputerpapier <-(e)s> *nt* бума́га *ж* для при́нтера, изгото́вленная из макулату́ры

Recyclingkopierpapier <-(e)s> *nt* бума́га *ж* для ксе́рокса, изгото́вленная из макулату́ры

Recyclingpapier *nt ohne pl* бума́га *ж,* изгото́вленная из макулату́ры

Redakteur(in) [redak'tœ:ɐ̯, redak'tœ:rə] <-s, -e> *m(f)* реда́ктор *м*

Redaktion [redak'ts̮i̯o:n] <-, -en> *f* **1.** *(die Redakteure)* реда́кция *ж* **2.** *(das Redigieren)* редакти́рование *ср*

redaktionell [redakts̮i̯o'nɛl] *adj* редакцио́нный

Redaktionsschluss[RR] <-es> *m* подписа́ние *ср* в печа́ть

Redaktor(in) [re'dakto:ɐ̯, redak'to:rən] <-s, -en; -nen> *m(f) Schweiz* реда́ктор *м*

Rede ['re:də] <-, -n> *f* речь *ж;* **davon war nicht die ~** речь шла не об э́том; **davon kann gar keine ~ sein** об э́том не мо́жет быть и ре́чи; **eine ~ halten** выступа́ть с ре́чью; **das ist nicht der ~ wert** э́то пустяки́; **davon kann nicht die ~ sein** об э́том и ре́чи быть не мо́жет; **direkte/indirekte ~** пряма́я/ко́свенная речь

Redefreiheit *f ohne pl* свобо́да *ж* сло́ва

redegewandt *adj* красноречи́вый

Redegewandtheit <-> *f* красноре́чие *ср*

Redekunst <-> *f* красноре́чие *ср,* ора́торское иску́сство *ср*

reden ['re:dən] **I.** *vi* говори́ть, по- *св,* разгова́ривать о *нсв;* **mit ihr kann man nicht ~** с ней невозмо́жно разгова́ривать; **du hast gut ~!** тебе́ легко́ говори́ть!; **~ wir nicht mehr darüber** не бу́дем говори́ть об э́том; **so lasse ich nicht mit mir ~** я не позво́лю так со мной разгова́ривать; **schlecht von jdm ~** говори́ть пло́хо о ком-л. **II.** *vt* говори́ть *нсв;* **du redest Unsinn** ты говори́шь чушь; **er hat gut ~** *umg* ему́ легко́ говори́ть; **Unsinn ~** говори́ть глу́пости; **ich muss ein ernstes Wort mit ihm ~** я до́лжен серьёзно поговори́ть с ним

Redensart *f* фразеологи́зм *м*

Redeschwall <-(e)s> *m* пото́к *м* слов

Redeverbot <-(e)s, -e> *nt* запреще́ние *ср* публи́чных выступле́ний

Redeweise <-, -n> *f* мане́ра *ж* говори́ть, слог *м*

Redewendung <-, -en> *f* оборо́т *м* речи, выраже́ние ср

Redezeit <-, -en> *f* вре́мя *ср* на выступле́ние, регла́мент *м*

Rediskont <-(e)s> *m* переучёт *м*

Rediskontsatz <-es, -sätze> *m* ста́вка *ж* переучёта векселе́й

redlich ['re:tlɪç] *adj* добросо́вестный

Redlichkeit <-> *f* добросо́вестность *ж*

Redner(in) ['re:dnɐ] <-s, -> *m(f)* ора́тор *м*

Rednerpult <-(e)s, -e> *nt* ка́федра *ж*

redselig ['re:tze:lɪç] *adj* словоохо́тливый

Reduktion [redʊk'ts̮i̯o:n] <-, -en> *f (Verminderung)* сокраще́ние *ср,* сниже́ние *ср*

Reduktionsmittel <-s, -> *nt* CHEM восстанови́тель *м*

redundant [redʊn'dant] *adj* избы́точный

Redundanz [redʊn'dants] <-, -en> *f* избы́точность *ж*

reduzieren [redu'ts̮i̯:rən] *vt* сокраща́ть, -крати́ть *св* до; **wir konnten den Verbrauch um ein Drittel ~** мы смогли́ сократи́ть потребле́ние на одну́ треть

Reede <-, -n> *f* рейд *м;* **auf ~ liegen** стоя́ть на ре́йде

Reeder(in) <-s, -> *m(f)* судовладе́лец *м*

Reederei [re:də'raɪ] <-, -en> *f* судохо́дная компа́ния *ж*

reell [re'ɛl] *adj* **1.** *(wirklich)* реа́льный **2.** *(solide, ehrlich)* надёжный, че́стный

Reexport <-(e)s, -e> *m* реэ́кспорт *м*

Referat [refe'ra:t] <-(e)s, -e> *nt (Vortrag, Abhandlung)* рефера́т *м,* докла́д *м;* **ein ~ halten** чита́ть докла́д

Referent(in) [refe'rɛnt] <-en, -en> *m(f)* докла́дчик *м,* докла́дчица *ж*

Referenz <-, -en> *f* **1.** *(Empfehlung)* рекоменда́ция *ж;* **~en einholen** запра́шивать рефере́нцию; **gute ~en haben** име́ть хоро́шую рекоменда́цию **2.** *(Auskunftsperson)* лицо́ *ср,* даю́щее рекоменда́цию

Refinanzierung <-> *f* рефинанси́рование *ср*

Reflation <-> *f* рефля́ция *ж*

reflektieren [reflɛk'ti:rən] *vt (Licht)* рефлекти́ровать *(н)св*

Reflektor [re'flɛkto:ɐ] <-s, -en> *m* рефле́ктор *м*

R

Reflex [re'flɛks] <-es, -e> *m* рефле́кс *м*
Reflexbewegung <-, -en> *f* рефлекто́рное движе́ние *ср*
Reflexion [reflɛ'ksi̯o:n] <-, -en> *f* **1.** *(Widerspiegelung)* отраже́ние *ср* **2.** *(das Überdenken)* рефле́ксия *ж*
reflexiv [reflɛ'ksi:f] *adj* LING возвра́тный
Reflexivpronomen <-s, -nomina> *nt* LING возвра́тное местоиме́ние *ср*
Reflexivverb *nt* LING возвра́тный глаго́л *м*
Reform [re'fɔrm] <-, -en> *f* рефо́рма *ж;* **~en in Angriff nehmen** начина́ть осуществле́ние рефо́рм; **eine ~ anstreben** стреми́ться к рефо́рме; **eine ~ durchführen** производи́ть рефо́рму; **für eine ~ eintreten** выступа́ть за рефо́рмы; **gemäßigte ~** уме́ренная рефо́рма; **radikale ~** радика́льная рефо́рма
Reformation [refɔrma'ts̯i̯o:n] <-> *f* Реформа́ция *ж*
reformatorisch [refɔrma'to:rɪʃ] *adj* реформа́торский
reformbedürftig *adj* нужда́ющийся в рефо́рмах
Reformbestrebungen <-> *pl* реформи́стские стремле́ния *мн;* **die ~ unterstützen** подде́рживать реформи́стские стремле́ния
reformfreudig *adj* стремя́щийся к рефо́рмам
reformieren [refɔr'mi:rən] *vt* реформи́ровать *(н)св;* **die Rentenversicherung ~** реформи́ровать систе́му пенсио́нного обеспе́чения; **das Steuersystem ~** произвести рефо́рму нало́говой систе́мы
Reformismus <-> *m* реформи́зм *м*
reformistisch *adj* реформи́стский
Reformpaket <-(e)s, -e> *nt* паке́т *м* рефо́рм
Reformpolitik <-> *f* поли́тика *ж* рефо́рм
Reformprozess <-es, -e> *m* проце́сс *м* рефо́рм
Refrain [rə'frɛ̃:] <-s, -s> *m (Kehrreim)* припе́в *м*
Regal [re'ga:l] <-s, -e> *nt* по́лка *ж;* **etw ins ~ stellen** поста́вить что-л. на по́лку; **im ~ stehen** стоя́ть на по́лке
Regatta [re'gata] <-, Regatten> *f* рега́та *ж*
rege ['re:gə] *adj* **1.** *(betriebsam, aktiv)* оживлённый **2.** *(wach, munter)* живо́й
Regel ['re:gəl] <-, -n> *f* **1.** *(Konvention)* пра́вило *ср* **2.** *(Monatsblutung)* менструа́ция *ж;* **in der ~** как пра́вило
Regelblutung <-, -en> *f* менструа́ция *ж*
Regelkreis <-es, -e> *m* TECH ко́нтур *м* регули́рования
regellos *adj* нерегуля́рный
regelmäßig *adj* регуля́рный
Regelmäßigkeit <-> *f* регуля́рность *ж*
regeln ['re:gəln] **I.** *vt* регули́ровать, от- *св* **II.** *vr* **etw regelt sich von selbst** что-л. ула́дится само́ собо́й
Regelung <-, -en> *f* **1.** *(das Regeln)* урегули́рование *ср;* **die ~einer Angelegenheit** урегули́рование де́ла; **eine friedliche ~** ми́рное урегули́рование; **gesetzliche ~** правово́е регули́рование; **eine gütliche ~** полюбо́вное урегули́рование; **eine politische ~** полити́ческое урегули́рование; **die ~ von Streitfragen** урегули́рование спо́рных вопро́сов; **vertragliche ~** догово́рное урегули́рование **2.** *(Vorschrift)* положе́ние *ср,* пра́вило *ср;* **laut der neuen ~** по но́вому положе́нию; **~en treffen** устана́вливать пра́вила
Regelungstechnik <-> *f* те́хника *ж* (автомати́ческого) регули́рования
Regelwerk <-(e)s, -e> *nt* свод *м* пра́вил
regelwidrig *adj* непра́вильный
regen ['re:gən] *vr* шевели́ться, по- *св*
Regen ['re:gən] <-s> *m* дождь *м;* **saurer ~** ки́слый дождь
Regenböe <-, -n> *f* си́льный поры́в *м* ве́тра с дождём
Regenbogen *m* ра́дуга *ж*
Regeneration <-> *f (Wiederherstellung)* регенера́ция *ж*
regenerieren [regene'ri:rən] *vr (sich erholen, wiederherstellen)* восстана́вливаться, -станови́ться *св*
Regenfälle *mpl* затяжны́е дожди́ *мн;* **starke ~** си́льные дожди́
Regenfront <-, -en> *f* METEO дождево́й фронт *м*
Regengebiet <-(e)s, -e> *nt* METEO зо́на *ж* дожде́й
Regenmantel <-s, -mäntel> *m* плащ *м*
Regenrinne <-, -n> *f* водосто́чный жёлоб *м*
Regenschauer <-s, -> *m* кратковре́менный дождь *м*
Regenschirm <-(e)s, -e> *m* зонт *м;* *umg* зо́нтик *м*
Regent(in) [re'gɛnt] <-en, -en; -nen> *m(f)* реге́нт *м*
Regentag <-(e)s, -e> *m* дождли́вый день *м*
Regentropfen <-s, -> *m* дождева́я ка́пля *ж*
Regentschaft <-en> *f* реге́нтство *ср*
Regenwald <-(e)s, -wälder> *m* вла́жный тропи́ческий ле́с *м*
Regenwasser <-s> *nt* дождева́я вода́
Regenwetter <-s> *nt* дождли́вая пого́да *ж;* **bei ~** в дождь
Regenwurm <-(e)s, -würmer> *m* дождево́й червь *м*
Regenzeit <-, -en> *f* сезо́н *м* дожде́й
Regie [re'ʒi:] <-, -n> *f* режиссу́ра *ж,* постано́вка *ж*
regieren [re'gi:rən] **I.** *vt* пра́вить *нсв,* управля́ть *нсв* **II.** *vi* пра́вить *нсв*

Regierung <-, -en> *f* прави́тельство *ср; (Herrschaft)* правле́ние *ср;* **eine (neue) ~ bilden** сформи́ровать (но́вое) прави́тельство; **die ~ stürzen** све́ргнуть прави́тельство
Regierungsabkommen <-s, -> *nt* межправи́тельственное соглаше́ние *ср*
Regierungsantritt <-(e)s> *m* прихо́д *м* к вла́сти
Regierungsbildung <-> *f* формирова́ние *ср* прави́тельства
Regierungschef(in) <-s, -s> *m(f)* глава́ *м* прави́тельства
regierungsfähig *adj* **~e Mehrheit** парла́ментское большинство́
regierungsfeindlich *adj* антиправи́тельственный
Regierungsform <-, -en> *f* фо́рма *ж* прави́тельства
regierungsfreundlich *adj* подде́рживающий прави́тельство
Regierungsgeschäfte <-> *pl* прави́тельственные дела *мн*
Regierungskoalition <-, -en> *f* пра́вящая коали́ция *ж*
Regierungskrise <-, -n> *f* прави́тельственный кри́зис *м*
Regierungsmitglied <-(e)s, -er> *nt* член *м* прави́тельства
Regierungsprogramm <-(e)s, -e> *nt* програ́мма *ж* прави́тельства
Regierungspropaganda <-> *f* прави́тельственная пропага́нда *ж*
Regierungssprecher(in) <-s, -> *m(f)* представи́тель *м* прави́тельства, уполномо́ченный *м* прави́тельства (по свя́зям с обще́ственностью)
Regierungstruppen <-> *pl* прави́тельственные войска́ *срмн*
Regierungsumbildung <-> *f* реорганиза́ция *ж* прави́тельства
Regierungsvertreter <-s, -> *m* представи́тель *м* прави́тельства
Regierungsviertel <-s> *nt часть го́рода, в кото́рой располо́жены прави́тельственные зда́ния*
Regierungswechsel <-s, -> *m* сме́на *ж* прави́тельства
Regime [reˈʒiːm] <-s, -(s)> *nt* режи́м *м*
Regimegegner(in) <-s, -> *m(f)* проти́вник *м* режи́ма
Regiment [regiˈmɛnt] <-(e)s, -er> *nt* полк *м*
Region [reˈgi̯oːn] <-, -en> *f* регио́н *м,* о́бласть *ж,* райо́н *м*
regional [regi̯oˈnaːl] *adj* региона́льный; **~e Unterschiede** региона́льные разли́чия *срмн*
Regionalverkehr <-s> *m* ме́стное сообще́ние *ср*
Regisseur(in) [reʒɪˈsœːɐ̯, reʒɪˈsœːrə] <-s, -e> *m(f)* режиссёр *м*
Register [reˈgɪstɐ] <-s, -> *nt* **1.** *(Verzeichnis)* реги́стр *м,* спи́сок *м,* рее́стр *м* **2.** *(in einem Buch)* алфави́тный указа́тель *м* **3.** *(einer Orgel)* реги́стр *м*
Registertonne <-, -n> *f* MAR реги́стровая то́нна *ж*
Registratur [regɪstraˈtuːɐ, regɪstraˈtuːrən] <-, -en> *f* регистрату́ра *ж*
registrieren [regɪsˈtriːrən] *vt* регистри́ровать, за- *св*
Registrierung <-, -en> *f* регистра́ция *ж*
Regler [ˈreːglɐ] <-s, -> *m* регуля́тор *м*
reglos [ˈreːkloːs] *adj* без движе́ния
Reglosigkeit <-> *f* неподви́жность *ж*
regnen [ˈreːgnən] *vi* **es regnet** идёт дождь; **es regnet in Strömen** идёт ли́вень/проливно́й дождь
regnerisch *adj* дождли́вый
Regress[RR] [reˈgrɛs] <-es, -e> *m,* **Regreß**[Alt] <-gresses, -gresse> *m* JUR регре́сс *м*
Regression [regrɛˈsjoːn] <-, -en> *f* регре́ссия *ж;* **wirtschaftliche ~** экономи́ческая регре́ссия
regressiv [regrɛˈsiːf] *adj* регресси́вный; **die ~e Tendenz** регресси́вная тенде́нция
Regresspflicht[RR] <-> *f* JUR обя́занность *ж* возмеще́ния
regsam *adj* живо́й, подви́жный; *(aktiv)* де́ятельный, акти́вный
Regsamkeit <-> *f* жи́вость *ж,* подви́жность *ж*
regulär [reguˈlɛːɐ] *adj* станда́ртный, обы́чный; **~e Öffnungszeit** обы́чные часы́ рабо́ты; **~er Preis** станда́ртная цена́
Regulator <-s, -en> *m* регуля́тор *м*
regulieren [reguˈliːrən] *vt* регули́ровать, от- *св*
Regulierung <-, -en> *f* регули́рование *ср;* **staatliche ~** госуда́рственное регули́рование
Regung [ˈreːgʊŋ] <-, -en> *f* **1.** *(gefühlsmäßig)* поры́в *м,* побужде́ние *ср* **2.** *(Bewegung)* движе́ние *ср*
regungslos *adj* неподви́жный
Reh [reː] <-(e)s, -e> *nt* косу́ля *ж*
Rehabilitation [rehabilitaˈt͡si̯oːn] <-> *f* реабилита́ция *ж*
Rehabilitationszentrum <-s, -zentren> *nt* реабилитацио́нный центр *м*
rehabilitieren [rehabiliˈtiːrən] *vt (bezüglich Ruf, Ansehen)* реабилити́ровать *(н)св*
Rehbock <-(e), -böcke> *m* саме́ц *м* косу́ли
Rehbraten <-s> *m* жарко́е *ср* из косу́ли
Rehkeule <-, -n> *f* о́корок *м* косу́ли
Rehkitz <-es, -e> *nt* оленёнок *м,* молода́я косу́ля *ж*
Reibe [ˈraɪbə] <-, -n> *f (Küchen~)* тёрка *ж*
Reibeisen <-s, -> *nt* тёрка *ж*
reiben [ˈraɪbən] <rieb, gerieben> *vt* тере́ть, на- *св,* натира́ть *нсв;* **Käse ~** натере́ть сыр; **sich die Augen ~** протира́ть глаза́;

R

sich die Hände ~ потира́ть ру́ки; **der Schuh reibt** боти́нок трёт; **sich etw wund** ~ натере́ть себе́ что-л. (до кро́ви); **etw blank** ~ натере́ть что-л. до бле́ска; **sich** *dat* **die Hände** ~ *a. fig* потира́ть ру́ки

Reiberei <-, -en> *f* тре́ния *срмн*

Reibereien [raɪbəˈraɪən] *fpl* ссо́ры *мн*, дря́зги *мн*

Reibfläche <-> *f* пове́рхность *ж* тре́ния

Reibung <-, -en> *f* тре́ние *ср*

Reibungselektrizität <-> *f* трибоэлектри́чество *ср*

Reibungsfläche *f* пове́рхность *ж* тре́ния

Reibungskoeffizient <-en, -en> *m* PHYS коэффицие́нт *м* тре́ния

Reibungskraft <-, -kräfte> *f* си́ла *ж* тре́ния

reibungslos *adj* беспрепя́тственный; **etw verläuft** ~ что-л. прохо́дит без пробле́м

Reibungsverlust <-es, -e> *m* поте́ря *ж* на тре́ние

Reibungswiderstand <-(e)s> *m* сопротивле́ние *ср* тре́ния

reich [raɪç] *adj* бога́тый; ~ **an etw sein** быть бога́тым чем-л.; ~ **werden** разбогате́ть; ~ **geschmückt** бога́то разукра́шенный

Reich [raɪç] <-(e)s, -e> *nt* **1.** *(König~)* госуда́рство *ср*, импе́рия *ж* **2.** *(Bereich)* ца́рство *ср*, мир *м*; **das** ~ **der Tiere** ца́рство звере́й

reichen [ˈraɪçən] **I.** *vt (geben)* протя́гивать, -тяну́ть *св*; **jdm etw** ~ пода́ть кому́-л. что-л.; **sich** *dat* **die Hand** ~ пода́ть друг дру́гу ру́ку **II.** *vi (genügen)* хвата́ть, хвати́ть *св*; **das Brot muss bis morgen** ~ хле́ба должно́ хвати́ть до за́втра; **danke, das reicht** (э́того) хва́тит, спаси́бо; **jetzt reicht's mir aber!** *umg* с меня́ хва́тит!; **die Leiter reichte bis zum zweiten Stock** ле́стница доходи́ла [*или* достава́ла] до тре́тьего этажа́; **mir reicht's!** *fam* мне надое́ло!; **jetzt reicht's aber!** *fam* хва́тит уже́!; **so weit das Auge reicht** куда́ ни посмотри́

reichhaltig *adj* бога́тый, оби́льный

reichlich *adv* доста́точно; **alles ist** ~ **vorhanden** всего́ вдо́воль

i Land & Leute

В Германской империи **Reichstag** – **рейхстаг**, согласно Веймарской конституции, составлялся из депутатов земель, избиравшихся сроком на четыре года. После объединения Германии было решено перенести столицу страны вновь в Берлин. С 1994 года в Берлине находится резиденция федерального правительства. Здание рейхстага в Берлине служит с 1999 года для пленарных заседаний бундестага.

Reichtum <-s, -tümer> *m* бога́тство *ср*

Reichweite <-, -n> *f* да́льность *ж*; **in/außer** ~ **sein** быть в преде́лах/вне досяга́емости; **etw liegt in** ~ что-л. лежи́т бли́зко

reif [raɪf] *adj* **1.** *(Früchte)* спе́лый **2.** *(innerlich)* зре́лый; ~ **werden** созре́ть; **die Zeit ist** ~ **(für etwas)** наступи́ло вре́мя (для чего́-л.)

Reif [raɪf] <-(e)s> *m (Niederschlag)* и́ней *м*

Reife [raɪfə] <-> *f* **1.** *(von Früchten)* спе́лость *ж* **2.** *(Gereiftsein)* зре́лость *ж*

reifen [ˈraɪfən] *vi (auch von Menschen)* созрева́ть, -зре́ть *св*, зреть *нсв*

Reifen [ˈraɪfən] <-s, -> *m* ши́на *ж*

Reifendruck <-(e)s> *m* давле́ние *ср* в ши́нах

Reifenpanne <-, -n> *f* поврежде́ние *ср* ши́ны

Reifenwechsel *m* сме́на *ж* шин

Reifeprüfung *f* SCH экза́мен *м* на аттеста́т зре́лости

Reifezeit <-> *f* вре́мя *ср* созрева́ния

reiflich *adv* **das habe ich mir** ~ **überlegt** я э́то хорошо́ обду́мал

Reigen [ˈraɪgən] <-s, -> *m* хорово́д *м*

Reihe [ˈraɪə] <-, -n> *f* ряд *м*, шере́нга *ж*; **der** ~ **nach** по о́череди; **du bist an der** ~ твоя́ о́чередь; **sie sitzen in der dritten** ~ они́ сидя́т в тре́тьем ряду́; **sich in einer** ~ **aufstellen** встать в ряд; **etw auf die** ~ **kriegen** *fam* спра́виться с чем-л.

reihen *vt geh* **etw an etw** ~ вы́ровнять что-л. с чем-л.; **Perlen auf eine Schnur** ~ нани́зывать же́мчуг на ни́тку

Reihenfolge <-, -n> *f* после́довательность *ж*; **in alphabetischer** ~ по алфави́ту; **der** ~ **nach** по о́череди

Reihenhaus <-es, -häuser> *nt* дом *м* рядово́й застро́йки

Reihenhaussiedlung <-, -en> *f* населённый пункт *м* с дома́ми рядово́й застро́йки

reihenweise *adv* **1.** *fam (viele)* мно́жество **2.** *(in Reihen)* ряда́ми

Reiher [ˈraɪɐ] <-s, -> *m* ца́пля *ж*

Reim [raɪm] <-(e)s, -e> *m (im Vers)* ри́фма *ж*

reimen [raɪn] **I.** *vr* рифмова́ться *нсв* с **II.** *vt* рифмова́ть с

rein [raɪn] **I.** *adj (sauber, klar, pur)* чи́стый; **reine Theorie** чи́стая тео́рия; **etw** ~ **halten** держа́ть что-л. чи́стым; **ein reines Gewissen haben** име́ть чи́стую со́весть; **aus** ~ **privaten Gründen** по чи́сто ли́чным причи́нам **II.** *adv (alleinig, lediglich)* чи́сто; ~ **zufällig** чи́сто случа́йно; ~ **gar nichts** совсе́м ничего́

Reinemachefrau <-, -en> *f* убо́рщица *ж*

reine|machen *vi* де́лать убо́рку

Reinerlös <-es, -e> *m* чи́стая вы́ручка *ж*
Reinertrag <-(e)s, -erträge> *m* чи́стый дохо́д *м*
Reinfall <-(e)s, -fälle> *m umg* прова́л *м*, неуда́ча *ж*; **einen ~ erleben** потерпе́ть неуда́чу; **der neue Torwart ist ein ziemlicher ~** но́вый врата́рь – э́то по́лный прова́л
rein|fallen <irr> *vi sein, fam* **1.** *(in Loch)* пропада́ть, пропа́сть *св*; *(Licht)* па́дать **2.** *(sich täuschen lassen)* пове́рить в обма́н, попа́сться *св*
Reingewinn <-(e)s, -e> *m* чи́стая при́быль *ж*
Reinhaltung <-> *f* санита́рная охра́на *ж* (водоёмов)
rein|hauen **I.** *vi umg* нанести́ *св* уда́р; **er hat beim Mittagessen ordentlich** [*o* **mächtig**] **reingehauen** он пло́тно пообе́дал **II.** *vt fam (schlagen)* **jdm eine ~** уда́рить кого́-л.
Reinheit <-> *f* чистота́ *ж*

i Land & Leute

Reinheitsgebot – **«предписание об ингредиентах пивоварения»** – один из старейших законов об изготовлении продуктов питания в Германии, действующий с 1516 года. Этот закон предписывает изготовление пива только из ячменного солода, хмеля и воды, а с недавних пор – ещё и дрожжей.

Reinheitsgrad <-(e)s, -e> *m* сте́пень *ж* чистоты́
reinigen ['raɪnɪgən] *vt* чи́стить, о- *св*, очища́ть *нсв* от
Reiniger <-s, -> *m* сре́дство *ср* для чи́стки, чи́стящее сре́дство *ср*
Reinigung <-, -en> *f* **1.** *(das Reinigen)* очище́ние *ср* **2.** *(Reinigungsbetrieb)* химчи́стка *ж*
Reinigungsmilch <-> *f* космети́ческое молочко́ *ср*
Reinigungsmittel *nt* мо́ющее сре́дство *ср*
Reinkarnation <-en> *f* реинкарна́ция *ж*
rein|legen *vt fam s.* **hereinlegen, hineinlegen**
reinlich *adj* чи́стый, чистопло́тный
Reinlichkeit <-> *f* чистопло́тность *ж*
reinrassig *adj* поро́дистый
rein|schneien *vi umg* внеза́пно появи́ться *св*, свали́ться *св* как снег на го́лову
Reinvermögen <-s, -> *nt* факти́ческое иму́щество *ср*
Reinvestition <-, -en> *f* реинвести́ция *ж*
rein|würgen *vt umg* с трудо́м глота́ть, запи́хивать в себя́
rein|ziehen <irr> *vt fam* **sich** *dat* **ein Bier/einen Film ~** вы́пить буты́лку пи́ва/посмотре́ть фильм
Reis [raɪs] <-es> *m* рис *м*
Reisbau <-s> *m* рисово́дство *ср*
Reisbrei <-s> *m* ри́совая ка́ша *ж*
Reise ['raɪzə] <-, -n> *f* пое́здка *ж*, путеше́ствие *ср*; **eine ~ antreten** отпра́виться в пое́здку; **gute ~!** счастли́вого пути́!; **eine ~ machen** соверши́ть путеше́ствие; **auf Reisen sein** путеше́ствовать; **Gute ~!** счастли́вого пути́!
Reiseandenken <-s, -> *nt* сувени́р *м*
Reiseapotheke <-, -n> *f* доро́жная апте́чка *ж*
Reisebüro <-s, -s> *nt* туристи́ческое бюро́ *ср*, бюро́ *ср* путеше́ствий
Reisebus <-ses, -se> *m* туристи́ческий авто́бус *м*
reisefertig *adj* гото́вый к пое́здке
Reiseführer <-s, -> *m* путеводи́тель *м*
Reisegefährte <-n, -n> *m*, **Reisegefährtin** *f* спу́тник *м*, спу́тница *ж*
Reisegepäck <-(e)s> *nt* бага́ж *м*
Reisegruppe <-, -n> *f* туристи́ческая гру́ппа *ж*
Reisekosten <-> *pl* доро́жные расхо́ды *мн*
Reiseleiter(in) <-s, -> *m(f)* руководи́тель *м*, руководи́тельница *ж* туристи́ческой гру́ппы
Reisemitbringsel <-s, -> *nt* сувени́р *м*
reisen ['raɪzən] *vi* путеше́ствовать *нсв*, е́хать, по- *св*, е́здить *нсв* в; **sie reiste mit dem Zug nach Italien** она пое́хала на по́езде в Ита́лию
Reisende(r) <-n, -n> *f(m)* путеше́ственник *м*, путеше́ственница *ж*
Reisepass[RR] <-es, -pässe> *m* загранѝчный па́спорт *м*
Reiseprospekt <-(e)s, -e> *m* туристи́ческий проспе́кт *м*
Reiseproviant <-(e)s> *m* доро́жный провиа́нт *м*
Reiseroute <-, -n> *f* маршру́т *м*
Reiseruf <-(e)s, -e> *m* *сро́чное сообще́ние, передава́емое автомоби́льными клу́бами по ра́дио для находя́щихся в пути́ води́телей*
Reisescheck <-s, -s> *m* доро́жный чек *м*
Reiseschreibmaschine <-, -n> *f* доро́жная пи́шущая маши́нка *ж*
Reisetasche <-, -n> *f* доро́жная су́мка *ж*
Reiseveranstalter(in) <-s, -> *m(f)* организа́тор *м* туристи́ческой пое́здки
Reiseverkehr <-s> *m* пассажи́рское движе́ние *ср*
Reisevorbereitungen <-> *pl* приготовле́ния *мн* к пое́здке
Reisewecker <-s, -> *m* доро́жный буди́льник *м*
Reisewelle <-, -n> *f* пик *м* туристи́ческого сезо́на

Reisezeit <-> *f* туристи́ческий сезо́н *м*
Reiseziel <-(e)s, -e> *nt* цель *ж* пое́здки, пункт *м* назначе́ния
Reisfeld <-(e)s, -er> *nt* ри́совое по́ле *ср*
Reisig ['raɪzɪç] <-s> *nt* хво́рост *м*
Reisigbesen <-s, -> *m* ве́ник *м* из хво́роста
Reisigbündel <-s, -> *nt* вяза́нка *ж* хво́роста
Reißbrett <-(e)s, -er> *nt* чертёжная доска́ *ж*
reißen ['raɪsən] <riss, gerissen> **I.** *vt* **1.** *(entreißen)* вырыва́ть, вы́рвать *св;* **er riss den Brief in Stücke** он порва́л письмо́ на куски́ **2.** *(zerreißen)* разрыва́ть, разорва́ть *св;* **er wurde aus dem Schlaf gerissen** его́ оторва́ли от сна; **jdm etw aus der Hand ~** вы́рвать что-л. у кого́-л. из рук; **ich bin hin und her gerissen** я разрыва́юсь ме́жду ... и ... **II.** *vr* **sich um etw ~** *umg* дра́ться из-за чего́-л.; **sie riss sich aus seiner Umarmung** она́ вы́рвалась из его́ объя́тий
reißend *adj* бы́стрый, бу́рный
reißfest *adj* не рву́щийся
Reißnagel <-s, -nägel> *m* (канцеля́рская) кно́пка *ж*
Reissuppe <-> *f* ри́совый суп *м*
Reißverschluss[RR] <-es, -verschlüsse> *m* застёжка *ж* - мо́лния *ж; umg* мо́лния *ж*
Reißzahn <-(e)s, -zähne> *m* клык *м*
Reißzwecke <-, -n> *f* (канцеля́рская) кно́пка *ж*
Reitbahn <-, -en> *f* мане́ж *м*
reiten ['raɪtən] <ritt, geritten> *vi* е́здить *нсв* верхо́м [*или* на ло́шади], е́хать *нсв,* по- *св* верхо́м [*или* на ло́шади], скака́ть, по- *св;* **auf einem Kamel ~** е́хать на верблю́де; **auf einem Esel/Besen ~** е́хать на осле́/метле́; **im Galopp ~** скака́ть гало́пом
Reiter(in) <-s, -> *m(f)* нае́здник *м,* нае́здница *ж,* вса́дник *м,* вса́дница *ж*
Reitgerte <-, -n> *f* хлыст *м*
Reithose <-, -n> *f* бри́джи *мн*
Reitpeitsche <-, -n> *f* хлыст *м*
Reitpferd <-(e)s, -e> *nt* верхова́я ло́шадь *ж*
Reitschule *f* шко́ла *ж* верхово́й езды́
Reitsport <-s> *m* ко́нный спорт *м*
Reitstiefel <-s, -> *m* сапо́ги *ммн* для верхово́й езды́
Reitturnier <-s, -e> *nt* конноспорти́вные соревнова́ния *мн*
Reitweg <-(e)s, -e> *m* доро́жка *ж* для верхово́й езды́
Reiz [raɪts] <-es, -e> *m (Anziehung)* привлека́тельность *ж*
reizbar *adj* раздражи́тельный, оби́дчивый; **er ist leicht ~** он о́чень раздражи́тельный
Reizbarkeit <-> *f* раздражи́тельность *ж*
reizen ['raɪtsən] *vt* **1.** *(ärgern, angreifen)* раздража́ть *нсв* **2.** *(herausfordern)* побужда́ть, -буди́ть *св* **3.** *(sexuell)* возбужда́ть, -буди́ть *св*
reizend *adj* очарова́тельный
reizlos *adj* непривлека́тельный
Reizschwelle <-, -n> *f* поро́г *м* раздраже́ния
Reizstoff <-(e)s, -e> *m* раздража́ющее вещество́ *ср*
Reiztherapie <-> *f* MED терапи́я *ж* раздраже́нием
Reizung <-, -en> *f* MED раздраже́ние *ср*
reizvoll *adj* привлека́тельный
Reizwäsche <-> *f* эроти́ческое ни́жнее бельё *ср*
Reklamation [reklama'ts̯i̯o:n] <-, -en> *f* рекла́мация *ж,* прете́нзия *ж;* **eine ~ ablehnen** отклоня́ть реклама́цию; **eine ~ anerkennen** признава́ть реклама́цию; **eine ~ geltend machen** заявля́ть реклама́цию
Reklame [re'kla:mə] <-, -n> *f* рекла́ма *ж;* **für etw ~ machen** реклами́ровать что-л.; **marktschreierische ~** крикли́вая рекла́ма; **wirkungsvolle ~** де́йственная рекла́ма
Reklamefeldzug <-(e)s, -züge> *m* рекла́мная кампа́ния *ж*
Reklameschild <-(e)s, -er> *nt* рекла́мный щит *м*
reklamieren *vt (Beschwerde führen)* де́лать *нсв* реклама́цию
rekonstruieren [rekɔnstru'i:rən] *vt* реконструи́ровать *(н)св*
Rekonstruktion [rekɔnstrʊk'ts̯i̯o:n] <-, -en> *f* реконстру́кция *ж*
Rekord [re'kɔrt] <-(e)s, -e> *m* реко́рд *м;* **einen ~ aufstellen** установи́ть реко́рд; **einen ~ brechen** поби́ть реко́рд
Rekordhalter(in) <-s, -> *m(f)* SPORT рекордсме́н *м*
Rekordinhaber(in) <-s, -> *m(f)* рекордсме́н *м*
Rekordverschuldung <-, -en> *f* реко́рдная задо́лженность *ж*
Rekordzeit *f* **in ~** за реко́рдное вре́мя
Rekrut(in) [re'kru:t] <-en, -en> *m(f)* ре́крут *м*
rekrutieren [rekru'ti:rən] *vr* рекрути́ровать *(н)св* из
Rektion [rela'ts̯i̯o:n] <-, -en> *f* LING управле́ние *ср*
Rektor(in) ['rɛkto:ɐ] <-en, -en> *m(f)* **1.** *(einer Schule)* дире́ктор *м* **2.** *(einer Universität)* ре́ктор *м*
Rektorat [rɛkto'ra:t] <-(e)s, -e> *nt* ректора́т *м*
Rekultivierung [re-] <-> *f* рекультива́ция *ж*
Relais <-, -> *nt* реле́ *ср*
Relation [rela'tsjo:n] <-, -en> *f (Verhältnis)* отноше́ние *ср*

relativ [relaˈtiːf] *adj* **1.** *(im Verhältnis zu etwas)* относи́тельный; **im Winter ist es hier ~ warm** зимо́й здесь относи́тельно тепло́; **~ Mehrheit** относи́тельное большинство́ **2.** *(vergleichsweise)* сравни́тельно; **~ billig** сравни́тельно недо́рого; **eine ~ kurze Frist** сравни́тельно небольшо́й срок

Relativität [relativiˈtɛːt] <-> *f* относи́тельность *ж*

Relativitätstheorie <-> *f* PHYS тео́рия *ж* относи́тельности

Relativpronomen *nt* LING относи́тельное местоиме́ние *ср*

Relativsatz <-es, -sätze> *m* LING относи́тельное прида́точное предложе́ние *ср*

Relaunch <-es> *m* ÖKON обновле́ние *ср* проду́кта

relaxen [riˈlɛksən] *vi umg* расслабля́ться, -сла́биться *св*

relevant [releˈvant] *adj geh* зна́чимый, суще́ственный

Relief [reˈli̯ɛf] <-s, -s> *nt* релье́ф *м*

Religion [reliˈgi̯oːn] <-, -en> *f* рели́гия *ж; (Schulfach)* зако́н *м* бо́жий

Religionsfreiheit <-> *f* свобо́да *ж* вероиспове́дания

religionslos *adj (ohne Religion)* без рели́гии; *(kein Gläubiger)* неве́рующий

Religionsstifter <-s, -> *m* основа́тель *м* рели́гии

Religionsunterricht <-s> *m* преподава́ние *ср* зако́на бо́жьего

Religionszugehörigkeit <-, -en> *f* вероиспове́дание *ср*

religiös [reliˈgjøːs] *adj* религио́зный

Relikt [reˈlɪkt] <-(e)s, -e> *m* рели́кт *м*, пережи́ток *м*

Reling [ˈreːlɪŋ] <-> *f* по́ручень *м*

Reliquie [reˈliːkviə] <-, -n> *f* мо́щи *мн*

Reliquienschrein <-(e)s, -e> *m* ларе́ц *м* для рели́квий

remis **I.** *adj* <inv> **diese Partie ist ~** эта́ па́ртия реми́ **II.** *adv* **~ spielen/ausgehen** игра́ть/ко́нчить реми́

Remittende <-, -n> *f повреждённое и́ли содержа́щее оши́бки печа́тное изда́ние, возвращённое в изда́тельство*

Remoulade <-n> *f* майоне́з *м* с припра́вами

Remouladensoße [remuˈlaːdənzoːsə] <-> *f* ремула́дный со́ус *м*

Ren [rɛn] <-s, -s o -e> *nt* ZOOL се́верный оле́нь *м*

Renaissance [rənɛˈsɑ̃ːs] <-> *f* Ренесса́нс *м*, Возрожде́ние *ср*

Rendezvous [rɑ̃deˈvuː] <-, -> *nt* свида́ние *ср*

Rendite [rɛnˈdiːtə] <-, -n> *f* проце́нты *ммн*, дохо́д *м* (с це́нных бума́г); **~ abwerfen** приноси́ть дохо́д

Rennbahn <-, -en> *f* **1.** *(Pferderennen)* ипподро́м *м* **2.** *(Radrennen)* велодро́м *м* **3.** *(Autorennen)* автодро́м *м*

rennen [ˈrɛnən] <rannte, gerannt> *vi* бежа́ть, по- *св*, мча́ться, по- *св*; **um die Wette ~** бежа́ть наперегонки́; **gegen etw ~** бежа́ть про́тив чего́-л.

Rennen <-s, -> *nt* **1.** *(Pferde)* ска́чки *жмн*, бега́ *ммн* **2.** *(Auto)* го́нки *жмн*; **das ~ machen** *fam* победи́ть; **gut im ~ liegen** име́ть хоро́шие ша́нсы на успе́х; **das ~ ist gelaufen** *fam* всё ко́нчено

Renner <-s, -> *m umg (Produkt, das sich gut verkauft)* бестсе́ллер *м*

Rennfahrer(in) <-s, -> *m(f)* го́нщик *м*

Rennmotorrad <-(e)s, -motorräder> *nt* го́ночный мотоци́кл *м*

Rennpferd *nt* скакова́я ло́шадь *ж*

Rennrad <-(e)s, -räder> *nt* го́ночный велосипе́д *м*

Rennsport *m* го́ночные соревнова́ния *срмн*

Rennstall <-(e)s, -ställe> *m* бегова́я коню́шня *ж*

Rennstrecke *f* состяза́тельная доро́жка *ж*

Rennwagen <-s, -> *m* го́ночный автомоби́ль *м*

Renommee [renɔˈmeː] <-s, -s> *nt geh* репута́ция *ж*

renovieren [renoˈviːrən] *vt* ремонти́ровать, от- *св*

Renovierung <-, -en> *f* ремо́нт *м*

rentabel [rɛnˈtaːbəl] *adj* рента́бельный; **ein rentabler Betrieb** рента́бельное предприя́тие *ср*; **ein rentables Geschäft** рента́бельная сде́лка *ж*

Rentabilität [rɛntabiliˈtɛːt] <-> *f* рента́бельность *ж*, дохо́дность *ж*

Rentabilitätsrechnung <-, -en> *f* расчёт *м* рента́бельности

Rente [ˈrɛntə] <-, -n> *f* **1.** *(der Ruhestand, die Geldbezüge)* пе́нсия *ж*; **~ beziehen** получа́ть пе́нсию; **in ~ gehen** выходи́ть на пе́нсию; **von einer kleinen ~ leben** жить на ни́зкую пе́нсию; **in ~ sein** быть на пе́нсии **2.** *(Einkommen aus Vermögen)* ре́нта *ж*

Rentenalter <-s> *nt* пенсио́нный во́зраст *м*

Rentenanpassung <-, -en> *f предусмо́тренная зако́ном подго́нка пе́нсии к у́ровню за́работной пла́ты в определённом соотноше́нии*

Rentenanspruch <-(e), -ansprüche> *m* пра́во *ср* на получе́ние пе́нсии

Rentenbemessungsgrundlage <-> *f* осно́ва *ж* исчисле́ния пе́нсий

Rentendynamik <-> *f* пенсио́нная дина́мика *ж*

Rentenmarkt <-(e)s> *m* ры́нок *м* це́нных

R

бума́г с твёрдым проце́нтом
Rentenversicherung <-> *f* пенсио́нное страхова́ние *ср*
Rentier ['rɛntiːɐ] <-(e)s, -e> *nt* (се́верный) оле́нь *м*
Rentner(in) ['rɛntnɐ] <-s, -> *m(f)* пенсионе́р *м*, пенсионе́рка *ж*
Reorganisation <-> *f* реорганиза́ция *ж*, перестро́йка *ж*; ~ **der Verwaltung** реорганиза́ция управле́ния
Reparationen [repara'tsi̯oːnən] <-> *pl* репара́ции *мн*
Reparatur [repara'tuːɐ, repara'tuːrən] <-, -en> *f* ремо́нт *м*, почи́нка *ж*; **etw in ~ geben** отда́ть что-л. в ремо́нт; **laufende ~** теку́щий ремо́нт
Reparaturarbeiten *pl* ремо́нтные рабо́ты
Reparaturkosten *pl* сто́имость *ж* ремо́нта
Reparaturwerkstatt <-, -stätten> *f* ремо́нтная мастерска́я *ж*
reparieren [repa'riːrən] *vt* чини́ть, по- *св*, ремонти́ровать, от- *св*
Repertoire [repɛr'toaːɐ] <-s, -s> *nt* реперту́ар *м*
Report [re'pɔrt] <-s, -s> *m* репо́рт *м*
Reportage [repɔr'taːʒə] <-, -n> *f* репорта́ж *м*
Reporter(in) [re'pɔrtɐ] <-s, -> *m(f)* корреспонде́нт *м*, корреспонде́нтка *ж*, репортёр *м*
Repräsentant(in) [reprɛzɛn'tant] <-en, -en> *m(f)* **1.** *(Vertreter)* представи́тель *м*, представи́тельница *ж*; ~ **einer Firma** представи́тель фи́рмы; ~ **eines Handelshauses** представи́тель торго́вого до́ма; ~ **der Staatsmacht** представи́тель вла́сти **2.** *(Abgeordneter)* депута́т *м*
Repräsentanz <-, -en> *f* представи́тельство *ср*, филиа́л *м*
Repräsentation [reprɛzɛnta'tsi̯oːn] <-> *f* представи́тельство *ср*
Repräsentationskosten <-> *pl* представи́тельские расхо́ды *мн*
repräsentativ [reprɛzɛnta'tiːf] *adj* представи́тельный
Repräsentativerhebung <-, -en> *f* вы́борочное обсле́дование *ср*, вы́борочный опро́с *м*
repräsentieren [reprɛzɛn'tiːrən] *vt* **1.** *(vertreten)* представля́ть, -ста́вить *св*; **ein Land ~** представля́ть страну́ **2.** *(einen Wert darstellen)* составля́ть, -стви́ть *св*; **das Objekt repräsentiert einen Wert von mehreren tausend Dollar** сто́имость объе́кта составля́ет не́сколько ты́сяч до́лларов
Repressalien [reprɛ'saːliən] <-> *pl* репре́ссия *ж*
Repression <-> *f* репре́ссия *ж*
repressiv [reprɛ'siːf] *adj* репресси́вный
Reprint <-s, -s> *m* перепеча́тка *ж*
reprivatisieren *vt* реприватизи́ровать
Reprivatisierung <-, -en> *f* реприватиза́ция *ж*
Reproduktion [reprodʊk'tsi̯oːn] <-, -en> *f* **1.** *(stetige Erneuerung)* воспроизво́дство *ср*; ~ **der Arbeitskraft** воспроизво́дство рабо́чей си́лы; **gesellschaftliche ~** обще́ственное воспроизво́дство **2.** *(Wiedergabe)* репроду́кция *ж*
reproduzieren [reprodu'tsiːrən] *vt* воспроизводи́ть
Reptil [rɛp'tiːl] <-s, -ien> *nt* пресмыка́ющееся *ср*
Republik [repu'bliːk] <-, -en> *f* респу́блика *ж*
Republikaner(in) [republi'kaːnɐ] <-s, -> *m(f)* республика́нец *м*, республика́нка *ж*
republikanisch [republi'kaːnɪʃ] *adj* республика́нский
Requiem ['reːkviɛm] <-s, -s> *nt* ре́квием *м*
Requisit [rekvi'ziːt] <-(e)s, -en> *nt pl* THEAT реквизи́т *м*
Requisiten <-> *pl* THEAT реквизи́т *м*
resch [rɛʃ] *adj* хрустя́щий
Reservat [rezɛr'vaːt] <-(e)s, -e> *nt* резерва́т *м*
Reserve [re'zɛrvə] <-, -n> *f* запа́с *м*, резе́рв *м*; **~n ausschöpfen** испо́льзовать резе́рвы; **eiserne ~** неприкоснове́нный запа́с; **finanzielle ~n** фина́нсовые резе́рвы; **etw in ~ haben** име́ть что-л. в запа́се; **personelle ~n** резе́рвы рабо́чей си́лы; **stille ~n** скры́тые резе́рвы; **strategische ~n** стратеги́ческие запа́сы; **über große ~n verfügen** располага́ть больши́ми резе́рвами; **jdn/etw in ~ haben** име́ть кого́-л./что-л. в резе́рве; **jdn aus der ~ locken** провоци́ровать кого́-л.
Reservekanister <-s, -> *m* запасна́я кани́стра *ж*
Reserveoffizier <-s, -e> *m* офице́р *м* запа́са
Reserverad <-(e)s, -räder> *nt* запа́сное колесо́ *ср*
Reservereifen *m* запасна́я ши́на *ж*
Reservespieler(in) <-s, -> *m(f)* SPORT запасно́й игро́к *м*
reservieren [rezɛr'viːrən] *vt* резерви́ровать, за- *св*; **ich lasse uns einen Tisch ~** я закажу́ для нас стол; **ein Zimmer im Hotel ~ lassen** заброни́ровать но́мер в оте́ле
reserviert *adj* сде́ржанный
Reservierung <-en> *f* резерва́ция *ж*
Reservist(in) [rezɛr'vɪst] <-en, -en> *m(f)* резерви́ст *м*, резерви́стка *ж*
Reservoir [rezɛr'voaːɐ] <-s> *nt* резервуа́р *м*
Residenz [rezi'dɛnts] <-, -en> *f* резиде́нция *ж*
Residualeinkommen <-s, -> *nt* предпринима́тельский дохо́д *м*
Resignation [rezɪgna'tsi̯oːn] <-> *f* разоча-

ро́ванность *ж*, поко́рность *ж*, песси-ми́зм *м*
resignieren [rezɪ'gniːrən] *vi* смиря́ться, -ри́ться *св* со свои́м положе́нием
resistent [rezɪs'tɛnt] *adj* сто́йкий
Resistenz <-> *f* сто́йкость *ж*
resolut [rezo'luːt] *adj* реши́тельный
Resonanz [rezo'nants̮] <-, -en> *f* о́тклик *м*; **~ finden** получи́ть о́тклик
Respekt [re'spɛkt] <-(e)s> *m* уваже́ние *ср*, почте́ние *ср*; **sich** *dat* **~ verschaffen** заслужи́ть уваже́ние; **vor jdm/etw** *dat* **~ haben** уважа́ть кого́-л./что-л.; **bei allem ~** при всём моём уваже́нии к кому́-л.
respektabel [respɛk'taːbəl] *adj* почте́нный
respektieren [respɛk'tiːrən] *vt* уважа́ть *нсв*
respektlos *adj* неуважи́тельный
Respektlosigkeit <-> *f* неуважи́тельность *ж*
respektvoll *adj* почти́тельный
Ressentiment [rɛsɑ̃ti'mɑ̃ː] <-s, -s> *nt geh* вражде́бность *ж*
Ressort [rɛ'soːɐ] <-s, -s> *nt* **1.** *(Aufgabenbereich)* сфе́ра *ж* де́ятельности **2.** *(Amt)* ве́домство *ср* **3.** *(Abteilung)* отде́л *м*
Ressortleiter <-s, -> *m* руководи́тель *м* ве́домства
Ressource <-, -n> *f* ресу́рсы *ммн*; **begrenzte ~n** ограни́ченные ресу́рсы; **betriebliche ~n** произво́дственные ресу́рсы; **finanzielle ~n** фина́нсовые ресу́рсы; **natürliche ~n** приро́дные ресу́рсы; **~n rationell einsetzen** рациона́льно испо́льзовать ресу́рсы
Ressourcen [rɛ'sʊrsən] *fpl* ресу́рсы *мн*
Rest [rɛst] <-(e)s, -e> *m* оста́ток *м*; **der ~ von** оста́ток чего́-л.; **ein kleiner ~** небольшо́й оста́ток *м*; **das hat ihm den ~ gegeben** *fam* э́то бы́ло для него́ после́дней ка́плей
Restaurant [rɛsto'rɑ̃ː] <-s, -s> *nt* рестора́н *м*
Restauration [restaʊra'ts̮i̯oːn] <-> *f* реставра́ция *ж*
Restaurator(in) [restaʊ'raːtoːɐ̯, restaʊra'toːrən] <-s, -en; -nen> *m(f)* реставра́тор *м*
restaurieren [restaʊ'riːrən] *vt* реставри́ровать
Restaurierung <-> *f* реставри́рование *ср*, реставра́ция *ж*
Restbestand <-(e)s, -bestände> *m* оста́ток *м*, са́льдо *ср*
Restbetrag <-(e)s, -beträge> *m* оста́ток *м*, са́льдо *ср*
restlich *adj* остаю́щийся, остально́й
restlos I. *adj* бессле́дный **II.** *adv* бессле́дно
Restposten <-s, -> *m* това́рные оста́тки *мн*
Restriktion <-, -en> *f* рестри́кция *ж*, ограниче́ние *ср*
restriktiv [restrɪk'tiːf] *adj geh* ограничи́тельный
Restrukturierung <-, -en> *f* перестро́йка *ж*, реорганиза́ция *ж*
Resultante <-, -n> *f* MATH равноде́йствующая *ж*
Resultat [rezʊl'taːt] <-(e)s, -e> *nt* результа́т *м*
Resümee [rezy'meː] <-s, -s> *nt* резюме́ *ср*
Retorte [re'tɔrtə] <-, -n> *f* рето́рта *ж*; **aus der ~** *pej, umg* из проби́рки
retour [re'tuːɐ̯] *adv reg, Schweiz, Österr* **jdm etw ~ geben** верну́ть кому́-л. что-л.
Retourbillet <-(e)s, -e> *nt CH (Rückfahrkarte)* обра́тный биле́т *м*
Retourgeld <-(e)s, -er> *nt* ме́лочь *ж*, разме́нные де́ньги *мн*; *CH (Wechselgeld)* сда́ча *ж*
Retoursendung <-, -en> *f* возвраще́ние *ср* това́ра
Retourwechsel <-s, -> *m* ретра́тта *ж*
retrospektiv *adj* ретроспекти́вный
Retrospektive [retrospɛk'tiːvə] <-, -n> *f* ретроспекти́ва *ж*
retten ['rɛtən] **I.** *vt* спаса́ть, спасти́ *св* от; **bist du noch zu ~?** *fam* ты в своём уме́? **II.** *vr* **sich ~** спаса́ться, спасти́сь *св* от; **rette sich, wer kann!** спаса́йся, кто мо́жет!
Retter(in) <-s, -> *m(f)* спаси́тель *м*, спаси́тельница *ж*
Rettich ['rɛtɪç] <-s, -e> *m* ре́дька *ж*
Rettung <-, -en> *f* спасе́ние *ср*; **du bist meine letzte ~!** *fam* ты моя́ после́дняя наде́жда!
Rettungsaktion <-, -en> *f* спаса́тельная опера́ция *ж*
Rettungsboot <-(e)s, -e> *nt* спаса́тельная шлю́пка *ж*
Rettungsdienst <-es, -e> *m* спаса́тельная слу́жба *ж*
Rettungsflugzeug <-(e)s, -e> *m* самолёт *м* спаса́тельной слу́жбы
Rettungshubschrauber <-s, -> *m* спаса́тельный вертолёт *м*
rettungslos *adj* **~ verloren** безнадёжно поте́рян
Rettungsmannschaft <-, -en> *f* спаса́тельная кома́нда *ж*
Rettungsring <-(e)s, -e> *m* спаса́тельный круг *м*
Rettungssanitäter <-s, -> *m* санита́р *м* ско́рой по́мощи
Rettungsschwimmer(in) <-s, -> *m(f)* плове́ц-спаса́тель *м*
Rettungswagen *m* автомоби́ль *м* спаса́тельной слу́жбы
Rettungsweste <-, -n> *f* спаса́тельный жиле́т *м*
retuschieren [retʊ'ʃiːrən] *vt* ретуши́ровать
Reue ['rɔɪə] <-> *f* раска́яние *ср*

R

reuen *vt* раска́иваться, -ка́яться *св;* **seine Tat reute ihn** он раска́ивался в своём посту́пке

reuevoll *adj* по́лный раска́яния

reuig *adj* раска́ивающийся

reumütig ['rɔɪmy:tɪç] *adv* **~ sein** раска́иваться

Reuse <-, -n> *f* ве́рша *ж*

Revanche [re'vɑ̃:ʃ(ə)] <-, -n> *f* рева́нш *м;* **jdm ~ geben** отблагодари́ть услу́гой за услу́гу

Revanchepartie <-, -n> *f* SPORT матч-рева́нш *м*

Revanchespiel <-(e)s, -e> *nt* матч *м* рева́нш *м*, отве́тная встре́ча *ж*

revanchieren [revɑ̃'ʃi:rən] *vr* **sich ~** **1.** *(sich rächen)* отомсти́ть **2.** *(sich erkenntlich zeigen)* отблагодари́ть

revidieren [revi'di:rən] *vt* **1.** *(Einstellung, Meinung)* пересма́тривать, -смотре́ть *св* **2.** JUR обжа́ловать *(н)св*

Revier [re'vi:ɐ] <-s, -e> *nt* **1.** *(von Tieren)* уча́сток *м* **2.** *(Polizeirevier)* полице́йский уча́сток *м* **3.** *(Jagdrevier)* террито́рия *ж*

Revision [revi'zi̯o:n] <-, -en> *f* **1.** *(Neubearbeitung)* реви́зия *ж*, прове́рка *ж* **2.** JUR пересмо́тр *м*, обжа́лование *ср*

Revisor(in) <-s, -en> *m(f)* ревизо́р *м*

Revolte [re'vɔltə] <-, -n> *f* бунт *м*, мяте́ж *м*

revoltieren [revɔl'ti:rən] *vi* бунтова́ть

Revolution [revolu'tsi̯o:n] <-, -en> *f* револю́ция *ж*

revolutionär [revolutsjo'nɛ:ɐ̯] *adj* революцио́нный

Revolutionär(in) <-s, -e> *m(f)* революционе́р *м*, революционе́рка *ж*

Revolver [re'vɔlvɐ] <-s, -> *m* револьве́р *м*

Rezensent(in) [retsɛn'zɛnt] <-en, -en> *m(f)* рецензе́нт *м*

rezensieren [retsɛn'zi:rən] *vt (Buch, Film, Aufführung)* рецензи́ровать, от- *св*

Rezension [retsɛn'zi̯o:n] <-, -en> *f* реце́нзия *ж*

Rezept [re'tsɛpt] <-(e)s, -e> *nt* MED *(Kochrezept)* реце́пт *м;* **auf ~** по реце́пту

Rezeptblock <-(e)s, -blöcke> *m* блокно́т *м* для за́писи реце́птов

rezeptfrei **I.** *adj (Medikament)* отпуска́емый без реце́пта **II.** *adv* без реце́пта

Rezeption [retsɛp'tsi̯o:n] <-, -en> *f (im Hotel)* бюро́ *ср* регистра́ции

Rezeptor <-s, -en> *m* реце́птор *м*

rezeptpflichtig *adj (Medikament)* отпуска́емый то́лько по реце́пту

Rezeptur <-, -en> *f* рецепту́ра *ж*

Rezession [retsɛ'sjo:n] <-, -en> *f* экономи́ческий спад *м*, реце́ссия *ж*

rezessionsbedingt *adj* обусло́вленный экономи́ческим спа́дом

rezessiv *adj* рецесси́вный

Rezipient [retsi'pjɛnt] <-en, -en> *m* реципие́нт *м*

reziprok *adj* MATH взаи́мный

rezitieren *vt* деклами́ровать

Rhabarber [ra'barbɐ] <-s> *m* реве́нь *м*

Rhein [raɪn] <-(e)s> *m* Рейн *м*

rheinisch *adj* ре́йнский

Rheinland <-s> *nt* Ре́йнская о́бласть *ж*

Rheinland-Pfalz <-> *nt* Ре́йнланд-Пфальц *м*

Rhesusfaktor ['re:zʊsfakto:ɐ̯] <-s, -en> *m* ре́зус-фа́ктор *м*

Rhesusunverträglichkeit <-> *f* MED несовмести́мость *ж* ре́зус-фа́кторов

Rhetorik [re'to:rɪk] <-> *f* рито́рика *ж*

rhetorisch *adj* ритори́ческий; **eine ~e Frage** ритори́ческий вопро́с *м*

Rheuma ['rɔɪma] <-s> *nt* ревмати́зм *м*

Rheumamittel <-s, -> *nt* сре́дство *ср* про́тив ревмати́зма

rheumatisch *adj* ревмати́ческий

Rheumatismus [rɔɪma'tɪsmʊs] <-> *m* ревмати́зм *м*

Rheumawäsche <-> *f* противоревмати́ческое ни́жнее бельё *ср*

Rhinozeros [ri'no:tserɔs] <-(ses), -se> *nt* **1.** ZOOL носоро́г *м* **2.** *fig* дура́к *м*

Rhododendron <-s> *m* рододе́ндрон *м*

Rhönrad <-(e)s, -räder> *nt* ре́нское колесо́ *ср*

rhythmisch ['rʏtmɪʃ] *adj* ритми́ческий

Rhythmus ['rʏtmʊs] <-, Rhythmen> *m* ритм *м*

Richtantenne <-, -n> *f* напра́вленная анте́нна *ж*

richten ['rɪçtən] **I.** *vt* **1.** *(lenken)* направля́ть, -пра́вить *св* на **2.** *(zielen)* наце́ливать, -це́лить *св* на **II.** *vr* быть *нсв* на; **sich nach jdm/etw ~** сле́довать кому́-л./чему́-л.

Richter(in) ['rɪçtɐ] <-s, -> *m(f)* судья́ *м*

richterlich *adj* суде́йский

Richterspruch <-(e)s, -sprüche> *m* реше́ние *ср* суда́

Richtfunk <-s> *m* радиореле́йная связь *ж*

Richtgeschwindigkeit <-, -en> *f (im Verkehr)* рекомендо́ванная ско́рость *ж*

richtig ['rɪçtɪç] **I.** *adj* пра́вильный; **ich halte es für ~, dass ...** я счита́ю, что мы должны́ ...; **zur richtigen Zeit** когда́ подойдёт вре́мя; **der ist nicht ganz ~ (im Kopf)** у него́ не все до́ма **II.** *adv* **1.** *(korrekt)* пра́вильно; **das hat er ~ gemacht** он э́то пра́вильно сде́лал; **geht die Uhr ~?** часы́ то́чно иду́т?; **du kommst gerade ~** ты пришла/пришёл как раз во́время **2.** *(wirklich, tatsächlich)* по-настоя́щему; **er war ~ nett** он был о́чень ми́лый

Richtigkeit *f ohne pl* **das wird schon seine ~ haben** э́то име́ет свой причи́ны

richtig|stellen[RR] *vt* ста́вить, по- *св*

Richtlinie <-, -en> *f* директи́ва *ж*

Richtpreis <-es, -e> *m* ориентиро́вочная

[*или* рекоменду́емая] цена́ *ж*

Richtsatz <-es, -sätze> *m* **1.** *(Richtgröße)* норма́ти́в *м* **2.** *(Richtlinie)* директи́ва *ж*

Richtstrahler <-s, -> *m* напра́вленная анте́нна *ж*

Richtung <-, -en> *f* направле́ние *ср;* **du gehst in die falsche ~** ты идёшь в непра́вильном направле́нии; **in ~ auf** в сто́рону ...; **in die entgegengesetzte ~ fahren** е́хать в противополо́жную сто́рону; **sie gab dem Gespräch eine andere ~** она перевела́ разгово́р на другу́ю те́му

richtungweisend *adj* с определя́ющим значе́нием

Richtwert <-(e)s, -e> *m* нормати́вный показа́тель *м*

Richtzeit <-, -en> *f* заплани́рованное вре́мя *ср*

Ricke <-, -n> *f* косу́ля *ж*

rieb [ri:p] *prät von* **reiben**

riechen ['ri:çən] <roch, gerochen> **I.** *vi (einen bestimmten Geruch verbreiten)* па́хнуть *нсв;* **nach etw ~** па́хнуть чем-л. **II.** *vt (einen bestimmten Geruch wahrnehmen)* ню́хать, по- *св;* **an etw ~** обню́хивать что-л.; **übel riechend** пло́хо па́хнущий; **an einem Gewürz ~** ню́хать тра́вы; **es riecht angebrannt** па́хнет горе́лым; **jdn nicht ~ können** *fig, fam* не выноси́ть кого́-л.

Riecher <-s, -> *m fam (Nase)* нос *м; (Geruchssinn)* нюх *м;* **den richtigen ~ für etw haben** име́ть подхо́д к чему́-л.

rief [ri:f] *prät von* **rufen**

Riegel ['ri:gəl] <-s, -> *m (von Schloss)* задви́жка *ж*

Riemen ['ri:mən] <-s, -> *m* реме́нь *м;* **sich am ~ reißen** *fam* взять себя́ в ру́ки; **den ~ enger schnallen** *fam* затяну́ть поту́же реме́нь

Riemenantrieb <-(e)s> *m* TECH ременно́й при́вод *м*

Riese ['ri:zə] <-n, -n> *m* велика́н *м*

rieseln ['ri:zəln] *vi* **1.** *(Sand)* струи́ться *нсв* **2.** *(Flüssigkeit)* журча́ть *нсв*

riesengroß *adj umg* гига́нтский

Riesenhunger *m fam* **ich habe einen ~** я о́чень проголода́лся

Riesenrad <-(e)s, -räder> *nt* колесо́ *ср* обозре́ния

Riesenschlange <-, -n> *f* уда́в *м*

Riesenschritt *m fam* **mit Riesenschritten** широко́ шага́я

Riesenslalom *m* SPORT гига́нтский сла́лом *м*

riesig I. *adj (sehr groß)* колосса́льный **II.** *adv umg (sehr)* ужа́сно

Riesling ['ri:slɪŋ] *m* ри́слинг *м*

riet [ri:t] *prät von* **raten**

Riff [rɪf] <-(e)s, -e> *nt* риф *м*

rigoros [rigo'ro:s] *adj* стро́гий, категори́чный

Rille ['rɪlə] <-, -n> *f* желобо́к *м*

Rind [rɪnt] <-(e)s, -er> *nt* **1.** *(weibliches Tier)* коро́ва *ж* **2.** *(männliches Tier)* бык *м* **3.** *(pl)* кру́пный рога́тый скот *м* **4.** *(Fleisch)* говя́дина *ж*

Rinde ['rɪndə] <-, -n> *f* **1.** *(von Baum)* кора́ *ж* **2.** *(von Brot)* ко́рка *ж*

Rinderbraten <-s, -> *m* жарко́е *ср* из говя́дины

Rinderfilet <-s, -s> *nt* филе́йная часть *ж* (говя́жей ту́ши)

Rinderwahnsinn <-s> *m* коро́вье бе́шенство *ср*

Rindfleisch <-(e)s> *nt* говя́дина *ж*

Rindvieh <-(e)s> *nt umg (Schimpfwort)* скоти́на *ж*

Ring [rɪŋ] <-(e)s, -e> *m* **1.** *(am Finger)* кольцо́ *ср;* **Ringe unter den Augen haben** име́ть круги́ под глаза́ми **2.** SPORT *(Boxen)* ринг *м*

Ringbuch <-(e)s, -bücher> *nt* записна́я кни́жка *ж* на ко́льцах

Ringbucheinlage <-, -n> *f* вкла́дыш *м* в записну́ю кни́жку на ко́льцах

Ringelnatter <-, -n> *f* уж *м* обыкнове́нный

ringen ['rɪŋən] <rang, gerungen> *vi* боро́ться *нсв* с; **nach Luft ~** глота́ть во́здух; **mit dem Tod ~** боро́ться со сме́ртью

Ringer(in) <-s, -> *m(f)* боре́ц *м*

Ringfinger <-s, -> *m* безымя́нный па́лец *м*

ringförmig ['rɪŋfllrmɪç] *adj* кру́глый как пе́рстень

Ringkampf <-(e)s, -kämpfe> *m* борьба́ *ж* (на ри́нге)

Ringkämpfer(in) *m(f)* SPORT боре́ц *м*

Ringrichter(in) <-s, -> *m(f)* судья́ *м* на ри́нге

rings [rɪŋs] *adv* **~ um** вокру́г

ringsherum ['rɪŋshɛ'rʊm] *adv* вокру́г, круго́м

ringsum *adv*, **ringsumher** *adv s.* **ringsherum**

Rinne ['rɪnə] <-, -n> *f* жёлоб *м*, кана́вка *ж*

rinnen ['rɪnən] <rann, geronnen> *vi* течь *нсв*

Rinnstein <-(e)s, -e> *m* сто́чная кана́ва *ж*

Rippchen ['rɪpçən] <-s, -> *nt* GASTR груди́нка *ж*

Rippe ['rɪpə] <-, -n> *f* ребро́ *ср*

Rippenfell *nt* ANAT плёвра *ж*

Rippenfellentzündung <-, -en> *f* плеври́т *м*

Risiko ['ri:ziko] <-s, Risiken> *nt* риск *м;* **ein ~ eingehen** идти́ на риск; **etw auf eigenes ~ tun** де́лать что-л. на со́бственный риск; **kein/ein ~ eingehen** не рискова́ть/рискну́ть

Risikoanalyse <-, -n> *f* ана́лиз *м* ри́ска

risikobereit *adj* гото́вый пойти́ на риск

Risikofaktor <-s, -en> *m* фа́ктор *м* ри́ска

Risikokapital <-s> *nt* ри́сковый капита́л *м*

R

Risikoprämie <-, -n> *f* пре́мия *ж* за риск
risikoreich *adj* риско́ванный
Risikoschwangerschaft <-, -en> *f* бере́менность *ж*, сопряжённая с ри́ском
Risikostreuung <-> *f* распределе́ние *ср* ри́ска
Risikoteilung <-> *f* дробле́ние *ср* ри́сков
Risikoübernahme <-> *f* взя́тие *ср* ри́ска на себя́
riskant [rɪs'kant] *adj* риско́ванный; **das ist mir zu ~** э́то о́чень риско́ванно
riskieren [rɪs'ki:rən] *vt* рискова́ть, рискну́ть *св;* **etw~** рискова́ть чем-л.
riss[RR], **riß**[Alt] [rɪs] *prät von* **reißen**
Riss[RR] <-es, -e> *m*, **Riß**[Alt] [rɪs] <-sses, -sse> *m* тре́щина *ж*, щель *ж*
rissig ['rɪsɪç] *adj* потре́скавшийся
ritt [rɪt] *prät von* **reiten**
Ritt [rɪt] <-(e)s, -e> *m* пое́здка *ж* верхо́м
Ritter ['rɪtɐ] <-s, -> *m* ры́царь *м*
Ritterburg <-, -en> *f* кре́пость *ж*
ritterlich **I.** *adj* ры́царский **II.** *adv* по-ры́царски
Ritterlichkeit <-> *f* ры́царское поведе́ние *ср*
Ritterroman <-s, -e> *m* LIT ры́царский рома́н *м*
Ritterrüstung <-, -en> *f* доспе́хи *мн*
rittlings ['rɪtlɪŋs] *adv* верхо́м
Ritual [ritu'a:l] <-s, -e/-ien> *nt* обря́д *м*, ритуа́л *м*
rituell [ritu'ɛl] *adj* ритуа́льный
Ritze ['rɪtsə] <-, -n> *f* щель *ж*
ritzen ['rɪtsən] *vt (einritzen)* цара́пать, на- *св* на
Rivale [ri'va:lə] <-n, -n> *m* сопе́рник *м*
Rivalin [ri'va:lɪn] <-, -nen> *f* сопе́рница *ж*
rivalisieren [rivali'zi:rən] *vi* сопе́рничать *нсв* с
Rivalität [rivali'tɛ:t] <-, -en> *f* сопе́рничество *ср*
Rizinus ['ri:ts̮inʊs] <-, -(se)> *m (Pflanze)* касто́рка *ж*
Rizinusöl <-(e)s> *nt* касто́рка *ж*
Roadster <-s, -> *m* KFZ ро́дстер *м*
Roastbeef ['ro:stbi:f] *nt* ро́стбиф *м*
Robbe ['rɔbə] <-, -n> *f* тюле́нь *м*
Robe ['ro:bə] <-n> *f* капо́т *м*
Roboter ['rɔbɔtɐ] <-s, -> *m* ро́бот *м*
Robotertechnik <-> *f* робототе́хника *ж*
robust [ro'bʊst] *adj (kräftig)* кре́пкий
roch [rɔx] *prät von* **riechen**
Rochade <-, -n> *f (Schach)* рокиро́вка *ж*
röcheln ['rœçəln] *vi* хрипе́ть, про- *св*
Rochen ['rɔxən] <-s, -> *m* скат *м*
Rock[1] [rɔk, 'rœkə] <-(e)s, Röcke> *m (Damenkleidung)* ю́бка *ж*
Rock[2] [rɔk] <-s> *m (Rockmusik)* рок *м*
Rockband ['rɔkbɛnt] <-, -s> *f* рок-гру́ппа *ж*
Rocker ['rɔkɐ] <-s, -> *m* ро́кер *м*
Rockerbande <-, -n> *f* ба́нда *ж* ро́керов
Rockerbraut <-, -bräute> *f* подру́га *ж* ро́кера
Rockfestival <-s, -s> *nt* фестива́ль *м* рок-му́зыки
Rockgruppe <-, -n> *f* рок-гру́ппа *ж*
Rockkonzert <-(e)s, -e> *nt* конце́рт *м* рок-му́зыки
Rockmusik <-> *f* рок-му́зыка *ж*
Rodelbahn *f* спорти́вная площа́дка для состяза́ния на саня́х
rodeln ['ro:dəln] *vi* ката́ться, по- *св* на саня́х [*или* на са́нках]
roden ['ro:dən] *vt (Wald, Land)* корчева́ть, вы́корчевать *св*
Rodung <-, -en> *f* **1.** *(das Roden)* корчева́ние *ср* **2.** *(gerodete Fläche)* раскорчёванный уча́сток *м*
Roggen ['rɔgən] <-s, -> *m* рожь *ж*
Roggenbrot <-(e)s, -e> *nt* ржано́й хлеб *м*
Roggenmehl <-s> *nt* ржана́я мука́ *ж*
roh [ro:] *adj* **1.** *(grob, brutal)* гру́бый **2.** *(unbearbeitet)* сыро́й, необрабо́танный
Rohbau <-(e)s, -ten> *m* неотде́ланная постро́йка *ж*
Rohbilanz <-, -en> *f* предвари́тельный бала́нс *м*
Roheisen <-s> *nt* чугу́н *м*
Rohertrag <-(e)s, -erträge> *m* дохо́д *м* бру́тто
Rohfell <-(e)s, -e> *nt* сыра́я шку́ра *ж*, коже́венное сырьё *ср*
Rohkost <-> *f* сыра́я расти́тельная пи́ща *ж*
Rohmaterial <-s> *nt* сырьево́й материа́л *м*
Rohmetall <-(e)s, -e> *nt* неочи́щенный мета́лл *м*
Rohöl <-(e)s> *nt* сыра́я нефть *ж*
Rohr [ro:ɐ] <-(e)s, -e> *nt* труба́ *ж*
Rohrbruch <-(e)s, -brüche> *m* разры́в *м* трубопрово́да
Röhre ['rœ:rə] <-, -n> *f* **1.** *(Rohr)* тру́бка *ж* **2.** EL ва́куумная ла́мпа *ж;* **in die ~ schauen** *umg* оста́ться с но́сом
röhrenförmig *adj* тру́бчатый
Rohrleger <-s, -> *m* прокла́дчик *м*
Rohrleitung <-, -en> *f* трубопрово́д *м*
Rohrnetz <-es, -e> *nt* тру́бная сеть *ж*
Rohrzange <-, -n> *f* тру́бный ключ *м*
Rohrzucker <-s> *m* тростнико́вый са́хар *м*
Rohseide <-> *f* шёлк-сыре́ц *м*
Rohstoff <-(e)s, -e> *m* сырьё *ср;* **das Land ist arm/reich an ~en** страна́ бедна́/бога́та сырьём; **~e ausführen** вывози́ть сырьё; **Bedarf an ~en** потре́бность в сырье́; **~e einführen** ввози́ть сырьё; **Einsparung von ~en** эконо́мия сырья́; **pflanzlicher ~** расти́тельное сырьё
Rohstoffbörse <-> *f* това́рно-сырьева́я би́ржа *ж*

Rohstoffmangel <-s> *m* недоста́ток *м* сырья́

Rohstoffreserven <-> *pl* резе́рвы *мн* сырья́

Rohstoffverknappung <-> *f* нехва́тка *ж* сырья́

Rohvermögen <-s> *nt* валово́е иму́щество *ср*

Rohwolle <-> *f* немы́тая шерсть *ж*

Rohzucker <-s> *m* са́хар *м* - сыре́ц *м*

Rohzustand *m ohne pl* **im ~** в сыро́м ви́де

Rokoko ['rɔkoko] <-s> *nt* рококо́ *ср*

Rolladen[Alt] <-s, -läden> *m s.* **Rollladen**

Rollbahn *f* AERO поса́дочная полоса́ *ж*

Rolle ['rɔlə] <-, -n> *f* **1.** *(von Garn, Kabel)* кату́шка *ж* **2.** *(Rad)* ро́лик *м* **3.** THEAT роль *ж* **4.** SPORT кувыро́к *м;* **etw spielt keine ~** что-л. не игра́ет ро́ли; **es spielt keine ~, ob ...** не име́ет значе́ния, ...; **bei ihm spielt Geld keine ~** для него́ де́ньги не име́ют значе́ния

rollen ['rɔlən] **I.** *vt* ката́ть *нсв,* кати́ть, по- *св* **II.** *vi* кати́ться, по- *св,* ката́ться *нсв;* **etw ins Rollen bringen** *umg* сдви́нуть что-л. с мёртвой то́чки; **etw kommt ins Rollen** *fam* что-л. прихо́дит в де́йствие **III.** *vr* **sich ~** верте́ться

Rollenbesetzung <-> *f* распределе́ние *ср* роле́й

Rollenbild <-(e)s, -er> *nt* представле́ние *ср* о ро́ли

Rollenklischee <-s, -s> *nt* ролево́й стереоти́п *м*

Rollenkonflikt <-(e)s, -e> *m* SOZIOL ролево́й конфли́кт *м*

Rollenspiel <-(e)s, -e> *nt* SOZIOL подража́ние *ср* ролево́му поведе́нию

Rollentausch <-es> *m* обме́н *м* роля́ми

Rollenverhalten <-s> *nt* SOZIOL ролево́е поведе́ние *ср*

Rollenverteilung <-s> *f* распределе́ние *ср* роле́й

Roller ['rɔlɐ] <-s, -> *m* **1.** *(Motor~)* моторо́ллер *м* **2.** *(Kinder~)* самока́т *м*

Rollfeld <-(e)s, -er> *nt* лётное по́ле *ср*

Rollkragen *m* воротни́к *м*

Rollkragenpullover <-s, -s> *m* сви́тер *м* с высо́ким воротнико́м; *umg* водола́зка *ж*

Rollladen[RR] <-s, -läden> *m* жа́люзи *мн*

Rollschuh <-(e)s, -e> *m* ро́ликовый конёк *м;* **~ laufen** ката́ться на ро́ликах

Rollstuhl <-(e)s, -stühle> *m* инвали́дная коля́ска *ж*

Rollstuhlfahrer(in) *m(f)* инвали́д *м* в коля́ске

Rolltreppe <-, -n> *f* эскала́тор *м*

ROM [rɔm] <-s, -s> *nt* DV постоя́нная па́мять *м*

Rom [rɔm] <-s> *nt* Рим *м*

Roman [ro'maːn] <-s, -e> *m* рома́н *м*

romanhaft *adj* романи́ческий

Romanik [ro'maːnɪk] <-> *f (Epoche)* рома́нская эпо́ха *ж*

romanisch *adj* рома́нский; **~e Sprachen** рома́нские языки́

Romanist(in) [roma'nɪst] <-en, -en> *m(f)* романи́ст *м,* романи́стка *ж*

Romanistik [roma'nɪstɪk] <-> *f* романи́стика *ж*

Romanschriftsteller(in) <-s, -> *m(f)* романи́ст *м*

Romantik [ro'mantɪk] <-> *f (Epoche)* романти́ческая эпо́ха *ж*

Romantiker(in) [ro'mantikɐ] <-s, -> *m(f)* рома́нтик *м*

romantisch *adj* романти́ческий

Romanze [ro'mantsə] <-, -n> *f* рома́нс *м*

Römer(in) ['rœːmɐ] <-s, -> *m(f)* ри́млянин *м,* ри́млянка *ж*

römisch *adj* ри́мский

römisch-katholisch *adj* ри́мско-католи́ческий

Rondo <-s, -s> *nt* ро́ндо *ср*

röntgen ['rœntgən] *vt* делать, с- *св* рентге́новский сни́мок

Röntgenarzt <-es, -ärzte> *m,* **Röntgenärztin** *f* врач-рентгено́лог *м*

Röntgenaufnahme <-, -n> *f* рентге́новский сни́мок *м*

Röntgenbild <-(e)s, -er> *nt* рентге́новский сни́мок *м*

Röntgenstrahlen <-> *mpl* рентге́новское излуче́ние *ср*

Röntgentherapie <-, -n> *f* рентгенотерапи́я *ж*

Röntgenuntersuchung <-, -en> *f* рентге́новское обсле́дование *ср*

rosa ['roːza] *adj* ро́зовый

rosarot ['roːza'roːt] *adj* **die Welt durch eine rosarote Brille sehen** смотре́ть на мир сквозь ро́зовые очки́

Rose ['roːzə] <-, -n> *f* ро́за *ж*

Rosé ['roːzə] <-s, -s> *m* розе́ *ср*

Rosenkohl <-(e)s> *m* брюссе́льская капу́ста *ж*

Rosenkranz <-es, -kränze> *m* чётки *мн*

Rosenstock <-(e)s, -stöcke> *m* куст *м* ро́зы, ро́зовый куст *м*

Rosenstrauch <-(e)s, -sträucher> *m* куст *м* ро́зы

Rosenzucht <-> *f* разведе́ние *ср* роз

Rosette [ro'zɛtə] <-, -n> *f* розе́тка *ж*

rosig ['roːzɪç] *adj* ро́зовый

Rosine [ro'ziːnə] <-, -n> *f* изю́минка *ж,* изю́м *м*

Rosmarin ['roːsmariːn] <-s> *m ohne pl* розмари́н *м*

Ross[RR] [rɔs] <-es, -e *o dial* Rösser> *nt,* **Roß**[Alt] <-sses, -sse, Rösser> *nt o dial, geh (edles Pferd)* ло́шадь *ж;* **auf dem hohen ~ sitzen** смотре́ть свысока́

Rost[1] [rɔst] <-(e)s, -e> *m (Gitter)* решётка *ж;*

vom ~ GASTR на гри́ле
Rost² [rɔst] <-(e)s> *m (an Metall)* ржа́вчина *ж;* ~ **ansetzen** заржаве́ть
Rostbraten *m Österr, südd* ро́стбиф *м*
rostbraun *adj* кори́чневый
Röstbrot <-(e)s, -e> *nt* тост *м,* грено́к *м; meist pl* гре́нки *мн*
rosten ['rɔstən] *vi* ржаве́ть, за- *св*
rösten ['rllstən] *vt* жа́рить, под- *св*
rostfrei *adj* нержаве́ющий
rostig *adj* ржа́вый
Röstkartoffeln *fpl reg* жа́реная карто́шка *ж*

i Land & Leute

Особым образом приготовленный **Rösti** – **жареный картофель** – одно из традиционных блюд швабской кухни. Для этого блюда мелко нарезанный сырой или отваренный картофель выпекается на сковородке вместе с луком и пряностями.

Rostschutz <-es> *m (Farbe, Anstrich)* антикоррозио́нное покры́тие *ср*
Rostschutzfarbe *f* кра́ска *ж* - предохрани́тель от ржа́вчины
Rostschutzmittel *nt* антикоррози́йное сре́дство *ср*
rot [ro:t] *adj* кра́сный; ~ **werden** покрасне́ть; **~e Zahlen** фина́нсовый дефици́т, долги́; **eine Firma aus den ~en Zahlen führen** ликвиди́ровать убы́точность фи́рмы; **in die ~en Zahlen geraten** влезть в долги́; **in den ~en Zahlen stecken** быть в долга́х; **bei** ~ на кра́сный свет; **eine rote Ampel** кра́сный светофо́р; **sich** *dat* **etw** ~ **im Kalender anstreichen** подчеркну́ть кра́сным в календаре́
Rotation [rota'tsi̯o:n] <-en> *f* рота́ция *ж*
Rotationsachse *f*<phys, tech> ось *ж* рота́ции
Rotationsmaschine <-, -n> *f* ротацио́нная печа́тная маши́на *ж*
Rotationsprinzip <-s> *nt* POL при́нцип *м* рота́ции
rotblond *adj* рыжева́тый
rotbraun *adj* кра́сно-кори́чневый
Röte ['rœ:tə] <-> *f* краснота́ *ж*
Röteln ['rœ:təln] <-> *fpl* красну́ха *ж*
röten ['rœ:tən] *vr* красне́ть, по- *св*
rot-grün *adj о правительственной коали́ции Социал-демократи́ческой па́ртии и па́ртии „Зелёных" в Герма́нии*
rothaarig *adj* ры́жий
Rothirsch <-es, -e> *m* благоро́дный оле́нь *м*
rotieren [ro'ti:rən] *vi* враща́ться *нсв*
Rotkäppchen ['ro:tkɛpçən] <-s> *nt* Кра́сная Ша́почка *ж*
Rotkehlchen ['ro:tke:lçən] <-s, -> *nt* мали́новка *ж*
Rotkohl <-s> *m* краснокоча́нная капу́ста *ж*
rötlich ['rœ:tlɪç] *adj* краснова́тый
Rotlichtviertel <-s, -> *nt райо́н го́рода, в кото́ром сосредото́чены развлека́тельные заведе́ния, ба́ры, борде́ли и т.п.*
Rotor <-s, -en> *m* ро́тор *м*
Rotstich <-s> *m* FOT преоблада́ние *ср* кра́сного отте́нка
rotstichig *adj* с преоблада́нием кра́сного отте́нка
Rotunde <-, -n> *f* рото́нда *ж*
Rötung <-en> *f* покрасне́ние *ср*
Rotwein <-(e)s, -e> *m* кра́сное вино́ *ср*
Rotz [rɔts] <-es> *m umg* сопля́ *ж*
rotzfrech ['rɔts̮'frɛç] *adj fam* на́глый
Rouge [ru:ʒ] <-s> *nt* румя́на *мн;* ~ **auflegen** наложи́ть румя́на
Roulade [ru'la:də] <-, -n> *f* руле́т *м*
Roulette [ru'lɛtə] <-s, -s> *nt* руле́тка *ж;* **russisches** ~ **spielen** игра́ть в ру́сскую руле́тку
Route ['ru:tə] <-, -n> *f* маршру́т *м*
Routine [ru'ti:nə] <-> *f* **1.** *(Fertigkeit)* на́вык *м,* сноро́вка *ж;* ~ **bekommen** приобрести́ть сноро́вку **2.** *(Erfahrung)* о́пыт *м* **3.** *(Gewohnheit)* рути́на *ж* **4.** DV станда́ртная програ́мма *ж*
Routinearbeit <-, -en> *f* рути́нная рабо́та *ж*
Routineuntersuchung <-, -en> *f* очередно́е обсле́дование *ср*
routiniert [ruti'ni:ɐt] *adj* о́пытный, ло́вкий
Rowdy ['raʊdi] <-s, -s> *m pej* хулига́н *м*
Rowdytum *nt* хулига́нство *ср*
Royalist(in) [ro̯aja'lɪst] <-en, -en; -nen> *m(f)* роялі́ст *м*
Rübe ['ry:bə] <-, -n> *f* **1.** *(rote)* свёкла *ж;* **Rote** ~ (кра́сная) свёкла; **Weiße** ~ ре́па *ж* **2.** *(gelbe)* морко́вь *ж* **3.** *umg (Kopf)* башка́ *ж;* **eins auf die ~ kriegen** получи́ть по мозга́м
Rubel ['ru:bəl] <-s, -> *m* рубль *м;* **der ~ rollt** *umg* де́нежные дела́ иду́т вовсю́
Rübenzucker <-s> *m* свеко́льный са́хар *м*
rüber|bringen <irr> *vt fam (vermitteln)* передава́ть, переда́ть *св*
rüber|kommen <irr> *vi sein, fam (deutlich werden)* стать поня́тным
Rubin [ru'bi:n] <-s, -e> *m* руби́н *м*
rubinrot *adj* руби́новый
Rubrik [ru'bri:k] <-, -en> *f* ру́брика *ж*
Ruck [rʊk] <-(e)s, -e> *m* толчо́к *м;* **mit einem** ~ ре́зко
ruckartig *adv* толчко́м, рывко́м
rückbezüglich *adj* возвра́тный

rückfragen

• rückfragen	• Проверка
Meinst du damit, dass ...?	Ты имеешь в виду, что ...?
Soll das heißen, dass ...?	Это означает, что ...?
Habe ich Sie richtig verstanden, dass ...?	Я правильно вас понял, что...?
Wollen Sie damit sagen, dass ...?	Вы хотите этим сказать, что ...?
• kontrollieren, ob Inhalt / Zweck eigener Äußerungen verstanden werden	• Контроль, понято ли содержание высказывания
Kapito? *(sl)*	Ясно? / Понятно?
Alles klar? (*fam*) / Ist das klar?	Все ясно? / Это понятно?
Verstehst du, was ich (damit) meine?	Вам понятно, что я имею в виду?
Haben Sie verstanden, auf was ich hinaus möchte?	Вы поняли, что я хочу этим сказать?
Ich weiß nicht, ob ich mich verständlich machen konnte.	Не знаю, ясно / понятно ли я выразился.

Rückblende *f* FILM ретроспекти́ва *ж*

rückblickend *adj* ретроспекти́вный

rücken ['rʏkən] *vi sein (Platz machen)* подви́нуться; **rück mal (ein Stückchen)!** подви́нься (немно́жко)!; **in den Mittelpunkt des Interesses ~** быть в це́нтре внима́ния

Rücken ['rʏkən] <-s, -> *m* **1.** ANAT спина́ *ж;* **~ an ~** спина́ к спине́; **jdm den ~ zukehren/zuwenden** поверну́ться к кому́-л. спино́й; **auf dem ~ liegen** лежа́ть на спине́; **mir lief es eiskalt über den ~** у меня́ мура́шки пробежа́ли по спине́; **jdm/sich** *dat* **den ~ freihalten** оста́вить кому́-л./для себя́ свобо́дным путь к отступле́нию; **jdm in den ~ fallen** пре́дать кого́-л.; **hinter jds ~** за спино́й у кого́-л. **2.** *(von Buch)* корешо́к *м* **3.** *(Bergrücken)* хребе́т *м*

Rückendeckung *f* MIL обеспе́чить путь к отступле́нию

Rückenlehne <-, -n> *f* спи́нка *ж*

Rückenmark <-(e)s> *nt* спинно́й мозг *м*

Rückenmarkverletzung <-, -en> *f* поврежде́ние *ср* спинно́го мо́зга

Rückennummer <-, -n> *f* SPORT но́мер *м* на спине́

Rückenschmerzen <-> *mpl* боль *ж* в спине́

Rückenschwimmen <-s> *nt* пла́вание *ср* на спине́

Rückenwind <-(e)s> *m* попу́тный ве́тер *м*

rück|erstatten *vt* FIN возмести́ть

Rückerstattung <-, -n> *f* возмеще́ние *ср;* **~ der Auslagen** возмеще́ние изде́ржек; **~ von Steuern** возвра́т нало́гов

Rückfahrkarte <-, -n> *f* обра́тный биле́т *м*

Rückfahrscheinwerfer <-s, -> *m* KFZ фа́ра *ж* за́днего хо́да

Rückfahrt <-, -en> *f* обра́тный путь *м;* **auf der ~** на обра́тном пути́

Rückfall <-(e)s, -fälle> *m* реци́див *м;* **einen ~ erleiden** пережи́ть реци́див

rückfällig *adj* повто́рный; **~ werden** име́ть реци́див

Rückfenster <-s, -> *nt* за́днее окно́ *ср*

Rückflug <-(e)s, -flüge> *m* обра́тный полёт *м;* **auf dem ~** на обра́тной доро́ге

Rückflugticket <-s, -s> *nt* обра́тный биле́т *м* на самолёт

Rückfrage <-, -n> *f* переспро́с *м*

Rückgabe <-, -n> *f* возвра́т *м*

Rückgang <-(e)s, -gänge> *m* **1.** *(Verringerung)* сниже́ние *ср,* сокраще́ние *ср,* уменьше́ние *ср,* пониже́ние *ср;* **~ der Arbeitslosigkeit** уменьше́ние безрабо́тицы; **~ der Bevölkerung** уменьше́ние населе́ния; **~ der Börsenkurse** пониже́ние бирже-вы́х ку́рсов; **~ des Exports** паде́ние э́кспорта; **~ der Mitgliederzahl** уменьше́ние числа́ чле́нов; **~ der Qualität** пониже́ние ка́чества **2.** *(Abschwächung)* спад *м,* упа́док *м;* **~ der Geschäftstätigkeit** спад делово́й акти́вности; **~der Produktion** спад произво́дства

rückgängig [-gɛŋɪç] *adj* обра́тный; **etw ~ machen** отменя́ть что-л.

Rückgrat ['rʏkgraːt] <-(e)s, -e> *nt* позвоно́чник *м*

Rückgriff <-(e), -e> *m* регре́сс *м*

Rückhalt <-(e)s> *m* подде́ржка *ж,* опо́ра *ж;* **(bei jdm) ~ finden** найти́ (в ком-л.) опо́ру

Rückkauf <-(e)s, -käufe> *m* вы́куп *м*

Rückkehr ['rʏkkeːɐ̯] <-> *f* возвраще́ние *ср*

Rückkehrer(in) *m(f)* репатриа́нт *м*

Rückkopplung <-, -en> *f* обра́тная связь *ж*

Rücklagen <-> *pl* резе́рвы *мн;* **gesetzliche ~n** обяза́тельные отчисле́ния в резе́рв

Rücklauf <-(e)s, -läufe> *m* обра́тный ход *м*

Rücklauftaste <-, -n> *f* кно́пка *ж* обра́тного хо́да; *(am Kassettenrekorder)* кно́пка *ж* ускоренной перемо́тки (магнито-

R

фóнной лéнты)
Rücklicht <-(e)s, -er> *nt (an Auto)* зáдний свет *м*
rücklings ['rʏklɪŋs] *adv* нáвзничь
Rückmarsch <-es, -märsche> *m* обрáтный путь *м* (при движéнии пешкóм)
Rückmeldung <-, -en> *f* доклáд *м* о возвращéнии; UNI зáпись *ж* студéнтов на слéдующий семéстр
Rücknahme [-na:mə] *m (Zurückziehung)* отмéна *ж,* откáз *м;* ~ **einer Klage** откáз от ́иска; ~ **eines Verbotes** отмéна запрéта
Rückreise <-, -n> *f* обрáтный путь *м;* **auf der** ~ на обрáтном пути́
Rückreisewelle <-, -n> *f* волнá *ж* возвращéний
Rückruf <-(e)s, -e> *m (telefonisch)* ответный звонóк *м*
Rucksack ['rʊkzak] <-(e)s, -säcke> *m* рюкзáк *м*
Rückschau *f* ретроспектúва *ж*
Rückschlag <-(e)s, -schläge> *m* провáл *м,* неудáча *ж*
Rückschlagventil <-(e)s, -e> *nt* TECH обрáтный клáпан *м*
Rückschluss[RR] <-es, -schlüsse> *m* заключéние *ср*
Rückschritt <-(e)s, -e> *m* регрéсс *м*
Rückseite <-, -n> *f* обрáтная сторонá *ж*
Rücksicht <-> *f* внимáние *ср,* уважéние *ср;* **auf jdn/etw ~ nehmen** учи́тывать интерéсы когó-л./чегó-л.; **mit ~ auf ...** имéя в виду́; **auf jdn/etw ~ nehmen** приня́ть во внимáние когó-л./что-л.
rücksichtslos *adj* бесцеремóнный
Rücksichtslosigkeit <-, -en> *f* бесцеремóнность *ж*
rücksichtsvoll *adj* внимáтельный
Rücksitz <-es, -e> *m* зáднее сидéнье *ср*
Rückspiegel <-s, -> *m* зéркало *ср* зáднего ви́да
Rückstand <-(e)s, -stände> *m* **1.** *(das Zurückliegen)* отставáние *ср;* **die Mannschaft ist mit drei Toren im ~** комáнда отстаёт на три очкá **2.** *(Verschuldung)* задóлженность *ж;* **in ~ geraten** допускáть задóлженность; **mit den Zahlungen in ~ sein** имéть задóлженность (по платежáм); **mit der Lieferung im ~ sein** опáздывать с достáвкой; **mit 0 zu 2 im ~ liegen** SPORT отставáть на два очкá **3.** *(Abfälle)* отхóды *мн,* остáтки *мн;* **Wiederverwertung von Rückständen** утилизáция отхóдов
rückständig *adj* отстáлый
Rückstufung <-, -en> *f* перевóд *м* в бóлее ни́зкую категóрию
Rücktransport <-(e)s> *m* **1.** *(von Ware)* обрáтная достáвка *ж* **2.** FOT обрáтная перемóтка *ж*
Rücktritt <-(e)s, -e> *m* **1.** *(von Amt)* отстáвка *ж;* **seinen ~ einreichen** подавáть в отстáвку; **seinen ~ erklären** заявля́ть о своéй отстáвке **2.** *(von Vertrag)* откáз *м;* **~ vom Vertrag** откáз от договóра
Rücktrittbremse <-, -n> *f* педáльный тóрмоз *м*
Rücktrittsgesuch <-(e)s, -e> *nt* заявлéние *ср* об отстáвке
Rückübersetzung <-, -en> *f* обрáтный перевóд *м* (тéкста)
Rückvergütung <-, -en> *f* **1.** *(Erstattung)* возмещéние *ср* **2.** *(Bonifikation)* бонификáция *ж*
Rückversicherung <-> *f* перестраховáние *ср*
Rückwand *f* зáдняя стенá *ж*
rückwärts ['rʏkvɛrts] *adv* обрáтно, назáд; **~ einparken** припаркóвываться на зáднем ходу́
Rückwärtsgang <-(e)s, -gänge> *m* зáдний ход *м*
Rückweg <-(e)s, -e> *m* обрáтный путь *м;* **auf dem ~** на обрáтном пути́
ruckweise *adv* толчкáми
Rückzahlung <-, -en> *f* **1.** *(Rückerstattung)* возврáт *м* дéнег **2.** *(Tilgung)* погашéние *ср;* **~eines Kredits in Raten** погашéние креди́та в рассрóчку; **~ der Schulden** погашéние долгóв
Rückzieher <-s, -> *m fam* **einen ~ machen** отказáться от чегó-л.
Rückzug <-(e)s> *m* отступлéние *ср;* **auf dem ~ sein** отступáть; **den ~ antreten** начáть отступлéние
Rückzugsgefecht <-(e)s, -e> *nt* арьергáрдный бой *м*
rüde ['ry:də] *adj* грýбый
Rüde ['ry:də] <-n, -n> *m* кобéль *м*
Rudel ['ru:dəl] <-s, -> *nt* стáя *ж,* стáдо *ср*
Ruder ['ru:dɐ] <-s, -> *nt* веслó *ср*
Ruderboot <-(e)s, -e> *nt* гребнáя лóдка *ж*
Ruderer <-s, -> *m,* **Ruderin** <-nen> *f* гребéц *м*
rudern ['ru:dɐn] *vi* грести́ *нсв*
Rudersport <-(e)s> *m* гребнóй спорт *м*
rudimentär [rudimɛn'tɛ:ɐ] *adj* рудиментáрный
Rudrer(in) <-s, -; -nen> *m(f)* гребéц *м*
Rud(r)erin <-, -nen> *f* гребéц *м,* гребчи́ха *ж*
Rüebli ['ry:ɛbli] <-s, -> *nt CH (Karotte)* моркóвь *ж*
Ruf [ru:f] <-(e)s, -e> *m* **1.** *(das Rufen)* крик *м* **2.** *(Ansehen)* репутáция *ж;* **einen guten ~ haben** пóльзоваться хорóшей репутáцией; **jdn in schlechten ~ bringen** навреди́ть репутáции когó-л. **3.** *(Berufung eines Professors)* приглашéние *ср*
rufen ['ru:fən] <rief, gerufen> **I.** *vt* кричáть, кри́кнуть *св,* звать, позвáть *св;* **um Hilfe ~** звать на пóмощь; **nach jdm ~** звать когó-л.; **das kommt mir wie gerufen** *fam*

Um Ruhe bitten

• **zum Schweigen auffordern**	• **Просьба соблюдать тишину**
Psst! *(**fam**)*	Ш-ш!
Ruhig!	Тихо!
Halt's Maul! / Schnauze! *(**derb**)* *(**fam!**)*	Заткнись! *(**fam!**)* / Закрой свой рот!
Jetzt seien Sie doch mal ruhig!	**Замолчите наконец!**
Jetzt hör mir mal zu!	**Теперь слушай меня!**
Jetzt sei mal still!	**Замолчи на минуту!**
Ich möchte auch noch etwas sagen!	**И я хочу что-то сказать! / прошу слова!**
Danke! ICH meine dazu, ...	**Спасибо! Я думаю ...**
(an ein Publikum): **Ich bitte um Ruhe!**	*(аудитории):* **Прошу тишины!**
(an Schüler): **Wenn ihr jetzt bitte mal ruhig sein könnt!**	*(ученикам):* **Пожалуйста, успокойтесь!**

э́то происхо́дит как раз в подходя́щий моме́нт **II.** *vi* **laut ~** крича́ть гро́мко; **jdn ~** звать кого́-л.

Rufmord <-(e)s, -e> *m* злонаме́ренная клевета́ *ж*

Rufname <-n, -n> *m* и́мя *ср*

Rufnummer <-, -n> *f* но́мер *м* телефо́на

Rufschädigung <-, -en> *f* нанесе́ние *ср* уще́рба репута́ции, злонаме́ренная клевета́ *ж*

Rugby ['rakbi] <-(s)> *nt* ре́гби *ср*

Rüge ['ry:gə] <-, -n> *f* вы́говор *м;* **jdm eine ~ erteilen** сде́лать вы́говор кому́-л.

rügen ['ry:gən] *vt* де́лать, с- *св* вы́говор из-за; **jdn/etw ~** сде́лать вы́говор кому́-л.

Ruhe ['ru:ə] <-> *f* **1.** *(Stille)* тишина́ *ж,* поко́й *м;* **die ~ vor dem Sturm** зати́шье пе́ред бу́рей; **~ bitte!** тишина́! **2.** *(Gelassenheit)* споко́йствие *ср;* **jdn nicht zur ~ kommen lassen** *fam* не дава́ть кому́-л. поко́я; **lass mich in ~!** *fam* оста́вь меня́ в поко́е!; **in aller ~** споко́йно; **sich durch nichts aus der ~ bringen lassen** сохраня́ть самооблада́ние; **immer mit der ~!** споко́йствие, то́лько споко́йствие! **3.** *(Erholung)* о́тдых *м;* **~, bitte!** прошу́ тишины́!; **jdn in ~ lassen** оста́вить кого́-л. в поко́е; **keine ~ geben** *umg* не дава́ть поко́я; **sich** *dat* **keine ~ gönnen, bis ...** не дава́ть себе́ поко́я, пока́ ...; **angenehme ~!** прия́тного о́тдыха!; **sich zur ~ setzen** вы́йти на пе́нсию

Ruhegeld <-es, -er> *m* пе́нсия *ж*

ruheliebend *adj* любя́щий поко́й [*или* тишину́]

ruhelos *adj* беспоко́йный

ruhen ['ru:ən] *vi* **1.** *(liegen)* отдыха́ть, отдохну́ть *св;* **ich werde nicht eher ~, bis ...** я не успоко́юсь, пока́ ...; **der Teig muss ~** те́сто должно́ подойти́; **„ruhe in Frieden!"** мир пра́ху! **2.** *(nicht in Betrieb sein)* безде́йствовать *нсв*

Ruhepause <-, -n> *f* переды́шка *ж*

Ruhestand <-(e)s> *m* пе́нсия *ж;* **in den ~ gehen** уйти́ на пе́нсию; **im ~ sein** быть на пе́нсии

Ruheständler(in) [-ʃtɛntlɐ] <-s, -> *m(f)* пенсионе́р *м* (бы́вший чино́вник)

Ruhestätte *f* **die letzte ~** *geh* после́дняя оби́тель

Ruhestörung <-, -en> *f* наруше́ние *ср* тишины́

Ruhetag ['ru:ɪç] <-(e)s, -e> *m* выходно́й день *м*

ruhig ['ru:ɪç] **I.** *adj* споко́йный; **sitz doch ~!** сиди́ споко́йно!; **eine ruhige Hand haben** быть споко́йным; **ein ruhiges Gewissen haben** име́ть чи́стую со́весть; **~ bleiben** остава́ться споко́йным; **etw ~ mitansehen** споко́йно смотре́ть на что-л. **II.** *part umg* споко́йно

ruhig stellen[RR] *vt* MED фикси́ровать, за- *св,* иммобилизова́ть *(н)св*

Ruhm [ru:m] <-(e)s> *m* сла́ва *ж*

rühmen ['ry:mən] **I.** *vt* прославля́ть, -сла́вить *св* **II.** *vr* **sich einer Sache ~** хвали́ться чем-л.

ruhmlos *adj* бессла́вный

ruhmreich *adj* сла́вный

ruhmvoll *adj* сла́вный, просла́вленный

Ruhr ['ru:ɐ̯] <-> *f* MED дизентери́я *ж*

Rührei ['ry:ɐʔaɪ] <-(e)s, -er> *nt* яи́чница *ж*

rühren ['ry:rən] **I.** *vt* **1.** *(umrühren)* меша́ть, по- *св* **2.** *(innerlich)* тро́гать, тро́нуть *св;* **keinen Finger ~** не пошевели́ть и па́льцем **II.** *vr (sich bewegen)* шевели́ться, по- *св* **III.** *vi (um~)* поме́шивать; **im Tee ~** поме́шивать чай; **sich nicht vom Fleck ~** не сдви́нуться с ме́ста; **ich klingelte, aber es rührte sich nichts** я позвони́л, но ничего́ не произошло́; **rührt euch!** MIL во́льно!

rührend *adj* тро́гательный; **das ist wirklich ~ von Ihnen** э́то о́чень ми́ло с ва́шей стороны́

Ruhrgebiet <-(e)s> *nt* Ру́рская о́бласть *ж*

rührig *adj* предприи́мчивый

R

rührselig *adj* сентимента́льный
Rührteig <-(e)s, -> *m* сдо́бное те́сто *ср*
Rührung <-> *f* умиле́ние *ср*
Ruin [ru'i:n] <-s> *m* **1.** *(Zusammenbruch)* разоре́ние *ср,* крах *м;* **dem ~ entgegengehen** приближа́ться к банкро́тству; **jdn in den ~ treiben** доводи́ть кого́-л. до разоре́ния; **vor dem ~ stehen** находи́ться на гра́ни банкро́тства; **~ eines Unternehmens** разоре́ние предприя́тия **2.** *(Verfall)* разру́ха *ж;* **wirtschaftlicher ~** хозя́йственная разру́ха
Ruine [ru'i:nə] <-, -n> *f* разва́лины *жмн*
ruinieren [rui'ni:rən] **I.** *vt* разоря́ть, разори́ть *св; (Gesundheit)* губи́ть, по- *св* **II.** *vr* разоря́ться, разори́ться *св*
rülpsen ['rʏlpsən] *vi fam* отры́гивать
Rülpser <-s, -> *m fam* отры́жка *ж*
rum *adv fam s.* **herum**
Rum [rʊm] <-s, -s> *m* ром *м*
Rumäne [ru'mɛ:nə] <-n, -n> *m* румы́н *м*
Rumänien [ru'mɛ:niən] <-s> *nt* Румы́ния *ж*
Rumänin [ru'mɛ:nɪn] <-, -nen> *f* румы́нка *ж*
rumänisch **I.** *adj* ру́мынский **II.** *adv* по-румы́нски
rum|kriegen *vt fam* **jdn ~** уговори́ть кого́-л.
Rummel ['rʊməl] <-s> *m (Jahrmarkt)* я́рмарка *ж*
Rummelplatz *m fam* я́рмарка *ж*
Rumpf [rʊmpf] <-(e)s, Rümpfe> *m* **1.** *(von Mensch, Tier)* ту́ловище *ср* **2.** *(von Schiff, Flugzeug)* ко́рпус *м* **3.** *(von Flugzeug auch)* фюзеля́ж *м*
rümpfen ['rʏmpfən] *vt* **über etw die Nase ~** вороти́ть нос от чего́-л.
Rumpsteak ['rʊmpste:k] <-s, -s> *nt* ромште́кс *м*
Rumtopf *m* фру́кты *мн,* консерви́рованные в ро́ме
rum|treiben <irr> *vr* **sich ~** *fam abw* шля́ться; **wo hast du dich wieder rumgetrieben?** где ты опя́ть мота́лся?
Rumtreiber(in) <-s, -> *m(f) pej* безде́льник *м,* тунея́дец *м*
Run [ran] <-, -s> *m* наплы́в *м* покупа́телей
rund [rʊnt] **I.** *adj* кру́глый **II.** *adv fam* **~ um die Uhr** всё вре́мя
Rundblick <-(e)s, -e> *m* кругово́й обзо́р *м,* панора́ма *ж*
Runde ['rʊndə] <-, -n> *f* **1.** *(von Personen)* компа́ния *ж,* круг *м;* **in die ~ blicken** посмотре́ть на всех **2.** *(in Wettkampf, Verhandlungen)* ра́унд *м;* **über die Runden kommen** *fam* справля́ться с чем-л.; **eine ~ schmeißen** угости́ть всех по рю́мочке
runden ['rʊndən] **I.** *vt (Zahl, Summe)* округля́ть, -ли́ть *св* **II.** *vr (rund werden)* округля́ться, -ли́ться *св*
Rundfahrt <-, -en> *f* экску́рсия *ж,* турне́ *ср*
Rundfunk <-s> *m* радиовеща́ние *ср*
Rundfunkempfänger <-s, -> *m* радиоприёмник *м*
Rundfunkgebühr <-> *f* абоне́нтная пла́та *ж* за ра́дио
Rundfunkhörer <-s, -> *m* радиослу́шатель *м*
Rundfunkprogramm <-(e)s, -e> *nt* радиопрогра́мма *ж*
Rundfunksender <-s, -> *m* радиоста́нция *ж*
Rundfunksendung <-, -en> *f* радиопереда́ча *ж*
Rundfunksprecher(in) <-s, -> *m(f)* ди́ктор *м*
Rundfunkübertragung <-, -en> *f* радиопереда́ча *ж*
Rundfunkwerbung <-> *f* рекла́ма *ж* по ра́дио
Rundgang <-(e)s, -gänge> *m* обхо́д *м*
rundlich *adj* по́лный
Rundschreiben <-s, -> *nt* циркуля́р *м*
Rundstreckenrennen <-s, -> *nt* кольцева́я го́нка *ж*
Rune <-, -n> *f* ру́на *ж*
Runenschrift <-> *f* руни́ческое письмо́ *ср*
runter ['rʊntɐ] *adv fam* вниз
runter|hauen <haut runte, haute o hieb runter, runtergehauen> *vt fam* **jdm eine/ein paar ~** отлупи́ть кого́-л.
Runzel ['rʊntsəl] <-, -n> *f* морщи́на *ж*
runzelig *adj* морщи́нистый
runzeln ['rʊntsəln] *vt* **die Stirn ~** мо́рщить лоб
runzlig *adj* смо́рщенный
Rüpel ['ry:pəl] <-s, -> *m pej* хам *м*
rüpelhaft *adj pej* ха́мский
rupfen ['rʊpfən] *vt (Federn)* щипа́ть, о- *св,* ощи́пывать *нсв*
ruppig ['rʊpɪç] *adj (Benehmen)* наха́льный
Rüsche ['ry:ʃə] <-, -n> *f* рюш *м*
Ruß [ru:s] <-es> *m* са́жа *ж*
Russe ['rʊsə] <-n, -n> *m* ру́сский *м*
Rüssel ['rʏsəl] <-s, -> *m* хо́бот *м*
rußen ['ru:sən] *vi* копти́ть *нсв*
russifizieren *vt* русифици́ровать
rußig *adj* закопте́лый
Russin ['rʊsɪn] <-, -nen> *f* ру́сская *ж*
russisch **I.** *adj* ру́сский; **~e Gastfreundschaft** ру́сское гостеприи́мство; **ein ~er Geschäftspartner** росси́йский делово́й партнёр **II.** *adv* по-ру́сски
Russisch <-(s)> *nt* ру́сский язы́к *м*
Russischlehrer(in) <-s, -> *m(f)* учи́тель *м* ру́сского языка́
Russist(in) <-en, -en> *m(f)* руси́ст *м*
Russistik <-> *f* руси́стика *ж*
Russland[RR] ['rʊslant] <-s> *nt,* **Rußland**[Alt] <-s> *nt* GEOG Росси́я *ж*
rüsten ['rʏstən] *vi* MIL вооружа́ться, -жи́ться *св*

rüstig [ˈrʏstɪç] *adj* бо́дрый, кре́пкий
rustikal [rʊstiˈkaːl] *adj* просто́й
Rüstung [ˈrʏstʊŋ] <-, -en> *f* **1.** MIL вооруже́ние *ср* **2.** *(von Ritter)* доспе́хи *мн*
Rüstungsauftrag <-(e)s, -träge> *m* MIL вое́нный зака́з *м*
Rüstungsbegrenzung <-> *f* MIL, POL ограниче́ние *ср* вооруже́ний
Rüstungsbetrieb <-(e)s, -e> *m* вое́нный заво́д *м*
Rüstungsexport <-s, -s> *m* э́кспорт *м* вооруже́ний
Rüstungsgegner <-s, -s> *m* проти́вник *м* вооруже́ний
Rüstungskontrolle <-> *f* MIL, POL контро́ль *м* над вооруже́ниями
Rüstungskontrollverhandlungen <-> *pl* перегово́ры *мн* о контро́ле над вооруже́ниями
Rüstungsunternehmen <-s, -> *nt* вое́нный заво́д *м*
Rute [ˈruːtə] <-, -n> *f* **1.** *(Stock)* прут *м* **2.** *(Angelrute)* у́дочка *ж* **3.** *(Tierschwanz)* хвост *м*
Rutsch [rʊtʃ] *m* **guten ~!** *umg (Neujahrsgruß)* с Но́вым го́дом!
Rutschbahn <-, -en> *f* го́рка *ж* для ката́ния
Rutsche <-n> *f* го́рка *ж*
rutschen [ˈrʊtʃən] *vi* **1.** *(nach unten)* сполза́ть, сползти́ *св;* **seine Hose rutscht** у него́ брю́ки сполза́ют **2.** *(gleiten)* скользи́ть *нсв;* **rutsch doch mal ein Stückchen!** подви́нься немно́жко!; **sie rutschte auf ihrem Stuhl hin und her** она́ ёрзала на сту́ле
Rutschgefahr <-> *f* KFZ опа́сность *ж* буксова́ния [*или* зано́са]
rutschig *adj* ско́льзкий
Rutschpartie <-> *f umg* ката́ние *ср* с горы́
rutschsicher *adj* нескользя́щий (о ши́нах)
rütteln [ˈrʏtəln] *vi* трясти́, по- *св;* **an etw ist nicht zu ~** здесь ничего́ не поде́лаешь
Rüttelsieb <-(e)s, -e> *nt* вибросито *ср*, виброгро́хот *м*

S s

S, s [ɛs] <-, -> *nt* бу́ква S
s. *abk von* **siehe** смотри́
S. *abk von* **Seite** стр., страни́ца
Saal [za:l] <-(e)s, Säle> *m* зал *м*
Saaltochter <-> *f CH (Kellnerin)* официа́нтка *ж*
Saar [za:ɐ̯] *f* Саа́р *м*
Saarland <-(e)s> *nt* Саа́р *м*
Saat [za:t] <-, -(en)> *f* **1.** *(die Aussaat)* сев *м* **2.** *(das Ausgesäte)* семена́ *срмн*
Saatfeld <-(e)s, -er> *nt* засе́янное по́ле *ср*, ни́ва *ж*
Saatgut <-(e)s> *nt* посевно́е зерно́ *ср*
Saatkorn[1] <-(e)s, -körne> *nt* BOT се́мя *ср*
Saatkorn[2] *nt ohne pl* AGR *(zum Aussäen)* семена́ *мн* для посе́вов
Saatzucht <-> *f* семенов́одство *ср*
Sabbat ['zabat] <-s, -e> *m* REL суббо́та *ж*
Sabbatjahr <-(e)s, -e> *nt* годово́й о́тпуск *м*
sabbern ['zabɐn] *vi fam* **1.** *(Special)* пуска́ть слю́ни **2.** *(schwatzen)* нести́ чепуху́
Säbel ['zɛ:bəl] <-s, -> *m* са́бля *ж*
Sabotage [zabo'ta:ʒə] <-, -n> *f* савота́ж *м*
Saboteur [zabo'tœ:ɐ] <-s, -e> *m* савота́жник *м*
sabotieren [zabo'ti:rən] *vt* саботи́ровать *нсв*
SACD *abk von* **Super Audio CD** су́пер аудиокомпа́кт-ди́ск *м*
Sachanlagevermögen <-s> *nt* ÖKON капиталовложе́ние *ср* в веще́ственной фо́рме
Sachaufwendungen <-> *pl* материа́льные затра́ты *мн*
Sachbezüge <-> *pl* натура́льная опла́та *ж*
sachdienlich *adj* соотве́тствующий
Sache ['zaxə] <-, -n> *f* **1.** *(Gegenstand)* вещь *ж* **2.** *(Umstand, Angelegenheit)* де́ло *ср*; **zur ~ kommen** перейти́ к де́лу; **das ist meine ~** *umg* э́то моё де́ло **3.** *nur pl, umg (Kleidungsstücke)* ве́щи *жмн*
Sachenrecht <-s> *nt* JUR ве́щное пра́во *ср*
Sachgebiet <-(e)s, -e> *nt* о́трасль *ж*, о́бласть *ж*, разде́л *м*
sachgemäß *adj* пра́вильный
Sachinvestition <-, -en> *f* предме́тная инвести́ция *ж*
Sachkapital <-s> *nt* основно́й [*или* реа́льный] капита́л *м*
Sachkenntnis <-> *f* зна́ние *ср* де́ла
Sachkosten <-> *pl* материа́льные затра́ты *мн*
sachkundig *adj* компете́нтный
Sachlage <-> *f* положе́ние *ср*, обстоя́тельства *мн*
sachlich *adj (nüchtern, objektiv)* делово́й
sächlich ['zɛçlɪç] *adj* сре́днего ро́да
Sachmangel <-s, -mängel> *m* дефе́кт *м* изде́лия
Sachschaden <-s, -schäden> *m* материа́льный уще́рб *м*
Sachsen ['zaksən] <-s> *nt* Саксо́ния *ж*
Sachsen-Anhalt <-s> *nt* Саксо́ния *ж* - Анга́льт *м*
sacht [zaxt] *adj* ти́хий, ме́дленный, осторо́жный
sachte ['zaxtə] **I.** *adj s.* **sacht(e)** **II.** *adv fam* **1.** *(behutsam)* внима́тельно; *(vorsichtig)* осторо́жно **2.** *(langsam)* ме́дленно
Sachverhalt ['zaxvɛɐhalt] <-(e)s, -e> *m* обстоя́тельства *срмн* де́ла
Sachvermögen <-s> *nt* иму́щество *ср*
Sachversicherung <-, -en> *f* иму́щественное страхова́ние *ср*
Sachverstand <-(e)s> *m* зна́ние *ср* де́ла
Sachverständige(r) <-n, -n> *f(m)* экспе́рт *м*; **juristischer ~** экспе́рт-юри́ст; **öffentlich bestellter ~** официа́льно назна́ченный экспе́рт
Sachverständigengutachten <-s, -> *nt* заключе́ние *ср* экспе́рта
Sachverständigenrat <-(e)s, -räte> *m* сове́т *м* экспе́ртов
Sachwalter(in) <-s, -> *m(f)* пове́ренный *м*, управля́ющий *м* дела́ми
Sachwert <-(e)s, -e> *m* реа́льная сто́имость *ж*
Sachzwang <-(e)s, -zwänge> *m* объекти́вная необходи́мость *ж*
Sack [zak] <-(e)s, Säcke> *m* мешо́к *м*; **die Katze im ~ kaufen** *umg* купи́ть кота́ в мешке́; **mit ~ und Pack** со все́ми пожи́тками
Sackbahnhof <-(e), -bahnhöfe> *m* тупико́вая ста́нция *ж*
Säckchen <-s, -> *nt* мешо́чек *м*
Sackgasse <-, -n> *f* тупи́к *м*; **in einer ~ stecken** *fig* оказа́ться в тупике́
Sacktuch <-(e)s, -tücher> *nt A (Taschentuch)* носово́й плато́к *м*
Sadismus [za'dɪsmʊs] <-> *m* сади́зм *м*
Sadist(in) [za'dɪst] <-en, -en> *m(f)* сади́ст *м*, сади́стка *м*
sadistisch *adj* сади́стский
säen ['zɛ:ən] *vt* се́ять, по- *св*
Safari [za'fa:ri] <-s> *f* сафа́ри *ср*
Safe [sɛɪf] <-s, -s> *m* сейф *м*
Safran ['zafra(:)n] <-s> *m* шафра́н *м*
Saft [zaft] <-(e)s, Säfte> *m* сок *м*
saftig *adj* со́чный
Saftpresse <-, -n> *f* соковыжима́лка *ж*
Sage ['za:gə] <-, -n> *f* сказа́ние *ср*, леге́нда *ж*
Säge ['zɛ:gə] <-, -n> *f* пила́ *ж*

Sägeblatt <-(e)s, -blätter> *nt* пи́льное полотно́ *ср*
Sägebock <-(e)s, -böcke> *m* ко́злы *мн (для пи́лки)*
Sägefisch <-es, -e> *m* ры́ба-пила́ *ж*
Sägemehl <-(e)s> *nt* опи́лки *мн*
sagen ['za:gən] *vt* **1.** *(äußern, aussprechen)* говори́ть *нсв*, сказа́ть *св;* **wie sagt man auf Russisch?** как сказа́ть по-ру́сски?; **Gute Nacht ~** пожела́ть споко́йной но́чи; **offen gesagt** че́стно говоря́; **sag mal, ...** как ты ду́маешь, ...; **was Sie nicht ~!** *fam* да что вы говори́те! **2.** *(bedeuten, besagen)* зна́чить *нсв;* **nichts zu ~ haben** не име́ть значе́ния; **du hast mir gar nichts zu ~** ты мне не ука́з!; **sich etw nicht zweimal ~ lassen** *umg* не заставля́ть себя́ упра́шивать
sägen ['zɛ:gən] *vi (Holz)* пили́ть, рас- *св*
sagenhaft *adj (legendär)* легенда́рный
Sägespäne ['zɛ:gəʃpɛ:nə] <-> *pl* опи́лки *мн*
Sägewerk <-(e)s, -e> *nt* лесопи́льный заво́д *м*
sah [za:] *prät von* **sehen**
Sahara [za'ha:ra] <-> *f* Саха́ра *ж*
Sahne ['za:nə] <-> *f (süße)* сли́вки *мн;* **saure ~** смета́на *ж*
Sahneeis *nt* сли́вочное моро́женое *ср*
Sahnekännchen <-s, -> *nt* моло́чник *м*
Sahnetorte <-, -n> *f* сли́вочный торт *м*
sahnig *adj* сли́вочный
Saison [zɛ'zɔ̃:] <-, -s> *f* сезо́н *м*
Saisonarbeit *f* сезо́нная рабо́та *ж*
Saisonarbeiter(in) <-s, -> *m(f)* сезо́нный рабо́чий *м*, сезо́нная рабо́чая *ж*
Saisonbeschäftigte <-n> *pl* за́нятые *мн* на сезо́нных рабо́тах
Saisonbeschäftigung <-> *f* за́нятость *ж* на сезо́нных рабо́тах
Saisonende <-s> *nt* коне́ц *м* сезо́на
saisongerecht *adj* по сезо́ну
Saisonware <-, -n> *f* сезо́нный това́р *м*
Saite ['zaɪtə] <-, -n> *f* струна́ *ж*
Saiteninstrument <-(e)s, -e> *nt* стру́нный инструме́нт *м*
Sakko ['zako] <-, -s> *nt* пиджа́к *м*
sakral [za'kra:l] *adj (heilig)* сакра́льный
Sakrament [zakra'mɛnt] <-(e)s, -e> *nt* та́инство *ср;* **das heilige ~** свято́е прича́стие
Sakrileg [zakri'le:k] <-(e)s, -e> *nt* оскверне́ние *ср* святы́ни; *fig* святота́тство *ср*
Sakristei [zakrɪs'taɪ] <-, -en> *f* ри́зница *ж*
säkular *adj* све́тский
Salamander [zala'mandɐ] <-s, -> *m* салама́ндра *ж*
Salami [za'la:mi] <-, -(s)> *f* саля́ми *ж*
Salat [za'la:t] <-(e)s, -e> *m (Speise, Pflanze)* сала́т *м*
Salatbesteck <-(e)s, -e> *nt* столо́вый прибо́р *м* для сала́та
Salatgurke <-, -n> *f* огуре́ц *м* (осо́бенно подходя́щий для сала́та)
Salatkopf <-(e)s, -köpfe> *m* коча́н *м* сала́та
Salatplatte <-, -n> *f* блю́до *ср* с ра́зными сала́тами, блю́до *ср* с сала́тным ассорти́
Salatschüssel <-, -n> *f* сала́тница *ж*
Salatsoße <-, -n> *f* сала́тный со́ус *м*
Salbe ['zalbə] <-, -n> *f* мазь *ж*
Salbei ['zalbaɪ] <-s> *m* шалфе́й *м*
salbungsvoll *adj* еле́йный
Saldenbilanz <-, -en> *f* не́тто-бала́нс *м*
saldieren *vt* сальди́ровать *(н)св*, выводи́ть, вы́вести *св* са́льдо
Saldo ['zaldo] <-s, Salden> *m* са́льдо *ср*, оста́ток *м;* **einen ~ aufweisen** пока́зывать са́льдо; **den ~ ermitteln** выводи́ть са́льдо; **offener ~** откры́тое са́льдо; **einen ~ übertragen** переноси́ть са́льдо
Saldobetrag <-(e)s, -beträge> *m* са́льдо *ср*, оста́ток *м*
Salmiak [zal'mi̯ak] <-s> *m* нашаты́рь *м*
Salmiakgeist <-(e)s> *m* нашаты́рный спирт *м*
Salmonelle [zalmo'nɛlə] <-, -n> *f* BIO сальмоне́лла *ж*
Salmonellenvergiftung <-, -en> *f* сальмонеллёз *м*
salomonisch [zalo'mo:nɪʃ] *adj* **~es Urteil** соломо́ново реше́ние
Salon [za'lɔ̃:] <-s, -s> *m* сало́н *м*
salonfähig *adj* прили́чный
Salonlöwe <-n, -n> *m pej* све́тский лев *м*
salopp [za'lɔp] *adj* **1.** *(Kleidung)* свобо́дного покро́я **2.** *(unbekümmert, zwanglos)* непринуждённый, фамилья́рный
Salpeter <-s> *m* сели́тра *ж*
Salpetersäure <-> *f* азо́тная кислота́ *ж*
Salto ['zalto] <-s, -s> *m* са́льто *ср;* **einen ~ machen** сде́лать са́льто
SALT-Vertrag <-(e)s> *m* HIST *(Strategic Arms Limitation Talks)* Догово́р ОСВ *(догово́р об ограниче́нии стратеги́ческих вооруже́ний)*
salutieren [zalu'ti:rən] *vi* отдава́ть, -да́ть *св* честь
Salvadorianer(in) [zalvadori'a:nɐ] <-s, -> *m(f)* сальвадо́рец *м*
salvadorianisch [zalvadori'a:nɪʃ] *adj* сальвадо́рский
Salve ['zalvə] <-, -n> *f* залп *м;* **eine ~ abschießen** дать залп
Salz [zalts] <-es, -e> *nt* соль *ж*
salzarm *adj* содержа́щий ма́ло со́ли
Salzbergwerk <-(e)s, -e> *nt* соляна́я копь *ж*

i Land & Leute

Зальцбургский фестиваль – **Salzburger Festspiele** был открыт

S

в августе 1920 года.
В самом его начале Макс Райнхардт достиг большого успеха своими постановками пьес Шекспира. Всемирную известность приобрели также любительские представления на крыльце зальцбургского собора.

salzen ['zaltsən] *vt* соли́ть, по- *св*
Salzgebäck <-s> *nt* солёное пече́нье *ср*
Salzgehalt <-(e)s, -e> *m* содержа́ние *ср* со́ли [*или* соле́й]
Salzgurke <-, -n> *f* солёный огуре́ц *м*
Salzhering <-s, -e> *m* солёная селёдка *ж*
salzig *adj* солёный
Salzkartoffeln <-, -n> *fpl* отварно́й карто́фель *м*
Salzlagerstätte <-, -n> *f* соляно́е месторожде́ние *ср*
Salzsäure <-> *f* соля́ная кислота́ *ж*
Salzstreuer <-s, -> *m* соло́нка *ж*
Salzwasser <-s> *nt* солёная вода́ *ж*
Samen ['za:mən] <-s, -> *m* **1.** *(von Pflanzen)* се́мя *ср* **2.** *(Sperma)* сперматозо́ид *м*
Samenbank <-, -en> *f* MED банк *м* [*или* центр *м*] до́норской спермы
SamenergussRR <-es, -ergüsse> *m* семяизверже́ние *ср*
Samenstrang <-(e)s, -stränge> *m* сперматозо́ид *м*, семянна́я нить *ж*
Sämischleder <-s> *nt* за́мша *ж*
Sammelband <-(e)s, -bände> *m* сбо́рник *м*
Sammelbehälter <-s, -> *m* TECH сбо́рник *м*
Sammelfahrschein <-(e)s, -e> *m* группово́й биле́т *м*
sammeln ['zaməln] **I.** *vt* собира́ть, -бра́ть *св*, коллекциони́ровать *нсв* **II.** *vr* собира́ться, -бра́ться *св*
Sammelpunkt <-(e)s, -e> *m* ме́сто *ср* сбо́ра, сбо́рный пункт *м*
Sammelstelle <-, -n> *f* сбо́рный пункт *м*
Sammler(in) ['zamlɐ] <-s, -> *m(f)* коллекционе́р *м*, коллекционе́рка *ж*
Sammlerstück <-(e)s, -e> *nt* предме́т *м* колле́кции
Sammlerwert <-(e)s, -e> *m* коллекцио́нная сто́имость *ж*
Sammlung <-, -en> *f* **1.** *(das Sammeln)* сбор *м* **2.** *(Gesamtheit gesammelter Gegenstände)* колле́кция *ж*, собра́ние *ср*; **eine ~ von Briefmarken** колле́кция почто́вых ма́рок **3.** *(Anthologie)* сбо́рник *м*
Samowar <-s> *m* самова́р *м*
Sample <-s, -s> *nt* **1.** *(Stichprobe)* вы́борка *ж* **2.** *(Muster)* рекла́мный образе́ц *м*
Samstag ['zamsta:k] <-(e)s, -e> *m* суббо́та *ж*
samstags ['zamsta:ks] *adv* по суббо́там
Samt [zamt] <-(e)s, -e> *m* ба́рхат *м*
sämtliche ['zɛmtlɪçə] *pron indef (alle)* все; **~ Anwesenden** все прису́тствующие
Sanatorium [zana'to:riʊm] <-s, Sanatorien> *nt* санато́рий *м*
Sand [zant] <-(e)s> *m* песо́к *м*; **etw in den ~ setzen** *umg* потерпе́ть неуда́чу; **jdm ~ in die Augen streuen** *fig* пуска́ть кому́-л. пыль в глаза́; **im ~e verlaufen** *fig* загло́хнуть
Sandale [zan'da:lə] <-, -n> *f* санда́лия *ж*
Sandbank <-, -bänke> *f* мель *ж*
Sandelholz ['zandəlhɔlts] <-es> *nt ohne pl* санда́ловое де́рево *ср*
sandfarben *adj* песо́чного цве́та
Sandhaufen <-s> *m* ку́ча *ж* песка́
sandig *adj* песча́ный
Sandkasten <-s, -kästen> *m* песо́чница *ж*
Sandkastenfreund(in) <-(e)s, -e> *m(f) umg* това́рищ *м* по песо́чнице
Sandmann <-(e)s, -männer> *m* *ска́зочный челове́чек, сы́плющий де́тям в глаза́ песо́к, что́бы они́ засну́ли*
Sandpapier <-s> *nt (Schleifpapier)* нажда́чная бума́га *ж*
Sandstein <-s> *m* песча́ник *м*
Sandstrand <-(e)s, -strände> *m* песча́ный пляж *м*
Sandsturm *m* песо́чная бу́ря *ж*
sandte ['zantə] *prät von* **senden**
Sanduhr <-, -en> *f* песо́чные часы́ *мн*
Sandwich ['sɛntvɪtʃ] <-(e)s, -(e)s> *nt* сэ́ндвич *м*, бутербро́д *м*
sanft [zanft] *adj* мя́гкий, не́жный; *(Mensch)* кро́ткий
Sänfte ['zɛnftə] <-, -n> *f* паланки́н *м*
sanftmütig ['zanftmy:tɪç] *adj* до́брый
sang [zaŋ] *prät von* **singen**
Sänger(in) ['zɛŋɐ] <-s, -> *m(f)* певе́ц *м*, певи́ца *ж*
sanieren [za'ni:rən] *vt* сани́ровать *(н)св*; **einen Betrieb ~** оздоровля́ть предприя́тие
Sanierung <-, -en> *f (eines Stadtgebietes)* сана́ция *ж*, сани́рование *ср*; **~ maroder Unternehmen** сани́рование экономи́чески сла́бых предприя́тий
Sanierungskonzept <-(e)s, -e> *nt* план *м* сана́ции
Sanierungsmaßnahme <-, -n> *f* мероприя́тие *ср* по оздоровле́нию; **harte ~n durchziehen** принима́ть жёсткие ме́ры по оздоровле́нию
Sanierungsprogramm <-(e)s, -e> *nt* програ́мма *ж* сана́ции
sanitär [zani'tɛ:ɐ] *adj* санита́рный; **~e Anlagen** сантехни́ческое обору́дование *ср*
Sanitäter(in) [zani'tɛ:tɐ] <-s, -> *m(f)* санита́р *м*, санита́рка *ж*
Sanitätswesen <-> *nt* санита́рное де́ло *ср*

sank [zaŋk] *prät von* **sinken**
Sankt [zaŋkt] *adj* <inv> свято́й; **~ Nikolaus** Свято́й Никола́й
Sanktion [zaŋk'ts̮i̯o:n] <-, -en> *f (meist pl)* са́нкция *ж;* **~en aufheben** отменя́ть са́нкции; **mit ~en belegen** накла́дывать са́нкции; **~en gegen jdn verhängen** объяви́ть са́нкции про́тив кого́-л.; **umfassende ~en** широ́кие са́нкции; **~en verhängen** применя́ть са́нкции; **wirtschaftliche ~en** экономи́ческие са́нкции
sanktionieren [zaŋkts̮i̯o'ni:rən] *vt* санкциони́ровать *(н)св*
Sanskrit *nt* санскри́т *м*
Saphir [za'fi:ɐ] <-s, -e> *m* сапфи́р *м*
Sardelle [zar'dɛlə] <-, -n> *f* анчо́ус *м*
Sardine [zar'di:nə] <-, -n> *f* сарди́на *ж*
Sardinenbüchse <-, -n> *f* ба́нка *ж* сарди́н
Sardinien [zar'di:niən] <-s> *nt* Сарди́ния *ж*
Sarg [zark] <-(e)s, Särge> *m* гроб *м*
Sarkasmus [zar'kasmʊs] <-> *m* сарка́зм *м*
sarkastisch [zar'kastɪʃ] *adj* саркасти́ческий
Sarkom <-(e)s, -e> *nt* MED сарко́ма *ж*
Sarkophag [zarko'fa:k] <-s, -e> *m* саркофа́г *м*
saß [za:s] *prät von* **sitzen**
Satan ['za:tan] <-s> *m* сатана́ *м*
Satellit [zatɛ'li:t] <-en, -en> *m* спу́тник *м,* сателли́т *м*
Satellitenfernsehen <-s> *nt* спу́тниковое телеви́дение *ср*
Satellitenfoto <-s, -s> *nt* сни́мок *м* со спу́тника
Satellitenkommunikation <-> *f* спу́тниковая связь *ж*
Satellitenstaat <-(e)s, -en> *m* госуда́рство-сателли́т *ср*
Satellitenumlaufbahn <-, -en> *f* орби́та *ж* спу́тника
Satin [za'tɛ̃:] <-s, -s> *m* сати́н *м*
Satire [za'ti:rə] <-, -n> *f* сати́ра *ж* на кого́-л. что-л.
satirisch *adj* сатири́ческий
satt [zat] *adj* **1.** *(gesättigt)* сы́тый; **ich habe ihn ~** он мне надое́л **2.** *(kräftig, intensiv)* со́чный
Sattel ['zatəl] <-s, Sättel> *m* седло́ *ср*
satteln *vt* седла́ть, о- *св*
sättigen ['zɛtɪgən] *vt* **1.** *(Nahrungsmittel)* накорми́ть *св* до́сыта, насы́тить *св* **2.** ÖKON насыща́ть, -сы́тить *св* (ры́нок това́рами и т. п.), удовлетворя́ть, -ри́ть *св* (потре́бности населе́ния и т. п.)
Sättigung <-, -en> *f* насыще́ние *ср;* **~ des Marktes** насыще́ние ры́нка
Sättigungsgrad <-(e)s> *m* сте́пень *ж* насыще́ния, насы́щенность *ж*
Saturn [za'tʊrn] <-s> *m* Сату́рн *м*
Satz [zats] <-es, Sätze> *m* **1.** LING предложе́ние *ср* **2.** SPORT *(Tennis)* сет *м* **3.** *(Sprung)* прыжо́к *м* **4.** *(festgelegter Betrag, Tarif)* тари́ф *м* **5.** MUS часть *ж*
Satzbau <-s> *m* LING структу́ра *ж* предложе́ния
Satzgefüge <-s, -> *nt* LING структу́ра *ж* предложе́ния
Satzlehre <-> *f* си́нтаксис *м*
Satzspiegel <-s> *m* зе́ркало *ср* набо́ра
Satzung ['zats̮ʊŋ] <-, -en> *f* JUR уста́в *м;* **die ~ des Vereins ändern** измени́ть уста́в объедине́ния
Satzzeichen <-s, -> *nt* LING знак *м* препина́ния
Sau [zaʊ] <-, Säue> *f (Tier, auch Schimpfwort)* свинья́ *ж*
sauber ['zaʊbɐ] *adj* чи́стый
Sauberkeit <-> *f* чистота́ *ж*
säuberlich ['zɔɪbɐlɪç] *adj* опря́тный, аккура́тный
säubern ['zɔɪbɐn] *vt* чи́стить, по- *св*
Säuberung <-, -en> *f auch fig (Reinigung)* чи́стка *ж*
Sauce ['zo:sə] <-, -n> *f* со́ус *м*
Sauciere [zo'si̯e:rə] *f* со́усник *м*
Saudi-Arabien [zaʊdia'ra:biən] <-s> *nt* Сау́довская Ара́вия *ж*
sauer ['zaʊɐ] *adj (nicht süß)* ки́слый; **saure Gurken** марино́ванные огурцы́ *мн;* **auf jdn ~ sein** обижа́ться на кого́-л.; **saurer Regen** кисло́тный дождь *м*
Sauerei [zaʊə'raɪ] <-, -en> *f pej* сви́нство *ср*
Sauerkraut <-(e)s> *nt* ки́слая [*или* ква́шеная] капу́ста *ж*
säuerlich ['zɔɪɐlɪç] *adj* кислова́тый
Sauerrahm <-(e)s> *m* смета́на *ж*
Sauerstoff <-(e)s> *m* кисоро́д *м*
Sauerstoffapparat <-(e)s, -e> *m (von Taucher)* аквала́нг *м*
Sauerstoffflasche <-, -n>, **Sauerstoff-Flasche** *f* кислоро́дный балло́н *м*
Sauerstoffmangel <-s> *m* **1.** *(allg)* недоста́ток *м* кислоро́да, кислоро́дная недоста́точность *ж* **2.** MED гипокси́я *ж*
Sauerstoffversorgung <-> *f* снабже́ние *ср* кислоро́дом
Sauerstoffzelt <-s, -e> *nt* MED кислоро́дная пала́тка *ж*
saufen ['zaʊfən] <soff, gesoffen> **I.** *vt (von Tieren)* пить, по- *св* **II.** *vi pej (gewohnheitsmäßig viel Alkohol trinken)* пья́нствовать *нсв*
Säufer(in) ['zɔɪfɐ] <-s, -> *m(f) pej* пья́ница *м и ж*
Sauferei <-, -en> *f pej* пья́нство *ср*
saugen ['zaʊgən] <sog, gesogen> **I.** *vi (einsaugen)* соса́ть, по- *св* **II.** *vt* соса́ть, по- *св,* вса́сывать, всоса́ть *св*
säugen ['zɔɪgən] *vt* корми́ть, по- *св*
Sauger <-s, -> *m (an einer Flasche)* со́ска *ж*
Säugetier <-(e)s, -e> *nt* млекопита́ющее *ср*
Saugflasche <-, -n> *f* буты́лочка *ж* с

со́ской
Säugling ['zɔɪklɪŋ] <-s, -e> *m* грудно́й ребёнок *м*
Säuglingsnahrung <-> *f* пита́ние *ср* для грудны́х дете́й, де́тское пита́ние *ср*
Säuglingspflege <-> *f* ухо́д *м* за грудны́м ребёнком
Säuglingsstation <-, -en> *f* отделе́ние *ср* для грудны́х дете́й
Säule ['zɔɪlə] <-, -n> *f* коло́нна *ж*
Säulengang <-(e)s, -gänge> *m* колонна́да *ж*
Säulenhalle <-, -n> *f* по́ртик *м*
Saum [zaʊm] <-(e)s, Säume> *m (beim Nähen)* кайма́ *ж*, кро́мка *ж*
säumen ['zɔɪmən] *vt* подши́ть *св*, подшива́ть *нсв; geh* окаймля́ть *нсв*, обрамля́ть *нсв*
säumig *adj* лени́вый, медли́тельный
Sauna ['zaʊna] <-, -s> *f* са́уна *ж*
saunieren *vi* па́риться в са́уне
Säure ['zɔɪrə] <-, -n> *f* кислота́ *ж*
säurebeständig *adj* кислотосто́йкий
säurehaltig *adj* кислотосодержа́щий, кисло́тный
Saurier ['zaʊriɐ] <-s, -> *m* я́щер *м*
Saus [zaʊs] *f* **in ~ und Braus leben** жить в своё удово́льствие
sausen ['zaʊzən] *vi* **1.** *(eilen)* нести́сь, про- *св* **2.** *(Wind, Sturm)* шуме́ть *нсв*
Saustall *m a. fig, abw* свинефе́рма *ж*
SaxofonRR [zakso'fo:n] <-(e)s, -e> *nt* саксофо́н *м*
Saxofonist(in)RR [zaksofo'nɪst] <-en, -en; -, -nen> *m(f)* саксофони́ст *м*
Saxophon <-(e)s, -e> *nt s.* **Saxofon**
Saxophonist(in) [zaksofo'nɪst] <-en, -en; -, -nen> *m(f) s.* **Saxofonist**
S-Bahn® ['ɛsba:n] <-, -en> *f* (городска́я) электри́чка *ж*
S-Bahnhof ['ɛsba:nho:f] <-(e)s, -bahnhöfe> *m* ста́нция *ж* городско́й желе́зной доро́ги
SBB [ɛsbe:'be:] *abk von* **Schweizerische Bundesbahnen** Швейца́рские федера́льные железнодоро́жные пути́ *ммн*
SB-Tankstelle <-, -n> *f* автозапра́вочная ста́нция *ж*
scannen *vt* INFOR скани́ровать
Scanner ['skɛnɐ] <-s, -> *m* DV ска́ннер *м*
Schabe ['ʃa:bə] <-, -n> *f* парака́н *м*
schaben ['ʃa:bən] *vt* скрести́, по- *св*, скобли́ть, по- *св*
schäbig ['ʃɛ:bɪç] *adj* убо́гий
Schablone [ʃa'blo:nə] <-, -n> *f (auch fig)* шабло́н *м*
Schach [ʃax] <-s, -s> *nt* **1.** *(Brettspiel)* ша́хматы *мн* **2.** *(Spielstellung)* шах *м;* **~ spielen** игра́ть в ша́хматы
Schachbrett <-(e)s, -er> *nt* ша́хматная доска́ *ж*
Schachcomputer <-s, -> *m* компью́тер *м* с ша́хматной програ́ммой (для игры́ в ша́хматы)
Schachfigur <-, -en> *f* ша́хматная фигу́ра *ж*
schachmatt *adj* **jdn ~ setzen** поста́вить кому́-л. шах и мат
Schachmeisterschaft <-, -en> *f* пе́рвенство *ср* по ша́хматам
Schachpartie <-, -n> *f* па́ртия *ж* в ша́хматы, ша́хматная па́ртия *ж*
Schachspiel <-(e)s> *nt* ша́хматы *мн*
Schachspieler(in) <-s, -> *m(f)* шахмати́ст *м*
Schacht [ʃaxt] <-(e)s, Schächte> *m* ша́хта *ж*
Schachtel ['ʃaxtəl] <-, -n> *f* коро́бка *ж;* **alte ~!** *(Schimpfwort)* ста́рая карга́!; **eine ~ Zigaretten** па́чка *ж* сигаре́т
Schachturnier <-(e)s, -e> *nt* ша́хматный турни́р *м*
Schachuhr <-, -en> *f* ша́хматные часы́ *мн*
Schachweltmeister <-s, -> *m* чемпио́н *м* ми́ра по ша́хматам
Schachzug *m* ша́хматный хо́д *м; fig* ход *м;* **ein geschickter ~** ло́вкий ход
schade ['ʃa:də] *adj* жаль; *umg* жа́лко; **das ist aber ~** о́чень жаль [*или* жа́лко]; **es ist ~ um ihn** жаль [*или* жа́лко] его́; **das ist aber ~!** о́чень жа́лко!
Schädel ['ʃɛ:dəl] <-s, -> *m* че́реп *м*
Schädelbasisbruch *m* перело́м *м* основа́ния че́репа
schaden ['ʃa:dən] *vi* вреди́ть, на- *св;* **Rauchen schadet der Gesundheit** куре́ние вреди́т здоро́вью; **jdm/etw** *dat* **~** наноси́ть вред кому́-л./чему́-л.; **das schadet nichts** *fam* э́то не помеша́ет
Schaden ['ʃa:dən] <-s, Schäden> *m* **1.** *(materiell und finanziell)* уще́рб *м*, вред *м*, убы́ток *м;* **einen ~ abwenden** избежа́ть уще́рба; **~ anrichten** нанести́ вред [*или* уще́рб]; **einen ~ erleiden** терпе́ть убы́тки; **einen ~ ersetzen** возмеща́ть убы́тки; **irreparabler ~** непоправи́мый уще́рб; **materieller ~** материа́льный уще́рб; **einen ~ verursachen** причини́ть уще́рб; **volkswirtschaftlicher ~** народнохозя́йственный уще́рб **2.** *a.* MED *(Beschädigung)* поврежде́ние *ср* **3.** TECH неиспра́вность *ж;* **jdm ~ zufügen** причини́ть кому́-л. уще́рб [*или* вред]
Schadenersatz <-(e)s> *m* возмеще́ние *ср* уще́рба; **einen Anspruch auf ~ geltend machen** предъявля́ть иск на возмеще́ние уще́рба; **~ fordern** тре́бовать возмеще́ния уще́рба; **~ leisten** возмеща́ть уще́рб; **jdn auf ~ verklagen** подава́ть иск в суд о возмеще́нии уще́рба
schadenersatzpflichtig *adj* обя́занный возмести́ть уще́рб [*или* убы́тки]

Schadenfreude <-> *f* злора́дство *ср*
schadenfroh *adj* злора́дный
Schadensbegrenzung <-> *f* ограниче́ние *ср* разме́ра уще́рба
Schadensersatz *m* JUR возмеще́ние *ср* уще́рба
Schadenshöhe <-> *f* разме́р *м* уще́рба
Schadensverhütung <-> *f* предотвраще́ние *ср* уще́рба [*или* убы́тков]
Schadenversicherung <-, -en> *f* страхова́ние *ср* от убы́тков
schadhaft *adj (beschädigt)* повреждённый
schädigen [ˈʃɛːdɪgən] *vt* поврежда́ть, -вреди́ть *св*
Schädigung <-, -en> *f* причине́ние *ср* вреда́
schädlich [ˈʃɛːtlɪç] *adj* вре́дный для чего́-л.
Schädling [ˈʃɛːtlɪŋ] <-s, -e> *m* вреди́тель *м*
Schädlingsbekämpfungsmittel <-s, -> *nt* сре́дство *ср* для борьбы́ с вреди́телями
Schadstoff <-(e)s, -e> *m* вре́дное вещество́ *ср*
Schadstoffausstoß <-es> *m* вы́брос *м* вре́дных веще́ств
Schadstoffemission <-, -en> *f* вы́брос *м* вре́дных веще́ств
schadstoffhaltig *adj* содержа́щий вре́дные вещества́
Schaf [ʃaːf] <-(e)s, -e> *nt* овца́ *ж*
Schafbock <-(e)s, -böcke> *m* бара́н *м*
Schäfchen [ˈʃɛːfçən] <-s, -> *nt* ове́чка *ж*
Schäfer(in) [ˈʃɛːfɐ] <-s, -> *m(f)* пасту́х *м*, чаба́н *м*
Schäferdichtung <-> *f* LIT пастора́льная поэ́зия *ж*
Schäferhund <-(e)s, -e> *m* овча́рка *ж*
Schaffell [ˈʃaːffɛl] <-(e)s, -e> *nt* овчи́на *ж*
Schaffen <-s> *nt* тво́рчество *ср*, де́ятельность *ж*
schaffen[1] [ˈʃafən] <schuf, geschaffen> *vt (erzeugen, kreieren)* создава́ть, -да́ть *св*
schaffen[2] [ˈʃafən] <schaffte, geschafft> *vt* **1.** *(erreichen, bewältigen)* справля́ться, спра́виться *св*, успева́ть, -пе́ть *св*; **schaffst du das?** ты спра́вишься с э́тим?; **den Zug ~** успе́ть на по́езд **2.** *(bringen)* убира́ть, убра́ть *св* **3.** *süddeutsch (arbeiten)* рабо́тать *нсв*
Schaffner(in) [ˈʃafnɐ] <-s, -> *m(f)* конду́ктор *м*
Schafherde <-, -n> *f* ста́до *ср* ове́ц
Schafott [ʃaˈfɔt] <-(e)s, -e> *nt* эшафо́т *м*
Schafskäse *m* бры́нза *ж*
Schafstall <-(e)s, -ställe> *m* овча́рня *ж*
Schaft [ʃaft] <-(e)s, Schäfte> *m* **1.** *(eines Stiefels)* голени́ще *ср* **2.** *(eines Gewehrs)* ло́же *ср* **3.** BOT сте́бель *м*
Schafzucht <-> *f* овцево́дство *ср*
Schah [ʃaː] <-s, -s> *m* шах *м*
Schakal [ʃaˈkaːl] <-s, -e> *m* шака́л *м*
Schal [ʃaːl] <-s, -s> *m* шарф *м*
Schale [ˈʃaːlə] <-, -n> *f* **1.** *(Gefäß)* ча́ша *ж* **2.** *(kleinere)* ча́шка *ж* **3.** *(Teetasse ohne Henkel)* пиа́ла *ж* **4.** *(von Ei/Nuss)* скорлупа́ *ж* **5.** *(von Banane/Kartoffel etc)* кожура́ *ж*
schälen [ˈʃɛːlən] **I.** *vt (Obst)* чи́стить, о- *св*, снима́ть, снять *св* кожуру́ **II.** *vr (Haut)* шелуши́ться *нсв*
Schall [ʃal] <-(e)s, -e/ Schälle> *m* звук *м*
Schalldämmung <-> *f* звукоизоля́ция *ж*
Schalldämpfer <-s, -> *m* глуши́тель *м*
schalldicht *adj* звуконепроница́емый
Schalldruck <-(e)s> *m* звуково́е давле́ние *ср*
schallen [ˈʃalən] *vi (tönen)* звуча́ть, про- *св*, раздава́ться, -да́ться *св*
Schallgeschwindigkeit <-> *f* ско́рость *ж* зву́ка
Schallisolierung <-> *f* звукоизоля́ция *ж*
Schallmauer <-> *f* звуково́й барье́р *м*
Schallpegel <-s, -> *m* у́ровень *м* гро́мкости
Schallplatte <-, -n> *f* (грам)пласти́нка *ж*
Schallplattensammlung <-, -en> *f* колле́кция *ж* грампласти́нок
schallschluckend *adj* звукопоглоща́ющий
Schallschutz <-es> *m* защи́та *ж* от шу́ма, звукоизоля́ция *ж*
Schallwelle *f* PHYS звукова́я волна́ *ж*
schalt [ʃalt] *prät von* **schelten**
Schaltanlage <-, -n> *f* EL распредели́тельное устро́йство *ср*
Schaltbrett <-(e)s, -er> *nt* EL распредели́тельный щит *м*
schalten [ˈʃaltən] *vi* **1.** *(einschalten)* включа́ть, -чи́ть *св* **2.** *(umschalten)* переключа́ть, -чи́ть *св*; **in den dritten Gang ~** включи́ть тре́тью переда́чу
Schalter <-s, -> *m* **1.** EL переключа́тель *м*, включа́тель *м* **2.** *(in Bahnhof, Bank)* око́шечко *ср*, ка́сса *ж*
Schalterraum <-(e)s, -räume> *m* ка́ссовый зал *м*
Schaltgetriebe <-s, -> *nt* KFZ коро́бка *ж* переда́ч
Schalthebel <-s, -> *m* **1.** *(allg)* руби́льник *м* **2.** KFZ рыча́г *м* переключе́ния скоросте́й
Schaltjahr <-(e)s, -e> *nt* високо́сный год *м*
Schalttafel <-, -n> *f* EL распредели́тельный щит *м*
Schaltung <-, -en> *f* **1.** *(Gangschaltung)* переключе́ние *ср* переда́ч **2.** EL схе́ма *ж*
Scham [ʃaːm] <-> *f* **1.** *(Schamgefühl)* стыд *м*; **vor ~ erröten** покрасне́ть от стыда́ **2.** *(Schamgegend)* срамна́я о́бласть *ж*
Schambein <-(e)s, -e> *nt* ANAT ло́бковая кость *ж*
schämen [ˈʃɛːmən] *vr* стыди́ться *нсв*; **du solltest dich was ~** *umg* постыди́лся бы

S

Schamgefühl <-(e)s> *nt* чу́вство *ср* стыда́
Schamgegend <-> *f* срамна́я о́бласть *ж*
Schamhaar <-(e)s, -e> *nt* срамны́е во́лосы *ммн*
schamhaft *adj (voller Scham)* стыдли́вый
Schamlippen <-> *pl* срамны́е гу́бы *жмн*
schamlos *adj (skrupellos, gewissenlos)* бессты́дный
Schamlosigkeit <-> *f* бессты́дство *ср*
Schamröte <-> *f* кра́ска *ж* стыда́
Schande ['ʃandə] <-> *f ohne pl* позо́р *м;* **sie hat ~ über uns gebracht** она́ навлекла́ позо́р на на́шу го́лову; **mach mir keine ~!** смотри́, не осрами́ меня́!
schänden ['ʃɛndən] *vt* **1.** *(allg)* оскверни́ть, -ня́ть *нсв* **2.** *(beschämen)* опозо́рить, позо́рить *нсв,* обесче́стить, бесче́стить *нсв* **3.** *(vergewaltigen)* изнаси́ловать, наси́ловать *нсв*
schändlich ['ʃɛntlɪç] *adj* позо́рный
Schändlichkeit <-> *f* ме́рзость *ж*
Schanze ['ʃantsə] <-, -n> *f* **1.** MIL око́п *м* **2.** SPORT *(Sprung~)* трампли́н *м*
Schar [ʃaːɐ̯] <-, -en> *f (Menge)* толпа́ *ж;* **in ~en** *(in großer Menge)* то́лпами
scharen ['ʃaːrən] *vr* толпи́ться, с- *св;* **sich um jdn ~** столпи́ться вокру́г кого́-л.
scharf [ʃarf] *adj* **1.** *(schneidend, stark gewürzt)* о́стрый **2.** *fig (bissig)* злой; **ein ~er Hund** зла́я соба́ка *ж* **3.** *fig (deutlich, klar)* чёткий, я́сный **4.** *(streng, unnachsichtig)* стро́гий **5.** *umg (vom Sexualtrieb beherrscht)* похотли́вый; **~ auf jdn sein** *(von Verlangen nach jdm erfüllt sein)* жела́ть кого́-л.
Schärfe ['ʃɛrfə] <-, -n> *f* **1.** *(einer Klinge)* острота́ *ж* **2.** *fig (unnachsichtige Strenge)* стро́гость *ж* **3.** *(Deutlichkeit, Klarheit)* ре́зкость *ж*
schärfen *vt* точи́ть, на- *св*
Schärfeneinstellung <-, -en> *f* FOT устано́вка *ж* ре́зкости
scharfkantig *adj* с о́стрыми края́ми
scharf|machen[RR] *vt umg (Hund)* натра́вливать, -трави́ть *св*
Scharfschütze <-n, -n> *m* сна́йпер *м*
scharfsichtig *adj* с о́стрым зре́нием; *(scharfsinnig)* дальнови́дный, проница́тельный
Scharfsinn <-(e)s> *m* проница́тельность *ж*
scharfsinnig *adj* проница́тельный
Scharlach ['ʃarlax] <-s> *m (Scharlachfieber)* скарлати́на *ж*
Scharlatan ['ʃarlatan] <-s, -e> *m pej* шарлата́н *м*
Scharnier [ʃar'niːɐ] <-s, -e> *nt* шарни́р *м*
Scharte ['ʃartə] <-, -n> *f* зазу́брина *ж,* вы́боина *ж;* **eine ~ auswetzen** искупи́ть вину́
Schaschlik ['ʃaʃlɪk] <-s, -s> *m* шашлы́к *м*
Schatten ['ʃatən] <-s, -> *m* тень *ж;* **jdn in den ~ stellen** *fig* затми́ть кого́-л.; **es hat 30 Grad im ~** 30 гра́дусов в тени́
schattenhaft *adj* тени́стый
Schattenseite <-> *f auch fig* тенева́я сторона́ *ж*
Schattenspiel *nt* игра́ *ж* те́ней
Schattenwirtschaft <-> *f* тенева́я эконо́мика *ж*
schattieren [ʃa'tiːrən] *vt* оттеня́ть, -ни́ть *св*
Schattierung <-, -en> *f* отте́нок *м*
schattig *adj* тени́стый
Schatulle [ʃa'tʊlə] <-, -n> *f* шкату́лка *ж*
Schatz [ʃats] <-es, Schätze> *m* сокро́вище *ср*
Schatzanweisung <-, -en> *f* казначе́йские обяза́тельства *мн*
Schatzbrief <-(e)s, -e> *m* казначе́йский докуме́нт *м*
schätzen ['ʃɛtsən] *vt* **1.** *(hochachten)* цени́ть, о- *св* **2.** *(abschätzen)* оце́нивать, оцени́ть *св* **3.** *umg (annehmen, vermuten)* ду́мать *нсв*
Schatzgräber <-s, -> *m* кладоиска́тель *м*
Schatzkammer *f* сокро́вищница *ж*
Schätzung <-, -en> *f* оце́нка *ж*
schätzungsweise *adv* приблизи́тельно
Schau [ʃaʊ] <-, -en> *f (Vorführung)* пока́з *м,* демонстра́ция *ж;* **etw zur ~ stellen** демонстри́ровать что-л., выставля́ть что-л. напока́з, афиши́ровать что-л.
Schauder ['ʃaʊdɐ] <-s, -> *m* дрожь *ж,* озно́б *м*
schauderhaft *adj (widerlich, scheußlich)* жу́ткий, ужа́сный
schaudern ['ʃaʊdɐn] *vi* ужаса́ться, ужасну́ться *св*
schauen ['ʃaʊən] *vi* смотре́ть, по- *св,* гляде́ть, по- *св;* **schau mal** *umg* посмотри́-ка
Schauer ['ʃaʊɐ] <-s, -> *m* **1.** *(Schauder)* дро́жь *ж* **2.** *(Regenguss)* ли́вень *м*
schauerlich *adj* ужа́сный
Schaufel ['ʃaʊfəl] <-, -n> *f* (совко́вая) лопа́та *ж*
schaufeln *vt* **1.** *(Schnee)* грести́, раз- *св* **2.** *(Kohle)* кида́ть *нсв* **3.** *(einen Graben)* копа́ть, вы́- *св*
Schaufenster <-s, -> *nt* витри́на *ж*
Schaufensterauslage <-, -n> *f* това́ры *мн* на витри́не
Schaufensterdekorateur(in) <-s, -e> *m(f)* оформи́тель *м* витри́н
Schaufensterpuppe <-, -n> *f* манеке́н *м* на витри́не
Schaufensterwerbung <-> *f* витри́нная рекла́ма *ж*
Schaukel ['ʃaʊkəl] <-, -n> *f* каче́ли *мн*
schaukeln I. *vt* кача́ть, по- *св* **II.** *vi* **1.** *(auf einer Schaukel)* кача́ться, по- *св* **2.** *(Boote auf dem Wasser)* кача́ться, по- *св*
Schaukelpferd *nt* лоша́дка- кача́лка *ж*
Schaukelstuhl <-(e)s, -stühle> *m* кре́сло-кача́лка *ср*

Schaulustige(r) <-n, -n> *f(m)* зева́ка *м и ж*
Schaum [ʃaʊm] <-(e)s> *m* пе́на *ж*
Schaumbad *nt* ва́нна *ж* (с пе́ной)
schäumen [ˈʃɔɪmən] *vi* пе́ниться *нсв*
Schaumfestiger *m* пе́на *ж* для воло́с
Schaumgummi <-s> *m* пенорези́на *ж*
schaumig *adj* пе́нистый
Schaumschläger(in) <-s, -> *m(f) pej* очковтира́тель *м*
Schaumstoff <-(e)s, -e> *m* пенопла́ст *м*
Schaumwein <-(e)s, -e> *m* игри́стое вино́ *ср*
Schauplatz <-es, -plätze> *m* ме́сто *ср* де́йствия
Schauprozess <-es, -e> *m* показа́тельный проце́сс *м*
Schauraum <-(e)s, -räume> *m* выста́вочный зал *м*
schaurig [ˈʃaʊrɪç] *adj (unheimlich)* жу́ткий, злове́щий
Schauspiel <-(e)s, -e> *nt* **1.** *(Bühnenstück)* пье́са *ж* **2.** *fig (Anblick)* зре́лище *ср*
Schauspieler(in) <-s, -> *m(f)* актёр *м*, актри́са *ж*
Schauspielhaus <-es, -häuser> *nt* драмати́ческий теа́тр *м*
Schauspielkunst <-> *f* драмати́ческое иску́сство *ср*
Schauspielschule <-, -n> *f* театра́льное учи́лище *ср*
Scheck [ʃɛk] <-s, -s/ -e> *m* чек *м;* **einen ~ ausstellen** вы́писать чек; **mit einem ~ bezahlen** распла́чиваться че́ком; **einen ~ einlösen** получи́ть де́ньги по че́ку; **gedeckter ~** покры́тый чек; **einen ~ sperren lassen** блоки́ровать чек; **ein ~ über 10000 Euro** чек на (су́мму в) 10000 е́вро; **ungedeckter ~** непокры́тый чек
Scheckbetrug <-(e)s> *m* вы́дача *ж* непокры́тых че́ков
Scheckbuch <-(e)s, -bücher> *nt* че́ковая кни́жка *ж*
Scheckbürgschaft <-> *f* поручи́тельство *ср* по че́ку
Scheckeinzug <-(e)s> *m* инкасси́рование *ср* че́ка
Scheckheft <-(e)s, -e> *nt* че́ковая кни́жка *ж*
scheckig [ˈʃɛkɪç] *adj (Pferd)* пе́гий
Scheckkarte <-, -n> *f* че́ковая ка́рточка *ж*
Schecksperre <-, -n> *f* запреще́ние *ср* платежа́ по че́ку
Scheckverkehr <-> *m* че́ковый оборо́т *м*
scheffeln *vt abw, fam* **Geld ~** грести́ де́ньги (лопа́той)
Scheibe [ˈʃaɪbə] <-, -n> *f* **1.** *(Glasscheibe)* стекло́ *ср* **2.** *(Schnitte)* кусо́к *м*, ло́мтик *м* **3.** TECH ша́йба *ж*, диск *м*
Scheibenbremse <-, -n> *f* ди́сковый то́рмоз *м*
Scheibengardine <-, -n> *f* око́нная занаве́ска *ж*
Scheibenwaschanlage <-, -n> *f* омыва́тель *м* стёкол
Scheibenwischer <-s, -> *m* **1.** *(allg)* стеклоочисти́тель *м* **2.** *umg* дво́рник *м*
Scheich [ʃaɪç] <-s, -s/ -e> *m* шейх *м*
Scheide [ˈʃaɪdə] <-, -n> *f* **1.** *(eines Schwerts)* но́жны *мн* **2.** *(Vagina)* влага́лище *ср*
scheiden [ˈʃaɪdən] <schied, geschieden> **I.** *vt (Ehe)* расторга́ть, расто́ргнуть *св;* **sich von jdm ~ lassen** развести́сь с кем-л.; **sich (von jdm) ~ lassen** развести́сь с кем-л. **II.** *vr* **sich ~** *(Auffassungen)* различа́ться
Scheidenkrampf <-(e)s, -krämpfe> *m* спазм *м* ва́гины
Scheidenzäpfchen <-s, -> *nt* вагина́льная све́чка *ж*
Scheidewand <-, -wände> *f* перегоро́дка *ж*
Scheidung <-, -en> *f* разво́д *м;* **die ~ einreichen** пода́ть на разво́д
Scheidungsklage <-, -n> *f* иск *м* о разво́де
Scheidungsprozess <-es, -e> *m* бракоразво́дный проце́сс *м*
Schein [ʃaɪn] <-(e)s, -e> *m* **1.** *(Geldschein)* купю́ра *ж*, банкно́та *ж* **2.** *(Anschein)* ви́димость *ж;* **der ~ trügt** вне́шность обма́нчива; **zum ~** для ви́да **3.** *(Lichtschein)* свет *м* **4.** *(Dokument)* свиде́тельство *ср*
scheinbar *adj* **1.** *umg (anscheinend)* ви́димый **2.** *(vorgeblich)* мни́мый

i Land & Leute

В университетах студенты должны приобретать **свидетельства о сдаче зачётов** (**Scheine**), являющихся обязательными для данного этапа обучения. Лишь те студенты, которые могут предъявить определённое количество таких свидетельств, допускаются к сдаче сначала промежуточных («преддипломных»), а позднее и выпускных («дипломных») экзаменов.

scheinen [ˈʃaɪnən] <schien, geschienen> *vi* **1.** *(leuchten)* свети́ть, по- *св* **2.** *(den Anschein haben)* каза́ться, по- *св;* **es scheint mir, dass ...** мне ка́жется, что ...; **wie es scheint ...** как ка́жется ...
Scheingeschäft <-(e)s, -e> *nt* фикти́вная сде́лка *ж*
Scheingesellschaft <-, -en> *f (Briefkastenfirma)* фикти́вное о́бщество *ср*
Scheingewinn <-(e)s, -e> *m* фикти́вная

S

при́быль *ж*

scheinheilig *adj abw, fam* **tu nicht so ~!** не строй из себя́ неви́нного!

Scheinwerfer <-s, -> *m* **1.** *(am Auto)* фа́ра *ж* **2.** *(zur Beleuchtung)* проже́ктор *м*

Scheiße [ˈʃaɪsə] <-> *f vulg* говно́ *ср,* дерьмо́ *ср*

scheißen <schiss, geschissen> *vi vulg* срать, на- *св*

Scheitel [ˈʃaɪtəl] <-s, -> *m* пробо́р *м*

Scheiterhaufen [ˈʃaɪtɐhaʊfən] <-s, -> *m* костёр *м*

scheitern [ˈʃaɪtɐn] *vi* терпе́ть, по- *св* неуда́чу; **er ist mit allen seinen Plänen gescheitert** он потерпе́л неуда́чу со все́ми свои́ми пла́нами

Schellack <-s> *m* TECH шелла́к *м*

Schelmenroman <-s, -e> *m* LIT плутовско́й рома́н *м*

schelten [ˈʃɛltən] <schalt, gescholten> *vt* руга́ть, от- *св*

Schema [ˈʃeːma] <-s, -s/ Schemata> *nt* схе́ма *ж;* **alles in ein ~ pressen** укла́дывать всё в еди́ную схе́му; **nach bewährtem ~ vorgehen** де́йствовать по нака́танной схе́ме

schematisch [ʃeˈmaːtɪʃ] *adj* схемати́ческий, схемати́чный

Schemel [ˈʃeːməl] <-s, -> *m* ма́ленькая табуре́тка *ж*

Schenkel [ˈʃɛŋkəl] <-s, -> *m* **1.** ANAT бедро́ *ср* **2.** MATH сторона́ *ж* угла́

schenken [ˈʃɛŋkən] *vt* дари́ть, по- *св;* **jdm etw ~** подари́ть кому́-л. что-л.

Schenkung <-, -en> *f* JUR даре́ние *ср,* дар *м*

Schenkungssteuer <-, -n> *f* нало́г *м* на даре́ния

scheppern [ˈʃɛpɐn] *vi fam* звене́ть, звя́кать

Scherbe [ˈʃɛrbə] <-, -n> *f* оско́лок *м*

Schere [ˈʃeːrə] <-, -n> *f* **1.** *(Werkzeug)* но́жницы *мн* **2.** *(eines Krebses)* клешня́ *ж*

scheren [ˈʃeːrən] <schor, geschoren> **I.** *vt (schneiden)* стричь, по- *св* **II.** *vr* **das schert mich nicht** *umg* меня́ э́то не колы́шит; **scher' dich zum Teufel!** *vulg* пошёл к чёрту!

Scherenschnitt *m* резно́й силуэ́т *м*

Scherereien [ʃeːrəˈraɪən] <-> *pl umg* хлопо́ты *мн*

Scherz [ʃɛrts] <-es, -e> *m* шу́тка *ж;* **einen ~ machen** шути́ть

scherzen *vi* шути́ть

scherzhaft *adj* шутли́вый

scheu [ʃɔɪ] *adj* ро́бкий, засте́нчивый

Scheu [ʃɔɪ] <-> *f* боя́знь *ж,* ро́бость *ж*

scheuchen [ˈʃɔɪçən] *vt* спу́гивать, спугну́ть *св*

scheuen [ˈʃɔɪən] **I.** *vt* боя́ться *нсв;* **sich vor niemandem ~** никого́ не боя́ться; **keine Arbeit ~** не боя́ться рабо́ты **II.** *vi (Pferde)* испуга́ться *св*

Scheuerbürste <-, -n> *f* полова́я щётка *ж*

Scheuerlappen <-s, -> *m* полова́я тря́пка *ж*

scheuern [ˈʃɔɪɐn] *vt* **1.** *(putzen)* тере́ть, по- *св* **2.** *(reiben)* тере́ть, на- *св,* натира́ть *нсв*

Scheuklappe <-, -n> *f* **1.** *(allg)* нагла́зник *м* **2.** *pl* шо́ры *мн;* **~n haben** *fig (keinen Weitblick haben)* быть зашо́ренным

Scheune [ˈʃɔɪnə] <-, -n> *f* сара́й *м*

Scheusal [ˈʃɔɪzaːl] <-s, -e> *nt pej* чудо́вище *ср,* и́зверг *м*

scheußlich [ˈʃɔɪslɪç] *adj* ужа́сный

Scheußlichkeit <-, -en> *f* чудо́вищность *ж,* у́жас *м*

Schi [ʃiː] *s.* **Ski**

Schicht [ʃɪçt] <-, -en> *f* **1.** *(Gestein, Farbe, einer Gesellschaft)* слой *м* **2.** *(eines Arbeitstages)* сме́на *ж;* **~ arbeiten** рабо́тать посме́нно; **in zwei ~en arbeiten** рабо́тать в две сме́ны

Schichtarbeit <-> *f* посме́нная рабо́та *ж*

schichten [ˈʃɪçtən] *vt (Blätter Papier, Wäsche)* укла́дывать, уложи́ть *св* друг на дру́га, класть, положи́ть *св* в сто́пку

Schichtung <-> *f* **1.** *(allg)* слой *м,* наслое́ние *ср* **2.** GEOL напластова́ние *ср* **3.** *(der Gesellschaft)* расслое́ние *ср,* дифференциа́ция *ж*

Schichtwechsel *m* сме́на *ж* кого́-л. на рабо́те

schichtweise *adv* слоя́ми, пласта́ми; *(einer nach dem anderen)* посме́нно

schick [ʃɪk] *adj* шика́рный; **sich ~ machen** приоде́ться

schicken [ˈʃɪkən] *vt* посыла́ть, -сла́ть *св*

Schicksal [ˈʃɪkzaːl] <-s, -e> *nt* судьба́ *ж;* **jdn seinem ~ überlassen** бро́сить кого́-л. на произво́л судьбы́; **das ist ~!** э́то судьба́!

Schiebedach <-(e)s, -dächer> *nt* люк *м,* сдвижна́я кры́ша *ж*

schieben [ˈʃiːbən] <schob, geschoben> **I.** *vt* **1.** *(bewegen)* дви́гать, дви́нуть *св;* **die Schuld auf jdn ~** свали́ть на кого́-л. вину́; **etw vor sich** *dat* **her ~** *fig* откла́дывать что-л. **2.** *(wegschieben)* отодвига́ть, -дви́нуть *св* **3.** *(näher an etw schieben)* пододвига́ть, -дви́нуть *св;* **die Verantwortung auf jdn ~** свали́ть отве́тственность на кого́-л.; **ein Fahrrad ~** вести́ велосипе́д; **ein Auto ~** толка́ть маши́ну **II.** *vr* **sich ~** плести́сь

Schieber <-s, -> *m umg* спекуля́нт *м*

Schiebetür <-, -en> *f* раздвижна́я дверь *ж*

schied [ʃiːt] *prät von* **scheiden**

Schiedsgericht [ˈʃiːtsgərɪçt] <-(e)s, -e> *nt* арбитра́ж *м,* трете́йский суд *м*

schiedsgerichtlich *adv* арбитра́жный

Schiedsklausel <-, -n> *f* JUR арбитра́жная огово́рка *ж*

Schiedsrichter(in) <-s, -> *m(f)* **1.** *(Angehöriger des Schiedsgerichts)* трете́йский судья́ *м* **2.** SPORT арби́тр *м*, судья́ *м*

Schiedsspruch <-(e)s, -sprüche> *m* реше́ние *ср* арбитра́жа

schief [ʃi:f] *adj (geneigt, nicht gerade)* криво́й, косо́й

Schiefer ['ʃi:fɐ] <-s> *m* ши́фер *м*

Schieferdach <-(e)s, -dächer> *nt* ши́ферная кры́ша *ж*

Schiefertafel <-, -n> *f* гри́фельная доска́ *ж*

schief|gehen[RR] <irr> *vi umg* не удава́ться, не уда́ться *св*

Schieflage <-> *f* крити́ческая ситуа́ция *ж*, кри́зис *м*

schief|liegen[RR] *vi umg* заблужда́ться *нсв*, ошиба́ться *нсв*

schielen ['ʃi:lən] *vi* коси́ть *нсв*

schien [ʃi:n] *prät von* **scheinen**

Schienbein <-(e)s> *nt* го́лень *ж*

Schiene ['ʃi:nə] <-, -n> *f* **1.** *(Eisenbahnschiene)* рельс *м* **2.** MED *(Stütze)* ши́на *ж*

schienen ['ʃi:nən] *vt* MED накла́дывать, наложи́ть *св* ши́ну

Schienenbus <-ses, -se> *m* автомотри́са *ж*

Schienenfahrzeug <-(e)s, -e> *nt* сре́дство *ср* ре́льсового тра́нспорта

schier [ʃi:ɐ] *adv (nahezu, fast)* почти́ (что)

Schießausbildung <-> *f* MIL обуче́ние *ср* стрельбе́, стрелко́вая подгото́вка *ж*

Schießbefehl *m* прика́з *м* стреля́ть, прика́з *м* откры́ть ого́нь

Schießbude <-, -n> *f* тир *м*

schießen ['ʃi:sən] <schoss, geschossen> **I.** *vt* **1.** *(Kugel)* вы́стрелить *св* **2.** SPORT *(Tor)* забива́ть, -би́ть *св*; **ein Tor ~** заби́ть гол **II.** *vi* **1.** *(Schütze)* стреля́ть, вы́стрелить *св* в **2.** *(sich rasch bewegen)* нести́сь, про- *св*; **in die Höhe ~** вы́махать

Schießerei [ʃi:sə'raɪ] <-, -en> *f* стрельба́ *ж*, перестре́лка *ж*

Schießplatz <-(e)s, -plätze> *m* стре́льбище *ср*

Schießpulver <-s> *nt* по́рох *м*

Schießscharte <-, -n> *f* амбразу́ра *ж*, бо́йница *ж*

Schießscheibe <-, -n> *f* мише́нь *ж*

Schießstand <-(e)s, -stände> *m* тир *м*

Schiff [ʃɪf] <-(e)s, -e> *nt* кора́бль *м*, су́дно *ср*; **an Bord eines ~es gehen** сесть на кора́бль

Schiffahrt[Alt] *f ohne pl s.* **Schifffahrt**

Schiffbau <-s> *m* судострое́ние *ср*

Schiffbruch <-(e)s> *m* кораблекруше́ние *ср*; **~ erleiden** потерпе́ть кораблекруше́ние

schiffbrüchig *adj* потерпе́вший кораблекруше́ние

Schifffahrt[RR] <-, -en> *f* судохо́дство *ср*

Schifffahrtsgesellschaft[RR] <-, -en> *f* судохо́дная компа́ния *ж*

Schifffahrtsunternehmer[RR] <-s, -> *m* судовладе́лец *м*

Schiffsbesatzung <-, -en> *f* экипа́ж *м* корабля́

Schiffsjunge <-n, -n> *m* ю́нга *м*

Schiffsladung <-, -en> *f* судово́й груз *м*; **eine ~ löschen** разгружа́ть судово́й груз

Schiffspapiere <-> *pl* судовы́е докуме́нты *мн*

Schiffsrumpf <-(e)s, -rümpfe> *m* ко́рпус *м* су́дна

Schiffsschraube <-, -n> *f* гребно́й винт *м*

Schiffsverkehr <-s> *m* судохо́дство *ср*

Schiit [ʃi'i:t] <-en, -en> *m* шии́т *м*

schiitisch *adj* шии́тский

Schikane [ʃi'ka:nə] <-, -n> *f* приди́рка *ж*, издева́тельство *ср*

schikanieren [ʃika'ni:rən] *vt (tyrannisieren)* издева́ться *нсв* над, придира́ться, -дра́ться *св* к

Schikoree[RR] <-> *m ohne pl s.* **Chicorée**

Schild[1] [ʃɪlt] <-(e)s, -e> *m* HIST щит *м*

Schild[2] [ʃɪlt] <-(e)s, -er> *nt* **1.** *(Türschild)* табли́чка *ж* **2.** *(Reklameschild)* вы́веска *ж*, щит *м* **3.** *(Etikett)* этике́тка *ж* **4.** *(Preisschild)* це́нник *м* **5.** *(Wend)* **etw im ~e führen** замышля́ть что-л.

Schilddrüse <-, -n> *f* щитови́дная железа́ *ж*

Schilddrüsenkrebs <-es> *m* рак *м* щитови́дной железы́

Schilddrüsenüberfunktion <-> *f* повы́шенная де́ятельность *ж* щитови́дной железы́, гиперфу́нкция *ж* щитови́дной железы́

Schilddrüsenunterfunktion <-> *f* гипофу́нкция *ж* щитови́дной железы́

schildern ['ʃɪldɐn] *vt* изобража́ть, -брази́ть *св*

Schilderung <-, -en> *f (Beschreibung)* изображе́ние *ср*, описа́ние *ср*

Schildknappe <-n, -n> *m* HIST оружено́сец *м*

Schildkröte <-, -n> *f* черепа́ха *ж*

Schilf [ʃɪlf] <-(e)s> *nt* камы́ш *м*

schillern ['ʃɪlɐn] *vi* перелива́ться *нсв* (ра́зными цвета́ми); *fig* быть тру́дно определи́мым

Schilling ['ʃɪlɪŋ] <-s, -e> *m* ши́ллинг *м*

Schimmel ['ʃɪməl] <-s, -> *m* **1.** *(weißes Pferd)* бе́лая ло́шадь *ж* **2.** *(Schimmelpilz)* пле́сень *ж*

schimmelig *adj* заплесневе́лый

schimmeln *vi* плесневе́ть, за- *св*

Schimmelpilz *m* плеснево́й грибо́к *м*

Schimmer ['ʃɪmɐ] <-s> *m* блеск *м*, мерца́ние *ср*; **keinen blassen ~ von etw haben** *umg (überhaupt nichts von etw verstehen)* не име́ть о чём-л. ни мале́йшего поня́тия

S

schimmern ['ʃɪmɐn] *vi* блесте́ть, -сну́ть *св*, мерца́ть *нсв*

schimmlig *adj s.* **schlimmelig**

Schimpanse [ʃɪm'panzə] <-n, -n> *m* шимпанзе́ *м*

schimpfen ['ʃɪmpfən] *vi* **über jdn ~** руга́ть кого́-л.; **laut ~** гро́мко руга́ться

Schimpfwort <-(e)s, -wörter> *nt* бра́нное сло́во *ср*

schinden ['ʃɪndən] <schund, geschunden> **I.** *vt (peinigen, quälen)* му́чить, из- *св;* **Zeit ~** выи́грывать вре́мя; **Eindruck bei jdm ~** произвести́ на кого́-л. впечатле́ние **II.** *vr* **sich ~** *(sich abquälen)* му́читься, из- *св*

Schinderei <-, -en> *f pej (Plackerei, Strapaze)* издева́тельство *ср*, муче́ние *ср*

Schinken ['ʃɪŋkən] <-s, -> *m* ветчина́ *ж*, о́корок *м;* **gekochter ~** варёный о́корок; **geräucherter ~** копчёная ветчина́

Schintoismus <-> *m* синтои́зм *м*

Schirm [ʃɪrm] <-(e)s, -e> *m* **1.** *(Regenschirm, Sonnenschirm)* зонт *м* **2.** *umg* зо́нтик *м* **3.** *(Bildschirm)* экра́н *м*

Schirmherr(in) <-en, -en> *m(f)* спо́нсор *м*

Schirmherrschaft <-> *f* покрови́тельство *ср;* **unter der ~ von ...** под покрови́тельством кого́-л.

Schirmmütze <-, -n> *f* фура́жка *ж*

schiss[RR] [ʃɪs] *prät von* **scheißen**

Schiss[RR] [ʃɪs] <-es> *m ohne pl, jarg (Angst)* страх *м;* **~ haben** боя́ться *нсв*

schizophren [ʃitso'fre:n] *adj* шизофрени́ческий

Schizophrenie [ʃitsofre'ni:] *f ohne pl* MED, PSYCH шизофрени́я *ж*

Schlacht [ʃlaxt] <-, -en> *f* би́тва *ж;* **die ~ bei ...** би́тва под ...

schlachten ['ʃlaxtən] *vt* забива́ть, -би́ть *св*

Schlachtfeld <-(e)s> *nt* по́ле *ср* би́твы

Schlachthaus <-es> *nt* скотобо́йня *ж*

Schlachthof <-(e)s, -höfe> *m* скотобо́йня *ж*

Schlachtung <-, -en> *f* убо́й *м* скота́

Schlachtvieh <-(e)s> *nt* убо́йный скот *м*

Schlacke ['ʃlakə] <-, -n> *f* шлак *м*

Schlaf [ʃla:f] <-(e)s> *m* сон *м*

Schlafanzug <-(e)s, -anzüge> *m* пижа́ма *ж*

Schlafcouch <-> *f* дива́н *м* -крова́ть *ж*

Schläfe ['ʃlɛ:fə] <-, -n> *f* висо́к *м*

schlafen ['ʃlafən] <schlief, geschlafen> *vi* спа́ть, по- *св;* **~ gehen** идти́ спать; **mit jdm ~** спать с кем-л.; **bei jdm ~** ночева́ть у кого́-л.

Schläfenbein <-(e)s> *nt* ANAT висо́чная кость *ж*

Schlafenszeit <-> *f* вре́мя *ср* спать

schlaff [ʃlaf] *adj* **1.** *(locker hängend)* прови́сший, обви́сший **2.** *(schlapp, kraftlos)* сла́бый

Schlaffheit <-> *f* вя́лость *ж*

Schlafkrankheit <-> *f* со́нная боле́знь *ж*

Schlaflied *nt* колыбе́льная *ж*

schlaflos *adj* бессо́нный

Schlaflosigkeit <-> *f* бессо́нница *ж*

Schlafmittel <-s, -> *nt* снотво́рное *ср*

Schlafmütze *f fam* со́ня *м и ж*

schläfrig ['ʃlɛ:frɪç] *adj* со́нный

Schlafsack <-(e)s, -säcke> *m* спа́льный мешо́к *м*

Schlafstelle <-, -n> *f* посте́ль *ж*

Schlafstörung <-, -en> *f* расстро́йство *ср* сна

Schlaftablette <-, -n> *f* снотво́рное *ср*, табле́тка *ж* снотво́рного

schlaftrunken ['ʃla:ftrʊŋkən] *adj* со́нный

Schlafwagen <-s, -wägen> *m* спа́льный ваго́н *м*

Schlafwagenplatz <-es, -plätze> *m* ме́сто *ср* в спа́льном ваго́не

schlafwandeln *vi haben o sein* быть луна́тиком

Schlafwandeln <-s> *nt* лунати́зм *м*

schlafwandlerisch *adj* лунати́ческий, сомнамбули́ческий

Schlafzimmer <-s, -> *nt* спа́льня *ж*

Schlag [ʃla:k] <-(e)s, Schläge> *m* **1.** *(allg)* уда́р *м* **2.** *(des Herzens)* бие́ние *ср;* **mit einem ~** *umg* одни́м уда́ром; **jdm einen ~ versetzen** *fig (jdn hart treffen)* нанести́ кому́-л. уда́р

Schlagader <-, -n> *f* арте́рия *ж*

Schlaganfall <-(e)s, -anfälle> *m* (апоплекси́ческий) уда́р *м*

schlagartig **I.** *adj* бы́стрый **II.** *adv* сра́зу

Schlagbaum <-(e)s, -bäume> *m* шлагба́ум *м*

schlagen ['ʃla:gən] <schlug, geschlagen> **I.** *vt* **1.** *(jdm Schläge versetzen)* бить, по- *св*, уда́рить *св* **2.** *(mit Werkzeug)* забива́ть, -би́ть *св* **3.** *(besiegen)* выи́грывать, вы́играть *св;* **jdn im Tennis ~** вы́играть у кого́-л в те́ннис; **einen Nagel in die Wand ~** заби́ть гвоздь в сте́ну; **jdm auf den Kopf ~** бить кого́-л. по голове́; **jdn ins Gesicht ~** уда́рить кого́-л. в лицо́; **alles kurz und klein ~** разби́ть всё на куски́; **er gab sich geschlagen** он призна́л себя́ побеждённым; **die Uhr hat 12 geschlagen** часы́ проби́ли 12; **eine geschlagene Stunde** це́лый/би́тый час **II.** *vi* **1.** *(Herz)* би́ться *нсв* **2.** *(Turmuhr)* бить, проби́ть *св* **III.** *vr* **sich ~** *(sich prügeln)* дра́ться, по- *св* с; **sich auf jds Seite ~** встать на сто́рону кого́-л.

schlagend *adj* ме́ткий

Schlager ['ʃla:gɐ] <-s, -> *m* **1.** *(Lied)* шля́гер *м* **2.** *(Buch)* бестсе́ллер *м* **3.** *(Theaterstück, Modegegenstand)* гвоздь *м* сезо́на

Schläger ['ʃlɛ:gɐ] <-s, -> *m* **1.** SPORT раке́тка *ж* **2.** *(brutaler Mann)* драчу́н *м*

Schlägerei [ʃlɛ:gə'raɪ] <-, -en> *f* дра́ка *ж*

Schlagerfestival <-s, -s> *nt* фестива́ль *м*

эстрáдной пéсни
Schlagersänger(in) <-s, -> *m(f)* исполнúтель *м* шля́геров
schlagfertig *adj (Mensch)* нахóдчивый; **eine ~e Antwort** мéткий отвéт
Schlagfertigkeit <-> *f* нахóдчивость *ж*
Schlaginstrument <-(e)s, -e> *nt* удáрный инструмéнт *м*
schlagkräftig *adj (Argument)* убедúтельный, сúльный
Schlagloch <-(e)s, -löcher> *nt* вы́боина *ж*
Schlagobers <-> *nt A (Schlagsahne)* слúвки *мн*
Schlagrahm <-(e)s> *m CH (Schlagsahne)* слúвки *мн*
Schlagring <-(e)s, -e> *m* кастéт *м*
Schlagsahne <-> *f* сбúтые слúвки *мн*
Schlagwort <-(e)s, -wörter> *nt* ключевóе слóво *ср*
Schlagzeile <-, -n> *f* крýпный заголóвок *м*
Schlagzeug <-(e)s, -e> *nt* удáрные инструмéнты *ммн*
Schlagzeuger(in) <-s, -> *m(f)* удáрник *м*, удáрница *ж*
Schlamm [ʃlam] <-(e)s> *m* тúна *ж*, ил *м*
schlammig *adj* úлистый
Schlammpackung <-, -en> *f* грязевóе укýтывание *ср*
Schlammschlacht <-, -en> *f pej* забрáсывание *ср* грязью (политúческих оппонéнтов)
Schlampe ['ʃlampə] <-, -> *f pej* неря́ха *ж (о жéнщине)*, гря́зная бáба *ж*
Schlamper(in) <-s, -> *m umg* неря́ха *м и ж*
Schlamperei [ʃlampə'raɪ] <-, -en> *f* **1.** *umg (Nachlässigkeit)* небрéжность *ж* **2.** *umg (Unordnung)* неря́шливость *ж*
schlampig *adj* **1.** *(unordentlich)* неря́шливый **2.** *(nachlässig)* небрéжный
schlang [ʃlaŋ] *prät von* **schlingen**[1]
Schlange ['ʃlaŋə] <-, -n> *f* **1.** *(Reptil)* змея́ *ж* **2.** *(von Wartenden)* óчередь *ж*; **~ stehen** стоя́ть в óчереди
schlängeln ['ʃlɛŋəln] *vr auch fig* извивáться *нсв*
Schlangenbiss[RR] *m* укýс *м* змей
Schlangengift *nt* змеúный яд *м*
Schlangenleder *nt* змеúная кóжа *ж*
Schlangenmensch <-en, -en> *m umg* „гуттапéрчивый человéк" *м* (об акробáте)
schlank [ʃlaŋk] *adj* стрóйный
Schlankheit *f* стрóйность *ж*
Schlankheitskur <-, -en> *f umg* лечéние *ср* ожирéния
schlapp [ʃlap] *adj* **1.** *(erschöpft)* слáбый **2.** *umg (ohne Energie)* вя́лый
Schlappe ['ʃlapə] <-, -n> *f umg (Niederlage)* неудáча *ж*
schlapp|machen *vi fam* уставáть, устáть *св*
schlau [ʃlaʊ] *adj* **1.** *(verschlagen)* хúтрый **2.** *(klug)* ýмный; **aus etw nicht ~ werden** не понимáть чегó-л.
Schlauberger <-s, -> *m fam* хúтрец *м*
Schlauch [ʃlaʊx] <-(e)s, Schläuche> *m* **1.** *(für Wasser)* шланг *м* **2.** *(eines Reifens)* кáмера *ж*
Schlauchboot <-(e)s, -e> *nt* надувнáя лóдка *ж*
Schläue ['ʃlɔɪə] <-> *f* хúтрость *ж*
Schlaukopf <-(e)s, -köpfe> *m umg* хитрéц *м*
Schlaumeier ['ʃlaʊmaɪɐ] <-s, -> *m fam* хитрéц *м*
Schlawiner <-s, -> *m abw, fam* мошéнник *м*
schlecht [ʃlɛçt] *adj (nicht gut)* плохóй; **mir ist ~** мне плóхо
schlechterdings *adv* безуслóвно, решúтельно, положúтельно
schlechtgelaunt *adj s.* **gelaunt**
schlechthin ['ʃlɛçt'hɪn] *adv* **1.** *(an sich, als solche(r))* как таковóй **2.** *(geradezu)* прóсто; **das ist ~ unmöglich** э́то прóсто невозмóжно
schlecht|machen[RR] *vt umg (jdn verächtlich machen)* чернúть, о- *св*
Schleckermaul <-s, -mäuler> *nt* лáкомка *м и ж*
Schlehdorn <-s> *m* тёрн *м*
schleichen ['ʃlaɪçən] <schlich, geschlichen> **I.** *vi (langsam gehen)* ползтú *нсв* **II.** *vr* крáсться, про- *св*
Schleichwerbung <-> *f* кóсвенная реклáма *ж*
Schleier ['ʃlaɪɐ] <-s, -> *m* вуáль *ж*, фатá *ж*
Schleiereule <-, -n> *f* сипýха *ж*
schleierhaft **I.** *adj umg (rätselhaft)* тумáнный, таúнственный **II.** *adv* непоня́тно
Schleife ['ʃlaɪfə] <-, -n> *f (zur Zierde)* бант *м*
schleifen ['ʃlaɪfən] <schliff, geschliffen> **I.** *vt* **1.** *(schärfen)* точúть, на- *св* **2.** *(ziehen)* тащúть *нсв* **II.** *vi (Kupplung)* проворáчиваться *нсв*; **die Kupplung ~ lassen** держáть сцеплéние
Schleiflack *m* шлифовáльный лак *м*
Schleifmaschine <-, -n> *f* шлифовáльный станóк *м*
Schleifpapier <-(e)s> *nt* наждáчная бумáга *ж*
Schleifstein <-(e)s, -e> *m* точúльный кáмень *м*
Schleim [ʃlaɪm] <-(e)s> *m* **1.** *(allg)* слизь *ж* **2.** *(Husten)* мокрóта *ж*
Schleimer(in) ['ʃlaɪmɐ] <-s, -> *m(f) pej* льстец *м*, лизоблю́д *м*
Schleimhaut <-, -häute> *f* слúзистая обóлочка *ж*
schleimig ['ʃlaɪmɪç] *adj* слúзистый
Schleimscheißer <-s, -> *m vulg* подлипáла *м*

S

schlemmen [ˈʃlɛmən] *vi, vt* пировать
Schlemmer <-s, -> *m* кутила *м*
Schlemmerei [ʃlɛməˈraɪ] <-> *f* кутёж *м*, разгул *м*
schlendern [ˈʃlɛndɐn] *vi* бродить *нсв*
Schleppe [ˈʃlɛpə] <-, -n> *f* шлейф *м*
schleppen [ˈʃlɛpən] **I.** *vt* **1.** *(schwer tragen)* тащить, по- *св*, таскать *нсв* **2.** *(hinter sich herziehen)* тащить, по- *св*, волочить, по- *св* **II.** *vr* **1.** *(sich hinziehen)* тянуться *нсв* **2.** *(sich mühsam fortbewegen)* тащиться, до- *св*
schleppend *adj (schwerfällig, mühsam)* медленный
Schlepper <-s, -> *m* **1.** *(Schleppschiff)* буксир *м* **2.** *(Traktor)* трактор *м*
Schleppfischerei <-> *f* траловый лов *м*
Schleppnetz <-es, -e> *nt* трал *м*
Schleswig-Holstein <-s> *nt* Шлезви-Гольштейн *м*
Schleuder [ˈʃlɔɪdɐ] <-, -n> *f* **1.** *(Steinschleuder)* рогатка *ж* **2.** *(Wäscheschleuder)* центробежная сушилка *ж*
Schleudergefahr <-> *f* опасность *ж* заноса
schleudern [ˈʃlɔɪdɐn] **I.** *vt* **1.** *(schwungvoll werfen)* метать, метнуть *св* **2.** *(Wäsche)* отжимать, -жать *св* (в центрифуге) **II.** *vi* **in der Kurve begann der Wagen plötzlich zu ~** на повороте машину неожиданно начало заносить
Schleuderpreis <-es, -e> *m umg* бросовая цена *ж*; **zu ~en** по бросовым ценам
Schleudersitz <-es, -e> *m* катапультируемое кресло *ср*
schleunigst [ˈʃlɔɪnɪçst] *adv* как можно скорее
Schleuse [ˈʃlɔɪzə] <-, -n> *f* шлюз *м*
Schleusenkammer <-, -n> *f* шлюзная камера *ж*
Schleusenwärter <-s, -> *m* сторож *м* при шлюзе
schlich [ʃlɪç] *prät von* **schleichen**
Schlich [ʃlɪç] <-(e)s, -e> *m (meist pl)* уловка *ж*
schlicht [ʃlɪçt] *adj* простой, скромный
schlichten [ˈʃlɪçtən] *vt (Streit)* улаживать, уладить *св*
Schlichtheit <-> *f* простота *ж*
Schlichtung <-, -en> *f* улаживание *ср*, урегулирование *ср*
Schlichtungsabkommen <-s, -> *nt* соглашение *ср* об урегулировании
Schlichtungsausschuss <-es, -ausschüsse> *m* комиссия *ж* по урегулированию
Schlick [ʃlɪk] <-(e)s> *m* ил *м*
schlief [ʃliːf] *prät von* **schlafen**
schließen [ˈʃliːsən] <schloss, geschlossen> **I.** *vt* **1.** *(zumachen)* закрывать, -крыть *св* **2.** *(Vertrag, Frieden)* заключать, -чить *св* **II.** *vi* **1.** *(Geschäft)* закрываться, закрыться *св*; **die Geschäfte ~ um sechs Uhr** магазины закрываются в шесть часов **2.** *(schlussfolgern)* делать, с- *св* вывод **3.** *(sich schließen lassen)* закрываться, -крыться *св*
Schließfach <-(e)s, -fächer> *nt* **1.** *(für Gepäck)* камера *ж* хранения **2.** *(Postfach)* абонементный ящик *м*
schließlich *adv* **1.** *(endlich)* наконец **2.** *(immerhin)* всё-таки
Schließmuskel <-s> *m* ANAT сфинктер *м*
Schließung <-, -en> *f* **1.** *(einer Firma)* закрытие *ср* (предприятия) **2.** *(einer Sitzung)* конец *м* (заседания)
schliff [ʃlɪf] *prät von* **schleifen**
Schliff [ʃlɪf] <-(e)s> *m* **1.** *(allg)* шлифовка *ж* **2.** *(Messer)* заточка *ж* **3.** *(Maniere)* отточенность *ж*, изысканность *ж*
schlimm [ʃlɪm] *adj* **1.** *(schlecht)* плохой, дурной, скверный; **es ist alles halb so ~** *umg* это не беда; **ein ~er Fehler** грубая ошибка; **das Schlimmste ist, dass ...** самое ужасное заключается в том, что ...; **es hätte ~er kommen können** *umg* могло бы быть и хуже **2.** *(böse)* злой
schlimmstenfalls [ˈʃlɪmstənfals] *adv* в худшем случае
Schlinge [ˈʃlɪŋə] <-, -n> *f* петля *ж*
Schlingel [ˈʃlɪŋəl] <-s, -> *m fam* проказник *м*
schlingen[1] [ˈʃlɪŋən] <schlang, geschlungen> **I.** *vt* **1.** *(binden)* обматывать, -мотать *св* **2.** *(umschlingen)* обхватывать, -хватить *св* **II.** *vr* виться, об- *св*; **sich um etw ~** обвиваться вокруг чего-л.
schlingen[2] [ˈʃlɪŋən] <schlang, geschlungen> *vt (Essen)* проглатывать, -глотить *св*
Schlingpflanze <-, -n> *f* вьющееся растение *ср*
Schlips [ʃlɪps] <-es, -e> *m umg (Krawatte)* галстук *м*
Schlitten [ˈʃlɪtən] <-s, -> *m* **1.** *(allg)* сани *мн* **2.** *(Kinder~)* санки *мн* **3.** *umg (Wagen)* тачка *ж*; **~ fahren** кататься на санках [*или* санях]
Schlittenfahrt <-, -en> *f* катание *ср* на санях
Schlittenhund <-(e)s, -e> *m* лайка *ж*
schlittern [ˈʃlɪtɐn] *vi (auf einer Eisfläche rutschen)* скользить, про- *св*
Schlittschuh <-(e)s, -e> *m* конёк *м*; **~ laufen** кататься на коньках
Schlittschuhbahn <-, -en> *f* SPORT конькобежная дорожка *ж*
Schlittschuhläufer(in) <-s, -> *m(f)* конькобежец *м*, конькобежка *ж*
Schlitz [ʃlɪts] <-es, -e> *m* разрез *м*
schloss[RR] [ʃlɔs] *prät von* **schließen**
Schloss[RR] [ʃlɔs] <-es, Schlösser> *nt* **1.** *(Burg)* замок *м* **2.** *(einer Tür)* замок *м*
schloß[Alt] *prät von* **schloss**

Schloß[Alt] <-sses, Schlösser> *nt s.* **Schloss**
Schlosser(in) [ˈʃlɔsɐ] <-s, -> *m(f)* слéсарь *м*
Schlossherr(in)[RR] <-en, -en> *m(f)* владéлец *м* и обитáтель *м* зáмка
Schlot [ʃloːt] <-es, -e> *m (Fabrikschornstein)* трубá *ж;* **rauchen wie ein ~** *umg* дымúть как паровóз
schlottrig [ˈʃlɔtrɪç] *adj* небрéжный
Schlucht [ʃlʊxt] <-, -en> *f* ущéлье *ср*
schluchzen [ˈʃlʊxtsən] *vi* рыдáть *нсв*
Schluchzer <-s, -> *m* икóта *ж*
Schluck [ʃlʊk] <-(e)s, -e> *m* глотóк *м;* **ein ~ Kaffee** глотóк кóфе
Schluckauf [ʃlʊkˈʔaʊf] <-s> *m* икóта *ж;* **einen ~ haben** икáть
Schluckbeschwerden <-> *pl* затруднённое глотáние *ср*
schlucken [ˈʃlʊkən] *vt* глотáть, проглотúть *св*
Schlucker <-s, -> *m fam* **armer ~** бедня́га *м*
Schluckimpfung <-, -en> *f* перорáльная вакцинáция *ж*
Schluderei <-> *f pej* халтýра *ж*
schludern [ˈʃluːdɐn] *vi umg* халтýрить *нсв*
schlug [ʃluːk] *prät von* **schlagen**
Schlummer [ˈʃlʊmɐ] <-s> *m geh* дремóта *ж*
schlummern [ˈʃlʊmɐn] *vi geh* дремáть, по- *св*
Schlund [ʃlʊnt] <-(e)s, Schlünde> *m* пасть *ж,* глóтка *ж; fig* жерлó *ср*
schlüpfen [ˈʃlʏpfən] *vi* **1.** *(allg)* проскáльзывать, -скользнýть *св* **2.** *(Jungvögel)* вылупля́ться, вы́лупиться *св* **3.** *umg* ускользáть, -знýть *св;* **in die Kleider ~** бы́стро надéть [*или* накúнуть] одéжду; **unter die Decke ~** нырнýть под одея́ло
Schlüpfer <-s, -> *m* трýсики *мн*
Schlupfloch <-(e)s, -löcher> *nt (Durchschlupf)* лазéйка *ж*
schlüpfrig [ˈʃlʏpfrɪç] *adj* **1.** *(glatt)* скóльзкий **2.** *fig (anstößig)* скабрёзный
schlurfen [ˈʃlʊrfən] *vi* шáркать *нсв*
schlürfen [ˈʃlʏrfən] **I.** *vt* **1.** *(einen Wein)* потя́гивать *нсв,* попивáть *нсв* **2.** *(eine Suppe)* хлебáть, по- *св* **II.** *vi* чáвкать, -кнуть *св*
Schluss[RR] [ʃlʊs] <-es, Schlüsse> *m,* **Schluß**[Alt] <-sses, Schlüsse> *m* **1.** *(Ende)* конéц *м* **2.** *(Folgerung, Ableitung, Abschluss)* вы́вод *м;* **~ für heute!** хвáтит на сегóдня!; **~ machen** *umg (Feierabend machen)* закáнчивать (рабóту); **mit etw ~ machen** *(mit etw aufhören)* закóнчить что-л.; **wir sind zu dem ~ gekommen, dass ...** мы пришлú к вы́воду, что ...; **zum ~** и наконéц; **mit jdm ~ machen** расстáться с кем-л.
Schlussabrechnung[RR] <-, -en> *f* окончáтельный расчёт *м*
Schlussbericht[RR] <-(e)s, -e> *m* заключúтельный отчёт *м*
Schlussbilanz[RR] <-, -en> *f* заключúтельный балáнс *м*
Schlussdividende[RR] <-, -n> *f* финáльный дивидéнд *м*
Schlüssel [ˈʃlʏsəl] <-s, -> *m* AUCH MUS ключ *м*
Schlüsselanhänger <-s, -> *m* брелóк *м*
Schlüsselbegriff <-(e)s, -e> *m* ключевóе поня́тие *ср*
Schlüsselbein <-(e)s, -e> *nt* ANAT ключúца *ж*
Schlüsselblume <-, -n> *f* первоцвéт *м*
Schlüsselbund <-(e)s, -e> *m* свя́зка *ж* ключéй
Schlüsselerlebnis <-ses, -se> *nt* PSYCH ключевóе переживáние *ср*
schlüsselfertig *adv* **~ bauen** стрóить „под ключ“
Schlüsselindustrie <-, -n> *f* ключевáя óтрасль *ж* промы́шленности
Schlüsselloch <-(e)s, -löcher> *nt* замóчная сквáжина *ж*
Schlüsselposition <-, -en> *f* ключевáя позúция *ж*
Schlüsselrolle <-, -n> *f* ключевáя роль *ж*
Schlüsseltechnologie <-, -en> *f* ключевáя технолóгия *ж*
Schlussfolgerung[RR] <-, -en> *f* вы́вод *м,* заключéние *ср;* **aus etw ~en ziehen** дéлать вы́воды из чегó-л.
schlüssig [ˈʃlʏsɪç] *adj* убедúтельный
Schlusskurs[RR] <-es, -e> *m* BÖRSE заключúтельный курс *м*
Schlusslicht[RR] <-(e)s, -er> *nt (an Fahrzeug)* зáдний свет *м,* стоп-сигнáл *м*
Schlusspfiff[RR] <-s> *m* SPORT заключúтельный свистóк *м*
Schlusspunkt[RR] *m* **den ~ unter eine Sache setzen** постáвить тóчку на чём-л. (неприя́тном)
Schlussrunde[RR] <-, -n> *f* SPORT финáл *м*
Schlusssatz[RR] <-es, -sätze> *m* **1.** *(letzter Satz)* заключúтельное предложéние *ср* (тéкста) **2.** MUS заключúтельная часть *ж,* финáл *м*
Schlussstrich[RR] *m fig* итóг *м;* **einen ~ unter etw ziehen** покóнчить с какúм-л. дéлом
Schlussverkauf[RR] <-(e)s> *m* сезóнная распродáжа *ж*
Schlusswort[RR] <-(e)s, -e> *nt* заключúтельное слóво *ср*
Schmach [ʃmaːx] <-> *f geh* позóр *м*
schmachtend *adj (Blick)* тóмный
schmächtig [ˈʃmɛçtɪç] *adj* щýплый, худощáвый
schmackhaft [ˈʃmakhaft] *adj* вкýсный
schmählich *adj geh (schändlich)* позóрный
schmal [ʃmaːl] *adj* **1.** *(eng)* ýзкий **2.** *(schlank)* тóнкий; **~e Hände** тóнкие рýки
schmälern [ˈʃmɛːlɐn] *vt (herabsetzen)* уменьшáть *нсв;* **jdn in seinen Rechten ~** ущем-

S

ля́ть чьи-л. права́
Schmalfilm <-(e)s, -e> *m* у́зкая плёнка *ж*
Schmalz [ʃmalts] <-es> *nt* топлёное са́ло *ср,* сма́лец *м*
Schmankerl [ˈʃmaŋkɐl] <-s, -> *nt* (осо́бое) ла́комство *ср*
schmarotzen [ʃmaˈrɔtsn̩] <schmarotzte, schmarotzt> *vi* паразити́ровать *нсв,* жить на чужо́й счёт
Schmarotzer(in) [ʃmaˈrɔtsɐ] <-s, -> *m(f)* **1.** *fig (Mensch)* парази́т *м,* парази́тка *ж* **2.** BOT, ZOOL парази́т *м*
schmatzen [ˈʃmatsən] *vi* ча́вкать *нсв*
schmecken [ˈʃmɛkən] **I.** *vi* нра́виться, по- *св,* быть *нсв* вку́сным; **das schmeckt nicht** э́то невку́сно; **das Essen schmeckt nach nichts** э́то безвку́сная еда́; **wie schmeckt's?** *umg* вку́сно?; **es hat gut geschmeckt** бы́ло о́чень вку́сно; **lass es dir ~!** прия́тного аппети́та! **II.** *vt* про́бовать, по- *св*
Schmeichelei [ʃmaɪçəˈlaɪ] <-, -en> *f* лесть *ж*
schmeichelhaft *adj* ласка́тельный
schmeicheln [ˈʃmaɪçəln] *vi* льсти́ть, по- *св;* **jdm ~** льсти́ть кому́-л.; **sich geschmeichelt fühlen** чу́вствовать себя́ польщённым; **es schmeichelt mir, dass ...** мне льсти́т, что ...
Schmeichler(in) <-s, -> *m(f)* льсте́ц *м*
schmeißen [ˈʃmaɪsən] <schmiss, geschmissen> *vt* **1.** *umg (werfen, aufgeben)* броса́ть, бро́сить *св;* **etw auf den Boden ~** сбро́сить что-л. на́ пол **2.** *(etw sicher bewältigen)* справля́ться, спра́виться *св* с
Schmelz [ʃmɛlts] <-es, -e> *m* **1.** *(glänzender Überzug, Email)* эма́ль *ж* **2.** *(Zahnschmelz)* зубна́я эма́ль *ж*
schmelzen [ˈʃmɛltsən] <schmolz, geschmolzen> **I.** *vt* пла́вить, рас- *св; (Schnee, Butter)* топи́ть, рас- *св* **II.** *vi* пла́виться, рас- *св; (Schnee, Eis, Butter)* та́ять, рас- *св*
Schmelzhütte <-, -n> *f* чугуноплави́льный заво́д *м*
Schmelzkäse <-s> *m* пла́вленый сыр *м*
Schmelzofen <-s, -öfen> *m* плави́льная печь *ж*
Schmelzpunkt <-(e)s> *m* то́чка *ж* плавле́ния
Schmelztiegel <-s, -> *m fig* плави́льный ти́гель *м*
Schmelzwasser <-s> *nt* та́лая вода́ *ж*
Schmerz [ʃmɛrts] <-es, -en> *m* боль *ж;* **hast du noch ~en?** у тебя́ ещё что́-то боли́т?
schmerzempfindlich *adj* чувстви́тельный к бо́ли
schmerzen [ˈʃmɛrtsən] *vi (weh tun)* боле́ть *нсв*
Schmerzensgeld <-es, -er> *nt* де́нежное возмеще́ние *ср* за причинённый нематериа́льный уще́рб
schmerzhaft *adj* боле́зненный
schmerzlich *adj (Kummer verursachend)* мучи́тельный, боле́зненный
schmerzlindernd *adj* успока́ивающий боль
schmerzlos *adj* безболе́зненный
Schmerzmittel *nt* обезбо́ливающее сре́дство *ср*
schmerzstillend *adj* болеутоля́ющий; **ein ~es Mittel** болеутоля́ющее сре́дство *ср*
Schmerztablette *f* обезбо́ливающее сре́дство *ср*
Schmerztherapie <-, -n> *f* болева́я терапи́я *ж*
schmerzvoll *adj s.* **schmerzlich**
Schmetterling [ˈʃmɛtɐlɪŋ] <-s, -e> *m* **1.** *(Falter)* ба́бочка *ж* **2.** SPORT *(Schwimmstil)* баттерфля́й *м*
schmettern [ˈʃmɛtɐn] *vt (heftig werfen)* швыря́ть, швырну́ть *св*
Schmied(in) [ʃmiːt] <-(e)s, -e> *m(f)* кузне́ц *м*
Schmiede [ˈʃmiːdə] <-n> *f* ку́зница *ж*
Schmiedeeisen <-s, -> *nt* ко́ваное желе́зо *ср*
schmieden [ˈʃmiːdən] *vt* кова́ть, вы́- *св*
schmiegen [ˈʃmiːgən] *vr* **1.** *(allg)* прижима́ться, -жа́ться *св* к; **sich an jdn ~** прильну́ть к кому́-л. **2.** *(Kleidung)* облега́ть *нсв* **3.** *(Haar)* пло́тно прилега́ть *нсв*
schmiegsam *adj* ги́бкий, пода́тливый
Schmiere [ˈʃmiːrə] <-, -n> *f* мазь *ж,* сма́зка *ж;* **~ stehen** *umg* стоя́ть на стрёме
schmieren [ˈʃmiːrən] **I.** *vt* **1.** *(auftragen)* нама́зывать, -зать *св* **2.** *(Maschinen)* сма́зывать, -зать *св;* **jdn ~** *umg (jdn bestechen)* дать взя́тку кому́-л. **II.** *vi pej (unsauber schreiben)* па́чкать, на- *св;* **das läuft ja wie geschmiert!** *umg* всё идёт как по ма́слу
Schmierfett <-(e)s, -e> *nt* консисте́нтная сма́зка *ж*
Schmiergeld <-(e)s, -er> *nt umg (Bestechungsgeld)* взя́тка *ж;* **~er nehmen** бра́ть взя́тки
schmierig *adj* **1.** *(klebrig, unangenehm freundlich)* ско́льзкий, ли́пкий **2.** *(unappetitlich, schmutzig)* гря́зный
Schmiermittel <-s, -> *nt* сма́зочный материа́л *м*
Schmierseife <-> *f* жи́дкое мы́ло *ср*
Schmierstoff <-(e)s, -e> *m* сма́зочный материа́л *м*
Schmierzettel <-s, -> *m umg* чернови́к *м*
Schminke [ˈʃmɪŋkə] <-, -n> *f* грим *м,* косме́тика *ж*
schminken [ˈʃmɪŋkən] **I.** *vt* кра́сить, на- *св;* THEAT гримирова́ть, за- *св* **II.** *vr* кра́ситься, на- *св*
Schmirgelpapier <-(e)s, -e> *nt* нажда́чная бума́га *ж*
schmiss[RR] [ʃmɪs], **schmiß**[Alt] *prät von* **schmeißen**
schmökern [ˈʃmœːkɐn] *vi fam* **in einem Buch**

~ с увлече́нием чита́ть
Schmollecke *f* **sich in die ~ zurückziehen** наду́ться, оби́деться
schmollen [ˈʃmɔlən] *vi* ду́ться, на- *св;* **mit jdm ~** ду́ться на кого́-л.
schmolz [ʃmɔlts] *prät von* **schmelzen**
Schmorbraten <-s, -> *m* тушёное мя́со *ср*
schmoren [ˈʃmoːrən] **I.** *vt* туши́ть, по- *св* **II.** *vi* туши́ться, по- *св*
Schmuck [ʃmʊk] <-(e)s> *m* **1.** *(Schmuckstück(e))* украше́ния *срмн*, драгоце́нности *жмн* **2.** *(Dekoration, Zierde)* украше́ние *ср*
schmücken [ˈʃmʏkən] *vt* украша́ть, -ра́сить *св*
Schmuckkästchen [-kɛstçən] <-s, -> *nt* шкату́лка *ж* для драгоце́нностей
schmucklos *adj (einfach, schlicht)* скро́мный
Schmucklosigkeit <-> *f* отсу́тствие *ср* украше́ний, простота́ *ж*
Schmuckstück <-(e)s, -e> *nt* украше́ние *ср; fig* жемчу́жина *ж*
schmudd(e)lig [ˈʃmʊd(ə)lɪç] *adj umg* гря́зный, испа́чканный
Schmuddelkind <-(e)s, -er> *nt* грязну́ля *м и ж*
schmuddlig *adj* **1.** *(nicht frisch)* несве́жий (о белье́) **2.** *(schmutzig)* неопря́тный, гря́зный
Schmuggel [ˈʃmʊgəl] <-s> *m (das Schmuggeln)* контраба́нда *ж*
schmuggeln I. *vt* провози́ть, -везти́ *св* контраба́ндой **II.** *vi* занима́ться, -ня́ться *св* контраба́ндой
Schmuggelware *f* контраба́ндный това́р *м*
Schmuggler(in) <-s, -> *m(f)* контрабанди́ст *м*, контрабанди́стка *ж*
schmunzeln [ˈʃmʊntsəln] *vi* улыба́ться, -бну́ться *св*, усмеха́ться, -хну́ться *св*
Schmus <-> *m pej* пуста́я болтовня́ *ж*, вздор *м*
schmusen [ˈʃmuːzən] *vi umg* ласка́ться *нсв*, льстить кому́-л.
Schmutz [ʃmʊts] <-es> *m* грязь *ж*
schmutzen *vi (schmutzig werden)* па́чкаться, ис- *св*
Schmutzfleck <-s, -e> *m* гря́зное пятно́ *ср*
schmutzig *adj* гря́зный; **etw ~ machen** испа́чкать что-л.
Schmutzschicht <-, -en> *f* слой *м* гря́зи
Schnabel [ˈʃnaːbəl] <-s, Schnäbel> *m* **1.** *(eines Vogels)* клюв *м* **2.** *umg (Mund)* рот *м* **3.** *(einer Kanne)* но́сик *м*
Schnabeltier <-(e)s, -e> *nt* утконо́с *м*
Schnake [ˈʃnaːkə] <-, -n> *f* кома́р *м*
Schnalle [ˈʃnalə] <-, -n> *f* пря́жка *ж*, застёжка *ж*
schnallen [ˈʃnaltsən] *vt* пристёгивать, -стегну́ть *св;* **den Gürtel enger ~** затяну́ть поту́же по́яс; **einen Rucksack auf den Rücken ~** наде́ть рюкза́к на́ спину
schnalzen [ˈʃnalt͡sən] *vi (mit der Zunge, den Fingern)* щёлкать, -кнуть *св* (языко́м, па́льцами) *св*
Schnäppchen [ˈʃnɛpçən] <-s, -> *nt reg, fam* **ein ~ machen** сде́лать уда́чную поку́пку
Schnäppchenjäger <-s, -> *m umg* охо́тник *м* за удешевлёнными (фи́рменными) изде́лиями/веща́ми
schnappen [ˈʃnapən] **I.** *vt umg (etw ergreifen, erwischen, jdn festnehmen)* хвата́ть, схвати́ть *св* **II.** *vi* **nach etw ~** хоте́ть схвати́ть что-л.; **nach Luft ~** тяжело́ дыша́ть
Schnappschuss[RR] <-es, -schüsse> *m umg* момента́льный сни́мок *м*
Schnaps [ʃnaps] <-es, Schnäpse> *m* шнапс *м*
Schnapsbrennerei <-> *f* спиртово́дочный заво́д *м*
Schnapsglas <-es, -gläser> *nt* рю́мка *ж*
Schnapsidee *f fam* стра́нная иде́я
Schnapsnase <-, -n> *f umg* кра́сный нос *м* (у пья́ницы)
Schnapszahl <-> *f umg* число *ср*, состоя́щее из одина́ковых цифр
schnarchen [ˈʃnarçən] *vi* храпе́ть *нсв*
schnarren *vi (knarren)* треща́ть *нсв*
schnattern [ˈʃnatɐn] *vi* **1.** *(Gänse)* гогота́ть *нсв* **2.** *(Enten)* кря́кать, кря́кнуть *св* **3.** *umg (hastig durcheinanderreden)* треща́ть *нсв*
schnauben [ˈʃnaʊbən] *vi* **1.** *(Pferd)* фы́ркать, -кнуть *св* **2.** *(Mensch)* сопе́ть *нсв*
schnaufen [ˈʃnaʊfən] *vi* пыхте́ть *нсв*
Schnauzbart <-(e)s, -bärte> *m* усы́ *ммн*
Schnauze [ˈʃnaʊtsə] <-, -n> *f* **1.** *(eines Tieres)* мо́рда *ж* **2.** *vulg (Mund)* рот *м;* **halt die ~!** *vulg* заткни́сь!; **eine große ~ haben** *umg* име́ть дли́нный язы́к
schnäuzen [ˈʃnɔɪt͡sən] *vr* сморка́ться, вы- *св*
Schnauzer <-s, -> *m* **1.** *(Hunderasse)* шна́уцер *м* **2.** *fam (Schnauzbart)* больши́е усы́ *мн*
Schnecke [ˈʃnɛkə] <-, -n> *f* ули́тка *ж;* **jdn zur ~ machen** *umg* расчихво́стить кого́-л.
schneckenförmig *adj* улиткообра́зный
Schneckenhaus <-es, -häuser> *nt* ра́ковина *ж* ули́тки
Schneckentempo <-s> *nt umg* черепа́ший те́мп *м*
Schnee [ʃneː] <-s> *m* снег *м;* **~ schippen** разгреба́ть [*или* убира́ть] снег; **das ist ~ von gestern** *fig, fam* э́то ста́рая исто́рия
Schneeanzug <-(e)s, -anzüge> *m* MIL бе́лый маскиро́вочный хала́т *м*
Schneeball <-(e)s, -bälle> *m* снежо́к *м*
Schneeballeffekt <-(e)s> *m fig* эффе́кт *м*

S

сне́жного ко́ма

Schneeballschlacht *f* игра́ *ж* в снежки́

schneebedeckt *adj* покры́тый сне́гом

Schneebesen <-s, -> *m* сбива́лка *ж* (для белка́)

Schneeflocke <-, -n> *f* снежи́нка *ж*

Schneegestöber <-s> *nt* мете́ль *ж*, вьюга *ж*

Schneeglöckchen [-glœkçən] <-s, -> *nt* подсне́жник *м*

Schneehuhn <-(e)s, -hühner> *nt* бе́лая куропа́тка *ж*

Schneekette <-, -n> *f* цепь *ж*

Schneemann <-(e)s, -männer> *m* снегови́к *м*

Schneepflug <-(e)s, -pflüge> *m* плу́жный снегоочисти́тель *м*

Schneeräumgerät <-(e)s, -e> *nt* снегоочисти́тель *м*

Schneeraupe <-, -n> *f* гу́сеница *ж* для движе́ния по сне́гу

Schneeschauer <-s, -> *m* снегопа́д *м*

Schneeschaufel <-, -n> *f* лопа́та *ж* для убо́рки сне́га

Schneeschippe <-, -n> *f* лопа́та *ж* для убо́рки сне́га

Schneeschmelze <-> *f* о́ттепель *ж*

Schneeschuh <-(e)s, -e> *m* лы́жа *ж*

Schneesturm *m* сне́жная бу́ря *ж*

Schneeverwehung <-> *f* сне́жный зано́с *м*, сугро́б *м*

Schneewehe <-, -n> *f* сугро́б *м*

schneeweiß ['-'-] *adj* белосне́жный

Schneewittchen [ʃneːˈvɪtçən] *nt* Белосне́жка *ж*

Schneezaun <-(e)s, -zäune> *m* снегозаде́рживающие щиты́ *мн*

Schneide [ʃnaɪdə] <-, -n> *f* *(Klinge)* ле́звие *ср*

Schneidemaschine <-, -n> *f* ре́зальная маши́на *ж*

Schneidemesser <-s, -> *nt* резе́ц *м*

schneiden [ˈʃnaɪdən] <schnitt, geschnitten> **I.** *vt* ре́зать, от- *св*; **Brot ~** наре́зать хлеб; **sich die Nägel ~** подстри́чь себе́ но́гти; **sich die Haare ~ lassen** подстри́чься; **etw klein ~** нашинкова́ть что-л.; **das Hemd ist eng geschnitten** руба́шка у́зкого покро́я **II.** *vr* **sich ~ 1.** *(verletzen)* поре́заться *св*; **sich in den Finger ~** поре́зать себе́ па́лец **2.** MATH *(Linien)* пересека́ться, -се́чься *св* **III.** *vi* *(Kälte, Strick)* ре́зать

schneidend *adj fig (durchdringend)* прони́зывающий

Schneider(in) [ˈʃnaɪdɐ] <-s, -> *m(f)* портно́й *м*, портни́ха *ж*

Schneiderei [ʃnaɪdəˈraɪ] <-en> *f* поши́вочная мастерска́я *ж*

Schneiderin <-nen> *f s.* **Schneider**

schneidern [ˈʃnaɪdɐn] *vt* шить, с- *св*

Schneiderpuppe <-, -n> *f* манеке́н *м*

Schneidezahn <-(e)s, -zähne> *m* резе́ц *м*

schneien [ˈʃnaɪən] *vi* **es schneit** идёт снег; **draußen hat es geschneit** (на у́лице) вы́пал снег

Schneise [ˈʃnaɪzə] <-, -n> *f* про́сека *ж*

schnell [ʃnɛl] *adj* бы́стрый; **so ~ wie möglich** как мо́жно быстре́е; **ich muss noch ~ etw einkaufen** я до́лжен ещё бы́стро ко́е-что́ купи́ть

Schnellbauweise <-> *f* скоростно́е строи́тельство *ср*

Schnellboot <-(e)s, -e> *nt* ка́тер *м*

Schnelleingreiftruppe <-, -n> *f* во́йско *ср* бы́строго реаги́рования

Schnellfeuerwaffe <-, -n> *f* скорostре́льное ору́жие *ср*

Schnellhefter <-s, -> *m* скоросшива́тель *м*

Schnelligkeit <-> *f* ско́рость *ж*, быстрота́ *ж*

Schnellkochtopf <-(e)s, -kochtöpfe> *m* скорова́рка *ж*

Schnellreinigung <-> *f* сро́чная химчи́стка *ж*

schnellstens *adv (unverzüglich)* как мо́жно скоре́е

schnellstmöglich *adv* скоре́йший

Schnellstraße <-, -n> *f* скоростна́я (авто)магистра́ль *ж*

schnelltrocknend *adj* быстросо́хнущий

Schnellzug <-(e)s, -züge> *m* скоростно́й по́езд *м*

schneuzen[Alt] *s.* **schnäuzen**

Schnickschnack [ˈʃnɪkʃnak] <-s> *m* **1.** *(Dinge)* безделу́шки *мн* **2.** *(Worte)* ерунда́ *ж*, галиматья́ *ж*

schniefen [ˈʃniːfən] *vi reg* шмы́гать но́сом

schnippen [ˈʃnɪpən] *vi* **mit den Fingern ~** щёлкнуть па́льцами

schnippisch [ˈʃnɪpɪʃ] *adj* задо́рный, насме́шливый

Schnipsel [ˈʃnɪpsəl] <-s, -> *m* обре́зок *м*, лоску́т *м*

schnitt [ʃnɪt] *prät von* **schneiden**

Schnitt [ʃnɪt] <-(e)s, -e> *m* **1.** *(Kleidung)* покро́й *м* **2.** *(Einschnitt)* разре́з *м* **3.** *(Längsschnitt, Querschnitt)* разре́з *м*, сече́ние *ср* **4.** *(Schnittmuster)* вы́кройка *ж*; **der Mantel hat einen lässigen ~** у э́того пальто́ свобо́дный покро́й **5.** *umg (Durchschnittswert)* сре́дняя величина́ *ж*; **er raucht im ~ 3 Zigarren am Tag** он ку́рит в сре́днем три сигаре́ты в день

Schnittblume <-, -n> *f* *сре́занный для прода́жи цвето́к*

Schnittfläche <-> *f* пове́рхность *ж* сре́за

Schnittlauch <-s> *m* зелёный лук *м*

Schnittlinie <-, -n> *f* ли́ния *ж* разре́за; *(beim Kreuzen)* ли́ния *ж* пересече́ния

Schnittmuster <-s, -> *nt* вы́кройка *ж*

Schnittpunkt <-(e)s, -e> *m* то́чка *ж* пересечéния

Schnittstelle <-, -n> *f (DV)* интерфéйс *м*

Schnittverletzung <-, -en> *f* рéзаное ранéние *ср*

Schnittwunde <-, -n> *f* порéз *м*

Schnitzel [ˈʃnɪtsəl] <-s, -> *nt* **1.** *(Papierfetzen)* обры́вок *м* **2.** *(Fleischgericht)* шни́цель *м;* **Wiener ~** шни́цель по-вéнски

schnitzen [ˈʃnɪtsən] *vt* рéзать, вы́- *св,* вырезáть *нсв* (по деревý, кóсти)

Schnitzer <-s, -> *m* **1.** *(Künstler)* рéзчик *м* **2.** *(Fehler)* оши́бка *ж*

Schnitzerei [ʃnɪtsəˈraɪ] <-, -en> *f* резьбá *ж* (по дéреву, кóсти)

Schnorchel [ˈʃnɔrçəl] <-s, -> *m* дыхáтельная трýбка *ж*

schnorcheln *vi* ныря́ть со шнóркелем

Schnörkel [ˈʃnœrkəl] <-s, -> *m* завитóк *м*

schnörkellos *adj* без завитýшек, невы́чурный

schnorren [ˈʃnɔrən] **I.** *vt* **bei jdm etw ~** стрельнýть у когó-л. что-л. **II.** *vi* попрошáйничать *нсв*

Schnösel <-s, -> *m abw, fam глýпый, нáглый арогáнтный молодóй человéк*

schnüffeln [ˈʃnʏfəln] *vi* **1.** *(schnuppern)* обню́хивать, -хать *св;* **an jdm/etw ~** обню́хивать когó-л./что-л. **2.** *(in fremden Angelegenheiten)* вынню́хивать, вы́нюхать *св* **3.** *(Lösungsmittel inhalieren)* ню́хать *нсв*

Schnüffler <-s, -> *m pej (in fremden Angelegenheiten)* шпик *м*

Schnuller [ˈʃnʊlɐ] <-s, -> *m* сóска *ж*

Schnulzensänger(in) <-s, -> *m(f)* исполни́тель *м* сентиментáльных пéсен

Schnupfen [ˈʃnʊpfən] <-s> *m* нáсморк *м;* **~ haben** у когó-л. нáсморк; **ich habe ~** у меня́ нáсморк; **~ bekommen** на когó-л. напáл нáсморк

Schnupfenmittel <-s, -> *nt* срéдство *ср* от нáсморка

Schnupftabak <-s> *m* ню́хательный табáк *м*

schnuppe [ˈʃnʊpə] *adj fam* **das ist mir ~** мне э́то всё равнó

Schnupperkurs <-es, -e> *m* ознакоми́тельный курс *м*

schnuppern [ˈʃnʊpɐn] *vi* ню́хать

Schnur [ʃnuːɐ] <-, Schnüre> *f* верёвка *ж; umg (elektrisches Kabel)* шнур *м*

Schnürband <-(e)s, -bänder> *nt* шнурóк *м*

schnüren [ˈʃnyːrən] *vt* шнуровáть, за- *св*

Schnurrbart [ˈʃnʊrbaːɐt] <-(e)s, -bärte> *m* усы́ *ммн*

schnurren [ˈʃnʊrən] *vt (Katze)* мурлы́кать *нсв*

Schnürschuh <-(e)s, -e> *m* боти́нок *м* со шнуркáми

Schnürsenkel [ˈʃnyːɐzɛŋkəl] <-s, -> *m* шнурóк *м*

schnurstracks [ʃnuːɐˈʃtraks] *adv umg (auf dem kürzesten Weg)* пря́мо

schob [ʃoːp] *prät von* **schieben**

Schober [ˈʃoːbɐ] <-s, -> *m* стог *м,* скирдá *ж; (Scheune)* сеновáл *м,* сарáй *м*

Schock [ʃɔk] <-s, -s> *m* шок *м;* **unter ~ stehen** находи́ться в состоя́нии шóка; **einen ~ bekommen** получи́ть шок

schockieren [ʃɔˈkiːrən] *vt* шоки́ровать *(н)св*

Schocktherapie *f* шóковая терапи́я *ж*

Schockwelle <-, -n> *f* удáрная волнá *ж*

Schockwirkung <-, -en> *f* MED шóковое дéйствие *ср,* воздéйствие *ср* шóка

Schöffe [ˈʃœfə] <-n, -n> *m* (судéбный) заседáтель *м*

Schöffin [ˈʃœfɪn] <-, -nen> *f* (судéбный) заседáтель *м*

schoflig *adj* мéрзкий

Schokolade [ʃokoˈlaːdə] <-> *f* шоколáд *м; umg (eine ~)* шоколáдка *ж*

Schokoladeneis *nt* шоколáдное морóженое *ср*

Schokoladenpudding *m* шоколáдный пýдинг *м*

Schokoladenriegel <-s, -> *m* шоколáдный батóнчик *м*

Schokoladenseite *f* **sich von seiner ~ zeigen** *umg* показáть себя́ с лýчшей стороны́

Schokoladentafel <-, -n> *f* пли́тка *ж* шоколáда

Schokoriegel *m* пли́тка *ж* шоколáда

scholl *prät von* **schallen**

Scholle [ˈʃɔlə] <-, -n> *f* **1.** *(Stück Erde)* ком *м,* глы́ба *ж* **2.** *(Fisch)* (морскáя) кáмбала *ж*

schon [ʃoːn] *adv (bereits)* ужé; **er kommt ~ heute** он придёт ужé сегóдня; **ich kenne das ~** э́то я ужé знáю; **mach ~!** *umg (komm endlich!)* давáй же!; **wem nützt das ~?** комý (же) э́то нýжно?; **~ wieder** опя́ть; **das war ~ immer so** э́то всегдá бы́ло так; **nun mach ~!** *fam (beeil' dich)* ну скорéе!, давáй скорéе!; **ich denke ~** я дýмаю, что да

schön [ʃøːn] **I.** *adj* **1.** *(hübsch)* краси́вый; **~e Augen** краси́вые глазá *мн* **2.** *(angenehm)* прекрáсный, хорóший; **~es Wetter** хорóшая погóда *ж;* **~ der Reihe nach!** *umg* стрóго по поря́дку!; **schönes Wochenende!** желáю хорошó провести́ выходны́е!; **na ~!** ну, хорошó! **II.** *adv* **danke/bitte ~** спаси́бо/пожáлуйста

Schonbezug <-(e)s, -bezüge> *m* чехóл *м*

schonen [ˈʃoːnən] **I.** *vt* берéчь, по- *св,* щади́ть, по- *св* **II.** *vi* берéчься, по- *св*

schonend *adj* внимáтельно; *(vorsichtig)* осторóжно; **du musst es ihr ~ beibringen** ты дóлжен ей деликáтно сказáть э́то

Schongang <-s> *m* **1.** TECH щадя́щий ход *м* **2.** *fig* щадя́щий режи́м *м*

Schönheit <-> *f* красотá *ж; (schone Frau)* красáвица *ж*

Schönheitskönigin <-, -nen> *f* королéва

ж красоты́

Schönheitsoperation <-, -en> *f* космети́ческая опера́ция *ж*

Schönheitspflege <-> *f* косме́тика *ж*

Schönheitsreparatur <-, -en> *f* косметический ремо́нт *м*

Schonkost *f* лёгкая пи́ща (для больны́х)

Schonung <-> *f* **1.** *(das Schonen)* поща́да *ж* **2.** *(Jungwald)* молодня́к *м*

schonungslos *adj* беспоща́дный

Schonungslosigkeit <-> *f* беспоща́дность *ж*

Schonzeit <-, -en> *f* запрещённое вре́мя *ср* для охо́ты

Schopf [ʃɔpf] <-(e)s, Schöpfe> *m* **die Gelegenheit beim Schopfe packen** воспо́льзоваться возмо́жностью

schöpfen [ˈʃœpfən] *vt* черпа́ть *нсв* из; **neuen Mut ~** *fig* воспря́нуть ду́хом

Schöpfer(in) <-s, -> *m(f)* созда́тель *м,* созда́тельница *ж,* творе́ц *м*

schöpferisch *adj* тво́рческий

Schöpflöffel <-s, -> *m* разлива́тельная ло́жка *ж,* поварёшка *ж*

Schöpfung <-, -en> *f* **1.** *(von Gott erschaffene Welt)* сотворе́ние *ср* **2.** *geh (Kunstwerk)* творе́ние *ср*

Schöps <-es, -e> *m A (Hammel)* бара́н *м*

schor [ʃoːɐ] *prät von* **scheren**

Schorf [ʃɔrf] <-(e)s, -e> *m (von Wunde)* струп *м*

Schorle <-s, -s> *nt* вино́ *ср* с газиро́ванной водо́й

Schornstein [ˈʃɔrnʃtaɪn] <-s, -e> *m* труба́

Schornsteinfeger(in) <-s, -> *m(f)* трубочи́ст *м*

schoss[RR] [ʃɔs], **schoß**[Alt] *prät von* **schießen**

Schoß [ʃoːs] <-es, Schöße> *m* коле́ни *срмн*

Schoßhund [ˈʃoːs-] <-(e)s, -e> *m* ко́мнатная соба́ка *ж*

Schote [ˈʃoːtə] <-, -n> *f* стручо́к *м*

Schotte [ˈʃɔtə] <-n, -n> *m* шотла́ндец *м*

Schotter [ˈʃɔtɐ] <-s> *m* ще́бень *м*

Schottin [ˈʃɔtɪn] <-, -nen> *f* шотла́ндка *ж*

schottisch **I.** *adj* шотла́ндский **II.** *adv* по-шотла́ндски

Schottland [ˈʃɔtlant] <-s> *nt* Шотла́ндия *ж*

schraffieren *vt* штрихова́ть

Schraffierung *f* штрихо́вка *ж*

schräg [ʃrɛːk] *adj* косо́й, накло́нный; *(diagonal)* по диагона́ли

Schräge [ˈʃrɛːgə] <-, -n> *f* накло́н *м*

Schrägstrich <-(e)s, -e> *m* кося́я черта́ *ж*

Schramme [ˈʃramə] <-, -n> *f* цара́пина *ж*

schrammen *vt* ободра́ть

Schrank [ʃraŋk] <-(e)s, Schränke> *m* шкаф *м;* **etw in den ~ hängen** пове́сить что-л. в шкаф

Schrankbett <-s, -en> *nt* встро́енная в шкаф крова́ть *ж* (отки́дываемая кве́рху)

Schranke [ˈʃraŋkə] <-, -n> *f* загражде́ние *ср; (Schlagbaum)* шлагба́ум *м*

Schranktür <-, -en> *f* дверь *ж* шка́фа

Schrankwand <-, -wände> *f* сте́нка *ж*

Schraube [ˈʃraʊbə] <-, -n> *f* винт *м,* шуру́п *м,* болт *м;* **bei dir ist wohl eine ~ locker** *umg* у тебя́, ка́жется, кры́ша пое́хала; **bei ihm ist eine ~ locker** *fig, fam* у него́ не все до́ма

schrauben [ˈʃraʊbən] *vt* вкру́чивать, вкрути́ть *св,* вви́нчивать, ввинти́ть *св;* **fester ~** ту́го вкрути́ть

Schraubendreher <-s, -> *m s.* **Schraubenzieher**

Schraubenmutter <-, -n> *f* га́йка *ж*

Schraubenschlüssel <-s, -> *m* га́ечный ключ *м*

Schraubenzieher <-s, -> *m* отвёртка *ж*

Schraubstock <-(e)s, -stöcke> *m* тиски́ *мн*

Schraubzwinge <-, -n> *f* TECH струбци́н(к)а *ж*

Schreck [ʃrɛk] <-(e)s, -e> *m* испу́г *м;* **einen ~ bekommen** испуга́ться; **jdm einen ~ einjagen** испуга́ть кого́-л.

Schrecken <-s, -> *m (Schreck)* страх *м; (Entsetzen)* у́жас *м;* **~ erregend** вызыва́ющий страх

schreckenerregend[Alt] *adj s.* **Schrecken**

Schreckgespenst *nt* страши́лище *ср*

schreckhaft *adj* пугли́вый, боя́зливый

schrecklich *adj* ужа́сный, стра́шный

Schreckschusspistole <-, -n> *f* пуга́ч *м*

Schrecksekunde <-> *f* моме́нт *м* испу́га

Schrei [ʃraɪ] <-(e)s, -e> *m* крик *м;* **einen ~ ausstoßen** изда́ть крик; **der letzte ~** *umg (die neueste Mode)* после́дний крик мо́ды

Schreibblock <-(e)s, -blöcke> *m* блокно́т *м*

schreiben [ˈʃraɪbən] <schrieb, geschrieben> *vt* писа́ть, на- *св;* **einen Brief ~** написа́ть письмо́; **wie schreibt man das?** как э́то пи́шется?; **jdm ~** написа́ть кому́-л.

Schreiben [ˈʃraɪbən] <-s, -> *nt* (официа́льное) письмо́ *ср*

Schreiberling <-(e)s, -e> *m pej* писа́ка *м*

Schreibfehler <-s, -> *m* опи́ска *ж*

Schreibkraft <-, -kräfte> *m* машини́стка *ж*

Schreibmappe <-, -n> *f* па́пка *ж* для пи́счей бума́ги

Schreibmaschine <-, -n> *f* пи́шущая маши́нка *ж;* **~ schreiben** печа́тать на маши́нке

Schreibpapier <-(e)s> *nt* пи́счая бума́га *ж*

Schreibpult <-(e)s, -e> *nt* бюро́ *ср*

Schreibschrift <-> *f* рукопи́сный шрифт *м*

Schreibtisch <-(e)s, -e> *m* пи́сьменный стол *м*

Schreibtischlampe <-, -n> *f* насто́льная ла́мпа *ж*

Schreibtischleuchte <-, -n> *f* насто́льная ла́мпа *ж*

Schreibwaren <-> *pl* канцеля́рские това́ры *мн*

Schreibwarengeschäft <-(e)s, -e> *nt* магази́н *м* канцтова́ров

Schreibwarenhandlung *f* магази́н *м* для канцеля́рских това́ров

schreien ['ʃraɪən] <schrie, geschrie(e)n> *vi* крича́ть, кри́кнуть *св;* **um Hilfe ~** звать на по́мощь

Schreiner(in) ['ʃraɪnɐ] <-s, -> *m(f)* столя́р *м*

Schreinerei [ʃraɪnə'raɪ] <-, -en> *f* столя́рная мастерска́я *ж*

schreiten ['ʃraɪtən] <schritt, geschritten> *vi geh* шага́ть, шагну́ть *св,* ступа́ть, -пи́ть *св*

schrie [ʃriː] *prät von* **schreien**

schrieb [ʃriːp] *prät von* **schreiben**

Schrift [ʃrɪft] <-, -en> *f* **1.** *(allg)* шрифт *м* **2.** *(Handschrift)* по́черк *м* **3.** *(schriftliche Darstellung)* сочине́ние *ср*

Schriftart <-, -en> *m* вид *м* шри́фта

Schriftgröße <-, -n> *f* разме́р *м* шри́фта

Schriftgut <-es> *nt* делова́я документа́ция *ж*

schriftlich I. *adj* пи́сьменный; **eine ~e Prüfung** пи́сьменный экза́мен; **ein ~er Vertrag zwischen zwei Partnern** пи́сьменный догово́р между двумя́ партнёрами **II.** *adv* пи́сьменно

Schriftsprache <-> *f* литерату́рный язы́к *м*

Schriftsteller(in) <-s, -> *m(f)* писа́тель *м,* писа́тельница *ж*

Schriftstellerverband <-(e)s, -verbände> *m* сою́з *м* писа́телей

Schriftstück <-(e)s, -e> *nt* пи́сьменный докуме́нт *м*

Schriftverkehr <-s> *m* корреспонде́нция *ж,* перепи́ска *ж*

schrill [ʃrɪl] *adj* ре́зкий, пронзи́тельный

schritt [ʃrɪt] *prät von* **schreiten**

Schritt [ʃrɪt] <-(e)s, -e> *m* **1.** *(beim Gehen)* шаг *м;* **auf ~ und Tritt** на ка́ждом шагу́; **mit jdm ~ halten** идти́ в но́гу с кем-л.; **nur ein paar Schritte von hier** в двух шага́х отсю́да, бли́зко; **mit etw ~ halten** *fig* успева́ть за чем-л. **2.** *(Art zu gehen)* похо́дка *ж* **3.** *fig (Maßnahme)* шаг *м;* **den ersten ~ tun** *(den Anfang machen)* сде́лать пе́рвый шаг; **~ für ~** *(allmählich)* шаг за ша́гом

Schrittgeschwindigkeit *f* ско́рость *ж* пешехо́да

Schrittmacher <-s, -> *m* **1.** MED кардиостимуля́тор *м* **2.** SPORT ли́дер *м* **3.** *fig* нова́тор *м*

schrittweise *adv* постепе́нно, шаг за ша́гом

schroff [ʃrɔf] *adj* **1.** *(steil abfallend)* круто́й **2.** *fig (ablehnend)* ре́зкий, жёсткий

Schroffheit <-> *f* ре́зкость *ж,* жёсткость *ж*

Schrot [ʃroːt] <-(e)s> *nt* **1.** *(Getreide)* крупа́ *ж* гру́бого помо́ла **2.** *(Munition)* дробь *ж;* **mit ~ schießen** стреля́ть дро́бью

Schrotflinte <-, -n> *f* дробови́к *м*

Schrott [ʃrɔt] <-(e)s> *m* металлоло́м *м*

Schrotthalde <-, -n> *f* скра́пный двор *м*

Schrotthändler(in) *m(f)* торго́вец ста́рым желе́зом

Schrotthaufen *m* **1.** *(Ansammlung)* ста́рое желе́зо *ср* **2.** *fam (altes Auto)* бри́чка *ж*

Schrottplatz *m* металлоло́м *м*

Schrottsammlung <-, -en> *f* сбор *м* металлоло́ма

Schrottwert <-(e)s> *m* ликвидацио́нная сто́имость *ж*

schrubben ['ʃrʊbən] *vt* тере́ть

Schrubber <-s, -> *m* шва́бра *ж,* щётка *ж*

Schrulle <-, -n> *f umg* капри́з *м*

schrullig *adj umg* капри́зный

schrumpelig ['ʃrʊmpəlɪç] *adj fam* смо́рщенный

schrumpfen ['ʃrʊmpfən] *vi* **1.** *(sich zusammenziehen)* смо́рщиваться, -щиться *св* **2.** *fig (abnehmen)* сокраща́ться, -крати́ться *св*

schrumplig *adj s.* **schrumpelig**

Schub [ʃuːp] <-(e)s, Schübe> *m* **1.** *(Stoß)* толчо́к *м* **2.** PHYS тя́га *ж*

Schubkarre <-, -n> *f* та́чка *ж*

Schubkasten <-s, -kästen> *m* выдвижно́й я́щик *м*

Schublade <-, -n> *f* (выдвижно́й) я́щик *м*

Schublehre <-, -n> *f* раздвижно́й кали́бр *м*

Schubs [ʃʊps] <-es, -e> *m umg* толчо́к *м*

schubsen ['ʃʊpsən] *vt* толка́ть *нсв,* толкну́ть *св*

schubweise ['ʃuːpvaɪzə] *adv* па́ртиями

schüchtern ['ʃʏçtɐn] *adj* ро́бкий

Schüchternheit <-> *f* ро́бость *ж*

schuf [ʃuːf] *prät von* **schaffen**[1]

Schuft [ʃʊft] <-(e)s, -e> *m* подле́ц *м*

schuften ['ʃʊftən] *vi umg* вка́лывать *нсв*

schuftig *adj* по́длый

Schuftigkeit <-> *f* по́длость *ж*

Schuh [ʃuː] <-(e)s, -e> *m* **1.** *(allg)* боти́нок *м* **2.** *(für Damen)* ту́фля *ж* **3.** *(als Sammelbegriff im pl)* о́бувь *ж;* **jdm etw in die ~e schieben** *umg* свали́ть вину́ на кого́-л.

Schuhband <-(e)s, -bänder> *nt* шнуро́к *м*

Schuhbürste <-, -n> *f* сапо́жная щётка *ж*

Schuhcreme <-, -s> *f* крем *м* для о́буви

Schuhgeschäft <-(e)s, -e> *nt* обувно́й магази́н *м*

Schuhgröße <-, -n> *f* разме́р *м* о́буви

Schuhlöffel <-s, -> *m* рожо́к *м*

Schuhmacher(in) <-s, -> *m(f)* сапо́жник *м*

S

Schuhmacherei <-, -en> *f* обувна́я мастерска́я *ж*
Schuhputzzeug <-s> *nt* принадле́жности *мн* для чи́стки о́буви
Schuhsohle *f* подо́шва *ж*
Schuhspanner <-s, -> *m* растя́гивающая коло́дка *ж* для о́буви
Schuhwerk <-s> *nt* о́бувь *ж*
Schulabschluss <-es, -abschlüsse> *m* сре́днее (специа́льное) образова́ние *ср*
Schularbeiten <-> *pl* уро́ки *мн* на́ дом, дома́шнее зада́ние *ср*
Schulaufgabe <-, -n> *f* уро́к *м* на́ дом
Schulausflug <-(e)s, -ausflüge> *m* шко́льная экску́рсия *ж*
Schulbuch <-(e)s, -bücher> *nt* шко́льный уче́бник *м*
Schulbus *m* шко́льный авто́бус *м*
schuld [ʃʊlt] *adj* **an etw ~ sein** быть винова́тым в чём-л.
Schuld [ʃʊlt] <-, -en> *f* **1.** *(moralische)* вина́ *ж* **2.** *(Geldschuld)* долг *м;* **die ~ an etw haben** быть винова́тым в чём-л.; **die ~ auf sich nehmen** взять вину́ на себя́; **~en machen** наде́лать долго́в; **jdm eine ~ erlassen** списа́ть кому́-л. долг; **seine ~en begleichen** погаси́ть свои́ долги́; **es ist meine ~** я винова́т; **jdm ~ geben** обвини́ть кого́-л. в чем-л.; **ich stehe in deiner ~** я у тебя́ в долгу́
Schuldbrief <-(e)s, -e> *m* заёмное письмо́ *ср*
schulden [ˈʃʊldən] *vt* быть *нсв* до́лжным, задолжа́ть *св;* **er schuldet mir 10000 Rubel** он до́лжен мне де́сять ты́сяч рубле́й
Schulden <-> *pl* долги́ *мн;* **~ abzahlen** упла́чивать долги́; **~ begleichen** распла́чиваться с долга́ми; **~ einfordern** взы́скива́ть долги́; **~ einklagen** предъявля́ть иск за неупла́ту долго́в; **jdm die ~ erlassen** освобожда́ть кого́-л. от упла́ты долго́в; **fällige ~** сро́чные долги́; **~haben** име́ть долги́; **für ~ haften** нести́ отве́тственность за долги́; **~ machen** де́лать долги́; **offene ~** откры́тые долги́; **öffentliche ~** госуда́рственные долги́; **~ tilgen** погаша́ть долги́; **verjährte ~** просро́ченные долги́
Schuldenabtragung <-> *f* погаше́ние *ср* долго́в
Schuldenbegrenzung <-> *f* ограниче́ние *ср* долго́в
Schuldenberg <-(e)s> *m* ку́ча *ж* долго́в
Schuldenbewertung <-> *f* оце́нка *ж* долго́в
Schuldendeckung <-> *f* покры́тие *ср* долго́в
Schuldenerlass <-es> *m* освобожде́ние *ср* от долго́в
Schuldenhaftung <-> *f* JUR отве́тственность *ж* по задо́лженности
Schuldenkrise <-> *f* долгово́й кри́зис *м*
Schuldenlast <-> *f* бре́мя *ср* долго́в
Schuldenpolitik <-> *f* поли́тика *ж* в отноше́нии долго́в
Schuldenstundung <-> *f* отсро́чка *ж* погаше́ния долго́в
Schuldenswap <-s, -s> *m* долгово́й своп *м*
Schuldentilgung <-> *f* погаше́ние *ср* долго́в
Schuldenumwandlung <-> *f* нова́ция *ж* долговы́х обяза́тельств
Schuldienst <-(e)s> *m* рабо́та *ж* в шко́ле
schuldig [ˈʃʊldɪç] *adj* **1.** *(Schuld habend)* винова́тый **2.** JUR вино́вный; **jdn ~sprechen** объяви́ть кого́-л. винова́тым **3.** *(verpflichtet, etw zu geben)* до́лжный; **was bin ich Ihnen ~?** ско́лько я Вам до́лжен?; **jdm etw ~ sein** быть до́лжным кому́-л.
Schuldirektor(in) <-s, -en> *m(f)* дире́ктор *м* шко́лы
schuldlos *adj* невино́вный, неви́нный
Schuldlosigkeit <-> *f* невино́вность *ж*
Schuldner(in) [ˈʃʊldnɐ] <-s, -> *m(f)* должни́к *м*, должни́ца *ж*, дебито́р *м;* **persönlich haftender ~** ли́чно отве́тственный дебито́р; **ein säumiger ~** неиспра́вный должни́к; **zahlungsunfähiger ~** неплатёжеспосо́бный дебито́р
Schuldnerstaat <-(e)s, -en> *m* госуда́рство *ср* -должни́к *м*
Schuldrecht <-(e)s> *nt* JUR обяза́тельственное [*или* долгово́е] пра́во *ср*
Schuldschein <-(e), -e> *m* долгово́е обяза́тельство *ср*
Schuldspruch <-(e)s, -sprüche> *m* обвини́тельный пригово́р *м*
Schuldübernahme <-> *f* перево́д *м* до́лга, приня́тие *ср* на себя́ до́лга друго́го лица́
Schuldverhältnis <-ses> *nt* обяза́тельственное отноше́ния *мн*
Schuldverschreibung <-, -en> *f* долгово́е обяза́тельство *ср*
Schuldwechsel <-s, -> *m* тра́тта *ж*
Schule [ˈʃuːlə] <-, -n> *f* шко́ла *ж;* **in die ~ gehen** ходи́ть в шко́лу
schulen *vt* обуча́ть, -чи́ть *св*
Schüler(in) [ˈʃyːlɐ] <-s, -> *m(f)* учени́к *м*, учени́ца *ж*
Schülerin <-nen> *f s.* **Schüler**
Schülerkarte <-, -n> *f* льго́тный проездно́й биле́т *м* для уча́щихся
Schülerzahl <-, -en> *f* число́ *ср* ученико́в
Schulferien <-> *pl* шко́льные кани́кулы *мн*
Schulflugzeug <-(e)s, -e> *nt* уче́бный самолёт *м*
schulfrei *adj* **schulfreier Tag** неуче́бный день *м*
Schuljahr <-(e)s, -e> *nt* уче́бный год *м*
Schulkenntnisse <-> *pl* шко́льные зна-

ния *мн*

Schullehrer(in) <-s, -> *m(f)* учи́тель *м*

Schulleiter(in) <-s, -> *m(f)* дире́ктор *м* шко́лы

schulmeisterlich *adj* поуча́ющий, мéнторский

Schulpflicht <-> *f* обяза́тельное обуче́ние *ср*

schulpflichtig *adj* обя́занный посеща́ть шко́лу

Schulranzen <-s, -> *m* шко́льный ра́нец *м*

Schulreform <-, -en> *f* шко́льная рефо́рма *ж*

Schulspeisung <-, -en> *f* шко́льное пита́ние *ср*

Schulsprecher(in) *m(f)* ста́роста *м* шко́лы

Schulstunde <-, -n> *f* шко́льный уро́к *м*

Schulsystem <-(e)s, -e> *nt* шко́льная систе́ма *ж*

Schultasche <-, -n> *f* шко́льный портфе́ль *м*

Schulter [ˈʃʊltɐ] <-, -n> *f* плечо́ *ср;* **etw auf die leichte ~ nehmen** *(etw nicht ernst nehmen)* не принима́ть что-л. всерьёз; **mit den ~n zucken** пожима́ть плеча́ми; **jdm auf die ~ klopfen** похло́пать кого́-л. по плечу́

Schulterblatt <-(e)s, -blätter> *nt* лопа́тка *ж*

schulterfrei *adj* с обнажённой спино́й

Schulterklappe <-, -n> *f* пого́н *м*

Schulterriemen <-s, -> *m* MIL плечево́й реме́нь *м,* портупе́я *ж*

Schulung [ˈʃuːlʊŋ] <-, -en> *f* (специа́льное) обуче́ние *ср*

Schulweg <-(e)s> *m* доро́га *ж* в шко́лу

Schulweisheit <-, -en> *f* шко́льная прему́дрость *ж*

Schulwesen <-s> *nt* шко́льное де́ло *ср*

Schulzentrum <-s, -zentren> *nt* шко́льный центр *м*

Schulzeugnis *nt* шко́льное свиде́тельство *ср*

schummeln [ˈʃʊməln] *vi fam (beim Spiel)* обма́нывать, обману́ть *св; (in der Schule)* спи́сывать, списа́ть *св*

Schundroman <-(e)s, -e> *m pej* бульва́рный рома́н *м*

Schuppe [ˈʃʊpə] <-, -n> *f* **1.** *(von Fisch)* чешу́йка *ж* **2.** *im pl auch* чешуя́ *ж* **3.** *pl: (am Kopf)* пе́рхоть *ж;* **es fiel mir wie ~n von den Augen** *fig* у меня́ сло́вно пелена́ с глаз упа́ла

Schuppen [ˈʃʊpən] <-s, -> *m* сара́й *м*

schuppig *adj* чешу́йчатый

schüren [ˈʃyːrən] *vt (Feuer, Streit)* раздува́ть, -ду́ть *св,* разжига́ть, -же́чь *св*

Schürfwunde <-, -n> *f* сса́дина *ж*

Schurke [ˈʃʊrkə] <-n, -n> *m* подле́ц *м*

Schurkenstreich <-(e)s, -e> *m* по́длый посту́пок *м*

Schurwolle <-> *f* натура́льная шерсть *ж*

Schürze [ˈʃʏrt͡sə] <-, -n> *f* фа́ртук *м,* пере́дник *м*

Schürzenjäger *m abw, fam* ба́бник *м*

Schuss[RR] [ʃʊs] <-es, Schüsse> *m,* **Schuß**[Alt] <-sses, Schüsse> *m* **1.** *(einer Feuerwaffe)* вы́стрел *м* **2.** *(beim Fuß-/Handball)* уда́р *м* **3.** *umg (Heroininjektion)* до́за *ж;* **sich einen ~ setzen** *umg* кольну́ться; **der goldene ~** *umg* смерте́льная до́за нарко́тика

Schüssel [ˈʃʏsəl] <-, -n> *f* ми́ска *ж*

schuss(e)lig[RR] [ˈʃʊs(ə)lɪç] *adj,* **schußlig**[Alt] [ˈʃʊslɪç] *adj abw, fam* глупова́тый

Schusslinie[RR] *f* по́ле *ср* бо́я; **in die ~ geraten** *fig* попа́сть на по́ле бо́я

Schussverletzung[RR] <-, -en> *f* огнестре́льная ра́на *ж*

Schusswaffe[RR] <-, -n> *f* огнестре́льное ору́жие *ср*

Schusswaffengebrauch[RR] <-(e)s> *m* примене́ние *ср* огнестре́льного ору́жия

Schussweite[RR] *f ohne pl* **außer ~** вне ра́диуса де́йствия; **in ~** в ра́диусе де́йствия

Schusswunde[RR] *f* огнестре́льная ра́на *ж*

Schuster [ˈʃuːstɐ] <-s, -> *m* сапо́жник *м*

Schutt [ʃʊt] <-(e)s> *m* **1.** *(Bau~)* му́сор *м* **2.** GEOL ще́бень *м*

Schüttelfrost <-(e)s> *m* озно́б *м*

schütteln [ˈʃʏtəln] **I.** *vt* трясти́, по- *св;* **jdm die Hand ~** пожа́ть кому́-л. ру́ку; **verneinend den Kopf ~** кача́ть голово́й в знак несогла́сия; **"vor Gebrauch ~"** взболта́ть пе́ред примене́нием **II.** *vi* трясти́сь *нсв;* **sich vor Lachen ~** трясти́сь от сме́ха **III.** *vr* **sich ~** трясти́сь

schütten [ˈʃʏtən] *vt (gießen)* лить, на- *св*

Schüttgut *nt* TRANSP нава́лочный груз *м*

Schuttplatz <-es, -plätze> *m* сва́лка *ж*

Schutz [ʃʊts] <-es> *m* защи́та *ж,* охра́на *ж* от; **sich in jds ~ begeben** встать под чью-л. защи́ту; **~ bieten** предоставля́ть защи́ту; **jdn in ~ nehmen** взять кого́-л. под свою́ защи́ту; **patentrechtlicher ~** охра́на пате́нтных прав; **strafrechtlicher ~** уголо́вно-правова́я защи́та

Schutzanzug <-(e)s, -anzüge> *m* защи́тный костю́м *м*

Schutzblech <-(e)s, -e> *nt* брызгови́к *м*

Schutzbrille <-, -n> *f* защи́тные очки́ *мн*

Schütze [ˈʃʏtsə] <-n, -n> *m* **1.** *(Person)* стрело́к *м* **2.** ASTR Стреле́ц *м*

schützen [ˈʃʏtsən] **I.** *vt* защища́ть, защити́ть *св* от **II.** *vi* защища́ться, защити́ться *св* от; **sich vor Ansteckung ~** предохраня́ться от зараже́ния

i Land & Leute

Каждую осень общество стрелков организует праздник,

S

на котором оно представляет себя общественности.
На **празднике стрелков** (**Schützenfest**) демонстрируется оборудование для стрельбы и часто устраивается стрельба на приз, в которой могут принять участие и гости.

Schutzengel <-s, -> *m* а́нгел-храни́тель *м*
Schützenpanzer <-s, -> *m* бронетранспортёр *м*
Schutzfaktor *m* со́лнечный фа́ктор *м*
Schutzfrist <-, -en> *f* JUR срок *м* охра́ны
Schutzgasschweißen <-s> *nt* сва́рка *ж* в среде́ защи́тного га́за
Schutzgebiet <-(e)s, -e> *nt* запове́дник *м*, зака́зник *м*
Schutzgeld <-(e)s, -er> *nt де́нежная су́мма, кото́рую владе́лец рестора́на и́ли ба́ра регуля́рно пла́тит престу́пной группиро́вке под угро́зой примене́ния си́лы*
Schutzgelderpressung <-, -en> *f* вымога́тельство *ср* де́нег с по́мощью угро́зы примене́ния си́лы
Schutzgitter <-s, -> *nt* предохрани́тельная [*или* защи́тная] решётка *ж*
Schutzhaft <-> *f* аре́ст *м* подозрева́емого как ме́ра пресече́ния
Schutzhandschuh <-(e)s, -e> *m* защи́тная перча́тка *ж*
Schutzheilige(r) <-n, -n> *f(m)* свято́й *м* - засту́пник *м*, покрови́тель *м*
Schutzhelm <-(e)s, -e> *m* защи́тный шлем *м*
Schutzhülle <-, -n> *f* защи́тная оболо́чка *ж*
Schutzhütte <-, -n> *f* прию́т *м*
Schutzimpfung <-, -en> *f* предохрани́тельная приви́вка *ж*
Schutzkappe <-, -n> *f* защи́тный чехо́л *м*, защи́тная кры́шка *ж*
Schutzklausel <-, -n> *f* протекциони́стская огово́рка *ж*
Schützling [ˈʃʏts̮lɪŋ] <-s, -e> *m* воспи́танник *м*
schutzlos *adj* беззащи́тный
Schutzmaske *f* защи́тная ма́ска *ж*
Schutzmaßnahme <-, -n> *f* ме́ра *ж* защи́ты; **~n treffen** принима́ть профилакти́ческие ме́ры
Schutzmittel <-s, -> *nt* MED предохрани́тельное сре́дство *ср*
Schutzpatron(in) <-(e)s, -e> *m(f)* REL покрови́тель *м*
Schutzschicht <-, -en> *f* защи́тный сло́й *м*
Schutzumschlag <-(e)s, -umschläge> *m* *(eines Buches)* суперобло́жка *ж*
Schutzvorrichtung <-, -en> *f* TECH предохрани́тельное устро́йство *ср*
Schutzweg <-(e)s, -e> *m A (Fußgängerüberweg)* пешехо́дный перехо́д *м*
Schutzzoll <-(e)s, -zölle> *m* протекциони́стская по́шлина *ж*
Schutzzollpolitik <-> *f* протекциони́стская поли́тика *ж*
schwach [ʃvax] *adj* сла́бый, хи́лый; **der Kaffee ist zu ~** ко́фе сли́шком сла́бый
Schwäche [ˈʃvɛçə] <-, -n> *f* **1.** *(Gebrechlichkeit)* сла́бость *ж*, басси́лие *ср*; **eine ~ für etw haben** име́ть сла́бость к чему́-л.; **er hat eine ~ für Frauen** же́нщины - его́ сла́бость **2.** *(im pl auch)* сла́бые сто́роны *жмн*
Schwächeanfall *m* при́ступ *м* сла́бости
schwächen [ˈʃvɛçən] *vt* ослабля́ть, осла́бить *св*
Schwachheit <-> *f* сла́бость *ж*
Schwachkopf <-(e)s, -köpfe> *m* тупи́ца *м и ж*
schwächlich *adj* сла́бый; *(kränklich)* больно́й
Schwächlichkeit <-> *f* хи́лость *ж*, боле́зненность *ж*
Schwächling [ˈʃvɛçlɪŋ] <-s, -e> *m pej* сла́бый челове́к *м*, слаба́к *м*
Schwachpunkt <-(e)s, -e> *m* сла́бое ме́сто *ср*
Schwachsinn <-s> *m* **1.** MED слабоу́мие *ср* **2.** *umg (Blödsinn)* бред *м*
schwachsinnig *adj* **1.** MED слабоу́мный **2.** *umg* бредо́вый
Schwachstelle <-, -n> *f* сла́бое ме́сто *ср*
Schwachstrom <-(e)s> *m* EL ток *м* ни́зкого напряже́ния
Schwächung <-, -en> *f* ослабле́ние *ср*
Schwachwährung <-, -en> *f* сла́бая валю́та *ж*
Schwaden [ˈʃvaːdən] <-s, -> *m (in der Luft)* о́блако *ср*
Schwadron <-, -en> *f* MIL эскадро́н *м*
schwadronieren *vi pej* бахва́литься
Schwager [ˈʃvaːgɐ] <-s, Schwäger> *m* **1.** *(Bruder des Ehemannes)* де́верь *м* **2.** *(Bruder der Ehefrau)* шу́рин *м* **3.** *(Ehemann der Schwester)* зять *м* **4.** *(Ehemann der Schwester der Ehefrau)* своя́к *м*
Schwägerin <-, -nen> *f* **1.** *(Schwester des Ehemanns)* золо́вка *ж* **2.** *(Ehefrau des Bruders)* неве́стка *ж* **3.** *(Schwester der Ehefrau)* своя́ченица *ж*
Schwalbe [ˈʃvalbə] <-, -n> *f* ла́сточка *ж*; **eine ~ macht noch keinen Sommer** одна́ ла́сточка весны́ не де́лает
Schwalbennest <-(e)s, -er> *nt* ла́сточкино гнездо́ *ср*
Schwall [ʃval] <-(e)s> *m* пото́к *м*; **ein ~ Wasser** пото́к воды́; **ein ~ von Worten** *fig* пото́к слов

schwamm [ʃvam] *prät von* **schwimmen**
Schwamm [ʃvam] <-(e)s, Schwämme> *m* гу́бка *ж;* ~ **d(a)rüber!** *umg (reden wir nicht mehr davon!)* забу́дем э́то!
schwammig *adj* **1.** *(weich und porös)* гу́бчатый, по́ристый **2.** *(aufgedunsen)* разду́тый **3.** *(vage, nicht klar und eindeutig)* расплы́вчатый
Schwan [ʃvaːn] <-(e)s, Schwäne> *m* ле́бедь *м*
schwand [ʃvant] *prät von* **schwinden**
schwang [ʃvaŋ] *prät von* **schwingen**
schwanger [ˈʃvaŋɐ] *adj* бере́менная; ~ **werden** забере́менеть; ~ **sein** быть бере́менной
Schwangere <-n> *f* бере́менная *ж*
schwängern [ˈʃvɛŋɐn] *vt* **er hat sie geschwängert** *umg* он сде́лал ей ребёнка
Schwangerschaft <-, -en> *f* бере́менность *ж*
Schwangerschaftsabbruch <-(e)s, -abbrüche> *m* або́рт *м*
Schwangerschaftsgymnastik <-> *f* гимна́стика *ж* для бере́менных
Schwangerschaftstest <-s, -s> *m* прове́рка *ж* на бере́менность
Schwangerschaftsunterbrechung <-, -en> *f* прерыва́ние *ср* бере́менности
Schwangerschaftsurlaub <-(e)s, -e> *m* декре́тный о́тпуск *м,* о́тпуск *м* по бере́менности
schwanken [ˈʃvaŋkən] *vi* колеба́ться, по- *св*
Schwankung <-, -en> *f* колеба́ние *ср*
Schwankungsbreite <-, -n> *f* диапазо́н *м* колеба́ний
Schwanz [ʃvants] <-es, Schwänze> *m* **1.** *(eines Tieres)* хвост *м* **2.** *vulg (Penis)* хуй *м;* **kein** ~ *umg (niemand)* ни оди́н чёрт!
schwänzen [ˈʃvɛntsən] *vt umg* прогу́ливать, -гуля́ть *св,* дина́мить, про- *св*
Schwanzflosse <-, -n> *f* хвостово́й плавни́к *м*
Schwarm [ʃvarm] <-(e)s, Schwärme> *m* **1.** *(Vögel)* ста́я *ж* **2.** *(Fische)* кося́к *м* **3.** *(Bienen)* рой *м*
schwärmen [ˈʃvɛrmən] *vi* **1.** *(Bienen)* рои́ться *нсв* **2.** *(verehren)* восхища́ться *нсв;* **für jdn** ~ восхища́ться кем-л.
Schwärmer <-s, -> *m* **1.** *(schwärmerischer Mensch)* мечта́тель *м* **2.** *(Schmetterling)* ночна́я ба́бочка *ж*
schwärmerisch *adj* мечта́тельный
schwarz [ʃvarts] *adj* чёрный; **eine ~e Katze** чёрная ко́шка; **ins Schwarze treffen** попа́сть в цель
Schwarzafrikaner(in) <-s, -> *m(f)* чернoко́жий африка́нец *м*
Schwarzarbeit <-> *f* чёрная [*или* нелега́льная] рабо́та *ж*
Schwarzarbeiter(in) *m(f)* чернорабо́чий *м*
Schwarzbrot <-(e)s> *nt* чёрный хлеб *м*
Schwarzerde <-> *f* чернозём *м*
schwarz|fahren [ˈʃvartsfaːrən] <irr> *vi* е́здить, пое́хать *св* за́йцем
Schwarzfahrer(in) <-s, -> *m(f) безбиле́тный пассажи́р, е́здящий без разреше́ния*
Schwarzgeld <-(e)s> *nt* „ле́вые" де́ньги *мн*
Schwarzhandel <-s> *m* нелега́льная торго́вля *ж*
Schwarzmalerei <-> *f pej* пессими́зм *м*
Schwarzmarkt <-(e)s, -märkte> *m* чёрный ры́нок *м*
Schwarzseher <-s, -> *m* пессими́ст *м*
Schwarzsender <-s, -> *m umg* „пира́тская" радиоста́нция *ж*
Schwarztee *m* чёрный чай *м*
Schwarzwald <-(e)s> *m* Шва́рцвальд *м*
schwarz-weiß, **schwarzweiß** *adj* чёрно-бе́лый
Schwarz-Weiß-Film, **Schwarzweißfilm** *m* чёрно-бе́лый фильм *м*
schwatzen [schwätzen] *vi* болта́ть, по- *св*
schwätzen [ˈʃvɛtsən] *vi, vt reg* спле́тничать
Schwätzer(in) [ˈʃvɛtsɐ] <-s, -> *m(f)* болту́н *м,* болту́шка *ж*
schwatzhaft *adj* болтли́вый
Schwebebahn <-, -en> *f* подвесна́я доро́га *ж*
Schwebebalken <-s, -> *m* бревно́ *ср*
schweben [ˈʃveːbən] *vi* пари́ть *нсв*
Schwebezustand <-(e)s> *m* **1.** *fig* неопределённое состоя́ние *ср* **2.** PHYS взве́шенное состоя́ние *ср*
Schwebstoff <-(e)s, -e> *m* PHYS, CHEM взве́шенное вещество́ *ср*
Schwede [ˈʃveːdə] <-n, -n> *m* швед *м*
Schweden [ˈʃveːdən] <-s> *nt* Шве́ция *ж*
Schwedin [ˈʃveːdɪn] <-, -nen> *f* шве́дка *ж*
schwedisch **I.** *adj* шве́дский **II.** *adv* по-шве́дски
Schwefel [ˈʃveːfəl] <-s> *m* се́ра *ж*
Schwefeldioxid <-s> *nt* диокси́д *м* се́ры
schwefelhaltig *adj* содержа́щий се́ру
Schwefelsäure <-> *f* се́рная кислота́ *ж*
Schweif [ʃvaɪf] *m* хвост *м*
schweifen [ˈʃvaɪfən] *vi sein, geh* **den Blick ~ lassen** смотре́ть по сторона́м
Schweigegeld <-(e)s, -er> *nt* JUR де́ньги *мн,* упла́ченные кому́-л. за умолча́ние како́го-л. фа́кта
Schweigeminute <-, -n> *f* мину́та *ж* молча́ния
schweigen [ˈʃvaɪgən] <schwieg, geschwiegen> *vi* молча́ть, по- *св* о; **ganz zu ~ von ...** не говоря́ уже́ о ...
Schweigen <-s> *nt* молча́ние *ср,* тишина́ *ж*
Schweigepflicht *f* **ärztliche ~** враче́бная та́йна *ж*
schweigsam *adj* молчали́вый

Schweigsamkeit <-> *f* молчали́вость *ж*
Schwein [ʃvaɪn] <-(e)s, -e> *nt* свинья́ *ж;* **~ haben** кому́-л. везёт
Schweinebraten *m* жарко́е *ср* из свини́ны
Schweinefleisch <-(e)s> *nt* свини́на *ж*
Schweinefutter <-s> *nt* корм *м* для свине́й
Schweinekotelett <-s, -s> *nt* свина́я отбивна́я *ж*
Schweinerei [ʃvaɪnəˈraɪ] <-, -en> *f* **1.** *pej (Unordnung)* барда́к *м* **2.** *(Gemeinheit)* сви́нство *ср*
Schweineschmalz <-es> *nt* свино́е са́ло *ср*
Schweinestall <-(e)s, -ställe> *m* свина́рник *м*
Schweinezucht <-> *f* свиново́дство *ср*
Schweinezüchter <-s, -> *m* свиново́д *м*
schweinisch *adj* **1.** *(schmutzig)* сви́нский **2.** *(unanständig)* са́льный
Schweiß [ʃvaɪs] <-es> *m* пот *м;* **sich den ~ trocknen** вы́тереть пот
Schweißbrenner <-s, -> *m* сва́рочная горе́лка *ж*
schweißen [ˈʃvaɪsən] *vt* **1.** TECH сва́ривать, -ри́ть *св* **2.** *(Wild)* истека́ть *нсв* кро́вью
Schweißer <-s, -> *m* сва́рщик *м*
Schweißfuß <-es, -füße> *m (meist pl)* потли́вые но́ги *жмн*
schweißgebadet [ˈʃvaɪsgəˈbaːdət] *adj* покры́тый по́том
Schweißnaht *f* сварно́й шов *м*
schweißtreibend *adj* потого́нный
Schweißtropfen <-s, -> *m* ка́пля *ж* по́та
Schweissverbindung <-, -en> *f* сварно́е соедине́ние *ср*
Schweiz [ʃvaɪts] <-> *f* Швейца́рия *ж*
Schweizer(in) <-s, -> *m(f)* швейца́рец *м*, швейца́рка *ж*
Schweizerdeutsch <-> *nt* швейца́рский вариа́нт *м* неме́цкого языка́
Schweizerin <-nen> *f s.* **Schweizer**
schweizerisch [ˈʃvaɪtsərɪʃ] *adj* швейца́рский
schwelen *vi auch fig* тлеть *нсв*
schwelgen [ˈʃvɛlgən] *vi* **in Erinnerungen ~** предава́ться воспомина́ниям
Schwelle [ˈʃvɛlə] <-, -n> *f* **1.** *(einer Tür)* поро́г *м;* **an der ~ stehen** *fig (am Beginn stehen)* стоя́ть на поро́ге **2.** *(der Eisenbahn)* шпа́ла *ж*
schwellen [ˈʃvɛlən] <schwoll, geschwollen> *vi* **1.** *(Knospen)* набуха́ть, -бу́хнуть *св* **2.** *(Fuß)* опуха́ть, опу́хнуть *св;* **geschwollene Mandeln** увели́ченные минда́лины **3.** *(Wasser)* прибыва́ть *нсв*
Schwellung <-, -en> *f* **1.** *(Prozess)* распуха́ние *ср*, опуха́ние *ср* **2.** *(angeschwollene Stelle)* о́пухоль *ж*
Schwemme [ˈʃvɛmə] <-n> *f* WIRTSCH перенасыще́ние *ср* ры́нка
Schwemmland <-(e)s> *nt* нано́сная земля́ *ж*
Schwengel [ˈʃvɛŋəl] <-s, -> *m (von Pumpe)* коромы́сло *ср*
schwenken [ˈʃvɛŋkən] **I.** *vt (schwingen)* маха́ть, махну́ть *св* **II.** *vi (einbiegen)* повора́чивать, поверну́ть *св*
schwer [ʃveːɐ] **I.** *adj* **1.** *(von großem Gewicht)* тяжёлый; **~ beladen** тяжело́ нагру́женный **2.** *(schwierig)* сло́жный, тру́дный; **es ist ~ zu sagen, ob ...** тру́дно сказа́ть, ...; **~ erziehbar** трудновоспиту́емый; **~ verdaulich** трудноперева́риваемый; **ein ~es Leben haben** вести́ тяжёлую жизнь **3.** *(schwerwiegend)* тяжёлый, серьёзный; **~ krank** тяжелобольно́й; **~ verletzt** тяжело́ ра́ненный **II.** *adv umg (sehr)* о́чень; **~ atmen** дыша́ть тяжело́
Schwerarbeit *f ohne pl* тяжёлая рабо́та *ж*
Schwerathlet <-en, -en> *m* SPORT тяжелоатле́т *м*
Schwerathletik <-> *f* SPORT тяжелоатле́тика *ж*
Schwerbeschädigte(r) <-n, -n> *f(m)* инвали́д *м*
Schwere [ˈʃveːrə] <-> *f* **1.** *(Gewicht)* тя́жесть *ж* **2.** *(Schwierigkeitsgrad)* тру́дность *ж*
schwerelos *adj* невесо́мый
Schwerelosigkeit <-> *f* невесо́мость *ж*
schwer|fallen[RR] <irr> *vi* быть *нсв* тяжёлым [*или* тру́дным]; **es fällt mir schwer, dir zu glauben** мне нелегко́ пове́рить тебе́
schwerfällig [-fɛlɪç] *adj* неуклю́жий, неповоро́тливый
Schwerfälligkeit <-> *f* неповоро́тливость *ж*
Schwergewicht <-(e)s> *nt* SPORT *(höchste Körpergewichtsklasse)* тяжёлый вес *м;* **das ~ auf etw legen** уделя́ть чему́-л. основно́е внима́ние
schwergewichtig *adj* тяжелове́сный
schwerhörig *adj* глухова́тый
Schwerhörigkeit *f ohne pl* тугоу́хость *ж*
Schwerindustrie <-> *f* тяжёлая промы́шленность *ж*
Schwerkraft <-> *f* тяготе́ние *ср*
schwerkrank *adj s.* **krank**
schwerlich *adv* вряд ли
schwer|machen[RR] *vt* осложня́ть, -ни́ть *св*
Schwermetall <-s, -e> *nt* тяжёлый мета́лл *м*
Schwermut <-> *f* тоска́ *ж*
schwermütig [ˈʃveːɐ̯myːtɪç] *adj* уны́лый, тоскли́вый
Schwerpunkt <-(e)s, -e> *m* **1.** PHYS центр *м* тя́жести **2.** *(Hauptgewicht)* основно́й моме́нт *м*
Schwerpunktthema <-s, -themen> *nt* важне́йшая те́ма *ж*
Schwert [ʃveːɐt] <-(e)s, -er> *nt* **1.** *(Waffe)* меч

м **2.** MAR шверт *м*
Schwertfisch <-es, -e> *m* меч *м* - ры́ба *ж*
Schwerverbrecher(in) <-s, -> *m(f)* опа́сный престу́пник *м*
schwerverletzt[Alt] *adj s.* **verletzen I.1.**
schwerwiegend *adj* **1.** *(Fehler, Folgen)* серьёзный **2.** *(Argument)* ве́ский
Schwester ['ʃvɛstɐ] <-, -n> *f* сестра́ *ж; (im Krankenhaus)* медсестра́ *ж*
Schwesterfirma <-, -firmen> *f* ÖKON однoти́пная фи́рма *ж*
Schwestergesellschaft <-, -en> *f* ÖKON однoти́пная компа́ния *ж*
schwesterlich *adj* се́стринский
schwieg [ʃviːk] *prät von* **schweigen**
Schwiegereltern ['ʃviːgeʔɛltɐn] *fpl* **1.** *(Eltern des Ehemannes)* свёкор *м* и свекро́вь *ж* **2.** *(Eltern der Ehefrau)* тесть *м* и тёща *ж*
Schwiegermutter <-, -mütter> *f* **1.** *(Mutter des Ehemannes)* свекро́вь *ж* **2.** *(Mutter der Ehefrau)* тёща *ж*
Schwiegersohn <-(e)s, -söhne> *m* зять *м*
Schwiegertochter <-, -töchter> *f* неве́стка *ж*
Schwiegervater <-s, -väter> *m* **1.** *(Vater des Ehemannes)* свёкор *м* **2.** *(Vater der Ehefrau)* тесть *м*
Schwiele ['ʃviːlə] <-, -n> *f* мозо́ль *ж*
schwielig *adj* мозо́листый
schwierig ['ʃviːrɪç] *adj* тру́дный, сло́жный
Schwierigkeit <-, -en> *f* тру́дность *ж*, сло́жность *ж;* **die ~ liegt darin, dass ...** сло́жность заключа́ется в том, что ...; **in Schwierigkeiten geraten** попа́сть в исто́рию; **jdn in Schwierigkeiten bringen** созда́ть кому́-л. неприя́тности
Schwierigkeitsgrad <-(e)s, -e> *m* сте́пень *ж* тру́дности
Schwimmbad <-(e)s, -bäder> *nt* пла́вательный бассе́йн *м*
Schwimmbassin <-s, -> *nt* пла́вательный бассе́йн *м*
Schwimmbecken <-s, -> *nt* пла́вательный бассе́йн *м*
Schwimmdock <-s, -s> *nt* плаву́чий док *м*
schwimmen ['ʃvɪmən] <schwomm, geschwommen> *vi auch fig* пла́вать, по- *св*, плыть, про- *св;* **~ gehen** пойти́ купа́ться; **er kann nicht ~** он не уме́ет пла́вать
Schwimmen <-s> *nt* пла́вание *ср*
Schwimmer(in) ['ʃvɪmɐ] <-s, -> *m(f)* плове́ц *м*, пловчи́ха *ж;* TECH поплаво́к *м*
Schwimmflosse <-, -n> *f* ла́ста *ж*
Schwimmgürtel <-s, -> *m* спаса́тельный по́яс *м*
Schwimmhalle <-, -n> *m o f* закры́тый бассе́йн *м*
Schwimmlehrer(in) <-s, -> *m(f)* инстру́ктор *м* по пла́ванию
Schwimmring <-(e)s, -e> *m* пла́вательный круг *м*
Schwimmsport <-s> *m* пла́вание *ср*
Schwimmweste <-, -n> *f* спаса́тельный жиле́т *м*
Schwindel ['ʃvɪndəl] <-s> *m* **1.** *(Schwindelgefühl)* головокруже́ние *ср;* **~ erregend** головокружи́тельный **2.** *umg (Täuschung, Betrug)* обма́н *м*, надува́тельство *ср*
Schwindelanfall <-(e)s, -anfälle> *m* при́ступ *м* головокруже́ния
Schwindelei <-> *f* обма́н *м*
schwindelerregend *adj s.* **Schwindel 1.**
schwindelfrei *adj* **~ sein** с усто́йчивым вестибуля́рным аппара́том
schwindeln ['ʃvɪndəln] *vi* **mir schwindelt** у меня́ кру́жится голова́
schwinden ['ʃvɪndən] <schwand, geschwunden> *vi geh (weniger werden)* исчеза́ть, -че́знуть *св*
Schwindler(in) ['ʃvɪndlɐ] <-s, -> *m(f) pej* обма́нщик *м*, обма́нщица *ж*, моше́нник *м*, моше́нница *ж*
schwindlig ['ʃvɪndlɪç] *adj* **mir ist ~** у меня́ кру́жится голова́
schwingen ['ʃvɪŋən] <schwang, geschwungen> **I.** *vt* разма́хивать *нсв;* **eine Fahne ~** разма́хивать зна́менем **II.** *vi (Pendel)* раска́чиваться *нсв*, колеба́ться *нсв* **III.** *vr* **sich in den Sattel ~** вскочи́ть в седло́
Schwingsieb <-(e)s, -> *m* TECH виброгро́хот *м*
Schwingung <-, -en> *f* **1.** *(Vibration)* вибра́ция *ж* **2.** PHYS колеба́ние *ср*
Schwips [ʃvɪps] <-es, -e> *m umg (leichter Rausch)* лёгкое опьяне́ние *ср;* **einen ~ haben** быть навеселе́
schwirren ['ʃvɪrən] *vi* **Mücken ~ durch die Luft** кома́р жужжи́т в во́здухе; **mir schwirrt der Kopf** у меня́ кру́жится голова́
Schwitzbad *nt* са́уна *ж*
schwitzen ['ʃvɪtsən] *vi* поте́ть, вс- *св*
Schwitzwasser <-s> *nt* конденса́т *м*
schwoll [ʃvɔl] *prät von* **schwellen**
schwor [ʃvoːɐ] *prät von* **schwören**
schwören ['ʃvœːrən] <schwor, geschworen> *vt* кля́сться, по- *св; geh* присяга́ть, -гну́ть *св;* **einen Eid ~** дать кля́тву; **ich schwöre dir, dass...** я кляну́сь тебе́, что ...; **auf etw ~** присягну́ть на чём-л.
schwul [ʃvuːl] *adj umg* „голубо́й"
schwül [ʃvyːl] *adj* ду́шный; **heute ist es sehr ~** сего́дня о́чень ду́шно
Schwüle ['ʃvyːlə] <-> *f* духота́ *ж*
Schwule(r) ['ʃvuːlə(ɐ)] <-n, -n> *f(m) umg* „голубо́й" *м*, го́мик *м*
schwülstig ['ʃvʏlstɪç] *adj* вы́чурный
Schwund [ʃvʊnt] <-(e)s> *m (das Schwinden)* уменьше́ние *ср*, сокраще́ние *ср*
Schwung [ʃvʊŋ] <-(e)s> *m* **1.** *(kraftvolle Bewegung)* взмах *м;* **~ holen** размахну́ться;

in ~ kommen *fam (Person)* нача́ть де́йствовать **2.** *(Elan)* воодушевле́ние *ср;* **etw in ~ bringen** *umg (etw in Gang bringen)* вдохну́ть (но́вую) жизнь во что-л.; **in ~ sein** *umg (gut funktionieren)* быть на подъёме
Schwungrad <-(e)s, -räder> *nt* махови́к *м*
schwungvoll *adj* темпера́ментный, воодушевлённый
Schwur [ʃvuːɐ] <-(e)s, Schwüre> *m* кля́тва *ж;* **einen ~ leisten** дать кля́тву
Schwurgericht <-(e)s, -e> *nt* суд *м* прися́жных
Science-fiction[Alt] [ˈsaɪənsˈfɪkʃən] <-, -s> *f,* **Sciencefiction**[RR] <-, -s> *f* нау́чная фанта́стика *ж*
Sciencefiction-Film[RR] <-(e)s, -e> *m* нау́чно-фантасти́ческий фильм *м*
Sciencefiction-Roman[RR] <-(e)s, -e> *m* нау́чно-фантасти́ческий рома́н *м*
Scientologe <-n, -n> *m,* **Scientologin** *f* *представи́тель религио́зной се́кты „сайенто́лоджи", усма́тривающей в определённых ме́тодах психотерапевти́ческого возде́йствия ключ к достиже́нию абсолю́тного духо́вного и психи́ческого здоро́вья*
Scrollbar <-s, -s> *m* DV *(Bildlaufleiste)* скро́ллбар *м*
sec *abk von* **Sekunde** секу́нда
sechs [zɛks] *num* шесть
Sechs [zɛks] <-en> *f* шестёрка *ж; (Schulnote)* дво́йка *ж (са́мая плоха́я оце́нка)*
sechseckig *adj* шестиуго́льный
Sechserpack <-s, -s> *nt упако́вка, содержа́щая шесть штук како́го-ли́бо това́ра*
sechsfach *num* шестикра́тный
sechshundert [ˈ-ˈ--] *num* шестьсо́т
sechsjährig, 6-jährig[RR] *adj* шестиле́тний
sechsköpfig *adj* из шести́ челове́к
sechsmal, 6-mal[RR] *adv* шесть раз
sechsseitig *adj* шестисторо́нний, шестигра́нный
sechsstellig *adj* шестизна́чный
sechsstöckig *adj* семиэта́жный
sechsstündig *adj* шестичасово́й
Sechstagerennen [-ˈ----] <-s, -> *nt* SPORT шестидне́вные велого́нки *мн*
sechstägig *adj* шестидне́вный
sechste(r, s) *num* шеста́я, -то́й, -то́е
sechsteilig *adj* состоя́щий из шести́ часте́й
Sechstel [ˈzɛkstəl] <-s, -> *nt* шеста́я часть *ж*
sechswöchentlich *adj* ка́ждые шесть неде́ль
sechswöchig *adj* шестинеде́льный
sechszeilig *adj* шестистро́чный
sechzehn [ˈzɛçtseːn] *num* шестна́дцать
Sechzehntel <-s, -> *nt* одна́ *ж* шестна́дцатая
Sechzehntelnote <-, -n> *f* MUS шестна́дцатая но́та *ж*
sechzig [ˈzɛçtsɪç] *num* шестьдеся́т
Sechzigstel <-s, -> *nt* одна́ *ж* шестидеся́тая
Secondhandladen [sɛkəntˈhɛ(ː)ntlaːdən] <-s, -läden> *m* комиссио́нный магази́н *м*
Sedativum <-s, Sedativa> *nt* MED седати́вное сре́дство *ср*
See[1] [zeː] <-s, -n> *m (Binnengewässer)* о́зеро *ср*
See[2] [zeː] <-> *f (Meer)* мо́ре *ср;* **auf hoher ~** в откры́том мо́ре; **auf ~** в мо́ре; **an die ~ fahren** пое́хать на мо́ре; **in ~ stechen** отча́лить
Seeadler <-s, -> *m* орла́н *м* - белохво́ст *м*
Seebad <-(e)s, -bäder> *nt* морско́й куро́рт *м*
Seefahrer <-s, -> *m* морепла́ватель *м,* мохо́д *м*
Seefahrt <-, (-en)> *f* морско́е судохо́дство *ср*
Seefisch *m* морска́я ры́ба *ж*
Seefracht <-, -en> *f* морско́й груз [*или* фрахт] *м*
Seefrachtbrief <-(e)s, -e> *m* коносаме́нт *м*
Seegang <-(e)s> *m* волне́ние *ср* на мо́ре
Seegras <-es> *nt* BOT взмо́рник *м*
Seehafen <-s> *m* морско́й порт *м*
Seehund <-(e)s, -e> *m* тюле́нь *м*
Seekarte *f* морска́я ка́рта *ж*
seekrank *adj* страда́ющий морско́й боле́знью
Seekrankheit <-> *f* морска́я боле́знь *ж*
Seekrieg <-(e)s> *m* война́ *ж* на мо́ре
Seekuh <-, -kühe> *f* морска́я коро́ва *ж*
Seelachs <-es, -e> *m* са́йда *ж*
Seele [ˈzeːlə] <-, -n> *f* душа́ *ж;* **mit Leib und ~** со все́й душо́й
Seelenmassage <-> *f umg* ло́вкая манипуля́ция *ж* чужо́й во́лей
seelenruhig *adv* споко́йный
seelenverwandt *adj* (**mit jdm**) **~ sein** ви́деть в ком-л. сро́дную ду́шу
Seeleute <-> *pl* моряки́ *ммн*
seelisch *adj* душе́вный, психи́ческий
Seelöwe <-n, -n> *m* морско́й лев *м*
Seelsorge *f ohne pl* REL забо́та *ж* о душе́
Seeluft *f ohne pl* морско́й во́здух *м*
Seemacht <-, -mächte> *f* морска́я держа́ва *ж*
Seemann <-(e)s, -leute> *m* моря́к *м*
seemännisch *adj* моря́цкий
Seemeile <-, -n> *f* морска́я ми́ля *ж*
Seenot <-> *f* бе́дствие *ср* на мо́ре; **in ~ geraten** потерпе́ть бе́дствие (на мо́ре)
Seenotruf <-(e)s, -e> *m* сигна́л *м* бе́дствия на мо́ре
Seepferdchen <-s, -> *nt* морско́й конёк *м*
Seeräuber <-s, -> *m* пира́т *м*

Seereise <-, -n> *f* морска́я пое́здка *ж*
Seerose <-, -n> *f* кувши́нка *ж*
Seeschlacht <-> *f* морско́е сраже́ние *ср*
Seeschlange <-, -n> *f* морска́я змея́ *ж*
Seestern <-(e)s, -e> *m* морска́я звезда́ *ж*
Seestreitkräfte <-> *pl* вое́нно-морски́е си́лы *мн*
Seetang <-(e)s> *m* BOT фу́кус *м*
Seeteufel <-s, -> *m* ZOOL морско́й чёрт *м*
Seevogel <-s, -vögel> *m* морска́я пти́ца *ж*
Seeweg <-(e)s> *m* морско́й путь *м*
Segel ['ze:gəl] <-s, -> *nt* па́рус *м;* **die ~ setzen** подня́ть паруса́
Segelboot <-(e)s, -e> *nt* па́русная ло́дка *ж*
Segelflieger(in) <-s, -> *m(f)* планери́ст *м,* планери́стка *ж*
Segelflugzeug <-(e)s, -e> *nt* пла́нер *м*
Segeljacht *f* па́русная я́хта *ж*
Segelklub <-s, -s> *m* яхт-клу́б *м*
segeln ['ze:gəln] *vi* ходи́ть *нсв* под па́русом [*или* паруса́ми]
Segelohren <-> *pl umg* оттопы́ренные у́ши *срмн*
Segelregatta <-> *f* па́русная рега́та *ж*
Segelschiff <-(e)s, -e> *nt* па́русник *м*
Segelsport <-(e)s> *m* па́русный спорт *м*
Segeltuch <-(e)s, -e> *nt* паруси́на *ж*
Segen ['ze:gən] <-s> *m* **1.** *(des Priesters)* благослове́ние *ср;* **seinen ~ zu etw geben** *fam* дать свое благослове́ние чему́-л. **2.** *(Glück, Glücksfall)* сча́стье *ср*
Segler(in) ['ze:glɐ] <-s, -> *m(f)* яхтсме́н *м,* яхтсме́нка *ж*
Segment [zɛ'gmɛnt] <-(e)s, -e> *nt* сегме́нт *м*
Segmentierung <-, -en> *f* сегмента́ция *ж;* **demografische ~** демографи́ческая сегмента́ция; **geografische ~** географи́ческая сегмента́ция
segnen ['ze:gnən] *vt* благословля́ть, -слови́ть *св*
Segregation <-> *f* сегрега́ция *ж*
sehbehindert *adj* незря́чий
Sehbehinderte(r) <-n, -n> *f(m)* инвали́д *м* с наруше́нием зре́ния
sehen ['ze:ən] <sah, gesehen> **I.** *vt* ви́деть, у- *св,* смотре́ть, по- *св;* **aus dem Fenster ~** посмотре́ть из окна́; **auf die Uhr ~** посмотре́ть на часы́; **sieh mal!** смотри́-ка!; **wie ich sehe, ist alles in Ordnung** как я ви́жу, всё в поря́дке; **ihr werdet schon noch ~** вы ещё уви́дите; **wir werden ja ~, wer recht hat** мы ещё уви́дим, кто прав; **ich sehe schlecht** я пло́хо ви́жу; **wir ~ uns morgen** уви́димся за́втра; **jdn wieder ~** встре́титься опя́ть с кем-л.; **ich sehe das anders** я смотрю́ на э́то ина́че; **lass dich ja nicht mehr hier ~** *fam* и бо́льше здесь не пока́зывайся; **etw nicht mehr ~ können** *fam (satt haben)* вот уви́дишь **II.** *vi* ви́деть; *(blicken)* смотре́ть; **gut/schlecht ~** хорошо́/пло́хо ви́деть; **du wirst schon ~** *fam* вот уви́дишь
sehenswert *adj* достопримеча́тельный
Sehenswürdigkeit <-, -en> *f* достопримеча́тельность *ж;* **die ~en einer Stadt besichtigen** осма́тривать достопримеча́тельности го́рода
Seher(in) <-s, -; -nen> *m(f)* яснови́дец *м*
seherisch *adj* ясновидящий, проро́ческий
Sehkraft <-> *f* зре́ние *ср*
Sehne ['ze:nə] <-, -n> *f* **1.** ANAT сухожи́лие *ср* **2.** *(des Bogens)* тетива́ *ж* **3.** MATH хо́рда *ж*
sehnen ['ze:nən] *vr* тоскова́ть *нсв;* **sich nach jdm/etw ~** тоскова́ть по кому́-л./чему́-л.
Sehnenscheidenentzündung <-, -en> *f* тендоваги́нит *м*
Sehnenzerrung <-, -en> *f* растяже́ние *ср* сухожи́лий
Sehnerv *m* ANAT зри́тельный нерв *м*
sehnig *adj* жи́листый
sehnlichst *adv* заве́тный
Sehnsucht <-, Sehnsüchte> *f* тоска́ *ж,* томле́ние *ср*
sehnsüchtig *adj* стра́стный
sehr [ze:ɐ] *adv* о́чень; **danke ~!** большо́е спаси́бо!; **ich bin ~ müde** я о́чень уста́л; **~ freundlich!** о́чень ми́ло!; **nicht ~** не о́чень; **~ oft** о́чень ча́сто
Sehrohr <-(e)s, -e> *nt* periско́п *м*
Sehtest *m* тест *м* на прове́рку зре́ния
Sehvermögen *nt* зре́ние *ср*
Sehweise <-, -n> *f* то́чка *ж* зре́ния, представле́ние *ср*
seicht [zaɪçt] *adj* **1.** *(nicht tief)* ме́лкий **2.** *fig (banal)* пове́рхностный
seid [zaɪt] *2. pl von* **sein**
Seide ['zaɪdə] <-, -n> *f* шёлк *м*
Seidel ['zaɪdəl] <-s, -> *m* кру́жка *ж*
seiden ['zaɪdən] *adj* шёлковый; **~e Unterwäsche** шёлковое бельё *ср*
Seidenkleid <-(e)s, -er> *nt* шёлковое пла́тье *ср*
Seidenpapier <-(e)s> *nt* шёлковая бума́га *ж*
Seidenraupe <-, -n> *f* шелкови́чный червь *м*
Seidenstoff <-(e)s, -e> *m* шёлковая ткань *ж*
Seidenstrumpf *m* шёлковый чуло́к *м*
seidig *adj* шелкови́стый
Seife ['zaɪfə] <-, -n> *f* мы́ло *ср;* **ein Stück ~** кусо́к мы́ла
Seifenblase *f* **zerplatzen wie eine ~** ло́пнуть как мы́льный пузы́рь
Seifenfabrik <-, -en> *f* мылова́ренный заво́д *м*
Seifenoper <-, -n> *f umg* мы́льная о́пера *ж*

S

Seifenschaum <-(e)s> *m* мы́льная пе́на *ж*
Seifenwasser <-s> *nt* мы́льная вода́ *ж*
seifig *adj (voller Seife)* мы́льный
Seil [zaɪl] <-(e)s, -e> *nt* кана́т *м*
Seilbahn <-, -en> *f* кана́тная доро́га *ж*
Seilwinde <-, -n> *f* лебёдка *ж*
sein[1] [zaɪn] <war, gewesen> *vi* быть; **was ist los?** что случи́лось?; **was ist das?** что́ это?; **ich bin's** *umg* э́то я; **das wär's** *umg* вот, пожа́луй, и всё; **wie dem auch sei** *(wie immer es sich auch verhält)* как бы то ни́ было; **das kann schon ~** э́то вполне́ возмо́жно; **sei doch so nett und bringe mir bitte die Zeitung** будь так любе́зен, принеси́ мне, пожа́луйста, газе́ту; **das ist schwer zu verstehen** э́то сло́жно поня́ть; **die Sitzung ist am Freitag** заседа́ние бу́дет в пя́тницу; **mir ist kalt** мне хо́лодно; **bist du's?** э́то ты?; **wir sind Freunde** мы друзья́; **ich bin 25** мне 25 лет; **zwei und zwei ist vier** два́жды два четы́ре; **seien Sie so freundlich, und ...** бу́дьте так добры́ и ...; **ist es nicht so?** ра́зве не так?; **das war's** э́то всё; **es sei denn, dass ...** е́сли то́лько ...; **sie ist verheiratet** она́ за́мужем; **wo warst du so lange?** где ты так до́лго пропада́л?; **es ist 14.30 Uhr** сейча́с полови́на тре́тьего; **kann ~!** мо́жет быть!
sein[2] [zaɪn] *pron poss* его́, свой; **das ist ~ Buch** э́то его́ кни́га; **er hat ~ Buch vor kurzem veröffentlicht** он неда́вно опубликова́л свою́ кни́гу
Sein <-s> *nt ohne pl* PHILOS существова́ние *ср*
seinerseits *adv* со свое́й стороны́, с его́ стороны́
seinerzeit *adv* в своё вре́мя
seinesgleichen *pron* подо́бный себе́; **jdn wie ~ behandeln** обща́ться с кем-л. как с ра́вным
seinetwegen ['zaɪnət'veːgən] *adv* из-за́ него́
seinetwillen ['zaɪnət'vɪlən] *adv* **um ~** ра́ди него́
seins *pron poss s.* **seine(r, s)**
Seismograph <-en, -en>, **Seismograf** *m* сейсмо́граф *м*
seismologisch *adj* сейсмологи́ческий
seit [zaɪt] I. *prp + dat* 1. *(seit einem bestimmten Zeitpunkt)* с 2. *(im Laufe einer bestimmten Zeit)* уже́; **~ drei Wochen/fünf Tagen** уже́ три неде́ли/пять дней; **~ langem** (уже́) давно́; **~ kurzem** неда́вно; **~ gestern** со вчера́шнего дня; **~ Montag** с понеде́льника; **~ wann seid Ihr wieder da?** когда́ вы верну́лись?; **~ wann ...?** с каки́х пор ...? II. *konj* с тех пор как
seitdem [zaɪt'deːm] I. *adv (von da an)* с тех пор, с того́ вре́мени II. *konj (seit)* с тех пор как, с того́ вре́мени как
Seite ['zaɪtə] <-, -n> *f* 1. *(allg)* сторона́ *ж*; **zur ~ gehen** отойти́ в сто́рону; **jdm zur ~ stehen** подкрепи́ть кого́-л.; **sich von seiner besten ~ zeigen** показа́ть себя́ с са́мой лу́чшей стороны́ 2. *(Körperpartie)* бок *м* 3. *(von Buch, Zeitung)* страни́ца *ж* 4. *(Richtung, Partei)* сторона́ *ж*; **von allen ~n** со всех сторо́н; **auf ~ 20** на двадца́той страни́це; **etw zur ~ legen** отложи́ть что-л. в сто́рону; **zur ~ treten** отойти́ в сто́рону; **jdn auf seine ~ ziehen** *(jdn für seine Pläne gewinnen)* перетяну́ть кого́-л. на свою́ сто́рону
Seitenansicht <-, -en> *f* вид *м* сбо́ку
Seitenarm <-(e)s, -e> *m* боково́й рука́в *м* (реки́)
Seitenausgang <-(e)s, -ausgänge> *m* боково́й вы́ход *м*
Seitenblick *m* **jdm einen ~ zuwerfen** посмотре́ть на кого́-л. и́скоса
Seiteneingang <-(e)s, -eingänge> *m* боково́й вход *м*
Seitenflügel <-s, -> *m* крыло́ *ср* (зда́ния)
Seitengang <-(e)s, -gänge> *m* боково́й прохо́д *м* (в ваго́не)
Seitengebäude <-s, -> *nt* крыло́ *ср* зда́ния
Seitenlinie <-, -n> *f* бокова́я ли́ния *ж* (родства́)
Seitenruder <-s, -> *nt* руль *м* направле́ния
seitens ['zaɪtəns] *prp + gen (auf, von seiten)* со стороны́
Seitenscheitel <-s, -> *m* косо́й пробо́р *м*
Seitenschiff <-(e)s, -e> *nt (von Kirche)* боково́й неф *м*, боково́й пролёт *м*
Seitensprung <-(e)s, -sprünge> *m* изме́на *ж*; **einen ~ machen** *fig* измени́ть кому́-л.
Seitenstechen <-s> *nt ohne pl* боль *ж* в боку́
Seitenstraße *f* у́лочка *ж*
seitenverkehrt *adj* зерка́льный
Seitenwagen <-s, -> *m (von Motorrad)* боково́й прице́п *м*
Seitenwand <-, -wände> *f* бокова́я сте́нка *ж*
Seitenwechsel <-s> *m* SPORT переме́на *ж* сторо́н
Seitenweg <-(e)s, -e> *m* бокова́я доро́га *ж*
Seitenwind *m* боково́й ве́тер *м*
Seitenzahl <-, -en> *f* число́ *ср* страни́ц
seither [zaɪt'heːɐ̯] *adv* с тех пор
seitlich I. *adj* боково́й II. *prp + gen* сбо́ку от
seitwärts ['zaɪtvɛrt̬s] I. *adv* в стороне́, в сто́рону, сбо́ку II. *prp + gen* в стороне́ от
sek., **Sek.** *abk von* **Sekunde** секу́нда *ж*
Sekret [ze'kreːt] <-(e)s, -e> *nt* MED, BIOL секре́т *м*
Sekretär [zekre'tɛːɐ] <-s, -e> *m* 1. *(Möbelstück)* секрете́р *м* 2. *(einer Partei)* секрета́рь *м*
Sekretariat [zekretari'aːt] <-(e)s, -e> *nt* сек-

ретариáт *м*

Sekretärin <-, -en> *f* секретáрша *ж*

Sekt [zɛkt] <-(e)s, -e> *m* шампáнское *ср*

Sekte ['zɛktə] <-, -n> *f* сéкта *ж*

Sektenführer(in) <-s, -> *m(f)* предводи́тель *м* сéкты

Sektfrühstück <-s> *nt* зáвтрак *м* с шампáнским

Sektglas <-es, -gläser> *nt* бокáл *м* для шампáнского

sektiererisch *adj* сектáнтский

Sektkelch <-(e)s, -e> *m* бокáл *м* для шампáнского *м*, фужéр *м*

Sektkühler <-s, -> *m* ведёрко *ср* со льдóм для шампáнского

Sektor ['zɛkto:ɐ] <-s, -en> *m* **1.** *(Gebiet)* сéктор *м* **2.** ÖKON сéктор *м*, óтрасль *ж;* **öffentlicher ~** госудáрственный сéктор; **privater ~** чáстный сéктор

sekundär [zekʊn'dɛ:ɐ] *adj* второстепéнный

Sekundärliteratur <-> *f* крити́ческая литератýра *ж*

Sekundärrohstoff <-(e)s, -e> *m* втори́чное сырьё *ср*

Sekundarstufe *f* SCH коллéдж *м*

i Land & Leute

Сразу после окончания общеобразовательной школы («Primarschule») в Швейцарии следует **«средняя ступень I»**, где обучение продолжается, в зависимости от кантона, от трёх до пяти лет и также является обязательным. После этого на **«средней ступени II»** можно пройти курс подготовки учителей для «средней ступени I», курс профессионально-технического обучения или же закончить гимназию («Maturitätsschule»).

Sekunde [ze'kʊndə] <-, -n> *f* секýнда *ж;* **auf die ~ genau** секýнда в секýнду; **eine ~ bitte!** *fam* секýндочку, пожáлуйста!

Sekundenzeiger <-s, -> *m* секýндная стрéлка *ж*

selber ['zɛlbɐ] *pron dem inv, fam s.* **selbst**

selbst [zɛlpst] **I.** *pron dem* сам, самá, самó; *(pl)* сáми; **sie muss immer alles ~ machen** ей прихóдится всё дéлать самóй; **~ gemacht** самодéльный; **~ gestrickt** сóбственной вя́зки; **das versteht sich von ~** э́то самó собóй разумéется; **ich/sie/wir ~** я сам/онá самá/мы сáми; **sie denkt nur an sich ~** онá дýмает тóлько о себé; **~ wenn** дáже éсли **II.** *adv (sogar, auch)* дáже

Selbstachtung <-> *f* чýвство *ср* сóбственного достóинства

selbständig ['zɛlpʃtɛndɪç] *adj* самостоя́тельный; **sich ~ machen** *(ein Unternehmen gründen)* откры́ть сóбственное предприя́тие

Selbständigkeit <-> *f* самостоя́тельность *ж*

Selbstauslöser <-s, -> *m* FOT автоспýск *м*

Selbstbedienung <-> *f* самообслýживание *ср*

Selbstbedienungsgeschäft <-(e)s, -e> *nt* магази́н *м* самообслýживания

Selbstbedingungsrestaurant <-s, -s> *nt* ресторáн *м* самообслýживания

Selbstbefriedigung <-> *f* мастурбáция *ж*

Selbstbeherrschung <-> *f* самооблада́ние *ср*

Selbstbestimmung <-> *f* самоопределéние *ср*

Selbstbetrug <-(e)s> *m* самообмáн *м*

selbstbewusst[RR] *adj* увéренный в себé, самоувéренный

Selbstbewusstsein[RR] <-s> *nt* чýвство *ср* сóбственного достóинства

Selbstbildnis *nt* автопортрéт *м*

Selbstdisziplin <-> *f* самодисципли́на *ж*

Selbstentzündung <-, -en> *f* самовозгорáние *ср*

Selbsterkenntnis <-> *f* самопознáние *ср*

Selbstfinanzierung <-> *f* самофинанси́рование *ср*

Selbstfindung <-> *f* познáние *ср* сóбственной ли́чности

selbstgefällig *adj* самодовóльный

selbst gemacht[RR] *adj* самодéльный

Selbstgespräch <-(e)s, -e> *nt* монолóг *м;* **Selbstgespräche führen** разговáривать с сами́м собóй

Selbstironie <-> *f* самоирóния *ж*

Selbstklebeetikett <-s, -en> *nt* самоклéющаяся этикéтка *ж*

Selbstkontrolle <-> *f* самоконтрóль *м*

Selbstkosten <-> *pl* себестóимость *ж*

Selbstkostendeckung <-> *f* покры́тие *ср* себестóимости

Selbstkostenpreis <-es> *m* ценá *ж* по себестóимости; **etw zum ~ abgeben** продáть что-л. по себестóимости

Selbstkritik <-> *f* самокри́тика *ж*

selbstkritisch *adj* самокрити́чный

selbstlos *adj* бескоры́стный

Selbstlosigkeit <-> *f* самоотвéрженность *ж*

Selbstmitleid <-s> *nt pej* жáлость *ж* к самомý себé

Selbstmord <-(e)s, -e> *m* самоуби́йство *ср;* **~ begehen** покóнчить с собóй

Selbstmörder(in) <-s, -> *m(f)* самоуби́йца *м и ж*

selbstmörderisch *adj* самоуби́йственный

Selbstmordkandidat(in) <-en, -en> *m(f)* кандидáт *м* в самоуби́йцы

S

Selbstmordversuch *m* попы́тка *ж* к самоуби́йству; **einen ~ machen** сде́лать попы́тку к самоуби́йству
Selbstporträt <-s, -s> *nt* автопортре́т *м*
selbstredend *adv* коне́чно
Selbstregulierung <-> *f* саморегули́рование *ср*
Selbstschussanlage <-, -n> *f* самостре́льное устро́йство *ср*
Selbstschutz *m* самозащи́та *ж*
selbstsicher *adj* уве́ренный в себе́
Selbstsicherheit *f ohne pl* самостоя́тельность *ж*
selbstständig[RR] *adj s.* **selbständig**
Selbstständigkeit[RR] *f ohne pl s.* **Selbständigkeit**
Selbststudium <-s> *nt* самостоя́тельное изуче́ние *ср*
Selbstsucht <-> *f* эгои́зм *м*
selbstsüchtig *adj* себялюби́вый
selbsttätig *adj (automatisch)* автомати́ческий
Selbsttäuschung <-> *f* самообма́н *м*
Selbstversorgung ['--(')--] <-> *f* самообеспе́чение *ср*
selbstverständlich **I.** *adj* само́ собо́й разуме́ющийся; **das ist doch ~!** э́то подразумева́ется!; **etw für ~ halten** счита́ть что-л. есте́ственным **II.** *adv* само́ собо́й разуме́ется
Selbstverteidigung <-> *f* самооборо́на *ж*
Selbstvertrauen <-s> *nt* уве́ренность *ж* в себе́, самоуве́ренность *ж*
Selbstverwaltung <-> *f* самоуправле́ние *ср*
Selbstzweck <-(e)s> *m* самоце́ль *ж*
Selbstzweifel <-s, -> *m* неуве́ренность в себе́
selektiv *adj geh* избира́тельный
Selen [ze'le:n] <-s> *nt ohne pl* CHEM селе́н *м*
selig ['ze:lɪç] *adj* блаже́нный; *(glücklich)* сча́стливый
Seligkeit <-, -en> *f* блаже́нство *ср*
Sellerie ['zɛləri] <-s, -(s)> *m* сельдере́й *м*
selten ['zɛltən] *adj* ре́дкий
Seltenheit <-, -en> *f* ре́дкость *ж*
Selters <-, -> *nt fam* газиро́ванная вода́ *ж*
seltsam ['zɛltza:m] *adj* стра́нный; **ein ~er Mensch** стра́нный челове́к; **er kam ihr ~ bekannt vor** он показа́лся ей стра́нно знако́мым
seltsamerweise ['zɛltza:mɐ'vaɪzə] *adv* как ни стра́нно, стра́нным о́бразом
Seltsamkeit <-, -en> *f* стра́нность *ж*
Semantik <-> *f* сема́нтика *ж*
semantisch *adj* семанти́ческий
Semester [ze'mɛstɐ] <-s, -> *nt* семе́стр *м*; **er ist im dritten ~** он у́чится полтора́ го́да
Semikolon [zemi'ko:lɔn] <-s, -s> *nt* то́чка *ж* с запято́й
Seminar [zemi'na:ɐ] <-s, -e> *nt* **1.** *(Fakultätsabteilung)* отделе́ние *ср*; **das germanistische ~** отделе́ние германи́стики **2.** *(Lehrveranstaltung)* семина́р *м*
Semiotik <-> *f* семио́тика *ж*
semiotisch *adj* семиоти́ческий
Semmel ['zɛməl] <-, -n> *f* бу́лочка *ж*
sen. *abk von* **senior** ста́рший
Senat [ze'na:t] <-(e)s, -e> *m* сена́т *м*
Senator(in) [ze'na:to:ɐ̯] <-s, -en; -nen> *m(f)* сена́тор *м*
Senatsausschuss <-es, -ausschüsse> *m* коми́ссия *ж* сена́та
Sendeanlage <-, -> *f* переда́тчик *м*
Sendeantenne <-, -n> *f* передаю́щая анте́нна *ж*
senden ['zɛndən] <sandte/sendete, gesandt/gesendet> **I.** *vt geh (schicken)* посыла́ть, -сла́ть, направля́ть, -пра́вить *св* **II.** *vi* RUNDF, TV *(ausstrahlen)* трансли́ровать *нсв*
Sender <-s, -> *m* **1.** *(Anlage)* переда́тчик *м*, радиоста́нция *ж* **2.** *(Kanal)* радиоста́нция *ж*
Sendereihe <-, -n> *f* се́рия *ж* переда́ч
Sendezeit *f* RADIO, TV вре́мя *ср* переда́чи
Sendung <-, -en> *f* **1.** *(von Waren)* посы́лка *ж* **2.** *(in Rundfunk und Fernsehen)* переда́ча *ж*
Sendungsbewusstsein <-s> *nt* созна́ние *ср* своей ми́ссии
Senegal ['ze:negal] <-s> *m* Сенега́л *м*
Senegalese [zenega'le:zə] <-n, -n> *m*, **Senegalesin** *f* сенега́лец *м*, сенега́лка *ж*
senegalesisch *adj* сенега́льский
Senf [zɛnf] <-(e)s, -e> *m* горчи́ца *ж*
Senfkorn <-(e)s, -körner> *nt* горчи́чное зерно́ *ср*
Senfpflaster <-s, -> *nt* горчи́чник *м*
sengen ['zɛŋən] *vi (Sonne, Hitze)* пали́ть *нсв*
senil [ze'ni:l] *adj pej* ста́рческий
senior ['ze:ni̯ɔ:ɐ̯] *adj (nur nachgestellt)* ста́рший; **Walter Müller ~** Ва́льтер Мю́ллер ста́рший
Senior(in) ['ze:ni̯o:ɐ̯] <-s, -en; -nen> *m(f)* **1.** *(Rentner)* пожилы́е лю́ди *мн* **2.** SPORT взро́слый спортсме́н *м*
Seniorenheim <-(e)s, -e> *nt дом для пожилы́х люде́й со специа́льно обору́дованными для них небольши́ми кварти́рами*
Seniorenkarte <-, -n> *f* (проездно́й) биле́т *м* для пожилы́х люде́й
Senkblei <-s> *nt* MAR лот *м*
Senke ['zɛŋkə] <-, -n> *f* низи́на *ж*
senken ['zɛŋkən] **I.** *vt* снижа́ть, сни́зить *св*; **den Kopf ~** опусти́ть го́лову **II.** *vi* опуска́ться, опусти́ться *св*; **der Boden hat sich gesenkt** пол осе́л
senkrecht *adj* вертика́льный, отве́сный
Senkrechte <-, -n> *f* перпендикуля́р *м*
Senkrechtstarter <-s, -> *m* вертика́льно

взлета́ющий самолёт *м; fig* челове́к *м*, де́лающий головокружи́тельную карье́ру

Senkung <-, -en> *f* сниже́ние *ср*, пониже́ние *ср*

Sennhütte <-, -n> *f* хи́жина *ж* альпи́йского пастуха́

Sensation [zɛnza'ts̮i̯o:n] <-, -en> *f* сенса́ция *ж*

sensationell [zɛnzats̮i̯o'nɛl] *adj* сенсацио́нный

Sensationsblatt <-(e)s, -blätter> *nt pej* бульва́рная газе́та *ж*

Sensationsgier <-> *f pej* жа́жда *ж* сенса́ций

Sensationsnachricht <-, -en> *f pej* сенсацио́нное изве́стие *ср*

Sense ['zɛnzə] <-, -n> *f* коса́ *ж*

sensibel [zɛn'zi:bəl] *adj* чувстви́тельный, впечатли́тельный

Sensibilität [zɛnzibili'tɛ:t] <-> *f* впечатли́тельность *ж*

Sensor ['zɛnzo:ɐ] <-s, -en> *m (Messfühler)* да́тчик *м*

Sensortaste <-, -n> *f* TECH се́нсорный выключа́тель *м*

sentimental [zɛntimɛn'ta:l] *adj* сентимента́льный

Sentimentalität [zɛntimɛntali'tɛ:t] <-> *f* сентимента́льность *ж*

separat [zepa'ra:t] *adj* отде́льный; **ein ~es Zimmer** отде́льная ко́мната

Separatismus [zepara'tɪsmʊs] <-> *m* сепарати́зм *м*

separatistisch *adj* сепарати́стский

September [zɛp'tɛmbɐ] <-(s), -> *m* сентя́брь *м*

Sequenz [ze'kvɛnts] <-, -en> *f* секве́нция *ж*

Serbe ['zɛrbə] <-n, -n> *m* серб *м*

Serbien ['zɛrbiən] <-s> *nt* Се́рбия *ж*

Serbin ['zɛrbin] <-, -nen> *f* се́рбка

serbisch ['zɛrbɪʃ] **I.** *adj* се́рбский **II.** *adv* по-се́рбски

serbokroatisch [zɛrbokro'a:tɪʃ] *adj* се́рбо-хорва́тский

Serenade [zere'na:də] <-n> *f* MUS серена́да *ж*

Serie ['ze:riə] <-, -n> *f* се́рия *ж*

Serienfertigung <-, -en> *f* сери́йный вы́пуск *м*

serienmäßig I. *adj* сери́йный **II.** *adv* сери́йно

Seriennummer <-, -n> *f* но́мер *м* се́рии

Serienproduktion <-> *f* сери́йное произво́дство *ср*

serienweise *adv* се́риями

seriös [zeri'œ:s] *adj* соли́дный

Seriosität <-> *f* соли́дность *ж*

Serpentine [zɛrpɛn'ti:nə] <-, -n> *f* серпенти́н *м*

Serum ['ze:rʊm] <-s, Seren/Sera> *nt* сы́воротка *ж*

Server ['sɪl:vɐ] <-s, -> *m* INFOR се́рвер *м*

Service[1] ['sɪl:vɪs] <-(s), -> *nt (Geschirr)* серви́з *м*

Service[2] ['sɪl:vɪs] <-, -s> *m (Betreuung, Bedienung)* обслу́живание *ср*, се́рвис *м*

Servicezentrum <-s, -zentren> *nt* центр *м* техобслу́живания

servieren [zɛr'vi:rən] *vt* сервирова́ть *(н)св*

Serviertochter <-, Töchter> *f CH (Serviererin)* официа́нтка *ж*

Servierwagen *m* сервиро́вочный сто́лик *м*

Serviette [zɛr'vi̯ɛtə] <-, -n> *f* салфе́тка *ж*

Serviettenring *m* кольцо́ *ср* для салфе́ток

Servolenkung <-, -en> *f* KFZ сервоуправле́ние *ср*

Servomotor <-s, -en> *m* KFZ серводви́гатель *м*

servus ['sɛrvʊs] *interj* приве́т

Sesam ['ze:zam] <-s, -s> *m* **~, öffne dich!** Сеза́м, откро́йся!

Sessel ['zɛsəl] <-s, -> *m* кре́сло *ср*

Sessellift <-(e)s, -e> *m* кре́сельный кана́тный подъёмник *м*

sesshaft[RR] ['zɛshaft] *adj*, **seßhaft**[Alt] ['zɛshaft] *adj* осе́длый; **sich ~ machen** осе́сть; **in einem Ort ~ werden** посели́ться на постоя́нное вре́мя в одно́м ме́сте

Set [sɛt] <-(s), -s> *nt (zusammengehörende Gegenstände)* набо́р *м*, компле́кт *м*

setzen ['zɛtsən] **I.** *vt* сажа́ть, посади́ть *св;* **Kartoffeln ~** сажа́ть карто́фель; **jdm eine Frist ~** дать кому́-л. срок; **sich ein Ziel ~** поста́вить пе́ред собо́й каку́ю-л. цель; **er setzte seine Unterschrift darunter** он поста́вил внизу́ свою́ по́дпись; **etw auf die Tagesordnung ~** включи́ть что-л. в дневну́ю програ́мму; **etw in die Zeitung ~** помести́ть что-л. в газе́ту; **ein Kind in die Welt ~** *fam* роди́ть ребёнка; **etw** *dat* **ein Ende ~** положи́ть коне́ц чему́-л.; **etw** *dat* **Grenzen ~** установи́ть грани́цы чего́-л.; **sich** *dat* **ein Ziel ~** поста́вить себе́ за цель **II.** *vi* **1.** *(springen)* перепры́гивать, -пры́гнуть чере́з **2.** *(beim Wetten)* ста́вить, по- *св* на **III.** *vr* **sich ~ 1.** *(Person)* сади́ться, сесть *св;* **sich an den Tisch ~** сесть за стол; **setz dich !** сади́сь!; **bitte, ~ Sie sich!** пожа́луйста, сади́тесь! **2.** CHEM *(Giftstoffe)* оседа́ть, -се́сть *св*

Setzer(in) <-s, -> *m(f) (Schriftsetzer(in))* набо́рщик *м*, набо́рщица *ж*

Setzerei [zɛts̮ə'raɪ] <-, -en> *f* набо́рный цех *м*

Setzling ['zɛts̮lɪŋ] <-s, -e> *m (Pflanze)* побе́г *м*, отро́сток *м*

Seuche ['zɔɪçə] <-, -n> *f* эпиде́мия *ж*

Seuchenbekämpfung <-> *f* борьба́ *ж* с эпидеми́ческими заболева́ниями

Seuchenerreger <-s, -> *m* возбуди́тель *м*

инфе́кции
Seuchengefahr <-> *f* опа́сность *ж* эпиде́мии
seufzen [ˈzɔɪftsən] *vi* вздыха́ть, вздохну́ть *св*
Seufzer <-s, -> *m* вздох *м*
Sex [sɛks] <-(es)> *m* секс *м*
Sexappeal, **Sex-Appeal** *m* сексуа́льная привлека́тельность *ж*
Sexbombe <-, -n> *f umg* секс-бо́мба *ж*
Sexfilm <-(e)s, -e> *m* порнографи́ческий фильм *м*
Sexismus [zɛˈksɪsmʊs] <-> *m ohne pl* секси́зм *м*
Sexist <-en, -en> *m* секси́ст *м*
sexistisch *adj* секси́стский
Sexmagazin <-(e)s, -e> *nt* порнографи́ческий журна́л *м*
Sexshop [zɛksʃɔp] <-s, -s> *m* секс-шо́п *м*
Sextant [zɛksˈtant] <-en, -en> *m* NAUT секта́нт *м*
Sextelefon *nt* секс-телефо́н *м*
Sextourismus <-s> *m* секс-тури́зм *м*
Sexualerziehung [zɛksuˈaːlɛɐ̯tsiːʊŋ] <-> *f* сексуа́льное воспита́ние *ср*
Sexualforscher(in) <-s, -> *m(f)* сексо́лог *м*
Sexualforschung <-> *f* сексоло́гия *ж*
Sexualhormon <-s, -e> *nt* полово́й гормо́н *м*
Sexualität [zɛksualiˈtɛːt] <-> *f* сексуа́льность *ж*
Sexualleben <-s> *nt* полова́я жизнь *ж*
Sexualmord <-(e)s, -e> *m* убийство *ср* на сексуа́льной по́чве
Sexualtrieb <-(e)s, -e> *m* полово́й инсти́нкт *м*
Sexualverbrechen <-s, -> *nt* полово́е преступле́ние *ср*
Sexualwissenschaft <-> *f* сексоло́гия *ж*
sexuell [zɛˈksuɛl] *adj* сексуа́льный; **jdn ~ missbrauchen** изнаси́ловать кого́-л.
sexy [ˈzɛksi] *adj umg* сексуа́льный, сексапи́льный
Sezessionskrieg <-(e)s, -e> *m* гражда́нская война́ *ж* в США (1861-1865)
sezieren [zeˈtsiːrən] *vt* вскрыва́ть, вскрыть
Shampoo [ˈʃampu] <-(s), -s> *nt* шампу́нь *м*
shampoonieren *vt* мыть (го́лову) шампу́нем
Sheriff <-s, -s> *m* шери́ф *м*
Shop <-s, -s> *m* магази́н *м*
Shortcut <-s, -s> *m* DV сокраще́ние *ср*
Shorts [ʃɔrts] <-> *pl* шо́рты *мн*
Show [ʃɔʊ] <-, -s> *f (Schau)* шо́у *ср*; **eine ~ abziehen** *umg* устро́ить шо́у
Showbusiness <->, **Show-Business** *nt* шоу-би́знес *м*
Showgeschäft *nt ohne pl* шоу-би́знес *м*
siamesisch [ziaˈmeːzɪʃ] *adj* сиа́мский; **siamesische Zwillinge** сиа́мские близнецы́
Siamkatze *f* сиа́мка *ж*
Sibirien [ziˈbiːriən] <-s> *nt* Сиби́рь *ж*
sibirisch *adj* сиби́рский
sich [zɪç] *pron refl* **1.** *(dat)* себе́ **2.** *(akk)* себя́; **an ~** сам по себе́; **wieder zu ~ kommen** прийти́ в себя́; **außer ~ sein** быть вне себя́; **sie wäscht ~** *dat* **die Haare** она́ мо́ет во́лосы; **er denkt nur an ~** он ду́мает то́лько о себе́; **sie hat kein Geld bei ~** у неё нет с собо́й де́нег
Sichel [ˈzɪçəl] <-, -n> *f* серп *м*; *(Mond~)* серп *м* луны́
sichelförmig *adj* серпови́дный
sicher [ˈzɪçɐ] **I.** *adj* **1.** *(ungefährdet)* безопа́сный; **sich ~ fühlen** чу́вствовать себя́ в безопа́сности; **bist du dir ~?** ты уве́рен? **2.** *(zuverlässig)* надёжный **3.** *(gewiss, selbstbewusst)* уве́ренный; **ich bin ~, dass ...** я уве́рен в том, что ...; **ich bin mir da nicht so ~** я в э́том не о́чень уве́рен **II.** *adv (höchstwahrscheinlich)* наверняка́, коне́чно; **er kommt ~ bald** он, наве́рное, ско́ро придёт; **ja, ~ (doch)!** *fam* да, коне́чно!
Sicherheit <-> *f* **1.** *(Schutz vor Gefahr)* безопа́сность *ж*; **äußere/innere ~** вне́шняя/вну́тренняя безопа́сность; **öffentliche ~** обще́ственная безопа́сность; **persönliche ~** ли́чная безопа́сность; **Gewährleistung der sozialen ~** обеспе́чение социа́льной безопа́сности; **jdn in ~ bringen** отвести́ кого́-л. в безопа́сное ме́сто **2.** *(Gewissheit)* уве́ренность *ж* **3.** *(Zuverlässigkeit)* надёжность *ж* **4.** *(Garantie)* поручи́тельство *ср*, обеспе́чение *ср*, гара́нтия *ж*; **~en fordern** тре́бовать гара́нтии; **~ für einen Kredit** креди́тное обеспе́чение; **~en stellen** предоставля́ть гара́нтии **5.** *(Kaution)* зало́г *м*; **~ einer ~** внесе́ние зало́га
Sicherheitsabstand <-(e)s, -abstände> *m* безопа́сная диста́нция *ж*
Sicherheitsausschuss <-es, -ausschüsse> *m* коми́ссия *ж* по безопа́сности
Sicherheitsberater(in) <-s, -> *m(f)* сове́тник *м* по безопа́сности
Sicherheitsbestimmung <-, -en> *f (meist pl)* пра́вило *ср* те́хники безопа́сности
Sicherheitsdienst <-(e)s, -e> *m* слу́жба *ж* безопа́сности
Sicherheitsglas <-es, -gläser> *nt* безопа́сное стекло́ *ср*
Sicherheitsgurt <-(e)s, -e> *m* реме́нь *м* безопа́сности; **den ~ anlegen** оде́ть реме́нь
sicherheitshalber *adv* ра́ди безопа́сности
Sicherheitsleistung <-, -en> *f* JUR поручи́тельство *ср*
Sicherheitsmaßnahme <-, -n> *f* ме́ра *ж* предосторо́жности
Sicherheitsnadel <-, -n> *f* була́вка *ж*

Sicherheitspolitik <-> *f* поли́тика *ж* безопа́сности

Sicherheitsrat <-(e)s, -räte> *m (Organ der UNO)* Сове́т *м* Безопа́сности

Sicherheitssystem <-(e)s, -e> *nt* систе́ма *ж* безопа́сности

Sicherheitsvorkehrung <-, -en> *f* ме́ра *ж* предосторо́жности; **Sicherheitsvorkehrungen treffen** приня́ть ме́ры безопа́сности

sicherlich *adv (ganz gewiß)* обяза́тельно

sichern ['zɪçɐn] **I.** *vt* **1.** *(vor Gefahr schützen)* защища́ть, защити́ть *св* **2.** *(garantieren)* обеспе́чивать, -пе́чить *св* **3.** *(Gewehr)* ста́вить, по- *св* на предохрани́тель **II.** *vr (sich schützen, auch beim Bergsteigen)* страхова́ться, за- *св* от

Sicherung <-, -en> *f* **1.** *(das Sicherstellen)* обеспе́чение *ср;* **die ~ der Arbeitsplätze** обеспе́чение рабо́чими места́ми **2.** EL предохрани́тель *м;* **die ~ ist durchgebrannt** предохрани́тель перегоре́л

Sicherungskasten *m* ELEK электри́ческое табло́ *ср*

Sicherungskopie <-, -n> *f* DV запасна́я ко́пия *ж*

Sicherungssystem <-(e)s, -e> *nt* систе́ма *ж* предосторо́жности

Sicht [zɪçt] <-> *f* **1.** *(Sichtverhältnisse)* ви́димость *ж;* **klare ~** я́сная ви́димость; **jdm die ~ versperren** закрыва́ть кому́-л. вид **2.** *(Sichtweite)* ви́димость *ж,* вид *м* **3.** *(Betrachtungsweise, Anschauung)* то́чка *ж* зре́ния; **aus meiner ~** с моеи́ то́чки зре́ния; **auf lange ~** *(für lange Zeit)* на до́лгий срок

sichtbar *adj auch fig (erkennbar)* ви́димый

sichten ['zɪçtən] *vt* **1.** *(erspähen)* обнару́живать, -жить *св* **2.** *(durchsehen und ordnen)* просма́тривать, -смотре́ть *св*

Sichtfenster <-s, -> *nt* смотрово́е стекло́ *ср*

Sichtgrenze <-> *f* преде́л *м* ви́димости

sichtlich *adj (offenkundig, merklich)* я́вный, очеви́дный

Sichtverhältnisse *fpl* ви́димость *ж*

Sichtwechsel <-s, -> *m* ÖKON ве́ксель *м* на предъяви́теля

Sichtweise <-, -n> *f* то́чка *ж* зре́ния

Sichtweite <-, -n> *f* по́ле *ср* ви́димости; *fig* кругозо́р *м*

sickern ['zɪkɐn] *vi* сочи́ться, про- *св*

Sideboard ['saɪtbɔːt] <-s, -s> *nt* сервиро́вочный стол *м*

sie [ziː] *pron f sg* она́; *(pl)* они́; **~ kommt heute nicht** она́ не придёт сего́дня; **~ wollen heiraten** они́ хотя́т пожени́ться; **wenn ich ~ wäre** е́сли бы я был на её ме́сте; **du bist größer als ~** ты ста́рше её; **ich habe ~ lange nicht gesehen** я давно́ не ви́дел её

Sie [ziː] *pron* Вы; **was wollen ~?** что Вы хоти́те?; **jdn mit Sie anreden** говори́ть с кем-л. на вы; **darf ich Sie mal stören?** прости́те?

Sieb [ziːp] <-(e)s, -e> *nt* си́то *ср*, решето́ *ср; (fur Tee)* си́течко *ср*

Siebdruck <-(e)s> *m* трафаре́тная печа́ть *ж*

sieben[1] ['ziːbən] *vt* просе́ивать, -се́ять *св; fig (aussortieren)* отсе́ивать, -се́ять *св*

sieben[2] ['ziːbən] *num* семь

siebeneckig *adj* семиуго́льный

siebenfach *adj* семикра́тный

siebenhundert *num* семьсо́т

siebenjährig *adj*, **7-jährig**[RR] *adj* семиле́тний

siebenmal *adv*, **7-mal**[RR] *adv* семь раз

Siebenschläfer *m* со́ня *ж и м*

siebenstellig *adj* семизна́чный

siebenstöckig *adj* восьмиэта́жный

siebenstrophig *adj* семистро́фный

siebenstündig *adj* семичасово́й

siebenstündlich *adv* ка́ждые семь часо́в

siebentägig [-tɛːgɪç] *adj* семидне́вный

siebenteilig *adj* семича́стный

siebenzeilig *adj* семистро́чный

siebte(r, s) *adj* седьма́я, -мо́й, -мо́е

Siebtel <-s, -> *nt* седьма́я часть *ж*

siebzehn ['ziːptseːn] *num* семна́дцать

Siebzehntel <-s, -> *nt* семна́дцатая часть *ж*

siebzig ['ziːptsɪç] *num* се́мьдесят

sieden ['ziːdən] *vi* кипе́ть, вс- *св*

Siedepunkt <-(e)s, -e> *m* то́чка *ж* кипе́ния

Siedewasserreaktor <-s, -en> *m* PHYS кипя́щий реа́ктор *м*

Siedler(in) ['ziːdlɐ] <-s, -> *m(f)* поселе́нец *м*, поселе́нка *ж*

Siedlung ['ziːdlʊŋ] <-, -en> *f* поселе́ние *ср*

Siedlungsgebiet <-(e)s, -e> *nt* райо́н *м* поселе́ния

Sieg [ziːk] <-(e)s, -e> *m* побе́да *ж* над; **einen ~ erringen** [*o* **davontragen**] одержа́ть побе́ду

Siegel ['ziːgəl] <-s, -> *nt* печа́ть *ж*

siegen ['ziːgən] *vi* побежда́ть, -беди́ть *св;* **über jdn ~** победи́ть кого́-л.

Sieger(in) <-s, -> *m(f)* победи́тель *м*, победи́тельница *ж*

Siegerehrung *f* награжде́ние *ср*

Siegerin <-nen> *f s.* **Sieger**

Siegermacht <-, -mächte> *f* держа́ва *ж* - победи́тельница *ж*

Siegerpodest *nt* ступе́ньки *мн*

Siegerpose <-, -n> *f* по́за *ж* победи́теля

siegesbewusst[RR] *adj* уве́ренный в побе́де

Siegesfreude <-> *f* ра́дость *ж* побе́ды

siegessicher *adj* уве́ренный в побе́де

Siegeszug *m* триумфа́льное ше́ствие *ср*

siegreich *adj* победоно́сный

sieht *3. präs von* **sehen**

siezen ['ziːtsən] *vt* говори́ть с кем-л. на вы

S

Signal [zɪ'gnaːl] <-s, -e> *nt* сигна́л *м*
Signalanlage <-, -n> *f* сигна́льная устано́вка *ж*
Signalflagge <-, -n> *f* сигна́льный флаг *м*
signalisieren [zɪgnali'ziːrən] *vt* сигнализи́ровать *нсв*
Signalpistole <-, -n> *f* сигна́льный пистоле́т *м*
Signatur [zɪgna'tuːɐ] <-, -en> *f* **1.** *(Unterschrift)* по́дпись *ж* **2.** *(Bibliotheksmarkierung)* шифр *м*
signieren [zɪ'gniːrən] *vt* подпи́сывать, подписа́ть *св*
Signifikanz <-> *f* зна́чимость *ж*
Silbe ['zɪlbə] <-, -n> *f* слог *м*
Silbenkreuzworträtsel <-s, -> *nt* слогово́й кроссворд *м*, шара́да *ж*
Silbentrennung <-> *f* перено́с *м* сло́ва по слога́м
Silber ['zɪlbɐ] <-s> *nt (Metall)* серебро́ *ср*
Silberbarren <-s, -> *m* сли́ток *м* серебра́
Silberbesteck <-s, -e> *nt* сере́бряный прибо́р *м*
silberfarben *adj* сере́бряный
Silbergehalt <-(e)s> *m* содержа́ние *ср* серебра́
Silbergeschirr <-(e)s> *nt* сере́бряная посу́да *ж*
silberhaltig *adj* содержа́щий серебро́
silberhell *adj (Klang, Stimme)* серебри́стый, зво́нкий как серебро́
Silberhochzeit *f* сере́бряная сва́дьба *ж*
Silbermedaille <-, -n> *f* сере́бряная меда́ль *ж*
Silbermünze <-, -n> *f* сере́бряная моне́та *ж*
silbern ['zɪlbɐn] *adj* сере́бряный
Silberpapier *nt* станио́ль *м*
silbrig ['zɪlbrɪç] *adj* **1.** *(silbern)* сере́бряный **2.** *(wohltönend)* мелоди́чный; *(Stimme)* то́нкий
Silhouette [zilu'ɛtə] <-, -n> *f* силуэ́т *м*
Silikon <-s, -e> *nt* CHEM силико́н *м*
Silizium [zi'liːtsiʊm] <-s> *nt* кре́мний *м*
Silo ['ziːlo] <-s, -s> *m* си́лосное сооруже́ние *ср*
Silvester [zɪl'vɛstɐ] <-s, -> *nt* нового́дний ве́чер *м*
Silvesterfeier *f* нового́дний пра́здник *м*
Silvesterparty <-> *f* нового́дняя вечери́нка *ж*
simpel ['zɪmpəl] *adj* **1.** *(einfach)* простой **2.** *pej (einfältig)* простоду́шный
Simpel ['zɪmpəl] <-s, -> *m pej* простофи́ля *м и ж*
Sims [zɪms] <-es, -e> *m* карни́з *м*
Simulant(in) [zimu'lant] <-en, -en; -nen> *m(f)* притво́рщик *м*
Simulation <-, -en> *f* симуля́ция *ж*
Simulator [zimu'laːtoːɐ] <-s, -en> *m* TECH трена́жёр *м*
simulieren [zimu'liːrən] *vt* **1.** *(vortäuschen)* симули́ровать *(н)св* **2.** *(modellhaft nachbilden)* имити́ровать *(н)св*
simultan [zimʊl'taːn] *adj (gleichzeitig)* синхро́нный
Simultandolmetschen <-s> *nt* синхро́нный перево́д *м*
Simultandolmetscher(in) <-s, -> *m(f)* синхро́нный перево́дчик *м*
sind [zɪnt] *1. o 3. pl präs von* **sein**
Sinfonie [zɪnfo'niː] <-, -n> *f* симфо́ния *ж*
Sinfoniekonzert <-(e)s, -e> *nt* симфони́ческий конце́рт *м*
Sinfonieorchester <-s, -> *nt* симфони́ческий орке́стр *м*
sinfonisch *adj* симфони́ческий
Singapur <-s> *nt* Сингапу́р *м*
singen ['zɪŋən] <sang, gesungen> *vt* петь, с- *св;* **im Chor ~** петь в хо́ре
Single ['sɪŋ(g)əl] <-(s), -s> *m* сингл *м;* **als ~ leben** жить си́нглом
Singular ['zɪŋgulaːɐ] <-s, -e> *m* еди́нственное число́ *ср*
Singvogel <-s, -vögel> *m* пе́вчая пти́ца *ж*
sinken ['zɪŋkən] <sank, gesunken> *vi* **1.** *(nieder~)* опуска́ться, опусти́ться *св;* **auf die Knie/einen Stuhl ~** упа́сть на коле́ни/стул **2.** *(abnehmen)* снижа́ться, сни́зиться *св*, па́дать, упа́сть *св;* **er sank in meiner Achtung** я потеря́л уваже́ние к нему́
Sinn [zɪn] <-(e)s, -e> *m* **1.** *(Empfindung der Sinnesorgane)* чу́вство *ср* **2.** *(Bedeutung)* смысл *м;* **das macht keinen ~** *umg* э́то не име́ет смы́сла; **der ~ des Lebens** смысл жи́зни; **~ für Humor haben** име́ть чу́вство ю́мора; **das hat keinen ~** э́то не име́ет смы́сла; **im wörtlichen/übertragenen ~e** в прямо́м/перено́сном смы́сле; **in gewissem ~e** в изве́стном смы́сле; **etw kommt ihm in den ~** ему́ пришло́ в го́лову
Sinnbild <-(e)s> *nt* си́мвол *м*
sinnbildlich *adj* символи́ческий
sinnen ['zɪnən] <sinnt, sann, gesonnen> *vi geh (nachdenken)* ду́мать
sinnentleert *adj* лишённый смы́сла
Sinnesorgan <-s, -e> *nt* о́рган *м* чувств
Sinnestäuschung <-, -en> *f* обма́н *м* чувств
Sinneswahrnehmung <-, -en> *f* восприя́тие *ср* о́рганами чувств
Sinneswandel *m* переме́на *ж* во взгля́дах
sinnfällig *adj* я́сный
sinngemäß *adj* по смы́слу
sinngetreu *adj* то́чный по смы́слу
sinnieren [zɪ'niːrən] *vi geh (grübeln)* размышля́ть
sinnig *adj* у́мный
Sinnkrise <-, -n> *f* утра́та *ж* смы́сла жи́зни
sinnlich *adj* чу́вственный; **ein ~er Mensch** чу́вственный челове́к *м*
Sinnlichkeit <-> *f* чу́вственность *ж*

sinnlos *adj* бессмы́сленный
Sinnlosigkeit <-> *f* бессмы́сленность *ж*
sinnreich *adj* остроу́мный
sinnvoll *adj* разу́мный, целесообра́зный; **es wäre ~ das zu tun** э́то бы́ло бы разу́мно
sinnwidrig *adj* абсу́рдный
Sinologe <-n, -n> *m,* **Sinologin** *f* сино́лог *м,* китаеве́д *м*
Sinologie <-> *f* китаеве́дение *ср*
Sintflut ['zɪntflu:t] <-> *f* пото́п *м;* **nach mir die ~** по́сле меня́ хоть пото́п
Sinus <-, -> *m* си́нус *м*
Siphon <-s, -s> *m* сифо́н *м*
Sippe ['zɪpə] <-, -n> *f* клан *м*
Sippschaft <-en> *f abw* пле́мя *ср*
Sirene [zi're:nə] <-, -n> *f* сире́на *ж*
sirren *vi* жужжа́ть
Sirup ['zi:rʊp] <-s> *m* сиро́п *м*
Sitemap <-, -s> *f* DV ка́рта *ж* са́йта
Sitte ['zɪtə] <-, -n> *f* обы́чай *м,* нра́вы *мн;* **gegen die guten ~n verstoßen** нару́шить до́брые нра́вы
sittenlos *adj* безнра́вственный
Sittenlosigkeit <-> *f* безнра́вственность *ж*
Sittenpolizei <-> *f* поли́ция *ж* нра́вов
sittenstreng *adj* высоконра́вственный
Sittenverfall <-(e)s> *m* упа́док *м* нра́вственности
sittenwidrig *adj* амора́льный
sittlich *adj* нра́вственный
Sittlichkeit <-> *f* нра́вственность *ж*
Sittlichkeitsverbrechen <-s, -> *nt* полово́е преступле́ние *ср*
sittsam *adj* благонра́вный
Sittsamkeit <-> *f* благонра́вие *ср*
Situation [zitua'ts̮i̯o:n] <-, -en> *f* положе́ние *ср,* ситуа́ция *ж*
Sitz [zɪts] <-es, -e> *m* **1.** *(Sitzgelegenheit)* сиде́нье *ср;* **ein gepolsterter ~** мя́гкое сиде́нье *ср* **2.** *(Platz)* ме́сто *ср* **3.** *(Wohnsitz)* местонахожде́ние *ср,* резиде́нция *ж;* **der ~ eines Unternehmens** резиде́нция предприя́тия
Sitzblockade <-, -n> *f сидя́чая а́кция проте́ста, при кото́рой демонстра́нты прегражда́ют собо́й прохо́д и́ли прое́зд к чему́-л.*
Sitzecke <-, -n> *f* дива́нный уголо́к *м*
sitzen ['zɪtsən] <saß, gesessen> *vi* **1.** *(Person)* сиде́ть, по- *св;* **am Tisch ~** сиде́ть за столо́м; **vor dem Fernseher ~** сиде́ть пе́ред телеви́зором; **jdn ~ lassen** *fam (Familie)* оста́вить кого́-л. **2.** *umg (im Gefängnis sein)* сиде́ть, от- *св;* **beim Kaffee ~** сиде́ть за ча́шкой ко́фе; **der Anzug sitzt schlecht** костю́м пло́хо сиди́т
sitzen bleiben[RR] *vi umg (in der Schule)* остава́ться, оста́ться *св* на второ́й год
sitzend *adj* сидя́чий
sitzen| lassen[Alt] <irr> *vt s.* **sitzen 1.**
Sitzgelegenheit <-, -en> *f* стул *м*
Sitzordnung <-, -en> *f* поря́док *м* размеще́ния *(за столо́м и т.п.)*
Sitzplatz <-es, -plätze> *m* сидя́чее ме́сто *ср*
Sitzstreik <-s, -s> *m* сидя́чая забасто́вка *ж*
Sitzung <-, -en> *f* заседа́ние *ср*
Sitzungsbericht <-(e)s, -e> *m* отчёт *м* о заседа́нии
Sitzungssaal <-(e)s> *m* зал *м* заседа́ний
Sizilianer(in) <-s, -> *m(f)* сицилиа́нец *м,* сицилиа́нка *ж*
sizilianisch *adj* сицилиа́нский
Sizilien [zi'tsi:liən] <-s> *nt* Сици́лия *ж*
Skala ['ska:la] <-, Skalen> *f* шкала́ *ж*
Skaleneinteilung <-, -en> *f* деле́ние *ср* шкалы́
Skalp [skalp] <-s, -e> *m* скальп *м*
Skalpell [skal'pɛl] <-s, -e> *nt* ска́льпель *м*
skalpieren [skal'pi:rən] *vt* скальпи́ровать
Skandal [skan'da:l] <-s, -e> *m* сканда́л *м;* **einen ~ verursachen** устро́ить сканда́л
skandalös [skanda'lœ:s] *adj* сканда́льный
skandalträchtig *adj* чрева́тый сканда́лом
skandieren *vt* сканди́ровать
Skandinavien [skandi'na:viən] <-s> *nt* Скандина́вия *ж*
Skandinavier(in) [skandi'na:viɐ] <-s, -> *m(f)* скандина́вец *м,* скандина́вка *ж*
skandinavisch *adj* скандина́вский
Skat [ska:t] <-(e)s, -e/-s> *m* скат *м*
Skateboard ['skɛɪtbɔ:t] <-s, -s> *nt* ро́ликовая доска́ *ж*
skaten[1] *vi fam* ката́ться на ске́йте
skaten[2] *vi (Rollschuh laufen)* ката́ться на ро́ликах
Skater(in) <-s, -> *m(f)* скейтборди́ст *м*
Skelett [ske'lɛt] <-(e)s, -e> *nt* скеле́т *м*
Skepsis ['skɛpsɪs] <-> *f* ске́псис *м*
skeptisch ['skɛptɪʃ] *adj* скепти́ческий
Skeptizismus [skɛpti'tsɪsmʊs] <-> *m* скептици́зм *м*
Sketsch [skɛtʃ] <-(e)s, -e> *m* скетч *м*
Ski [ʃi:] <-s, -er> *m* лы́жа *ж;* **~ fahren** [*o* **laufen**] ката́ться на лы́жах
Skianzug <-(e)s, -anzüge> *m* лы́жный костю́м *м*
Skiausrüstung <-en, -en> *f* лы́жное снаряже́ние *ср*
Skibindung <-, -en> *f* лы́жное крепле́ние *ср*
Skibrille <-, -n> *f* лы́жные очки́ *мн*
Skifahrer(in) <-s, -> *m(f)* лы́жник *м,* лы́жница *ж*
Skigymnastik <-> *f* гимнасти́ческая трениро́вка *ж* лы́жников
Skihose <-, -n> *f* лы́жные брю́ки *мн*
Skikurs <-es, -e> *m* уро́ки *мн* ката́ния на лы́жах

Skilanglauf <-es> *m* бег *м* на лыжа́х на дли́нные диста́нции
Skilaufen <-s> *nt* ката́ние *ср* на лы́жах
Skiläufer(in) *m(f)* лы́жник *м*
Skilehrer <-s, -> *m* инстру́ктор *м* по ката́нию на лы́жах
Skilift *m* лифт *м* для подъёма лы́жников
Skipiste <-, -n> *f* горнолы́жная тра́сса *ж*
Skischule <-, -n> *f* лы́жная шко́ла *ж*
Skisport <-(e)s> *m* лы́жный спорт *м*
Skispringen <-s, -> *nt* прыжки́ *м мн* на лы́жах (с трампли́на)
Skispringer(in) *m(f)* состяза́тель *м* в дисципли́не по прыжка́м на лы́жах
Skistiefel <-s, -> *m* лы́жный боти́нок *м*
Skistock <-(e)s, -stöcke> *m* лы́жная па́лка *ж*
Skiwandern <-s> *nt* лы́жный тури́зм *м*
Skizze ['skɪtsə] <-, -n> *f* эски́з *м*
skizzieren [skɪ'ts̮iːrən] *vt (als Skizze zeichnen)* де́лать, с- *св* эски́з
Sklave ['sklaːvə] <-n, -n> *m* раб *м*
Sklavenhalter <-s, -> *m* рабовладе́лец *м*
Sklavenhandel *m* торго́вля *ж* раба́ми
Sklaverei [sklaːvə'raɪ] <-> *f* ра́бство *ср*
Sklavin <-, -nen> *f* рабы́ня *ж*
sklavisch *adj* ра́бский
Sklerose [skle'roːzə] <-, -n> *f* MED склеро́з *м*
Skonto ['skɔnto] <-s, -s> *nt* ÖKON ски́дка *ж*, ско́нто *ср*; ~ **abziehen** вычита́ть ско́нто; ~ **bei Barzahlung** ско́нто при расчёте нали́чными; ~ **in Anspruch nehmen** по́льзоваться ско́нто
Skontosatz <-es, -sätze> *m* разме́р *м* ски́дки
Skorbut <-(e)s> *m* цинга́ *ж*
Skorpion [skɔr'pi̯oːn] <-s, -e> *m* **1.** BOT скорпио́н *м* **2.** ASTR Скорпио́н *м*
Skript [skrɪpt] <-(e)s, -en/ -s> *nt* за́пись *ж*
Skrupel ['skruːpəl] <-s, -> *m* сомне́ния *срмн*; *(Gewissensbisse)* угрызе́ния *срмн* со́вести
skrupellos *adj* бессо́вестный
Skrupellosigkeit <-> *f* бессо́вестность *ж*
Skulptur [skʊlp'tuːɐ̯] <-, -en> *f* скульпту́ра *ж*
Slalom ['slaːlɔm] <-s, -s> *m* сла́лом *м*
Slang [slɛŋ] <-s> *m* сленг *м*
Slash *m* DV ко́сая черта́ *ж*, слеш *м*
Slawe ['slaːvə] <-n, -n> *m*, **Slawin** *f* славяни́н *м*, славя́нка *ж*
slawisch **I.** *adj* славя́нский **II.** *adv* по-славя́нски
Slawist(in) <-en, -en> *m(f)* слави́ст *м*
Slawistik [sla'vɪstɪk] <-> *f* слави́стика *ж*
Slip [slɪp] <-s, -s> *m* тру́сики *мн*
Slipeinlage <-, -n> *f* то́нкая гигиени́ческая прокла́дка *ж*
Slogan ['slɔʊgən] <-s, -s> *m* ло́зунг *м*, рекла́мный деви́з *м*, сло́ган *м*
Slowake [slo'vaːkə] <-n, -n> *m*, **Slowakin** *f* слова́к *м*, слова́чка *ж*
Slowakei [slova'kaɪ] <-> *f* Слова́кия *ж*
slowakisch *adj* **Slowakische Republik** Слова́кия *ж*
Slowene [slo'veːnə] <-n, -n> *m*, **Slowenin** *f* слове́нец *м*, слове́нка *ж*
Slowenien [slo'veːni̯ən] <-s> *nt* Слове́ния *ж*
Slowenin [slo'veːnɪn] <-nen> *f s.* **Slowene**
slowenisch *adj* слове́нский
Slum [slam] <-s, -s> *m (meist pl)* трущо́ба *ж*
Smaragd [sma'rakt] <-(e)s, -e> *m* изумру́д *м*
smaragdgrün *adj* изумру́дный
Smog [smɔk] <-s> *m* смог *м*
Smoking ['smoːkɪŋ] <-s, -s> *m* смо́кинг *м*
Snob [snɔp] <-s, -s> *m pej* сноб *м*
Snowboard ['snɔʊbɔːt] <-s, -s> *nt* SPORT сноубо́рд *м*
Snowboarding <-s> *nt* SPORT сноубо́рдинг *м*
so [zoː] **I.** *adv (auf diese Art)* так, таки́м о́бразом; **gut** ~ хорошо́; ~ **oder** ~ *(in jedem Fall)* так и́ли ина́че; **ach** ~ вот как; ~ **viel** ско́лько; ~ **viel wie möglich** как мо́жно бо́льше; ~ **ein Zufall** вот так слу́чай; ~ **wenig wie** так же ма́ло, как и; **stell dich nicht** ~ **an!** не устра́ивай сцен!; **und** ~ **weiter** и так да́лее; **sie tut mir** ~ **Leid** мне так её жаль; ~ **früh wie möglich** как мо́жно ра́ньше; ~ **ein Zufall!** како́е совпаде́ние!; **ich komme** ~ **gegen acht** я приду́ к восьми́ **II.** *konj* ~ **dass** та́к что; ~ **...**, **dass ...** так ..., что ... **III.** *part* так; ~ **höre doch endlich auf!** так прекрати́ же!
s.o. *abk von* **siehe oben** смотри́ вы́ше
sobald [zo'balt] *konj* как то́лько
Socke ['zɔkə] <-, -n> *f* носо́к *м*
Sockel ['zɔkəl] <-s, -> *m* цо́коль *м*
Soda ['zoːda] <-> *nt ohne pl (~wasser)* со́да *ж*, газиро́вка *ж*
sodass[RR] [zo'das] *konj* так что
Sodawasser *nt* газиро́ванная вода́ *ж*
Sodbrennen ['zoːtbrɛnən] <-s> *nt* изжо́га *ж*
soeben [zo'ʔeːbən] *adv* то́лько что
Sofa ['zoːfa] <-s, -s> *nt* дива́н *м*
sofern [zo'fɛrn] *konj* поско́льку
soff [zɔf] *prät von* **saufen**
sofort [zo'fɔrt] *adv* сейча́с, неме́дленно
Sofortbildkamera *f* фотоаппара́т *м* для момента́льных фотогра́фий
sofortig *adj* неме́дленный
Sofortlieferung <-, -en> *f* сро́чная поста́вка *ж*
Sofortmaßnahme <-, -n> *f* сро́чная ме́ра *ж*
Sofortprogramm <-(e)s, -e> *nt* програ́мма *ж* неме́дленных де́йствий
Sofortwirkung <-> *f* неме́дленное де́йствие *ср*
Soft-Eis <-> *nt* моро́женое-суфле́ *ср*
Software ['sɔftwɛːɐ] <-, -s> *f* програ́ммное

обеспéчение *ср*

Softwarepaket <-(e)s, -e> *nt* пакéт *м* компьютерных прогрáмм

sog [zo:k] *prät s.* **saugen**

sog. *abk von* **sogenannt** так назывáемый

sogar [zo'ga:ɐ̯] *adv* дáже; **er ist ~ selbst gekommen** он дáже пришёл сам

sogenannt *adj* так назывáемый

sogleich [zo'glaɪç] *adv* тóтчас

Sohle ['zo:lə] <-, -n> *f* **1.** *(Schuh~)* подóшва *ж* **2.** *(Fuß~)* ступня́ *ж*

Sohn [zo:n] <-(e)s, Söhne> *m* сын *м;* **der verlorene ~** *geh* блу́дный сын

Soja ['zo:ja] <-> *f* сóя *ж*

Sojamehl <-s> *nt* сóевая мукá *ж*

Sojaöl <-(e)s> *nt* сóевое мáсло *ср*

Sojasoße *f* сóевый сóус *м*

solang(e) [zo'laŋ(ə)] *konj* покá

solar [zo'la:ɐ] *adj* сóлнечный

Solaranlage <-, -n> *f* сóлнечная установка *ж*

Solarenergie <-> *f* сóлнечная энéргия *ж*

Solarium [zo'la:riʊm] <-s, Solarien> *nt* солярий *м*

Solarkraftwerk <-(e)s, -e> *nt* сóлнечная энергостáнция *ж*

Solartechnik <-> *f* сóлнечная тéхника *ж*

Solarzelle <-, -n> *f* элемéнт *м* сóлнечной батарéи

solch [zɔlç] *pron dem* такóй

solcherlei ['zɔlçɐ'laɪ] *adj* <inv> *geh* подóбные

Soldat(in) [zɔl'da:t] <-en, -en> *m(f)* солдáт *м*, солдáтка *ж*

Soldateska *f* солдатня́ *ж*

soldatisch *adj* солдáтский

Söldner(in) ['zllldnɐ] <-s, -> *m(f)* наёмник *м*, наёмница *ж*

Solidarhaftung <-> *f* JUR солидáрная отвéтственность *ж*

solidarisch [soli'da:rɪʃ] *adj* солидáрный

solidarisieren *vr* быть *нсв* солидáрным с

Solidarität [zolidari'tɛ:t] <-> *f* солидáрность *ж*

Solidaritätsbeitrag <-(e)s, -beiträge> *m* взнос *м* в фонд солидáрности

Solidaritätsgefühl <-(e)s> *nt* чу́вство *ср* солидáрности

Solidaritätszuschlag <-(e)s, -zuschläge> *m* *надбáвка к подохóдному налóгу и налóгу, котóрым облагáются корпорáции, с цéлью получéния дополнúтельных срéдств для покры́тия расхóдов, свя́занных с объединéнием Гермáнии*

Solidarkasse <-, -n> *f* кáсса *ж* взаимопóмощи

Solidarpakt <-(e)s, -e> *m* *соглашéние мéжду правúтельством, союзáми предпринимáтелей и профсоюзáми с цéлью социáльно приéмлемого распределéния налóговых тя́гот, вы́званных необходúмостью финансúрования специáльных прогрáмм*

solide [zo'li:də] *adj* солúдный, надёжный

Solist(in) [zo'lɪst] <-en, -en> *m(f)* солúст *м*, солúстка *ж*

Soll [zɔl] <-(s), -(s)> *nt* **1.** *(fin)* дéбет *м* **2.** ÖKON *(Plansoll)* плáновое задáние *ср;* **~ und Haben** дéбет и кредúт; **im ~ buchen** занестú в дéбет

sollen ['zɔlən] *vi (als Modalverb)* быть *нсв* дóлжным; **was soll das?** *umg* в чём дéло?; **was soll ich tun?** что я дóлжен дéлать?; **was soll ich da?** что я там бу́ду дéлать?; **soll ich dir helfen?** мне помóчь тебé?; **sollte er anrufen ...** éсли он вдруг позвонúт, то ...; **er soll verreist sein** говоря́т, что он уéхал; **das hättest du nicht tun ~** тебé не нáдо бы́ло дéлать э́того; **du sollst leise sein!** сидú тúхо!; **soll ich auf dich warten?** мне тебя́ подождáть?; **was soll ich (dir) dazu sagen?** что мне (тебé) на э́то сказáть?; **was soll das heißen?** что э́то означáет?

Sollgröße <-, -n> *f*, **Soll-Größe** *f* зáданная величинá *ж*

Sollkosten <-> *pl*, **Soll-Kosten** *pl* бюджéтные издéржки *мн*

Sollsaldo <-s> *m*, **Soll-Saldo** *m* актúвное сáльдо *ср*

Sollsteuern <-> *pl*, **Soll-Steuern** *pl* плáновые налóги *мн*

Sollwert <-(e)s, -e> *m*, **Soll-Wert** *m* зáданная величинá *ж*

solo ['zo:lo] *adj* **1.** MUS сóло **2.** *umg (allein)* одúн

Solo ['zo:lo] <-s, -s/Soli> *nt* сóло *ср*

Solvenz <-> *f* платёжеспосóбность *ж*

Somalia [zo'ma:lia] <-s> *nt* Сомалú *ср*

Somalier(in) [zo'ma:liɐ] <-s, -> *m(f)* сомалúец *м*

somalisch *adj* сомалúйский

somit ['zo:mɪt, zo'mɪt] *adv (folglich, also)* такúм óбразом

Sommer ['zɔmɐ] <-s, -> *m* лéто *ср;* **den ~ über** всё лéто

Sommeranfang *m* начáло *ср* лéта

Sommerfahrplan <-(e)s, -pläne> *m* лéтнее расписáние *ср* движéния поездóв

Sommerferien *fpl* лéтние канúкулы *мн*

Sommerfest <-(e)s, -e> *nt* лéтний прáздник *м*

Sommerkleid <-(e)s> *nt* лéтнее плáтье *ср*

sommerlich *adj* лéтний; **es ist ~ warm** по-лéтнему тепло́

Sommermonat <-(e)s, -e> *m* лéтний мéсяц *м*

Sommerschlussverkauf[RR] <-(e)s> *m* распродáжа *ж* товáров лéтнего сезóна

Sommersemester *nt* лéтний семéстр *м*

Sommersmog <-s> *m* лéтний смог *м*

Sommersonnenwende <-> *f* лéтнее солнцестоя́ние *ср*

S

Sommersprosse <-, -n> *f meist pl* весну́шка *ж*
Sommerurlaub *m* ле́тний о́тпуск *м*
Sommerzeit <-> *f* ле́тнее вре́мя *ср*
Sonate [zo'na:tə] <-, -n> *f* сона́та *ж*
Sonde ['zɔndə] <-, -n> *f* **1.** MED зонд *м* **2.** *(Raumfahrt)* косми́ческий зонд *м*
Sonderabgaben <-> *pl* осо́бые сбо́ры *мн*
Sonderanfertigung <-en, -en> *f* изготовле́ние *ср* по специа́льному зака́зу
Sonderangebot <-(e)s, -e> *nt* распрода́жа *ж* това́ров; **im ~ sein** предлага́ть това́р за рекла́мную це́ну
Sonderausführung <-, -en> *f* специа́льное исполне́ние *ср*
Sonderausgabe *f (eines Werkes)* специа́льное изда́ние *ср*
Sonderausgaben <-> *pl* осо́бые расхо́ды *мн*
sonderbar *adj* стра́нный
Sonderbeauftragte(r) <-n, -n> *f(m)* специа́льно уполномо́ченный *м*
Sonderbeilage <-, -n> *f* специа́льное приложе́ние *ср*
Sonderdruck <-(e)s, -e> *m* специа́льный вы́пуск *м*
Sonderermittler(in) <-s, -> *m(f)* сле́дователь *м* по осо́бому поруче́нию
Sonderfahrt *f (Hinweis auf Bus)* заказно́й
Sonderfall <-(e)s, -fälle> *m* осо́бый слу́чай *м*
Sonderkommando <-s, -s> *nt* отря́д *м* осо́бого назначе́ния
Sonderkommission <-, -en> *f* специа́льная коми́ссия *ж*
Sonderkonto <-s, -konten> *nt* спецсчёт *м* в ба́нке
sonderlich *adj (besonders)* осо́бенный
Sonderling ['zɔndɐlɪŋ] <-s, -e> *m* чуда́к *м*
Sondermüll <-(e)s> *m* опа́сный му́сор *м*
Sondermülldeponie <-, -n> *f* храни́лище *ср* осо́бо опа́сных (ядови́тых) отхо́дов
sondern ['zɔndɐn] *konj* но, а; **nicht ich bin schuld daran, ~ du** не я винова́т в э́том, а ты; **nicht nur ..., ~ auch ...** не то́лько ..., но́ и ...
Sondernummer <-, -n> *f (von Zeitschrift)* специа́льный вы́пуск *м*
Sonderparteitag <-(e)s, -e> *m* чрезвыча́йный съе́зд *м* па́ртии
Sonderpreis <-es, -e> *m* льго́тная цена́ *ж*
Sonderrabatt <-(e)s, -e> *m* специа́льная ски́дка *ж*
Sonderrechte <-> *pl* осо́бые права́ *мн*
Sonderschule <-, -n> *f* специа́льная шко́ла *ж* (для дете́й-инвали́дов)

i Land & Leute

Специальная школа задумана для умственно отсталых, физически неполноценных, а также «трудных» детей и подростков. Этот вид школы принадлежит к общей системе школьного образования. Учителя, работающие в такой школе, имеют специальную педагогическую подготовку.

Sondersitzung <-, -en> *f* чрезвыча́йное заседа́ние *ср*
Sondervollmacht <-, -en> *f* осо́бые полномо́чия *мн*
Sonderweg <-(e)s, -e> *m* осо́бый путь *м*, осо́бый спо́соб *м*
Sonderwunsch <-es, -wünsche> *m* осо́бое жела́ние *ср*
Sonderzeichen <-s, -> *nt* DV специа́льный си́мвол *м*
Sonderzug <-(e)s, -züge> *m* по́езд *м* осо́бого назначе́ния
sondieren [zɔn'di:rən] *vt* зонди́ровать, про- *св*
Sondierung <-> *f* зонди́рование *ср*
Sonett [zo'nɛt] <-(e)s, -e> *nt* соне́т *м*
Sonnabend ['zɔnʔa:bənt] <-s, -e> *m* суббо́та *ж*
sonnabends ['zɔnʔa:bənts] *adv* по суббо́там
Sonne ['zɔnə] <-, -n> *f* со́лнце *ср*; **in der ~ liegen** загора́ть; **die ~ geht auf/unter** со́лнце всхо́дит/захо́дит [*или* сади́тся]; **die ~ scheint** со́лнце све́тит
sonnen *vr auch fig* загора́ть, -ре́ть *св*
Sonnenaufgang <-s, -aufgänge> *m* восхо́д *м* со́лнца
Sonnenbad *nt* со́лнечные ба́ни *мн*
sonnenbeschienen *adj* освещённый со́лнцем
Sonnenbestrahlung <-> *f* инсоля́ция *ж*
Sonnenblume <-, -n> *f* подсо́лнечник *м*
Sonnenbrand <-(e)s, -brände> *m* со́лнечный ожо́г *м*
Sonnenbrille <-, -n> *f* тёмные очки́ *мн*
Sonnencreme <-, -s>, **Sonnenkreme** *f* защи́тный крем *м* от со́лнца; **eine ~ mit hohem/niedrigem Schutzfaktor** крем *м* от со́лнца с высо́ким/ни́зким защи́тным фа́ктором
Sonnendach <-(e)s, -dächer> *nt* марки́за *ж*
Sonneneinstrahlung <-> *f* инсоля́ция *ж*
Sonnenenergie <-> *f* со́лнечная эне́ргия *ж*
Sonnenfinsternis <-, -se> *f* со́лнечное затме́ние *ср*
sonnenhungrig *adj umg* тоску́ющий по со́лнцу
sonnenklar *adj fam* я́сный
Sonnenlicht <-(e)s> *nt* со́лнечный свет *м*
Sonnenmilch <-> *f* молочко́ *ср* для защи́ты ко́жи от со́лнца
Sonnenöl <-(e)s, -e> *nt* ма́сло *ср* для за-

щи́ты ко́жи от со́лнца

Sonnenschirm <-(e)s, -e> *m* зо́нтик *м* от со́лнца

Sonnenschutzfaktor <-s, -en> *m* сте́пень *ж* защи́ты ко́жи от со́лнца

Sonnenschutzmittel <-s, -> *nt* сре́дство *ср* для защи́ты от со́лнца

Sonnenstich <-(e)s, -e> *m* со́лнечный уда́р *м*

Sonnenstrahl <-(e)s, -en> *m* со́лнечный луч *м*

Sonnenuhr <-, -en> *f* со́лнечные часы́ *ммн*

Sonnenuntergang <-(e)s, -untergänge> *m* зака́т *м* со́лнца

Sonnenwende <-> *f* солнцестоя́ние *ср*

sonnig *adj* со́лнечный

Sonntag ['zɔnta:k] <-s, -e> *m* воскресе́нье *ср*

Sonntagabend <-s, -e> *m* воскре́сный ве́чер *м*

Sonntagnachmittag <-s, -e> *m* воскресе́нье *ср* по́сле полу́дня

sonntags ['zɔnta:ks] *adv* по воскресе́ньям

Sonntagsarbeit <-> *f* рабо́та *ж* в воскресе́нье

Sonntagsausflug <-(e)s, -ausflüge> *m* воскре́сная прогу́лка *ж*

Sonntagsstaat <-(e)s> *m* пра́здничный наря́д *м*

Sonntagszeitung <-, -en> *f* воскре́сная газе́та *ж*

Sonographie <-> *f* MED звукова́я диагно́стика *ж*

sonst [zɔnst] *adv* **1.** *(andernfalls)* ина́че, а то́; ~ **nichts** ничего́ бо́льше; ~ **noch Fragen?** ещё вопро́сы есть? **2.** *(außerdem)* ещё; ~ **noch was?** ещё что́-нибу́дь?; **wie** ~ как всегда́; **besser als** ~ лу́чше, чем обы́чно

sonstig *adj* остально́й, про́чий; **~e Einkünfte** про́чие поступле́ния; **~e Forderungen** про́чие тре́бования; **~e Verbindlichkeiten** про́чие обяза́тельства

sooft [zo'ʔɔft] *konj (jedesmal wenn, immer wenn)* ка́ждый раз, когда́

Sopran [zo'pra:n] <-s, -e> *m* сопра́н *м*

Sorbe <-n, -n> *m*, **Sorbin** *f* лужича́нин *м*, лужича́нка *ж*

Sorbet <-s, -s> *m o nt*, **Sorbett** <-(e)s, -e> *m o nt* GASTR щербе́т *м*

sorbisch *adj* лу́жицкий

Sorge ['zɔrgə] <-, -n> *f (Unruhe, Angst)* забо́та *ж*, беспоко́йство *ср;* **keine ~!** не волну́йся!; **sich** *dat* **um jdn ~n machen** беспоко́иться о ком-л.

sorgen ['zɔrgən] **I.** *vi (sich um jdn kümmern)* забо́титься, по- *св;* **für jdn/etw** ~ забо́титься о ком-л./чём-л. **II.** *vr* **sich** ~ беспоко́иться *нсв;* **sich um jdn** ~ беспоко́иться о ком-л. **III.** *vi* **für jdn** ~ забо́титься о ком-л.

sorgenfrei *adj* беззабо́тный

sorgenvoll *adj* озабо́ченный

Sorgerecht <-(e)s> *nt* роди́тельские права́ *срмн;* **jdm das Sorgerecht entziehen** лиши́ть кого́-л. роди́тельских прав

Sorgfalt ['zɔrkfalt] <-> *f* тща́тельность *ж*

sorgfältig ['zɔrkfɛltɪç] *adj* тща́тельный

sorglos *adj* беззабо́тный

Sorglosigkeit <-> *f (Achtlosigkeit)* беззабо́тность *ж*

sorgsam *adj* забо́тливый

Sorte ['zɔrtə] <-, -n> *f* сорт *м*

sortieren [zɔr'ti:rən] *vt* сортирова́ть, рас- *св*

Sortiermaschine <-, -n> *f* сортиро́вка *ж*

Sortiment [zɔrti'mɛnt] <-(e)s, -e> *nt* ÖKON ассортиме́нт *м;* **das ~ bereinigen** упоря́дочивать ассортиме́нт; **breites ~** широ́кий ассортиме́нт; **das ~ erweitern** расширя́ть ассортиме́нт; **das ~ optimieren** оптимизи́ровать ассортиме́нт; **tiefes ~** по́лный ассортиме́нт; **das ~ umstellen** измени́ть ассортиме́нт

Sortimentsbreite <-> *f* ÖKON ширина́ *ж* ассортиме́нта

Sortimentstiefe <-> *f* ÖKON полнота́ *ж* ассортиме́нта

sosehr [zo'ze:ɐ] *konj* как бы ни ...

Soße ['zo:sə] <-, -n> *f* со́ус *м*

Souffleur [zu'flœ:ɐ] <-s, -e> *m* суфлёр *м*

Sound [saʊnd] <-s> *m* MUS характе́рное звуча́ние *ср*

Soundkarte <-, -n> *f (von PC)* звукова́я ка́рта *ж*

Soundtrack <-s, -s> *m* му́зыка *ж* к фи́льму

Souvenir [zuvə'ni:ɐ] <-s, -s> *nt* сувени́р *м*

Souvenirladen <-s, -läden> *m* сувени́рный магази́н *м*

souverän [zuvə'rɛ:n] *adj* сувере́нный; **ein ~er Staat** сувере́нное госуда́рство *ср*

Souveränität [zuvərɛni'tɛ:t] <-> *f* суверените́т *м*

soviel [zo'fi:l] *konj* наско́лько

Sowchose <-, -n> *f* совхо́з *м*

soweit [zo'vaɪt] *konj* наско́лько

sowenig [zo've:nɪç] *konj* так же ма́ло, как

sowie [zo'vi:] *konj* **1.** *(und auch)* а та́кже **2.** *(sobald)* как то́лько

sowieso [zovi'zo:] *adv (ohnehin)* так и́ли ина́че, всё равно́

Sowjet [zɔ'vjɛt] <-s, -s> *m* HIST Наро́дный сове́т *м*

Sowjetbürger(in) <-s, -> *m(f)* HIST сове́тский граждани́н *м*

sowjetisch [zɔ'vjɛtɪʃ] *adj* HIST сове́тский

Sowjetrepublik <-, -en> *f* HIST Сове́тская респу́блика *ж*

Sowjetunion [zɔ'vjɛt-, 'zɔvjɛt-] <-> *f* HIST Сове́тский Сою́з *м*

Sowjetzeit <-> *f* сове́тское вре́мя *ср*

sowohl [zo'vo:l] *konj* ~ **... als auch** как ...,

так и ...

sozial [zo'tsi̯aːl] *adj* социа́льный; **~e Einrichtungen** учрежде́ния социа́льного назначе́ния; **~e Marktwirtschaft** социа́льная ры́ночная эконо́мика *ж*

Sozialabgaben <-> *fpl* расхо́ды *ммн* на социа́льное страхова́ние со стороны́ работода́теля

Sozialamt <-(e)s, -ämter> *nt* ве́домство *ср* по социа́льному обеспе́чению

Sozialarbeit <-> *f* социа́льная рабо́та *ж*

Sozialarbeiter(in) <-s, -> *m* социа́льный рабо́тник *м*, социа́льная рабо́тница *ж*

Sozialausgaben <-> *pl* расхо́ды *мн* на социа́льные ну́жды

Sozialausschuss <-es, -ausschüsse> *m* комите́т *м* по социа́льным вопро́сам

Sozialbehörde <-, -n> *f* ве́домство *ср* социа́льного обеспе́чения

Sozialdemokrat(in) <-en, -en> *m(f)* социа́л-демокра́т *м*, социа́л-демокра́тка *ж*

sozialdemokratisch *adj* социа́л-демократи́ческий

Sozialdezernent(in) <-en, -en> *m(f)* рефере́нт *м* по вопро́сам социа́льного обеспе́чения

Sozialexperte <-en, -en> *m*, **Sozialexpertin** *f* экспе́рт *м* по вопро́сам соцобеспе́чения

Sozialforschung <-> *f* социа́льные иссле́дования *мн*

Sozialgeschichte <-> *f* социа́льная исто́рия *ж*

Sozialgesetzbuch <-(e)s> *nt* социа́льное законода́тельство *ср*

Sozialhilfe <-> *f* посо́бие *ср* по ли́нии соцобеспе́чения

Sozialhilfeempfänger(in) <-s, -> *m(f)* получа́ющий *м* посо́бие по ли́нии соцобеспе́чения

Sozialismus [zotsja'lɪsmʊs] <-> *m* социали́зм *м*

Sozialist(in) [zotsja'lɪst] <-en, -en> *m(f)* социали́ст *м*, социали́стка *ж*

sozialistisch **I.** *adj* социалисти́ческий **II.** *adv* по-социалисти́чески

Sozialkosten <-> *pl (Lohnnebenkosten)* расхо́ды работода́теля *мн* на социа́льное страхова́ние

sozialkritisch *adj* социа́льно-крити́ческий

Sozialleistungen <-> *pl* посо́бия *мн* и услу́ги *мн* социа́льного хара́ктера

sozialliberal *adj* социа́льно-либера́льный

Sozialminister(in) <-s, -> *m(f)* мини́стр *м* социа́льного обеспе́чения

Sozialministerium <-s> *nt* министе́рство *ср* социа́льного обеспе́чения

sozialpädagogisch *adj* социа́льно-педагоги́ческий

Sozialpartner <-s, -> *m* социа́льный партнёр *м*

Sozialplan <-(e)s, -pläne> *m* план *м* социа́льного разви́тия

Sozialpolitik <-> *f* социа́льная поли́тика *ж*

sozialpolitisch *adj* социа́льно-полити́ческий, в о́бласти социа́льной поли́тики

Sozialprodukt <-(e)s, -e> *nt* социа́льный проду́кт *м*

sozialschwach *adj* нужда́ющийся в социа́льной защи́те

Sozialstaat <-(e)s> *m демократи́ческое госуда́рство с ра́звитой систе́мой социа́льной защи́ты гра́ждан*

Sozialstation <-, -en> *f* MED отделе́ние *ср* амбулато́рного ухо́да

Sozialsystem <-(e)s, -e> *nt* социа́льная систе́ма *ж*

Sozialversicherung <-, -en> *f* социа́льное страхова́ние *ср*

Sozialversicherungsbeitrag <-(e)s, -beiträge> *m* взнос *м* на социа́льное страхова́ние

Sozialversicherungsträger <-s, -> *m* учрежде́ние *ср* социа́льного страхова́ния

sozialverträglich *adj* социа́льно прие́млемый

Sozialwesen <-s> *nt* систе́ма *ж* социа́льного обеспе́чения

Sozialwissenschaften *fpl* социа́льные нау́ки *жмн*

Sozialwissenschaftler(in) <-s, -> *m(f)* обще́ственные нау́ки *жмн*

sozialwissenschaftlich *adj* обще́ственнонау́чный

Sozialwohnung <-, -en> *f* кварти́ра *ж* для малоиму́щих

Soziolekt <-(e)s, -e> *m* LING социоле́кт *м*

soziolinguistisch *adj* LING социолингвисти́ческий

Soziologe [zotsjo'loːgə] <-n, -n> *m*, **Soziologin** *f* социо́лог *м*

Soziologie [zotsjolo'giː] <-> *f* социоло́гия *ж*

soziologisch [zotsi̯o'loːgɪʃ] *adj* социологи́ческий

sozioökonomisch *adj* социа́льно-экономи́ческий

sozusagen [zoːtsu'zaːgən] *adv* так сказа́ть

Spaceshuttle <-s> *nt* Шаттл *м*

Spachtel ['ʃpaxtəl] <-s, -> *m* **1.** *(Werkzeug)* шпа́тель *м* **2.** *(~kitt)* шпаклёвка *ж*

spachteln **I.** *vt (Loch, Ritze)* шпаклева́ть **II.** *vi fam (essen)* уплета́ть

Spagat [ʃpa'gaːt] <-(e)s, -e> *m o nt (Ballett)* шпага́т *м*; **einen ~ machen** де́лать шпага́т

Spagetti[RR] [ʃpa'gɛti] *pl*, **Spaghetti** [ʃpa'gɛti] *pl* спаге́тти *мн*

spähen ['ʃpɛːən] *vi (beobachten)* наблюда́ть; **durch einen Spalt ~** наблюда́ть че́рез/в щёлку; **nach jdm/etw ~** следи́ть за кем-л./чем-л.

Späher(in) <-s, -; -nen> *m(f)* HIST шпио́н *м*

Spalt [ʃpalt] <-(e)s, -e> *m (schmale Öffnung)* щель *ж*

spaltbar *adj* **1.** *(Holz)* легко́ раска́лывающийся **2.** PHYS расщепля́емый

Spalte [ˈʃpaltə] <-, -n> *f* **1.** *(in einer Mauer)* тре́щина *ж* **2.** *(im Druckwesen)* столбе́ц *м*

spalten [ˈʃpaltən] **I.** *vt* **1.** *(Holz)* коло́ть, на- *св* **2.** CHEM, PHYS расщепля́ть, -пи́ть *св* **II.** *vr* **1.** *(sich teilen, trennen)* раска́лываться, -коло́ться *св* **2.** CHEM, PHYS расщепля́ться, -пи́ться *св*

Spaltprodukt <-(e)s, -e> *nt* PHYS проду́кт *м* деле́ния

Spaltung <-, -en> *f* **1.** PHYS расщепле́ние *ср* **2.** *(das Gespaltensein)* раско́л *м* **3.** *(Zwist)* разногла́сие *ср*

Span [ʃpaːn] <-(e)s, Späne> *m* **1.** *(Holz)* ще́пка *ж* **2.** *(Metall)* стру́жка *ж*

Spange [ˈʃpaŋə] <-, -n> *f* **1.** *(für Haar)* зако́лка *ж* **2.** *(an Arm)* брасле́т *м* **3.** *(an Schuh)* пря́жка *ж* **4.** *(für Zähne)* пласти́на *ж*

Spanien [ˈʃpaːniən] <-s> *nt* Испа́ния *ж*

Spanier(in) [ˈʃpaːniɐ] <-s, -> *m(f)* испа́нец *м*, испа́нка *ж*

spanisch **I.** *adj* испа́нский; **das kommt mir ~ vor** *fam* э́то мне ка́жется сомни́тельным **II.** *adv* по-испа́нски

spanischsprachig *adj* испаноязы́чный

spann [ʃpan] *prät von* **spinnen**

Spanne [ˈʃpanə] <-, -n> *f* **1.** *(Zeitspanne)* проме́жу́ток *м* вре́мени **2.** *(Preisspanne)* ра́зница *ж*

spannen [ˈspanən] **I.** *vt (strecken, dehnen)* натя́гивать, -тяну́ть *св;* **ein Netz ~** натяну́ть сеть **II.** *vi (zu eng sein)* жать *нсв*, тяну́ть *нсв*

spannend *adj (fesselnd)* увлека́тельный; **ein ~er Roman** увлека́тельный рома́н *м*

Spannung <-, -en> *f* напряже́ние *ср;* **politische ~en** полити́ческая напряжённость *ж*

Spannungsmesser <-s, -> *m* EL вольтме́тр *м*

Spannweite <-, -n> *f* **1.** *(von Flügeln)* разма́х *м* **2.** *(von Brücken)* пролёт *м*

Spanplatte <-, -n> *f* древесностру́жечная плита́ *ж*

Sparbrief <-(e)s, -e> *m* сберега́тельная гра́мота *ж*

Sparbuch <-(e)s, -bücher> *nt* сберега́тельная кни́жка *ж; umg* сберкни́жка *ж*

Sparbüchse *f* копи́лка *ж*

Spardose <-, -n> *f* копи́лка *ж*

Spareinlage <-, -n> *f* сберега́тельный вклад *м*

sparen [ˈʃpaːrən] *vt* копи́ть, на- *св*, эконо́мить, с- *св;* **Geld für ein Auto ~** копи́ть де́ньги на маши́ну; **Zeit ~** эконо́мить вре́мя; **am Essen ~** эконо́мить на еде́

Sparförderung <-> *f* стимули́рование *ср* сбереже́ний

Spargel [ˈʃpargəl] <-s, -> *m* спа́ржа *ж*

Sparkasse <-, -n> *f* сберка́сса *ж*

Sparkonto <-s, -s/-konten> *nt* лицево́й счёт *м* в сберка́ссе

spärlich [ˈʃpɛːɐlɪç] *adj* ску́дный, бе́дный

Sparmaßnahme <-, -n> *f* мероприя́тие *ср* в це́лях эконо́мии

Sparpaket <-(e)s, -e> *nt* паке́т *м* мер по эконо́мии средств

Sparprämie <-, -n> *f* пре́мия *ж* за сберега́тельный вклад

Sparringspartner <-s, -> *m* SPORT *(Boxen)* партнёр *м* по спа́ррингу

sparsam *adj* бережли́вый, эконо́мный; **ein ~es Auto** экономи́чная маши́на *ж*

Sparsamkeit <-> *f* бережли́вость *ж*, эконо́мность *ж*

Sparschwein *nt* копи́лка *ж*

Sparte [ˈʃpartə] <-, -n> *f* **1.** *(einer Zeitung)* ру́брика *ж* **2.** *(Zweig)* о́трасль *ж* **3.** *(Fachgebiet)* разде́л *м*

Sparzinsen <-> *pl* проце́нты *мн* на сберега́тельный вклад

Spaß [ʃpaːs] <-es, Späße> *m* **1.** *(Scherz)* шу́тка *ж;* **das war doch nur ein ~** я же то́лько пошути́л **2.** *(Freude, Vergnügen)* удово́льствие *ср;* **viel ~!** жела́ю прия́тно провести́ вре́мя!

spaßen [ˈʃpaːsən] *vi* шути́ть, по- *св*

spaßeshalber [ˈʃpaːsəshalbɐ] *adv umg* в шу́тку

spaßig *adj* **1.** *(zum Lachen reizend)* смешно́й, заба́вный **2.** *(humorvoll)* шутли́вый

Spaßverderber(in) <-s, -; -nen> *m(f)* *челове́к, кото́рый по́ртит други́м удово́льствие*

Spaßvogel <-s, -vögel> *m* шутни́к *м*, шутни́ца *ж*

spät [ʃpɛːt] **I.** *adj* по́здний; **es ist schon ziemlich ~** уже́ дово́льно по́здно; **wie ~ ist es?** ско́лько сейча́с вре́мени?; **am ~en Vormittag** во второ́й полови́не дня; **von früh bis ~** с утра́ до ве́чера **II.** *adv* по́здно; **besser ~ als nie** *prov* лу́чше по́здно, чем никогда́

spätabends [ʃpɛːtʔaːbənts] *adv* по́здно ве́чером

Spätdienst <-(e)s, -e> *m* вече́рнее дежу́рство *ср*

Spaten [ˈʃpaːtən] <-s, -> *m* (штыкова́я) лопа́та *ж*

später [ˈʃpɛːtɐ] **I.** *adj* бо́лее по́здний **II.** *adv* поздне́е, по́зже; **früher oder ~** ра́но и́ли по́здно; **bis ~!** до ско́рого!, пока́!; **einige Stunden ~** спустя́ не́сколько часо́в

spätestens [ˈʃpɛːtəstəns] *adv* са́мое по́зднее

Spätfolge <-, -n> *f* MED отдалённое после́дствие *ср*

S

Spätgotik <-> *f* поздняя го́тика *ж*
Spätherbst *m* поздняя о́сень *ж*
Spätschaden <-s, -schäden> *m* MED отдалённое после́дствие *ср*
Spätschicht <-, -en> *f* поздняя сме́на *ж*
Spätstadium <-s> *nt* поздняя ста́дия *ж*
Spätvorstellung *f* позднее представле́ние *ср*
Spätwerk <-(e)s, -e> *nt* позднее тво́рчество *ср*
Spatz [ʃpats] <-es/-en, -en> *m* воробе́й *м*

i Land & Leute

Мучные клёцки – **Spätzle** – блюдо швабской или альгёйской кухни: макаронное тесто собственного приготовления прогоняется через специальный резательный прибор или пресс и падает в кипящую солёную воду в виде короткой лапши – «клёцок», которые затем варятся до готовности.

Spätzünder <-s, -> *m pej, umg* тугоду́м *м*
spazieren [ʃpa'tsi̯iːrən] *vi (schlendern)* гуля́ть, по- *св*
spazieren gehen[RR] <irr> *vi* гуля́ть, по- *св*
Spazierfahrt *f* прогу́лка *ж* на маши́не
Spaziergang <-(e)s, -gänge> *m* прогу́лка *ж;* **einen ~ machen** прогуля́ться
Spazierstock *m* трость *ж*
Spazierweg <-(e)s, -e> *m* доро́га *ж* для прогу́лки
SPD [ɛspeː'deː] *abk von* **Sozialdemokratische Partei Deutschlands** СДПГ *(Социал-демократи́ческая па́ртия Герма́нии)*
Specht [ʃpɛçt] <-(e)s, -e> *m* дя́тел *м*
Speck [ʃpɛk] <-(e)s> *m* **1.** *(Schweinespeck)* са́ло *ср;* **geräucherter ~** копчёное са́ло **2.** *umg (Fettpolster)* жир *м;* **~ ansetzen** *umg* обрасти́ жи́ром
speckig *adj* **1.** *(schmutzig)* гря́зный **2.** *fig, fam (dick)* то́лстый
Speckstein <-(e)s> *m* стеати́т *м*
Spediteur [ʃpedi'tœːɐ] <-s, -e> *m* экспеди́тор *м*
Spedition [ʃpedi'tsi̯oːn] <-, -en> *f* тра́нспортно-экспедицио́нное аге́нтство *ср*
Speditionskosten <-> *pl* экспедицио́нные расхо́ды *мн*
Speed [spiːt] <-s> *nt* SPORT высо́кая ско́рость *ж*
Speer [ʃpeːɐ] <-(e)s, -e> *m* копьё *ср*
Speerwerfen <-s> *nt ohne pl* SPORT мета́ние *ср* копья́
Speiche ['ʃpaɪçə] <-, -n> *f* **1.** *(am Rad)* спи́ца *ж* **2.** ANAT лучева́я кость *ж*
Speichel ['ʃpaɪçəl] <-s> *m* слюна́ *ж*
Speicheldrüse *f* слю́нные же́лезы *мн*
Speichelfluss <-es> *m* слюнотече́ние *ср*
Speichelleckerei <-> *f pej* подхали́мство *ср*
Speichenbein <-(e)s, -e> *nt* ANAT лучева́я кость *ж*
Speicher ['ʃpaɪçɐ] <-s, -> *m* **1.** *(Lager)* склад *м* **2.** *(Dachboden)* черда́к *м* **3.** *(für Wasser)* водохрани́лище *ср* **4.** DV па́мять *ж,* блок *м* па́мяти
Speicherkapazität <-, -en> *f* DV ёмкость *ж* па́мяти
speichern ['ʃpaɪçɐn] *vt* **1.** *(Waren etc)* храни́ть, со- *св,* скла́дывать *нсв* **2.** *fig (Wissen, Kenntnisse)* нака́пливать, -копи́ть *св* **3.** DV собира́ть, собра́ть *св,* нака́пливать, -копи́ть *св* **4.** EL аккумули́ровать, с- *св*
Speicherplatz <-es> *m* DV яче́йка *ж* па́мяти
speien ['ʃpaɪən] <speit, spie, gespie(e)n> *vi geh* **1.** *(spucken)* плева́ть **2.** *(sich übergeben)* рвать, тошни́ть
Speise ['ʃpaɪzə] <-, -n> *f* **1.** *(Nahrung)* пи́ща *ж* **2.** *(Gericht)* блю́до *ср*
Speiseeis <-es> *nt* моро́женое *ср*
Speisekarte <-, -n> *f* меню́ *ср*
speisen *vi geh* есть
Speisenfolge <-, -n> *f* меню́ *ср*
Speiseöl <-(e)s, -e> *nt* пищево́е расти́тельное ма́сло *ср*
Speiserestaurant <-s, -s> *nt* рестора́н *м*
Speiseröhre <-, -n> *f* пищево́д *м*
Speisesaal *m* столо́вая *ж*
Speisesalz <-es> *nt* пищева́я соль *ж*
Speisewagen <-s, -> *m* ваго́н-рестора́н *м*
Speisung <-> *f* TECH пита́ние *ср*
Spektakel [ʃpɛk'taːkəl] <-s, -> *nt (Lärm, Krach)* шум *м;* **ein großes ~ machen** (на)де́лать мно́го шу́ма
spektakulär [ʃpɛktaku'lɛːɐ̯] *adj* сенсацио́нный
Spektralanalyse <-, -n> *f* PHYS спектра́льный ана́лиз *м*
Spektrum ['ʃpɛktrʊm] <-s, Spektren> *nt* **1.** PHYS спектр *м* **2.** *fig* разнообра́зие *ср*
Spekulant(in) [ʃpeku'lant] <-en, -en> *m(f)* спекуля́нт *м,* спекуля́нтка *ж*
Spekulation [ʃpekula'tsi̯oːn] <-, -en> *f* спекуля́ция *ж*
Spekulationsgeschäft <-(e)s, -e> *nt* спекуля́ция *ж,* спекуляти́вная сде́лка *ж*
Spekulationsgewinn <-(e)s, -e> *m* при́быль *ж* от спекуля́ции
spekulieren [ʃpeku'liːrən] *vi* **1.** *umg (auf etw rechnen)* рассчи́тывать *св* на **2.** *(durch Spekulation Gewinne machen wollen)* спекули́ровать *нсв;* **an der Börse ~** спекули́ровать на би́рже
Spende ['ʃpɛndə] <-, -n> *f* поже́ртвование *ср*
spenden *vt* поже́ртвовать *св;* **Blut ~** сдава́ть кровь

Spendengeld <-(e)s> *nt* де́нежные поже́ртвования *мн*
Spendenkonto <-s, -konten> *nt* счёт *м* для внесе́ния поже́ртвований
Spender(in) <-s, -> *m(f)* до́нор *м*
Spenderausweis <-(e)s, -e> *m* до́норское удостовере́ние *ср*
Spenderbox <-, -en> *f* я́щик *м* для поже́ртвований
spendieren [ʃpɛn'diːrən] *m fam* угоща́ть, угости́ть *св;* **jdm ein Eis ~** угоща́ть кого́-л. моро́женым
Sperma ['ʃpɛrma] <-s, Spermen/Spermata> *nt* спе́рма *ж*
spermizid *adj* MED спермици́дный
sperrangelweit [ʃpɛr'ʔaŋəl'vaɪt] *adv* на́стежь
Sperrdepot <-s, -s> *nt* ÖKON блоки́рованный депози́т *м*
Sperre ['ʃpɛrə] <-, -n> *f* **1.** *(allg)* загражде́ние *ср,* прегра́да *ж* **2.** *(Verbot)* запре́т *м*
sperren ['ʃpɛrən] *vt* **1.** *(versperren)* перегора́живать, -городи́ть *св;* **eine Straße für den Verkehr ~** закры́ть у́лицу для движе́ния; **das Gas/Telefon ~** отключи́ть газ/телефо́н; **ein Konto ~** заморо́зить счёт; **den Handel ~** наложи́ть эмба́рго на торго́влю **2.** *(einsperren)* закрыва́ть, -кры́ть *св*
Sperrfeuer <-s> *nt* MIL загради́тельный ого́нь *м*
Sperrholz <-es> *nt* фане́ра *ж*
sperrig *adj* громо́здкий
Sperrminorität <-, -en> *f* POL блоки́рующее меньшинство́ *ср*
Sperrmüll <-(e)s> *m* крупногабари́тный му́сор *м*
Sperrstunde <-> *f* коменда́нтский час *м*
Sperrvermerk <-(e)s, -e> *m* запрети́тельная на́дпись *ж*
Sperrzone <-, -n> *f* запре́тная зо́на *ж*
Spesen ['ʃpeːzən] <-> *pl* изде́ржки *мн,* накладны́е расхо́ды *мн*
Spesenabrechnung <-, -en> *f* расчёт *м* по накладны́м расхо́дам
Spesenvergütung <-, -en> *f* возмеще́ние *ср* накладны́х расхо́дов
Spezialausbildung <-, -en> *f* специа́льная подгото́вка *ж*
Spezialeinheit <-, -en> *f* MIL специа́льное подразделе́ние *ср*
spezialisieren [ʃpets̮i̯ali'ziːrən] *vr* специализи́роваться *св*
Spezialisierung <-, -en> *f* специализа́ция *ж;* **~ auf einen bestimmten Bereich** специализа́ция в определённой сфе́ре
Spezialist(in) [ʃpetsja'lɪst] <-en, -en> *m(f)* специали́ст *м,* специали́стка *ж*
Spezialität [ʃpetsjali'tɛːt] <-, -en> *f* специа́льность *ж*
Spezialvollmacht [ʃpe'tsjɛl] <-> *f* специа́льное полномо́чие *ср*
speziell [ʃpe'ts̮i̯ɛl] **I.** *adj (besonders)* специа́льный, осо́бенный **II.** *adv* специа́льно
Spezifikation <-, -en> *f* специфика́ция *ж*
spezifisch [ʃpe'tsiːfɪʃ] *adj* специфи́ческий, специфи́чный; **das ~e Gewicht** PHYS уде́льный вес
spezifizieren *vt* ука́зывать по отде́льности
Sphäre ['sfɛːrə] <-, -n> *f* сфе́ра *ж*
Sphinx [sfɪŋks] <-e> *f* сфинкс *м*
spicken ['ʃpɪkən] *vt (Braten, auch fig)* шпигова́ть, на- *св*
Spickzettel <-s, -> *m umg* шпарга́лка *ж*
Spiegel ['ʃpiːgəl] <-s, -> *m* **1.** *(allg)* зе́ркало *ср* **2.** *(Wasserstand)* у́ровень *м*
Spiegelbild <-(e)s, -er> *nt* отраже́ние *ср*
Spiegelei <-(e)s, -er> *nt* яи́чница *ж*
spiegeln I. *vt (widerspiegeln)* отража́ть, -рази́ть *св* **II.** *vi (sich widerspiegeln)* отража́ться, -рази́ться *св*
Spiegelreflexkamera <-, -s> *f* зерка́льный фотоаппара́т *м*
Spiegelschrank <-(e)s, -schränke> *m* шкаф *м* с зе́ркалом
Spiegelteleskop <-(e)s, -e> *nt* зерка́льный телеско́п *м*
Spiegelung <-, -en> *f (das Spiegeln)* отраже́ние *ср*
spiegelverkehrt *adj* в зерка́льном отраже́нии
Spiel [ʃpiːl] <-(e)s, -e> *nt* **1.** *(allg)* игра́ *ж;* **etw aufs ~ setzen** *(etw in Gefahr bringen)* поста́вить что-л. на ка́рту; **etw steht auf dem ~** *(gefährdet sein)* что-л. поста́влено на ка́рту **2.** TECH зазо́р *м*
Spielautomat <-en, -en> *m* игра́льный автома́т *м*
Spielbank <-, -en> *f* иго́рный дом *м*
Spielbrett <-(e)s, -er> *nt (Schach)* ша́хматная доска́ *ж*
Spieleifer <-s> *m* аза́рт *м*
Spieleinsatz <-es, -einsätze> *m* ста́вка *ж*
spielen ['ʃpiːlən] *vt* **1.** *(allg)* игра́ть, сыгра́ть *св,* поигра́ть *св* **2.** *(vortäuschen)* разы́грывать, разыгра́ть *св;* **mit jds Gefühlen ~** игра́ть чьи́ми-л. чу́вствами; **jdn ~** THEAT игра́ть кого́-л.; **heute wird im Theater ... gespielt** сего́дня в теа́тре идёт ...; **die Handlung spielt in ...** де́йствие происхо́дит в ...; **Fußball ~** игра́ть в футбо́л; **Gitarre ~** игра́ть на гита́ре
spielend *adj (mühelos)* игра́ючи
Spieler(in) <-s, -> *m(f) (Spielteilnehmer(in), Glücksspieler)* игро́к *м*
Spielerei [ʃpiːlə'raɪ] <-, -en> *f* баловство́ *ср,* заба́ва *ж*
Spielfeld <-(e)s, -er> *nt* (игрово́е) по́ле *ср*
Spielfilm <-(e)s, -e> *m* худо́жественный фильм *м*
Spielhalle <-, -n> *f* иго́рный дом *м*

Spielkamerad(in) *m(f)* друг *м*, подру́га *ж* де́тства
Spielmarke <-, -n> *f* (игрова́я) ма́рка *ж*
Spielothek [ʃpi:lo'te:k] <-, -en> *f* игроте́ка *ж*
Spielplan <-(e)s, -pläne> *m* THEAT репертуа́р *м*
Spielplatz <-es, -plätze> *m* де́тская площа́дка *ж*
Spielraum <-(e)s> *m* возмо́жности *мн*, свобо́да *ж* де́йствий
Spielregel <-, -n> *f* пра́вило игры́
Spielsachen <-> *pl* игру́шки *жмн*
Spielstätte <-, -n> *f* ме́сто *ср* для игр(ы́)
Spielsüchtige(r) <-n, -n> *f(m)* аза́ртный игро́к *м*
Spieltheorie <-> *f* MATH тео́рия *ж* игр
Spieltrieb <-(e)s> *m* удово́льствие *ср* от игры́
Spielverderber(in) <-s, -; -nen> *m(f)* *челове́к, кото́рый по́ртит игру́ други́м*
Spielwaren <-> *pl* игру́шки *мн*
Spielwarengeschäft <-(e)s, -e> *nt* магази́н *м* игру́шек
Spielweise <-> *f* спо́соб *м* игры́
Spielzeug <-(e)s> *nt* игру́шка *ж*
Spielzeugauto <-s, -s> *nt* игру́шечная маши́на *ж*
Spieß [ʃpi:s] <-es, -e> *m* **1.** *(Waffe)* копьё *ср* **2.** *(Bratspieß)* ве́ртел *м*
Spießbürger(in) <-s, -> *m(f)* *pej* обыва́тель *м*, обыва́тельница *ж*, мещани́н *м*, меща́нка *ж*
Spießer(in) <-s, -; -nen> *m(f)* *fig, fam* *челове́к, кото́рый по́ртит други́м настрое́ние*
spießig *adj pej* обыва́тельский, меща́нский
Spillover-Effekt <-(e)s> *m (Marketing)* сопреде́льный эффе́кт *м*
Spinat [ʃpi'na:t] <-(e)s> *m* шпина́т *м*
Spind [ʃpɪnt] *m* шкаф *м*
Spindel ['ʃpɪndəl] <-, -n> *f* **1.** *(am Spinnrad)* веретено́ *ср* **2.** TECH шпи́ндель *м*
spindeldürr *adj* то́нкий как жердь
Spinne ['ʃpɪnə] <-, -n> *f* пау́к *м*
spinnen ['ʃpɪnən] <sponn, gesponnen> **I.** *vt* **1.** *(Garn, Wolle)* прясть *нсв* **2.** *(Spinne, auch fig)* плести́, с- *св* **II.** *vi umg (nicht ganz bei Verstand sein)* быть *нсв* не в своём уме́; **spinnst du?** ты что, рехну́лся?
Spinnennetz *nt* паути́на *ж*
Spinner(in) <-s, -; -nen> *m(f)* **1.** *(Beruf)* ткач *м* **2.** *abw, fam (Verrückter)* ненорма́льный *м*
Spinnerei [ʃpɪnə'rai] <-, -en> *f* **1.** *(Betrieb)* пряди́льная фа́брика *ж* **2.** *umg (wunderlicher Gedanke)* бред *м*
Spinnmaschine <-, -n> *f* пряди́льная маши́на *ж*
Spinnrocken <-s, -> *m* пря́лка *ж*
Spinnwebe ['ʃpɪnve:bə] <-, -n> *f* паути́на *ж*
Spion(in) [ʃpi'o:n] <-s, -e> *m(f)* шпио́н *м*, шпио́нка *ж*; *(Guckloch an der Tür)* глазо́к *м*
Spionage [ʃpio'na:ʒə] <-> *f* шпиона́ж *м*
Spionageabwehr <-> *f* контрразве́дка *ж*
Spionagenetz <-es, -e> *nt* шпио́нская сеть *ж*
spionieren [ʃpio'ni:rən] *vi* **1.** *(als Spion tätig sein)* занима́ться, -ня́ться *св* шпиона́жем **2.** *fig (herumsuchen)* шпио́нить *нсв*
Spiralblock <-(e)s, -blöcke> *m* блокно́т *м* на спира́ли
Spirale [ʃpi'ra:lə] <-, -n> *f* спира́ль *ж*
Spiralfeder <-, -n> *f* TECH спира́льная пружи́на *ж*
spiralförmig *adj* спира́льный
Spiralhefter <-s, -> *m* спира́льный скоросшива́тель *м*
Spiritismus [ʃpiri'tɪsmʊs, spiri-] <-> *m* спирити́зм *м*
spiritistisch *adj* спирити́ческий
spirituell [ʃpiritu'ɛl] *adj* духо́вный
Spirituose <-, -n> *f* спиртно́й напи́ток *м*
Spiritus ['ʃpi:ritʊs] <-> *m* спирт *м*
Spiritusbrenner <-s, -> *m* спирто́вка *ж*
Spirituslampe <-, -n> *f* спирто́вая ла́мпа *ж*
Spital [ʃpi'ta:l] <-s, Spitäler> *nt CH, A (Krankenhaus)* больни́ца *ж*, го́спиталь *м*
spitz [ʃpɪts] *adj* о́стрый; *(stichelnd)* ко́лкий
Spitz [ʃpɪts] <-es, -e> *m (Hunderasse)* шпиц *м*
Spitzbube ['ʃpɪtsbu:bə] <-n, -n> *m pej (Betrüger)* моше́нник *м*, жу́лик *м*
Spitze ['ʃpɪtsə] <-, -n> *f* **1.** *(von Gegenständen)* ко́нчик *м*, остриё *ср* **2.** *(Fingerspitze)* ко́нчик *м* **3.** *(von Baum)* верху́шка *ж* **4.** *(von Berg)* верши́на *ж* **5.** *(Anfang)* голова́ *ж*; **an der ~ der Kolonne** в голове́ коло́нны; **an der ~ von etw stehen** *(die höchste Position innehaben)* стоя́ть во главе́ чего́-л. **6.** *fig (Höchstmaß, Gipfel)* кра́йность *ж*; **das ist einsame ~** *umg* э́то вы́сший класс
Spitzel ['ʃpɪtsəl] <-s, -> *m* **1.** *(Schnüffler)* шпик *м* **2.** *(der Polizei)* сы́щик *м*
spitzen ['ʃpɪtsən] *vt (anspitzen)* точи́ть, на- *св*; **einen Bleistift ~** наточи́ть каранда́ш; **die Ohren ~** навостри́ть у́ши
Spitzenerzeugnis <-es, -e> *nt* изде́лие *ср* вы́сшего ка́чества
Spitzengeschwindigkeit <-, -en> *f* максима́льная ско́рость *ж*
Spitzengespräch <-(e)s, -e> *nt* POL перегово́ры на вы́шем у́ровне
Spitzengruppe <-, -n> *f* SPORT головна́я гру́ппа *ж*
Spitzenkandidat <-en, -en> *m* гла́вный [*или* основно́й] кандида́т *м*
Spitzenklasse *f* вы́сший класс *м*
Spitzenleistung *f* **1.** *(Leistung)* отли́чное

достиже́ние *ср* **2.** SPORT *(Rekord)* реко́рд *м*

Spitzenlohn <-(e)s, -löhne> *m* максима́льная за́работная пла́та *ж*

Spitzenmanagement <-s> *nt* топ-ме́неджмент *м*

Spitzenmanager(in) <-s, -> *m(f)* топ-ме́неджер *м*

Spitzenplatz <-es, -plätze> *m* SPORT веду́щее ме́сто *ср*

Spitzenpolitiker(in) <-s, -> *m(f)* веду́щий полити́ческий де́ятель *м*

Spitzenspiel <-(e)s, -e> *nt* SPORT встре́ча *ж* кома́нд э́кстра-кла́сса

Spitzensportler(in) <-s, -> *m(f)* спортсме́н *м*, спортсме́нка *ж* экстракла́сса

Spitzensteuersatz <-es, -sätze> *m* максима́льная ста́вка *ж* налогообложе́ния

Spitzentechnologie <-, -n> *f* высо́кая техноло́гия *ж*

Spitzenverband <-(e)s, -verbände> *m* ÖKON головно́е объедине́ние *ср*

Spitzenverdiener(in) <-s, -> *m(f)* лицо́ *ср*, име́ющее са́мый высо́кий за́работок

Spitzenverdienst <-(e)s, -e> *m* са́мый высо́кий за́работок *м*

Spitzenwert <-(e)s, -e> *m* преде́льная величина́ *ж*, ма́ксимум *м*

spitzfindig *adj* хитроу́мный

Spitzfindigkeit <-> *f* хитроу́мие *ср*

Spitzname <-ns, -n> *f* про́звище *ср*, кли́чка *ж*

spitzwinklig *adj* остроуго́льный

Splitter [ˈʃplɪtɐ] <-s, -> *m* **1.** *(Holz~)* зано́за *ж* **2.** *(Glas~, Granaten~)* оско́лок *м*

Splittergruppe <-, -n> *f* ме́лкая группиро́вка *ж*

splittern [ˈʃplɪtɐn] *vi* раска́лываться, -ко-ло́ться *св*

splitternackt *adj umg* соверше́нно го́лый

Splitting [ˈʃplɪtɪŋ, ˈsplɪtɪŋ] <-s, -s> *nt* дробле́ние *ср*

Spoiler [ˈʃpɔɪlɐ] <-s, -> *m* спо́йлер *м*

sponsern *vt* спонси́ровать

i Land & Leute

Sponsion называ́ется в Австрии **торжественное присуждение степени магистра** выпускникам гуманитарных вузов.

Sponsor [ˈʃpɔnzɐ] <-s, -en> *m* спо́нсор *м*

Sponsoring [ˈʃpɔnzorɪŋ] <-s> *nt* спо́нсорство *ср*

spontan [ʃpɔnˈtaːn] *adj* стихи́йный, спонта́нный

Spontaneität [ʃpɔntaneiˈtɛːt] <-> *f* стихи́йность *ж*, спонта́нность *ж*

sporadisch [ʃpoˈraːdɪʃ] **I.** *adj* споради́чный **II.** *adv* споради́чно

Spore [ˈʃpoːrə] <-, -> *f* BOT спо́ра *ж*

Sport [ʃpɔrt] <-(e)s> *m* спорт *м*; **~ treiben** занима́ться спо́ртом

Sportanlage <-, -n> *f* спорти́вное сооруже́ние *ср*

Sportanzug <-(e)s, -anzüge> *m* спорти́вный костю́м *м*

Sportart *f* вид *м* спо́рта

Sportartikelgeschäft <-(e)s, -e> *nt* мага-зи́н *м* спорттова́ров

Sportarzt <-es, -ärzte> *m* спорти́вный врач *м*

Sportclub <-s, -s> *m* спорти́вный клуб *м*

Sportflugzeug <-(e)s, -e> *nt* спорти́вный самолёт *м*

Sportgerät <-(e)s, -e> *nt* спорти́вный прибо́р *м*

Sportgeschäft *nt* спорти́вный магази́н *м*

Sportgetränk <-(e)s, -e> *nt* спорти́вный напи́ток *м*

Sporthalle <-, -n> *f* спорти́вный зал *м*

Sportkleidung <-> *f* спорти́вная оде́жда *ж*

Sportlehrer(in) <-s, -> *m(f)* преподава́тель *м*, преподава́тельница *ж* физкульту́ры

Sportler(in) [ˈʃpɔrtlɐ] <-s, -> *m(f)* спортсме́н *м*, спортсме́нка *ж*

sportlich [ˈʃpɔrtlɪç] *adj* спорти́вный

Sportmedizin <-> *f* спорти́вная медици́на *ж*

Sportmeldung <-, -en> *f* *(in Zeitung)* кра́ткое спорти́вное сообще́ние *ср*

Sportnahrung <-> *f* спорти́вное пита́ние *ср*

Sportplatz <-es, -plätze> *m* спорти́вная площа́дка *ж*

Sportschuh <-(e)s, -e> *m* кроссо́вки *мн*

Sportschule <-, -n> *f* спорти́вная шко́ла *ж*

Sportunterricht <-(e)s> *m* уро́к *м* физкульту́ры

Sportveranstaltung *f* спорти́вное мероприя́тие *ср*

Sportverein <-s, -e> *m* спорти́вное о́бщество *ср*

Sportwagen <-s, -> *m* **1.** *(Auto)* спорти́вная маши́на *ж* **2.** *(Kinderwagen)* прогу́лочная коля́ска *ж*

Sportzeitung <-, -en> *f* спорти́вная газе́та *ж*

Spot [spɔt] <-s, -s> *m* *(Werbekurzfilm)* рекла́мный ро́лик *м*

Spotgeschäft <-(e)s, -e> *nt* BÖRSE ка́ссовая сде́лка *ж*

Spott [ʃpɔt] <-(e)s> *m* насме́шка *ж*

spottbillig **I.** *adj fam* о́чень дешёвый **II.** *adv fam* о́чень дёшево

spötteln [ˈʃpœtəln] *vi* **über jdn ~** насмеха́ться над кем-л.

spotten [ˈʃpɔtən] *vi* насмеха́ться *нсв*

spöttisch *adj* насме́шливый

sprach [ʃpraːx] *prät von* **sprechen**

S

sprachbegabt *adj* спосóбный к изучéнию языкóв

Sprache [ˈʃpraːxə] <-, -n> *f* язы́к *м; (Sprechweise)* речь *ж;* **zur ~ kommen** стáть предмéтом разговóра; **mehrere ~n beherrschen** владéть мнóгими языкáми

Sprachenschule <-, -n> *f* кýрсы *ммн* инострáнных языкóв

Sprachfamilie <-, -n> *f* LING языковáя семья́ *ж*

Sprachfehler <-s, -> *m* дефéкт *м* рéчи

Sprachführer <-s, -> *m* разговóрник *м*

Sprachgrenze <-, -n> *f* языковáя грани́ца *ж*

Sprachkompetenz <-> *f* (глубóкое) знáние *ср* языкá

Sprachkurs <-es, -e> *m* кýрсы *ммн* инострáнных языкóв

Sprachlabor <-s, -s/-e> *nt* лингафóнный кабинéт *м*

Sprachlehrer(in) <-s, -> *m* учи́тель *м* языкá

sprachlich I. *adj* языковóй **II.** *adv* в языковóм плáне

sprachlos *adj* онемéвший; **vor Staunen ~ sein** онемéть от удивлéния

Sprachraum <-(e)s, -räume> *m* óбласть *ж* распространéния языкá

Sprachreise <-, -n> *f* поéздка *ж* в странý изучáемого языкá

Sprachrohr <-(e)s, -e> *nt fig* рýпор *м*

Sprachstörung <-, -en> *f* дефéкт *м* рéчи

Sprachsystem <-(e)s> *nt* систéма *ж* языкá

Sprachtechnologie <-> *f* электрóнная обрабóтка *ж* языкá

Sprachwandel <-s> *m* LING разви́тие *ср* языкá

Sprachwissenschaft <-> *f* языкознáние *ср*

Sprachwissenschaftler(in) <-s, -> *m(f)* языковéд *м*

sprachwissenschaftlich *adj* языковéдческий

sprang [ʃpraŋ] *prät von* **springen**

Spray [ʃpreː] <-s, -s> *m* аэрозóль *м*

Spraydose *f* спрей *м*

Sprechanlage <-, -n> *f* переговóрное устрóйство *ср*

sprechen [ˈʃprɛçən] <sprach, gesprochen> **I.** *vt (eine Rede halten)* выступáть, вы́ступить; **wann kann ich ihn ~?** когдá я смогý поговори́ть с ним?; **mehrere Sprachen ~** говори́ть на мнóгих языкáх; **miteinander ~** говори́ть друг с дрýгом; **Deutsch/Russisch ~** говори́ть по-немéцки/по-рýсски **II.** *vi* говори́ть, по- *св,* разговáривать *нсв;* **mit jdm ~** говори́ть с кем-л.; **Russisch sprechen** говори́ть по-рýсски; **es sprach alles gegen ihn** всё бы́ло не в егó пóльзу; **wir sprechen uns noch!** *fam* мы ещё поговори́м!

Sprecher(in) <-s, -> *m(f)* **1.** *(Redner)* орáтор *м* **2.** *(der Regierung)* представи́тель *м* **3.** *(im Radio)* ди́ктор *м*

Sprecherziehung <-> *f* разви́тие *ср* рéчи

Sprechfunkgerät <-(e)s> *nt* радиотелефóн *м*

Sprechstunde <-, -n> *f* приём *м; (pl)* часы́ *ммн* приёма

Sprechweise <-, -n> *f* манéра *ж* говори́ть

Sprechzimmer <-s, -> *nt* приёмная *ж*

spreizen [ˈʃpraɪtsən] *vt* растопы́ривать, -пы́рить *св*

sprengen [ˈʃprɛŋən] *vt (mit Sprengstoff zerstören)* взрывáть, взорвáть *св*

Sprengkopf <-(e)s, -köpfe> *m* боеголóвка *ж*

Sprengkörper <-s, -> *m* подрывнáя шáшка *ж*

Sprengstoff <-(e)s> *m* взры́вчатое веществó *ср; umg* взрывчáтка *ж*

Sprengwagen <-s, -> *m* поли́вочная маши́на *ж*

Spreu [ʃprɔɪ] *f ohne pl* плéвел *м;* **die ~ vom Weizen trennen** отдели́ть зернó от плéвеля

Sprichwort [ˈʃprɪçvɔrt] <-(e)s, -wörter> *nt* послóвица *ж*

sprichwörtlich *adj* буквáльно

Springbrunnen <-s, -> *m* фонтáн *м*

springen [ˈʃprɪŋən] <sprang, gesprungen> *vi* пры́гать, пры́гнуть *св;* **ins Wasser ~** пры́гнуть в вóду; **in die Höhe/zur Seite ~** пры́гнуть вверх/в стóрону

Springer(in) <-s, -> *m(f)* **1.** SPORT прыгýн *м* **2.** *(Schachfigur)* конь *м*

Sprinkler <-s, -> *m* ороси́тель *м*

Sprint [ʃprɪnt] <-s, -s> *m* спринт *м*

Sprinter(in) <-s, -> *m(f)* SPORT спри́нтер *м*

Sprit [ʃprɪt] <-(e)s> *m* **1.** *umg (Benzin)* бензи́н *м* **2.** *umg (Schnaps)* спирт *м*

Spritze [ˈʃprɪtsə] <-, -n> *f* **1.** *(Injektionsspritze)* шприц *м* **2.** *(Injektion)* укóл *м;* **jdm eine ~ geben** сдéлать комý-л. укóл **3.** *(Feuer~)* пожáрный насóс *м*

spritzen [ˈʃprɪtsə] *vt* **1.** *(injizieren)* впры́скивать, -снуть *св,* дéлать, с- *св* инъéкцию **2.** *(verspritzen)* бры́згать, -знуть *св;* **etw ~** бры́згать чем-л. **3.** *(Baum etc)* опры́скивать, -снуть

Spritzer <-s, -> *m* бры́зги *мн*

spritzig *adj* игри́стый; **ein ~er Wein** игри́стое винó *ср*

Spritzkuchen <-s, -> *m* пóнчик *м*

Spritztour *f fam* прогýлка *ж* на маши́не

spröde [ˈʃprœːdə] *adj* **1.** *(brüchig)* хрýпкий, лóмкий; **~ Haut** сухáя кóжа *ж* **2.** *fig (verschlossen)* чóпорный

Sprödigkeit <-> *f* хрýпкость *ж,* лóмкость *ж*

Spross[RR] [ʃprɔs] <-es, -e> *m,* **Sproß**[Alt] <-sses,

-sse> *m* BOT побе́г *м*
Sprosse ['ʃprɔsə] <-, -n> *f (an Leiter)* перекла́дина *ж*
Sprossenwand <-, -wände> *f* SPORT гимнасти́ческая сте́нка *ж*
SprösslingRR ['ʃprœslɪŋ] <-s, -e> *m*, **Sprößling**Alt <-s, -e> *m* о́тпрыск *м*
Spruch [ʃprʊx] <-(e)s, Sprüche> *m* **1.** *(einprägsamer Satz)* изрече́ние *ср* **2.** JUR *(Urteilsspruch)* пригово́р *м*
Sprudel ['ʃpru:dəl] <-s, -> *m (Mineralwasser)* минера́льная вода́ *ж*
sprudeln *vi* **1.** *(herausfließen)* бить *нсв* ключо́м **2.** *(vor Kohlensäure etc)* пузы́риться *нсв*, бурли́ть *нсв*
Sprühdose <-, -n> *f* аэрозо́льный балло́нчик *м*
sprühen ['ʃpry:ən] **I.** *vi* **1.** *(Flüssigkeit)* бры́згать, -знуть *св* **2.** *(Funken)* разлета́ться, -лете́ться *св* **II.** *vt (zerstäuben)* бры́згать, по- *св*; **Wasser auf die Blätter ~** опры́скивать ли́стья водо́й
Sprühflasche <-, -n> *f* аэрозо́льная ёмкость *ж*
Sprühregen <-s> *m* и́зморось *ж*
Sprung [ʃprʊŋ] <-(e)s, Sprünge> *m* прыжо́к *м*; **jdn auf einen ~ besuchen** забежа́ть к кому́-л. на мину́тку; **keine großen Sprünge machen können** *fig, fam* быть в плохо́м фина́нсовом положе́нии; **jdm auf die Sprünge helfen** *fam* помо́чь кому́-л. сове́том; **auf einen Sprung bei jdm vorbeischauen** *fam* заскочи́ть/зайти́ к кому́-л.
sprungbereit *adj* гото́вый к прыжку́
Sprungbrett <-(e)s, -er> *nt* гимнасти́ческий мо́стик *м*; *(Brett)* подкидна́я доска́ *ж*, трампли́н *м*
Sprungfeder *f* TECH пружи́на *ж*
Sprunggelenk <-(e)s, -e> *nt* ANAT голено-сто́пный суста́в *м*
sprunghaft *adj* **1.** *(unstetig)* неуравнове́шенный **2.** *(rasch)* ре́зкий
Spucke ['ʃpʊkə] <-> *f umg (Speichel)* слюна́ *ж*, плево́к *м*
spucken ['ʃpʊkən] *vi (speien)* плева́ть, плю́нуть *св*
Spuk [ʃpu:k] <-(e)s> *m* привиде́ние *ср*
spuken ['ʃpu:kən] *vi* **in dem Schloss soll es noch ~** говоря́т, что в э́том за́мке всё ещё во́дятся привиде́ния
Spülbecken *nt* ра́ковина *ж*
Spule ['ʃpu:lə] <-, -n> *f* AUCH EL кату́шка *ж*
Spüle ['ʃpy:lə] <-, -n> *f* мо́йка *ж*
spülen ['ʃpy:lən] **I.** *vt* **1.** *(Geschirr)* мыть, по- *св* **2.** *(auswaschen)* полоска́ть, про- *св* **II.** *vi (Wasserspülung betätigen)* спуска́ть, спусти́ть *св* во́ду
Spüllappen <-s, -> *m* гу́бка *ж* для мытья́ посу́ды
Spülmaschine <-, -n> *f* посудомо́йная маши́на *ж*, *umg* посудомо́йка *ж*
Spülmittel <-s, -> *nt* сре́дство *ср* для мытья́ посу́ды
Spülung <-, -en> *f* **1.** *(der Toilette)* смыв *м* **2.** MED *(das Durchspülen)* промыва́ние *ср*
Spur [ʃpu:ɐ] <-, -en> *f* **1.** *(Bodenabdruck)* след *м*; **seine ~en verwischen** замести́ следы́; **jdm auf die ~ kommen** напа́сть на след кого́-л.; **jdm auf der ~ sein** пресле́довать кого́-л.; **~en hinterlassen** оставля́ть следы́ **2.** *(Fahr~)* полоса́ *ж*, ряд *м*; **die ~ wechseln** встать в друго́й ряд
spürbar *adj* ощути́мый
Spurbreite <-, -n> *f* ширина́ *ж* коле́й
spüren ['ʃpy:rən] *vt (fühlen)* чу́вствовать, по- *св*
Spurenelement <-(e)s, -e> *nt* микроэлеме́нт *м*
Spurensicherung <-> *f* фикса́ция *ж* следо́в
Spurensuche <-> *f* **auf der ~** по следа́м чего́-л.
Spürhund *m* розыскна́я соба́ка *ж*
spurlos *adj* бессле́дный; **~ verschwinden** бессле́дно исче́знуть
Spürnase *f ohne pl fam (Spürsinn)* нюх *м*, проница́тельность *ж*
Spürsinn <-(e)s> *m* чутьё *ср*
Spurt [ʃpʊrt] <-(e)s, -s> *m* рыво́к *м*
spurten ['ʃpʊrtən] *vi haben o sein* SPORT спринти́ровать
Spurweite <-, -n> *f* ширина́ *ж* коле́й
Sputnik *m* спу́тник *м*
Squash ['skvɔʃ] *nt* сквош *м*
Sri Lanka ['sri: 'laŋka] <-s> *nt* Шри Ла́нка *ж*
SSV *abk von* **Sommerschlussverkauf** ле́тняя распрода́жа *ж*
St. *abk von* **Stunde** час *м*; *abk von* **Sankt** свято́й
Staat [ʃta:t] <-(e)s, -en> *m* госуда́рство *ср*; **ein benachbarter ~** сосе́днее госуда́рство; **ein neutraler ~** нейтра́льное госуда́рство
Staatenbund <-es, -bünde> *m* конфедера́ция *ж*
Staatengemeinschaft <-, -en> *f* содру́жество *ср* стран
staatenlos *adj* не име́ющий гражда́нства
staatenübergreifend *adj* охва́тывающий разли́чные госуда́рства
staatlich *adj* госуда́рственный; **~er Eingriff** вмеша́тельство *ср* госуда́рства; **~es Monopol** госуда́рственная монопо́лия *ж*; **~e Schuldenpolitik** госуда́рственная долгова́я поли́тика *ж*; **~es Unternehmen** госуда́рственное предприя́тие *ср*
staatlicherseits *adv* со стороны́ госуда́рства
Staatsangehörigkeit <-, -en> *f* гражда́нство *ср*, по́дданство *ср*; **die deutsche ~ annehmen** приня́ть неме́цкое гражда́н-

S

ство

Staatsanleihen <-> *pl* госуда́рственные за́ймы *мн*

Staatsanwalt <-(e)s, -anwälte> *m* прокуро́р *м*

Staatsanwältin <-, -nen> *f* прокуро́р *м*

Staatsanwaltschaft <-> *f* прокурату́ра *ж*

Staatsausgaben <-> *pl* госуда́рственные расхо́ды *мн*

Staatsbank <-, -en> *f* госуда́рственный банк *м*

Staatsbankrott <-s> *m* банкро́тство *ср* госуда́рства

Staatsbetrieb <-(e)s, -e> *m* госуда́рственное предприя́тие *ср*

Staatsbibliothek <-, -en> *f* госуда́рственная библиоте́ка *ж*

Staatsbürger(in) <-s, -> *m(f)* граждани́н *м* госуда́рства [*или* гражда́нка *ж*]

Staatsbürgerschaft <-, -en> *f* гражда́нство *ср*

Staatsdiener <-s, -> *m* лицо́ *ср*, находя́щееся на госуда́рственной слу́жбе

Staatsduma <-> *f* Госуда́рственная ду́ма *ж*

Staatseigentum <-(e)s> *nt* госуда́рственная со́бственность *ж*

Staatseinnahmen <-> *pl* дохо́ды *мн* госуда́рства

Staatsetat <-s> *m* госуда́рственный бюдже́т *м*

Staatsexamen <-s, -/-examina> *nt* госуда́рственный экза́мен *м*; *umg* госэкза́мен *м*

i Land & Leute

Приобретение некоторых вузовских специальностей – например, врача, школьного учителя или юриста – завершается в Германии одним или двумя **государственными экзаменами**, которые принимаются уполномоченными государством экзаменаторами.

Staatsfeind <-(e), -e> *m* враг *м* госуда́рства

staatsfeindlich *adj* антигосуда́рственный

Staatsform <-, -en> *f* госуда́рственная фо́рма *ж*

Staatsgeheimnis *nt* госуда́рственная та́йна *ж*

Staatsgrenze <-, -n> *f* госуда́рственная грани́ца *ж*

Staatshaftung <-> *f* отве́тственность *ж* госуда́рства

Staatshaushalt <-(e)s> *m* госуда́рственный бюдже́т *м*

Staatskirche <-> *f* госуда́рственная це́рковь *ж*

Staatsmacht <-> *f* госуда́рственная власть *ж*

Staatsmann <-(e)s, -männer> *m* госуда́рственный де́ятель *м*

Staatsminister(in) *m(f)* мини́стр *ж*

Staatsoberhaupt <-(e)s, -oberhäupter> *nt* глава́ *ж* госуда́рства

Staatsoper <-> *f* госуда́рственная о́пера *ж*

Staatspolizei <-> *f* поли́ция *ж*, состоя́щая на полити́ческой слу́жбе

Staatspräsident(in) <-en, -en> *m(f)* президе́нт *м* госуда́рства

Staatsrat <-(e)s> *m* госуда́рственный сове́т *м*

Staatsratsvorsitzende <-n, -n> *m* председа́тель *м* госуда́рственного сове́та

Staatsrecht <-(e)s> *nt* госуда́рственное пра́во *ср*

Staatsschulden <-> *pl* долги́ *мн* госуда́рства

Staatssekretär(in) <-s, -e> *m(f)* госуда́рственный секрета́рь *м*

Staatssicherheit <-> *f* госуда́рственная безопа́сность *ж*

Staatssicherheitsdienst <-(e)s> *m* слу́жба *ж* госуда́рственной безопа́сности

Staatssicherheitsgericht <-(e)s> *nt* суд *м* по дела́м госуда́рственной безопа́сности

Staatsstreich <-(e)s, -e> *m* госуда́рственный переворо́т *м*, путч *м*

Staatstätigkeit <-, -en> *f* госуда́рственная де́ятельность *ж*

Staatstheater <-s> *nt* госуда́рственный теа́тр *м*

Staatstrauer <-> *f* национа́льный тра́ур *м*

Staatsunternehmen <-s, -> *nt* госуда́рственное предприя́тие *ср*

Staatsverschuldung <-> *f* госуда́рственная задо́лженность *ж*

Staatsvertrag <-(e)s, -verträge> *m* госуда́рственный догово́р *м*

Staatswirtschaft <-> *f* госуда́рственное хозя́йство *ср*

Stab [ʃta:p] <-(e)s, Stäbe> *m* **1.** *(Stock)* па́лка *ж* **2.** *(leitende Gruppe)* штаб *м*

Stäbchen ['ʃtɛ:pçən] <-s, -> *nt* па́лочка *ж*

Stabhochspringer <-s, -> *m* шестови́к *м*

Stabhochsprung <-(e)s> *m* прыжки́ *мн* с шесто́м

stabil [ʃta'bi:l] *adj* стаби́льный, усто́йчивый

Stabilisator <-s, -en> *m* стабилиза́тор *м*

stabilisieren [ʃtabili'zi:rən] *vt* стабилизи́ровать *(н)св*

Stabilisierung <-> *f* стабилиза́ция *ж*

Stabilität [ʃtabili'tɛ:t] <-> *f* стаби́льность *ж*, усто́йчивость *ж*; **die wirtschaftliche ~ aufrechterhalten** подде́рживать эконо-

ми́ческую стаби́льность
Stabilitätspolitik <-> *f* поли́тика *ж* стабилиза́ции
Stablampe <-, -n> *f* софи́тная ла́мпа *ж*
Stabsfeldwebel <-s, -> *m* штабс-фельдфе́бель *м*
Stabsstelle <-, -n> *f* штаб *м*
Stabwechsel <-s, -> *m* SPORT *(bei Staffellauf)* переда́ча *ж* эстафе́ты
stach [ʃtaːx] *prät von* **stechen**
Stachel [ˈʃtaxəl] <-s, -> *m* **1.** *(Dorn)* шип *м* **2.** *(von Insekten)* жа́ло *ср* **3.** *(von Igel)* колю́чка *ж*
Stachelbeere <-, -n> *f* BOT крыжо́вник *м*
Stachelbeerstrauch <-(e)s, -sträucher> *m* крыжо́вник *м*, куст *м* крыжо́вника
Stacheldraht <-(e)s> *m* колю́чая про́волока *ж*
Stacheldrahtverbau <-s> *m* про́волочное загражде́ние *ср*
Stacheldrahtzaun <-(e)s, -zäune> *m* про́волочный забо́р *м*
stachelig *adj* колю́чий
stachlig *adj* колю́чий
Stadel [ˈʃtaːdəl] <-s, -/Städel> *m* сенова́л *м*; *CH, A (Scheune)* сара́й *м*, амба́р *м*
Stadion [ˈʃtaːdiɔn] <-s, Stadien> *nt* стадио́н *м*
Stadium [ˈʃtaːdiʊm] <-s, Stadien> *nt* ста́дия *ж*, перио́д *м*
Stadt [ʃtat] <-, Städte> *f* го́род *м*
Stadtarchiv <-(e)s, -e> *nt* городско́й архи́в *м*
Stadtautobahn <-, -en> *f* городска́я автомагистра́ль *ж*
Stadtbahn <-, -en> *f* городска́я электри́чка *ж*
stadtbekannt *adj* изве́стный в го́роде
Stadtbevölkerung <-> *f* городско́е населе́ние *ср*
Stadtbewohner(in) <-s, -> *m(f)* городско́й жи́тель *м*, городска́я жи́тельница *ж*
Stadtbezirk *m* райо́н *м* го́рода
Stadtbibliothek <-, -en> *f* городска́я библиоте́ка *ж*
Stadtbücherei <-, -en> *f* городска́я библиоте́ка *ж*
Stadtentwicklung <-> *f* разви́тие *ср* го́рода
Stadtführer <-s, -> *m* экскурсово́д *м* по го́роду; *(Buch)* путеводи́тель *м* по го́роду
Stadtgeschichte <-> *f* исто́рия *ж* го́рода
Stadthalle <-, -n> *f большо́й зал и́ли зда́ние в го́роде для проведе́ния публи́чных мероприя́тий, конце́ртов, вы́ставок и т. п.*
städtisch [ˈʃtɛ(ː)tɪʃ] *adj* городско́й
Stadtmauer <-, -n> *f* городска́я стена́ *ж*
Stadtmitte *f* центр *м* го́рода
Stadtmuseum <-s> *nt* городско́й музе́й *м*
Stadtplan <-(e)s, -pläne> *m* план *м* го́рода
Stadtplanung <-> *f* плани́рование *ср* го́рода
Stadtrand *m* окра́ина *ж* го́рода
Stadtrat <-(e)s, -räte> *m* муниципалите́т *м*
Stadtreinigung <-> *f* чи́стка *ж* го́рода
Stadtrundfahrt <-, -en> *f* экскý́рсия *ж* по го́роду
Stadtsparkasse <-, -n> *f* городска́я сберега́тельная ка́сса *ж*
Stadtstaat <-(e)s, -en> *m* го́род-госуда́рство *м*
Stadtteil *m* часть *ж* го́рода
Stadtverkehr <-s> *m* городско́е движне́ие *ср*
Stadtverwaltung <-, -en> *f* городско́е управле́ние *ср*, мэ́рия *ж*
Stadtviertel <-s, -> *nt* городско́й райо́н *м*
Stadtzentrum <-s> *nt* центр *м* го́рода
Staffel [ˈʃtafəl] <-, -n> *f* **1.** SPORT эстафе́та *ж* **2.** MIL *(Flug~)* эскадри́лья *ж*
Staffellauf <-s, -läufe> *m* SPORT эстафе́та *ж*
staffeln *vt (anordnen)* классифици́ровать
Staffelrabatt <-(e)s, -e> *m* ÖKON дифференци́рованная ски́дка *ж* с цены́
Stagflation <-> *f* ÖKON стагфля́ция *ж*
Stagnation [ʃtagnaˈt͡si̯oːn] <-, -en> *f* засто́й *м*, стагна́ция *ж*
stahl [ʃtaːl] *prät von* **stehlen**
Stahl [ʃtaːl] <-(e)s, Stähle/ -e> *m* сталь *ж*
Stahlarbeiter <-s, -> *m* сталелите́йщик *м*
Stahlbeton <-s> *m* железобето́н *м*
Stahlblech <-s> *nt* листова́я сталь *ж*
Stahlfeder <-, -n> *f* стальна́я пружи́на *ж*
Stahlgerüst <-(e)s, -e> *nt* стально́й карка́с *м*, стальны́е леса́ *мн*
Stahlindustrie <-> *f* сталелите́йная промы́шленность *ж*
Stahlwerk *nt* сталеплави́льный заво́д *м*
stak [ʃtaːk] *prät von* **stecken**
Stalagmit [ʃtalaˈgmiːt] <-s/-en, -e(n)> *m* сталагми́т *м*
Stalaktit <-s/-en, -e(n)> *m* сталакти́т *м*
Stall [ʃtal] <-(e)s, Ställe> *m* **1.** *(Kuh~)* коро́вник *м* **2.** *(Schweine~)* свина́рник *м* **3.** *(Pferde~)* коню́шня *ж*
Stalldünger <-s> *m* наво́з *м*
Stallknecht <-(e)s, -e> *m arch* ко́нюх *м*
Stamm [ʃtam] <-(e)s, Stämme> *m* **1.** *(Baum~)* ствол *м* **2.** *(Volks~)* пле́мя *ср*
Stammaktie <-, -n> *f* обыкнове́нная а́кция *ж*
Stammbaum <-(e)s, -bäume> *m (Ahnentafel)* родосло́вное де́рево *ср*
stammeln [ˈʃtaməln] *vt* лепета́ть, про- *св*
stammen [ˈʃtamən] *vi (abstammen)* происходи́ть, произойти́ *св* из/от; **er stammt aus Smolensk** он ро́дом из Смоле́нска; **die Information stammt von ihm** э́та информа́ция полу́чена от него́
Stammgast <-(e)s, -gäste> *m* постоя́нный

S

клие́нт
stämmig ['ʃtɛmɪç] *adj (kräftig)* корена́стый
Stammkapital <-s> *nt* основно́й капита́л *м*
Stammkneipe <-, -n> *f* постоя́нно посеща́емая пивна́я *ж*
Stammkunde <-n, -n> *m* постоя́нный клие́нт *м* [*или* покупа́тель *м*]
Stammkundschaft <-> *f* постоя́нные покупа́тели *мн*
Stammlokal <-(e)s, -e> *nt* постоя́нный рестора́н *м*
Stammvokal <-(e)s, -e> *m* LING гла́сный *м* осно́вы
stampfen ['ʃtampfən] **I.** *vi (fest auftreten)* то́пать, по- *св;* **mit den Füßen auf den Boden ~** то́пать нога́ми по́ полу **II.** *vt (pressen)* трамбова́ть, у- *св*

i Land & Leute

Стол для завсегдатаев – Stammtisch – имеется почти в каждом ресторане, кафе или пивной. Он обозначается табличкой и может быть занят только постоянными посетителями.

Stand [ʃtant] <-(e)s, Stände> *m* **1.** *(das Stehen)* расположе́ние *ср;* **aus dem ~ heraus** *umg* с ме́ста; **etw zu ~e bringen** сде́лать что-л. **2.** *(Marktstand)* стенд *м* **3.** *(erreichte Stufe)* положе́ние *ср;* **der ~ der Dinge** положе́ние веще́й; **im ~ sein etw zu tun** быть в состоя́нии сде́лать что-л.; **gut in ~ sein** быть в хоро́шем состоя́нии **4.** *(Wasserstand)* у́ровень *м* **5.** SPORT *(Spielstand)* счёт *м* **6.** *(soziale Stellung)* сосло́вие *ср*
Standard ['ʃtandart] <-s, -s> *m* станда́рт *м;* **vom ~ abweichen** отклони́ться от станда́рта; **den ~ halten** приде́рживаться станда́рта; **einen ~ setzen** устана́вливать станда́рт
Standardausführung <-, -en> *f* станда́ртное исполне́ние *ср*
Standardisierung <-> *f* стандартиза́ция *ж*
Standardkosten <-> *pl* пла́новые расхо́ды *мн*
Standardwerk <-(e)s, -e> *nt* фундамента́льный труд *м*
Standbein <-(e)s> *nt* опо́ра *ж;* **sich ein zweites ~ schaffen** приобрести́ дополни́тельную опо́ру
Stand-by-Betrieb <-s> *m* режи́м *м* гото́вности нача́ть рабо́ту
Ständer ['ʃtɛndɐ] <-s, -> *m* **1.** *(für Kleidung)* ве́шалка *ж* **2.** *(für Noten)* пюпи́тр *м*
Standesamt <-(e)s, -ämter> *nt* загс *м*
Standgeld <-(e)s> *nt (auf Messen)* пла́та *ж* за стенд
standhaft *adj* упо́рный, сто́йкий
stand|halten *vi fig (widerstehen)* устоя́ть *св;* **der Versuchung ~** устоя́ть пе́ред искуше́нием
ständig ['ʃtɛndɪç] *adj (andauernd)* постоя́нный
Standlicht <-(e)s, -er> *nt* стоя́ночный свет *м*, подфа́рник *м*
Standort <-(e)s, -e> *m (Ort des Aufenthalts)* местоположе́ние *ср*, ме́сто *ср* размеще́ния; **den ~ verlegen** переноси́ть местоположе́ние
Standortpolitik <-> *f* поли́тика *ж* размеще́ния произво́дства
Standortwahl <-> *m* вы́бор *м* ме́ста размеще́ния
Standpauke *f fam* вы́говор *м;* **jdm eine ~ halten** де́лать вы́говор кому́-л.
Standpunkt <-(e)s, -e> *m* **1.** *(Beobachtungspunkt)* ме́сто *ср* **2.** *fig (Ansicht)* то́чка *ж* зре́ния; **auf dem ~ stehen, dass ...** счита́ть, что ...
Stange ['ʃtaŋə] <-, -n> *f (Stab)* шест *м*, сте́ржень *м;* **eine ~ Zigaretten** блок сигаре́т; **eine ~ Geld** *fam* мно́го де́нег
Stängel[RR] ['ʃtɛŋəl] <-s, -> *m* сте́бель *м*
stank [ʃtaŋk] *prät von* **stinken**
Stanniol [ʃta'ni̯oːl] <-s, -e> *nt* фольга́ *ж*
Stanniolpapier <-(e)s> *nt* стани́оль *м*
stanzen ['ʃtantsən] *vt (ausstanzen)* штампова́ть *нсв*
Stapel ['ʃtaːpəl] <-s, -> *m (Haufen)* сто́пка *ж*, шта́бель *м;* **vom ~ laufen** *(Schiff)* сойти́ со ста́пеля
Stapellauf *m* спуск *м* со ста́пеля
stapeln ['ʃtaːpəln] **I.** *vt* **1.** *(Bücher, Wäschr)* скла́дывать, сложи́ть *св* в сто́пку **2.** *(Holz etc)* укла́дывать, уложи́ть *св* штабеля́ми **II.** *vr* нака́пливаться, -копи́ться *св*
Star [staːɐ] <-s, -s> *m* **1.** *(Vogel)* скворе́ц *м* **2.** *fig* звезда́ *ж* **3.** MED катара́кта *ж;* **grüner ~** глауко́ма
Starallüren <-> *pl* зама́шки *мн* (кино) звезды́
Staranwalt <-(e)s, -anwälte> *m* мо́дный адвока́т *м*
starb [ʃtarp] *prät von* **sterben**
stark [ʃtark] **I.** *adj* си́льный; **~er Kaffee** кре́пкий ко́фе *м;* **~e Schmerzen haben** чу́вствовать си́льную боль **II.** *adv (sehr)* си́льно; **~ schneien** идёт си́льный снег
Starkbier <-(e)s, -e> *nt* кре́пкое пи́во *ср*
Stärke ['ʃtɛrkə] <-, -n> *f* **1.** *(Kraft, Macht)* си́ла *ж*, мощь *ж* **2.** *(vorteilhafte Eigenschaft)* си́льная сторона́ *ж* **3.** *(Intensität)* у́ровень *м*, интенси́вность *ж* **4.** *(Breite)* толщина́ *ж* **5.** *(Anzahl)* чи́сленность *ж* **6.** *(von einem Getränk)* кре́пость *ж* **7.** *(Speisestärke)* крахма́л *м*
stärken ['ʃtɛrkən] **I.** *vt* **1.** *(kräftigen)* укрепля́ть, -пи́ть *св* **2.** *(Wäsche)* крахма́лить,

на- *св* **II.** *vr (essen)* подкрепля́ться, -крепи́ться *св*

Starkstrom <-(e)s> *m* EL ток *м* высо́кого напряже́ния

Starkstromleitung <-, -en> *f* сильното́чная ли́ния *ж*

Stärkung <-, -en> *f (Kräftigung)* подкрепле́ние *ср*

Stärkungsmittel <-s, -> *nt* укрепля́ющее сре́дство *ср*

Staroperation <-, -en> *f* MED опера́ция *ж* по удале́нию катара́кты

starr [ʃtar] *adj* засты́вший; *(starrköpfig)* упря́мый

starren ['ʃtarən] *vi (starr blicken)* уста́виться *св* на

Starrkopf <-(e)s, -köpfe> *m pej, umg* упря́мец *м*

starrköpfig *adj pej* упря́мый

Starrsinn <-(e)s> *m* упря́мство *ср*

starrsinnig *adj abw* упо́рствующий

Start [ʃtart] <-(e)s, -s> *m* старт *м*

Startautomatik <-, -en> *f* пускова́я автома́тика *ж*

Startbahn <-, -en> *f* взлётная полоса́ *ж*

Startdividende <-, -n> *f* ÖKON ста́ртовый дивиде́нд *м*

starten ['ʃtartən] **I.** *vi* стартова́ть *(н)св* **II.** *vt (Rakete)* запуска́ть, -пусти́ть *св*

Starthilfe <-> *f* по́мощь *ж* на нача́льном эта́пе

Startkapital <-s> *nt* ста́ртовый капита́л *м*

Startlinie <-> *f* SPORT ли́ния *ж* ста́рта

Startnummer <-, -n> *f* но́мер *м* на ста́рте

Startrampe <-> *f (von Rakete)* пускова́я устано́вка *ж*

Startschuss[RR] *m* ста́ртовый вы́стрел *м*

Startsignal <-(e)s, -e> *nt* SPORT ста́ртовый сигна́л *м*

Startzeichen <-s, -> *nt* SPORT сигна́л *м* к ста́рту

Stasi ['ʃta:zi] *abk von* **Staatssicherheitsdienst** Госуда́рственный отде́л безопа́сности

Statik ['ʃta:tɪk] <-> *f* ста́тика *ж*

Station [ʃta'ts̮i̯o:n] <-, -en> *f* **1.** *(Haltestelle)* остано́вка *ж* **2.** *(von U-Bahn)* ста́нция *ж* **3.** *(Krankenhausabteilung)* отделе́ние *ср*

stationär [ʃtats̮i̯o'nɛ:ɐ̯] *adj* MED стациона́рный

stationieren [ʃtats̮i̯o'ni:rən] *vt* **1.** *(Raketen)* устана́вливать, -нови́ть *св* **2.** *(Truppen)* размеща́ть, -мести́ть *св*

statisch ['ʃta:tɪʃ] *adj* стати́чный

Statist(in) [ʃta'tɪst] <-en, -en> *m(f)* стати́ст *м*

Statistik [ʃta'tɪstɪk] <-, -en> *f* стати́стика *ж*

statistisch [ʃta'tɪstɪʃ] *adj* статисти́ческий

Stativ [ʃta'ti:f] <-s, -e> *nt* штати́в *м*

statt [ʃtat] **I.** *konj (an Stelle von)* вме́сто того́ что́бы **II.** *prp + gen (an Stelle)* вме́сто

stattdessen[RR] *adv* так же ма́ло, как и

Stätte ['ʃtɛtə] <-, -n> *f geh* ме́сто *ср*

statt|finden *vi* состоя́ться *св*, быть *нсв*

statt|geben *vi geh (Bitte)* удовлетвори́ть *св*

statthaft *adj* допусти́мый

Statthalter <-s, -> *m* наме́стник *м*

stattlich ['ʃtatlɪç] *adj* **1.** *(von kräftiger Statur)* ста́тный **2.** *(ansehnlich)* соли́дный

Statue ['ʃta:tuə] <-, -n> *f* ста́туя *ж*

Statur [ʃta'tu:ɐ] <-, -en> *f* телосложе́ние *ср*

Status ['ʃta:tʊs] <-> *m* ста́тус *м;* ~ **eines Unternehmens** ста́тус предприя́тия; **sozialer** ~ социа́льное положе́ние *ср*

Statussymbol <-(e)s, -e> *nt* си́мвол *м*, подчёркивающий чьё-л. обще́ственное положе́ние

Statut [ʃta'tu:t] <-(e)s, -en> *nt* уста́в *м*

Stau [ʃtaʊ] <-(e)s, -s/-e> *m* **1.** *(des Verkehrs)* про́бка *ж* **2.** *(allgemein)* застóй *м*

Staub [ʃtaʊp] <-(e)s> *m* пыль *ж;* ~ **wischen** вы́тереть пыль

Staubfänger ['ʃtaʊpfɛŋɐ] <-s, -> *m pej* легко́ пыля́щийся предме́т *м* (обстано́вки), слу́жащий для украше́ния

staubig *adj* пы́льный

staub|saugen *vi* пылесо́сить, про- *св*

Staubsauger <-s, -> *m* пылесо́с *м*

staubtrocken *adj* соверше́нно сухо́й

Staubwolke *f* о́блако *ср* пы́ли

stauchen *vt* уда́рить *св*, ушиби́ть *св*

Staudamm <-(e)s, -dämme> *m* плоти́на *ж*

stauen ['ʃtaʊən] **I.** *vt (Wasser)* запру́живать, -пруди́ть *св* **II.** *vr (sich ansammeln)* нака́пливаться, -копи́ться *св*

staunen ['ʃtaʊnən] *vi* удивля́ться, -ви́ться *св;* **ich muss wirklich über dich ~** я про́сто удивля́юсь тебе́

Staupe <-> *f* ZOOL чу́мка *ж*

Stauraum <-(e)s> *m* водохрани́лище *ср; (Platz)* ме́сто *ср* для хране́ния

Stausee <-s, -n> *m* водохрани́лище *ср*

Stauung <-, -en> *f* **1.** *(Verkehrsstau)* про́бка *ж* **2.** MED застóй *м*

Std. [ste:k] *abk von* **Stunde** час *м*

Steak [ste:k] <-s, -s> *nt* натура́льный бифште́кс *м*, антреко́т *м*

Stearin <-s> *nt* стеари́н *м*

stechen ['ʃtɛçən] <stach, gestochen> **I.** *vt* **1.** *(mit einem spitzen Gegenstand)* коло́ть, у- *св* **2.** *(von Insekten)* куса́ть, укуси́ть *св* **3.** *(mit einem Messer)* ударя́ть, уда́рить *св* **II.** *vi* коло́ться *нсв* **III.** *vr* уколо́ться *св;* **ich habe mich in den Finger gestochen** я уколо́л себе́ па́лец

stechend *adj* **1.** *(Schmerz, Blick)* пронзи́тельный **2.** *(Geruch)* ре́зкий

Stechmücke *f* кома́р *м*

Stechuhr <-, -en> *f* контро́льные часы́ *мн*

Steckdose <-, -n> *f* розе́тка *ж*

stecken ['ʃtɛkən] **I.** *vt (hineinstecken)* втыка́ть, воткну́ть *св*, засо́вывать, -су́нуть *св;* **einen Ring an den Finger ~** наде́ть кольцо́ на па́лец **II.** *vi* торча́ть *нсв;* **wo hast du denn gesteckt?** *umg* где ты пропада́л?

stecken bleiben[RR] <irr> *vi* застрева́ть, застря́ть *св*

Steckenpferd *nt* хо́бби *ср*

Stecker <-s, -> *m* ште́псель *м,* ви́лка *ж*

Steckkarte <-, -n> *f* DV сме́нная пла́та *ж*

Steckkontakt <-(e)s, -e> *m* ште́псельный конта́кт *м*

Steckling [ˈʃtɛklɪŋ] <-s, -e> *m* черено́к *м*

Stecknadel <-, -n> *f* була́вка *ж;* **eine ~ im Heuhaufen suchen** *fig* иска́ть иго́лку в сто́ге се́на

Steckverbindung <-, -en> *f* ште́керное соедине́ние *ср*

Steg [ʃteːk] <-(e)s, -e> *m* **1.** *(schmale Brücke)* мо́стик *м* **2.** *(Bootsanlegestelle)* прича́л *м*

Stegreif [ˈʃteːkraɪf] *m* **aus dem ~** без подгото́вки

Stehaufmännchen *nt* нева́ляшка *ж*

Stehcafé [ˈʃteːkafeː] <-s, -s> *nt* кафе́ *ср* со сто́йками

stehen [ˈʃteːən] <stand, gestanden> *vi* стоя́ть *нсв;* **wie stehst du dazu?** как ты к э́тому отно́сишься?; **der Hut steht dir gut** э́та шля́па тебе́ идёт; **im Stehen** сто́я; **an der Tür ~** стоя́ть в дверя́х; **so wahr ich hier stehe** чтоб мне сквозь зе́млю провали́ться; **der Schweiß stand ihr auf der Stirn** у неё вы́ступил пот на лбу; **offen ~** *(Tür, Fenster)* стоя́ть откры́тым; **unter Alkohol/Drogen ~** находи́ться под влия́нием алкого́ля/нарко́тиков; **die Sache steht mir bis hier** *fam* мне всё э́то надое́ло; **jdm nahe ~** быть бли́зким с кем-л.; **die Uhr steht** часы́ останови́лись; **zu seinem Versprechen ~** сдержа́ть обеща́ние

stehen bleiben[RR] <irr> *vi* остана́вливаться, -нови́ться *св*

Steherrennen <-s, -> *nt* SPORT *(Radsport)* го́нка *ж* за ли́дером

Stehlampe *f* торше́р *м*

stehlen [ˈʃteːlən] <stahl, gestohlen> *vt* красть, укра́сть *св*

Stehplatz <-(e)s, -plätze> *m* стоя́чее ме́сто *ср*

steif [ʃtaɪf] *adj* **1.** *(starr)* жёсткий **2.** *fig (förmlich)* натя́нутый; **ein ~er Empfang** подчёркнуто официа́льный приём

Steifheit <-> *f* жёсткость *ж*

Steigbügel <-s, -> *m* стре́мя *ср*

Steigeisen <-s, -> *nt* ко́шки *мн*

steigen [ˈʃtaɪgən] <stieg, gestiegen> *vi (sich nach oben bewegen, anwachsen)* поднима́ться, -ня́ться *св;* **auf einen Turm ~** подня́ться на ба́шню; **aufs Fahrrad ~** сесть на велосипе́д; **vom Fahrrad ~** слезть с велосипе́да; **in den Bus/Zug/ins Auto ~** сесть в авто́бус/на по́езд/в маши́ну; **aus dem Zug/Bus ~** вы́йти из по́езда/авто́буса; **die Temperatur ist auf 30 Grad/um 5 Grad gestiegen** температу́ра подняла́сь до тридцати́ гра́дусов/на пять гра́дусов; **die Aktien sind gestiegen** а́кции подняли́сь (в цене́); **die Tränen stiegen ihr in die Augen** у неё на глаза́ наверну́лись слёзы

Steiger <-s, -> *m* BERGB го́рный ма́стер *м*

steigern [ˈʃtaɪgɐn] **I.** *vt (vergrößern)* увели́чивать, -чить *св* **II.** *vr (sich intensivieren)* увели́чиваться, -читься *св*

Steigerung <-, -en> *f* повыше́ние *ср,* увеличе́ние *ср;* LING *(des Adjektivs)* сте́пень *ж* сравне́ния

Steigerungsrate <-, -n> *f* те́мпы *мн* увеличе́ния

Steigung <-, -en> *f* подъём *м,* накло́н *м*

steil [ʃtaɪl] *adj* круто́й

Steilheit <-> *f* крутизна́ *ж*

Steilküste <-, -n> *f* круто́й бе́рег *м*

Steilpass <-es, -pässe> *m* SPORT высо́кий пас *м,* навесна́я переда́ча *ж*

Steilufer <-s, -> *nt* круто́й бе́рег *м*

Stein [ʃtaɪn] <-(e)s, -e> *m* **1.** *(allg)* ка́мень *м* **2.** *(Spielstein)* ша́шка *ж* **3.** MED ка́мень *м*

Steinadler <-s, -> *m* бе́ркут *м*

steinalt *adj* о́чень ста́рый

Steinbock <-(e)s, -böcke> *m* **1.** *(Tier)* го́рный козёл *м* **2.** ASTR Козеро́г *м*

Steinbruch <-(e)s, -brüche> *m* каменоло́мня *ж*

steinern [ˈʃtaɪnɐn] *adj (aus Stein, auch fig)* ка́менный

Steinfrucht <-, -früchte> *f* ко́сточковый плод *м*

Steingut <-(e)s> *nt* фая́нс *м*

steinhart [ˈ-ˈ-] *adj* твёрдый как ка́мень

steinig *adj* камени́стый

steinigen *vt* заброса́ть камня́ми

Steinkohle <-> *f* ка́менный у́голь *м*

Steinkohlenbergbau <-s> *m* каменноу́гольная промы́шленность *ж*

Steinkohlenbergwerk <-(e)s, -e> *nt* каменноу́гольная ша́хта *ж*

Steinmarder <-s, -> *m* ка́менная куни́ца *ж*

Steinmetz [ˈʃtaɪnmɛts] <-en, -en> *m* каменотёс *м*

Steinobst <-(e)s> *nt* ко́сточковый плод *м*

steinreich *adj* **1.** *(sehr reich)* о́чень бога́тый **2.** *(steinig)* бога́тый ка́мнем

Steinzeit <-> *f* ка́менный век *м*

Steißbein <-(e)s, -e> *nt* ко́пчик *м*

Steißlage <-> *f* MED я́годичное предлежа́ние *ср* (утро́бного плода́)

Stele <-, -n> *f* сте́ла *ж*

Stelle [ˈʃtɛlə] <-, -n> *f* **1.** *(Ort)* ме́сто *ср;* **an deiner ~ ...** на твоём ме́сте ...; **an erster ~** в пе́рвую о́чередь; **an Ort und ~ sein** быть на ме́сте; **an ~ von etw/jdm** вме́-

сто чего́-л./кого́-л.; **auf der ~** *(sofort)* неме́дленно; **(ich) an deiner ~ ...** я бы на твоём ме́сте ... **2.** *(Arbeitsstelle)* рабо́та *ж,* до́лжность *ж;* **eine ~ ausschreiben** объявля́ть ко́нкурс на замеще́ние вака́нтной до́лжности; **eine freie ~ nachbesetzen** занима́ть вака́нтное ме́сто; **eine ~ suchen** иска́ть рабо́ту; **freie ~** вака́нтное ме́сто **3.** *(Dienststelle)* инста́нция *ж,* учрежде́ние *ср* **4.** *(Textstelle)* отры́вок *м*

stellen [ˈʃtɛlən] **I.** *vt* **1.** *(hinstellen)* ста́вить, по- *св;* **die Uhr ~** завести́ часы́; **auf sich selbst gestellt sein** рассчи́тывать то́лько на себя́ **2.** *(erstellen)* составля́ть, -ста́вить *св* **3.** *(Personen)* аресто́вывать, -това́ть *св* **II.** *vr* **sich ~ 1.** *(einen Zustand vortäuschen)* притворя́ться, притвори́ться *св* **2.** *(sich hinstellen)* станови́ться, встать *св;* **sich auf Zehenspitzen ~** встать на цы́почки **3.** *(sich freiwillig melden)* явля́ться, яви́ться *св;* **sich ans Fenster ~** встать к окну́; **sich krank ~** притворя́ться больны́м

Stellenabbau <-s> *m* сокраще́ние *ср* рабо́чих мест

Stellenangebot <-(e)s, -e> *nt* предложе́ние *ср* рабо́ты

Stellenanzeige <-, -n> *f* объявле́ние *ср* о на́йме на рабо́ту

Stellenbeschreibung <-, -en> *f* характери́стика *ж* рабо́чего ме́ста

Stellengesuch <-(e)s, -e> *nt* заявле́ние *ср* о предоставле́нии рабо́ты

Stellenplan <-(e)s, -pläne> *m* шта́тное расписа́ние *ср*

Stellensuche <-> *f* по́иск *м* рабо́ты

Stellenvermittlung *f (Einrichtung)* би́ржа *ж* труда́

Stellung <-en> *f* положе́ние *ср,* сто́йка *ж*

stellungslos *adj* безрабо́тный

Stellungssuchende(r) <-n, -n> *f(m)* и́щущая *ж,* и́щущий *м* рабо́ту

stellvertretend *adj* замеща́ющий; **der ~e Vorsitzende** замести́тель председа́теля

Stellvertreter(in) <-s, -> *m(f)* замести́тель *м,* замести́тельница *ж*

Stellvertretung <-, -en> *f* замести́тельство *ср;* **in ~ des Direktors** исполня́ющий обя́занности дире́ктора

Stelze [ˈʃtɛltsə] <-, -n> *f* ходу́ля *ж;* **~n laufen** ходи́ть на ходу́лях

Stemmbogen <-s, -bögen> *m* SPORT *(Ski)* поворо́т *м* полуплу́гом

stemmen [ˈʃtɛmən] **I.** *vt (in die Höhe)* поднима́ть, -ня́ть *св* **II.** *vr* упира́ться, упере́ться *св* в

Stempel [ˈʃtɛmpəl] <-s, -> *m* **1.** *(Gerät, Abdruck)* печа́ть *ж,* штамп *м* **2.** BOT пе́стик *м* **3.** *(Poststempel)* ште́мпель *м*

Stempelkissen <-s, -> *nt* ште́мпельная поду́шка *ж*

stempeln *vt* ста́вить, по- *св* печа́ть

Stengel[Alt] <-s, -> *m s.* **Stängel**

Stenoblock <-(e)s, -blöcke> *m* блокно́т *м* стенографи́ста

Stenograf[RR]**(in)** [ʃtenoˈgraːf] <-en, -en; -, -nen> *m(f)* стенограф *м*

Stenografie[RR] [ʃtenograˈfiː] <-> *f* стеногра́фия *ж*

stenografieren[RR] [ʃtenograˈfiːrən] *vt* стенографи́ровать, за- *св*

Stenograph(in) <-en, -en; -, -nen> *m(f) s.* **Stenograf**

Stenographie <-, -n> *f s.* **Stenografie**

stenographieren *vi, vt s.* **stenografieren**

Step[Alt] [ʃtɛp] <-s, -s> *m,* **Stepp**[RR] [ʃtɛp] <-s, -s> *m* степ *м*

Steppdecke <-, -n> *f* стёганое одея́ло *ср*

Steppe [ˈʃtɛpə] <-, -n> *f* степь *ж*

sterben [ˈʃtɛrbən] <starb, gestorben> *vi* умира́ть, умере́ть *св* от

Sterberate <-, -n> *f* сме́ртность *ж*

Sterbesakramente <-> *pl* REL после́днее прича́стие *ср*

sterblich *adj* сме́ртный; **~e Überreste** *geh* бре́нные оста́нки *мн*

Sterblichkeit <-> *f* сме́ртность *ж*

Sterblichkeitsziffer <-, -n> *f* число́ *ср* уме́рших, да́нные *pl* о сме́ртности

stereo [ˈʃteːreo] *adj* стереофони́ческий

Stereo [ˈʃteːreo] <-s> *nt ohne pl* сте́рео *ср*

Stereoanlage <-, -n> *f* стереофони́ческая установка *ж,* стереоустано́вка *ж*

stereotyp [ʃtereoˈtyːp] *adj* стереоти́пный

Stereotyp [ʃtereoˈtyːp] <-s, -e> *nt* стереоти́п *м*

steril [ʃteˈriːl] *adj* **1.** *(keimfrei)* стери́льный **2.** MED *(unfruchtbar)* беспло́дный

Sterilisation [ʃterilizaˈt͡si̯oːn] <-, -en> *f* стерилиза́ция *ж*

sterilisieren [ʃteriliˈziːrən] *vt* стерилизова́ть *(н)св*

Sterilisierung <-> *f* стерилиза́ция *ж*

Sterilität [ʃteriliˈtɛːt] <-> *f* стери́льность *ж*

Stern [ʃtɛrn] <-(e)s, -e> *m* звезда́ *ж*

Sternbild <-(e)s, -er> *nt* созве́здие *ср*

sternenklar *adj* звёздный

Sternkunde <-> *f* астроно́мия *ж*

Sternschnuppe <-, -n> *f* па́дающая звезда́ *ж*

Sternwarte [ˈʃtɛrnvartə] <-, -n> *f* обсервато́рия *ж*

Sternzeichen <-s, -> *nt* знак *м* Зодиа́ка

Steroid <-(e)s, -e> *nt* стеро́ид *м*

Stethoskop <-s, -e> *nt* MED стетоско́п *м*

stetig [ˈʃteːtɪç] *adj* постоя́нный

Stetigkeit <-> *f* постоя́нство *ср*

stets [ʃteːts] *adv* всегда́

Steuer[1] [ˈʃtɔɪɐ] <-s, -> *nt* **1.** *(Lenkrad)* руль *м* **2.** *(Ruder)* штурва́л *м;* **am ~ sitzen** сиде́ть за рулём

Steuer[2] [ˈʃtɔɪɐ] <-, -n> *f (Abgabe)* нало́г *м;* **~n abführen** плати́ть нало́ги; **etwas von der**

S

~ **absetzen** вы́считать из нало́га; **nach Abzug der ~** за вы́четом нало́га; **etwas mit einer ~ belegen** облага́ть нало́гом; **direkte ~** прямо́й нало́г; **~n erheben** взима́ть нало́ги; **die ~n erhöhen** повыша́ть нало́г; **gestaffelte ~** дифференци́рованный нало́г; **Gewinn vor ~n** при́быль без вы́чета нало́гов; **~n hinterziehen** укрыва́ться от упла́ты нало́гов; **indirekte ~** ко́свенный нало́г; **örtliche ~** ме́стный нало́г; **progressive ~** прогресси́вный нало́г; **die ~n senken** снижа́ть нало́ги; **die ~n umgehen** уклоня́ться от упла́ты нало́гов; **der ~ unterliegen** подлежа́ть налогообложе́нию; **die ~ veranlagen** устана́вливать разме́р нало́га

Steuerabwälzung <-> *f* перекла́дывание *ср* нало́га

Steuerabzug <-(e)s, -abzüge> *m* удержа́ние *ср* нало́га из зарпла́ты

Steueramnestie <-> *f* нало́говая амни́стия *ж*

Steueraufkommen <-s, -> *nt* нало́говые поступле́ния *мн*

Steuerausfall <-(e)s, -ausfälle> *m* нало́говая недои́мка *ж*

Steuerbefehl <-(e)s, -e> *m* DV кома́нда *ж* управле́ния

steuerbefreit *adj* освобождённый от упла́ты нало́гов

Steuerbefreiung <-, -en> *f* освобожде́ние *ср* от упла́ты нало́гов

steuerbegünstigt *adj* по́льзующийся нало́говыми льго́тами

Steuerbehörde <-, -n> *f* нало́говое управле́ние *ср*

Steuerbelastung <-> *f* нало́говое обложе́ние *ср*, налогообложе́ние *ср*

Steuerbemessungsgrundlage <-> *f* ба́зис *м* нало́говых расчётов

Steuerberater(in) <-s, -> *m(f)* консульта́нт *м* по нало́говым вопро́сам

Steuerbescheid <-(e)s, -e> *m* платёжное извеще́ние *ср* нало́гового управле́ния

Steuerbetrag <-(e)s, -beträge> *m* су́мма *ж* нало́га

Steuerbilanz <-, -en> *f* нало́говый бала́нс *м*

Steuerbord [ˈʃtɔɪɐbɔrt] <-(e)s> *nt* пра́вый борт *м*

Steuereinnahmen <-> *pl* дохо́ды *мн* от нало́гов

Steuererklärung <-, -en> *f* нало́говая деклара́ция *ж*

Steuererlass <-es> *m* освобожде́ние *ср* от упла́ты нало́га

Steuererleichterung <-, -en> *f* сниже́ние *ср* нало́га

Steuerermäßigung <-, -en> *f* уменьше́ние *ср* нало́гов

Steuererstattung <-, -en> *f* возвраще́ние *ср* нало́гов

Steuerfachgehilfe <-n, -> *m*, **Steuerfachgehilfin** *f* помо́щник *м*, помо́щница *ж* консульта́нта по нало́говым дела́м

Steuerflucht <-> *f* уклоне́ние *ср* от упла́ты нало́га

Steuerformular <-s, -e> *nt* нало́говая деклара́ция *ж* (формуля́р)

Steuerfreibetrag <-(e)s, -beträge> *m* су́мма *ж*, не облага́емая нало́гом

Steuerfreistellung <-, -en> *f* освобожде́ние *ср* от налогообложе́ния

Steuergerechtigkeit <-> *f* справедли́вое нало́гообложе́ние *ср*

Steuergesetze <-> *pl* нало́говое законода́тельство *ср*

Steuerhinterziehung <-, -en> *f* уклоне́ние *ср* от упла́ты нало́гов

Steuerklasse <-, -n> *f* класс *м* налогообложе́ния

Steuerlast <-> *f* бре́мя *ср* нало́гов

Steuerlehre <-> *f* тео́рия *ж* налогообложе́ния

steuerlich *adj* нало́говый

Steuermann <-(e)s, -leute o -männer> *m* NAUT, SPORT рулево́й *м*

Steuermannspatent <-(e)s, -e> *nt* MAR шту́рманское свиде́тельство *ср*

steuern [ˈʃtɔɪɐn] *vt* управля́ть *нсв;* **etw ~** управля́ть чем-л.

Steuernachlass <-es> *m* нало́говая ски́дка *ж*

Steueroase <-, -n> *f* нало́говый „оа́зис“ *м*

Steuerparadies <-es, -e> *nt umg* нало́говый „оа́зис“ *м*

Steuerpflicht <-> *f* нало́говая обя́занность *ж*

steuerpflichtig *adj* облага́емый нало́гом; **~es Einkommen** дохо́д, облага́емый нало́гами; **~er Gewinn** при́быль, облага́емая нало́гами

Steuerpflichtige(r) <-n, -n> *f(m)* налогообя́занное лицо́ *ср*

Steuerpolitik <-> *f* поли́тика *ж* налогообложе́ния

Steuerprogression <-> *f* нало́говая прогре́ссия *ж*

Steuerprüfer(in) *m(f)* ревизо́р *м*

Steuerquelle <-, -n> *f* нало́говый исто́чник *м*

Steuerquote <-, -n> *f* до́ля *ж* нало́говых поступле́ний

Steuerreform <-, -en> *f* рефо́рма *ж* нало́говой систе́мы

Steuerrückerstattung <-, -en> *f* возвра́т *м* нало́гов

Steuerruder *nt* NAUT рулево́й *м*

Steuersatz <-es, -sätze> *m* ста́вка *ж* налогообложе́ния

Steuerschraube <-, -n> *f* нало́говый пресс *м;* **die ~ anziehen** увели́чить бре́мя нало́гов
Steuerschuld <-> *f* задо́лженность *ж* по нало́гу
Steuerschuldner <-s, -> *m* нало́говый должни́к *м*
Steuersignal <-(e)s, -e> *nt* TECH управля́ющий сигна́л *м*
Steuerstundung <-, -en> *f* отсро́чка *ж* упла́ты нало́гов
Steuersubjekt <-(e)s> *nt* субъе́кт *м* налогообложе́ния
Steuersünder <-s, -> *m umg* лицо́ *ср*, уви́ливающее от нало́гов
Steuersystem <-(e)s, -e> *nt* систе́ма *ж* налогообложе́ния
Steuertarif <-(e)s, -e> *m* тари́ф *м* налогообложе́ния
Steuerüberwälzung <-> *f* перекла́дывание *ср* нало́га
Steuerung <-, -en> *f* **1.** TECH *(das Steuern)* управле́ние *ср;* **~ eines Produktionsprozesses** управле́ние произво́дственным проце́ссом; **~ eines Unternehmens** управле́ние фи́рмой **2.** *(Steuergerät)* управля́ющее устро́йство *ср*
Steuerungselektronik <-> *f* электро́нная систе́ма *ж* управле́ния
Steuerveranlagung <-, -en> *f* определе́ние *ср* су́ммы нало́гов
Steuervergünstigung <-, -en> *f* нало́говая привиле́гия *ж*
Steuervergütung <-, -en> *f* возвра́т *м* (ча́сти) упла́ченных нало́гов
Steuervermeidung <-> *f* уклоне́ние *ср* от упла́ты нало́гов
Steuerverwaltung <-> *f* нало́гово-фина́нсовое управле́ние *ср*
Steuerzahler(in) <-s, -> *m(f)* налогоплате́льщик *м*, налогоплате́льщица *ж*
Steuerzeichen <-s, -> *nt* DV ме́тка *ж*, ма́ркер *м*
Steward ['stju:ɐt] <-s, -s> *m* стюа́рд *м*
Stewardess[RR] ['stju:ɐdɛs] <-, -en> *f*, **Stewardeß**[Alt] <-, -dessen> *f* стюарде́сса *ж*
stibitzen [ʃti'bɪtsən] *vt fam* ворова́ть, таска́ть
Stich [ʃtɪç] <-(e)s, -e> *m* **1.** *(einer Nadel, eines Dornes)* уко́л *м* **2.** *(eines Messers)* уда́р *м* **3.** *(eines Insekts)* уку́с *м* **4.** *(stechender Schmerz)* ко́лющая боль *ж* **5.** *(Kupferstich)* гравю́ра *ж;* **jdn im ~ lassen** бро́сить кого́-л. на произво́л судьбы́
Stichelei [ʃtɪçə'laɪ] <-, -en> *f* ко́лкости *мн*
stichhaltig *adj* убеди́тельный, обосно́ва́тельный
Stichhaltigkeit <-> *f* основа́тельность *ж*
Stichling ['ʃtɪçlɪŋ] <-s, -e> *m* колю́чка *ж*
Stichprobe <-, -n> *f* вы́борочный контро́ль *м;* **~n machen** проверя́ть на вы́борку, подверга́ть вы́борочному контро́лю
Stichpunkt <-(e)s, -e> *m* ключево́й те́зис *м*
Stichtag <-(e)s, -e> *m* день *м* выполне́ния, день *м* платежа́
Stichwort <-(e)s, -wörter> *nt* **1.** *(im Wörterbuch)* загла́вное сло́во *ср*, слова́рная статья́ *ж* **2.** *(Wort als Gedächtnisstütze)* ключево́е сло́во *ср*
Stichwunde *f (Messer)* ра́на *ж* от ножа́
sticken ['ʃtɪkən] *vt* вышива́ть, вы́шить *св*
Stickerei [ʃtɪkə'raɪ] <-, -en> *f* вы́шивка *ж*
stickhältig *adj* **1.** *österr (stichhaltig)* основа́тельный **2.** обосно́ванный
stickig ['ʃtɪkɪç] *adj (muffig)* ду́шный
Sticknadel *f* иго́лка *ж* для вышива́ния
Stickstoff ['ʃtɪkʃtɔf] <-(e)s> *m* азо́т *м*
Stickstoffdünger <-s> *m* азо́тистое удобре́ние *ср*
Stiefbruder ['ʃti:fbru:dɐ] <-s, -brüder> *m* сво́дный брат *м*
Stiefel ['ʃti:fəl] <-s, -> *m* сапо́г *м*
Stiefeltern *pl* приёмные роди́тели *мн*
Stiefkind <-(e)s, -er> *nt* неродно́й ребёнок *м*
Stiefmutter <-, -mütter> *f* ма́чеха *ж*
Stiefschwester <-, -n> *f* сво́дная сестра́ *ж*
Stiefvater <-s, -väter> *m* о́тчим *м*
stieg [ʃti:k] *prät von* **steigen**
Stiegenhaus <-es, -häuser> *nt A (Treppenhaus)* ле́стничная кле́тка *ж*
Stiel [ʃti:l] <-(e)s, -e> *m* **1.** BOT *(Stängel)* сте́бель *м* **2.** *(eines Besens)* ру́чка *ж*
stieläugig *adj* вы́таращивший глаза́
Stier <-(e)s, -e> *m* **1.** *(Bulle)* бык *м* **2.** ASTR Теле́ц *м*
Stierkampf *m* бой *м* быко́в, корри́да *ж*
stieß [ʃti:s] *prät von* **stoßen**
Stift [ʃtɪft] <-(e)s, -e> *m* **1.** *(zur Befestigung)* штифт *м*, штырь *м* **2.** *(Schreib-/Zeichenstift)* каранда́ш *м*
stiften ['ʃtɪftən] *vt* **1.** *(Preis)* учрежда́ть, -реди́ть *св* **2.** *(gründen)* осно́вывать, -нова́ть *св;* **Verwirrung ~** вы́звать замеша́тельство; **Frieden ~** установи́ть мир
Stifter(in) <-s, -; -nen> *m(f) (Gründer)* основа́тель *м*
Stiftung <-, -en> *f* **1.** JUR *(Schenkung)* поже́ртвование *ср* **2.** *(Institution)* фонд *м* **3.** *(Prozess)* основа́ние *ср*, учрежде́ние *ср*
Stil [ʃti:l] <-(e)s, -e> *m* стиль *м*
Stilbruch <-(e)s, -brüche> *m* наруше́ние *ср* сти́ля
Stilgefühl <-(e)s> *nt* чу́вство *ср* сти́ля, вкус *м*
stilgetreu *adj* соотве́тствующий (определённому) сти́лю
stilisieren [ʃtili'zi:rən] *vt* стилизова́ть
Stilistik [ʃti'lɪstɪk] <-> *f* стили́стика *ж*

stilistisch [ʃti'lɪstɪʃ] *adj* стилисти́ческий
still [ʃtɪl] *adj* **1.** *(ruhig, leise)* ти́хий **2.** *(reglos)* споко́йный; **im ~en** *(unbemerkt)* тайко́м; **sei doch endlich ~** замолчи́ же наконе́ц
Stille ['ʃtɪlə] <-> *f (Ruhe)* тишина́ *ж*, споко́йствие *ср*
Stilleben^Alt <-s, -> *nt s.* **Stillleben**
stillegen^Alt *vt s.* **stilllegen**
Stillegung^Alt <-, -en> *f s.* **Stilllegung**
stillen ['ʃtɪlən] *vt* **1.** *(Säugling)* корми́ть, по- *св* гру́дью **2.** *(Hunger, Durst)* утоля́ть, -ли́ть *св*
Stillleben^RR <-s, -> *nt* натюрмо́рт *м*
stilllegen^RR *vt (Betrieb)* закрыва́ть, -кры́ть *св*
Stilllegung^RR <-, -en> *f* закры́тие *ср*; **~ eines Betriebes** закры́тие предприя́тия; **~ einer Maschine** остано́вка *ж* станка́
Stillschweigen <-s> *nt* молча́ние *ср*
stillschweigend *adj* молчали́вый
Stillstand <-(e)s> *m* засто́й *м*; TECH просто́й *м*
stillstehen <irr> *vi* **stillgestanden!** MIL сми́рно!
stillvergnügt *adj* удовлетворённый
Stilmöbel <-s, -> *nt* сти́льная ме́бель *ж*
stilvoll *adj* элега́нтный
Stimmband <-(e)s, -bänder> *nt* голосова́я свя́зка *ж*
Stimmbandentzündung <-, -en> *f* воспале́ние *ср* голосовы́х свя́зок
stimmberechtigt *adj* име́ющий пра́во го́лоса
Stimme ['ʃtɪmə] <-, -n> *f* го́лос *м*; **jdm seine ~ geben** *(jdn wählen)* отда́ть за кого́-л. свой го́лос
stimmen ['ʃtɪmən] **I.** *vi* **1.** *(richtig sein)* быть *нсв* пра́вильным; **stimmt das?** пра́вильно?; **stimmt so!** *(beim Geben von Trinkgeld)* без сда́чи! **2.** *(bei einer Wahl)* голосова́ть, про- *св* за **II.** *vt (Instrument)* настра́ивать, -стро́ить *св*; **jdn versöhnlich ~** настра́ивать кого́-л. примири́тельно; **jdn traurig ~** расстро́ить кого́-л.
Stimmenabgabe <-, -n> *f* голосова́ние *ср*
Stimmenauszählung <-> *f* подсчёт *м* голосо́в
Stimmengewinn <-s> *m* увеличе́ние *ср* числа́ голосо́в
Stimmengewirr <-s> *nt* гул *м* голосо́в
Stimmenmehrheit <-> *f* большинство́ *ср* голосо́в
Stimmenverlust <-(e)s, -e> *m* поте́ря *ж* голосо́в
stimmhaft *adj* зво́нкий
Stimmigkeit <-> *f* соотве́тствие *ср*, согласо́ванность *ж*
stimmlich *adj* MUS голосово́й
stimmlos *adj (Laut)* глухо́й
Stimmrecht <-(e)s> *nt* избира́тельное пра́во *ср*, пра́во *ср* го́лоса; **eine Aktie ohne ~** безголо́сая а́кция; **von seinem ~ Gebrauch machen** по́льзоваться пра́вом го́лоса
Stimmrechtsaktie <-, -n> *f* многоголо́сая а́кция *ж*
Stimmritze <-, -n> *f* ANAT голосова́я щель *ж*
Stimmung <-, -en> *f (Gemütsverfassung)* настрое́ние *ср*; **in ~ sein** *(in guter Laune sein)* быть в хоро́шем настрое́нии; **in guter/schlechter ~** в хоро́шем/плохо́м настрое́нии
Stimmungswandel <-s> *m* измене́ние *ср* настрое́ния
Stimmverlust <-(e)s, -e> *m* поте́ря *ж* го́лоса
Stimmzettel <-s, -> *m* избира́тельный бюллете́нь *м*
stimulieren [ʃtimu'li:rən] *vt* стимули́ровать *нсв*
Stimulus <-, Stimuli> *m* сти́мул *м*
stinken ['ʃtɪŋkən] <stank, gestunken> *vi* воня́ть *нсв*; **hier stinkt es** здесь воня́ет
stinkfaul ['-'-] *adj umg* ужа́сно лени́вый
stinklangweilig *adj umg* ужа́сно ску́чный
stinksauer *adj umg* ужа́сно недово́льный
Stinktier *nt* скункс *м*
Stipendiat [ʃtipɛn'dja:t] <-en, -en> *m* стипендиа́т *м*
Stipendium [ʃti'pɛndiʊm] <-s, Stipendien> *nt* стипе́ндия *ж*
Stirn [ʃtɪrn] <-, -en> *f* лоб *м*; **die ~ runzeln** мо́рщить лоб
Stirnbein <-(e)s, -e> *nt* ANAT ло́бная кость *ж*
Stirnhöhlenentzündung <-, -en> *f* воспале́ние *ср* ло́бной па́зухи
stöbern ['ʃtœ:bɐn] *vi* ры́ться *нсв* в по́исках, копа́ться *нсв*
stochern ['ʃtɔxɐn] *vi* ковыря́ть *нсв* в
Stock [ʃtɔk] <-(e)s, Stöcke> *m* **1.** *(allg)* па́лка *ж* **2.** *(Blumenstock)* куст *м* **3.** *(Spazierstock)* па́лка *ж*, трость *ж* **4.** *(Stockwerk)* эта́ж *м*; **er wohnt im vierten ~** он живёт на пя́том этаже́ **5.** *CH (Kartoffelbrei)* карто́фельное пюре́ *ср*
stockbesoffen *adj umg* вдрызг пья́ный
Stockdividende <-, -n> *f* BÖRSE дивиде́нд *м* в фо́рме а́кций
stockdumm *adj umg* глу́пый как пень
stockdunkel *adj fam* тёмный как ночь
Stöckelabsatz *m* каблу́к *м*
Stöckelschuh <-(e)s, -e> *m* ту́фля *ж* на высо́ком каблуке́
stocken ['ʃtɔkən] *vi* **1.** *(aussetzen)* замира́ть, -мере́ть *св* **2.** *(beim Sprechen innehalten)* запина́ться, запну́ться *св*
stockfinster *adj* соверше́нно тёмный
Stockfisch *m* копчёная треска́ *ж*
Stockholm ['ʃtɔkhɔlm] <-s> *nt* Стокго́льм *м*
stockkonservativ *adj umg* соверше́нно кон-

сервати́вный
Stockschirm <-(e)s, -e> *m* нескладно́й зонт *м*
stocktaub *adj umg* соверше́нно глухо́й
Stockwerk <-(e)s, -e> *nt* эта́ж *м*
Stoff [ʃtɔf] <-(e)s, -e> *m* **1.** *(Gewebe)* ткань *ж* **2.** *(Materie, Substanz)* вещество́ *ср*, материа́л *м* **3.** *(Inhalt, Grundlage)* материа́л *м*, те́ма *ж* **4.** *umg (Rauschgift)* нарко́тики *мн*
Stoffbahn <-, -en> *f* отре́з *м* тка́ни
Stoffel <-s, -> *m pej* о́лух *м*
stofflich *adj* материа́льный
Stoffrest <-(e)s, -e> *m* оста́ток *м* тка́ни
Stofftier *nt (Plüschtier)* плю́шевая игру́шка *ж*
Stoffwechsel <-s> *m* обме́н *м* веще́ств
Stoffwechselprodukt <-(e)s, -e> *nt* проду́кт *м* обме́на веще́ств
stöhnen [ˈʃtøːnən] *vi* стона́ть, за- *св*
Stollen [ˈʃtɔlən] <-s, -> *m* BERGB што́льня *ж*
stolpern [ˈʃtɔlpɐn] *vi auch fig* спотыка́ться, споткну́ться о́ *св*
stolz [ʃtɔlts] *adj* го́рдый; **ich bin ~ auf dich** я горжу́сь тобо́й
Stolz <-es> *m* го́рдость *ж*
stop[RR] *interj* стой!, останови́сь!
stopfen [ˈʃtɔpfən] *vt* **1.** *(Strümpfe)* што́пать, за- *св*; **etw in die Tasche ~** запихну́ть что-л. в су́мку; **etw mit etw ~** набива́ть что-л. чем-л. **2.** *(zustopfen)* затыка́ть, заткну́ть *св*
Stopfgarn *nt* што́пка *ж*
stopp[Alt] [ʃtɔp] *interj s.* **stop**
Stoppel [ˈʃtɔpəl] <-, -n> *f meist pl:* **1.** *(von Getreide)* жнивьё *ср* **2.** *(des Bartes)* щети́на *ж*
Stoppelfeld <-(e)s, -er> *nt* жнивьё *ср (по́ле)*
stoppen [ˈʃtɔpən] **I.** *vt (anhalten)* остана́вливать, -нови́ть *св* **II.** *vi (innehalten)* остана́вливаться, -нови́ться *св*
Stoppschild <-(e)s, -er> *nt* стоп-знак *м*
Stoppuhr <-, -en> *f* секундоме́р *м*
Stöpsel [ˈʃtœpsəl] <-s, -> *m* **1.** *(für Flaschen)* про́бка *ж* **2.** EL ште́псель *м*
Stör [ʃtøːɐ] <-(e)s, -e> *m* осётр *м*
Storch [ʃtɔrç] <-(e)s, Störche> *m* а́ист *м*
stören [ˈʃtøːrən] *vt* меша́ть, по- *св*; **jdn bei der Arbeit ~** меша́ть кому́-л. рабо́тать; **störe ich?** я меша́ю?
Störenfried [ˈʃtøːrənfriːt] <-(e)s, -e> *m* наруши́тель *м* споко́йствия
stornieren *vt* сторни́ровать; **einen Auftrag ~** аннули́ровать зака́з; **eine Rechnung ~** сторни́ровать счёт
Storno [ˈʃtɔrno] <-s, Storni> *nt* ÖKON сто́рно *ср*, аннули́рование *ср*
störrisch [ˈʃtœrɪʃ] *adj* упря́мый
Störung <-, -en> *f* **1.** *(Ordnung, Frieden)* наруше́ние *ср* **2.** *(Arbeit)* поме́ха *ж* **3.** RUNDF поме́ха *ж* **4.** TECH сбой *м*, неиспра́вность *ж*; **eine ~ beheben** устрани́ть неиспра́вность
störungsfrei *adj* безотка́зный
Störungsstelle <-, -n> *f* TELKOM слу́жба *ж* ремо́нта телефо́нов
Stoß [ʃtoːs] <-es, Stöße> *m* **1.** *(Schlag)* толчо́к *м*, уда́р *м* **2.** *(Stapel)* сто́пка *ж*
Stoßdämpfer <-s, -> *m* амортиза́тор *м*
Stößel [ˈʃtøːsəl] <-s, -> *m* пе́стик *м*
stoßen [ˈʃtoːsən] <stieß, gestoßen> **I.** *vt (einen Stoß geben)* толка́ть, -кну́ть *св*; **jdn in die Seite ~** толкну́ть кого́-л. в бок; **jdn ins Wasser ~** столкну́ть кого́-л. в во́ду **II.** *vi (auf etw treffen)* натыка́ться, наткну́ться *св* на **III.** *vr (sich wehtun)* ударя́ться, уда́риться *св*
Stoßstange <-, -n> *f* ба́мпер *м*
stoßweise *adv* толчка́ми
Stoßzahn <-(e)s, -zähne> *m* клык *м*
stottern [ˈʃtɔtɐn] *vi (Mensch)* заика́ться *нсв*
Str. *abk von* **Straße** у́лица *ж*
Strafandrohung <-, -en> *f* угро́за *ж* наказа́ния
Strafanstalt <-, -en> *f* ме́сто *ср* заключе́ния
Strafanzeige <-, -n> *f* заявле́ние *ср* о совершённом преступле́нии или правонаруше́нии
Strafaufschub <-(e)s> *m* отсро́чка *ж* наказа́ния
Strafaussetzung <-> *f* усло́вное осужде́ние *ср*
Strafbank *f* SPORT запасна́я скаме́йка *ж*
strafbar *adj* наказу́емый
Strafbarkeit <-> *f* наказу́емость *ж*
Strafbefehl <-(e)s> *m* JUR распоряже́ние *ср* суда́ о наложе́нии взыска́ния
Strafe [ˈʃtraːfə] <-, -n> *f* **1.** *(Bestrafung)* наказа́ние *ср*; **eine ~ androhen** угрожа́ть наказа́нием; **eine harte ~** суро́вое наказа́ние; **eine milde ~** мя́гкое наказа́ние; **(un)gerechte ~** (не)справедли́вое наказа́ние **2.** *(Geldbuße)* штраф *м*; **~ zahlen** плати́ть штраф
strafen [ˈʃtraːfən] *vt* нака́зывать, -каза́ть *св*; **jdn Lügen ~** уличи́ть кого́-л. во лжи
Strafentlassene(r) <-n, -n> *f(m)* отбы́вшая *ж*, отбы́вший *м* наказа́ние
straff [ʃtraf] *adj (gespannt)* туго́й, натя́нутый
straffällig [ˈʃtraːffɛlɪç] *adj* **~ werden** нару́шить зако́н
straffen *vr* **sich ~** выпрямля́ться
Straffheit <-> *f* ту́гость *ж*, натяже́ние *ср*
Strafgefangene(r) <-n, -n> *f(m)* заключённый *м*, заключённая *ж*
Strafgesetzbuch <-(e)s> *nt* уголо́вный ко́декс *м*
Strafkammer <-> *f* уголо́вная пала́та *ж*
sträflich [ˈʃtrɛːflɪç] *adj* непрости́тельный; **das war ~er Leichtsinn** преступное легко-

S

мы́слие *ср*

Sträfling [ˈʃtrɛːflɪŋ] <-s, -e> *m* заключённый *м*

straflos *adj* безнака́занный

Strafmaß <-es> *nt* ме́ра *ж* наказа́ния

Strafmilderung *f* смягче́ние *ср* наказа́ния

strafmündig *adj* JUR доста́точно взро́слый для привлече́ния к отве́тственности

Strafporto <-s> *nt* почто́вая допла́та *ж*

StrafprozessRR <-es, -e> *m* уголо́вный проце́сс *м*

StrafprozessordnungRR <-, -en> *f* JUR уголо́вно-процессуа́льный ко́декс *м*

Strafraum <-(e)s> *m* *(Fußball)* штрафна́я пло́щадь *ж*

Strafrecht <-(e)s> *nt* уголо́вное пра́во *ср*

strafrechtlich *adj* уголо́вно-правово́й

Strafstoß <-es, -stöße> *m* *(Fußball)* штрафно́й уда́р *м*

Straftat <-, -en> *f* преступле́ние *ср*

Strafverfahren <-s> *nt* уголо́вное произво́дство *ср*

Strafvollzug <-(e)s> *m* исполне́ние *ср* наказа́ния

Strafwurf <-(e)s, -würfe> *m* SPORT штрафно́й бросо́к *м*

Strahl [ʃtraːl] <-(e)s, -en> *m* **1.** *(von Licht)* луч *м* **2.** *(von Wasser)* струя́ *ж*

Strahlemann <-(e)s, -männer> *m* *umg* постоя́нно улыба́ющийся *м*

strahlen [ˈʃtraːlən] *vi auch fig (leuchten)* сия́ть *нсв;* **Plutonium strahlt** плуто́ний излуча́ет радиоакти́вность

Strahlenbehandlung <-, -en> *f* лучева́я терапи́я *ж*

Strahlenbelastung <-> *f* до́за *ж* облуче́ния

Strahlenbiologie <-> *f* радиацио́нная биоло́гия *ж*

Strahlenbrechung <-> *f* PHYS лучепреломле́ние *ср*

Strahlendosis <-> *f* до́за *ж* излуче́ния

strahlenförmig *adj* лучеви́дный

Strahlenkrankheit <-, -en> *f* лучева́я боле́знь *ж*

Strahlenschäden <-> *pl* уще́рб *м* здоро́вью, нанесённый радиоакти́вным излуче́нием

Strahlenschutz <-es> *m* радиацио́нная защи́та *ж*

Strahlung <-, -en> *f* излуче́ние *ср;* PHYS радиа́ция *ж*

strahlungsarm *adj* *(Computermonitor)* со сла́бым излуче́нием

Strahlungsenergie <-> *f* лучева́я эне́ргия *ж*

Strahlungsintensität <-> *f* интенси́вность *ж* радиа́ции

Strahlungswärme <-> *f* теплота́ *ж* излуче́ния

Strähne [ˈʃtrɛːnə] <-, -n> *f* прядь *ж*

stramm [ʃtram] *adj* **1.** *(straff)* пло́тно натя́нутый **2.** *(kraftvoll aussehend)* кре́пкий

Strampelanzug <-(e)s, -anzüge> *m* ползунки́ *мн*

strampeln [ˈʃtrampəln] *vi* бара́хтаться, по- *св*

Strand [ʃtrant] <-(e)s, Strände> *m* пляж *м;* **am ~ liegen** лежа́ть на пля́же

Strandcafé <-s, -s> *nt* кафе́ *ср* на пля́же

stranden [ˈʃtrandən] *vi (auf Grund laufen)* сади́ться, сесть *св* на мель

Strandkorb <-(e)s, -körbe> *m* шезло́нг *м*

i Land & Leute

Плетёное кресло с тентом – типичное приспособление для отдыха на пляжах Северного и Балтийского морей. Есть большие стабильные кресла с тентом, рассчитанные на двух человек. Эти приспособления защищают отдыхающих как от холодного, порой резкого северного ветра или дождя, так и от палящего солнца.

Strang [ʃtraŋ] <-(e)s, Stränge> *m* *(Strick)* верёвка *ж*

Strapaze [ʃtraˈpaːtsə] <-, -n> *f* тру́дность *ж*

strapazenreich *adj* утоми́тельный

strapazieren [ʃtrapaˈt͜siːrən] *vt* **1.** *(abnützen)* изна́шивать, -носи́ть *св* **2.** *(in Anspruch nehmen)* изма́тывать, измота́ть *св*, утомля́ть, -ми́ть *св*

strapazierfähig *adj* про́чный; **~es Material** про́чный материа́л *м*

Straße [ˈʃtraːsə] <-, -n> *f* **1.** *(allg)* у́лица *ж*, доро́га *ж* **2.** *(Meerenge)* проли́в *м;* **die ~ von Gibraltar** Гибралта́рский проли́в; **auf die ~ gehen** *umg (demonstrieren)* вы́йти на у́лицу; **in einer ruhigen ~ wohnen** жить на ти́хой у́лице; **jdn auf der ~ treffen** встре́тить кого́-л. на у́лице

Straßenarbeiter <-s, -> *m* доро́жный рабо́чий *м*

Straßenbahn <-, -en> *f* трамва́й *м;* **mit der ~ fahren** е́здить на трамва́е

Straßenbahnhaltestelle <-, -n> *f* остано́вка *ж* трамва́я

Straßenbahnschienen <-> *pl* трамва́йные пути́ *ммн*

Straßenbahnwagen <-s, -> *m* трамва́йный ваго́н *м*

Straßenbau <-s> *m* доро́жное строи́тельство *ср*

Straßenbelag *m* доро́жный насти́л *м*

Straßenbeleuchtung <-> *f* у́личное освеще́ние *ср*

Straßenbrücke <-, -n> *f* мост *м* на доро́ге

Straßenecke <-, -n> *f* у́гол *м* у́лицы

Straßenfest <-(e)s, -e> *nt* ýличный прáздник *м*
Straßenführung <-, -en> *f* направлéние *ср* ýлицы
Straßenhandel <-s> *m* ýличная торгóвля *ж*
Straßenjunge <-n, -n> *m* ýличный мальчи́шка *м*
Straßenkarte *f* кáрта *ж* гóрода
Straßenkehrer(in) *m(f) reg* двóрник *м*
Straßenkehrmaschine <-, -n> *f* подметáльно-убóрочная маши́на *ж*
Straßenkreuzung <-, -en> *f* перекрёсток *м*
Straßenlärm <-s> *m* ýличный шум *м*
Straßenlaterne <-, -n> *f* ýличный фонáрь *м*
Straßennetz <-es, -e> *nt* сеть *ж* дорóг
Straßenrennen <-s, -> *nt* SPORT шоссéйная гóнка *ж*
Straßenschlacht <-, -en> *f* ýличный бой *м*
Straßenseite <-, -n> *f* сторонá *ж* ýлицы
Straßensperre <-, -n> *f* заграждéние *ср* на дорóге
Straßentunnel <-s, -> *m* дорóжный туннéль *м*
Straßenüberführung <-, -en> *f* виадýк *м*, путепровóд *м*
Straßenunterführung <-, -en> *f* тоннéль *м* (под пересекáемой дорóгой)
Straßenverhältnisse <-> *pl* дорóжные услóвия *мн*, состоя́ние *ср* дорóг
Straßenverkehr <-(e)s> *m* ýличное движéние *ср*
Straßenverkehrsordnung <-> *f* прáвила *срмн* дорóжного движéния
Straßenzug <-(e)s, -züge> *m* трáсса *ж* дорóги
Straßenzustand <-(e)s> *m* состоя́ние *ср* дорóги
Straßenzustandsbericht <-(e)s, -e> *m* свóдка *ж* о состоя́нии дорóг
Stratege [ʃtra'te:gə] <-n, -n> *m*, **Strategin** <-nen> *f* стратéг *м*
Strategie [ʃtrate'gi:] <-, -n> *f* стратéгия *ж*; **eine ~ entwickeln** разрабáтывать стратéгию; **eine ~ verfolgen** придéрживаться стратéгии
strategisch [ʃtra'te:gɪʃ] *adj* стратеги́ческий; **~es Geschäftsfeld** стратеги́ческое пóле дéятельности; **~e Planung** стратеги́ческое плани́рование *ср*; **~e Unternehmensführung** стратеги́ческий мéнеджмент *м*
Stratosphäre [ʃtrato'sfɛ:rə, strato-] <-> *f* стратосфéра *ж*
Stratosphärenflug <-(e)s, -flüge> *m* полёт *м* в стратосфéру
sträuben ['ʃtrɔɪbən] *vi* **1.** *(Haare)* топóрщиться *нсв* **2.** *(sich widersetzen)* проти́виться *нсв*; **sich gegen etw ~** проти́виться чемý-л.
Strauch [ʃtraʊx] <-(e)s, Sträucher> *m* куст *м*
Strauß[1] [ʃtraʊs] <-es, Sträuße> *m (von Blumen)* букéт *м*
Strauß[2] [ʃtraʊs] <-es, -e> *m (Vogel)* стрáус *м*
Straußenei <-s, -er> *nt* стрáусовое яйцó *ср*
streben ['ʃtre:bən] *vi (sich um etw bemühen)* стреми́ться *нсв* к
Streber(in) <-s, -> *m(f) pej* карьери́ст *м*, карьери́стка *ж*
Streberei <-> *f pej* карьери́зм *м*
streberhaft *adj* карьери́стский
Strebertum <-s> *nt pej* карьери́зм *м*
strebsam *adj* усéрдный
Strecke ['ʃtrɛkə] <-, -n> *f* **1.** *(Wegabschnitt)* расстоя́ние *ср* **2.** *(Eisenbahnstrecke)* ли́ния *ж* **3.** SPORT *(Rennstrecke)* дистáнция *ж* **4.** MATH отрéзок *м* **5.** *(Wend)* **auf der ~ bleiben** *fam* остáться с пусты́ми рукáми
strecken ['ʃtrɛkən] **I.** *vt (ausstrecken)* вытя́гивать, вы́тянуть *св* **II.** *vr (sich ausgestreckt hinlegen)* вытя́гиваться, вы́тянуться *св*
Streckenarbeiter <-s, -> *m* путевóй рабóчий *м*
Streckennetz <-es, -e> *nt* дорóжная сеть *ж*
Streckverband <-(e)s, -verbände> *m* перевя́зка *ж* с постоя́нным натяжéнием
Streich [ʃtraɪç] <-(e)s, -e> *m* шýтка *ж*; **jdm einen ~ spielen** сыгрáть с кем-л. шýтку
Streicheleinheiten <-> *pl umg* проявлéния *мн* любви́, нéжности, одобрéния и т. п.
streicheln ['ʃtraɪçəln] *vt (liebkosen)* глáдить, по- *св*
streichen ['ʃtraɪçən] <strich, gestrichen> **I.** *vt* **1.** *(über etw hinfahren)* глáдить, по- *св* **2.** *(Butter)* намáзывать, -мáзать *св* **3.** *(anstreichen)* крáсить, по- *св* **4.** *(ausstreichen)* зачёркивать, -черкнýть *св* **5.** *(Segel)* спускáть, спусти́ть *св* **II.** *vi (umhergehen)* броди́ть *нсв*
streichfähig *adj* намáзываемый (на хлéб)
Streichholz <-es, -hölzer> *nt* спи́чка *ж*
Streichinstrument <-(e)s, -e> *nt* стрýнный инструмéнт *м*
Streichquartett *nt* стрýнный квартéт *м*
Streifband *nt* бандерóль *ж*
Streife ['ʃtraɪfə] <-, -n> *f* патрýль *м*; **~ gehen** патрули́ровать
streifen ['ʃtraɪfən] **I.** *vt* касáться, коснýться; **jdn am Arm ~** коснýться чéй-л. руки́; **ein Thema nur am Rande ~** коснýться вкрáтце какóй-л. тéмы **II.** *vi (umherstreifen)* броди́ть *нсв*
Streifen ['ʃtraɪfən] <-s, -> *m* полосá *ж*; **ein ~ Papier** полóска бумáги
Streifenwagen <-s, -> *m* патрýльная маши́на *ж*
Streiflicht <-(e)s> *nt* скользя́щий свет *м*
Streifschuss[RR] *m выстрел, котóрый*

S

то́лько ободра́л ко́жу

Streik [ʃtraɪk] <-(e)s, -s> *m* забасто́вка *ж;* **einen ~ abbrechen** прекраща́ть забасто́вку; **einen ~ abwenden** предотвраща́ть забасто́вку; **allgemeiner ~** всео́бщая забасто́вка; **zum ~ aufrufen** призыва́ть к забасто́вке; **den ~ ausrufen** объявля́ть забасто́вку; **ein ~ lähmt die Wirtschaft** забасто́вка парализу́ет эконо́мику; **in den ~ treten** нача́ть забасто́вку; **wilder ~** стихи́йная забасто́вка

Streikbrecher(in) <-s, -> *m(f)* штрейкбре́хер *м*

streiken ['ʃtraɪkən] *vi (Arbeitnehmer)* бастова́ть, за- *св*

Streikender *m* забасто́вщик *м*

Streikkasse <-, -n> *f* ста́чечная ка́сса *ж*

Streikposten <-s, -> *m* ста́чечный пике́т *м*

Streikwelle <-, -n> *f* волна́ *ж* забасто́вок

Streit [ʃtraɪt] <-(e)s, -e> *m* ссо́ра *ж;* **~ miteinander bekommen** поссо́риться друг с дру́гом

streiten ['ʃtraɪtən] <stritt, gestritten> *vi* **1.** *(zanken)* ссо́риться, по- *св* **2.** *(heftig diskutieren)* спо́рить, по- *св* о; **sie ~ sich wegen jeder Kleinigkeit** они́ ссо́рятся из-за ка́ждой ме́лочи

Streitfall <-(e)s, -fälle> *m* спо́рный слу́чай *м*

Streitfrage <-, -n> *f* спо́рный вопро́с *м*

Streitigkeit <-, -en> *f meist pl* ссо́ра *ж*

Streitkräfte *fpl* войска́ *срмн,* вооружённые си́лы *жмн*

Streitpunkt <-(e)s, -e> *m* спо́рный пункт *м*

Streitschrift <-, -en> *f* полеми́ческое сочине́ние *ср*

Streitwert <-(e)s, -e> *m* JUR цена́ *ж* и́ска

streng [ʃtrɛŋ] *adj* **1.** *(unnachsichtig, strikt)* стро́гий; **im ~en Sinne** стро́го говоря́ **2.** *(herb)* суро́вый **3.** *(rau)* суро́вый; **ein ~er Winter** суро́вая зима́

strenggenommen[Alt] *adv* со́бственно говоря́

strenggläubig *adj* ортодокса́льный

strengstens *adv* строжа́йше

Stress[RR] [ʃtrɛs] <-es> *m*, **Streß**[Alt] [ʃtrɛs] <-sses> *m* стресс *м;* **unter ~ stehen** находи́ться под напряже́нием

stressig *adj umg* напряжённый; **die Arbeit ist sehr ~** рабо́та о́чень напряжённая

Stresssituation[RR] <-, -en> *f* напряжённая ситуа́ция *ж*

Stretching ['strɛtʃɪŋ] <-s> *nt* SPORT растя́жка *ж*

Streu [ʃtrɔɪ] *f ohne pl* се́но *ср*

streuen ['ʃtrɔɪən] *vt* сы́пать, на- *св*

Streusand <-s> *m* песо́к *м* для на́сыпи доро́г

Streusel ['ʃtrɔɪzəl] <-s, -> *m o nt* кро́шки *мн* *(из ма́сла, муки́ и са́хара, кото́рыми посыпа́ют мучны́е изде́лия)*

strich [ʃtrɪç] *prät von* **streichen**

Strich [ʃtrɪç] <-(e)s, -e> *m* **1.** *(Linie)* черта́ *ж* **2.** *umg (Prostitution auf der Straße)* пане́ль *ж;* **auf den ~ gehen** пойти́ на пане́ль; **unter dem ~** *fig (insgesamt)* в результа́те; **jdm einen ~ durch die Rechnung machen** *fig, fam* помеша́ть чьим-л. пла́нам; **einen ~ unter etw ziehen** *fig* поста́вить то́чку

Strichjunge <-n, -n> *m* гомосексуа́льная проститу́тка *ж; umg* ма́льчик *м*

Strichkode <-s, -s> *m* штрихово́й код *м* (на това́рах)

Strichliste <-, -n> *f* спи́сок *м* прису́тствующих

Strichmädchen <-s, -> *nt* проститу́тка *ж*

Strichpunkt <-(e)s, -e> *m* то́чка *ж* с запято́й

strichweise *adv* ме́стами

Strick [ʃtrɪk] <-(e)s, -e> *m* верёвка *ж;* **wenn alle ~e reißen** *fig* на худо́й коне́ц

stricken ['ʃtrɪkən] *vt* вяза́ть, с- *св*

Strickgarn <-(e)s, -e> *nt* пря́жа *ж* для вяза́ния

Strickjacke <-, -n> *f* вя́заная ко́фта *ж*

Strickleiter <-, -n> *f* верёвочная ле́стница *ж*

Stricknadel <-, -n> *f* (вяза́льная) спи́ца *ж*

Strickwaren <-> *pl* трикота́ж *м*

Strickweste <-, -n> *f* вя́заная ко́фта *ж*

strikt [ʃtrɪkt] *adj* то́чный

stringent *adj* логи́чески после́довательный, убеди́тельный

strippen ['strɪpən] *vi fam (sich ausziehen)* устра́ивать стрипти́з

Striptease ['ʃtrɪpti:s] <-> *m* стрипти́з *м*

Stripteaselokal <-(e)s, -e> *nt* бар *м* со стрипти́зом

stritt [ʃtrɪt] *prät von* **streiten**

strittig ['ʃtrɪtɪç] *adj* спо́рный

Stroboskop <-(e)s, -e> *nt* стробоско́п *м*

Stroh [ʃtro:] <-(e)s> *nt* соло́ма *ж*

Strohballen <-s, -> *m* тюк *м* из соло́мы

strohblond *adj* ру́сый

Strohhalm <-(e)s, -e> *m* соло́минка *ж*

Strohhut *m* соло́менная шля́па *ж*

Strohkopf <-s> *m pej* дура́к *м*

Strohmann <-(e)s, -männer> *m* подставно́е лицо́ *ср*

Strohwitwer <-s, -> *m umg* соло́менный вдове́ц *м*

Strolch [ʃtrɔlç] <-(e)s, -e> *m* бродя́га *м*

Strom [ʃtro:m] <-(e)s, Ströme> *m* **1.** *(allg)* пото́к *м* **2.** *(Fluss)* (больша́я) река́ *ж* **3.** EL (электри́ческий) ток *м*, электри́чество *ср*, электроэне́ргия *ж;* **ein ~ von etw** *auch fig* пото́к чего́-л.; **mit dem ~ schwimmen** *fig* плыть по тече́нию

Stromabschaltung <-, -en> *f* отключе́ние *ср* то́ка

stromabwärts [ʃtroːmˈʔapvɛrts] *adv* вниз по течéнию
Stromaufnahme <-> *f* EL потреблéние *ср* тóка
stromaufwärts [ʃtroːmˈʔaʊfvɛrts] *adv* вверх по течéнию
Stromausfall <-(e)s, -ausfälle> *m* отключéние *ср* электросéти
strömen [ˈʃtrœːmən] *vi* течь, по- *св*
Stromerzeuger <-s, -> *m* генерáтор *м*
Stromerzeugung <-> *f* произвóдство *ср* электроэнéргии
Stromkabel *nt* электрúческий кáбель *м*
Stromkreis <-es, -e> *m* электрúческая цепь *ж*
Stromleitung <-, -en> *f* электропровóдка *ж*
stromlinienförmig *adj* обтекáемый
Strommast *m* электрúческий столб *м*
Stromnetz <-es> *nt* электросéть *ж*
Stromrechnung <-, -en> *f* счёт *м* за пóльзование электроэнéргией
Stromschnelle <-, -n> *f* стремнúна *ж*
Stromstoß <-es, -stöße> *m* úмпульс *м* тóка
Strömung <-, -en> *f* (*auch fig*) течéние *ср*
Stromverbrauch <-(e)s> *m* потреблéние *ср* тóка
Stromversorgung <-> *f* электроснабжéние *ср*
Stromzähler <-s, -> *m* электрúческий счётчик *м*
Strontium *nt* стрóнций *м*
Strophe [ˈʃtroːfə] <-, -n> *f* строфá *ж*
strotzen [ˈʃtrɔtsən] *vi* (*vor Freude, Gesundheit*) пы́шить
Strudel [ˈʃtruːdəl] <-s, -> *m* (*auch fig*) водоворóт *м*
Struktur [ʃtrʊkˈtuːɐ] <-, -en> *f* структýра *ж*
Strukturalismus <-> *m* структуралúзм *м*
strukturell [ʃtrʊktuˈrɛl] *adj* структýрный
Strukturkrise <-, -n> *f* структýрный крúзис *м*
Strukturpolitik <-> *f* структýрная полúтика *ж*
Strukturwandel <-s> *m* структýрное изменéние *ср*
Strumpf [ʃtrʊmpf] <-(e)s, Strümpfe> *m* чулóк *м*
Strumpfhalter <-s, -> *m* подвя́зки *мн*
Strumpfhose <-, -n> *f* колгóтки *мн*
Strumpfwaren <-> *pl* чулóчные издéлия *мн*
Strunk <-(e)s, Strünke> *m* **1.** (*von Salat*) стéбель *м* **2.** (*von Baum*) кочеры́жка *ж*
struppig [ˈʃtrʊpɪç] *adj* растрёпанный
Stube [ˈʃtuːbə] <-, -n> *f* кóмната *ж*
Stubenarrest *m* наказáние *ср*, при котóром ребёнок дóлжен сидéть дóма
Stubengelehrte <-n, -n> *m pej* кабинéтный учёный *м*
Stubenhocker(in) <-s, -> *m(f) umg* домосéд *м*
stubenrein *adj* чúстый
Stuck [ʃtʊk] <-(e)s> *m* лепнúна *ж*, штукатýрка *ж*
Stück [ʃtʏk] <-(e)s, -e> *nt* **1.** (*allg*) кусóк *м*; **ein ~ Kuchen** кусóк пирогá; **ein ~** (*ein bisschen*) немнóго; **drei Euro das ~** по три éвро штýку; **ein ~ spazieren gehen** немнóжко прогуля́ться; **~ für ~** мáло-помáлу **2.** (*Theaterstück*) пьéса *ж* **3.** (*Musikstück*) (музыкáльное) произведéние *ср* **4.** (*Exemplar*) штýка *ж*
Stückchen <-s, -> *nt* кусóчек *м*
Stückgut <-(e)s> *nt* штýчный товáр [*или* груз] *м*
Stückkosten <-> *pl* издéржки *мн* в расчёте на единúцу продýкции
Stückliste <-, -n> *f* спецификáция *ж*
Stücklohn <-(e)s> *m* сдéльная оплáта *ж*
Stückpreis <-es, -e> *m* штýчная ценá *ж*
stückweise *adv* поштýчно
Stückzahl <-> *f* колúчество *ср* экземпля́ров
Student(in) [ʃtuˈdɛnt] <-en, -en> *m(f)* студéнт *м*, студéнтка *ж*
Studentenausweis <-es, -e> *m* студéнческий билéт *м*
Studentenwohnheim <-(e)s, -e> *nt* студéнческое общежúтие *ср*
Studentin <-en, -en; -nen> *f s.* **Student**
Studie [ˈʃtuːdiə] <-, -n> *f* **1.** (*skizzenhafter Entwurf*) эскúз *м* **2.** (*wissenschaftliche Untersuchung*) исслéдование *ср*
Studienaufenthalt <-(e)s, -e> *m* стажирóвка *ж*
Studienbewerber <-s, -> *m* абитуриéнт *м*
Studienfach <-(e)s, -fächer> *nt* учéбная дисциплúна *ж*, (учéбный) предмéт *м*
Studiengang <-(e)s, -gänge> *m* пóлный учéбный курс *м* в вýзе
Studiengebühr <-, -en> *f* плáта *ж* за обучéние в вýзе
studienhalber *adv* с учéбной цéлью
Studienjahr <-(e)s, -e> *nt* учéбный год *м*
Studienrefendar(in) <-s, -e> *m(f)* студéнт-стажёр *м*
studieren [ʃtuˈdiːrən] **I.** *vi* учúться *нсв* (*в университéте, инститýте*) **II.** *vt* изучáть, -чúть *св*; **Jura ~** изучáть прáво
Studio [ˈʃtuːdio] <-s, -s> *nt* ателье́ *ср*
Studiosus <-> *m umg* студéнт *м*
Studium [ˈʃtuːdiʊm] <-s, Studien> *nt* учёба *ж* в вýзе
Stufe [ˈʃtuːfə] <-, -n> *f* **1.** (*einer Treppe*) ступéнь *ж*, ступéнька *ж* **2.** *fig* (*Entwicklungsstadium*) ступéнь *ж*, ýровень *м* **3.** *fig* (*Rang*) ýровень *м* **4.** (*einer Rakete*) ступéнь *ж*
stufen *vt* располагáть уступáми, различáть стéпени (чегó-л.)
stufenartig *adj* ступéнчатый

S

Stufenbarren <-s, -> *m* паралле́льные бру́сья *мн*
stufenförmig ['ʃtu:fənfœrmɪç] *adj* ступе́нчатый
stufenlos *adj* бесступе́нчатый
stufenweise *adv* постепе́нно
Stuhl [ʃtu:l] <-(e)s, Stühle> *m* стул *м;* **fast vom ~ fallen** *umg (sehr überrascht sein)* чуть не упа́сть со сту́ла; **elektrischer ~** электри́ческий стул; **zwischen zwei Stühlen sitzen** *fig* сиде́ть ме́жду двух сту́льев
Stuhlgang <-(e)s> *m* стул *м*
Stulle ['ʃtʊlə] <-, -n> *f* бутербро́д *м*
stumm [ʃtʊm] *adj* немо́й
Stummel ['ʃtʊməl] <-s, -> *m* оку́рок *м*
Stummfilm <-(e)s, -e> *m* немо́й фильм *м*
Stümper(in) ['ʃtʏmpɐ] <-s, -> *m(f) pej* халту́рщик *м,* халту́рщица *ж*
Stümperei <-> *f pej* халту́ра *ж*
stumpf [ʃtʊmpf] *adj* тупо́й; *(matt, glanzlos)* ма́товый; **ein ~er Blick** тупо́й взгляд
Stumpf [ʃtʊmpf] <-(e)s, Stümpfe> *m* **1.** *(allgemein)* ко́нчик *м,* оста́ток *м* **2.** *(von Kerze)* ога́рок *м* **3.** *(von Baum)* пень *м*
Stumpfheit *f* ту́пость *ж; (Dummheit)* тупоу́мие *ср*
Stumpfsinn <-(e)s> *m* ту́пость *ж*
stumpfsinnig *adj* тупо́й
stumpfwinklig *adj* тупоуго́льный
Stunde ['ʃtʊndə] <-, -n> *f* час *м; (Unterrichtseinheit)* уро́к *м;* **eine halbe ~** полчаса́; **eine geschlagene ~ warten** ждать би́тый час; **in einer ~** че́рез час; **vor einer halben ~** полчаса́ наза́д; **zu später ~** в по́здний час; **25 Euro pro ~** 25 е́вро в час
stunden ['ʃtʊndən] *vt* отсро́чивать, отсро́чить *св*
Stundenkilometer *m* киломе́тров в час, км/ч
stundenlang *adj* часа́ми
Stundenlohn <-(e)s, -löhne> *m* почасова́я опла́та *ж*
Stundenplan <-(e)s, -pläne> *m* расписа́ние *ср*
Stundensatz <-es, -sätze> *m* почасова́я ста́вка *ж* опла́ты
Stundentarif <-(e)s, -e> *m* почасово́й тари́ф *м*
stündlich ['ʃtʏntlɪç] *adv* ка́ждый час, ежеча́сно
Stundung <-, -en> *f* отсро́чка *ж,* пролонга́ция *ж,* морато́рий *м*
Stupsnase <-, -n> *f* курно́сый нос *м*
stur [ʃtu:ɐ] *adj* упря́мый
Sturm [ʃtʊrm] <-(e)s, Stürme> *m* **1.** *(Wind)* бу́ря *ж* **2.** *(Angriff)* штурм *м* **3.** SPORT *(Gesamtheit der Stürmer)* напада́ющие *ммн*
Sturmangriff <-(e)s, -e> *m* MIL штурм *м,* ата́ка *ж*
stürmen ['ʃtʏrmən] *vt (etw im Sturm nehmen)* штурмова́ть *нсв*
Stürmer(in) <-s, -> *m(f)* напада́ющий *м,* напада́ющая *ж*
Sturmflut <-, -en> *f* штормово́й прили́в *м*
stürmisch ['ʃtʏrmɪʃ] *adj (auch fig)* бу́рный
Sturmschäden <-> *pl* поврежде́ния *мн*
Sturmwarnung <-, -en> *f* штормово́е предупрежде́ние *ср*
Sturz [ʃtʊrts] <-es, Stürze> *m auch fig (Fall)* паде́ние *ср;* **den ~ einer Regierung planen** плани́ровать сверже́ние прави́тельства
sturzbetrunken *adj fam* вдрызг пья́ный
stürzen ['ʃtʏrtsən] **I.** *vt fig (Regierung)* свергать, све́ргнуть *св* **II.** *vi* **1.** *(fallen)* па́дать, упа́сть *св* **2.** *(eilen)* ри́нуться *св;* **aus dem Fenster ~** упа́сть из окна́; **sich aus dem Fenster ~** вы́броситься из окна́ **III.** *vr (über jdn herfallen)* броса́ться, бро́ситься *св;* **sich auf jdn ~** набро́ситься на кого́-л.
Sturzflug <-(e)s, -flüge> *m* пики́рующий полёт *м*
Sturzhelm <-(e)s, -e> *m* защи́тный шлем *м*
Stute ['ʃtu:tə] <-, -n> *f* кобы́ла *ж*
Stütze ['ʃtʏtsə] <-, -n> *f* **1.** *(allg)* подпо́рка *ж* **2.** *(Pfosten, Pfeiler)* столб *м* **3.** *fig (Hilfe, Halt)* опо́ра *ж*
stutzen ['ʃtʊtsən] *vt (beschneiden)* подреза́ть, -ре́зать *св*
stützen ['ʃtʏtsən] **I.** *vt (durch eine Stütze)* подпира́ть, -пере́ть *св;* **die Hände in die Seiten ~** подбоче́ниться **II.** *vr (sich aufstützen)* опира́ться, опере́ться *св;* **sich auf einen Stock ~** опира́ться на па́лку
stutzig *adj* озада́ченный; **jdn ~ machen** озада́чить кого́-л.; **~ werden** озада́читься
Stützmauer <-, -n> *f* подпо́рная сте́нка *ж*
Stützpunkt <-(e)s, -e> *m* MIL вое́нная ба́за *ж*
Stützstrumpf <-(e)s, -strümpfe> *m* лече́бный чуло́к *м*
Stützungskauf <-(e)s, -käufe> *m* ÖKON поку́пка *ж* с це́лью поддержа́ния ку́рса а́кций
Styropor® [ʃtyro'po:ɐ̯] <-s> *nt ohne pl* пенопла́ст *м*
s.u. *abk von* **siehe unten** см. ни́же
Subjekt [zʊp'jɛkt] <-(e)s, -e> *nt* **1.** LING подлежа́щее **2.** *pej (verachtenswerter Mensch)* субъе́кт *м*
subjektiv [zʊpjɛk'ti:f] *adj* субъекти́вный
Subkultur ['zʊpkʊltu:ɐ] <-, -en> *f* субкульту́ра *ж*
subkutan *adj* MED подко́жный
Sublimation <-> *f* сублима́ция *ж*
Subskription <-> *f* подпи́ска *ж* на це́нные бума́ги
Substantiv ['zʊpstanti:f] <-s, -e> *nt* существи́тельное *ср*
Substanz [zʊp'stants] <-, -en> *f* **1.** *(Stoff)* ве-

щество́ *ср* **2.** *(innerer Gehalt)* су́щность *ж*
substanziell[RR] [zʊpstan'ts̮iɛl] *adj* су́щностный
Substituierbarkeit <-> *f* замени́мость *ж*
substituieren *vt* заменя́ть, замеща́ть
Substitution <-, -en> *f* заме́на *ж*
subtil [zʊp'tiːl] *adj* **1.** *(differenziert)* то́нкий **2.** *(schwierig)* сло́жный
Subtilität <-> *f* субти́льность *ж*
subtropisch *adj* GEO субтропи́ческий
Subunternehmer ['zʊp -] <-s, -> *m* субподря́дчик *м*
Subvention [zʊpvɛn'ts̮io:n] <-, -en> *f* субси́дия *ж*, субве́нция *ж*; **~en streichen** лиша́ть субси́дии; **~en vergeben** выделя́ть субси́дии
subventionieren [zʊpvɛnts̮io'ni:rən] *vt* субсиди́ровать *нсв*
Subventionierung <-> *f* субсиди́рование *ср*
subversiv [zʊpvɛr'zi:f] *adj geh* подрывно́й
Subwoofer <-s, -> *m* сабву́фер *м*, низкочасто́тный дина́мик *м*
Suche ['zu:xə] <-, (-n)> *f* по́иск *м*; **sich auf die ~ nach etw machen** отпра́виться на по́иск чего́-л.
suchen ['zu:xən] *vt* иска́ть *нсв*; **eine Wohnung ~** иска́ть кварти́ру
Sucher <-s, -> *m* FOT видоиска́тель *м*
Suchfunktion <-, -en> *f* DV фу́нкция *ж* по́иска
Suchhund <-(e)s, -e> *m* ище́йка *ж*
Suchmaschine <-, -n> *f (für Internet)* поиско́вая систе́ма *ж*
Sucht [zʊxt] <-, Süchte> *f* **1.** *(allg)* страсть *ж*, (боле́зненное) влече́ние *ср*, ма́ния *ж* **2.** *(Drogen~)* наркома́ния *ж*
suchterzeugend *adj* вызыва́ющий наркома́нию
Suchtgefahr <-, -en> *f* опа́сность *ж* привыка́ния (к нарко́тику, медикаме́нту)
süchtig ['zʏçtɪç] *adj* **er ist ~** *(drogen~)* он наркома́н; **sie ist ~** *(arbeits~)* она́ работого́лик
Suchtkranke(r) <-n, -n> *f(m)* страда́ющая *ж*, страда́ющий *м* наркома́нией
Sud [zu:t] <-(e)s> *m* отва́р *м*
Südafrika <-s> *nt* Ю́жно-Африка́нская Респу́блика *ж* ЮАР
südafrikanisch *adj* южноафрика́нский
Südamerika <-s> *nt* Ю́жная Аме́рика *ж*
südamerikanisch *adj* южноамерика́нский
Sudan [zu'da:n] <-s> *m* Суда́н *м*
Sudanese [zuda'ne:zə] <-n, -n> *m*, **Sudanesin** *f* суда́нец *м*, суда́нка *ж*
sudanesisch *adj* суда́нский
süddeutsch *adj* южнонеме́цкий
Süddeutsche(r) <-n, -n> *f(m)* ю́жная не́мка *ж*, ю́жный не́мец *м*
Süddeutschland <-s> *nt* Ю́жная Герма́ния *ж*
Sudelei [zu:də'laɪ] <-, -en> *f pej* пачкотня́ *ж*, мазня́ *ж*
Süden ['zy:dən] <-s> *m* юг *м*; **von ~** с ю́га; **im ~** на ю́ге; **im ~ von ...** *(südlich von)* к ю́гу от ...; *(im südlichen Teil)* в ю́жной ча́сти; **nach/in den ~** на юг
Südeuropa <-s> *nt* Ю́жная Евро́па *ж*
Südeuropäer(in) <-s, -> *m(f)* жи́тель *м*, жи́тельница *ж* Ю́жной Евро́пы
Südfrucht <-, -früchte> *f* субтропи́ческий плод *м*
Südhalbkugel *f ohne pl* ю́жное полуша́рие *ср*
Südhang ['zy:tlɪç] <-(e)s, -hänge> *m* ю́жный склон *м*
südlich **I.** *adj* ю́жный **II.** *prp + gen* к ю́гу от, ю́жнее
Südostasien <-s> *nt* Ю́го-Восто́чная А́зия *ж*
Südosten [zy:d'ʔɔstən] <-s> *m* ю́го-восто́к *м*
Südpol <-s> *m* Ю́жный по́люс *м*
Südpolargebiet <-(e)s> *nt* о́бласть *ж* Ю́жного по́люса
südslawisch *adj* южнославя́нский
Südtirol <-s> *nt* Ю́жный Тиро́ль *м*
Südwesten <-s> *m* ю́го-за́пад *м*
Suffix ['zʊfɪks] <-es, -e> *nt* LING су́ффикс *м*
suggerieren [zʊge'ri:rən] *vt* PSYCH внуша́ть, внуши́ть *св*
Suggestivfrage <-, -n> *f* наводя́щий вопро́с *м*
Sühne ['zy:nə] <-> *f geh* искупле́ние *ср*, распла́та *ж*
sühnen ['zy:nən] *vt* искупа́ть, искупи́ть *св*
Suite ['svi:tə, zu'i:tə] <-, -n> *f* **1.** *(Hotelsuite)* но́мер люкс (в гости́нице) **2.** MUS сюи́та *ж*
sukzessiv [zʊktsɛ'si:f] *adv* постепе́нно, после́довательно
Sulfat [zʊl'fa:t] <-(e)s, -e> *nt* CHEM сульфа́т *м*
Sultan ['zʊlta:n] <-s, -e> *m* султа́н *м*
Sultanine [zʊlta'ni:nə] <-, -n> *f* кишми́ш *м*
Sülze ['zʏltsə] <-, -n> *f* сту́день *м*
summarisch [zʊ'ma:rɪʃ] *adj* сумма́рный
Summe ['zʊmə] <-, -n> *f* су́мма *ж*
summen ['zʊmən] *vi (Insekten)* жужжа́ть, по- *св*
Summenbilanz <-, -en> *f* сумма́рный бала́нс *м*
Summer <-s, -> *m* шумово́й сигнализа́тор *м*, зу́ммер *м*
summieren *vt* сумми́ровать *(н)св*
Summton <-(e)s, -töne> *m* зу́ммер *м*
Sumpf [zʊmpf] <-(e)s, Sümpfe> *m* боло́то *ср*
Sumpffieber <-s> *nt* боло́тная лихора́дка *ж*
Sumpfgebiet <-(e)s, -e> *nt* боло́тистая ме́стность *ж*

S

sumpfig *adj* боло́тистый

Sünde ['zʏndə] <-, -n> *f* грех *м;* **eine ~ begehen** соверши́ть грех

Sündenbock <-(e)s, -böcke> *m* козёл *м* отпуще́ния

Sünder(in) <-s, -> *m(f)* гре́шник *м,* гре́шница *ж*

sündhaft *adj* **~ teuer** о́чень дорого́й

sündigen ['zʏndɪɡən] *vi* греши́ть, со- *св*

Sunnit <-en, -en> *m* сунни́т *м*

super ['zu:pɐ] *adj umg* кла́ссный, су́пер

Superbenzin <-s> *nt* высокосо́ртный бензи́н *м*

Superlativ ['zu:pɐlati:f] <-s, -e> *m* превосхо́дная сте́пень *ж*

Supermann *m fam* суперме́н *м*

Supermarkt <-(e)s, -märkte> *m* суперма́ркет *м,* универса́м *м*

Supertanker <-s, -> *m* суперта́нкер *м,* крупнотонна́жный та́нкер

Suppe ['zʊpə] <-, -n> *f* суп *м*

Suppenkelle <-, -n> *f* поло́вник *м,* поварёшка *ж*

Suppenküche <-, -n> *f* благотвори́тельная ку́хня *ж*

Suppenlöffel <-s, -> *m* столо́вая ло́жка *ж*

Suppenschüssel <-, -n> *f* супова́я ми́ска *ж*

Suppenteller <-s, -> *m* глубо́кая таре́лка *ж*

Suppenterrine <-, -n> *f* супова́я ми́ска *ж,* су́пница *ж*

Support <-s> *m* **1.** *(Unterstützung)* подде́ржка *ж* **2.** TECH су́ппорт *м*

supraleitend *adj* PHYS сверхпроводя́щий

Surfbrett ['sœ:f-] <-(e)s, -er> *nt* доска́ *ж* для се́рфинга

surfen ['sœ:fən] *vi* SPORT занима́ться, -ня́ться *св* се́рфингом

Surfing <-s> *nt* се́рфинг *м*

surreal *adj* сюрреа́льный

Surrealismus [zʊrea'lɪsmʊs] <-> *m* сюрреали́зм *м*

surren ['zʊrən] *vi* гуде́ть, по- *св*

suspekt [zʊs'pɛkt] *adj* подозри́тельный

suspendieren [zʊspɛn'di:rən] *vt (jdn)* (вре́менно) отстраня́ть, -ни́ть *св* от до́лжности

Suspendierung <-, -en> *f* (вре́менное) отстране́ние *ср* от до́лжности

süß [zy:s] *adj* **1.** *(nicht sauer)* сла́дкий **2.** *umg (lieb)* ми́лый, сла́дкий

Süßholz *nt ohne pl* **~ raspeln** *fam* любе́зничать *нсв*

Süßigkeit <-, -en> *f* сла́дость *ж*

süßlich *adj* сладкова́тый

süßsauer, **süß-sauer** *adj (Speise)* кисло-сла́дкий

Süßspeise <-, -n> *f* сла́дкое блю́до *ср*

Süßstoff <-(e)s, -e> *m* сахари́н *м*

Süßstofftablette <-, -n> *f* табле́тка *ж* сахари́на

Süßungsmittel <-s, -> *nt* сре́дство *ср* для подсла́щивания

Süßwaren <-> *pl* конди́терские изде́лия *срмн*

Süßwarengeschäft <-(e)s, -e> *nt* конди́терская *ж*

Süßwasser <-s> *nt* пре́сная вода́ *ж*

Süßwasserfisch <-es, -e> *m* пресново́дная ры́ба *ж*

Süßwein <-(e)s, -e> *m* сла́дкое вино́ *ср*

Sweatshirt ['swɛtʃœ:t] <-s, -s> *nt* футбо́лка *ж* с дли́нными рукава́ми

Swimmingpool ['swɪmɪŋpu:l] <-s, -s> *m* пла́вательный бассе́йн *м*

Swing <-s> *m* свинг *м*

Symbiose [zʏmbi'o:zə] <-, -n> *f* симбио́з *м*

Symbol [zʏm'bo:l] <-s, -e> *nt* си́мвол *м*

Symbolik <-> *f* симво́лика *ж*

symbolisch *adj* символи́ческий; *(für etw/jdn)* символи́чный для

symbolisieren [zʏmbolizi:rən] *vt* символизи́ровать *нсв*

Symbolismus <-> *m* символи́зм *м*

Symmetrie [zʏme'tri:] <-, -n> *f* симме́трия *ж*

Symmetrieachse <-, -n> *f* MATH ось *ж* симме́трии

symmetrisch [zʏ'me:trɪʃ] *adj* симметри́ческий, симметри́чный

Sympathie [zʏmpa'ti:] <-, -n> *f* симпа́тия *ж*

Sympathiebekundung <-, -en> *f* выраже́ние *ср* симпа́тии

Sympathisantenszene <-> *f* POL среда́ *ж* сочу́вствующих

sympathisch [zʏm'pa:tɪʃ] *adj* симпати́чный; **er ist mir sehr ~** он мне о́чень симпати́чен

sympathisieren [zʏmpati'zi:rən] *vi* симпатизи́ровать *нсв;* **mit jdm ~** симпатизи́ровать кому́-л.

Symphonie [zʏmfo'ni:] <-n> *f* симфо́ния *ж*

Symposium [zʏm'po:ziʊm] <-s, Symposien> *nt* симпо́зиум *м*

Symptom [zʏmp'to:m] <-s, -e> *nt* симпто́м *м*

Synagoge [zyna'go:gə] <-, -n> *f* синаго́га *ж*

synchron [zʏn'kro:n] *adj (gleichzeitig)* синхро́нный

synchronisieren [zʏnkroni'zi:rən] *vt* FILM синхронизи́ровать *(н)св*

Synchronisierung <-, -en> *f* синхрониза́ция *ж*

Syndikat [zʏndi'ka:t] <-(e)s, -e> *nt* синдика́т *м*

Syndrom [zʏn'dro:m] <-s, -e> *nt* синдро́м *м*

Synergie <-, -n> *f* синерги́я *ж*

Synode [zy'no:də] <-n> *f* REL сино́д *м*

synonym [zyno'ny:m] *adj* синоними́ческий

Synonym [zyno'ny:m] <-s, -e> *nt* сино́ним *м*

syntaktisch *adj* LING синтакси́ческий

Syntax ['zʏntaks] <-> *f* си́нтаксис *м*
Syntaxfehler <-> *m* DV *(in Programm)* синтакси́ческая оши́бка *ж*
Synthese [zʏn'te:zə] <-, -n> *f* си́нтез *м*
Synthesizer ['sʏntəsaɪzɐ] <-s, -> *m* синтеза́тор *м*
Synthetik [zʏn'te:tɪk] <-s> *nt (Kunstfaser)* синте́тика *ж*
synthetisch [zʏn'te:tɪʃ] *adj* синтети́ческий
synthetisieren *vt* синтези́ровать
Syphilis ['zy:filɪs] <-> *f* си́филис *м*
Syrien ['zy:riən] <-s> *nt* Си́рия *ж*
Syrier(in) ['zy:riɐ] <-s, -> *m(f)* сири́ец *м*, сири́йка *ж*
System [zʏs'te:m] <-s, -e> *nt* систе́ма *ж*
Systemadministrator(in) <-s, -en> *m* DV систе́мный администра́тор *м*
Systematik [zʏste'ma:tɪk] <-, -en> *f* системáтика *ж*
systematisch [zʏste'ma:tɪʃ] *adj* системати́ческий
systematisieren [zʏstemati'zi:rən] *vt* системати́зировать *(н)св*
systembedingt *adj* обусло́вленный како́й-л. систе́мой
Systemdatei <-, -en> *f* DV систе́мный файл *м*
Systemkomponente <-, -n> *f* компоне́нт *м* систе́мы
Systemsoftware <-> *f* DV систе́мная програ́мма *ж*
Systemtechnik <-> *f* систе́мная те́хника *ж*
Systemzwang <-(e)s, -zwänge> *m* ограниче́ние *ср* свобо́ды де́йствий в ра́мках систе́мы
systolisch *adj* систоли́ческий
Szenario <-s, Szenarien> *nt* сцена́рий *м*
Szene ['stse:nə] <-, -n> *f* сце́на *ж*; **jdm eine ~ machen** сде́лать кому́-л. сце́ну
Szenenwechsel <-s, -> *m* переме́на *ж* декора́ций
szenisch *adj* сцени́чный
Szepter <-s, -> *nt* ски́петр *м*

Tt

T, t [teː] <-, -> *nt* бу́ква Т
Tabak [ˈtabak] <-s, -e> *m* таба́к *м*
Tabakbau <-s> *m* табаково́дство *ср*
Tabakgeschäft <-(e)sp, -e> *nt* таба́чный магази́н *м*
Tabakindustrie <-> *f* таба́чная промы́шленность *ж*
Tabakladen *m* магази́н *м* для таба́чных изде́лий
Tabakpfeife <-n, -n> *f* тру́бка *ж*
Tabakplantage <-, -n> *f* таба́чная планта́ция *ж*
Tabaksdose *f* табаке́рка *ж*
Tabakwaren <-> *pl* таба́чные изде́лия *мн*
tabellarisch [tabɛˈlaːrɪʃ] *adj* в ви́де табли́цы [*или* схе́мы]
Tabelle [taˈbɛlə] <-, -n> *f* табли́ца *ж*
Tabellenführer <-s, -> *m* SPORT ли́дер *м* соревнова́ний
Tabellenkalkulation <-, -en> *f* DV табли́чная фо́рма *ж* калькуля́ции
Tabellenplatz <-es, -plätze> *m* SPORT ме́сто *ср* в турни́рной табли́це
Tablett [taˈblɛt] <-(e)s, -e/-s> *nt* подно́с *м*
Tablette [taˈblɛtə] <-, -n> *f* табле́тка *ж*
Tablettenmissbrauch[RR] <-(e)s> *m* злоупотребле́ние *ср* табле́тками
tablettensüchtig *adj* пристра́стный к табле́ткам; **~ sein** быть пристра́стным к табле́ткам
tabu [taˈbuː] *adj* запрещённый; **~ sein** быть воспрещённым
Tabulator [tabuˈlaːtoːɐ] <-s, -en> *m* табуля́тор *м*
Tabuthema <-s, -themen> *nt* запре́тная те́ма *ж*
Tachometer [taxoˈmeːtɐ] <-s, -> *m* спидо́метр *м*
Tachometerstand <-(e)s> *m* TECH показа́ние *ср* спидо́метра
Tadel [ˈtaːdəl] <-s, -> *m* вы́говор *м*
tadellos *adj* безупре́чный
tadeln [ˈtaːdəln] *vt* брани́ть *нсв*
tadelnswert *adj* досто́йный порица́ния
Tadschikistan [taˈdʒiːkista(ː)n] <-s> *nt* Таджикиста́н *м*
Tafel [ˈtaːfəl] <-, -n> *f* **1.** *(Schultafel)* доска́ *ж* **2.** *(Schokoladentafel)* пли́тка *ж* **3.** *(Schaubild)* табли́ца *ж* **4.** *(Gedenktafel)* плита́ *ж* **5.** *geh (festlich gedeckter Tisch)* (обе́денный) стол *м*
tafelfertig *adj* гото́вый к употребле́нию
Tafelobst <-(e)s> *nt* фру́кты *мн*, подава́емые на десе́рт
Tafelsilber <-s> *nt* столо́вое серебро́ *ср*
Tafelwasser *nt* минера́льная вода́ *ж*
Tafelwein *m* столо́вое вино́ *ср*
Tag [taːk] <-(e)s, -e> *m* день *м*; **welcher ~ ist heute?** како́й сего́дня день?; **guten ~!** здра́вствуйте!, до́брый день!; **eines ~es** одна́жды; **in drei ~en** че́рез три дня; **~ für ~** день за днём; **sie hat ihre ~e** у неё ме́сячные; **es wird ~** света́ет; **jeden ~** ка́ждый день; **den ganzen ~ lang** це́лый день; **vor 5 ~en** пять дней тому́ наза́д; **in 8 ~en** спустя́ 8 дней; **etw kommt an den ~** что-л. выхо́дит на бе́лый свет; **ein Unterschied wie ~ und Nacht** ра́зница от земли́ до небе́с; **einen guten/schlechten ~ haben** име́ть хоро́ший/плохо́й день; **es ist noch nicht aller ~e Abend** ещё не по́здно; **man soll den ~ nicht vor dem Abend loben** *prov* у́тро ве́чера мудрене́е

i Land & Leute

Tag der deutschen Einheit –
3 октября 1990 года ГДР стала частью Федеративной Республики Германии.
Уже 12 сентября четырьмя державами-победительницами во Второй мировой войне, тогдашней ФРГ и премьер-министром ГДР был подписан «Договор о заключительном урегулировании в отношении Германии».
С тех пор 3 октября ежегодно отмечается как **День немецкого единства**.

tagaus [taːkˈʔaʊs] *adv* **~, tagein** изо дня́ в день
Tagebuch <-(e)s, -bücher> *nt* дневни́к *м*
Tagedieb <-(e)s, -e> *m pej* ло́дырь *м*
Tagegeld <-(e)s> *nt* су́точные (де́ньги) *мн*
tagein [taːkˈʔaɪn] *adv s.* **tagaus**
tagelang *adj* дня́ми
Tagesanbruch <-(e)s, -anbrüche> *m* рассве́т *м*; **bei ~** на рассве́те
Tagesausflug <-(e)s, -ausflüge> *m* одноднёвная экску́рсия *ж*
Tagescreme *f* дневно́й крем *м*
Tageseinnahme <-, -n> *f* дневна́я вы́ручка *ж*
Tagesfahrt <-, -en> *f* однодне́вная пое́здка *ж*
Tagesgericht <-(e)s, -e> *nt (in Restaurant)* дежу́рное блю́до *ср*
Tagesgeschehen <-s> *nt* собы́тия *срмн* дня
Tageskarte *f* **1.** *(Speisekarte)* меню́ *ср*

2. *(Fahrkarte)* проездно́й *м*

Tageskurs <-es, -e> *m* BÖRSE курс *м* дня

Tageslicht <-(e)s> *nt* дневно́й свет *м;* **bei ~** при дневно́м све́те; **ans ~ bringen/kommen** обнару́житься/вы́йти на бе́лый свет

Tageslichtprojektor <-s, -en> *m* лекцио́нный прое́ктор *м*

Tagesnachrichten <-> *pl* но́вости *жмн* дня

Tagesordnung <-> *f* пове́стка *ж* дня; **etw ist an der ~** что-л. стои́т на пове́стке дня

Tagesordnungspunkt <-(e)s, -e> *m* пункт *м* пове́стки дня; **als ~ ansetzen** включа́ть пункт в пове́стку дня

Tagespreis <-es, -e> *m* цена́ *ж* теку́щего дня

Tagesproduktion <-, -en> *f* дневна́я вы́работка *ж*

Tagesration <-, -en> *f* су́точный паёк *м*

Tagesumsatz <-es, -umsätze> *m* дневно́й [*или* су́точный] оборо́т *м*

Tagesverbrauch <-(e)s> *m* су́точный расхо́д *м*

Tageszeit <-, -en> *f* вре́мя *ср* су́ток; **zu jeder Tages- und Nachtzeit** в любо́е вре́мя дня и но́чи

Tageszeitung <-, -en> *f* ежедне́вная газе́та *ж*

Tagfalter <-s, -> *m* булавоу́сая ба́бочка *ж*

täglich ['tɛːklɪç] **I.** *adj* ежедне́вный **II.** *adv* ежедне́вно; **dreimal ~** три ра́за в день

Tagschicht <-, -en> *f* дневна́я сме́на *ж*

tagsüber *adv* днём

Tagung ['taːgʊŋ] <-, -en> *f* заседа́ние *ср*

Tagungsort <-(e)s, -e> *m* ме́сто *ср* заседа́ния

Tagungsteilnehmer(in) <-s, -> *m(f)* уча́стник *м* заседа́ния

Taifun [taɪ'fuːn] <-s, -e> *m* тайфу́н *м*

Taiga ['taɪga] <-> *f* тайга́ *ж*

Taille ['taljə] <-, -n> *f* та́лия *ж*

Taillenweite <-, -n> *f* объём *м* та́лии

Taiwan ['taɪvan, taɪ'va(ː)n] *m* Тайва́нь *м*

taiwanisch *adj* тайва́ньский

Takeover <-> *m* ÖKON *(Unternehmensübernahme)* аквизи́ция *ж*

Takt [takt] <-(e)s, -e> *m* MUS *(auch Taktgefühl)* такт *м;* **den ~ schlagen** отбива́ть такт; **im ~ bleiben** приде́рживаться та́кта; **aus dem ~ kommen** вы́йти из та́кта

Taktgefühl *nt ohne pl* чу́вство *ср* та́кта; (**kein**) **~ haben** (не) име́ть чу́вство та́кта

Taktik ['taktɪk] <-, -en> *f* та́ктика *ж*

taktisch *adj* такти́ческий

taktlos *adj* беста́ктный

Taktlosigkeit <-, -en> *f* беста́ктность *ж*

taktvoll *adj* такти́чный, делика́тный

Tal [taːl] <-(e)s, Täler> *nt* доли́на *ж*

Talar [ta'laːɐ] <-s, -e> *m* ря́са *ж*

Talent [ta'lɛnt] <-(e)s, -e> *nt* тала́нт *м;* **er hat ~ dazu** у него́ к э́тому тала́нт

talentiert [talɛn'tiːɐt] *adj* тала́нтливый

Talfahrt <-, -en> *f fig* (экономи́ческий) спад *м;* **gestern setzten die Aktienkurse ihre ~ fort** вчера́ продолжа́лось паде́ние ку́рса а́кций

Talg [talk] <-(e)s, -e> *m* са́ло *ср,* жир *м*

Talisman ['taːlɪsman] <-s, -e> *m* талисма́н *м*

Talkessel <-s, -> *m* котлови́на *ж*

Talk-Show[Alt] ['tɔːkʃoʊ] <-, -s> *f,* **Talkshow**[RR] <-, -s> *f* то́к-шо́у *ср*

Talmigold <-(e)s> *nt* францу́зское зо́лото *ср,* имита́ция *ж*

Talmulde <-, -n> *f* котлови́на *ж*

Talsperre <-, -n> *f* **1.** *(Staudamm)* плоти́на *ж* **2.** *(Stausee)* водохрани́лище *ср*

Talstation <-, -en> *f* ни́жняя ста́нция *ж*

talwärts *adv* по направле́нию к доли́не

Tampon ['tampɔn] <-s, -s> *m* тампо́н *м*

Tändelei <-> *f* **1.** *(Beschäftigung)* заня́тие *ср* пустяка́ми **2.** *(Anmache)* флирт *м*

Tandem ['tandɛm] <-s, -s> *nt* танде́м *м*

Tang [taŋ] <-(e)s, -e> *m* во́доросль *ж*

Tanga ['taŋga] <-s, -s> *m* у́зкое бики́ни *ср*

Tangente [taŋ'gɛntə] <-, -n> *f* MATH каса́тельная *ж*

tangential *adj* каса́тельный

Tango <-s, -s> *m* танго́ *ср*

Tank [taŋk] <-s, -s> *m* бак *м*

tanken *vi* заправля́ться, -пра́виться *св;* **40 Liter Benzin/Diesel ~** запра́вить со́рок ли́тров бензи́на/ди́зеля; **voll ~** запра́вить по́лный бак; **frische Luft ~** *fam* глотну́ть све́жего во́здуха; **er hat ordentlich getankt** *fam* он пло́тно поéл

Tanker <-s, -> *m* та́нкер *м*

Tankflugzeug <-(e)s, -e> *nt* самолёт-запра́вщик *м*

Tanklager <-s, -> *nt* бензоскла́д *м*

Tankstelle <-, -n> *f* запра́вочная ста́нция *ж; umg* запра́вка *ж*

Tankwagen <-s, -> *m* автоцисте́рна *ж*

Tankzug *m* <-(e)s, -züge> по́езд *м* с ваго́нами-цисте́рнами

Tanne ['tanə] <-, -n> *f* пи́хта *ж,* ель *ж*

Tannenbaum <-(e)s, -bäume> *m* ёлка *ж*

Tannenholz <-es> *nt* пи́хтовое де́рево *ср*

Tannennadel <-, -n> *f* пи́хтовая игла́ *ж*

Tannenwald <-(e)s, -wälder> *m* ело́вый лес *м,* е́льник *м*

Tannenzapfen <-s, -> *m* ело́вая ши́шка *ж*

Tante ['tantə] <-, -n> *f* тётя *ж*

Tantieme [tɑ̃'tjeːmə] <-, -n> *f* ÖKON тантье́ма *ж*

Tanz [tants] <-es, Tänze> *m* та́нец *м;* **jdn zum ~ auffordern** пригласи́ть кого́-л. на та́нец; **darf ich Sie um den nächsten ~ bitten?** могу́ я вас пригласи́ть на сле́дующий та́нец?

tanzen ['tant͡sən] **I.** *vt* танцева́ть, по- *св;* **Tango ~** танцева́ть танго́ **II.** *vi* танце-

T

ва́ть, по- *св;* ~ **gehen** пойти́ танцева́ть

Tänzer(in) ['tɛntsɐ] <-s, -> *m(f)* танцо́вщик *м,* танцо́вщица *ж,* танцо́р *м*

Tanzfläche *f* танцплоща́дка *ж*

Tanzkapelle <-, -n> *f* танцева́льный орке́стр *м*

Tanzkurs <-es, -e> *m* танцева́льные ку́рсы *мн*

Tanzlehrer(in) <-s, -> *m(f)* учи́тель *м* та́нцев

Tanzlokal *nt* заведе́ние *ср*, где танцу́ют

Tanzmusik <-> *f* танцева́льная му́зыка *ж*

Tanzpartner(in) *m(f)* партнёр *м* в та́нцах

Tanzschritt <-(e)s, -e> *m* шаг *м* (в та́нцах)

Tanzschule <-, -en> *f* шко́ла *ж* та́нцев

Tanztee <-s, -s> *m* та́нцы *ммн* в послеобе́денное вре́мя

Tanzturnier <-(e)s, -e> *nt* ко́нкурс *м* та́нцев

Tapete [ta'pe:tə] <-, -n> *f* обо́и *мн*

Tapetenmuster <-s, -> *nt* узо́р *м* на обо́ях

Tapetentür <-, -en> *f* скры́тая обо́ями дверь *ж*

Tapetenwechsel *m fig, fam* переме́на *ж* обстано́вки

tapezieren [tape'tsi:rən] *vt* окле́ивать, -еле́ить *св* обо́ями

Tapezierer(in) <-s, -; -nen> *m(f)* обо́йщик *м* (ме́бели)

Tapeziertisch <-(e)s, -e> *m* стол *м* для кле́йки обо́ев

tapfer ['tapfɐ] *adj* му́жественный, сме́лый; **sich ~ schlagen** сме́ло сража́ться

Tapferkeit <-> *f* му́жество *ж,* сме́лость *ж*

Tapferkeitsmedaille <-, -n> *f* меда́ль *ж* за му́жество

täppisch *adj* нело́вкий

Tara <-s> *nt (Verpackung)* та́ра *ж,* упако́вка *ж*

Tarantel <-n> *f* ZOOL тара́нтул *м;* **wie von der ~ gestochen** *fam* как ужа́ленный

Tarif [ta'ri:f] <-s, -e> *m* тари́ф *м;* **Erhöhung des ~s** повыше́ние тари́фной ста́вки; **einheitlicher ~** еди́ный тари́ф; **ermäßigter ~** льго́тный тари́ф; **gestaffelter ~** дифференци́рованный тари́ф; **nach/über/unter ~ bezahlt werden** получа́ть зарпла́ту согла́сно но́рме/свы́ше но́рмы/ни́же но́рмы

Tarifgehalt <-(e)s, -gehälter> *nt* тари́фный окла́д *м,* тари́фная ста́вка *ж*

Tarifgruppe <-, -n> *f* тари́фный разря́д *м*

Tarifkommission <-, -en> *f* тари́фная коми́ссия *ж*

Tarifkonflikt <-(e)s, -e> *m* тари́фный конфли́кт *м*

Tariflohn <-(e)s, -löhne> *m* за́работная пла́та *ж*

Tarifpartner <-> *pl* сто́роны *мн* в тари́фном догово́ре

Tarifpolitik <-> *f* тари́фная поли́тика *ж*

Tarifsatz <-es, -sätze> *m* тари́фная ста́вка *ж*

Tarifverhandlungen <-> *pl* перегово́ры *мн* по тари́фным ста́вкам

Tarifvertrag <-(e)s, -verträge> *m* тари́фное соглаше́ние *ср;* **die Aushandlung eines neuen ~es** достиже́ние но́вого тари́фного соглаше́ния

Tarifzone <-, -n> *f* тари́фный по́яс *м*

Tarnanzug <-(e)s, -anzüge> *m* маскиро́вочный костю́м *м*

tarnen ['tarnən] *vt* маскирова́ть, за- *св*

Tarnfarbe ['tarn-] <-, -n> *f* защи́тная кра́ска *ж*

Tarnkappe *f* ша́пка *ж* - невиди́мка *ж*

Tarnung <-, -en> *f* маскиро́вка *ж*

Tasche ['taʃə] <-, -n> *f* **1.** *(an Kleidungsstück)* карма́н *м* **2.** *(Gepäckstück)* су́мка *ж;* **etw aus der eigenen ~ bezahlen** *fam* заплати́ть за что-л. из со́бственного карма́на; **jdm auf der ~ liegen** *fam* жить на иждиве́нии у кого́-л.; **tief in die ~ greifen** *fig, fam* зале́зть глубоко́ в карма́н; **jdn in der ~ haben** *fig, fam* пойма́ть кого́-л. в ла́пы

Taschenbuch *nt* кни́га *ж* в мя́гком переплёте

Taschencomputer *m* портати́вный компью́тер *м*

Taschendieb <-(e)s, -e> *m* карма́нный вор *м,* вор-карма́нник *м*

Taschengeld <-es> *nt* карма́нные де́ньги *мн*

Taschenkalender <-s, -> *m* карма́нный календа́рь *м*

Taschenlampe <-, -n> *f* карма́нный фона́рик *м*

Taschenmesser <-s, -> *nt* перочи́нный нож *м*

Taschenrechner <-s, -> *m* микрокальку́лятор *м*

Taschenschirm <-(e)s, -e> *m* карма́нный зо́нтик *м*

Taschenspieler <-s, -> *m* фо́кусник *м*

Taschentuch <-(e)s, -tücher> *nt* носово́й плато́к *м*

Taschenuhr <-, -en> *f* карма́нные часы́ *мн*

Taschenwörterbuch <-(e)s, -bücher> *nt* карма́нный слова́рик *м*

TASS <-> *f Телегра́фное аге́нтство Сове́тского Сою́за (1925–1991)*

Tasse ['tasə] <-, -n> *f* ча́шка *ж;* **eine ~ Tee** ча́шка ча́я; **eine ~ Kaffee** ча́шечка ко́фе; **er hat nicht alle ~n im Schrank** *fam* у него́ не все до́ма; **das ist eine trübe ~** *fam* дура́к *м*

tassenfertig *adj (Suppe) о супово́м порошке́, предназна́ченном для зава́рки кипятко́м в ча́шке*

Tastatur [tasta'tu:ɐ] <-, -en> *f* клавиату́ра *ж*

Tastaturanschluss <-es, -anschlüsse> *m*

подсоедине́ние *ср* тастату́ры

Taste ['tastə] <-, -n> *f* кла́виш *м;* **eine ~ drücken** нажа́ть на кла́виш

tasten ['tastən] *vi* иска́ть *нсв* на о́щупь; **er tastete nach dem Lichtschalter** он иска́л на о́щупь выключа́тель

Tastenkombination <-, -en> *f* DV комбина́ция *ж* кла́виш

Tastentelefon <-s, -e> *nt* кно́почный телефо́н *м*

Tastsinn <-(e)s> *m* осяза́ние *ср*

tat [ta:t] *prät von* **tun**

Tat [ta:t] <-, -en> *f* посту́пок *м;* **in der ~** в действи́тельности; **etw in die ~ umsetzen** привести́ что-л. в исполне́ние; **zur ~ schreiten** де́йствовать; **jdn auf frischer ~ ertappen** пойма́ть кого́-л. на ме́сте преступле́ния

Tataren <-> *pl* тата́ры *мн*

Tatbestand <-(e)s, -bestände> *m* фа́кты *ммн;* JUR соста́в *м* преступле́ния

Tatendrang <-(e)s> *m geh* жа́жда *ж* де́ятельности

tatenlos *adj* безде́ятельный

Täter(in) ['tɛ:tɐ] <-s, -> *m(f)* престу́пник *м,* престу́пница *ж*

tätig ['tɛ:tɪç] *adj* **sie ist als Lehrerin ~** она́ рабо́тает учи́тельницей; **~ sein** *(Person)* рабо́тать; *(Vulkan)* де́йствовать

tätigen ['tɛ:tɪgən] *vt* осуществи́ть *св,* соверши́ть *св*

Tätigkeit <-, -en> *f* де́ятельность *ж;* **außer ~ sein** не рабо́тать; **in ~ treten** зарабо́тать

Tätigkeitswort <-(e)s, -wörter> *nt* глаго́л *м*

tatkräftig *adj* энерги́чный; **jdn ~ unterstützen** акти́вно подде́рживать кого́-л.

Tätlichkeit <-, -en> *f* JUR оскорбле́ние *ср*

Tatmotiv <-(e)s, -e> *nt* моти́в *м*

Tatort <-(e)s, -e> *m* ме́сто *ср* преступле́ния

tätowieren [tɛto'vi:rən] *vt* татуи́ровать; **sich ~ lassen** сде́лать себе́ татуиро́вку

Tätowierung <-, -en> *f* татуиро́вка *ж*

Tatsache <-, -n> *f* факт *м;* **~ ist, dass ...** факт, что ...; **vor vollendeten Tatsachen stehen** ста́вить пе́ред сверши́вшимся фа́ктом

tatsächlich I. *adj* факти́ческий II. *adv* факти́чески, на са́мом де́ле; **er ist es ~** э́то действи́тельно он

Tatumstände <-> *pl* обстоя́тельства *срмн* соверше́ния преступле́ния

Tatverdacht <-(e)s> *m* подозре́ние *ср* в соверше́нии преступле́ния; **unter ~ stehen** быть подозрева́емым в соверше́нии преступле́ния

Tatwaffe *f* JUR ору́жие *ср* преступле́ния

Tatze ['tatsə] <-, -n> *f* ла́па *ж*

Tatzeuge(in) <-n, -n> *m(f)* свиде́тель *м,* свиде́тельница *ж* преступле́ния

Tau¹ [taʊ] <-(e)s, -e> *nt (Seil)* кана́т *м*

Tau² [taʊ] <-(e)s> *m* роса́ *ж*

taub [taʊp] *adj* глухо́й; *(betäubt)* онеме́лый; **sich ~ stellen** притвори́ться глухи́м; **auf einem Ohr ~ sein** быть глухи́м на одно́ у́хо; **bist du ~?** *fam* ты что, огло́х?

Taube ['taʊbə] <-, -n> *f (Vogel)* го́лубь *м*

Taubheit *f ohne pl* 1. *(Gehörlosigkeit)* глухота́ *ж* 2. *(der Glieder)* онеме́ние *ср*

taubstumm *adj* глухонемо́й

Taubstummensprache <-> *f* язы́к *м* глухонемы́х

tauchen ['taʊxən] I. *vi* ныря́ть, нырну́ть *св;* **nach jdm/etw** *dat* **~** ныря́ть за кем-л./чем-л. II. *vt* погружа́ть, -грузи́ть *св*

Taucher(in) <-s, -> *m(f)* ныря́льщик *м,* ныря́льщица *ж;* *(mit Taucherausrüstung)* водола́з *м,* акваланги́ст(ка) *м(ж)*

Taucheranzug <-(e)s, -anzüge> *m* водола́зный костю́м *м,* скафа́ндр *м*

Taucherausrüstung <-, -en> *f* водола́зное снаряже́ние *ср*

Taucherbrille *f* водола́зные очки́ *мн*

Taucherkrankheit <-> *f* кессо́нная боле́знь *ж*

Tauchermaske *f* водола́зная ма́ска *ж*

Tauchsieder ['-zi:dɐ] <-s, -> *m* кипяти́льник *м*

Tauchtiefe <-, -n> *f* глубина́ *ж* ныря́ния (водола́за)

tauen ['taʊən] *vi (Eis, Schnee)* та́ять, рас- *св;* **es taut** та́ет (снег)

Taufbecken <-s, -> *nt* купе́ль *ж*

Taufe ['taʊfə] <-, -n> *f* креще́ние *ср*

taufen ['taʊfən] *vt* крести́ть, о- *св;* **sich ~ lassen** покрести́ться

Taufgeschenk <-(e)s, -e> *nt* пода́рок *м* на крести́ны

Täufling ['tɔɪflɪŋ] <-s, -e> *m* кре́стник *м*

Taufname *m* крёстное и́мя *ср*

Taufpate *m,* **Taufpatin** *f* крёстный оте́ц *м,* кре́стная мать *ж*

taufrisch *adj (feucht)* покры́тый росо́й

Taufschein <-(e)s, -e> *m* свиде́тельство *ср* о креще́нии

Taufstein <-(e)s, -e> *m* купе́ль *м*

taugen [taʊgən] *vi* годи́ться *нсв;* **etw taugt nichts** э́то никуда́ не годи́тся; **wenig/etwas ~** *(Gegenstand)* ничего́ не сто́ить/что-то сто́ить; **der Kerl taugt nichts** па́рень ничего́ не сто́ит

Taugenichts ['taʊgənɪçts] <-(es), -e> *m pej* безде́льник *м*

tauglich *adj* приго́дный; MIL го́дный к вое́нной слу́жбе

taumeln ['taʊməln] *vi* шата́ться, пошатну́ться *св*

Tausch [taʊʃ] <-(e)s, -e> *m* обме́н *м;* **etw zum ~ anbieten** предложи́ть что-л. взаме́н; **im ~ gegen etw** в обме́н на что-л.

Tauschbörse <-, -n> *f* би́ржа *ж*

tauschen ['taʊʃən] *vt* меня́ть, об- *св;* **mit**

T

jdm etw ~ поменя́ться с кем-л. чем-л.; **etw gegen etw ~** обменя́ть что-л. на что-л.; **Plätze ~** поменя́ться места́ми; **ich möchte nicht mit ihm ~** я не хочу́ быть на его́ ме́сте; **Blicke ~** обме́ниваться взгля́дами

täuschen ['tɔɪʃən] **I.** *vt* обма́нывать, -ну́ть *св* **II.** *vr* **sich ~** обма́нываться, -ману́ться *св;* **sich in jdm ~** ошиби́ться в ком-л.; **wenn mich nicht alles täuscht ...** е́сли я не ошиба́юсь; **sich von jdm ~ lassen** дать/позво́лить обвести́ себя́ вокру́г па́льца

täuschend *adj* обма́нчивый; **sie sehen sich** *dat* **~ ähnlich** они́ похо́жи друг на дру́га как две ка́пли воды́

Tauschgeschäft <-(e)s, -e> *nt* ба́ртерная [*или* менова́я] сде́лка *ж*

Tauschhandel <-s> *m* ба́ртерная [*или* менова́я] торго́вля *ж*

Tauschobjekt <-(e)s, -e> *nt* предме́т *м* обме́на

Täuschung <-, -en> *f (das Täuschen)* обма́н *м;* **optische ~** опти́ческий обма́н

Tauschverhältnis <-es> *nt* мено́вые отноше́ния *мн*

Tauschwert <-s> *m* менова́я сто́имость *ж*

tausend ['taʊzənt] *num* ты́сяча; **~ Dank** ты́сяча благода́рностей, большо́е спаси́бо; *s.a.* **achttausend**

tausendfach I. *adj* тысячекра́тный **II.** *adv* в ты́сячу раз

Tausendfüßler ['taʊzəntfy:sl] <-s, -> *m* многоно́жка *ж*

tausendjährig *adj* тысячеле́тний

tausendmal *adv* ты́сяча раз

Tausendsassa <-s, -s> *m umg* бедо́вый па́рень *м*

tausendste(r) *adj* ты́сячный

Tautologie *f* тавтоло́гия *ж*

tautologisch *adj* тавтологи́ческий

Tauwasser <-s> *nt* та́лая вода́ *ж*

Tauwetter <-s> *nt* о́ттепель *ж*

Taverne <-, -n> *f* таве́рна *ж*

Taxi ['taksi] <-s, -s> *nt* такси́ *ср;* **ein ~ nehmen** взять такси́; **ein ~ rufen** вы́звать такси́

Taxifahrer(in) <-s, -> *m(f)* такси́ст *м*

Taxistand <-(e)s, -stände> *m* стоя́нка *ж* такси́

Team [ti:m] <-s, -s> *nt* **1.** SPORT кома́нда *ж* **2.** *(allgemein)* коллекти́в *м;* **im ~ arbeiten** рабо́тать в гру́ппе

Teamarbeit <-> *f* коллекти́вная рабо́та *ж*

teamfähig *adj* спосо́бный к рабо́те в коллекти́ве; **ein ~er Mitarbeiter** сотру́дник, спосо́бный к рабо́те в коллекти́ве

Teamgeist *m ohne pl* коллекти́вный дух *м*

Teamwork ['ti:mwœ:k] <-s> *nt* рабо́та *ж* в коллекти́ве, коллекти́вная рабо́та *ж*

Technik ['tɛçnɪk] <-, -en> *f* те́хника *ж;* **der neueste Stand der ~** са́мое но́вое в ми́ре те́хники

technikbesessen *adj* одержи́мый те́хникой

Techniker(in) ['tɛçnikɐ] <-s, -> *m(f)* те́хник *м*

technikfeindlich *adj* вражде́бно относя́щийся к те́хнике

technisch *adj* техни́ческий; **Technische Hochschule** Техни́ческий университе́т *м;* **~er Leiter** техни́ческий руководи́тель *м;* **das ist ~ unmöglich** техни́чески э́то невозмо́жно

Techno ['tɛkno] <-> *m (Technomusik)* те́хно *ср,* те́хно-му́зыка *ж*

technokratisch *adj* технократи́ческий

Technologie <-, -n> *f* техноло́гия *ж*

Technologieberatung <-> *f* консульта́ция *ж* по вопро́сам техноло́гии

Technologietransfer <-s, -s> *m* переда́ча *ж* техноло́гии

Technologieunternehmen <-s, -> *nt* технологи́ческий заво́д *м*

Technologieverständnis <-ses> *nt* понима́ние *ср* техноло́гии

Technologiezentrum <-s, -zentren> *nt* центр *м* техноло́гий

technologisch *adj* технологи́ческий; **eine ~e Lücke** технологи́ческий разры́в

Teddybär ['tɛdibɛ:ɐ] <-en, -en> *m* (плю́шевый) медве́дь *м,* ми́шка *м*

Tee [te:] <-s, -s> *m* чай *м;* **schwarzer ~** чёрный чай; **~ mit Zitrone** чай с лимо́ном; **~ trinken/kochen** пить/завари́ть чай; **abwarten und ~ trinken!** *fam* набери́сь терпе́ния!

Teeanbau <-s> *m* чаево́дство *ср*

Teebeutel <-s, -s> *m* паке́тик *м* с ча́ем

Teedose <-, -n> *f* ча́йница *ж*

Tee-Ei *nt* закры́тое си́течко *ср*

Teefilter <-s, -> *m* (бума́жный) фильтр *м*

Teekanne <-, -n> *f* ча́йник *м*

Teelöffel <-s, -> *m* ча́йная ло́жка *ж*

Teenager ['ti:nɛɪdʒɐ] <-s, -> *m* подро́сток *м*

Teenie, Teeny <-s, -s> *m fam* молодо́й челове́к *м*

Teer [te:ɐ] <-(e)s, -e> *m* смола́ *ж,* гудро́н *м*

teeren ['te:rən] *vt* смоли́ть, насмоли́ть *св*

Teestrauch <-(e)s, -sträucher> *m* ча́йный куст *м*

Teflon *nt* тефло́н *м*

Teich [taɪç] <-(e)s, -e> *m* пруд *м*

Teig [taɪk] <-(e)s, -e> *m* те́сто *ср*

Teigwaren <-> *pl* макаро́нные изде́лия *срмн*

Teil[1] [taɪl] <-(e)s, -e> *m* часть *ж; (Anteil)* до́ля *ж;* **zum ~** части́чно; **ich habe es zum größten ~ gemacht** я сде́лал бо́льшую часть; **ich für mein(en) ~** что каса́ется

меня́; **zu gleichen ~en** на ра́вные ча́сти
Teil[2] [taɪl] <-(e)s, -e> *nt (Einzelteil, Bauteil)* дета́ль *ж*
Teilabschnitt <-(e)s, -e> *m* разде́л *м*
Teilansicht <-, -en> *f* части́чный вид *м*
Teilauflage <-, -n> *f* части́чный тира́ж *м*
teilbar ['-baːɐ] *adj* дели́мый
Teilbarkeit <-> *f* дели́мость *ж*
Teilbereich <-(e)s, -e> *m* TECH поддиапазо́н *м*, части́чный диапазо́н
teilbeschäftigt *adj* части́чно за́нятый
Teilbetrag <-(e)s, -beträge> *m* части́чная су́мма *ж*, части́чный платёж *м*
Teilbetriebsergebnis <-ses, -se> *nt* части́чные да́нные *мн;* FIN части́чный бала́нс *м*
Teilchen ['taɪlçən] <-s, -> *nt* PHYS части́ца *ж*
teilen I. *vt* дели́ть, раз- *св;* **etw mit jdm ~** подели́ться чем-л. с кем-л.; **jds Meinung ~** разделя́ть чьё-л. мне́ние; **sich** *dat* **etw** (**mit jdm**) **~** подели́ть что-л. с кем-л.; **die Meinungen waren geteilt** мне́ния раздели́лись **II.** *vi* **1.** *(Weg, Fluss)* разветвля́ться, -ветви́ться *св* **2.** *(Auffassung)* разделя́ться, -ли́ться *св* **III.** *vr* **sich ~** *(auseinander gehen)* разделя́ться, -ли́ться *св*
Teilerfolg <-(e)s, -e> *m* части́чный успе́х *м*
Teilergebnis <-ses, -se> *nt* части́чный результа́т *м*
teil|haben *vi* **1.** *(am Gewinn)* уча́ствовать *нсв* **2.** *(an der Freude)* разделя́ть, -ли́ть *св*
Teilhaber(in) <-s, -> *m(f)* ÖKON компаньо́н *м*, совладе́лец *м;* **stiller ~** негла́сный компаньо́н
Teilmenge <-, -n> *f* части́чное коли́чество *ср*
teilmöbliert *adj* части́чно меблиро́ванный
Teilnahme ['taɪlnaːmə] <-> *f* уча́стие *ср;* **seine ~ aussprechen** вы́сказать уча́стие
Teilnahmebedingung <-, -en> *f* усло́вие *ср* уча́стия
teilnahmeberechtigt *adj* допу́щенный к уча́стию
teilnahmslos ['taɪlnaːmsloːs] *adj* равноду́шный
teilnahmsvoll *adj* уча́стливый
teil|nehmen *vi* принима́ть, -ня́ть *св* уча́стие
Teilnehmer(in) <-s, -> *m(f)* уча́стник *м*, уча́стница *ж*
teils [taɪls] *adv* отча́сти; **~ ..., ~ ...** отча́сти ..., отча́сти ...
Teilschuldner <-s, -> *m* долево́й должни́к *м*
Teilsendung <-, -en> *f* части́чная посы́лка *ж*
Teilstrecke <-, -n> *f* эта́п *м*
Teilung <-, -en> *f* разделе́ние *ср*
teilweise ['-vaɪzə] *adv* отча́сти, части́чно
Teilzahlung <-, -en> *f* упла́та *ж* в рассро́чку; **etw auf ~ kaufen** купи́ть что-л. в креди́т
Teilzahlungsbetrag <-(e)s, -beträge> *m* разме́р *м* части́чного платежа́
Teilzeitarbeit *f* рабо́та *ж* на полдня́
teilzeitbeschäftigt *adj* рабо́тающий на полста́вке
Teilzeitbeschäftigung <-, -en> *f* части́чная за́нятость *ж*
Teilzeitkraft <-, -kräfte> *f* рабо́тник *м*, за́нятый непо́лный рабо́чий день
Teint [tɛ̃ː] <-s, -s> *m* цвет *м* ко́жи
tektonisch *adj* тектони́ческий
Tel. *abk von* **Telefonnummer** телефо́нный но́мер
Telearbeit <-> *f работа на дому́, при кото́рой рабо́тник свя́зан с работода́телем посре́дством электро́нного сре́дства коммуника́ции*
Telebanking <-> *nt ohne pl* INFOR телебанки́рование *ср*
Telefax ['teːlefaks] <-, -(e)> *nt* телефа́кс *м*
Telefon [tele'foːn] <-s, -e> *nt* телефо́н *м;* **ans ~ gehen** подойти́ к телефо́ну; **schnurloses ~** беспро́волочный телефо́н
Telefonanruf *m* телефо́нный звоно́к *м*
Telefonanschluss[RR] <-es, -anschlüsse> *m* телефо́нное подключе́ние *ср*
Telefonat [telefo'naːt] <-(e)s, -e> *nt* телефо́нный разгово́р *м*
Telefonauskunft <-> *f* телефо́нная спра́вочная слу́жба *ж*
Telefonbanking <-s> *nt* ула́живание *ср* ли́чных ба́нковских дел по телефо́ну
Telefonbuch <-(e)s, -bücher> *nt* телефо́нный спра́вочник *м*
Telefongebühren *fpl* пла́та *ж* за телефо́н
Telefongesellschaft *f* телефо́нная компа́ния *ж*
Telefongespräch *nt* телефо́нный звоно́к *м;* **ein ~ führen** разгова́ривать по телефо́ну
Telefonhörer <-s, -> *m* телефо́нная тру́бка *ж*
telefonieren [telefo'niːrən] *vi* разгова́ривать *нсв*, говори́ть, по- *св*, звони́ть, по- *св;* **kann ich bei Ihnen mal ~?** могу́ я от вас позвони́ть по телефо́ну?; **nach München/Amerika ~** разгова́ривать с Мю́нхеном/Аме́рикой
telefonisch [tele'foːnɪʃ] *adj* телефо́нный
Telefonist(in) <-en, -en> *m(f)* телефони́ст *м*, телефони́стка *ж*
Telefonkabel <-s, -> *nt* телефо́нный ка́бель *м*
Telefonkarte <-, -n> *f* телефо́нная ка́рточка *ж*
Telefonleitung *f* телефо́нная ли́ния *ж*
Telefonmarketing <-s, -> *nt* телемарке́тинг *м*
Telefonnetz *nt* телефо́нная сеть *ж*

Telefonnummer <-, -n> *f* но́мер *м* телефо́на
Telefonrechnung *f* телефо́нный счёт *м*
Telefonverbindung *f* телефо́нная связь *ж*
Telefonverzeichnis <-ses, -se> *nt* телефо́нный спра́вочник *м*
Telefonzelle <-, -n> *f* телефо́нная бу́дка *ж*
Telefonzentrale <-, -n> *f* телефо́нный коммута́тор *м*
Telegraf [tele'gra:f] <-en, -en> *m* телегра́ф *м*
Telegrafenleitung <-, -en> *f* телегра́фная ли́ния *ж*
Telegrafenmast <-(e)s, -e> *m* телегра́фный столб *м*
Telegrafie <-> *f* телеграфи́рование *ср*
telegrafieren [telegra'fi:rən] *vi, vt* телеграфи́ровать
Telegramm [tele'gram] <-s, -e> *nt* телегра́мма *ж;* **ein ~ aufgeben** отпра́вить телегра́мму
Telekinese <-> *f* телекине́з *м*
Telekommunikation <-> *f* телекоммуника́ция *ж*
Telekommunikationsmarkt <-(e)s> *m* ры́нок *м* телекоммуникацио́нных услу́г
Telekommunikationsnetz <-es, -e> *nt* телекоммуникацио́нная сеть *ж*
Telekonferenz <-, -en> *f* телеконфере́нция *ж*
Telematik <-> *f* телема́тика *ж*
Teleobjektiv ['te:leʔɔpjɛkti:f] <-s, -e> *nt* телеобъекти́в *м*
Telepathie [telepa'ti:] <-> *f* телепа́тия *ж*
Teleshopping <-s> *nt ohne pl* телешо́пинг *м*
Teleskop [tele'sko:p] <-s, -e> *nt* телеско́п *м*
Teleskopantenne <-, -n> *f* телескопи́ческая анте́нна *ж*
Teleskopgabel <-, -n> *f* телескопи́ческая ви́лка *ж*
Telex ['te:lɛks] <-, -(e)> *nt* те́лекс *м*
Telexanschluss <-es, -anschlüsse> *m* подключе́ние *ср* к сети те́лексной свя́зи
Teller ['tɛlɐ] <-s, -> *m* таре́лка *ж;* **flacher ~** ме́лкая таре́лка; **tiefer ~** глубо́кая таре́лка; **ein ~ Suppe** таре́лка су́па
Tellergericht <-(e)s, -e> *nt* просто́е блю́до *ср*
Tellermine <-, -n> *f* ди́сковая ми́на *ж*
Tellerrand *m fig, fam* **über den ~ nicht hinausschauen** не ви́деть да́льше своего́ но́са
Tellerwäscher(in) <-s, -; -nen> *m(f)* посудомо́йщик *м,* посудомо́йщица *ж*
Tempel ['tɛmpəl] <-s, -> *m* храм *м*
Temperafarbe ['tɛmpərafarbə] <-> *f* те́мпера *ж*
Temperament [tɛmpəra'mɛnt] <-(e)s, -e> *nt* темпера́мент *м*
Temperamentssache <-> *f* вопро́с *м* темпера́мента
temperamentvoll *adj* темпера́ментный
Temperatur [tɛmpəra'tu:ɐ, tɛmpəra'tu:ɐen] <-, -en> *f* **1.** *(Wärme)* температу́ра *ж* **2.** *(leichtes Fieber)* (повы́шенная) температу́ра *ж;* **die ~ steigt/fällt** температу́ра повыша́ется/па́дает; (**erhöhte**) **~ haben** име́ть (высо́кую) температу́ру
Temperaturfühler <-s, -> *m* термода́тчик *м*
Temperaturschwankung *f* колеба́ния *срмн* в температу́ре
Temperatursturz <-es, -stürze> *m* ре́зкое паде́ние *ср* температу́ры
Tempo[1] ['tɛmpo, 'tɛmpos] <-s, -s/Tempi> *nt* ско́рость *ж; auch* MUS темп *м;* **mit hohem ~** бы́стро; **das ~ angeben** зада́ть темп
Tempo®[2] ['tɛmpo, 'tɛmpos] <-s, -s> *nt fam* носовы́е [*или* бума́жные] плато́чки *мн*
Tempolimit <-s, -s> *nt* ограниче́ние *ср* ско́рости
Temposünder <-s, -> *m umg* лиха́ч *м*
Tendenz [tɛn'dɛnts] <-, -en> *f* тенде́нция *ж;* **die ~ an der Börse** тенде́нция биржевы́х ку́рсов; **fallende ~** тенде́нция к пониже́нию; **kurzfristige ~** кратковре́менная тенде́нция; **steigende ~** тенде́нция к повыше́нию
tendenziell [tɛndɛn'ts̯iɛl] *adj* согла́сно тенде́нциям
Tendenzwende <-, -n> *f* переме́на *ж* тенде́нции
Tender <-s, -> *m* BÖRSE те́ндер *м*
tendieren [tɛn'di:rən] *vi* име́ть тенде́нцию *нсв,* склоня́ться *нсв*
Tenne <-> *f* ток *м*
Tennis ['tɛnɪs] <-> *nt* те́ннис *м*
Tennisarm <-(e)s, -e> *m* MED воспале́ние *ср* локтево́го суста́ва (у теннси́стов)
Tennisball <-(e)s, -bälle> *m* те́ннисный мяч *м*
Tennisklub <-s, -s> *m* те́ннисный клуб *м*
Tennisplatz <-es, -plätze> *m* те́ннисная площа́дка *ж*
Tennisschläger <-s, -> *m* те́ннисная раке́тка *ж*
Tennisspiel *nt* игра́ *ж* в те́ннис
Tennisspieler(in) <-s, -> *m(f)* теннси́ст *м,* теннси́стка *ж*
Tennisturnier <-(e)s, -e> *nt* соревнова́ния *мн* по те́ннису
Tenor [te'no:ɐ] <-s, Tenöre> *m* MUS те́нор *м*
Tenorstimme <-> *f* те́нор *м*
Tensiometer <-s, -> *nt* тензиоме́тр *м*
Tentakel <-s, -> *m o nt* ZOOL щу́пальце *ср*
Teppich ['tɛpɪç] <-s, -e> *m* ковёр *м;* **etw unter den ~ kehren** *fig* спря́тать что-л.; **auf dem ~ bleiben** *fig* рассужда́ть тре́зво
Teppichboden <-s, -böden> *m* ковро́вое

покры́тие *ср*

Teppichreiniger <-s, -> *m* сре́дство *ср* для чи́стки ковро́в

Termin [tɛr'mi:n] <-s, -e> *m* **1.** *(Zeitpunkt)* срок *м*, да́та *ж;* **zum festgesetzten ~** к устано́вленному сро́ку; **letztmöglicher ~** кра́йний (преде́льный) срок **2.** *(Frist)* срок *м;* **einen ~ einhalten** прийти́ в назна́ченный час **3.** *(Treffen)* встре́ча *ж;* **einen ~ vereinbaren** догова́риваться о встре́че **4.** *(Arzttermin etc)* приём *м*, вре́мя *ср;* **bei jdm einen ~ bekommen** записа́ться к кому́-л. на приём; **einen ~ beim Zahnarzt haben** записа́ться на приём к зубно́му врачу́

Terminal ['tll:minəl] <-s, -s> *nt* **1.** *(am Flughafen)* аэровокза́л *м* **2.** DV термина́л *м* **3.** *(Umschlagplatz für Frachtgut)* перева́лочный пункт *м*

Terminbörse <-, -n> *f* BÖRSE би́ржа *ж*

Termin-Clearing <-s> *nt* сро́чный кли́ринг *м*

Termindruck <-(e)s> *m* поджима́ние сро́ка *ср*

termingemäß *adj* своевре́менный, вы́полненный в ука́занный срок

Termingeschäft <-(e)s, -e> *nt* сро́чная сде́лка *ж*

Terminhandel <-s> *m* сро́чная сде́лка *ж*

Terminkalender <-s, -> *m* календа́рь-па́мятка *м*

Terminkurs <-es, -e> *m* BÖRSE курс *м* при биржевы́х сде́лках на срок

Terminmarkt <-(e)s> *m* ры́нок *м* сро́чных сде́лок

Terminologie [tɛrminolo'gi:] <-, -n> *f* терминоло́гия *ж*

terminologisch *adj* терминологи́ческий

Terminplan <-(e)s, -pläne> *m* календа́рный план *м*, план *м* - гра́фик *м*

Terminplanung <-, -en> *f* плани́рование *ср*

Terminschwierigkeiten <3 -> *pl* тру́дности *мн* с соблюде́нием сро́ков

Termite [tɛr'mi:tə] <-n> *f* ZOOL терми́т *м*

Terpentin [tɛrpɛn'ti:n] <-s, -e> *nt* терпенти́н *м*

Terrain [tɛ'rɛ̃:] <-s, -s> *nt* ме́стность *ж*

Terrasse [tɛ'rasə] <-, -n> *f* терра́са *ж*

terrassenförmig *adj* в фо́рме терра́сы

terrestrisch *adj* назе́мный

Terrier ['tɛriɐ] <-s, -> *m* терье́р *м*

territorial [tɛritori'a:l] *adj* территориа́льный

Territorium [tɛri'to:riʊm] <-s, -rien> *nt* террито́рия *ж*

Terror ['tɛro:ɐ] <-s> *m* терро́р *м*

Terrorakt <-(e)s, -e> *m* террористи́ческий акт *м*

Terroranschlag <-(e)s, -anschläge> *m* террористи́ческое покуше́ние *ср*

terrorisieren [tɛrori'zi:rən] *vt* терроризи́ровать *нсв*

Terrorismus [tɛro'rɪsmʊs] <-> *m* террори́зм *м*

Terrorismusbekämpfung <-, -en> *f* борьба́ *ж* с террори́змом

Terrorist(in) [tɛro'rɪst] <-en, -en> *m(f)* террори́ст *м*, террори́стка *ж*

terroristisch *adj* террористи́ческий

tertiär *adj* GEOL трети́чный, „скотч" *м*

i Land & Leute

«Третья ступень» – **Tertiärstufe** – действующей в Швейцарии системы образования охватывает высшее образование, профессиональную подготовку учителей для «средней ступени II» («Sekundarstufe II»), а также профессионально-техническое обучение высших категорий.

Test [tɛst] <-(e)s, -s/-e> *m* испыта́ние *ср*, тест *м*

Testament [tɛsta'mɛnt] <-(e)s, -e> *nt* завеща́ние *ср;* **das ~ eröffnen** вскры́ть завеща́ние; **Altes/Neues ~** REL Ста́рый/Но́вый заве́т

Testamentseröffnung *f* JUR откры́тие *ср* завеща́ния

Testamentsvollstrecker(in) *m(f)* JUR исполни́тель *м* завеща́ния

testen ['tɛstən] *vt* испы́тывать, -пыта́ть *св*

Testergebnis <-ses, -se> *nt* результа́т *м* те́ста

Testflug <-(e)s, -flüge> *m* испыта́тельный полёт *м*

Testmarkt <-(e)s, -märkte> *m* про́бный ры́нок *м*

Testmethode <-, -n> *f* ме́тод *м* испыта́ния

Teststrecke <-, -n> *f* испыта́тельный трек *м*

Testverfahren <-s, -> *nt* ме́тод *м* те́стов

Tetanus ['tɛtanʊs] <-> *m* столбня́к *м*

Tetanusschutzimpfung <-, -en> *f* противостолбня́чная приви́вка *ж*

Tete-a-teteRR [tɛta'tɛ:t], **Tête-à-tête** <-, -s> *nt* с гла́зу на глаз

teuer ['tɔɪɐ] *adj* дорого́й; **etw ~ kaufen/verkaufen** купи́ть/прода́ть что-л. до́рого; **wie ~ ist das?** ско́лько э́то сто́ит?; **~ werden** подорожа́ть; **etw kommt jdn ~ zu stehen** кто-л. запла́тит до́рого за что-л.; **bei allem, was mir lieb und ~ ist** кляну́сь все́ми святы́ми

Teuerung <-, -en> *f* дорожа́ние *ср;* **die ~ ist überdurchschnittlich hoch** подорожа́ние вы́ше сре́днего

Teuerungsrate <-, -n> *f* темп *м* ро́ста до-

роговизны
Teufel ['tɔɪfəl] <-s, -> *m* чёрт *м;* **wie/was zum ~ ...?** *fam* как/что к чёрту ...?; **weiß der ~!** *fam* чёрт его́ зна́ет!; **scher dich zum ~!** *fam* пошёл ты к чёрту!; **den soll der ~ holen!** *fam* пошёл он ко всем чертя́м!; **den ~ an die Wand malen** *fam* звать дья́вола; **da ist der ~ los!** *fam* там шум и гам!; **den ~ werde ich tun!** *fam* и не поду́маю!; **wenn man vom ~ spricht, (kommt er)** *fam* вот он – лёгок на поми́не
Teufelsaustreibung <-, -en> *f* REL экзорци́зм *м*
Teufelskerl <-s, -e> *m umg* бедо́вый па́рень *м*
Teufelskreis <-es, -e> *m* заколдо́ванный круг *м*
teuflisch ['tɔɪflɪʃ] *adj* черто́вский; **das schmeckt ~ gut** э́то о́чень вку́сно
Text [tɛkst] <-(e)s, -e> *m* текст *м*
Textbuch *nt* либре́тто *ср*
textil *adj* тексти́льный
Textilarbeiter(in) <-s, -> *m(f)* тексти́льщик *м*, тексти́льщица *ж*
Textilfabrik <-, -en> *f* тексти́льный заво́д *м*
Textilien [tɛks'ti:liən] <-> *pl* тексти́льные изде́лия *срмн*
Textilindustrie <-> *f* тексти́льная промы́шленность *ж*
Textlinguistik <-> *f* лингвисти́ческое иссле́дование *ср*
Textmarker ['-markɐ] <-s, -> *m* цветно́й флома́стер *м*
Textverarbeitung <-, -en> *f* **1.** *(Textverarbeitungsprogramm)* текстово́й проце́ссор *м* **2.** *(die Verarbeitung von Text mit dem Computer)* обрабо́тка *ж* те́кста
Textverarbeitungsprogramm <-(e)s, -e> *nt* DV програ́мма *ж* обрабо́тки те́кстов
TH [te:'ha:] *abk von* **Technische Hochschule** Техни́ческий университе́т
Thailand ['taɪlant] *nt* Таила́нд *м*
Thailänder(in) ['taɪlɛndɐ] <-s, -> *m(f)* таила́ндец *м*, таила́ндка *ж*
thailändisch *adj* таила́ндский
Theater [te'a:tɐ] <-s, -> *nt* теа́тр *м;* **ins/zum ~ gehen** пойти́ в теа́тр; **ein furchtbares ~ wegen etw** *dat* **machen** *fam* устро́ить сканда́л из-за ерунды́; **das ist doch nur ~** *fam* э́то то́лько теа́тр
Theateraufführung *f* театра́льное представле́ние *ср*, постано́вка *ж*
Theaterbesuch <-(e)s, -e> *m* посеще́ние *ср* теа́тра
Theaterbesucher(in) <-s, -> *m(f)* театра́льный зри́тель *м*
Theaterdirektor(in) <-s, -en> *m(f)* дире́ктор *м* теа́тра
Theaterkarte <-, -n> *f* биле́т *м* в теа́тр
Theaterkasse *f* театра́льная ка́сса *ж*
Theaterpublikum <-s> *nt* театра́льная пу́блика *ж*
Theaterregisseur(in) <-s, -e> *m(f)* режиссёр *м* теа́тра
Theaterstück <-(e)s, -e> *nt* театра́льная пье́са *ж*
Theatervorstellung <-, -en> *f* театра́льное представле́ние *ср*
Theaterwissenschaft <-> *f* театрове́дение *ср*
theatralisch [tea'tra:lɪʃ] *adj* театра́льный
Theke ['te:kə] <-, -n> *f* **1.** *(eines Lokals)* сто́йка *ж* **2.** *(eines Ladens)* прила́вок *м*
Thema ['te:ma, 'te:mən] <-s, Themen> *nt* те́ма *ж;* **vom ~ abschweifen** отклони́ться от те́мы; **das ~ ist für mich erledigt** вопро́с для меня́ решён; **das ist (doch) kein ~!** *fam (spielt keine Rolle)* э́то не име́ет значе́ния
Thematik [te'ma:tɪk] <-, -en> *f* тема́тика *ж*
Theologe [teo'lo:gə] <-n, -n> *m* богосло́в *м*
Theologie [teolo'gi:] <-> *f* богосло́вие *ср*
theologisch [teo'lo:gɪʃ] *adj* богосло́вский
Theoretiker(in) [teo're:tikɐ] <-s, -; -nen> *m(f)* теоре́тик *м*
theoretisch [teo're:tɪʃ] *adj* теорети́ческий
Theorie [teo'ri:, teo'ri:ən] <-, -n> *f* тео́рия *ж*
Therapeut(in) [tera'pɔɪt] <-en, -en> *m* терапе́вт *м*
therapeutisch *adj* терапевти́ческий
Therapie [tera'pi:] <-, -n> *f* терапи́я *ж*
therapieren *vt* подверга́ть, -ве́ргнуть *св*
Thermalbecken <-s, -> *nt* терма́льный бассе́йн *м*
Thermalquelle *f* терма́льный исто́чник *м*
Thermodynamik <-> *f* термодина́мика *ж*
thermodynamisch *adj* термодинами́ческий
thermoelektrisch *adj* термоэлектри́ческий
Thermometer [tɛrmo'me:tɐ] <-s, -> *nt* термо́метр *м*
Thermometerstand <-s> *m* показа́ние *ср* термо́метра
Thermosflasche <-, -n> *f* те́рмос *м*
Thermoskanne *f* те́рмос *м*
Thermostat [tɛrmo'sta:t] <-(e)s, -e(n)> *m* термоста́т *м*
These ['te:zə] <-, -n> *f* те́зис *м;* **eine ~ aufstellen** вы́сказать те́зис
Thesenpapier <-s, -e> *nt* бума́га *ж* с те́зисами
Thriller ['θrɪlɐ] <-s, -> *m* три́ллер *м*
Thrombose [trɔm'bo:zə] <-, -n> *f* тромбо́з *м*
Thron [tro:n] <-(e)s, -e> *m* престо́л *м*, трон *м;* **den ~ besteigen** взойти́ на престо́л
Thronbesteigung <-, -en> *f* вступле́ние *ср* на престо́л
Thronerbe <-n, -n> *m* престо́лонасле́дник *м*

Thronfolge <-> *f* престо́лонасле́дие *ср;* **die ~ antreten** унасле́довать престо́л
Thronfolger(in) <-s, -; -nen> *m(f)* престолонасле́дник *м*
Thronsaal <-(e)s> *m* тро́нный зал *м*
Thunfisch ['tu:nfɪʃ] *m* ZOOL ту́нец *м*
Thüringen ['ty:rɪŋən] <-s> *nt* Тюри́нгия *ж*
thüringisch *adj* тюри́нгенский
Thymian ['ty:mia:n] <-s, -e> *m* BOT тимья́н *м*
Tibet ['ti:bɛt] *nt* Тибе́т *м*
Tibeter(in) <-s, -> *m(f)* тибе́тец *м*, тибе́тка *ж*
tibetisch *adj* тибе́тский
Tick [tɪk] <-(e)s, -e> *m* MED тик *м;* **einen ~ haben** име́ть не́рвный тик
ticken ['tɪkən] *vi (Uhr)* ти́кать *нсв;* **bei dir tickt's ja nicht richtig!** *fam* да ты в своём уме́!
tief [ti:f] **I.** *adj* **1.** *(nicht flach)* глубо́кий; **~ betrübt** глубоко́ опеча́ленный; **~ bewegt** глубоко́ взволно́ванный; **ein zwei Meter ~es Loch** дыра́ глубино́й в два ме́тра; **wie ~ ist das?** кака́я здесь глубина́?; **aus ~stem Herzen** из глубины́ моего́ се́рдца; **~ in Gedanken versunken sein** глубоко́ заду́маться; **~es Schweigen** глубо́кое молча́ние **2.** *(niedrig)* ни́зкий **3.** *(Schlaf)* глубо́кий; **10 Meter ~** глубино́й в де́сять ме́тров **II.** *adv* глубоко́; **sich ~ bücken** глубоко́ поклони́ться; **die Sonne steht schon ~** со́лнце уже́ се́ло; **zehn Meter ~ tauchen** ныря́ть на 10-ти метро́вую глубину́; **jdm ~ in die Augen sehen** посмотре́ть кому́-л. пря́мо в глаза́; **er ist ~ gesunken** он ни́зко пал; **~ ausgeschnitten** с глубо́ким вы́резом; **bis ~ in die Nacht hinein** до по́здней но́чи
Tief [ti:f] <-s, -s> *nt* **1.** *(Wetter)* о́бласть *ж* ни́зкого давле́ния **2.** ÖKON спад *м*
Tiefbau <-(e)s> *m* подзе́мное строи́тельство *ср*
Tiefdruck <-(e)s> *m* глубо́кая печа́ть *ж;* METEO ни́зкое давле́ние *ср*
Tiefe ['ti:fə] <-, -n> *f* глубина́ *ж*
Tiefebene <-, -n> *f* ни́зменность *ж*
Tiefenpsychologie <-> *f* PSYCH психоло́гия *ж* подсозна́тельного
Tiefenstruktur <-, -en> *f* LING глуби́нная структу́ра *ж*
Tiefgarage *f* подзе́мный гара́ж *м*
tiefgefroren *adj* глубоко́ заморо́женный
tiefgekühlt *adj* заморо́женный
Tiefkühlfach <-(e)s, -fächer> *nt* морози́льная ка́мера *ж*
Tiefkühlkost *f* глубоко́ заморо́женная еда́
Tiefkühlschrank *m* морози́льник *м*
Tiefkühltruhe *f* морози́лка *ж*
Tiefpunkt <-(e)s, -e> *m* ни́зшая то́чка *ж*
Tiefschlaf *m* глубо́кий сон *м*
Tiefsee <-> *f* морска́я глубина́ *ж*
Tiefseefauna <-> *f* фа́уна *ж* морски́х [*или* океа́нских] глуби́н
Tiefseeforschung <-> *f* иссле́дование *ср* морски́х [*или* океа́нских] глуби́н
Tiefseegraben <-s> *m* глубоково́дная впа́дина *ж*
Tiefseekabel <-s, -> *nt* глубоково́дный ка́бель *м*
Tiefseetaucher <-s, -> *m* водола́з *м* - глубоково́дник *м*
Tiefsinn <-(e)s> *m* глубокомы́слие *ср*
tiefsinnig *adj* глубо́кий
Tiefststand <-(e)s, -stände> *m* преде́льно ни́зкий у́ровень *м*
Tiefsttemperatur *f* ни́зкая температу́ра *ж*
Tier [ti:ɐ̯] <-(e)s, -e> *nt* живо́тное *ср*, зверь *м;* **ein hohes ~** *umg* ва́жная пти́ца *ж*
Tierart <-, -en> *f* вид *м* [*или* поро́да *ж*] живо́тных
Tierarzt <-es, -ärzte> *m*, **Tierarztärztin** *f* ветерина́р *м*
tierärztlich *adj* ветерина́рный
Tiergarten <-s, -gärten> *m* зоопа́рк *м*
Tierhandlung *f* зоомагази́н *м*
Tierheim <-(e)s, -e> *nt* прию́т *м* для живо́тных
tierisch ['ti:rɪʃ] *adj* **1.** *(von Tieren stammend)* живо́тный, звери́ный **2.** *umg (äußerst, groß)* зве́рский; **~e und pflanzliche Fette** живо́тные и расти́тельные масла́ *мн;* **ich habe ~en Durst** я о́чень хочу́ пить; **das schmeckt ~ gut** э́то о́чень вку́сно
Tierklinik <-, -en> *f* ветерина́рная кли́ника *ж*
Tierkreiszeichen *nt* ASTR знак *м* зодиа́ка
tierlieb *adj* **sehr ~ sein** о́чень люби́ть живо́тных
tierliebend *adj* лю́бящий живо́тных
Tiermedizin <-> *f* ветерина́рия *ж*
Tiermehl <-s> *nt* мя́со-ко́стная мука́ *ж*
Tiernahrung <-> *f* корм *м*
Tierpark <-s, -s> *m* зоопа́рк *м*
Tierquälerei ['- - -'-] <-, -en> *f* живодёрство *ср*
Tierreich <-(e)s> *nt* живо́тный мир *м*
Tierschutz <-es> *m* охра́на *ж* живо́тных
Tierschützer(in) *m(f)* защи́тник *м* живо́тных
Tierschutzverein *m* о́бщество *ср* защи́ты живо́тных
Tierversuch *m* о́пыты *мн* на живо́тных
Tierwelt <-> *f* живо́тный мир *м*, фа́уна *ж*
Tierzucht <-> *f* животново́дство *ср*
Tiger(in) ['ti:gɐ] <-s, -> *m(f)* тигр *м*, тигри́ца *ж*
Tilde ['tɪldə] <-n> *f (in Wörterbüchern)* ти́льда *ж*
tilgen ['tɪlgən] *vt (Schulden)* погаша́ть, -гаси́ть *св*
Tilgung <-, -en> *f (von Schulden)* погаше́ние *ср;* **langfristige ~ der Kredite** долго-

T

сро́чное погаше́ние креди́тов
Tilgungsrate <-, -n> *f* проце́нт *м* погаше́ния; **jährliche ~** аннуите́т
Timing ['taɪmɪŋ] <-s> *nt* **präzises ~** то́чный вы́бор сро́ка; **das war perfektes ~!** как раз во́время!
Tinktur [tɪŋk'tuːɐ] <-, -en> *f* насто́йка *ж*
Tinte ['tɪntə] <-, -n> *f* черни́ла *мн;* **in der ~ sitzen** *fam* у кого́-л. ку́ча неприя́тностей
Tintenfisch <-(e)s, -e> *m* карака́тица *ж*
Tintenfleck *m* черни́льное пятно́ *ср*
Tipp[Alt] <-s, -s> *m,* **Tipp**[RR] [tɪp] <-s, -s> *m umg* сове́т *м;* **jdm einen ~ geben** дать кому́-л. сове́т
Tippelbruder ['tɪpəlbruːdɐ] *m* бродя́га *м*
tippen ['tɪpən] **I.** *vi* ста́вить, по- *св;* **ich tippe (darauf), dass ...** я держу́ пари́, что ... **II.** *vt* **1.** *(auf der Schreibmaschine)* печа́тать, на- *св* **2.** *(leicht berühren)* постуча́ть *св*
Tippfehler <-s, -> *m* опеча́тка *ж*
Tisch [tɪʃ] <-(e)s, -e> *m* стол *м;* **den ~ decken** накрыва́ть на стол; **am ~ sitzen** сиде́ть за столо́м; **sich an den gedeckten ~ setzen** *fig* получа́ть гото́вое; **etw unter den ~ fallen lassen** *fam* не обрати́ть до́лжного внима́ния на что-л.; **jdn unter den ~ trinken** *fam* напои́ть кого́-л. (до опьяне́ния); **etw ist vom ~** *fam* како́й-л. вопро́с решён; **reinen ~ machen** *fam* вы́яснить отноше́ния; **jdn über den ~ ziehen** *fig, fam* обвести́ кого́-л. вокру́г па́льца
Tischbein <-(e)s, -e> *nt* но́жка *ж* стола́
Tischdame <-, -n> *f* сосе́дка *ж* спра́ва (за столо́м)
Tischdecke <-, -n> *f* ска́терть *ж*
Tischende <-s, -n> *nt* коне́ц *м* стола́
Tischfußball <-(e)s> *m* насто́льный футбо́л *м*
Tischgebet <-(e)s, -e> *nt* моли́тва *ж* пе́ред тра́пезой
Tischgespräch <-(e)s, -e> *nt* засто́льная бесе́да *ж*
Tischkante <-, -n> *f* край *м* стола́
Tischlampe *f* насто́льная ла́мпа *ж*
Tischler(in) ['tɪʃlɐ] <-s, -> *m(f)* сто́ляр *м*
Tischlerei <-, -en> *f* столя́рная мастерска́я *ж*
Tischleuchte <-, -n> *f* насто́льная ла́мпа *ж*
Tischmanieren <-> *pl* поведе́ние *ср* за столо́м
Tischnachbar(in) <-n, -n> *m(f)* сосе́д *м* по столу́
Tischplatte <-, -n> *f* кры́шка *ж* стола́
Tischsitten <-> *pl* поведе́ние *ср* за столо́м
Tischtennis <-> *nt* насто́льный те́ннис *м*
Tischtennisball *m* насто́льный те́ннис *м*
Tischtennisschläger <-s, -> *m* раке́тка *ж* для насто́льного те́нниса
Titan <-s> *nt* CHEM тита́н *м*
Titel ['tiːtəl] <-s, -> *m* **1.** *(Buch)* назва́ние *ср* **2.** *(Ehrentitel)* зва́ние *ср,* ти́тул *м;* **akademischer ~** академи́ческое зва́ние *ср;* **um den ~ spielen** SPORT состяза́ться за зва́ние
Titelanwärter(in) <-s, -> *m(f)* претенде́нт *м* на зва́ние чемпио́на
Titelbild *nt* фронтиспи́с *м,* загла́вная винье́тка *ж*
Titelblatt *nt* ти́тульная страни́ца *ж*
Titelseite <-, -n> *f* ти́тульный лист *м*
Titelverteidiger(in) *m(f)* SPORT чемпио́н *м,* кото́рый защища́ет зва́ние
Titte ['tɪtə] <-, -n> *f vulg* сосо́к *м*
Toast [toːst] <-s, -s> *m* **1.** *(Brot)* поджа́ренный кусо́к *м* **2.** *(Trinkspruch)* тост *м;* **einen ~ auf jdn ausbringen** вы́пить за здоро́вье кого́-л.
toasten *vt (Brot)* жа́рить
Toaster <-s, -> *m* то́стер *м*
toben ['toːbən] *vi (herumtoben)* беси́ться *нсв*
tobsüchtig *adj* бе́шеный
Tochter ['tɔxtɐ, 'tɪlçtɐ] <-, Töchter> *f* дочь *ж*
Tochterfirma *f (wirtsch)* доче́рняя фи́рма *ж*
Tochtergesellschaft <-, -en> *f* доче́рнее о́бщество *ср,* доче́рняя компа́ния *ж*
Tochterunternehmen <-s, -> *nt* доче́рнее предприя́тие *ср*
Tod [toːt, 'toːdə] <-(e)s, -e> *m* смерть *ж;* **jdn zum ~e verurteilen** приговори́ть кого́-л. к сме́рти; **eines gewaltsamen/natürlichen ~es sterben** умере́ть наси́льственной/есте́ственной сме́ртью; **etw mit dem ~ bezahlen** заплати́ть за что-л. жи́знью; **sich zu ~e langweilen** *fam* умира́ть от ску́ки; **sich zu ~e schämen** *fam* умира́ть от стыда́; **jdn zu ~e erschrecken** *fam* до́ смерти запуга́ть кого́-л.; **du holst dir noch den ~!** *fam* ты ещё заболе́ешь!; **jdn auf den ~ nicht leiden können** *fam* не выноси́ть кого́-л.
todbringend *adj* смертоно́сный
todernst ['toːt'ʔɛrnst] *adj* чрезвыча́йно серьёзный
Todesangst <-, -ängste> *f* смерте́льный страх *м*
Todesanzeige <-, -n> *f* некроло́г *м*
Todesfall <-(e)s, -fälle> *m* сме́ртный слу́чай *м*
Todesfolge *f ohne pl* JUR причи́на *ж* сме́рти
Todesgefahr <-, -en> *f* смерте́льная опа́сность *ж*
Todeskampf *m ohne pl* би́тва *ж* на жизнь и смерть
todesmutig *adj* бесстра́шный
Todesopfer <-s, -> *nt* поги́бший *м,* поги́бшая *ж;* *(im pl auch)* челове́ческие же́ртвы *жмн*

Todesschuss[RR] *m* смерте́льный вы́стрел *м*
Todesstoß *m* **jdm/etw** *dat* **den ~ versetzen** доби́ть кого́-л.
Todesstrafe <-> *f* сме́ртная казнь *ж;* **die ~ vollstrecken** приводи́ть в исполне́ние сме́ртный пригово́р; **bei ~** под стра́хом сме́ртной ка́зни
Todestag <-(e)s> *m* день *м* сме́рти
Todesursache *f* причи́на *ж* сме́рти
Todesurteil <-s, -e> *nt* сме́ртный пригово́р *м*
Todeszelle *f* ка́мера *ж* сме́ртника
Todfeind(in) ['to:tfaɪnt] *m(f)* смерте́льный враг *м*
todkrank ['to:t'kraŋk] *adj* смерте́льно больно́й
todlangweilig ['to:t'laŋvaɪlɪç] *adj umg* ужа́сно ску́чный
tödlich ['tœ:tlɪç] **I.** *adj* смерте́льный; **sie hatte einen ~en Unfall** она поги́бла в ава́рии **II.** *adv* смерте́льно; **~ verletzt** смерте́льно ра́ненный; **~ verunglücken** поги́бнуть в ава́рии
todmüde ['to:t'my:də] *adj umg* смерте́льно уста́лый
todschick ['to:t'ʃɪk] *adj fam* приоде́вшийся
Todsünde <-, -n> *f* сме́ртный грех *м*
todtraurig *adj* глубоко́ несча́стный
toi *interj fam* **~, ~, ~!** ни пу́ха, ни пера́!
Toilette [toa'lɛtə] <-, -n> *f (WC)* туале́т *м;* **öffentliche Toiletten** обще́ственный туале́т; **auf die ~ gehen** пойти́ в туале́т
Toilettenpapier <-s> *nt* туале́тная бума́га *ж*
Tokio ['to:kio] <-s> *nt* То́кио *м*
tolerant [tole'rant] *adj* терпи́мый
Toleranz [tole'rants] <-, -en> *f* терпи́мость *ж;* TECH до́пуск *м*
Toleranzbereich <-(e)s, -e> *m* TECH преде́л *м* отклоне́ния от но́рмы
tolerieren [tole'ri:rən] *vt (dulden)* терпе́ть
toll [tɔl] *adj umg* кла́ссный, потряса́ющий; **es zu ~ treiben** доигра́ться
Tolle ['tɔlə] <-, -n> *f umg* вихо́р *м,* чуб *м*
tollkühn *adj* отча́янный
Tollkühnheit <-en> *f* безрассу́дная сме́лость *ж*
Tollpatsch[RR] ['tɔlpatʃ] <-(e)s, -e> *m umg* растя́па *м и ж*
tollpatschig[RR] *adj* неуклю́жий
Tollwut *f* MED бе́шенство *ср*
Tolpatsch[Alt] <-(e)s, -e> *m s.* **Tollpatsch**
tolpatschig[Alt] *adj s.* **tollpatschig**
Tölpel ['tœlpəl] <-s, -> *m abw* неве́жа *м,* дура́к *м*
Tomate [to'ma:tə] <-, -n> *f* помидо́р *м;* **hast du Tomaten auf den Augen?** *fam* ты что, осле́п?
Tomatenketschup[RR] <-s, -s> *m o nt* тома́тный ке́тчуп *м*
Tomatenmark <-(e)s> *nt* тома́тная па́ста *ж*
Tomatensalat <-(e)s, -e> *m* сала́т *м* из помидо́ров
Tomatensoße <-, -n> *f* тома́тный со́ус *м*
Tomatensuppe <-, -n> *f* тома́тный суп *м*
Tombola ['tɔmbola] <-, -len/-s> *f* вещева́я лотере́я *ж*
Tomografie[RR] [tomogra'fi:, tomogra'fi:ən] <-, -n> *f,* **Tomographie** <-, -n> *f* томогра́фия *ж*
Ton[1] [to:n] <-(e)s, -e> *m (Tonerde)* гли́на *ж*
Ton[2] [to:n] <-(e)s, Töne> *m* **1.** *(Klang)* звук *м* **2.** *(Redeweise, Farbton, in der Musik)* тон *м;* **der gute ~** хоро́ший тон; **den ~ angeben** задава́ть тон; **sich im ~ vergreifen** говори́ть непозволи́тельным то́ном; **ich verbitte mir diesen ~** я не позволя́ю говори́ть со мной таки́м то́ном; **einen anderen ~ anschlagen** перейти́ на друго́й лад; **jdn in den höchsten Tönen loben** гро́мко похвали́ть кого́-л.; **große Töne spucken** *abw, fam* зазна́ться
Tonabnehmer <-s, -> *m* звукоснима́тель *м*
Tonarchiv <-(e)s, -e> *nt* фоноте́ка *ж*
Tonarm <-(e)s, -e> *m (von Plattenspieler)* тона́рм *м,* рыча́г *м* звукоснима́теля
Tonart <-, -en> *f* тона́льность *ж*
Tonaufnahme <-, -n> *f* звукоза́пись *ж*
Tonband <-(e)s, -bänder> *nt* магнитофо́нная плёнка *ж*
Tonbandaufnahme *f* за́пись *ж* на магнитофо́нную ле́нту
Tonbandgerät <-(e)s, -e> *nt* магнитофо́н *м*
tönen ['tœ:nən] **I.** *vi (erklingen)* звуча́ть, про- *св* **II.** *vt (färben)* подкра́шивать, -кра́сить *св*
Tonfall <-(e)s> *m* интона́ция *ж*
Tonfilm <-(e)s> *m* звуково́й фильм *м*
Tongefäß <-es, -e> *nt* гли́няный сосу́д *м*
Tonhöhe <-, -n> *f* высота́ *ж* зву́ка
Tonic <-, -(s)> *nt* то́ник *м*
Toningenieur(in) <-s, -e> *m(f)* инжене́р *м*
Tonkrug <-(e), -e> *m* гли́няный кувши́н *м*
Tonleiter <-, -n> *f* га́мма *ж*
tonlos *adj (Stimme)* беззву́чный
Tonne ['tɔnə] <-, -n> *f* **1.** *(Behälter)* бо́чка *ж* **2.** *(Gewichtsmaß)* то́нна *ж*
tonnenweise *adv umg* бо́чками, то́ннами
Tonregler <-s, -> *m* регуля́тор *м* зву́ка
Tonspur <-, -en> *f* звукова́я доро́жка *ж*
Tonstörung *f* RADIO, FILM, TV звуковы́е поме́хи *мн*
Tonstudio <-s, -s> *nt* сту́дия *ж* звукоза́писи
Tönung ['tœ:nʊŋ] <-, -en> *f* отте́нок *м,* тона́льность *ж;* *(Unterstreichen)* подкра́шивание *ср*
Tonwiedergabe <-> *f* звуковоспроизве-

T

де́ние *ср*

Tool [tu:l] <-s, -s> *nt* DV се́рвисная програ́мма *ж*

Top [tɔp] <-s, -s> *nt* ма́йка *ж*

topaktuell *adj* са́мый актуа́льный

Topas [to'pa:s] *m* топа́з *м*

Top-Down-Methode <-, -n> *f* нисходя́щий ме́тод *м*

Topf [tɔpf, 'tl̈pfə] <-(e)s, Töpfe> *m* **1.** *(Kochtopf)* кастрю́ля *ж;* **alles in einen ~ werfen** *fig, fam* положи́ть всё в ку́чу **2.** *(Blumentopf)* горшо́к *м*

Topfen ['tɔpfən] <-s> *m A (Quark)* тво́рог *м*

Töpfer(in) ['tl̈pfɐ] <-s, -> *m(f)* гонча́р *м*

Töpferei [tl̈pfə'raɪ] <-, -en> *f* гонча́рная мастерска́я *ж; umg* гонча́рная *ж*

töpfern ['tl̈pfɐn] *vt, vi (Kunst)* занима́ться гонча́рным мастерство́м

Töpferwaren <-> *pl* гонча́рные изде́лия *мн*

Topfgucker <-s, -> *m umg* тот *м*, кто всю́ду суёт свой нос

topfit ['tɔp'fɪt] *adj umg* в отли́чной фо́рме

Topflappen <-s, -> *m* ку́хонная тря́пка *ж*

Topform <-> *f* **der Athlet befindet sich in ~** атле́т нахо́дится в лу́чшей спорти́вной фо́рме

Topfpflanze *f* горшо́чное расте́ние *ср*

Topinambur <-s> *m* топина́мбур *м*, земляна́я гру́ша *ж*

Topmanagement <-s> *nt* вы́сшее звено́ *ср* ме́неджмента

Topmodell <-(e)s, -e> *nt* топ-моде́ль *ж*

Topografie[RR] <-n> *f s.* **Topographie**

topografisch[RR] *adj s.* **topographisch**

Topographie [topogra'fi:, topogra'fi:ən] <-n> *f* GEO топогра́фия *ж*

topographisch [topo'gra:fɪʃ] *adj* GEO топографи́ческий

Topologie <-> *f* тополо́гия *ж*

Tor [to:ɐ] <-(e)s, -e> *nt* **1.** *(Portal)* воро́та *мн* **2.** SPORT *(Torgestell)* воро́та *мн; (Treffer)* гол *м;* **ein ~ schießen** заби́ть гол; **im ~ stehen** стоя́ть в воро́тах

Torero [to're:ro] <-s, -s> *m* тореадо́р *м*

Torf [tɔrf] <-(e)s> *m* торф *м*

Torfgewinnung <-> *f* добы́ча *ж* то́рфа

Torheit <-, -en> *f* глу́пость *ж*

Torhüter(in) <-s, -> *m(f)* врата́рь *м*

töricht ['tœ:rɪçt] *adj* безу́мный

Torjäger(in) <-s, -> *m(f)* бомбарди́р *м*

Tornado [tɔr'na:do] <-s, -s> *m* METEO торна́до *ср*

Tornister [tɔr'nɪstɐ] <-s, -> *m* ра́нец *м*

torpedieren [tɔrpe'di:rən] *vt* торпеди́ровать *св*

Torpedo [tɔr'pe:do] <-s, -s> *m* торпе́да *ж*

Torraum <-(e)s> *m* SPORT врата́рская площа́дка *ж*

Torschütze <-n, -n> *m* SPORT а́втор *м* го́ла

Torsion <-> *f* TECH круче́ние *ср*

Torso ['tɔrzo] <-s, -s> *m* торс *м*

Törtchen <-s, -> *nt* пиро́жное *ср*

Torte ['tɔrtə] <-, -n> *f* торт *м*

Tortenguss <-es> *m* глазиро́вка *ж* торта́

Tortur [tɔr'tu:ɐ] <-, -en> *f* пы́тка *ж*

Torwart ['to:ɐvart] <-s> *m* SPORT врата́рь *м*

tosen ['to:zən] *vi (Meer, Sturm)* рокота́ть, шуме́ть; **~der Beifall** оглуши́тельные аплодисме́нты *мн*

tot [to:t] *adj* мёртвый; **das Tote Meer** Мёртвое мо́ре; **halb ~** полумёртвый; **klinisch ~** клини́чно мёртвый; **er war auf der Stelle ~** он у́мер на ме́сте; **jdn für ~ erklären** объяви́ть кого́-л. мёртвым; **sich ~ stellen** притвори́ться мёртвым

total [to'ta:l] *adj* по́лный, тота́льный; **das ist ja ~er Wahnsinn** э́то невероя́тно

Totalausverkauf <-(e)s, -verkäufe> *m* по́лная распрода́жа *ж*

totalitär [totali'tɛ:ɐ] *adj (Staat)* тоталита́рный

Totalität [totali'tɛ:t] <-> *f* це́льность *ж; (Gesamtheit)* совоку́пность *ж*

Totalschaden *m* по́лное поврежде́ние *ср* автомоби́ля

tot|arbeiten *vr umg* изму́чить *св*

totärgern *vr* **sich ~** *fam* разозли́ться

Tote(r) <-n, -n> *f(m)* поко́йник *м*, поко́йница *ж; (bei einem Unfall)* поги́бший *м*, поги́бшая *ж; (im Krieg auch)* уби́тый *м*, уби́тая *ж*

töten ['tœ:tən] *vt* убива́ть, уби́ть *св*

Totenbett *nt* сме́ртное ло́же *ср*

totenblass[RR] ['to:tən'blas] *adj* бле́дный как смерть

Totengräber ['to:təngrɛ:bɐ] <-s, -> *m* гробовщи́к *м*

Totenhemd <-s, -en> *nt* са́ван *м*

Totenmesse *f* панихи́да *ж*

Totenstarre <-> *f* тру́пное окочене́ние *ср*

totenstill ['to:tən'ʃtɪl] *adj* **es war ~** *fam* бы́ло о́чень ти́хо

Totgeburt *f (Geburt)* рожде́ние *ср* мёртвого ребёнка

tot|lachen *vr* **sich ~** *fam* смея́ться до слёз

Toto ['to:to] <-s, -s> *m o nt* спортлото́ *ср*

Totpunkt <-(e)s> *m* TECH мёртвая то́чка *м*

Totschlag <-(e)s> *m* уби́йство *ср*

tot|schlagen <irr> *vt* **die Zeit ~** *fam* скорота́ть вре́мя

tot|stellen *vr* **sich ~** *s.* **tot**

tot|treten *vt* затопта́ть на́смерть

Tötungsabsicht <-> *f* замышле́ние *ср* уби́йства

Tötungsversuch <-(e)s, -e> *m* попы́тка *ж* уби́йства

Toupet [tu'pe:] <-s, -s> *nt* пари́к *м*

Tour [tu:ɐ] <-, -en> *f* **1.** *(Rundfahrt)* пое́здка *ж* **2.** *(Umdrehung)* оборо́т *м;* **immer die gleiche ~!** всё ста́рая волы́нка!; **jdm die ~ vermasseln** помеша́ть чьим-л. пла́нам; **auf vollen ~en arbeiten** уси́ленно

Tourenrad <-(e)s, -räder> *nt* доро́жный велосипе́д *м*
Tourismus [tuˈrɪsmʊs] <-> *m* тури́зм *м*
Tourist(in) [tuˈrɪst] <-en, -en> *m(f)* тури́ст *м*, тури́стка *ж*
Touristenführer(in) <-s, -> *m(f)* гид *м*
Touristenklasse *f ohne pl* туристи́ческий класс *м*
Touristenvisum <-s, -visa> *nt* тури́стическая ви́за *ж*
Touristenzentrum <-s, -zentren> *nt* туристи́ческий центр *м*
Touristik [tuˈrɪstɪk] <-> *f* тури́зм *м*
Touristikbranche <-> *f* сфе́ра *ж* тури́зма
touristisch *adj* туристи́ческий
Tournee [tʊrˈneː] <-, -n> *f* турне́ *ср*; **auf ~ gehen** поеха́ть на турне́; **auf ~ sein** соверша́ть турне́
toxisch [ˈtɔksɪʃ] *adj* токси́чный
Toxizität <-> *f* токси́чность *ж*
Trab [traːp] <-(e)s> *m* рысь *ж*; **jdn auf ~ bringen** *fam* заста́вить кого́-л. де́лать что-л.
Trabant [traˈbant] <-en, -en> *m* ASTR спу́тник *м*

i Land & Leute

Trabbi называлась марка легкового автомобиля в ГДР, пользовавшаяся там наибольшим спросом. Типичная модель «P601» с двухтактным мотором выпускалась с 1964 по 1989 год. Так как **«трабби»** или **«трабант»** уже не мог тягаться с более современными автомобилями, о нем стало ходить много анекдотов.

Trabantenstadt <-, -städte> *f* го́род-спу́тник *м*
Tracht [traxt] <-, -en> *f* национа́льный костю́м *м*; **eine ~ Prügel** *fam* получи́ть взбу́чку
trachten [ˈtraxtən] *vi geh* **jdm nach dem Leben ~** хоте́ть уби́ть кого́-л.
trächtig [ˈtrɛçtɪç] *adj* бере́менная (о са́мке)
tradieren *vt* передава́ть из поколе́ния в поколе́ние
Tradition [tradiˈts̮i̯oːn] <-, -en> *f* тради́ция *ж*; **aus ~** по тради́ции
Traditionalismus <-> *m* традиционали́зм *м*
Traditionalist(in) <-en, -en> *m(f)* приве́рженец *м*
traditionell [tradits̮i̯oˈnɛl] *adj* традицио́нный
traditionsgemäß *adj* по тради́ции, согла́сно тради́ции
traf [traːf] *prät von* **treffen**
Trafo [ˈtrafo] *abk von* **Transformator** трансформа́тор *м*
Tragbahre <-, -n> *f* носи́лки *мн*
tragbar *adj* **1.** *(Gerät)* портати́вный **2.** *(annehmbar)* прие́млемый
träge [ˈtrɛːgə] *adj* вя́лый, ине́ртный; **~ Masse** PHYS ине́ртная ма́сса *ж*
tragen [ˈtraːgən] <trug, getragen> **I.** *vt* нести́, по- *св*, носи́ть *нсв*; *(Kleidung)* носи́ть *нсв*; **er trägt eine graue Hose** он но́сит се́рые брю́ки; **etw bei sich** *dat* **~** носи́ть что-л. с собо́й; **auf dem Arm/auf dem Rücken ~** нести́ на рука́х/на спине́; **das Haar lang/kurz ~** носи́ть дли́нные во́лосы/ко́роткую стри́жку **II.** *vi (Eis)* держа́ть *нсв* **III.** *vr* **sich ~** *(Kleidung)* носи́ться *нсв*
Träger[1] [ˈtrɛgɐ] <-s, -> *m* **1.** *(an Kleidung)* ля́мка *ж* **2.** *(tragendes Bauelement)* (несу́щая) ба́лка *ж* **3.** *(von Veranstaltungen, Einrichtungen)* организа́тор *м*
Träger(in)[2] [ˈtrɛgɐ] <-s, -> *m(f)* *(Lastenträger)* носи́льщик *м*, носи́льщица *ж*
trägerlos *adj (Kleid)* без брете́лек
Trägerrakete <-, -n> *f* раке́та-носи́тель *ж*
Tragetasche *f* су́мка *ж*
Tragfähigkeit <-> *f* грузоподъёмность *ж*
Tragfläche <-, -n> *f* несу́щая пове́рхность *ж*
Tragflügelboot <-(e)s, -e> *nt* су́дно *ср* на подво́дных кры́льях
Trägheit [ˈtrɛːkhaɪt] <-> *f* **1.** *(Faulheit)* ине́ртность *ж* **2.** PHYS ине́рция *ж*
Trägheitsgesetz <-es> *nt* зако́н *м* ине́рции
Trägheitsmoment <-(e)s> *nt* моме́нт *м* ине́рции
Tragik [ˈtraːgɪk] <-> *nt* траги́зм *м*
tragisch [ˈtraːgɪʃ] *adj* траги́ческий; **nimm's nicht so ~** *fam* не принима́й бли́зко к се́рдцу
Tragkraft <-> *f* грузоподъёмность *ж*
Tragödie [traˈgœːdjə] <-, -n> *f auch fig* траге́дия *ж*
trägt [trɛːkt] *3. präs von* **tragen**
Tragweite <-, -n> *f* **1.** *(Bedeutung)* значе́ние *ср* **2.** MIL *(von Waffe)* ра́диус *м*
Trailer [ˈtreɪlə] <-s, -> *m* тре́йлер *м*
Trainee <-s, -s> *m* стажёр *м*
Trainer(in) [ˈtrɛːnɐ] <-s, -> *m(f)* SPORT тре́нер *м*
trainieren [trɛˈniːrən] **I.** *vi* тренирова́ться, по- *св* **II.** *vt* тренирова́ть, по- *св*
Training [ˈtrɛːnɪŋ] <-s, -s> *nt* трениро́вка *ж*; **~ on the Job** ÖKON практи́ческое обуче́ние на рабо́чем ме́сте
Trainingsanzug <-(e)s, -anzüge> *m* спорти́вный костю́м *м*
Trainingsmethodik <-> *f* SPORT мето́дика *ж* трениро́вки
Traktor [ˈtraktoːɐ, trakˈtoːrən] <-s, -en> *m* тра́ктор *м*

T

Traktorenführer <-s, -> *m* трактори́ст *м*
Tram[1] [tram] <-, -s> *f CH, A (Straßenbahn)* трамва́й *м*
Tram[2] [tram] <-(e)s, -e/Träme> *m A (Balken)* ба́лка *ж*
Trambahn <-, -en> *f* трамва́й *м*
Trampel ['trampəl] <-s, -> *m o nt fam abw* недотёпа *м*
trampeln ['trampəln] **I.** *vi* то́пать, по- *св* **II.** *vt* **etw platt ~** растопта́ть что-л.
trampen ['trɛmpən] *vi* путеше́ствовать *нсв* автосто́пом
Tramper(in) <-s, -> *m(f)* путеше́ствующий *м,* путеше́ствующая *ж* автосто́пом
Trampolin ['trampoli:n] <-s, -s> *nt* трампли́н *м*
Tran [tra:n] <-(e)s, -e> *m* ры́бий жир *м*
Trance ['trɑ̃s(ə)] <-> *f* транс *м*
Tranchierbesteck <-(e)s, -e> *nt* прибо́р *м* для наре́зки жарко́го
tranchieren [trɑ̃'ʃi:rən] *vt s.* **transchieren**
Tranchiermesser [trɑ̃'ʃi:r-] <-s, -> *nt* большо́й нож *м*
Träne ['trɛ:nə] <-, -n> *f* слеза́ *ж;* **~n lachen** рассмея́ться до слёз; **zu ~n gerührt sein** расстро́иться/расчу́вствоваться до слёз; **in ~n aufgelöst** в слеза́х; **mir kommen die Tränen!** *fig* я сейча́с распла́чусь!
tränen *vi* слези́ться *нсв;* **mir ~ die Augen** со слеза́ми на глаза́х
Tränendrüse <-, -n> *f* ANAT слёзная железа́ *ж*
Tränengas <-es, -e> *nt* слезоточи́вый газ *м*
trank [traŋk] *prät von* **trinken**
Tränke ['trɛŋkə] <-, -n> *f* водопо́й *м*
tränken ['trɛŋkən] *vt* пропи́тывать, -пита́ть *св;* **etw mit etw ~** пропита́ть что-л. чем-л.
Transaktion [trans?ak'ts̮i̯o:n] <-, -en> *f* сде́лка *ж,* опера́ция *ж*
Transaktionskosten *pl* WIRTSCH пла́та *ж* за транса́кцию
Transaktionsvolumen <-s, -volumina> *nt* объём *м* сде́лок
Transatlantikflug <-(e)s, -flüge> *m* трансатланти́ческий полёт *м*
transchieren *vt* GASTR потроши́ть
Transchiermesser *nt* GASTR нож *м* для наре́зания ди́чи
Transfer [trans'fe:ɐ] <-s, -s> *m* **1.** ÖKON трансфе́р *м,* трансфе́рт *м,* перево́д *м;* **~ von Gewinnen** трансфе́рт при́былей; **internationaler ~** междунаро́дный трансфе́рт **2.** *(Beförderung von Personen oder Gepäck)* прово́з *м*
Transfereinkommen <-s, -> *nt* трансфе́ртный дохо́д *м*
transferierbar *adj* могу́щий быть перечи́сленным за грани́цу
transferieren *vt* перечисля́ть, перечи́слить *св*
Transferzahlungen <-> *pl* трансфе́ртные платежи́ *мн*
Transformation <-, -en> *f* трансформа́ция *ж*
Transformator [transfɔr'ma:to:ɐ] <-s, -en> *m* трансформа́тор *м*
Transformatorenhäuschen <-s, -> *nt* трансформа́торная бу́дка *ж*
transformieren *vt* трансформи́ровать
Transfusion [transfu'zi̯o:n] <-, -en> *f* перелива́ние *ср*
Transistor [tran'zɪsto:ɐ] <-s, -en> *m* транзи́стор *м*
Transistorradio <-s, -s> *nt* транзи́сторный приёмник *м*
Transit [tran'zi:t] <-s, -e> *m* транзи́т *м*
Transitabkommen <-s, -> *nt* транзи́тное соглаше́ние *ср*
Transitgüter <-> *pl* транзи́тные гру́зы *ммн*
Transithandel <-s> *m* транзи́тная торго́вля *ж*
transitiv ['tranziti:f] *adj* перехо́дный
Transitreisende(r) <-n, -n> *f(m)* транзи́тный пассажи́р *м*
Transitverkehr <-s> *m* транзи́тное сообще́ние *ср;* **Abkommen über den ~** соглаше́ние о транзи́тных перево́зках
Transitvisum <-s, -visa> *nt* транзи́тная ви́за *ж*
Transitzoll <-(e)s, -zölle> *m* транзи́тная по́шлина *ж*
Transkription [transkrɪp'tsjo:n] <-, -en> *f* транскри́пция *ж*
Transliteration <-, -en> *f* LING транслитера́ция *ж*
transliterieren *vt* LING транслитери́ровать
Transmission <-> *f* TECH трансми́ссия *ж*
transparent [transpa'rɛnt] *adj* прозра́чный
Transparent [transpa'rɛnt] <-(e)s, -e> *nt* транспара́нт *м*
Transparenz [transpa'rɛnts] <-> *f* **1.** *(Überschaubarkeit)* прозра́чность *ж;* **fehlende ~** недоста́точная прозра́чность; **hohe ~** широ́кая прозра́чность **2.** *(Offenheit)* гла́сность *ж,* откры́тость *ж*
Transplantation [transplanta'ts̮i̯o:n] <-, -en> *f* переса́дка *ж* о́ргана
transplantieren [transplan'ti:rən] *vt* MED транспланти́ровать
Transport [trans'pɔrt] <-(e)s, -e> *m* перево́зка *ж,* тра́нспорт *м,* транспортиро́вка *ж,* транспорти́рование *ср*
Transportband *nt* тра́нспортная ле́нта *ж*
Transporter [tran'spɔrtər] <-s, -> *m* грузово́й автомоби́ль *м*
Transportfähigkeit <-> *f* транспорта́бельность *ж*
transportieren [transpɔr'ti:rən] *vt* перевози́ть, -везти́ *св*
Transportkosten <-> *pl* тра́нспортные расхо́ды *мн*

Transportmittel <-s, -> *nt* тра́нспортное сре́дство *ср*

Transportpapiere <-> *pl* тра́нспортные докуме́нты *мн*

Transportschaden <-s, -schäden> *m* поврежде́ние *ср* при транспортиро́вке

Transportunternehmen <-s, -> *nt* тра́нспортное предприя́тие *ср*

Transportversicherung <-, -en> *f* страхова́ние *ср* на тра́нспорте

transsexuell [transsɛksu'ɛl] *adj* транссексуа́льный

Transvestit [transvɛs'ti:t] <-en, -en> *m* трансвести́т *м*

transzendent *adj* PHIL, MATH трансценде́нтный

Transzendenz <-> *f* PHIL трансценде́нтность *ж*

Trapez [tra'pe:ts] <-es, -e> *nt* SPORT, MATH трапе́ция *ж*

trat [tra:t] *prät von* **treten**

tratschen *vi fam abw* болта́ть

Tratte <-, -n> *f* тра́тта *ж,* переводно́й ве́ксель *м*

Traualtar *m* **jdn zum ~ führen** вести́ кого́-л. под вене́ц

Traube ['traʊbə] <-, -n> *f* **1.** *(einzelne Frucht)* виногра́дина *ж* **2.** *(pl)* виногра́д *м* **3.** *(Fruchtstand)* гроздь *ж;* **blaue/grüne ~n** си́ний/зелёный виногра́д

Traubenlese <-, -n> *f* сбор *м* виногра́да

Traubensaft <-(e)s> *m* виногра́дный сок *м*

Traubenzucker <-s> *m* глюко́за *ж,* виногра́дный са́хар *м*

trauen ['traʊən] **I.** *vi (vertrauen)* доверя́ть, -ве́рить *св;* **jdm/etw** *dat* **~** ве́рить кому́-л./чему́-л.; **ich traute meinen Augen/Ohren nicht** я не ве́рю свои́м глаза́м/уша́м **II.** *vr* **sich nicht ~** боя́ться *нсв* сде́лать *св* что-л.; **sich ~ etw zu tun** име́ть сме́лость сде́лать что-л.; **er traute sich nicht aus dem Haus** он боя́лся вы́йти из до́ма **III.** *vt* **1.** *(kirchlich)* венча́ть, по- *св;* **sich ~ lassen** повенча́ться **2.** *(auf dem Standesamt)* регистри́ровать, за- *св;* **sie wurden auf dem Standesamt getraut** они расписа́лись в за́гсе

Trauer ['traʊɐ] <-> *f* печа́ль *ж;* *(um Toten)* тра́ур *м;* **~ tragen** ходи́ть в тра́уре

Trauerfeier *f* тра́урная церемо́ния *ж*

Trauerflor <-(e)s> *m* тра́урная повя́зка *ж*

Trauergottesdienst *m* тра́урное богослуже́ние *ср*

Trauerjahr <-(e)s> *nt* год *м* тра́ура

trauern ['traʊɐn] *vi* скорбе́ть *нсв;* **um jdn ~** скорбе́ть о ком-л.

Trauerspiel <-(e)s, -e> *nt* траге́дия *ж*

Traufe ['traʊfə] *f* **vom Regen in die ~** *umg* попа́сть из огня́ да в по́лымя

träufeln ['trɔɪfəln] *vt* ка́пать, на- *св*

Traum [traʊm, 'trɔɪmə] <-(e)s, Träume> *m* **1.** *(während des Schlafs)* сон *м* **2.** *(Wunsch)* мечта́ *ж;* **im ~ reden** разгова́ривать во сне; **das fällt mir nicht im ~ ein** *fam* мне тако́е и в го́лову не придёт; **das war schon immer mein ~** я всегда́ мечта́л об э́том; **aus der ~!** *fam* всё ко́нчено!

Trauma ['traʊma] <-s, -ta> *nt* MED, PSYCH тра́вма *ж*

traumatisch [traʊ'ma:tɪʃ] *adj* MED, PSYCH травмати́ческий

Traumberuf <-(e)s, -e> *m* профе́ссия *ж* - мечта́ *ж*

Traumdeutung <-> *f* толкова́ние *ср* сна

träumen ['trɔɪmən] *vi* мечта́ть *нсв;* **sie hat etw Schönes geträumt** ей присни́лось что́-то хоро́шее; **von jdm/etw ~** мечта́ть о ком-л./чём-л.; **er träumt mit offenen Augen** он мечта́ет наяву́; **das hätte ich mir nicht ~ lassen** я да́же и не представля́л себе́ тако́го

Träumer(in) <-s, -> *m(f)* мечта́тель *м,* мечта́тельница *ж*

Träumerei [trɔɪmə'raɪ] <-, -en> *f* мечта́ния *срмн,* грёзы *мн*

träumerisch *adj* мечта́тельный

traumhaft *adj umg* ска́зочный

Traumpaar <-(e)s, -e> *nt* идеа́льная па́ра *ж*

Traumtänzer <-s, -> *m pej* ото́рванный от жи́зни мечта́тель *м*

traurig ['traʊrɪç] *adj* гру́стный; **er ist sehr ~ darüber** ему́ о́чень жаль; **über etw ~ sein** грусти́ть о ком-л.; **jdn ~ machen** расстро́ить кого́-л.; **~ werden** расстро́иться

Traurigkeit <-> *f* печа́ль *ж*

Trauring *m* обруча́льное кольцо́ *ср*

Trauschein <-(e)s, -e> *m* свиде́тельство *ср о* регистра́ции бра́ка

Trauung ['traʊʊŋ] <-, -en> *f* бракосочета́ние *ср;* **kirchliche/standesamtliche ~** церко́вный/гражда́нский брак *м*

Trauzeuge *m,* **Trauzeugin** *f* свиде́тель *м,* свиде́тельница *ж* а́кта бракосочета́ния (венча́ния)

Travellerscheck <-s, -s> *m* доро́жный чек *м*

Trawler <-s, -> *m* тра́улер *м*

Trecker <-s, -> *m* тра́ктор *м*

treffen ['trɛfən] <traf, getroffen> **I.** *vt* **1.** *(begegnen)* встреча́ть, встре́тить *св;* **das Ziel ~** попа́сть в цель; **mich trifft keine Schuld** я винова́т; **Maßnahmen gegen etw ~** приня́ть ме́ры про́тив чего́-л.; **eine Vereinbarung ~** заключи́ть соглаше́ние **2.** *(verletzen)* задева́ть, -де́ть *св* **II.** *vi* попада́ть, попа́сть *св;* **sie hat ins Schwarze getroffen** она́ попа́ла в са́мую то́чку **III.** *vr* **sich ~** встреча́ться, встре́титься *св;* **das trifft sich gut!** э́то о́чень уда́чно!

Treffen ['trɛfən] <-s, -> *nt* встре́ча *ж*

Traurigkeit / Enttäuschung / Bestürzung ausdrücken

• Traurigkeit ausdrücken	• **Выражение печали**
Es macht / stimmt mich traurig, dass wir uns nicht verstehen.	**Я расстроен, что** мы не понимаем друг друга.
Es ist so schade, dass **er sich so gehen lässt.**	Очень жаль, что **он так распустился**.
Diese Ereignisse **deprimieren mich.**	Эти события **меня угнетают.**
• Enttäuschung ausdrücken	• **Выражение разочарования**
Ich bin über seine Reaktion **(sehr) enttäuscht.**	**Меня разочаровала** его реакция.
Du hast mich (schwer) enttäuscht.	**Ты (глубоко) разочаровал меня.**
Das hätte ich nicht von ihr erwartet.	**Я не ожидал этого от неё.**
Ich hätte mir etwas anderes gewünscht.	**Я ожидал чего-то другого.**
• Bestürzung ausdrücken	• **Выражение изумления**
Das ist (ja) nicht zu fassen!	**Это невероятно!**
Das ist (ja) ungeheuerlich!	**Это возмутительно!**
Das ist ja (wohl) die Höhe!	**Это уж слишком! / переходит все границы!**
Das kann doch nicht dein Ernst sein!	**Ты шутишь!**
Ich fass es nicht!	Я этому не верю!
Das bestürzt mich.	**Это меня беспокоит.**
Das kann / darf (doch wohl) nicht wahr sein!	**Этого не может быть!**

treffend *adj* ме́ткий

Treffer <-s, -> *m* попада́ние *ср; (Los)* вы́игрыш *м;* SPORT *(Tor)* гол *м*

Treffgenauigkeit <-> *f* то́чность *ж* попада́ния

trefflich *adj* превосхо́дный, отли́чный

Treffpunkt <-(e)s, -e> *m* ме́сто *ср* встре́чи

treiben ['traɪbən] <trieb, getrieben> **I.** *vt (Kuh etc)* гнать, по- *св;* **Sport ~** занима́ться спо́ртом; **Handel ~** вести́ торго́влю; **sich (von der Strömung) ~ lassen** нести́сь по тече́нию; **die Preise in die Höhe ~** повы́сить це́ны; **jdn zur Eile ~** подгоня́ть кого́-л.; **es mit jdm ~** *fam* быть в сексуа́льном конта́кте **II.** *vi (auf dem Wasser)* дрейфова́ть *нсв;* **jdn zum Wahnsinn ~** *umg* довести́ кого́-л. до сумасше́ствия; **es zu weit ~** *umg* зайти́ сли́шком далеко́

Treiber <-s, -> *m* DV дра́йвер *м*

Treibhaus <-es, -häuser> *nt* тепли́ца *ж*

Treibmittel <-s, -s> *nt* хими́ческий разрыхли́тель *м*

Treibsatz <-es, -sätze> *m* заря́д *м*

Treibstoff <-(e)s, -e> *m* то́пливо *ср*

Treidel <-s> *m* бичева́ *ж*

Trend [trɛnt] <-s, -s> *m* тенде́нция *ж;* **kurzfristiger ~** кратковре́менная тенде́нция; **langfristiger ~** продолжи́тельная тенде́нция; **ein ~ der Zeit** тенде́нция настоя́щего вре́мени; **mit etw** *dat* **voll im ~ liegen** *fam* быть в мо́де

Trendsetter ['trɛntsɛtɐ] <-s, -s> *m попу-ля́рная ли́чность, кото́рая ввела́ мо́ду на что-л.*

trendy ['trɛndi] *adj fam* мо́дный

trennen ['trɛnən] **I.** *vt* отделя́ть, -ли́ть *св; (Familie)* разъединя́ть, -ни́ть *св; (Naht, Knopf)* отпа́рывать, -поро́ть *св* **II.** *vr* **sich ~** *auch fig (auseinandergehen)* расходи́ться, разойти́сь *св;* **sich von etw/jdm ~** расста́ться с кем-л./чем-л.; **hier ~ sich unsere Wege** здесь на́ши пути́ расхо́дятся; **sie haben sich getrennt** они́ разошли́сь

Trennlinie <-, -n> *f* раздели́тельная ли́ния *ж*

Trennung <-, -en> *f* **1.** *(das Trennen)* отделе́ние *ср*, разделе́ние *ср* **2.** *(Abschied)* разлу́ка *ж* **3.** *(Scheidung)* разво́д *м;* **sie stehen kurz vor der ~** им предстои́т разво́д

Treppe ['trɛpə] <-, -n> *f* ле́стница *ж;* **die ~ hinauf-/hinuntergehen** подня́ться/спусти́ться по ле́стнице

Treppenhaus <-es, -häuser> *nt* ле́стничная кле́тка *ж*

Tresen ['treːzən] <-s, -> *m nordd* **1.** *(in einer Gaststätte)* сто́йка *ж* **2.** *(Ladentisch)* прила́вок *м*

Tresor [tre'zoːɐ] <-s, -e> *m* сейф *м*

Tretboot <-(e)s, -e> *nt* во́дный велосипе́д *м*

treten ['treːtən] <trat, getreten> *vi* наступа́ть, -пи́ть *св;* **ins Zimmer ~** войти́ в ко́мнату; **in den Streik ~** нача́ть забасто́вку; **mit jdm in Verbindung ~** вступи́ть в конта́кт с кем-л.; **in Aktion ~** де́йствовать; **auf die Bremse ~** нажа́ть на то́рмоз; **in jds Leben ~** войти́ в чью-л. жизнь; **in den Ruhestand ~** вы́йти на пе́нсию; **zur Seite ~** отойти́ в сто́рону; **über die Ufer ~** *(Fluss)* вы́йти из берего́в; **~ Sie näher!** подойди́те поближе!

Tretmine <-, -n> *f* фуга́с *м*

treu [trɔɪ] *adj* ве́рный; **jdm ~ sein** быть ве́рным кому́-л.; **sich** *dat* **selbst ~ bleiben** быть ве́рным себе́

Treubruch *m* изме́на *ж*

Treue ['trɔɪə] <-> *f* ве́рность *ж;* **jdm die ~ halten** оста́ться ве́рным кому́-л.

Treueid *m* прися́га *ж*

Treuepflicht <-> *f* JUR долг *м* ве́рности

Treueschwur *m* **einen ~ leisten/ablegen** отда́ть кля́тву ве́рности

Treuhänder ['trɔɪhɛndɐ] <-s, -> *m* JUR дове́ренное лицо́ *ср*

Treuhandgeschäft <-(e), -e> *nt* фидуциа́рная сде́лка *ж,* довери́тельная опера́ция *ж*

Treuhandkonto <-s, -konten> *nt* счёт *м*

treuherzig *adj* дове́рчивый

treulos *adj* неве́рный

Trial <-s, Sport> *nt (Motorradsport)* мотокро́сс *м*

Triathlon ['tri:atlɔn] <-s, -s> *nt* триатло́н *м*

Tribüne [tri'by:nə] <-, -n> *f* трибу́на *ж*

Trichter ['trɪçtɐ] <-s, -> *m* воро́нка *ж*

Trick [trɪk] <-s, -s> *m* трюк *м;* **sie hat den ~ raus** *fam* она́ зна́ет, как де́лать э́то

Trickaufnahme <-, -n> *f* трю́ковая съёмка *ж*

Trickfilm <-(e)s, -e> *m* мультфи́льм *м*

trickreich *adj* хи́трый

trieb [tri:p] *prät von* **treiben**

Trieb [tri:p, 'tri:bə] <-(e)s, -e> *m* инсти́нкт *м;* BOT побе́г *м*

Triebfeder <-, -kräfte> *f* приводна́я пружи́на *ж; fig* побуди́тельная причи́на *ж*

triebhaft *adj* инстинкти́вный

Triebkraft <-, -kräfte> *f fig* дви́жущая си́ла *ж*

Triebwagen <-s, -> *m* мото́рный ваго́н *м*

Triebwerk <-(e)s, -e> *nt* дви́гатель *м*

trifft [trɪft] *3. präs von* **treffen**

triftig ['trɪftɪç] *adj* **ein ~er Grund** уважи́тельная причи́на *ж*

Trigonometrie [trigonome'tri:] <-> *f* тригономе́трия *ж*

Trikot [tri'ko:] <-s, -s> *nt* ма́йка *ж*

Trikotwerbung <-> *f реклáма на мáйках спортсмéнов*

Triller <-s, -> *m* трель *ж*

Trillerpfeife <-, -n> *f* сигна́льный свисто́к *м*

Trilogie <-n> *f* трило́гия *ж*

Trimm <-(e)s> *m* MAR диффере́нт *м*

trinkbar *adj* го́дный для питья́; *(Wasser)* питьево́й

trinken ['trɪŋkən] <trank, getrunken> *vt (auch alkoholsüchtig sein)* пить, вы- *св;* **er trinkt viel** он мно́го пьёт; **aus der Flasche/aus dem Glas ~** пить из буты́лки/из стака́на; **gibst du mir bitte etwas zu ~?** ты мне дашь попи́ть?; **einen ~ gehen** *fam* пойти́ вы́пить; **auf jds Wohl ~** пить за здоро́вье кого́-л.; **darauf müssen wir einen ~!** *fam* мы должны́ за э́то вы́пить!

Trinker(in) <-s, -> *m(f) (Alkoholsüchtige(r))* пья́ница *м и ж*

Trinkerheilanstalt <-, -en> *f* лече́бное заведе́ние *ср* для алкого́ликов

trinkfest *adj* не пьяне́ющий

Trinkgelage <-s, -> *nt* попо́йка *ж*

Trinkgeld <-es, -er> *nt* чаевы́е *мн;* **ein ~ geben** дать чаевы́е

> **i Land & Leute**
>
> Хотя **чаевые** даются добровольно, обслуживающий персонал их часто ожидает, т.к. зарплата в сфере обслуживания невысокая. Если сервисом довольны, официанту в кафе или ресторане дают 5-10% чаевых, в Австрии примерно 15%. Водитель такси получает около одного евро, парикмахер – в среднем два евро. В отеле горничной дают до одного евро чаевых за ночь.

Trinkglas *nt* стака́н *м*

Trinkhalm *m* соло́мка *ж*

Trinkspruch <-(e)s, -sprüche> *m* тост *м;* **einen ~ auf jdn ausbringen** произнести́ тост в че́сть кого́-л.

Trinkwasser <-s> *nt* питьева́я вода́ *ж;* **kein ~!** вода́ не го́дна для питья́!

Trinkwasseraufbereitung <-> *nt* очи́стка *ж* питьево́й воды́

Trinkwasseraufbereitungsanlage <-, -n> *f* устано́вка *ж* по очи́стке питьево́й воды́

Trinkwasserknappheit <-> *f* недоста́ток *м* питьево́й воды́

Trinkwasserversorgung <-> *f* снабже́ние *ср* питьево́й водо́й

Trio ['tri:o] <-s, -s> *nt* MUS три́о *ср*

Trip [trɪp] <-s, -s> *m umg (Kurzreise)* пое́здка *ж;* **auf einem ~ sein** галлюцини́ровать

Tritt [trɪt] <-(e)s, -e> *m* **1.** *(Fußtritt)* пино́к *м;* **jdm einen ~ versetzen** дать кому́-л. пинка́ **2.** *(Stufe)* ступе́нька *ж*

tritt *3. präs von* **treten**

Trittbrett <-(e)s, -er> *nt* подно́жка *ж*

Triumph [tri'ʊmf] <-es, -e> *m* триу́мф *м;* **einen ~ erringen** триумфи́ровать

triumphal *adj* триумфа́льный

Triumphator <-s, -en> *m* триумфа́тор *м*

Triumphbogen <-s, -bögen> *m* триумфа́льная а́рка *ж,* триумфа́льные воро́та *мн*

Triumphzug <-(e)s> *m* триумфа́льное ше́ствие *ср*
trivial [tri'vi̯a:l] *adj* тривиа́льный
Trivialität <-> *f* тривиа́льность *ж*
Trivialliteratur <-> *f* развлека́тельная литерату́ра *ж*
trocken ['trɔkən] *adj* сухо́й; ~ **sein** *umg (von Alkoholiker)* быть тре́звым; **auf dem Trockenen sitzen** *fam (keine Lösung finden)* сиде́ть на мели́
Trockenanlage <-, -en> *f* суши́лка *ж*
Trockeneis <-es> *nt* сухо́й лёд *м*
Trockenheit <-, -en> *f* су́хость *ж; (Durre)* за́суха *ж*
trocken|legen *vt (Sumpf)* осуша́ть, -ши́ть *св*
Trockenmilch <-> *f* сухо́е молоко́ *ср*
trocken|reiben *vt* на́сухо вы́тереть
Trockenzeit <-en> *f* су́ша *ж*
trocknen ['trɔknən] **I.** *vt* суши́ть, вы́сушить *св* **II.** *vi* **1.** *(Wäsche auf der Leine)* суши́ться *нсв* **2.** *(trocken werden)* со́хнуть, вы́сохнуть *св*
Trockner <-s, -> *m* суши́лка *ж*
Trödelmarkt <-(e)s, -märkte> *m* толку́чка *ж*
trödeln ['trœ:dəln] *vi fam a. abw* ме́шкать
trog [tro:k] *prät von* **trügen**
Trog [tro:k, 'trœ:gə] <-(e)s, Tröge> *m* коры́то *ср*
Troll <-(e)s, -e> *m* MYTH троль *м*
Trommel ['trɔməl] <-, -n> *f* бараба́н *м*
Trommelbremse <-, -n> *f* бараба́нный то́рмоз *м*
Trommelfell <-(e)s, -e> *nt* бараба́нная перепо́нка *ж*
Trommelfeuer <-s> *nt* урага́нный ого́нь *м*
trommeln *vi* бараба́нить, по- *св*
Trommelwirbel <-s, -> *m* бараба́нная дробь *ж*
Trommler(in) ['trɔmlɐ] <-s, -> *m(f)* бараба́нщик *м*, бараба́нщица *ж*
Trompete [trɔm'pe:tə] <-, -n> *f* труба́ *ж*
Trompeter(in) <-s, -> *m(f)* труба́ч *м*, труба́чка *ж*
Tropen ['tro:pən] <-> *pl* тро́пики *мн*
Tropenwald *m* тропи́ческий лес *м*
Tropf [trɔpf] <-(e)s, -e> *m* MED ка́пельница *ж;* **am ~ hängen** *fam* лежа́ть под ка́пельницей (в больни́це)
tröpfeln ['trllpfəln] *vi sein (heruntertröpfeln)* ка́пать
tropfen ['trɔpfən] *vi* ка́пать, на- *св*
Tropfen <-s, -> *m* ка́пля *ж;* **bis auf den letzten ~** до после́дней ка́пли; **ein guter ~** хоро́шее вино́; **das ist (nur) ein ~ auf den heißen Stein** *fam* э́то ка́пля в мо́ре
Tropfsteinhöhle <-, -n> *f* сталакти́товая пеще́ра *ж*
Trophäe [tro'fɛ:ə] <-, -n> *f* трофе́й *м*
tropisch ['tro:pɪʃ] *adj* тропи́ческий
Trosse <-, -n> *f* трос *м*
Trost [tro:st] <-(e)s> *m* утеше́ние *ср;* **als ~** как утеше́ние; **das ist ein schwacher ~** э́то сла́бое утеше́ние; **du bist wohl nicht ganz bei ~!** *fam* ты не в своём уме́
trösten ['trœ:stən] **I.** *vt* утеша́ть, уте́шить *св* **II.** *vr (sich)* утеша́ться, уте́шиться *св*
tröstlich ['trœ:stlɪç] *adj* утеши́тельный
trostlos *adj (Gegend, Umgebung)* уны́лый
Trostpreis *m* утеши́тельная награ́да *ж*
trostreich *adj* отра́дный, утеши́тельный
Trottel ['trɔtəl] <-s, -> *m pej, umg* простофи́ля *м и ж*
Trottoir <-s, -s/-e> *nt CH (Bürgersteig)* тротуа́р *м*
trotz [trɔt͡s] *prp + gen* несмотря́ на; **~ alle(de)m** несмотря́ ни на что
Trotz [trɔt͡s] <-es> *m* упря́мство *ср;* **jdm zum ~** назло́ кому́-л.
trotzdem **I.** *adv* несмотря́ на э́то **II.** *konj (obgleich)* несмотря́ на то что, хотя́
trotzen *vi* противопоставля́ться
trotzig *adj* упря́мый
Trotzkopf <-(e)s, -köpfe> *m* упря́мец *м;* **seinen ~ durchsetzen** *fam* добива́ться своего́
trüb(e) [try:p ('try:bə)] *adj* му́тный; *(Wetter)* па́смурный; *(Stimmung)* мра́чный
Trubel ['tru:bəl] <-s> *m* сумато́ха *ж*
trüben ['try:bən] *vt* **1.** *(Flüssigkeit)* мути́ть, за- *св* **2.** *(Stimmung)* омрача́ть, -чи́ть *св*
Trübsal ['try:pza:l] <-> *f geh* уны́ние *ср;* **~ blasen** *umg* поддава́ться уны́нию
trübselig *adj* печа́льный
trübsinnig *adj* уны́лый
Trüffel ['trʏfəl] <-, -n> *m* трю́фель *м*
trug [tru:k] *prät von* **tragen**
Trugbild *nt* мира́ж *м*
trügen ['try:gən] <trog, getrogen> *vt* обма́нывать, обману́ть *св;* **der Schein trügt** вне́шность обма́нчива; **wenn mich nicht alles trügt** е́сли я прав
trügerisch ['try:gərɪʃ] *adj* обма́нчивый
Trugschluss[RR] <-es, Trugschlüsse> *m* ло́жный вы́вод *м*
Truhe ['tru:ə] <-, -n> *f* сунду́к *м*
Trümmer ['trʏmɐ] <-> *fpl* разва́лины *жмн;* **etw liegt in ~n** что-л. преврати́лось в руи́ны
Trümmerfeld <-(e)s, -er> *nt* гру́ды *мн* разва́лин
Trümmerfrauen <-> *pl же́нщины, рабо́тавшие по́сле Второ́й мирово́й войны́ на расчи́стке городо́в от разва́лин*
Trumpf [trʊmpf, 'trʏmpfə] <-(e)s, Trümpfe> *m* ко́зырь *м;* **seinen letzten ~ ausspielen** *fig* сыгра́ть свой после́дний ко́зырь; **einen ~ in der Hand haben** *fig* держа́ть ко́зырь в руке́
trunken *adj geh* **~ machen** напои́ть кого́-л.

Trunkenheit *f ohne pl* **bei ~ am Steuer** в пья́ном состоя́нии за рулём

trunksüchtig *adj* зави́симый от алкого́ля

Truppe ['trʊpə] <-, -n> *f* **1.** MIL во́инская часть *ж* **2.** *(Schauspieltruppe)* тру́ппа *ж*

Truppenabbau <-s> *m* сокраще́ние *ср* вооружённых сил

Truppenkontingent <-(e)s, -e> *nt* континге́нт *м* войск

Truppenparade <-, -n> *f* пара́д *м* войск

Truppenstärke <-> *f* чи́сленность *ж* войск

Truppenübung <-, -en> *f* такти́ческое уче́ние *ср*

Truppenverschiebung <-, -en> *f* перебро́ска *ж* войск

Trust <-s, -s> *m* ÖKON трест *м*

Truthahn ['tru:tha:n] <-(e)s, -hähne> *m* индю́к *м*

Tscheche ['tʃɛçə] <-n, -n> *m* чех *м*

Tschechien ['tʃɛçiən] <-> *nt* Че́хия *ж*

Tschechin ['tʃɛçɪn] <-, -nen> *f* че́шка *ж*

tschechisch **I.** *adj* че́шский; **Tschechische Republik** Че́шская респу́блика **II.** *adv* по-че́шски

tschüs, **tschüss**[RR] [tʃys] *interj fam* пока́!

T-Shirt ['ti:ʃœ:t] <-s, -s> *nt* футбо́лка *ж*

T-Stück <-(e)s, -e> *nt* TECH тройни́к *м*

TU [te:'ʔu:] *abk von* **Technische Universität** Техни́ческий университе́т

Tube ['tu:bə] <-, -n> *f* тю́бик *м;* **auf die ~ drücken** *fam* нажа́ть на педа́ли

Tuberkulose [tubɛrku'lo:zə] <-, -n> *f* туберкулёз *м*

Tübingen <-s> *nt* Тю́бинген *м*

Tuch [tu:x] <-(e)s, Tücher> *nt* **1.** *(Hals-/Kopftuch)* плато́к *м* **2.** *(Stoff, Textil)* сукно́ *ср*

tüchtig ['tʏçtɪç] *adj* приле́жный

Tüchtigkeit <-> *f* приле́жность *ж*

Tücke ['tʏkə] <-, -n> *f* кова́рство *ср*

tückisch ['tʏkɪʃ] *adj* кова́рный

Tugend ['tu:gənt] <-, -en> *f* доброде́тель *ж*

tugendhaft *adj* доброде́тельный

Tüll [tʏl] <-s, -e> *m* тюль *м*

Tulpe ['tʊlpə] <-, -n> *f* тюльпа́н *м*

tummeln ['tʊməln] *vr* вози́ться *нсв*

Tumor [tu'mo:ɐ, tu'mo:rə(n)] <-s, -e(n)> *m* о́пухоль *ж*

Tümpel ['tʏmpəl] <-s, -> *m* о́мут *м*

Tumult [tu'mʊlt] <-(e)s, -e> *m* шум *м*

tun [tu:n] <tat, getan> *vt* де́лать, с- *св; (legen, stellen)* класть, положи́ть *св,* ста́вить, по- *св;* **ich habe viel zu ~** у меня́ мно́го дел; **mit etw/jdm nichts zu ~ haben** не име́ть с чем-л./кем-л. ничего́ о́бщего; **so ~, als ob ...** де́лать вид, как-бу́дто ...; **gut ~** что-л. влия́ет благотво́рно; **etw aus Liebe/aus Neid ~** сде́лать что-л. из любви́/за́висти; **wichtigeres zu ~ haben, als ...** име́ть бо́лее ва́жные дела́, чем ...; **ich habe mein Bestes getan** я сде́лал всё, что мог; **ich habe noch zu ~** у меня́ ещё дела́; **das ist leichter gesagt als getan** легко́ сказа́ть; **du kannst ~ und lassen, was du willst** ты мо́жешь де́лать, что хо́чешь; **was kann ich für Sie ~?** чем могу́ быть поле́зен?; **so etwas tut man nicht!** э́то не при́нято!; **tu, was du nicht lassen kannst!** *fam* де́лай, что хо́чешь!; **das tut nichts zur Sache** *fam* э́то не отно́сится к де́лу; **hat er dir was getan?** он к тебе́ притро́нулся?; **er bekam es mit der Angst zu ~** его́ охвати́л страх; **damit habe ich nichts zu ~** я не име́ю с э́тим ничего́ о́бщего; **tu doch nicht so!** *fam* не веди́ себя́ так!; **tu nicht so schlau!** *fam* не строй из себя́ у́много!

Tundra <Tundren> *f* ту́ндра *ж*

Tuner ['tju:nɐ] <-s, -> *m* блок *м*

Tunesien [tu'ne:ziən] <-s> *nt* Туни́с *м*

Tunesier(in) <-s, -; -nen> *m(f)* туни́сец *м*

tunesisch *adj* туни́сский

Tunfisch[RR] <-(e)s, -e> *m* туне́ц *м*

Tunnel ['tʊnəl] <-s, -(s)> *m* тунне́ль *м*

tupfen *vt* **1.** *(auftragen)* дотра́гиваться, дотро́нуться *св* **2.** *(abtupfen)* впи́тывать, впита́ть *св*

Tupfen ['tʊpfən] <-s, -> *m* то́чка *ж*

Tupfer <-s, -> *m* тампо́н *м*

Tür [ty:ɐ] <-, -en> *f* дверь *ж;* **in der ~ stehen** стоя́ть в дверя́х; **~ an ~ mit jdm wohnen** жить бок о бок с кем-л.; **hinter verschlossenen ~en** при закры́тых дверя́х; **Weihnachten steht kurz vor der ~** *fam* Рождество́ на поро́ге; **jdn vor die ~ setzen** *fam* вы́ставить кого́-л. из до́ма; **jdm die ~ vor der Nase zuschlagen** *fam* захло́пнуть дверь пе́ред но́сом у кого́-л.; **ihr stehen alle ~en offen** пе́ред ней все две́ри откры́ты; **mit der ~ ins Haus fallen** *fam* непро́шеный гость

Turban ['tʊrba:n] <-s> *m* чалма́ *ж*

Turbine [tʊr'bi:nə] <-, -n> *f* турби́на *ж*

Turbinenanlage <-, -n> *f* турби́нная устано́вка *ж*

Turbinenantrieb <-(e)s, -e> *m* турби́нный при́вод *м*

Turbolader <-s, -> *m* турбонагнета́тель *м*

Turbomotor <-s, -en> *m* газотурби́нный дви́гатель *м*

turbulent [tʊrbu'lɛnt] *adj* бу́рный

Turbulenz [tʊrbu'lɛnts] <-en> *f a.* PHYS, ASTR, METEO турбуле́нции *мн*

Türflügel *m* крыло́ *ср* две́ри

Türgriff <-(e)s, -e> *m* дверна́я ру́чка *ж*

Türke ['tʏrkə] <-n, -n> *m* ту́рок *м*

Türkei [tʏr'kaɪ] <-> *f* Ту́рция *ж*

Türkin ['tʏrkɪn] <-, -nen> *f* турча́нка *ж*

türkis [tʏr'ki:s] *adj* бирюзо́вый

Türkis <-es, -e> *m* бирюза́ *ж*

türkisch ['tʏrkɪʃ] **I.** *adj* туре́цкий **II.** *adv* по-туре́цки

türkisfarben *adj* бирюзо́вый
Türklinke <-, -n> *f* дверна́я ру́чка *ж*
Turkmenien <-s> *nt* Туркме́ния *ж*
Türknauf *m* кру́глая ручка *ж* две́ри
Turm [tʊrm] <-(e)s, Türme> *m* **1.** *(Bauwerk)* ба́шня *ж* **2.** *(Schachfigur)* ладья́ *ж*
turmhoch *adj* высото́й с ба́шню
Turmuhr *f* часы́ *мн* на ба́шне
turnen *vi* занима́ться, заня́ться *св* гимнастикой (физкульту́рой)
Turnen [ˈtʊrnən] <-s> *nt* спорти́вная гимна́стика *ж*
Turner(in) <-s, -> *m(f)* гимна́ст *м*, гимна́стка *ж*
Turngerät *nt* гимнасти́ческий снаря́д *м*
Turnhalle <-, -n> *f* спортза́л *м*
Turnhose *f* спорти́вные штаны́ *мн*
Turnier [tʊrˈniːɐ] <-s, -e> *nt* турни́р *м*
Turnschuh <-(e)s, -e> *m* кроссо́вка *ж*
Turnstunde <-, -n> *f* уро́к *м* физкульту́ры
Türrahmen *m* дверна́я ра́ма *ж*
Türriegel <-s, -> *m* дверно́й засо́в *м*
Türschloss[RR] *nt* дверно́й замо́к *м*
Türschwelle <-, -n> *f* поро́г *м*
Türsteher <-s, -> *m (in Diskothek)* швейца́р *м*
turteln [ˈtʊrtəln] *vi* воркова́ть
Tusche [ˈtʊʃə] <-, -n> *f* тушь *ж*
tuscheln [ˈtʊʃəln] *vi* шушу́каться, по- *св*
Tuschezeichnung *s.* **Tuschzeichnung**
Tuschkasten <-s, -kästen> *m* коро́бка *ж* с ту́шью
Tuschzeichnung <-, -en> *f* рису́нок *м* ту́шью
Tussi [ˈtʊsi] <-s> *f fam abw* **so eine blöde ~!** кака́я ду́ра!
tut *3. präs von* **tun**
Tüte [ˈtyːtə] <-, -n> *f* паке́т *м*; **das kommt nicht in die Tüte!** *fam* и не взду́май!
tuten [ˈtuːtən] *vi* гуде́ть, про- *св*
TÜV [tʏf] *abk von* **Technischer Überwachungsverein** слу́жба *ж* техни́ческого надзо́ра

i Land & Leute

Эта аббревиатура относится к **Объединению технического надзора** («der Technische Überwachungs-Verein»). Прежде чем быть допущенным к эксплуатации на общественных дорогах, каждый новый автомобиль должен сначала пройти технический контроль. Если дефектов при этом не установлено, к заднему щитку с номерным знаком прикрепляется значок Объединения, который действителен два года.

TV *abk von* **Television** телеви́дение *ср*
TV-Moderator(in) <-s, -en> *m(f)* веду́щий *м* телепереда́чи
Twist <-s, -s> *m (Tanz)* твист *м*
Typ [tyːp] <-s, -en> *m* тип *м*; **er ist nicht mein ~** *fam* э́то не мой тип
Type [ˈtyːpə] <-, -n> *f (von Schreibmaschine)* ли́тера *ж*
Typenbezeichnung <-, -en> *f* TECH обозначе́ние *ср* ти́па
Typenrad <-(e)s, -räder> *nt* печа́тающее колёсико *ср* „рома́шка“
Typenvielfalt <-> *f* разнови́дность *ж*
Typhus [ˈtyːfʊs] <-> *m* тиф *м*
typisch [ˈtyːpɪʃ] *adj* типи́чный
typisieren [typiˈziːrən] *vt* типизи́ровать
Typisierung <-, -en> *f* типиза́ция *ж*
Typografie[RR] <-n> *f* типогра́фия *ж*
typografisch[RR] *adj* типографи́ческий
Typologie [typoloˈgiː] <-, -n> *f* типоло́гия *ж*
typologisch [typoˈloːgɪʃ] *adj* типологи́ческий
Tyrann(in) [tyˈran] <-en, -en> *m(f)* тира́н *м*
Tyrannei [tyraˈnaɪ] *f ohne pl* тирани́я *ж*
tyrannisch *adj* тирани́ческий

U u

U, u [uː] <-, -> *nt* бу́ква U
u. *abk von* **und** и
u.a. *abk von* **unter anderem** в том числе́, в ча́стности
UB *abk von* **Universitätsbibliothek** университе́тская библиоте́ка *ж*
U-Bahn ['uːbaːn] <-, -bahnen> *f* метро́ *ср;* **mit der ~ fahren** е́здить на метро́
U-Bahn-Netz <-es, -e> *nt* сеть *ж* метрополите́на
U-Bahn-Station <-, -en> *f* ста́нция *ж* метро́
übel ['yːbəl] **I.** *adj* дурно́й, плохо́й; **ihm wurde plötzlich ~** ему́ неожи́данно ста́ло пло́хо; **mir ist/mir wird ~** мне пло́хо/мне стано́вится пло́хо; **das ist gar nicht** (**so**) **~** *fam* совсе́м непло́хо **II.** *adv* пло́хо; **~ dran sein** у кого́-л. дела́ пло́хи; **jdm ~ mitspielen** оказа́ть кому́-л. медве́жью услу́гу
Übel ['yːbəl] <-s, -> *nt* зло *ср;* **zu allem Übel** ко всему́ про́чему
übelgelaunt[Alt] *adj s.* **gelaunt**
Übelkeit <-> *f* тошнота́ *ж;* **~ erregend** проти́вный
übel|nehmen[RR] <irr> *vt* **jdm etw ~** оби́деться на кого́-л. за что-л.
Übelstand <-(e)s, -stände> *m* беспоря́док *м*
Übeltat <-, -en> *f* злодея́ние *ср,* преступле́ние *ср*
Übeltäter(in) *m(f)* престу́пник *м,* престу́пница *ж*
üben ['yːbən] **I.** *vi* тренирова́ться, по- *св,* упражня́ться, по- *св;* **sich in etw ~** упражня́ться в чём-л.; **auf dem Klavier ~** упражня́ться на пиани́но **II.** *vt* тренирова́ть, по- *св; (Musikstuck, Theaterstück)* разу́чивать, -зучи́ть *св;* **Kritik an jdm/etw ~** критикова́ть кого́-л./что-л.; **Nachsicht ~** быть снисходи́тельным
über ['yːbɐ] **I.** *prp* **1.** *(räumlich oder eine Richtung angebend)* над **2.** *(das Überqueren bezeichnend)* че́рез; **~ Smolensk nach Moskau fahren** е́хать че́рез Смоле́нск в Москву́ **3.** *(bei Temperaturangaben)* вы́ше; **zwei Grad ~ Null** два гра́дуса вы́ше нуля́; **~ der Arbeit einschlafen** засну́ть во вре́мя рабо́ты; **~ jdm stehen** стоя́ть над кем-л.; **er fuhr sich** *dat* **~ die Stirn** он провёл руко́й по лбу; **~ die Straße gehen** перейти́ у́лицу; **~ die Grenze fahren** пересе́чь грани́цу; **bis ~ beide Ohren verliebt sein/in Arbeit stecken** влюби́ться по́ уши/погрузи́ться в рабо́ту; **~ ... hinaus** за преде́лы ...; **jdn/etw ~ alles lieben** люби́ть кого́-л./что-л. бо́льше всего́ **II.** *adv* бо́льше, свы́ше; **~ zwei Stunden** бо́льше двух часо́в; **die ganze Zeit ~** всё вре́мя
überall ['yːbɐ'ʔal] *adv* везде́
überaltert *adj* **eine ~e Bevölkerung** населе́ние, состоя́щее преиму́щественно из люде́й пожило́го во́зраста
Überangebot <-(e)s, -e> *nt* сверхпредложе́ние *ср*
überanstrengen [yːbɐ'ʔanʃtrɛŋən] **I.** *vt* перенапряга́ть, -напря́чь *св* **II.** *vr* **sich ~** переутомля́ться, -утоми́ться *св;* **überanstreng dich nicht!** смотри́, не перенапряги́сь!
überarbeiten [yːbɐ'ʔarbaɪtən] **I.** *vt* перераба́тывать, -рабо́тать *св* **II.** *vr* зарабо́таться *св*
überaus ['yːbɐʔaʊs] *adv* весьма́
überbacken [yːbɐ'bakən] *adj (Speise)* запечённый
Überbau <-s> *m* надстро́йка *ж*
Überbeanspruchung <-> *f* перенапряже́ние *ср*
Überbelastung <-> *f* перегру́зка *ж*
überbelegt *adj* перенаселённый (о кварти́ре)
überbevölkert ['- - - - -] *adj* перенаселённый
Überbevölkerung *f ohne pl* перенаселённость *ж*
überbewerten *vt* переоце́нивать *нсв,* переоцени́ть *св*
Überbewertung <-> *f* переоце́нка *ж*
überbezahlen *vt* **er wird überbezahlt** у него́ больша́я зарпла́та
Überbezahlung <-> *f* перепла́та *ж*
überbieten [yːbɐ'biːtən] <irr> *vt (Leistung, Rekord)* превосходи́ть, превзойти́ *св*
Überbleibsel ['yːbɐblaɪpsəl] <-s, -> *nt* оста́ток *м*
überblenden *vt* дава́ть наплы́в
Überblick [yːbɐ'blɪk] *m* обзо́р *м;* **den ~ verlieren** потеря́ть ориента́цию; **sich** *dat* **einen ~ über etw verschaffen** созда́ть себе́ представле́ние о веща́х
überblicken [yːbɐ'blɪkən] *vt* обозрева́ть, -зре́ть *св*
überbringen [yːbɐ'brɪŋən] <irr> *vt (Botschaft)* передава́ть, -да́ть *св*
Überbringer(in) <-s, -> *m(f)* предъяви́тель *м*
Überbringerscheck <-s, -s> *m* чек *м* на предъяви́теля
überbrücken [yːbɐ'brʏkən] *vt* преодолева́ть, -ле́ть *св*
Überbrückungskredit <-(e)s, -e> *m* краткосро́чный креди́т *м*

überdenken [y:bɐˈdɛŋkən] <irr> *vt* проду́мывать, -ду́мать *св*

überdies [y:bɐˈdi:s] *adv (noch dazu)* прито́м

überdimensional [ˈy:bɐdimɛnzi̯ona:l] *adj* необыкнове́нно большо́й

überdosieren *vt* передози́ровать

Überdosis <-> *f* сверхдо́за *ж*

Überdruck <-(e)s> *m* избы́точное давле́ние *ср*

Überdruss[RR] [ˈy:bɐdrʊs] <-es> *m*, **Überdruß**[Alt] <-drusses> *m ohne pl* пресыще́ние *ср;* **bis zum ~** до осточерте́ния

Übereignung <-, -en> *f* JUR переда́ча *ж*

übereinander [y:bɐʔaɪˈnandɐ] *adv* **1.** *(räumlich)* друг над дру́гом **2.** *(Richtung angebend)* друг на дру́га **3.** *(in Bezug auf)* друг о дру́ге

überein|kommen [y:bɐˈʔaɪnkɔmən] <irr> *vi* догова́риваться, -вори́ться *св*

Übereinkommen <-s, -> *nt* договорённость *ж*

Übereinkunft <-, -künfte> *f* соглаше́ние *ср*, договорённость *ж;* **eine stille ~** молчали́вое соглаше́ние; **eine ~ treffen** прийти́ к договорённости

überein|stimmen [y:bɐˈʔaɪn-] *vi* **1.** *(die gleiche Meinung haben)* быть *нсв* согла́сным; **in diesem Punkt stimme ich voll mit Ihnen überein** в э́том пу́нкте я по́лностью с ва́ми согла́сен **2.** *(gleichartig sein)* совпада́ть, -па́сть *св*

übereinstimmend *adj* единоду́шный; **sie erklärten ~, dass ...** они́ единоду́шно объяви́ли, что ...

Übereinstimmung <-> *f* согла́сие *ср;* **in ~ mit etw** в соотве́тствии с чем-л.

überempfindlich *adj* сверхчувстви́тельный

überfahren [y:bɐˈfa:rən] <irr> *vt (Mensch, Tier)* переезжа́ть, перее́хать *св*

Überfahrt *f* пересече́ние *ср*

Überfall [y:bɐˈfal] <-(e)s, Überfälle> *m* нападе́ние *ср*

überfallen [y:bɐˈfalən] <irr> *vt* напада́ть, -па́сть *св;* **jdn mit Fragen ~** засыпа́ть кого́-л. вопро́сами

überfällig *adj* просро́ченный

überfliegen [y:bɐˈfli:gən] <irr> *vt (flüchtig lesen)* просма́тривать, -смотре́ть *св*

Überflieger <-s, -> *m umg* челове́к *м*, обнару́живающий незауря́дные спосо́бности

überflogen *pp von* **überfliegen**

Überfluss[RR] <-es> *m ohne pl* изоби́лие *ср;* **im ~** в изоби́лии; **zu allem ~** ко всему́ про́чему

Überflussgesellschaft[RR] <-> *f* о́бщество *ср* изоби́лия

überflüssig *adj* ли́шний; **sich** *dat* **~ vorkommen** чу́вствовать себя́ нену́жным

überfluten [y:bɐˈflu:tən] *vt* наводни́ть

Überflutung <-en> *f* наводне́ние *ср*

überfordert *adj* **ich bin damit überfordert** мне э́то не по плечу́

überfrachten *vt* перегружа́ть, перегрузи́ть *св*

überfragen [y:bɐˈfra:gən] *vt* **da bin ich überfragt** я не зна́ю

überfressen *vr umg* обжира́ться, обожра́ться *св*

überfrieren *vi (Nässe)* подмерза́ть, подмёрзнуть *св*

überführen[1] [y:bɐˈfy:rən] *vt (einen Verbrecher)* изоблича́ть, -чи́ть *св;* **jdn eines Verbrechens ~** уличи́ть кого́-л. в преступле́нии

überführen[2] [y:bɐˈfy:rən] *vt* **1.** *(transportieren)* перевози́ть, -везти́ *св* **2.** *(einen Gefangenen, Kranken auch)* переводи́ть, -вести́ *св*

Überführung <-, -en> *f* **1.** *(Transportieren etc)* перево́зка *ж*, перево́д *м* **2.** *(eines Verbrechers)* изобличе́ние *ср* **3.** *(Brücke)* путепрово́д *м*

Überfülle <-> *f* изоби́лие *ср*

überfüllt [y:bɐˈfʏlt] *adj* перепо́лненный

Überfüllung <-> *f* переполне́ние *ср*

überfüttern *vt* перека́рмливать, перекорми́ть *св*

Übergabe <-, -> *f* **1.** *(Aushändigung)* переда́ча *ж*, вы́дача *ж;* **die ~ von Dokumenten** вы́дача докуме́нтов **2.** *(Übertragung)* переда́ча *ж*, делеги́рование *ср*

Übergang [ˈ- - -] <-(e)s> *m* перехо́д *м*

übergangen *pp von* **übergehen**

Übergangsbestimmung <-, -en> *f* вре́менное распоряже́ние *ср*

Übergangserscheinung <-, -en> *f* перехо́дное явле́ние *ср*

Übergangsfrist <-, -en> *f* перехо́дный пери́од *м*

Übergangslösung <-, -en> *f* вре́менное реше́ние *ср*

Übergangsmantel <-s, -mäntel> *m* демисезо́нное пальто́ *ср*

Übergangsphase *f* перехо́дная фа́за *ж*

Übergangsregelung <-, -en> *f* перехо́дное регули́рование *ср*

Übergangsstadium <-s, -stadien> *nt* перехо́дная ста́дия *ж*

Übergangszeit <-, -en> *f* перехо́дный пери́од *м*

Übergardine <-, -n> *f* портье́ра *ж*

übergeben [y:bɐˈge:bən] <irr> **I.** *vt (jdm geben)* передава́ть, -да́ть *св* **II.** *vr* **sie musste sich ~** *(sich erbrechen)* её вы́рвало

übergehen[1] [ˈy:bɐge:ən] <irr, ohne ge-> *vt (absichtlich übersehen)* обходи́ть, обойти́ *св;* **sich übergangen fühlen** чу́вствовать себя́ обма́нутым

über|gehen[2] [ˈy:bɐge:ən] <irr> *vi* переходи́ть, перейти́ *св*

Übergepäck <-s> *nt* переве́с *м* багажа́
übergeschnappt [ˈyːbɐgəʃnapt] *adj fam* ненорма́льный
Übergewicht <-(e)s> *nt* изб́ыточный вес *м*
übergewichtig *adj* ~ **sein** быть о́чень то́лстым
überglücklich *adj* о́чень счастли́вый
übergreifend *adj* охва́тывающий что-л.
Übergröße <-n> *f* большо́й разме́р *м*
überhand [yːbɐˈhant] *adv* **~nehmen** одержа́ть побе́ду
über|hängen[1] <irr> *vi* свиса́ть
über|hängen[2] *vt* **sich** *dat* **etw** ~ набро́сить себе́ что-л. на пле́чи
überhäufen [yːbɐˈhɔɪfən] *vt* засыпа́ть, -сы́пать *св;* **jdn mit Geschenken** ~ засы́пать кого́-л. пода́рками; **jdn mit Vorwürfen** ~ засы́пать кого́-л. упрёками
überhaupt [yːbɐˈhaʊpt] *adv* вообще́; **wer hat dir das ~ gesagt?** кто э́то тебе́ сказа́л?; ~ **nicht** нисколько; **ich denke ~ nicht daran!** я об э́том да́же и не ду́маю!; **und ~, …** и вообще́
überheblich [yːbɐˈheːplɪç] *adj* надме́нный
Überheblichkeit <-> *f* надме́нность *ж*
über|holen [yːbɐˈhoːlən] *vt* **1.** *(Gerät)* ремонти́ровать, от- *св* **2.** *(schneller laufen/fahren)* обгоня́ть, обогна́ть *св*
Überholen [yːbɐˈhoːlən] <-s> *nt ohne pl* обго́н *м*
Überholmanöver <-s, -> *nt* KFZ обго́н *м*
Überholspur <-> *f* полоса́ *ж* обго́на
überholt [--ˈ-] *adj (veraltet)* устаре́вший
überhören [yːbɐˈhœːrən] *vt* не слы́шать; **das möchte ich überhört haben** э́того я не слы́шал
überirdisch *adj* сверхъесте́ственный
Überkapazität <-, -en> *f* изб́ыточные произво́дственные мо́щности *мн*
über|kochen *vi sein* перевари́ть
überkommen[1] [yːbɐˈkɔmən] *adj* унасле́дованный
überkommen[2] [yːbɐˈkɔmən] <irr> *vt* **es überkam ihn plötzlich, und er zog sie an sich** на него́ вдруг что-то нашло́, и он притяну́л её к себе́
überkreuzen *vt* **1.** пересека́ть, пересе́чь *св* **2.** скре́щивать, скрести́ть *св*
überladen[1] [yːbɐˈlaːdən] *adj (Stil, Fassade)* сли́шком пы́шный
überladen[2] <irr> *vt* перегрузи́ть
Überlagerung <-> *f* наслое́ние *ср*
Überlandbus <-ses, -se> *m* междугоро́дный авто́бус *м*
Überlandleitung <-, -en> *f* надзе́мная электропрово́дка *ж*
überlassen [yːbɐˈlasən] <irr> *vt (Entscheidung)* предоставля́ть, -ста́вить *св;* **jdm etw** ~ оста́вить что-л. кому́-л.; **jdn sich** *dat* **selbst** ~ предоста́вить кому́-л. возмо́жность справля́ться самому́
Überlassung <-, -en> *f* JUR усту́пка *ж;* **die unentgeltliche ~ einer Ware** беспла́тная усту́пка това́ра
überlasten [yːbɐˈlastən] *vi* перегружа́ть, -грузи́ть *св;* **sie ist überlastet** она́ перегру́жена рабо́той
über|laufen[1] [ˈyːbɐlaʊfən] **I.** *vi* **1.** *(Flüssigkeit)* перелива́ться, -ли́ться *св* **2.** *(Milch)* убега́ть, убежа́ть *св* **3.** *(zur gegnerischen Seite)* перебега́ть, -бежа́ть *св;* **zum Feind** ~ перейти́ на сто́рону врага́ **II.** *vt* **es überlief ihn (heiß und) kalt** его́ окати́ли горя́чие во́лны́
überlaufen[2] [ˈyːbɐlaʊfən] *adj* перепо́лненный
überleben [yːbɐˈleːbən] **I.** *vt* пережи́ть *св;* **das wirst du schon ~!** *fam* переживёшь! **II.** *vi* выжива́ть, вы́жить *св*
Überlebenschance <-, -n> *f* шанс *м* оста́ться в живы́х
Überlebenskampf <-(e)s> *m* борьба́ *ж* за выжива́ние
überlegen[1] [yːbɐˈleːgən] **I.** *vi* обду́мывать, обду́мать *св* **II.** *vt (nachdenken)* ду́мать; **ich habe es mir anders überlegt** я переду́мал; **ich werde es mir überlegen** я поду́маю **III.** *vr* **sich** ~ ду́мать, по- *св,* обду́мывать, -мать *св;* **er hat es sich anders überlegt** он переду́мал
überlegen[2] [yːbɐˈleːgən] *adj* **jdm ~ sein** превосходи́ть кого́-л.; **jdm (in/an etw** *dat*) ~ **sein** превосходи́ть кого́-л. в чём-л.
Überlegenheit <-> *f* превосхо́дство *ср*
überlegt **I.** *adj* обду́манный **II.** *adv* обду́манно
Überlegung [--ˈ--] <-, -en> *f* соображе́ние *ср;* **nach reiflicher ~** по́сле глубо́кого размышле́ния
Überleitung <-, -en> *f* перехо́д *м*
Überlieferung <-, -en> *f* преда́ние *ср*
überlisten [yːbɐˈlɪstən] *vt* перехитри́ть
Übermacht <-> *f* превосхо́дство *ср;* **in der ~ sein** превосходи́ть чи́сленно кого́-л.
übermächtig *adj* превосходя́щий
übermalen *vt* закра́шивать
Übermaß <-es> *nt* изб́ыток *м;* **etw im ~ haben** име́ть что-л. в большо́м коли́честве
übermäßig *adj* чрезме́рный
übermenschlich *adj* сверхчелове́ческий
übermitteln [yːbɐˈmɪtəln] *vt (Informationen)* передава́ть, -да́ть *св*
übermorgen *adv* послеза́втра
übermüdet [yːbɐˈmyːdət] *adj* переутомлённый
Übermüdung <-> *f* переутомле́ние *ср*
Übermut <-(e)s> *m* озорство́ *ср*
übermütig *adj* озорно́й
übernachten *vi* переночева́ть *св*
Übernachtung [yːbɐˈnaxtʊŋ] <-, -en> *f* но-

U

чёвка *ж;* ~ **mit Frühstück** ночёвка с за́втраком

Übernahme ['y:bɐna:mə] <-> *f* **1.** *(Entgegennahme)* приёмка *ж;* ~ **einer Lieferung** приёмка това́ров **2.** *(Annahme)* приня́тие *ср;* **die ~ eines Amtes** вступле́ние в до́лжность; **die ~ eines Auftrages** приня́тие зака́за; **die ~einer Funktion** приня́тие на себя́ фу́нкции; ~ **des Risikos** приня́тие на себя́ ри́ска

übernatürlich *adj* сверхъесте́ственный

übernehmen [y:bɐ'ne:mən] **I.** <irr> *vt* **1.** *(als Nachfolger)* перенима́ть, -ня́ть *св* **2.** *(annehmen)* бра́ть, взя́ть *св* **II.** *vr* бра́ть/взять *св* на себя́

über|ordnen *vt* **die Karriere der Familie ~** ста́вить карье́ру над семе́йством

überparteilich *adj* внепарти́йный

überproportional *adj* чрезме́рный

überprüfbar *adj* **kaum/leicht/schwer ~** пло́хо/легко́/тру́дно проверя́емый

überprüfen [y:bɐ'pry:fən] *vt* проверя́ть, -ве́рить *св*

Überprüfung <-, -en> *f* прове́рка *ж,* контро́ль *м;* **die laufende ~ der Anlagen** теку́щее обсле́дование обору́дования; **stichprobenartige ~** вы́борочный контро́ль; **einer ~ unterziehen** подве́ргнуть прове́рке; **gerichtliche ~** суде́бная прове́рка

Überqualifikation <-> *f* сте́пень квалифика́ции *ж*

überqueren [y:bɐ'kve:rən] *vt* пересека́ть, -се́чь *св*

Überquerung <-> *f* пересече́ние *ср*

über|ragen ['y:bɐragən] *vt* **er überragt uns alle mindestens um einen Kopf** он вы́ше нас всех на го́лову

überragend [y:bɐ'ra:gənt] *adj* выдаю́щийся

überraschen [y:bɐ'raʃən] *vt* удивля́ть, -ви́ть *св;* **jdn mit etw ~** удиви́ть кого́-л. чем-л.; **jdn dabei ~, wie …** пойма́ть кого́-л., как …

überraschend I. *adj* неожи́данный **II.** *adv* неожи́данно

Überraschung [y:bɐ'raʃʊŋ] <-, -en> *f* **1.** *(Verwunderung)* удивле́ние *ср* **2.** *(etw Schönes oder Unangenehmes)* сюрпри́з *м;* **das ist aber eine ~!** како́й сюрпри́з!

Überraschungsmoment <-(e)s> *f* фа́ктор *м* внеза́пности

überreden [y:bɐ're:dən] *vt* угова́ривать, уговори́ть *св;* **jdn zu etw** *dat* **~** уговори́ть кого́-л. сде́лать что-л.; **sich ~ lassen** позво́лить кому́-л. уговори́ть себя́

überreichen [y:bɐ'raɪçən] *vt* вруча́ть, -чи́ть *св*

Überreizung <-> *f* чрезме́рное раздраже́ние *ср*

Überreste <-> *pl* оста́тки *мн*

überrumpeln [y:bɐ'rʊmpəln] *vt* пойма́ть кого́-л.

übersättigt [y:bɐ'zɛtɪçt] *adj* пресы́щенный

Übersättigung <-> *f* перенасыще́ние *ср;* **die ~ des Marktes** перенасыще́ние ры́нка

Überschallflug <-(e)s, -flüge> *m* сверхзвуково́й полёт *м*

Überschallflugzeug <-(e)s, -e> *nt* сверхзвуково́й самолёт *м*

Überschallgeschwindigkeit <-> *f* сверхзвукова́я ско́рость *ж*

überschatten [y:bɐ'ʃatən] *vt* **1.** *(Schatten spenden)* броса́ть тень **2.** *(trüben)* затемня́ть

überschätzen [y:bɐ'ʃɛt͡sən] **I.** *vt* переоце́нивать, -цени́ть *св* **II.** *vr* переоце́нивать, -цени́ть *св*

überschaubar [y:bɐ'ʃaʊba:ɐ̯] *adj* обозри́мый

überschauen [y:bɐ'ʃaʊən] *vt s.* **überblicken**

überschlafen [y:bɐ'ʃla:fən] <irr> *vt* **etw ~** отложи́ть реше́ние чего́-л. до утра́

Überschlag <-(e)s, -schläge> *m* ориентиро́вочная сме́та *ж*

über|schlagen [y:bɐ'ʃla:gən] <irr> *vr* **sich ~** перевёртываться, переверну́ться *св;* **ihre Stimme überschlug sich** го́лос у неё стал пискли́вым

über|schnappen *vi umg* спя́тить *св*

überschneiden [y:bɐ'ʃnaɪdən] <irr> *vr* пересека́ться, -се́чься *св*

überschnitten *pp von* **überschneiden**

überschreiben [y:bɐ'ʃraɪbən] *vt (von Datei)* перезапи́сывать, -записа́ть *св*

überschreiten [y:bɐ'ʃraɪtən] <irr> *vt* **1.** *(Grenze)* переходи́ть, перейти́ *св* **2.** *(Gesetz)* наруша́ть, -ру́шить *св* **3.** *(Befugnisse, Frist, Tempolimit)* превыша́ть, -вы́сить *св*

überschrieben *pp von* **überschreiben**

Überschrift <-, -en> *f* заголо́вок *м*

überschritten *pp von* **überschreiten**

Überschuldung <-> *f* чрезме́рная задо́лженность *ж*

Überschuss <-es, -schüsse> *m* чи́стая при́быль *ж*

überschüssig ['y:bɐʃʏsɪç] *adj* избы́точный

Überschusskapazität <-, -en> *f* избы́точные произво́дственные мо́щности *мн*

Überschussnachfrage <-> *f* избы́точный спрос *м*

Überschussprodukte <-> *pl* изли́шки *мн* проду́ктов

überschütten [y:bɐ'ʃʏtən] *vt auch fig* засыпа́ть, -сы́пать *св;* **jdn mit Fragen ~** засы́пать кого́-л. вопро́сами

überschwänglich[RR] ['y:bɐʃvɛŋlɪç] *adj* чрезме́рный

überschwemmen [y:bɐ'ʃvɛmən] *vt* наводня́ть, -водни́ть *св*

Überschwemmung <-, -en> *f* наводне́ние *ср,* пото́п *м*

Überschwemmungskatastrophe <-, -n> *f*

си́льное наводне́ние *ср*

Übersee *f* **in ~** за океа́ном

Überseedampfer <-s, -> *m* океа́нский парохо́д *м*

Überseehafen <-s, -häfen> *m* океа́нский порт *м*

Überseehandel <-s> *m* океа́нская торго́вля *ж*

übersehen [y:bɐ'ze:ən] *vt* **1.** *(Gegend)* обозрева́ть, -зре́ть *св* **2.** *(Fehler)* не замеча́ть, не заме́тить *св*

übersenden *vt* посыла́ть, посла́ть *св*

über|setzen[1] [y:bɐ'zɛtsən] **I.** *vi (ans andere Ufer)* переправля́ться, -пра́виться *св* **II.** *vt* переправля́ть, -пра́вить *св*

übersetzen[2] [y:bɐ'zɛtsən] *vt (in eine andere Sprache)* переводи́ть, -вести́ *св;* **aus dem Deutschen ins Russische ~** переводи́ть с неме́цкого на ру́сский

Übersetzer(in) <-s, -> *m(f)* перево́дчик *м*, перево́дчица *ж*

Übersetzung <-, -en> *f* **1.** *(von Text)* перево́д *м* **2.** TECH *(Vorrichtung)* переда́ча *ж* **3.** TECH *(Übersetzungsverhältnis)* переда́точное отноше́ние *ср*

Übersetzungsbüro <-s, -s> *nt* бюро́ *ср* перево́дов

Übersetzungsfehler <-s, -> *m* оши́бка *ж* в перево́де

Übersicht <-> *f* обзо́р *м*

übersichtlich *adj* нагля́дный

Übersichtlichkeit <-> *f* нагля́дность *ж*

Übersiedler(in) <-s, -; -nen> *m(f)* пересе́ленец *м*

übersinnlich *adj* сверхъесте́ственный

überspannt *adj* кра́йний

Überspannung <-, -en> *f* EL перенапряже́ние *ср*

überspielen [y:bɐ'ʃpi:lən] *vt* **1.** *(über etw hinwegtäuschen)* скрыва́ть, скры́ть *св* **2.** *(aufnehmen)* перепи́сывать, -писа́ть *св*

überspitzt [y:bɐ'ʃpɪtst] *adj* утри́рованный

über|springen ['y:bɐʃprɪŋən] <irr> *vt (Hindernis, Hürde, auch fig)* перепры́гивать, -пры́гнуть *св*

überstanden *pp von* **überstehen**

über|stehen [y:bɐ'ʃte:ən] <irr> *vt (Strapazen)* выноси́ть, вы́нести *св;* **das Schlimmste ist jetzt überstanden** са́мое плохо́е уже́ позади́

übersteigen [y:bɐ'ʃtaɪgən] <irr> *vt* превосходи́ть, превзойти́ *св;* **das überstieg alle unsere Erwartungen** э́то превосходи́ло на́ши ожида́ния

übersteigert *adj* завы́шенный

überstimmen [y:bɐ'ʃtɪmən] *vt (besiegen)* получи́ть большинство́ голосо́в

überstrahlen *vt* освеща́ть, освети́ть *св; fig* затмева́ть, затми́ть *св*

überstrapazieren *vt* **ich möchte ihre Geduld nicht ~** я не хочу́ злоупотребля́ть ва́шим терпе́нием

Überstunde <-, -n> *f* сверхуро́чная рабо́та *ж;* **~n ausbezahlen** опла́чивать сверхуро́чные часы́; **~n machen** рабо́тать сверхуро́чно; **~n vergüten** возмеща́ть сверхуро́чные часы́

Überstundenabbau <-s> *m* сокраще́ние *ср* сверхуро́чной рабо́ты

überstürzen [y:bɐ'ʃtʏrtsən] **I.** *vt* поторопи́ться *св;* **nur nichts ~** не бу́дем спеши́ть **II.** *vr* **sich ~** поторопи́ться *св*

überteuert *adj* сли́шком дорого́й

übertönen *vt* заглуша́ть, заглуши́ть *св*

Übertopf *m декорати́вный керами́ческий или фарфо́ровый горшо́к*

Übertrag ['y:bɐtra:k, 'y:bɐtrɛ:gə] <-(e)s, Überträge> *m* перено́с *м*

übertragbar [y:bɐ'tra:kba:ɐ̯] *adj* **nicht ~** *(Ausweis)* без пра́ва переда́чи

übertragen [y:bɐ'tra:gən] <irr> **I.** *vt* **1.** *(Sichtweise, Methode)* переноси́ть, -нести́ *св;* **in ~er Bedeutung** в перено́сном смы́сле **2.** *(im Fernsehen/Rundfunk)* передава́ть, -да́ть *св* **II.** *vr* **sich ~** переноси́ться

Übertragung <-en> *f* **1.** *(das Übertragen)* перево́д *м* **2.** *(im Fernsehen und Rundfunk)* переда́ча *ж*

Übertragungsfehler <-s, -> *m* оши́бка *ж* в перево́де; TECH оши́бка *ж* передачи

Übertragungsgeschwindigkeit <-, -en> *f* ско́рость *ж* переда́ч

übertreffen [y:bɐ'trɛfən] <irr> **I.** *vt* превосходи́ть, превзойти́ *св;* **das übertrifft alle meine Erwartungen** э́то превосхо́дит мои́ ожида́ния **II.** *vr* **sich ~** превосходи́ть себя́; **sich selbst mit etw** *dat* **~** превзойти́ само́го себя́

übertreiben [y:bɐ'traɪbən] <irr> *vt* преувели́чивать, -чить *св*

Übertreibung *f* преувеличе́ние *ср*

über|treten ['y:bɐtre:tən] <irr> *vt* **1.** *(Grenze)* пересека́ть, пересе́чь *св* **2.** *(Gesetz, Verbot)* наруша́ть, нару́шить *св*

übertrieben [y:bɐ'tri:bən] *adj* чрезме́рный, преувели́ченный

übertroffen *pp von* **übertreffen**

übertrumpfen [y:bɐ'trʊmpfən] *vt (übertreffen)* превосходи́ть

überversichert *adj* застрахо́ванный на су́мму, превыша́ющую со́бственную сто́имость

Übervölkerung <-> *f* перенаселе́ние *ср*

überwachen [y:bɐ'vaxən] *vt* следи́ть *нсв*

Überwachung <-, -en> *f* надзо́р *м*

Überwachungskamera *f* ка́мера *ж* надзо́ра

Überwachungssystem <-(e)s, -e> *nt* систе́ма *ж* надзо́ра

überwältigen [y:bɐ'vɛltɪgən] *vt* **1.** *(Verbrecher)* обезвре́живать, -вре́дить *св* **2.** *(Gefühl, Schlaf)* овладева́ть, -де́ть *св* **3.** *(Ansicht)* потрясáть, -трясти́ *св*

überwältigend [y:bɐ'vɛltɪgənt] *adj (Ansicht)* потрясáющий; **die ~e Mehrheit** подавля́ющее большинствó

über|wechseln *vi sein* **ins feindliche Lager/auf die andere Seite ~** перейти́ во врáжеский лáгерь/на другýю стóрону

überweisen [y:bɐ'vaɪzən] <irr> *vt* **1.** *(Geld auf ein Konto)* переводи́ть, -вести́ *св* **2.** *(einen Patienten zum Facharzt)* направля́ть, -прáвить *св*

Überweisung <-en> *f* **1.** *(von Geld)* перевóд *м;* **die ~ eines Betrages auf ein Konto** перечислéние сýммы на счёт **2.** MED *(an einen Arzt)* направлéние *ср*

Überweisungsauftrag <-(e)s, -aufträge> *m* поручéние *ср* перевóда

Überweisungsverkehr <-s> *m* жирооборóт *м,* безнали́чный расчёт *м*

überwiegend *adj* преоблáдающий; **die ~e Mehrheit der Bevölkerung** преоблáдающее большинствó *ср* населéния

überwinden [y:bɐ'vi:ŋən] <irr> **I.** *vt (Schwierigkeiten, Widerstand)* преодолевáть, -лéть *св* **II.** *vr* **sich ~ etw zu tun** застáвить себя́ сдéлать что-л.

Überwindung <-> *f* **1.** *(das Überwinden)* преодолéние *ср* **2.** *(Anstrengung)* уси́лие *ср*

überwintern [y:bɐ'vɪntɐn] *vi* зимовáть *нсв*

überwunden *pp von* **überwinden**

Überzahl <-> *f* большинствó *ср;* **in der ~ sein** составля́ть большинствó

überzählig ['y:bɐtsɛ:lɪç] *adj* ли́шний

überzeugen [y:bɐ'tsɔɪgən] **I.** *vt* убеждáть, убеди́ть *св* **II.** *vr* убеждáться, убеди́ться *св*

überzeugend *adj* убеди́тельный

überzeugt *adv* **ich bin (davon) ~, dass ...** я увéрен, что ...

Überzeugung <-en> *f* убеждéние *ср;* **ich bin der festen ~, dass ...** я твёрдо увéрен, что ...

Überzeugungskraft <-> *f* си́ла *ж* убеждéния, убеди́тельность *ж*

über|ziehen[1] ['y:bɐtsi:ən] <irr> *vt* **1.** *(mit einem Bezug versehen)* покрывáть, -кры́ть *св;* **etw mit etw ~** покры́ть что-л. чем-л.; **das Bett frisch ~** смени́ть постéльное бельё **2.** *(Konto)* перерасхóдовать *св;* **er hat sein Konto um 2.000 Euro überzogen** он превы́сил свой счёт на 2000 éвро

überziehen[2] [y:bɐ'tsi:ən] <irr> *vt* **jdm eins ~** удáрить когó-л.

Überziehung [y:bɐ'tsi:ʊŋ] <-, -en> *f* перерасхóд *м;* **~ eines Kredits** превышéние ли́мита креди́та

Überziehungskredit [y:bɐ'tsi:ʊŋskredi:t] <-(e)s, -e> *m* овердрáфт *м*

überzogen *pp von* **überziehen**

Überzug <-(e)s, -züge> *m* нáволочка *ж*

üblich ['y:plɪç] *adj* общепри́нятый; **wie ~** как всегдá; **das ist hier so ~** здесь так при́нято

U-Boot ['u:bo:t] <-(e)s, -e> *nt* подвóдная лóдка *ж*

U-Boot-Flotte <-, -n> *f* подвóдный флот *м*

U-Boot-Krieg <-(e)s> *m* подвóдная войнá *ж*

übrig ['y:brɪç] *adj* остальнóй; **~ sein** остáться; **ihm bleibt nichts anderes ~, als ...** емý ничегó другóго не остáлось, как ...; **~ lassen** остáвить; **etw lässt nichts/einiges zu wünschen ~** что-л. идеáльно/мóжно улýчшить; **für jdn/etw nichts ~ haben** не питáть симпáтий к комý-л./чемý-л.

übrig bleiben[RR] <irr> *vi* оставáться, остáться *св*

übrigens ['y:brɪgəns] *adv* мéжду прóчим; **er kommt ~ erst morgen** мéжду прóчим, он придёт зáвтра

übrig|lassen[Alt] <irr> *vt s.* **übrig**

Übung ['y:bʊŋ] <-, -en> *f* упражнéние *ср;* **aus der ~ kommen** быть не в фóрме; **~ macht den Meister** *prov* повторéние – мать учéния

Übungsbuch *nt* кни́га *ж* с упражнéниями

UdSSR [u:de:ʔɛsʔɛs'ʔɛr] *abk von* **Union der Sozialistischen Sowjetrepubliken** СССР *м,* Сою́з *м* Совéтских Социалисти́ческих Респýблик

Ufer ['u:fɐ] <-s, -> *nt* бéрег *м;* **am ~** на берегý; **über die ~ treten** вы́йти из берегóв

Uferbefestigung <-, -en> *f* берегоукрепи́тельное сооружéние *ср*

Uferpromenade <-, -n> *f* нáбережная *ж*

Ufo ['u:fo] *abk von* **unbekanntes Flugobjekt** НЛО *м,* неопóзнанный летáющий объéкт *м*

u-förmig[RR] ['u:fœrmɪç] *adj* в фóрме подкóвы

Uganda [u'ganda] *f* Угáнда *ж*

Ugander(in) [u'gandɐ] <-s, -> *m(f)* уганди́ец *м,* уганди́йка *ж*

ugandisch *adj* угáндский

Uhr [u:ɐ, 'u:rən] <-, -en> *f* часы́ *ммн;* **die ~ aufziehen** завести́ часы́; **die ~ stellen** постáвить часы́; **auf die ~ sehen** посмотрéть на часы́; **die ~ geht vor/nach** часы́ спешáт/отстаю́т; **wie viel ~ ist es?** котóрый час?; **um wie viel ~?** во скóлько?; **es ist genau acht ~** на часáх вóсемь; **um elf ~** в оди́ннадцать

Uhrenindustrie <-> *f* часовáя промы́шленность *ж*

Uhrenvergleich <-s> *m* свéрка *ж* часóв

Uhrmacher(in) <-s, -> *m(f)* часовщи́к *м,* часовщи́ца *ж*

Uhrwerk <-(e)s, -e> *nt* часовóй механи́зм *м*

Uhrzeiger <-s, -> *m* часовáя стрéлка *ж*

Uhrzeigersinn *m* **im ~** по часовóй стрéл-

ке; **entgegen dem ~** прóтив часовóй стрéлки
Uhrzeit *f* врéмя *ср*
Uhu ['u:hu] <-s, -s> *m* фи́лин *м*
Ukraine [u'kraɪnə] <-> *f* Украи́на *ж;* **in der ~** на [*или* в] Украи́не
Ukrainer(in) [u'kraɪnɐ] <-s, -> *m(f)* украи́нец *м*, украи́нка *ж*
ukrainisch [ukra'i:nɪʃ, u'kraɪnɪʃ] *adj* украи́нский
UKW [u:ka:'ve:] *abk von* **Ultrakurzwelle** ультракорóткие вóлны *жмн,* УКВ
ulkig *adj umg* потéшный
Ulme ['ʊlmə] <-, -n> *f* вяз *м*
Ultimatum [ʊltɪ'ma:tʊm] <-s> *nt* ультимáтум *м;* **jdm ein ~ stellen** постáвить комý-л. ультимáтум
Ultimogeschäft <-(e)s, -e> *nt* BÖRSE сдéлка *ж* на ýльтимо
Ultimokurs <-es, -e> *m* BÖRSE курс *м* по сдéлкам на ýльтимо
Ultrakurzwelle [ʊltra'kʊrtsvɛlə] <-> *f* ультракорóткие вóлны *жмн*
Ultraschall <-(e)s> *m* ультразвýк *м*
Ultraschallbehandlung <-> *f* лечéние *ср* ультразвýком
Ultraschallgerät <-(e)s, -e> *nt* ультразвуковóй прибóр *м*
Ultraschallwelle <-, -n> *f* ультразвуковáя волнá *ж*
ultraviolett *adj* PHYS ультрафиолéтовый
um [ʊm] **I.** *prp + akk* вокрýг; **sie ging ~ den Tisch (herum)** óна обошлá стол; **~ die Ecke** за углóм; **sie legte den Arm ~ ihn** онá обнялá егó; **~ drei Uhr** в три часá; **~ keinen Preis** ни за что на свéте; **sich ~ etw streiten** ссóриться из-за чегó-л.; **sich ~ jdn kümmern** заботиться о ком-л. **II.** *prp +gen* **~ Gottes willen!** бóже мой! **III.** *konj* **~ zu ...** чтóбы ...
umarmen [ʊm'ʔarmən] *vt* обнимáть, -нять *св*
Umarmung <-en> *f* объя́тие *ср*
Umbau <-(e)s, -bauten> *m* перестрóйка *ж*
um|bauen ['ʊmbaʊən] *vt auch fig* перестрáивать, -стрóить *св*
um|benennen <irr> *vt* переименóвывать, -новáть *св;* **eine Datei ~** переименовáть файл
um|bilden *vt* преобразóвывать, преобразовáть *св*
um|binden <irr> *vt* **sich** *dat* **etw ~** завязáть себé что-л.
um|blättern *vt* перелистывать, перелистнýть *св* страни́цу
um|bringen **I.** <irr> *vt* убивáть, уби́ть *св* **II.** *vr* покóнчить *св*
Umbruch[1] <-(e)s> *m (Umwälzung)* перелóм *м*
Umbruch[2] <-(e)s> *m (Seiten~)* вёрстка *ж*
um|buchen *vt* **1.** WIRTSCH переводи́ть, перевести́ *св* **2.** *(Reise)* смени́ть дáту в билéте
Umbuchung <-, -en> *f* перечислéние *ср* перенóс *м* (на другóй счёт)
um|drehen **I.** *vt* **1.** *(von oben nach unten)* перевёртывать, -вернýть *св* **2.** *(horizontal, auch technische Vorrichtung, Schlüssel)* поворáчивать, повернýть *св;* **jdm den Hals ~** свернýть комý-л. шéю **II.** *vr* **sich ~** **1.** поворáчиваться, повернýться *св* **2.** TECH вращáться *нсв;* **mir dreht sich der Magen um** у меня́ всё внутри́ перевернýлось
Umdrehung [ʊm'dre:ʊŋ] <-, -en> *f (Motor)* оборóт *м*
Umdrehungszahl <-, -en> *f* частотá *ж* вращéния
umeinander [ʊmʔaɪ'nandɐ] *adv* **1.** *(räumlich)* ря́дом с други́м **2.** *(gegenseitig)* оди́н для другóго
um|erziehen *vt* перевоспи́тывать, перевоспитáть *св*
um|fahren[1] ['ʊmfa:rən] <irr> *vt* объезжáть, объéхать *св*
umfahren[2] [ʊm'fa:rən] <irr> *vt (Person)* переезжáть, переéхать *св*
um|fallen <irr> **I.** *vi* пáдать, упáсть *св;* **tot ~** упáсть зáмертво **II.** *vt* **ich bin zum Umfallen müde** я óчень устáл
Umfang <-(e)s, Umfänge> *m* объём *м;* **in großem ~** в большóм размéре
umfangreich *adj* объёмный
umfassen [ʊm'fasən] *vt (enthalten)* охвáтывать, охвати́ть *св*
umfassend *adj* обши́рный
Umfeld <-(e)s> *nt* окружéние *ср*
Umfinanzierung <-> *f* новáция *ж* долгóв
um|formen *vt* преобразóвывать, -зовáть *св*
Umformer <-s, -> *m* преобразовáтель *м*
um|formulieren *vt* переформули́ровать
Umformung <-, -en> *f* **1.** EL трансформáция *ж* **2.** *(allgemein)* преобразовáние *ср*
Umfrage <-, -n> *f* опрóс *м;* **eine ~ durchführen** проводи́ть опрóс; **eine ~ machen** провести́ анкéту
um|füllen *vt* переливáть, -ли́ть *св*
Umgang <-(e)s> *m* общéние *ср;* **der ~ mit Menschen** общéние с людьми́; **der ~ mit einem Gerät** обращéние с прибóром; **sie ist kein ~ für dich** *fam* онá для тебя́ плохáя компáния; **mit jdm ~ haben/pflegen** встречáться с кем-л.
umgänglich ['ʊmgɛŋlɪç] *adj* общи́тельный
Umgangsformen <-> *pl* манéры *жмн*
Umgangssprache <-> *f* разговóрный язы́к *м*
umgangssprachlich *adj* разговóрный
Umgangston <-(e)s> *m* манéра *ж* общéния
umgeben [ʊm'ge:bən] <irr> *vt* окружáть, -жи́ть *св*

U

Umgebung <-, -en> *f* **1.** *(Natur)* окрéстность *ж* **2.** *(fig)* окружéние *ср*

umgehen[1] [ʊmˈgeːən] <irr> *vt* обходи́ть, обойти́ *св*

um|gehen[2] [ʊmˈgeːən] <irr> *vi sein* **sparsam mit etw** *dat* ~ бéрежно обращáться с чем-л.

umgehend [ˈʊmgeːənt] *adv* срóчно

Umgehung [-ˈ-‐] <-> *f* обхóд *м;* **unter ~ der Vereinbarung** в обхóд договорённости; **unter ~ der Vorschriften** в обхóд предписáний

Umgehungsstraße [ʊmˈgeːʊŋsʃtraːsə] <-, -n> *f* объéзд *м*

umgekehrt **I.** *adj* обрáтный; **die Sache ist genau ~** делá обстоя́т как раз наоборóт **II.** *adv* наоборóт

Umgestaltung <-, -en> *f* перестрóйка *ж,* преобразовáние *ср*

um|graben <irr> *vt* перекáпывать, -копáть *св*

Umgründung <-, -en> *f* JUR изменéние *ср*

umhaben *vt* имéть на себé

Umhang <-(e)s, Umhänge> *m* наки́дка *ж*

um|hängen *vt* набрáсывать, набрóсить *св;* **sich** *dat* **einen Mantel ~** набрóсить на плéчи пальтó

Umhängetasche <-, -n> *f* наплéчная сýмка *ж*

um|hauen[1] <haut um, haute o hieb um, umgehauen> *vt (fällen)* сечь

um|hauen[2] <haut um, haute um, umgehauen> *vt fam* удивля́ть, удиви́ть *св,* поражáть, порази́ть *св*

umher [ʊmˈheːɐ] *adv* вокрýг

umher|blicken *vi* осмáтриваться (по сторонáм); **fragend ~** посмотрéть вопрошáюще по сторонáм

umher|irren *vi sein* броди́ть

umher|liegen *vi* быть разбрóсанным, валя́ться

umher|schlendern *vi* слоня́ться, ходи́ть без дéла

umhin|können [ʊmˈhɪnkœnən] <irr> *vi* **nicht ~ etw zu tun** не упусти́ть возмóжности сдéлать что-л.

um|hören *vr* **sich ~** расспрáшивать, расспроси́ть *св;* **ich werde mich danach ~** я узнáю

um|kehren **I.** *vi* поворáчивать, повернýть *св* **II.** *vr* **sich ~, dabei kehrt sich mir der Magen um** мне от э́того плóхо

Umkehrfilm <-(e)s, -e> *m* обрати́мая плёнка *ж*

Umkehrfunktion <-, -en> *f* MATH обрáтная фýнкция *ж*

um|kippen *vi sein* **1.** *(umfallen)* пáдать, упáсть *св; (Wagen)* переворáчиваться, перевернýться *св* **2.** *fam abw (ohnmächtig werden)* упáсть в óбморок

um|klammern [ʊmˈklamɐn] *vt* обнимáть, обня́ть *св*

um|klappen **I.** *vt* отки́дывать, -ки́нуть *св* **II.** *vi* упáсть *св*

Umkleidekabine *f* раздевáлка *ж*

Umkleideraum <-(e)s, -räume> *m* раздевáлка *ж*

um|knicken *vi sein* **ich bin (mit dem Fuß) umgeknickt** я подвернýл нóгу

um|kommen <irr> *vi* погибáть, поги́бнуть *св*

Umkreis <-es> *m* окрýга *ж;* **im ~ von 50 Kilometern** на пятьдеся́т киломéтров вокрýг, в рáдиусе пяти́десяти киломéтров

um|kreisen [ʊmˈkraɪzən] *vt* ASTR вращáться *нсв*

um|krempeln [ˈʊmkrɛmpəln] *vt (Ärmel)* подворáчивать, подвернýть *св*

Umladekran <-(e)s> *m* перегрузóчный кран *м*

um|laden <irr> *vt* перегружáть, -грузи́ть *св* странúцу

Umlage <-, -n> *f (Aufteilung)* расклáдка *ж,* распределéние *ср*

Umlageverfahren <-s, -> *nt* мéтод *м* распределéния взнóсов

Umlauf <-(e)s> *m* обращéние *ср,* оборóт *м;* **in ~ bringen** пускáть в обращéние; **aus dem ~ ziehen** изымáть из обращéния

Umlaufbahn <-, -en> *f* орби́та *ж*

Umlaufgeschwindigkeit <-, -en> *f* скóрость *ж* обращéния, обращáемость *ж*

Umlaufvermögen <-s> *nt* оборóтный капитáл *м*

Umlaut <-(e)s, -e> *m* умля́ут *м*

um|legen *vt* **1.** *(in die waagerechte Lage bringen: Mast, Bäume)* положи́ть; *(Bäume fällen)* сечь **2.** *(um den Körper: Kleidungsstücke)* повя́зывать, повязáть *св* **3.** *fam (erschießen)* застрели́ть

um|leiten *vt* сворáчивать, свернýть *св*

Umleitung <-, -en> *f* объéзд *м*

umliegend *adj* окрéстный

um|manteln *vt* наклáдывать, наложи́ть *св*

um|modeln *vt umg* передéлывать, передéлать *св*

um|packen *vt* переклáдывать, -ложи́ть *св,* зáново паковáть

um|polen *vt* EL меня́ть, перемени́ть *св* знак поля́рности

um|randen [ʊmˈrandən] *vt* **etw rot ~** обвести́ что-л. крáсным

um|rechnen *vt* пересчи́тывать, -считáть *св;* **umgerechnet in ...** в пересчёте на ...

Umrechnung <-> *f* пересчёт *м*

Umrechnungskurs <-es, -e> *m* перерасчётный курс *м*

Umrechnungssatz <-es, -sätze> *m* курс *м* пересчёта

um|reißen [ˈʊmraɪsən] <irr> *vt (skizzieren)* об-

рисо́вывать, -сова́ть *св*
um|ringen [ʊm'rɪŋən] *vt* окружа́ть, -жи́ть *св*
Umriss[RR] <-es, -e> *m,* **Umriß**[Alt] <-es, -e> *m* очерта́ние *ср;* **etw in groben ~en darstellen** наброса́ть что-л. на бума́гу
um|rühren *vt* переме́шивать, -меша́ть *св*
um|runden *vt* **1.** объезжа́ть, объе́хать *св* **2.** соверша́ть/соверши́ть *св* облёт
Umrüstung <-> *f* переобору́дование *ср*
Umsatz <-es, Umsätze> *m* **1.** *(Warenumsatz)* (товаро)оборо́т *м;* **den ~ ausweiten** расширя́ть товарооборо́т; **eine Steigerung des ~es** рост оборо́та **2.** *(Umsatzerlös)* оборо́т *м,* вы́ручка *ж*
Umsatzbeteiligung <-, -en> *f* (долево́е) уча́стие *ср*
Umsatzgewinn <-(e)s, -e> *m* при́быль *ж*
Umsatzminderung <-, -en> *f* сокраще́ние *ср* оборо́та
Umsatzrendite <-, -n> *f* рента́бельность *ж*
Umsatzrentabilität <-> *f* рента́бельность *ж* оборо́та
Umsatzrückgang <-(e)s, -rückgänge> *m* сокраще́ние *ср* оборо́та
Umsatzschwankungen <-> *pl* колеба́ния *мн* оборо́та
Umsatzstatistik <-, -en> *f* стати́стика *ж* оборо́та
Umsatzsteigerung <-, -en> *f* повыше́ние *ср* оборо́та
Umsatzsteuer <-> *f* нало́г *м* с оборо́та; **die ~ erhöhen** повыша́ть нало́г с оборо́та
Umsatzsteuererklärung <-, -en> *f* деклара́ция *ж* на упла́ту нало́га с оборо́та
Umsatzzuwachs <-es, -zuwächse> *m* повыше́ние *ср* оборо́та
um|schalten *vt* переключа́ть, -чи́ть *св*
Umschau <-> *f* осмо́тр *м;* **~ halten** осма́триваться
um|schauen *vr* осма́триваться, осмотре́ться *св*
Umschichtung <-, -en> *f* измене́ние *ср* структу́ры; *(Neuverteilung)* перераспределе́ние *ср*
Umschlag <-(e)s, Umschläge> *m* **1.** *(von Brief)* конве́рт *м* **2.** *(von Buch)* обло́жка *ж* **3.** *kein pl (von Gütern)* оборо́т *м*
Umschlagbahnhof <-(e)s, -bahnhöfe> *m* перева́лочная ста́нция *ж*
um|schlagen <irr> *vi sein* **ins Gegenteil ~** переверну́ться
Umschlaghafen <-s, -häfen> *m* перева́лочный порт *м*
Umschlagplatz <-es, -plätze> *m* ме́сто *ср* перева́лки
Umschlagsdauer <-> *f* пери́од *м* реализа́ции това́ра
Umschlagsgeschwindigkeit <-, -en> *f* ско́рость *ж* обраще́ния
Umschlagshäufigkeit <-> *f* частота́ *ж* оборо́та
um|schlingen [ʊm'ʃlɪŋən] <irr> *vt* **jdn eng umschlungen halten** кре́пко обня́ть кого́-л.
umschlungen *pp von* **umschlingen**
um|schnallen *vt (Gürtel)* надева́ть, наде́ть *св*
um|schreiben[1] ['ʊmʃraɪbən] <irr> *vi (einen Text)* перепи́сывать, -писа́ть *св*
um|schreiben[2] ['ʊmʃraɪbən] <irr> *vt (beschreiben)* опи́сывать, описа́ть *св*
umschrieben *pp von* **umschreiben**[1]
Umschuldung <-, -en> *f* конве́рсия *ж*
um|schulen I. *vt* переквалифици́ровать *нсв/св* **II.** *vi* переквалифици́роваться *нсв/св*
Umschulung <-, -en> *f* переобуче́ние *ср,* переквалифика́ция *ж;* **eine ~ machen** переквалифици́роваться
Umschulungskurs <-es, -e> *m* ку́рсы *мн* переквалифика́ции
um|schütten *vt* пересыпа́ть, -сы́пать, перелива́ть, -ли́ть
um|schwärmen *vt* **1.** *(umfliegen)* окружа́ть, окружи́ть *св* **2.** *(verehren)* почита́ть
Umschweif ['ʊmʃvaɪf] *m* **ohne Umschweife** напрями́к
um|schwirren *vt* рои́ться вокру́г чего́-л.
Umschwung <-(e)s> *m* **1.** *(Entwicklung)* поворо́т *м* **2.** *(Stimmung)* сме́на *ж* **3.** SPORT оборо́т *м*
um|sehen <irr> *vr* **sich ~** огля́дываться, огляну́ться *св;* **sich nach jdm ~** осма́триваться, ища́ кого́-л. взгля́дом; **ich sehe mich nur mal um** я то́лько осмотрю́сь
um|setzen *vt* **1.** *(Person)* переводи́ть *нсв/* перевести́ *св* (на другу́ю рабо́ту) **2.** *(etw in etw)* преобразо́вывать *нсв,* преобразова́ть *св;* **etw in die Tat ~** сде́лать что-л.
Umsetzung <-, -en> *f* **1.** *(Verschiebung)* перемеще́ние *ср* **2.** *(Verwandlung)* превраще́ние *ср*
Umsicht <-> *f* осмотри́тельность *ж*
umsichtig *adj* осмотри́тельный
um|siedeln I. *vt* переселя́ть, -ли́ть *св* **II.** *vi* переселя́ться, -ли́ться *св*
Umsiedlung <-> *f* переселе́ние *ср*
umsonst [ʊm'zɔnst] *adv* напра́сно; **das hat er nicht ~ getan** он э́то сде́лал не напра́сно
umsorgen [ʊm'zɔrgən] *vt* **jdn ~** забо́титься о ком-л.
Umspannstation <-, -en> *f* EL трансформа́торная ста́нция *ж*
umspringen ['ʊmʃprɪŋən] <irr> *vi sein* вести́ себя́; **so kannst du nicht mit ihr ~** ты не мо́жешь вести́ себя́ с ней так
Umstand <-(e)s, Umstände> *m* обстоя́тельство *ср;* **unter diesen Umständen** при та-

U

ки́х обстоя́тельствах; **mildernde Umstände** смягча́ющие обстоя́тельства; **unter keinen Umständen** ни при каки́х обстоя́тельствах; **den Umständen entsprechend** согла́сно обстоя́тельствам; **in anderen Umständen sein** быть бере́менной

umständlich ['ʊmʃtɛndlɪç] *adj* простра́нный

Umstandskleidung <-> *f* оде́жда *ж* для бере́менных

Umstandswort <-(e)s, -wörter> *nt* наре́чие *ср*

um|steigen <irr> *vi (in einen Zug)* переса́живаться, пересе́сть *св*

um|stellen ['ʊmʃtɛlən] **I.** *vt* **1.** *(an eine andere Stelle)* переставля́ть, -ста́вить *св* **2.** *(Produktion, Uhr)* переводи́ть, -вести́ *св*, переключа́ть, -и́ть *св*; **die Uhr ~** перевести́ часы́; **Rüstungsbetriebe auf zivile Produktion ~** переводи́ть предприя́тия вое́нной промы́шленности на произво́дство гражда́нской проду́кции **II.** *vr* **sich ~** перестра́иваться, -стро́иться *св*

Umstellung <-, -en> *f* **1.** *(Produktion)* перехо́д *м*, перево́д *м*, переключе́ние *ср* **2.** *(Anpassung)* адапта́ция *ж*

Umstellungsinvestition <-, -en> *f* капиталовложе́ния *мн*

um|stimmen *vt (Person)* переубежда́ть, -убеди́ть *св*

um|stoßen <irr> *vt* **1.** *(Gegenstand)* опроки́дывать, опроки́нуть *св* **2.** *(Plan)* приспоса́бливать, приспосо́бить *св*

umstritten [ʊm'ʃtrɪtən] *adj* спо́рный

Umsturz <-es, Umstürze> *m* сверже́ние *ср*, переворо́т *м*

Umtausch <-es> *m* обме́н *м*, заме́на *ж*; **Kauf auf ~** поку́пка с пра́вом обме́на

um|tauschen *vt* обме́нивать, -меня́ть *св*

um|topfen *vt* переса́живать, пересади́ть *св*

Umverteilung <-> *f* перераспределе́ние *ср*

umwälzend *adj* революцио́нный

um|wandeln *vt* превраща́ть, -врати́ть *св*

Umwandlung <-, -en> *f* преобразова́ние *ср*, превраще́ние *ср*, конве́рсия *ж*

Umweg <-(e)s, -e> *m* объе́зд *м*, обхо́д *м*; **einen ~ machen** пойти́ обхо́дным путём

Umwelt <-> *f* окружа́ющая среда́ *ж*; **die ~ schädigen** наноси́ть уще́рб окружа́ющей среде́

Umweltabgabe <-> *f* нало́г *м* на загрязне́ние окружа́ющей среды́, нало́г *м* на подде́ржку окружа́ющей среды́

Umweltauflage <-> *f* запре́ты *мн* в интере́сах охра́ны окружа́ющей среды́

Umweltausschuss <-es, -ausschüsse> *m* коми́ссия *ж* по охра́не окружа́ющей среды́

Umweltbeauftragte(r) <-n, -n> *m(f)* уполномо́ченный *м* по охра́не окружа́ющей среды́

Umweltbehörde <-, -n> *f* ве́домство *ср* охра́ны окружа́ющей среды́

umweltbelastend *adj* отрица́тельно возде́йствующий на окружа́ющую среду́

Umweltbelastung <-, -en> *f* отрица́тельное возде́йствие *ср* на окружа́ющую среду́; **Erhöhung der ~** рост возде́йствия на окружа́ющую среду́; **zunehmende ~** возраста́ющая нагру́зка на окружа́ющую среду́

umweltbewusst[RR] *adj* созна́тельно относя́щийся к окружа́ющей среде́

Umweltbewusstsein[RR] <-s> *nt* экологи́ческое созна́ние *ср*

Umweltdezernent(in) <-en, -en> *m(f)* рефере́нт *м* по вопро́сам охра́ны окружа́ющей среды́

Umwelteinfluss <-es, -einflüsse> *m* влия́ние *ср* окружа́ющей среды́

umweltfeindlich *adj* причиня́ющий вред окружа́ющей среде́

umweltfreundlich *adj* не нанося́щий уще́рба окружа́ющей среде́

Umweltgefahr <-, -en> *f* угро́за *ж* окружа́ющей среде́, экологи́ческая угро́за *ж*

umweltgefährdend *adj* угрожа́ющий окружа́ющей среде́, представля́ющий экологи́ческую угро́зу

Umweltgefährdung <-> *f* угро́за *ж* окружа́ющей среде́, экологи́ческая угро́за *ж*

umweltgerecht *adj* соотве́тствующий усло́виям окружа́ющей среды́

Umweltkatastrophe <-, -n> *f* экологи́ческая катастро́фа *ж*

Umweltminister(in) <-s, -> *m(f)* мини́стр *м* охра́ны окружа́ющей среды́

Umweltministerium <-s, -ministerien> *nt* министе́рство *ср* охра́ны окружа́ющей среды́

Umweltorganisation <-, -en> *f* экологи́ческая организа́ция *ж*

Umweltpolitik <-> *f* поли́тика *ж* охра́ны окружа́ющей среды́

Umweltproblem <-(e)s, -e> *nt* экологи́ческая пробле́ма *ж*; **das ernsthafte ~** серьёзная экологи́ческая пробле́ма; **mit ~en konfrontiert sein** ста́лкиваться с пробле́мами окружа́ющей среды́

Umweltprogramm <-(e)s, -e> *nt* програ́мма *ж* охра́ны окружа́ющей среды́

Umweltqualität <-> *f* ка́чество *ср* окружа́ющей среды́

Umweltschaden <-s, -schäden> *m* экологи́ческий уще́рб *м*

Umweltschutz <-es> *m* охра́на *ж* окружа́ющей среды́; **den ~ fördern** спосо́бствовать охра́не окружа́ющей среды́

Umweltschutzbewegung <-, -en> *f* движе́ние *ср* по охра́не окружа́ющей среды́
Umweltschützer(in) <-s, -; -nen> *m(f)* защи́тник *м* приро́ды
Umweltschutzorganisation <-, -en> *f* организа́ция *ж* окружа́ющей среды́
Umweltschutzpapier <-s> *nt* бума́га *ж*, изгото́вленная из макулату́ры
Umweltvergehen <-s, -> *nt* экологи́ческое преступле́ние *ср*
Umweltvergiftung <-> *f* отравле́ние *ср* окружа́ющей среды́
Umweltverschmutzer(in) <-s, -; -nen> *m(f)* загрязни́тель *м* окружа́ющей среды́
Umweltverschmutzung <-> *f* загрязне́ние *ср* окружа́ющей среды́; ~ **vermeiden** избега́ть загрязне́ния окружа́ющей среды́; ~ **verursachen** вызыва́ть загрязне́ние окружа́ющей среды́
umweltverträglich *adj* экологи́чески прие́млемый, совмести́мый с усло́виями окружа́ющей среды́
Umweltverträglichkeit <-> *f* совмести́мость *ж* с усло́виями окружа́ющей среды́
Umweltzerstörung *f* разруше́ние *ср* окружа́ющей среды́
umwerben [ʊmˈvɛrbən] <irr> *vt* уха́живать за кем-л.
um|werfen <irr> *vt* **1.** *(Gegenstand)* опроки́дывать, опроки́нуть *св* **2.** *fam (Plan)* переде́лывать, переде́лать *св* **3.** *fam (aus der Fassung bringen)* выводи́ть/вы́вести *св* из равнове́сия
umwerfend *adj* невероя́тный
umwickeln [ʊmˈvɪkəln] *vt* завора́чивать, заверну́ть *св*
umworben *pp von* **umwerben**
um|ziehen **I.** <irr> *vi (in eine andere Wohnung)* переезжа́ть, перее́хать *св* **II.** *vr (die Kleidung wechseln)* переодева́ться, -де́ться *св* **III.** *vt (Kind)* переодева́ть, -де́ть *св*
umzingeln [ʊmˈtsɪŋəln] *vt* окружа́ть, окружи́ть *св*
Umzug <-(e)s, Umzüge> *m* перее́зд *м*
Umzugskosten <-> *pl* расхо́ды *мн* по перее́зду
unabänderlich [ʊnʔapˈʔɛndɐlɪç] *adj* **1.** *(Entscheidung)* неизме́нный **2.** *(Tatsache)* непрело́жный
unabhängig *adj* незави́симый; **sich von jdm/etw** *dat* **~ machen** стать незави́симым от кого́-л./чего́-л.
Unabhängigkeit <-> *f* незави́симость *ж;* **unter der Bedingung völliger ~** при усло́вии по́лной незави́симости; **seine ~ verlieren** теря́ть незави́симость; **seine ~ wahren** сохраня́ть свою незави́симость; **die wirtschaftliche ~** экономи́ческая незави́симость
Unabhängigkeitskrieg <-(e)s, -e> *m* война́ *ж* за незави́симость
unablässig [ʊnʔapˈlɛsɪç] *adj* беспреры́вный
unabsehbar *adj* необозри́мый; **auf ~e Zeit** на неопределённое вре́мя
unabsichtlich *adj* неумы́шленный
unachtsam *adj* невнима́тельный
Unähnlichkeit <-> *f* непохо́жесть *ж*
unanfechtbar [ʊnʔanˈfɛçtbaːɐ̯] *adj* неоспори́мый; *(Argument)* неопровержи́мый
unangebracht *adj* неуме́стный; **ich halte es für ~ ...** я счита́ю неуме́стным ...
unangemeldet **I.** *adj* неожи́данный **II.** *adv* неожи́данно
unangemessen *adj* неуме́стный
unangenehm *adj* неприя́тный; **etw ist jdm ~** что-л. кому́-л. неприя́тно; **es ist mir sehr ~, dass ...** мне о́чень неприя́тно, что ...
unangepasst *adj* не жела́ющий приспоса́бливаться
Unannehmlichkeit <-, -en> *f meist pl* неприя́тность *ж*
Unannehmlichkeiten <-en> *f* неприя́тности *мн;* **jdm ~ bereiten** созда́ть кому́-л. неприя́тности
unansehnlich *adj* невзра́чный
unanständig *adj* неприли́чный
unantastbar [ʊnʔanˈtastbaːɐ̯] *adj* неприкоснове́нный
unappetitlich *adj* неаппети́тный
Unart [ˈʊnʔaːɐt] <-, -en> *f* дурна́я привы́чка *ж*
unartig *adj* непослу́шный
unauffällig *adj* незаме́тный; **folgen Sie mir ~!** сле́дуйте незаме́тно за мной!
unauffindbar [ˈʊnʔaʊffɪntbaːɐ̯] *adj* кото́рый нельзя́ найти́
unaufgefordert *adj* по со́бственной инициати́ве
unaufhaltsam [ʊnʔaʊfˈhaltzaːm] *adj* неудержи́мый
unaufhörlich [ʊnʔaʊfˈhœːɐ̯lɪç] *adj* беспреры́вный
unaufmerksam *adj* невнима́тельный
unaufrichtig *adj* неи́скренний
unausgeglichen *adj* неуравнове́шенный
unausgeschlafen *adj* невы́спавшийся
unausgewogen *adj* неуравновешённый
unauslöschlich [ʊnʔaʊfˈlœːslɪç] *adj* неизглади́мый
unaussprechbar *adj* непроизноси́мый; *(schwierig aussprechbar)* тру́дно произноси́мый
unaussprechlich [ʊnʔaʊsˈʃprɛçlɪç] *adj* невырази́мый
unausstehlich [ʊnʔaʊsˈʃteːlɪç] *adj* невыноси́мый
unausweichlich [ʊnʔaʊsˈvaɪçlɪç] *adj* неизбе́жный
unbändig [ˈʊnbɛndɪç] *adj* неукроти́мый
unbarmherzig *adj* немилосе́рдный

U

unbeabsichtigt *adj* неумы́шленный, непреднаме́ренный
unbeachtet *adj* незаме́ченный; **das darf man nicht ~ lassen** э́то нельзя́ оставля́ть без надзо́ра
unbearbeitet *adj* необрабо́танный
unbeaufsichtigt *adj* безнадзо́рный
unbedeckt *adj* непокры́тый
unbedenklich *adj* не вызыва́ющий сомне́ний
unbedeutend *adj* незначи́тельный
unbedingt I. *adj* обяза́тельный II. *adv* обяза́тельно; **ist das ~ nötig?** э́то необходи́мо?; **das will ich ~ wissen** я обяза́тельно хочу́ знать
unbefangen *adj* непринуждённый
Unbefangenheit <-> *f* непринуждённость *ж*
unbefleckt *adj* незапя́тнанный, непоро́чный
unbefriedigend *adj* неудовлетвори́тельный
unbefriedigt *adj* неудовлетворённый
unbefristet *adj* бессро́чный; **~er Aufenthalt** пребыва́ние, не ограни́ченное сро́ком; **ein ~er Mietvertrag** бессро́чный догово́р о на́йме [*или* об аре́нде]
unbefugt *adj* не име́ющий пра́ва на что-л.; **Unbefugten Zutritt verboten!** посторо́нним вход воспрещён!
unbegabt *adj* **musikalisch ~ sein** не име́ть музыка́льного тала́нта
unbegehbar *adj* непроходи́мый *(о доро́ге)*
unbeglichen *adj* неопла́ченный *(о счёте)*
unbegreiflich [ʊnbəˈgraɪflɪç] *adj* непостижи́мый; **es ist mir ~, wie das passieren konnte** я не понима́ю, как э́то могло́ случи́ться
unbegrenzt *adj* неограни́ченный
unbegründet *adj* необосно́ванный
Unbehagen [ˈʊnbəhaːgən] <-s> *nt* неприя́тное чу́вство *ср*
unbehaglich *adj* неприя́тный; **sich ~ fühlen** чу́вствовать себя́ неудо́бно
unbeholfen [ˈʊnbəhɔlfən] *adj* нело́вкий
unbeirrt [ʊnbəˈʔɪrt] *adj* уве́ренный
unbekannt *adj* неизве́стный; **es ist mir nicht ~, dass ...** мне изве́стно, что ...
unbekleidet *adj* неоде́тый
unbekümmert [ˈʊnbəkʏmɐt] *adj* беззабо́тный; **seien Sie ganz ~!** не беспоко́йтесь!
unbelastet *adj* *(frei)* свобо́дный; *(ohne Sorgen)* необременённый
unbelehrbar [ˈʊnbəleːɐ̯baːɐ̯] *adj* неисправи́мый
unbeliebt *adj* непопуля́рный; **sich ~ machen** нажи́ть себе́ враго́в; **er ist bei allen ~** его́ никто́ не лю́бит
unbemerkt *adj* незаме́ченный; **~ bleiben** оста́ться незаме́ченным
unbemittelt *adj* несостоя́тельный, неиму́щий
unbenutzt *adj* неиспо́льзованный; **etw ~ zurückgeben** верну́ть что-л. неиспо́льзованным
unbeobachtet *adj* ненаблюда́емый
unbequem *adj* неудо́бный
unberechenbar [ʊnbəˈrɛçənbaːɐ̯] *adj* непредсказу́емый; **er ist ~** он непредсказу́ем
unberechtigt *adj* неопра́вданный
unberührt *adj* нике́м не тро́нутый
unbeschädigt *adj* неповреждённый
unbeschäftigt *adj* ниче́м не за́нятый, незагру́женный
unbescholten [ˈʊnbəʃɔltən] *adj* безупре́чный
unbeschränkt [ˈʊnbəʃrɛŋkt] *adj* неограни́ченный
unbeschreiblich [ˈʊnbəʃraɪplɪç] *adj* невырази́мый
unbeschwert *adj* беззабо́тный
unbesetzt *adj* неза́нятый, свобо́дный; *(Arbeitsstelle)* вака́нтный
unbesiegbar *adj* непобеди́мый
unbesonnen *adj* безрассу́дный
unbesorgt *adj* **sei ~** не беспоко́йся
unbeständig *adj* 1. *(Wetter)* неусто́йчивый 2. *(Mensch)* непостоя́нный
unbestechlich [ʊnbəˈʃtɛçlɪç] *adj* непodку́пный
unbestimmt *adj* неопределённый; **auf ~e Zeit** на неопределённое вре́мя
Unbestimmtheit <-> *f* неопределённость *ж*
unbestreitbar [ʊnbəˈʃtraɪtbaːɐ̯] *adj* неопровержи́мый
unbestritten [ʊnbəˈʃtrɪtən] I. *adj* бесспо́рный; **es ist ~, dass ...** бесспо́рно, что ... II. *adv* бесспо́рно
unbeteiligt [ʊnbəˈtaɪlɪçt] *adj* неприча́стный; **an etw** *dat* **~ sein** уча́ствовать в чём-л.
unbeugsam [ʊnˈbɔɪkzaːm] *adj* непрекло́нный
unbewaffnet *adj* невооружённый
unbeweglich *adj* неподви́жный
Unbeweglichkeit <-> *f* неподви́жность *ж*
unbewohnt *adj* нежило́й
unbewusst[RR] *adj*, **unbewußt**[Alt] *adj* нево́льный; *(instinktiv)* несозна́тельный, бессозна́тельный
unbezahlbar [ʊnbəˈt͡saːlbaːɐ̯] *adj* 1. *(teuer)* дорого́й 2. *(wertvoll)* бесце́нный
unbezwingbar *adj* 1. *(Gegner)* непобеди́мый; *(Festung)* непристу́пный 2. *(Drang)* непреодоли́мый
unbrauchbar [ˈ- - -] *adj* неприго́дный
unbürokratisch *adj* небюрократи́ческий
und [ʊnt] *konj* и; **~ so weiter** и так да́лее; **na ~?** ну и что?; **~ wenn schon!** ну и пусть!
Undank <-(e)s> *m* неблагода́рность *ж;* **~ ernten** получи́ть в отве́т неблагода́р-

ность
undankbar *adj* неблагода́рный
undenkbar [ʊnˈdɛŋkbaːɐ̯] *adj* невообрази́мый
undenklich *adj* **seit/vor undenklichen Zeiten** с да́вних пор
undeutlich *adj* нея́сный; **~ sprechen** говори́ть нея́сно
undifferenziert *adj* недифференци́рованный
undiszipliniert *adj* недисциплини́рованный
undogmatisch *adj* недогмати́ческий
undurchdringlich [ʊndʊrçˈdrɪŋlɪç] *adj a. fig* непробива́емый
undurchlässig *adj* непромока́емый
undurchschaubar [ˈʊndʊrçʃaʊbaːɐ̯] *adj* непроница́емый
undurchsichtig *adj* **1.** *(nicht durchsichtig)* непрозра́чный **2.** *umg (unseriös)* тёмный
uneben *adj* неро́вный
unecht *adj* **1.** *(gefälscht)* подде́льный **2.** *(künstlich)* иску́сственный
unehelich *adj* внебра́чный
unehrenhaft *adj* непочте́нный
unehrlich *adj* нече́стный
Unehrlichkeit *f ohne pl* нече́стность *ж*
uneigennützig *adj* бескоры́стный
uneingeschränkt *adj* неограни́ченный; **wir stimmen ~ zu** мы вполне́ согла́сны
uneinheitlich *adj* неедй́ный, разобщённый
uneinig *adj* **sich ~ sein** расходи́ться во мне́ниях; **mit jdm über etw ~ sein** име́ть ра́зное мне́ние
uneinsichtig *adj* неблагоразу́мный
unempfindlich *adj* нечувстви́тельный
unendlich [ʊnˈʔɛntlɪç] **I.** *adj* бесконе́чный **II.** *adv* бесконе́чно; **~ viel** о́чень мно́го
Unendlichkeit <-> *f* бесконе́чность *ж*
unentbehrlich [ʊnʔɛntˈbeːɐ̯lɪç] *adj* необходи́мый; **sich ~ machen** быть незамени́мым
unentgeltlich [ʊnʔɛntˈgɛltlɪç] *adj* беспла́тный
unentrinnbar *adj geh* немину́емый
unentschieden *adj* SPORT вничью́; **~ sein** ничья́
Unentschieden <-s, -> *nt* SPORT ничья́ *ж*
unentschlossen *adj* нереши́тельный
unentwirrbar *adj* неразреши́мый, кра́йне запу́танный
unerbittlich [ʊnʔɛɐ̯ˈbɪtlɪç] *adj* неумоли́мый
unerfahren *adj* нео́пытный
unerfindlich [ʊnʔɛɐ̯ˈfɪntlɪç] *adj geh* **aus ~en Gründen** по непоня́тным причи́нам
unerfreulich *adj* неприя́тный
Unerfüllbarkeit <-> *m* JUR неисполни́мость *ж*
unergründlich [ʊnʔɛɐ̯ˈgrʏntlɪç] *adj* непостижи́мый
unerhört [ʊnʔɛɐ̯ˈhœːɐ̯t] **I.** *adj* неслы́ханный; **das ist ja ~!** э́то возмути́тельно! **II.** *adv* неслы́ханно
unerkannt *adv* нике́м не у́знанный
unerklärlich [ʊnʔɛɐ̯ˈklɛːɐ̯lɪç] *adj* непоня́тный; **es ist mir ~, warum ...** мне непоня́тно, почему́ ...
unerlässlich[RR] [ʊnʔɛɐ̯ˈlɛslɪç] *adj* необходи́мый
unerlaubt *adj* запре́тный, недозво́ленный; **~e Werbung** запрещённая рекла́ма *ж*
unerledigt *adj* незако́нченный; *(Post)* недоде́ланный
unermesslich[RR] [ʊnʔɛɐ̯ˈmɛslɪç] *adj* о́чень; **~ wertvoll** о́чень дорого́й
unermüdlich [ʊnʔɛɐ̯ˈmyːtlɪç] *adj* неутоми́мый
unerreichbar [ʊnʔɛɐ̯ˈraɪçbaːɐ̯] *adj* недосяга́емый
unersättlich [ʊnʔɛɐ̯ˈzɛtlɪç] *adj* ненасы́тный
unerschlossen *adj* неосво́енный
unerschöpflich [ʊnʔɛɐ̯ˈʃœpflɪç] *adj* неисчерпа́емый
unerschrocken *adj* бесстра́шный
unerschütterlich [ʊnʔɛɐ̯ˈʃʏtɐlɪç] *adj* незы́блемый
unerschwinglich [ʊnʔɛɐ̯ˈʃvɪŋlɪç] *adj* недосту́пный
unersetzlich [ʊnʔɛɐ̯ˈzɛt͡slɪç] *adj (Person)* незамени́мый; *(Schaden)* неисправи́мый
unerträglich [ʊnʔɛɐ̯ˈtrɛːklɪç] *adj* невыноси́мый
unerwartet [ˈʊnʔɛɐ̯vartət] *adj* неожи́данный
unerwidert *adj (Gefühl, Liebe)* безотве́тный
unerwünscht *adj* нежела́тельный
unfähig *adj* некомпете́нтный
Unfähigkeit <-> *f* некомпете́нтность *ж*
unfair *adj* нече́стный
Unfall <-(e)s, Unfälle> *m* несча́стный слу́чай *м*, ава́рия *ж*; **einen ~ haben** попа́сть в ава́рию
Unfallarzt <-es, -ärzte> *m* вра́ч *м*, ока́зывающий по́мощь при несча́стных слу́чаях
Unfallchirurgie <-> *f* хирурги́ческая по́мощь *ж* (при ава́риях)
Unfallfolgen <-> *pl* после́дствия *мн* несча́стного слу́чая
Unfallgefahr <-> *f* опа́сность *ж* ава́рии [*или* катастро́фы]
Unfallklinik <-, -en> *f* кли́ника *ж* ско́рой по́мощи
Unfallopfer *nt* же́ртва *ж* катастро́фы
Unfallort *m* ме́сто *ср* катастро́фы
Unfallquote <-, -n> *f* коли́чество *ср* несча́стных слу́чаев
Unfallrente <-, -n> *f* пе́нсия *ж* по инвали́дности
Unfallschutz <-es> *m* предупрежде́ние *ср* несча́стных слу́чаев, те́хника *ж* безопа́сности
unfallsicher *adj* безопа́сный
Unfallsicherheit <-> *f* безопа́сность *ж*

U

Unfallstatistik <-, -en> *f* стати́стика *ж* произво́дственного [*или* доро́жного] травмати́зма
Unfallursache <-, -n> *f* причи́на *ж* несча́стного слу́чая
Unfallverhütung <-> *f* предупрежде́ние *ср* несча́стных слу́чаев
Unfallversicherung <-> *f* страхова́ние *ср* от несча́стных слу́чаев
Unfallwagen <-s, -> *m* маши́на *ж* ско́рой по́мощи; *(in einen Unfall verwickeltes Fahrzeug)* автомаши́на *ж*, попа́вшая в ава́рию
unfassbar[RR] *adj* немы́слимый
unfehlbar [ʊnˈfeːlbaːɐ̯] *adj* непогреши́мый, безоши́бочный
Unfehlbarkeit <-> *f* непогреши́мость *ж*
unfein *adj* **1.** *(grob)* неве́жливый **2.** *(Geschmack)* гру́бый *(о вку́се)*
unflätig *adj* непристо́йный
unförmig [ˈʊnfllrmɪç] *adj* бесфо́рменный
unfrankiert *adj* неопла́ченный
unfreiwillig *adj* вы́нужденный
unfreundlich *adj* неприве́тливый
Unfreundlichkeit <-> *f* неприве́тливость *ж*
Unfriede(n) <-> *m* раздо́р *м*; **Unfrieden stiften** се́ять раздо́р
unfruchtbar *adj* беспло́дный
Unfug [ˈʊnfuːk] <-(e)s> *m* безобра́зие *ср*; **~ treiben** занима́ться глу́постями
Ungar(in) [ˈʊŋgaːɐ] *m(f)* венгр *м*, венге́рка *ж*
ungarisch **I.** *adj* венге́рский **II.** *adv* по-венге́рски
Ungarn [ˈʊŋgarn] *nt* Ве́нгрия *ж*
ungeachtet [ʊngəˈʔaxtət] *prp + gen, geh* несмотря́ на; **~ dessen** несмотря́ на э́то, тем не ме́нее
ungeahnt [ʊngəˈʔaːnt] *adj* непредви́денный
ungebeten *adj* незва́ный
ungebildet *adj* необразо́ванный
ungebräuchlich *adj* неупотребля́емый
ungedeckt *adj (Scheck)* непокры́тый
Ungeduld <-> *f* нетерпе́ние *ср*
ungeduldig *adj* нетерпели́вый; **~ warten** ждать с нетерпе́нием; **~ werden** стать нетерпели́вым
ungeeignet *adj* неподходя́щий
ungeerdet [ˈʊngəfɛːɐ] *adj* EL незаземлённый
ungefähr [ʊngəˈfɛːɐ̯] **I.** *adj* приблизи́тельный **II.** *adv* о́коло, приблизи́тельно; **~ 100 Euro** о́коло 100 е́вро; **so ~ habe ich mir das vorgestellt** я себе́ э́то приблизи́тельно так представля́л
ungefährlich *adj* безопа́сный
ungehalten *adj* рассе́рженный; **~ auf etw reagieren** бу́йно реаги́ровать на что-л.
ungeheuer [ʊngəˈhɔɪɐ] *adj* чудо́вищный
Ungeheuer [ʊngəˈhɔɪɐ] <-s, -> *nt* чудо́вище *ср*
ungeheuerlich [ʊngəˈhɔɪɐlɪç] *adj* возмути́тельный
ungehindert *adj* невоспрепя́тствованный
ungehobelt [ʊngəˈhoːbəlt] *adj* **1.** *(Holz)* необстру́ганный, неотёсанный **2.** *pej (Mensch, Manieren)* неотёсанный, гру́бый
ungehörig *adj* неподоба́ющий
ungehorsam *adj* непослу́шный; **jdm gegenüber ~ sein** прояви́ть непослуша́ние по отноше́нию к кому́-л.
Ungehorsam <-s> *m* непослу́шный *м*
ungeklärt *adj (Frage, Verbrechen)* нея́сный
ungekünstelt *adj* безыску́сственный, непринуждённый
ungelegen **I.** *adj* неподходя́щий **II.** *adv* **etw kommt jdm ~** что-л. кому́-л. некста́ти; **komme ich ~?** я пришёл некста́ти?; **das kommt mir sehr ~** э́то о́чень некста́ти
ungelehrig *adj* неспосо́бный
ungemütlich *adj* неую́тный; **er kann manchmal ~ werden** *fam* он иногда́ мо́жет быть о́чень гру́бым
ungenau *adj* нето́чный; **sich ~ ausdrücken** выража́ться нея́сно
ungeniert [ˈʊnʒe(ˈ)niːɐt] *adj* непринуждённый; **ganz ~ reden** говори́ть свобо́дно
ungenießbar [ʊngəˈniːsbaːɐ̯] *adj (nicht essbar)* несъедо́бный
ungenügend *adj* недоста́точный
ungenutzt *adj* **eine Chance ~ verstreichen lassen** упусти́ть шанс
ungepflegt *adj* неухо́женный
ungerade *adj* нечётный
ungerecht *adj* несправедли́вый
ungerechtfertigt *adj* необосно́ванный
Ungerechtigkeit <-, -en> *f* несправедли́вость *ж*
ungern *adv* неохо́тно
ungesalzen *adj* несолёный
ungeschehen *adj* **etw ~ machen** верну́ть что-л. наза́д
ungeschickt *adj* нело́вкий; **stell dich nicht so ~ an!** не будь таки́м растя́пой!
ungeschlacht *adj* неуклю́жий, неотёсанный
ungeschlagen *adj* непобеждённый
ungeschlechtlich *adj* беспо́лый
ungeschminkt *adj* **1.** *(Gesicht)* ненакра́шенный **2.** *fig* неприкра́шенный
ungeschoren *adj (Tier)* **~ davonkommen** легко́ отде́латься
ungeschützt *adj* незащищённый
ungesetzlich *adj* незако́нный
ungespritzt *adj (Obst)* не обрабо́танный химика́тами
ungestillt *adj (Hunger, Verlangen)* неутолённый
ungestört *adj* споко́йный
ungestraft *adj* безнака́занный
ungestüm [ˈʊngəʃtyːm] *adj* пы́лкий
ungesund *adj* вре́дный, нездоро́вый

ungeteilt *adj* **mit ~er Aufmerksamkeit** о́чень внима́тельно
ungetrübt *adj* безмяте́жный
Ungetüm ['ʊngəty:m] <-(e)s, -e> *nt* страши́лище *ср*
ungewiss[RR] *adj*, **ungewiß**[Alt] *adj* неопределённый; **jdn über etw im Ungewißen lassen** оста́вить кого́-л. в неве́дении относи́тельно чего́-л.
Ungewissheit[RR] <-> *f* неопределённость *ж*
ungewöhnlich *adj* необы́чный
ungewohnt *adj* непривы́чный
ungezählt *adj* бесчи́сленный, несчётный
Ungeziefer ['ʊngətsi:fɐ] <-s> *nt* парази́ты *мн*
ungezogen *adj (Kind, Verhalten)* невоспи́танный
ungezwungen *adj* непринуждённый
ungiftig *adj* нетокси́чный
unglaubhaft *adj* невероя́тный
ungläubig *adj* скепти́ческий
unglaublich ['ʊnglauplɪç] *adj* невероя́тный
unglaubwürdig *adj* недостове́рный
ungleich *adj* нера́вный
Ungleichgewicht <-(e)s> *nt* неравнове́сие *ср*
ungleichmäßig *adj* неравноме́рный
Unglück <-(e)s> *nt* несча́стье *ср; (Unfall)* несча́стный слу́чай *м;* **jd/etw bringt jdm ~** кто-л./что-л. прино́сит неуда́чу кому́-л.; **ein ~ kommt selten allein** *prov* беда́ никогда́ не прихо́дит одна́; **zu allem ~ ...** к о́бщему несча́стью
unglücklich *adj* несча́стный; **~ verliebt sein** быть несча́стно влюблённым
unglücklicherweise *adv* к несча́стью
unglückselig *adj* несча́стный, злосча́стный, досто́йный сожале́ния
Unglücksrabe *m fam* невезу́чий челове́к *м*
ungültig *adj* недействи́тельный; **etw für ~ erklären** объяви́ть что-л. недействи́тельным
ungünstig *adj* неблагоприя́тный
ungut *adj* плохо́й; **ein ~es Gefuhl haben** име́ть плохо́е предчу́вствие; **nichts für ~!** не взыщи́те!
unharmonisch *adj* негармони́чный
Unheil <-(e)s> *nt* беда́ *ж;* **~ anrichten** наде́лать неприя́тностей
unheilvoll *adj* па́губный
unheimlich I. *adj* стра́шный, жу́ткий II. *adv (sehr)* жу́тко; **~ viel** о́чень мно́го
unhöflich *adj* неве́жливый
unhygienisch *adj* негигиени́чный
Uni ['ʊni] *abk von* **Universität** университе́т *м*
Uniform [uni'fɔrm] <-, -en> *f* фо́рменная оде́жда *ж,* фо́рма *ж*
uniformiert [unifɔr'mi:ɐt] *adj* в фо́рме
Unikat [uni'ka:t] <-(e)s, -e> *nt* уника́т *м*
uninteressant *adj* неинтере́сный
Union [u'ni̯o:n] <-, -en> *f* сою́з *м;* **die Europäische ~** Европе́йский Сою́з
universal [univɛr'za:l] *adj* универса́льный
Universalgenie <-s, -s> *nt* челове́к *м,* гениа́льно одарённый во мно́гих областя́х
Universalienforschung <-> *f* LING иссле́дование *ср* универса́лий
Universalkleber <-s, -> *m* универса́льный клей *м*
Universalmittel <-s, -> *nt* универса́льное сре́дство *ср*
universitär *adj* университе́тский
Universität [univɛrzi'tɛ:t] <-, -en> *f* университе́т *м*
Universitätsabschluss <-es, -abschlüsse> *m* оконча́ние *ср* университе́та; **~ haben** име́ть зако́нченное университе́тское образова́ние
Universitätsklinik <-, -en> *f* кли́ника *ж* при университе́те
Universitätsprofessor(in) <-s, -en> *m(f)* профе́ссор *м* университе́та
Universum [uni'vɛrzʊm] <-s> *nt* вселе́нная *ж*
unkenntlich ['ʊnkɛntlɪç] *adj* неузнава́емый
Unkenntnis <-> *f* незна́ние *ср;* **jdn in ~ über etw lassen** оста́вить кого́-л. в неве́дении
unklar *adj* нея́сный; **sich** *dat* **über etw im Unklaren sein** не знать что-л.; **jdn im Unklaren über etw lassen/halten** оста́вить/держа́ть кого́-л. в неве́дении
Unklarheit <-> *f* нея́сность *ж*
unklug *adj* неразу́мный; **sich ~ verhalten** вести́ себя́ неразу́мно
unkonventionell *adj* нетрадицио́нный
unkonzentriert *adj* несосредото́ченный
Unkosten <-> *pl* изде́ржки *мн,* расхо́ды *мн;* **die ~ decken** покрыва́ть расхо́ды; **sich in ~ stürzen** истра́тить все сре́дства
Unkraut <-(e)s> *nt* сорня́к *м*
Unkrautvernichtungsmittel <-s, -> *nt* гербици́д *м*
unlängst *adv* неда́вно
unleserlich [ʊn'le:zɐlɪç] *adj* неразбо́рчивый
unlogisch *adj* нелоги́чный
unlösbar [ʊn'lœ:sba:ɐ̯] *adj* нереши́мый
unlöslich [ʊn'lœ:slɪç] *adj* нераствори́мый
unmanierlich *adj* неотёсанный, с дурны́ми мане́рами
unmännlich *adj* немужско́й
unmäßig *adj* неуме́ренный
Unmenge <-, -n> *f* ма́сса *ж*
Unmensch <-en> *m pej* и́зверг *м*
unmenschlich [ʊn'mɛnʃlɪç] *adj* бесчелове́чный
unmerklich [ʊn'mɛrklɪç] *adj* незаме́тный
unmissverständlich[RR] [ʊnmɪsfɛɐ̯'ʃtɛntlɪç]

U

I. *adj* недвусмы́сленный II. *adv* недвусмы́сленно
unmittelbar I. *adj* непосре́дственный, прямо́й; **die ~en Folgen** пря́мые после́дствия; **~ danach** сра́зу по́сле э́того; **~ bevorstehen** предстоя́ть II. *adv* пря́мо
unmöglich ['-'--] *adj* невозмо́жный; **er benimmt sich ~** он ведёт себя́ возмути́тельно
Unmöglichkeit [ʊn'mœːklɪç] <-> *f* JUR невозмо́жность *ж;* **die ~ der Erfüllung eines Vertrages** невозмо́жность исполне́ния догово́ра
unmoralisch *adj* безнра́вственный
unmündig *adj (minderjährig)* несовершенноле́тний
Unmündigkeit <-> *f* несовершенноле́тие *ср*
unmusikalisch *adj* немузыка́льный
Unmut <-(e)s> *m* раздраже́ние *ср*
unnachahmlich [ʊnnaːx'ʔaːmlɪç] *adj* неподража́емый
unnachgiebig *adj* неусту́пчивый
unnahbar [ʊn'naːbaɐ] *adj* непристу́пный
unnatürlich *adj* 1. *(nicht natürlich)* неесте́ственный 2. *(gekünstelt)* иску́сственный
unnormal *adj* ненорма́льный
unnötig *adj* нену́жный
unnütz ['ʊnnʏts] *adj* нену́жный
UNO ['uːno] *abk von* **United Nations Organization** *(Organisation der Vereinten Nationen)* ООН *ж,* Организа́ция *ж* Объединённых На́ций; *(United Nations Organisation)*
unökonomisch *adj* неэкономи́чный
unordentlich *adj* неря́шливый
Unordnung <-> *f* беспоря́док *м*
unparteiisch *adj* беспристра́стный
unpassend *adj* неуме́стный
Unpäßlichkeit <-, -en> *f* недомога́ние *ср*
unplanmäßig *adj* непла́новый; **eine ~e Verzögerung** непла́новая заде́ржка *ж*
unpopulär *adj* непопуля́рный
unpraktisch *adj* непракти́чный
unproblematisch *adj* непроблемати́чный
unproduktiv *adj* непроизводи́тельный
unpünktlich *adj* непунктуа́льный, нето́чный
Unpünktlichkeit *f* 1. *(unpünktliche Art)* нето́чность *ж* 2. *(verspätetes Eintreffen)* опозда́ние *ср*
unqualifiziert *adj* неквалифици́рованный
unrasiert *adj* небри́тый
Unrast <-> *f* беспоко́йство *ср,* нерво́зность *ж*
unrationell *adj* нерациона́льный; **jdm ~ tun** быть несправедли́вым по отноше́нию к кому́-л.
Unrecht <-(e)s> *nt* несправедли́вость *ж;* **im ~ sein** быть непра́вым; **jdm ~ geben** быть несправедли́вым по отноше́нию к кому́-л.
unrechtmäßig *adj* незако́нный
unredlich *adj* нече́стный
unregelmäßig *adj* нерегуля́рный
unreif *adj* незре́лый
unrentabel *adj* нерента́бельный
unrichtig *adj* непра́вильный
Unruhe <-, -n> *f* беспоко́йство *ср;* **~ stiften** наруша́ть поря́док
Unruhestifter(in) <-s, -> *m(f) pej* возмути́тель *м,* возмути́тельница *ж* споко́йствия
unruhig *adj* беспоко́йный; **~ auf und ab gehen** беспоко́йно ходи́ть туда́-сюда́
unrund *adj* некру́глый
uns [ʊns] *pron* 1. *(dat)* нам 2. *(akk)* нас; **wie lange haben wir ~ nicht gesehen?** как до́лго мы не ви́делись?; **~ ist es egal** нам всё равно́; **unter ~ gesagt ...** ме́жду на́ми говоря́ ...; **wir kümmern ~ schon darum** мы позабо́тимся об э́том
unsachlich *adj* неделово́й
unsagbar [ʊn'ʃɛtsbaːɐ̯] *adj* невырази́мый
unsanft *adj* неделика́тный
unsauber *adj* гря́зный
unschädlich *adj* безвре́дный; **jdn ~ machen** *umg* обезвре́дить кого́-л.; **etw ~ machen** *fam* обезвре́живать что-л.
unscharf *adj* нере́зкий
unschätzbar [ʊn'ʃɛtsbaːɐ̯] *adj* бесце́нный
unscheinbar *adj* невзра́чный
unschicklich *adj* неприли́чный
unschlagbar ['ʊnʃlaːkbaːɐ̯] *adj* непобеди́мый
unschlüssig *adj* нереши́тельный
unschön *adj* некраси́вый
Unschuld <-> *f* неви́нность *ж;* JUR невино́вность *ж;* **jds ~ beweisen** доказа́ть невино́вность кого́-л.
unschuldig *adj* неви́нный; JUR невино́вный; **für ~ erklären** объяви́ть невино́вным
Unschuldsmiene *f* неви́нное выраже́ние *ср* лица́
unselb(st)ständig[RR] *adj* несамостоя́тельный
unser ['ʊnzɐ] *pron* наш; **~e Wohnung** на́ша кварти́ра
unsere(r, s) ['ʊnzərə, -rɐ, -rəs] *adj* на́ша, наш, на́ше
uns(e)rerseits ['ʊnz(ə)rɐ'zaɪts] *adv* с на́шей стороны́
unser(e)twegen ['ʊnzɐt'veːgən ('ʊnzərətveːgən)] *adv* ра́ди нас, из-за нас
unseretwillen ['ʊnzərət'vɪlən] *adv* **um ~** ра́ди нас
unsicher *adj* 1. *(nicht gesichert)* небезопа́сный, ненадёжный 2. *(Auftreten)* неуве́ренный; **du machst mich ganz ~** из-за тебя́ я чу́вствую себя́ неуве́ренно
Unsicherheit <-> *f* неуве́ренность *ж*
unsichtbar *adj* неви́димый
Unsinn <-(e)s> *m* вздор *м;* **red/mach keinen**

unterbrechen

• jemanden unterbrechen	• Прерывание кого-либо
Entschuldigen Sie bitte, dass ich Sie unterbreche, ...	Извините, что прерываю ...
Wenn ich Sie einmal kurz unterbrechen dürfte: ...	Могу я прервать вас на минутку: ...
• anzeigen, dass man weitersprechen will	• Знак, что вы хотите продолжить разговор
Moment, ich bin noch nicht fertig.	Момент, я ещё не закончил.
Lässt du mich bitte ausreden? / Könntest du mich bitte ausreden lassen?	Вы разрешите мне закончить? / Вы позволите мне договорить?
Lassen Sie mich bitte ausreden!	Пожалуйста, дайте мне закончить!
Lassen Sie mich bitte diesen Punkt noch zu Ende führen.	Пожалуйста, позвольте мне изложить своё мнение.
• ums Wort bitten	• Разрешение попросить слова
Darf ich dazu etwas sagen?	Могу я что-то сказать?
Wenn ich dazu noch etwas sagen dürfte: ...	Я могу добавить к этому, что: ...

~ не говори́/де́лай глу́постей

unsinnig *adj* бессмы́сленный

Unsitte <-, -n> *f* дурна́я привы́чка *ж*

unsittlich *adj* безнра́вственный

unspektakulär *adj* несенсацио́нный

unsportlich *adj* неспорти́вный

unsterblich ['ʊnʃtɛrplɪç] *adj* бессме́ртный; ~ **verliebt** по́ уши влюблённый

Unstimmigkeit ['ʊnʃtɪmɪçkaɪt] <-, -en> *f* разногла́сие *ср*

Unsumme <-, -n> *f meist pl* грома́дная су́мма *ж*

unsymmetrisch *adj* несимметри́чный

unsympathisch *adj* несимпати́чный; **er ist mir ~** он мне не нра́вится

untätig *adj* безде́ятельный; **~ zusehen** сиде́ть без де́ла

untauglich *adj* неприго́дный

unteilbar [ʊn'taɪlbaːɐ̯] *adj* недели́мый

Unteilbarkeit <-> *f* недели́мость *ж*, це́лостность *ж*

unten ['ʊntən] *adv (räumlich)* внизу́; **nach ~** вниз; **von ~** сни́зу; **dort/da ~** там внизу́; **von oben bis ~** све́рху до́низу; **mit dem Gesicht nach ~** лицо́м вниз

unter ['ʊntɐ] *prp* **1.** *(allg)* под **2.** *(bei Temperaturangaben)* ни́же **3.** *(bei Altersangaben)* моло́же **4.** *(zwischen)* ме́жду, среди́; **~ Freunden** среди́ друзе́й; **drei Grad ~ Null** три гра́дуса ни́же нуля́; **~ sich** ме́жду собо́й; **~ der Voraussetzung, dass ...** при усло́вии, что ...; **er ist einer ~ vielen** он оди́н из мно́гих; **~ anderem** ме́жду про́чим; **wir sind hier ganz ~ uns** мы здесь одни́; **das bleibt ~ uns** э́то оста́нется ме́жду на́ми; **~ uns gesagt** ме́жду на́ми говоря́; **~ der Bedingung, dass ...** при усло́вии, что ...

Unterabteilung <-, -en> *f* подотде́л *м*, се́ктор *м*

Unterarm <-(e)s, -e> *m* предпле́чье *ср*

unterbelichtet *adj* ФОТ недоде́ржанный

Unterbeschäftigung <-> *f* непо́лная за́нятость *ж*

unterbesetzt *adj* име́ющий вака́нтные до́лжности [*или* нехва́тку персона́ла]

unterbewerten *vt* недооце́нивать, -цени́ть *св*

Unterbewertung <-> *f* зани́женная оце́нка *ж*

unterbewusst[RR] *adj* подсозна́тельный

Unterbewusstsein[RR] <-s> *nt* подсозна́ние *ср*

unterbezahlen *vt* **sie wird unterbezahlt** ей ма́ло пла́тят

unterbieten [ʊntɐ'biːtən] *vt* сбива́ть, сбить *св*

Unterbietung <-> *f* сбива́ние *ср* цен

Unterbilanz <-> *f* пасси́вный бала́нс *м*

unterbinden [ʊntɐ'bɪndən] *vt* пресека́ть, -се́чь *св*

unterbrechen [ʊntɐ'brɛçən] *vt (Arbeit, Menschen)* прерыва́ть, прерва́ть *св*

Unterbrechung <-, -en> *f* переры́в *м*; **ohne ~** без переры́ва

unterbreiten [ʊntɐ'braɪtən] *vt geh* **jdm etw ~** предложи́ть кому́-л. что-л.

unter|bringen <irr> *vt (Gegenstände, Gäste)* размеща́ть, -мести́ть *св*

Unterbringung <-> *f* размеще́ние *ср*

unterbrochen *pp von* **unterbrechen**

unterbunden *pp von* **unterbinden**

unterdessen [ʊntɐ'dɛsən] *adv* ме́жду тем, тем вре́менем

Unterdruck <-(e)s> *m* разреже́ние *ср*

unterdrücken [ʊntɐ'drʏkən] *vt* **1.** *(Bedürfnisse)* подавля́ть, -ви́ть *св* **2.** *(Menschen)* угнета́ть *нсв*

U

Unterdrückung <-> *f* угнете́ние *ср*
untere(r, s) *adj* ни́жняя, ни́жний, ни́жнее
untereinander [ʊntɐʔaɪ'nandɐ] *adv* ме́жду собо́й; **das können wir ~ ausmachen** мы мо́жем ме́жду собо́й реши́ть э́то
unterentwickelt *adj* недора́звитый
unterernährt *adj* истощённый
Unterernährung <-> *f* недоеда́ние *ср*
Unterführung [ʊntɐ'fy:rʊŋ] <-, -en> *f* подзе́мный перехо́д *м*
Untergang <-(e)s, Untergänge> *m* зака́т *м*
Untergebene(r) [ʊntɐ'ge:bənə] <-n, -n> *f(m)* подчинённый *м*, подчинённая *ж*
unter|gehen <irr> *vi* **1.** *(Sonne)* заходи́ть, зайти́ *св* **2.** *(Schiff)* тону́ть, за- *св*
Untergeschoss[RR] *nt* ни́жний эта́ж *м*
Untergesellschaft <-, -en> *f* JUR доче́рнее о́бщество *ср*
Untergewicht <-(e)s> *nt* вес *м* ни́же но́рмы
untergewichtig *adj* у кого́-л. вес ни́же но́рмы
untergliedern *vt* подразделя́ть, -ли́ть *св*
Untergrund <-(e)s> *m* **1.** *(Erdreich)* подпо́чва *ж* **2.** *fig (politischer ~)* подпо́лье *ср*; **in den ~ gehen** уйти́ в подпо́лье
Untergrundbahn <-, -en> *f* метро́ *ср*
Untergrundbewegung <-> *f* подпо́льное движе́ние *ср*
Untergrundorganisation <-, -en> *f* подпо́льная организа́ция *ж*
unterhalb *prp + gen* **1.** *(räumlich)* под, ни́же **2.** *(eines Vergleichswerts)* ни́же
Unterhalt <-(e)s> *m* содержа́ние *ср*; **für den ~ sorgen** обеспе́чивать содержа́ние; **für jds ~ aufkommen** нести́ расхо́ды по содержа́нию кого́-л.
unterhalten [ʊntɐ'haltən] **I.** *vt* **1.** *(betreiben und finanzieren)* содержа́ть *нсв* **2.** *(Beziehungen)* подде́рживать, поддержа́ть *св* **3.** *(amüsieren)* развлека́ть, -вле́чь *св* **II.** *vr* **1.** *(im Gespräch)* бесе́довать, по- *св* **2.** *(sich amüsieren)* развлека́ться, -вле́чься *св*
unterhaltsam *adj* развлека́тельный
Unterhaltsanspruch <-(e)s, -ansprüche> *m* JUR претéнзия *ж* на содержа́ние [*или* алиме́нты]
Unterhaltsgeld <-(e)s> *nt* алиме́нты *мн*
Unterhaltskosten *pl (für Unterhaltsberechtige)* алиме́нты *мн*
Unterhaltspflicht <-> *f* обя́занность *ж* содержа́ть дете́й
Unterhaltszahlung <-, -en> *f* алиме́нты *мн*; **~en leisten** плати́ть алиме́нты
Unterhaltung [ʊntɐ'haltʊŋ] <-, -en> *f* **1.** *(Gespräch)* разгово́р *м*, бесе́да *ж*; **eine ~ mit jdm führen** вести́ с кем-л. разгово́р **2.** *(Zeitvertreib)* развлече́ние *ср* **3.** *(Unterhalt)* содержа́ние *ср*
Unterhaltungselektronik <-> *f* аудио- и видео-те́хника *ж*
Unterhaltungsindustrie <-> *f о́трасль промы́шленности, специализи́рующаяся на произво́дстве аудио- и видеоте́хники*
Unterhaltungsliteratur <-> *f* развлека́тельная литерату́ра *ж*
Unterhaltungsmusik <-> *f* лёгкая му́зыка *ж*
Unterhändler(in) ['ʊntɐhɛndlɐ] *m(f)* POL парламентёр *м*
Unterhemd <-(e)s, -en> *nt* ма́йка *ж*
Unterhose <-, -n> *f* трусы́ *мн*
unterirdisch *adj* подзе́мный
Unterjochung <-> *f* порабоще́ние *ср*
unter|jubeln *vt fam* **jdm etw ~** подбро́сить кому́-л. что-л.
unterkellert *adj* име́ющий подва́л, обору́дованный по́гребом
Unterkiefer <-s, -> *m* ни́жняя че́люсть *ж*
unter|kommen *vi* **1.** *(allg)* устра́иваться, устро́иться *св*, находи́ть, найти́ *св*; **für die erste Zeit bin ich bei meiner Schwester untergekommen** на пе́рвое вре́мя я пристро́ился/пристро́илась у мое́й сестры́ **2.** *(von jdm erfahren/erlebt werden: meist mit Negation)* встреча́ться, встре́титься *св*
Unterkörper *m (Taille bis Füße)* ни́жняя часть *ж* те́ла
unter|kriegen *vt fam* **lass dich nicht ~** не па́дай ду́хом
Unterkunft ['ʊntɐkʊnft] <-, Unterkünfte> *f* жильё *ср*, убе́жище *ср*
Unterlage <-, -n> *f* **1.** *(etw zum Unterlegen)* подсти́лка *ж*, подкла́дка *ж* **2.** *(schriftstück)* докуме́нт *м*; **~n aufbewahren** храни́ть докуме́нты; **~n übergeben** передава́ть докуме́нты; **einen Antrag mit den nötigen ~n versehen** прилага́ть к заявле́нию соотве́тствующие докуме́нты
Unterlass[RR] ['ʊntɐlas] *m* **ohne ~** постоя́нно
unterlassen [ʊntɐ'lasən] *vt* упуска́ть, упусти́ть *св*
Unterlassungsanspruch <-(e)s, -ansprüche> *m* JUR тре́бование *ср* о прекраще́нии противозако́нных де́йствий
unterlaufen [ʊntɐ'laʊfən] *vi (Fehler)* вкра́дываться, вкра́сться *св*; **jdm unterläuft ein Fehler/ein Irrtum** кто-л. допуска́ет оши́бку
unter|legen ['ʊntɐle:gən] **I.** *vt* подкла́дывать, подложи́ть *св* **II.** *adj* **jdm ~ sein** уступа́ть кому́-л. в чём-л.
Unterlegscheibe <-, -n> *f* подкладна́я ша́йба *ж*
Unterleib <-(e)s> *m* ни́жняя часть *ж*
unterliegen [ʊntɐ'li:gən] *vi* **1.** *(eine Niederlage erleiden)* прои́грывать, -игра́ть *св* **2.** *(Gesetzmäßigkeiten)* подчиня́ться, -ни́ться *св*
Unterlippe <-, -n> *f* ни́жняя губа́ *ж*
Untermenü <-s, -s> *nt* DV субменю́ *ср*
Untermiete <-> *f* поднаём *м*; **bei jdm zur**

~ wohnen брать у кого-л. кварти́ру внаём, снима́ть кварти́ру

Untermieter(in) *m(f)* поднанима́тель *м*, поднанима́тельница *ж*, субаренда́тор *м*

unternehmen [ʊntɐˈneːmən] <irr> *vt* предпринима́ть, -ня́ть *св;* **etw zusammen ~** де́лать что-л. вме́сте; **gegen jdn/etw Schritte ~** приня́ть ме́ры про́тив кого́-л./чего́-л.

Unternehmen [ʊntɐˈneːmən] <-s, -> *nt (Firma, Vorhaben)* предприя́тие *ср;* **ein erfolgreiches ~** успе́шно рабо́тающее предприя́тие; **ein expandierendes ~** расширя́ющееся предприя́тие; **ein gefährliches ~** опа́сное предприя́тие; **ein ~ gründen** учрежда́ть предприя́тие; **ein ~ internationalisieren** интернационализи́ровать предприя́тие; **ein ~ leiten** руководи́ть предприя́тием; **ein marodes ~** нерента́бельное предприя́тие; **ein mittelständisches ~** сре́днее предприя́тие; **ein ~ modernisieren** модернизи́ровать предприя́тие; **ein profitträchtiges ~** предприя́тие, обеща́ющее при́быль; **ein profitables ~** при́быльное предприя́тие; **ein rentables ~** рента́бельное предприя́тие; **ein risikoreiches ~** риско́ванное предприя́тие; **ein ~ zugrunde richten** разори́ть предприя́тие

Unternehmensanteil <-(e)s, -e> *m* долево́е уча́стие *ср* в предприя́тии

Unternehmensaufspaltung <-, -en> *f* разде́л *м* предприя́тия

Unternehmensberatung <-, -en> *f* конса́лтинг *м* по вопро́сам хозя́йственной де́ятельности предприя́тия

Unternehmensbereich <-(e)s, -e> *m* отде́л *м* предприя́тия

Unternehmensbewertung <-> *f* оце́нка *ж* предприя́тия

Unternehmensergebnis <-ses, -se> *nt* результа́т *м* де́ятельности предприя́тия; **ausgeglichenes ~** сбаланси́рованный результа́т де́ятельности предприя́тия; **positives ~** положи́тельный результа́т де́ятельности предприя́тия; **schlechtes ~** негати́вный результа́т де́ятельности предприя́тия

unternehmensextern *adj* несвя́занный с предприя́тием; **ein ~er Berater** приглашённый на предприя́тие консульта́нт

Unternehmensform <-, -en> *f* JUR организацио́нно-правова́я фо́рма *ж* предприя́тия

Unternehmensführung <-> *f* **1.** *(die Führungskräfte)* руководи́тели *мн* **2.** *(die Tätigkeit)* руково́дство *ср*, ме́неджмент *м;* **die ~ ergreift harte Sanierungsmaßnahmen** руково́дство принима́ет жёсткие ме́ры по оздоровле́нию предприя́тия; **effektive ~** эффекти́вное руково́дство предприя́тием

Unternehmensfusion <-, -en> *f* слия́ние *ср* предприя́тий

Unternehmensgliederung <-, -en> *f* организацио́нная структу́ра *ж* предприя́тия

Unternehmensgründung <-, -en> *f* учрежде́ние *ср* предприя́тия

Unternehmensgruppe <-, -n> *f* гру́ппа *ж* предприя́тий

Unternehmenshierarchie <-> *f* иерархи́ческая структу́ра *ж* предприя́тия; **eine flache ~** горизонта́льная структу́ра произво́дственной иера́рхии

unternehmensintern *adj* внутрифи́рменный

Unternehmenskonzept <-(e)s, -e> *nt* конце́пция *ж* предприя́тия; **ein neues ~ vorlegen** предста́вить но́вую конце́пцию предприя́тия

Unternehmenskultur <-> *f* культу́ра *ж* предприя́тия

Unternehmensleitbild <-(e)s, -er> *nt* конце́пция *ж* предприя́тия

Unternehmensleitung <-> *f* руково́дство *ср* предприя́тия

Unternehmensplanspiel <-(e)s, -e> *nt* деловá́я игра́ *ж*

Unternehmensplanung <-> *f* плани́рование *ср* предприя́тия

Unternehmenspolitik <-> *f* хозя́йственная поли́тика *ж* предприя́тия

Unternehmensspitze <-> *f* руково́дство *ср* предприя́тия

Unternehmensverband <-(e)s, -verbände> *m* объедине́ние *ср* предприя́тий

Unternehmenswert <-(e)s> *m* сто́имость *ж* предприя́тия

Unternehmensziel <-(e)s, -e> *nt* це́ли *мн* предприя́тия

Unternehmer(in) [- -ˈ- -] <-s, -> *m(f)* предпринима́тель *м*, предпринима́тельница *ж;* **ein innovativer ~** инновати́вный предпринима́тель; **ein risikofreudiger ~** рискý́ющий предпринима́тель

Unternehmereinkommen <-s, -> *nt* дохо́д *м* предпринима́теля

Unternehmerlohn <-(e)s, -löhne> *m* за́работок *м* предпринима́теля

Unternehmerrisiko <-s> *nt* предпринима́тельский риск *м*

Unternehmerunion <-> *f* сою́з *м* предпринима́телей

Unternehmerverband <-(e)s, -verbände> *m* сою́з *м* предпринима́телей

Unternehmerwagnis <-> *nt* предпринима́тельский риск *м*

unternehmungslustig *adj* предприи́мчивый

unternommen *pp von* **unternehmen**

unterordnen I. *vt* подчиня́ть, -ни́ть *св* **II.** *vr* подчиня́ться, -ни́ться *св*

U

unterprivilegiert *adj* име́ющий ограни́ченные возмо́жности, ограни́ченный в права́х
Unterpunkt <-(e)s, -e> *m* подпу́нкт *м*
Unterredung [ʊntɐ'reːdʊŋ] <-, -en> *f* бесе́да *ж;* **eine ~ mit jdm haben** вести́ с кем-л. разгово́р
Unterricht ['ʊntɐrɪçt] <-(e)s> *m* **1.** *(das Unterrichten)* обуче́ние *ср;* **jdm ~ geben** дава́ть кому́-л. уро́ки **2.** *(Unterrichtsstunde)* уро́к *м*
unterrichten [ʊntə'rɪçtən] *vt* преподава́ть *нсв;* **jdn in etw ~** преподава́ть кому́-л. что-л.
Unterrichtserfahrung <-> *f* о́пыт *м* в преподава́нии
Unterrichtsstoff <-(e)s, -e> *m* уче́бный материа́л *м*
Unterrock <-(e)s, -röcke> *m* ни́жняя ю́бка *ж*
untersagen [ʊntɐ'zaːgən] *vt* запреща́ть, -прети́ть *св*
Untersatz *m* **ein fahrbarer ~** маши́на *ж* в движе́нии
unterschätzen [ʊntɐ'ʃɛtsən] *vt* недооце́нивать, -цени́ть *св*
Unterschätzung <-> *f* недооце́нка *ж*
unterscheiden [ʊntɐ'ʃaɪdən] <irr> **I.** *vt* отлича́ть, -чи́ть *св;* **man unterscheidet zwischen Tieren und Pflanzen** при́нято де́лать ра́зницу ме́жду живо́тными и расте́ниями **II.** *vr (Unterschiede aufweisen)* отлича́ться, -чи́ться *св*
Unterschenkel *m* щи́колотка *ж*
Unterschied ['ʊntɐʃiːt] <-e> *m* ра́зница *ж;* **einen ~ zwischen etw/jdm machen** де́лать ра́зницу ме́жду чем-л./кем-л.; **im ~ zu jdm/etw** в отли́чие от кого́-л./чего́-л.; **mit dem ~, dass ...** с той ра́зницей, что ...
unterschieden *pp von* **unterscheiden**
unterschiedlich *adj* разли́чный, ра́зный; **~ groß sein** быть ра́зной величины́
unter|schlagen ['ʊntɐʃlaːgən] <irr> *vt (Geld)* растра́чивать, -тра́тить *св*
Unterschlagung <-, -en> *f* растра́та *ж*
Unterschlupf ['ʊntɐʃlʊpf] <-(e)s> *m* убе́жище *ср*
unterschreiben [ʊntɐ'ʃraɪbən] <irr> *vt* подпи́сывать, -писа́ть *св*
unterschrieben *pp von* **unterschreiben**
Unterschrift <-, -en> *f* по́дпись *ж;* **eigenhändige ~** собственнору́чная по́дпись; **gefälschte ~** подде́ланная по́дпись; **seine ~ unter etw setzen** поста́вить свою́ по́дпись по́д чем-л.; **die ~ unter den Vertrag setzen** подпи́сывать догово́р; **zur ~ vorlegen** представля́ть на по́дпись
unterschriftsberechtigt *adj* име́ющий пра́во по́дписи
Unterseeboot <-(e)s, -e> *nt* подво́дная ло́дка *ж*
Unterseekabel <-s, -> *nt* подво́дный ка́бель *м*
Unterseite <-, -n> *f* ни́жняя сторона́ *ж*
Untersetzer <-s, -> *m* подста́вка *ж*
untersetzt [ʊntɐ'zɛtst] *adj* корена́стый
Untersetzung <-, -en> *f* TECH реду́кция *ж*
unterste(r, s) *adj* са́мый ни́жний
unterstehen [ʊntɐ'ʃteːən] <irr> **I.** *vi (unterstellt sein)* подчиня́ться *нсв* **II.** *vr* **sich ~ etw zu tun** осме́литься сде́лать что-л.
unter|stellen[1] ['ʊntɐʃtɛlən] **I.** *vr (bei Regen)* спря́таться *св* **II.** *vt (unter etw)* подставля́ть, подста́вить *св*
unterstellen[2] ['ʊntɐʃtɛlən] *vt (unterordnen)* подчиня́ть, -ни́ть *св;* **jdm etw ~** *(Böses)* припи́сывать кому́-л. что-л.
Unterstellung <-en> *f* **1.** *(Unterordnung)* подчине́ние *ср* **2.** *(falsche Behauptung)* непра́вильное утвержде́ние *ср*
unterstreichen [ʊntɐ'ʃtraɪçən] <irr> *vt auch fig* подчёркивать, -черкну́ть *св*
unterstrichen *pp von* **unterstreichen**
Unterstufe <-> *f* мла́дшие кла́ссы *мн*
unterstützen [ʊntɐ'ʃtʏtsən] *vt* подде́рживать, поддержа́ть *св;* **ein Anliegen ~** поддержа́ть про́сьбу; **einen Vorsschlag ~** подде́рживать предложе́ние
Unterstützung <-, -en> *f* подде́ржка *ж,* по́мощь *ж;* **finanzielle ~** финансо́вая подде́ржка; **geistige ~** мора́льная подде́ржка; **materielle ~** материа́льная подде́ржка; **notwendige ~** необходи́мая подде́ржка; **seine ~ zusichern** заверя́ть в подде́ржке
untersuchen [ʊntɐ'zuːxən] *vt* **1.** *(ärztlich)* обсле́довать *нсв/св* **2.** *(wissenschaftlich)* иссле́довать *нсв/св;* **sich ärztlich ~ lassen** быть на осмо́тре у врача́
Untersuchung *f* **1.** *(ärztliche)* обсле́дование *ср* **2.** *(wissenschaftliche)* иссле́дование *ср;* **sich einer ~ unterziehen** подве́ргнуться (медици́нскому) осмо́тру
Untersuchungsergebnis <-ses, -se> *nt* результа́т *м* иссле́дования
Untersuchungshaft <-> *f* предвари́тельное заключе́ние *ср*
Untersuchungskommission <-, -en> *f* коми́ссия *ж* по рассле́дованию
Untertan(in) <-s o -en, -en; -nen> *m(f)* подчинённый *м,* подчинённая *ж*
untertänig ['ʊntɐtɛːnɪç] *adj* поко́рный
Untertasse <-, -n> *f* блю́дце *ср;* **fliegende ~** *(tellerförmiges UFO)* неопо́знанный лета́ющий объе́кт *м*
unter|tauchen *vi sein* **bei Freunden ~** спря́таться у друзе́й
Unterteil <-(e)s, -e> *nt* ни́жняя часть *ж*
Unterteller *m Schweiz, südd* ни́жняя таре́лка *ж*
Untertitel <-s, -> *m* подзаголо́вок *м*

Unterton *m* **1.** MUS унтерто́н *м* **2.** *(Beiklang)* но́тка *ж*
untertreiben [ʊntɐˈtraɪbən] <irr> *vt* недооце́нивать, недооцени́ть *св*
Untertunnelung <-, -en> *f (Bau)* строи́тельство *ср* подзе́много [*или* подво́дного] тонне́ля; *(Tunnel)* подзе́мный [*или* подво́дный] тонне́ль *м*
Unterverzeichnis <-es, -se> *nt* DV поддире́ктория *ж*
Unterwäsche <-> *f* ни́жнее бельё *ср*
Unterwasserkamera <-, -s> *f* подво́дная кинока́мера *ж*, фотоаппара́т *м*
unterwegs [ʊntɐˈveːks] *adv* по доро́ге, в пути́; **~ nach ...** на пути́ к ...; **ich bin ~ zu dir** я на полпути́ к тебе́; **für ~** в доро́гу
unterweisen [ʊntɐˈvaɪzən] *vt* дава́ть *нсв*
Unterwelt <-> *f (Mythologie)* преиспо́дняя *ж*
unterwerfen [ʊntɐˈvɛrfən] **I.** <irr> *vt* покоря́ть, -ри́ть *св* **II.** *vr* покоря́ться, -ри́ться *св*
unterwiesen *pp von* **unterweisen**
unterworfen *pp von* **unterwerfen**
unterwürfig [ˈʊntɐvʏrfɪç] *adj* поко́рный
unterzeichnen *vt* подпи́сывать, -писа́ть *св;* **ein Abkommen ~** подписа́ть соглаше́ние; **einen Vertrag ~** подписа́ть догово́р
Unterzeichner(in) *m(f) (Dokument)* подпи́счик *м*
Unterzeichnete <-n, -n> *mf* лицо́ *ср*, подписа́вшее докуме́нт
Unterzeichnung <-, -en> *f* по́дпись *ж*
unter|ziehen [ˈʊntɐtsiːən] <irr> **I.** *vt* подверга́ть, -ве́ргнуть *св;* **sich einer Behandlung ~** пройти́ лече́ние; **etw einer Prüfung ~** подве́ргнуть кого́-л. испыта́нию **II.** *vr* **sich ~** подверга́ться, -ве́ргнуться *св*
unterzogen *pp von* **unterziehen**[1]
Untier *nt* чудо́вище *ср*
untrennbar [ʊnˈtrɛnbaːɐ̯] *adj* недели́мый
untreu *adj* неве́рный; **jdm ~ werden** измени́ть кому́-л.
untröstlich [ʊnˈtrøːstlɪç] *adj* безуте́шный; **ich bin ~** я безуте́шен
untypisch *adj* нетипи́чный
unüberlegt *adj* необду́манный; **~ handeln** де́йствовать необду́манно
unübersehbar [ʊnʔyːbɐˈzeːbaːɐ̯] *adj* необозри́мый
unübersichtlich *adj* нея́сный
unüblich *adj* необы́чный
unumgänglich [ʊnʔʊmˈgɛŋlɪç] *adj* неизбе́жный
unumstritten *adj* бесспо́рный
ununterbrochen [ʊnʔʊntɐˈbrɔxən] *adj* непреры́вный
unveränderlich [ʊnfɛɐ̯ˈʔɛndɐlɪç] *adj* неизме́нный
unverändert [ʊnfɛɐ̯ˈʔɛndɐt] *adj* неизме́нившийся
unverantwortlich [ʊnfɛɐ̯ˈʔantvɔrtlɪç] *adj* безотве́тственный
unverarbeitet *adj* необрабо́танный; PSYCH неосмы́сленный
unveräußerlich *adj* непрода́жный
unverbesserlich [ʊnfɛɐ̯ˈbɛsɐlɪç] *adj* неиспра́вимый
unverbindlich [ʊnfɛɐ̯ˈbɪntlɪç] *adj* необяза́тельный; **ein ~es Angebot** предложе́ние без обяза́тельства
unverbleit *adj (Benzin)* неэтили́рованный
unverblümt [ʊnfɛɐ̯ˈblyːmt] *adj* открове́нный
unverdorben *adj* неиспо́рченный
unvereinbar [ʊnfɛɐ̯ˈʔaɪnbaːɐ̯] *adj* несовмести́мый
unverfälscht [ʊnfɛɐ̯ˈfɛlʃt] *adj* неподпра́вленный
unverfroren [ʊnfɛɐ̯ˈfroːrən] *adj* на́глый
unvergänglich [ʊnfɛɐ̯ˈgɛŋlɪç] *adj* ве́чный
unvergesslich[RR] [ʊnfɛɐ̯ˈgɛslɪç] *adj*, **unvergeßlich**[Alt] [ʊnfɛɐ̯ˈgɛslɪç] *adj* незабыва́емый
unvergleichlich [ʊnfɛɐ̯ˈglaɪçlɪç] *adj* несравни́мый
unverheiratet *adj (Frau)* незаму́жняя
unverhofft [ʊnfɛɐ̯ˈhɔft] *adj* неожи́данный
unverhüllt *adj* я́вный, нескрыва́емый
unverkäuflich [ʊnfɛɐ̯ˈkɔɪflɪç] *adj* непрода́жный; **ein ~es Warennmuster** непродава́емый това́рный образе́ц
unverkennbar [ʊnfɛɐ̯ˈkɛnbaːɐ̯] *adj* несомне́нный; **es ist ~, dass ...** очеви́дно, что ...
unverletzt *adj* невреди́мый; **bei etw** *dat* **~ bleiben** вы́браться из чего́-л. невреди́мым
unvermeidbar *adj* неизбе́жный
unvermeidlich [ʊnfɛɐ̯ˈmaɪtbaːɐ̯] *adj* неизбе́жный
unvermutet *adj* внеза́пный
Unvernunft <-> *f* безрассу́дство *ср*
unvernünftig *adj* неразу́мный
unveröffentlicht *adj* неопублико́ванный
unverrückbar *adj geh* непоколеби́мый, твёрдый
unverschämt [ˈʊnfɐʃɛːmt] *adj* на́глый
Unverschämtheit <-, -en> *f* на́глость *ж;* **die ~ besitzen etw zu tun** име́ть на́глость сде́лать что-л.
unverschuldet [ʊnfɛɐ̯ˈʃʊldət] *adj* не по свое́й вине́; *(nicht schuldig)* не бу́дучи винова́тым
unversehrt [ʊnfɛɐ̯ˈzeːɐ̯t] *adj* неповреждённый, невреди́мый; **in ~em Zustand** в неповреждённом ви́де
unversöhnlich [ʊnfɛɐ̯ˈzøːnlɪç] *adj* непримири́мый
unverständlich [ʊnfɛɐ̯ˈtrɛːklɪç] *adj* непоня́тный
unversteuert *adj* не облага́емый нало́гом
unversucht *adj* **nichts ~ lassen** сде́лать всё возмо́жное

U

unverträglich *adj* **1.** *(allg)* невыноси́мый **2.** *(Meinungen)* несовмести́мый **3.** MED *(Medikament)* неперенос́имый
unverwechselbar ['ʊnfɛɐ̯vɛksəlba:ɐ̯] *adj* неповтори́мый
unverwertbar *adj* неприго́дный
unverwundbar [ʊnfɛɐ̯'vʊntba:ɐ̯] *adj* неуязви́мый
unverwüstlich [ʊnfɛɐ̯'vy:stlɪç] *adj* про́чный
unverzeihlich [ʊnfɛɐ̯'ts͜aɪlɪç] *adj* непрости́тельный
unverzinslich *adj* беспроце́нтный; **~e Wertpapiere** беспроце́нтные це́нные бума́ги
unverzollt *adj* беспо́шлинный, не опла́ченный по́шлиной
unverzüglich [ʊnfɛɐ̯'ts͜y:klɪç] *adj* неме́дленный
unvollendet [ʊnfɔ'lɛndət] *adj* незако́нченный
unvollkommen [ʊnfɔl'kɔmən] *adj* несоверше́нный
unvollständig [ʊnfɔl'ʃtɛndɪç] *adj* непо́лный
unvorbereitet *adj* неподгото́вленный
unvoreingenommen *adj* непредвзя́тый
unvorhergesehen *adj* непредви́денный
Unvorhersehbarkeit <-> *f* непредви́денность *ж*
unvorsichtig *adj* неосторо́жный
unvorstellbar [ʊnfo:ɐ̯'ʃtɛlba:ɐ̯] *adj* невообрази́мый
unvorteilhaft *adj* невы́годный
unwahr *adj* неве́рный
Unwahrheit <-, -en> *f* непра́вда *ж*
unwahrscheinlich *adj* невероя́тный; **es ist ~, dass ...** не о́чень вероя́тно, что ...
Unwahrscheinlichkeit <-> *f* невероя́тность *ж*
unwandelbar *adj* неизме́нный, про́чный
unweigerlich [ʊn'vaɪgɐlɪç] *adv* неизбе́жно
unweit *adv* недалеко́
Unwesen *nt* **sein ~ treiben** бесчи́нствовать
Unwetter <-s, -> *nt* непого́да *ж*, бу́ря *ж*
unwichtig *adj* нева́жный; **das ist ~** э́то не име́ет значе́ния
unwiderlegbar *adj* неопроверж́имый
unwiderruflich [ʊnvi:dɐ'ru:flɪç] *adj* безотзы́вный; **es steht ~ fest, dass ...** решено́, что ...
unwiderstehlich [ʊnvi:dɐ'ʃte:lɪç] *adj* неодоли́мый
unwiederbringlich [ʊnvi:dɐ'brɪŋlɪç] *adj* безвозвра́тный
Unwillen <-s> *m* негодова́ние *ср*, доса́да *ж*
unwillig *adj* недово́льный
unwillkürlich [ʊnvɪl'ky:ɐ̯lɪç] *adj* нево́льный, непроизво́льный
unwirklich *adj* нереа́льный
unwirksam *adj* неэффекти́вный
unwirsch ['ʊnvɪrʃ] *adj* ре́зкий
unwirtlich *adj* неую́тный
unwirtschaftlich *adj* нерента́бельный
Unwirtschaftlichkeit <-> *f* бесхозя́йственность *ж*, нерента́бельность *ж*
Unwissen *nt* незна́ние *ср*
unwissend *adj* неве́жественный
Unwissenheit <-> *f* неве́жество *ср*
unwissentlich **I.** *adj* неумы́шленный **II.** *adv* нево́льно
unwohl *adj* **ich fühle mich ~** я пло́хо себя́ чу́вствую; **sich ~ fühlen** чу́вствовать себя́ нело́вко
Unwohlsein <-s> *nt* недомога́ние *ср*
unwürdig *adj* недосто́йный
Unzahl *f ohne pl* **eine ~ von** мно́жество
unzählbar *adj* бесчи́сленный, несме́тный
unzählig [ʊn'ts͜ɛ:lɪç] *adj* бесчи́сленный
Unze ['ʊntsə] <-, -n> *f* у́нция *ж*
unzeitgemäß *adj* несовреме́нный
unzerbrechlich [ʊnts͜ɛɐ̯'brɛçlɪç] *adj* усто́йчивый
unzerstörbar *adj* неруши́мый, несокруши́мый
unzertrennlich [ʊnts͜ɛɐ̯'trɛnlɪç] *adj* неразлу́чный
Unzucht <-> *f* развра́т *м*
unzüchtig *adj* развра́тный
unzufrieden *adj* недово́льный; **er ist damit sehr ~** он э́тим о́чень недово́лен
Unzufriedenheit <-> *f* недово́льство *ср*
unzugänglich *adj* недосту́пный; **~ für etw sein** быть недосту́пным для кого́-л.
unzulänglich ['ʊnts͜ulɛŋlɪç] *adj* недоста́точный
unzulässig *adj* недопусти́мый
unzumutbar *adj* **1.** *(nicht annehmbar)* неприе́млемый **2.** *(unerhört)* недопусти́мый, возмути́тельный
unzurechnungsfähig *adj* невменя́емый; **jdn für ~ erklären** JUR объяви́ть кого́-л. невменя́емым
unzureichend *adj* недостато́чный
unzusammenhängend *adj* бессвя́зный
unzutreffend *adj* несоотве́тствующий, непра́вильный
unzuverlässig *adj* ненадёжный; **~ sein** быть ненадёжным
unzweideutig *adj* недвусмы́сленный
Update ['apdɛɪt] <-s, -s> *m* DV актуализи́рованная ве́рсия *ж*, обновле́ние *ср*
Updaten <-s> *nt ohne pl* INFOR актуализа́ция *ж*
Upgrade <-s, -s> *m* расшире́ние *ср*
üppig ['ʏpɪç] *adj* пы́шный; **eine ~e Figur haben** име́ть по́лную фигу́ру
Urabstimmung ['u:ɐ̯ʔapʃtɪmʊŋ] <-, -en> *f* всео́бщее голосова́ние *ср*; **~ über einen Streik** о́бщее голосова́ние о проведе́нии забасто́вки
Urahn(e) *m(f)* *(Vorfahr)* прароди́тель *м*

Ural *m* Ура́л *м*
uralt [ˈuːɐˈalt] *adj* дре́вний
Uran [uˈraːn] <-en, -en> *m* ура́н *м*
Uranus <-> *m* ASTR Ура́н *м*
Uranvorkommen <-s, -> *nt* месторожде́ние *ср* ура́на
Uraufführung <-, -en> *f* премье́ра *ж*
Urbanität <-> *f* 1. *(Bildung)* образо́ванность *ж* 2. *(städtische Atmosphäre)* городска́я атмосфе́ра *ж*
Urbild <-(e)s, -er> *nt* прообраз *м*, прототи́п *м*
ureigen [ˈuːɐ̯ˈʔaɪgən] *adj* со́бственный
Ureinwohner(in) <-s, -> *m(f)* коренно́й жи́тель *м*, коренна́я жи́тельница *ж*
Urenkel(in) <-s, -> *m(f)* пра́внук *м*, пра́внучка *ж*
Urgeschichte <-> *f* исто́рия *ж* первобы́тного о́бщества
Urgesellschaft <-> *f* первобы́тное о́бщество *ср*
Urgroßeltern *pl* прароди́тели *мн*
Urgroßmutter <-, -mütter> *f* праба́бушка *ж*
Urgroßvater <-s, -väter> *m* праде́душка *м*
Urheber(in) <-s, -> *m(f)* а́втор *м*
Urheberrecht <-(e)s, -e> *nt* а́вторское пра́во *ср*; **eine Verletzung des ~s** наруше́ние а́вторского пра́ва
Urin [uˈriːn] <-s> *m* моча́ *ж*
urinieren [uriˈniːrən] *vi* мочи́ться
Urinuntersuchung <-, -en> *f* MED ана́лиз *м* мочи́
urkomisch [ˈuːɐ̯ˈkoːmɪʃ] *adj* о́чень смешно́й
Urkunde [ˈuːɐkʊndə] <-, -n> *f* докуме́нт *м*, свиде́тельство *ср*; **eine amtliche ~** официа́льный докуме́нт; **eine ~ ausstellen** оформля́ть докуме́нт; **eine notariell beglaubigte ~** нотариа́льно заве́ренный докуме́нт
Urkundenfälschung <-, -en> *f* подде́лка *ж* докуме́нтов
URL *abk von* **Uniform Resource Locator** унифици́рованный лока́тор *м*
Urlaub [ˈuːɐlaʊp, ˈuːɐ̯laʊbə] <-(e)s, -e> *m* о́тпуск *м*; **bezahlter ~** опла́ченный о́тпуск; **in den ~ fahren** пое́хать в о́тпуск; **jährlicher ~** ежего́дный о́тпуск; **im ~ sein, ~ haben** быть в о́тпуске
Urlauber(in) [ˈuːɐ̯laʊbɐ] <-s, -> *m(f)* отпускни́к *м*, отпускни́ца *ж*
Urlaubsanspruch <-(e)s> *m* пра́во *ср* на о́тпуск
Urlaubsgeld <-es> *nt* отпускны́е де́ньги *мн*; *umg* отпускны́е *мн*
Urlaubsreise *f* пое́здка *ж* на о́тдых
Urlaubsvertretung <-, -en> *f* *(Vertretung)* замеще́ние *ср* на вре́мя о́тпуска; *(Vertreter)* замести́тель *м* на вре́мя о́тпуска
Urne [ˈʊrnə] <-, -n> *f* у́рна *ж*
Urologe <-n, -n> *m* уро́лог *м*
urplötzlich [ˈuːɐ̯ˈplœtslɪç] I. *adj* внеза́пный II. *adv* вдруг
Ursache <-, -n> *f* причи́на *ж*; **keine ~!** не́ за что!
Ursprung <-(e)s, -> *m* происхожде́ние *ср*; **seinen ~ in etw** *dat* **haben** происходи́ть из чего́-л.
ursprünglich [ˈuːɐʃprʏŋlɪç] *adj* первонача́льный
Ursprungsland <-(e)s, -länder> *nt* страна́ *ж* происхожде́ния
Urteil [ˈʊrtaɪl] <-(e)s, -e> *nt* 1. *(Gerichtsurteil)* пригово́р *м*; **ein ~ über jdn fällen** вы́нести кому́-л. пригово́р 2. *(Einschätzung)* мне́ние *ср*; **nach meinem ~** по моему́ мне́нию; **sich** *dat* **ein ~ über jdn/etw bilden** созда́ть себе́ мне́ние о ком-л./чём-л.
urteilen [ˈʊrtaɪlən] *vi* суди́ть *нсв*; **nach seinem Aussehen zu ~ …** су́дя по его́ вне́шнему ви́ду …
Urteilsbegründung <-, -en> *f* изложе́ние *ср* моти́вов суда́ при вынесе́нии пригово́ра
Urteilskraft <-> *f* у́мственные спосо́бности *мн*
Urteilsspruch <-(e)s, -sprüche> *m* пригово́р *м*
Urteilsverkündung <-, -en> *f* объявле́ние *ср* пригово́ра
Urteilsvollstreckung <-, -en> *f* приведе́ние *ср* пригово́ра в исполне́ние
Uruguay <-s> *nt* Уругва́й *м*
Uruguayer(in) <-s, -; -nen> *m(f)* уругва́ец *м*
uruguayisch *adj* уругва́йский
Urenkel [ˈuːɐʔuːɐ-] <-s, -> *m* прапра́внук *м*
Ururgroßeltern <-> *pl* прапра́дед *м* и прапраба́бушка *ж*
Ururgroßmutter <-, -mütter> *f* прапраба́бушка *ж*
Ururgroßvater <-s, -väter> *m* прапраде́душка *м*
Urviech <-(e)s, -er> *nt* *umg* оригина́л *м*; *(челове́к,вызыва́ющий смех)*
Urwald [ˈuːɐvalt] <-(e)s, -wälder> *m* джу́нгли *мн*
urwüchsig [ˈuːɐvyːksɪç] *adj* самобы́тный
Urzeit *f* **seit ~** с да́вних пор
USA [uːʔɛsˈʔaː] *abk von* **United States of America** США, Соединённые Шта́ты *ммн* Аме́рики
Usance <-, -n> *f* уза́нс *м*
Usbeke [ʊsˈbeːkə] <-n, -n> *m*, **Usbekin** *f* узбе́к *м*, узбе́чка *ж*
usbekisch *adj* узбе́кский
Usbekistan [ʊsˈbeːkistaːn] <-s> *nt* Узбекиста́н *м*
User [ˈjuːzɐ] <-s, -s> *m* DV по́льзователь *м*; **~-ID** идентифика́тор по́льзователя
USt *abk von* **Umsatzsteuer** нало́г *м* с оборо́та

U

usw. *abk von* **und so weiter** и т. д., и так да́лее
Utensil <-s, -ien> *nt* принадле́жность *ж*
Utensilien <-> *pl* принадле́жности *мн*
Uterus [uto'pi:, uto'pi:ən] <-s, Uteri> *m* MED ма́тка *ж*
Utilitarismus <-> *m* утилитари́зм *м*
utilitaristisch *adj* утилитари́стский
Utility *nt* DV *(Hilfsprogramm)* ути́лита *ж*, слу-же́бная програ́мма *ж*
Utopie [uto'pi:] <-, -n> *f* уто́пия *ж*
utopisch [u'to:pɪʃ] *adj* утопи́ческий
u. U. *abk von* **unter Umständen** мо́жет быть
UV *abk von* **ultraviolett** ультрафиоле́то-вый
UV-Strahlung [u:'faʊʃtra:lən] <-> *f* ультра-фиоле́товое излуче́ние *ср*

V v

V, v [faʊ] <-, -> *nt* бу́ква V
v. *abk von* **von** от
Vagabund [vaga'bʊnt] <-en, -en> *m* бродя́га *м*
vagabundieren *vi* бродя́жничать
vage [va:gə] *adj* сму́тный
Vagina [va'gi:na] <-, Vaginen> *f* влага́лище *ср*
vaginal [vagi'na:l] *adj* вагина́льный
Vakuum ['va:kuʊm] <-s, -en> *nt* ва́куум *м*
Vakuumröhre <-, -n> *f* ва́куумная ла́мпа *ж*
vakuumverpackt *adj* вакууми́рованный
Valenz <-, -en> *f* CHEM, LING вале́нтность *ж*
Validität <-> *f* действи́тельность *ж*
Valoren <-> *pl* **1.** ÖKON це́нности *мн* **2.** FIN це́нные бума́ги *мн*
Valuta [va'lu:ta] <-> *f* валю́та *ж*
Valutageschäft <-(e)s, -e> *nt* валю́тная сде́лка *ж*
Valutakonto <-s, -konten> *nt* валю́тный счёт *м*
Valutakredit <-(e)s, -e> *m* валю́тный креди́т *м*
Valutapreis <-es> *m* цена́ *ж* в иностра́нной валю́те
Vamp [vɛ(:)mp] <-s, -s> *m* же́нщина-вамп *ж*
Vampir [vam'pi:ɐ, vam'pi:rə] <-s, -e> *m* вампи́р *м*
Vandale <-n, -n> *m*, **Vandalin** <-nen> *f a.* HIST хулига́н *м*, хулига́нка *ж*
Vandalismus <-> *m ohne pl* вандали́зм *м*
Vanille [va'nɪl(j)ə] <-> *f* вани́ль *ж*
Vanilleeis *nt* вани́льное моро́женое *ср*
Vanillepudding *m* GASTR вани́льный пу́динг *м*
Vanillesauce <-> *f* вани́льный со́ус *м*
Vanillezucker *m* вани́лия *ж*
variabel [vari'a:bəl] *adj* переме́нный; **variable Kosten** переме́нные затра́ты; **variabler Kurs** BÖRSE переме́нный курс
Variable [vari'a:blə] <-n, -n> *f* MATH, PHYS переме́нная *ж* (величина́ *ж*)
Variante [vari'antə] <-, -n> *f geh* вариа́нт *м*
Varianz <-> *f* MATH диспе́рсия *ж*
Variation [varia'ts̮i̯o:n] <-en> *f a.* MUS, MATH, BIOL вариа́ция *ж*, разнови́дность *ж*
Varieté <-s, -s> *nt*, **Varietee**[RR] <-s, -s> *nt* варьете́ *ср*
Varietät <-, -en> *f* BIO разнови́дность *ж*
Vase ['va:zə] <-, -n> *f* ва́за *ж*
Vater ['fa:tɐ, 'fɛ:tɐ] <-s, Väter> *m* оте́ц *м*
Vaterland <-(e)s, -länder> *nt* оте́чество *ср*
Vaterlandsliebe <-> *f* патриоти́зм *м*, любо́вь *ж* к оте́честву
Vaterlandsverräter <-s, -> *m* преда́тель *м*
väterlich ['fɛ:tɐlɪç] *adj* оте́ческий
väterlicherseits ['fɛ:tɐlɪçɐ'zaɪts̮] *adv* по ли́нии отца́; **meine Großeltern ~** мой ба́бушка и де́душка по ли́нии отца́
Vaterschaft <-en> *f* отцо́вство *ср*
Vaterschaftsklage <-, -n> *f* иск *м* на установле́ние отцо́вства
Vatertag *m* день *м* отца́
Vaterunser ['fa:tɐ'ʔʊnzɐ] <-s, -> *nt* моли́тва *ж*
Vati ['fa:ti] <-s, -s> *m fam* па́па *м*
Vatikan [vati'ka:n] <-s> *m* Ватика́н *м*
V-Ausschnitt ['faʊaʊsʃnɪt] <-(e)s, -e> *m* треуго́льный вы́рез *м*
v.Chr. *abk von* **vor Christus** до рождества́ Христо́ва
v. Chr. *abk von* **vor Christus** до Христа́
Vegetarier(in) [vege'ta:riɐ] <-s, -> *m(f)* вегетариа́нец *м*, вегетариа́нка *ж*
vegetarisch *adj* вегетариа́нский
Vegetation [vegeta'ts̮i̯o:n] <-en> *f* вегета́ция *ж*
vegetieren [vege'ti:rən] *vi* вегети́ровать
Vehikel [ve'hi:kəl] <-s, -> *nt* **1.** *fam (Auto)* пово́зка *ж* **2.** *(Hilfsmittel) a.* MED сре́дство *ср*
Veilchen ['faɪlçən] <-s, -> *nt* фиа́лка *ж*
veilchenblau *adj* фиоле́товый
Vektor ['vɛkto:ɐ] <-s, -en> *m* MATH ве́ктор *м*
Vektorrechnung <-> *f* MATH ве́кторное исчисле́ние *ср*
Velo ['ve:lo] <-, -> *nt CH (Fahrrad)* велосипе́д *м*
Velours [ve'lu:ɐ] *m* велю́р *м*
Vene ['ve:nə] <-, -n> *f* ве́на *ж*
Venedig [ve'ne:dɪç] <-s> *nt* Вене́ция *ж*
venezianisch *adj* венециа́нский
Ventil [vɛn'ti:l] <-s, -e> *nt* **1.** TECH кла́пан *м* **2.** *fig* отду́шина *ж*
Ventilator [vɛnti'la:to:ɐ] <-s, -en> *m* вентиля́тор *м*
Venus ['ve:nʊs] <-> *f* Вене́ра *ж*
verabreden [fɛɐ̯'ʔapre:dən] **I.** *vr* **sich ~** догова́риваться, договори́ться *св;* **wir haben uns in einem Restaurant verabredet** мы договори́лись встре́титься в рестора́не **II.** *vt* догова́риваться, договори́ться *св;* **aber wir hatten doch verabredet, dass ...** но мы же договори́лись о том, что ...; **mit jdm verabredet sein** име́ть встре́чу с кем-л.
Verabredung <-, -en> *f* **1.** *(Treffen)* встре́ча *ж;* **ich habe um fünf eine ~ mit ihr** договори́лся в пять часо́в встре́титься с ней **2.** *(Vereinbarung)* договорённость *ж;* **mit jdm eine ~ treffen** договори́ться с кем-л.
verabreichen [fɛɐ̯'ʔapraɪçən] *vt (Medizin)*

sich verabschieden

• sich verabschieden	• Прощание
Auf Wiedersehen!	До свидания!
Auf ein baldiges Wiedersehen!	Надеюсь, скоро встретимся!
Tschüss! *(fam)* / Ciao! *(fam)*	Пока! / До скорого (свидания)!
Mach's gut! *(fam)*	Всего наилучшего!
(Also dann,) bis bald! *(fam)*	(Тогда хорошо,) до скорой встречи!
Bis morgen! / Bis nächste Woche!	До завтра! / Увидимся на следующей неделе!
Man sieht sich! *(fam)*	До встречи!
Komm gut heim! *(fam)*	Благополучного возвращения!
Pass auf dich auf! *(fam)*	Береги себя!
Kommen Sie gut nach Hause!	Счастливого пути!
Einen schönen Abend noch!	Желаю приятно провести время!
• sich am Telefon verabschieden	• Прощание по телефону
Auf Wiederhören! *(form)*	До свидания! / Всего доброго!
Also dann, bis bald wieder! *(fam)*	Хорошо, скоро созвонимся!
Tschüss! *(fam)* / Ciao! *(fam)*	Пока!

дава́ть, дать *св*

verabscheuen *vt* ненави́деть

verabschieden I. *vr (Abschied nehmen)* проща́ться, прости́ться *св* II. *vt (Gesetz, Richtlinien)* принима́ть, приня́ть *св*

Verabschiedung <-, -en> *f* 1. *(Abschied)* проща́ние *ср* 2. *(eines Gesetzes)* приня́тие *ср*

verabsolutieren *vt* абсолютизи́ровать *нсв/св*, возводи́ть, возвести́ *св*

verachten *vt* презира́ть, презре́ть *св*

verächtlich [fɛɐ̯'ʔɛçtlɪç] I. *adj* 1. *(mit Verachtung)* презри́тельный 2. *abw (verachtenswert)* досто́йный презре́ния II. *adv* презри́тельно

Verachtung <-> *f* презре́ние *ср*

verallgemeinern *vt* обобща́ть, -щи́ть *св*

Verallgemeinerung <-, -en> *f* обобще́ние *ср*

veralten *vi* устарева́ть, -ре́ть *св*

veraltet [fɛɐ'ʔaltət] *adj* устаре́лый

Veranda [ve'randa, ve'randən] <Veranden> *f* вера́нда *ж*; **diese Technik ist völlig veraltet** э́та те́хника по́лностью устаре́ла

veränderlich [fɛɐ'ʔɛndɐlɪç] *adj* изме́нчивый

verändern I. *vt* изменя́ть, -ни́ть *св* II. *vr* изменя́ться, -ни́ться *св*; **du hast dich in letzter Zeit sehr stark verändert** ты в после́днее вре́мя о́чень си́льно измени́лся

Veränderung <-, -en> *f* измене́ние *ср*

verängstigen *vt* запуга́ть

verängstigt *adj* запу́ганный

verankern *vt* закрепля́ть, закрепи́ть *св*

veranlagt [fɛɐ'ʔanla:kt] *adj* предрасполо́женный; **künstlerisch ~ sein** име́ть тала́нт

Veranlagung <-, -en> *f* 1. *(Neigung)* скло́нность *ж*, спосо́бность *ж* 2. *(zu einer Steuer)* начисле́ние *ср*

Veranlagungszeitraum <-(e)s, -räume> *m (Steuer)* срок *м* внесе́ния обяза́тельных нало́гов

veranlassen *vt* распоряжа́ться, -ряди́ться *св*; **jdn ~, etw zu tun** побуди́ть кого́-л. сде́лать что-л.

Veranlassung <-, -en> *f* 1. *(das Veranlassen)* побужде́ние *ср* 2. *(Grund)* по́вод *м*

veranschaulichen *vt* нагля́дно объясня́ть, -ни́ть *св*

veranschlagen *vt* оце́нивать, оцени́ть *св*, калькули́ровать; **Kosten ~** составля́ть сме́ту расхо́дов

veranstalten *vt (organisieren, ausrichten)* организова́ть *нсв/св*; **einen Kongress ~** проводи́ть конгре́сс

Veranstalter(in) <-s, -> *m(f)* организа́тор *м*, устро́итель *м*

Veranstaltung <-, -en> *f* 1. *(Durchführung)* проведе́ние *ср* 2. *(Feier)* мероприя́тие *ср*

Veranstaltungskalender <-s, -> *m* план *м* мероприя́тий

Veranstaltungsreihe <-, -n> *f* ряд *м* мероприя́тий

verantworten I. *vt* нести́, по-, брать, взять *св* II. *vr* отвеча́ть, отве́тить *св*

verantwortlich *adj* отве́тственный; **jdn für etw ~ machen** заста́вить кого́-л. отвеча́ть за что-л.

Verantwortlichkeit <-, -en> *f* отве́тственность *ж*

Verantwortung <-> *f* отве́тственность *ж*; **auf eigene ~** на свою́ отве́тственность; **jdm ~ aufbürden** во́злагать на кого́-л. отве́тственность; **sich der ~ entziehen** уклоня́ться от отве́тственности; **die volle ~ tragen** нести́ по́лную отве́тственность; **jdn für etw zur ~ ziehen** заста́вить кого́-л. отвеча́ть за что-л.; **die ~ für etw übernehmen** взять на себя́ отве́тствен-

ность за что-л.
verantwortungsbewusst[RR] *adj* ответственный
verantwortungslos *adj* безответственный
verarbeiten *vt* перерабатывать, -ботать *св*
Verarbeitung <-, -en> *f* **1.** *(das Verarbeiten)* переработка *ж* **2.** *(Art der Verarbeitung)* качество *ср*
verärgern *vt* разозлить *св*
verarmen *vi* беднеть, о- *св*, нищать, об- *св*
verarschen *vt vulg* **jdn ~** насмехаться над кем-л.
verarzten *vt fam* перевязывать, перевязать *св*
Verästelung <-, -en> *f* разветвление *ср*
Verätzung <-, -en> *f* MED прижигание *ср*, ожог *м*
verausgaben *vr* **sich ~** *(finanziell)* потратиться
veräußern *vt* продавать, -дать *св;* JUR отчуждать
Veräußerung <-, -en> *f* отчуждение *ср*
Veräußerungsgewinn <-(e)s, -e> *m* прибыль *ж* от реализации
Veräußerungswert <-(e)s, -e> *m* цена *ж* продажи
Verb [vɛrp] <-s, -en> *nt* глагол *м*
verbal [vɛr'ba:l] *adj* **1.** *(mündlich)* устный, словесный, вербальный **2.** *(verbal)* глагольный
Verband <-(e)s, Verbände> *m* **1.** *(Wundverband)* повязка *ж;* **er legte ihr einen ~ an** он наложил ей повязку **2.** *(Vereinigung)* общество *ср*, объединение *ср*, союз *м;* **in einem ~ organisiert sein** входить в союз; **einem ~ beitreten** вступать в союз; **einen ~ gründen** основать союз; **sich zu einem ~ zusammenschließen** объединиться в союз **3.** MIL *(Truppenverband)* формирование *ср*
Verbandpflaster <-s, -> *nt* перевязочный пластырь *м*
Verbandsmull <-(e)s> *m* бинты *мн*
Verbandsstoff <-(e)s, -e> *m* MED перевязочный материал *м*
Verbandswatte <-> *f* вата *ж* для перевязки
Verband(s)zeug <-(e)s> *nt* перевязочный материал *м*
verbannen *vt* изгнать
Verbannung <-en> *f* изгнание *ср*
verbarrikadieren [fɛɐ̯barika'di:rən] *vr* **sich ~** забаррикадироваться
verbeamten *vt* производить/произвести кого-л. в чиновники *св*
verbergen <irr> **I.** *vt* скрывать, скрыть *св;* **ich habe nichts zu ~** я ничего не скрываю **II.** *vr* **sich ~** скрываться, скрыться *св*
verbessern *vt* исправлять, -править *св*
Verbesserung <-, -en> *f* улучшение *ср*
verbeugen *vr* **sich ~** поклониться
Verbeugung <-en> *f* поклон *м*
verbeult *adj* с вмятинами, мятый
verbiegen <irr> **I.** *vt* гнуть **II.** *vr* **sich ~** изгибаться
verbieten *vt* запрещать, -претить *св;* **jdm etw ~** запретить кому-л. что-л.
verbinden <irr> *vt* связывать, связать *св;* **mit ihm verbindet mich nichts mehr** с ним меня ничего больше не связывает; **ich wäre Ihnen sehr verbunden, wenn …** я был бы вам очень благодарен, если бы …; **~ Sie mich bitte mit Zimmer 44** соедините меня с номером 44
verbindlich *adj* обязательный; **eine ~e Zusage** гарантия; **~sten Dank!** большое спасибо!
Verbindlichkeit <-, -en> *f* обязательство *ср*, обязательность *ж;* **die ~ eines Abkommens** обязательный характер соглашения; **eine ~ eingehen** брать на себя обязательство; **~en** обязательства; **~ gegen jdn haben** иметь обязательства по отношению к кому-л.; **~en gegenüber einer Bank erfüllen** выполнять обязательства перед банком
Verbindung <-, -en> *f* связь *ж;* **in ~ mit** в связи с; **mit jdm in ~ stehen** быть в связи с кем-л.; **sich mit jdm in ~ setzen** вступить с кем-л. в контакт; **eine ~ eingehen** CHEM войти в соединение с чем-л.
Verbindungsaufbau <-s> *m* DV установка *ж* связи
Verbindungsglied <-(e)s, -er> *nt* соединительное звено *ср*
Verbindungskabel <-s, -> *nt* соединительный кабель *м*
Verbindungsleitung <-, -en> *f* соединительный трубопровод *м*
Verbindungsmann <-(e)s, -männer o -leute> *m*, **Verbindungsfrau** <-en> *f* связной *м*, связная *ж*
Verbindungsmuffe <-, -n> *f* соединительная муфта *ж*
Verbindungsstück <-(e)s, -e> *nt* соединительная деталь *ж*
Verbindungstür <-, -en> *f* дверь *ж*, соединяющая два помещения
verbissen [fɛɐ̯'bɪsən] **I.** *pp von* **verbeißen II.** *adv* **man darf das nicht so ~ sehen** *fam* не мелочись
verbitten <irr> *vt* **sich** *dat* **etw ~** не разрешать
Verbitterung <-en> *f* отчаяние *ср*
verblassen *vi sein* бледнеть
verbleiben <irr> *vi sein* **in Erwartung Ihrer Antwort verbleibe ich …** в ожидании вашего ответа, с уважением …
verbleien *vt (Benzin)* этилировать

V

verbieten

• verbieten	• Запрет
Du darfst heute **nicht** fernsehen.	**Тебе запрещается** сегодня смотреть **телевизор.**
Das kommt gar nicht in Frage.	**Об этом не может быть и речи.**
Finger weg von meinem Computer! *(fam)*	**Руки прочь** от моего компьютера!
Lass die Finger von meinem Tagebuch! *(fam)*	**Не трогай** мой дневник!
Das kann ich nicht zulassen.	**Я не могу этого позволить.**
Ich verbiete **dir** diesen Ton!	Я запрещаю **тебе** говорить со мной таким тоном!
Bitte unterlassen Sie das. *(form)*	**Пожалуйста, перестаньте.** / **воздерживайтесь от этого.**

verblichen [fɛɐ'blɪçən] *adj* блёклый, потускне́вший; *fig* поме́ркший
verblüffen [fɛɐ̯'blʏfən] *vt* изумля́ть, изуми́ть *св*, удивля́ть, удиви́ть *св*
verblüffend *adj* порази́тельный
verblühen *vi sein* отцвета́ть, отцвести́ *св*
verbluten *vi sein* умира́ть от поте́ри кро́ви
verbohrt *adj fam abw* упря́мый
verborgen [fɛɐ'bɔrgən] *adj* скры́тый; *(geheim)* та́йный, сокрове́нный; **etw ~ halten** пря́тать что-л.; **im Verborgenen bleiben** оста́ться в тени́
Verbot [fɛɐ'bo:t] <-(e)s, -e> *nt* запреще́ние *ср*, запре́т *м;* **ein ~ aufheben** снима́ть запре́т; **ausdrückliches ~** прямо́й запре́т; **sich an ein ~ halten** соблюда́ть запре́т; **ein vorläufiges ~ verhängen** налага́ть вре́менный запре́т; **ein ~ verletzen** наруша́ть запре́т
verboten [fɛɐ̯'bo:tən] I. *pp von* **verbieten** II. *adj (untersagt)* запрещённый
Verbotszeichen <-s, -> *nt* запреща́ющий знак *м*
verbrannt *pp von* **verbrenen**
Verbrauch <-(e)s> *m* потребле́ние *ср;* **sparsamer ~** эконо́мный расхо́д
verbrauchen *vt* потребля́ть *св*, расхо́довать, из- *св;* **die Vorräte gänzlich ~** по́лностью израсхо́довать запа́сы
Verbraucher(in) <-s, -> *m(f)* потреби́тель(ница) *м(ж)*
Verbraucherbefragung <-, -en> *f* анкети́рование *ср* потреби́телей
Verbraucherberatung <-> *f* консульти́рование *ср; (Amt)* консультацио́нный пункт *м*
Verbrauchermarkt <-(e)s> *m* потреби́тельский ры́нок *м*
Verbraucherpreis <-es> *m* потреби́тельская цена́ *ж*
Verbraucherschutz <-es> *m* охра́на *ж* интере́сов потреби́телей
Verbraucherverband <-(e)s, -verbände> *m* сою́з *м* потреби́телей
Verbrauchssteuer <-, -n> *f* нало́г *м* на предме́ты потребле́ния, акци́з *м*
verbraucht *adj* 1. *(Mensch)* разби́тый, измо́танный, изно́шенный 2. *(Luft)* спёртый
verbrechen *vt* провини́ться; *св;* **was habe ich denn jetzt schon wieder verbrochen?** что я опя́ть сде́лал?
Verbrechen <-s, -> *nt* преступле́ние *ср;* **ein ~ begehen** соверши́ть преступле́ние
Verbrechensbekämpfung <-> *f* борьба́ *ж* с престу́пностью
Verbrecher(in) <-s, -> *m(f)* престу́пник *м*, престу́пница *ж*
Verbrecherbande <-, -n> *f* престу́пная ба́нда *ж*
verbrecherisch [fɛɐ'brɛçərɪʃ] *adj* престу́пный
verbreiten I. *vt* распространя́ть, -ни́ть *св* II. *vr* распространя́ться, -ни́ться *св*
verbreitet *adj (Krankheit, Meinung)* распространённый
Verbreitung <-, -en> *f* распростране́ние *ср;* **die ~ eines Markenartikels** распростране́ние ма́рочного това́ра
Verbreitungsgebiet <-(e)s, -e> *nt* о́бласть *ж* распростране́ния
Verbreitungsgrad <-(e)s, -e> *m* сте́пень *ж* распростране́ния
verbrennen <irr> I. *vt* сжига́ть, сжечь *св* II. *vi* сгора́ть, -ре́ть *св* III. *vr* **sich ~** обжига́ться, -же́чься *св;* **sich** *dat* **die Finger ~** *fig, fam* обже́чься на чём-л.
Verbrennung <-, -en> *f* 1. *(das Verbrennen)* сгора́ние *ср* 2. *(~ von etw)* сжига́ние *ср* 3. MED ожо́г *м;* **~en zweiten Grades** MED ожо́г второ́й сте́пени
Verbrennungsmotor <-s, -en> *m* дви́гатель *м* вну́треннего сгора́ния
Verbrennungsprodukte <-> *pl* проду́кты *мн* сгора́ния
Verbrennungswärme <-> *f* тепло́ *ср*, образу́ющееся при сгора́нии
verbriefen *vt* гаранти́ровать; **verbrieftes Recht** фикси́рованное пра́во
verbringen <irr> *vt* проводи́ть, -вести́ *св*

verbrochen *pp von* **verbrechen**

Verbrüderung <-en> *f* побра́тимство *ср*, брата́ние *ср*

Verbund [fɛɐ̯'bʊnt] <-(e)s> *m* объедине́ние *ср*, сою́з *м*

verbunden [fɛɐ̯'bʊndən] *adv* **jdm ~ sein** быть обя́занным кому́-л.; **Sie sind falsch ~** Вы не туда́ попа́ли; **ich bin Ihnen sehr ~** я вам о́чень благода́рен

verbünden [fɛɐ̯'bʏndən] *vr* объединя́ться, -ни́ться *св*

Verbündete(r) <-n, -n> *f(m)* сою́зник *м*, сою́зница *ж*

Verbundglas <-es> *nt* TECH многосло́йное стекло́ *ср*

Verbundstein <-(e)s> *m* соедини́тельный кирпи́ч *м*

Verbundwerbung <-> *f* совме́стная рекла́мная де́ятельность *ж*

Verbundwerkstoff <-(e)s, -e> *m* композицио́нный материа́л *м*, компози́т *м*

Verbundwirtschaft <-> *f* объединённая эконо́мика *ж*

verchromt *adj* хроми́рованный

Verdacht [fɛɐ̯'daxt] <-(e)s, -e> *m* подозре́ние *ср*; **~ erregen** возбуди́ть подозре́ние; **jdn in ~ haben, gegen jdn ~ schöpfen** заподо́зрить кого́-л.

verdächtigen *vt* подозрева́ть; **er wird des Diebstahls verdächtigt** его́ заподо́зрили в кра́же

Verdachtsmoment <-s, -e> *nt* JUR факт *м*, даю́щий основа́ние для подозре́ния

verdammen [fɛɐ̯'damən] *vt* осужда́ть, осуди́ть *св*; REL преда́ть прокля́тию

verdammenswert *adj* предосуди́тельный

verdammt I. *adj fam abw* **~ noch mal!** чёрт возьми́! **II.** *adv fam abw* **~ gut** отли́чный

verdampfen *vi sein* испаря́ться

Verdampfung <-> *f* испаре́ние *ср*

verdanken *vt* **das ist ihm zu ~** э́то его́ заслу́га

verdauen [fɛɐ̯'daʊən] *vt* **1.** *(Nahrung)* перева́ривать, перевари́ть *св* **2.** *fam (Nachricht)* принима́ть, приня́ть *св*

verdaulich *adj* **leicht/schwer ~** легко́/тру́дно перева́риваемый

Verdauung *f ohne pl* перева́ривание *ср*

Verdauungsstörungen <-> *pl* расстро́йство *ср* пищеваре́ния

Verdauungstrakt <-(e)s, -e> *m* пищевари́тельный тракт *м*

Verdeck [fɛɐ̯'dɛk] <-(e)s, -e> *nt* тент *м*

verdecken *vt* закрыва́ть; **die Aussicht ~** закры́ть вид

verdeckt *adj* та́йный; **~e Ermittlungen** та́йное рассле́дование

verdenken <irr> *vt geh* **jdm etw ~** серди́ться на кого́-л. за что-л.

verderben [fɛɐ̯'dɛrbən] <verdirbt, verdarb, verdorben> *vt* по́ртить, испо́ртить *св*; **sich** *dat* **die Augen ~** испо́ртить зре́ние

Verderben <-s> *nt ohne pl* ги́бель *ж*; **jdn ins ~ stürzen** толкну́ть кого́-л. на ги́бель

Verdichtung <-, -en> *f* сжа́тие *ср*, уплотне́ние *ср*

verdienen *vt* **1.** *(Geld)* зараба́тывать, -бо́тать *св*; **seine Brötchen ~** *fam* зараба́тывать на хлеб; **leicht verdientes Geld** легко́ зарабо́танные де́ньги **2.** *(das Recht auf etw erwerben)* заслу́живать, -жи́ть *св*; **sein Mut verdient Bewunderung** его́ му́жество досто́йно восхище́ния; **sie hat nichts Besseres verdient** она́ лу́чшего не заслу́живает

Verdienst <-(e)s, -e> *m* за́работок *м*; **effektiver ~** реа́льный за́работок; **zusätzlicher ~** дополни́тельный за́работок

Verdienstausfall <-(e)s, -fälle> *m* уменьше́ние *ср* за́работка *(в связи́ с просто́ем, боле́знью и т.п.)*

Verdienstspanne <-, -n> *f* ра́зница *ж* в у́ровне зарпла́т

verdoppeln I. *vt* удва́ивать, удво́ить *св* **II.** *vr* **sich ~** удва́иваться, удво́иться *св*

verdorben [fɛɐ̯'dɔrən] **I.** *pp von* **verderben II.** *adj* **1.** *(Fest, Lebensmittel)* гнило́й **2.** *(moralisch)* развращенный

verdrahten *vt* соединя́ть про́водом

verdrängen *vt* вытесня́ть, вы́теснить

Verdrängung <-, -en> *f* **1.** MAR *(eines Schiffes)* водоизмеще́ние *ср* **2.** PSYCH вытесне́ние *ср*

Verdrängungswettbewerb <-s> *m* ÖKON конкуре́нтная борьба́ *ж*

verdrehen *vt* **Tatsachen ~** искажа́ть, -зи́ть *св* фа́кты; **jdm den Kopf ~** *umg* вскружи́ть кому́-л. го́лову; **die Augen ~** отвести́ взгляд

verdreifachen I. *vt* утра́ивать, утро́ить *св* **II.** *vr* утра́иваться, утро́иться *св*

verdreschen <irr> *vt fam* отлупи́ть

verdrossen [fɛɐ̯'drɔsən] *adj* угрю́мый, недово́льный

Verdruss[RR] [fɛɐ̯'drʊs] <-es> *m*, **Verdruß**[Alt] [fɛɐ̯'drʊs] <-sses> *m ohne pl* огорче́ние *ср*; **zu jds ~** к огорче́нию кого́-л.

verduften *vi sein, fam* улизну́ть

verdunkeln I. *vt (Zimmer, Haus, Tatsachen)* затемня́ть, -ни́ть *св* **II.** *vr* **Himmel** темне́ть, по- *св*

Verdunk(e)lung <-> *f (auch fig)* затемне́ние *ср*

verdünnen *vt* разбавля́ть, -ба́вить *св*; **sie verdünnte ihren Kaffee mit Wasser** она́ разба́вила свой ко́фе водо́й

Verdünnungsmittel <-s, -> *nt* разреди́тель *м*

verdunsten *vi* испаря́ться, -ри́ться *св*

Verdunstung <-> *f* испаре́ние *ср*

verdursten *vi* умира́ть, умере́ть *св* от жа́жды

verdutzt [fɛɐ̯'dʊtst] *adj* озада́ченный
veredeln *vt* облагора́живать, облагоро́дить *св; (Metalle, Erdöl)* обогаща́ть, обогати́ть *св*
Veredelung <-> *f* облагора́живание *ср*, улучше́ние *ср*
verehren *vt* почита́ть *нсв;* **verehrte Anwesende!** дороги́е прису́тствующие!
Verehrer(in) <-s, -> *m(f) (einer Person, Sache)* покло́нник *м*, покло́нница *ж*
verehrt *adj (in Anrede)* уважа́емый
Verehrung <-> *f* почита́ние *ср*, почте́ние *ср*
vereidigen *vt* приводи́ть, -вести́ *св*
Vereidigung <-> *f* принесе́ние *ср* прися́ги
Verein [fɛɐ̯'ʔaɪn] <-(e)s, -e> *m* о́бщество *ср*, сою́з *м*, организа́ция *ж*, объедине́ние *ср;* **einen ~ auflösen** распусти́ть сою́з; **einem ~ beitreten** вступи́ть в сою́з; **eingetragener ~** зарегистри́рованное объедине́ние; **einen ~ gründen** основа́ть сою́з; **einen ~ unterstützen** подде́рживать сою́з
vereinbar [fɛɐ̯'ʔaɪnbaːɐ̯] *adj* совмести́мый
vereinbaren *vt* **1.** *(ausmachen)* догова́риваться, -вори́ться *св* **2.** *(in Einklang bringen)* согласо́вывать, -сова́ть *св*
Vereinbarkeit <-> *f* совмести́мость *ж;* **die ~ von Zielen** совмести́мость це́лей
Vereinbarung <-, -en> *f* соглаше́ние *ср*, договорённость *ж;* **eine internationale ~ treffen** заключа́ть междунаро́дное соглаше́ние; **eine mündliche ~** у́стная договорённость; **nur nach ~** то́лько по договорённости; **Preis laut ~** цена́ по договорённости; **eine schriftliche ~** пи́сьменное соглаше́ние; **eine stillschweigende ~** молчали́вое согла́сие
vereinen I. *vt geh* объединя́ть, объедини́ть *св;* **mit vereinten Kräften** объединенными уси́лиями **II.** *vr* **sich ~** *geh* объединя́ться
vereinfachen *vt* упроща́ть, упрости́ть *св*
Vereinfachung <-, -en> *f* упроще́ние *ср;* **die ~ der Zollabwicklung** упроще́ние тамо́женного оформле́ния
vereinigen I. *vt (eine Einheit herstellen)* объединя́ть, -ни́ть *св* **II.** *vr* объединя́ться, -ни́ться *св*
vereinigt *adj* объединённый
Vereinigung <-, -en> *f* **1.** *(das Vereinigen)* объедине́ние *ср* **2.** *(Organisation)* сою́з *м*, объедине́ние *ср*
Vereinnahmung <-> *f* получе́ние *ср*
vereinsamen *vi* станови́ться *нсв* одино́ким
vereinsamt *adj* одино́кий
Vereinsmitglied <-(e)s, -er> *nt* член *м* сою́за
vereint [fɛɐ̯'ʔaɪnt] *adj* объединённый
vereiteln *vt* помеша́ть
Verelendung <-> *f* обнища́ние *ср*
vererben I. *vt* **1.** *(hinterlassen)* оставля́ть, оста́вить *св* **2.** BIO, MED передава́ть, -да́ть *св* **II.** *vr* BIO, MED передава́ться, -да́ться *св*
Vererbung <-> *f* BIO, MED насле́дственность *ж*
verewigen *vt (Person)* увекове́чивать, -чить *св*
verfahren <irr> *vi (vorgehen)* де́йствовать *нсв*
Verfahren <-s, -> *nt* **1.** *(Vorgehen)* спо́соб *м*, ме́тод *м;* **ein neues ~ anwenden** применя́ть но́вый ме́тод **2.** *(Gerichtsverfahren)* де́ло *ср* **3.** JUR проце́сс *м*, произво́дство *ср;* **das ~ einstellen** прекраща́ть судопроизво́дство; **ein gerichtliches ~ gegen jdn einleiten** возбуди́ть суде́бное де́ло про́тив кого́-л.
Verfahrensmangel <-s, -mängel> *m* JUR процессуа́льная оши́бка *ж*
Verfahrensrecht <-(e)s> *nt* процессуа́льное законода́тельство *ср*
Verfahrenstechnik <-> *f* техноло́гия *ж*
Verfall <-(e)s> *m* упа́док *м; (Zerfall)* разруше́ние *ср*
Verfalldatum *nt s.* **Verfallsdatum**
verfallen <irr> *vi (zerfallen)* приходи́ть, прийти́ *св*
Verfallsdatum *nt* срок *м* го́дности
Verfallserscheinung <-, -en> *f* при́знак *м* упа́дка
Verfallstag <-(e)s> *m* срок *м* платежа́ по ве́кселю
verfälschen *vt* подде́лывать, подде́лать *св*
verfangen <irr> *vr* **sich ~** запу́таться
verfärben I. *vr (Wäsche)* окра́шиваться, окра́ситься *св* **II.** *vt (Wäsche)* окра́шивать, окра́сить *св*
verfassen *vt* сочиня́ть, сочини́ть *св*
Verfasser(in) <-s, -> *m(f)* состави́тель *м*, состави́тельница *ж*, а́втор *м*
Verfassung <-, -en> *f* **1.** *(Zustand)* состоя́ние *ср;* **in guter/schlechter ~ sein** в хоро́шем/плохо́м состоя́нии **2.** *(Staatsverfassung)* конститу́ция *ж*
verfassunggebend *adj* учреди́тельный
Verfassungsgericht <-(e)s, -e> *nt* конституцио́нный суд *м*
Verfassungsklage <-, -n> *f* иск *м* в связи́ с наруше́нием конститу́ции
Verfassungsrecht <-(e)s> *nt* конституцио́нное пра́во *ср*
verfassungsrechtlich *adj* конституцио́нно-правово́й
Verfassungsreform <-,-en> *f* конституцио́нная рефо́рма *ж*
Verfassungsrichter(in) <-s, -> *m(f)* судья́ *м* конституцио́нного суда́
Verfassungsschützer <-s, -> *m* сотру́дник *м* Федера́льного ве́домства по охра́не конститу́ции *(ФРГ)*

verfaulen *vi* прогнива́ть, -гни́ть *св*
verfechten <irr> *vt* защища́ть
verfehlen *vt* **das Ziel ~** промахну́ться; **seinen Beruf ~** ошиби́ться в вы́боре профе́ссии; **sich ~** *(sich nicht treffen)* размину́ться
verfeinern *vt* де́лать лу́чше
verfeinert *adj* утончённый; *(verbessert)* усоверше́нствованный
verfilmen *vt (Roman)* экранизи́ровать *нсв/св*
verfinstern *vr* **sich ~** темне́ть
verflachen *vi* выра́внивать, вы́ровнять
Verflechtung <-, -en> *f* сплете́ние *ср*
verfliegen <irr> *vi (Duft, Zeit)* улету́чиваться, -читься *св*
verflixt [fɛɐ̯ˈflɪkst] *adj fam* **~ und zugenäht!** чёрт возьми́!
verfluchen *vt* проклина́ть, -кля́сть *св*
verflucht *adj fam* **~ noch mal!** чёрт побери́!
verflüchtigen *vr (Duft, Aroma, auch fig)* улету́чиваться, -читься *св*
verfolgen *vt* **1.** *(Person, Ziel, politisch, gerichtlich)* пресле́довать *нсв;* **vom Unglück verfolgt** гони́мый несча́стьем **2.** *(gedanklich)* сле́довать *нсв*
Verfolger(in) <-s, -> *m(f)* пресле́дователь *м*
Verfolgung <-, -en> *f* пресле́дование *ср*, гоне́ние *ср*, пого́ня *ж*
Verfolgungsjagd *f* пресле́дование *ср*
Verfolgungskampagne <-, -n> *f* кампа́ния *ж* пресле́дования
Verfolgungswahn <-(e)s> *m* ма́ния *ж* пресле́дования
Verformung <-> *f* деформа́ция *ж*
verfrachten *vt (befördern)* перевози́ть, -вести́ *св*
Verfremdung <-, -en> *f* отчужде́ние *ср*
Verfremdungseffekt <-(e)s, -e> *m* эффе́кт *м* отчужде́ния
verfressen *adj fam abw* обжо́ристый
verfrüht *adj* преждевре́менный
verfügbar *adj* име́ющийся в нали́чии
verfügen **I.** *vt (behördlich anordnen)* распоряжа́ться, -ряди́ться *св* **II.** *vi* **über etw ~** *(zur Verfügung haben)* име́ть что-л. в своём распоряже́нии
Verfügung <-, -en> *f* распоряже́ние *ср;* **zur freien ~** в свобо́дном распоряже́нии; **zur ~ stehen** находи́ться в чьём-л. распоряже́нии; **jdm etw zur ~ stellen** предоста́вить что-л. кому́-л.; **etw zu seiner/zur ~ haben** име́ть что-л. в распоряже́нии
Verfügungsberechtigte(r) <-n, -n> *f(m)* JUR распоряди́тель *м*
verführen *vt* **1.** склоня́ть, -ни́ть *св* **2.** *(sexuell)* соблазня́ть, -ни́ть *св*
Verführer(in) <-s, -; -nen> *m(f)* соблазни́тель *м*, соблазни́тельница *ж*
verführerisch *adj* соблазни́тельный
Verführung <-, -en> *f* **1.** *(etw Verführerisches)* собла́зн *м* **2.** *(das Verführen)* соблазне́ние *ср*
verfüttern *vt* дать на съеде́ние кому́-л.
Vergabe <-, -n> *f* размеще́ние *ср*, вы́дача *ж;* **~ einer Lizenz** вы́дача лице́нзии; **~ von öffentlichen Aufträgen** размеще́ние госуда́рственных зака́зов; **~ von Subventionen** вы́дача субси́дий
vergaloppieren *vr umg* зарапортова́ться
vergammeln *vi sein, fam (verfaulen)* гнить, сгнить *св*
vergammelt *adj* **1.** *(verfault)* испо́рченный **2.** *(verplempert)* потра́ченный впусту́ю *(о вре́мени)*
vergangen [fɛɐ̯ˈgaŋən] *adj* про́шлый
Vergangenheit <-, -en> *f* про́шлое *ср;* LING проше́дшее вре́мя *ср;* **das gehört der ~ an** э́то уже́ в про́шлом
vergänglich [fɛɐ̯ˈgɛŋlɪç] *adj* бре́нный
Vergänglichkeit *f ohne pl* перехо́дность *ж*
vergasen *vt* **1.** *(Kohle, Koks)* преврати́ть в газ **2.** *(Menschen)* убива́ть
Vergaser <-s, -> *m* карбюра́тор *м*
vergaß [fɛɐ̯ˈgaːs] *prät von* **vergessen**
vergeben <irr> *vt* **1.** *(verzeihen)* проща́ть, прости́ть *св;* **die Sache ist ~ und vergessen** всё ко́нчено **2.** **Auftrag** дава́ть, дать *св*, выдава́ть, вы́дать *св;* **er/sie ist schon ~** он/она́ уже́ друго́й/друго́му о́тдан/отдана́
vergebens [fɛɐ̯ˈgeːbəns] *adv* напра́сно
vergeblich *adj* напра́сный
Vergebung <-> *f* проще́ние *ср;* **jdn für etw um ~ bitten** попроси́ть у кого́-л. проще́ния за что-л.
vergehen **I.** <irr> *vi (verstreichen, verschwinden)* проходи́ть, пройти́ *св;* **wie die Zeit vergeht!** как лети́т вре́мя!; **vergangene Woche** на про́шлой неде́ле; **mir ist der Appetit vergangen** я потеря́л аппети́т **II.** *vr* **sich ~** *(sexuell)* наси́ловать, из- *св;* **er hatte sich an dem Mädchen vergangen** он изнаси́ловал де́вушку
Vergehen <-s, -> *nt* преступле́ние *ср*
vergeigen *vt* **1.** *umg* испо́ртить *св* **2.** *(Geld)* проигра́ть *св*
vergelten *vt* вознагражда́ть, -гради́ть *св;* **jdm etw ~** вознагради́ть кого́-л. за что-л.; *(rächen)* отомсти́ть кому́-л. за что-л.; **Gleiches mit Gleichem ~** вознагради́ть по заслу́гам
Vergeltung <-> *f* возме́здие *ср*
vergessen [fɛɐ̯ˈgɛsən] <vergaß, vergessen> **I.** *vt* забыва́ть, -бы́ть *св;* **ehe ich es vergesse** пока́ я не забы́л; **das kannst du ~!** *fam* забу́дь об э́том! **II.** *vr* **sich ~** забы́ться
Vergessenheit *f* **in ~ geraten** быть пре́дан-

ным забвéнию
vergesslichRR *adj*, **vergeßlich**Alt *adj* забы́вчивый
VergesslichkeitRR <-> *f* забы́вчивость *ж*
vergeuden [fɛɐ̯ˈgɔɪdən] *vt* расточа́ть *нсв;* **wir ~ hier nur unsere Zeit** мы зря теря́ем здесь на́ше вре́мя
vergewaltigen *vt (sexuell)* наси́ловать, из- *св*
Vergewaltigung <-, -en> *f* изнаси́лование *ср*
vergewissern *vr* удостоверя́ться, -ве́риться; **sich einer Sache ~** удостове́риться в чём-л.
vergießen <irr> *vt* пролива́ть, -ли́ть *св*
vergiften *vt auch fig* отравля́ть, -ви́ть *св*
Vergiftung <-, -en> *f* отравле́ние *ср*
vergilbt *adj* пожелте́вший
VergissmeinnichtRR [fɛɐ̯ˈgɪsmaɪnɪçt] <-(e)s, -(e)> *nt*, **Vergißmeinnicht**Alt [fɛɐ̯ˈgɪsmaɪnɪçt] <-(e)s, -(e)> *nt* BOT незабу́дка *ж*
vergisstRR [fɛɐ̯ˈgɪst], **vergißt**Alt [fɛɐ̯ˈgɪst] *3. pers sing pr von* **vergessen**
Vergleich [fɛɐ̯ˈglaɪç] <-(e)s, -e> *m* **1.** *(das Vergleichen)* сравне́ние *ср;* **einem ~ standhalten** выде́рживать сравне́ние; **einen ~ ziehen** проводи́ть сравне́ние; **im ~ zu jdm/etw** по сравне́нию с кем-л./чем-л. **2.** JUR соглаше́ние *ср;* **außergerichtlicher ~** внесуде́бная мирова́я сде́лка; **einen ~schließen** заключа́ть мирову́ю сде́лку
vergleichbar *adj* сравни́мый
vergleichen <irr> **I.** *vt* сра́внивать, сравни́ть *св;* **das kann man nicht ~** *fam* э́то нельзя́ сра́внивать; **verglichen mit ...** в сравне́нии с ..., по сравне́нию с ... **II.** *vr* **sich ~** сра́вниваться, сравни́ться *св;* **sich mit der Konkurrenz ~** сра́внивать себя́ с конкуре́нтами; **~de Werbung** ÖKON сравни́тельная рекла́ма *ж*
Vergleichsmaßstab <-(e)s, -maßstäbe> *m* масшта́б *м* сравне́ния
vergleichsweise *adv* относи́тельно
Vergleichswert <-(e)s, -e> *f* сравни́тельная величина́ *ж;* **~e** сравни́тельные да́нные
Vergleichszeitraum <-(e)s, -räume> *m* срок *м* проведе́ния сравни́тельного ана́лиза
verglühen *vi sein* сгоре́ть
vergnügen [fɛɐ̯ˈgny:gən] *vr* развлека́ться, развле́чься *св*
Vergnügen [fɛɐˈgny:gən] <-s> *nt* удово́льствие *ср;* **mit ~!** с удово́льствием!; **ein teures ~** дорого́е развлече́ние; **es ist mir ein ~** я о́чень рад; **mit wem habe ich das ~?** с кем честь име́ю?; **viel ~!** прия́тно провести́ вре́мя!
vergnügt *adj* весёлый
Vergnügung <-, -en> *f* развлече́ние *ср*
Vergnügungspark <-s, -s> *m* парк *м* с аттракцио́нами, увесели́тельный парк *м*
Vergnügungsreise <-, -n> *f* увесели́тельная пое́здка *ж*
vergolden *vt auch fig* покрыва́ть, -кры́ть *св* зо́лотом, золоти́ть *нсв*
vergöttern [fɛɐ̯ˈgœtɐn] *vt* обожествля́ть, -ви́ть *св*
vergraben <irr> *vt (eingraben)* зака́пывать, -копа́ть *св*
vergraulen *vt fam* прогоня́ть, прогна́ть *св*
vergreifen <irr> *vr* **sich ~** *(danebengreifen)* промахну́ться
vergriffen [fɛɐˈgrɪfən] *adj (Ware)* распро́данный; **dieses Buch ist leider ~** э́та кни́га, к сожале́нию, распро́дана
vergrößern [fɛɐ̯ˈgrœ:sɐn] **I.** *vt* увели́чивать, -чить *св* **II.** *vr (größer werden)* увели́чиваться, -читься *св*
Vergrößerung <-, -en> *f* увеличе́ние *ср*
Vergrößerungsglas <-es, -gläser> *nt* увеличи́тельное стекло́ *ср*, лу́па *ж*
vergucken *vr umg* влюби́ться
vergünstigt *adj* льго́тный
Vergünstigung <-, -en> *f* льго́та *ж*, усту́пка *ж;* **steuerliche ~** налого́вая льго́та *ж*
vergüten [fɛɐ̯ˈgy:tən] *vt* **1.** *(erstatten)* возмеща́ть, -мести́ть *св* **2.** *(Arbeitsleistung)* опла́чивать, оплати́ть *св*
Vergütung <-, -en> *f* **1.** *(Erstattung)* возмеще́ние *ср* **2.** *(für Arbeit)* опла́та *ж*
verhaften *vt* аресто́вывать, -това́ть *св*
Verhaftung <-, -en> *f* аре́ст *м*
Verhaftungswelle <-, -n> *f* волна́ *ж* аре́стов
verhaken *vr* сцепля́ть, -пи́ть *св*
verhalten <irr> *vr* **sich ~ 1.** *(ein bestimmtes Verhalten zeigen)* вести́ *нсв* себя́; **es verhält sich genau umgekehrt** дела́ обстоя́т совсе́м ина́че; **sich jdm gegenüber unverschämt ~** вести́ себя́ на́гло по отноше́нию к кому́-л. **2.** *auch* MATH относи́ться *нсв*
Verhalten <-s> *nt* поведе́ние *ср*
Verhaltensforschung <-> *f* этоло́гия *ж*
Verhaltensmaßregel <-, -n> *f* пра́вило *ср* поведе́ния
Verhaltensmuster <-s, -> *nt* образе́ц *м* поведе́ния
Verhaltensstörung <-, -en> *f* PSYCH наруше́ние *ср* норма́льного поведе́ния
Verhältnis [fɛɐˈhɛltnɪs] <-ses, -se> *nt* **1.** *(zu einer Person)* отноше́ния *срмн;* **ein freundschaftliches ~** дру́жеские отноше́ния **2.** *(Bedingungen)* усло́вия *срмн;* **in bescheidenen ~sen leben** жить бе́дно **3.** *(Liebesbeziehung)* рома́н *м;* **ein ~ mit jdm haben** име́ть связь с кем-л. **4.** *(Relation)* соотноше́ние *ср;* **im ~ zu** по отноше́нию к
verhältnismäßig *adj (vergleichsweise)* сравни́тельно

sich vergewissern / versichern

• **sich vergewissern**	• **Выражение уверенности**
Alles in Ordnung?	Всё в порядке?
Habe ich das so richtig gemacht?	**Я правильно это сделал?**
Hat es Ihnen geschmeckt?	**Вам понравилось это?**
Ist das der **Bus nach Frankfurt?**	**Этот автобус идёт во Франкфурт?**
(am Telefon): **Bin ich hier richtig beim** Jugendamt?	*(по телефону):* **Это** отдел работы с молодёжью?
Ist das der Film, von dem du so geschwärmt hast?	**Это тот** фильм, о котором ты так лестно отзывался?
Bist du dir sicher, dass die Hausnummer stimmt?	**Ты уверен,** что этот номер дома верный?
• **jemanden versichern, beteuern**	• **Подтверждение чего-либо кому-либо**
Der Zug hatte **wirklich** Verspätung gehabt.	Поезд **действительно** опоздал.
Wirklich! Ich habe nichts davon gewusst.	**Честно!** Я ничего не знаю об этом.
Ob du es nun glaubst oder nicht; sie haben sich **tatsächlich** getrennt.	**Хотите верьте, хотите нет;** они **действительно** расстались.
Ich kann Ihnen versichern, dass das Auto noch einige Jahre fahren wird.	**Я могу заверить вас, что** машина прослужит вам еще несколько лет.
Glaub mir, das Konzert wird ein Riesenerfolg.	**Поверь мне,** концерт будет иметь большой успех.
Du kannst ganz sicher sein, er hat nichts gemerkt.	**Можешь быть уверен,** что он ничего не заметил.
Ich garantiere Ihnen, dass die Mehrheit dagegen stimmen wird.	**Я гарантирую вам, что** большинство будет голосовать против этого.
Die Einnahmen sind ordnungsgemäß versteuert, dafür **lege ich meine Hand ins Feuer.**	Доходы должным образом декларированы, **я клянусь.**

Verhältnismäßigkeit <-> *f* относи́тельность *ж*

Verhältniswahl <-, -en> *f* пропорциона́льные вы́боры *ммн*

verhandeln *vi* вести́, про- *св;* JUR слу́шать, вы́- *св*

Verhandlung <-, -en> *f* перегово́ры *мн;* JUR суде́бное заседа́ние *ср*

Verhandlungsgeschick <-(e)s> *nt* уме́ние *ср* вести́ перегово́ры

Verhandlungspartner <-s, -> *m* партнёр *м* по перегово́рам

Verhandlungsrunde <-, -n> *f* тур *м* перего́воров

Verhandlungssprache <-, -n> *f* рабо́чий язы́к *м* перегово́ров

Verhandlungstisch *m* стол *м* перегово́ров

verhandlungswillig *adj* гото́вый вести́ перегово́ры

verhängen *vt* **1.** *(abdecken)* заве́шивать, -ве́сить *св* **2.** *(Strafe)* пригова́ривать, -говори́ть *св;* **über jdn eine Strafe ~** приговори́ть кого́-л. к наказа́нию; **den Ausnahmezustand ~** объяви́ть чрезвыча́йное положе́ние

Verhängnis <-ses> *nt* рок *м*

verhängnisvoll *adj* рокові́й

verharmlosen *vt* преуменьша́ть, -ме́ньшить *св*

Verharmlosung <-> *f* преуменьше́ние *ср*

verharren *vi* наста́ивать *нсв*

verhasst[RR] *adj* ненави́стный

verheben *vr* надорва́ться *св*

verheddern *vr* **sich ~** *fam (Fäden)* запу́таться

verheerend *adj umg (schlimm)* опустоши́тельный

verheilen *vi* зажива́ть, -жи́ть *св*

verheimlichen *vt* скрыва́ть, скры́ть *св*

verheiraten *vr* **1.** *(mit einer Frau)* жени́ться *нсв/св* **2.** *(mit einem Mann)* выходи́ть, вы́йти *св* за́муж; **verheiratet sein** быть жена́тым/за́мужем

verheißen <irr> *vt geh* предвеща́ть *нсв*

verhelfen <irr> *vi* **jdm zur Flucht ~** помо́чь кому́-л. убежа́ть

verherrlichen *vt* прославля́ть, -сла́вить *св*

verheult *adj fam* запла́канный; **~e Augen haben** с запла́канными глаза́ми

verhexen *vt* **das ist wie verhext!** *fam* как бу́дто заколдо́вано!

verhindern *vt* **1.** *(Entscheidung)* препя́тствовать, вос- *св* **2.** *(abwenden, Krieg, Unfall)* предотвраща́ть, -врати́ть *св;* **Herr Müller ist im Augenblick leider verhindert** господи́н Мю́ллер в настоя́щий моме́нт, к сожале́нию, за́нят; **jds Heirat ~** воспрепя́тствовать чьему́-л. бра́ку; **das lässt sich leider nicht ~** без э́того не обойдёшься

verhindert *adj* воспрепя́тствованный; **ein ~ Künstler** *(mit verborgener Begabung)* несостоя́вшийся творе́ц *м*

Verhinderung <-> *f* предотвраще́ние *ср*, срыв *м*

verhöhnen *vt* издева́ться *нсв*

verhökern *vt fam* прода́ть

Verhör [fɛɐ̯ˈhøːɐ, fɛɐ̯ˈhøːrə] <-(e)s, -e> *nt* допро́с *м;* **jdn einem ~ unterziehen** подве́ргнуть кого́-л. допро́су

verhören I. *vt (ein Verhör durchführen)* допра́шивать, -проси́ть *св* II. *vr (falsch hören)* ослы́шаться *св*

verhüllend *adj* LING эвфемисти́ческий

verhungern *vi* умира́ть, умере́ть *св*

verhüten *vt* 1. *(verhindern)* предотвраща́ть, -отврати́ть *св* 2. *(Empfängis)* предупрежда́ть, предупреди́ть *св*

Verhütung <-> *f* 1. *(das Verhüten)* предотвраще́ние *ср* 2. *(Empfängnisverhütung)* предупрежде́ние *ср*

Verhütungsmittel <-s, -> *nt* противозача́точное сре́дство *ср*

Verifikation <-> *f* верифика́ция *ж*

verifizieren *vt* верифици́ровать *(н)св*

Verifizierung <-> *f* верифика́ция *ж*

verirren *vr* заблуди́ться *св*

verjagen *vt* прогоня́ть, -гна́ть *св*

verjähren *vi (Straftat, Schulden)* теря́ть, по- *св*

verjährt *adj* просро́ченный

Verjährung <-> *f* JUR да́вность *ж*

verjubeln *vt fam* потра́тить

Verjüngung *f* омоложе́ние *ср*

verkabeln *vt (an das Netz des Kabelfernsehens anschließen)* присоединя́ть, -ни́ть *св*

verkalken *vi sein* 1. *(Maschine)* покры́ться и́звестью 2. MED заболе́ть склеро́зом

verkalkulieren *vr* ошиба́ться, -би́ться *св*

Verkalkung <-en> *f* 1. *(Kalkablagerung)* известко́вые отложе́ния *мн* 2. *fam (Vergreisung)* склеро́з *м*

verkatert [fɛɐ̯ˈkaːtɐt] *adj* разби́тый

Verkauf <-(e)s, Verkäufe> *m* 1. *(das Verkaufen)* прода́жа *ж;* **den ~ ankurbeln** нара́щивать сбыт; **zum ~ bestimmt** предназна́ченный для прода́жи; **~ an Lager** прода́жа со скла́да; **zum ~ stehen** продава́ться 2. *(Verkausabteilung)* отде́л *м*

verkaufen I. *vt* продава́ть, -да́ть *св;* **gewinnbringend ~** при́быльно продава́ть; **etwas unter der Hand ~** продава́ть неза́конно [*или* из-под полы́]; **zu ~** на прода́жу; **jdn für dumm ~** счита́ть кого́-л. тупи́цей II. *vr* **sich ~** *(Ware)* покупа́ться *нсв;* **sich gut/schlecht ~** хорошо́/пло́хо продава́ться

Verkäufer(in) <-s, -> *m(f)* продаве́ц *м*, продавщи́ца *ж*

Verkäufermarkt <-(e)s> *m* ры́нок *м* продавцо́в

Verkäuferschulung <-> *f* комме́рческая подгото́вка *ж*

verkäuflich *adj* прода́жный; **das Haus ist nicht ~** дом не продаётся

Verkaufsabteilung <-, -en> *f* отде́л *м* сбы́та, отде́л *м* прода́ж

Verkaufsargument <-(e)s, -e> *nt* аргумента́ция *ж* прода́ж

Verkaufsausstellung <-, -en> *f* вы́ставка *ж* - прода́жа *ж*

Verkaufserlös <-es, -e> *m* вы́ручка *ж* от прода́жи

Verkaufsfläche <-, -n> *f* торго́вый зал *м*

Verkaufsförderung <-> *f* стимули́рование *ср* сбы́та

Verkaufsgespräch <-(e)s, -e> *nt* перегово́ры *мн* о прода́же

Verkaufsleiter(in) <-s, -> *m(f)* комме́рческий дире́ктор *м*

Verkaufsleitung <-> *f* комме́рческое руково́дство *ср*

Verkaufspreis <-es, -e> *m* прода́жная [*или* ро́зничная] цена́ *ж*

Verkaufsprovision <-, -en> *f* коми́ссия *ж* с оборо́та

Verkaufsschlager <-s, -> *m* това́р *м* - фавори́т *м*

Verkaufsstelle <-, -n> *f* магази́н *м*

Verkaufstraining <-s> *nt* комме́рческое обуче́ние *ср*

Verkaufszahlen <-> *pl* торго́вые показа́тели *мн*

Verkehr [fɛɐ̯ˈkeːɐ] <-(e)s> *m* 1. *(Straßenverkehr)* движе́ние *ср;* **etw aus dem ~ ziehen** изъя́ть что-л. из обраще́ния 2. *(Geschlechtsverkehr)* полово́е сноше́ние *ср*

verkehren I. *vi* 1. *(Bus, Straßenbahn, Zug)* ходи́ть *нсв* 2. *(Fähre)* курси́ровать *нсв* 3. *(an einem Ort)* враща́ться *нсв*, быва́ть *нсв* II. *vt (Sinn)* извраща́ть, -врати́ть *св*

Verkehrsader <-, -n> *f* автомагистра́ль *ж*

Verkehrsampel <-, -n> *f* светофо́р *м*

Verkehrsamt *nt* туристи́ческое бюро́ *ср*

verkehrsarm *adj* без большо́го движе́ния, ти́хий

Verkehrsaufkommen <-s, -> *nt* ожида́емый объём *м* перево́зок

Verkehrsbetrieb <-(e)s, -e> *m* тра́нспортное предприя́тие *ср*

Verkehrschaos <-> *nt* ха́ос *м* на доро́гах, наруше́ние *ср* движе́ния

Verkehrsdichte <-, -n> *f* пло́тность *ж* движе́ния

Verkehrserziehung <-> *f* обуче́ние *ср* пра́вилам у́личного движе́ния

Verkehrsflugzeug <-(e)s, -e> *nt* пасса-

жи́рский самолёт *м*
Verkehrsführung <-> *f* регули́рование *ср* движе́ния
Verkehrsinsel <-, -n> *f* острово́к *м* безопа́сности
Verkehrsknotenpunkt <-(e)s, -e> *m* тра́нспортный у́зел *м*
Verkehrslärm <-s> *m* тра́нспортный шум *м*
Verkehrsleitsystem <-(e)s, -e> *nt* систе́ма *ж* управле́ния тра́нспортом
Verkehrsleittechnik <-> *f* те́хника *ж* управле́ния тра́нспортом
Verkehrsmittel <-s, -> *nt* тра́нспортное сре́дство *ср;* **die öffentlichen ~** обще́ственный тра́нспорт
Verkehrsnetz <-es, -e> *nt* сеть *ж* доро́г
Verkehrsopfer <-s, -> *nt* же́ртва *ж* доро́жно-тра́нспортного происше́ствия
Verkehrsordnung <-> *f* поря́док *м* движе́ния
Verkehrsplanung <-> *f* плани́рование *ср* движе́ния
Verkehrspolizei <-> *f* доро́жная поли́ция *ж*
Verkehrsregeln *pl* пра́вила *срмн* у́личного движе́ния
Verkehrsschild <-(e)s, -er> *nt* доро́жный знак *м*
verkehrssicher *adj* удовлетворя́ющий тре́бованиям безопа́сности движе́ния
Verkehrssicherheit <-> *f* безопа́сность *ж* движе́ния
Verkehrssituation <-, -en> *f* доро́жная ситуа́ция *ж*
Verkehrsstauung <-, -en> *f* зато́р *м* *(на доро́ге),* про́бка *ж*
Verkehrsstockung <-, -en> *f* зато́р *м* в движе́нии
Verkehrsstreife <-, -n> *f* доро́жный патру́ль *м*
Verkehrstote <-n> *pl* поги́бший *м* при доро́жной ава́рии (в статисти́ческих да́нных)
Verkehrstüchtigkeit <-> *f* KFZ техни́ческая испра́вность *ж*
Verkehrsunfall <-(e)s, -unfälle> *m* доро́жно-тра́нспортное происше́ствие *ср,* ДТП
Verkehrsverbot <-(e)s> *nt* запреще́ние *ср* движе́ния
Verkehrswesen <-s> *nt* тра́нспорт *м*
Verkehrszeichen <-s, -> *nt* доро́жный знак *м*
verkehrt [fɛɐ̯ˈkeːɐt] **I.** *adj* непра́вильный **II.** *adv (umgekehrt)* наоборо́т; **etw ~ machen** сде́лать что-л. наоборо́т
verkennen *vt geh* непра́вильно понима́ть, -ня́ть *св;* **ihre Ziele sind nicht zu ~** её цель очеви́дна; **ein verkanntes Genie** *umg* непри́знанный ге́ний *м;* **du verkennst den Ernst der Lage** ты не понима́ешь серьёзности положе́ния
verklagen *vt* **jdn wegen etw ~** пода́ть на кого́-л. (жа́лобу) в суд; **jdn auf etw ~** предъявля́ть кому́-л. иск о чём-л.
verklärt [fɛɐ̯ˈklɛːɐ̯t] *adj* просветлённый
verkleckern *vt umg* па́чкать, за- *св*
verkleiden I. *vr (sich kostümieren)* переодева́ться, -де́ться *св* **II.** *vt* **1.** *(kostümieren)* переодева́ть, -де́ть *св* **2.** *(Flächen mit einer Verkleidung überziehen)* облицо́вывать, -цева́ть; **Wände mit Holz ~** обива́ть сте́ны де́ревом
Verkleidung <-, -en> *f* **1.** *(Kostüm)* маскиро́вка *ж* **2.** *(von Flächen)* облицо́вка *ж*
verkleinern I. *vt* **1.** *(kleiner machen)* уменьша́ть, уме́ньшить *св* **2.** *(verringern)* сокраща́ть, -крати́ть *св* **II.** *vi (Linse)* уменьша́ть *нсв* **III.** *vr* **sich ~ 1.** *(kleiner werden)* уменьша́ться, уме́ньшиться *св* **2.** *(sich verringern)* сокраща́ться, -крати́ться *св*
Verkleinerungsform <-, -en> *f* уменьши́тельная фо́рма *ж*
verklemmt *adj (Person)* ско́ванный
verklingen <irr> *vi* затиха́ть, -ти́хнуть *св*
Verknappung [fɛɐ̯ˈknapʊŋ] <-, -en> *f* уменьше́ние *ср;* **die ~ von Rohstoffen** сокраще́ние коли́чества сырья́
verkneifen *vt* **sich** *dat* **etw ~** *(verzichten)* отказа́ться от чего́-л.; **sich eine Bemerkung ~** *umg* с трудо́м уде́рживаться от замеча́ния
verkniffen [fɛɐ̯ˈknɪfən] *adj (Gesicht)* ки́слый
verknittern *vt* ко́мкать, с- *св*
verknoten *vr* **sich ~** запу́таться
verknüpfen *vt* свя́зывать, связа́ть *св*
Verknüpfung <-, -en> *f* DV сочета́ние *ср*
verkochen *vi sein (breiig werden)* перевари́ть
verkohlen I. *vi sein (Holz)* преврати́ться в у́голь **II.** *vt fam (Person)* ве́шать кому́-л. лапшу́ на́ уши
verkommen *vi* **1.** *(verwahrlosen)* приходи́ть, прийти́ *св* **2.** *(Lebensmittel)* пропада́ть, пропа́сть *св* **3.** *(Mensch)* опуска́ться, опусти́ться *св*
verkomplizieren *vt* усложня́ть
verkorkst *adj umg* испо́рченный
verkörpern *vt (Rolle)* воплоща́ть, -плоти́ть *св*
Verkörperung <-, -en> *f* воплоще́ние *ср*
verkraften *vt* справля́ться, спра́виться *св*
verkrampfen *vr (Muskel)* су́дорожно сжима́ться, сжа́ться *св*
verkriechen <irr> *vr* **sich ~** *(verstecken)* спря́таться
verkrümmen *vr* **sich ~** покриви́ться
verkrümmt *adj* искривлённый
verkrüppeln *vt* искале́чить
verkrüppelt *adj* искале́ченный
verkrusten *vi* покрыва́ться, -кры́ться *св*

каро́стой

verkümmern *vi* ча́хнуть, за- *св*

verkünden [fɛɐ̯ˈkʏndən] *vt* 1. *(bekannt geben)* заявля́ть, -ви́ть *св* 2. *(Urteil)* объявля́ть, -ви́ть *св*

Verkündung <-> *f* провозглаше́ние *ср*, обнаро́дование *ср*

verkupfern *vt* покрыва́ть, -кры́ть *св*, ме́дью, ме́днить *нсв*

verkuppeln *vt* собра́ть па́рочку, сосва́тать

verkürzen I. *vt* 1. *(kürzer machen)* укора́чивать, -роти́ть *св* 2. *(zeitlich)* сокраща́ть, -крати́ть *св* II. *vr* 1. *(kürzer werden)* уменьша́ться, уме́ньшиться *св* 2. *(zeitlich)* сокраща́ться, -крати́ться *св*

Verladebahnhof <-(e)s, -bahnhöfe> *m* погру́зочная железнодоро́жная ста́нция *ж*

Verladebrücke <-, -n> *f* прогру́зочная эстака́да *ж*

verladen <irr> *vt* *(Gütern)* грузи́ть, по- *св*

Verladung <-> *f* погру́зка *ж*

Verlag [fɛɐ̯ˈlaːk, fɛɐ̯ˈlaːgə] <-(e)s, -e> *m* изда́тельство *ср*

verlagern I. *vt* *(den Schwerpunkt verschieben)* переноси́ть, -нести́ *св* II. *vr* *(sich von irgendwo wegbewegen)* перемеща́ться, -мести́ться *св*

Verlagerung <-, -en> *f* перемеще́ние *ср*

Verlagsbuchhandlung <-, -en> *f* кни́жный магази́н *м*

Verlagshaus <-es, -häuser> *nt* изда́тельство *ср*

Verlagskatalog <-(e)s, -e> *m* катало́г *м* изда́тельства

Verlagskaufmann <-(e)s, -leute> *m*, **Verlagskauffrau** *f* комме́рческий сотру́дник *м*, сотру́дница *ж* изда́тельства

Verlagsleiter(in) <-s, -> *m(f)* дире́ктор *м* изда́тельства

Verlagsrecht <-(e)s> *nt* пра́во *ср* изда́тельства

Verlagsredakteur(in) <-s, -e> *m(f)* ле́ктор *м* изда́тельства

Verlagsvertreter(in) <-s, -> *m(f)* представи́тель *м*, представи́тельница *ж* изда́тельства

Verlagswesen <-s> *nt* изда́тельское де́ло *ср*

verlangen I. *vt* *(fordern, erfordern)* тре́бовать, по- *св*; **ist das nicht ein bisschen viel verlangt?** ты мно́гого хо́чешь!; **Sie werden am Telefon verlangt** вас про́сят к телефо́ну II. *vi* **nach etw** *dat* ~ тре́бовать что-л.; *(sich sehnen)* жела́ть что-л.

Verlangen <-s> *nt* 1. *(Bedürfnis)* жела́ние *ср*, потре́бность *ж* 2. *(Forderung)* тре́бование *ср*; **auf** ~ по тре́бованию

verlängern [fɛɐ̯ˈlɛŋɐn] I. *vt* 1. *(länger machen)* удлиня́ть, -ни́ть *св* 2. *(zeitlich)* продлева́ть, -ли́ть *св*; **eine Frist** ~ продлева́ть срок; **einen Vertrag** ~ продлева́ть догово́р II. *vr* 1. *(länger werden)* удлиня́ться, -ни́ться *св* 2. *(zeitlich)* продлева́ться, -дли́ться *св*

Verlängerung <-, -en> *f* 1. *(das Längerwerden, auch zeitlich)* продле́ние *ср*; **eine** ~ **beantragen** заявля́ть о продле́нии сро́ка; ~ **der Laufzeit** продле́ние сро́ка де́йствия 2. SPORT дополни́тельное вре́мя *ср*

Verlängerungskabel *nt* удлини́тель *м*

Verlängerungsschnur <-, -schnüre> *f* *(Verlängerungskabel)* удлини́тель *м*

verlangsamen I. *vt* *(langsamer machen)* замедля́ть, -ме́длить *св* II. *vr* *(langsamer werden)* замедля́ться, -ме́длиться *св*

Verlass[RR] [fɛɐ̯ˈlas] <-es> *m*, **Verlaß**[Alt] [fɛɐ̯ˈlas] <-es> *m* **auf jdn/etw ist** ~ на кого́-л./что-л. мо́жно положи́ться

verlassen[1] <irr> I. *vr* **sich** ~ *(auf jds Handeln oder auf etw vertrauen)* полага́ться, положи́ться *св*; **darauf können Sie sich** ~ вы мо́жете рассчи́тывать на э́то II. *vt* 1. *(Ort)* покида́ть, -ки́нуть *св* 2. *(jdn)* броса́ть, бро́сить *св*; **eine ~e Gegend** забро́шенная ме́стность; **die Hoffnung hatte ihn** ~ он потеря́л наде́жду

verlassen[2] *adj* пусто́й; *(zurückgelassen)* забро́шенный

Verlassenheit <-> *f* одино́чество *ср*

verlässlich[RR] [fɛɐ̯ˈlɛslɪç] *adj*, **verläßlich**[Alt] *adj* надёжный

Verlauf <-(e)s, Verläufe> *m* 1. *(der Zeit)* тече́ние *ср*; **im** ~ **der Woche** в тече́ние неде́ли; **im** ~ **der letzten Monate** в тече́ние после́дних ме́сяцев 2. *(das Ablaufen)* ход *м*; **im** ~ **des Seminars** в хо́де семина́ра

verlaufen <irr> I. *vr* *(sich verirren)* заблуди́ться *св* II. *vi* *(Zeit, Verhandlungen, Straße)* проходи́ть, пройти́ *св*

verleben *vt* провести́ *св*; **verlebte Jahre** про́житые го́ды

verlegen[1] *vt* 1. *(verschieben)* переноси́ть, -нести́ *св* 2. *(Buch)* издава́ть, -да́ть *св*; **ich habe meinen Schlüssel verlegt** я куда́-то дел свой ключ

verlegen[2] *adj* смущённый; ~ **blickte er zur Seite** он смущённо отвёл глаза́ в сто́рону

Verlegenheit *f* **jdn in** ~ **bringen** смути́ть кого́-л.

Verlegenheitslösung <-, -en> *f* вы́ход *м* из затрудни́тельного положе́ния

Verleger(in) <-s, -> *m(f)* изда́тель *м*, изда́тельница *ж*

Verlegung <-en> *f* 1. *(zeitlich)* откла́дывание *ср*, перенесе́ние *ср* 2. *(örtlich)* перемеще́ние *ср*

Verleih [fɛɐ̯ˈlaɪ] <-(e)s, -e> *m* прока́т *м*

verleihen <irr> *vt* 1. *(allg)* дава́ть, дать *св* 2. *(Titel)* присва́ивать, -сво́ить *св* 3. *(Preis)* присуждать, -судить *св* **4.** *(verschaffen)* придавать, -дать *св;* **jdm einen Orden ~** наградить кого-л. орденом

Verleihung <-, -en> *f* **1.** *(von Preis)* присуждение *ср* **2.** *(von Titel)* присвоение *ср* **3.** *(eines Ordens)* награждение *ср*

verleiten *vt* **jdn zu etw ~** склонять кого-л. к чему-л.

verlernen *vt* **eine Fremdsprache ~** забыть иностранный язык

verlesen <irr> *vt* зачитывать, зачитать *св*

verletzbar *adj* ранимый

verletzen [fɛɐ̯'lɛtsən] **I.** *vt* **1.** *(körperlich)* повреждать, -вредить *св;* **leicht/schwer verletzt** легко/тяжело раненный **2.** *(gefühlsmäßig)* задевать, -деть *св* **3.** *(Gesetz)* нарушать, -рушить *св* **II.** *vr* **sich ~** пораниться *св*

verletzend *adj* оскорбительный

verletzlich *adj* ранимый

Verletzte(r) <-n, -n> *f(m)* раненый *м*, раненая *ж*

Verletzung <-, -en> *f* **1.** *(körperlich)* ранение *ср;* **innere ~en** внутренние раны **2.** *(von Gefühlen)* оскорбление *ср*

Verletzungsgefahr <-> *f* опасность *ж* получения травмы [*или* ранения]

verleugnen *vt* отрицать *нсв*

verleumden [fɛɐ̯'lɔɪmdən] *vt* оклеветать *св*

verleumderisch *adj* клеветнический

Verleumdung <-, -en> *f (Äußerung)* клевета *ж*

Verleumdungskampagne <-, -n> *f* клеветническая кампания *ж*

Verleumdungsklage <-, -n> *f* JUR иск *м* по поводу клеветы

verlieben *vr* влюбляться, -биться *св;* **bis über beide Ohren in jdn verliebt sein** *umg* быть по уши влюблённым в кого-л.

verliebt *adj* влюблённый

Verliebtheit <-, -en> *f* влюблённость *ж*

verlieren [fɛɐ'liːrən] <verlor, verloren> **I.** *vt* терять, по- *св;* **die Beherrschung ~** потерять самообладание; **was hast du hier verloren?** *fam* что ты здесь потерял?; **kein Wort darüber ~** ни слова не промолвить о чём-л. **II.** *vi (in Sport, Spiel)* проигрывать, -играть *св* **III.** *vr* **sich ~** *(verschwinden, abschweifen)* теряться, по- *св;* **die Geduld ~** потерять терпение; **den Faden ~** *fig* сбиться с мысли

Verlierer(in) <-s, -> *m(f)* проигравший *м*, проигравшая *ж*

Verlies [fɛɐ̯'liːs] <-es, -e> *nt* темница *ж*

verloben *vr* помолвиться *св*

Verlobte(r) <-n, -n> *f(m)* *(Mann)* жених *м;* *(Frau)* невеста *ж*

Verlobung <-, -en> *f* помолвка *ж*

verlockend *adj* соблазнительный; **das klingt ~** это звучит заманчиво; **ein ~es Angebot** заманчивое предложение *ср*

Verlockung <-, -en> *f* соблазн *м*

verlogen [fɛɐ'loːgən] *adj* лживый

Verlogenheit <-> *f* лживость *ж*

verlor [fɛɐ'loːɐ] *prät von* **verlieren**

verloren [fɛɐ'loːrən] *adj (ausgeliefert, hilflos)* потерянный

verloren gehen[RR] *vi* теряться, по- *св*

verlosen *vt* разыгрывать, разыграть *св*

Verlosung <-, -en> *f* розыгрыш *м*

verlottert *adj* опустившийся (о человеке)

Verlust [fɛɐ'lʊst] <-(e)s, -e> *m* **1.** *(das Verlieren)* потеря *ж;* **~ des Arbeitsplatzes** потеря рабочего места; **~ eines Kunden** потеря клиентов **2.** *(finanziell)* убыток *м;* **mit ~ arbeiten** работать с убытками; **einen ~ ausgleichen** компенсировать ущерб **3.** MIL *(meist pl)* потеря *ж*

Verlustausgleich <-(e)s> *m* возмещение *ср* понесённого убытка

Verlustbeteiligung <-, -en> *f* участие *ср* в убытках

Verlustbetrieb <-(e)s, -e> *m* убыточное предприятие *ср*

verlustbringend[Alt] *adj* убыточный

Verlustkonto <-s, -konten> *nt* **auf ~** безвозвратно

Verlustmeldung <-, -en> *f* заявление *ср*

verlustreich *adj* с большими потерями

vermachen *vt* завещать *нсв/св;* **jdm etw ~** *(vererben)* завещать кому-л. что-л.; *(schenken)* подарить кому-л. что-л.

Vermächtnis [fɛɐ'mɛçtnɪs] <-ses, -se> *nt* **1.** *(Erbe)* завещание *ср* **2.** *(Testament)* завет *м*

vermählen [fɛɐ̯'mɛːlən] *vt* **1.** *geh (Frau)* выдавать *нсв*, выдать *св* **2.** *geh (Mann)* женить *нсв/св*

Vermählung <-en> *f geh* свадьба *ж*

vermarkten *vt* продавать, -дать *св;* **eine Idee ~** продавать идею; **ein Produkt ~** продавать продукт

Vermarktung <-> *f* продажа *ж*

Vermarktungsgesellschaft <-, -en> *f* предприятие *ср* по сбыту

vermasseln *vt fam* провалить; **eine Prüfung ~** завалить экзамен; **er hat mir alles vermasselt** он мне всё испортил

vermehren **I.** *vr (fortpflanzen)* размножаться, -множиться *св* **II.** *vt* умножать, умножить *св*

Vermehrung <-> *f* **1.** *(das Vermehren)* увеличение *ср*, умножение *ср* **2.** *(Fortpflanzung)* размножение *ср*

vermeiden <irr> *vt* избегать, -бежать *св;* **etw ~** избегать чего-л.

vermeintlich [fɛɐ'maɪntlɪç] *adj* мнимый

Vermerk [fɛɐ̯'mɛrk] <-(e)s, -e> *m* заметка *ж*

vermerken *vt (schriftlich)* отмечать, -метить *св*

Vermessung <-, -en> *f* измерение *ср*

vermiesen *vt fam* **jdm etw ~** испортить

V

кому́-л. что-л.

vermieten *vt* сдава́ть, сдать *св;* **Zimmer zu ~** сдаётся ко́мната

Vermieter(in) <-s, -> *m(f)* хозя́ин *м,* хозя́йка *ж*

Vermietung <-> *f* сда́ча *ж* в аре́нду

vermindern I. *vt (geringer machen)* снижа́ть, сни́зить *св* II. *vr (geringer werden)* уменьша́ться, уме́ньшиться *св*

Verminderung <-, -en> *f* уменьше́ние *ср*

vermischen I. *vt* сме́шивать, смеша́ть *св* II. *vr* сме́шиваться, смеша́ться *св*

vermissen *vt* **ich werde dich sehr ~** мне тебя́ бу́дет о́чень недостава́ть [*или* не хвата́ть]; **er vermisst seine Schlüssel** он потеря́л свои́ ключи́

vermisst *adj* **~ werden** пропа́сть бе́з вести; **jdn als vermisst melden** объяви́ть кого́-л. пропа́вшим

Vermisste[RR] <ein -r, -n, -n> *mf,* **Vermißte**[Alt] <ein -r, -n, -n> *mf* пропа́вший *м,* пропа́вшая *ж*

vermitteln I. *vt (Wissen)* передава́ть, -да́ть *св;* **sie konnte ihm eine Stelle ~** она́ помогла́ ему́ устро́иться на рабо́ту; **Aufträge ~** поставля́ть зака́зы II. *vi (als Mittler agieren)* посре́дничать *нсв*

Vermittler(in) <-s, -> *m(f)* посре́дник *м,* посре́дница *ж*

Vermittlerfirma <-, -firmen> *f* посре́дническая фи́рма *ж*

Vermittlung <-, -en> *f* посре́дничество *ср;* TELKOM центра́льная телефо́нная ста́нция *ж*

Vermittlungsagentur *f* посре́дническое бюро́ *ср*

Vermittlungsausschuss <-es, -ausschüsse> *m комиссия по ула́живанию законода́тельных разногла́сий ме́жду бундеста́гом и бундесра́том (ФРГ)*

Vermittlungsversuch <-(e)s, -e> *m* попы́тка *ж* примире́ния

vermöbeln *vt umg (verprügeln)* дуба́сить, от- *св,* вздуть *св*

Vermögen [fɛɐ'mœːgən] <-s, -> *nt* 1. *(Besitz)* состоя́ние *ср,* иму́щество *ср;* **das ~ beschlagnahmen** налага́ть аре́ст на иму́щество; **mit dem persönlichen ~ haften** отвеча́ть ли́чным иму́ществом; **ein ~ mit Immobilien machen** де́лать состоя́ние на недви́жимости; **~ umschichten** перераспределя́ть состоя́ние; **~ übertragen** передава́ть иму́щество; **das kostet ein ~** э́то сто́ит о́чень до́рого 2. *(Fähigkeit)* уме́ние *ср*

vermögend *adj* состоя́тельный

Vermögensabgabe <-, -n> *f* нало́г *м* на иму́щество

Vermögensanlage <-, -n> *f* капиталовложе́ние *ср*

Vermögensart <-, -en> *f* вид *м* иму́щества

Vermögensberater(in) <-s, -> *m* консульта́нт *м* по вопро́сам инвести́ции

Vermögensbeteiligung <-, -en> *f* иму́щественное уча́стие *ср*

Vermögensbilanz <-, -en> *f* бала́нс *м* иму́щественного состоя́ния

Vermögensbildung <-> *f* образова́ние *ср* со́бственности и иму́щества

Vermögenseinkommen <-> *nt* дохо́д *м* от иму́щества

Vermögenslage <-> *f* иму́щественное положе́ние *ср*

Vermögenssteuer <-> *f* нало́г *м* на иму́щество

Vermögenstransfer <-s, -s> *m* иму́щественный трансфе́р *м*

Vermögensverwaltung <-> *f* управле́ние *ср* иму́ществом

vermummt *adj* заку́танный; *(verkleidet)* замаскиро́ванный

vermurksen *vt umg* сде́лать *св* из рук вон пло́хо

vermuten [fɛɐ̯'muːtən] *vt* предполага́ть, -ложи́ть *св;* **ich habe sie hier vermutet** я ду́мал, что она́ здесь; **man vermutet eine defekte Gasleitung als Brandursache** предполага́ют, что причи́ной пожа́ра яви́лся неиспра́вный газопрово́д; **das hatte ich nicht vermutet** я э́того не предполага́л

vermutlich I. *adj* предполага́емый II. *adv* наве́рно, предположи́тельно

Vermutung <-, -en> *f* предположе́ние *ср*

vernachlässigen *vt* 1. *(Pflichten, Arbeit)* небре́жно относи́ться, отнести́сь *св* 2. *(Äußeres, Haus)* запуска́ть, -пусти́ть *св*

vernagelt *adj umg* бестолко́вый

vernarben *vi* зарубцо́вываться, -цева́ться *св*

vernarren *vr* **sich ~** влюби́ться

vernarrt *adj* влюблённый до безу́мия

vernaschen *vt umg* сло́пать *св*

vernehmen <irr> *vt* JUR *(Zeugen)* допра́шивать, -проси́ть *св*

Vernehmung <-, -en> *f* допро́с *м*

vernehmungsunfähig *adj* него́дный для допро́са (по состоя́нию здоро́вья)

verneigen *vr* **sich ~** поклони́ться

Verneigung <-en> *f* покло́н *м*

verneinen *vt* отрица́ть *нсв/св*

Verneinung <-, -en> *f* отрица́ние *ср*

vernetzen *vt* DV включа́ть в сеть

Vernetzung <-> *f* DV включе́ние *ср*

vernichten *vt* уничтожа́ть, -то́жить *св*

vernichtend *adj* 1. *(zerstörerisch)* разруши́тельный 2. *(Blick)* убийственный

Vernichtung <-> *f* уничтоже́ние *ср*

Vernichtungswaffe <-, -n> *f* ору́жие *ср* ма́ссового пораже́ния

Vernissage [vɛrnɪ'saːʒə] <-n> *f* вернисáж *м*

Vernunft [fɛɐ'nʊnft] <-> *f* ра́зум *м;* **zur ~**

kommen образу́миться; **jdn zur ~ bringen** образу́мить кого́-л.

vernünftig [fɛɐ̯ˈnʏnftɪç] I. *adj* разу́мный; **sei doch ~!** будь разу́мным!; **mit ihm kann man kein ~es Wort reden** с ним нельзя́ говори́ть разу́мно II. *adv fam* разу́мно

vernunftorientiert *adj* руково́дствующийся ра́зумом

veröffentlichen *vt* публикова́ть, о- *св*

Veröffentlichung <-, -en> *f* опубликова́ние *ср*

verordnen *vt* 1. *(verschreiben)* предпи́сывать, предписа́ть *св* 2. *(anordnen)* постановля́ть, постанови́ть *св*

Verordnung <-, -en> *f* распоряже́ние *ср*

verpachten *vt* сдава́ть в аре́нду

Verpachtung <-> *f* сда́ча *ж* в аре́нду

verpacken *vt* упако́вывать, упакова́ть *св*

Verpackung <-, -en> *f* упако́вка *ж;* **eine ansprechende ~** привлека́тельная упако́вка; **eine luxuriöse ~** роско́шная упако́вка

verpackungsarm *adj* с ми́нимумом упако́вки

Verpackungsgewicht <-(e)s> *nt* вес *м* упако́вки

Verpackungsindustrie <-> *f* упако́вочная промы́шленность *ж*

Verpackungsmaterial <-s> *nt* упако́вочный материа́л *м*

verpassen *vt* упуска́ть, упусти́ть *св*

verpesten *vt abw* загрязня́ть, загрязни́ть *св*

verpetzen *vt abw* ная́бедничать; **jdn (beim Lehrer) ~** ная́бедничать на кого́-л. (учи́телю)

verpfänden *vt* закла́дывать, -ложи́ть *св*

Verpfändung <-> *f* переда́ча *ж* в зало́г

verpflegen *vt* обеспе́чивать, -пе́чить *св* пита́нием

Verpflegung <-> *f* пита́ние *ср*

Verpflegungskosten <-> *pl* расхо́ды *мн* на пита́ние

verpflichten I. *vt* обя́зывать, обяза́ть *св;* **sich vertraglich zu etwas ~** обя́зываться по догово́ру; **ich bin ihm sehr verpflichtet** я ему́ о́чень обя́зан II. *vr* **sich ~** обяза́ться

Verpflichtung <-, -en> *f* обя́занность *ж,* обяза́тельство *ср;* **~ aus einem Vertrag** догово́рное обяза́тельство; **eine geschäftliche ~ eingehen** брать на себя́ деловы́е обяза́тельства; **einer ~ nachkommen** выполня́ть обяза́тельство; **vertragliche ~en erfüllen** выполня́ть догово́рные обяза́тельства

verpfuschen *vt fam* по́ртить, испо́ртить *св*

verplanen *vt (Zeit)* **für morgen bin ich schon verplant** у меня́ уже́ есть пла́ны на за́втра

verplappern *vr* **sich ~** *fam* проговори́ться

verplaudern *vr umg* проболта́ться

verplempern *vt fam (Geld)* тра́тить, потра́тить *св; (Zeit)* теря́ть, потеря́ть *св*

verprügeln *vt* избива́ть, -би́ть *св*

verpuffen *vi sein (explodieren)* взрыва́ться, взорва́ться *св*

Verputz <-es> *m* штукату́рка *ж*

verputzen *vt (Wand)* штукату́рить, от- *св*

verqualmt *adj* задымлённый; *umg* наку́ренный

verquatschen *vr umg* проболта́ться

verramschen *vt fam* прода́ть за бесце́нок

Verramschung <-> *f* прода́жа *ж* по зани́женной цене́

Verrat [fɛɐ̯ˈraːt] <-(e)s> *m* изме́на *ж,* преда́тельство *ср*

verraten <irr> I. *vt* 1. *(Geheimnis, Person)* выдава́ть, вы́дать *св;* **soll ich Ihnen was ~?** *fam* сказа́ть вам что-то? 2. *(Person, Vaterland)* предава́ть, -да́ть *св;* **seine Ideale ~** пре́дать свои́ идеа́лы II. *vr* **sich ~** выдава́ть, вы́дать *св*

Verräter(in) [fɛɐ̯ˈrɛːtɐ] <-s, -> *m(f)* преда́тель *м,* преда́тельница *ж*

verräterisch *adj* преда́тельский

verräuchert *adj* проку́ренный

verrechnen I. *vt* 1. *(Kosten)* ста́вить, поста́вить *св* 2. *(Scheck)* перечисля́ть, -чи́слить *св* II. *vr (falsch rechnen)* обсчи́тываться, -счита́ться *св*

Verrechnung <-> *f* 1. *(Abrechnung)* расчёт *м* 2. *(Clearing)* кли́ринг *м*

Verrechnungseinheit <-, -en> *f* едини́ца *ж* расчётов

Verrechnungskonto <-s, -konten> *nt* расчётный счёт *м*

Verrechnungsscheck <-s, -s> *m* расчётный чек *м*

verrecken *vi sein, fam* **verreck doch!** *abw* чтоб ты сдох!

verregnet *adj* не уда́вшийся, испо́рченный

verreisen *vi* уезжа́ть, уе́хать *св;* **sie ist verreist** она́ уе́хала

verrenken [fɛɐ̯ˈrɛŋkən] *vt* вы́вихнуть *св*

Verrenkung <-, -en> *f* вы́вих *м*

verrichten *vt* **seine Notdurft ~** ходи́ть по нужде́

verriegeln *vt* запира́ть, -пере́ть *св*

verringern [fɛɐ̯ˈrɪŋɐn] I. *vt* уменьша́ть, уме́ньшить *св* II. *vr* уменьша́ться, уме́ньшиться *св*

Verringerung <-> *f* сниже́ние *ср,* уменьше́ние *ср*

verrosten *vi* ржаве́ть, за- *св*

verrostet *adj* ржа́вый, заржа́вленный

verrotten [fɛɐ̯ˈrɔtən] *vi sein* 1. *(verfaulen)* гнить 2. *(zerfallen)* разруша́ться

verrottet *adj* истле́вший

verrückt *adj* сумасше́дший; **jdn ~ machen**

umg свести́ кого́-л. с ума́; **bist du ~ geworden?** *umg* ты с ума́ сошёл?; **ich werd' ~!** *fam* я с ума́ сойду́!; **~ spielen** *fam* сойти́ с ума́; **auf etw/jdn ~ sein** *fam* быть без ума́ от чего́-л./кого́-л.

Verrückte(r) <-n, -n> *f(m)* сумасше́дший *м*, сумасше́дшая *ж*

Verruf *m* **jdn in ~ bringen** дискредити́ровать кого́-л.; **in ~ geraten** потеря́ть репута́цию

verrühren *vt* разме́шивать

verrußt *adj* покры́тый ко́потью

verrutschen *vi sein* скользи́ть

Vers [fɛrs] <-es, -e> *m* стихотво́рная строка́ *ж; (pl)* стихи́ *мн*

versagen *vi* **1.** *(Mensch)* терпе́ть, по- *св* **2.** *(Maschine)* отка́зывать, -каза́ть *св*

Versagen <-s> *nt ohne pl* **menschliches ~** челове́ческая оши́бка *ж*

Versager <-s, -> *m pej* неуда́чник *м*

versalzen *vt (Essen)* переса́ливать, -соли́ть *св;* **jdm etw ~** *fig, fam* помеша́ть чьим-л. пла́нам

versammeln **I.** *vt* собира́ть, собра́ть *св* **II.** *vr* собира́ться, собра́ться *св*

Versammlung <-, -en> *f* собра́ние *ср;* **eine ~ abhalten** проводи́ть собра́ние; **eine ~ einberufen** созыва́ть собра́ние

Versammlungsfreiheit <-> *f* свобо́да *ж* ми́тингов и собра́ний

Versammlungsverbot <-(e)s> *nt* запре́т *м* на ми́тинги и собра́ния

Versand [fɛɐˈzant] <-(e)s> *m (das Versenden)* отпра́вка *ж*, посы́лка *ж*

Versandabteilung <-, -en> *f* экспеди́ция *ж*

Versandhandel <-s> *m* посы́лочная торго́вля *ж*

Versandhaus <-es, -häuser> *nt* предприя́тие *ср* посы́лочной торго́вли

Versandhauskatalog <-(e)s, -e> *m* катало́г *м* посы́лочной фи́рмы

Versandkosten <-> *pl* расхо́ды *мн* на отпра́вку, сто́имость *ж* посы́лки

Versandpapiere <-> *pl* отгру́зочные докуме́нты *мн*

versäumen *vt* **1.** *(Unterricht)* пропуска́ть, -пусти́ть *св* **2.** *(Zeit, Bus)* упуска́ть, упусти́ть *св*

Versäumnis <-ses, -se> *nt* упуще́ние *ср*

verschaffen *vt* **sich** *dat* **Respekt ~** доби́ться уваже́ния

verschämt [fɛɐˈʃɛːmt] *adj* засте́нчивый

verschärfen **I.** *vt* **1.** *(strenger machen)* ужесточа́ть, -чи́ть *св* **2.** *(verschlimmern, erschweren)* обостря́ть, -ри́ть *св* **II.** *vr (sich steigern)* обостря́ться, -ри́ться *св*

verschätzen *vr* **sich ~** ошиби́ться

verschaukeln *vt fam* ве́шать кому́-л. лапшу́ на у́ши

verschenken *vt (schenken)* дари́ть

verscherzen *vr* **sich ~** ошиби́ться

verscheuchen *vt* спу́гивать, спугну́ть *св*

verschicken *vt* рассыла́ть, разосла́ть *св*

verschiebbar *adj* передвижно́й, смеща́емый

Verschiebebahnhof <-(e)s, -höfe> *m* сортиро́вочная ста́нция *ж*

verschieben <irr> **I.** *vt* **1.** *(an eine andere Stelle schieben)* передвига́ть, -дви́нуть *св* **2.** *(zeitlich)* переноси́ть, -нести́ *св* **II.** *vr (zeitlich)* переноси́ться, -нести́сь *св*

verschieden [fɛɐˈʃiːdən] *adj (unterschiedlich)* разли́чный, ра́зный; **auf ~e Weise** по-ра́зному

verschiedenartig *adj* разнообра́зный

Verschiedenartigkeit <-> *f* разнообра́зие *ср*

Verschiedenheit <-, -en> *f* разли́чие *ср*

verschimmeln *vi* пле́сневеть, за- *св*

verschlafen <irr> *vt umg (versäumen)* просыпа́ть, -спа́ть *св*

verschlagen <irr> *vt* **das hat mir fast die Sprache ~** у меня́ слов нет

verschlampen *vt umg* утеря́ть *св*, забы́ть *св*

verschlechtern **I.** *vt* ухудша́ть, уху́дшить *св* **II.** *vr* ухудша́ться, уху́дшиться *св*

Verschlechterung <-> *f* ухудше́ние *ср*

verschleiern *vt* **1.** *(mit einem Schleier verhüllen)* закрыва́ть, -кры́ть *св* **2.** *(vertuschen)* скрыва́ть, скрыть *св*

Verschleierungstaktik <-> *f* та́ктика *ж* завуали́рования

Verschleiß [fɛɐˈʃlaɪs] <-es> *m* изно́с *м*

Verschleißerscheinung <-, -en> *f* при́знак *м* изно́са

Verschleißfestigkeit <-> *f* износосто́йкость *ж*

verschleppen *vt (Menschen)* угоня́ть, угна́ть *св;* **eine verschleppte Krankheit** запу́щенная боле́знь

Verschleppungstaktik <-> *f* та́ктика *ж* затя́гивания, тактика проволо́чек

verschließen <irr> *vt (abschließen)* закрыва́ть, -кры́ть *св*

verschlimmern **I.** *vt* ухудша́ть, уху́дшить *св* **II.** *vr* **sich ~** ухудша́ться, уху́дшиться *св*

verschlossen [fɛɐˈʃlɔsən] *adj (Mensch)* за́мкнутый

verschlucken **I.** *vt (hinunterschlucken)* глота́ть, проглоти́ть *св* **II.** *vr* дави́ться, по- *св*

verschludern *vt umg* разбаза́ривать, -за́рить *св*

Verschluss[RR] <-es, Verschlüsse> *m*, **Verschluß**[Alt] <-sses, Verschlüsse> *m* **1.** *(von Flasche)* про́бка *ж* **2.** *(von Glas)* кры́шка *ж* **3.** *(von Halskette)* застёжка *ж;* **etw unter ~ halten** держа́ть что-л. взаперти́

Verschlussdeckel <-s, -s> *m* колпачо́к *м*

verschlüsseln *vt* коди́ровать, за- *св;*

verschlüsselte Daten INFOR закоди́рованные да́нные
Verschlusskappe <-, -n> *f* колпачо́к *м*
verschmelzen <irr> *vt* *(Metall)* пла́вить
Verschmelzung <-> *f* слия́ние *ср*
verschmieren *vt* 1. *(Loch, Riss)* зама́зывать, зама́зать *св* 2. *(beschmutzen)* па́чкать, испа́чкать *св*
verschmitzt [fɛɐ̯ˈʃmɪt͡st] *adj* хи́трый
Verschmitztheit <-> *f* хи́трость *ж*, лука́вство *ср*
verschmutzen I. *vt* загрязня́ть, -ни́ть *св* II. *vi* па́чкаться, ис- *св*; **die Umwelt** (**mit etw**) ~ загрязня́ть (чем-л.) окружа́ющую среду́
verschmutzt *adj* загрязнённый, испа́чканный
Verschmutzung <-en> *f* загрязне́ние *ср*
verschnaufen *vi* сде́лать переды́шку
verschneit [fɛɐ̯ˈʃnaɪt] *adj* заснéженный
verschnörkelt *adj* вы́чурный
Verschnürung <-, -en> *f* перевя́зывание *ср*
verschollen [fɛɐ̯ˈʃɔlən] *adj* пропа́вший бéз вести
Verschollene <-n, -n> *mf* пропа́вший *м*
verschonen *vt* щади́ть, по- *св*
verschönern [fɛɐ̯ˈʃœːnɐn] *vt* украша́ть, -кра́сить *св*; *fig* приукра́шивать, -кра́сить *св*
verschossen *adj* вы́цветший
verschränken [fɛɐ̯ˈʃrɛŋkən] *vt* *(Arme, Beine)* перекре́щивать, -крести́ть *св*
verschrecken *vt* пуга́ть чем-л.
verschreiben <irr> I. *vt* MED *(Medikament)* пропи́сывать, -писа́ть *св* II. *vr* *(falsch schreiben)* допусти́ть *св*
verschrotten *vt* пуска́ть, пусти́ть *св* на лом
verschrumpelt *adj* смо́рщенный, вы́сохший
verschüchtert [fɛɐ̯ˈʃʏçtɐt] *adj* напу́ганный; *(schüchtern)* боязли́вый
verschulden I. *vt* *(die Schuld an etw haben)* быть винова́тым II. *vr* *(Schulden machen)* задолжа́ть *св*, влеза́ть, влезть *св* в долги́
Verschulden <-s, -> *nt* JUR вина́ *ж*, вино́вность *ж*
verschuldet *adj* име́ющий долги́
Verschuldung <-> *f* задо́лженность *ж*, долг *м*; ~ **der öffentlichen Hand** госуда́рственная задо́лженность
verschütten *vt* *(unter sich begraben)* засыпа́ть, -сы́пать *св*
verschweigen <irr> *vt* скрыва́ть, скры́ть *св*; **jdm etw** ~ промолча́ть о чём-л.
verschweißen *vt* сва́ривать, свари́ть *св*
verschwenden [fɛɐ̯ˈʃvɛndən] *vt* растра́чивать, -тра́тить *св*
Verschwender(in) <-s, -> *m(f)* расточи́тель *м*, расточи́тельница *ж*
verschwenderisch *adj* расточи́тельный
Verschwendung <-> *f* расточи́тельство *ср*
verschwiegen [fɛɐ̯ˈʃviːgən] *adj* скры́тный
Verschwiegenheit <-> *f* молчали́вость *ж*, скры́тность *ж*
verschwimmen *vi* расплыва́ться, -плы́ться *св*
verschwinden <irr> *vi* исчеза́ть, -че́знуть *св*; **etw ~ lassen** скрыть что-л.; **verschwinde!** *fam* прочь отсю́да!
Verschwinden <-s> *nt ohne pl* исчезнове́ние *ср*, пропа́жа *ж*
verschwitzt *adj* вспоте́вший, пропоте́вший
verschwommen [fɛɐ̯ˈʃvɔmən] *adj* *(Foto, Erinnerung)* расплы́вчатый; **ohne Brille sehe ich alles** ~ без очко́в я ви́жу всё как в тума́не
verschwören *vr* составля́ть, -ста́вить *св*
verschworen [fɛɐ̯ˈʃvoːrən] I. *pp von* **verschwören** II. *adj* уча́ствующий в за́говоре; **alles hat sich gegen mich** ~ все сговори́лись про́тив меня́
Verschwörer(in) <-s, -; -nen> *m(f)* заго-во́рщик *м*
verschwörerisch *adj* загово́рщицкий
Verschwörung <-, -en> *f* за́говор *м*
versehen <irr> *vt* *(mit etw ausstatten)* снабжа́ть, -бди́ть *св*
Versehen <-s, -> *nt* оши́бка *ж*; **aus** ~ по оши́бке; **etw aus ~ tun** сде́лать что-л. по невнима́нию
versehentlich [fɛɐ̯ˈzeːəntlɪç] I. *adv* по оши́бке, оши́бочно II. *adj* оши́бочный
Versehrte [fɛɐ̯ˈzeːɐ̯tə] <-n, -n> *mf* ра́неный *м*, инвали́д *м*
Versehrtenrente <-, -n> *f* пе́нсия *ж*
verselb(st)ständigen *vr* стать *св*, отдели́ться *св*
versenden *vt* рассыла́ть, разосла́ть *св*
Versender <-s, -> *m* экспеди́тор *м*, отправи́тель *м*
Versendung <-> *f* отпра́вка *ж*
versenken I. *vt* *(Schiff)* потопля́ть, потопи́ть *св* II. *vr* *(sich konzentrieren auf)* погружа́ться, -грузи́ться *св*
versessen [fɛɐ̯ˈzɛsən] *adj* **auf etw/jdn ~ sein** помеша́ться на чём-л./ком-л.
versetzen I. *vt* 1. *(an einen anderen Punkt setzen)* перемеща́ть, -мести́ть *св* 2. *(in der Schule, dienstlich)* переводи́ть, -вести́ *св*; **sie ist in die fünfte Klasse versetzt worden** ее перевели́ в пя́тый класс; **er wird nicht versetzt** его́ не переведу́т; **etw mit Alkohol/Wasser** ~ подмеша́ть алкого́ль/во́ду во что-л.; **jdm einen Schrecken** ~ испуга́ть кого́-л.; **jdn in Zorn/in Angst** ~ разозли́ть/напуга́ть кого́-л. II. *vr* **sich in jds Lage** ~ поста́вить себя́ на ме́сто кого́-л.

V

Versetzung <-, -en> *f* перево́д *м*, перемеще́ние *ср*
verseuchen *vt* заража́ть, -рази́ть *св*
Verseuchung <-en> *f* зараже́ние *ср*
Versicherer <-s, -> *m* страхо́вщик *м*
versichern I. *vt* 1. *(eine Versicherung abschließen)* страхова́ть, за- *св;* **die wertvollen Geräte sind hoch versichert** всё це́нное обору́дование застрахо́вано на большу́ю су́мму де́нег 2. *(beteuern, bestätigen)* уверя́ть, уве́рить *св;* **sie hat es mir ausdrücklich versichert** она́ кля́твенно меня́ в э́том заве́рила; **jdm etw ~** заве́рить кого́-л. в чём-л. II. *vr* **sich ~** *(durch eine Versicherung)* страхова́ться, за- *св*
Versicherung <-, -en> *f* 1. *(Versichern)* страхова́ние *ср;* **eine ~ abschließen** заключи́ть догово́р страхова́ния; **freiwillige ~** доброво́льное страхова́ние; **gesetzliche ~** обяза́тельное страхова́ние; **eine ~ kündigen** расторга́ть догово́р страхова́ния; **eine ~läuft ab** страхово́й догово́р истека́ет 2. *(Bestätigung, Erklärung)* завере́ние *ср* 3. *(Versicherungsunternehmen)* страхова́я компа́ния *ж* 4. *(Versicherungsvertrag)* страхово́й догово́р *м* 5. *umg* страхо́вка *ж;* **eine ~ abschließen** заключи́ть догово́р о страхова́нии
Versicherungsagent <-en, -en> *m* страхово́й аге́нт *м*
Versicherungsausweis <-es, -e> *m* страхово́е свиде́тельство *ср*
Versicherungsbeitrag <-(e)s, -beiträge> *m* страхово́й взнос *м*
Versicherungsbetrug <-(e)s> *m* страхово́й подло́г *м*
Versicherungsgesellschaft *f* страхова́тельная компа́ния *ж*
Versicherungskarte <-, -n> *f* страхова́я ка́рточка *ж*
Versicherungsnummer <-, -n> *f* страхово́й но́мер *м*
Versicherungspflicht <-> *f* обяза́тельное страхова́ние *ср*
versicherungspflichtig *adj* подлежа́щий обяза́тельному страхова́нию
Versicherungspolice <-, -n> *f* страхово́й по́лис *м*
Versicherungsprämie <-, -n> *f* страхова́я пре́мия *ж*
Versicherungsschein <-(e)s, -e> *m* страхово́й по́лис *м*
Versicherungsschutz <-es> *m* страхово́е обеспе́чение *ср*
Versicherungssumme <-, -n> *f* страхова́я су́мма *ж*
Versicherungsvertrag <-(e)s, -verträge> *m* догово́р *м* о страхова́нии
Versicherungsvertreter <-s, -> *m* страхово́й аге́нт *м*
Versicherungswesen <-s> *nt* страхова́ние *ср*, страхово́е де́ло *ср*
versiegeln *vt* 1. *(Brief)* запеча́тывать, -ча́тать *св* 2. *(Tür)* опеча́тывать, -ча́тать *св*
versiegen *vi* **Quelle, Gespräch** иссяка́ть, изся́кнуть *св*
versiert [vɛrˈziːɐt] *adj* о́пытный
versilbern *vt* 1. *(mit Silber überziehen)* посеребри́ть 2. *fam (verkaufen)* прода́ть
versinken <irr> *vi (untergehen)* тону́ть, у- *св;* **in Gedanken versunken sein** погрузи́ться в свои́ мы́сли
Version [vɛrˈzi̯oːn] <-, -en> *f* ве́рсия *ж;* **aktuelle ~** актуа́льный вариа́нт *м;* **letzte ~** после́дняя ве́рсия *ж*
Versklavung <-en> *f* порабоще́ние *ср*
Verslehre <-, -n> *f* ме́трика *ж*
versöhnen [fɛɐ̯ˈzøːnən] I. *vt* примиря́ть, -мири́ть *св* II. *vr* примиря́ться, -мири́ться *св*
versöhnlich *adj* примири́тельный
Versöhnung <-, -en> *f* примире́ние *ср*
Versöhnungsgeste <-, -n> *f* жест *м* примире́ния
versorgen *vt* 1. *(beliefern)* снабжа́ть, -бди́ть *св;* **das Kernkraftwerk versorgt das ganze Gebiet mit Strom** а́томная электроста́нция снабжа́ет всю э́ту о́бласть электроэне́ргией 2. *(Familie)* содержа́ть *нсв* 3. *(verschaffen)* обеспе́чивать, -чи́ть *св;* **das Management mit aktuellen Informationen ~** обеспе́чивать ме́неджмент актуа́льной информа́цией
Versorgung <-> *f (das Beliefern)* снабже́ние *ср*, обеспе́чение *ср*, обслу́живание *ср;* **ärztliche ~** медици́нское обслу́живание; **die ~ aufrechterhalten** подде́рживать снабже́ние; **die ~ der Bevölkerung mit Medikamenten** обеспе́чение населе́ния медикаме́нтами; **die ~ garantieren** гаранти́ровать снабже́ние
Versorgungsbetrieb <-(e)s, -e> *m* предприя́тие *ср* коммуна́льно-бытово́го обслу́живания
Versorgungslage <-> *f* состоя́ние *ср* снабже́ния
Versorgungsleitung <-, -en> *f* коммуна́льная прово́дка *ж*
Versorgungslücke <-, -n> *f* дефици́т *м*
Versorgungsspannung <-> *f* EL напряже́ние *ср* пита́ния
verspachteln *vt* шпаклева́ть
verspäten *vr* опа́здывать, опозда́ть *св*
Verspätung <-, -en> *f* опозда́ние *ср;* **ihr Flug hatte 30 Minuten ~** её рейс был заде́ржан на три́дцать мину́т
verspeisen *vt geh* съесть
versperren *vt* загора́живать, -городи́ть *св;* **die Zufahrt war mit Holzbalken versperrt** подъе́зд был загоро́жен деревя́нными

ба́лками; **die Durchfahrt ~** загради́ть путь; **die Sicht ~** закры́ть вид

verspielen I. *vt (Geld)* прои́грывать, -игра́ть *св* II. *vi* **du hast verspielt** ты проигра́л

verspielt *adj* 1. *(Kind, Tier)* игри́вый 2. *(Muster)* разнообра́зный

verspotten *vt* издева́ться *нсв*

versprechen <irr> I. *vt (ein Versprechen geben)* обеща́ть *нсв/св;* **viel ~d** многообеща́ющий; **ich kann dir nichts ~** я ничего́ не могу́ тебе́ обеща́ть II. *vr* **sich ~** *(beim Sprechen)* огова́риваться, -вори́ться *св*

Versprechen <-s, -> *nt* обеща́ние *ср;* **jdm ein ~ geben** дать кому́-л. обеща́ние; **jdm ein ~ abnehmen** взя́ть с кого́-л. обеща́ние; **ein ~ halten** сдержа́ть обеща́ние

Versprechung <-en> *f* обеща́ние *ср;* **leere ~en machen** дава́ть пусты́е обеща́ния

verspritzen *vt* 1. *(verteilen)* раздели́ть 2. *(bespitzen)* обры́згать 3. *(voll spritzen)* забры́згать

versprühen *vt* набры́згать

verspüren *vt* чу́вствовать, почу́вствовать *св*

verstaatlichen *vt* национализи́ровать, обраща́ть в госуда́рственную со́бственность; **verstaatlichte Industrie** национализи́рованная промы́шленность; **ein Unternehmen ~** национализи́ровать предприя́тие

Verstaatlichung <-> *f* национализа́ция *ж,* огосударствле́ние *ср*

Verstädterung [fɛɐ̯ˈʃtɛ(ː)tərʊŋ] <-> *f* урбаниза́ция *ж*

Verstand [fɛɐ̯ˈʃtant] <-(e)s> *m* ра́зум *м;* **den ~ verlieren** потеря́ть рассу́док; **du bist wohl nicht ganz bei ~!** *fam* у тебя́ не все до́ма

verstandesmäßig *adj* разу́мный

verständigen *vr* 1. *(jdm etw mitteilen)* объясня́ться, -ни́ться *св* 2. *(sich einig werden)* догова́риваться, -вори́ться *св*

Verständigung <-> *f* 1. *(Kommunikation)* коммуника́ция *ж,* обще́ние *ср* 2. *(Einigung)* соглаше́ние *ср*

verständigungsbereit *adj* гото́вый к перегово́рам, гото́вый к заключе́нию соглаше́ния

verständlich [fɛɐ̯ˈʃtɛntlɪç] *adj* поня́тный; **leicht/schwer ~** легко́/тру́дно поня́тный

Verständnis [fɛɐ̯ˈʃtɛntnɪs] <-ses> *nt* понима́ние *ср;* **für jdn/etw kein ~ haben** не понима́ть кого́-л./чего́-л.; **wir bitten um Ihr ~** мы про́сим вас прояви́ть терпе́ние

verständnislos *adj* непоня́тливый

Verständnislosigkeit <-> *f* непоня́тливость *ж*

verständnisvoll *adj* понима́ющий

verstärken I. *vt* уси́ливать, уси́лить *св;* **seine Bemühungen ~** нара́щивать свои́ уси́лия II. *vr (stärker werden)* уси́ливаться, уси́литься *св*

Verstärker <-s, -> *m* усили́тель *м*

Verstärkung <-, -en> *f* 1. *(das Verstärken)* усиле́ние *ср* 2. *(zahlenmäßig)* подде́ржка *ж*

verstaubt *adj* 1. *(schmutzig)* пы́льный 2. *(veraltet)* ста́рый

verstauchen *vt* растя́гивать, -тяну́ть *св*

Verstauchung <-, -en> *f* растяже́ние *ср*

verstauen *vt* убира́ть, убра́ть *св*

Versteck [fɛɐ̯ˈʃtɛk] <-(e)s, -e> *nt* укры́тие *ср;* **~ spielen** игра́ть в пря́тки

verstecken I. *vt* пря́тать, с- *св* II. *vr* пря́таться, с- *св*

Versteckspiel *nt* игра́ *ж* в пря́тки

versteckt *adj* скры́тый

verstehen <irr> I. *vt (hören können, begreifen)* понима́ть, -ня́ть *св;* **er versteht sein Handwerk** он хорошо́ зна́ет своё де́ло; **er gab mir zu ~, dass …** он дал мне поня́ть, что …; **verstanden?** по́нял?; **das hast du falsch verstanden** ты э́то непра́вильно по́нял; **wie soll ich das ~?** как мне э́то понима́ть? II. *vi* 1. *(Sachkenntnis haben)* разбира́ться 2. *(unter einem Begriff)* понима́ть *нсв* III. *vr* **sich ~, ich verstehe mich gut mit ihr** мы хорошо́ понима́ем друг дру́га; **das versteht sich doch von selbst** э́то подразумева́ется

versteifen *vr* 1. *(Gelenk)* онеме́ть *св* 2. *(Penis)* станови́ться, стать *св*

versteigern *vt* продава́ть/-да́ть с аукцио́на [*или* с торго́в]

Versteigerung <-, -en> *f* аукцио́н *м,* торги́ *ммн;* **eine öffentliche ~** публи́чные торги́

verstellbar *adj* регули́руемый

verstellen *vt* 1. *(anders einstellen)* переставля́ть, -ста́вить *св,* регули́ровать, от- *св* 2. *(versperren)* заставля́ть, -ста́вить *св* 3. *(Stimme, Handschrift)* изменя́ть, -ни́ть *св*

Verstellschraube <-, -n> *f* TECH смеща́емый винт *м*

versteppen *vi* преврати́ться в степь

Versteppung <-> *f* превраще́ние *ср* в степь

versteuern *vt* плати́ть, за- *св* нало́ги

verstimmt *adj* расстро́енный; **einen verstimmten Magen haben** у кого́-л. расстро́ен желу́док

verstockt [fɛɐ̯ˈʃtɔkt] *adj* упря́мый

verstopfen *vt* 1. *(etw zustopfen)* затыка́ть, заткну́ть *св* 2. *(unpassierbar machen)* засоря́ть, -ри́ть *св;* **die Kanalisation ist völlig verstopft** канализа́ция по́лностью засори́лась; **meine Nase ist verstopft** у меня́ забит нос

verstopft *adj* **~e Straßen** на у́лицах образова́лась про́бка

verstehen

• **Verstehen signalisieren**	• **Сигнализирование понимания**
(Ja, ich) verstehe!	**(Да,) я понимаю!**
Genau!	Совершенно верно!
Ja, das kann ich nachvollziehen.	Да, я могу это понять.
• **Nicht-Verstehen signalisieren**	• **Сигнализирование непонимания**
Was meinen Sie damit?	Что вы имеете в виду?
Wie bitte? - Das habe ich eben akustisch nicht verstanden.	**Что, простите? – Я не совсем понял это.**
Könnten Sie das bitte noch einmal wiederholen?	Прошу вас, вы не могли бы повторить?
Versteh ich nicht! / Kapier ich nicht! *(fam)*	**Я не понял! / Я не уловил!**
Das verstehe ich nicht (ganz).	**Я не (совсем) понял это.**
(Entschuldigen Sie bitte, aber) das hab ich eben nicht verstanden.	**(Извините, но) Я это не понял.**
Ich kann Ihnen nicht ganz folgen.	**Я не могу уследить за вашей мыслью.**
• **kontrollieren, ob man akustisch verstanden wird**	• **Контроль, понятно ли сказанное**
(an ein Publikum): **Verstehen Sie mich alle?**	*(аудитории):* **Всем слышно?**
(am Telefon): **Können Sie mich hören?**	*(по телефону):* **Вы меня слышите?**
(am Telefon): **Verstehen Sie, was ich sage?**	*(по телефону):* **Вы слышите, что я говорю?**

Verstopfung <-, -en> *f* засо́р *м*, запо́р *м*, зато́р *м*

verstorben [fɛɐ'ʃtɔrbən] *adj* поко́йный

verstört [fɛɐ'ʃtœːɐt] *adj* растéрянный

Verstoß <-es, Verstöße> *m* нарушéние *ср*; ~ **gegen das Gesetz** нарушéние зако́на; ~ **gegen die guten Sitten** нарушéние прáвил при́личия

verstoßen <irr> I. *vi* нарушáть, -ру́шить *св*; **gegen das Gesetz** ~ нарушáть зако́н II. *vt (verbannen)* изгоня́ть, изгнáть *св*

verstrahlen *vt* **verstrahlt sein** быть облучённым

verstrahlt *adj* подвéргшийся дéйствию радиáции

Verstrebung <-, -en> *f* укреплéние *ср* распо́рками

verstreichen <irr> I. *vi sein, geh (Zeit)* проходи́ть, пройти́ *св* II. *vt (Farbe, Butter)* мáзать, намáзать *св*

verstümmeln [fɛɐ̯'ʃtʏməln] *vt* изуро́довать *св*

verstummen *vi (Mensch, Geräusch)* умолкáть, умо́лкнуть *св*

Versuch [fɛɐ'zuːx] <-(e)s, -e> *m* 1. *(wissenschaftliches Experiment)* о́пыт *м*; **einen ~ durchführen** проводи́ть о́пыт [*или* эксперимéнт] 2. *(das Versuchen)* попы́тка *ж*; ~ **der Steuerhinterziehung** попы́тка уклони́ться от уплáты нало́гов

versuchen *vt (einen Versuch machen, etw zu tun)* про́бовать, по- *св*; **wir haben alles versucht** мы ужé всё перепро́бовали; **versuche es nochmal** попро́буй ещё раз

Versuchsanlage <-, -n> *f* экспериментáльная устано́вка *ж*

Versuchsanordnung <-, -en> *f* совоку́пность *ж* усло́вий, специáльно со́зданных для проведéния испытáния

Versuchsbohrung <-, -en> *f* про́бное бурéние *ср*

Versuchsergebnis <-ses, -se> *nt* результáт *м* эксперимéнта [*или* испытáния]

Versuchsgelände <-s> *nt* испытáтельный полиго́н *м*

Versuchskaninchen <-s, -> *nt umg* подо́пытный кро́лик *м*

Versuchslabor <-s, -e> *nt* исслéдовательская лаборато́рия *ж*

Versuchstier *nt* подо́пытный зáйчик *м*

versuchsweise [-vaɪzə] *adv* в кáчестве эксперимéнта

Versuchung <-, -en> *f* искушéние *ср*; **jdn in ~ führen** соблазни́ть кого́-л.; **in ~ kommen** поддáться соблáзну

versunken [fɛɐ̯'zʊŋkən] I. *pp von* **versinken** II. *adj* **in Gedanken ~** погружённый в разду́мья

versüßen *vt* **jdm/sich etw ~** скрáсить кому́-л./себé что-л.

vertagen *vt (zeitlich verschieben)* переноси́ть, -нести́ *св*; **eine Sitzung ~** отклáдывать заседáние; **ein Treffen ~** перенести́ встрéчу на друго́й срок

Vertagung <-> *f* отсро́чка *ж*, перенесéние *ср*; ~ **auf unbestimmte Zeit** отсро́чка на неопределённое врéмя

vertauschen *vt (verwechseln)* перепу́тывать, -пу́тать *св*

verteidigen [fɛɐ̯'taɪdɪgən] I. *vt* 1. *(vor An-*

greifern, vor Gericht) защища́ть, защити́ть *св;* **jdn vor Gericht ~** защища́ть кого́-л. в су́де; **Marktanteile ~** защища́ть ры́ночную до́лю; **seine Rechte ~** отста́ивать свои́ права́ **2.** MIL обороня́ть *нсв,* оборони́ть *св* **II.** *vr* защища́ться, защити́ться *св*

Verteidiger(in) <-s, -> *m(f) (auch vor Gericht)* защи́тник *м,* защи́тница *ж*

Verteidigung <-, -en> *f* **1.** *(auch vor Gericht)* защи́та *ж* **2.** MIL оборо́на *ж*

verteidigungsfähig *adj* обороноспосо́бный

Verteidigungsfähigkeit <-> *f* обороноспосо́бность *ж*

Verteidigungskrieg <-(e)s, -e> *m* оборони́тельная война́ *ж*

Verteidigungsminister <-s, -> *m* мини́стр *м* оборо́ны

Verteidigungsministerium *nt* Министе́рство *ср* оборо́ны

verteilen I. *vt (an verschiedene Personen, räumlich aufteilen)* распределя́ть, -ли́ть *св;* **Gewinne ~** распределя́ть при́быль; **Prüfungsaufgaben ~** раздава́ть экзаменацио́нные зада́ния **II.** *vr (Menschen)* распределя́ться, -ли́ться *св*

Verteiler <-s, -> *m* EL распредели́тель *м*

Verteilerkasten <-s, -kästen> *m* EL распредели́тельная коро́бка *ж*

Verteilung <-, -en> *f* распределе́ние *ср,* разда́ча *ж;* **~ von Informationen an alle Abteilungen** распределе́ние информа́ции по всем отде́лам; **statistische ~** статисти́ческое распределе́ние

verteuern I. *vt* приводи́ть/-вести́ к подорожа́нию **II.** *vr* дорожа́ть, по- *св*

Verteuerung <-, -en> *f* подорожа́ние *ср*

vertiefen I. *vt (tiefer machen, auch Kenntnisse)* углубля́ть, -би́ть *св* **II.** *vr* **sich ~** *(sich auf etw konzentrieren)* углубля́ться, -би́ться *св;* **sich in etw ~** погрузи́ться во что-л.

Vertiefung <-, -en> *f* углубле́ние *ср*

vertikal [vɛrti'ka:l] *adj* вертика́льный

Vertikale [vɛrti'ka:lə] <-n> *f* вертика́ль *ж*

vertilgen *vt (Unkraut)* уничтожа́ть, уничто́жить *св*

Vertrag [fɛɐ'tra:k, fɛɐ'trɛ:gə] <-(e)s, Verträge> *m* догово́р *м,* контра́кт *м;* **einen ~ mit jdm über etw abschließen** заключи́ть с кем-л. догово́р о чём-л.; **einen ~ ändern** изменя́ть догово́р; **einen ~ anfechten** оспа́ривать догово́р; **einen ~ annulieren** аннули́ровать догово́р; **einen ~ aufsetzen** составля́ть догово́р; **einen ~ aushandeln** добива́ться заключе́ния догово́ра; **befristeter ~** догово́р с ограни́ченным сро́ком де́йствия; **einen ~ einhalten** соблюда́ть догово́р; **einen ~ erfüllen** выполня́ть догово́р; **an einen ~ gebunden sein** быть свя́занным догово́ром; **gültiger ~** де́йствующий догово́р; **einen ~ beim Notar hinterlegen** сдава́ть догово́р на хране́ние нота́риусу; **kraft des ~es** в си́лу догово́ра; **einen ~ kündigen** расторга́ть догово́р; **ein ~ läuft ab** догово́р истека́ет; **ein schriftlicher ~ zwischen zwei Partnern** пи́сьменный догово́р ме́жду двумя́ партнёрами; **~ sui generis** JUR свобо́дный догово́р; **ein ~ verstößt gegen das Gesetz** догово́р противоре́чит зако́ну; **einen ~ unterzeichnen** подпи́сывать догово́р; **jdn unter ~ nehmen** заключи́ть догово́р с кем-л.

vertragen <irr> **I.** *vt (aushalten)* выноси́ть, вы́нести *св;* **er verträgt keine Kritik** он не выно́сит кри́тики; **ich könnte noch ein Bier ~** *fam* я бы мог вы́пить ещё буты́лку пи́ва **II.** *vr* **sich ~** *umg (vereinbar sein)* сочета́ться *св;* **wir haben uns wieder ~** мы помири́лись

vertraglich *adj* догово́рный, по догово́ру; **~ absichern** гаранти́ровать в догово́ре; **~e Frist** догово́рный срок; **~e Haftung** догово́рная отве́тственность; **~e Regelung** догово́рное урегули́рование; **~ vereinbaren** согласо́вывать в догово́ре

verträglich [fɛɐ'trɛ:klɪç] *adj* **1.** *(Mensch)* ужи́вчивый **2.** *(Speise)* хорошо́ усва́иваемый

Vertragsabschluss[RR] <-es, -abschlüsse> *m* подписа́ние *ср*

Vertragsbestandteil <-(e)s, -e> *m* составна́я часть *ж*

Vertragsbruch <-(e)s, -brüche> *m* наруше́ние *ср;* **einen ~ begehen** нару́шить догово́р

vertragschließend *adj* догова́ривающийся (о сторона́х)

Vertragsentwurf <-(e)s, -entwürfe> *m* прое́кт *м* догово́ра

Vertragsform <-, -en> *f* фо́рма *ж* догово́ра

Vertragsgegenstand <-(e)s, -gegenstände> *m* предме́т *м* догово́ра

Vertragspartner(in) <-s, -> *m(f)* догова́ривающаяся сторона́ *ж*

Vertragsrecht <-(e)s> *nt* JUR догово́рное пра́во *ср*

Vertragsrücktritt <-(e)s> *m* аннули́рование *ср* догово́ра

Vertragsstrafe <-, -n> *f* конвенциона́льный штраф *м*

Vertragsverletzung <-, -en> *f* наруше́ние *ср* догово́ра

Vertragswerkstatt <-, -werkstätten> *f* мастерска́я *ж* гаранти́йного ремо́нта

vertragswidrig *adj* противоре́чащий догово́ру

vertrauen *vi* **jdm/etw ~** доверя́ть кому́-л./чему́-л.; **auf jdn/etw ~** полага́ться на кого́-л./что-л.

Vertrauen <-s> *nt* дове́рие *ср;* **~ erweckend**

V

вызыва́ющий дове́рие; ~ **zu jdm haben** доверя́ть кому́-л. в чём-л.; **sie besitzt mein volles** ~ я ей ве́рю
vertrauenerweckend[Alt] *adj s.* **erwecken 2.**
Vertrauensbasis <-> *f* осно́ва *ж* дове́рия
vertrauensbildend *adj* создающий атмосфе́ру дове́рия
Vertrauensperson <-, -en> *f* дове́ренное лицо́ *ср*
Vertrauensstellung <-> *f* отве́тственная до́лжность *ж*
vertrauensvoll *adj* довери́тельный
vertrauenswürdig *adj* досто́йный дове́рия
vertraulich *adj* конфиденциа́льный
Vertraulichkeit <-, -en> *f* дове́рчивость *ж; (von Mitteilung)* конфиденциа́льность *ж;* ~**en** *(Zudringlichkeit)* фамилья́рность
verträumt [fɛɐ'trɔɪmt] *adj* мечта́тельный
vertraut [fɛɐ'traʊt] *adj (wohlbekannt)* хорошо́ знако́мый; ~ **miteinander sein** быть знако́мым друг с дру́гом; **sich mit etw** *dat* ~ **machen** ознако́миться с чем-л.
vertreiben <irr> *vt (Menschen)* прогоня́ть, -гна́ть *св;* **sich** *dat* **die Zeit** ~ провести́ вре́мя
Vertreibung <-, -en> *f* изгна́ние *ср*
vertretbar *adj* допусти́мый
vertreten <irr> *vt* **1.** *(Person)* замеща́ть, -мести́ть *св* **2.** *(Firma, Gruppe, Interessen)* представля́ть *нсв* **3.** *(Wend)* **sich** *dat* **die Füße** ~ прогуля́ться
Vertreter(in) <-s, -> *m(f)* **1.** *(Stellvertreter)* замести́тель *м,* замести́тельница *ж;* **gesetzlicher** ~ зако́нный замести́тель **2.** *(einer bestimmten Sache, eines Unternehmens)* представи́тель *м,* представи́тельница *ж;* **führende** ~ **der Wirtschaft** веду́щие представи́тели эконо́мики **3.** *(Handelsvertreter)* торго́вый аге́нт *м*
Vertreterprovision <-, -en> *f* комиссио́нное вознагражде́ние *ср*
Vertretung <-, -en> *f* **1.** *(das Vertreten)* замеще́ние *ср* **2.** *(einer Firma)* представи́тельство *ср,* филиа́л *м;* **die** ~ **für eine weltbekannte Marke** представи́тельство всеми́рно изве́стной фи́рмы; **die** ~ **übernehmen** брать на себя́ представи́тельство
Vertrieb [fɛɐ'tri:p] <-(e)s> *m* **1.** *(das Vertreiben, Verkaufen)* сбыт *м* **2.** *(Vertriebsabteilung)* отде́л *м;* **einen** ~ **aufbauen** нала́живать сбыт
Vertriebene(r) [fɛɐ̯'tri:bənə(ɐ)] <-n, -n> *f(m)* и́згнанный *м,* и́згнанная *ж*
Vertriebsabteilung <-, -en> *f* слу́жба *ж* сбы́та
Vertriebsgesellschaft <-, -en> *f* дистрибью́терская компа́ния *ж,* сбытова́я компа́ния
Vertriebskosten <-> *pl* расхо́ды *мн* на сбыт
Vertriebsleiter(in) <-n, -> *m(f)* руководи́тель *м* отде́ла сбы́та
Vertriebsnetz <-es, -> *nt* сеть *ж* сбы́та
Vertriebsorganisation <-> *f* сбытова́я организа́ция *ж*
Vertriebspolitik <-> *f* дистрибью́терная поли́тика *ж*
Vertriebssystem <-(e)s, -e> *nt* систе́ма *ж* сбы́та
Vertriebsweg <-(e)s, -e> *m* кана́л *м* сбы́та
Vertriebszentrum <-s, -zentren> *nt* сбытово́й центр *м*
vertrinken *vt pej* пропива́ть, пропи́ть *св*
vertrocknen *vi* **1.** засыха́ть, -со́хнуть *св* **2.** *(Fluss)* высыха́ть, вы́сохнуть *св*
vertrocknet [fɛɐ̯'trɔknət] *adj* вы́сохший
vertrotteln *vi* тупе́ть, отупе́ть *св*
vertun <irr> *vt* упуска́ть; **eine vertane Gelegenheit** упу́щенная возмо́жность
vertuschen *vt* замина́ть, -мя́ть *св*
Vertuschung <-> *f* стара́ние *ср* замя́ть/скрыть (де́ло *ср*)
verübeln *vt* **jdm etw** ~ серди́ться на кого́-л. за что-л.
verüben *vt (Anschlag, Verbrechen, Selbstmord)* соверша́ть, -ши́ть *св*
verulken *vt* подшу́чивать
verunglücken *vi (mit dem Auto)* попада́ть, попа́сть *св* в ава́рию; **tödlich** ~ поги́бнуть во вре́мя ава́рии [*или* несча́стного слу́чая]
verunreinigen *vt* загрязня́ть, -ни́ть *св*
verunsichern *vt* вызыва́ть, вы́звать *св* сомне́ния [*или* колебания]
verunsichert [fɛɐ̯'ʔʊnzɪçət] *vt* неуве́ренный; **ein verunsicherter Mensch** неуве́ренный челове́к
verunstalten [fɛɐ̯'ʔʊnʃtaltən] *vt* изуро́довать *св*
veruntreuen *vt* растра́чивать, -тра́тить *св;* **Gelder** ~ растра́чивать де́ньги
Veruntreuung <-> *f* растра́та *ж*
verursachen *vt* вызыва́ть, вы́звать *св*
Verursacher <-s, -> *m* вино́вник *м*
verurteilen *vt* **1.** *(jdn/etw negativ beurteilen)* осужда́ть, осуди́ть *св* **2.** JUR пригова́ривать, -говори́ть *св;* **er wurde zu drei Jahren Haft verurteilt** он был пригово-рён к трём года́м лише́ния свобо́ды; **er wurde zum Tode verurteilt** его́ приговори́ли к сме́рти
Verurteilung <-, -en> *f auch* JUR осужде́ние *ср*
vervielfältigen [fɛɐ̯'fi:lfɛltɪgən] *vt* размножа́ть, -мно́жить *св*
Vervielfältigung <-> *f* размноже́ние *ср*
vervollkommnen [fɛɐ̯'fɔlkɔmnən] **I.** *vt* соверше́нствовать, у- *св* **II.** *vr* соверше́нствоваться, у- *св*
vervollständigen *vt* дополня́ть, -по́лнить *св*

verwählen *vr (am Telefon)* непра́вильно набира́ть, набра́ть *св* но́мер телефо́на

verwahren I. *vt* храни́ть *нсв* II. *vr* **sich gegen einen Vorwurf ~** протестова́ть про́тив обвине́ния

verwahrlosen *vi* приходи́ть, прийти́ *св* в запуще́ние

verwahrlost [fɛɐ̯'va:ɐ̯lo:st] *adj* 1. *(vernachlässigt)* запу́щенный 2. *(moralisch)* распу́щенный

Verwahrung <-> *f* хране́ние *ср*

verwaisen *vi sein (zur Waise werden)* оста́ться сирото́й

verwaist *adj* осироте́вший

verwalten *vt (Besitz, Vermögen, Nachlass)* управля́ть *нсв;* **das Vermögen seines Bruders ~** управля́ть иму́ществом своего́ бра́та

Verwalter(in) <-s, -> *m(f)* администра́тор *м*

Verwaltung <-, -en> *f* управле́ние *ср,* администра́ция *ж;* **die ~ arbeitet unrationell** управле́ние рабо́тает нерациона́льно; **Sitz der ~** местонахожде́ние управле́ния

Verwaltungsapparat <-(e)s, -e> *m* управле́нческий аппара́т *м*

Verwaltungsbeamte <-n, -n> *m* чино́вник *м*

Verwaltungsbehörde <-, -n> *f* администрати́вное [*или* госуда́рственное] учрежде́ние *ср*

Verwaltungsbezirk <-(e)s, -e> *m* администрати́вный о́круг *м*

Verwaltungseinheit <-, -en> *f* администрати́вная едини́ца *ж*

Verwaltungskosten <-> *pl* управле́нческие расхо́ды *мн*

Verwaltungsrecht <-(e)s> *nt* JUR администрати́вное пра́во *ср*

Verwaltungsreform <-, -en> *f* рефо́рма *ж* управле́ния

verwandeln I. *vt* 1. *(verändern)* преобража́ть, -образи́ть *св;* **sie war wie verwandelt** её как бу́дто бы подмени́ли 2. *(umwandeln)* превраща́ть, -врати́ть *св* II. *vr (zu einem anderen Wesen werden)* превраща́ться, -врати́ться *св*

Verwandlung <-, -en> *f* превраще́ние *ср*

verwandt[1] [fɛɐ'vant] *s.* **verwenden**

verwandt[2] [fɛɐ'vant] *adj* 1. *(von gleicher Abstammung)* ро́дственный; **mit jdm ~ sein** быть с кем-л. в ро́дственных отноше́ниях 2. *(ähnlich, nahe)* схо́жий

Verwandte(r) <-n, -n> *m(f)* ро́дственник *м,* ро́дственница *ж*

Verwandtschaft <-> *f* 1. *(das Verwandtsein)* родство́ *ср* 2. *(die Verwandten)* ро́дственники *мн* 3. *(Nähe, Ähnlichkeit)* родство́ *ср*

Verwandtschaftsgrad <-(e)s, -e> *m* сте́пень *ж* родства́

verwanzt *adj* 1. *(voller Wanzen)* киша́щий клопа́ми 2. *(mit Abhörgeräten)* снабжённый миниатю́рным подслу́шивающим устро́йством

verwarnen *vt* де́лать, с- *св* предупрежде́ние

Verwarnung <-, -en> *f* предупрежде́ние *ср;* **eine gebührenpflichtige ~** предупрежде́ние, облага́емое сбо́ром

verwechseln *vt (etw für etw anderes halten, vertauschen)* пу́тать, пере- *св*

Verwechselung <-, -en>, **Verwechslung** *f* пу́таница *ж*

verwegen [fɛɐ've:gən] *adj* де́рзкий

Verwegenheit <-> *f* де́рзость *ж*

verwehren *vt* **jdm etw ~** запрети́ть кому́-л. что-л.

verweichlicht *adj* изне́женный

Verweigerer <-s, -> *m* военнообя́занный *м,* отклоня́ющийся, отка́зывающийся от акти́вной во́инской пови́нности

verweigern *vt* отка́зывать, -каза́ть *св;* **jdm etw ~** не дать кому́-л. что-л.; **ihm wurde das Visum verweigert** ему́ бы́ло отка́зано в ви́зе; **er hat den Wehrdienst verweigert** он отказа́лся нести́ во́инскую слу́жбу

Verweigerung <-, -en> *f* отка́з *м*

Verweis [fɛɐ'vaɪs] <-es, -e> *m* 1. *(strenger Tadel)* вы́говор *м* 2. *(Hinweis)* ссы́лка *ж*

verweisen <irr> *vt* **jdn auf etw ~** указа́ть кому́-л. на что-л.; **jdn des Landes ~** вы́слать кого́-л. из страны́

verwelken *vi* вя́нуть, за- *св*

verwendbar *adj* употреби́мый; **wieder ~** вновь употреби́мый

verwenden <verwendete/verwandte, verwendet/verwandt> *vt* применя́ть, -ни́ть *св;* **viel Zeit auf etw ~** потра́тить мно́го вре́мени на что-л.

Verwendung <-> *f* примене́ние *ср;* **~ finden** находи́ть примене́ние

Verwendungszweck <-(e)s, -e> *m* назначе́ние *ср*

verwerfen <irr> *vt (fallen lassen, aufgeben)* броса́ть, бро́сить *св*

verwerflich *adj* недосто́йный

verwertbar *adj* вновь испо́льзуемый

verwerten *vt (Erfindung)* применя́ть, -ни́ть *св;* **Abfall ~** перераба́тывать отхо́ды

Verwertung <-, -en> *f* испо́льзование *ср;* **die kommerzielle ~ einer Erfindung** комме́рческое испо́льзование изобрете́ния

verwesen [fɛɐ̯'ve:zən] *vi* разлага́ться, -ложи́ться *св*

verwetten *vt* закла́дывать, заложи́ть *св* иму́щество *ср* (в проце́ссе спо́ра, аза́ртной игры́)

verwickeln I. *vr* запу́тываться, -пу́таться *св* II. *vt* вовлека́ть, -ле́чь *св*

Verwicklung <-, -en> *f* осложне́ние *ср*

verwildert *adj* одича́лый; *(Pflanze)* заро́сший

V

verwinden <irr> *vt* преодолева́ть, -ле́ть *св*

verwirklichen I. *vt* осуществля́ть, -ви́ть *св* II. *vr* 1. *(Wirklichkeit werden)* осуществля́ться, -ви́ться *св* 2. *(seinen Neigungen gemäß leben)* реализова́ть *нсв/св*

Verwirklichung <-> *f* осуществле́ние *ср*, реализа́ция *ж*

verwirren *vt* пу́тать, за- *св*

verwirrend *adj* сбива́ющий с то́лку

verwirrt *adj (Fäden, Angelegenheit)* запу́танный

Verwirrung <-> *f* смуще́ние *ср*; **jdn in ~ bringen** смути́ть кого́-л.

verwischen I. *vt (unscharf machen)* стира́ть, стере́ть *св* II. *vr (unscharf werden)* стира́ться, стере́ться *св*

verwittert *adj* ве́тхий, тро́нутый вре́менем

verwitwet [fɛɐ'vɪtvət] *adj* овдове́вший

verwöhnen [fɛɐ̯'vœːnən] *vt* ба́ловать, из- *св*

verwöhnt [fɛɐ̯'vœːnt] *adj (Kind)* избало́ванный

Verworfenheit <-> *f* поро́чность *ж*

verworren [fɛɐ'vɔrən] *adj* запу́танный

verwundbar *adj* рани́мый

verwunden *vt* ра́нить *св*

verwunderlich [fɛɐ'vʊndɐlɪç] *adj* удиви́тельный

Verwunderung <-> *f* удивле́ние *ср*; **zu jds ~** к чьему́-л. удивле́нию

verwundet *adj* ра́неный

Verwundete(r) <-n, -n> *f(m)* ра́неный *м*, ра́неная *ж*

Verwundung <-, -en> *f* ране́ние *ср*

verwüsten *vt* опустоша́ть, -ши́ть *св*

Verwüstung <-, -en> *f* опустоше́ние *ср*

verzählen *vr* **sich ~** ошиби́ться при счёте; сби́ться со счёта

Verzahnung [fɛɐ'tsaːnʊŋ] <-> *f* TECH зу́бчатое зацепле́ние *ср*

verzaubern *vt* заколдо́вывать, -дова́ть *св*

Verzauberung <-> *f* колдовство́ *ср*

verzehren *vr geh* **sich nach etw** *dat* **~** жела́ть чего́-л.

verzeichnen *vt (schriftlich aufzeichnen)* запи́сывать, -писа́ть *св*

Verzeichnis <-ses, -se> *nt* 1. *(Liste)* спи́сок *м* 2. *(Register)* указа́тель *м*

verzeihen [fɛɐ'tsaɪən] <verzieh, verziehen> I. *vt* проща́ть, прости́ть *св*; **jdm etw ~** прости́ть кому́-л. что-л.; **bitte ~ Sie die Störung!** прости́те за беспоко́йство! II. *vi* **~ Sie!** извини́те!

Verzeihung <-> *f* проще́ние *ср*; **~!** извини́те!; **jdn um ~ bitten** проси́ть у кого́-л. проще́ния

verzerren *vt auch fig (verziehen)* искажа́ть, -кази́ть *св*

Verzicht [fɛɐ'tsɪçt] <-(e)s, -e> *m* отка́з *м*; **freiwilliger ~** доброво́льный отка́з; **~ leisten** отка́зываться

verzichten *vi* отка́зываться, -каза́ться

Verzichtserklärung <-, -en> *f* JUR заявле́ние *ср* об отка́зе

verzieh [fɛɐ'tsiː] *prät von* **verzeihen**

verziehen [fɛɐ̯'tsiːən] <irr> I. *vt (Kind)* изба́ловать *св*; **ein verzogenes Mädchen** избало́ванная де́вочка II. *vi* **Empfänger verzogen** адреса́т перее́хал III. *vr (Wolken)* рассе́иваться, рассе́яться *св*

verzieren *vt* украша́ть, -ра́сить *св*

Verzierung <-, -en> *f* украше́ние *ср*

verzinkt *adj* оцинко́ванный

verzinsen *vt* **das Kapital ist mit 6% verzinst** капита́л прино́сит шесть проце́нтов годовы́х

Verzinsung <-, -en> *f* начисле́ние *ср* проце́нтов

verzogen [fɛɐ̯'tsoːgən] I. *pp von* **verziehen** II. *adj* 1. *(Kind)* избало́ванный 2. *(umgezogen)* **~ sein** перее́хавший

verzögern I. *vt* затя́гивать, -тяну́ть *св* II. *vr* заде́рживаться, -держа́ться *св*

Verzögerung <-, -en> *f* замедле́ние *ср*, заде́ржка *ж*, просро́чка *ж*

verzollen *vt* плати́ть, за- *св* по́шлину; **haben Sie etw zu ~?** у Вас есть ве́щи, подлежа́щие обложе́нию тамо́женной по́шлиной?

Verzollung <-> *f* опла́та *ж* по́шлины

verzückt *adj* восто́рженный

Verzückung <-> *f* восхище́ние *ср*; **über etw in ~ geraten** восхища́ться чем-л.

Verzug [fɛɐ'tsuːk] <-(e)s> *m* **ohne ~** неме́дленно

verzweifeln *vi* отча́иваться, -ча́яться *св*

verzweifelt *adj* отча́явшийся; *(aussichtslos)* безвы́ходный

Verzweiflung <-> *f* отча́яние *ср*; **aus ~** от отча́яния; **jdn zur ~ bringen/tragen** привести́ кого́-л. в отча́яние

Verzweiflungstat <-, -en> *f* отча́янный посту́пок *м*

Verzweigung <-en> *f (in mehrere Richtungen)* разветвле́ние *ср*

verzwickt [fɛɐ'tsvɪkt] *adj umg* запу́танный, сло́жный

Vesper ['fɛspɐ] <-s, -> *f* REL вече́рня *ж*

Vesuv [ve'zuːf] <-s> *m* Везу́вий *м*

Veteran(in) [vete'raːn] <-en, -en> *m (f)* ветера́н *м*

Veterinär(in) [veteri'nɛːɐ̯, veteri'nɛːrə] <-s, -e; -nen> *m(f)* ветерина́р *м*

Veterinärmedizin <-> *f* ветерина́рия *ж*

veterinärmedizinisch *adj* ветерина́рный

Veto ['veːto] <-s, -s> *nt* ве́то *ср*; **(gegen etw) sein ~ einlegen** наложи́ть ве́то (на что-л.)

Vetter ['fɛtɐ] <-s, -n> *m* двою́родный брат *м*

Vetternwirtschaft <-> *f pej, umg* кумовство́ *ср*

vgl. *abk von* **vergleiche** сравни́
VHS [faʊha:'ʔɛs] *abk von* **Volkshochschule** Наро́дный университе́т *м*
Viadukt [via'dʊkt] <-(e)s, -e> *m o nt* виаду́к *м*
Vibration [vibra'ts̯i̯o:n] <-, -en> *f* вибра́ция *ж*
vibrationsfrei *adj* вибросто́йкий
Vibrator [vi'bra:to:ɐ] <-s, -en> *m* вибра́тор *м*
vibrieren *vi* вибри́ровать *нсв*
Video ['vi:deo] <-s, -s> *nt* ви́део *ср*
Videoaufzeichnung ['vi:deo-] <-, -en> *f* видеоза́пись *ж*
Videofilm <-(e)s, -e> *m* видеофи́льм *м*
Videokamera <-, -s> *f* видеока́мера *ж*
Videokassette <-, -n> *f* видеокассе́та *ж*
Videokonferenz <-, -en> *f* видеоконфере́нция *ж*
Videorecorder ['vi:deorekɔrdɐ] <-s, -> *m* видеомагнитофо́н *м*
Videospiel *nt* видеоигра́ *ж*
Videothek [video'te:k] <-, -en> *f* видеоте́ка *ж*
Vieh [fi:] <-(e)s> *nt* скот *м*
Viehbestand <-(e)s, -bestände> *m* поголо́вье *ср*
Viehhalter <-s, -> *m* скотово́д *м*
Viehhaltung <-> *f* скотово́дство *ср*
Viehhandel <-> *m* торго́вля *ж* ското́м
Viehhändler <-s, -> *m* скотопромы́шленник *м*
Viehherde <-, -n> *f* ста́до *ср*
Viehseuche <-, -n> *f* эпизоо́тия *ж*
Viehstall <-(e)s, -ställe> *m* хлев *м*
Viehtränke <-, -n> *f* по́йло *ср*
Viehtransport <-(e)s, -e> *m* перево́зка *ж* скота́
viel [fi:l] **I.** *pron indef* мно́го; **er hat ~ Zeit** у него́ мно́го вре́мени; **zu ~** сли́шком мно́го **II.** *adv* мно́го; **mir geht es schon ~ besser** мне уже́ гора́здо лу́чше; **er geht ~ spazieren** он мно́го гуля́ет; **~ zu ~** сли́шком мно́го **III.** *adj indef (eine Menge)* большо́й; **es gibt ~ Arbeit** у нас мно́го рабо́ты; **~ Spaß!** жела́ем прия́тно провести́ вре́мя!; **~/nicht ~ von etw** *dat* **halten** что-л. нра́вится/не нра́вится кому́-л.; **nimm, so ~ du willst** бери́, ско́лько хо́чешь; **wie ~?** ско́лько?; **wie ~ kostet das?** ско́лько э́то сто́ит?; **wie ~ Uhr ist es?** кото́рый час?; **was zu ~ ist, ist zu viel** мне всё э́то надое́ло; **sie hat einen zu ~ getrunken** *fam* она́ мно́го вы́пила
vielbeschäftigt[Alt] *adj s.* **beschäftigt**
vieldeutig *adj* многозна́чный
viele *pron indef* мно́гие
Vieleck <-(e)s, -e> *nt* многоуго́льник *м*
Vielehe <-, -n> *f* многобра́чие *ср*
vielerlei ['fi:lɐ'laɪ] *pron indef* различ́ный
vieles *pron indef* мно́гое
vielfach ['fi:lfax] *adj* многокра́тный, многочи́сленный
Vielfalt ['fi:lfalt] <-> *f* разнообра́зие *ср*
vielfältig ['fi:lfɛltɪç] *adj* разносторо́нний
Vielfraß <-es, -e> *m* обжо́ра *м*
viel gekauft *adj* хорошо́ продаю́щийся, по́льзующийся больши́м спро́сом
viel geliebt *adj* возлю́бленный
vielleicht [fi'laɪçt] *adv* мо́жет быть, возмо́жно; **~ sagst du mir mal, warum ...** мо́жет, ты мне все-таки ска́жешь, почему́ ...; **soll ich ~ alles alleine machen?** мне что, де́лать всё одному́?; **ich war ~ aufgeregt** как я был взволно́ван
vielmals [fi:l'ma:ls] *adv* многокра́тно; **ich bitte ~ um Entschuldigung** я прошу́ извине́ния; **danke ~!** большо́е спаси́бо!
vielmehr [fi:l'me:ɐ̯] *adv* скоре́е
vielsagend, viel sagend *adj* многозначи́тельный
vielschichtig *adj* многосло́йный
vielseitig *adj* разносторо́нний
vielstimmig *adj* многоголо́сый
vielversprechend, viel versprechend *adj* многообеща́ющий; **das hört sich ~ an** э́то звучи́т зама́нчиво
Vielzahl <-> *f* большо́е коли́чество *ср*
vielzellig *adj* BIO многокле́точный
vier [fi:ɐ] *num* четы́ре; **auf allen ~en** *umg* на четвере́ньках; **jdn unter ~ Augen sprechen** поговори́ть с кем-л. с гла́зу на глаз
Vier <-en> *f* четвёрка *ж*
Vierbeiner <-s, -> *m* четвероно́гое *ср*
Viereck ['fi:ɐʔɛk] <-(e)s, -e> *nt* четырёхуго́льник *м*
viereckig, 4-eckig[RR] *adj* четырёхуго́льный
vierfach ['fi:ɐfax] *num* четырёхкра́тный
Vierfüßler ['fi:ɐ̯fy:slɐ] <-s, -> *m* ZOOL четвероно́гие *мн*
vierhundert ['fi:ɐ̯'hʊndɐt] *num* четы́реста
vierjährig ['fi:ɐ̯jɛ:rɪç], **4-jährig**[RR] *adj* четырёхле́тний
Vierkampf <-(e)s> *жех m* SPORT же́нское многобо́рье *ср*
Vierkant <-(e)s, -e> *m* TECH четырёхгра́нник *м*
Vierlinge ['fi:ɐlɪŋə] <-> *pl* четверня́ *ж*
Viermächteabkommen <-s> *nt* *четырёхсторо́ннее соглаше́ние по За́падному Берли́ну (1971)*
viermonatig *adj* четырёхме́сячный
vierphasig *adj* четырёхфа́зный
Vierspänner <-s, -> *m* четвёрка *ж*
vierspännig *adj* запряжённый четвёркой лошаде́й
vierspurig ['fi:ɐ̯ʃpu:rɪç] *adj* четырёхря́дный
Viersternehotel ['fi:ɐ̯'ʃtɛrnəhotɛl] <-s, -s> *nt* четырёхзвёздная гости́ница *ж*
vierstufig *adj* четырёхступе́нчатый
Viertaktmotor <-s, -en> *m* четырёхта́ктный

V

двигатель *м*

vierte(r, s) *num* четвёртый

Viertel ['fɪrtəl] <-s, -s> *nt* **1.** *(vierter Teil von etw)* четвёртая часть *ж*, чéтверть *ж* **2.** *(Stadtteil)* квартáл *м*; ~ **nach zehn** чéтверть одиннадцатого; ~ **vor zehn** без чéтверти дéсять; ~ **nach/vor drei** пятнáдцать минýт четвёртого/без пятнáдцати три

Viertelfinale *nt* SPORT четвертьфинáл *м*

Vierteljahr ['fɪrtəl'jaːɐ̯] <-(e)s, -e> *nt* квартáл *м*

Viertelstunde ['fɪrtəl'ʃtʊndə] <-, -n> *f* чéтверть *ж* чáса

viertens ['fiːɐtəns] *num* в-четвёртых

vierzehn ['fɪrtseːn] *num* четы́рнадцать

vierzig ['fɪrtsɪç] *num* сóрок

Vietnam [viɛt'nam] <-s> *nt* Вьетнáм *м*

Vikar(in) [vi'kaːɐ] <-s, -e> *m(f)* REL викáрий *м*

Villa ['vɪla, 'vɪlən] <-, Villen> *f* вилла *ж*, особня́к *м*

Villenviertel <-s, -> *nt* фешенéбельный квартáл *м*

violett [vio'lɛt] *adj* фиолéтовый

Violine [vio'liːnə] <-, -n> *f* скри́пка *ж*

Violinschlüssel <-s, -> *m* скрипи́чный ключ *м*

Violoncello [vjolɔn'tʃɛlo] <-s, -celli/-s> *nt* виолончéль *ж*

VIP [vɪp, 'viːaɪ'piː] *abk von* **very important person** вáжное лицó *ср*

Viper ['viːpɐ] <-, -n> *f* гадю́ка *ж*

Viren *pl von* **Virus**

Virologie <-> *f* вирусолóгия *ж*

virologisch *adj* вирусологи́ческий

virtuell [vɪrtu'ɛl] *adj* виртуáльный; **~e Realität** DV виртуáльная реáльность

Virus ['viːrʊs] <-, Viren> *nt* ви́рус *м*

Virusgrippe <-, -n> *f* ви́русный грипп *м*

Virusinfektion <-, -en> *f* ви́русная инфéкция *ж*

Viruskrankheit *f* ви́русное заболевáние *ср*

Visa *pl von* **Visum**

Visagist(in) [viza'ʒɪst] <-en -en; -nen> *m(f)* визажи́ст *м*

Visier [vi'ziːɐ] <-s, -e> *nt* **1.** *(von Helm)* забрáло *ср* **2.** *(von Waffe)* прицéл *м*

Vision [vi'zi̯oːn] <-, -en> *f* видéние *ср*

visionär *adj* прорóческий

Visite [vi'ziːtə] <-, -n> *f* обхóд *м*

Visitenkarte <-, -n> *f* визи́тная кáрточка *ж*

Viskose [vɪs'koːzə] <-> *f* вискóза *ж*

Viskosität <-> *f* PHYS, CHEM вя́зкость *ж*

visuell [vizu'ɛl] *adj* зри́тельный

Visum ['viːzʊm] <-s, Visa/Visen> *nt* ви́за *ж*; **ein ~ beantragen** подáть заявлéние на получéние ви́зы; **ein ~ ausstellen** вы́дать ви́зу

vital [vi'taːl] *adj* живóй

vitalisieren *vt* придавáть, придáть *св* жи́зненности

Vitalität [vitali'tɛːt] *f ohne pl* жи́зненность *ж*

Vitamin [vita'miːn] <-s, -e> *nt* витами́н *м*

Vitamingehalt <-(e)s> *m* содержáние *ср* витами́нов

Vitaminmangel <-s> *m* недостáток *м* витами́нов

Vitaminpräparat <-(e)s, -e> *nt* витами́нный препарáт *м*

Vitrine [vi'triːnə] <-, -n> *f* витри́на *ж*

Vizekanzler <-s, -> *m* вице-кáнцлер *м*

Vizepräsident(in) <-en, -en> *m(f)* вице-президéнт *м*

Vogel ['foːgəl, 'fœːgəl] <-s, Vögel> *m* пти́ца *ж*

Vogelbauer <-s, -> *nt* клéтка *ж* для птиц

Vogelbeerbaum <-(e)s, -bäume> *m* ряби́на *ж*

Vogelei <-s, -er> *nt pej* чáстые половы́е сношéния *срмн*

Vogelfutter *nt* корм *м* для птиц

Vogelhäuschen <-s, -> *nt* пти́чник *м*, скворéчник *м*

Vogelkäfig *m* клéтка *ж* для птиц

vögeln ['fœːgəln] *vi vulg* спáриваться *(о лю́дях)*

Vogelscheuche ['foːgəlʃɔɪçə] <-, -n> *f* пýгало *ср*

Vogelschutzgebiet <-(e)s, -e> *nt* пти́чий заповéдник *м*

Vogelschwarm <-(e)s, -schwärme> *m* стáя *ж* птиц

Vokabel [vo'kaːbəl] <-, -n> *f* слóво *ср*

Vokabular [vokabu'laːɐ, vokabu'laːrə] <-s, -e> *nt* запáс *м* слов

Vokal [vo'kaːl] <-s, -e> *m* глáсный

Voliere <-> *f* вольéр *м*

Volk [fɔlk, 'fɪlkɐ] <-(e)s, Völker> *nt* нарóд *м*; **sich unters ~ mischen** смешáться с толпóй

Völkergemeinschaft <-> *f* содрýжество *ср* нарóдов

Völkerkunde <-> *f* этногрáфия *ж*

Völkerkundemuseum <-s, -museen> *nt* этнографи́ческий музéй *м*

Völkerkundler(in) <-s, -> *m(f)* этнóграф *м*

Völkerrecht <-(e)s> *nt* междунарóдное прáво *ср*

völkerrechtlich *adj* междунарóдно-правовóй

Völkerverständigung <-> *f* взаимопонимáние *ср* мéжду нарóдами

Völkerwanderung <-> *f* вели́кое переселéние *ср* нарóдов

Volksdemokratie <-, -n> *f* нарóдная демокрáтия *ж*

volkseigen *adj* **~er Betrieb** нарóдное предприя́тие

Volkseinkommen <-s, -> *nt* национáльный дохóд *м*

Volksentscheid <-(e)s, -e> *m* рефере́ндум *м*

Volksetymologie <-, -n> *f* LING наро́дная этимоло́гия *ж*

Volksglaube <-ns> *m* наро́дное пове́рье *ср*

Volksgruppe <-, -n> *f* наро́дность *ж*

i Land & Leute

«Народный университет» – **Volkshochschule** – независимое общественное учреждение, предлагающее за плату вечерние образовательные курсы, начиная от компьютерных курсов и заканчивая уроками философии и танцев. Эти курсы предназначены для всех слоёв населения и всех возрастных категорий. Всё чаще обучение в «народном университете» признаётся как курсы повышения квалификации.

Volkskunst <-> *f* наро́дное тво́рчество *ср*

Volkslied <-(e)s, -er> *nt* наро́дная пе́сня *ж*

Volksmärchen <-s, -> *nt* наро́дная ска́зка *ж*

Volksmenge <-> *f* толпа́ *ж;* **in der ~ verschwinden** исче́знуть [*или* скры́ться] в толпе́

Volksmund <-(e)s> *m* наро́дная му́дрость *ж*

Volksmusik <-> *f* наро́дная му́зыка *ж*

Volkspartei <-, -en> *f* наро́дная па́ртия *ж*

Volksrepublik <-, -en> *f* наро́дная респу́блика *ж*

Volksstück <-(e)s, -e> *nt* THEAT наро́дная пье́са *ж*

Volkstanz <-es, -tänze> *m* наро́дный та́нец *м*

volkstümlich ['fɔlksty:mlɪç] *adj* наро́дный

volksverbunden *adj* те́сно свя́занный с наро́дом

Volksverdummung <-> *f umg* оболва́нивание *ср* масс

Volkswirt(in) <-s, -e> *m(f)* экономи́ст *м*

Volkswirtschaft <-, -en> *f* наро́дное хозя́йство *ср*

volkswirtschaftlich *adj* народнохозя́йственный; **~er Nutzen** народнохозя́йственная по́льза *ж;* **~er Schaden** народнохозя́йственный уще́рб *м*

Volkszählung <-, -en> *f* пе́репись *ж* населе́ния

voll [fɔl] *adj* **1.** *(gefüllt)* по́лный, напо́лненный; **er brachte einen Krug ~ Milch** он принёс по́лный кувши́н молока́; **mit ~em Mund** с по́лным ртом; **ich bin ~ (bis oben hin)** *fam* я объе́лся; **einen Teller ~ essen** съесть це́лую таре́лку **2.** *(ganz)* весь, це́лый; **~ und ganz** целико́м и по́лностью; **er ist ~** *umg (betrunken)* он здо́рово набра́лся; **sich ~fressen** нажра́ться; **~ pfropfen** наби́ть до отка́за; **~ gestopft** битко́м наби́тый; **eine ~e Stunde warten** прожда́ть це́лый час; **in voller Größe** во весь рост

vollauf ['fɔlʔaʊf] *adv* вполне́, доста́точно

vollautomatisch *adj* по́лностью автоматизи́рованный; **~e Fertigung** (по́лностью) автоматизи́рованное произво́дство

Vollbeschäftigung <-> *f* по́лная за́нятость *ж*

Vollblutpferd <-(e)s, -e> *nt* чистокро́вная ло́шадь *ж*

vollbringen [fɔl'brɪŋən] *vt* соверша́ть, -ши́ть *св,* выполня́ть, -полнить *св*

Volldampf *m ohne pl* **(mit) ~ voraus** по́лный вперёд

Völlegefühl ['fœləgəfy:l] <-s> *nt* ощуще́ние *ср* тя́жести в желу́дке

vollenden [fɔl'ʔɛndən] **I.** *vt (fertig machen)* заверша́ть, -ши́ть *св* **II.** *vr (vervollkommnen)* соверше́нствовать, у- *св*

vollends ['fɔlɛnts] *adv* по́лностью

Vollendung <-> *f* заверше́ние *ср*

Völlerei [fœlə'raɪ] <-> *f pej* набива́ние *ср*

Volleyball ['vɔlibal] <-(e)s, -bälle> *m* **1.** *(Spiel)* волейбо́л *м* **2.** *(Ball)* волейбо́льный мяч *м*

vollführen [fɔl'fy:rən] *vt* **1.** *(vollbringen)* соверша́ть, соверши́ть *св* **2.** *(veranstalten)* устра́ивать, устро́ить *св*

Vollgas *nt* **mit ~** на по́лном газу́

Vollidiot(in) *m(f) abw, fam* по́лный идио́т *м*

völlig ['fœlɪç] **I.** *adj* по́лный; **~ nass** соверше́нно мо́крый; **das ist mein ~er Ernst** я говорю́ о́чень серьёзно **II.** *adv* абсолю́тно; **er hat ~ Recht** он абсолю́тно прав

volljährig ['-jɛ:rɪç] *adj* совершенноле́тний

Volljährigkeit *f ohne pl* совершенноле́тие *ср;* **die ~ erreichen** дости́чь совершенноле́тия

i Land & Leute

Совершеннолетия и, следовательно, дееспособности, молодые люди достигают в Германии в 18, в Австрии в 19, в Швейцарии в 20 лет.

voll jammern[RR] *vt* **jdm die Ohren ~** *umg* прожужжа́ть кому́-л. все у́ши

Vollkaskoversicherung <-, -en> *f* страхо-

V

ва́ние *ср* автомоби́ля от всех ри́сков
Vollkaufmann <-(e)s, -männer/-leute> *m* JUR полнопра́вный коммерса́нт *м*
vollkommen [ˈfɔlkɔmən] *adj* **1.** *(völlig)* по́лный; **er war ~ durcheinander** он соверше́нно сби́лся с мы́сли **2.** *(vollendet)* соверше́нный
Vollkommenheit <-> *f* соверше́нство *ср*
Vollkornbrot <-(e)s, -e> *nt* хлеб *м* из муки́ кру́пного помо́ла с о́трубями
Vollkosten <-> *pl* совоку́пные изде́ржки *мн*
Vollkostenrechnung <-, -en> *f* расчёт *м* совоку́пных изде́ржек
Vollmacht <-, -en> *f* **1.** *(Befugnis)* полномо́чие *ср;* **alle ~en haben** име́ть все полномо́чия; **beschränkte ~en** ограни́ченные полномо́чия; **eine ~ erteilen** предоста́вить полномо́чия; **uneingeschränkte ~en** неограни́ченные полномо́чия; **eine ~ unterschreiben** подписа́ть дове́ренность **2.** *(Dokument)* дове́ренность *ж*
Vollmatrose <-n, -n> *m* матро́с *м*
Vollmitglied <-(e)s, -er> *nt* полнопра́вный член *м*
Vollmitgliedschaft <-> *f* полнопра́вное чле́нство *ср*
Vollmond <-(e)s, -e> *m* полнолу́ние *ср*
Vollnarkose *f* MED по́лный нарко́з *м*
Vollpension <-> *f* по́лный пансио́н *м*
voll pumpenRR *vt* накача́ть (насо́сом) до отка́за
voll schmierenRR *vt* *(bekleckern)* изма́зать *св*
vollständig **I.** *adj* по́лный **II.** *adv* соверше́нно, по́лностью
voll stopfenRR *vt* наполня́ть, -по́лнить *св* до отка́за
vollstrecken [fɔlˈʃtrɛkən] *vt* приводи́ть, -вести́ *св* в исполне́ние
voll tankenRR *vi* заправля́ть, запра́вить *св* до отка́за
Volltreffer <-s, -> *m* **1.** MIL прямо́е попада́ние *ср* **2.** *fig* уда́ча *ж,* успе́х *м*
Vollversammlung <-, -en> *f* о́бщее собра́ние *ср*
Vollwertkost <-> *f* биологи́чески полноце́нная пи́ща *ж*
vollzählig [ˈfɔltsɛːlɪç] *adj* в по́лном соста́ве
vollziehen [fɔlˈtsiːən] <irr> **I.** *vt* выполня́ть, вы́полнить *св* **II.** *vr* происходи́ть, произойти́ *св*
Volontär(in) [volɔnˈtɛːɐ] <-s, -e> *m(f)* стажёр *м*
Volt [vɔlt] <-/-(e)s, -> *nt* вольт *м*
Voltmeter <-s, -> *nt* EL вольтме́тр *м*
Volumen [voˈluːmən] <-s, -/-mina> *nt* объём *м*
voluminös [volumiˈnœːs] *adj* объёмистый
von [fɔn] *prp + dat* **~ oben/unten** све́рху/сни́зу; **~ Wladiwostok nach Chabarowsk fahren** е́хать из Владивосто́ка в Хаба́ровск; **~ Moskau bis Scheremetjewo sind es 30 Kilometer** от Москвы́ до Шереме́тьево три́дцать киломе́тров; **~ morgen an** начиная́ с за́втрашнего дня; **~ Montag bis Freitag** с понеде́льника по пя́тницу; **die Zeitung vom 3. Mai** газе́та от тре́тьего ма́я; **~ der Arbeit kommen** прийти́ с рабо́ты; **ein Freund ~ mir** мой друг; **ein Bild ~ Kandinsky** карти́на Канди́нского; **~ selbst** само́ по себе́; **~ mir aus** *umg* я не про́тив; **im Abstand ~ 5 Metern** на расстоя́нии пяти́ ме́тров; **~ etw ausgehen** исходи́ть из чего́-л.; **~ jdm/etw sprechen** говори́ть о ком-л./чём-л.; **~ oben nach unten** све́рху вниз; **~ weit her** издалека́; **~ hier aus** отсю́да; **das Kind ist ~ ihm** э́то его́ ребёнок; **im Alter ~ 40 Jahren** в со́рок лет; **~ diesem Tag an** с э́того дня; **~ vorn anfangen** нача́ть снача́ла; **~ morgens bis abends** с утра́ до ве́чера; **~ Zeit zu Zeit** вре́мя от вре́мени
voneinander [fɔnʔaɪˈnandɐ] *adv* друг от дру́га
vor [foːɐ] *prp* **1.** *(räumlich, Richtung anweisend, vor einer Handlung)* пе́ред **2.** *(ursächlich)* от; **~ allem** пре́жде всего́; **~ dem Essen** пе́ред едо́й; **fünf Minuten ~ zwölf** без пяти́ мину́т двена́дцать; **~ Wut/Freude** от гне́ва/ра́дости; **sie wird ~ fünf Uhr nicht zurück sein** она́ не вернётся ра́ньше пяти́; **~ ein paar Tagen** не́сколько дней наза́д; **~ Christi Geburt** до рожде́ния Христа́; **ich bin ~ Ihnen dran** я пе́ред ва́ми; **Angst ~ jdm haben** боя́ться кого́-л.
Vorabend <-s, -e> *m* кану́н *м;* **am ~ von etw** накану́не чего́-л.
Vorabinformation <-, -en> *f* предвари́тельная информа́ция *ж*
voran [foˈran] *adv* *(vorwärts)* вперёд
vorangehen <irr> *vi* **1.** *(an der Spitze gehen)* идти́, пойти́ *св* **2.** *(vorankommen)* продвига́ться, -дви́нуться *св;* **einer Sache ~** *(zeitlich)* предше́ствовать чему́-л.
vorankommen <irr> *vi sein* продвига́ться, -дви́нуться *св*
Vorankündigung <-, -en> *f* предвари́тельное оповеще́ние *ср,* ано́нс *м*
Voranmeldung [ˈfoːɐʔan-] <-, -en> *f* предвари́тельная зая́вка *ж*
voran|treiben *vt* ускоря́ть *нсв,* форси́ровать *нсв*
voraus [foˈraʊs] *adv* впереди́; **im ~** зара́нее; **seiner Zeit ~ sein** ра́ньше своего́ вре́мени; **im Voraus** предвари́тельно
voraus|ahnen *vt* предчу́вствовать
voraus|eilen *vt* спеши́ть вперёд
voraus|gehen <irr> *vi* идти́, пойти́ *св;* **einer Sache ~** предше́ствовать чему́-л.; **sie ist schon vorausgegangen** она́ уже́ пошла́

вперёд

vorausgesetzt *adj* **~, dass ...** при усло́вии, что ...

voraus|haben <irr> *vt* **jdm etw ~** превосходи́ть кого́-л. в чём-л.

Voraussage <-, -en> *f* прогно́з *м;* **eine ~ machen** предсказа́ть

voraus|sagen *vt* предска́зывать, -сказа́ть *св*

voraus|sehen *vt* предви́деть; **das war ja vorauszusehen** э́того мо́жно бы́ло ожида́ть

voraus|setzen *vt* **1.** *(Fähigkeiten)* предусма́тривать *нсв* **2.** *(von etw ausgehen)* исходи́ть *нсв;* **vorausgesetzt, dass ...** при усло́вии, е́сли ...; **ich setze voraus, dass ...** я предполага́ю, что ...

Voraussetzung <-, -en> *f* усло́вие *ср*, предпосы́лка *ж;* **jegliche ~en fehlen** нет никаки́х предпосы́лок; **von falschen ~en ausgehen** исходи́ть из ло́жных предпосы́лок; **unter der ~, dass ...** при усло́вии, что ...

Voraussicht <-> *f* предви́дение *ср*

voraussichtlich *adj* предполага́емый

voraus|zahlen *vt* плати́ть за что-л. вперёд

Vorauszahlung <-, -en> *f* ава́нс *м*

Vorbehalt ['fo:ɐ̯bəhalt] <-(e)s, -e> *m* огово́рка *ж;* **einem Projekt ohne ~ zustimmen** согласи́ться с прое́ктом без огово́рок; **unter dem ~, dass ...** с той огово́ркой, что ...

vorbehalten <irr> *vt* **sich/jdm etw ~** оста́вить за собо́й/кем-л. пра́во на что-л.; **jdm ~ sein** принадлежа́ть кому́-л., явля́ться пра́вом кого́-л.

vorbehaltlos *adj* безогово́рочный

Vorbehandlung <-> *f* предвари́тельная обрабо́тка *ж*

vorbei [fo:ɐ̯'baɪ] *adv* **~ an etw/jdm** ми́мо чего́-л./кого́-л.; **das ist alles längst ~** всё э́то уже́ давно́ прошло́ [*или* позади́]; **aus und ~** все ко́нчено

vorbei|fahren <irr> *vi sein* проезжа́ть/прое́хать *св* ми́мо

vorbei|gehen <irr> *vi* проходи́ть/пройти́ *св* ми́мо; **bei jdm ~** *fam* зайти́ к кому́-л.

vorbei|kommen <irr> *vi sein* проходи́ть/пройти́ *св* ми́мо

vorbei|marschieren *vi* проходи́ть *нсв*

vor|bereiten **I.** *vt* подгота́вливать, -гото́вить *св* **II.** *vr* подгота́вливаться, -гото́виться *св*

Vorbereitung <-, -en> *f* подгото́вка *ж;* **~en für etw treffen** провести́ приготовле́ния

Vorbesitzer <-s, -> *m* пре́жний владе́лец *м*

Vorbestimmung <-> *f* предопределе́ние *ср*, предназначе́ние *ср*

vorbestraft *adj* име́ющий суди́мость

vor|beugen **I.** *vr* наклоня́ться, -клони́ться *св* **II.** *vi* предупрежда́ть, -предить *св;* **einer Sache ~** предупрежда́ть что-л.

vorbeugend *adj* предупреди́тельный

Vorbeugung <-> *f* предупрежде́ние *ср*

Vorbeugungsmaßnahme <-, -n> *f* предупреди́тельная ме́ра *ж*

Vorbild <-(e)s, -er> *nt* приме́р *м;* **sich jdn zum ~ nehmen** брать с кого́-л. приме́р

vorbildlich *adj* приме́рный

vor|bringen <irr> *vt* выдвига́ть, вы́двинуть *св*

vorchristlich *adj* дохристиа́нский

Vordatierung <-> *f* дати́рование *ср* за́втрашним число́м

Vorderachse ['fɔrdɐaksə] <-, -n> *f* пере́дний мост *м*

Vorderasien ['fɔrdɐ'ʔa:ziən] <-s> *nt* Пере́дняя А́зия *ж*

vordere(r, s) ['fɔrdərə, -rɐ, -rəs] *adj* пере́дний

Vordergrund <-(e)s, -gründe> *m* пере́дний план *м;* **im ~** на пере́днем пла́не; **im ~ stehen** стоя́ть на пере́днем пла́не

Vorderrad <-(e)s, -räder> *nt* пере́днее колесо́ *ср*

Vorderradantrieb <-(e)s, -e> *m* KFZ при́вод *м* на пере́дние колеса

Vorderseite <-, -n> *f* пере́дняя сторона́ *ж*

Vordersitz *m* пере́днее сиде́нье *ср*

vor|drängen *vr* **sich ~** пролéзть вперёд

Vordruck <-(e)s, -e> *m* бланк *м*, формуля́р *м*

voreilig *adj* поспе́шный

voreingenommen *adj* предвзя́тый

Voreingenommenheit <-> *f* предвзя́тость *ж*

vor|enthalten <irr> *vt* **jdm etw ~** лиша́ть кого́-л. чего́-л.

Vorentscheidung <-, -en> *f* предвари́тельное реше́ние *ср*

vorerst ['fo:ɐ̯ʔe:ɐ̯st] *adv* пока́

vor|exerzieren *vt* демонстри́ровать, про- *св*

Vorfahr(in) ['fo:ɐfa:ɐ, 'fo:ɐ̯fa:rən] <-en, -en> *m(f)* пре́док *м*

vor|fahren <irr> *vi* подъезжа́ть, -е́хать *св;* **sie fuhr mit dem Taxi vor** она́ подъе́хала на такси́

Vorfahrt <-> *f* пра́во *ср* преиму́щественного прое́зда; **jdm die ~ lassen** уступи́ть кому́-л. доро́гу

vorfahrtsberechtigt *adj* име́ющий пра́во преиму́щественного прое́зда

Vorfahrtsregel <-> *f* пра́вило *ср* преиму́щественного прое́зда

Vorfall <-(e)s, -fälle> *m* слу́чай *м*

Vorfinanzierung <-> *f* предоставле́ние *ср* средств, вы́дача *ж* ава́нсов

vor|finden <irr> *vt* застава́ть, -ста́ть *св*, ви́деть, у- *св*

Vorform <-, -en> *f* первонача́льная фо́рма *ж*

Vorfreude *f* ра́достное ожида́ние *ср*

vor|führen *vt (Film, Person, Auto)* пока́зывать, -каза́ть *св*

Vorführgerät <-(e)s, -e> *nt (Gerät)* прое́ктор *м; (Modell)* демонстрацио́нный экземпля́р *м*

Vorführung <-, -en> *f* **1.** *(Filmvorführung)* пока́з *м* **2.** *(Vorstellung)* представле́ние *ср*

Vorgabe <-, -n> *f* за́данный показа́тель *м;* ~ **von Umsatzzielen** за́данный показа́тель оборо́та; **gesetzte ~n erreichen** дости́гнуть поста́вленной це́ли

Vorgang <-(e)s, -gänge> *m* **1.** *(Hergang)* проце́сс *м* **2.** *(Vorfall)* собы́тие *ср* **3.** *(Aktenvorgang)* де́ло *ср*

Vorgänger(in) ['-gɛŋɐ] <-s, -> *m(f)* предше́ственник *м,* предше́ственница *ж*

Vorgarten *m* пере́дний двор *м*

vor|gaukeln ['foːɐ̯gaʊkəln] *vt* **jdm etw** ~ ве́шать кому́-л. лапшу́ на́ уши

vor|geben <irr> *vt* **1.** *(angeben)* приводи́ть, -вести́ *св* **2.** SPORT дава́ть, да́ть *св* **3.** *(festlegen)* задава́ть, -да́ть *св*

vorgefertigt ['-gəfɛrtɪçt] *adj* заводско́го изготовле́ния

Vorgefühl <-(e)s> *nt* предчу́вствие *ср*

vor|gehen <irr> *vi* **1.** *(nach vorn gehen)* выходи́ть, вы́йти *св* **2.** *(Uhr)* спеши́ть *нсв* **3.** *(geschehen)* происходи́ть, произойти́ *св* **4.** *(handeln)* де́йствовать, поступа́ть, -ступи́ть *св;* **gegen etw** ~ приня́ть ме́ры про́тив чего́-л.; **was geht (nur) in dir vor?** что с тобо́й?

Vorgehen <-s> *nt* де́йствия *мн;* **gemeinsames** ~ совме́стные де́йствия; **planmäßiges** ~ планоме́рные де́йствия

Vorgehensweise <-, -n> *f* о́браз *м* де́йствия

Vorgeschichte <-, -n> *f* предысто́рия *ж*

vorgeschichtlich *adj* доистори́ческий

Vorgeschmack <-(e)s> *m* предвкуше́ние *ср*

Vorgesetzte(r) <-n, -n> *f(m)* нача́льник *м,* нача́льница *ж,* руководи́тель *м*

Vorgespräch <-(e)s, -e> *nt* предвари́тельные перегово́ры *мн*

vorgestern *adv* позавчера́

vor|haben <irr> *vt* собира́ться, собра́ться *св;* **was hast du damit vor?** что ты собира́ешься с э́тим де́лать?; **was hast du für heute vor?** что ты заплани́ровал на сего́дня?

Vorhaben <-s, -> *nt* наме́рение *ср;* **ein ~ umsetzen** осуществи́ть наме́рение

vor|halten <irr> *vt (vorwerfen)* **jdm etw** ~ обвиня́ть кого́-л. в чём-л.

vorhanden [foːɐ̯'handən] *adj* име́ющийся (в нали́чии); **es sind noch drei Bücher** ~ оста́лись ещё три кни́ги

Vorhandensein [-'- - -] <-s> *nt* нали́чие *ср*

Vorhang <-(e)s, Vorhänge> *m* занаве́ска *ж; (Theater)* за́навес *м*

Vorhängeschloss[RR] <-es, -schlösser> *nt* вися́чий замо́к *м*

Vorhaut <-, -häute> *f* кра́йняя плоть *ж*

vorher [foːɐ̯'heːɐ̯] *adv* зара́нее; **drei Tage** ~ за три дня до э́того; **am Tag** ~ за день до э́того

vorher|bestimmen *vt* предопределя́ть, предопредели́ть *св*

vorherbestimmt [foːɐ̯'heːɐ̯bəʃtɪmt] *adj* предопределённый

Vorherbestimmung <-> *f* предопределе́ние *ср*

vorher|gehen <irr> *vi* **etw geht einer Sache vorher** что-л. предше́ствует чему́-л.

vorherig [foːɐ̯'heːrɪç] *adj* пре́жний

Vorherrschaft <-> *f* госпо́дство *ср*

vor|herrschen *vi* преоблада́ть *нсв*

Vorhersage <-, -n> *f* прогно́з *м*

vorher|sagen *vt* предска́зывать, -сказа́ть *св*

vorhersehbar *adj* предсказу́емый

vorher|sehen [foːɐ̯'heːɐ̯zeːən] <irr> *vt* предви́деть *нсв*

vor|heucheln *vt* лицеме́рно уверя́ть

vorhin [foːɐ̯'hɪn] *adv* то́лько что

vorhinein ['foːɐ̯hɪnaɪn] *adv* **im** ~ зара́нее

vorig *adj* про́шлый

Vorjahr <-(e)s, -e> *nt* про́шлый год *м*

Vorjahresvergleich <-(e)s> *m* сравне́ние *ср* с предыду́щим го́дом

Vorjahreszeitraum <-(e)s> *m* соотве́тствующий пери́од *м* про́шлого го́да

Vorkehrung ['foːɐ̯keːrʊŋ] <-, -en> *f meist pl* ме́ра *ж* предосторо́жности

Vorkenntnisse <-> *pl* предвари́тельные зна́ния *мн*

vor|knöpfen *vt fam* **sich** *dat* **jdn** ~ приня́ться [*или* взя́ться] за кого́-л.

vor|kommen *vi* **1.** *(auftreten)* встреча́ться, встре́титься *св* **2.** *(geschehen)* случа́ться, случи́ться *св;* **sie kommt mir bekannt vor** мне ка́жется, что я её зна́ю; **das kommt schon mal vor** э́то случа́ется; **das wird nicht wieder** ~ э́то бо́льше не повтори́тся; **das kommt mir seltsam vor** э́то вы́глядит о́чень стра́нно; **ich komme mir vor wie ein Idiot** я чу́вствую себя́ идио́том

Vorkommen <-s, -> *nt (von Bodenschätzen)* месторожде́ние *ср*

Vorkommnis <-ses, -se> *nt* происше́ствие *ср*

Vorladung <-, -en> *f* вы́зов *м* в суд

Vorlage <-, -n> *f* **1.** *(das Vorlegen)* предъявле́ние *ср* **2.** *(Muster, Vorbild)* образе́ц *м* **3.** *(Gesetzesvorlage)* прое́кт *м*

vorläufig *adj* вре́менный; **~es Ergebnis** предвари́тельный результа́т *м;* **~e**

Verfügung временное распоряжение *ср*
vorlaut *adj* дерзкий
vor|legen *vt* **1.** *(vorzeigen)* предъявлять, -вить *св;* **Pläne der Öffentchkeit ~** представить планы общественности; **einen Vertrag zur Unterschrift ~** представлять договор на подпись **2.** *(Entwurf)* представлять, -ставить *св*
Vorleistung <-, -en> *f* аванс *м*
vor|lesen <irr> *vt* читать, про- *св*
Vorlesung <-, -en> *f* лекция *ж;* **eine ~ halten** читать лекцию
Vorlesungsverzeichnis <-ses, -se> *nt* расписание *ср* лекций
vorletzte(r, s) *adj* предпоследний
Vorliebe <-, -n> *f* пристрастие *ср;* **eine ~ für etw/jdn haben** иметь пристрастие к чему-л./кому-л.
vor|liegen <irr> *vi (existieren, dasein)* иметься *нсв;* **hier muss ein Irrtum ~** здесь произошла ошибка
vorliegend *adj* данный; **im ~en Fall** в данном случае
vor|machen *vt fam* **er macht sich** *dat* **selbst was vor** он строит себе иллюзии
Vormachtstellung <-> *f* господствующее положение *ср*
vor|merken *vt* записывать, -писать *св;* **sich für etw ~ lassen** записаться на что-л.
Vormittag <-s, -e> *m* первая половина *ж* дня; **am ~** в первой половине дня; **gestern/heute/morgen ~** вчера/сегодня/завтра перед обедом
vormittags *adv* в первой половине дня, до обеда
Vormonat <-s> *m* предыдущий месяц *м*
Vormund <-(e)s, -e> *m* опекун *м*
Vormundschaft <-en> *f* **jdn unter ~ stellen** назначить кому-л. опекуна
vorn(e) [fɔrn(e)] *adv* впереди; **nach ~** вперёд; **von ~** спереди; **von ~ anfangen** начинать сначала; **wir saßen ganz ~** мы сидели спереди; **von ~ bis hinten** со всех сторон
Vorname <-n, -n> *m* имя *ср*
vornehm [ˈfoːɐneːm] *adj* изысканный
vor|nehmen <irr> *vr (etw anpacken, auch sich jdn ~)* браться, взяться *св* за; **sich** *+dat* **~, etw zu tun** решить сделать что-л.; **eine Reparatur ~** провести ремонт
vornehmlich *adv* прежде всего
vor|neigen *vr* наклониться *св* вперёд
vornherein [ˈfɔrnhɛraɪn] *adv* **von ~** с самого начала
Vorort <-(e)s, -e> *m* пригород *м*
Vorortzug <-(e)s, -züge> *m* электричка *ж*
vor|preschen *vi* посещать, посетить *св*
vorprogrammiert *adj auch fig* запрограммированный
Vorprüfung <-, -en> *f экзамены в вуз по завершении начального этапа обучения с целью отбора лучших студентов для основного этапа учёбы*
Vorrang [ˈfoːɐraŋ] <-(e)s> *m* преимущество *ср;* **absoluten ~ genießen** иметь абсолютное преимущество; (**vor etw/jdm**) **den ~ haben** иметь преимущество (перед чем-л./кем-л.)
vorrangig *adj* первоочередной, преимущественный
Vorrat [ˈfoːɐraːt] <-(e)s, Vorräte> *m* запас *м;* **einen ~ anlegen** создавать запасы; **die Vorräte aufstocken** пополнять запасы; **solange der ~ reicht** пока хватает запасов; **die Vorräte werden knapp** запасы кончаются
vorrätig [ˈfoːɐrɛːtɪç] *adj* имеющийся (в запасе)
Vorratsbehälter <-s, -> *m* ёмкость *ж* для хранения, запасная тара *ж*
Vorratskammer *f* чулан *м,* кладовая *ж*
Vorratslager <-s, -> *nt* склад *м*
Vorraum <-(e)s, -räume> *m* передняя *ж*
Vorrecht <-(e)s, -e> *nt* привилегия *ж,* преимущество *ср;* **ein ~ haben** иметь привилегию
Vorrichtung <-, -en> *f* устройство *ср*
vor|sagen *vt* **jdm etw ~** подсказывать кому-л. что-л.
Vorsaison <-> *f* предсезонный период *м*
Vorsatz <-es, -sätze> *m* намерение *ср*
vorsätzlich [ˈfoːɐzɛtslɪç] *adj* преднамеренный
Vorschein *m* **zum ~ kommen** появиться
vor|schicken *vt* отправлять, отправить *св*
vor|schieben <irr> *vt (nach vorn schieben)* подвигать, -винуть *св;* **den Riegel ~** задвинуть засов
Vorschlag <-(e)s, Vorschläge> *m* предложение *ср;* **alternative Vorschläge ausarbeiten** разрабатывать альтернативные предложения; **auf jds ~ hin** по предложению кого-л.; **einen ~ machen** сделать предложение; **ein vernünftiger ~** разумное предложение; **ein undurchführbarer ~** неосуществимый проект; **einen ~ annehmen** принять предложение
vor|schlagen <irr> *vt* предлагать, -ложить *св*
vorschnell *adj* опрометчивый
vor|schreiben <irr> *vt* предписывать, -писать *св;* **jdm ~, was er zu tun hat** говорить кому-л., что он должен сделать
Vorschrift <-, -en> *f* инструкция *ж;* **Dienst nach ~** служба по предписаниям; **gesetzliche ~en verletzen** нарушать законодательные положения
vorschriftsmäßig *adj* согласно инструкции
Vorschub *m* **einer Sache ~ leisten** содействовать чему-л.
Vorschule *f* дошкольная подготовка *ж*

V

vorschlagen

• vorschlagen	• **Предложение**
Wie wär's, wenn wir heute mal ins Kino gehen würden?	**Что вы скажете насчёт того,** чтобы пойти в кино?
Wie wär's mit einer Tasse Tee?	**Как насчёт** чашечки чая?
Was hältst du davon, wenn wir mal eine Pause machen würden?	**Как ты думаешь,** не сделать ли нам перерыв?
Hättest du Lust, spazieren zu gehen?	**Ты не хочешь** прогуляться? / пойти погулять?
Ich schlage vor, wir vertagen die Sitzung.	**Я предлагаю** отложить встречу.

i Land & Leute

В Швейцарии каждый дошкольник имеет право как минимум на один или два года занятий в **«подготовительной школе»**. Посещение этой школы добровольно и бесплатно. В большинстве кантонов дети проводят в них примерно по 4-5 часов в день, находясь под присмотром преподавателей.

Vorschulerziehung <-> *f* дошко́льное воспита́ние *ср*

Vorschuss[RR] <-es, Vorschüsse> *m*, **Vorschuß**[Alt] <-sses, Vorschüsse> *m* зада́ток *м*, ава́нс *м*

vor|schützen *vt* **nur keine Müdigkeit ~!** и без оправда́ний!

vor|schweben *vi* представля́ться, предста́виться *св*

vor|sehen <irr> **I.** *vt* **1.** *(nach vorn sehen)* выгля́дывать, вы́глянуть *св* из-за́ **2.** *(angeben, einplanen)* предусма́тривать, -мотре́ть *св* **II.** *vr* быть *нсв* осторо́жным

Vorsehung <-> *f* провиде́ние *ср*

Vorsicht <-> *f* осторо́жность *ж*; **~!** осторо́жно!

vorsichtig *adj* осторо́жный; **mit etw ~ sein** быть осторо́жным с чем-л.

vorsichtshalber *adv* на вся́кий слу́чай

Vorsichtsmaßnahme <-, -n> *f* ме́ра *ж* предосторо́жности

Vorsilbe <-, -n> *f* приста́вка *ж*

vor|singen <irr> *vt* петь, спеть *св*; **jdm etw ~** петь пе́ред кем-л.

Vorsitz <-es> *m* председа́тельство *ср*; **den ~ führen** председа́тельствовать

Vorsitzende(r) <-n, -n> *f(m)* председа́тель *м*, председа́тельница *ж*

Vorsorge <-> *f* ме́ра *ж* предосторо́жности

Vorsorgeuntersuchung <-, -en> *f* профилакти́ческий осмо́тр *м*

vorsorglich *adj* забо́тливый

Vorspeise <-, -n> *f* заку́ска *ж*

Vorspiel <-(e)s, -e> *nt* **1.** MUS прелю́дия *ж* **2.** *(sexuell)* предвари́тельные ла́ски *жмн*

vor|spielen *vt (auf Instrument)* исполня́ть, испо́лнить *св*; **jdm etw ~** спеть/сыгра́ть кому́-л. что-л.

vor|sprechen <irr> **I.** *vt (einen Text)* произноси́ть, произнести́ *св* **II.** *vi* зайти́ *св*; **bei einer Behörde/bei jdm ~** зайти́ в како́е-л. учрежде́ние/к кому́-л.

Vorsprung <-(e)s, Vorsprünge> *m* **1.** *(vorstehender Teil)* вы́ступ *м* **2.** *(Voraussein)* преиму́щество *ср*; **einen ~ vor jdm haben** име́ть преиму́щество пе́ред кем-л.

Vorstadium <-s, -stadien> *nt* ра́нняя ста́дия *ж*

Vorstadt <-, -städte> *f* при́город *м*

Vorstand <-(e)s, -stände> *m* **1.** *(von Unternehmen)* правле́ние *ср*; **der ~ tagt** правле́ние заседа́ет **2.** *(Vorstandsmitglied)* член *м* правле́ния

Vorstandschef <-s, -s> *m* дире́ктор *м* правле́ния

Vorstandsetage <-, -n> *f* эта́ж *м*, на кото́ром размещено́ правле́ние

Vorstandsmitglied <-(e)s, -er> *nt* член *м* правле́ния

Vorstandssprecher(in) <-s, -> *m(f)* представи́тель *м*, выступа́ющий от и́мени правле́ния

Vorstandsvorsitzende <-n, -n> *m* председа́тель *м* правле́ния

vor|stehen <irr> *vi (nach vorn ragen)* выступа́ть *нсв*

vorstehend *adj* выступа́ющий, выделя́ющийся

Vorsteherdrüse <-, -n> *f* проста́та *ж*

vorstellbar *adj* постижи́мый

vor|stellen **I.** *vt* **1.** *(Person, Gegenstand)* представля́ть, -ста́вить *св*; **darf ich Ihnen Frau Müller ~?** могу́ я вас познако́мить с госпожо́й Мю́ллер? **2.** *(Uhr)* ста́вить, по- *св* вперёд **3.** *(darstellen)* представля́ть *нсв*; **das kann ich mir gut ~** я могу́ себе́ э́то хорошо́ предста́вить **II.** *vr* **sich ~** *(eine Vorstellung von etw haben)* представля́ть, -ста́вить *св*

Vorstellung <-, -en> *f* **1.** *(das Vorstellen)* представле́ние *ср* **2.** *(Theater)* спекта́кль *м* **3.** *(Kino)* сеа́нс *м* **4.** *(Gedanke)* представле́ние *ср*

Vorstellungsgespräch *nt* интервью́ *ср* при приёме на рабо́ту

Vorstoß <-es, Vorstöße> *m* **1.** MIL проры́в *м*, уда́р *м*, ата́ка *ж* **2.** SPORT рыво́к *м*

vor|stoßen *vi* **1.** *(eindringen)* проника́ть, -ни́кнуть *св* в **2.** MIL прорыва́ться, прорва́ться *св*

Vorstrafe *f* JUR пре́жнее наказа́ние *ср*

vor|strecken *vt (Hand, Kopf)* вытя́гивать, вы́тянуть *св*

Vorstufe <-, -n> *f* предвари́тельный эта́п *м*

vor|täuschen *vt* симули́ровать *нсв*

Vorteil ['fɔrtaɪl] <-(e)s, -e> *m* преиму́щество *ср*; **entscheidender ~** реша́ющее преиму́щество; **nur den eigenen ~ im Auge haben** пресле́довать то́лько свою́ вы́году; **(für jdn) von ~ sein** быть вы́годным кому́-л.; **gegenüber jdm im ~ sein** име́ть преиму́щество пе́ред кем-л.

vorteilhaft *adj* вы́годный

Vortrag ['fo:ɐtra:k, 'fo:ɐ̯trɛ:gə] <-(e)s, -träge> *m* докла́д *м*; **einen ~ halten** выступа́ть с докла́дом

vor|tragen <irr> *vt* **1.** *(Gedicht)* чита́ть, про- *св* **2.** *(Meinung)* излага́ть, -ложи́ть *св*

Vortragsabend <-s, -e> *m* темати́ческий ве́чер *м*

vortrefflich [fo:ɐ'trɛflɪç] *adj* превосхо́дный

Vortritt *m* **jdm ~ gewähren** пропусти́ть кого́-л. вперёд

vorüber [vo'ry:bɐ] *adv* ми́мо

vorüber|gehen <irr> *vi (vorbeigehen)* проходи́ть, пройти́ *св* ми́мо

vorübergehend *adj* вре́менный

Voruntersuchung <-, -en> *f* JUR предвари́тельное сле́дствие *ср*

Vorurteil <-s, -e> *nt* предрассу́док *м*

vorurteilsfrei *adj* свобо́дный от предрассу́дков

Vorverhandlung <-, -en> *f* JUR предвари́тельное слу́шание *ср*

Vorverkauf <-(e)s> *m* предвари́тельная прода́жа *ж*

vor|verlegen *vt* переноси́ть, перенести́ *св* вперёд, передвига́ть, передви́нуть *св* на бо́лее ра́нний срок

Vorvertrag <-(e)s, -verträge> *m* предвари́тельный догово́р *м*

vorvorletzte *adj* тре́тий от конца́

Vorwahl <-, -en> *f* TELKOM (телефо́нный) код *м*

Vorwand ['fo:ɐ̯vant, 'fo:ɐ̯vɛndə] <-(e)s, -wände> *m* предло́г *м*; **unter einem ~** под каки́м-л. предло́гом

vorwärts ['fo:ɐ̯vɛrts] *adv* вперёд

Vorwärtsgang <-(e)s, -gänge> *m* переда́ча *ж* пере́днего хо́да

vorwärts|gehen[RR] *vi* **mit etw geht es vorwärts** *umg* что-л. продвига́ется

Vorwäsche <-> *f* предвари́тельная сти́рка *ж*

vorweg [fo:ɐ'vɛk] *adv (im Voraus)* зара́нее, вперёд

vor|weisen <irr> *vt (vorzeigen)* предъявля́ть, -ви́ть *св*; **sie kann sehr gute Qualifikationen ~** у неё о́чень хоро́шая квалифика́ция

vor|werfen *vt* **jdm etw ~** упрека́ть кого́-л. в чём-л.

vorwiegend *adv* в основно́м, преиму́щественно

Vorwissen <-s> *nt* предвари́тельная подгото́вка *ж*

vorwitzig *adj* **1.** *(keck, frech)* нескро́мный **2.** *(neugierig)* любопы́тный

Vorwort <-(e)s, -e> *nt* предисло́вие *ср*

Vorwurf <-(e)s, -würfe> *m* упрёк *м*

vorwurfsvoll *adj* укори́зненный

Vorzeichen <-s, -> *nt* **1.** *(Omen)* предзнамено́вание *ср* **2.** MATH знак *м*

vor|zeigen *vt* предъявля́ть, -ви́ть *св*

Vorzeit <-en> *f* бы́лые времена́ *мн*

vorzeitig *adj* преждевре́менный

vor|ziehen <irr> *vt* **1.** *(Vorhänge)* задёргивать, -дёрнуть *св* **2.** *(lieber mögen)* предпочита́ть, -че́сть *св*; **jdn (einem anderen) ~** предпочита́ть кого́-л. (кому́-л. друго́му)

Vorzimmer <-s, -> *nt* приёмная *ж*

Vorzimmerdame <-, -n> *f* секрета́рша *ж*

Vorzug <-(e)s, -züge> *m* **1.** *(Vorrang)* предпочте́ние *ср* **2.** *(positive Eigenschaft)* преиму́щество *ср*; **einer Sache den ~ geben** отда́ть чему́-л. предпочте́ние

vorzüglich [fo:ɐ'tsy:klɪç] *adj* великоле́пный

Vorzugsaktie <-, -n> *f* BÖRSE привилегиро́ванная а́кция *ж*

Vorzugspreis <-es, -e> *m* льго́тная цена́ *ж*

Vorzugsrecht <-(e)s, -e> *nt* JUR преиму́щественное пра́во *ср*

Votum ['vo:tʊm] <-s, Voten> *nt geh* во́тум *м*

Voyeur(in) [vo̯a'jœ:ɐ̯] *m(f)* созерца́тель *м*, наблюда́тель *м*

VR *abk von* **Volksrepublik** Наро́дная респу́блика *ж*; *abk von* **virtuelle Realität** виртуа́льная реа́льность *ж*

vulgär [vʊl'gɛ:ɐ] *adj* вульга́рный

Vulkan [vʊl'ka:n] <-s, -e> *m* вулка́н *м*

Vulkanausbruch *m* изверже́ние *ср* вулка́на

Vulva <-> *f* ву́льва *ж*

Ww

W, w [veː] <-, -> *nt* бу́ква W
Waage [ˈvaːgə] <-, -n> *f* **1.** *(allg)* весы́ *мн* **2.** ASTR Весы́ *мн*
waag(e)recht *adj* горизонта́льный
wabb(e)lig [ˈvab(ə)lɪç] *adj umg* дря́блый
Wabe [ˈvaːbə] <-, -n> *f* со́ты *мн*
wach [vax] *adj (rege)* бо́дрый; **~ werden** просну́ться; **~ sein** не спать
Wachablösung <-, -en> *f* сме́на *ж*
Wache [ˈvaxə] <-, -n> *f* **1.** *(Wachperson)* карау́льный *м* **2.** *(Wachdienst)* карау́л *м;* **(auf) ~ stehen** дежу́рить
wachen [ˈvaxən] *vi* **1.** *geh (wach sein)* бо́дрствовать *нсв;* **bei jdm ~** дежу́рить у кого́-л. **2.** *(auf etw aufpassen)* следи́ть *нсв* за, забо́титься *нсв*
wach|halten <irr> *vt (fortdauern lassen)* подде́рживать *нсв,* сохраня́ть *нсв*
Wachhund *m* сторожева́я соба́ка *ж*
Wachmann <-(e)s, -männer o -leute> *m* **1.** *(Wächter)* сто́рож *м* **2.** *A (Polizist)* полице́йский *м*
Wacholder [vaˈxɔldɐ] <-s> *m* можжеве́льник *м*
Wachposten *m* часово́й *м*
Wachs [vaks] <-es> *nt* воск *м;* **~ in jds Händen sein** *fig* быть гли́ной в рука́х кого́-л.
wachsam [vakzaːm] *adj* бди́тельный
Wachsamkeit <-> *f* бди́тельность *ж*
wachsartig *adj* воскообра́зный
wachsen [ˈvaksən] <wuchs, gewachsen> *vi (an Größe zunehmen, sich verstärken)* расти́, вы́расти *св;* **die Umsätze sind um 5% gewachsen** оборо́т вы́рос на 5%; **jmd ist einer Sache gewachsen** что-л. кому́-л. по плечу́; **in die Breite/Länge/Höhe ~** расти́ в ширину́/в длину́/в высоту́; **sich** *dat* **einen Bart ~ lassen** отпусти́ть себе́ бо́роду; **jdm gewachsen sein** ме́риться с кем-л.
wächsern [ˈvɛksɐn] *adj* восково́й
Wachsfigur <-, -en> *f* восква́я фигу́ра *ж*
Wachskerze <-, -n> *f* восква́я свеча́ *ж*
wächst [vɛkst] *3. präs von* **wachsen**
Wachstum [ˈvakstuːm] <-s> *nt* рост *м,* разви́тие *ср;* **stetes wirtschaftliches ~** постоя́нный экономи́ческий рост; **überdurchschnittliches ~** опережа́ющий рост
wachstumsfördernd *adj* стимули́рующий рост
Wachstumsförderung <-> *f* стимули́рование *ср* ро́ста
Wachstumsgrenze <-> *f* грани́ца *ж* ро́ста
wachstumshemmend *adj* заде́рживающий рост
Wachstumshormon <-(e)s, -e> *nt* гормо́н *м* ро́ста
wachstumsorientiert *adj* ориенти́рованный на (экономи́ческий) рост
Wachstumsprognose <-, -n> *f* прогно́з *м* ро́ста
Wachstumsrate <-, -n> *f* проце́нт *м* ро́ста
Wachstumsstörung <-, -en> *f* наруше́ние *ср* ро́ста
Wachstumstempo <-s> *nt* те́мпы *мн* ро́ста
wachsweich *adj pej* пода́тливый
Wächter(in) [ˈvɛçtɐ] <-s, -> *m(f)* сто́рож *м*
Wachtmeister(in) [ˈvaxtmaɪstɐ] <-s, -> *m(f)* полице́йский *м*
Wachtposten *m* часово́й *м*
Wachturm <-(e)s, -türme> *m* сторожева́я вы́шка *ж*
Wachzustand <-(e)s> *m* состоя́ние *ср* бо́дрствования
wackelig [ˈvak(ə)lɪç] *adj* ша́ткий; **er ist noch ~ auf den Beinen** он ещё пло́хо де́ржится на нога́х
Wackelkontakt <-(e)s, -e> *m* непло́тный конта́кт *м*
wackeln [ˈvakəln] *vi (schwanken)* шата́ться *нсв;* **an/mit etw** *dat* **~** *fam* раска́чивать что-л.
Wackelpudding *m fam* пу́динг *м*
wacker *adj* сла́вный; *(ehrlich)* че́стный
wacklig *adj s.* **wackelig**
Wade [ˈvaːdə] <-, -n> *f* икра́ *ж (ноги́)*
Wadenwickel <-s, -> *m* компре́сс *м* для го́лени
Waffe [ˈvafə] <-, -n> *f* ору́жие *ср;* вооруже́ние *ср;* род *м* войск; **eine ~ tragen** носи́ть ору́жие; **jdn mit seinen eigenen ~ schlagen** бить кого́-л. его́ же со́бственным ору́жием
Waffel [ˈvafəl] <-, -n> *f* ва́фля *ж*
Waffeleisen <-s, -> *nt* ва́фельница *ж*
Waffenbesitz *m* владе́ние *ср* ору́жием; **unerlaubter ~** незако́нное владе́ние ору́жием
Waffenembargo <-s, -s> *nt* эмба́рго *ср* на ввоз ору́жия
Waffenhandel <-s> *m* торго́вля *ж* ору́жием; **~ betreiben** занима́ться торго́влей ору́жием
Waffenhändler <-s, -> *m* торго́вец *м* ору́жием
Waffenkammer <-, -n> *f* MIL помеще́ние *ср* для хране́ния ору́жия
Waffenlager <-s, -> *nt* склад *м* ору́жия
Waffenlieferung <-, -en> *f* поста́вка *ж* вооруже́ния
Waffenschmuggel <-s> *m* контраба́нда *ж* ору́жия

Waffenstillstand <-(e)s, -stände> *m* переми́рие *ср*

Waffenstillstandsverhandlungen <-> *pl* перегово́ры *мн* о переми́рии

wagehalsig *adj* отча́янный; *(riskant)* риско́ванный

Wagemut ['va:gəmu:t] <-(e)s> *m* отва́га *ж*, сме́лость

wagemutig *adj* отва́жный, сме́лый

wagen ['va:gən] *vt* осме́ливаться, -литься *св*; **er wagte nicht, sie anzusprechen** он не осме́лился с ней заговори́ть; **einen Versuch ~** сде́лать попы́тку; **wer nicht wagt, der nicht gewinnt** *prov* кто не риску́ет, тот не выи́грывает

Wagen ['va:gən] <-s, -> *m* **1.** *(Auto)* маши́на *ж*, автомоби́ль *м* **2.** *(Eisenbahnwagen)* ваго́н *м* **3.** *(Handwagen)* теле́жка *ж*

Wagendach <-(e)s> *nt* кры́ша *ж* автомоби́ля [*или* ваго́на]

Wagenheber <-s, -> *m* домкра́т *м*

Wagenkolonne <-, -n> *f* автоколо́нна *ж*

Wag(g)on[RR] [va'gɔ̃:] <-s, -s> *m* ваго́н *м*

Waggonladung <-, -en> *f* поваго́нный груз *м*

waggonweise *adv* (це́лыми) ваго́нами

waghalsig ['va:khalzɪç] *adj* **1.** *(Mensch)* отча́янный **2.** *(Unternehmen)* риско́ванный

Wagnis ['va:knɪs] <-ses, -se> *nt* риск *м*

Wagon <-s, -s> *m s.* **Waggon**

Wahl [va:l] <-, -en> *f* **1.** *(zwischen Alternativen)* вы́бор *м*; **keine andere ~ haben** не име́ть друго́го вы́бора; **seine ~ treffen** сде́лать вы́бор; **die ~ fiel auf ihn** вы́бор пал на него́ **2.** *(politische Wahl)* вы́боры *мн*; **die ~ gewinnen** победи́ть на вы́борах; **die ~ verlieren** проигра́ть на вы́борах; **zur ~ gehen** пойти́ на вы́боры

Wahlaufruf <-(e)s, -e> *m* предвы́борное обраще́ние *ср*

Wahlausgang <-(e)s> *m* исхо́д *м* вы́боров

Wahlausschuss <-es, -ausschüsse> *m* избира́тельная коми́ссия *ж*

Wählbarkeit <-> *f* вы́борность *ж*

wahlberechtigt *adj* име́ющий пра́во го́лоса; **er/sie ist ~** он/она́ име́ет пра́во го́лоса

Wahlberechtigte(r) <-n, -n> *f(m)* гражда́нка *ж*, граждани́н *м*, име́ющий пра́во го́лоса

Wahlberechtigung <-> *f* пра́во *ср* уча́стия в вы́борах

Wahlbeteiligung <-> *f* уча́стие *ср* в вы́борах

Wahlbetrug <-> *m* обма́н *м* на вы́борах

Wahlbezirk <-(e)s, -e> *m* избира́тельный о́круг *м*

Wahlbündnis <-ses, -se> *nt* избира́тельный блок *м*

wählen ['vɛ:lən] *vt* **1.** *(zwischen Alternativen, seine Stimme abgeben)* выбира́ть, вы́брать *св*; **Sie können unter drei verschiedenen Menüs ~** Вы мо́жете вы́брать одно́ из трёх меню́; **jdn ~** избра́ть кого́-л.; **sie wurde zur Präsidentin gewählt** её вы́брали президе́нтом **2.** *(am Telefon)* набира́ть, набра́ть *св*

Wähler(in) <-s, -> *m(f)* избира́тель *м*, избира́тельница *ж*

Wahlerfolg <-(e)s, -e> *m* успе́х *м* на вы́борах

Wahlergebnis <-ses, -se> *nt* результа́т *м* вы́боров

wählerisch *adj* разбо́рчивый, привере́дливый

Wählerschaft <-> *f* избира́тели *мн*

Wählerstimme *f* го́лос *м* избира́теля

Wahlfälschung <-, -en> *f* фальсифика́ция *ж* результа́тов вы́боров

Wahlgang <-(e)s, -gänge> *m* тур *м* вы́боров

Wahlgeheimnis <-ses> *nt* та́йна *ж* голосова́ния

Wahlkabine <-, -en> *f* избира́тельная каби́на *ж*

Wahlkampf <-(e)s, -kämpfe> *m* предвы́борная кампа́ния *ж*

Wahlkampfthema <-s, -themen> *nt* те́ма *ж* предвы́борной борьбы́

Wahlkreis <-es, -e> *m* избира́тельный о́круг *м*

Wahllokal <-(e)s, -e> *nt* избира́тельный уча́сток *м*

Wahlmöglichkeit <-, -en> *f* свобо́да *ж* вы́бора

Wahlniederlage <-, -n> *f* пораже́ние *ср* на вы́борах

Wahlpflicht <-> *f* обя́занность *ж* уча́стия в вы́борах

Wahlplakat <-(e)s, -e> *nt* предвы́борный плака́т *м*

Wahlpropaganda <-> *f* предвы́борная пропага́нда *ж*

Wahlrecht <-(e)s> *nt* избира́тельное пра́во *ср*

Wahlrede <-, -n> *f* предвы́борная речь *ж*

Wählscheibe <-, -n> *f* диск *м* телефо́на, номерно́й диск

Wahlsieger <-s, -> *m* победи́тель *м* на вы́борах

Wahlspruch *m* деви́з *м*

Wahlsystem <-(e)s, -e> *nt* избира́тельная систе́ма *ж*

Wahltag <-(e)s> *m* день *м* вы́боров

Wahlversprechen <-s, -> *nt* предвы́борное обеща́ние *ср*

wahlweise *adv* по вы́бору, на вы́бор

Wahn [va:n] <-(e)s> *m* бред *м*

Wahnsinn ['va:nzɪn] <-s> *m* **1.** *(Geistesgestörtheit)* помеша́тельство *ср* **2.** *(unvernünftiges Handeln)* безу́мие *ср*; **das ist doch ~** э́то безу́мие

W

wahnsinnig I. *adj* 1. *(geistesgestört)* сумасше́дший; **du bist ja ~** *fam* ты обезу́мел; **das macht mich ~** *fam* я сойду́ с ума́ 2. *umg (sehr, stark)* ужа́сный; **~ interessant** безу́мно интере́сно II. *adv fam (sehr)* о́чень; **ich habe mich ~ gefreut** я о́чень обра́довался

Wahnvorstellung *f* галлюцина́ция *ж*

wahr [vaːɐ] *adj* 1. *(richtig, nicht falsch)* ве́рный, пра́вильный; **da ist was Wahres dran** *fam* в э́том есть до́ля и́стины 2. *(eigentlich)* и́стинный 3. *(wirklich)* настоя́щий; **nicht ~?** не та́к ли?; **etw ~ machen** осуществи́ть что-л.; **so ~ ich hier stehe** не сойти́ мне с э́того ме́ста; **er ist ein ~r Freund** он настоя́щий друг; **das darf doch nicht ~ sein** *fam* э́того не мо́жет быть

wahren [ˈvaːrən] *vt* 1. *(Geheimnis)* сохраня́ть, -ни́ть *св* 2. *(verteidigen)* защища́ть, защити́ть *св*

während [ˈvɛːrənt] I. *konj (zeitlich)* пока́, в то вре́мя как II. *prp* во вре́мя...

währenddessen [vɛːrəntˈdɛsən] *adv* в э́то вре́мя

wahr|haben *vt* **etw nicht ~ wollen** не хоте́ть пове́рить во что-л.

wahrhaft I. *adj geh (wirklich)* настоя́щий; *(echt)* действи́тельный II. *adv geh* действи́тельно

wahrhaftig [vaːɐ̯ˈhaftɪç] I. *adj geh* и́стинный II. *adv* действи́тельно

Wahrheit <-> *f* пра́вда *ж*, и́стина *ж*; **er sagt die ~** он говори́т пра́вду; **das ist die reine ~** э́то чи́стая пра́вда; **die halbe ~** часть и́стины; **die volle ~** вся и́стина; **die ~ sagen** сказа́ть пра́вду; **in ~** в действи́тельности; **um die ~ zu sagen ...** че́стно говоря́

wahrheitsgemäß *adj* соотве́тствующий действи́тельности, достове́рный

wahrheitsgetreu I. *adj* правдоподо́бный II. *adv* правдоподо́бно

wahrlich *adv geh* настоя́щий

wahr|nehmen <irr> *vt* 1. *(mit den Sinnen)* воспринима́ть, -ня́ть *св* 2. *(Pflichten)* исполня́ть, испо́лнить *св*

Wahrnehmung <-> *f* восприя́тие *ср*

wahr|sagen *vi* **jdm die Zukunft ~** предска́зывать кому́-л. бу́дущее; **aus dem Kaffeesatz ~** гада́ть на кофе́йной гу́ще

Wahrsager(in) <-s, -> *m(f)* предсказа́тель *м*, предсказа́тельница *ж*

Wahrsagerei <-> *f* гада́ние *ср*

Wahrsagung[1] *f ohne pl (das Wahrsagen)* предсказа́ние *ср*

Wahrsagung[2] <-en> *f (das Prophezeite)* проро́чество *ср*

wahrscheinlich [vaːɐˈʃaɪnlɪç] I. *adj* вероя́тный, возмо́жный; **es ist ~, dass ...** вероя́тно, что ... II. *adv* вероя́тно, возмо́жно

Wahrscheinlichkeit <-> *f* вероя́тность *ж*, возмо́жность *ж*; **mit großer ~** с большо́й вероя́тностью; **statistische ~** статисти́ческая вероя́тность; **aller ~ nach** по всей вероя́тности

Wahrscheinlichkeitsgrad <-(e)s, -e> *m* сте́пень *ж* вероя́тности

Wahrscheinlichkeitsrechnung <-> *f* MATH теория *ж* вероя́тностей, исчисле́ние *ср* вероя́тностей

Währung [ˈvɛːrʊŋ] <-, -en> *f* валю́та *ж*; **ausländische ~** иностра́нная валю́та; **harte ~** твёрдая валю́та; **nicht konvertierbare ~** неконверти́руемая валю́та

Währungsabkommen <-s, -> *nt* валю́тное соглаше́ние *ср*

Währungsabwertung <-> *f* девальва́ция *ж*

Währungsanleihe <-, -n> *f* валю́тный заём *м*

Währungsaufwertung <-, -en> *f* ревальва́ция *ж*

Währungseinheit <-, -en> *f* валю́тная едини́ца *ж*

Währungsfonds <-, -> *m* валю́тный фонд *м*

Währungsgebiet <-(e)s, -e> *nt* валю́тная зо́на *ж*

Währungskrise <-, -n> *f* валю́тный кри́зис *м*

Währungsparität <-> *f* валю́тный парите́т *м*

Währungspolitik <-> *f* валю́тная поли́тика *ж*

Währungsschwankungen <-> *pl* колеба́ния *мн* ку́рсов валю́т

Währungsstabilität <-> *f* усто́йчивость *ж* валю́ты

Währungssystem <-(e)s, -e> *nt* валю́тная систе́ма *ж*

Währungsunion <-> *f* валю́тный сою́з *м*

Wahrzeichen <-s, -> *nt* си́мвол *м*, приме́та *ж*

Waise [ˈvaɪzə] <-, -n> *m o f* сирота́ *м и ж*

Waisenhaus *nt* прию́т *м* для бездо́мных

Waisenkind *nt* сирота́ *м и ж*

Wal [vaːl] <-(e)s, -e> *m* кит *м*

Wald [valt] <-(e)s, -e> *m* лес *м*

Waldbrand *m* лесно́й пожа́р *м*

Wäldchen <-s, -> *nt* лесо́к *м*

waldig *adj* леси́стый

Waldlehrpfad <-(e)s, -e> *m* уче́бная тро́па *ж* в лесу́ *(для проведе́ния заня́тий по природове́дению)*

Waldrand *m* опу́шка *ж* ле́са

waldreich *adj* леси́стый

Waldschaden <-s, -schäden> *m* ущёрб *м*, нанесённый экологи́ческой систе́ме ле́са

Waldsterben *nt ohne pl* *умира́ние ле́са из-за загрязне́ния окружа́ющей среды́*

Waldweg *m* лесна́я тропа́ *ж*
Waldwirtschaft <-, -en> *f* лесно́е хозя́йство *ср*
Wales [wɛɪls] <-> *nt* Уэ́льс *м*
Walfang <-s> *m* китобо́йный про́мысел *м*
Walfänger ['va:lfɛŋɐ] <-s, -> *m (Schiff)* китобо́ец *м*
Walkie-Talkie[RR] <-s, -s> *nt* портати́вная ра́ция *ж*
Walkman <-, Walkmen> *m* портати́вный пле́йер *м*
Wall [val] <-(e)s, Wälle> *m* вал *м*
Wallfahrt ['valfa:ɐ̯t] <-, -en> *f* пало́мничество *ср*
Wallfahrtsort <-(e)s, -e> *m* ме́сто *ср* пало́мничества
Wallone(in) <-n, -n> *m(f)* валло́н *м*
Wallung <-en> *f* **in ~ geraten** возбужда́ться
Walnuss[RR] ['valnʊs] <-, Walnüsse> *f* BOT гре́цкий оре́х *м*
Walnussbaum[RR] *m* BOT оре́х *м*
Walnussholz[RR] *nt* оре́ховое де́рево *ср*

i Land & Leute

В ночь на 1 мая по старому народному поверью ведьмы слетались на свой шабаш. Они встречались на Блоксберге – таково старое название горы Броккен, которая находится в Гарце, горах средних размеров на востоке Германии. Сегодня в **Walpurgisnacht** дети и подростки, а иногда и взрослые устраивают своим соседям различные каверзы.

Walross[RR] ['valrɔs] <-es, -e> *nt*, **Walroß**[Alt] <-es, -e> *nt* морж *м*
Walze ['valtsə] <-, -n> *f* **1.** *(Straßenwalze)* като́к *м* **2.** TECH вал *м*
walzen ['valtsən] *vt (Stahl)* прока́тывать *нсв*
wälzen ['vɛltsən] **I.** *vt* кати́ть, по- *св;* **etw in etw** *dat* **~** обва́ливать что-л. в чём-л. **II.** *vr* **sich ~** перевора́чиваться, переверну́ться *св;* **sich schlaflos im Bett ~** воро́чаться в посте́ли от бессо́нницы; **sie wälzte sich von einer Seite auf die andere** она́ ёрзала
walzenförmig ['valtsənfœrmɪç] *adj* цилиндри́ческий
Walzer ['valtsɐ] <-s, -> *m* вальс *м;* **Wiener ~** ве́нский вальс
Walzstraße <-, -n> *f* прока́тный стан *м*
Walzwerk <-(e)s, -e> *nt* прока́тный заво́д *м*
Wampe ['vampə] <-n> *f fam abw* брю́хо *ср*
WAN <-s, -s> *nt* DV *(Wide Area Network)* глоба́льная сеть *м*
wand [vant] *prät von s.* **winden**
Wand [vant] <-, Wände> *f* стена́ *ж*
Wandalismus <-> *m ohne pl* вандали́зм *м*
Wandel ['vandəl] <-s> *m* переме́на *ж;* **im ~ der Zeit** с тече́нием вре́мени
wandelbar *adj* переме́нчивый
wandeln ['vandəln] *vr (sich verändern)* изменя́ться, -ни́ться *св*
Wanderarbeiter <-s, -> *m* рабо́чий *м* - отхо́дник *м*
Wanderausstellung <-, -en> *f* передвижна́я вы́ставка *ж*
Wanderer ['vandərɐ] <-s, -> *m* пу́тник *м*, путеше́ственник *м*
Wanderfalke <-n, -n> *m* со́кол-сапса́н *м*
Wanderheuschrecke <-, -n> *f* ZOOL перелётная саранча́ *ж*
Wanderkarte <-, -n> *f* туристи́ческая ка́рта *ж*
wandern ['vandɐn] *vi* **1.** *(eine Wanderung machen)* ходи́ть, пойти́ *св* **2.** *(Nomaden, auch fig)* кочева́ть, пере- *св* **3.** *fam (hinkommen)* **ins Gefängnis ~** попа́сть в тюрьму́
Wandern ['vandɐn] <-s> *nt ohne pl* скита́ние *ср*, тури́зм *м*
Wanderprediger <-s, -> *m* стра́нствующий пропове́дник *м*
Wandersmann <-(e)s, -männer> *m arch* пу́тник *м*, стра́нник *м*
Wandertag <-(e)s, -e> *m* экскурсио́нный день *м (в шко́ле)*
Wanderung <-, -en> *f* похо́д *м;* **eine ~ machen** пойти́ в похо́д
Wanderverein <-(e)s, -e> *m* туристи́ческий клуб *м*
Wanderweg <-(e)s, -e> *m* тури́стская тропа́ *ж*
Wanderzirkus <-> *m* шапито́ *м; arch* бродя́чий цирк *м*
Wandgemälde *nt* карти́на *ж*
Wandlung ['vandlʊŋ] <-, -en> *f* переме́на *ж*, преобразова́ние *ср*
Wandmalerei <-, -en> *f* насте́нная жи́вопись *ж*
Wandschrank <-(e)s, -schränke> *m* стенно́й шкаф *м*
Wandspiegel <-s, -> *m* зе́ркало *ср* на сте́ну
Wandtafel <-, -n> *f* стенна́я доска́ *ж*
wandte ['vantə] *prät von s.* **wenden**
Wandteller <-s, -> *m* стенна́я таре́лка *ж*
Wandteppich <-s, -e> *m* гобеле́н *м*
Wanduhr *f* насте́нные часы́ *мн*
Wandzeitung <-, -en> *f* стенгазе́та *ж*
Wange ['vaŋə] <-, -n> *f* щека́ *ж;* **~ an ~** бли́зко друг от дру́га
Wankelmotor <-s, -en> *m* дви́гатель *м* Ва́нкеля
wankelmütig ['vaŋkəlmy:tɪç] *adj* нереши́тельный, колё́блющийся

W

wanken [ˈvaŋkən] *vi* кача́ться, покачну́ться *св*

wann [van] *adv* **1.** *(nach einem Zeitpunkt fragend)* когда́; **seit ~?** с каки́х пор?; **bis ~?** до каки́х пор? **2.** *(Wend)* **~ (auch) immer** когда́ захо́чешь

Wanne [ˈvanə] <-, -n> *f* ва́нна *ж*

Wanst [vanst] <-(e)s> *m pej* брю́хо *ср*

Wanze [ˈvantsə] <-, -n> *f* **1.** *(Tier)* клоп *м* **2.** *umg (Abhörgerät)* жучо́к *м*

Wappen [ˈvapən] <-s, -> *nt* герб *м*

Wappenkunde <-> *f* гербове́дение *ср*, гера́льдика *ж*

wappnen [ˈvapnən] *vr* **sich ~** *geh*, **sich gegen etw ~** вооружи́ться про́тив кого́-л./чего́-л.

war [vaːɐ] *prät von s.* **sein**[1]

warb [varp] *prät von s.* **werben**

Ware [ˈvaːrə] <-, -n> *f* това́р *м*; **fehlerhafte ~** брако́ванный това́р; **hochwertige ~** высокока́чественный това́р; **importierte ~** и́мпортный това́р; **minderwertige ~** низкока́чественный това́р; **~ des täglichen Bedarfs** това́р повседне́вного спро́са

Warenangebot <-(e)s> *nt* предложе́ние *ср* това́ров

Warenausfuhr <-> *f* э́кспорт *м* това́ров

Warenaustausch <-(e)s> *m* товарообме́н *м*

Warenbestand <-(e)s, -bestände> *m* това́рные запа́сы *мн*

Wareneinfuhr <-> *f* и́мпорт *м* това́ров

Warenexport <-(e)s, -e> *m* э́кспорт *м* това́ра

Warenhandel <-s> *m* торго́вля *ж* това́рами

Warenhaus <-es, -häuser> *nt* универма́г *м*

Warenhauskette <-, -n> *f* сеть *ж* универма́гов

Warenimport <-(e)s, -e> *m* и́мпорт *м* това́ров

Warenknappheit <-> *f* дефици́т *м* това́ров

Warenkorb <-(e)s> *m* потреби́тельская корзи́на *ж*

Warenlager <-s, -> *nt* това́рный склад *м*

Warenlieferung <-, -en> *f* поста́вка *ж* това́ров

Warenmuster <-s, -> *nt* това́рный обра́зе́ц *м*

Warenprobe <-, -n> *f* образе́ц *м*

Warenrücksendung <-, -en> *f* возвра́т *м* това́ра

Warensendung <-, -n> *f* па́ртия *ж* това́ра, отправле́ние *ср* това́ра

Warentermingeschäft <-(e)s, -e> *nt* сро́чная това́рная сде́лка *ж*, фью́черская това́рная сде́лка *ж*

Warenüberangebot <-(e)s> *nt* избы́ток *м* това́ров

Warenumsatzsteuer <-> *f* нало́г *м* с товарооборо́та

Warenverkehr <-s> *m* товарооборо́т *м*, торго́вый обме́н *м*

Warenzeichen <-s, -> *nt* това́рный знак *м*; **eingetragenes ~** зарегистри́рованный това́рный знак

warf [varf] *prät von s.* **werfen**

warm [varm] *adj* тёплый; **etw ~ machen** подогре́ть что-л.; **es ist (sehr) ~** (очень) ду́шно; **mir ist ~** мне жа́рко; **sich ~ anziehen** тепло́ оде́ться; **sich ~ laufen** де́лать разми́нку

Wärme [ˈvɛrmə] <-> *f* **1.** *(Temperatur)* тепло́ *ср* **2.** *(Warmherzigkeit)* теплота́ *ж*

Wärmeableitung <-> *f* TECH отво́д *м* тепла́

Wärmebehandlung <-> *f* TECH терми́ческая обрабо́тка *ж*

wärmebeständig *adj* теплосто́йкий

wärmedämmend *adj* теплоизоли́рующий

wärmeempfindlich *adj* чувстви́тельный к теплу́

Wärmeenergie <-> *f* теплова́я эне́ргия *ж*

Wärmehaushalt <-(e)s> *m* теплово́й бала́нс *м*

Wärmeisolierung <-, -en> *f* теплова́я изоля́ция *ж*

Wärmekraftwerk <-(e)s, -e> *nt* теплоэлектроста́нция *ж*

Wärmelehre <-> *f* PHYS термодина́мика *ж*

Wärmeleiter <-s> *m* проводни́к *м* тепла́

wärmen [ˈvɛrmən] *vt* греть, на- *св*; **der Pullover wärmt gut** сви́тер хорошо́ гре́ет

Wärmequelle <-, -n> *f* исто́чник *м* тепла́

Wärmeverlust <-(e)s, -e> *m* поте́ря *ж* тепла́

Wärmflasche <-, -n> *f* гре́лка *ж*

Warmhaltekanne *f* те́рмос *м*

warmherzig *adj* серде́чный

warm|laufen[Alt] <irr> *vi sein s.* **warm**

Warmluft *f ohne pl* TECH, METEO тёплый во́здух *м*

Warmwasserheizung <-, -en> *f* водяно́е отопле́ние *ср*

Warmwasserversorgung <-> *f* снабже́ние *ср* горя́чей водо́й

Warnanlage <-, -n> *f* сигна́льная устано́вка *ж*

Warnblinkanlage *f* AUTO авари́йные фа́ры *мн*

Warnblinker <-s, -> *m* авари́йная сигнализа́ция *ж*

Warndreieck <-(e)s, -e> *nt* предупреди́тельный треуго́льник *м*

warnen [ˈvarnən] *vt* предупрежда́ть, предупреди́ть *св*

Warnleuchte <-, -n> *f* (предупрежда́ющая) сигна́льная ла́мпа *ж*

Warnlicht <-s> *nt* предупреди́тельный светово́й сигна́л *м*

Warnruf <-(e)s, -e> *f* предостерега́ющий

о́крик *м*
Warnschild *nt* предупреди́тельный знак *м*
Warnschuss[RR] *m* предупреди́тельный вы́стрел *м*
Warnsignal *nt* предупреди́тельный сигна́л *м*
Warnstreik <-(e)s, -s> *m* предупреди́тельная забасто́вка *ж*
Warnton <-(e)s, -töne> *m* (предупрежда́ющая) сигна́льная сире́на *ж*
Warnung <-, -en> *f* предупрежде́ние *ср;* **ohne vorherige ~** без предупрежде́ния; **lass dir das eine ~ sein!** заруби́ себе́ э́то на носу́!
Warnzeichen *nt (Warnsignal)* предупреди́тельный сигна́л *м*
Warschau ['varʃaʊ] <-s> *nt* Варша́ва *ж*
Wartehalle *f* зал *м* ожида́ния
Warteliste *f* спи́сок *м* очереднико́в; **sich auf die ~ setzen lassen** вписа́ть своё и́мя в спи́сок очереднико́в
warten ['vartən] **I.** *vi* ждать, подо- *св;* **auf jdn ~** ждать кого́-л.; **warte mal!** подожди́-ка!; **worauf wartest du?** чего́ ты ждёшь?; **er lässt (heute) lange auf sich ~** он сего́дня о́чень опа́здывает; **da kannst du lange ~** *fam* тебе́ до́лго придётся ждать; **na, warte!** *fam* ты то́лько подожди́! **II.** *vt (Maschinen, Geräte)* проводи́ть, -вести́ *св* техни́ческое обслу́живание; **der Motor muss regelmäßig gewartet werden** дви́гатель до́лжен регуля́рно проходи́ть техни́ческое обслу́живание
Wärter(in) ['vɛrtɐ] <-s, -> *m(f)* сто́рож *м*
Warteraum *m* зал *м* ожида́ния
Wartesaal <-(e)s, -säle> *m* зал *м* ожида́ния
Warteschlange <-, -n> *f* о́чередь *ж*
Wartezimmer <-s, -> *nt* приёмная *ж*
Wartung <-> *f* техни́ческое обслу́живание *ср*
wartungsfrei *adj* необслу́живаемый
warum [va'rʊm] *adv* почему́; **~ nicht?** а почему́ бы и нет?
Warze ['vartsə] <-, -n> *f* борода́вка *ж*
was [vas] **I.** *pron* что; **~ kostet das?** ско́лько э́то сто́ит?; **~ denkst du?** о чём ты ду́маешь?; **~ weiß ich!** *fam* отку́да мне знать!; **~ soll das?** что тут происхо́дит?; **~ für eine Hitze/ein Glück!** кака́я жара́/како́е сча́стье!; **nicht schlecht, ~?** *fam* не пло́хо, а?; **alles, ~ du willst** всё, что захо́чешь; **das ist ~ anderes** э́то друго́е; **nein, so ~!** *fam* вот тебе́ на! **II.** *adv umg (warum)* что; **da muss man doch ~ tun** на́до же что-то де́лать; **ich weiß ~ Besseres** я зна́ю ко́е-что полу́чше
Waschanlage <-, -en> *f* мо́ечная устано́вка *ж*
Waschanleitung <-, -en> *f (an Textilien)* указа́ния *мн* по сти́рке *(тексти́льных изде́лий)*
Waschbär <-en, -en> *m* ено́т *м*
waschbar *adj* поддаю́щийся чи́стке
Waschbecken <-s, -> *nt* умыва́льник *м*
Waschbenzin <-s> *nt* промы́вочный бензи́н *м*
Wäsche ['vɛʃə] <-> *f* **1.** *(Kleidungsstücke)* бельё *ср* **2.** *(das Waschen)* сти́рка *ж*
waschecht *adj* не линя́ющий при сти́рке; *umg (echt, typisch)* настоя́щий, по́длинный
Wäscheklammer <-, -n> *f* прище́пка *ж* для белья́
Wäschekorb *m* корзи́на *ж* для гря́зного белья́
Wäscheleine <-, -n> *f* бельева́я верёвка *ж*
waschen ['vaʃən] <wusch, gewaschen> **I.** *vt* **1.** *(Hände, Auto etc)* мыть, по- *св* **2.** *(Wäsche)* стира́ть, по- *св* **II.** *vr* **sich ~** мы́ться, по- *св; (sich Gesicht/Hande waschen)* умыва́ться, умы́ться; **sich** *dat* **die Hände/Haare ~** помы́ть ру́ки/го́лову *св;* **sich warm/kalt ~** принима́ть горя́чий/холо́дный душ
Wäscherei [vɛʃə'raɪ] <-, -en> *f* пра́чечная *ж*
Wäscheschleuder <-, -n> *f* центрифу́га *ж*
Wäscheschrank *m* гардеро́б *м,* бельево́й шкаф *м*
Wäschetrockner <-s, -> *m* суши́лка *ж* для белья́
Wäschetruhe <-, -n> *f* бельево́й сунду́к *м*
Waschgang <-(e)s, -gänge> *m* эта́п *м* проце́сса сти́рки в стира́льной маши́не
Waschhandschuh <-(e)s, -e> *m* рукави́чка *ж* для мытья́ (те́ла и т. п.)
Waschküche <-, -n> *f* **1.** *(für Wäsche)* пра́чечная *ж* **2.** *kein pl, umg (dichter Nebel)* густо́й тума́н *м*
Waschlappen <-s, -> *m* **1.** *(zum Waschen)* моча́лка *ж* **2.** *pej, umg* мя́мля *м и ж*
Waschmaschine <-, -n> *f* стира́льная маши́на *ж*
Waschmittel <-s, -> *nt* мо́ющее сре́дство *ср; (Pulver)* стира́льный порошо́к *м*
Waschpulver *nt* стира́льный порошо́к *м*
Waschsalon *m* сало́н *м* для сти́рки
wäscht [vɛʃt] *3. präs von* **waschen**
Waschwanne <-, -n> *f* моха́нь *ж*
Wasser ['vasɐ] <-s> *nt* вода́ *ж;* **destilliertes ~** дистиллиро́ванная вода́; **~ abweisend** водооттáлкивающий; **hartes** [*o* **kalkhaltiges**] **~** жёсткая вода́; **strömendes ~** проточная вода́; **weiches ~** мя́гкая вода́; **stilles ~** ти́хие во́ды; **sich über ~ halten** *fam* держа́ться на воде́; **ins ~ fallen** *fam* упа́сть в во́ду; **er ist ein stilles ~** *fam* он кро́ткий, как ове́чка; **er kann ihr nicht das ~ reichen** *fig* он не мо́жет с ней равня́ться; **ihr steht das ~ bis zum Hals** *fig, fam* она́ погря́зла в неприя́тностях; **mit**

W

allen ~n gewaschen sein *fam* мно́гое повида́ть на своём веку́; **das ~ läuft mir im Mund zusammen** *fam* у меня́ слю́ни потекли́

wasserabweisend[Alt] *adj* водоотта́лкивающий

Wasserader <-, -n> *f* водоно́сная жи́ла *ж*, во́дный путь *м*

Wasseranschluss[RR] *m* подключе́ние *ср* к водопрово́ду

Wasseraufbereitungsanlage <-, -n> *f* водоочисти́тельная устано́вка *ж*, водоочистна́я ста́нция *ж*

Wasserbad *nt* GASTR водяно́й пар *м*; **etw im ~ erhitzen** подогре́ть что-л. на водяно́м пару́

Wasserball *m* SPORT во́дное по́ло *ср*

Wasserbecken <-s, -> *nt* во́дный бассе́йн *м*

Wasserbehälter <-s, -> *m* резервуа́р *м* [*или* бак *м*] для воды́

Wasserbett *nt* водяно́й матра́с *м*

Wasserdampf *m* водяно́й пар *м*

wasserdicht *adj* водонепроница́емый

Wasserdruck <-(e)s> *m* давле́ние *ср* воды́

wasserdurchlässig *adj* водопроница́емый

Wassereimer <-s, -> *m* ведро́ *ср* для воды́

Wasserfall <-(e)s, -fälle> *m* водопа́д *м*

Wasserfarbe <-, -n> *f* акваре́льная кра́ска *ж*

wasserfest *adj* водонепроница́емый

Wasserfloh *m* водяна́я блоха́ *ж*

Wasserglas *nt* **1.** *(Gefäß)* стака́н *м* **2.** CHEM ко́лба *ж*

Wassergraben *m* ров *м* с водо́й

Wasserhahn <-(e)s, -hähne> *m* водопрово́дный кран *м*

Wasserhaushalt <-(e)s> *m* во́дный бала́нс *м*

Wasserkanister <-s, -> *m* бак *м* для воды́

Wasserkessel <-s, -> *m* ча́йник *м* (для кипятка́)

Wasserkraft *f* водяна́я си́ла *ж*

Wasserkraftwerk <-(e)s, -e> *nt* гидроэлектроста́нция *ж*

Wasserlauf *m* водяно́й пото́к *м*

Wasserleitung <-, -en> *f* водопрово́д *м*

Wasserlilie <-, -n> *f* бе́лая кувши́нка *ж*

wasserlöslich *adj* раствори́мый в воде́

Wassermangel *m* недоста́ток *м* воды́

Wassermann <-(e)s> *m* ASTR Водоле́й *м*

Wassermelone <-, -en> *f* арбу́з *м*

Wassermühle *f* водяна́я ме́льница *ж*

wässern ['vɛsɐn] *vt (gießen)* полива́ть, поли́ть *св*

Wasserpflanze <-, -n> *f* водяно́е расте́ние *ср*

Wasserpistole *f* водяно́й пистоле́т *м*

Wasserrad <-(e)s, -räder> *nt* водяно́е колесо́ *ср*

Wasserscheide <-, -n> *f* водоразде́л *м*

wasserscheu *adj* боя́щийся воды́

Wasserschutzgebiet <-(e)s, -e> *nt* во́дный запове́дник *м*

Wasserski <-, -> *m* во́дные лы́жи *мн*

Wasserspeier <-s, -> *m* *декорати́вный исто́чник в фо́рме головы́ живо́тного*

Wasserspiegel *m* **1.** *(Wasseroberfläche)* во́дная пове́рхность *ж* **2.** *(Wasserstand)* у́ровень *м* воды́

Wasserstand <-(e)s, -stände> *m* у́ровень *м* воды́

Wasserstandsmeldung <-, -en> *f* извеще́ние *ср* об у́ровне воды́

Wasserstoff <-(e)s> *m* водоро́д *м*

Wasserstoffbombe <-, -n> *f* водоро́дная бо́мба *ж*

Wasserstoffsuperoxid <-s> *nt* пе́рекись *ж* водоро́да

Wassertank <-s, -s> *m* водяна́я цисте́рна *ж*

Wassertemperatur <-, -en> *f* температу́ра *ж* воды́

Wassertropfen *m* ка́пля *ж* (воды́)

Wasserturm <-(e)s, -türme> *m* водона́порная ба́шня *ж*

Wasseruhr <-, -en> *f* водоме́р *м*

Wasserverbrauch <-(e)s> *m* потребле́ние *ср* воды́

Wasserverdrängung <-, -en> *f (von Schiff)* водоизмеще́ние *ср*

Wasserverschmutzung <-> *f* загрязне́ние *ср* воды́

Wasserversorgung <-> *f* водоснабже́ние *ср*

Wasservogel <-s, -vögel> *m* водопла́вающая пти́ца *ж*

Wasserwaage <-, -n> *f* ватерпа́с *м*

Wasserwerfer <-s, -> *m* водомёт *м*

Wasserwerk <-(e)s, -e> *nt* водопрово́дная ста́нция *ж*

Wasserzeichen <-s, -> *nt* водяно́й знак *м*

Watsche ['vatʃə] <-n> *f* *südd, A, fam* оплеу́ха *ж*

watscheln ['vatʃəln] *vi sein* идти́, пока́чиваясь из стороны́ в сто́рону

Watt [vat] <-(e)s> *nt* ва́тты *мн*; PHYS ватт *м*

i Land & Leute

Ватт – это прибрежная местность на Северном море, для которой характерны большие приливы. Во время приливов Ватт покрыт морской водой метровой глубины и пригоден для каботажного плавания судов.

Watte ['vatə] <-> *f* ва́та *ж*

Wattebausch *m* ва́тный тампо́н *м*

Wattestäbchen [ˈvatəʃtɛːpçən] <-s, -> *nt* ва́тная па́лочка *ж*

WC [veːˈt͡seː] <-(s), -(s)> *nt* туале́т *м*

weben [ˈveːbən] <wob, gewoben> *vt* ткать, со- *св*

Weber(in) <-s, -; -nen> *m(f)* ткач *м*

Weberei [veːbəˈraɪ] <-> *f* тка́чество *ср*

Web-Seite, Webseite <-, -n> *f* DV сайт *м*, страни́ца *ж*

Webstuhl <-(e)s, -stühle> *m* тка́цкий стано́к *м*

Wechsel [ˈvɛksəl] <-s, -> *m* **1.** *(das Wechseln)* сме́на *ж* **2.** *(Bank)* ве́ксель *м;* **abgelaufener ~** просро́ченный ве́ксель; **einen ~ akzeptieren** акцепти́ровать/принима́ть ве́ксель; **diskontfähiger ~** дисконти́руемый ве́ксель; **einen ~ diskontieren** дисконти́ровать ве́ксель; **einen ~ einlösen** вы́купить ве́ксель; **fälliger ~** сро́чный ве́ксель; **gedeckter ~** покры́тый ве́ксель; **geplatzter ~** опротесто́ванный ве́ксель; **gezogener ~** тра́тта; **einen ~ girieren** индосси́ровать ве́ксель; **indossierter ~** индосси́рованный ве́ксель; **Not leidender ~** неопла́ченный ве́ксель; **ungedeckter ~** непокры́тый ве́ксель **3.** *(Geldwechsel)* обме́н *м*, разме́н *м;* **~ von Dollar in Rubel** обме́н до́лларов на рубли́ **4.** *(Veränderung)* заме́на *ж*, переме́на *ж;* **ein ~ in der Führungsebene** сме́на в руково́дстве

Wechselbeziehung <-, -en> *f* взаимоотноше́ние *ср*, взаимосвя́зь *ж*

Wechselgeld <-es, -er> *nt* разме́нные де́ньги *мн*

Wechselgeschäft <-(e)s, -> *nt* ве́ксельная сде́лка *ж*

wechselhaft *adj* переме́нчивый

Wechseljahre <-> *fpl* кли́макс *м*

Wechselkurs <-es, -e> *m* курс *м* обме́на валю́ты; **amtlicher ~** официа́льный обме́нный курс; **fester ~** твёрдый обме́нный курс; **flexibler ~** ги́бкий обме́нный курс; **freier ~** свобо́дный обме́нный курс

wechselkursbedingt *adj* обусло́вленный валю́тным ку́рсом

Wechselkursrisiko <-s, -risiken> *nt* риск *м* при обме́не валю́ты

Wechselkursschwankungen <-> *pl* колеба́ния *мн* валю́тного ку́рса

wechseln [ˈvɛksəln] **I.** *vt* меня́ть, по- *св*, смени́ть *св;* **100 Euro in Rubel ~** поменя́ть сто е́вро на рубли́; **1000 Rubel ~** *(in kleinere Rubelbanknoten)* разменя́ть ты́сячу рубле́й **II.** *vi* меня́ться, по- *св*, смени́ться *св;* **zu einer anderen Firma ~** перейти́ на другу́ю фи́рму

wechselnd *adj* изме́нчивый; *(ab~)* меня́ющийся

wechselseitig *adj* взаи́мный

Wechselstrom <-(e)s> *m* переме́нный ток *м*

Wechselstube <-, -n> *f* филиа́л *м* ба́нка по обме́ну валю́ты

wechselvoll *adj* бога́тый переме́нами

Wechselwirkung <-, -en> *f* взаимоде́йствие *ср*

wecken [ˈvɛkən] *vt (Schlafenden, Gefühle)* буди́ть, раз- *св;* **jds Interesse ~** пробуди́ть интере́с в ком-л.

Wecker <-s, -> *m* буди́льник *м;* **den ~ auf sechs Uhr stellen** поста́вить буди́льник на шесть часо́в; **jdm auf den ~ gehen** *fam* надоеда́ть кому́-л.

wedeln [ˈveːdəln] *vi* **mit dem Schwanz ~** виля́ть хвосто́м

weder [ˈveːdɐ] *konj* ни; **~ ... noch ...** ни ..., ни ...

weg [vɛk] *adv* **am anderen Tag waren die Schmerzen wieder ~** на друго́й день боль прошла́; **geh ~!** уходи́!; **sie ist schon längst ~** она́ уже́ давно́ ушла́; **alle waren ganz ~ vor Begeisterung** *umg* все бы́ли вне себя от восхище́ния; **weit ~ von hier** далеко́ отсю́да; **drüber ~ sein** *fam* забы́ть о чем-л.; **hin und ~ sein** *fam* разрыва́ться; **Finger ~!** убери́ ру́ки!

Weg [veːk, ˈveːgə] <-(e)s, -e> *m* **1.** *(zum Gehen oder Fahren)* доро́га *ж;* **jdm über den ~ laufen** встре́тить кого́-л.; **jdn/etw aus dem ~ räumen** *fam* убра́ть с пути́ кого́-л./что-л.; **jdm aus dem ~ gehen** сторони́ться кого́-л.; **jdm im ~ stehen** стоя́ть на пути́ кого́-л.; **jdm nicht über den ~ trauen** не доверя́ть кому́-л. **2.** *(fig)* путь *м;* **nach dem ~ fragen** спроси́ть доро́гу; **vom rechten ~ abkommen** сойти́ с пра́вильного пути́

weg|bleiben <irr> *vi (fernbleiben)* не возвраща́ться, не возврати́ться *св;* **vom Unterricht ~** *umg* не яви́ться на заня́тие; **lange ~** до́лго отсу́тствовать; **mir blieb die Spucke weg** я онеме́л

weg|bringen <irr> *vt (an einem anderen Ort)* уноси́ть, унести́ *св*

weg|drehen *vr* отвора́чиваться, отверну́ться *св*

wegen [ˈveːgən] *prp* из-за́; **~ des schlechten Wetters** из-за плохо́й пого́ды; **von ~!** *fam* как бы не так!; **~ dir** из-за тебя́

weg|essen *vt* **jdm etw wegessen** съесть что-л. у кого́-л. (не оста́вив хозя́ину)

Wegezoll <-(e)s, -zölle> *m* доро́жный сбор *м*

weg|fahren <irr> *vi* уезжа́ть, уе́хать *св*

Wegfall <-s> *m* отме́на *ж*, отсу́тствие *ср*

weg|fallen <irr> *vi (entfallen)* отпада́ть, -па́сть *св*

weg|fegen *vt* смета́ть, смести́ *св*

weg|geben <irr> *vt* отдава́ть, отда́ть *св;* **etw zur Reparatur ~** отда́ть что-л. в ре-

W

мо́нт

Weggefährte *m*, **Weggefärtin** *f* спу́тник *м*, попу́тчик *м*

weggehen <irr> *vi* уходи́ть, уйти́ *св*

weg|gucken *vi fam s.* **wegsehen**

weg|hängen *vt* переве́шивать, -ве́сить *св*

weg|holen *vt* уноси́ть, унести́ *св*

weg|hören *vi* (наме́ренно) не слу́шать

weg|jagen *vt* прогоня́ть, прогна́ть *св*

weg|kommen <irr> *vi sein, fam (sich entfernen)* отходи́ть, отойти́ *св;* **mach, dass du wegkommst!** *fam* прова́ливай отсю́да!; **über etw ~** пережи́ть что-л.; **gut bei etw** *dat* **~** легко́ отде́латься; **schlecht bei etw** *dat* **~** пострада́ть от чего́-л.

Wegkreuzung *f* перекрёсток *м*

weg|lassen <irr> *vt* **1.** *(jdn irgendwohin gehen lassen)* отпуска́ть, -пусти́ть *св* **2.** *(fortlassen)* выпуска́ть, вы́пустить *св*

weg|laufen <irr> *vi* убега́ть, убежа́ть *св;* **das läuft mir nicht weg** э́то от меня́ не уйдёт; **vor einem Hund ~** бежа́ть от соба́ки

weg|müssen <irr> *vi* **ich muss weg** я до́лжен уйти́

weg|nehmen <irr> *vt (wegräumen)* убира́ть, убра́ть *св;* **jdm etw ~** отня́ть у кого́-л. что-л.

Wegrand *m* обо́чина *ж* доро́ги

weg|räumen *vt* убира́ть, убра́ть *св*

weg|rennen <irr> *vi sein s.* **weglaufen**

weg|schauen *vi s.* **wegsehen**

weg|scheren *vr* убира́ться, убра́ться *св* (восвоя́си)

weg|schicken *vt* **1.** *(Person)* отсыла́ть, отосла́ть *св* **2.** *(Brief)* посыла́ть, посла́ть *св*

weg|schieben *vt* отодвига́ть, -дви́нуть *св*

weg|schmeißen <irr> *vt fam* выбра́сывать, вы́бросить *св*

weg|sehen <irr> *vi fam* **über etw ~** не обраща́ть внима́ния на что-л.

weg|setzen *vr* **sich über etw ~** *fam (ignorieren)* не обраща́ть внима́ния на что-л.

weg|stehlen *vr* укра́сть *св*, стащи́ть *св*

weg|sterben *vi* вымира́ть, вы́мереть *св*

weg|stoßen *vt* отта́лкивать, оттолкну́ть *св*

Wegstrecke ['ve:k-] <-, -n> *f* отре́зок *м* пути́

weg|tragen <irr> *vt* уноси́ть, унести́ *св*

weg|treten <irr> *vi sein* **1.** *(beiseite treten)* отходи́ть, отойти́ *св* **2.** MIL **~!** разойди́сь!; **weggetreten sein** *fam* быть рассе́янным

Wegweiser ['ve:k-] <-s, -> *m* доро́жный указа́тель *м*

weg|werfen <irr> *vt* выки́дывать, вы́кинуть *св*

Wegwerfflasche <-, -n> *f* не подлежа́щая возвра́ту буты́лка *ж*

Wegwerfpackung <-, -en> *f* ра́зовая та́ра *ж*

Wegwerfwindel <-, -n> *f* ра́зовая пелёнка *ж*

weg|wischen *vt* стира́ть, стере́ть *св*

Wegzehrung <-> *f* провиа́нт *м*

weg|ziehen <irr> **I.** *vt (Menschen, Gegenstände)* оття́скивать, оттащи́ть *св* **II.** *vi (an einen Ort)* уезжа́ть, уе́хать *св;* **sie sind schon vor drei Jahren hier weggezogen** они́ уе́хали отсю́да уже́ три го́да тому́ наза́д

weh [ve:] *adj* **mein Bauch tut mir ~** у меня́ боли́т живо́т; **habe ich dir ~ getan?** я тебе́ причини́л боль?; **tut es dir ~?** тебе́ бо́льно?

wehe ['ve:ə] *interj* **~, wenn du das tust!** не смей де́лать э́того!

Wehe ['ve:ə] <-, -n> *f (Geburtswehe)* родовы́е схва́тки *жмн;* **in den ~n liegen** рожа́ть

wehen ['ve:ən] *vi* дуть, поду́ть *св;* **es weht ein kräftiger Wind** ду́ет си́льный ве́тер

wehenauslösend *adj* вызыва́ющий родовы́е схва́тки

Wehenmittel <-s, -> *nt* сре́дство *ср*, стимули́рующее родовы́е схва́тки

wehleidig *adj pej* жа́лобный

Wehmut ['ve:mu:t] <-> *f* тоска́ *ж*

wehmütig ['ve:my:tɪç] *adj* тосокли́вый

Wehr [ve:ɐ̯, 've:rən] *f ohne pl* **sich zur ~ setzen** защища́ться, ока́зывать сопротивле́ние

Wehrdienst <-(e)s> *m* вое́нная слу́жба *ж;* **seinen ~ ableisten** проходи́ть вое́нную слу́жбу; **den ~ verweigern** отказа́ться от прохожде́ния вое́нной слу́жбы

wehrdiensttauglich *adj* го́дный к вое́нной слу́жбе

wehren ['ve:rən] *vr* защища́ться, защити́ться *св; (gegen Vorwurfe)* отверга́ть, отве́ргнуть *св*

Wehrexperte <-n, -n> *m* вое́нный экспе́рт *м*

wehrfähig *adj* приго́дный к вое́нной слу́жбе

wehrhaft *adj* обороноспосо́бный

wehrlos *adj* беззащи́тный; **jdm ~ ausgeliefert sein** быть оста́вленным на произво́л судьбы́

Wehrpflicht <-> *f* во́инская пови́нность *ж*

wehrpflichtig *adj* подлежа́щий вое́нной слу́жбе

wehrtauglich *adj* го́дный к вое́нной слу́жбе

Wehrtauglichkeit <-> *f* го́дность *ж* к вое́нной слу́жбе

Wehrtechnik <-> *f* вое́нная те́хника *ж*

weh|tun *vi* **sich** *dat* **~** уда́риться

Weib [vaɪp, 'vaɪbə] <-(e)s, -er> *nt pej* ба́ба *ж*

Weibchen ['vaɪpçən] <-s, -> *nt* са́мка *ж*

Weiberfeind <-s, -e> *m umg* женоненави́стник *м*

Weiberheld *m abw* ба́бник *м*

weiblich *adj* же́нский; *(fraulich)* же́нственный

Weiblichkeit *f ohne pl* же́нственность *ж*

weich [vaɪç] *adj* мя́гкий; **da wird er ~** э́то его́ сла́бое ме́сто

Weiche ['vaɪçə] <-, -n> *f* (железнодоро́жная) стре́лка *ж*

weichen ['vaɪçən] <wich, gewichen> *vi* **1.** *(sich von irgendwo entfernen)* отходи́ть, отойти́ *св* **2.** *(Platz machen)* уступа́ть, -пи́ть *св*

weichgekocht[Alt] *adj s.* **kochen II.1.**

Weichheit *f (auch fig)* мя́гкость *ж*

weichherzig *adj* мя́гкий

weich|kriegen *vt* доби́ть кого́-л.

weichlich *adj abw* **1.** *(Material)* мя́гкий **2.** *(schwächlich)* сла́бый

Weichlichkeit <-> *f* мягкоте́лость *ж*, слабово́лие *ср*

Weichling <-s, -e> *m abw* слабохара́ктерный челове́к *м*

Weichspüler <-s, -> *m* смягча́ющее сре́дство *ср* для белья́

Weichtiere *ntpl* ZOOL моллю́ски *мн*

Weichzeichner <-s, -> *m* FOT мягкорису́ющий объекти́в *м*

Weide ['vaɪdə] <-, -n> *f* **1.** *(Viehweide)* па́стбище *ср* **2.** *(Baum)* и́ва *ж*

weiden ['vaɪdən] *vi* пасти́сь *нсв*

Weideplatz <-es, -e> *m* па́стбище *ср*

Weidmann *m geh* охо́тник *м*

weigern ['vaɪgɐn] *vr* отка́зываться, -каза́ться *св*; **die Demonstranten ~ sich, den Saal zu räumen** демонстра́нты отка́зываются освободи́ть зал

Weigerung <-, -en> *f* отка́з *м*, сопротивле́ние *ср*

Weihe ['vaɪə] <-, -n> *f* освяще́ние *ср*

weihen ['vaɪən] *vt* освяща́ть, -вяти́ть *св*; **jdn zum Priester ~** посвяти́ть кого́-л. в сан свяще́нника

Weiher ['vaɪɐ] <-s, -> *m* пруд *м*

weihevoll *adj geh* торже́ственный

Weihnachten ['vaɪnaxtən] <-s, -> *nt* рождество́ *ср*; **fröhliche ~!** с Рождество́м!; **zu** [*o* **an**] **~** на Рождество́

weihnachtlich *adj* рожде́ственский

Weihnachtsabend <-s, -e> *m* соче́льник *м*

Weihnachtsbaum <-(e)s, -bäume> *m* рожде́ственская ёлка *ж*

Weihnachtseinkäufe <-> *pl* рожде́ственские поку́пки *мн*

Weihnachtsfeier *f* рожде́ственский пра́здник *м*, ёлка *ж*

Weihnachtsfest *nt* рожде́ственский пра́здник *м*, рождество́ *ср*

Weihnachtsgeld <-(e)s> *nt* де́нежное вознагражде́ние *ср* по слу́чаю рождества́

Weihnachtsgeschenk *nt* рожде́ственский пода́рок *м*

Weihnachtslied *nt* рожде́ственская пе́сня *ж*

Weihnachtsmann <-(e)s, -männer> *m* Дед *м* Моро́з

i Land & Leute

Самая знаменитая **рождественская ярмарка – Weihnachtsmarkt** – Германии находится в Нюрнберге. Но и во многих других городах такие ярмарки, на которых продаются рождественские подарки и декоративные предметы, хозяйственные принадлежности и другие вещи, организуются или только в отдельные дни, или на весь предрождественский период.

Weihrauch <-(e)s> *m* ла́дан *м*

Weihwasser <-s> *nt* свята́я вода́ *ж*

weil [vaɪl] *konj* потому́ что, так как

Weilchen ['vaɪlçən] <-s> *nt ohne pl* **es wird noch ein ~ dauern** э́то займет ещё немно́го вре́мени

Weile ['vaɪlə] <-> *f* не́которое вре́мя *ср*; **es dauerte eine ~** э́то продолжа́лось определённое вре́мя; **vor einer ~** спустя́ определённое вре́мя

Wein[1] [vaɪn] <-(e)s, -e> *m* вино́ *ср*; **ein Glas ~** бока́л вина́; **eine Flasche ~** буты́лка вина́; **roter/weißer ~** кра́сное/бе́лое вино́; **trockener ~** сухо́е вино́; **jdm reinen ~ einschenken** *fig* сказа́ть кому́-л. всю пра́вду

Wein[2] [vaɪn] <-(e)s> *m ohne pl* **1.** *(~trauben)* виногра́д *м* **2.** *(Pflanze)* лоза́ *ж*

Weinbau <-s> *m* виногра́дарство *ср*

Weinberg <-(e)s, -e> *m* виногра́дник *м*

Weinbergschnecke <-, -n> *f* виногра́дная ули́тка *ж*

Weinbrand <-s> *m* конья́к *м*

weinen ['vaɪnən] *vi* пла́кать, за- *св*

weinerlich ['vaɪnɐlɪç] *adj* плакси́вый

Weinernte <-> *f* сбор *м* виногра́да

Weinessig *m* ви́нный у́ксус *м*

Weinfass[RR] *m* ви́нная бо́чка *ж*

Weinflasche <-, -n> *f* ви́нная буты́лка *ж*

Weingeist <-(e)s> *m* эти́ловый спирт *м*

Weinglas <-es, -gläser> *nt* бока́л *м*, рю́мка *ж* (для вина́)

Weinhandlung <-, -en> *f* ви́нный магази́н *м*

Weinjahr *nt* **ein gutes/schlechtes ~** хоро́ший/плохо́й год для вина́

Weinkeller *m* ви́нный по́греб *м*

Weinkellerei <-, -en> *f* ви́нный заво́д *м*

Weinlese <-, -n> *f* сбор *м* урожа́я вино-

W

гра́да
Weinrebe <-, -n> *f* виногра́дная лоза́ *ж*
weinrot ['-'-] *adj* цве́та бордо́
Weinsorte <-, -n> *f* сорт *м* вина́
Weinstock <-(e)s, -stöcke> *m* виногра́дная лоза́ *ж*
Weintraube <-, -n> *f* виногра́дная кисть *ж;* *(pl)* виногра́д *м;* **blaue/grüne Weintrauben** чёрный/зелёный виногра́д
weise ['vaɪzə] *adj* му́дрый
Weise ['vaɪzə] <-, -n> *f* спо́соб *м,* о́браз *м;* **auf diese ~** таки́м спо́собом [*или* о́бразом]; **etw in einer bestimmten ~ tun** де́лать что-л. определённым спо́собом [*или* о́бразом]; **in gewisser ~** в изве́стном смы́сле; **auf diese ~** таки́м о́бразом; **auf meine ~** как я зна́ю
Weise *m* мудре́ц *м*
weisen ['vaɪzən] <wies, gewiesen> *vt* пока́зывать, -каза́ть *св;* **jdm den Weg ~** показа́ть кому́-л. доро́гу; **etw von sich** *dat* **~** оттолкну́ть что-л. от себя́
Weisheit <-> *f* му́дрость *ж;* **mit seiner ~ am Ende sein** не знать, что де́лать
Weisheitszahn <-(e)s, -zähne> *m* зуб *м* му́дрости
weis|machen *vt fam* **jdm etw ~** объясни́ть кому́-л. что-л.
weiß [vaɪs] *adj* бе́лый; **ihr Gesicht wurde ~** её лицо́ ста́ло бе́лым
Weiß [vaɪs] <-(es), -> *nt* бе́лый цвет *м*
weis|sagen *vt (voraussagen)* предска́зывать, предсказа́ть *св*
Weissagung <-en> *f* предсказа́ние *ср,* проро́чество *ср*
Weißbier *nt* све́тлое пи́во *ср*
Weißbrot <-(e)s, -e> *nt* бе́лый хлеб *м*
weißgekleidet *adj* оде́тый во всё бе́лое
weißglühend *adj s.* **glühend**
Weißglut *f ohne pl* TECH **jdn zur ~ bringen** *fam* взбеси́ть кого́-л.
Weißgold *nt* бе́лое зо́лото *ср*
weißhaarig *adj* седо́й
Weißkohl <-s> *m* белокоча́нная капу́ста *ж*
Weißrussland[RR] *nt* Белару́сь *ж*
Weißwein <-s, -e> *m* бе́лое вино́ *ср*
Weisung ['vaɪzʊŋ] <-, -en> *f* указа́ние *ср;* **eine ~ geben** дать указа́ние
weisungsberechtigt *adj* име́ющий пра́во дава́ть указа́ния
weit [vaɪt] *adj* далёкий, да́льний; **von ~em** издалека́; **~ gehend** далеко́ иду́щий; **bei ~em** гора́здо; **bei ~em nicht** далеко́ не; **etw geht zu ~** что-л. захо́дит сли́шком далеко́; **3,50 m ~ springen** пры́гать на 3,50 м; **etw ~ öffnen** на́стежь откры́ть что-л.; **~ herumkommen** уви́деть свет; **wie ~ ist es nach ...?** как далеко́ нахо́дится ...?; **ist es noch ~?** ещё далеко́?; **~ entfernt** отдалённый; **das ist ~ weg** *fam* э́то о́чень далеко́; **ich habe es nicht ~** мне недалеко́; **das liegt ~ zurück** э́то случи́лось давно́; **es ist so ~** наступи́ло вре́мя; **bist du so ~?** *fam* ты гото́в?; **sie wird es noch ~ bringen** она́ далеко́ пойдёт; **das geht (entschieden) zu ~!** э́то уже́ сли́шком!; **das ist ~ hergeholt** э́то вы́думки
Weitblick <-(e)s> *m* дальнови́дность *ж*
Weite ['vaɪtə] <-> *f* да́ль *ж;* *(eines Kleidungsstücks)* ширина́ *ж,* разме́р *м;* SPORT расстоя́ние *ср*
weiter ['vaɪtɐ] *adv* да́лее, да́льше; **und so ~** и так да́лее; **das ist nicht ~ schlimm** *fam* э́то не стра́шно; **wenn's ~ nichts ist** *fam* е́сли э́то всё; **~!** да́льше!; **das bringt uns auch nicht ~** э́то нам не помо́жет
Weiterbildung <-> *f* повыше́ние *ср* квалифика́ции; **berufliche ~** продолже́ние профессиона́льного обуче́ния
weiter|empfehlen <ir> *vt* рекомендова́ть да́льше
weiter|entwickeln **I.** *vt* развива́ть **II.** *vr* **sich ~** развива́ться
Weiterentwicklung <-> *f* дальне́йшее разви́тие *ср*
weiter|erzählen *vt* расска́зывать да́льше
weiter|fahren <irr> *vi sein* е́хать да́льше; **Sie können hier nicht ~** вы не мо́жете е́хать да́льше
weiter|gehen <irr> *vi (seinen Weg fortsetzen)* идти́/пойти́ *св* да́льше; **so kann es nicht ~!** так не мо́жет продолжа́ться!
weiterhin *adv* **1.** *(künftig)* в бу́дущем **2.** *(außerdem)* кро́ме того́
weiter|kommen <irr> *vi sein* продвига́ться, продви́нуться *св;* **so kommen wir nicht weiter** так мы не дви́немся да́льше
weiter|machen *vi* продолжа́ть, -до́лжить *св;* **mach nur so weiter!** продолжа́йте в том же ду́хе!; **so können wir nicht ~** мы не мо́жем продолжа́ть так
weiter|sagen *vt* говори́ть да́льше
weiter|sehen <irr> *vi* уви́деть *св*
Weiterverarbeitung <-> *f* после́дующая перерабо́тка *ж*
Weiterveräußerung <-> *f* перепрода́жа *ж*
weiter|ziehen *vi* продолжа́ть свой путь
weitgehend *adj* далеко́ иду́щий
weitherzig ['vaɪthɛrtsɪç] *adj* великоду́шный
weitläufig *adv* **mit jdm ~ verwandt sein** быть с кем-л. в да́льнем родстве́
weitmaschig *adj* с кру́пными пе́тлями; *(Netz)* ре́дкий (о се́ти)
weitreichend *adj* обши́рный
weitschweifig *adj* простра́нный
Weitschweifigkeit <-> *f* многосло́вность *ж*
weitsichtig *adj* **1.** MED дальнозо́ркий **2.** *(fig)* дальнови́дный
Weitsprung <-s> *m* прыжки́ *ммн* в длину́

weit verbreitet *adj* широко́ распростра-нённый
weitverbreitet *adj* широко́ распрост-раненный
Weitwinkelobjektiv <-s, -e> *nt* широко-уго́льный объекти́в *м*
Weizen ['vaɪtsən] <-s> *m* пшени́ца *ж*
Weizenbier *nt* све́тлое пи́во *ср*
Weizenmehl <-s> *nt* пшени́чная мука́ *ж*
welch[1] *s.* **welche(r, s)**
welch[2] *pron inter* ~ **eine Freude!** кака́я ра́дость!
welche(r, s) ['vɛlçə, -çɐ, -çəs] **I.** *pron inter* кака́я, како́й, како́е; *(pl)* каки́е; **welches Buch könntest du mir empfehlen?** каку́ю кни́гу ты бы мне посове́товал? **II.** *pron indef* ко́е-кака́я, ко́е-како́й, ко́е-како́е; *(pl)* ко́е-каки́е, не́которые; *(in Fragen)* кака́я-нибудь, како́й-нибудь, како́е-нибудь; *(pl)* каки́е-нибу́дь; **hast du Streichhölzer? – im Schrank müssen welche sein** у тебя́ есть спи́чки? – в шкафу́ должны́ быть ко́е-каки́е
welk [vɛlk] *adj* вя́лый
welken ['vɛlkən] *vi* вя́нуть, за- *св; auch fig* увяда́ть, увя́нуть *св*
Wellblech ['vɛl-] <-(e)s, -e> *nt* гофри́рованный стально́й лист *м*
Welle ['vɛlə] <-, -n> *f* **1.** *(auch fig)* волна́ *ж* **2.** TECH вал *м*
Wellenberg <-(e)s, -e> *m* гре́бень *м* волны́
Wellenbewegung <-, -en> *f* волнообра́зное движе́ние *ср*
Wellenbrecher <-s, -> *m* волноре́з *м*
Wellengang <-s> *m* волне́ние *ср*
Wellenlänge <-, -n> *f* длина́ *ж* волны́; **wir sind auf der selben ~** *umg* мы ду́маем и чу́вствуем одина́ково, мы понима́ем друг дру́га
Wellenreiten <-s> *nt* сёрфинг *м*
Wellensittich <-s, -e> *m* волни́стый попуга́йчик *м*
Wellental <-(e)s, -täler> *nt* впа́дина *ж* волны́
wellig *adj* волни́стый
Wellpappe *f* гофри́рованный карто́н *м*
Welpe ['vɛlpə] <-n, -n> *m* щено́к *м*
Welt [vɛlt] <-, -en> *f (die Erde, die Menschen)* мир *м;* **die dritte ~** „тре́тий мир"; **in der ~** в ми́ре, на земно́м ша́ре; **auf die ~ kommen** роди́ться; **zur ~ bringen** рожа́ть; **auf der ~** на све́те; **aus aller ~** со всех концо́в ми́ра; **um nichts in der ~** *fam* ни за что на све́те; **die ~ nicht mehr verstehen** *fam* ничего́ не понима́ть; **ein Gerücht in die ~ setzen** *fam* пусти́ть слух
Weltall <-s> *nt* вселе́нная *ж*
Weltanschauung <-, -en> *f* мировоззре́ние *ср*
Weltbank <-> *f* Междунаро́дный банк *м*
weltberühmt *adj* изве́стный во всём ми́ре
Weltbestleistung <-, -en> *f* SPORT вы́сшее мирово́е достиже́ние *ср*
Weltbevölkerung <-> *f* населе́ние *ср* земно́го ша́ра
Weltbild <-(e)s> *nt* представле́ние *ср* о ми́ре
Weltbürger <-s, -> *m* граждани́н *м* ми́ра
Weltcup ['vɛltkap] <-s> *m* SPORT ку́бок *м* ми́ра
Welterfolg <-(e)s, -e> *m* мирово́й успе́х *м*
weltfremd *adj* ото́рванный от жи́зни
Weltfremdheit <-> *f* ото́рванность *ж* от жи́зни
Welthandel <-s> *m* мирова́я торго́вля *м*
Welthilfssprache <-, -n> *f* междунаро́дный иску́сственный вспомога́тельный язы́к *м*
Weltkrieg <-(e)s, -e> *m* мирова́я война́ *ж;* **der Erste ~** пе́рвая мирова́я война́; **der Zweite ~** втора́я мирова́я война́
Weltkugel <-> *f* земно́й шар *м*
weltläufig *adj* искушённый, о́пытный
weltlich *adj* све́тский
Weltmacht <-, -mächte> *f* вели́кая держа́ва *ж*, вели́кая си́ла *ж*
Weltmarkt <-(e)s> *m* мирово́й ры́нок *м*
Weltmarktführer <-s, -> *m* ли́дер *м* мирово́го ры́нка
Weltmarktpreis <-es, -e> *m* цена́ *ж* на мирово́м ры́нке
Weltmeer <-(e)s> *nt* мирово́й океа́н *м*
Weltmeister(in) <-s, -> *m(f)* чемпио́н *м* ми́ра
Weltmeisterschaft <-, -en> *f* чемпиона́т *м* ми́ра
Weltöffentlichkeit <-> *f* мирова́я обще́ственность *ж*
Weltordnung <-> *f* мирово́й поря́док *м*
Weltrangliste <-> *f* спи́сок *м* лу́чших спортсме́нов ми́ра
Weltraum <-(e)s> *m* косми́ческое простра́нство *ср*, ко́смос *м*
Weltraumbahnhof <-s, -höfe> *m* космодро́м *м*
Weltraumbehörde <-, -n> *f* ве́домство *ср* по дела́м космона́втики
Weltraumfahrt <-> *f* косми́ческий полёт *м*
Weltraumflug <-(e)s, -flüge> *m* косми́ческий полёт *м*
Weltraumrakete <-, -n> *f* косми́ческая раке́та *ж*
Weltraumstation <-, -en> *f* косми́ческая ста́нция *ж*
Weltraumteleskop <-(e)s> *nt* косми́ческий телеско́п *м*
Weltreise <-, -n> *f* кругосве́тное путеше́ствие *ср*
Weltrekord <-(e)s, -e> *m* мирово́й реко́рд *м;* **ein ~ in etw** мирово́й реко́рд по чему́-л.
Weltrekordinhaber(in) <-s, -> *m(f)* рекорд-

W

смéн *м* мира

Weltruhm <-(e)s> *m* мировáя слáва *ж*

Weltschmerz <-es> *m* мировáя скорбь *ж*

Weltstar <-s, -s> *m* мировáя звездá *ж*

Weltumsegelung <-, -en> *f* кругосвéтное плáвание *ср* на пáрусном сýдне

Weltuntergang *m* конéц *м* свéта

Welturaufführung [vɛlt'ʔuːɐ̯ʔaʊffyːrʊŋ] <-, -en> *f* мировáя премьéра *ж*

weltweit I. *adj* всемúрный, мировóй II. *adv* во всём мúре

Weltwirtschaft <-> *f* мировáя экономúка *ж*

Weltwirtschaftsgipfel <-s> *m* встрéча *ж* в верхáх для обсуждéния вопрóсов мировóй экономúки

Weltwirtschaftskrise <-> *f* крúзис *м* мировóй экономúки

Weltwunder <-s, -> *nt* чýдо *ср* свéта; **die sieben ~** семь чудéс свéта

Weltzeituhr <-, -en> *f* часы́ *мн*, покáзывающие врéмя в рáзных городáх мúра

wem [veːm] I. *dat. sg. von s.* **wer** II. *pron inter dat von* **wer** комý; **mit/von ~?** с кем?/от когó?

wen [veːn] I. *akk sg von s.* **wer** II. *pron inter akk von* **wer** когó; **~ meinst du?** когó ты имéешь в видý?

Wende ['vɛndə] <-> *f (von Ereignissen)* поворóт *м*

Wendejacke <-, -n> *f* кýртка *ж*, котóрую мóжно носúть с обéих сторóн

Wendekreis <-es, -e> *m* KFZ рáдиус *м* поворóта

Wendeltreppe ['vɛndəltrɛpə] <-, -n> *f* винтовáя лéстница *ж*

wenden ['vɛndən] <wandte/wendete, gewandt/gewendet> I. *vt (umdrehen)* переворáчивать, перевернýть *св*; **den Kopf ~** повернýть гóлову; **bitte ~!** пожáлуйста, сверните!; **man kann die Sache drehen und ~, wie man will, es hilft alles nichts** *fam* как ни повернú, ничегó не получáется; **den Blick nicht von etw** *dat* **~** не смочь отвестú глаз от чегó-л. II. *vi (Fahrzeug)* развoрáчиваться, развернýться *св* III. *vr* **sich ~** 1. *(sich ändern)* изменя́ться, -нúться *св*; **die Dinge ~ sich zum Guten** ситуáция изменя́ется в лýчшую стóрону 2. *(sich an jdn richten)* обращáться, -ратúться *св*; **sich zum Ausgang ~** повернýться к вы́ходу; **es wird sich alles zum Guten ~** всё образýется; **sich an/gegen jdn ~** обратúться к комý-л./обернýться прóтив когó-л.

Wendepunkt <-(e)s, -e> *m* перелóмный момéнт *м*

wendig *adj* подвúжный

Wendung <-, -en> *f* 1. *(das Wenden)* поворóт *м*; **eine ~ um 180°** поворóт на 180 грáдусов; **eine ~ zum Guten nehmen** наступúла перемéна к лýчшему 2. *(Redewendung)* оборóт *м* рéчи

wenig ['veːnɪç] I. *adj* мáло, немнóго; **~ Geld** мáло дéнег; **~ Zeit** мáло врéмени; **das können nur ~e** [*o* **Wenige**] э́то мáло кто умéет; **ein ~ Geduld** немнóжко терпéния; **in ~en Wochen** чéрез нéсколько недéль; **zu ~ essen/trinken** слúшком мáло есть/пить; **so ~ wie möglich** как мóжно мéньше; **du sprichst so ~** ты чтó-то молчалúв II. *adv* мáло, немнóго

wenige *s.* **wenig**

weniger ['veːnɪɡɐ] *adj* мéньше; **~ als** мéньше, чем; **immer ~** всё мéньше; **nicht mehr und nicht ~ als ...** ни бóльше, ни мéньше, чем ...; **je ~, desto besser** чем мéньше, тем лýчше; **zehn ~ drei ist sieben** от десятú отня́ть три бýдет семь

wenigste(r, s) *adj* **das wenigste** наимéньшее

wenigstens ['veːnɪçstəns, 'veːnɪkstəns] *adv (zumindest)* по крáйней мéре

wenn [vɛn] *konj* 1. *(zeitlich)* когдá; **jedesmal, ~ ...** кáждый раз, когдá ... 2. *(falls)* éсли; **außer ~** крóме

wennschon *konj* **und ~!** *fam* ну и что!

wer [veːɐ] I. *pron inter* кто; **~ von euch beiden?** кто из вас двоúх? II. *pron rel* кто; **~ so etw tut, macht sich strafbar** тот, кто занимáется подóбными делáми, нарушáет закóн; **~ auch immer** кто бы то ни бы́ло

Werbeabteilung <-, -en> *f* отдéл *м* реклáмы

Werbeagentur <-, -en> *f* реклáмное агéнтство *ср*

Werbeblock *m* реклáмный блок *м*

Werbebranche <-> *f* реклáмная óтрасль *ж*

Werbebroschüre *f* реклáмная брошю́ра *ж*

Werbeetat <-s, -s> *m* смéта *ж* расхóдов на реклáму

Werbefachmann <-(e)s, -männer/-leute> *m* специалúст *м* по реклáме

Werbegeschenk <-(e)s, -e> *nt* реклáмный подáрок *м*, реклáмный сувенúр *м*

Werbekampagne <-, -n> *f* реклáмная кампáния *ж*

Werbekosten <-> *pl* реклáмные расхóды *мн*

Werbeleiter(in) <-s, -> *m(f)* руководúтель *м* отдéла реклáмы

Werbemaßnahmen <-> *pl* реклáмные меропрuя́тия *мн*

Werbemittel <-> *pl* реклáмные срéдства *мн*

werben ['vɛrbən] <warb, geworben> *vi* 1. *(Werbung machen)* реклáмировать *нсв*; **für eine neue Zigarettenmarke ~** реклáмировать нóвую мáрку сигарéт 2. *(jdn für sich zu gewinnen versuchen)* борóться *нсв*

Werbeplanung <-> *f* плани́рование *ср* рекла́мных мероприя́тий

Werbeprospekt <-(e)s, -e> *m* рекла́мный проспе́кт *м*

Werber <-s, -> *m* вербо́вщик *м*

Werbesendung <-, -en> *f* рекла́мный ро́лик *м*

Werbeslogan <-s, -> *m* рекла́мный деви́з *м*

Werbespot ['vɛrbespɔt] <-s, -s> *m* рекла́мный ро́лик *м*

Werbespruch <-(e)s, -sprüche> *m* рекла́мный деви́з *м*

Werbestrategie <-, -n> *f* рекла́мная страте́гия *ж*

Werbetext <-(e)s, -e> *m* рекла́мный текст *м*

Werbeunterbrechung *f* RADIO, TV рекла́мная па́уза *ж*

Werbewirkung <-> *f* де́йствие *ср* рекла́мы

Werbung <-, -en> *f (einzelnes Werbemittel, das Werben)* рекла́ма *ж;* **vergleichende ~** сравни́тельная рекла́ма; **~ für etw machen** реклами́ровать что-л.

Werbungskosten <-> *pl* рекла́мные расхо́ды *мн*

werden ['veːɐdən] <wurde, geworden> *vi* станови́ться, стать *св;* **jds Frau ~** стать чьей-л. жено́й; **Jurist ~** ста́ть юри́стом; **er wird nächstes Jahr 60** в сле́дующем году́ ему́ испо́лнится шестьдеся́т лет; **reich ~** разбогате́ть; **es ist kalt geworden** ста́ло хо́лодно; **der Aufsatz ist nichts geworden** сочине́ние не получи́лось; **er wird erst nächste Woche zurückkommen** он вернётся то́лько на сле́дующей неде́ле; **alt ~** соста́риться; **krank ~** заболе́ть; **es wird Frühling** наступа́ет весна́; **~de Mutter** бу́дущая мать; **was willst du einmal ~?** кем ты хо́чешь стать?; **es wird Zeit, dass wir gehen** пора́ идти́; **ich werde es tun** я э́то сде́лаю; **würden Sie bitte mal kommen?** подойди́те, пожа́луйста!; **hier wird nicht geraucht!** здесь кури́ть запреща́ется!

werfen ['vɛrfən] <warf, geworfen> **I.** *vt (entstehen lassen, erzeugen)* дава́ть, дать *св;* **nicht ~!** не броса́ть!; **die Tür ins Schloss ~** хло́пнуть две́рью; **eine Münze ~** броса́ть моне́ту; **jdn ins Gefängnis ~** посади́ть кого́-л. в тюрьму́ **II.** *vi* броса́ть, бро́сить *св,* кида́ть, ки́нуть *св;* **die Randalierer warfen mit Steinen** хулига́ны броса́лись камня́ми; **wie weit wirfst du?** как далеко́ ты броса́ешь?; **mit Geld um sich ~** транжи́рить де́ньги **III.** *vr* **sich ~** *(sich irgendwohin fallen lassen)* броса́ться, бро́ситься *св;* **sie warf sich aufs Bett** она́ бро́силась на крова́ть

Werft [vɛrft] <-, -en> *f* верфь *ж*

Werk [vɛrk] <-(e)s, -e> *nt* **1.** *(geistiges Produkt)* произведе́ние *ср,* труд *м;* **sämtliche/ausgewählte ~e** все/и́збранные изда́ния *срмн;* **das ist sein ~** э́то его́ творе́ние; **sich ans ~ machen** взя́ться за де́ло **2.** *(eines Künstlers)* тво́рчество *ср* **3.** *(Industriebetrieb)* заво́д *м;* **Lieferung ab ~** поста́вка с заво́да **4.** *(gesamtes Schaffen)* тво́рчество *ср*

Werksangehörige(r) <-n, -n> *mf* член *м* заводско́го [*или* фабри́чного] коллекти́ва

Werkschutz <-es> *m* заводска́я охра́на *ж*

werkseigen *adj* заводско́й

Werkshalle <-, -n> *f* цех *м*

Werkskantine <-, -n> *f* заводска́я столо́вая *ж*

Werksleiter <-s, -> *m* дире́ктор *м* заво́да

Werksleitung <-, -en> *f* руково́дство *ср* заво́да

Werkspionage <-> *f* промы́шленный шпиона́ж *м*

Werkstatt ['-ʃtat] <-, -stätten> *f* мастерска́я *ж*

Werkstoff <-(e)s, -e> *m* материа́л *м*

Werkstor <-(e)s, -e> *nt* заводски́е воро́та *мн*

Werkstudent(in) <-en, -en> *m(f) студе́нт, совмеща́ющий учёбу с рабо́той на заво́де,чтобы зарабо́тать на жизнь*

Werktag <-(e)s, -e> *m* рабо́чий день *м*

werktags *adv* по рабо́чим дням

werktätig *adj* трудя́щийся

Werkvertrag <-(e)s, -verträge> *m* догово́р *м* подря́да

Werkzeug <-(e)s, -e> *nt auch fig* инструме́нт *м*

Werkzeugkasten <-s, -kästen> *m* инструме́нтная су́мка *ж*

Werkzeugtasche <-, -n> *f* инструмента́льная су́мка *ж*

Wermut ['veːɐmuːt] <-s> *m* **1.** *(Pflanze)* го́рькая полы́нь *ж* **2.** *(Wein)* ве́рмут *м*

wert [veːɐt] *adj* уважа́емый; **das Gemälde ist ein Vermögen ~** э́та карти́на сто́ит це́лое состоя́ние; **etw ist der Mühe ~** ра́ди чего́-л. сто́ит потруди́ться; **etwas/nichts ~ sein** сто́ить чего́-то/ничего́ не сто́ить; **das ist mir viel ~** э́то ва́жно для меня́

Wert [veːɐt] <-(e)s, -e> *m* **1.** *(materieller Wert)* сто́имость *ж,* цена́ *ж;* **Ware im ~ von 100 Dollar** това́р сто́имостью в 100 до́лларов; **im ~ steigen** повыша́ться в це́не; **einen ~ von 50 Euro haben** сто́имостью в 50 е́вро **2.** *(ideeller Wert)* це́нность *ж* **3.** *(Bedeutung)* значе́ние *ср;* **großen ~ auf etw legen** придава́ть чему́-л. большо́е значе́ние **4.** *(auf einer Skala)* величина́ *ж* **5.** DV величина́ *ж*

werten ['veːɐtən] *vt* **1.** *(betrachten)* расце́ни-

W

вать, -цени́ть *св* **2.** *(in einer Wertung)* оце́нивать, оцени́ть *св*

Wertesystem <-(e)s, -e> *nt* систе́ма *ж* це́нностей

wertfrei *adj* нейтра́льный, не содержа́щий оце́нки

Wertigkeit <-> *f* **1.** CHEM, LING вале́нтность *ж* **2.** *(Bedeutung)* це́нность *ж*, значе́ние *ср*

wertkonservativ *adj* консервати́вный

wertlos *adj* нену́жный; *(Geld)* обесце́ненный

Wertminderung <-, -en> *f* сниже́ние *ср* сто́имости

Wertpapier <-(e)s, -e> *nt* це́нная бума́га *ж;* **Geld in ~en anlegen** вкла́дывать де́ньги в це́нные бума́ги

Wertpapieranalyse <-, -n> *f* ана́лиз *м* це́нных бума́г

Wertpapierbörse <-, -n> *f* фо́ндовая би́ржа *ж*

Wertpapierfonds <-, -> *m* фонд *м* це́нных бума́г

Wertpapierhandel <-s> *m* торго́вля *ж* це́нными бума́гами

Wertpapierkurs <-es, -e> *m* курс *м* це́нных бума́г

Wertpapiermarkt <-(e)s> *m* ры́нок *м* це́нных бума́г

Wertpapiernachfrage <-> *f* спрос *м* на це́нные бума́ги

Wertpapierverzinsung <-> *f* начисле́ние *ср* проце́нтов по це́нным бума́гам

Wertsachen <-> *pl* це́нные ве́щи *жмн*

Wertschätzung *f ohne pl geh* призна́ние *ср*, уваже́ние *ср*

Wertstoffcontainer <-s, -> *m* контéйнер *м* для ути́ль-сырья́

Wertung <-, -en> *f* **1.** SPORT зачёт *м* **2.** *(pl)* очки́ *срмн* **3.** *(allgemein)* оце́нка *ж*

Wertverlust <-(e)s, -e> *m* сниже́ние *ср*, девальва́ция *ж* цен

wertvoll *adj* це́нный

Werwolf ['veːɐ̯vɔlf] *m* вурдала́к *м*

Wesen ['veːzən] <-s, -> *nt* **1.** *(Lebewesen)* существо́ *ср;* **ein menschliches ~** челове́к **2.** *(Wesensart)* нату́ра *ж*, нрав *м;* **sein wahres ~ zeigen** показа́ть свой хара́ктер **3.** *(Grundbeschaffenheit)* суть *ж*

wesensfremd *adj* чу́ждый, чужеро́дный

wesensgleich ['veːzəntlɪç] *adj* схо́дный, тожде́ственный

wesentlich **I.** *adj (entscheidend, das Wesen betreffend)* суще́ственный **II.** *adv* гора́здо; **~ heißer** гора́здо тепле́е; **sich ~ verändern** суще́ственно измени́ться

weshalb [vɛs'halp] *adv* почему́

Wespe ['vɛspə] <-, -n> *f* оса́ *ж*

Wespenstich *m* уку́с *м* осы́

wessen ['vɛsən] **I.** *s.* **wer II.** *pron inter* **1.** *gen von* **wer** чей; **~ Auto ist das?** чья э́та маши́на? **2.** *gen von* **was ~ wird sie beschuldigt?** в чём её обвиня́ют?

i Land & Leute

Вместе с понятием «осси» после открытия бывшей ГДР возникло понятие **Wessi** – **«весси»**, под которым – часто в негативном смысле – подразумеваются граждане старых федеральных земель.

West [vɛst] <-> *m ohne pl* NAUT, METEO За́пад *м*

westdeutsch *adj* западногерма́нский

Westdeutschland *nt* За́падная Герма́ния *ж*

Weste ['vɛstə] <-, -n> *f* жиле́т *м*, жиле́тка *ж;* **eine reine ~ haben** *fig, fam* име́ть чи́стую со́весть

Westen ['vɛstən] <-s> *m* за́пад *м;* **der ~** *(die westliche Welt)* За́пад; **im ~** на за́паде; **von ~** с за́пада; **in den ~** на за́пад; **der Wilde ~** Ди́кий За́пад

Westentasche *f* **etw wie seine ~ kennen** *fam* знать отли́чно что-л.

Western ['vɛstɐn] <-s, -> *m* ве́стерн *м*

Westeuropa <-s> *nt* За́падная Евро́па *ж*

Westeuropäer(in) <-s, -> *m(f)* западноевропе́ец *м*, жи́тель *м*, жи́тельница *ж* западноевропе́йской страны́

westeuropäisch *adj* западноевропе́йский

westindisch *adj* западноинди́йский

westlich **I.** *adj* за́падный; **~ von Berlin** на за́пад от Берли́на; **in ~er Richtung** на за́пад **II.** *prp* к за́паду от, за́паднее

Westseite <-> *f* за́падная сторона́ *ж*

westslawisch *adj* за́паднославя́нский

weswegen [vɛs'veːgən] *adv* почему́

Wettbewerb ['vɛtbəvɛrp] <-(e)s, -e> *m* **1.** *(allgemein)* ко́нкурс *м* **2.** SPORT соревнова́ние *ср* **3.** *(Konkurrenz)* конкуре́нция *ж;* **freier ~** свобо́дная конкуре́нция; **unlauterer ~** нече́стная конкуре́нция; **den ~ verzerren** наруша́ть конкуре́нцию; **mit jdm in ~ stehen** соревнова́ться с кем-л.

Wettbewerber <-s, -> *m* конкуре́нт *м*

Wettbewerbsbeschränkung <-, -en> *f* ограниче́ние *ср* конкуре́нции

Wettbewerbsdruck <-(e)s> *m* давле́ние *ср* конкуре́нции

wettbewerbsfähig *adj* конкуре́нтоспосо́бный

Wettbewerbsfähigkeit <-> *f* конкурентоспосо́бность *ж*

wettbewerbsfördernd *adj* благоприя́тствующий конкуре́нции

Wettbewerbssituation <-> *f* состоя́ние *ср* конкуре́нции

Wettbewerbsverzerrung <-, -en> *f* наруше́ние *ср* усло́вий конкуре́нции

Wettbewerbsvorteil <-(e), -e> *m* преиму́щество *ср* в конкуре́нции

Wettbüro <-s, -s> *nt* букме́керская конто́ра *ж*

Wette ['vɛtə] <-, -n> *f* спор *м;* **die Kinder laufen um die ~** де́ти бе́гают наперегонки́; **mit jdm eine ~ abschließen** заключи́ть спор с кем-л.; **die ~ gilt!** держу́ пари́!; **um die ~** *fam* наперегонки́

Wetteifer *m* усе́рдие *ср,* рве́ние *ср*

wett|eifern *vi* соревнова́ться *нсв;* **mit jdm um etw ~** соревнова́ться с кем-л.

wetten ['vɛtən] *vi* спо́рить, по- *св;* (**mit jdm**) **um etw ~** держа́ть пари́ с кем-л. на что-л.; (**wollen wir**) **~?** (хо́чешь) поспо́рим?; **~, dass ich schneller bin?** *fam* поспо́рим, что я быстре́е?

Wetter ['vɛtɐ] <-s> *nt* пого́да *ж;* **er ist bei jedem ~ draußen** он в любу́ю пого́ду на у́лице; **es ist schönes/schlechtes ~** на у́лице хоро́шая/плоха́я пого́да

Wetterbericht <-(e)s, -e> *m* метеорологи́ческая сво́дка *ж,* бюллете́нь *м* пого́ды

Wetterdienst <-(e)s, -e> *m* метеослу́жба *ж*

Wetterfahne <-, -n> *f* флю́гер *м*

wetterfest *adj* усто́йчивый про́тив атмосфе́рных влия́ний

Wetterfühligkeit <-> *f* чувстви́тельность *ж* к переме́не пого́ды

Wetterhahn <-(e)s> *m* флю́гер *м*

Wetterkarte <-, -n> *f* синопти́ческая ка́рта *ж*

Wetterlage <-, -n> *f* состоя́ние *ср* пого́ды

Wetterleuchten <-s> *nt* зарни́ца *ж*

Wetterprognose <-, -n> *f* прогно́з *ж* пого́ды

Wettersatellit <-en, -en> *m* метеоспу́тник *м*

Wetterstation <-, -en> *f* метеорологи́ческая ста́нция *ж*

Wetterumschlag <-(e)s, -umschläge> *m* ре́зкая переме́на *ж* пого́ды

Wetterumschwung *m* переме́на *ж* пого́ды

Wettervoraussage *f* прогно́з *м* пого́ды

Wettervorhersage <-, -n> *f* прогно́з *м* пого́ды

wetterwendisch *adj* изме́нчивый, непостоя́нный

Wettkampf *m* соревнова́ние *ср,* состяза́ние *ср*

Wettkämpfer(in) *m(f)* SPORT спортсме́н *м,* спортсме́нка *ж,* уча́стник *м,* уча́стница *ж* соревнова́ний

Wettlauf <-(e)s, -läufe> *m* соревнова́ние *ср* в бе́ге, забе́г *м;* **~ mit der Zeit** наперегонки́ со вре́менем

wett|machen ['vɛt-] *vt* **1.** *(Schaden)* восполня́ть, -по́лнить *св* **2.** *(Fehler)* исправля́ть, -ра́вить *св*

Wettrüsten <-s> *nt* го́нка *ж* вооруже́ний

Wettstreit <-s> *m* состяза́ние *ср;* *(Streit)* спор *м*

wetzen ['vɛtsən] *vt (Messer)* точи́ть, на- *св*

WG [veːˈgeː] *abk von* **Wohngemeinschaft** комму́налка *ж*

Whisky ['wɪski] <-s, -s> *m* ви́ски *м*

wich [vɪç] *prät von s.* **weichen**

Wicht [vɪçt] <-(e)s, -e> *m* гном *м*

wichtig ['vɪçtɪç] *adj* ва́жный; **etw ist jdm ~** что-л. ва́жно для кого́-л.; **~machen** *pej* ва́жничать; **etw ~ nehmen** придава́ть чему́-л. значе́ние

Wichtigkeit <-> *f* ва́жность *ж,* зна́чимость *ж*

Wichtigtuer ['vɪçtɪçtuːɐ̯] *f ohne pl* задава́ка *м,* вообража́ла *м и ж*

wickeln ['vɪkəln] **I.** *vt* **1.** *(allgemein)* нама́тывать, -мота́ть *св;* **sich** *dat* **einen Schal um den Hals ~** повяза́ть шарф **2.** *(etw in Papier)* завора́чивать, заверну́ть *св* **3.** *(Baby)* пелена́ть, за- *св;* **jdn um den Finger ~** *umg* обвести́ кого́-л. вокру́г па́льца **II.** *vr* заку́тываться, -ку́таться *св*

Wickeltisch <-(e)s, -e> *m* пелена́льный сто́лик *м*

Widder ['vɪdɐ] <-s, -> *m* **1.** *(Schafbock)* бара́н *м* **2.** ASTR Ове́н *м*

wider ['viːdɐ] *prp akk, geh* вопреки́; **~ Erwarten** про́тив ожида́ний

widerborstig ['viːdɐbɔrstɪç] *adj* непоко́рный

Widerborstigkeit <-> *f* ерши́стость *ж,* непослуша́ние *ср;* *fig* ерши́стость *ж,* стропти́вость *ж*

widerfahren [viːdɐˈfaːrən] <irr> *vi sein, geh* случа́ться, происходи́ть *нсв*

Widerhall ['viːdɐhal] *m* **bei jdm keinen ~ finden** не быть при́нятым кем-л.

widerlegen [viːdɐˈleːgən] *vt* опроверга́ть, -ве́ргнуть *св*

widerlich ['viːdɐlɪç] *adj* проти́вный

Widerling <-s, -e> *m pej* проти́вный челове́к *м*

widerrechtlich *adj* незако́нный, противопра́вный

Widerrede *f* возраже́ния *мн;* **sie duldet keine ~** она́ не принима́ет возраже́ний

Widerruf <-(e)s> *m* отме́на *ж;* **bis auf ~** впредь до отме́ны

widerrufen [viːdɐˈruːfən] <irr> *vt* **1.** *(Erlaubnis)* отменя́ть, -ни́ть *св* **2.** *(Behauptung)* отка́зываться, -каза́ться *св*

Widerschein <-(e)s> *m auch fig* о́тблеск *м,* о́тсвет *м*

widersetzen [viːdɐˈzɛt͡sən] *vr* сопротивля́ться *нсв*

Widersinn <-s> *m* неле́пость *ж,* бессмы́слица *ж*

widersinnig *adj* абсу́рдный

W

widerspenstig ['vi:dɐʃpɛnstɪç] *adj* упря́мый
wider|spiegeln I. *vt* отража́ть, -рази́ть *св* II. *vr* отража́ться, -рази́ться *св*
Widerspiegelung <-, -en> *f* отраже́ние *ср*
widersprechen [vi:dɐ'ʃprɛçən] <irr> *vi* противоре́чить *нсв;* **jdm** ~ возража́ть кому́-л.; **sich** *dat* ~ противоре́чить себе́
Widerspruch <-(e)s, -sprüche> *m* 1. *(Gegensätzlichkeit)* противоре́чие *ср* 2. *(Protest)* возраже́ние *ср,* проте́ст *м;* **keinen ~ dulden** не терпе́ть возраже́ний; **ohne ~** без возраже́ний; **~ einlegen** JUR возража́ть
widersprüchlich [-ʃprʏçlɪç] *adj* противоречи́вый
widerspruchslos *adj* беспрекосло́вно
Widerstand <-(e)s, -stände> *m (gegen etw, auch EL)* сопротивле́ние *ср;* **~ leisten** сопротивля́ться; **auf ~ stoßen** встре́тить сопротивле́ние
Widerstandsbewegung <-, -en> *f* движе́ние *ср* Сопротивле́ния
widerstandsfähig *adj* сто́йкий
Widerstandsfähigkeit <-> *f* сто́йкость *ж*
Widerstandskraft *f* сопротивле́ние *ср,* выно́сливость *ж*
widerstandslos *adj* без сопротивле́ния
widerstehen [vi:dɐ'ʃte:ən] <irr> *vi* 1. *(einer Versuchung, einem Gegner)* устоя́ть *св* пе́ред 2. *(einer Beanspruchung, einer Attacke)* выде́рживать, вы́держать *св;* **etw widersteht jdm** что-л. проти́вно кому́-л.
widerstreitend *adj* противоре́чащий, иду́щий наперекóр
widerwärtig ['vi:dɐvɛrtɪç] *adj* отврати́тельный
Widerwärtigkeit <-> *f* отврати́тельность *ж,* ме́рзость *ж,* напа́сть *ж*
Widerwille <-n> *m* отвраще́ние *ср*
widerwillig *adv* с нежела́нием
widmen ['vɪtmən] I. *vt (in den Dienst stellen)* посвяща́ть, -святи́ть *св;* **jdm etw ~** посвяти́ть кому́-л. что-л.; **er widmete sein Leben der Wissenschaft** он посвяти́л свою́ жизнь нау́ке II. *vr (sich beschäftigen)* посвяща́ть, -святи́ть *св;* **sich jdm ~** посвяти́ть себя́ кому́-л.; **sich ganz der Malerei ~** посвяти́ть всего́ себя́ жи́вописи
Widmung <-, -en> *f* посвяще́ние *ср*
Widrigkeit <-> *f* превра́тность *ж,* напа́сть *ж*
wie [vi:] I. *konj* 1. *(als Vergleichspartikel)* как; **weiß ~ Schnee** бе́лый как снег; **ich bin genauso alt ~ du** мы с тобо́й рове́сники; **~ immer** как всегда́ 2. *(zur Anführung von Beispielen)* как наприме́р; **~ zum Beispiel** как наприме́р II. *adv* как; **~ ist das Wetter?** кака́я пого́да на у́лице?; **~ geht es dir ?** как дела́?; **~ bitte?** что?; **~ geht's?** как дела́?; **~ viel?** ско́лько?; **~ alt bist du?** ско́лько тебе́ лет?; **~ spät ist es?** кото́рый час?; **~ auch immer, ~ dem auch sei** как бы то ни бы́ло; **~ schade!** как жа́лко!; **und ~!** *fam* ещё как!
wieder ['vi:dɐ] *adv* 1. *(Wiederaufnahme eines Zustands, noch einmal)* сно́ва, опя́ть 2. *(noch einmal)* ещё раз; **immer ~** ка́ждый раз; **nie ~** никогда́; **schon ~** опя́ть; **etw immer ~ machen** де́лать что-л. всё вре́мя; **da bin ich ~** а вот и я!
Wiederaufbau [vi:dɐ'ʔaʊfbaʊ] <-s> *m* восстановле́ние *ср,* реконстру́кция *ж*
Wiederaufbereitungsanlage <-, -n> *f* устано́вка *ж* для втори́чной перерабо́тки
Wiederaufforstung <-> *f* восстановле́ние *ср* ле́са
wiederaufladbar *adj* оживля́ть
wieder aufladen[RR] *vt* перезаряжа́ть, -заряди́ть *св*
Wiederaufnahme [vi:dɐ'ʔaʊfna:mə] <-> *f* возобновле́ние *ср*
wieder aufnehmen[RR] [vi:dɐ'ʔaʊfne:mən] <irr> *vt (Verhandlungen, Gespräche)* возобновля́ть, -нови́ть *св*
wieder|beleben[Alt] *vt s.* оживля́ть
Wiederbelebungsversuch *m* попы́тка *ж* верну́ть кого́-л. к жи́зни
wieder bringen[RR] *vt* приноси́ть, принести́ *св* вновь
wieder einführen[RR] *vt* восстана́вливать, -нови́ть *св,* возобновля́ть, возобнови́ть *св* де́йствие *(зако́на и т.п.)*
Wiedereinführung [vi:dɐ'ʔaɪnfy:rʊŋ] <-> *f* восстановле́ние *ср,* возобновле́ние *ср* де́йствия зако́на
wieder eingliedern[RR] *vt* восстана́вливать, восстанови́ть *св* в права́х
Wiedereingliederung <-> *f* восстановле́ние *ср* в права́х чле́на о́бщества
wieder|erkennen <irr> *vt* узнава́ть, -на́ть *св*
wieder|erstatten *vt* возмеща́ть, возмести́ть *св* кого́-л.
wieder|finden <irr> I. *vt (Gegenstand)* находи́ть, найти́ *св* II. *vr (irgendwohin geraten sein)* ока́зываться, оказа́ться *св*
Wiedergabe <-> *f* 1. *(eines Inhalts)* переда́ча *ж* 2. MUS исполне́ние *ср* 3. *(Ton~)* воспроизведе́ние *ср,* звуча́ние *ср*
wieder|geben <irr> *vt* 1. *(zurückgeben)* передава́ть, -да́ть *св* 2. *(darstellen)* изобража́ть, -брази́ть *св* 3. *(jds Worte etc)* передава́ть, -да́ть *св*
wieder|gutmachen[RR] [vi:dɐ'ʔgu:tmaxən] *vt* 1. *(Schaden)* возмеща́ть, -мести́ть *св* 2. *(Fehler)* исправля́ть, испра́вить *св*
Wiedergutmachung <-> *f* возмеще́ние *ср; (Geldsumme)* компенса́ция *ж*
wieder|her|stellen [vi:dɐ'ʔhe:ɐ̯ʃtɛlən] *vt (neu erstellen)* восстана́вливать, -нови́ть *св*
wieder|holen[1] ['vi:dɐho:lən] *vt (zurückholen)*

widersprechen, einwenden

• widersprechen	• **Противоречие**
Das stimmt (doch) gar nicht. *(fam)*	**Это не совсем так.**
Ach was! / Unsinn! /Blödsinn! / Quatsch! *(fam)*	Вздор! / Ерунда! / Чепуха!
Das sehe ich anders.	**Я представляю себе это иначе.**
Nein, das finde ich nicht.	**Нет, я так не думаю.**
Da muss ich Ihnen widersprechen.	**Я должен здесь вам возразить.**
Das entspricht nicht den Tatsachen.	**Это не соответствует / противоречит фактам.**
So kann man das nicht sehen.	**Вы не можете представлять это таким образом.**
Davon kann gar nicht die Rede sein.	**Об этом не может быть и речи.**
• einwenden	• **Возражение**
Ja, aber ...	**Да, но ...**
Du hast vergessen, dass ...	**Вы забыли о том, что...**
Das siehst du aber völlig falsch.	**Ты очень ошибаешься насчёт этого.**
Sie haben schon Recht, aber bedenken Sie doch auch ...	**Вы правы, но имейте в виду, что...**
Das ist ja alles schön und gut, aber ...	**Всё это прекрасно и хорошо, но ...**
Ich habe dagegen einiges einzuwenden.	**У меня несколько возражений на этот счёт.**
Das ist aber weit hergeholt.	**Это далеко от истины.**

возвраща́ть, верну́ть *св* обра́тно

wiederholen[2] [viːdɐˈhoːlən] <ohne ge-> **I.** *vt* повторя́ть, -ри́ть *св* **II.** *vr:* **sich ~** *(etwas mehrmals sagen)* повторя́ться, -ри́ться *св*

wiederholt [viːdɐˈhoːlt] *adj* **zum ~en Male** в кото́рый раз

Wiederholung [viːdɐˈhoːlʊŋ] <-, -en> *f* повторе́ние *ср*, возобновле́ние *ср*

Wiederhören *nt* **auf ~!** пока́!

Wiederkehr <-> *f* возвраще́ние *ср*

wieder|kommen <irr> *vi sein* **1.** *(zurückkommen)* возвраща́ться, верну́ться *св* **2.** *(sich wiederholen)* повторя́ться, повтори́ться *св*

wieder|sehen[RR] <irr> *vt* уви́деть *св* сно́ва

Wiedersehen <-s, -> *nt* встре́ча *ж;* **auf ~!** до свида́ния!

Wiedersehensfreude <-> *f* ра́дость *ж* повто́рной встре́чи

wiederum [ˈviːdərʊm] *adv* **1.** *(wieder, erneut)* опя́ть, сно́ва **2.** *(andererseits)* с друго́й стороны́

wieder|vereinigen[Alt] *vt* объединя́ть, -ни́ть *св;* **das wiedervereinigte Deutschland** объединённая Герма́ния *ж*

Wiedervereinigung <-> *f* объедине́ние *ср;* **die ~ Deutschlands** объедине́ние Герма́нии

Wiederverheiratung <-> *f* повто́рное вступле́ние *ср* в брак

Wiederverkäufer <-s, -> *m* перепродаве́ц *м*

Wiederverkaufswert <-(e)s> *m* сто́имость *ж* ве́щи при перепрода́же

Wiederverwertung *f* втори́чное употребле́ние *ср*

Wiederwahl <-> *f* перевы́боры *мн*

Wiege [ˈviːgə] <-, -n> *f* колыбе́ль *ж*

wiegen [ˈviːgən] <wog, gewogen> **I.** *vt (das Gewicht feststellen)* взве́шивать, взве́сить *св* **II.** *vi (ein bestimmtes Gewicht haben)* ве́сить *нсв*

Wiegenlied <-(e)s, -er> *nt* колыбе́льная пе́сня *ж*

wiehern [ˈviːɐn] *vi* ржать *нсв*

Wien [viːn] <-s> *nt* Ве́на *ж*

wies [viːs] *prät von s.* **weisen**

Wiese [ˈviːzə] <-, -n> *f* лу́г *м*

Wiesel [ˈviːzəl] <-s, -> *nt* ла́ска *ж*

wieso [viˈzoː] *adv* почему́; **~ denn?** э́то почему́ же?

wie viel[RR] *adv* **1.** ско́лько, как мно́го; **~ Uhr ist es?** кото́рый час? **2.** *(in Ausrufesätzen)* наско́лько

wievielmal [viˈfiːlmaːl, ˈviːfiːlmaːl] *adv* ско́лько раз

wievielte(r, s) *adj* кото́рый

wieweit *adv (inwieweit)* наско́лько, в како́й сте́пени

Wikinger(in) <-s, -; -nen> *m(f)* ви́кинг *м*

wild [vɪlt] *adj auch fig (wild lebend, wild wachsend,)* ди́кий; **~er Streik** несанкциони́рованная забасто́вка; **~ wachsend** дикорасту́щий; **ein ~es Durcheinander** большо́й беспоря́док; **~ entschlossen** *fam* твёрдо решённый; **~ werden** одича́ть; **~ auf etw sein** *fam* о́чень хоте́ть чего́-л.; **das ist halb so ~** *fam* пустяки́

Wild <-s> *nt (Tiere, Fleisch)* дичь *ж*

Wildbahn *f* **in freier ~** в приро́де

W

Wildcard, **Wild Card** <-, -s> *f* DV шабло́н *м*
Wilderer <-s, -> *m*, **Wilderin** <-nen> *f* браконье́р *м*, браконье́рша *ж*
wildern ['vɪldɐn] *vi* браконье́рствовать *нсв*
wildfremd ['vɪlt'frɛmt] *adj* соверше́нно незнако́мый
Wildhüter <-s, -> *m* охра́нник *м* ди́чи
Wildkaninchen <-s, -> *nt* ди́кий кро́лик *м*
Wildleder <-s> *nt* за́мша *ж*
Wildnis <-> *f* ди́кая приро́да *ж*
wildreich *adj* бога́тый ди́чью
Wildreservat <-(e)s, -e> *nt* запове́дник *м*
Wildsau *f* ZOOL каба́н *м*
Wildschaden <-s, -schäden> *m* наклёв *м*, поврежде́ние *ср* молоды́х дере́вьев ди́чью
Wildschwein <-s, -e> *nt* каба́н *м*
wildwachsend[Alt] *adj s.* **wild 1.**
Wildwuchs <-es> *m* за́росли *мн*
will [vɪl] *3. präs von* **wollen**
Wille ['vɪlə] <-s> *m* во́ля *ж*; **einen starken ~n haben** быть волевы́м челове́ком; **seinen eigenen ~n haben** име́ть со́бственную во́лю; **seinen ~n durchsetzen (wollen)** навя́зывать свою́ во́лю; **der gute ~** до́брая во́ля; **der letzte ~** *(Testament)* завеща́ние *ср*; **wo ein ~ ist, ist auch ein Weg** *prov* при жела́нии мо́жно доби́ться всего́
willen ['vɪlən] *prp* **um jds/etw** *gen* **~** ра́ди кого́-л./чего́-л.; **um einer Sache ~** ра́ди чего́-л.
willenlos *adj* безво́льный
Willenserklärung <-, -en> *f* JUR волеизъявле́ние *ср*
Willensfreiheit <-> *f* свобо́да *ж* во́ли
Willenskraft *f ohne pl* си́ла *ж* во́ли
willensschwach *adj* слабово́льный
willensstark *adj* волево́й
Willensstärke <-> *f* си́ла *ж* во́ли
willfährig *adj* усту́пчивый, сгово́рчивый
willig *adj* послу́шный
willkommen [vɪl'kɔmən] *adj* жела́нный; **herzlich ~!** добро́ пожа́ловать!; **jdn ~ heißen** приве́тствовать кого́-л.; **du bist (mir) immer ~** ты всегда́ бу́дешь с ра́достью при́нят в э́том до́ме
Willkür ['vɪlky:ɐ] <-> *f* произво́л *м*
willkürlich *adj (Anordnung)* самово́льный
wimmeln ['vɪməln] *vi* **hier wimmelt es von Touristen** здесь полно́ тури́стов
wimmern ['vɪmɐn] *vi* жа́лобно стона́ть, про- *св*
Wimper ['vɪmpɐ] <-, -n> *f* ресни́ца *ж*; **sich die Wimpern tuschen** накра́сить ресни́цы; **ohne mit der ~ zu zucken** *fig* гла́зом не моргну́в
Wimperntusche <-> *f* тушь *ж* для ресни́ц
Wind [vɪnt, 'vɪndə] <-(e)s, -e> *m* ве́тер *м*, проню́хать что-л.; **bei ~ und Wetter** в дождь и непого́ду; **wissen, woher der ~ weht** *fam* знать, отку́да ду́ет ве́тер; **~ von etw** *dat* **bekommen** *fam* узна́ть о чём-л.; **in den ~ reden** броса́ть слова́ на ве́тер; **viel ~ (um etw) machen** *fam* де́лать из му́хи слона́
Windböe <-, -n> *f* поры́в *м* ве́тра
Windbruch <-(e)s> *m* бурело́м *м*, вале́жник *м*
Winde ['vɪndə] <-, -n> *f* TECH лебёдка *ж*
Windel ['vɪndəl] <-, -n> *f* пелёнка *ж*
windelweich ['vɪndəl'vaɪç] *adj fam* **jdn ~ schlagen** отлупи́ть кого́-л.
winden ['vɪndən] <wand, gewunden> **I.** *vt (Kranz, Girlande)* плести́, с- *св* **II.** *vr (Schlange, Straße)* ви́ться *нсв*
Windenergie *f ohne pl* эне́ргия *ж* ве́тра
windgeschützt *adj* защищённый от ве́тра
Windgeschwindigkeit *f* ско́рость *ж* ве́тра
Windhauch *m* дунове́ние *ср* ве́тра
Windhund <-(e)s, -e> *m* борза́я *ж*
windig *adj* ве́треный; **es ist ~** ве́трено, ду́ет ве́тер
Windjacke <-, -n> *f* ветро́вка *ж*
Windkanal <-s> *m* аэродинами́ческая труба́ *ж*
Windkraftwerk *nt* электроста́нция *ж*, рабо́тающая с по́мощью ве́тра
Windmesser <-s, -> *m* анемоме́тр *м*
Windmühle <-, -n> *f* ветряна́я ме́льница *ж*
Windpocken <-> *fpl* ветряна́я о́спа *ж*; *umg* ветря́нка *ж*
Windrichtung <-, -en> *f* направле́ние *ср* ве́тра
Windschutz <-es> *m* защи́та *ж* от ве́тра
Windschutzscheibe <-, -n> *f* KFZ лобово́е стекло́ *ср*
Windstärke <-, -n> *f* си́ла *ж* ве́тра
Windstille <-> *f* безве́трие *ср*
Windstoß <-es, -stöße> *m* поры́в *м* ве́тра
Windsurfer(in) <-s, -> *m(f)* виндсерфинги́ст *м*, виндсерфинги́стка *ж*
Windsurfing ['vɪntzœ:ɐfɪŋ] <-> *m* винд-сёрфинг *м*
Wink [vɪŋk] <-(e)s, -e> *m* намёк *м*; **jdm einen ~ geben** намекну́ть кому́-л.
Winkel ['vɪŋkəl] <-s, -> *m* **1.** *(Ecke)* у́гол *м* **2.** *(Gegend)* уголо́к *м* **3.** MATH у́гол *м*; **im ~ von 45 Grad** под угло́м в со́рок пять гра́дусов
Winkeladvokat <-en, -en> *m pej* крючкотво́р *м*
Winkelfunktion <-, -en> *f* MATH тригонометри́ческая фу́нкция *ж*
Winkelmesser <-s, -> *m* угломе́р *м*
winken ['vɪŋkən] **I.** *vi* маха́ть, по- *св* **II.** *vt* **jdn zu sich** *dat* **~** призыва́ть кого́-л. к себе́
winseln ['vɪnzəln] *vi (Hund)* скули́ть, за- *св*

Winter ['vɪntɐ] <-s, -> *m* зима́ *ж;* **im ~** зимо́й
Winterabend <-s, -e> *m* зи́мний ве́чер *м*
Winterdienst <-(e)s> *m* зи́мняя (техни́ческая) слу́жба *ж*
Wintereinbruch *m* наступле́ние *ср* зимы́
Winterfahrplan <-(e)s, -pläne> *m* зи́мнее расписа́ние *ср* движе́ния
Winterfell <-s> *nt* подшёрсток *м*
Winterferien *pl* зи́мние кани́кулы *мн*
Wintergarten <-s, -gärten> *m* зи́мний сад *м*
Wintergetreide <-s> *nt* ози́мые *мн*
Winterkleidung <-> *f* зи́мняя оде́жда *ж*
Winterlandschaft *f* зи́мний пейза́ж *м*
winterlich *adj* зи́мний; **~ kalt** по-зи́мнему хо́лодно
Wintermantel <-s, -mäntel> *m* зи́мнее пальто́ *ср*
Winterpalast <-(e)s> *m* зи́мний дворе́ц *м*
Winterreifen <-s, -> *m* KFZ зи́мняя ши́на *ж*
Wintersaison *f* зи́мний сезо́н *м*
Winterschlaf <-(e)s> *m* зи́мняя спя́чка *ж*
Winterschlussverkauf[RR] <-(e)s> *m* зи́мняя распрода́жа *ж*
Wintersemester *nt* зи́мний семе́стр *м*
Wintersonnenwende <-> *f* зи́мнее солнцестоя́ние *ср*
Winterspeck <-s> *m umg* ли́шний вес *м*, приобретённый за́ зиму
Wintersport <-(e)s> *m* зи́мние ви́ды *ммн* спо́рта
Winterszeit *f ohne pl s.* **Winterzeit**
Winterurlaub <-(e)s> *m* о́тпуск *м* зимо́й
Winterzeit *f ohne pl* зи́мнее вре́мя *ср*
Winzer(in) ['vɪntsɐ] <-s, -> *m(f)* виногра́дарь *м*, виноде́л *м*
winzig ['vɪntsɪç] *adj* кро́шечный
Winzling <-s, -e> *m fam* лилипу́т *м*
Wipfel ['vɪpfəl] <-s, -> *m* верху́шка *ж (де́рева)*
Wippe ['vɪpə] <-n> *f* колыбе́ль *ж*
wir [viːɐ] *pron pers* мы
Wirbel ['vɪrbəl] <-s, -> *m* **1.** *(von Wasser, auch fig)* водоворо́т *м* **2.** *(von Luft)* вихрь *м* **3.** *umg (Aufregung, Aufsehen)* шуми́ха *ж* **4.** ANAT позвоно́к *м*
wirbeln ['vɪrbəln] **I.** *vi (durch die Luft)* носи́ться, пронести́сь *св* **II.** *vt* носи́ть, пронести́ *св*
Wirbelsäule <-, -n> *f* позвоно́чник *м*
Wirbelsäulengymnastik <-> *f* гимна́стика *ж* для позвоно́чника
Wirbelsturm <-(e)s, -stürme> *m* смерч *м*
Wirbeltier <-(e)s, -e> *nt* позвоно́чное живо́тное *ср*
Wirbelwind <-(e)s, -e> *m (Sturmwind)* вихрь *м*
wird [vɪrt] *3. präs von* **werden**
wirken ['vɪrkən] **I.** *vi (Wirkung zeigen)* де́йствовать, по- *св;* **beruhigend ~** де́йствовать успока́ивающе **II.** *vt (hervorbringen)* **Wunder ~** *fam* де́лать чудеса́
wirklich ['vɪrklɪç] **I.** *adj (echt, eigentlich)* настоя́щий; **im ~ten Leben** в настоя́щей жи́зни **II.** *adv* на са́мом де́ле, действи́тельно; **das ist ~ nett von Ihnen** э́то о́чень ми́ло с ва́шей стороны́; **~?** ра́зве?; **ich war es ~ nicht** э́то действи́тельно был не я
Wirklichkeit <-> *f* действи́тельность *ж;* **in ~** в действи́тельности
wirklichkeitsgetreu *adj* достове́рный; **etw ~ schildern** описа́ть что-л. достове́рно
wirksam *adj* де́йственный
Wirksamkeit <-> *f* де́йственность *ж*
Wirkung <-, -en> *f* **1.** *(das Wirken)* де́йствие *ср* **2.** *(Eindruck)* возде́йствие *ср*
Wirkungsbereich <-(e)s, -e> *m* **1.** *(Tätigkeitsbereich)* сфе́ра *ж* де́ятельности **2.** *(Einflussbereich)* сфе́ра *ж* де́йствия
Wirkungsdauer <-, -n> *f* продолжи́тельность *ж* де́йствия (ле́карства)
Wirkungsgrad <-(e)s, -e> *m* PHYS коэффицие́нт *м* поле́зного де́йствия, кпд *м*
wirkungslos *adj* безрезульта́тный; **~ bleiben** оста́ться безде́йственным
Wirkungslosigkeit <-> *f* безрезульта́тность *ж*
wirkungsvoll *adj* эффекти́вный; **~ sein** де́йствовать эффекти́вно
Wirkungsweise <-, -n> *f* при́нцип *м* де́йствия
wirr [vɪr] *adj* пу́таный, нея́сный; **~es Zeug reden** говори́ть бессвя́зно
Wirren ['vɪrən] <-> *pl* неразбери́ха *ж*
Wirrwarr ['vɪrvar] <-s> *m ohne pl* сумато́ха *ж*
Wirt(in) [vɪrt] *m(f)* хозя́ин *м*, хозя́йка *ж*
Wirtschaft ['vɪrtʃaft] <-, -en> *f* **1.** *(Volkswirtschaft)* эконо́мика *ж*, хозя́йство *ср;* **die ~ ankurbeln** стимули́ровать эконо́мику; **freie ~** свобо́дная эконо́мика; **private ~** ча́стное хозя́йство; **Umgestaltung der ~** перестро́йка эконо́мики **2.** *(Gasthaus)* рестора́н *м*
wirtschaften *vt* вести́ хозя́йство
wirtschaftlich *adj* **1.** *(auf die Wirtschaft bezogen, finanziell)* экономи́ческий; **~e Einheit** экономи́ческая едини́ца *ж;* **die ~e Lage eines Landes** экономи́ческое положе́ние *ср* страны́; **~e Sanktionen** экономи́ческие са́нкции *мн;* **~er Zusammenbruch** экономи́ческий крах *м* **2.** *(sparsam vorgehend)* эконо́мный
Wirtschaftlichkeit <-> *f* экономи́чность *ж*, бережли́вость *ж*
Wirtschaftsabkommen <-s, -> *nt* экономи́ческое соглаше́ние *ср*
Wirtschaftsaufschwung <-(e)s> *m* экономи́ческий подъём *м*
Wirtschaftsbereich <-(e)s, -e> *m* сфе́ра *ж* эконо́мики

W

Wirtschaftsbeziehungen <-> *pl* экономи́ческие отноше́ния *мн*
Wirtschaftsembargo <-s, -s> *nt* экономи́ческое эмба́рго *ср*
Wirtschaftsexperte <-n, -n> *m* экспе́рт *м* по экономи́ческим вопро́сам
Wirtschaftsfachmann <-(e)s, -männer/-leute> *m* экономи́ст *м*
Wirtschaftsfaktor <-s, -en> *m* экономи́ческий фа́ктор *м*
Wirtschaftsförderung <-> *f* стимули́рование *ср* эконо́мики
Wirtschaftsform <-, -en> *f* экономи́ческий укла́д *м*, хара́ктер *м* эконо́мики
Wirtschaftsforschungsinstitut <-(e)s, -e> *nt* институ́т *м* экономи́ческих иссле́дований
Wirtschaftsgipfel <-s, -> *m* встре́ча *ж* в верха́х по экономи́ческим вопро́сам
Wirtschaftsgut <-(e)s, -güter> *nt* иму́щество *ср*, со́бственность *ж*
Wirtschaftshilfe <-> *f* экономи́ческая по́мощь *ж*
Wirtschaftskraft <-> *f* экономи́ческая мощь *ж*
Wirtschaftskriminalität <-> *f* экономи́ческая престу́пность *ж*
Wirtschaftskrise <-, -n> *f* экономи́ческий кри́зис *м*
Wirtschaftslage <-> *f* экономи́ческое положе́ние *ср*
Wirtschaftsminister(in) <-s, -> *m(f)* мини́стр *м* эконо́мики
Wirtschaftsministerium <-s, -ministerien> *nt* министе́рство *ср* эконо́мики
Wirtschaftsordnung <-, -en> *f* экономи́ческий строй *м*
Wirtschaftspolitik <-> *f* экономи́ческая поли́тика *ж*
wirtschaftspolitisch *adj* поли́тико-экономи́ческий
Wirtschaftsprüfer <-s, -> *m* ауди́тор *м*, нало́говый инспе́ктор *м*
Wirtschaftsprüfergutachten <-s, -> *nt* заключе́ние *ср* ауди́тора [*или* нало́гового инспе́ктора]
Wirtschaftsprüfung <-> *f* ауди́торство *ср*, реви́зия *ж* хозя́йственной де́ятельности предприя́тия
Wirtschaftsraum <-(e)s, -räume> *m* экономи́ческое простра́нство *ср*
Wirtschaftsreform <-, -en> *f* экономи́ческая рефо́рма *ж*
Wirtschaftssanktionen <-> *pl* экономи́ческие са́нкции *жмн*
Wirtschaftssektor <-s, -en> *m* экономи́ческий се́ктор *м*
Wirtschaftssystem <-(e)s, -e> *nt* экономи́ческая систе́ма *ж*
Wirtschaftsverbrechen <-s> *nt* хозя́йственное преступле́ние *ср*
Wirtschaftswachstum <-(e)s> *nt* экономи́ческий рост *м*
Wirtschaftswissenschaften <-> *pl* эконо́мика *ж*
Wirtschaftszweig <-(e)s, -e> *m* о́трасль *ж* эконо́мики
Wirtshaus *nt* рестора́нчик *м*
wischen ['vɪʃən] **I.** *vt* **1.** *(Tischplatte, Fußboden, Mund)* протира́ть, -тере́ть *св* **2.** *(Staub, Schweiß)* вытира́ть, вы́тереть *св;* **jdm eine ~** *fam* уда́рить кого́-л. **II.** *vi* **über etw ~** *(putzen)* чи́стить что-л.
Wischlappen *m reg* вла́жная тря́пка *ж* для вытира́ния *(пыли и т. п.)*
Wischtuch <-(e)s, -tücher> *nt* вла́жная тря́пка *ж; (für Geschirr)* посу́дное полоте́нце *ср*
wispern ['vɪspɐn] **I.** *vi* шепта́ться, по- *св* **II.** *vt* шепта́ть, про- *св*
Wissbegier(de)[RR] <-> *f*, **Wißbegier(de)**[Alt] <-> *f* любозна́тельность *ж*
wissbegierig[RR] *adj* любозна́тельный
wissen ['vɪsən] <wusste, gewusst> *vt, vi* зна́ть *нсв;* **soviel ich weiß, ist sie verheiratet** наско́лько я зна́ю, она́ за́мужем; **er weiß sich nicht zu helfen** он не зна́ет, что де́лать; **nicht mehr ein noch aus ~** не знать, что де́лать; **ich weiß nicht, wo er ist** я не зна́ю, где он; **wusstest du, dass ...?** ты зна́ешь, что ...?; **woher soll ich das ~?** отку́да мне знать?; **soviel ich weiß, ist er noch da** наско́лько я зна́ю, он ещё здесь; **das musst du selbst ~** э́то ты сам до́лжен знать; **weißt du was?** ты об э́том зна́ешь?; **man kann nie ~** *fam* как знать!; **was weiß ich** *fam* отку́да мне знать?
Wissen <-s> *nt* зна́ние *ср*, позна́ния *срмн*, осведомлённость *ж*
Wissenschaft <-, -en> *f* нау́ка *ж*
Wissenschaftler(in) <-s, -> *m(f)* учёный *м*, учёная *ж*
wissenschaftlich *adj* нау́чный
Wissenschaftstheorie <-> *f* тео́рия *ж* нау́ки, науко́ведение *ср*
wissenswert *adj* заслу́живающий внима́ния
wittern ['vɪtɐn] *vt auch fig (Tier)* чу́ять, по- *св*
Witterung <-> *f* **1.** *(Wetter)* пого́да *ж* **2.** *(eines Tieres)* чутьё *ср*, нюх *м;* **die ~ aufnehmen** напа́сть на след
Witterungsverhältnisse <-> *pl* пого́дные усло́вия *мн*
Witwe ['vɪtvə] <-, -> *f* вдова́ *ж*
Witwer ['vɪtvɐ] <-s, -> *m* вдове́ц *м*
Witz [vɪts] <-es, -e> *f* шу́тка *ж;* **einen ~ erzählen** расска́зывать анекдо́т; **~e machen** шути́ть; **das soll doch wohl ein ~ sein!** ты шу́тишь!
Witzbold ['vɪtsbɔlt, 'vɪtsbɔldə] <-(e)s, -e> *m umg* шутни́к *м*
witzeln ['vɪtsəln] *vi* упражня́ться в ост-

nicht wissen

• **Nichtwissen ausdrücken**	• **Выражение незнания**
Das weiß ich (auch) nicht. / Weiß nicht. *(fam)*	**Я (тоже) не знаю. / Не знаю.**
Keine Ahnung. *(fam)*	**Понятия не имею.**
Hab keinen blassen Schimmer. *(fam)*	**Не имею представления. / понятия.**
Ich kenne mich da leider nicht aus.	**Я об этом не имею ни малейшего представления.**
Da bin ich überfragt.	**Я не знаю ответа.**
Darüber weiß ich nicht Bescheid.	**Я не знаю об этом.**
Die genaue Anzahl **entzieht sich meiner Kenntnis.** *(geh)*	**У меня нет сведений** о точном количестве.
Woher soll ich das wissen?	**Откуда же мне знать?**

ро́умии, остро́умничать

witzig *adj* остроу́мный; **sehr ~!** *iron, fam* о́чень смешно́!

WM [veːˈʔɛm] *abk von* **Weltmeisterschaft** чемпиона́т *м* ми́ра

wo [voː] *adv* где; **~ gibt's denn so was!** *fam* в жи́зни тако́го не ви́дел!; **überall, ~ ...** везде́, где ...; **~ man auch hinsieht** куда́ ни глянь

woanders [voˈʔandɐs] *adv* в друго́м ме́сте

wob [voːp] *prät von s.* **weben**

wobei [voˈbaɪ] *adv* причём

Woche [ˈvɔxə] <-, -n> *f* неде́ля *ж;* **in einer ~** че́рез неде́лю; **vor einer ~** неде́лю тому́ наза́д; **zweimal in der ~** два ра́за в неде́лю; **in drei ~n** че́рез три неде́ли

Wochenarbeitszeit <-, -en> *f* продолжи́тельность *ж* рабо́чей неде́ли

Wochenblatt <-(e)s, -blätter> *nt* еженеде́льник *м*

Wochenendbeziehung <-, -en> *f любо́вная связь, ограни́ченная встре́чами любо́вников по суббо́там и воскресе́ньям*

Wochenende <-s, -n> *nt* выходны́е *мн;* **am~** на выходны́е; **ich wünsche ein schönes ~!** жела́ю прия́тно провести́ выходны́е!

Wochenendhaus <-es, -häuser> *nt* да́ча *ж,* ле́тний до́мик *м*

Wochenendticket [ˈvɔxnɛndtɪkət] *nt* ELSENB *биле́т со ски́дкой, действи́тельный на выходны́е*

Wochenkarte *f* проездно́й биле́т на неде́лю

wochenlang I. *adj* для́щийся неде́лями II. *adv* неде́лями

Wochenlohn <-(e)s, -löhne> *m* неде́льная за́работная пла́та *ж*

Wochentag <-(e)s, -e> *m* де́нь *м* неде́ли

wöchentlich [ˈvllçəntlɪç] *adv* ка́ждую неде́лю; **zweimal ~** два ра́за в неде́лю

Wochenzeitung <-, -en> *f* еженеде́льная газе́та *ж*

Wodka [ˈvɔtka] <-> *m* во́дка *ж*

wodurch [voˈdʊrç] *adv* в результа́те чего́

wofür [voˈfyːɐ] *adv* для чего́; **~ ist das gut?** для чего́ э́то?; **~ hältst du mich?** ты за кого́ меня́ принима́ешь?

wog [voːk] *prät von s.* **wiegen**

Woge [ˈvoːgə] <-n> *f geh* **wenn sich die ~n geglättet haben** когда́ отноше́ния нала́дятся

wogegen [voˈgeːgən] I. *adv* про́тив чего́; **~ hilft das?** от чего́ э́то помога́ет? II. *konj* в то вре́мя как

woher [voˈheːɐ] *adv* отку́да; **~ sind Sie?** вы отку́да?

wohin [voˈhɪn] *adv* куда́; **~ so eilig?** куда́ ты так спеши́шь?; **~ damit?** *fam* куда́ э́то?

wohl [voːl] *adv* **1.** *(angenehm)* хорошо́; **~ bedacht** далеко́ иду́щий; **~ begründet** хорошо́ обосно́ванный; **sich ~ fühlen** чу́вствовать себя́ хорошо́; **~ oder übel** во́лей-нево́лей; **leb ~!/leben Sie ~!** проща́й!/проща́йте! **2.** *(ungefähr)* вероя́тно; **~ kaum** вряд ли; **das wird ~ das Beste sein** э́то, ка́жется, са́мый лу́чший вариа́нт

Wohl <-(e)s> *nt* бла́го *ср;* **zum ~!** за ва́ше [*или* твоё] здоро́вье!; **auf jds ~ trinken** пить за здоро́вье кого́-л.; **auf dein ~!** за твоё здоро́вье!

wohlauf [voːlˈʔaʊf] *adv geh* **~ sein** быть здоро́вым

wohlerzogen [ˈvoːlʔɛɐtsoːgən] *adj geh* хорошо́ воспи́танный

Wohlfahrtseinrichtung <-, -en> *f* учрежде́ние *ср* социа́льного обеспе́чения

Wohlfahrtssystem <-(e)s> *nt* систе́ма *ж* социа́льной по́мощи

wohlgefällig *adj* благоскло́нный, по́лный удовлетворе́ния

wohlgemeint[Alt] *adj s.* **meinen 5.**

wohlgeraten, wohl geraten *adj* уда́чный

wohlhabend *adj* состоя́тельный

wohlig *adj* прия́тный

Wohlklang <-(e)s> *m* благозву́чие *ср*

Wohlstand <-(e)s> *m* благосостоя́ние *ср*

Wohlstandsgesellschaft <-> *f* о́бщество *ср* всео́бщего благосостоя́ния

Wohltat <-, -en> *f* благодея́ние *ср*

wohltätig *adj* благотвори́тельный; **für ~e Zwecke** для благоро́дных це́лей

W

Wohltätigkeit *f ohne pl* благотвори́тельность *ж*

Wohltätigkeitsbasar <-s, -e> *m* благотвори́тельный база́р *м*

Wohltätigkeitsveranstaltung <-, -en> *f* благотвори́тельное мероприя́тие *ср*

wohlüberlegt[Alt] *adj s.* **überlegen**[1] **I.**

wohlverdient *adj* заслу́женный

wohlverstanden *adj* пра́вильно по́нятый

Wohlwollen <-s> *nt* благоскло́нность *ж*

wohlwollend *adj* благоскло́нный

Wohnanhänger <-s, -> *m* автода́ча *ж*, жило́й прице́п *м*

Wohnanlage <-, -n> *f* жило́е зда́ние *ср*

Wohnbezirk *m* жило́й райо́н *м*

Wohnblock *m* жило́й дом *м*

wohnen ['vo:nən] *vi* жить *нсв;* **ich habe dort drei Jahre gewohnt** я прожи́л там три го́да

Wohngebiet <-(e)s, -e> *nt* жило́й райо́н *м*

Wohngegend *f* жило́й райо́н *м*

Wohngemeinschaft *f* комму́на *ж;* **in einer ~ leben** жить в комму́не

wohnhaft *adj* прожива́ющий

Wohnheim <-(e)s, -e> *nt* общежи́тие *ср*

Wohnkultur <-> *f* культу́ра *ж* бы́та

Wohnmobil ['vo:nmobi:l] <-s, -e> *nt* автомоби́ль-да́ча *м*

Wohnort <-(e)s, -e> *m* местожи́тельство *ср*, местонахожде́ние *ср*

Wohnsitz <-es, -e> *m* местожи́тельство *ср;* **ständiger ~** постоя́нное ме́сто жи́тельства; **ohne festen ~** без определённого ме́ста жи́тельства

Wohnstube <-, -n> *f* жила́я ко́мната *ж*

Wohnung <-, -en> *f* кварти́ра *ж*

Wohnungsangebot <-(e)s> *nt* вы́бор *м* кварти́р

Wohnungsbau <-(e)s> *m* жили́щное строи́тельство *ср*

Wohnungsbauförderung <-> *f* поощре́ние *ср* жили́щного строи́тельства

Wohnungsbaugesellschaft <-, -en> *f* жили́щно-строи́тельная фи́рма *ж*

Wohnungseigentümer <-s, -> *m* владе́лец *м* кварти́ры

Wohnungseinrichtung <-, -en> *f* обстано́вка *ж (в кварти́ре)*

wohnungslos *adj* не име́ющий жилья́

Wohnungsnot <-> *f* нехва́тка *ж* жилья́

Wohnungsschlüssel <-s, -> *m* ключ *м* от кварти́ры

Wohnungssuche *f* **auf ~ sein** иска́ть кварти́ру

Wohnungssuchende(r) <-n, -n> *f(m)* нужда́ющийся *м* в жилпло́щади

Wohnviertel *nt* жило́й райо́н *м*

Wohnwagen <-s, -> *m* прице́п-да́ча *м*

Wohnzimmer <-s, -> *nt* жила́я ко́мната *ж*, гости́ная *ж*

wölben ['vœlbən] *vr* изгиба́ться, изогну́ться *св*

Wölbung <-, -en> *f* изги́б *м*, вы́пуклость *ж*

Wolf [vɔlf, 'vœlfə] <-(e)s, Wölfe> *m* волк *м*

Wölfin ['vœlfɪn] <-, -en> *f* волчи́ца *ж*

Wolfram ['vɔlfram] <-s> *nt* вольфра́м *м*

Wolfshunger ['vɔlfs'hʊŋɐ] <-s> *m* во́лчий апети́т *м*

Wolga <-> *f* Во́лга *ж*

Wolke ['vɔlkə] <-, -n> *f* о́блако *ср;* **in den ~n schweben** *fig* быть на седьмо́м не́бе

Wolkendecke *f ohne pl* облака́ *мн*

Wolkenkratzer <-s, -> *m umg* небоскрёб *м*

wolkenlos *adj* безо́блачный

wolkig *adj* о́блачный

Wolldecke *f* шерстяно́е одея́ло *ср*

Wolle ['vɔlə] <-> *f* шерсть *ж;* **sich mit jdm in die ~ kriegen** *fam* поруга́ться с кем-л.

wollen[1] ['vɔlən] *adj (aus Wolle)* шерстяно́й

wollen[2] ['vɔlən] <wollte, gewollt> *vt, vi* хоте́ть, за- *св;* **etw machen ~** хоте́ть сде́лать что-л.; **komme, was wolle** что бы ни случи́лось; **ich wollte gerade gehen** я как раз собира́лся идти́; **das habe ich nicht gewollt** я э́того не хоте́л; **ohne es zu ~** нехотя́; **zu wem ~ Sie?** вы к кому́?; **du musst nur ~** ты то́лько до́лжен захоте́ть; **ganz wie du willst** как хо́чешь; **ob du willst oder nicht** хо́чешь ты э́того и́ли нет

Wolljacke <-, -n> *f* шерстяна́я ко́фта *ж*

Wollkleid <-(e)s, -er> *nt* шерстяно́е пла́тье *ср*

Wollknäuel *nt* клубо́к *м* ше́рсти

Wollstoff <-(e)s, -e> *m* шерсть *ж*

Wollust ['vɔlʊst] *f ohne pl geh* по́хоть *ж*

wollüstig ['vɔlʏstɪç] *adj* похотли́вый

womit [vo'mɪt] *adv* чем; **~ kann ich dienen?** чем могу́ быть поле́зен?; **~ habe ich das verdient?** чем я э́то заслужи́л?

womöglich [vo'mœ:klɪç] *adv* возмо́жно

wonach [vo'na:x] *adv* **1.** *(nach einer Sache fragend)* что; **~ suchst du?** что ты и́щешь?; **~ riecht das?** чем па́хнет? **2.** *(einer Sache zufolge)* в соотве́тствии с чем, в связи́ с тем

Wonne ['vɔnə] <-, -n> *f* блаже́нство *ср*, удово́льствие *ср*

Wonneproppen <-, -> *m umg* буту́з *м*

woran [vo'ran] *adv* **man weiß nie, ~ man bei ihm ist** никогда́ не зна́ешь, чего́ он хо́чет; **~ liegt es?** в чём тут причи́на [*или* де́ло]?; **~ denkst du?** о чём ты ду́маешь?; **~ arbeitest du gerade?** над чем ты сейча́с рабо́таешь?; **wenn ich nur wüsste, ~ das liegt** е́сли бы я то́лько знал, в чём причи́на

worauf [vo'raʊf] *adv* **~ warten wir noch?** чего́ мы ещё ждём?; **er betätigte einen Schalter, ~ man ein Geräusch hörte** он включи́л переключа́тель, по́сле чего́ послы́шал-

ся шум; ~ **du dich verlassen kannst** ты мо́жешь на э́то рассчи́тывать
woraus [vo'raʊs] *adv* из чего́, отку́да
worden *pp von* **werden**
worin [vo'rɪn] *adv* в чём, где
World Wide Web <-> *nt ohne pl* INFOR Интерне́т *м*
Wort [vɔrt] <-(e)s, -e o Wörter> *nt* сло́во *ср;* **im wahrsten Sinne des ~es** в по́лном смы́сле сло́ва; **mir fehlen die ~e** у меня́ нет слов; **ein paar ~e wechseln** обменя́ться па́рой слов; **ein offenes/ernstes ~ mit jdm reden** поговори́ть серьёзно с кем-л.; **etw mit keinem ~ erwähnen** не сказа́ть ни сло́ва о чём-л.; **mit anderen ~en** ины́ми слова́ми; **jdn (nicht) zu ~ kommen lassen** не дать кому́-л. и сло́ва сказа́ть; **das letzte ~ haben** име́ть после́днее сло́во; **für jdn ein gutes ~ einlegen** замо́лвить слове́чко за кого́-л.; **du nimmst mir das ~ aus dem Munde** я э́то же хоте́л сказа́ть; **jdm ins ~ fallen** переби́ть кого́-л.; **sein ~ halten/brechen** сдержа́ть сло́во/нару́шить обеща́ние
Wortart *f* LING часть *ж* ре́чи
Wortbildung <-> *f* LING словообразова́ние *ср*
Wörterbuch ['vœrtɐbu:x] <-(e)s, -bücher> *nt* слова́рь *м*
Wörterverzeichnis <-ses, -se> *nt* указа́тель *м* [*или* спи́сок *м*] слов
Wortfamilie <-, -n> *f* LING гнездо́ *ср* слов
Wortführer <-s, -> *m* выраз́итель *м* взгля́дов
wortkarg *adj* неразгово́рчивый
Wortklauberei [vɔrtklaʊbə'raɪ] <-> *f pej* буквое́дство *ср*
Wortlaut <-(e)s> *m* досло́вный текст *м*
wörtlich ['vœrtlɪç] I. *adj* досло́вный II. *adv* досло́вно, сло́во в сло́во
wortlos I. *adj* безмо́лвный II. *adv* безмо́лвно, мо́лча
Wortschatz <-es> *m* 1. *(einer Sprache)* слова́рный соста́в *м* 2. *(eines Menschen)* слова́рный запа́с *м,* лексико́н *м*
Wortschwall <-(e)s> *m* пото́к *м* слов
Wortspiel <-(e)s, -e> *nt* игра́ *ж* слов
Wortstamm <-(e)s, -stämme> *m* LING осно́ва *ж* (сло́ва)
Wortwechsel <-s, -> *m* спор *м,* перепа́лка *ж*
wortwörtlich ['vɔrt'vœrtlɪç] *adj* досло́вный
worüber [vo'ry:bɐ] *adv* ~ **ärgerst du dich?** чем ты недово́лен?; ~ **haben sie gesprochen?** о чём они́ говори́ли?
worum [vo'rʊm] *adv* о чём, за что, для чего́
wovon [vo'fɔn] *adv* ~ **handelt dieser Film?** о чём э́тот фильм?
wovor [vo'fo:ɐ] *adv* 1. *(in Fragesätzen)* пе́ред чем 2. *(vor dem vorher genannten Gegenstand)* пе́ред кото́рым; ~ **hat das Kind Angst?** чего́ бои́тся ребёнок?
wozu [vo'tsu:] *adv* для чего́, заче́м
Wrack [vrak] <-(e)s, -s> *nt* 1. *(eines Schiffs)* оста́тки *мн,* обло́мки *мн* 2. *(Mensch)* разва́лина *ж*
wrang [vraŋ] *prät von s.* **wringen**
wringen ['vrɪŋən] <wrang, gewrungen> *vt* выжима́ть, вы́жать *св*
WS *abk von* **Wintersemester** зи́мний семе́стр *м*
WSV *abk von* **Winterschlussverkauf** зи́мняя распрода́жа *ж*
Wucher ['vu:xɐ] <-s> *m pej* ростовщи́чество *ср*
Wucherpreis <-es, -e> *m* ростовщи́ческая цена́ *ж*
Wucherung <-, -en> *f* 1. *(Geschwulst)* о́пухоль *ж,* наро́ст *м* 2. *(Prozess)* разраста́ние *ср*
wuchs [vu:ks] *prät von s.* **wachsen**
Wucht [vʊxt] <-> *f* си́ла *ж*
wuchtig *adj* си́льный, мо́щный
wühlen ['vy:lən] I. *vi* ры́ться, по- *св,* копа́ться, по- *св* II. *vr fig* ры́ться, по- *св,* копа́ться, по- *св*
Wulst [vʊlst, 'vʏlstə] <-, Wülste> *f* о́пухоль *ж*
wulstig *adj* взду́тый
wund [vʊnt] *adj* пора́ненный, стёртый до кро́ви
Wunddesinfektionsmittel <-s, -> *nt* дезинфици́рующее сре́дство *ср*
Wunde ['vʊndə] <-, -n> *f* ра́на *ж*
Wunder ['vʊndɐ] <-s, -> *nt* чу́до *ср;* **an ~ glauben** ве́рить в чудеса́; **das grenzt an ein ~** э́то грани́чит с чу́дом; **etw wirkt ~** *fam* что-л. де́лает чудеса́; **der wird noch sein blaues ~ erleben!** *fam* я ему́ покажу́, где ра́ки зиму́ют!
wunderbar *adj* чуде́сный
Wunderkind <-s, -er> *nt* вундерки́нд *м*
wunderlich *adj* стра́нный
wundern ['vʊndɐn] *vr:* **sich ~** удивля́ться, -ви́ться *св;* **ich muss mich sehr über sein Verhalten ~** я о́чень удивля́юсь его́ поведе́нию; **es wundert mich, dass ...** я удивля́юсь, что ...; **wundert dich das (etwa)?** э́то тебя́ удивля́ет?
wunderschön ['vʊndɐ'ʃø:n] *adj* чуде́сный, замеча́тельный
wundervoll *adj* чуде́сный
Wundstarrkrampf *m* столбня́к *м*
Wunsch [vʊnʃ] <-es, Wünsche> *m* жела́ние *ср;* **auf jds ~** по жела́нию [*или* про́сьбе] кого́-л.; **jdm jeden ~ von den Augen ablesen** предуга́дывать чьи-л. жела́ния; **jdm einen ~ erfüllen** испо́лнить жела́ние кого́-л.; **haben Sie sonst noch einen ~?** вам принести́ ещё что-нибу́дь?; **mit den besten Wünschen** с наилу́чшими пожела́ниями
Wunschbild <-(e)s, -er> *nt* 1. *(Erscheinung)*

W

фанто́м *м* **2.** *(etwas Erhofftes)* идеа́льное представле́ние *ср*

wünschen [vʏnʃən] *vt* жела́ть, по- *св;* **ich wünschte, er wäre in der Schule fleißiger** я хоте́л бы, что́бы он был бо́лее приле́жным в шко́ле; **ich wünsche dir alles Gute zum Geburtstag** я жела́ю тебе́ на день рожде́ния всего́ са́мого лу́чшего; **jdm etw ~** пожела́ть кому́-л. что-л.; (**ganz**) **wie Sie ~** как хоти́те; **Sie ~?** чем могу́ быть вам поле́зен?; **wen ~ Sie zu sprechen?** с кем вы хоти́те разгова́ривать?; **ich wünsche Ihnen gute Besserung/eine gute Reise** я вам жела́ю бы́строго выздоровле́ния/хоро́шего пути́

wünschenswert *adj* жела́тельный

wurde ['vʊrdə] *prät von s.* **werden**

Würde ['vʏrdə] <-> *f* досто́инство *ср;* **etw mit ~ tragen** носи́ть что-л. с досто́инством; **das ist unter meiner ~** э́то ни́же моего́ досто́инства

würdevoll *adj* досто́йный, торже́ственный

würdig *adj* досто́йный; **er hat sich dieses Amtes als ~ erwiesen** он оказа́лся досто́йным э́той до́лжности

würdigen ['vʏrdɪgən] *vt* удоста́ивать, -сто́ить *св;* **sie hat mich keines Blickes gewürdigt** она́ не удосто́ила меня́ взгля́дом

Wurf [vʊrf] <-(e)s, Würfe> *m* **1.** *(das Werfen)* бросо́к *м* **2.** *(von Tieren)* припло́д *м*

Würfel ['vʏrfəl] <-s, -> *m* ку́бик *м;* **ein ~ Zucker** кусо́к са́хара

würfelförmig *adj* куби́ческий

Würfelspiel <-s, -e> *nt* игра́ *ж* в ко́сти

Würfelzucker <-> *m* кусково́й са́хар *м*

Wurfspieß <-es, -e> *m* дро́тик *м*

würgen ['vʏrgən] *vt* души́ть, за- *св*

Wurm [vʊrm, 'vʏrmɐ] <-(e)s, Würmer> *m* червь *м; umg* червя́к *м*

wurmig *adj (Obst)* черви́вый

Wurst [vʊrst] <-, Würste> *f* колбаса́ *ж;* **mir ist es ~** мне на э́то наплева́ть

Würstchen ['vʏrstçən] <-s, -> *nt* соси́ска *ж,* колба́ска *ж*

Würstchenstand <-(e)s, -stände> *m* соси́сочная *ж*

Wursthaut <-, -häute> *f* колба́сная оболо́чка *ж*

wurstig *adj* наплева́тельский

Wurstigkeit <-> *f* наплева́тельское отноше́ние *ср*

Wurstkonserve <-, -n> *f* колба́сные консе́рвы *мн*

Wurstvergiftung <-, -en> *f* отравле́ние *ср* колба́сным я́дом, ботули́зм *м*

Wurstwaren <-> *pl* колба́сные изде́лия *срмн*

Würze ['vʏrtsə] <-> *f* припра́ва *ж,* пря́ность *ж*

Wurzel ['vʊrtsəl] <-, -n> *f auch fig* BOT, MATH ко́рень *м;* **~n schlagen** бить баклу́ши; **das Übel an der ~ packen** пресе́чь зло на корню́

wurzellos *adj* не име́ющий ко́рня; *fig* лишённый корне́й

würzen ['vʏrtsən] *vt* **etw mit etw ~** *auch fig (Speisen)* припра́вить что-л. чем-л.

würzig *adj* пря́ный

Würzmittel <-s, -> *nt* пря́ность *ж*

wusch [vu:ʃ] *prät von s.* **waschen**

wuschelig *adj fam (Haar)* кудря́вый; **~es Haar haben** у кого́-л. кудря́вые во́лосы

wusste[RR] ['vʊstə], **wußte**[Alt] ['vʊstə] *prät von s.* **wissen**

wüst [vy:st] *adj* **1.** *(unbewohnt)* забро́шенный **2.** *(Haar)* спу́танный **3.** *(ausschweifend)* ди́кий, распу́тный; **ein ~es Durcheinander** стра́шный беспоря́док

Wüste ['vy:stə] <-, -n> *f* пусты́ня *ж;* **jdn in die ~ schicken** *fam* бро́сить кого́-л.

Wut [vu:t] <-> *f* гнев *м,* бе́шенство *ср;* **ich habe eine ~ auf ihn!** он меня́ докона́л!; **seine ~ an jdm/etw** *dat* **auslassen** изли́ть свой гнев на ком-л./чём-л.; **vor ~ kochen** кипе́ть зло́бой

Wutausbruch <-(e)s, -ausbrüche> *m* при́ступ *м* бе́шенства

wüten ['vy:tən] *vi* **1.** *(Unwetter)* бушева́ть *нсв* **2.** *(Truppen)* свире́пствовать *нсв*

wütend *adj* **1.** *(Mensch, Tier, Schmerzen)* бе́шеный **2.** *(Menge)* рассвирепе́вший; **~ werden** разъяри́ться; **auf jdn ~ sein** быть серди́тым на кого́-л.

Wutgeschrei <-s> *nt* крик *м* я́рости

wutverzerrt *adj* **~e Gesichter** ли́ца, искажённые зло́бой

WWW [ve:ve:'ve:] *abk von* **World Wide Web** Интерне́т *м*

Xx

X, x [ɪks] <-, -> *nt* **1.** *(Buchstabe)* бу́ква X **2.** MATH икс; **ein Herr ~** ми́стер икс

X-Beine *ntpl* кривы́е но́ги *жмн,* и́кс-обра́зные но́ги *жмн*

x-beinigRR *adj* кривоно́гий

x-beliebig [ˈɪksbəˈliːbɪç] *adj umg* любо́й

Xenophobie [ksenofoˈbiː] <-> *f* ксенофо́бия *ж*

x-förmig [ˈɪksfœrmɪç] *adj* в фо́рме и́кса

x-mal *adv umg* мно́го раз, многокра́тно

XML <-> *nt* DV расширя́емый язы́к *м*

XylofonRR [ksyloˈfoːn] <-s, -e> *nt* ксилофо́н *м*

Yy

Y, y [ˈʏpsilɔn] <-, -> *nt* бу́ква Y

Yachtclub <-s, -s> *m* яхт-клуб *м*

Yak [jak] <-s, -s> *nt* ZOOL як *м*

Yard <-s, -s> *nt* ярд *м;* **zehn ~** де́сять я́рдов

y-Chromosom <-s, -en> *nt* У-хромосо́ма *ж,* полова́я хромосо́ма *ж*

Yen [jɛn] <-(s), -(s)> *m* йе́на *ж;* **100 ~** сто йен

Yeti [ˈjeːti] <-s, -s> *m* сне́жный челове́к *м*

Yoga [ˈjoːga] <-s> *nt* йо́га *ж*

YoghurtAlt <-(s), -(s)> *m o nt s.* **Joghurt**

Yuan <-(s), -(s)> *m* юа́нь *м;* **100 ~** сто юа́ней

Yuppie [ˈjʊpi] <-s, -s> *m* я́ппи *м (молодо́й бизнесме́н, ориенти́рованный на прести́жную карье́ру)*

X Y

Z z

Z, z [ʦɛt] <-, -> *nt* бу́ква Z

Zacke ['tsakə] <-, -n> *f* **1.** *(Auszackung)* зазу́брина *ж* **2.** *(am Kamm, an der Gabel)* зубе́ц *м*

zackig ['tsakɪç] *adj* **1.** *(gezackt)* зу́бчатый **2.** *umg (Mensch, Bewegungen)* молодцева́тый, энерги́чный

zaghaft *adj* ро́бкий

Zaghaftigkeit <-> *f* ро́бость *ж,* тру́сость *ж*

zäh [tsɛː] *adj* **1.** *(zähflüssig)* вя́зкий, тягу́чий **2.** *(Fleisch)* жёсткий **3.** *(ausdauernd, beharrlich)* упо́рный, сто́йкий

zähflüssig *adj (zäh)* вя́зкий, густо́й

Zähigkeit <-> *f* **1.** *(Widerstandsfähigkeit)* выно́сливость *ж* **2.** *(Beharrlichkeit)* упо́рство *ср*

Zahl [tsaːl] <-, -en> *f* **1.** MATH число́ *ср;* **eine dreistellige ~** трёхзна́чное число́; **in großer ~** в большо́м коли́честве **2.** *(Ziffer)* ци́фра *ж* **3.** LING *(Numerus)* число́ *ср* **4.** *(Anzahl)* число́ *ср,* коли́чество *ср;* **rote ~en** фина́нсовый дефици́т, долги́; **eine Firma aus den roten ~en führen** ликвиди́ровать убы́точность фи́рмы; **in die roten ~en geraten** влезть в долги́; **in den roten ~en stecken** быть в долга́х

zahlbar *adj* опла́чиваемый, подлежа́щий опла́те; **~ nach Erhalt** подлежа́щий опла́те по получе́нию; **~ bei Lieferung** подлежа́щий опла́те при поста́вке; **~ in Raten** подлежа́щий опла́те в рассро́чку; **per Scheck ~** с платежо́м, че́ком; **~ an den Überbringer** подлежа́щий опла́те на предъяви́теля

zahlen ['tsaːlən] **I.** *vt* **1.** *(eine bestimmte Geldsumme für etw)* плати́ть, за- *св;* **Schulden pünktlich ~** пунктуа́льно плати́ть долги́ **2.** *(Rechnung)* опла́чивать, оплати́ть *св;* **die Miete ~** заплати́ть за кварти́ру; **den Taxifahrer ~** заплати́ть такси́сту **II.** *vi* плати́ть, за- *св;* **Herr Ober, bitte ~!** официа́нт, принеси́те, пожа́луйста, счёт!; **in Raten ~** плати́ть в рассро́чку; **mit einem Scheck ~** плати́ть че́ком; **im Voraus ~** плати́ть ава́нсом; **bar/mit einem Scheck ~** плати́ть нали́чными/че́ком

zählen ['ʦɛːlən] **I.** *vt* счита́ть, по- *св,* пе́ре- *св* **II.** *vi* **1.** *(eine Zahlenfolge)* счита́ть, по- *св;* **bis zehn ~** счита́ть до десяти́; **das zählt nicht** э́то не счита́ется; **auf jdn/etw ~** рассчи́тывать на кого́-л./что-л. **2.** *(angehören)* счита́ться *нсв;* **er zählt zu den reichsten Männern der Welt** он счита́ется одни́м из са́мых бога́тых люде́й в ми́ре **3.** *(gültig sein)* счита́ться *нсв* **4.** *(sich verlassen)* полага́ться, положи́ться *св* **5.** *(von Bedeutung sein)* быть *нсв* ва́жным; **das zählt nicht** не име́ет значе́ния [*или* нева́жно]

zahlenmäßig *adj* чи́сленный

Zahlenverhältnis <-ses, -se> *nt* числово́е соотноше́ние *ср*

Zahler <-s, -> *m* плате́льщик *м*

Zähler <-s, -> *m* **1.** *(Ablesegerät)* счётчик *м* **2.** MATH числи́тель *м*

Zählerablesung <-, -en> *f* сня́тие *ср* показа́ний счётчика

zahllos *adj* бесчи́сленный

zahlreich *adj* многочи́сленный

Zahlung <-, -en> *f* вы́плата *ж,* платёж *м,* упла́та *ж,* опла́та *ж;* **eine ~ aufschieben** переноси́ть срок платежа́; **~ in bar** опла́та нали́чными; **~ bei Erhalt der Ware** опла́та при получе́нии това́ра; **laufende ~** теку́щий платёж; **etwas in ~ nehmen** принима́ть что́-л. к опла́те; **~ per Scheck** опла́та че́ком; **~ durch Überweisung** платёж по перево́ду; **vorläufige ~** предвари́тельная опла́та; **wiederkehrende ~en** периоди́ческие платежи́; **etw in ~ nehmen** включа́ть в це́ну но́вого това́ра, возвращённого покупа́телем, испо́льзованный това́р; **etw in ~ geben** возвраща́ть испо́льзованный това́р как часть пла́ты за но́вый това́р

Zahlungsanweisung *f* FIN о́рдер *м* об опла́те

Zahlungsart <-, -en> *f* вид *м* платежа́

Zahlungsaufforderung <-, -en> *f* тре́бование *ср* произвести́ платёж

Zahlungsaufschub <-(e)s> *m* отсро́чка *ж* платежа́

Zahlungsbedingungen <-> *pl* усло́вия *мн* платежа́

Zahlungsbilanz <-, -en> *f* платёжный бала́нс *м*

Zahlungseingang <-(e)s, -eingänge> *m* поступле́ние *ср* платежа́

Zahlungsempfänger <-s, -> *m* получа́тель *м* платежа́

zahlungsfähig *adj* платёжеспосо́бный

Zahlungsfähigkeit <-> *f* платёжеспосо́бность *ж*

Zahlungsmittel <-s, -> *nt* сре́дство *ср* платежа́

Zahlungsschwierigkeiten <-> *pl* затрудне́ния *мн* при опла́те

zahlungsunfähig *adj* неплатёжеспосо́бный

Zahlungsunfähigkeit <-> *f* неплатёжеспосо́бность *ж*

zahlungsunwillig *adj* отка́зывающийся плати́ть

Zahlungsverkehr <-s> *m* платёжный оборо́т *м*

Zahlungsverpflichtung <-, -en> *f* платёжное обяза́тельство *ср*

Zahlungsziel <-(e)s, -e> *nt* срок *м* платежа́

Zählwerk <-(e)s, -e> *nt* счётчик *м*

Zahlwort <-(e)s, -wörter> *nt* числи́тельное *ср*

zahm [tsa:m] *adj auch fig (Tier)* ручно́й, послу́шный

zähmen ['tsɛ:mən] *vt* **1.** *(Tiere)* приуча́ть, -чи́ть *св* **2.** *fig (Leidenschaft)* обу́здывать, обузда́ть *св*

Zahmheit <-> *f* приручённость *ж*, кро́тость *ж*

Zahn [tsa:n, 'tsɛ:nə] <-(e)s, -Zähne> *m* **1.** ANAT зуб *м;* **jdm einen ~ ziehen** удали́ть [*или* вы́рвать] зуб; **die dritten Zähne** вставны́е зу́бы; **sich** *dat* **die Zähne putzen** чи́стить зу́бы; **mit den Zähnen klappern/knirschen** скрипе́ть зуба́ми; **jdm die Zähne zeigen** *fam* огрызну́ться кому́-л.; **sich** *dat* **die Zähne an etw** *dat* **ausbeißen** *fam* напра́сно пыта́ться сде́лать что-л.; **einen ~ zulegen** *fam (schneller fahren)* е́хать быстре́е; *(sich beeilen)* спеши́ть **2.** *(Zacke eines Kamms)* зубе́ц *м*

Zahnarzt <-es, -ärzte> *m*, **Zahnärztin** *f* зубно́й врач *м*

Zahnarztbesuch <-(e)s, -e> *m* визи́т *м* к зубно́му врачу́

Zahnarzthelferin <-, -nen> *f* ассисте́нтка *ж* зубно́го врача́

Zahnärztin *f s.* **Zahnarzt**

zahnärztlich *adj* зубовраче́бный; **sich ~ behandeln lassen** пойти́ к зубно́му врачу́

Zahnausfall <-(e)s> *m* выпаде́ние *ср* зубо́в

Zahnbehandlung <-, -en> *f* лече́ние *ср* зубо́в

Zahnbelag *m* MED зубно́й налёт *м*

Zahnbürste <-, -n> *f* зубна́я щётка *ж*

Zahncreme, Zahnkreme <-, -s> *f* зубна́я па́ста *ж*

Zahnersatz <-es> *m* зубно́й проте́з *м*

Zahnfäule <-> *f* гние́ние *ср* зубо́в, ка́риес *м* зу́ба

Zahnfleisch <-(e)s> *nt* десна́ *ж*

Zahnfleischentzündung <-, -en> *f* воспале́ние *ср* дёсен

Zahnfüllung *f* MED пло́мба *ж*

Zahnklinik *f* зубна́я кли́ника *ж*

Zahnlücke <-, -n> *f* щерби́на *ж*

Zahnpasta ['tsa:npasta] <-, -pasten> *f* зубна́я па́ста *ж*

Zahnpflege <-> *f* ухо́д *м* за зуба́ми

Zahnprothese *f* зубно́й проте́з *м*

Zahnrad <-(e)s, -räder> *nt* шестерня́ *ж; (von geringer Größe)* шестерёнка *ж*

Zahnschmelz <-es> *m* зубна́я эма́ль *ж*

Zahnschmerzen *pl* зубна́я боль *ж;* **ich habe ~** у меня́ боли́т зуб

Zahnseide <-> *f* ни́тка *ж* для чи́стки зубо́в

Zahnspange *f* зубна́я ши́на *ж*

Zahnstein <-(e)s> *m* зубно́й ка́мень *м*

Zahnstocher [-ʃtɔxɐ] <-s, -> *m* зубочи́стка *ж*

Zahntechniker(in) <-s, -> *m(f)* зубно́й те́хник *м*

Zange ['tsaŋə] <-, -n> *f* **1.** *(Werkzeug)* кле́щи *мн*, щипцы́ *мн;* **jdn in die ~ nehmen** *fig, fam* заста́вить кого́-л. сде́лать что-л. **2.** *(eines Krebses)* кле́щи *мн*

zanken ['tsaŋkən] **I.** *vi (schimpfen)* руга́ться *нсв* **II.** *vr (sich streiten)* ссо́риться, по- *св*

zänkisch ['tsɛŋkɪʃ] *adj (streitlustig)* сварли́вый, скло́чный

Zäpfchen ['tsɛpfçən] <-s, -> *nt* **1.** MED свеча́ *ж* **2.** ANAT язычо́к *м*

Zapfen ['tsapfən] <-s, -> *m* **1.** *(Tannenzapfen)* ши́шка *ж* **2.** *(am Fass)* про́бка *ж* **3.** *(Eiszapfen)* сосу́лька *ж*

zapfen ['tsapfən] *vt* налива́ть/-ли́ть *св* (из бо́чки)

Zapfsäule <-, -n> *f* запра́вочная коло́нка *ж*, бензоколо́нка *ж*

zappelig *adj umg (unruhig)* не́рвный, нетерпели́вый, вертля́вый

zappeln ['tsapəln] *vi (sich unruhig bewegen)* дёргаться *нсв;* **jdn ~ lassen** *umg* томи́ть кого́-л. ожида́нием

zappen ['tsapən] *vi* TV переключа́ть *нсв*

Zar(in) [tsa:ɐ] <-en, -en> *m(f)* царь *м*, цари́ца *ж*

Zarenzeit <-> *f* ца́рское вре́мя *ср*

zart [tsa:ɐt] *adj* не́жный; **~ fühlend** чу́ткий

zartfühlend *adj s.* **zart**

Zartgefühl <-(e)s> *nt* делика́тность *ж*, такт *м*, чу́ткость *ж*

zärtlich ['tsɛ:ɐtlɪç] *adj (liebevoll)* не́жный; **zu jdm ~ sein** быть не́жным с кем-л.

Zärtlichkeit <-, -en> *f* **1.** *(Zärtlichsein)* не́жность *ж* **2.** *(Liebkosung)* ла́ска *ж*

Zauber ['tsaʊbɐ] <-s, -> *m* **1.** *(magische Handlung)* колдовство́ *ср* **2.** *(Zauberbann)* ча́ры *мн* **3.** *(Ausstrahlung, Reiz)* пре́лесть *ж*, очарова́ние *ср*

Zauberei [tsaʊbə'raɪ] <-, -en> *f* **1.** *(Magie)* колдовство́ *ср;* **an ~ grenzen** грани́чить с волшебство́м **2.** *(Zauberkunststück)* фо́кус *м*

Zauberer ['tsaʊbərɐ] <-s, -> *m* **1.** *(Magier)* волше́бник *м* **2.** *pej* колду́н *м* **3.** *(Zauberkünstler)* фо́кусник *м*

zauberhaft *adj (bezaubernd)* очарова́тельный

Zauberin <-, -nen> *f* **1.** *(Magierin)* волше́бница *ж* **2.** *pej* колду́нья *ж* **3.** *(Zauberkünstlerin)* фо́кусница *ж*

Z

Zauberkunst <-> *f* колдовствó *ср*
zaubern ['tsaʊbɐn] **I.** *vi* **1.** *(übernatürliche Kräfte einsetzen)* колдовáть *нсв* **2.** *(Zaubertricks vorführen)* покáзывать, -казáть *св* **II.** *vt* **ein wundervolles Gericht ~** приготóвить прекрáсное блюдо
Zauberspruch <-(e)s, -sprüche> *m* заклинáние *ср*
Zauberwort <-(e)s, -e> *nt* волшéбное слóво *ср*
Zaum [tsaʊm] <-(e)s, Zäume> *m* уздá *ж;* **jdn im ~ halten** контроли́ровать когó-л.
Zaun [tsaʊn, 'ts̮ɔɪnə] <-(e)s, Zäune> *m* забóр *м,* огрáда *ж*
Zaunlatte <-, -n> *f* рéйка *ж* забóра
Zaunpfahl <-(e)s, -pfähle> *m* кол *м* забóра
z.B. *abk von* **zum Beispiel** напримéр
ZDF *abk von* **Zweites Deutsches Fernsehen** вторáя немéцкая телепрогрáмма
Zebra ['tse:bra] <-s, -s> *nt* зéбра *ж*
Zeche ['tsɛçə] <-, -n> *f* **1.** *(Wirtshausrechnung)* счёт *м* **2.** BERGB *(Grube)* шáхта *ж,* рудни́к *м*
Zechenschließung <-, -en> *f* закры́тие *ср* рудникá
Zecke ['tsɛkə] <-, -n> *f* клещ *м*
Zeder <-, -n> *f* кедр *м*
Zehe ['tse:ə] <-, -n> *f* **1.** ANAT пáлец *м* ноги́; **die große ~** большóй пáлец ноги́ **2.** *(Knoblauch~)* зу́бчик *м;* **eine ~ Knoblauch** зу́бчик чеснокá
Zehennagel *m* нóготь *м* пáльца
Zehenspitze *f* цы́почки *мн;* **auf ~n gehen** идти́ на цы́почках
zehn [tse:n] *num* дéсять
Zehn <-en> *f* дéсятка *ж*
zehnbändig *adj* десятитóмный
Zehnerkarte <-, -n> *f* десятирáзовый (проезднóй) билéт *м*
zehnfach *num* десятикрáтный
zehnjährig, 10-jährig[RR] *adj* десятилéтний
Zehnkampf <-(e)s, -kämpfe> *m* SPORT десятибóрье *ср*
zehnmal, 10-mal[RR] *adv* дéсять раз
zehnte(r, s) *num* десятый
Zehntel ['tse:ntəl] <-s, -> *nt* десятая часть *ж*
zehntens ['tse:ntəns] *adv* в-деся́тых, деся́тое
Zeichen ['tsaɪçən] <-s, -> *nt* **1.** *(Hinweis, Signal)* знак *м,* сигнáл *м;* **jdm ein ~ geben** дать знак комý-л.; **das ist kein gutes ~** э́то плохóй знак; **zum ~ der Versöhnung** в знак примирéния **2.** *(Anzeichen)* при́знак *м* **3.** *(Schriftzeichen, Tierkreiszeichen)* знак *м;* **sie ist im ~ des Löwen geboren** онá родилáсь под знáком Льва **4.** *(Satzzeichen)* знак *м*
Zeichenblock <-(e)s, -blöcke> *m* блокнóт *м* для рисовáния
Zeichenbrett <-(e)s, -er> *nt* чертёжная доскá *ж*
Zeichenkunst <-> *f* искýсство *ср* рисовáния
Zeichenlehrer(in) <-s, -> *m(f)* учи́тель *м* рисовáния
Zeichensetzung <-> *f* LING пунктуáция *ж*
Zeichensprache <-, -n> *f* язы́к *м* жéстов
Zeichenstift <-(e)s, -e> *m* рисовáльный карандáш *м*
Zeichentrickfilm <-(e)s, -e> *m* мультфи́льм *м*
zeichnen ['tsaɪçnən] **I.** *vi (Zeichnungen machen)* рисовáть, на- *св* **II.** *vt* **1.** *(graphisch darstellen)* рисовáть, на- *св* **2.** *(unterzeichnen)* подпи́сываться, -писáться *св*
Zeichner(in) <-s, -> *m(f)* худóжник *м,* худóжница *ж,* рисовáльщик *м,* рисовáльщица *ж (technischer ~)* чертёжник *м,* чертёжница *ж*
Zeichnung <-, -en> *f* **1.** *(Darstellung)* рисýнок *м,* изображéние *ср* **2.** *(Unterzeichnung)* пóдпись *ж*
zeichnungsberechtigt *adj* имéющий прáво пóдписи
Zeichnungsfrist <-, -en> *f* срок *м* подпи́ски
Zeigefinger <-s, -> *m* указáтельный пáлец *м*
zeigen ['tsaɪgən] **I.** *vt (vorzeigen, anzeigen)* покáзывать, -казáть *св;* **jdm etw ~** показáть что-л. комý-л.; *(beibringen)* обучи́ть когó-л. чемý-л.; **dir werd' ich's ~!** *fam* я тебé покажý!; **das Thermometer zeigt zwei Grad** термóметр покáзывает два грáдуса; **nun zeig mal, was du kannst!** *fam* покажи́-ка, что ты мóжешь! **II.** *vi (deuten)* покáзывать, -казáть *св;* **auf etw/jdn ~** укáзывать на что-л./когó-л. **III.** *vr* **sich ~** *(sichtbar werden)* покáзываться, -казáться *св;* **das wird sich noch ~** э́то мы ещё уви́дим; **er hat sich von seiner besten Seite gezeigt** он показáл себя с сáмой лýчшей стороны́; **wie kann ich mich Ihnen erkenntlich ~?** чем я могý вас отблагодари́ть?
Zeiger <-s, -> *m* стрéлка *ж;* **der große/kleine ~** большáя/мáленькая стрéлка
Zeigestab <-(e)s, -stäbe> *m* укáзка *ж*
Zeile ['tsaɪlə] <-, -n> *f (eines Texts)* строкá *ж;* **jdm ein paar ~n schreiben** написáть комý-л. нéсколько строк; **zwischen den ~n lesen** читáть мéжду строк
Zeilenabstand <-(e)s, -abstände> *m* расстоя́ние *ср* мéжду строкáми
Zeilenende <-s, -n> *nt* конéц *м* строки́
Zeit [tsaɪt] <-> *f* врéмя *ср;* **mit der ~** со врéменем; **jdm ~ lassen** дать комý-л. врéмя; **um diese ~** в э́то врéмя; **zu jeder ~** в любóе врéмя; **von ~ zu ~** врéмя от врéмени; **zu seiner ~** в своё врéмя; **es ist höchste ~, dass wir gehen** нам ужé давнó порá идти́; **seit einiger/geraumer ~** с

не́которых/да́вних пор; **eine ~ lang** не́которое вре́мя; **nach kurzer ~** спустя́ не́которое вре́мя; **(keine) ~ haben** у кого́-л. нет вре́мени; **wir wollen keine ~ verlieren** не бу́дем теря́ть вре́мя; **wo warst du denn die ganze ~?** где ты был всё э́то вре́мя?; **die ~ drängt** вре́мя не те́рпит; **~ gewinnen** выи́грывать вре́мя; **jdm die ~ stehlen** *fam* теря́ть чьё-л. вре́мя; **das hat ~** э́то мо́жет подожда́ть, э́то не к спе́ху; **zur rechten ~** уда́чно; **alles zu seiner ~!** всему́ своё вре́мя!; **das waren noch ~en!** каки́е бы́ли времена́!; **zur ~, als ...** во вре́мя ...; **in letzter ~** в после́днее вре́мя; **in nächster ~** в ближа́йшее вре́мя; **für alle ~en** навсегда́; **auf unabsehbare ~** на неопределённое вре́мя; **die ~en ändern sich** обстоя́тельства меня́ются; **das ist vor meiner ~ geschehen** э́то произошло́ до меня́; **zu meiner ~** во времена́ мое́й мо́лодости; **kommt ~, kommt Rat** *prov* у́тро ве́чера мудрене́е; **die ~ heilt alle Wunden** вре́мя ле́чит; **du liebe ~!** бо́же ты мой!

Zeitalter <-s, -> *nt* эпо́ха *ж*, век *м*

Zeitarbeit <-> *f* вре́менная рабо́та *ж*

Zeitarbeitsfirma <-, -firmen> *f предприя́тие-посре́дник, предоставля́ющее други́м предприя́тиям вре́менных рабо́тников*

Zeitdauer <-> *f* срок *м*

Zeitdokument <-s, -e> *nt докуме́нт, передаю́щий своеобра́зие определённой эпо́хи*

Zeitdruck <-(e)s> *m ohne pl* цейтно́т *м*; **unter ~ stehen** быть в цейтно́те; **jdn unter ~ setzen** поджима́ть кого́-л. сро́ком

Zeiteinheit <-, -en> *f* едини́ца *ж* вре́мени

Zeiteinteilung <-> *f* распределе́ние *ср* вре́мени

Zeitenfolge <-> *f* LING после́довательность *ж* времён

Zeitersparnis <-> *f* эконо́мия *ж* вре́мени

Zeitfahren <-s, -> *nt* SPORT *(Radsport)* го́нка *ж* на вре́мя

Zeitgefühl <-(e)s> *nt ohne pl* чу́вство *ср* вре́мени

Zeitgeist <-(e)s> *m* дух *м* вре́мени

zeitgemäß *adj* актуа́льный

Zeitgenosse <-n, -n> *m* совреме́нник *м*

Zeitgenossin <-, -nen> *f* совреме́нница *ж*

Zeitgeschehen <-s> *nt* теку́щие собы́тия *мн*

zeitgeschichtlich *adj* относя́щийся к совреме́нной исто́рии

Zeithistoriker <-s, -> *m* исто́рик *м* совреме́нности

zeitig *adv* во́время; **wir müssen ~ los** мы должны́ вы́йти заблаговре́менно

zeitlich I. *adj (die Zeit betreffend)* вре́менный; **~ zusammenfallen** совпада́ть по вре́мени; **das passt ihr ~ nicht** в неудо́бное для неё вре́мя **II.** *adv* по вре́мени, вре́менно

Zeitlimit <-s, -s> *nt* лими́т *м* вре́мени

zeitlos *adj* безвре́менный

Zeitmessung <-> *f* хронометра́ж *м*

Zeitplan *m* календа́рный план *м*; **einen ~ einhalten** приде́рживаться календа́рного пла́на; **einen ~ aufstellen** соста́вить календа́рный план

Zeitpunkt <-(e)s, -e> *m* моме́нт *м*, вре́мя *ср*; **zu diesem ~** в э́тот моме́нт

Zeitrafferaufnahme <-, -n> *f* заме́дленная киносъёмка *ж*

Zeitraum <-(e)s, -räume> *m* пери́од *м* (вре́мени)

Zeitrechnung <-> *f* летоисчисле́ние *ср*; **vor unserer ~** до на́шей э́ры

Zeitschrift <-, -en> *f* журна́л *м*

Zeitspanne <-, -n> *f* промежу́ток *м* вре́мени

Zeittafel <-, -n> *f* хронологи́ческая табли́ца *ж*

Zeitung ['tsaɪtʊŋ] <-, -en> *f* газе́та *ж*

Zeitungsabonnement <-s, -s> *nt* подпи́ска *ж* на газе́ту

Zeitungsannonce <-, -n> *f* объявле́ние *ср* в газе́те

Zeitungsanzeige <-, -n> *f* объявле́ние *ср* в газе́те

Zeitungsartikel <-s, -> *m* газе́тная статья́ *ж*

Zeitungsausschnitt *m* вы́резка *ж* из газе́ты

Zeitungsausträger(in) <-(e)s, -; -nen> *m(f)* почтальо́н *м*

Zeitungsbericht <-(e)s, -e> *m* газе́тное сообще́ние *ср*

Zeitungsinterview <-s, -s> *nt* интервью́ *ср* для газе́ты

Zeitungsjargon <-s> *m* газе́тный жарго́н *м*

Zeitungskiosk <-s, -e> *m* газе́тный кио́ск *м*

Zeitungsmeldung <-, -en> *f* (кра́ткое) газе́тное сообще́ние *ср*

Zeitungsnotiz <-, -en> *f* газе́тная заме́тка *ж*

Zeitungspapier <-s> *m ohne pl* газе́тная бума́га *ж*

Zeitungsverkäufer <-s, -> *m* продаве́ц *м* газе́т

Zeitungswesen <-s> *nt* газе́тное де́ло *ср*

Zeitunterschied <-(e)s, -e> *m* ра́зница *ж* во вре́мени

Zeitverschwendung <-> *f* тра́та *ж* вре́мени; **reine ~** поте́ря вре́мени

Zeitvertreib ['ts̯aɪtfɛɐ̯traɪp, 'ts̯aɪtfɛɐ̯traɪbə] <-(e)s, -e> *m* проведе́ние *ср* вре́мени, времяпрепровожде́ние *ср*; **etw zum ~ tun** де́лать что-л. для проведе́ния вре́мени

zeitweilig [ˈt͜saɪtvaɪlɪç] **I.** *adj* вре́менный **II.** *adj* вре́мя от вре́мени
Zeitwort <-(e)s, -wörter> *nt* глаго́л *м*
Zeitzeuge <-n, -n> *m* свиде́тель *м*, очеви́дец *м*
Zeitzone *f* временно́й по́яс *м*
Zeitzünder <-s, -> *m* электродетона́тор *м* заме́дленного де́йствия
Zelle [ˈtsɛlə] <-, -n> *f* **1.** *(kleiner Raum)* ка́мера *ж* **2.** BIO кле́тка *ж* **3.** EL элеме́нт *м*; **die (kleinen) grauen ~n** *fam* (ма́ленькие) се́рые кле́тки
Zellgewebe <-s> *nt* BIO кле́точная ткань *ж*
Zellkern *m* BIOL кле́точное ядро́ *ср*
Zellophan <-(e)s> *nt ohne pl* целлофа́н *м*
Zellstoff <-(e)s, -e> *m* целлюло́за *ж*
Zellteilung *f* BIOL деле́ние *ср* кле́тки
Zellulitis [tsɛluˈliːtɪs] <-> *f* целлюли́т *м*
Zelluloid <-(e)s> *nt ohne pl a* CHEM целлуло́ид *м*
Zellulose [t͜sɛluˈloːzə] <-n> *f* целлюло́за *ж*
Zelt [tsɛlt] <-(e)s, -e> *nt* пала́тка *ж*; **seine ~e aufschlagen/abbrechen** *fam* поста́вить/собра́ть пала́тки
zelten [ˈtsɛltən] *vi* жить *нсв* в пала́тке
Zeltlager <-s, -> *nt* пала́точный ла́герь *м*
Zeltpflock *m* ко́лышек *м* для пала́тки
Zeltplatz *m* ме́сто *ср* для ке́мпинга
Zeltstange <-, -n> *f* пала́точная сто́йка *ж*
Zement [tseˈmɛnt] <-(e)s> *m* цеме́нт *м*
zementieren [t͜semɛnˈtiːrən] *vt* цементи́ровать, за- *св*
Zenit [t͜seˈniːt] <-(e)s> *m ohne pl, a fig* зени́т *м*; **im ~ stehen** стоя́ть в зени́те
zensieren [t͜sɛnˈziːrən] *vt* **1.** *(einer Zensur unterziehen)* подверга́ть/-ве́ргнуть *св* цензу́ре **2.** *(benoten)* оце́нивать, оцени́ть *св*
Zensur [tsɛnˈzuːɐ, t͜sɛnˈzuːrən] <-, -en> *f* **1.** *(Kontrolle, Institution)* цензу́ра *ж*; **der ~ unterliegen** быть подве́рженным цензу́ре **2.** *(Benotung)* оце́нка *ж*, отме́тка *ж*
zensurieren [t͜sɛnzuˈriːrən] *vt CH, A (der Zensur unterziehen)* подверга́ть, -гнуть *св* цензу́ре
Zentimeter [t͜sɛntiˈmeːtɐ] <-s, -> *m* сантиме́тр *м*
Zentner [ˈtsɛntnɐ] <-s, -> *m* це́нтнер *м*
zentral [tsɛnˈtraːl] *adj* центра́льный; **~ gelegen** находи́ться в це́нтре; **ich wohne hier ziemlich ~** я живу́ в це́нтре
Zentralafrika *nt* Центра́льная А́фрика *ж*
Zentralamerika [t͜sɛnˈtraːlaˈmeːrika] <-s> *nt* Центра́льная Аме́рика *ж*
Zentralbank <-, -en> *f* центра́льный банк *м*
Zentrale [tsɛnˈtraːlə] <-, -n> *f* **1.** *(Zentralbüro)* руково́дство *ср*, управле́ние *ср* **2.** *(Taxizentrale)* диспе́тчерская *ж* **3.** *(Telefonzentrale)* (центра́льный) телефо́нный у́зел *м*
Zentraleinheit <-, -en> *f* DV центра́льный проце́ссор *м*
Zentralheizung <-, -en> *f* центра́льное отопле́ние *ср*
Zentralisation <-> *f* централиза́ция *ж*
zentralisieren [t͜sɛntraliˈziːrən] *vt* централизова́ть *нсв/св*
zentralistisch *adj* централисти́ческий
Zentralkomitee <-s, -s> *nt* центра́льный комите́т *м*
Zentralnervensystem <-s, -e> *nt* центра́льная не́рвная систе́ма *ж*
Zentralverriegelung <-, -en> *f* KFZ систе́ма замко́в (двере́й) с центра́льным управле́нием
zentrieren *vt* центри́ровать, от- *св*
Zentrifugalkraft <-> *f* PHYS центробе́жная си́ла *ж*
Zentrifuge [tsɛntriˈfuːgə] <-, -n> *f* центрифу́га *ж*
Zentripetalkraft <-> *f* PHYS центростреми́телная си́ла *ж*
Zentrum [ˈtsɛntrʊm] <-s, Zentren> *nt* центр *м*; **im ~ wohnen** жить в це́нтре; **sie wohnt im ~** она́ живёт в це́нтре
Zeppelin [ˈt͜sɛpəliːn] <-s, -e> *m* дирижа́бль *м*
Zepter [ˈtsɛptɐ] <-s, -> *nt* ски́петр *м*; **das ~ schwingen** *fam* кома́ндовать, пра́вить
zerbrechen <irr> **I.** *vt (etw entzweibrechen)* разбива́ть, -би́ть *св* **II.** *vi (entzweigehen)* разбива́ться, -би́ться *св*
zerbrechlich *adj* хру́пкий, бью́щийся
zerbrochen *pp von* **zerbrechen**
zerdrücken *vt* раздави́ть *св*
zerebral *adj* мозгово́й
Zeremonie [tseremoˈniː, tsereˈmoːniə] <-, -n> *f* церемо́ния *ж*
Zerfall <-(e)s> *m* **1.** *(Auflösung, Zerstörung)* разруше́ние *ср* **2.** *(eines Reiches)* распа́д *м*, упа́док *м* **3.** *(von Kultur)* упа́док *м*
zerfallen <irr> *vi* **1.** *(Haus)* разруша́ться, -ру́шиться *св*; **zu Staub ~** преврати́ться в пыль **2.** *umg (Haus, Reich)* разва́ливаться, -вали́ться *св* **3.** *(Moral, Kultur)* приходи́ть/прийти́ *св* в упа́док **4.** *(verwesen)* разлага́ться, разложи́ться *св* **5.** PHYS *(a von Imperium)* распада́ться, -па́сться *св*
Zerfallsprozess <-es, -e> *m* проце́сс *м* распа́да
zerfetzen *vt* рвать, разорва́ть *св*
zerfleischen *vt* разорва́ть
zerfließen <irr> *vi (Farbe, Tinte etc)* расплыва́ться, -плы́ться *св*; **vor Freundlichkeit ~** *iron* рассыпа́ться в любе́зностях
zerfressen <irr> *vt (Motten)* проеда́ть, прое́сть *св*
zerfurcht [t͜sɛɐˈfʊrçt] *adj* изборождённый
zergehen <irr> *vi* **1.** *(sich auflösen)* та́ять,

рас- *св;* **auf der Zunge ~** растáять на языкé **2.** *(im Wasser)* растворя́ться, -твори́ться *св*

zerkleinern *vt* размельчáть, -чи́ть *св*

zerknirscht *adj* **~ sein** раскáиваться

Zerknirschtheit <-> *f* подáвленность *ж*

zerknittern *vt (Papier)* мять, смять *св; (Kleid)* мять, помя́ть *св*

zerknüllen *vt* мять, смять *св*

zerkochen *vi sein* переварить

zerkratzen *vt* ободрáть

zerkrümeln *vi sein* раскроши́ть

zerlassen <irr> *vt* GASTR растáпливать

zerlaufen <irr> *vi sein* растáять

zerlegbar *adj* разбóрный

zerlegen *vt (auseinandernehmen)* разбирáть, разобрáть *св;* **etw in seine Einzelteile ~** разобрáть что-л. на составны́е чáсти

Zerlegung <-> *f* разбóрка *ж*

zermalmen [tʂɛɐ'malmən] *vt* растоптáть, раздави́ть *св,* толóчь *нсв*

zermürben *vt (körperlich)* измáтывать, измотáть *св*

zerquetschen *vt* раздави́ть *св*

zerreiben <irr> *vt* растирáть, растерéть *св*

zerreißen <irr> **I.** *vt (auseinander reißen)* разрывáть, разорвáть *св,* рвать *нсв;* **ich könnte ihn in der Luft ~** *fam* я бы мог егó разорвáть в вóздухе; **es hat uns fast zerrissen** *fam* э́то нас измотáло **II.** *vi (auseinander gehen, Risse bekommen)* разрывáться, разорвáться *св,* рвáться *нсв*

zerren ['tsɛrən] **I.** *vt* **1.** *(fortziehen)* тащи́ть, вы- *св* **2.** *(überdehnen)* растя́гивать, -тянýть *св;* **sich** *dat* **etw ~** растянýть себé что-л. **II.** *vi (ruckartig ziehen)* дёргать, дёрнуть *св;* **der Hund zerrt an der Leine** собáка дёргала за поводóк; **das zerrt an meinen Nerven** э́то дéйствует мне на нéрвы

zerrieben *pp von* **zerreiben**

zerrissen [tsɛɐ'rɪsən] *adj* разóрванный

Zerrung ['tsɛrʊŋ] <-, -en> *f* растяжéние *ср*

zerrüttet *adj (Gesundheit, Finanzen)* подóрванный; **eine ~e Ehe** разлáд в семьé, непрóчный брак

zersägen *vt* разрезáть/разрéзать *св* пилóй

zerschellen *vi sein* разби́ться

zerschlagen[1] <irr> **I.** *vt (zerbrechen, auch fig)* разбивáть, -би́ть *св* **II.** *vr (nicht zustande kommen)* разбивáться, -би́ться *св*

zerschlagen[2] *adj* разби́тый, измýченный

zerschmettern *vt* разбивáть, разби́ть *св; (Korperteil)* раздроби́ть *св*

zerschneiden *vt* разрезáть, -рéзать *св*

zerschnitten *pp von* **zerschneiden**

zerschossen *adj* разрýшенный обстрéлом

zersetzen **I.** *vt* **1.** *(verfaulen lassen)* разлагáть, -ложи́ть *св* **2.** *fig (unterminieren)* подрывáть, -дорвáть *св* **II.** <irr> *vr (verfaulen)* разлагáться, -ложи́ться *св*

Zersetzung <-> *f* разложéние *ср,* распáд *м*

Zersetzungsprozess <-es, -e> *m* процéсс *м* разложéния

zerspalten <irr> *vt* расщепля́ть, раскáлывать *нсв*

zersplittern *vi sein* раздроби́ть *св*

Zersplitterung <-, -en> *f* раздрóбленность *ж,* раскóл *м*

zerspringen <irr> *vi sein* разби́ться *св*

zerstampfen *vt* растáптывать, растоптáть *св*

zerstäuben [tʂɛɐ'ʃtɔɪbən] *vt* пульверизи́ровать

Zerstäuber <-s, -> *m* распыли́тель *м*

zerstören *vt* разрушáть, -рýшить *св*

zerstörerisch *adj* разруши́тельный

Zerstörung <-, -en> *f* разрушéние *ср*

Zerstörungswut <-> *f* вандали́зм *м*

zerstreiten <irr> *vr* ссóриться, по- *св*

zerstreuen **I.** *vt* **1.** *(verstreuen)* разбрáсывать, -бросáть *св* **2.** *fig (auseinander treiben)* разгоня́ть, разогнáть *св;* **einen Verdacht ~** рассéять подозрéния **II.** *vr* **1.** *(auseinander gehen)* рассéиваться, рассéяться *св* **2.** *(sich ablenken)* отвлекáться, -лéчься *св*

zerstreut [tsɛɐ'ʃtrɔɪt] *adj fig* рассéянный

Zerstreutheit <-> *f* рассéянность *ж*

Zerstreuung <-, -en> *f* **1.** *(Ablenkung)* развлечéние *ср* **2.** *(von Demonstranten)* разгóн *м*

zerstritten *adj* поссóрившийся

zerteilen *vt (in Stücke)* раздели́ть на чáсти

Zertifikat [tsɛrtifi'ka:t] <-(e)s, -e> *nt* сертификáт *м,* свидéтельство *ср*

zertreten <irr> *vt* растоптáть *св*

zertrümmern *vt* разбивáть, -би́ть *св*

zerzausen [tʂɛɐ'tʂaʊzən] *vt* растрепáть *св*

zerzaust *adj* растрёпанный

Zettel ['tsɛtəl] <-s, -> *m* **1.** *(Notizzettel)* запи́ска *ж* **2.** *(Kassenbon)* чек *м*

Zettelkasten <-s, -kästen> *m* картотéчный я́щик *м*

Zeug [tsɔɪk] <-(e)s> *nt* **1.** *pej* барахлó *ср* **2.** *umg (Unsinn)* чушь *ж;* **dummes ~!** глýпости!; **albernes ~ reden** нести́ чушь; **red kein dummes ~!** *fam* не говори́ глýпостей!; **das ~ zu etw** *dat* **haben** *fam* быть спосóбным к чемý-л.; **was das ~ hält** *fam* изó всех си́л, что есть мóчи; **sich für jdn ins ~ legen** *fam* рья́но вступи́ться за когó-л.

Zeuge ['tsɔɪgə] <-n, -n> *m* свидéтель *м;* **~ von etw werden** стать свидéтелем чегó-л.; **vor ~n** пéред свидéтелями

zeugen ['tsɔɪgən] **I.** *vi* свидéтельствовать *нсв* **II.** *vt (Kind)* зачинáть, зачáть *нсв,* рождáть *нсв*

Z

Zeugenaussage <-, -n> *f* свиде́тельское показа́ние *ср;* **seine ~ machen** дать свиде́тельские показа́ния

Zeugenstand <-(e)s> *m ohne pl* свиде́тельская скамья́ *ж;* **in den ~ treten** сесть на свиде́тельскую скамью́

Zeugenverhör <-s, -e> *nt* допро́с *м* свиде́телей

Zeugin ['tsɔɪgɪn] <-, -nen> *f* свиде́тельница *ж*

Zeugnis ['tsɔɪknɪs] <-ses, -se> *nt* **1.** *(Schulzeugnis)* аттеста́т *м* (зре́лости) **2.** *(Arbeitszeugnis)* характери́стика *ж,* спра́вка *ж* **3.** *(Gutachten)* удостовере́ние *ср,* заключе́ние *ср*

Zeugung <-, -en> *f* зача́тие *ср*

zeugungsunfähig *adj* беспло́дный

z.H. *abk von* **zu Händen von** переда́ть в собственные ру́ки, ли́чно

Ziege ['tsi:gə] <-, -n> *f* коза́ *ж;* **du dumme ~!** ду́ра!

Ziegel ['tsi:gəl] <-s, -> *m* **1.** *(Ziegelstein)* кирпи́ч *м* **2.** *(Dachziegel)* черепи́ца *ж*

Ziegeldach *nt* черепи́чная кры́ша *ж*

Ziegelei [tsi:gə'laɪ] <-, -en> *f* кирпи́чный заво́д *м*

Ziegelstein *m* черепи́ца *ж*

Ziegenbart *m* боро́дка *ж*

Ziegenbock *m* козёл *м*

Ziegenfleisch *nt* козля́тина *ж*

Ziegenkäse *m* ко́зий сыр *м*

Ziegenmilch *f* ко́зье молоко́ *ср*

ziehen ['tsi:ən] <zog, gezogen> **I.** *vt* **1.** *(allg)* тяну́ть, по- *св,* тащи́ть, по- *св* **2.** *(an einen Ort)* переезжа́ть, перее́хать *св* **3.** *(Pflanzen)* выра́щивать, вы́растить *св;* **jdn an sich ~** притяну́ть кого́-л к себе́; **etw aus der Tasche ~** вы́тащить что-л. из карма́на; **einen Graben ~** вы́рыть ров; **jdn am Ärmel ~** тяну́ть кого́-л. за рука́в; **jdn auf seine Seite ~** перетяну́ть кого́-л. на свою́ сто́рону; **etw nach sich** *dat* **~** *fig* повле́чь что-л. за собо́й; **alle Blicke/die Aufmerksamkeit auf sich ~** привле́чь все взгля́ды/внима́ние; **etw ins Komische ~** обрати́ть что-л. в шу́тку; **aus dem Verkehr ~** *(Auto)* изъя́ть из обраще́ния; **einen Vorteil aus etw ~** извле́чь по́льзу из чего́-л.; **das Boot ans Ufer ~** вы́тянуть ло́дку на бе́рег; **es zieht mich nach Hause/in die Ferne** меня́ тя́нет домо́й/в да́льний путь **II.** *vi* **1.** *(Tee, Kaffee)* наста́иваться, -стоя́ться *св;* **an etw** *dat* **~** тяну́ть за что-л.; **lass mich mal ~** *(an die Zigarette)* дай и мне затяну́ться; **sie ~ aufs Land** они́ переезжа́ют за́ город; **in den Krieg ~** пойти́ на войну́; **die Jahre zogen ins Land** прошли́ го́ды; **einen ~ lassen** *fam (furzen)* пу́кнуть; **das zieht bei mir nicht** э́то у меня́ не пройдёт; **dieser Trick zieht immer** э́тот но́мер всегда́ прохо́дит **2.** *(Luftzug)* дуть *нсв;* **es zieht!** здесь ду́ет!; **es zieht mir am Rücken** мне ду́ет в спи́ну; **an der Zigarette ~** затяну́ться (сигаре́той); **die Menschen zogen zur Kirche** лю́ди пошли́ к це́ркви; **die Vögel ~ nach Süden** пти́цы улета́ют на юг

Ziehharmonika <-, -s> *f* гармо́нь *ж*

Ziehung <-, -en> *f (Lotterie)* тира́ж *м,* ро́зыгрыш *м*

Ziel [tsi:l] <-(e)s, -e> *nt* **1.** *(generell, auch einer Reise)* цель *ж;* **ein ~ erreichen** доби́ться це́ли; **gesellschaftliches ~** обще́ственная цель; **~e vereinbaren** догова́риваться о це́лях; **ein ~ verfolgen** пресле́довать цель; **mit unbekanntem ~** с неизве́стной це́лью; **am ~ seiner Träume sein** быть на гра́ни достиже́ния свое́й мечты́ **2.** SPORT *(Ende einer Strecke)* фи́ниш *м;* **ans ~ kommen** дости́чь це́ли **3.** *(beim Schießen)* мише́нь *ж;* **ins ~ treffen** попа́сть в цель; **über das ~ hinausschießen** *fam* перейти́ за черту́ дозво́ленного **4.** *(Zweck, Absicht)* цель *ж;* **sich ein ~ setzen** поста́вить пе́ред собо́й цель; **am ~ sein** быть у це́ли; **ein klares ~ vor Augen haben** име́ть я́сную цель пе́ред собо́й **5.** ÖKON *(Zahlungsziel)* срок *м;* **eine Ware auf ~ kaufen** покупа́ть това́р в креди́т

Zielband <-(e)s, -bänder> *nt* SPORT фи́нишная ле́нта *ж*

zielbewusst[RR] *adj* целеустремлённый

zielen *vi* це́литься, при- *св*

zielgerichtet *adj* целенапра́вленный

Zielgruppe <-, -n> *f* целева́я гру́ппа *ж;* **eine ~ ansprechen** обраща́ться к целево́й гру́ппе

Zielkamera <-, -s> *f* SPORT фотоаппара́т *м* на фи́нише

Zielkauf <-(e)s, -käufe> *m* поку́пка *ж* в креди́т

Zielkonflikt <-(e)s, -e> *m* конфли́кт *м* це́лей

Ziellinie *f* SPORT ли́ния *ж* цели, ли́ния фи́ниша

ziellos *adj* бесце́льный

Zielscheibe <-, -n> *f auch fig (beim Schießen)* мише́нь *ж*

Zielsetzung <-, -en> *f* постано́вка *ж* це́ли

zielstrebig *adj* целеустремлённый

Zielvereinbarung <-, -en> *f* согласова́ние *ср* це́лей

ziemlich ['tsi:mlɪç] **I.** *adv* **1.** *(in hohem Maße)* дово́льно; **~ gut/lange** о́чень хорошо́/до́лго; **~ viel** о́чень мно́го **2.** *umg (annähernd, fast)* почти́, приблизи́тельно **II.** *adj (beträchtlich)* дово́льно большо́й; **mit ~er Sicherheit** с абсолю́тной уве́ренностью

zieren ['tsi:rən] **I.** *vt (schmücken)* украша́ть, -ра́сить *св* **II.** *vr* **sich ~** *(Umstände machen)* кривля́ться *нсв,* жема́ниться *св;* **er zierte sich nicht lange** он не церемо́нился до́лго

Ziergarten <-s, -gärten> *m* сад *м* с клу́мбами, цветни́к *м*

zierlich *adj (klein und fein)* изя́щный, изы́сканный

Zierlichkeit <-> *f (Feinheit, Zerbrechlichkeit)* изя́щность *ж*, грациозно́сть *ж*

Zierpflanze <-, -n> *f* декорати́вное расте́ние *ср*

Zierstrauch <-(e)s, -sträucher> *m* декорати́вный куст *м*

Ziffer ['tsɪfɐ] <-, -n> *f* ци́фра *ж*; **römische/arabische ~n** ри́мские/ара́бские ци́фры

Zifferblatt <-(e)s, -blätter> *nt* цифербла́т *м*

zig [tsɪç] *num umg* деся́тки; **~ mal** деся́тки раз

Zigarette [tsiga'rɛtə] <-, -n> *f* сигаре́та *ж*; **sich** *dat* **eine ~ drehen** сверну́ть себе́ папиро́су

Zigarettenautomat *m* автома́т *м* для сигаре́т

Zigarettenetui <-s, -s> *nt* портсига́р *м*

Zigarettenpackung *f s.* **Zigarettenschachtel**

Zigarettenpapier *nt* бума́га *ж* для сигаре́т

Zigarettenpause <-, -n> *f* переку́р *м*

Zigarettenschachtel <-, -n> *f* па́чка *ж* сигаре́т

Zigarettenspitze <-, -n> *f* мундшту́к *м*

Zigarettenstummel *m* оку́рок *м*

Zigarre [tsi'garə] <-, -n> *f* сига́ра *ж*

Zigarrenabschneider <-s, -> *m* прибо́р *м* для обре́зывания сига́р

Zigarrenstummel <-s, -> *m* оку́рок *м*

Zigeuner(in) [tsi'gɔɪnɐ] <-s, -> *m(f)* цыга́н *м*, цыга́нка *ж*

Zigeunermusik <-> *f* цыга́нская му́зыка *ж*

zigmal ['t͜sɪçma:l] *adv fam* деся́тки раз, ча́сто

Zikade [t͜si'ka:də] <-n> *f* ZOOL цика́да *ж*

Zimmer ['tsɪmɐ] <-s, -> *nt* ко́мната *ж*; **~ frei** свобо́дные ко́мнаты; **~ zu vermieten** ко́мнаты в наём; **~ mit Frühstück** ко́мната со включённым в це́ну за́втраком

Zimmerantenne <-, -n> *f* ко́мнатная анте́нна *ж*

Zimmermädchen <-s, -> *nt* го́рничная *ж*

Zimmermann <-(e)s, -leute> *m* пло́тник *м*

zimmern ['tsɪmɐn] **I.** *vt* скола́чивать, -лоти́ть *св* **II.** *vi* пло́тничать *нсв*

Zimmerpflanze <-, -n> *f* ко́мнатное расте́ние *ср*

Zimmerservice *m* обслу́живание *ср* по ко́мнатам

Zimmervermittlung *f* кварти́рное бюро́ *ср*

zimperlich ['tsɪmpɐlɪç] *adj* **1.** *(überempfindlich)* изне́женный **2.** *(prüde)* чо́порный

Zimt [tsɪmt] <-(e)s> *m* кори́ца *ж*

Zimtstange *f* па́лочка *ж* кори́цы

Zink [tsɪŋk] <-(e)s> *nt* цинк *м*

Zinke ['tsɪŋkə] <-, -n> *f (am Kamm, an der Gabel)* зубе́ц *м*

zinkhaltig *adj* содержа́щий цинк

Zinn [tsɪn] <-(e)s> *m* о́лово *ср*

Zinnbecher <-s, -> *m* оловя́нный стака́н *м*

Zinnfigur <-, -en> *f* оловя́нная фигу́рка *ж*

Zins [tsɪns] <-es, -en> *m* проце́нт *м*; **fällige ~en** проце́нты, подлежа́щие упла́те; **jährliche ~en** годовы́е проце́нты; **~en bringen** приноси́ть проце́нты; **jdm etw mit ~ und Zinseszins zurückzahlen** заплати́ть кому́-л. всё с проце́нтами

Zinsertrag <-(e)s, -erträge> *m* дохо́д *м* от проце́нтов

Zinseszins ['tsɪnzəs-] <-> *m* сло́жный проце́нт *м*

Zinsfuß <-es> *m* проце́нтная ста́вка *ж*

Zinslast <-> *f* задо́лженность *ж* по проце́нтам

zinslos *adj* беспроце́нтный

Zinsniveau <-s, -s> *nt* у́ровень *м* проце́нтной ста́вки

Zinssatz <-es, -sätze> *m* проце́нтная ста́вка *ж*

Zinssenkung <-, -en> *f* сниже́ние *ср* проце́нтной ста́вки

Zipfel ['tsɪpfəl] <-s, -> *m* уголо́к *м*, край *м*

Zipperlein <-s> *nt umg* пода́гра *ж*

zirka ['tsɪrka] *adv* приблизи́тельно, о́коло; **~ ein km** о́коло киломе́тра; **in ~ zwei Wochen** где-то че́рез две неде́ли

Zirkel ['tsɪrkəl] <-s, -> *m* **1.** *(Gerät)* ци́ркуль *м* **2.** *(Gruppe von Personen)* кружо́к *м*

Zirkulation [tsɪrkula'tsjo:n] <-> *f* циркуля́ция *ж*

zirkulieren [t͜sɪrku'li:rən] *vi haben o sein* циркули́ровать

Zirkus ['tsɪrkʊs] <-, -se> *m* цирк *м*; **mach doch nicht solchen ~!** не устра́ивай сцен!

zischen ['tsɪʃən] *vi (Schlange, Dampf, Menschen)* шипе́ть, за- *св*; **durch die Zähne ~** прошипе́ть сквозь зу́бы

Ziselierung <-, -en> *f* чека́нка *ж*, филигра́нь *ж*

Zisterne [tsɪs'tɛrnə] <-, -n> *f* цисте́рна *ж*

Zitadelle [tsita'dɛlə] <-, -n> *f* цитаде́ль *ж*

Zitat [tsi'ta:t] <-(e)s, -e> *nt* цита́та *ж*

zitieren [t͜si'ti:rən] *vt* цити́ровать, про- *св*

Zitrone [tsi'tro:nə] <-, -n> *f* лимо́н *м*; **jdn wie eine ~ ausquetschen** *fam* вы́жать кого́-л., как лимо́н

Zitronenbaum *m* лимо́н *м* (де́рево)

zitronengelb *adj* жёлтый

Zitronenlimonade <-> *pl f* ци́трусовый лимона́д *м*

Zitronensaft <-(e)s> *m* лимо́нный сок *м*

Zitronensäure *f ohne pl* лимо́нная кислота́ *ж*

Zitronenschale *f* ко́рка *ж* лимо́на

Zitrusfrucht ['t͜si:trʊsfrʊxt, 't͜si:trʊsfrʏçtə] <-, -früchte> *f* ци́трусовый фрукт *м*

zitt(e)rig ['tsɪt(ə)rɪç] *adj* дрожа́щий

zittern ['tsɪtɐn] *vi* дрожа́ть, за- *св;* **vor Kälte ~** дрожа́ть от хо́лода; **vor Angst ~** дрожа́ть от стра́ха

Zitze ['tsɪtsə] <-, -n> *f* сосо́к *м*

Zivil [tsi'vi:l] *nt* **in ~** в шта́тском

zivil [tsi'vi:l] *adj* **1.** *(nicht militärisch)* гражда́нский **2.** *umg (anständig)* прили́чный, ве́жливый, учти́вый

Zivilbevölkerung <-> *f* гражда́нское населе́ние *ср*

Zivilcourage <-> *f* гражда́нское му́жество *ср*

Zivildienst <-(e)s> *m* альтернати́вная слу́жба *ж*

i Land & Leute

Молодые немцы призывного с возраста, отказавшиеся по политическим или религиозным мотивам от обязательной военной службы, должны отслужить 13 месяцев **альтернативной службы**. С 1997 года альтернативная служба введена и в Швейцарии; чаще всего она проходит в санитарных частях. В Австрии и в Швейцарии эта служба продолжается 12 месяцев. В Германии «циви» используются для ухода за престарелыми, в качестве шофёров для инвалидов или помощников на молодёжных турбазах.

Zivilgericht *nt* гражда́нский суд *м*

Zivilisation [t͡siviliza't͡si̯o:n] <-, -en> *f* цивилиза́ция *ж*

Zivilisationserscheinung <-, -en> *f* явле́ние *ср* цивилиза́ции

zivilisatorisch [tsiviliza'to:rɪʃ] *adj* цивилиза́торский

zivilisiert [t͡sivili'zi:ɐ̯t] *adj* цивилизо́ванный; **sich ~ benehmen** вести́ себя́ цивилизо́ванно

Zivilist(in) [tsivi'lɪst] <-en, -en> *m(f)* гражда́нское лицо́ *ср*

Zivilklage <-, -n> *f* JUR гражда́нский иск *м*

Zivilkleidung *f* гражда́нская оде́жда *ж*

Zivilperson *f* циви́льный *м*

Zivilrecht <-(e)s> *nt* гражда́нское пра́во *ср*

ZK *abk von* **Zentralkomitee** ЦК *м*

Zoff [t͡sɔf] <-s> *m ohne pl, fam* ссо́ра *ж;* **~ haben** поссо́риться

zog [tso:k] *prät von* **ziehen**

zögern ['tsœ:gɐn] *vi* ме́длить, по- *св;* **ohne zu ~** не ме́шкая

Zögling ['t͡sœ:klɪŋ] <-s, -e> *m* воспи́танник *м*

Zölibat [tsœli'ba:t] <-(e)s> *nt* целиба́т *м,* безбра́чие *ср*

Zoll [tsɔl, 't͡s llə] <-(e)s, Zölle> *m* **1.** *(auf Waren)* (тамо́женная) по́шлина *ж;* **Zölle erheben** взима́ть тамо́женные по́шлины; **den ~ umgehen** уклоня́ться от упла́ты тамо́женной по́шлины; **für etw ~ bezahlen** плати́ть по́шлину за что-л. **2.** *(Behörde)* тамо́жня *ж;* **durch den ~ kommen** пройти́ тамо́женный досмо́тр

Zollabfertigung <-> *f* тамо́женный досмо́тр *м*

Zollabkommen <-s, -> *nt* тамо́женное соглаше́ние *ср*

Zollamt <-(e)s, -ämter> *nt* тамо́женное управле́ние *ср,* тамо́жня *ж*

Zollbeamte(r) <-n, -n> *f(m)* тамо́женник *м*

Zollbehörde <-, -n> *f* тамо́жня *ж*

Zolldeklaration <-, -en> *f* тамо́женная деклара́ция *ж*

zollen *vt geh* **jdm Respekt ~** оказа́ть уваже́ние кому́-л.

Zollerklärung <-, -en> *f* тамо́женная деклара́ция *ж*

Zollfahnder <-s, -> *m* тамо́женный слу́жащий *м* по борьбе́ с контраба́ндой

zollfrei *adj* беспо́шлинный

Zollgebühren *fpl* тамо́женные расхо́ды *мн*

Zollgrenzbezirk <-(e)s, -e> *m* пригранúчная тамо́женная террито́рия *ж*

Zollgrenze *f* тамо́женная грани́ца *ж*

Zollkontrolle *f* тамо́женный контро́ль *м*

Zöllner ['ts llnɐ] <-s, -> *m* тамо́женник *м*

zollpflichtig *adj* облага́емый по́шлиной

Zollsatz <-es, -sätze> *m* ста́вка *ж* тамо́женной по́шлины

Zollschranke <-, -n> *f* тамо́женный барье́р *м*

Zollstock <-(e)s, Stöcke> *m* (складно́й) метр *м*

Zolltarif <-(e)s, -e> *m* тамо́женный тари́ф *м*

Zollvergehen <-s, -> *nt* тамо́женное наруше́ние *ср*

Zollvorschriften <-> *pl* тамо́женные предписа́ния *срмн*

Zombie ['t͡sɔmbi] <-(s), -s> *m* зо́мби *м и ж*

Zone ['tso:nə] <-, -n> *f* зо́на *ж*

Zoo [tso:] <-s, -s> *m* зоопа́рк *м;* **in den ~ gehen** пойти́ в зоопа́рк

Zoologe <-n, -n> *m* зоо́лог *м*

Zoologie [tsoolo'gi:] <-> *f* зооло́гия *ж*

Zoologin <-, -nen> *f* зоо́лог *м*

zoologisch [t͡soo'lo:gɪʃ] *adj* зоологи́ческий

Zoom [zu:m] <-s, -s> *nt* FOT объекти́в *м* с переме́нным фо́кусным расстоя́нием

zoomen ['zu:mən] *vt* FILM, FOTO снима́ть вариообъекти́вом

Zopf [tsɔpf, 't͡s llpfə] <-(e)s, Zöpfe> *m* коса́ *ж (приче́ска)*

zögern

• **zögern**	• **Колебание**
Ich weiß nicht so recht.	Я не уверен.
Ich kann Ihnen noch nicht sagen, ob **ich Ihr Angebot annehmen werde.**	Я пока не могу сказать, **приму я или нет ваше предложение.**
Ich muss darüber noch nachdenken.	Я должен еще подумать об этом.
Ich kann Ihnen noch nicht zusagen.	Я пока не могу вам ничего сказать.

Zorn [tsɔrn] <-(e)s> *m* я́рость *ж*, гнев *м*; **in ~ geraten** прийти́ в я́рость; **im ~** в гне́ве; **jdn in ~ bringen** приводи́ть кого́-л. в я́рость, гне́вить кого́-л.; **auf jdn einen ~ haben** зли́ться на кого́-л.

Zornesausbruch <-(e)s, -ausbrüche> *m* вспы́шка *ж* гне́ва

zornig I. *adj* гне́вный; **~ werden** взбеси́ться; **auf jdn ~ sein** зли́ться на кого́-л. II. *adv* гне́вно

Zote ['tso:tə] <-, -n> *f* по́шлость *ж*

zottig ['tsɔtɪç] *adj (struppig)* лохма́тый, косма́тый; **ein ~es Fell** пуши́стый мех *м*

z.T. [tsu:] *abk von* **zum Teil** отча́сти

zu [t͡su:] I. *prp dat* 1. *(räumlich)* к, на, в; **~ Hause** до́ма; **~ beiden Seiten** с двух сторо́н; **~ seiner Rechten** с его́ пра́вой стороны́; **sie kommt ~ mir** она́ идёт ко мне; **er geht zum Bahnhof/zur Post** он идёт на ста́нцию/по́чту; **~ jdm hinsehen** подде́рживать кого́-л.; **das Zimmer liegt zur Straße hin** ко́мната выхо́дит на у́лицу 2. *(zeitlich)* в; **~ jener Zeit** в те времена́; **~ Ostern/Weihnachten** на Па́сху/Рождество́; **zum ersten Mal** в пе́рвый раз; **~ Mittag/Abend essen** на обе́д/у́жин 3. *(zum Ausdruck von Zweck, Ziel einer Handlung)* на, к; **jdm etw ~m Geburtstag schenken** подари́ть кому́-л. что-л. на день рожде́ния; **das Spiel endete drei ~ eins** игра́ око́нчилась со счётом три - оди́н; **~m Arzt gehen** пойти́ к врачу́; **kommst du morgen ~ mir?** ты придёшь за́втра ко мне́?; **~ Boden stürzen** упа́сть на́ пол; **~m Flughafen/Bahnhof fahren** е́хать в аэропо́рт/на вокза́л; **er setzte sich ~ den anderen** он подсе́л к други́м; **nehmen Sie Wein zum Essen?** вы возьмёте вино́ к еде́?; **zum Teil** отча́сти; **zum halben Preis** за полцены́; **~ Fuß** пешко́м; **zum Glück** к сча́стью; **jdm ~m Geburtstag gratulieren** поздра́вить кого́-л. с днём рожде́ния II. *adv* 1. *(allzu)* сли́шком; **~ wenig** сли́шком ма́ло; **der Pullover ist ~ groß** сви́тер сли́шком вели́к 2. *(geschlossen)* закры́тый; **wir machen heute früher ~** сего́дня мы закрыва́ем ра́ньше; **~ sein** *(verschlossen)* быть закры́тым; **ab und ~** вре́мя от вре́мени III. *konj (mit Infinitiv)* **es ist schön, neue Leute kennen ~ lernen** хорошо́ познако́миться с но́выми людьми́

zuallererst [t͡su'ʔalɐ'ʔe:ɐ̯st] *adv* в пе́рвую о́чередь

zuallerletzt [t͡su'ʔalɐ'lɛt͡st] *adv* в после́днюю о́чередь

Zubehör ['tsu:bəhœ:ɐ, 't͡su:bəhœ:rə] <-(e)s, -e> *nt* принадле́жности *жмн*

zu|beißen <irr> *vi* закуси́ть *св*

zu|bereiten *vt* гото́вить, при- *св*

Zubereitung <-en> *f* приготовле́ние *ср (пи́щи)*

zu|billigen *vt* **jdm etw ~** разреши́ть кому́-л. что-л.

zu|binden *vt* завя́зывать, -вяза́ть *св*

zu|blinzeln *vi* **jdm ~** подмигну́ть кому́-л.

zu|bringen *vt (verbringen)* проводи́ть, -вести́ *св*

Zubringerstraße <-, -n> *f* подъездна́я доро́га *ж*

Zucchino [t͡sʊ'ki:no, t͡sʊ'ki:ni] <-s, Zucchini> *m* цукки́ни *мн*

Zucht [tsʊxt] <-, -en> *f* 1. *(von Pflanzen und Tieren)* выра́щивание *ср*, разведе́ние *ср* 2. *(Disziplin)* дисципли́на *ж*, поведе́ние *ср*

Zuchtbulle <-n, -n> *m* племенно́й бык *м*

züchten ['tsʏçtən] *vt (aufziehen)* выра́щивать, вы́растить *св*

Züchter(in) <-s, -> *m(f)* 1. *(von Tieren)* животново́д *м* 2. *(von Pflanzen)* растениево́д *м*, садово́д *м*

Zuchthaus <-es, -häuser> *nt* ка́торжная тюрьма́ *ж*; **er hat 3 Jahre ~ bekommen** его́ посади́ли на три го́да

Zuchthäusler <-s, -> *m* ка́торжник *м*

Zuchthausstrafe <-, -n> *f* заключе́ние *ср* в ка́торжной тюрьме́

Zuchthengst <-(e)s, -e> *m* племенно́й жеребе́ц *м*

züchtig *adj (sittsam)* стыдли́вый, скро́мный

Züchtigung <-, -en> *f* (теле́сное) наказа́ние *ср*

Zuchttier <-(e)s, -e> *nt* племенно́е живо́тное *ср*

Züchtung <-, -en> *f (das Züchten)* разведе́ние *ср (живо́тных, расте́ний)*

zucken ['tsʊkən] I. *vi* 1. *(ruckartige Bewegungen machen)* вздра́гивать, вздро́гнуть *св* 2. *(aufleuchten)* сверка́ть, -кну́ть *св* II. *vt* **die Achseln ~** пожима́ть плеча́ми

Z

zücken ['tsʏkən] *vt (Messer)* выхва́тывать, вы́хватить *св*

Zucker[1] ['tsʊkɐ] <-s> *m* са́хар *м;* **ein Stück ~** кусо́к са́хара

Zucker[2] ['tsʊkɐ] <-s> *m ohne pl, fam (Zuckerkrankheit)* диабе́т *м;* **~ haben** боле́ть диабе́том

Zuckerdose <-, -n> *f* са́харница *ж* (с отве́рстием)

Zuckerguss[RR] *m* са́харная глазу́рь *ж*

zuckerhaltig *adj* содержа́щий са́хар; **diese Frucht ist stark ~** э́тот плод соде́ржит мно́го са́хара

zuckerkrank *adj* страда́ющий са́харным диабе́том; **sie ist ~** у неё са́харный диабе́т

Zuckerkrankheit *f ohne pl* диабе́т *м*

Zuckerlecken *nt* **etw ist kein ~** *fam* что-л. нелегко́ сде́лать

zuckern ['tsʊkɐn] *vt* сласти́ть, под- *св*

Zuckerrohr <-(e)s> *nt* са́харный тростни́к *м*

Zuckerrübe <-, -n> *f* са́харная свёкла *ж*

Zuckerstreuer <-s, -> *m* са́харница *ж*

zuckersüß ['tsʊkɐ'zy:s] *adj* о́чень сла́дкий; *abw* слаща́вый

Zuckerwatte <-> *f* са́харная ва́та *ж*

Zuckung <-, -en> *f* вздра́гивание *ср,* подёргивание *ср;* **nervöse ~en** не́рвный тик *м*

zu|decken *vt* закрыва́ть, -кры́ть *св*

zudem [tsu'de:m] *adj geh* к тому́ же

zu|drehen *vt (Wasserhahn)* закру́чивать, -крути́ть *св;* **sie drehte ihm den Rücken zu** она́ поверну́лась к нему́ спино́й

zudringlich ['tsu:drɪŋlɪç] *adj* навя́зчивый, назо́йливый

Zudringlichkeit <-en> *f* наха́льство *ср,* навя́зчивость *ж*

zu|drücken *vt* закрыва́ть, -кры́ть *св;* **ein Auge ~** *fig* закры́ть глаза́; **jdm die Kehle ~** задуши́ть кого́-л.

zueinander [tsuʔaɪ'nandɐ] *adv* друг к дру́гу; **sie passen gut ~** они́ подхо́дят друг дру́гу; **seid nett ~** бу́дьте добры́ друг к дру́гу

zu|erkennen <irr> *vt (Preis)* присужда́ть, присуди́ть *св; (Recht)* признава́ть, призна́ть *св*

zuerst [tsu'ʔe:ɐst] *adv (zunächst, anfangs)* снача́ла, внача́ле, сперва́; **ich bin ~ gekommen** я пришёл пе́рвым; **ich war ~ da** я был пе́рвым; **wer ~ kommt, mahlt ~** *prov* кто опереди́т, тому́ и награ́да

zu|fächeln *vt* **jdm Luft ~** обма́хивать кого́-л. ве́ером

Zufahrt <-, -en> *f* подъе́зд *м*

Zufahrtsstraße <-, -n> *f* подъездна́я доро́га *ж*

Zufall <-(e)s, Zufälle> *m* слу́чай *м,* случа́йность *ж;* **welch ein ~!** во́т так слу́чай!; **das ist aber ein ~!** како́е совпаде́ние!; **etw dem ~ verdanken** благодаря́ уда́че; **es war reiner ~, dass ...** чи́стая случа́йность, что ...; **durch ~** благодаря́ слу́чаю; **der ~ wollte es, dass ...** э́то во́ля слу́чая, случа́йно получи́лась так, что ...

zu|fallen <irr> *vi* **1.** *(Tür)* захло́пываться, -хло́пнуться *св;* **ihm fallen vor Müdigkeit die Augen zu** у него́ глаза́ закрыва́ются от уста́лости **2.** *(zuteil werden)* достава́ться, доста́ться *св;* **jdm etw ~** выпада́ть кому́-л.

zufällig **I.** *adj* случа́йный; **das war rein ~** э́то была́ чи́стая случа́йность **II.** *adv* случа́йно; **jdn ~ treffen** встре́тить случа́йно кого́-л.

zufälligerweise *adv* случа́йно

Zufallstreffer <-s, -> *m* случа́йное попада́ние *ср; (Schuss)* шальна́я пу́ля *ж; fig* случа́йный успе́х *м*

Zuflucht <-, -en> *f* спасе́ние *ср,* убе́жище *ср;* **~ suchen/finden** иска́ть/найти́ убе́жище; **jdm ~ gewähren** дать кому́-л. убе́жище

Zufluchtsort *m* убе́жище *ср,* приста́нище *ср*

Zufluss[RR] <-es, Zuflüsse> *m (das Zufließen, in ein Gewässer fließender Fluss)* прито́к *м*

zu|flüstern *vt* нашёптывать

zufolge [tsu'fɔlgə] *prp + dat (gemäß)* в соотве́тствии с, согла́сно, по; **dem Bericht ~** су́дя по отчёту

zufrieden [tsu'fri:dən] *adj* дово́льный; **mit etw ~ sein** быть дово́льным чем-л.; **sich (mit wenig) ~geben** не удовлетворя́ться ма́лым; **jdn ~lassen** оста́вить кого́-л. в поко́е

Zufriedenheit <-> *f* удовлетворе́ние *ср;* **zu jds voller ~** к удовлетворе́нию кого́-л.

zufrieden|stellen[RR] *vt* удовлетворя́ть, -ри́ть *св;* **jdn ~** удовлетвори́ть кого́-л.

zu|frieren <irr> *vi* замерза́ть, -мёрзнуть *св*

zu|fügen *vt* **1.** *(antun)* причиня́ть, -ни́ть *св;* **jdm Leid ~** причини́ть кому́-л. страда́ние **2.** *(hin~)* прибавля́ть, добавля́ть *нсв*

Zufuhr ['tsu:fu:ɐ] <-> *f (Versorgung)* снабже́ние *ср,* доста́вка *ж,* заво́з *м*

zu|führen *vt* **1.** *(Strom/Gas zuleiten)* подава́ть, -да́ть *св* **2.** *(transportieren, übergeben)* доставля́ть, -ста́вить *св* **3.** *(mit einem Kraftfahrzeug auch)* подвози́ть, -везти́ *св*

Zug [tsu:k, 'tsy:gə] <-(e)s, Züge> *m* **1.** *(Eisenbahnzug)* по́езд *м;* **fahren Sie mit dem Auto oder mit dem ~?** Вы е́дете на маши́не или на по́езде?; **wann fährt der nächste ~ nach Heidelberg?** когда́ отправля́ется сле́дующий по́езд в Ге́йдельбе́рг?; **der ~ ist abgefahren** *fam* по́езд ушёл; **im falschen ~ sitzen** *fam* сиде́ть не в том по́езде **2.** *(Kolonne)* коло́нна *ж,* ше́ствие *ср* **3.** *(militärische Abteilung)* взвод *м* **4.** *(Schluck)* глото́к *м;* **in einem ~** *(ohne Unterbrechung)* ра́зом; **das Glas in einem ~ austrinken** вы́пить за́лпом; **etw in vollen Zügen genießen** всеце́ло наслажда́ться чем-л. **5.** *(an einer Zigarette)* затя́жка *ж* **6.** *(im Gesicht)* черта́ *ж* **7.** *(Wesenszug)* черта́ *ж;* **etw in groben Zügen umreißen** описа́ть пове́рхностно что-л.; **das war kein schöner ~ von dir** э́то бы́ло нехорошо́ с твое́й стороны́ **8.** *(bei Brettspielen)* ход *м;* **in groben Zügen** *(nur in Umrissen)* в о́бщих черта́х; **einen ~ machen** сде́лать ход; **du bist am ~** твоя́ о́чередь, твой ход

Zugabe <-, -n> *f* **1.** *(im Konzert)* выступле́ние *ср* на бис; **noch drei ~n geben** сыгра́ть три ра́за на бис **2.** *(das Zugeben)* добавле́ние *ср,* доба́вка *ж*

Zugabteil *nt* купе́ *ср*

Zugang <-(e)s, Zugänge> *m* **1.** *(Eingang, Einfahrt)* вход *м,* до́ступ *м;* **~ verboten** вход воспрещён **2.** *(Zutritt)* до́ступ *м* **3.** *(Neueingang von Waren)* поступле́ние *ср,* приро́ст *м*

zugange [tsu'gaŋə] **mit jdm/etw** *dat* **~ sein** *fam* встреча́ться с кем-л.

zugänglich ['tsu:gɛŋlɪç] *adj (betretbar, verfügbar)* досту́пный; **jdm etw ~ machen** сде́лать что-л. досту́пным для кого́-л.

Zugbrücke <-, -n> *f* подъёмный мост *м*

zu|geben <irr> *vt* **1.** *(eingestehen)* признава́ть, -на́ть *св* **2.** *(hinzufügen)* добавля́ть, -ба́вить *св;* **ich muss ~, dass ...** я до́лжен призна́ть, что ...

zu|gehen <irr> *vi* **1.** *auch fig (sich nähern)* приближа́ться, -бли́зиться *св;* **auf jdn ~** подойти́ к кому́-л.; **er geht schon auf die siebzig zu** ему́ почти́ се́мьдесят **2.** *(in einer bestimmten Weise sein)* быть *нсв,* происходи́ть *нсв;* **auf dem Geburtstag ging es lustig zu** на дне рожде́ния бы́ло ве́село; **bei der Diskussion ging es lebhaft zu** диску́ссия оживи́лась **3.** *umg (sich schließen)* закрыва́ться, -кры́ться *св*

zu|gehören *vi geh* принадлежа́ть

Zugehörigkeit <-> *f (Mitgliedschaft)* принадле́жность *ж*

zugeknöpft *adj fam* застёгнутый

Zügel ['tsy:gəl] <-s, -> *m* по́вод *м,* узда́ *ж;* **die ~ anziehen** *fig* тяну́ть пово́дья; **die ~ fest in der Hand haben** *fig* держа́ть кре́пко пово́дья; **die ~ locker lassen** *a. fig* отпусти́ть пово́дья

zügellos *adj (hemmungslos)* безу́держный, необу́зданный

Zügellosigkeit <-, -en> *f* безу́держность *ж,* необу́зданность *ж*

zügeln ['tsy:gəln] **I.** *vt (Pferd, auch fig)* обу́здывать, обузда́ть *св* **II.** *vr (sich zurückhalten)* обузда́ть *св* себя́

Zugeständnis <-ses, -se> *nt* усту́пка *ж;* **~se an etw machen** пойти́ на усту́пки чему́-л.; **jdm ein ~ machen** сде́лать кому́-л. призна́ние

zu|gestehen <irr> *vt (geben, einräumen)* признава́ть, -зна́ть *св;* **jdm ein Recht ~ auf etw** призна́ть за кем-л. пра́во на что-л.; **jdm etw ~** призна́ться кому́-л. в чём-л.

Zugfahrt <-, -en> *f* пое́здка *ж* на по́езде

Zugführer <-s, -> *m o f* **1.** *(Bahnbeamter)* нача́льник *м* по́езда **2.** MIL команди́р *м* взво́да

zügig ['tsy:gɪç] *adj* бы́стрый

zugig ['tsy:gɪç] *adj* **hier ist es ~** здесь ду́ет

zugleich [tsu'glaɪç] *adv (gleichzeitig, ebenso)* одновре́менно

Zugluft <-> *f* сквозня́к *м*

Zugmaschine <-, -n> *f* тяга́ч *м*

Zugpersonal <-s> *nt* поездна́я брига́да *ж*

zu|greifen <irr> *vi* **1.** *(beim Essen)* угоща́ться, угости́ться *св* **2.** *(nach etw greifen, auch kaufen)* хвата́ть, схвати́ть *св;* **greifen Sie zu!** Угоща́йтесь!; **bei solch einer Gelegenheit muss man ~** не на́до упуска́ть таку́ю возмо́жность

Zugrestaurant <-s, -s> *nt* ваго́н *м* - рестора́н *м*

Zugriff <-(e)s, -e> *m* **1.** *(das Zugreifen)* хва́тка *ж;* **sich dem ~ der Polizei entziehen** вы́рваться из рук поли́ции **2.** DV до́ступ *м*

Zugriffsrecht <-(e)s, -e> *nt* INFOR пра́во *ср* на до́ступ

Zugriffszeit <-, -en> *f* DV вре́мя *ср* до́ступа

zugrunde [tsu'grʊndə], **zu Grunde** *adv* **~ gehen** погиба́ть; **etw einer Sache ~ legen** положи́ть что-л. в осно́ву чего́-л.; **einer Sache ~ liegen** лежа́ть в осно́ве чего́-л.; **etw ~ legen** разру́шить что-л.; **~ liegen** быть разби́тым; **jdn/etw ~ richten** уничто́жить кого́-л./что-л.

Zugschaffner <-s, -> *m* проводни́к *м*

Zugtier *nt* това́рное живо́тное *ср*

zu|gucken *vi fam* смотре́ть; **mir wird schon vom Zugucken schlecht** меня́ то́лько при взгля́де на э́то тошни́т

zugunsten [tsu'gʊnstən], **zu Gunsten** *prp + gen* в по́льзу, на по́льзу

zugute [tsu'gu:tə] *adv* на по́льзу; **jdm/etw** *dat* **~kommen** быть поле́зным кому́-л./чему́-л.

Zugverbindung <-, -en> *f* железнодоро́жное сообще́ние *ср*

Zugvogel <-s, -vögel> *m* перелётная пти́ца *ж*

Zugzwang *m* **jdn in ~ bringen** вы́нудить кого́-л. де́йствовать; **in ~ geraten** быть вы́нужденным де́йствовать

zu|haben <irr> *vt fam* **die Augen ~** закры́ть глаза́

Z

zu|halten <irr> *vt* держáть закры́тым; **sich die Ohren ~** затыкáть себé ýши; **auf etw ~** держáть курс на что-л.
Zuhälter ['tsu:hɛltɐ] <-s, -> *m* сутенёр *м*
Zuhause [tsu'haʊzə] <-s> *nt* дом *м*, домáшний очáг *м*
zuhause[RR] *adv A, CH* дóма
zu|hören *vi* слýшать, по- *св;* **jetzt hör mal gut zu** *umg* тепéрь хорошéнько послýшай; **jdm ~** слýшать когó-л.
Zuhörer(in) <-s, -> *m(f)* слýшатель *м*, слýшательница *ж*
zu|jubeln *vi* **jdm ~** привéтствовать когó-л.
zu|kehren *vt* поворáчивать, повернýть *св;* **sie kehrte ihm das Gesicht zu** онá повернýлась к немý лицóм
zu|klappen *vi sein* закрывáть, закры́ть *св*
zu|kleben *vt* заклéивать, -клéить *св*
zu|knallen *vt fam* хлóпать, хлóпнуть *св;* **die Tür ~** хлóпнуть двéрью
zu|kneifen <irr> *vt* зажмýрить; **die Augen ~** зажмýрить глазá
zu|knöpfen *vt* застёгивать, -стегнýть *св*
zu|kommen <irr> *vi* **1.** *(sich nähern)* подходúть, подойтú *св* **2.** *(bevorstehen)* предстоя́ть *нсв;* **das wird auf dich noch ~** э́то тебé ещё предстоúт; **wir werden es auf uns ~ lassen** мы подождём наступлéния чегó-л. **3.** *geh (zuteil werden)* полагáться *нсв;* **jdm etw ~ lassen** прислáть комý-л. что-л. **4.** *(gebühren)* подобáть *нсв;* **es kommt dir nicht zu, darüber zu urteilen** тебé не подобáет судúть об э́том; **dem kommt eine große Bedeutung zu** э́то имéет большóе значéние
Zukunft ['tsu:kʊnft] <-> *f* бýдущее *ср;* LING *(Futur)* бýдущее врéмя *ср;* **in ~** в бýдущем; **für die ~** на бýдущее; **in die ~ blicken** смотрéть в бýдущее; **in ferner/naher ~** в далёком/блúзком бýдущем; **das hat ~** у э́того есть бýдущее; **das hat keine ~** у э́того нет бýдущего
zukünftig I. *adj* бýдущий II. *adv* в бýдущем
Zukunftsaussichten <-> *pl* вúды на бýдущее *мн*
Zukunftsberuf <-(e)s, -e> *m* профéссия *ж* бýдущего
Zukunftsbranche <-, -n> *f* óтрасль *ж* бýдущего
zukunftsfähig *adj* перспектúвный
zukunftsorientiert *adj* ориентúрованный на бýдущее
Zukunftsperspektive <-, -n> *f* перспектúва *ж*, шáнсы *ммн* на бýдущее
zukunftsweisend *adj* укáзывающий путь в бýдущее
zu|lächeln *vi* **jdm ~** улыбáться комý-л.
Zulage <-, -n> *f* надбáвка *ж*, прибáвка *ж*
zu|lassen <irr> *vt* **1.** *(dulden, tolerieren, Zugang gewähren)* допускáть, -пустúть *св;* **wie kannst du ~, dass ...?** как ты мóжешь подýмать, что ...? **2.** *(geschlossen lassen)* оставля́ть, остáвить *св;* **keinen Zweifel ~** не допускáть сомнéний
zulässig ['tsu:lɛsɪç] *adj (zugelassen, erlaubt)* допустúмый; **~e Höchstgeschwindigkeit** допустúмая максимáльная скóрость
Zulässigkeit <-> *f* допустúмость *ж*
Zulassung <-, -en> *f* разрешéние *ср*, дóпуск *м; umg (Kraftfahrzeugschein)* регистрáция *ж*
Zulassungsbeschränkung *f* ограничéние *ср* дóступа к чемý-л.
Zulassungspapiere *ntpl* талóн *м* на машúну
Zulauf <-(e)s> *m ohne pl* **großen ~ haben** пóльзоваться большóй популя́рностью
zu|laufen <irr> *vi (laufen)* подбегáть, -бежáть *св;* **uns ist ein Hund zugelaufen** к нам прибúлась бездóмная собáка; **lauf zu!** бегú!; **jdm ~** *(Tiere)* бежáть к комý-л.
zu|legen I. *vr* **1.** *umg (kaufen)* приобретáть, -брестú *св* **2.** *(einen Hund, eine Freundin)* заводúть/-вестú *св* себé; **sie hat sich einen Geliebten zugelegt** онá завелá себé любóвника II. *vi, vt fam* **einen Zahn ~** прибáвить хóду
zuleide [ts͜u'laɪdə] *adv* **jdm etwas ~ tun** причинúть комý-л. вред
zuletzt [ts͜u'lɛts͜t] *adv* **1.** *(als letzter)* в послéднюю óчередь; **ganz ~** наконéц; **wir blieben bis ~** мы остáнемся до концá **2.** *umg (das letzte Mal)* в послéдний раз **3.** *(schließlich)* под конéц, в концé
zuliebe [ts͜u'li:bə] *prp + dat* рáди; **jdm/etw** *dat* **~** рáди когó-л./чегó-л.
Zulieferer <-s, -> *m* субпоставщúк *м*
Zulieferindustrie <-> *f* предприя́тия-субпоставщикú *срмн*
zum [tsʊm] *prp* к
zu|machen [-'-] I. *vt umg (schließen)* закрывáть, -кры́ть *св* II. *vi (Laden)* закрывáться, -кры́ться *св*
zumal [ts͜u'ma:l] I. *adv (namentlich)* осóбенно II. *konj (besonders da, weil)* тем бóлее что
zumindest [ts͜u'mɪndəst] *adv* по мéньшей [*или* крáйней] мéре
zumute [ts͜u'mu:tə], **zu Mute** *adv* на душé; **mir ist dabei gar nicht wohl ~** мне óчень неудóбно от э́того; **mir ist nicht zum Lachen ~** мне не до смéху
zu|muten ['tsu:mu:tən] *vt* **das kann man niemandem ~** э́того ни от когó нельзя́ трéбовать; **er hat sich einfach zuviel zugemutet** он прóсто слúшком мнóго на себя́ взял; **jdm etw ~** переоцéнивать когó-л.; **jdm zu viel ~** чрезмéрно переоценúть когó-л.
Zumutung <-, -en> *f (etw Unzumutbares)* чрез-

ме́рное тре́бование *ср,* обстоя́тельство *ср;* **das ist eine ~!** э́то наха́льство!

zunächst [ts̮u'nɛːçst] *adv* **1.** *(anfangs, zuerst)* снача́ла, внача́ле **2.** *(vorerst)* пока́; **~ einmal** снача́ла

zu|nageln *vt* заби́ть гвозя́ми

zu|nähen *vt* зашива́ть, -ши́ть *св*

Zunahme ['tsuːnaːmə] <-, -n> *f* увеличе́ние *ср,* повыше́ние *ср,* приро́ст *м;* **eine ~ um 10%** повыше́ние на 10%

Zuname <-ns, n> *m* о́тчество *ср*

zünden ['tsʏndən] **I.** *vi* **1.** TECH *(Motor)* заводи́ться, -вести́сь *св* **2.** *(Rakete)* запуска́ться, -пусти́ться *св* **3.** *(zu brennen beginnen)* зажига́ться, -же́чься *св;* **bei ihm hat es gezündet** он наконе́ц-то по́нял **II.** *vt (entzünden)* взрыва́ть, взорва́ть *св*

zündend *adj fig* зажига́тельный

Zünder ['tsʏndɐ] <-s, -> *m* взрыва́тель *м*

Zündholz <-es, -hölzer> *nt* спи́чка *ж*

Zündholzschachtel <-, -n> *f* спи́чечная коро́бка *ж*

Zündkabel *nt* AUTO про́вод *м* зажига́ния

Zündkerze <-, -n> *f* свеча́ *ж* зажига́ния

Zündschlüssel <-s, -> *m* ключ *м* зажига́ния

Zündschnur <-, -schnüre> *f* шнур *м* зажига́ния

Zündung <-, -en> *f* **1.** *(das Zünden)* поджига́ние *ср,* воспламене́ние *ср* **2.** KFZ зажига́ние *ср,* запа́л *м*

Zündvorrichtung <-, -en> *f* TECH устро́йство *ср* зажига́ния

zu|nehmen <irr> **I.** *vt* **1.** *(sich vergrößern)* увели́чиваться, -читься *св,* уси́ливаться, -литься *св* **2.** *(an Gewicht)* прибавля́ть, -ба́вить *св* **3.** *umg* полне́ть, по- *св;* **er hat in diesem Jahr fünf Kilo zugenommen** он приба́вил в э́том году́ пять килогра́ммов **II.** *vi* **an Größe ~** увели́читься в разме́ре

zu|neigen **I.** *vi* **jdm sehr zugeneigt sein** кто-л. нра́вится кому́-л. **II.** *vr* **sich etw** *dat* **~** клони́ть к чему́-л.

Zuneigung <-> *f* симпа́тия *ж,* расположе́ние *ср*

Zunft [tsʊnft] <-, Zünfte> *f* HIST ги́льдия *ж,* цех *м*

Zunge ['tsʊŋə] <-, -n> *f* язы́к *м;* **jdm die ~ herausstrecken** показа́ть кому́-л. язы́к; **es liegt mir auf der ~** *fig* у меня́ э́то на языке́ ве́ртится; **sich** *dat* **auf die ~ beißen** прикуси́ть язы́к; **sich** *dat* **die ~ verbrennen** обже́чь язы́к; **sie hat eine lose ~** у неё дли́нный язы́к; **seine ~ im Zaum halten** держа́ть язы́к за зуба́ми

Zungenbrecher <-s, -> *m umg* скорогово́рка *ж*

Zungenspitze *f* ко́нчик *м* языка́

zunichte|machen[RR] [ts̮u'nɪçtə-] *vt* уничто́жить; **das schlechte Wetter machte unsere Pläne wieder zunichte** плоха́я пого́да опя́ть перечеркну́ла все на́ши пла́ны

zu|nicken *vi* **jdm ~** кивну́ть кому́-л.

zunutze [ts̮u'nʊts̮ə], **zu Nutze** *adv* **sich** *dat* **etw ~ machen** воспо́льзоваться чем-л.

zuoberst [tsu'ʔoːbɐst] *adv* на са́мом верху́

zu|ordnen *vt* относи́ть, -нести́ *св;* **jdn einer Gruppe ~** отнести́ кого́-л. к како́й-л. гру́ппе

zu|packen *vi (zugreifen)* схвати́ть *св*

zupfen ['tsʊpfən] *vt* дёргать, дёрнуть *св;* **sich** *dat* **die Augenbrauen ~** выщи́пывать бро́ви

zur [ts̮uːɐ̯] = *zu der* **zu**

zurate[RR] *adv* **jdn ~ ziehen** посове́товаться с кем-л.

zu|rechnen *vt (zuordnen)* причисля́ть, -чи́слить *св*

zurechnungsfähig *adj* душе́вно здоро́вый

zurecht|biegen [tsu'rɛçt-] *vt* изогну́ть *св* (придава́я ну́жную фо́рму)

zurecht|finden [ts̮u'rɛçtfɪndən] <irr> *vr* ориенти́роваться, с- *св*

zurecht|kommen <irr> *vi (bewältigen)* справля́ться, спра́виться *св;* **sieh selbst zu, wie du zurechtkommst!** де́лай всё сам!

zurecht|legen *vt* **1.** *(bereitlegen, sich im voraus überlegen)* приготовля́ть, -гото́вить *св* **2.** *(Antwort)* приду́мывать, -мать *св*

zurecht|machen **I.** *vt* **1.** *umg (herrichten)* приготовля́ть, -то́вить *св* **2.** *umg (schminken)* кра́сить, на- *св* **3.** *umg (anziehen)* наряжа́ть, -ряди́ть *св* **II.** *vr:* **sich ~** *umg* **1.** *(sich schminken)* кра́ситься, на- *св* **2.** *(sich anziehen)* наряжа́ться, -ряди́ться *св*

zurecht|weisen <irr> *vt (tadeln)* руга́ть, от- *св*

Zurechtweisung <-, -en> *f* вы́говор *м,* ре́зкая кри́тика *ж*

zu|reden *vi* **jdm ~** угова́ривать кого́-л.

Zürich ['ts̮yːrɪç] <-s> *nt* Цю́рих *м*

zu|richten *vt* **jdn übel ~** отлупи́ть кого́-л.

Zurschaustellung [ts̮uːɐ̯'ʃaʊʃtɛlʊŋ] <-> *f* выставле́ние *ср* напока́з

zurück [tsu'rʏk] *adv* наза́д; **vor und ~** вперёд и наза́д; **hinter jdm weit ~ sein** суще́ственно отста́ть от кого́-л.; **hin und ~** туда́ и обра́тно; **es gibt kein Zurück mehr** пути́ наза́д нет; **ich bin gleich wieder ~** я сейча́с верну́сь

zurück|behalten <irr> *vt* оставля́ть, оста́вить *св*

zurück|bekommen <irr> *vt* получа́ть, -чи́ть *св;* **ich habe alles ~** я получи́л всё обра́тно

zurück|beugen *vr* **sich ~** наклони́ться наза́д

zurück|bezahlen *vt* упла́чивать, уплати́ть *св*

zurück|blättern *vi* листа́ть *нсв* наза́д

Z

zurechtweisen

• zurechtweisen	• **Упрёк**
Ihr Verhalten lässt einiges zu wünschen übrig.	**Ваше поведение оставляет желать лучшего.**
Ich verbitte mir diesen Ton!	**Я запрещаю тебе разговаривать таким тоном!**
Das brauche ich mir von Ihnen nicht gefallen zu lassen!	**Я не обязан вас терпеть! / не позволяю вам себя так вести!**
Unterstehen Sie sich!	**Не вздумайте делать этого!**
Was erlauben Sie sich!	**Что вы себе позволяете!**
Was fällt Ihnen ein!	**Как вы себя ведёте!**

zurück|bleiben <irr> *vi* **1.** *(an seinem Platz bleiben)* остава́ться, оста́ться *св* **2.** *(in der Entwicklung)* отстава́ть, отста́ть *св;* **hinter den Erwartungen ~** не оправда́ть ожида́ний

zurück|blicken *vi* **1.** *(sich umsehen)* огляну́ться *св* **2.** *(auf Vergangenes)* припомина́ть, припо́мнить *св*

zurück|bringen <irr> *vt* **1.** *(an seinen Platz bringen, in Richtung vom Sprecher weg)* относи́ть, -нести́ *св* **2.** *(in Richtung zum Sprecher)* приноси́ть, -нести́ *св* **3.** *(allgemein)* возвраща́ть, -врати́ть *св*

zurück|denken <irr> *vi* **an etw ~** вспомина́ть что-л.

zurück|drängen *vt* оттесня́ть, -ни́ть *св*

zurück|erobern *vt* отвоёвывать, -воева́ть *св*

zurück|erstatten *vt* возмеща́ть, возмести́ть *св*

zurück|fahren <irr> **I.** *vi (zum Ausgangspunkt)* е́хать/по- *св* наза́д [*или* обра́тно], возвраща́ться, -врати́ться *св* **II.** *vt (zurückbefördern)* отвози́ть/-везти́ *св* наза́д [*или* обра́тно]

zurück|fallen <irr> *vi* **1.** *(wieder herunterfallen)* па́дать/упа́сть *св* сно́ва [*или* опя́ть] **2.** SPORT *(in Rückstand geraten)* отстава́ть, -ста́ть *св* **3.** *(in einen Fehler)* повторя́ть, -ри́ть *св*

zurück|finden <irr> *vi* находи́ть, найти́ *св*

zurück|fordern *vt* тре́бовать/по- *св* наза́д [*или* обра́тно]

zurück|führen **I.** *vi (zum Ausgangspunkt führen)* вести́/при- *св* наза́д [*или* обра́тно]; **es führt kein Weg zurück** наза́д доро́ги нет **II.** *vt* **viele Krankheiten lassen sich auf falsche Ernährung ~** мно́гие боле́зни объясня́ются непра́вильным пита́нием

zurück|geben <irr> *vt* отдава́ть, -да́ть *св*

zurückgeblieben *adj* отста́лый; **geistig ~** у́мственно отста́лый

zurück|gehen <irr> *vi* **1.** *(zum Ausgangspunkt gehen)* идти́/пойти́ *св* наза́д [*или* обра́тно]; **zwei Schritte ~** отойти́ на два шага́; **auf etw ~** верну́ться к чему́-л. **2.** *(abnehmen, schwächer werden)* уменьша́ться, уме́ньшиться *св* **3.** *(seine Herkunft in etw haben)* восходи́ть *нсв*

zurück|gewinnen <irr> *vt* отыгра́ть *св*

zurückgezogen *adj* уединённый; **~ leben** жить в одино́честве

Zurückgezogenheit <-> *f* уединённость *ж*

zurück|greifen <irr> *vi* воспо́льзоваться *св;* **darf ich auf Ihr Angebot ~?** я могу́ воспо́льзоваться Ва́шим предложе́нием?

zurück|halten <irr> **I.** *vt* **1.** *(nicht fortlassen, aufhalten, auch Informationen)* заде́рживать, -держа́ть *св;* **etw für jdn ~** бере́чь что-л. для кого́-л.; **jdn von etw** *dat* **~** оберега́ть кого́-л. от чего́-л. **2.** *(Zorn, Demonstranten)* сде́рживать, сдержа́ть *св* **II.** *vi (warten)* (пока́) возде́рживаться, -держа́ться *св* **III.** *vr* **sich ~** *(sich beherrschen)* сде́рживаться, сдержа́ться *св*

zurückhaltend *adj (unaufdringlich, reserviert)* сде́ржанный

Zurückhaltung <-> *f (Unaufdringlichkeit, Reserve)* сде́ржанность *ж*

zurück|kaufen *vt* выкупа́ть, вы́купить *св*

zurück|kehren *vi (zurückkommen)* возвраща́ться, -врати́ться (наза́д/обра́тно) *св*, верну́ться *св* (наза́д/обра́тно)

zurück|kommen <irr> *vi* **1.** приходи́ть/прийти́ *св* (наза́д) **2.** *(auch wieder aufgreifen)* возвраща́ться, -врати́ться *св*, верну́ться *св;* **aus dem Urlaub ~** возврати́ться из о́тпуска; **auf etw ~** верну́ться к чему́-л.; **um noch einmal darauf zurückzukommen** поговори́м ещё раз о ...

zurück|kriegen *vt fam s.* **zurückbekommen**

zurück|lassen <irr> *vt (nicht mitnehmen, hinterlassen)* оставля́ть, оста́вить *св*

zurück|legen **I.** *vt* **1.** *(an seinen Platz)* класть/положи́ть *св* обра́тно (на своё ме́сто) **2.** *(reservieren)* откла́дывать, отложи́ть *св;* **sich** *dat* **etwas Geld ~** сэконо́мить немно́го де́нег **3.** *(Wegstrecke, zu Fuß)* проходи́ть, пройти́ *св* **4.** *(mit einem Fahrzeug)* проезжа́ть, прое́хать *св* **II.** *vr* отки́дываться, отки́нуться *св*

zurück|lehnen *vr* **sich ~** отки́нуться наза́д

zurück|liegen <irr> *vi* **der Vorfall liegt schon Jahre zurück** э́то случи́лось мно́го лет тому́ наза́д

zurück|melden *vr* **sich ~** дать о себе́ знать

zurück|nehmen <irr> *vt* **1.** *(wieder annehmen, auch Worte)* брать/взять *св* обра́тно [*или* наза́д] **2.** *(Anordnung)* отменя́ть, -ни́ть *св*

zurück|prallen *vt sein (Ball)* отска́кивать, отскочи́ть *св*

zurück|rufen <irr> *vt (telefonisch rückmelden)* перезва́нивать, -звони́ть *св;* **sich etw ins Gedächtnis ~** вспо́мнить что-л.

zurück|schalten *vi* AUTO переключи́ть на ни́зкую ско́рость

zurück|schauen *vi s.* **zurückblicken**

zurück|schicken *vt* посыла́ть/посла́ть *св* обра́тно

zurück|schlagen <irr> **I.** *vi (Armee)* отве́тить на уда́р **II.** *vt (Ball)* отска́кивать, отскочи́ть *св*

zurück|schrauben *vt* уме́ньшить *св*

zurück|schrecken *vi* **er schreckt vor nichts zurück** он ничего́ не бои́тся

Zurücksetzung <-, -en> *f* ущемле́ние *ср,* дискримина́ция *ж*

zurück|spulen *vt* перема́тывать/перемота́ть *св* наза́д

zurück|stellen *vt* **1.** *(an seinen Platz)* ста́вить/по- *св* обра́тно **2.** *(Uhr)* переводи́ть/-вести́ *св* наза́д **3.** *(aufschieben, auch Interessen)* откла́дывать/отложи́ть *св* в сто́рону; **seine Bedenken ~** не обраща́ть внима́ния на сомне́ния

zurück|stoßen <irr> *vt (wegstoßen)* отта́лкивать, оттолкну́ть *св*

zurück|stufen *vt* поста́вить в катего́рию ни́же

zurück|treten <irr> *vi* **1.** *(nach hinten treten)* отходи́ть/отойти́ *св* наза́д; **bitte ~!** отойди́те, пожа́луйста! **2.** *(sein Amt niederlegen)* уходи́ть/уйти́ *св* в отста́вку **3.** *(von einer Vereinbarung)* отка́зываться, -каза́ться *св;* **bitte einen Schritt ~!** отойди́те, пожа́луйста, на оди́н шаг наза́д!

zurück|verfolgen *vt* проследи́ть что-л. во вре́мени

zurück|verlangen *vt* тре́бовать обра́тно

zurück|versetzen **I.** *vt (in eine vergangene Zeit)* переноси́ть/-нести́ *св* наза́д **II.** *vr (sich zurückdenken)* переноси́ться, -нести́сь *св*

zurück|weichen <irr> *vi sein* отступа́ть, отступи́ть *св*

zurück|weisen <irr> *vt* **1.** *(abweisen: Antrag)* отклоня́ть, -ни́ть *св* **2.** *(Vorwurf)* отверга́ть, отве́ргнуть *св*

Zurückweisung <-en> *f* отка́з *м*

zurück|zahlen *vt* **das werd' ich ihm ~!** *fam* я э́то ему́ верну́ с лихво́й!

zurück|ziehen <irr> *vr* уединя́ться, -ни́ться *св;* MIL отступа́ть, -пи́ть *св;* **sich aus der Politik ~** уйти́ из поли́тики

Zuruf ['- -] <-(e)s, -e> *m* крик *м,* о́крик *м,* во́зглас *м*

zu|rufen <irr> *vt* **jdm etw ~** звать кого́-л.

zurzeit [tsuːe'tsaɪt] *adv* в настоя́щее вре́мя, сейча́с

Zusage <-, -n> *f* **1.** *(zustimmender Bescheid)* согла́сие *ср* **2.** *(Zusicherung)* обеща́ние *ср*

zu|sagen **I.** *vt (zusichern)* обеща́ть, по- *св* **II.** *vi* **1.** *(auf eine Einladung)* дава́ть, дать своё согла́сие *св* **2.** *(behagen, gefallen)* нра́виться, по- *св;* **jdm ~** нра́виться кому́-л.; *(passen)* подходи́ть кому́-л.

zusammen [tsu'zamən] *adv* **1.** *(gemeinsam)* вме́сте, совме́стно; **~ mit** вме́сте с; **~ sein** *(beieinander sein)* быть вме́сте; *(fest befreundet sein)* быть друзья́ми; **alle ~** все вме́сте **2.** *(insgesamt)* в ито́ге; **das macht ~ 50 Euro** ито́го пятьдеся́т е́вро

Zusammenarbeit <-> *f* сотру́дничество *ср;* **enge wirtschaftliche ~** те́сное экономи́ческое сотру́дничество

zusammen|arbeiten *vi* сотру́дничать *св*

zusammen|ballen *vt* сжима́ть/сжать *св* кулаки́

zusammen|beißen <irr> *vt* **die Zähne ~** сти́снуть зу́бы

zusammen|brechen <irr> *vi* **1.** *(einstürzen)* обру́шиваться, -шиться *св;* **für ihn ist eine Welt zusammengebrochen** мир ру́шился у него́ на глаза́х **2.** *(zum Erliegen kommen)* остана́вливаться, -нови́ться *св* **3.** *(Pläne etc)* терпе́ть, по- *св* **4.** *(vor Erschöpfung)* надрыва́ться, надорва́ться *св*

zusammen|bringen <irr> *vt (Geld, Personen)* собира́ть, собра́ть *св*

Zusammenbruch <-(e)s, -brüche> *m* **1.** *(Nerven~)* не́рвный срыв *м* **2.** *(wirtschaftlicher, politischer)* крах *м,* круше́ние *ср;* **~ des Bankensystems** крах ба́нковской систе́мы; **~ eines Computersystems** отка́з компью́терной систе́мы

zusammen|drücken *vt* сжима́ть *нсв*

zusammen|fallen <irr> *vi* **1.** *(einstürzen)* обру́шиваться, -шиться *св* **2.** *(sich decken)* совпада́ть, -па́сть *св*

zusammen|falten *vt (Papier, Stoff)* согну́ть *св*

zusammen|fassen **I.** *vt* **1.** *(vereinigen)* объединя́ть, -ни́ть *св* **2.** *(resümieren)* обобща́ть, -щи́ть *св* **II.** *vi (als Fazit)* подводи́ть ито́г, -вести́ *св*

Zusammenfassung <-, -en> *f* **1.** *(Vereinigung)* объедине́ние *ср* **2.** *(zusammengefasste Darstellung)* обобще́ние *ср,* резюме́ *ср*

zusammengesetzt *adj* **ein ~es Wort** составно́е сло́во *ср*

zusammen|halten <irr> *vi (zueinanderstehen)* держа́ться *св* вме́сте

Zusammenhang <-(e)s, -hänge> *m* связь *ж*, взаимосвя́зь *ж;* **in ~ mit etw** *dat* **stehen** находи́ться в свя́зи с чем-л.; **etw aus dem ~ reißen** вы́рвать что-л. из конте́кста; **etw mit etw** *dat* **in ~ bringen** проследи́ть связь ме́жду чем-л.

zusammen|hängen <irr> *vi fig (in Beziehung stehen)* быть *нсв* свя́занным; **das hängt damit zusammen, dass ...** э́то свя́зано с тем, что ...

Zusammenhangslosigkeit <-> *f* бессвя́зность *ж*

zusammen|heften *vt* сшить, подши́ть вме́сте

zusammen|klappen I. *vi sein (Person)* упа́сть *св*, свали́ться *св* **II.** *vt (Stuhl, Tisch)* скла́дывать *нсв*

zusammen|knoten *vt* завяза́ть *св* в у́зел

zusammen|knüllen *vt* ско́мкать *св*

zusammen|kommen <irr> *vi* **1.** *(sich versammeln)* встреча́ться, встре́титься *св* **2.** *(sich gleichzeitig ereignen)* совпада́ть, -па́сть *св*

Zusammenkunft [tsuˈzamənkʊnft, t͜suˈzamənkʏnftə] <-, -künfte> *f* встре́ча *ж*, собра́ние *ср*

Zusammenleben <-s> *nt ohne pl* совме́стная жизнь *ж*

zusammen|legen I. *vt (zusammenfalten)* скла́дывать, сложи́ть *св* **II.** *vi (Geld)* скла́дываться, сложи́ться *св*

Zusammenlegung <-> *f* совмеще́ние *ср*, слия́ние *ср*, объедине́ние *ср*

zusammen|nehmen <irr> **I.** *vr* **sich ~: nimm dich zusammen** возьми́ себя́ в ру́ки **II.** *vt* **seinen ganzen Mut ~** собра́ться с ду́хом; **alles zusammengenommen ...** всё вме́сте взя́тое, счита́я всё вме́сте ...

zusammen|passen *vi (harmonieren)* подходи́ть, подойти́ *св*, сочета́ться *нсв*

zusammen|rechnen *vt* подсчи́тывать, скла́дывать *нсв*

zusammen|rücken *vi sein* сесть *св* ря́дом

zusammen|schlagen <irr> *vt (verprügeln)* избива́ть, -би́ть *св;* **sie schlug die Hände über dem Kopf zusammen** она́ всплесну́ла рука́ми

zusammen|schließen <irr> *vr (sich vereinigen)* объединя́ться, -ни́ться *св*

Zusammenschluss[RR] <-es, -schlüsse> *m* объедине́ние *ср*, слия́ние *ср*

zusammen|schnüren *vt* зашнуро́вывать, зашнурова́ть *св*

zusammen|schrauben *vt* приви́нчивать, привинти́ть *св*

zusammen|schweißen *vt* сва́ривать, свари́ть *св; fig* спла́чивать, сплоти́ть *св*

zusammen|setzen I. *vt* **1.** *(zusammenfügen)* собира́ть, собра́ть *св* **2.** *(Personen nebeneinander setzen)* сажа́ть, посади́ть *св* **II.** *vr* **1.** *(bestehen aus)* состоя́ть *нсв* **2.** *(sich zueinander setzen)* сади́ться, сесть *св;* **sich zu Verhandlungen ~** сесть за стол перегово́ров

Zusammensetzung <-, -en> *f (Aufbau)* соста́в *м;* **eine ~ aus ...** смесь из ...

zusammen|sitzen *vi* сиде́ть вме́сте

zusammen|sparen *vr* накопи́ть *св*

Zusammenspiel <-(e)s> *nt* **1.** *(Zusammenwirken)* взаимоде́йствие *ср* **2.** SPORT AUCH сы́гранность *ж*

zusammen|stecken *vt* **die Köpfe ~** обсужда́ть что-л. та́йно

zusammen|stellen *vt (Liste, auch zueinander stellen)* составля́ть, соста́вить *св*

Zusammenstellung <-, -en> *f* **1.** *(Zusammensetzung)* соста́в *м* **2.** *(Übersichtsdarstellung)* спи́сок *м*, сбо́рник *м*

Zusammenstoß <-es, -stöße> *m (Kollision, Auseinandersetzung)* столкнове́ние *ср*

zusammen|stoßen *vi (kollidieren)* ста́лкиваться, столкну́ться *св*

zusammen|streichen *vt* сокраща́ть, сократи́ть *св*

zusammen|tragen <irr> *vt* собира́ть, собра́ть *св*

Zusammentreffen <-s, -> *nt* **1.** *(Treffen)* встре́ча *ж;* **bei unserem letzten ~** на на́шей после́дней встре́че **2.** *(zeitliches Zusammenfallen)* совпаде́ние *ср*

zusammen|treffen <irr> *vi* **1.** *(sich treffen)* встреча́ться, встре́титься *св* **2.** *(gleichzeitig stattfinden)* совпада́ть, совпа́сть *св*

zusammen|treiben <irr> *vt* собра́ть вме́сте

Zusammenwirken <-s> *nt* коопера́ция *ж*, взаимоде́йствие *ср*

zusammen|zählen *vt* подсчи́тывать, -счита́ть *св*

zusammen|ziehen <irr> **I.** *vt (enger machen)* затя́гивать, -тяну́ть *св* **II.** *vi (in eine Wohnung)* съезжа́ться, съе́хаться *св;* **mit jdm ~** жить вме́сте с кем-л.

zusammen|zucken *vi sein* вздро́гнуть *св*

Zusatz <-es, Zusätze> *m* **1.** *(Zugabe)* добавле́ние *ср;* **ohne ~ von Konservierungsstoffen** без при́месей **2.** *(zusätzliche Bemerkung)* дополне́ние *ср*

Zusatzgerät <-(e)s, -e> *nt* приста́вка *ж*

zusätzlich [ˈtsuːzɛtslɪç] *adj (ergänzend)* дополни́тельный

Zusatznutzen <-s, -> *m* дополни́тельная вы́года *ж*

Zusatzrente <-, -n> *f* дополни́тельная пе́нсия *ж*

zu|schauen *vi* s. **zusehen**

Zuschauer <-s, -> *m o f* зри́тель *м;* **die ~ waren begeistert** зри́тели бы́ли в вос-

то́рге
Zuschauerbefragung <-> *f* опро́с *м* зри́телей
zu|schicken *vt* посыла́ть, -сла́ть *св*
Zuschlag <-(e)s, Zuschläge> *m* **1.** *(bei Fahrkarten)* допла́та *ж;* **den ~ erhalten** получи́ть допла́ту; **jdm den ~ für etw erteilen** поручи́ть кому́-л. сде́лать что-л. **2.** *(bei Auktionen)* присужде́ние *ср* ло́та
zu|schlagen <irr> **I.** *vt (Fenster, Tür)* захло́пывать, -пну́ть *св* **II.** *vi* **1.** *(zufallen)* захло́пываться, -пнуться *св* **2.** *(schlagen)* бить *нсв,* уда́рить *св;* **schlag zu!** бери́!
zuschlagfrei *adj* без надба́вки
zuschlagpflichtig *adj* **Schnellzüge sind ~** в ско́рых поезда́х ну́жно допла́чивать за ско́рость
zu|schließen <irr> *vt* закрыва́ть, -кры́ть *св*
zu|schnappen *vi sein (Schloss)* щёлкнуть *св*
zu|schneiden <irr> *vt (Stoff)* крои́ть, рас- *св;* **auf jdn/etw genau zugeschnitten sein** *fig* бы́ть то́чно рассчи́танным на кого́-л./что-л.; **die Stelle war ganz auf ihn zugeschnitten** ме́сто бы́ло как раз для него́
zu|schnüren *vt* **1.** *(Schuhe, Paket)* завя́зывать, -вяза́ть *св* **2.** *(Schuhe auch)* зашнуро́вывать, -рова́ть *св;* **die Angst schnürte ihm die Kehle zu** страх охвати́л его́
zu|schrauben *vt* зави́нчивать, -винти́ть *св*
zu|schreiben <irr> *vt (als Urheber betrachten, auch Schuld zuweisen)* припи́сывать, -писа́ть *св;* **das hast du dir selbst zuzuschreiben** ты сам винова́т
Zuschrift <-, -en> *f (Schreiben)* письмо́ *ср*
zuschulden [tsu'ʃʊldən] *adv* **sich** *dat* **etwas zuschulden kommen lassen** провини́ться в чем-л.
Zuschuss[RR] <-es, Zuschüsse> *m* **1.** *(finanzielle Hilfe)* посо́бие *ср* **2.** *(Extrageld)* надба́вка *ж*
Zuschussbetrieb <-(e)s, -e> *m* бюдже́тное предприя́тие *ср*
zu|schütten *vt* **1.** *(zufüllen)* засыпа́ть, -сы́пать *св* **2.** *umg (dazugießen)* долива́ть, -ли́ть *св*
zu|sehen *vi (beobachten, mitansehen)* наблюда́ть, по- *св,* смотре́ть, по- *св;* **jdm bei der Arbeit ~** наблюда́ть за кем-л. во вре́мя рабо́ты; **~, dass …** смотре́ть, что́бы …; **sieh mal zu, was du machen kannst!** посмотри́, что мо́жно сде́лать!
zusehends ['tsu:ze:ənts] *adv* ви́димо; **es geht ihm ~ besser** ему́ уже́ ви́димо лу́чше
zu|sein <irr> *vi sein s.* **zu II.3.**
zu|senden *vt* посыла́ть, -сла́ть *св*
Zusendung <-, -en> *f* посы́лка *ж*
zu|sichern *vt* гаранти́ровать *нсв*
Zusicherung <-, -en> *f* обеща́ние *ср,* заве́рение *ср*
Zuspiel <-(e)s> *nt* SPORT переда́ча *ж*
zu|spielen *vt* **1.** *(Ball)* передава́ть, -да́ть *св* **2.** *fig (zukommen lassen)* подки́дывать, -ки́нуть *св*
zu|spitzen **I.** *vr fig (sich verschärfen)* обостря́ться, -ри́ться *св* **II.** *vt (spitz machen)* заостря́ть, -ри́ть *св*
zu|sprechen <irr> *vt* **jdm Trost/Mut ~** успока́ивать/ободря́ть кого́-л.
Zustand [tsu'ʃtand] <-(e)s, Zustände> *m (Beschaffenheit)* состоя́ние *ср*
zustande [tsu'ʃtandə], **zu Stande** *adv* **etw ~** [*o* **zu Stande**] **bringen** осуществля́ть что-л.; **~** [*o* **zu Stande**] **kommen** состоя́ться
zuständig *adj (verantwortlich)* отве́тственный; **für diesen Bereich ist Herr Müller ~** за э́то отвеча́ет господи́н Мю́ллер
Zuständigkeit <-, -en> *f (Befugnis, Kompetenz)* компете́нция *ж;* **das fällt nicht in meine ~** э́то не вхо́дит в мои́ обя́занности
zu|stecken *vt* **jdm etw ~** дать кому́-л. что-л.
zu|stehen <irr> *vi* полага́ться *нсв*
zu|stellen *vt* **1.** *(zuschicken)* доставля́ть, -ста́вить *св* **2.** *(versperren)* заставля́ть, -ста́вить *св*
Zustellung <-> *f* доста́вка *ж;* **~ direkt ins Haus** доста́вка на́ дом
zu|stimmen *vi* **1.** *(gleicher Meinung sein)* соглаша́ться, -гласи́ться *св;* **jdm ~** согласи́ться с кем-л. **2.** *(billigen, akzeptieren)* одобря́ть, одо́брить *св;* **einem Vorschlag ~** одо́брить како́е-л. предложе́ние
Zustimmung <-> *f* **1.** *(Einverständnis)* согла́сие *ср* **2.** *(Billigung)* одобре́ние *ср,* подде́ржка *ж;* **seine ~ (zu etw** *dat***) geben/verweigern** дать/не дать своё согла́сие (на что-л.); **~ finden** встре́тить одобре́ние
zu|stoßen <irr> **I.** *vt (heftig schließen)* захло́пывать, -пнуть *св* **II.** *vi (geschehen)* случа́ться, -чи́ться *св;* **hoffentlich ist ihm nichts zugestoßen** я наде́юсь, что с ним ничего́ не случи́лось
Zustrom <-(e)s> *m (von Menschen, das Strömen)* наплы́в *м,* прито́к *м*
zutage [tsu'ta:gə] *adv* **~ treten** *(Eigenschaften)* проявля́ться; **etw ~ bringen** выявля́ть, обнару́живать
Zutaten <-> *pl* ингредие́нты *ммн,* соста́в *м*
zuteil [tsu'taɪl] *adv geh* **jdm wird etw ~** кому́-л. дано́ что-л.; **jdm etw ~ werden lassen** предопределя́ть кому́-л. что-л.
zu|teilen *vt* **1.** *(Aufgabe)* поруча́ть, -чи́ть *св* **2.** *(an viele Menschen austeilen)* распределя́ть, -ли́ть *св* **3.** *(Wohnung, Grundstück)* выделя́ть, вы́делить *св*

Z

Zuständigkeit ausdrücken

• nach Zuständigkeit fragen **Sind Sie die behandelnde Ärztin?** **Sind Sie dafür zuständig?**	• **Вопрос об ответственности** **Вы лечащий врач?** **Вы за это в ответе? / отвечаете?**
• Zuständigkeit ausdrücken **Ja, bei mir sind Sie richtig.** **Ich bin für** die Organisation des Festes **verantwortlich / zuständig.**	• **Выражение ответственности** **Да, вы обратились к кому следует.** **Я отвечаю/ ответственный** за организацию вечера.
• Nicht-Zuständigkeit ausdrücken **Da sind Sie bei mir an der falschen Adresse.** *(fam)* **Dafür bin ich (leider) nicht zuständig.** **Dazu bin ich (leider) nicht berechtigt / befugt.** **Das fällt nicht in unseren Zuständigkeitsbereich.** *(form)*	• **Выражение отсутствия полномочий** **Вы обратились не к тому, к кому следует.** **Я не отвечаю за это (к сожалению).** **Я не имею права на это. / не уполномочен делать это.** **Это не относится к той области, за которую мы отвечаем.**

zutiefst [t͡suˈtiːfst] *adv* в вы́сшей сте́пени; **etw ~ bereuen** глубоко́ сожале́ть о чём-л.

Zutrauen <-s> *nt* дове́рие *ср*, ве́ра *ж*

zu|trauen *vt* **so etw hätte ich ihm niemals zugetraut** э́того я от него́ никогда́ не ожида́л; **jdm nicht viel ~** не доверя́ть кому́-л.; **ihm ist alles zuzutrauen** от него́ всего́ мо́жно ожида́ть; **traust du dir das zu?** ты уве́рен, что спра́вишься?

zutraulich *adj* дове́рчивый

Zutraulichkeit <-, -en> *f* дове́рчивость *ж*

zu|treffen <irr> *vi* **1.** *(richtig sein)* соотве́тствовать *нсв* **2.** *(gelten)* подходи́ть, подойти́ *св*

zutreffend *adj (richtig)* пра́вильный

Zutritt <-(e)s> *m* **1.** *(Betreten)* вход *м;* **Unbefugten ist der ~ verboten** посторо́нним вход воспрещён **2.** *(Zugang)* до́ступ *м;* **kein ~!** до́ступ воспрещён!; **(freien) ~ haben** име́ть (свобо́дный) до́ступ; **sich** *dat* **~ verschaffen** получи́ть до́ступ

Zutun <-s> *nt* уча́стие *ср;* **ohne mein ~** без меня́

zuverlässig [ˈtsuːfɛɐlɛsɪç] *adj* надёжный

Zuverlässigkeit <-> *f* **1.** *(Verlässlichkeit)* надёжность *ж;* **die ~ eines EDV-Systems** надёжность систе́мы ЭВМ **2.** *(Glaubwürdigkeit)* достове́рность *ж;* **die ~ von Informationen** достове́рность информа́ции

Zuversicht [ˈtsuːfɛɐzɪçt] <-> *f* уве́ренность *ж;* **in der festen ~, dass ...** в по́лной уве́ренности, что ...; **voller ~** по́лный уве́ренности

zuversichtlich *adj* уве́ренный; **ich bin ~, dass ...** я уве́рен, что ...

zu viel[RR] *pron indef* сли́шком мно́го

zuvor [t͡suˈfoːɐ̯] *adv* **wie ~** как ра́ньше; **nie ~** никогда́ пре́жде [*или* до э́того]; **tags ~** за день до э́того; **kurz ~** в кану́н; **am Tag ~** за день до

zuvor|kommen <irr> *vi* опережа́ть, -ре-ди́ть *св;* **ich bin ihm zuvorgekommen** я опереди́л его́; **da bin ich ihm zuvorgekommen** я его́ предупреди́л; **etw** *dat* **zuvorkommen** опереди́ть что-л.

zuvorkommend *adj (hilfsbereit, höflich)* предупреди́тельный, ве́жливый

Zuwachs [ˈtsuːvaks, ˈt͡suːvɛksə] <-es> *m* увеличе́ние *ср*, приро́ст *м;* **~ bekommen** *fam* увели́читься

zu|wachsen <irr> *vi (überwuchert werden, auch Wunde)* зараста́ть, -расти́ *св*

Zuwachsrate <-, -n> *f* проце́нт *м*

zu|weisen <irr> *vt* **1.** *(Aufgabe)* поруча́ть, -чи́ть *св* **2.** *(Wohnung, Arbeit)* предоставля́ть, -ста́вить *св*

Zuweisung <-> *f* отчисле́ние *ср*

zu|wenden **I.** *vt* **1.** *(etw zu etw/jdm hinwenden)* повора́чивать, поверну́ть; **sie wandte ihm ihr Gesicht zu** она́ поверну́лась к нему́ лицо́м; **jdm seine Aufmerksamkeit ~** обрати́ть внима́ние на кого́-л. **2.** *(Aufmerksamkeit)* посвяща́ть, -святи́ть *св* **II.** *vr* **1.** *(sich zu etw/jdm hinwenden)* повора́чиваться, поверну́ться *св* **2.** *fig (sich widmen)* посвяща́ть, -святи́ть *св;* **sich jdm zuwenden** оберну́ться к кому́-л.

Zuwendung <-, -en> *f* **1.** *(Geldbetrag)* дота́ция *ж*, де́нежная по́мощь *ж* **2.** *(liebevolle Aufmerksamkeit)* внима́ние *ср*

zuwenig[Alt] [t͡suˈveːnɪç] *s.* **zu**

zu|werfen *vt (hinwerfen)* броса́ть, бро́сить *св*

zuwider [t͡suˈviːdɐ] **I.** *adv (entgegengesetzt, unangenehm)* проти́вный; **etw ist jdm ~** что-л. кому́-л. проти́вно **II.** *prp + dat (entgegen)* вопреки́

zustimmen

• **zustimmen, beipflichten**	• **Согласие**
Ja, das denke ich auch.	**Да, я тоже так думаю.**
Da bin ich ganz deiner Meinung.	**В этом я с тобой полностью согласен.**
Dem schließe ich mich an.	**Я одобряю это.**
Ich stimme Ihnen voll und ganz zu.	**Я совершенно с вами согласен.**
Ja, das sehe ich (ganz) genauso.	**Да, у меня точно такое же мнение.**
Ich sehe es nicht anders.	**Именно так я это себе представляю.**
Ich gebe Ihnen da vollkommen Recht.	**В этом вы абсолютно правы.**
Da kann ich Ihnen nur Recht geben.	**Здесь я могу с вами только согласиться.**
(Das) habe ich ja (auch) gesagt.	**Это (именно то), что я сказал.**
Finde ich auch. *(fam)*	**Я думаю так же.**
Genau! / Stimmt! *(fam)*	**Именно! / Правильно!**

zuwider|handeln *vi* **einem Verbot ~** наруша́ть запре́т

Zuwiderhandlung <-> *f* наруше́ние *ср,* невыполне́ние *ср*

zuwider|laufen <irr> *vi* противоре́чить *нсв*

Zuzahlung <-, -en> *f* дополни́тельный взнос *м,* допла́та *ж*

zu|ziehen <irr> I. *vt* 1. *(Vorhänge)* закрыва́ть, -кры́ть *св* 2. *(Schlinge)* затя́гивать, -тяну́ть *св;* **sich eine Grippe ~** зарази́ться гри́ппом; **sich eine Erkältung ~** простуди́ться II. *vi (als Einwohner)* приезжа́ть, -е́хать *св* III. *vr* 1. *(Schlinge)* затя́гиваться, -тяну́ться *св* 2. *(jds Zorn)* навлека́ть, -вле́чь *св*

zuzüglich [ˈtsuːtsyːklɪç] *prp + gen* включа́я

zu|zwinkern *vi* подми́гивать, подмигну́ть *св*

Zwang [tsvaŋ] <-(e)s, Zwänge> *m* 1. *(innerer Drang)* вну́тренняя необходи́мость *ж* 2. *(Gewalt)* наси́лие *ср,* принужде́ние *ср;* **~ auf jdn ausüben** нажима́ть на кого́-л.; **unter ~ stehen** быть под напряже́нием; **tu dir keinen ~ an** не волну́йся 3. *(gesellschaftlicher ~)* давле́ние *ср* 4. *(Notwendigkeit)* необходи́мость *ж*

zwang [tsvaŋ] *s.* **zwingen**

zwängen [ˈtsvɛŋən] I. *vt* вти́скивать, вти́снуть *св* II. *vr* проти́скиваться, -ти́снуться *св*

zwanghaft *adj (gezwungen)* вы́нужденный

zwanglos *adj (locker, ungezwungen)* непринуждённый

Zwanglosigkeit <-> *f (Unbekümmertheit)* непринуждённость *ж*

Zwangsabgabe <-, -n> *f* принуди́тельный сбор *м*

Zwangsarbeit <-> *f* принуди́тельная рабо́та *ж*

Zwangsarbeiter(in) <-s, -> *m(f)* ка́торжник *м*

Zwangseinweisung *f* принуди́тельное водворе́ние *ср*

zwangsernähren *vt* принуди́тельно корми́ть

Zwangshandlung <-, -en> *f* посту́пок *м,* вы́званный навя́зчивой иде́ей

Zwangsjacke *f* усмири́тельная руба́шка *ж*

Zwangslage <-, -n> *f* затрудни́тельное положе́ние *ср;* **sich in einer ~ befinden** находи́ться в затрудни́тельном положе́нии

zwangsläufig [ˈtsvaŋslɔɪfɪç] *adj* неизбе́жный, вы́нужденный

Zwangsläufigkeit <-> *f* неизбе́жность *ж*

Zwangsmaßnahme <-, -n> *f* принуди́тельная ме́ра *ж*

Zwangsräumung <-, -en> *f* принуди́тельное выселе́ние *ср*

Zwangsumtausch <-es> *m обяза́тельный обме́н определённой су́ммы де́нег при въе́зде в не́которые стра́ны*

Zwangsversteigerung <-> *f* принуди́тельный аукцио́н *м,* прода́жа *ж* с молотка́

Zwangsvorstellung *f* PSYCH галлюцина́ции *мн;* навя́зчивая иде́я *ж;* **unter Zwangsvorstellungen leiden** име́ть галлюцина́ции

zwangsweise *adv* принуди́тельным о́бразом

zwanzig [ˈtsvantsɪç] *num* два́дцать

zwar [tsvaːɐ̯] *adv* хотя́; **und ~** а и́менно; **~ ..., aber/doch ...** ..., но ...; **das ist ~ wahr, aber ...** э́то пра́вда, но ...

Zweck [ˈtsvɛk] <-(e)s, -e> *m (Beweggrund, Ziel, Sinn)* цель *ж,* зада́ча *ж,* смысл *м;* **was hat das für einen ~?** како́й в э́том смысл?; **einem guten ~ dienen** послужи́ть благоро́дным це́лям; **das erfüllt seinen ~** вы́полнить своё предназначе́ние; **der ~ heiligt die Mittel** цель опра́вдывает сре́дства; **es hat ja doch keinen ~ mehr** бо́льше не име́ет смы́сла

Zweckbau <-s, -bauten> *m* зда́ние *ср* специа́льного назначе́ния

zweckbedingt *adj* обусло́вленный це́лью [*или* назначе́нием]

zweckdienlich *adj* целесообра́зный

Zwecke [ˈtsvɛkə] <-, -n> *f (Reiß~)* канцеля́рс-

Z

кая кно́пка *ж*

zweckentfremdet *adj* испо́льзуемый не по назначе́нию

zweckentsprechend *adj* целесообра́зный, соотве́тствующий своему́ назначе́нию

zweckgebunden *adj* целево́й

Zweckgemeinschaft <-, -en> *f* целево́е соо́бщество *ср;* **eheliche ~** бра́чный сою́з *м*

zwecklos *adj* **1.** *(nutzlos)* бесце́льный **2.** *(sinnlos)* бессмы́сленный; **es ist ~** э́то безнадёжно

Zwecklosigkeit *f ohne pl* безнадёжность *ж*

zweckmäßig *adj* **1.** *(passend)* практи́чный, удо́бный **2.** *(sinnvoll)* разу́мный, целесообра́зный

Zweckmäßigkeit <-> *f* целесообра́зность *ж*

zwecks [tsvɛks] *prp + gen* с це́лью

Zweckverband <-(e)s, -verbände> *m* целево́е объедине́ние *ср*

zweckwidrig *adj* не соотве́тствующий це́ли [*или* своему́ назначе́нию]

zwei [t͜svaɪ] *num* **1.** *(Ziffer)* два **2.** *(mit Maskulina und Neutra)* два, дво́е **3.** *(mit Feminina)* две; **wenn ~ sich streiten, freut sich der dritte** *prov* когда́ дво́е ссо́рятся, тре́тий ра́дуется

zweiarmig *adj* с двумя́ ответвле́ниями, двухрожко́вый *(о свети́льнике)*

zweibändig [ˈ-bɛndɪç] *adj* двухто́мный

Zweibettzimmer *nt* ко́мната *ж* с двумя́ крова́тями

zweideutig [ˈtsvaɪdɔɪtɪç] *adj (doppeldeutig)* двусмы́сленный

Zweideutigkeit <-> *f* двусмы́сленность *ж*

zweidimensional [ˈt͜svaɪdimɛnzi̯onaːl] *adj* двухме́рный

zweieiig *adj* двуяйцево́й *(о близнеца́х)*

Zweierkanu <-s, -s> *nt* SPORT двухме́стное каноэ́ *ср*

zweierlei [ˈtsvaɪɐˈlaɪ] *adj* двух ви́дов; **es ist ~, ob ...** э́то две ра́зные ве́щи ...; **~ Sorten** два со́рта

zweifach *num* **1.** *(doppelt)* двойно́й **2.** *(zweimal)* два ра́за

Zweifamilienhaus <-es, -häuser> *nt* двухкварти́рный дом *м*

zweifarbig *adj* двухцве́тный

Zweifel [ˈtsvaɪfəl] <-s, -> *m* сомне́ние *ср;* **ohne ~** *(ganz bestimmt)* без сомне́ния; **außer ~** вне вся́ких сомне́ний; **etw in ~ ziehen** сомнева́ться в чём-л.; **daran besteht kein ~** без сомне́ний

zweifelhaft *adj (fraglich, fragwürdig)* сомни́тельный; **es ist ~, ob ...** сомни́тельно, что ...

zweifellos *adv (ohne Zweifel)* несомне́нно, без сомне́ния; **du hast ~ Recht** ты, несомне́нно, прав

zweifeln [ˈtsvaɪfəln] *vi* сомнева́ться, за- *св*

Zweifelsfall <-(e)s, -fälle> *m* сомни́тельный слу́чай; **im ~** е́сли возни́кнут сомне́ния [*или* вопро́сы]

zweifelsfrei *adj* без сомне́ния

Zweig [tsvaɪk, ˈt͜svaɪgə] <-(e)s, -e> *m* **1.** *(ein kleinerer ~)* ве́тка *ж* **2.** *(ein größerer ~)* ветвь *ж* **3.** *(Abteilung, Sparte)* о́трасль *ж*

zweigeteilt *adj* разделённый на две ча́сти

Zweigniederlassung <-, -en> *f* филиа́л *м*

Zweigstelle <-, -n> *f* филиа́л *м,* отделе́ние *ср*

zweihundert [ˈt͜svaɪˈhʊndɐt] *num* две́сти

zweijährig, 2-jährig[RR] [ˈtsvaɪjɛːrɪç] *adj* двухле́тний

Zweikampf <-(e)s, -kämpfe> *m* **1.** *(Duell)* поеди́нок *м,* дуэ́ль *ж;* **jdn zum ~ herausfordern** вы́звать кого́-л. на дуэ́ль **2.** SPORT *(Wettkampf)* двоебо́рье *ср*

zweimal, 2-mal[RR] *num* два ра́за; **sich** *dat* **etwas nicht ~ sagen lassen** не заставля́ть кого́-л. повторя́ть

zweipolig *adj* двухпо́люсный

zweiräd(e)rig [ˈt͜svaɪrɛːd(ə)rɪç] *adj* двухколёсный

zweireihig *adj (in zwei Reihen)* двухря́дный

zweiseitig *adj* двусторо́нний

zweisilbig *adj* двухсло́жный

Zweisitzer <-s, -> *m* двухме́стный автомоби́ль *м,* двухме́стный самолёт *м*

zweisitzig *adj* двухме́стный

zweispaltig *adj* в два столбца́

Zweispänner <-s, -> *m* пароко́нный экипа́ж *м*

zweisprachig *adj* двуязы́чный; **~ aufwachsen** вы́расти в семье́, где говоря́т на двух языка́х

zweistellig *adj (Zahl)* двузна́чный

zweistimmig *adj* двухголо́сный

zweistöckig *adj* двухэта́жный

zweistufig *adj* двухступе́нчатый

zweistündig [ˈ-ʃtʏndɪç] *adj* двухчасово́й

zweit [tsvaɪt] *adv* **zu ~** вдвоём; **wir sind zu ~** нас дво́е

zweitägig [ˈ-tɛːgɪç] *adj* двухдне́вный

Zweitaktmotor <-s, -en> *m* двухта́ктный дви́гатель *м*

Zweitausfertigung <-, -en> *f (von Dokument)* дублика́т *м*

zweite(r, s) *num* второ́й

zweiteilig *adj* состоя́щий из двух часте́й

Zweiteilung <-> *f* деле́ние *ср* на две ча́сти

zweitens [ˈtsvaɪtəns] *adv* во-вторы́х

zweitgrößte(r, s) *adj* второ́й по величине́

zweitklassig *adj pej* второкла́ссный

zweitletzte(r, s) [ˈt͜svaɪtˈlɛt͜stə, -tɐ, təs] *adj* предпосле́дний

Zweitschlüssel <-s, -> *m* запасно́й ключ *м*

zweitürig *adj* двухдве́рный *(о ку́зове)*

zweifeln

• Zweifel ausdrücken	• **Выражение сомнения**
Ich bin mir da nicht so sicher.	**Я не очень уверен в этом.**
Es fällt mir schwer, das zu glauben.	**В это трудно поверить.**
Das kaufe ich ihm nicht ganz ab. *(fam)*	**Я не попадусь на эту удочку.**
So ganz kann ich da nicht dran glauben.	**Я действительно не могу в это поверить.**
Ich weiß nicht so recht.	**Я в самом деле не знаю.**
Ob die Kampagne die gewünschten Ziele erreichen wird, **ist (mehr als) zweifelhaft.**	**Это (более чем) сомнительно,** добьётся ли компания желанных целей.
Ich hab da so meine Zweifel, ob er es wirklich ernst gemeint hat.	**Я сомневаюсь, что** эти слова были сказаны им всерьёз.
Ich glaube kaum, dass wir noch diese Woche damit fertig werden.	**Я очень сомневаюсь, что** мы закончим на этой неделе.

Zweitverwertung <-, -en> *f* вторúчное испóльзование *ср*

Zweitwagen *m* вторáя машúна *ж*

Zweitwohnung *f* вторóй дом *м*

zweiwertig *adj* двухвалéнтный

zweiwöchig ['-vœçɪç] *adj* двухнедéльный

Zweizeiler <-s, -> *m* строфá *ж* из двух строк

zweizeilig *adj* двухстрóчный

Zweizimmerwohnung [tsvaɪ'tsɪmɐvo:nʊŋ] <-, -en> *f* двухкóмнатная квартúра *ж*

Zwerchfell ['tsvɛrçfɛl] <-(e)s, -e> *nt* диафрáгма *ж*

zwerchfellerschütternd *adj umg (sehr lustig)* вызывáющий грóмкий хóхот

Zwerg(in) [tsvɛrk, 'tsvɛrgə] <-(e)s, -e> *m(f)* **1.** *(Märchenwesen)* гном *м* **2.** *umg (Knirps)* кáрлик *м*

Zwergpudel <-s, -> *m* кáрликовый пýдель *м*

Zwetschge ['tsvɛtʃgə] <-, -n> *f* слúва *ж (плод)*

Zwetschgenbaum <-(e)s, -bäume> *m* слúва *ж (дéрево)*

Zwetschgenmus <-> *nt* повúдло *ср* из слив

zwicken ['tsvɪkən] *vt (kneifen)* щипáть, -пнýть *св*

Zwicker <-s, -> *m A(Kneifer)* пенснé *ср*

Zwickmühle *f fam* безвы́ходное положéние *ср;* **in der ~ sitzen** находúться в безвы́ходном положéнии

Zwieback ['tsvi:bak, 'tsvi:bakə] <-(e)s, Zwiebäcke> *m* сухáрь *м*

Zwiebel ['tsvi:bəl] <-, -n> *f* лук *м; (Blumenzwiebel)* лýковица *ж*

zwiebelförmig ['tsvi:bəlfœrmɪç] *adj* в фóрме лýковицы

Zwiebelturm <-(e)s, -türme> *m* бáшня *ж* с византúйским кýполом

Zwiegespräch ['tsvi:gəʃprɛ:ç] <-(e)s, -e> *nt* диалóг *м*

Zwielicht <-(e)s> *nt* сýмерки *мн;* **im ~** в сýмраке; **ins ~ geraten** попáсть в сомнúтельное положéние

Zwiespalt <-(e)s> *m* разлáд *м;* **in einem ~ sein** раздвáиваться

Zwietracht ['tsvi:traxt] <-> *f* раздóр *м;* **~ säen** сéять раздóры

Zwilling ['tsvɪlɪŋ] <-s, -e> *m* **1.** *(Mensch)* близнéц *м;* **eineiige/zweieiige ~e** однояйцóвые/двуяйцóвые близнецы́ **2.** *pl* ASTR Близнецы́ *мн*

Zwillingsbruder *m* брат-близнéц *м*

Zwillingsgeburt <-, -en> *f* рождéние *ср* близнецóв

Zwillingsschwester *f* сестрá-близнéц *ж*

zwingen ['tsvɪŋən] <zwang, gezwungen> **I.** *vt* принуждáть, -нýдить *св;* **ich sehe mich gezwungen ...** я вы́нужден ...; **jdn ~, etw zu tun** заставля́ть когó-л. сдéлать что-л.; **jdn zu Boden ~** победúть когó-л. **II.** *vr* **sich ~** застáвить себя́

zwingend *adj (Argument)* убедúтельный

Zwinger <-s, -> *m* клéтка *ж*

zwinkern ['tsvɪŋkɐn] *vi* **mit den Augen ~** моргáть глазáми

Zwirn [tsvɪrn] <-(e)s, -e> *m* нúтки *жмн*

zwischen ['tsvɪʃən] *prp* мéжду; **~ dir und mir** мéжду тобóй и мной; **~ 200 und 300 Euro** мéжду 200 и 300 éвро

Zwischenaufenthalt *m* **einen ~ einlegen** сдéлать остановку по дорóге

Zwischenbemerkung <-, -en> *f* рéплика *ж;* **eine ~ machen** сдéлать замечáние

Zwischenbericht <-(e)s, -e> *m* промежýточный отчёт *м*

Zwischenbilanz <-, -en> *f* промежýточный балáнс *м*

zwischendrin ['--'-] *adv* мéжду нúми; *(beiläufig)* мéжду дéлом

zwischendurch [tsvɪʃən'dʊrç] *adv* **1.** *(hin und wieder mal)* врéмя от врéмени **2.** *(in der Zwischenzeit)* тем врéменем

Zwischenfall <-(e)s, -fälle> *m* происшéствие *ср,* инцидéнт *м*

Zwischenfrage *f* **jdm eine ~ stellen** задáть комý-л. вопрóс

Zwischengeschoss[RR] <-es, -e> *nt* антресóль *ж*

Zwischenglied <-(e)s, -er> *nt* промежýточное звенó *ср*

Z

Zwischenhandel <-s> *m* посре́дническая торго́вля *ж*

Zwischenhändler <-s, -> *m* торго́вый посре́дник *м*, комиссионе́р *м*

Zwischenlager <-s, -> *nt* промежу́точный склад *м*

Zwischenlandung <-, -en> *f* промежу́точная поса́дка *ж*

zwischenmenschlich *adj* межли́чностный; **~e Beziehungen** отноше́ния ме́жду людьми́

Zwischenraum <-(e)s, -räume> *m* **1.** *(Lücke, zeitlicher Abstand)* промежу́ток *м* **2.** *(zeitlicher Abstand auch)* интерва́л *м*

zwischenstaatlich *adj* межгосуда́рственный

Zwischenstopp <-s, -s> *m* промежу́точная остано́вка *ж*

Zwischenstufe <-, -n> *f* промежу́точная ста́дия *ж*

Zwischensumme <-, -n> *f* промежу́точная су́мма *ж*

Zwischenzeit <-, -en> *f* промежу́ток *м;* SPORT промежу́точное вре́мя *ср;* **in der ~** *(inzwischen)* в э́то вре́мя

zwitschern ['tsvɪtʃɐn] **I.** *vi* щебета́ть *нсв* **II.** *vt fam* **einen ~** опроки́нуть ча́шку

Zwitter ['tsvɪtɐ] <-s, -> *m* гермафроди́т *м*

zwitterhaft *adj* двупо́лый

zwölf [tsvlllf] *num* двена́дцать

zwölffach *adj* двенадцатикра́тный

Zwölffingerdarm [-'- - -] *m* двенадцатипе́рстная кишка́ *ж*

zwölfjährig *adj* двенадцатиле́тний

zwölftägig *adj* двенадцатидне́вный

Zwölftonmusik [-'- - -] <-> *f* додекафони́ческая му́зыка *ж*

Zyanid [t͜sya'ni:t, t͜sya'ni:də] <-s, -e> *nt* CHEM циани́д *м*

Zyankali [t͜syan'ka:li] <-s> *nt ohne pl* CHEM циа́нистый ка́лий *м*

zyklisch ['tsy:klɪʃ] *adj* цикли́ческий

Zyklop [t͜sy'klo:p] <-en, -en> *m* цикло́п *м*

Zyklotron <-(e)s, -e> *nt* PHYS циклотро́н *м*

Zyklus ['tsy:klʊs, 't͜sy:klən] <-, Zyklen> *m* цикл *м*

Zylinder [t͜si'lɪndɐ] <-s, -> *m* цили́ндр *м*

zylindrisch [t͜sʏ'lɪndrɪʃ] *adj* цилиндри́ческий

Zyniker(in) ['tsy:nikɐ] <-s, -> *m(f)* ци́ник *м*

zynisch ['tsy:nɪʃ] *adj* цини́чный

Zynismus [tsy'nɪsmʊs] <-, Zynismen> *m* цини́зм *м*

Zypern ['tsy:pɐn] <-s> *nt* Кипр *м*

Zyprer(in) <-s, -; -nen> *m(f)* жи́тель *м* Ки́пра

Zypresse [tsy'prɛsə] <-, -n> *f* кипари́с *м*

zypriotisch *adj* ки́прский

zyprisch *adj* ки́прский

Zyste ['tsʏstə] <-, -n> *f* киста́ *ж*

Zytologie <-> *f* цитоло́гия *ж*

DAS RUSSISCHE ALPHABET
РУССКИЙ АЛФАВИТ

Druckschrift		Kursivschrift		Aussprache	Buchstabenname
А	а	*А*	*а*	a	а
Б	б	*Б*	*б*	bɛ	бэ
В	в	*В*	*в*	vɛ	вэ
Г	г	*Г*	*г*	gɛ	гэ
Д	д	*Д*	*д*	dɛ	дэ
Е	е	*Е*	*е*	je	е
Ё	ё	*Ё*	*ё*	jɔ	ё
Ж	ж	*Ж*	*ж*	ʒɛ	жэ
З	з	*З*	*з*	zɛ	зэ
И	и	*И*	*и*	i	и
Й	й	*Й*	*й*	j	и кра́ткое
К	к	*К*	*к*	ka	ка
Л	л	*Л*	*л*	ɛl'	эль
М	м	*М*	*м*	ɛm	эм
Н	н	*Н*	*н*	ɛn	эн
О	о	*О*	*о*	ɔ	о
П	п	*П*	*п*	pɛ	пэ
Р	р	*Р*	*р*	ɛr	эр
С	с	*С*	*с*	ɛs	эс
Т	т	*Т*	*т*	tɛ	тэ
У	у	*У*	*у*	u	у
Ф	ф	*Ф*	*ф*	ɛf	эф
Х	х	*Х*	*х*	xa	ха
Ц	ц	*Ц*	*ц*	tsɛ	цэ
Ч	ч	*Ч*	*ч*	tʃe	че
Ш	ш	*Ш*	*ш*	ʃa	ша
Щ	щ	*Щ*	*щ*	ʃtʃa	ща
Ъ	ъ	*Ъ*	*ъ*	*hartes Zeichen*	твёрдый знак
Ы	ы	*Ы*	*ы*	ɨ (wie in Wirt)	ы
Ь	ь	*Ь*	*ь*	*weiches Zeichen*	мя́гкий знак
Э	э	*Э*	*э*	ɛ	э
Ю	ю	*Ю*	*ю*	ju	ю
Я	я	*Я*	*я*	ja	я

DAS DEUTSCHE ALPHABET
НЕМЕЦКИЙ АЛФАВИТ

Druckschrift	Kursivschrift	Aussprache		
A, a	*A, a*	[aː]	wie	Anton
B, b	*B, b*	[beː]	wie	Berta
C, c	*C, c*	[t͜seː]	wie	Cäsar
D, d	*D, d*	[deː]	wie	Dora
E, e	*E, e*	[eː]	wie	Emil
F, f	*F, f*	[ɛf]	wie	Friedrich
G, g	*G, g*	[geː]	wie	Gustav
H, h	*H, h*	[haː]	wie	Heinrich
I, i	*I, i*	[iː]	wie	Ida
J, j	*J, j*	[jɔt]	wie	Johannes
K, k	*K, k*	[kaː]	wie	Kaufmann
L, l	*L, l*	[ɛl]	wie	Ludwig
M, m	*M, m*	[ɛm]	wie	Martha
N, n	*N, n*	[ɛn]	wie	Nordpol
O, o	*O, o*	[oː]	wie	Otto
P, p	*P, p*	[peː]	wie	Paula
Q, q	*Q, q*	[kuː]	wie	Quelle
R, r	*R, r*	[ɛr]	wie	Richard
S, s	*S, s*	[ɛs]	wie	Samuel, Siegfried
T, t	*T, t*	[teː]	wie	Theodor
U, u	*U, u*	[uː]	wie	Ulrich
V, v	*V, v*	[faʊ]	wie	Viktor
W, w	*W, w*	[veː]	wie	Wilhelm
X, x	*X, x*	[ɪks]	wie	Xanthippe
Y, y	*Y, y*	[ˈʏpsilɔn]	wie	Ypsilon
Z, z	*Z, z*	[t͜sɛt]	wie	Zeppelin

Konsonanten

Man unterscheidet im Russischen harte und weiche Konsonanten. Die weichen Konsonanten werden mit einem j-Beiklang gesprochen, wobei Konsonant + „j" zu einem Laut verschmelzen. Man erkennt harte und weiche Konsonanten am nachfolgenden Vokal bzw. am weichen Zeichen **ь** oder am harten Zeichen **ъ**.

hart:		weich:	
да	= [да]	акаде́мия	= ака[д'е́]мия
фо́то	= [фо́]то	Фёдор	= [Ф'ё]дор
Во́лга	= [Во́л]га	О́льга	= [О́л']га

Einige Konsonanten treten nur hart, andere nur weich auf:

Schreibung		Aussprache
hart:		
ш	маши́на	маш[ы]на
ж	жест	ж[э]ст
ц	це́нный	ц[э]нный

weich:		
ч	Камча́тка	Кам[ч'а́]тка
щ	щу́ка	[щ'у́]ка

ш und **ж** nennt man harte, **ч** und **щ** weiche Zischlaute.
Stimmhafte Konsonanten am Wortende verlieren ihre Stimmhaftigkeit: **напро́тив** [**ф**], **нож** [**ш**], **четве́рг** [**к**], **францу́з** [**с**], **бутербро́д** [**т**].
Nebeneinander stehende Konsonanten werden stimmhaft oder stimmlos gesprochen – in Abhängigkeit von der Stimmhaftigkeit oder -losigkeit des zuletzt Stehenden: **кни́жка** [**шк**], **по́дпись** [**тп**], **сбо́рник** [**зб**], **отбо́р** [**дб**], **ле́гче** [**хч**], **сда́ча** [**зд**].

Konsonantenwechsel

Bei der Beugung eines Wortes, besonders beim Verb, oder bei einem Wechsel der Wortart kann bei bestimmten Konsonanten ein Konsonantenwechsel eintreten. Dies ist besonders wichtig beim Verb – für die Bildung der 1. Person Singular, des Partizips sowie des Aspektpartners – und beim Adjektiv für die Komparation (Steigerung).

Arten des Konsonantenwechsels

г	ж	з	друг	дру́жный	друзья́
д	ж	жд	води́ть	я вожу́	вожде́ние
к	ч	ц	дура́к	дурачо́к	дура́цкий
т	ч	щ	све́тит	свеча́	освеща́ть
ск	ст	щ	блеск	блесте́ть	бле́щет
з	ж		бли́зкий	бли́же	
с	ш		носи́ть	я ношу́	
х	ш		у́хо	у́ши	
б	бл		люби́ть	я люблю́	
в	вл		дешёвый	деше́вле	
м	мл		знако́миться	я знако́млюсь	
п	пл		купи́ть	я куплю́	
ф	фл		графи́ть	я графлю́	

Vokale

Die russische Sprache hat zehn Vokalbuchstaben, die zu fünf Paaren geordnet werden können. Die Buchstaben **а**, **э**, **ы**, **о**, **у** geben an, dass der vorhergehende Konsonant hart ist, während die Buchstaben **я**, **е**, **и**, **ё**, **ю** zeigen, dass der vorhergehende Konsonant weich ist.
Die Aussprache von **ы** ist für Deutsche oft problematisch. Sie liegt zwischen „i“ und „u“, entspricht jedoch nicht dem deutschen „ü“. Versuchen Sie ein „u“ zu sprechen, ohne die Lippen vorzustülpen oder zu runden! Im Wort- und Silbenanlaut werden **е**, **ё**, **ю**, **я** mit einem „j“ gesprochen, z.B.: я́ма, ель, юла́, ёлка, стая́, заём. **Э** und **е** werden vor harten Konsonanten und im Auslaut offen gesprochen, vgl. die Aussprache von „e“ in „Herr“, z.B.: э́то, все.
Vor weichen Konsonanten werden sie jedoch geschlossen gesprochen wie das „e“ im deutschen Wort „Mehl“, z.B.: ре́льс, ве́чером, Алексе́й.

Vokalwechsel

Ein Vokalwechsel in Wortstämmen kann sowohl bei der Formen- als auch bei der Wortbildung auftreten. Oft tritt ein **о**, oder nach weichen Konsonanten ein **е**, zwischen zwei Konsonanten am Ende eines Wortes, um die Aussprache zu erleichtern. Sie fallen jedoch weg, sobald ein Vokal hinter diesen Konsonanten tritt.
Bewegliches **о** und **е** sind besonders bei der Deklination der Substantive und der Kurzform der Adjektive von Bedeutung.

Arten des Vokalwechsels

о	а	обрабо́тать pf	обраба́тывать impf
е	ё	весло́ sg	вёсла pl
о	-	ни́зок m	низка́ f
-	о	окно́ nom sg	о́кон gen pl
е	-	бо́лен m	больна́ f
-	е	ко́шка nom sg	ко́шек gen pl

Betonung und Vokalreduktion

Alle betonten Vokale werden halblang gesprochen, alle unbetonten Vokale sehr kurz und reduziert. Der Vokalbuchstabe **ё** ist immer betont.
In der Silbe vor der betonten Silbe und im unbetonten Wortanlaut werden sowohl **a** als auch **o** als kurzes „a" – in der phonetischen Umschrift [Λ] – ausgesprochen: **ава́рия, артилле́рия, аго́нь, озо́н, карма́н, сапо́г, вода́, кома́р.**
In allen anderen unbetonten Silben werden **a** und **o** wie ein sehr kurzer Vokal gesprochen, der in etwa [ы] entspricht: **самолёт, мавзоле́й, помеще́ние, колеба́ть.**
Ebenfalls in der Silbe vor dem Ton und im Anlaut fallen **e** und **я** zu einem zwischen „e" und „i" liegenden Laut zusammen: **Петербу́рг, перестро́йка, язы́к, обяза́тельно.**
Im Unterschied zum Deutschen kann sich die Betonung jedoch, in Abhängigkeit vom Kasus, auf andere Silben verlagern. Dementsprechend variiert die Aussprache: **стол – столы́, на столе́ – на стола́х.**
Wird innerhalb einer Deklination oder Konjugation die Betonung von **ё** auf einen anderen Vokal verlagert, so wird **ё** (außer bei einigen wenigen Ausnahmen) sowohl in der Schrift als auch in der Aussprache zu **e**.

RECHTSCHREIBUNG UND ANDERE BESONDERHEITEN

Der immer betonte Vokal **ё** wird in russischen Texten oft nicht mit dem Trema gekennzeichnet, sondern als **e** dargestellt.

Groß- und Kleinschreibung

Großgeschrieben werden im Russischen:
- Wörter am Satzanfang
- Personennamen (Vor-, Vaters- und Nachnamen): **Алекса́ндра Ива́новна Кулишо́ва**
- Eigennamen (geographische Namen, Theater, Museen etc.), wobei der darin enthaltene Gattungsname (**пло́щадь, у́лица, океа́н, мо́ре, музе́й**) kleingeschrieben wird:

Кра́сная пло́щадь	der Rote Platz
Ти́хий океа́н	der Stille Ozean
Большо́й теа́тр	Bolschoi-Theater
Истори́ческий музе́й	Historisches Museum
у́лица Ле́нина	Lenin-Straße

- einige Wortverbindungen, die einen besonders offiziellen Charakter haben;

Президе́нт Росси́йской Федера́ции	der Präsident der Russischen Föderation
Организа́ция Объединённых На́ций	Organisation der Vereinten Nationen

Zur Rechtschreibung nach ж, ч, ш, щ/г, к, х/ц

Nach den Zischlauten **ж, ч, ш, щ** sowie nach **г, к, х** wird stets **и, у, а** (und nicht *ы, ю, я*) geschrieben: **живо́т** *Bauch*, **чу́до** *Wunder*, **час** *Stunde*, **шипо́вник** *Heckenrose*, **щу́ка** *Hecht*, **гимн** *Hymne*, **ученики́** *Schüler*, **хи́трый** *schlau*.
Ausnahmen bilden einige Fremdwörter. Bsp.: **жюри́** *Jury*, **брошю́ра** *Broschüre*, **парашю́т** *Fallschirm*, **кюве́т** *Straßengraben*.
Nach **ц** wird stets **у, а** (und nicht *ю, я*) geschrieben: **цара́пать** *kratzen*, **царь** *Zar*, **цуна́ми** *Tsunami*.
Ausnahmen: einige Eigennamen ausländischer Herkunft wie z.B. **Цю́рих** *Zürich*.
Nach **ц** in **-ция** wird **и** geschrieben: **цирк** *Zirkus*, **ци́фра** *Zahl*, **цита́та** *Zitat*, **цинк** *Zink*, **револю́ция** *Revolution*.
Ausnahmen: **цыга́н** *Zigeuner*, **цы́кать** *anschnauzen*, **цы́цки** *kleine Risse*, **цыплёнок** *Küken*, **цыпля́тник** *Kückenstall*, **цы́почки** *Zehenspitzen*, **цыц** *still!* Zur Einprägung hier eine Eselsbrücke: Цыга́н подошёл к цыплёнку на цы́почках и цы́кнул: "Цыц!"
Nach **ц** in Suffixen sowie in den Endungen des Genitivs Singular und Nominativs Plural wird **ы** geschrieben: **Солжени́цын** *Solshenizyn*, **Сини́цын** *Sinizyn*, **огурцы́** *Gurken*, **с у́лицы** *von der Straße*.
Nach **ц** und den Zischlauten **ж, ч, ш, щ** wird in betonter Position **o**, in unbetonter **e** geschrieben. Dies bezieht sich auf Suffixe und Endungen der Substantive, Adjektive und Adverbien: гараж**о́м** – пля́ж**ем**, отц**о́м** – бра́тц**ем**, бойц**о́м** – това́рищ**ем**, свеж**о́** – тягу́ч**е**.

Nach **ж, ч, ш, щ** in betonten Wortstämmten bei Substantiven und Adjektiven sowie in betonten Endungen bei Verben wird **ё** *geschrieben*: **шёлк** *Seide*, **чёрный** *schwarz*, **дешёвый** *billig*, **бережёт** *(er) bewacht*, **сечёт** *(er) peitscht*.
Ausnahmen: **крыжо́вник** *Stachelbeere*, **шо́рох** *Geräusch*, **шов** *Naht*, **капюшо́н** *Kapuze*, **шо́мпол** *Wischstock*, **трущо́ба** *Slum*, **чопо́рный** *prüde*, **шо́рник** *Sattler*.

Buchstaben ъ und ь

Das Trennungszeichen **ъ** tritt nur nach Präfixen auf Konsonanten vor den Vokalen **е, ё, ю, я** auf: **подъе́хать** *heranfahren*, **объе́хать** *umfahren*, **объём** *Volumen*, **съёмка** *Vermessung*; *Dreharbeiten*, **объявле́ние** *Erklärung*.
Ausnahmen: **адъюта́нт** *Adjutant*, **субъе́кт** *Subjekt*, **объе́кт** *Objekt*.
Das Trennungszeichen **ь** tritt außer nach Präfixen in allen anderen Bestandteilen eines Wortes vor den Vokalen **е, ё, ю, я** und **и** auf: **воробьи́** *Sperlinge*, **ателье́** *Atelier*, **рья́ный** *übereifrig*, **я шью** *ich nähe*, **льётся** *es fließt* etc.
Das weiche Zeichen **ь** steht nach Konsonanten, die keine Zischlaute sind: a) am Wortende und in der Wortmitte, um die Weichheit des Konsonanten zu kennzeichnen; b) in Zehnern von 50 bis 80 sowie in Hundertern von 500 bis 900 in der Wortmitte; c) in infiniten Reflexivverben auf **-ться** (man stellt die Frage *что делать? что сделать?*); d) in Adjektiven, die von Monatsbezeichnungen abgeleitet sind (außer **янва́рский**). Bsp.: **конь** *Pferd*, **петь** *singen*, **ско́льзко** *rutschig*, **про́сьба** *Bitte*, **гурьба́** *Haufen*, **шестьдеся́т** 60, **пятьсо́т** *500*, **отказа́ться** *verzichten*, **купа́ться** *schwimmen*, **дека́брьский** *Dezember...*
Das weiche Zeichen **ь** wird dagegen nicht geschrieben: a) in Buchstabenverbindungen **чн, чк, чт, чщ, нч, нщ, щн, рч, рщ**; b) in Zahlwörtern von 5 bis 20 sowie im Zahlwort 30 in der Wortmitte. Bsp.: **со́чный** *saftig*, **бу́лочная** *Bäckerei*, **мо́щный** *mächtig*, **девятна́дцать** *19*.
Das weiche Zeichen **ь** wird nach Zischlauten am Wortende nicht geschrieben: a) in Substantiven der I-Deklination; b) in Verben in allen Formen; c) in Adverbien auf **ш** und **ч**. Bsp.: **рожь** *Roggen*, **печь** *Ofen*, **ре́жешь** *du schneidest*, **стере́чь** *bewachen*, **навзни́чь** *rücklings*, **сплошь** *ununterbrochen*.
Das weiche Zeichen **ь** wird nach Zischlauten am Wortende nicht geschrieben: a) in Substantiven, die nicht zur I-Deklination gehören; b) in Kurzformen von Adjektiven, c) in Adverbien auf **ж** (außer **на́стежь** *sperrangelweit offen*). Bsp.: **плющ** *Efeu*, **грач** *Saatkrähe*, **(выходи́ть) за́муж** *heiraten*, **одна́кож** *allerdings*.

н oder нн in den Suffixen

Man schreibt **нн** a) in Adjektiven, die mit Hilfe von Suffix -**н**- von Substantiven auf -**н** abgeleitet sind; b) in Adjektiven, die mit den Suffixen -**онн**-, -**енн**- von Substantiven abgeleitet sind. Ausnahme: **ве́треный** *windig*. Bsp.: **тума́нный** *neblig*, **иску́сственный** *künstlich*, **традицио́нный** *traditionell*.
Man schreibt **нн** in den Langformen der von Verben abgeleiteten Adjektive und Partizipien, wenn sie a) ein Präfix (außer **не**-) haben; b) in Verbindungen mit abhäangigen Wörtern stehen; c) das Suffix -**ова**- (-**ева**-) haben; d)von unpräfigierten perfektiven Verben stammen (Ausnahme: **ра́неный** *verwundet*). Bsp.: **укра́шенный** *verziert*, **се́янная че́рез си́то (мука́)** *gesiebtes Mehl*, **оцинко́ванный** *verzinkt*, **лишённый** *beraubt*.
Man schreibt **н** a) im Suffix -**ин**-; b) im Suffix -**ан**- (-**ян**-) der von Substantiven abgeleiteten Adjektive; c) in Kurzformen von Partizipien im Passiv; d) in unpräfigierten Adjektiven, die von imperfektiven Verben abgeleitet sind. Ausnahmen: **оловя́нный** *Zinn-*, **деревя́нный** *hölzern*, **стекля́нный** *gläsern*. Bsp.: **кури́ный** *Hühner-*, **ко́жаный** *Leder-*, **кровяно́й** *Blut-*, **испра́влена** (ошибка) *korrigierter Fehler*, **кра́шеный** *gefärbt*.
In Kurzformen von Adjektiven sowie in Adverbien auf -**о**, (-**е**) wird in Abhängigkeit von der Schreibweise der jeweiligen Langform **н** ofer **нн** geschrieben: **тума́нно** *neblig*, **кра́шена** *gefärbt*.

Zeichensetzung

Die Unterschiede zwischen der deutschen und der russischen Zeichensetzung, die am häufigsten übersehen werden, bestehen im Wesentlichen in folgenden Punkten:
Satzteile, die durch die Konjunktionen **как ..., так и ...; ни ..., ни ...; или ..., или ...** eingeleitet werden, werden durch ein Komma getrennt, was im Deutschen nicht der Fall ist:
Как ныря́ние, **так и** верхова́я езда́ сто́ят мно́го де́нег.
Sowohl Tauchen als auch Reiten kostet viel Geld.

Ни ты, **ни** я не забу́дем э́того собы́тия.
Weder du noch ich werden dieses Ereignis vergessen.
Она́ сиди́т **или** до́ма, **или** в библиоте́ке.
Sie ist entweder zu Hause oder in der Bibliothek.
Beachte: in feststehenden Wendungen werden diese Konjunktionen auch ohne Komma verwendet.
Он **ни** ры́ба **ни** мя́со. *Er ist weder Fisch noch Fleisch.*
Die direkte Rede wird im Russischen zusätzlich durch Gedankenstriche gekennzeichnet. Der Punkt steht in der direkten Rede nach dem Anführungszeichen. Ist die direkte Rede unterbrochen, so wird die gesamte direkte Rede von Anführungszeichen eingeschlossen:
„О́чень жаль“, - сказа́л профе́ссор.
„Es tut mir leid“, sagte der Professor.
„О́чень жаль, - сказа́л профе́ссор, - что я ниче́м не могу́ помо́чь Вам“.
„Es tut mir leid“, sagte der Professor, „dass ich Ihnen nicht helfen kann.“

DAS SUBSTANTIV

Artikellosigkeit des Russischen

Russische Substantive haben keinen Artikel. Soll ein Substantiv näher bestimmt werden, können für diesen Zweck in Abhängigkeit vom Kontext Indefinit- und Demonstrativpronomen verwendet werden:

Она́ купи́ла себе́ маши́ну. *Sie hat sich das/ein Auto gekauft.*
Она́ купи́ла себе́ каку́ю-то маши́ну. *Sie hat sich irgendein Auto gekauft.*
Дай мне, пожа́луйста, кни́гу! *Gib mir bitte das/ein Buch!*
Дай мне, пожа́луйста, э́ту кни́гу! *Gib mir bitte dieses Buch!*

Geschlecht

Nach ihrem grammatischen Geschlecht lassen sich alle russischen Substantive entsprechend ihren Endungen in drei Gruppen aufteilen:

Maskulina	Feminina	Neutra
1. Alle Substantive auf harte Konsonanten und **-й**: стол, я́щик, музе́й, масса́ж 1. Viele Substantive auf **-ь**: руль, день, шампу́нь, роя́ль	Die meisten Substantive auf **-а**, **-я**, **-ь**: страна́, неде́ля, крова́ть Alle Substantive auf **-жь**, **-чь**, **-шь**, **-щь**: рожь, ночь, мышь, вещь	Alle Substantive auf **-о**, **-е**, **-ё**, **-мя**: пови́дло, заседа́ние, бельё, вре́мя, бре́мя, и́мя

Beachte:
Undeklinierbare Substantive sind in der Regel sächlich: **шасси́** *Fahrgestell*, **пальто́** *Mantel*, **ре́гби** *Rugby*, **фойе́** *Foyer*, **такси́** *Taxi*, **меню́** *Speisekarte*, **плисе́** *Plissee*. Ausnahmen: **ко́фе** *Kaffee*, **пена́льти** *Elfmeter* sind männlich; **кольра́би** *Kohlrabi*, **авеню́** *Avenue* weiblich.
Einige Substantive auf **-а** (**-я**) sind männlichen oder weiblichen Geschlechts – je nachdem, ob sie eine männliche oder eine weibliche Person bezeichnen: **работя́га** *arbeitsamer Mensch*, **молодчи́на** *Mordskerl*, **воя́ка** *Haudegen*, **пла́кса** *Heulsuse*, **непосе́да** *Zappelphilipp*, **вы́скочка** *Emporkömmling*, **злю́ка** *boshafter Mensch*, **неря́ха** *Dreckspatz*, **колле́га** *Kollege/in*, **попроша́йка** *Schnorrer*.
Bei Personenbezeichnungen (nach Beruf, Dienststellung) gibt es mitunter nur männliche Substantive, die auch für weibliche Personen gebraucht werden: **ма́стер** *Meister*, **дире́ктор** *Direktor*, **врач** *Arzt*, **профе́ссор** *Professor*, **бригади́р** *Brigadier*.

Deklinationsklassen

Die Substantive im Russischen haben drei Deklinationsklassen.
Zu der I. Deklinationsklasse gehören Substantive auf -a und -**я**. Das sind vor allem Feminina.
Zu der II. Deklinationsklasse gehören Maskulina auf Konsonant, auf -**ь** und -**й** und Neutra auf -o und -e, sowie auch Maskulina auf -**ишко** und -**ище**.
Zu der III. Deklinationsklasse gehören Feminina auf -**ь**.
Alle drei Deklinationsklassen zeigen Abweichungen.
Bitte vergessen Sie nicht die Rechtschreibregeln nach Zischlauten und nach **г**, **к**, **х**, **ц**, die im Folgenden nicht gesondert angegeben werden.
Im Russischen macht es einen Unterschied, ob ein Substantiv „belebt", d.h. ein Mensch oder ein Tier, oder „unbelebt", d.h. eine Sache ist. Bei der Deklination der Substantive sollte Folgendes beachtet werden:

– Belebte Maskulina haben im Genitiv und Akkusativ Singular die gleichen Formen. Alle belebten Substantive haben im Genitiv und Akkusativ Plural die gleichen Formen.
– Alle unbelebten Maskulina, Feminina auf -**ь** und Neutra haben im Nominativ und Akkusativ Singular die gleichen Formen. Alle unbelebten Substantive haben im Nominativ und Akkusativ Plural die gleichen Formen.

I. Deklinationsklasse
Maskulina auf Konsonant und auf Vokal + й

	auf harte Konsonanten *Werk*	auf harte Konsonanten *Buchhalter*	auf weichen Konsonanten *Nagel*	auf Vokal + **й** *Museum*
Singular		(belebt)		
Nominativ	заво́д	бухга́лтер	гвоздь	музе́**й**
Genitiv	заво́д**а**	бухга́лтер**а**	гвозд**я́**	музе́**я**
Dativ	заво́д**у**	бухга́лтер**у**	гвозд**ю́**	музе́**ю**
Akkusativ	заво́д	бухга́лтер**а**	гвоздь	музе́**й**
Instrumental	заво́д**ом**	бухга́лтер**ом**	гвозд**ём***	музе́**ем**
Präpositiv	(о) заво́д**е**	(о) бухга́лтер**е**	(о) гвозд**е́**	(о) музе́**е**
Plural				
Nominativ	заво́д**ы**	бухга́лтер**ы**	гво́зд**и**	музе́**и**
Genitiv	заво́д**ов**	бухга́лтер**ов**	гвозд**е́й**	музе́**ев**
Dativ	заво́д**ам**	бухга́лтер**ам**	гвозд**я́м**	музе́**ям**
Akkusativ	заво́д**ы**	бухга́лтер**ов**	гво́зд**и**	музе́**и**
Instrumental	заво́д**ами**	бухга́лтер**ами**	гвозд**я́ми**	музе́**ями**
Präpositiv	(о) заво́д**ах**	(о) бухга́лтер**ах**	(о) гвозд**я́х**	(о) музе́**ях**

* Wird die Endung betont, so steht für **е** ein **ё**: секретар**ём**, рубл**ём** etc.

Neutra

	Sache	*Feld*	*Beschluss*
Singular			
Nominativ	де́л**о**	по́ле*	реше́ни**е**
Genitiv	де́л**а**	по́л**я**	реше́ни**я**
Dativ	де́л**у**	по́л**ю**	реше́ни**ю**
Akkusativ	де́л**о**	по́ле*	реше́ни**е**
Instrumental	де́л**ом**	по́лем*	реше́ни**ем**
Präpositiv	(о) де́л**е**	(о) по́л**е**	(о) реше́ни**и**
Plural			
Nominativ	дел**á**	пол**я́**	реше́ни**я**
Genitiv	дел	пол**е́й**	реше́ни**й**
Dativ	дел**áм**	пол**я́м**	реше́ни**ям**
Akkusativ	дел**á**	пол**я́**	реше́ни**я**
Instrumental	дел**áми**	пол**я́ми**	реше́ни**ями**
Präpositiv	(о) дел**áх**	(о) пол**я́х**	(о) реше́ни**ях**

* Wird die Endung betont, so steht für **е** ein **ё**.

Substantive **не́бо** Himmel, **чу́до** Wunder bekommen im Plural den -**ес**-Einschub: неб**есá**, неб**еса́ми**; чуд**есá**, чуд**еса́ми**.
Männliche Substantive auf -**ий** sowie sächliche Substantive auf -**ие** haben im Präpositiv Singular die Endung **-и**: собрá**ние** – о собрá**нии** (Versammlung), санатó**рий** – о санатó**рии** (Sanatorium).

Maskulina auf -о/ёнок und auf -анин/-янин

	auf -анин/-янин, Ausfall von -ин im Plural *Bürger*	sg -о/ёнок pl –ят *Kücken*
Singular	(belebt)	(belebt)
Nominativ	граждан**и́н**	цыплёнок
Genitiv	граждан**и́на**	цыплёнк**а**
Dativ	граждан**и́ну**	цыплёнк**у**
Akkusativ	граждан**и́на**	цыплёнк**а**
Instrumental	граждан**и́ном**	цыплёнк**ом**
Präpositiv	(о) граждан**и́не**	(о) цыплёнк**е**
Plural		
Nominativ	гра́жда**не**	цыпля́**та**
Genitiv	гра́ждан	цыпля́т
Dativ	гра́ждан**ам**	цыпля́**там**
Akkusativ	гра́ждан	цыпля́т
Instrumental	гра́ждан**ами**	цыпля́**тами**
Präpositiv	(о) гра́ждан**ах**	(о) цыпля́**тах**

Die Substantive verhalten sich bei Belebt- oder Unbelebtheit wie die Maskulina auf Konsonant.
Der Plural von **ребёнок** Kind lautet **де́ти**. Der grammatische Plural **ребя́та** bedeutet *junge Leute, Jungs* und wird besonders in der informellen Anrede verwendet.

Maskulina mit Wortstamm auf ж, ш, ч, щ, ц

Singular	*Messer*	*Freund*	*Monat*
Nominativ	нож	това́рищ	ме́сяц
Genitiv	нож**а́**	това́рищ**а**	ме́сяц**а**
Dativ	нож**у́**	това́рищ**у**	ме́сяц**у**
Akkusativ	нож	това́рищ**а**	ме́сяц
Instrumental	нож**о́м**	това́рищ**ем**	ме́сяц**ем**
Präpositiv	(о) нож**е́**	това́рищ**е**	ме́сяц**е**
Plural			
Nominativ	нож**и́**	това́рищ**и**	ме́сяц**ы**
Genitiv	нож**е́й**	това́рищ**ей**	ме́сяц**ев**
Dativ	нож**а́м**	това́рищ**ам**	ме́сяц**ам**
Akkusativ	нож**и́**	това́рищ**ей**	ме́сяц**ы**
Instrumental	нож**а́ми**	това́рищ**ами**	ме́сяц**ами**
Präpositiv	(о) нож**а́х**	това́рищ**ах**	ме́сяц**ах**

Im Instrumental Sg nach Zischlauten und **ц** ist die Endung mit Akzent -ом, ohne Akzent -ем.

Maskulina auf -а(-я) und auf -ья im Nom. Pl.

	auf -а(-я) *Bruder*	auf -ья *Abend*
Singular		
Nominativ	брат	ве́чер
Genitiv	бра́т**а**	ве́чер**а**
Dativ	бра́т**у**	ве́чер**у**
Akkusativ	бра́т**а**	ве́чер**а**
Instrumental	бра́т**ом**	ве́чер**ом**
Präpositiv	(о) бра́т**е**	ве́чер**е**
Plural		
Nominativ	бра́ть**я**	вечер**а́**
Genitiv	бра́ть**ев**	вечер**о́в**
Dativ	бра́ть**ям**	вечер**а́м**
Akkusativ	бра́ть**ев**	вечер**а́**
Instrumental	брать**ями**	вечер**а́ми**
Präpositiv	(о) бра́ть**ях**	вечер**а́х**

Maskulina mit ausfallendem о(ё) und -ин im Wortstamm im Pl

	mit ausfallendem о(ё) *Kämpfer*	mit ausfallendem -ин *Spatz*	im Wortstamm im Pl *Herr*
Singular			
Nominativ	бое́ц	воробе́й	господи́н
Genitiv	бойц**а́**	воробь**я́**	господи́н**а**
Dativ	бойц**у́**	воробь**ю́**	господи́н**у**
Akkusativ	бойц**а́**	воробь**я́**	господи́н**а**
Instrumental	бойц**о́м**	воробь**ём**	господи́н**ом**
Präpositiv	(о) бойц**е́**	воробь**е́**	господи́н**е**
Plural			
Nominativ	бойц**ы́**	воробь**и́**	господ**а́**
Genitiv	бойц**о́в**	воробь**ёв**	госпо́д
Dativ	бойц**а́м**	воробь**я́м**	господ**а́м**
Akkusativ	бойц**о́в**	воробь**ёв**	госпо́д
Instrumental	бойц**а́ми**	воробь**я́ми**	господ**а́ми**
Präpositiv	(о) бойц**а́х**	воробь**я́х**	господ**а́х**

Neutra mit hizugefügtem o(e) im Präpositiv Pl. und auf -ьа im Nom. Pl.

	auf -ьа im Nom. Pl. *Kleid*	mit hinzugefügtem o(e) *Fenster*	im Präpositiv Pl. *Herz*
Singular			
Nominativ	пла́тье	окно́	се́рдце
Genitiv	пла́ть**я**	окн**а́**	се́рдц**а**
Dativ	пла́ть**ю**	окн**у́**	се́рдц**у**
Akkusativ	пла́тье	окно́	се́рдце
Instrumental	пла́ть**ем**	окн**о́м**	се́рдц**ем**
Präpositiv	пла́ть**е**	окн**е́**	се́рдц**е**
Plural			
Nominativ	пла́ть**я**	о́кна	сердца́
Genitiv	пла́ть**ев**	око́н	серде́ц
Dativ	пла́ть**ям**	о́кнам	сердц**а́м**
Akkusativ	пла́ть**я**	о́кна	сердца́
Instrumental	пла́ть**ями**	о́кнами	сердц**а́ми**
Präpositiv	(о) пла́ть**ях**	о́кнах	сердц**а́х**

II. Deklinationsklasse

Feminina und Maskulina auf -a(-я)

	mit hartem Stammauslaut	mit weichem Stammauslaut	auf Vokal	auf Vokal
Singular	(belebt)			
	Dame	*Erde*	*Vorlesung*	*Familie*
Nominativ	да́м**а**	земл**я́**	ле́кци**я**	**семья́**
Genitiv	да́м**ы**	земл**и́**	ле́кци**и**	**семьи́**
Dativ	да́м**е**	земле́	ле́кци**и**	**семье́**
Akkusativ	да́м**у**	зе́мл**ю**	ле́кци**ю**	**семью́**
Instrumental	да́м**ой**	землёй	ле́кци**ей**	семьёй
Präpositiv	(о) да́м**е**	(о) земл**е́**	(о) ле́кци**и**	**семье́**
Plural				
Nominativ	да́м**ы**	зе́мл**и**	ле́кци**и**	**се́мьи**
Genitiv	дам	земе́ль	ле́кци**й**	**семе́й**
Dativ	да́м**ам**	зе́мл**ям**	ле́кци**ям**	**се́мьям**
Akkusativ	дам	зе́мл**и**	ле́кци**и**	**се́мьи**
Instrumental	да́м**ами**	зе́мл**ями**	ле́кци**ями**	**се́мьями**
Präpositiv	(о) да́м**ах**	зе́мл**ях**	ле́кци**ях**	се́мь**ях**

Die Formen **-ою**/**-ею** des Instrumentals Singular gehören dem formalen Sprachgebrauch an. Substantive mit den femininen Endungen **-а**/**-я**, die Personen bezeichnen und deren natürliches Geschlecht mönnlich ist, fallen ebenfalls unter die A-Deklination: **ю́ноша** *junger Mann*, **мужчи́на** *Mann*, **де́душка** *Großvater*, **дя́дя** *Onkel*, **Стёпа** *Stjopa*.

Feminina (aber auch Maskulina) mit Wortstamm auf ж, ш, ч, щ, ц

Singular	*Wolke*	*Schaf*
Nominativ	ту́ча	овца́
Genitiv	ту́ч**и**	овц**ы́**
Dativ	ту́ч**е**	овц**е́**
Akkusativ	ту́ч**у**	овц**у́**
Instrumental	ту́ч**ей**	овц**о́й**
Präpositiv	(о) ту́ч**е**	овц**е́**

Plural		
Nominativ	ту́**чи**	о́вц**ы**
Genitiv	ту́ч	ове́ц
Dativ	ту́**чам**	о́вц**ам**
Akkusativ	ту́**чи**	ове́ц
Instrumental	ту́**чами**	о́вц**ами**
Präpositiv	(о) ту́ч**ах**	о́вц**ах**

III. Deklinationsklasse

Feminina auf -ь

	Nacht	mit -ер-Einschub *Mutter*	*Weg*
Singular			
Nominativ	ночь	мать	путь
Genitiv	но́**чи**	ма́т**ери**	пут**и́**
Dativ	но́**чи**	ма́т**ери**	пут**и́**
Akkusativ	ночь	мать	путь
Instrumental	но́ч**ью**	ма́т**ерью**	пут**ём**
Präpositiv	(о) но́**чи**	(о) ма́т**ери**	(о) пут**и́**
Plural			
Nominativ	но́**чи**	ма́т**ери**	пут**и́**
Genitiv	ноч**е́й**	матер**е́й**	пут**е́й**
Dativ	ноч**а́м**	матер**я́м**	пут**я́м**
Akkusativ	но́**чи**	матер**е́й**	пут**и́**
Instrumental	ноч**а́ми**	матер**я́ми**	пут**я́ми**
Präpositiv	(о) ноч**а́х**	(о) матер**я́х**	(о) пут**я́х**

Дочь wird wie **мать** dekliniert. Der Instrumental Plural kann **дочеря́ми** und **дочерьми́** heißen, wobei die letztere Form gebräuchlicher ist.

Andere Deklinationsformen

	Weg	*Kind*
Singular		
Nominativ	путь	дитя́
Genitiv	пут**и́**	дитя́ти
Dativ	пут**и́**	дитя́ти
Akkusativ	путь	дитя́
Instrumental	пут**ём**	дитя́тей
Präpositiv	(о) пут**и́**	дитя́ти
Plural		
Nominativ	пут**и́**	де́ти
Genitiv	пут**е́й**	дете́й
Dativ	пут**я́м**	де́тям
Akkusativ	пут**и́**	дете́й
Instrumental	пут**я́ми**	детьми́
Präpositiv	(о) пут**я́х**	де́тях

Deklination von Neutra auf -мя mit -ен-Einschub

	Name
Nominativ	**и́мя**
Genitiv	**и́мени**
Dativ	**и́мени**
Akkusativ	**и́мя**
Instrumental	**и́менем**
Präpositiv	(об) **и́мени**
Plural	
Nominativ	**имена́***
Genitiv	**имён**
Dativ	**имена́м**
Akkusativ	**имена́**
Instrumental	**имена́ми**
Präpositiv	(об) **имена́х**

* Ist die Endung unbetont, so steht statt **е** ein **ё**.

Zu dieser Deklinationsform gehören folgende Substantive: **бре́мя** Last, **вре́мя** *Zeit*, **вы́мя** *Euter*, **зна́мя** *Fahne*, **и́мя** *Name*, **пла́мя** *Flamme*, **пле́мя** *Stamm*, **се́мя** *Samen*, **стре́мя** *Steigbügel* und **те́мя** Scheitelbein. Sie werden mit -**ен**-Einschub dekliniert. Ausnahmen: **се́мя** und **стре́мя** bekommen im Genitiv Plural das Suffix -**ян** – **семя́н**, **стремя́н**. Substantive **пла́мя**, **бре́мя**, **вы́мя** und **те́мя** haben keine Pluralform

Deklination von Familiennamen

Familiennamen auf -**ов(а)**, -**ев(а)**, -**ин(а)**, -**ын(а)** werden teils wie Substantive, teils wie Adjektive dekliniert.

Singular				
Nominativ	Ивано́в	Ивано́**в**а	Пу́шкин	Пу́шкин**а**
Genitiv	Ивано́в**а**	Ивано́в**ой**	Пу́шкин**а**	Пу́шкин**ой**
Dativ	Ивано́в**у**	Ивано́в**ой**	Пу́шкин**у**	Пу́шкин**ой**
Akkusativ	Ивано́в**а**	Ивано́в**у**	Пу́шкин**а**	Пу́шкин**у**
Instrumental	Ивано́в**ым**	Ивано́в**ой**	Пу́шкин**ым**	Пу́шкин**ой**
Präpositiv	(об) Ивано́в**е**	(об) Ивано́в**ой**	(о) Пу́шкин**е**	(о) Пу́шкин**ой**
Plural				
Nominativ	Ивано́в**ы**	Пу́шкин**ы**		
Genitiv	Ивано́в**ых**	Пу́шкин**ых**		
Dativ	Ивано́в**ым**	Пу́шкин**ым**		
Akkusativ	Ивано́в**ых**	Пу́шкин**ых**		
Instrumental	Ивано́в**ыми**	Пу́шкин**ыми**		
Präpositiv	(об) Ивано́в**ых**	(о) Пу́шкин**ых**		

Vor- und Vatersnamen werden im Unterschied zu den Familiennamen wie normale Substantive dekliniert. Die meisten Ortsnamen werden wie Substantive dekliniert: в Сара́тов**е**, из Арха́нгельск**а**, о Мю́нхен**е**. Dortsnamen, die die Langform des Adjektivs aufweisen, werden wie Adjektive dekliniert: в Берегов**о́м**, из Петро́вск**ого**.

Undeklinierbare Substantive

Fremdwörter auf Vokal sind in der Regel undeklinierbar: **ателье́** *Atelier*, **бюро́** *Büro*, **кафе́** *Cafe*, **кино́** *Kino*, **интервью́** *Interview*, **купе́** *Abteil*, **меню́** *Speisekarte*, **метро́** *U-Bahn*, **пальто́** *Mantel*, **пенсне́** *Kneifer*, **Пика́ссо** *Picasso*, **Оливе́тти** *Olivetti*, **Мона́ко** *Monaco* u.a.
Nicht dekliniert werden ebenfalls nicht russische Vor-und Familiennamen auf Konsonanten, die eine weibliche Person bezeichnen, sowie ukrainische und russische Familiennamen auf -**о**, -**их**/-**ых**: Би́ргит Пе́терс, Петре́нко, Дурно́во, До́лгих, Бейнаро́вич, Ка́рин Но́йманн.
Undeklinierbar sind darüber hinaus Kurzwörter und Abkürzungen: **Минздра́в** *Gesundheitsministerium*, **облза́гс** *Gebietsstandesamt*, **СНГ** *GUS*, **СМ** *Ministerrat*.

Zu den einzelnen Fällen

Der Instrumental
ist dem lateinischen Ablativ vergleichbar. Er bezeichnet eine Person, einen Gegenstand oder einen Prozess, die eine bestimmte Handlung verursachen. Einige Präpositionen und einige Verben fordern den Instrumental: **висéть над столóм** *über dem Tisch hängen*, **интересовáться жи́вописью** *sich für Malerei interessieren*.

Der Präpositiv
wird nur mit bestimmten Präpositionen gebraucht: **дéньги при мне** *ich habe das Geld dabei*, **рабóтать в бáнке** *bei einer Bank arbeiten*.

Abweichende Bildungen
Einige Substantive der konsonantischen Deklination haben im Singular neben der üblichen Genitivendung **-а**, **-я** noch eine umgangssprachliche Form der Genitivendung auf **-у**, **-ю**. Sie weist den sogenannten Teilungsgenitiv aus. Bsp.: **чáшка чáю** *eine Tasse Tee*, **кусóчек сы́ру** *ein Stückchen Käse*, **толпá нарóду** *eine Menschenmenge*.
Nach den Präpositionen **в** und **на** (meist nach der Frage *wo?*) haben einige einsilbige Substantive der konsonantischen Deklination im Singular die betonte Präpositivendung **-у**, **-ю**. Bsp.: **в лесу́** *im Wald*, **на льду́** *auf dem Eis*, **в Крыму́** *auf der Krim*.
Einige männliche Substantive enden im Nominativ Plural auf **-а**, **-я**, wobei die Betonung auf die Endung verlagert wird: **гóрод – городá, пáспорт – паспортá, дирéктор – директорá**. Die Endung **-ы**, **-и** findet in der gehobenen Schrift-, die Endung **-а/-я** in der Umgangssprache ihre Verwendung: **гóды – годá, трáкторы – тракторá, слéсари – слесаря́**.
Einige männliche Substantive haben im Genitiv Plural keine Endung: **солдáт** *Soldat*, **человéк** *Mensch*, **глаз** *Auge*, **грамм** *Gramm*.
Einige männliche Substantive weisen im Nominativ Plural zweierlei Formen auf. Dabei ergeben sich oft Bedeutungsunterschiede. Bsp.: **листы́ желéза** *Eisenbleche* – **ли́стья цветкá** *Blumenblätter*, **зу́бы человéка** *Zähne eines Menschen* – **зу́бья пилы́** *Sägezähne*.

Verkleinerungsformen der Substantive

Die Verkleinerungsform wird, wie auch im Deutschen, durch Suffixe gebildet. Sie drückt nicht nur die Kleinheit eines Gegenstandes aus, sondern in vielen Fällen eine positive emotionale Beziehung des Sprechers.

Bei den Substantiven der K-Deklination:
-ик, -чик, -ок (-ек), -ец

гóдик	(год)	Jährchen
дивáнчик	(дивáн)	kleines Sofa
островóк	(óстров)	kleine Insel
конёк	(конь)	Pferdchen
брáтец	(брат)	Brüderchen

Bei den Substantiven der O-Deklination:
-це (-цо), -ице (-ецо), -ышко

зéркальце	(зéркало)	Spieglein
словцó	(слóво)	Wörtchen
плáтьице	(плáтье)	Kleidchen
пёрышко	(перó)	Federchen

Bei den Substantiven der A- und I-Deklination:
-ка, -онька (енька), -очка, -ушка

дóчка	(дочь)	Töchterchen
вну́ченька	(вну́чка)	Enkeltöchterchen
звёздочка	(звездá)	Sternchen
голóвушка	(головá)	Köpfchen

ADJEKTIV

Das Adjektiv stimmt in Fall (Kasus), Zahl (Numerus), Geschlecht (Genus) und Belebtheit mit dem Wort, auf das es sich bezieht, überein, z. B.: **в здоро́вом те́ле здоро́вый дух** *in einem gesunden Körper ein gesunder Geist.*

– Die Pluralformen des Adjektivs sind für alle drei Geschlechter gleich.

– Analog zur Substantivdeklination sind der maskuline Akkusativ Singular sowie der Akkusativ Plural dem Genitiv gleich, wenn das Bezugswort ein Lebewesen ist. Dagegen stimmen sie mit dem Nominativ überein, wenn es sich beim Bezugswort um ein Nichtlebewesen handelt.

– Bei endungsbetonten Adjektiven lautet die maskuline Endung im Nominativ Singular (bei Formgleichheit auch Akkusativ Singular) **-ой**: родно́й *heimatlich*, дорого́й *teuer*, криво́й *krumm*. Sie werden wie Adjektive auf **-ый** dekliniert. Im Instrumental Singular des weiblichen Adjektivs kann in der gehobenen Schriftsprache auch **-ой**, bzw. **-ею** stehen.

– Bitte beachten Sie die Rechtschreibregeln nach **г, к, х, ц** und Zischlaut.

– Die Genitivendung auf **-го** wird [vo] ausgesprochen.

Harte Deklination

	m. (nt.)	f.	m. (nt.)	f.	m. (endbetont, Zischlaut)
Singular	*neu*	*neu*	*laut*	*laut*	*groß*
Nominativ	но́вый (-ое)	но́вая	гро́мкий (-ое)	гро́мкая	большо́й
Genitiv	но́вого	но́вой	гро́мкого	гро́мкой	большо́го
Dativ	но́вому	но́вой	гро́мкому	гро́мкой	большо́му
Akkusativ	но́вый (-ое)/ но́вого	но́вую	гро́мкий (-ое)/ гро́мкого	гро́мкую	большо́й/ большо́го
Instrumental	но́вым	но́вой	гро́мким	гро́мкой	больши́м
Präpositiv	(о) но́вом	(о) но́вой	(о) гро́мком	(о) гро́мкой	(о) большо́м
Plural					
Nominativ	но́вые	wie m.(nt.)	гро́мкие	wie m.(nt.)	больши́е
Genitiv	но́вых		гро́мких		больши́х
Dativ	но́вым		гро́мким		больши́м
Akkusativ	но́вые/ но́вых		гро́мкие/ гро́мких		больши́е/ больши́х
Instrumental	но́выми		гро́мкими		больши́ми
Präpositiv	(о) но́вых		(о) гро́мких		(о) больши́х

Deklination von nicht endungsbetonten Adjektiven auf Zischlaut

	m.(nt.)	f.	m.(nt.)	f.
Singular	*heiß*	*heiß*	*gut*	*gut*
Nominativ	горя́чий (-ее)	горя́чая	хоро́ший	хоро́шая
Genitiv	горя́чего	горя́чей	хоро́шего	хоро́шей
Dativ	горя́чему	горя́чей	хоро́шему	хоро́шей
Akkusativ	горя́чий (-ее)/ горя́чего	горя́чую	хоро́ший/ хоро́шего	хоро́шую
Instrumental	горя́чим	горя́чей	хоро́шим	хоро́шей
Präpositiv	(о) горя́чем	(о) горя́чей	(о) хоро́шем	(о) хоро́шей
Plural				
Nominativ	горя́чие	wie m.(nt.)	хоро́шие	wie m.(nt.)
Genitiv	горя́чих		хоро́ших	
Dativ	горя́чим		хоро́шим	
Akkusativ	горя́чие/ горя́чих		хоро́шие/ хоро́ших	
Instrumental	горя́чими		хоро́шими	
Präpositiv	(о) горя́чих		(о) хоро́ших	

Weiche Deklination

Singular	m.(nt.) *blau*	f. *blau*
Nominativ	**си́ний** (-**ее**)	**си́няя**
Genitiv	**си́него**	**си́ней**
Dativ	**си́нему**	**си́ней**
Akkusativ	**си́ний** (**ее**)/**си́него**	**си́нюю**
Instrumental	**си́ним**	**си́ней**
Präpositiv	(о) **си́нем**	(о) **си́ней**
Plural		
Nominativ	**си́ние**	wie m.(nt.)
Genitiv	**си́них**	
Dativ	**си́ним**	
Akkusativ	**си́ние**/**си́них**	
Instrumental	**си́ними**	
Präpositiv	(о) **си́них**	

Gattungsadjektive auf -**ий, -ье, -ья, -ьи**

Singular	m.(nt.) *Wolfs-*	f. *Wolfs-*
Nominativ	во́лч**ий** (-**ье**)	во́лч**ья**
Genitiv	во́лч**ьего**	во́лч**ьей**
Dativ	во́лч**ьему**	во́лч**ьей**
Akkusativ	во́лч**ий** (-**ье**)/во́лч**ьего**	во́лч**ью**
Instrumental	во́лч**ьим**	во́лч**ьей** (-**ьею**)
Präpositiv	(о) во́лч**ьем**	(о) во́лч**ьей**
Plural		
Nominativ	во́лч**ьи**	wie m.(nt.)
Genitiv	во́лч**ьих**	
Dativ	во́лч**ьим**	
Akkusativ	во́лч**ьи**/во́лч**ьих**	
Instrumental	во́лч**ьими**	
Präpositiv	(о) во́лч**ьих**	

Besitzadjektive

Singular	m.(nt.) *des Vaters*	f. *des Vaters*
Nominativ	отцо́в (-**о**)	отцо́в**а**
Genitiv	отцо́в**а**	отцо́в**ой**
Dativ	отцо́в**у**	отцо́в**ой**
Akkusativ	отцо́в (-**о**)/отцо́в**а**	отцо́в**у**
Instrumental	отцо́в**ым**	отцо́в**ой**
Präpositiv	(об) отцо́в**ом**	(об) отцо́в**ой**
Plural		
Nominativ	отцо́в**ы**	wie m.(nt.)
Genitiv	отцо́в**ых**	
Dativ	отцо́в**ым**	
Akkusativ	отцо́в**ы**/отцо́в**ых**	
Instrumental	отцо́в**ыми**	
Präpositiv	(об) отцо́в**ых**	

Kurzform der Adjektive

Die meisten Adjektive, die gesteigert werden können, bilden auch Kurzformen. Sie werden vom Stamm des Adjektivs abgeleitet und existieren nur in der Nominativform.

Langform		Kurzformen			
		m.	f.	nt.	pl.
ста́рый	*alt*	стар	стар**а́**	стар**о́**	ста́р**ы**
больно́й	*krank*	бо́лен	боль**на́**	боль**но́**	боль**ны́**
лёгкий	*leicht*	лёгок	легк**а́**	легк**о́**	лёгк**и**/легк**и́**
си́ний	*blau*	синь	си́н**я**	си́н**е**	си́н**и**
све́жий	*frisch*	свеж	свеж**а́**	свеж**о́**	све́ж**и**

Endet der Stamm eines Adjektivs auf zwei Konsonanten, so wird in der männlichen Kurzform oft ein bewegliches **о** oder **е** eingeschoben, z. B.: до́лгий – до́л**о**г, коро́ткий – ко́рот**о**к, свобо́дный - свобо́д**е**н.
Die männliche Kurzform des Adjektivs **досто́йный** *würdig* heißt **досто́ин**.
Adjektive auf -**нный** bilden männliche Kurzformen auf -**ен**, seltener auf -**енен**: суще́ств**ен** *wesentlich*, боле́зн**ен** *krank*, ро́дств**ен** *verwandt*, и́скр**енен** *aufrichtig*, откров**е́нен** *freimütig*.
Einige Adjektive weisen keine männlichen, seltener keine weiblichen Kurzformen auf. Sehr wenige Adjektive haben nur Kurzform Plural. Bsp.:

Langform		Kurzformen			
		m.sg.	f.sg.	nt.sg.	pl.
дре́вний	*alt*	дре́вен	–	дре́вно	дре́вни
озорно́й	*mutwillig*	–	озорна́	озорно́	озорны́
ра́зный	*verschieden*	–	–	–	ра́зны
родно́й	*heimisch*	–	–	–	родны́

Einige Adjektive haben nur Kurzformen: **рад**, **гора́зд**, **на́добен**, **до́лжен**. Bsp.: **Он на вы́думки гора́зд.** *Er ist sehr einfallsreich.*
Folgende Adjektive weisen keine entsprechende Kurzform auf: **това́рищеский** *kameradschaftlich*, **сире́невый** *fliederfarben*, **малю́сенький** *winzig*, **ско́рый** *schnell* etc.

Verwendung von Kurzformen der Adjektive

Die Kurzformen werden vor allem prädikativ gebraucht, dabei stimmen sie mit dem Satzsubjekt in Geschlecht und Zahl überein: **Куре́ние опа́сно для здоро́вья.** *Rauchen gefährdet die Gesundheit.* Oft besteht kein Bedeutungsunterschied zur Langform.
Manchmal werden die Kurzformen verwendet, um im Unterschied zur Langform einen zeitlich begrenzten Zustand auszudrücken, z. B.: **Он бо́лен. У него́ грипп.** *Er ist krank. Er hat die Grippe.* **Де́душка больно́й.** *Der Großvater ist (chronisch) krank.*
Die Kurzformen werden außerdem verwendet, wenn man das Übermaß einer Eigenschaft ausdrücken möchte, z. B.: **Э́ти ту́фли мне малы́.** *Diese Schuhe sind mir zu klein.*
Die Kurzformen stehen immer, wenn von ihnen ein Objekt oder eine Adverbialbestimmung abhängt, z. B.: **Го́род осо́бенно краси́в но́чью.** *Die Stadt ist nachts besonders schön.* **Я с тобо́й не согла́сен.** *Ich kann dir nicht zustimmen.*
Sie stehen außerdem immer, wenn **э́то** oder die Höflichkeitsform **Вы** als Subjekt steht, z. B.: **Э́ти дво́е мо́лоды и нетерпели́вы.** *Diese zwei sind jung und ungeduldig.* **Вы мне ничего́ не должны́.** *Sie sind mir nichts schuldig.*
Einige Kurzformen unterscheiden sich in ihrer Bedeutung von der dazugehörigen Langform, z. B.: **хоро́ший** *gut*, **хоро́ш** *hübsch*; **бе́дный** *unglücklich*, **бе́ден** *arm*; **кра́сный** *rot*, **красна́** *schön*.
Die sächliche Kurzform dient häufig als Adverb.

Steigerung der Adjektive und Adverbien

Steigerungsformen lassen sich nur von Qualitätsadjektiven bilden.

Einfacher Komparativ und Superlativ

Der einfache Komparativ ist in Geschlecht, Zahl und Fall unveränderlich. Man bildet ihn, indem man an den Adjektivstamm -**ee** (oder in der Umgangssprache -**ей**) anfügt. Nach Stämmen auf **г, к, х, д, т, ст** steht das Suffix -**е**. Diese Stämme verändern sich nach den Regeln des Konsonantenwechsels.
Den einfachen Superlativ bildet man, indem man an den Stamm des Adjektivs -**ейший**, -**ая**, -**ее**, -**ие** anfügt. Geht der Stamm auf **г, к, х** aus, so wird -**айший** angefügt. Diese Stämme verändern sich nach den Regeln des Konsonantenwechsels. Der Superlativ wird wie ein Adjektiv dekliniert.

Positiv	Komparativ	Superlativ
сло́жный	сложн-**ée** (-**éй**)	сложн-**éйший**
ти́хий	ти́ш-**е**	тиш-**áйший**

Zur Betonung:
Die Betonung der Komparativformen auf -**ee** entspricht der Betonung der weiblichen Kurzform: сильн**é**е *stärker*, добр**é**е *gutmütig*. Mehrsilbige Adjektive sind in der Komparativform nicht endungsbetont: вним**á**тельнее *aufmerksamer*, счастл**и́**вее *glücklicher*, красив**é**е *schöner*.
Die Betonung der Komparativformen auf -**е** liegt stets auf dem Stamm: мол**ó**же *jünger*, пр**ó**ще *einfacher*, ж**и́**же *flüssiger*.
Während die Silbe -**айш**- beim Superlativ stets betont wird (строж**áйш**ий *der strengste*), wird die Silbe -**ейш**- nur betont, wenn der Komparativ auf betontes -**ée** oder -**е** ausgeht: сильн**éйш**ий der stärkste.
Die Betonung aller übrigen Formen auf -**ейш**- richtet sich nach der Betonung der Grundform: крас**и́**вейший *der schönste*, интер**é**снейший *der interessanteste*.

Wichtige unregelmäßige Komparativformen

Grundform	Komparativ	Übersetzung
большо́й	бо́льше	*groß, größer*
бли́зкий	бли́же	*nah, näher*
высо́кий	вы́ше	*hoch, höher*
глубо́кий	глу́бже	*tief, tiefer*
далёкий	да́льше	*entfernt, entfernter*
до́лгий	до́льше	*lang, länger*
коро́ткий	коро́че	*kurz, kürzer*
ма́ленький	ме́ньше	*klein, kleiner*
ни́зкий	ни́же	*niedrig, niedriger*
плохо́й	ху́же	*schlecht, schlechter*
по́здний	по́зже/поздне́е	*spät, später*
ре́дкий	ре́же	*selten, seltener*
сла́дкий	сла́ще	*süß, süßer*
то́нкий	то́ньше	*dünn, dünner*
у́зкий	уже́	*eng, enger*
хоро́ший	лу́чше	*gut, besser*

Bei den Komparativformen von **ста́рый** *alt* ist zu beachten, dass **ста́рше** *älter* das Gegenteil von **моло́же** *jünger* bezeichnet, sich also auf das Lebensalter bezieht, während **старе́е** *älter* das Gegenteil von **нове́е** *neuer* ist.
Einige wenige deklinierbare Komparativformen auf -**ш** haben sowohl Komparativ- als auch Superlativbedeutung: **бо́льший** *größerer, größter*, **ме́ньший** *kleinerer, kleinster*, **вы́сший** *höherer, höchster*, **ни́жний** *niedrigerer, niedrigster*, **лу́чший** *besserer, bester*, **ху́дший** *schlechterer, schlechtester*, **ста́рший** *älterer, ältester*, **мла́дший** *jüngerer, jüngster*.
Einige Adjektive bilden keine einfachen Komparativformen: **громо́здкий** *sperrig*, **исхуда́лый** *abgemagert*, **ли́шний** *überflüssig*, **ло́мкий** *zerbrechlich*, **ма́ссовый** *massenhaft*, **ра́нний** *früh*,

ро́бкий *schüchtern*, **солёный** *salzig* etc.
Die mit Präfix **по-** gebildeten Komparativformen werden meist in der Umgangssprache verwendet: **побо́льше** *etwas mehr*, **полу́чше** *etwas besser*, **пони́же** *etwas niedriger*.
Das deutsche als beim Komparativ wird entweder durch den Genitiv des Wortes, mit dem verglichen wird, oder durch чем wiedergegeben, z. B.: Ле́вый бе́рег реки́ **кру́че** пра́вого. Ле́вый бе́рег реки́ **кру́че, чем** пра́вый. *Das linke Ufer des Flusses ist steiler als das rechte.*

Wichtige unregelmäßige Superlativformen

Grundform	Superlativ	Übersetzung
хоро́ший	лу́чший	*gut, bester*
плохо́й	ху́дший	*schlecht, schlechtester*
ма́ленький	ме́ньший	*klein, kleinster*

Adjektive, die in der Grundform **-ск-, -н-, -ов-, -ев-, -аст-, -ист-, -ат-, -лив-, -к-** haben, bilden keine einfachen Superlativformen: **больно́й** *krank*, **гро́мкий** *laut*, **молодо́й** *jung*, **круто́й** *steil*, **бурли́вый** *brodelnd*, **голова́стый** *großköpfig* etc.
Die einfachen Superlativformen einiger Adjektive können zum Ausdruck der Verstärkung mit **наи-** präfigiert werden: **наикратча́йший** *der allerkürzester*, **наиумне́йший** *der allerklügste*.

Der zusammengesetzte Komparativ und Superlativ

Der zusammengesetzte Komparativ wird gebildet, indem man vor die Grundform des Adjektivs das unveränderliche **бо́лее** (zur Verkleinerung **ме́нее**) setzt: **бо́лее сла́дкий** *süßer*, **бо́лее твёрдый** *härter*, **ме́нее сла́бый** *weniger schwach*.
Der einfache Komparativ steht meist als Prädikat: **Оле́г сильне́е своего́ бра́та.** *Oleg ist stärker als sein Bruder.* Der zusammengesetzte Komparativ kann auch als Attribut stehen: **На́ша футбо́льная кома́нда ещё не игра́ла с бо́лее си́льным проти́вником.** *Unsere Fußballmannschaft hat noch nie mit einem stärkeren Gegner gespielt.*
Nach dem zusammengesetzten Komparativ ist nur ein Vergleich durch **чем** + Nominativ möglich: **Сего́дня я бо́лее реши́тельный, чем мой друг.** *Heute bin ich entschlossener als mein Freund.*
Der zusammengesetzte Superlativ wird durch Voranstellung von **са́мый, -ая, -ое, -ые** vor das Adjektiv gebildet: **са́мый просто́й** *der einfachste*, **са́мая обая́тельная** *die bezauberndste*, **са́мое но́вое** *das neueste*, **са́мые у́мные** *die klügsten*. Er wird wie Adjektiv dekliniert.
Der zusammengesetzte Superlativ kann auch durch Verbindung des einfachen Komparativs mit dem Genitiv des Pronomens **все** gebildet werden. Bsp.: **Ты лу́чше всех.** *Du bist der beste.* **Э́тот ма́льчик скучне́е всех.** *Dieser Junge ist der langeweiligste.*
Der zusammengesetzte Superlativ ist in der Umgangssprache gebräuchlicher als der einfache.

Elativ

Der einfache Superlativ kann auch die Bedeutung des Elativs haben. Er gibt ein hohes Maß einer Eigenschaft an und wird im Deutschen durch *sehr..., äußerst..., höchst..., überaus..., außerordentlich...* etc. wiedergegeben. Bsp.: **тала́нтливейший спортсме́н** *ein überaus begabter Sportler*, **глупе́йшее положе́ние** *eine äußerst dumme Situation*, **опа́снейший враг** *besonders gefährlicher Feind*.

DIE ADVERBIEN

Ihrer Bedeutung nach unterscheidet man folgende Gruppen von Adverbien:
Adverbien der Art und Weise (wie? auf welche Weise?): **вдруг** *plötzlich*, **внима́тельно** *aufmerksam*, **вдре́безги** *ganz entzwei* etc. Die meisten zu dieser Gruppe gehörenden Adverbien sind vin Adjektivstämmen abgeleitet, indem a) die Endung **-о** bzw. **-е** an den Stamm angefügt wird: **поле́зно** *nützlich*, **и́скренне** *aufrichtig*; b) bei Stammauslaut auf **-ск** die Endung **-и** sowie teils das Präfix **по-** an den Stamm angefügt wird: **преда́тельски** *verräterisch*, **логи́чески** *logisch*, **по-геро́йски** *heldenhaft*, **по-отцо́вски** *väterlich*, **по-дру́жески** *freundlich*; c) die Endung **-ому** und das Präfix **по-** an den Stamm angefügt wird: **У меня́ всё по-ста́рому.** *Bei mir ist alles beim Alten.*

Adverbien der Zeit (wann? seit wann? wie lange?): **сего́дня** *heute*, **ве́чером** *abends*, **сейча́с** *jetzt*, **всегда́** *immer*, **иногда́** *manchmal*, **никогда́** *nie*, **накану́не** *am Vortag, im Vorfeld.*

Adverbien des Ortes (wo? wohin? woher?): **везде́** *überall*, **нигде́** *nirgends*, **вдали́** *in der Ferne*, **вблизи́** *in der Nähe*, **сле́ва** *links*, **спра́ва** *rechts*, **сюда́** *hierhin*, **туда́** *dorthin*, **отсю́да** *hieraus*, **отту́да** *dorther*, **где-нибу́дь** *irgendwo*, **ко́е-где́** *hier und da.*

Adverbien des Grundes (warum?): **сгоряча́** *im Eifer*, **со́слепу** *aus Kurzsichtigkeit*, **поэ́тому** *deswegen*, **потому́** *deshalb.*

Adverbien des Grades (wie viel? in welchem Grade?): **о́чень** *sehr*, **вполне́** *völlig*, **совсе́м** *ganz*, **почти́** *fast*, **весьма́** *überaus*, **сли́шком** *allzu*, **чрезвыча́йно** *außerordentlich.*
Im Satz treten die Adverbien meist als Adverbialbestimmung auf. Die prädikativen Adverbien treten in unpersönlichen Sätzen als Prädikat oder Teil des Prädikats auf: **возмо́жно** *er ist möglich*, **на́до/ ну́жно** *man muss/soll*, **тепло́** *es ist warm.*
Die von Qualitätsadjektiven abgeleiteten Adverbien mit der Endung **-о/-е** werden wie die entsprechenden Adjektive gesteigert: **бе́гать быстре́е всех** *am schnellsten laufen*, **пры́гать да́льше** *weiter springen.*
Negative Adverbien mit der Vorsilbe **не-** verlangen die doppelte Verneinung durch die Negationspartikel **не** vor dem Verb: **Здоро́вье нигде́ не ку́пишь.** *Gesundheit kann man nirgends kaufen.*

DIE PRONOMINA

Die Genitivform auf -**го** (bei Formgleichheit auch der Akkusativ) wird wie [vo] ausgesprochen.

Personalpronomina

	ich	du	er/es	sie
Singular				
Nominativ	я	ты	он/оно́	она́
Genitiv	меня́	тебя́	(н)его́	(н)её
Dativ	мне	тебе́	(н)ему́	(н)ей
Akkusativ	меня́	тебя́	(н)его́	(н)её
Instrumental	мной/-о́ю	тобо́й/-о́ю	(н)им	(н)ей/(н)е́ю
Präpositiv	(о́бо) мне	(о) тебе́	(о) нём	(о) ней

	wir	ihr/Sie	sie
Plural			
Nominativ	мы	вы/Вы	они́
Genitiv	нас	вас/Вас	(н)их
Dativ	нам	вам/Вам	(н)им
Akkusativ	нас	вас/Вас	(н)их
Instrumental	на́ми	ва́ми/Ва́ми	(н)и́ми
Präpositiv	(о) нас	(о) вас/Вас	(о) них

Den deklinierten Formen von **он, оно́, она́, они́** wird, wenn sie nach Präpositionen stehen, ein **н**- vorgestellt. Bsp.: у него́, с ней, к нему́, о них, из него́, о́коло них, ме́жду ни́ми, пе́ред ней.
Ausnahme: nach Präpositionen благодаря́ *dank*, вне *außer*, вопреки́ *ungeachtet*, всле́дствие *infolge*, наперекóр *zuwider*, навстре́чу *entgegen*, согла́сно *laut* wird **kein н**- vorgesetzt.
Den auf einen Konsonanten auslautenden Präpositionen **перед, с, к, под, в, над** u.a. wird vor **мне, мной** ein -**о** angefügt: пе́редо мной, со мной, ко мне, на́до мной. Im Instrumental wird vor **мне** die Präposition **обо** verwendet: обо мне.
Die Instrumentalformen **мно́ю, тобо́ю** und **ею́** (für **мной, тобо́й, ей**) werden seltener gebraucht.
Das Reflexivpronomen **себя́** hat keine Nominativform, in allen anderen Kasus wird es wie **ты** dekliniert: **прости́ть себе́** *sich selbst verzeihen*, **горди́ться собо́й** *stolz auf sich sein*. **Себя́** bezieht sich stets auf das Subjekt und kann mit allen Personen im Singular und Plural verwendet werden.

Possessivpronomina

Deklination der 1. und 2. Person: *mein, dein, unser, euer*. Für die 3. Person treten die Genitive des Personalpronomens ein: **его́, её, их**. Sie werden nicht dekliniert.

	m. (nt.) *mein*	f. *meine*	pl. *meine*
Singular			
Nominativ	мой (моё)	моя́	мои́
Genitiv	моего́	мое́й	мои́х
Dativ	моему́	мое́й	мои́м
Akkusativ	мой (моё)/ -его́	мою́	мои́/-и́х
Instrumental	мои́м	мое́й	мои́ми
Präpositiv	(о) моём	(о) мое́й	(о) мои́х

	unser(-es) m. (nt.)	unsere f.	unsere pl
Plural			
Nominativ	наш (на́ше)	на́ша	на́ши
Genitiv	на́шего	на́шей	на́ших
Dativ	на́шему	на́шей	на́шим
Akkusativ	наш (на́ше)/-его	на́шу	на́ши/-их
Instrumental	на́шим	на́шей	на́шими
Präpositiv	(о) на́шем	(о) на́шей	(о) на́ших

Ebenso wie **мой** *mein* werden auch **твой** *dein* und das reflexive Possessivpronomen **свой** dekliniert. Ebenso wie **наш** *unser* wird **ваш** *euer, Ihr* dekliniert.
Свой wird für alle drei Personen, Singular und Plural verwendet. Es bezieht sich immer auf das Subjekt des Satzes. Bsp.: **Он дал емý свой телефóн.** *Er hat ihm seine (eigene) Telefonnummer gegeben.* **Дáйте емý, пожáлуйста, свой телефóн.** *Geben Sie ihm bitte Ihre Telefonnummer.*

Frage- und Relativpronomina

Die Fragepronomen werden auch als Relativpronomen verwendet.

	wer	*was*	*wie viel*
Nominativ	кто	что	скóлько
Genitiv	когó	чегó	скольких
Dativ	комý	чемý	скольким
Akkusativ	когó	что	скóлько/-их
Instrumental	кем	чем	скóлькими
Präpositiv	(о) ком	(о) чём	(о) скóльких

wessen	m. (nt.)	f.	pl.
Nominativ	чей (чьё)	чья	чьи
Genitiv	чьегó	чьей	чьих
Dativ	чьемý	чьей	чьим
Akkusativ	чей (чьё)/ чьегó	чью	чьи/чьих
Instrumental	чьим	чьей	чьи́ми
Präpositiv	(о) чьём	(о) чьей	(о) чьих

Чей *wessen* wird im Gegensatz zum Deutschen wie ein Adjektiv gebraucht. Bsp.: **в чью пóльзу** *zu wessen Gunsten,* **до чьегó дóма** *bis zu wessen Haus.*
Какóй *welcher, was für ein* und **котóрый** *welcher* werden wie Adjektive dekliniert. Das nur prädikativ gebrauchte **какóв** *welcher, was für ein* hat wie die Kurzform des Adjektivs nur folgende Formen: **какóв, -á, -ó, -ы́**.

Negativpronomina

Von **кто, что, чей** und **какóй** leiten sich auch die negierenden Pronomen **никтó** *niemand* und **ничтó** *nichts* (häufiger in der Genitivform **ничегó**), **ничéй** *niemandem gehörend* sowie **никакóй** *kein* ab, die genauso dekliniert werden. Präpositionen treten zwischen **ни** und das abgetrennte Fragepronomen. Bsp.: э́то ни к чемý.
Im Russischen muss doppelt verneint werden, d.h. ein Negativpronomen mit **ни-** verlangt auch die Verneinung des Prädikats durch die Partikel **не**. Bsp.: В этом **нé** было **никакóй** необходи́мости. *Dazu bestand kein Anlass.*
Нéкого *niemanden, keinen* und **нéчего** *nichts* werden nur in unpersönlichen Sätzen verwendet und haben deshalb keine Nominativform. Sie werden wie **кто, что** dekliniert und sind stets auf **не**-betont.

Demonstrativpronomina

	m. (nt.) *diese-r(-s)*	*jene-r(-s)*	f. *diese*	*jene*	pl. *diese*	*jene*
Nominativ	э́тот (э́то)	тот (то)	э́та	та	э́ти	те
Genitiv	э́того	тогó	э́той	той	э́тих	тех
Dativ	э́тому	томý	э́той	той	э́тим	тем
Akkusativ	э́тот (э́то)/ э́того	тот (то)/ тогó	э́ту	ту	э́ти/э́тих	те/тех
Instrumental	э́тим	тем	э́той	той	э́тими	тéми
Präpositiv	(об) э́том	(о) том	(об) э́той	(о) той	(об) э́тих	(о) тех

Такóй *ein solcher* wird wie ein Adjektiv dekliniert. **Такóв** *ein solcher* hat wie die Kurzform des Adjektivs nur folgende Formen: **такóв, -á, -ó, -ы́**.

Demonstrativpronomina

	m. (nt.) *ganz*	f. *ganz*	pl. *ganz*
Nominativ	весь (всё)	вся	все
Genitiv	всего́	всей	всех
Dativ	всему́	всей	всем
Akkusativ	весь (все)/всего́	всю	все/всех
Instrumental	всем	всей	всéми
Präpositiv	(óбо) всём	(óбо) всей	(óбо) всем

	m. (nt.) *selber*	f. *selber*	pl. *selber*
Nominativ	сам (само́)	сама́	са́ми
Genitiv	самого́	само́й	сами́х
Dativ	самому́	само́й	сами́м
Akkusativ	сам (само́)/ -ого́	самоё, саму́	са́ми/сами́х
Instrumental	сами́м	само́й	сами́ми
Präpositiv	(о) само́м	(о) само́й	(о) сами́х

Ка́ждый, любо́й, вся́кий geben die Bedeutung von „jeder" in vielfältigen Schattierungen wieder und werden wie Adjektive dekliniert: **ка́ждую мину́ту** akk sg *jeden Augenblick*, **в любо́й час** akk sg *zu jeder (beliebigen) Stunde*, **во вся́ком слу́чае** präpos sg *in jedem Falle*.

Indefinitpronomina

Die Indefinitpronomen werden von Fragepronomen mit Hilfe folgender unbestimmter Partikel gebildet: **-то, -либо, -нибудь, -не, кое-**. Bsp.: **кто́-то** *jemand*, **что́-то** *etwas*, **чей-то** *jemandes*, **кто́-либо** *irgendjemand*, **что́-либо** *irgend etwas*, **како́й-либо** *irgendein*, **кто́-нибудь** *irgend jemand*, **че́й-нибудь** *irgend jemandem gehörend*, **не́кто** *ein gewisser*, **не́который** *mancher*, **ко́е-како́й** *ein gewisser*, **ко́е-че́й** *jemandem gewissen gehärend* u.a.
Die Indefinitpronomen werden wie die entsprechenden Fragepronomen dekliniert: **не́кто** und **не́что** sind undeklinierbar. Präpositionen trennen die Pronomen **ко́е-кто́** und **ко́е-что́** in zwei Wörter und stehen dazwischen: **ко́е у кого́, ко́е о чём**.

DIE NUMERALIA (Zahlwörter)

Im Russischen existieren Grund- und Ordnungszahlwörter und im Unterschied zum Deutschen auch Sammelzahlen.

Grundzahlen

0	ноль	10	де́сять	20	два́дцать
1	оди́н	11	оди́ннадцать	21	два́дцать оди́н
2	два	12	двена́дцать	22	два́дцать два
3	три	13	трина́дцать	30	три́дцать
4	четы́ре	14	четы́рнадцать	40	со́рок
5	пять	15	пятна́дцать	50	пятьдеся́т
6	шесть	16	шестна́дцать	60	шестьдеся́т
7	семь	17	семна́дцать	70	се́мьдесят
8	во́семь	18	восемна́дцать	80	во́семьдесят
9	де́вять	19	девятна́дцать	90	девяно́сто

100	сто	1000	ты́сяча
101	сто оди́н	2000	две ты́сячи
200	две́сти	3000	три тыся́чи
300	три́ста	5000	пять ты́сяч
400	четы́реста	1000000	миллио́н
500	пятьсо́т	2000000	два миллио́на
600	шестьсо́т	3000000	три миллио́на
700	семьсо́т	5000000	пять миллио́нов
800	восемьсо́т	1000000000	миллиа́рд
900	девятьсо́т	1000000000000	триллио́н

Mehrgliedrige Grundzahlwörter werden durch Aneinanderreihung gebildet:
78 се́мьдесят во́семь, 893 восемьсо́т девяно́сто три, 1986 ты́сяча девятьсо́т во́семьдесят шесть.

Zur Deklination der Grundzahlwörter

Оди́н (Genitiv **одного́**), **одно́**, **одна́**, **одни́** werden wie **э́тот**, **э́то**, **э́та**, **э́ти** dekliniert. Das **и** des Nominativ Singular fällt jedoch, außer beim unbelebten Akkusativ, aus. In der mündlichen Rede wird **оди́н** oft ausgelassen, wenn es mit einem Substantiv gebraucht wird: **Откры́тка сто́ит е́вро.** *Die Postkarte kostet 1,- Euro.*

	zwei m./nt.	*zwei* f.	*drei*	*vier*
Nominativ	два	две	три	четы́ре
Genitiv	двух	двух	трёх	четырёх
Dativ	двум	двум	трём	четырём
Akkusativ	два/двух*	две*	три/трёх*	четы́ре/-ёх
Instrumental	двумя́	двумя́	тремя́	четырьмя́
Präpositiv	(о) двух	(о) двух	(о) трёх	(о) четырёх

* Analog zur Substantivdeklination sind der maskuline Akkusativ Singular sowie der Akkusativ Plural aller drei Geschlechter dem Genitiv gleich, wenn das Bezugswort ein Lebewesen bezeichnet: **ви́жу трёх шко́льниц** *ich sehe drei Schülerinnen*, aber **ви́жу три до́ма** *ich sehe drei Häuser.*

Die Kategorie der Belebtheit spielt nur bei **оди́н, два, три, четы́ре** eine Rolle. Bei allen anderen Zahlwörtern gleich in Verbindung mit belebten Substantiven der Akkusativ dem Nominativ.
Die Grundzahlwörter von **пять** bis **два́дцать** sowie das Zahlwort **три́дцать** gehen nach der I-Deklination des Substantivs.
Die Zahlwörter **со́рок**, **девяно́сто**, **сто** haben im Genitiv, Dativ, Instrumental und Präpositiv die Endung -**а** (сорок**а́**, девяно́ст**а**, ст**а**). Der Akkusativ gleicht dem Nominativ.

	fünfzig	*fünfhundert*
Nominativ	пятьдеся́т	пятьсо́т
Genitiv	пяти́десяти	пятисо́т
Dativ	пяти́десяти	пятиста́м
Akkusativ	пятьдеся́т	пятьсо́т
Instrumental	пятью́десятью	пятьюста́ми
Präpositiv	(о) пяти́десяти	(о) пятиста́х

Шестьдеся́т, **се́мьдесят**, **во́семьдесят** werden wie **пятьдеся́т** dekliniert.
Шестьсо́т, **семьсо́т**, **восемьсо́т**, **девятьсо́т** werden wie **пятьсо́т** dekliniert.

	zweihundert	*dreihundert*	*vierhundert*
Nominativ	две́сти	три́ста	четы́реста
Genitiv	двухсо́т	трёхсот	четырёхсот
Dativ	двумста́м	трёмстам	четырёмстам
Akkusativ	две́сти	три́ста	четы́реста
Instrumental	двумяста́ми	тремяста́ми	четырьмяста́ми
Präpositiv	(о) двухста́х	(о) трёхстах	(о) четырёхстах

Zu den Grundzahlen gehört ebenfalls das Zahlwort **полтора́ста** *hundertfünfzig.* Es hat im Nominativ und Akkusativ die Form **полтора́ста**, im Genitiv, Dativ, Instrumental und Präpositiv die Form **полу́тораста**.

Bei mehrgliedrigen Grundzahlwörtern wird jedes einzelne Glied dekliniert:

	tausendneunhundertsechsundsiebzig
Nominativ	ты́сяча девятьсо́т се́мьдесят шесть
Genitiv	ты́сячи девятисо́т семи́десяти шести́
Dativ	ты́сяче девятиста́м семи́десяти шести́
Akkusativ	ты́сячу девятьсо́т се́мьдесят шесть
Instrumental	ты́сячей девятьюста́ми семью́десятью шестью́
Präpositiv	(о) ты́сяче девятиста́х семи́десяти шести́

Zur Deklination nach den Grundzahlwörtern

Die Grundzahlen werden in der Verbindung mit Substantiven nicht nach Geschlecht unterschieden. Eine Ausnahme bildet das Zahlwort **оди́н**, das drei Geschlechter aufweist: **оди́н чемода́н** m *ein Koffer*, **одна́ ка́рта** f *eine Karte*, **одно́ по́ле** nt *ein Feld*.
Das Zahlwort **два** weist zwei verschiedene Formen auf: **два чемода́на** m *zwei Koffer*, **два по́ля** nt *zwei Felder*, **две ка́рты** f *zwei Karten*.
Beim Nominativ der Grundzahlwörter werden die dazugehörigen Substantive folgendermaßen dekliniert:

- Lediglich nach **оди́н**, **одна́**, **одно́** steht, wie im Deutschen, der Nominativ.
- Nach den Grundzahlwörtern **два**, **две**, **три**, **четы́ре** stehen die gezählten Substantive im Genitiv Singular.
- Nach allen anderen Grundzahlwörtern, auch bei **ноль**, stehen die gezählten Substantive im Genitiv Plural.

Nominativ	Genitiv Singular	Genitiv Plural
оди́н компью́тер	два компью́тера	во́семь компью́теров
одно́ письмо́	два письма́	во́семь пи́сем
одна́ програ́мма	две програ́ммы	во́семь програ́мм

Bei mehrgliedrigen Grundzahlwörtern richtet sich der Fall des Substantivs nach dem letzten Glied: **три́дцать одна́ соро́ка** *einunddreißig Elstern*, **со́рок два сло́ва** *zweiundvierzig Wörter*, **три́дцать во́семь попуга́ев** *achtunddreißig Papageien*.
In allen anderen Fällen stimmen Zahlwort und Substantiv im Kasus überein.
Nach Grundzahlwörtern lautet der Genitiv Plural von **год – лет**, von **лю́ди – челове́к**.
In der Umgangssprache werden die Substantive **год**, **час**, **гра́дус** u.a. in Verbindung mit Zahlwörtern oft ausgelassen: **Мне два́дцать.** *Ich bin zwanzig Jahre alt.* **Уже́ де́вять.** *Es ist bereits 9 Uhr.* **Сего́дня плюс пятна́дцать.** *Heute ist es 15 Grad.*
Steht das Zahlwort hinter dem Substantiv, handelt es sich um eine ungefähre Angabe: **Часо́в де́сять мы провели́ в доро́ге.** *Wir waren etwa zehn Stunden unterwegs.* **Го́род нахо́дится киломе́тров со́рок от нас.** *Die Stadt ist etwa 40 km von uns entfernt.*

Ordnungszahlen

1.	пе́рвый	21.	два́дцать пе́рвый
2.	второ́й	30.	тридца́тый
3.	тре́тий	40.	сороково́й
4.	четвёртый	50.	пятидеся́тый
5.	пя́тый	60.	шестидеся́тый
6.	шесто́й	70.	семидеся́тый
7.	седьмо́й	80.	восьмидеся́тый
8.	восьмо́й	90.	девяно́стый
9.	девя́тый	100.	со́тый
10.	деся́тый	200.	двухсо́тый
11.	оди́ннадцатый	225.	две́сти два́дцать пя́тый
12.	двена́дцатый	300.	трёхсотый
13.	трина́дцатый	400.	четырёхсотый
14.	четы́рнадцатый	500.	пятисо́тый
15.	пятна́дцатый	600.	шестисо́тый
16.	шестна́дцатый	700.	семисо́тый
17.	семна́дцатый	800.	восьмисо́тый
18.	восемна́дцатый	900.	девятисо́тый
19.	девятна́дцатый	1000.	ты́сячный
20.	двадца́тый	1000000.	миллио́нный

Ordnungszahlen werden wie Adjektive dekliniert. Das Zahlwort **тре́тий**, **тре́тья**, **тре́тье** weist in allen abgeleiteten Kasus ein **-ь-** vor der Endung auf.
Bei mehrgliedrigen Zahlwörtern erhält nur das letzte Wort die Form des Ordnungszahlwortes: **со́рок тре́тий, шестисо́т девятна́дцатый**. Ebenso wird nur das letzte Zahlwort dekliniert: Я родила́сь два́дцать пе́рв**ого** а́вгуста ты́сяча девятьсо́т се́мьдесят четвёрт**ого** го́да.

Sammelzahlwörter

Zu den Sammelzahlwörtern gehören folgende Zahlwörter: **двóе, трóе, чéтверо, пя́теро, шéстеро, сéмеро, вóсьмеро, девя́теро, дéсятеро**. Diese werden von den Zahlen 2–10 gebildet und bedeuten in etwa *zwei zusammen*, *drei zusammen* etc. Außerdem gehören zu den Sammelzahlwörtern **óба, óбе** *beide*.
Das zum Sammelzahlwort gehörige Substantiv wird in den Genitiv Plural gesetzt. Eine Ausnahme bilden **óба, óбе**; hier steht der Genitiv Singular. Bsp.: **чéтверо детéй** *vier Kinder*, **трóе рабóтников** *drei Arbeiter*, **óба предприя́тия** *beide Unternehmen*, **óбе компáнии** *beide Gesellschaften*.

Deklination der Sammelzahlen

	zwei	*drei*	*vier*
Nominativ	двóе	трóе	чéтверо
Genitiv	двои́х	трои́х	четверы́х
Dativ	двои́м	трои́м	четверы́м
Akkusativ	двóе/двои́х*	трóе/трои́х*	чéтверо/четверы́х*
Instrumental	двои́ми	трои́ми	четверы́ми
Präpositiv	(о) двои́х	(о) трои́х	(о) четверы́х

* Ähnlich wie die Sammelzahlwörter wird auch **óба, óбе** beide dekliniert.

	beide (m, nt)	*beide (f)*
Nominativ	óба	óбе
Genitiv	обóих	обéих
Dativ	обóим	обéим
Akkusativ	óба/обóих*	óбе/обéих*
Instrumental	обóими	обéими
Präpositiv	(об) обóих	(об) обéих

* Analog zur Substantivdeklination ist der Akkusativ Plural dem Genitiv gleich, wenn sich das Sammelzahlwort auf ein Substantiv bezieht, das ein Lebewesen bezeichnet.

Verwendung der Sammelzahlen

Sammelzahlen werden in folgenden Fällen verwendet:

- mit Substantiven, die nur im Plural gebraucht werden: **двóе нóжниц** *zwei Scheren*, **чéтверо санéй** *vier Schlitten*, **трóе сýток** *drei Tage*.
- mit Substantiven, die Personen männlichen Geschlechts, Kinder sowie Tierjunge bezeichnen: **трóе лётчиков** *drei Piloten*, **пя́теро мáльчиков** *fünf Jungen*, **сéмеро козля́т** *die sieben Geißlein*, **чéтверо щеня́т** *vier Welpen*, **вóсьмеро цыпля́т** *acht Küken*. In Verbindung mit maskulinen Substantiven, die Personen bezeichnen, können neben Sammelzahlwörtern auch Grundzahlen verwendet werden: **двóе ученикóв – два ученикá** *zwei Schüler*, **трóе сыновéй – три сы́на** *drei Söhne*.
- mit Substantiven, die paarige Gegenstände bezeichnen: **трóе сапóг** *drei Paar Stiefel*, **двóе рук** *zwei Paar Hände*.
- mit Pronomen (meist mit Personalpronomen) sowie in unpersönlichen Sätzen als Prädikatsnomen: **Нас бы́ло трóе.** *Wir waren drei.* **Пришли́ все чéтверо.** *Alle vier sind gekommen.* **Трóе стоя́ли пéред дóмом и кури́ли.** *Drei standen vor dem Haus und rauchten.* **Их остáлось пя́теро.** *Sie sind zu fünft geblieben.*

Bruchzahlen

Bruchzahlen werden durch Verbindung von Grundzahlen mit Ordnungszahlen gebildet. Der Zähler wird durch die Grundzahl im Nominativ, der Nenner durch die Ordnungszahl im Genitiv Plural bezeichnet: 3/5 **три пя́тых**, 7/8 **семь восьмы́х**. Ist der Zähler eine Eins oder eine Zwei, so wird er durch die feminine Form **одна́** bzw. **две** bezeichnet: 1/3 **одна́ тре́тья** (до́ля едини́цы), 2/6 **две шесты́х** (до́ли едини́цы).

Zusammen mit abhängigen Substantiven wird anstelle von 1/2 **одна́ втора́я** das Substantiv **полови́на**, anstelle von 1/3 **одна́ тре́тья** das Substantiv **треть** sowie anstelle von 1/4 **одна́ четвёртая** das Substantiv **че́тверть** verwendet: **Са́ша посмотре́л то́лько полови́ну фи́льма.** *Sasha hat nur die Hälfte des Films gesehen.*

Bei gemischten Zahlen wird in der Regel den ganzen Zahlen das Adjektiv **це́лый** ganz angefügt: 1 3/8 **одна́ це́лая (и) три восьмы́х**, 3 7/8 **три це́лых (и) семь восьмы́х**. Dezimalzahlen werden wie Brüche behandelt: 9, 6 **девя́ть це́лых (и) шесть деся́тых,** 5, 25 **пять це́лых (и) два́дцать пять со́тых**, 39, 275 **три́дцать де́вять це́лых (и) две́сти се́мьдесят пять ты́сячных**.

Dekliniert werden beide Teile der Bruchzahl; der Zähler wird wie Grundzahl, der Nenner wie Ordnungszahl im Plural dekliniert: **к двум пя́тым** dat, **с тремя́ шесты́ми** inst. Zu den Bruchzahlen gehört auch **полтора́** anderthalb, das im Nominativ und Akkusativ die Form **полтора́** m/nt, **полторы́** f, in anderen Kasus die Form **полу́тора** m/nt/f annimmt.

Nach einer Bruchzahl steht das von ihr abhängige Substantiv stets im Genitiv Singular: **три пя́тых пове́рхности земли́** *drei Fünftel der Erdoberfläche*, **две шесты́х пло́щади круга́** *zwei Sechstel der Kreisfläche.*

DAS VERB

Bitte vergessen Sie nicht die Rechtschreibregeln nach Zischlauten und nach **г, к, х, ц,** da in den Konjugationsklassen nicht gesondert darauf eingegangen wird.

E-Konjugation

Zu den Endungen:
Nach hartem Konsonanten und Zischlaut stehen in der 1. Person Singular und in der 3. Person Plural -**у(т)**. Ist das Verb endungsbetont, so steht statt **-е, -ё**.

E

	Endungen	*lesen*	*bedauern*	*spazieren gehen*
Infinitiv	**-ать, -ять, -еть, -уть**	чита́ть	жале́ть	гуля́ть
я	**-ю, -у**	чита́ю	жале́ю	гуля́ю
ты	**-ешь, -ёшь**	чита́ешь	жале́ешь	гуля́ешь
он/она́/оно́	**-ет, -ёт**	чита́ет	жале́ет	гуля́ет
мы	**-ем, -ём**	чита́ем	жале́ем	гуля́ем
вы	**-ете, -ёте**	чита́ете	жале́ете	гуля́ете
они	**-ют, -ут**	чита́ют	жале́ют	гуля́ют
Imperativ		чита́й!	(жале́й!)	гуля́й!
Präteritum		чита́л	жале́л	гуля́л

Partizipien

	Aktiv	Passiv
Präsens	чита́ющий	чита́емый
Präteritum	чита́вший	чи́танный

Adverbialpartizipien

Präsens	Präteritum
чита́я	чита́в

E1
Verben auf **-нуть**

	sinken	*einschlafen*	a) *verschwinden*
Infinitiv	тону́ть	засну́ть	исче́знуть
я	тону́	засну́	исче́зну
ты	то́нешь	заснёшь	исче́знешь
они́	то́нут	засну́т	исче́знут
Imperativ	тони́!	засни́!	исче́зни!
Präteritum	тону́л	засну́л	исче́з/исче́зла

Partizipien

	Aktiv	Passiv
Präsens	то́нущий	/
Präteritum	тону́вший	/

Adverbialpartizipien

Präsens	Präteritum
/	тону́в

E2

Verben auf -о**вать**, -е**вать**

	fühlen	*Krieg führen*
Infinitiv	**чу́вствовать**	**воева́ть**
я	**чу́вствую**	**вою́ю**
ты	**чу́вствуешь**	**вою́ешь**
они́	**чу́вствуют**	**вою́ют**
Imperativ	**чу́вствую!**	**вою́й!**
Präteritum	**чу́вствовал**	**воева́л**

Partizipien

	Aktiv	Passiv
Präsens	**чу́вствующий**	**вою́ющий**
	чу́вствуемый	/
Präteritum	**чу́вствовавший**	**воева́вший**
	почу́вствованный	/

Adverbialpartizipien

Präsens	Präteritum
чу́вствуя	**чу́вствовав**
вою́я	**воева́в**

E3

Verben auf -а**вать**, im Präsens fällt -**ва**- aus, endbetont

	geben	*aufstehen*
Infinitiv	**дава́ть**	**встава́ть**
я	**даю́**	**встаю́**
ты	**даёшь**	**встаёшь**
они́	**даю́т**	**встаю́т**
Imperativ	**дава́й!**	**встава́й!**
Präteritum	**дава́л**	**встава́л**

Partizipien

	Aktiv	Passiv
Präsens	**даю́щий**	**дава́емый**
Präteritum	**дава́вший**	/

Adverbialpartizipien

Präsens	Präteritum
дава́я	**дава́в**

E4

Ausfall des Vokals vor der Endung, oft Konsonantenwechsel in den Präsensformen. Tritt ein Konsonantenwechsel ein, so wird dies im Wörterbuchteil angegeben.

a) mit Vokaleinschub in den Präsensformen

b) Verben auf -**ереть**

c) Verben auf -**ить**

	schreiben	*warten*	a) *rufen*	b) *reiben*	c) *schlagen*
Infinitiv	писа́ть	ждать	звать	тере́ть	бить
я ты они́	пишу́ пи́шешь пи́шут	жду ждёшь ждут	зову́ зовёшь зову́т	тру трёшь трут	бью бьёшь бьют
Imperativ	пиши́!	жди!	зови́!	три!	бей!
Präteritum	писа́л	ждал	звал	тёр/-ла	бил

Partizipien

	Aktiv	Passiv
Präsens	пи́шущий a) зову́щий b) тру́щий c) бью́щий	/ (побива́емый)
Präteritum	писа́вший a) зва́вший b) тёрший c) би́вший	пи́санный a) зва́нный b) тёртый c) би́тый

Adverbialpartizipien

Präsens	Präteritum
/	писа́в
a) зовя́	a) звав
b) /	b) тёрши
c) (бия́)	c) би́вши

E5

Verben auf -е**ять(ся)**

	hoffen	*verspotten*
Infinitiv	наде́яться	осмея́ть
я ты они́	наде́юсь наде́ешься наде́ются	осмею́ осмеёшь осмею́т
Imperativ	наде́йся!	осме́й!
Präteritum	наде́ялся	осмея́л

Partizipien

	Aktiv	Passiv
Präsens	наде́ющийся /	/ /
Präteritum	наде́явшийся осме́явший	/ осме́янный

Adverbialpartizipien

Präsens	Präteritum
наде́ясь	наде́явшись
/	осмея́в

E6

Verben auf Konsonant + **-ти, -ть**

	fahren/bringen	*tragen*	a) *führen*
Infinitiv	везти́	нести́	вести́
я	везу́	несу́	веду́
ты	везёшь	несёшь	ведёшь
они́	везу́т	несу́т	веду́т
Imperativ	вези́!	неси́!	веди́!
Präteritum	вёз/везла́	нёс/несла́	вёл/вела́ (!)

Partizipien

	Aktiv	Passiv
Präsens	везу́щий a) веду́щий	везо́мый a) ве́домый
Präteritum	вёзший a) ве́дший	везённый a) ведённый

Adverbialpartizipien

Präsens	Präteritum
везя́ a) ведя́	вёзши a) ве́дши

E7

идти́ und Komposita

	gehen	a) *finden*
Infinitiv	идти́	найти́
я	иду́	найду́
ты	идёшь	найдёшь
они́	иду́т	найду́т
Imperativ	иди́!	найди́!
Präteritum	шёл/шла	нашёл/нашла́

Partizipien

	Aktiv	Passiv
Präsens	иду́щий /	/
Präteritum	ше́дший a) наше́дший	/ a) на́йденный

Adverbialpartizipien

Präsens	Präteritum
идя́ (иду́чи) a) найдя́	ше́дши (selten) a) наше́дши/найдя́

E8
Verben auf **-ыть**, **-еть** mit **-о-** Einschub

	waschen	*singen*
Infinitiv	мыть	петь
я ты они́	мо́ю мо́ешь мо́ют	пою́ поёшь пою́т
Imperativ	мой!	пой!
Präteritum	мыл	пел

Partizipien

	Aktiv	Passiv
Präsens	мо́ющий пою́щий	(вымыва́емый) (воспева́емый)
Präteritum	мы́вший пе́вший	мы́тый пе́тый

Adverbialpartizipien

Präsens	Präteritum
моя (напева́я)	мы́в(ши) пе́вши

E9
Nasalstämme mit Einschub von **-м-**/**-н-**
a) mit Stammerweiterung
b) mit nur einem Stammvokal

	annehmen	*anfangen*	a) *hochheben*	b) *werden*
Infinitiv	приня́ть	нача́ть	подня́ть	стать
я ты они́	приму́ при́мешь при́мут	начну́ начнёшь начну́т	подниму́ подни́мешь подни́мут	ста́ну ста́нешь ста́нут
Imperativ	прими́!	начни́!	подними́!	стань!
Präteritum	при́нял	на́чал	по́днял	стал

Partizipien

	Aktiv	Passiv
Präsens	/	/
Präteritum	приня́вший	при́нятый

Adverbialpartizipien

Präsens	Präteritum
/	приня́в

I-Konjugation

Zu den Endungen:
Nach Zischlaut und **ц** stehen statt -**ю**, -**ят** die Endungen -**у**, -**ат**.

I

Infinitiv	Endungen **-ить, -еть,** **-ать, -ять**	*bauen* стро́ить	*gehen* ходи́ть	*sitzen* сиде́ть	*stehen* стоя́ть
я	**-ю/-у**	стро́ю	хожу́	сижу́	стою́
ты	**-ишь**	стро́ишь	хо́дишь	сиди́шь	стои́шь
он/она́/оно́	**-ит**	стро́ит	хо́дит	сиди́т	стои́т
мы	**-им**	стро́им	хо́дим	сиди́м	стои́м
вы	**-ите**	стро́ите	хо́дите	сиди́те	стои́те
они́	**-ят/-ат**	стро́ят	хо́дят	сидя́т	стоя́т
Imperativ		строй!	ходи́!	сиди́!	стой!
Präteritum		стро́ил	ходи́л	сиде́л	стоя́л

Partizipien

	Aktiv	Passiv
Präsens	стро́ящий стоя́щий	стро́имый /
Präteritum	стро́ивший стоя́вший	стро́енный /

Adverbialpartizipien

Präsens	Präteritum
стро́я сто́я	стро́ив стоя́в

Wie **сиде́ть** werden folgende Verben auf -**еть** nach der I-Konjugation gebeugt: **смотре́ть** *schauen*, **ви́деть** *sehen*, **ненави́деть** *hassen*, **терпе́ть** *dulden*, **оби́деть** *kränken*, **верте́ть** *drehen*, **лете́ть** *fliegen*, **зави́сеть** *abhängen* u.a.
Die Verben mit Präfixen werden wie die entsprechenden unpräfigierten Verben gebeugt.
Das Verb **победи́ть** *siegen* hat keine Form in der 1. Person Singular.

Unregelmäßige E-Konjugation

UE1

Infinitiv	*sein* (Präsensformen mit futurischer Bedeutung) быть	Präsensformen (verneintes Präsens)
я	бу́ду	
ты	бу́дешь	
он/она́/оно́	бу́дет	есть (нет)
мы	бу́дем	
вы	бу́дете	
они́	бу́дут	суть (нет)
Imperativ	будь!	
Präteritum	был	

Partizipien

	Aktiv	Passiv
Präsens	/	/
Präteritum	бы́вший	/

Adverbialpartizipien

Präsens	Präteritum
бу́дучи	(про)бы́в

UE2

	fahren
Infinitiv	е́хать
я	е́ду
ты	е́дешь
они́	е́дут
Imperativ	поезжа́й!
Präteritum	е́хал

Partizipien

	Aktiv	Passiv
Präsens	е́дущий	/
Präteritum	е́хавший	/

Adverbialpartizipien

Präsens	Präteritum
(е́дучи)	е́хав(ши)

UE3 mit **-в-** Einschub

	leben
Infinitiv	жить
я	живу́
ты	живёшь
они́	живу́т
Imperativ	живи́!
Präteritum	жил

Partizipien

	Aktiv	Passiv
Präsens	живу́щий	/
Präteritum	жи́вший	/

Adverbialpartizipien

Präsens	Präteritum
живя́ (живу́чи)	жи́вши

UE4

	können
Infinitiv	мочь
я ты они́	могу́ мо́жешь мо́гут
Imperativ	/
Präteritum	мог, могла́

Partizipien

	Aktiv	Passiv
Präsens Präteritum	мо́гущий мо́гший	/ /

UE5 Wechsel des Stammvokals

	sich hinlegen	*sich setzen*
Infinitiv	лечь	сесть
я ты они́	ля́гу ля́жешь ля́гут	ся́ду ся́дешь ся́дут
Imperativ	ляг!	сядь!
Präteritum	лёг/легла́ (!)	сел

Partizipien

	Aktiv	Passiv
Präsens Präteritum	/ лёгший се́вший	/ /

Adverbialpartizipien

Präsens	Präteritum
/ /	лёгши се́в(ши)

Unregelmäßige I-Konjugation

UI

	laufen
Infinitiv	бежа́ть
я ты они́	бегу́ бежи́шь бегу́т
Imperativ	беги́!
Präteritum	бежа́л

Partizipien

	Aktiv	Passiv
Präsens Präteritum	бегу́щий бежа́вший	/ /

Adverbialpartizipien

Präsens	Präteritum
/	бежа́в

Unregelmäßige Konjugation

U1

	wollen
Infinitiv	хоте́ть
я	хочу́
ты	хо́чешь
он/она́/оно́	хо́чет
мы	хоти́м
вы	хоти́те
они́	хотя́т
Imperativ	(хоти́!)
Präteritum	хоте́л

Partizipien

	Aktiv	Passiv
Präsens	хотя́щий	/
Präteritum	хоте́вший	/

Adverbialpartizipien

Präsens	Präteritum
/	хоте́в

U2

	geben	*essen*
Infinitiv	дать	есть
я	дам	ем
ты	дашь	ешь
он/она́/оно́	даст	ест
мы	дади́м	еди́м
вы	дади́те	еди́те
они́	даду́т	едя́т
Imperativ	дай!	ешь!
Präteritum	дал	ел

Partizipien

	Aktiv	Passiv
Präsens	/	/
	едя́щий	/
Präteritum	да́вший	да́нный
	е́вший	/

Adverbialpartizipien

Präsens	Präteritum
/	да́вши
/	е́вши

Reflexivverben

Reflexive Verben werden gebildet, indem man an die Konjugationsformen **-ся** oder **-сь** anfügt. Nach Konsonanten steht **-ся**, nach Vokalen **-сь**: извини́**ться** *sich entschuldigen*, удивля́**ться** *sich wundern*, извиня́**юсь** *ich entschuldige mich*, удивля́**юсь** *ich wundere mich.*
Reflexivverben sind stets intransitiv. Im Gegensatz zum Deutschen, wo das Reflexivpronomen mit der Person wechselt, verwendet man im Russischen die Endungen **-сь**, **-ся** in allen Personen.

Einige Reflexivverben haben keine entsprechende Form ohne das Suffix **-ся**: **смея́ться** *lachen*, **наде́яться** *hoffen*, **боро́ться** *kämpfen*, **горди́ться** *stolz sein* etc.

	sich waschen	*lernen*
Infinitiv	умыва́ться	учи́ться
я ты они́	умыва́юсь умыва́ешься умыва́ются	учу́сь у́чишься у́чатся
Imperativ	умыва́йся!	учи́сь!
Präteritum	умыва́лся/-лась	учи́лся/-лась

Partizipien

	Aktiv
Präsens	умыва́ющийся уча́щийся
Präteritum	умыва́вшийся учи́вшийся

Adverbialpartizipien

Präsens	Präteritum
умыва́ясь уча́сь	умыва́вшись учи́вшись

Präsens

Das Präsens kann nur mithilfe der imperfektiven Verben ausgedrückt werden. Die Präsensformen der imperfektiven Verben haben präsentische Bedeutung, diejenigen der perfektiven Verben haben futurische Bedeutung.

Präteritum

Das russische Verb hat nur eine Vergangenheitsform: das Präteritum. Dieser Vergangenheitsform stehen im Deutschen die Formen des Präteritums, des Perfekts und des Plusquamperfekts gegenüber, z. B.: **он учи́лся** – er lernte/ er hat gelernt/ er hatte gelernt. Die jeweils richtige Übersetzung ergibt sich aus dem Zusammenhang. Da diese Formen aus Partizipien entstanden sind, zeigen sie keine Personalendungen, sondern unterscheiden sich nur im Genus (Geschlecht). Man leitet das Präteritum vom Infinitiv ab, indem man die Infinitivendung abtrennt und an ihre Stelle die Endung des Präteritums setzt.

Infinitiv	m.	f.	nt.	pl. (m., f., nt.)
чита́-ть говори́-ть бы-ть	чита́-л говори́-л бы-л	чита́-ла говори́-ла бы-ла́	чита́-ло говори́-ло бы́-ло	чита́-ли говори́-ли бы́-ли

Unregelmäßigkeiten

1. Ausfall der Endung **-л** bei der maskulinen Form

– bei Verben auf **-сти**, **-зти**, **-зть** mit **-с-**, **-з-** in den Präsensformen

Infinitiv	m.	f.	nt.	pl.
нес-ти́	нёс	нес-ла́	нес-ло́	нес-ли́
вез-ти́	вёз	вез-ла́	вез-ло́	вез-ли́
рас-ти́	рос	рос-ла́	рос-ло́	рос-ли́

– bei Verben auf **-чь** mit **-г-** oder -к- in den Prasensformen

Infinitiv	m.	f.	nt.	pl.
мо-чь	мог	мог-ла́	мог-ло́	мог-ли́
бере́-чь	берёг	берег-ла́	берег-ло́	берег-ли́
пе-чь	пёк	пек-ла́	пек-ло́	пек-ли́

– bei Verben auf **-нуть**, die das Präteritum ohne **-ну-** bilden

Infinitiv	m.	f.	nt.	pl.
поги́бнуть	поги́б	поги́б-ла	поги́б-ло	поги́б-ли
со́хнуть	сох	со́х-ла	со́х-ло	со́х-ли

2. Präteritumsformen von **идти́** und Komposita

Infinitiv	m.	f.	nt.	pl.
идти́	шё-л	ш-ла	ш-ло	ш-ли
найти́	нашёл	наш-ла́	наш-ло́	наш-ли́

Zur Betonung:
Normalerweise liegt die Betonung im Präteritum auf dem Stamm. Bei einer Reihe von Verben liegt die Betonung jedoch ganz oder teilweise auf der Endung: **прибы́л** – **при́была** – **при́были** *ankommen*; **по́дал** – **подала́** – **по́дали** *reichen*;
Nur in der weiblichen Form endbetont sind viele einsilbige Verben, bei denen vor der Endung ein Vokal steht. z.B.: **был – была́, брать – брала́, взять – взяла́, дать – дала́, ждать – ждала́, жить – жила́** u.a.
In allen Formen endbetont sind viele Verben auf **-сти, -зти, -чь**, z. B.: **вести́ – вела́, мочь – могла́, везти́ – везла́** u.a.

Futur

Wie im Präteritum gibt es auch im Futur einen vollendeten und einen unvollendeten Aspekt. Die Präsensformen der vollendeten Verben haben futurische Bedeutung. Die unvollendeten Verben bilden das zusammengesetzte Futur mit den futurischen Formen von **быть**.
Bsp.:
Я ей э́то скажу́. - Ich werde es ihr sagen.
Я бу́ду говори́ть с ней. - Ich werde mit ihr sprechen.

Konjunktiv

Man bildet den Konjunktiv mit den Formen des Präteritums und der Partikel **бы**, die normalerweise, jedoch nicht immer, hinter der zugehörigen Verbform steht. Steht **бы** hinter dem Fragepronomen **что**, so verschmelzen die beiden zu **чтóбы**. Der Konjunktiv steht zum Ausdruck der Nichtwirklichkeit. Er wird meist in Wunsch- und Bedingungssätzen gebraucht. Je nach Sinnzusammenhang können die Konjunktivformen die Gegenwart, die Vergangenheit und die Zukunft bezeichnen:
Я поéхала бы - ich führe/ ich würde fahren/ ich wäre gefahren
Бы kann nach Vokalen zu **б** verkürzt werden, **чтóбы** wird zu **чтоб**: Éсли б он мог, то рабóтал бы.
Чтóбы kann mit dem Infinitiv verbunden werden und bedeutet dann ‘um...zu’.

Imperativ

Man bildet den Imperativ, indem man die Endung der 3. Person Plural des Präsens bei unvollendeten und der 3. Person Plural des einfachen Futurs bei vollendeten Verben durch die Imperativendung **-й, -ь**, oder **-и** ersetzt. Durch Anfügen von **-те** an den Imperativ Singular werden Pluralformen gebildet. Die Betonung richtet sich nach der 1. Person Singular.
Bsp.: По**й**! Пó**йте**! Спо**й**! Спó**йте**! Брé**йся**! Брé**йтесь**! Побрé**йся**! Побрé**йтесь**! Пиш**й**! Пиш**йте**! Напиш**й**! Напиш**йте**! Сяд**ь**! Ся́д**ьте**! Встан**ь**! Встá**ньте**!

Partizipien

Nicht alle Partizipien weisen alle vier Formen des Partizips auf. In der Regel gilt:

Verben	Partizipien			
	Aktiv		Passiv	
	Präsens	Präteritum	Präsens	Präteritum
vt. impf.	+	+	+	+
vt. pf.	-	+	-	+
vi. impf.	+	+	-	-
vi. pf.	-	+	-	-

Partizip Präsens Aktiv (part präs akt)
(lesende, lesender, lesendes)

Die Partizipien des Aktivs finden in der Umgangssprache nur selten Verwendung. Sie werden überwiegend in der Schriftsprache gebraucht. Das Partizip Präsens Aktiv wird nur von imperfektiven Verben gebildet. Man leitet es von der 3. Person Plural ab, indem man das **-т** der Endung wegstreicht und durch die Partizipendungen **-ущ-** (**-ющ-**) bei Verben der E-Konjugation sowie **-ащ-** (**-ящ-**) bei Verben der I-Konjugation ersetzt.

Infinitiv	3. pers pl	m.	f.	nt.	pl.
читáть	чита**ют**	читá**ющий**	читá**ющая**	читá**ющее**	читá**ющие**
стрóить	стрó**ят**	стрó**ящий**	стрó**ящая**	стрó**ящее**	стрó**ящие**

Partizip Präteritum Aktiv (part prät akt)
(der/ die/ das gelesen habende, der/ die/ das gelesen hat)

Die Partizipien des Aktivs werden überwiegend in der Schriftsprache gebraucht. Das Partizip Präteritum Aktiv wird von perfektiven und imperfektiven Verben gebildet. Man leitet es von der männlichen Form des Präteritums ab. Endet diese Form nicht auf **-л**, so fällt das **-в-** der Partizipendung aus.

Infinitiv	3. pers pl	m.	f.	nt.	pl.
чита́ть	чита́**л**	чита́**вш**ий	чита́**вш**ая	чита́**вш**ее	чита́**вш**ие
нести́	нёс	нёс**ш**ий	нёс**ш**ая	нёс**ш**ее	нёс**ш**ие

Ausnahmen:

вести́	ве́дший	обвести́	обве́дший
идти́	ше́дший	обрести́	обре́тший
набрести́	набре́дший	приобрести́	приобре́тший
навести́	наве́дший	прийти́	прише́дший
войти́	воше́дший	найти́	наше́дший
увя́нуть	увя́дший	разойти́сь	разоше́дшийся

Partizip Präsens Passiv (part präs pass)
(das gelesen werdende; das, was gerade gelesen wird)

Das Partizip Präsens Passiv wird in der Umgangssprache äußerst selten gebraucht. Auch in der Schriftsprache findet man es nur gelegentlich. Ein Satz wie: **он был люби́м** *er wurde geliebt* wird im modernen Russisch beispielsweise durch: **его́ люби́ли** wiedergegeben. Das part präs pass wird nur von unvollendeten transitiven Verben gebildet. Wie das Adjektiv hat es eine Lang- und eine Kurzform. (Die Langform wird in den runden Klammern angegeben.) Es wird gebildet, indem man die Endung der 3. Person Plural durch die Partizipendung ersetzt. Hierbei sind die Partizipendungen in E- und I-Konjugation verschieden.

	3. pers pl	m.	f.	nt.	pl.
E-Konjugation	чита́**ют**	чита́**ем(ый)**	чита́**ема(я)**	чита́**емо(е)**	чита́**емы(е)**
I-Konjugation	стро́**ят**	стро́**им(ый)**	стро́**има(я)**	стро́**имо(е)**	стро́**имы(е)**

Unregelmäßige Bildungen

Infinitiv	3. pers pl	m.	f.	nt.	pl.
вести́	вед-у́т	ведо́**м(ый)**	ведо́**ма(я)**	вед**о́мо(е)**	вед**о́мы(е)**
нести́	нес-у́т	несо́**м(ый)**	несо́**ма(я)**	нес**о́мо(е)**	нес**о́мы(е)**
дава́ть	да-ю́т	дава́**ем(ый)**	дава́**ема(я)**	дава́**емо(е)**	дава́**емы(е)**

Zur Betonung:
Bei Verben der I-Konjugation stimmt die Betonung nicht mit der Betonung der 3. Person Plural, sondern mit der des Infinitivs überein.

Partizip Präteritum Passiv (part prät pass)
(das gelesen worden seiende; das, was gelesen wurde)

Das Partizip Präteritum Passiv wird sowohl in der Umgangssprache als auch in der Schriftsprache häufiger gebraucht. Während die Langformen zumeist in der Schriftsprache Verwendung finden, kommen die Kurzformen nicht selten auch in der Umgangssprache vor. Es wird fast nur von vollendeten transitiven Verben gebildet. Wie das Adjektiv hat es Lang- und Kurzformen. Die Langformen sind in der Tabelle als erste eingetragen.

Verben auf		m.	f.	nt.	pl.
1. **-ать, -ять** einige mehrsilbige auf **-еть**	-ть	-нный -н	-нная -на	-нное -но	-нные -ны
2. **-ить, -чь, -зть, -сть, -ти**	-ю (-у)	е-(ё-)нный е-(ё-)н	е-(ё-)нная е-(ё-)но	е-(ё-)нное е-(ё-)но	е-(ё-)нные е-(ё-)ны
3. **-уть, -ыть, -оть,** einsilbige auf **-еть, -ить, -ереть,** Nasalstämme	-ть	-тый -т	-тая -та	-тое -то	-тые -ты

1. Die Infinitivendung **-ть** wird durch die oben angegebenen Endungen ersetzt: засе́я**ть** – засе́я**нный** – засе́я**н**, разброса́**ть** – разбро́са**нный** – разбро́са**н**.
2. Die Endung der 1. Person Singular wird ersetzt. Der bei diesen Verben häufige Konsonantenwechsel in der 1. Person Singular bleibt dabei erhalten. Ist das Partizip nicht endungsbetont, so steht **е** statt **ё**. Bps.: привед**у́** – привед**ённый** – привед**ён**, заме́ч**у** – заме́ч**енный** – заме́ч**ен**, закле́**ю** – закле́**енный** – закле́**ен**.
3. Die Infintivendung **-ть** wird ersetzt: обу́**ть** – обу́**тый** – обу́**т**, коло́**ть** – ко́ло**тый** – ко́ло**т**, запере́**ть** – за́пер**тый** – за́пер**т**.

Zur Betonung:
zu 1. Bei Verben, die im Infinitiv stammbetont sind, wird die Betonung meist um eine Silbe zurückgezogen.

zu 2. Bei Verben auf **-ить** der I-Konjugation stimmt die Betonung meist mit der 2. Person Singular überein. Bei Verben, deren Infinitiv auf **-чь, -зть, -сть, -ти** ausgeht, ist das Partizip meist endbetont, d. h. für **е** steht **ё**. Oft kommt unregelmäßige Betonung vor, z. B.: **найти́/на́йденный, пройти́/про́йденный**.

zu 3. Die Betonung der Langform stimmt meist mit der maskulinen Form des Präteritums überein. Bei den Ableitungen von Verben auf **-еть** und **-ить** sowie bei den Nasalstämmen ist die weibliche Kurzform häufig endungsbetont.

Adverbialpartizipien (das russische Gerundium)

Die unveränderlichen Adverbialpartizipien werden überwiegend in der Schriftsprache gebraucht. Sie drücken eine Nebenhandlung aus, die die durch das Prädikat des Satzes ausgedrückte Haupthandlung erläutert. Haupt- und Nebenhandlung haben das gleiche Subjekt. Adverbialpartizipien drücken keine Zeit aus, sondern lediglich Vor- oder Gleichzeitigkeit. Die Zeit wird durch die Haupthandlung vorgegeben, z. B.: **мы идём разгова́ривая** *wir gehen und unterhalten uns dabei* **мы шли разгова́ривая** *wir gingen und unterhielten uns dabei.*

Das Adverbialpartizip des Präsens (g präs akt)
(lesend)

Das Adverbialpartizip auf **-а, -я** wird zumeist von unvollendeten Verben gebildet. Man bildet es, indem man die Endungen der 3. Person Plural durch **-а, -я** ersetzt.

Infinitiv	3. P. Pl.	Adverbialpartizip
чита́ть	чита́-ют	чита́-**я**
стро́ить	стро́-ят	стро́-**я**
держа́ть	де́рж-ат	держ-**а́**
стара́ться	стара́-ют-ся	стара́**ясь**

Von manchen häufig vorkommenden Verben (**писа́ть, бежа́ть, е́хать, хоте́ть, звать, ждать**) kann kein Adverbialpartizip auf **-я, -а** gebildet werden.
Die Endung -**учи** (-**ючи**) ist umgangssprachlich: игра́**ючи**, иду́**чи**, жале́**ючи** etc.

Zur Betonung:
Die Betonung stimmt normalerweise mit der Betonung der 1. Person Singular überein: замеча́ю – замеча́я, де́лаю – де́лая.

Das Adverbialpartizip des Präteritums (g prät akt)
(gelesen habend)

Das Adverbialpartizip auf **-в(ши)**, **-ши** bezeichnet in der Regel eine Nebenhandlung, die gegenüber der Haupthandlung vorzeitig verlaufen ist. Die Wiedergabe im Deutschen kann durch ein weiteres Prädikat, nicht selten aber auch durch einen Adverbialsatz der Zeit erfolgen, z. B.: **Взяв** свой фотоаппара́т, ма́льчик вы́бежал из ко́мнаты. *Der Junge nahm seinen Fotoapparat und lief aus dem Zimmer* (oder) *Nachdem der Junge seinen Fotoapparat genommen hatte, lief er aus dem Zimmer.*
Es wird überwiegend von vollendeten Verben gebildet. Man leitet es vom Partizip Präteritum Aktiv ab. Die Partizipendung **-вший** wird durch **-в, -вши**, die Endung **-ший** durch **-ши** ersetzt. Die Form auf **-в** kommt häufiger vor. Die Form auf **-вши** ist umgangssprachlicher. Reflexive Verben haben stets die Endung **-вшись**, **-шись**.
Einige Verben weisen beide Endungen des Adverbialpartizips auf: просо́хну**в**/просо́х**ши**, вы́сохну**в**/вы́сох**ши**, замере́**в**/за́мер**ши**, промо́кну**в**/промо́к**ши**, окре́пну**в**/окре́п**ши** etc.
Einige Adverbialpartizipien des Präteritums haben neben den üblichen Endungen -**в**, -**вши**, -**ши** die Endung –**а** (-**я**): встре́ти**вшись** und встре́т**ясь**, приобре́т**ши** und приобрет**я́**, прише́д**ши** und прид**я́**, услы́ша**в(ши)** und услы́ш**а**.

Zur Betонung:
Die Betonung stimmt meist mit der des Infinitivs überein: прочита́ть – прочита́в, та́ять – та́я, окре́пнуть – окре́пнув.

Passiv

Das Passiv kann mit den Partizipien des Passivs (mit oder ohne einer Form von **быть**) gebildet werden, z. B.: **Он (был) уво́лен.** *Er wurde entlassen/ Er ist entlassen.* Weitere Möglichkeiten das Passiv auszudrücken sind die Verwendung von reflexiven Verben und der 3. Person Plural, z. B.: **Она́ пора́нилась.** *Sie wurde verletzt*; **Меня́ экзамену́ют по фи́зике.** *Ich werde in Physik geprüft.*

Aspekte

Eine Handlung oder ein Geschehen wird im Russischen meist durch zwei Verben ausgedrückt. Die beiden der Form nach verschiedenen Verben, die als Aspektpaar bezeichnet werden, haben im Deutschen die gleiche Übersetzung. Bsp.:

impf	pf	Übersetzung
лгать	солга́ть	*lügen*
объединя́ть	объедини́ть	*vereinen*
достига́ть	дости́гнуть	*erreichen*
укрепля́ть	укрепи́ть	*befestigen*
сооружа́ть	сооруди́ть	*bauen*
тро́гать	тро́нуть	*berühren*
шепта́ть	шепну́ть	*flüstern, zu*

Sie unterscheiden sich jedoch durch die Art, wie die Tätigkeit gesehen wird: die Betrachtungsweise oder den Aspekt. Der Gebrauch des einen oder des anderen Verbs wird durch die Betrachtungsweise des Sprechenden oder durch den Sinnzusammenhang festgelegt.
Man unterscheidet sie nach imperfektiven (unvollendeten) Verben, die eine unvollendete Handlung beschreiben, und nach perfektiven (vollendeten) Verben, die eine abgeschlossene Handlung bezeichnen.

imperfektive Verben *(что делать?)*	perfektive Verben *(что сделать?)*
Dauer Fortdauer Wiederholung allgemeine Aussage	Vollendung (Ergebnis) zeitliche Begrenzung Beginn auf einen bestimmten Einzelfall bezogene Handlung

In der Gegenwart, die stets andauert, ist eine Handlung (ein Geschehen, ein Prozess) nur unvollendet denkbar. Perfektive Verben drücken daher kein Präsens aus. Ihre Präsensformen haben Futurbedeutung. Die Bildung eines zusammengesetzten Futurs ist bei perfektiven Verben nicht möglich.

	Präteritum	Präsens	Futur
imperfektiver (unvollendeter) Aspekt	Мы стро́или дом. Wir bauten ein Haus.	Мы стро́им дом. Wir bauen ein Haus.	Мы бу́дем стро́ить дом. Wir werden ein Haus bauen.
perfektiver (vollendeter) Aspekt	Мы постро́или дом. Wir bauten ein Haus. Wir haben (hatten) ein Haus gebaut.		Мы постро́им дом. Wir werden ein Haus bauen. Wir werden ein Haus gebaut haben.

Beispiele für die Bildung von Aspektpaaren

imperfektiv	perfektiv	Übersetzung
гуля́ть	**по**гуля́ть	*spazierengehen*
де́лать	**с**де́лать	*machen*
хоте́ть	**за**хоте́ть	*wünschen*
писа́ть	**на**пи́сать	*schreiben*
чита́ть	**про**чита́ть	*lesen*
ви́деть	**у**ви́деть	*sehen*
выступа́ть	вы́ступ**ить**	*auftreten*
пока́з**ыва**ть	показа́ть	*zeigen*
да**ва́ть**	дать	*geben*
при**ходи́ть**	при**йти́**	*kommen*

Es gibt Aspektpaare, die sich nur durch die Betonung unterscheiden: разрез**а́**ть impf – разр**е́**зать pf *schneiden*, засып**а́**ть impf – зас**ы́**пать pf *zuschütten*, отрез**а́**ть impf – отр**е́**зать pf *abschneiden*.

Einige häufig gebrauchte Verben haben sehr unterschiedliche Aspektpartner

imperfektiv	perfektiv	Übersetzung
брать	взять	*nehmen*
выходи́ть	вы́йти	*hinausgehen*
говори́ть	сказа́ть	*sprechen*
класть	положи́ть	*legen*
ложи́ться	лечь	*sich hinlegen*
сади́ться	сесть	*sich setzen*
спра́шивать	спроси́ть	*fragen*
станови́ться	стать	*werden*

Es gibt Verben, die nur im unvollendeten Aspekt vorkommen, wie z. B.: **быва́ть** *zu sein pflegen,* **люби́ть** *lieben,* **находи́ться** *sich befinden.* Alle Verben der Bewegung ohne Vorsilbe, z. B. **е́хать**, kommen ebenfalls nur imperfektiv vor.

Verben, die nur im perfektiven Aspekt vorkommen, sind z. B.: **побыва́ть** *(eine Zeit lang) verweilen,* **пое́хать** *losfahren,* **состоя́ться** *stattfinden.* Obwohl sie formal wie die Aspektpartner des entsprechendenen imperfektiven Verbs aussehen, werden sie nicht als Aspektpartner betrachtet, da sie sich in der Bedeutung unterscheiden.

Arten des Vokalwechsels bei Aspektpaaren

	impf	pf	Übersetzung
а/о	опа́здывать	опозда́ть	*zu spät kommen*
и/е	стира́ть	стере́ть	*abwischen*
ин/а	начина́ть	нача́ть	*beginnen*
им/я	понима́ть	поня́ть	*verstehen*
ы/о	вздыха́ть	вздохну́ть	*seufzen*

Arten des Konsonantenwechsels bei Aspektpaaren

	impf	pf	Übersetzung
вл/в	обновля́ть	обнови́ть	*erneuern*
г/ж	излага́ть	изложи́ть	*schildern*
ж/д	провожа́ть	проводи́ть	*begleiten*
жд/д	побежда́ть	победи́ть	*siegen*
ж/з	снижа́ть	сни́зить	*herabsetzen*
мл/м	утомля́ть	утоми́ть	*ermüden*
ч/т	отвеча́ть	отве́тить	*antworten*
щ/ст	проща́ть	прости́ть	*verzeihen*
щ/т	защища́ть	защити́ть	*verteidigen*

Mit folgenden Adverbialbestimmungen steht in der Regel der imperfektive Aspekt: ка́ждый день, ка́ждый год, ка́ждый час, ка́ждую мину́ту, обы́чно, ча́сто, всегда́, ежедне́вно, еженеде́льно, це́лыми дня́ми, всё лу́чше и лу́чше etc. Der perfektive Aspekt steht in der Regel mit folgenden Adverbialbestimmungen: вдруг, неожи́данно, внеза́пно, случа́йно, впервы́е, момента́льно, в одну́ мину́ту, сейча́с же etc.

Gebrauch der Aspekte

Gebrauche der Aspekte im Präteritum

Imperfektiver Aspekt

Zum Ausdruck einer sich wiederholenden Handlung: **Роди́телей мы посеща́ли по воскресе́ньям.** *Wir besuchten die Eltern sonntags.*
Zum Ausdruck des Handlungsablaufs: **Ма́ша весь ве́чер рисова́ла карти́ну.** *Mascha zeichnete den ganzen Abend an einem Bild.* Zur Wiedergabe von gleichzeitig ablaufenden Handlungen: **Я гото́вила обе́д, а муж убира́лся.** *Ich bereitete das Mittagessen zu und mein Mann räumte auf.*
Zur Wiedergabe des Ablaufes einer Handlung vor dem Hintergrund einer anderen: **В до́ме хло́пали дверьми́, пока́ ма́ма игра́ла на пиани́но.** *Im Haus knallte jemand (ständig) mit der Tür, während Mutter Klavier spielte.*
Zum Ausdruck eines Zustandes, der sich auf die Vergangenheit bezieht und der zum Redemoment nicht mehr besteht: **Мне в де́тстве нра́вилась ри́совая ка́ша.** *In meiner Kindheit habe ich gerne Milchreis gegessen.*
Zum Ausdruck einer Handlung, deren Resultat zum Redemoment annulliert ist: **Мы зна́ем, что вор открыва́л сейф, потому́ что он забы́л в нём свои́ перча́тки.** *Wir wissen, dass der Dieb den Safe öffnete, weil er seine Handschuhe darin vergessen hat.*

Perfektiver Aspekt

Zum Ausdruck einer einmaligen Handlung: **Вчера́ состоя́лось собра́ние акционе́ров.** *Gestern fand die Aktionärsversammlung statt.*
Zum Ausdruck der Vollendung einer Handlung: **Я написа́ла письмо́ и отпра́вила его́.** *Ich habe einen Brief geschrieben und ihn abgeschickt.*
Zur Wiedergabe von aufeinanderfolgenden und abgeschlossenen Handlungen: **Он помолча́л немно́го, а пото́м раскры́л свою́ та́йну.** *Er schwieg eine Weile, dann enthüllte er sein Geheimnis.*
Zur Wiedergabe einer momentanen Handlung vor dem Hintergrund eines Prozesses, der durch ein imperfektives Verb ausgedrückt ist: **Телефо́н зазвони́л, когда́ я мы́лся под ду́шем.** *Das Telefon klingelte, während ich unter der Dusche war.*
Zum Ausdruck eines Zustandes, der sich auf die Vergangenheit bezieht und zum Redemoment noch besteht: **Ему́ ещё в де́тстве захоте́лось стать пожа́рником.** *Seit seiner Kindheit will er Feuerwehrmann werden.*

Gebrauch der Aspekte im Futur

Imperfektiver Aspekt

Zum Ausdruck einer sich wiederholenden Handlung oder einer Handlung, die als Prozess aufgefasst wird: **Я бу́ду бе́гать ка́ждый день.** *Ich werde jeden Tag laufen.*
Zum Ausdruck von gleichzeitig ablaufenden Handlungen: **Мы бу́дем петь и танцева́ть.** *Wir werden singen und tanzen.*
Zum Ausdruck der Fähigkeit, Bereitschaft, Überzeugung: **Я в доро́ге не бу́ду спать.** *Ich werde unterwegs nicht schlafen (können).*
Zur Konstatierung einer zukünftigen Handlung: **Вы бу́дете отвеча́ть на э́то письмо́?** *Werden Sie diesen Brief beantworten?*
Zum Ausdruck der Absicht, eine Handlung in Kürze durchzuführen: **Вы бу́дете сходи́ть на сле́дующей остано́вке?** *Werden Sie an der nächsten Haltestelle aussteigen?*

Perfektiver Aspekt

Zum Ausdruck einer einmaligen Handlung und der Überzeugung, dass eine Handlung bestimmt zum Resultat führen wird: **За́втра я пойду́ к парикма́херу.** *Morgen gehe ich zum Friseur.*
Zum Ausdruck von einer Reihenfolge von Einzelhandlungen in der Zukunft: **Снача́ла потанцу́ем, пото́м пе́сню споём.** *Zuerst werden wir tanzen und dann ein Lied singen.*
Zum Ausdruck einer möglichen Handlung: **Е́сли кто зайдёт, то скажи́те, что я ско́ро верну́сь.**

Sollte jemand vorbeikommen, sagen Sie ihm, ich werde bald zurück sein.
Zum Ausdruck der Unmöglichkeit des Handlungsvollzuges: **Я не вспо́мню доро́гу.** *Ich werde mich an der Weg nicht erinnern (können).*

Gebrauch der Aspekte im Infinitiv

Imperfektiver Aspekt

Zum Ausdruck eines Prozesses oder einer sich wiederholenden Handlung: **Мы всегда́ хоте́ли рабо́тать вме́сте.** *Wir wollten schon immer zusammen arbeiten.*
Zum Ausdruck einer Handlung, die verneint, verboten oder nicht empfohlen wird. Der Infinitiv steht in Verbindung mit folgenden Wörtern: нельзя́, не на́до, не́зачем, не сле́дует, не сто́ит, не обеща́ть, не хоте́ть(ся) u.a.: **На борту́ самолёта нельзя́ кури́ть.** *An Bord des Flugzeugs darf man nicht rauchen.* **Вам не сле́дует есть жи́рное.** *Sie sollten nichts Fettes essen.*
Zum Ausdruck einer Bitte, eines Ratschlags oder eines Befehls, die Handlung nicht auszuführen: **Я прошу́ Вас не меша́ть.** *Ich bitte Sie, nicht zu stören.*
Nach Verben, die Beginn, Fortdauer, Abbruch oder Abschluss einer Handlung bezeichnen: **Они́ отпра́вились закупа́ться.** *Sie sind einkaufen gegangen.* **Он бро́сил кури́ть.** *Er hat sich das Rauchen abgewöhnt.*

Perfektiver Aspekt

Zum Ausdruck einer einmaligen Handlung: **Я всегда́ хоте́ла соверши́ть кругосве́тное путеше́ствие.** *Ich wollte schon immer eine Weltreise machen.*
Zum Ausdruck einer Bitte, eines Ratschlags oder eines Befehls, eine einmalige Handlung auszuführen: **Я прошу́ Вас закры́ть окно́.** *Ich bitte Sie, das Fenster zu schließen.*
Nach unterordnenden Wörtern, die den perfektiven Infinitiv bedingen (суме́ть, успе́ть, забы́ть, опозда́ть, мочь, спеши́ть u.a.): **Он забы́л позвони́ть мне.** *Er hat vergessen, mich anzurufen.*
Zum Ausdruck einer Handlung, die man nicht ausführen kann (in Verbindung mit нельзя́): **На у́лице си́льный ве́тер, да́же закури́ть нельзя́.** *Draußen weht der Wind so stark, dass man nicht einmal eine Zigarette anzünden kann.*

Gebrauch der Aspekte im Imperativ

Imperfektiver Aspekt

Zum Ausdruck einer Einladung, eine Handlung auszuführen: **Сади́тесь, пожа́луйста!** *Nehmen Sie bitte Platz!*
Zum Ausdruck einer Bitte oder einer Aufforderung, eine sich wiederholende oder andauernde Handlung auszuführen: **Прове́тривайте ко́мнату ка́ждый день.** *Lüften Sie Ihr Zimmer täglich.*

Perfektiver Aspekt

Zum Ausdruck eines Befehls: **Ся́дьте!** *Setzen Sie sich!*
Zum Ausdruck einer Bitte, einer Aufforderung oder eines Befehls, eine einmalige Handlung auszuführen: **Нажми́те на кра́сную кно́пку.** *Drücken Sie den roten Knopf.*

Verben der Fortbewegung

Einige unvollendete Verben der Bewegung haben zwei Formen, eine bestimmte und eine unbestimmte. Die Übersetzung beider Verben bleibt im Deutschen dieselbe. Der unterschiedliche Gebrauch ist in der nachstehenden Tabelle zusammengefasst.

bestimmt	unbestimmt
einmalig nicht unterbrochen in bestimmter Zeit zielgerichtete Bewegung	mehrmalig von unbestimmter Dauer ohne bestimmte Richtung (z. B. hin und her) wiederholt, gewohnheitsmäßig allgemeine Fähigkeit zur Ausführung einer Bewegung

Bestimmt (zielgerichtete Bewegung):
Я сего́дня иду́ в бассе́йн. *Ich gehe heute* (einmalig, nicht unterbrochen, in bestimmter Zeit) *in die Stadt* (in bestimmter Richtung).
Студе́нт е́хал в Пари́ж. *Der Student ist nach Paris gefahren.* (einmalig, in bestimmter Richtung)
Журавли́ лете́ли на юг. *Die Kraniche zogen nach Süden* (zielgerichtete Bewegung).

Unbestimmt (nicht zielgerichtete Bewegung):
Два ра́за в день почтальо́н но́сит по́чту. *Zweimal am Tag trägt der Briefträger die Post aus* (wiederholt, gewohnheitsmäßig). **Авто́бус хо́дит ка́ждые пять мину́т.** *Der Bus fährt alle fünf Minuten* (mehrmalig, nach einem bestimmten Zeitplan).
Над по́лем лета́ли журавли́. *Über dem Feld flogen die Kraniche* (Bewegung von unbestimmter Dauer und ohne Richtungsangabe).
Вчера́ я е́здила в Москву́. *Gestern bin ich nach Moskau gefahren.* (hin und zurück, d. h. ich bin schon wieder zu Hause). **Сего́дня я ходи́л купа́ться.** *Heute war ich schwimmen* (einmalige Bewegung in zwei Richtungen, nur in der Vergangenheitsform).
Ребёнок уже́ хо́дит. *Das Kind kann schon laufen* (Fähigkeit zur Ausführung einer bestimmten Bewegung). **Ры́бы пла́вают.** *Fische (können) schwimmen* (ständige Eigenschaft, allgemeine Fähigkeit).

Bestimmt und unbestimmt kommen folgende 15 Verbpaare vor:

bestimmt	unbestimmt	Übersetzung
бежа́ть	бе́гать	*laufen*
везти́	вози́ть	*transportieren, fahren*
вести́	води́ть	*führen*
гнать	гоня́ть	*treiben, jagen*
гна́ться	гоня́ться	*nachjagen, nachrennen*
е́хать	е́здить	*fahren*
идти́	ходи́ть	*gehen*
кати́ть	ката́ть	*rollen, wälzen*
лезть	ла́зить	*klettern*
лете́ть	лета́ть	*fliegen*
нести́	носи́ть	*tragen*
нести́сь	носи́ться	*rennen, rasen*
плыть	пла́вать	*schwimmen*
ползти́	по́лзать	*kriechen*
тащи́ть	таска́ть	*schleppen*

Alle Verben der Fortbewegung gehören dem imperfektiven Aspekt an. Tritt eine Vorsilbe vor diese Verben, so verlieren sie ihre Bestimmtheit, bzw. Unbestimmtheit. Sie werden dann zu Aspektpartnern.
Bsp.: **выходи́ть** impf, **вы́йти** pf *herausgehen;* **залета́ть** impf, **залете́ть** pf *einfliegen*; **сходи́ть** impf, **сойти́** pf *heruntergehen.*

Vorsilben bei Verben

Zahlreiche einfache imperfektive Verben können durch Präfixe ganz bestimmte Bedeutungen erhalten. Die entstehenden zusammengesetzten Verben sind in den meisten Fällen perfektiv. Der dazugehörige Aspektpartner wird oft durch das Infix **-ива-/-ыва**- gebildet. Die wichtigsten Vorsilben sind:

в- (во-, въ-)	herein-, hinein-; ein-; hinauf-, herauf-
вз- (вс-, взо-)	hinauf-, herauf-
вы-	heraus-, hinaus-; aus-
до-	bis...zu, bis...hin; zu-
за-	ein-, (hin-)
о- (об-, обо-)	um ... herum, durch-
от- (ото-, отъ-)	weg-, ab-, fort-
пере-	uber-, hinüber-, herüber-, durch-
под- (подо-)	heran-, herbei-
при-	heran-, herbei-, an-; hin-
про-	durch-, hindurch-; vorbei-, vorüber-
раз- (разо-, рас-)	auseinander-, ver-; zer-
с- (со-)	zusammen-; herunter-, hinunter-
у-	weg-, fort-, davon-

Bsp.: **взбега́ть** impf/ **взбежа́ть** pf **на ле́стницу** *die Treppe herauflaufen*; **заполза́ть** impf/ **заползти́** pf **за ка́мень** *hinter einen Stein kriechen*; **проходи́ть** impf/**пройти́** pf **ми́мо шко́лы** *an der Schule vorbeigehen*; **перебега́ть** impf/ **перебежа́ть** pf **че́рез у́лицу** *über die Straße laufen.*

Komposita von идти́

Идти́ erscheint in Zusammensetzungen als **-йти**, z. B.: вы́йти *herausgehen*, уйти́ *weggehen*, прийти́ *kommen*. Diese Zusammensetzungen werden wie **идти́** konjugiert: **я приду́**, **ты придёшь**.

PRÄPOSITIONEN

Die Präpositionen ziehen normalerweise einen bestimmten Kasus (Fall) nach sich. Es gibt aber auch Präpositionen, die mit zwei oder drei Fällen verbunden werden können. Sie unterscheiden sich je nach Kasus in der Bedeutung (im Wörterbuchteil nachzuschlagen).

Fälle	Präpositionen mit einem Fall	
Gen	без/бе́зо *ohne*	из-по́д *unter ... hervor*
	близ *in der Nähe*	кро́ме *außer*
	ввиду́ *angesichts*	ми́мо *an ... vorbei*
	в ка́честве *als*	насчёт *hinsichtlich*
	вме́сто *anstatt, anstelle*	о́коло *neben; circa*
	вне *außerhalb*	от *von*
	внутри́ *innerhalb*	относи́тельно *hinsichtlich*
	во вре́мя *während*	пове́рх *über*
	во́зле *neben*	по́дле *neben*
	вокру́г *um ... herum*	позади́ *hinter*
	в отли́чие от *im Unterschied zu*	поми́мо *abgesehen*
	в отноше́нии *in Hinsicht auf*	по́сле *nach*
	впереди́ *vor*	посреди́ *mitten in*
	в результа́те *infolge*	про́тив *nach*
	вследствие *infolge*	ра́ди *wegen, um ... willen*
	в тече́ние *während, innerhalb*	для *für*
	сверх *über*	свы́ше *über*
	до *bis, vor*	среди́ *inmitten, unter*
	из/изо́ *aus, von*	с по́мощью *mittels, mit*
	из-за *wegen; hinter ... hervor*	у *bei*
Dat	благодаря́ *dank*	навстре́чу *entgegen*
	вопреки́ *entgegen; trotz*	наперекóр *zum Trotz*
	вслед *hinter ... her*	согла́сно *gemäß, laut*
	к/ко *zu*	соотве́тственно *entsprechend*
Akk	несмотря́ на *trotz*	сквозь *durch, hindurch*
	про *über, von*	спустя́ *nach*
	с *mit*	че́рез/чрез *durch, über; nach, in*

Inst	в связи́ с *in Verbindung mit* в соотве́тствии с *entsprechend* над/на́до *über*	ме́жду *zwischen* пе́ред/пе́редо *vor* по сравне́нию с *im Vergleich zu*
Präp	при *bei*	

	Präpositionen mit zwei Fällen	
Akk	в/во *in, nach; um, an* на *auf* под/по́до *unter, gegen*	за *hinter, an; für; in, während* о/об/о́бо *an, gegen*
Inst	под/по́до *unter, bei*	за *hinter, an, außerhalb*
Präp	в/во *in* на *auf*	о/об/о́бо *über, von*

	Präpositionen mit drei Fällen	
Gen	с/со *von, aus*	
Dat		по *durch, entlang; wegen; laut*
Akk	с/со *so ... wie, etwa*	по *bis*
Inst	с/со *mit*	
Präp		по *nach*

Die Präpositionen werden in folgenden Fällen gebraucht:

bei Angaben des Ortes (wo? wohin? woher?). Bei **в, за, на, под** spielt dabei die Bewegungsrichtung für die Wahl des Kasus eine Rolle, d.h. man fragt *wo?* oder *wohin?* Bsp.: **пойти́ в магази́н** *ins Geschäft gehen*, **купи́ть что́-либо в магази́не** *etwas im Geschäft kaufen*; **сесть за стол** *sich an den Tisch setzen*, **сиде́ть за столо́м** *am Tisch sitzen*; **идти́ на фа́брику** *in die Fabrik gehen*, **рабо́тать на фа́брике** *in der Fabrik arbeiten*; **поста́вить что́-либо под крова́ть** *etwas unters Bett stellen*, **лежа́ть под одея́лом** *unter einer Decke liegen.*

bei Angaben der Zeit (wann? seit wann? bis wann?): **че́рез два го́да** *in zwei Jahren*, **за после́дние пять лет** *in den letzten fünf Jahren*, **в э́том столе́тии** *in diesem Jahrhundert*; **до револю́ции** *vor der Revolution*, **во вре́мя о́тпуска** *während des Urlaubs*, **с пе́рвого по тре́тье сентября́** *vom 1. bis zum 3. September*; **под утро** *gegen Morgen* etc.

bei Angaben des Grundes (warum?): **согла́сно реше́нию суда́** *laut des Gerichtsbeschlusses*, **отсу́тствовать по боле́зни** *wegen Krankheit fehlen*, **не по́мнить себя́ от ра́дости** *außer sich vor Freude sein* etc.

bei Angaben des Zwecks (weswegen? zu welchem Zweck?): **ра́ди бо́га** *um Gottes willen*, **пойти́ за сле́сарем** *den Schlosser holen*, **для Ва́шей по́льзы** *zu Ihrem Nutzen* etc.

bei Verben: **разгова́ривать о чём-либо** *über/von etwas sprechen*, **проща́ться с ке́м-либо** *sich von jdm verabschieden*, **знако́миться с ке́м-либо** *jdn kennen lernen*, **уча́ствовать в чём-либо** *an etwas teilnehmen* etc.

An die Präpositionen **без, в, из, к, над, от, пе́ред, под, с** kann ein **о** angehängt werden, wenn das folgende Wort mit zwei Konsonanten beginnt, unter anderem in folgenden Kombinationen: **во** steht vor **в/ф** – **во всех стра́нах** *in allen Ländern*, **во Фра́нкфурте** *in Frankfurt am Main*, **во вто́рник** *am Dienstag*; **со** steht vor **мн** – **со мной** *mit mir*, **во мно́гих слу́чаях** *in vielen Fällen*, **пе́редо мной** *vor mir*; **бе́зо** steht nur vor **всех, вся́ких**.

Mann muss allerdings beachten, dass sich viele Wortkombinationen, die aus Präposition und Substantiv bestehen, traditionell herausgebildet haben und keinen Regeln unterliegen: **во двор, со двора́** *in den Hof, aus dem Hof*; aber: **в дверь, с две́рью** *in die Tür, mit der Tür.*

Die Präposition **о** wird vor vokalischem Anlaut zu **об**: **об исто́рии** *über die Geschichte*, **об успе́хе** *über den Erfolg*. Vor einigen Wörtern hat sie die Form **обо**: **обо мне** *über mich*, **обо всём** *über alles*, **о́бо что** *an etwas.*

DIE KONJUNKTIONEN

Man unterscheidet im Russischen bei- und unterordnende Konjunktionen. Die beiordnenden Konjunktionen verbinden entweder gleichartige Satzglieder innerhalb eines Satzes oder gleichrangige Sätze innerhalb einer Satzreihe miteinander. Die unterordnenden Konjunktionen verbinden Haupt- und Nebensatz innerhalb eines Satzgefüges miteinander. Im Unterschied zum Deutschen haben die Konjunktionen im Russischen keinen Einfluss auf die Wortstellung im Nebensatz.
Zu den wichtigsten beiordnenden Konjunktionen gehören: **а** *und (weist auf einen Gegensatz hin); sondern*; **да** *und; aber*; **зато** *dafür*; **и** *und*; **или** *oder*; **или ... или** *entweder ... oder*; **как ..., так и** *sowohl ... als auch*; **либо** *oder*; **не только ..., но и** *nicht nur ..., sondern auch*; **то ..., то** *mal ..., mal ...*

Man unterscheidet folgende unterordnende Konjunktionen:

kausale: **потому́ что** *weil*, **оттого́ что** *da*, **так как** *weil*, **в виду́ того́ что** *in Anbetracht dessen, dass*, **благодаря́ тому́ что** *dadurch, dass*, **вследствие того́ что** *infolge dessen, dass* u.a.
finale: **что́бы (чтоб), для того́ что́бы, с тем что́бы** *damit, um ... zu* u.a.
temporale: **когда́** *als, wenn*, **лишь** *kaum; sobald*, **лишь то́лько** *sobald*, **пока́** *solange*, **едва́** *kaum*, **до того́ как** *bis*, **до тех пор пока́** *solange*, **по́сле того́ как** *nachdem*, **пре́жде чем** *bevor*, **в то вре́мя как** *während* u.a.
konditionale: **е́сли** *wenn*, **е́сли бы** *wenn*, **раз** *wenn einmal*, **ли** *ob* u.a.
deklarative: **как, бу́дто**, *словно*, **как бу́дто**, **то́чно** *als, als ob*, **что** *dass*, **что́бы** *damit* u.a.
konsekutive: **так что** *so dass*

DIE PARTIKELN

Die russischen Partikeln verleihen wie im Deutschen Wörtern oder ganzen Sätzen Bedeutungsschattierungen. Sie sind undeklinierbar. Bsp.:

Fragepartikeln: **ли (ль), ра́зве, неуже́ли, неу́жто, небо́сь**
Интере́сна **ли** э́та игра́? *Ist dieses Spiel interessant?*
Ра́зве ему́ мо́жно ве́рить? *Kann man ihm denn glauben?*
Неуже́ли ты ещё не нашёл ключа́? *Hast du etwa den Schlüssel noch nicht gefunden?*
Небо́сь ты испуга́лся? *Bist erschrocken, was?*

Ausrufepartikeln: **как, что за**
Как ты мог э́то забы́ть! *Wie konntest du das nur vergessen!*
Что за безотве́тственность! *So eine Verantwortungslosigkeit!*

Bekräftigende Partikeln: **ведь, же, и, да́же, да́же и, уж, всё, всё-таки**
Ведь мы её об э́том попроси́ли. *Wir hatten sie doch darum gebeten.*
О́на **же** не сказа́ла, что сама́ уезжа́ет. *Sie hat uns ja nicht gesagt, dass sie selbst verreist.*
Мы **и** де́ньги тебе́ заплати́ли за э́то! *Wir haben dir sogar Geld dafür bezahlt!*
Он **да́же** гла́зом не моргну́л. *Er hat nicht einmal mit der Wimper gezuckt.* Usw.

Einschränkende Partikeln: **то́лько, лишь**
Ко́мната освободи́ться **то́лько** че́рез два ме́сяца. *Das Zimmer wird erst in zwei Monaten frei.*
Я хоте́ла **лишь** поздоро́ваться. *Ich wollte dich (Sie ...) lediglich begrüßen.*

Präzisierende Partikeln: **и́менно, как раз**
И́менно об э́том и шла речь на конфере́нции. *Gerade davon war auf der Konferenz die Rede.*
Вот **и́менно**! *Das ist es eben!*
Как раз тебя́ я и хоте́ла заста́ть. *Gerade dich wollte ich auch treffen.*

Hinweisende Partikeln: **вот (а вот), вон (а вон)**
Вот и я! *Da bin ich.* **Вот тебе́ раз!** *Da haben wir es!* **Вот дура́к!** *Ist das aber ein Narr!*
Пошёл вон! *Mach, dass du wegkommst!* **Вон оно́ что!** *Da liegt der Hase im Pfeffer!*
Außerdem dienen die Partikeln **бы, да, пусть (пуска́й)** zur Bildung des Konjunktivs bzw. des

Imperativs: **что бы ни случи́лось** *was auch geschehen mag,* **ты бы погуля́л немно́го** *geh doch ein wenig spazieren; du würdest gut daran tun, ein wenig spazieren zu gehen*; **да здравствует свобода!** *es lebe die Freiheit!*; **да замолчи!** *so schweige doch!*; **пусть подождёт!** *soll er warten!*

Negationspartikeln не, нет, ни und die Negation

Mit der Negationspartikel **не** können sämtliche Sätze verneint werden. Die Partikel **не** steht immer vor dem zu verneinenden Satzglied: **Мой сын ещё не хо́дит в шко́лу.** *Mein Sohn geht noch nicht zur Schule.*
Nach einem den Akkusativ regierenden verneinten Verb kann das abhängige Objekt sowohl im Akkusativ als auch im Genitiv stehen: **Мы ещё не купи́ли но́вый при́нтер/но́вого при́нтера.** *Wir haben noch keinen neuen Drucker gekauft.*
Das Nichtvorhandensein von etwas oder jemandem wird in unpersönlichen Sätzen mit Hilfe von **нет** (im Präsens), **не было** (im Präteritum) und **не будет** (im Futur) zum Ausdruck gebracht. Objekte der Negation stehen immer im Genitiv: **У меня́ нет вре́мени.** *Ich habe keine Zeit.* **Ра́ньше здесь не бы́ло стадио́на.** *Früher gab es hier kein Stadion.* **На сле́дующей неде́ле его́ не бу́дет.** *Er ist nächste Woche nicht da.*
Eine doppelte Negation durch die zweifache Verwendung von **не** hebt die Verneinung auf: **Э́то не могло́ не повлия́ть на разви́тие ребёнка.** *Das musste die Entwicklung des Kindes beeinflusst haben.* **Нельзя́ не заме́тить, что ...** *Es ist nicht zu übersehen, dass ...*
Wenn im Satz ein Negationspronomen mit **ни**- verwendet wird, dann muss unbedingt auch das Verb verneint werden. Nach einem den Akkusativ regierenden Verb sowie nach **нет** steht das abhängige Negationspronomen immer im Genitiv: **Я ничего́ не купи́л.** *Ich habe nichts gekauft.* **В э́том фи́льме нет ничего́ смешно́го.** *In diesem Film gibt es nichts Komisches.* **На дискоте́ке она́ ни с кем не познако́милась.** *In der Disko hat sie niemanden kennengelernt.*
Die doppelte Verneinung gilt auch bei der Verwendung der verstärkenden Negationspartikel **ни** vor anderen Wortarten: **Там не бы́ло ни души́.** *Es war keine Menschenseele da.*
Ни kann auch verallgemeinernde Bedeutung haben: **Что ни де́лал бы, всё у него́ получа́лось.** *Was er auch gemacht hat, alles gelang ihm.* **Куда́ ни посмо́тришь, везде́ цветы́.** *Wo man auch hinsieht, überall gibt es Blumen.*
Außerdem kommt die Partikel **ни** in idiomatischen Aufforderungssätzen vor: **Ни ша́гу да́льше!** *Keinen Schritt weiter!* **Ни с ме́ста!** *Rühr dich nicht vom Fleck!*

DIE INTERJEKTIONEN

Interjektionen geben Gefühle und Willensäußerungen wieder, ohne diese zu benennen:
Ай, горячо́! *Au, es ist heiß!*
Ба! Знако́мые всё ли́ца. *Nanu! Alles bekannte Gesichter.*
На, держи́ су́мку! *Da, halt mal meine Tasche!*
Ну-ну, расска́зывай да́льше! *Schon gut, erzähl weiter.*
Фу, как здесь воня́ет! *Pfui, das stinkt hier!*
Тсс, да́йте смотре́ть фильм. *Pst, ich will den Film sehen!*
Увы, он не пришёл. *Leider ist er nicht gekommen.*
Ура! Мы победи́ли! *Hurra! Wir haben gewonnen.*

SYNTAX

In diesem Kapitel finden Sie eine Übersicht über die wichtigsten syntaktischen Erscheinungen, die sich von der deutschen Syntax wesentlich unterscheiden.

Wortstellung

Im Russischen ist die Wortstellung weitgehend frei. Das bedeutet, dass die einzelnen Satzglieder, zumindest theoretisch, an jeder beliebigen Stelle im Satz stehen können. Allerdings muss man beachten, dass die Bedeutung des Satzes u.a. von der Wortstellung abhängt und deswegen jede Veränderung der Wortstellung inhaltliche Verschiebungen mit sich bringt.

Wortstellung im Aussagesatz

In einem neutralen Aussagesatz sieht die Wortstellung folgendermaßen aus:
1. Subjekt + (2. Adverbialbestimmung) + 3. Prädikat + (4. Objekt im Dativ) + (5. Objekt im Akkusativ)

1.	2.	3.	4.	5.	6.
Ве́тер	**си́льно**	**ду́ет.**			Der Wind weht stark.
Я	**с интере́сом**	**пишу́**	**вам**	**письмо́.**	Ich schreibe ihm mit Interesse einen Brief.

Eine andere Reihenfolge der Satzglieder ist grundsätzlich möglich, allerdings kommt es dadurch zu einer Bedeutungsverschiebung. Satzglieder, die im Deutschen durch Anheben der Stimme betont werden (in den Beispielen unterstrichen), stehen dabei im Russischen am Satzende:
Са́ша передаёт приве́т **дру́гу**. *Sascha bestellt <u>seinem Freund</u> einen Gruß.*
Приве́т дру́гу передаёт **Са́ша**. *<u>Sascha</u> bestellt seinem Freund einen Gruß.*

Wortstellung im Fragesatz

Fragesätze mit Fragewörtern haben in der Regel folgende Reihenfolge:

– mit einem Substantiv als Subjekt: 1. Fragewort + 2. Prädikat + 3. Subjekt

1.	2.	3.
Кем	**рабо́тает**	**твой оте́ц?** Was ist dein Vater von Beruf?

– mit einem Personalpronomen als Subjekt: 1. Fragewort + 2. Subjekt + 3. Prädikat

1.	2.	3.
Кем	**он**	**рабо́тает?** Was ist er von Beruf?

Die Wortstellung eines Fragesatzes unterscheidet sich im Russischen nicht von der eines Aussagesatzes. Der Satzteil, der erfragt wird, wird durch Anheben der Stimme betont (in den Beispielen unterstrichen). Ein weiterer wichtiger Unterschied zum deutschen Fragesatz besteht darin, dass sich die Stimme am Satzende nicht nach oben bewegt, sondern wie in einem Aussagesatz nach unten.

Sätze ohne grammatisches Subjekt

Sätze ohne grammatisches Subjekt sind im Russischen eine weit verbreitete Erscheinung, die in Abhängigkeit von der Konjugationsform des Verbs unterschiedliche Bedeutungen wiedergeben.

Unbestimmt–persönliche Sätze
Im Russischen besteht die Möglichkeit, deutsche Passivkonstruktionen bzw. Sätze mit „man" als Subjekt durch unbestimmt–persönliche Sätze zum Ausdruck zu bringen. Die Verben stehen in der 3. Person Plural, das grammatische Subjekt in Form eines Substantivs oder eines Personalpronomens fehlt. Bsp.: **Про́сят не кури́ть.** *Es wird gebeten, nicht zu rauchen.* **В Москве́ мно́го стро́или.** *In Moskau wurde viel gebaut.*

Allgemein-persönliche Sätze
Deutsche Konstruktionen mit „man" als Subjekt, das durch ein allgemein-persönliches „du" ersetzt werden kann, können im Russischen in der Regel durch perfektive Verben in der 2. Person Singular und fehlendes grammatisches Subjekt wiedergegeben werden: **Слеза́ми го́рю не помо́жешь.** *Mit Tränen allein wird man dem Kummer nicht abhelfen.* **Её никогда́ не заста́нешь.** *Sie kann man nie erreichen.*
Das Prädikat eines allgemein-persönlichen Satzes kann außerdem durch den Imperativ Singular ausgedrückt werden: **Век живи́, век учи́сь.** *Man lernt nie aus.* **Сего́дняшней рабо́ты на за́втра не откла́дывай.** *Was du heute kannst besorgen, das verschiebe nicht auf morgen.*

Unpersönliche Sätze
Unpersönliche Sätze sind Sätze ohne eine handelnde Person als reales Subjekt. Das Prädikat steht in unpersönlichen Sätzen in der 3. Person Neutrum Singular, ein grammatisches Objekt fehlt: **Меня́ моро́зило.** *Ich hatte Schüttelfrost.* **На восто́ке забре́зжило.** *Im Osten dämmerte es.*
Wird in unpersönlichen Sätzen der Urheber der jeweiligen Handlung (das reale Subjekt) angegeben, so steht er immer im Instrumental: **Солда́та уби́ло бо́мбой.** *Der Soldat wurde von einer Bombe getötet.* **Кры́шу снесло́ урага́ном.** *Das Dach wurde von einem Wirbelsturm abgetragen.*

Unpersönliche modale Infinitivkonstruktionen
Reflexivverben in der 3. Person Singular drücken in Sätzen ohne grammatisches Subjekt einen Umstand aus, der sich dem Willen des realen Subjekts entzieht. Das reale Subjekt steht dabei im Dativ: **Нам придётся отмени́ть служе́бную пое́здку.** *Wir werden die Dienstreise absagen müssen.* **Ему́ хоте́лось пойти́ в кино́.** *Er wollte ins Kino gehen.*
Zusammen mit einem Infinitiv wird auch eine Reihe von Modalwörtern verwendet wie z.B. мо́жно, нельзя́, возмо́жно, невозмо́жно, необходи́мо, на́до, не на́до, ну́жно, не ну́жно usw.: **Пищевы́е проду́кты ну́жно храни́ть в сухо́м ме́сте.** *Die Lebensmittel müssen trocken gelagert werden.* **Э́ту говя́дину не на́до/не ну́жно есть.** *Dieses Rindfleisch isst man lieber nicht.*
Das Futur dieser Modalwörter wird durch das Hinzufügen von **бу́дет** und das Präteritum mit Hilfe von **бы́ло** gebildet. **Бу́дет** und **бы́ло** stehen unmittelbar nach dem Modalwort: **Мне на́до бу́дет заказа́ть э́тот слова́рь.** *Ich werde dieses Wörterbuch bestellen müssen.* **Э́того нельзя́ бы́ло де́лать.** *Das hätte man nicht tun dürfen.*
Prädikate können in unpersönlichen Sätzen auch aus dem infiniten Verb bestehen, das reale Subjekt steht dabei im Dativ: **Всему́ кла́ссу яви́ться к дире́ктору.** *Die ganze Klasse hat beim Direktor zu erscheinen.* **Вам начина́ть.** *Sie sind dran.* **Мне за Ва́ми зайти́?** *Soll ich Sie abholen kommen?*

Nominalsätze
Hierbei wird der Nominativ eines Substantivs, eines Personalpronomens oder einer Zahlwortverbindung prädikativ gebraucht: **Ночь.** *Es ist Nacht.* **Тишина́.** *Es ist still.* **Вот шала́ш.** *Hier ist die Laubhütte.*

Prädikatslose unpersönliche Sätze
In einigen unpersönlichen Sätzen wird das Prädikat ausgelassen, wenn das Verständnis des Satzes dadurch nicht beeinträchtigt wird: **Ско́лько Вам биле́тов?** *Wie viele Karten möchten Sie?*

DEUTSCHE UNREGELMÄSSIGE VERBEN
НЕМЕЦКИЕ НЕПРАВИЛЬНЫЕ ГЛАГОЛЫ

Основные формы неправильных глаголов даны в острых скобках после заглавного слова.

Infinitiv	2./3. Pers. Sing. Präsens	3. Pers. Sing. Präteritum	Konjunktiv II	Imperativ Sing./Pl.	Partizip Perfekt
backen	backst *o* bäckst/	backte *o alt* backt *o* bäckt	backte *o alt* büke buk	back(e)/backt	gebacken
bedürfen	*1. Pers.* bedarf bedarfst/bedarf	bedurfte	bedürfte	bedarf/bedürft	bedurft
befehlen	befiehlst/befiehlt	befahl	beföhle *o* befähle	befiehl/befehlt	befohlen
beginnen	beginnst/beginnt	begann	begänne *o selten* begönne	beginn(e)/ beginnt	begonnen
beißen	beißt/beißt	biss	bisse	beiß(e)/beißt	gebissen
bergen	birgst/birgt	barg	bärge	birgt/bergt	geborgen
bersten	birst/birst	barst	bärste	birst/berstet	geborsten
bewegen *= veranlassen*	bewegst/bewegt	bewog	bewöge	beweg(e)/bewegt	bewogen
biegen	biegst/biegt	bog	böge	bieg(e)/biegt	gebogen
bieten	bietest/bietet	bot	böte	biet(e)/bietet	geboten
binden	bindest/bindet	band	bände	bind(e)/bindet	gebunden
bitten	bittest/bittet	bat	bäte	bitt(e)/bittet	gebeten
blasen	bläst/bläst	blies	bliese	blas(e)/blast	geblasen
bleiben	bleibst/bleibt	blieb	bliebe	bleib(e)/bleibt	geblieben
bleichen	bleichst/bleicht	bleichte *o alt* blich	bliche	bleich(e)/bleicht	gebleicht *o alt* geblichen
braten	brätst/brät	briet	briete	brat(e)/bratet	gebraten
brechen	brichst/bricht	brach	bräche	brich/brecht	gebrochen
brennen	brennst/brennt	brannte	brennte	brenn(e)/brennt	gebrannt
bringen	bringst/bringt	brachte	brächte	bring(e)/bringt	gebracht
denken	denkst/denkt	dachte	dächte	denk(e)/denkt	gedacht
dingen	dingst/dingt	dang *o* dingte	dingte	ding(e)/dingt	gedungen
dreschen	drischst/drischt	drosch	drösche	drisch/drescht	gedroschen
dringen	dringst/dringt	drang	dränge	dring(e)/dringt	gedrungen
dünken	dünkst/dünkt	dünkte *o veraltet* deuchte	dünkte *o veraltet* deuchte		gedünkt *o veraltet* gedeucht
empfangen	empfängst/ empfängt	empfing	empfinge	empfang(e)/ empfangt	empfangen
empfehlen	empfiehlst/ empfiehlt	empfahl	empföhle	empfiehl/ empfehlt	empfohlen
empfinden	empfindest/ empfindet	empfand	empfände	empfind(e)/ empfindet	empfunden
erküren	erkürst/erkürt	erkor	erköre	erküre/erkürt	erkoren
erlöschen	erlischst/erlischt	erlosch	erlösche	erlisch/erlöscht	erloschen

Infinitiv	2./3. Pers. Sing. Präsens	3. Pers. Sing. Präteritum	Konjunktiv II	Imperativ Sing./Pl.	Partizip Perfekt
erschallen	erschallst/ erschallt	erscholl *o* erschallte	erschölle *o* erschallte	erschalle/ erschallt	erschollen
erschrecken *vi*	erschrickst/ erschrickt	erschreckte *o* erschrak	erschreckte *o* erschräke	erschrickt/ erschreckt	erschreckt *o* erschrocken
vr	erschrickst/ erschrickt	erschreckte	erschreckte	erschreckt	erschreckt *o* erschrocken
essen	isst/isst	aß	äße	iss/esst	gegessen
fahren	fährst/fährt	fuhr	führe	fahr(e)/fahrt	gefahren
fallen	fällst/fällt	fiel	fiele	fall(e)/fallt	gefallen
fangen	fängst/fängt	fing	finge	fang(e)/fangt	gefangen
fechten	fichst/ficht	focht	föchte	ficht/fechtet	gefochten
finden	findest/findet	fand	fände	find(e)/findet	gefunden
flechten	flichst/flicht	flocht	flöchte	flicht/flechtet	geflochten
fliegen	fliegst/fliegt	flog	flöge	flieg(e)/fliegt	geflogen
fliehe	fliehst/flieht	floh	flöhe	flieh(e)/flieht	geflohen
fließen	fließt/fließt	floss	flösse	fließ(e)/fließt	geflossen
fressen	frisst/frisst	fraß	fräße	friss/fresst	gefressen
frieren	frierst/friert	fror	fröre	frie(e)/friert	gefroren
gären	gärst/gärt	gärte *o* gor	gärte *o* gor	gär(e)/gärt	gegärt *o* gegoren
gebären	gebärst/gebärt	gebar	gebäre	gebier/gebärt	geboren
geben	gibst/gibt	gab	gäbe	gib/gebt	gegeben
gedeihen	gedeihst/gedeiht	gedieh	gediehe	gedeih(e)/gedeiht	gediehen
gefallen	gefällst/gefällt	gefiel	gefiele	gefall(e)/gefallen	gefallen
gehen	gehst/geht	ging	ginge	geh(e)/geht	gegangen
gelingen	gelingst/gelingt	gelang	gelänge	geling(e)/gelingt	gelungen
gelten	giltst/gilt	galt	gälte *o* gölte	gilt/geltet	gegolten
genesen	genest/genest	genas	genäse	genese/genest	genesen
genießen	genießt/genießt	genoss	genösse	genieß(e)/genießt	genossen
geraten	gerätst/gerät	geriet	geriete	gerat(e)/geratet	geraten
gerinnen	gerinnst/gerinnt	gerann	geränne	gerinn(e)/gerinnt	geronnen
geschehen	geschiehst/ geschieht	geschah	geschähe	geschieh/gescheht	geschehen
gestehen	gestehst/gesteht	gestand	gestände *o* gestünde	gesteh(e)/gesteht	gestanden
gewinnen	gewinnst/ gewinnt	gewann	gewönne *o* gewänne	gewinn(e)/ gewinnt	gewonnen
gießen	gießt/gießt	goss	gösse	gieß(e)/gießt	gegossen
gleichen	gleichst/gleicht	glich	gliche	gleich(e)/gleicht	geglichen
gleiten	gleitest/gleitet	glitt	glitte	gleit(e)/gleitet	geglitten
glimmen	glimmst/glimmt	glimmte *o* *selten* glomm	glimmte *o* *selten* glomm	glimm(e)/glimmt	geglimmt *o* *selten* geglommen
graben	gräbst/gräbt	grub	grübe	grab(e)/grabt	gegraben
greifen	greifst/greift	griff	griffe	greif(e)/greift	gegriffen
halten	hältst/hält	hielt	hielte	halt(e)/haltet	gehalten
hängen *vi*	hängst/hängt	hing	hinge	häng(e)/hängt	gehangen

Infinitiv	2./3. Pers. Sing. Präsens	3. Pers. Sing. Präteritum	Konjunktiv II	Imperativ Sing./Pl.	Partizip Perfekt
vt	hängst/hängt	hängte hing	hängte *o dial*	häng(e)/hängt	gehängt *o dial* gehangen
hauen	haust/haut	haute *o* hieb	haute *o* hieb	hau(e)/haut	gehauen *o dial* gehaut
heben	hebst/hebt	hob	höbe	heb(e)/hebt	gehoben
heißen	heißt/heißt	hieß	hieße	heiß(e)/heißt	geheißen
helfen	hilfst/hilft	half	hülfe	hilf/helft	geholfen
kennen	kennst/kennt	kannte	kennte	kenn(e)/kennt	gekannt
klimmen	klimmst/klimmt	klimmte *o* klomm	klömme	klimm(e)/klimmt	geklommen *o* geklimmt
klingen	klingst/klingt	klang	klänge	kling(e)/klingt	geklungen
kneifen	kneifst/kneift	kniff	kniffe	kneif(e)/kneift	gekniffen
kommen	kommst/kommt	kam	käme	komm(e)/kommt	gekommen
kriechen	kriechst/kriecht	kroch	kröche	kriech(e)/kriecht	gekrochen
küren	kürst/kürt	kürte *o selten* kor	kürte *o selten* köre	kür(e)/kürt	gekürt
laden	lädst/lädt	lud	lüde	lad(e)/ladet	geladen
lassen	lässt/lässt	ließ	ließe	lass/lasst	gelassen *nach Infinitiv* lassen
laufen	läufst/läuft	lief	liefe	lauf(e)/lauft	gelaufen
leiden	leidest/leidet	litt	litte	leid(e)/leidet	gelitten
leihen	leihst/leiht	lieh	liehe	leih(e)/leiht	geliehen
lesen	liest/liest	las	läse	lies/lest	gelesen
liegen	liegst/liegt	lag	läge	lieg(e)/liegt	gelegen
lügen	lügst/lügt	log	löge	lüg(e)/lügt	gelogen
mahlen	mahlst/mahlt	mahlte	mahlte	mahl(e)/mahlt	gemahlen
meiden	meidest/meidet	mied	miede	meid(e)/meidet	gemieden
melken	melkst/melkt	melkte *o veraltend* molk	melkte *o* mölke	melk(e)/melkt	gemolken
messen	misst/misst	maß	mäße	miss/messt	gemessen
misslingen	misslingst/ misslingt	misslang	misslänge	missling(e)/ misslingt	misslungen
nehmen	nimmst/nimmt	nahm	nähme	nimm/nehmt	genommen
nennen	nennst/nennt	nannte	nennte	nenn(e)/nennt	genannt
pfeifen	pfeifst/pfeift	pfiff	pfiffe	pfeif(e)/pfeift	gepfiffen
preisen	preist/preist	pries	priese	preis(e)/preist	gepriesen
quellen	quillst/quillt	quoll	quölle	quill/quillt	gequollen
raten	rätst/rät	riet	riete	rat(e)/ratet	geraten
reiben	reibst/reibt	rieb	riebe	reib(e)/reibt	gerieben
reißen	reißt/reißt	riss	risse	reiß(e)/reißt	gerissen
reiten	reitest/reitet	ritt	ritte	reit(e)/reitet	geritten
rennen	rennst/rennt	rannte	rennte	renn(e)/rennt	gerannt
reichen	riechst/riecht	roch	röche	riech(e)/riecht	gerochen
ringen	ringst/ringt	rang	ränge	ring(e)/ringt	gerungen
rinnen	rinnst/rinnt	rann	ränne	rinn(e)/rinnt	geronnen
rufen	rufst/ruft	rief	riefe	ruf(e)/ruft	gerufen

Infinitiv	2./3. Pers. Sing. Präsens	3. Pers. Sing. Präteritum	Konjunktiv II	Imperativ Sing./Pl.	Partizip Perfekt
salzen	salzst/salzt	salzte	salzte	salz(e)/salze	gesalzen *o* *selten* gesalzt
saufen	säufst/säuft	soff	söffe	sauf(e)/sauft	gesoffen
saugen	saugst/saugt	sog *o* saugte	söge *o* saugte	saug(e)/saugt	gesogen *o* gesaugt
schaffen = *erschaffen*	schaffst/schafft	schuf	schüfe	schaff(e)/schafft	geschaffen
schallen	schallst/schallt	schallte *o* scholl	schallte *o* schölle	schall(e)/schallt	geschallt
scheiden	scheidest/scheidet	schied	schiede	scheide/scheidet	geschieden
scheinen	scheinst/scheint	schien	schiene	schein(e)/scheint	geschienen
scheißen	scheißt/scheißt	schiss	schisse	scheiß(e)/scheißt	geschissen
schelten	schiltst/schilt	schalt	schölte	schilt/scheltet	gescholten
scheren =*stutzen*	scherst/schert	schor	schöre	scher(e)/schert	geschoren
schieben	schiebst/schiebt	schob	schöbe	schieb(e)/schiebt	geschoben
schießen	schießt/schießt	schoss	schösse	schieß(e)/schießt	geschossen
schinden	schindest/ schindet	schindete	schünde	schind(e)/ schindet	geschunden
schlafen	schläfst/schläft	schlief	schliefe	schlaf(e)/schlaft	geschlafen
schlagen	schlägst/schlägt	schlug	schlüge	schlag(e)/schlagt	geschlagen
schleichen	schleichst/ schleicht	schlich	schliche	schleich(e)/ schleicht	geschlichen
schleifen = *schärfen*	schleifst/schleift	schliff	schliffe	schleif(e)/schleift	geschliffen
schließen	schließt/schließt	schloss	schlösse	schließ(e)/schließt	geschlossen
schlingen	schlingst/schlingt	schlang	schlänge	schling(e)/schlingt	geschlungen
schmeißen	schmeißt/ schmeißt	schmiss	schmisse	schmeiß(e)/ schmeißt	geschmissen
schmelzen	schmilzt/schmilzt	schmolz	schmölze	schmilz/schmelzt	geschmolzen
schnauben	schnaubst/ schnaubt	schnaubte *o* *veraltet* *o* schnob	schnöbe	schnaub(e)/ schnaubt	geschnaubt *veraltet* geschnoben
schneiden	schneidest/ schneidet	schnitt	schnitte	schneid(e)/ schneidet	geschnitten
schrecken *vt*	schreckst/ schreckt	schreckte	schreckte	schreck(e)/ schreckt	geschreckt
vi	schreckst/ schreckt	schrak	schräke	schrick/ schreckt	geschroken
schreiben	schreibst/ schreibt	schrieb	schriebe	schreib(e)/ schreibt	geschrieben
schreien	schreist/schreit	schrie	schriee	schrei(e)/schreit	geschrie(e)n
schreiten	schreitest/ schreitet	schritt	schritte	schreit(e)/ schreitet	geschritten
schweigen	schweigst/ schweigt	schwieg	schwiege	schweig(e)/ schweigt	geschwiegen
schwellen	schwillst/schwillt	schwoll	schwölle	schwill/schwellt	geschwollen

Infinitiv	2./3. Pers. Sing. Präsens	3. Pers. Sing. Präteritum	Konjunktiv II	Imperativ Sing./Pl.	Partizip Perfekt
schwimmen	schwimmst/ schwimmt	schwamm	schwämme	schwimm(e)/ schwimmt	geschwom-men
schwinden	schwindest/ schwindet	schwand	schwände	schwind(e)/ schwindet	geschwunden
schwingen	schwingst/ schwingt	schwang	schwänge	schwing(e)/ schwingt	geschwunden
schwören	schwörst/ schwört	schwor	schwöre	schwör(e)/ schwört	geschworen
sehen	siehst/sieht	sah	sähe	sieh(e)/seht	gesehen
senden *= schicken*	sendest/sendet	sandte *o* sendete	sendete	sende/sendet	gesandt *o* gesendet
sieden	siedest/siedet	siedete *o* sott	siedete *o* sötte	sied(e)/siedet	gesiedet *o* gesotten
singen	singst/singt	sang	sänge	sing(e)/singt	gesungen
sinken	sinkst/sinkt	sank	sänke	sink(e)/sinkt	gesunken
sinnen	sinnst/sinnt	sann	sänne	sinn(e)/sinnt	gesonnen
sitzen	sitzt/sitzt	saß	säße	sitz(e)/sitzt	gesessen
spalten	spaltest/spaltet	spaltete	spaltete	spalt(e)/spaltet	gespalten *o* gespaltet
speien	speist/speit	spie	spiee	spei(e)/speit	gespie(e)n
spinnen	spinnst/spinnt	spann	spönne *o* spänne	spinn(e)/spinnt	gesponnen
sprechen	sprichst/spricht	sprach	spräche	sprich/sprecht	gesprochen
sprießen	sprießt/sprießt	spross *o* spießte	sprösse	sprieß(e)/sprießt	gesprossen
springen	springst/springt	sprang	spränge	spring(e)/springt	gesprungen
stechen	stichst/sticht	stach	stäche	stich/stecht	gestochen
stecken *vi*	steckst/steckt	steckte *o geh* stak	steckte	steck(e)/steckt	gesteckt
stehen	stehst/steht	stand	stünde *o* stände	steh/steht	gestanden
stehlen	stiehlst/stiehlt	stahl	stähle	stiehl/stehlt	gestohlen
steigen	steigst/steigt	stieg	stiege	steig(e)/steigt	gestiegen
sterben	stirbst/stirbt	starb	stürbe	stirb/sterbt	gestorben
stieben	stiebst/stiebt	stob *o* stiebte	stöbe *o* stiebte	stieb(e)/stiebt	gestoben *o* gestiebt
stinken	stinkst/stinkt	stank	stänke	stink(e)/stinkt	gestunken
stoßen	stößt/stößt	stieß	stieße	stoß(e)/stoßt	gestoßen
streichen	streichst/streicht	strich	striche	streich(e)/streicht	gestrichen
streiten	streitest/streitet	stritt	stritte	streit(e)/streitet	gestritten
tragen	trägst/trägt	trug	trüge	trag(e)/tragt	getragen
treffen	triffst/trifft	traf	träfe	triff/trefft	getroffen
treiben	treibst/treibt	trieb	triebe	treib(e)/treibt	getrieben
treten	trittst/tritt	trat	träte	tritt/tretet	getreten
triefen	triefst/trieft	triefte *o geh* troff	tröffe	trief(e)/trieft	getrieft *o geh* getroffen
trinken	trinkst/trinkt	trank	tränke	trink/trinkt	getrunken
trügen	trügst/trügt	trog	tröge	trüg(e)/trügt	getrogen

Infinitiv	2./3. Pers. Sing. Präsens	3. Pers. Sing. Präteritum	Konjunktiv II	Imperativ Sing./Pl.	Partizip Perfekt
tun	*1. Pers.* tu(e) tust/tut	tat	täte	tu(e)/tut	getan
überessen	überisst/überisst	überaß	überäße	überiss/überesst	übergessen
verbieten	verbietest/ verbietet	verbot	verböte	verbiet(e)/ verbietet	verboten
verbrechen	verbrichst/ verbricht	verbrach	verbräche	verbrich/ verbrecht	verbrochen
verderben	verdirbst/verdirbt	verdarb	verdürbe	verdirb/verderbt	verdorben
verdingen	verdingst/ verdingt	verdingte	verdingte	verding(e)/ verdingt	verdungen *o* verdingt
verdrießen	verdrießt/ verdrießt	verdross	verdrösse	verdrieß(e)/	verdrossen verdrießt
vergessen	vergisst/vergisst	vergaß	vergäße	vergiss/vergesst	vergessen
verhauen	verhaust/verhaut	verhaute	verhaute	verhau(e)/verhaut	verhauen
verlieren	verlierst/verliert	verlor	verlöre	verlier(e)/verliert	verloren
verlöschen	verlischst/ verlischt	verlosch	verlösche	verlisch/verlöscht	verloschen
verraten	verrätst/verrät	verriet	verriete	verrat(e)/verratet	verraten
verschleißen	verschleißt/ verschleißt	verschliss	verschlisse	verschleiß(e)/ verschleißt	verschlissen
verstehen	verstehst/versteht	verstand	verstünde *o* verstände	versteh(e)/ versteht	verstanden
verwenden	verwendest/ verwendet	verwendete *o* verwandte	verwendete	verwend(e)/ verwendet	verwendet *o* verwandt
verzeihen	verzeihst/verzeiht	verzieh	verziehe	verzeih(e)/verzeiht	verziehen
wachsen	wächst/wächst	wuchs	wüchse	wachs(e)/wachst	gewachsen
wägen	wägst/wägt	wog *o* wägte	wöge	wäg(e)/wägt	gewogen
waschen	wäschst/wäscht	wusch	wüsche	wasch(e)/wascht	gewaschen
weben	webst/webt	webte *o geh* wob	webte *o geh* wöbe	web(e)/webt	gewebt *o geh* gewoben
weichen	weichst/weicht	wich	wiche	weich(e)/weicht	gewichen
weisen	weist/weist	wies	wiese	weis(e)/weist	gewiesen
wenden	wendest/wendet	wendete *o geh* gewandt	wendete	wend(e)/wendet	gewendet *o geh* gewandt
werben	wirbst/wirbt	warb	würbe	wirb/werbt	geworben
werfen	wirfst/wirft	warf	würfe	wirf/werft	geworfen
wiegen *= auf Waage*	wiegst/wiegt	wog	wöge	wieg(e)/wiegt	gewogen
winden *= schlingen*	windest/windet	wand	wände	wind(e)/windet	gewunden
winken	winkst/winkt	winkte	winkte	wink(e)/winkt	gewinkt *o dial* gewunken
wissen	*1. Pers.* weiß weißt/weiß	wusste	wüsste	wisse *liter*/ wisset *liter*	gewusst
wringen	wringst/wringt	wrang	wränge	wring(e)/wringt	gewrungen
ziehen	ziehst/zieht	zog	zöge	zieh(e)/zieht	gezogen
zwingen	zwingst/zwingt	zwang	zwänge	zwing(e)/zwingt	gezwungen

Notizen

Notizen

Notizen

Notizen

Notizen

Notizen

Notizen

Notizen

Inhalt und Aufbau des russisch-deutschen Wörterbuchteils
Содержание и структура русско-немецкого словаря

Р, р <неизм> *ср Buchstabe P* **раб** <-á> *м* Sklave *m* **рабо́т|а** <-ы> *ж* **1.** *(слу́жба)* Arbeit *f*, Job *m;* **иска́ть рабо́ту** ...	**Все заглавные слова** расположены в алфавитном порядке и выделены синим шрифтом.
стать[1] <ста́ну, ста́нешь> *св* ... **стать**[2] <ста́ти> *ж*	Омографические номера отличают слова, которые имеют одинаковое написание **(омографы)**.
кон|е́ц <-ца́> *м* Ende *nt*, Schluss *m* ... **рост|о́к** <-ка́> *м* Keim *m; перен* Keim *m*, Ansatz *m*	У **имён существительных** указаны **род и число,** а также окончание родительного падежа единственного числа.
мни́м|ый <-ая, -ое> *прил* **1.** *(предполага́емый)* ...	У **имён прилагательных** указаны полные окончания женского и среднего рода, а далее – после точки с запятой – краткие окончания всех трех родов, если данное прилагательное имеет краткие формы.
под|же́чь <-ожгу́, -ожжёшь> *св прх см.* **поджига́ть** **врать** <вру, врёшь> *нсв*, **совра́ть** *св нпрх разг* ...	У **глаголов** указаны окончание первого и второго лица единственного числа.
дёрга|ть <-ю, -ешь> *нсв*, **дёрнуть** *св* **I.** *прх* **1.** *(тяну́ть)* ruckartig ziehen ... **II.** *нпрх* **1.** *только 3 л ед (боль)* zucken ...	**Римские цифры** отделяют разные части речи или виды глаголов *(прх, нпрх, рефл, безл)*.
рост <ро́ста> *м* **1.** *(увеличе́ние)* Anstieg *m* **2.** *(проце́сс)* Wachstum *nt* **3.** *(о челове́ке)* Wuchs *m* ...	**Арабские цифры** отделяют разные значения.
ве́т|ер <-ра> *м* Wind *m;* **на ветру́** im Wind; **попу́тный ~** günstiger Wind ...	**Словосочетания, грамматические конструкции и примеры** даны полужирным шрифтом. Заглавное слово заменено **тильдой** (~). Если слово изменяется, оно выписано целиком.
о́стр|ый <-ая, -ое; -, -á, -ó *или* -о> *прил* **1.** *(нож, каранда́ш)* scharf, spitz **2.** *(проница́тельный)* scharfsinnig ...	**Дополнительные объяснения, синонимы, характерные подлежащие и дополнения.**
тайм <-а> *м* СПОРТ Halbzeit *f*	**Сфера употребления.**
ве́х|а <-и> *ж перен* Markstein *m*, Meilenstein *m;* **~ в исто́рии страны́** ein Markstein in der Geschichte des Landes	**Стилистическая окраска.**

Österreich
1 : 6 100 000
0 25 50 75 km
L. LIECHTENSTEIN
TSCHECHISCHE REP.
SLOWAKEI
DEUTSCHLAND
UNGARN
SCHWEIZ
ITALIEN
SLOWENIEN
KROATIEN
Niederösterreich
Oberösterreich
Salzburg
Steiermark
Burgenland
Kärnten
Tirol
Voralberg
L.
Wien
St. Pölten
Linz
Eisenstadt
Salzburg
Graz
Klagenfurt
Innsbruck
Bregenz
Donau
Inn
Enns
Mur
Salzach
Drau

Die Schweiz
1 : 4 200 000
0 25 50 75 km
A. A.-R. Appenzell Ausser-Rhoden
A. I.-R. Appenzell Inner-Rhoden
B.-L. Basel-Landschaft
B.-St. Basel-Stadt
N. Neuenburg
Nidw. Nidwalden
Obw. Obwalden
S. Solothurn
Sch. Schaffhausen
DEUTSCHLAND
FRANKREICH
ÖSTERREICH
LIECHTENSTEIN
ITALIEN
Sch.
Schaffhausen
Thurgau
Frauenfeld
Basel
B.-St.
Liestal
B.-L.
Jura
Delémont
S.
Solothurn
Aarau
Aargau
Zürich
St. Gallen
Herisau
A. A.-R.
Appenzell
A. I.-R.
Zug
Luzern
Schwyz
Glarus
Neuenburg
N.
Bern
Stans
Nidw.
Sarnen
Obw.
Altdorf
Uri
Chur
Graubünden
Freiburg
Waadt
Lausanne
Genf
Sion
Wallis
Tessin
Bellinzona
Rhein
Aare
Bodensee
Doubs
Neuenburger See
Vierwaldstätter See
Genfer See
Rhône
Inn
Lago Maggiore
Luganer See

Baltikum und Gemeinschaft Unabhängiger Staaten
Балтия и Содружество Независимых Государств

1: 48 000 000

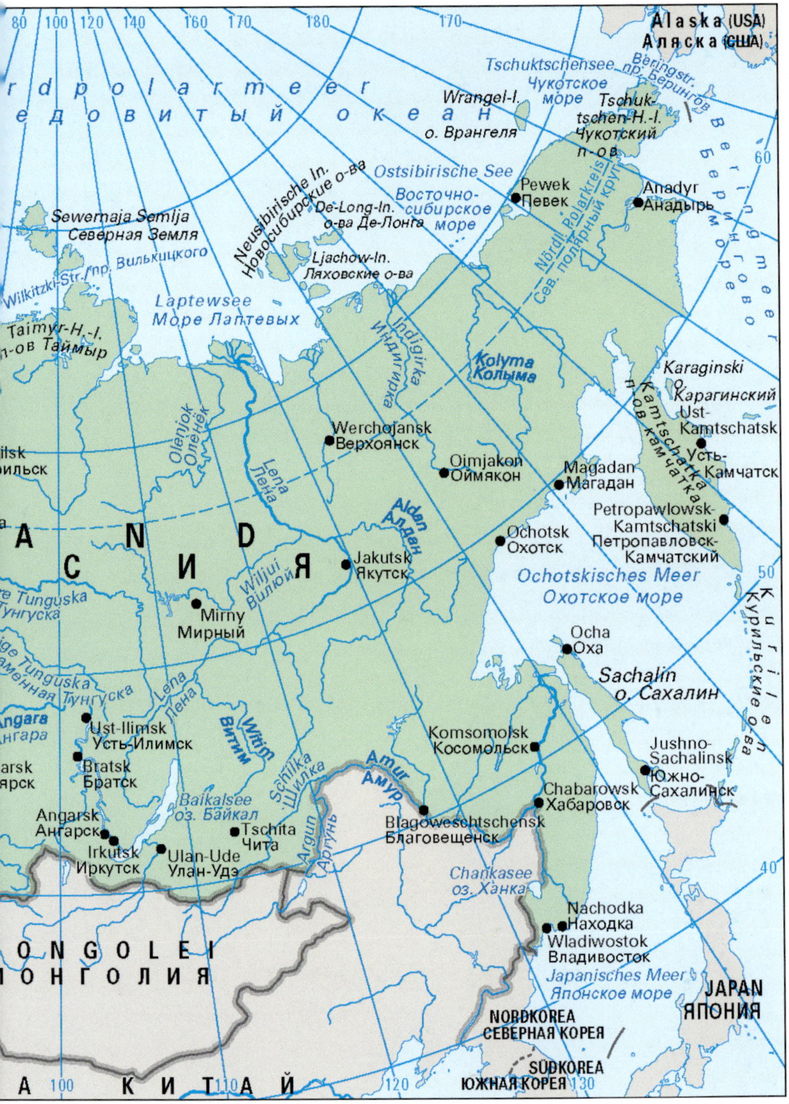
Alaska (USA)
Аляска (США)
Tschuktschensee
Чукотское море
Beringstr.
пр. Берингов
Wrangel-I.
о. Врангеля
Tschuktschen-H.-I.
Чукотский п-ов
Beringmeer
Берингово море
Ostsibirische See
Восточно-сибирское море
Neusibirische In.
Новосибирские о-ва
De-Long-In.
о-ва Де-Лонга
Pewek
Певек
Anadyr
Анадырь
Nördl. Polarkreis
Сев. полярный круг
Sewernaja Semlja
Северная Земля
Wilkitzki-Str.
пр. Вилькицкого
Ljachow-In.
Ляховские о-ва
Laptewsee
Море Лаптевых
Taimyr-H.-I.
п-ов Таймыр
Indigirka
Индигирка
Kolyma
Колыма
Karaginski o.
Карагинский
Kamtschatka
п-ов Камчатка
Ust-Kamtschatsk
Усть-Камчатск
Olenjok
Оленёк
Werchojansk
Верхоянск
Lena
Лена
Oimjakon
Оймякон
Magadan
Магадан
Aldan
Алдан
Petropawlowsk-Kamtschatski
Петропавловск-Камчатский
Ochotsk
Охотск
Jakutsk
Якутск
Ochotskisches Meer
Охотское море
Kurilen
Курильские о-ва
Wiljui
Вилюй
Mirny
Мирный
Ocha
Оха
Sachalin
о. Сахалин
Angara
Ангара
Ust-Ilimsk
Усть-Илимск
Witim
Витим
Komsomolsk
Косомольск
Jushno-Sachalinsk
Южно-Сахалинск
Bratsk
Братск
Schilka
Шилка
Amur
Амур
Chabarowsk
Хабаровск
Baikalsee
оз. Байкал
Angarsk
Ангарск
Tschita
Чита
Blagoweschtschensk
Благовещенск
Irkutsk
Иркутск
Ulan-Ude
Улан-Удэ
Argun
Аргунь
Chankasee
оз. Ханка
Nachodka
Находка
Wladiwostok
Владивосток
MONGOLEI
МОНГОЛИЯ
Japanisches Meer
Японское море
JAPAN
ЯПОНИЯ
NORDKOREA
СЕВЕРНАЯ КОРЕЯ
SÜDKOREA
ЮЖНАЯ КОРЕЯ
КИТАЙ

Deutschland

1 : 6 400 000

0 50 100 150 200 km

BELG. BELGIEN
L. LIECHTENSTEIN
LUX. LUXEMBURG

Все **заглавные слова** расположены в алфавитном порядке и выделены синим шрифтом.

Омографические номера отличают слова, которые имеют одинаковое написание **(омографы).**

В прямых скобках после заглавного слова дается **фонетическая транскрипция** слова. Используются знаки международного фонетического алфавита (IPA).

Формы **родительного падежа единственного числа и именительного падежа множественного числа** существительных стоят в острых скобках <...> перед сокращением рода.

Неправильные формы сравнения немецких прилагательных даны в острых скобках <...>.

Основные формы неправильных немецких глаголов даны в острых скобках <...> после слова.

Римские цифры отделяют разные части речи или виды глаголов *(vt, vi, vr).*

Арабские цифры отделяют разные значения.

Словосочетания, грамматические конструкции и примеры даны полужирным шрифтом. Заглавное слово заменено **тильдой** (~). Если слово изменяется, оно выписано целиком.

Дополнительные объяснения, синонимы, характерные подлежащие и дополнения.

Сфера употребления.

Стилистическая окраска.

Областная сфера употребления.